colori scuri — *colori opachi* —

GW01374991

ocra	beige	cammello	grigio oliva	**bianco**
tabacco	albicocca opaco	terracotta	ocra bruna	grigio perla
terra di Siena	cipria	ruggine	terra di Siena bruciata	grigio chiaro
marrone	rosa antico	lampone opaco	grigio marrone	grigio
bordeaux	lilla opaco	malva	grigio prugna	grigio scuro
prugna	violetto opaco	lacca solferino	grigio viola	grigio azzurro
blu di Parigi	lavanda opaco	cielo invernale	grigio piombo	grigio fumo
blu pavone	azzurro opaco	zaffiro opaco	grigio blu	grigio antracite
verde pino	verde acqua opaco	turchese opaco	grigio tortora	marrone scuro
verde foresta	verde perla	verde opaco	grigio verde	muschio scuro
verde oliva	cedro opaco	muschio opaco	grigio muschio	**nero**

SOMMARIO

- pag. 2 Collaboratori
- 3 Presentazione dell'Editore
- 4 Abbreviazioni usate nel vocabolario
- 5 Simboli usati nel vocabolario
- 6 Guida grafica alla consultazione
- 8 Avvertenze per la consultazione
- 11 Autori e fonti delle illustrazioni
- 12 Tabella delle equivalenze tra grafemi e fonemi
- 12 Tabella delle trascrizioni fonematiche
- 14 Tabella per la traslitterazione del greco antico
- 15 Vocabolario
- 2177 Autori citati

Tavole a colori:

- 2113 Agricoltura
- 2116 Architettura
- 2122 Anatomia
- 2128 Cristalli
- 2129 Scienze della Terra ed energia
- 2142 Sistema solare
- 2145 Sport
- 2161 Trasporti

Tavole in bianco e nero:

- 61 Agricoltura e giardinaggio
- 68 Alga
- 100 Animali
- 137 Araldica
- 139 Archeologia: monumenti
- 146 Armi
- 167 Astronautica
- 175 Audiovisivi
- 184 Autoveicoli industriali e speciali
- 250 Botanica generale
- 290 Campeggiatore
- 317 Carro e carrozza
- 325 Castello
- 530 Diagramma
- 531 Dialetti
- 614 Elementi chimici
- 615 Elettricità
- 748 Frutta
- 752 Fungo
- 753 Funivia
- 775 Geometria
- 776 Geologia
- 1002 Lichene
- 1059 Scala del mare
- 1078 Medicina e chirurgia
- 1110 Scala di durezza dei minerali
- 1118 Misure
- 1130 Moneta
- 1131 Monete
- 1154 Musica
- 1182 Nodo
- 1251 Paleontologia
- 1315 Pesca
- 1324 Piante
- 1371 Ponte
- 1466 Radio
- 1762 Spezie
- 1856 Telefonia
- 1857 Telematica
- 1859 Televisione
- 1861 Scale della temperatura
- 1875 Scala dei terremoti
- 1964 Unità di misura
- 1998 Scala del vento
- 2002 Verdura
- 2017 Vigili del fuoco
- 2021 Vino
- 2029 Vitamine
- 2058 Zodiaco
- 2062 Zoologia generale

Note d'uso:

- 27 Accento
- 209 Barra
- 619 Elisione e troncamento
- 645 Errori comuni
- 692 Femminile
- 741 Frazione
- 1039 Maiuscola
- 1193 Numero
- 1269 Parentesi
- 1302 Percentuale
- 1440 Punteggiatura
- 1441 Punto
- 1701 Sillaba
- 1793 Stereotipo
- 1921 Trattino
- 2024 Virgola
- 2024 Virgoletta

Inserti di nomenclatura:

- 21 Abito
- 31 Acconciatura
- 47 Aeromobile
- 75 Alpinismo
- 81 Ambiente
- 98 Animali (voci degli)
- 144 Aria
- 169 Atletica
- 181 Automobile
- 183 Autostrada
- 202 Banca
- 210 Baseball
- 225 Bevande
- 226 Biancheria
- 241 Bocca
- 248 Borsa
- 249 Bosco
- 280 Calcio
- 281 Caldo
- 285 Calzature
- 296 Canottaggio
- 305 Cappello
- 320 Casa
- 355 Chiesa
- 356 Chimica
- 362 Cibo
- 363 Ciclismo
- 367 Cinema
- 396 Colore
- 412 Computer
- 467 Costa
- 522 Deserto
- 585 Dolci
- 615 Elettrica (energia)
- 629 Energia
- 640 Equitazione e ippica
- 709 Finestra
- 715 Fiume
- 728 Formaggi
- 741 Freddo
- 748 Frutta
- 782 Ghiacciaio
- 786 Giardino
- 789 Giochi
- 790 Giornale
- 829 Gusto
- 902 Informatica
- 928 Internet
- 972 Lago
- 1001 Libro
- 1036 Maglieria
- 1054 Mano
- 1060 Mare
- 1096 Metallurgia e siderurgia
- 1097 Meteorologia
- 1129 Moneta
- 1135 Montagna
- 1144 Motocicletta
- 1153 Musica
- 1161 Naso
- 1163 Nave
- 1168 Negozio
- 1176 Neve
- 1191 Nucleare (energia)
- 1194 Nuoto
- 1195 Nuvola
- 1200 Occhio
- 1203 Odore
- 1207 Olfatto
- 1226 Orecchio
- 1253 Palla
- 1257 Pane
- 1283 Pasta
- 1283 Pasto
- 1287 Pattinaggio
- 1344 Pioggia
- 1371 Ponte
- 1375 Porta
- 1378 Porto
- 1381 Posta
- 1421 Pronuncia
- 1436 Pugilato
- 1497 Religione
- 1579 Rugby
- 1580 Rumore
- 1601 Sapore
- 1615 Scala
- 1628 Scherma
- 1633 Sci
- 1653 Scuola
- 1725 Solare (energia)
- 1741 Sostanza
- 1772 Sport
- 1783 Stampa
- 1788 Stato
- 1802 Strada
- 1815 Subacquea (immersione)
- 1823 Suono
- 1825 Superficie
- 1850 Tatto
- 1852 Teatro e circo
- 1855 Telefono
- 1858 Televisione
- 1866 Tennis
- 1870 Termica (energia)
- 1873 Terra
- 1882 Tetto
- 1908 Traffico
- 1920 Trasporti
- 1926 Treno
- 1952 Udito
- 1980 Valle
- 1990 Vela
- 1997 Vento
- 2001 Verdure
- 2021 Vino
- 2027 Vista
- 2034 Voce

Appendici:

- 2067 Sigle, abbreviazioni, simboli
- 2091 Nomi di persona
- 2098 Luoghi d'Italia
- 2102 Abitanti d'Italia
- 2104 Proverbi
- 2110 Locuzioni latine

lo ZINGARELLI

VOCABOLARIO
DELLA
LINGUA
ITALIANA
di Nicola Zingarelli

ZANICHELLI

ELENCO DEI COLLABORATORI

Dodicesima edizione

Il piano dell'opera è stato preparato dalle Redazioni lessicografiche Zanichelli con la collaborazione di Mario Cannella e con la consulenza di Miro Dogliotti e di Luigi Rosiello; è basato sui piani della decima edizione (a cura di Luigi Rosiello con la collaborazione di Delfino Insolera) e dell'undicesima edizione (a cura di Miro Dogliotti con la collaborazione di Augusta Forconi, con la consulenza di Luigi Rosiello e con alcune osservazioni e opinioni di Paolo Valesio).

Schedatura delle nuove voci e accezioni: Redazioni lessicografiche Zanichelli; Miro Dogliotti, Giuseppina Valoriani.

Nuove voci di lingua comune: *scelta*: Giuseppina Valoriani; *stesura*: *lettere A, C-R*: Maurizio Trifone; *lettere B, S-Z*: Giuseppina Valoriani; *rilettura*: Giuseppina Valoriani, Mario Cannella.

Nuove accezioni di lingua comune: *stesura*: Roberta Balboni, Rosella Fiorentini Rocca, Mario Cannella; *rilettura*: Mario Cannella.

Revisione generale (ristampe 1995-2002): Mario Cannella.

Linguaggi specialistici: *aeronautica*: Alberto Mondini; *agricoltura, astronautica, edilizia, elaborazione dati, elettrotecnica, giochi, idraulica, industria tessile, meteorologia, pedagogia, religione, scienze e tecniche militari, storia, telecomunicazioni, tipografia, topografia*: Marco Gatti, Michele Magni, Marina Pazzaglia, Rossella Toppino, Edigeo, Milano; *alimentazione, architettura, armi, automobilismo, elettricità, elettrotecnica, falegnameria, ingegneria, marina, meccanica, metallurgia, tecnologia*: Severo Mosca, Marco Gatti, Michele Magni, Marina Pazzaglia, Rossella Toppino, Edigeo, Milano; *anatomia, biologia, chirurgia, farmacologia, fisiologia, medicina, zoologia*: Giovanni Delfino, Eudes Lanciotti, Gianfranco Liguri, Massimo Stefani; *antropologia, etnologia, paleontologia, paletnologia*: Ugo Fabietti; *archeologia, filatelia, numismatica, radiofonia, urbanistica, veterinaria, biotecnia*: Marco De Candido; *arte, cinema, fotografia, televisione*: Vladimir Fava; *botanica*: Carlo Ferrari; *chimica, unità di misura*: Fabio Fava, Francesco Pilati, Bruno Fortunato, Carlo Stramigioli; *diritto*: Luigi Andrea Cosattini; *economia*: Fabrizio Picchi, Fernando Picchi; *enologia*: Mario Cannella; *filologia, letteratura, paleografia, retorica*: Massimo Castoldi; *filosofia*: Ugo Fabietti, Teodosio Orlando; *fisica, ottica*: Gianni Melegari; *fisica subnucleare*: Laura Iannotti; *geofisica, geologia, mineralogia*: Annibale Mottana; *grammatica, linguistica*: Maurizio Trifone, Carla Marello; *lingua araba*: Eros Baldissera; *matematica*: Marco Marcello Lupoi; *musica*: Piero Mioli, Franca Rosti; *pesca*: Gianfranco Rocca; *politica*: Mario Cannella; *psicologia*: Raffaella Tommasi; *sport*: Mario Andolfi, Francesca Giovannini, Espedito Laterza, Maurizio Trifone; *storia*: Gianni Sofri; *revisione delle tavole di nomenclatura*: Vincenzo Matera; *altri contributi*: Waldemar Eistermeier, Stefano Martelloni, Cristiana De Santis, Simon Gardner.

Etimologie: Manlio Cortelazzo.

Datazione: Riccardo Tesi con la collaborazione di Laura Sardelli e, per le parole più recenti, di Giuseppina Valoriani.

Accentazione, segni diacritici, trascrizioni fonematiche (ristampe 1994-1998): Luciano Canepari.

Note d'uso: Mario Cannella e – per la nota "Stereotipo" – Tullio De Mauro.

Coordinamento redazionale: Roberta Balboni.

Redazione linguaggi specialistici: Rosella Fiorentini Rocca.

Redazione etimologie, appendici e inserti grammaticali: Beata Lazzarini.

Contributi redazionali: Carla Bertani, Delia Bevilacqua, Amelia Bosi Antola, Claudia Capello, Anna Cocchi, Suzanne Cousin, Lindsay Lane, Beata Lazzarini, Federica Mascagni, Sabine Müller, Maria Paoloni, Paola Polselli, Paola Rossini, Gianni Sofri, Alessandra Stefanelli, Nicoletta Zingarelli. *Plurali delle voci straniere*: Annamaria Goy. *Aggiornamento delle appendici*: Enrico Righini, Lorenza Russo. *Consulenza ergonomica*: Stefana Broadbent. *Rilettura dell'Undicesima edizione*: Achille Lucarini. *Citazioni*: Filippo Gentili, Federico Pelle. *Revisione degli alterati*: Claudia Alberti, Giovanna Turrini, Giampiero Zanchi. *Locuzioni latine*: Annamaria Costanzo. *Lettura delle bozze*: Cooperativa Il Nove.

Iconografia a cura di Alessandra Stefanelli; *l'elenco degli autori e delle fonti delle illustrazioni è a pag. 11*

Progetto grafico, elaborazione automatica dei testi e composizione: Marco Brazzali, Roberto Cagol, Elisabetta Marin, Icoge, Trento.

L'editore ringrazia per le preziose segnalazioni di nuove voci e accezioni Pietro Cipriani, Andrea Comellini, Giustino De Bueriis, Guido Iazzetta, Piero Isola, Giovanni Mafera, Mario Monteleone, Gabriele Paleari, Adriano Raparo, Anna Ravano, Silvio Sinesio, Gianfranco Terrana *e per il contributo alle illustrazioni* gli Aeroporti di Roma, l'Editoriale Domus/Archivio Quattroruote, l'ENEL, la Manifattura Romana Bandiere.

Ristampa 2002. Nuove voci e accezioni: *scelta e definizioni*: Giuseppina Valoriani; *contributi e rilettura*: Mario Cannella. *Coordinamento redazionale*: Roberta Balboni. *Reggenze* a cura di Paola Guazzotti e Mario Cannella. *Nuove citazioni letterarie*: Federico Pelle. *Elvetismi*: Ettore Vitale. *Consulenza per il Corpus Italiano Zanichelli*: John Sinclair, Tuscan Word Center, Pescia. *Atlante dei colori* a cura di Simona Fantetti e Claudia Petracchi, Graphiter, Roma.

Coordinamento stampa e confezione: Gianni Santi, Mauro Stanghellini.

Sovraccoperta: Anna Maria Zamboni.

L'immagine in sovraccoperta riproduce Iznik, disegni multicolori su vetro di Aldo Mondino.

Edizione in cd-rom a cura di Marco Brazzali, Roberto Cagol, Elisabetta Marin, Icoge, Trento.
Flessioni dei lemmi: Elena Dal Pra, Beata Lazzarini.
Sezione dei giochi: Daniele Fusi, Enrico Lorenzi.
Pronuncia delle parole a cura di: Binari Sonori, Cinisello Balsamo (MI); *Revisione redazionale*: Annamaria Costanzo, Cristiana De Santis, Claudia Rosenzweig.

Undicesima edizione

Revisione generale: M. Dogliotti, L. Rosiello. *Coordinamento redazionale*: R. Balboni. *Etimologia*: P. Zolli. *Accentazione scritta e trascrizione fonematica*: I. Calabresi.

Stesura nuove voci e revisione decima edizione: *A-P* A. Forconi, *Q* M. Medici, *R* R. Balboni, *S* R. Fiorentini Rocca, *T-V* G. Valoriani, *W-Z* B. Lazzarini; *contributi redazionali generali* R. Balboni, R. Fiorentini Rocca, B. Lazzarini.

Linguaggi specialistici: A. Suvero. *Repertori finali*: *locuzioni*: C. Lapucci; *proverbi*: A.M. Cirese; *nomi propri e luoghi d'Italia*: Manlio Cortelazzo; *tavole di nomenclatura*: M. Insolera e A. Suvero per la tavola *Energia*.

Collaborazioni redazionali: A. Cocchi, A. Colliva, C. Capello, L. Marisaldi, G. Piacentini, A. Stefanelli, G. Zaniboni, N. Zingarelli, M.C. Zingarelli; *rilettura critica*: L. Graziuso; *lettura bozze*: D. Molinari, Cooperativa Il Nove.

Decima edizione

Direzione e coordinamento redazionali: M. Dogliotti. *Revisione generale*: L. Rosiello, P. Valesio.

Accentazione scritta e trascrizione fonematica: P. Fiorelli, I. Calabresi. *Etimologia*: *impostazione, affissi e lettere B, D, E, G-L, T, U, V, W-Z*: M. Cortelazzo (con A. Gurian per le lettere *I* e *L*); *lettere A, C, F, M-R, V*: P. Zolli; *lettera S*: A. Zamboni. *Stesura e revisione voci grammaticali*: M. Medici.

Voci di lingua comune: B. Basile, M. Dogliotti, A. Forconi, G. Manzoni, M.R. Patrignani, E. Schiavina, P. Valesio, G. Valoriani; L. Albini, D. Boni, A. De Paz, G. Dragoni, E. Righini, S. Roccuzzo, W. Tega.

Voci dei linguaggi speciali: *coordinamento interdisciplinare*: R. Levis, M. Medici, M. Pezzi, P. Saconney; *abbigliamento, acconciatura e cosmesi*: V. Rossi Lodomez; *aeronautica e astronautica*: R. Vannutelli; *agricoltura*: A. Giardini, D. Ricci; *anatomia e fisiologia umana*: G. Sturani; *antiquariato*: N. Avogadro Dal Pozzo; *araldica e scienze storiche ausiliarie*: G. Plessi; *archeologia e antichità*: F. Scafile; *armi antiche*: A. Gaibi; *artigianato*: G. Del Tredici; *arti plastiche e figurative*: A. Concina Sebastiani; *astrologia*: F. Waldner; *astronomia*: G. Mannino; *automobilismo e motorizzazione*: F. Bernabò, A. Evangelisti; *biologia generale, botanica e zoologia*: A. Peyrot, M.G. Maddalena; *caccia*: L. Ugolini; *chimica*: B. Acciaro, R. Fiorentini Rocca; *diritto*: F. Bosello, I. Caraccioli, C. Ezechieli, A. Frignani, G. Pini, M. Scaparone, I. Spada; *economia politica*: D. Cremona Dellacasa, R. Finzi; *editoria e stampa*: L. Lovera; *elettrotecnica ed elettronica*: T. De Gemmis, E. Lo Bue, M. Pezzi, R. Ulivastro; *etnologia*: R. Bosi; *farmacologia*: P. Di Mattei; *ferrovia*: L. Liverani; *filatelia*: G. Bolaffi; *filosofia e pedagogia*: W. Tega; *fisica*: R. Levis, C. Sacchi; *fotografia*: C. Marin; *gastronomia*: L. Veronelli; *geografia*: L. Varani; *geologia*: M. Manzoni; *giornalismo*: I. Zingarelli; *ingegneria chimica*: F.P. Arzano, G.B. Saracco, T. Velo; *ingegneria civile ed edilizia*: G.M. Bo; *ingegneria meccanica*: S. Musso, N. Piccinini; *ingegneria mineraria*: R. Mancini; *ingegneria nucleare*: S. Cazzoli; *letteratura*: G. Calboli, G.R. Franci; *linguistica*: A. Uguzzoni; *marina militare e mercantile*: G. Sleiter; *matematica*: F. Speranza; *medicina e chirurgia*: L. Chiampo; *meteorologia*: E. Bernacca; *mineralogia*: L. Tomadin; *musica*: A. Pironti; *nautica da diporto*: V. Zaccagnino; *numismatica*: F. Panvini Rosati; *oreficeria e gioielleria*: B. Bini; *organizzazione aziendale*: F. Ambrosini, A. Cioccolani; *orologeria*: J.P. Daran; *ottica*: A. Fiorentini; *paleontologia*: A. Ferrari; *pesca*: R. Pacini; *politica*: N. Matteucci; *psicologia*: A. Ranzi; *ragioneria*: S. Disegni Reichenbach; *religione*: A. Di Nola; *scienze e tecniche militari*: S. Longo; *spettacolo*: P. Gonnelli; *sport*: E. Balboni, C. Guaraldo, M. Medici, F. Nani, R. Nostini; *statistica e demografia*: R. Predi; *tecnica bancaria*: A. Musiani, L. Ugo; *tecnologia alimentare*: G. Borelli, A. Marani; *tecnologia calzaturiera*: G. Muggiani; *tecnologia cartaria*: U. Tisi; *tecnologia conciaria*: G. Martignone; *tecnologia dell'imballaggio*: V. Goldin, G. Zecchini; *tecnologia tessile*: F. Brunello; *tecnologia vetraria*: R. Pes; *telefonia*: C. Camozzi; *termotecnica*: E. Lavagno; *trattamento automatico delle informazioni*: G. Rapelli; *veterinaria e zootecnia*: A. Mordenti.

Tavole di nomenclatura: *impostazione*: M. D'Angiolini, M. Insolera; *coordinamento*: A. Cassata; *stesura*: A. Cassata, M. D'Angiolini, E. Fubini, C. Gandini, M. Insolera, S. La Salvia, L. Ricciu, A. Sangregorio.

Questo vocabolario accoglie anche parole che sono – o si pretende che siano – marchi registrati, senza che ciò implichi alcuna valutazione del loro reale stato giuridico; nei casi obiettivamente noti all'editore, comunque, il lemma è seguito dal simbolo ® o dalla voce reca la menzione "marchio registrato".

© 2001, 2000, 1999, 1998, 1997, 1996, 1995, 1994, 1993 Zanichelli editore S.p.A., Via Irnerio 34, 40126 Bologna.

[2600DER]

Chiusura redazionale: aprile 2001.

I diritti di traduzione, di memorizzazione elettronica, di riproduzione e di adattamento, totale o parziale, con qualsiasi mezzo (compresi i microfilm e le copie fotostatiche) sono riservati per tutti i Paesi.

Finito di stampare nel giugno 2001 da Rotolito Lombarda, Pioltello (MI)

PRESENTAZIONE

Lo **Zingarelli** è il primo vocabolario italiano per la cui redazione ci si è avvalsi di un corpus di riferimento di testi letterari, scientifici, giuridici, giornalistici disponibile in linea su supporto elettronico. Il **Corpus Italiano Zanichelli** è costituito innanzitutto dalle principali opere classiche della letteratura italiana: le stesse opere che sono state pubblicate nel cd-rom *LIZ 4.0* a cura di Pasquale Stoppelli e Eugenio Picchi. A queste si aggiungono annate di quotidiani e di giornali scientifici, estratti di sentenze giuridiche, testi provenienti da Internet e da altre fonti. Il corpus è consultabile tramite lo stesso potente e versatile motore di ricerca che gli utenti hanno apprezzato nel cd-rom *dello* **Zingarelli**. I lessicografi perciò, nel redigere nuove definizioni o nel rivedere quelle esistenti, possono ora immediatamente verificare l'uso effettivo di ogni parola nella lingua italiana di ieri o di oggi.

Lo **Zingarelli 2002** accoglie oltre 500 nuove parole e accezioni: tutte – sia chiaro – scelte evitando quelle effimere o contingenti e privilegiando i neologismi il cui uso è ormai stabile e destinato a durare. Ci sono parole e locuzioni nate per innovazioni culturali, legislative o tecnologiche, come bipartisan, ecopacifismo, gravitino, gnucco, messaggino, vintage; ci sono nuovi significati di parole esistenti, come cancelletto, cavigliera, compressione, dorso, governatore, zatterone; c'è la nuova economia con le sue sigle misteriose: B2C, FAQ, ISP, SWIFT, T9; ci sono infine parole e locuzioni provenienti da altre lingue, come blue tooth, cosy, fandom, green shoe, pashmina, qibla. (Ma, nonostante i ricorrenti allarmi sulla scomparsa dell'italiano, le parole straniere accolte nel vocabolario rimangono meno del 2% del totale).

I cambiamenti nelle ristampe annuali dello Zingarelli non si limitano all'aggiornamento lessicale: quest'anno, ad esempio, sono state modificate e integrate oltre 15 000 voci con una media di circa sette variazioni per ogni pagina.

Le altre principali novità dello **Zingarelli 2002** sono:
1) *Il vocabolario indica ora le reggenze di oltre 550 parole*: tutte le parole per le quali più frequentemente si pongono dilemmi del tipo scusarsi di … o scusarsi per …, capace a … oppure capace di…
2) *L'elenco degli autori che sono fonte di citazioni letterarie si è arricchito di 28 nuovi nomi*, fra cui segnaliamo Caterina da Siena, Luigi Einaudi, Natalia Ginzburg, Giuseppe Tomasi di Lampedusa e – unici viventi – Dario Fo e Mario Luzi.
3) *Per la prima volta si è tenuto conto dell'Italiano parlato in Svizzera nel Canton Ticino e in zone dei Grigioni.* Ciò ha portato alla registrazione di numerose nuove parole e di nuovi significati di parole già registrate: si tratta per lo più di parole del linguaggio amministrativo e burocratico, come attinenza, buralista, decania, patriziato, vignetta.
4) *Sono state retrodatate oltre 7600 parole.* La maggior parte delle retrodatazioni derivano dal confronto delle forme flesse delle parole con i principali testi letterari del '500, '600, '700, '800 contenuti nel cd-rom LIZ 4.0. Altre retrodatazioni si basano inoltre su nuove attestazioni contenute nella seconda edizione del DELI - Dizionario etimologico della lingua italiana *di* Manlio Cortelazzo e Paolo Zolli (Zanichelli, 1999).
5) *È stato interamente rivisto l'***Atlante dei colori** *che ora ha nuovi nomi dei colori e una nuova suddivisione nelle varie tonalità.*
6) *Nella sezione* **Giochi** *dell'edizione su cd-rom, un programma di* Daniele Fusi *permette di verificare immediatamente se una sequenza di caratteri ha uno o più anagrammi fra le forme flesse dei lemmi del vocabolario. Della stessa sequenza, il programma costruisce inoltre i logografi (anagrammi parziali).*

La prima edizione del **Vocabolario della lingua italiana** *di* Nicola Zingarelli *fu pubblicata nel 1922. L'opera ebbe un successo immediato grazie alla capacità di rispondere alle diverse quotidiane esigenze di ogni lettore: studente o professionista, lettore o scrittore. Dopo la morte dell'autore (1935) il vocabolario fu periodicamente rivisto nelle edizioni successive, fra le quali è da ricordare la* decima (1970): *una totale rielaborazione a cura di Miro Dogliotti, Luigi Rosiello e Paolo Valesio, con l'ausilio di 109 specialisti e della redazione lessicografica della Zanichelli. L'undicesima edizione (1983) a cura di Miro Dogliotti e Luigi Rosiello conservò la struttura dell'edizione precedente, ma fu interamente rivista e aggiornata.*

Le principali innovazioni della dodicesima edizione (1993) *e delle successive ristampe annuali sono state*:
• *L'inclusione di numerose* Note d'uso *come* Accento, Elisione, Errori comuni, Maiuscola, *tra le quali si segnalano le note* Femminile *e* Stereotipo *per le loro implicazioni sociolinguistiche.*
• *L'inserimento nel vocabolario di 118 Tavole di nomenclatura che creano una fitta rete di collegamenti analogici all'interno dell'opera.*
• *L'indicazione con un piccolo rombo delle parole che appartengono all'italiano fondamentale: sono le circa 4500 parole di uso più frequente, scelte in base ai lessici di frequenza e alla presenza in dizionari bilingui di dimensioni ridotte; nei casi dubbi si sono effettuate verifiche statistiche nel* Corpus Italiano Zanichelli.
• *La presenza di circa 300 rinvii da forme flesse irregolari al verbo da cui derivano: per es.* cossi *rimanda a* cuocere *e* vattene *ad* andare.
• *La datazione delle parole.*
• *L'indicazione dei plurali irregolari in lingua originale delle parole straniere (anche se permane il consiglio di considerarle invariabili in italiano).*
• *L'evidenziazione in corsivo neretto delle locuzioni.*
• *La registrazione della pronuncia italianizzata di molte parole straniere, specialmente inglesi: di parole come* manager *e* baby sitter, *si danno per prime le pronunce* /ˈmanadʒer/, /ˈbɛbiˈsitter/ *e poi quelle della lingua originale.*
• *L'aggiunta di un* Dizionario visual *di 64 pagine a colori.*
• *La presenza nell'edizione su cd-rom della pronuncia dei lemmi per i quali il vocabolario fornisce la trascrizione fonetica: cioè di tutte quelle parole – straniere, latine o italiane – che non sono immediatamente leggibili in base alla grafia e ai segni diacritici.*

Questo vocabolario è opera di 298 collaboratori, ai quali esprimiamo la nostra gratitudine: i loro nomi e le loro funzioni sono elencati nella pagina a fronte. Ricordiamo commossi Luigi Rosiello, *il maestro e l'amico che ha seguito e guidato il nostro lavoro per quasi 30 anni, troppo presto scomparso il 16 giugno 1993.*

Compilare un vocabolario è un'operazione complessa e delicata; l'esperienza dimostra che imprecisioni ed errori possono essere limitati ma non del tutto evitati: ringraziamo fin d'ora i lettori che ce li vorranno segnalare.

maggio 2001

l'Editore

ABBREVIAZIONI USATE NEL VOCABOLARIO

abbigl.	= abbigliamento	*cong.*	= congiunzione, congiuntivo	*genit.*	= genitivo
abbr.	= abbreviato, abbreviazione	*congv.*	= modo congiuntivo	*genov.*	= genovese
abl.	= ablativo	*coniug.*	= coniugazione, coniugato	*geofis.*	= geofisica
a.C.	= avanti Cristo	*consec.*	= consecutivo	*geogr.*	= geografia
acc.	= accusativo	*contr.*	= contrario	*geol.*	= geologia
accr.	= accrescitivo	*correl.*	= correlativo, correlazione	*ger.*	= gerundio
accorc.	= accorciativo	*corrisp.*	= corrispondente	*gerg.*	= gergale
adatt.	= adattamento	*crist.*	= cristiano	*germ.*	= germanico
aer.	= aeronautica	*cuc.*	= cucina, gastronomia	*giapp.*	= giapponese
afric.	= africano	*dan.*	= danese	*giorn.*	= giornalismo
agg.	= aggettivo, aggettivale, aggettivato	*denom.*	= denominazione, denominale	*got.*	= gotico
agr.	= agricoltura	*deriv.*	= derivato, derivazione	*gr.*	= greco
amer.	= americano	*desin.*	= desinenza, desinenziale	*gramm.*	= grammatica, grammaticale
anat.	= anatomia umana e comparata	*det.*	= determinato, determinativo	*idraul.*	= idraulica
ant.	= antico	*dial.*	= dialettale, dialettalismo	*ill.*	= illustrazione
antifr.	= antifrasi, antifrastico	*difett.*	= difettivo	*imit.*	= imitativo
anton.	= antonomasia	*dim.*	= diminutivo	*imperat.*	= imperativo
antrop.	= antropologia	*dimostr.*	= dimostrativo	*imperf.*	= imperfetto
ar.	= arabo	*dir.*	= diritto	*impers.*	= impersonale, impersonalmente
arald.	= araldica	*distr.*	= distributivo	*impropr.*	= improprio, impropriamente
arc.	= arcaico, arcaismo	*disus.*	= disusato	*indef.*	= indefinito
arch.	= architettura	*dub.*	= dubitativo	*indet.*	= indeterminativo
archeol.	= archeologia	*ebr.*	= ebraico	*indeur.*	= indeuropeo
art.	= articolo, articolato	*ecc.*	= eccetera	*indic.*	= indicativo
assol.	= assoluto, assolutamente	*eccl.*	= ecclesiastico	*indost.*	= indostano
astr.	= astratto	*ecol.*	= ecologia	*inf.*	= infinito
astrol.	= astrologia	*econ.*	= economia	*infant.*	= infantile
astron.	= astronomia	*edil.*	= edilizia	*ing.*	= ingegneria
attrav.	= attraverso	*edit.*	= editoria	*ingl.*	= inglese
aus.	= ausiliare	*egiz.*	= egiziano	*intens.*	= intensivo, intensivamente
austral.	= australiano	*elab.*	= elaborazione elettronica dei dati	*inter.*	= interiezione, interiettivo
autom.	= automobilismo	*elettr.*	= elettricità, elettrotecnica	*interr.*	= interrogativo
av.	= avanti	*elettron.*	= elettronica	*intr.*	= intransitivo, intransitivamente
avv.	= avverbio, avverbiale, avverbialmente	*ellitt.*	= ellittico, ellitticamente	*inv.*	= invariabile
avvers.	= avversativo	*elvet.*	= elvetismo	*iperb.*	= iperbole, iperbolicamente
banca	= banca e borsa	*encl.*	= enclisi, enclitico	*iran.*	= iranico
biol.	= biologia	*enfat.*	= enfatico, enfaticamente	*iron.*	= ironico, ironicamente
biz.	= bizantino	*enol.*	= enologia	*isl.*	= islandese
bot.	= botanica	*es.*	= esempio	*it.*	= italiano
bur.	= burocratico, burocraticamente	*escl.*	= esclamativo, esclamazione	*iter.*	= iterativo, iterativamente
ca.	= circa	*est.*	= estensione, estensivo, estensivamente	*lat.*	= latino
calz.	= calzaturiera (tecnica)	*etim.*	= etimologia, etimologico, etimologicamente	*lett.*	= letterario, letterariamente
card.	= cardinale	*eufem.*	= eufemismo, eufemistico	*letter.*	= letteratura
cart.	= cartaria (tecnica)	*eur.*	= europeo	*ling.*	= linguistica
caus.	= causale	*evit.*	= evitare, evitato	*loc.*	= locuzione
celt.	= celtico	*f.*	= femminile	*lomb.*	= lombardo
centr.	= centrale	*fam.*	= familiare, familiarmente	*longob.*	= longobardo
cfr.	= confronta	*farm.*	= farmacia, farmacologia	*m.*	= maschile
chim.	= chimica	*ferr.*	= ferrovia	*maiusc.*	= maiuscolo
chir.	= chirurgia	*fig.*	= figurato, figuratamente	*mar.*	= marina
cin.	= cinese	*filat.*	= filatelia	*mat.*	= matematica
cine	= cinema	*filos.*	= filosofia	*mecc.*	= meccanica
collett.	= collettivo	*fis.*	= fisica	*med.*	= medicina
com.	= comune, comunemente	*fisiol.*	= fisiologia umana e comparata	*mediev.*	= medievale
comm.	= commercio	*fon.*	= fonetico	*mediterr.*	= mediterraneo
comp.	= composto, composizione	*formaz.*	= formazione	*merid.*	= meridionale
compar.	= comparativo, comparazione	*fot.*	= fotografia	*metall.*	= metallurgia
compl.	= complemento	*fr.*	= francese	*meteor.*	= meteorologia
concess.	= concessivo	*freq.*	= frequentativo	*mil.*	= militare (scienza e tecnica)
conciar.	= conciaria (tecnica)	*fut.*	= futuro	*milan.*	= milanese
concl.	= conclusivo, conclusione	*gener.*	= generale, generalmente; generico, genericamente	*min.*	= mineraria (scienza e tecnica)
condiz.	= condizionale			*miner.*	= mineralogia
				mitol.	= mitologia
				mod.	= moderno

anchorman /ingl. 'æŋkəɹˌmæn/ [loc. ingl. d'America, propr. 'uomo àncora'; 1984] s. m. inv. (f. ingl. *anchorwoman* /ingl. 'æŋkəɹˌwomən/ o *anchorlady* /'æŋkə-leidi/; pl. m. ingl. *anchormen* /ingl. 'æŋkəɹˌmen/; pl. f. ingl. *anchorwomen* /ingl. 'æŋkəɹˌwimən/ o *anchorladies* /'æŋkə-leidis/) ● Conduttore di un notiziario televisivo o radiofonico, che assicura da studio i collegamenti con i vari inviati, coordina la messa in onda dei servizi e commenta gli avvenimenti del giorno | (*gener.*) Conduttore di un programma televisivo o radiofonico di largo ascolto.

— *forme flesse di parola straniera*
— *trascrizione fonematica*
— *sfumatura di significato*

coulombòmetro /kulom'bɔmetro/, (*evit.*) **coulòmbmetro** /ku'lɔm(b)metro/ [comp. di *coulomb* e *-metro*; 1987] s. m. ● Apparecchio misuratore di quantità di elettricità. CFR. Amperometro, voltametro.

— *l'accento grave sulla e o sulla o indica pronuncia aperta*

bélva [lat. *bĕl(l)ua(m)* 'bestia': vc. onomat. (?); 1319] s. f. ● Animale feroce (*anche fig.*): *di sua tana stordita esce ogni b.* (POLIZIANO); *quando beve diventa una b.* CFR. terio-, -terio. SIN. Fiera.

— *l'accento acuto sulla e o sulla o indica pronuncia chiusa*
— *citazioni d'autore*

gliptogènesi [comp. di *glipto-* e *genesi*] s. f. inv. ● (*geol.*) Insieme dei fenomeni chimico-fisici di degradazione delle rocce.

— *il puntino sotto il gruppo gli o gn indica suono velare della g*
— *il puntino sotto la s o la z indica suono sonoro*

gnèiss (o **gn-**) /gnɛis, *ɲɛis, gnais/ o **gnàis**, **gnèis** /gnais, gnɛis/ [fr. *gneiss*, dal ted. *Gneis* 'scintilla', di orig. indeur., per la sua lucentezza (?)].

dializzàre [da *dialisi*; 1951] v. tr. ● (*chim., med.*) Sottoporre a dialisi.

— *il trattino sotto la i o la u indica suono vocalico*

◆**càṣa** [lat. *căsa(m)* 'capanna', di etim. incerta; 1233] s. f. **I** Edificio di uso privato. **1** Costruzione adibita ad abitazione per una o più famiglie: *c.*

— *due puntini sotto la s indicano che il suono può essere sordo o sonoro*

ecodòppler [comp. di *eco* (2) e *doppler*] s. f. o m. inv. ● (*med.*) Tecnica diagnostica che impiega gli ultrasuoni per determinare la velocità del flusso ematico. SIN. Dopplersonografia. CFR. Doppler.

— *sinonimi*
— *analoghi*

endotèrmo [comp. di *endo-* e *-termo*] s. m. ● (*zool.*) Organismo animale che utilizza i propri processi metabolici come principale sorgente di calore corporeo. CONTR. Ectotermo.

— *accento tonico facoltativo*
— *contrari*

ventitré [comp. di *venti* e *tre*] agg. num. card. inv.; anche s. m. inv. ● (*mat.*) Due volte dieci, o due decine, più tre unità, rappresentato da *23* nella numerazione araba, da *XXIII* in quella romana. **I** Come agg. ricorre nei seguenti usi. **1** Rispondendo o sottintendendo la domanda 'quanti?', indica la quantità numerica di ventitré unità (spec. preposto a un s.): *sono le dieci e v. primi*; *compiere v. anni*; *dista v. kilometri.* **2** Rispondendo o sottintendendo la domanda 'quale?', identifica qlco. in una pluralità, in una successione, in una sequenza (spec. posposto a un s.): *abito al numero v.*; *oggi è il giorno v.*; *sono le ore v.* **II** Come s. ricorre nei seguenti usi. **1** Il numero ventitré (per ellissi di un s.): *il v. è un numero primo*; *ventidue e uno, v.*; *è uscito il v. sulla ruota di Cagliari*; *sono le otto e v.* | *Le v.*, le undici di sera, la penultima..
o nel 1723 e sim. **2** Il segno che rappresenta il numero ventitré (V. nota d'uso ACCENTO).

— *accento grafico obbligatorio*
— *il pallino indica che vi è un significato unico*
— *i numeri romani* **I**, **II**, **III**, *ecc. indicano il raggruppamento logico di più significati*
— *i numeri arabi* **1**, **2**, **3**, *ecc. indicano diversi significati*
— *fraseologia esplicativa*
— *rinvio a nota d'uso*

◆**mièle** o (*poet.*) **mèle** [lat. *mĕl*, nom., di orig. indeur.; 1241] s. m. **1** Sostanza dolce sciropposa, di color cereo, ambrato o brunastro, che le api producono elaborando il nettare tratto dai fiori e da altri succhi dolci delle piante | *M. vergine*, che cola spontaneo dai favi delle api | *M. selvatico*, di api non allevate | *Dolce come m.*, dolcissimo. **2** (*fig.*) Dolcezza: *persona tutto m.* | *Parole di m.*, dolcissime | *Essere tutto m.*, molto affettuoso | *Luna di m.*, primo mese, primo periodo di matrimonio. ‖ PROV. Val più una goccia di miele che un barile di fiele.

— *indice di appartenenza all'italiano fondamentale*
— *abbreviazione del vocabolo (m. = miele)*
— *proverbi*

AVVERTENZE PER LA CONSULTAZIONE

1. Struttura del vocabolario. Come ogni libro, lo **Zingarelli** è diviso in paragrafi. Ogni paragrafo (*voce*) è dedicato a una parola – come **libro**, **bèllo**, **sèmpre**, **dìre** – o, meno frequentemente, a una locuzione – come **opera omnia**, **ante litteram**, **big bang**, **nòta bène**: la parola (o la locuzione) che dà il titolo alla voce si dice *vocabolo* (o *lemma*, o *esponente*) ed è in neretto, all'inizio della voce stessa.

Ogni singola voce è organizzata secondo uno schema fisso: vocabolo (V. 3.); indicazione di marchio registrato (V. 10.); trascrizione fonematica (V. 14.); varianti di forma (V. 4.); etimologia (V. 12.); qualifica grammaticale (V. 5.); sezione morfologica (V. 6.); sezione semantica (V. 7.); sinonimi, contrari, analoghi, simboli (V. 8.); alterati e avverbi in -*mente* (V. 9.); proverbi: (V. 11.).

2. Ordinamento delle voci. Tutti i vocaboli dello **Zingarelli** sono elencati in stretto ordine alfabetico, secondo la normale sequenza: a b c d e f g h i j k l m n o p q r s t u v w x y z. (Per ricordare la collocazione di j, k, w, x, y, z possono essere utili le seguenti regole: 1) la *i lunga* (*j*) segue la *i*; la *v doppia* (*w*) segue la *v*; 2) *k*, *l*, *m* si susseguono come nel nome della compagnia aerea olandese KLM; 3) *x*, *y*, *z* sono nello stesso ordine alfabetico dei loro nomi: *ics, ipsilon, zeta.*)

Nell'ordine alfabetico si trascurano gli accenti, i trattini, gli spazi, le parentesi e ogni altro segno che non sia una delle ventisei lettere dell'alfabeto. Ad esempio una possibile sequenza di vocaboli potrebbe essere:

àbaco
abadéssa
ab aeterno
abàte
abat-jour
àbato
ab imis
abìsso
ab ovo
abracadàbra

Si osservi che le locuzioni **ab aeterno**, **ab imis** e **ab ovo** sono elencate come se fossero scritte **abaeterno**, **abimis** e **abovo**: perciò **abàte**, **abat-jour**, **àbato** precedono **ab imis**; **abìsso** è prima di **ab ovo**.

Le uniche parole che non seguono l'ordine alfabetico sono quelle in neretto in corpo minore e cioè: le varianti di forma che seguono il vocabolo (V. 4.); gli alterati e gli avverbi in -*mente* che sono posti alla fine della voce (V. 9.).

3. Vocabolo. I vocaboli sono registrati nella forma che per convenzione è considerata fondamentale: il singolare per i sostantivi di genere fisso; il singolare maschile per i sostantivi di genere mobile e per gli aggettivi; l'infinito per i verbi. Perciò le parole **cugine**, **buone**, **canteranno** sono trattate alle voci **cugino**, **buono**, **cantare**. Hanno trattazione separata i vocaboli femminili che hanno un significato autonomo dal corrispondente maschile: ad esempio **méla**, **fièra** (**2**), **pastorèlla** (**1**) e (**2**). Nei casi dubbi il vocabolo maschile rimanda al femminile o viceversa.

Si considerano omografi quei vocaboli che pur avendo etimo o significati diversi sono uguali come scrittura (omonimi quindi in senso largo), abbiano o no suono diverso. I vocaboli omografi sono distinti da un numero posto fra parentesi tonde in neretto alla fine del lemma: **delfino** (**1**) e **delfino** (**2**); **àncora** (**1**) e **ancóra** (**2**).

I vocaboli arcaici, non più in uso, ma che si trovano in testi letterari di altri secoli, sono contrassegnati dal segno di arcaismo † (per es. **†ancìdere**)

I circa 4500 lemmi di maggiore frequenza d'uso (l'"italiano fondamentale") sono preceduti da un piccolo rombo (♦) queste parole sono state scelte sulla base di lessici di frequenza (fra cui il *Lessico di frequenza della lingua italiana* a cura di U. Bortolini, C. Tagliavini e A. Zampolli, Garzanti, 1972, il *Lessico di frequenza dell'italiano parlato* di T. De Mauro, F. Mancini, M. Vedovelli, M. Voghera, Etaslibri, 1993 e il *Lessico elementare* di L. Marconi, M. Ott, E. Pesenti, D. Ratti, M. Tavella, Zanichelli, 1994) e in base ad analisi statistiche del *Corpus Italiano Zanichelli*.

I prefissi o primi elementi sono seguiti da un trattino: **a-**, **auto-**; i suffissi o secondi elementi ne sono invece preceduti: **-ismo**, **-logìa**; in entrambi i casi la voce è evidenziata da un fondo grigio.

4. Varianti di forma. Si considera variante di forma di un vocabolo quella parola che presenta, rispetto a un'altra più comune nell'uso, differenze fonetiche o grafiche ma ha la stessa base etimologica e gli stessi significati, tali quindi da comportare identica trattazione se venisse sviluppata in maniera autonoma e distinta. Non si considerano varianti, pur possedendone tutte le caratteristiche, i sostantivi di genere maschile rispetto a quelli femminili e viceversa (per es. *frettazza*, *frettazzo*) e i verbi differenti per coniugazione (per es. *abbellare*, *abbellire*). La variante di forma si registra in carattere nero più piccolo (per es. **desìo** o **disìo**). Di regola essa si colloca anche al suo posto alfabetico, con rimando alla forma più usata (per es. **disìo** ● V. *desio*); se però nell'ordine alfabetico segue o precede immediatamente la forma più comune, viene registrata soltanto accanto a questa (per es. **rèdine** o †**rèdina**)

Le varianti di forma possono essere precedute dall'indicazione in forma abbreviata dei loro limiti d'uso o dal segno dell'arcaismo (per es. **gas** ... o (*tosc.*) **gàsse**, †**gaz**).

5. Qualifica grammaticale. La qualifica grammaticale indica la funzione che la parola assolve nel discorso. Essa è abbreviata in carattere neretto condensato; nel caso che la stessa voce presenti più di una qualifica grammaticale (per es. **genèrico** ...**A agg.** ... **B s. m.** ...; **decìdere** ...**A v. tr.** ... **B v. tr. e intr.** ... **C v. intr. pron.**), questa è preceduta da una lettera maiuscola in neretto.

6. Sezione morfologica. In questa sezione vengono segnalate le forme di flessione dei vocaboli – sostantivi, aggettivi, verbi ecc. – per cui si possono avere dubbi o incertezze nella declinazione o nella coniugazione. Tutta la sezione è posta fra parentesi tonde. Le forme flesse sono in corsivo: per intero quando vi sono mutamenti nella radice, nella grafia o nella pronuncia; altrimenti abbreviate per suffisso o desinenza.

Il vocabolario segnala:

● i plurali irregolari dei sostantivi maschili e femminili (**bùe** ... pl. m. *buòi*; **àla** ... pl. *àli*)

● i plurali dei sostantivi maschili terminanti in -*a* (**poèta** ... pl. m. -*i*), in -*co*, -*go*, -*sco* (**bàco** ... pl. -*chi*; **pòrtico** ... pl. -*ci*; **màgo** ... pl. -*ghi*; **fiàsco** ... pl. -*schi*)

● i plurali maschili degli aggettivi terminanti in -*co*, -*go*, -*sco* (**lùbrico** ... pl. m. -*ci*; **anàlogo** ... pl. m. -*ghi*; **frésco** ... pl. m. -*schi*)

● i plurali dei sostantivi femminili terminanti in -*cia*, -*gia*, -*scia* (**lància** ... pl. -*ce* o -*cie*; **provìncia** ... pl. -*ce* o -*cie*; **fràngia** ... pl. -*ge*; **bìscia** ... pl. -*sce*) quando l'accento tonico non cada sulla desinenza

● i plurali femminili degli aggettivi terminanti in -*cio*, -*gio*, -*scio* (**guèrcio** ... pl. f. -*ce*; **grìgio** ... pl. f. -*gie* o -*ge*; **lìscio** ... pl. f. -*sce*) quando l'accento tonico non cada sulla desinenza

● i plurali dei sostantivi composti (**capostazióne** ... pl. m. *capistazióne*), dei sostantivi che al plurale mutano genere (**pàio** ... pl. *pàia*, f.), dei sostantivi sovrabbondanti che hanno due plurali di genere diverso, con eventuali riferimenti ai diversi significati (**bràccio** ... pl. *bràccia*, f. nei sign. ..., *bràcci*, m. nei sign. ...)

● i femminili dei nomi mobili (**poèta** ... f. -*essa*)

● la forma maschile di alcuni sostantivi femminili (**cenerèntola** ... m. -*o*)

● i comparativi e superlativi organici o irregolari degli aggettivi, eventualmente accanto alla forma regolare (**buòno** ... compar. di maggioranza *più buòno* o *miglióre*, sup. *buonìssimo* o *òttimo*; **àcre** ... sup. *acèrrimo*)

● i troncamenti, le elisioni, le forme eufoniche (**bène** ... troncato in *ben* in posizione proclitica; **fràte** ... troncato in *fra*, raro *frà*, o *fra'*)

Le parole di origine e struttura non italiana sono generalmente considerate, in contesti italiani, come parole invariabili: è corretto scrivere *i bar*, *i manager*, *gli abat-jour*: lo Zingarelli designa infatti questi vocaboli come invariabili. Poiché tuttavia può essere necessario od opportuno in casi specifici far uso delle forme flesse in lingua originale, il vocabolario segnala i plurali o i femminili di quelle parole che possono porre dubbi al lettore: ad esempio si segnalano i plurali irregolari dei sostantivi inglesi e francesi (cioè i casi in cui il plurale non si ottiene per aggiunta della desinenza -*s*); le forme flesse irregolari degli aggettivi francesi; i plurali delle locuzioni; i plurali di sostantivi e aggettivi di altre lingue che non siano l'inglese e il francese; le forme plurali comunemente usate per sostantivi e locuzioni latini e greci.

Per i verbi vengono segnalati:

● gli ausiliari di tutti gli intransitivi non arcaici (**aderìre** ... aus. *avere*; **affluìre** ... aus. *essere*; **córrere** ... aus. *essere* quando si esprime o si sottintende una meta, aus. *avere* quando si esprime l'azione in sé o nel significato di partecipare a una corsa)

● tutte le forme irregolari dei verbi non arcaici (**andàre** ... pres. *io vàdo*, o *vo* /vɔ*/, *tu vài*, *egli va*, *noi andiàmo*, *voi andàte*, *essi vànno*; fut. *io andrò*, pop. *anderò*; congv. pres. *io vàda*, *tu vàda*, *noi andiàte*, *essi vàdano*; cond. pres. *io andrèi*, pop. *anderèi*; imp. *va* /va, va*/ o *va'* o *vài*, *andàte*; le altre forme dal tema *and-*)

• i tempi, i modi ed eventualmente le forme di tutti i verbi difettivi compresi gli arcaici (**calère** ... dif. usato solo in alcune forme dei tempi semplici: pres. *càle*; imperf. *calèva*; pass. rem. *càlse*; congv. pres. *càglia*; congv. imperf. *calèsse*; cond. †*carrèbbe*; ger. *calèndo*; part. pass. raro †*calùto*)

• la prima persona singolare del presente indicativo quando la sillaba tonica, diversa da quella dell'infinito, contenga le vocali *e* oppure *o*: in tal caso l'accento grave o acuto indica il grado di apertura della vocale stessa (**sentìre** ... *io sènto*); non si riporta la forma della prima persona del presente indicativo quando il grado di apertura della vocale tonica è lo stesso dell'infinito, come in **pèrdere**

• la prima e la seconda persona singolare del presente indicativo dei verbi in *-care, -gare, -cere, -gere, -scere* (**giudicàre** ... *io giùdico, tu giùdichi*; **lusingàre** ... *io lusìngo, tu lusìnghi*; **vìncere** ... *io vìnco, tu vìnci*; **spìngere** ... *io spìngo, tu spìngi*; **mèscere** ... *io mèsco, tu mèsci*) e dei verbi in *-ire* con presente in *-isco* (**unìre** ... *io unìsco, tu unìsci*)

• la prima persona singolare del presente indicativo quando l'accento tonico cada su una sillaba diversa rispetto all'infinito (**ampliàre** ... *io àmplio*)

• la prima e la seconda persona singolare del presente indicativo dei verbi con dittongo mobile (*-ie-, -uo-*) seguite dalla norma di comportamento del dittongo nella flessione (**giocàre** ... *io giuòco* o *giòco, tu giuòchi* o *giòchi*; in tutta la coniug. la *o* può dittongare in *uo* se tonica)

• la coniugazione irregolare di verbi composti, tramite rinvio alla coniugazione del corrispondente verbo semplice (**respìngere** ... coniug. come *spìngere*)

Non vi è distinzione grafica fra accenti obbligatori e opzionali nelle forme flesse: gli accenti in fine di parola devono essere intesi come obbligatori; quelli in altra posizione sono tonici e pertanto di norma si omettono (V. **14.1**). Le forme di flessione arcaiche di vocaboli non arcaici sono precedute dal segno di arcaismo.

7. Sezione semantica. Questa sezione contiene la completa trattazione dei significati delle parole ed è contraddistinta all'inizio o da un dischetto in nero (•), quando si ha un solo significato, o da un numero arabo in nero corsivo quando si danno più definizioni (*1 ... 2 ... 3 ...*). All'interno di ogni accezione le varie sfumature di significato e le locuzioni idiomatiche sono distinte da barre verticali. Nelle voci di vasta estensione (per es. *dare, fare*) le accezioni sono state riunite in nuclei di significato preceduti da numeri romani in bianco su fondo nero (**I**, **II**). La definizione si riferisce al contenuto concettuale o all'oggetto reale che la parola designa e stabilisce delle equivalenze di significato tra espressioni linguistiche al fine di descrivere l'ambito semantico d'impiego del vocabolo. Essa è scritta in carattere tipografico tondo, ed è eventualmente preceduta da limiti stilistici o relativi ai linguaggi speciali – scienze, tecnologie ed altre attività – cui il vocabolo o il significato appartiene: per es. (*lett.*), (*scherz.*), (*fig.*) oppure (*bot.*), (*med.*), (*mar.*).

Le definizioni sono di solito seguite da fraseologia esemplificativa in corsivo o da citazioni di autori della letteratura italiana, sempre in corsivo, seguite dal nome dell'autore in maiuscoletto tra parentesi tonde.

Le locuzioni sono stampate in carattere nero corsivo; sono precedute da una barra verticale e dall'eventuale indicazione del limite d'uso in carattere corsivo e sono seguite dalla spiegazione del significato in carattere tondo.

La fraseologia e le citazioni hanno un duplice scopo: esemplificare in concreto, cioè in contesti di lingua parlata o letteraria, gli usi semantici delle parole e indicare le reggenze sintattiche di aggettivi, verbi, ecc. (per es. *interessarsi a ..., interessarsi di ...*). Nella fraseologia, la parola di cui si esemplificano gli usi viene sostituita dall'iniziale seguita da un punto, quando sta tale e quale alla parola stessa (per es. **candéla** ... *leggere a lume di c.*), viene data per esteso quando è flessa (*lampada da dieci candele*).

L'ordinamento delle accezioni all'interno della voce segue di solito un criterio che vuol essere logico e storico al tempo stesso: precedono cioè le definizioni dei significati propri od originariamente più in uso e seguono quelle dei significati figurati, estensivi, specifici, ecc. In tal modo, leggendo tutta la voce, ci si può rendere conto della logicità storica che regola i passaggi semantici dall'uno all'altro significato come passaggi dall'implicito all'esplicito, dall'indifferenziato al differenziato. I significati antiquati di parole tuttora usate vengono contraddistinti dal segno di arcaismo (†) anteposto alla definizione.

8. Sinonimi, contrari e analoghi. Sono registrati al termine della trattazione semantica del significato specifico della parola a cui si riferiscono, introdotti rispettivamente dalle abbreviazioni SIN., CONTR. o CFR. in maiuscoletto.

I sinonimi sono stati registrati senza pretesa di completezza, avendo riguardo soprattutto alla loro funzione di ulteriore messa a punto del significato già fornito nella definizione vera e propria. Egualmente si sono dati come sinonimi termini non completamente sovrapponibili ma certo sostituibili, anche con ovvia utilità pratica e didattica.

Le stesse considerazioni valgono per la scelta e la registrazione dei contrari e degli analoghi.

9. Alterati e avverbi in -mente. Questa sezione, separata dal resto della voce da doppia barra verticale, raccoglie le forme alterate dei sostantivi e degli aggettivi, stampate in nero, in corpo minore, e seguite dalla qualifica alterativa (per es. **ombrèllo** ... ‖ **ombrellùccio**, dim.). Qualora sia seguita da (V.), significa che la voce alterata possiede un significato autonomo e quindi costituisce lemma al suo posto alfabetico (per es. **ombrèllo** ... ‖ **ombrellóne**, accr. (V.).

Per gli aggettivi dopo la doppia barra verticale vengono registrati, anch'essi in nero e in corpo minore, gli avverbi formati, se necessario o opportuno, con il suffisso **-mente**, seguito dalla qualifica grammaticale e dalla definizione del significato (per es. **oscùro** ... ‖ **oscuraménte**).

10. Marchi registrati. Il vocabolario accoglie anche parole che sono o si pretende che siano marchi registrati senza che ciò implichi alcuna valutazione del loro reale stato giuridico. Nei casi obiettivamente noti ai compilatori, comunque, il lemma è seguito dal simbolo ® o la voce reca la menzione "Nome commerciale" nella sezione semantica o nell'etimologia.

11. Proverbi. Sono stati registrati in questa sezione parecchi proverbi che rappresentano usi particolari delle singole parole. La sezione è contraddistinta dall'abbreviazione PROV. in maiuscoletto e i singoli proverbi sono in carattere tondo.

Circa 400 proverbi, inoltre, tutti in ordine alfabetico e ciascuno con una sua specifica esposizione ragionata, sono raccolti, per una consultazione organica, in una delle appendici finali che corredano il vocabolario.

12. Etimologia. Racchiuse fra parentesi quadre, le etimologie distinguono, innanzitutto, nel grande filone della derivazione del lessico italiano, che trova la sua inesauribile matrice nel latino, le parole che rappresentano una ininterrotta continuazione di una voce di Roma antica, sia o no attestata nella letteratura e in altri documenti, da quelle che i dotti, spinti dalla necessità di definire nuovi concetti o nuove scoperte o dall'impulso di arricchire di risonanze il proprio stile, hanno coniato, ricorrendo al vocabolario classico. Avremo così i seguenti casi:

làtte ... [lat. *làcte*(*m*), di etim. incerta]: la parola italiana continua la corrispondente parola latina, trasmessa, dunque, per via popolare;
empire [lat. parl. **implìre* per *implère* 'empiere']: il caso è analogo al precedente; soltanto che in nessun documento appare la forma *implìre* (perciò è preceduta da una stella che nella sezione etimologica indica una voce non attestata, ma supposta), la quale deve pur essere, per una rigorosa norma di concordanza, esistita nel latino parlato;
lenìre [vc. dotta, lat. *lenìre*, da *lènis* 'lene']: *lenire*, dunque, non è una parola italiana popolare, ma è stata ripresa da persone colte, che ne sentivano il bisogno per aumentare il loro patrimonio lessicale ed esprimere con maggior chiarezza il loro pensiero;
descrittìvo [vc. dotta, lat. tardo *descriptìvu*(*m*), da *descrìptus* 'descritto']: l'aggettivo 'tardo' dà una determinazione temporale al tipo di latino al quale hanno attinto i dotti, i quali non si sono limitati al cosiddetto latino classico dell'età aurea, ma sono ricorsi anche ad autori (specialmente quando si è trattato di dare nuove forme ai nuovi aspetti della vita introdotti dalla rivoluzione cristiana) di età tarda. Si notino due particolari: il costante impiego, nelle parole latine, del segno di lunghezza (¯) o di brevità (˘) di una vocale, e la loro presentazione, quando si tratti di sostantivi o aggettivi, sotto la forma dell'accusativo con la *-m* finale posta fra parentesi. Spieghiamo i due fatti, anzi, i due accorgimenti grafici per rendere più chiaro il processo di evoluzione dal latino all'italiano.

Il segno di breve o lunga sostituisce il segno di accento tonico; è questa una scelta di grande utilità, perché non solo dà un'indicazione della sillaba sulla quale posa la voce, ma offre un elemento prezioso a chi voglia rendersi conto dello svolgimento storico della voce latina, condizionato in gran parte, come è noto, dalla cosiddetta 'quantità' della sillaba accentata. Così, se sappiamo che a una *u* breve latina (*ŭ*) corrisponde una *o* chiusa italiana (*ó*), ci possiamo anche rendere più preciso conto dei doppioni del tipo *augusto* e *agosto*: la prima delle due voci con la sua *u* conservata dimostra di non avere subìto l'evoluzione popolare (come ci dichiara, del resto, la precisazione 'voce dotta'), la seconda, invece, manifesta con la sua *ó* una più genuina trasformazione. Nei casi dubbi si è convenzionalmente ripiegato sul segno della breve.

Anche il ricorso all'indicazione dell'accusativo, anziché del nominativo, è stato dettato da criteri di opportunità didattica: è un fatto accertato che la stragrande maggioranza delle parole italiane, che continuano, direttamente o anche indirettamente (parole dotte), parole latine, non derivano dalla forma data come lemma nel vocabolario, ma dai casi obliqui, per alcuni l'ablativo, per altri, con maggiore verosimiglianza, dall'accusativo, la cui consonante finale è stata trascurata nella pronuncia corrente in tutto il corso storico della lingua. Scrivere che *bilancia* rappresenta il lat. *bĭlanx* espone il lettore al dubbio per il diverso accento, dubbio che sarà dissipato, quando si preciserà che *bilancia* continua il latino parlato *bilăncia(m)*, da *bĭlanx*, composto da *bi-* 'con due' e *lănx* 'piatto'.

Nei casi piuttosto rari di continuazione del nominativo (o di altro caso) non si è mancato di farlo notare: per es. **Tèti**... [vc. dotta, lat. *Thētide(m)*, nom. *Thētis*, dal gr. *Thétis*, n. della dea del mare nella mitologia greca].

Ci siamo soffermati maggiormente sul latino, perché, ripetiamo, rimane sempre la fonte più antica e cospicua del lessico italiano, e offre, in fondo, il minor numero di problemi etimologici. Talvolta però nel risalire all'ultima ragione conosciuta nel complesso svolgimento storico-linguistico, si giunge fino alla radice indoeuropea, che andrà intesa, naturalmente, non più come un mitico nucleo originario, miracoloso depositario di ogni successivo sviluppo semantico ma come la più lontana testimonianza non documentata, anche se attendibile, che si manifesta in area di diffusione storicamente accertata.

Quando di una voce straniera la spiegazione è unica, questa è stata riportata senza nessun segno: per es. **ginsèng**... [cin. *gēnscēn* '(pianta) con la radice (*scēn*) a forma d'uomo (*gēn*)']. Tenuto conto, tuttavia, che nel mondo scientifico e politico moderno, in cui le notizie e gli scambi sono così intensi e simultanei, non è sempre agevole stabilire dove sia sorta per prima una voce coniata secondo i modelli tradizionali offerti dalle lingue classiche o secondo un procedimento compositivo egualmente comune, per indicare la fonte, donde è scesa per imitazione con materiale indigeno la parola italiana, si è aggiunta alla spiegazione etimologica una formula, come 'sul modello di ...' o 'secondo il modello di ...', che vuol mettere in rilievo il probabile punto di partenza. Per es.: **inabbordàbile**... [comp. di *in-* (3) e *abbordabile*, secondo il modello del fr. *inabordable*].

Questi sono i casi più semplici, universalmente accettati. Quando, invece, l'etimologia trascritta è stata proposta da un solo studioso, senza essere, peraltro, del tutto convincente, o presenta un notevole margine di incertezza, si è fatta seguire l'esposizione da un punto interrogativo: per es. **altaléna**... [dal lat. *tollēno* 'mazzacavallo' (?)].

Lo stesso procedimento si è seguito, quando, fra diversi e discordi pareri, se n'è scelto uno, come più attendibile. A differenza del caso precedente, però, la soluzione prescelta è preceduta dalla dizione 'etimologia discussa': per es. **zabaióne**... [etim. discussa: collegata con il lat. tardo *sabāia* 'specie di bevanda (d'orzo) ordinaria', di origine illirica (?)].

Tutte quelle parole (e sono ancora molte), della cui genesi non è stata ancora data una convincente spiegazione, sono seguite dalla dicitura: 'etim. incerta'.

Non sempre la parola resta isolata nella sua storia e nella sua origine; anzi, molto più spesso, essa è stretta, come si è visto, con molti legami ad altre parole, dalle quali procede per derivazione o composizione. Nei composti sono stati separati gli elementi compositivi: affissi, nomi giustapposti, forme verbali imperative, come per es.: **immotivàto**... [comp. di *in-* (3) e *motivato*]; **boccascèna**... [comp. di *bocca-* e *scena*]. Quando infine la derivazione era evidente e d'immediata acquisizione è sembrato sufficiente accennarvi con un semplice 'da': per es. **tacconàre**... [da *taccone*].

Il desiderio di conoscere l'origine delle parole è così innato nel parlante, che questi spesso modifica una parola strana e ignota, avvicinandola, almeno nella veste fonetica, se non in quella semantica, per la quale l'allacciamento può essere anche estremamente debole, ad altra parola familiare, fondendo così, in un incrocio, come amano dire i linguisti, due voci di origine molto diversa. Questi casi sono stati succintamente accennati con una formula di questo genere: per es. **timbàllo**... [fr. *timbale* da *tambal*, di origine sp. (*atabal*), con sovrapposizione di *cymbale* 'cembalo'].

Occorre però considerare anche un caso di voluto silenzio. A nessuno viene in mente di pretendere una spiegazione etimologica per voci chiaramente interpretabili, perché derivate secondo procedimenti semplici e usuali da altre (grammaticalmente definite 'primitive') di svolgimento meno immediatamente comprensibile; ancor meno qui per il largo posto concesso nel vocabolario agli affissi con la conseguente possibilità di avere, volendolo, una completa spiegazione dei singoli elementi dei derivati. Con una eccezione tuttavia: quando questi fossero già presenti nel latino, classico o tardo, lo si è ricordato, anche se l'analogia e il parallelismo dei processi formativi in latino e in italiano difficilmente permettono un'esatta discriminazione tra il ripreso dall'antico e il coniato posteriormente in maniera autònoma. Questo tipo di etimologia andrà, quindi, letto con particolare riserva.

13. Datazione. La datazione delle parole si basa sulla consultazione dei maggiori dizionari storici ed etimologici della lingua italiana. Si tratta quindi di date riferite all'apparizione delle parole in *testi scritti*, non in contesti di lingua parlata (si spiega così la datazione recente di voci appartenenti a registri colloquiali, informali, gergali o paragergali, ecc.). Per i neologismi l'indicazione dell'anno ha spesso un valore puramente indicativo: in questo caso può accadere che la coscienza linguistica del lettore retrodati l'ingresso della forma anche sulla base di esperienze personali. In quest'occasione, l'anno indicato rappresenta quasi sempre (salvo casi particolari) il momento in cui il neologismo viene registrato da qualche dizionario di lingua, o specializzato o espressamente dedicato al censimento dei nuovi ingressi lessicali in italiano.

Si è cercato di norma di indicare l'anno di apparizione dei vocaboli; quando invece non è stato possibile determinare una data precisa si è indicato un anno approssimativo (vedi più avanti) oppure il secolo. Per i secoli e per gli anni vanno tenuti presenti i seguenti criteri:

• *secoli*: dato il carattere non specialistico di questo dizionario si fornisce soltanto l'indicazione del secolo complessivo (in numeri romani), senza altre specificazioni cronologiche di "inizio" o "fine": ad es. "sec. XIV", "sec. XV" e così via.

• *anni*: quando non è possibile stabilire l'anno preciso di apparizione di una parola in un testo si rinvia a un termine cronologico indiziario (di solito l'anno di morte dell'autore di quel testo) abbreviato con "av." (= avanti) seguito dall'anno; nelle opere composte o pubblicate in più anni si dà esclusivamente l'indicazione dell'anno più recente: ad es. 1304-1308 diventa 1308; l'abbreviazione "ca." (= circa) significa che l'indicazione dell'anno è approssimativa.

Per un criterio di economicità e per rendere più rapida la consultazione, nelle parole polisemiche, cioè quelle che hanno più significati o accezioni, si è stabilito di datare solo l'apparizione più antica del vocabolo senza far riferimento alla sua evoluzione semantica (a rigore, ogni accezione particolare richiederebbe una propria datazione). Per lo stesso motivo non si è ritenuto necessario indicare le varianti grafiche antiquate, alle quali spesso sono riferite le date di prima attestazione.

14. Pronuncia. Il vocabolario registra la pronuncia dei lemmi, delle varianti di forma e delle forme flesse in due modi distinti. La pronuncia della maggior parte delle parole italiane è indicata dall'accento (chiaro o scuro, acuto o grave, come si dirà in seguito) e da altri segni grafici (per es. da un punto sottoscritto alla *s* o *z* per indicarne il suono sonoro). La pronuncia delle parole latine o straniere e delle parole italiane anomale è invece indicata con la trascrizione fonematica con i simboli dell'alfabeto dell'Associazione Fonetica Internazionale.

14.1 Le principali difficoltà nella corretta pronuncia dell'italiano sono:

• La posizione dell'accento tonico: si dice **edile** o **èdile**, **persuadère** o **persuàdere**, **tralice** o **tràlice**?
• Il suono chiuso (come in **Róma**, **vérde**) o aperto (come in **ròba**, **vènto**) della *o* e della *e*.
• Il suono sordo (come in **òsso**, **tàzza**) o sonoro (come in **ròṣa**, **gàẓẓa**) della *s* e della *z*.
• La pronuncia del trigramma *gli*: palatale laterale in **àglio**, **dégli**; /gli/ in **glìcine**, **neglìgente**.
• La pronuncia del digramma *gn*: generalmente nasale palatale (come in **bàgno**, **gnòmo**); talora /gn/ come in **gnèiss**, **gnòṣi**.
• Il suono semiconsonantico (come in **ièri**, **scuòla**) o vocalico (come in **biòssido**, **duètto**) della *i* e della *u* seguite da vocale.

Lo **Zingarelli** risolve questi problemi con semplici soluzioni grafiche che non rallentano la lettura e contemporaneamente chiariscono in modo immediato ed efficace ogni possibile dubbio:

• Tutti i vocaboli italiani sono accentati. L'accento è in carattere neretto se obbligatorio: **perché**, **libertà**, **sì**; in carattere chiaro se facoltativo: **bène**, **mèglio**, **còrsa**. Infatti in italiano l'accento deve essere obbligatoriamente scritto solo quando cade sulla vocale finale; può essere scritto facoltativamente quando cade su un'altra vocale. (In pratica l'uso dell'accento facoltativo è limitato a due casi: altrimenti ambigui: *cose che càpitano al capitàno: ha perso ancóra l'àncora; princìpi senza princìpi: amano la pèsca e non la pésca*.)
• Sia gli accenti obbligatori (neretti) che quelli facoltativi (chiari) sono sempre gravi sulle *a*, *i*, *u* (à, ì, ù). Possono invece essere gravi oppure acuti su *e* ed *o*: l'accento grave (è, ò) indica pronuncia aperta (/ɛ/, /ɔ/), come in **bèlla** /'bɛlla/, **fòrza** /'fɔrtsa/; l'accento acuto (é, ó) indica pronuncia chiusa (/e/, /o/), come in **méla** /'mela/, **róssa** /'rossa/.
• Un punto sotto la *s* o la *z* indica i suoni sonori /z/, /dz/: **càṣo**

/ˈkazo/, **zòna** /*ˈdzɔna/. L'assenza di punto indica i suoni sordi /s/, /ts/: **sèra** /ˈsera/, **stànza** /ˈstantsa/.

• Un punto sotto il trigramma **gli** indica la pronuncia /gli/ come in **glicemìa** /gliʧeˈmia/. L'assenza di punto indica la pronuncia palatale laterale: **glièlo** /*ˈʎelo/, **pìglio** /ˈpiʎʎo/.

• Un punto sotto il digramma **gn** indica la pronuncia /gn/ come in **gnèiss**. L'assenza di punto indica la pronuncia nasale palatale come in **gnòmo** /ˈɲɔmo/.

• Un trattino sotto la *i* o la *u* seguite da vocale indica suono vocalico: **sciatóre** /*ʃiaˈtore/, **dualìsmo** /duaˈlizmo/.

• Un doppio punto sotto la *s* indica che per quella lettera sono possibili due pronunce, la sonora /z/, moderna e più diffusa, e la sorda /s/, tradizionale e toscana: **amoróso** /amoˈrozo, amoˈroso/.

I monosillabi sono un'eccezione rispetto alle regole precedenti: per evitare ogni possibilità di confusione fra accenti facoltativi e obbligatori, si accentano (con accento neretto) solo i monosillabi la cui grafia è accentata obbligatoriamente: **sì** (affermazione), **dì** (giorno), **dà** (voce del verbo *dare*), etc. Gli altri monosillabi non si accentano; se la vocale nel monosillabo è *e* oppure *o*, il suono aperto o chiuso è indicato dalla trascrizione fonematica: **no** /nɔ*/, **se** /se*/.

Le regole che consentono la lettura dei vocaboli italiani in base alla grafia e alle convenzioni esposte in precedenza sono riassunte nella **Tabella delle equivalenze tra grafemi e fonemi** (V. oltre). Informazioni più ampie sulla pronuncia delle singole lettere sono date all'inizio dell'elencazione alfabetica di ciascuna di esse.

14.2 La trascrizione fonematica, codificata secondo l'alfabeto dell'Associazione Fonetica Internazionale, è riportata dopo il lemma nei casi seguenti:

• Latinismi e forestierismi. La trascrizione è preceduta dall'indicazione della lingua d'origine: **curriculum vitae** /*lat.* kurˈrikulum ˈvite/, **saloon** /*ingl.* səˈluʊn/, **baguette** /*fr.* baˈɡɛt/, **Biedermeier** /*ted.* ˈbiːdʌmaeʌ/, **vuelta** /*sp.* °ˈbwelta/. Gli eventuali accenti presenti nella grafia della lingua d'origine sono in neretto. In alcuni casi essi hanno un'effettiva rilevanza ai fini della pronuncia della parola: **bergère** /*fr.* bɛrˈʒɛːr/. In altri hanno una funzione puramente grafica e sono presenti solo per ragioni etimologiche o per distinguere tra di loro parole altrimenti omografe: **boîte** /*fr.* bwat/, **élite** /*fr.* eˈlit/.

• Lemmi italiani derivati da parole straniere senza italianizzazione della grafia: **autoroulòtte** /autoruˈlɔt/, **fauvìsmo** /foˈvizmo/.

• Voci di origine straniera o dialettale ormai prevalentemente italianizzate nella pronuncia: **flipper** /ˈflipper, *ingl.* ˈflɪpəɾ/, **flan** /flan, *fr.* flɑ̃/, **baùscia** /baˈuʃʃa, *lomb.* baˈyʃa/.

• Voci italiane la cui pronuncia non è immediatamente derivabile dalla grafia: **amfetamìna** /aɱfetaˈmina/, **exèresi** /egˈzɛrezi/, **be'** /bɛ/.

• Sigle pronunciate compitando le singole lettere: **S.O.S.** /ˈɛsse ɔˈɛsse/, **DNA** /dienneˈa*/.

I simboli usati nelle trascrizioni fonematiche sono quelli raccomandati dall'Associazione Fonetica Internazionale: essi sono elencati nella **Tabella delle trascrizioni fonematiche** (V. oltre)

15. Inserti grammaticali e note d'uso. Il testo del vocabolario è corredato di nove inserti dedicati a temi che spesso pongono problemi nello scrivere o nel parlare: **accento**, **elisione e troncamento**, **errori comuni**, **femminile**, **maiuscola**, **numero**, **punto**, **sillaba**, **stereotipo**. Ciascuno di essi è collocato dopo la voce corrispondente del vocabolario ed è stampato su fondo grigio.

Si raccomanda in particolare la lettura dell'inserto **stereotipo**: esso chiarisce l'insidia dell'abuso dei termini con connotazione spregiativa che, per ragioni storiche o linguistiche o di natura episodica, tendono ad attribuire in modo arbitrario a professioni o popolazioni false caratteristiche o comportamenti. Sono parole e significati che il vocabolario registra perché presenti nella letteratura o nell'uso e di cui perciò è necessario spiegare il significato: nel contempo l'indicazione (*spreg.*), spregiativo, raccomanda di non usarli.

Altre note d'uso, anch'esse scritte su fondo grigio, sono inserite nel testo delle voci laddove se ne ravvisi l'opportunità. Si vedano ad esempio alla voce **andàre** l'avvertenza: "ATTENZIONE! *va* non richiede l'accento"; alla fine della voce **bàrra** l'elenco degli usi del segno grafico "/"; alla voce **bèllo** una nota sull'elisione in *bell'*, sul troncamento in *bel* e sulla scelta fra i plurali *begli* e *bei*.

16. Inserti di nomenclatura. Il vocabolario contiene 117 inserti – da *abito*, *acconciatura*, *aeromobile* a *vista* e *voce* – corrispondenti a specifici settori terminologici. Ogni inserto è collocato dopo la corrispondente voce nel corpo del vocabolario. I vari termini elencati in ciascuno di essi sono raggruppati per categoria grammaticale e distribuiti in base al significato. Il vocabolario può quindi svolgere anche la funzione di dizionario analogico.

17. Reggenze. Per le principali parole per le quali possono sorgere dubbi, il vocabolario indica con una notazione semplice ma intuitiva le reggenze più frequentemente usate. L'indicazione della reggenza è in genere posta in parentesi dopo la categoria grammaticale; ma, quando la reggenza cambia da un'accezione all'altra, l'indicazione segue immediatamente il numero progressivo in neretto che contraddistingue l'accezione. Per lo più la reggenza è indicata dal segno "+" seguito da una preposizione o da una congiunzione. Talora le reggenze indicate sono più d'una: in tal caso si indicano prima le reggenze usate con maggior frequenza. Spesso le preposizioni sono precedute da una marca d'uso (*lett.* per *letterario*, † per *arcaico* etc.). Se necessario od opportuno si indica anche il tempo o il modo del verbo che segue la congiunzione.

AUTORI E FONTI DELLE ILLUSTRAZIONI

Tavole a colori:
pagine 2113-2127, 2129-2163, 2166, 2168-2175 © 1993 Québec/Amérique International, Montréal, Canada
pagine 2164-2165 © Quattroruote
pagina 2176 Aeroporti di Roma, Gruppo Alitalia
Sono stati aggiunti: alle pagine 2125, 2128, 2159, 2160 disegni di A. Ciuffetti; alle pagine 2162-2163 e 2167 disegni di Segni d'immagine; alle pagine 2172 e 2173 disegni di R. Marchetti

Foto:
pag. 2114 e 2115 m&ma-ima, ottobre 1992, Edagricole, Bologna
2116 Giorcelli-Martile, Torino
2117 Atene, Museo dell'Acropoli
2119 (*b*) N. Cirani
2120 (*a*) Firenze, Biblioteca Nazionale, codice Magliabechiano
2128 (*a*), (*b*), (*d*), (*h*), (*j*), (*m*) R. Crespi, 1987; (*c*), (*e*), (*g*), (*n*) Offermann, (*f*) Betz, (*i*) Lieber, (*k*) Huber, (*l*) Medenbach, 1984
2129 (*a*) NASA; (*b*) European Space Agency/Science Photo Library/G. Neri; (*c*) NASA/Science Photo Library/G. Neri, 1988
2131 (*a*) Marka; (*b*) J. Mason/Black Star/G. Neri, 1984
2132 (*a*) W.P. Burkhardt, 1978; (*b*) P. Cornaglia
2133 G. Heilman/NASA, 1991
2141 (*a*) Stockshooter/Marka; (*b*) E. Cecioni; (*c*) P. Koch

pag. 2145 A. Gallant/Image Bank, 1988
2146 A. Colombo/Olympia, 1992
2147 (*a*) J. Mikrut/Pressens Bild/Olympia; (*b*) Neal Simpson/Empics/Speranza; (*c*) Photo Trend/Marka
2148 T. Zimmermann/Marka
2149 (*a*) A. Colombo/Olympia, 1992; (*b*) Olympia, 1992
2153 (*a*) Sandro Tinarelli; (*b*) D.W. Hamilton/Image Bank
2155 Carlo Borlenghi/Prada Challenge for America's Cup 2000
2157 (*a*) Para Gear Equipment, 1992; (*b*) Olympia
2159 Martinuzzi/Olympia
2161 (*a*) P. Gatward, 1992; (*b*) C. Rizzato/Atala
2169 (*a*) C. Warde-Jones/G. Neri; (*b*) Ente Ferrovie dello Stato
2174 (*a*) Marka; (*b*) Zucchelli-Bertoli/Olympia

Tavole in bianco e nero:
I disegni in bianco e nero in parte sono stati realizzati da *Segni d'immagine, Bologna*, in parte sono tratti da *Lo Zingarelli minore, Vocabolario della lingua italiana di Nicola Zingarelli, dodicesima edizione minore*, da *Il Nuovo Zingarelli, Vocabolario della lingua italiana di Nicola Zingarelli, undicesima edizione*, e da *Il Primo Zanichelli, Vocabolario di italiano a cura di Mario Cannella, seconda e terza edizione*, e sono opera di: G. Abelli, M. Abrate Novinc, G. Aghemo, L. Cacciotto, D. Cavaliere, R. Coen Pirani, G. Fornari, A. Lecci, M. Osti, P. Pallottino, G. Parmiani, W. Pellino, G. Piazza, L. Spighi, S. Stefanini, Studio Chia, Studio Poluzzi, L. Vignali

TABELLA DELLE EQUIVALENZE TRA GRAFEMI E FONEMI ITALIANI

Grafema	Fonema	Esempi
a, à	a	andàta /an'data/ [1], Pişa /'piza, -sa/ [5]
à	a*	bontà /bon'ta*/, farà /fa'ra*/
b	b	Bellìni /bel'lini/, vişìbili /vi'zibili/
c	k	Còmo /'kɔmo/, vacànza /va'kantsa/
ch [+i, e]	k	Chiànti /'kjanti/, schérzo /s'kertso/
c [+i, e]	tʃ	Cecìlia /tʃe'tʃilja/, pàce /'patʃe/
ci [+voc.]	tʃ	ciào /tʃao/, cièlo /'tʃɛlo/, bàcio /'batʃo/
ci, cį [+voc.]	tʃi	Lucìa /lu'tʃia/, cįellìno /tʃjel'lino/
cc [+i, e]	tʃtʃ	accelerando /attʃele'rando/, Puccìni /put'tʃini/
cci [+voc.]	tʃtʃ	Carpàccio /kar'pattʃo/, pasticcière /pas-tit'tʃere/ [2]
ccì [+voc.]	tʃtʃi	scalpiccìo /skalpit'tʃio/, stropiccìo /stro-pit'tʃio/
cqu [+voc.]	kkw	àcqua /'akkwa/, acquìsto /ak'kwisto/
d	d	Dànte /'dante/, vendétta /ven'detta/
e, é	e	méla /'mela/, pàne /'pane/
é	e*	perché /per'ke*/, mercé /mer'tʃe*/
è	ɛ	bèlla /'bella/, Trièste /tri'ɛste/
è	ɛ*	tè /tɛ*/, caffè /kaf'fɛ*/
f	f	Ferràri /fer'rari/, Àlfa /'alfa/
g	g	àgo /'ago/, góndola /'gondola/
gh [+i, e]	g	àghi /'agi/, ghétto /'getto/
g [+i, e]	dʒ	àgi /'adʒi/, gètto /'dʒetto/, Gènova /'dʒenova/
gi [+voc.]	dʒ	àgio /'adʒo/, egrègie /e'grɛdʒe/
gi, gį [+voc.]	dʒi	magìa /ma'dʒia/, frangiónde /frandʒi-'onde/
gg [+i, e]	dʒdʒ	òggi /'ɔddʒi/, leggèro /led'dʒero/
ggi [+voc.]	dʒdʒ	règgia /'reddʒa/, raggièra /rad'dʒera/
ggì, ggį [+voc.]	dʒdʒi	leggìo /led'dʒio/, reggiabìti /reddʒi-'abiti/
gli	ʎi, ʎʎi [3]	dìrgli /'dirʎi/, fògli /'fɔʎʎi/, gli /*ʎi/
gli [+voc.]	ʎ, ʎʎ [3]	dìrglielo /'dirʎelo/, pàglia /'paʎʎa/, gliómmero /*ʎommero/
gli, glį	gli	gorgòglio /gorgoʎ'ʎio/, scegliagrùmi /*ʃeʎʎia'grumi/
gli	gli	glìcine /'glitʃine/, anglìsta /aŋ'glista/
gn	ɲ, ɲɲ [3]	Cuorgnè /kwor'nɛ*/, Bológna /bo'loɲɲa/, gnòcco /*'ɲɔkko/
gni [+voc.]	ɲ, ɲɲ [3]	segniàte /seɲ'ɲate/, dişegniàmo /dizeɲ-'ɲamo, disen-/ [5]
gni, gnį [+voc.]	ɲi, ɲɲi [3]	compagnìa /kompaɲ'ɲia/, spegniàrco /speɲɲi'arko/
h	(muta) [4]	hànno /'anno/, hurrà /ur'ra*/, Rho /rɔ*/
i, ì	i	Milàno /mi'lano/, Ìmola /'imola/
ì (ỉ)	i*	Mimì /mi'mi*/, coşì /ko'zi*/, ko'si*/ [5]
i [+voc.]	j	piàno /'pjano/, Itàlia /i'talja/
i, į [+voc.]	i	brìo /brio/, brióşo /bri'ozo, -so/ [5]
j	j [4]	Juvèntus /ju'vɛntus/, jugoşlàvo /jugoz-'lavo/ [2]
k	k [4]	bakelìte /bake'lite/, kimòno /ki'mɔno/
l	l	Lorènzo /lo'rentso/, Fellìni /fel'lini/
m	m	Mùti /'muti/, fàme /'fame/
n	n	Nàpoli /'napoli/, sàno /'sano/
o, ó	o	Róma /'roma/, sótto /'sotto/
ò	ɔ	ròşa /'rɔza/, Mòdena /'mɔdena/
ò	ɔ*	però /pe'rɔ*/, rondò /ron'dɔ*/
p	p	Pavaròtti /pava'rɔtti/, prèsto /'prɛsto/
qu [+voc.]	kw	quéllo /'kwello/, squàdra /s'kwadra/
qqu [+voc.]	kkw	soqquàdro /sok'kwadro/
r	r	Rìmini /'rimini/, tàrga /'targa/, tre /tre*/
s	s	Sicìlia /si'tʃilja/, pàsta /'pasta/, sàsso /'sasso/
ş	z	şbàrra /z'barra/, mùşica /'muzika/
ş [5]	z, s	càşa /'kaza, 'kasa/, golóşo /go'lozo, -so/
sc [+i, e]	ʃ, ʃʃ [3]	inscindìbile /inʃin'dibile/, pésci /'peʃʃi/, scèna /*'ʃena/
sci [+i, e]	ʃ, ʃʃ [3]	cònscio /'kɔnʃo/, àscia /'aʃʃa/, sciènza /*'ʃɛntsa/
sci, scį [+i, e]	ʃ, ʃʃ [3]	scìa /'ʃia/, sciatóre /*ʃia'tore/
t	t	Torìno /to'rino/, cànto /'kanto/
u, ù	u	Ùdine /'udine/, fùga /'fuga/
ù (ủ)	u*	virtù /vir'tu*/, tabù /ta'bu*/
u [+voc.]	w	uòmo /'wɔmo/, Guìdo /'gwido/
ù, ų [+voc.]	u	tùo /tuo/, dųétto /du'etto/
v	v	vivàce /vi'vatʃe/, Pàdova /'padova/
w	v, w [4]	wàfer /vafer/, wèstern /'western/
x	ks, gz [4]	ex /'ɛks/, xenòfobo /kse'nɔfobo/, exeùnte /egze'unte/
y	i [4]	ylang-ylàng /ilaŋgi'laŋg/, dìnghy /'diŋgi/
y [+voc.]	j	yògurt /'jogurt/, yacht /jɔt/
z	ts, tsts [3]	Firènze /fi'rentse/, aziòne /ats'tsjone/, zio /*'tsio, 'dzio/ [6]
ẓ	dz, dzdz [3]	gàrẓa /'gardza/, aẓalèa /adzdza'lea/, ẓèro /*'dzero/
zz	tsts	pizza /'pitstsa/, nòzze /'nɔtstse/
ẓẓ	dzdz	gàẓẓa /'gadzdza/, aẓẓùrro /adz'dzurro/

[1] L'apice /'/ precede la sillaba forte per indicare l'accento di parola; l'apice basso /ˌ/, che può apparire nelle trascrizioni delle lingue straniere, indica un accento secondario, più debole: airbag /erˈbeg, ingl. 'ɛəɹˌbæg/.
[2] La sillabazione fonetica è più naturale di quella grafica, che risente invece di convenzioni non sempre basate su vere teorie linguistiche.
[3] I fonemi /ʎ, ɲ, ʃ, ts, dz/ si geminano, in /ʎʎ, ɲɲ, ʃʃ, tsts, dzdz/, quando sono in posizione intervocalica (/ts, dz/ anche tra una vocale e /j, w/); tale geminazione autogena è indicata dall'asterisco /*/, in posizione iniziale o finale di parola, e s'attiva quando viene in contatto con la vocale finale o iniziale della parola vicina: scèna /*'ʃena/ e la scèna /laʃ'ʃena/, fez /fɛts*/ e dei fez antìchi /dei'fɛts tsan'tiki/.
[4] Le lettere h (coll'esclusione dei gruppi ch e gh), j, k, w, x, y sono presenti quasi esclusivamente in forestierismi, con pronuncia che può essere molto differente da quella qui indicata come più comune nelle forme italianizzate.
[5] Nella pronuncia tradizionale e in quella toscana (che ne è all'origine) si trovava /s, in un certo numero di parole d'origine popolare e di tradizione orale ininterrotta (come asino, casa, chiuso, cosa, così, naso, Pisa, posa, riposo, riso, in participi come preso, sceso, in aggettivi come cinese, inglese, ma non francese e qualche altro, in aggettivi come goloso, virtuoso); ormai tale pronuncia è sentita come un regionalismo toscano, chiaramente in regresso, e anche fra gli attori, pure toscani, non è mai stata completamente accettata.
[6] Per la z iniziale, nella pronuncia tradizionale e in quella toscana, si trova circa il 50% di parole, d'origine popolare e di tradizione orale ininterrotta, con /'ts/, che resistono ancora abbastanza bene per buona parte degli attori più attenti e dei toscani più genuini; tra queste le più comuni sono zampa, zappa, zio, zitto, zoppo, zucca, zucchero, zuppa. Oggi, comunque, è diffusissima la pronuncia con /ˈdz/, che è stata opportunamente aggiunta, perché accettata.

TABELLA DELLE TRASCRIZIONI FONEMATICHE INTERLINGUISTICHE

i	'lima, 'pari	lìma, pàri	n	'nero, 'tonno	néro, tónno	g	'gatto, 'leggo	gàtto, lèggo
e	'seta, 'valle	séta, vàlle	ɲ	gar'nano, 'seɲɲo	Gargnàno, ségno	ts	'altso, 'pitstsa	àlzo, pìzza
ɛ	'dʒelo, medjo'alto	gèlo, medioàlto	r	'rana, 'torre	ràna, tórre	dz	'bondzo, 'gadzdza	bónzo, gàzza
a	'faro, 'sentsa	fàro, sènza	l	'lana, 'bollo	làna, bóllo	tʃ	'tʃena, 'brattʃo	céna, bràccio
ɔ	'mɔla, kɔpri'lɛtto	mòla, copriletto	ʎ	'dirʎi, 'fɔʎʎi	dìrgli, fògli	dʒ	'dʒita, 'maddʒo	gìta, màggio
o	'sole, 'tasto	sóle, tàsto	p	'pane, 'tappo	pàne, tàppo	f	'fare, 'buffo	fàre, bùffo
u	'subito, ru'bare	sùbito, rubàre	b	'bene, 'labbro	bène, làbbro	v	'vero, avvi'are	véro, avviàre
j	'jeri, 'kappjo	ièri, càppio	t	'tubo, 'fetta	tùbo, fétta	s	'sono, 'passo	sóno, pàsso
w	'wɔvo, 'akkwa	uòvo, àcqua	d	'dire, ad'dio	dìre, addìo	z	'vizo, 'rizma	vişo, rìşma
m	'mare, 'somma	màre, sómma	k	'kane, 'takki	càne, tàcchi	ʃ	'kɔnʃo, 'peʃʃe	cònscio, pésce

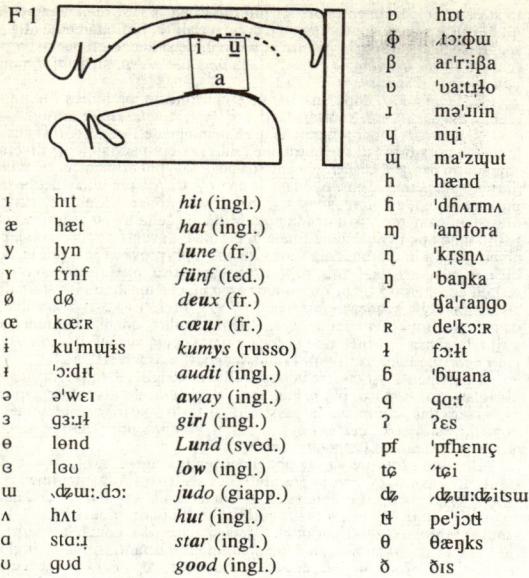

			ɒ	hɒt	*hot* (ingl.)	
			ɸ	mçɑ.ɸи	*tofu* (giapp.)	
			β	aˈr:iβa	*arriba* (sp.)	
			ʋ	ˈʋa:tḷo	*waterloo* (ol.)	
			ɻ	məˈɹiɻn	*marine* (ingl.)	
			ɥ	nɥi	*nuit* (fr.)	
			ɰ	maˈzɰut	*mazut* (russo)	
			h	hænd	*hand* (ingl.)	
i	hit	*hit* (ingl.)	ɦ	ˈdɦʌrmʌ	*dharma* (sanscrito)	
æ	hæt	*hat* (ingl.)	ɱ	ˈaɱfora	*ànfora*	
y	lyn	*lune* (fr.)	ɲ	ˈkṛɕṇʌ	*Krishna* (sanscrito)	
ʏ	fʏnf	*fünf* (ted.)	ŋ	ˈbaŋka	*bànca*	
ø	dø	*deux* (fr.)	ɾ	tʃaˈɾaŋgo	*charango* (sp.)	
œ	kœːʀ	*cœur* (fr.)	ʀ	deˈkɔːʀ	*décor* (fr.)	
ɨ	kuˈmɨs	*kumys* (russo)	ɫ	fɔːɫt	*fault* (ingl.)	
ɪ	ˈɔːdɪt	*audit* (ingl.)	ɓ	ˈɓʷaŋa	*bwana* (swahili)	
ə	əˈwɛɪ	*away* (ingl.)	q	qɑːt	*qat* (ar.)	
ɜ	gɜːɫ	*girl* (ingl.)	ʔ	ʔɛs	*Es* (ted.)	
ɵ	lɵnd	*Lund* (sved.)	pf	ˈpfʰɛniç	*Pfennig* (ted.)	
ɤ	lɤu	*low* (ingl.)	tɕ	ˈtɕi	*jí* (cin.)	
ɯ	ˌdʑɯːˈdɔː	*judo* (giapp.)	dʑ	ˌdʑɯːˈdʑitsɯ	*jujitsu* (giapp.)	
ʌ	hʌt	*hut* (ingl.)	tɬ	peˈjotɬ	*peyotl* (náhuatl)	
ɑ	stɑːɻ	*star* (ingl.)	θ	θæŋks	*thanks* (ingl.)	
ʊ	gʊd	*good* (ingl.)	ð	ðɪs	*this* (ingl.)	

s	ˈqɒsba	*qasba* (ar.)	
ɕ	ˈkṛɕṇʌ	*Krishna* (sanscrito)	
ɲ	ˌnaˈɕi	*nashi* (giapp.)	
ʒ	gaˈʀaːʒ	*garage* (fr.)	
ʃ	kaˈɫɯaʃɲɪkʌf	*kalashnikov* (russo)	
ç	ʔiç	*ich* (ted.)	
j	koˈjote	*coyote* (sp.)	
x	max	*mach* (ted.)	
ɣ	malaˈɣena	*malagueña* (sp.)	
ħ	ħɑ(ː)ik	*haik* (ar.)	
ɦ	ˈɦaleːɦ̌	*haléř* (ceco)	

F 2

i	y	ɨ	ɯ	u
ɪ	ʏ	ɪ̵	θ	ʊ
e		ø	ə	ɤ	o
ɛ		œ	ɜ	ʌ	ɔ
æ		a			ɒ

A. Per quanto necessariamente sintetiche, queste spiegazioni potranno servire per riflettere sulla *struttura fonica* dell'italiano e delle altre lingue, aiutando a tener adeguatamente separato il livello grafico da quello fonico, fornendo così anche un approccio agevole alla fonetica generale e applicata.

Partendo dai simboli dei 30 fonemi italiani, esemplificati all'inizio della tabella, ora si considerano gli altri aggiuntivi, necessari per trascrivere le parole provenienti da altre lingue contenute nel vocabolario. Le parole latine e greche antiche sono date secondo la pronuncia scolastica italiana e, quindi, coi simboli dei fonemi italiani. I simboli per le altre lingue sono più utilmente spiegati in riferimento a quelli dell'italiano.

Infatti, cominciando con le *vocali*, si deve considerare con attenzione lo spaccato sagittale (F 1), che mostra il meccanismo fondamentale per l'articolazione delle vocali di tutte le lingue. Nella figura sono indicate le posizioni del dorso della lingua durante l'articolazione di /i, a, u/: per /a/ la lingua è abbassata, mentre per /i/ è sollevata in alto e in avanti, e per /u/ è sollevata nella parte posteriore della bocca (oltre ad avere le labbra arrotondate, com'è facile constatare guardandosi allo specchio mentre si pronuncia).

Come si vede dal quadrilatero vocalico (F 2), nello spazio così delimitato (in senso verticale e orizzontale) dalle vocali estreme, se ne collocano altre due coppie per l'italiano. In questa figura, i simboli delle vocali (anche) italiane sono di dimensione maggiore, per riconoscerle meglio: sono /e, ɛ/ anteriori come /i/, e /o, ɔ/ posteriori (e arrotondate) come /u/. Sono tutte gradualmente più aperte: /i, e, ɛ/ e /u, o, ɔ/. Si noti che, nelle due figure, le vocali arrotondate sono sottolineate.

B. I vantaggi del tipo di trascrizione usato, fonemico interlinguistico, consistono in una maggiore precisione fonetica, pur sempre all'interno dell'IPA ufficiale (compresi simboli come /tʃ, dʒ, ts dz/, e soprattutto nel non richiedere da parte del lettore nessuna specifica conoscenza dei diversi sistemi fonologici delle varie lingue trattate. Sarà sufficiente che a ogni simbolo trovato corrisponda un certo suono un po' diverso dagli altri simili, ma correlato. In questo modo, la pronuncia ottenuta sarà sufficientemente vicina a quella dei nativi d'ogni particolare lingua. Fra l'altro, sarà possibile distinguere casi come *blitz* /blɪts*, ingl.* blɪts, *ted.* blɪts/, *patchouli* /patʃuˈli*, fr.* patʃuˈli/, e mostrare che le tradizionali vocali "lunghe" inglesi /iː, uː/ sono invece dei veri dittonghi, /ɪi, uu/: *free, boom* /fɹɪi, buum/, e che i dittonghi tradizionali inglesi /aɪ, au, ɔɪ/ hanno il secondo elemento più aperto, o più basso (meglio rappresentabili, nei limiti dei simboli ufficiali, come): *high, wow, boy* /hae, wao, bɔe/. Però, non risultano altre sfumature più sottili (più fonetiche che fonologiche, per le quali si dovrebbero usare altri simboli): infatti, questi tre dittonghi inglesi, rispetto a /ae, ao/ tedeschi, hanno il secondo elemento più centralizzato, mentre per /ɔʏ/ tedesco il secondo elemento è soprattutto arrotondato. La cosa fondamentale, comunque, è che sono completamente diversi da /ai, au, ɔi/, dell'italiano *mai, pausa, poi*, come si può vedere confrontando la pronuncia all'italiana di *my cowboy*, cioè [ˌmaikauˈbɔi], con quella inglese: [maeˈkhao,bɔe].

Altre sfumature possono essere che /t d/ inglesi non sono dentali (ma alveolari, cioè più arretrate di quelle italiane), e che, rispetto all'italiano, /ɑ ɔː/ inglesi sono meno aperte (ma l'/ɔː/ americana è anche più arretrata e lunga), o che in francese /a, ɔ, o, u/ sono più avanzate, articolate con la lingua più in avanti, e ancora che /ɪ, ʊ/ tedesche sono meno centralizzate di quelle inglesi, pur essendo tutte più aperte di /i, u/ italiane. Certo, con un numero meno limitato di simboli si può essere molto più accurati e precisi, ma già una scelta più oculata dei simboli ufficiali può produrre risultati più soddisfacenti, visto che, d'altra parte, a volte può esser sufficiente avvertire adeguatamente di certe differenze (anche se è utile poterle indicare quando serva).

Ora, brevemente e sempre facendo riferimento al quadrilatero, si vedrà di spiegare la collocazione delle altre vocali necessarie per le parole delle lingue straniere del vocabolario: /ɪ/ è tra /i/ e /e/, come /ʊ/ è tra /u/ e /o/; /æ/ è più bassa di /ɛ/, come /ɒ/ è più bassa di /ɔ/; inoltre, /ɑ/ è più arretrata di /a/ (es. *hit* /hɪt/, *good* /gʊd/, *hat* /hæt/, *hot* /hɒt/, *star* /stɑːɻ/; in pronuncia americana, poi, /ɒ/ si realizza come [ɑ]: *hot* /hɒt/ [hɑt], cioè senz'arrotondamento).

La serie delle vocali anteriori arrotondate /y, ʏ, ø, œ/ è simile a /i, ɪ, e, ɛ/ (anche se in realtà sono meno anteriori di queste) con l'aggiunta dell'arrotondamento labiale, tipico della serie italiana posteriore /u, o, ɔ/ (es. *lune* /fr.* lyn/, *fünf* /ted.* fʏnf/, *deux* /fr.* dø/, *cœur* /fr.* kœːʀ/). Al contrario, /ɨ, ɪ̵, θ, ɤ, ʌ/ senz'arrotondamento (e meno posteriori, es. *judo* /giapp.* ˌdʑɯːˈdɔː/, *hut* /ingl.* hʌt/); per /ʌ/ può anche esser utile osservare che ha un'articolazione più chiusa, più alta, sia di /ɑ/ che di /a/. In effetti, /ʌ/ è tradizionalmente usato anche per /ɐ/, che sarebbe il vero simbolo ufficiale per la vocale tra /ɜ/ e /a/.

Osservando bene il quadrilatero, si può dire che /ɪ/ è collocata tra /i/ e /ɯ/, e che /ə/ è tra /ɤ/ e /ɜ/, e, infine, che /ɪ̵/ è tra /ɨ/ e /θ/ come /ɜ/ è tra /ə/ e /a/, formando una scala /i, ɪ, ɜ, ɜ, a/, come /i, ɪ, e, ɛ, æ/ o come /u, ʊ, o, ɔ, ɒ/ (es. *kumys* /russo kuˈmɨis/, *audit* /ingl.* ˈɔːdɪt/, *away* /ingl.* əˈwɛɪ/, *girl* /ingl.* gɜːɫ/). Ugualmente, si può dire che /ø/ è tra /ø/ e /u/, come di /e/ è tra /œ/ e /o/, es. *Lund* /sved.* lɵnd/, *no* /ingl.* nɤu/, ma per /oʊ/ inglese si veda l'osservazione diasistemica al paragrafo E).

I simboli vocalici sormontati dal(la) tilde indicano vocali nasali(zzate), come quelle ben note del francese: *un bon vin blanc* /fr.* œ̃ bõ ˌvɛ̃ˈblɑ̃/.

C. Per quanto riguarda le *consonanti*, sempre limitatamente a quelle che ricorrono nelle parole del vocabolario, oltre ai tre fonemi dell'italiano /m/ (bilabiale), /n/ (alveolare), /ɲ/ (palatale), per completezza descrittiva sono state aggiunte anche le varianti combinatorie /ɱ/ (labiodentale, o [ɱ] come variante di /m/ davanti a /f, v/, es. *ànfora* /ˈaɱfora/) e /ŋ/ (velare, o [ŋ] come variante di /n/ davanti a /k, g/, articolato più indietro di /ɲ/, es. *bànca* /ˈbaŋka/, e che è vero fonema in tante lingue tra cui l'inglese, es. *singing* /ˈsɪŋɪŋ/, e il tedesco). Si deve inoltre conoscere anche /ɳ/ (postalveolare, articolato più indietro di /n/, es. *Krishna* /sanscrito* ˈkṛɕṇʌ/).

Per le consonanti date in coppia di sonorità, la prima è non-sonora, la seconda sonora. Alle sei occlusive dell'italiano, /p, b/ (bilabiali), /t, d/ (dentali) e /k, g/ (velari), è sufficiente aggiungere /ʔ/ (glottidale o laringale, non-sonoro [anche se tecnicamente sarebbe più corretto definirlo né sonoro né non-sonoro], es. *Es* /ted.* ʔɛs/), /q/ (uvulare non-sonoro, più arretrato di /k/, es. *qat* /ar.* qɑːt/) e /ɓ/ (che è una /b/ sonora implosiva, cioè con abbassamento della laringe, es. *bwana* /swahili* ˈɓʷaŋa/). [Non potendo dire tutto in questa sede, è inevitabile che chi non conosca già l'argomento debba far riferimento a un buon manuale di fonetica, per approfondimenti e riscontri.]

Per le semiocclusive (o affricate), alle due coppie italiane, /ts, dz/ (dentali) e /tʃ, dʒ/ (postalveopalatali), ne va aggiunta una terza /tɕ, dʑ/ (prepalatale, grosso modo intermedia tra /ts, dz/ e /tʃ, dʒ/, es. *jí* /cin.* ˈtɕi/, *jujitsu* /giapp.* ˌdʑɯːdʑitsɯ/), oltre a /pf/ (labiodentale non-sonoro, es. *Pfennig* /ted.* ˈpfʰɛniç/) e /tɬ/ (alveolare laterale non-sonoro, per quanto raro, es. *peyotl* /náhuatl* peˈjotɬ/).

Alle cinque costrittive (o fricative) italiane /f, v/ (labiodentali), /s, z/ (dentali solcate), /ʃ/ (postalveopalatale solcata non-sonora), va aggiunta la sonora corrispondente a quest'ultima /ʒ/ (es. *garage* /fr.* gaˈʀaːʒ/), oltre a /θ, ð/ (dentali non-solcate o interdentali, es. *thanks, this* /ingl.* θæŋks, ðɪs/), /ç, j/ (palatali, es. *ich* /ted.* ʔiç/, *coyote* /sp.* koˈjote/), /x, ɣ/ (velari, es. *mach* /ted.* max/, *malagueña* /sp.* malaˈɣena/) meno "esotiche"

Inoltre, /ʂ/ (postalveolare o retroflessa non-sonora, es. *Krishna* /sanscrito 'kʂɳʌ/), /ʃ/ (cioè /ʃ/ con sollevamento del dorso verso il velo, es. *kalashnikov* /russo kaˈɫuaʂnjɪkʌf/), /s̮/ (cioè /s/ con sollevamento del dorso verso l'uvula, es. *qasba* /ar. 'qɒsba/), /ɢ/ (prepalatale non-sonora, es. *nashi* /giapp. .naˈɕi/), /ɦ/ (faringale non-sonora, es. *haik* /ar. ɦa(ː)ɪk/), /ɧ/ (alveolare non-solcata sonora, vibrante o no, es. *haléř* /ceco 'ɦaleːɧ/ non-sonora se finale o vicino a consonante non-sonora).

Tra le articolazioni approssimanti (di solito sonore), alle due italiane, /j/ (palatale) e /w/ (velare arrotondata), si devono aggiungere /ɥ/ (labiale arrotondata, come /j/ con arrotondamento, es. *nuit* /fr. nɥi/), /ɰ/ (velare, come /w/ senz'arrotondamento, es. *mazut* /russo maˈzuɰut/), /ɹ/ (es. *marine* /ingl. məˈɹiːn/; l'articolazione esatta è prevelare nell'inglese americano, ma postalveolare nell'inglese britannico, il cui simbolo ufficiale a rigore è /ɹ̠/, ma generalmente vengono unificati (o scambiati tra di loro per una sorta d'accettazione d'un sorpassato concetto articolatorio senza nessuna verifica oggettiva); si ha il postalveolare anche nel cinese mandarino, ma con una lieve differenza articolatoria; inoltre, /ʋ/ (labiodentale, come una /v/ attenuata, es. *waterloo* /ol. 'ʋɑːtɪɫoː/), /ɸ, β/ (bilabiali, es. *tofu* /giapp. .tɔːɸɯ/, *arriba* /sp. aˈr'iβa/), /ɦ, ɧ/ (glottidali o laringali, es. *hand* /ingl. hænd/, *dharma* /sanscrito 'dɦʌrmʌ/), tutti piuttosto importanti.

I vibranti e vibrati sono di solito sonori. Oltre a /r/ italiano (vibrante alveolare), c'è /ɾ/ (vibrato, con un solo battito, che è la normale variante anche in italiano in sillaba non-accentata: *riprèndere* /riˈprɛndere/ [riˈprɛndeɾe], *charango* /sp. tʃaˈɾaŋɡo/), /ʀ/ (uvulare, usato però genericamente anche per le varianti più frequenti: approssimante come in francese, es. *décor* /fr. deˈkɔːʀ/ [deˈkɔːʁ], e costrittivo come in tedesco, es. *Reich* /ted. ʀaeç/ [ʁaeç]).

Anche i laterali di solito sono sonori. Ai due fonemi laterali italiani, /l/ (alveolare) e /ʎ/ (palatale), va aggiunto /ɫ/ (cioè /l/ con sollevamento del dorso verso il velo, molto frequente in varie lingue, es. *fault* /ingl. fɔːɫt/). Anche in russo si ha [ɫ] = /l/ in opposizione a [lj] = /lʲ/, secondo le interpretazioni fonologiche più convenienti e rigorose, che danno sei fonemi vocalici (/i, ɛ, a, ɔ, u, ɨ/ invece di cinque) e un numero decisamente più contenuto e accettabile di fonemi consonantici, grossomodo come nella grafia e secondo il sentimento linguistico dei nativi, mentre le consonati «molli» sono palatali(zzate) solo foneticamente: /Cj/ = [Cʲ] (o [Cj] nel sistema più ufficiale usato qui, che è senz'altro meno consigliabile, però, in trattazioni rigorose di fonetica).

I simboli consonantici con un apice, o barretta, sotto /m̩, n̩, l̩, r̩, ɹ̩/ (o sopra /ɧ/) indicano consonanti sillabiche, pronunciate senza l'appoggio d'una vocale ma corrispondenti a una vera sillaba: *connection* /ingl. kəˈnɛkʃn̩/, *diesel* /ted. 'diːzl̩/.

D. Per quanto riguarda le indicazioni prosodiche, /ˈ/ segnala l'accento primario sulla sillaba che segue, tranne che nei monosillabi isolati: *rìdere, rídere, ridirò, re* /ˈridere, riˈdire, ridiˈrɔ*, re*/.

Il segno /ˌ/ indica l'accento secondario, sempre all'inizio della sillaba: *dropout* /ingl. 'dɹʌpˌaot/; nelle trascrizioni italiane del vocabolario non sono stati segnati accenti secondari, perché sono deducibili secondo l'alternanza di sillabe non-accentate e semi-accentate rispetto a quelle accentate: *arrampicarsi* /arrampiˈkarsi/ [arˌrampiˈkarsi].

Inoltre, nelle lingue tonali, gli accenti forti con tonalità diversa da quella media sono segnati come segue: /ˊ/ (alto), /ˋ/ (basso), /ˊˎ/ (alto discendente, fino al medio), /ˎˋ/ (basso discendente, dal medio), /ˏˊ/ (alto ascendente, dal medio), /ˏˋ/ (basso ascendente, fino al medio); inoltre /ˋˎ/ (alto discendente fino al tono basso), mentre /.| da solo indica tono basso su una sillaba debole: *toufu* /cin. ˋ.tɔʊ.fu/).

Il segno /ˈ/, usato in trascrizioni italiane, indica due tipi d'allungamento consonantico nella frase: davanti (o dopo) /ʃ, ɲ, ʎ, dz/ segnala la geminazione autogena di tali fonemi, ché sono sempre lunghi tra vocali (per /ts, dz/ anche se davanti alla seconda vocale c'è /j/ o /w/): *scèna* /ˈʃena/ produce *la scèna* /laˈʃena/; il secondo tipo è la geminazione co(n)testuale, o rafforzamento sintattico, per cui le parole italiane accentate sull'ultima sillaba e un buon numero di monosillabi (e pochi bisillabi piani) richiedono l'allungamento della consonante iniziale (che non sia /j, w/) della parola seguente: *tre, ventitré* /tre*, ventiˈtre*/ producono *tre cani, ventitré gatti* /trekˈkani, ˌventitreɡˈɡatti/. I monosillabi e i bisillabi piani che hanno questa caratteristica sono tutti indicati nel vocabolario con /*/; i polisillabi tronchi invece non hanno bisogno d'indicazione, perché si ricordi d'applicare adeguatamente il meccanismo: *a metà prezzo* /a*/ + /meˈta*/ + /ˈprɛtstso/ produce teoricamente /amme'tap'prɛtstso/ che poi effettivamente, per evitare accenti forti vicini, diviene di solito [amˌmetapˈprɛtstso].

In trascrizioni spagnole e portoghesi con /*r:/ iniziale, quando questo sia preceduto da vocale, avviene la geminazione autogena che l'allunga ancora di più: *radio* /sp. *ˈr:aðjo/ produce *la radio* /sp. laˈr:aðjo/.

Per finire, il segno /ˇ/ davanti a /b, d, ɡ/ iniziali, in spagnolo (e in portoghese europeo), indica che tali consonanti, nella frase genuina, hanno lo stesso comportamento che all'interno di parola: si realizzano come /β, ð, ɣ/ tranne che dopo silenzio e dopo nasali (e, limitatamente alla /d/ spagnola, anche dopo /l/, mentre in portoghese si hanno gli occlusivi pure dopo /l, ɾ/), es. *gaucho* /ˇˈɡautʃo/, *dà un gaucho* /sp. uŋˈɡautʃo/, ma *el gaucho* /sp. elˈɣautʃo/.

E. Il segno /ː/, dopo una vocale o consonante, ne indica l'allungamento, es. *card* /ingl. khɑːɹd/, *Lied* /ted. liːt/, *rancho* /sp. 'rantʃo/.

Nelle trascrizioni fonemiche diasistemiche dell'inglese, il segno /ˑ/ indica la possibilità di scelta tra due realizzazioni parzialmente diverse, soprattutto per /æˑ/: tra /æ/, più americano, e /ɑː/, più britannico, es. *dance* /dæˑns/ sarà perciò /dæns/ o /dɑːns/, e per /ɒˑ/: tra /ɒ/, più britannico, e /ɔː/, più americano, es. *song* /sɒˑŋ/ sarà perciò /sɒŋ/ o /sɔːŋ/. Inoltre, sempre diasistemicamente, /ɪ̣/ indica la possibilità di scelta tra /ɪ/ effettivamente pronunciata, in posizione finale di parola o davanti a consonante, più americana, e una pronuncia senza quest'*r* non-prevocalica, più britannica. es. *far, art* /ingl. fɑːɹ, ɑːɹt/: americano [fɑːɹ, ɑːɹt], britannico [fɑː, ɑːt]. Si considerino anche questi altri esempi, che mostrano il valore diasistemico della sequenza /əɪ̣/, *river, rivers* /ingl. 'ɹɪvəɹ, 'ɹɪvəɹz/: americano ['ɹɪvɹ̩, 'ɹɪvɹ̩z], britannico ['ɹɪvʌ, 'ɹɪvəz]; inoltre, quando /əɪ̣/ non è seguito da pausa in britannico si lega a una vocale successiva: *the river isn't near* [ðəˈɹɪvəɹ 'ɪzn(t) 'nɪə] (americano: [ðəˈɹɪvɹ̩ 'ɪzn(t) 'nɪɹ]).

Ugualmente, /t̬/ mostra la possibilità di scegliere tra [t] (occlusivo alveolare non-sonoro, più britannico), e [ɾ] (vibrato alveolare sonoro, più americano, compresa la possibilità di farlo sparire completamente dopo /n/, es. *society, center* /ingl. səˈsaɛət̬ɪ, 'sɛnt̬əɹ/: americano [səˈsaeəɾi, 'sɛn(ɾ)ɹ̩], britannico [səˈsaeəti, 'sɛntə].

Un'altra notevole variazione diasistemica riguarda /j̣/, soprattutto tra /t, d, n/ e /uː, u/, con la possibilità di scelta tra il mantenimento di /j/, più britannico, e la scomparsa, più americana, es. *tuner, duty, news* /ingl. 'thj̣uːnəɹ, 'dj̣uːtɪ, nj̣uːz/: americano ['thuːnɹ̩, 'duːɾi, nuːz], britannico ['thjuːnə, 'djuːti, njuːz]. Come si vede già da qualche esempio, /h/ indica l'aspirazione non-fonemica, ma importantissima, in inglese dopo /p, t, k, tʃ/ (e, in tedesco, dopo /pf, ts/) in sillaba accentata non iniziante per /s, ʃ/, es. *plaid, tea, cold, chip* /ingl. phlæd, thiː, khoʊld, tʃhɪp/ e *Pfennig, Zeppelin* /ted. 'pfhɛnɪç, 'tshɛpəliːn/; si considerì almeno un esempio di non-aspirazione: *scold* /ingl. skoʊld/. In inglese, inoltre, /hw/ indica la possibilità d'oscillazione tra /w/ semplice, sempre più diffuso, e la sequenza /hw/ (o un solo segmento, ma completamente non-sonoro, /ʍ/) delle parlate americane non-metropolitane, di quelle britanniche più periferiche, o in generale nella pronuncia dei più consapevoli e desiderosi di mostrare la differenza, possibile, tra forme come *witch* /wɪtʃ/ e *which* /hwɪtʃ/ (cioè /hwɪtʃ, ʍɪtʃ, wɪtʃ/).

Nelle trascrizioni francesi, /j̣/ segnala la possibilità di pronunciare con ɔ senza /j/ parole come *brioche* /fr. bʀiˈjɔʃ/ [bʀiˈɔʃ, bʀiˈjɔʃ]. Invece, in trascrizioni russe, /j̣/ indica che la consonante precedente è palatalizzata es. *niet* /russo nj̣et/, quasi /nʲet/ (diversa dalla pronuncia italiana /njɛt/ con /j/ indipendente).

Non sarà superfluo rilevare che /ə/ (il cui nome è /*ʃwa*, *ʃeˈva*/) ha realizzazioni fonetiche parecchio diverse nelle varie lingue: limitando l'osservazione alle principali lingue straniere, va sùbito detto che in inglese corrisponde più spesso proprio a [ə], tranne che per per /əɪ̣/ finale assoluto (cioè, seguito da pausa, che, come s'è visto sopra, è [ʌ] in britannico, mentre in americano /əɪ̣/ tende a essere [ɹ̩] in tutti casi).

In tedesco, /ə/ è più chiuso, cioè [ɪ], tranne quando sia seguito da /ʁ/ più una vocale: *bitte* /ted. 'bɪtə/ ['bɪtɪ], *unsere* /ted. ʔʊnzəʁə/ [ˈʔʊnzəʁɪ], mentre per *er* finale o più consonate la pronuncia più normale è vocalizzata in [ʌ] (come in effetti è stato trascritto, evitando la vecchia notazione /əʁ/): *unser, unserer* /ted. ʔʊnzʌ, ʔʊnzəʁʌ/ ['ʔʊnzʌ, 'ʔʊnzəʁʌ]. Anche in portoghese, /ə/ vale come /æ/ (o anche /ø/) non-accentato, ma con arrotondamento labiale: *atelier* /fr. ataˈlje/ [atœˈlje].

Infine, /ə/ indica uno *schwa* /ə/ che può esser pronunciato o no, es. *biberon* /fr. biba'ʁɔ̃/ [bibəˈʁɔ̃, biˈbʁɔ̃], *concierge* /fr. kõˈsjɛʀʒə/ [kõˈsjɛʀʒ, -ʒœ], *clearance* /ingl. 'khlɪəɹəns/: ['khlɪəɹəns, 'khlɪɹəns] (questa seconda pronuncia è più americana).

D'altra parte, /ɪ̣/ in inglese indica la normale oscillazione tra /ɪ/, più britannica e più formale, e /ə/, più americana e più informale, *ticket* /ingl. 'thɪkɪt/: /'thɪkɪt, 'thɪkət/.

Ugualmente, /oʊ̣/ inglese rappresenta la possibilità di scelta tra [oʊ] (con /ɔ/ non troppo aperta, pronuncia più americana) e [əʊ] (più britannica, con [ə] non-arrotondato), es. *so* /ingl. soʊ̣/ [soʊ, səʊ].

In generale, la trascrizione inglese diasistemica, adottata qui, può rappresentare anche una pronuncia "internazionale" se si realizzano /æˑ, ɒˑ/ come semplici /æ, ɒ/ (trascurando, quindi, /ˑ/) e se, in un modo o nell'altro, si utilizzano le altre possibilità di variazione indicate, comprese oscillazioni possibili (meno consigliabili, però, nel caso di /ɪ̣/, che dovrebbe essere realizzato sistematicamente sempre come /ɪ/, all'americana, o sempre come "zero", alla britannica.

TABELLA PER LA TRASLITTERAZIONE DEL GRECO ANTICO

α	alfa	*a*	δ	delta	*d*	ι	iota	*i*	π	pi	*p*	ψ	psi	*ps*
αι	ai	*ai*	ε	epsilon	*e*	κ	cappa	*k*	ρ	ro	*r*	ω	omega	*ō*
β	beta	*b*	ζ	zeta	*z*	λ	lambda	*l*	σ, ς	sigma	*s*	ῶ		*ô*
γ	gamma	*g*	η	eta	*ē*	μ	mi	*m*	τ	tau	*t*	ῳ		*ōi*
γγ	ng	*ñ*	η̑		*ê*	ν	ni	*n*	υ	ipsilon	*y*		spirito	
γκ	nk	*nk*	ῃ		*ēi*	ξ	csi	*x*	φ	fi	*ph*		aspro	*h*
γχ	nch	*nch*	ϑ	teta	*th*	ο	omicron	*o*	χ	chi	*ch*			

Per facilitare la pronuncia, l'accento dei dittonghi è segnato sulla prima vocale, mentre nella grafia greca è posto sulla seconda.

a, A

Il suono rappresentato in italiano dalla lettera *A* è quello della vocale più aperta di tutte /a/, che può essere accentata (es. *càne* /'kane/, *gàtto* /'gatto/) oppure non-accentata (es. *fòla* /'fɔla/, *falò* /fa'lɔ*/). Quando la vocale è accentata, la lettera può portare un accento grave, che è obbligatorio per le vocali accentate finali di determinati monosillabi e di tutte le parole polisillabe (es. *dà* /da*/ indicativo, *darà* /da'ra*/), raro e facoltativo negli altri casi (es. *àncora* /'aŋkora/, volendo distinguere da *ancóra* /aŋ'kora/).

a (**1**), (*maiusc.*) **A** /a*/ [sec. XII] **s. f.** o **m.** ● Prima lettera dell'alfabeto italiano; *a minuscola*, *A maiuscolo* | *Dall'a alla zeta*, (*raro*) *alla z*, dal principio alla fine | *Non dire né a né ba*, non dire nulla, tacere: *Non mi riuscì di pronunziare né a né ba* (GADDA) | Nella compitazione spec. telefonica it. *a come Ancona*; in quella internazionale *a come alfa* | **A commerciale**, nome del carattere @; SIN. Chiocciola, at | (*sport*) **Serie A**, suddivisione comprendente gli atleti o le squadre di maggior valore | (*fig.*) *Di serie A*, di alta qualità | *Vitamina A*, V. *vitamina* | **A.**, **AA.**, **A.A.A.**, ..., negli annunci economici dei giornali, lettere in numero variabile poste all'inizio di un'inserzione per farla precedere nell'ordine alfabetico rispetto ad altre.

◆ **a** (**2**) /a*/ [lat. *ăd*] **prep.** propria semplice. (Può assumere la forma eufonica *ad* davanti a parola che comincia con vocale, spec. *a*, particolarmente nell'uso scritto: *pensare ad altro*; *andare ad Alessandria*; *fare una cosa ad arte*. Fondendosi con gli **art. det.** dà origine alle **prep. art. m. sing.**: *al*, *allo*; **m. pl.** *ai*, *agli*; **f. sing.** *alla*; **f. pl.** *alle*.) ❙ Stabilisce diverse relazioni dando luogo a molti complementi. **1** Compl. di termine: *regalare un libro a un amico*; *questo compito è stato affidato a noi*; *date a Cesare quel che è di Cesare*, *a Dio quel che è di Dio*. **2** Compl. di stato in luogo e sim.: *abitare a Milano*; *stare volentieri in letto*; *rimanere a casa*; *trattenersi a tavola*; *alla destra*, *alla sinistra*; *a cento metri dall'incrocio*; *alla fine del primo capitolo*; *portare una catenina al collo* | Col sign. di 'presso, in': *essere impiegato all'università*, *al ministero della Difesa* | (*region.*) Negli odonimi, al posto di *in*: *abita a via Cavour* | Col sign. di 'presso, vicino a, su' in toponimi: *Praia a Mare*; *San Vito al Tagliamento* | Con valore locativo, in insegne di trattorie, ristoranti e sim.: *al Cavallino bianco*; *al Leon d'oro* | (*raro*) Sempre con valore locativo, come denominazione di negozi: *allo Stivale d'Italia*. **3** Compl. di moto a luogo: *andare a Roma, a teatro, al cinema* | Col sign. di 'verso': *avviarsi al fiume* | Anche in senso fig.: *arrivare al massimo della sopportazione*; *fu mosso a pietà*; *giungere alla conclusione*; *venire al fatto*; *scendere a patti*; *andare a punto*; *una retta si prolunga all'infinito*; *elevare un numero alla terza*, *quarta*, *ennesima potenza*; (*elevato*) *alla terza* (*potenza*) | Per ellissi del v.: *al ladro!*, *alla malora!*, *al diavolo!*; *a me!*; *a noi!* **4** Complementi di tempo: *alzarsi all'alba*; *a notte fonda*; *alle due*, *alle tre*; *a mezzogiorno*; *a primavera*; *a Natale*; *a Pasqua*; *alla mattina*, *o alla mattina*, *o di mattina*; *al sabato*, *o di sabato*, *o il sabato*; *oggi a otto*; *di qui a vent'anni*; *elezione a vita*. **5** Compl. di età: *a diciotto mesi*; *a trent'anni*; *Dante morì a cinquantasei anni*. **6** Compl. di modo o maniera: *alla svelta*; *alla perfezione*; *a precipizio*; *a memoria*; *a senso*; *a credito*; *al minuto*; *all'ingrosso*; *a furor di popolo*; *alla turca*; *alla russa*; *vestire all'antica*; *uomo all'antica*; *pagare alla romana*; *camicia alla Robespierre*; *lepre alla cacciatora*; *cotoletta alla milanese* | Su modello francese, nelle loc. *uova al tegamino*, *pasta al sugo*, *bistecca ai ferri* e sim. **7** Compl. di mezzo o strumento: *andare a piedi*, *a cavallo*; *intendersi a gesti*; *stufa a legna*, *a carbone*; *cucire a macchina*; *lavoro fatto a mano*; *barca a vela*, *a motore*; *giocare a scacchi*, *a carte*, *a palla*, *a tennis*; *vincere al lotto*, *al totocalcio*. **8** Compl. di causa: *svegliarsi improvvisamente a un rumore*; *a quella notizia mi rallegrai*; *rise alla battuta*. **9** Compl. di fine o scopo: *furono poste alcune sentinelle a guardia del ponte*; *essere destinato a grandi fortune*; *uscire a passeggio*; *ispettore alle vendite*. **10** Compl. di vantaggio e svantaggio: *la banca ha emesso un assegno a tuo favore*; *lo fai a tuo danno*; *fumare eccessivamente nuoce alla salute*. **11** Compl. di limitazione: *essere coraggioso a parole*; *star bene a soldi*; *a mio parere*; *a giudizio di tutti*. **12** Compl. di qualità: *una casa a sei piani*; *una maglia a strisce*; *un abito a quadri*; *una gonna a pieghe*. **13** Compl. di prezzo e misura: *vendere a poco prezzo*; *l'ha ceduto a cento euro*; *viaggiare a cento km l'ora*. **14** Compl. di pena: *condannare all'ergastolo*, *alla fucilazione*, *ai lavori forzati*, *a due anni di carcere*, *a una multa*. **15** Compl. di paragone: *il cane è molto simile al lupo*. **16** Compl. predicativo: *eleggere a moderatore d'un dibattito*; *l'incarico loro era tenuto a vile* (MANZONI). ❙❙❙ Introduce varie specie di proposizioni col v. all'inf. **1** Prop. causale: *hai fatto bene ad aiutarlo*; *hai commesso un errore a non deciderti prima*. **2** Prop. condizionale: *a lasciarlo fare*, *ne combina d'ogni colore*; *a guardar bene*, *il problema cambia aspetto*; *a dire il vero*, *ho molti dubbi*. **3** Prop. finale: *vado subito a vedere*; *mi hanno persuaso a partecipare*; *fatti non foste a viver come bruti / ma per seguir virtute e canoscenza* (DANTE *Inf.* XXVI, 119-120) | *Dare a copiare*, *a cucire*, dare da copiare, da cucire | *Dare a intendere*, far credere (cosa non vera). **4** Prop. temporale: *al sentirglielo ricordare*, *mi sentii imbarazzato*; *al vederlo fui felice*. **5** Prop. relativa con valore consecutivo: *è stato il primo ad aiutarlo*; *sono l'unico a saperlo*. ❙❙❙ Ricorre nella formazione di molte loc. **1** Loc. avv.: *a stento*; *a caso*; *a tentoni*; *a precipizio*; *a poco a poco*; *a corpo a corpo*; *a faccia a faccia*; *a goccia a goccia* e sim. **2** Loc. prep.: *fino a*; *vicino a*; *attraverso a*; *oltre a*; *davanti a*; *intorno a*; *in mezzo a*; *di fronte a*; *di fianco a*; *al di là di*; *al di qua di* e sim. **3** Loc. con valore distributivo: *Come le pecorelle escon del chiuso / a una, a due, a tre* (DANTE *Purg.* III, 79-80); *uno alla volta*; *a due a due*; *a mano a mano*; *sessanta km all'ora*.

a (**3**) [vc. onomat.] **inter.** ● (*rom.*) Si usa in espressioni esclamative rivolgendosi a qlcu.: *a Carlo!*; *a ragazzino*, *lasciami lavorare!*; *a scemo!*

a' /a/ **prep.** ● (*tosc.*, *lett.*) Forma tronca della prep. art. *ai*.

a- (**1**) [ripete la funzione che aveva in gr. il cosiddetto 'alfa negativo', di orig. indeur. (**n*-)] **pref.** (assume davanti a vocale la forma eufonica *an-*; è detto *alfa* o *alfa privativo*) ● Indica mancanza, assenza, privazione, passività e sim. relativamente a ciò che è espresso dall'agg. o s. con cui entra in composizione: *acefalo*, *anestesia*, *apolide*, *apolitico*, *areligioso*.

a- (**2**) [dal preverbale e prep. lat. *ăd*, di orig. indeur., ma di diffusione dial.] **pref.** (assume, davanti a vocale, la forma eufonica *ad-*; determina il rafforzamento della consonante iniziale della parola con cui entra in composizione). **1** Indica avvicinamento, direzione, tendenza verso qualcosa e sim.: *apporre*, *accorrere*, *aggiungere*. **2** Ha anche valore derivativo: *accasare*, *addolcire*, *avviare*.

abacà [sp. *abacá*, da una vc. della lingua tagal delle Filippine; 1699] **s. f. 1** Pianta rizomatosa tropicale delle Musacee da cui si ricava la canapa di Manila. **2** Fibra tessile ricavata dalla pianta omonima. SIN. Banano tessile; canapa di Manila.

†**abachista** ● V. †*abbachista*.

àbaco o **àbbaco** [vc. dotta, lat. *ăbacu*(m), nom. *ăbacus*, dal gr. *ábax*, genit. *ábakos* 'tavoletta per fare i conti', di etim. incerta; av. 1348] **s. m.** (pl. -*chi*). **1** Tavoletta, simile al pallottoliere, usata per eseguire le operazioni dell'aritmetica. **2** (*mat.*) Rappresentazione grafica d'una funzione di più variabili. SIN. Nomogramma. **3** (*disus.*) Arte del calcolo, aritmetica. **4** Negli ordini architettonici classici, elemento a forma di lastra quadrangolare o di dado, posto tra il capitello e l'architrave.

†**abadéssa** ● V. *badessa*.

†**abadia** ● V. *abbazia*.

ab aetèrno /lat. abe'tɛrno/ o **ab etèrno** [lat., propr. 'dall'eternità'; 1305] **loc. avv.** ● Dall'eternità, da sempre: *Dio esiste ab aeterno*.

abalietà [vc. dotta, lat. *abalietāte*(m), astr. deriv. dalla loc. *ăb ălio* 'da un altro'; 1961] **s. f.** ● (*filos.*) Nella filosofia della tarda scolastica, proprietà o carattere di un essere che ha la propria causa o ragione di esistenza in un altro essere. CONTR. Aseità.

ab antiquo o **ab antico** [lat., propr. 'dall'antichità'; sec. XIII] **loc. avv.** ● Dall'antichità, dai tempi antichi.

abàrico [comp. di *a-* priv. e un deriv. del gr. *báros* 'peso' (V. *barico* (**1**)), perché da quel punto non si sente più la forza di gravità della Terra; 1971] **agg.** (pl. m. *-ci*) ● (*geogr.*) Detto del punto in cui cessa l'attrazione gravitazionale della Terra e inizia quella della Luna.

abasìa [vc. dotta, comp. di *a-* (**1**) e del gr. *bási(s)* 'andatura' col suff. *-ia*, sul modello di *afasia*; 1899] **s. f.** ● (*med.*) Incapacità di camminare dovuta a meccanismi psicogeni o ad affezioni organiche, senza che vi sia paralisi degli arti inferiori.

abàte o (*lett.*) **abbàte** [lat. tardo *abbāte*(m) dall'aramaico *ăb* 'padre', attrav. il gr. eccl. *abbá*; 1278] **s. m. 1** Superiore di un monastero o di un'abbazia. CFR. Badessa | Chi è investito di un beneficio con titolo abbaziale | Superiore di un ordine monastico: *l'a. generale dei Benedettini*. **2** Nel XVIII sec., chi godeva di un beneficio ecclesiastico ed era autorizzato a portare l'abito da prete, dopo aver ricevuto i soli ordini minori. ❙ **abatìno**, dim. (V.) | **abatóne**, accr. | **abatónzolo**, dim. | **abatùcolo**, dim.

abatino [av. 1563] **s. m. 1** Dim. di *abate*. **2** (*iron.*) Giovane prete mondano e galante. **3** (*fig.*, *scherz.*) Persona debole e inconcludente.

abat-jour /fr. abaˈʒuːr/ [vc. fr., comp. di *abattre* 'abbattere' e *jour* 'giorno, luce'; 1877] **s. m. inv.** (pl. fr. inv.) **1** Paralume. **2** Lampada da comodino o da tavolo.

àbato [vc. dotta, gr. *ábaton* 'inaccessibile', comp. di *a-* (**1**) e *báino* 'io vado'; 1819] **s. m.** ● Nel tempio greco, il luogo sacro vietato al popolo e accessibile solo ai sacerdoti.

†**àbavo** [vc. dotta, lat. *ăbavu*(m), comp. di *ăb* e *ăvus* 'nonno'; sec. XVIII] **s. m.** ● Trisavolo, arcavolo.

abazia • V. *abbazia*.
abaziale • V. *abbaziale*.
abbacàre [da *abbaco*; 1643] v. intr. (*io àbbaco, tu àbbachi*; aus. *avere*) **1** (*disus.*) Fare i conti. **2** (*fig., raro*) Fantasticare, almanaccare.
abbacchiaménto [1865] s. m. **1** (*raro*) Bacchiatura. **2** (*fig.*) Avvilimento, depressione.
abbacchiàre [lat. parl. *abbaclāre, comp. di *ăb* e *băculum* 'bastone'; 1612] **A** v. tr. (*io abbàcchio*) **1** (*raro*) Bacchiare: *a. le castagne, le noci, le olive*. SIN. Bacchiare. **2** (*fig.*) Avvilire, deprimere. **B** v. intr. pron. • Deprimersi, abbattersi.
abbacchiàro [da *abbacchio*; 1923] s. m. • (*centr.*) Venditore di abbacchio | (*est.*) Macellaio (*anche spreg.*).
abbacchiàto [1612] part. pass. di *abbacchiare*; anche agg. **1** Bacchiato. **2** (*fig.*) Avvilito, depresso.
abbacchiatùra [da *abbacchiare*; 1830] s. f. • Lavoro dell'abbacchiare; SIN. Bacchiatura | Periodo in cui si esegue tale lavoro.
abbàcchio o (*raro*) **bàcchio** (**2**) [lat. *ăd băculum* 'al bastone', presso il quale era legato l'agnello giovane (?); 1830] s. m. • (*centr.*) Agnello macellato ancora lattante: *a. al forno*.
†**abbachista** o †**abachista** [da *abbaco*; 1342] s. m. e f. (pl. m. *-i*) • Chi sa fare i conti.
abbacinaménto [1692] s. m. **1** L'abbacinare, come forma di antico supplizio. **2** Il venire abbacinato. **3** (*fig.*) Illusione, inganno.
abbacinàre [comp. di *a-* (*2*) e *bacino*; sec. XIII] v. tr. (*io abbacìno* o *abbàcino*) **1** Accecare avvicinando agli occhi un bacino di metallo rovente, secondo una forma di antico supplizio: *fece a. il savio uomo maestro Piero delle Vigne* (VILLANI) **2** (*est.*) Privare momentaneamente della vista mediante luce troppo intensa. SIN. Abbagliare, accecare. **3** (*fig.*) Confondere, illudere.
àbbaco • V. *abaco*.
abbadàre [comp. di *a-* (*2*) e *badare*; av. 1306] v. intr. (aus. *avere*) • (*lett., pop.*) Badare: *io non credo nulla: abbado a far l'oste* (MANZONI).
†**abbadéssa** • V. *badessa*.
†**abbadia** • V. *abbazia*.
abbagliaménto [av. 1400] s. m. **1** Atto dell'abbagliare. **2** Diminuzione della capacità visiva dell'occhio, dovuta alla presenza di luce troppo intensa. **3** (*fig.*) Turbamento | Sbaglio, errore.
abbagliànte [1949] **A** part. pres. di *abbagliare*; anche agg. **1** Che abbaglia: *un lampo a.* | (*fig.*) Affascinante, luminoso: *un sorriso a.* **2** Detto del fascio di luce emesso in profondità dai proiettori degli autoveicoli per vedere lontano. **B** s. m. • Negli autoveicoli, il proiettore che emette tale fascio di luce: *accendere gli abbaglianti*.
abbagliàre [etim. incerta; av. 1292] **A** v. tr. (*io abbàglio*) **1** Offuscare la vista per luce troppo intensa o per altra causa (*anche assol.*): *quel riflettore mi abbaglia*; *la luce del sole abbaglia*; *fosca nebbia infernal gli occhi gli abbaglia* (MARINO). SIN. Abbacinare, accecare. **2** (*fig.*) Stupire, affascinare: *storia e poesia che abbaglieranno i secoli più lontani* (PASCOLI) | (*est.*) Illudere, ingannare: *lo abbagliarono col miraggio di una facile ricchezza*. **B** v. intr. (aus. *essere*) • †Restare abbagliato | Smarrire la vista per debolezza o sim. **C** v. intr. pron. **1** Confondersi la vista per luce troppo intensa o per altra causa. **2** (*fig.*) Prendere un abbaglio, ingannarsi.
abbàglio (**1**) [av. 1367] s. m. **1** (*raro*) Abbagliamento. **2** (*fig.*) Svista, errore | **Pigliare, prendere un a.**, cadere in errore. || **abbagliùzzo**, dim.
abbaglio (**2**) [1863] s. m. • Abbagliamento fastidioso, intenso e continuo.
abbaiaménto [av. 1333] s. m. • L'abbaiare continuo; SIN. Latrato.
♦**abbaiàre** [vc. onomat.; sec. XIII] **A** v. intr. (*io abbàio*; aus. *avere*) **1** Detto del cane, emettere il caratteristico verso alto e ripetuto, in segno di rabbia, minaccia, contentezza e sim. **2** (*fig.*) Parlare, gridare rabbiosamente e insensatamente: *che cos'hai da a.?* | (*fig.*) **A. alla luna**, gridare invano. **B** v. tr. • (*lett.*) Dire, gridare con rabbia.
abbaiàta [1819] s. f. **1** Abbaiamento prolungato fatto da più cani. **2** (*fig.*) Canea, schiamazzo contro qlcu. per rimprovero, scherno, beffa e sim.
abbaiatóre [1353] s. m. (f. *-trice*) **1** Chi abbaia. **2** (*fig.*) Chi sparla di qlcu. SIN. Maldicente. || **abbaiatorèllo**, dim.
abbaìno [dal genov. *abbaén*, da *abatino*, perché le lastre di ardesia che ricoprivano gli abbaini erano dello stesso colore della veste degli abati; 1681] s. m. **1** (*edil.*) Sovrastruttura applicata ai tetti a falde inclinate, con finestra, per dar luce a stanze o soffitte e permettere l'accesso al tetto. **2** Soffitta usata per abitazione.
abbàio (**1**) [da *abbaiare*; sec. XIV] s. m. • Verso caratteristico del cane: *levò un a. grandioso ma cordiale* (MORANTE).
abbaio (**2**) [1846] s. m. • Abbaiamento forte e prolungato | Abbaiata.
abbaióne [1865] s. m. **1** (f. *-a*) (*fam.*) Abbaiatore. **2** (*raro, lett.*) Schiamazzo nel dar la baia a qlcu.
abballàre [comp. di *a-* (*2*) e *balla* 'involto'; 1664] v. tr. • Confezionare in balle; SIN. Imballare.
abballinàre [da *balla* 'involto'; av. 1587] v. tr. • (*tosc.*) Alzare e ripiegare i materassi, dopo averne levate le lenzuola, per dare aria al letto.
abballottàre [comp. di *a-* (*2*) e *ballotta*; 1865] v. tr. (*io abballòtto*) • (*raro*) Sballottare.
abbambinàre [comp. di *a-* (*2*) e *bambino* (al quale si insegna a camminare); 1865] v. tr. • Trasportare un oggetto pesante o voluminoso tenendolo appoggiato a terra e spostandolo alternativamente da uno spigolo all'altro.
abbambolàto [comp. di *a-* (*2*) e *bambolo*; 1879] agg. • (*raro*) Imbambolato.
abbancàre [comp. di *a-* (*2*) e *banco*; 1865] v. tr. (*io abbànco, tu abbànchi*) **1** Nell'antica tecnica conciaria, stendere su un banco le pelli unte o ingrassate per l'effettuazione manuale della pianatura. **2** (*mar.*) Fornire una nave di banchi per i rematori.
abbandonaménto [av. 1375] s. m. • (*lett.*) Abbandono.
♦**abbandonàre** [fr. *abandonner*, da *à bandon* 'in potere di', dal germ. *band* 'giurisdizione'; 1292] **A** v. tr. (*io abbandóno*) **1** Lasciare per sempre o per molto tempo persone o cose: *a. la moglie, la casa, la patria*; *le forze lo abbandonano*; *a. qlcu. in mano al nemico* | (*fig.*) **A. qlcu. a sé stesso, alla sua sorte**, lasciarlo senza aiuto, disinteressarsene, trascurarlo | **A. il mondo**, (*fig.*) ritirarsi a vita contemplativa per religione o penitenza. **2** Cessare di fare qlco. o di curarsi di cleo. o qlcu.: *a. un ufficio, una gara, un gioco* | **A. un affare, un progetto**, tralasciarlo | (*assol.*) Ritirarsi da una gara o competizione sportiva: *ha abbandonato alla terza ripresa* | Trascurare, lasciare in stato di abbandono: *a. la casa, un terreno*. **3** Lasciar andare una parte del corpo appoggiandola a qlco.: *a. la testa sul cuscino, le mani in grembo*. SIN. Piegare, reclinare. **4** Allentare: *a. le briglie, il freno*. **B** v. rifl. **1** Lasciarsi andare, detto del corpo: *abbandonarsi sulla poltrona, alla corrente* | (*fig.*) Cedere: *abbandonarsi ai ricordi, alle passioni* | **Abbandonarsi a qlcu.**, mettersi con assoluta fiducia nelle sue mani. **2** (*raro*) Perdersi d'animo, sbigottirsi: *abbandonarsi di fronte al pericolo* | Avvilirsi, trascurarsi.
♦**abbandonàto** [1268] **A** part. pass. di *abbandonare*; anche agg. **1** Lasciato per sempre o per molto tempo | Lasciato senza assistenza: *minore a.* | Lasciato solo: *Nella caserma siamo in quattro uomini … abbandonati da Dio e dal prossimo* (DELEDDA). **2** Disteso, reclinato: *avere le braccia abbandonate* | (*fig., lett.*) Privo di forze: *giacea il suo bel corpo a.* (FOSCOLO) | (*fig., lett.*) Estenuato, snervato: *una specie di a. languore* (MORAVIA). **3** Deserto, non frequentato da persone: *casa abbandonata*; *terreno a.* || **abbandonataménte**, avv. Con abbandono; senza ritegno; senza cura. **B** s. m. (f. *-a*) • (*disus.*) Orfano o trovatello affidato alla pubblica assistenza. SIN. Derelitto.
abbandònico [1968] agg. (pl. m. *-ci*) • (*psicol.*) Causato da abbandonismo: *crisi abbandoniche* | Che tende all'abbandonismo.
abbandonìsmo [da *abbandono*; 1980] s. m. • (*psicol.*) Tendenza a perdersi d'animo, a demoralizzarsi.
abbandóno [fr. *abandon*. V. *abbandonare*; av. 1294] s. m. **1** L'abbandonare: *l'a. di una persona cara, del tetto coniugale*; *ordinare l'a. della nave in pericolo*. **2** (*dir.*) Rinuncia all'esercizio di un diritto | **A. della nave**, atto col quale l'assicurato, nei casi previsti dalla legge, può abbandonare all'assicuratore la nave ed esigere l'indennità per la perdita totale | Reato commesso da chi abbandona ingiustificatamente qlco. o qlcu. di cui è responsabile: *a. di pubblico ufficio, di minore, di incapace*. **3** Rinuncia al proseguimento di una gara sportiva da parte di un concorrente. SIN. Ritiro. **4** Stato di chi (o di ciò che) è abbandonato: *mettere, lasciare, porre in a.* | **Casa in a.**, disabitata, trascurata. SIN. Incuria, trascuratezza. **5** Rilassamento, cedimento: *un attimo di a.* | Effusione, dedizione fiduciosa: *si confidò con a.*; *essa con a. s'accostò a me e mi porse le labbra* (SVEVO) | Scoramento, sfiducia: *era in preda alla tristezza e all'a.*
abbarbagliaménto [1865] s. m. **1** Abbagliamento intenso e improvviso. **2** (*fig.*) Errore, sbaglio.
abbarbagliàre [comp. di *a-* (*2*) e *barbaglio*; av. 1374] **A** v. tr. (*io abbarbàglio*) **1** Abbagliare fortemente per eccessiva luminosità: *lo scudo non pur lor gli occhi abbarbaglia* (ARIOSTO). SIN. Abbacinare. **2** (*fig.*) Turbare, frastornare, confondere | **A. la mente a qlcu.**, creargli dubbi e confusioni. **B** v. intr. (aus. *avere*) • (*lett.*) Sfolgorare, emanare barbagli: *Tutte le cose, a quella vampa di sole, abbarbagliavano* (PIRANDELLO). **C** v. intr. pron. **1** (*raro, lett.*) Rimanere abbagliato. **2** (*raro, fig.*) Turbarsi profondamente | Confondersi, smarrirsi.
abbarbàglio (**1**) [da *abbarbagliare*; 1321] s. m. • Abbarbagliamento.
abbarbaglio (**2**) [1875] s. m. • Abbarbagliamento intenso e continuo.
abbarbàre [comp. di *a-* (*2*) e *barba* (*1*); av. 1527] v. intr. e intr. pron. (aus. intr. *avere*) • (*raro*) Abbarbicare.
abbarbicaménto [av. 1936] s. m. • Emissione di radici | (*fig.*) Radicamento.
abbarbicàre [da *abbarbare*; 1312] v. intr. e intr. pron. (*io abbàrbico, tu abbàrbichi*; aus. intr. *avere*) **1** (*bot.*) Emettere radici nel terreno, detto di pianta giovane | Attaccarsi a un sostegno con le radici: *l'edera si abbarbica ai muri*. **2** (*est.*) Attaccarsi con forza: *abbarbicarsi al braccio di qlcu.* SIN. Aggrapparsi, avvinghiarsi. **3** (*fig.*) Attecchire, prendere piede nell'intimo di qlcu., detto spec. di passioni o vizi: *Così ne' petti … / s'abbarbica un disio che drento regna* (POLIZIANO). SIN. Radicarsi.
abbarcàre (**1**) [comp. di *a-* (*2*) e *barca* (*1*); 1726] v. tr. (*io abbàrco, tu abbàrchi*) • Disporre i covoni in mucchi, cataste; SIN. Abbicare | (*est.*) Ammassare, ammucchiare.
abbarcàre (**2**) [comp. di *a-* (*2*) e *barca* (*2*); 1937] v. tr. (*io abbàrco, tu abbàrchi*) • (*mar.*) Incurvare una tavola per adattarla allo scafo di un'imbarcazione.
†**abbarràre** [comp. di *a-* (*2*) e *barra*; 1310 ca.] v. tr. • Sbarrare.
abbaruffaménto [1865] s. m. • (*raro*) L'abbaruffarsi; SIN. Baruffa, zuffa.
abbaruffàre [comp. di *a-* (*2*) e *baruffare*; 1481] **A** v. tr. • (*raro*) Mettere sottosopra: *a. una stanza*. **B** v. rifl. rec. • Accapigliarsi, azzuffarsi: *la vedeva abbaruffarsi coi maschi e strappar loro i berretti* (STUPARICH). **C** v. intr. pron. • (*lett.*) Agitarsi, scompigliarsi.
†**abbaruffàta** [1834] s. f. • Zuffa, baruffa.
abbarùffio [da *abbaruffare*; 1855] s. m. • Grande disordine, confusione | Zuffa: *Poco dopo l'a. … si allargò: la rissa era partita* (PIRANDELLO).
abbassàbile [1950] agg. • Che si può abbassare.
abbassalìngua [comp. di *abbassa*(*re*) e *lingua*; 1950] s. m. inv. • (*med.*) Strumento per abbassare la lingua nella esplorazione della cavità oro-faringea. SIN. Cataglosso.
abbassaménto [av. 1294] s. m. **1** Spostamento di qlco. più in basso | Diminuzione: *a. di temperatura, di pressione* | Affievolimento: *a. della voce*. **2** (*fig., lett.*) Degradazione, avvilimento: *Quell'aspetto … così umiliato senza a.* (MANZONI).
♦**abbassàre** [comp. di *a-* (*2*) e *basso*; sec. XIII] **A** v. tr. **1** Portare qlco. più in basso: *a. un quadro*. SIN. Calare. CONTR. Alzare. **2** (*mat.*) Tracciare dall'alto verso il basso: *a. la perpendicolare*. **3** Diminuire di altezza, d'intensità, di valore e sim.: *a. un muro, la voce, la radio, i prezzi*. CONTR. Alzare. **4** Chinare, volgere in giù: *a. la bandiera, le armi* | **A. la guardia**, (*fig.*) allentare la vigilanza | **A. la lancia, lo scudo**, prepararsi al combattimento | **A. gli occhi, il capo**, in segno di vergogna, modestia o altro | **A. la cresta, la coda, gli orecchi, le corna**, (*fig.*) piegarsi, cedere. **5** (*fig.*) Umiliare. **B** v.

intr. e intr. pron. (aus. *essere*) ● Diminuire di altezza, d'intensità, di valore e sim.: *le acque del lago si abbassano*; *l'impeto del vento si abbassò*; *i prezzi abbassano*; *la temperatura si è abbassata* | ***Il sole si abbassa***, tramonta. **C** v. rifl. **1** Chinarsi: *abbassarsi per raccogliere i libri caduti*. **2** (*fig.*) Umiliarsi, avvilirsi: *abbassarsi a chiedere scusa*; *non si abbassava mai a giocare con lui* (DELEDDA).

abbassatóre [av. 1758] s. m.; anche agg. (f. *-trice*) ● (*raro*) Chi (o Che) abbassa; CFR. Trasformatore.

abbàsso [comp. di *a-* (*2*) e *basso* (inter.): fr. *à bas*; 1304] **A** avv. ● In luogo basso, di sotto (con v. di stato e di moto): *Perché restate lì a.?*; *scendete a.*; *scalpitano i cavalli giù a.* SIN. Giù. **B** in funzione di inter. **1** Esprime un'intimazione: *a. le mani!*; *a. le armi!* | Sui velieri si usa come comando per far discendere in coperta coloro che sono sull'alberatura: *tutti a.!* SIN. Giù. **2** Esprime avversione, ostilità, rivolta verso qlco. o qlcu. (nelle scritte murali espresso generalmente con una W rovesciata): *a. la tirannide!*; *a. l'Inter!* CONTR. Evviva. **C** s. m. inv. ● Grido di avversione e sim.: *gli a. dei dimostranti, dei tifosi*.

♦**abbastànza** [comp. di *a-* (*2*) e *bastanza*; av. 1363] avv. **1** Quanto basta, quanto occorre, a sufficienza: *non ho dormito a.*; *non ho a. denaro*; *credo di aver studiato a.* | ***Averne a. di qlcu., di qlco.***, esserne stanco, non poterne più | In correlazione con *da*, *per* o *perché* con valore consecutivo: *non sono a. preparato da, per* (*poter*) *sostenere la prova*; *non ha a. intuito da, per capire*; *non è ancora a. grande perché possa pensare di uscire da sola*. **2** Alquanto, assai, piuttosto, spec. davanti a un agg. (*anche iron.*): *clima a. mite*; *credi di essere a. furbo?*; *è a. intelligente*.

†**abbastàre** v. intr. ● Bastare.

abbàte ● V. *abate*.

abbattàggio [fr. *abattage* da *abattre* 'abbattere', a sua volta dal lat. pop. *abăttere*. V. *abbattere*; 1970] s. m. ● (*min.*) Parte laterale della sezione di scavo di galleria.

♦**abbàttere** [lat. tardo *abbăttere*, comp. di *ăd* e *battŭere* 'battere' (V.); sec. XIII] **A** v. tr. (coniug. come *battere*) **1** Gettar giù, far cadere: *a. un albero, un muro, una barriera, un ostacolo* | ***A. un aereo***, farlo precipitare | ***A. l'avversario***, nel pugilato, mandarlo al tappeto | Demolire: *a. un edificio pericolante*. SIN. Atterrare. **2** (*fig.*) Rovesciare: *a. un regime tirannico* | (*fig.*) Ridurre fortemente: *a. i costi, i prezzi*; *a. l'inquinamento atmosferico*. **3** (*fig.*) Indebolire, prostrare: *a. il corpo, lo spirito*; *la malattia lo ha abbattuto*. **4** Ammazzare: *a. un animale*. **5** (*mar.*) Far ruotare una nave da ferma per orientare la prua nella direzione voluta | Nella navigazione a vela, virare di poppa | ***A. in chiglia, a. in carena***, inclinare una nave su un fianco fino a scoprirne la chiglia per ripararla o pulirla. **B** v. intr. pron. **1** Cadere, piombare (*anche fig.*): *l'albero si è abbattuto sulla casa*; *una grave disgrazia si è abbattuta sulla sua famiglia* | Lasciarsi cadere a terra. **2** (*fig.*) Sgomentarsi, accasciarsi: *dopo quell'incidente si è abbattuto moltissimo*. SIN. Avvilirsi. **3** (*fig., lett.*) Capitare per caso in un luogo | (*fig., lett.*) Imbattersi, incontrare per caso: *s'abbatté, prima d'arrivare a casa, in un amico fidato* (MANZONI).

abbattìbile [1929] agg. ● Che può essere abbattuto.

abbattifièno [comp. di *abbattere* e *fieno*; 1835] s. m. inv. ● (*agr.*) Apertura nel pavimento del fienile per lo scarico del fieno nella stalla sottostante.

abbattiménto [sec. XIV] s. m. **1** L'abbattere: *procedere all'a. di un albero, di un edificio*; *l'a. della selvaggina*. SIN. Atterramento, demolizione, distruzione; uccisione (di animali). **2** (*fig.*) Prostrazione di forze, indebolimento fisico: *la malattia lo lasciò in uno stato di a.* | Avvilimento, depressione psichica: *a. di spirito*; *farsi prendere dall'a.* **3** ***A. alla base***, nel sistema tributario, detrazione uguale per tutti i contribuenti praticata sull'imponibile totale, il cui peso, quindi, decresce al crescere dell'imponibile stesso | (*ragion.*) ***A. di un credito***, storno dal bilancio di un credito ritenuto inesigibile.

abbattitóre [1552] **A** agg. ● Che abbatte. **B** s. m. (f. *-trice*) **1** (*raro*) Chi abbatte (*anche fig.*) **2** Operaio specializzato nell'atterramento di piante forestali. **3** (*tecnol.*) Refrigeratore rapido, spec. per alimenti.

abbattùta [1348] s. f. **1** Taglio di alberi su una determinata superficie. SIN. Tagliata. **2** (*mar.*) Movimento orizzontale di rotazione impresso a una nave dal vento, dalle onde o dal timoniere | Nella navigazione a vela, movimento che l'imbarcazione compie durante la virata di poppa. **3** (*mil.*) Ostacolo costituito da tronchi d'albero abbattuti. **4** †Strage, perdita.

abbattùto [av. 1367] part. pass. di *abbattere*; anche agg. ● Nei sign. del v. | (*fig.*) Depresso, scoraggiato, avvilito.

abbatuffolàre [comp. di *a-* (*2*) e *batuffolo*; 1751 ca.] v. tr. (*io abbatùffolo*) ● (*raro*) Avvolgere confusamente a forma di batuffolo.

abbazìa o †**abadìa**, (*lett.*) **abazìa**, †**abbadìa**, **badìa** [vc. dotta, lat. tardo *abbātia*(*m*), da *ăbbas* 'abbate'; 1483] s. f. **1** Casa religiosa di monaci o di monache, costituita per lo più da un complesso di fabbricati con annessi terreni e con chiesa propria: *a. di Montecassino, di Chiaravalle* | ***A. nullius***, quella indipendente da una diocesi, su cui l'abate ha piena giurisdizione. **2** Titolo e benefìcio ecclesiastici di cui gode l'abate.

abbaziàle o (*lett.*) **abaziàle**, **badiàle** [1611] agg. **1** Relativo ad abbazia. **2** Relativo ad abate o a badessa.

abbecedàrio o **abecedàrio** [vc. dotta, lat. tardo *abecedārium*(*m*) dalle prime quattro lettere dell'alfabeto; 1567] **A** s. m. ● Libretto per imparare a leggere: *quando tornò aveva in mano l'A. per il figliuolo* (COLLODI). SIN. Sillabario, †santacroce. **B** agg. ● Detto di componimento poetico appartenente alla letteratura cristiana latina in cui i versi o le strofe si susseguono in ordine alfabetico: *salmi abbecedari*.

abbellàre [comp. di *a-* (*2*) e *bello*; 1321] **A** v. tr. (*io abbèllo*) ● (*raro, lett.*) Abbellire, adornare. **B** v. intr. (aus. *avere*) ● (*lett.*) †Piacere: *secondo che v'abbella* (DANTE *Par.* XXVI, 132). **C** v. rifl. ● (*raro, lett.*) Farsi bello, adornarsi.

abbelliménto [1308] s. m. **1** L'abbellire: *a. di un giardino* | Artificio usato per rendere più bello qlco.: *a. poetico* | Ornamento. **2** (*mus.*) Nota o gruppo di note aggiunte alle note essenziali di una battuta a scopo ornamentale o virtuosistico. SIN. Fioritura, ornamento.

abbellìre [comp. di *a-* (*2*) e *bello*; av. 1294] **A** v. tr. (*io abbellisco, tu abbellìsci*) **1** Rendere più bello mediante ornamenti: *a. una stanza*; *a. un racconto*. **2** Far sembrare più bello: *questa pettinatura ti abbellisce*. **B** v. intr. pron. e rifl. ● Diventare bello | Farsi bello, adornarsi.

†**abbenché** [comp. di *a-* (*2*) e *benché*; av. 1294] cong. ● Benché.

abbeveràggio [1974] s. m. ● L'abbeverare animali: *divieto di a.*

abbeveràre [lat. parl. **adbiberāre*, intens. di *bĭbere* 'bere', col pref. *ăd*; 1292] **A** v. tr. (*io abbévero*) **1** Fare bere, spec. il bestiame: *a. le pecore, i buoi, un cavallo*. **2** (*est., raro*) Innaffiare, irrigare: *a. un prato*. **3** (*mar., disus.*) Riempire d'acqua un'imbarcazione per rimettere a posto il fasciame allentato dall'eccessivo calore. **4** (*fig., lett.*) Inebriare. **B** v. rifl. ● Dissetarsi (*anche fig.*): *abbeverarsi a una fontana*; *abbeverarsi alle fonti del sapere*.

abbeveràta [1928] s. f. **1** L'abbeverare, l'abbeverarsi. **2** Luogo in cui il bestiame si abbevera: *portare le bestie all'a.*

abbeveratóio [sec. XIV] s. m. ● Recipiente, vasca in cui bevono le bestie: *a. in pietra, in muratura, in cemento*.

abbevilliàno [fr. *abbevillien* 'di Abbeville', la città nei cui pressi sono avvenuti i più significativi ritrovamenti; 1935] **A** agg. ● Detto della più antica delle culture o civiltà preistoriche proprie del paleolitico inferiore: *le amigdale abbevilliane*. **B** s. m. ● Periodo caratterizzato da tale cultura: *reperti fossili dell'a.*

àbbia ● V. *avere* (*1*).

abbiadàre [comp. di *a-* (*2*) e *biada*; av. 1311] v. tr. ● Abituare i cavalli tolti dal pascolo libero a nutrirsi di biada.

abbiàtico ● V. *abiatico*.

abbicàre [comp. di *a-* (*2*) e *bica*; 1313] **A** v. tr. (*io abbìco, tu abbìchi*) ● Riunire, disporre in biche, detto di covoni di grano e sim. | (*est.*) Ammucchiare, ammassare. SIN. Abbarcare (1). **B** v. rifl. ● (*lett.*) Ammassarsi, ammucchiarsi: *Come le rane innanzi a la nimica / biscia per l'acqua si dileguan tutte, / fin ch'a la terra ciascuna s'abbica* (DANTE *Inf.* IX, 76-78).

abbicatùra [1955] s. f. ● Operazione dell'abbicare.

abbiccì o **ABC**, **abbicì** /abbi(tʃ)'tʃi*/, **abicì** [dalle prime tre lettere dell'alfabeto; av. 1348] s. m. **1** (*disus.*) Alfabeto: *ignorare l'a.* **2** (*disus.*) Sillabario. **3** (*fig.*) Complesso di principi e nozioni elementari propri di una disciplina, di una attività e sim.: *l'a. della matematica* | ***Essere all'a.***, alle prime nozioni, all'inizio di qlco.

abbiènte [part. pres. di *avere* rifatto sul congiuntivo *abbia*; av. 1400] agg.; anche s. m. e f. ● Che (o Chi) è in possesso di una certa ricchezza e vive agiatamente: *classi, famiglie abbienti*; *gli strati meno abbienti*; *i non abbienti*. SIN. Benestante.

abbiètto e *deriv.* ● V. *abietto* e *deriv.*

♦**abbigliaménto** [fr. *habillement*, da *habiller*. V. *abbigliare*; av. 1527] s. m. **1** L'abbigliare, l'abbigliarsi: *le spese per l'a.* **2** Complesso degli indumenti e degli accessori usati per abbigliarsi: *capo di a.*; *a. maschile, femminile*; *a. da viaggio* | Modo di vestirsi: *a. moderno, antiquato*. **3** Settore dell'artigianato e dell'industria che produce e distribuisce capi di vestiario e relativi accessori: *lavorare nell'a.* **4** (*fig., lett.*) Ornamento, decorazione.

abbigliàre [fr. *habiller* 'vestire', anticamente 'preparare una palla di legno' da *bille* 'parte di un albero, di un tronco'; av. 1528] **A** v. tr. (*io abbìglio*) ● Vestire in maniera accurata ed elegante: *a. la persona con un abito nuovo* | (*fig., lett.*) Adornare. **B** v. rifl. ● Vestirsi e acconciarsi con eleganza: *a. per un ricevimento, per una cerimonia*. SIN. Agghindarsi.

abbigliatóio [1870] s. m. ● (*disus.*) Spogliatoio.

abbigliatùra [1865] s. f. ● (*raro*) L'abbigliare, l'abbigliarsi | Modo di abbigliarsi.

abbinàbile [1986] agg. ● Che può essere abbinato: *un pantalone grigio ben a. a una giacca blu*.

abbinaménto [1890] s. m. **1** L'abbinare: *l'a. di due fili*; *l'a. di un vino con una pietanza*. **2** Nel ciclismo, nel calcio, nella pallacanestro e sim., accoppiamento a scopi finanziari e pubblicitari tra una società sportiva e un'azienda industriale o commerciale | Nel pugilato, tennis, lotta, calcio, accoppiamento di atleti o squadre che si debbono affrontare ai fini della selezione e della eliminazione | Nelle lotterie collegate a gare sportive, accoppiamento dei biglietti estratti a cavalli, squadre o atleti finalisti. **3** Riunione, nella stessa discussione, di più proposte di legge, interrogazioni, interpellanze o mozioni che vertano su argomenti strettamente connessi. **4** Scambio di merci senza esborso in valuta effettuato tramite banca da operatori economici residenti in Paesi diversi.

abbinàre [comp. di *a-* (*2*) e *bino*; av. 1636] v. tr. **1** Riunire in coppie cose particolarmente affini fra loro: *a. due spettacoli* | (*gener.*) Collegare, unire in abbinamento: *a. un biglietto della lotteria a un cavallo*. SIN. Accoppiare. CONTR. Sdoppiare. **2** Nell'industria tessile, unire due fili per sottoporli alla ritorcitura. SIN. Binare.

abbinàta [1955] s. f. ● Accoppiata.

abbinatrìce s. f. ● Nell'industria tessile, tipo particolare di macchina incannatrice che esegue l'accoppiamento dei fili. SIN. Binatrice.

abbinatùra s. f. ● Operazione dell'abbinare fili per la ritorcitura. SIN. Binatura.

abbindolaménto [1734] s. m. **1** (*raro*) L'abbindolare. **2** (*fig.*) Inganno, raggiro.

abbindolàre [comp. di *a-* (*2*) e *bindolo*; 1691] v. tr. (*io abbìndolo*) **1** (*raro*) Porre la matassa sul bindolo per fare il gomitolo. **2** (*fig.*) Imbrogliare, ingannare: *la padrona … ha saputo a. mio fratello* (VERGA).

abbindolatóre [1855] s. m. (f. *-trice*) ● Chi inganna, imbroglia.

abbindolatùra [av. 1742] s. f. ● Abbindolamento.

abbioccàre [comp. di *a-* (*2*) e *biocca*; 1846] v. intr. e intr. pron. (*io abbiòcco, tu abbiòcchi*; aus. *essere*) **1** (*region.*) Covare le uova, detto della gallina | Accoccolarsi, rannicchiarsi come una chioccia. **2** (*fig.*) Lasciarsi vincere dalla stanchezza, dalla sonnolenza | Abbattersi moralmente, avvilirsi.

abbioccàto [1950] part. pass. di *abbioccare*; anche **agg.** ● (*region.*) Nel sign. 1 del v. | (*fig.*) Stanco e assonnato | Avvilito, abbattuto.

abbiòcco [da *abbioccare*; 1990] **s. m.** (pl. *-chi*) ● (*region.*) Colpo di sonno, stanchezza improvvisa.

abbiosciaménto [1859] **s. m.** ● Avvizzimento degli alberi causato dalla decorticazione o dall'incisione del fusto.

abbiosciàrsi [comp. di *a-* (*2*) e *bioscio*; av. 1600] **v. intr. pron.** (*io abbiòscio*) **1** Lasciarsi cadere, accasciarsi: *a. su un prato* | (*fig.*) Avvilirsi: *di fronte a tanta remissione, s'abbiosciò a un tratto mortificato* (PIRANDELLO). **2** Appassire, avvizzire, detto di piante.

abbiosciàto [av. 1600] **part. pass.** di *abbiosciare*; anche **agg.** **1** Piegato, afflosciato | (*fig.*) Avvilito, prostrato. **2** Appassito: *un fiore a.*

abbisciàre [comp. di *a-* (*2*) e *biscia*; 1847] **v. tr.** (*io abbìscio*; fut. *io abbiscerò*) ● (*mar.*) Preparare un cavo o una catena in ampie spire in modo che possa scorrere liberamente | Avvolgere una cimetta su di un cavo per impedirne lo scorrimento.

abbisognàre [intens. di *bisognare*; 1294] **v. intr.** (*io abbisógno*; aus. *avere* nel sign. 1, *essere* nel sign. 2). **1** Aver bisogno: *abbisogno di denaro.* **2** Essere necessario: *mi abbisognano i tuoi consigli.*

abbittàre [comp. di *a-* (*2*) e *bitta*; 1889] **v. tr.** ● (*mar.*) Fissare una cima o una catena a una bitta.

abbittatùra [1889] **s. f.** ● Operazione di abbittare.

abboccaménto [sec. XIV] **s. m.** **1** Colloquio per discutere argomenti importanti o riservati: *gli si aperse il cuore alla gioia di quell'ultimo a.* (SVEVO). **2** †Scontro, combattimento. **3** (*tecnol.*) Accostamento, giunzione di due tubazioni, condutture o sim. **4** (*chir.*) Creazione chirurgica di un collegamento fra due vasi o condotti o fra questi e una cavità.

abboccàre [comp. di *a-* (*2*) e *bocca*; 1481] **A** **v. tr.** (*io abbócco, tu abbócchi*) **1** (*raro*) Afferrare con la bocca: *un fiero lion ... / che si pensava a. un agnello* (PULCI). **2** (*region.*) Riempire fino all'orlo: *a. la botte, il fiasco.* **3** Collegare apparecchiature o tubazioni, introducendo l'estremità dell'una in quella dell'altra. **B** **v. intr.** (aus. *avere*) **1** (assol.; + *a*) Attaccarsi con la bocca, mordendo l'esca: *i pesci abboccano all'amo*; *oggi le trote non abboccano.* **2** (*fig.*) Farsi ingannare per eccessiva ingenuità: *il poveretto abboccò senza sospettare nulla*; *La baronessa fingeva d'a. alle lodi* (VERGA). **3** (*mar.*) Navigare inclinato su un fianco tanto da portare il bordo al pelo dell'acqua, detto di imbarcazioni. **4** In varie tecnologie, combaciare: *le tubazioni abboccano.* **C** **v. rifl. rec.** (assol.; + *con*) **1** Incontrarsi con qlcu. per discutere: *i deputati s'abboccarono prima della seduta*; *si erano abboccati con lui a Gorizia* (NIEVO). **2** †Congiungersi, detto di corsi d'acqua.

abboccàta [da *abboccare*] **s. f.** ● Nella pesca, movimento della lenza o del galleggiante che segnala l'abbocco del pesce.

abboccàto [av. 1694] **part. pass.** di *abboccare*; anche **agg.** **1** Nei sign. del v. **2** Detto di vino in cui è presente un gusto dolce. **3** (*lett.*) Di persona che mangia di tutto.

abboccatóio [av. 1539] **s. m.** ● Bocca delle fornaci.

abboccatùra [av. 1712] **s. f.** **1** L'abboccare. **2** Imboccatura di un recipiente | ***A. del grano***, quantità di grano vicina all'imboccatura del sacco. **3** Tratto in cui un'imposta di porta o finestra si congiunge con un'altra o con un infisso combaciando.

abbocchévole [1872] **agg.** ● (*mar.*, *disus.*) Che è facile ad abboccare: *imbarcazione a.*

abbócco [deriv. di *abboccare*; 1983] **s. m.** (pl. *-chi*) ● Nella pesca, atto del pesce che morde l'esca.

†**abbocconàre** [comp. di *a-* (*2*) e *boccone*; av. 1348] **v. tr.** **1** Divorare a bocconi: *ne davano ad a. a' cani* (BARTOLI). **2** Fare a pezzi.

abboffàrsi e *deriv.* ● V. *abbuffarsi* e *deriv.*

abbominàre e *deriv.* ● V. *abominare* e *deriv.*

abbonacciaménto [av. 1306] **s. m.** ● Ritorno del mare, del vento e sim. a una condizione di calma.

abbonacciàre [comp. di *a-* (*2*) e *bonaccia*; sec. XIV] **A** **v. tr.** (*io abbonàccio*) ● Rendere calmo (*anche fig.*): *a. qlcu. con lusinghe.* **B** **v. intr.** e **intr. pron.** (aus. *essere*) ● Divenire calmo (*anche fig.*): *il mare abbonaccia*; *il vento si è abbonacciato*; *un carattere che si abbonaccia facilmente.*

abbonaménto [fr. *abonement.* V. *abbonare* (*2*); 1812] **s. m.** **1** Contratto per cui, mediante il pagamento di un unico importo, si ha il diritto di ricevere un servizio continuativo o periodico: *fare, contrarre, sottoscrivere, rinnovare un a.*; *a. alla televisione*; *a. mensile, annuale.* **2** Canone da pagarsi in base a tale contratto: *versare l'a.* **3** Documento che attesta l'esistenza del contratto e il pagamento del canone: *esibire l'a. ferroviario al controllore.*

abbonàre (**1**) o **abbuonàre** [comp. di *a-* (*2*) e *buono*; av. 1597] **A** **v. tr.** (*io abbuòno* o *abbòno*; in tutta la coniug., *-uò-* o *-ò-* se tonico, *-o-* o *-uo* se atono) **1** Condonare una parte del debito, in favore del creditore. **SIN.** Detrarre, ridurre | (*fig.*) Considerare con indulgenza o non tenere in considerazione: *a. una mancanza, alcuni errori.* **2** Riconoscere come valido: *a. l'esame.* **3** †Rendere di migliore qualità. **B** **v. intr. pron.** ● (*lett.*) Calmarsi, placarsi.

abbonàre (**2**) [fr. *abonner*, capprima 'limitare', poi 'sottomettere a un canone limitato', comp. del lat. *ăd* e il denom. di *bonne*, forma ant. di *borne* 'limite', vc. di orig. gallica; 1812] **A** **v. tr.** (*io abbòno*) ● Rendere qlcu. beneficiario di un abbonamento: *ti ho abbonato a quella rivista.* **B** **v. rifl.** ● Fare un abbonamento a proprio favore: *abbonarsi alla televisione, all'autobus, al telefono.*

abbonàto [1811] **A** **part. pass.** di *abbonare* (*2*); anche **agg.** ● Nei sign. del v. **B** **s. m.** (f. *-a*) ● Chi usufruisce di un abbonamento.

♦**abbondànte** o (*lett.*) †**abondànte** [1304] **part. pres.** di *abbondare*; anche **agg.** **1** Che è in gran quantità: *un raccolto a.*; *abbondanti piogge*; **SIN.** Copioso | Che supera di un po' la giusta misura: *un kilo a.*; *ci vuole un'ora a.*; **CONTR.** Scarso | ***Una giacca a.***, larga | ***Una donna dal seno a.***, prosperoso. **2** Che ha, che possiede in gran quantità: *una regione a. d'acqua*; *un libro a. d'illustrazioni*; **CONTR.** Povero | †Fertile. || **abbondanteménte**, **avv.** In abbondanza, copiosamente.

abbondànza o (*lett.*) †**abondànza** [lat. *abundāntia*(*m*). V. *abbondare*; sec. XIII] **s. f.** **1** Gran quantità di ogni cosa: *a. di soldi*; *a. del raccolto*; *a. di parole e di pensieri* | ***Vivere, nuotare, sguazzare nell'a.***, con larghezza di mezzi. **SIN.** Copia, dovizia, ricchezza. **CONTR.** Carestia. **2** Varietà coltivata di melo diffusa soprattutto in Emilia e nel Veneto | Varietà coltivata di frumento. **3** (*st.*) Annona: *si provvide per gli ufficiali dell'a. di fare guardare i passi e i confini* (VILLANI).

abbondanzière [da *abbondanza*, nel sign. 3; 1566] **s. m.** ● In epoca medievale, magistrato preposto all'annona.

abbondàre o (*lett.*) †**abondàre** [lat. *abundāre* 'traboccare, inondare', poi 'abbondare', da *ŭnda* 'onda'; av. 1272] **v. intr.** (*io abbóndo*; aus. *avere* quando ciò che abbonda è espresso da un complemento; aus. *essere* quando ciò che abbonda è espresso nel soggetto) **1** Essersi in gran quantità: *l'anno scorso il vino è abbondato*; **CONTR.** Difettare, scarseggiare. **2** (+ *di*) Avere in gran quantità: *il suo compito abbonda di errori*; *questi mari hanno sempre abbondato di pesci.* **3** (+ *di*; + *in*) Eccedere: *a. in promesse*; *abbondiamo di parole belle e delicate e manchiamo di concetti e di verità* (CAMPANELLA) | ***A. in cautela***, essere molto prudente.

abbondévole o (*lett.*) †**abondévole** [sec. XIII] **agg.** ● (*lett.*) Abbondante, copioso: *le cose di che l'uomo a. si trova, infastidiano* (BOCCACCIO). || †**abbondevoleménte**, **abbondevolménte**, **avv.** In abbondanza, copiosamente.

†**abbóndo** o (*lett.*) †**abóndo** [vc. dotta, lat. tardo *abŭndu*(*m*). V. *abbondare*; av. 1306] **A** **s. m.** ● Abbondanza, spec. nella loc. ***in a.*** **B** **agg.** ● Abbondante.

abboniménto [1865] **s. m.** ● Miglioramento, bonifica: *a. di un terreno* | Operazione dell'abbonire le botti.

abbonìre [fr. *abonnir*, da *bon* 'buono'; av. 1597] **A** **v. tr.** (*io abbonisco, tu abbonisci*) **1** Calmare: *l'ho abbonito in cinque minuti.* **2** Rendere produttivo, bonificare: *a. un terreno.* **3** Lavare le botti nuove per depurarle delle eventuali sostanze che adulterino il vino. **B** **v. intr.** (aus. *essere*) **1** Diventare calmo: *l'uragano è abbonito.* **2** (*raro*) Venire a maturazione: *le pere sono abbonite.* **C** **v. intr. pron.** ● Placarsi: *finalmente si è abbonito!*

abbòno ● V. *abbuono.*

abbordàbile [fr. *abordable.* V. *abbordare*; 1809] **agg.** ● Di facile abbordo: *curva a.* | (*fig.*) Avvicinabile: *uomo, personaggio a.* | Accessibile, che ci si può permettere: *prezzo, spesa a.*

abbordàggio [fr. *abordage.* V. *abbordare*; 1656] **s. m.** **1** (*mar.*) Manovra per affiancare la propria nave ad un'altra allo scopo di impadronirsene con la forza: *andare all'a.* | Nella vela e nel canottaggio, urto tra imbarcazioni, che costringe un concorrente a modificare la rotta o il ritmo di palata. **2** (*fig.*) Ricerca decisa di qlco.: *andare, lanciarsi all'a. di una posizione di prestigio.*

abbordàre [fr. *aborder*, da *bord.* V. *bordo*; av. 1557] **A** **v. tr.** (*io abbórdo*) **1** (*mar.*) Avvicinarsi di bordo | Venire a collisione con altra nave per incidente, errore, maltempo, ecc. | Avvicinarsi al bordo di un'altra nave allo scopo di impadronirsene con la forza: *a. la nave nemica.* **2** (*est.*) Farsi incontro a una persona, cogliendola alla sprovvista, per attaccare discorso: *mi abbordò per strada.* **3** (*fig.*) Affrontare qlco. con decisione e risolutezza: *a. un argomento delicato*; *a. una curva ad alta velocità.* **B** **v. intr.** ● †Approdare, prendere terra.

abbordatóre [1889] **agg.**; anche **s. m.** (f. *-trice*) ● Che (o Chi) compie un abbordaggio.

abbórdo [fr. *abord*, da *aborder* 'abbordare'; 1604] **s. m.** **1** (*mar.*) Urto tra due navi, spec. a causa di un errore di manovra o della mancata applicazione dei regolamenti internazionali. **2** (*mar.*) Abbordaggio. **3** (*fig.*) Accostamento, incontro: *al primo a. ha un'aria che ributta* (GOLDONI); *Di facile a. con tutti* (MANZONI).

abborracciaménto [av. 1573] **s. m.** **1** L'abborracciare. **2** Lavoro compiuto male e in fretta.

abborracciàre [da *borraccio* 'canovaccio', col pref. *a-* (*2*) (?); 1436] **v. tr.** (*io abborràccio*) ● Fare qlco. male, in fretta e senza attenzione: *a. un lavoro, il pranzo, un discorso.* **SIN.** Acciarpare, affastellare, raffazzonare.

abborracciàto [1846] **part. pass.** di *abborracciare*; anche **agg.** ● Fatto in fretta e male: *un lavoro a.* || **abborracciataménte**, **avv.** Alla peggio.

abborracciatóre [av. 1719] **s. m.** (f. *-trice*) ● (*raro*) Abborraccione.

abborracciatùra [1861] **s. f.** ● Lavoro mal fatto, tirato via. **SIN.** Accrocco.

abborràccio [1887] **s. m.** ● Abborracciamento continuo.

abborraccióne [1861] **s. m.** (f. *-a*) ● Chi per abitudine lavora in fretta e male.

†**abborràre** [comp. di *a-* (*2*) e *borra*; 1313] **A** **v. tr.** ● Riempire di borra. **B** **v. intr.** ● (*lett.*, *fig.*) Far confusione, abborracciare.

abborrìre e *deriv.* ● V. *aborrire* e *deriv.*

abbottàre [comp. di *a-* (*2*) e *botte* (?); av. 1566] **A** **v. tr.** (*io abbótto* o *abbòtto*) ● (*region.*) Far diventare gonfio con un pugno: *a. un occhio, la faccia.* **B** **v. rifl.** ● (*region.*) Rimpinzarsi, abbuffarsi.

†**abbottinàre** [comp. di *a-* (*2*) e *bottino*; av. 1786] **A** **v. tr.** ● Saccheggiare. **B** **v. rifl.** ● Ammutinarsi.

abbottonàre [comp. di *a-* (*2*) e *bottone*; av. 1400] **A** **v. tr.** (*io abbottóno*) ● Chiudere un indumento con bottoni infilandoli negli occhielli corrispondenti: *abbottónati la camicia.* **B** **v. rifl.** **1** Chiudere con bottoni un indumento che si ha addosso: *abbottónati, altrimenti prenderai freddo!* **2** (*fig.*, *fam.*) Divenire riservato: *stava per parlare e poi di colpo si è abbottonato.* **C** **v. intr. pron.** ● Chiudersi con bottoni: *quell'abito si abbottona sulla schiena.*

abbottonàto [sec. XIV] **part. pass.** di *abbottonare*; anche **agg.** ● Nei sign. del v. | (*fig.*) Riservato, cauto. || **abbottonataménte**, **avv.**

abbottonatùra [av. 1356] **s. f.** **1** Atto dell'abbottonare: *l'a. di questo cappotto è difficoltosa.* **2** Serie di bottoni e occhielli aventi la funzione di abbottonare un indumento | Guarnizione di bottoni | Parte dell'indumento in cui si trovano i bottoni.

abbozzaménto [da *abbozzare* (*1*); 1570] **s. m.** ● (*raro*) Abbozzo.

abbozzàre (**1**) [etim. discussa: da *bozza* (*2*) o dal fr. *ébaucher*; 1520] **v. tr.** (*io abbòzzo*) **1** Dare la prima forma a un'opera da compiere: *a. un quadro, una statua.* **SIN.** Cominciare, delineare, schizzare. **2** (*est.*, *fig.*) Presentare, formulare a grandi linee: *a. un'idea, una teoria* | Accennare: *a. un gesto, un sorriso, una parola, un saluto.*

abbozzàre (**2**) [da *abbozzare* (*3*); av. 1907] **v. intr.** (*io abbòzzo*; aus. *avere*) ● Frenare il proprio risentimento, pazientare: *sta zitto e abbozza!*; *a. con gli uomini e le cose, per me oramai è impossibile* (CARDUCCI).

abbozzàre (3) [comp. di *a-* (2) e *bozza* (1); 1612] v. tr. (*io abbòzzo*) ● (*mar.*) Passare una bozza intorno a un cavo o a una catena tesati per impedirne lo scorrimento | ***A. una nave***, ormeggiarla solidamente di prua e di poppa.

abbozzàta [da *abbozzare* (1); av. 1665] s. f. ● Abbozzo fatto in fretta: *fare l'a. di una facciata*.

abbozzatìccio [1585] **A** agg. (pl. f. *-ce*) ● (*raro*) Abbozzato frettolosamente e male. **B** s. m. ● Lavoro fatto male, non concluso, non rifinito.

abbozzàto [1550] part. pass. di *abbozzare* (1); anche agg. ● Nei sign. del v.: *un quadro, un progetto appena a.* || **abbozzataménte**, avv. In modo imperfetto.

abbozzatóre [1865] s. m. (f. *-trice*) ● Chi abbozza.

abbozzatùra (1) [1605] s. f. ● (*raro*) Abbozzo.

abbozzatùra (2) s. f. ● (*mar.*) Bozza.

abbòzzo [da *abbozzare* (1); 1604] s. m. **1** Stadio preparatorio dell'opera d'arte in cui è accennata la forma che l'artista intende realizzare. **2** Stesura rapida e sommaria di composizione scritta: *a. di un racconto, di una sinfonia*; *certi abbozzi di novelle che non aveva mai terminate* (SVEVO) | ***A. di legge***, disegno sommario e non ufficiale. SIN. Schizzo, traccia. **3** (*fig.*) Tentativo, accenno: *un a. di saluto*: *un a. di confessione* (SVEVO). **4** (*biol.*) Nucleo primitivo di organi e apparati nel periodo embrionale. || **abbozzétto**, dim. | **abbozzùccio**, dim.

abbozzolàrsi [comp. di *a-* (2) e *bozzolo*; av. 1718] v. rifl. (*io mi abbòzzolo*) **1** Farsi il bozzolo, detto dei bachi. **2** Agglomerarsi, detto della farina che agglutina all'acqua forma palline.

abbracciàbile [1840] agg. ● Che si può abbracciare (*spec. fig.*).

abbracciabòsco [comp. di *abbraccia(re)* (1) e *bosco*; 1726] s. m. (pl. *-schi*) ● (*bot., pop.*) Caprifoglio.

abbracciafùsto [comp. di *abbraccia(re)* (1) e *fusto*; 1865] agg. ● (*bot.*) Abbracciante.

abbracciaménto [1336 ca.] s. m. ● Abbraccio lungo e ripetuto: *i saluti e i fraterni abbracciamenti / con le grate accoglienze andaro inanti* (ARIOSTO).

abbracciànte [1955] part. pres. di *abbracciare*; anche agg. **1** Nei sign. del v. **2** (*bot.*) Detto di foglia priva di picciolo che con la parte inferiore abbraccia il fusto. SIN. Abbracciafusto, amplessicaule.

♦**abbracciàre** (1) [comp. di *a-* (2) e *braccio*; sec. XIII] **A** v. tr. (*io abbràccio*) **1** Cingere e chiudere tra le braccia (*anche fig.*): *a. un amico*; *a. l'avversario nella lotta*; *a. un tronco d'albero*; *a. qlco. col pensiero, con la mente* | (*scherz.*) †***A. lo stomaco***, detto di cibo particolarmente gustoso | (*est.*) Circondare: *una cinta di mura abbraccia la città vecchia*. **2** (*fig.*) Includere, contenere: *l'Europa abbraccia molti Stati*; *la Divina Commedia abbraccia tutto lo scibile del Medio Evo*. **3** Accettare, seguire incondizionatamente: *a. una dottrina, un'opinione, una fede, un partito* | Intraprendere, scegliere: *a. la vita religiosa*. **B** v. intr. pron. ● Stringersi a qlcu. o a qlco.: *si abbracciò stretto al padre* | Abbarbicarsi: *l'edera si abbraccia all'albero*. **C** v. rifl. rec. ● Cingersi l'un l'altro fra le braccia: *i due amici si abbracciarono strettamente*. || PROV. Chi molto abbraccia nulla stringe.

abbracciàre (2) [da *abbracciare* (1); 1336 ca.] s. m. (pl. *-i*) ● (*spec. al pl., lett.*) Abbraccio: *il bel trastul de gli abbracciari onesti* (MARINO).

abbracciàta [av. 1306] s. f. ● (*lett.*) Abbraccio: *dare un'a.*

abbràccio [da *abbracciare* (1); av. 1603] s. m. **1** Gesto d'affetto consistente nello stringere qlcu. tra le braccia: *dare, ricevere un a.*; (come chiusa di una lettera o di una telefonata) *un a. affettuoso*; *fraterni abbracci*; *baci e abbracci*. SIN. (*lett.*) Amplesso, stretta | ***A. mortale***, (*fig.*) gesto, atto che coinvolge chi lo subisce in una situazione rovinosa e irreparabile. **2** (*fig., lett.*) Il circondare, il contenere: *E su tutto l'a. d'un bianco cielo quieto* (MONTALE).

†**abbraciàre** o †**abbragiàre** [comp. di *a-* (2) e *brace*; av. 1294] v. tr. ● Ridurre in brace | (*est.*) Ardere, infiammare (*spec. fig.*).

abbrancàre (1) [comp. di *a-* (2) e *branca*; av. 1290] **A** v. tr. (*io abbrànco, tu abbrànchi*) **1** Afferrare, stringere con forza: *il lupo abbrancò l'agnello*; *abbrancò la borsa e fuggì*. SIN. Ghermire. **2** Afferrare con rapacità: *i ladri abbrancarono tutto ciò che poterono*. SIN. Arraffare, rubare. **B** v. rifl. ● Appigliarsi con forza a qlco.: *abbrancarsi a una sporgenza, a un ramo*.

abbrancàre (2) [comp. di *a-* (2) e *branco*; 1691] **A** v. tr. (*io abbrànco, tu abbrànchi*) ● Riunire in branco: *a. le pecore per la notte*. **B** v. rifl. ● Raccogliersi in branco.

abbreviaménto [av. 1292] s. m. **1** L'abbreviare. **2** (*ling.*) Riduzione della durata di articolazione di un suono. **3** Nella metrica greca e latina, il passaggio di una sillaba da lunga a breve.

abbreviàre [lat. tardo *abbreviāre*, da *brĕvis* 'breve'; sec. XIII] v. tr. (*io abbrèvio*) **1** Fare più breve, accorciare: *a. il cammino, un discorso, una predica* | ***A. una parola***, scriverla più corta | ***Per, ad abbreviarla***, per farla breve, in poche parole. **2** Rendere breve una sillaba lunga, nella metrica greca e latina. **3** (*ling., raro*) Troncare: *a. 'bello' in 'bel'*.

abbreviatìvo [sec. XVII] agg. ● Che serve ad abbreviare: *metodo a.*

abbreviàto [av. 1306] part. pass. di *abbreviare*; anche agg. **1** Nei sign. del v. CFR. steno-. **2** (*dir.*) Detto di procedura priva di alcune formalità rispetto al normale. || **abbreviataménte**, avv. In modo abbreviato; brevemente: *raccontare abbreviatamente qlco.*

abbreviatóre (1) [vc. dotta, lat. tardo *abbreviatōre(m)*. V. *abbreviare*; 1342] agg.; anche s. m. (f. *-trice*) ● Che (o Chi) abbrevia.

abbreviatóre (2) [da *breve* 'lettera pontificia'; av. 1571] s. m. ● Nella cancelleria pontificia, chi era addetto alla redazione dei brevi e delle lettere; SIN. Minutante.

abbreviatùra [av. 1304] s. f. ● Abbreviazione.

abbreviazióne [vc. dotta, lat. tardo *abbreviatiōne(m)*. V. *abbreviare*; sec. XIV] s. f. **1** L'abbreviare | (*dir.*) ***A. del termine***, riduzione del tempo stabilito dalla legge per il compimento di un atto processuale: *a. del termine di comparizione del convenuto in giudizio*. **2** Riduzione grafica di una parola o di una frase per mezzo di una sigla o in altra forma convenzionale | Parola che ha subito tale riduzione: *elenco delle abbreviazioni*. **3** Nella metrica greca e latina, riduzione a breve di una sillaba lunga. **4** (*ling., raro*) Troncamento: *a. di 'bello' in 'bel'*. **5** (*mus.*) Segno grafico per rendere più rapida la scrittura musicale.

†**abbriccàre** [etim. incerta; av. 1484] v. tr. ● Nella loc. ***a. un colpo***, menarlo, assestarlo con forza.

abbrivàre [provz. *abrivar* 'mettersi velocemente in movimento', dal gallico **brīgos* 'forza'; 1614] **A** v. tr. ● (*mar.*) Aumentare gradatamente la velocità della nave. **B** v. intr. (aus. *avere*) ● Prendere l'abbrivo, acquistare velocità.

abbrividìre [comp. di *a-* (2) e *brivido*; 1798 ca.] v. intr. (*io abbrividisco, tu abbrividisci*; aus. *essere* e *avere*) ● (*raro*) Rabbrividire; *Abbrividisce il verde mare di Grignano* (SLATAPER).

abbrìvo o **abbrìvio** [da *abbrivare*; 1691] s. m. **1** (*mar.*) Velocità che una nave prende con i suoi mezzi di propulsione | ***A. residuo***, velocità che una nave mantiene per inerzia dopo che è cessata l'azione dei suoi mezzi di propulsione. **2** (*fig.*) Impulso, spinta: *prendere, dare l'a.*; *quei pericoli avevano dato l'a. alla mia immaginazione* (NIEVO). **3** (*min.*) Spinta iniziale data ai blocchi di marmo per farli rotolare dalla cava a fondovalle.

abbronzaménto [sec. XIV] s. m. ● L'abbronzare | Abbronzatura.

abbronzànte [1970] **A** part. pres. di *abbronzare*; anche agg. ● Nei sign. del v. **B** s. m. ● Cosmetico atto ad abbronzare la pelle.

abbronzàre [comp. di *a-* (2) e *bronzo*; 1340 ca.] **A** v. tr. (*io abbrónzo*) ● Dare il colore del bronzo: *a. i metalli* | (*est.*) Rendere bruna la pelle: *il sole abbronza la pelle*. **B** v. intr. pron. ● Assumere la tinta del bronzo | (*est.*) Divenire scuro di pelle esponendosi al sole o alla lampada a raggi UVA.

abbronzàta [1961] s. f. ● Atto dell'abbronzare leggermente: *dare un'a.* || **abbronzatàccia**, pegg. | **abbronzatina**, dim.

abbronzàto [1924] part. pass. di *abbronzare*; anche agg. ● Nei sign. del v. | Che ha la pelle scurita dal sole: *quella faccia abbronzata d'uomo di mare* (VERGA).

abbronzatùra [1767] s. f. ● L'abbronzarsi della pelle | Colorito bruno della pelle di chi si è abbronzato; SIN. Tintarella.

abbruciacchiàre [freq. di *abbruciare*; sec. XVII] v. tr. (*io abbruciàcchio*) ● Bruciare leggermente, alla superficie, qua e là | ***A. il pollame***, accostarlo alla fiamma per togliergli la peluria rimasta dopo la prima spennatura.

abbruciaménto [1554] s. m. **1** (*raro*) L'abbruciare | Incendio. **2** (*agr.*) Debbio.

abbruciàre o †**abbrusciàre** [intens. di *bruciare*; av. 1348] v. tr. (*io abbrùcio*) ● (*lett.*) Bruciare.

abbruciatìccio o †**abbrusciatìccio** [av. 1556] **A** agg. (pl. f. *-ce*) ● (*lett.*) Leggermente bruciato. **B** s. m. ● (*raro, lett.*) Bruciaticcio.

abbrumàre [comp. di *a-* (2) e *bruma* 'mollusco che corrode la carena delle navi'; 1889] v. intr. (aus. *essere*) ● (*mar.*) Corrodersi della carena di legno per effetto di organismi vegetali o animali.

abbrunaménto [av. 1311] s. m. ● L'abbrunare.

abbrunàre [comp. di *a-* (2) e *bruno*; av. 1311] **A** v. tr. **1** Fregiare con un segno di lutto: *a. le bandiere*. **2** Rendere bruno. **B** v. intr. pron. ● (*lett.*) Farsi scuro, imbrunire. **C** v. rifl. ● (*disus.*) Vestirsi di nero in segno di lutto.

abbrunàto [av. 1311] part. pass. di *abbrunare*; anche agg. ● Nei sign. del v.: *bandiera abbrunata*.

abbrunìre [sec. XIV] v. tr. (*io abbrunisco, tu abbrunisci*) **1** Rendere bruno. **2** Sottoporre a brunitura. SIN. Brunire.

abbruscatùra [da *brusca* (3); 1955] s. f. ● (*bot.*) Brusca (3).

†**abbrusciàre** ● V. *abbruciare*.

abbrustiàre [dal lat. **brustulāre*, di etim. incerta (?); 1846] v. tr. (*io abbrùstio*) ● (*tosc.*) Abbrustolire, tostare.

abbrustolàre [av. 1597] v. tr. (*io abbrùstolo*) ● Abbrustolire.

abbrustoliménto [1855] s. m. ● L'abbrustolire | Tostatura, torrefazione.

abbrustolìre [V. *abbrustiare*; 1697] **A** v. tr. (*io abbrustolisco, tu abbrustolisci*) ● Far prender colore a un alimento sulla viva fiamma o nel forno | Tostare: *a. il caffè*. **B** v. intr. pron. ● (*fig.*) Abbronzarsi: *abbrustolirsi al sole*.

abbrustolìta [1779 ca.] s. f. ● Leggero abbrustolimento. || **abbrustolitina**, dim.

abbrutiménto [1812] s. m. ● L'abbrutire, l'abbrutirsi: *l'a. causato dal bere* | Condizione di avvilimento, di degradazione morale: *ridursi in uno stato di a.*

abbrutìre [comp. di *a-* (2) e *bruto*; 1812] **A** v. tr. (*io abbrutisco, tu abbrutisci*) ● Ridurre come un bruto: *l'eccesso di alcol abbrutisce l'uomo*. SIN. Imbestialire. **B** v. intr. e intr. pron. (aus. *essere*) ● Divenire simile a un bruto: *a. nel vizio*. SIN. Degradarsi.

abbruttìre [comp. di *a-* (2) e *brutto*; sec. XIV] **A** v. tr. (*io abbruttisco, tu abbruttisci*) ● (*raro*) Rendere brutto | Deturpare, imbruttire. **B** v. intr. e intr. pron. (aus. *essere*) ● Divenire brutto.

abbuffàrsi o (*region.*) **abboffàrsi** [vc. merid., di etim. discussa: di orig. onomat. (?); 1886] v. rifl. ● (*fam.*) Mangiare a crepapelle: *a. di dolci*.

abbuffàta o (*region.*) **abboffàta** [1973] s. f. **1** (*fam.*) Grande mangiata: *farsi un'a. di pesce*; *tutto è pronto per la grande a. di Natale*. **2** (*est.*) Grande consumo di qlco.: *l'a. autunnale di film*.

abbuiàre [comp. di *a-* (2) e *buio*; 1319] **A** v. tr. (*io abbùio*) **1** Rendere buio, oscurare: *a. la lampada con un fazzoletto*; *venne la sera ed abbuiò le strade* (PASCOLI). **2** (*fig., lett.*) Mettere a tacere: *l'intenzione d'a. un fatto disonorevole* (MANZONI) | (*lett.*) Rendere di significato oscuro. **3** (*fig., lett.*) Rattristare. **B** v. intr. pron. **1** (*fig., lett.*) Perdere la vista: *gli occhi gli si abbuiarono per sempre* | Perdere la ragione, il lume dell'intelletto: *la mente gli si abbuia*. **2** (*fig., lett.*) Divenire triste, incupirsi: *i suoi pensieri si sconvolgevano e si abbuiavano* (VERGA); *la sua fisionomia s'abbuiò*. **C** v. intr. e intr. pron. (anche impers.; aus. *essere*) ● (*raro*) Divenire buio, oscurarsi: *le nuvole s'abbuiano* | Farsi sera, annottare: *d'inverno abbuia presto*; *procacciam di salir pria che s'abbui* (DANTE *Purg.* XVII, 62).

abbuonàre ● V. *abbonare* (*1*).

abbuòno o (*pop.*) **abbòno** [da *abbuonare*; 1841] s. m. **1** Riduzione di un prezzo pattuito | Rinuncia alla riscossione totale o parziale di un debito. SIN. Diffalco. **2** (*sport*) Riduzione, ai fini della classifica generale di una corsa ciclistica a tappe, del tempo impiegato dai primi arrivati al traguardo finale o a traguardi intermedi | Nell'ippica, handicap a vantaggio di un concorrente sfavorito o più debole | Nella ginnastica artistica, maggiorazione di punteggio in caso di esercizi particolarmente complessi od originali.

abburattaménto [1584] s. m. *1* Operazione intermedia di setacciatura nella produzione di farina. *2* (*med.*) Disturbo del linguaggio consistente nello scambio o nell'omissione di lettere o sillabe.

abburattàre [comp. di *a-* (*2*) e *buratto*; av. 1348] v. tr. *1* Separare la farina dalla crusca col buratto o con lo staccio. *2* (*fig., disus.*) Scuotere, agitare: *a. i sacchi* | (*fig., disus.*) Strapazzare, malmenare: *a. qlcu. con violenza*. *3* (*tosc.*) Discutere senza posa, ciarlare (*anche assol.*).

abburattàta [1865] s. f. *1* Abburattamento rapido e sommario: *dare un'a.* *2* Quantità di farina messa nel buratto. || **abburattatina**, dim.

abburattatóre [1765] s. m. (f. *-trice*, pop. disus. *-tora*) ● Chi abburatta | Chi è addetto alla cernita e alla classificazione delle farine.

abburattatùra [1865] s. f. *1* Abburattamento. *2* Crusca ottenuta abburattando.

ABC /abbitʃ'tʃi*/ ● V. *abbiccì*.

abcàṣo ● V. *abkhaso*.

abdicàre [vc. dotta, lat. *abdicāre*, comp. di *ăb* 'da' e *dicāre* 'proclamare, consacrare'; av. 1375] **A** v. intr. (*io àbdico, tu àbdichi*; aus. *avere*) (assol.; + *a*) *1* Rinunciare all'autorità sovrana o ad altro potere legittimo: *il re fu costretto ad a.* *2* (*est., fig.*) Rinunciare: *a. a un'eredità, a una carica, ai propri diritti* | Sottrarsi a una responsabilità, a un dovere. **B** v. tr. *1* (*raro, lett.*) Rifiutare: *a. una professione*. *2* †Ripudiare.

abdicatàrio [1847] agg. ● Che ha abdicato.

abdicazióne [vc. dotta, lat. *abdicatiōne(m)*, da *abdicāre* 'abdicare'; 1619] s. f. ● Rinuncia all'autorità sovrana | (*est.*) Rinuncia a un diritto, a una carica, a una funzione e sim.

abduàno [agg. del lat. *Abdua* 'Adda'; 1807] agg. ● (*poet.*) Del fiume Adda: *dagli antri abduani* (FOSCOLO).

abducènte [sec. XIV] part. pres. di *abdurre*; anche agg. *1* Che abduce | Relativo ad abduzione, nel sign. 1. *2* (*anat.*) Detto dei nervi cranici del sesto paio, che innervano il muscolo che consente la rotazione verso l'esterno del globo oculare.

abdùrre [lat. *abdūcere*, da *dūcere* 'condurre, tirare'; 1970] v. tr. (pres. *io abdùco, tu abdùci*; fut. *io abdurrò*; pass. rem. *io abdùssi, tu abducésti*; condiz. pres. *io abdurrèi*; part. pass. *abdótto*; le altre forme dal tema *abducere*) ● Allontanare un arto dall'asse mediano del corpo. CONTR. Addurre.

abduttìvo [1983] agg. ● (*filos.*) Proprio dell'abduzione, fondato sull'abduzione: *ragionamento a.* || **abduttivaménte**, avv. In modo abduttivo, per abduzione.

abduttóre [1681] **A** s. m. ● Ogni muscolo che provoca abduzione. **B** anche agg.: *muscolo a.*

abduzióne [vc. dotta, lat. tardo *abductiōne(m)*. V. *abdurre*; 1771] s. f. *1* Movimento di allontanamento di un arto o di una sua parte dall'asse mediano del corpo. CONTR. Adduzione. *2* Nella logica aristotelica, sillogismo in cui la premessa maggiore è certa, la minore solo probabile e la conclusione ha una probabilità pari a quella della premessa minore | (*est.*) Qualsiasi tipo di ragionamento la cui conclusione risulti solo verosimile.

abecedàrio ● V. *abbecedario*.

abèlia [dal nome del naturalista *Abel* Clarke; 1818] s. f. ● Genere di piante arbustive o arboree delle Caprifogliacee, cui appartengono specie con foglie opposte e fiori in glomeruli che formano pannocchie (*Abelia*) | ***A. del Messico***, varietà coltivata dai fiori di color rosa vivo (*Abelia floribunda*).

abeliàno [dal n. del matematico norvegese N. H. *Abel* (1802-1829); 1955] agg. ● (*mat.*) Detto di struttura algebrica dotata della proprietà commutativa.

abelmòsco [ar. *ḥabb al-músk*, da *ḥabb* 'chicco' e *músk* 'muschio'; 1829] s. m. (pl. *-schi*) ● Pianta erbacea delle Malvacee con frutti commestibili e proprietà medicinali (*Hibiscus abelmoschus*). SIN. Ambretta.

†abèna [vc. dotta, lat. *habēna(m)* 'briglia', da *habēre* 'avere', poi 'trattenere'; av. 1348] s. f. ● (*lett.*) Briglia del cavallo.

†abènto [vc. merid., lat. *abvĕntu(m)* 'arrivo' (qui nel senso di 'sosta'). V. *avvento*; av. 1250] s. m. ● Quiete, riposo.

abènula [vc. dotta, lat. *habĕnula(m)*, dim. di *habēna(m)* 'redine'] s. f. ● (*anat.*) Ogni struttura anatomica di aspetto simile a una briglia | ***A. dell'epifisi***, peduncolo che connette tale struttura all'epitalamo.

aberrànte [1953] part. pres. di *aberrare*; anche agg. *1* Che si allontana da ciò che è ritenuto giusto, normale, retto: *fatto, ragionamento, ideologia a.*; SIN. Anomalo, anormale, assurdo, riprovevole. *2* Detto di fatto linguistico che non è conforme a un tipo considerato come fondamentale. *3* (*biol.*) Detto di specie che presenti caratteri diversi rispetto alla norma.

aberràre [vc. dotta, lat. *aberrāre*, comp. di *ab* 'da' ed *errāre* 'vagare'; av. 1472] v. intr. (*io abèrro*; aus. *avere*) *1* (*lett.*) Deviare, allontanarsi dalla via giusta, normale, retta. *2* (*astron.*) †Produrre aberrazione.

aberrazióne [vc. dotta, lat. *aberratiōne(m)*. V. *aberrare*; 1750] s. f. *1* (*med.*) Anomalia, irregolarità di organi e di funzioni | ***A. mentale***, deviazione parziale o totale delle attività mentali dalla norma. *2* Deviazione dalla norma o dalle comuni regole di comportamento: *un momento di a.* *3* (*fis.*) Difetto nella formazione delle immagini da parte di un sistema ottico | ***A. astigmatica***, astigmatismo | ***A. cromatica***, quella dovuta alla dispersione del vetro, per cui si hanno immagini diverse per le diverse radiazioni dello spettro e conseguenti iridescenze. SIN. Cromatismo | ***A. sferica***, quando i raggi provenienti da un punto dell'asse incidono sul sistema a diversa distanza dall'asse convergendo in punti diversi. *4* (*astron.*) Allontanamento apparente degli astri dalla loro posizione per effetto della composizione vettoriale della velocità della luce con quella di chi osserva | ***A. diurna***, dovuta al moto di rotazione della Terra | ***A. annua***, dovuta al moto di rivoluzione della Terra.

aberròmetro [comp. di *aberr(azione)* e *-metro*; 1965] s. m. ● Strumento usato per la misura delle aberrazioni ottiche.

abetàia [av. 1606] s. f. ● Abetina.

♦**abéte** o (*pop.*) **abéto**, (*dial.*) **†abèzzo** [lat. parl. *abēte(m)*, per il classico *abĭete(m)*, di orig. preindeur.; 1280] s. m. *1* Albero delle Pinacee ad alto fusto, sempreverde con rami quasi orizzontali digradanti verso la cima, ascritto ai generi *Abies* e *Picea* | ***A. bianco***, albero delle Pinacee, alto, con corteccia di color grigio-cenere e foglie disposte a pettine (*Abies alba*) | ***A. rosso, di Moscovia***, albero delle Pinacee, alto, dal tronco bruno-rossiccio con i rami disposti a gradi verticillati, che portano foglie disposte in dense spirali (*Picea excelsa*). SIN. Peccio | ***A. americano, di Douglas***, albero delle Pinacee originario dell'America settentrionale, coltivato per legno da opera e cellulosa (*Pseudotsuga douglasii*). SIN. Douglasia. ➡ ILL. piante/1. *2* Legno di abete. || **abetèllo**, dim. | **abetìno**, dim. | **abetóne**, accr.

abetèlla [1298] s. f. ● Sottile fusto di abete approssimativamente squadrato, usato per lavori di edilizia.

ab etèrno ● V. *ab aeterno*.

abetìna [da *abete*; av. 1597] s. f. ● Bosco di abeti.

abetino [sec. XIV] agg. ● (*raro*) Di abete.

abéto ● V. *abete*.

†abèzzo ● V. *abete*.

abiàtico o **abbiàtico** [lat. tardo *aviātĭcu(m)*, da *āvia* 'nonna'; 1865] s. m. (pl. *-ci*) ● (*sett.*) Nipote, figlio di un figlio o di una figlia.

abicì /a(b)bi(tʃ)'tʃi*/ ● V. *abbiccì*.

†abiettàre o **†abbiettàre** [av. 1306] **A** v. tr. ● Spregiare. **B** v. rifl. ● Avvilirsi, rendersi abietto.

abiettézza o **abbiettézza** [da *abietto*; 1673] s. f. ● Caratteristica di chi (o di ciò che) è abietto. SIN. Bassezza, meschinità.

abiètto o **abbiètto** [vc. dotta, lat. *abiĕctu(m)*, part. pass. di *abĭcere* 'buttar via'; sec. XIV] agg. ● Spregevole, vile, ignobile: *individuo, atto, comportamento a.*; *l'educazione non si degna di pensare al corpo, cosa troppo bassa e abbietta* (LEOPARDI). || **abiettaménte**, avv. In modo vile e spregevole.

abiezióne o **abbiezióne** [vc. dotta, lat. *abiectiōne(m)*, da *abiĕctus* 'abbietto'; av 1342] s. f. *1* Condizione di bassezza d'animo, di indegnità, di meschinità: *cadere nell'a.*; *discendere al fondo dell'a.* | (*lett.*) Condizione di estremo avvilimento, di accasciamento. *2* (*relig.*) Nell'ascetica cristiana, atteggiamento volontario ed eroico di umiltà.

abigeatàrio [da *abigeato*; 1974] s. m. (f. *-a*) ● (*dir.*) Abigeo.

abigeàto [vc. dotta, lat. tardo *abigeātu(m)*, da *abigere* 'allontanare spingendo', comp. di *ăb* e *ăgere* 'condurre'; 1673] s. m. ● (*dir.*) Reato consistente nel furto di bestiame, tipico delle società di tipo agricolo-pastorale: *non mancava niente, dalla a, abigeato, alla zeta, zuffa* (SCIASCIA).

abìgeo [vc. dotta, lat. tardo *abīgeu(m)*. V. *abigeato*; 1723] s. m. (f. *-a*) ● (*dir.*) Chi si rende colpevole di abigeato.

♦**àbile** [vc. dotta, lat. *hăbile(m)*, da *habēre* 'tenere'; 1336 ca.] agg. (assol.; + *a*, + *in*, + *con* seguiti da sost.; + *in*, + *a* seguiti da inf.) *1* Che ha le qualità, i requisiti, i mezzi necessari per fare qlco.: *essere a. alla fatica, all'esercizio di una professione*. SIN. Adatto, idoneo. *2* Idoneo al servizio militare: *dichiarare qlcu. a.* *3* Valente, esperto, accorto: *un a. commerciante*; *un operaio a. nel suo lavoro*; *un atleta a. con il fioretto*; *a. a trattare gli affari* (MANZONI); *un politico a. nel gestire le riforme*; *chi vuol gente a., bisogna che la paghi* (MANZONI). SIN. Bravo, capace. || **abilménte**, avv. Con abilità; con scaltrezza: *sottrarsi abilmente a qualche responsabilità*.

-àbile [corrisponde al suff. lat. *-abile(m)*, propr. di agg. verb. con sign. passivo] suff. ● Forma aggettivi di senso passivo di origine latina o tratti da verbi in *-are*, che esprimono abilità, attitudine, possibilità: *affidabile, amabile, fabbricabile, utilizzabile* | In alcuni casi, suff. di aggettivi derivati anche da sostantivi: *tascabile*.

♦**abilità** [vc. dotta, lat. *habilitāte(m)*, da *hăbilis* 'abile'; av. 1356] s. f. (assol.; + *in* seguito da sost.; + *in*, + *a*, + *di* seguiti da inf.) *1* Capacità e idoneità a compiere qlco. in modo soddisfacente: *lavoro che richiede grande a. manuale*; *acquisire delle a. in informatica*; *ha una grande a. nel mediare le diverse posizioni*; *dimostra la sua a. a cogliere le occasioni*; *questo visconte ebbe l'a. di turbare non pochi sonni di Gabriele* (NIEVO). SIN. Bravura, perizia, valentia. *2* Destrezza, astuzia: *uscire con a. da una situazione poco chiara*; *rivelare grande a. nell'affrontare i pericoli*; *dimostrare a. a togliersi dai guai*. *3* †Privilegio, vantaggio.

abilitànte [1865] part. pres. di *abilitare*; anche agg. ● Che conferisce un'abilitazione: *corso a.*

abilitàre [fr. *habiliter*, dal lat. tardo *habilitāre*, da *hăbilis, habĭlitas*. V. *abile*; av. 1498] **A** v. tr. (*io abìlito*) *1* Rendere capace, adatto: *insegnerà la sintassi greca … per a. i giovani a tradurre* (PARINI). *2* Concedere legalmente l'idoneità allo svolgimento di date attività professionali: *a. alla professione medica, all'insegnamento*. **B** v. rifl. ● Conseguire l'abilitazione.

abilitativo [1829] agg. ● Che conferisce un'abilitazione: *esame a.*

abilitàto [1635] **A** part. pass. di *abilitare*; anche agg. ● Adatto, idoneo a svolgere una funzione. **B** agg. e s. m. (f. *-a*) ● Che (o Chi) ha conseguito un'abilitazione.

abilitazióne [1815] s. f. ● Riconoscimento legale dell'idoneità a svolgere una data attività professionale: *esame d'a.*

ab ìmis [sottinteso *fundamĕntis* 'dalle fondamenta più riposte'; 1905] loc. avv. ● Dalle fondamenta, dalle basi.

ab immemoràbili [sottinteso *tĕmpore*, 'da tempo immemorabile'; 1670] loc. avv. ● Da tempo immemorabile.

ab imo pèctore [lat., propr. 'dal profondo (del) petto'] loc. avv. ● Dal profondo dell'animo, del cuore.

ab inìtio /*lat.* abi'nitsjo/ [lat., propr. 'dall'inizio'; av. 1306] loc. avv. ● Da principio, inizialmente.

ab intestàto [lat., 'da chi non ha fatto testamento'. V. *intestato* (*2*); sec. XVIII] loc. avv. e agg. ● (*dir.*) Modo di delazione dell'eredità in mancanza di testamento: *succedere ab intestato*; *successione ab intestato*.

abio- [comp. di *a-* (*1*) e *-bio*] primo elemento ● In parole composte della terminologia scientifica significa 'mancanza di vita': *abiogenesi, abiosfera*.

abiogèneṣi [comp. di *abio-* e del gr. *génesis* 'generazione'; 1892] s. f. inv. ● (*biol.*) Generazione di organismi viventi dalla materia non vivente.

abiologìa [comp. di *a-* (*1*) e *biologia*; 1955] s. f. ●

(*raro*) Insieme delle scienze naturali che studiano i corpi non viventi, come minerali, rocce e sim.

abiosfèra [vc. dotta, comp. di *abio-* e *sfera*; 1955] s. f. ● Insieme delle parti della Terra in cui non è possibile alcuna forma di vita.

abiòtico [comp. di *a-* (*1*) e un deriv. del gr. *bíos* 'vita', sul modello del fr. *abiotique*; 1972] agg. (pl. m. *-ci*) ● (*biol.*) Detto di luogo in cui non è possibile alcuna forma di vita.

abissàle [fr. *abyssal*, dal lat. tardo *abyssus*. V. *abisso*; 1892] agg. **1** Di abisso, relativo agli abissi spec. oceanici | ***Fauna a.***, insieme di animali che popolano gli ambienti marini al di sotto dei 2000 metri | ***Depositi abissali***, quelli formati in fondali marini di grande profondità. **2** (*geol.*) Detto di ciò che si trova in profondità entro la crosta terrestre: *magma a.*; *rocce abissali*. **3** (*fig.*) Senza limiti, profondo: *ignoranza a.* **4** (*psicol.*) Detto di qualsiasi dottrina psicologica che si occupi dell'inconscio. || **abissalménte**, avv.

†**abissàre** [da *abisso*; av. 1306] **A** v. tr. ● Sommergere. **B** v. intr. ● Sprofondare: *par che il mondo abissi e venga meno* (BOIARDO). **C** v. intr. pron. ● Inabissarsi.

abissino [av. 1557] **A** agg. ● Dell'Abissinia, regione geografica dell'Etiopia | (*est.*) Etiopico. **B** s. m. (f. *-a*) ● Abitante, nativo dell'Abissinia.

♦**abisso** o †**nabisso** [vc. dotta, lat. tardo *abyssu(m)*, nom. *abyssus*, dal gr. *ábyssos*, da *byssós* 'fondo del mare'; sec. XIII] s. m. **1** Profondità sconfinata, baratro (*anche fig.*): *gli abissi del mare*; *cadere, precipitare in un a.*; *quell'uomo è un a. di malvagità* | ***Essere sull'orlo dell'a.***, (*fig.*) a un passo dalla rovina, dalla perdizione. **2** (*est., lett.*) Inferno | ***Gli spiriti, le potenze dell'a.***, i demoni. **3** (*fig.*) Grande differenza, distanza incolmabile, di ordine culturale, intellettuale, morale e sim.: *che a. ora tra lei e quella compagna di collegio!* (PIRANDELLO). **4** (*fig., raro*) Quantità immensa: *a ordinarle in Roma, costano un a.* (LEOPARDI). **5** (*arald.*) Punto centrale dello scudo. SIN. Cuore.

abitàbile [vc. dotta, lat. *habitābile(m)*, da *habitāre* 'abitare'; sec. XIV] agg. ● Che può essere abitato: *paese a.*; *edificio a.* | ***Cucina a.***, che può fungere anche da stanza da pranzo.

abitabilità [1584] s. f. ● Condizione di ciò che è abitabile | ***Autorizzazione di a.***, rilasciata quando un'abitazione, di nuova costruzione o modificata, risponde ai requisiti previsti dalla legge.

abitàcolo [vc. dotta, lat. tardo *habitāculu(m)*, da *habitāre* 'abitare'; av. 1294] s. m. **1** Spazio destinato alle persone in un veicolo. **2** Negli aeromobili, piccolo vano destinato all'equipaggio. **3** (*mar.*) Chiesuola. **4** †Abitazione angusta e povera: *quivi soletto ... / avrò, mentre ch'io viva, lo a.* (BOIARDO).

♦**abitànte** [av. 1292] **A** part. pres. di *abitare*; anche agg. ● Nei sign. del v. **B** s. m. e f. ● Chi abita in un luogo: *città di centomila abitanti*.

♦**abitàre** [vc. dotta, lat. *habitāre*, freq. di *habēre* 'trovarsi, stare'; 1219] **A** v. tr. (*io àbito*) ● Avere come dimora: *a. una casa, un palazzo* | Popolare: *la fauna che abita le zone tropicali*. **B** v. intr. (aus. *avere*) **1** Risiedere, vivere stabilmente in un luogo: *a. in città, in periferia, in campagna*; *a. in famiglia*; *a. con i genitori*; *a. in una mansarda*. SIN. Alloggiare, dimorare, stare. **2** (*fig., lett.*) Tenere, nutrire nel proprio animo: *insolita paura / entrar mi sento ad abitar nel petto* (MARINO).

abitativo [da *abitare*; 1835] agg. ● Relativo all'abitare, alle abitazioni: *edilizia abitativa*.

♦**abitàto** [av. 1348] **A** part. pass. di *abitare*; anche agg. ● Nei sign. del v. | Popolato: *un territorio densamente a.* | ***Centro a.***, città, cittadina, paese. **B** s. m. ● Luogo occupato da complesso più o meno vasto di edifici destinati all'abitazione dell'uomo: *a. urbano*; *a. rurale*; *uscire dall'a.*

abitatóre [vc. dotta, lat. *habitatōre(m)*, da *habitāre* 'abitare'; sec. XIII] s. m. (f. *-trice*) ● (*lett.*) Abitante | ***Gli abitatori dell'aria, dell'acqua***, gli uccelli, i pesci.

♦**abitazióne** [vc. dotta, lat. *habitatiōne(m)*, da *habitāre* 'abitare'; sec. XIII] s. f. **1** L'abitare in un luogo: *ambiente inadatto all'a.* | ***Casa d'a.***, quella in cui si abita | (*dir.*) ***Diritto di a.***, diritto reale consistente nella facoltà di utilizzare una casa altrui per abitarvi con la propria famiglia. **2** Edificio, appartamento, ambiente in cui vive o risiede una persona o una famiglia: *un'a. modesta, povera, decorosa, signorile*; *abitazioni primitive*; *un'a. urbana, rurale* | (*est.*) Edificio, casa: *zona priva di abitazioni*.

abitino [1618] s. m. **1** Dim. di *abito* | Abito di proporzioni ridotte: *indossare un a. provocante* | Abito modesto, fatto in economia: *un a. grigio*. **2** Oggetto di devozione popolare cattolica portato spec. dai terziari secolari. SIN. Scapolare.

♦**àbito** [vc. dotta, lat. *hăbitu(m)*, da *habēre* 'possedere'; 1294] s. m. **1** Capo di abbigliamento, veste che si indossa sopra gli indumenti intimi: *a. da mattina, a. da pomeriggio, a. da cocktail*; SIN. Vestito | ***A. scuro***, maschile, adatto a cerimonie e riunioni mondane | ***A. da sera***, femminile, lungo o corto ma di particolare eleganza | ***A. da gran sera***, femminile, lungo per rappresentazioni di gala e grandi balli | ***Taglio d'a.***, quantità di stoffa occorrente per un vestito. **2** Tipo di abbigliamento che costituisce il segno distintivo di una condizione, una professione e sim.: *a. militare, civile, religioso, monacale, ecclesiastico* | ***A. talare***, la veste degli ecclesiastici. **3** (*ellitt.*) Veste religiosa | ***Prendere, vestire l'a.***, dedicarsi alla vita ecclesiastica | ***Deporre, abbandonare, lasciare l'a.***, ***gettare l'a. alle ortiche***, (*fig.*) abbandonare la vita ecclesiastica. **4** (*fig.*) Abitudine, disposizione naturale o acquisita: *a. mentale*; *a. della virtù*; *a. letterario*; *dolce paese, onde portai conforme / l'a. fiero e lo sdegnoso canto* (CARDUCCI). **5** (*biol.*) Complesso delle caratteristiche anatomiche e funzionali di un organismo; SIN. Habitus | (*med.*) Complesso delle caratteristiche che definiscono un individuo e lo predispongono a determinate malattie: *a. linfatico, adenoideo* | (*zool.*) ***A. nuziale***, particolare cambiamento di aspetto che in molti animali accompagna la maturazione sessuale. **6** (*miner.*) Aspetto caratteristico di un cristallo dovuto alla predominanza di una sua forma rispetto alle altre. **7** (*lett.*) Contegno, aspetto: *Verrò inerme, ... in a. di vittima* (D'ANNUNZIO). || PROV. L'abito non fa il monaco. || **abitàccio**, pegg. | **abitino**, dim. (V.) | **abitóne**, accr. | **abitùccio**, dim.

ABITO
nomenclatura

abito = vestito

● *caratteristiche*: civile = borghese, militare, ecclesiastico, ufficiale, da cerimonia, di gala, da passeggio, da sera, da lavoro; lacero = strappato, sdrucito, rattoppato, rammendato; difettoso; sbagliato; imbastito ⇔ rifinito, abbottonato ⇔ sbottonato, chiuso ⇔ aperto, stretto = attillato = aderente ⇔ largo = abbondante, lungo ⇔ corto, vistoso ⇔ semplice, elegante ⇔ dimesso, nuovo ⇔ vecchio = rivoltato, stirato ⇔ gualcito; unisex, casual; taglia forte; drop; su misura;

● *azioni*: infilare, indossare, portare, mettere, deporre, calzare, sfilare, rimboccare, arrovesciare; stare bene addosso, far grinze, stare a pennello; stropicciare, sgualcire, consumare, logorare, strappare, sdrucire, macchiare, rovinare, allargare ⇔ stringere, cucire, scucire, imbastire.

abituàle [vc. dotta, lat. mediev. *habituāle(m)*, da *hăbitus* 'disposizione'; 1308] agg. ● Che deriva da abitudine, che è tale per abitudine: *comportamento, occupazione, cliente a.*; SIN. Consueto, solito | (*dir.*) ***Delinquente a.***, chi, per la sua reiterata attività criminosa, dimostra una notevole attitudine al reato | (*relig.*) ***Grazia a.***, nella teologia cattolica, qualità permanente dell'anima per cui si diventa figli di Dio ed eredi del Paradiso; CFR. Attuale. || **abitualménte**, avv.

abitualità [da *abituale*; 1868] s. f. ● Condizione di ciò che è abituale | (*dir.*) ***A. criminosa***, condizione personale del delinquente e del contravventore abituale.

♦**abituàre** [lat. tardo *habituāri*, da *hăbitus* 'abitudine'; 1322] **A** v. tr. (*io abìtuo*) ● Far prendere un'abitudine, fisica o morale: *a. qlcu. al lavoro, alla fatica, alla vita all'aria aperta, al dolore, alle privazioni*. SIN. Assuefare, avvezzare. **B** v. rifl. ● Prendere un'abitudine: *abituarsi al fumo, ai rumori, a un'idea*; *abituarsi a tacere*. SIN. Assuefarsi, avvezzarsi.

abituàto [1308] part. pass. di *abituare*; anche agg. ● Che ha l'abitudine a qlco.: *è a. alla fatica*; *non sono a. ad alzarmi presto* | ***Bene, male a.***, cui sono state date, o che ha preso, buone o cattive abitudini.

abituazióne [av. 1729] s. f. **1** (*raro, lett.*) L'abituarsi, l'essersi abituato: *l'a. fa che si sente l'odore degli altri, e non si fa caso del nostro* (GOLDONI). **2** (*fisiol.*) Diminuzione della ampiezza di una risposta evocata da stimoli nervosi reiterati.

abitudinarietà [1898] s. f. ● Caratteristica di chi (o di ciò che) è abitudinario.

abitudinàrio [1855] **A** agg.; anche s. m. (f. *-a*) ● Che (o Chi) agisce secondo le abitudini acquisite, spec. per mancanza di iniziativa, entusiasmo e sim.: *gli uomini sono creature abitudinarie*; *ormai è diventato un a.* SIN. Consuetudinario, metodico. || **abitudinariaménte**, avv. **B** s. m. (f. *-a*) ● Chi frequenta abitualmente un luogo: *gli abitudinari di un bar*; SIN. Habitué.

♦**abitùdine** [vc. dotta, lat. *habitūdine(m)*, da *hăbitus* 'disposizione, condizione'; 1293] s. f. (assol.; + *di* seguito da inf.; + *a* seguito da sost. o inf.) **1** Disposizione ad agire in un determinato modo acquisita con la continua e regolare ripetizione degli stessi atti: *buona, cattiva, vecchia a.*; *la forza dell'a.*; *avere, prendere, perdere l'a. di fare qlco.*; *avere delle brutte abitudini*; *fare l'a. al rumore*; *gli manca l'a. a confrontarsi con gli altri* | ***D'a.***, abitualmente: *festeggeremo insieme, come d'a., il compleanno*. SIN. Costume, consuetudine. **2** (*al pl.*) Usanze, tradizioni: *le abitudini alimentari degli italiani*. **3** †Disposizione, inclinazione.

abitùro [contaminazione di *abitazione* e *tugurio* (?); 1284] s. m. **1** (*lett.*) Abitazione angusta e povera: *un a. tra i monti*. **2** †Dimora, abitazione: *quanti nobili abituri ... rimaser vuoti!* (BOCCACCIO).

abiùra [da *abiurare*; 1660] s. f. **1** Nel cristianesimo e nell'islamismo, solenne rinuncia ad altra religione o dottrina considerata falsa o erronea | Formula scritta o orale, nella quale si esprime tale rinuncia. **2** (*est.*) Formale rinuncia a dottrine o idee precedentemente professate: *a. politica*.

abiuràre [vc. dotta, lat. *abiurāre*, comp. di *ăb* 'da' (con senso di allontanamento) e *iurāre* 'giurare'; av. 1557] v. tr. ● Fare abiura: *a. una fede, un'idea*; *non voglio dire che io abbia abiurato alla mia fede* (ORTESE).

abkhàso o **abcàso** [1956] **A** agg. ● Dell'Abkhasia, repubblica autonoma della Georgia asiatica. **B** s. m. (f. *-a*) ● Abitante, nativo dell'Abkhasia.

ablaqueazióne [vc. dotta, lat. *ablaqueatiōne(m)*, da *ablaqueātus*, part. pass. di *ablaqueāre* 'scalzare', da *lăqueus* 'laccio', col pref. *ăb* 'da'; 1955] s. f. ● (*agr.*) Operazione consistente nel rimuovere, al piede degli alberi, terra, erba, radici, in modo da poter trattenere attorno all'albero acqua piovana o d'irrigazione.

ablativo [vc. dotta, dal lat. *ablatīvu(m)*, da *ablātus*, part. pass. di *auferre* 'levare'; nel sign. B, dal lat. (*cāsum*) *ablatīvu(m)*; 1551] **A** agg. ● (*geol.*) Che provoca ablazione: *l'azione ablativa di un ghiacciaio* | ***Materiale a.***, che proviene da ablazione (nel sign. 1) | ***Materiali ablativi***, destinati a subire ablazione (nel sign. 4). **B** s. m.; anche agg. ● (*ling.*) Caso della declinazione indoeuropea indicante il punto di partenza, lo strumento, la compagnia, lo stato in luogo | ***A. assoluto***, costruzione sintattica latina in caso ablativo, senza legame sintattico col resto della proposizione | (*fig., disus.*) ***Ridursi, essere all'a.***, allo stremo delle forze.

ablatóre [vc. dotta, lat. tardo *ablatōre(m)* 'colui che porta via', da *ablātus*, part. pass. di *auferre* 'portare via', comp. di *ăb* 'da' e *fĕrre* 'portare' (V. *-fero*); 1965] **A** agg. (f. *-trice*) ● (*geol.*) Detto di bacino costituito dalla porzione inferiore del ghiacciaio sotto la linea delle nevi persistenti, in cui prevalgono i fenomeni di fusione e consumo dei ghiacciai. **B** s. m. ● (*med.*) Strumento con cui il dentista leva il tartaro dai denti.

ablatòrio [da *ablazione*; 1986] agg. ● (*dir.*) Di ablazione | ***Provvedimento a.***, che priva un soggetto della disponibilità di un bene o di un diritto.

ablazióne [vc. dotta, lat. tardo *ablatiōne(m)*, da *ablātus*, part. pass. di *auferre* 'levare'; 1827] s. f. **1** (*geol.*) Complesso dei fenomeni che avvengono nella lingua di un ghiacciaio | Riduzione di volume di un ghiacciaio per fusione ed evaporazione. **2** (*chir.*) Asportazione di qualsiasi parte o formazione dell'organismo. CFR. -ectomia. **3** (*dir.*) Contenuto di un atto d'autorità avente l'effetto di togliere ad alcuno il godimento o l'esercizio di un diritto o di un interesse. **4** (*fis.*) Fusione o evaporazione superficiale di un corpo sottoposto a elevata temperatura, utile al fine di proteggere dal calore.

ablefarìa [dal gr. *ablépharos* 'senza palpebre', comp. di *a-* priv. e *blépharon* 'palpebra' (V. *blefaro-*); 1899] s. f. ● (*med.*) Assenza congenita totale o parziale delle palpebre.

ablegàto /ab-le'gato/ [dal lat. *ăb* 'da', sul modello di *delegato*; 1865] s. m. ● Funzionario incaricato dal Pontefice di una missione particolare, spec. quella onorifica di portare la berretta cardinalizia a un nuovo cardinale assente da Roma all'atto della nomina.

ablegazióne /ab-legats'tsjone/ [1845] s. f. ● Dignità, funzione di ablegato.

abluzióne [vc. dotta, lat. *ablutiōne(m)*, da *ablŭere* 'lavare, purificare'; 1619] s. f. **1** Lavaggio del corpo o di una parte di esso. **2** Atto rituale di molte religioni superiori e primitive, consistente nel lavare il corpo o parte di esso a scopo di purificazione | Atto del lavarsi le dita che fa il sacerdote cattolico durante la Messa.

abnegàre o †**annegàre** (2) [vc. dotta, lat. *abnegāre*, comp. di *ăb* (allontanamento) e *negāre* 'negare'; av. 1306] v. tr. (*io abnégo* o *abnègo*, o *àbnego*, *tu abnéghi* o *abnèghi*, *àbneghi*) ● (*raro, lett.*) Rinunciare interamente a qlco. per il bene altrui o per voto religioso.

abnegazióne o †**annegazióne** [vc. dotta, lat. tardo *abnegatiōne(m)*. V. *abnegare*; sec. XIV] s. f. ● Spirito di sacrificio e di rinuncia unito a un'assoluta dedizione al bene altrui, a un ideale e sim.: *si è prodigata con grande a.*; *dar prova della massima a.*

abnòrme [vc. dotta, lat. *abnŏrme(m)* 'fuori della norma'; 1828] agg. ● Che esce dalla norma: *l'a. dilatazione di un'arteria*. || **abnormeménte**, avv.

♦**abolìre** [vc. dotta, lat. *abolēre*, di etim. incerta; 1357] v. tr. (*io abolisco, tu abolisci*) ● Annullare, togliere del tutto: *a. la tassa sulle automobili*; *a. un uso, una cerimonia* | Abrogare: *a. una legge, un decreto* | Eliminare: *a. gli alcolici dalla dieta*. SIN. Sopprimere.

abolitìvo [1865] agg. ● Diretto ad abolire.

abolitóre [vc. dotta, lat. tardo *abolitōre(m)*, da *abolēre* 'abolire'; 1829] s. m. (f. *-trice*) ● (*raro*) Chi abolisce.

abolizióne [vc. dotta, lat. tardo *abolitiōne(m)*, da *abolēre* 'abolire'; av. 1540] s. f. ● Abrogazione, soppressione: *l'a. della pena di morte*. SIN. Annullamento.

abolizionìsmo [ingl. *abolitionism*; 1875] s. m. ● Movimento che propugna l'abolizione o la modificazione di leggi, istituzioni o consuetudini | (*st.*) Movimento per l'abolizione della schiavitù (secc. XVIII e XIX) | (*st.*) Movimento contro il proibizionismo negli USA (anni '20 e '30 del Novecento).

abolizionìsta [ingl. *abolitionist*; 1830] s. m. e f.; anche agg. (pl. m. *-i*) ● Chi (o Che) propugna l'abolizionismo.

abolizionìstico [1950] agg. (pl. m. *-ci*) ● Relativo all'abolizionismo.

abòlla [vc. dotta, lat. *abŏlla(m)*, prob. dal gr. *ambolé* per *anabolé*, da *anabállō* 'io getto sopra'; 1587] s. f. ● Casacca militare e da viaggio, in lana pesante, usata nel mondo romano.

abomàso, (*evit.*) **abòmaso** [comp. del lat. *ăb* 'dopo' e *omāsum* 'trippa di bue'; 1794] s. m. ● (*zool.*) Ultima delle quattro cavità dello stomaco dei Ruminanti. SIN. Caglio (1). CFR. Omaso, reticolo, rumine.

abominàbile o **abbominàbile** [vc. dotta, lat. tardo *abominābile(m)*, da *abomināre* 'abominare'; sec. XIV] agg. ● (*raro, lett.*) Abominevole: *a. e nefando ... / era il rigor di quella legge dura* (MARINO). || **abominabilménte**, avv. (*raro*) In modo abominevole.

abominàndo o **abbominàndo** [vc. dotta, lat. *abominăndu(m)*, part. fut. passivo (col senso di necessità) di *abomināre* 'abominare'; 1532] agg. ● (*raro, lett.*) Che si deve aborrire: *vizi abominandi e brutti* (ARIOSTO).

abominàre o **abbominàre** [lat. *abomināre* 'respingere un presagio', comp. di *ăb* 'da' e *ōmen* 'presagio'; 1308] v. tr. (*io abòmino*) **1** (*lett.*) Avere in orrore, aborrire, detestare: *a. la violenza, il vizio*. SIN. Disprezzare, odiare. **2** †Vituperare, infamare | †Accusare.

abominatóre o **abbominatóre** [sec. XIV] s. m. (f. *-trice*) ● (*raro, lett.*) Chi detesta.

abominazióne o **abbominazióne** [vc. dotta, lat. tardo *abominatiōne(m)*, da *abomināre* 'abominare'; 1308] s. f. **1** (*lett.*) Sentimento di avversione profonda, odio, disprezzo: *avere qlcu., qlco. in a.*; *suscitare l'a. generale*. **2** (*raro*) Cosa, persona, abominevole: *quell'individuo è l'a. della sua famiglia*. **3** †Nausea, ripugnanza.

abominévole o **abbominévole** [V. *abominabile*; av. 1292] agg. **1** Che è degno di abominazione, disprezzo: *spettacolo, luogo, comportamento a.* | ***L'a. uomo delle nevi***, lo yeti, essere mostruoso che secondo una leggenda vive fra le nevi dell'Himalaya. SIN. Esecrabile, odioso. **2** (*est.*) Disgustoso, ripugnante: *V'è chi d'abominevoli vivande / le mense ingombra* (TASSO). || **abominevolménte**, avv.

abomìnio o **abbomìnio** [1312] s. m. **1** Avversione, disprezzo: *avere in a. la violenza*. SIN. Abominazione. **2** Condizione di vergogna, di infamia: *cadere nell'a.*; *La disperata morte parve preferibile al peso di quell'a.* (D'ANNUNZIO).

abominóso o **abbominóso** [sec. XIV] agg. ● (*lett.*) Abominevole, detestabile | Ripugnante: *abbominoso lezzo* (MANZONI).

†**abondàre** e deriv. ● V. *abbondare* e deriv.

aboràle [comp. del lat. *ăb* 'dopo' e *os*, genit. *oris* 'bocca'; 1955] agg. ● (*anat., zool.*) Che è situato dalla parte opposta a quella in cui si apre la bocca: *estremità a.*

aborìgeno [vc. dotta, lat. *Aborīgines*, nom. pl., i primi abitatori del Lazio, di etim. incerta; 1546] **A** agg. ● Indigeno: *piante, popolazioni aborigene*. **B** s. m. (f. *-a*) **1** Chi è originario della regione in cui vive. **2** (*est.*) Primitivo, selvaggio.

ab orìgine [lat., propr. 'dall'origine'; 1603] loc. avv. ● Originariamente, fin da principio.

aborrévole o †**abborrévole** [sec. XIV] agg. ● (*raro, lett.*) Esecrabile | Ripugnante. || **aborrevolménte**, avv. (*raro*) In modo ripugnante.

aborriménto o **abborriménto** [av. 1304] s. m. ● (*lett.*) Sentimento di avversione e ripugnanza: *manifestare a. per qlco.*; *avere, prendere qlcu., qlco., in a.*

aborrìre o **abborrìre** [lat. *abhorrēre*, da *hŏrror* 'orrore'; 1313] **A** v. tr. (*io aborrisco* o *abòrro*, *tu aborrisci* o *abòrri*) ● Avere in orrore, in avversione: *a. l'ipocrisia*. SIN. Detestare, odiare. **B** v. intr. (aus. *avere*) ● Rifuggire con orrore: *a. dalla menzogna, dal sangue*.

aborrìto o **abborrìto** [1546] part. pass. di *aborrire*; anche agg. ● (*lett.*) Detestato, esecrato: *Fin la vecchiezza, / l'aborrita vecchiezza, avrei sofferto* (LEOPARDI).

aborritóre o **abborritóre** [1827] agg.; anche s. m. (f. *-trice*) ● (*lett.*) Che (o Chi) aborrisce.

abortìre [vc. dotta, lat. tardo *abortīre*, da *aborīri*. V. *aborto*; 1485] v. intr. (*io abortisco, tu abortisci*; aus. *avere* nel sign. proprio; *essere* nel sign. fig.). **1** Interrompere prematuramente la gravidanza, mediante espulsione del prodotto del concepimento prima del 180° giorno. **2** (*est.*) Non svilupparsi: *la fioritura dei ciliegi ha abortito*. **3** (*fig.*) Non giungere a conclusione: *il tentativo abortì sul nascere*. SIN. Fallire.

abortìsta [1973] agg.; anche s. m. e f. (pl. m. *-i*) ● Che (o Chi) è favorevole alla liberalizzazione dell'aborto.

abortìstico [1989] agg. (pl. m. *-ci*) ● Degli abortisti: *movimento a.*

abortìvo [vc. dotta, lat. *abortīvu(m)*, da *abŏrtus* 'aborto'; av. 1364] **A** agg. ● Che provoca l'aborto: *farmaco a.* | Relativo all'aborto: *intervento a.* **B** s. m. ● Sostanza atta a provocare l'aborto.

abòrto [vc. dotta, lat. *abŏrtu(m)*, da *aborīri* 'perire, nascere prima del tempo', da *orīri* 'nascere'; 1570] s. m. **1** (*med.*) Interruzione della gestazione ed espulsione del prodotto del concepimento prima che il feto sia vitale, ovvero capace di vita extrauterina indipendente | ***A. spontaneo***, interruzione involontaria della gravidanza provocata da cause patologiche che comporti espulsione o morte del feto o dell'embrione entro il 180° giorno compiuto di gestazione | ***A. indotto, a. terapeutico***, interruzione volontaria della gravidanza. **2** (*bot.*) Mancata formazione o mancato sviluppo di un organo vegetale. **3** (*fig.*) Persona mal conformata: *quell'uomo è un a.*; *la poveretta è un a. di natura* | (*fig.*) Opera mal riuscita, attività che fallisce sul nascere e sim.: *l'iniziativa si è risolta in un a.* SIN. Fallimento.

ab òvo [lat., 'dall'inizio', propr. 'dall'uovo'; la locuzione intera era *ab ovo usque ad mala* 'dall'uovo (che costituiva l'antipasto) fino alla frutta'; av. 1730] loc. avv. ● Dalle origini, dagli inizi.

abracadàbra [dal gr. biz. *ábra katà ábra* 'spirito per spirito', formula ripetuta negli scongiuri; 1748] s. m. inv. **1** Parola misteriosa cui si attribuivano virtù magiche. **2** (*fig.*) Gioco di parole di significato volutamente oscuro: *Puro a., sollazzo intellettuale di progettisti finanziari* (EINAUDI).

abràdere [vc. dotta, lat. *abrādere* 'radere, raschiare', comp. di *ăb* 'da' e *rādere* 'radere'; 1499] v. tr. (coniug. come *radere*) **1** Provocare abrasione. **2** (*lett.*) Togliere via raschiando, radendo.

abràmide [lat. scient. *Abramis*, dal gr. *abramís*, o *abrabís*, n. di una specie di cefalo; 1950] s. m. ● Pesce d'acqua dolce dei Ciprinidi simile alla carpa, diffuso nell'Europa settentrionale e orientale (*Abramis*).

abranchiàto [comp. di *a-* (1) e un deriv. di *branchia*, come in *Branchiati*] agg. ● (*zool.*) Detto di organismo privo di branchie.

abràṣi ● V. *abradere*.

abraṣióne [vc. dotta, lat. tardo *abrasiōne(m)*, da *abrādere* 'abradere'; av. 1553] s. f. **1** Raschiatura, cancellatura fatta radendo | Il segno che ne resta. **2** (*geogr.*) Azione demolitrice esercitata dalle onde del mare che si frangono su una costa: *a. marina*. **3** In varie tecnologie, metodo di lavorazione che consiste nell'asportare raschiando con sostanze apposite la parte più superficiale di un materiale. **4** (*med.*) Lesione superficiale, leggero raschiamento.

abraṣività [1965] s. f. ● Proprietà di ciò che è abrasivo.

abraṣìvo [1941] **A** agg. ● Detto di sostanza durissima, usata per rifinire superfici metalliche o per abradere un materiale. **B** anche s. m.: *abrasivi naturali, artificiali*.

abreazióne [comp. della prep. lat. di allontanamento *ăb* e di *reazione*; 1955] s. f. ● (*psicol.*) Improvvisa manifestazione di sentimenti a lungo repressi e inconsci.

abrégé /fr. abre'ʒe/ [fr., 'compendio', propr. part. pass. di *abréger* 'abbreviare'; stessa etim. dell'it. *abbreviare*; 1735] s. m. inv. ● Compendio, sommario.

àbro [dal gr. *habrós* 'molle'; 1829] s. m. ● Arbusto tropicale delle Papilionacee con infiorescenze rosse a grappolo e semi di color rosso scarlatto con macchie rotonde nere, usati per collane, rosari e sim. (*Abrus precatorius*). SIN. Albero del paternostri, albero del rosario.

abrogàbile [1961] agg. ● Che si può abrogare.

abrogàre [vc. dotta, lat. *abrogāre*, comp. di *ăb* e *rogāre* 'proporre una legge'; 1351] v. tr. (*io àbrogo* o *abrògo*, *tu àbroghi* o *abròghi*) ● (*dir.*) Annullare una norma con mezzi previsti dalla legge.

abrogatìvo [1631] agg. ● Che abroga, che è atto ad abrogare: *referendum a.*

abrogatòrio [1855] agg. ● (*dir.*) Che serve ad abrogare.

abrogazióne [vc. dotta, lat. *abrogatiōne(m)*, da *abrogāre* 'abrogare'; 1324 ca.] s. f. ● (*dir.*) Annullamento di una norma.

abrogazionìsta [1970] s. m. e f.; anche agg. (pl. m. *-i*) ● Chi (o Che) sostiene l'opportunità o la necessità di abrogare una legge.

abròstine o **abròstino** [dal lat. *labrŭsca* 'vite selvatica', con la caduta della *l-* iniziale sentita come articolo; 1313] s. m. **1** Specie di vite americana (*Vitis labrusca*) | Uva di questa vite, piccola, nera, aspra, usata spec. per colorare vini. SIN. Lambrusca. **2** †Vite selvatica.

abròtano [lat. *abrŏtonu(m)*, di etim. incerta, ma prob. da accostare al gr. *habrós* 'molle'; 1485] s. m. ● Pianta erbacea delle Composite con foglie grandi, multifide, odore fortemente aromatico, sapore amaro e fiori in capolini (*Artemisia abrotanum*) | ***A. femmina***, santolina.

abruzzéṣe [1819] **A** agg. ● Dell'Abruzzo: *usi abruzzesi*; *dialetto a.* **B** s. m. e f. ● Abitante, nativo dell'Abruzzo. **C** s. m. solo sing. ● Dialetto italiano meridionale, parlato in Abruzzo.

ABS (1) /'abbi'esse/ [sigla di *A(crilonitrile)*, *B(utadiene)*, *S(tirene)*; 1983] s. m. inv. ● (*chim.*) Copolimero derivato dai monomeri acrilonitrile, butadiene e stirene; materia plastica di elevata tenacità e brillantezza, è usata per oggetti di arredamento, giocattoli, e sim.

ABS (**2**) /ˈabbiˈɛsse/ [sigla del ted. *A(nti)-B(lockier) S(ystem)* 'sistema antibloccaggio'; 1983] **agg. e s. m. inv.** ● (*autom.*) Antiblocco.

absbùrgico ● V. *asburgico*.

abscìssico [dal lat. *abscīssus* (V. *abscissione*)] **agg.** (**pl. m.** *-ci*) ● (*bot.*) Relativo all'abscissione | *Acido a.*, ormone vegetale individuato per la prima volta nella zona di abscissione dei frutti; partecipa alla regolazione di molti fenomeni, come la dormienza delle gemme e la chiusura degli stomi.

abscissióne [ingl. *abscission*, vc. dotta che si rifà al lat. tardo *abscissiōne(m)* 'squarciamento, lo strappare', da *abscīssus*, part. pass. di *abscīndere* 'staccare', comp. di *ăb* 'da' e *scĭndere* (V. *scindere*); 1829] **s. f.** ● (*bot.*) Distacco di un organo vegetale (foglie, sepali, petali, stami e sim.) dalla porzione destinata a rimanere (fusto, peduncolo).

†**àbsida** ● V. *abside*.

absidàle [1965] **agg.** ● Relativo all'abside.

absidàto [vc. dotta, lat. tardo *absidātu(m)* 'a volta, ad arco', da *ăbsis*, genit. *absīdis* 'abside'; 1961] **agg.** ● A forma di abside | Dotato di abside: *basilica absidata*.

àbside o †**àbsida** nel sign. A 1 [vc. dotta, lat. *apsīda* dal gr. *hápsos* 'articolazione, giuntura', da *háptō* 'io connetto'; 1768] **A s. f. 1** Parte delle chiese cristiane a pianta semicircolare o poligonale, coperta da una volta; è posta al fondo della navata maggiore o, talvolta, di quelle laterali o del transetto | Costruzione semicircolare in fondo alle basiliche romane dove era la tribuna per i magistrati. ➡ **ILL.** p. 2119 ARCHITETTURA. **2** Nella tenda da campeggio, parte opposta all'ingresso, di forma per lo più semicircolare. **B s. m.** ● (*spec. al pl., astron.*) Estremo dell'asse maggiore di un'orbita ellittica | *Linea degli absidi*, l'asse maggiore. || **absidiola**, **dim.** (V.).

absidìola [dim. di *abside*; 1913] **s. f.** ● (*arch.*) Abside minore rispetto all'abside principale.

absintìna [dal lat. *absĭnthium*. V. *assenzio*; 1875] **s. f.** ● (*chim.*) Principio amaro dell'assenzio.

absintìsmo [fr. *absinthisme*; 1877] **s. m.** ● (*med.*) Intossicazione cronica da assenzio.

abstract /*ingl.* ˈæbstɹækt/ [vc. ingl., per *abstracted*, propr. 'estratto', dal lat. *abstrāctu(m)*, part. pass. di *abstrāhere* 'trarre via'; 1960] **s. m. inv.** ● Breve riassunto di articoli scientifici pubblicati in riviste specializzate.

abulìa [vc. dotta, gr. *aboulía*, comp. di *a* priv. e *boulé* 'volontà'; 1841] **s. f. 1** (*med.*) Indebolimento e insufficienza della volontà. **2** Correntemente, inerzia, indolenza, apatia: *scuotersi dall'a.*

abùlico [1905] **agg.**; anche **s. m.** (**f.** *-a*; **pl. m.** *-ci*) **1** (*med.*) Che (o Chi) è affetto da abulia. **2** Correntemente, che (o chi) è indolente, irresoluto: *carattere a.* || **abulicaménte**, **avv.**

abùna [amarico *abūn* 'padre'; 1892] **s. m. inv.** ● Un tempo, titolo del metropolita nominato dal patriarca della Chiesa copta per reggere la Chiesa etiopica | Ai nostri giorni, titolo che si dà ai monaci e agli abati in Etiopia.

abundantiam, ad ● V. *ad abundantiam*.

abuṣàre [da *abuso*; 1581] **A v. intr.** (aus. *avere*) ● Fare uso cattivo, illecito, eccessivo di qlco.: *a. dell'alcol*; *a. dei cibi* | Approfittare: *a. della pazienza, della buona fede altrui* | *A. di una donna*, usarle violenza. **B v. tr.** ● (*lett.*) Usare in modo indebito, scorretto, illecito: *Così abusi, fellon, la pietà mia?* (TASSO).

abuṣàto [av. 1619] **part. pass.** di *abusare*; anche **agg. 1** Nei sign. del v. **2** Troppo usato: *parola abusata*. **SIN.** Inflazionato.

abuṣióne [1338 ca.] **s. f. 1** (*lett.*) Abuso. **2** (*ling.*) Catacresi.

abuṣivìsmo [comp. di *abusivo* e *-ismo*; 1971] **s. m.** ● Tendenza a fare dell'abuso una norma di comportamento: *l'a. edilizio*.

abuṣivìsta [1985] **s. m. e f.** (**pl. m.** *-i*) ● Chi pratica l'abusivismo, spec. edilizio.

abuṣività [da *abusivo*; 1987] **s. f.** ● Condizione di ciò che è abusivo: *a. di un atto, di una costruzione*.

abuṣìvo [vc. dotta, lat. tardo *abusīvu(m)*, da *abūsus* 'abuso'; 1483] **A agg. 1** Che è fatto in modo illeggittimo, che costituisce un abuso: *pascolo a.*; *porto a. di armi*; *esercizio a. di una professione*. **2** (*est.*) Detto di chi esercita un'attività senza la necessaria autorizzazione: *affittacamere, tassista, posteggiatore a.* || **abuṣivaménte**, **avv.** Con abuso; ingiustamente. **B s. m.** (**f.** *-a*) ● Chi esercita un'attività, una professione e sim. senza averne diritto o autorizzazione.

abùṣo [vc. dotta, lat. *abūsu(m)*, da *abūti* 'adoperare, dilapidare', da *ūti* 'usare'; 1336 ca.] **s. m. 1** Uso cattivo, illecito, eccessivo di qlco.: *fare a. del fumo, dell'alcol*; *a. di titolo*. **2** (*dir.*) Esercizio di un diritto in contrasto con lo scopo per il quale è stato attribuito | *A. d'ufficio*, reato commesso da pubblico ufficiale che procura a sé o ad altri un indebito vantaggio o che arreca ad altri un danno | *A. di potere*, esercizio del potere che va oltre i limiti previsti dalla legge | *A. edilizio*, qualsiasi trasformazione edilizia o urbanistica non autorizzata o comunque difforme rispetto agli atti che la legittimano o alla normativa vigente | *A. d'ufficio*, reato commesso da un pubblico ufficiale o da un incaricato di pubblico servizio al fine di procurare a sé o ad altri un profitto illecito o di arrecare ad altri un danno | *A. di dipendenza economica*, imposizione da parte di un'impresa economica di obblighi e condizioni contrattuali particolarmente gravose a un'impresa cliente o fornitrice, sfruttando il suo stato di dipendenza economica. || **abuṣàccio**, **pegg.**

abutilon [ar. *abūtīlūn*; av. 1577] **s. m.** ● Genere di piante delle Malvacee cui appartengono specie, erbacee e arbustive, con foglie alterne e fiori penduli con calice spesso rosso e corolla gialla, porpora o azzurra (*Abutilon*).

acàcia [vc. dotta, lat. *acăcia(m)*, nom. *acăcia*, dal gr. *akakía*, prob. di orig. egiz.; sec. XIV] **s. f.** (**pl.** *-cie*) ● Nome di varie specie di alberi o arbusti delle Mimosacee, del genere *Acacia*, a distribuzione naturale intertropicale, con foglie imparipennate, stipole spesso trasformate in spine e fiori piccoli profumati, coltivate per estrarre essenze o per ornamento | *A. romana*, gaggia. ➡ **ILL. piante**/6.

†**acadèmia** e *deriv.* ● V. *accademia* e *deriv.*

acadiàno [da *Acadia*, nome dato dai Francesi nel sec. XVII all'odierno Massachusetts; 1929] **A s. m.** ● (*geol.*) La seconda delle tre epoche in cui si divide il Cambriano. **B** anche **agg.**: *fossili acadiani*.

acagiù o †**cagiù** [port. *(a)cajú*, prestito da una lingua del Brasile; 1587] **A s. m. 1** (*bot.*) Mogano. **2** (*bot.*) Pomo derivato dall'ingrossamento del peduncolo fiorale dell'anacardio, che porta il vero frutto. **B** in funzione di **agg.** ● (posposto al s.) Nella loc. *rosso a.*, particolare sfumatura di color rosso bruno che ricorda il colore del legno di mogano.

acàico [vc. dotta, lat. *Achāicu(m)*, nom. *Achāicus*, dal gr. *Achaikós* 'dell'Acaia'; av. 1764] **agg.** (**pl. m.** *-ci*) ● Acheo.

acajou /*fr.* akaˈʒu/ [sec. XVIII] **s. m. inv.** ● (*bot.*) Acagiù.

acalaṣìa [comp. di *a-* (*1*), del gr. *chálas(is)* 'rilasciamento' e del suff. *-ia*] **s. f.** ● (*med.*) Incapacità di rilassamento dei muscoli sfinterici.

acalèfe [dal gr. *akalḗphē* 'ortica'; 1829] **s. f. pl.** ● Grandi meduse ombrelliformi con corpo gelatinoso. **SIN.** Ortiche di mare.

†**acanìno** [ar. *al-ḥanīn* 'caro, dolce, soave'; 1353] **agg.** ● (*sicil.*) Bello, caro, dolce.

Acantàcee [vc. dotta, comp. di *acant(o)*- e *-acee*; 1819] **s. f. pl.** (**sing.** *-a*) ● Nella tassonomia vegetale, famiglia di piante delle Tubiflorali con molte specie erbacee e lianose, caratterizzate da foglie opposte e frutto a capsula (*Acanthaceae*). ➡ **ILL. piante**/8.

acànto o **àcanto** [vc. dotta, lat. *acănthu(m)*, nom. *acănthus*, dal gr. *ákanthos*, da *ákantha* 'spina'; sec. XIV] **s. m. 1** Pianta erbacea perenne delle Acantacee con grandi foglie pennatifide e fiori bianchi, rosei o porporini, disposti in lunghe spighe (*Acanthus mollis*). ➡ **ILL. piante**/8. **2** *Foglie di a.*, motivo di decorazione architettonica tipico del capitello corinzio, ispirato alle foglie della pianta omonima. ➡ **ILL.** p. 2117 ARCHITETTURA.

a cànto ● V. *accanto*.

acànto- [dal gr. *ákantha* 'spina', forse di orig. mediterr.] primo elemento ● In parole composte della terminologia scientifica, significa 'spinoso', 'fornito di aculei' e sim.: *Acantocefali*, *acantofide*.

Acantobdèllidi o **Acantobdellìdei** [comp. di *acanto-* e del gr. *bdélla* 'sanguisuga' (vc. di orig. espressiva); 1983] **s. m. pl.** (**sing.** *-e*) ● Nella tassonomia animale, ordine di Irudinei muniti di setole sui segmenti anteriori (*Acanthobdellae*).

Acantocèfali [comp. di *acanto-* e *-cefalo*; 1819] **s. m. pl.** (**sing.** *-o*) ● Nella tassonomia animale, gruppo di animali vermiformi parassiti, muniti di una proboscide retrattile uncinata con cui si attaccano alla parete intestinale dei Vertebrati (*Acanthocephala*).

acantòfide [comp. di *acanto-* e *ofide*: detto così dalla spina che ha in cima alla coda; 1983] **s. m.** ● Serpente dei Colubridi giallastro o rossastro con bande nere trasversali (*Acanthophis antarcticus*).

acantòṣi [comp. di *acant(o)-* e del suff. *-osi*; 1899] **s. f. inv.** ● (*med.*) Malattia della pelle caratterizzata da ispessimento dello strato interno dell'epidermide.

acàpnia (**1**) [dal gr. *ákapnos* 'senza fumo', comp. di *a* priv. e *kapnós* 'fumo', di orig. indeur.; 1926] **s. f.** ● Polvere da sparo senza fumo, contenente nitroglicerina.

acapnìa (**2**) [comp. di *a-* (*1*) e del gr. *kapnós* 'fumo' (V. sopra), come immagine dell'anidride carbonica; 1950] **s. f.** ● (*med.*) Deficienza di anidride carbonica nel sangue.

a càpo ● V. *accapo*.

acardìa [comp. di *a-* (*1*) e *-cardia*; 1829] **s. f.** ● (*med.*) Assenza congenita del cuore nel feto.

Àcari [1729] **s. m. pl.** (**sing.** *-o*) ● Nella tassonomia animale, ordine di Aracnidi parassiti dell'uomo, di animali e di piante, con il corpo formante una massa unica indivisibile, arti corti spesso ridotti, e parti boccali modificate per pungere e succhiare (*Acarina*).

acarìaṣi [da *acaro*; 1870] **s. f. inv. 1** Dermatosi prodotta da acari. **2** Malattia delle api.

acaricìda [comp. di *acaro* e *-cida*; 1965] **A s. m.** (**pl.** *-i*) ● Prodotto che distrugge gli acari, spec. quello della scabbia. **B** anche **agg.**: *prodotto a.*; *sostanza a.*

acariòṣi [comp. di *acaro* e *-osi*; 1961] **s. f. inv.** ● Malattia delle piante causata da acari.

àcaro [dal gr. *ákari*, di etim. incerta; 1729] **s. m.** ● Ogni individuo appartenente all'ordine degli Acari (*Acarus*) | *A. della scabbia*, parassita che provoca questa malattia nell'uomo (*Sarcoptes scabiei*). ➡ **ILL. animali**/3.

acaròide [etim. incerta; 1955] **s. f.** ● Gommoresina che cola dal fusto di vari alberi australiani, di colore giallo o rosso, usata per ceralacche, vernici isolanti e nell'appretto delle pelli.

acàrpo [vc. dotta, gr. *ákarpos*, comp. di *a* priv. e *karpós* 'frutto'; 1875] **agg.** ● (*bot.*) Detto di pianta superiore che non produce frutti o di vegetale inferiore che non produce corpo fruttifero.

acatalèssi [comp. di *a-* (*1*) e *catalessi* (*1*)] **s. f. inv.** ● Presenza della sillaba finale di un verso greco o latino.

acatalessìa [vc. dotta, gr. *akatalēpsía*, comp. di *a* priv. e *katálēpsis* 'il prendere, l'impadronirsi'; 1819] **s. f.** ● Nella filosofia scettica, l'atteggiamento di chi nega la possibilità di comprendere e pertanto sospende il suo giudizio.

acatalèttico (**1**) [1865] **agg.** (**pl. m.** *-ci*) ● Dell'acatalessia | Che professa l'acatalessia.

acatalèttico (**2**) [vc. dotta, lat. tardo *acatalēcticus*, deriv., con *a-* (*1*), dal gr. *katálēxis* 'cessazione, fine'; av. 1603] **agg.** (**pl. m.** *-ci*) ● Detto di verso, greco e latino, a cui non manca alcuna sillaba finale.

acatalètto [1832] **agg.** ● Acatalettico (2).

acatìsto o **acàtisto** [vc. dotta, gr. biz. *akáthistos* 'non seduto', comp. di *a* priv. e un deriv. di *kathistánai* 'stare', comp. di *katá* 'giù' (V. *cata*) e di *histánai* 'collocare', di orig. indeur.; 1829] **s. m.** ● Inno della liturgia bizantina che si cantava stando in piedi.

acàto ● V. *acazio*.

acattòlico [comp. di *a* priv. e *cattolico*; 1791] **A agg.** (**pl. m.** *-ci*) ● Non cattolico, spec. di cristiano che non appartiene alla Chiesa cattolica: *culto a.* **B s. m.** (**f.** *-a*) ● Chi professa la religione cristiana ma non cattolica.

acàule [comp. di *a-* (*1*) e *caule*; 1797] **agg.** ● Detto di pianta che sembra priva di fusto per lo sviluppo molto limitato di questo | (*impropr.*) Detto di pianta con fusto sotterraneo.

acàzio o **àcato** [vc. dotta, lat. *acătiu(m)*, dal gr. *akátion*, dim. di *ákatos* 'nave leggera', di orig. straniera; 1819] **s. m.** ● Imbarcazione militare e mercantile, bassa, lunga, molto veloce, a vela e a remi, usata dagli antichi greci.

àcca [av. 1300] **s. f.** o **m.** (**pl. f.** *acca* o *acche*; **pl. m.** *acca*) ● Nome della lettera H | (*fam.*) ***Non capire un'a.***, non capire niente.

accadèmia o †**acadèmia** [vc. dotta, lat. *Acadēmīa(m)*, nom. *Acadēmīa*, dal gr. *Akadḗmeia*, bosco sacro all'eroe Academo, dove insegnava Platone; 1308] **s. f.** *1* Scuola filosofica fondata da Platone in Atene nel IV sec. a.C. e perpetuatasi in varie forme fino al VI sec. d.C. *2* Associazione permanente di studiosi, formata al fine di incrementare gli studi letterari, scientifici, artistici: *a. dei Lincei, della Crusca* | ***Accademie d'arte***, associazioni sorte con lo scopo di difendere gli interessi degli artisti e in seguito anche con intendimenti culturali e didattici. *3* Scuola a livello universitario | ***A. di Belle Arti***, destinata all'insegnamento delle arti figurative | Istituto di formazione degli ufficiali in servizio permanente effettivo delle Forze armate: *a. militare, navale, aeronautica.* *4* Nelle scuole di pittura e scultura, studio di nudo dal vero. *5* Trattenimento pubblico o privato di musica, canto o sim. spec. in collegi, scuole e sim. | Saggio annuale, recita. *6* (*fig.*) Vacua esercitazione retorica: *fare dell'a.* | Nel linguaggio sportivo, esibizione di virtuosismi non finalizzati al risultato, spec. nel calcio: *fare dell'a.* || **accademiùccia**, **dim.**

accadèmico o †**acadèmico** [sec. XIII] **A agg.** (**pl. m.** *-ci*) *1* (*filos.*) Che concerne o interessa l'Accademia platonica. *2* Che si riferisce a un'accademia: *socio a.* *3* Che si riferisce all'Università: *anno a.* | ***Corpo a.***, nelle università, l'insieme di tutti i professori di ruolo cui spetta l'elezione del rettore | ***Senato a.***, organo deliberativo formato dai presidi delle facoltà che, nelle singole università, affianca il rettore nel governo dell'ateneo | ***Quarto d'ora a.***, i quindici minuti d'attesa che sogliono precedere l'inizio di ogni lezione universitaria. *4* (*fig.*) Retorico, astratto, inconcludente: *chiacchiere, frasi accademiche.* *5* Nelle arti figurative, di artista che segue la tradizione con eccessiva osservanza delle sue norme e senza originalità | Detto delle opere di tale artista. *6* ***Alpinismo a.***, compiuto senza guida su itinerari di estrema difficoltà. || **accademicaménte**, **avv.** *1* (*raro*) Secondo il costume delle accademie. *2* (*est.*) In modo astratto e retorico. **B s. m.** *1* (*filos.*) Chi segue o si ispira alle dottrine platoniche o a quelle dei successivi scoliarchi dell'Accademia. *2* (**f.** *-a*) Membro di un'accademia. *3* (**f.** *-a*) Nelle arti figurative, artista accademico. *4* Titolo attribuito all'alpinista non professionista che abbia effettuato varie scalate di grande difficoltà.

accademismo [1905] **s. m.** ● Fedeltà pedantesca e priva di originalità alle norme tradizionali, spec. in campo artistico.

accademista [1797] **s. m. e f.** (**pl. m.** *-i*) ● Allievo ufficiale frequentatore di accademia militare o sim. **SIN.** Cadetto.

♦**accadére** [lat. parl. **accadēre*, da **cadēre* 'cadere'; av. 1292] **v. intr.** (coniug. come *cadere*; aus. *essere*; anche **impers.**) *1* Succedere, per lo più per caso: *questo accade ai buoni; accadono cose strane; mi accade di rivederlo a teatro; può a. che fuori sia un cielo di stelle* (PAVESE). **SIN.** Avvenire, capitare. *2* †Essere opportuno, convenire: *Soccorrer qui, non lacrimare accade* (ARIOSTO).

accàdico [1955] **A agg.** (**pl. m.** *-ci*) ● Dell'antico paese di Accad, in Mesopotamia: *civiltà, lingua accadica.* **B s. m.** (**f.** *-a*) ● Accado. **C s. m.** solo **sing.** ● Lingua parlata nel paese di Accad: *antiche iscrizioni in a.* **SIN.** Accado.

accadiménto [da *accadere*; sec. XIV] **s. m.** ● (*lett.*) Evento, avvenimento.

accàdo [1955] **s. m.** (**f.** *-a*) ● Abitante del regno di Accad, fondato intorno al 2500 a.C. nella parte meridionale della Mesopotamia.

accadùto [av. 1537] **A part. pass.** di *accadere*; anche **agg.** ● Successo, capitato: *riferire i fatti accaduti.* **B s. m.** ● Avvenimento, caso: *lo fermò per raccontargli l'a.*

†**accaffàre** [comp. di *a-* (2) e *caffo* 'capo', dall'ar. *al-qafā* 'nuca'; 1313 ca.] **v. tr.** ● Ghermire, afferrare: *sì che, se puoi, nascosamente accaffi* (DANTE *Inf.* XXI, 54).

†**accagionàre** [comp. di *a-* (2) e *cagione*; sec. XIII] **v. tr.** ● Accusare, imputare, incolpare: *il veleno, del quale questa innocente giovane fu accagionata* (BOCCACCIO).

accagliaménto [1865] **s. m.** ● (*raro*) L'accagliare, l'accagliarsi.

accagliàre [comp. di *a-* (2) e *cagliare*; 1759] **A v. tr.** (*io accàglio*) ● Far coagulare il latte e (*est.*) altre sostanze. **B v. intr.** e **intr. pron.** (aus. *essere*) ● Rapprendersi, coagularsi: *il latte si accaglia; rosseggiar come sangue che s'accaglia* (D'ANNUNZIO).

accagliatùra [av. 1527] **s. f.** ● Coagulamento spec. del latte.

accalappiacàni [comp. di *accalappia(re)* e il pl. di *cane*; 1894] **s. m. e f. inv.** ● Dipendente comunale addetto alla cattura dei cani randagi.

accalappiaménto [1865] **s. m.** *1* L'accalappiare. *2* (*fig.*) Lusinga, inganno.

accalappiàre [comp. di *a-* (2) e *calappio*; av. 1367] **v. tr.** (*io accalàppio*) *1* Prendere col laccio: *a. i cani randagi, un animale selvatico.* *2* (*fig.*) Ingannare, circuire: *si è fatto a. da quei furfanti.*

accalappiatóre [1865] **s. m.** (**f.** *-trice*) ● Chi accalappia.

accalappiatùra [1865] **s. f.** ● Accalappiamento.

accalcàre [comp. di *a-* (2) e *calcare*; 1810] **A v. tr.** (*io accàlco, tu accàlchi*) ● (*raro*) Stipare: *a. i botteghini del teatro.* **SIN.** Affollare. **B v. intr. pron.** ● Affollarsi, stiparsi, fare calca: *un branco di ragazzi si accalcava alla porta.*

accaldàrsi [comp. di *a-* (2) e *caldo*; av. 1729] **v. intr. pron.** ● Riscaldarsi e diventare rosso in volto: *a. per una corsa, per la fatica* | (*fig., raro*) Accalorarsi, infervorarsi: *a. in una discussione.*

accaldàto [av. 1729] **part. pass.** di *accaldarsi*; anche **agg.** ● Riscaldato, sudato.

accallàre [comp. di *a-* (2) e *calla* (1); av. 1912] **v. tr.** ● (*tosc.*) Socchiudere, accostare: *a. la porta.*

accalmìa [fr. *accalmie*, da *calme* 'calma', sul modello di *embellie* 'ritorno momentaneo al tempo bello'; av. 1939] **s. f.** ● (*mar.*) Bonaccia, calma: *sul sollievo dei ponti e le accalmie / nere dell'onda* (LUZI).

accaloraménto [1832] **s. m.** ● L'accalorarsi | Stato di eccitazione, d'infervoramento.

accaloràre [comp. di *a-* (2) e *calore*; av. 1694] **A v. tr.** (*io accalóro*) ● †Riscaldare | (*fig.*) Infervorare: *a. una disputa.* **B v. rifl.** (assol.; *+ in*; *+ su*; *+ per*) ● Infervorarsi: *s'accalora sempre quando parla della sua scuola* (DE AMICIS); *accalorarsi nel parlare, nel discutere; ti sei accalorato troppo su questo argomento!; non era il momento di accalorarsi per idee critiche* (SVEVO). **SIN.** Appassionarsi, infiammarsi, scaldarsi.

accaloràto [av. 1712] **part. pass.** di *accalorare*; anche **agg.** ● Infervorato, eccitato. || **accaloratamènte**, **avv.**

†**accambiàre** [comp. di *a-* (2) e *cambiare*; sec. XIII] **v. tr.** ● (*lett.*) Fare a cambio, barattare: *il corpo mio non accambierei al suo* (SACCHETTI).

♦**accampaménto** [da *accampare*; av. 1680] **s. m.** *1* Campo militare in cui le truppe alloggiano in tende o baracche | Complesso di tende da montarsi o montate in un luogo adatto *piantare l'a.*; *levare, togliere l'a.* *2* (*est.*) Complesso di alloggiamenti provvisori, di fortuna, mobili e sim.: *un a. di profughi; l'a. degli zingari.* *3* (*fig.*) Ambiente ove regna un'atmosfera di provvisorietà e di disordine: *la loro casa sembra un a.*

accampanàre [comp. di *a-* (2) e *campana*; av. 1811] **v. tr.** ● (*raro*) Disporre le viti in forma di campana.

accampàre [comp. di *a-* (2) e *campo*; av. 1332] **A v. tr.** *1* (*mil.*) Alloggiare, sistemare in un accampamento: *a. le truppe.* *2* †Disporre truppe in campo davanti al nemico. *3* (*fig.*) Mettere avanti, addurre, per lo più in modo ingiustificato: *a. diritti, ragioni, pretese, scuse.* **B v. rifl.** *1* (*mil.*) Sistemarsi in un accampamento: *si accamparono ai margini del bosco.* *2* (*est., fig.*) Sistemarsi in alloggiamenti o ricoveri provvisori: *accamparsi alla meglio.* *3* †Disporsi sul campo per affrontare il nemico.

accampionaménto [1865] **s. m.** ● Registrazione al catasto di un immobile.

accampionàre [comp. di *a-* (2) e *campione*; 1855] **v. tr.** (*io accampióno*) ● Accatastare (2).

†**accanalàre** [comp. di *a-* (2) e *canale*; 1550] **v. tr.** ● Scanalare.

†**accanàre** [comp. di *a-* (2) e *cane*; av. 1353] **v. tr.** ● Inseguire selvaggina, detto del cane.

†**accanàto** [av. 1348] **part. pass.** di *accanare*; anche **agg.** ● Inseguito | (*fig.*) Accanito, infuriato.

†**accaneggiàre** [sec. XIV] **v. tr.** *1* Accanare. *2* (*fig.*) Incalzare, tormentare.

accaniménto [1803] **s. m.** *1* L'accanirsi: *l'a. della folla; l'a. dei cani dietro un selvatico.* *2* (*est.*) Odio, furia tenace contro qlcu.: *perseguitare con a. un rivale.* *3* Tenacia, ostinazione: *a. nello studio; lavorare con a.* | ***A. terapeutico***, detto di trattamento terapeutico insistente a cui viene sottoposto un malato in fase terminale per prolungargli la vita.

accanìrsi [comp. di *a-* (2) e *cane*; av. 1600] **v. intr. pron.** (*io mi accanisco, tu ti accanisci*) *1* Infierire con ostinazione contro qlcu.: *il pugile si accaniva contro l'avversario.* *2* (*fig.*) Applicarsi fermamente, perseverare: *a. nello studio; a. a parlare.*

accanìto [1481] **part. pass.** di *accanirsi*; anche **agg.** *1* Che lotta con ostinazione: *un nemico a.* **SIN.** Furioso, spietato | Fatto con tenacia, con rabbia: *dopo accaniti sforzi; l'accanita difesa di una città assediata; un'accanita discussione.* *2* Irriducibile, ostinato: *un fumatore, uno scommettitore a.* || **accanitaménte**, **avv.** Con accanimento.

accannellaménto [1865] **s. m.** *1* Operazione dell'accannellare. *2* †Scanalatura.

accannellàre [comp. di *a-* (2) e *cannello*; av. 1574] **v. tr.** (*io accannèllo*) *1* In tessitura, avvolgere il filo sui cannelli. *2* †Scanalare.

♦**accànto** o (*lett.*) **a cànto** [comp. di *a-* (2) e *canto* (2); av. 1294] **A avv.** ● Vicino, a lato, di fianco: *abito qui a.* | ***D'a.***, V. *daccanto.* **B** nella **loc. prep.** ***accanto a*** ● Vicino a: *a. alla finestra; a. a lui; una città a. al mare; stai sempre a. a me.* **C** in funzione di **agg. inv.** ● (posposto al s.) Che si trova vicino, a lato: *l'edificio a., la casa a.*

accantonaménto (1) [da *accantonare* (1); 1940] **s. m.** *1* L'accantonare come riserva: *a. di viveri* | Il lasciare da parte: *l'a. di una pratica, di una proposta.* **SIN.** Rinvio, sospensione. *2* (*ragion.*) In diritto commerciale e in contabilità, assegnazione o destinazione di una somma o di utili come riserva o per usi particolari.

accantonaménto (2) [fr. *cantonnement*, da *cantonner* 'accantonare'; 1802] **s. m.** *1* (*mil.*) Stazionamento di truppe in fabbricati, baracche o altri edifici coperti. *2* (*est.*) Alloggiamento provvisorio.

accantonàre (1) [comp. di *a-* (2) e il denom. di *cantone*; 1890] **v. tr.** (*io accantóno*) *1* Mettere da parte: *a. una somma, una difficoltà, una pratica.* *2* Lasciare da parte: *a. questioni gravi.*

accantonàre (2) [dal fr. *cantonner*, da *canton* 'angolo di un paese'; 1713] **A v. tr.** (*io accantóno*) ● (*mil.*) Alloggiare, sistemare in fabbricati coperti: *a. la truppa.* **B v. rifl.** ● Sistemarsi in fabbricati coperti: *l'esercito si accantonò in paese.*

accantonàto [1848] **part. pass.** di *accantonare*; anche **agg.** *1* Messo da parte | Lasciato da parte. *2* Detto di opera di fortificazione a facce piane disposte ad angolo. *3* (*arald.*) Detto di una figura accompagnata da altre quattro poste nei cantoni dello scudo.

accaparraménto [1765] **s. m.** ● Incetta di merci allo scopo di farne scorta o per fini speculativi.

accaparràre [comp. di *a-* (2) e *caparra*; 1765] **v. tr.** *1* (*raro*) Fissare un acquisto versando una caparra: *a. uno stabile.* *2* Fare incetta di beni sul mercato in previsione di aumento di prezzi o di calo della quantità disponibile, o al fine di determinare una situazione di monopolio e rivendere i beni stessi a prezzi maggiorati. *3* (con la particella pron.) (*fig.*) Accaparrarsi, assicurarsi, procurarsi: *accaparrarsi la simpatia, la benevolenza, i voti nelle elezioni.*

accaparratóre [1776] **s. m.**; anche **agg.** (**f.** *-trice*) ● Chi (o Che) accaparra (*anche fig.*). **SIN.** Incettatore.

accapezzàre [dal lat. *capĭtiu(m)*, dim. di *căput*, genit. *căpĭtis* 'capo, estremità'; av. 1400] **v. tr.** (*io accapézzo*) *1* Ridurre in forma regolare col martello, affinché combacino, le pietre per costruzioni o pavimentazione. *2* †Condurre a termine, riuscire a fare.

accapezzatóre **s. m.**; anche **agg.** (**f.** *-trice*) ● Chi (o Che) è addetto all'accapezzatura delle pietre.

accapezzatùra [1955] **s. f.** ● Il lavoro dell'accapezzare pietre.

accapigliaménto [1865] **s. m.** ● L'accapigliarsi. **SIN.** Baruffa, litigio, zuffa.

accapigliàrsi [comp. di *a-* (2) e *capegli*, forma ant. di *capelli*; av. 1342] **v. rifl. rec.** (*io mi accapìglio*) *1* Prendersi per i capelli: *si accapigliarono* *sulla piazza del paese* | (*est.*) Azzuffarsi. ***2*** (*fig.*) Contendere, litigare a parole: *si accapigliarono a lungo per l'interpretazione dei fatti.*

accapigliatùra [1865] s. f. ● (*raro*) Accapigliamento.

accàpo o **a càpo** [comp. di *a* (*2*) e *capo*; 1950] **A** avv. ● Al principio di una riga, di uno scritto: *andare a.*; *punto e a.* **B** s. m. inv. ● Capoverso.

accappatóio [comp. di *a-* (*2*) e *cappa* (*1*); 1691] s. m. ● Indumento di spugna da indossare dopo il bagno | Mantellina leggera indossata, spec. in passato, dalle donne per pettinarsi.

accappiàre [comp. di *a-* (*2*) e *cappio*; av. 1367] v. tr. (*io accàppio*) ***1*** Fermare con un cappio | Pigliare o stringere nel cappio. ***2*** (*fig.*) †Accalappiare, sedurre.

accappiatùra [1539] s. f. ***1*** L'accappiare. ***2*** Nodo | Fune con nodo o con cappio scorsoio a un'estremità. ***3*** In legatoria, legatura con cappio per mantenere uniti i fogli del libro. SIN. Infunatura.

accappiettàre [1865] v. tr. (*io accappiétto*). ● Fissare con piccoli cappi o lacci spec. la biancheria stessa ad asciugare.

accapponàre (**1**) [comp. di *a-* (*2*) e *cappone* (*1*); 1707] **A** v. tr. (*io accappóno*) ● Castrare un gallo. **B** v. intr. e intr. pron. (aus. *essere*) ● Detto della pelle umana, diventare ruvida e increspata come quella del cappone per sensazioni di freddo, paura, orrore e sim.: *uno spettacolo da far a. la pelle*; *per l'emozione le si accapponò la pelle.*

accapponàre (**2**) ● V. *capponare* (*2*).

accapponatùra [da *accapponare* (*1*); 1863] s. f. ● Operazione dell'accapponare un gallo.

accaprettàre [comp. di *a-* (*2*) e *capretto*; 1865] v. tr. (*io accaprétto*) ● (*tosc.*) Legare le quattro zampe di un quadrupede, spec. di un selvatico di grossa mole, riunendole e infilandole in un palo per il trasporto, come si fa coi capretti.

†**accapricciàre** [comp. di *a-* (*2*) e *capriccio*; av. 1313] **A** v. intr. (*io accapriccio*) ● Raccapricciare, inorridire: *e anco il cor me n'accapriccia* (DANTE *Inf.* XXII, 31). **B** v. intr. pron. ● (*raro*) Incapricciarsi, invaghirsi.

†**accareggiàre** ● V. *accarezzare.*

accarezzaménto [av. 1558] s. m. ● L'accarezzare (*anche in senso fig.*) | (*fig.*) Vagheggiamento: *a. di un'idea.*

♦**accarezzàre** o †**accareggiàre** [comp. di *a-* (*2*) e *carezza*; 1509] **A** v. tr. (*io accarézzo*) ***1*** Sfiorare con mano leggera in segno d'affetto: *a. un bambino, un animale, una persona amata* | ***Accarezzarsi la barba, i baffi***, lisciarseli | ***A. le spalle, il groppone a qlcu.***, (*antifr.*) bastonarlo | (*fig.*) ***A. con gli occhi, con lo sguardo***, guardare con compiacimento o con desiderio. ***2*** (*est.*) Sfiorare, lambire, detto del vento, dell'acqua e sim.: *un alito di vento accarezzava il mare.* ***3*** (*fig.*) Lusingare: *gli uomini si hanno o a. o assicurarsi di loro* (MACHIAVELLI). ***4*** (*fig.*) Vagheggiare con insistente desiderio: *a. un progetto; aveva accarezzato per lungo tempo l'idea di fare il commercio* (SVEVO). **B** v. rifl. rec. ● Scambiarsi reciprocamente carezze.

accarezzévole [sec. XVIII] agg. ● Carezzevole. || **accarezzevolménte**, avv.

†**accarnàre** [comp. di *a-* (*2*) e *carne*; 1319 ca.] v. tr. ● Penetrare nella carne | (*fig.*) Penetrare con l'intelletto: *Se ben lo 'ntendimento tuo accarno* (DANTE *Purg.* XIV, 22).

accarpionàre [comp. di *a-* (*2*) e *carpione*; 1884] v. tr. (*io accarpióno*) ***1*** Carpionare. ***2*** (*raro, lett.*) Accartocciarsi.

accartocciaménto [av. 1646] s. m. ***1*** L'accartocciare, l'accartocciarsi. ***2*** (*bot.*) Virosi di alcune piante che si manifesta spec. con il ripiegamento dei lembi fogliari. ***3*** (*arch.*) Fregio ricurvo a forma di cartoccio.

accartocciàre [comp. di *a-* (*2*) e *cartoccio*; 1550] **A** v. tr. (*io accartòccio*) ● Piegare a forma di cartoccio: *a. una pagina* | (*est.*) Spiegazzare, raggrinzire: *a. un biglietto prima di gettarlo.* **B** intr. pron. ***1*** Ripiegarsi a forma di cartoccio: *le foglie secche s'accartocciano sugli alberi.* ***2*** (*est.*) Incurvarsi, raggrinzirsi: *i pampini ... erano ingialliti; s'accartocciavano aridi* (PIRANDELLO).

accartocciàto [1550] part. pass. di *accartocciare*; anche agg. ***1*** Nei sign. del v. ***2*** (*arald.*) Detto di scudo con i lembi arricciati.

accartocciatóre [1955] agg.; anche s. m. (f. *-trice*) ● Che (o Chi) accartoccia.

accartocciatùra [1881] s. f. ● L'accartocciarsi | Ciò che è accartocciato.

accasaménto [av. 1557] s. m. ● (*raro*) L'accasare, l'accasarsi | Matrimonio.

accasàre [comp. di *a-* (*2*) e *casa*; sec. XIV] **A** v. tr. ● Far sposare un figlio o una figlia: *l'accasarono con un ricco mercante.* SIN. Maritare, sposare. **B** v. rifl. ***1*** (*lett.*) Metter su casa, stabilirsi: *essa e la figlia si sarebbero accasate colà* (NIEVO) | (*raro*) Coabitare: *un collega ... lo invita ad accasarsi con lui* (PIRANDELLO). ***2*** Sposarsi: *desiderio di accasarsi.*

accasàto [av. 1348] part. pass. di *accasare*; anche agg. ***1*** (*lett.*) Che si è stabilito, che abita in un luogo: *quel paese ... dove era a. quel suo cugino Bortolo* (MANZONI). ***2*** Che ha messo su casa, che è sposato. ***3*** †Fornito di case: *quella contrada riccamente accasata* (BARTOLI). ***4*** Detto di corridore ciclista, automobilista e motociclista, che gareggia, generalmente in squadra, per i colori di una società o di una casa industriale.

accasciaménto [1527] s. m. ● L'accasciarsi | Abbattimento fisico o morale. SIN. Avvilimento, prostrazione.

accasciàre [lat. parl. **quassiāre*, da *quassāre* 'squassare', intens. di *quătere* 'scuotere'; 1313] **A** v. tr. (*io accàscio*; fut. *io accascerò*) ● Togliere a qlcu. la forza fisica o morale: *la vecchiaia e le disgrazie l'hanno accasciato.* SIN. Abbattere, indebolire, prostrare. **B** v. intr. pron. ***1*** Lasciarsi cadere, crollare: *si accasciò su una sedia.* ***2*** (*fig.*) Demoralizzarsi, perdersi d'animo: *accasciarsi sotto il dolore*; *si è accasciato per il dispiacere.* SIN. Abbattersi, avvilirsi.

accasciàto [sec. XIV] part. pass. di *accasciare*; anche agg. ● Sfinito, spossato | Abbattuto, prostrato.

accasellàre [comp. da *a-* (*2*) e *casella*; av. 1907] v. tr. (*io accasèllo*) ● Collocare, ordinare in caselle. SIN. Incasellare.

accasermaménto [1812] s. m. ● (*mil.*) L'accasermare | Complesso di caserme occupate da truppe.

accasermàre [comp. di *a-* (*2*) e *caserma*; 1812] v. tr. (*io accasèrmo*) ● (*mil.*) Sistemare truppe in caserme.

accastellaménto [1847] s. m. ***1*** L'accastellare | Insieme di cose accastellate; SIN. Mucchio. ***2*** Nelle antiche grandi navi militari, insieme delle strutture più elevate, o castelli, spec. di prua e di poppa.

accastellàre [comp. di *a-* (*2*) e *castello*; sec. XIV] v. tr. (*io accastèllo*) ***1*** †Munire di castelli, fortificare. ***2*** Sistemare uno sull'altro, a castello, vari oggetti: *a. le casse, i pacchi, le provviste.*

accatarràre [comp. di *a-* (*2*) e *catarro*; sec. XIV] **A** v. intr. (aus. *essere*) ● (*raro*) Divenire catarroso. SIN. Incatarrare. **B** v. intr. pron. ● (*raro*) Raffreddarsi.

accatastàbile (**1**) [da *accatastare* (*1*); 1970] agg. ● Che si può accatastare, detto spec. di imballaggi.

accatastàbile (**2**) [da *accatastare* (*2*); 1990] agg. ● Detto di un bene immobile idoneo all'iscrizione nei registri catastali.

accatastaménto (**1**) [da *accatastare* (*1*); av. 1704] s. m. ***1*** L'accatastare. ***2*** Mucchio di cose, spec. imballaggi, accatastate.

accatastaménto (**2**) [da *accatastare* (*2*); 1969] s. m. ● Il complesso delle pratiche necessarie per l'iscrizione in catasto di un immobile costruito recentemente | (*est.*) L'iscrizione stessa.

accatastàre (**1**) [comp. di *a-* (*2*) e *catasta*; av. 1524] v. tr. ● Disporre a catasta: *a. la legna, i libri* | (*est.*) Ammucchiare disordinatamente (*anche fig.*): *a. idee, progetti.*

accatastàre (**2**) [comp. di *a-* (*2*) e *catasto*; sec. XV] v. tr. ● Iscrivere un immobile nel catasto. SIN. Accampionare.

accattabrìghe [comp. di *accatta(re)* e il pl. di *briga*; av. 1565] s. m. e f. inv. ● Attaccabrighe.

accattafièno [comp. di *accatta(re)* e *fieno*; 1875] s. m. inv. ● Macchina agricola a forma di rastrello con denti ricurvi, usata per raccogliere e ammucchiare il fieno.

†**accattaménto** [av. 1543] s. m. ● Ossequio, rispetto.

accattapàne [comp. di *accatta(re)* e *pane*; 1536] s. m. e f. inv. ● (*disus.*) Accattone.

accattàre [lat. parl. **accaptāre*, da *captāre* 'cercar di prendere', intens. di *căpere* 'prendere'; sec. XIII] v. tr. ***1*** Cercare di ottenere, chiedendo con insistenza spesso servile: *a. libri, denaro, viveri* | Procurarsi, andare in cerca (*spec. spreg.*): *a. idee da altri*; *a. scuse, brighe, pretesti.* ***2*** Chiedere in elemosina: *a. il pane* | (*assol.*) Chiedere l'elemosina: *va accattando di porta in porta*; *per vivere è costretto ad a.* SIN. Mendicare. ***3*** (*dial.*) †Trovare: *a. marito, moglie, casa* | (*dial.*) Comprare. ***4*** †Ottenere: *tutti mesti per a. misericordia* (MACHIAVELLI).

accattatóre [1294] s. m. (f. *-trice*) ● Chi accatta | †Mendicante.

†**accatterìa** [av. 1306] s. f. ● Accattonaggio, questua.

accattivànte [1976] part. pres. di *accattivare*; anche agg. ● Che mira a ottenere il favore, la benevolenza, la simpatia e sim. degli altri: *un sorriso, uno sguardo a.*; *un gesto veramente a.*

accattivàre [da *cattivare* con *a-* (*2*); 1853] v. tr. ***1*** †Cattivare. ***2*** (con la particella pron.) ***Accattivarsi qlco.***, guadagnarsi, procurarsi: *accattivarsi la fiducia, la stima, la simpatia di qlcu.*; *Mio fratello ... può accattivarsi qualche confidenza* (CALVINO) | ***Accattivarsi qlcu.***, propiziarselo, ingraziarselo.

accàtto [da *accattare*; av. 1266] s. m. ***1*** L'accattare | Ciò che si ricava accattando; SIN. Questua | ***Vivere d'a.***, di elemosina | ***Andare all'a.***, chiedere l'elemosina | ***D'a.***, di seconda mano, non originale. ***2*** Nel mondo medievale, prestito pubblico forzoso poi tramutato in imposta sui beni immobili. ***3*** †Acquisto.

accattonàggio [1846] s. m. ● Pratica di chi vive elemosinando. SIN. Mendicità.

accattóne [da *accattare*; av. 1696] s. m. (f. *-a*) ● Chi vive mendicando abitualmente lungo le strade. SIN. Mendicante.

accattonerìa [1865] s. f. ● (*raro*) Accattonaggio.

accavalcàre [comp. di *a-* (*2*) e *cavalcare*; 1686] v. tr. (*io accavàlco*, *tu accavàlchi*) ● Sovrapporre una cosa a un'altra: *a. due fili, le dita.*

accavalcatùra [da *accavalcato*, part. pass. di *accavalcare*; 1965] s. f. ● In tipografia, mancato allineamento delle lettere d'una stessa riga, dovuto al sovrapporsi di due pezzi d'interlinea.

accavalciàre [dal fr. ant. *achevalchier*; av. 1589] v. tr. (*io accavàlcio*) ***1*** (*raro*) Stare o mettersi a cavalcioni su qlco.: *a. una finestra.* ***2*** (*lett.*) Accavallare: *a. le gambe.* ***3*** (*lett.*) Sormontare, scavalcare.

accavalcióne o **accavalciòni** [av. 1589] avv. ● (*raro*) A cavalcioni.

accavallaménto [1829] s. m. ● L'accavallare, l'accavallarsi.

accavallàre [comp. di *a-* (*2*) e *cavallo*; 1320 ca.] **A** v. tr. ***1*** Porre due o più cose una sull'altra: *a. le gambe, le funi, le catene* | ***A. una maglia***, nel lavoro ai ferri, incrociarla. ***2*** In legatoria, disporre una segnatura aperta a metà sopra un'altra chiusa, in modo da formare un fascicolo. ***3*** Lasciare in una tela uno o più fili non tessuti. **B** v. intr. pron. ● Sovrapporsi in modo violento o disordinato (*anche fig.*): *le nubi si rincorrono accavallandosi*; *i marosi s'accavallavano*; *pensieri diversi le si accavallarono nella mente.*

accavallatùra [1865] s. f. ***1*** (*raro*) Accavallamento. ***2*** In tipografia, accavalcatura.

accavezzàre [comp. di *a-* (*2*) e *cavezza*; 1961] v. tr. (*io accavézzo*) ● Legare con la cavezza.

accavigliàre [comp. di *a-* (*2*) e *caviglia*; 1865] v. tr. (*io accaviglio*) ***1*** Avvolgere il filo di lana o di seta sulle caviglie dell'orditoio. ***2*** (*mar.*) Fissare alle caviglie i capi dei cavi durante le manovre. ***3*** (*raro*) Legare insieme: *a. travi per trasportarle.*

accavigliatóre [1808 ca.] s. m. (f. *-trice*) ● Addetto all'accavigliatura.

accavigliatùra [1955] s. f. ● Operazione dell'accavigliare.

accecaménto o (*lett.*) **acciecaménto** [av. 1363] s. m. ***1*** Privazione, perdita della vista. ***2*** (*est.*) Ostruzione, chiusura: *a. di una galleria, di una finestra.* ***3*** (*fig.*) Offuscamento o perdita del raziocinio, dell'autocontrollo e sim.: *ma lei, nell'a. della passione non se ne rendeva conto* (MORAVIA). ***4*** Asportazione di gemme (o *occhi*) dai rami di un albero.

accecànte [1728] part. pres. di *accecare*; anche agg. ● Che acceca | *Luce a.*, abbagliante.

accecàre o (*lett.*) **acciecàre** [comp. da *a-* (*2*) e lat. *caecāre*. V. *cieco*; av. 1294] **A** v. tr. (*io accèco* o lett. *accièco, tu accèchi* o lett. *accièchi*; la *e* può dittongare in *ie* solo se tonica) **1** Privare della vista: *il prigioniero fu accecato*; *la cenere bollente lo accecò* | (*est.*) Menomare temporaneamente le facoltà visive: *il fumo lo accecava*; *lacrime brucianti lo accecano*. **2** (*fig.*) Privare dell'uso della ragione: *l'odio lo acceca*; *era accecato dal desiderio*. **3** (*est.*) Chiudere, ostruire: *a. un fossato, una tubatura* | ***A. una finestra***, murarla | ***A. una vite, un chiodo***, farli penetrare nel legno in modo che non ne sporga la testa. **4** (*agr.*) Asportare in tutto o in parte le gemme (o *occhi*) dai rami. **5** (*mar.*; *disus.*) Ristoppare: *a. la falla*. **B** v. intr. e intr. pron. (aus. *essere*) ● (*lett.*) Divenire cieco. **C** v. rifl. ● Togliersi la vista: *Edipo si accecò per scontare i suoi delitti*.

accecatóio [1797] s. m. ● Punta da trapano che serve a incavare un foro in modo che possa ricevere la capocchia di un chiodo o di una vite senza che sporga.

accecatóre [1364] **A** agg. e s. m. (f. *-trice*) ● (*raro*) Che (o Chi) acceca. **B** s. m. **1** Accecatoio. **2** (*teat.*) Ognuna delle lampade rosse poste lungo la linea esterna della ribalta che, accese improvvisamente, formano una specie di barriera luminosa che impedisce al pubblico di vedere i cambiamenti di scena a sipario alzato.

accecatùra [1865] s. f. **1** (*raro*) L'accecare. **2** Incavo praticato con l'accecatoio; SIN. Ceca. **3** Difetto tipografico per cui l'occhio di una lettera risulta completamente nero.

accèdere [vc. dotta, lat. *accēdere*, comp. di *ăd* 'a' e *cēdere* 'andare, camminare, arrivare'; av. 1250] v. intr. (pass. rem. *io accedètti* (o *-éi*) o *accedéi* o poet. *accèssi*; poco usato nei tempi composti; aus. *essere* nel sign. 1; *avere* nei sign. 2 e 3) **1** (*lett.*) Avvicinarsi a un luogo: *Come degnasti d'a. al monte?* (DANTE *Purg.* XXX, 74) | (*est.*) Entrare: *al forte si accede per un cunicolo*; *a. al domicilio di qlcu. nel corso di un'ispezione giudiziale*. **2** Entrare a far parte di un complesso ordinato di organi o uffici: *a. alla magistratura, a un dicastero* | (*est., fig.*) Giungere a, riuscire a ottenere una carica e sim.: *a. alla carica di presidente*. **3** (*fig.*) Acconsentire, aderire: *a. ai voleri della maggioranza*; *a. a una richiesta*.

†**acceffàre** [comp. di *a-* (*2*) e *ceffo*; 1313 ca.] v. tr. ● Afferrare con la bocca, addentare: *ei ne verranno dietro più crudeli / che 'l cane a quella lievre ch'elli acceffa* (DANTE *Inf.* XXIII, 17-18).

†**accéggia** [lat. *accĕia(m)*, di etim. incerta; av. 1449] s. f. ● (*tosc.*) Beccaccia.

acceleraménto [1667] s. m. ● Esecuzione di qlco. in tempi ridotti.

acceleràndo [1940] s. m. inv. ● (*mus.*) Indicazione agogica che prescrive di rendere il tempo progressivamente più veloce. CONTR. Allargando, rallentando, ritardando, tardando.

acceleránte [1697] **A** part. pres. di *accelerare*; anche agg. ● Nei sign. del v. **B** s. m. ● (*chim.*) Sostanza che aumenta la velocità di una reazione: *a. per vulcanizzazione* | (*raro*) Catalizzatore.

♦**acceleràre** [lat. *accelerāre*, comp. di *ăd* 'a' e *cĕler* 'svelto'; sec. XIV] **A** v. tr. (*io accèlero*) **1** (*fis.*) Imporre un aumento o, in generale, una variazione di velocità. **2** Rendere più rapido: *a. l'andatura*. SIN. Affrettare | Ridurre i tempi per eseguire qlco.: *a. il disbrigo di una pratica*; *a. i lavori*. **3** (*mus.*) Accelerando. CONTR. Rallentare. **B** v. intr. (aus. *avere*) ● Aumentare la velocità di un veicolo: *l'autista accelerò sul rettilineo*; *il camion accelerò improvvisamente* | Premere l'acceleratore (anche a vettura ferma). **C** v. intr. pron. ● Crescere in celerità: *il respiro s'accelerava*.

acceleràta [da *accelerare*; 1967] s. f. ● Colpo dato sull'acceleratore di un veicolo per aumentare il numero di giri del motore | Brusco aumento della velocità.

accelerativo [av. 1698] agg. ● Che serve ad accelerare.

acceleràto [1354] **A** part. pass. di *accelerare*; anche agg. **1** Nei sign. del v.: *passo, ritmo a.* **2** ***Polso a.***, il cui battito è più frequente della norma. **3** (*mus.*) Accelerando. ‖ **accelerataménte**, avv. **B** s. m. ● Treno per viaggiatori che ferma di regola a tutte le stazioni (oggi sostituito, nella denominazione ufficiale, da 'treno regionale').

acceleratóre [av. 1937] **A** agg. (f. *-trice*) ● Che accelera | (*med.*) Detto di qualsiasi agente capace di aumentare la frequenza del battito cardiaco. **B** s. m. **1** (*mecc.*) Dispositivo dei motori a combustione interna che, regolando la mandata del combustibile, fa variare la potenza e di conseguenza la velocità del veicolo su cui è montato | Pedale o manopola per manovrare tale dispositivo | ***Premere, pigiare sull'a.***, (*fig.*) dare impulso, accelerare. ➡ ILL. p. 2166 TRASPORTI. **2** (*fis.*) Apparecchio che fornisce a particelle cariche, quali protoni o elettroni, altissime energie mediante l'azione di campi elettrici o magnetici | ***A. ciclico***, quello in cui le particelle vengono accelerate a fasi successive periodiche | ***A. elettrostatico***, quello in cui le particelle vengono accelerate nei campi dovuti a cariche elettrostatiche | ***A. lineare***, quello in cui le particelle vengono accelerate lungo una traiettoria rettilinea | ***A. circolare***, quello in cui le particelle vengono accelerate lungo una circonferenza. **3** Sostanza chimica, spec. alcalina, che aumenta la rapidità del bagno di sviluppo fotografico. **4** (*econ.*) Coefficiente che esprime l'effetto della variazione della domanda di beni di consumo sul volume degli investimenti o sull'attività produttiva in complesso.

acceleratòrio [1975] agg. **1** Che ha per effetto un'accelerazione. **2** (*dir.*) Che ha lo scopo di accelerare lo svolgimento del processo: *termine a.*

accelerazióne [sec. XIV] s. f. **1** L'accelerare | Aumento della velocità. CONTR. Rallentamento | L'affrettare: *a. di una pratica* | Aumento del ritmo: *a. del polso* | Capacità di un automezzo di raggiungere una data velocità con l'uso del cambio: *la mia Ferrari ha un'a. da 0 a 100 km/h in 6 secondi*. **2** (*fis.*) Grandezza vettoriale che caratterizza la variazione della velocità, in intensità e direzione, nell'unità di tempo | ***A. positiva***, se il valore della velocità aumenta | ***A. negativa***, se il valore della velocità diminuisce | ***A. nulla***, se la velocità resta costante | ***A. di gravità***, dovuta all'attrazione terrestre, con cui un corpo non vincolato scende verticalmente verso il basso. **3** Particolare tecnica nella ripresa cinematografica che determina, in proiezione, un effetto di maggior velocità rispetto all'azione reale. **4** (*econ.*) Processo per cui a una variazione della domanda da parte dei consumatori corrisponde una variazione amplificata della domanda da parte dei produttori.

acceleròografo [comp. di *acceler(azione)* e *-grafo*; 1936] s. m. ● (*fis.*) Strumento che registra graficamente l'andamento dell'accelerazione nel tempo.

acceleròmetro [comp. di *acceler(are)* e *-metro*; 1910] s. m. ● (*fis.*) Strumento atto alla misura dell'accelerazione.

♦**accèndere** [lat. *accĕndere*, da *căndere* 'essere acceso'; 1284] **A** v. tr. (pass. rem. *io accési, tu accendésti*; part. pass. *accéso*, †*accènso*, †*accìso*) **1** Mettere, appiccare il fuoco: *a. un cero, una sigaretta, un fiammifero* | ***A. il fuoco***, farlo divampare. **2** (*fig.*) Suscitare, infiammare: *a. gli odi, la rivalità, la passione*; *a egregie cose il forte animo accendono / l'urne de' forti* (FOSCOLO). **3** Mettere in funzione mediante collegamento a una fonte di energia elettrica: *a. la lampada, la radio, il televisore, il motore dell'automobile*. **4** (*dir.*) Costituire un rapporto giuridico obbligatorio o di garanzia: *a. un mutuo, un'ipoteca* | ***A. un conto***, intestare o fare la prima registrazione in un conto. **B** v. intr. pron. **1** Prendere fuoco: *la legna secca s'accende facilmente* | (*est.*) Arrossire: *gli si accesero le guance*; *accendersi in volto*. **2** Illuminarsi, brillare: *in cielo s'accese la prima stella*; *gli occhi gli s'accesero di gioia*. **3** (+ *di*) (*fig.*) Infiammarsi, eccitarsi: *accendersi d'amore, d'ira*. **4** (*fig.*) Avere inizio, aprirsi: *per lei si accende ora una speranza di guarigione* | (*fig.*) Sorgere, manifestarsi animatamente: *si è accesa una disputa* | (*fig.*) Farsi animato, vivace: *la discussione si è subito accesa*.

accendìbile [1625 ca.] agg. ● (*raro*) Che si può accendere.

accendigàs [comp. di *accendere* e *gas*; 1961] s. m. inv. ● Utensile domestico, elettrico, piezoelettrico o a pietra focaia, per accendere i fornelli a gas.

accendiménto [av. 1292] s. m. ● (*raro, lett.*) Accensione (*spec. fig.*): *L'ira non è altro che uno a. della collera intorno al cuore* (L. DE' MEDICI).

accendino [1924] s. m. ● (*fam.*) Accendisigaro.

accendisìgaro o **accendisìgari** [comp. di *accendere* e *sigaro*; 1923] s. m. ● Accenditore automatico a scintilla, spec. tascabile, per fumatori: *a. a benzina, a gas*.

accenditóio [av. 1400] s. m. ● Asta recante a un'estremità uno stoppino, usata per accendere candele o, un tempo, lumi a petrolio.

accenditóre [sec. XIV] s. m. **1** (f. *-trice*) Chi accende | Lampionaio. **2** Dispositivo atto ad accendere: *a. a strappo per mina*; *a. per razzi*.

accennàre [lat. parl. **cinnāre*, dal lat. tardo *cĭnnus* 'batter d'occhi'; av. 1306] **A** v. tr. (*io accénno*) **1** Segnare col dito, con la mano, indicare: *a. una vetrina, un oggetto* | (*est.*) Fare l'atto di dare o fare qlco.: *accennò uno sberleffo*; *a. un calcio* | Far presentire: *le ghirlande / dei carpini che accennano / lo spumoso confine dei marosi* (MONTALE). **2** Disegnare leggermente e incompiutamente. **3** (*mus.*) Eseguire le prime note di una melodia | Eseguire con suono o voce non piena. **B** v. intr. (aus. *avere*) **1** Esprimersi mediante cenni, in modo sommario e talora furtivo: *mi accennò di tacere*; *La marchesa … salutava con la mano e accennava con la testa* (D'ANNUNZIO) | Fare l'atto di: *accennò a darmi uno scapaccione*. **2** (*teat.*) Dire le battute senza accento espressivo. **3** (*fig.*) Parlare brevemente e superficialmente: *vorrei solo a. alla questione* | Alludere: *a cosa intendi a.?* | Dare indizio di: *il tempo accenna a farsi piovoso*; *il vento non accenna a smettere*. **4** Segnare col dito: *a. a qlcu., a qlco.*

accénno [av. 1498] s. m. **1** (*raro*) Avvertimento, cenno: *dare, fare un a.* | Abbozzo: *gli rivolse un a. di sorriso*. **2** Allusione: *fare un a. alla questione*. **3** Segno premonitore, sintomo, indizio: *un timido a. di sole*; *un primo a. di influenza*.

accensìbile [vc. dotta, lat. tardo *accensĭbile(m)*. V. *accendere*; 1592] agg. ● (*lett.*) Accendibile.

accensióne [vc. dotta, lat. tardo *accensiōne(m)*. V. *accendere*; sec. XIV] s. f. **1** L'accendere, l'accendersi (*anche fig.*): *a. del fuoco*; *temperatura d'a.*; *a. dei riflettori*; *un'improvvisa a. d'odio* | Nei motori a scoppio, circuito elettrico che fa scoccare le scintille fra gli elettrodi delle candele per accendere la miscela combustibile nei cilindri. **2** (*fig., lett.*) Vivacità di colori, di luci, di suoni. **3** (*dir.*) Atto della costituzione di un rapporto giuridico obbligatorio o di garanzia: *a. di un debito, di un'ipoteca*; CONTR. Estinzione.

†**accènso** ● V. *acceso*.

accentàre [da *accento*; 1598] v. tr. (*io accènto*) **1** (*ling.*) Elevare la voce nella pronuncia di una sillaba | Segnare con l'accento una lettera, una parola | Pronunciare in modo scandito. **2** (*mus.*) Intensificare un suono nel discorso musicale.

accentativo ● V. *accentuativo*.

accentàto [av. 1638] part. pass. di *accentare*; anche agg. ● Su cui cade l'accento: *vocale, sillaba accentata*.

accentatùra [1853] s. f. ● (*ling.*) Modo di segnare gli accenti grafici sulle parole: *errori di a.*

accentazióne [1941] s. f. ● (*ling.*) Modo di pronunciare o segnare gli accenti: *regole di a.*

accènto [vc. dotta, lat. *accĕntu(m)* 'intonazione', comp. di *ăd* 'vicino' e *căntus* 'canto'; 1313] s. m. **1** (*ling.*) Elevazione della voce nella pronuncia di una sillaba: *a. tonico* | ***A. metrico, ritmico***, che cade sulla sillaba di determinate sedi di un verso. **2** (*ling.*) Segno che si può trovare sulla vocale della sillaba tonica: *a. grafico*. SIN. Segnaccento | ***A. acuto***, inclinato da destra verso il basso (´), indica il timbro chiuso della vocale | ***A. grave***, inclinato da sinistra verso il basso (`), indica il timbro aperto della vocale, oltre che la sede dell'accento tonico in generale | (*fig.*) ***Mettere, porre l'a. su una questione***, metterla in evidenza, sottolinearla. **3** Modo di pronunciare le parole, particolare cadenza del discorso: *a. straniero, dialettale, regionale*; *con voce piana, lenta, d'a. veneziano* (SCIASCIA). **4** (*fig.*) Inflessione della voce che esprime uno stato d'animo: *a. doloroso, amaro, franco, dolce* | (*fig.*) Espressione vaga, appena accennata, sfumatura di sentimento: *notare un a., un breve a. di tristezza nelle parole, negli sguardi di qlcu.* **5** (*poet.*) Parola: *armoniosi accenti / dal tuo labbro volavano* (FOSCOLO). **6** (*mus.*) Intensificazione di uno o più suoni rispetto ad altri: *a. ritmico, forte, debole*; *a. espressivo*. ‖ **accentino**, dim. | **accentóne**, accr.

ACCENTO
nota d'uso

L'accento cade su quella sillaba di una parola dove l'intonazione della voce è più marcata, più intensa. In *parola*, ad es., l'accento cade sulla sillaba *-rò-*; in *sillaba*, cade su *sìl-*. La sillaba su cui cade l'accento si dice **tonica** (dal greco *tónos*, che significa 'tensione, pressione, forza'), le altre si dicono **atone** (cioè 'senza tono').

A seconda di dove cade l'accento, le parole si dicono: **tronche**, se l'accento cade sulla vocale dell'ultima sillaba, come in *Perù*, *perché*, *caffè*, *andò*; **piane**, se cade sulla vocale della penultima, come in *pregàre*, *avànti*, *accànto*, *misùra*; **sdrucciole**, se cade sulla terzultima, come in *cìrcolo*, *Gènova*, *fantàstico*, *època*; **bisdrucciole**, se cade sulla quartultima, come in *lìberaci*, *dàtemelo*, *scìvolano*; **trisdrucciole**, nei rari casi in cui cade sulla quintultima, come in *èvitamelo*, *recàpitamelo*, *rècitamelo*.

Ad eccezione di alcuni monosillabi (articoli, pronomi, particelle pron. o avv. come *mi*, *ti*, *si*, *ci*, *vi*, *ne*) che si appoggiano nella pronuncia alla parola che segue o che precede (tali particelle sono chiamate 'proclitiche' o 'enclitiche'), tutte le parole hanno un accento, che si chiama **accento tonico**. Quando l'accento è indicato con un segno, prende il nome di **accento grafico**. In questo caso l'accento può essere **acuto** (sulla *é* e sulla *ó* chiuse: *affinché*, *perché*, *cóppa*, *vólgo*) oppure **grave** (sulla *è* e sulla *ò* aperte e sulle altre tre vocali: *cioè*, *caffè*, *perciò*, *àncora*, *così*, *virtù*).

L'accento grafico deve essere usato:

- sulle parole tronche con due o più sillabe: *lunedì*, *andò*, *città*;
- sui seguenti monosillabi: *ciò*, *può*, *già*, *più*, *giù*, *piè*;
- su alcuni altri monosillabi per non confonderli con altre parole uguali nella pronuncia (i cosiddetti 'omofoni') ma che hanno diversa qualifica grammaticale e diverso significato. Sono:
  - **dà** (verbo *dare*): *ti dà la matita*; **da** (prep.): *vieni da me*;
  - **dì** (nome): *notte e dì*; **di** (prep.): *città di Milano*. ATTENZIONE: **di'** (imperativo del verbo *dire*) è un troncamento e vuole l'apostrofo, non l'accento: *di' quel che ti pare!*;
  - **è** (verbo): *chi è?*; **e** (cong.): *marito e moglie*;
  - **ché** (= *perché*, cong.): *taci, ché non conosci i fatti!*; **che** (pron. rel. o cong.): *can che abbaia non morde*; *ti ripeto che non lo so*;
  - **là** (avv.): *rimani là!*; **la** (art. e pron.): *apri la finestra*; *non la conosco*;
  - **lì** (avv.): *la chiave è lì sul tavolo*; **li** (pron.): *non li ho mai visti*;
  - **né** (cong.): *né caldo né freddo*; **ne** (pron. o avv.): *me ne dai una?*; *me ne vado*;
  - **sé** (pron.): *fa tutto da sé*; *da sé stesso* (in questo secondo caso, quando *sé* è seguito da *stesso*, si può anche scrivere senza l'accento; è tuttavia consueta anche la forma accentata, per evitare equivoci che, nel caso di *se stessi* o *se stesse*, potrebbero verificarsi); **se** (cong.): *se soltanto lo volesse*...;
  - **sì** (avv.): *sì, lo conosco*; **si** (pron.): *si alza sempre tardi*;
  - **tè** (nome): *gradisci un tè?*; **te** (pron.): *vengo con te*;
- sulle voci verbali *do*, *dai*, *danno* si può segnare l'accento: *dò*, *dài*, *dànno* per non confonderle con *do* (nota musicale), *dai* (prep. art.) e *danno* (nome). Non è sbagliato ma non è necessario, in quanto la differenza di significato rende pressoché impossibile ogni confusione.

L'accento grafico non si usa:

- sulle note musicali: *do*, *re*, *mi*, *fa*, *sol*, *la*, *si*;
- sui monosillabi (con l'eccezione di quelli indicati in precedenza). In particolare non si mette l'accento su *qui*, *qua*, *so*, *sa*, *sto*, *sta*, *va*, *tra*, *fra*, *fu*, *fa*, *tre*, *blu*, *no*, *re*. ATTENZIONE: i composti vanno sempre accentati. Perciò: *re*, ma *viceré*; *tre*, ma *ventitré*, *trentatré*, ecc.; *blu*, ma *rossoblù*, *gialloblù*; *su*, ma *lassù*, *quassù*; *sto* e *sta*, ma *ristò*, *ristà*; *fa*, ma *rifà*, *strafà*.
- ATTENZIONE: come *di'* (imperativo di *dire*, di cui abbiamo parlato sopra), anche *da'*, *sta'*, *va'* e *fa'* (imperativi di *dare*, *stare*, *andare* e *fare*) vogliono non l'accento ma l'apostrofo, così come *po'* (= poco) e *mo'* (= modo: *a mo' di*), in quanto si tratta di particolari forme di troncamento (V. nota d'uso ELISIONE e TRONCAMENTO).

Normalmente l'accento grafico non si segna all'interno di parola. Esiste però il caso di alcuni vocaboli formati da due o più sillabe, che si scrivono nello stesso modo ma si distinguono per come vengono pronunciati, in quanto l'accento cade su sillabe differenti (tali parole sono dette 'omografi'). In questi casi si possono verificare degli equivoci. Un titolo di giornale che dica, ad es., *perdono gli attentatori*, può ingenerare qualche perplessità, sino a quando i sottotitoli e il contenuto stesso dell'articolo, oltre che il buon senso, fanno scartare l'ipotesi di un progetto di attentato sventato oppure di un eventuale *perdóno* agli attentatori da parte di qc. Generalmente il contesto in cui il vocabolo è inserito è sufficiente a chiarire i dubbi (forse proprio un titolo è, per sua natura, più 'rischioso'). Il consiglio è perciò di segnare l'accento solo in quei casi che ragionevolmente si presentano ambigui.

Tra questi 'omografi', ricordiamo i più comuni: *àncora* (nome) e *ancóra* (avv.); *cómpito* (nome) e *compìto* (aggettivo); *prìncipi* (nome, da *prìncipe*) e *princìpi* (nome, da *princìpio*); *condòmini* (nome, da *condòmino*) e *condomìni* (nome, da *condomìnio*); *desìderi* (verbo) e *desidèri* (nome); *férmati* (verbo, imperativo) e *fermàti* (verbo, participio); *ìndice* (nome) e *indìce* (verbo); *òccupati* (verbo, imperativo) e *occupàti* (verbo, participio); *prèsidi* (nome m. pl. da *prèside*) e *presìdi* (nome m. pl. da *presìdio*); *regìa* (nome) e *règia* (aggettivo); *sùbito* (avverbio) e *subìto* (verbo, participio); *tèndine* (nome m.) e *tendìne* (nome f.); *vìola* (verbo) e *viòla* (nome). È bene ricordare che in caso di dubbio si preferisce segnare l'accento sulla parola sdrucciola piuttosto che su quella piana.

L'accento si può indicare graficamente anche quando si usano parole difficili o rare che si ritiene non siano conosciute da chi legge, oppure di cui si vuol ribadire l'accento esatto. Si può quindi scrivere: *àfono*, *nèmesi*, *glicosùria*; *leccornìa*, *callìfugo*, *svalùto*, *zaffìro*.

Rimane ancora da dire di quelle parole che si scrivono nello stesso modo ma differiscono nella pronuncia, non perché l'accento cada su una sillaba diversa, ma per la presenza di una *e* o di una *o* chiuse o aperte: *accètta* (verbo) e *accétta* (nome); *collèga* (nome) e *colléga* (verbo); *lègge* (verbo) e *légge* (nome); *mènte* (verbo) e *ménte* (nome); *pésca* (nome, dal verbo *pescare*) e *pèsca* (nome di frutto); *vènti* (nome) e *vénti* (aggettivo numerale); oppure, con la *o*, *còlto* (aggettivo o participio, da *cogliere*) e *cólto* (aggettivo, = istruito); *fòsse* (nome) e *fósse* (verbo); *vòlto* (verbo) e *vólto* (nome). Va detto che nella maggior parte dei casi l'accento non è necessario in quanto è ben difficile in un normale contesto linguistico confondere tali omografi. L'accento si segna soltanto se c'è poca chiarezza oppure se si vuol intenzionalmente precisare il suono aperto o chiuso della *e* o della *o*.

L'accento circonflesso (ˆ), infine, indica, nel plurale di alcuni nomi o aggettivi in *-io*, la contrazione di due *i* in una sola (ad esempio nel plurale *princip*î di *principio*) specialmente allo scopo di evitare possibili confusioni con altri plurali di egual grafia (in questo caso con *prìncipi*, plurale di *prìncipe*). L'accento circonflesso è oggi poco usato. Si tende a trovare altre soluzioni, in particolare a segnare l'accento sulla sillaba tonica dell'uno o dell'altro termine (quindi *princìpi* e *prìncipi*), oppure a mantenere la doppia *i* finale (quindi *principii*). Altri casi simili sono ad es. *arbitrio* e *arbitro*, *assassinio* e *assassino*, *omicidio* e *omicida*, *osservatorio* e *osservatore*, *condominio* e *condomino*. Quindi: *gli assassinii* (o *assassinî*) *costano caro agli assassini*; *anche gli àrbitri* (o *arbitri*) *commettono degli arbìtri* (o *arbitrii* o *arbitrî*). È bene ricordare che sulla *i*, quando vi è segnato l'accento circonflesso (e l'accento in genere), **non** si deve segnare il puntino, che va invece regolarmente segnato in presenza di un apostrofo. Quindi *matrimonî*, *così*, ma *di'* (imperativo di *dire*).

accentraménto [1855] **s. m.** ***1*** L'accentrare, l'accentrarsi: *a. di idee, di dati.* ***2*** Concentrazione di funzioni amministrative, politiche o legislative negli organi centrali dello Stato: *a. amministrativo, politico*; CONTR. Decentramento.

accentràre [comp. di *a-* (*2*) e *centro*; av. 1547] **A v. tr.** (*io accèntro* (o *-é-*)) ***1*** Riunire in un solo punto, in un solo luogo: *a. le installazioni militari, gli uffici.* ***2*** Concentrare intorno a un solo o a pochi organi funzioni vaste e differenti: *a. le competenze, i poteri.* ***3*** (*fig.*) Attirare su di sé: *a. gli sguardi, l'interesse, l'attenzione.* **B v. intr. pron.** ***1*** Radunarsi, concentrarsi: *la popolazione si accentra nelle città.* ***2*** (*fig.*) Accumularsi: *le cariche si accentrano nelle mani di pochi.*

accentratóre [av. 1861] **s. m.**; anche **agg.** (**f.** *-trice*) ● Chi (o Che) accentra: *governo a.* | Chi (o Che) tende ad accentrare, a non delegare agli altri le varie mansioni nell'ambito del lavoro.

accentuàle [1722] **agg.** ● (*raro*) Che riguarda l'accento.

accentuàre [lat. mediev. *accentuare*, da *accĕntus*. V. *accento*; 1357] **A v. tr.** (*io accèntuo*) ***1*** Pronunciare spiccatamente, con enfasi: *a. una parola, una frase.* ***2*** (*fig.*) Rendere più rilevato: *a. la linea del disegno.* ***3*** (*est.*) Porre in evidenza: *a. alcuni aspetti di un programma*; *l'abito aderente accentuava le sue forme* | Esagerare: *a. una caduta dentro l'area di rigore.* SIN. Sottolineare. **B v. intr. pron.** ● Divenire più evidente, accrescersi: *col tempo la sua pigrizia si accentuò* | Aggravarsi: *la crisi si accentua.*

accentuatìvo o (*raro*) **accentatìvo** [1974] **agg.** ● Che si fonda sull'accento | ***Verso a.***, che è fondato sul numero delle sillabe e sulla disposizione degli accenti.

accentuàto [1573] **part. pass.** di *accentuare*; anche **agg.** ● Marcato, evidente: *colori troppo accentuati*; *l'a. pallore di un volto.* || **accentuataménte**, **avv.** In maniera accentuata.

accentuazióne [1863] **s. f.** ***1*** L'accentuare, il dare maggior rilievo (*anche fig.*). ***2*** (*mus.*) Disposizione degli accenti nel discorso musicale.

acceppàre [comp. di *a-* (*2*) e *ceppo*; 1889] **v. tr.** (*io accéppo*) ● (*mar.*; *disus.*) Mettere il ceppo all'ancora | Assicurare l'ancora a bordo con legature sul ceppo.

accerchiaménto [1555] **s. m.** ***1*** L'accerchiare, il venire accerchiato. ***2*** (*mil.*) Manovra che tende a circondare completamente lo schieramento nemico.

accerchiànte [av. 1969] **part. pres.** di *accerchiare*; anche **agg.** ● Nei sign. del v.: *manovra a.*

accerchiàre [comp. di *a-* (*2*) e *cerchio*; av. 1348] **A v. tr.** (*io accérchio*) ● Chiudere in cerchio | Circondare. **B v. rifl.** ● (*fig.*) Circondarsi: *si accerchiò di cattivi consiglieri.* SIN. Attorniarsi.

accerchiatùra [da *accerchiato*, part. pass. di *accerchiare*; 1955] **s. f.** ● Cipollatura del legno.

accercinàre [comp. di *a-* (*2*) e *cercine*; 1865] **v. tr.** (*io accércino* (o *-è-*)) ● (*lett.*) Avvolgere in forma di cercine.

accertàbile [1941] **agg.** ● Che si può accertare.

accertabilità [1961] **s. f.** ● Possibilità di essere accertato.

accertaménto [sec. XIV] **s. m.** ***1*** Attività volta a determinare con certezza un fatto, una situazione: *a. della veridicità di una notizia, dell'esattezza di un dato.* SIN. Verifica. ***2*** (*dir.*) Attività diretta a eliminare una situazione giuridica incerta: *a. dell'identità personale dell'imputato*; *avviso di a.*; *sentenza di mero a.* | ***Negozio giuridico di a.***, posto in essere allo scopo di accertare una data situazione giuridica | ***Accertamenti sanitari***, controlli medici legislativamente prescritti per accertare l'idoneità al lavoro di taluni lavoratori e la sussistenza di un sano ambiente di lavoro | ***A. dell'imposta***, ***a. tributario***, atto con cui l'amministrazione finanziaria determina uno o più elementi dell'imposta.

accertàre [comp. di *a-* (*2*) e *certo*; 1308] **A v. tr.** (*io accèrto*) ***1*** (*raro*) Rendere certo, dare per certo: *accertiamo che tutto si è svolto regolarmente.* SIN. Assicurare. ***2*** Appurare con certezza: *a. la veridicità di una situazione*; *a. la natura di un fatto.* SIN. Verificare. ***3*** (*dir.*) Compiere un accertamento: *a. un'entrata.* **B v. rifl.** ● Farsi certo, assicurarsi: *mi accerterò della cosa*; *accertatevi che non sorgano difficoltà.* SIN. Sincerarsi.

accertatìvo [da *accertato*; 1988] **agg.** ● (*bur.*)

Relativo a un accertamento: *procedimento a.*

accertàto [1353] part. pass. di *accertare*; anche agg. ● Determinato con certezza, verificato. || **accertataménte**, avv. (*raro*) Con piena sicurezza.

accertatóre [1965] s. m. (f. *-trice*) ● Chi accerta.

♦**accéso** o †**accènso**, †**acciso** (2) [av. 1306] part. pass. di *accendere*; anche agg. *1* Che arde: *fuoco a.*; CONTR. Spento | Che è in funzione: *luce accesa*; *motore a.* *2* (assol.; + *di*; lett. + *da*) (*fig.*) Vivo, intenso, detto di colore: *una chioma di un bel rosso a.* | (*fig.*) Infervorato: *mi par di nuovo esser a. da un desio più caldo assai che 'l foco* (BOCCACCIO) | Eccitato: *a. d'ira*; *essere a. d'amore*; *l'animo a. da sdegno e da passione* (GOLDONI). SIN. Ardente, infiammato | Animato, vivace: *un'accesa disputa letteraria.* || **accesaménte**, avv. *1* Con ardore. *2* Con vivezza di colore.

accessìbile [vc. dotta, lat. tardo *accessĭbile(m)*, da *accēdere* 'accedere'; av. 1406] agg. *1* Di facile accesso: *luogo, strada a.*; *località non a. d'inverno.* SIN. Raggiungibile. *2* (*fig.*) Detto di persona, affabile, cordiale. *3* (*fig.*) Di facile comprensione: *concetto, idea a.*; *cognizioni accessibili a tutti.* *4* (*fig.*) Modico: *prezzo, costo a.*

accessibilità [1855] s. f. ● Caratteristica di chi (o di ciò che) è accessibile.

accessióne [vc. dotta, lat. *accessiōne(m)*. V. *accedere*; 1292] s. f. *1* (*raro*) Aggiunta, accrescimento | Aumento dei depositi di archivio e delle raccolte bibliografiche, mediante depositi, doni, acquisti e sim. *2* (*dir.*) Modo di acquisto della proprietà per cui il proprietario del suolo acquista la proprietà della cosa altrui che in esso si incorpora. *3* (*dir.*) Adesione di uno Stato a un trattato già concluso tra altri Stati.

accèsso [vc. dotta, lat. *accĕssu(m)*. V. *accedere*; sec. XIII] s. m. *1* Ingresso, entrata (*anche fig.*): *luogo di difficile a.*; *un cancello dava l'a. al giardino*; *scala d'a.*; *l'abbaino permette l'a. al tetto*; *a. alla magistratura, a un dicastero.* *2* (*est.*) Luogo per il quale si accede: *la polizia ha bloccato tutti gli accessi* (o le *vie d'a.*) *alla città.* *3* Facoltà di accedere: *permettere, vietare, impedire l'a.*; *avere libero a. presso qlcu.*; *è vietato l'a. agli estranei* | ***Una persona di facile a.***, affabile, alla mano | (*dir.*) ***A. al fondo***, diritto di ingresso di una persona nel fondo altrui | (*dir.*) ***A. giudiziale***, visita di luoghi fatta dall'autorità giudiziaria nel corso dell'assunzione di mezzi di prova | (*dir.*) ***Diritto di a.***, diritto riconosciuto ai soggetti interessati a prendere visione dei documenti amministrativi che li riguardano. *4* (*med.*) Manifestazione di malattia con insorgenza improvvisa e di breve durata: *a. epilettico* | (*est., fig.*) Impulso improvviso e violento: *un a. d'ira, di furore, di gelosia.* *5* (*elab.*) Modalità per la lettura e registrazione di dati nella memoria di un elaboratore | ***A. diretto***, qualsiasi tecnica che consente di accedere alle memorie di un elaboratore | ***Memoria ad a. casuale o sequenziale***, se il reperimento del dato è immediato o richiede l'esame dei dati che lo precedono nella sequenza | ***A. remoto***, procedura di collegamento tra due elaboratori non connessi in rete locale.

accessoriàto [da *accessorio* nel sign. B; 1965] agg. ● Detto di ciò che è dotato di accessori: *un'automobile perfettamente accessoriata.*

accessorietà [1955] s. f. ● (*raro*) Condizione di ciò che è accessorio.

accessòrio [da *accedere*; 1499] **A** agg. *1* Che si aggiunge o si accompagna ad altro elemento principale: *elemento a.*; *questioni accessorie*; *parte accessoria*; *pena accessoria.* SIN. Accidentale, marginale, secondario. CONTR. Essenziale, fondamentale. *2* (*dir.*) ***Bene a.***, bene dotato di una propria individualità, pur essendo connesso ad altro di cui serve a completare la funzione. | ***Diritto a.***, diritto che presuppone l'esistenza di altro principale, da cui deriva, con cui si acquista e con cui si trasmette | ***Causa accessoria***, lite connessa ad altra più importante. CONTR. Principale. || **accessoriaménte**, avv. **B** s. m. *1* Ciò che completa qlco., pur non facendone parte integrante ma migliorandone l'aspetto o il funzionamento: *accessori per auto*; *accessori da bagno, accessori sanitari*; *negozio di accessori per abbigliamento*; *abito completo di accessori.* *2* (*anat.*) ***A. del vago***, undicesimo paio di nervi cranici.

accessorista [1955] s. m. e f. (pl. m. *-i*) ● Addetto alla fabbricazione o alla vendita di accessori per autoveicoli.

accessoristica [1986] s. f. *1* Insieme degli accessori, spec. per auto, abbigliamento, arredamento. *2* Settore dell'industria che produce accessori.

accessuàle [da *accesso*; 1935] agg. ● (*med.*) Detto di ciò che ha carattere di accesso: *febbre a.* || **accessualménte**, avv.

accestiménto [da *accestire*; 1865] s. m. ● (*bot.*) Periodo della vita di una pianta erbacea durante il quale si formano sulla base del fusto principale i rami o i fusti secondari.

accestire [comp. di *a-* (2) e *cesto* (2); 1767] v. intr. (*io accestìsco, tu accestìsci*; aus. *essere*) ● Far cesto, detto di piante erbacee che mettono rami e foglie nella parte basale del fusto.

accétta [fr. *hachette*, dim. di *hache*. V. *azza*; sec. XIV] s. f. ● Attrezzo (un tempo anche arma) simile alla scure ma più piccolo, usato spec. per tagliare legna | ***Lavoro fatto con l'a.***, (*fig.*) senza finezza, grossolanamente | ***Persona tagliata con l'a.***, (*fig.*) rozza, dalle maniere rudi e spicce; dalla mentalità rigida, dogmatica | ***Darsi l'a. sui piedi***, (*fig.*) essere causa del proprio danno.

accettàbile [vc. dotta, lat. tardo *acceptābile(m)*, da *acceptare* 'accettare'; sec. XIV] agg. (assol.; + *per*; + *che* seguito da congv.) ● Che si può accettare: *proposta, idea, previsione a.*; *un compromesso a. per entrambe le parti*; *non pare a. che la biblioteca sia chiusa alla sera.* || **accettabilménte**, avv.

accettabilità [1865] s. f. ● Caratteristica di ciò che è accettabile.

accettànte [1723] **A** part. pres. di *accettare*; anche agg. ● Nei sign. del v. **B** s. m. e f. *1* Chi accetta. *2* (*dir.*) Chi compie un atto di accettazione | Chi assume l'obbligo di pagare una cambiale-tratta | ***A. per intervento***, chi accetta in luogo del trattario | ***A. per onore***, chi accetta per far onore alla firma del traente o del girante.

♦**accettàre** [vc. dotta, lat. *acceptāre*, da *captāre* 'cercar di prendere'; 1312] **A** v. tr. (*io accètto*) *1* Ricevere di buon grado ciò che viene offerto: *a. un regalo, un consiglio, un favore, un invito*; *a. qlco. benignamente, volentieri, con riluttanza* | ***A. una battaglia, una sfida, una scommessa***, acconsentirvi | (*est.*) Accogliere in qualità di, detto di persona: *a. qlcu. come amico, come consigliere*; *a. una donna per moglie* | Ammettere: *la tua domanda d'iscrizione è stata accettata.* CONTR. Rifiutare. *2* Accogliere, approvare: *a. un insegnamento, un'opinione, un parere, una proposta.* *3* Sopportare serenamente: *bisogna a. ciò che la sorte ci manda.* *4* (*dir.*) Manifestare il proprio consenso alla costituzione, modificazione o estinzione di rapporti giuridici: *a. la proposta di contratto* | ***A. una tratta***, assumere l'obbligazione cambiaria. **B** v. rifl. ● Riconoscere con realismo gli aspetti positivi e negativi della propria personalità, del proprio aspetto e sim.

accettàta [da *accetta*; 1865] s. f. ● (*raro*) Colpo vibrato con l'accetta.

accettatóre [vc. dotta, lat. tardo *acceptatōre(m)*, da *acceptāre* 'accettare'; sec. XV] s. m. (f. *-trice*) ● Chi è sollecito ad accettare, a prendere.

accettazióne [vc. dotta, lat. tardo *acceptatiōne(m)*, da *acceptāre* 'accettare'; sec. XIV] s. f. *1* L'accettare: *l'a. di una proposta*; *a. dell'eredità, di una donazione* | Ammissione | Approvazione. *2* (*banca*) Atto con cui il trassato accetta la cambiale tratta assumendo l'obbligazione cambiaria | ***A. bancaria***, quella operata da un istituto di credito | (*per anton.*) Accettazione bancaria. *3* Sala, ufficio, sportello in cui si accettano domande di prestazione di vari servizi, come assunzione di personale, ricoveri ospedalieri, comunicazioni telefoniche o telegrafiche e sim.

accettévole [sec. XIII] agg. ● (*lett.*) Accettabile: *a Giove saria … a. simile dono* (BOCCACCIO).

accettilàre [da *accettilazione*] v. tr. (*io accèttilo*) ● Nel diritto romano, estinguere un'obbligazione mediante accettilazione.

accettilazióne [vc. dotta, lat. tardo *acceptilatiōne(m)*, da *accĕptum fĕrre* 'accusare ricevuta'; 1748] s. f. ● Nel diritto romano, modo formale di estinzione di una obbligazione.

accètto [vc. dotta, lat. *accĕptu(m)*, part. pass. di *accìpere* 'prendere'; 1313] agg. ● Che si riceve con piacere, caro, gradito: *uomo a. a tutti* | ***Ben a.***, V. *benaccetto* | ***Mal a.***, V. *malaccetto.*

accettóre [ingl. *acceptor*, dal lat. *accĕptus*, part. pass. di *accìpere* 'prendere'. V. *accetto*; 1955] s. m. ● (*chim.*) Sostanza o particella che ha la capacità di unirsi preferenzialmente con una determinata sostanza o particella: *a. di elettroni, di idrogeno, di protoni.*

accezióne [vc. dotta, lat. *acceptiōne(m)*, da *accìpere* 'prendere'; 1715] s. f. ● (*ling.*) Significato particolare di un vocabolo: *il verbo 'prendere' ha numerose accezioni.*

acché o **a che** [comp. di *a* (2) e *che*, con raddoppiamento sintattico di *c-*; av. 1912] cong. ● (*lett.*) Affinché (introduce una prop. finale con il v. al congv.): *Francesca dunque aveva il maggior interesse a. questo matrimonio si facesse* (SVEVO).

acchetaménto [1950] s. m. ● (*raro*) Acquietamento.

acchetàre [comp. di *a-* (2) e *chetare*; 1292] **A** v. tr. (*io acchéto* (o *-è-*)) ● (*lett.*) Calmare, acquietare. **B** v. rifl. ● Calmarsi, quietarsi: *alla fine si acchetò.*

acchiappacàni [comp. di *acchiappa(re)* e il pl. di *cane*; 1895] s. m. e f. inv. ● (*raro*) Accalappiacani.

acchiappafarfàlle [comp. di *acchiappa(re)* e il pl. di *farfalla*; 1919] s. m. inv. ● Retino per catturare farfalle.

acchiappamósche [comp. di *acchiappa(re)* e il pl. di *mosca*; 1950] s. m. inv. (anche *f.* nel sign. 4) *1* Strumento atto a catturare o uccidere mosche. *2* (*bot.*) Nome comune di piante carnivore (*Dionea, Drosera*). SIN. Pigliamosche. *3* (*zool.*) Pigliamosche. *4* (*fig.*) Chi perde il proprio tempo senza far niente.

acchiappanùvoli [comp. di *acchiappa(re)* e il pl. di *nuvolo*; 1913] s. m. e f. inv. ● Persona inconcludente.

♦**acchiappàre** [comp. di *a-* (2) e *chiappare*; av. 1503] **A** v. tr. *1* Afferrare rapidamente e saldamente: *a. un gatto per la coda*; *a. qlcu. per la collottola* | (*est.*) Raggiungere correndo: *lo acchiapparono mentre fuggiva* | (*fam., fig.*) ***A.***, ***acchiapparsi un malanno***, buscare, prendere. SIN. Acciuffare, agguantare. *2* (*fam.*) Riuscire a cogliere di sorpresa: *a. un ladro in flagrante.* *3* (*fam.*) Colpire: *un sasso lo acchiappò a una gamba.* **B** v. rifl. ● Afferrarsi, attaccarsi: *riuscì ad acchiapparsi a una sporgenza.* **C** v. rifl. rec. ● Rincorrersi: *giocare ad acchiapparsi.*

acchiapparèlla [1959] s. f. ● Chiapparello.

acchiapparèllo [1887] s. m. ● Chiapparello.

acchiappìno [1945] s. m. ● (*tosc.*) Chiapparello nel sign. 2.

-acchiàre [suff. verb. che mantiene il fondamentale valore dim. del suff. nom., dal quale deriva (*-acchio*)] suff. derivativo e alterativo ● In verbi tratti da altri verbi ha valore frequentativo, attenuativo o peggiorativo: *bruciacchiare, gridacchiare, rubacchiare, sforacchiare, sputacchiare, vivacchiare.*

†**acchinèa** ● V. *chinea.*

-àcchio [lat. *-ăculu(m)*] suff. ● Ha valore diminutivo e spregiativo ed è usato spec. in unione con altri suff., dando luogo ai suff. composti *-acchione* e *-acchiotto.*

acchiocciolaménto [1865] s. m. ● L'acchiocciolare, l'acchiocciolarsi.

acchiocciolàre [comp. di *a-* (2) e *chiocciola*; 1729] **A** v. tr. (*io acchiòcciolo*) ● Avvolgere a spirale, come una chiocciola. **B** v. rifl. ● Rannicchiarsi, accoccolarsi: *quelle elastiche donnine giapponesi, che … s'acchiocciolano così bene sulle stuoie* (DE AMICIS).

acchiocciolatùra [av. 1712] s. f. ● Ravvolgimento a chiocciola.

-acchióne [rafforzamento col suff. *-one* del carattere dim. spreg. del suff. *-acchio*] suff. derivativo e alterativo composto ● Conferisce sfumature di valore accrescitivo, spregiativo (o peggiorativo) o anche vezzeggiativo: *furbacchione, mattacchione, torracchione.*

-acchiòtto [rafforzamento del suff. dim. *-acchio*, dal lat. *-aculu(m)*, con altro suff. dim. (*-otto*), forma secondaria di *-etto*] suff. derivativo e alterativo composto ● Conferisce valore diminutivo e vezzeggiativo: *lupacchiotto, orsacchiotto, furbacchiotto.*

acchitàre [fr. *acquitter*, da *quitte* 'libero', dal lat. *quiētu(m)* 'quieto'; 1771] v. tr. ● Mandare la propria palla o il pallino, all'inizio di una partita a biliardo, in un punto sfavorevole per l'avversario.

acchìto [fr. *acquit*, da *acquitter*. V. *acchitare*; 1771] s. m. ● Nel gioco del biliardo, la posizione d'inizio della palla o del pallino | ***D'a., di primo a.***, (*fig.*) alla prima, subito.

acchittàto [etim. incerta; 1959] agg. ● (*centr.*) Vestito o acconciato con ricercatezza, azzimato: *riuscendo di casa già a., per andarsene a spasso cogli amici* (PASOLINI).

†acchiùdere [comp. di *a-* (2) e *chiudere*; 1865] v. tr. *1* Rinchiudere, serrare. *2* V. *accludere.*

àccia (1) [lat. *ăcia(m)* 'filo da infilare nella cruna', da *ăcus* 'ago'; 1300] s. f. (pl. *-ce*) *1* Filo greggio, spec. di lino o canapa, in matassa. *2* (*region.*) Gugliata.

†àccia (2) ● V. *azza.*

acciabattaménto [av. 1694] s. m. ● Scalpiccio di ciabatte.

acciabattàre [comp. di *a-* (2) e *ciabatta*; av. 1406] **A** v. intr. (aus. *avere*) ● Camminare trascinando le ciabatte: *la donna si allontanò acciabattando.* **B** v. tr. ● (*fig., raro*) Lavorare in modo frettoloso e disordinato (*anche assol.*). SIN. Abborracciare, acciarpare.

acciabattìo [1865] s. m. ● Continuo acciabattare | Rumore dovuto all'acciabattare: *questo a. mi disturba.*

acciabattóne [1865] s. m. (f. *-a*) ● Chi esegue il proprio lavoro in modo trascurato e disordinato.

acciaccaménto [1752] s. m. ● L'acciaccare. | Deformazione, ammaccatura.

acciaccàre [vc. onomat.; 1449] v. tr. (*io acciàcco, tu acciàcchi*) *1* Deformare un oggetto comprimendolo: *a. un parafango* | Schiacciare: *a. noci*; *a. un insetto*; *acciaccarsi un dito* | (*disus.*) Pestare nel mortaio o col mazzuolo: *a. il pepe.* *2* (*fig., fam.*) Indebolire: *la malattia e i dispiaceri l'hanno molto acciaccato.*

acciaccàta [av. 1712] s. f. ● Colpo secco che deforma, schiaccia qlco.

acciaccàto [av. 1306] part. pass. di *acciaccare*; anche agg. *1* Deformato, schiacciato. *2* (*fig.*) Depresso, prostrato, colpito da disturbi fisici.

acciaccatùra [1780] s. f. *1* Pestatura, ammaccatura. *2* (*mus.*) Abbellimento consistente in una nota rapidissima precedente la nota essenziale.

acciàcco [sp. *achaque* 'malattia abituale', dall'ar. *aš-šakwa* 'malattia'; 1682] s. m. (pl. *-chi*) ● Disturbo fisico non grave ma fastidioso: *gli acciacchi dell'età, della vecchiaia*; *essere pieno, carico, di acciacchi.*

acciaccóso [av. 1712] agg. ● Pieno di acciacchi: *dei colti professori, acciaccosi a quarant'anni come ottuagenari* (DE AMICIS).

acciaiàre [da *acciaio*; 1680] v. tr. (*io acciàio*) ● Trasformare lo strato superficiale di un oggetto di ferro in acciaio | Sottoporre ad acciaiatura.

acciaiatùra [1770] s. f. ● Operazione dell'acciaiare.

acciaierìa [1886] s. f. ● Stabilimento per la produzione e la lavorazione dell'acciaio con metodi vari | ***A. elettrica***, che impiega forni elettrici ad arco, a induzione, ad alta frequenza.

acciaìno [1772] s. m. *1* Strumento d'acciaio per affilare ferri da taglio. SIN. Acciaiolo. *2* (*raro*) Perlina di acciaio tutta forata utilizzata per ricami.

♦acciàio o (*lett., dial.*) **acciàro** [lat. tardo *aciāriu(m)*, da *ăcies* 'acutezza'; sec. XIII] s. m. *1* Lega formata da ferro e da una quantità di carbonio variabile dallo 0,3 all'1,7%, prodotta allo stato fuso dalla ghisa; è dotato di particolari proprietà di resistenza meccanica, elasticità, durezza: *a. inossidabile, temperato* | ***A. al carbonio, comune, binario***, non contenente altri componenti oltre al ferro e al carbonio | ***A. speciale***, quello legato con altri elementi | (*fig.*) ***Occhio, sguardo d'a.***, freddo, penetrante | ***Muscoli, nervi d'a.***, forti, saldi | ***Volontà d'a.***, tenace, inflessibile. *2* †Acciarino.

acciàio-ceménto [1986] s. m. ● (*edil.*) Pavimentazione in calcestruzzo armato con rete metallica.

acciaiòlo o **†acciaiuòlo** [sec. XIV] s. m. *1* Acciaino nel sign. 1. *2* Acciarino delle antiche armi da fuoco. || **acciaiolino**, dim.

acciambellàre [comp. di *a-* (2) e *ciambella*; 1855] **A** v. tr. (*io acciambèllo*) ● Avvolgere in forma di ciambella: *a. una lunga corda.* **B** v. rifl. ● Ripiegarsi, rannicchiarsi su sé stesso: *il gatto s'acciambellò al sole.*

acciarìno [da *acciaio*; 1726] s. m. *1* Piccolo strumento d'acciaio col quale, battendo la pietra focaia, si producono scintille per accendere l'esca. *2* Dispositivo atto a determinare l'accensione di qlco. | Nei siluri, congegno collocato nella testa, atto a far scoppiare il detonante al momento dell'urto contro l'obiettivo | Nelle antiche armi da fuoco portatili, meccanismo a molla che, producendo scintille per attrito, accendeva la carica di lancio. *3* Bietta d'acciaio infilata nel mozzo della ruota di un carro per impedirle di sfilarsi.

acciarìto [1779] agg. ● (*raro*) Acciaiato | (*lett.*) Che ha riflessi d'acciaio: *nell'occhio a. dell'eroe libico* (D'ANNUNZIO).

acciàro [av. 1374] s. m. *1* V. *acciaio.* *2* (*poet.*) Spada, arma: *pugnan per altra terra itali acciari* (LEOPARDI).

acciarpàre [comp. di *a-* (2) e *ciarpa*; av. 1573] v. tr. *1* (*raro*) Lavorare senza diligenza, confusamente (*anche assol.*). SIN. Abborracciare, acciabattare. *2* †Raccogliere alla rinfusa: *a. libri, anticaglie.*

acciarpatùra [1881] s. f. ● L'acciarpare | Lavoro acciarpato.

acciarpóne [1865] s. m. (f. *-a*) ● (*raro*) Chi fa le cose male e in fretta.

accidèmpoli (o *-è-*) [da *accidenti*, deformato eufemisticamente col n. della città toscana di *Empoli*; 1908] inter. ● (*eufem.*) Accidenti.

accidentàccio [pegg. di *accidente, accidenti*; 1983] inter. ● (*raff.*) Accidenti.

accidentàle [sec. XIII] agg. *1* Dovuto al caso, alla sorte. SIN. Casuale, fortuito. *2* (*filos.*) Contingente | Non necessario. *3* (*mecc.*) Detto di carico che agisce saltuariamente sulla struttura. SIN. Sovraccarico. *4* (*mus.*) ***Segno a.***, accidente. || **accidentalménte**, avv. In modo fortuito e casuale.

accidentalità [1584] s. f. *1* Caratteristica di ciò che è casuale o contingente: *a. d'un fatto, d'un elemento.* *2* Irregolarità di un terreno accidentato.

†accidentàrio [1612] agg. ● Accidentale, non essenziale. || **†accidentariaménte**, avv. In modo accessorio.

accidentàto [1841] agg. *1* (*raro*) Colpito da paralisi e sim.: *braccio a.* *2* Detto di terreno, diseguale e pieno di ostacoli. *3* (*fig.*) Movimentato, pieno di difficoltà e di imprevisti: *viaggio a.*

♦accidènte [vc. dotta, lat. *accidĕnte(m)*, part. pres. di *accĭdere* 'cadere addosso'; 1294] s. m. *1* Evento, caso | Fatto fortuito, inaspettato: *e se ne porta il tempo / ogni umano a.* (LEOPARDI) | ***Per a.***, casualmente. *2* Evento infausto, caso doloroso | Sciagura, disgrazia: *la giovine è qui, dopo tanti accidenti, come per miracolo* (MANZONI). *3* (*raro, med.*) Complicanza | ***A. apoplettico***, ***†a. di goccia***, apoplessia cerebrale. *4* Correntemente, colpo apoplettico, malanno: *gli ha preso un a.*; *gli venisse, gli pigliasse un a.* | ***Mandare un a. a qlcu.***, augurargli del male. *5* Persona fastidiosa, spec. per eccesso di vivacità, irrequietezza e sim.: *quell'a. non mi lascia dormire* | ***Correre come un a.***, all'impazzata. *6* (*filos.*) Ciò che può appartenere o non appartenere all'essenza di un essere e che può divenire senza che muti l'essenza stessa dell'essere in cui si manifesta. *7* Niente, con valore raff., nelle loc. negative ***non capire, non fare, non dire, non importare, non sapere, non sentire, non valere, non vedere un a.*** e sim. CFR. Sostanza. *8* (*ling.*) Variazione nel nome o nel verbo delle categorie di numero, genere, caso, tempo, modo. *9* (*mus.*) Segno di alterazione di una nota. SIN. Segno accidentale. || **accidentàccio**, pegg.

♦accidènti [1865] inter. ● Esprime rabbia, meraviglia, ammirazione, stupore, contrarietà e sim. o gener. avversione. SIN. Accidempoli, acciderba, accipicchia.

accidèrba [da *accide(nti)* con distrazione eufem. nella parte finale; 1908] inter. ● (*eufem.*) Accidenti.

†accìdere ● V. *uccidere.*

accìdia o **†acedia** [lat. tardo *acēdia(m)*, nom. *acēdia*, dal gr. *akēdía*, comp. di *a-* (1) e *kêdos* 'cura'; av. 1292] s. f. *1* Nella filosofia medievale, stato di inerzia cui conduce un eccessivo esercizio di vita solitaria e contemplativa. *2* (*est., lett.*) Malinconica e inerte indifferenza verso ogni forma di azione. *3* Nella teologia cattolica, uno dei sette vizi capitali che consiste nella negligenza nell'operare il bene. || **accidiàccia**, pegg. | **accidiùccia**, dim.

†accidiàre [lat. tardo *acediāri*, da *acēdia* 'accidia'; av. 1492] v. intr. (*io accidio*) ● Provare accidia: *tanto è grieve l'affanno / che sol pensando addoloro ed accidio* (L. DE' MEDICI).

accidioṣàggine [1865] s. f. ● (*raro*) Indolenza o pigrizia abituale.

accidióṣo [1313] **A** agg. e s. m. (f. *-a*) ● Che (o Chi) pecca di accidia: *gli accidiosi dell'Inferno dantesco.* **B** agg. ● (*lett.*) Indolente | (*est.*) Pieno di tedio, di tristezza: *vita accidiosa* | Che provoca tedio, indolenza. || **accidioṣaménte**, avv.

acciecàre e *deriv.* ● V. *accecare* e *deriv.*

accigliaménto [1865] s. m. ● L'accigliarsi | Espressione corrucciata.

accigliàre [comp. di *a-* (2) e *ciglio*; 1660] **A** v. tr. (*io accìglio*) ● Nell'antica falconeria, cucire insieme le palpebre dei falconi per renderli più docili. **B** v. intr. pron. ● Corrugare le sopracciglia per sdegno, ira, preoccupazione e sim.: *appena li vide si accigliò* | (*est.*) Oscurarsi in viso. SIN. Aggrondarsi.

accigliàto [1314] part. pass. di *accigliare*; anche agg. ● Corrucciato, scuro in volto: *perché sei così a.?* || **accigliataménte**, avv.

accigliatùra [av. 1704] s. f. *1* (*raro*) Espressione, aspetto corrucciati. *2* (*raro*) Spazio fra le ciglia.

†accìgnere ● V. *accingere.*

accìngere o **†accìgnere** [lat. *accĭngere*. V. *cingere*; 1308] **A** v. tr. (coniug. come *cingere*) ● (*lett.*) Cingere. **B** v. rifl. (+ *a*) ● Disporsi a fare qlco.: *accingersi a partire, a leggere, a un'impresa, a una ricerca.* SIN. Apprestarsi, prepararsi.

accìnto [sec. XIII] part. pass. di *accingere*; anche agg. ● Nei sign. del v.

àccio [dal suff. alterativo *-accio* con valore di ripresa o ripetizione espressiva; av. 1566] in funzione di agg. (pl. f. *-ce*) ● (*tosc., fam.*) Detto di cosa o persona, già espressa in forma spregiativa, di cui si vuol sottolineare ancor più la caratteristica negativa: *un ragazzaccio proprio a.*

acciò [comp. di *a* (2) e *ciò*; 1294] cong. ● (*lett.*) Affinché (introduce una prop. finale con il v. al congv.): *bagnando di continuo dove lo stucco si mette, a. si renda più facile a lavorarlo* (VASARI) | V. anche *acciocché.*

-àccio [originariamente col valore agg. del lat. *-āceu(m)*, specializzatosi poi in senso accr. o pegg.] suff. *1* Entra nella formazione di sostantivi e aggettivi (per lo più sostantivati) alterati, con valore peggiorativo o spregiativo: *libraccio, fattaccio, ragazzaccio, casaccia, stanzaccia, avaraccio, disutilaccio, pigraccio.* *2* Assume valore derivativo, con connotazione talora spregiativa, in sostantivi indicanti oggetti, strumenti che hanno una determinata funzione: *legaccio, strofinaccio, tavolaccio.*

acciocché o **acciò che**, **a ciò che** [da *acciò* e *che* (2); sec. XIII] cong. ● (*lett.*) Affinché, perché (introduce una prop. finale con il v. al congv.): *te lo ripeto, a. tu mi capisca bene*; *io ti richeggio / … / acciò ch'io fugga questo male e peggio, / che tu mi meni là dov'or dicesti* (DANTE *Inf.* I, 130-133).

acciocchìre [comp. di *a-* (2) e *ciocco*; 1865] **A** v. tr. (*io acciocchìsco, tu acciocchìsci*) ● (*tosc.*) Rendere immobile, come un ciocco, per torpore, sonnolenza, freddo e sim.: *il buon vino lo acciocchì subito.* **B** v. intr. (aus. *essere*) ● Assopirsi, addormentarsi: *il gatto acciocchiva al sole.*

acciò che /atʃʃɔk'ke*, atʃ'ʃɔkke*/ ● V. *acciocché.*

-accióne [rafforzamento col suff. accr. *-one* del suff. *-accio*] suff. derivativo e alterativo composto ● Conferisce valore accrescitivo e tono spregiativo o anche vezzeggiativo (affettivo): *bonaccione, spendaccione.*

acciottolàre [comp. di *a-* (2) e *ciottolo*; 1664] v. tr. (*io acciòttolo*) *1* Lastricare coi ciottoli: *a. una strada.* *2* Far risonare, battendoli uno contro l'altro, piatti, vasellame e sim.

acciottolàto [1750] **A** part. pass. di *acciottolare*; anche agg. ● Nei sign. del v. **B** s. m. ● Selciato di ciottoli. SIN. Ciottolato.

acciottolatóre [av. 1738] s. m. (f. *-trice*) ● Operaio che acciottola strade.

acciottolìo [da *acciottolare*; av. 1850] s. m. ● Caratteristico rumore prodotto da piatti, stoviglie e sim. sbattute tra loro: *veniva dalla cucina un a. di piatti.*

accipìcchia [da *accidenti*, deformato eufemisticamente con *picchiare*; 1935] inter. ● (*eufem.*) Accidenti.

accipiènte [vc. dotta, lat. *accipiĕnte(m)*, part.

pres. del v. *accĭpere* 'ricevere'] **s. m. e f.** ● (*dir.*) Chi riceve un oggetto, un bene e sim.

accipiglìarsi [comp. di *a-* (2) e *cipiglio*; 1823] **v. intr. pron.** (*io mi accipiglio*) ● (*raro*) Fare il cipiglio.

Accipìtridi [vc. dotta, comp. del lat. *accĭpiter*, genit. *accĭpitris* 'sparviero', di orig. indeur., e *-idi*; 1865] **s. m. pl.** (**sing.** *-e*) ● Nella tassonomia animale, famiglia di Uccelli rapaci diurni caratterizzati dal becco uncinato e dalle forti unghie adunche, cui appartengono i falchi e gli avvoltoi (*Accipitridae*).

accìṣa [fr. *accise*, dal lat. *accīdere* 'tagliare', comp. di *ăd* e *caedere* 'tagliare'. V. *cesura*. Cfr. *taglia*; 1678] **s. f.** ● (*dir.*) Tributo indiretto che grava sulla produzione di beni determinati per legge (tabacchi, prodotti petroliferi, ecc.) che deve essere assolto dal produttore.

†**accișmàre** [ant. fr. *acesmer* di etim. incerta; 1313 ca.] **v. tr.** ● Acconciare, ornare | (*iron.*) Conciare per le feste: *Un diavolo è qua dietro che n'accisma / sì crudelmente* (DANTE *Inf.* XXVIII, 37-38).

†**accìṣo** (1) ● V. *ucciso*.

†**accìṣo** (2) ● V. *acceso*.

acciucchìre [comp. di *a-* (2) e *ciucco* 'stupido'; 1865] **v. tr. e intr.** (*io acciucchisco, tu acciucchisci*; aus. intr. *essere*) ● (*tosc.*) Istupidire.

♦**acciuffàre** [comp. di *a-* (2) e *ciuffo*; av. 1584] **A v. tr.** ● (*raro*) Prendere con forza per i capelli | (*est.*) Afferrare chi cerca di fuggire: *in breve acciuffarono il malvivente* | (*est.*) Arrestare: *la guardia acciuffò il ladro.* **B rifl. rec.** ● (*raro*) Accapigliarsi.

acciùga (1) [lat. parl. **apiŭva(m)*, dal gr. *aphýē*, di etim. incerta, attrav. il genov.; av. 1300] **s. f.** **1** Piccolo pesce commestibile dei Teleostei col corpo argenteo e affusolato che vive in branchi nei mari temperati e caldi (*Engraulis encrasicholus*). **SIN.** Alice | ***A. dei libri***, acciughina. ➡ **ILL. animali**/6. **2** (*fig.*) Persona molto magra | ***Stare stretti come acciughe***, molto stretti, stipati, pigiati. || **acciughétta**, **dim.** | **acciughina**, **dim.** (V.).

acciùga (2) [etim. incerta] **agg.** ● (*tosc.*) Solo nella loc. ***erba a.***, origano.

acciugàta [da *acciuga* (1); 1846] **s. f.** ● Condimento di acciughe cotte nell'olio.

acciùghero [etim. incerta; 1845] **s. m.** ● (*tosc.*) Origano.

acciughina [1855] **s. f.** **1** Dim. di *acciuga* (1). **2** Lepisma, pesciolino d'argento (*Lepisma saccharina*). ➡ **ILL. animali**/2.

accivettàre [comp. di *a-* (2) e *civetta*; 1865] **v. tr.** (*io accivétto*) **1** Nella caccia, richiamare uccelletti mostrando loro la civetta. **2** (*fig., lett.*) Allettare, lusingare.

accivettàto [av. 1665] **part. pass.** di *accivettare*; anche **agg.** **1** Detto di uccello scaltrito e diffidente sul quale la civetta non ha più effetto di attrazione. **2** (*fig., lett.*) Smaliziato, scaltrito: *Principe non a., svegliarino al popolo accivettatissimo* (GIUSTI).

†**accivìre** [fr. *chevir*, da *chef* 'fine'; sec. XIII] **v. tr.** ● Provvedere, procurare | Conseguire.

acclamàre [vc. dotta, lat. *acclamāre*, comp. di *ăd* e *clamāre*. V. *chiamare*; 1589] **A v. tr.** **1** Manifestare a gran voce la propria approvazione, il proprio consenso: *tutta Roma accorse ad a. Cesare*; *l'eroe fu acclamato e portato in trionfo.* **SIN.** Applaudire, inneggiare. **2** Eleggere in modo unanime, con applausi, senza votazione: *lo acclamarono imperatore.* **3** (*fig.*) Celebrare, lodare: *la critica lo acclama come scrittore di genio.* **B v. intr.** (aus. *avere*) ● Gridare in segno di plauso: *tutti acclamarono alla proposta*; *per le vie acclamavano alle truppe italiane* (SVEVO).

acclamatóre [1680] **agg.**; anche **s. m.** (**f.** *-trice*) ● Che (o Chi) acclama.

acclamazióne [vc. dotta, lat. *acclamatiōne(m)*, da *acclamāre* 'acclamare'; av. 1547] **s. f.** **1** Entusiastica manifestazione collettiva di consenso, approvazione e sim.: *le acclamazioni salgono dalla piazza.* **SIN.** Ovazione, plauso. **2** Modo di deliberare di un organo collegiale senza procedere a votazione: *accettare una proposta per a.* || **acclamazioncèlla**, **dim.**

acclaràre [vc. dotta, lat. *acclarāre* 'mostrare chiaramente', da *clārus* 'chiaro', col pref. *ăd*; 1853] **v. tr.** ● (*lett.* o *bur.*) Mettere in chiaro, accertare.

acclimaménto [1858] **s. m.** ● Acclimatazione.

acclimàre [comp. di *a-* (2) e *clima*; 1828 ca.] **v. tr.** e **rifl.** ● Acclimatare.

acclimataménto [1875] **s. m.** ● Acclimatazione.

acclimatàre [fr. *acclimater*, da *climat* 'clima'; 1812] **A v. tr.** (*io acclimato*) **1** Adattare a un clima diverso da quello abituale: *a. una pianta, un animale.* **2** (*est.*) Abituare a qlco. **B v. intr. pron.** ● Adattarsi a un ambiente diverso da quello nativo | (*est.*) Assuefarsi a qlco.: *acclimatarsi ai nuovi insegnanti.*

acclimatazióne [fr. *acclimatation*, da *climat* 'clima'; 1867] **s. f.** ● Adattamento di esseri viventi a condizioni climatiche diverse da quelle di origine | ***Giardino di a.***, per piante e animali esotici.

acclimatóre [1955] **s. m.** (**f.** *-trice*) ● Addetto all'acclimatazione delle piante.

acclimazióne [da *acclimare*; 1875] **s. f.** ● Acclimatazione.

†**accline** o †**acclino** [vc. dotta, lat. *acclīne(m)*, da *clināre* 'chinare, inchinare'; 1321] **agg.** **1** Inclinato verso il basso. **2** (*fig., lett.*) Disposto: *ne l'ordine ch'io dico sono accline / tutte nature* (DANTE *Par.* I, 109-110).

acclive [vc. dotta, lat. *acclīve(m)*, da *clīvus* 'declivio'; 1499] **agg.** ● (*lett.*) Ripido, erto, in salita: *colle, pendio, ripa a.*

acclività [av. 1557] **s. f.** ● Caratteristica di un terreno in pendio.

acclùdere o (*lett.*) †**acchiùdere** [lat. tardo *accludere*, comp. di *ăd* e *claudere* 'chiudere'; 1742] **v. tr.** (**pass. rem.** *io acclùṣi, tu accludésti*; **part. pass.** *acclùṣo*) **1** Chiudere qlco. insieme ad altra contenuta in una busta o in un plico: *a. una lettera a un pacco*; *a. un assegno a una lettera.* **2** Unire un documento a uno o più altri: *a. le copie all'originale.* **SIN.** Allegare.

acclùṣo [av. 1712] **part. pass.** di *accludere*; anche **agg.** ● Incluso, allegato.

accoccàre [comp. di *a-* (2) e *cocca* (3); 1313] **v. tr.** (*io accòcco* o *accócco, tu accòcchi* o *accócchi*) **1** Adattare la cocca della freccia alla corda dell'arco: *a. la freccia all'arco.* **2** (*lett.*) Assestare con forza: *a. un colpo* | (*fig.*) ***Accoccarla a qlco.***, ingannarlo, fargli uno scherzo. **3** Riunire le cocche di un fazzoletto, di un tovagliolo e sim. **4** Fermare il filo alla cocca del fuso.

accoccolàrsi [vc. onomat., con riferimento all'atto e al verso tipico della chioccia; av. 1370] **v. rifl.** (*io mi accòccolo*) ● Piegarsi sulle ginocchia quasi sedendo sui calcagni: *a. attorno al fuoco.*

accodaménto [1865] **s. m.** ● L'accodare, l'accodarsi (*anche fig.*).

accodàre [comp. di *a-* (2) e *coda*; 1499] **A v. tr.** (*io accódo*) **1** Legare le bestie da soma una in coda all'altra | (*est.*) Mettere in fila, in coda, detto di persone. **2** Legare per la coda, con un lungo spago, uccelli da richiamo. **B v. rifl.** **1** Mettersi in fila o in coda gli uni dietro gli altri: *le auto si accodano dinanzi ai semafori*; *accodarsi davanti al botteghino del teatro* | (*fig.*) Seguire qlcu. (gener. con una connotazione negativa): *accodarsi alla maggioranza.* **2** (*sport*) In tutti i tipi di corse, disporsi per ragioni tattiche dietro uno o più avversari.

accogliènte [part. pres. di *accogliere*; nel sign. 2, calco sul fr. *accueillant*; 1753] **agg.** ● Ospitale, piacevole, comodo: *casa, albergo a.* | (*raro*) Che fa buona accoglienza: *sono persone molto accoglienti.*

accogliènza [1312] **s. f.** ● Modo di ricevere un ospite: *a. amichevole, affettuosa, lieta, calorosa, fredda* | ***Fare buona, cattiva a. a qlcu.***, accogliere bene, male | ***Fare a.***, (*disus.*) accogliere bene | ***Centro di a.***, struttura che costituisce una prima forma di ospitalità data a profughi, immigrati, popolazioni sinistrate, e sim.

♦**accògliere** o †**accòrre** [comp. del lat. *ăd* e *collĭgere*, da *lĕgere* 'raccogliere'; 1250] **A v. tr.** (coniug. come *cogliere*) **1** Ricevere qlcu. o qlco. con varia disposizione d'animo: *a. con piacere un amico, un dono*; *a. con rincrescimento una brutta notizia.* **2** Approvare, accettare: *a. una proposta, una istanza.* **CONTR.** Rifiutare. **3** Contenere, ospitare: *il nuovo stadio può a. centomila spettatori*; *l'ospedale accoglie più di seicento infermi.* **4** (*lett.*) Raccogliere, radunare: *preziosi / vasi accogliean le lagrime votive* (FOSCOLO). **B v. rifl.** ● (*lett.*) Convenire, riunirsi, raccogliersi: *Li uomini poi che 'ntorno erano sparti / s'accolsero a quel loco* (DANTE *Inf.* XX, 88-89).

accogliménto [1294] **s. m.** **1** (*lett.*) Accoglienza. **2** Accettazione: *a. di una proposta, di una domanda.* **3** †Raduno.

accogliticcio [da *accogliere*; av. 1604] **agg.** (**pl. f.** *-ce*) ● (*raro*) Composto da entità di varia provenienza e non amalgamate | Raccogliticcio.

accoglitóre [1313 ca.] **s. m.** (**f.** *-trice*) ● Chi accoglie | (*lett.*) Raccoglitore, compilatore.

†**accoglitrice** [av. 1729] **s. f.** ● Levatrice.

accòlita ● V. *accolta*.

accolitàto o †**acolitàto** [da *accolito*; av. 1342] **s. m.** ● Un tempo, il quarto e il più elevato degli ordini minori della gerarchia cattolica; dopo la riforma liturgica del 1972, ministero che può essere conferito anche a un laico.

accòlito o †**acòlito** [vc. dotta, gr. *akólouthos*, da *kéleuthos* 'cammino'; sec. XII] **s. m.** (**f.** *-a*) **1** Un tempo, chierico che aveva ricevuto l'ordine dell'accolitato; attualmente, colui al quale è stato conferito il ministero dell'accolitato | Chi serve il sacerdote all'altare. **2** (*fig.*) Seguace, accompagnatore fedelissimo di persona potente o altolocata (*spec. iron.* o *spreg.*): *è sempre circondato dai suoi accoliti.*

accollacciàto [da *accollato*, sul modello di *scollacciato*; av. 1786] **agg.** **1** Ben chiuso attorno al collo: *abito a.*; *giubba accollacciata.* **2** (*est.*) Detto di persona, che indossa un abito accollato.

accollaménto [1858] **s. m.** ● L'accollare, l'accollarsi un impegno, un onere e sim.

accollànte [1819] **A part. pres.** di *accollare*; anche **agg.** ● Nei sign. del v. **B s. m. e f.** ● (*dir.*) Assuntore di un obbligo altrui.

accollàre [comp. di *a-* (2) e *collo* (2); sec. XIV] **A v. tr.** (*io accòllo*) **1** (*lett.*) Mettere sul collo | Abituare al giogo gli animali: *a. i buoi.* **2** (*fig.*) Caricare di impegni, oneri, responsabilità: *gli hanno accollato tutti i pagamenti*; *accollarsi una spesa.* **SIN.** Addossare | ***Accollarsi una colpa, una fatica***, assumersela | (*dir.*) ***Accollarsi un debito***, assumere su di sé un'obbligazione altrui. **3** Porre il maggior carico sulla parte anteriore del carro, in modo che il peso gravi sul collo della bestia che lo tira. **4** (*mar.*) Volgere una vela quadra in modo che il vento ne colpisca il lato normalmente sottovento | Raccogliere una cima facendole fare più giri attorno a sé stessa. **B v. intr.** (aus. *avere*) ● Chiudere bene al collo: *abito, scarpa, che accolla.*

accollàta [provz. *acolada*, dal lat. parl. **adcollāre* 'colpire al collo', da *cŏllum* 'collo', col pref. *ăd*; av. 1912] **s. f.** ● Colpo simbolico dato col piatto della spada sulla spalla del cavaliere medievale durante la cerimonia d'investitura.

accollatàrio [da *accollare*; 1855] **s. m.** (**f.** *-a*) **1** (*dir.*) Creditore a vantaggio del quale opera l'accollo. **2** (*raro*) Appaltatore.

accollàtico [da *accollare*; av. 1566] **s. m.** (**pl.** *-ci*) ● Imposta che nei secc. XVI e XVII si pagava nella campagna romana e nelle legazioni pontificie per i buoi aggiogati.

accollàto [av. 1527] **A part. pass.** di *accollare*; anche **agg.** **1** Chiuso intorno al collo: *abito a.* | Chiuso fino al collo del piede: *scarpa accollata.* **CONTR.** Scollato. **2** (*arald.*) Detto di due scudi congiunti o di figure sovrapposte. **B s. m.** (**f.** *-a*) ● (*dir.*) Debitore il cui obbligo viene assunto mediante accollo.

accollatùra [1865] **s. f.** **1** Parte dell'abito accollato che segue la base del collo. **2** Segno del giogo sul collo degli animali da tiro.

accòllo [da *accollare*; 1797] **s. m.** **1** (*dir.*) Accordo per l'assunzione di un debito altrui | ***A. privativo***, in cui viene liberato il debitore originario | ***A. cumulativo***, in cui il debitore originario rimane coobbligato con l'accollante | ***A. legale***, assunzione di obbligazioni che avviene di diritto perché disposta dalla legge. **2** (*disus.*) Appalto | (*lett.*) Incarico: *chi si prendeva l'a. di fare una simile proposta?* (PIRANDELLO). **3** Parte sporgente di un muro o di una costruzione sostenuta da mensole. **4** Parte del carico gravante sulla parte anteriore di un carro o sul collo dell'animale da tiro. **5** (*mar.*) Lato sottovento della vela | ***Prendere a.***, gonfiarsi al contrario, detto di una vela che prende il vento dal lato normalmente sottovento, rallentando o facendo abbattere l'imbarcazione.

accòlta o **accòlita** [da *accolto*; 1300 ca.] **s. f.** **1** (*lett.*) Adunata di persone: *un'a. di magistrati*; (*spesso spreg.*; più com. nella forma *accòlita*) un'*a. di canaglie.* *2* †Accoglienza.

accoltellaménto [1829] s. m. ● Ferimento o uccisione a colpi di coltello.

accoltellàre [comp. di *a-* (*2*) e *coltello*; sec. XIV] **A** v. tr. (*io accoltèllo*) ● Colpire qlcu. con delle coltellate, per ferirlo o ucciderlo: *il rapinatore accoltellò la vittima.* **B** v. rifl. rec. ● Ferirsi a colpi di coltello.

accoltellàto [1797] **A** part. pass. di *accoltellare*; anche agg. ● Nei sign. del v. **B** s. m. ● (*arch.*) Muratura o pavimentazione in cui i mattoni vengono messi a coltello, cioè di taglio.

accoltellatóre [av. 1565] s. m. (f. *-trice*) ● Chi accoltella.

accòlto [1321] part. pass. di *accogliere*; anche agg. *1* Ricevuto | Accettato, ospitato. *2* (*lett.*) Radunato, riunito: *già i principi cristiani accolti sono / ne la tenda maggior* (TASSO). *3* (*lett.*) Addensato.

accomandànte [1865] **A** part. pres. di *accomandare*; anche agg. ● (*dir.*) ***Socio a.***, socio di un'accomandita la cui responsabilità per le obbligazioni sociali è limitata alla quota conferita, il quale non può compiere atti di gestione della società. **B** s. m. e f. ● (*dir.*) Socio accomandante.

accomandàre [provz. *acomandar*, comp. del lat. *ăd* e *commendāre* 'affidare'; 1310] **A** v. tr. *1* (*lett.*) Affidare in custodia: *se m'ami, io t'accomando i figli* (ALFIERI) | Raccomandare: *a. l'anima a Dio.* *2* (*lett.*) Assicurare, legare: *accomandò la corda all'aspo* (COMPAGNI). **B** v. rifl. ● (*lett.*) Mettersi sotto la protezione altrui | Raccomandarsi.

accomandatàrio [da *accomandita*, sul modello di *mandatario*; sec. XIV] **A** s. m. (f. *-a*) ● (*dir.*) Socio dell'accomandita, amministratore e illimitatamente responsabile delle obbligazioni sociali. **B** anche agg.: *socio a.*

accomandazióne [da *accomandare*; sec. XIV] s. f. ● Nel diritto feudale, atto col quale un vassallo si sottometteva alla potestà del signore.

accomandìgia [da *accomandare*, sul modello del fr. *commandise*; sec. XIV] s. f. (pl. *-gie* o *-ge*) ● (*st.*) Patto con cui un comune o una signoria si poneva sotto il protettorato di un altro comune o signoria o della Chiesa.

accomàndita [da *accomandare*; av. 1311] s. f. *1* (*dir.*) Forma di società caratterizzata dalla diversa responsabilità, verso i terzi, dei soci (accomandante e accomandatario) che vi partecipano: *società in a.* | La stessa società in accomandita: *soci di un'a.* *2* †Tutela.

accomandolàre [da *a-* (*2*) e *comandolo*; 1865] v. tr. (*io accomàndolo*) ● Riannodare i fili rotti dell'ordito.

accomiatàre o **accommiatàre** [comp. di *a-* (*2*) e *commiato*; sec. XIII] **A** v. tr. ● Dare commiato, congedare: *a. qlcu. con un gesto, con un sorriso, con parole gentili.* **B** v. rifl. ● Prendere commiato, congedarsi: *mi accomiatai da loro con rimpianto; gli amici si accomiatarono a uno a uno.*

accommiatàre ● V. *accomiatare.*

accomodàbile [1584] agg. ● Che si può accomodare. || **accomodabilménte**, avv. (*raro*) In maniera accomodabile.

accomodaménto [1543] s. m. *1* Soluzione, composizione mediante un accordo: *l'a. di una lite* | Conciliazione: *giungere, venire a un a.*; *trovare una via di a.* *2* (*raro*) Riparazione, aggiustatura | Regolazione di uno strumento ottico. *3* (*mecc.*) Adattamento di un materiale sottoposto a una sollecitazione ripetuta, variabile fra due limiti.

accomodànte [part. pres. di *accomodare*; nel sign. 2, calco sul fr. *accomodant*; 1865] agg. ● Conciliante, remissivo, adattabile, disponibile a un accordo.

♦**accomodàre** [vc. dotta, lat. *accommodāre*, comp. di *ăd* e *cŏmmodus* 'conforme, conveniente'; 1441] **A** v. tr. (*io accòmodo*) *1* Aggiustare, riparare: *a. una vecchia casa, una bicicletta, un ponte.* CONTR. Guastare, rompere. *2* Assestare, sistemare: *a. una stanza per una festa*; *a. i libri sul tavolo* | Acconciare: *accomodarsi i capelli, il vestito.* *3* (*iron.*) Conciare: *se non la smettete, vi accomodo io!* *4* Risolvere, conciliare: *la questione fu accomodata con soddisfazione di entrambi*; *col tempo tutto si accomoda.* *5* Regolare l'occhio o un sistema ottico rispetto alla distanza o alla luminosità. **B** v. intr. (aus. *avere*) ● Tornare comodo, piacevole, utile: *prendi ciò che ti accomoda*; *se ti accomoda, vieni quando vuoi.* **C** v. rifl. *1* Mettersi a proprio agio in casa d'altri | ***Accomodarsi a sedere***, sedersi | ***Accomodarsi in casa***, entrare. *2* Adattarsi: *si sono accomodati in due misere stanzette.* **D** c. rifl. rec. ● Giungere a un accordo: *non c'è bisogno di avvocati, ci accomoderemo tra noi.* SIN. Aggiustarsi, riconciliarsi.

accomodatìccio [1845] **A** agg. (pl. f. *-ce*) ● Accomodato alla meglio. **B** anche s. m.

accomodatìvo [vc. dotta, lat. tardo *accommodatīvu(m)*, 'appropriato al senso', da *accommodāre* 'accomodare'; 1543] agg. *1* Detto della capacità dell'occhio o di un sistema ottico di regolarsi rispetto alla distanza e alla luminosità. *2* (*raro*) Accomodante: *L'uomo è … un animale a.* (D'ANNUNZIO).

accomodatóre [1574] s. m. (f. *-trice*, pop. disus. *-tora*) ● (*raro*) Chi accomoda.

accomodatùra [1682] s. f. ● L'accomodare | Riparazione.

accomodazióne [vc. dotta, lat. *accomodatiō-ne(m)*, da *accommodāre* 'accomodare'; 1559] s. f. *1* (*raro*) Accomodamento. *2* (*fisiol.*) Proprietà dell'occhio di variare il potere di rifrazione del cristallino.

accompagnàbile [1865] agg. ● (*raro*) Che si può accompagnare.

accompagnaménto [av. 1294] s. m. *1* L'accompagnare | (*est.*) Corteo, seguito: *Vennero … con grande a. di bravi* (MANZONI). *2* (*dir.*) Conduzione dell'imputato o di altro soggetto davanti al giudice o al pubblico ministero, anche con l'uso della forza: *mandato, ordine di a.* | (*dir.*) ***Indennità di a.***, somma erogata a titolo assistenziale dallo Stato in favore dei disabili. *3* Ciò che si aggiunge a qlco. come completamento: *lettera di a.* | *Bolla di a.*, documento fiscale allegato a una merce durante la spedizione o la consegna. *4* (*mus.*) Insieme di elementi subordinati che fungono da sostegno ritmico, armonico, espressivo, della parte principale | Azione di chi accompagna strumentalmente un canto, proprio o altrui. *5* (*mil.*) Azione di fuoco in appoggio ad attacchi di fanteria o carri armati.

♦**accompagnàre** [comp. di *a-* (*2*) e *compagno*; 1294] **A** v. tr. *1* Andare con qlcu. in qualche luogo per fargli compagnia, per cortesia, per proteggerlo e sim.: *a. un bambino a casa*; *a. un amico al cinema* | Scortare | Seguire in corteo: *a. un feretro* | ***A. qlcu. alla porta***, (*fig.*) congedarlo. *2* (qlcu. o qlco. + *con*) (*fig.*) Seguire: *a. con lo sguardo, con la mano, col pensiero* | ***A. la porta, il cancello***, seguirli con la mano per regolarne il movimento | ***A. un colpo***, nel pugilato, in fase di attacco, incrementare l'efficacia del pugno con una torsione del busto e, in fase difensiva, ridurre l'efficacia del colpo portato dall'avversario con un adeguato spostamento indietro della parte del corpo cui è indirizzato il pugno. *3* (qlcu. + *a*, + *con*) (*mus.*) Suonare o cantare come sostegno al suono o al canto altrui: *a. un cantante al pianoforte, con la chitarra.* *4* (qlco. + *a*, + *con*) Accoppiare: *a. l'utile al dilettevole* | (*est.*) Abbinare, unire: *a. due motivi ornamentali*; *a. un dono con un biglietto.* **B** v. intr. pron. (+ *a*, + *con*) ● Intonarsi, essere adatto: *quel vino si accompagna bene all'arrosto*; *la sciarpa si accompagna bene con il cappotto* | Unirsi, stare insieme: *s'accompagna al brusio un colore vano* (PAVESE). **C** v. rifl. (assol.; + *a*; + *con*) *1* Unirsi a qlcu. camminando o viaggiando: *si fermò … ad aspettarli per accompagnarsi con loro* (PIRANDELLO). *2* Prendere qlcu. come compagno: *accompagnarsi con qlcu.* | †Sposarsi: *quanto sarebbe meglio per la vostra casa, che voi vi accompagnaste!* (GOLDONI). *3* (*mus.*) Sostenere il proprio canto con accompagnamento strumentale: *a. alla, con, la chitarra.*

accompagnàto [av. 1300] part. pass. di *accompagnare*; anche agg. *1* (assol.; + *a*; + *da*; raro, lett. + *con*) Nei sign. del v. | Che è in compagnia di qlcu.: *esce sempre a.* | (*est.*, *fig.*) Unito: *bellezza accompagnata a simpatia*; *dolore al petto a. da sudorazione*; *una chiarezza intellettiva accompagnata con un vigore straordinario d'analisi* (DE SANCTIS). *2* (*arald.*) Detto di figura che occupa la posizione centrale dello scudo, affiancata da altre minori. || PROV. Meglio soli che male accompagnati.

accompagnatóre [av. 1406] s. m. (f. *-trice*) *1* Chi accompagna | ***A. turistico***, chi svolge funzioni di guida, assistenza e coordinamento di una comitiva di turisti per conto di una compagnia o agenzia di viaggi. *2* (*sport*) Incaricato con compiti organizzativi, al seguito di una squadra di atleti. *3* (*mus.*) Chi esegue l'accompagnamento.

accompagnatòria [1857] s. f. ● Nel linguaggio burocratico, lettera che accompagna la spedizione di documenti e sim.

accompagnatòrio [1943] agg. ● Che serve di accompagnamento: *lettera accompagnatoria.*

†**accompagnatùra** [1551] s. f. *1* Accompagnamento, seguito, scorta. *2* Accordo.

accompàgno [1858] s. m. *1* (*bur.*) Accompagnamento. *2* (*region.*) Onoranza funebre, funerale: *l'a. all'ultima dimora.* *3* (*dir.*) ***Provvedimenti di a.***, atti normativi che seguono immediatamente la legge finanziaria.

accomunàbile [1865] agg. ● Che si può accomunare.

accomunaménto [1612] s. m. ● L'accomunare, l'accomunarsi | Unione.

accomunàre, (*evit.*) **accumunàre** [comp. di *a-* (*2*) e *comune* (*1*); 1312] **A** v. tr. *1* Mettere in comune: *a. la ricchezza, le idee, i progetti.* *2* Rendere uguali, simili: *il dolore accomuna gli uomini.* *3* Riunire: *a. in sé pregi e difetti.* **B** v. rifl. rec. ● Rendersi uguali, simili: *accomunarsi nel dolore.*

†**acconcézza** [av. 1347] s. f. *1* Attitudine. *2* Eleganza, decoro. *3* Ordine: *pone in a. ed assettamento* (VICO).

acconciàbile [1865] agg. ● Che si può acconciare.

acconciaménto [sec. XIII] s. m. *1* (*raro*) L'acconciare, l'acconciarsi | Abbigliamento, acconciatura. *2* †Disposizione, attitudine.

acconciàre [comp. di *a-* (*2*) e *conciare*; av. 1292] **A** v. tr. (*io accóncio*) *1* (*disus.* o *lett.*) Preparare, disporre in modo conveniente: *a. l'animo alla prova*; *a. una stanza* | †***A. lo stomaco***, ristorarsi | (*raro*) Accomodare, riparare | Regolare, risolvere: *a. una questione* | †Preparare cibi e bevande: *Chichibio … acconcia la gru* (BOCCACCIO) | †Condire, cucinare (*anche assol.*). *2* Abbigliare, adornare con cura: *a. una ragazza per il ballo*; *a. la sposa* | Riassettare: *acconciarsi la veste* | Pettinare: *acconciarsi i capelli*; *acconciarsi la testa* | (*raro*, *iron.*) ***A. qlcu. per le feste***, ridurlo a malpartito. *3* †Collocare, sistemare: *a. in matrimonio.* *4* †Addomesticare | †Pacificare. **B** v. rifl. *1* (*disus.* o *lett.*) Disporsi, prepararsi a qlco.: *acconciarsi a dormire*; *acconciarsi a partire.* *2* Comporsi i capelli | Abbigliarsi, abbellirsi. *3* (*raro*, *lett.*) Adattarsi, conformarsi: *si acconciò suo malgrado alle nostre decisioni* | †Accordarsi, allearsi: *sentendo questa discordia, s'acconciò co' Pisani* (COMPAGNI).

acconciatóre [1336 ca.] s. m. (f. *-trice*) ● (*raro*) Chi acconcia | Parrucchiere.

acconciatùra [sec. XIV] s. f. *1* (*raro*) L'acconciare, l'acconciarsi. *2* Modo di pettinare e di ornare i capelli | Tipo di pettinatura: *un'a. semplice, originale, vistosa* | Ornamento della pettinatura femminile: *a. di fiori, nastri, veli*; *a. da sposa.*

ACCONCIATURA
nomenclatura

acconciatura = pettinatura, taglio

● *tipi di acconciatura*: zazzera = alla maschietta, chierica = tonsura = fratina, all'umberta, carré, a spazzola ⇔ alla nazarena; a caschetto = a casco, alla paggio, alla raffaella, a raggiera, con lo schiaffo = allo schiaffo; basette, ciuffo, virgola, frangia = frangetta, chignon = crocchia, banana, banda = bandeau, onda, treccia, treccine, coda di cavallo, codino, cotonatura, frisé, ricciolo = tirabaci = boccolo;

● *azioni*: pettinare, dare una pettinata, fare la riga = portare la scriminatura (a destra, a sinistra, da una parte; centrale, in mezzo), spazzolare, ravviare = accomodare acconciare = racconciare = raccomodare, modellare = fare la modellatura = fare la permanente (a caldo, a freddo, elettrica, riccia, morbida, leggera), fare l'ondulazione (a caldo, a freddo, permanente), fare la piega (a fon, con i bigodini) mettere in piega, mettere i bigodini, stirare = lisciare ⇔ spettinare, arruffare, scapigliare, scarmigliare, rabbuffare, scarruffare; cotonare, inanellare, intrecciare = fare la treccia, raccogliere, tirare su, legare ⇔ slegare, scioglie-

re i capelli, spargere le chiome; tagliare, pareggiare, sforbiciare = scorciare = spuntare = sfoltire ⇔ tosare = rasare = tonsurare = radere a zero = rapare, farsi la sfumatura (alta ⇔ bassa) = sfumare = scalare; lavare = fare uno shampoo = insaponare, sciacquare, asciugare, tingere = colorare (farsi l'henné = farsi i colpi di luce, farsi le mèches = farsi i colpi di sole) ⇔ decolorare, scurire ⇔ schiarire = ossigenare = imbiondire = platinare; imbrillantinare = impomatare = ungere; imparruccarsi; mettersi ⇔ levarsi la parrucca; portare la parrucca, pettinare la parrucca;
● *persone*: acconciatore = parrucchiere per donna = coiffeur pour dames, parrucchiere per uomo = barbiere.

†**acconcìme** [av. 1348] s. m. *1* Restauro, riparazione. *2* Abbigliamento.

accóncio (1) [da *acconciato*, part. pass. di *acconciare*; av. 1294] agg. (pl. f. *-ce*) *1* (*lett.*) Idoneo, conveniente: *parole acconce; mezzi acconci*. SIN. Adatto, appropriato. *2* (*lett.*) Preparato, pronto. *3* (*lett.*) Abbigliato, ornato con cura | Ben pettinato. *4* †Disposto, incline: *sono a. a non desiderare più cosa alcuna* (MACHIAVELLI). ‖ **acconciaménte**, avv. Con decoro, comodità, convenienza.

†**accóncio** (2) [da *acconciare*; sec. XIII] s. m. *1* Convenienza, vantaggio | Comodo | ***Cadere, venire, tornare in a.***, tornare utile, venire a proposito. *2* Adattamento, sistemazione: *fatto che io ebbi tutti gli acconci della casa e della bottega* (CELLINI).

accondiscendènte [1961] part. pres. di *accondiscendere*; anche agg. ● Condiscendente.

accondiscendènza [1869] s. f. ● (*raro*) Condiscendenza.

accondiscéndere o **accondiscèndere** [comp. di *a-* (2) e *condiscendere*; 1764] v. intr. (coniug. come *scendere*; aus. *avere*) ● Condiscendere, consentire: *a. alle richieste, ai voleri di qlcu.*

acconsentiménto [sec. XIV] s. m. ● (*raro*) Consenso.

♦**acconsentìre** [comp. di *a-* (2) e *consentire*; 1292] **A** v. intr. (pres. *io acconsènto*; part. pres. *acconsenziènte* (V.); aus. *avere*) *1* Dare il proprio consenso, la propria approvazione: *a. a una proposta, a un progetto, a una richiesta*. SIN. Aderire. *2* Cedere, con riferimento a oggetti che possiedono un certo grado di elasticità: *a. alla pressione, alla trazione*. **B** v. tr. *1* †Accordare, concedere: *con le armi gli feci a. quello che prima ... non aveva acconsentito* (MACHIAVELLI). *2* (*mar.*) Filare il cavo di una vela via via che si tende, in modo che non si spezzi. ‖ PROV. Chi tace acconsente.

acconsenziènte [av. 1294] part. pres. di *acconsentire*; anche agg. ● (*raro*) Consenziente.

†**accontàre** [provz. *aco(i)ntar*, dal lat. parl. **accognitāre*; sec. XIII] **A** v. tr. ● Incontrare, conoscere. **B** v. rifl. rec. ● Fare conoscenza, incontrarsi, intendersi: *ci accontammo presto con una brigata di giovanotti* (CARDUCCI).

accontentaménto [1950] s. m. ● Soddisfazione, appagamento.

♦**accontentàre** [comp. di *a-* (2) e *contento*; 1739] **A** v. tr. (*io accontènto*) ● Soddisfare, rendere contento: *vedrò di accontentarti*. SIN. Compiacere, contentare. CONTR. Scontentare. **B** v. intr. pron. ● Essere contento, soddisfatto: *non si accontenta mai di ciò che ha* | Limitarsi nei desideri: *bisognerà accontentarsi*.

accónto (1) [comp. di *a-* (2) e *conto* (1); sec. XVII] s. m. ● Anticipazione di parte di una prestazione in denaro: *versare, chiedere un a.*

†**accónto** (2) [lat. *accŏgnitu(m)* 'riconosciuto', part. pass. di *accognōscere* 'riconoscere', comp. di *ăd* e *cognōscere* 'conoscere'; av. 1348] s. m. ● Familiare, amico.

accoppàre [comp. di *a-* (2) e *coppa* (2) in quanto si uccideva colpendo su di essa; 1663] **A** v. tr. (*io accóppo* o *accòppo*) ● (*pop.*) Uccidere in modo brutale: *si scambiarono dei pugni che avrebbero accoppato un bue* (VERGA). **B** v. intr. pron. ● (*pop.*) Rimanere ucciso: *a momenti si accoppava*.

accoppiàbile [1580] agg. ● Che si può accoppiare.

accoppiaménto [1579] s. m. *1* Unione in coppia: *a. di due classi scolastiche per un'attività comune; a. di due capi di vestiario; Tanto singolare a. d'audacia e di perseveranza* (MANZONI). SIN. Abbinamento | (*mecc.*) Collegamento fra due organi meccanici rigidi, uno interno all'altro, con combaciamento di superfici uguali | ***A. degli assi***, collegamento di uno o più assi della locomotiva con l'asse motore mediante manovelle e bielle | Mutua azione magnetica tra due circuiti elettrici. *2* Unione sessuale tra maschio e femmina di animali: *la vedova nera divora il maschio dopo l'a.* | Unione sessuale tra uomo e donna (gener. spreg. o in riferimento a episodi di violenza carnale).

accoppiàre [comp. di *a-* (2) e *coppia*; 1313] **A** v. tr. (*io accòppio* o *accóppio*) *1* Unire in coppia: *a. due soprammobili; quella donna accoppia l'intelligenza alla bellezza* | †Unire in matrimonio. *2* Fare unire sessualmente il maschio e la femmina di una specie animale per la riproduzione. *3* Collegare due organi meccanici | Unire fra loro due o più materiali di spessore sottile, al fine di ottenere un unico elemento più idoneo all'imballaggio. **B** v. rifl. e intr. pron. ● Unirsi in coppia: *accoppiarsi nella danza; quei due si accoppiano bene; quella cravatta non si accoppia con la giacca*. **C** v. rifl. rec. ● Unirsi sessualmente, detto spec. di animali.

accoppiàta [1942] s. f. *1* Nell'ippica, tipo di scommessa sull'indicazione dei primi due cavalli classificati | ***A. reversibile***, in cui non è necessario indicare l'ordine preciso di classifica quando i cavalli dichiarati partenti sono più di quattro. *2* (*est.*) Coppia di persone con caratteristiche simili o con comune attività.

accoppiàto [av. 1348] **A** part. pass. di *accoppiare*; anche agg. *1* Nei sign. del v. *2* ***Rima accoppiata***, fra due versi consecutivi. SIN. Rima baciata. **B** s. m. ● Manufatto risultante dall'unione di due o più materiali di spessore sottile, usato nell'imballaggio.

†**accoppiatóio** [1688] s. m. ● Guinzaglio che serve a tenere in coppia i cani da caccia.

accoppiatóre [av. 1498] s. m. *1* (f. *-trice*) (*raro*) Chi accoppia. *2* Nella Toscana medievale, magistrato addetto agli scrutini nelle elezioni comunali. *3* Dispositivo atto al collegamento delle condutture elettriche, pneumatiche, idrauliche e sim. fra due veicoli ferroviari o fra autocarro e rimorchio.

accoppiatrìce [da *accoppiare*; 1829] s. f. *1* (*elettr.*) Macchina per costruire cavi elettrici a coppie. *2* Macchina tessile che accoppia i fili per la torcitura. SIN. Binatrice.

accoppiatùra [av. 1705] s. f. ● Accoppiamento.

accoraménto [1694] s. m. ● Stato di profonda tristezza, afflizione e sim.: *essere in preda a un grave a.*

accoràre [comp. di *a-* (2) e *core*; 1300 ca.] **A** v. tr. (*io accòro*) *1* (*lett.*) Affliggere, contristare: *domandal tu ancora / di quel che credi ch'a me satisfaccia; / ch'i' non potrei, tanta pietà m'accora* (DANTE *Inf.* XII, 82-84). SIN. Addolorare. *2* (*lett.*) Colpire mortalmente al cuore | (*tosc.*) Uccidere trafiggendo il cuore, spec. con riferimento ai suini. **B** v. intr. pron. ● (*lett.*) Affliggersi profondamente.

accoratézza [1955] s. f. ● (*raro*) Accoramento, nel sign. 1.

accoràto [av. 1306] part. pass. di *accorare*; anche agg. ● Triste, sconfortato | Che esprime o provoca tristezza: *un canto a.* ‖ **accorataménte**, avv.

accoratóio [da *accorare* 'ferire al cuore'; 1855] s. m. ● (*tosc.*) Pugnale o coltello per accorare i suini.

accorazióne [av. 1698] s. f. ● (*lett.*) Accoramento, nel sign. 1.

accorciàbile [1865] agg. ● Che si può accorciare.

accorciaménto [1519] s. m. *1* L'accorciare, l'accorciarsi. *2* (*ling.*) Sostituzione di una forma ridotta o tronca alla forma piena di una parola: *in parole composte 'aero-' è a. di 'aeronautica'*.

accorciàre [lat. parl. **accurtiāre*, da *cŭrtior*, compar. di *cŭrtus* 'accorciato'; 1312] **A** v. tr. (*io accórcio*) *1* Diminuire di lunghezza: *a. un vestito, un bastone* | Abbreviare: *a. un discorso, una strada*. *2* Abbreviare, contrarre una parola, una frase. **B** v. intr. e intr. pron. (aus. *essere*) ● Diventare più corto: *le giornate accorciano; con la galleria il percorso si accorcia*.

accorciàta s. f. ● Atto dell'accorciare, spec. in fretta o in modo sommario. ‖ **accorciatina**, dim.

accorciatìvo [1726] **A** agg. ● Che serve ad accorciare. **B** s. m. ● Forma abbreviata di una parola: *Tonio è l'a. di Antonio; bici è l'a. di bicicletta*.

accorciàto [av. 1684] part. pass. di *accorciare*; anche agg. ● Nei sign. del v. ‖ **accorciataménte**, avv. In modo accorciato; per contrazione.

accorciatóia [1865] s. f. ● (*raro*) Scorciatoia.

accorciatùra [1773] s. f. ● Accorciamento.

accorcìre [var. di *accorciare*; 1879] v. tr. e intr. pron. (*io accorcisco, tu accorcisci*) ● (*tosc.*) Accorciare.

accordàbile [1832] agg. ● Che si può accordare. ‖ **accordabilménte**, avv. (*raro*) In modo compatibile.

accordaménto [1310 ca.] s. m. ● (*raro*) Accordo | Concordanza, armonia.

†**accordànza** [1294] s. f. ● (*lett.*) Accordo, consenso.

accordàre [o dal lat. **acchordāre*, da *chŏrda* (degli strumenti musicali) o dal lat. **accordāre*, da *cŏr*, genit. *cŏrdis*, 'cuore'; av. 1292] **A** v. tr. (*io accòrdo*) *1* Mettere d'accordo, in armonia: *a. le opposte tendenze*. *2* (*est.*) Uniformare due o più elementi, spec. colori e sim., in modo da evitare contrasti e discordanze: *a. la tappezzeria e i tappeti*. *3* (*mus.*) Realizzare la giusta intonazione degli strumenti musicali in base al la del corista o diapason | Dare la identica giusta intonazione a strumenti e voci di un complesso. *4* Concordare in genere, numero, caso e persona i termini di una frase. *5* Concedere: *a. un beneficio, una grazia; a. l'amnistia*. **B** v. rifl. rec. ● Mettersi d'accordo: *ci accordammo sulle clausole del contratto*. **C** v. intr. pron. ● Conformarsi: *i tuoi atti non s'accordano con le tue parole* | Intonarsi, armonizzarsi: *il colore delle tue scarpe non si accorda con quello dell'abito*.

accordàta [1865] s. f. ● (*mus.*) Rapida accordatura: *dare un'a. al violino*. ‖ **accordatina**, dim.

accordàto [1314] part. pass. di *accordare*; anche agg. *1* Che si è messo d'accordo: *con loro accordatesi, ...* (BOCCACCIO) | Armonizzato. *2* Portato alla giusta intonazione. *3* Concesso. *4* †Pagato. *5* †Stabilito, concordato. ‖ **accordataménte**, avv. (*raro*) Con accordo.

accordatóre [1342] s. m. (f. *-trice*) ● Chi accorda strumenti musicali, spec. pianoforti.

accordatùra [1638] s. f. ● (*mus.*) Operazione dell'accordare strumenti musicali | Giusta intonazione.

accordellàre [comp. di *a-* (2) e *cordella*; 1707] v. tr. (*io accordèllo*) ● Attorcere in forma di corda.

accordellàto [sec. XV] **A** part. pass. di *accordellare*; anche agg. ● Nei sign. del v. | (*lett.*) Allacciato con cordelle. **B** s. m. ● †Panno grossolano, tessuto a righe.

accordéon /fr. akɔrde'ɔ̃/ [V. *accordio* (1)] s. m. inv. ● (*mus.*) Nome francese della fisarmonica.

accòrdio (1) [fr. *accordéon*, dal n. dell'inventore, il ted. *Akkordion*; 1865] s. m. ● Specie di antico organino.

accordio (2) [da *accordare*; 1865] s. m. ● Prolungata accordatura di strumenti musicali.

accordìssimo [da *accordo*, col suff. *-issimo* dei superl.; 1970] s. m. ● (*fam.*) Solo nella loc. avv. ***d'a.***, ottimamente, benissimo, con valore affermativo o conclusivo.

♦**accòrdo** [da *accordare*; 1312] s. m. *1* Unione armonica di sentimenti, opinioni, idee e sim. | ***Essere, trovarsi, andare d'a.***, pensare e sentire in modo conforme | ***Andare d'amore e d'a.***, trovarsi in piena concordia con qlcu. | ***Andare d'a. come cani e gatti***, litigare continuamente | (*ellitt.*) ***D'a.!***, bene!, usato come recisa affermazione o con valore più genericamente conclusivo. *2* (*dir.*) Incontro di più volontà per costituire o estinguere un rapporto giuridico | Nel diritto internazionale, convenzione, patto, trattato: *l'a. non è stato ancora ratificato da alcuno Stato*. *3* (*est.*) Intesa dopo un contrasto o una trattativa: *le banche sono giunte a un a. definitivo; negoziare, stipulare, ratificare un a.; è stato firmato un a. tra governo e sindacati* | ***A. quadro, a. cornice***, intesa sui principi generali. *4* (*mus.*) Unione simultanea di più suoni aventi differente altezza. *5* (*ling.*) Concordanza. ‖ **accordino**, dim.

♦**accòrgersi** [lat. parl. **adcorrĭgere*, da *corrĭgere* 'raddrizzare, correggere'; 1292] v. intr. pron. (pres. *io mi accòrgo, tu ti accòrgi*; pass. rem. *io mi accòrsi, tu ti accorgésti*; part. pass. *accòrto* (V.)) (+ *di* seguito da inf., sost. o pron.; + *che* seguito da indic.) ● Rendersi conto a un tratto di qlco. che prima non si era osservato o che si ignorava: *non mi ero accorto che eri arrivato*; *non s'accorgevano di dir le stesse cose* (LEOPARDI); *mi accorsi troppo tardi dell'inganno*; *andò avanti, senza che nessuno s'accorgesse di lui* (MANZONI); *accortosi della mia presenza, si alzò e venne a salutarmi*; (frequente anche nella forma *accorgersene*); *scusami, non me n'ero accorto*; *agisce male senza accorgersene*; (con tono di minaccia) *si accorgerà chi è il più forte!*; *che la smetta, o se ne accorgerà!* SIN. Avvedersi, capire.

accorgiménto [av. 1292] s. m. *1* (*lett.*) Capacità di comprendere; prudenza, discernimento: *Aveva saputo far le sue cose con molto a.* (D'ANNUNZIO) | Accortezza, prontezza: *ebbe l'a. di nascondersi.* SIN. Avvertenza. *2* Provvedimento accorto e ingegnoso: *i fiori vanno fatti essiccare con opportuni accorgimenti* | Espediente astuto: *ha messo in pratica un abile a.*

accorpaménto [1983] s. m. ● Riunione, unificazione: *a. delle aliquote IVA.*

accorpàre [comp. parasintetico di *corpo*; 1976] v. tr. (*io accòrpo*) ● Riunire in un unico organismo uffici, enti, servizi e sim. | (*est.*) Mettere insieme, unificare.

†**accòrre** ● V. *accogliere.*

♦**accórrere** [lat. *accŭrrere*, comp. di *ăd* e *cŭrrere* 'correre'; 1276] v. intr. (coniug. come *correre*; aus. *essere*) *1* Correre verso un luogo, spec. per curiosità o per portare aiuto: *la gente accorreva da ogni parte*; *accorsero tutti a vedere*; *accorremmo sul luogo dell'incidente.* *2* †Occorrere.

†**accorruòmo** o †**accorr'uòmo** [da *accorr(i) uomo!*; 1566] inter. ● Usata per invocare aiuto: *gridare a.*

accorsàto [part. pass. del dial. *accorsare* 'dar corso'; 1858] agg. ● (*merid.*) Di negozio e sim., ben avviato | Molto frequentato.

accórsi ● V. *accorrere.*

accòrsi, mi ● V. *accorgersi.*

accórso [1618] **A** part. pass. di *accorrere*; anche agg. ● Nei sign. del v. **B** s. m. ● (*lett.*) Chi è convenuto in un luogo: *Già nella curiosità degli accorsi s'era sparso il nome* (D'ANNUNZIO).

accortézza [av. 1347] s. f. ● Avvedutezza, prontezza, sagacia: *è dotato di grande a.*; *agire con a.*

♦**accòrto** [av. 1257] part. pass. di *accorgersi*; anche agg. *1* (assol.; + *nel* seguito da inf.) Di chi unisce in sé la prudenza e l'astuzia: *un a. uomo d'affari*; *una persona accorta nel valutare le situazioni* | ***Essere, stare a.***, fare attenzione | ***Fare a. qlcu.***, mettere qlcu. sull'avviso | ***Male a., mal a.***, malaccorto. SIN. Astuto, avveduto, oculato, sagace. *2* †Informato, che sa: *Donna del ciel, di queste cose accorta* (DANTE *Purg.* IX, 88). *3* †Rapido, spedito: *quinci il tornare a mia magione è a.* (POLIZIANO). || **accortaménte**, avv. Con accortezza.

accosciàrsi [comp. di *a-* (2) e *coscia*; 1313] v. intr. pron. (*io mi accòscio*) ● Abbassarsi con le ginocchia flesse e le cosce appoggiate sui polpacci.

accosciàta s. f. ● (*sport*) Nel sollevamento pesi, posizione ad arti inferiori completamente piegati e ginocchia divaricate, assunta da un atleta prima di compiere un'alzata.

accostàbile [1865] agg. *1* A cui ci si può facilmente avvicinare: *spiaggia facilmente a.* SIN. Accessibile, raggiungibile. *2* (*fig.*) Affabile, alla mano: *il sindaco è una persona a.*

accostaménto [sec. XIV] s. m. ● Manovra dell'accostare | L'accostarsi: *a. ai sacramenti*; *a. a una fede, a un'ideologia* | Avvicinamento, giustapposizione: *a. di colori*; *il collage si basa sull'a. di materiali diversi.*

♦**accostàre** [comp. di *a-* (2) e *costa*; sec. XIII] **A** v. tr. (*io accòsto*) ● Porre accanto, avvicinare: *a. l'auto al marciapiede*; *a. la poltrona alla parete*; *a. il bicchiere alle labbra* | ***A. una persona***, avvicinarla | ***A. la porta, le imposte***, socchiuderle. SIN. Appressare. **B** v. intr. (aus. *avere*) ● (*mar.*) Dirigere su una nuova rotta | Manovrare avvicinando il fianco della nave ad altra nave o alla banchina | (*aer., raro*) Virare. **C** v. rifl. ● Mettersi vicino a qlco. o a qlcu.: *accostarsi al fuoco, alla luce, a un amico* | (*fig.*) ***Accostarsi a un'idea, a un partito***, stare per aderirvi | (*fig.*) ***Accostarsi a un'arte***, interessarsene | (*fig.*) ***Accostarsi ai classici***, intraprenderne lo studio | (*fig.*) ***Accostarsi ai sacramenti***, confessarsi e comunicarsi. SIN. Appressarsi, avvicinarsi. **D** v. intr. pron. ● Rassomigliare: *un verde che si accosta all'azzurro.*

accostàta [1916] s. f. ● (*mar., aer.*) Manovra dell'accostare.

accostatùra [1612] s. f. *1* (*raro*) Accostamento. *2* Attaccatura: *l'a. di due piastre metalliche.*

accostévole [1300 ca.] agg. ● (*lett.*) Accostabile.

accòsto [da *accostare*; 1342] **A** avv. ● Accanto, a lato, vicino: *stare, venire a.* | ***A. a.***, vicinissimo. **B** nella loc. prep. ***accosto a***, vicino a: *a. al muro*; *stare l'uno a. all'altro.* **C** agg. ● (*pop., tosc.*) Accostato: *lascia la porta accosta* | Vicino: *la scuola accosta.* **D** s. m. *1* (*raro*) Accostamento | (*fig., disus.*) Aiuto, protezione. *2* (*mar.*) Attracco, approdo: *gancio d'a.* *3* Nelle bocce, l'andare a punto.

accostolàre [comp. di *a-* (2) e *costola*; 1865] v. tr. (*io accòstolo*) ● Lavorare a coste un tessuto, un panno e sim.

accostolàto [1865] **A** part. pass. di *accostolare*; anche agg. ● Nei sign. del v. **B** s. m. ● (*raro*) Corbame.

accostolatùra [da *accostolare*; 1865] s. f. ● Piega falsa che prende il panno durante la follatura.

accostumàre [comp. di *a-* (2) e *costume*; av. 1292] **A** v. tr. ● (*lett.*) Abituare, assuefare: *l'hanno accostumato fin da piccolo all'obbedienza*; *alle catene / la destra accostumò* (METASTASIO) | Educare. **B** v. rifl. ● (*lett.*) Abituarsi: *accostumarsi alle contrarietà.*

accotonàre [comp. di *a-* (2) e *cotone*; sec. XV] v. tr. (*io accotóno*) *1* Nell'industria tessile, arricciare il pelo ai pannilani. *2* Cotonare, detto dei capelli: *farsi a. dal parrucchiere.* *3* (*raro*) Foderare di cotone.

accotonatóre [1559] s. m. (f. *-trice*) ● Operaio tessile addetto all'accotonatura.

accotonatùra [1797] s. f. ● Operazione dell'accotonare.

accottimàre [comp. di *a-* (2) e *cottimo*; 1865] v. tr. (*io accòttimo*) ● Dare a cottimo | (*raro*) Prendere a cottimo.

account /ingl. əˈkhaont/ [1987] s. m. inv. *1* (*econ.*) Accorc. di *account-executive.* *2* (*elab.*) Registrazione di un utente presso un provider di accesso a Internet | Il codice univoco che identifica tale registrazione.

account executive /akˈkaunt egˈzɛkutiv, *ingl.* əˈkhaont̬ɪgˌzɛkjʊtɪv/ [ingl., propr. 'funzionario addetto al cliente', comp. di *account* 'cliente' ed *executive* 'funzionario'; 1970] loc. sost. m. e f. inv. (pl. ingl. *account executives*) ● Funzionario commerciale che gestisce i fondi stanziati da uno o più clienti spec. in un'agenzia pubblicitaria.

accovacciàrsi [comp. di *a-* (2) e *covaccio*; 1478] v. rifl. (*io mi accovàccio*) ● Rannicchiarsi, acquattarsi: *la lepre si accovaccia nella tana*; *si accovacciò dietro un cespuglio.*

accovonàre [comp. di *a-* (2) e *covone*; 1623] v. tr. (*io accovóno*) ● Riunire e legare in covoni piante tagliate di cereali: *a. il grano.*

accovonatóre [1961] s. m. *1* (f. *-trice*) Chi accovona il grano. *2* Organo della macchina mietilegatrice che unisce e comprime gli steli per la legatura in covoni.

accozzàbile [1865] agg. ● Che si può accozzare.

accozzàglia [da *accozzare*; 1805] s. f. ● (*spreg.*) Raccolta disordinata di cose o persone: *un'a. di mobili, di idee*; *una … a. di gente varia d'età e di sesso* (MANZONI). SIN. Congerie, farragine, miscuglio.

accozzàme [av. 1883] s. m. ● (*lett.*) Accozzaglia: *un a. di roba filosofica* (DE SANCTIS).

accozzaménto [1353] s. m. ● L'accozzare, l'accozzarsi | Insieme disordinato di cose.

accozzàre [comp. di *a-* (2) e *cozzare*; 1353] **A** v. tr. (*io accòzzo*) ● Mettere insieme in modo disordinato cose o persone: *a. libri, idee, progetti* | (*fam., tosc.*) ***A. i pentolini***, mangiare insieme portando ognuno le proprie provviste. **B** v. rifl. e rifl. rec. *1* (*lett.*) Riunirsi, adunarsi | Imbattersi. *2* †Accordarsi. *3* †Scontrarsi, azzuffarsi.

accozzatóre [av. 1796] s. m. (f. *-trice*) ● Chi accozza oggetti o idee.

accòzzo [da *accozzare*; 1819] s. m. ● Accozzamento | Complesso delle cose accozzate.

accreditàbile [1865] agg. ● Che si può accreditare.

accreditaménto [1852] s. m. *1* L'accreditare: *l'a. di un'ipotesi.* *2* Operazione contabile con cui si segna a credito una somma: *ordine di a.* SIN. Accredito | ***Assegno per a.***, quello che l'ultimo giratario deve presentare a una banca perché gli sia accreditato in conto corrente | ***A. in conto***, giroconto. *3* Procedimento col quale un agente diplomatico, dietro presentazione e accettazione delle lettere credenziali, viene investito del suo ufficio nello Stato presso cui è inviato.

accreditànte [1961] part. pres. di *accreditare*; anche agg. e s. m. e f. ● Che (o Chi) accredita.

accreditàre [comp. di *a-* (2) e *credito*; av. 1600] **A** v. tr. (*io accrédito*) *1* Rendere credibile: *a. un fatto, una notizia, una voce.* SIN. Avvalorare. *2* Procedere all'accreditamento di un agente diplomatico. *3* (*banca*) Segnare a credito: *a. una somma in conto corrente.* **B** v. rifl. ● Acquistare credibilità. CONTR. Screditarsi.

accreditatàrio [1955] s. m. (f. *-a*) ● Chi beneficia di un accreditamento.

accreditàto [1661] **A** part. pass. di *accreditare*; anche agg. *1* Che ha credito, che gode di credibilità: *un'ipotesi accreditata*; *fonti accreditate*; *un ricercatore a.* *2* Detto di giornalista autorizzato a frequentare determinati uffici per attingervi informazioni. **B** s. m. (f. *-a*) ● Persona a favore della quale è fatta una apertura di credito.

accrédito [1953] s. m. ● Accreditamento, nel sign. 2.

accréscere [lat. *accrēscere*, comp. di *ăd* 'a' e *crēscere* 'crescere'; 1250] **A** v. tr. (coniug. come *crescere*) ● Rendere più vaste le dimensioni di qlco. (*anche fig.*): *a. la propria ricchezza*; *a. la propria cultura.* SIN. Aumentare. **B** v. intr. e intr. pron. (aus. *essere*) ● Aumentare, crescere: *il gruppo s'è accresciuto di due nuovi elementi*; *accrescendo sempre in fama, si fece eccellente* (VASARI).

accresciménto [1257] s. m. *1* L'accrescere, l'accrescersi: *l'a. della popolazione.* SIN. Aumento, incremento, ingrandimento. *2* (*biol.*) Insieme dei processi attraverso i quali un organismo vivente o un suo organo aumenta di massa e di volume. SIN. Crescita, sviluppo. CFR. auxo-. *3* (*dir.*) Acquisto, a favore del coerede, collegatario, condonatario, della quota di altro contitolare rimasta vacante. *4* (*ling.*) Derivazione di un vocabolo da un altro mediante suffissi accrescitivi | Amplificazione. *5* (*miner.*) Aumento di dimensioni di un cristallo per successivi apporti di particelle materiali.

accrescitìvo [1308] **A** agg. ● Che è atto ad accrescere. || **accrescitivaménte**, avv. (*raro*) Con accrescimento. **B** s. m. ● (*ling.*) Sostantivo o aggettivo alterato formato con l'aggiunta di un suffisso di accrescimento: *'bambinone' è un a.*; *'lampone' è un falso a. di 'lampo'.* CONTR. Diminutivo.

†**accrescitóre** [1312] s. m.; anche agg. (f. *-trice*) ● (*lett.*) Chi (o Che) accresce.

accresciùto [sec. XIV] part. pass. di *accrescere*; anche agg. ● Aumentato, più grande: *l'accresciuta importanza di un'attività.*

accrespàre [comp. di *a-* (2) e *crespare*; av. 1406] v. tr. (*io accréspo*) ● (*raro*) Increspare.

accrespatùra [1865] s. f. ● (*raro*) Increspatura.

accreziòne [vc. dotta, lat. *accretiōne(m)*, da *accrēscere* 'accrescere'; sec. XVII] s. f. *1* (*disus., lett.*) Crescita, accrescimento | (*geol.*) ***Blocco di a.***, V. *blocco.* *2* (*dir., raro*) Accrescimento.

accroccàre [comp. di *a-* (2) e *crocco*; sec. XIII] v. tr. (*io accròcco, tu accròcchi*) *1* †Prendere col crocco, uncinare | (*fig.*) Accalappiare. *2* (*region.*) Appioppare.

accròcco [deriv. di *accroccare*; 1990] s. m. (pl. *-chi*) *1* (*region.*) Mucchio, ammasso di cose. *2* (*region.*) Lavoro fatto alla meglio. SIN. Abborracciatura.

accrochage /fr. akrɔˈʃaːʒ/ [fr., da *accrocher* 'agganciare', da *croc* 'uncino', di orig. scandinava; 1939] s. m. inv. ● Negli sport nautici, collisione.

accùbito [vc. dotta, lat. *accŭbitu(m)*, comp. di *ăd* e *cubāre* 'essere sdraiato'; 1631] s. m. *1* Posizione di chi si pone a giacere appoggiandosi su un gomito (tipica degli antichi Greci e Romani quando stavano a mensa). *2* Triclinio. *3* Covata, nel sign. 4.

accucciàrsi [comp. di *a-* (2) e *cuccia*; 1834] v. rifl. (*io mi accùccio*) *1* Rincantucciarsi dei cani dentro la cuccia | (*est.*) Accovacciarsi: *il cane si accuccia ai piedi del padrone.* *2* Detto di persona, rannicchiarsi, accoccolarsi.

accucciolàrsi [comp. di *a-* (*2*) e *cucciolo*; 1840] **v. rifl.** (*io mi accùcciolo*) ● (*raro*) Accucciarsi.

♦**accudìre** [sp. *acudir* 'assistere', con cambio di pref. dall'ant. *recudir* 'ricorrere', dal lat. *recŭtere* 'scuotere'; 1526] **A v. intr.** (*io accudìsco, tu accudìsci*; aus. *avere*) (+*a*) ● Attendere con cura a lavori, spec. domestici: *a. alle faccende di casa, ai fornelli* | (*raro*) Aver cura di: *a. alla vita di una persona cara.* SIN. Badare, dedicarsi, occuparsi. **B v. tr.** ● Assistere: *a. un infermo, un bambino.*

acculaménto [1955] **s. m.** ● L'acculare, l'accularsi.

accu̇làre [comp. di *a-* (*2*) e *culo*; av. 1527] **A v. tr.** *1* Far indietreggiare un animale domestico: *a. un cavallo, un mulo.* *2* (*est.*) Disporre un carretto, un calesse o un barroccio con le stanghe alzate e la parte posteriore a terra. **B v. rifl.** *1* Detto dei quadrupedi, sedersi con la parte anteriore del corpo appoggiata alle zampe anteriori ritte. *2* (*spreg., lett.*) Insediarsi, stanziarsi: *quelli spagnuoli si erano acculati in tre o quattro di queste città* (MACHIAVELLI).

acculattàre [comp. di *a-* (*2*) e *culatta*; av. 1665] **v. tr.** ● Afferrare in due una persona per le gambe e per le braccia e farle battere il sedere in terra (un tempo come pena, oggi scherzosamente) | ***A. le panche***, (*fig.*) stare in ozio.

acculattàta [1955] **s. f.** ● Nel diritto medievale, pena per i debitori insolventi consistente nell'acculattarli per tre volte su una pietra (detta 'pietra del vitupèro') in tribunale o sulla pubblica piazza.

acculturaménto [1955] **s. m.** ● Acculturazione.

acculturàre [1974] **A v. tr.** ● (*antrop.*) Far compiere un processo di acculturazione. **B v. intr. pron.** *1* (*antrop., sociol.*) Subire o compiere un processo di acculturazione. *2* (*gener.*) Acquisire un certo grado di cultura.

acculturàto [1967] **part. pass.** di *acculturarsi*; anche **agg.** ● Nel sign. del v.

acculturazióne [ingl. *acculturation*, da *culture* 'cultura'; 1947] **s. f.** ● (*antrop.*) Processo di assimilazione di elementi culturali estranei da parte di un gruppo.

accumulàbile [1865] **agg.** ● Che si può accumulare.

accumulaménto [1615] **s. m.** ● (*raro*) Accumulazione, accumulo.

♦**accumulàre** [vc. dotta, lat. *accumulāre*, comp. di *ăd* 'a' e *cumulāre* 'cumulare'; 1313] **A v. tr.** (*io accùmulo*) *1* Mettere insieme, raccogliere in grande quantità (*anche fig.*): *a. denaro, ricchezze*; *a. debiti*; *a. prove contro un imputato*; *a. esperienze* | (*assol.*) Risparmiare denaro: *quel vecchio accumula da anni.* *2* Mettere più cose una sull'altra: *a. i libri in una stanza.* **B v. intr. pron.** ● Raccogliersi in gran quantità: *sul mio tavolo si accumula il lavoro da sbrigare*; *i sedimenti si accumulano sul fondo.*

accumulatóre [vc. dotta, lat. *accumulatōre(m)*, da *accumulāre* 'accumulare'; 1549] **s. m.** *1* (f. *-trice*) Chi accumula. *2* (*fis.*) Apparecchio capace di assorbire e di erogare energia elettrica, meccanica o termica: *a. elettrico.* *3* (*elab.*) Organo o zona di memoria destinato alle operazioni aritmetiche, ed eventualmente anche logiche, sui dati. *4* In varie tecnologie, serbatoio destinato alla raccolta di liquidi, spesso sotto pressione: *a. idraulico, termico.*

accumulazióne [vc. dotta, lat. tardo *accumulatiōne(m)*, da *accumulāre* 'accumulare'; 1342] **s. f.** *1* L'accumulare, l'accumularsi: *a. di denaro*; *scaldaacqua ad a.*; *a. di detriti* | ***Punto di a.***, V. *punto* (*1*) | (*econ.*) Processo per cui in un sistema economico (o in un'impresa) una parte del prodotto viene destinata a costituire il capitale necessario alla produzione di beni futuri | ***A. originaria, primitiva***, per il marxismo, fase di formazione del capitale necessario a iniziare il processo di riproduzione dei beni capitali nel primo stadio del capitalismo. *2* (*ling.*) Ogni figura retorica che consiste nell'accostamento di parole, immagini, concetti non ripetuti | ***A. caotica***, procedimento usato soprattutto nella poesia contemporanea che enumera in modo incoerente oggetti, sentimenti ecc.: *come fai tu che sbatti sulle sponde / tra sugheri alghe asterie / le inutili macerie del tuo abisso* (MONTALE).

accùmulo [av. 1936] **s. m.** *1* Accumulazione. *2* ***A. di frana***, materiale terroso o roccioso deposto da una frana.

accumunàre ● V. *accomunare.*

accuratézza [1550] **s. f.** ● Attenzione, diligenza, esattezza: *è un oggetto lavorato con estrema a.*

accuràto [part. pass. del lat. *accurāre*, comp. di *ăd* e *curāre* 'curare'; 1441] **part. pass.** di †*accurare*; anche **agg.** *1* Fatto con cura: *un controllo medico a.* SIN. Preciso, scrupoloso | Che rivela cura: *veste in maniera accurata.* *2* Diligente: *un artigiano a.* || **accuratamente**, **avv.** Con cura.

accùṣa [da *accusare*; 1290] **s. f.** *1* Atto con cui si attribuisce una colpa a qlcu.: *a. falsa, ingiusta, ignominiosa.* *2* (*dir.*) Attribuzione a una persona di un illecito penale o civile da parte di un organo pubblico o di un privato: *a. di omicidio colposo*; *atto d'a.* | ***Pubblica a.***, (*ellitt.*) ***accusa***, magistrato che in un giudizio sostiene l'accusa; pubblico ministero. CONTR. Difesa | ***Capo d'a.***, elenco dei fatti attribuiti all'imputato nell'atto d'accusa | ***Stato d'a.***, condizione di chi è accusato in giudizio di un reato. SIN. Imputazione. *3* Nel gioco delle carte, dichiarazione di una data combinazione e dei punti a essa connessi. || **accuṣàccia**, **pegg.**

accuṣàbile [vc. dotta, lat. *eccusābile(m)*, da *accusāre* 'accusare'; 1639] **agg.** ● Che si può o si deve accusare.

accuṣabilità [1865] **s. f.** ● Caratteristica di chi (o di ciò che) è accusabile.

♦**accuṣàre** [lat. *accusāre*, comp. di *ăd* e *causāri* 'addurre come pretesto'; 1080 ca.] **A v. tr.** *1* Incolpare, ritenere colpevole: *a. qlcu. di pigrizia, di eccessiva indulgenza, di gravi mancanze* | ***A. la sorte, la fortuna***, attribuirle la responsabilità delle proprie disgrazie. *2* (*dir.*) Chiamare a rispondere di un illecito penale davanti all'autorità giudiziaria adducendo un complesso di ragioni: *a. qlcu. di furto, di truffa.* *3* Manifestare, palesare: *a. un male, un dolore fisico* | (*bur.*) Notificare | ***A. ricevuta di qlco.***, ***a. una lettera***, dichiarare di averla ricevuta | ***A. un ritardo***, nel linguaggio sportivo, averlo, farlo registrare: *il gruppo accusa un ritardo di oltre due minuti* | ***A. il colpo***, risentire di un colpo ricevuto senza riuscire a nasconderlo (*spec. fig.*) | (*fig.*) ***A. la fatica***, mostrare segni evidenti di stanchezza durante una gara o un allenamento. *4* Nel gioco delle carte, dichiarare una combinazione e il relativo punteggio. *5* (*disus.*) Nella scherma, dichiarare di essere stato toccato dall'avversario. **B v. rifl.** ● Dichiararsi colpevole: *la donna si accusò dell'omicidio.* **C v. rifl. rec.** ● Incolparsi l'un l'altro: *i due si sono accusati per tutto il processo.*

accuṣàta [1845] **s. f.** ● Nel gioco delle carte, accusa.

accuṣatìvo [vc. dotta, lat. *accusatīvu(m)* (*cāsum*), da *accusāre* 'accusare' 1300 ca.] **A s. m.** ● Caso della declinazione indoeuropea indicante il complemento oggetto, l'estensione nello spazio e nel tempo, la direzione, la relazione. **B** anche **agg.**: *caso a.*

♦**accuṣàto** [1280] **A part. pass.** di *accusare*; anche **agg.** ● Nei sign. del v. **B s. m.** (f. *-a*) ● Imputato: *l'a. si protesta innocente.*

accuṣatóre [vc. dotta, lat. *accusatōre(m)*, da *accusāre* 'accusare'; av. 1294] **A s. m.** (f. *-trice*) ● Chi accusa, chi denuncia e sostiene l'accusa: *è il suo più feroce a.*; *pubblico a.* **B agg.** ● Che accusa: *voce accusatrice*; *parole accusatrici.* || **accuṣatorèllo**, **dim.**

accuṣatòrio [vc. dotta, lat. *accusatōriu(m)*, da *accusāre* 'accusare'; 1688] **agg.** *1* Che contiene un'accusa o che a essa si riferisce: *orazione accusatoria*; *tono a.* *2* Che serve ad accusare: *atto a.* | (*dir.*) ***Sistema processuale a.***, tipo di processo penale caratterizzato dalla parità fra accusa e difesa nell'individuazione e nella prova dei fatti rilevanti per il giudizio. CFR. Inquisitorio.

accùṣo [1688] **s. m.** ● Nel gioco delle carte, accusa.

ace /ingl. eɪs/ [vc. ingl., propr. 'asso', dal fr. *as*; 1930] **s. m. inv.** ● (*sport*) Nel tennis, servizio vincente, battuta imprendibile | ***Ace sporco***, quando il giocatore che risponde al servizio riesce a toccare la palla con la racchetta.

-ace [dal suff. lat. *-ace(m)*, di orig. indeur.] **suff.** ● Forma aggettivi di origine quasi esclusivamente latina che esprimono facoltà, attitudine, tendenza e sim.: *audace, capace, efficace, fugace, loquace, rapace.*

†**acedia** o **acèdia** ● V. *accidia.*

-àcee [dal suff. lat. *-āceae* (nom.), f. pl. di *-āceus* '-aceo'] **suff.** ● Nella sistematica botanica viene aggiunto al nome di uno dei generi più importanti per indicare la famiglia: *Fagacee, Pinacee, Rosacee.*

Acèfali [pl. di *acefalo*; 1819] **s. m. pl.** (**sing.** *-o*) ● Lamellibranchi (*Acephala*).

acefalìa [da *acefalo*; 1827] **s. f.** ● (*med.*) Mancanza congenita del capo in un feto.

acèfalo [vc. dotta, gr. *aképhalos* 'senza testa', comp. di *a-* (*1*) e *kephalḗ* 'testa'; sec. XIV] **A agg.** *1* Che è senza capo: *una statua acefala* | ***Manoscritto, libro a.***, privo dell'intestazione o delle prime pagine. *2* Nella metrica greca e latina, detto di verso che manca della prima sillaba. *3* (*mus.*) Di ritmo che non incomincia o non riempie il primo tempo forte della misura. *4* (*fig., raro*) Detto di ente, ufficio e sim. carente di direzione, di un capo responsabile. **B s. m.** ● (*zool.*) Ogni individuo appartenente alla classe degli Acefali.

acellulàre [comp. di *a-* (*1*) e *cellula*; 1970] **agg.** ● (*biol.*) Privo di cellule o di struttura cellulare.

Acelòmati [comp. di *a-* (*1*) e *celoma*; 1929] **s. m. pl.** (**sing.** *-o*) ● (*zool.*) Metazoi privi di celoma.

-àceo [corrisponde al lat. *-āceu(m)*, ampliamento del suff. *-āce(m)* '-ace'] **suff.** ● Forma aggettivi di origine quasi esclusivamente latina che esprimono qualità, somiglianza: *cartaceo, coriaceo, erbaceo, farinaceo, perlaceo, violaceo.*

Aceràcee [vc. dotta, comp. di *acer(o)* e *-acee*; 1875] **s. f. pl.** (**sing.** *-a*) ● Nella tassonomia vegetale, famiglia di piante delle Terebintali comprendente un centinaio di specie legnose, con foglie opposte, semplici e fiori verdastri in grappoli (*Aceraceae*). ➡ ILL. **piante**/5.

aceràia [1797] **s. f.** ● (*raro*) Bosco di aceri.

aceratèrio [comp. del gr. *ákerōs* 'senza corno' (comp. a sua volta di *a-* e *kéras* 'corno'. V. *cerambice*) e *thērion* 'belva' (V. *teridio*); 1955] **s. m.** ● Rinoceronte fossile, privo di corno, del Cenozoico (*Aceratherium*).

†**acerbàre** [lat. *acerbāre* 'inacerbire', da *acĕrbus* 'acerbo'] **A v. tr.** ● †Esacerbare, addolorare. **B v. intr. pron.** ● (*lett.*) Inasprirsi.

acerbézza [sec. XIV] **s. f.** *1* Proprietà di ciò che è acerbo | (*est.*) Sapore agro della frutta non matura. *2* (*raro, fig.*) Durezza, severità d'animo | Forte dolore.

acerbità o †**acerbitàde**, †**acerbitàte** [vc. dotta, lat. *acerbitāte(m)*, da *acĕrbus* 'acerbo'; 1308] **s. f.** *1* Proprietà di ciò che è acerbo. SIN. Agrezza, asprezza. *2* (*fig.*) Asprezza, ruvidezza: *una certa ispida a. campagnuola* (PIRANDELLO).

acèrbo o †**acèrvo** (*1*) [lat. *acĕrbu(m)*, dalla radice **ac-* 'essere pungente'; 1294] **agg.** *1* Che non è maturo, che non è cresciuto o sviluppato sufficientemente, spec. con riferimento a frutta: *uva acerba.* *2* (*fig.*) Molto giovane: *un musicista ancora a.* SIN. Immaturo. *3* Aspro, al gusto: *sapore a.* SIN. Agro, brusco. *4* (*fig.*) Severo, duro: *ha un carattere a.*; *è un dolore a.*; *non essere tanto a. e mordace* (CASTIGLIONE). *5* (*lett.*) Doloroso: *amore, / sospiro a. de' provetti giorni* (LEOPARDI). || **acerbétto**, **dim.** | **acerbìno**, **dim.** | **acerbòtto**, **dim.** | **acerbùccio**, **dim.** || **acerbaménte**, **avv.** *1* In modo acerbo; innanzi tempo. *2* Crudelmente, aspramente: *lo rimproverò acerbamente.*

acerèta [1863] **s. f.** ● Bosco di aceri.

acerèto [1829] **s. m.** ● Acereta.

àcero [lat. *ăcere*, abl. di *ăcer* di orig. indeur.; av. 1333] **s. m.** *1* (*bot.*) Genere delle Aceracee con diverse specie arboree a chioma larga e densa, foglie spec. palmato-lobate e frutto alato formato da due samare (*Acer*) | ***A. americano***, con foglie pennate, composte da cinque foglioline, originario degli Stati Uniti e del Messico (*Acer negundo*) | ***A. campestre***, ***a. minore***, alberello con foglie piccole e samare ad angolo retto (*Acer campestre*). SIN. Loppio, oppio (*2*) | ***A. da zucchero***, dell'America settentrionale, con foglie profondamente palmato-lobate biancastre inferiormente e samare divergenti, simbolo del Canadà (*Acer saccharinum*) | ***A. di Montpellier***, piccolo albero delle colline mediterranee con foglie piccole a tre lobi arrotondati (*Acer monspessulanum*) | ***A. fico***, ***a. montano***, albero frequente nei faggeti, con foglie a lobi irregolarmente dentati e samare molto ravvicinate (*Acer pseudoplatanus*). SIN. Loppone | ***A. riccio***, dei faggeti più freddi, con foglie palmate a lobi con pochi denti e samare divergenti (*Acer platanoides*). ➡ ILL. **piante**/5. *2* Legno di tali piante.

acèrra [vc. dotta, lat. *acĕrra(m)*, forse di orig. etrusca; 1499] **s. f.** ● Braciere usato nei sacrifici dai sacerdoti dell'antica Roma | Altare che i Romani ponevano nella stanza dei defunti per bruciarvi incensi.

acèrrimo [superl. di *acre*; av. 1499] **agg.** ● (*fig.*) Fierissimo, irriducibile, veemente: *nemico, odio a.*; *scontro a. di due eserciti.* || **acerrimaménte**, avv.

acervàle [vc. dotta, lat. *acervāle(m)*, da *acĕrvus* 'acervo (2)'; av. 1828] **agg.** ● (*filos.*) Che interessa o concerne l'argomento dell'acervo: *sillogismo a.*

†**acèrvo** (1) ● V. *acerbo.*

acèrvo (2) [vc. dotta, lat. *acĕrvu(m)*, di etim. incerta; 1499] **s. m. 1** (*lett.*) Mucchio di cose adunate insieme. **2** (*filos.*) ***Argomento dell'a.***, ragionamento costituito da una serie di sillogismi concatenati. **SIN.** Polisillogismo, sorite.

acèrvulo o **acèrvolo** [vc. dotta, lat. *acĕrvulu(m)*, dim. di *acĕrvum* 'acervo (2)'; 1955] **s. m.** ● (*bot.*) Corpo fruttifero a forma di cuscinetto formato da conidi in piante soggette all'azione di alcune specie di Funghi parassiti.

acescènte [vc. dotta, lat. *acescĕnte(m)*, part. pres. di *acēscere*, iter. di *acēre* 'esser acido'; 1829] **agg.** ● Che tende a inacidire: *vino a.*

acescènza [dal lat. *acēscere* 'cominciare (*-esc-*) a diventar acido (*acēre*)'; av. 1783] **s. f.** ● Malattia prodotta da batteri che ossidano l'alcol ad acido acetico: *a. del vino.*

acése A agg. ● Di Acireale. **B s. m. e f.** ● Abitante, nativo di Acireale.

acetàbolo o **acetàbulo** [vc. dotta, lat. *acetābulu(m)* 'ampolla per l'aceto' e poi 'coppa', da *acētum* 'aceto'; sec. XIV] **s. m. 1** (*anat.*) Cavità articolare emisferica dell'osso iliaco che accoglie la testa del femore. **SIN.** Cotile. **2** (*zool.*) Grande ventosa dei vermi Trematodi o Cestodi. **3** (*archeol.*) Ampolla per l'aceto in uso presso i Romani.

acetabulària [V. *acetabolo*; 1875] **s. f.** ● Alga delle Sifonali, formata da una cellula (lunga alcuni centimetri) che assume la forma di un ombrellino, concavo verso l'alto, sorretto da uno stipite che fissa l'alga stessa al substrato (*Acetabularia mediterranea*). ➡ **ILL. alga.**

acetàbulo ● V. *acetabolo.*

acetàia [da *aceto* col suff. *-aia*] **s. f.** ● Locale adibito alla preparazione e alla conservazione dell'aceto.

acetaldèide [comp. di *acet(ico)* e *aldeide*; 1913] **s. f.** ● (*chim.*) Aldeide liquida, incolore, di odore pungente e soffocante, ora ottenuta industrialmente per ossidazione dell'etilene, usata spec. nelle sintesi organiche. **SIN.** Aldeide acetica.

acetàle [da *acet(ico)*; 1833] **s. m.** ● (*chim.*) Etere alchilico di odore gradevole che si forma per ossidazione degli alcoli, derivabile dalle aldeidi o dai chetoni, usato come solvente e per materie plastiche.

acetàlico agg. (pl. m. *-ci*) ● (*chim.*) Detto di derivato da un acetale | ***Resina acetalica***, materiale polimerico ottenuto per polimerizzazione di aldeidi; è usata per la produzione di articoli vari mediante stampaggio a iniezione.

acetammìde [comp. di *acet(ico)* e *ammide*; 1875] **s. f.** ● (*chim.*) Ammide dell'acido acetico, che si presenta come una polvere biancastra, solubile in alcol, usata nell'industria farmaceutica, delle materie plastiche e sim.

acetàto [1795] **s. m. 1** (*chim.*) Sale o estere dell'acido acetico: *a. di sodio* | ***A. basico di piombo***, costituente attivo dell'acqua vegeto-minerale | ***A. di alluminio***, usato come mordente, astringente, antisettico | ***A. di cellulosa***, acetilcellulosa. **2** Fibra tessile artificiale simile alla seta ottenuta da acetilcellulosa. **3** Disco di materia plastica, spec. a base di acetati, usato come provino per incisioni fonografiche.

acètico [fr. *acétique*. V. *aceto*; 1795] **agg.** (pl. m. *-ci*) **1** Detto di composto che contiene il radicale acetile | ***Aldeide acetica***, acetaldeide | ***Acido a.***, acido organico, liquido, incolore, di odore pungente, ottenuto dall'acido pirolegnoso o per sintesi, usato nella fabbricazione di materie plastiche, solventi e medicinali. **2** Che produce acido acetico: *fermentazione acetica.*

acetièra s. f. ● Piccola ampolla per l'aceto.

acetificànte [1968] **part. pres.** di *acetificare*; anche **agg.** ● Nel sign. 1 del v.: *batteri acetificanti.*

acetificàre [comp. di *aceto* e *-ficare*; 1950] **v. tr.** (*io acetìfico, tu acetìfichi*) **1** Trasformare alcol in acido acetico. **2** Determinare il contenuto in acido acetico dei liquidi alcolici.

acetificatóre [1955] **s. m. 1** Apparecchio per la produzione dell'aceto. **2** (**f.** *-trice*) Operaio addetto alla preparazione dell'aceto.

acetificazióne [comp. di *aceto* e *-ficazione*; 1775] **s. f.** ● Processo di produzione dell'aceto.

acetifìcio [1970] **s. m.** ● Fabbrica di aceto.

acetil- primo elemento ● In parole composte della terminologia chimica indica il radicale monovalente acetile CH_3CO–: *acetilcellulosa.*

acetilàre [da *acetile*; 1913] **v. tr.** ● (*chim.*) Sottoporre ad acetilazione.

acetilàto [1970] **A s. m.** ● (*chim.*) Composto che ha subito l'acetilazione. **B** anche **agg.**

acetilazióne [1955] **s. f.** ● (*chim.*) Introduzione di un gruppo acetilico in una molecola organica.

acetilcellulósa [comp. di *acetil-* e *cellulosa*; 1930] **s. f.** ● (*chim.*) Estere acetico della cellulosa usato nella produzione di sete artificiali, pellicole ininfiammabili, lacche, vernici, materie plastiche. **SIN.** Acetato di cellulosa.

acetilcolìna [comp. di *acetil-* e *colina*; 1950] **s. f.** ● Estere acetico della colina, considerato il mediatore chimico della trasmissione degli impulsi in certi tipi di fibre nervose, usato in terapia come antispastico, vasodilatatore e ipotensivo.

acetìle [da *aceto*, col suff. *-ile*; 1913] **s. m.** ● (*chim.*) Radicale monovalente ottenuto dall'acido acetico per perdita del gruppo ossidrile.

acetilène [fr. *acétylène*. V. *aceto* ed *etilene*; 1875] **s. m.** ● (*chim.*) Ogni idrocarburo alifatico della serie acetilenica. **SIN.** Alchino | (*per anton.*) Idrocarburo, primo termine della serie acetilenica, gassoso, incolore, ottenuto da carburo di calcio e acqua, impiegato per la fiamma ossiacetilenica e nella produzione di plastificanti, solventi e materie plastiche.

acetilènico [1950] **agg.** (pl. m. *-ci*) ● (*chim.*) Derivato da acetilene, relativo all'acetilene | Detto di idrocarburo alifatico che contiene nella propria molecola uno o più tripli legami.

acetìlico [1970] **agg.** (pl. m. *-ci*) ● (*chim.*) Detto di composto che deriva dal radicale acetile o che lo contiene.

acetilsalicìlico [comp. di *acetil-* e *salicilico*; 1913] **agg.** (pl. m. *-ci*) ● (*chim.*) Detto di derivato acetilico dell'acido salicilico | ***Acido a.***, acido organico, monobasico, solido, bianco, cristallino, che idrolizza dando acido acetico e salicilico, impiegato per usi farmaceutici; **CFR.** Aspirina.

acetilùro [da *acetile*; 1955] **s. m.** ● (*chim.*) Composto derivato dalla sostituzione, totale o parziale, degli atomi di idrogeno dell'acetilene con atomi di metallo | ***A. di calcio***, carburo di calcio.

acetìmetro [comp. di *aceto* e *-metro*; 1913] **s. m.** ● Apparecchio atto a determinare il contenuto in acido acetico dell'aceto.

acetìno [dal colore che ricorda quello dell'*aceto*; 1845] **s. m.** ● Tipo di granato di colore rosso chiaro.

acetìre [1340 ca.] **v. intr.** (*io acetìsco, tu acetìsci*; aus. *essere*) ● Divenire aceto, inacetire.

♦**acéto** [lat. *acētu(m)*, dalla radice **ac-* 'essere pungente'; sec. XIII] **s. m. 1** Il prodotto della fermentazione acetica di liquidi alcolici | ***A. di vino***, (*assol.*) ***aceto***, prodotto dalla fermentazione acetica del vino: *a. bianco, rosso*; *condire con olio e a.* | ***A. balsamico***, ricavato dal mosto di uve bianche, variamente aromatizzato e invecchiato nel tempo, tipico del Modenese | ***A. dei sette, dei quattro ladri***, medicinale, preparato con erbe aromatiche | ***A. aromatico***, aromatizzato con essenze varie, usato anche a scopi medicinali | ***A. artificiale***, ottenuto per diluizione dell'acido acetico industriale | ***Sott'a.***, immerso nell'aceto: *cipolline, cetriolini sott'a.*; *conservare i peperoni sott'a.*; V. anche *sottaceto.* **2** (*fig., lett.*) Mordacità.

acetobattèrio [comp. di *aceto* e *batterio*; 1986] **s. m.** ● (*biol.*) Ciascun batterio in grado di provocare, in presenza di ossigeno, l'ossidazione dell'alcol etilico ad acido acetico.

acetóne [fr. *acétone*, da *acétique* 'acetico'; 1875] **s. m. 1** Chetone semplice, liquido, incolore, di odore etereo, infiammabile, ottenuto spec. da derivati del petrolio, impiegato come solvente e nella produzione di vernici, prodotti farmaceutici e materie plastiche, presente anche negli organismi animali. **2** (*med.*) Correntemente, acetonemia, acetonuria.

acetonemìa [comp. di *acetone* ed *-emia*; 1892] **s. f.** ● (*med.*) Presenza di eccessiva quantità di acetone e altri corpi chetonici nel sangue. **SIN.** Chetonemia.

acetònico [1875] **agg.** (pl. m. *-ci*) ● Relativo ad acetone.

acetonùria o **acetonurìa** [comp. di *acetone* ed *-uria*; 1889] **s. f.** ● (*med.*) Eliminazione eccessiva di acetone e altri corpi chetonici con le urine.

acetósa [da *acetoso*; sec. XIV] **s. f.** ● Pianta erbacea delle Poligonacee con foglie ovate, lanceolate, ricche di acido ossalico o di ossalato acido di potassio (*Rumex acetosa*). **SIN.** Erba brusca.

acetosèlla [da *acetoso*; sec. XIV] **s. f. 1** Pianta erbacea delle Oxalidacee con foglie composte da tre foglioline di sapore acidulo portate da rizomi perenni (*Oxalis acetosella*). **SIN.** Alleluia, erba luiula, trifoglio acetoso. ➡ **ILL. piante**/4. **2** ***Sale di a.***, solvente usato per togliere le macchie di ruggine o d'inchiostro.

acetosità [1300 ca.] **s. f.** ● Sapore acido, d'aceto.

acetóso [vc. dotta, lat. tardo *acetōsu(m)*, da *acētum* 'aceto'; 1310] **agg.** ● Che contiene aceto o ha sapore d'aceto: *acqua acetosa*; *vino a.*

acheirìa o **achirìa** [comp. di *a-* (*1*), del gr. *cheirós* 'mano' e del suff. *-ia*; 1875] **s. f.** ● (*med.*) Assenza congenita di una o ambedue le mani.

achènio [comp. di *a-* (*1*) e del gr. *cháinō* 'mi apro'; 1892] **s. m.** ● (*bot.*) Frutto secco indeiscente che racchiude un unico seme, il cui tegumento non aderisce al pericarpo cuoioso.

achèo [vc. dotta, lat. *Achāeu(m)*, nom. *Achāeus*, dal gr. *Achaiós* 'dell'Acaia'; 1513] **A s. m.** (f. *-a*) **1** In epoca storica, ogni appartenente alle popolazioni stanziate nell'antica Acaia e nella Ftiotide | In epoca più antica, ogni appartenente alle popolazioni stanziate nel Peloponneso. **2** (*spec. al pl., per anton., lett.*) Greco (con riferimento al mondo omerico). **B agg.** ● Dell'Acaia, degli Achei: *armi, tribù achee*; *soldati achei.*

Acherónte [vc. dotta, lat. *Acherŏnte(m)*, nom. *Ăcheron*, dal gr. *Achérōn*, nome di un fiume infernale; 1313] **s. m.** ● (*lett.*) L'oltretomba.

acherontèo [vc. dotta, lat. tardo *Acherontēu(m)*, nom. *Acherontēus* (dal gr. *Acherónteios*) e *Acherŏnticu(m)*. V. *Acheronte*; sec. XVIII] **agg.** ● Che si riferisce al mitologico fiume Acheronte | (*est., lett.*) Infernale: *errar vede il suo spirto / fra 'l compianto de' templi acherontei* (FOSCOLO).

acheròntico [vc. dotta, lat. tardo *Acherŏnticu(m)*, da *Ăcheruns*, genit. *Acherŭntis*, 'Acheronte'; 1756] **agg.** (pl. m. *-ci*) ● Acheronteo | (*est., lett.*) Funebre, tetro: *un antro a.* (NIEVO).

acherònzia [dal lat. tardo *Acherŭntius*, agg. di *Ăcheron*, genit. *Acherŏntis*, 'Acheronte'; chiamata così perché animale notturno; 1875] **s. f.** ● Farfalla crepuscolare degli Sfingidi, caratterizzata da una macchia dorsale raffigurante un teschio (*Acherontia atropos*). **SIN.** Atropo, sfinge testa di morto.

acheropìta o **achiropoièta** [dall'agg. gr. *acheiropóiētos* 'che non (*a-*) è fatto (dal v. *poiêin*, di orig. indeur.) da mano (*chéir*, genit. *cheirós*, di orig. indeur.) d'uomo'; 1905] **A agg.** solo f. ● Detto di immagine sacra, spec. di Gesù o della Madonna, che si ritiene non fatta da mano d'uomo, ma d'origine miracolosa. **B** anche **s. f.**: *questa immagine del Cristo è un'a.*

acheuleàno [dalla località di (Saint-) *Acheul* (Francia); 1935] **A s. m.** ● Periodo preistorico, di epoca paleolitica: *a. inferiore, superiore*; *l'amigdala dell'a.* **B agg.** ● Proprio di tale periodo e della sua cultura: *civiltà acheuleana.*

achilìa [comp. di *a-* (*1*) e del gr. *chylós* 'succo'; 1955] **s. f.** ● (*med.*) Assenza di secrezione di succo gastrico.

achillèa [vc. dotta, lat. *achillēa(m)* 'pianta di Achille', che ne avrebbe appreso l'uso da Chirone; av. 1498] **s. f.** ● Pianta erbacea delle Composite con foglie oblunghe, pennate, minutamente suddivise, e infiorescenze a corimbo di capolini con fiori bianco-rosati (*Achillea millefolium*). **SIN.** Centofoglie, millefoglie.

achillèo [vc. dotta, lat. *Achillēu(m)*, nom. *Achillēus*, dal gr. *Achilleios* 'Achille'; 1810] **agg. 1** Che si riferisce ad Achille, famoso eroe omerico. **2** (*anat.*) Relativo al tendine d'Achille | ***Riflesso a.***, riflesso tendineo da percussione del tendine d'Achille.

achillèsco [av. 1803] **agg.** (**pl. m.** *-schi*) ● Achilleo | (*est.*, *lett.*) Eroico: *idee achillesche.*

achìria ● V. *acheiria.*

achiropoièta ● V. *acheropita.*

achìvo [vc. dotta, lat. *Achīvu(m)*, nom. *Achīvus*, dal gr. *Achaiós* 'Acheo'; 1340] **agg.**; anche **s. m.** ● (*lett.*) Acheo.

aciclico [comp. di *a-* (*1*) e *ciclico*; 1932] **agg.** (**pl. m.** *-ci*) *1* Detto di fenomeno privo di carattere di periodicità. *2* (*bot.*) Detto di fiore che possiede gli elementi sterili (sepali e petali) e quelli fertili (stami e carpelli) disposti a spirale. *3* (*chim.*) Detto di composto che non contiene alcuna catena chiusa di atomi | ***Idrocarburo a.***, alifatico.

acicolàre o **aciculàre** [dal lat. tardo *acĭcula* 'spina'. V. *acicula*; 1829] **agg.** ● (*bot.*, *miner.*) Aghiforme.

acìcula [vc. dotta, lat. tardo *acĭcula(m)* 'spina', dim. di *ăcus* 'ago'; 1961] **s. f.** ● Pianta erbacea delle Ombrellifere con frutto munito di lunghi rostri appuntiti (*Scandix pecten Veneris*). **SIN.** Pettine di Venere, spillettone.

aciculàre ● V. *acicolare.*

àcid /ˈasid, ˈatʃid, *ingl.* ˈæsɪd/ **A s. f. inv.** ● Accorc. di *acid music.* **B** anche **agg. inv.**: *ritmi a.*

acidàlio [vc. dotta, lat. *Acidăliu(m)*, da *Acidălia*, dal gr. *Akidaliē* 'Acidalia', antica fonte della Grecia dove, secondo il mito, si bagnava Venere; 1499] **agg.** *1* (*lett.*) Di Acidalia | (*fig.*) Di Venere. *2* (*fig.*, *lett.*) Amoroso.

acidàro o **acidàrio** [vc. dotta, lat. tardo *cĭdari(m)* 'tiara dei persiani e di alti sacerdoti ebrei', di orig. persiana; av. 1566] **s. m.** ● Berretto conico tipico dei dogi di Venezia.

acidézza [1691] **s. f.** ● Acidità.

acidificànte [1833] **A part. pres.** di *acidificare*; anche **agg.** ● Nel sign. del v. **B s. m.** ● (*chim.*) Additivo atto ad aumentare l'acidità dei prodotti alimentari.

acidificàre [comp. di *acido* e *-ficare*; 1797] **A v. tr.** (*io acidìfico, tu acidìfichi*) ● Rendere acido: *a. una sostanza, una soluzione.* **B v. intr.** e **intr. pron.** (aus. *essere*) ● Diventare acido.

acidificazióne [1829] **s. f.** ● Procedimento dell'acidificare | Passaggio allo stato acido.

acidimetrìa [comp. di *acido* e *-metria*; 1849] **s. f.** ● (*chim.*) Parte dell'analisi volumetrica che consiste nel determinare la quantità di acido contenuta in una soluzione.

acidìmetro [comp. di *acido* e *-metro*; 1950] **s. m.** ● (*chim.*) Densimetro usato per valutare la concentrazione di una soluzione acida | Potenziometro col quale si valuta il grado di ionizzazione di un acido e, per gli acidi forti, la loro concentrazione.

acidità [vc. dotta, lat. tardo *aciditāte(m)*, da *ăcidus* 'acido'; 1684] **s. f.** *1* (*chim.*) Proprietà degli acidi. **CONTR.** Alcalinità, basicità | Concentrazione di ioni idrogeno in una soluzione | Proprietà di una base di neutralizzare uno o più equivalenti di un acido mediante gli ossidrili sostituibili contenuti in ogni sua molecola. *2* Caratteristica di ciò che è acido (*anche fig.*): *l'a. di un frutto*; *a. di critica, di carattere* | ***A. di stomaco***, eccessiva formazione di acidi nello stomaco e conseguente senso di bruciore. **SIN.** Asprezza.

acid music /*ingl.* ˈæsɪd,mjuːzɪk/ [loc. ingl. comp. di *acid* 'acido', nel sign. di droga allucinogena, spec. LSD, e *music* 'musica'; 1990] **loc. sost. f. inv.** ● Musica rap dalle sonorità violente e accentuate, tali da imitare le sensazioni derivanti dall'uso di sostanze allucinogene.

♦**àcido** [vc. dotta, lat. *ăcidu(m)*, dalla radice **ac-* 'essere pungente'; 1499] **A agg.** *1* (*chim.*) Che presenta la proprietà degli acidi, che è proprio degli acidi: *colorante a.*; *reazione acida.* **CONTR.** Basico. *2* Di sapore acre, agro, aspro: *questo vino è troppo a.* *3* (*fig.*) Mordace, maligno: *è una donna molto acida*; *un carattere a. e intollerante.* || **acidètto**, **dim.** | **acidìno**, **dim.** | **acidùccio**, **acidùzzo**, **dim.** || **acidaménte**, **avv.** Con acidità. **B s. m.** *1* (*chim.*) Composto, contenente idrogenioni monovalenti positivi, capace di reagire con una base formando un sale e la cui soluzione acquosa ha sapore acre: *a. inorganico, organico*; *a. solfidrico, solforico, solforoso* | ***A. debole***, ***forte***, con un numero minore o maggiore di idrogenioni presenti nelle soluzioni a parità di concentrazione e temperatura. **CONTR.** Alcali, base. *2* Sapore aspro: *vino che sa di a.* *3* (*gerg.*, *ellitt.*) LSD.

acidòfilo [comp. di *acido* e *-filo*; 1955] **agg.** *1* (*biol.*) Detto di cellula che presenta affinità per sostanze acide. **CONTR.** Basofilo. *2* (*bot.*) Detto di pianta che vive di preferenza su terreni acidi. **CONTR.** Basifilo.

acidòlisi [comp. di *acido* e *-lisi*; 1970] **s. f. inv.** ● (*chim.*) Scissione di una sostanza causata dall'acidificazione.

acidòlo [comp. di *acid(o)* e *-olo* (*2*); 1955] **s. m.** ● (*chim.*) Sostanza cristallina incolore, cloridrato di betaina, usata a scopi terapeutici in affezioni gastriche ed epatiche.

acidòsi [1906] **s. f. inv.** ● (*med.*) Disturbo dell'equilibrio acido-base del sangue per aumento di sostanze acide o riduzione di sostanze alcaline.

acidulàre [1813] **v. tr.** (*io acìdulo*) ● Rendere acidulo: *a. un liquido, una sostanza.*

acìdulo [vc. dotta, lat. *acĭdulu(m)*, dim. di *ăcidus.* V. *acido*; 1499] **agg.** ● Leggermente acido: *odore, sapore a.*; *un brutto vino torbido, vischioso ed a.* (LEVI).

acidùme [1619] **s. m.** *1* Sapore acido. *2* Sostanza acida | Insieme di sostanze acide.

acidùria o **aciduria** [comp. di *acid(o)* e *-uria*; 1968] **s. f.** ● (*med.*) Eccesso di acidi nelle urine.

†**àcie** [vc. dotta, lat. *ăcie(m)*, da una radice indeur. che significa 'acuto'; av. 1600] **s. f. inv.** ● Negli antichi eserciti, schieramento delle truppe sul campo di battaglia.

acinace [vc. dotta, lat. *acīnace(m)*, di orig. persiana; 1499] **s. m.** ● Corta scimitarra in uso presso gli antichi Persiani.

acinellatùra [da *acinello*, dim. di *acino*; 1931] **s. f.** ● Presenza contemporanea in un grappolo d'uva di acini in grossezza normale e di acini molto piccoli. **SIN.** Impallinamento.

acinesìa [vc. dotta, gr. *akinēsía* 'mancanza di movimento', comp. di *a-* (*1*) e *kínēsis* 'movimento'; 1940] **s. f.** ● (*med.*) Assenza dei movimenti peristaltici o muscolari in genere.

Acinèti [vc. dotta, gr. *akínētos* 'immobile', comp. di *a-* (*1*) e *kinētós* 'mobile', da *kinêin* 'muoversi' (V. *cinematica*); 1955] **s. m. pl.** (**sing.** *-o*) ● Nella tassonomia animale, classe di Protozoi acquatici, talvolta parassiti e avvolti in nicchie o involucri, che si fissano mediante un peduncolo e si nutrono attraverso succhiatoi (*Acinetae*).

acinètico [1940] **agg.** (**pl. m.** *-ci*) *1* (*med.*) Relativo ad acinesia | Affetto da acinesia. *2* Di farmaco che paralizza i movimenti.

acinifórme [comp. di *acino* e *-forme*; 1829] **agg.** ● Che ha forma di acino.

àcino [lat. *ăcinu(m)*, di orig. preindeur.; 1340 ca.] **s. m.** *1* Bacca carnosa contenente semi con tegumenti duri: *a. d'uva.* **SIN.** Chicco, granello. *2* (*est.*) Fiocine, vinacciolo. *3* (*est.*, *lett.*) Grano di rosario, collana e sim.: *gli acini balzanti di una collana disciolta* (D'ANNUNZIO). *4* (*anat.*) Piccola formazione sferica internamente cava: *acini ghiandolari, polmonari.* || **acinèllo**, **dim.** | **acinétto**, **dim.** | **acinùzzo**, **dim.**

acinóso [vc. dotta, lat. *acinōsu(m)*, da *ăcinum* 'acino'; av. 1597] **agg.** *1* Ricco di acini. *2* (*anat.*) Che ha struttura ad acini: *ghiandola acinosa.*

a ciò che /atʃɔkˈke*, atʃˈtʃɔkke*/ ● V. *acciocché.*

Acipenserifórmi [vc. dotta, comp. del lat. *acipēnser* 'storione', di etim. incerta, e il pl. di *-forme*; 1965] **s. m. pl.** (**sing.** *-e*) ● Nella tassonomia animale, ordine di Pesci ossei marini o d'acqua dolce con corpo rivestito di piastre cutanee (*Acipenseriformes*).

acirologìa [vc. dotta, lat. *acyrolŏgia(m)*, nom. *acyrolŏgia*, dal gr. *akyrología*, comp. di *ákyros* 'improprio' e *-logia*; av. 1375] **s. f.** ● (*ling.*) Nella retorica, uso improprio di termini: *Io venni in loco d'ogne luce muto* (DANTE *Inf.* V, 28).

acirològico [da *acirologia*; 1970] **agg.** (**pl. m.** *-ci*) ● Che è usato in modo improprio: *espressione acirologica.*

aclamidàto [comp. di *a-* (*1*) e *clamidato*; 1955] **agg.** ● (*bot.*) Aclamide.

aclàmide [comp. di *a-* (*1*) e *clamide*; 1955] **agg.** ● (*bot.*) Detto di fiore completamente sprovvisto di perianzio.

aclassìsmo [comp. di *a-* (*1*) e *classismo*; 1970] **s. m.** ● Teoria o tendenza politica che non considera determinante la contrapposizione fra le classi sociali.

aclassìsta [1934] **agg.** ● Aclassistico.

aclassìstico [1950] **agg.** (**pl. m.** *-ci*) ● Di persona, partito o teoria politica che fa propri i principi dell'aclassismo.

acline [da *incline*, con sostituzione del pref. *a-* (*1*) a *in-*; 1970] **agg.** ● (*raro*) Nella loc. ***linea a.***, equatore magnetico.

aclìsta [da *ACLI*, sigla delle *Associazioni Cristiane dei Lavoratori Italiani*; 1950] **s. m.** e **f.** (**pl. m.** *-i*) ● Chi è iscritto alle ACLI.

acloridrìa [comp. di *a-* (*1*) e *cloridr(ico)*; 1899] **s. f.** ● (*med.*) Assenza di acido cloridrico nel succo gastrico.

aclorurato [comp. di *a-* (*1*), *clorur(o)* e del suff. *-ato* (*1*)] **agg.** ● Privo di cloruro di sodio: *dieta aclorurata.*

àcme [gr. *akmḗ*, dalla radice **ac-* che indica acutezza; 1780] **s. f.** *1* (*med.*) Stadio della maggior gravità di una malattia. **SIN.** Climax. *2* (*fig.*) Punto o periodo culminante: *essere all'a. della gloria, del successo.*

acmònital o **acmonitàl** [da *ac(ciaio) mon(etario) ital(iano)*; 1938] **s. m. inv.** ● Lega formata da acciaio, cromo, nichel e limitate percentuali di vanadio, usata in Italia dal 1939 al 1942 per coniare monete.

àcne [dal gr. *akmḗ* (V. *acme*), attrav. un errore di scrittura; 1828] **s. f.** ● (*med.*) Infezione suppurativa delle ghiandole sebacee: *a. giovanile* | ***A. rosacea***, dermatite del volto caratterizzata da eritema associato a papule, pustole e rinofima (nel maschio).

acnèico [1970] **agg.** (**pl. m.** *-ci*) ● Che è affetto da acne.

acolìa [comp. di *a-* (*1*) e del gr. *cholḗ* 'bile', di orig. indeur.; 1961] **s. f.** ● (*med.*) Cessazione o mancanza della secrezione della bile.

†**acolitàto** ● V. *accolitato.*

†**acòlito** ● V. *accolito.*

acomunìsta [comp. di *a-* (*1*) e *comunista*; 1963] **s. m.** e **f.** (**pl. m.** *-i*) ● Chi, nei confronti del comunismo, non prende posizione.

aconcettuàle [comp. di *a-* (*1*) e *concettuale*; 1968] **agg.** ● Libero da ogni determinazione concettuale: *filosofia, arte a.*

acondrite [vc. dotta, da *condro* col suff. *-ite* (*2*)] **s. f.** ● (*miner.*) Meteorite di roccia dura e compatta, composta in prevalenza da silicati basici, priva di condrule.

acondroplasìa [comp. di *a-* (*1*), del gr. *chóndros* 'cartilagine' e *-plasia*; 1939] **s. f.** ● (*med.*) Distrofia congenita ed ereditaria dello scheletro, caratterizzata da arresto della crescita della cartilagine che causa un nanismo disarmonico.

acondroplàsico [1955] **A agg.** (**pl. m.** *-ci*) ● Relativo ad acondroplasia. **B agg.**; anche **s. m.** (**f.** *-a*; **pl. m.** *-ci*) ● Che (o Chi) è affetto da acondroplasia.

aconfessionàle [comp. di *a-* (*1*) e *confessionale* (agg.); 1917] **agg.** ● Che non è legato ad alcuna delle varie Chiese e confessioni.

aconfessionalità [1950] **s. f.** ● Caratteristica di ciò che è aconfessionale.

aconitìna [da *aconito*; 1828] **s. f.** ● Alcaloide velenoso ricavato dai tuberi dell'aconito, con azione antidolorifica e sedativa.

acònito o **aconìto** [vc. dotta, lat. *aconītu(m)*, dal gr. *akóniton*, di etim. incerta; 1485] **s. m.** ● Pianta erbacea delle Ranuncolacee, velenosa e medicinale, con radice fusiforme, foglie palmate e fiori di color azzurro intenso raccolti a grappolo (*Aconitum napellus*). **SIN.** Napello.

acònzia [vc. dotta, lat. *acŏntia(m)*, nom. *acŏntias*, dal gr. *akontías*, da *ákōn*, genit. *ákontos* 'giavellotto'; av. 1577] **s. f.** ● Serpe velenosa dei Viperidi caratterizzata dallo scatto con cui si slancia all'attacco (*Chrysopelea ornata*).

acònzio [vc. dotta, gr. *akóntion*, dim. di *ákōn*, genit. *ákontos* 'giavellotto'; 1955] **s. m.** ● (*zool.*) Filamento, provvisto di cellule urticanti, di cui sono provvisti molti Antozoi.

acorèa [comp. di *a-* (*1*) e del gr. *kórē* 'pupilla'] **s. f.** ● (*med.*) Assenza congenita della pupilla in uno o ambedue gli occhi.

acorìa [vc. dotta, gr. *akoría* 'insaziabilità'; 1955] **s. f.** ● (*med.*) Continua sensazione di fame.

àcoro [lat. *ăcoro(n)*, dal gr. *ákoron*, prob. di orig. preindeur.; sec. XIV] **s. m.** *1* (*bot.*) Calamo aromatico (*Acorus calamus*). *2* (*bot.*) ***A. falso***, pianta erbacea palustre delle Iridacee con fiori grandi e gialli (*Iris pseudacorus*). SIN. Giglio giallo.

acosmìsmo [ted. *Akosmismus*, comp. di *a-* (*1*), del gr. *kósm*(*os*) 'mondo' e del suff. *-ismus* '-ismo'; 1907] s. m. ● (*filos.*) Nel pensiero di Hegel, termine usato per caratterizzare quelle posizioni filosofiche che negano la realtà del mondo finito: *il sistema di Spinoza è una forma di a.*

acostituzionàle [comp. di *a-* (*1*) e *costituzionale*; 1989] agg. ● Che prescinde dai principi della Costituzione: *deliberazione a.*

acotilèdone [comp. di *a-* (*1*) e *cotiledone*; 1809] **A** agg. ● Di pianta priva di cotiledoni. **B** s. f. ● Pianta priva di cotiledone.

Acotilèdoni [1970] s. f. pl. ● Nei vecchi sistemi di classificazione, gruppo di piante senza cotiledoni (*Acotyledones*).

♦**àcqua** o †**àqua** [lat. *ăqua*(*m*), di orig. indeur.; 1224] **A** s. f. **1** Liquido trasparente, incolore, inodore, insapore; la sua molecola è formata da 2 atomi di idrogeno e 1 di ossigeno; è costituente fondamentale degli organismi viventi, diffusissima in natura, indispensabile a molti processi chimici nel mondo organico e minerale: *a. di sorgente, naturale, minerale, oligominerale, potabile, gassata, di seltz.* CFR. idro-, -idro | ***A. di scolo***, scaricata nei canali di scolo, proveniente da zone irrigue e riutilizzabile per l'irrigazione | ***Acque di rifiuto, di scarico***, provenienti da abitazioni, industrie e sim. | ***Acque luride, nere***, di fogna | ***Acque bianche***, piovane; (*sport*) nel canoismo, acque spumeggianti | ***A. limpida***, priva di impurità | ***A. viva***, perenne, di sorgente | ***A. piovana***, di pioggia | ***A. dolce***, di fiume, di lago, di fonte | ***A. salata, salmastra***, di mare | ***A. morta***, stagnante, senza moto | ***A. termale***, acqua sorgiva che supera di almeno 5 °C la temperatura media annua del luogo | ***A. santa***, V. *acquasanta* | ***A. tinta, pazza***, vino o altra bevanda molto annacquata | (*cuc.*) ***All'a. pazza***, preparazione del pesce in umido con pomodori e aromi, tipica della cucina campana | ***A. arzente, di vite, di vita***, *vita*, acquavite | ***A. battesimale***, per il battesimo | ***A. e sapone, all'a. e sapone***, detto di ragazza che non si trucca il volto serbando un aspetto naturale; (*est.*) detto di ragazza schietta e spontanea | ***A. cheta***, (*fig.*) persona mite e remissiva soltanto in apparenza | ***A. in bocca!***, (*fig.*) invito a tacere | ***A fior d'a.***, alla superficie, superficiale | ***Filo dell'a.***, corrente | ***Pelo dell'a.***, superficie dell'acqua | ***Mulino ad a.***, azionato dall'acqua | ***Tirare l'a. al proprio mulino***, (*fig.*) volgere una situazione a proprio vantaggio | ***Fare un buco nell'a.***, (*fig.*) non ottenere alcun risultato, non cavare un ragno dal buco | ***Intorbidare le acque***, (*fig.*) far confusione di proposito | ***Calmare le acque***, (*fig.*) placare la tensione, rasserenare la situazione | ***Lavorare sott'a.***, (*fig.*) agire di nascosto | ***Pestare l'a. nel mortaio***, (*fig.*) fare una cosa inutile | ***Mettere a pane e a.***, punire qlcu. costringendolo a una dieta limitata a questi alimenti | ***Avere a.***, di nave che ha sufficiente spazio per manovrare | ***Avere l'a. alla gola***, (*fig.*) essere incalzato da impegni urgenti e sim., o gener., essere in grave difficoltà | ***Fare a.***, di nave in cui penetra acqua attraverso falle | (*fig.*) ***Fare a. da tutte le parti***, di ciò che attraversa un periodo di grave crisi; di ragionamento e sim. estremamente lacunoso | ***Trovarsi in cattive acque***, (*fig.*) essere in difficoltà | ***Essere come un pesce fuor d'a.***, essere a disagio, imbarazzato, fuori dal proprio ambiente abituale e sim. | ***Facile come bere un bicchiere d'a.***, molto facile | (*fig.*) ***Scoprire l'a. calda***, fare, dire e sim. qlco. di ovvio e scontato | ***Giochi d'a.***, zampilli o getti d'acqua usati a scopo ornamentale in parchi o giardini | ***A. a., fuoco fuoco***, nei giochi infantili, formula con cui si indica la lontananza o la vicinanza di un oggetto a chi lo sta cercando | (*sport*) ***A. viva***, nel canoismo, acqua in movimento | (*mar.*) ***A. di zavorra***, quella che, immessa (o espulsa) nei sommergibili, ne consente l'immersione (o l'emersione); nelle petroliere scariche, quella immessa nelle cisterne per garantire la stabilità durante la navigazione. **2** (*spec. al pl.*) Distesa o raccolta di acque: *le acque del mare, di un torrente, di un lago* | ***Specchio d'a.***, distesa di acqua di mare, lago o fiume che costituisce un'insenatura, un porto e sim. | ***A. alta***, a Venezia, l'eccezionale innalzamento del livello dell'acqua, tale da provocare allagamenti nelle zone più basse della città | ***Acque intercluse***, specchi d'acqua circondati da terre sottoposte alla sovranità di uno o più Stati e facenti parte del territorio degli stessi | ***Acque territoriali***, V. *territoriale*. **3** Pioggia | ***Rovescio d'a.***, pioggia improvvisa e abbondante | ***A. a dirotto, a catinelle, a orci, a secchi***, in grande quantità | ***Prendere l'a.***, essere bagnato dalla pioggia. **4** (*spec. al pl., per anton.*) Acqua termale: *bere le acque*; *passare le acque*. **5** (*est.*) Miscuglio liquido, di uso cosmetico, medicinale e sim.: *a. tonica*; *a. dentifricia* | ***A. di rose***, essenza di rose mista a poco alcol | ***All'a. di rose***, (*fig.*) in modo blando, superficiale e sim. | ***A. di Colonia***, costituita da varie essenze e da un'alta percentuale di alcol | ***A. di toeletta***, alta percentuale di essenza mista ad alcol | ***A. celeste***, soluzione di solfato di rame e ammoniaca in acqua distillata, usata in oculistica come collirio. **6** (*est.*) Prodotto o preparazione chimica liquida | ***A. di calce***, soluzione acquosa di idrossido di calcio, ottenuta lasciando depositare il latte di calce | ***A. forte***, V. *acquaforte* | ***A. ossigenata***, composto liquido, incolore, vischioso, la cui molecola contiene due atomi di idrogeno e due di ossigeno e si decompone facilmente in acqua e ossigeno. SIN. Perossido di idrogeno | ***A. pesante***, composto, la cui molecola contiene 2 atomi di deuterio e 1 di ossigeno, contenuto nell'acqua comune, utilizzato come moderatore per neutroni | ***A. ragia***, V. *acquaragia* | ***A. regia***, miscela di acido cloridrico e nitrico che, per sviluppo di cloro nascente, intacca i metalli nobili | ***A. tofana***, veleno a base di arsenico | ***A. vegeto-minerale***, soluzione acquosa di acetato basico di piombo. ➡ ILL. p. 2137 SCIENZE DELLA TERRA ED ENERGIA. **7** (*est.*) In varie tecnologie, denominazione di liquidi diversamente utilizzati o di scarto | ***A. d'inferno***, liquido di vegetazione delle olive e di lavaggio degli attrezzi dell'oleificio, raccolto in un'apposita vasca ramata | (*enol.*) ***A. celeste***, poltiglia bordolese. **8** (*pop.*) Liquido organico di varia natura | ***Fare a.***, orinare. **9** (*spec. al pl.*) Liquido amniotico, spec. nelle loc. ***rompersi le acque, rottura delle acque***, riferite alla fuoriuscita del liquido amniotico che precede il parto. **10** (*fig.*) Limpidezza, intensità luminosa delle pietre preziose, spec. del brillante: *un brillante d'a. purissima* | (*fig., scherz.*) ***Briccone, furfante, manigoldo della più bell'a.***, esperto, matricolato. **11** (*astrol.*) ***Elemento a.***, (*ellitt.*) ***acqua***, nella suddivisione dei segni secondo l'elemento che vi domina, trigono a cui appartengono i segni del Cancro, dello Scorpione e dei Pesci. ➡ ILL. **zodiaco**. **12** (*sport*) Nelle gare di canottaggio, corsia entro cui l'imbarcazione deve procedere. ‖ PROV. Acqua passata non macina più. **B** in funzione di agg. inv. ● (posposto al s.) Nella loc. ***verde a.***, verde molto chiaro. **C** in funzione di inter. ● In vari giochi, si usa per indicare a chi cerca che è lontano dall'oggetto o dalla persona nascosti. CFR. Fuoco. ‖ **acquàccia**, pegg. | **acquerèlla**, dim. (V.) | **acquerùgiola**, dim. (V.) | **acquétta**, dim. (V.) | **acquolina**, dim. (V.).

àcqua-ària [1983] agg. inv. ● (*mil.*) Detto di missile destinato a essere lanciato da un sottomarino in immersione contro un bersaglio aereo. SIN. Sottomarino-aria.

acquacedràta o **àcqua cedràta** [comp. di *acqua* e *cedrato*; av. 1684] s. f. (pl. *acquecedràte*) ● Bevanda di acqua e sciroppo di cedro.

acquacoltùra e *deriv.* ● V. *acquicoltura* e *deriv.*

acquafòrte o **àcqua fòrte** [comp. di *acqua* e *forte*; av. 1519] s. f. (pl. *acquefòrti*) **1** †Acido nitrico. **2** Tecnica di incisione su metallo in cui la lastra, spec. di rame, preventivamente ricoperta da una vernice antiacido, viene incisa con una punta d'acciaio e sottoposta all'azione dell'acido nitrico in corrispondenza dei segni tracciati. **3** (*est.*) Stampa ottenuta con tale tecnica.

acquafortista [1889] s. m. e f. (pl. m. *-i*) ● Chi incide all'acquaforte.

acquagym /akkwa'dʒim/ [1995] s. f. inv. ● Adattamento di *aquagym* (V.).

acquàio (**1**) [lat. *aquāriu*(*m*), agg. da *ăqua* 'acqua'; 1340 ca.] agg. ● Che porta acqua o pioggia | ***Solco a.***, solco tracciato sul campo seminato per allontanare l'acqua piovana.

acquàio (**2**) [lat. *aquāriu*(*m*), s. da *ăqua* 'acqua'; av. 1449] s. m. **1** Bacino a vasca con scarico dell'acqua, in cui si lavano le stoviglie | (*fig.*) ***Essere un a., una gola d'a.***, di persona ingorda che mangia qualunque cibo. SIN. Lavello. **2** Lavabo, nelle sagrestie.

acquaiòlo o (*lett.*) **acquaiuòlo** [sec. XIV] **A** s. m. (f. *-a*) **1** (*disus.* o *region.*) Chi vende acqua fresca da bere, anche con sciroppi: *il grido dell'a.* **2** Operaio addetto al governo dell'acqua di irrigazione. **3** (*disus.*) Operaio tessile che dava l'acqua ai drappi. **B** agg. ● Che vive nell'acqua: *serpente a.*

acquamanìle [comp. di *acqua* e un deriv. di *mano*; 1961] s. m. **1** Brocca, usata nel Medioevo per lavare le mani dei convitati durante i pasti. **2** Piccola brocca metallica per acqua, usata in alcune cerimonie religiose.

acquamarìna o **àcqua marìna** [comp. di *acqua* e *marina* per il colore; av. 1571] **A** s. f. (pl. *acquemarìne*) **1** (*miner.*) Varietà di berillo di colore azzurro-verdastro, usata come gemma. **2** Colore azzurro chiaro, caratteristico dell'acqua del mare: *le tue pupille / d'a.* (MONTALE). **B** in funzione di agg. inv. ● Che ha colore azzurro chiaro, caratteristico dell'acqua del mare: *color a.*; *azzurro a.*

acquanàuta [comp. di *acqua* e del lat. *nauta* 'navigante'; 1974] s. m. e f. (pl. m. *-i*) ● Chi, a scopo di studio, scende a notevole profondità sotto la superficie del mare, valendosi di particolari tipi di scafo.

acquapàrk [comp. di *acqua* e di *park* sul modello di *luna park* e sim.; 1989] s. m. inv. ● Area per giochi acquatici, con scivoli, piattaforme, piscine, ecc. CFR. Parco (1).

†**acquapendènte** [1779 ca.] s. m. ● Versante, pendice.

acquaplàno [da *acqua*, sul modello di *idroplano*; 1931] s. m. ● Attrezzo sportivo, usato un tempo per fare sci nautico, costituito da una tavola trascinata da un motoscafo.

acquaràgia o **àcqua ràgia** [comp. di *acqua* e *ragia*; 1829] s. f. (pl. *-gie* o *-ge*) **1** Liquido incolore, ottenuto per distillazione di resine secrete da alcune conifere, costituito spec. da pinene, usato come solvente. SIN. Essenza di trementina. **2** Essenza di trementina sintetica.

†**acquàre** [lat. *aquāri*, da *ăqua* 'acqua'; sec. XIV] **A** v. tr. ● Annaffiare | Abbeverare. **B** v. intr. ● Fare provvista d'acqua.

acquarèllo (**1**) e *deriv.* ● V. *acquerello* (*1*) e *deriv.*

acquarèllo (**2**) ● V. *acquerello* (*2*).

♦**acquàrio** (**1**) o (*raro*) **aquàrio** (**1**) [sost. del lat. *aquārius*, agg. di *ăqua* 'acqua'; 1875] s. m. **1** Vasca o insieme di vasche in cui si fanno vivere animali e piante acquatiche ricreandovi artificialmente il loro ambiente naturale: *dai vetri illuminati blandamente come le pareti di un a.* (MORAVIA). **2** (*est.*) Edificio in cui si trovano tali vasche.

Acquàrio (**2**) o **Aquàrio** (**2**) [vc. dotta, lat. *aquāriu*(*m*), sost. dell'agg. *aquārius*; V. *acquario* (*1*); 1282] **A** s. m. **1** (*astron.*) Costellazione dello zodiaco che si trova fra quella dei Pesci e quella del Capricorno. **2** (*astrol.*) Undicesimo segno dello zodiaco, compreso tra i 300 e i 330 gradi dell'anello zodiacale, che domina il periodo compreso tra il 21 gennaio e il 18 febbraio. ➡ ILL. **zodiaco**. **B** s. m. e f. inv. ● Persona nata sotto il segno dell'Acquario.

acquariofilìa [comp. di *acquario* (*1*) e *-filia*; 1983] s. f. ● Allevamento di pesci o di altri animali acquatici e di piante in un acquario domestico.

acquariòfilo [comp. di *acquario* (*1*) e *-filo*; 1983] s. m. (f. *-a*) ● Chi pratica l'acquariofilia.

acquariologìa [comp. di *acquario* (*1*) e *-logia*; 1963] s. f. ● Scienza che studia la fauna e la flora d'acquario.

acquartieraménto [1824] s. m. ● Alloggiamento di truppe in quartieri o caserme.

acquartieràre [comp. di *a-* (*2*) e *quartiere*; av. 1639] **A** v. tr. (*io acquartièro*) ● (*mil.*) Sistemare le truppe nei loro alloggiamenti. **B** v. rifl. ● (*mil.*) Prendere sistemazione negli alloggiamenti, detto di truppe.

acquasànta o **àcqua sànta** [comp. di *acqua* e *santa*; 1353] s. f. (pl. *acquesànte*) ● Acqua benedetta per uso liturgico | (*fig.*) ***Essere come il diavolo e l'a.***, non andare d'accordo.

acquasantièra [da *acqua santa*; 1846] s. f. ● Conca per l'acqua benedetta posta nelle chiese cattoliche presso l'ingresso | Nelle case antiche, mezza vaschetta per lo stesso uso spesso artisticamente lavorata, infissa o appesa alla parete solitamente in camera da letto.

acquascìvolo [comp. di *acqua* e *scivolo*; 1985]

s. m. ● Scivolo che termina in una piscina.

acquascooter /akkwas'kuter/ [comp. di *acqua* e *scooter*; 1989] s. m. inv. ● Mezzo nautico a motore simile a una motocicletta.

acquastrino [lat. parl. *aquatrīnu(m)*, da *ăqua* 'acqua'; av. 1577] **A** s. m. ● (*lett.*) Acquitrino. **B** agg. ● †Acquitrinoso.

acquàta [da *acqua*; 1780] s. f. *1* Pioggia improvvisa e di breve durata: *quest'a. ha rinfrescato l'aria*; *il solitario scroscio del torrente / dopo un'a.* (PASCOLI). *2* (*mar.*) Rifornimento di acqua dolce a bordo della nave.

àcqua-tèrra [1974] agg. inv. ● (*mil.*) Detto di missile destinato a essere lanciato da un sottomarino in immersione contro un bersaglio in superficie. SIN. Sottomarino-superficie.

acquaticità [1965] s. f. ● Particolare disposizione che alcuni individui hanno a muoversi nell'acqua con facilità: *l'a. di un nuotatore, di un subacqueo.*

acquàtico o †**aquàtico** [vc. dotta, lat. *aquăticu(m)*, da *ăqua* 'acqua'; sec. XIV] agg. (pl. m. *-ci*) ● Che nasce o vive nell'acqua e nelle sue vicinanze: *animali acquatici*; *piante acquatiche* | †*Pianeta, vento a.*, apportatore di piogge.

acquàtile o †**aquàtile** [vc. dotta, lat. *aquătile(m)*, da *ăqua* 'acqua'; 1559] agg. ● (*raro*) Acquatico.

acquatinta [comp. di *acqua* e *tinta*; 1875] s. f. (pl. *acquetìnte*) *1* Tecnica di incisione su lastra di metallo, analoga all'acquaforte, in cui l'acido agisce attraverso una polvere, conferendo alla stampa così ottenuta un delicato effetto chiaroscurale. *2* (*est.*) Stampa ottenuta con tale tecnica.

†**acquàto** [1499] **A** part. pass. di †*acquare*; anche agg. ● Nei sign. del v. **B** s. m. ● Acquerello, vinello.

acquattàre [comp. di *a-* (*2*) e *quatto*; 1313] **A** v. tr. ● (*raro*) Nascondere. **B** v. rifl. ● Stare quatto, rannicchiarsi, accovacciarsi, nascondersi alla vista: *la lepre s'acquatta tra le stoppie.*

acquavitàio [1700] s. m. (f. *-a*) ● (*disus.*) Venditore di acquavite.

acquavite o *disus. region.* **acquavita** [lat. mediev. *aqua vitae* 'acqua di vita'; av. 1484] s. f. (pl. *acquavìti, acqueviti*) ● Bevanda alcolica ottenuta per distillazione di sostanze fermentate: *a. di mele, di prugne, di cereali* | (*per anton.*) Bevanda alcolica ottenuta per distillazione delle vinacce; SIN. Grappa | *A. di vino*, brandy, cognac | *A. di mele, di sidro*, calvados.

♦**acquazzóne** [lat. *aquatiōne(m)*, da *ăqua* 'acqua'; sec. XIII] s. m. ● Pioggia violenta, abbondante e di breve durata, che inizia e termina bruscamente.

acquedótto o **acquidótto** [lat. *aquaedŭctu(m)* 'conduttura d'acqua'; av. 1498] s. m. *1* Conduttura d'acqua. *2* Complesso di opere per la raccolta, il trasporto e la distribuzione di acqua potabile | *A. romano*, insieme di canali sospesi su alte arcate, lunghe molti kilometri, che nella Roma classica trasportavano l'acqua in città. *3* (*anat.*) *A. del Silvio*, canalicolo che unisce il terzo e il quarto ventricolo cerebrale.

acquemòto [comp. di *acqu(a)* e *moto* (*1*), sul modello di *terremoto* e *maremoto*; 1955] s. m. ● Violento scuotimento delle acque del mare o di un lago, prodotto da movimenti della crosta terrestre.

àcqueo o †**àqueo** [lat. mediev. *aqueu(m)*, da *ăqua* 'acqua'; 1282] agg. ● Di acqua: *vapore a.* | (*anat.*) *Umore a.*, liquido che occupa la camera anteriore dell'occhio.

†**acqueréccia** [1566] s. f. ● Grande vaso ornamentale da acqua, generalmente tenuto sulle credenze.

†**acqueréccio** s. m. ● Acquereccia.

acquerèlla [dim. di *acqua*; sec. XIV] s. f. ● Pioggia minuta.

acquerellàre o **acquarellàre** [da *acquerello* (*1*); 1770] v. tr. (*io acquerèllo*) ● (*raro*) Dipingere all'acquerello.

acquerellìsta o **acquarellìsta** [av. 1886] s. m. e f. (pl. m. *-i*) ● Artista che dipinge all'acquerello.

acquerèllo (*1*) o **acquarèllo** (*1*) [da *acqua*; 1584] s. m. *1* Tecnica di pittura eseguita su carta o seta con colori trasparenti stemperati in acqua con gomma arabica: *dipingere ad a.* *2* (*est.*) Dipinto eseguito con tale tecnica: *dipingere, fare un a.*; *possedere una collezione di acquerelli.*

acquerèllo (*2*) o **acquarèllo** (*2*) [da *acqua*; av. 1320] s. m. ● Bevanda leggermente alcolica, ottenuta trattando le vinacce con acqua. SIN. Vinello.

acquerùgiola [dim. di *acqua*; 1623] s. f. ● Precipitazione uniforme di minutissime goccioline di acqua.

acquetàre e *deriv.* ● V. *acquietare* e *deriv.*

acquétta [dim. di *acqua*; av. 1698] s. f. *1* Dim. di *acqua*. *2* Pioggerella. *3* (*poet.*) †Piccolo corso d'acqua. *4* (*spreg.*) Brodo, caffè o gener. bevanda diluiti con acqua, che hanno poco sapore | Vinello. *5* Acqua tofana. ‖ **acquettina**, dim.

acquìcolo [comp. di *acqua* e *-colo*; 1955] agg. ● Detto di organismo vegetale o animale che vive nell'acqua, in contrapposizione ad aericolo.

acquicoltóre o **acquacoltóre** [comp. di *acqua* e *coltore*; 1983] s. m. (f. *-trice*) ● Chi pratica l'acquicoltura.

acquicoltùra o **acquacoltùra** [comp. di *acqua* e *coltura*; 1955] s. f. ● Allevamento di pesci e molluschi, sia di acqua dolce sia di acqua salata, che si vale anche di interventi a livello genetico.

àcquido [da *acqua*; av. 1912] agg. ● (*raro, lett.*) Acquoso, intriso d'acqua.

acquidóccio [lat. parl. **aquidŭciu(m)*. Cfr. *acquedotto*; 1348] s. m. *1* Fossa principale, solitamente in muratura, che raccoglie le acque dei fossi trasversali dei campi nei terreni declivi. SIN. Capifosso. *2* †Acquedotto.

acquidóso [da *acqua*; av. 1320] agg. ● (*raro, lett.*) Acquoso, impregnato d'acqua: *poltiglia acquidosa* (D'ANNUNZIO).

acquidótto ● V. *acquedotto*.

†**acquidrìno** e *deriv.* ● V. *acquitrino* e *deriv.*

acquiescènte [1863] part. pres. di *acquiescere*; anche agg. ● Consenziente | Docile, remissivo.

acquiescènza [av. 1669] s. f. *1* Caratteristica di chi (o di ciò che) è acquiescente. SIN. Arrendevolezza, docilità, remissività. *2* (*dir.*) Rinuncia, esplicita o implicita, al diritto di esercitare l'impulso processuale.

acquiescere [lat. *acquiēscere*, comp. di *ăd* e *quiēscere* 'riposare'; av. 1342] v. intr. (*io acquièsco, tu acquièsci*) *1* (*lett.*) Acquietarsi. *2* (*raro*) Rinunciare a far valere un proprio diritto.

acquietàbile o (*lett.*) **acquetàbile** [1865] agg. ● Che si può acquietare.

acquietaménto o (*lett.*) **acquetaménto** [av. 1566] s. m. ● L'acquietare, l'acquietarsi: *in quell'a. di pensieri* (MANZONI). SIN. Appagamento.

acquietàre o (*lett.*) **acquetàre** [comp. di *a-* (*2*) e *quietare*; sec. XIII] **A** v. tr. (*io acquièto*) *1* Placare, calmare: *a. un dolore*; *a. un istinto* | Sopire: *a. le discordie* | Appagare: *a. la sete, la fame.* *2* †Soddisfare un debito o un credito. **B** v. intr. pron. *1* Calmarsi: *dopo la crisi il malato s'acquietò* | Mitigarsi: *il vento si è acquietato.* *2* (*lett.*) Rassegnarsi, persuadersi: *già s'era acquetato di morire* (CASTIGLIONE).

acquìfero [comp. di *acqua* e *-fero*; 1913] agg. ● Che porta l'acqua o ne consente il passaggio: *strato a.*; *falda acquifera* | (*bot.*) *Parenchima a.*, tessuto che trattiene acqua di riserva | (*bot.*) *Via acquifera*, nelle piante superiori, sistema di tessuti conduttori vascolari che distribuiscono in tutta la pianta l'acqua assorbita dal terreno.

acquirènte [vc. dotta, lat. *acquirĕnte(m)*, part. pres. di *acquīrere* 'acquistare'; 1562] s. m. e f.; anche agg. ● Chi (o Che) acquista: *tra gli acquirenti sarà sorteggiato un premio*; *la parte a.* SIN. Compratore, cliente.

acquisìre [da *acquisito*; 1812] v. tr. (*io acquisìsco, tu acquisìsci*) *1* Divenire titolare di un diritto: *a. la proprietà di un bene* | *A. una cittadinanza*, divenire cittadino di un dato Stato | *A. qlco. al processo*, da parte dell'autorità giudiziaria, ammettere che un mezzo di prova presentato in un giudizio civile possa esplicare efficacia nello stesso | *A. agli atti*, inserire in un fascicolo processuale. *2* (*fig.*) Apprendere, far proprio sul piano intellettuale: *a. cognizioni filosofiche.* *3* (*elab.*) In un sistema di elaborazione, leggere e registrare dati.

acquisitìvo [1585] agg. ● Atto ad acquisire: *contratto a.*

acquisìto [vc. dotta, lat. *acquisītu(m)*, part. pass. di *acquīrere* 'acquistare'; av. 1306] part. pass. di *acquisire*; anche agg. *1* Fatto proprio, acquistato (*spec. fig.*): *una convinzione di recente acquisita* | *Un fatto a.*, da considerare certo, scontato | *Idea acquisita*, frutto dell'esperienza; CONTR. Innato | *Parente a.*, acquistato; CONTR. Consanguineo. *2* (*med.*) Di fenomeno che si verifica dopo la nascita, per cause esterne, ambientali. CONTR. Congenito. *3* (*dir.*) *Diritto a.*, diritto sorto sotto l'impero di una legge non più in vigore e che resta in vita anche se non ancora esercitato.

acquisitóre [vc. dotta, lat. tardo *acquisitōre(m)*, da *acquisītus* 'acquisito'; 1539] s. m. (f. *-trice*) ● Chi acquista | (*raro*) Agente d'affari, procacciatore d'affari.

acquisizióne [vc. dotta, lat. tardo *acquisitiōne(m)*, da *acquisītus* 'acquisito'; 1300 ca.] s. f. *1* L'acquisire, il venire acquisito (*anche in senso fig.*): *l'a. di un'azienda privata da parte dello Stato*; *l'a. di capacità tecniche*; *l'a. del linguaggio.* *2* (*psicol.*) Processo di sviluppo di nuovi comportamenti nell'individuo. *3* (*elab.*) In un sistema di elaborazione, lettura e registrazione di dati.

acquistàbile [1647] agg. ● Che si può acquistare.

♦**acquistàre** [lat. parl. **acquisitāre*, da *acquīrere* 'acquistare'; sec. XIII] **A** v. tr. *1* Ottenere in proprietà: *a. una casa, un'automobile.* SIN. Comprare | (*est.*) Ingaggiare: *a. un calciatore, un corridore.* *2* Procurarsi: *a. fama, stima, simpatia, merito, onori* | Guadagnare: *a. un'esperienza* | *A. terreno*, (*fig.*) affermarsi, diffondersi: *ipotesi, teoria, idea* e sim. *che va acquistando terreno* | *A. tempo*, temporeggiare. *3* Assumere: *a. un'espressione più vivace*; *durante la caseificazione, il formaggio acquista una consistenza particolare.* *4* (*lett.*) Conquistare: *Pampalona fu acquistata / dopo molte battaglie* (PULCI). **B** v. intr. (aus. *avere*) *1* Migliorare, fare progressi: *a. in salute, in bellezza*; *con quella pettinatura acquista molto.* *2* (*lett.*) Avanzare: *de' remi facemmo ali al folle volo, / sempre acquistando dal lato mancino* (DANTE *Inf.* XXVI, 125-126).

acquistàto [av. 1348] **A** part. pass. di *acquistare*; anche agg. ● Nei sign. del v. **B** s. m. ● †Acquisto.

♦**acquìsto** [da *acquistare*; av. 1294] s. m. *1* Atto dell'acquistare: *concludere le trattative d'a.* | (*sport*) Ingaggio: *campagna acquisti.* *2* Ciò che si è acquistato: *fare dei buoni acquisti.* SIN. Compera. *3* (*est.*) Persona che entra a far parte di un'associazione, di un'attività professionale e sim.: *i nuovi acquisti del cinema, del calcio.* *4* (*dir.*) *A. di un diritto*, collegamento di un diritto, spec. di proprietà, a un soggetto in forza di fatti giuridici idonei. *5* (*lett.*) Conquista: *molto soffrì nel glorïoso a.* (TASSO). ‖ **acquisterèllo**, dim.

†**acquitrìna** [av. 1574] s. f. ● Acquerugiola.

acquitrìno o †**acquidrìno** [lat. parl. **quatrīnu(m)*, da *ăqua* 'acqua'; 1550] s. m. ● Ristagno d'acqua spesso coperto d'erbe palustri | Terreno dove l'acqua ristagna.

acquitrinóso o †**acquidrinóso** [1803] agg. ● Caratterizzato da acquitrini: *terreno a.* SIN. Paludoso.

acquolìna [dim. di *acqua*; av. 1665] s. f. *1* (*raro*) Pioggia leggera. *2* Salivazione che avviene per desiderio di cosa appetitosa | *Avere, sentire, farsi venire, l'a. in bocca*, per desiderio di cosa appetitosa (*anche fig.*).

acquòreo [da *acqua*; av. 1936] agg. ● (*lett.*) Acquoso: *L'impercettibile pulviscolo a. si condensa in fiocchi di nuvole* (CALVINO).

acquosità o †**aquosità** [vc. dotta, lat. tardo *acquositāte(m)*, da *aquōsus* 'acquoso'; sec. XIV] s. f. ● Caratteristica di ciò che è acquoso | Parte acquosa, umore.

acquóso o †**aquóso** [vc. dotta, lat. *aquōsu(m)*, da *ăqua* 'acqua'; 1313] agg. *1* Che contiene acqua, impregnato d'acqua: *vapori acquosi* | (*est., lett.*) Acquitrinoso, paludoso | *Occhi acquosi*, bagnati di pianto; privi di espressione, vuoti: *Guardava con gli occhi quasi spenti, scialbi, acquosi* (PIRANDELLO). *2* Simile all'acqua. SIN. (*lett.*) Acquoreo. *3* Piovoso: *nuvole acquose*; *estate acquosa.*

Acràni [comp. di *a-* (*1*) e del gr. *kraníon* 'cranio'; 1955] s. m. pl. (sing. *-io*) ● (*zool.*) Cefalocordati.

acrania [comp. di *a-* (*1*) e un deriv. di *cranio*; 1829] s. f. ● (*med.*) Assenza congenita, parziale o totale, della volta cranica.

acrànico [comp. di *a-* (*1*) e *cranico*] agg. (pl. m. *-ci*) ● (*med.*) Detto di soggetto affetto da assenza congenita, parziale o totale, delle ossa craniche.

Acrasièe [dal gr. *akrasía* 'cattiva mescolanza', comp. di *a-* e *krâsis* 'mescolanza' (V. *crasi*); 1965] s. f. pl. (sing. *-a*) ● Nella tassonomia vegetale, classe di Funghi saprofiti dei Mixomiceti (*Acrasieae*).

acraspedòte [comp. di *a-* (*1*) e *craspedo*; 1983] **s. f. pl.** ● Meduse degli Scifozoi, prive del cosiddetto velo (o craspedo).

àcre o (*poet.*) †**àcro** (**1**) [vc. dotta, lat. *ācre(m)*, da una radice **ac-* che indica acutezza; 1319] **agg.** (**superl.** *acèrrimo* (V.)) *1* Detto di sapore, aspro, agro, piccante: *la buccia di limone ha un sapore a.* | (*est.*) Detto di odore, pungente, penetrante: *il cloro ha odore a.* | (*est.*) Detto di suono, stridulo, molesto: *voce a.* *2* (*fig.*) Malevolo, mordace, acrimonioso: *spirito, critica a.*; *udì voci acri, vide il nonno passare per le stanze su tutte le furie* (DE ROBERTO). || **acreménte**, **avv.** Aspramente.

acrèdine [vc. dotta, lat. tardo *acrēdine(m)*, da *ācer*, genit. *ācris* 'acre'; 1499] **s. f.** *1* Proprietà di ciò che è acre. *2* (*fig.*) Acrimonia, astio: *critica-re con a.*

acrèdula [vc. dotta, lat. *acrēdula(m)*, d'orig. sconosciuta; 1766] **s. f.** ● Genere di Uccelli della famiglia Paridi cui appartiene il codibugnolo (*Acredula*).

acribìa [vc. dotta, gr. *akríbeia*, da *akribḗs* 'accurato'; 1841] **s. f.** ● (*lett.*) Accurata e scrupolosa osservanza delle regole metodiche proprie di uno studio, una ricerca e sim.

acridìna [da *acre*, sul modello del fr. *acridine*; 1955] **s. f.** ● (*chim.*) Composto eterociclico azotato, contenuto nel catrame di carbon fossile, punto di partenza di una serie di sostanze coloranti e di importanti farmaci antisettici e disinfettanti.

acrìdio [vc. dotta, gr. *akrídion*, dim. di *akrís* 'cavalletta'; 1819] **s. m.** ● Cavalletta caratterizzata dalle antenne corte (*Acrida mediterranea*).

Acridoidèi [comp. di *acridio* e un deriv. di *-oide*; 1970] **s. m. pl.** (**sing.** *-o*) ● Nella tassonomia animale, sottordine di Ortotteri cui appartengono le cavallette e le locuste (*Acridoidea*).

acrilàto [1955] **s. m.** ● Sale o estere dell'acido acrilico.

acrìle [1955] **s. m.** ● Radicale monovalente, ottenuto dall'acido acrilico per perdita del gruppo ossidrile.

acrìlico [fr. *acrylique*, da *acroléine* 'acroleina'; 1892] **A agg.** (**pl. m.** *-ci*) ● Detto di composto che contiene il radicale acrile o ne deriva: *resine acriliche* | ***Acido a.***, acido organico, monobasico, liquido, ottenuto industrialmente per sintesi | ***Aldeide acrilica***, acroleina | ***Fibre acriliche***, polimeri fibrosi sintetici dell'acrilonitrile | ***Colori acrilici***, quelli aventi come legante l'emulsione acquosa di una resina acrilica, usati in pittura per la notevole potenza cromatica che mantengono inalterata anche dopo l'essiccazione. **B s. m.** *1* Tessuto acrilico: *un vestito in a.* *2* Dipinto eseguito con colori acrilici: *a. su tela.*

acrilonitrìle [comp. di *acrile* e *nitrile*; 1955] **s. m.** ● (*chim.*) Composto chimico organico, liquido incolore molto importante nella manifattura delle fibre sintetiche.

acrimònia [vc. dotta, lat. tardo *acrimōnia(m)*, da *ācer*, genit. *ācris* 'acre'; 1342] **s. f.** *1* (*fig.*) Acredine, asprezza, livore: *una risposta carica d'a.* *2* †Odore, sapore acre | Sensazione di bruciore.

acrimonióso [1643] **agg.** ● Carico di livore, ostile: *commento a.*

acrìsia [vc. dotta, gr. *akrisía*, comp. di *a-* (*1*) e *krísis* 'giudizio'; 1939] **s. f.** *1* (*raro*) Mancanza di senso critico. *2* (*med.*) Stato patologico i cui sintomi rendono assai incerta la diagnosi | Mancanza della crisi prevista in una malattia.

acriticità [1924] **s. f.** ● Caratteristica di chi (o di ciò che) è acritico.

acrìtico [comp. di *a-* (*1*) e *critico*; 1950] **agg.** (**pl. m.** *-ci*) ● Privo di senso critico, dogmatico: *un giudizio a.*; *condividere in modo a. un'opinione*; *adesione acritica a un'ideologia.* || **acriticaménte**, **avv.**

†**àcro** (**1**) ● V. *acre.*

àcro (**2**) [ingl. *acre*, dalla stessa radice del lat. *āger* 'campo' (V. *agro* (*2*)); 1498] **s. m.** ● Misura anglosassone di superficie, pari a 4046,856 m^2.

acro- [dal gr. *ákron* 'estremità', da una radice indeur. che indica 'punta'] primo elemento ● In parole composte dotte o scientifiche significa 'punto più alto' o 'estremo' oppure è usato con riferimento a estremità di membra del corpo: *acrocoro, acropoli, acrocefalia, acromegalia.*

acroamàtico [vc. dotta, lat. tardo *acroamāticu(m)*, nom. *acroamāticus*, dal gr. *akroamatikós* 'esperto a voce', da *akroásthai* 'ascoltare'; sec. XVI] **agg.** (**pl. m.** *-ci*) *1* Detto degli scritti di Aristotele che contenevano le dottrine trasmesse oralmente all'interno del liceo a discepoli già completamente istruiti. *2* (*est.*) Di insegnamento riservato a una ristretta cerchia di iniziati. **SIN.** Esoterico.

acròbata [vc. dotta, gr. *akróbatos* 'che cammina in punta di piedi', comp. di *ákron* 'estremità, cima' e *báinō* 'io vado'; 1819] **s. m. e f.** (**pl. m.** *-i*) *1* Chi compie evoluzioni ginniche in circhi e varietà, su corda, trapezi e sim. *2* (*fig.*) Chi si destreggia abilmente tra le difficoltà.

acrobàtica [1902] **s. f.** ● Arte di fare acrobazie | Nella ginnastica artistica, il complesso degli esercizi, spesso difficili e spettacolari, eseguiti, con o senza fasi di volo, a corpo libero e agli attrezzi.

acrobàtico [1865] **agg.** (**pl. m.** *-ci*) *1* Di acrobata: *esercizi acrobatici* | (*fig.*) Da acrobata. *2* In vari sport, detto di intervento abile e spettacolare: *parata, rovesciata acrobatica.* *3* Pertinente alle acrobazie aeree: *pattuglia acrobatica nazionale.* || **acrobaticaménte**, **avv.** In modo acrobatico; per mezzo di acrobazie.

acrobatìsmo [1875] **s. m.** *1* Arte, tecnica e attività dell'acrobata. *2* (*fig.*) Argomentazione, comportamento di chi si destreggia ricorrendo a espedienti vari: *certi acrobatismi in letteratura e in politica.* **SIN.** Funambolismo.

acrobazìa [1896] **s. f.** *1* Esercizio dell'acrobata | ***Alta a.***, difficoltosa e specializzata. *2* ***A. aerea***, manovra di particolare difficoltà, eseguita con aerei per esperimento, combattimento, spettacolo e sim. *3* (*fig.*) Espediente ingegnoso per superare situazioni difficili: *fare acrobazie per vivere.*

acrocefalìa [comp. di *acro-* e *-cefalia*; 1913] **s. f.** ● (*med.*) Malformazione del cranio che presenta una forma conica per sviluppo abnorme della regione occipitale e schiacciamento di quelle parietali.

acrocèfalo [comp. di *acro-* e *-cefalo*; 1986] **A agg.** ● (*med.*) Detto di cranio deformato da acrocefalia. **B agg.**; anche **s. m.** (**f.** *-a*) ● Che (o Chi) presenta i caratteri dell'acrocefalia.

acrocianòsi [comp. di *acro-* e *cianosi*; 1899] **s. f. inv.** ● (*med.*) Cianosi delle parti estreme degli arti, spec. delle dita.

acrocòro o **acròcoro** [comp. di *acro-* e *chôros* 'pianura'; 1852] **s. m.** ● Vasto altipiano più o meno accidentato, circondato da versanti scoscesi.

acrofobìa [comp. di *acro-* e *-fobia*; 1939] **s. f.** ● (*psicol.*) Timore ossessivo di cadere nel vuoto, che si prova affacciandosi da un luogo elevato.

acrofonìa [comp. di *acro-* e *-fonia*] **s. f.** ● (*ling.*) Principio in base al quale si attribuisce a un pittogramma il valore fonico della prima sillaba della parola che esso rappresenta.

acroleìna [fr. *acroléine*, comp. del gr. *ákros* 'estremo' e del lat. *olēre* 'odorare'; 1955] **s. f.** ● Aldeide, liquida, incolore, che si forma per decomposizione termica dei grassi, molto reattiva, usata per la preparazione di materie plastiche sintetiche. **SIN.** Aldeide acrilica.

acròlito [vc. dotta, lat. *acrōlithu(m)*, nom. *acrōlithus*, dal gr. *akrólithos*, comp. di *ákron* 'estremità' e *líthos* 'pietra'; 1819] **s. m.** ● Nell'arte greca arcaica, statua con testa, mani e piedi in marmo, pietra o avorio e col resto del corpo in legno o altro materiale di scarso pregio.

acromasìa [comp. di *a-* (*1*) e del gr. *chrôma* 'colore'; 1828] **s. f.** ● (*med.*) Acromodermia.

acromàtico [comp. di *a-* (*1*) e *cromatico*; 1771] **agg.** (**pl. m.** *-ci*) ● Privo di aberrazione cromatica: *obiettivo, sistema ottico a.*

acromatìsmo [dal gr. *achrṓmatos* 'senza colore', comp. di *a-* (*1*) e *chrôma*, genit. *chṓmatos* 'colore' (V. *cromo-*); 1865] **s. m.** *1* (*fis.*) Assenza di aberrazione cromatica. **SIN.** Apocromatismo. *2* (*med.*) Acromatopsia.

acromatizzàre [1968] **v. tr.** ● Rendere acromatico.

acromatopsìa [fr. *achromatopsie*, comp. di *a-* (*1*) e del gr. *chrôma* 'colore' e *ópsis* 'vista'; 1940] **s. f.** ● (*med.*) Forma di discromatopsia congenita caratterizzata dalla incapacità di distinguere i colori; la capacità visiva si riduce alla sola distinzione fra luce e oscurità. **SIN.** Acromatismo, monocromatismo. **CFR.** Dicromatismo.

acromegalìa [comp. di *acro-* e *-megalia*; 1890] **s. f.** ● (*med.*) Ingrossamento abnorme delle ossa facciali e delle estremità per disfunzione dell'ipofisi.

acromìa [comp. di *a-* (*1*) e *-cromia*; 1899] **s. f.** ● (*med.*) Assenza congenita del pigmento naturale con conseguente mancata colorazione dei tessuti.

acròmion o **acròmio** [vc. dotta, gr. *akrṓmion* 'sporgenza della spalla', comp. di *ákron* 'estremità' e *ômos* 'spalla'; sec. XVIII] **s. m.** ● (*anat.*) Apofisi della scapola che si articola con la clavicola. ➡ **ILL.** p. 2122 ANATOMIA UMANA.

acròmo [comp. di *a-* (*1*) e *-cromo*; 1968] **agg.** ● (*lett.*) Che non è colorato: *ceramiche acrome.*

acromodermìa [comp. di *a-* (*1*), *cromo-* e *-dermia*] **s. f.** ● (*med.*) Assenza della normale pigmentazione cutanea per carenza di melanina; si verifica nell'albinismo e nella vitiligine. **SIN.** Acromasia.

acrònico [comp. di *a-* (*1*) e del gr. *chrónos* 'tempo'; 1961] **agg.** (**pl. m.** *-ci*) ● (*raro*) Che è senza tempo o non è riferibile a un tempo definito. || **acronicaménte**, **avv.**

acrònimo [dal gr. *ákros* 'sommo, estremo', sul modello di *anonimo*, *pseudonimo*, ecc.; 1961] **s. m.** ● Nome costituito dalla lettera o dalle lettere iniziali di una o più parole: *TAC è l'a. di Tomografia Assiale Computerizzata.* **SIN.** Sigla, nel sign. 1. **CFR.** Acrostico.

acronimòlogo [comp. di *acronimo* e *-logo*; 1980] **s. m.** (**f.** *-a*; **pl. m.** *-gi*) ● (*raro*) Chi studia e interpreta le sigle.

acròpoli [vc. dotta, gr. *akrópolis*, comp. di *ákros* 'elevato' e *pólis* 'città'; 1819] **s. f. inv.** ● Rocca, o parte elevata in genere, delle antiche città greche.

acròstico [dal gr. tardo *akróstichon*, comp. di *ákros* 'estremo' e *stíchos* 'verso'; 1698] **s. m.** (**pl.** *-ci*) *1* Componimento poetico che forma un nome o una parola determinata con le lettere iniziali dei versi lette una di seguito all'altra in senso verticale | ***A. alfabetico***, ***abecedario***, con iniziali dei singoli versi coincidenti con la serie alfabetica. *2* Gioco enigmistico consistente nel trovare parole le cui iniziali danno, se lette di seguito, un nome o un'intera frase (p. es. Lira, Anima, Nembo, Adone = LANA). **CFR.** Mesostico. *3* Sigla formata dalle iniziali di diverse parole che corrisponde a una parola di senso compiuto: *ANSA è l'a. di Agenzia Nazionale Stampa Associata.* **CFR.** Acronimo.

acrostòlio [vc. dotta, gr. *akrostólion*, comp. di *ákros* 'estremo' e *stólos* 'rostro'; 1940] **s. m.** ● Parte prominente della prua della nave antica e dei suoi ornamenti, dove era scolpito elmo, testa o altro emblema, e scritto il nome della nave stessa.

acrotèrio [vc. dotta, lat. tardo *acrotēriu(m)*, dal gr. *akrōtḗrion* 'sommità', da *ákron* 'estremità'; av. 1502] **s. m.** ● Negli edifici antichi, elemento ornamentale posto sull'apice e sulle estremità laterali del frontone. ➡ **ILL.** p. 2116-2117 ARCHITETTURA.

acrotònico [comp. del gr. *ákros* 'estremo' e *tonico*; 1955] **agg.** (**pl. m.** *-ci*) ● Detto di parola che ha l'accento sulla prima sillaba.

àcta [lat., pl. di *āctum* 'atto'; sec. XVII] **s. m. pl.** (**sing.** lat. *actum*) *1* Nell'antica Roma, documenti ufficiali per la registrazione degli avvenimenti interessanti la vita pubblica. **CFR.** Ad acta. *2* Oggi, titolo di varie pubblicazioni scientifiche.

acta, ad ● V. *ad acta.*

actèa [vc. dotta, lat. *actāea(m)*, nom. *actāea*, dal gr. *aktéa* 'sambuco', di etim. incerta; 1340 ca.] **s. f.** ● Pianta erbacea delle Ranuncolacee con rizoma bruno e carnoso, foglie composte, piccoli fiori bianchi in racemi (*Actaea spicata*).

actìna [dal gr. *aktís*, genit. *aktînos* 'raggio'; 1829] **s. f.** ● (*chim.*) Proteina costituente dei filamenti sottili delle miofibrille che, insieme ad altre proteine muscolari, partecipa al processo della contrazione.

acting out /ingl. 'æktɪŋ 'aʊt/ [loc. ingl., propr. 'azione fuori', dal v. *to act out* 'esternare, manifestare mediante l'azione'; 1968] **loc. sost. m. inv.** ● (*psicoan.*) Processo per cui il paziente attua pensieri o fantasie inconsce in comportamenti impulsivi. **CFR.** Agire | (*est.*, *fig.*) Comportamento aggressivo e ostile.

actinia ● V. *attinia.*

actinìdia [dal gr. *aktís*, genit. *aktînos* 'raggio' (forse d'orig. indeur.); 1950] **s. f.** *1* (*bot.*) Genere di piante poligame o dioiche, arboree, arbustive o raramente erbacee originarie dell'Asia orientale, provviste di fiori ascellari con stili a disposizione raggiata, foglie grandi alternate spesso cuoriformi, frutti carnosi talvolta commestibili (*Actinidia*). *2* (*est.*) Correntemente, kiwi.

actino- ● V. *attino-*.

actinolite ● V. *attinolite*.

Actinomicèti o **Attinomicèti** [comp. di *actino-* e del gr. *mýkēs*, genit. *mýkētos* 'fungo'; 1955] **s. m. pl.** (**sing.** *-e*) ● Ordine di batteri che formano colonie filiformi sul terreno o sul corpo degli animali e dell'uomo producendo lesioni (*Actinomycetales*).

actinomicòsi [comp. di *actinomic(eti)* e del suff. *-osi*; 1955] **s. f. inv.** ● (*med.*) Malattia infettiva cronica dell'uomo e dei Bovini causata da batteri del genere *Actinomyces* e caratterizzata da lesioni granulomatose.

actinomòrfo o **attinomòrfo** [comp. di *actino-* e *-morfo*; 1929] **agg.** ● Detto di fiore a simmetria raggiante con perianzio regolare.

action painting /ingl. 'ækʃn 'pheɪntɪŋ/ [loc. ingl., comp. di *action* 'azione' e *painting* 'pittura'; 1974] **loc. sost. f. inv.** ● Corrente artistica degli anni tra il 1950 e il 1960 nata negli USA dopo la seconda guerra mondiale, che dava particolare risalto al gesto dell'artista che dà particolare estensione della sua personalità.

acucettóre [dal lat. *ăcus* 'ago', sul modello di *recettore*; 1983] **s. m.** ● (*anat.*) Recettore nervoso periferico che risponde a stimoli dolorifici puntiformi.

acufène [dal gr. *akoúein* 'ascoltare'. V. *acustico*; 1963] **s. m.** ● (*med.*) Sensazione di ronzio o fischio per irritazione del nervo acustico.

acuìre [vc. dotta, lat. *acŭere*, dalla radice **ac-* che indica acutezza; sec. XIV] **A v. tr.** (*io acuìsco, tu acuìsci*) ● Aguzzare, rendere acuto e penetrante (*spec. fig.*): *a. l'ingegno, la mente, il desiderio, la vista*. **B v. intr. pron.** ● Diventare più acuto: *i contrasti nel governo si sono acuiti*; *una fievole serenità d'argento si levò su la Maiella, parve acuirsi come una spada sottile* (D'ANNUNZIO).

acuità o †**acuitàde**, †**acuitàte** [dal lat. *acŭere* 'rendere acuto'; 1320] **s. f.** *1* (*lett.*) Acutezza | *A. visiva*, minimo angolo visuale sotto cui due particolari di un oggetto possono apparire ancora distinti. *2* (*fig., lett.*) Sensibilità, perspicacia.

Aculeàti [V. *aculeato*; 1875] **s. m. pl.** (**sing.** *-o*) ● Nella tassonomia animale, sottordine di Imenotteri le cui femmine possiedono un pungiglione velenifero all'estremità dell'addome (*Aculeata*).

aculeàto [vc. dotta, lat. *aculeātu(m)*, da *acŭleus* 'aculeo'; 1499] **agg.** ● Fornito di aculeo | Appuntito.

acùleo [vc. dotta, lat. *acŭleu(m)*. V. *acuire*; 1427] **s. m.** *1* (*zool.*) Organo pungente di alcuni animali come il riccio e l'istrice fra i Mammiferi, il riccio di mare fra gli Echinodermi, l'ape e la vespa fra gli Insetti e lo scorpione fra gli Aracnidi. **CFR.** acanto-. *2* (*bot.*) Sporgenza spinosa lignificata dei fusti di alcune piante, a punta dritta o ricurva, che si può staccare facilmente. *3* (*fig., lett.*) Motto pungente | (*fig., lett.*) Tormento, assillo: *l'a. della gelosia*; *Una vita ridotta ad un a. di libidine* (MORAVIA). || **aculèolo**, **dim.**

acùme [vc. dotta, lat. *acūmen*. V. *acuire*; 1321] **s. m.** *1* (*lett.*) Acutezza. *2* (*fig.*) Ingegno vivo, pronto e sottile: *la sua osservazione denota un grande a.* *3* (*lett.*) Intensità di sensazione o sentimento: *cercai di smorzare l'a. dello sguardo* (PIRANDELLO).

acumetrìa [comp. del tema del gr. *akoúein* 'udire' e di *-metria*; 1940] **s. f.** ● (*med.*) Misurazione dell'acutezza uditiva.

acuminàre [vc. dotta, lat. tardo *acumināre*. V. *acume*; 1499] **v. tr.** (*io acùmino*) ● Appuntire, aguzzare: *a. le spade*.

acuminàto [1499] **part. pass.** di *acuminare*; anche **agg.** ● Aguzzo, ben appuntito: *un coltello a.*; *un rettile dai denti acuminati* | ***Foglia acuminata***, che termina con una sottile punta: *il betel e il coleus sono piante con foglie acuminate*.

acùsma [dal gr. *ákousma* 'audizione', deriv. di *akóuein* 'udire' (d'etim. incerta); 1940] **s. m.** (**pl.** *-i*) ● (*med.*) Sensazione consistente nell'udire rumori, come fischi e ronzii, dovuta a disturbo dell'apparato uditivo periferico.

acùstica [1785] **s. f.** *1* Parte della fisica che studia i processi di generazione, propagazione e ricezione del suono. **CFR.** audio-. *2* Proprietà per cui un ambiente consente un'audizione chiara e non deformata dei suoni: *teatro dotato di un'ottima a.*

acùstico [vc. dotta, gr. *akoustikós*, da *akoúō* 'io sento'; 1679] **agg.** (**pl. m.** *-ci*) *1* Relativo all'acustica: *onde acustiche*. *2* Che riguarda il suono e il senso dell'udito: *impianto a.*; *cornetto a.* | (*anat.*) ***Nervo a.***, l'ottavo paio di nervi cranici. *3* (*mus.*) Di strumento musicale non manipolato elettronicamente: *chitarra acustica*. || **acusticaménte**, **avv.** Per quanto riguarda l'acustica.

acustoelettricità [comp. di *acust(ic)o* ed *elettricità*; 1986] **s. f.** ● (*fis.*) Ramo della fisica che studia i rapporti tra i fenomeni elettrici e quelli acustici.

acutàngolo [comp. di *acut(o)* e *angolo*; av. 1739] **agg.** ● Di triangolo che ha tre angoli acuti. ➡ **ILL. geometria.**

acutànza [da *acuto* (?)] **s. f.** ● Misura dell'incisività dell'immagine di un negativo fotografico.

acutézza [1528] **s. f.** *1* Proprietà di ciò che è acuto | ***A. visiva***, acuità visiva | ***A. del suono***, caratteristica dei suoni di frequenza elevata. *2* (*fig.*) Acume, perspicacia: *a. di mente*.

acutizzàre [1908] **A v. tr.** ● Rendere più acuto: *È successo un fatto … che ha acutizzata la mia voglia di rivederti* (BACCHELLI) **B intr. pron.** *1* Passare allo stato acuto, detto di malattia. *2* (*fig.*) Diventare acuto, grave, rischioso: *la crisi economica si è acutizzata*.

acutizzazióne [1955] **s. f.** ● L'acutizzarsi.

♦**acùto** o †**agùto** nel sign. A [lat. *acūtu(m)*. V. *acuire*; av. 1294] **A agg.** *1* Che termina a punta: *spina acuta*; *unghie acute*. **SIN.** Acuminato, aguzzo, appuntito. *2* In architettura, detto di arco costituito dall'intersezione di due archi di cerchio formanti un vertice: *arco a.*; *arco a sesto a.* **SIN.** Ogivale. *3* (*mat.*) Detto di angolo minore d'un angolo retto. ➡ **ILL. geometria.** *4* (*ling.*) ***Accento a.***, V. *accento* e nota d'uso ACCENTO. *5* (*fig.*) Penetrante, pungente, detto delle sensazioni e dei sensi: *dolore a.*; *odore a.*; *vista acuta* | ***Suono a.***, di grande altezza, cioè di alta frequenza; nella musica, nota alta | Vivo, intenso: *desiderio a.*; *a. rimorso*. *6* (*fig.*) Perspicace, sottile: *mente, intelligenza, osservazione acuta*; *ingegno a.* *7* (*med.*) Detto di malattia o quadro morboso a decorso rapido, violento, tumultuoso. **CONTR.** Cronico. *8* Detto di fenomeno politico, sociale e sim. che entra in una fase repentina di particolare tensione e grave rischio: *acuta tensione in Medio Oriente*. || **acutétto**, **dim.** || **acutaménte**, **avv.** In modo acuto: *un dolore che si manifesta acutamente*; intensamente: *desiderare qlco. acutamente*; con acutezza, con perspicacia. **B s. m.** *1* (*mus.*) Nota più alta di un canto: *prendere bene, male un a.*; *sbagliare l'a.* *2* (*fig.*) Ogni prestazione, spec. sportiva, particolarmente brillante.

acùzie [lat. mediev. *acutie(m)*, da *acūtus* 'acuto'; 1765] **s. f. inv.** *1* (*lett.*) Acutezza. *2* (*med.*) Stadio di massima gravità o intensità di un fenomeno morboso: *a. di una malattia, del dolore*.

ad [lat. *ăd*] **prep.** ● Forma eufonica, davanti a parola iniziante con vocale, spec. con *a*, della prep. *a*.

ad- ● V. *a-* (*2*).

ad abundàntiam /lat. adabun'dantsjam/ [lat., propr. 'ad abbondanza'] **loc. avv.** ● Oltre il necessario, con riferimento a prove, argomenti e sim. aggiunti per confermare con maggior evidenza una tesi che si ritiene già dimostrata.

adacquaménto [sec. XIV] **s. m.** ● Distribuzione di acqua irrigua nei terreni coltivati: *turno, volume di a.* | Irrigazione, innaffiamento.

adacquàre [lat. *adaquāre*, comp. di *ăd* e *ăqua* 'acqua'; sec. XIV] **v. tr.** (*io adàcquo*) *1* Fornire d'acqua irrigua un terreno coltivato: *a. l'orto* | Irrigare, annaffiare. *2* †Annacquare: *con essa acqua adacquerai il vino bianco* (LEONARDO). *3* †Abbeverare.

adacquatóre [1766] **A s. m.** ● Canale secondario che porta l'acqua d'irrigazione alle adacquatrici. **B** anche **agg.** (**f.** *-trice*).

adacquatrìce [1869] **s. f.** ● Piccolo fosso dal quale l'acqua trabocca, spargendosi sul terreno da irrigare.

adacquatùra [1755] **s. f.** ● Adacquamento.

ad àcta [lat., propr. 'per gli atti'; 1989] **loc. agg.** ● Che è appositamente incaricato di compiere o portare a termine atti amministrativi, adempimenti burocratici e sim.: *commissario ad acta*.

adagétto o **adagiétto** nel sign. 2 [1983] **s. m.** *1* Dim. di *adagio* (*1*). *2* (*mus.*) Movimento un po' meno lento dell'adagio.

adagiaménto [sec. XV] **s. m.** ● (*raro*) L'adagiare, l'adagiarsi (*anche fig.*).

adagiàre [comp. di *ad-* e †*agiare*; 1313] **A v. tr.** (*io adàgio*) *1* Deporre, posare con cautela: *a. un bambino nella culla, un malato sul letto*. *2* †Accomodare, conformare. *3* †Fornire di agi. **B v. rifl.** *1* Mettersi comodo, sdraiarsi, distendersi: *adagiarsi sul letto, sul divano*. **SIN.** Coricarsi. *2* (*fig.*) Abbandonarsi, lasciarsi andare: *adagiarsi nella speranza, nella noia, nell'ozio*.

adagino [1698] **avv.** *1* Dim. di *adagio* (*1*). *2* (*fig.*) Con delicatezza, con cura, con prudenza: *diede loro ordine di scalare a. il muro che chiudeva il cortiletto* (MANZONI) | (*iter.*) Con valore intens.: *A volte si avvicinava ai cani a. a.* (D'ANNUNZIO).

♦**adàgio** (1) [comp. di *ad-* e *agio*; 1340] **A avv.** *1* Piano, con lentezza, senza fretta: *andare, parlare, scrivere, leggere a.*; *masticare i cibi a.*; *vai troppo a.*; *fai pure a.* | ***A. a.***, piano piano, molto lentamente, a poco a poco: *far bollire a. a.* *2* Con cautela, con prudenza, con ponderazione: *certe decisioni vanno prese a.*; *bisogna andare a. con certa gente!* | Con cura, delicatamente: *posare, sollevare a.*; *fate a. con quel lampadario!* **B** in funzione di **inter.** ● Si usa come invito al controllo e alla riflessione (*spec. ellitt.*): *a. con questi discorsi!*; (*fam.*) *a., Biagio!* **C s. m.** ● (*mus.*) Movimento in tempo moderatamente lento. || **adagétto**, **dim.** (V.) | **adagino**, **dim.** (V.).

adàgio (2) [vc. dotta, lat. *adăgiu(m)*, da *āio* 'io dico'; av. 1676] **s. m.** ● Sentenza antica, proverbio: *come dice l'a.*

adagissimo [superl. di *adagio* (1)] **s. m.** ● (*mus.*) Indicazione agogica che prescrive un movimento più lento dell'adagio.

adamànte [vc. dotta, lat. *adamănta*, nom. *ădamas*, dal gr. *adámas*, comp. di *a-* e *damáō* 'io domo'; 1321] **s. m.** *1* (*poet.*) Diamante: *i fior … hanno / de l'a. rigido i riflessi* (CARDUCCI). *2* (*lett.*) †Ferro | (*est.*) †Metallo durissimo.

adamantìno o (*poet.*) **adamàntino** [vc. dotta, lat. *adamăntinu(m)*, nom. *adamăntinus*, dal gr. *adamántinos*. V. *adamante*; 1358] **agg.** *1* Che ha le proprietà del diamante: *scudo, smalto a.* | Splendente: *luce, limpidezza adamantina*. *2* (*est.*) Puro, saldo, limpido: *onestà, fermezza, coscienza adamantina*.

adamantoblàsto [vc. dotta, comp. del gr. *adámas*, genit. *adámantos* 'diamante', con riferimento allo smalto, e di *-blasto*] **s. m.** ● (*biol.*) Ognuna delle cellule che derivano dall'epitelio dell'abbozzo del dente e che producono lo smalto.

adamita [dal gr. pl. *Adamîtai*, lat. *Adamitae*; 1748] **s. m. e f.** (**pl. m.** *-i*) ● Appartenente a sette cristiane le quali proclamavano, fra l'altro, l'efficacia salvifica del ritorno alla condizione di Adamo e alla sua nudità.

adamìtico [1829] **agg.** (**pl. m.** *-ci*) *1* Relativo ad Adamo | ***In costume a.***, (*scherz.*) nudo. *2* Degli Adamiti.

Adàmo [lat. *Adāmu(m)* o *Adām*, dal gr. *Adám*, e questo dall'ebr. *Ādām*; av. 1294] **s. m.** ● Nelle religioni ebraica e cristiana, nome del primo uomo, creato da Dio e capostipite del genere umano | ***Figlio d'A., seme d'A.***, l'uomo | (*anat.*) ***Pomo d'A.***, V. *pomo*.

adattàbile [av. 1673] **agg.** ● Che si può adattare: *pezzo a. all'incastro* | (*fig.*) Facile ad adattarsi: *persona a.*

adattabilità [av. 1712] **s. f.** ● Caratteristica di chi (o di ciò che) è adattabile.

adattaménto [av. 1406] **s. m.** (assol.; + *a*) *1* L'adattare, il venire adattato: *l'a. di un vecchio edificio a ricovero per i terremotati*. *2* (*biol.*) Concordanza delle caratteristiche di un organismo con le condizioni dell'ambiente | Complesso di trasformazioni che attraverso le generazioni hanno portato un organismo ad adattarsi alle condizioni ambientali | Risposta dell'organismo agli stimoli dell'allenamento sportivo. *3* (*psicol.*) Processo attraverso il quale l'individuo giunge a una relazione equilibrata con l'ambiente in cui vive | (*gener.*) ***Spirito di a.***, capacità di adeguarsi a ogni situazione. *4* (*ling.*) Procedimento secondo il quale parole di origine straniera subiscono delle modificazioni in conformità al sistema della lingua che le riceve: *a. fonetico, a. morfologico*; *'bistecca' è l'a. italiano dell'inglese 'beefsteak'*. *5* Trasposizione di un'opera da una forma di spettacolo a un'altra mediante una adeguata rielaborazione: *il racconto è stato reso bene nell'a. teatrale.*

♦**adattàre** [lat. *adaptāre*, comp. di *ăd* e *ăptus* 'adatto'; sec. XIII] **A** v. tr. (qlco. + *a*) **1** Rendere adatto a un determinato scopo, secondo un principio di utilità, convenienza, proporzione e sim.: *a. una soffitta ad abitazione* | Adeguare, conformare: *a. il viso alla situazione.* **2** Disporre, applicare in modo opportuno: *a. il pezzo all'incastro*; *al nervo adatta del suo stral la cocca* (POLIZIANO). **B** v. rifl. (assol.; + *a*) **1** Conformarsi, adeguarsi a una situazione, anche se non piacevole: *adattarsi ai tempi, alle circostanze*; *m'adatterò a fare ogni cosa!* (PIRANDELLO); *è una persona che si adatta* | Rassegnarsi: *non sa adattarsi alla povertà.* **2** Conformare le proprie caratteristiche alle condizioni ambientali: *sono piante che si adattano anche ad altri climi.* **C** v. intr. pron. ● Convenire, essere opportuno: *il vestito gli si adatta alla perfezione*; *la cura si adatta al suo fisico.* SIN. Addirsi, confarsi.

adattatìvo [1972] agg. **1** (*biol.*) Che facilita l'adattamento fisiologico o genetico, che è capace di adattamento, che tende verso l'adattamento | ***Comportamento a.***, che facilita l'adattamento di un organismo al suo ambiente. **2** (*tecnol.*) Capace di adattamento | ***Sistema a.***, capace di modificarsi per soddisfare nuovi requisiti. SIN. Adattivo.

adattatóre [da *adattare*; 1963] s. m. **1** (*tecnol.*) Dispositivo per adattare un congegno o un apparecchio a un uso diverso da quello per cui è stato realizzato. **2** (*elettr.*) Raccordo che si inserisce in una presa e consente di utilizzare spine di standard diversi.

adattazionìsmo [deriv. di *adattare* con il suff. *-ismo*] s. m. ● Corrente dell'evoluzionismo, che tende a spiegare ogni fenomeno con processi di selezione naturale.

adattìvo [da *adattare*, sul modello dell'ingl. *adaptive*, erroneo comp. del v. *to adapt* 'adattare' e del suff. *-ive*; 1971] agg. ● (*biol.*) Adattativo.

♦**adàtto** [lat. mediev. *adaptu(m)*. V. *adattare*; av. 1294] agg. ● Che risponde a un dato scopo: *è la persona adatta a quel posto*; *un luogo a. per parlare*; *spettacolo a. solo agli adulti*; *lo studio non è a. a lui*; *non mi sembra l'uomo a. per ricoprire tale incarico.* SIN. Adeguato, appropriato, conveniente, opportuno.

addàrsi [comp. di *a-* (*2*) e *dare* (*1*); av. 1306] v. intr. pron. (*io mi addò*; coniug. come *dare*) **1** (*lett., tosc.*) Accorgersi, avvedersi: *a metà s'addiede dello sbaglio* (BACCHELLI). **2** (*raro, lett.*) Dedicarsi, rivolgersi: *a. allo studio, al lavoro*; *si addiedero … a lastricare de' più verbosi buoni propositi la patente via dell'inferno* (GADDA).

àddax /'addaks/ [lat. *addāce(m)*, nom. *ăddax*, da una vc. indigena dell'Africa; 1955] s. m. inv. ● Antilope africana di media grandezza con corna spiralate e leggermente divergenti (*Addax*).

addebbiaménto [1970] s. m. ● (*agr.*) Debbio.

addebbiàre [comp. di *a-* (*2*) e *debbio*; 1779 ca.] v. tr. (*io addébbio*) ● Debbiare.

addebbiatùra [1961] s. f. ● Debbiatura.

addebitàbile [1985] agg. ● Che può essere addebitato.

addebitaménto [1852] s. m. ● L'addebitare | Addebito. CONTR. Accreditamento.

addebitànte [1970] **A** part. pres. di *addebitare*; anche agg. ● Nei sign. del v. **B** s. m. e f. ● Chi addebita.

addebitàre [1723] v. tr. (*io addébito*) **1** Notare tra i debiti | Fare una registrazione in dare di un conto. CONTR. Accreditare. **2** (*fig.*) Attribuire, imputare: *mi addebitano gli errori degli altri.*

addébito [comp. di *a-* (*2*) e *debito*; 1863] s. m. **1** Attribuzione a debito. CONTR. Accredito. **2** (*fig.*) Attribuzione di colpa: *muovere un a. a qlcu. di qlco.*

†**addecimàre** [comp. di *a-* (*2*) e *decima*; sec. XIV] v. tr. ● Registrare sui libri del Comune i beni dei cittadini per imporvi la decima | Sottoporre a decima.

†**addecimazióne** [sec. XVIII] s. f. ● L'addecimare.

addènda [vc. dotta, lat. 'cose da aggiungere', gerundivo nt. pl. di *ăddere* 'aggiungere'; 1935] s. m. pl. (sing. lat. *addendum*) ● Aggiunte, integrazioni da recare a un testo, per ovviare alle eventuali omissioni, spesso elencate in appendice al testo stesso.

addèndo [vc. dotta, lat. *addĕndu(m)*. V. *addenda*; 1931] s. m. ● (*mat.*) Termine di un'addizione | Numero o quantità da sommare.

addèndum [vc. ingl.: stessa etim. di *addendo*; 1955] s. m. inv. ● (*mecc.*) Altezza della testa del dente di una ruota dentata.

addensaménto [1611] s. m. ● L'addensare, l'addensarsi: *l'a. degli spettatori nello stadio.* SIN. Concentrazione | Massa densa: *le nuvole sono addensamenti di vapore.*

addensànte [1961] **A** part. pres. di *addensare*; anche agg. ● Che addensa. **B** agg.; anche s. m. ● Detto di sostanza (per es. l'amido) o preparato chimico usato per rendere più densi alcuni liquidi o masse di scarsa coesione: *appretto a.*

addensàre [vc. dotta, lat. *addensāre*, comp. di *ăd* e *dēnsus* 'denso'; 1585] **A** v. tr. (*io addènso*) ● Rendere denso, fitto: *a. la polenta a fuoco lento* | Accumulare, raccogliere in gran quantità: *questo triste vaneggiare che pur troppo addensa l'angoscia* (D'ANNUNZIO). **B** v. intr. pron. e rifl. ● Infittirsi, ammassarsi: *le nuvole s'addensano prima del temporale*; *la folla s'addensa alle porte dello stadio.*

addensatóre [da *addensare*; 1955] s. m. **1** (*min.*) Dispositivo con il quale si elimina l'eccesso di acqua da una torbida per recuperare e sottoporre a successivi trattamenti le particelle solide che contiene. **2** Nell'industria cartaria, tamburo rotante che determina l'aumento di densità della pasta da carta.

addentàre [comp. di *a-* (*2*) e *dente*; 1313] v. tr. (*io addènto*) **1** Afferrare con i denti: *a. una mela* | (*est.*) Afferrare, detto di utensili a ganasce: *le tenaglie addentano il chiodo.* **2** (*lett., fig.*) Offendere | Colpire: *un'onda improvvisa di amarezza … che gli addentava il cuore* (VERGA).

addentatùra [av. 1755] s. f. **1** L'addentare | Il segno che i denti lasciano sulla parte addentata. **2** Parte lavorata di un legno che si incastra nell'intaccatura di un altro.

addentellàre [comp. di *a-* (*2*) e *dentello*; 1664] v. tr. (*io addentèllo*) **1** (*raro*) Dentellare. **2** (*arch.*) Fare l'addentellato | Lasciare l'addentellato nella testata di un muro.

addentellàto [1481] **A** part. pass. di *addentellare*; anche agg. ● Munito di dentelli. **B** s. m. **1** (*arch.*) Insieme delle pietre o mattoni che si lasciano sporgenti nelle testate dei muri per poterli collegare con successive costruzioni. **2** (*fig.*) Connessione, legame: *il tuo discorso non ha alcun a. col mio* | (*fig.*) Appiglio, aggancio: *sempre una mutazione lascia lo a. per la edificazione dell'altra* (MACHIAVELLI).

addentràre [da *addentro*; av. 1597] **A** v. tr. (*io addèntro*) ● (*raro*) Introdurre (*spec. fig.*): *a. qlcu. nei segreti dell'astrologia.* **B** v. intr. pron. ● Introdursi, inoltrarsi (*anche fig.*): *gli esploratori si addentrano nella foresta*; *addentrarsi in uno studio*; *addentrarsi in particolari.*

addéntro o †**addrénto** [comp. di *a-* (*2*) e *dentro*; 1306] **A** avv. ● Nell'interno, a fondo: *ci inoltrammo ancor più a.* | (*fig.*) Nell'intimo. **B** nelle loc. prep. ***a. a, a. in***, nell'interno di, dentro a (*anche fig.*): *a. nell'anima, nel cuore*; *da che tu vuo' saver cotanto a dentro, / dirotti brievemente* (DANTE *Inf.* II, 85-86); *essere a. a un ambiente* | ***Essere a. alle segrete cose***, (*scherz.*) essere informatissimo | ***Essere molto a. nella politica***, esserne esperto, occuparsene attivamente.

addestràbile [da *addestrare* (*2*); 1865] agg. ● Che si può addestrare.

addestraménto [da *addestrare* (*2*); sec. XVI] s. m. **1** L'addestrare, l'addestrarsi: *volo di a.*; *le reclute vengono avviate ai centri d'a.* | ***A. professionale***, periodo di istruzione che tende a formare o elevare la capacità professionale dei lavoratori | Insegnamento o apprendimento delle tecniche di base di una disciplina, spec. sportiva. **2** (*sport*) Nell'equitazione, complesso di prove cui vengono sottoposti i cavalli per dimostrare il loro grado di ubbidienza agli ordini dei cavalieri | Una delle prove dei concorsi. SIN. Dressage.

†**addestràre** (**1**) [comp. di *a-* (*2*) e *destra*; av. 1348] v. tr. (*io addèstro*) ● Accompagnare a piedi il cavallo di altri tenendolo alla destra in segno d'omaggio.

♦**addestràre** (**2**) [comp. di *a-* (*2*) e *destro*; av. 1321] **A** v. tr. (*io addèstro*) ● Rendere abile: *a. il cane alla caccia*; *a. un apprendista* | (*sport*) Insegnare le tecniche di base di una disciplina sportiva. **B** v. rifl. ● Esercitarsi allo scopo di divenire abile: *addestrarsi nell'uso delle armi*; *addestrarsi alla lotta.*

addestratóre [1863] s. m. (f. *-trice*) ● Chi addestra.

addétto [vc. dotta, lat. *addĭctu(m)*, part. pass. di *addicĕre*; 1767] **A** agg. **1** Incaricato, assegnato a un particolare compito o ufficio: *operaio a. alla caldaia*; *personale a. al guardaroba*; *funzionario a. alla segreteria.* **2** Destinato, adibito: *vagone a. al trasporto delle merci.* **B** s. m. (f. *-a*; V. nota d'uso FEMMINILE) **1** Chi è assegnato a un particolare compito o ufficio: *a. culturale*; *l'a. alla manutenzione della caldaia*; *vietato l'ingresso ai non addetti ai lavori* | ***A. ai lavori***, (*fig., anche iron.*) esperto di un determinato settore | ***A. stampa***, in un'azienda, un'organizzazione e sim., chi cura i rapporti con la stampa. **2** Funzionario facente parte di una legazione diplomatica all'estero in qualità di consigliere tecnico in materia di propria competenza: *a. commerciale, militare, culturale.*

addì o †**a dì** [comp. di *ad* e *dì*; 1312] avv. ● Nel giorno, il giorno (come formula per indicare la data nel linguaggio bur. e aulico, nello stile epistolare, in cronache storiche e sim.): *a. 7 ottobre 1865.*

addiacciàre (**1**) ● V. *agghiacciare.*

addiacciàre (**2**) [da *addiaccio*; 1624] v. tr. (*io addiàccio*) ● (*lett.*) Fare pernottare il gregge all'aperto in un recinto.

addiàccio o (*dial.*) †**agghiàccio** (**1**) [dal lat. *adiacēre* 'giacere accanto', comp. di *ăd* 'presso' e *iacēre* 'giacere'; av. 1543] s. m. **1** Recinto all'aperto dove sosta il bestiame durante la notte. SIN. Stabbio, stazzo. **2** Pernottamento all'aperto di truppe, escursionisti e sim. | ***Dormire all'a.***, all'aperto. SIN. Bivacco.

addiètro o †**a dietro** [comp. di *ad* e *dietro*; sec. XIII] avv. **1** (*disus.*) Indietro (*anche fig.*): *tre passi a.* | ***Restare a.***, lasciarsi superare | ***Lasciare a. qlco.***, trascurarla o rimandarla | ***Dare a.***, fare rinculare, arretrare, detto spec. di animali da soma. CONTR. Innanzi. **2** Antecedentemente, nel passato, prima: *anni a.*; *alcuni giorni a.*; *è venuto tempo a.* | ***Per l'a.***, in passato.

†**addiettìvo** ● V. *aggettivo.*

addimandàre o †**addomandàre** [comp. di *a-* (*2*) e *dimandare, domandare*; av. 1250] **A** v. tr. ● †Domandare, chiedere, interrogare. **B** v. intr. pron. ● (*lett.*) Aver nome, chiamarsi: *che cosa è questa / che morte s'addimanda?* (LEOPARDI).

†**addimesticàre** e deriv. ● V. *addomesticare* e deriv.

†**addimoràre** [comp. di *a-* (*2*) e *dimorare*; av. 1250] v. intr. ● (*lett.*) Dimorare, stare | Indugiare (*anche fig.*).

addimostràre [comp. di *a-* (*2*) e *dimostrare*; av. 1300] v. tr. (*io addimóstro*) ● (*lett.*) Dimostrare.

♦**addìo** o †**a Dio** [comp. da *ad* e *Dio*; 1319] **A** inter. **1** Si usa come saluto nel prendere commiato o nel separarsi da una persona o cosa cara, spec. quando il distacco è definitivo: *a. Carlo*; *a., monti sorgenti dall'acque … a., chiesa, dove l'animo tornò tante volte sereno* (MANZONI) | ***Dire a. a qlcu.***, salutarlo nel lasciarlo; *lo dì c'han detto ai dolci amici a.* (DANTE *Purg.* VIII, 3) | ***Dire a. a qlco.***, rinunciarvi: *sposandosi dovette dire a. alle serate con gli amici*; veder sfumare: *puoi dire a. alla tua crociera!* | ***Senza neanche dire a.***, (*fig.*) bruscamente. **2** Esprime anche disappunto, contrarietà per la perdita di qlco.: *a. pace!*; *a. divertimento!*; *a. sonno!* | Per troncare una discussione, una questione e sim.: *digli di no, e a.!* **B** s. m. (pl. *addii*) ● Saluto, separazione, distacco: *l'a. fu molto malinconico*; *scambiarsi gli addii* | ***Dare l'a. a un luogo***, allontanarsene per sempre | ***Dare l'ultimo a.***, a chi muore o, morto, si seppellisce | ***Lettera d'a.***, di congedo | ***Dare l'a. alle scene***, lasciare o abbandonare la carriera d'attore | ***Serata d'a.***, l'ultimo spettacolo di una serie.

addipanàre [comp. di *a-* (*2*) e *dipanare*; av. 1907] v. tr. ● (*lett.*) Dipanare.

addìre [lat. *addīcere*, comp. di *ăd* e *dīcere* 'dire'; av. 1831] **A** v. tr. (imperat. *addi'*, *addìci*; nelle altre forme coniug. come *dire*) ● (*lett.*) Dedicare | (*lett.*) Destinare, assegnare. **B** v. rifl. ● (*lett.*) Votarsi, consacrarsi: *A le libere muse / puro si addisse* (CARDUCCI).

♦**addirittùra** o †**a dirittùra** [comp. di *a-* (*2*) e *dirit-*

tura; av. 1431] **avv.** ***1*** Perfino, senz'altro: *è a. mostruoso quello che dici; voi calpestate a. ogni principio; sembra che il tempo si sia a. fermato* | (*enfat.*) Nientedimeno: *ti sei messo a. due maglioni!* ***2*** Direttamente: *è meglio che ci troviamo a. alla stazione* | (*lett.*) Senza indugio: *lui doveva tornare alla parrocchia a., per affari urgenti* (MANZONI).

addirizzaménto o **addrizzaménto** [av. 1348] **s. m.** ● (*raro*) Raddrizzamento.

addirizzàre o **addrizzàre** [comp. di *a-* (*2*) e *dirizzare*; av. 1294] **A v. tr.** ***1*** Raddrizzare: *a. una lama, un'asse* | (*fig., lett.*) Correggere cattive tendenze, riparare ingiustizie. ***2*** (*lett.*) Indirizzare, dirigere, rivolgere. **B v. intr. pron.** ● (*lett.*) Incamminarsi | (*lett.*) Rivolgersi.

addirsi [lat. *addecēre*, comp. di *ăd* e *decēre* 'convenirsi' (V. *decente*), accostato a *dire* (?); av. 1294] **v. intr. pron.** (coniug. come *dire*) ● Confarsi, essere conveniente: *questo incarico non mi si addice* **SIN.** Convenire.

addisoniàno [dal n. del medico ingl. Th. *Addison* (1793-1860); 1955] **A agg.** ● Relativo al morbo di Addison. **B agg.**; anche **s. m.** (**f.** *-a*) ● Che (o Chi) è affetto dal morbo di Addison.

additaménto (**1**) [da *additare* (*1*); av. 1639] **s. m.** ● L'additare (*anche in senso fig.*).

†**additaménto** (**2**) [vc. dotta, lat. *additamentu(m)*, da *ăddere* 'aggiungere'; 1499] **s. m.** ● Aumento: *in tempi eguali si facciano eguali additamenti di velocità* (GALILEI).

additàre [comp. di *a-* (*2*) e *dito*; av. 1300] **v. tr.** ● Mostrare col dito accennando: *a. l'oggetto voluto* | (*fig.*) Mostrare, indicare, esporre: *a. qlcu. alla pubblica riprovazione; a. qlcu. a mo' d'esempio; la pace dell'animo ... io addito ai miei fratelli* (NIEVO).

additivàre [1968] **v. tr.** ● Aggiungere additivi a una sostanza.

additivo [vc. dotta, lat. tardo *additīvu(m)*, da *ăditus*, part. pass. di *ăddere* 'aggiungere', comp. di *ăd* e *dăre*; 1927] **A agg.** ● Relativo a un'addizione. **B s. m.** ● (*chim.*) Composto o miscuglio di composti che si aggiunge a una sostanza per esaltare o attenuare alcune sue proprietà: *a. per lubrificanti, per carburanti* | ***Additivi alimentari***, conservanti, aromatizzanti, antiossidanti, coloranti ecc.

addivenìre [comp. di *a-* (*2*) e *divenire* (*1*); av. 1250] **v. intr.** (coniug. come *venire*; aus. *essere*) ***1*** Giungere, pervenire: *a. a un accordo, a una conclusione, a una soluzione.* ***2*** †Avvenire, accadere: *addivenne che Cremete ... di questa vita passò* (BOCCACCIO).

addizionàle [da *addizione*; 1723] **A agg.** ● Che si aggiunge a qlco.: *imposta a.; apparecchio a.* **B s. f.** ● Imposta applicata in misura percentuale a altra per finanziare esigenze di carattere straordinario o di enti locali.

addizionàre [1848] **v. tr.** (*io addizióno*) ***1*** (*mat.*) Eseguire un'addizione. **SIN.** Sommare. ***2*** (*est.*) Aggiungere | Unire: *a. additivi alla benzina.* ***3*** (*chim.*) Assumere, da parte di una molecola, atomi, ioni, o altre molecole mediante legami chimici | (*chim.*) Aggiungere a una sostanza un composto o un miscuglio di composti per esaltarne o attenuarne alcune proprietà.

addizionatrice [1913] **s. f.** ● Macchina calcolatrice per eseguire addizioni e sottrazioni.

addizióne [vc. dotta, lat. *additiōne(m)*, da *ăddere* 'aggiungere'; 1308] **s. f.** ***1*** (*mat.*) Una delle operazioni fondamentali dell'aritmetica, definita, per i numeri naturali, dalla regola ricorrente: $a + 1$ è a', successivo di a, $a + b'$ è $(a + b)'$ | Correntemente, operazione del sommare. ***2*** (*lett.*) Aggiunta: *feciono addizioni e correzioni alla legge* (VILLANI). ***3*** (*chim.*) Reazione in cui si ha l'unione di due o più molecole in una sola: *composto di a.* ‖ **addizioncèlla**, **dim.**

addobbaménto [1534] **s. m.** ● L'addobbare | Ornamento, addobbo.

addobbàre [fr. *adouber*, dal francone **dubban* 'dare un colpo', in quanto il cavaliere, quando veniva armato, era battuto con un colpo sulla guancia e sul collo; sec. XIII] **A v. tr.** (*io addòbbo*) ***1*** Ornare, parare a festa: *a. la chiesa per la funzione.* ***2*** (*fig., scherz.*) Vestire con abiti di circostanza: *a. un bambino per la festa.* ***3*** Guarnire una vivanda. ***4*** †Armare cavaliere. **B v. rifl.** ● (*scherz.*) Vestirsi in modo vistoso | †Vestirsi | †Prepararsi.

addobbatóre [1763] **s. m.** (**f.** *-trice*) ● Chi fa lavori di addobbo.

addòbbo [1600] **s. m.** ***1*** L'addobbare: *provvedere all'a. di una sala.* ***2*** Tela, drappo, arazzo e sim., usato per addobbare.

addocciàre [comp. di *a-* (*2*) e *doccia*; 1865] **v. tr.** (*io addóccio*) ● Praticare nel legno un incavo a doccia con la sgorbia.

addocilìre [comp. di *a-* (*2*) e *docile*; 1865] **v. tr.** (*io addocilisco, tu addocilisci*) ***1*** †Rendere docile. ***2*** (*raro*) Render morbido, cedevole al tatto: *a. la pelle, il panno.*

addogàre [comp. di *a-* (*2*) e *doga* nel sign. 2; 1664] **v. tr.** (*io addógo* o *addògo, tu addóghi* o *addòghi*) ● (*ant.*) Listare, dividere in strisce verticali come le doghe, riferito spec. ad antiche vesti o armi gentilizie.

addogàto [av. 1348] **part. pass.** di *addogare*; anche **agg.** ***1*** Nel sign. del v. ***2*** (*arald.*) Listato a doghe.

†**addogliàre** [comp. di *a-* (*2* e *doglia*; av. 1374] **A v. tr.** ● (*lett.*) Addolorare, travagliare. **B v. intr. pron.** ● Dolersi.

†**addolcàre** [lat. tardo *addulcāre*, comp. di *ăd* e *dŭlcis* 'dolce'; av. 1342] **v. tr.** e **intr. pron.** ● Addolcire.

†**addolciàre** [av. 1294] **v. tr.** e **intr. pron.** ● Addolcire.

addolciménto [1552] **s. m.** ● L'addolcire, l'addolcirsi | (*fig.*) Mitigazione, lenimento.

addolcìre [comp. di *a-* (*2*) e *dolce*; av. 1292] **A v. tr.** (*io addolcìsco, tu addolcìsci*) ***1*** Rendere dolce: *a. il caffè, l'acqua; addolcirsi la bocca.* ***2*** (*fig.*) Rendere meno aspro e duro, mitigare: *a. una parola dura con un sorriso; a. una brutta notizia* | Calmare, consolare: *a. il furore, una sofferenza; la poesia addolciva la sua solitudine.* **SIN.** Attenuare, lenire, mitigare. ***3*** (*lett.*) Ingentilire, incivilire: *a. i costumi.* ***4*** (*est.*) Ammorbidire, detto spec. di colori. ***5*** (*metall.*) Sottoporre un acciaio o una ghisa a ricottura a temperature comprese tra i 600 e i 900 °C per eliminarne le tensioni interne e renderlo più facilmente lavorabile. ***6*** (*chim.*) ***A. l'acqua***, privarla almeno parzialmente dei sali che la rendono dura. **B v. intr. pron.** ● Divenire più dolce (*spec. fig.*): *con gli anni le si è addolcito il carattere.*

addolcitivo [av. 1698] **agg.** ● Che serve ad addolcire.

addolcitóre [1800] **A s. m.**; anche **agg.** (**f.** *-trice*) ● Chi (o Che) addolcisce, rende dolce. **B s. m.** ● (*chim.*) Apparecchio usato per eliminare la durezza delle acque.

addoloràre [comp. di *a-* (*2*) e *dolore*; 1300 ca.] **A v. tr.** (*io addolóro*) ● Arrecare un dolore morale: *il suo comportamento mi addolora.* **SIN.** Affliggere, rattristare. **CONTR.** Allietare. **B v. intr. pron.** ● Affliggersi, provar dolore: *non addolorarti per così poco!* **SIN.** Contristarsi.

Addoloràta [1865] **s. f.** ***1*** (*per anton.*) La Madonna come Madre partecipe dei dolori della Passione di Gesù. **SIN.** Madonna dei sette dolori | Immagine di tale Madonna, spesso trafitta da sette spade. ***2*** Festa della Madonna dei sette dolori, ricorrente il Venerdì Santo e il 15 settembre. ***3*** Titolo di confraternita e di chiesa dedicata al culto della Madonna dei sette dolori.

addoloràto [sec. XIV] **part. pass.** di *addolorare*; anche **agg.** ● Afflitto, triste.

†**addomandàre** ● V. *addimandare*.

addòme o (*raro*) **addòmine** [vc. dotta, lat. *abdōmen*, di etim. incerta; 1567] **s. m.** ● (*anat.*) Parte inferiore del tronco umano compresa tra il torace e il bacino. **CFR.** laparo-.

addomesticàbile [1832] **agg.** ● Che si può addomesticare (*anche fig.*): *animale a.*

addomesticaménto [av. 1604] **s. m.** ● L'addomesticare, il venire addomesticato (*anche fig.*).

addomesticàre o †**addimesticàre** [comp. di *a-* (*2*) e *domestico*; av. 1304] **A v. tr.** (*io addomèstico, tu addomèstichi*) ***1*** Rendere domestico, togliendo da uno stato di selvatichezza: *a. animali, piante, terreni* | Detto di animali, ammaestrare nel sign. 2. **SIN.** Ammansire, domare. ***2*** (*est.*) Rendere mansueto, mite: *a. un ragazzo ribelle.* ***3*** (*fig.*) Condizionare in anticipo per un determinato fine, manipolare: *a. un concorso, una votazione.* **B v. intr. pron.** ● Diventare mansueto, docile (*anche fig.*). **C v. rifl.** ● (*raro*) Prendere dimestichezza, confidenza: *Le donne si erano addomesticate col berretto gallonato, e non ne avevano più paura* (VERGA). **SIN.** Familiarizzarsi.

addomesticàto [av. 1597] **part. pass.** di *addomesticare*; anche **agg.** ***1*** Nei sign. del v. ***2*** (*fig.*) Manipolato, predisposto ad arte per uno scopo determinato: *elezioni, notizie addomesticate.*

addomesticatóre o †**addimesticatóre** [1728] **s. m.** (**f.** *-trice*) ● Chi addomestica.

addomesticatùra o †**addimesticatùra** [1600 ca.] **s. f.** ● (*raro*) Addomesticamento.

addominàle [1816] **A agg.** ● Dell'addome, relativo all'addome: *dolore a.*; regione a.; muscoli addominali. **B s. m.** ● (*spec. al pl.*) Muscoli addominali | (*fam.*) Esercizi di ginnastica per rinforzare i muscoli addominali.

addòmine ● V. *addome*.

†**addoppàrsi** o †**addoppàrsi** [comp. di *a-* (*2*) e *doppo*; av. 1574] **v. intr. pron.** ● Mettersi dietro.

addoppiàre [comp. di *a-* (*2*) e *doppio*; 1300 ca.] **v. tr.** (*io addóppio*) ***1*** Rendere doppio | Riunire due o più fili semplici, disposti parallelamente. ***2*** (*lett.*) Raddoppiare, aumentare: *l'ira, che addoppia l'ardimento al prode* (MANZONI).

addoppiatóio [1865] **s. m.** ● (*tess.*) Strumento che serve ad addoppiare i fili spec. nella lavorazione della seta.

addoppiatùra [1600 ca.] **s. f.** ● (*tess.*) Operazione di addoppiare i fili spec. nella lavorazione della seta | Fili messi a doppio.

addormentaménto [sec. XIV] **s. m.** ● L'addormentare, l'addormentarsi.

♦**addormentàre** [lat. parl. **addormentāre*, dal lat. tardo *addormīre*; 1294] **A v. tr.** (*io addorménto*) ● Far dormire, indurre al sonno: *a. un bambino con la ninna-nanna* | (*fig.*) Annoiare: *un film che addormenta* | (*est.*) Anestetizzare. **B v. intr. pron** ***1*** Prendere sonno, mettersi a dormire: *addormentarsi tardi* | (*fig.*) ***Addormentarsi in piedi***, aver molto sonno | (*fig.*) ***Addormentarsi nel Signore***, morire cristianamente | (*fig.*) ***Addormentarsi sul lavoro***, farlo lentamente ***2*** (*fam.*) Intorpidirsi, detto di una parte del corpo: *mi si è addormentata una gamba.*

♦**addormentàto** [1306] **part. pass.** di *addormentare*; anche **agg.** ***1*** Assopito (*anche fig.*): *nella valle addormentata al sole* (VERGA). ***2*** (*fam.*) Intorpidito. ***3*** (*fig.*) Fiacco, tardo d'ingegno: *è un tipo a.* **CONTR.** Sveglio, vivace.

addormentatóre [1313 ca.] **agg.**; anche **s. m.** (**f.** *-trice*) ● (*lett.*) Che (o Chi) addormenta.

addormìre [lat. tardo *addormīre*, comp. di *ăd* e *dormīre* 'dormire'; av. 1294] **v. tr.** e **intr. pron.** (*io addòrmo*) ● (*lett., region.*) Addormentare.

addossaménto [1797] **s. m.** ● L'addossare, l'addossarsi (*spec. fig.*).

addossàre [da *addosso*; 1319] **A v. tr.** (*io addòsso*) ***1*** Appoggiare con la parte posteriore: *a. un divano alla parete.* ***2*** (*fig.*) Attribuire, imputare, accollare: *a. una colpa, una spesa, un debito* | ***Addossarsi una responsabilità***, assumersela | ***Addossarsi un debito***, impegnarsi a soddisfarlo. **B v. rifl.** ● Appoggiarsi, accostarsi: *addossarsi alla parete* | Ammassarsi, accalcarsi: *le mucche si addossarono sotto l'albero per ripararsi dalla pioggia.*

addossàto [1821] **part. pass.** di *addossare*; anche **agg.** ***1*** Nei sign. del v. ***2*** (*arald.*) Detto di due figure che si volgono il dorso.

♦**addòsso** o †**a dòsso** [comp. di *a-* (*2*) e *dosso*; sec. XIII] **A avv.** ***1*** Sulle spalle, sul dorso, sulla persona: *porta a. tutti i gioielli che ha* | ***Portare, mettersi a. qlco. di pesante***, indossare un indumento pesante | ***Levati quella roba d'a.***, toglitela | ***Levarsi qlcu. d'a.***, (*fig.*) liberarsene | ***Farsela a.***, fare i propri bisogni nei vestiti; (*fig.*) avere molta paura, essere in preda al panico | (*fig.*) ***Tirarsi a. le disgrazie***, procurarsele | (*fig.*) ***Avere la maledizione a.***, essere molto sfortunato, non riuscire a combinare nulla | (*fig.*) ***Avere molti anni a.***, essere vecchio | (*fig.*) ***Avere una famiglia numerosa a.***, a carico | (*fig.*) ***Parlarsi a.***, parlare troppo e in modo compiaciuto. ***2*** Nell'animo, in corpo: *questo tempo mette a. malinconia; mi sento i brividi a.; avere una forte febbre a.* | ***Avere il diavolo a.***, (*fig.*) essere irrequieto, agitato, di cattivo umore. **B** nella **loc. prep.** *addosso a.* ***1*** Sopra, su: *cadere a. a qlcu.* | ***Mettere le mani a. a qlcu.***, prenderlo, afferrarlo, catturarlo, percuoterlo, picchiarlo | ***Stare a. a qlcu.***, (*fig.*) opprimerlo, esortarlo continuamente, sollecitarlo | ***Piantare gli occhi a. a qlcu.***, fissarlo con insistenza | ***Mettere gli occhi a. a qlcu., a qlco.***, farne oggetto di desiderio | ***Gettare*** *la colpa a. a qlcu.*, incolparlo. *2* Molto vicino: *le nuove costruzioni vengono su una a. all'altra.* *3* Contro: *saltare a. a qlcu.*, assalirlo, aggredirlo; (*fig.*) avvicinarsi a qlcu. tendando un approccio sessuale | ***Dare a. a qlcu.***, (*fig.*) dargli torto, essergli contro. **C** in funzione di **inter.** • Si usa come incitamento a gettarsi contro qlcu., ad assalirlo, aggredirlo: *a. all'imbroglione!*; *dagli!*, *a.!*

addótto o †**addùtto** [av. 1364] **part. pass.** di *addurre*; anche **agg.** *1* Portato a sostegno. *2* (*med.*) Che ha subito adduzione.

addottoraménto [1664] **s. m.** • (*raro*) L'addottorare, l'addottorarsi.

addottoràre [comp. di *a-* (*2*) e *dottore*; 1524] **A v. tr.** (*io addottóro*) • (*raro*) Conferire la laurea di dottore: *a. in legge*. **B v. intr. pron.** • (*raro*) Divenire dottore, laurearsi.

addottrinaménto [av. 1348] **s. m.** • (*raro*) L'addottrinare, l'addottrinarsi.

addottrinàre [comp. di *a-* (*2*) e *dottrina*; 1282] **A v. tr.** • Istruire in una determinata arte o dottrina. **B v. rifl.** • (*raro*) Istruirsi | (*scherz.*) Scaltrirsi: *addottrinarsi bene nei trucchi del mestiere.*

addottrinàto [sec. XIII] **part. pass.** di *addottrinare*; anche **agg.** • Istruito, erudito. || **addottrinataménte**, **avv.** Da uomo addottrinato.

†**addrénto** • V. *addentro.*

addrizzàre e *deriv.* • V. *addirizzare* e *deriv.*

†**addu̦àrsi** [comp. di *a-* (*2*) e *due*; 1321] **v. intr. pron.** • Raddoppiarsi: *fu viso a me cantare essa sustanza, / sopra la qual doppio lume s'addua* (DANTE *Par.* VII, 5-6).

addùcere • V. *addurre.*

adducìbile [da *addurre*; av. 1704] **agg.** • Che si può addurre.

addùco • V. *addurre.*

addugliàre [comp. di *a-* (*2*) e *duglia*; 1889] **v. tr.** (*io addùglio*) • (*mar.*) Raccogliere una cima in spire regolari.

addùrre o (*lett.*) **addùcere** [lat. *addūcere*, comp. di *ăd* e *dūcere* 'condurre'; av. 1276] **A v. tr.** (**pres.** *io addùco, tu addùci*; **pass. rem.** *io addùssi, tu adducésti*; **fut.** *io addurrò*; **condiz. pres.** *io addurrèi*; **part. pass.** *addótto*; le altre forme dal tema *adducere*) *1* (*lett.*) Cagionare, arrecare: *l'Arno ... addusse tanta abbondanza d'acqua* (VILLANI) | (*lett.*) Condurre. *2* Presentare a sostegno: *a. esempi, scuse, pretesti, ragioni, fatti*; *addusse validi argomenti a sostegno della sua tesi.* *3* (*dir.*) Presentare all'autorità giudiziaria nel corso del giudizio: *a. fatti, prove, ragioni a discarico, a colpa.* **SIN.** Allegare, apportare, produrre. *4* Avvicinare una parte del corpo all'asse mediano dello stesso. **CONTR.** Abdurre. *5* †Ridurre, indurre. **B v. rifl.** • †Recarsi, ridursi (*anche fig.*).

addùssi • V. *addurre.*

adduttìvo [dal lat. *addūctus*, part. pass. di *addūcere* 'addurre'; 1955] **agg.** • Che si riferisce all'adduzione.

†**addùtto** • V. *addotto.*

adduttóre [vc. dotta, lat. tardo *adductōre(m)*, da *addūcere* 'addurre'; 1681] **A agg.** (**f.** *-trice*) *1* Che adduce, che porta verso qlco.: *canale a.* *2* (*anat.*) Che provoca adduzione: *muscolo a.* **B s. m.** *1* Ciò che porta verso qlco.: *a. di corrente elettrica.* *2* Muscolo che provoca adduzione: *gli adduttori della coscia.* ➡ **ILL.** p. 2122 ANATOMIA UMANA.

adduzióne [vc. dotta, lat. tardo *adductiōne(m)*, da *addūcere* 'addurre'; 1771] **s. f.** *1* (*raro*) L'addurre. *2* Moto di avvicinamento all'asse mediano del corpo di una parte di esso. **CONTR.** Abduzione. *3* (*fis.*) Passaggio di calore da un fluido a un solido o viceversa.

Àde [vc. dotta, lat. *Hādē(m)*, dal gr. *Hádēs*; av. 1938] **s. m.** *1* Nella mitologia greco-romana, divinità che regnava sull'oltretomba. *2* (*est.*) Regno dei morti.

adeguàbile [1865] **agg.** • Che si può adeguare.

adeguaménto [1673] **s. m.** *1* L'adeguare, l'adeguarsi; *l'a. delle pensioni al costo della vita.* **SIN.** Adattamento, allineamento. *2* (*dir.*) Produzione o modificazione di norme interne al fine dell'osservanza di una o più norme di diritto internazionale. **SIN.** Adattamento. *3* (*dir.*) ***A. del canone***, modificazione del canone di locazione proporzionata alle variazioni del costo della vita.

adeguàre o †**adequàre** [lat. *adaequāre*, comp. di *ăd* e *aequus* 'uguale'; 1306] **A v. tr.** (*io adéguo* (o *-è-*)) *1* Pareggiare, rendere proporzionato: *a. un prezzo al costo*; *a. gli stipendi al mutato costo della vita.* **SIN.** Adattare, conformare | ***A. i prezzi, le tariffe***, ritoccare, aumentare | (*lett.*) ***A. al suolo***, radere al suolo. *2* †Considerare uguale: *né la bellezza di Venere si può a. alla tua* (BOCCACCIO). **B v. rifl.** • Adattarsi, conformarsi: *adeguarsi ai nuovi tempi, alle circostanze, alla realtà.*

adeguatézza o †**adequatézza** [av. 1873] **s. f.** • Caratteristica di ciò che è adeguato.

adeguàto [av. 1498] **part. pass.** di *adeguare*; anche **agg.** *1* Nei sign. del v. *2* Congruo, proporzionato: *stipendio a. alla capacità*; *si promette adeguata ricompensa* | Opportuno, conveniente: *esprimersi in maniera adeguata*; *apportare a un terreno le adeguate concimazioni.* || **adeguataménte**, **avv.**

adeguazióne o †**adequazióne** [av. 1498] **s. f.** *1* Adeguamento. *2* (*filos.*) Criterio di verità in base al quale una conoscenza risulta vera se corrisponde all'oggetto.

adelfìa [da *adelfo*; 1865] **s. f.** • (*bot.*) Saldatura dei filamenti degli stami fino a formare uno o più gruppi | L'insieme degli stami concresciuti.

adèlfo [vc. dotta, gr. *adelphós* 'fratello', comp. di *a-* copulativo e un deriv. del gr. *delphýs* 'utero'; 1940] **agg.** • (*bot.*) Detto di stame il cui filamento è saldato con quello di uno o più altri stami.

adelomòrfo [vc. dotta, comp. del gr. *ádēlos* 'non chiaro, non manifesto' e *-morfo*; 1955] **agg.** • (*anat.*) Detto di struttura caratterizzata da tratti morfologici poco definiti: *cellule adelomorfe delle ghiandole gastriche.* **CONTR.** Delomorfo.

adempìbile [1745] **agg.** • Che si può adempiere.

adempiènza [av. 1306] **s. f.** • (*raro*) Adempimento.

adémpiere [V. *adempire*; 1294] **A v. tr.** (*io adémpio, tu adémpi*; le altre forme più comuni da *adempire*) *1* Portare a termine, mandare a effetto, compiere: *a. una promessa*; *a. un dovere, un comando* | ***A. un desiderio, una preghiera***, esaudirli | Realizzare, mantenere: *a. una promessa, un voto.* *2* †Colmare, riempire. **B v. intr.** (aus. *avere*) *1* (+ *a*) Compiere: *a. a un dovere, a un comando*; *all'ufficio ... dove adempie a tutti i suoi doveri* (PIRANDELLO). *2* (*dir.*) Eseguire la prestazione: *a. nel luogo e nel tempo indicati nel contratto.* **C v. intr. pron.** • Avverarsi, verificarsi: *la profezia di Cassandra si adempì.* **SIN.** Adempire.

adempiménto [1336 ca.] **s. m.** *1* Compimento, esecuzione: *morire nell'a. del proprio dovere.* *2* (*dir.*) Attività diretta all'esecuzione della prestazione: *esatto a.*; *a. parziale, inesatto* | ***Prestazione in luogo dell'a.***, dazione in pagamento. *3* Osservanza, obbedienza: *a. dei precetti della religione.*

adempìre [lat. *adimplēre*, comp. di *ăd* e *implēre* 'riempire'; av. 1306] **v. tr., intr.** e **intr. pron.** (*io adempisco, tu adempisci*) • Adempiere.

adempìto [1715] **part. pass.** di *adempire*; anche **agg.** • Nei sign. del v.

adempiùto [av. 1342] **part. pass.** di *adempiere*; anche **agg.** • Nei sign. del v.

ademprivìle [1923] **agg.** • Di ademprivio: *beni ademprivili.*

ademprìvio o **ademprìvo** [vc. sarda, dallo sp. *adempribio*, dal v. *emprar*, dal lat. parl. *imparāre* 'prendere possesso'; 1863] **s. m.** • Uso civico caratteristico della Sardegna, consistente nel godimento collettivo della terra, spec. del pascolo.

adenìa [dal gr. *adḗn*, genit. *adénos* 'glandola', di orig. indeur.; 1899] **s. f.** • (*med.*) Affezione delle ghiandole linfatiche.

adenìna [dal gr. *adḗn* 'ghiandola' col suff. *-ina*; 1929] **s. f.** • (*chim.*) Base organica azotata eterociclica che concorre alla formazione di nucleotidi dell'acido ribonucleico (RNA) e deossiribonucleico (DNA); viene ricavata per estrazione da lievito o da tessuti animali.

adenìte [comp. di *adeno-* e *-ite*; 1828] **s. f.** • (*med.*) Infiammazione di una ghiandola linfatica.

àdeno- [dal gr. *adḗn*, genit. *adénos* 'ghiandola'] primo elemento • In parole composte della terminologia scientifica significa 'ghiandola' o indica relazione con le ghiandole: *adenite, adenoide.*

adenocarcinòma [comp. di *adeno-* e *carcinoma*; 1950] **s. m.** (**pl.** *-i*) • (*med.*) Tumore maligno epiteliale di struttura ghiandolare.

adenòide [vc. dotta, gr. *adenoidḗs*, comp. di *adeno-* e *-oide*; 1771] **A agg.** • (*med.*) Detto del tessuto linfatico che costituisce la tonsilla faringea: *vegetazioni adenoidi.* **B s. f.** • (*med., spec. al pl.*) Ipertrofia del tessuto linfatico della tonsilla faringea che determina ostruzione alla respirazione nasale: *asportazione delle adenoidi.*

adenoidectomìa [comp. di *adenoid(e)* ed *-ectomia*; 1968] **s. f.** • (*chir.*) Asportazione chirurgica delle adenoidi.

adenoidèo [1780] **agg.** *1* Che si riferisce alle adenoidi. *2* Che è affetto da vegetazioni adenoidi: *soggetto, individuo a.*

adenoidi̦smo [comp. di *adenoid(e)* e *-ismo*; 1916] **s. m.** • (*med.*) Complesso dei disturbi e delle malformazioni dovuti alla presenza di vegetazioni adenoidi.

adenoipòfi̦si [comp. di *adeno-* e *ipofisi*] **s. f. inv.** • Lobo anteriore dell'ipofisi, che produce numerosi ormoni proteici. **CFR.** Neuroipofisi.

adenòma [comp. di *aden(o)-* e *-oma*; 1883] **s. m.** (**pl.** *-i*) • (*med.*) Tumore benigno di origine ghiandolare.

adenopatìa [comp. di *adeno-* e *-patia*; 1875] **s. f.** • Qualsiasi affezione di ghiandole, spec. linfatiche.

adeno̦sintrifosfàto [comp. di *adenosin(a)*, n. di un complesso chimico, di *tri-* e *fosfato*] **s. m.** • Composto noto come ATP.

adenotomìa [comp. di *adeno-* e *-tomia*; 1771] **s. f.** • (*chir.*) Incisione chirurgica di una ghiandola.

adenovìrus [comp. di *adeno-* e *virus*; 1956] **s. m.** • (*biol.*) Ogni virus compreso nella famiglia *Adenoviridae* che può parassitare Mammiferi e Uccelli causando patologie prevalentemente respiratorie o enteriche.

adèpto [vc. dotta, lat. *adĕptu(m)*, part. pass. di *adipīscī* 'ottenere'; 1739] **s. m.** (**f.** *-a*) *1* Affiliato, iniziato, iscritto a una società segreta, a un partito politico, a una setta religiosa, e sim. *2* †Iniziato ai misteri dell'alchimia.

†**adequàre** e *deriv.* • V. *adeguare* e *deriv.*

†**aderbàre** [comp. di *ad-* e *erba*; av. 1348] **v. tr.** (*io adèrbo*) *1* Mettere, tenere al pascolo. **SIN.** Pascere, pascolare. *2* Coprire d'erba.

aderènte [av. 1597] **A part. pres.** di *aderire*; anche **agg.** *1* Che è a stretto contatto: *ovario a.* | (*fig.*) Corrispondente, pertinente, conforme: *un programma a. alla realtà.* *2* Detto di abito, stretto, fasciante, in maniera tale da far risaltare le parti del corpo che ricopre: *pantaloni aderenti.* *3* (*mecc.*) ***Potere a.***, aderenza | ***Peso a.***, peso trasmesso dalle ruote motrici sulla superficie di appoggio. *4* (*mat.*) Detto di elemento appartenente alla chiusura di un insieme. **B s. m. e f.** • Seguace, sostenitore: *gli aderenti a una setta, a un'iniziativa* | ***Gli aderenti al partito***, l'insieme degli iscritti.

aderènza [1521] **s. f.** *1* Proprietà di ciò che aderisce | ***Costruzione in a.***, perfettamente combaciante con l'altra, benché eseguita su fondo limitrofo. *2* (*mecc.*) Attrito fra la superficie di appoggio e la ruota, in base al quale questa non striscia ma rotola: *coefficiente di a.* *3* (*edil.*) Resistenza specifica che si oppone al distacco tra calcestruzzo e ferro o acciaio nel cemento armato. *4* (*med.*) Connessione anormale tra superfici, mucose, sierose o cutanee, contigue, spesso per processi infiammatori. *5* (*fig.*) Corrispondenza, conformità: *progetti che rivelano scarsa a. alla realtà* | (*spec. al pl., fig.*) Conoscenze, relazioni, appoggi: *avere aderenze nelle alte sfere.*

adèrgere [comp. dal lat. *ăd* 'verso' ed *erĭgere* 'alzare'; 1319] **A v. tr.** (coniug. come *ergere*) • (*poet.*) Elevare, innalzare: *i novelli anni da la caligine / volenterosi la fronte adergono* (CARDUCCI). **B v. intr. pron.** • (*poet.*) Elevarsi, innalzarsi.

aderiménto [1686] **s. m.** • (*raro*) L'aderire | Adesione.

aderìre [vc. dotta, lat. *adhaerēre*, comp. di *ăd* e *haerēre* 'stare attaccato'; av. 1306] **v. intr.** (*io aderìsco, tu aderìsci*; aus. *avere*) *1* Essere attaccato, combaciare: *lo smalto aderisce all'unghia*; *le parti dell'incastro aderiscono perfettamente.* *2* (*fig.*) Farsi sostenitore o seguace: *a. a una corrente politica, a. a una opinione* | Entrare a far parte: *a. a un partito.* *3* (*fig.*) Acconsentire, accogliere: *a. a una richiesta.*

aderi̦zzàre [da *aderire*; 1955] **v. tr.** • Incidere il battistrada di uno pneumatico d'autoveicolo per ottenerne una maggiore aderenza al fondo stradale.

aderi̦zzatrìce [1965] **s. f.** • Macchina per aderizzare.

aderi̦zzazióne [1955] **s. f.** • Operazione dell'aderizzare.

adermina [comp. di *a-* (*1*) e un deriv. del gr. *dérma* 'pelle' (V. *derma*); 1955] **s. f.** ● (*chim.*) Vitamina del gruppo B che si trova in tutti gli alimenti vegetali e animali, spec. nel lievito e nella pula del riso; è dotata di funzione protettiva sugli epiteli. SIN. Vitamina B_6.

adescàbile [1865] **agg.** ● Che può essere adescato.

adescamènto [sec. XIV] **s. m.** *1* (*raro*) L'adescare | (*fig.*) Lusinga, allettamento: *difendersi contro gli adescamenti dei falsi amici* (NIEVO). *2* (*dir.*) Invito al libertinaggio fatto con atti o parole in luogo pubblico o aperto al pubblico, costituente illecito penale. *3* (*idraul.*) Riempimento con un liquido di un sifone o una pompa per porli in condizione di funzionare.

adescàre [lat. tardo *adescāre*, comp. di *ăd* e *ēsca* 'cibo, esca'; 1313] **v. tr.** (*io adésco, tu adéschi*) *1* Attirare con l'esca: *a. i pesci, gli uccelli* | †*A. l'amo*, fornirlo d'esca. *2* (*fig.*) Allettare, attrarre con lusinghe, promesse e sim. | Commettere il reato di adescamento: *a. i passanti*. *3* (*idraul.*) Compiere l'operazione di adescamento.

adescatóre [1681] **s. m.** (f. *-trice*); anche **agg.** ● Chi (o Che) adesca.

adesióne [vc. dotta, lat. *adhaesiōne(m)*. V. *aderire*; 1730] **s. f.** *1* (*fis.*) Forza molecolare di attrazione che si manifesta fra due corpi diversi in contatto | Correntemente, aderenza: *una perfetta a. di due incastri*. *2* (*fig.*) L'aderire | Appoggio, consenso, accettazione: *a. a una proposta, a una richiesta; dare, far pervenire, rifiutare la propria a.* *3* (*dir.*) Assenso alla volontà da altri manifestata, produttivo di vari effetti giuridici | ***Contratto per a.***, il cui schema prestabilito da una parte deve essere accettato in blocco dalla controparte.

adesività [1974] **s. f.** ● La proprietà di una sostanza di essere adesiva.

adesìvo [dal lat. *adhǣsus*, part. pass. di *adhaerēre* 'aderire'; 1829] **A agg.** *1* Che aderisce: *nastro a.* *2* Collante: *sostanza adesiva*. **B s. m.** *1* Sostanza o miscuglio di sostanze naturali o artificiali che, interposto tra le superfici di separazione di due o più corpi solidi, tende a unirli. SIN. Collante. *2* Etichetta di carta o plastica trasparente, spec. a carattere pubblicitario, che aderisce a una superficie mediante semplice pressione. SIN. Autoadesivo.

adèso (o **-é-**) [vc. dotta, lat. *adhǣsus*, part. pass. di *adhaerēre* 'aderire'; 1300 ca.] **agg.** *1* †Aderente, attaccato. *2* (*scient.*) Detto di ciò che aderisce strettamente a qlco.

adèspoto o (*raro, lett.*) **adèspota** [vc. dotta, lat. tardo *adĕspotu(m)*, nom. *adĕspotos*, dal gr. *adéspotos*, comp. di *a-* (*1*) e *despótēs* 'padrone'; av. 1775] **agg.** *1* (*raro, lett.*) Senza padrone. *2* Detto di libro, codice, manoscritto di cui non si conosce l'autore. SIN. Anonimo.

♦**adèsso** [etim. incerta; av. 1249] **A avv.** *1* Ora, in questo momento, presentemente, nel tempo attuale: *a. sto studiando; a. sono occupato; a. sto bene; a. cercherò di riposarmi*; (*enfat.*) *a. sì che stiamo freschi!*; *a. stai passando i limiti!* | ***Per a.***, per ora, per il momento | ***Da a. in poi***, da questo momento in avanti | ***Fin d'a.***, fin d'ora | ***La gioventù d'a.***, di oggi | ***E a.?***, sottintendendo varie domande. *2* Poco fa, or ora: *l'ho incontrato proprio a.; vengo a. da casa sua* | Con valore raff.: *adesso adesso*. *3* Fra poco, con riferimento a un futuro immediato: *dovrebbe telefonare a.* **B** nella **loc. cong.** ***a. che***, ora che (introduce una prop. temp. o caus. con il v. all'indic.): *a. che sei guarito alla gamba, potrai di nuovo camminare; a. che ti ho avvertito fai come credi*. **C** in funzione di **inter.** ● Si usa per invitare qlcu. ad attendere, a pazientare, con sign. analogo a 'un momento!': *a.!, vengo subito!*

ad hoc /*lat.* a'dɔk/ [lat., 'a tale (scopo)'; 1863] **loc. agg. e avv.** ● Apposta per uno scopo; appositamente predisposto per uno scopo: *discorso ad hoc; parlare ad hoc*.

ad hominem /*lat.* a'dɔminem/ [lat., 'per l'uomo'; 1800] **loc. agg. e avv.** *1* Appositamente predisposto per una data persona, apposta per una data persona: *discorso ad hominem; parlare ad hominem*. *2* (*filos.*) Detto di argomento o dimostrazione secondo cui l'avversario dovrebbe ammettere una tesi, indipendentemente dalla sua verità o falsità, per la particolare circostanza in cui si trova.

ad honòrem /*lat.* ado'nɔrem/ [lat., 'ad onore'] **loc. agg. e avv.** ● Di carica, titolo accademico e sim. conferiti come riconoscimento onorifico: *medaglia, laurea ad honorem; laureare qlcu. ad honorem*.

†**a dì** ● V. *addì*.

adiabàtico [dal gr. *adiábatos* 'che non si può passare', comp. di *a-* (*1*) e *diabáinein* 'passare', comp. a sua volta di *diá* 'attraverso' (V. *diafano*) e *báinein* 'andare', di orig. indeur.; 1892] **agg.** (pl. m. *-ci*) ● (*fis.*) Detto di ciò che si oppone alla trasmissione del calore, che ne è impenetrabile | (*est.*) Relativo a ciò che avviene senza scambi di calore con l'esterno: *trasformazione adiabatica* | ***Esponente a.***, quello da dare al volume specifico nell'equazione che descrive una trasformazione adiabatica, indicata dal rapporto fra i calori specifici a pressione costante e a volume costante del gas.

adiacènte [vc. dotta, lat. tardo *adiacĕnte(m)*, part. pres. di *adiacēre* 'giacer vicino'; 1499] **agg.** *1* Che sta vicino, limitrofo, contiguo: *a. al giardino, alla villa; strade adiacenti*. *2* (*mat.*) Detto di ciascuno dei due angoli determinati in un semipiano da una semiretta uscente da un punto della sua origine | Detto di un vertice e di un lato d'un poligono che appartengono l'uno all'altro | Detto di vertici d'un grafo collegati da uno spigolo. ➡ ILL. **geometria.**

adiacènza [sec. XIV] **s. f.** *1* (*raro*) Il fatto di essere vicino, contiguo: *l'a. di un edificio alla stazione della metropolitana*. *2* (*al pl.*) Zone vicine, circostanti: *nelle immediate adiacenze della stazione*.

adiaforìa [vc. dotta, gr. *adiaphoría* 'indifferenza', comp. di *a-* (*1*) e *diaphoría* 'differenza', da *diáphoros* 'differente', a sua volta da *diaphérein* 'portare al di là', poi 'differire', comp. di *diá* 'al di là' (V. *diafano*) e *phérein* 'portare', di orig. indeur.; 1819] **s. f.** ● Nella filosofia cinica e stoica, disposizione di indifferenza morale per tutto ciò (ad es. la salute, la ricchezza e sim.) che non è virtù o vizio e che perciò non influisce sul conseguimento della felicità.

adiàforo [gr. *adiáphoros*, comp. di *a-* (*1*) e *diáphoros* 'differente'; 1821] **agg.** *1* Nella filosofia cinica e stoica, relativo ad adiaforia. *2* Nella critica testuale, detto di varianti che hanno uguale autorità documentaria e sono parimenti accettabili.

adiànto (o **-dia-**) [vc. dotta, lat. *adiăntu(m)*, dal gr. *adíanton* 'non bagnato', comp. di *a-* (*1*) e *diáinō* 'io bagno'; 1499] **s. m.** ● (*bot.*) Capelvenere.

adiatermàno [comp. di *a-* (*1*) e *diatermano*; 1955] **agg.** ● Opaco alle radiazioni calorifiche, cioè alle radiazioni infrarosse. SIN. Atermano.

adibìre [lat. *adhibēre*, comp. di *ăd* e *habēre* 'avere'; 1853] **v. tr.** (*io adibìsco, tu adibìsci*) ● Destinare, adattare a un certo uso o ufficio: *a. una chiesa a ospedale; anche l'esercito fu adibito al soccorso dei terremotati; l'impiegato è stato adibito ad altre funzioni*.

†**a dièto** ● V. *addietro*.

†**adiettivo** ● V. *aggettivo*.

†**adimàre** [comp. di *ad-* e *imo*; av. 1319] **A v. tr.** ● (*lett.*) Chinare, abbassare. **B v. intr. pron.** ● Abbassarsi: *Intra Siestri e Chiaveri s'adima / una fiumana bella* (DANTE *Purg.* XIX, 100-101).

adimensionàle [comp. di *a-* (*1*) e *dimensione*, con suff. aggettivale; 1955] **agg.** ● (*fis.*) Detto di grandezza puramente numerica che risulta dal rapporto fra due grandezze aventi la stessa dimensione: *la densità relativa è a.*

adinamìa [vc. dotta, gr. *adynamía*, comp. di *a-* (*1*) e *dýnamis* 'forza'; 1819] **s. f.** ● (*med.*) Perdita della forza muscolare per malattia.

adinato **s. m.** ● Adattamento di *adynaton* (V.).

ad ìnterim [lat., comp. della prep. *ad* e *interim* (V.)] **A loc. avv.** ● Temporaneamente, per il periodo di tempo che intercorre fra il momento in cui il titolare di determinate funzioni cessa la sua attività e il momento in cui il nuovo titolare assume le stesse funzioni: *assumere, conferire un ministero ad interim*. **B** anche **agg.**: *ministro ad interim*.

†**a Dio** /ad'dio/ ● V. *addio*.

àdipe [vc. dotta, lat. *ădipe(m)*, forse da un dial. italico che l'avrebbe preso a sua volta dal gr. *áleiphar* 'grasso'; sec. XIV] **s. m.** ● Grasso del corpo. SIN. Pinguedine.

adìpico [da *adipe*; 1955] **agg.** (pl. m. *-ci*) ● (*chim.*) Detto di composto ottenuto da certe sostanze grasse | ***Acido a.***, acido organico, bibasico, cristallino, prodotto dall'ossidazione di vari grassi, impiegato nella fabbricazione del nylon.

adipòcita o **adipocito** [comp. di *adip(e)* e *-cita*] **s. m.** (pl. *-i*) ● (*biol.*) Ognuno degli elementi cellulari costituenti il tessuto adiposo e caratterizzati da una notevole quantità di inclusi lipidici.

adipòsi [comp. di *adip(e)* e del suff. *-osi*; 1939] **s. f. inv.** *1* (*med.*) Abnorme deposito di grasso in un organo o nel tessuto sottocutaneo. *2* (*med.*) Obesità.

adiposità [1865] **s. f.** ● (*med.*) Accumulo eccessivo di grasso localizzato o generalizzato.

adiposìte [comp. di *adipos(o)* e del suff. *-ite* (*1*)] **s. f.** ● (*med.*) Pannicolite.

adipóso [1659] **agg.** ● Grasso, pieno di adipe | ***Tessuto a.***, connettivo caratterizzato da cellule contenenti gocce di grasso.

adipsìa [vc. dotta, comp. di *a-* (*1*), del gr. *dípsa* 'sete', di orig. sconosciuta, e del suff. *-ia*; 1819] **s. f.** ● (*med.*) Assenza patologica dello stimolo della sete.

adiràre [comp. di *ad-* e *ira*; av. 1250] **A v. tr.** ● (*lett.*) †Fare arrabbiare. **B intr. pron.** ● Farsi prendere dall'ira, montare in collera | Sdegnarsi, turbarsi: *adirarsi con, contro, qlcu.; adirarsi con sé stesso; adirarsi per un torto subito*. SIN. Arrabbiarsi, irritarsi.

adiràto [av. 1257] **part. pass.** di *adirare*; anche **agg.** ● Nei sign. del v. ‖ **adiratamènte**, **avv.**

adìre [vc. dotta, lat. *adīre*, comp. di *ăd* e *īre* 'andare'; av. 1396] **v. tr.** (*io adisco, tu adìsci*; **part. pass.** *adìto*) ● (*dir.*) Rivolgersi all'autorità giudiziaria perché provveda alla tutela di un diritto o di un interesse: *a. il tribunale, il giudice; a. le vie legali, la magistratura* | ***A. un'eredità***, accettarla nei modi legali.

†**a dirittùra** ● V. *addirittura*.

àdito (**1**) [vc. dotta, lat. *ăditu(m)*. V. *adire*; av. 1472] **s. m.** *1* (*lett.* o *raro*) Entrata, passaggio: *il corridoio dà a. alla stanza* | (*fig.*) Accesso: *diploma che dà a. all'università* | (*fig.*) ***Dare a.***, provocare, far sorgere: *dare a. a critiche, a sospetti*. *2* Facoltà di entrare, accedere (*anche fig.*): *avere libero a. presso qlcu.; tu l'a. m'impetra al capitano* (TASSO).

àdito (**2**) [vc. dotta, lat. *ădytu(m)*, dal gr. *ádyton*, comp. di *a-* (*1*) e *dýō* 'io entro'; av. 1729] **s. m.** ● Parte più interna e sacra del tempio antico.

adiutóre o †**aiutóre** [vc. dotta, lat. *adiutōre(m)*, da *adiuvāre*, comp. di *ăd* e *iuvāre* 'aiutare'; sec. XIII] **s. m.**; anche **agg.** (f. *-trice*) ● (*spec. lett.*) Chi (o Che) aiuta, assiste, collabora e sim.

†**adiutòrio** o †**aiutòrio** [vc. dotta, lat. *adiutōriu(m)*. V. †*adiutore*; sec. XIII] **s. m.** *1* Aiuto, soccorso divino: *dove in favor loro mancassero le forze umane, avesse a supplire l'aiutorio divino* (GUICCIARDINI). *2* Nel mondo medievale, tributo dovuto dai sudditi al principe in casi di bisogno.

adiuvànte [vc. dotta, lat. *adiuvănte(m)*, part. pres. di *adiuvāre*, V. *adiutore*; sec. XIV] **agg.** *1* (*raro*) Che aiuta. *2* Nella teologia cattolica, detto della grazia che Dio concede all'uomo per aiutarlo nel compimento di un'azione meritoria. *3* (*med.*) Detto di sostanza che, aggiunta a farmaci o antigeni, incrementa l'efficacia terapeutica o la risposta immunitaria.

a divinis [lat., 'dalle cose divine', cioè 'dagli atti del culto'; 1634] **loc. agg. e avv.** ● Detto di pena ecclesiastica consistente nell'interdire al sacerdote colpevole l'esercizio degli uffici divini: *sospensione a divinis; sospendere a divinis*.

adizióne [vc. dotta, lat. *aditiōne(m)*, da *adīre* 'adire'; 1539] **s. f.** ● (*dir.*) L'adire | Atto con cui l'erede dichiara di accettare l'eredità.

†**adizzàre** e *deriv.* ● V. *aizzare* e *deriv.*

ad lìbitum [lat., 'a piacere'. V. *libito*; 1829] **loc. avv.** ● A piacere, a volontà.

ad lìmina [loc. del lat. curiale, propr. '(visita) alle soglie ad limina cioè alle tombe ad limina (degli apostoli)'] **loc. agg. e avv.** ● Detto delle visite che un vescovo cattolico ha l'obbligo di fare al Papa in Roma ogni cinque anni.

ad lìtteram [in lat. propr. 'secondo la lettera'; 1763] **A loc. agg. inv.** ● Alla lettera: *versione ad litteram*. **B** anche **loc. avv.**: *tradurre ad litteram*.

ad maióra [lat., propr. 'a cose maggiori'] **loc. inter.** ● Augurio che si rivolge a chi ha ottenuto un successo per auspicargli risultati ancora migliori.

adnominàle [dal lat. tardo *adnōmen* 'soprannome' sul modello dell'ingl. *adnominal*; 1955] **agg.**; anche **s. m.** ● (*ling.*) Detto di elemento della frase dipendente da un nome o da un aggettivo. CFR. Adverbale.

ad nùtum [loc. lat., propr. 'al (*ăd*) cenno (*nūtu(m)*, da uno scomparso v. *nŭere*, di orig. indeur.), come manifestazione di volontà e comando'] loc. agg. e avv. ● Al cenno, all'ordine di qlcu. | (*dir.*) ***Licenziamento ad nutum***, senza obbligo di motivazione.

adòbe /a'dɔbe, *sp.* a'ðoβe/ [vc. sp., dall'ar. *aṭ-ṭūb* 'mattone'] s. m. inv. (pl. sp. *adobes*) ● Mattone di fango o altri materiali seccati al sole, usato nel Messico e nelle regioni sud-occidentali degli Stati Uniti | Costruzione realizzata con tali mattoni.

adocchiaménto o (*tosc.*) †**aocchiaménto** [1306] s. m. ● Atto dell'adocchiare | Occhiata insistente.

adocchiàre o (*tosc.*) †**aocchiàre** [lat. **adoculāre*, comp. di *ăd* e *ŏculus* 'occhio'; av. 1306] v. tr. (*io adòcchio*) **1** Scorgere, notare con un'occhiata: *adocchiò un posto libero al centro della fila* | (*est.*) †Ravvisare, riconoscere. **2** Guardare con compiacenza e desiderio: *a. la preda*; *un ladro ... aocchiando quelle gioie, disegnò rubarmele* (CELLINI).

adolescènte [vc. dotta, lat. *adolescĕnte(m)*, part. pres. di *adolēscere*, da *ălere* 'nutrire'; 1308] **A** agg. ● Che ha i caratteri dell'adolescenza: *viso a.* **B** s. m. e f. ● Chi è nell'età dell'adolescenza. || **adolescèntulo**, dim.

adolescènza [vc. dotta, lat. *adolescĕntia(m)*, da *adulēscens* 'adolescente' (V.); 1308] s. f. ● Età della vita tra la fanciullezza e l'età adulta, caratterizzata da una serie di mutamenti fisici e psicologici e dalla maturazione sessuale.

adolescenziàle [1964] agg. ● Relativo all'adolescenza o agli adolescenti: *crisi adolescenziali.*

adombràbile [1712] agg. ● Che si adombra facilmente. SIN. Suscettibile.

adombraménto o †**aombraménto** [av. 1364] s. m. **1** L'adombrare | (*fig.*) Accenno, indizio. **2** L'adombrarsi di un cavallo | (*fig.*) Risentimento, turbamento.

adombràre o †**aombràre** [vc. dotta, lat. *adumbrāre*, comp. di *ăd* e *ŭmbra* 'ombra'; 1319] **A** v. tr. (*io adómbro*) **1** (*lett.*) Coprire d'ombra, oscurare: *lo rividi l'Ilisso, / ... gli oleandri / che l'adombrano* (D'ANNUNZIO) | ***A. un disegno***, ombreggiarne i contorni. **2** (*fig.*) Rappresentare, esprimere in modo velato, indiretto: *spesso la favola adombra il vero.* **3** (*poet.*) Rappresentare, raffigurare: *tanto più bella il mio pensier l'adombra* (PETRARCA). **B** v. intr. e intr. pron. (aus. *essere*) **1** Spaventarsi, davanti a un'ombra o per altro motivo, detto di animali, spec. cavalli. **2** (*fig.*) Insospettirsi, risentirsi, turbarsi, detto di persona: *l'uomo si adombrò al ricordo.*

†**adonàre** [fr. *s'adonner* 'sottomettersi', dal lat. **addonāre*, da *dōnum* 'dono'; sec. XIII] **A** v. tr. (*io adóno*) ● (*lett.*) Abbattere, prostrare, accasciare. **B** v. intr. pron. ● (*lett.*) Abbattersi, piegarsi: *nostra virtù che di legger s'adona* (DANTE *Purg.* XI, 19).

adóne [vc. dotta, lat. *Adōne(m)*, n. del giovinetto amato da Venere per la sua straordinaria bellezza; 1532] s. m. ● Giovane molto bello: *crederši un a.*

†**adonestàre** o †**aonestàre** [comp. di *ad-* e *onesto*; 1521] v. tr. ● Rendere onesto in apparenza, giustificare: *Cesare non avrebbe potuto ... a. la sua tirannide* (MACHIAVELLI).

adònide [vc. dotta, gr. *ádonis*, genit. *adónidos*. V. *adone*; av. 1557] s. f. ● Pianta erbacea delle Ranuncolacee con fusto eretto, foglie alterne, fiori terminali gialli o rossi, grandi e solitari; è usata in farmacologia per le sue proprietà cardiotoniche e diuretiche (*Adonis vernalis*).

adònio [lat. *adonīu(m)*, dal n. di *Adone* che veniva invocato in questi versi; 1643] s. m. ● Verso greco e latino di cinque sillabe.

adontaménto [1955] s. m. ● (*lett.*) L'adontarsi.

adontàre [comp. di *ad-* e *onta*; 1679] **A** v. tr. (*io adónto*) ● †Recare onta, offendere. **B** v. intr. (aus. *avere*) ● †Indispettirsi, sdegnarsi. **C** v. intr. pron. ● Sdegnarsi, risentirsi: *non adontarti per così poco.*

adoperàbile o (*lett.*) **adopràbile** [av. 1704] agg. ● Che si può adoperare.

♦**adoperàre** o (*lett.*) **adopràre** [lat. mediev. *adoperāre*, comp. di *ăd* e *ŏpera* 'opera'; av. 1294] **A** v. tr. (*io adòpero*) ● Usare: *a. mani e cervello*; *a. lo strumento adatto allo scopo.* SIN. Impiegare. **B** v. intr. ● †Operare, agire: *Eunoè si chiama, e non adopra / se quinci e quindi pria non è gustato* (DANTE *Purg.* XXVIII, 131-132). **C** v. rifl. ● Prodigarsi, impegnarsi, darsi da fare: *adoperarsi in favore dei poveri*; *adoperarsi per l'assistenza ai profughi.* SIN. Affaccendarsi, ingegnarsi.

adopràre e *deriv.* ● V. *adoperare* e *deriv.*

adoràbile [vc. dotta, lat. tardo *adorābile(m)*, da *adorāre* 'adorare'; 1669] agg. **1** (*raro*) Che è degno di essere adorato: *La soprana volontà di Dio, ... sempre a.* (D'ANNUNZIO). **2** (*est.*) Di persona o cosa particolarmente cara e gradita: *bambina, creatura, a.*; *sorriso a.*; *maniere adorabili.* CONTR. Detestabile. || **adorabilménte**, avv.

adorabilità [1704] s. f. ● Caratteristica di chi (o di ciò che) è adorabile.

adorànte [sec. XIV] part. pres. di *adorare*; anche agg. ● Che adora, che esprime adorazione.

♦**adoràre** [lat. *adorāre*, comp. di *ăd* e *orāre* 'pregare'; av. 1294] **A** v. tr. (*io adóro*) **1** Prestar culto di adorazione alla divinità: *a. Dio* | Venerare. **2** (*est.*) Fare oggetto di devozione, amare con intensità: *a. la propria madre* | Provare passione, entusiasmo per qlco.: *a. la musica* | Apprezzare particolarmente (con valore iperbolico): *adoro questi cioccolatini.* CONTR. Detestare. **B** v. intr. (aus. *avere*) ● †Pregare: *adora per color che sono in terra* (DANTE *Par.* XVIII, 125).

adoratóre [vc. dotta, lat. tardo *adoratōre(m)*, da *adorāre* 'adorare'; 1347] s. m. (f. *-trice*) **1** Chi adora; CFR. -latra | ***Adoratrici perpetue***, suore cattoliche votate alla perpetua adorazione del SS. Sacramento. SIN. Sacramentine. **2** (*scherz.*) Corteggiatore, ammiratore: *quella ragazza è circondata di adoratori.*

adorazióne [vc. dotta, lat. *adoratiōne(m)*, da *adorāre* 'adorare'; 1484] s. f. **1** Atto di riverenza verso la divinità, con il quale se ne riconosce la superiorità e si afferma la propria dipendenza da essa | ***Essere, stare in a.***, (*est.*) in ammirazione estatica di qlcu., di qlco. | Sentimento corrispondente a tale atto | Nelle religioni antiche, cerimonia nella quale il fedele si prostrava dinanzi alla statua del dio e ne baciava il piede. CFR. -latria. **2** Nella teologia cattolica, forma del culto dovuto a Dio, a Gesù Cristo, all'Eucaristia e alla Croce | ***A. perpetua***, culto di latria del SS. Sacramento nelle quarantore | Atto di inchinarsi al Papa. **3** (*est.*) Amore sviscerato: *ha una a. per quel bambino.*

adòreo [vc. dotta, lat. *adōreu(m)* 'spelta, grano' di etim. incerta; 1903] agg. ● (*lett., raro*) Fatto di grano, di farro.

†**adorezzàre** [comp. di *ad-* e *orezzo*; 1319] v. intr. impers. ● (*lett.*) Esserci ombra, fresco.

adornàbile [av. 1588] agg. ● Che si può adornare.

adornaménto [sec. XIII] s. m. ● (*lett.*) Abbellimento, ornamento | Decorazione.

adornàre [lat. *adornāre*, comp. di *ăd* e *ornāre* 'ornare'; av. 1294] **A** v. tr. (*io adórno*) ● Fare più bello, ornare: *a. la casa con fiori*; *i Medici adornarono Firenze di monumenti.* **B** v. rifl. ● Farsi bello, vestirsi con cura: *adornarsi per la cerimonia*, *per la festa.*

adornàto [av. 1250] **A** part. pass. di *adornare*; anche agg. ● Ornato, adorno: *un palazzo a. di fregi.* || **adornataménte**, avv. In modo ornato. **B** s. m. ● †Ornamento.

adornatóre [1308] agg.; anche s. m. (f. *-trice*) ● Che (o Chi) adorna.

†**adornézza** [av. 1249] s. f. ● Ornamento, leggiadria: *vedrai / di sì alti miracoli a.* (DANTE).

adórno [av. 1250] **A** agg. ● Adornato, ornato, decorato (*lett.*; *anche fig.*): *una sala adorna di fiori*; *l'atto d'ogni gentil pietate a.* (PETRARCA) | (*est., lett.*) Leggiadro: *ed andarò cercando il viso a.* (BOIARDO). **B** s. m. ● (*raro, lett.*) Ornamento.

†**a dòsso** ● V. *addosso.*

adottàbile [vc. dotta, lat. tardo *adoptābile(m)* 'desiderabile', da *adoptāre*. V. *adottare*; 1855] agg. ● Che si può adottare.

adottabilità [1974] s. f. ● Possibilità di venire adottato: *stato di a.*

adottaménto [sec. XIII] s. m. ● (*raro, lett.*) Adozione.

adottàndo [vc. dotta, lat. *adoptāndu(m)*, gerundivo di *adoptāre* 'adottare'; 1961] **A** s. m. (f. *-a*) ● (*dir.*) La persona a cui, mediante adozione, si vuole attribuire la posizione simile a quella di figlio: *consenso dell'a.* **B** anche agg.: *soggetto a.*

adottànte [av. 1396] **A** part. pres. di *adottare*; anche agg. ● Nei sign. del v. **B** s. m. e f. ● (*dir.*) Colui che, mediante adozione, attribuisce la posizione di figlio a chi è stato generato da altri: *la patria potestà sull'adottato spetta all'a.*

♦**adottàre** [lat. *adoptāre*, comp. di *ăd* e *optāre* 'scegliere'; 1342] v. tr. (*io adòtto*) **1** Attribuire, nei limiti e nelle forme di legge, la posizione di figlio a chi è stato procreato da altri: *hanno adottato un bambino e una bambina.* **2** (*fig.*) Fare proprio, seguire: *a. una severa regola di vita*, *un nuovo metodo di lavoro* | Praticare: *una squadra che adotta il gioco a zona* | Utilizzare: *la vettura adotta un nuovo tipo di freni* | Scegliere: *gli insegnanti hanno deciso di a. nuovi libri di testo* | Prendere, attuare: *a. un provvedimento disciplinare.*

adottàto [av. 1306] **A** part. pass. di *adottare*; anche agg. **1** Preso, scelto. **2** Che ha assunto la posizione di figlio in seguito ad adozione. **B** s. m. (f. *-a*) ● Colui al quale viene attribuita la posizione di figlio mediante adozione.

adottatóre [vc. dotta, lat. tardo *adoptatōre(m)*, da *adoptāre* 'adottare'; av. 1396] s. m. (f. *-trice*) ● (*disus.*) Chi adotta.

adottìvo [vc. dotta, lat. *adoptīvu(m)*, da *adoptāre* 'adottare'; 1292] agg. **1** Che è divenuto tale mediante adozione: *figlio, padre a.* | ***Filiazione adottiva***, rapporto giuridico tra genitori e figli adottivi. **2** (*fig.*) Di elezione: *patria adottiva*; *nome a.* **3** †Di ramo che cresce negli alberi innestati.

adòxa [gr. *ádoxos* 'senza gloria', per i fiori poco appariscenti, comp. di *a-* (*1*) e *dóxa* 'fama'; 1819] s. f. ● Pianta erbacea delle Adoxacee con rizoma strisciante, foglie radicali e piccoli fiori verdi con profumo di muschio (*Adoxa moschatellina*). SIN. Erba fumaria, ranuncolino muschiato.

Adoxàcee [1970] s. f. pl. (sing. *-a*) ● Nella tassonomia vegetale, famiglia di piante erbacee rizomatose delle Rubiali, cui appartiene l'adoxa (*Adoxaceae*).

adozianismo e *deriv.* ● V. *adozionismo* e *deriv.*

adozióne [vc. dotta, lat. *adoptiōne(m)*, comp. di *ăd* e *ŏptio* 'scelta'; 1347] s. f. **1** Complesso degli atti legali che attribuisce, a chi è stato generato da altri, una posizione uguale o simile a quella di figlio legittimo | ***A. dei minori***, che fa cessare ogni rapporto giuridico con la famiglia di origine. **2** Scelta: *l'a. dei libri di testo* | ***Paese, patria d'a.***, di elezione, non di nascita. **3** Attuazione: *a. di un provvedimento disciplinare.*

adozionismo o **adozianismo** [da *adozione*; 1929] s. m. ● Dottrina trinitaria di numerose correnti eretiche cristiane del II e del III sec., secondo cui fra il Padre e il Figlio, considerato soltanto uomo, sussiste un rapporto di adozione, avendo il Padre assunto il Cristo come figlio per i meriti speciali di lui.

adozionìsta o **adozianista** [1950] s. m. (pl. *-i*). ● Eretico seguace dell'adozionismo.

ad persònam [lat. 'alla persona'] loc. agg. ● Detto di cariche, titoli, privilegi e sim. che si riferiscono esclusivamente a una determinata persona, e non si possono quindi trasferire ad altri | (*est.*) Detto di ciò che riguarda esclusivamente una persona: *assegno, trattamento ad personam.*

ad quem /*lat.* ad'kwem/ [lat., 'al quale, prima del quale'] loc. agg. inv. ● Si dice, spec. nel linguaggio giuridico o storico, per qualificare un punto di riferimento finale: *anno ad quem* | (*dir.*) ***Giudice ad quem***, giudice competente a conoscere dell'impugnazione o di una causa già pendente avanti al altro giudice.

adragànte o **dragànte** (2) [etim. incerta; 1310] **A** agg. ● Nella loc. ***gomma a.***, mucillagine che trasuda dai fusti e dai rami di piante appartenenti ad alcune specie di astragalo, usata nell'industria farmaceutica e conciaria. **B** s. m. ● Gomma adragante.

adrenàle [comp. di *ăd* 'presso' e *rene*; 1963] agg. ● (*anat.*) Che si trova in prossimità del rene | (*zool.*) ***Ghiandola a.***, ghiandola surrenale dei Vertebrati, localizzata presso il rene.

adrenalìna [da *renale*; 1902] s. f. ● (*chim.*) Ormone prodotto dalla parte midollare della ghiandola surrenale, particolarmente attivo su pressione arteriosa, battito cardiaco e ventilazione polmonare; è un importante regolatore del metabolismo glucidico e lipidico | ***Avere una scarica di a.***, subire un'immissione dell'ormone nel sangue, a causa di un'emozione (*anche fig.*). SIN. Epinefrina.

adrenèrgico [comp. di *adren(alina)* e di un deriv. dal gr. *érgon* 'lavoro, attività'; 1955] agg. (pl. m. *-ci*) **1** (*farm.*) Detto di molecola con azione farmacologica simile a quella di adrenalina o noradrenalina: *farmaco a.* **2** (*fisiol.*) Che viene stimolato da adrenalina, noradrenalina, altre catecolammine o sostanze con azione farmacologica simile | ***Recettore a.***, recettore del sistema nervoso autonomo e di altri tessuti specificamente stimolato da adrenalina, noradrenalina o da sostanze con azione farmacologica equivalente | ***Trasmissione adrenergica***, trasmissione di impulsi nel sistema nervoso simpatico che si propaga attraverso la stimolazione di recettori alfa o beta adrenergici.

adrenocorticòtropo [comp. del lat. *ăd-* 'presso', di *rene*, del lat. *cŏrtex*, genit. *cŏrticis* 'corteccia', e di *-tropo*] agg. ● (*biol.*) Detto di ormone che agisce sulla corteccia surrenale | ***Ormone a.***, corticotropina.

adrìaco [vc. dotta, lat. *Hadrĭacu(m)*, nom. *Hadrĭacus*, dal gr. *Adriakós*, agg. di *Adría* 'Adria'; av. 1658] agg. (pl. m. *-ci*) ● (*lett.*) Adriatico: *a specchio de l'a. mare* (CARDUCCI).

adriàtico [vc. dotta, lat. *Hadriătĭcu(m)*, nom. *Hadriătĭcus*, dal gr. *Adriatikós*, agg. di *Adría* 'Adria'; 1521] **A** agg. (pl. m. *-ci*) ● Detto di quella parte del Mediterraneo racchiusa fra le coste centro-settentrionali della penisola italiana e della penisola balcanica: *mare a.* | (*est.*) Proprio di questo mare: *coste adriatiche.* **B** anche s. m.: *le coste dell'Adriatico.*

adròma [dal gr. *hadrós* 'abbondante, denso' di orig. indeur.; 1929] s. m. (pl. *-i*) ● (*bot.*) Xilema.

adróne [dal gr. *hadrós* 'forte, duro, spesso' (di orig. indeur.), sul modello di *elettrone*; 1978] s. m. ● (*fis.*) Ogni particella subnucleare soggetta a interazione forte e pertanto costituita da quark.

adroterapia [comp. di *adro(ne)* e *terapia*; 1994] s. f. ● (*med.*) Terapia oncologica basata sull'impiego di fasci di adroni.

adsorbènte [1961] **A** part. pres. di *adsorbire*; anche agg. ● Nei sign. del v. **B** s. m. ● Sostanza non digeribile usata come protettivo e carminativo in affezioni gastro-intestinali.

adsorbiménto [1942] s. m. **1** (*chim.*) Proprietà e funzione dell'adsorbire. **2** (*miner.*) Capacità della superficie dei cristalli di attrarre particelle materiali estranee.

adsorbìre [adattamento dell'ingl. to *adsorb*, comp. di *ad-* 'a' e di *-sorb* del v. to *absorb* 'assorbire'; 1938] v. tr. (*io adsorbisco, tu adsorbisci*) ● (*fis.*) Fissare le molecole di un fluido sullo strato superficiale di un solido o di un liquido con cui è in contatto.

adstràto o **astràto** [dal lat. *ăd* 'presso', sul modello di *substrato*; 1938] s. m. ● (*ling.*) Influenza reciproca esercitata da lingue in contatto.

adùggere [lat. *adūrere* 'bruciare', comp. di *ăd* e *ūrere* 'bruciare'. V. *urente*; av. 1374] v. tr. (difett. usato solo nella terza pers. sing. del pres. indic. *adùgge*) ● (*lett.*) Inaridire (*anche fig.*): *come balen che le campagne adugge* (METASTASIO).

aduggiàre o †**auggiàre** [comp. di *ad-* e *uggia*; 1313] **A** v. tr. (*io adùggio*) **1** (*lett.*) Coprire d'ombra. **2** (*fig.*, *lett.*) Nuocere, opprimere, inaridire: *Io fui radice de la mala pianta / che la terra cristiana tutta aduggia* (DANTE *Purg.* XX, 43-44) | (*lett.*) Rattristare. **B** v. intr. pron. ● (*lett.*) Inaridirsi | (*fig.*) Intristirsi.

†**adugnàre** ● V. †*augnare.*

adulàbile [vc. dotta, lat. *adulābile(m)*, da *adulāre*; 1499] agg. ● Che si può adulare, che si lascia adulare: *una persona a.*

adulàre [vc. dotta, lat. *adulāri*, di etim. incerta; av. 1347] **A** v. tr. (*io adùlo* o, più diffuso ma meno corretto, *àdulo*) ● Lodare eccessivamente per compiacenza, interesse, ipocrisia e sim.: *a. qlcu. per averne i favori*; *a. la vanità di qlcu.* SIN. Blandire, incensare, lusingare, piaggiare. **B** v. rifl. ● (*raro*) Incensarsi.

adulària [dalle Alpi dell'*Adula* ove fu scoperta; 1806] s. f. ● (*miner.*) Varietà di sanidino in cristalli limpidi e incolori usata talora come gemma. CFR. Lunaria (2).

adulatóre [vc. dotta, lat. *adulatōre(m)*, da *adulāri* 'adulare'; av. 1347] s. m.; anche agg. (f. *-trice*, raro *-tora*) ● Chi (o Che) adula o lusinga. SIN. Piaggiatore.

adulatòrio [vc. dotta, lat. *adulatōriu(m)*, da *adulāri* 'adulare'; sec. XIV] agg. ● Che serve ad adulare: *comportamento a.*; *cose iperboliche e adulatorie assai* (CAMPANELLA). SIN. Servile. || **adulatoriaménte**, avv.

adulazióne [vc. dotta, lat. *adulatiōne(m)*, da *adulāri* 'adulare'; av. 1347] s. f. ● L'adulare | Parola, comportamento, espediente che serve ad adulare: *la sua lettera non è altro che una sfacciata a.* SIN. Piaggeria, servilismo.

adulteràbile [1891] agg. ● Che si può adulterare.

adulteraménto [1686] s. m. ● (*raro*) Adulterazione.

adulterànte [sec. XIV] **A** part. pres. di *adulterare*; anche agg. ● Nei sign. del v. **B** s. m. ● Sostanza che, aggiunta ad altre, ne adultera la composizione: *un a. del burro.*

adulteràre o †**avolteràre** [vc. dotta, lat. *adulterāre*, comp. di *ăd* e *alterāre* 'alterare'; av. 1294] **A** v. tr. (*io adùltero*) **1** Alterare, spec. a scopo di lucro, un prodotto alimentare con l'aggiunta di sostanze simili spec. di minor pregio e spesso nocive: *a. il burro, il vino.* SIN. Sofisticare. **2** (*fig.*, *lett.*) Corrompere, guastare: *a. la lingua natia.* **3** †Indurre a commettere adulterio. **B** v. intr. (aus. *avere*) ● †Commettere adulterio.

adulteràto [1400 ca.] part. pass. di *adulterare*; anche agg. ● Sofisticato, alterato.

adulteratóre o †**avolteratóre** [vc. dotta, lat. tardo *adulteratōre(m)*, da *adulterāre* 'adulterare'; sec. XIV] s. m.; anche agg. (f. *-trice*) **1** Chi (o Che) adultera (*anche fig.*): *a. di merci, di alimenti*; *a. della parola divina.* **2** †Chi commette o fa commettere adulterio.

adulterazióne [vc. dotta, lat. *adulteratiōne(m)*, da *adulterāre* 'adulterare'; 1406] s. f. ● L'adulterare: *a. di sostanze alimentari.*

adulterino o †**avolterino** [vc. dotta, lat. *adulterīnu(m)*, da *adŭlter* 'adultero'; sec. XIV] agg. **1** Che deriva da adulterio: *figlio a.*; *relazione adulterina.* **2** †Falso, fittizio.

adultèrio o †**adultèro** [vc. dotta, lat. *adultĕriu(m)*, da *adŭlter* 'adultero'; sec. XIII] s. m. **1** Violazione dell'obbligo di fedeltà coniugale. **2** (*lett.*) Tresca, amore illecito | Fornicazione.

adùltero [vc. dotta, lat. *adŭlteru(m)*, da *adulterāre* 'adulterare'; av. 1294] agg.; anche s. m. (f. *-a*) ● Che (o Chi) commette adulterio: *marito a.*

♦**adùlto** [vc. dotta, lat. *adŭltu(m)*, part. pass. di *adolēscere*. V. *adolescente*; 1321] **A** agg. **1** Di persona che è nella piena maturità fisica, psichica e sessuale. **2** Di pianta o animale giunto allo stadio definitivo dello sviluppo e capace di riprodursi. **3** (*fig.*) Sviluppato, maturo: *comportamento a.*; *stile a.* **B** s. m. (f. *-a*) ● Persona adulta.

adunàbile [av. 1588] agg. ● Che si può adunare.

adunaménto [av. 1313] s. m. ● (*raro*) L'adunare, l'adunarsi | Riunione.

adunànza o †**agunànza** [da *adunare*; av. 1306] s. f. **1** Riunione, assemblea: *tenere un'a.*; *a. plenaria, collegiale.* **2** (*est.*, *raro*) Raccolta di cose. **3** †Associazione.

adunàre o †**agunàre**, †**aunàre** [lat. tardo *adunāre*, comp. di *ăd* e *ūnum* 'uno'; av. 1294] **A** v. tr. ● Raccogliere, mettere insieme, radunare: *a. le forze*; *a. gli amici* | (*lett.* o *raro*) Contenere, comprendere: *Aduna e vita e morte il bianco mare* (D'ANNUNZIO). **B** v. intr. pron ● Riunirsi, raccogliersi (*anche fig.*): *adunarsi in piazza per la manifestazione*; *Sfugge il chiarore e s'aduna / sovra eminenze e frondi* (MONTALE).

adunàta [1294] **A** s. f. **1** (*mil.*) Riunione ordinata dei militari che compongono un reparto, o di più reparti insieme, con comando a voce o segnale di tromba: *fare l'a.* | Il comando e il segnale stesso: *suonare l'a.* **2** (*est.*) Raduno di massa: *partecipare, essere presente, intervenire a un'a.*; *a. oceanica*; *a. sediziosa.* **B** in funzione di inter. ● Si usa come comando per effettuare un'adunata militare: *a.!*

adunatóre [vc. dotta, lat. tardo *adunatrīce(m)*, da *adunāre* 'adunare'; sec. XIV] s. m.; anche agg. (f. *-trice*) ● Chi (o Che) aduna o riunisce | (*lett.*) ***A. di nembi***, Giove pluvio.

†**adunazióne** [vc. dotta, lat. tardo *adunatiōne(m)*, da *adunāre* 'adunare'; 1336 ca.] s. f. ● Raduno, assemblea.

adùnco [lat. *adŭncu(m)*, comp. di *ăd* e *ŭncus* 'uncino'; 1342] agg. (pl. m. *-chi*) ● Piegato in punta, uncinato: *becco, naso a.* SIN. Aquilino.

adunghiàre o †**aunghiàre** [comp. di *ad-* e *unghia*; 1598] v. tr. (*io adùnghio*) ● Afferrare con le unghie o con gli artigli: *il gatto adunghia il topo* | (*est.*) Afferrare saldamente: *adunghiò il piatto*; *lo adunghiarono per un braccio* | (*fig.*, *lett.*) Dilaniare, attanagliare: *Una smania … mi aveva preso, quasi adunghiandomi il ventre* (PIRANDELLO).

adùnque [av. 1249] cong. ● (*lett.*) Dunque.

adusàre o †**ausàre** [lat. parl. **adusāre*, comp. di *ăd* e *ūsus* 'abitudine'; av. 1294] **A** v. tr. ● (*lett.*) Assuefare, abituare, avvezzare. **B** v. rifl. ● (*lett.*) Abituarsi, avvezzarsi: *adusarsi alle fatiche.*

adusàto [av. 1292] part. pass. di *adusare*; anche agg. **1** (*lett.*) Abituato, avvezzo. **2** (*lett.*) Consueto, solito.

adùso [da *adusato*, sul modello di *uso* (*1*); 1611] agg. ● (*lett.*) Abituato, avvezzo: *non sono a. a frequentare simile gente.*

†**adustézza** [sec. XIV] s. f. ● (*raro*) Secchezza, aridità.

†**adustióne** [vc. dotta, lat. *adustiōne(m)*, da *adūstus* 'adusto'; sec. XIV] s. f. ● Bruciatura, aridità.

adùsto [vc. dotta, lat. *adūstu(m)*, part. pass. di *adūrere*, comp. di *ăd* e *ūrere* 'bruciare'; 1300 ca.] agg. **1** (*lett.*) Inaridito, arso dal sole o dal fuoco: *pianta adusta.* **2** (*lett.*) Magro, asciutto, detto spec. della persona o delle parti del corpo: *uomini adusti*; *viso a.*

ad ùsum Delphìni /lat. a'duzum del'fini/ [lat., 'ad uso del Delfino', cioè del primogenito del re di Francia i cui libri scolastici erano espurgati e adattati; 1819] loc. agg. inv. ● Detto d'ogni libro espurgato e gener. di qualsiasi cosa modificata secondo interessi di parte.

ad valòrem [lat., 'secondo il valore'; 1892] loc. agg. inv. ● Di tributo computato in base al valore del bene considerato: *dazio ad valorem.*

adverbàle [comp. di *ad-* e dell'agg. *verbale*; 1955] agg.; anche s. m. ● (*ling.*) Detto di elemento della frase dipendente da un verbo. CFR. Adnominale.

advertisement /ingl. əd'vɜːtɪsmənt, ˌædvəˈtaɪzmənt/ [vc. ingl., da *to advertise* 'fare pubblicità'; 1988] s. m. inv. ● Annuncio economico, pubblicitario. SIN. Inserzione.

advertising /adver'taizin(g), ingl. 'ædvəˌtaɪzɪŋ/ [vc. ingl., da *to advertise* 'fare pubblicità'; 1985] s. m. inv. ● Attività pubblicitaria relativa a beni o servizi, tendente a incrementare la domanda da parte del pubblico. SIN. Pubblicità.

advisor /ad'vaizor, ingl. əd'vaɪzə/ [vc. ingl., var. di *adviser* 'consulente, consigliere'; 1970] s. m. e f. inv. ● Persona o società che fornisce consulenze professionali.

adynaton /gr. a'dynaton/ [gr. *adýnaton* 'cosa impossibile'; 1955] s. m. inv. (pl. gr. *adýnata*) ● (*ling.*) Figura retorica che consiste nel mettere in relazione l'impossibilità dell'avverarsi di un fatto con un altro di per sé assurdo: *quando avrò queto il core, asciutti gli occhi, / vedrem ghiacciare il foco, arder la neve* (PETRARCA).

aèdo [vc. dotta, gr. *aoidós* 'cantore', da *aéidō* 'io canto'; 1892] s. m. **1** Cantore epico della Grecia antica. **2** (*est.*) Poeta, vate.

aeràggio [fr. *aérage*, dal lat. *āer* 'aria (1)'; 1881] s. m. ● (*raro*) Aerazione.

aeraménto o **aereaménto** [1970] s. m. ● Aerazione del mosto, che ha lo scopo di favorirne la fermentazione.

aeràre o (*raro*) **aereàre**, (*evit.*) **areàre** [1910] v. tr. (*io àero*) **1** Dare aria, ventilare, arieggiare: *a. una cantina.* **2** (*agr.*) Effettuare fori in un terreno coltivato per migliorare il drenaggio e favorire lo sviluppo radicale delle erbe.

aeràto [1855] part. pass. di *aerare*; anche agg. **1** Arieggiato, ventilato. **2** Impregnato d'aria, di gas.

aeratóre o (*raro*) **aereatóre** [1942] s. m. ● Dispositivo che dà aria ad ambienti o ad apparecchi.

aerazióne o (*raro*) **aereazióne** [1884] s. f. **1** Ventilazione: *l'a. di un ambiente*; *impianto di a.* **2** In varie tecnologie, immissione di aeriformi in sostanze o prodotti vari: *a. del mosto* | ***Zona di a.***, parte superficiale di un terreno non compatto, in cui può circolare aria.

àere (**1**) [vc. dotta, lat. *āera*, nom. *āer*, dal gr. *aḗr*, da avvicinare ad *áēmi* 'io soffio'; av. 1226] s. m., †f. ● (*poet.*) Aria, atmosfera: *a. sacro, sereno / ove Amor co' begli occhi il cor m'aperse* (PETRARCA) | Cielo | Clima, temperatura.

†**àere** (2) [fr. *air*, propr. 'aria'; av. 1306] s. m. o f. ● (*lett.*) Indole, natura | Aspetto del volto.

àere- ● V. *aero-* (*1*).

aereàre e *deriv.* ● V. *aerare* e *deriv.*

aereifórme ● V. *aeriforme.*

♦**aèreo** (1) [vc. dotta, lat. *āĕreu(m)*, da *āer* 'aria (1)'; sec. XIV] **A** agg. **1** Di aria, costituito d'aria: *gli spazi aerei* | (*est., lett.*) Lieve, leggero: *veli aerei; aeree danze* | (*fig.*) Inconsistente, senza fondamento: *discorsi aerei*; SIN. Campato in aria. **2** (*est.*) Che vive e si sviluppa al di fuori della terra: *radici aeree* | Che sta in aria: *cavi aerei; boa aerea* | Che si leva nell'aria: *animale a.* | (*est., lett.*) Elevato: *le aeree cime; un ... colonnato / d'aerei pioppi* (PASCOLI). **3** Relativo all'aeronautica, agli aeromobili: *mezzi militari aerei; flotta, posta, navigazione, guerra aerea* | ***Difesa aerea***, misure e predisposizioni per contrastare i mezzi aerei avversari. **4** (*anat.*) Che è relativo alle vie respiratorie: *vie aeree superiori, inferiori.* **5** (*med.*) Detto di una modalità di contagio delle malattie infettive. **B** s. m. ● Antenna esterna di un apparecchio radio trasmittente o ricevente | ***A. filante***, antenna per radio, usata spec. sugli aeromobili e consistente in un filo metallico, che è fatto filare, cioè scorrere fuori, durante il volo.

♦**aèreo** (2) [1918] s. m. ● Accorc. di *aeromobile* (spec. aeroplano, idrovolante e sim.): *a. a elica, a reazione; a. supersonico; a. civile, da turismo, militare* | ***A. madre***, aereo attrezzato per trasportare ad alta quota e sganciarvi un aeromobile incapace di decollare con i suoi mezzi. ➡ ILL. p 2174-2175 TRASPORTI.

aèreo- ● V. *aero-* (*2*).

aereòlito ● V. *aerolito.*

aereonavàle ● V. *aeronavale.*

àeri- ● V. *aero-* (*1*).

aerìcolo [comp. di *aeri-* e *-colo*; 1955] agg. ● Detto di organismo vegetale o animale che vive nell'ambiente terrestre o aereo, in contrapposizione ad acquicolo.

aerìfero [comp. di *aeri-* (*1*) e *-fero*; 1829] agg. ● Che favorisce il passaggio dell'aria: *tubi aeriferi* | (*bot.*) ***Tessuto a.***, tessuto parenchimatico vegetale ricco di spazi intercellulari che permettono il passaggio dell'aria.

aerifórme o (*raro*) **aereifórme** [comp. di *aeri-* e *-forme*; 1729] **A** agg. ● Che è allo stato gassoso: *sostanza a.* **B** s. m. ● Sostanza allo stato gassoso.

aerìno [vc. dotta, gr. *aérinos* 'aereo, limpido come l'aria'; sec. XVII] agg. ● (*lett.*) Che ha il colore o la leggerezza dell'aria: *Oltre il muro / si sfioccano, aerine, le ghirlande / dei carpini ...* (MONTALE).

àero- (1) o **àere-**, **àeri-**, (*evit.*) **àreo-** [dal gr. *aḗr* 'aria (1)'] primo elemento ● In parole composte della terminologia scientifica significa 'aria': *aerofagia, aerometro.*

àero- (2) o **aèreo-**, (*evit.*) **àreo-** [V. *aero-* (*1*)] primo elemento ● In parole composte è accorciamento di *aeronautica, aeromobile*, o fa riferimento all'aeronautica: *aeroporto, aeronavale.*

aeroambulànza [comp. di *aero-* (*2*) e *ambulanza*; 1938] s. f. ● Aereo di soccorso attrezzato per il trasporto e le cure più urgenti dei malati e dei feriti.

aeròbica [da *aerobico*, cioè con grande consumo d'ossigeno; 1970] s. f. ● Ginnastica basata su movimenti a corpo libero legati in sequenza ed eseguiti a tempo di musica.

aeròbico [1936] agg. (pl. m. *-ci*) **1** Relativo ad aerobiosi: *processo a.* **2** Relativo all'aerobica | Detto di attività motoria sportiva, ad es. il ciclismo, che sfrutta l'energia proveniente dai grassi e utilizza l'apporto di ossigeno.

aeròbio [comp. di *aero-* (*1*) e *-bio*; 1899] **A** s. m. ● (*biol.*) Organismo che, per vivere, ha bisogno di assumere ossigeno libero dall'ambiente. **B** anche agg.: *batteri aerobi.*

aerobiologìa [comp. di *aero-* (*1*) e *biologia*] s. f. ● (*biol.*) Scienza che si occupa dei materiali biologici, come polline, virus, spore, presenti nell'atmosfera, del loro trasporto e dei loro effetti.

aerobiòṣi [comp. di *aero-* (*1*) e gr. *bíōsis* 'condotta di vita', da *bíos* 'vita'. V. *bio-*; 1950] s. f. inv. ● (*biol.*) Processo vitale o fisiologico che si svolge in presenza di aria o di ossigeno libero. CONTR. Anaerobiosi.

aerobrigàta [comp. di *aero-* (*2*) e *brigata*, 1965] s. f. ● Unità organica dell'aeronautica militare comprendente più stormi.

àerobus o **aèrobus** [1923] s. m. ● Adattamento di *airbus* (V.).

aerocartografìa [comp. di *aero-* (*2*) e *cartografia*; 1968] s. f. ● Tecnica di costruzione di una carta geografica mediante fotografie prese dall'aereo.

aerocèntro (o *-è-*) [comp. di *aero-* (*2*) e *centro*; 1938] s. m. ● Luogo nel quale si concentrano gli aeromobili, le officine, i depositi e i materiali necessari per i voli e per la manutenzione.

aerocinematografìa [comp. di *aero-* (*2*) e *cinematografia*; 1968] s. f. ● Ripresa cinematografica compiuta con apparecchiature installate a bordo di velivoli.

aerocistèrna [comp. di *aero-* (*2*) e *cisterna*; 1967] s. f. ● Aereo, generalmente di grande capienza, il cui carico è costituito soltanto da combustibile, per trasferirlo da un luogo a un altro o rifornirne in volo altri aerei.

aeroclùb /aero'klɛb, -ab, -ub/ [comp. di *aero-* (*2*) e *club*; 1942] s. m. ● Associazione che promuove lo sviluppo del volo civile, da turismo e sportivo.

aerodina o **aerodine** [ingl. *aerodyne*, comp. di *aero-* (*2*) e gr. *dýnamis* 'forza'; 1939] s. f. ● Aeromobile che trae la propria sostentazione da forze prevalentemente aerodinamiche.

aerodinàmica [dall'ingl. *aerodynamics*, comp. di *aero-* (*1*) e *dinamica*; 1828] s. f. ● Scienza che studia il moto dei fluidi gassosi e le azioni reciproche fra i corpi e detti fluidi.

aerodinamicità [comp. di *aero-* (*1*) e *dinamicità*; 1935] s. f. ● Insieme delle proprietà aerodinamiche di un corpo.

aerodinàmico [1934] **A** agg. (pl. m. *-ci*) **1** Pertinente all'aerodinamica | Che genera azioni aerodinamiche o ne dipende | ***Corpo a.***, di forma tale da offrire scarsa resistenza all'aria. **2** (*est.*) Di forma slanciata: *linea aerodinamica.* **B** s. m. (f. *-a*) ● Chi si occupa o è esperto di aerodinamica. || **aerodinamicaménte**, avv. (*raro*) Per quanto concerne l'aerodinamica.

aerodìne ● V. *aerodina.*

aeròdromo, (*evit.*) **aerodròmo** [fr. *aérodrome*, comp. di *aero-* (*2*) e del gr. *drómos* 'corsa'; 1822] s. m. ● Aeroporto, campo d'aviazione.

aeroelettrònica [comp. di *aero-* (*2*) ed *elettronica*; 1983] s. f. ● Avionica.

aerofagìa [comp. di *aero-* (*1*) e *-fagia*; 1899] s. f. ● (*med.*) Ingestione di aria nell'atto della deglutizione.

aerofàro [comp. di *aero-* (*2*) e *faro*; 1941] s. m. ● Luce aeronautica di superficie, visibile da tutte le direzioni, continua o intermittente, per indicare un particolare punto al suolo.

aerofìṣica [comp. di *aero-* (*2*) e *fisica*; 1961] s. f. ● Branca della fisica che studia la progettazione e la costruzione di aerei e di altri apparecchi aerodinamici.

aeròfito [comp. di *aero-* (*1*) e *-fito*; 1829] agg. ● (*bot.*) Detto di pianta che vive senza radici nel terreno, utilizzando l'aria umida della foresta pluviale.

aerofobìa [comp. di *aero-* (*1*) e *-fobia*; 1819] s. f. ● (*med.*) Insofferenza alle correnti e agli spostamenti d'aria sulla pelle; è uno dei sintomi precoci della rabbia.

aerofonista [1961] s. m. e f. (pl. m. *-i*) ● Addetto all'aerofono.

aeròfono [comp. di *aero-* (*1*) e *-fono*; 1892] **A** s. m. **1** Apparecchio acustico usato in passato nella difesa contraerea per individuare la direzione e la distanza di una sorgente sonora. **2** (*spec. al pl.*) Strumenti musicali che hanno come corpo sonoro una colonna d'aria. CFR. Cordofono, idiofono. **B** anche agg.

aeròforo [comp. di *aero-* (*1*) e *-foro*; 1913] s. m. ● Apparecchio per aerare un ambiente sommerso o mancante di aria respirabile.

aerofotografìa [comp. di *aero-* (*2*) e *fotografia*; 1927] s. f. ● Tecnica dei fotogrammi aerei da ottenere con apparecchi fotografici installati a bordo di velivoli | Fotografia ottenuta.

aerofotogràmma [comp. di *aero-* (*2*) e *fotogramma*; 1936] s. m. (pl. *-i*) ● Fotografia ottenuta con una camera aerofotogrammetrica a scopo di ricognizione o per rilievi fotogrammetrici.

aerofotogrammetrìa [comp. di *aero-* (*2*) e *fotogrammetria*; 1925] s. f. **1** Rilevamento fotogrammetrico ripreso dall'aereo. **2** Parte della fotogrammetria che studia tale rilevamento e la relativa restituzione.

aerofotogrammètrico [1955] agg. (pl. m. *-ci*) ● Relativo ad aerofotogrammetria.

aerogeneratóre [comp. di *aero-* (*1*) e *generatore*; 1986] s. m. ● (*tecnol.*) Apparecchio che trasforma l'energia eolica in energia elettrica.

aerogètto [comp. di *aero-* (*2*) e *getto* (*2*); 1963] s. m. ● (*aer.*) Aereoreattore.

aerogìro [comp. di *aero-* (*2*) e *giro*; 1939] s. m. ● Aerodina che trae la propria sostentazione da uno o più rotori.

aerografista [1955] s. m. e f. (pl. m. *-i*) ● Verniciatore o decoratore che si serve dell'aerografo.

aerògrafo [comp. di *aero-* (*1*) e *-grafo*; 1941] s. m. ● Apparecchio ad aria compressa per spruzzare vernice o altre sostanze liquide finemente polverizzate su di una superficie.

aerogràmma [comp. di *aero-* (*2*) e *-gramma*; 1902] s. m. (pl. *-i*) ● Cartolina o biglietto postale con affrancatura prestampata per l'invio mediante posta aerea | Busta affrancata con francobolli e trasportata per via aerea.

aerolìnea [comp. di *aero-* (*2*) e *linea*; 1931] s. f. ● Linea aerea | Impresa di aerotrasporti che fa aeroservizi: *a. locale, regionale, interna, internazionale.*

aerolìtico agg. (pl. m. *-ci*) ● (*raro*) Attinente agli aeroliti.

aerolìto o **aerolito**, **aereòlito** [comp. di *aero-* (*1*) e *-lito* (*1*); 1818] s. m. ● Meteorite costituito prevalentemente da silicati.

aerologìa [comp. di *aero-* (*1*) e *-logia*; sec. XVIII] s. f. ● Studio delle condizioni degli strati atmosferici più elevati.

aerologista [1942] s. m. e f. (pl. m. *-i*) ● Aerologo.

aeròlogo [comp. di *aero-* (*1*) e *-logo*; 1913] s. m. (f. *-a*; pl. m. *-gi*) ● Specialista di aerologia.

aeromànte [vc. dotta, lat. *aeromănte(m)*, nom. *aeromăntis*, comp. di *aero-* (*1*) e del gr. *mántis* 'indovino'; 1306 ca.] s. m. e f. ● Chi esercita l'aeromanzia.

aeromanzìa [vc. dotta, lat. tardo *aeromantīa(m)*, comp. di *aero-* (*1*) e del gr. *mantéia* 'divinazione'; sec. XIV] s. f. ● Arte di predire il futuro osservando i fenomeni atmosferici.

aeromarittimo [comp. di *aero-* (*2*) e *marittimo*; 1961] agg. ● Detto di attività aerea che si svolge sul mare | ***Soccorso a.***, servizio svolto mediante aerei per il salvataggio di naufraghi, l'assistenza a navi in avaria e sim.

aeromeccànica [comp. di *aero-* (*1*) e *meccanica*; 1950] s. f. ● (*fis.*) Ramo della meccanica che studia la statica e la dinamica degli aeriformi.

aerometrìa [comp. di *aero-* (*1*) e *-metria*; 1789] s. f. ● Determinazione della densità dei gas.

aeròmetro [comp. di *aero-* (*1*) e *-metro*; 1795] s. m. ● Densimetro per gas | Areometro per gas.

aeromòbile [comp. di *aero-* (*2*) e *mobile*; 1908] s. m. ● Veicolo capace di sostenersi e muoversi nell'aria | ***A. a sostentazione statica***, aerostato | ***A. a sostentazione dinamica***, aerodina | ***A. a gettosostentazione***, si differenzia dal missile e dal veicolo spaziale che possono andare oltre l'atmosfera.

AEROMOBILE
nomenclatura

aeromobile

● *tipi di aeromobile*: apparecchio, aeroplano = aereo (monoplano, biplano, triplano, con ali a delta, a triangolo, a geometria variabile, canard; monoposto, biposto; aerobus, aerocisterna, cargo), elicottero; velivolo = aerostato = mongolfiera = pallone, aliante; idrovolante, anfibio, cervo volante, motoaliante; deltaplano, velivolo ultraleggero a motore (ULM);

● *caratteristiche*: aerostato ⇔ aerodine; di stato ⇔ privato, con eliche spingenti ⇔ con eliche traenti, a involo obliquo ⇔ a involo verticale; da trasporto, da turismo, di linea, postale; civile ⇔ militare (caccia, bombardiere, aerotattico, cacciasommergibile, aerosilurante, ricognitore = da pattugliamento, aero-bersaglio, (manica); aero-scuola, aerosoccorso); bimotore, trimotore, quadrimotore, a reazione = reattore, aviogetto, jumbo jet, turboelica, turboreattore, subsonico, supersonico;

• *aerostati senza motore*: pallone (libero ⇔ frenato), mongolfiera (aerostiere; zavorra, navicella = cesta, involucro (idrogeno) manica, valvola);
• *con motore ausiliario*: motopallone;
• *con motore*: dirigibile;
• *elicottero*: pale, rotore (birotore), elica, elica anticoppia, pattino, equilibratore; hovering; eliambulanza, elisoccorso, elitaxi, eliplano;
• *principali manovre*: decollo, atterraggio, impennata = cabrata, picchiata, virata; portanza apertura alare, aerodistorsione, aeroelasticità; scatola nera; aviolancio (paracadute), avioimbarco; linea aerea; aerotrasporto; economy, business, top class;
• *aeroporto*: aeroscalo, campo d'aviazione, aerodromo, pista di volo, pista di rullaggio, aerostazione, aerofaro, torre di controllo, area di parcheggio, aviorimessa = hangar; check-in; idroscalo, eliporto;
• *persone*: pilota, aviatore, steward, hostess; controllori di volo = uomini radar;
• *azioni*: pilotare, rullare, decollare, librarsi, cabrare, impennare, imbardare, planare, picchiare, virare, flottare, dirottare, scivolare d'ala, capottare, precipitare, derapare, rientrare alla base, atterrare, ammarare; perdere quota, prendere = guadagnare quota.

aeromodellismo [comp. di *aero-* (*2*) e *modellismo*; 1934] **s. m.** • Tecnica e attività che riguardano gli aeromodelli.

aeromodellista [1961] **s. m. e f.** (**pl. m.** *-i*) • Chi si occupa di aeromodellismo.

aeromodellistica [1935] **s. f.** • Aeromodellismo.

aeromodèllo [comp. di *aero-* (*2*) e *modello*; 1936] **s. m.** • Aereo in miniatura, in grado di volare, con o senza motore; può essere di ideazione originale o riprodurre in scala un aereo vero.

aeromòto [comp. di *aero-* (*1*) e *moto*; 1835] **s. m.** • Violento spostamento d'aria per ripercussione di un terremoto o di una forte esplosione.

aeromotóre [comp. di *aero-* (*1*) e *motore*; 1955] **s. m.** • Motore a vento.

aeronàuta [comp. di *aero-* (*1*) e del gr. *náutēs* 'navigante'; 1784] **s. m. e f.** (**pl. m.** *-i*) • Navigatore aereo con aerostato | (*est., gener.*) Chi pilota un aeromobile.

aeronàutica, (*evit.*) **areonàutica** [da *aeronauta*; sec. XVIII] **s. f.** *1* Scienza, tecnica e attività relative alla costruzione e all'impiego degli aeromobili, comprendente l'aerostatica e l'aviazione | ***A. civile, militare***, corpo civile o militare addetto alla navigazione aerea. **CFR.** avio-. *2* Complesso di enti e persone che si occupano dell'attività aerea | Azione aerea. **SIN.** Aviazione.

aeronàutico [1789] **agg.** (**pl. m.** *-ci*) • Relativo all'aeronautica: *ingegneria, industria, Arma aeronautica* | ***Accademia aeronautica***, istituto per la preparazione teorica e pratica degli ufficiali piloti dell'Aeronautica Militare. || **aeronauticaménte avv.** Per quanto riguarda l'aeronautica.

aeronavàle o **aereonavàle** [comp. di *aero-* (*2*) e *navale*; 1938] **agg.** • Detto di attività a cui partecipano mezzi aerei e navali: *battaglia, manovra, operazione, spedizione a.*

aeronàve [comp. di *aero-* (*2*) e *nave*; 1838] **s. f.** • Dirigibile | Astronave.

aeronavigazióne [comp. di *aero-* (*2*) e *navigazione*; 1910] **s. f.** • Navigazione aerea.

aeronomìa [comp. di *aero-* (*1*) e *-nomia*] **s. f.** • (*geofis.*) Branca della geofisica che studia l'alta atmosfera, e in particolare la composizione e i movimenti dei gas che la costituiscono e il suo irraggiamento di calore.

aeropénna [comp. di *aero*(*grafo*) e *penna*; 1938] **s. f.** • Aerografo di piccole dimensioni usato per il ritocco di fotografie, lavori di grafica, pittura e sim.

♦**aeroplàno**, (*evit.*) **areoplàno** [fr. *aéroplane*, comp. di *aéro-* 'aero- (2)' e un secondo elemento (*-plane*) che indica forma piana; 1898] **s. m.** • Velivolo a motore ad ala fissa con superfici mobili di governo, destinato al trasporto di passeggeri e merci. || **aeroplanìno**, **dim.** | **aeroplanóne**, **accr.**

aeropònica [da *aero-* (*1*), sul modello di *idroponica*; 1983] **s. f.** • Sistema di coltivazione delle piante che consiste nell'inserire l'apparato radicale in tubi vuoti, alimentandolo poi con soluzioni nutritive.

♦**aeropòrto**, (*evit.*) **areopòrto** [comp. di *aero-* (*2*) e *porto*; 1921] **s. m.** • Area di terreno o d'acqua predisposta e attrezzata in modo che vi possano partire o arrivare aerei, comprendente mezzi di rifornimento, ricovero, manutenzione e sim.: *a. civile, militare, misto.* **SIN.** (*raro*) Aerodromo | Correntemente, campo d'aviazione. ➡ **ILL.** p. 2176 TRASPORTI.

aeroportuàle [1938] **A agg** • Relativo ad aeroporto: *attrezzature aeroportuali.* **B s. m. e f.** • Chi lavora in un aeroporto.

aeropostàle [1938] **A agg.** • Relativo alla posta trasportata per via aerea. **B s. m.** • Aereo adibito al trasporto della posta.

aerorazzo (o **-zz-**) [comp. di *aero-* (*2*) e *razzo* (*2*); 1955] **s. m.** • Velivolo che utilizza, come unico propulsore, un motore a razzo.

aeroreattóre [comp. di *aero-* (*2*) e *reattore*; 1955] **s. m.** • Reattore che accelera le masse d'aria che lo attraversano. **SIN.** Aerogetto.

aerorifornimènto [comp. di *aero-* (*2*) e *rifornimento*; 1961] **s. m.** *1* Rifornimento di viveri o materiali vari compiuto mediante aerei, che lanciano i carichi con paracadute o con galleggianti. *2* Rifornimento di carburante compiuto tra un aereo e l'altro durante il volo.

aerorimèssa [comp. di *aero-* (*2*) e *rimessa*; 1970] **s. f.** • Locale chiuso per il ricovero di aerei.

aerorimorchiatóre [comp. di *aero-* (*2*) e *rimorchiatore*; 1970] **s. m.** • Aereo adibito a rimorchiare spec. alianti od oggetti vari quali striscioni, bersagli e sim., e anche veicoli di superficie.

aerorimòrchio [1983] **s. m.** • (*aer.*) Aeromobile trainato da un aerorimorchiatore | Aerotraino.

aerosbàrco [comp. di *aero-* (*2*) e *sbarco*; 1942] **s. m.** (**pl.** *-chi*) • Operazione militare di sbarco da aerei e alianti da trasporto.

aeroscàlo [comp. di *aero-* (*2*) e *scalo*; 1910] **s. m.** *1* (*disus.*) Aeroporto per dirigibili. *2* In un aeroporto, scalo per aeroplani, luogo dove possono sostare, rifornirsi di carburante, sbarcare e imbarcare carichi e sim.

aeroscivolànte [comp. di *aero-* (*1*) e *scivolante*; 1983] **agg.**; anche **s. m.** • (*mar.*) Hovercraft.

aeroscòpio [comp. di *aero-* (*1*) e *-scopio*; 1819] **s. m.** • Strumento per l'osservazione dei fenomeni atmosferici | Strumento per il prelievo e l'analisi del pulviscolo atmosferico.

aeroservìzio [comp. di *aero-* (*2*) e *servizio*; 1970] **s. m.** • (*aer.*) Servizio di trasporto pubblico effettuato con aerei.

aerosfèra [vc. dotta, comp. di *aero-* (*1*) e *sfera*] **s. f.** *1* (*geofis.*) Involucro gassoso che attornia i corpi celesti e tra essi la Terra, comprendente l'atmosfera e i gas più rarefatti esterni a questa. *2* Correntemente, atmosfera terrestre.

aerosilurànte [comp. di *aero-* (*2*) e *silurante*; 1935] **A agg.** • Detto di ciò che può colpire dall'aria mediante siluri: *mezzo a.* **B s. m.** • Aereo atto a tale scopo | Pilota di tale aereo.

aerosilùro [comp. di *aero-* (*2*) e *siluro*; 1934] **s. m.** • Siluro lanciato da un aereo.

aeróso [dal lat. *āer* 'aria'; 1441] **agg.** *1* (*lett.*) Aereo, arioso. *2* (*fig.*) Lieve, disinvolto: *aerosa dolcezza di movimenti* (CASTIGLIONE).

aerosoccórso [comp. di *aero-* (*2*) e *soccorso*; 1970] **s. m.** • Soccorso praticato con mezzi aerei, spec. elicotteri.

aerosòl [comp. di *aero-* (*1*) e *sol*(*uzione*); 1942] **s. m. inv.** *1* Sospensione colloidale di particelle solide o liquide in un gas, usata per assumere farmaci, spargere insetticidi e sim. *2* (*est.*) Contenitore auto-dispensatore di prodotto confezionato sotto pressione, dotato di erogatore spray e di una valvola.

aerosolterapìa [comp. di *aerosol* e *-terapia*; 1961] **s. f.** • Cura mediante aerosol.

aerosostentazióne [comp di *aero-* (*1*) e *sostentazione*; 1970] **s. f.** • (*aer.*) Sostentazione dovuta a forze aerostatiche o aerodinamiche.

aerospaziàle [comp. di *aero-* (*1*) e *spaziale*; 1954] **agg.** • Relativo allo spazio atmosferico e a quello extraatmosferico: *industria, ingegneria a.*

aerospàzio [comp. di *aero-* (*1*) e *spazio*; 1987] **s. m.** • Spazio aereo.

aerostàtica [fr. *aérostatique*, comp. di *aero-* (*1*) e del gr. *statikós* 'atto a pesare'; 1819] **s. f.** *1* Parte dell'aeromeccanica che studia le leggi della quiete relativa degli aeriformi. *2* Tecnica e attività relative alla costruzione e all'impiego degli aerostati.

aerostàtico [1783] **agg.** (**pl. m.** *-ci*) *1* Relativo all'aerostatica o agli aerostati | ***Spinta aerostatica***, nome dato alla spinta di Archimede quando è esercitata da un aeriforme | Di corpo che si libra nell'aria in virtù della spinta aerostatica: *pallone a.* *2* (*lett., fig.*) Vuoto, vano.

aeròstato [fr. *aérostat*, comp. di *aero-* (*1*) e del gr. *statós* 'che sta'; 1784] **s. m.** • Aeromobile che trae la propria sostentazione dalla spinta statica che l'aria esercita sul suo involucro.

aerostazióne [comp. di *aero-* (*2*) e *stazione*; 1961] **s. f.** • In un aeroporto civile, complesso di edifici dove si smistano passeggeri, posta o merci | ***A. urbana***, air terminal.

aerostière [fr. *aérostier*. V. *aerostato*; 1794] **s. m.** • Addetto alla condotta o al servizio a terra o in volo di aerostati.

aerotassì • V. *aerotaxi*.

aerotàxi o **aerotassì** [comp. di *aero-* (*2*) e *taxi*; 1950] **s. m. inv.** • Aereo di piccole dimensioni per il trasporto di passeggeri su distanze limitate, che può essere noleggiato come un taxi.

aerotècnica [comp. di *aero-* (*1*) e *tecnica*; 1925] **s. f.** • Tecnica concernente lo studio, la costruzione e l'impiego di ogni mezzo atto al volo in conformità dei principi dell'aerodinamica.

aeroterapìa [comp. di *aero-* (*1*) e *terapia*; 1875] **s. f.** • Cura mediante apparecchi ad aria compressa o rarefatta | Cura climatica.

aerotèrmo [comp. di *aero-* (*1*) e *-termo*; 1955] **s. m.** • Apparecchio di riscaldamento ad aria calda, con radiatori riscaldati elettricamente o a vapore o ad acqua calda, e ventilatore per immettere l'aria nel locale da riscaldare. **SIN.** Termoventilatore.

aeroterrèstre [comp. di *aero-* (*1*) e *terrestre*; 1938] **agg.** • (*mil.*) Di aria e di terra: *mezzi aeroterrestri* | Che riguarda sia mezzi aerei che terrestri: *operazione a.*

aerotrainàre [comp. di *aero-* (*2*) e *trainare*; 1951] **v. tr.** (*io aerotràino*) • (*aer.*) Trainare aerei o corpi in volo con mezzi aerei.

aerotràino [comp. di *aero-* (*2*) e *traino*; 1951] **s. m.** • (*aer.*) Operazione dell'aerotrainare | Aerotreno | Aerorimorchio.

aerotrasportàre [comp. di *aero-* (*2*) e *trasportare*; 1938] **v. tr.** (*io aerotraspòrto*) • Trasportare con mezzi aerei, spec. truppe, mezzi militari e sim.

aerotrasportàto [1950] **part. pass.** di *aerotrasportare*; anche **agg.** • Nei sign. del v.

aerotraspòrto [comp. di *aero-* (*2*) e *trasporto*; 1955] **s. m.** • Trasporto per via aerea. **SIN.** Aviotrasporto.

aerotrèno [comp. di *aero-* (*2*) e *treno*; 1938] **s. m.** *1* (*ferr.*) Veicolo ferroviario a cuscino d'aria, spinto a propulsione da eliche o motori elettrici lineari nella marcia ad alta velocità, da ruote pneumatiche in quella a bassa velocità. *2* (*aer.*) Insieme formato da un aerorimorchiatore e da uno o più aerorimorchi, oltre a eventuali altri oggetti quali striscioni, bersagli e sim. **SIN.** Aerotraino.

aerotropìsmo [comp. di *aero-* (*1*) e *tropismo*; 1955] **s. m.** • (*biol.*) Tipo di chemiotropismo sensibile all'ossigeno in cui un organo vegetale (per es. radice) cresce curvandosi nella direzione da cui proviene una quantità maggiore di aria.

aeroturbìna [comp. di *aero-* (*1*) e *turbina*; 1950] **s. f.** • (*tecnol.*) Turbina che trasforma l'energia eolica in energia elettrica.

aeroturìsmo [comp. di *aero-* (*2*) e *turismo*; 1938] **s. m.** • Turismo praticato con aerei privati.

aerovìa [comp. di *aero-* (*2*) e *via*; 1955] **s. f.** • Corridoio largo circa 20 km delimitato e servito da particolari radioassistenze per facilitare l'aeronavigazione.

àfa [vc. onomat. per indicare l'aprire e chiudere della bocca o il respiro affannoso, o forse dal gr. *aphḗ* 'l'azione di accendere'; av. 1597] **s. f.** *1* Aria greve, calda, soffocante. *2* (*fig., tosc.*) Noia, fastidio.

àfaca o **àffaca** [gr. *aphákē* 'veccia'; av. 1564] **s. f.** • Pianta erbacea delle Papilionacee con foglie trasformate in cirri, stipole grandi e fiori di color giallo (*Lathyrus aphaca*). **SIN.** Fiorgalletto, mullaghera, vetriolo.

afachìa [comp. di *a-* (*1*), del gr. *phakē* 'lenticchia' e del suff. *-ia*; 1961] **s. f.** • (*med.*) Assenza del cristallino dell'occhio; può essere congenita o conseguente a traumatismo o intervento chirurgico.

afàchico **agg.** (**pl. m.** *-ci*) • (*med.*) Detto di indi-

viduo che ha l'occhio privo del cristallino.
afagìa [comp. di *a-* (*1*) e *-fagia*; 1828] s. f. ● (*med.*) Incapacità di deglutire.
afanìte [dal gr. *aphanḗs* 'oscuro', comp. di *a-* (*1*) e *pháinō* 'io appaio'; 1861] s. f. ● (*miner.*) Pietra di paragone a grana fine per saggiare l'oro.
afanìtico [da *afanite*; 1983] agg. (pl. m. *-ci*) ● (*miner.*) Detto di roccia che ha struttura finissima e compatta.
Afanìtteri [comp. del gr. *aphanḗs* 'invisibile', da *pháinein* 'apparire' (V. *fenomeno*), col pref. *a-* (*1*) e *-ttero*; 1955] s. m. pl. (sing. *-o*) ● Nella tassonomia animale, ordine di Insetti piccoli, privi di ali, con apparato boccale pungitore e succhiatore, cui appartiene la pulce (*Aphaniptera*).
afaṣìa [vc. dotta, gr. *aphasía*, comp. di *a-* (*1*) e *phásis* 'voce'; 1870] s. f. *1* (*med.*) Perdita parziale o totale della capacità di esprimere o comprendere le parole. *2* Nella filosofia scettica, atteggiamento di chi, ritenendo inconoscibile la realtà, si astiene da ogni giudizio.
afàṣico [1966] **A** agg. (pl. m. *-ci*) ● (*med.*) Di afasia: *disturbo a.* | Affetto da afasia: *malato a.* **B** s. m. (f. *-a*) ● Chi è affetto da afasia.
afebbrile [comp. di *a-* (*1*) e *febbrile*] agg. ● (*med.*) Detto di processo morboso che non presenta febbre: *raffreddore, influenza a.* CFR. Apiretico.
afèlico o **afelìaco** [1970] agg. (pl. m. *-ci*) ● (*astron.*) Dell'afelio.
afèlio [comp. del gr. *apó* 'lontano' e *hḗlios* 'sole'; 1623] **A** s. m. ● (*astron.*) Il punto più lontano dal Sole nell'orbita che un corpo descrive intorno ad esso. CONTR. Perielio. **B** anche agg.: *punto a.*; *distanza afelia.*
afèreṣi [vc. dotta, lat. tardo *aphaeresi(m)*, nom. *aphaeresis*, dal gr. *aphaíresis*, comp. di *apó* 'via' e *aíresis* 'presa'; 1540] s. f. inv. *1* (*ling.*) Caduta di una vocale o di una sillaba all'inizio di parola: *vertù che 'ntorno i fiori apra et rinove* (PETRARCA). *2* In enigmistica, scarto iniziale (ad es. *accanto - canto*). *3* (*med.*) Operazione con cui si asporta una parte del corpo | ***A. del sangue***, V. *emaferesi*.
aferètico [1951] agg. (pl. m. *-ci*) ● (*ling.*) Di aferesi | Che ha subito un'aferesi.
affàbile [vc. dotta, lat. *affābile(m)* 'persona con cui si può parlare', da *fāri* 'parlare'; 1308] agg. ● Che tratta le altre persone in modo amabile e cordiale: è *persona molto a.* | (*est.*) Cortese, gentile: *viso, espressione a.*; *modi affabili.* || **affabilménte**, avv.
affabilità [vc. dotta, lat. *affabilitāte(m)*, da *affābilis*. V. *affabile*; 1308] s. f. ● Gentilezza, cortesia nel parlare e nel trattare con gli altri: *la sua a. è proverbiale.*
affabulàre [vc. formata sul lat. *fābula* 'favola, narrazione'; 1939] v. tr. (*io affàbulo*) ● (*letter.*) Presentare dei fatti in forma di favola, di azione scenica, e sim. | (*est.*) Narrare, rappresentare.
affabulatóre [1963] s. m. (f. *-trice*) ● Chi affabula | (*est.*) Abile narratore.
affabulatòrio [1963] agg. ● Di affabulazione, che si basa sull'affabulazione: *discorso, scritto a.*
affabulazióne [vc. dotta, lat. tardo *affabulatiōne(m)* 'morale della favola', comp. parasintetico di *fābula* 'favola', col pref. *ăd-* usato con sign. aggiuntivo; 1963] s. f. ● (*letter.*) Il modo di presentare i fatti in forma narrativa | L'intreccio dei fatti che costituiscono la trama di un romanzo, un racconto o, in genere, di un'opera di immaginazione.
àffaca ● V. *afaca*.
affaccendaménto [1823] s. m. ● L'affaccendarsi.
affaccendàre [comp. di *a-* (*2*) e *faccenda*; av. 1673] **A** v. tr. (*io affaccèndo*) ● (*raro*) Dare da fare, impegnare in un'attività: *il trasloco mi ha molto affaccendato.* **B** v. rifl. ● Occuparsi con impegno di qlco.: *affaccendarsi intorno alle pentole* | (*raro*) Darsi da fare con ostentazione. SIN. Adoperarsi, affannarsi.
affaccendàto [1300 ca.] part. pass. di *affaccendare*; anche agg. ● Che è molto occupato, che ha molto da fare. SIN. Indaffarato, intento. CONTR. Sfaccendato.
affaccettàre [comp. di *a-* (*2*) e *faccetta*; 1813] v. tr. (*io affaccétto*) ● (*raro*) Faccettare, sfaccettare.
affacchinàre [comp. di *a-* (*2*) e *facchino*; av. 1558] **A** v. tr. ● (*disus.*) Sottoporre a un lavoro molto gravoso. **B** v. rifl. ● (*lett.*) Sfacchinare.
♦affacciàre [comp. di *a-* (*2*) e *faccia*; av. 1420] **A** v. tr. (*io affàccio*) *1* (*raro*) Mostrare, far vedere, spec. da una finestra, da una porta e sim.: *affacciò il viso alla finestra.* *2* (*fig.*) Mettere avanti, presentare: *a. un dubbio, una difficoltà.* SIN. Avanzare, presentare, prospettare. **B** v. rifl. *1* Accostarsi, comparire a una finestra, a una porta e sim., spec. per farsi vedere: *affacciarsi al parapetto, al balcone, al finestrino.* *2* (*fig.*) Presentarsi: *affacciarsi alla vita, al mondo* | Venire in mente: *le si affacciò un'idea.* **C** v. intr. (non usati il part. pass. e i tempi composti) e intr. pron. ● Detto di cose, essere rivolto verso: *la balconata affaccia sulla navata centrale*; *le Marche si affacciano sul mare Adriatico.*
affacciàto [av. 1519] part. pass. di *affacciare*; anche agg. *1* Che sta alla finestra | Comparso, apparso. *2* (*fig.*) Presentato. *3* (*raro*) Posto faccia a faccia, di fronte: *due muri affacciati*; CFR. Affrontato, sign. 2.
affàccio [1982] s. m. ● (*region.*) La vista che si gode da un balcone, una terrazza e sim.
affagottàre [comp. di *a-* (*2*) e *fagotto*; 1861] **A** v. tr. (*io affagòtto*) ● Fare un fagotto: *affagottò tutte le sue cose* | (*fig.*) Avvolgere come un fagotto: *quell'abito ti affagotta.* **B** v. rifl. ● Vestirsi male.
affaire /fr. aˈfɛːʀ/ [fr., s. f., 'affare'; 1905] s. m. inv. (pl. *affaires*) ● Avvenimento, caso spec. politico o giudiziario di risonanza notevole.
†affaldàre [comp. di *a-* (*2*) e *falda*; av. 1533] v. tr. e intr. pron. *1* (*raro*) Sovrapporre *2* Raggrinzare: *le maledette crepe, che si affaldano / il viso* (ARIOSTO).
affaldellàre [comp. di *a-* (*2*) e *faldella*; 1865] v. tr. (*io affaldèllo*) ● (*raro*) Ridurre in faldelle, sfaldellare.
affamàre [comp. di *a-* (*2*) e *fame*; 1319] **A** v. tr. ● Ridurre alla fame o (*est.*) alla miseria: *a. una città, un popolo.* **B** v. intr. (aus. *essere*) ● †Avere fame | (*fig.*) †Desiderare ardentemente.
♦affamàto [av. 1294] **A** part. pass. di *affamare*; anche agg. *1* Nei sign. del v. *2* (*fig.*) Avido, bramoso. || **affamataménte**, avv. (*raro*) In modo affamato. **B** s. m. (f. *-a*) ● Chi ha fame | (*est.*) Povero, miserabile. || **affamatèllo**, dim. | **affamaticcio**, dim. | **affamatùccio**, **affamatùzzo**, dim.
affamatóre [1823] s. m. (f. *-trice*) ● Chi riduce alla fame, alla miseria.
affannaménto [sec. XIV] s. m. ● (*raro*) L'affannarsi | Affanno.
affannàre [provz. ant. *afanar*, di etim. incerta; av. 1294] **A** v. tr. ● Dare affanno: *un sussulto le affannò il respiro* | (*fig.*) Procurare dolore, pena e sim. **B** v. intr. e rifl. (aus. intr. *essere*, †*avere*) *1* Patire affanno, difficoltà di respiro: *nel salire le scale affannava.* SIN. Ansimare. *2* (*fig.*) Agitarsi, preoccuparsi, affaticarsi: *non affannarti tanto per noi*; *si affanna per un nonnulla.*
affannàto [1313 ca.] part. pass. di *affannare*; anche agg. *1* Ansante, trafelato | Affannoso: *respiro a.* *2* (*fig.*) Pieno d'affanni. || **affannataménte**, avv. Con affanno.
affànno [ant. provz. *afan*, da *afanar* 'affannare'; 1319] s. m. *1* Difficoltà e irregolarità di respiro, per malattia, emozione, fatica e sim.: *è una salita che procura l'a.* *2* (*fig.*) Stato ansioso, pena, preoccupazione: *dare, recare a.*; *vivere, stare in a.*; *prendersi a. per qlco.*; *dolci affanni / della mia prima età* (LEOPARDI). SIN. Ambascia, ansia. CONTR. Calma, serenità. *3* (*lett.*) Pesante fatica, travaglio.
affannóne [1690] s. m. (f. *-a*) ● (*disus.*) Chi si affanna molto in faccende. SIN. Faccendone.
affannóṣo [av. 1294] agg. *1* Che rivela affanno: *respiro a.* | Che provoca affanno: *caldo a.*; *salita affannosa.* *2* (*fig.*) Che provoca pena, ansia, dolore: *esistenza, ricerca affannosa.* || **affannoṣaménte**, avv. In modo affannoso: *respirare affannosamente*; con grande impegno e ansia.
affantocciàre [comp. di *a-* (*2*) e *fantoccio*; 1789] v. tr. (*io affantòccio*) ● (*raro*) Legare a forma di fantoccio i tralci o i ramoscelli.
affaràccio [pegg. di *affare*; 1827] s. m. ● Problema di difficile soluzione | Faccenda seria, grave.
affardellaménto [1955] s. m. *1* L'affardellare. *2* Complesso degli oggetti e degli indumenti contenuti nello zaino del soldato.
affardellàre [comp. parasintetico di *fardello* col pref. *a-* (*2*); av. 1573] v. tr. (*io affardèllo*) *1* Riunire e legare tra loro più oggetti | (*raro, est.*) Mettere insieme alla rinfusa. *2* (*mil.*) Disporre ordinatamente ciò che il soldato porta al seguito durante i trasferimenti di sede o al campo: *a. lo zaino.*
♦affàre [dalla loc. (*avere*) *a fare*, prob. sul modello del fr. *affaire*; av. 1250] s. m. *1* Faccenda, questione di una certa importanza: *sbrigare, rimandare un a.*; *è un a. urgente, importante, difficile*; *affari pubblici, privati, di Stato* | ***A. di Stato***, (*iron.*) cosa cui si dà troppa importanza | ***Affari esteri***, relazioni di uno Stato con gli altri Stati | ***Affari ecclesiastici***, relazioni tra lo Stato e la Chiesa. *2* Operazione commerciale o finanziaria condotta a scopo di lucro: *un grosso a.*; *se l'a. va bene ne trarremo ottimi guadagni* | (*per anton.*) ***È un a.***, una buona occasione di guadagno | Interesse, contratto commerciale | (*al pl.*) Attività, interessi commerciali: *si è messo in affari*; *viaggio, volume d'affari*; *senso degli affari*; *come vanno gli affari?* | ***Banca d'affari***, istituto di credito mobiliare che controlla un certo numero d'aziende | ***Piazza Affari***, (per anton.) la Borsa di Milano: *sprint di Piazza Affari*; *Piazza Affari non decolla.* *3* (*dir.*) Questione di cui si tratta in giudizio: *ruolo generale degli affari contenziosi* | Correntemente, caso politico o giudiziario di vasta risonanza: *l'a. Dreyfus*; SIN. Affaire. *4* (*fam., gener.*) Cosa, faccenda: *un a. di comune interesse*; *un a. serio, importante, da poco* | ***È un brutto a.***, ***affar serio***, di situazione particolarmente difficile | (*antifr.*) ***Che bell'a.!***, escl. indicante contrarietà, biasimo, cruccio e sim. | ***È affar mio, tuo***, ecc., è cosa riguardante solo me, te, ecc. | ***Farsi gli affari propri***, occuparsi solo di sé stessi, senza interessarsi degli altri. *5* (*fam.*) Oggetto non ben identificato, aggeggio: *a che serve quell'a. che hai in mano?* *6* (*lett.*) Condizione sociale, importanza: *essere di alto, di basso, di grande a.*; *personaggi di ben più alto a. che don Abbondio* (MANZONI) | ***Mal a.***, V. *malaffare*. || **affaràccio**, pegg. (V.) | **affarétto**, dim. | **affarino**, dim. | **affaróne**, accr. (V.) | **affarùccio**, dim.
affàrio [1887] s. m. ● (*raro*) Affaccendamento confuso e agitato.
affariṣmo [1866] s. m. ● Mentalità, attività dell'affarista.
affarìsta [1866] s. m. e f. (pl. m. *-i*) ● Chi si dedica agli affari pensando soltanto a guadagnare in tutti i modi, anche senza farsi troppi scrupoli.
affarìstico [1912] agg. (pl. m. *-ci*) *1* (*raro*) Degli affari. *2* Dell'affarismo, basato sull'affarismo: *mentalità affaristica.*
affaróne [accr. di *affare*; 1865] s. m. ● Affare molto vantaggioso.
†affàrsi [comp. di *a-* (*2*) e *fare* (*1*); sec. XIII] v. intr. pron. (oggi difett. coniug. come *fare*, usato solo nelle terze pers. sing., raro nelle terze pers. pl. del pres. e imperf. indic. e dell'imperf. congv.) ● (*lett.*) Addirsi, confarsi: *s'affà alla sua natura.*
affasciàre [comp. di *a-* (*2*) e *fascio*; av. 1530] v. tr. (*io affàscio*; fut. *io affascerò*) *1* ***A. una pianta***, eseguirne l'affasciatura. *2* (*lett.*) Raccogliere, legare in fascio | Affastellare.
affasciatùra [1955] s. f. ● Riunione a fascio dei rami legnosi delle piante fruttifere e dei tralci della vite allevata ad alberello per limitarne lo sviluppo. SIN. Aggraffatura.
affascinaménto [da *affascinare* (*1*); sec. XIV] s. m. ● L'affascinare, il venire affascinato | Seduzione.
♦affascinànte [av. 1729] part. pres. di *affascinare* (*1*); anche agg. ● Che attrae, che seduce: *un uomo a.*; *un sorriso a.*; *uno spettacolo a.*
♦affascinàre (*1*) [comp. di *a-* (*2*) e *fascino*; 1573] v. tr. (*io affàscino*) *1* (*lett.*) Ammaliare con arti magiche, incantare: *Circe affascinò Ulisse.* *2* (*fig.*) Attrarre col proprio fascino: *a. una donna, un uomo*; *le sue parole lo affascinarono*; (*assol.*) *è uno spettacolo che affascina.*
affascinàre (*2*) [comp. di *a-* (*2*) e *fascina*; av. 1400] v. tr. (*io affascino*) ● Raccogliere, legare in fascine | Affastellare.
affascinatóre [da *affascinare* (*1*); 1861] s. m. (f. *-trice*); anche agg. ● Chi (o Che) affascina.
affascinazióne [av. 1530] s. f. ● (*raro, lett.*) Malia: *le perverse affascinazioni di invidiosi occhi* (SANNAZARO).
affastellaménto [1819] s. m. *1* L'affastellare. *2* Mucchio, ammasso confuso (*anche fig.*): *un a. di parole, di frasi.*

affastellàre [comp. di *a-* (*2*) e *fastello*; sec. XIV] **v. tr.** (*io affastèllo*) *1* Raccogliere, legare in fastelli: *a. legna, fieno, erbe.* *2* Mettere insieme alla rinfusa (*anche fig.*): *a. libri su un tavolo; a. frasi, citazioni, bugie.* *3* (*assol., fig.*) Affrettare confusamente la recitazione.

affastellàto [1671] **part. pass.** di *affastellare*; anche **agg.** *1* Nei sign. del v. *2* (*bot.*) Fascicolato.

affastellio [1879] **s. m.** ● Affastellamento continuo.

affaticaménto [1300 ca.] **s. m.** ● L'affaticare, l'affaticarsi | Stato di stanchezza dovuto a sforzi, a fatiche.

affaticànte [av. 1928] **part. pres.** di *affaticare*; anche **agg.** *1* (*raro*) Faticoso: *Dopo un'ora al più, la lettura a. gli ripugnava* (SVEVO). *2* †Attivo, laborioso.

♦**affaticàre** [comp. di *a-* (*2*) e *fatica*; av. 1292] **A v. tr.** (*io affàtico, tu affàtichi*) *1* Procurare fatica, stanchezza: *è un lavoro che affatica la mente.* **SIN.** Stancare. *2 A. un motore*, sottoporlo a un eccessivo lavoro | *A. il terreno*, depauperarlo per eccessivo sfruttamento. **SIN.** Spossare. **B v. rifl.** *1* Sottoporsi a fatica, stancarsi: *affaticarsi a lavorare, a studiare.* *2* Darsi pena, briga: *affaticarsi per tirare avanti; è inutile che ti affatichi: non lo convincerai.* **SIN.** Adoperarsi, affannarsi.

affaticàto [sec. XIV] **part. pass.** di *affaticare*; anche **agg.** ● Stanco.

♦**affàtto** [comp. di *ad* e *fatto*; 1312] **avv.** *1* (*spec. lett.*) Interamente, del tutto, in tutto, per tutto: *è a. privo di malizia; punti di vista a. diversi; la quale* (*storia*), *se non v'è dispiaciuta a., vogliatene bene a chi l'ha scritta* (MANZONI) | Con valore raff.: *è una persona tutt'a. straordinaria.* *2* Con valore raff. in una negazione: *non ho a. sonno; niente a.* | (*assol.*) Nulla, per nulla, no, mai, nelle risposte negative: '*hai freddo?*' '*a.!*'.

affatturaménto [sec. XIV] **s. m.** ● (*raro*) L'affatturare | Malia.

affatturàre [comp. di *a-* (*2*) e *fatturare*; 1313] **v. tr.** *1* Sottoporre a una fattura, a una stregoneria. *2* (*est.*) Manipolare, adulterare cibi e bevande.

affatturatóre [sec. XIV] **s. m.** (**f.** *-trice*) ● (*lett.*) Chi procura o fa stregonerie.

†**affazzonàre** [vc. dotta, dal lat. *fàcere* 'fare' attraverso 'fazione'; av. 1294] **v. tr.** ● Abbellire, imbellettare.

†**affé** [comp. di *ad* e *fé* 'fede'; av. 1470] **inter.** ● Sulla fede, in fede, in verità (con affermazione energica, come giurando): *a. che questa volta la protezione non vale* (GOLDONI); *a. di Dio; a. di Bacco; a. mia* | Oggi usato in tono scherz.

afferènte [vc. dotta, lat. *afferènte(m)*, part. pres. di *affèrre*, comp. di *ăd* e *fĕrre* 'portare'; 1877] **agg.** *1* (*anat.*) Di qualsiasi organo che ha capacità di conduzione verso una parte del corpo: *ansa, nervo, vaso a.*; **CONTR.** Efferente. *2* (qlco.; + *a*) Che riguarda, concerne qlco., spec. usato nel linguaggio giuridico: *questione a. l'ammissibilità in giudizio di un'azione; a. al contratto.*

afferènza [vc. dotta, dal lat. *afferĕn(tem)* (V. *afferente*) col suff. *-enza*; 1955] **s. f.** *1* (*anat.*) Struttura anatomica come nervo, vaso sanguigno e sim., che conduce segnali o fluidi verso una parte del corpo. *2* (*raro*) Attinenza.

afferire [vc. dotta, lat. *affĕrre*; V. *afferente*; 1980] **v. intr.** (*io afferìsco, tu afferìsci*; aus. *avere*) ● (*raro, bur.*) Riguardare, concernere, attenere.

affermàbile [1865] **agg.** ● Che si può affermare.

♦**affermàre** [lat. *affirmāre*, comp. di *ăd* e *firmāre* 'assicurare'; av. 1294] **A v. tr.** (*io affèrmo*) *1* Dare per certo, dichiarare esplicitamente: *a. la propria innocenza, le proprie intenzioni; afferma di non sapere nulla; afferma che è pronto a partire.* **SIN.** Asserire, attestare, sostenere. *2* (*assol.*) Dire di sì, confermare: *gli chiese se usciva ed egli affermò; a. col capo, con un cenno.* **CONTR.** Negare. *3* (*lett.*) Sostenere: *a. una proposta, un diritto.* *4* †Rafforzare, rendere saldo. **B v. rifl.** *1* Conquistare un successo: *affermarsi in una gara.* *2* Acquistare largo credito e notorietà: *quell'ideologia, quella moda, quello spettacolo, si sono ben presto affermati.*

affermatìva [1588] **s. f.** *1* (*disus.*) Affermazione. *2* (*raro*) Risposta positiva; **CONTR.** Negativa.

affermatìvo [vc. dotta, lat. tardo *affirmatīvu(m)*, da *affirmāre* 'affermare'; 1304] **A agg.** ● Che serve ad affermare: *gesto, cenno a.* | Che ha valore di affermazione: *risposta affermativa* | ***Particella affermativa***, la particella *sì*. **B** in funzione di **avv.** ● Sì (spec. durante comunicazioni via radio). **CONTR.** Negativo. || **affermativaménte**, **avv.**

affermàto [av. 1566] **part. pass.** di *affermare*; anche **agg.** *1* Nei sign. del v. *2* Che ha raggiunto la notorietà, il successo, nell'ambito della propria attività: *un professionista a.; come cantante è ormai affermata* | Che si è imposto: *una marca affermata sul mercato.*

affermatóre [vc. dotta, lat. tardo *affirmatōre(m)*, da *affirmāre* 'affermare'; av. 1292] **s. m.**; anche **agg.** (**f.** *-trice*) ● (*raro*) Chi (o Che) afferma. **SIN.** Assertore.

affermazióne [vc. dotta, lat. *affirmatiōne(m)*, da *affirmāre* 'affermare'; 1300 ca.] **s. f.** *1* L'affermare | Proposizione affermativa | (*gener.*) Dichiarazione, asserzione: *le sue affermazioni hanno stupito tutti.* *2* L'affermarsi: *l'a. delle teorie evoluzionistiche* | Successo, vittoria: *è stata una grande a. della nostra squadra.*

afferràbile [1905] **agg.** ● Che si può afferrare.

♦**afferràre** [lat. parl. **afferrāre*, da *fĕrrum* 'ferro, spada' (?); sec. XIII] **A v. tr.** (*io affèrro*) *1* Prendere e tenere stretto con forza: *a. una spada; a. qlcu. per un lembo della giacca, per una manica, per i capelli.* *2* (*fig.*) Saper profittare di una circostanza favorevole: *a. l'occasione, l'opportunità, il momento.* **SIN.** Cogliere. *3* (*fig.*) Comprendere bene il significato di qlco.: *a. un'idea, una parola, un concetto, un pensiero, una spiegazione; non riuscì ad a. quello che dicevano.* **SIN.** Capire. *4* (*lett.*) †Colpire col ferro: *Sotto l'elmo il buon Ruggier l'afferra* (ARIOSTO). **B v. rifl.** ● Attaccarsi con forza: *afferrarsi alle sporgenze di una roccia, a un cespuglio* | Appigliarsi (*anche fig.*): *afferrarsi a un'illusione, a una scusa.*

affertilìre [comp. di *a-* (*2*) e *fertile*; av. 1729] **v. tr.** (*io affertilìsco, tu affertilìsci*) ● (*raro*) Rendere fertile.

affettaménto [da *affettare* (*2*); 1829] **s. m.** ● Il tagliare a fette.

affettàre (**1**) [lat. *affectāre*, da *afficere*, comp. di *ăd* e *fàcere* 'fare'; sec. XIII] **v. tr.** (*io affètto*) *1* Mostrare con ostentazione sentimenti o caratteristiche che in realtà non si hanno: *a. indifferenza, nobiltà d'animo* | Far mostra, simulare: *affettava di guardare con insistenza la ricca collana* (VERGA). **SIN.** Ostentare. *2* †Desiderare.

affettàre (**2**) [comp. di *a-* (*2*) e *fetta*; sec. XIV] **v. tr.** (*io affétto*) *1* Tagliare a fette: *a. il pane, il salame* | (*fig.*) ***Buio, nebbia da a.***, molto densi. *2* (*iperb.*) Fare a pezzi, trucidare.

affettàto (**1**) [av. 1396] **part. pass.** di *affettare* (*1*); anche **agg.** ● Ostentato, artificioso: *veste con affettata eleganza.* **SIN.** Lezioso, studiato. || **affettatùzzo**, **dim.** || **affettataménte**, **avv.** Con ostentazione.

affettàto (**2**) [av. 1396] **A part. pass.** di *affettare* (*2*); anche **agg.** ● Tagliato a fette. **B s. m.** ● Salame, prosciutto o altro insaccato tagliato a fette: *due etti di a.*

affettatóre [vc. dotta, lat. *affectatōre(m)*, da *affectāre* 'affettare (1)'; 1618] **s. m.**; anche **agg.** (**f.** *-trice*) ● (*lett.*) Chi (o Che) finge qualità che non ha. **SIN.** Simulatore.

affettatrìce [1939] **s. f.** ● Macchina a mano o elettrica per affettare salumi e sim.

affettatùra [da *affettare* (*2*); 1829] **s. f.** ● Operazione del tagliare a fette.

affettazióne [vc. dotta, lat. *affectatiōne(m)*, da *affectāre* 'affettare (1)'; 1528] **s. f.** ● Mancanza di naturalezza, comportamento artificioso: *comportarsi, parlare, scrivere con a.; a. di modi, di parole, di stile.* **SIN.** Leziosaggine, ostentazione, ricercatezza, sussiego.

affettività [1855] **s. f.** *1* Capacità di nutrire ed esprimere affetti. *2* (*psicol.*) Sfera dei sentimenti e delle reazioni emotive.

affettìvo [av. 1365] **agg.** *1* Che si riferisce all'affetto, che deriva da affetto: *inclinazione affettiva; sentimento a.* | ***Valore a.***, il valore (che prescinde da quello reale) che qlco. rappresenta per i sentimenti di qlcu.: *questa spilla ha per me un grande valore a.* *2* (*psicol.*) Che riguarda l'affettività. *3* (*raro*) Che prova facilmente affetto: *carattere, temperamento a.* **SIN.** Affettuoso. *4* Detto di elemento linguistico che tocca la sensibilità, l'emotività. || **affettivaménte**, **avv.** Per quanto riguarda i sentimenti, gli affetti.

♦**affètto** (**1**) [vc. dotta, lat. *affèctu(m)*, da *afficere*. V. *affettare* (*1*); sec. XIII] **s. m.** *1* (*lett.*) Inclinazione sentimentale, moto dell'animo: *gli affetti umani; mille affetti in un guardo appaion misti* (TASSO). *2* Intenso sentimento, di amicizia, amore, attaccamento e sim., per qlcu. o qlco.: *avere, nutrire, provare a. per qlcu.; portare a. a qlcu.; reprimere, frenare il proprio a.; l'a. per i figli; l'a. verso i genitori; a. fraterno, filiale.* *3* (*est.*) L'oggetto del sentimento di affetto: *la madre era il suo unico a.; gli affetti familiari.* *4* (*mus., raro*) Tremolo. *5* †Desiderio.

♦**affètto** (**2**) [vc. dotta, lat. *affĕctu(m)*, part. pass. di *afficere*, comp. di *ăd* e *fàcere* 'fare'; av. 1306] **agg.**; raro **s. m.** nel sign. 1. *1* Che (o Chi) è colpito da malattia: *a. da tubercolosi; sono numerose le persone affette da reumatismi.* *2* (*lett.*) In preda a un sentimento, uno stato d'animo e sim.: *a. da stupore, da viva meraviglia.* *3* †Assorto.

affettuosità [sec. XIV] **s. f.** *1* Caratteristica di chi è affettuoso | Ricchezza di affetti: *dimostrare grande a.* **CONTR.** Freddezza, indifferenza. *2* Espressione, manifestazione di affetto: *mandare a. per lettera; le sue a. mi hanno commosso.*

♦**affettuóso** [1313] **agg.** ● Che sente affetto: *bambino, animo a.* | Che dimostra affetto: *saluti affettuosi; parole tenere e affettuose* | (*eufem.*) ***Affettuosa amicizia***, relazione amorosa. || **affettuosaménte**, **avv.** Con affetto, spec. nei saluti epistolari: *affettuosamente tuo.*

affezionàbile [1840] **agg.** ● Che si può affezionare.

affezionabilità [1840] **s. f.** ● Disposizione a provare affetto.

†**affezionaménto** [1829] **s. m.** ● L'affezionarsi.

♦**affezionàre** [1528] **A v. tr.** (*io affezióno*) ● Rendere affezionato, dare affezione per qlcu., o qlco.: *a. qlcu. allo studio, alla lettura.* **B v. intr. pron.** ● Legarsi affettivamente: *affezionarsi agli amici, ai discepoli* | Provare interessamento: *affezionarsi al proprio lavoro.*

affezionatìssimo [av. 1590] **agg.** *1* Sup. di *affezionato.* *2* Formula di cortesia, spec. nei saluti epistolari: *tuo a.*

♦**affezionàto** [sec. XIV] **part. pass.** di *affezionare*; anche **agg.** *1* Legato da un sentimento di affetto: *è molto a. al suo amico; il tuo a. cugino.* **SIN.** Devoto | ***Un cliente a.***, che frequenta abitualmente un negozio o sim. *2* (*raro*) Ligio: *a. al proprio lavoro.* || **affezionatìssimo**, **superl.** (V.). || **affezionataménte**, **avv.** Con affetto, spec. nei saluti epistolari: *affezionatamente tuo.*

affezióne [vc. dotta, lat. *affectiōne(m)*, da *affèctus* 'affetto (1)'; av. 1294] **s. f.** *1* (*raro, lett.*) Moto, disposizione dell'animo: *l'animo suo non poteva sentire altra a. che di spavento* (MANZONI). **SIN.** Emozione, sentimento. *2* Inclinazione affettuosa dell'animo: *nutrire a. per la famiglia, per gli amici* | ***Prezzo d'a.***, valutato oltre il valore reale di un oggetto, da chi non vuole disfarsene o da chi desidera averlo. **SIN.** Affetto. *3* (*med.*) Condizione morbosa, malattia. **CFR.** -patia. *4* (*filos.*) Qualsiasi modificazione di coscienza dovuta all'azione di agenti estranei alla coscienza stessa. *5* †Desiderio. || **affezioncèlla**, **dim.**

affiancaménto [da *affiancare*; 1985] **s. m.** ● L'affiancare (*spec. fig.*).

affiancàre [comp. di *a-* (*2*) e *fianco*; 1855] **A v. tr.** (*io affiànco, tu affiànchi*) *1* Mettere fianco a fianco: *a. due letti; a. dei tavolini; a. i reparti militari, le truppe.* *2* (*fig.*) Mettere accanto, spec. per collaborare: *gli hanno affiancato alcuni esperti del settore* | Sostenere, aiutare: *lo affiancavano tutti i migliori amici.* **B v. rifl.** ● Mettersi a fianco: *l'ammiraglia si affiancò al ciclista.* **C v. rifl. rec.** ● (*raro, fig.*) Aiutarsi.

affiataménto [da *affiatare*; 1895] **s. m.** ● Accordo | Intesa tra persone che svolgono la stessa attività.

affiatàre [comp. di *a-* (*2*) e *fiato*; 1824] **A v. tr.** ● Fare in modo che tra più persone che operano assieme ci sia intesa, sintonia, accordo: *a. i membri di una squadra sportiva; a. un'orchestra.* **B v. rifl.** e **rifl. rec.** ● Acquisire intesa, accordo: *un gruppo di suonatori che va affiatandosi* | Acquisire familiarità: *affiatarsi con i nuovi amici;* **SIN.** Familiarizzare.

affiatàto [1955] **part. pass.** di *affiatare*; anche **agg.** ● Che dimostra intesa, accordo: *giocatori affiatati.*

affibbiàre [lat. parl. *affibulāre*, comp. di *ăd* e *fibula* 'fibbia'; sec. XIII] **v. tr.** (*io affìbbio*) *1* Congiungere insieme con fibbia o altro fermaglio: *a. gli stivali, l'orologio; affibbiarsi le scarpe, il vestito.*

2 (*fig.*) Dare qlco. di sgradito: *a. botte, ingiurie* | Attribuire: *a. colpe, opinioni non vere* | (*scherz.*) Appioppare: *a. un nomignolo, monete false.*

affibbiatùra [1342] s. f. **1** L'affibbiare. **2** Fibbia, fermaglio | Parte dove si affibbia.

affiche /fr. a'fiʃ/ [fr., da *afficher* 'affiggere', comp. del lat. *ăd* e *ficher* 'fissare', dal lat. parl. **figicāre*, intens. di *fīgere* 'figgere'; 1905] s. f. inv. ● Manifesto, cartellone.

affidàbile [da *affidare*, come trad. dell'ingl. *reliable*; 1961] agg. ● Detto di persona o cosa in cui si può riporre fiducia: *come insegnante non mi sembra molto a.*; *un'agenzia immobiliare a.*

affidabilità [da *affidabile*; 1961] s. f. **1** Grado di fiducia che si può riporre in qlco. o qlcu.: *l'a. di un'azienda, di una persona.* **2** In varie tecnologie, il grado di rispondenza di un meccanismo, un apparato e sim. alla funzione per cui è stato progettato e prodotto: *l'a. di una automobile.* **3** (*dir.*) Condizione di un minore che può essere dato in affidamento.

affidaménto [1877] s. m. **1** L'affidare. **2** Fiducia, garanzia: *una persona che non dà nessun a.*; *quell'affare dà pieno a.* | ***Fare a. su qlcu. o su qlco.***, contarci. SIN. Assegnamento. **3** (*dir.*) Opinione che si basa sull'apparenza di una determinata situazione di fatto o di diritto. **4** (*dir.*) Consegna di un minore a una famiglia, a una singola persona o a un ente di assistenza, che ne diventano responsabili | ***A. preadottivo***, periodo anteriore all'adozione durante il quale l'adottando è affidato agli adottanti, al fine di verificare che questi ultimi rivestano le qualità richieste dalla legge | ***A. in prova al servizio sociale***, misura alternativa alla detenzione nel caso di pena inflitta inferiore a tre anni. **5** (*raro*) Concessione di credito da parte di una banca a un cliente.

affidànte A part. pres. di *affidare*; anche agg. ● Nei sign. del v. **B** s. m. e f. ● (*dir.*) Chi affida un oggetto, un bene e sim.

♦**affidàre** [comp. di *a-* (*2*) e *fidare*; av. 1306] **A** v. tr. **1** Dare, consegnare alla cura, alla custodia, alla capacità e sim., di una persona fidata: *a. la propria salute a un bravo medico*; *a. la casa a una domestica*; *a. l'educazione dei figli a un valente maestro* | Assegnare: *gli hanno affidato un alto incarico*; *a quell'attore vengono sempre affidati ruoli comici.* **2** (*raro, lett.*) Rendere fiducioso, sicuro. **3** (*banca*) Concedere fido a una persona. **B** v. rifl. ● Mettersi con fiducia nelle mani di qlcu. o confidare in qlco.: *affidarsi a un buon medico*; *affidarsi all'altrui discrezione, alla sorte.*

affidatàrio [1964] s. m.; anche agg. (f. *-a*) ● (*dir.*) Chi (o Che) ha in affidamento qlco. o qlcu.

affidatìvo [1955] agg. ● Di affidamento, che concerne la consegna o la custodia in affidamento: *deposito a.*

affidàvit [lat. mediev. 'affidò'; sec. XVIII] s. m. inv. ● Nel diritto anglosassone, dichiarazione scritta e giurata dinanzi a persona autorizzata.

affìdo [1983] s. m. ● (*bur.*) Affidamento: *a. di minori intrafamiliare*; *a. educativo.*

affienàre [comp. di *a-* (*2*) e *fieno*; 1865] **A** v. tr. (*io affièno*) **1** Alimentare con fieno: *a. i buoi.* **2** Coltivare a fieno: *a. un podere.* **3** Ridurre a fieno: *a. l'erba.* **B** v. intr. (aus. *essere*) ● Affienire.

affienàta [1940] s. f. ● Quantità di fieno distribuita agli animali per ogni pasto.

affienatùra [1887] s. f. ● L'affienare.

affienìre [comp. di *a-* (*2*) e *fieno*; 1803] v. intr. (*io affienisco, tu affienìsci*; aus. *essere*) ● Diventare fieno, detto di erbe o cereali che si seccano.

affievoliménto [1824] s. m. ● Indebolimento: *a. delle forze* | Attenuazione, diminuzione: *a. della voce.*

affievolìre [comp. di *a-* (*2*) e *fievole*; av. 1348] **A** v. tr. (*io affievolisco, tu affievolìsci*) ● Rendere fievole, indebolire. **B** v. intr. e intr. pron. (aus. *essere*) ● Diventare fievole: *la voce affievolì* | Venire meno: *le loro forze si affievolirono.*

affievolìto [av. 1348] part. pass. di *affievolire*; anche agg. ● Indebolito, attenuato.

affìggere o (*poet.*) †**affìgere** [lat. *affīgere*, comp. di *ăd* e *fīgere* 'attaccare, infiggere'; 1313] **A** v. tr. (coniug. come *figgere*; part. pass. *affisso*, †*affitto*) **1** Attaccare saldamente, spec. in luogo pubblico: *a. avvisi, cartelloni, manifesti, bandi, proclami.* **2** (*lett.*) Fissare: *affiggi in lei l'indagator tuo sguardo* (ALFIERI) | (*fig.*) ***A. gli occhi***, guardare con insistenza. **3** (*lett.*) Imprimere con forza: *a. baci.* **B** v. rifl. **1** (*raro, lett.*) Fermarsi, posarsi: *... una lucertola / esce e s'affigge al sole* (CARDUCCI). **2** (*fig., lett.*) Guardare fissamente: *aquila sì non li s'affisse unquanco* (DANTE *Par.* I, 48) | (*lett.*) Concentrarsi intellettualmente.

affigliàre e *deriv.* ● V. *affiliare* e *deriv.*

†**affiguràre** [lat. tardo *affigurāre*, comp. di *ăd* e *figurāre* 'figurare'; av. 1250] v. tr. **1** (*lett.*) Raffigurare, rappresentare. **2** (*lett.*) Ravvisare, riconoscere: *più fiso mirandola, quasi già la veniva affigurando* (BOCCACCIO).

affilacoltèlli [comp. di *affila*(*re*) (*1*) e il pl. di *coltello*; 1970] s. m. inv. ● Barra d'acciaio corta e affusolata, con manico, per affilare i coltelli, spec. di macelleria.

affilaménto [da *affilare* (*1*); av. 1704] s. m. ● L'affilare | (*raro*) L'affilarsi.

affilaraṣóio [comp. di *affila*(*re*) (*1*) e *rasoio*; 1970] s. m. ● Striscia di cuoio usata per affilare il rasoio. SIN. Coramella.

affilàre (**1**) [lat. parl. **affilare*, comp. di *ăd* e *fīlum* 'filo di lama'; av. 1300] **A** v. tr. **1** Rendere tagliente una lama: *a. il rasoio, le spade* | ***A. le armi***, (*fig.*) prepararsi a combattere. **2** (*est.*) Assottigliare, rendere smunto: *la malattia gli ha affilato il viso* | (*raro*) Aguzzare: *a. lo sguardo.* **B** v. intr. pron. ● Assottigliarsi, dimagrire: *gli si è affilato il naso.*

†**affilàre** (**2**) [comp. di *a-* (*2*) e *fila*; av. 1363] **A** v. tr. ● Mettere in fila. **B** v. rifl. ● Disporsi in fila.

affilàta [da *affilare* (*1*); 1865] s. f. ● Affilatura leggera: *dare un'a. al rasoio, al coltello.*

affilàto [av. 1311] part. pass. di *affilare* (*1*); anche agg. **1** Nei sign. del v.: *coltello a.* **2** (*fig.*) ***Naso a.***, sottile | Patito: *viso pallido e a.* | (*fig.*) Mordace, tagliente: *lingua a.*

affilatóio [1875] s. m. ● Strumento che serve per affilare.

affilatóre [1829] s. m.; anche agg. (f. *-trice*) ● (*raro*) Chi (o Che) affila.

affilatrìce [1955] s. f. ● Macchina utensile munita di una o più mole per affilare utensili.

affilatùra [1664] s. f. ● Operazione di affilare lame, utensili e sim. | Taglio, filo.

affilettàre [comp. di *a-* (*2*) e il denom. di *filetto*; 1622] v. tr. (*io affilétto*) ● Passare il taglio della cazzuola sulle commettiture dei mattoni per renderle visibili.

affilettatùra [1865] s. f. ● Operazione dell'affilettare.

affiliàndo [gerundio di *affiliare*; 1970] s. m. (f. *-a*) ● Minore in corso di affiliazione (istituto giuridico oggi abrogato).

affiliànte [1955] **A** part. pres. di *affiliare*; anche agg. ● Nei sign. del v. **B** s. m. e f. ● Chi poneva in essere un'affiliazione (istituto giuridico oggi abrogato).

affiliàre o **affigliàre** [comp. del lat. *ăd* e *fīlius* 'figlio'; 1786] **A** v. tr. (*io affìlio*) **1** Ottenere un minore in affiliazione (istituto giuridico oggi abrogato). **2** Associare, iscrivere, a una setta, a un'associazione e sim. **B** v. rifl. ● Iscriversi a una setta, a un'associazione e sim.: *si affiliarono a una società segreta.*

affiliàta [f. sost. di *affiliato*; 1983] s. f. ● Società o azienda giuridicamente autonoma ma controllata da un'altra azienda o società che ne detiene la maggioranza.

affiliàto [1961] **A** part. pass. di *affiliare*; anche agg. **1** Nei sign. del v. **2** Detto di club, società o associazione iscritta a federazione o ente di promozione sportiva. **B** s. m. (f. *-a*) **1** Minore assunto un tempo in una famiglia mediante affiliazione (istituto giuridico oggi abrogato). **2** Chi è iscritto a una setta, a un'associazione e sim.: *gli affiliati alla massoneria.*

affiliazióne o **affigliazióne** [1769] s. f. **1** Iscrizione a una società, a un gruppo politico e sim. | Iscrizione di una società alla federazione sportiva | (*econ.*) ***A. commerciale***, franchising. **2** (*dir.*) Istituto giuridico, oggi abrogato e sostituito dalle norme che disciplinano l'affidamento e l'adozione, in forza del quale un minore abbandonato o indigente poteva essere affidato a un privato per essere allevato come un figlio, senza assumerne lo stato giuridico.

affinàggio [1940] s. m. ● (*tecnol.*) Affinazione.

affinaménto [av. 1257] s. m. ● L'affinare, l'affinarsi: *a. del gusto*; SIN. Miglioramento, perfezionamento | ***A. del terreno***, preparazione del letto di semina in un terreno coltivato | (*enol.*) Insieme dei miglioramenti che un vino ottiene nella botte e spec. in bottiglia, acquisendo le sue caratteristiche più peculiari.

affinàre [comp. di *a-* (*2*) e *fine* (*2*); av. 1292] **A** v. tr. **1** (*lett.* o *raro*) Rendere fine e sottile: *a. una lama*; *a. la punta di una matita* | **2** (*fig.*) Aguzzare: *a. la vista, l'ingegno.* **3** Rendere puro l'oro, l'argento o altro metallo dividendolo dalla lega o altre impurità | (*est.*) Migliorare, far maturare: *a. un vino* | (*fig.*) Perfezionare, migliorare: *a. lo stile.* **B** v. intr. pron. **1** (*raro*) Assottigliarsi. **2** (*fig.*) Acquistare perfezione, sensibilità e sim.: *lo stile si affina con l'esercizio*; *l'anima s'affina nel dolore.* SIN. Migliorarsi, perfezionarsi.

affinatóre [1312] s. m. (f. *-trice*) ● Chi affina i metalli.

affinazióne [1857] s. f. ● (*tecnol.*) Processo per cui una sostanza viene liberata dalle impurità e sim.: *a. dell'oro*; *a. dello zucchero.*

♦**affinché** o †**affin che**, †**a fin che** [comp. di *a fine che*; av. 1348] cong. ● Al fine di, con lo scopo che, perché (introduce una prop. finale con il v. sempre al congv.): *lo dico a. si sappia.*

affìne (**1**) [vc. dotta, lat. *affīne*(*m*), comp. di *ăd* e *fīnis* 'confine'; av. 1396] **A** agg. **1** Che ha somiglianza: *anime affini*; *teoria a. a un'altra*; *tabacchi e generi affini*; *avere gusti affini.* SIN. Simile. CFR. filo- (1), -filo, para-. **2** Che presenta affinità: *piante, organismi affini*; *composti chimici affini*; *lingue affini.* **B** s. m. e f. **1** Ciascuno dei parenti di un coniuge rispetto all'altro coniuge e viceversa: *a. in linea retta, in linea collaterale*; *a. di sesto grado.* **2** (*mat., al pl.*) Corrispondenti in un'affinità.

affìne (**2**) o **a fine** [comp. di *a* e *fine*; 1312] cong. ● Nella loc. cong. ***a. di***, (*lett.*) al fine, allo scopo, col proposito di (introduce una prop. finale con il v. all'inf.): *a. d'escludere ... dalla radunanza gli infetti e i sospetti, fece inchiodar gli usci delle case sequestrate* (MANZONI).

affinità [vc. dotta, lat. *affinitāte*(*m*), da *affīnis* 'affine (1)'; 1320] s. f. **1** Somiglianza, conformità: *a. di idee, di gusti, di tradizioni* | ***A. linguistica***, relazione tra due lingue che presentano analogie di struttura non dovute a parentela. CFR. -filia. **2** Simpatia | ***A. elettiva***, attrazione reciproca che si stabilisce fra persone di idee e sentimenti affini. SIN. Attrazione. **3** Vincolo che unisce un coniuge ai parenti dell'altro coniuge: *a. in linea retta, in linea collaterale* | ***A. spirituale***, vincolo che si instaura fra padrino (o madrina) e battezzando o cresimando. **4** (*biol.*) Relazione esistente fra individui di un gruppo sistematico animale o vegetale in base a una somiglianza di caratteri morfologici, biologici e genetici. **5** (*mat.*) Biiezione fra due piani che a rette parallele associa rette parallele | Biiezione nello spazio che a piani paralleli associa piani paralleli. **6** Tendenza, fisicamente misurabile, di una sostanza a combinarsi con altre: *a. chimica.*

affiochiménto [1892] s. m. ● L'affiochirsi: *a. di voce.*

affiochìre [comp. di *a-* (*2*) e *fioco*; 1881] **A** v. tr. (*io affiochisco, tu affiochìsci*) ● Rendere fioco: *la malattia gli affiochiva la voce*; *la nevicata affiochiva il suono delle campane.* **B** v. intr. e intr. pron. (aus. *essere*) ● Smorzarsi, diventare fioco: *il rumore affiochì*; *la voce si affiochiva nel pianto.*

affiochìto [1829] part. pass. di *affiochire*; anche agg. ● Fioco, debole.

affioraménto [fr. *affleurement*. V. *affiorare* (*2*); 1855] s. m. **1** L'affiorare: *l'a. di un banco di sabbia* | Parziale emersione: *un sommergibile in a.* **2** Parte superficiale di una roccia, di un filone o di un giacimento | Area occupata da una formazione rocciosa.

affioràre (**1**) [comp. di *a-* (*2*) e *fiore*; 1909] v. tr. (*io affióro*) **1** (*raro*) Ridurre a fiore: *a. la farina.* **2** (*lett.*) Ricamare a fiori.

affioràre (**2**) [fr. *affleurer*, da *à fleur de* 'a fior di'; sec. XVIII] v. intr. (*io affióro*; aus. *essere*) **1** Apparire alla superficie, spec. a fior di terra o a fior d'acqua: *sullo stagno affioravano le ninfee*; *le creste dei monti affioravano dalla nebbia.* SIN. Emergere, spuntare. **2** (*fig.*) Mostrarsi, manifestarsi, venire alla luce: *sono affiorati nuovi particolari*; *sulle sue guance affiora un lieve rossore.*

†**affiṣàre** e *deriv.* ● V. *affissare* e *deriv.*

affissaménto o †**affiṣaménto** [sec. XVI] s. m. ● (*lett.*) L'affissare, l'affissarsi.

affissàre o (*poet.*) †**affisàre** [lat. tardo *affixāre*, da *affīgere* 'infliggere'; 1319] **A** v. tr. **1** (*lett.*) Guardare fissamente: *a. una persona*; *a. gli occhi, lo sguardo, la vista, la mente, in qlcu., in qlco.* **2** (*raro, lett.*) Fissare, affiggere: *a. un bando, una sentenza* | †*A. il piede in qualche luogo*, stabilirvisi. **B** v. rifl. **1** (*lett.*) Guardare con estrema attenzione: *la donna in lui s'affissa* (TASSO). **2** (*lett., raro*) Fermarsi con la mente su qlco.: *affissarsi su una lettura interessante.*

affissionàle [1968] agg. ● Relativo ad affissione | ***Pubblicità a.***, quella effettuata mediante affissione in pubblico di cartelli, manifesti, locandine e sim.

affissióne [vc. dotta, lat. tardo *affixiōne(m)*, da *affīgere* 'infiggere'; 1546] s. f. **1** L'affiggere: *a. di manifesti, insegne, bandi.* **2** Forma di pubblicità mediante esposizione su strade o piazze di cartelli o manifesti contenenti un messaggio pubblicitario.

affissìvo [da *affisso*; 1950] agg. ● (*ling.*) Agglutinante: *lingue affissive.*

affìsso [lat. *affīxu(m)*, part. pass. di *affīgere*. V. *affissione*; 1313] **A** part. pass. di *affiggere*; anche agg. ● Nei sign. del v. | (*lett.*) Strettamente unito | †Fermo. || **affissaménte**, avv. Fissamente. **B** s. m. **1** (*raro*) Avviso, manifesto: *attaccare, leggere un a.* **2** (*raro*) Infisso. **3** (*ling.*) Elemento che può essere incorporato in una parola per modificarne il significato: *gli affissi si dividono in prefissi, infissi e suffissi.*

affittàbile [1808 ca.] agg. ● Che si può affittare.

affittacàmere [comp. di *affitta(re)* e il pl. di *camera*; 1829] s. m. e f. inv. ● Chi dà camere ammobiliate in affitto.

affittànza [av. 1755] s. f. ● Affitto | ***A. collettiva***, affitto di fondo rustico a una collettività organizzata di lavoratori agricoli.

♦**affittàre** [comp. di *a-* (2) e *fitto* 'affitto'; sec. XIV] v. tr. **1** Concedere in godimento, dietro corrispettivo, un bene immobile: *a. un podere*; *a. un appartamento* | Noleggiare: *a. una macchina, una barca.* **2** Prendere in affitto: *a. una villa* | Prendere a nolo.

affittasi [terza pers. sing. dell'indic. pres. di *affittare*, nella forma impers. con la particella pron. *si*; 1980] s. m. inv. ● Scritta su un cartello che si espone all'esterno di un locale da affittare.

affittìre [comp. di *a-* (2) e *fitto* 'denso'; 1802] **A** v. tr. (*io affittisco, tu affittisci*) ● (*raro*) Infittire. **B** v. intr. e intr. pron. (aus. *essere*) ● (*raro*) Infittirsi.

affìtto (**1**) [da *affittare*; 1313] s. m. **1** Locazione avente per oggetto un bene produttivo: *dare, prendere in a.*; *a. di un'azienda, di un albergo* | ***A. di fondi rustici***, avente per oggetto il godimento di un fondo rustico | ***Lavoro in a.***, V. *lavoro*. **2** (*est.*) Correntemente, locazione: *prendere in a. un appartamento.* **3** Compenso dovuto a chi dà in affitto o in locazione: *pagare, riscuotere l'a.* SIN. Fitto, pigione. || **affitterèllo**, dim. | **affittóne**, accr.

†**affìtto** (**2**) [sec. XIII] part. pass. di *affiggere*; anche agg. ● Nel sign. 2 del v.

affittuàrio [da *affitto* (*1*); 1597] **A** agg. ● (*raro*) Che riguarda l'affitto. **B** s. m. (f. *-a*) ● Chi ha preso qlco. in affitto.

afflàre [vc. dotta, lat. *afflāre*, comp. di *ad* e *flāre* 'soffiare'; av. 1530] v. tr. ● (*lett.*) Soffiare.

†**afflàto** (**1**) [av. 1527] part. pass. di †*afflare*; anche agg. ● (*lett.*) Ispirato.

afflàto (**2**) [vc. dotta, lat. *afflātu(m)*, sostantivo da *afflāre* 'soffiare'; 1354] s. m. **1** (*lett., raro*) Soffio | (*lett., fig.*) Estro, ispirazione: *a. poetico, divino, sacro.* **2** †Influsso: *i cattivi afflati del veleno* (MURATORI).

affliggere o †**affriggere** [vc. dotta, lat. *afflīgere*, comp. di *ăd* e *flīgere* 'sbattere, urtare'; sec. XIII] **A** v. tr. (pres. *io affliggo, tu affliggi*; pass. rem. *io afflissi, tu affliggésti*; part. pass. *afflitto*) **1** Tormentare con dolore fisico: *essere afflitto dal freddo, dal mal di testa*; *è afflitto da dolori reumatici* | Angustiare, addolorare, rattristare: *lo affligge una profonda malinconia*; *la luttuosa notizia ci ha afflitti*; SIN. Accorare, contristare. **2** (*est.*) Infastidire, opprimere: *mi ha afflitto con i racconti dei suoi guai* | (*est.*) Colpire, travagliare: *quelle regioni sono afflitte da gravi epidemie.* **B** v. intr. pron. ● Addolorarsi, tormentarsi: *si affliggeva per la morte dell'amico.*

affliggiménto [sec. XIV] s. m. ● (*raro*) Afflizione.

afflìssi ● V. *affliggere.*

afflittività [da *afflittiv(o)* con il suff. *-ità*; 1997] s. f. ● (*dir.*) ***A. della pena***, idoneità di una sanzione penale a procurare sofferenza morale.

afflittìvo [av. 1306] agg. ● (*raro, lett.*) Che dà dolore, tormento, tristezza | (*raro*) ***Pena afflittiva***, detenzione.

afflìtto [vc. dotta, lat. *afflīctu(m)*, part. pass. di *affligere*. V. *affliggere*; av. 1306] **A** part. pass. di *affliggere*; anche agg. **1** Colpito da una malattia: *è a. da una bronchite* | Colpito da fenomeni negativi: *la città era afflitta da disordini.* **2** Rattristato, addolorato: *è a. per la morte dell'amico* | Che rivela la tristezza, dolore: *volto a.*; *voce afflitta.* **B** s. m. (f. *-a*) ● (*spec. al pl.*) Chi è addolorato, tormentato: *consolare, sollevare gli afflitti*; *avere compassione degli afflitti.*

afflizióne [vc. dotta, lat. tardo *afflictiōne(m)*, da *afflīctus* 'afflitto'; av. 1294] s. f. **1** Stato di tristezza, di prostrazione, di pena: *trovarsi, vivere nell'a.*; *abbandonarsi all'a.* SIN. Dolore, infelicità. **2** Tormento, sventura: *le afflizioni della vita.*

afflosciaménto [1983] s. m. ● L'afflosciare, l'afflosciarsi.

afflosciàre [comp. di *a-* (2) e *floscio*; 1542] **A** v. tr. (*io afflòscio*; fut. *io affloscerò*) ● Rendere floscio: *il caldo estivo affloscia l'erba* | (*fig.*) Togliere ogni vigore. **B** v. intr. e intr. pron. (aus. *essere*) ● (*raro*) Diventare floscio, sgonfiarsi: *la vela affloscia lentamente*; *la frutta, troppo matura, si affloscia sui rami* | (*fig.*) Perdersi d'animo | (*fig.*) Accasciarsi, svenire.

affluènte [vc. dotta, lat. *affluĕnte(m)*, part. pres. di *afflŭere*. V. *affluire*; 1441] **A** part. pres. di *affluire*; anche agg. **1** Nei sign. del v. | (*lett.*) Abbondante. **2** (*raro*) Benestante, opulento: *società a.* (calco sull'ingl. *affluent society*). || **affluenteménte**, avv. Copiosamente. **B** s. m. ● Corso d'acqua secondario che sbocca in un altro principale.

affluènza [vc. dotta, lat. *affluĕntia(m)*. V. *affluire*; 1304 ca.] s. f. **1** L'affluire di liquidi o cose: *a. di acqua, di merci*; *interrompere l'a. dei prodotti alimentari.* **2** Concorso di persone: *allo stadio c'era una grande a.*; *si registrò una grande a. di pubblico.* SIN. Afflusso.

affluìre [vc. dotta, lat. *afflŭere* comp. di *ăd* e *flŭere* 'scorrere'; 1584] v. intr. (*io affluisco, tu affluisci*; aus. *essere*) **1** Scorrere di liquidi verso un luogo: *il fiume affluisce al mare*; *il sangue affluisce alla testa* | (*est.*) Giungere, spec. in quantità notevole e con continuità: *le merci affluiscono nei magazzini*; *i prodotti agricoli affluiscono dalle campagne alla città.* **2** Accorrere in folla verso lo stesso luogo: *molta gente affluiva allo stadio.*

afflùsso [vc. dotta, lat. *afflūxu(m)*, part. pass. di *afflŭere*. V. *affluire*; av. 1646] s. m. **1** L'affluire di un liquido verso un dato punto o luogo: *l'a. del sangue al cervello.* **2** (*est.*) L'affluire in gran quantità di cose o persone: *l'a. di capitali, di merci, di turisti.* SIN. Affluenza. **3** Volume delle precipitazioni meteoriche cadute, in un certo intervallo di tempo, nel bacino imbrifero di un corso d'acqua. CONTR. Deflusso.

affocàre o **affuocàre** [comp. dal lat. *ăd* e *fŏcus* 'fuoco'; sec. XIII] **A** v. tr. (*io affuòco* o *affòco, tu affuòchi* o *affòchi*; in tutta la coniug., *-uò-* o poet. *-ò-* se accentato, *-ò-* o *-uò-* se non accentato) **1** †Appiccare il fuoco. **2** (*lett.*) Arroventare, infuocare (*anche fig.*): *la canicola affocava la gran pianura* (BACCHELLI). **B** v. intr. pron. ● (*lett.*) Accendersi, infiammarsi | (*est.*) Avvampare: *s'affocò in volto* | (*lett., fig.*) Infervorarsi: *cotanto più di quello appetito s'affuoca* (BOCCACCIO).

affocàto [1319] part. pass. di *affocare*; anche agg. ● (*lett.*) Infuocato, ardente (*anche fig.*): *e vidi uscir de l'alto e scender giùe / due angeli con due spade affocate* (DANTE *Purg.* VIII, 25-26).

affogaménto [sec. XIV] s. m. ● L'affogare, l'affogarsi: *morire per a.*

♦**affogàre** [lat. parl. **affocāre* per *offocāre* 'soffocare, strangolare', da *faux* 'gola'; av. 1294] **A** v. tr. (*io affógo* (o *-ò-*), *tu affóghi* (o *-ò-*)) **1** Far morire qlcu. immergendolo in acqua o altro liquido | (*fig.*) ***A. un dispiacere nei divertimenti, nell'alcol***, cercare di dimenticarlo | (*lett.*) Soffocare: *convulsione a lui deformi il volto, / e lo affoghi aspra tosse* (PARINI). **2** (*fig.*) Far cuocere in acqua bollente, spec. le uova private del guscio. **3** †Sommergere, inondare. **B** v. intr. (aus. *essere*) **1** Morire per soffocamento in acqua o altro liquido: *è affogato nelle acque del lago* | (*fig.*) ***A. in un bicchier d'acqua***, smarrirsi per una piccola difficoltà | (*fig.*) ***Bere o a.***, dovere scegliere fra due mali inevitabili | (*fig.*) ***A. nell'oro***, vivere nell'abbondanza. SIN. Annegare. **2** (*raro*) Essere sovraccarico di qlco.: *a. nei debiti.* **C** v. intr. pron. ● (*raro*) Perdere la vita annegando: *cadde in mare e si affogò.* **D** v. rifl. ● Togliersi la vita annegandosi: *per il troppo dolore si è affogato.*

affogàto [av. 1292] **A** part. pass. di *affogare*; anche agg. **1** Nei sign. del v. **2** ***Stanza affogata***, priva di luce | ***Uova affogate***, cotte senza guscio in acqua bollente | ***Gelato a.***, su cui sia stato versato liquore, sciroppo, caffè e sim. **B** s. m. ● Gelato affogato: *un a. al whisky, al caffè.*

affogliaménto [comp. di *a-* (2) e *foglio*; 1955] s. m. ● (*banca*) Operazione con la quale viene rinnovato il foglio di cedole dei titoli pubblici o privati.

affollaménto [1785] s. m. ● L'affollare, l'affollarsi | Massa di gente raccolta in gran numero: *alla conferenza c'era un grande a.* SIN. Folla, ressa.

♦**affollàre** (**1**) [comp. di *a-* (2) e *follare*; 1342] **A** v. tr. (*io affóllo* o *affòllo*) **1** Riempire di gente un luogo | Gremire: *gli spettatori affollavano il teatro.* **2** †Fare ressa intorno a qlcu. **3** (*fig.*) Opprimere: *molti dubbi gli affollavano la mente.* **B** v. intr. pron. ● Radunarsi in gran numero, fare ressa (*anche fig.*): *la gente si affolla davanti al cinema*; *I pensieri che mi si affollano … nella mente* (LEOPARDI). SIN. Accalcarsi, addensarsi, adunarsi.

†**affollàre** (**2**) [comp. di *a-* (2) e *folle* (*1*) 'mantice'; 1319] v. intr. ● Ansimare, anelare: *fin che si sfoghi l'affollar del casso* (DANTE *Purg.* XXIV, 72).

♦**affollàto** [av. 1306] part. pass. di *affollare* (*1*); anche agg. ● Gremito di gente, di folla: *un cinema a.*; *un'affollata località balneare.* || **affollataménte**, avv. In folla.

affoltàre [comp. di *a-* (2) e *folto*; 1338 ca.] **A** v. tr. (*io affólto*) **1** (*lett.*) †Ammassare, accalcare, stipare. **2** (*fig.*) †Opprimere. **B** v. intr. pron. ● (*lett.*) Farsi folto, infittirsi (*anche fig.*): *le tenebre si affoltavano sempre più* (NIEVO).

affondaménto [av. 1600] s. m. **1** L'affondare | Il mandare o l'andare a fondo: *l'a. di una corazzata, di una nave* | (*fig.*) Affossamento: *l'a. di un'impresa* | ***A. di un giocatore***, nella pallanuoto, per aver subito un fallo da un avversario. **2** †Scavo, cavità.

affondamìne [comp. di *affondare* e il pl. di *mina*; 1955] s. m. inv.; anche agg. inv. ● (*mar.*) Posamine.

♦**affondàre** [lat. parl. **affundāre*, comp. di *ăd* e *fŭndus* 'fondo'; 1258] **A** v. tr. (*io affóndo*) **1** Mandare a fondo, inabissare: *a. le navi nemiche* | Colare a fondo: *a. l'ancora* | (*fig.*) Far fallire, affossare: *a. un'impresa.* **2** Far penetrare a fondo: *a. i piedi nella melma*; *a. le radici nel terreno* | ***A. un pugno***, nel pugilato, colpire con particolare potenza | ***A. la palla***, nella pallanuoto, spingerla e tenerla sott'acqua. **3** (*raro*) Rendere più profondo scavando: *a. un solco, una fossa.* **4** †Opprimere. **B** v. intr. e intr. pron. (aus. *essere*) **1** Andare a fondo, sommergersi: *la nave affonda lentamente.* **2** Sprofondare (*anche fig.*): *a. nella melma, nel terreno*; *il … fieno in cui si affondavano i gomiti* (VERGA); *a. nel torpore, nel sonno.*

affondàta [da *affondare*; 1936] s. f. ● Picchiata ripida, veloce e prolungata di un aereo.

affondatóio [1889] s. m. ● (*mar.*) Congegno di leve per liberare l'ancora a ceppo dalle rizze e ribaltarla in mare quando si dà fondo.

affondatóre [1875] s. m. (f. *-trice*) ● (*raro*) Chi affonda una nave.

affondatùra [sec. XIV] s. f. ● (*raro*) Scavatura: *a. di una fossa.*

affóndo o **a fóndo** [da *a fondo*; sec. XIV] **A** avv. ● In fondo, in profondità. **B** s. m. inv. ● (*sport*) Nella scherma, movimento con cui lo schermidore, dalla posizione di guardia, conclude un'azione d'offesa, portando avanti una gamba e stendendo l'altra col corpo in linea con questa, in massima distensione | Nella ginnastica, movimento consistente nell'inclinare in avanti il corpo in linea con una gamba e poggiando sull'altra parzialmente piegata in avanti | In vari sport, attacco rapido e deciso.

afforcàre (**1**) [comp. di *a-* (2) e *forca*; 1847] v. tr. (*io affòrco, tu affòrchi*) ● Ormeggiare una nave dando fondo a due ancore di prua su due diverse linee d'ancoraggio divaricate.

†**afforcàre** (*2*) [nap. *affurcà*, di orig. sp. (?); av. 1744] v. tr. ● Impiccare.
affórco [da *afforcare* (*1*); 1937] s. m. (pl. *-chi*) ● (*mar.*) La seconda ancora che si getta per ormeggiare | L'ormeggio su due ancore afforcate.
†**affortificàre** [comp. di *a-* (*2*) e *fortificare*; sec. XIV] v. tr. ● Fortificare | Puntellare | Rinforzare (*anche fig.*); *indebolire la parte adversa et a. la sua* (MACHIAVELLI).
†**afforzaménto** [av. 1363] s. m. ● Rafforzamento | Fortificazione.
afforzàre [comp. di *a-* (*2*) e *forza*; 1312] v. tr. (*io affórzo*) ● (*lett.*) Rafforzare, fortificare.
affossaménto [av. 1564] s. m. *1* L'affossare, l'affossarsi | ***A. del terreno, di una strada***, avvallamento, fossato, fossa *2* (*fig.*) Definitivo accantonamento: *l'a. di una proposta.*
affossàre [comp. di *a-* (*2*) e *fossa*; sec. XIV] **A** v. tr. (*io affòsso*) *1* †Provvedere di fossi un terreno coltivato: *a. i campi.* *2* †Cingere, munire di fossi: *a. un castello.* *3* Incavare: *il continuo passaggio ha affossato il sentiero.* *4* (*fig.*) Accantonare definitivamente qlco.: *a. una proposta di legge.* SIN. Seppellire. **B** v. intr. pron. ● Incavarsi: *gli si affossano gli occhi per la stanchezza.*
affossàto [av. 1400] part. pass. di *affossare*; anche agg. *1* †Munito, cinto di fossi. *2* Avvallato: *un sentiero a.* *3* (*raro*) Incavato, infossato. *4* (*fig.*) Accantonato.
affossatóre [1797] s. m. *1* (f. *-trice*) Chi scava fosse | Becchino (*anche fig.*). *2* Attrezzo agricolo per scavare fossi.
affossatùra [1773] s. f. *1* L'affossare | Fossa. *2* L'insieme dei fossi di un terreno coltivato. *3* (*fig.*) Incavatura: *le affossature del volto.*
affralìre [comp. di *a-* (*2*) e *frale*; sec. XIV] v. tr. ● (*lett.*) Indebolire.
affrancàbile [1779] agg. ● Che si può affrancare.
affrancaménto [1819] s. m. *1* (*raro*) Liberazione: *a. politico, culturale.* *2* (*raro*) Affrancatura di lettere e sim. *3* Emissione di radici dalla porzione basale del nesto di piante innestate.
affrancàre [comp. di *a-* (*2*) e *franco*; av. 1304] **A** v. tr. (*io affrànco, tu affrànchi*) *1* Rendere libero: *a. un popolo dalla schiavitù* | (*lett., fig.*) Liberare da ciò che opprime. *2* (*dir.*) Liberare, da parte del debitore, un immobile da obbligazioni od oneri a esso inerenti: *a. un fondo dagli usi civici gravanti sullo stesso.* *3* Pagare la tassa per l'invio della corrispondenza e dei pacchi per posta, applicandovi il francobollo: *a. un pacco postale.* *4* (*raro, fig.*) Dare vigore. **B** v. rifl. *1* Rendersi libero (*anche fig.*): *affrancarsi dalla schiavitù, dal bisogno, da una passione.* *2* (*dir.*) Liberarsi, da parte del debitore, da obbligazioni od oneri perpetui: *affrancarsi dai debiti.*
affrancàto [sec. XIV] **A** part. pass. di *affrancare*; anche agg. *1* Reso libero. *2* Munito di affrancatura. **B** s. m. (f. *-a*) ● Schiavo liberato.
affrancatóre [av. 1874] agg.; anche s. m. (f. *-trice*) ● Che (o Chi) affranca.
affrancatrice [da *affrancare*; 1955] s. f. ● Macchina che appone sulla corrispondenza una stampigliatura attestante l'avvenuto pagamento della tassa postale sostitutiva del francobollo.
affrancatùra [1831] s. f. ● Applicazione dei francobolli sulla corrispondenza | (*est.*) L'insieme dei francobolli così applicati | ***A. filatelica***, francobollo o gruppi di francobolli che vengono fatti annullare per fini di collezionismo | ***A. tricolore, pluricolore***, composta da tre o più francobolli di vario colore.
affrancazióne [av. 1763] s. f. *1* Liberazione dalla schiavitù o gener. da una condizione negativa. *2* (*dir.*) Liberazione da obbligazioni, oneri, gravami e sim.: *a. di un fondo dagli usi civici* | ***A. da enfiteusi***, acquisto da parte dell'enfiteuta della proprietà del fondo mediante il pagamento di una somma risultante dalla capitalizzazione del canone annuo. *3* (*raro*) Affrancatura.
affràngere [lat. *affrăngere*, comp. di *ăd* e *frăngere* 'rompere'; 1313 ca.] v. tr. (coniug. come *fràngere*) ● (*raro, lett.*) Fiaccare, spossare: *la natura del monte ci affranse / la possa del salir* (DANTE *Purg.* XXVII, 74-75).
affrànto [av. 1306] part. pass. di *affrangere*; anche agg. ● Esausto, spossato: *e cadde a., rifinito sopra un mucchio di pietre* (MANZONI) | Prostrato dal dolore: *animo a.*
affratellaménto [av. 1865] s. m. *1* Unione in un rapporto fraterno: *auspicare l'a. dei popoli.* *2* (*dir.*) Istituto medievale per la costituzione di società commerciali. *3* (*antrop.*) Fratellanza del sangue (V. *fratellanza* nel sign. 2).
affratellàre [comp. di *a-* (*2*) e *fratello*; 1585] **A** v. tr. (*io affratèllo*) ● Rendere quasi fratelli, fare che più persone si amino come fratelli: *l'amicizia li affratella.* **B** v. rifl. rec. ● Stringersi in fraterna unione | Fraternizzare.
†**affreddàre** [comp. di *a-* (*2*) e *freddare*; 1308] v. tr., intr. e intr. pron. ● Raffreddare.
affrenàre [comp. di *a-* (*2*) e *frenare*; 1313] **A** v. tr. (*io affréno* o *affrèno*) ● (*lett.*) Tenere a freno (*anche fig.*): *e più lo 'ngegno affreno ch'i' non soglio* (DANTE *Inf.* XXVI, 21). **B** v. rifl. ● (*lett.*) Trattenersi | Moderarsi.
affrenellàre [comp. di *a-* (*2*) e *frenello*; 1889] v. tr. (*io affrenèllo*) ● Mettere i frenelli al timone.
affrescàre [da *affresco*; 1905] v. tr. (*io affrésco, tu affréschi*) ● Dipingere con la tecnica dell'affresco.
affreschìsta [1875] s. m. e f. (pl. m. *-i*) ● Pittore che dipinge con la tecnica dell'affresco.
affrésco [comp. di *a* (*2*) e *fresco*; 1809] s. m. (pl. *-schi*) *1* Tecnica di pittura murale eseguita sull'intonaco fresco con colori diluiti in acqua pura | (*est.*) Dipinto eseguito con tale tecnica: *gli affreschi di Giotto ad Assisi.* *2* (*fig.*) Vasta composizione letteraria descrittiva di tutta un'epoca: *i romanzi di Balzac sono un a. della vita francese dell'Ottocento.*
affrettàndo s. m. inv. ● (*mus.*) Accelerando. CONTR. Rallentando.
♦**affrettàre** [comp. di *a-* (*2*) e *fretta*; 1312] **A** v. tr. (*io affrétto*) *1* Rendere più rapido: *a. il passo.* SIN. Accelerare. CONTR. Rallentare. *2* Rendere più sollecito il compimento di qlco.: *a. la partenza, la conclusione di un affare, le nozze.* CONTR. Rimandare. *3* (*mus.*) Accelerando. CONTR. Rallentare. **B** v. rifl. e (*lett., raro*) intr. (aus. *essere*) ● Fare in fretta, rapidamente: *affrettatevi, se volete arrivare in tempo*; *Affretta, affretta, ché il tempo sen viene* (D'ANNUNZIO) | Premurarsi: *si affrettarono a rispondere alla lettera.*
affrettàto [1308] part. pass. di *affrettare*; anche agg. *1* Fatto in fretta, rapidamente: *una colazione affrettata*; SIN. Veloce. *2* Fatto troppo in fretta, con poca cura: *un lavoro a.*; *una decisione affrettata*; SIN. Frettoloso. *3* (*mus.*) Accelerando. || **affrettataménte**, avv.
africàno e *deriv.* ● V. *africano* e *deriv.*
affricàta [f. sost. di *affricato*; 1986] s. f. ● (*ling.*) Consonante affricata.
affricàto [dal lat. *affricāre* 'sfregare contro, stropicciare', comp. di *ăd* e *fricāre* 'fregare'; 1955] agg. ● (*ling.*) Detto di consonante articolata all'inizio come un'occlusiva e alla fine come una fricativa nello stesso luogo di articolazione; ad es. la *ts* di *pizza* è un'affricata sorda dentale.
affricazióne [da *affricato*; av. 1950] s. f. ● (*ling.*) Modo di articolazione di una consonante affricata.
àffrico ● V. *africo.*
†**affriggere** ● V. *affliggere.*
affrittellàre [comp. di *a-* (*2*) e *frittella*; 1539] v. tr. (*io affrittèllo*) ● (*raro*) Cuocere a forma di frittella.
affrontàbile [av. 1786] agg. ● Che si può affrontare.
affrontaménto [sec. XIV] s. m. ● (*raro*) L'affrontare | †Scontro, battaglia.
♦**affrontàre** [lat. parl. **affrontāre*, comp. di *ăd* e *frōns*, genit. *frōntis* 'fronte'; 1321] **A** v. tr. (*io affrónto*) *1* Andare incontro con risolutezza a qlco. di rischioso, di spiacevole, di impegnativo e sim.: *a. la morte, il pericolo, le difficoltà, il disprezzo generale* | ***A. una spesa***, farvi fronte | ***A. una salita, una curva***, prepararsi a superarle. *2* Farsi incontro a qlcu. in modo deciso: *a. il direttore per chiedergli un aumento* | Assalire, fronteggiare con coraggio: *a. un ladro*; *a. il nemico.* *3* Prendere in esame, discutere, trattare: *a. una questione, un problema.* *4* Sistemare due pezzi meccanici in modo da formare un'affrontatura. **B** v. rifl. rec. *1* Scontrarsi: *i due eserciti si affrontarono nei pressi del lago* | Misurarsi: *oggi si affrontano le due squadre migliori.* *2* †Imbattersi, trovarsi di fronte. **C** v. intr. pron. ● (*lett.*) Sentirsi offeso: *dopo che le ho parlato di donazione, s'è affrontata* (GOLDONI).
†**affrontàta** [av. 1348] s. f. ● Scontro.
affrontàto [sec. XIII] part. pass. di *affrontare*; anche agg. *1* Nei sign. del v. *2* (*arald.*) Detto di due figure poste una di fronte all'altra.
affrontatóre [av. 1584] s. m. (f. *-trice*) ● (*raro*) Chi affronta | †Aggressore.
affrontatùra [av. 1539] s. f. ● Sistemazione di due pezzi meccanici in un meccanismo a contatto di testa.
affrónto [da *affrontare*; av. 1566] s. m. *1* Atto o parola che offende, ingiuria: *arrecare, fare un a.*; *ricevere, sopportare, patire un a.*; *dimenticare gli affronti ricevuti.* *2* †Assalto, scontro di armati | †Incontro | †***Al primo a.***, sulle prime.
†**affumàre** [lat. parl. **affumāre*, comp. di *ăd* e *fūmus* 'fumo'; av. 1492] v. tr. *1* Sottoporre all'azione del fumo. *2* (*fig.*) Offuscare.
affumicaménto [av. 1311] s. m. *1* L'affumicare, il venire affumicato | Immissione di fumo in un alveare per stordire le api prima di raccogliere il miele o di altra operazione. *2* (*raro*) Affumicatura.
affumicàre [dal lat. *fumigāre*. V. *fumigare*; sec. XIV] v. tr. (*io affùmico, tu affùmichi*) *1* Riempire di fumo: *a. una stanza* | Annerire col fumo: *a. il camino, il soffitto, una pentola.* *2* Sottoporre alimenti di origine animale all'azione prolungata del fumo, sia come tecnica di conservazione che per conferire loro un sapore caratteristico: *a. carni, pesci.*
affumicàta [av. 1324] s. f. ● Affumicatura non molto lunga.
affumicàto [1336 ca.] part. pass. di *affumicare*; anche agg. *1* Riempito di fumo | Annerito dal fumo | Di prodotto alimentare, sottoposto ad affumicatura: *prosciutto a.* *2* (*est.*) Oscurato, colorato di bruno: *lenti affumicate.*
affumicatóio [1875] s. m. ● Luogo in cui si affumicano carni o altri generi commestibili.
affumicatóre [1819] s. m. *1* (f. *-trice*) L'addetto all'affumicatura delle carni e dei pesci. *2* Attrezzo per gettare fumo negli alveari allo scopo di stordire le api.
affumicatùra [1865] s. f. *1* Procedimento consistente nell'affumicare prodotti alimentari; SIN. Fumigazione. *2* Affumicamento di una tana per costringere un animale ad uscire.
affuṣióne [vc. dotta, lat. tardo *affusiōne(m)*, da *affūndere* 'infondere'; av. 1758] s. f. ● (*raro*) Versamento di un liquido su qlco. | Pratica terapeutica consistente nel versare acqua calda o fredda su una parte del corpo.
affuṣolàre [comp. di *a-* (*2*) e *fusolo*; sec. XIV] v. tr. (*io affùṣolo*) ● Dare forma di fuso, assottigliare delicatamente: *a. una colonna.*
affuṣolàto [1344] part. pass. di *affusolare*; anche agg. *1* A forma di fuso: *l'acciuga ha un corpo a.* | Sottile, ben tornito: *dita, gambe affusolate.* *2* Detto di abito femminile di linea allungata e aderente.
affùsto [ant. fr. *affust*, da *affuster* 'appoggiarsi a un fusto'; av. 1680] s. m. ● Sostegno della bocca da fuoco in un pezzo d'artiglieria. | ***A. a deformazione***, fornito di organi elastici che consentono il rinculo della bocca da fuoco senza che si sposti l'affusto. ➡ ILL. p. 2121 ARCHITETTURA.
afgàni ● V. *afghàni.*
afgàno ● V. *afghàno.*
afghàni o **afgàni** s. m. inv. ● Unità monetaria circolante in Afghanistan.
afghàno o **afgàno** [1818] **A** agg. ● Dell'Afghanistan: *levriere a.* **B** s. m. (f. *-a*) ● Abitante, nativo dell'Afghanistan.
aficionado /sp. afiθjo'naðo, -sjo-/ [sp., 'affezionato'; 1931] s. m. (f. sp. *-a*, pl. m. *-os*, pl. f. *-as*) ● Acceso ammiratore, sostenitore, tifoso di una squadra | (*est.*) Frequentatore assiduo: *è un a. del teatro dell'opera.*
àfide [vc. dotta, lat. scient. *aphis*, genit. *aphidis*, di etim. incerta; 1819] s. m. ● Insetto degli Emitteri, talvolta privo di ali, dannoso parassita dei vegetali. SIN. Gorgoglione, pidocchio delle piante.
afillo [vc. dotta, gr. *áphyllos* 'senza foglie', comp. di *a-* priv. e *-phyllos* '-fillo'; 1809] agg. ● Detto di pianta totalmente priva di foglie o con foglie rudimentali.
†**a fin che** /affiŋ'ke*, af'fiŋke*/ ● V. *affinché.*
a fine ● V. *affine* (*2*).
àfnio o (*raro*) **hàfnio** [da *Hafnia*, nome latinizzato di Copenaghen; 1929] s. m. ● Elemento chimi-

co, metallo che emette facilmente elettroni e i cui sali accompagnano sempre quelli di zirconio dai quali vengono separati con difficoltà. SIMB. Hf. SIN. (*raro*) Celtio.

a fóndo ● V. *affondo*.

afonìa [vc. dotta, gr. *aphōnía*, comp. di *a-* priv. e *-phōnía* '-fonia'; av. 1712] s. f. ● (*med.*) Perdita della voce.

afònico [1889] agg. (pl. m. *-ci*) ● Che concerne l'afonia.

àfono [vc. dotta, gr. *áphōnos*, comp. di *a-* priv. e *-phōnos* '-fono'; av. 1730] **A** agg. **1** (*med.*) Affetto da afonia. **2** (*ling.*) Detto del fenomeno della voce priva di vibrazioni laringee. **B** s. m. (f. *-a*) ● (*med.*) Chi è affetto da afonia.

aforìṣma o **aforìṣmo** [vc. dotta, lat. *aphorĭsmu(m)*, nom. *aphorĭsmus*, dal gr. *aphorismós* 'definizione', da *aphorízō* 'io definisco', da *horízō* 'io determino'; 1321] s. m. (pl. *-i*) ● Breve massima che esprime una norma di vita o una sentenza filosofica: *parlare per aforismi*.

aforista [1986] s. m. e f. (pl. m. *-i*) ● Chi crea aforismi | Chi ama parlare per aforismi.

aforìstico [vc. dotta, gr. *aphoristikós*. V. *aforisma*; 1699] agg. (pl. m. *-ci*) ● Che ha forma di aforisma | (*est.*) Sentenzioso, conciso. || **aforisticaménte**, avv. In modo breve e sentenzioso.

a fortiòri /*lat.* afor'tsjɔri/ [lat., 'a più forte (ragione)', comp. di *ā* 'da' e *fortiōri*, abl. di *fŏrtior*, compar. di *fŏrtis* 'forte'; av. 1584] **A** loc. agg. ● Nella logica, detto di argomentazione che convalida una proposizione in base al fatto che abbia ragioni ancor più numerose e valide di altra già tenuta per valida. **B** loc. avv. ● Tanto più, a maggior ragione.

afoṣità [1895] s. f. ● Caratteristica di ciò che è afoso.

afóṣo [da *afa*; av. 1865] agg. ● Pieno di afa, soffocante per l'afa: *aria, giornata afosa*.

afrézza [da †*afro* (*1*); av. 1320] s. f. ● (*lett.*) Sapore aspro.

africander /*ingl.* ˌæfɹɪ'kʰændəɹ/ o **afrikander** o **afrikaner** [ingl., 'sudafricano di origine europea, boero', dall'ol. *Afrikaner* 'africano', alterato sul modello dell'ol. *Hollander* 'olandese', *Englander* 'inglese', ecc.; 1892] s. m. e f. inv. ● Nativo del Sud Africa e delle regioni adiacenti discendente da genitori europei, spec. olandesi.

africanìṣmo [1865] s. m. **1** Espansionismo coloniale in Africa. **2** Attività volta all'affrancamento politico, economico, culturale delle popolazioni africane. **3** Vocabolo o locuzione africani presenti in autori latini dell'età imperiale.

africanista [1935] s. m. e f. (pl. m. *-i*) **1** Studioso di africanistica. **2** Fautore dell'espansionismo coloniale in Africa.

africanìstica [1941] s. f. ● Disciplina che ha per oggetto lo studio delle lingue e delle culture africane.

africanìstico [1983] agg. (pl. m. *-ci*) ● Relativo all'africanistica.

africàno o (*raro, lett.*) **affricàno** [vc. dotta, lat. *africānu(m)*, da *Āfrica*, da *Āfri*, nome degli abitanti della Libia; 1336 ca.] **A** agg. ● Dell'Africa: *fiumi africani*. **B** s. m. **1** (f. *-a*) Abitante, nativo dell'Africa. **2** Pasticcino di pasta margherita solitamente coperto di cioccolato | (*est.*) Ogni dolce o torta con copertura di cioccolata.

àfrico o **affrico** [dal lat. *afrĭcu(m)*; sec. XIII] **A** agg. (pl. m. *-ci*) ● (*lett.*) Dell'Africa. **B** s. m. ● (*lett.*) Libeccio | Correntemente, vento caldo.

afrikaans /afri'kans, *afrikaans* ?afri'kɑ:ns/ [ol., propr. 'africano'; 1930] s. m. inv. ● Lingua dei boeri del Sud Africa.

afrikander /*ingl.* ˌæfɹɪ'kʰændəɹ/ ● V. *africander*.

afrikaner /*ingl.* ˌæfɹɪ'kʰɑ:nəɹ/ ● V. *africander*.

†àfro (**1**) [etim. discussa: o lat. *āfru(m)* 'africano' o germ. **aifrs* 'terribile'; 1300 ca.] agg. ● (*lett.*) Che ha sapore aspro, acre: *spicco la susina afra dal prugno* (D'ANNUNZIO). || **afrétto**, dim.

àfro (**2**) [vc. dotta, lat. *Āfru(m)*, dal n. del popolo che abitava l'Africa sett.; 1533] **A** agg. (inv. nel sign. 2) **1** (*lett.*) Africano. **2** Accorc. di *afroamericano*. **B** s. f. inv. ● Genere musicale dell'ultimo decennio del XX secolo, caratterizzato da un ritmo molto cadenzato e dall'impiego di strumenti a percussione.

àfro- primo elemento ● In parole composte fa riferimento all'Africa o agli Africani: *afroamericano, afroasiatico, afrocubano*.

afroamericàno [comp. di *afro-* e *americano*; 1936] agg.; anche s. m. ● (f. *-a*) Che (o Chi) appartiene alla popolazione americana di origine africana.

afroaṣiàtico [comp. di *afro-* e *asiatico*; 1961] **A** agg. (pl. m. *-ci*) ● Che concerne l'Africa e l'Asia: *problemi politici afroasiatici*. **B** s. m. (f. *-a*) ● (*spec. al pl.*) Abitante dell'Africa e dell'Asia.

afrocubàno [comp. di *afro-* e *cubano*; 1965] agg.; anche s. m. ● (f. *-a*) Che (o Chi) appartiene alla popolazione cubana di origine africana.

afrodiṣìaco [lat. *aphrodisĭacu(m)*, nom. *aphrodisĭacus* 'di Afrodite', dal gr. *aphrodisiakós*, da *Aphrodítē* 'Venere'; 1752] **A** agg. (pl. m. *-ci*) ● Di sostanza che favorisce lo stimolo sessuale. **B** anche s. m.: *la cantaridina è un a.*

afròmetro [comp. del gr. *aphrós* 'schiuma' (di orig. indeur.?) e *-metro*; 1955] s. m. ● Apparecchio per misurare la pressione nei vini spumanti.

afróre [da *afro* (*1*); 1863] s. m. ● Odore sgradevole che emana dall'uva in fermentazione, dal sudore e altro.

†afróṣo [1940] agg. ● Afroso.

afroṣità [dal gr. *aphrós* 'schiuma'. V. *afrometro*; 1970] s. f. ● (*enol.*) Proprietà del vino di produrre schiuma.

†afróṣo [da *afrore*; 1940] agg. ● Che ha odore acre.

àfta [vc. dotta, lat. tardo *ăphta(m)*, nom. *ăphta*, dal gr. *áphtha* 'pustola', di etim. incerta; 1574] s. f. **1** (*med.*) Infezione ulcerativa della mucosa del cavo orale. **2** (*zool.*) Processo ulceroso, necrotico e circoscritto, che si forma spec. sulla mucosa orale | *A. epizootica*, malattia infettiva, contagiosa, virale di bovini, suini, ovini; è caratterizzata da febbre e da afte sulla mucosa orale, sul derma, tra le unghie e sulle mammelle.

after hours /*ingl.* 'æftəɹ 'aʊəɹz/ [loc. ingl., propr. 'dopo, fuori (*after*) ora (*hours*)'; 1989] loc. sost. m. inv.; anche loc. agg. inv. ● Detto di locale che apre a notte inoltrata e non chiude prima dell'alba.

aftershave /after'ʃeiv, *ingl.* 'æftəɹˌʃeɪv/ [vc. ingl., 'dopo' (*after*) 'rasatura' (*shave*); 1959] s. m. inv. ● Dopobarba.

aftóso [1829] agg. ● Relativo ad afta: *affezione aftosa* | Provocato dall'afta: *ulcera aftosa* | Affetto da afta: *animale a.*

agà ● V. *aghà*.

agalassìa o **agalattìa** [vc. dotta, gr. *agalaxía*, comp. di *a* priv. e *gála*, genit. *gálaktos* 'latte'; 1829] s. f. ● (*med.*) Mancanza di secrezione lattea nel momento dell'allattamento.

àgami /'agami, aga'mi*/ [sp. *agami*, da una vc. dei Caraibi della Guiana; 1819] s. m. inv. ● Uccello dei Gruiformi dalle dimensioni di un fagiano, con piumaggio nero-dorato sul petto e argenteo sulle ali (*Psophia crepitans*). SIN. Trombettiere.

agamìa [vc. dotta, gr. *agamía*, comp. di *a* priv. e *gámos* 'nozze'; 1925] s. f. **1** (*biol.*) Tipo di riproduzione asessuata frequente negli animali inferiori e nei vegetali, che avviene per divisione diretta o per frammentazione. **2** (*antrop.*) Confusione dei sessi e mancanza dell'istituzione sociale del matrimonio.

agàmico o **àgamo** [1949] agg. (pl. m. *-ci*) ● (*biol.*) Detto di riproduzione che avviene per agamia. SIN. Asessuato. || **agamicaménte**, avv. Per agamia: *riprodursi agamicamente*.

agapànto [comp. del gr. *agápē* 'amore' (V. *agape*) e *ánthos* 'fiore' (V. *antologia*); detto così perché il suo colore azzurro era interpretato come simbolo dell'amore; 1819] s. m. ● Pianta erbacea ornamentale perenne delle Liliacee con foglie radicali, nastriformi e fiori azzurri riuniti in una grande ombrella (*Agapanthus umbrellatus*).

àgape o **agàpe** [vc. dotta, lat. *ăgape(m)*, nom. *ăgape*, dal gr. *agápē* 'amore', di etim. incerta; av. 1657] s. f. **1** Banchetto collettivo e fraterno degli antichi cristiani. **2** (*est., lett.*) Convito di amici.

àgar-àgar o **àgar** [vc. malese; 1875] s. m. inv. ● Sostanza gelatinosa estratta da alghe marine delle Rodoficee, posta in commercio sotto forma di polvere biancastra e utilizzata nell'industria alimentare, nell'industria farmaceutica e per approntare terreni di coltura per microrganismi e batteri.

Agaricàcee [da *agarico*; 1955] s. f. pl. (sing. *-a*) ● Nella tassonomia vegetale, famiglia di Funghi dei Basidiomiceti caratterizzati da un corpo fruttifero costituito da una parte basale sterile e da una parte superiore che porta inferiormente lamelle rivestite dall'imenio (*Agaricaceae*).

agàrico [vc. dotta, lat. *agărĭcu(m)*, dal gr. *agarikón*, dal popolo degli *Agari*; sec. XIV] s. m. (pl. *-ci*) ● Genere di Funghi delle Agaricacee, con varie specie commestibili e velenose (*Agaricus*) | *A. moscario*, ovolaccio. ➡ ILL. **fungo**.

àgata [lat. *achāte(m)*, nom. *achātes*, dal gr. *achátēs*, di etim. incerta; av. 1327] s. f. ● (*miner.*) Varietà di calcedonio in concrezioni mammellonari con struttura zonata a strati concentrici variamente colorati.

àgave [dal gr. *agauós* 'meraviglioso'; 1819] s. f. ● Genere di piante rizomatose delle Amarillidacee, caratterizzate da fusto breve, foglie a rosetta grandi e persistenti, con apice munito di una grossa spina, fiore riunito in pannocchia portato da uno scapo molto alto, importanti per le fibre tessili che forniscono (*Agave*): *a. americana, sisalana*. ➡ ILL. **piante**/11.

agaẓẓìno (o **-zz-**) [etim. incerta; sec. XV] s. m. ● Frutice spinoso delle Rosacee, con rami divaricati, fiori bianchi in corimbi e piccoli frutti di color rosso scarlatto (*Pyracantha coccinea*).

agèmina [ar. *á'ğamī* 'persiano'; av. 1537] s. f. ● Tecnica decorativa consistente nell'incastrare piccole parti di uno o più metalli di vario colore in sedi appositamente scavate su un oggetto di metallo diverso, per ottenere un effetto policromo.

ageminàre [av. 1939] v. tr. (*io agèmino*) ● Decorare ad agemina.

ageminatóre [1961] s. m. (f. *-trice*) ● Chi agemina.

ageminatùra [1955] s. f. ● Lavorazione ad agemina.

agènda [lat., 'cose da farsi', gerundivo nt. pl. di *ăgere* 'fare'; 1811] s. f. **1** Taccuino o libro con calendario, su cui segnare giorno per giorno appuntamenti, impegni e altri appunti: *a. tascabile, da tavolo* | ***A. elettronica***, programma che riproduce su computer le funzioni di un'agenda; computer palmare. **2** Lista di argomenti da discutere in una riunione. || **agendina**, dim.

♦agènte [vc. dotta, lat. *agĕnte(m)*, part. pres. di *ăgere* 'fare'; 1308] **A** part. pres. di *agire*; anche agg. ● (*raro*) Che agisce. **B** s. m. (anche f. nei sign. 1 e 2) **1** Chi (o ciò che) agisce, compie un'azione | (*ling.*) ***Complemento di a.***, indica l'essere animato da cui è compiuta l'azione espressa con verbo passivo. **2** Chi è incaricato di svolgere dati servizi o funzioni per conto o rappresentanza di altri | ***A. marittimo***, in un porto, rappresentante di un armatore o di una società di navigazione | ***A. di cambio***, un tempo, mediatore autorizzato alla negoziazione in borsa di valori mobiliari per conto terzi | ***A. diplomatico***, funzionario che uno Stato invia nel territorio di un altro allo scopo di intrattenere relazioni internazionali con lo stesso | ***A. di commercio***, chi assume stabilmente l'incarico di promuovere la conclusione di contratti in una zona determinata, per conto del proponente | ***A. di vendita***, collaboratore esterno di un'azienda a cui è affidato il mandato di realizzare vendite per conto dell'azienda | ***A. teatrale***, chi procura contratti per una compagnia, per attori o per cantanti | ***A. di polizia***, poliziotto; nel nuovo ordinamento della polizia di Stato italiana, qualifica corrispondente a quella soppressa di guardia di Pubblica Sicurezza; la persona che ha tale qualifica | ***A. sociosanitario***, barelliere | ***A. penitenziario, di custodia***, guardia carceraria | ***A. segreto***, di spionaggio | ***A. provocatore***, chi, fingendo di essere d'accordo con altre persone, ne provoca un'azione delittuosa per farle cadere nelle mani della polizia. **3** Sostanza che provoca una reazione o che ne modifica l'andamento: *a. chimico* | ***Agenti atmosferici, agenti esogeni***, il vento, la pioggia, la neve e sim., in quanto provocano modificazioni sulla superficie terrestre | ***Agenti endogeni***, i terremoti e le eruzioni vulcaniche | (*med.*) ***A. patogeno***, sostanza o microrganismo che è causa di malattia | ***Agenti fisici***, fenomeni fisici (come la luce, la pressione, la temperatura ecc.) che producono modificazioni.

†agenzàre [provz. *agensar*, da *gen* 'gentile'; sec. XIII] **A** v. tr. ● (*lett.*) Adornare, abbellire. **B** v. intr. ● (*lett.*) Piacere, far piacere, essere gradito.

agenzìa [da *agente*; per calco sull'ingl. *agency* nel sign. 4; 1857] s. f. **1** Impresa intermediaria d'affari | ***A. immobiliare***, che si occupa della compravendita e dell'affitto di case, locali, terreni | ***A. di distribuzione***, impresa specializzata che cura la diffusione capillare fra tutti i rivenditori di libri, giornali e sim. | (*est.*) Incarico dell'agente | ***Contratto di a.***, con cui una parte si assume l'incarico di promuovere affari in una zona determinata dietro pagamento di una provvigione. *2* Impresa che fornisce a terzi determinati servizi | ***A. pubblicitaria***, organizzazione che fornisce servizi di pubblicità, marketing, pubbliche relazioni alle aziende | ***A. di informazioni***, ***a. di stampa*** o (*ellitt.*) ***agenzia***, organizzazione che fornisce a giornali, a privati, a enti pubblici, per lo più in abbonamento, notizie di carattere politico, commerciale e sim. | ***Notizia d'agenzia*** o (*ellitt.*) ***agenzia***, nel linguaggio giornalistico, il comunicato di una agenzia di informazione | ***A. d'investigazione***, che svolge indagini per conto terzi | ***A. di viaggi***, che fornisce vari servizi relativi a viaggi e vacanze. *3* Ufficio staccato, succursale di una sede centrale: *istituto bancario con numerose agenzie.* *4* (*sociol.*) Ente o istituzione con scopi spec. di carattere sociale, pedagogico e sim.: *a. per la protezione dell'ambiente*; *a. per lo sviluppo*; *a. di socializzazione.*

agèrato [vc. dotta, lat. *agĕrato(n)*, dall'agg. gr. *agḗratos* 'che non invecchia', perché erba perenne, comp. di *a-* (*1*) e *gêras* 'vecchiaia'; 1499] **s. m.** ● Pianta erbacea delle Composite con piccoli fiori azzurri addensati all'apice dei rami (*Ageratum houstonianum*).

ageuṣia [comp. di *a-* (*1*) e del gr. *geûsis* 'gusto', di orig. indeur.; 1829] **s. f.** ● (*med.*) Perdita della capacità di sentire i sapori.

agevolàbile [1987] **agg.** ● Che può essere agevolato.

agevolaménto [1342] **s. m.** ● (*raro*) Agevolazione.

agevolàre [da *agevole*; sec. XIII] **v. tr.** (*io agévolo*) *1* Rendere agevole, facilitare: *a. il compito di qlcu.* CONTR. Ostacolare. *2* (*raro, lett.*) Alleviare: *Questo vi agevolerà la noia* (BOCCACCIO). *3* Aiutare, favorire: *a. un acquirente nelle modalità di pagamento.*

agevolàto [1831] **part. pass.** di *agevolare*; anche **agg.** ● Nei sign. del v. | (*econ.*) ***Mutuo, finanziamento a.***, prestito concesso a un tasso di interesse inferiore a quello di mercato.

agevolazióne [1355] **s. f.** *1* L'agevolare, il venire agevolato: *l'a. nel disbrigo di una pratica.* *2* Facilitazione, trattamento vantaggioso: *ottenere un'a. di pagamento*; *fare, concedere, ricevere delle agevolazioni.* SIN. Facilitazione.

agévole [lat. mediev. *agibile(m)*, da *ăgere* 'fare'; av. 1292] **A agg.** *1* Che non presenta difficoltà, comodo, facile: *pendio, strada, discesa a.*; *rendere a. il passaggio*; *impresa a. da compiere.* *2* (*lett.*) Dolce, lieve: *Tu dormi, che t'accolse agevol sonno* (LEOPARDI) | (*lett.*) Agile. *3* (*tosc.*) Mansueto, docile, trattabile: *animale, persona a.* || **agevolménte**, **avv.** Facilmente. **B avv.** ● †Agevolmente, facilmente: *poi la gran torre mia, ch'agevol move, / trascorra alquanto, e porti guerra altrove* (TASSO).

agevolézza [av. 1306] **s. f.** *1* Caratteristica di ciò che è agevole | (*lett.*) Agevolazione, facilitazione. *2* (*raro, lett.*) Scorrevolezza, scioltezza nel parlare.

aggallàre [comp. di *a-* (*2*) e galla; av. 1930] **v. intr.** (aus. *essere*) ● (*raro*) Venire a galla (*lett.* anche *fig.*): *desideri lontani e spersi, che aggallano fatui* (GADDA). SIN. Assommare.

aggallàto [1852] **A part. pass.** di *aggallare*; anche **agg.** ● Nel sign. del v. **B s. m.** *1* Strato erboso che galleggia su laghi e sim. *2* (*raro, tosc.*) Terreno cedevole e paludoso.

agganciaménto [1925] **s. m.** *1* L'agganciare: *l'a. di un vagone alla motrice* | (*fig.*) Collegamento. *2* Dispositivo per l'unione temporanea di due veicoli, o di un veicolo alla macchina traente. SIN. Aggancio, attacco. *3* (*mil.*) ***Manovra di a.***, consistente in una presa di contatto con il nemico allo scopo di costringerlo al combattimento.

agganciàre [comp. di *a-* (*2*) e *gancio*; 1863] **v. tr.** (*io aggàncio*) *1* Prendere, fermare o collegare con gancio o agganci: *a. il carico alla gru*; *a. vetture, carri ferroviari* | (*fig.*) Collegare: *a. le pensioni al costo della vita* | (*mil.*) ***A. il nemico***, compiere una manovra di agganciamento. *2* Nel calcio, entrare in possesso del pallone a mezz'altezza, al volo: *a. la palla* | ***A. un avversario***, sgambettarlo. *3* (*fig., fam.*) Trattenere, fermare qlcu. per parlargli: *a. una ragazza* | Entrare in contatto con qlcu.: *a. un cliente.*

agganciatóre [1955] **s. m.** (f. *-trice*) ● Operaio dell'industria siderurgica che aggancia e sgancia i profilati caldi dalle gru.

aggàncio [1925] **s. m.** *1* (*raro*) Agganciamento | Insieme di ganci. *2* Complesso degli organi per collegare due veicoli contigui | ***A. semplice***, a mano | ***A. automatico***, per accostamento dei veicoli stessi. *3* (*fig.*) Rapporto, nesso, collegamento: *non ci sono agganci con la realtà* | Contatto, relazione, spec. con persone influenti: *abbiamo agganci al ministero.* *4* (*sport*) Nel calcio, l'azione dell'agganciare il pallone.

agganghieràre [comp. di *a-* (*2*) e *ganghero*; av. 1742] **A v. tr.** (*io aggànghero*) ● (*raro*) Fermare, allacciare con gangheri. **B v. rifl.** ● (*raro*) Tenersi unito (*anche fig.*).

aggarbàre [comp. di *a-* (*2*) e *garbo*; av. 1597] **A v. tr.** ● (*mar.*) Disegnare la sagoma delle parti costituenti le linee esterne e interne di uno scafo. **B v. intr.** ● †Garbare.

aggattonàre [comp. di *a-* (*2*) e *gattonare*; 1861] **v. tr.** (*io aggattóno*) ● (*raro*) Avvicinare lentamente e di nascosto la selvaggina, col corpo quasi per terra, come fanno i gatti.

†aggavignàre [comp. di *a-* (*2*) e *†gavignare*; av. 1342] **A v. tr.** ● Avvinghiare, agguantare. **B v. rifl. rec.** ● Avvinghiarsi.

†aggecchirsi [comp. di *a-* (*2*) e *†gecchire*; av. 1348] **v. rifl.** ● Avvilirsi, umiliarsi.

aggeggiàre [av. 1348] **A v. tr.** (*io aggéggio*) ● (*tosc., fam.*) Accomodare alla meglio. **B v. intr.** (aus. *avere*) ● Gingillarsi, perdere tempo in cose futili.

aggéggio [forse ant. fr. *agiets* 'ninnoli', dal lat. *adiĕctu(m)* 'cosa messa sopra, aggiunta'; 1875] **s. m.** ● Oggetto di poco conto | (*est.*) Oggetto di cui non si conosce il nome o l'uso: *cos'è questo a.?*; *aveva in mano uno strano a.* || **aggeggino**, **dim.** | **aggeggióne**, **accr.**

†aggelàre [comp. di *a-* (*2*) e *gelare*; 1308] **A v. tr.** (*io aggèlo*) ● (*lett.*) Raffreddare, agghiacciare. **B v. intr. e intr. pron.** (aus. *essere*) ● (*lett.*) Raggelarsi, rapprendersi: *quindi Cocito tutto s'aggelava* (DANTE *Inf.* XXXIV, 52).

aggeminazióne [1987] **s. f.** ● (*ling.*) Geminazione.

†aggentilire [comp. di *a-* (*2*) e *gentile*; sec. XIV] **v. tr. e intr. pron.** ● Ingentilire.

†àggere [vc. dotta, lat. *ăggere(m)*, da *aggĕrere* 'accumulare'. V. *argine*; av. 1292] **s. m.** ● Rialto | Terrapieno.

aggettànte [1974] **part. pres.** di *aggettare*; anche **agg.** ● Che sporge.

aggettàre [da *aggetto*; 1681] **v. intr.** (*io aggètto*; aus. *essere*) ● Sporgere, fare aggetto, detto di parti architettoniche: *il balcone aggetta sulla facciata.*

aggettivàle [1925] **agg.** ● Di aggettivo: *funzione a. di un sostantivo.*

aggettivàre [1830] **v. tr.** *1* Rendere aggettivo, usare in funzione di aggettivo: *a. un avverbio.* *2* (*assol.*) Usare aggettivi in un discorso, brano, frase e sim.

aggettivazióne [1865] **s. f.** ● L'aggettivare | Uso di aggettivi: *un particolare tipo di a.*

♦aggettivo o **†addiettivo** o **†adiettivo** [vc. dotta, lat. tardo *adiectīvu(m)*, da *adĭcere* 'aggiungere'. V. *aggetto*; av. 1364] **s. m.** *1* Parte variabile del discorso che si aggiunge ad un sostantivo per qualificarlo e specificarlo: *aggettivi qualificativi, dimostrativi, possessivi, indefiniti.* *2* (*est.*) Attributo, epiteto: *qualificare qlcu. di aggettivi poco simpatici.* || **aggettivaménte**, **avv.** A modo di aggettivo.

aggètto [lat. *adiĕctu(m)*, part. pass. di *adĭcere* 'aggiungere', comp. di *ăd* e *iăcere* 'gettare'; av. 1452] **s. m.** *1* Elemento architettonico sporgente dal corpo della costruzione, come cornice, balcone, mensola e sim. | ***Fare a.***, sporgere. *2* In alpinismo, sporgenza rocciosa lungo una parete.

†agghermigliàre [comp. di *a-* (*2*) e *ghermire*; av. 1395] **v. tr.** ● Pigliare e tenere con forza, ghermire.

agghiacciaménto [1680] **s. m.** ● L'agghiacciare, l'agghiacciarsi | Congelamento.

agghiacciànte [1886] **part. pres.** di *agghiacciare*; anche **agg.** ● (*fig.*) Che fa inorridire, che causa grande spavento: *un urlo, una scena a.*

agghiacciàre o (*tosc.*) **addiacciàre** (*1*) [comp. di *a-* (*2*) e *ghiaccio*; 1294] **A v. tr.** (*io agghiàccio*) *1* Ridurre in ghiaccio, congelare: *a. l'acqua.* *2* (*fig.*) Raggelare per lo spavento, far inorridire: *un grido ci agghiacciò*; *quei lunghi gemiti gli agghiacciarono il sangue.* **B v. intr. e intr. pron.** (aus. *essere*) *1* (*raro*) Divenire ghiaccio, congelarsi. *2* (*est.*) Sentire molto freddo, gelarsi. *3* (*fig.*) Sentirsi gelare per lo spavento, cadere in preda all'orrore.

†agghiàccio (*1*) ● V. *addiaccio.*

agghiàccio (*2*) o **†aggiàccio** [biz. *oiákion*, dim. di *óiax*, genit. *óiakos* 'manico del timone', di etim. incerta; 1861] **s. m.** ● (*mar.*; *disus.*) Complesso di organi collegato ai frenelli per trasmettere al timone i movimenti voluti.

†agghiadàre [comp. di *a-* (*2*) e *ghiado* (*1*) e (*2*); av. 1337] **A v. tr.** *1* Trafiggere con un'arma. *2* Agghiacciare, rendere di ghiaccio. **B v. intr. e intr. pron.** (aus. *essere*) *1* Agghiacciarsi | Raffreddarsi, rapprendersi, spec. di metalli allo stato di fusione. *2* (*fig.*) Spaventarsi, inorridire.

agghiaiàre [comp. di *a-* (*2*) e *ghiaia*; 1875] **v. tr.** (*io agghiàio*) ● Ricoprire di ghiaia: *a. strade, piazze.*

agghindaménto [1952] **s. m.** ● (*raro*) L'agghindare, l'agghindarsi | Abbigliamento ricercato.

agghindàre [comp. di *a-* (*2*) e *ghindare*; 1865] **A v. tr.** ● Vestire, ornare con particolare cura e ricercatezza: *a. una fanciulla.* **B v. rifl.** ● Abbigliarsi, ornarsi con eleganza talvolta leziosa: *perde molto tempo ad agghindarsi.*

agghindàto [av. 1890] **part. pass.** di *agghindare*; anche **agg.** ● Abbigliato con ricercatezza talvolta eccessiva | (*est., raro*) Abbellito.

aggiaccàre [lat. **iacicāre*, da *iacēre* 'giacere'; av. 1907] **A v. tr.** (*io aggiàcco, tu aggiàcchi*) ● (*lett., raro*) Abbattere, piegare verso terra. **B v. rifl.** ● (*lett., raro*) Stendersi a terra (*anche fig.*).

†aggiàccio ● V. *agghiaccio* (*2*).

-àggine [originariamente in nomi di piante, come nel corrispondente suff. lat. *-āgine(m)*, esteso poi a qualità astratte, espresso propr. dal parallelo suff. *-īgine(m)*] **suff.** derivativo ● Forma sostantivi astratti indicanti condizione, qualità negativa e sim. tratti da aggettivi, nomi e verbi: *balordaggine, cascaggine, fanciullaggine, testardaggine, tetraggine.*

àggio (*1*) [etim. incerta; av. 1530] **s. m.** *1* Compenso spettante a chi è incaricato di riscossioni. *2* Maggior valore, rispetto a quello legale o nominale, ottenuto nel cambio di moneta | ***Fare a.***, (*fig.*) essere superiore, essere più considerato: *la possibilità di un successo fece a. sulla prudenza.*

†àggio (*2*) [fr. *âge* 'età'; av. 1348] **s. m.** ● (*raro*) Età | Anno, tempo.

-àggio [originariamente adattamento del suff. fr. *-age*, dal lat. *-ātĭcu(m)*] **suff.** derivativo ● Forma sostantivi tratti da nomi e verbi: *abbordaggio, canottaggio, imballaggio, linciaggio, lignaggio, spionaggio, vagabondaggio.*

aggiogaménto [1879] **s. m.** ● (*raro*) L'aggiogare | (*fig.*) Soggiogamento.

aggiogàre [lat. tardo *adiugāre*, comp. di *ăd* e *iŭgum* 'giogo'; sec. XIV] **v. tr.** (*io aggiógo* (o *-ògo*), *tu aggióghi* (o *-ò-*)) *1* Mettere sotto il giogo: *a. i buoi.* *2* (*fig.*) Soggiogare, asservire.

aggiornaménto [fr. *ajournement*, da *ajourner* 'aggiornare' (*2*); 1778] **s. m.** *1* Dilazione, rinvio: *l'a. della seduta.* *2* Revisione, completamento di un'opera, di una pratica, di un archivio e sim. in base alle conoscenze più recenti: *l'a. di un'enciclopedia* | Modifica, aggiunta: *inserire gli ultimi aggiornamenti.* *3* Riqualificazione culturale o professionale per rispondere alle nuove esigenze: *corso, seminario di a.*

aggiornàre (*1*) [comp. di *a-* (*2*) e *giorno*; av. 1374] **A v. intr. e intr. pron. impers.** (*aggiórna*; aus. *essere*) ● (*lett.*) Farsi giorno, albeggiare: *cavalca e quando annotta e quando aggiorna* (ARIOSTO); *e parte prima che aggiorni* (D'ANNUNZIO); *ma dentro dove già mai non s'aggiorna* (PETRARCA). **B v. tr.** (*io aggiórno*) ● (*poet.*) Rischiarare a giorno.

aggiornàre (*2*) [fr. *ajourner*, da *jour* 'giorno'; 1677] **A v. tr.** (*io aggiórno*) *1* Rimandare ad altra data: *a. una discussione, una seduta, una causa.* SIN. Differire, rinviare. *2* Informare, mettere al corrente: *aggiornami sugli ultimi avvenimenti* | Rinnovare, mettere in pari: *a. le proprie conoscenze* | Adeguare, ritoccare: *a. i prezzi, le tariffe.* *3* Rivedere, rielaborare un'opera, un catalogo, un archivio e sim. in modo da renderli adeguati alle esigenze attuali: *a. un trattato, un manuale*; *a. un registro, una bibliografia*; *la nuova edizione è stata aggiornata fino al 1996.* **4** †Assegnare il giorno, la data. **B** v. rifl. ● Mettersi, tenersi al corrente, spec. per quanto riguarda la propria preparazione culturale e professionale: *aggiornarsi su testi stranieri.*

aggiornàto [1937] part. pass. di *aggiornare* (2); anche agg. **1** Rivisto in base alle conoscenze più recenti: *l'edizione aggiornata di un testo.* **2** Informato: *tienimi a. sugli sviluppi della situazione* | Al corrente delle novità sul piano culturale, professionale e sim.: *tenersi a.*; *un fiscalista a.*

aggiornatóre [av. 1638] s. m. (f. *-trice*) ● Chi ha funzione di docente in corsi di aggiornamento.

aggiotàggio [fr. *agiotage*, dall'it. *aggio* (1); 1765] s. m. ● (*dir.*) Reato di chi divulga notizie false, esagerate o tendenziose atte a cagionare un aumento o una diminuzione dei prezzi, al fine di turbare il mercato interno dei valori o delle merci per trarne vantaggio.

aggiraménto [av. 1406] s. m. **1** L'aggirare | (*mil.*) Manovra con la quale si impegna lo schieramento nemico sui fianchi o alle spalle. **2** (*fig., lett.*) Tergiversazione: *Senza altri preamboli e senza aggiramenti* (LEOPARDI). **3** (*lett., raro*) Giramento.

aggiràre [comp. di *a-* (2) e *giro*; 1313] **A** v. tr. **1** Girare intorno a qlcu. o a qlco.: *a. le mura di un parco* | Circondare: *a. le posizioni del nemico* | (*fig.*) *A.* ***l'ostacolo, il problema, la difficoltà***, tentarne il superamento o la soluzione senza affrontarli direttamente. **2** (*fig., lett.*) Raggirare, ingannare: *Molti uomini … facilmente si lasciano a. con le parole* (GUICCIARDINI). **B** v. intr. pron. **1** Muoversi, andare attorno (*anche fig.*): *aggirarsi per le strade, per la casa, per le stanze*; *si aggirava qua e là senza pace*; *La conversazione non si aggirava sempre sopra questi … argomenti* (NIEVO). **2** Approssimarsi, ammontare all'incirca, detto di entità numerica: *la spesa si aggira sui cinquecento euro.*

†**aggiràta** [1308] s. f. ● Giro: *Non sanza prima far grande a. / venimmo* (DANTE *Inf.* VIII, 79-80).

aggiratóre [1554] s. m. (f. *-trice*) ● (*lett.*) Impostore.

aggiudicàre [vc. dotta, lat. *adiudicāre* 'assegnare come giudice', comp. di *ăd* e *iudex*, genit. *iudicis* 'giudice'; av. 1363] v. tr. (*io aggiùdico, tu aggiùdichi*) **1** Assegnare qlco. a qlcu. in seguito a una sentenza, un'asta pubblica, un concorso e sim.: *a. un appalto*; *hanno aggiudicato il mobile al miglior offerente.* **2** (con la particella pron.) ***Aggiudicarsi***, conseguire, ottenere, spec. in una competizione: *aggiudicarsi la vittoria, il primo posto*; *s'è aggiudicato sei tappe su dieci.*

aggiudicatàrio [1815] s. m. (f. *-a*) ● Colui al quale viene fatta un'aggiudicazione.

aggiudicatìvo [1865] agg. ● Che serve ad aggiudicare: *decreto a.*; *provvedimento a.*

aggiudicàto [1970] part. pass. di *aggiudicare*; anche agg. **1** Nei sign. del v. **2** ***A.!***, formula con cui, nelle aste pubbliche, si assegna al miglior offerente l'oggetto messo all'asta.

aggiudicazióne [vc. dotta, lat. tardo *adiudicatiōne(m)*, da *adiudicāre*. V. *aggiudicare*; sec. XIII] s. f. ● L'aggiudicare.

†**aggiùgnere** e *deriv.* ● V. *aggiungere* e *deriv.*

♦**aggiùngere** o †**aggiùgnere** [lat. *adiŭngere*, comp. di *ăd* e *iŭngere* 'congiungere'; av. 1294] **A** v. tr. (coniug. come *giungere*) **1** Mettere in più, unire qlco. ad altro: *a. acqua al vino*; *a. un'osservazione a un discorso* | Accrescere: *a. pregi.* CONTR. Togliere. **2** Soggiungere, nel discorso: *aggiunse di non avere appetito*; *aggiunse che era molto impegnato*; *E io li aggiunsi: 'E morte di tua schiatta'* (DANTE *Inf.* XXVIII, 109) | Considerare in aggiunta a quanto già detto: *si aggiunga che le popolazioni erano in preda a una carestia.* **3** (*lett.*) Raggiungere: *Ogni confine / … peregrinando aggiunge* (LEOPARDI). **B** v. intr. (aus. *essere*) ● (*raro, lett.*) Arrivare, giungere, pervenire. **C** v. rifl. ● Congiungersi, unirsi | Mettersi insieme. **D** v. intr. pron. ● Sommarsi, far seguito: *a questa notizia se ne aggiungevano altre.*

aggiùnta [lat. *adiŭncta* 'cose aggiunte', part. pass. nt. pl. di *adiŭngere* 'aggiungere'; 1309] **A** s. f. ● L'aggiungere | Ciò che si aggiunge, giunta: *un'a. necessaria, inutile*; *fare, mettere un'a.* | ***In, per a.***, in più, ancora. **B** nella loc. prep. ***in aggiunta a***, oltre a: *gratifica in a. allo stipendio base.* || **aggiuntina**, dim.

aggiuntàre [da *aggiunto*; 1306] v. tr. **1** Attaccare insieme | Nella lavorazione delle calzature, cucire insieme i diversi pezzi della tomaia. **2** †Aggiungere.

aggiuntatóre [1509] s. m. (f. *-trice*, disus. *-tora*) **1** Chi cuce a macchina tomaie per scarpe. **2** (*fig.*) †Giuntatore, truffatore.

aggiuntatùra [1865] s. f. ● L'aggiuntare | Punto in cui due cose vengono unite.

aggiuntìvo [vc. dotta, lat. tardo *adiunctīvu(m)*, da *adiŭnctus* 'aggiunto'; 1540] agg. **1** Che serve ad aggiungere | ***Congiunzione aggiuntiva***, che congiunge un termine con un altro (ad es. *inoltre, anche, nemmeno*). **2** Che viene aggiunto: *norme aggiuntive.*

aggiùnto [lat. *adiŭnctu(m)*, part. pass. di *adiŭngere* 'aggiungere'; 1327] **A** part. pass. di *aggiungere*; anche agg. **1** Che viene messo, dato o detto in più: *pagine aggiunte*; *imposte sul valore a.* **2** Detto di chi è incaricato di sostituire o coadiuvare altri nell'esercizio di date funzioni o servizi: *sindaco a.*; *segretario a.*; *membro a.* **B** s. m. **1** Aiutante, sostituto | ***A. del sindaco***, chi è delegato a rappresentare il sindaco nelle borgate, frazioni o quartieri. SIN. Sindaco aggiunto | ***A. giudiziario***, magistrato che ricopre il primo grado della carriera giudiziaria. **2** (*lett.*) Aggettivo | Epiteto.

aggiunzióne [vc. dotta, lat. *adiunctiōne(m)*, da *adiŭnctus* 'aggiunto'; sec. XIV] s. f. **1** (*lett.*) Aggiunta. **2** †Epiteto.

aggiustàbile [1723] agg. ● Che si può aggiustare.

aggiustàggio [fr. *ajustage*; 1922] s. m. **1** In varie tecnologie, operazione di finitura eseguita a mano su pezzi metallici. **2** ***A. alla vista***, operazione di messa a punto dell'oculare di uno strumento ottico per adattarlo alla vista dell'osservatore.

aggiustaménto [sec. XIII] s. m. **1** (*raro*) L'aggiustare. **2** (*fig.*) Accordo, accomodamento: *venire, giungere a un a.* **3** (*psicol.*) Modificazione del comportamento al fine di ottenere un migliore adattamento all'ambiente sociale. **4** (*mil.*) Fase del tiro di artiglieria che ha lo scopo di determinare i dati necessari per eseguire il tiro su un obiettivo con la voluta approssimazione.

♦**aggiustàre** [comp. di *a-* (2) e *giusto*; av. 1363] **A** v. tr. ● Rimettere in funzione, in ordine, in regola: *a. un trattore, un vestito, un orologio* | Rimettere in ordine: *a. il nodo alla cravatta*; *si aggiustò gli occhiali sul naso* | ***A. il tiro***, (*mil.*) regolarlo mediante correzioni apportate ai dati di tiro di più colpi successivi, fino a raggiungere la voluta approssimazione; (*fig.*) definire meglio i propri obiettivi: *a. il tiro di una polemica* | ***A. di sale***, in cucina, aggiungere sale in una vivanda | (*fig.*) ***A. una lite, un diverbio***, comporli | (*fig.*) ***A. i conti***, metterli in regola | (*fig.*) ***A. il colpo***, assestarlo bene | (*fig.*) ***A. uno per le feste***, ridurlo male | (*fig.*) ***T'aggiusto io!***, esclamazione di minaccia. SIN. Accomodare, ordinare, sistemare. **B** v. rifl. ● Adattarsi: *possiamo aggiustarci in questo albergo.* **C** v. intr. pron. ● Risolversi, accomodarsi: *tutto si aggiusterà, se Dio vuole!* **D** v. rifl. rec. ● Mettersi d'accordo: *ci aggiusteremo facilmente sulle condizioni di pagamento.*

†**aggiustàrsi** [ant. fr. *ajoster* 'mettere vicino, mettere accanto', dal lat. parl. **adiuxtāre*, comp. di *ăd* e il denom. di *iŭxta* 'presso'. V. *giusta*; 1321] v. rifl. ● Mettersi accanto: *colui che da sinistra le s'aggiusta* (DANTE *Par.* XXXII, 121).

aggiustàta [1954] s. f. ● Riparazione fatta in fretta e in modo sommario | Rapido riassetto, sistemazione. || **aggiustatina**, dim.

aggiustatézza [av. 1694] s. f. ● (*lett.*) Convenienza | Precisione.

aggiustàto [1632] part. pass. di *aggiustare*; anche agg. **1** Nei sign. del v. **2** (*lett.*) Conveniente | Esatto. || **aggiustatino**, dim. || **aggiustataménte**, avv. Con esattezza e precisione.

aggiustatóre [1588] s. m. (f. *-trice*) **1** Chi aggiusta. **2** Operaio che esegue i lavori di aggiustaggio.

aggiustatùra [1626] s. f. ● L'aggiustare | Punto in cui si è aggiustato qlco. e segno che ne resta: *nascondere, mascherare l'a.* || **aggiustaturina**, dim.

agglomeraménto [1584] s. m. **1** L'agglomerare, l'agglomerarsi. **2** Mucchio, massa: *a. di case, di folla.*

agglomerànte [1942] **A** part. pres. di *agglomerare*; anche agg. ● Nei sign. del v. **B** s. m. ● Sostanza che, per trasformazione fisica o reazione chimica, fa unire particelle incoerenti: *a. idraulico, cementizio.*

agglomeràre [vc. dotta, lat. *agglomerāre*, comp. di *ăd* e *glŏmus*, genit. *glŏmeris* 'gomitolo'; av. 1730] **A** v. tr. (*io agglòmero*) ● Mettere insieme cose e persone di diversa origine e provenienza. SIN. Ammassare, ammucchiare. **B** v. intr. pron. ● Ammassarsi, riunirsi insieme: *il fango si agglomera sulle scarpe*; *alcune popolazioni nomadi si erano agglomerate intorno alla città.*

agglomeràto [1584] **A** part. pass. di *agglomerare*; anche agg. ● Nei sign. del v. **B** s. m. **1** Conglomerato: *un a. di rocce.* **2** Materiale formato dall'unione di particelle incoerenti mediante l'intermediario di un agglomerante o per sinterizzazione: *agglomerati di legno, da costruzione.* **3** Insieme, massa: *il favo è un a. di foruncoli* | ***A. urbano***, insieme di edifici costituente un centro abitato.

agglomerazióne [1870] s. f. ● Agglomeramento | Procedimento per ottenere agglomerati: *a. del carbone.*

agglutinaménto [1733] s. m. ● L'agglutinare, l'agglutinarsi.

agglutinànte [1765] part. pres. di *agglutinare*; anche agg. **1** Nei sign. del v. **2** Detto di lingue che esprimono i rapporti grammaticali giustapponendo elementi diversi in una sola parola (ad es. il turco). SIN. Affissivo. **3** (*biol.*) Detto di sostanze che provocano o subiscono l'agglutinazione.

agglutinàre [vc. dotta, lat. *agglutināre*, comp. di *ăd* e *glūten*, genit. *glūtinis* 'glutine, colla'; 1584] **A** v. tr. (*io agglùtino*) **1** Unire con glutine o altre sostanze adesive. **2** Provocare agglutinazione. **B** v. intr. pron. ● Saldarsi, far presa, agglomerandosi.

agglutinazióne [vc. dotta, lat. tardo *agglutinatiōne(m)*, da *agglutināre* 'agglutinare'; 1797] s. f. **1** Agglutinamento. **2** (*ling.*) Procedimento di formazione di parole tramite semplice giustapposizione di elementi diversi. SIN. Concrezione. **3** (*biol.*) Processo di agglomeramento di batteri o cellule in sospensione in piccoli grumi con tendenza alla sedimentazione in particolari condizioni.

agglutinìna [detta così perché *agglutina* i batteri; 1929] s. f. ● (*biol.*) Una delle sostanze presenti nei sieri immunizzanti | Anticorpo specifico che provoca agglutinazione.

agglutinògeno [comp. di *agglutin(ina)* e *-geno*; 1955] s. m. ● Sostanza che provoca la formazione di agglutinine nell'organismo.

aggobbìre [comp. di *a-* (2) e *gobbo*; av. 1742] **A** v. tr. (*io aggobbìsco, tu aggobbìsci*) ● Far diventare gobbo: *il troppo studio l'aggobbisce.* **B** v. intr. (aus. *essere*) ● Divenir gobbo: *a. sui libri*; *a. sotto un peso eccessivo*; *lo picchiava con certi pugni sodi … che lo facevano a.* (VERGA).

aggomitolàre [comp. di *a-* (2) e *gomitolo*; sec. XIV] **A** v. tr. (*io aggomìtolo*) ● Avvolgere in gomitoli. **B** v. rifl. ● Avvolgersi su sé stesso | Rannicchiarsi: *aggomitolarsi nel letto* | ***Aggomitolarsi sulla palla***, nel calcio, si dice del portiere che, dopo essersi impadronito a terra del pallone, lo stringe saldamente col corpo rannicchiato.

aggomitolatùra [1879] s. f. ● Operazione dell'aggomitolare.

aggottaménto [1940] s. m. ● L'aggottare.

aggottàre [comp. di *a-* (2) e *gotto*; 1481] v. tr. (*io aggòtto*) **1** (*mar.*) Togliere l'acqua da un'imbarcazione con la sassola. **2** Prosciugare uno scavo in fondazione per poter costruire le fondamenta all'asciutto.

aggottatóio [1829] s. m. ● Recipiente in uso nelle saline per estrarre l'acqua salsa.

aggradàre [provz. *agradar*, dal lat. *grātus* 'gradito'; av. 1250] v. intr. (oggi usato spec. come impers.) ● (*lett.*) Riuscire gradito: *tanto m'aggrada il tuo comandamento* (DANTE *Inf.* II, 79) | ***Come vi aggrada***, come volete, come vi piace.

aggradévole [av. 1375] agg. ● (*lett.*) Gradevole, piacevole. || **aggradevolménte**, avv. (*lett.*) Piacevolmente.

aggradiménto [av. 1639] s. m. ● (*lett.*) Gradimento, piacere.

aggradìre [comp. di *a-* (2) e *gradire*; av. 1257]

A v. tr. (*io aggradisco tu aggradisci*) ● (*lett.*) Accogliere con piacere, gradire. **B** v. intr. (aus. *essere*) ● (*lett.*) Piacere: *per me si faccia quello che v'aggradirà* (BOCCACCIO).

aggraffàggio [da *aggraffare*; 1965] s. m. ● Nella lavorazione delle sigarette, zigrinatura.

aggraffàre [comp. di *a-* (2) e *graffa*; 1483] v. tr. *1* Afferrare con le graffe | (*lett., fig.*) Agguantare, ghermire. *2* Unire lamierini mediante aggraffatura. *3* Nella lavorazione delle sigarette, zigrinare.

aggraffatóre [1955] s. m. (f. *-trice*) ● Operaio addetto all'aggraffatura.

aggraffatrice [1955] s. f. ● Macchina che esegue l'aggraffatura.

aggraffatùra [1941] s. f. *1* (*raro*) Fissaggio con graffe. *2* Collegamento di lamierini mediante ripiegamento congiunto dei loro bordi sovrapposti, molto usato spec. nella fabbricazione di barattoli e sim. *3* Affasciatura.

aggraffiàre [comp. di *a-* (2) e *graffio* (2); av. 1557] v. tr. (*io aggràffio*) ● (*raro*) Prendere con artigli o uncini | (*fig., fam.*) Arraffare, portar via.

aggranchiàre [comp. di *a-* (2) e *granchio*, che si ritira quando è toccato; sec. XIV] v. intr. e intr. pron. (*io aggrànchio*; aus. *essere*) ● Intirizzirsi, per il troppo freddo.

aggranchìre [da *granchio*: V. *aggranchiare*; 1857] **A** v. tr. (*io aggranchisco, tu aggranchisci*) ● Intirizzire, rattrappire: *il freddo mi ha aggranchito le mani.* **B** v. intr. (aus. *essere*) ● Aggranchiare.

aggrandiménto [1575] s. m. ● (*raro*) Ingrandimento.

aggrandìre [comp. di *a-* (2) e *grande*; av. 1292] **A** v. tr. (*io aggrandisco, tu aggrandisci*) *1* (*raro*) Accrescere la potenza o l'importanza di qlco. | (*fig.*) Amplificare, esagerare. *2* (*lett.*) Magnificare con parole. SIN. Esaltare. **B** v. intr. e intr. pron. (aus. *essere*) ● (*lett.*) Farsi grande, ingrandirsi, crescere.

aggranfiàre [comp. di *a-* (2) e *granfia*; av. 1705] v. tr. (*io aggrànfio*) ● Afferrare con le unghie o gli artigli | (*fig.*) Rubare: *a. il portafoglio a qlcu.*

♦**aggrappàre** [comp. di *a-* (2) e *grappa* (1); 1313] **A** v. tr. *1* (*raro*) Pigliare forte, afferrare. *2* (*lett.*) Mordere, detto dell'ancora: *l'ancora ch'aggrappa / o scoglio o altro che nel mare è chiuso* (DANTE *Inf.* XVI, 135-136). **B** v. rifl. *1* Afferrarsi e tenersi forte con le mani: *si aggrappò alla corda per non cadere* | ***Aggrapparsi all'avversario***, nel pugilato e nella pallanuoto, afferrarlo o stringerlo con le braccia impedendo o limitando irregolarmente la sua libertà di movimento. *2* (*fig.*) Afferrarsi, attaccarsi: *aggrapparsi a un'illusione.*

aggraticciàre [comp. di *a-* (2) e *graticcio*; av. 1484] **A** v. tr. (*io aggraticcio*) ● Intrecciare formando graticci. **B** v. rifl. e intr. pron. ● (*raro*) Attaccarsi tenacemente | Intrecciarsi | Arrampicarsi.

aggravaménto [sec. XIV] s. m. ● Aumento della gravità di qlco. | Peggioramento: *l'a. di un malato* | Inasprimento: *a. della pena.*

aggravànte [sec. XIV] **A** part. pres. di *aggravare*; anche agg. *1* Nei sign. del v. *2* (*dir.*) ***Circostanza a.***, elemento eventuale del reato che determina un aggravamento della pena: *concorso di più circostanze aggravanti.* **B** s. f. ● Circostanza aggravante. CONTR. Attenuante.

aggravàre [lat. *aggravāre*, comp. di *ăd* e *grăvis* 'pesante'; 1305] **A** v. tr. *1* Rendere più grave, pesante, fastidioso o doloroso ciò che è già tale (*anche fig.*): *a. un peso, un carico* | ***A. la pena***, accrescerla. *2* (*lett.*) Appesantire, opprimere (*anche fig.*): *a. lo stomaco di cibi elaborati*; *come se il sonno le aggravasse le palpebre* (D'ANNUNZIO). *3* †Aumentare le tasse, i tributi. **B** v. intr. pron. e (*lett.*) intr. (aus. *essere*) ● Diventare più grave, più pesante: *la situazione si è aggravata* | ***Aggravarsi di anni***, invecchiare | Peggiorare nella malattia: *temo che egli non aggravi tanto nella infermità* (BOCCACCIO).

aggravàto [1250 ca.] part. pass. di *aggravare*; anche agg. ● Diventato più grave | (*fig., lett.*) Appesantito, gravato: *sentirsi a. dagli anni* | (*dir.*) Detto di reato commesso in presenza di circostanze aggravanti: *furto, omicidio a.*

aggràvio [1480] s. m. *1* Aggravamento | ***A. fiscale***, inasprimento del peso tributario gravante sui contribuenti. *2* (*lett.*) Torto, ingiustizia: *sopportare un a.* *3* (*lett.*) Molestia, incomodo: *essere di a. a qlcu.* | Danno.

aggraziàre [comp. di *a-* (2) e *grazia*; sec. XIV] v. tr. (*io aggràzio*) *1* Rendere grazioso. *2* (*raro*) Graziare: *a. un condannato.*

aggraziàto [sec. XIV] part. pass. di *aggraziare*; anche agg. ● Pieno di grazia, garbo, leggiadria: *movimenti aggraziati*; *la zebra è un animale dalle forme aggraziate.* || **aggraziataménte**, avv. Con grazia.

aggredìre [vc. dotta, lat. *ăggredi*, comp. di *ăd* e *grădi* 'avanzare'; 1778] v. tr. (*io aggredisco tu aggredisci*) *1* Assalire con violenza e all'improvviso: *lo aggredirono alle spalle* | (*est.*) Intaccare, corrodere: *agenti chimici che aggrediscono un metallo* | Intervenire in profondità col bisturi: *a. un tumore* | (*fig.*) ***A. un problema***, affrontarlo con notevole determinazione. *2* (*fig.*) Investire con parole offensive, con minacce e sim.: *li aggredì con voce dura.*

aggregàbile [1925] agg. ● Che si può aggregare.

aggregaménto [1541] s. m. ● (*raro*) Aggregazione.

aggregàre [vc. dotta, lat. *aggregāre*, comp. di *ăd* e *grĕx*, genit. *grĕgis* 'gregge'; 1342] **A** v. tr. (*io aggrègo, tu aggrèghi*) ● Riunire, mettere insieme: *a. alcuni comuni montani a una città* | Associare: *a. qlcu. a una società segreta.* **B** v. rifl. ● Associarsi: *si aggregarono a una comitiva di turisti.* **C** v. intr. pron. ● Unirsi, ammassarsi: *cristalli che si aggregano*; *forme d'ombra che si aggregano e si disgregano.*

aggregatìvo [sec. XIV] agg. ● Che è atto ad aggregare.

aggregàto [av. 1364] **A** part. pass. di *aggregare*; anche agg. *1* Unito, associato. *2* Detto di impiegato statale e sim. in servizio temporaneo presso un Ente diverso dal proprio | ***Professore a.***, docente universitario di un ruolo ora soppresso. *3* (*econ.*) Totale, complessivo: *domanda aggregata, offerta aggregata.* **B** s. m. *1* Complesso: *il branco è un a. di animali*; *la schiuma è un a. di piccole bolle* | ***A. urbano***, complesso di isolati, vie, piazze e sim. sede di collettività umane. *2* (*mat.*) Insieme, classe. *3* (*econ.*) Insieme di singole voci opportunamente riunite, in una somma o in una media, a rappresentare una grandezza macroeconomica: *aggregati economici.* *4* (*miner.*) Insieme di più individui cristallini.

aggregazióne [vc. dotta, lat. tardo *aggregatiōne(m)*, da *aggregāre* 'aggregare'; 1308] s. f. *1* Unione, associazione: *chiedere l'a. a un'accademia* | Riunione di più cose o persone. *2* Forma sotto la quale si presenta una materia, dipendente da come sono riunite le molecole che la costituiscono. *3* Processo statistico consistente nel passaggio dalle grandezze singole alle grandezze globali.

aggressìna [dal lat. *aggrĕssus*, part. pass. di *ăggredi* 'aggredire'; 1961] s. f. ● (*med.*) Sostanza tossica prodotta da germi, capace di indebolire le difese dell'organismo.

aggressióne [vc. dotta, lat. *aggressiōne(m)*, da *ăggredi* 'aggredire'; 1680] s. f. *1* Assalto improvviso e violento: *a. notturna*; *a. a mano armata*; *subire un'a.*; *a. verbale.* *2* Improvviso attacco armato a uno Stato da parte di un altro Stato: *reprimere, prevenire atti di a.* | ***Patto di non a.***, accordo internazionale con cui due o più Stati si impegnano a non aggredirsi reciprocamente.

aggressività [1923] s. f. *1* Caratteristica di ciò che è aggressivo: *frasi, parole di estrema a.* *2* (*psicol.*) Tendenza a manifestare un comportamento ostile, che ha per fine un aumento di potere dell'aggressore e una diminuzione di potere dell'aggredito; si presenta in genere come reazione a una reale o apparente minaccia al proprio potere. *3* Correntemente, impetuosità, irruenza: *difendere con a. la propria teoria* | Nel linguaggio sportivo, combattività, capacità di iniziativa nel corso di una competizione: *l'a. di un pugile, di una squadra.*

♦**aggressìvo** [1796] **A** agg. *1* Che tende ad aggredire (*anche fig.*): *il barracuda è un pesce a.*; *carattere, temperamento a.* SIN. Bellicoso, irruente. *2* Che si distingue per aggressività: *pugile a.*; *squadra aggressiva*; *automobile dalla linea aggressiva.* || **aggressivaménte**, avv. **B** s. m. *1* (f. *-a*) Persona aggressiva. *2* ***A. chimico***, sostanza tossica, costituente mezzo offensivo di guerra: *a. irritante, lacrimogeno, vescicatorio, soffocante* | ***Aggressivi biologici***, microbi e virus patogeni, tossine batteriche e sim.

aggressóre [vc. dotta, lat. tardo *aggressōre(m)*, da *aggrĕssio* 'aggressione'; 1658] **A** s. m. (f. *aggreditrice*) ● Chi aggredisce. **B** anche agg.: *il paese a.*

aggrevàre [comp. di *a-* (2) e *greve*; sec. XIV] v. tr. (*io aggrèvo*) ● (*poet.*) Rendere greve | (*fig.*) Opprimere.

aggricciàre o †**aggricchiàre** [comp. di *a-* (2) e *griccio* (1); 1534] **A** v. tr. (*io aggriccio*) ● (*region.*) Aggrinzare, increspare. **B** v. intr. pron. ● (*lett.*) Rattrappirsi per lo spavento: *sentiva i muscoli aggricciarglisi* (CALVINO).

aggrinzàre [comp. di *a-* (2) e *grinza*; sec. XIV] **A** v. tr. ● Rendere grinzoso, increspare: *a. il naso, la fronte.* **B** v. intr. e intr. pron. (aus. *essere*) ● Diventare grinzoso. SIN. Incresparsi.

aggrinzìre [1750] v. tr., intr. e intr. pron. (*io aggrinzìsco, tu aggrinzìsci*; aus. intr. *essere*) ● Aggrinzare.

aggrommàre [comp. di *a-* (2) e *gromma*; 1680] v. intr. e intr. pron. (*io aggrómmo*; aus. *essere*) ● Coprirsi di gromma.

aggrondàre [comp. di *a-* (2) e *gronda*; av. 1306] **A** v. tr. (*io aggróndo*) ● (*lett.*) Aggrottare. **B** v. intr. e intr. pron. (aus. *essere*) ● Corrucciarsi, accigliarsi.

aggrondàto [1927] part. pass. di *aggrondare*; anche agg. ● (*lett.*) Accigliato, corrucciato: *uscì dal colloquio col viso a.*

aggroppaménto [da *aggroppare* (1); av. 1375] s. m. ● (*lett.*) Avviluppamento.

aggroppàre (1) [comp. di *a-* (2) e *groppo*; av. 1294] **A** v. tr. (*io aggróppo* o *aggròppo*) ● (*lett.*) Far groppo, avvolgere. **B** v. intr. pron. ● (*lett.*) Aggrovigliarsi.

†**aggroppàre** (2) [comp. di *a-* (2) e *groppa*; av. 1685] v. tr. (*io aggròppo*) ● Curvare a forma di groppa.

aggrottàre [comp. di *a-* (2) e *grotta*; sec. XIII] v. tr. (*io aggròtto*) ● Contrarre, corrugare, riferito alle sopracciglia, in segno di inquietudine, minaccia, ira, sdegno e sim. | (*est.*) ***A. la fronte***, incresparla. SIN. Corrugare.

aggrottàto [av. 1729] part. pass. di *aggrottare*; anche agg. ● Corrugato: *ciglia aggrottate* | Corrucciato: *espressione aggrottata.*

aggrovigliaménto [1865] s. m. ● L'aggrovigliare, l'aggrovigliarsi | Groviglio, intrico (*anche fig.*).

aggrovigliàre [comp. di *a-* (2) e *groviglio*; av. 1597] **A** v. tr. (*io aggrovìglio*) ● Fare groviglio, avviluppare, avvolgere: *a. una matassa.* **B** v. intr. pron. ● Formare un groviglio, avvilupparsi (*anche fig.*): *il filo si aggroviglia*; *il discorso gli si aggrovigliò in bocca* | (*fig.*) Ingarbugliarsi, diventare inestricabile, complicato: *la situazione si è aggrovigliata.*

aggrovigliàto [av. 1400] part. pass. di *aggrovigliare*; anche agg. *1* Nei sign. del v. *2* (*fig.*) Complicato: *si tratta di una vicenda aggrovigliata.*

aggrumàre (1) [comp. di *a-* (2) e *grumo*; av. 1557] **A** v. tr. ● Rapprendere in grumi, in coaguli e sim. **B** v. intr. pron. ● Coagularsi: *il sangue si era aggrumato attorno alla ferita.*

aggrumàre (2) [comp. di *a-* (2) e *gruma*; 1950] v. intr. e intr. pron. (aus. *essere*) ● Coprirsi, incrostarsi di gruma.

aggruppaménto [av. 1519] s. m. ● (*raro*) Raggruppamento.

aggruppàre [comp. di *a-* (2) e *gruppo*; 1481] v. tr. e rifl. ● (*raro*) Raggruppare.

†**aggruzzolàre** [comp. di *a-* (2) e *gruzzolo*; av. 1480] v. tr. ● Far gruzzolo, raggranellare, spec. denaro | (*est.*) Radunare, raccogliere.

agguagliaménto [av. 1292] s. m. ● (*raro, lett.*) Uguagliamento.

agguagliàre [lat. **aequaliāre*, da *aequālis* 'uguale'; av. 1292] **A** v. tr. (*io agguàglio*) *1* (*raro*) Spianare, pareggiare: *a. una siepe, una superficie, una strada*; *l'acuto ferro, / che rase il prato ed agguagliollo* (PINDEMONTE). *2* (*lett.*) Rendere uguale, eguagliare: *la disgrazia li agguagliò tutti nel dolore* | Essere, mostrarsi uguale: *l'emulazione mi spronava finché avessi … agguagliato quel giovine* (ALFIERI). *3* (*lett.*) Paragonare, mettere alla pari: *la tranquillità dell'animo non si può a. a nessuna ricchezza.* *4* (*lett.*) Esprimere adeguatamente. **B** v. rifl. ● (*lett.*) Livellarsi | (*lett.*) Paragonarsi: *il debole non può agguagliarsi al forte* | (*lett.*) Essere simile.

†**agguagliatóre** [av. 1292] agg.; anche s. m. (f. *-trice*, *-tora*) ● Che (o Chi) agguaglia.
agguàglio [av. 1292] s. m. ● (*lett.*) Paragone, confronto | †*Sopra ogni a.*, senza paragone.
agguantàre [comp. di *a-* (*2*) e *guanto*; 1614] **A** v. tr. *1* Afferrare con forza e tenere strettamente: *a. un ladro per la giacca*; SIN. Acchiappare | *A. un avversario, un fuggitivo*, nel ciclismo, raggiungerlo dopo un inseguimento. *2* (*est.*, *fam.*) Colpire: *a. uno con una sassata*. *3* (*mar.*) Trattenere una cima per impedirne lo scorrimento | Arrestare l'abbrivo di una imbarcazione immergendo i remi in acqua. **B** v. intr. pron. ● Afferrarsi saldamente a qlco.
†**agguardàre** [comp. di *a-* (*2*) e *guardare*; av. 1306] v. tr. e intr. (aus. *avere*) ● Guardare con attenzione.
agguatàre o †**aguatàre** [ant. fr. *aguaitier*. V. *agguato*; sec. XIV] **A** v. tr. e intr. *1* †Tendere agguati. *2* (*lett.*) Esaminare attentamente: *e tu te n'avvedrai se bene agguati* (DANTE *Par.* XXIX, 42). **B** v. intr. e intr. pron. (aus. *essere*) ● (*lett.*) Stare, mettersi in agguato: *valli ove agguatano i ritrosi mostri* (D'ANNUNZIO).
agguàto o †**aguàto** [ant. fr. *aguait*, dal franc. **wahta* 'guardia'; sec. XIII] s. m. *1* Insidia, tranello che si tende a un nemico per coglierlo alla sprovvista: *tendere un a.*; *cadere in un a.* SIN. Imboscata. *2* (*est.*, *raro*) Luogo dell'agguato: *stare in a.* | (*fig.*) *Essere in a.*, essere incombente: *il rischio di commettere errori è sempre in a.* || †**agguaterèllo**, dim.
†**agguattàre** [contaminazione di *agguatare* con *acquattare* (?); av. 1422] **A** v. tr. ● (*raro*) Nascondere. **B** v. rifl. ● (*raro*) Acquattarsi.
†**aggueffàre** [comp. di *a-* (*2*) e †*gueffa* (*2*); 1308] **A** v. tr. ● Aggomitolare. **B** v. rifl. ● (*fig.*) Aggiungersi, sovrapporsi: *Se l'ira sovra 'l mal voler s'aggueffa* (DANTE *Inf.* XXIII, 16).
agguerrìre [comp. di *a-* (*2*) e *guerra*; av. 1613] **A** v. tr. (*io agguerrìsco, tu agguerrìsci*) *1* (*raro*) Preparare ai rischi della guerra. *2* (*est.*) Rafforzare moralmente: *le disgrazie agguerriscono chi le supera.* SIN. Temprare. **B** v. rifl. ● Temprarsi nella guerra, nei pericoli e (*est.*) nella lotta della vita: *l'anima ... sentendo e meditando s'agguerrisce a viver libera* (FOSCOLO).
agguerrìto [av. 1644] part. pass. di *agguerrire*; anche agg. *1* Preparato alla guerra, addestrato, resistente. *2* (*est.*) Valoroso | Forte: *animo a.* | (*fig.*) Preparato: *è uno storico a.*
aghà o **agà** [turco *ağa* 'signore, padrone'; 1829] s. m. inv. *1* Titolo di funzionari del Sultano nella Turchia ottomana. *2* Titolo di nobiltà in Persia e India | *A. khan*, titolo del capo del ramo indiano della setta musulmana degli Ismailiti.
aghétto [1437] s. m. *1* Dim. di *ago*. *2* (*mil.*) Distintivo costituito da uno o più cordoni di fili metallici o di tessuto colorato, e appeso dalla spallina destra alla bottoniera della giubba. SIN. Cordellina. *3* Stringa, cordoncino terminante alle estremità con puntale rigido da passare entro appositi occhielli per allacciare scarpe, stivaletti, busti e simili. *4* (*region.*) Uncinetto.
aghifòglia [comp. di *ago* e *foglia*; 1929] s. f. ● Pianta arborea con foglie lineari e aghiformi.
aghifórme [comp. di *ago* e *-forme*; 1797] agg. ● Che è sottile e pungente, detto spec. delle foglie delle conifere.
†**aghiróne** ● V. *airone*.
†**agiaménto** [av. 1311] s. m. *1* Agio, comodità. *2* Gabinetto, luogo di decenza.
†**agiàre** [da *agio*; av. 1294] **A** v. tr. ● Adagiare | Accomodare, dar ristoro. **B** v. rifl. ● Accomodarsi, fare il proprio comodo | Giovarsi.
agiatézza [sec. XIII] s. f. *1* Condizione di chi vive negli agi. SIN. Benessere, ricchezza. *2* Comodità.
agiàto [av. 1294] part. pass. di †*agiare*; anche agg. *1* Pieno di agi: *vita agiata*. SIN. Comodo. *2* Detto di chi gode di una buona condizione economica. SIN. Abbiente, benestante. || **agiataménte**, avv. (*raro*) Con agio; con agiatezza.
agìbile [V. *agevole*; 1446] agg. *1* (*lett.*) Che si può fare, fattibile: *cose agibili*. *2* Detto di teatro o di attrezzatura sportiva forniti dei requisiti richiesti dalla legge per ospitare spettacoli e gare.
agibilità [1884] s. f. ● Caratteristica di ciò che è agibile, spec. nel sign. 2.
♦**àgile** [vc. dotta, lat. *ăgile(m)* 'che avanza rapidamente', da *ăgere* 'spingere avanti'; 1438] agg. *1* Che si muove con facilità e disinvoltura: *è molto a. nonostante l'età* | *A. di mano*, abile e veloce nel rubare. SIN. Destro, lesto, svelto | (*est.*) Snello: *ha una corporatura a.*; *la gazzella ha forme agili ed eleganti*. *2* (*fig.*) Svelto, pronto, vivace: *cervello, spirito, intelligenza a.* | *A. di mente*, che comprende facilmente e rapidamente. *3* (*fig.*) Semplice, chiaro: *un a. libretto di istruzioni*. || **agilménte**, avv. Con agilità.
agilità [vc. dotta, lat. *agilitāte(m)*, da *ăgilis* 'agile'; av. 1406] s. f. *1* Scioltezza nei movimenti: *a. del corpo*; *acquisire, perdere a.* *2* (*fig.*) Prontezza, vivacità: *a. della mente*. *3* Facilità nell'esecuzione di passaggi vocali o strumentali rapidi e complicati.
àgio [ant. fr. *aise*, dal lat. *ădiacens* 'che giace presso'; sec. XIII] **A** s. m. *1* Stato di comodità, benessere, distensione e sim.: *mettere qlcu. a proprio a.*; *mi sono subito sentito a mio a.* | *Dare a.*, offrire opportunità, tempo sufficiente | *A bell'a.*, con tutto comodo | †*Fare a. a qlcu.*, compiacerlo. *2* Comodità, tranquillità: *avere a. di pensare, di fare qlco.* *3* (*mecc.*) Gioco: *lasciar a. a due pezzi*. **B** al pl. ● Le comodità e il benessere derivanti dalla ricchezza: *vivere negli, in mezzo agli agi*.
àgio- [gr. *hágios* 'santo'] primo elemento ● In parole composte dotte significa 'santo': *agiografo, agionimo*.
agiografìa [V. *agiografo*; 1819] s. f. *1* In varie religioni, letteratura che tratta la vita di uomini distinti per santità e virtù | Parte della storia ecclesiastica che riguarda la vita e i miracoli dei santi, dei beati e dei venerabili. *2* (*est.*) Biografia di personaggi o narrazione di eventi con scopi celebrativi, laudatori: *a. napoleonica, del socialismo*.
agiogràfico [1865] agg. (pl. m. *-ci*) *1* Relativo all'agiografia. *2* (*est.*) Laudatorio, celebrativo. || **agiograficaménte** avv. In modo agiografico, celebrativo.
agiògrafo [vc. dotta, lat. tardo *hagiŏgraphu(m)*, comp. di *agio-* e *-grafo*; 1743] s. m. (f. *-a*) *1* Autore di scritti agiografici. *2* (*spreg.*) Biografo, scrittore che esalta con tono adulatorio un personaggio o un evento storico.
agiologìa [V. *agiologo*; 1881] s. f. ● Studio critico dei documenti riguardanti la vita e i miracoli dei santi.
agiològico [1829] agg. (pl. m. *-ci*) ● Di agiologia, relativo all'agiologia.
agiòlogo [vc. dotta, gr. tardo *hagiológos*, comp. di *agio-* e *-logo*; 1955] s. m. (f. *-a*; pl. m. *-gi*) ● Studioso di agiologia.
agiònimo [comp. di *agi(o)-* e *-onimo*] s. m. ● (*ling.*) Nome di santo.
agiotopònimo [comp. di *agio-* e *toponimo*] s. m. ● (*ling.*) Toponimo dedicato al nome di un santo.
♦**agìre** [fr. *agir*, dal lat. *ăgere* 'fare'; av. 1557] v. intr. (*io agisco, tu agìsci*; aus. *avere*) *1* Fare, operare: *è ora di a.*; *questo è il momento di a.*; *a. tutti d'accordo* | Comportarsi: *ha agito da ingenuo*; *a. da persona onesta*. *2* Funzionare, esercitare un'azione, detto del corpo umano, di una macchina, una sostanza e sim.: *il cervello non agisce più sui centri nervosi*; *i freni agiscono bene*; *l'acido cloridrico agisce sul ferro*. *3* (*assol.*) Avere effetto, esercitare un influsso: *un calmante che agisce rapidamente* | (*psicoan.*) Mettere in atto impulsivamente, tramite un comportamento, pensieri o fantasie inconsce. CFR. Acting out. *4* Esercitare un'azione legale: *a. contro qlcu.*; *a. a difesa del proprio diritto* | (*est.*) Compiere un'attività giuridica: *capacità d'a.*; *a. con legalità*. *5* (*raro*) Dare rappresentazioni: *la compagnia agiva prevalentemente in provincia*.
agitàbile [1639] agg. ● Che si può agitare | (*fig.*) Impressionabile.
agitaménto [av. 1406] s. m. ● (*raro*) L'agitare.
♦**agitàre** [vc. dotta, lat. *agitāre*, freq. di *ăgere* 'spingere'; 1342] **A** v. tr. (*io àgito*) *1* Muovere in qua e in là, scuotere con forza: *a. una bottiglia*; *la signora agitava il ventaglio*; *il vento agita la fiamma* | *A. il fazzoletto*, in segno di saluto | *A. la coda*, dimenarla. *2* (*fig.*) Eccitare, turbare: *a. la fantasia, la mente* | Spingere all'azione e alla lotta: *a. il popolo contro il governo* | (*raro, lett.*) Spronare: *agitava i destrieri il grande Ettorre* (MONTI). *3* (*fig.*) Dibattere, trattare, prendere in esame: *a. una questione, una causa* | Prospettare qlco. di negativo: *a. il pericolo di una guerra*. **B** v. rifl. e intr. pron. *1* Muoversi con forza e irrequietezza: *il mare si agita*; *l'ammalato si agitò tutta la notte*; *il bambino si agitava*. *2* (*fig.*) Inquietarsi, turbarsi: *è un tipo che si agita per poco*. SIN. Emozionarsi. *3* Manifestarsi con vivacità o violenza, detto spec. di idee, sentimenti e sim.: *un pensiero fisso si agitava dentro di lei*. *4* Protestare, entrare in lotta: *gli operai cominciarono ad agitarsi*.
♦**agitàto** [1340] **A** part. pass. di *agitare*; anche agg. *1* Molto mosso: *mare a.* | (*fig.*) Turbato, irrequieto | Turbolento: *un colloquio piuttosto a.* *2* (*mus.*) Indicazione espressiva che richiede un'esecuzione pulsante, affannosa, concitata: *allegro a.* **B** s. m. (f. *-a*) ● Alienato mentale in stato di grande agitazione | *Reparto agitati*, reparto psichiatrico riservato a tali ammalati.
agitatóre [1623] **A** agg. ● Che agita. **B** s. m. *1* (f. *-trice*) Chi agita, spec. chi spinge le masse all'azione: *a. politico*. *2* Apparecchio che viene impiegato nei laboratori per mantenere in agitazione un liquido o una sospensione | Qualsiasi strumento per agitare, usato in varie lavorazioni. || **agitatorèllo**, dim.
agitatòrio [1983] agg. ● Che tende ad agitare gli animi, a provocare agitazioni: *propaganda agitatoria*.
agitazióne [vc. dotta, lat. *agitatiōne(m)*, da *agitāre* 'agitare'; 1483] s. f. *1* (*raro*) L'agitare | Movimento: *a. molecolare* | (*fig.*) Animazione, trambusto. *2* (*fig.*) Stato di inquietudine o di turbamento: *essere in a.*; *essere, apparire in preda all'a.*; *mettere in a.* | *A. di stomaco*, nausea, malessere. CONTR. Calma. *3* Azione politica o spec. sindacale diretta al raggiungimento di determinati fini mediante pubbliche manifestazioni. *4* †Discussione, trattativa.
agitazionìsmo [comp. di *agitazion(e)* e *-ismo*; 1965] s. m. ● Stato di agitazione sistematica e costante, spec. in campo sindacale o sociale.
àgit-pròp /adʒit'prɔp, *russo* ʌgʲit'prɔp/ [vc. russa, abbr. di *agit(acija)* 'agitazione' e *prop(aganda)*; 1940] loc. sost. m. e f. inv. (pl. russo inv.) ● Agitatore politico, attivista, spec. del partito comunista.
aglaonèma [comp. del gr. *aglaós* 'splendente' e *nêma* 'filo' (V. *nemaspermio*); 1955] s. m. (pl. *-i*) ● Pianta erbacea delle Aracee con foglie oblunghe, fusti eretti e infiorescenze a spadice (*Aglaonema*).
àgli o (*poet.*) **a gli** prep. art. m. pl. comp. di *a* (*2*) e *gli* (*1*) ● V. *gli* (*1*) per gli usi ortografici.
-àglia [dal lat. *-ālia*, desinenza di nt. pl. con valore collett.] suff. ● Forma sostantivi con valore collettivo e per lo più spregiativo derivati dal latino o da altri sostantivi o aggettivi: *boscaglia, gentaglia*.
agliàceo [da *aglio*; 1925] agg. ● Che ha odore o sapore simili a quelli dell'aglio.
agliàio [1803] s. m. ● Terreno piantato ad agli.
agliànico [vc. merid., dal lat. *iūlius* 'luglio'. Cfr. *aleatico*; 1907] s. m. (pl. *-ci*) ● Vino rosso granato, asciutto, dal profumo caratteristico di fragola, prodotto in Campania e in Basilicata dal vitigno omonimo.
agliàta [da *aglio*; av. 1400] s. f. ● Salsa a base di aglio e aceto, tipica della cucina ligure.
àglifo [gr. *áglyphos* 'non intagliato', comp. di *a-* priv. e *glyphḗ* 'intaglio', di orig. indeur.; 1959] agg. ● (*zool.*) Detto di serpente con denti privi di solchi o di canali e quindi, se dotato di ghiandole velenifere, incapace di iniettarne il secreto.
àglio [lat. *ālliu(m)*, di etim. incerta; av. 1350] s. m. ● Pianta erbacea delle Liliacee con foglie lineari, bulbo commestibile a spicchi, fiori biancastri riuniti in ombrelle racchiuse da una spata, usati anche a scopi terapeutici, spec. contro l'elmintiasi (*Allium sativum*) | (*est.*) Il bulbo commestibile di tale pianta, o i suoi spicchi: *fare un soffritto con l'a.*; *spaghetti a. e olio* | *A. acquatico*, giunco fiorito. ➡ ILL. **piante**/11. || **agliétto**, dim.
-àglio [dal lat. *-ăculu(m)*, attraverso forme proprie dell'it. sett. o del francone, con l'originario valore strumentale] suff. ● Forma sostantivi indicanti oggetti, strumenti, utensili, ecc.: *scandaglio, ventaglio*.
Agnàti [comp. di *a-* (*1*) e *-gnato*; 1819] s. m. pl. (sing. *-o*) ● Nella tassonomia animale, gruppo di Vertebrati privi di mascelle cui appartengono i Ciclostomi (*Agnatha*).
agnatìzio [1673] agg. ● Nel diritto romano, rela-

tivo all'agnato o all'agnazione: *tutela agnatizia.*

agnàto [vc. dotta, lat. *agnātu(m)*, part. di *agnāsci* 'nascere dopo'; 1744] **s. m.** ● Nel diritto romano, parente in linea maschile.

agnazióne [vc. dotta, lat. tardo *agnatiōne(m)*; da *agnātus* 'agnato'; 1618] **s. f.** ● Nel diritto romano, rapporto di parentela che unisce i sottoposti alla potestà dello stesso capofamiglia.

agnellàio o (*dial.*) **agnellàro** [1777] **s. m.** (f. *-a*) ● Chi macella o vende agnelli e capretti.

agnellatùra [1797] **s. f.** ● Epoca della figliatura delle pecore | La figliatura stessa.

agnellìno (1) [sec. XIV] **s. m.** *1* Dim. di *agnello*. *2* ***A. di Persia***, pelliccia pregiata, fornita da una razza di agnello asiatico. **SIN.** Persiano. *3* (*fig.*) Persona mite, timida e remissiva.

agnellìno (2) [sec. XIV] **agg.** ● (*raro*) Che è proprio dell'agnello | ***Lane agnelline***, prodotte dagli agnelli | ***Code agnelline***, lane ricavate dalle code degli agnelli tosati.

♦**agnèllo** [lat. *agnĕllu(m)*, dim. di *àgnus* 'agnello', di orig. indeur.; av. 1294] **s. m.** *1* (f. *-a*) Il nato della pecora al di sotto di un anno di età | Carne di agnello lattante macellato: *mangiare una costoletta di a.* | Pelle di questo animale, usata dopo la conciatura per guarnizioni e pellicce. *2* ***A. di Dio***, Gesù Cristo, di cui l'agnello è simbolo | Agnus Dei nel sign. 2. *3* (*fig.*) Persona d'animo mite, di cuore tenero. *4* Montone. ‖ **agnellàccio**, **pegg.** | **agnellétta**, **dim. f.** | **agnellétto**, **dim.** | **agnellino**, **dim.** (V.) | **agnellóne**, **accr.** (V.) | **agnellòtto**, **accr.**

agnellóne [1955] **s. m.** *1* Accr. di *agnello*. *2* Ovino slattato inferiore a un anno di età. *3* Carne di agnello macellato, di età superiore ad un anno.

agnellòtto ● V. *agnolotto*.

agnìno [av. 1294] **agg.** ● (*raro, lett.*) Di agnello.

agnizióne [vc. dotta, lat. *agnitiōne(m)*, da *agnōscere* 'riconoscere'; 1543] **s. f.** ● Riconoscimento improvviso di un personaggio che determina un cambiamento nell'azione scenica o romanzesca | (*est.*) Riconoscimento dell'identità di qlcu.

†**àgno** [etim. incerta; 1321] **s. m.** (f. *-a*) ● Agnello: *sì si starebbe un a. intra due brame / di fieri lupi* (DANTE *Par.* IV, 4-5).

agnocàsto [lat. *ăgnu(m) căstu(m)*, dal gr. *ágnos* (di etim. incerta), confuso con *hagnós* 'puro' e *căstus* 'casto'; sec. XIV] **s. m.** ● Arbusto delle Verbenacee con foglie digitate vellutate nella parte inferiore e fiori violacei raccolti in spighe (*Vitex agnus-castus*).

†**agnolìno** ● V. *angiolino*.

†**àgnolo** ● V. *angelo*.

agnolòtto o (*tosc.*) **agnellòtto** [da **anegliotti*, forma pl. deriv. da *anegli* 'anelli'; av. 1646] **s. m.** ● Involucro di pasta all'uovo rotondo o rettangolare ripieno di vari ingredienti, tra i quali prevale la carne cotta e tritata.

agnosìa [vc. dotta, gr. *agnōsía*, comp. di *a-* (*1*) e *gnôsis* 'conoscenza'; 1941] **s. f.** *1* (*filos.*) Atteggiamento di consapevole ignoranza proprio di chi afferma di non conoscere nulla. *2* (*med.*) Perdita della capacità di riconoscere oggetti percepiti con la vista, il tatto o l'udito.

agnosticìsmo [vc. dotta, ingl. *agnosticism*, dal gr. *ágnōstos* 'non conoscibile', comp. di *a-* (*1*) e *gnōstós* 'conoscibile'; 1905] **s. m.** *1* (*filos.*) Atteggiamento che considera inconoscibile tutto ciò che è al di là del dato sperimentale in quanto non può essere sottoposto ai metodi delle scienze positive. *2* Atteggiamento di chi non prende posizione su un determinato problema: *a. etico, a. religioso.*

agnòstico [vc. dotta, ingl. *agnostic*. V. *agnosticismo*; 1905] **A agg.** (pl. m. *-ci*) *1* Che concerne o interessa l'agnosticismo. *2* Di chi mostra indifferenza, spec. riguardo ai problemi etici, religiosi e sim. ‖ **agnosticaménte**, **avv.** **B s. m.** (f. *-a*) ● Chi fa professione di agnosticismo.

Àgnus Dèi o †**agnusdèi** [lat., 'Agnello di Dio'; av. 1319] **loc. sost. m. inv.** *1* Appellativo che S. Giovanni Battista diede a Gesù. *2* Invocazione che si recitava per tre volte durante la Messa e (*est.*) la parte della Messa comprendente tale invocazione, sostituita da 'Agnello di Dio' dopo il Concilio Ecumenico Vaticano Secondo. *3* Medaglia di cera consacrata con impressa l'immagine dell'Agnello di Dio.

♦**àgo** [lat. *ăcu(m)*, dalla radice **ac-* che indica acutezza; av. 1249] **A s. m.** (pl. *aghi*) *1* Piccolo strumento di acciaio a forma di barretta appuntita, con un foro ovale a un'estremità in cui si inserisce il filo per cucire: *infilare l'ago* | ***Ago da reti***, in legno, con doppia cruna aperta che accoglie molto refe o filo | (*fig.*) ***Cercare un ago in un pagliaio***, tentare un'impresa impossibile. *2* (*est.*) Strumento di forma allungata, sottile e aguzza, variamente usato: *ago magnetico* | ***Ago da calza***, lungo e sottile, cilindrico, appuntito, in materiale diverso, usato per lavori a maglia. **SIN.** Ferro da calza | ***Ago torto***, uncinetto | ***Ago da siringa, per iniezioni***, internamente cavo | ***Ago dello scambio***, spezzone di rotaia assottigliata ad un'estremità, mobile, che a seconda della sua posizione guida la ruota sul binario diritto o deviato | ***Ago della bilancia***, asticciola metallica perpendicolare allo stilo, atta a mostrare la posizione di equilibrio; (*fig.*) chi (o ciò che) determina l'esito di una situazione incerta | ***Ago da carico***, biga | ***Ago della bussola***, elemento sensibile della bussola magnetica. *3* Pungiglione di api, vespe e sim. *4* Foglia aghiforme delle conifere. **B** in funzione di **agg. inv.** ● (posposto al s.) Nella loc. *Pesce ago* (V.). ‖ **aghétto**, **dim.** (V.) | **aghino**, **dim.** | **agóne**, **accr.** | **agùccio**, **dim.**

agoaspiràto [comp. di *ago* e *aspirato*; 1987] **s. m.** ● (*med.*) Materiale biologico prelevato per agoaspirazione a fini diagnostici o terapeutici | Correntemente, agoaspirazione.

agoaspirazióne [comp. di *ago* e *aspirazione*; 1991] **s. f.** ● (*med.*) Prelievo, mediante ago, di liquidi o gas da una cavità corporea.

agògica [vc. dotta, gr. tardo *agōgikós*, agg. di *agōgḗ* 'trasporto, movimento (in musica)', da *ágein* 'condurre', di orig. indeur.; 1940] **s. f.** ● (*mus.*) Complesso delle piccole modificazioni di tempo apportate a un pezzo durante la sua esecuzione per ragioni interpretative.

agògico [dal ted. *agogisch*, comp. del gr. *agōgḗ* 'condotta' e del suff. *-isch* '-ico'] **agg.** (pl. m. *-ci*) ● (*mus.*) Relativo all'agogica | Detto del movimento di un brano o di una sua parte: *indicazione agogica.*

agognàre [lat. parl. **agoniāre*, dal lat. tardo *agōnia*. V. *agonia*; 1306] **A v. tr.** (*io agógno*) ● (*lett.*) Bramare ardentemente: *a. il potere, la ricchezza.* **B v. intr.** (aus. *avere*) ● (*lett.*) Ambire, anelare: *a. a una meta.*

à gogo /fr. ago'go/ [loc. fr. che si inserisce in tutta una serie di vc. ricondotte alla base *gog-*, col sign. fondamentale di 'scherzo, rallegrarsi'; 1959] **loc. avv.** ● A volontà, a profusione, in grande abbondanza: *bere à gogo*; *whisky à gogo*; *divertimenti à gogo.*

agonàle [da *agone* (*1*); av. 1375] **A agg.** ● Che si riferisce all'agone, nel sign. di *agone* (*1*): *gare agonali.* **B s. m.** ● (*al pl.*) In epoca fascista, gare sportive e culturali.

agóne (1) [vc. dotta, lat. *agōne*, nom. *ăgon*, dal gr. *agṓn* da *ágō* 'io conduco'; av. 1306] **s. m.** *1* Luogo di contesa e gara, e la gara stessa, sportiva o poetica, presso greci e romani in occasione di feste: *pugnando / nell'olimpico a. / per me, col nome mio* (METASTASIO). *2* (*est., lett.*) Gara, lotta, combattimento: *a. poetico, letterario*; *gettarsi nell'a.* *3* (*est., lett.*) Campo di battaglia.

agóne (2) [dal lat. *ăcus* 'ago', poi n. di un pesce; 1752] **s. m.** ● Pesce di lago dei Clupeidi, commestibile, con corpo argenteo di forma allungata (*Alosa lacustris*).

agonìa [lat. tardo *agōnia(m)*, nom. *agōnia*, dal gr. *agōnía* 'lotta, sforzo, angoscia'. V. *agone* (*1*); av. 1342] **s. f.** *1* (*med.*) Periodo che precede immediatamente la morte, con perdita continua e progressiva delle funzioni vitali: *essere, entrare in a.* | (*est., fig.*) Periodo che precede la fine di qlco.: *Ci sono amori in a. che si protraggono ancora* (D'ANNUNZIO). *2* (*fig.*) Stato di angoscia e di tormento: *aspettarti è stata una vera a.*

agònico [1945] **agg.** (pl. m. *-ci*) ● Di agonia, proprio dell'agonia: *sudore a.*

agonìsmo [vc. dotta, gr. *agōnismós* 'lotta, gara', dal gr. *agṓn* 'agone'; 1935] **s. m.** ● Deciso impegno, spirito combattivo di un atleta o di una squadra nello svolgimento di una gara.

agonìsta [vc. dotta, lat. tardo *agonīsta(m)*, nom. *agonīsta*, dal gr. *agōnistḗs* 'lottatore', da *agōnízomai* 'io combatto'; av. 1499] **A s. m. e f.** (pl. m. *-i*) ● Nella Grecia antica, chi partecipava a un agone | (*est.*) Competitore sportivo, atleta. **B agg.**; anche **s. m.** *1* (*anat.*) Detto di muscolo che partecipa a un certo movimento. *2* (*biol.*) Detto di sostanza che si lega a recettori cellulari con conseguente risposta biochimica o fisiologica.

agonìstica [1797] **s. f.** ● (*lett.*) Arte e tecnica sportiva.

agonìstico [vc. dotta, lat. tardo *agonĭsticu(m)*, nom. *agonĭsticus*, dal gr. *agōnistikós*, da *agōnistḗs*. V. *agonista*; 1609] **agg.** (pl. m. *-ci*) *1* Relativo all'agonismo o allo sport in genere: *impegno a.*; *ritirarsi dall'attività agonistica.* *2* (*fig.*) Battagliero, combattivo: *spirito, istinto a.* ‖ **agonisticaménte**, **avv.** Per quanto riguarda l'agonismo.

agonizzànte [av. 1644] **A part. pres.** di *agonizzare*; anche **agg.** ● Nei sign. del v. **B s. m. e f.** ● Chi è in agonia. **SIN.** Moribondo.

agonizzàre [lat. tardo *agonizāre*. V. *agonia*; 1615] **v. intr.** (aus. *avere*) *1* Essere in stato di agonia: *il malato ormai agonizza.* *2* (*fig.*) Essere in declino, in decadenza: *civiltà che agonizza.*

agopuntóre [da *agopuntura*; 1971] **s. m.** (f. *-trice*); anche **agg.** ● Chi (o Che) pratica l'agopuntura: *gli agopuntori cinesi*; *medico a.*

agopuntùra [vc. dotta, comp. di *ago* e *puntura*; 1805] **s. f.** ● Pratica terapeutica di antica origine orientale basata sull'infissione di aghi in punti prestabiliti della cute.

agorà o (*lett.*) **àgora** [vc. dotta, gr. *agorá*, da *agéirō* 'io aduno, raccolgo'; 1860] **s. f.** ● Nelle città dell'antica Grecia, piazza in cui aveva luogo il mercato e si tenevano pubbliche assemblee | (*est., lett.*) Assemblea generale dei cittadini.

agorafobìa [comp. di *agora* e *-fobia*; 1892] **s. f.** ● (*psicol.*) Paura degli spazi aperti quali piazze, strade larghe e sim. | Ansia che può insorgere in luoghi affollati, lontano da casa o da un luogo sicuro. **CFR.** Claustrofobia.

agorafòbico **A agg.** (pl. m. *-ci*) ● Relativo all'agorafobia: *manifestazione, reazione agorafobica.* **B agg.** e **s. m.** (f. *-a*) ● Agorafobo.

agoràfobo [comp. di *agora* e *-fobo*; 1983] **agg.**; anche **s. m.** (f. *-a*) ● Che (o Chi) soffre di agorafobia. **SIN.** Agorafobico.

agoràio [da *agora*, ant. pl. di *ago*; av. 1492] **s. m.** ● Portaaghi, nel sign. 1.

agostaménto [detto così perché avviene durante il mese di *agosto*; sul modello del fr. *aoûtement*; 1955] **s. m.** ● (*bot.*) Lignificazione dei rami più giovani degli alberi che avviene d'estate.

agostàna [f. sost. di *agostano*; 1970] **s. f.** ● Uva bianca che matura d'agosto.

agostàno [1664] **agg.** ● Che è proprio del mese di agosto: *arsura, siccità agostana* | Che matura o viene raccolto in agosto: *fieno a.*; *frutti agostani*; *uva agostana.*

agostiniàna [f. di *agostiniano*; 1865] **s. f.** ● Monaca o religiosa di ordine o congregazione che si ispirino alle regole attribuite a S. Agostino.

agostiniàno [dal nome di S. *Agostino* (354-430); 1619] **A agg.** *1* Relativo a S. Agostino: *filosofia, regola agostiniana*; *ordine a.* *2* Che appartiene a uno degli ordini monastici che seguono la regola di S. Agostino. **SIN.** Eremitano. **B s. m.** (f. *-a* (V.)) *1* Religioso di tale ordine | ***Agostiniani scalzi***, riformati nel XVI sec. *2* Seguace della dottrina di S. Agostino.

agostinìsmo [da S. *Agostino*, col suff. *-ismo*; 1955] **s. m.** ● Corrente del pensiero teologico e filosofico cristiano che, spec. riguardo ai problemi della grazia, si ispira alle dottrine di S. Agostino.

agostìno (1) [detto così perché usato in una famosa edizione del *De Civitate Dei* di S. *Agostino*; av. 1524] **agg.** ● Carattere tipografico usato nel XV sec. per l'edizione di Subiaco del *De Civitate Dei* | (*raro*) Carattere molto piccolo, di stile analogo. **SIN.** Silvio.

agostìno (2) [da *agosto*; 1955] **agg.** ● Agostano: *fieno a.*; *uva agostina.*

♦**agósto** (1) [lat. tardo *agūstu(m)*, dal nome dell'imperatore *Augusto*; 1211] **s. m.** ● Ottavo mese dell'anno nel calendario gregoriano, di 31 giorni.

†**agósto** (2) [lat. tardo *Agūstu(m)*, per il classico *Augūstu(m)*, con caduta della prima *-u-* per dissimilazione; 1321] **agg.** ● (*lett.*) Augusto: *l'alma, … agosta, / de l'alto Arrigo* (DANTE *Par.* XXX, 136-137).

àgra [f. sost. di *agro* (*1*); 1961] **s. f.** ● Siero inacidito impiegato nella fabbricazione della ricotta.

agrafe /fr. a'gʀaf/ [fr., propr. 'fibbia, gancio', da *grafe* 'graffa'; 1885] **s. f. inv.** ● Gancio, fermaglio, fermatura metallica di forma varia e di usi diversi.

agrafìa [comp. di *a-* (*1*) e *-grafia*; 1892] **s. f.** ● (*psicol.*) Disturbo della capacità di scrivere.

agrammaticàle [comp. di *a-* (*1*) e *grammaticale*; 1972] **agg.** ● (*ling.*) Non conforme alle regole grammaticali: *enunciato, frase a.*

agrammatìṣmo [dal lat. tardo *agrămmatu(m)*, nom. *agrămmatus*, dal gr. *agrámmatos* 'illetterato', comp. di *a-* (*1*), *grámma* 'lettera' e il suff. *-ismo*; 1899] **s. m.** ● (*med.*) Incapacità patologica di rispettare l'ordine sintattico e di usare i normali nessi grammaticali nel parlare o nello scrivere.

agranulocìta [comp. di *a-* (*1*), *granulo* e *-cita*, sul modello di *granulocita*] **s. m.** (pl. *-i*) ● (*med.*) Leucocita sprovvisto di granulazioni.

agranulocitòṣi [comp. di *agranulocit(a)* e del suff. *-osi*; 1950] **s. f. inv.** *1* (*med.*) Assenza di globuli bianchi granulociti nel sangue, con conseguente abbassamento delle difese dell'organismo. **SIN.** Agranulosi. *2* (*med.*) Sindrome febbrile acuta con angina necrotica e grave neutropenia fino all'assenza completa di granulociti.

agranulòṣi [comp. di *a-* (*1*), *granul(o)* e del suff. *-osi*] **s. f. inv.** ● (*med.*) Agranulocitosi.

agrària [f. dell'agg. *agrario*; 1865] **s. f.** ● Complesso delle scienze e delle tecniche relative all'agricoltura: *dottore in a.*

agràrio [vc. dotta, lat. *agrāriu(m)*, da *ăger* 'campo'; av. 1292] **A agg.** ● Relativo all'agricoltura: *diritto, consorzio a.*; *scienza, riforma agraria* | ***Chimica agraria***, che studia la natura chimica del terreno e le relazioni tra vita delle piante e concimi | ***Contratto a.***, contratto che ha per oggetto la coltivazione e lo sfruttamento dei fondi rustici | ***Credito a.***, concesso a imprese agricole, per l'esercizio o il miglioramento delle stesse | ***Leggi agrarie***, nell'antica Roma, complesso di leggi disciplinanti la cessione a privati o enti collettivi dell'agro pubblico; complesso di leggi di riforma fondiaria che limitano l'estensione della proprietà dei terreni destinati all'esercizio dell'agricoltura | ***Questione agraria***, complesso dei problemi economici e sociali che nascono in un Paese dall'esigenza di ammodernare l'agricoltura | ***Partito a.***, partito che ha come obiettivo principale la difesa degli interessi dei proprietari terrieri. **B s. m.** (f. *-a*) *1* Proprietario terriero, latifondista. *2* Tecnico che si occupa di agricoltura.

agreement /a'griment, *ingl.* ə'gri:mənt/ [ingl., dall'ant. fr. *agreement* (mod. *agrément*), propr. 'approvazione, consenso, gradimento', da *agréer* 'gradire', comp. del lat. *ăd* e di *gré* 'gradimento, piacere', dal lat. *grātu(m)* 'gradito' (V. *grato*); 1941] **s. m. inv.** ● Patto, accordo, spec. nel linguaggio politico.

agrèsta [1564] **s. f.** ● Agresto (1).

agrèste o †**agrèsto** (2) [vc. dotta, lat. *agrĕste(m)*, da *ăger* 'campo'; sec. XIII] **agg.** *1* (*lett.*) Della campagna: *prodotti agresti*; *pace, silenzio a.* **SIN.** Campestre. *2* (*raro, lett.*) Selvatico, rozzo | Semplice. || **agrestemènte**, **avv.**

agrestìno [1893] **s. m.** ● Piccolo grappolo d'uva non maturata che resta sulla vite dopo la vendemmia. **SIN.** Racimolo.

agrèsto (1) [da *agro* (*1*), avvicinato per etim. pop. ad *agreste*; av. 1347] **A agg.** ● (*lett.*) Di sapore agro: *e il latte a. piacemi del fico* (D'ANNUNZIO). **B s. m.** ● Specie di uva che non matura mai perfettamente | Succo agro che ne deriva, per aceto, liquore, condimento.

†**agrèsto** (2) ● V. *agreste.*

agrétto [dim. di *agro* (*1*); av. 1292] **A agg.** ● Che è alquanto agro: *sapore a.* **B s. m.** *1* Sapore agro non spiacevole. *2* Pianta erbacea delle Crocifere con piccoli fiori bianchi in racemi terminali e foglie dal sapore piccante (*Lepidium sativum*). **SIN.** Crescione inglese. || **agrettìno**, **dim.**

agrézza [sec. XIV] **s. f.** *1* Sapore pungente. *2* (*fig., lett.*) Acredine: *niente adoperava di quella sua salvatica e disgustosa a.* (BARTOLI).

àgri- [lat. *ăger*, genit. *ăgri* 'campo'] primo elemento ● In parole composte, fa riferimento ai campi o è accorciamento di 'agricolo', 'agricoltura': *agriturismo.*

agribusiness /*ingl.* 'ægri,biznəs/ [vc. dell'ingl. d'America, comp. di *agri(culture)* e *business* (V.); 1979] **s. m. inv.** ● Insieme delle attività economiche riguardanti o collegate all'agricoltura.

†**agrìcola** [vc. dotta, lat. *agrĭcola(m)*, comp. di *ăger* 'campo' e *-cola*; av. 1294] **s. m.** (pl. *-i*) ● (*lett.*) Agricoltore, contadino: *l'alba che affretta ... / al campo ... gli agricoli* (CARDUCCI).

♦**agrìcolo** [1465] **agg.** ● Relativo all'agricoltura: *prodotti agricoli*; *macchine agricole*; *regione agricola*; *coltivatore, imprenditore a.*; *colonia agricola.* **SIN.** Agrario.

♦**agricoltóre** [vc. dotta, lat. *agricultōre(m)*, nom. *agricŭltor*, comp. di *ăger* 'campo' e *cŭltor* 'coltivatore'; 1350 ca.] **s. m.** (f. *-trice*) *1* Imprenditore agricolo. *2* Coltivatore agricolo. **SIN.** Contadino, rurale.

♦**agricoltùra** [vc. dotta, lat. *agricultūra(m)*, comp. di *ăger* 'campo' e *cultūra* 'coltivazione'; 1308] **s. f.** *1* Coltivazione della terra, dei campi | Complesso dei lavori cui viene sottoposto il suolo per ricavarne piante utili all'uomo: *a. intensiva* | ***A. biologica***, tecnica di coltivazione che, per limitare i danni all'ambiente, tende a ridurre o eliminare l'impiego di fertilizzanti e pesticidi chimici. **SIN.** Bioagricoltura | ***A. di sussistenza***, quella che ha lo scopo principale di fornire il necessario per vivere al coltivatore e alla sua famiglia. ➡ **ILL.** p. 2113-2115 AGRICOLTURA; **agricoltura.** *2* (*disus.*) Agraria.

agrifòglio [lat. *acrifŏliu(m)*, comp. di *ăcer*, genit. *ăcris* 'acuto' e *fŏlium* 'foglia'; 1539] **s. m.** ● Piccolo albero sempreverde delle Aquifoliacee con foglie coriacee lucide, dentate e spinose ai margini, e drupe ascellari rosse, bianche o rosate; è usato come decorazione natalizia (*Ilex aquifolium*). **SIN.** Alloro spinoso. ➡ **ILL.** **piante**/5.

agrigentìno [1499] **A agg.** ● Di Agrigento. **B s. m.** (f. *-a*) ● Abitante, nativo di Agrigento.

agrìgno [da *agro* (*1*); 1726] **agg.** ● Che ha sapore piuttosto agro.

agrimensóre [vc. dotta, lat. tardo *agrimensōre(m)*, nom. *agrimēnsor*, comp. di *ăger* 'campo' e *mēnsor* 'misuratore'; av. 1557] **s. m.** ● Chi esercita professionalmente l'agrimensura.

agrimensùra [comp. del lat. *ăger*, genit. *ăgri* 'campo' e *mensūra* 'misura'; 1759] **s. f.** ● Disciplina che ha per oggetto la rilevazione, la rappresentazione cartografica e la determinazione della superficie agraria dei terreni.

agrimònia [vc. dotta, lat. *agrimōnia(m)*, da *argemōnia* (gr. *argemṓnē*), con contaminazione di *ăger* 'campo'; sec. XIII] **s. f.** ● Pianta erbacea perenne delle Rosacee con foglie alterne, imparipennate, e piccoli fiori gialli in racemi (*Agrimonia eupatoria*).

agriòtta o **griòtta** [1745] **s. f.** ● (*bot.*) Visciola.

agriòtto [da *agro* (*1*); 1597] **s. m.** ● (*bot.*) Visciolo.

agrippìna [da una celebre statua di donna seduta, creduta Agrippina moglie di Germanico, nel Museo Capitolino; 1832] **s. f.** ● Divano da riposo solitamente munito di una spalliera e di un unico bracciolo.

agrituriṣmo [comp. di *agri-* e *turismo*; 1978] **s. m.** ● Particolare tipo di vacanza, consistente nel trascorrere un determinato periodo di tempo presso un'azienda agricola, talvolta in cambio di una prestazione lavorativa nell'azienda stessa | (*est.*) L'azienda agricola presso cui si può trascorrere tale tipo di vacanza.

agrituristà [comp. di *agri-* e *turista*; 1983] **s. m.** e **f.** (pl. m. *-i*) ● Chi pratica l'agriturismo.

agrituristico [1983] **agg.** (pl. m. *-ci*) ● Relativo all'agriturismo: *imprenditore a.*; *vacanza agrituristica.*

àgro (1) [lat. tardo *ăcru(m)*, per il classico *ăcre(m)*, dalla radice **ac-* che indica acutezza; av. 1292] **A agg.** *1* Di sapore pungente e acido: *limone a.*; *arancia agra.* **SIN.** Aspro, brusco. *2* (*fig.*) Severo, aspro: *rimprovero a.*; *parole agre* | Sgradito, molesto | Malagevole, difficile da sopportare. || **agraménte**, **avv.** Aspramente. **B s. m.** *1* Sapore agro: *l'a. di un frutto acerbo* | ***All'a.***, detto di cibo condito con limone o aceto: *salsa all'a.*, *verdure all'a.* *2* (*fig., lett.*) Amarezza, tristezza. || **agrétto**, **dim.** (V.) | **agrino**, **dim.** | †**agrùccio**, **dim.**

àgro (2) [vc. dotta, lat. *ăgru(m)*, dalla radice indeur. **agro-* che indicava la campagna in opposizione ai luoghi abitati; av. 1698] **s. m.** ● Campagna, spec. attorno a una città: *Agro Campano, Romano, Pontino.*

àgro- [lat. *ăgru(m)* 'campo'] primo elemento ● In parole composte, fa riferimento ai campi, alla campagna o all'agricoltura: *agroindustria.*

agroalimentàre [comp. di *agro-* e *alimentare*; 1981] **agg.** ● Che riguarda la coltivazione e la trasformazione dei prodotti agricoli per l'alimentazione: *settore, industria a.*

agrobiologìa [comp. di *agro-* e *biologia*; 1950] **s. f.** ● Scienza che studia la vita di organismi vegetali e animali in rapporto al terreno agricolo che li ospita.

agrobiòlogo **s. m.** (f. *-a*; pl. m. *-gi*) ● Studioso, esperto di agrobiologia.

agrobiotecnologìa [comp. di *agro-* e *biotecnologia*; 1987] **s. f.** ● Biotecnologia applicata all'agricoltura.

agrochìmica [comp. di *agro-* e *chimica*; 1955] **s. f.** ● Chimica agraria.

agrocòtto [comp. di *agro* (*1*) e *cotto*; 1961] **s. m.** ● Succo concentrato di agrumi, usato per produrre acido citrico e citrato di calcio.

agrodólce [fr. *aigre-doux* 'agro' e 'dolce'; av. 1636] **A agg.** *1* Che ha sapore agro e dolce insieme: *condimento a.* *2* (*fig.*) Che lascia trasparire, sotto un'apparente dolcezza o cortesia di modi, risentimento, ironia, mordacità e sim.: *tono, sorriso a.*; *commenti agrodolci.* **B s. m.** ● Preparazione di cucina in cui sia presente il gusto agro fornito da limone o aceto insieme a quello dolce fornito da zucchero o altro ingrediente.

agroecosistèma [comp. di *agro-* ed *ecosistema*] **s. m.** (pl. *-i*) ● Ecosistema modificato dall'uomo con l'attività agricola.

agroindùstria [comp. di *agro-* e *industria*; 1981] **s. f.** ● Settore industriale che si occupa della produzione, trasformazione e vendita di prodotti agricoli.

agroindustriàle [1985] **agg.** ● Relativo all'agroindustria: *settore a.*

agroingegnerìa [comp. di *agro-* e *ingegneria*] **s. f.** ● Applicazione di tecniche d'ingegneria allo studio e alla soluzione di problemi relativi all'agricoltura.

agrologìa [comp. di *agro-* e *-logia*; 1865] **s. f.** ● Studio dei fenomeni inerenti all'agricoltura | Studio dei terreni agricoli.

agromeccànico [comp. di *agro-* e *meccanico*] **agg.** (pl. m. *-ci*) ● Relativo ad attività o produzione agricola effettuata mediante l'uso di macchine | Relativo a tali macchine: *parco a.*

agrometeorologìa [comp. di *agro-* e *meteorologia*; 1986] **s. f.** ● Utilizzazione delle informazioni, osservazioni e previsioni meteorologiche a favore dell'agricoltura.

agrometeoròlogo [comp. di *agro-* e *meteorologo*; 1993] **s. m.** (f. *-a*; pl. m. *-gi*) ● Chi si occupa di agrometeorologia.

agrònica [comp. di *agron(omia)* ed *(elettron)ica*; 1982] **s. f.** ● Disciplina che studia l'applicazione di tecnologie e prodotti elettronici all'agricoltura e alla zootecnica per renderne più agevole e redditizia la produzione.

agronomìa [da *agronomo*; 1798] **s. f.** ● Scienza che studia l'applicazione di criteri e principi razionali all'agricoltura.

agronòmico [1804] **agg.** (pl. m. *-ci*) ● Relativo all'agronomia.

agrònomo [vc. dotta, gr. *agronómos*, comp. di *agro-* e *-nomo*; 1818] **s. m.** (f. *-a*) ● Chi studia o professa l'agronomia | Dottore in agraria, abilitato all'esercizio della professione e iscritto all'albo professionale.

agropastoràle [comp. di *agro-* e *pastorale*; 1986] **agg.** ● Che concerne l'agricoltura e la pastorizia: *riforma a.*

agróre [vc. dotta, lat. tardo *acrōre(m)*, da *ăcer* 'acuto'; 1549] **s. m.** ● (*lett.*) Sapore agro, aspro.

agrosistèma [comp. di *agro-* e *sistema*; 1984] **s. m.** (pl. *-i*) ● (*agr.*) Sistema agricolo tipico di un determinato territorio.

agrostèmma [comp. di *agro-* e del gr. *stémma* 'corona', perché con questa pianta si intrecciavano corone; 1829] **s. m.** (pl. *-i*) ● Pianta erbacea delle Cariofillacee con stelo e foglie ricoperti di peluria bianca, fiori rossi e frutti a capsula (*Agrostemma githago*). **SIN.** Gettaione, mazzettone.

agròstide [gr. *ágrōstis*, genit. *agrṓstidos*, di etim. incerta; 1819] **s. f.** ● Pianta erbacea delle Graminacee con foglie strette e infiorescenza a pannocchia, usata come foraggio (*Agrostis*).

agrotècnico [comp. di *agro-* e *tecnico*; 1983] **A s. m.** (f. *-a*; pl. m. *-ci*) ● Chi ha conseguito il diploma presso un istituto professionale di Stato per l'agricoltura. **B** anche **agg.**: *perito a.*

agrumàrio [1927] **agg.** ● Che si riferisce agli agrumi: *mercato a.*

agrùme [lat. parl. **acrūme(n)*, da *ăcrus*. V. *agro*

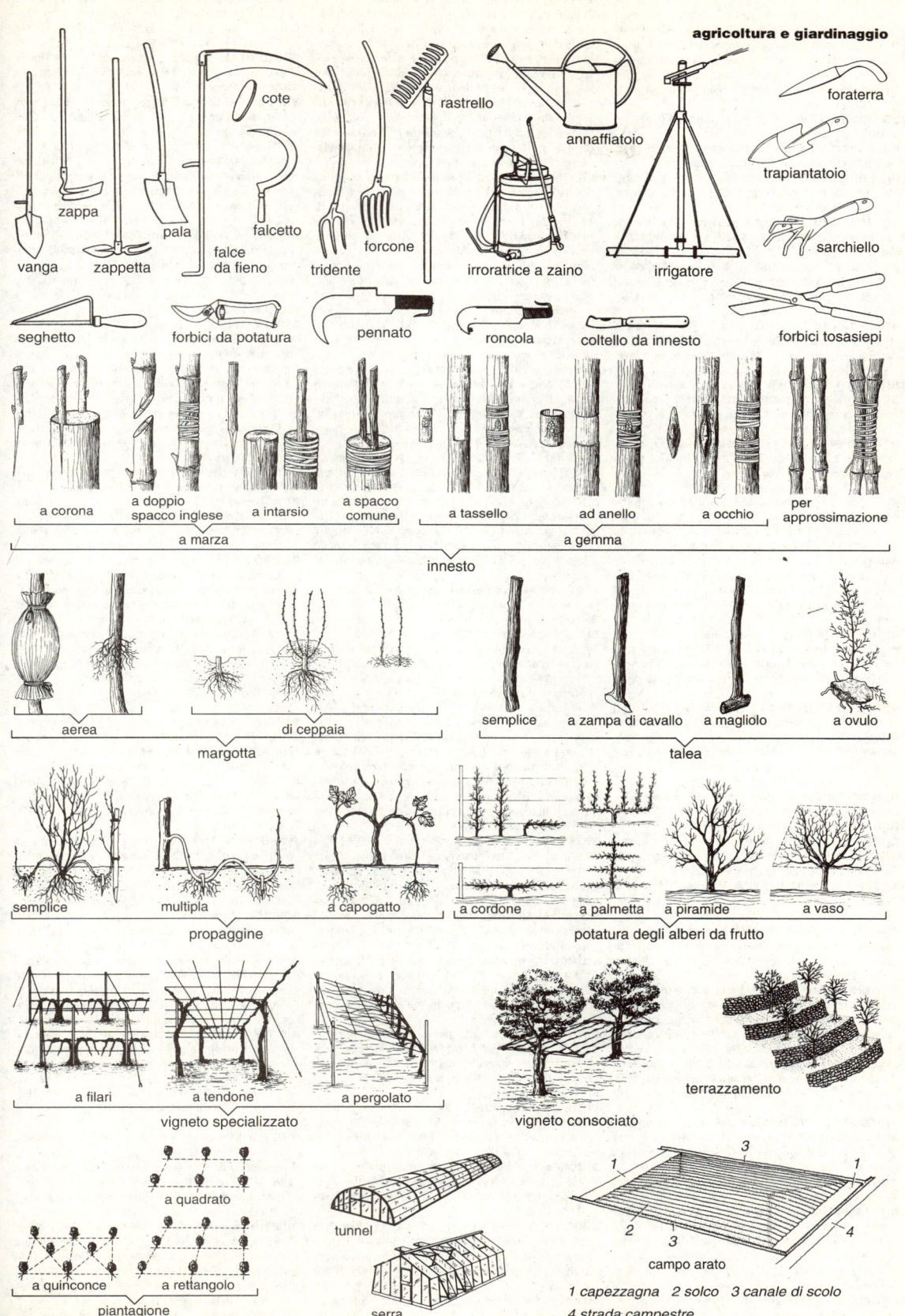

(*1*); 1321] **s. m.** *1* (*spec. al pl.*) Correntemente, albero o arbusto delle Rutacee del genere *Citrus*, sempreverde, con fiori bianchi e profumati e frutti succosi, coltivato per la produzione dei frutti e delle essenze | Il frutto di tale pianta, quale arancia, limone e sim. *2* †Sapore agro (*anche fig.*): *io ti disfido a morte / e farotti assaggiar d'un altro a.* (PULCI).

agruméto [1869] **s. m.** ● Terreno coltivato ad agrumi.

agrumicolo [comp. di *agrumi* e *-colo*; 1939] **agg.** ● Che si riferisce all'agrumicoltura.

agrumicoltóre o **agrumicultóre** [da *agrumi*, sul modello di *agricoltore*; 1961] **s. m.** (f. *-trice*) ● Coltivatore di agrumi.

agrumicoltùra o **agrumicultùra** [da *agrumi*, sul modello di *agricoltura*; 1929] **s. f.** ● Coltivazione degli agrumi.

†aguàle [lat. *aequāle(m)* 'uguale'; av. 1294] **avv.** ● Adesso, in questo momento: *e ti ringrazio assai / di questa grazia ch'agual fatta m'hai* (BOCCACCIO).

aguardiente /sp. aɣwar'ðjente/ [vc. sp., comp. di *agua* 'acqua' e *ardiente* 'ardente'; 1950] **s. m.** (pl. sp. *aguardientes*) ● Acquavite di succo di agave, originaria del Messico.

†aguatàre e *deriv.* ● V. *agguatare* e *deriv.*

†agùcchia o **†gùcchia** [lat. parl. **acūcula(m)*, dim. di *ăcus* 'ago'; av. 1348] **s. f.** ● Ago | Ferro per lavori a maglia.

agucchiàre [1618] **v. tr.** e **intr.** (*io agùcchio*; aus. *avere*) ● Lavorare con l'ago, stancamente, senza particolare cura: *a. una camicia*; *la vecchia agucchiava in un angolo.*

†agùglia (**1**) [etim. incerta; sec. XIII] **s. f.** ● Aquila.

†agùglia (**2**) [lat. parl. **acūcula(m)*, dim. di *ăcus* 'ago'; sec. XIII] **s. f.** *1* Punta, ago | Ago per cucire vele e tende. *2* (*est.*) Guglia, pinnacolo.

agùglia (**3**) [V. *aguglia* (*2*); av. 1936] **s. f.** ● Pesce teleosteo commestibile dal corpo allungato con mascella e mandibola sottili che formano un caratteristico rostro (*Belone belone*). ➡ **ILL. animali**/6.

†agugliàta [1861] **s. f.** ● Gugliata.

agugliàto [da *aguglia* (*2*); 1983] **agg.**; anche **s. m.** ● Tipo di tessuto formato da numerosi fili pressati insieme, usato spec. per il rivestimento di pavimenti.

aguglieria [collettivo da †*aguglia* (*2*) (?); 1970] **s. f.** ● Insieme dei filati destinati alla confezione di maglie.

agugliòtto [fr. *aiguillot*, dal lat. parl. **acūcula(m)*; 1861] **s. m.** ● (*mar.*) Il maschio dei cardini con i quali il timone è collegato alla poppa.

†agumentàre e *deriv.* ● V. *aumentare* e *deriv.*

†agunàre e *deriv.* ● V. *adunare* e *deriv.*

†aguràre e *deriv.* ● V. *augurare* e *deriv.*

agùti [guaranì *aguti*, *acuti*, attraverso il fr. o lo sp.; 1797] **s. m. inv.** ● Roditore notturno americano con carni commestibili (*Dasyprocta aguti*).

†agùto [av. 1249] **A agg.** ● V. *acuto*. **B s. m.** ● Chiodo: *ficcare ogni a. con un solo colpo di martello* (LEONARDO).

agùtoli [da †*aguto*; 1852] **s. m. pl.** ● Arbusto spinoso delle Solanacee con fiori violetti e bacche di color rosso vivo (*Lycium europaeum*). **SIN.** Spina cristi, spino santo.

aguzzaménto [sec. XIV] **s. m.** ● L'aguzzare.

aguzzàre [lat. parl. **acutiāre*, da *acūtus* 'acuto'; av. 1292] **A v. tr.** *1* Rendere acuto, appuntire: *a. un bastone.* **SIN.** Acuminare. *2* (*fig.*) Stimolare, eccitare: *a. l'appetito* | ***A. la vista***, sforzarsi di vedere meglio | ***A. le orecchie***, ascoltare con attenzione | ***A. la mente, l'ingegno***, renderli perspicaci. **B v. intr. pron.** *1* (*raro*) Farsi più acuto. *2* (*fig., raro*) Acuirsi | †Ingegnarsi.

aguzzàta [av. 1685] **s. f.** ● Rapida aguzzatura.

aguzzatóre [1504] **s. m.** (f. *-trice*) ● Chi aguzza (*anche fig.*): *Apollo, … a. de' peregrini ingegni* (SANNAZARO).

aguzzatùra [1597] **s. f.** ● Aguzzamento | Parte aguzza; **SIN.** Punta.

aguzzino (o **-zz-**) o **†auzzino** (o **-zz-**), **†lauzzino** (o **-zz-**) [ar. *al-wazīr* 'luogotenente', prob. attrav. lo sp. *alguacil*; sec. XV] **s. m.** *1* Sulle antiche galee, chi era incaricato della custodia e sorveglianza dei rematori. *2* (f. *-a*) (*fig.*) Persona molto crudele | Tormentatore, persecutore.

♦**agùzzo** [da *aguzzare*; 1313] **agg.** *1* Acuto, appuntito: *ferro, palo, naso a.* **SIN.** Acuminato. *2* (*fig.*) Penetrante, intenso: *sguardo a.*

♦**ah** /ah, ʔah, aʔ, aa, ʔa/ o (*raro*) **ha** /ah, aʔ, aa, ʔa, haʔ/ [vc. onomat.; av. 1294] **inter.** *1* Esprime, secondo i casi e l'intonazione della voce, diversi sentimenti o stati d'animo come meraviglia, gioia, sollievo, dolore, minaccia, soddisfazione, ira e sim.: *ah! ti ho preso finalmente!*; *ah! che disgrazia!*; *ah! eccoci arrivati!* *2* Ripetuta due o più volte riproduce la risata, spec. sarcastica o beffarda, oppure esprime riprovazione, rimprovero e sim.: *ah! ah! parlerà ora, signor curato?* (MANZONI); *ah ah, posa quel vaso di cristallo!*

♦**ahi** o **ài** (**2**) nel sign. 2 [av. 1250] **inter.** *1* Esprime dolore fisico o sofferenza morale: *ahi! mi sono punto!*; *Ahi quanto a dir qual era è cosa dura* (DANTE *Inf.* I, 4); *ahi dura terra, perché non t'apristi?* (DANTE *Inf.* XXXIII, 66) | Ripetuta più volte, esprime preoccupazione, rammarico, stizza e sim.: *ahi ahi, le cose si mettono male!* *2* (*fam.*) Nelle loc. ***non dire né ai né bai, né ahi né ohi***, non pronunciar parola, non dire nulla: *si alzò e se ne andò senza dire né ai né bai*; *gli arriva addosso senza dire né ahi né ohi* (VERGA). *3* Unito ai pronomi pers. si usa oggi in tono spec. scherz.: *ahinoi*; *ahivoi*; *ahilui*; *ahilei*; *ahimè* (V.).

♦**ahimè** o **ahimé**, (*raro*) **aimè** [comp. di *ahi* e *me*; 1313] **inter.** ● Esprime un sentimento di compassione, di dolore, di rammarico, di rimpianto, di dispiacere: *a., che disgrazia!*; *Ahimè, che piaghe vidi ne' lor membri / ricenti e vecchie, da le fiamme incese!* (DANTE *Inf.* XVI, 10-11).

ahm /ahm, ʔahm, ʔam, ʔamh/ [vc. espressiva; 1913] **inter.** ● Si usa per indicare l'atto di mettere il cibo in bocca.

ahó /a'oʔ/ o (*raro*) **aóh** [vc. espressiva di orig. romanesca; 1879] **inter.** ● (*centr.*) Esprime insofferenza, irritazione, risentimento e sim. e si usa spec. per richiamare l'attenzione di qlcu. in modo aggressivo: *aho! piantiamola!*; *aho! non alzare la voce!*

ài (**1**) o (*poet.*) **a i prep. art. m. pl.** comp. di *a* (*2*) e *i* (*2*) ● V. *i* (*2*) per gli usi ortografici.

ài (**2**) ● V. *ahi*.

àia [lat. *ārea(m)*, di etim. incerta; 1340 ca.] **s. f.** *1* Area di terreno spianato e battuto o pavimentato, contigua ai fabbricati rurali, destinata ad accogliere i prodotti da essiccare, trebbiare o lavorare | ***Menare il can per l'aia***, (*fig.*) tirare per le lunghe per non concludere. *2* †Area, spazio | †***Mettere in aia***, cimentarsi. || †**aiòne**, accr. m.

-àia [forma f. del corrispondente suff. *-aio* (*1*), che allarga il sign. dei f. sost. lat. in *-āria(m)*] **suff.** ● Forma sostantivi indicanti in genere terreni adibiti a colture particolari (*cavolaia, risaia, asparagiaia*) o apparecchiature, ambienti e sim. destinati a contenere o a raccogliere determinate cose (*colombaia, ghiacciaia*).

aids /aids, ai(d)di'esse, *ingl.* eɪdz/ o **AIDS** [sigla dell'ingl. *A(cquired) I(mmune) D(eficiency) S(yndrome)* 'sindrome da immunodeficienza acquisita'; 1982] **s. m.** o raro **f.** ● (*med.*) Malattia infettiva virale altamente letale che colpisce il sistema immunitario, determinando immunodepressione ed esponendo a gravi infezioni causate da patogeni opportunistici.

aidùco o **aidùcco** [ungh. *hajdúk*, pl. 'briganti'; 1559] **s. m.** (pl. *-chi*) ● Nel XVI sec., ciascuno dei ribelli balcanici organizzati contro il dominio turco | Nel XVIII sec., corpo speciale di fanteria ungherese.

aierino [vc. dotta, lat. *aĕrinu(m)*, nom. *aĕrinus*, dal gr. *aérinos*, da *aḗr* 'aria'; av. 1912] **s. m.** ● (*dial., poet.*) Spiritello dell'aria: *i lunghi pioppi scoton le vette: / son li aierini che vi fan la danza* (PASCOLI).

aigrette /fr. e'gʀɛt/ [fr., da *aigron* 'airone'; 1905] **s. f. inv.** *1* Ciuffo di penne che alcuni uccelli, spec. l'airone, hanno sul dorso. *2* Piuma di airone bianco usata in modisteria. **SIN.** Asprì.

aiguille /fr. e'gɥijə/ [fr., stessa etim. dell'it. *guglia*; 1955] **s. f. inv.** ● Monolito naturale alpino che si erge verticalmente sulle rocce contigue | Vetta piramidale di difficile accesso.

aikido /giapp. ˌai'kiˌdoː/ [vc. giapp., propr. 'via dell'unione degli spiriti'; 1970] **s. m. inv.** ● Difesa personale derivante dal jūjitsu, che insegna a neutralizzare la presa o a parare i colpi di uno o più avversari.

ailànto [vc. malese, propr. 'albero del cielo'; 1829] **s. m.** ● Albero d'alto fusto delle Simarubacee con foglie alterne composte e pannocchie di piccoli fiori verdognoli o rossastri i cui stami hanno odore disgustoso (*Ailanthus glandulosa*). **SIN.** Albero del Paradiso.

ailurofobia [comp. del gr. *áilouros* 'gatto' e *-fobia*; 1970] **s. f.** ● (*psicol.*) Paura morbosa dei gatti.

aimè o **aimé** ● V. *ahimè*.

àio [sp. *ayo*, dal got. **hagja* 'custode'; 1538] **s. m.** (f. *-a*) ● Un tempo, presso famiglie signorili, educatore, istitutore.

-àio (**1**) [dal suff. agg. lat. *-āriu(m)*, presto sost. col sottintendimento di *lŏcu(m)* 'luogo'] **suff.** ● Forma sostantivi indicanti in genere apparecchiature, ambienti e sim. destinati a contenere o a raccogliere determinate cose: *granaio, letamaio, pagliaio.*

-àio (**2**) o (*region.*) **-àro** [dal suff. lat. *-āriu(m)*, propr. degli agg. che si applicò anche assol. a professioni, sottintendendo 'uomo'] **suff.** ● Forma sostantivi indicanti chi esercita un mestiere o una professione: *cartolaio, burattinaio, orologiaio.*

aiòla ● V. *aiuola*.

aiòlo ● V. *aiuolo*.

-aiòlo o **†-aiuòlo**, (*rom.*) **-aròlo** [ampliamento del suff. *-aio* (*2*) con altro suff. dim. (*-olo*), che spesso ha perduto il suo valore proprio] **suff.** *1* Forma sostantivi indicanti chi esercita un mestiere o una professione o (*spreg.*) chi ha tendenza per qlco.: *armaiolo, barcaiolo, risaiolo, vignaiolo*; *crisaiolo, donnaiolo, forcaiolo*; *bombarolo, tombarolo.* *2* (*raro*) Forma aggettivi di relazione: *marzaiolo, prataiolo.*

aióne [da *aia*; 1819] **s. m.** ● Spazio di terra ove nelle saline si stende il sale a prosciugare.

aìra [vc. dotta, gr. *aîra* 'loglio', di etim. incerta; 1845] **s. f.** ● Pianta erbacea delle Graminacee con fiori raccolti in piccole spighe bianco-argentee (*Aira*).

airbag /er'bɛg, *ingl.* 'ɛəɹˌbæg/ [vc. ingl., propr. 'sacchetto d'aria', comp. di *air* (V. *air terminal*) e *bag* 'borsa, sacco'; 1989] **s. m. inv.** ● (*autom.*) Dispositivo di sicurezza consistente in una sacca di nylon o altro materiale sottile e resistente inserito generalmente nel volante o nel cruscotto che, in caso di urto, si gonfia istantaneamente per effetto di una piccola carica esplosiva, proteggendo il guidatore o un passeggero | ***A. laterale***, quello inserito nel montante della portiera, che protegge dagli urti laterali. ➡ **ILL.** p. 2166 TRASPORTI.

airbus /'ɛrbus, *ingl.* 'ɛəɹˌbʌs, *fr.* ɛʀ'bys/ [vc. ingl., comp. di *air* 'aria' e *bus* (V.); 1984] **s. m. inv.** (pl. ingl. *airbuses*) ● Aeroplano di media capienza per il trasporto di passeggeri su distanze limitate.

aìre [comp. di *a* (*2*) e *ire*; 1863] **s. m.** ● (*raro*) Spinta | ***Dare l'a.***, imprimere il movimento | ***Prendere l'a.***, prendere slancio, mettersi in movimento.

Airedale terrier /*ingl.* 'ɛədɛɪl 'tɛɹɪəɹ/ [comp. del n. della valle dell'Aire, dove questa razza fu ottenuta, e *terrier*; 1965] **s. m. inv.** (pl. ingl. *Airedale terriers*) ● Cane inglese da difesa e da caccia, assai robusto, caratterizzato da pelo corto e ruvido.

airóne o **†aghiróne** [germ. **haigiro*; sec. XIII] **s. m.** ● Correntemente, uccello acquatico dei Ciconiformi con gambe sottili, becco lungo e diritto e collo a forma di S, appartenente al genere ardea | ***A. cinerino***, con testa piccola e piumaggio grigio (*Ardea cinerea*). **SIN.** Sgarza | ***A. bianco***, dei Ciconiformi, con zampe scure e becco giallo (*Egretta alba*) | ***A. piccolo***, tarabusino. ➡ **ILL. animali**/7.

air terminal /er'terminal, *ingl.* 'ɛəɹˌtɜːmɪnl̩/ [vc. ingl., comp. di *air* 'aria' (dal fr. *air*, dal lat. *āer*, nom., 'aere') e *terminal* 'capolinea' (dal lat. tardo *termināle(m)* 'terminale'); 1963] **s. m. inv.** (pl. ingl. *air terminals*) *1* Aerostazione. *2* Capolinea urbano collegato a un aeroporto con vari mezzi di trasporto.

àita [da *aitare*; sec. XIII] **A s. f.** ● (*poet.*) Aiuto: *non so 'ncominciar senza tu' a.* (PETRARCA); *a. porse all'affamate genti* (TASSO). **B** in funzione di **inter.** ● Si usa come invocazione di soccorso (*spec. iter.*): *gridan: O signor nostro, aita, aita!* (PETRARCA).

aitànte [sec. XIII] **A part. pres.** di †*aitare*. ● †Nei sign. del v. **B agg.** ● Robusto, gagliardo: *tanto è destro e di gambe a. / che alcuna cosa non gli fa paura* (BOIARDO).

†aitàre [lat. *adiutāre* (V. *aiutare*), attrav. il provz. *aidar*; sec. XIII] **v. tr.** ● Aiutare.

àiuga [comp. di *a-* (*1*) e del lat. *iŭgum* 'giogo', per l'apparente assenza del giogo o labbro superiore della corolla; 1970] s. f. ● (*bot.*) Bugola.

♦**aiuòla** o **aiòla** [lat. *arĕola(m)*, dim. di *ārea*. V. *aia*; 1321] s. f. ● Piccola area di terreno coltivata a fiori, ortaggi, adibita a semenzaio o sim.: *le aiuole del giardino*; *a. spartitraffico*. | (*fig.*, *lett.*) La Terra, per la sua piccolezza in rapporto al cosmo: *L'a. che ci fa tanto feroci, ... / tutta m'apparve da' colli a le foci* (DANTE, Par. XXII, 151-153) || **aiuolétta**, dim.

aiuòlo o **aiòlo** [dim. di *aia*; av. 1320] s. m. ● Rete per pigliare uccelli | †*Tirar l'a.*, (*fig.*) usare scaltrezza per i propri interessi.

aiutànte [sec. XIV] **A** part. pres. di *aiutare*; anche agg. ● Nei sign. del v. **B** s. m. (anche f. nel sign. 1) **1** Chi aiuta o assiste qlcu. nello svolgimento di un lavoro o in un ufficio. SIN. Collaboratore. **2** (*mil.*) Ufficiale che aiuta un altro ufficiale di grado superiore nell'esercizio delle sue funzioni: *a. maggiore*, *a. di campo* | ***A. di sanità***, graduato infermiere | ***A. di battaglia***, massimo grado conferito a un sottufficiale per merito di guerra. **3** (*mar.*) Sottufficiale della marina militare incaricato di mantenere la disciplina e il buonordine dei marinai | ***A. di bandiera***, ufficiale addetto alla persona di un ammiraglio.

♦**aiutàre** o †**atàre** [lat. *adiutāre*, intens. di *adiuvāre*, comp. di *ăd* e *iuvāre* 'giovare'; av. 1292] **A** v. tr. **1** Intervenire in favore di qlcu. in difficoltà: *a. i parenti in una situazione difficile*; *a. qlcu. a mettersi in salvo*; *a. un prigioniero a fuggire* | Soccorrere: *bisogna a. quella povera donna*. **2** (*est.*) Favorire, agevolare: *la tecnica aiuta il progresso*; *questa tisana aiuta la digestione* | (*lett.*) Ravvivare, rinvigorire: *aiutava di gesti e di interiezioni ... il racconto* (D'ANNUNZIO). **3** †Difendere, salvare: *aiutami da lei, famoso saggio* (DANTE *Inf.* I, 89). **B** v. rifl. **1** Adoperarsi, sforzarsi: *si arrampicava aiutandosi coi piedi e con le mani* | (*fig.*) Ingegnarsi, cavarsela. **2** †Guardarsi. **C** v. rifl. rec. ● Darsi aiuto a vicenda: *tra amici bisogna aiutarsi*.

aiutàto [sec. XIII] **A** part. pass. di *aiutare*; anche agg. ● Nei sign. del v. **B** s. m. ● Nelle cliniche o negli istituti universitari di medicina e chirurgia, il ruolo di chi ha la qualifica di aiuto.

aiutatóre [1308] s. m.; anche agg. (f. *-trice*) ● (*lett.*) Chi (o Che) aiuta.

†**aiutévole** [1342] agg. ● Che aiuta.

♦**aiùto** [lat. tardo *adiūtu(m)*, dal part. pass. di *adiuvāre* 'aiutare'; av. 1249] **A** s. m. **1** Intervento in favore di chi si trova in stato di pericolo o di bisogno: *invocare, chiedere a.*; *porgere, portare a.*; *essere, servire di a.* | Soccorso: *correre, venire, in a.* SIN. Assistenza | (*al pl.*) Mezzi materiali (viveri, farmaci, coperte, ecc.) che servono a portare soccorso: *gli aiuti delle Nazioni Unite alle popolazioni colpite dalla carestia*; *sono giunti i primi aiuti*. **2** (*spec. al pl.*) Nell'ippica e nell'equitazione, i mezzi (quali azione della mano, della gamba, peso del corpo, frustino e speroni) usati dal cavaliere per trasmettere al cavallo il proprio volere. **3** (*aer.*) Qualunque mezzo a bordo o al suolo usato per l'assistenza all'aeronavigazione. **B** s. m. e f. (pl. m. *-i*; pl. f. inv.) ● Persona che coadiuva qlcu. in un lavoro o in un ufficio. SIN. Assistente | Quando precede un nome indicante un'attività lavorativa, forma locuzioni nelle quali rimane inv.: *a. regista* (anche *aiutoregista*), a. operatore; *un a. cuoco*, *un'a. cuoca*; *cercasi un'a. cameriera*; *cercansi due a. cuochi* | Nelle scuole di medicina o nelle cliniche, dipendente di ruolo intermedio tra quelli dell'assistente e del professore ordinario. **C** in funzione di inter. ● Si usa come invocazione di soccorso (*spec. iter.*) *a.! affogo!* || **aiutarèllo**, dim. | **aiutino**, dim. | **aiutùccio**, †**aiutùzzo**, dim.

†**aiutóre** ● V. *adiutore*.

†**aiutòrio** ● V. †*adiutorio*.

aizzaménto o †**adizzaménto** [av. 1363] s. m. ● Incitamento, istigazione.

aizzàre o †**adizzàre** [da †*izza*; 1292] v. tr. ● Incitare alla violenza, all'offesa, all'inseguimento: *a. i cani*; *a. una persona contro un'altra* | Provocare, istigare.

aizzatóre [1842] s. m. (f. *-trice*) ● Chi aizza.

à jour /fr. a'ʒuːʀ/ o **ajour** [fr., propr. 'a giorno', perché il traforo lascia passare la luce (in fr. *jour* significa 'giorno' e 'luce'); 1828] **A** loc. agg. inv. ● A giorno: *punto, ricamo, orlo à jour*. **B** loc. sost. m. inv. ● Orlo a giorno, punto traforato.

ajouràto /aʒu'rato/ [1983] agg. ● Detto di ciò che è lavorato ad à jour: *tende ajourate*.

♦**al** o (*poet.*) **a'** I prep. art. m. sing. comp. di *a* (*2*) e *il* ● V. *il* per gli usi ortografici.

♦**àla** [lat. *āla(m)*, di orig. indeur.; 1282] s. f. (pl. *àli*, †*àle*) **1** Organo che consente il volo a uccelli, pipistrelli e a taluni insetti (ma anche a esseri mitologici o fantastici, come l'arpia, l'ippogrifo, gli angeli e i demoni, ecc.) CFR. ptero-, -ttero | ***Ala spuria***, le penne portate dal pollice dell'arto anteriore degli uccelli. SIN. Alula | ***Essere sulle ali***, di uccello che si è levato ed è già in volo | ***Cader d'ala***, di un uccello ferito all'ala, che cade obliquamente | ***Dare, fare ala***, il cambiar direzione degli uccelli, in atto di accostarsi alla tesa | ***Battere le ali***, volare, sollevarsi | ***In un batter d'ali***, in un attimo, rapidamente | ***Avere, mettere le ali ai piedi***, essere veloce, rapido; (*fig.*) provare entusiasmo, fervore e sim. | ***Tarpare le ali***, (*fig.*) frenare, reprimere gli slanci di autonomia di qlcu. | ***Volare sulle ali della fantasia***, (*fig.*) dare libero sfogo alla propria immaginazione. ➡ ILL. **zoologia generale**. **2** (*fig.*) Favore, protezione: *sotto l'ala*, *sotto le ali di qlcu.*; *ricovrarsi sotto le grandi ale / del perdono d'Iddio* (FOSCOLO). **3** (*aer.*) Parte del velivolo, intera o in più parti generalmente simmetriche, che ne sorregge il peso in volo per effetto delle azioni aerodinamiche sviluppate dal moto nell'aria: *ala monoplana, biplana, triplana, pluriplana*; *ala alta, bassa, superiore, inferiore* | ***Ala a delta***, a pianta triangolare | ***Ala a freccia***, nella quale i bordi d'attacco e di uscita delle due semiali formano un angolo inferiore a 90° rispetto all'asse longitudinale dell'aereo | ***Ala volante***, velivolo costituito dalle sole ali, che incorpora anche gli organi di stabilità e di governo; (*est.*) specie di materassino paracadute che permette di rimanere in aria per diverse decine di minuti, usato dai paracadutisti per esibizioni spettacolari. ➡ ILL. p. 2156 SPORT; p. 2175 TRASPORTI. **4** (*est.*) Prolungamento laterale: *le ali di un edificio, di un ponte, di una diga*; *l'ala destra, sinistra di un castello*; *muro d'ala* | ***Ali di un trittico***, sportelli laterali | ***Ala della rete***, parete laterale, nelle reti da pesca. **5** (*est.*) Parte od organo che sporge dal corpo centrale di un oggetto, spesso con forma o funzioni che ricordano quelle dell'ala degli animali | ***Ali del mulino a vento***, ciascuna delle pale della ruota | ***Ala del cappello***, falda, tesa, attorno alla base della calotta | ***Ala del ventaglio***, il foglio semicircolare a più ripiegature incollato sulle stecche del ventaglio di tipo pieghevole | (*anat.*) ***Ala del naso***, la parte laterale esterna di ciascuna narice. SIN. Pinna. **6** (*est.*) Gruppo di persone disposte spec. simmetricamente ai lati: *il corteo passò tra due ali di folla festante* | ***Fare ala al passaggio di qlcu.***, disporsi ai lati della strada per consentirgli il passaggio: *la folla fece ala al corteo funebre* | (*mil.*) Parte estrema della fronte di uno schieramento di esercito o di unità: *ala destra, sinistra*; *le ali avanzarono con un movimento a tenaglia*; *attaccare sulle ali* | (*fig.*) ***Ala di un partito***, corrente, tendenza che segue uno specifico indirizzo. **7** Nel calcio, nella pallanuoto e sim., ciascuno dei due attaccanti di prima linea che giocano lungo le fasce laterali: *ala tornante*; *ala arretrata* | (*est.*) Ciascuna delle due posizioni dello schieramento: *giocare all'ala*. || **alàccia**, pegg. | **alétta**, dim. (V.) | **alùccia**, dim. (V.).

a la /'alla, a(l)la/ ● V. *alla* (*1*).

alaàlto [comp. di *ala(re)* e *alto*, in contrapposizione ad *alabbasso*] s. m. ● (*mar.*) Manovra usata per fare salire e reggere aste, alberetti o pennoni sull'attrezzatura.

alabàmio [in onore del politecnico di *Alabama*; 1950] s. m. ● (*chim.*, *raro*) Astato.

alabàrda o †**labàrda** [medio alto ted. *helmbart*; 1520] s. f. ● Arma in asta lunga da punta e da taglio con il ferro formato da una punta lanceolata, e sotto, da un lato, una scure e, dall'altro, una o più punte, introdotta in Italia nel XV sec., usata come arma sussidiaria della picca.

alabardàta [1881] s. f. ● Colpo d'alabarda.

alabardàto [1940] **A** agg. **1** Armato di alabarda. **2** A forma di alabarda | ***Giglio a.***, il simbolo della città di Trieste. **3** Che gioca nella squadra di calcio della Triestina. **B** s. m. ● Chi gioca nella squadra di calcio della Triestina.

alabardière [1520] s. m. ● Soldato armato d'alabarda.

alabastrino [1532] agg. **1** Di alabastro: *vaso a.* **2** (*fig.*, *lett.*) Che ha il colore, la trasparenza e sim. dell'alabastro: *viso, chiarore a.*; *mani, dita, alabastrine*.

alabastrite [da *alabastr(o)* col suff. mineralogico *-ite* (*2*); 1499] s. f. ● (*geol.*) Concrezione calcarea simile all'alabastro.

alabàstro [vc. dotta, lat. tardo *alabăstru(m)*, dal gr. *alábastron*, di orig. orient.; 1321] s. m. **1** (*geol.*) Roccia concrezionale costituita di minuti cristalli di gesso a struttura fibroso-raggiata con caratteristiche zonature variegate. **2** (*spec. al pl.*) Oggetti di alabastro, come statuette, bassorilievi, coppe, anfore, vasi e sim.

alabbàsso [comp. di *alare* (*2*) e *abbasso*; 1870] s. m. ● (*mar.*) Cima usata per fare scendere e trattenere vele od oggetti a bordo.

à la carte /fr. ala'kaʀtə/ [loc. fr., propr. 'alla carta'] loc. avv.; anche agg. ● Secondo la lista delle vivande, non a prezzo fisso: *mangiare à la carte*; *menu à la carte*.

alàccia o **làccia** [sec. XV] s. f. (pl. *-ce*) ● (*zool.*) Alosa.

à la coque /fr. ala'kɔk/ o **alla coque** /'alla'kɔk/ [loc. fr., propr. 'al (*à la*, perché si riferisce a s. f.) guscio (*coque*, dal lat. *cŏccum* 'nocciolo')'; 1905] loc. agg. inv. ● Detto di uovo bollito col guscio per due o tre minuti.

àlacre o **alàcre** [vc. dotta, lat. *ălacre(m)*, di etim. incerta; 1499] agg. **1** Pronto, svelto, sollecito nell'operare: *passo a.*; *vita, spirito a.* SIN. Operoso, solerte. **2** (*fig.*) Fervido, vivace: *ingegno, intelligenza a.* || **alacreménte**, avv. Con prontezza.

alacrità [vc. dotta, lat. *alacritāte(m)*, da *ălacer* 'alacre'; sec. XIV] s. f. **1** Sveltezza, prontezza nel lavoro e nel movimento: *lavorare con a.* SIN. Ardore, solerzia. **2** (*fig.*) Vivacità: *a. d'ingegno*.

alàggio [fr. *halage*, da *haler* 'alare (3)'; 1813] s. m. **1** Traino di una nave lungo canali o fiumi, con cime tirate dalla riva | (*est.*) Manovra per portare un natante all'asciutto. **2** (*gener.*) Sforzo di trazione su una fune.

alalà [dal gr. *alalá*, grido di guerra, di orig. onomat.; 1904] **A** inter. ● (*lett.*) Grido guerresco di esultanza che ha il sign. di 'evviva', 'vittoria' e che fu usato come incitamento o come ovazione nel periodo fascista: *eia! eia! eia! a.!* **B** anche s. m.: *ma s'io ritrovi ciò che il cuor mi vuole / ti getto allora un a. di guerra* (PASCOLI).

alalìa [comp. di *a-* (*1*) e *-lalia*; 1899] s. f. ● (*med.*) Incapacità di parlare per disturbi organici o funzionali degli organi vocali.

alalònga o **alalónga**, **alalùnga** [comp. di *ala* e *lungo*; 1906] s. f. ● Pesce commestibile dei Teleostei, di color azzurro argenteo con lunghe pinne pettorali, che si distingue dal tonno per le dimensioni più ridotte (*Thunnus alalunga*).

alamànna ● V. *salamanna*.

alamànno ● V. *alemanno*.

alamàro [sp. *alamar*, forse dall'ar. *al-amāra* 'laccio'; 1658] s. m. **1** Tipica allacciatura per abiti femminili o per uniformi militari, in passamaneria di seta o di fili metallici ripiegata a forma di cappio entro cui è fatto passare un bottone. **2** Mostrina speciale dei carabinieri, dei granatieri e degli ufficiali di stato maggiore.

alambardàta [deform. del fr. *embardée* 'imbardata'; 1937] s. f. ● (*aer.*, *raro*) Imbardata.

alambicco o †**lambicco** [ar. *al-inbīq* 'vaso da distillare', dal gr. *ámbix*, genit. *ámbikos* 'tazza, alambicco', da *ámbōn* 'orlo, protuberanza', di etim. incerta (?); sec. XIII] s. m. (pl. *-chi*) ● Apparecchio di distillazione consistente in una caldaia collegata, mediante un tubo, a un serpentino di raffreddamento al fondo del quale si raccoglie il distillato.

alanina [da *al(deide acetica)* da cui venne sintetizzata, col suff. *-ina* delle ammine] s. f. ● (*chim.*) Amminoacido idrofobo presente nelle proteine.

alàno [etim. incerta; 1334] s. m. ● Cane a pelo raso e muso tozzo, dalle orecchie corte e diritte, di statura imponente, atto alla guardia e alla caccia: *a. tigrato*.

à la page /fr. ala'paːʒ/ [loc. fr., propr. 'alla pagina', cioè 'all'ultima, più recente pagina dei dettami della moda'; 1931] loc. agg. inv. ● Aggiornato, all'ultima moda: *essere à la page*; *è una donna molto à la page*.

alàre (**1**) [lat. *lāre(m)* 'focolare'. In orig. i *Lāres* erano spiriti infernali che perseguitavano i vivi e furono poi trasformati in divinità tutelari; forse da accostare a *lārva* 'spettro, fantasma'; 1478] s. m. ●

alare 64

Ciascuno dei due arnesi in metallo, pietra o terracotta usati nel focolare o nel camino per sostenere la legna o per appoggiarvi lo spiedo.

alàre (2) [vc. dotta, lat. *alāre(m)*, da *āla* 'ala'; 1797] agg. *1* Che si riferisce all'ala, sia degli uccelli che degli aeromobili: *l'avvoltoio ha un'apertura a. superiore ai due metri; carico, profilo a.* | ***Motore a.***, montato sotto l'ala o incorporato nell'ala | ***Membrana a.***, patagio. *2* (*anat.*) Detto della parte mediale del muscolo nasale.

alàre (3) [fr. *haler*, dall'ol. *halen* 'tirare'; 1577] v. tr. *1* Trascinare mediante alaggio: *a. un'imbarcazione, un idrovolante.* *2* (*mar.*) Tirare con forza una cima o una catena per tendere o sollevare qualcosa | (*est.*) Tirare o sollevare una nave fuori dall'acqua.

alàta [da *ala*; 1863] s. f. ● (*raro*) Colpo d'ala.

a làtere [lat., propr. 'a fianco' (V. *lato* (*1*)); 1892] loc. agg. inv. *1* (*relig.*) ***Legato a latere***, cardinale inviato dal Papa come legato pontificio a svolgere missioni particolarmente delicate. *2* (*dir.*) ***Giudice a latere***, giudice componente un organo giurisdizionale collegiale non in qualità di presidente; spec. membro non presidente della Corte d'assise, facente parte della magistratura. *3* (*est.*) Di chiunque sia al seguito di un'altra persona, che affianca e di cui fa le veci.

alatèrno [vc. dotta, lat. *alatĕrnu(m)*, di ignota orig.; 1819] s. m. ● (*bot.*) Arbusto sempreverde delle Ramnacee, con foglie coriacee e lucide, fiori senza petali, piccoli e verdastri, frutto a drupa, rosso; cresce nel bacino del Mediterraneo e il suo legno è usato in ebanisteria.

alàto [lat. *alātu(m)*, da *āla* 'ala'; av. 1374] **A** agg. *1* Fornito di ali | (*est.*) Detto di organo vegetale fornito di strutture espanse a forma di ala. *2* (*fig.*) Sublime, elevato: *pensiero a.; parole alate.* **B** s. m. ● Essere alato | (*per anton.*) Uccello.

a làto ● V. *allato.*

alàuda [vc. dotta, lat. *alāuda(m)* 'allodola'; av. 1494] s. f. ● (*poet.*) Allodola: *spicca l'a. il volo / trillando l'aerea canzone* (CARDUCCI).

Alàudidi [comp. di *alauda* e *-idi*; 1950] s. m. pl. (sing. *-e*) ● Nella tassonomia animale, famiglia di Uccelli dell'ordine dei Passeriformi cui appartiene l'allodola (*Alaudidae*).

♦**àlba** (1) [lat. (*lūcem*) *ălba(m)* 'luce bianca'; 1312] s. f. *1* Prima luce del giorno tra la fine della notte e l'aurora: *sul far dell'a.; arrivederci all'a.* *2* (*fig.*) Principio, primo indizio: *l'a. del secolo, della civiltà.* *3* (*letter.*) Componimento della lirica trovadorica che canta l'alba e la separazione degli amanti.

àlba (2) [f. sost. di *albo* (*1*); sec. XIV] s. f. ● (*raro*) Veste sacerdotale bianca. SIN. Camice.

albagìa [da *alba* 'vento dell'alba' (?); 1536] s. f. ● (*lett.*) Boria, vanità pomposa: *persona piena di a.* SIN. Superbia.

†**albàgio** [ar. *al-bazz* 'tela fine'; sec. XIII] s. m. ● Tipo di panno grossolano: *con camicia di grossa tela candidissima ...; giacchetta di a. nero.* (CAPUANA).

†**albagióso** [da *albagia*; 1612] agg. ● Borioso, superbo, vanitoso.

albàna [lat. **albānu(m)*, da *ălbus* 'bianco'; sec. XIV] s. f. *1* Varietà di vite coltivata spec. in Emilia dalla cui uva, di colore giallo dorato, si ricava il vino omonimo. *2* Vino tipico romagnolo, amabile o secco, di color giallo paglierino.

albanèlla [dal lat. **albānu(m)*, da *ălbus* 'bianco'; av. 1698] s. f. ● Uccello rapace dei Falconidi, simile al falco, con piumaggio grigio-biancastro.

albanése [1490 ca.] **A** agg. ● Dell'Albania: *popolo a.; lingua a.; costumi albanesi.* **B** s. m. (anche f. nei sign. 1 e 2) *1* Abitante, nativo dell'Albania. *2* †Forestiero. *3* Cappelletto, nel sign. 2. **C** s. m. solo sing. ● Lingua indoeuropea parlata dagli albanesi. CFR. Ghego, tosco (3).

albarèllo o **alberèllo** (1) [etim. incerta; av. 1375] s. m. *1* Vaso da farmacia in ceramica di forma cilindrica con lieve strozzatura nella parte centrale. *2* V. *alberello* (*3*).

albàsia [etim. incerta; 1861] s. f. ● (*lett.*) Bonaccia, calma marina: *è grande a. / da lido a lido* (D'ANNUNZIO).

albàsio [dal lat. *ălbus* 'bianco'. V. *albo* (*1*); 1955] s. m. ● Mattone fragile e più chiaro del normale, per insufficiente cottura.

albaspìna [lat. *ălba(m) spīna(m)* 'spina bianca'; 1904] s. f. ● (*lett.*) Biancospino.

albastrèllo [dal lat. *ălbus* 'bianco'; 1852] s. m. ● Uccello di palude dei Caradriformi con gambe lunghe, esilissime, verdastre e penne molto chiare (*Tringa stagnatilis*).

albàta [av. 1907] s. f. ● (*letter.*) Alba (1), nel sign. 3.

àlbatra [lat. *ărbutu(m)*, da *ărbor* 'albero'; av. 1729] s. f. ● (*lett.*) Frutto del corbezzolo.

albatrèllo [av. 1912] s. m. *1* Dim. di *albatro* (*1*). *2* V. *alberello* (*3*).

àlbatro (1) [lat. *ărbutu(m)*; av. 1577] s. m. ● (*bot.*) Corbezzolo. ‖ **albatrèllo**, dim. (V.) | **albatrìno**, dim.

àlbatro (2) [fr. *albatros*, dal port. *alcatraz*, da una lingua indigena d'America; 1797] s. m. ● Specie di grandi Uccelli oceanici dei Procellariformi, per lo più bianchi, con ali lunghe e strette adatte al volo continuato | ***A. erratico***, specie di grande statura, tipica dei mari antartici (*Diomedea exulans*). ➡ ILL. animali/7.

albèdine [dal lat. *albēdine(m)* 'bianchezza', da *ălbum* 'bianco'; 1499] s. f. ● (*lett.*) Colore biancastro | Bianchezza.

albèdo [dal nom. lat. *albēdo* 'bianchezza', deriv. da *ălbu(m)* 'bianco'; 1898] s. f. inv. *1* Parte interna biancastra della buccia degli agrumi. *2* (*fis.*) Rapporto tra la quantità di energia diffusa da una superficie sferica e la quantità totale che l'ha investita provenendo dall'infinito o da una distanza molto grande | ***A. di un pianeta, di un satellite***, relativamente all'energia solare.

albeggiaménto [1666] s. m. ● (*raro*) L'albeggiare.

albeggiàre [da *alba*; 1441] **A** v. intr. impers. (*albéggia*; aus. *essere*) ● Farsi giorno, spuntare l'alba: *d'estate albeggia presto.* **B** v. intr. (aus. *essere*) *1* (*lett.*) Risplendere di luce bianca: *la neve albeggia nei campi.* *2* (*fig.*) Essere agli inizi: *quando la civiltà albeggiava appena.*

àlbera [lat. tardo *ălbaru(m)*, da *ălbus* 'bianco'. V. *albo* (*1*); 1530 ca.] s. f. ● (*bot.*) Pioppo nostrano.

alberàggio [da *albero* nel sign. 2; 1832] s. m. ● Un tempo, tassa da pagare in alcuni porti per le merci imbarcate e sbarcate.

alberàre o †**arboràre** [da *albero*; 1481] v. tr. (*io àlbero*) *1* Piantare ad alberi: *a. un giardino.* *2* †Inalberare, alzare un'insegna. *3* Alzare e fissare gli alberi di una nave o di un'imbarcazione.

alberàta [da *albero*; 1941] s. f. *1* Fila di alberi che si snoda lungo un sentiero, una strada e sim.: *un'a. fiancheggiava il fiume.* *2* Sistema di coltivazione mediante il quale la vite viene appoggiata a filari di olmi, pioppi e piante da frutto. *3* Alberatura di una nave.

alberàto [sec. XIV] part. pass. di *alberare*; anche agg. *1* Piantato, ornato con alberi: *un giardino, un viale a.* *2* Fornito di alberatura.

alberatùra [1612] s. f. *1* Piantagione di alberi. *2* L'insieme degli alberi di una nave coi pennoni e le aste. ➡ ILL. p. 2172 TRASPORTI.

alberèlla [av. 1846] s. f. ● Alberello (2).

alberèllo (1) ● V. *albarello* nel sign. 1.

alberèllo (2) [dal lat. tardo *ălbaru(m)*, da *ălbus* 'bianco'; av. 1698] s. m. ● (*bot.*) Pioppo bianco, tremolo.

alberèllo (3) o **albarèllo**, o **albatrèllo** [dal sign. di 'albero di pioppo', ai piedi del quale nasce; av. 1597] s. m. ● (*tosc.*) Fungo porcinello, pioppino.

alberése [etim. incerta; 1550] s. m. ● (*geol.*) Varietà di calcare compatto a grana finissima.

alberéta [1669] s. f. ● Albereto.

alberéto o †**arboréto** [lat. *arborētu(m)*, da *ărbor*, genit. *ărboris* 'albero'; sec. XIV] s. m. ● Luogo piantato ad alberi.

alberétto [av. 1584] s. m. *1* Dim. di *albero.* *2* (*mar.*) Tronco superiore degli alberi dei grandi velieri.

albergàre [da *albergo*; sec. XIII] **A** v. tr. (*io albèrgo, tu albèrghi*) *1* (*lett.*) Ospitare: *Mi dové a. quella notte in casa sua* (ALFIERI). *2* (*fig., lett.*) Nutrire, racchiudere, nel proprio animo: *alberga nobili sentimenti; intorno al sen che alberga tanto amore* (CARDUCCI). **B** v. intr. (aus. *avere*, *lett. essere*) *1* (*lett.*) Avere dimora, alloggiare, abitare: *alberga in una misera pensione* | (*lett.*) †Dormire insieme: *con molto piacere cenò e albergò con la donna* (BOCCACCIO). *2* (*fig., lett.*) Trovarsi, risiedere: *nel suo cuore albergano nobili sentimenti.*

albergàto [av. 1306] part. pass. di *albergare*; anche agg. *1* Alloggiato, ospitato. *2* †Fornito di case, di abitazioni.

albergatóre [1278] s. m. (f. *-trice*) *1* Proprietario di un albergo. *2* (*lett.*) Chi dà albergo (*anche fig.*).

albergherìa [av. 1292] s. f. *1* †Alloggio, albergo. *2* Nel mondo medievale, obbligo delle città e dei borghi di alloggiare gratuitamente il re e pubblici ufficiali.

alberghièro [1927] agg. ● Relativo ad albergo | Degli alberghi: *industria alberghiera.*

♦**albèrgo** [got. **haribergo* 'alloggio'; 1290] **A** s. m. (pl. *-ghi*) *1* Edificio adibito all'abitazione e al soggiorno di persone generalmente in transito: *sostare, dormire in un a. di lusso; un comodo a.*; SIN. Hotel | ***A. per la gioventù***, ostello | ***A. diurno***, V. *diurno.* *2* (*lett.*) Ricovero, rifugio, ricetto (*anche fig.*): *chiedere, dare a.; di dar a. a Dio dentro 'l mio petto* (COLONNA). *3* (*raro, lett.*) Casa, dimora: *questo a. ove abitai fanciullo* (LEOPARDI). **B** in funzione di agg. inv. ● (posposto al s.) Spec. nella loc. ***casa a.***, albergo dove è possibile soggiornare a lungo e stabilmente, spec. nelle grandi città. ‖ **albergàccio**, pegg. | **alberghétto**, dim. | **alberghìno**, dim. | **albergóne**, accr. | **albergùccio**, dim.

♦**àlbero** o †**àlbore** (2), †**àrbore** [lat. *ărbore(m)*, di etim. incerta; av. 1249] s. m. *1* Ogni pianta con fusto eretto e legnoso che nella parte superiore si ramifica. CFR. dendro- | ***A. della gomma***, V. *hevea* | ***A. di Giuda***, siliquastro (*Cercis siliquastrum*) | ***A. di S. Andrea***, delle Ebenacee con foglie ovali di color verde scuro e fiori piccoli solitari (*Diospyros lotus*). SIN. Ermellino, falso loto | ***A. del pomodoro***, tomatillo | ***A. del tè***, albero delle Mirtacee, originario dell'Australia, coltivato per il suo olio essenziale (*Melaleuca alternifolia*) | ***A. santo***, azedarach | ***A. della Croce***, raffigurazione, frequente nell'arte medievale, della croce di Cristo sotto forma di albero i cui rami recano cartigli e immagini di profeti con riferimento alla Passione | ***A. di Natale***, V. *natale* | ***A. della cuccagna***, V. *cuccagna.* ➡ ILL. p. 2113 AGRICOLTURA. *2* (*mar.*) Fusto di legno, metallo o materiali compositi, verticale o inclinato, appoggiato sulla coperta o sulla chiglia, per sostenere vele, pennoni, coffe, fanali e sim.: *a. di trinchetto, di maestra, di mezzana* | ***A. di fortuna***, che si improvvisa a bordo se si resta disalberati. ➡ ILL. p. 2155 SPORT; p. 2172 TRASPORTI. *3* Formazione anatomica ricca di diramazioni e ramificazioni | ***A. respiratorio***, complesso delle ramificazioni della trachea e dei bronchi | ***A. arterioso***, insieme di un'arteria e delle sue diramazioni. *4* ***A. genealogico***, in araldica, descrizione in linea ascendente o discendente dei nomi degli individui d'una o più famiglie di un ceppo comune; in filologia, rappresentazione dei rapporti di filiazione e di parentela che uniscono fra loro i codici e le stampe di un'opera letteraria rispetto a un originale perduto | In genetica, rappresentazione grafica di un ceppo familiare con le relazioni di parentela e l'indicazione della manifestazione di uno o più caratteri nelle varie generazioni. *5* (*mecc.*) Elemento di forma allungata sottoposto, durante il funzionamento della macchina, ad un moto di rotazione attorno ad un asse rettilineo, atto a trasmettere la potenza | ***A. a camme*** o ***a eccentrici*** o ***di distribuzione***, nei motori a scoppio, Diesel e sim., quello munito delle camme d'azionamento delle valvole | ***A. a gomiti***, nei motori a scoppio, Diesel e sim., quello munito di manovelle che trasforma il moto alterno degli stantuffi in moto rotatorio. SIN. Collo d'oca | ***A. di trasmissione***, quello che, negli autoveicoli, trasmette il moto dal cambio di velocità al differenziale | Negli orologi di alta precisione, asse parallelo a quello del bariletto e sul quale è fissato un cono con scanalatura a spirale | ***A. di Natale***, nell'industria petrolifera, testa di produzione. *6* (*chim.*) Insieme dei composti derivati da una sostanza: *l'a. dell'acetilene* | Formazione dendritica, arborescente | ***A. di Saturno***, piombo metallico precipitato, per spostamento, da una sua soluzione salina. *7* (*mat.*) Grafo privo di circuiti. *8* (*ling.*) Rappresentazione grafica della struttura in costituenti di una frase: *a. di Chomsky.* ‖ PROV. Dal frutto si conosce l'albero. ‖ **alberàccio**, pegg. | **alberèllo**, dim. | **alberétto**, dim. (V.) | **alberino**, dim. | **alberonàccio**, pegg. | **alberóne**, accr. | **alberòtto**, dim.

albertìno [da (Carlo) *Alberto* (1798-1849); 1955] agg. ● Relativo a Carlo Alberto re di Sardegna: *lo* *statuto a.*

albése [1860] **A agg.** ● Di Alba cittadina in provincia di Cuneo | (*cuc.*) ***Carne all'a.***, tagliata a fettine sottili e servita cruda, con olio, limone e uno strato di funghi. **B s. m. e f.** ● Abitante, nativo di Alba. **C s. m.** solo **sing.** ● Dialetto parlato ad Alba.

albicàre [lat. *albicāre*, da *ălbus* 'bianco'; 1499] **v. intr.** (*io àlbico, tu àlbichi*; aus. *avere* nel sign. 1, *essere* nel sign. 2) ***1*** (*lett.*) Biancheggiare: *albica il mar di cristalline strisce* (D'ANNUNZIO). ***2*** (*lett.*) Albeggiare.

albicàto [1967] **part. pass.** di *albicare*; anche **agg.** ***1*** Nel sign. del v. ***2*** (*bot.*) Detto di foglia il cui lembo risulta completamente o parzialmente bianco.

albicatùra [da *albicare*; 1955] **s. f.** ● (*bot.*) Presenza di macchie bianche su foglie dovuta a mancanza di clorofilla.

albicòcca [sec. XIII] **A s. f.** ● Frutto dell'albicocco. **B** in funzione di **agg. inv.** ● (posposto al s.) Detto del colore giallo aranciato proprio del frutto omonimo. || **albicocchina**, **dim.**

albicocchéto [1955] **s. m.** ● Terreno coltivato ad albicocchi.

albicòcco [ar. *al-barqūq* 'susina', attrav. lo sp. *albaricoquero*; av. 1572] **s. m.** (**pl.** *-chi*) ● Albero delle Rosacee con fiori bianchi o rosei e frutti rotondi e vellutati di color arancio (*Prunus armeniaca*). ➡ **ILL. piante**/6.

albigése [1619] **A agg.** ● Della città di Albi, in Linguadoca. **B s. m. e f.** ***1*** Abitante di Albi. ***2*** (*spec. al pl.*) Nel Medioevo, seguace di varie eresie diffuse nel territorio di Albi: *la crociata contro gli albigesi.*

albinàggio [dal lat. mediev. *albinagium*, deriv. di *albinus* 'straniero', legato più che al lato *ălibi* '(nato) in altro luogo', ad un germ. **alibanni* 'uomo di un'altra giurisdizione'; 1769] **s. m.** ● (*dir.*) Nel Medioevo, diritto dello Stato di incamerare i beni lasciati nel suo territorio da uno straniero defunto privo di eredi legittimi o testamentari: *esercitare l'a.*

albinìsmo [da *albino*; 1830] **s. m.** ***1*** (*biol.*) Assenza di pigmentazione, totale o parziale, della pelle, dei capelli, dei peli, dell'iride e di altri annessi cutanei dell'uomo o degli animali. ***2*** (*bot.*) Assenza di clorofilla nelle foglie e nel fusto, dovuta a mutazioni genetiche.

albìno [port. *albino*, dal lat. tardo *albīnu*(*m*) 'bianchiccio'; 1797] **agg.**; anche **s. m.** ● Che (o Chi) è affetto da albinismo.

albiòlo [lat. parl. **albiŏlu*(*m*), per il classico *alveolu*(*m*) 'vaso, trogolo' (V. *alveolo*); av. 1565] **s. m.** ● Piccolo abbeveratoio per uccelli in gabbia.

albiònico [da *Albione*, n. lett. della Gran Bretagna; 1970] **agg.** (**pl. m.** *-ci*) ● (*lett. spreg.*) Inglese.

albis, in ● V. *in albis.*

albìte [dal lat. *ălbus* 'bianco'; 1855] **s. f.** ● (*miner.*) Alluminosilicato sodico appartenente al gruppo dei plagioclasi in cristalli tabulari o prismatici di colore bianco o grigio frequentemente geminati.

†**albitràre** e *deriv.* ● V. *arbitrare* e *deriv.*

albìzzia [dal n. di Filippo degli *Albizzi*, che la introdusse in Toscana nel 1749; 1829] **s. f.** ● (*bot.*) Albero delle Mimosacee, con molti fiori giallo-rosei, piccoli, riuniti in grandi capolini, foglie pennate, originario dell'Asia e coltivato per ornamento, naturalizzato nella pianura padana (*Albizzia julibrissin*). **SIN.** Gaggia arborea.

àlbo (**1**) [vc. dotta, lat. *ălbu*(*m*) 'bianco', di orig. incerta, ma da avvicinare al gr. *alphós*; av. 1519] **agg.** ● (*raro, lett.*) Bianco: *l'alba colomba scaccia i corbi neri* (CAMPANELLA) | ***Fico a.***, con buccia di color bianco sporco.

àlbo (**2**) o **àlbum** nei sign. 4 e 5 [vc. dotta, lat. *ălbu*(*m*) 'tavoletta bianca', da *ălbus* 'bianco'; 1621] **s. m.** ***1*** Nel mondo romano, tavola di legno ricoperta di gesso su cui erano scritte notizie, spec. atti ufficiali, al fine di renderle note al pubblico | Attualmente, quadro, tavola, vetrina esposta al pubblico su cui vengono affissi avvisi o documenti ufficiali: *a. comunale*; *a. pretorio.* ***2*** Pubblico registro in cui sono iscritti gli abilitati all'esercizio di una data professione o funzione: *a. dei procuratori.* ***3*** (*fig.*) ***A. d'onore, d'oro***, elenco dei nomi di persone che si distinguono per meriti o titoli vari, come benefattori pubblici, vincitori di gare sportive, alunni meritevoli e sim. ***4*** (*raro*) Album. ***5*** Libro figurato | Fascicolo contenente storie illustrate con disegni, fumetti, fotogrammi e sim.

albogàtto [comp. di *albo* (*1*) e *gatto* 'amento, primo fiore del pioppo'; av. 1912] **s. m.** ● (*bot., lett.*) Pioppo bianco.

albóre (**1**) [lat. tardo *albōre*(*m*), da *ălbus* 'bianco'; av. 1249] **s. m.** ***1*** (*lett.*) Chiarore del cielo, alba: *la ingegnosa pecchia al primo a. / giva predando or uno or altro fiore* (POLIZIANO). ***2*** (*spec. al pl., fig.*) Inizi, prime manifestazioni di qlco., spec. di un movimento culturale, politico, o di un periodo storico: *gli albori della civiltà*; *gli albori della vita.*

†**àlbore** (**2**) ● V. *albero.*

alborèlla [dim. del lat. *ălbula*, da *ălbus* 'bianco'; 1865] **s. f.** ● Piccolo pesce dei Ciprinidi dal corpo compresso e slanciato, verdastro nella parte superiore e argenteo in quella inferiore (*Alburnus albidus*).

albùgine [vc. dotta, lat. *albūgine*(*m*), da *ălbus* 'bianco'; 1400 ca.] **s. f.** ***1*** Opacità bianca della cornea. ***2*** (*bot.*) Nebbia, mal bianco.

albugìnea [da *albugine*; sec. XIV] **s. f.** ● (*biol.*) In anatomia, strato di tessuto fibroso bianco opaco che circonda un organo o parte di esso: *a. dell'ovaia*; *a. del testicolo.*

albugìneo [da *albugine*; sec. XIV] **agg.** ● Biancheggiante, detto di tessuti fibrosi e membrane.

♦**àlbum** [vc. dotta, lat. *ălbum* 'tavoletta bianca', da *albus* 'bianco'; 1832] **s. m. inv.** ***1*** Libro o quaderno destinato a contenere fotografie, francobolli e sim., spec. con intento collezionistico | ***A. di famiglia***, quello in cui si raccolgono fotografie e altri ricordi di famiglia; (*fig.*) insieme di eventi relativi alla vita di una persona, alla storia di un gruppo e sim. | ***A. da disegno***, contenente fogli per disegnare. ***2*** Raccolta di più canzoni di uno stesso interprete in uno o più dischi: *l'ultimo a. di Lucio Dalla.*

albùme [lat. tardo *albūme*(*n*), da *ălbus* 'bianco'; av. 1292] **s. m.** ***1*** Nell'uovo degli uccelli e dei rettili, membrana protettiva e nutritiva secreta dalle pareti dell'ovidotto | Correntemente, il bianco dell'uovo; **SIN.** (*fam.*) Chiara. ***2*** Parte del seme delle piante che non appartiene all'embrione e che contiene sostanze di riserva.

albumìna [da *albume*; 1829] **s. f.** ● Proteina semplice, solubile in acqua, che coagula per riscaldamento, formata esclusivamente da amminoacidi e presente in molti organismi.

albuminemìa [comp. di *albumin*(*a*) ed *-emia*; 1986] **s. f.** ● (*med.*) Presenza di albumina nel sangue.

albuminìdico [1983] **agg.** (**pl. m.** *-ci*) ● Detto di sostanza che ha natura di albuminoide.

albuminòide [comp. di *albumina* e *-oide*; 1865] **s. m.** ● Sostanza simile all'albumina.

albuminóso [da *albumina*; 1801] **agg.** ***1*** Riguardante l'albumina. ***2*** Che contiene albumina | †Di aspetto simile all'albumina.

albuminùria o **albuminurìa** [comp. di *albumina* e *-uria*; 1875] **s. f.** ● (*med.*) Presenza di albumina nelle urine.

albùrno [vc. dotta, lat. *albŭrnu*(*m*), prob. da *ălbus* 'bianco'; 1663] **s. m.** ● (*bot.*) La zona più superficiale, e quindi più giovane, del legno, in cui si trovano funzionanti i vasi conduttori.

àlca [sved. *alka*; 1797] **s. f.** ***1*** Genere di Uccelli nuotatori comprendente specie del Pacifico e dell'Atlantico (*Alca*). ***2*** Uccello marino dell'Atlantico settentrionale, ormai estinto, con corpo nero superiormente e bianco inferiormente (*Plautus impennis*).

alcachèngi ● V. *alchechengi.*

alcàde /*sp.* al'kaðe/ ● V. *alcalde.*

alcàico [vc. dotta, lat. *Alcāicu*(*m*), nom *Alcāicus*, dal gr. *Alkaïkós*, dal n. del poeta gr. *Alceo* (630-550 ca. a.C.); 1715] **agg.** (**pl. m.** *-ci*) ● Detto di verso della poesia greca e latina con un numero fisso di sillabe | ***Sistema a.***, formato da due endecasillabi, un enneasillabo e un decasillabo alcaici.

alcàlde /*sp.* al'kalde/ o **alcàde** [sp. *alcalde*, dall'ar. *al-qāḍī* 'giudice'; 1905] **s. m.** (**pl.** *alcàldi* o sp. *alcaldes*) ● Capo dell'amministrazione comunale in Spagna o in America latina.

alcalescénte [da *alcali*; 1774] **agg.** ● Detto di sostanza che comincia a essere alcalina o che è leggermente alcalina.

alcalescénza [av. 1758] **s. f.** ● Proprietà di sostanza alcalescente.

àlcali [ar. *al-qály* 'potassa'; sec. XIII] **s. m. inv.** ***1*** (*chim.*) Base. ***2*** (*chim.*) Idrossido di un metallo alcalino (*a. caustico*) o alcalino terroso (*a. terroso*). ***3*** (*chim., raro*) Sale di sodio o di potassio, spec. carbonato di sodio o di potassio.

alcalimetrìa [comp. di *alcali* e *-metria*; 1955] **s. f.** ● Parte dell'analisi volumetrica che consiste nel determinare la quantità di alcali contenuta in una soluzione. **CONTR.** Acidimetria.

alcalìmetro [comp. di *alcali* e *-metro*; 1819] **s. m.** ● Apparecchio per determinare l'alcalinità di una soluzione.

alcalinità [da *alcalino*; 1829] **s. f.** ● (*chim.*) Proprietà degli alcali | Concentrazione di ioni ossidrili in una soluzione. **SIN.** Basicità. **CONTR.** Acidità.

alcalinizzàre [1881] **v. tr.** ● Rendere alcalino.

alcalìno, (*evit.*) **alcàlino** [da *alcali*; av. 1698] **agg.** ***1*** (*chim.*) Relativo agli alcali, che ha le proprietà di un alcali | Che contiene alcali | Detto di ciascuno dei sei metalli leggeri, litio, sodio, potassio, rubidio, cesio, francio, simili per proprietà | ***A. terroso***, detto di ciascuno dei sei metalli leggeri, berillio, magnesio, calcio, stronzio, bario, radio, simili per proprietà. ***2*** (*geol.*) ***Serie alcalina***, famiglia di rocce provenienti da magmi in cui la somma dei componenti potassici e sodici è superiore a quella dei componenti calcici.

alcalòide [comp. di *alcali* e *-oide*; 1861] **s. m.** ● (*chim.*) Base organica azotata, di origine prevalentemente vegetale, con azione curativa o tossica: *alcaloidi della china*; *alcaloidi della coca*; *alcaloidi dell'oppio* | ***A. cadaverico***, cadaverina.

alcalòsi [da *alcali*, col suff. *-osi*; 1942] **s. f. inv.** ● (*med.*) Aumento delle sostanze basiche nel sangue.

alcànna [ar. *al-ḥinnā'*; sec. XIV] **s. f.** ● (*bot.*) Henna | ***A. spuria***, alberello delle Borraginacee con foglie ovoidali, fiori molto profumati e radice fusiforme di color rosso scuro (*Alkanna tinctoria*).

alcàno [da *alc*(*ool*), col suff. *-ano*; 1933] **s. m.** ● (*chim.*) Idrocarburo alifatico saturo. **SIN.** Paraffina.

Alcantàra® [dal n. della città sp. di *Alcántara*, prob. dall'ar. *al-qánṭara* 'ponte'; 1985] **s. f.** ● Tessuto a base di microfibre, di aspetto simile al camoscio per consistenza e leggerezza, usato per confezionare abiti e accessori o per rivestire divani, cuscini e sim.

alcaptóne [comp. di *al*(*cali*), lat. *capt*(*are*) 'prendere' e *-one* (*2*); 1983] **s. m.** ● Composto chimico che si forma dall'ossidazione dell'acido omogentisico.

alcaptonùria [comp. di *alcapton*(*e*) e *-uria*; 1983] **s. f.** ● (*med.*) Disturbo congenito innocuo consistente nella presenza di alcaptone nelle urine, per cui queste si colorano di rosso scuro.

alcaptonùrico [1983] **agg.** (**pl. m.** *-ci*) ● (*med.*) Relativo ad alcaptonuria.

alcàzar /al'kadzdzar, -dz'dzar, *sp.* al'kaθar, -sar/ [sp. *alcázar*, dall'ar. *al-qaṣr*, dal lat. *căstrum* 'fortezza'; 1892] **s. m. inv.** (**pl.** sp. *alcazares*) ● In Spagna, fortezza di origine araba.

àlce [vc. dotta, lat. *ălce*(*m*), di orig. germ.; av. 1367] **s. m.** ● Grosso mammifero ruminante dei Cervidi con zampe lunghe, labbro superiore prominente, corna palmate e pelame bruno-nero, caratteristico delle regioni fredde (*Alces alces*) | ***Test dell'a.***, V. *test.* ➡ **ILL. animali**/12.

alcèa [vc. dotta, lat. *ălcea*(*m*), nom. *ălcea*, dal gr. *alkéa*, da avvicinare ad *alkḗ* 'forza'; sec. XIV] **s. f.** ● (*bot.*) Altea.

alcèdine [vc. dotta, lat. *halcēdine*(*m*), dal gr. *alkýōn*. V. *alcione*.; av. 1938] **s. f.** ● (*poet.*) Alcione: *ai piedi ho quattro ali d'alcedine* (D'ANNUNZIO).

alcèlafo [comp. del gr. *álkē* 'alce' (di orig. germ.) ed *élaphos* 'cervo' (di orig. germ.); 1819] **s. m.** ● (*zool.*) Bufalo.

alchechèngi o **alcachèngi** [ar. *kākanğ*; 1663] **s. m. inv.** ● Pianta erbacea delle Solanacee, con foglie ovali, fiori piccoli e bacche di color rosso-arancio avvolte dal calice (*Physalis alkekengi*).

alchèmico [ingl. *alchemic*, da *alchemy* 'alchimia'; 1919] **agg.** (**pl. m.** *-ci*) ***1*** Che riguarda l'alchimia. ***2*** (*fig.*) Misterioso, esoterico: *manipolazioni alchemiche.*

alchemìlla ● V. *alchimilla.*

alchène [da *alch*(*ile*), col suff. *-ene*; 1933] **s. m.** ● (*chim.*) Idrocarburo insaturo la cui molecola è caratterizzata dalla presenza di un doppio legame.

SIN. Olefina.

alchènico [1983] agg. (pl. m. *-ci*) ● (*chim.*) *Ciclo a.*, quello degli alcheni contenenti un doppio legame ad anello non aromatico.

alchèrmes [dall'ar. *al-qirmiz* 'colore scarlatto', attrav. lo sp. *alquermes*; 1567] s. m. inv. ● Liquore di colore rosso vivo, di sapore dolce, a base di spezie e acqua di rose, colorato con cocciniglia.

alchìdico [da *alcano*] agg. (pl. m. *-ci*) ● (*chim.*) Detto di polimero ottenuto per copolimerizzazione di acidi carbossilici, glicoli e glicerina | ***Resina alchidica***, materiale polimerico impiegato per la produzione di vernici.

alchilazióne [da *alchile*; 1955] s. f. ● (*chim.*) Reazione chimica con cui si introduce un alchile in una molecola.

alchìle [da *alc(ano)*, col suff. *-ile* (*2*); 1950] s. m. ● (*chim.*) Radicale, monovalente, derivante da un idrocarburo paraffinico per perdita di un atomo di idrogeno.

alchìlico [1933] agg. (pl. m. *-ci*) ● Relativo a un alchile | Che contiene un alchile.

alchimìa o **alchìmia** [dall'ar. *al-kīmiyā'* 'pietra filosofale'; av. 1257] s. f. *1* Scienza empirica del passato, spesso a carattere magico, che tentò anche di trasformare i metalli meno pregiati in oro e di creare l'elisir di lunga vita mediante la pietra filosofale; da essa, per lenta evoluzione, è derivata la chimica. *2* (*fig.*) Artificio, inganno, falsificazione | (*fig.*, *spreg.*) ***A. parlamentare***, ***politica***, manovra tortuosa, poco chiara.

alchìmico [av. 1537] agg. (pl. m. *-ci*) ● (*raro*, *lett.*) Che concerne l'alchimia.

alchimìlla o **alchemìlla** [da *alchimia*, in quanto si riteneva che la rugiada trovata su questa pianta mutasse i metalli in oro; 1745] s. f. ● Pianta erbacea delle Rosacee con foglie palmato-lobate e fiori in infiorescenza (*Alchemilla vulgaris*). SIN. Erba stella.

alchimìsta [sec. XIII] s. m. e f. (pl. m. *-i*) ● Chi esercitava l'alchimia.

alchimìstico [1585] agg. (pl. m. *-ci*) *1* Proprio dell'alchimia o degli alchimisti. *2* (*fig.*) Tortuoso, artificioso: *manovre alchimistiche*.

alchimizzàre [da *alchimia*; sec. XIV] A v. tr. ● Falsificare, alterare (*anche fig.*) B v. intr. (aus. *avere*) ● Esercitare l'alchimia.

alchìno [da *alchile*; 1933] s. m. ● (*chim.*) Ogni idrocarburo alifatico insaturo contenente un triplo legame.

Alcifórmi [comp. di *alca* e *-forme*; 1965] s. m. pl. (sing. *-e*) ● Nella tassonomia animale, ordine di Uccelli marini con piedi palmati e corte ali (*Alciformes*).

Alcionàri [da *alcionio*; 1955] s. m. pl. (sing. *-o*) ● Nella tassonomia animale, ordine di Antozoi, coloniali, con otto tentacoli pennati attorno alla bocca (*Alcyonaria*).

alcióne [vc. dotta, lat. *alcyŏne(m)*, nom. *ălcyon*, dal gr. *alkyṓn*, di orig. preindeur.; 1481] s. m. ● (*lett.*) Gabbiano | Martin pescatore.

alciònio [vc. dotta, lat. *alcyonēu(m)*, nom. *alcyonēus*, dal gr. *alkyóneion*, da *alkyṓn* 'alcione'; av. 1564] A agg. ● (*lett.*) Dell'alcione | ***Giorni alcionii***, quelli del solstizio d'inverno, caratterizzati dalla bonaccia, in cui si credeva che gli alcioni nidificassero e covassero. B s. m. ● Celenterato degli Alcionari che forma colonie carnose fissate sul fondo marino (*Alcyonium palmatum*).

alcmànio [vc. dotta, lat. *Alcmāniu(m)*, dal n. del poeta gr. *Alcmane* (sec. VII a.C.); 1865] A s. m. ● Verso della poesia greca e latina formato da una tetrapodia dattilica acatalettica, oppure catalettica in syllabam. B agg. ● Detto di sistema dei versi, formati da un esametro e da un tetrametro dattilici catalettici entrambi in disyllabum.

♦**àlcol** o **àlcool**, (*raro*) **àlcole**, (*raro*) **alcoòle** [ar. *al-kúḥl* 'polvere finissima per tingere le sopracciglia', poi 'sostanza purificata'; 1732] s. m. (pl. inv. o raro *-i*) *1* (*chim.*) Composto organico derivante dalla sostituzione di uno o più atomi di idrogeno, dei gruppi alchilici degli idrocarburi, con altrettanti gruppi ossidrili: *a. alifatico*, *aromatico*, *eterociclico* | ***A. etilico***, ottenuto per fermentazione e successiva distillazione di sostanze contenenti zuccheri o per sintesi, impiegato principalmente nella fabbricazione dei liquori. SIN. Etanolo | ***A. metilico***, metanolo | ***A. assoluto***, puro, praticamente privo di acqua | ***A. denaturato***, alcol etilico destinato a scopi farmaceutici o industriali | ***A. primario***, caratterizzato dal gruppo monovalente $-CH_2OH$ | ***A. secondario***, caratterizzato dal gruppo bivalente $=CHOH$ | ***A. terziario***, caratterizzato dal gruppo trivalente $\equiv COH$. *2* (*per anton.*) Correntemente, alcol etilico | (*est.*) Bevanda alcolica: *darsi all'a.*; *rovinarsi la salute con l'a.*

alcolàto o **alcoolàto** [comp. di *alcol* e *-ato* (*2*); 1829] s. m. ● Composto chimico ottenuto facendo agire una base con un alcol.

alcoldipendènte [comp. di *alcol* e *-dipendente*; 1963] s. m. e f.; anche agg. ● Chi (o Che) si trova in una condizione di dipendenza fisica e psichica nei confronti dell'alcol.

àlcole ● V. *alcol*.

alcolemìa o **alcoolemìa** [comp. di *alcol* ed *-emia*; 1963] s. f. ● (*med.*) Percentuale di alcol presente nel sangue.

alcolicità o **alcoolicità** [da *alcolico*; 1905] s. f. ● Grado alcolico di un liquido: *l'a. dei vini, dei liquori*.

alcòlico o **alcoòlico** [da *alcol*, attrav. il fr. *alcoolique*; 1829] A agg. (pl. m. *-ci*) *1* Relativo all'alcol: *grado a.* *2* Che contiene alcol: *bevanda alcolica.* *3* Che produce alcol etilico: *fermentazione alcolica.* B s. m. ● Bevanda contenente alcol: *essere dedito agli alcolici.*

alcolimetrìa o **alcoolimetrìa** o **alcolometrìa** [comp. di *alcol* e *-metria*; 1961] s. f. ● Misurazione ottenuta mediante l'alcolimetro.

alcolìmetro o **alcolòmetro**, **alcoolìmetro** [comp. di *alcol* e *-metro*; 1829] s. m. *1* Strumento usato per misurare la quantità percentuale di alcol etilico contenuta in un liquido, in particolare nelle bevande alcoliche. *2* Strumento impiegato per la determinazione della concentrazione di alcol etilico nel sangue.

alcolìsmo o **alcoolìsmo** [da *alcol*, prob. attrav. il fr. *alcoolisme*; 1875] s. m. *1* Complesso dei disordini somato-psichici dell'intossicazione da abuso di bevande alcoliche | ***A. acuto***, intossicazione alcolica acuta la cui manifestazione tipica è l'ubriachezza | ***A. cronico***, intossicazione alcolica da abuso abituale e prolungato di bevande alcoliche, con sintomi somatici (gastrite, cirrosi epatica, ipertensione arteriosa, arteriosclerosi, ecc.) e psichici (allucinosi acuta, delirium tremens, epilessia, ecc.). CFR. Alcolomania. SIN. Etilismo. *2* (*est.*) Abuso abituale di bevande alcoliche (anche come fenomeno sociale): *la piaga dell'a.*

alcolìsta o **alcoolìsta** [1955] s. m. e f.; anche agg. (pl. m. *-i*) ● Chi (o Che) eccede nell'uso di bevande alcoliche e presenta i sintomi dell'alcolismo. SIN. Etilista | ***A. anonimo***, chi fa parte di un'associazione che garantisce l'anonimato agli alcolisti che decidono di uscire dalla dipendenza dall'alcol.

alcolizzàre o **alcoolizzàre** [da *alcol*, prob. attrav. il fr. *alcooliser*; 1732] A v. tr. *1* Aggiungere alcol a una sostanza. *2* Causare in un individuo uno stato patologico a causa dell'abuso di bevande alcoliche. B v. intr. pron. ● Divenire alcolizzato.

alcolizzàto o **alcoolizzàto** [1795] A part. pass. di *alcolizzare*; anche agg. ● Nei sign. del v. B s. m. (f. *-a*) ● Chi è affetto da alcolismo cronico.

alcolizzazióne [deriv. di *alcolizzare*; 1961] s. f. ● (*med.*) Impiego di alcol, per uso topico o per iniezione, al fine di curare alcune condizioni patologiche.

alcologìa [1983] s. f. ● Disciplina che si occupa della produzione e del consumo dell'alcol etilico e dei suoi effetti sull'uomo.

alcolomanìa [comp. di *alcol* e *-mania*] s. f. ● (*med.*) Spinta ad assumere bevande alcoliche in forma eccessiva che può portare a intossicazione e disturbi della condotta. CFR. Alcolismo.

alcolometrìa ● V. *alcolimetria*.

alcolòmetro ● V. *alcolimetro*.

alcoltèst o **alcooltèst** [comp. di *alcol* e *test*; 1983] s. m. inv. ● Esame per accertare la quantità di alcol ingerita da una persona (spec. da guidatori di autoveicoli) | (*est.*) Strumento per eseguire tale esame. CFR. Alcolimetro.

àlcool e *deriv.* ● V. *alcol* e *deriv.*

alcoòle ● V. *alcol*.

alcooltèst ● V. *alcoltest*.

Alcoràno [ar. *al-qur'ān* 'lettura'; 1306] s. m. ● (*raro*, *lett.*) Corano.

alcòva [ar. *al-qúbba* 'stanza contigua', attrav. lo sp. *alcoba*; 1658] s. f. *1* Parte di una camera, separata da un arco o tramezzo e chiusa da cortine, in cui si trovava il letto. *2* (*fig.*, *lett.*) Camera da letto, intesa come luogo di intimità amorosa: *confidenze, segreti d'a.*

alcunché [comp. di *alcuno* e *che* (*2*); av. 1729] pron. indef. *1* (*lett.*) Qualche cosa: *c'è nel suo contegno a. di misterioso*; *c'era a. di falso nel suo sguardo.* *2* (*lett.*) Nulla, niente, nessuna cosa, in frasi negative: *non temere a.*; *non c'è a. di buono in lui*; *non c'è a. di difficile in questo lavoro.*

♦**alcùno** [lat. parl. **alicūnu(m)*, da *ăliquis ūnus*; av. 1250] A agg. indef. Al sing. m. si tronca sempre in *alcun* davanti a parole che cominciano per vocale, per *u* semiconsonante, per consonante semplice, per consonante muta seguita da una liquida; si può anche troncare davanti a parole che cominciano per *i* semiconsonante o *ps*, mai davanti a parole comincianti per altre consonanti doppie o per *x* e *z*. Al sing. f. si apostrofa davanti a parole che cominciano per vocale: *alcun uomo*; *alcun ombrello*; *alcun lume*, *alcun tormento*; *alcun predicatore*; *a. scritto*; *a. zio*; *alcun'anima* (V. nota d'uso UNO) *1* (*al pl.*) Indica quantità indeterminata ma limitata di persone o cose: *sono venuti alcuni amici*; *mancano alcuni libri*; *non ho capito alcune cose.* *2* (*al sing.*, *lett.*) Qualche, in frasi positive: *Quando s'accorse d'alcuna dimora / ch'io facea dinanzi a la risposta, / supin ricadde* (DANTE *Inf.* X, 70-72); *mi fermerò per alcun tempo*, per qualche tempo. *3* (*al sing.*) Nessuno, in frasi negative: *non ho alcun bisogno di aiuto*; *non c'è alcuna ragione di temere*; *senza difficoltà alcuna.* *4* †Uno: *e però che soprastare a le passioni e atti di tanta gioventudine pare a. parlare fabuloso, mi partirò da esse* (DANTE). B anche pron. indef. *1* (*al pl.*): *alcuni arrivano sempre tardi*; *ne ho letto alcuni*; *alcune di voi verranno con me* | Anche correl.: *alcune venivano, altre andavano*; *alcuni leggevano, alcuni sfogliavano libri, alcuni prendevano appunti.* *2* (*al sing.*, *raro*, *lett.*) Qualcuno: *Poscia ch'io v'ebbi alcun riconosciuto* (DANTE *Inf.* III, 58) | Nessuno, in frasi negative: *non vi fu a. che protestasse*; *non vi trovarono a.*

†**aldàce** e *deriv.* ● V. *audace* e *deriv.*

aldèide [comp. dalle lettere iniziali di *al(cohol) dehy(drogenatum)* col suff. *-(i)de*; 1875] s. f. ● (*chim.*) Composto organico caratterizzato dalla funzione aldeidica, ottenuto per deidrogenazione di alcoli primari, usato per la produzione di profumi e di materie plastiche | ***A. acetica***, acetaldeide | ***A. acrilica***, acroleina | ***A. benzoica***, benzaldeide | ***A. formica***, formaldeide | ***A. tricloroacetica***, cloralio.

aldeìdico o **aldèidico** [1955] agg. (pl. m. *-ci*) ● Relativo alle aldeidi, derivato dalle aldeidi.

aldilà [da *al di là*, prob. sul modello del fr. *au delà*; 1908] s. m. ● L'altro mondo, l'oltretomba, la vita ultraterrena: *temere l'a.*; *non credere nell'a.* CFR. Aldiquà.

aldìno [1736] agg. ● Detto di carattere tipografico impiegato da Aldo Manuzio il Vecchio (1450-1515), spec. del corsivo ideato e usato per le edizioni dei classici in 16° | Detto di tali edizioni | Oggi, detto di caratteri ispirati a quei modelli.

àldio o **aldióne** [longob. *ald* 'servo'; av. 1580] s. m. (f. *-a*) ● Nel diritto longobardo, appartenente alla classe dei semiliberi e servo della gleba.

aldiquà [da *al di qua* sul modello di *aldilà*; 1970] s. m. ● La realtà e la vita terrena: *le prode corallifere / non sono le Focette ma la spuma / dell'aldilà, l'exit dall'aldiqua* (MONTALE). CFR. Aldilà.

-àldo [di orig. germ. (*-aud*, *-aut*)] suff. ● In parole come *araldo*, *castaldo*, *ribaldo*. CFR. Spavaldo.

aldòso o **aldòsio** [da *ald(eide)* col suff. *-os(i)o*; 1955] s. m. ● (*chim.*) Monosaccaride che contiene nella molecola la funzione aldeidica. CFR. Chetoso.

aldosteróne [comp. di *ald(eide)*, *ster(oide)* e *-one* (*2*); 1966] s. m. ● (*chim.*) Ormone steroideo prodotto dallo strato esterno della corteccia surrenale; attivo sul ricambio minerale dell'organismo, favorisce l'eliminazione del potassio e il riassorbimento del sodio a livello renale.

alé [fr. *allez* 'andate', seconda pers. pl. imperat. di *aller* 'andare'. V. *allò*; 1572] inter. ● Si usa come esortazione e incitamento con i sign. di 'su via', 'avanti', 'coraggio': *alé tirate forte!*; *alé, alé, Inter!*

-àle (1) o **-iàle**, **-uale** [corrisponde al lat. *-āle(m)*, usato presto, oltre che nella funzione propr. agg., anche per s. (da agg.)] suff. ● Forma aggettivi (anche sostantivati) di origine latina o tratti da sostantivi che indicano 'stato', 'condizione', 'appartenenza': *autunnale, annuale, avverbiale, domenicale, finale, generale, liceale, ministeriale, patrimoniale, stradale, universale*; unendosi a sostantivi forma anche altri sostantivi: *via-viale, casa-casale, porta-portale*.

-àle (*2*) [tratto dalla prima sillaba di *al(deide)*] suff. • In chimica organica indica in un composto la presenza del gruppo aldeidico monovalente –CHO: *metanale, etanale, propanale*.

àlea [vc. dotta, lat. *ālea(m)* 'gioco di dadi, rischio', di etim. incerta; 1673] s. f. *1* (*lett.*) Rischio eventuale | ***Correr l'a.***, affrontare il rischio, tentare la sorte. *2* (*dir.*) Normale grado di incertezza economica insito in un negozio giuridico che non influisce sull'efficacia e la validità dello stesso.

aleàtico o **leàtico** [dall'emiliano *aliädga* 'uva lugliatica'; av. 1635] s. m. (pl. *-ci*) *1* Vitigno originario della Toscana ma diffuso in varie regioni, spec. nel Lazio e in Puglia; produce un'uva dalla buccia di colore blu scuro, a grossi acini. *2* Vino rosso da dessert, ad alta gradazione alcolica, derivante dal vitigno omonimo: *a. di Gradoli, di Portoferraio, di Puglia*.

aleatóre [vc. dotta, lat. *aleatōre(m)*, da *ālea* 'gioco di dadi'. V. *alea*; av. 1938] s. m. • (*lett.*) Chi tenta la sorte.

aleatorietà [1958] s. f. • Caratteristica di ciò che è aleatorio: *l'a. di una previsione*.

aleatòrio [vc. dotta, lat. *aleatōriu(m)*, da *ālea* 'alea'; 1587] agg. *1* Che dipende dalla sorte, dal caso: *esito a.*; *previsione aleatoria*. SIN. Dubbio, incerto, rischioso | (*mat.*) Casuale, non deterministico. *2* (*dir.*) Soggetto ad alea | ***Contratto a.***, contratto in cui le parti, accettando l'eventualità di un rischio, si espongono reciprocamente alla perdita dei vantaggi che dal contratto derivano. *3* (*mus.*) Detto di composizione o esecuzione dipendente in qualche modo e in varia misura da processi casuali o da schemi probabilistici.

alecìtico [vc. dotta, comp. di *a-* (*2*) e del gr. *lékithos* 'tuorlo' col suff. *-ico*] agg. (pl. m. *-ci*) • (*biol.*) Detto di gamete femminile privo di deutoplasma.

àlef [dal lat. tardo *āleph*, dall'ebr. *'aleph*, prima lettera dell'alfabeto; 1322 ca.] s. m. *1* Nome della prima lettera dell'alfabeto ebraico. *2* (*mat.*) Numero di cardinalità infinita.

aleggiàre [fr. ant. *alegier*, dal lat. tardo *alleviāre*. V. *alleviare*; av. 1367] v. intr. (*io aléggio*; aus. *avere*) *1* (*raro, lett.*) Scuotere leggermente le ali. *2* (*fig.*) Spirare, alitare: *aleggiava un profumo di viole* | Manifestarsi appena: *aleggiava un clima di sospetto*.

aléggio • V. *alleggio*.

alemànna • V. *allemanda*.

alemànno o **alamànno** [germ. *Alamann*, n. di un popolo germ.; av. 1294] agg.; anche s. m. (f. *-a*) *1* Che (o Chi) appartiene a un'antica popolazione germanica | ***Dialetto a.***, dialetto tedesco parlato in regioni della Germania meridionale e della Svizzera. *2* (*poet.*) Tedesco.

†**aléna** o **alèna** [da †*alenare*; sec. XIII] s. f. • (*lett.*) Lena, fiato.

†**alenàre** • V. *anelare*.

†**àlere** [vc. dotta, lat. *ălere* 'nutrire'; sec. XIV] v. tr. (oggi difett. usato solo nella terza pers. sing. del pres. indic. *ale*, poet.) • (*poet.*) Alimentare, nutrire (*anche fig.*): *speme il cuor nutrisce ed ale* (L. DE' MEDICI).

alerióne [fr. *alérion* 'piccola aquila', prob. dal francone **adalaro*; 1623] s. m. • (*arald.*) Piccola aquila senza rostro e senza artigli con le ali aperte e abbassate.

alerόne [fr. *aileron*, da *aile* 'ala'; 1918] s. m. • (*raro*) Alettone.

alesàggio [fr. *alésage*. V. *alesare*; 1923] s. m. *1* Diametro d'ogni cilindro di un motore a stantuffi. *2* Alesatura.

alesàmetro [comp. di *alesa(ggio)* e *-metro*] s. m. • Strumento per misurare il diametro dei fori.

alesàre [fr. *aléser*, da lat. parl. **allatiāre*, da *lātus* 'largo'; 1905] v. tr. (*io alèso* (o *-é-*)) • (*mecc.*) Eseguire con un alesatore la finitura della superficie di un foro cilindrico per ottenere l'esatto diametro voluto.

alesatóio [da *alesare*; 1955] s. m. • Alesatore nel sign. 1.

alesatóre [1919] s. m. *1* (*tecnol.*) Utensile metallico di forma cilindrica allungata con taglienti in punta impiegato per alesare. SIN. Alesatoio. *2* (f. *-trice*) Operaio addetto all'alesatura.

alesatrìce [da *alesare*; 1922] s. f. • (*tecnol.*) Macchina che esegue l'alesatura facendo avanzare lentamente nel foro l'alesatore dotato di moto rotatorio.

alesatùra [1952] s. f. • Operazione dell'alesare.

alessandrinìsmo [da *alessandrino*, col suff. *-ismo*; 1883] s. m. • Carattere dell'arte e della poesia dell'età ellenistica | (*est.*) Ogni forma artistica raffinata, preziosa e decadente.

alessandrino (*1*) [vc. dotta, lat. *alexandrīnu(m)*, dalla città di Alessandria d'Egitto; 1336 ca.] agg. *1* Di Alessandria d'Egitto. *2* Che è proprio della cultura greca fiorita dal IV al I sec. a.C.: *poeta, artista, grammatico a.* SIN. Ellenistico. *3* (*est.*) Raffinato, prezioso, decadente: *gusto a.*; *Molte volte un poeta … / è puritano e tenero, duro e a.* (PASOLINI).

alessandrino (*2*) [dal poema mediev. fr. *Roman d'Aléxandre* in cui tale verso compare per la prima volta; 1703] **A** s. m. • Nella poesia classica francese, verso doppio che ripete due successioni di sei o sette sillabe, accentate entrambe sulla sesta, imitato in Italia col doppio settenario o verso martelliano. **B** anche agg.: *verso a.*

alessandrino (*3*) [1829] **A** agg. • Della città piemontese di Alessandria. **B** s. m. (f. *-a*) • Abitante, nativo di Alessandria.

alessandrite [ted. *Alexandrit*, dal n. dello zar *Alessandr(o)* I (1777-1825) con il suff. mineralogico *-ite* (*2*)] s. f. • (*miner.*) Varietà cangiante di crisoberillo, verde brillante alla luce del sole, rosso cupo alla luce artificiale | ***Effetto a.***, cambiamento di colore in funzione del tipo di illuminazione.

alessìa [comp. di *a-* (*1*) e del gr. *léxis* 'lettura'; 1899] s. f. • (*med.*) Incapacità di riconoscere i segni della scrittura.

alessifàrmaco [vc. dotta, lat. *alexiphărmaco(n)*, dal gr. *alexiphármakos'*, comp. di *aléxō* 'io allontano' e *phármakon* 'veleno'; av. 1676] s. m. (pl. *-ci* o *-chi*) • (*lett.*) Antidoto, spec. contro il veleno dei serpenti.

alètico [dal gr. *alethés* 'vero' con il suff. *-ico*; 1981] agg. (pl. m. *-ci*) • (*filos.*) In logica, che riguarda la verità o la falsità | ***Modalità aletiche***, possibilità, realtà e necessità.

alétta [av. 1595] s. f. *1* Dim. di *ala*. *2* Piccolo gruppo di penne dietro l'angolo dell'ala degli uccelli. *3* Espansione esterna che si aggiunge a parti di macchina o altri oggetti, aumentandone la superficie per vari scopi: *le alette della freccia, della fiocina* | (*mar.*) Pinna stabilizzatrice | (*mar.*) ***A. di rollio***, lamiera fissata di taglio lungo i fianchi della carena immersa per contrastare il movimento di rollio della nave | ***Le alette del flipper***, i congegni laterali che, azionati da un pulsante, permettono di mandare la pallina nelle varie direzioni | (*autom.*) ***A. parasole***, V. *parasole*. *4* (*aer.*) Ala isolata o connessa a un piano aerodinamico, usata spec. per deflettere una corrente e trarne reazioni utili. ➡ ILL. p. 2175 TRASPORTI. *5* (*edit.*) Porzione della sopraccoperta di un libro ripiegata nell'interno su cui si stampano brevi notizie sul contenuto e sull'autore dell'opera. SIN. Risvolto. *6* (*arch.*) Mensola capovolta che talvolta orna lateralmente i prospetti degli abbaini. *7* (*zool.*) Pesce commestibile d'acqua dolce dei Ciprinidi (*Chondrostoma soetta*).

alettàre [da *aletta*; 1961] v. tr. (*io alétto*) • Fornire di alette o lavorare ad alette un pezzo meccanico.

alettàto [1756] agg. • Fornito di alette: *tubo a.*

alettatùra [1961] s. f. *1* Operazione dell'alettare. *2* Insieme delle alette, spec. quelle poste intorno a un organo meccanico.

alettóne [da *aletta*; 1915] s. m. *1* (*aer.*) Parte mobile della zona posteriore di una semiala, usata per regolare l'assetto trasversale del velivolo. ➡ ILL. p. 2156 SPORT; p. 2174 TRASPORTI. *2* (*mar.*) Piano stabilizzatore, sistemato a poppa delle imbarcazioni veloci a motore e destinato a migliorarne l'assetto. *3* (*autom.*) Spoiler.

aleuróne [dal gr. *áleuron* 'farina'; 1929] s. m. *1* Sostanza proteica, gener. in piccoli granuli, presente nelle cariossidi delle Graminacee. *2* Prodotto secondario del glutine di frumento in forma di polvere gialliccia, ricca di sostanze albuminose, usata per ottenere pane per diabetici.

àlfa (*1*) [gr. *álpha*, dal fenicio **alp* 'toro'; 1321] **A** s. m. o f. inv. • Nome della prima lettera dell'alfabeto greco | ***A. privativo***, il prefisso greco *a-* che, nei composti, indica l'assenza o la negazione del significato espresso dal radicale | ***Dall'a. all'omega***, (*fig.*) dal principio alla fine. **B** in funzione di agg. inv. • (posposto al s.) Nelle loc. ***raggi, particelle a.***, radiazione emessa da sostanze radioattive, identificata con ioni positivi di elio.

àlfa (*2*) [ar. *halfā'*; 1876] s. f. *1* Pianta erbacea perenne delle Graminacee, con rizomi, spighette solitarie e foglie lineari (*Stipa tenacissima*). *2* Fibra tessile ricavata dalla pianta omonima e dallo sparto.

alfabèta [ricavato da *analfabeta*; av. 1915] agg.; anche s. m. e f. (pl. m. *-i*) • Che (o Chi) sa leggere e scrivere. CONTR. Analfabeta.

alfabetàrio [da *alfabeto*; 1955] s. m. • Serie di tavolette su cui sono riportate le lettere dell'alfabeto (usate in passato come sussidio didattico).

alfabètico [1664] agg. (pl. m. *-ci*) *1* Dell'alfabeto: *ordine a.* | ***Scrittura alfabetica***, i cui segni rappresentano suoni isolati. *2* Che segue l'ordine dell'alfabeto: *elenco, indice a.* || **alfabeticaménte**, avv. Secondo l'ordine alfabetico.

alfabetière [1955] s. m. • Alfabetario.

alfabetìsmo [1884] s. m. • (*raro*) Il saper leggere e scrivere. CONTR. Analfabetismo.

alfabetizzàre [1976] v. tr. *1* Mettere qlcu. in grado di leggere e scrivere: *a. gli elementi analfabeti di una popolazione*. *2* (*raro*) Mettere in ordine alfabetico.

alfabetizzatóre [1976] s. m. (f. *-trice*) • Chi alfabetizza.

alfabetizzazióne [1966] s. f. • Attività consistente nell'insegnare a leggere e scrivere a chi è analfabeta: *corsi di a. per adulti* | (*est.*) Insegnamento di base, elementare: *a. informatica*.

♦**alfabèto** [vc. dotta, lat. tardo *alphabētu(m)*, dal gr. *alphábētos*, dalle due prime lettere dell'alfabeto greco *álpha* e *bêta*; sec. XIII] s. m. *1* Sistema di segni grafici usati per rappresentare i suoni di una lingua: *a. latino, arabo, ebraico* | ***A. fonetico***, sistema convenzionale di simboli caratterizzati da una precisa corrispondenza tra grafia e suono | ***A. telegrafico***, codice telegrafico nel quale, ad una determinata combinazione di impulsi di corrente, corrispondono determinate lettere dell'alfabeto, numeri ed interpunzioni | ***A. Morse***, V. *Morse*. *2* (*fig.*) I primi rudimenti di una disciplina.

alfabloccànte [comp. di (*adrenergico*) *alfa* e del part. pres. di *bloccare*; 1991] **A** s. m. • (*farm.*) Farmaco o agente chimico capace di inibire la trasmissione alfa adrenergica. **B** anche agg.: *farmaco a.*

alfamimètico **A** s. m. (pl. m. *-ci*) • (*farm.*) Farmaco o agente chimico capace di produrre risposte fisiologiche analoghe a quelle prodotte dalla stimolazione dei recettori adrenergici di tipo alfa. **B** anche agg.: *farmaco a.*

alfàna [prob. sp. *alfana*, dall'ar. *al-fáras* 'cavallo'; 1481] s. f. *1* Cavallo arabo forte e generoso. *2* (*est., lett.*) Cavalcatura.

alfanumèrico [comp. di *alfa(betico)* e *numerico*; 1951] agg. (pl. m. *-ci*) • (*elab.*) Nella teoria dell'informazione, detto di carattere alfabetico o numerico e del codice atto a rappresentare tale carattere.

alfière (*1*) [sp. *alférez*, dall'ar. *al-fāris* 'cavaliere'; 1527] s. m. *1* Portabandiera | (*fig.*) Chi per primo propugna e difende una dottrina: *l'a. dell'europeismo*. SIN. Vessillifero. *2* (*sport*) Caposquadra.

alfière (*2*) [ar. *al-fīl* 'elefante', perché questo pezzo era rappresentato da un elefante; 1551] s. m. • Pezzo del gioco degli scacchi movibile diagonalmente lungo le caselle di uno stesso colore.

alfierésco [1823] agg. (pl. m. *-schi*) • Che ha l'indole e lo stile di V. Alfieri.

alfieriàno [1810] **A** agg. • Che si riferisce alla persona, al tempo, all'arte di V. Alfieri (1749-1803). **B** s. m. • Seguace, imitatore di V. Alfieri.

alfìne o (*lett.*) **al fine** [1319] avv. • Finalmente, alla fine.

♦**àlga** o †**àliga** [lat. *ălga(m)*, di etim. incerta; 1316] s. f. • Vegetale unicellulare o pluricellulare, vivente in ambienti acquatici o molto umidi, di dimensione e complessità variabili, fornito di clorofille e di altri pigmenti, che si riproduce per spore e gameti. CFR. algo- (2), fico-, -ficee. SIN. Cloroficee | ***Alghe azzurre***, Cianoficee | ***Alghe brune***, Feofite. CFR. Feoficee | ***Alghe gialle***, Xantoficee | ***Alghe rosse***, Rodofite. CFR. Rodoficee | ***Alghe verdi***, Clorofite. CFR. Cloroficee. ➡ ILL. **alga**.

algale agg. • Che riguarda le alghe: *fioritura a.*

algarròbo /algar'rɔbo, *sp.* alɣar'rɪɔβo/ [vc. sp., di orig. ar. (*al-ḫarrūba* 'siliqua (di legume)'); sec. XVII] s. m. (pl. *algarrobi* o sp. *algarrobos*) • Albero delle Mimosacee dal legno durissimo (*Prosopis alba*).

àlgebra [ar. *al-ǧabr* 'ristabilimento, restaurazione'; sec. XIII] s. f. *1* Ramo della matematica che studia le operazioni e gli insiemi dotati di operazioni | *A. classica*, che si occupa del calcolo letterale e delle equazioni algebriche, assumendo come operazioni quelle dell'aritmetica | *A. astratta, moderna*, che si occupa delle operazioni non particolarizzate, ma circoscritte da opportune proprietà formali. *2* (*fig., fam.*) Cosa complicata, difficile da capire: *la conferenza era a. per lui.*

algèbrico [fr. *algébrique*; av. 1703] agg. (pl. m. -ci) • Proprio dell'algebra: *metodo a.*; *operazione algebrica* | *Calcolo a.*, consistente in operazioni algebriche, solitamente quelle ordinarie dell'aritmetica | *Equazione algebrica*, che si può scrivere con un polinomio nelle incognite uguagliato a zero. || **algebricaménte**, avv. Secondo le regole dell'algebra.

algebrista [1584] s. m. e f. (pl. m. -i) • Studioso d'algebra.

algènte [vc. dotta, lat. *algĕnte(m)*, part. pres. di *algēre* 'soffrire il freddo'; 1292] agg. • (*poet.*) Freddo, agghiacciante, gelato.

†algére o **àlgere** [vc. dotta, lat. *algēre*, di etim. incerta; av. 1374] v. intr. (oggi difett. usato solo nella prima e terza pers. sing. del **pass. rem.** *alsi*, *alse*) • (*lett.*) Patire freddo intenso: *l'alma, ch'arse per lei sì spesso et alse* (PETRARCA).

algerino [1829] **A** agg. • Dell'Algeria o di Algeri. **B** s. m. (f. -*a*) • Abitante, nativo dell'Algeria o di Algeri.

algesìa [comp. del gr. *álgesis* 'dolore' e del suff. -*ia*; 1939] s. f. • (*med.*) Sensibilità al dolore.

algesimetrìa [comp. di *algo-* (1) e -*metria*; 1918] s. f. • (*med.*) Misurazione dell'intensità della sensazione dolorosa. SIN. Algometria.

algesìmetro [1899] s. m. • (*med.*) Strumento per l'algesimetria. SIN. Algometro.

alghicìda [comp. di *alga* e -*cida*; 1983] s. m. (pl. -*i*) • Prodotto chimico usato per disinfestare piscine e sim. dalle alghe.

algìa [dal gr. *álgos* 'dolore'. V. -*algia*; 1929] s. f. • (*med.*) Dolore.

-algìa [dal gr. -*algía*, da *álgos* 'dolore'. V. *algo*-] secondo elemento • In parole composte della terminologia medica significa 'dolore': *nevralgia*.

àlgido [vc. dotta, lat. *álgidu(m)*. V. †*algere*; 1821] agg. *1* (*lett.*) Freddo, gelido. *2* (*med.*) Detto di gravissimo stato morboso caratterizzato da forte abbassamento della temperatura corporea.

algìna [da *alga*; 1929] s. f. • (*chim.*) Colloide ricavato da alcune alghe Laminarie.

alginàto [dall'acido *alginico*; 1955] **A** s. m. *1* (*chim.*) Sale dell'acido alginico: *a. di calcio*. *2* Fibra tessile artificiale a base di alginato di calcio. **B** agg. • Detto di filato artificiale trattato con sali dell'acido alginico: *raion a.*

algìnico [da *algina*; 1955] agg. (pl. m. -ci) • (*chim.*) Detto di acido poliuronico, presente in alghe marine, usato come emulsionante e gelificante nell'industria dolciaria, farmaceutica, tessile.

àlgo- (1) [dal gr. *álgos* 'dolore', di etim. incerta] primo elemento • In parole composte della terminologia medica significa 'doloroso', 'dolore': *algolagnia, algometro*.

àlgo- (2) primo elemento • In parole composte, spec. della terminologia botanica, significa 'alga': *algocoltura*.

algocoltùra o **algocultùra** [comp. di *algo-* (2) e -*coltura*; 1987] s. f. • Coltura di alghe.

algofilìa [comp. di *algo-* (1) e -*filia*; 1950] s. f. • (*med.*) Patologia che associa il piacere alle sensazioni dolorose.

algofobìa [comp. di *algo-* (1) e -*fobia*; 1950] s. f. • (*psicol.*) Paura morbosa del dolore fisico.

algògeno [comp. di *algo-* (1) e -*geno*] agg. • (*med.*) Che provoca dolore: *stimolo a.*

algolagnìa [comp. di *algo-* (1) e del gr. *lagnéia* 'libidine', da *lagáiein* 'lasciarsi andare (ai piaceri)', prob. di orig. indeur.; 1955] s. f. • (*psicol.*) Tendenza ad associare la ricerca del piacere sessuale con il dolore inflitto o ricevuto. CFR. Masochismo, sadismo.

algologìa (1) [comp. di *algo-* (2) e -*logia*; 1835] s. f. • Parte della botanica che studia le alghe. SIN. Ficologia.

algologìa (2) [comp. di *algo-* (1) e -*logia*, forse attraverso il fr. *algologie*; 1983] s. f. • Ramo della medicina che si occupa dello studio e della terapia del dolore.

algòlogo [comp. di *algo-* (2) e -*logo*; 1955] s. m. (f. -*a*; pl. m. -*gi*) • Studioso, specialista di algologia.

algometrìa [comp. di *algo-* (1) e -*metria*; 1942] s. f. • (*med.*) Algesimetria.

algòmetro [comp. di *algo-* (1) e -*metro*; 1918] s. m. • (*med.*) Algesimetro.

algonchiàno [dalla tribù degli *Algonchini*, popolo indiano dell'America del Nord; detto così perché i terreni preistorici che caratterizzano questo periodo si trovano appunto nell'America del Nord; 1929] **A** s. m. • (*geol.*) Il più recente dei due periodi in cui si divide l'era archeozoica. **B** anche agg.: *periodo a.*

algònchino o **alonchino** [da una voce indigena di etim. incerta; 1829] agg.: anche s. m. • Che (o Chi) appartiene agli Algonchini, una delle famiglie linguistiche territorialmente più estese dell'America del Nord.

algóre [vc. dotta, lat. *algōre(m)*. V. †*algere*; 1499] s. m. • (*lett.*) Freddo intenso.

†algorìsmo o **algorìsmo** • V. *algoritmo*.

algorìtmico [1905] agg. (pl. m. -ci) • (*mat.*) Relativo a un algoritmo.

algorìtmo o †**algorìsmo** [dal matematico ar. *al-Ḫuwārizmī* che nel sec. IX rinnovò in Occidente lo studio dell'aritmetica; sec. XIII] s. m. *1* (*mat.*) Procedimento per la risoluzione di un problema | *A. finito*, quello che permette di giungere al risultato in un numero finito di passi. *2* Nel Medioevo, procedimento del calcolo numerico fondato sull'uso delle cifre arabiche.

algóso [vc. dotta, lat. *algōsu(m)*, da *álga* 'alga'; 1562] agg. • (*lett.*) Che è pieno o coperto di alghe: *la ... brezza saliente dalla laguna algosa* (D'ANNUNZIO).

-àli [dal lat. -*āl*(*es*), desin. di m. pl.] suff. • Nella sistematica botanica indica l'ordine: *Fagali, Rosali*.

aliànte (o -**ià**-) [part. pres. di *aliare*; 1931] s. m. • Velivolo senza motore che, immesso in quota, vola sfruttando le correnti atmosferiche. ➡ ILL. p. 2157 SPORT.

aliantista [1963] s. m. e f. (pl. m. -*i*) • Pilota di alianti.

aliàre (o -**ià**-) [da *ala*; 1525] v. intr. (*io àlio*; aus. *avere*) *1* (*lett.*) Muovere le ali, svolazzare, volare: *le frotte delle vaghe api prorompono / ... vanno aliando su' nettarei calici* (FOSCOLO). *2* (*est.*) Aggirarsi intorno a qlcu. o a qlco. *3* (*lett.*) Aleggiare, alitare (*anche fig.*).

àlias [lat. 'altrimenti'; av. 1535] avv. • Altrimenti detto: *Angelo Brunetti, a. Ciceruacchio*.

àlibi [lat. *alibi* 'in altro luogo'; 1723] s. m. inv. *1* (*dir.*) Mezzo di difesa con cui una persona prova che, al momento della consumazione del reato di cui è sospettata, si trovava in luogo diverso da quello in cui il reato stesso fu commesso: *cercare, procurarsi, avere un a.* *2* (*fig.*) Scusante, giustificazione: *a. morale*.

alicànte [dalla città di *Alicante*; av. 1802] s. m. • Vitigno originario della Spagna, coltivato anche nell'Italia meridionale, che produce un'uva nera da vino | Vino rosso, molto alcolico e corposo, ottenuto in Spagna da tale uva.

alìce [lat. (*h*)*allēce*(*m*) 'salsa di pesce', di orig. gr. (*halykón*, da *hals* 'sale', di orig. indeur.) (?); sec. XIII] s. f. • Acciuga. || **alicétta**, dim.

aliciclico [comp. di *ali*(*fatico*) e *ciclico*; 1955] agg. (pl. m. -ci) • (*chim.*) Detto di composto organico che, nonostante la struttura ciclica, si comporta come un composto alifatico. SIN. Naftenico.

alicòrno [da *unicorno*; sec. XIV] s. m. *1* Liocorno. *2* Moneta d'argento emessa dalla zecca di Ferrara nel XV sec. su cui erano impressi l'unicorno e l'aquila estense.

---

alga

unicellulare — bruna

euglena   navicula   coda di pavone   laminaria   quercia marina

rossa — verde

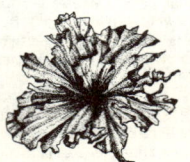
corallina   acetabularia   codio   lattuga di mare   sargasso

alicula [vc. dotta, lat. *alīcula(m)*, forse da avvicinare al tessalico *állix* 'clamide'; 1829] s. f. ● Tunica corta avviluppante le spalle usata dagli antichi Romani.

alidàda [ar. *al-'idāda* 'regolo dell'astrolabio'; 1578] s. f. ● Parte del goniometro solidale col collimatore, che porta uno o due indici diametralmente opposti per la lettura sul cerchio graduato.

àlido [lat. *āridu(m)*, da *arēre* 'esser secco'; av. 1363] A agg. ● (*tosc.*) Arido, secco, asciutto: *aria, terra alida*; *tempo a.* | **Carne alida**, dura, tigliosa | †Smunto, magro. || **alidaménte**, avv. Seccamente; poveramente. B s. m. ● (*tosc.*) Aridità.

alidóre [da *alido*; 1605] s. m. ● (*tosc.*) Aridità, secchezza | Stagione arida.

alienàbile [da *alienare*; 1712] agg. ● Che si può alienare.

alienabilità [1865] s. f. ● Condizione di ciò che è alienabile.

alienaménto [1584] s. m. ● (*dir.*) Alienazione nel sign. 1.

alienànte [sec. XIV] A part. pres. di *alienare*; anche agg. *1* (*dir.*) Che aliena: *la parte a.* *2* Che produce alienazione, nel sign. 3: *un lavoro con effetti alienanti.* B s. m. e f. ● (*dir.*) Chi aliena: *l'a. e l'acquirente.*

alienàre [vc. dotta, lat. *alienāre*, da *aliēnus*, da *ălius* 'altro'; av. 1306] A v. tr. (*io alièno*) *1* (assol.; lett. + *a*) (*dir.*) Trasferire ad altri, a titolo oneroso, un diritto spec. di proprietà su qlco.: *a. un bene mobile, immobile.* SIN. Vendere. *2* (*fig.*) Allontanare, rendere ostile: *voltò tutto l'animo ad a. dal Duca di Milano la città di Genova* (GUICCIARDINI) | **Alienarsi qlcu.**, renderselo nemico. *3* Indurre, portare qlcu. a uno stato di alienazione, nel sign. 3. B v. rifl. ● (*raro*) Astrarsi: *alienarsi dalla realtà.* C v. intr. pron. ● (*raro*) Estraniarsi | †Impazzire.

alienàto [vc. dotta, lat. *alienātu(m)*, da *alienāre* 'alienare'; av. 1306] A part. pass. di *alienare*, anche agg. ● Nei sign. del v. B s. m. (f. *-a*) *1* Chi è affetto da malattia mentale, pazzo. *2* Chi vive un processo di alienazione.

alienazióne [vc. dotta, lat. *alienatiōne(m)*, da *alienāre* 'alienare'; 1351] s. f. *1* (*dir.*) Trasferimento di un bene o di un diritto. SIN. Compravendita, vendita. *2* (*psicol.*) **A. mentale**, ogni malattia mentale cronica di natura tale da rendere il malato soggetto a particolari provvedimenti medico-legali. *3* (*filos.*) Processo per cui l'uomo si estrania da sé stesso, identificandosi con gli oggetti e le realtà materiali da lui prodotte fino a divenirne lo strumento passivo | (*est.*) Condizione dell'uomo che vive una situazione di disagio rispetto alla società industriale, ai suoi mezzi ed ai suoi fini.

alienia [comp. di *a-* (*1*) e lat. *līen*, genit. *liēnis* 'milza', di etim. incerta; 1955] s. f. ● (*med.*) Mancanza, spec. congenita, della milza.

alienista [fr. *aliéniste*, da *aliéné* 'alienato'; 1858] s. m. e f. (pl. m. *-i*) ● Specialista delle malattie mentali.

alienità [da *alieno*; 1865] s. f. ● (*dir.*) Stato di un bene che appartiene ad altri.

alièno [vc. dotta, lat. *aliēnu(m)*, da *ălius* 'altro'; per calco dall'ingl. *alien* nei sign. A 3 e B; sec. XIII] A agg. *1* (assol.; lett. + *a*) (*lett.*) Che è d'altri: *fece guerra con le armi sue e non con le aliene* (MACHIAVELLI) | (*est.*) Estraneo, straniero: *la politica è affatto ignota ed aliena alla nazione* (LEOPARDI). *2* (+ *da*) Contrario, avverso: *essere a. dalle discussioni.* *3* Nel linguaggio fantascientifico, extraterrestre. B s. m. (f. *-a*) *1* In opere di fantascienza, essere che abita mondi extraterrestri. *2* (*raro*) Chi è diverso rispetto ad un ambiente, a un contesto sociale e sim.

alièutica [vc. dotta, gr. *halieutikḗ*, f. sost. di *halieutikós* 'che riguarda la pesca', da *haliéus* 'pescatore', da avvicinare ad *háls* 'mare', di orig. indeur.; 1819] s. f. ● (*lett.*) Pesca.

alifàtico [dal gr. *áleiphar*, genit. *aléiphatos* 'unguento', da *aléiphō* 'io ungo'; 1929] agg. (pl. m. *-ci*) ● (*chim.*) Detto di composto organico in cui gli atomi di carbonio sono legati fra loro in catena aperta o anche in catena ciclica ma priva dell'anello benzenico: *serie alifatica.* SIN. Grasso. CONTR. Aromatico.

alifórme [comp. di *ala* e *-forme*; 1961] agg. ● (*scient.*) Che ha forma di ala: *struttura a.*

†**àliga** ● V. *alga*.

aligero [vc. dotta, lat. *alĭgeru(m)*, comp. di *āla* 'ala' e *gĕrere* 'portare'; 1499] agg. ● (*lett.*) Fornito di ali | (*fig.*) Veloce.

alighièro [vc. di orig. germ.; sec. XV] s. m. ● (*mar.*; *disus.*) Gaffa (2) | Marinaio che la manovra.

†**aligùsta** ● V. *aragosta*.

♦**alimentàre** (1) [da *alimento*; 1750] A agg. *1* Che serve al nutrimento: *generi alimentari.* *2* (*dir.*) Degli alimenti: *obbligo a.* B s. m. al pl. ● Generi commestibili: *negozio di alimentari.*

♦**alimentàre** (2) [da *alimento*; av. 1400] A v. tr. (*io aliménto*) *1* Dare alimento, nutrire, cibare | (*fig.*) Mantenere vivo: *a. un sentimento, una passione*; *a. l'amore, l'odio.* *2* Fornire a una macchina termica, idraulica, elettrica e sim. il combustibile, il fluido, l'energia necessaria al suo funzionamento. B v. rifl. ● Nutrirsi, sostentarsi (*anche fig.*): *bisogna alimentarsi per vivere*; *la loro amicizia si alimenta di interessi comuni.*

alimentàrio [vc. dotta, lat. *alimentāriu(m)*, da *alimĕntum* 'alimento'; 1673] agg. *1* Che riguarda gli alimenti. *2* (*dir.*, *raro*) Alimentare.

alimentarista [1935] s. m. e f. (pl. m. *-i*) *1* Commerciante al dettaglio di generi alimentari. *2* Lavoratore dell'industria alimentare. *3* Specialista dei problemi dell'alimentazione.

alimentatóre [1550] s. m. *1* (f. *-trice*) Chi alimenta (*anche fig.*) *2* (f. *-trice*) Operaio o tecnico addetto ad alimentare forni, caldaie e sim. *3* (*mecc.*) Dispositivo che fornisce in modo continuo o intermittente l'alimentazione a una macchina. ➡ ILL. p. 2115 AGRICOLTURA. *4* (*elettron.*) Apparecchio che fornisce la tensione o la corrente necessaria per il funzionamento di circuiti o strumenti elettronici.

♦**alimentazióne** [1840] s. f. *1* Somministrazione o assunzione delle sostanze contenenti i principi nutritivi necessari agli organismi viventi: *l'a. di un paziente*; *il riso è la base dell'a. giapponese* | Quantità, qualità e modalità di assunzione degli alimenti: *a. ricca, povera*; *a. sufficiente, insufficiente*; *a. carnea, lattea, vegetale*; *un'a. carente di ferro.* *2* In varie tecnologie, somministrazione di materiali o energia destinati a far funzionare macchine o a essere elaborati in determinati apparecchi | In varie tecnologie, trasporto del pezzo, grezzo o semilavorato, da trasformare, alla macchina o al posto di lavoro: *l'a. di un motore, di una macchina.* *3* (*mil.*) Operazione consistente nel disporre la cartuccia in posizione opportuna per il caricamento dell'arma.

♦**aliménto** [vc. dotta, lat. *alimĕntu(m)*, da *ălere* 'nutrire'; sec. XIII] s. m. *1* Sostanza contenente sia principi nutritivi, come proteine, glucidi, grassi, che componenti non nutritive, come le fibre, suscettibile di essere utilizzata dagli organismi viventi | (*fig.*) **A. dello spirito**, ciò che serve a nutrire l'intelligenza, la sensibilità e sim. | (*fig.*) Ciò che serve a tener vivo qlco.: *le polemiche hanno trovato a. nelle dichiarazioni del ministro.* *2* (*al pl.*) Mezzi necessari per vivere, la cui prestazione incombe a determinate persone nei casi previsti dalla legge: *obbligo reciproco agli alimenti tra genitori e figli.*

àlimo [gr. *hálimos* 'marino', da *háls*, genit. *halós* 'mare'; av. 1577] s. m. ● (*bot.*) Porcellana di mare.

†**alimònia** [vc. dotta, lat. *alimōnia*, nt. pl. 'alimenti', da *ălere* 'nutrire'; av. 1484] s. f. ● (*dir.*) Sussidio dovuto alla moglie separata non per sua colpa dal marito.

alinea [fr. *alinéa*, dal lat. mediev. *a linea*, formula usata nella dettatura per dire di andare a capo; 1832] s. m. inv. *1* (*dir.*) Comma | Capoverso | Ognuna delle suddivisioni interne di un singolo comma, rappresentate tipograficamente da un accapo. *2* (*gener.*) Capoverso.

aliòsso [comp. del lat. *ălea* 'gioco d'azzardo' e *ŏssum* 'osso'; 1728] s. m. ● (*lett.*) Osso del tallone di agnelli e sim., usato un tempo dai bambini per giocare. SIN. Astragalo.

aliòtide [comp. del gr. *háls*, genit. *halós* 'mare' e *oûs*, genit. *ōtós* 'orecchio'; 1819] s. f. ● Gasteropode marino con conchiglia appiattita e rugosa di forma simile all'orecchio e largo piede muscoloso (*Haliotis*). SIN. Orecchia di mare. ➡ ILL. animali/3.

alipede [vc. dotta, lat. *alĭpede(m)*, nom. *ālipes*, comp. di *āla* 'ala' e *pēs*, genit. *pĕdis* 'piede'; 1561] A agg. ● (*lett.*) Che ha le ali ai piedi | (*fig.*) Veloce: *selvaggina a. inseguita dai cani* (D'ANNUNZIO). B s. m. ● (*lett.*) Cavallo molto veloce.

aliquota [sottinteso *parte*, dal lat. *ăliquot* 'alquanti'; 1525] s. f. *1* (*mat.*) La parte ennesima d'una quantità | Parte che moltiplicata per un intero dà la quantità iniziale. *2* Percentuale da applicarsi alla base imponibile per determinare l'imposta o la tassa dovuta | **A. progressiva**, che cresce con l'aumentare della base imponibile | **A. costante**, che resta invariata pur aumentando la base imponibile | (*econ.*) **A. di retrocessione**, percentuale dell'importo di una commissione oggetto di retrocessione. *3* (*mil.*) Parte, frazione di un raggruppamento di soldati.

aliscàfo [da *ala*, sul modello di *motoscafo*; 1958] s. m. ● Battello veloce con propulsione a elica, dotato di ali totalmente o parzialmente immerse che in velocità lo sollevano dall'acqua, diminuendone la resistenza all'avanzamento. SIN. Idroplano.

aliseo [fr. *alizé*, dallo sp. *alisios*, di etim. incerta; av. 1764] A s. m. ● Vento regolare e costante che spira per tutto l'anno tra ciascuno dei tropici e l'equatore, da nord-est nell'emisfero boreale e da sud-est in quello australe. B anche agg.: *vento a.*

alisma [dal gr. *álisma*, n. di una pianta acquatica; 1562] s. f. ● Genere di erbe palustri cui appartiene la mestolaccia (*Alisma*).

Alismatàcee [1938] s. f. pl. (sing. *-a*) ● Nella tassonomia vegetale, famiglia di piante delle Monocotiledoni comprendente erbe palustri e acquatiche delle regioni calde (*Alismataceae*).

alisso [vc. dotta, gr. *álysson*, comp. di *a-* e *lýssa* 'rabbia', perché si credeva che la pianta preservasse dall'idrofobia; 1726 ca.] s. m. ● Genere di piante erbacee delle Crocifere con fusticini legnosi, foglie piccole oblunghe e fiori in grappoli di colore bianco, giallo o roseo (*Alyssum*).

alitàre [vc. dotta, lat. *halitāre*, iter. di *halāre*, di etim. incerta; 1342] v. intr. (*io àlito*; aus. *avere*) *1* Mandar fuori il fiato, l'alito | (*est.*, *lett.*) Respirare. *2* (*fig.*, *lett.*) Soffiare leggermente: *il vento alitava fra gli alberi.*

alite (1) o **halite** [comp. del gr. *háls*, genit. *halós* 'sale' e *-ite* (*2*)] s. f. ● (*miner.*) Salgemma.

àlite (2) [dal gr. *álytos* 'indissolubile' (comp. di *a-* e un deriv. di *lýein* 'sciogliere'. V. *-lisi*); detto così per l'abitudine del maschio di attorcigliare intorno agli arti posteriori le uova unite in lunghi cordoni; 1865] s. m. ● (*zool.*) **A. ostetrico**, anfibio anuro simile a un rospo il cui maschio trattiene le uova, riunite in cordoni, attorno alle proprie cosce, fino alla schiusa delle uova stesse (*Alytes obstetricans*). ➡ ILL. animali/4.

àlito [vc. dotta, lat. *hālitu(m)*, da *halitāre* 'alitare'; sec. XIII] s. m. *1* Fiato emesso dalla bocca respirando: *avere l'a. cattivo, pesante.* *2* (*fig.*) Leggero soffio: *non spira un a. di vento.*

alitòsi [da *alito*, col suff. *-osi*; 1970] s. f. inv. ● (*med.*) Cattivo odore dell'alito.

†**alitóso** [sec. XIII] agg. ● Che manda fuori alito.

alivolo [comp. di *ala* e *-volo*. V. *velivolo*; av. 1907] agg. ● (*lett.*) Fornito di ali per il volo | (*fig.*) Veloce, rapido: *Aurighi d'alivola slitta* (PASCOLI).

alizarina [ar. *al-'uṣāra* 'succo' (da *'āṣara* 'premere'), il succo che si ricava spremendo una pianta, prob. attrav. lo sp. o il fr.; 1945] s. f. ● Sostanza colorante rossa presente nelle radici della robbia, ottenuta per sintesi a partire dall'antracene, usata spec. per la produzione di lacche.

àlla (1) o (*poet.*) **a la** prep. art. f. sing. comp. di *a* (*2*) e *la* (*1*) ● V. *la* (*1*) per gli usi ortografici.

àlla (2) [ant. alto ted. *ălina*; 1313] s. f. ● Misura lineare usata in passato, con diversi valori, in molti Paesi.

alla carlóna ● V. *carlona*.

allacciaménto [sec. XIV] s. m. *1* (*raro*) L'allacciare. *2* (*tecnol.*) Collegamento, raccordo | **A. telefonico**, collegamento tra i fili del telefono e quelli della rete telefonica | **A. ferroviario**, tronco di binario che ne unisce due altri oppure una linea a uno stabilimento.

allacciàre [comp. di *a-* (*2*) e *laccio*; sec. XIII] v. tr. (*io allàccio*) *1* Stringere con lacci: *a. le scarpe, un grembiule* | (*est.*) Legare insieme, affibbiare: *a. la cintura, il cappotto* | (*med.*) **A. le vene, le arterie**, stringerle, per impedire l'effusione del sangue | **A. le viti**, legarne i tralci ai pali. *2* (*tecnol.*) Compiere, realizzare un allacciamento | **A. le acque**, raccogliere le acque di più sorgenti in un corso solo. *3* (*fig.*) Stringere relazioni, rapporti e sim.: *a. un'amicizia, una conoscenza*; *a. contatti, relazioni.* *4* (*fig.*, *lett.*) Prendere nell'inganno, sedurre:

le donne ... cercherebbero di allacciarmi (LEOPARDI).

allacciatùra [1618] s. f. *1* L'allacciare. *2* Chiusura di abito o altro capo d'abbigliamento con lacci, alamari o fibbie di tessuto, di cuoio e sim. *3* †Brachiere, cinto erniario.

allàccio [da *allacciare*; 1980] s. m. ● (*bur.*) Collegamento di un impianto privato a una rete di pubblico servizio: *a. idrico, telefonico*.

alladièse [dal n. lat. mediev. della località, *Allādiu(m)*] **A** agg. ● Di Agliè, in provincia di Torino. **B** s. m. e f. ● Abitante, nativo di Agliè.

allagaménto [sec. XIV] s. m. ● L'allagare, l'allagarsi.

allagàre [comp. di *a-* (*2*) e *lago*; 1321] **A** v. tr. (*io allàgo, tu allàghi*) ● Coprire d'acqua: *a. terreni, abitazioni* | (*est.*) Spandersi in abbondanza, detto di liquidi: *il latte versato allagò il pavimento*. **B** v. intr. e intr. pron. (aus. *essere*) ● Riempirsi, coprirsi d'acqua: *la cantina s'è allagata*.

allalì ● V. *hallalì*.

allampanàre [comp. di *a-* (*2*) e *lampana* 'lampada'; 1726] v. intr. (aus. *essere*) ● (*raro*) Diventare magro e secco.

allampanàto [av. 1675] part. pass. di †*allampanare*; anche agg. ● Magrissimo e di alta statura: *un prete lungo, a., con un colorito bianco avorio* (CALVINO).

allantiaṣi [dal gr. tardo *allántion* dim. di *allâs*, genit. *allântos* 'salsiccia', di etim. incerta; 1955] s. f. inv. ● (*med.*) Botulismo.

allantòide [vc. dotta, gr. *allantoeidês* 'a forma di salsiccia', comp. di *allâs*, genit. *allântos* 'salsiccia' e *-oide*; av. 1698] s. f. ● (*anat.*, *biol.*) Uno degli annessi embrionali di Rettili, Uccelli e Mammiferi che ha funzione prevalentemente respiratoria; nella specie umana prende parte alla costituzione della placenta.

allantoidèo [1955] agg. ● (*biol.*, *anat.*) Relativo all'allantoide: *canale a.*

allantoìna [da *allanto(ide)* col suff. *-ina*] s. f. ● (*chim.*) Composto organico azotato, prodotto del catabolismo delle purine, presente nel liquido amniotico, in quello allantoideo e nell'urina dei neonati.

allappàre [comp. di *a-* (*2*) e *lappa*; av. 1712] v. tr. ● Allegare, spec. le varie parti della bocca (*anche assol.*): *a. le labbra, la lingua, il palato*; *questo cachi allappa*.

allargaménto [av. 1347] s. m. ● Aumento della larghezza (*anche in senso fig.*) | (*tecnol.*) ***Prova di a.***, consistente nel dilatare con spine coniche un foro già eseguito | (*tess.*) Operazione compiuta con appositi estensori su tessuti che hanno subito un anormale restringimento onde riportarli alla larghezza normale.

allargàndo [da *allargare* in senso mus.; 1991] s. m. inv. ● (*mus.*) Rallentando. CONTR. Accelerando.

♦**allargàre** [comp. di *a-* (*2*) e *largo*; av. 1292] **A** v. tr. (*io allàrgo, tu allàrghi*) *1* Rendere largo, più largo, più ampio: *a. una strada, un'entrata* | ***A. il gioco***, nel calcio e sim., svolgere azioni o manovre su un fronte più esteso. *2* (*est.*) Aprire: *a. le braccia in segno di rassegnazione*; *allargò la mano mostrando la ferita* | (*fig.*) ***A. la mano***, usare liberalità, essere generoso | (*fig.*) ***A. il cuore***, confortare, consolare. *3* (*fig.*) Dilatare, estendere: *a. le ricerche, il proprio campo d'azione*; *allargò il petto in un ampio respiro* | ***A. il voto***, estenderne il diritto a un maggior numero di cittadini | ***A. il governo***, accogliere in esso nuove correnti politiche. *4* (*fig.*, *raro*) Allentare, mitigare | ***A. il freno, le redini***, dare maggiore libertà. *5* (*mus.*) Rallentando. CONTR. Accelerare. **B** v. intr. (aus. *avere*) ● Portarsi al largo, allontanarsi da riva o da un'altra imbarcazione: *allarga!* CONTR. Stringere | ***A. in curva***, portarsi all'esterno della pista o della strada | ***A. sulle ali, sulla destra***, nel calcio e sim., impostare il gioco su queste direttrici. **C** v. rifl. *1* Estendersi, ampliarsi: *allargarsi nel proprio lavoro* | (*fig.*) ***Allargarsi nelle spese***, spendere troppo. *2* (*fam.*) Andare ad abitare in una casa più grande: *voglio allargarmi al più presto* | (*fig.*, *fam.*) Esagerare, superare i propri limiti: *non è il caso che ti allarghi tanto!* **D** v. intr. pron. *1* Diventare più largo, più ampio (*anche fig.*): *dopo quest'ansa il fiume si allarga*; *la lite si allarga* | (*fig.*) ***Mi si allarga il cuore***, provare conforto, consolazione. *2* †Schiarirsi, detto del tempo e del cielo: *S'allarga l'aria in un seren vivace* (MARINO). *3* (*lett.*) Prendere il largo, allontanarsi dalla riva: *si allargò in mare per ritirarsi a Ischia* (GUICCIARDINI).

allargàta [av. 1742] s. f. ● Rapido e leggero allargamento. || **allargatina**, dim.

allargatèṣe [comp. di *allarga(re)* e il pl. di *tesa*; 1940] s. m. inv. ● Attrezzo usato per allargare le tese di un cappello.

allargàto [av. 1519] part. pass. di *allargare*; anche agg. ● Nei sign. del v. | ***Direttivo, comitato*** e sim. ***a.***, al quale partecipano altre persone oltre ai membri di diritto | (*mus.*) Rallentando.

allargatóio [1797] s. m. ● Strumento di acciaio per allargare i fori.

allargatóre [1961] s. m. *1* (f. *-trice*) (*raro*) Chi allarga. *2* (*tecnol.*) Utensile a più taglienti usato per allargare fori.

allargatrice [1955] s. f. ● Apparecchio tenditore usato per compiere l'allargamento di tessuti o per impedirne il restringimento dopo il lavaggio.

allargatùbi [comp. di *allarga(re)* e il pl. di *tubo*; 1955] s. m. inv. ● (*tecnol.*) Macchina per allargare le estremità dei tubi per poterli innestare sulle sedi delle piastre tubolari a perfetta tenuta. SIN. Mandrino.

allargatùra [1863] s. f. ● Allargamento | Punto dove una cosa è allargata.

allarmànte [sec. XVIII] part. pres. di *allarmare*; anche agg. ● Che suscita agitazione, preoccupazione, ansia: *una notizia a.*

allarmàre [fr. *alarmer*, dall'it. *allarme*; 1614] **A** v. tr. *1* Mettere in agitazione, in trepidazione: *la notizia li allarmò*. *2* Dotare di sistema di allarme: *porta allarmata*. **B** v. intr. pron. ● Spaventarsi, mettersi in agitazione.

♦**allàrme** [dal grido *'all'arme! all'armi!'*; 1723] s. m. *1* Ordine o segnale di chiamata improvvisa dei militari a prendere le armi | ***Stato di a.***, periodo durante il quale permane la necessità che ha determinato l'allarme. *2* Segnalazione di pericolo imminente che richiama militari o civili a porsi in stato di difesa: *a. aereo, a. giallo, a. rosso* | ***Falso a.***, lanciato in vista di un presunto pericolo; (*fig.*) timore infondato, notizia falsa e sim. | (*est.*) Durata del pericolo. *3* Dispositivo di sicurezza che segnala anomalie nel funzionamento di un impianto o tentativi di effrazione, furto e sim. (*anche fig.*): *la fuga di gas fece scattare l'a.*; *il mal di testa che lo affliggeva era un primo campanello d'a. della malattia* | Nei treni, dispositivo mediante il quale il viaggiatore, in caso di grave necessità, può fare fermare il treno. *4* (*fig.*) Timore, ansia, apprensione: *mettere, stare in a.*; *suscitare a.*; *a. tra i risparmiatori*.

allarmiṣmo [da *allarmista*; 1917] s. m. *1* Tendenza ad allarmarsi o ad allarmare, anche senza fondati motivi. *2* Stato di allarme provocato dalla diffusione di notizie e previsioni negative: *l'a. di una crisi politica ha invaso il Paese*.

allarmista [fr. *alarmiste*; 1796] s. m. e f. (pl. m. *-i*) ● Chi diffonde notizie allarmanti.

allarmìstico [1917] agg. (pl. m. *-ci*) ● Che allarma o vuole allarmare: *corrono voci allarmistiche*. || **allarmisticaménte**, avv.

allascàre [comp. di *a-* (*2*) e *lascare*; 1885] v. tr. (*io allàsco, tu allàschi*) ● (*mar.*) Allentare una cima tesa. CONTR. Tesare.

allàto o **a làto** [da *a lato*; 1282] **A** avv. ● (*lett.*) Accanto, vicino, di fianco. **B** nella loc. prep. **allato a.** ● (*lett.*) Vicino a, accanto a: *E fa ragion ch'io ti sia sempre a.* (DANTE *Inf.* XXX, 145) | †A paragone, in confronto: *due cigila sottili ... a. alle quali gli spenti carboni si darieno bianchi* (BOCCACCIO).

allattaménto [1865] s. m. ● Alimentazione dei neonati mediante latte: *a. materno*; *a. al seno* | ***A. artificiale***, con latte diverso da quello di donna | Periodo durante il quale il neonato viene allattato.

allattàre [lat. tardo *allactāre*, comp. di *ăd* e *lăc*, genit. *lăctis* 'latte'; 1344] **A** v. tr. ● Nutrire un neonato col proprio latte, o mediante allattamento artificiale: *la madre allatta il bambino*; *la mucca allatta il vitellino*. **B** v. intr. (aus *avere*) ● †Prendere il latte. SIN. Poppare.

†**allattatrice** [av. 1604] s. f. ● Donna che allatta.

allattatùra [1879] s. f. ● (*raro*) Allattamento.

àlle o (*poet.*) **a le** prep. art. f. pl. comp. di *a* (*2*) e *le* (*1*) ● V. *le* (*1*) per gli usi ortografici.

allèa o **lèa** (*1*) [fr. *allée*, da *aller* 'andare'; 1881] s. f. ● (*sett.*) Viale: *Franco e Gatto scendevano per l'a., lenti e poco curiosi* (FENOGLIO).

alleànza [fr. *alliance*; 1540] s. f. *1* (*dir.*) Accordo con cui due o più Stati si impegnano a un reciproco aiuto per fini politici, spec. nell'ipotesi di una guerra che coinvolga uno di essi: *concludere una a.*; *duplice, triplice a.* *2* (*est.*) Unione fra partiti, enti, persone e sim., creata per scopi d'interesse comune: *a. parlamentare, elettorale* | Denominazione di movimenti politici | ***A. nazionale***, movimento politico di destra fondato nel 1993 spec. con il contributo del Movimento Sociale Italiano e trasformatosi in partito nel 1995 | ***A. evangelica***, unione delle Chiese evangeliche, fondata nel XIX sec. SIN. Accordo, lega.

alleàre [fr. *allier*, dal lat. *alligāre* 'legare, trattenere'; 1853] **A** v. tr. (*io allèo*) ● Unire, collegare con vincolo di alleanza: *a. due Paesi*. **B** v. rifl. ● Unirsi in alleanza: *allearsi a, con qlcu.*

♦**alleàto** [sec. XIII] **A** part. pass. di *alleare*; anche agg. ● Nei sign. del v. **B** s. m. (f. *-a*) ● Chi è unito ad altri da un vincolo, o un patto, di alleanza | ***Gli alleati***, (*per anton.*) nella seconda guerra mondiale, i Paesi alleati contro la Germania nazista, in particolare la Gran Bretagna e gli Stati Uniti: *lo sbarco degli alleati in Normandia* | (*polit.*) ***A. nazionale***, nel linguaggio giornalistico, appartenente al partito politico Alleanza Nazionale.

allegàbile [da *allegare* (*1*); 1673] agg. ● Che si può allegare: *documenti allegabili*.

allegagióne [da *allegare* (*2*); 1865] s. f. *1* †V. *allegazione* (*2*). *2* (*bot.*) Trasformazione dell'ovario in frutto | (*est.*) Periodo in cui ciò avviene.

allegaménto [sec. XIV] s. m. *1* (*raro*) L'allegare dei denti. *2* (*bot.*) Allegagione. *3* †Lega di metalli.

allegànte [av. 1375] **A** part. pres. di *allegare* (*1*); anche agg. ● Nei sign. del v. **B** s. m. e f. ● Chi allega: *provare falsi i fatti addotti dall'a.*

allegàre (*1*) [vc. dotta, lat. *allegāre* 'deputare', comp. di *ăd* e *lēx*, genit. *lēgis* 'legge'; av. 1294] v. tr. (*io allégo* (o *-è-*), *tu alléghi* (o *-è-*)) ● Apportare, addurre, produrre: *a. fatti, ragioni, prove*; *a. qlco. a colpa, a discarico*; *a. qlco. per scusa, pretesto*.

allegàre (*2*) o †**alligàre** [lat. *alligāre* 'cingere, legare', comp. di *ăd* e *ligāre* 'legare' (V.); av. 1292] **A** v. tr. (*io allégo, tu alléghi*) *1* Accludere: *a. un documento, una lettera, del denaro* | ***A. agli atti del processo***, inserire nei fascicoli di causa un nuovo documento. *2* Provocare sui denti una fastidiosa sensazione di ruvidezza, quasi fossero legati, detto di sapori agri o aspri e di rumori stridenti: *i frutti acerbi, lo stridio di una sega allegano i denti*. SIN. Allappare. *3* †Fondere insieme, in una lega, detto spec. dell'argento col rame e dell'oro col rame e l'argento. **B** v. rifl. ● †Allearsi, collegarsi. **C** v. intr. (aus. *avere*) *1* (*bot.*) Passare dallo stato di fiore a quello di frutto. SIN. Legare. *2* †Formare una lega, detto di metalli.

allegàto (*1*) [1308] part. pass. di *allegare* (*1*); anche agg. ● Addotto | (*lett.*) Citato: *Tolomeo dice, ne lo a. libro* (DANTE).

allegàto (*2*) [av. 1432] **A** part. pass. di *allegare* (*2*); anche agg. ● Accluso, unito. **B** s. m. ● Documento unito a uno o più altri: *prendere in considerazione l'a.*

allegazióne (*1*) [vc. dotta, lat. *allegatiōne(m)* da *allegare*, 'allegare (1)'; av. 1342] s. f. ● Presentazione di prove, testimonianze e sim.

allegazióne (*2*) o †**allegagióne** nel sign. 1 [vc. dotta, lat. *alligatiōne(m)*, da *alligare* 'allegare (2)'; av. 1400] s. f. *1* L'allegare documenti | (*est.*) Il documento che si allega. *2* Allegamento, nei sign. 1 e 2. *3* †Lega di metalli.

alleggeriménto [av. 1342] s. m. ● L'alleggerire, l'alleggerirsi | (*fig.*) Attenuazione | ***A. fiscale***, sgravio fiscale | (*mil.*, *sport*) ***Azione di a.***, che ha lo scopo di disturbare un attacco avversario.

alleggerìre [comp. di *a-* (*2*) e *leggero*; av. 1347] **A** v. tr. (*io alleggerisco, tu alleggerìsci*) *1* Rendere leggero o più leggero | (*fig.*) Rendere più sopportabile: *a. una sofferenza*. *2* Sgravare di un peso, di un carico: *a. un carro merci* | (*fig.*) Rendere meno gravoso: *a. la pressione fiscale*; *a. i genitori del mantenimento dei figli* | (*fig.*) Rendere più semplice: *a. il contenuto di una relazione* | (*scherz.*) Derubare: *fu alleggerito del portafoglio*. **B** v. rifl. *1* Sgravarsi di un peso (*spec. in senso fig.*) *alleggerirsi delle proprie preoccupazioni confidandosi con qlcu.* *2* Vestirsi con abiti più leggeri | Togliersi gli abiti di dosso.

†**alleggiamento** [av. 1272] s. m. ● Alleviamento, sollievo: *ad a. della mia pena* (BOCCACCIO).

alleggiàre [lat. tardo *alleviāre*, comp. di *ăd* e *levis* 'leggero', prob. attrav. il fr. *alléger*; 1250 ca.] v. tr. (*io alléggio*) **1** †Alleggerire | (*fig.*) Alleviare, mitigare, temperare. **2** (*raro*) Allibare.

allèggio o **alèggio** [prob. fr. *allège*; 1797] s. m. **1** (*mar.*) Riduzione del carico di una nave per alleggerirla | Pontone o barca usata nei porti per ricevere il carico delle navi che devono essere alleggerite del soverchio peso. **2** Allievo (2).

allegorìa [vc. dotta, lat. tardo *allegŏria(m)*, nom. *allegŏria*, dal gr. *allēgoría*, comp. di *állēi* 'altrimenti' e *agoréuō* 'io parlo'; 1308] s. f. ● (*ling.*) Figura retorica che consiste nella rappresentazione di idee e concetti o atti mediante figure e immagini con significato diverso da quello letterale: *Passa la nave mia colma d'oblio / per aspro mare, a mezza notte il verno* (PETRARCA) | In pittura e scultura, figura con valore simbolico e allusivo: *l''A. della fortuna' di Giovanni Bellini*. || **allegoriùccia**, dim.

allegòrico [vc. dotta, gr. *allēgorikós*, da *allegŏria* 'allegoria'; 1308] agg. (pl. m. *-ci*) ● Relativo all'allegoria, che contiene allegoria: *poema, quadro a.* || **allegoricaménte**, avv. In forma o senso allegorico.

allegorìsmo [1920] s. m. **1** Sistema di allegorie che è alla base di un testo: *l'a. del poema dantesco.* **2** Uso frequente dell'allegoria nella composizione di un testo. **3** Tendenza a interpretare allegoricamente un testo.

allegorista [av. 1729] s. m. e f. (pl. m. *-i*) ● Chi fa largo uso di allegorie o le commenta.

allegorizzàre [vc. dotta, lat. tardo *allegorizāre*, da *allegŏria* 'allegoria'; av. 1375] **A** v. tr. ● Rappresentare con allegorie | (*disus.*) Interpretare allegoricamente. **B** v. intr. (aus. *avere*) ● Fare uso di allegorie.

†**allegraménto** [av. 1311] s. m. ● Letizia, conforto.

†**allegrànza** [provz. *alegransa* (?); av. 1250] s. f. ● Allegrezza: *mi dona sì gran gioia ed a.* (GUINIZZELLI).

allegràre [da *allegro*; av. 1250] **A** v. tr. (*io allégro*) **1** (*lett.*) Rallegrare, allietare. **2** (*lett.*) Confortare, mitigare, lenire. **B** v. rifl. **1** (*lett.*) Rallegrarsi, allietarsi. **2** (*lett.*) Compiacersi. **3** †Crescere, prosperare, detto di piante.

allegrétto [dim. di *allegro*; 1758] s. m. ● (*mus.*) Movimento fra l'andante e l'allegro.

allegrézza [da *allegro*; av. 1250] s. f. **1** Sentimento di intima gioia, soddisfazione, letizia: *grande, viva a.*; *provare, sentire, mostrare a.*; *non riusciva a nascondere la sua a.* | Dimostrazione di gioia. **2** (*raro, lett.*) Vivezza, vivacità, spec. di colori: *opera in fresco ... condotta con un'a. di colori molto vaghi* (VASARI).

♦**allegrìa** [1528] s. f. **1** Viva manifestazione di gioia, di buonumore | *Vivere in a.*, con spensieratezza, tra i divertimenti e i piaceri | *A.!*, esclamazione di gioia, di buon augurio. SIN. Contentezza, gaiezza. **2** (*est.*) Vivacità di suoni, colori e sim.

♦**allégro** (o -è-) [lat. *ălacre(m)* 'alacre', attrav. il lat. parl. **alĕcru(m)*; 1274 ca.] **A** agg. **1** Che ha allegria, che dimostra allegria: *un'allegra brigata*; *persona, gente allegra* | Che rivela o che infonde allegria: *una canzone allegra*; *un'allegra giornata*; *chiacchiere allegre.* **2** Vivace, brioso, detto spec. di colori, suoni e sim.: *il giallo è un colore a.*; *un vestito dai colori allegri* | Ameno, ridente, detto di luoghi: *giardino a.*; *allegri colli.* **3** Spensierato: *fare vita allegra* | (*eufem.*) *Donna, donnina, allegra*, donna molto disponibile a relazioni amorose | Superficiale, irresponsabile: *una gestione finanziaria un po' allegra.* **4** (*arald.*) Detto del cavallo passante, e privo dei finimenti. **5** (*fam.*) Brillo: *il vino l'aveva reso un po' a.* **6** †Rigoglioso, fertile. || **allegraménte** avv. In modo allegro, con allegria; con leggerezza irresponsabile: *dissipò allegramente tutti i suoi risparmi*; (*lett.*) celermente, elacremente: *tutti i mulini vanno allegramente* (BACCHELLI). **B** s. m. ● (*mus.*) Movimento in tempo abbastanza rapido. || PROV. Gente allegra il ciel l'aiuta. || **allegrétto**, dim. (V.) | **allegróne**, accr. (V.) | **allegròtto**, accr., vezz. | **allegrùccio**, dim.

allegróne [1865] s. m. (f. *-a*) ● Accr. di *allegro* | Persona abitualmente allegra e che rallegra.

allèle o **allèlo** [fr. *allèle*, abbr. di *allèlomorphe* 'allelomorfo'; 1940] s. m. ● (*biol.*) Gene allelomorfo.

allèlo- [dal gr. *allḗlon* 'l'un l'altro' (da *állos* 'altro', di orig. indeur.)] primo elemento ● In parole composte della terminologia scientifica indica alternanza, antagonismo e sim.: *allelomorfo, allelopatia.*

allelomòrfo [comp. di *allelo-* e *-morfo*; 1929] agg. ● (*biol.*) Che ha azione antagonista | *Geni allelomorfi*, geni omologhi a diversa struttura molecolare per cui determinano manifestazioni diverse di uno stesso carattere.

allelopatìa [comp. di *allelo-* e *-patia*; 1983] s. f. ● (*biol.*) Inibizione di una specie vegetale causata da sostanze chimiche prodotte da un'altra specie vegetale.

allelùia (**1**) [vc. dotta, lat. eccl. *allelūia*, dall'ebr. *'allelū Jāh* 'lodate Dio'; 1233] **A** s. m. inv. **1** Nella liturgia cattolica, esclamazione di giubilo e lode di Dio. **2** (*fig.*) Espressione di gioia | *Vecchio come l'a.*, vecchissimo. **B** in funzione di inter. ● (*fam.*) Esprime soddisfazione, gioia (*anche iron.*): *a., soltanto mezz'ora di ritardo!*

allelùia (**2**) [detta così perché fiorisce nel tempo dell'*alleluia* (Pasqua); sec. XIV] s. f. ● (*bot., pop.*) Acetosella.

†**alleluiàre** [da *alleluia* (*1*); 1319] v. intr. ● Cantare l'alleluia.

allemànda o **alemànna** [fr. *allemande*, f. di *allemand* 'tedesco'. V. *alemanno*; 1771] s. f. **1** Antica danza di ritmo binario, di origine tedesca | Parte della suite strumentale dei secc. XVII e XVIII. **2** Danza popolare tedesca del sec. XVIII, di movimento allegro vivace, che preannuncia il valzer.

♦**allenaménto** [da *allenare* (*2*); 1659] s. m. **1** Esercizio metodico, addestramento: *tenere in a. la memoria* | *Tenersi in a.*, svolgere una determinata attività in modo continuo, senza interruzioni: *leggere, scrivere per tenersi in a.* **2** (*sport*) Preparazione compiuta in vista di una gara, di una competizione | *A. collegiale*, preparazione riservata ad atleti selezionati di una rappresentativa nazionale o di un club, di solito in ritiro.

allenàre (**1**) [comp. di *a-* (*2*) e *lene*; av. 1294] v. intr. e intr. pron. (*io allèno*; aus. *essere*) ● (*lett.*) Indebolirsi | Mitigarsi.

♦**allenàre** (**2**) [comp. di *a-* (*2*) e *lena*; 1581] **A** v. tr. (*io alléno*) **1** Abituare mediante esercizi appropriati: *a. i giovani allo studio*; *a. la propria memoria.* SIN. Addestrare. **2** (*sport*) Preparare, addestrare a una competizione: *a. un'atleta, una squadra, un puledro.* **B** v. rifl. **1** Abituarsi, addestrarsi, esercitarsi. **2** (*sport*) Tenersi in esercizio, svolgere la preparazione richiesta per una gara, una competizione e sim.

♦**allenatóre** [da *allenare* (*2*); 1895] **A** agg. ● Che allena. **B** s. m. (f. *-trice*) **1** (*sport*) Tecnico sportivo che ha come incarico l'allenamento di atleti impegnati in un'attività agonistica; SIN. Coach, mister, trainer | Chi dirige gli allenamenti | Tecnico che cura la preparazione degli animali da competizione. **2** Pugile ingaggiato per misurarsi in allenamento con un altro pugile. SIN. Sparring partner. **3** Il pilota del mezzo meccanico, moto, ciclomotore e sim., dietro al quale un corridore ciclista partecipa alle gare di mezzofondo.

†**allenìre** [comp. di *a-* (*2*) e *lene*; av. 1294] **A** v. tr. ● (*lett.*) Mitigare, raddolcire, lenire. **B** v. intr. pron. ● (*lett.*) Mitigarsi.

allentaménto [sec. XIII] s. m. **1** L'allentare, l'allentarsi | (*fig.*) Attenuazione, diminuzione: *a. della tensione, della disciplina.* **2** (*mecc.*) Diminuzione delle azioni mutue che si esercitano fra gli elementi di un collegamento fisso, spec. provocata da vibrazioni.

allentàndo s. m. inv. ● (*mus.*) Rallentando. CONTR. Accelerando.

allentàre [comp. del lat. *ăd* e *lĕntus* 'pieghevole'; av. 1294] **A** v. tr. (*io allènto*) **1** Rendere lento, meno teso, meno stretto: *a. un nodo, una fune, una vite, la stretta* | Allargare, slacciare: *a. la cintura, i calzoni* | *A. i cordoni della borsa*, (*fig.*) mostrarsi generoso | (*pop.*) *A. un calcio, un ceffone*, darli. **2** Rendere meno rigido, mitigare (*anche fig.*): *a. la disciplina, il freno* | (*lett.*) Attenuare, calmare: *a. l'ira, lo sdegno.* **3** (*lett.*) Ritardare, rallentare: *a. il passo* | *A. le membra*, rilassarle. **4** (*mus.*) Rallentando. CONTR. Accelerare. **B** v. intr. pron. **1** Farsi meno teso, meno stretto: *se le corde si allentano potremo liberarci.* **2** (*fig.*) Diminuire d'intensità: *i nostri legami d'amicizia s'allentano sempre più.*

allergène [da *allergia*, col suff. *-ene*; 1938] s. m. ● (*med.*) Sostanza antigene che inalata (es. polline, acari della polvere), ingerita (es. noci, semi) o iniettata (es. veleno di insetti) è in grado di provocare allergia.

allergènico agg. (pl. m. *-ci*) ● (*biol.*) Che agisce come un allergene | Che induce allergia.

allergìa [comp. del gr. *állos* 'diverso' e di *érgon* 'effetto'; 1923] s. f. **1** Alterata e spontanea reattività immunologica dell'organismo verso una particolare sostanza (allergene). **2** (*est., scherz.*) Avversione, insofferenza: *avere l'a. allo studio.*

allèrgico [1923] **A** agg. (pl. m. *-ci*) **1** Relativo ad allergia, provocato da allergia. **2** (*scherz.*) Che dimostra avversione, insofferenza per qlco.: *è un ragazzo a. alla scuola*; *credo proprio di essere a. al lavoro!* **B** agg.; anche s. m. (f. *-a*) ● Che (o Chi) è affetto da allergia.

allergizzànte [1961] part. pres. di *allergizzare*; anche agg. ● Nei sign. del v.

allergizzàre [1955] v. tr. ● (*med.*) Rendere allergico.

allèrgo- [tratto da *allergia*] primo elemento ● In parole composte della terminologia medica significa 'allergia' o indica relazione con fenomeni di allergia: *allergologia, allergopatia.*

allergologìa [comp. di *allergo-* e *-logia*; 1974] s. f. ● Branca della medicina che si occupa dello studio e della terapia delle allergie e delle loro manifestazioni.

allergòlogo [1974] s. m. (f. *-a*; pl. m. *-gi*) ● Specialista in allergologia.

allergometrìa [comp. di *allergo-* e *-metria*; 1955] s. f. ● (*med.*) Tecnica in grado di valutare il grado di allergia nei confronti di una sostanza.

allergomètrico [da *allergometria*; 1986] agg. (pl. m. *-ci*) ● (*med.*) Di allergometria.

allergopatìa [comp. di *allergo-* e *-patia*; 1955] s. f. ● Malattia derivante da allergia.

allergopàtico [1983] agg.; anche s. m. (f. *-a*; pl. m. *-ci*) ● Che (o Chi) soffre di una allergopatia.

all'èrta (o -è-) o **allérta** (o -è-) [V. *erta*; 1536] **A** loc. avv. ● Nella loc. *stare all'erta*, vigilare, usare cautela, stare attento. **B** in funzione di loc. inter. ● Si usava un tempo fra le sentinelle di guardia come grido di controllo reciproco e invito alla vigilanza: *'all'erta!' 'all'erta sto!'*. **C** in funzione di loc. sost. f. inv. ● Segnale di pericolo, preallarme: *suonare, dare l'allerta.*

allertaménto [1983] s. m. ● L'allertare.

allertàre [da *allerta*; 1963] v. tr. (*io allèrto*) ● Mettere in stato di allarme: *a. i carabinieri.*

allessàre [comp. di *a-* (*2*) e *lessare*; 1829] v. tr. (*io allésso*) ● (*raro*) Lessare.

allessatùra [1955] s. f. **1** (*raro*) Lessatura. **2** (*bot.*) Danno da freddo, da eccessiva insolazione o da parassiti sui tessuti erbacei delle piante, che si evidenzia con la comparsa di macchie translucide, e successiva necrosi del tessuto stesso.

allésso [sec. XIII] **A** avv. ● A lesso: *cuocere la carne a.* | *Chi la vuole a. e chi la vuole arrosto*, (*fig.*) chi vuole una cosa in un modo e chi in un altro. **B** agg. ● (*raro*) Lessato: *patate allesse*; *pollo a.* **C** s. m. ● (*raro*) Carne lessata.

allestiménto [1540] s. m. **1** Preparazione: *l'a. di una mostra, di uno spettacolo*; *curare l'a.* | L'insieme delle attrezzature, delle scenografie per uno spettacolo teatrale, cinematografico o televisivo. **2** (*mar.*) L'insieme dei lavori di sistemazione e completamento fatti su una nave dopo la costruzione dello scafo.

allestìre [comp. di *a-* (*2*) e *lesto*; 1658] **A** v. tr. (*io allestisco, tu allestisci*) **1** Preparare, mettere a punto: *a. una festa, un pranzo, uno spettacolo, una rappresentazione* | *A. una nave*, armarla. **2** (*raro, lett.*) Fare lesto, sollecito. **B** v. rifl. ● (*raro, lett.*) Apparecchiarsi, prepararsi.

allestito [av. 1611] part. pass. di *allestire*; anche agg. ● Nei sign. del v.

allestitóre [1929] s. m. (f. *-trice*) ● Chi esegue o dirige allestimenti a livello tecnico, industriale o artistico.

allettaménto (**1**) [da *allettare* (*1*); av. 1363] s. m. ● L'allettare | Lusinga, attrazione, seduzione.

allettaménto (**2**) [da *allettare* (*2*); 1961] s. m. ● Piegatura verso terra di molte piante erbacee, dovuta all'azione del vento e della pioggia, e facilitata da scarsa resistenza meccanica.

allettànte [av. 1729] part. pres. di *allettare* (*1*); anche agg. ● Attraente, lusinghiero, invitante: *una proposta a.* || **allettantemente**, avv.

allettàre (1) [lat. *allectāre*, intens. di *allĭcere* 'adescare', comp. di *ăd* e *lăcere* 'attirare'; sec. XIII] v. tr. (*io allètto*) **1** Attirare, invitare con prospettive piacevoli, lusinghe e sim.: *lo allettarono con la speranza di un grosso guadagno*; *la tua proposta mi alletta*; *a. la selvaggina con richiami* | (*assol.*) Attirare: *è una visione che alletta.* **2** †Accogliere, albergare: *perché tanta viltà nel core allette?* (DANTE *Inf.* II, 122).

allettàre (2) [comp. di *a-* (2) e *letto*; sec. XIII] **A** v. tr. (*io allètto*) **1** Costringere a stare a letto: *la paralisi lo ha allettato.* **2** Piegare, prostrare le biade: *il vento alletta il grano.* **B** v. rifl. ● Mettersi a letto per malattia. **C** v. intr. pron. ● Piegarsi a terra, detto delle piante erbacee.

allettàto (1) [av. 1375] part. pass. di *allettare* (*1*); anche agg. ● Attratto, invogliato: *A. anzi che atterrito dai pericoli* (MANZONI).

allettàto (2) [av. 1837] part. pass. di *allettare* (*2*); anche agg. ● Costretto a letto per malattia: *paziente a.*

allettatóre [1575] s. m.; anche agg. (f. *-trice*) ● Chi (o Che) alletta.

allettévole [1505] agg. ● (*lett.*) Invitante.

♦**allevaménto** [av. 1406] s. m. **1** L'allevare | Insieme di cure necessarie per favorire la crescita di un bambino. **2** Attività volta a far crescere, riprodurre, migliorare le specie di animali utili all'uomo o come alimenti o come mezzi di locomozione e di lavoro o per altri usi. CFR. -coltura, zootecnia | ***A. in batteria***, per animali domestici in ambiente confinato. **3** Insieme di attività e di tecniche per migliorare la coltivazione di specie vegetali e per ottenere nuove varietà: *a. del gelso.* **4** Complesso di impianti destinati allo svolgimento di tali attività | Luogo in cui esse si svolgono. **5** Insieme di piante o di animali che si allevano.

♦**allevàre** [lat. *allevāre* 'levare in alto', comp. di *ăd* e *levāre* 'sollevare'; av. 1292] v. tr. (*io allèvo*) **1** Far crescere un bambino prestandogli tutte le cure necessarie per un completo sviluppo: *è stato allevato dalla nonna* | ***A. al petto***, (*raro*) allattare | ***A. artificialmente***, nutrire nei primi mesi di vita con latte artificiale. **2** Educare: *è stato allevato male.* **3** Crescere animali e piante, gener. a scopo commerciale: *a. cavalli, pecore, bachi da seta, ostriche*; *a. pioppi, alberi da frutto.*

allevàta [av. 1306] s. f. **1** †L'allevare animali. **2** Nidiata di piccoli animali: *un'a. di pulcini, di coniglietti.*

allevatóre [1566] s. m. (f. *-trice*) ● Chi alleva spec. bestiame: *un a. di bovini.* CFR. -coltore.

alleviaménto [av. 1292] s. m. ● L'alleviare. SIN. Lenimento, sollievo.

alleviàre [vc. dotta, lat. tardo *alleviāre*, comp. di *ăd* e *lĕvis* 'leggero'; 1308] **A** v. tr. (*io allèvio*) **1** Rendere più lieve, liberare di un peso, di un affanno: *a. una fatica, una pena* | Mitigare, attenuare; *a. i dolori, le sofferenze altrui*; *a. le pene dell'animo.* **2** †Far diminuire di valore. **B** v. rifl. ● †Sgravarsi.

alleviatóre [1704 ca.] s. m.; anche agg. (f. *-trice*) ● (*lett.*) Chi (o Che) allevia.

allibàre [lat. tardo *alleviāre* 'alleggerire', comp. di *ăd* e *lĕvis* 'leggero'; 1865] v. tr. ● (*mar.*; *disus.*) Alleggerire una nave di tutto o parte del carico. SIN. Alleggiare.

allibire o †**allibbire** [prob. lat. **allivēre*, comp. di *ăd* e *livēre* 'diventar livido'; 1525] v. intr. (*io allibisco, tu allibisci*; aus. *essere*) ● Impallidire per paura, stupore, sorpresa e sim. | (*est.*) Ammutolire, sbigottirsi: *a quelle parole allibì*; *cose da fare a.*

allibito [1618] part. pass. di *allibire*; anche agg. ● Nel sign. del v. | Esterrefatto: *sono a.*; *rimanere a.* SIN. Ammutolito, sbigottito.

allibo [da *allibare*; 1889] s. m. **1** (*mar.*, *raro*) Alleggio. **2** Chiatta.

allibraménto [da *allibrare*; av. 1292] s. m. ● Registrazione su di un libro di un'operazione finanziaria | ***Certificato di a.***, certificazione di avvenuta registrazione.

allibràre [comp. di *a-* (2) e *libro*; av. 1292] v. tr. ● Registrare su un libro di conti.

allibratóre [da *allibrare*, come trad. dell'ingl. *bookmaker*; 1387] s. m. (f. *-trice*) ● Nell'ippica, colui che accetta scommesse a quota fissa indicando in partenza la somma che si potrà vincere indipendentemente dal numero delle giocate. SIN. Bookmaker.

allicciàre [comp. di *a-* (2) e *liccio*; 1797] v. tr. (*io alliccio*) **1** Piegare leggermente i denti della sega verso l'esterno per migliorarne il funzionamento. **2** (*tess.*) Comporre i licci in mezzo a cui passano i fili della tela | Far passare i fili della tela attraverso i licci.

allicciatùra [1892] s. f. ● (*tess.*) Operazione dell'allicciare.

allicina [dal lat. *ăllium* 'aglio'; 1961] s. f. ● Sostanza estratta dall'aglio, dotata di azione battericida, vermifuga e ipotensiva.

†**allìdere** [vc. dotta, lat. *allīdere*, comp. di *ăd* e *laedere* 'ferire'; av. 1306] v. tr. (difett. usato solo nella terza pers. del pres. e pass. rem. indic., *allide, allise* e nel part. pass. *alliso*) ● Percuotere, colpire, pestare: *Accurre, donna, e vide / che la gente l'allide* (JACOPONE DA TODI).

allietàre [comp. di *a-* (2) e *lieto*; av. 1492] **A** v. tr. (*io alliéto*) ● Rendere lieto: *questa nascita ha allietato la nostra famiglia.* CONTR. Rattristare. **B** v. intr. pron. ● Farsi lieto.

♦**allièvo** (1) [da *allevare*; sec. XIV] s. m. (f. *-a*) **1** Chi viene educato, istruito in una scuola o dall'insegnamento di un maestro: *a. di un liceo*; *gli allievi di un famoso chirurgo.* **2** Militare che viene istruito e addestrato per conseguire una determinata specializzazione o per ricoprire un particolare incarico o per entrare a far parte di una determinata categoria gerarchica: *a. marconista, caporale, sottufficiale, ufficiale.* **3** Atleta giovane appartenente a una determinata categoria di età che varia da sport a sport. **4** (*raro, lett.*) Chi viene allevato, nutrito: *la balia e il suo a.* | Piccolo di animali. **5** (*bot.*) Virgulto.

allièvo (2) [da *allevare*, nel senso di 'levare (l'acqua)'; 1961] s. m. ● (*mar.*) Foro munito di tappo a vite sul fondo delle imbarcazioni che serve, quando queste siano a secco o sospese alle gru, per fare uscire l'acqua. SIN. Alleggio.

†**alligàre** ● V. *allegare* (*2*).

alligatóre [dallo sp. *el lagarto* 'il ramarro', attrav. il fr. o l'ingl. *alligator*, 1765] s. m. ● Rettile degli Alligatoridi di color scuro o nerastro, con muso lungo e arrotondato, caratteristico dei grandi fiumi americani e asiatici (*Alligator*). ➡ ILL. **animali**/5.

Alligatòridi [comp. di *alligator(e)* e *-idi*; 1967] s. m. pl. (sing. *-e*) ● Nella tassonomia animale, famiglia di Rettili anfibi dell'America e dell'Asia tropicali (*Alligatoridae*).

alligazióne [vc. dotta, lat. *alligatiōne(m)* 'legatura, collegamento', da *alligāre* 'allegare (2)'; 1941] s. f. ● (*metall.*) Miscuglio di preparazione di una lega metallica.

allignaménto [1819] s. m. ● L'allignare.

allignàre [comp. del lat. *ăd* e *lĭgnum* 'legno'; av. 1272] v. intr. (aus. *avere*, raro *essere*) **1** Mettere radici. SIN. Attecchire, barbicare, barbificare, radicare. **2** (*fig.*) Trovarsi, essere radicato: *sentimenti che allignano nei cuori generosi*; *virtù che non allignano tra noi.* **3** (*fig.*, *lett.*) Svilupparsi, prosperare.

allineaménto [1690] s. m. **1** L'allineare, l'allinearsi | Disposizione su una stessa linea: *l'a. dei cavalli durante la partenza* | (*fig.*) Adeguamento, uniformazione | ***A. dei prezzi, dei salari***, adeguamento di questi al costo della vita | ***A. monetario***, variazione del potere di acquisto aureo dell'unità monetaria da parte di uno Stato per porla in un dato rapporto di valore con unità di altro Stato. **2** (*tipogr.*) Linea orizzontale ideale su cui poggia il limite inferiore dell'occhio medio del carattere tipografico | ***A. a sinistra, a destra***, linea verticale ideale a cui poggiano rispettivamente il primo o l'ultimo carattere di una serie di linee. **3** (*mar.*) Linea retta che passa per due punti fissi, di solito posti sulla costa, e costituisce una sicura indicazione di rotta.

allineàre [comp. di *a-* (2) e *linea*; 1706] **A** v. tr. (*io allìneo*) **1** Collocare e disporre persone o cose sulla stessa linea: *a. gli alunni nel cortile della scuola*; *a. i testi sul tavolo* | Schierare: *a. le truppe per la parata*; *a. la batteria per il tiro.* **2** In tipografia, disporre su una stessa linea vari elementi di una pagina o disporre nella stessa posizione in pagine successive titoli o altri elementi di un libro, giornale e sim. **3** (*fig.*) Adeguare: *a. gli stipendi all'aumento del costo della vita.* **B** v. rifl. **1** Mettersi in dirittura, in linea. **2** (*fig.*) Adeguarsi, conformarsi: *i membri della direzione si sono allineati alle dichiarazioni del segretario.*

allineàto [1690 ca.] part. pass. di *allineare*; anche agg. **1** Nei sign. del v. **2** ***Paesi non allineati***, V. *non allineato.* || **allineataménte**, avv.

allineatóre [1964] s. m. (f. *-trice*) **1** Chi allinea. **2** Nel canottaggio, arbitro ausiliario che controlla alla partenza l'allineamento delle imbarcazioni prima del via.

†**alliscìàre** [comp. di *a-* (2) e *lisciare*; av. 1639] v. tr. ● (*raro*) Lisciare.

allisciatóio [1955] s. m. ● Attrezzo usato in fonderia per la preparazione delle forme.

†**allìso** [av. 1306] part. pass. di *allidere*; anche agg. ● Percosso, flagellato.

allitteràre [1968] v. intr. (*io allìttero*; aus. *avere*) ● Formare, costituire allitterazione: *le parole 'fresca' e 'frasca' allitterano.*

allitterazióne [comp. del lat. *ăd* e *lĭttera* 'lettera'; 1609] s. f. **1** (*ling.*) Figura retorica che consiste nella ripetizione del medesimo suono all'inizio o all'interno di più parole contigue: *ti sien come il fruscìo che fan le foglie* (D'ANNUNZIO) | (*est.*) Ripetizione di suoni vocalici o consonantici. **2** (*mus.*) Ritorno insistente in un brano di un caratteristico spunto melodico, armonico o ritmico.

allivellàre [comp. di *a-* (2) e *livello* (*2*); 1779] v. tr. (*io allivèllo*) ● (*dir.*) Concedere un terreno a livello.

allivellazióne [1803 ca.] s. f. ● (*dir.*) Concessione d'un terreno a livello.

†**allividire** [comp. di *a-* (2) e *livido*; 1686] v. intr. (aus. *essere*) ● Divenire livido.

àllo o (*poet.*) a lo prep. art. m. sing. comp. di *a* (*2*) e *lo* ● V. *lo* per gli usi ortografici.

allô /fr. a'lo/ [fr. da *allons* 'andiamo', prima pers. pl. imperat. pres. *aller* 'andare', dal lat. *ambulāre*; 1905] inter. ● Si usava un tempo nelle conversazioni telefoniche in luogo di 'pronto'. CFR. Hallo.

allo- [dal gr. *állos* 'altro', di orig. indeur.] primo elemento ● In parole composte dotte, significa 'diverso': *allogeno, alloglotto.*

allobiologia [comp. di *allo-* e *biologia*; 1983] s. f. ● Branca della biologia che studia i fenomeni che si manifestano, o possono manifestarsi, nella vita nello spazio extraterrestre.

allobiològico [1983] agg. (pl. m. *-ci*) ● Relativo ad allobiologia.

allòbrogo [lat. *Allŏbrogus*; sec. XIV] **A** agg. (pl. m. *-gi* o †*-ghi*) ● Di un'antica popolazione celtica stanziata nella Gallia Narbonese: *tribù allobroghe.* **B** s. m. (f. *-a*) **1** Appartenente a tale popolazione. **2** (*est., poet., scherz.*) Abitante del Piemonte e della Savoia | ***Il fero a., l'a. feroce***, (*per anton.*) il poeta V. Alfieri.

allocàre [sec. XIII] v. tr. (*io allòco, tu allòchi*) **1** (*econ.*) Assegnare fondi o risorse a progetti o attività. **2** † V. *allogare.*

allocativo [1991] agg. ● (*bur.*) Relativo a un'allocazione, a una ripartizione.

allocazióne [fr. *allocation*, dal lat. *allocāre*, dal senso dell'ant. fr. *allouer* di 'dispensare denaro'; av. 1347] s. f. **1** Assegnazione, ripartizione: *a. delle materie prime tra gli Stati*; *a. delle risorse.* **2** Nell'ippica, la somma di denaro destinata ai premi che viene suddivisa tra vincente e piazzati in modo proporzionale.

alloccàggine [da *allocco*; 1961] s. f. ● (*raro*) Stupidità, balordaggine.

alloccheria [1585] s. f. ● (*raro*) Balordaggine.

allocchire [av. 1861] v. intr. e intr. pron. (*io allocchìsco, tu allocchìsci*; aus. *essere*) ● (*lett.*) Rimanere sbalordito | Intontirsi.

allòcco o †**lòcco** [lat. *ulūcu(m)*, di orig. onomat.; av. 1336] s. m. (pl. *-chi*) **1** Uccello rapace notturno degli Strigiformi, affine al gufo ma privo di ciuffi sul capo, di colore variabile dal grigio al bruno (*Strix aluco*). CFR. Bubolare, gufare. ➡ ILL. **animali**/9. **2** (f. *-a*) (*fig.*) Persona goffa e sciocca | ***Restare, rimanere come un a.***, restare immobile, quasi intontito.

allocentrìsmo [comp. di *allo-*, *centr(o)* e *-ismo*] s. m. ● (*psicol.*) Tendenza propria di chi pone gli altri al centro di ogni interesse e affetto.

allocròico [dal gr. *allóchroos* 'che prende altro colore'; 1892] agg. (pl. m. *-ci*) ● Di colore che varia secondo il punto da cui si guarda. SIN. Cangiante.

allocromasìa [comp. di *allo-* e del gr. *chrôma*, genit. *chrṓmatos* 'colore'; 1845] s. f. ● Falsa visione dei colori. CFR. Daltonismo.

allocromàtico [1931] agg. (pl. m. *-ci*) ● (*miner.*) Detto di un solido il cui colore muta in funzione di cause diverse, tra cui la presenza di tracce di atomi diversi da quelli tipici del suo reticolo cristallino. CFR. Cromoforo.

allòctono [comp. di *allo-* e di *-ctono*; 1930] **A** agg. ● Detto di roccia o corpo geologico trasportato lontano dal luogo in cui si è formato. **B** s. m. (f. *-a*) ● Che (o Chi) è nato in un luogo diverso da quello cui risiede. CFR. Autoctono.

allocutàrio [da *allocuzione*; 1955] s. m. ● Nella teoria della comunicazione, colui al quale è destinato il messaggio.

allocutivo [1955] agg. ● Che si riferisce all'allocuzione | ***Pronome a.***, pronome personale usato per rivolgere la parola a qualcuno; può essere 'naturale' (ad es. *tu, voi*) o 'di cortesia' (ad es. *Ella, Lei, Loro, Voi*).

allocutóre [vc. dotta, lat. tardo *allocutōre(m)*, da *ăllŏqui*, comp. di *ăd* e *lŏqui* 'parlare'; 1761] s. m. **1** (f. *-trice*) (*lett.*) Chi pronuncia un'allocuzione. **2** Nella teoria della comunicazione, emittente.

allocutòrio [1961] agg. ● (*ling.*) Allocutivo.

allocuzióne [vc. dotta, lat. *allocutiōne(m)*, da *ăllŏqui*, comp. di *ăd* e *lŏqui* 'parlare'; 1574] s. f. **1** Discorso solenne tenuto in pubblico: *il comandante pronunciò un'a.* | Discorso rivolto dal Papa ai cardinali. **2** (*ling.*) Il rapporto tra allocutore e allocutario. || **allocuzionàccia**, pegg. | **allocuzioncèlla**, dim.

allodiàle [1618] agg. ● Che appartiene all'allodio: *bene a.* SIN. Burgensatico.

allòdio [dal franco *alōd* 'proprietà intera', comp. di *al* 'tutto' e *lōd* 'bene'; 1323] s. m. ● In antichi ordinamenti giuridici, patrimonio, generalmente fondiario, in piena proprietà e non sottoposto agli oneri e vincoli feudali.

allòdola [lat. *alauda(m)*, di orig. gallica; 1342] s. f. ● Uccello dei Passeriformi di color grigio bruno con macchie più scure, becco acuto, lunga unghia posteriore, il quale emette durante il volo un trillo armonioso (*Alauda arvensis*). CFR. Fischiare. ➡ ILL. **animali**/10 | ***Specchietto per le allodole***, (*fig.*) espediente per attirare gli ingenui.

allòfono [comp. di *allo-* e *-fono*; 1967] s. m. ● (*ling.*) Variante di un fonema.

allogaménto [av. 1347] s. m. ● (*raro*) Sistemazione in luogo appropriato.

allogamìa [comp. di *allo-* e *-gamia*; 1986] s. f. **1** (*biol.*) Processo di fecondazione al quale partecipano un gamete femminile e uno maschile provenienti da individui diversi. **2** (*bot.*) Impollinazione tramite trasferimento di polline dal fiore di una pianta a quello di una pianta diversa della medesima specie. SIN. Impollinazione indiretta, impollinazione incrociata. CONTR. Autogamia.

allogàre o †**allocàre** [lat. tardo *adlocāre*, comp. di *ăd* e *lŏcus* 'luogo'; av. 1292] **A** v. tr. (*io allògo, tu allòghi*) **1** (*raro*) Porre, sistemare in luogo appropriato: *a. i libri negli scaffali, i mobili in una stanza* | (*est., disus.*) Accogliere, ospitare. **2** (*disus.*) Mettere al servizio altrui, impiegare: *lo hanno allogato come meccanico in un'officina* | Accasare, dar marito: *a. una figlia* | (*raro*) ***A. denari, capitali***, investirli. **3** (*raro*) Dare in affitto: *a. un podere, un terreno.* **4** †Commettere. **B** v. rifl. **1** (*disus.*) Trovare posto, sistemarsi in un luogo: *allogarsi in città.* **2** (*disus.*) Mettersi a servizio: *allogarsi presso qlcu.*

†**allogatóre** [av. 1347] s. m. (f. *-trice*) ● Locatore, impresario, appaltatore.

allogazióne [av. 1363] s. f. ● (*disus.*) L'allogare.

allogènico [vc. dotta, comp. di *allo-* e *-genico*; 1986] agg. (pl. m. *-ci*) **1** Che è prodotto da cause esterne. **2** (*biol.*) Di costituzione genica diversa: *cellule allogeniche di una chimera* | ***Trapianto a.***, allotrapianto.

allògeno [vc. dotta, gr. *allogenḗs*, comp. di *allo-* e *génos* 'razza'; 1923] **A** agg. ● Che appartiene a un'altra stirpe, nazionalità e sim.: *cittadini allogeni; minoranze allogene.* **B** s. m. (f. *-a*) ● Chi, in uno Stato nazionale, appartiene a un gruppo etnico, minoritario rispetto alla massa dei cittadini, che conserva le proprie caratteristiche, la propria autonomia e sim.: *gli allogeni di lingua tedesca.*

alloggiaménto [sec. XIV] s. m. **1** L'alloggiare | (*mil.*) Stazionamento di truppe sotto forma di accampamento, accantonamento o sim. **2** Luogo in cui alloggiano militari: *fornire un a.*; *l'a. delle truppe.* **3** (*mecc.*) Sede di un dato organo meccanico lavorato con una prefissa tolleranza.

alloggiàre [comp. di *a-* (2) e *loggia*; av. 1363] **A** v. tr. (*io allòggio*) **1** Accogliere e ospitare, spec. temporaneamente: *a. provvisoriamente un amico, un parente* | Sistemare le truppe: *a. i soldati.* **2** (*lett., fig.*) Nutrire un sentimento nel proprio animo. **3** Collocare nell'apposita sede un pezzo meccanico. **B** v. intr. (aus. *avere*) ● Abitare, dimorare, spec. temporaneamente: *alloggia in una vecchia casa del centro; i sinistrati alloggiano ancora in ricoveri di fortuna* | Detto di truppe, accamparsi, accantonarsi, sistemarsi.

♦**allòggio** [da *alloggiare*; 1556] s. m. **1** Luogo nel quale si alloggia, si ha ricovero, ospitalità e sim., spec. di breve durata: *cercare, dare, trovare, prendere a.*; *fornire vitto e a.* **2** Appartamento: *alloggi popolari.* **3** Locale di bordo destinato ad abitazione per il personale imbarcato | Locale per passeggeri, su navi o aerei: *alloggi di prima, di seconda classe.* **4** (*spec. al pl.*) Alloggiamento di militari. || **alloggètto**, dim. | **alloggino**, dim.

allogliàto [comp. di *a-* (2) e *loglio*; sec. XIV] agg. ● Detto di grano misto a loglio.

alloglossìa [comp. di *allo-* e del gr. *glôssa* 'lingua'; 1972] s. f. ● (*ling.*) Uso di una lingua diversa da quella ufficiale o maggioritaria di uno Stato.

alloglòtto [comp. di *allo-* e del gr. *glôtta* 'lingua'; 1883 ca.] **A** agg. ● Che si riferisce a una lingua diversa da quella ufficiale di uno Stato: *dialetti alloglotti.* **B** agg.; anche s. m. (f. *-a*) ● Che (o Chi) parla una lingua diversa da quella della maggioranza degli abitanti di un dato paese: *cittadini alloglotti; gli alloglotti dell'Alto Adige.*

allògrafo [comp. di *allo-* e *-grafo*; 1970] s. m. **1** (*ling.*) All'interno del sistema di scrittura di una lingua, segno o gruppo di segni grafici che rendono lo stesso suono di altri (es. nell'italiano la lettera *c* di *cuore* è un allografo della lettera *q* di *quota*). **2** (*dir.*) Documento scritto da un'altra persona. CONTR. Autografo.

alloinnèsto [comp. di *allo-* e *innesto*] s. m. ● (*chir.*) Allotrapianto.

allometrìa [comp. di *allo-* 'diverso' e *-metria* 'misura'; 1961] s. f. ● (*biol.*) Fenomeno per il quale una o più parti di un organismo presentano una diversa accelerazione di accrescimento rispetto alla norma del gruppo di appartenenza.

allomòrfo [comp. di *allo-* e *-morfo*; 1969] s. m. ● (*ling.*) Variante di un morfema (ad es. *-ei* e *-etti* in *perdei, perdetti*).

allontanaménto [1525] s. m. ● L'allontanare, l'allontanarsi.

♦**allontanàre** [comp. di *a-* (2) e *lontano*; 1336 ca.] **A** v. tr. **1** Mettere, tenere lontano (*anche fig.*): *a. una persona; a. un pericolo, una minaccia; la vita li ha allontanati* | (*fig.*) Distogliere: *a. qlcu. da un proposito.* **2** Mandare via: *a. qlcu. dalla propria casa* | Licenziare: *fu allontanato dal suo posto di lavoro* | (*fig.*) Fugare: *a. da sé i sospetti.* **3** Suscitare sentimenti sgradevoli (*anche assol.*): *ha un modo di fare che allontana.* **B** v. rifl. e intr. pron. ● Andare lontano: *allontanarsi dalla riva; la soluzione del conflitto si allontana* | Assentarsi: *allontanarsi da casa, dal lavoro* | Dileguarsi: *il ladro riuscì ad allontanarsi* | (*fig.*) Discostarsi: *s'è allontanato dalla fede.*

allopatìa [vc. dotta, gr. *allopátheia* 'influenza esterna', comp. di *állos* 'diverso' e *páthos* 'ciò che si prova di bene o di male, nel fisico o nel morale'; 1828] s. f. ● (*med.*) Sistema di cura che sfrutta l'azione dei principi contrari a quelli che hanno provocato la malattia. CONTR. Omeopatia.

allopàtico [1865] **A** agg. (pl. m. *-ci*) ● Basato sull'allopatia. **B** s. m. (f. *-a*) ● Chi sostiene o adotta la terapia allopatica.

alloppiaménto [av. 1557] s. m. ● (*lett.*) Ebbrezza da oppio | (*fig.*) Torpore.

alloppiàre [da *oppio*; av. 1543] **A** v. tr. (*io allòppio*) **1** (*raro*) Drogare con l'oppio una bevanda: *a. il vino, il caffè.* **2** (*lett. raro*) Far addormentare qlcu. propinandogli bevande oppiate | (*est.*) Sopire, acquetare. **B** v. intr. pron. ● (*fig., lett.*) Addormentarsi pesantemente.

†**allòppio** ● V. *oppio* (*1*).

♦**allóra** [lat. *ăd ĭlla(m) hōra(m)* 'in quel tempo'; 1219] **A** avv. **1** In quell'istante, in quel momento: *Allor temett'io più che mai la morte* (DANTE *Inf.* XXXI, 109) | ***Era uscito a. a.***, proprio in quel momento | ***A. come a.***, sul momento, in quella circostanza: *a. come a., non avrei saputo cosa rispondere* | ***Da a. in poi***, da quel momento in poi | ***Fino a.***, fino a quel momento | Riferito al futuro: *quando avrai la mia età, a. capirai; per a. tutto sarà finito; dovrò aspettare fino a.?* CONTR. Adesso, ora. **2** (*est.*) In quel tempo: *a. c'erano i tram a cavalli; fu a. che lo conobbi* | ***Fin d'a.***, fin da quel tempo | ***Per a.***, per quel giorno, per quel tempo; *per a. erano cose strabilianti* | ***Le ragazze d'a.***, di quei tempi | Con valore enfat.: *a. sì che si viveva con poco!* **B** in funzione di cong. **1** In questo caso, in tale caso, con valore concl.: *se mi dici così, a. vengo senz'altro; se vuoi venire, a. preparati.* **2** Ebbene, dunque, usato per sollecitare qlcu. o per esprimere dubbio, curiosità, apprensione, speranza (introduce una prop. interr. diretta o un'espressione esclamativa): *ma dillo a.!; a. decidiamoci!; e a.? che si fa?; e a.? cosa ti ha detto?; a., non c'è speranza?* | V. anche *allorché.* **C** in funzione di agg. inv. ● Di quel tempo, in quel tempo: *l'a. direttore.*

allorché o †**allóra che** /al'lorake*, allora'ke*/, (*lett.*) **allór che** /allor'ke*, al'lorke*/ [av. 1375] cong. ● (*lett.*) Quando, nel momento in cui, non appena (introduce una prop. temp. con il v. all'indic.): *a. mi vide, mi si fece subito incontro; ma come rimase a., domandando di lui, si sentì rispondere che non c'era più* (MANZONI).

allòro [lat. *lauru(m)*, di orig. preindeur.; 1312] s. m. **1** Albero sempreverde delle Lauracee con foglie alterne, semplici, coriacee e persistenti, aromatiche, fiori giallastri in piccole ombrelle ascellari e frutti neri a drupa (*Laurus nobilis*) | ***A. spinoso***, agrifoglio. ➡ ILL. **piante**/3 | Foglie di tale pianta, usate in cucina per dare aroma: *mettere l'a. nell'arrosto.* **2** (*fig.*) Vittoria, trionfo, gloria: *Napoleone si cinse degli allori di Austerlitz, di Jena e di molte altre battaglie; gli allori di Cesare* | ***L'a. poetico***, la corona d'alloro con cui si cingeva la fronte dei poeti in Campidoglio | ***Riposare, dormire sugli allori***, stare inoperoso, accontentandosi dei successi ottenuti. || **allorino**, dim.

allorquàndo o (*raro*) **allór quàndo** [sec. XIII] cong. ● (*lett.*) Quando, proprio quando, nel momento in cui, allorché (introduce una prop. temp. con il v. all'indic.): *stavo passeggiando a. lo vidi; sorridevo a. sentivo dirmi che il fuoco del camino è quasi un amico* (VERGA).

allotrapiànto [comp. di *allo-* e *trapianto*; 1983] s. m. ● (*chir.*) Trapianto di un tessuto od organo prelevato da un organismo appartenente alla stessa specie ma geneticamente diverso dal ricevente | Tessuto od organo trapiantato tra due organismi della stessa specie ma geneticamente diversi. SIN. Omotrapianto, alloinnesto.

allòtrio [dal gr. *allótrios* 'estraneo', da *állos* 'altro', di orig. indeur.; 1845] agg. ● (*raro, lett.*) Estraneo, diverso: *la distinzione … tra … due interpretazioni, l'estetica e l'allotria* (CROCE).

allotriomòrfo [comp. di *allotrio* e *-morfo*; 1961] agg. ● Detto di minerale che non ha forma propria, ma assume quella della cavità che lo ospita. CONTR. Idiomorfo.

allotropìa [da *allotropo*; 1865] s. f. **1** (*chim.*) Fenomeno presentato dagli allotropi. **2** (*ling.*) Coesistenza di due diversi esiti di uno stesso significante: *a. semantica* (ad es. *plebe* e *pieve*, ambedue dal lat. *plebe(m)*); *a. morfologica* (ad es. *annuncio* e *annunzio; cerchio* e *circolo*).

allotròpico [1878] agg. (pl. m. *-ci*) ● (*chim., ling.*) Relativo all'allotropia.

allòtropo [vc. dotta, gr. *allótropos*, comp. di *állos* 'diverso' e *-tropo*; 1865] s. m. **1** (*chim., miner.*) Elemento che esiste in forme fisicamente diverse tra loro. **2** (*ling.*) Membro di una allotropia. SIN. Doppione.

†**allòtta** [da *otta* 'ora'; av. 1294] avv. ● Allora: *tali eravamo tutti e tre a.* (DANTE *Purg.* XVII, 85).

allottàre [comp. di *a-* (2) e *lotto*; av. 1850] v. tr. (*io allòtto*) **1** (*tosc.*) Mettere una cosa al lotto, alla sorte. **2** (*tosc.*) Dividere in parti, in lotti.

all right /ol'rait, *ingl.* ˌɔːl'ɹaet/ [loc. ingl., propr. 'tutto (*all*, di area germ. e orig. indeur.) diritto (*right*, di orig. indeur.)'; 1905] loc. avv. ● Bene, d'accordo, spec. in esclamazioni, risposte e sim.

allucciolàre [comp. di *a-* (2) e di *lucciola*; av. 1931] v. intr. (*io allùcciolo*; aus. *avere*) ● (*raro*) Brillare, luccicare.

allucciolìo [1939] s. m. ● (*lett.*) Brillìo, luccichìo: *In fondo al borro l'a. / della Galassia* (MON-

TALE).

àlluce [vc. dotta, lat. tardo *hàlluce(m)*, di etim. incerta; 1892] s. m. ● Primo dito del piede. SIN. (*pop.*) Dito grosso, ditone.

allucinànte [1865] part. pres. di *allucinare*; anche agg. *1* (*raro*) Che abbaglia | Che crea allucinazione. *2* (*fig.*) Che turba, che impressiona fortemente: *uno spettacolo a.* SIN. Incredibile, irreale, spaventoso | (*fig.*, *raro*) Stupefacente. || **allucinanteménte**, avv.

allucinàre [vc. dotta, lat. *alucināri*, di etim. incerta; 1499] **A** v. tr. (*io allùcino*) *1* (*raro*) Abbagliare, confondere la vista | (*fig.*) Confondere. *2* (*fig.*) Impressionare fortemente. **B** v. intr. pron. ● †Ingannarsi.

allucinàto [1499] **A** part. pass. di *allucinare*; anche agg. ● Nei sign. del v. || **allucinataménte**, avv. **B** s. m. (f. *-a*) ● Chi soffre di allucinazioni | Visionario, esaltato: *mi fissava con occhi da a.*

allucinatòrio [1908] agg. ● Che si riferisce all'allucinazione | Che produce allucinazione.

allucinazióne [vc. dotta, lat. *alucinatiōne(m)*, deriv. di *alucinări* 'allucinare'; 1728] s. f. *1* (*med.*) Percezione senza oggetto, ritenuta reale dal malato: *a. uditiva, visiva, sensitiva* | *A.* **ipnagogica**, del dormiveglia. *2* (*est.*) Travisamento, abbaglio, inganno: *è tutta una sua a.*

allucinògeno [comp. di *allucin(azione)* e *-geno*; 1968] **A** s. m. ● Sostanza naturale o sintetica che provoca allucinazioni sensoriali. **B** anche agg.: *sostanze allucinogene.*

allucinòṣi [comp. di *allucin(azione)* e *-osi*; 1955] s. f. inv. ● (*psicol.*) Stato di allucinazione, spec. in un soggetto cosciente: *a. alcolica.*

allùda [lat. *alūta(m)*, di etim. incerta, prob. attrav. il provz.; 1618] s. f. ● Procedimento di concia delle pelli, con allume di rocca | Pelle conciata all'allume.

allùdere [vc. dotta, lat. *allūdere*, comp. di *ăd* e *lūdere* 'scherzare'; 1546] v. intr. (pass. rem. *io allùṣi, tu alludésti*; part. pass. *allùṣo*; aus. *avere*) ● Accennare in modo indiretto, velatamente: *a cosa vuoi a.?*

allumacàre [comp. di *a-* (*2*) e *lumaca*; av. 1850] v. tr. (*io allumàco, tu allumàchi*) ● (*tosc.*) Macchiare con strisce di bava, come fa la lumaca | (*est.*) Insudiciare.

allumacatùra [av. 1901] s. f. *1* (*tosc.*) Striscia di bava lasciata da una lumaca. *2* (*tosc.*) Segno, traccia (*anche fig.*).

†**allumàre** (1) [fr. *allumer*, dal lat. parl. **allumināre*, comp. di *ăd* e di *lūmen*, genit. *lūminis* 'luce'; 1319] **A** v. tr. ● (*lett.*) Illuminare, accendere (*anche fig.*): *'l sol che v'allumò e arse* (DANTE *Par.* XV, 76). **B** v. intr. pron. ● (*lett.*) Illuminarsi, accendersi.

allumàre (2) [da *allume*; 1598] v. tr. *1* (*raro*) Dare l'allume ai panni prima della tintura. *2* Conciare con l'allume.

allumatùra [1865] s. f. *1* (*disus.*) Bollitura dei tessuti nell'allume prima della tintura. *2* Concia delle pelli mediante l'allume.

allùme [lat. *alūme(n)*, di etim. incerta; av. 1292] s. m. *1* Solfato doppio di un metallo monovalente e di uno trivalente che cristallizza con 12 molecole d'acqua | *A.* **di rocca**, allume potassico quando si presenta in massa vetrosa. *2* (*per anton.*) Correntemente, allume potassico, usato in medicina, conceria, tintoria e sim.

allumeuse /fr. aly'mø:z/ [vc. fr., dal v. *allumer* 'illuminare': il sign. del s. è di provenienza gergale; 1918] s. f. inv. ● (*iron.*) Donna che provoca e seduce senza concedersi.

allumièra [fr. *alunière*, da *alun* 'allume'; av. 1347] s. f. ● Miniera di allume.

allùmina [1829] s. f. ● Ossido ottenuto dai sali di alluminio per riscaldamento, usato come disidratante, come catalizzatore, e nella produzione di refrattari, porcellane e abrasivi.

†**alluminàre** (1) [fr. *enluminer*, dal lat. *illumināre*, con cambio di pref.; 1224 ca.] **A** v. tr. *1* Illuminare (*anche fig.*): *quella parte ch'è alluminata dal sole* (LEONARDO). *2* (*raro*) Ridare la vista. **B** v. intr. pron. ● Illuminarsi.

†**alluminàre** (2) [lat. parl. **allumināre*, per *illumināre* 'illuminare' (miniare), fr. *enluminer*, 1319] v. tr. ● Nella terminologia artistica medievale, aggiungere oro e argento ai colori di una miniatura per farla brillare | (*est.*) Miniare | (*est.*) Dipingere a colori vivaci.

alluminàre (3) [da *allume*; 1463] v. tr. (*io allùmino*) ● Allumare un tessuto per il fissaggio dei colori.

alluminàre (4) o **alluminiàre** [da *alluminio*; 1913] v. tr. (*io allùmino*) ● Ricoprire con alluminio: *a. un oggetto metallico.*

alluminàto [da *allumina*; 1953] s. m. ● Sale dell'acido alluminico.

†**alluminatóre** [fr. *enlumineur* da *enluminer* 'alluminare' (*2*); 1614] s. m. ● Miniatore.

alluminatùra [da *alluminato* part. pass. di *alluminare* (*4*); 1955] s. f. ● Processo con cui si ricopre di uno strato di alluminio la superficie di un vetro, per ottenerne uno specchio.

alluminiàre ● V. *alluminare* (*4*).

allumìnico [1865] agg. (pl. m. *-ci*) ● Di alluminio, relativo all'alluminio | **Acido** *a.*, acido inorganico, tribasico, forma tautomera dell'idrossido di alluminio.

alluminierìa [1961] s. f. ● Complesso industriale per la lavorazione dell'alluminio.

allumìnifero [comp. di *allumini(o)* e *-fero*; 1852] agg. ● Che contiene alluminio.

♦**allumìnio** [da *allumina*; 1819] s. m. ● Elemento chimico, metallo, bianco-argenteo, leggero, duttile e malleabile, presente in moltissimi silicati, prodotto industrialmente dalla bauxite, impiegato nella fabbricazione di leghe leggere e superleggere. SIMB. Al.

alluminòṣi [da *alluminio* e *-osi*; 1955] s. f. inv. ● (*med.*) Alterazione dei polmoni dovuta a prolungata inalazione di polvere d'alluminio.

alluminosilicàto, (*evit.*) **allumosilicàto** [comp. di *allumin(i)o* e *silicato*; 1986] s. m. ● (*miner.*) Silicato in cui l'alluminio sostituisce in parte il silicio.

alluminotermìa [comp. di *alluminio* e *-termia*; 1961] s. f. ● Processo di riduzione di ossidi, mediante polvere di alluminio, in cui si sviluppano elevate temperature, utilizzato per ottenere metalli liberi e per bombe incendiarie.

allunàggio [da *allunare* (*1*); 1959] s. m. ● Approdo sulla Luna | *A.* **morbido**, **soffice**, con urto trascurabile.

allunaménto [da *allunare* (*2*); 1829] s. m. ● (*mar.*) Curvatura in senso trasversale data ai ponti delle navi per favorire lo scolo delle acque | Curvatura della balumina della vela per aumentarne la superficie.

allunàre (1) [comp. di *a-* (*2*) e *luna*; 1961] v. intr. (aus. *essere*) ● Approdare sulla Luna.

allunàre (2) [comp. di *a-* (*2*) e *lunare* 'tagliare a forma di arco'; 1584] v. tr. ● (*mar.*) Curvare qlco. a foggia di mezzaluna.

allùnga [da *allungare*; 1897] s. f. *1* Parte scanalata del cilindro del laminatoio che collega il cilindro stesso col rocchetto. *2* Tubo di vetro che condensa i vapori sviluppati nella distillazione. *3* Parte che si aggiunge a un assegno o a una cambiale quando non vi sia più spazio per le girate. SIN. Coda.

allungàbile [1961] agg. ● Che si può allungare.

allungaménto [av. 1292] s. m. *1* Incremento della lunghezza o della durata: *l'a. di una tenda*; *l'a. della giornata* | Diluizione di un liquido spec. con acqua | (*sport*) *A.* **muscolare**, estensione forzata del muscolo per migliorarne l'elasticità. CONTR. Accorciamento. *2* Allunga, nel sign. 3. *3* (*ling.*) Accrescimento della durata di articolazione di un suono | *A.* **di compenso**, allungamento di un suono per compensare la caduta di un altro nella stessa sillaba. *4* Nei corpi aerodinamici, rapporto fra due delle dimensioni principali | *A.* **di un corpo fusiforme**, rapporto tra la lunghezza e la larghezza | *A.* **di un'ala**, rapporto tra l'apertura e la corda.

♦**allungàre** [lat. parl. **allongāre* comp. di *ăd* e *lŏngus* 'lungo'; 1219] **A** v. tr. (*io allùngo, tu allùnghi*) *1* Accrescere la lunghezza o la durata di qlco.: *a. un abito, una corda*; *a. un discorso, un viaggio, la vita* | *A.* **la strada**, seguire la via più lunga | *A.* **il passo**, camminare più speditamente | *A.* **la mano**, stenderla per chiedere qlco. | *A.* **le mani**, protenderle per rubare, minacciare, toccare e sim. | *A.* **le gambe**, distenderle | *A.* **il collo**, protenderlo per vedere meglio | *A.* **le orecchie**, (*fig.*) ascoltare attentamente | (*sport*) *A.* **i muscoli**, effettuarne l'allungamento | (*ling.*) Rendere lunga una sillaba prosodicamente breve. *2* (*fam.*) Porgere: *per favore, mi allunghi il pane?* | *A.* **la palla**, (*fig.*) nel calcio, passarla a un compagno che si trova in posizione più favorevole. *3* (*fig.*, *fam.*) Appioppare, assestare: *a. una pedata a qlcu.*; *gli allungò un sonoro ceffone.* *4* Diluire: *a. lo smalto col solvente* | Annacquare: *a. il vino.* *5* †Allontanare, respingere: *Per cercare almeno d'a. i pericoli* (GUICCIARDINI). **B** v. intr. pron. *1* Accrescersi in lunghezza, altezza, durata e sim.: *l'ombra del monte si allunga sulla pianura*; *quel ragazzo si è molto allungato*; *d'inverno le notti si allungano.* *2* †Allontanarsi. **C** v. rifl. ● Distendersi, sdraiarsi: *allungarsi sul letto, su una sedia, sulla sabbia.* **D** v. intr. (aus. *avere*) ● Nel ciclismo, nel podismo e nell'ippica, effettuare un allungo.

allungàto [av. 1250] part. pass. di *allungare*; anche agg. ● Nei sign. del v. | (*est.*) Di forma sottile, affusolata: *un pesce dal corpo a.*; *il caimano ha un muso a.*

allungatùra [1726] s. f. *1* Operazione dell'allungare. *2* Ciò che serve o è servito ad allungare.

allùngo [1915] s. m. (pl. *-ghi*) *1* (*sport*) Nel ciclismo, nel podismo e nell'ippica, progressiva accelerazione effettuata da un atleta o cavallo in gara | Nel calcio, passaggio della palla già in movimento | Nel pugilato, distanza determinata dalla lunghezza del braccio disteso; (*est.*) il pugno vibrato direttamente tendendo il braccio: *ha un buon a.* | Nella scherma, affondo portato al massimo. *2* Pezzo di cuoio che il calzolaio aggiunge al calcagno o alla punta della forma per adattarla al piede.

allupàre [comp. di *a-* (*2*) e *lupo*; av. 1449] v. intr. e rifl. (aus. *essere*) ● (*raro*) Divenire simile a lupo | (*fig.*) *A.* **dalla fame**, avere molta fame | (*est.*, *region.*) Eccitarsi sessualmente.

allupàto [av. 1936] part. pass. di *allupare*; anche agg. *1* Nel sign. del v. | Affamato. *2* (*region.*) Bramoso di rapporti sessuali, eccitato sessualmente: *stare, essere a.*

allure /fr. a'lyːʀ/ [fr., 'andatura', da *aller* 'andare' (V. *allò*); 1930] s. f. inv. *1* Modo di comportarsi improntato a una certa distinzione. *2* (*sport*, *raro*) Nel ciclismo e nel podismo, andatura, cadenza, ritmo di gara.

allùṣi ● V. *alludere.*

†**alluṣingàre** [comp. di *a-* (*2*) e *lusingare*] v. tr. ● Lusingare.

alluṣióne [vc. dotta, lat. tardo *allusiōne(m)*, da *allūdere* 'alludere'; 1550] s. f. ● Velato accenno a chi o a ciò che non si vuole nominare apertamente: *una a. pesante, chiara, superflua*; *un discorso pieno di allusioni* | (*est.*, *lett.*) Riferimento non esplicito: *un saggio pieno di allusioni crociane.*

alluṣività [1952] s. f. ● Caratteristica di ciò che è allusivo | (*letter.*) Tendenza a cogliere la realtà attraverso evocazioni e allusioni non razionali: *l'a. di Mallarmé, dell'ermetismo.*

alluṣìvo [av. 1704] agg. *1* Che contiene allusioni, che allude: *il suo è un discorso a.* *2* (*letter.*) Analogico, evocativo: *il carattere a. della poesia ermetica.* || **alluṣivaménte** avv. In modo allusivo, per allusioni.

allùṣo [1865] part. pass. di *alludere*; anche agg. ● Nei sign. del v.

alluviàle [dal lat. *allŭvies* 'inondazione', comp. di *ăd* e *luere* 'lavare'; 1889] agg. ● (*geol.*) Che si riferisce al periodo successivo alle glaciazioni.

†**alluviàre** [av. 1494] v. tr. e intr. ● Allagare, inondare.

alluvionàle [av. 1869] agg. ● Detto di terreno formato per deposito di materiali trasportati dai corsi d'acqua.

alluvionàto [1927] agg.; anche s. m. (f. *-a*) ● Che (o Chi) è colpito, danneggiato da alluvione: *zona alluvionata*; *gli alluvionati del Polesine.*

♦**alluvióne** [vc. dotta, lat. *alluviōne(m)*, da *allŭvies*. V. *alluviale*; 1342] s. f. *1* Straripamento dei fiumi con allagamento dei terreni circostanti. SIN. Inondazione. *2* (*fig.*, *spreg.*) Enorme quantità: *un'a. di romanzi gialli, di film western.* *3* (*geol.*) Ogni deposito di detriti trasportati e depositati da corsi d'acqua superficiali. *4* (*dir.*) Accumulo di terre portate dalla corrente fluviale, che accresce gradatamente i fondi rivieraschi e appartiene ai proprietari di questi.

†**àlma** (1) [lat. *ănima(m)* 'anima', con dissimilazione (**ălima*); av. 1249] s. f. ● (*poet.*) Anima: *divino amor che gentil a. accende* (COLONNA).

àlma (2) [vc. dotta, gr. *hálma* 'salto', da *hállesthai* 'saltare', di orig. indeur.; 1955] s. m. inv. ● Gioco affine alla dama, con una scacchiera quadrupla di quella normale.

almagèsto [ar. *al-mağisṭī*, dall'opera di Tolomeo *megístē* (*sýntaxis*) 'raccolta massima'; av. 1367] **s. m.** ● (*lett.*) Libro di astronomia | Raccolta di osservazioni astronomiche.

almanaccàre [av. 1705] **v. tr.** e **intr.** (*io almanàcco, tu almanàcchi*; aus. intr. *avere*) ● Lambiccarsi il cervello per risolvere un problema e sim. | Fantasticare, congetturare: *a. intorno al futuro.*

almanaccatóre [1887] **s. m.** (**f.** *-trice*) ● Chi almanacca.

almanacchìsta [1774] **s. m.** e **f.** (**pl. m.** *-i*) ● Compilatore di almanacchi.

almanàcco [ar. *al-manāḫ* 'clima'; av. 1348] **s. m.** (**pl.** *-chi*) ***1*** Raccolta dei fenomeni astronomici (effemeridi) e meteorologici | Calendario con l'indicazione delle festività e delle fasi lunari. ***2*** (*est.*) Pubblicazione annuale simile al calendario con varie notizie complementari: *a. letterario* | ***A. di Gotha***, annuario genealogico dell'alta nobiltà europea.

almanaccóne [1865] **s. m.** (**f.** *-a*) ● Chi è solito almanaccare.

almànco [comp. di *al* e *manco*; av. 1320] **avv.** ● († o *region.*) Almeno.

almandìno [deformazione del lat. tardo *Alabandīnus* 'di Alabanda', città della Caria; 1546] **s. m.** ● (*miner.*) Granato di ferro e alluminio di colore rosso vinato.

†**almansóre** [ar. *al-manṣūr* 'vittorioso', attrav. l'ant. fr. *almansour*; 1483] **s. m.** ● Capo dei Saraceni | Difensore.

almèa [ar. *'ālma*, dal classico *'ālima* 'donna istruita', attrav. il fr. *almée*; 1875] **s. f.** ● Nell'Ottocento, danzatrice orientale che veniva richiesta in case di notabili arabi per allietare feste e ricorrenze.

♦**alméno** o (*disus.*) **al méno** [1294] **avv.** ***1*** Se non altro, se non di più, a dir poco, come minimo: *potevi a. scrivermi*; *fammi a. sapere quando arrivi*; *costerà a. trecento euro.* ***2*** Con valore ottativo: *a. non piovesse!*; *a. arrivasse puntuale!*; *che a. si decidesse a parlare!*

†**almiràglio** ● V. *ammiraglio.*

†**almirànte** ● V. *ammiraglio.*

àlmo (**1**) [vc. dotta, lat. *ălmu(m)*, da *ălere* 'nutrire'; 1313] **agg.** ***1*** (*lett.*) Che dà e alimenta la vita: *a. sole*; *alma terra natia* (LEOPARDI) | Ricco, benefico, fertile. ***2*** (*est., lett.*) Grande, glorioso, nobile.

†**àlmo** (**2**) [lat. *ănimu(m)* 'animo', con dissimilazione (**ălimus*); 1483] **s. m.** ● Animo.

almùzia [persiano *muštā* 'mantellina di pelliccia con maniche lunghe', attrav. l'ar. (?); 1733] **s. f.** ● Cappa canonicale, distintiva dei canonici di alcune cattedrali o collegiate, consistente in un piccolo mantello di pelliccia con cappuccio grande, che copre anche le spalle.

almùzio **s. m.** ● Almuzia.

àlnico [comp. di *al(luminio)*, *ni(chelio)* e *co(balto)*; 1955] **s. m.** (**pl.** *-ci*) ● Lega contenente spec. alluminio, nichel, cobalto e ferro, usata per la fabbricazione di potenti magneti permanenti.

àlno [vc. dotta, lat. *ălnu(m)*, di etim. incerta; 1340] **s. m.** ● (*bot.*) Ontano | ***A. nero***, frangola.

alnoite [comp. di *Alnö* (isola del golfo di Botnia dove tale roccia fu segnalata per la prima volta) e *-ite* (*2*); 1955] **s. f.** ● Roccia filoniana della famiglia dei gabbri alcalini composta essenzialmente da olivina, augite e tracce di ossidi di ferro.

†**àlo** ● V. *alone* (*1*).

alo- [dal gr. *háls*, genit. *halós* 'mare', 'sale'] primo elemento ● In parole scientifiche composte significa 'mare' o 'sale': *alofita, alogeno.*

alòbio [comp. di *alo-* e *-bio*; 1955] **agg.** ● (*biol.*) Detto di organismo che vive in ambiente marino.

alocàsia [forse var. di *colocasia*; 1955] **s. f.** ● Pianta erbacea ornamentale delle Aracee molto simile alla colocasia, ma di dimensioni leggermente più grandi (*Alocasia*).

àloe o **aloè** [vc. dotta, lat. *ăloe(m)*, nom. *ăloe*, dal gr. *aloē*, di orig. orient.; av. 1294] **s. m.** o **f. inv.** ***1*** Genere di piante delle Liliacee con fusto molto corto, foglie carnose disposte a rosetta, fiori rossi, gialli o verdicci in pannocchie portate da uno scapo più o meno allungato (*Aloë*) | ***A. americana***, agave. ➡ **ILL. piante**/11. ***2*** Succo delle foglie di tale pianta, usato come amaro, eupeptico e purgante. ***3*** (*lett., fig.*) †Amarezza | Rozzezza.

alofàuna [comp. di *alo-* e *fauna*; 1965] **s. f.** ● Il complesso degli animali viventi nel mare.

alòfilo [comp. di *alo-* e *-filo*; 1961] **agg.** ● (*biol.*) Che ama ambienti fortemente salini o salmastri: *pianta alofila*; *animale a.*

alòfita [comp. di *alo-* e *-fito*; 1892] **s. f.** ● Pianta che vive in ambienti fortemente salini o salmastri.

aloflòra [comp. di *alo-* e *flora*; 1961] **s. f.** ● Il complesso dei vegetali viventi in ambienti salmastri.

alògena [da *alogeno*; 1983] **s. f.** ● Tipo di lampadina a fortissimo potere illuminante, contenente vapori di iodio.

alogenàre [1970] **v. tr.** (*io alògeno*) ● (*chim.*) Introdurre in una molecola uno o più atomi di alogeno.

alogenàto [1965] **A** **s. m.** ● Composto chimico o prodotto che ha subito l'alogenazione. **B** anche **agg.**: *sale a.*

alogenazióne [1955] **s. f.** ● Operazione dell'alogenare.

alògeno [comp. di *alo-* e *-geno*; 1828] **A** **s. m.** ● (*chim.*) Elemento che, unito con metalli, produce sali | Ciascuno dei cinque elementi, fluoro, cloro, bromo, iodio e astato simili per proprietà e facenti parte del gruppo VII A del sistema periodico. **B** **agg.** ● ***Lampada alogena***, detto di lampada a vapori di iodio dotata di fortissimo potere illuminante.

alogenùro [da *alogen(o)* e *-uro*; 1955] **s. m.** ● Sale formato dall'acido di un alogeno.

alògico [comp. di *a-* (*1*) e *logico*; 1905] **agg.** (**pl. m.** *-ci*) ● Detto di tutto ciò che si sottrae alle leggi della logica. || **alogicaménte**, **avv.**

aloìde [comp. di *alo-* e *-oide*; 1887] **s. m.** ● (*chim.*) Sale formato da un alogeno con un elemento più elettropositivo o con un radicale.

alonàre [da *alone*; 1958] **v. tr.** (*io alóno*) ● (*lett.*) Circondare di un alone.

alóne (**1**) o †**àlo**, †**hàlo** [lat. parl. **halōne(m)*, da *hălos*, dal gr. *hálōs* 'aia', che era normalmente rotonda; 1321] **s. m.** ***1*** Cerchio luminoso che talvolta appare attorno agli astri, spec. il Sole e la Luna, a causa di particolari condizioni fisiche dell'atmosfera terrestre. ***2*** Zona di chiarore sfumato che si forma attorno a una sorgente luminosa diretta o riflessa: *l'a. della fiamma, della lampada* | (*fig.*) Aureola: *un a. di gloria, di simpatia, di santità* | (*fig.*) Contorno indeterminato: *un a. di mistero.* ***3*** Abnorme luminosità dei contorni di un'immagine fotografica o cinematografica. ***4*** Traccia sfumata che si forma su una stoffa intorno al punto trattato con uno smacchiatore.

alóne (**2**) [accr. di *ala*; av. 1576] **s. m.** ***1*** Ciascuna delle due fiancate degli antichi affusti di legno. ***2*** Estremità laterale di un'opera fortificata.

alopecia o **alopècia**, **alopezia** [vc. dotta, lat. *alopĕcia(m)*, nom. *alopĕcia*, dal gr. *alōpekía*, da *alṓpēx* 'volpe', in quanto perde i peli in primavera e in autunno; sec. XIV] **s. f.** ● (*med.*) Mancanza totale o parziale dei capelli o dei peli | ***A. areata***, area Celsi.

alòsa [lat. tardo *alausa(m)* prob. di orig. preindeur., attrav. il fr. *alose*; 1310] **s. f.** ● Grosso pesce osseo commestibile dei Clupeidi, argenteo, con dorso verde azzurro (*Alosa fallax*). **SIN.** Cheppia.

àlpaca o **alpàca**, **alpacà**, **alpàcca**, **àlpaga** [sp. d'America *alpaca*; 1875] **s. m. inv.** ***1*** Camelide americano delle Ande simile al lama ma privo di gobba, pregiato per il pelo morbido e lungo (*Lama pacos*). ➡ **ILL. animali**/12. ***2*** Tessuto di lana fatto col pelo dell'animale omonimo | Tessuto misto di lana e cotone impiegato nella confezione di abiti spec. maschili.

alpàcca o (*pop.*) **alpàca** [etim. incerta; 1892] **s. f.** ● Ogni lega formata da rame, nichel e zinco, di colore variabile, a seconda della composizione, dal giallo all'argenteo; è usata spec. per oggetti ornamentali, posaterie, resistenze elettriche. **SIN.** Argentana.

àlpaga ● V. *alpaca.*

alpax® /'alpaks/ [marchio registrato] **s. m. inv.** ● (*metall.*) Lega leggera da fonderia costituita da alluminio e silicio, usata per fusioni di pezzi aventi forme molto complesse.

alpe [lat. *ălpe(m)*, forse originariamente 'bianco'; av. 1294] **s. f.** ***1*** (*lett.*) Montagna: *tu su l'a. l'immutato raggio / tacita verserai* (LEOPARDI) | ***Le Alpi***, il sistema montuoso che delimita a Nord l'Italia: *Alpi Marittime*; *Alpi orientali*; *i passi delle Alpi* | ***Alpi Apuane***, catena montuosa della Toscana nordoccidentale. ***2*** (*lett., per anton.*) Le Alpi: *il bel paese / ch'Appennin parte e 'l mar circonda e l'Alpe* (PETRARCA). ***3*** Zona di alta montagna adibita a pascolo (anche come toponimo): *A. di Siusi.*

alpeggiàre [da *alpe*; 1897] **v. tr.** e **intr.** (*io alpéggio*; aus. intr. *avere*) ● Pascolare nei pascoli estivi d'alta montagna: *a. la mandria*; *bovini che alpeggiano.*

alpéggio [da *alpeggiare*; 1892] **s. m.** ● Pascolo estivo del bestiame in montagna.

Alpenjäger /*ted.* 'ʔalpn̩ˌjɛːgʌ/ [ted., propr. 'cacciatore delle Alpi', comp. di *Alpen* 'alpi' e *Jäger* 'cacciatore', di orig. indeur. (?); 1970] **s. m. inv.** (**pl.** ted. **inv.**) ● (*mil.*) Appartenente al corpo alpino austriaco e tedesco.

Alpenstock /alpens'tɔk, *ted.* 'ʔalpn̩ˌʃtɔk/ [ted. *Alpenstock*, comp. di *Alpen* 'Alpi' e *Stock* 'bastone'; av. 1861] **s. m. inv.** (**pl.** ted. *Alpenstöcke*) ● Specie di bastone ferrato per alpinisti ed escursionisti.

alpèstre o †**alpèstro** [comp. di *alp(e)* ed *-estre*; av. 1294] **A** **agg.** ***1*** Tipico delle Alpi o della montagna: *paesaggio, vegetazione a.* | Di montagna: *zona a.* ***2*** (*est.*) Montuoso, scosceso. ***3*** (*fig., lett.*) Rozzo, zotico, selvatico. **B** **s. m.** ● Liquore a base di erbe alpine.

Alphorn /*ted.* 'ʔalpˌhɔʌn/ [vc. ted., comp. di *Alp(en)* 'Alpi' e *Horn* 'corno'] **s. m. inv.** (**pl.** ted. *Alphörner*) ***1*** (*mus.*) Antico corno di legno d'uso popolare e caratteristico delle comunità montane, presente tuttora nelle Alpi svizzere. ***2*** (*mus.*) Registro dell'organo.

alpicoltùra [comp. di *alpe* e *coltura*; 1968] **s. f.** ● Studio degli aspetti dell'agricoltura di montagna con particolare riferimento al pascolo.

alpigiàno [da *Alpi*. V. *alpe*; sec. XIV] **A** **agg.** ● Tipico di chi vive in montagna | (*est., lett.*) Rustico, rozzo: *gente alpigiana e grossa* (SACCHETTI). **B** **s. m.**; anche **agg.** (**f.** *-a*) ● Chi (o Che) abita nelle Alpi o gener. in montagna.

alpinìsmo [1876] **s. m.** ● Tecnica e pratica sportiva di scalare le montagne: *a. su roccia, su ghiaccio*; *a. invernale* | ***A. dolomitico***, praticato nelle Alpi orientali | ***A. accademico***, quello compiuto senza guida su itinerari di estrema difficoltà | ***A. in libera***, in arrampicata libera | ***A. in artificiale***, in arrampicata artificiale | ***A. estremo***, quello praticato affrontando le massime difficoltà tecniche | ***A. himalayano***, V. *himalayano.* ➡ **ILL.** p. 2160 SPORT.

ALPINISMO
nomenclatura

alpinismo

● *tipi di alpinismo*: su roccia, su ghiaccio, accademico, in libera, in artificiale, estremo, scalata, invernale, solitaria, arrampicata libera, sassismo, free climbing, salita = ascesa = ascensione; speleologia;

● *caratteristiche*: grado di difficoltà, direttissima, ferrata, parete, fessura, camino, diedro, pioda, spaccata, appiglio, appoggio, attacco, via, segnavia, passaggio, assicurazione (a spalla, diretta, indiretta), discesa a corda doppia, corda fissa, traversata (in parete, pendolare), pendolo, gradinamento = scalinatura, nodo delle guide; quota, campo, campo base, campi alti, addiaccio, bivacco (in parete, fisso), rifugio, tenda, mal di montagna;

● *attrezzatura*: scarponi, pedule, ghette, alpenstock = bastone, piccozza, martello-piccozza, reggipiccozza, mazzetta, racchette, ramponi, martello da roccia, martello da ghiaccio, corda, chiodi, arpione, anello di corda, anello di cordino, discensore, fettuccia, blocchetto da incastro, nut, friend, rinvio, casco, imbragatura, nodo, moschettone, staffa, scaletta di corda, cuneo, trapano, passamontagna, giacca a vento, piumino = duvet, guanti, sacco, sacco a pelo, zaino, occhiali, borraccia, altimetro, sci;

● *azioni*: salire (in libera, in artificiale, in solitaria, in invernale), aprire una via, attrezzare un passaggio, calarsi a corda doppia, salire in piolet-traction, chiodare, schiodare, sfilare la corda, recuperare (la corda, lo zaino, un ferito), bivaccare, campeggiare, tenersi in quota, compiere un passaggio, salire, scalinare, arrampicare, attaccare una parete, calarsi, discendere, scalare, scivolare, attaccarsi, cadere = precipitare, incrodarsi, gradinare, assicurarsi, puntellarsi, issarsi, ascen-

dere, pendolare, saltare, traversare; sciare, perdere l'equilibrio, cadere, volare, assiderarsi, raggiungere la vetta;
● *persone*: alpinista, escursionista, rocciatore, guida, cordata, free climber, arrampicatore, scalatore, ragno, sassista, ghiacciatore, capocordata, sherpa, portatore.

alpinìsta [1875] s. m. e f. (pl. m. *-i*) ● Chi pratica l'alpinismo.

alpinìstico [1863] agg. (pl. m. *-ci*) ● Dell'alpinismo o che a esso si riferisce: *sport a.*; *attrezzatura alpinistica.* || **alpinisticaménte**, avv.

alpìno [vc. dotta, lat. *alpīnu(m)*, agg. di *Ălpes* 'Alpi'; 1532] **A** agg. *1* Delle Alpi: *paesaggio, territorio a.*; *regioni, vette alpine*; *ghiacciai alpini* | ***Truppe alpine***, che vengono addestrate nel territorio alpino, per la guerra in alta montagna. *2* (*est.*) Dell'alta montagna: *fauna, flora alpina*; *clima a.*; *pascoli alpini*. **B** s. m. ● Militare appartenente alle truppe alpine italiane.

alquànto [lat. *aliquăntu(m)*, da *ălius* 'altro'; av. 1294] **A** agg. indef. ● Indica una quantità indeterminata, gener. inferiore ma spesso equivalente a 'parecchio': *aveva bevuto a. vino*; *c'erano alquanti partecipanti*; *Rispose con molta fretta e alquanta stizza la vecchia* (NIEVO). **B** pron. indef. al pl. ● Alcuni, parecchi, un certo numero: *ne ho visti alquanti*; *ne ho presi, comprati alquanti*. **C** avv. ● Parecchio, non poco: *ho passeggiato a. per la città*; *si è discusso a. del nuovo progetto*; *oggi sto a. meglio*; *il tempo è a. migliorato*; *di ciò ti piaccia consolare a. / l'anima mia* (DANTE *Purg.* II, 109-110). **D** in funzione di s. ● Una certa quantità: *abbiamo mangiato a.* | (*lett.*) †*A. di*: *a. di arroganza*; *con a. di buon vino e di confetto il riconfortò* (BOCCACCIO).

alsaziàno [1955] **A** agg. ● Dell'Alsazia: *le miniere alsaziane*. **B** s. m. (f. *-a*) *1* Abitante, nativo dell'Alsazia. *2* (*zool.*) Pastore tedesco: *un allevamento di alsaziani*.

alt o †**àlto** (2) [medio alto ted. *halt* 'fermata'; 1889] **A** inter. *1* Si usa come comando per sospendere o arrestare un'azione, spec. marcia di reparti militari, esercizi atletici, operazioni di lavoro e sim.: *plotone alt!* | (*est.*) Basta, stop: *alt, ho capito la tua proposta!*; *Alto, alto, signor Conte* (DA PONTE). *2* Si usa talora nei telegrammi invece di 'stop'. **B** s. m. *1* L'ordine stesso di arresto o sospensione: *dare, ordinare l'alt*. *2* Sospensione, interruzione, sosta: *fare alt*.

àlta [da *alto*, come contrapposto a *basso*; 1970] s. f. ● (*meteor.*) Zona mobile con pressione atmosferica superiore ai valori normali.

altacàssa o **àlta càssa** [comp. del f. di *alto* e *cassa*; 1955] s. f. (pl. *altecàsse*) ● Nella composizione tipografica a piombo, parte della cassa in cui si trovano le maiuscole, i segni speciali, gli accenti e sim.

àlta fedeltà [trad. dell'ingl. *high fidelity*; 1959] **A** loc. sost. f. ● Nelle attrezzature per la riproduzione del suono, quali registratori, giradischi, amplificatori, altoparlanti e sim., tecnica che permette di riprodurre tutta la gamma udibile senza apprezzabili distorsioni: *impianti ad alta fedeltà*. **B** anche loc. agg.: *riproduzione alta fedeltà*.

altàico [1829] agg. (pl. m. *-ci*) ● Dei monti Altai; nell'Asia centrale | ***Lingue altaiche***, famiglia di lingue turche, mongole e manciù.

♦**altaléna** (o *-è-*) [dal lat. *tollēno* 'mazzacavallo' (?); sec. XIV] s. f. *1* Gioco infantile consistente nel far oscillare avanti e indietro, standovi seduti, un sedile appeso a due funi | Gioco analogo al precedente, ottenuto però facendo alzare e abbassare ritmicamente un asse in bilico su un fulcro, sedendosi alle sue estremità. *2* Asse o sedile usati per il gioco omonimo: *salire sull'a.*; *scendere dall'a.* *3* (*fig.*) Vicenda alterna e mutevole: *le sue giornate sono un'a. di speranza e di delusione*.

altalenaménto [av. 1956] s. m. ● (*raro, fig.*) Esitazione, tentennamento.

altalenànte [av. 1930] part. pres. di *altalenare*; anche agg. ● (*fig.*) Oscillante, alterno, instabile: *il dollaro ha avuto un andamento a.*

altalenàre [da *altalena*; sec. XIV] **A** v. intr. (*io altaléno*; aus. *avere*) *1* (*raro*) Andare sull'altalena. *2* (*fig.*) Oscillare fra opposti pensieri, situazioni contrastanti e sim.: *a. fra il sì e il no*. **B** v. tr. ● (*lett.*) Muovere su e giù: *borbottava, fra sé, altalenando … la capa* (GADDA).

altaléno [av. 1292] s. m. ● Mazzacavallo.

altàna [da *alto* (*1*); 1499] s. f. ● Costruzione a loggia sul tetto di un fabbricato.

altàre [lat. *altāre*, da avvicinare alla radice di *adolēre* 'far bruciare'; av. 1306] s. m. *1* Struttura rilevata, piedistallo su cui si celebravano sacrifici alle divinità: *un a. preistorico*; *gli antichi altari pagani*. SIN. Ara | ***Sacrificare qlco. sull'a. di*** …, rinunciare a qlco. in nome di qualcos'altro: *ha sacrificato le sue idee sull'a. dell'unità del partito*. *2* Nelle chiese cattoliche, tavola liturgica sulla quale il sacerdote celebra il sacrificio della messa | ***Altar maggiore***, quello principale, posto spec. nell'abside | ***A. privilegiato***, quello sul quale il celebrante applica l'indulgenza plenaria all'anima di un defunto | ***Il Sacrificio dell'a.***, (*per anton.*) la S. Messa | ***Andare all'a.***, sposarsi | ***Condurre all'a. una donna***, sposarla | ***Porre, levare sugli altari, innalzare all'onore degli altari***, beatificare, santificare; (*fig.*) magnificare con grandi lodi | ***Il trono e l'a.***, (*fig.*, *per anton.*) il potere monarchico e quello della Chiesa. *3* ***A. della patria***, parte centrale del monumento a Vittorio Emanuele II in Roma sotto il quale fu sepolto nel 1921 il Milite Ignoto. || **altarétto**, dim. | **altarìno**, dim. (V.) | **altarùzzo**, dim.

altarìno [av. 1563] s. m. *1* Dim. di *altare* | Inginocchiatoio da camera | Altare portatile, usato per celebrare la Messa spec. al campo. *2* (*fig.*) ***Scoprire gli altarini***, scoprire i segreti, le marachelle di qlcu. (*spec. scherz.*).

altàzimut [comp. di *alt(itudine)* e *azimut*; 1930] s. m. inv. ● (*astron.*) Altazimutale, universale.

altazimutàle [comp. di *alt(itudine)* e *azimutale*; 1930] **A** agg. ● (*astron.*) Detto di un sistema di coordinate celesti che permette di individuare un astro tramite le misure di azimut e altezza sull'orizzonte. **B** s. m. ● (*astron.*) Universale.

altèa [lat. *althaea(m)*, nom. *althaea*, dal gr. *altháia*, di orig. preindeur.; 1340 ca.] s. f. ● Pianta erbacea perenne delle Malvacee con grosso rizoma, foglie lobate e coperte di peluria, fiori a grappolo di color rosa chiaro (*Althaea officinalis*). SIN. Alcea, bismalva, malvaccione, malvavischio. ➡ ILL. piante/4.

alteràbile [sec. XIV] agg. *1* Che si può alterare: *cibo, colore a.* *2* (*fig.*) Che si turba, si irrita con facilità.

alterabilità [1611] s. f. ● Caratteristica di ciò che è alterabile | (*raro, fig.*) Irritabilità.

alterànte [1308] part. pres. di *alterare*; anche agg. ● (*lett.*) Nei sign. del v.

alteràre [vc. dotta, lat. tardo *alterāre*, da *ălter* 'altro'; av. 1294] **A** v. tr. (*io àltero*) *1* Modificare l'essenza, l'aspetto o la funzionalità di qlco. spec. peggiorandoli: *il caldo altera i cibi*; *la luce artificiale altera i colori*. *2* Falsificare, contraffare: *a. i registri contabili*; *a. i suoni, le voci*. *3* (*fig.*) Rendere nervoso, irascibile: *basta un nonnulla per alterarlo*. **B** v. intr. pron. *1* Modificarsi, sciuparsi, rovinarsi: *questo tessuto si altera con l'umidità*. *2* (*fig.*) Scomporsi, irritarsi.

alteratìvo [sec. XIV] agg. ● Che provoca alterazione | (*ling.*) ***Suffisso a.***, che serve per formare nomi e aggettivi alterati.

alteràto [av. 1249] part. pass. di *alterare*; anche agg. *1* Modificato | Guastato: *cibi alterati* | Contraffatto: *calligrafia alterata* | (*med.*) Anormale: *a. accrescimento dell'unghia* | ***Polso a.***, febbrile. *2* (*fig.*) Irritato, turbato: *parlò con voce alterata*. *3* (*ling.*) ***Nome, aggettivo a.***, derivato da un nome o aggettivo primitivo per mezzo di un suffisso che esprime un giudizio del parlante (ad es. *cagnolino* e *cagnaccio*, da *cane*) | ***Falso a.***, in realtà vero e proprio derivato, con un significato autonomo (ad es. *fantino* rispetto a *fante*). || **alterataménte**, avv.

alterazióne [vc. dotta, lat. tardo *alteratiōne(m)*, da *alterāre* 'alterare'; av. 1292] s. f. *1* L'alterare, l'alterarsi (*anche fig.*): *a. di una sostanza, di una prospettiva, di un documento* | Anormale variazione di alcune funzioni dell'organismo: *a. delle pulsazioni* | Comunemente, febbre leggera | (*dir.*) ***A. di stato***, falsificazione dello stato civile di un neonato. *2* Disgregazione delle rocce per effetto di azioni meccaniche e chimiche. *3* Modificazione dei caratteri originali di un alimento. *4* (*mus.*) Modificazione dell'altezza di una nota ottenuta per mezzo del diesis o del bemolle, permanente se posta in chiave, temporanea se precedente una singola nota.

altercàre [vc. dotta, lat. *altercāri*, da *ălter* 'altro'; 1499] v. intr. (*io altèrco, tu altèrchi*; aus. *avere*) ● Contendere, contrastare, litigare in modo animato e violento.

altercatóre [1865] s. m. (f. *-trice*) ● (*raro*) Chi litiga con facilità.

altercazióne [vc. dotta, lat. *altercatiōne(m)*, da *altercāri* 'altercare'; av. 1472] s. f. *1* (*lett.*) Alterco, contesa, disputa: *noi consumiamo il tempo in altercazioni frivole* (GALILEI). *2* (*letter.*) Contrasto.

altèrco [da *altercare*; 1848] s. m. (pl. *-chi*) ● Violento scambio di insulti | Litigio.

àlter ègo [lat. *ălter ĕgo* 'un altro io'; 1812] loc. sost. m. e f. inv. ● Persona che ne sostituisce un'altra, potendo anche decidere in sua vece.

alterézza o †**altierézza** [da *altero*; av. 1250] s. f. ● Alto sentimento di sé e della propria dignità. SIN. Fierezza, orgoglio.

alterìgia [av. 1363] s. f. (pl. *-gie*) ● Presunzione di sé orgogliosamente ostentata: *salutare qlcu. con a.* SIN. Superbia.

alterità [vc. dotta, lat. tardo *alteritāte(m)*, da *ălter* 'altro, diverso'; 1585] s. f. ● (*filos.*) Condizione di ciò che è o si pone come altro. CONTR. Identità.

alternànza [1892] s. f. *1* Regolare successione di elementi che si avvicendano: *un'alternanza di piacere e di dolore, di bene e di male* | (*ling.*) ***A. vocalica***, apofonia | (*biol.*) ***A. di generazioni***, coesistenza delle due forme di riproduzione, agamica e sessuata, che si alternano più o meno regolarmente in una specie vegetale o animale | (*polit.*) Avvicendamento di partiti o di schieramenti politici alla guida del governo. *2* Successione di coltivazioni diverse su uno stesso terreno durante un dato numero di anni. SIN. Avvicendamento, rotazione.

alternàre [vc. dotta, lat. *alternāre*, da *altĕrnus* 'alterno'; 1319] **A** v. tr. (*io altèrno*) *1* Far sì che due o più elementi diversi si susseguano l'uno all'altro in modo alterno: *a. il pianto al riso, il bene e il male*; *a. consensi e dinieghi, ombra e luce*; *a. le colture col sistema della rotazione*. *2* †Cantare a vicenda. **B** v. rifl. rec. ● Succedersi in modo alterno: *le stagioni si alternano*. SIN. Avvicendarsi.

alternatìva [av. 1527] s. f. *1* (*raro*) Avvicendamento: *un'a. di timori e di speranze*. *2* Facoltà o necessità di scegliere fra due soluzioni: *trovarsi, mettere, essere nell'a.* | (*dir.*) ***Azioni in a.***, detto di azioni, l'esperimento di una delle quali esclude quello dell'altra | Dilemma: *una difficile a.* *3* Possibilità di scelta fra due o più elementi: *non avere altra a.*; *gli è rimasta una sola a.* | (*est.*) Scelta, soluzione: *è l'unica a. possibile* | (*polit.*) Formula e programma proposti da un partito o da uno schieramento politico in contrapposizione a quelli del governo in carica e della maggioranza che lo sostiene. *4* In logica, sistema costituito da due proposizioni di cui una è vera e l'altra è falsa.

alternatìvo [av. 1555] agg. *1* Che si alterna | Che permette una scelta diversa: *una soluzione alternativa*; *percorso a.* *2* (*mecc.*) Detto di motore, pompa o altra macchina dotata di moto rettilineo di va e vieni. *3* (*dir.*) Detto di obbligazione che si adempie eseguendo una delle due prestazioni in essa contenute, la cui scelta normalmente spetta al debitore: *obbligazione alternativa di pagare in denaro o in natura*. *4* Detto di manifestazioni di cultura, d'arte e di qualsiasi attività in genere, che si contrappongono ai modelli ufficiali o comunemente accettati: *cinema a.*; *stampa alternativa*; *medicina alternativa* (ad es. l'agopuntura, l'omeopatia e sim.). || **alternativaménte**, avv.

alternàto [av. 1498] part. pass. di *alternare*; anche agg. *1* Nei sign. del v. *2* (*elettr.*) Detto di corrente elettrica che inverte periodicamente la propria direzione di flusso e la cui intensità è funzione periodica del tempo. *3* (*letter.*) Detto di rime in cui i versi dispari rimano con i dispari e i pari con i pari. *4* (*sport*) ***Passo a.***, andatura tenuta normalmente da uno sciatore di fondo a tecnica classica, consistente nel far scivolare alternativamente in avanti i due sci lungo linee parallele. || **alternataménte**, avv. In modo alterno.

alternatóre [1905] s. m. ● Macchina elettrica rotante che genera corrente alternata: *a. trifase*.

alternazióne [vc. dotta, lat. tardo *alternatiōne(m)*, da *altĕrnus* 'alterno'; 1584] s. f. *1* (*disus.*) Avvicendamento. *2* (*raro*) Rotazione.

altèrno [vc. dotta, lat. *altĕrnu(m)*, da *ălter* 'altro';

1528] agg. *1* Che si ripete a intervalli uguali o quasi uguali nel tempo o nello spazio: *moto, ritmo, canto a.* | ***A giorni alterni***, un giorno sì e uno no | ***Targhe alterne***, V. *targa* | (*est.*) Mutevole: *le alterne vicende della vita*; *fortuna alterna.* *2* (*bot.*) Detto di organo vegetale (foglia o ramo) inserito uno a uno a differente altezza sul fusto, in modo che ve ne sia uno solo per nodo. *3* (*mat.*) Detto di due angoli tali che un lato di uno sia allineato con uno dell'altro, mentre gli altri due sono divergenti | ***Angoli alterni, a. interni***, quando i lati allineati hanno una parte comune | ***Angoli alterni esterni***, quando i lati allineati sono disgiunti. || **alternaménte**, avv.

altèro o (*poet.*) **altièro** [provz. *autin*, da *aut* 'alto'; av. 1250] agg. *1* Che ha un'alta opinione di sé: *uomo, animo a.*; *donna altera* | Che denota fierezza, coscienza della propria superiorità e sim.: *sguardo, portamento a.*; *modi alteri* | (*spreg.*) Sdegnoso: *un atteggiamento sprezzante e a.* | (*lett.*) ***Andare a. di qlco.***, essere orgoglioso. *2* (*raro, lett.*) Nobile, maestoso, splendido: *come in teatro adorno / ... altera scena* (TASSO). *3* †Alto, elevato. || **alteraménte**, avv.

♦**altézza** [lat. parl. **altĭtia*(*m*), per il classico *altitūdine*(*m*) 'altitudine'; av. 1250] s. f. *1* Dimensione verticale di un corpo dalla base, o da un punto di riferimento, alla sommità: *è una costruzione di notevole a.*; *in questo punto l'a. dell'acqua è di circa tre metri* | Statura: *mi supera in a.* | (*fig.*) Nobiltà, sublimità: *l'a. dell'ingegno*; *l'a. della sua poesia.* *2* (*mus.*) Grado di un suono in rapporto all'acuto o al grave dipendente dalla frequenza delle vibrazioni. *3* Punto, luogo, quota o livello alto (*anche fig.*): *il rifugio è situato a grande a.*; *la fantasia può condurci ad altezze sovrumane*; *volare a notevole a., a media a.*; *l'a. dell'ingegno e della fama e degli uffici a cui era salito* (PIRANDELLO). CFR. ipso- | ***A mezza, media a.***, né molto in alto né molto in basso relativamente a ciò cui si fa riferimento | ***Essere, non essere all'a. di***, (*fig.*) essere, non essere in grado di. *4* (*fig.*) Prossimità: *l'incidente è avvenuto all'a. del km 10.* *5* (*geogr.*) Latitudine: *la nave affondò all'a. del Capo di Buona Speranza.* *6* (*mat.*) ***A. d'un triangolo***, perpendicolare condotta da un vertice al lato opposto; il segmento di tale perpendicolare compreso fra il vertice e il lato (o il suo prolungamento), e anche la sua misura | ***A. d'un prisma, d'un cilindro circolare***, distanza fra le basi | ***A. d'una piramide, d'un cono circolare***, distanza del vertice dalla base. *7* (*astron.*) Angolo tra la direzione di un astro e il piano dell'orizzonte. *8* (*tipogr.*) Distanza fra la superficie superiore dell'occhio e quella inferiore del fusto di un carattere tipografico | Distanza fra la prima e l'ultima linea d'una pagina stampata. *9* Distanza tra le due cimose della stoffa in pezza, espressa in centimetri. *10* Titolo anticamente spettante ai vescovi di Francia e ai re, attribuito in seguito a tutti i principi di stirpe reale o imperiale: *A. reale*; *A. imperiale*; *Sua A.*

altezzosità [av. 1930] s. f. ● Caratteristica di chi (o di ciò che) è altezzoso: *guardare, rispondere con a.*; *l'a. del carattere, di uno sguardo.*

altezzóso [av. 1294] agg. ● Superbo, sprezzante, borioso. || **altezzosaménte**, avv.

àltica [dal gr. *haltikós* 'atto al salto', da *hállomai* 'io salto'; 1819] s. f. ● Coleottero parassita di vegetali appartenente alla famiglia dei Crisomelidi (*Haltica*).

alticcio [1691] agg. (pl. f. *-ce*) *1* (*raro*) Dim. di *alto* (*1*). *2* Brillo.

†**altierézza** ● V. *alterezza.*

altièro ● V. *altero.*

altimetria [comp. di *alto* (*1*) e *-metria*; sec. XIV] s. f. *1* Parte della topografia che studia gli strumenti e i metodi per la determinazione delle altitudini dei punti della superficie terrestre. *2* Altitudine media di una regione.

altimètrico [1925] agg. (pl. m. *-ci*) ● Che si riferisce all'altimetria o all'altimetro: *scatola altimetrica* | ***Curva altimetrica***, linea che, sulle carte topografiche, unisce tutti i punti con ugual quota sul livello del mare. SIN. Isoipsa | ***Linea altimetrica***, proiezione verticale di una isoipsa sul piano di riferimento della carta geografica.

altìmetro [comp. di *alto* (*1*) e *-metro*; 1892] s. m. ● Strumento che permette di determinare l'altitudine di un punto rispetto al livello del mare o a un altro punto basandosi sulla variazione della pressione atmosferica. ➡ ILL. p. 2157 SPORT.

altipiàno ● V. *altopiano.*

altipòrto o **altopòrto** [comp. di *alto*(*1*) e *porto*; 1974] s. m. (pl. *altipòrti* o *altopòrti*) ● Aeroporto di alta montagna in cui si sfrutta la pendenza della pista, facendo partire gli aerei in discesa e facendoli atterrare in salita.

altisonànte o (*raro*) **altosonànte** [vc. dotta, lat. tardo *ălte sonănte*(*m*) 'che risuona profondamente'; 1643] agg. ● Sonoro, risonante | (*iron.*) Ridondante, tronfio: *titoli, frasi, parole altisonanti.*

altìssimo [1224 ca.] **A** agg. *1* Sup. di *alto* (*1*). *2* (*fig.*) Illustre, sublime: *onorate l'a. poeta* (DANTE *Inf.* IV, 80) | (*est.*) Divino: *fu posta da l'a. signore / nel ciel da l'umiltate* (DANTE). **B** s. m. solo sing. ● (*per anton.*) Dio: *i voleri dell'Altissimo.*

altitonànte [vc. dotta, lat. *altitonănte*(*m*), comp. di *ăltus* 'alto (1)' e *tonāre* 'tuonare'; 1332 ca.] agg.; anche s. m. ● (*lett.*) Che (o Chi) tuona dall'alto | ***L'a.***, (*per anton.*) Giove.

♦**altitùdine** [vc. dotta, lat. *altitūdine*(*m*), da *ăltus* 'alto (1)'; sec. XIV] s. f. *1* Distanza verticale di un punto dal livello medio del mare. SIN. Altezza, quota. *2* (*lett.*) Elevatezza. *3* †Latitudine.

♦**àlto** (1) [lat. *ăltu*(*m*), part. pass. di *ălere* 'allevare'; av. 1250] **A** agg. (compar. di maggioranza: *più àlto*, o *superióre* (V.); superl. *altìssimo*, o *suprèmo* (V.)) *1* Che si eleva verticalmente rispetto a un piano, in misura notevole in confronto a strutture analoghe: *edificio a.*; *montagna alta* | Che ha una statura superiore alla media: *un uomo a. e robusto* | ***Andare a testa alta***, (*fig.*) essere orgogliosi o essere sicuri di sé, della propria onestà e sim. | ***Avere il morale a., tenere a. il morale***, non abbattersi, non avvilirsi, sforzarsi di essere ottimisti | (*est.*) Che si trova in una posizione elevata: *il belvedere sta nella parte alta della costa*; *il sole è già a. sull'orizzonte.* CONTR. Basso. *2* Che ha tono elevato, forte, sonoro: *parlare ad alta voce*; *Quivi sospiri, pianti e alti guai* (DANTE *Inf.* III, 22). *3* Profondo (*anche fig.*): *acque alte*; *a. sonno, a. silenzio* | ***A. mare***, lontano dalla costa; (*dir.*) zona di mare situata oltre le acque territoriali, non appartenente ad alcuno Stato e aperta alla navigazione di tutti i Paesi. SIN. Mare libero | ***Essere in a. mare***, (*fig.*) ancora lontano dalla soluzione, dalla conclusione. *4* Largo: *un tessuto a. 70 cm* | Che ha notevole grossezza, o spessore: *è un libro ben a.* *5* (*est.*) Relativo alla parte iniziale di un'epoca storica e sim.: *a. Medioevo* | Che è ritardato rispetto al tempo in cui ricorre normalmente, riferito a festività mobile e sim.: *Pasqua alta* | ***Giorno a.***, tarda mattinata | ***Notte alta***, avanzata. *6* (*est.*) Settentrionale: *l'alta Lombardia*; *l'alta Italia* | Che è caratterizzato da una notevole altitudine: *alta montagna*; *la Germania alta* | Vicino alla sorgente, riferito a un corso d'acqua: *l'a. Po*; *l'a. Tevere.* *7* (*est.*) Che occupa un posto elevato in una gerarchia, nella scala sociale, e sim.: *a. comando*; *a. commissariato*; *a. rango*; *di a. bordo*; *alta autorità*; *alti gradi*; *alte sfere*; *alte cariche*; *a. commissario, ufficiale, magistrato*; *alta scuola*; *alta società*; *quartieri alti* | ***Alta moda***, la moda creata dal complesso delle grandi sartorie: *vestire secondo i dettami dell'alta moda* | ***Ad a., di a. livello***, eccellente, importante e sim. | ***Avere un a. concetto di sé***, stimarsi molto | ***Tenere a. il proprio nome***, difendere la propria reputazione | ***Alta stagione***, il periodo più frequentato di una stagione turistica, spec. in piena estate o in pieno inverno. *8* (*est., lett.*) Nobile, difficile, impegnativo: *alte parole, idee*; *alti sentimenti*; *gli alti disegni della Provvidenza*; *ci accingiamo a un'alta impresa.* *9* (*est.*) Grande: *prezzo, stipendio a.*; *pressione alta.* || **altìssimo**, superl. (V.) || **altaménte**, avv. *1* Grandemente: *infischiarsene altamente.* *2* (*lett.*) In modo nobile: *sentire altamente.* *3* (*raro*) A voce alta: *parlare altamente.* **B** s. m. *1* La parte più elevata di qlco.: *un suono veniva dall'a.* | ***Fare cadere una cosa dall'a.***, (*fig.*) concederla con degnazione | ***Dall'a. di***, (*fig.*) in base alla superiorità, al prestigio e sim. derivanti da qlco.: *dall'a. della sua autorità professionale, della sua età veneranda* | ***Gli alti e bassi***, le vicende, le fasi favorevoli e sfavorevoli | ***Guardare dall'a. in basso***, in modo sprezzante | ***Fare a. e basso***, (*lett.*) potere tutto. *2* Nella loc. avv. ***in a.***, in luogo alto, verso un luogo alto, a grande altezza: *arrivare in a.*; *guardare in a.* (*anche in senso fig.*); *mani in a.!* | ***In a. i cuori!***, coraggio! *3* (*tipogr.*) Avvertimento posto sugli originali passati in tipografia per indicare che la composizione va fatta tutto in maiuscolo | ***A. e basso***, composizione tipografica in maiuscolo e minuscolo. *4* (*lett.*) Il mare: *far entrar nell'a. e abbandonare il lido* (ARIOSTO). *5* (*lett.*) Il cielo: *de l'a. scende virtù che m'aiuta* (DANTE *Purg.* I, 68). *6* (*mus.*) Contralto. **C** avv. *1* In luogo alto, verso l'alto, in su (*anche fig.*): *tirare, volare a.*; *mirare a., troppo a.*; *Calandrino, sentendo il duolo, levò a. il piè* (BOCCACCIO). *2* Con voce sonora, con tono forte, acutamente (*anche fig.*): *parlare a.*; *battiensi a palme, e gridavan sì a.* (DANTE *Inf.* IX, 50); *sonò a. un nitrito* (PASCOLI). || **alterèllo**, dim. | **altétto**, dim. | **alticcio**, dim. (V.) | **altino**, dim. | **altòccio**, dim. | **altùccio**, dim.

àlto (2) [1504] inter. *1* †V. *alt.* *2* (*lett.*) Nella loc. ***fare a.***, fermarsi: *davan segno or di gire, or di fare a.* (ARIOSTO). *3* Nella loc. inter. ***a. là!***, V. *altolà.*

altoatesino o **àlto-atesino** [da *Alto Adige*, con deriv. agg. dal n. lat. del fiume (*Athesis*, d'incerta etim.); 1904] **A** agg. ● Dell'Alto Adige: *questione altoatesina.* **B** s. m. (f. *-a*) ● Abitante, nativo dell'Alto Adige. CFR. Sudtirolese.

altocùmulo [comp. di *alto* (*1*) e *cumulo*; 1956] s. m. (pl. *altocùmuli*) ● Nube stratificata chiara, talvolta grigia, costituita di lamelle, masse globulari più o meno saldate insieme e disposte in gruppi, linee od onde. ➡ ILL. p. 2134 SCIENZE DELLA TERRA ED ENERGIA.

altofórno [comp. di *alto* (*1*) e *forno*; 1889] s. m. (pl. *altifórni*) ● Forno di forma caratteristica, alto per lo più una ventina di metri, in cui vengono posti a strati alterni, affinché reagiscano tra loro producendo ghisa, un minerale ferroso col relativo fondente e coke.

altolà o **àlto là** [comp. di *alto* (*2*) e *là*; av. 1873] **A** inter. ● Si usa come intimazione, ordine di fermarsi, spec. da parte della sentinella nei confronti di chi si avanzi oltre i limiti consentiti o stabiliti dalla consegna. **B** anche s. m. ● L'ordine stesso | (*fam.*) ***Dare l'a. a qlcu.***, (*fig.*) invitarlo a desistere da qlco.

altolocàto [comp. di *alto* (*1*) e del lat. *locātus* 'collocato', part. pass. di *locāre* 'collocare'; av. 1869] agg. ● Che occupa un grado elevato nella scala sociale: *un personaggio a.*

àlto lòco, in ● V. *in alto loco.*

altòmetro [comp. di *alto* (*1*) e *-metro*; 1983] s. m. ● Asticella nel sign. 2.

altoparlànte [calco sull'ingl. *loud speaker*; 1927] s. m. ● Apparecchio per trasformare l'energia di un segnale elettrico in energia acustica irradiata nell'ambiente circostante.

altopiàno o **altipiàno** [comp. di *alto* (*1*) e *piano*; 1815] s. m. (pl. *altipiàni* o *altopiàni*) ● Estesa regione elevata oltre i 300 metri sul livello del mare, in prevalenza pianeggiante. ➡ ILL. p. 2132 SCIENZE DELLA TERRA ED ENERGIA.

†**altóre** [vc. dotta, lat. *altōre*(*m*), da *ălere* 'nutrire'; av. 1519] s. m. (f. *-trice*) ● (*lett.*) Chi alimenta.

altorilièvo [comp. di *alto* (*1*) e *rilievo*; 1797] s. m. (pl. *altorilievi*) ● Scultura nella quale le forme sono legate a un piano di fondo, ma ne sporgono fortemente.

altosonànte ● V. *altisonante.*

altostràto [comp. di *alto* (*1*) e *strato*; 1956] s. m. (pl. *altostràti*) ● Nube stratificata uniforme di colore grigio o bluastro, di aspetto fibroso, che copre talvolta interamente il cielo. ➡ ILL. p. 2134 SCIENZE DELLA TERRA ED ENERGIA.

†**altraménte** ● V. *altrimenti.*

†**altraménti** ● V. *altrimenti.*

altresì o †**altressì** [da *altro* e *sì*; av. 1294] avv. *1* (*lett.* o *bur.*) Anche, inoltre: *alla cerimonia interverranno a. eminenti personalità*; *vorrei pregarla a. di ...*; *questo detto mi tacqui*; *ed esso a. taceva* (BOCCACCIO). *2* †Similmente, correl. di 'come'.

altrettàle [da *altro e tale*; sec. XIII] **A** agg. ● (*lett.*) Simile, uguale, tale e quale (con valore dimostrativo e determinativo): *queste e altrettali cose sentimmo dire con grande stupore.* **B** avv. ● †Parimenti, similmente, altrettanto: *fare a.*

♦**altrettànto** [da *altro e tanto*; av. 1294] **A** agg. indef. ● Esprime uguaglianza di numero e misura con altra persona o cosa: *arriveranno altrettanti ragazzi oltre i dieci presenti*; *io ho altrettanta* *paura*; *farò anch'io come te, con a. entusiasmo.* **B** anche **pron. indef.** ● La stessa cosa, la medesima quantità o misura: *mi voltò le spalle e io feci a.*; *domani ne comprerò a.*; *'Buon appetito!' 'Grazie e a.'*. **C** **avv.** ● Nello stesso modo, ugualmente: *comportati a. bene per il futuro*; *anche tu sei stato a. bravo*; *è a. buona quanto bella.*

àltri [lat. *ălter*, nom. modificato secondo il modello di analoghi pronomi; av. 1294] **pron. indef. m.** solo **sing.** (raro con **prep.**) *1* Un'altra persona: *a. potrebbe dire che ho fatto male*; *non desiderare la donna d'a.* | ***Non a. che***, nessun altro che: *non c'è a. che lui di cui possa fidarmi.* *2* (*lett.*) Qualcuno, alcuno: *non vorrei che a. mi giudicasse male* | In correlazione con 'uno', 'alcuno', 'taluno': *uno sostiene una ragione, a. un'altra.*

altrièri o **altr'ièri**, **altro ièri** [comp. del lat. *ălter* 'altro' e *hĕri* 'ieri'; 1306] **A** **avv.** ● (*lett.*) Il giorno innanzi a ieri, ieri l'altro (sempre preceduto dall'articolo): *gli ho scritto proprio l'a.*; *l'ho incontrato l'a.* | (*est.*) Alcuni giorni fa, in passato. **B** anche **s. m. inv.**

♦**altriménti** o †**altraménte**, †**altraménti**, †**altriménte** [comp. di *altra* e *mente*; av. 1294] **avv.** *1* In altro modo, in modo diverso, diversamente: *agire a.*; *non potevamo fare a.*; *noi la pensiamo a.* | ***Non a. che***, non diversamente da, proprio come. *2* In caso contrario, se no: *se vuoi venire con noi, bene, a. stai in casa*; *corri, a. arriverai tardi.* *3* †Niente affatto, in nessun modo (in frasi negative con valore raff.): *non si curò d'a. accender lume per vederlo* (BOCCACCIO).

♦**àltro** [lat. *ălteru(m)*, da *ălius* 'diverso' e il suff. *-*tero* del compar.; sec. XII] **A** **agg. indef.** *1* Differente, diverso, con valore indet.: *pettinati in un a. modo*; *era un a. libro*; *è un'altra questione* | Diverso dall'attuale o da ciò di cui si parla; migliore: *altri tempi!*; *altra generazione!*; *altra educazione!* | ***Questo è un a. paio di maniche***, (*fig.*) è una cosa ben diversa | ***Sono cose dell'a. mondo!***, (*fig.*) inaudite, inconcepibili | ***D'altra parte***, del resto. **CFR.** etero-. *2* Nuovo, ulteriore, aggiunto al primo, al precedente: *sono sorte altre difficoltà*; *è un'altra birichinata delle sue*; *prendi un'altra tazza di tè*; *dammi un a. foglio*; *provaci un'altra volta!*; *non faremo altre obiezioni* | Un secondo, novello: *un a. San Francesco*; *nel Rinascimento, Firenze divenne un'altra Atene* | Alternativo, diverso (posposto al s.): *musica altra.* *3* Restante, rimanente (sempre preceduto dall'art.): *gli altri invitati si sono trattenuti fino a mezzanotte*; *metti l'altra roba nel cassetto.* *4* Scorso, anteriore, precedente nel tempo: *l'altra settimana*; *l'altr'anno*; *l'a. ieri*; *l'a. giorno.* *5* Prossimo, successivo nel tempo: *domani l'a.*; *quest'a. mese*; *quest'altr'anno.* *6* Unito ai pron. pers. 'noi' e 'voi' e ad agg. e pron. indef. assume valore intens. e distintivo: *pensateci voi altri* (anche *voialtri*); *ci andremo noi altri* (anche *noialtri*); *lo farà qualcun a.*; *prenderemo quell'a. treno*; *chiunque a. si sarebbe comportato meglio di te.* *7* In correl. con 'uno', indica cosa o persona diversa dalla prima o il secondo membro di una coppia: *l'una e l'altra guancia*; *in un modo e nell'altro*; *vennero l'uno e l'a. fratello*; *soleva Roma, che il buon mondo feo, / due Soli aver, che l'una e l'altra strada / facean vedere, e del mondo e di Deo* (DANTE). **B** **pron. indef.** *1* Persona o cosa diversa o distinta: *un a. al tuo posto avrebbe agito diversamente*; *se non lo fai tu, lo farà un a.*; *ci rivolgeremo ad altri*; *non mi piace che tu dia sempre la colpa agli altri*; (*fig.*) *essere, diventare, parere un a.* | ***Lui, lei e l'a.*** (***o l'altra***), il classico triangolo amoroso | In espressioni correl.: *per me è indifferente che venga l'uno o l'a.*; *alcuni dicevano una cosa, altri il contrario* | (con valore rec.) *Aiutatevi l'un l'a.* *2* (*al pl.*) La gente, gli estranei, il prossimo: *non dare ascolto a quello che dicono gli altri*; *ti interessi troppo degli affari degli altri*; *non fare agli altri ciò che non vorresti fosse fatto a te.* **C** in funzione di **s.** ● Altra cosa: *non ho a. da aggiungere*; *non dirmi a.*; *non potevo fare a. per lui*; *può fare questo e a.!*; *non fa a. che criticare*; *ci vuol a. per mettermi paura!*; *stavo pensando a tutt'a.*; *ha ben a. di cui preoccuparsi*; *a. è dirlo a. è farlo*; *a. che aiutarmi!* | ***E quant'a.***, eccetera, e via dicendo (al termine di un'elencazione): *abbiamo chiacchierato di economia, di calcio e quant'a.* | Rafforzativo di un agg. o epiteto: *bugiardo, sciocco, che non sei a.!* | ***Dell'a.***, ancora | ***Se non a.***, almeno, in mancanza d'altri motivi | ***Non foss'a.***, per non parlare di altre cose: *è un film da vedere, non foss'a. per la bravura degli attori* | ***Senz'a.***, certamente, senza alcun dubbio | ***Tra l'a.***, per giunta, in sovrappiù, tra le altre cose | ***Più che a.***, soprattutto: *è più che a. un indeciso* | ***Tutt'a.***, all'opposto: *è tutt'a. che buono* | ***Per a.***, V. *peraltro* | ***A. che***, V. *altroché*.

♦**altroché** o **àltro che** [comp. di *altro* e *che* (*2*); 1909] **inter.** ● Certamente, sì, senza dubbio (come risposta energicamente affermativa): *'ti sei divertito?' 'a., moltissimo!'*; *A., se ti ho guardato* (MORAVIA).

altro ièri ● V. *altrieri*.

altrónde [lat. *ăliter ŭnde*; 1336 ca.] **avv.** *1* (*lett.*) Da altro luogo, da altra parte, (*fig.*) da altro: *dalla qual sola ogni mia pace, ogni mio bene e la mia salute venirmi puote, e non a.* (BOCCACCIO); *non derivò, Signor, la causa a., / se non d'aver beuto di queste onde* (ARIOSTO). *2* Nella loc. avv. ***d'a.***, peraltro, d'altra parte, del resto: *d'a. non puoi dargli torto.* *3* (*lett.*) Altrove, in altro luogo.

♦**altróve** [lat. *ăliter ŭbi*; 1279] **avv.** ● In altro luogo (con verbi sia di stato sia di moto): *in quei giorni mi trovavo a.*; *sono diretto a.*; *mi rivolgerò a.* | ***Essere a. col pensiero, avere la testa a.***, (*fig.*) essere distratto, assente, lontano col pensiero.

altrùi [lat. parl. **alterŭi*, per il classico *ălteri*. V. *altro*; av. 1250] **A** **agg. poss. inv.** ● Di altri, degli altri, in contrapposizione a 'proprio': *la libertà a.*; *i meriti a.*; *le cose a.*; *pochi si sacrificano per il bene a.*; *bisogna rispettare le opinioni a.* **B** in funzione di **s. m. inv.** ● (*lett.*) Ciò che è di altri, spec. con riferimento a beni, denari: *pensa al tuo e lascia stare l'a.*; *poco saggio si può dir colui / che perde il suo per acquistar l'a.* (ARIOSTO). **C** **pron. indef. inv.** ● (*lett.*) Altra persona, altri, gli altri (usato anticamente anche con diverse prep. nei vari complementi e solo eccezionalmente come sogg.): *come a. piace, come ad a. piace*; *guardai in alto, e vidi le sue spalle / vestite già de' raggi del pianeta / che mena dritto a. per ogne calle* (DANTE *Inf.* I, 16-18); *pietose / di se stesse e d'a.* (FOSCOLO).

altruìsmo [fr. *altruisme*. V. *altrui*; 1875] **s. m.** ● Amore, dedizione, disponibilità verso il prossimo. **CONTR.** Egoismo.

altruìsta [fr. *altruiste*; 1897] **s. m. e f.**; anche **agg.** (**pl. m.** *-i*) ● Chi (o Che) dà prova di altruismo.

altruìstico [1884] **agg.** (**pl. m.** *-ci*) ● Che è proprio dell'altruista: *slancio, comportamento a.* ‖ **altruisticaménte**, **avv.** In modo altruistico, con altruismo.

altùra [av. 1257] **s. f.** *1* Luogo elevato: *e Pan l'eterno che su l'erme alture / a quell'ora e nei pian solingo va* (CARDUCCI). **SIN.** Colle, monte | Altezza, altitudine. *2* †Alterigia, superbia: *Quando t'aliegre, omo d'a. / va' poni mente a la sepoltura* (JACOPONE DA TODI). *3* Alto mare: *pesca d'a.*; *motoscafo d'a.* | ***Navigazione d'a.***, che si svolge fuori della vista delle coste. ‖ **alturétta**, **dim.**

alturière o **alturièro** [fr. *hauturier*, dal provz. moderno *auturié*, da *aut* 'alto', perché i marinai quando sono lontani dalle coste hanno per misura solo l'*altezza* degli astri; 1824] **s. m.** ● Pilota d'altura o (*est.*) d'alta quota.

alturièro [fr. *hauturier*, dal provz. *auturié*, da *autura* 'altura'; 1829] **A** **agg.** ● D'alto mare: *nave alturiera* | (*est.*) D'alta quota. **B** **s. m.** ● V. *alturiere*.

aluàtta [fr. *alouate*, vc. indigena della Guiana; 1829] **s. f.** ● (*zool.*) Scimmia urlatrice.

alùccia [1909] **s. f.** (**pl.** *-ce*) *1* Dim. di *ala*. *2* (*spec. al pl.*) Tipo di salvagente, spec. per bambini, consistente in due anelli di materiale gonfiabile che si allacciano alle braccia.

alùcita o **alùcida** [lat. tardo *alūcita(m)*, di etim. incerta; 1961] **s. f.** ● Genere di farfalle cui appartiene la tignola dei cereali (*Alucita*).

àlula [dim. del lat. *āla* 'ala'; 1955] **s. f.** *1* (*zool.*) Lobo di varia ampiezza che alcuni Insetti dei Ditteri presentano nella parte posteriore delle ali, in prossimità dell'attacco al torace | Ala spuria. *2* (*aer.*) Aletta ipersostentatrice, mobile o fissa, presso il bordo anteriore di un'ala.

alunìte [fr. *alunite*, da *alun* 'allume'; 1845] **s. f.** ● (*miner.*) Solfato idrato di potassio e alluminio, in masse bianche o incolori con lucentezza vitrea o madreperlacea, usato per l'estrazione dell'allume.

alunnàto [da *alunno*; 1809] **s. m.** ● (*disus.*) Condizione, tirocinio di alunno | Durata di tale tirocinio.

♦**alùnno** [vc. dotta, lat. *alŭmnu(m)*, da *ălere* 'nutrire'; 1340] **s. m.** (**f.** *-a*) *1* Chi frequenta una scuola, spec. la scuola dell'obbligo: *gli alunni della 3ª C.* *2* †Chi è allevato dalla balia.

alveàre [lat. *alveāre*, da *ălveus* 'vaso di legno, truogolo'; sec. XIV] **s. m.** *1* Arnia contenente una colonia di api con i favi. *2* (*fig.*) Grande casegiato popolare: *gli alveari periferici delle città moderne.*

àlveo [vc. dotta, lat. *ălveu(m)* 'vaso', cfr. *alvo*; av. 1492] **s. m.** *1* Zona entro cui scorre normalmente un fiume o un torrente: *a. di magra, di piena* | (*est.*, *raro*) Canale. *2* (*lett.*) Ventre, utero: *a. materno.* *3* (*fig.*) Solco, àmbito: *concetti che si collocano nell'a. della tradizione illuministica.* *4* (*raro*, *lett.*) Cavità | Recipiente. *5* †Alveare.

alveolàre [da *alveolo*; 1772] **agg.** *1* (*med.*) Che si riferisce agli alveoli dentari o polmonari: *piorrea a.* *2* (*ling.*) Detto di suono nella cui articolazione la punta della lingua batte contro gli alveoli dei denti superiori incisivi: *consonanti alveolari*; *articolazione a.*

alveolàto [da *alveolo*; 1961] **agg.** *1* Dotato di alveoli. *2* (*bot.*) Detto di organo vegetale la cui superficie presenta piccoli alveoli disposti più o meno regolarmente.

alveolìte [da *alveolo* e *-ite* (*1*); 1923] **s. f.** ● (*med.*) Infiammazione degli alveoli, dentari o polmonari.

alvèolo [vc. dotta, lat. *alvĕolu(m)*, dim. di *ălveus* 'alveo'; sec. XIV] **s. m.** *1* Piccola cavità | (*anat.*) ***Alveoli dentari***, della mandibola e della mascella, in cui sono impiantati i denti | (*anat.*) ***Alveoli polmonari***, riuniti a grappolo all'estremità delle più fini ramificazioni bronchiali, dove avvengono gli scambi gassosi tra aria e sangue. ➡ **ILL.** p. 2127 ANATOMIA UMANA. *2* (*bot.*) Piccolo incavo che si trova sulla superficie di certi organi vegetali. *3* (*lett.*) Celletta dei favi ove le api depongono e custodiscono il miele.

alvìno [vc. dotta, lat. *alvīnu(m)*, da *ălvus* 'alvo'; av. 1698] **agg.** ● (*med.*) Dell'alvo: *scariche alvine.* **SIN.** Intestinale.

àlvo [vc. dotta, lat. *ălvu(m)*, da avvicinare al gr. *aulós* 'tubo, condotto'; 1319] **s. m.** *1* (*med.*) Il canale, il transito intestinale nel suo complesso: *a. chiuso*; *a. libero.* *2* (*lett.*) Ventre: *a. materno.* *3* (*fig.*, *lett.*) Parte, cavità interna: *se dentro a l'a. / di questa fiamma stessi ben mille anni* (DANTE *Purg.* XXVII, 25-26).

alzabandièra [comp. di *alzare* e *bandiera*; 1942] **s. m. inv.** ● L'atto o la cerimonia solenne di alzare la bandiera spec. nelle caserme o sulle navi: *fare l'a.*, *assistere all'a.*

alzàbile [sec. XVIII] **agg.** ● Che si può alzare. **CONTR.** Abbassabile.

alzacristàllo [comp. di *alza(re)* e *cristallo*; 1963] **s. m.** ● Dispositivo per alzare, a mano o elettricamente, i vetri dei finestrini delle automobili.

alzàgola ● V. *alzavola*.

alzàia [lat. tardo *helciāriu(m)* 'tirante', da *hēlcium* 'giogo', dal gr. *hélkō* 'io trascino'; 1688] **s. f.** *1* Fune che serve per trainare battelli controcorrente per fiumi o canali. *2* Strada sull'argine o lungo il fiume per il transito degli animali adibiti al traino dei natanti.

alzaménto [av. 1348] **s. m.** ● (*raro*) Innalzamento | (*raro*) Aumento.

♦**alzàre** [lat. parl. **altiāre*, da *ăltus* 'alto'; av. 1294] **A** **v. tr.** *1* Portare in alto, portare verso l'alto, sollevare: *a. la mano per giurare*; *alzarsi le vesti*; *a. una pesante cassa* | ***A. gli occhi al cielo***, in segno di sollievo, supplica, sofferenza e sim. | ***A. qlcu. al cielo, alle stelle***, (*fig.*) lodare esageratamente | ***A. le mani al cielo***, in segno di sconforto o di preghiera | ***A. le mani***, in segno di resa | ***A. le mani su qlcu.***, percuoterlo | ***A. le spalle***, in segno di disinteresse o disprezzo | ***A. i bicchieri***, per brindare | ***A. le carte***, tagliare il mazzo | ***A. le vele***, spiegarle al vento per partire | ***A. il gomito***, (*fig.*) eccedere nel bere | ***Non a. la testa dal piatto***, (*fig.*) mangiare rapidamente e con ingordigia | ***Non a. un dito***, (*fig.*) non fare nulla, stare in ozio | ***A. la cresta, le corna***, (*fig.*) insuperbire | (*fig.*) ***A. i prezzi***, aumentarli | (*fig.*) ***A. la voce***, aumentarne il tono, o gridare con irritazione contro qlcu. | ***A. i tacchi***, (*fig.*) fuggire. **CONTR.** Abbassare. *2* Nel linguaggio dei cacciatori, provocare l'alzata di uno o più uccelli: *a. le pernici*; *il cane alzò un branco di starne.* **3** (*fig.*, *lett.*) Celebrare, onorare | Nobilitare | Far crescere di grado, potere e sim. **4** Rendere più alto: *a. la casa di un piano*; *a. un terrapieno.* **SIN.** Soprelevare. **5** Costruire, erigere: *alzeremo un monumento a Dante.* **SIN.** Edificare. **B** v. intr. pron. **1** Crescere in altezza: *quel bambino si è alzato molto dall'anno scorso*; *il livello del fiume si alza in modo preoccupante.* **CONTR.** Calare. **2** Sorgere, levarsi: *s'è alzata una splendida luna*; *si sta alzando un forte vento.* **CONTR.** Calare. **C** v. rifl. **1** Tirarsi su: *alzarsi dal letto*; *alzarsi dalla sedia*; *si alzò fino alla sommità del muro a forza di braccia.* **2** Levarsi in volo: *l'uccello si alzò a due passi dal cacciatore.*

alzàta [av. 1537] s. f. **1** Atto dell'alzare e dell'alzarsi | ***A. di spalle***, in segno di disinteresse, noncuranza e sim. | ***A. di testa***, (*fig.*) presa di posizione avventata e puntigliosa | (*fig.*) ***A. d'ingegno***, trovata maliziosa (*anche iron.*) | ***Per a. e seduta***, sistema di votazione in cui chi vota a favore si alza in piedi e chi vota a sfavore rimane seduto | ***Per a. di mano***, in cui chi vota a favore alza un braccio. **2** Nella pallavolo, azione con la quale un giocatore passa la palla al compagno in posizione favorevole perché effettui la schiacciata | Nel sollevamento pesi, azione con la quale si solleva da terra e si porta in alto il bilanciere con completa distensione delle braccia | Nella pallacanestro, il lancio della palla in alto da parte dell'arbitro entro il cerchio centrale del campo, all'inizio del gioco | Nel gioco delle bocce, lancio simile alla bocciata ma con traiettoria più arcuata e maggiore effetto. **3** Il levarsi a volo di un uccello: *sparare all'a.* **4** Opera improvvisata di fortificazione campale composta di una massa di terra elevata a riparo del difensore. **5** Parte verticale dello scalino. **CFR.** Pedata. **6** Parte superiore, sovrastruttura di un mobile, spec. una credenza, una scrivania, un cassettone. **7** Piatto, spec. di ceramica, munito di una base o piede di sostegno, a più ripiani, per frutta, dolci e sim. || **alzatàccia**, pegg. (V.) | **alzatìna**, dim.

alzatàccia [pegg. di *alzata*; 1961] s. f. (pl. *-ce*) ● L'alzarsi dal letto molto presto, di primo mattino: *fare un'a.* **SIN.** Levataccia.

alzàto [1319] **A** part. pass. di *alzare*; anche agg. ● Che si trova in alto, sollevato: *sipario a.* | In piedi, non a letto: *ancora a. a quest'ora?* | Levato dal letto: *appena a. prendo un caffè.* **B** s. m. ● Prospetto o sezione verticale di un edificio.

alzatóre [da *alzare*; 1859] s. m. (f. *-trice*) ● (*sport*) Nella pallavolo, giocatore incaricato di alzare la palla verso un compagno per consentirgli la conclusione in schiacciata | Ruolo ricoperto da tale giocatore. **SIN.** Palleggiatore.

alzatrìce [detta così perché *alza* le pezze di stoffa all'altezza desiderata; 1955] s. f. ● Nell'industria tessile, macchina che rifinisce i tessuti di lino, eliminando gli abbassamenti e raddrizzando la trama.

alzavàlvola [comp. di *alza*(*re*) e *valvola*; 1955] s. m. (pl. inv. o *-e*) ● Meccanismo per mantenere aperte apposite valvole, usato nei motori a scoppio a due tempi per arrestarli.

alzàvola o **alzàgola**, **arzàgola**, **arzàvola** [etim. incerta; av. 1650] s. f. ● Piccolo uccello degli Anseriformi, affine all'anatra selvatica, di colore grigio molto chiaro sul ventre e sul petto, caratterizzato dalla grande macchia verde che adorna il capo del maschio (*Anas crecca*). ➡ ILL. **animali**/7.

Alzheimer /al'tsaimer, *ted.* 'ʔalts,haemʌ/ [dal n. del neuropsichiatra A. *Alzheimer* (1864-1915) che nel 1907 descrisse la malattia; 1985] s. m. inv. ● (*med.*) Morbo di Alzheimer (V. *morbo*).

àlzo [da *alzare*; 1855] s. m. **1** Congegno applicato alle armi da fuoco per regolare la distanza di tiro nell'atto di puntare e, nelle artiglierie, anche il puntamento in direzione | Nelle armi moderne di precisione, cannocchiale con reticolo a inclinazione regolabile. **2** Pezzo di cuoio o cartone usato dai calzolai per portare le forme delle scarpe alla misura voluta.

AM /a'emme, *ingl.* ˌeɪ'em/ [sigla dell'ingl. di *A*(*mplitude*) *M*(*odulation*) 'modulazione di ampiezza'; 1981] s. f. inv. ● (*radio*) Modulazione di ampiezza.

amàbile [vc. dotta, lat. *amābile*(*m*) da *amāre* 'amare'; sec. XIII] agg. **1** Degno di essere amato | (*est.*) Che ispira amore, simpatia: *fanciulla, sorriso a.* | Gentile, cortese: *Era sempre allegra … ed a. con tutti* (VERGA). **2** Detto di vino in cui prevale un gusto dolce. || **amabilménte**, avv.

amabilità [vc. dotta, lat. *amabilitāte*(*m*), da *amābilis* 'amabile'; 1549] s. f. ● Qualità di chi sa farsi amare | (*est.*) Cortesia, gentilezza, affabilità. **CONTR.** Odiosità.

amàca, (*evit.*) **àmaca** [sp. *hamaca*, dal caraibico; av. 1525] s. f. **1** Specie di letto pensile, costituito da una rete o da un telo sospesi per i vertici a due sostegni. ➡ ILL. **campeggiatore**. **2** Branda dei marinai.

†amadóre ● V. *amatore.*

amadrìade (**1**) [vc. dotta, lat. *hamadryade*(*m*), nom. *hamădryas*, dal gr. *hamadryás*, comp. di *háma* 'insieme' e *drys* 'albero'; av. 1406] s. f. ● Ninfa dei boschi che, nella mitologia greca, nasceva e moriva con l'albero che le era sacro.

amadrìade (**2**) [V. *amadriade* (*1*); 1819] s. f. ● Grossa scimmia africana con muso canino e pelo grigiastro molto lungo soprattutto nel maschio (*Papio hamadryas*). ➡ ILL. **animali**/14.

amagnètico [comp. di *a-* (*1*) e *magnetico*; 1965] agg. (pl. m. *-ci*) ● Detto di ciò che non è magnetico.

amàide [fr. *hamaïde* 'barra', dall'ant. francone **haimithi* 'insediamento circondato', comp. dell'ant. francone **haim* 'piccolo villaggio', col suff. collettivo *-ithi*; 1970] s. f. ● (*arald.*) Fascia accorciata ai due lati.

amalfitàno [1476] **A** agg. ● Di Amalfi: *costiera amalfitana* | ***Tavola amalfitana***, codice nautico della repubblica marinara di Amalfi; risale all'XI sec. e fu osservato fino al XVII sec. anche in altri porti del Mediterraneo. **B** s. m. (f. *-a*) ● Abitante, nativo di Amalfi.

amàlgama [lat. mediev. *amalgama*, dal gr. *málagma*, da *malássō* 'io rammollisco', prob. attrav. l'ar.; 1612] s. m. (pl. *-i*) **1** Lega, generalmente solida, del mercurio con altri metalli | In oreficeria, unione dell'oro o dell'argento col mercurio per dorare o argentare a fuoco | In odontoiatria, unione di argento e stagno usata per otturazioni e impronte di protesi. **2** Mescolanza di cose diverse (*anche fig.*): *un a. di ingredienti*; *un a. di prosa e di poesia*; *un a. di razze* | (*fig.*) Affiatamento, coesione: *la squadra ha raggiunto il giusto a.* **3** (*ling.*) Fusione di due significati, lessicale e morfologico, in un solo significante.

amalgamànte [1970] part. pres. di *amalgamare*; anche agg. **1** Nei sign. del v. **2** ***Lingue amalgamanti***, che esprimono i rapporti grammaticali amalgamando affissi alle radici.

amalgamàre [1612] **A** v. tr. (*io amàlgamo*) **1** Legare il mercurio con altri metalli, fare un amalgama | In oreficeria, ricoprire con l'amalgama la superficie da dorare o argentare. **2** (*est.*) Impastare: *a. i colori e l'olio*; *a. bene il latte e la farina.* **3** Mettere insieme cose diverse (*spec. fig.*): *a. culture diverse.* **B** v. rifl. ● Fondersi, unirsi (*anche fig.*): *ingredienti che si amalgamano facilmente*; *popolazioni che non si sono bene amalgamate.*

amalgamazióne [1829] s. f. ● L'amalgamare | Processo usato per estrarre metalli, spec. oro e argento, dai loro minerali facendoli entrare in lega col mercurio.

Amamelidàcee [vc. dotta, comp. di *amamelide* e *-acee*; 1955] s. f. pl. (sing. *-a*) ● Nella tassonomia vegetale, famiglia di piante legnose con foglie palmate, fiori piccoli in infiorescenze e frutti a capsula (*Hamamelidaceae*).

amamèlide [vc. dotta, gr. *hamamēlis*, genit. *hamamēlídos*, propr. 'che fiorisce nello stesso tempo dei meli', comp. di *háma* 'insieme', di orig. indeur. e *mêlon* 'melo'; 1797] s. f. ● Pianta arbustiva coltivata nei giardini, con foglie ovali aromatiche e fiori gialli (*Hamamelis virginiana*).

†amàndola ● V. *mandorla.*

amanita [gr. *amanîtai*, pl. 'funghi del monte *Àmanos*', in Cappadocia; 1819] s. f. ● Genere di Funghi delle Agaricacee comprendente varie specie sia commestibili (come l'ovolo) sia velenose (*Amanita*).

♦**amànte** (**1**) [av. 1250] **A** part. pres. di *amare*; anche agg. ● Che ama, che predilige: *è a. del buon vino, della musica classica, del quieto vivere.* || **†amanteménte**, avv. Con amore. **B** s. m. e f. **1** (*raro*, *lett.*) Innamorato: *gli amanti che si tengono per mano in mezzo a quella festa d'azzurro e di verde* (VERGA). **2** Chi è legato a un'altra persona da una relazione amorosa, spec. segreta o considerata illecita. **3** Chi è appassionato di qlco.: *è un a. dei buoni vini*; *è un'a. della musica classica.*

amànte (**2**) o **mànte** [gr. *himás*, genit. *himántos*, di orig. indeur.; 1614] s. m. ● (*mar.*) Sistema di funi e bozzelli per sollevare carichi.

amantìglio o **mantìglio** [da *amante* (*2*); 1889] s. m. ● (*mar.*) Cima fissata all'estremità libera di un'asta per sostenerla e limitarne l'oscillazione. ➡ ILL. p. 2172 TRASPORTI.

amanuènse [vc. dotta, lat. *amanuēnse*(*m*), da *ā mănu* 'con la mano'; 1726] s. m. (anche f. nel sign. 2) **1** Scrivano che, prima dell'invenzione della stampa, curava la trascrizione e la trasmissione di testi religiosi, letterari, storici e scientifici. **2** Scrivano, copista.

†amànza o **†mànza** (**1**) [provz. *amansa*, dal lat. *amāre* 'amare' (?); av. 1250] s. f. ● (*lett.*) Amore | Donna amata: *O a. del primo amante, o diva* (DANTE *Par.* IV, 118).

Amarantàcee [vc. dotta, comp. di *amarant*(*o*) e *-acee*; 1830] s. f. pl. (sing. *-a*) ● Nella tassonomia vegetale, famiglia di piante erbacee e arbustive delle Centrosperme con foglie alterne e opposte e fiori piccoli in infiorescenze a racemo o a spiga (*Amaranthaceae*). ➡ ILL. **piante**/3.

amarantìno [1829] agg. ● (*lett.*) Che ha colore amaranto: *uva amarantina.*

amarànto [vc. dotta, lat. *amarăntu*(*m*), nom. *amarăntus*, dal gr. *amárantos* 'durevole', comp. di *a-* e *maráinō* 'io appassisco'; 1485 ca.] **A** s. m. **1** Amarantacea a fusto eretto, con foglie di color verde brillante e fiori piccoli riuniti in spighe (*Amarantus caudatus*). ➡ ILL. **piante**/3. **2** Colore rosso intenso con sfumature violacee, caratteristico dei fiori della pianta omonima. **B** in funzione di agg. inv. ● Che ha colore amaranto: *il mare … s'era fatto a.* (VERGA).

amaràsca ● V. *marasca.*

amarascàto [da *amarasca*; av. 1676] agg. ● Detto di bevanda con sapore e aroma di marasca.

†amaraschìno ● V. *maraschino.*

amaràsco ● V. *marasco.*

amarcòrd [vc. del dial. romagnolo, propr. 'io mi ricordo', dal titolo omonimo di un film (1973) di F. Fellini; 1974] s. m. ● Ricordo, rievocazione nostalgica di fatti, situazioni, luoghi appartenenti al passato.

♦**amàre** [lat. *amāre*, di orig. preindeur.; av. 1250] **A** v. tr. **1** Sentire e dimostrare un profondo affetto per qlcu.: *a. i genitori, i fratelli.* **2** Provare un profondo sentimento spirituale verso qlcu. o qlco.: *a. Dio*; *a. il prossimo*; *a. il bene*; *a. i poveri*; *a. la propria città* | Interessarsi a, prediligere: *a. la musica, la poesia, lo sport* | (*est.*) Reagire positivamente a certe condizioni oggettive: *le piante tropicali amano il clima caldo e umido.* **3** Sentire e dimostrare una profonda attrazione affettiva e sessuale verso qlcu. (*lett. anche assol.*): *Luigi ama follemente quella donna*; *importa che io ami* (DELEDDA). **4** Desiderare fortemente, essere propenso: *a. la ricchezza, l'ordine* | Preferire, gradire: *amo pensare che non lo sapesse*; *amerei che tu mi parlassi sinceramente*; *amerei rimanere solo.* **B** v. rifl. rec. ● Provare reciproco affetto, attrazione: *quei due giovani si amano.* **C** v. rifl. ● †Amare sé stesso. || **PROV.** Chi ama, teme.

amareggiaménto [av. 1698] s. m. ● L'amareggiare, l'amareggiarsi | Sentimento di amarezza, di tristezza.

amareggiàre [lat. tardo *amarizāre* 'divenire amaro', da *amārus* 'amaro'; av. 1300] **A** v. tr. (*io amaréggio*) **1** †Rendere amaro. **2** (*fig.*) Affliggere, addolorare: *esperienze simili amareggiano profondamente.* **B** v. intr. (aus. *essere*) ● †Diventare amaro. **C** v. rifl. ● Crucciarsi, addolorarsi, rattristarsi.

amareggiàto [av. 1712] part. pass. di *amareggiare*; anche agg. ● Pieno di amarezza, di dispiacere.

amaréna o **maréna** (**2**) [da *amaro* (?); av. 1320] s. f. **1** Frutto dell'amareno. **2** Bevanda preparata con sciroppo di amarena.

amaréno [da *amaro*; av. 1430] s. m. ● Varietà coltivata del visciolo con frutti di sapore amarognolo (*Prunus cerasus* varietà *acida*).

amarétto [detto così per il gusto *amaro*; 1798] s. m. **1** (*lett.*) Sentimento di lieve amarezza. **2** Pasticcino a base di pasta di mandorle amare, specialità di numerosi luoghi d'Italia. **3** Liquore dal sapore simile a quello del pasticcino.

amarézza [lat. tardo *amaritia(m)*, da *amārus* 'amaro'; av. 1306] s. f. *1* (*raro*) Sapore di ciò che è amaro: *l'a. del fiele*. *2* (*fig.*) Dolore, dispiacere, spec. misto a un sentimento di delusione, rincrescimento o rancore: *provare, sentire a.*; *parlare con a.*; *quel discorso mi procurò grande a.*

amaricànte [1779] A part. pres. di *amaricare*; anche agg. ● Nei sign. del v. B s. m. ● Additivo che conferisce all'alimento un sapore amaro | Liquore amaro.

†**amaricàre** [lat. tardo *amaricāre*, da *amārus* 'amaro'; av. 1306] v. tr. ● Rendere amaro | (*fig.*) Amareggiare.

amàrico [1918] A agg. (pl. m. *-ci*) ● Che si riferisce alla regione etiopica dell'Amhara. B s. m. (f. *-a*) ● (*raro*) Abitante, nativo dell'Amhara. C s. m. solo sing. ● Lingua semitica derivata dall'antico etiopico, attualmente lingua ufficiale dell'Etiopia.

amarìlli o **amarìllide** [dal lat. *Amaryllis*, genit. *Amaryllidis*, n. di una pastorella delle Bucoliche virgiliane; 1772] s. f. inv. ● Pianta erbacea perenne delle Amarillidacee con bulbo, foglie allungate a nastro, fiori bianchi o rosei spesso riuniti in ombrelle (*Amaryllis belladonna*).

Amarillidàcee [vc. dotta, comp. di *amarillid(e)* e *-acee*; 1865] s. f. pl. (sing. *-a*) ● Nella tassonomia vegetale, famiglia di piante erbacee delle Liliflore, comprendente piante perenni con fusto molto breve o assente, con rizomi o bulbi, foglie lineari basali e fiori spesso riuniti in ombrelle (*Amaryllidaceae*). ➡ ILL. piante/11.

amarìllide ● V. *amarilli*.

amaritùdine [vc. dotta, lat. *amaritūdine(m)*, da *amārus* 'amaro'; av. 1292] s. f. *1* †Sapore amaro. *2* (*lett.*) Amarezza | (*raro*) Tristezza, afflizione: *cade in a. e in tedio di mente* (CATERINA DA SIENA).

♦**amàro** [lat. *amāru(m)*, di etim. incerta; av. 1250] A agg. *1* Che ha sapore contrario al dolce, caratteristico della china, dell'assenzio e sim.: *bibita, mandorla amara*; *è a. come il fiele, come il veleno* | ***Caffè a.***, senza zucchero. *2* (*fig.*) Che procura dispiacere, disappunto o dolore: *un a. rimprovero*; *un'amara sorpresa*; *un'amara soddisfazione* | (*est.*) Che manifesta tristezza e dolore: *piangere amare lacrime* | ***Avere la bocca amara***, sentire un sapore amaro; (*fig.*) rimanere delusi | ***Mandare giù un boccone a.***, (*fig.*) sopportare un'offesa ingiusta, un torto o qlco. di spiacevole | (*fig.*) ***Riso a.***, triste. || **amaraménte**, avv. In modo doloroso e sconsolato. B s. m. *1* Sapore amaro: *l'a. del rabarbaro*; *questa aranciata sa d'a.* *2* (*enol.*) Alterazione di origine microbica dei vini vecchi da tempo imbottigliati. *3* Aperitivo o digestivo aromatico preparato con varie essenze e di gusto amarognolo. *4* (*fig.*) Amarezza, dolore, rancore | ***Inghiottire, masticare a.***, subire un torto, un sopruso | ***Avere dell'a. in corpo***, provare astio, rancore. || **amarétto**, dim. (V.) | **amarìccio**, dim. | **amarìno**, dim.

amarógnolo (o *-ò-*) o **amarógno** (o *-ò-*) [1499] A agg. ● Di sapore amaro, ma non sgradito: *biscotto a.* | (*fig., raro*) Spiacevole. B s. m. ● Sapore amarognolo: *gli piace l'a. di questa bevanda*.

amaróne [da *amaro* per il suo gusto lievemente amarognolo; 1866] s. m. ● Denominazione del vino recioto della Valpolicella secco, il più pregiato fra i vini veronesi; ha color rosso rubino intenso tendente al granato, profumo ampio e continuo, sapore asciutto con sottofondo amarognolo.

amaróre [vc. dotta, lat. *amarōre(m)*, da *amārus* 'amaro'; av. 1250] s. m. *1* Sapore amaro, spec. di vino invecchiato che ha la malattia dell'amaro. *2* (*fig., lett.*) Amarezza.

amàrra [fr. *amarre*, dall'ol. *anmarren* 'attaccare'; 1824] s. f. ● Corda di ormeggio.

amarràre e *deriv.* ● V. *ammarrare* (*1*) e *deriv.*

†**amarulènto** [vc. dotta, lat. tardo *amarulĕntu(m)*, da *amārus* 'amaro'; 1643] agg. ● (*lett.*) Amaro, amarognolo (*anche fig.*).

amarùme [1865] s. m. ● (*raro*) Sostanza amara; sapore amaro | (*fig.*) Amarezza, astiosità.

amàsio [vc. dotta, lat. *amāsiu(m)*, da *amāre* 'amare'; sec. XIV] s. m. (f. *-a*) ● (*lett.*) Amante, drudo.

amastìa [comp. di *a-* (*1*), *mast(o)-* e del suff. *-ia*] s. f. ● (*med.*) Assenza congenita delle mammelle.

amateur /fr. ama'tœːʀ/ [fr., propr. 'amatore'; 1905] s. m. inv. ● (*raro*) Dilettante.

†**amatìsta** ● V. *ametista*.

†**amatìsto** s. m. ● Ametista.

♦**amàto** [sec. XIII] A part. pass. di *amare*; anche agg. ● Nei sign. del v. B s. m. (f. *-a*) ● Chi è oggetto d'amore: *il mio a.*

amatóre o †**amadóre** [vc. dotta, lat. *amatōre(m)*, dal lat. *amāre* 'amare', prob. attrav. il provz. *amador*; av. 1250] s. m. (f. *-trice*) *1* (*raro*) Chi ama | †Innamorato, amante. *2* Appassionato: *a. di musica, di poesia contemporanea* | Intenditore: *è un vero a. di vini*; *gusto da a.* | Collezionista: *esposizione organizzata dai alcuni amatori* | ***Prezzo da a.***, determinato non dal valore intrinseco dell'oggetto ma dall'interesse che esso suscita presso collezionisti e sim. *3* (*sport*) Dilettante.

amatoriàle [1983] agg. ● Relativo ad amatore, a dilettante: *sport ciclistico a.*; *film amatoriali*.

amatòrio [vc. dotta, lat. *amatōriu(m)*, da *amātor* 'amatore, amante'; sec. XIV] agg. ● (*lett.*) Che si riferisce all'amore o che suscita amore: *filtro a.*; *letteratura amatoria*.

amatriciàno [1905] A agg. ● Di Amatrice, cittadina laziale | ***Spaghetti all'amatriciana***, spaghetti conditi con sugo a base di guanciale, cipolla, pomodoro e cosparsi di pecorino grattugiato. B s. m. (f. *-a*) ● Abitante, nativo di Amatrice.

†**amattàre** e *deriv.* ● V. *ammattare* e *deriv.*

amauròsi [vc. dotta, lat. *amaurōsi(m)*, nom. *amaurōsis*, dal gr. *amáurōsis* 'oscuramento', da *mauróō* 'io oscuro'; 1750] s. f. inv. ● (*med.*) Perdita totale della vista da uno o entrambi gli occhi.

amauròtico [1865] agg. (pl. m. *-ci*) ● Relativo ad amaurosi | Affetto da amaurosi.

amàzzone (o *-zz-*) [vc. dotta, lat. *Amāzone(m)*, nom. *Amāzon*, dal gr. *Amazṓn*, comp. di *a-* e *mazós* 'mammella', nome delle mitiche donne guerriere della Cappadocia e della Scizia che si bruciavano la mammella destra perché impediva loro l'uso dell'arco; 1340] A s. f. *1* Donna con atteggiamenti virili, combattiva. *2* (*est.*) Donna che va a cavallo: *è un'a. abilissima* | Cavallerizza: *concorsi, corse per amazzoni* | ***Cavalcare all'a.***, con tutte e due le gambe da un lato della sella. *3* Abito femminile usato in passato per cavalcare, nero con gonna lunga, completato da cilindro con lungo velo o da bombetta. B in funzione di agg. ● (*zool.*) ***Formica a.***, formica che vive sfruttando il lavoro delle operaie di altre specie catturate e rese schiave (*Polyergus rufescens*).

amazzoniàno (o *-zz-*) [1955] agg. ● Dell'Amazzonia.

amazzònico (o *-zz-*) [1799] agg. (pl. m. *-ci*) ● Del Rio delle Amazzoni e dei territori a esso limitrofi: *foresta amazzonica*.

amazzònio (o *-zz-*) [sec. XIV] agg. ● (*lett.*) Che si riferisce alle antiche Amazzoni | Che è tipico delle Amazzoni.

amazzonìte (o *-zz-*) [dal n. del fiume Rio delle Amazzoni; 1875] s. f. ● (*miner.*) Varietà di microclino in cristalli molto grossi dal colore verde smeraldo.

àmba [vc. abissina; 1880] s. f. ● Forma di rilievo isolato che emerge con pareti a picco e sommità piana, frequente nell'altopiano etiopico.

ambàge [vc. dotta, lat. *ambāges*, f. pl., comp. del pref. *ămb-* 'intorno' e di *ăgere* 'condurre'; 1321] s. f. *1* (*lett.*) Cammino, giro tortuoso | Viluppo: *divina a. di rosei veli* (D'ANNUNZIO). *2* (*spec. al pl., fig.*) Discorso involuto, ambiguo, confuso: *sotto cotali ambagi al giovinetto / fu mostro de' suo' fati il leggier corso* (POLIZIANO) | ***Parlare, rispondere***, e sim. ***senza ambagi***, chiaramente.

ambaradàn [prob. da *Amba Aradam*, massiccio montuoso dell'Etiopia presso il quale le truppe italiane sconfissero nel 1936 l'esercito abissino in una cruenta battaglia] s. m. inv. ● (*scherz.*) Grande confusione, guazzabuglio: *fare, creare un a.* | Organizzazione complessa: *manda avanti tutto l'a.*

ambarvàli [vc. dotta, lat. *ambarvālia*, nt. pl., comp. di *ămb-* 'intorno' e *ărvum* 'campo'; 1704] s. m. pl. ● Feste pubbliche celebrate nell'antica Roma per purificare i campi e ottenere dagli dei un raccolto abbondante.

ambascerìa o †**imbascerìa** [provz. *ambaisaria*. V. *ambasciata*; av. 1292] s. f. ● Gruppo di persone mandato con incarichi particolari da uno Stato a un altro | (*est.*) L'incarico stesso.

ambàscia [lat. mediev. *ambactia(m)* 'servizio' (?). Cfr. *ambasciata*; sec. XIII] s. f. (pl. *-sce*) *1* (*lett., raro*) Difficoltà di respiro e conseguente senso di oppressione. SIN. Affanno. *2* (*fig., lett.*) Angoscia, travaglio: *la grande a. che mi tumultuava dentro* (NIEVO).

†**ambasciadóre** ● V. *ambasciatore*.

†**ambasciàre** [da *ambascia*; sec. XIV] v. intr. e intr. pron. ● Ansimare.

♦**ambasciàta** o **imbasciàta** †nel sign. 1, (*tosc.*) nel sign. 2 [provz. *ambaissada*, dal lat. *ambăctus* 'servo stipendiato', di orig. gallica; 1268] s. f. *1* (*dir.*) Insieme delle persone inviate da uno Stato nel territorio di un altro allo scopo di intrattenere con lo stesso relazioni diplomatiche: *accogliere l'a.*; *tutta l'a. prese parte alla cerimonia* | (*est.*) Ufficio o sede dell'ambasciatore: *ricorrere all'a.*; *recarsi all'a.* *2* Ciò che si manda a dire o si va a dire per incarico di un altro: *fare, portare, porgere, ricevere un'a.*; *Perpetua entrò a portargli l'imbasciata* (MANZONI). SIN. Commissione, incarico. || **ambasciatàccia**, pegg. | **ambasciatìna**, dim.

♦**ambasciatóre** o †**ambasciadóre**, †**imbasciatóre** [provz. *ambaisador*. V. *ambasciata*; av. 1243] s. m. (f. *-trice* (V.), *pop., disus. -tora*; V. nota d'uso FEMMINILE) *1* (*dir.*) Agente diplomatico di grado più elevato: *svolgere l'ufficio di a.* *2* Chi fa o porta un'ambasciata. SIN. Messaggero. || PROV. Ambasciator non porta pena.

ambasciatrìce o †**imbasciatrìce** [av. 1595] s. f. *1* f. di *ambasciatore*. *2* Moglie di ambasciatore.

†**ambàsso** o †**ambàssi** [ant. fr. *ambesas*, comp. di *ambes* 'due' (V. *ambo*) e *as* 'asso'; av. 1406] s. m. ● Nel gioco dei dadi, il doppio asso.

ambàta [da *ambo*; 1942] s. f. ● Nel gioco del lotto, combinazione, oggi non più in uso, di due numeri uno dei quali, fisso, può accoppiarsi con uno qualsiasi degli altri ottantanove | Correntemente, estratto.

àmbe ● V. *ambo*.

ambedùe o †**ambedùi**, †**ambedùo**, †**ambidùe**, †**ambidùi**, †**ambodùe** [lat. *ămbo dŭo*; sec. XIII] A agg. num. inv. ● (*lett.*) Tutti e due, l'uno e l'altro (seguito dall'art. det.): *a. gli amici*; *a. le orecchie*; *lo afferrò con a. le mani*; *comprerò a. i quadri*. B anche pron. inv. ● *Verremo a.*; *tacevano a.*; *frequentano a. la stessa scuola*. SIN. Entrambi.

àmbi ● V. *ambo*.

àmbi- [particella lat. di orig. indeur., che in parole dotte vale '(di) due', ma propr. 'intorno'] primo elemento ● In parole composte dotte significa 'due' o 'di due': *ambidestro, ambigenere, ambivalenza*.

ambiàre [lat. *ambulāre*, da *amb-* 'da entrambe le parti'; sec. XIII] v. intr. (*io àmbio*; aus. *avere*) ● In equitazione e in ippica, andare d'ambio.

ambiatóre [1967] agg.; anche s. m. (f. *-trice*) ● In equitazione e ippica, detto del cavallo addestrato ad andare col passo dell'ambio. ➡ ILL. p. 2153 SPORT.

ambiatùra [av. 1306] s. f. ● (*raro*) Ambio.

ambidestrìsmo [1913] s. m. ● Caratteristica di chi è ambidestro.

ambidèstro [vc. dotta, lat. tardo *ambidĕxtru(m)*, comp. di *ambi-* e *destro*; sec. XIV] A agg. (pl. m. *ambidestri*) *1* Che si serve con uguale abilità dell'una e dell'altra mano: *tennista, schermidore a.* | (*est.*) Che usa con uguale capacità i due piedi: *calciatore a.* *2* (*fig., lett.*) Astuto, scaltro, furbo. B anche s. m. (f. *-a*): *mia madre è mancina e io sono un a.*

†**ambidùe** ● V. *ambedue*.

†**ambidùi** ● V. *ambedue*.

ambientàle [1942] agg. *1* Che si riferisce all'ambiente: *politica a.*; *tutela a.* | ***Impatto a.***, V. *impatto* (*1*) | Relativo a un determinato luogo, locale e sim.: *temperatura a.* | ***Intercettazione a.***, V. *intercettazione*. *2* Che è tipico di un determinato ambiente: *un disturbo psichico dovuto a fattori ambientali*.

ambientalìsmo [da *ambientale*, prob. sul modello dell'ingl. *environmentalism*; 1979] s. m. *1* Teoria e pratica diretta alla difesa dell'ambiente | Movimento degli ambientalisti. CFR. Ecologismo. *2* (*psicol.*) Teoria secondo cui i tratti caratteristici del comportamento sono prodotti dalle esperienze che l'individuo fa nell'ambiente. CONTR. Innatismo.

ambientalìsta [da *ambientale*, prob. sul modello dell'ingl. *environmentalist*; 1984] A s. m. e f. (pl. m. *-i*) *1* Chi si occupa attivamente della difesa dell'ambiente. SIN. Ecologista. *2* (*psicol.*) Sostenitore dell'ambientalismo. **B** anche **agg.**: *associazione a.*

ambientalìstico [1983] **agg.** (pl. m. *-ci*) ● Dell'ambientalismo, degli ambientalisti: *associazioni ambientalistiche.*

ambientaménto [1924] **s. m.** *1* (*raro*) L'ambientare | Inserimento in un determinato ambito o contesto: *valutare l'a. di un nuovo edificio nell'antico centro storico.* *2* Adattamento a vivere in un dato ambiente: *una passeggiata di a.*; *ha dei problemi di a.*

ambientàre [1918] **A v. tr.** (*io ambiènto*) ● Adattare, porre in un dato ambiente: *a. l'azione nel futuro.* **B v. rifl.** ● Abituarsi a un ambiente e alla vita che in questo si svolge: *non si è ancora ambientata nella nuova casa.*

ambientatóre [1955] **s. m.** (f. *-trice*) ● (*raro*) Arredatore.

ambientazióne [1961] **s. f.** *1* Ambientamento. *2* Nel cinema, nel teatro e sim., ricostruzione delle caratteristiche fondamentali di un ambiente ottenuta con l'allestimento scenico e con opportune illuminazioni.

♦**ambiènte** [vc. dotta, lat. *ambiĕntem*, part. pres. di *ambīre* 'stare intorno'; 1623] **A s. m.** *1* Complesso delle condizioni esterne all'organismo in cui si svolge la vita vegetale e animale: *a. acqueo*; *a. terrestre*; *a. marino* | L'insieme delle condizioni naturali considerate come un patrimonio da proteggere: *la tutela dell'a.*; *salvaguardare l'equilibrio dell'a.* CFR. eco-. *2* (*est., fig.*) Complesso delle condizioni esterne materiali, sociali, culturali e sim., nell'ambito delle quali si sviluppa, vive e opera un essere umano: *un a. favorevole, sfavorevole*; *vivere in un pessimo a.*; *questo non è un a. adatto ai giovani*; *essere, trovarsi nel, fuori dal, proprio a.*; *non potrò mai adattarmi al tuo a.* | (*est.*) Atmosfera, clima: *in quel ristorante c'è un a. familiare.* *3* (*fig.*) Insieme di persone distinte da interessi, idee e sim. comuni: *un a. tradizionalista*; *ambienti rivoluzionari*; *la notizia è trapelata da ambienti bene informati* | Circolo: *gli ambienti politici della nostra città.* *4* Porzione di spazio racchiusa tra pareti costruite: *casa di quattro ambienti e servizi* | ***A. di lavoro***, in un'azienda, ciascuno dei locali in cui i lavoratori subordinati esplicano normalmente la propria attività. **B agg.** ● (*raro, lett.*) Che sta attorno, che circonda: *aria a.*; *calore, luce a.* | ***Temperatura a.***, V. *temperatura*, sign. 3. ‖ **ambientino**, **dim.**

AMBIENTE
nomenclatura

ambiente
● *tipi di ambiente*: biosfera, biosistema = ecosistema (naturale = fisico, subnaturale, semi-naturale, artificiale, agricolo, urbano, ornamentale), ecotono; acquatico (marino, delle acque interne - fiumi, laghi, paludi, stagni); terrestre (desertico, dei terreni coltivati, degli abitati); milieu, habitat, fitness, biotopo, biocenosi, ecotipo, nicchia ecologica, riserva naturale, riserva naturalistica, oasi di protezione faunistica, parco naturale, parco nazionale, zona protetta;
● *azioni*: modificare, alterare, mutare, trasformare, inquinare, distruggere, conservare, preservare, difendere, salvare, salvaguardare; ambientarsi, acclimatarsi, abituarsi, adattarsi; incenerire, riciclare, smaltire i rifiuti; ambientalismo, lamarckismo, ecologia, etologia; dissesto ambientale, ecocatastrofe, ecostrage, ecocidio, inquinamento, antinquinamento;
● *persone*: ambientalista = ecologista, ecologo, verde, animalista, protezionista, ecoterrorista, inquinatore.

ambientìsta [1950] **s. m. e f.** (pl. m. *-i*) ● Pittore di ambienti o che dà particolare rilievo all'ambiente.

ambigènere [comp. di *ambi-* e *genere*; 1941] **agg.** ● (*ling.*) Di sostantivo usato tanto al maschile che al femminile senza mutamento di desinenza (p. es. *insegnante, pianista*).

ambiguità [vc. dotta, lat. *ambiguitāte(m)*, da *ambĭguus* 'ambiguo'; 1342] **s. f.** ● Caratteristica di chi (o di ciò che) è ambiguo: *la voluta a. di un testo poetico*; SIN. Ambivalenza | Doppiezza: *l'a. di un atteggiamento*; SIN. Equivocità.

ambìguo [vc. dotta, lat. *ambĭguu(m)*, da *ambĭgere* 'essere discorde', comp. di *ămbi* 'intorno' e *ăgere* 'condurre'; av. 1294] **agg.** *1* Che è suscettibile di varie interpretazioni: *discorso a.* *2* Equivoco, spec. moralmente: *persona, situazione ambigua.* *3* (*lett.*) Dubbioso, incerto: *era stato … a. il Pontefice del fare impresa* (GUICCIARDINI). ‖ **ambiguaménte**, **avv.**

àmbio [da *ambiare*; 1325 ca.] **s. m.** ● Andatura dei quadrupedi, naturale nel cammello, dromedario, giraffa, ecc., acquisita nel cavallo, consistente nel muovere alternativamente ora gli arti di un lato ora quelli dell'altro. SIN. Ambiatura.

ambìre [vc. dotta, lat. *ambīre* 'andare intorno, brigare', comp. di *ămbi* 'intorno' e *īre* 'andare'; 1540] **v. tr. e intr.** (*io ambìsco, tu ambìsci*; aus. intr. *avere*) ● Desiderare vivamente, cercare di ottenere: *a. una carica*; *a. le ricchezze*; *a. un incarico.*

ambisessuàle [comp. di *ambi-* e *sessuale*] **agg.** *1* (*biol.*) Condiviso dai due sessi. *2* (*biol.*) Bisessuale.

ambisessualità [comp. di *ambi-* e *sessualità*] **s. f.** ● (*biol.*) Condizione di ciò che è ambisessuale.

àmbito (1) [vc. dotta, lat. *ămbitu(m)*, da *ambīre* 'andare intorno, brigare'; sec. XIV] **s. m.** *1* Spazio circoscritto entro cui ci si muove e si agisce (*spec. fig.*): *l'a. della città natale*; *nell'a. della famiglia*; *l'a. del proprio lavoro*; *l'a. della matematica è molto vasto* | (*fig.*) Contesto: *ciascuno nell'a. delle sue competenze.* *2* (*mus.*) Spazio entro cui si muove una melodia | Estensione delle voci e degli strumenti. *3* Nel diritto romano, corruzione elettorale.

ambìto (2) [1686] **part. pass.** di *ambire*; anche **agg.** ● Desiderato vivamente: *ottenere l'a. premio.*

ambivalènte [1961] **agg.** ● Che presenta ambivalenza: *argomentazioni ambivalenti*; *principio a.*

ambivalènza [comp. di *ambi-* e *valenza*; 1935] **s. f.** *1* (*psicol.*) Presenza simultanea di idee o sentimenti opposti o di tendenze ad atteggiamenti opposti. *2* Carattere di ciò che si presenta sotto due aspetti diversi, non necessariamente ambigui o contradditori.

ambizióne [vc. dotta, lat. *ambitiōne(m)*, da *ambīre* 'ambire'; av. 1292] **s. f.** *1* Vivo desiderio di raggiungere od ottenere qlco. | La cosa che si desidera: *la sua a. è fare il giornalista.* *2* Brama sfrenata di successo, potere, onori: *essere roso dall'a.*; *lo ha rovinato l'a.* ‖ **ambizionàccia**, **pegg.** | **ambizioncèlla**, **dim.**

ambizióso [vc. dotta, lat. *ambitiōsu(m)*, da *ambīre* 'ambire'; av. 1342] **A agg.** ● Che nutre o manifesta ambizione: *persona ambiziosa*; *disegni ambiziosi.* ‖ **ambiziosaménte**, **avv.** **B s. m.** ● Persona che agisce per ambizione, che è dominata dall'ambizione. ‖ **ambiziosétto**, **dim.**

ambliope **s. m. e f.** ● Chi è affetto da ambliopia.

ambliopìa [vc. dotta, lat. tardo *amblyōpia(m)*, nom. *amblyōpia*, dal gr. *amblyōpía*, comp. di *amblýs* 'fiacco' e *ôps*, genit. *ōpós* 'occhio'; 1798] **s. f.** ● (*med.*) Diminuzione dell'acutezza visiva.

amblìopico [1950] **agg.** (pl. m. *-ci*) ● (*med.*) Che è affetto da ambliopia: *occhio a.*

àmbo o, nel sign. A, (*raro*) **àmbi** (*m.*), **àmbe** (*f.*) [lat. *ămbo*, da avvicinare al gr. *ámphō*, ant. duale; sec. XIII] **A agg. num. pl.** ● (*lett.*) Entrambi, tutti e due, l'uno e l'altro (seguito dall'art. det.): *d'a. i lati*; *d'a. le parti*; *con a.* (anche *ambe*) *le mani*; *in a.* (anche *ambi*) *i casi*; *Io son colui che tenni a. le chiavi / del cor di Federigo* (DANTE *Inf.* XIII, 58-59). **B s. m.** ● Nel gioco del lotto, l'estrazione di due numeri sulla stessa ruota che paga 250,5 volte la posta | Nel gioco della tombola, l'estrazione di due numeri sulla stessa fila della cartella: *vincere un a.*

†**ambodùe** ● V. *ambedue.*

ambóne [vc. dotta, gr. *ámbōn*, genit. *ámbōnos* 'prominenza, margine rilevato di un piatto o di una coppa', di etim. incerta; av. 1602] **s. m.** ● Tribuna provvista di balaustra e leggio, in uso già nelle chiese paleocristiane, adibita alle letture liturgiche e all'omelia | Dopo il Concilio Ecumenico Vaticano Secondo, il podio con leggio da cui si tengono le omelie e le letture bibliche.

ambosèssi o (*raro*) **ambosèsso** [comp. di *ambo* e *sesso*; 1938] **agg. inv.** ● Nel linguaggio della pubblicità, di entrambi i sessi: *cercansi agenti a.*

àmbra [ar. *'anbar* 'ambra grigia'; sec. XIII] **s. f.** *1* (*miner.*) Resina fossile prevalentemente di conifere, più o meno trasparente, di colore dal giallo miele al rosso granato al marrone rossiccio, usata per gioielli e intagli | (*bot.*) ***A. liquida***, storace. *2* Colore giallo bruno, caratteristico della sostanza omonima: *pelle d'a.* *3* ***A. grigia***, prodotto di secrezione dell'intestino del capodoglio, usato in profumeria | Profumo dell'ambra grigia, simile al muschio. ‖ **ambrètta**, **dim.** (V.).

ambràto [av. 1698] **agg.** ● Che ha il profumo o il colore dell'ambra: *zucchero a.*; *pallore a.*; *pelle ambrata*; *vino a.*

ambrétta [dim. di *ambra* nel sign. 3; av. 1698] **s. f.** ● (*bot.*) Abelmosco.

ambrogétta [etim. incerta; 1779] **s. f.** ● Mattonella di marmo, di ceramica smaltata o di mosaico vetroso, usata per pavimentazioni o rivestimenti di pareti.

ambrogìno o **ambrosìno** [da *S. Ambrogio*, patrono di Milano, che vi era effigiato; 1481] **s. m.** ● Moneta d'oro o d'argento della prima repubblica di Milano, coll'effigie di S. Ambrogio, coniata dalla metà del XIII sec. alla metà del XIV.

ambròsia (1) [vc. dotta, lat. *ambrŏsia(m)*, nom. *ambrŏsia*, dal gr. *ambrosía*, da *ámbrotos* 'immortale'; 1319] **s. f.** *1* (*mitol.*) Cibo che dava l'immortalità agli dei e agli uomini che ne gustavano. *2* (*est., lett.*) Cibo o bevanda di sapore squisito.

ambròsia (2) [dal precedente; sec. XIV] **s. f.** ● Pianta delle Composite con foglie inferiori opposte e superiori alterne e fiori in racemi composti da vari capolini (*Ambrosia maritima*).

ambrosiàno [da *S. Ambrogio* (330/40-397) (lat. *Ambrŏsius*); av. 1484] **A agg.** *1* Di S. Ambrogio, vescovo di Milano e spec. della riforma liturgica da lui introdotta: *rito a.* | ***Inno a.***, il Te Deum | ***Carnevale a.***, che dura fino al sabato seguente al mercoledì delle Ceneri. *2* (*est.*) Di Milano; *dialetto a.*; *antiche tradizioni ambrosiane*; *biblioteca ambrosiana*; *codice a.* **B s. m.** (f. *-a*) ● (*lett.*) Abitante, nativo di Milano.

ambrosìno ● V. *ambrogino.*

ambròsio [da *ambrosia*; 1499] **agg.** ● (*lett.*) Che ha odore o sapore d'ambrosia | (*est.*) Soave, delizioso: *tra le dita ambrosie* (CARDUCCI).

ambulacràle [da *ambulacro*; 1961] **agg.** ● (*zool.*) Che consente il movimento | ***Apparato a.***, sistema di canali comunicanti con pedicelli che permette la locomozione agli echinodermi.

ambulàcro [vc. dotta, lat. *ambulācru(m)*, da *ambulāre* 'camminare'; 1499] **s. m.** *1* (*arch.*) Deambulatorio. *2* (*zool.*) Ognuno dei cinque settori in cui è divisibile un echinoderma, dal quale sporgono i pedicelli ambulacrali.

ambulantàto [da *ambulante*; 1942] **s. m.** ● L'attività dei venditori ambulanti.

ambulànte [1787] **A part. pres.** di *ambulare*; anche **agg.** *1* Nei sign. del v. *2* Che non ha sede fissa: *suonatore, venditore, biblioteca a.* | ***Biblioteca a.***, (*fig., scherz.*) persona molto erudita. **B s. m. e f.** ● Venditore ambulante.

ambulànza [fr. *ambulance*, dal lat. *ambulāre* 'camminare'; 1812] **s. f.** *1* Veicolo adibito al trasporto di malati o feriti: *chiamare l'a.* SIN. Autoambulanza. *2* Formazione sanitaria all'immediato seguito dei reparti militari per la prima raccolta e cura dei feriti. *3* (*disus.*) Ambulatorio.

ambulàre [vc. dotta, lat. *ambulāre*. V. *ambiare*; av. 1470] **v. intr.** ● (*lett.*) Camminare | Oggi in tono scherz.

ambulatoriàle [1970] **agg.** ● Di ambulatorio | ***Visita, intervento a.***, che si effettua in ambulatorio su paziente non ricoverato. ‖ **ambulatorialménte**, **avv.** In ambulatorio.

ambulatòrio [vc. dotta, lat. tardo *ambulatōriu(m)* 'che si muove', da *ambulāre* 'camminare'; 1479] **A agg.** *1* Che permette di camminare: *apparato a.*; *muscoli ambulatori.* *2* (*raro*) Ambulatoriale: *visita ambulatoria.* *3* (*dir.*) ***Obbligazione ambulatoria***, i cui soggetti possono mutare anteriormente alla estinzione della stessa. *4* (*lett.*) Ambulante (*spec. fig.*): *questi predicatori ambulatori* (SARPI). **B s. m.** *1* Locale, o complesso di locali, adibito a prestazioni mediche preventive o curative che non richiedono degenza: *a. oculistico, odontoiatrico, ortopedico*; *piccolo intervento in a.* *2* (*lett.*) Luogo in cui passeggiare.

ambulazióne [1765] **s. f.** ● (*raro*) Movimento del camminare.

amburghése **A agg.** *1* Di Amburgo. *2* ***Galletto a.***, pollo di piccola taglia e dalla carne pregiata. **B s. m. e f.** ● Abitante, nativo di Amburgo.

-àme [lat. -*āme(n)*, propr. di nt. astratti tratti da v., ma allargato poi al senso collett., che ha in it.; 1829] **suff.** derivativo ● Forma sostantivi di origine latina o tratti da altri sostantivi con valore collettivo (*talora spreg.*): *carname, legname, pelame, pietrame, pollame, scatolame, vasellame; contadiname, culturame.*

amèba [vc. dotta, dal gr. *amoibḗ* 'mutazione, trasformazione', da *améibō* 'io cambio'; 1875] **s. f.** *1* Genere di protozoi unicellulari dei Sarcodini che mutano continuamente di forma in seguito all'emissione di pseudopodi (*Amoeba*). ➡ **ILL. animali**/1; **zoologia generale.** *2* (*pop., est.*) La particolare malattia intestinale provocata dall'ameba.

amebèo [vc. dotta, lat. tardo *amoebaeu(m)*, nom. *amoebaeus*, dal gr. *amoibâios*. V. *ameba*; 1726] **A agg.** ● Detto di canto eseguito da due personaggi che si rispondono vicendevolmente, tipico del genere pastorale. **B s. m.** ● (*ling.*) Piede metrico della poesia greca e latina formato di due sillabe lunghe più due brevi e un'altra lunga.

amebiaṣi [comp. di *ameba* e *-iasi*; 1929] **s. f. inv.** ● Malattia infettiva provocata dall'ameba, che colpisce prevalentemente il colon determinando la formazione di lesioni ulcerose.

amèbico [1939] **agg.** (**pl. m.** *-ci*) ● Di ameba, provocato da ameba: *dissenteria amebica.*

ameboìde [comp. di *ameba* e *-oide*; 1913] **agg.** ● (*zool.*) Detto di movimento di cellule isolate o di protozoi analogo a quelli compiuti dall'ameba per spostarsi.

amelìa [comp. di *a-* (*1*) e del gr. *mélos* 'membro', di orig. indeur.; 1961] **s. f.** ● (*med.*) Mancanza di sviluppo degli arti.

amèllo [vc. dotta, lat. *amĕllus*, di etim. incerta; av. 1320] **s. m.** ● Pianta erbacea perenne delle Composite con fusto ramificato, foglie coriacee e capolino circondato da brattee di color rosa, rosso o violaceo (*Aster amellus*).

àmen o (*pop., tosc.*) **àmmen** [lat. *āmen*, dall'ebr. *āmēn* 'certamente'; sec. XIII] **A inter.** *1* Formula che, nelle liturgie cristiane, conclude la preghiera. *2* (*fam.*) Esprime una conferma rassegnata, con il valore concl. di 'va bene', 'sia pure', 'come vuoi' e sim.: *e allora a., non ne parliamo più*; *a.! farò senz'altro così.* **B** in funzione di **s. m.** ● Nelle loc. ***in un a., in meno di un a.***, in un attimo; ***essere, giungere all'a.***, alla fine.

†**amendùe** o †**amendùa**, †**amendùni**, †**amendùo** [lat. *ămbo dŭo*. V. *ambedue*; av. 1292] **agg. num. inv.**; anche **pron.** ● Ambedue: *già strette per le man, co' dotti fianchi / ad un tempo a. cadono a piombo / sopra il sofà* (PARINI).

amenità [vc. dotta, lat. *amoenitāte(m)*, da *amoenus* 'ameno'; av. 1342] **s. f.** *1* Dolcezza, piacevolezza: *a. di un luogo, di un discorso.* *2* Facezia, bizzarria: *un discorso pieno di a.* | (*spreg.*) Affermazione ridicola.

amèno [vc. dotta, lat. *amoenu(m)*, di orig. incerta; 1340] **agg.** *1* Piacente, ridente, gaio: *paesaggio a.*; *l'aier dintorno si fa tutto a. / ovunque gira le luci amorose* (POLIZIANO). *2* Allegro, divertente: *compagnia, lettura, amena*; *battute amene* | Faceto, bizzarro: *tipo a.* ‖ **amenaménte**, **avv.**

amenorrèa [comp. di *a-* (*1*) e *menorrea*; 1819] **s. f.** ● (*med.*) Mancanza totale del flusso mestruale.

amentàto [da *amento*; av. 1938] **agg.** ● (*bot.*) Detto di vegetale con infiorescenza ad amento.

amènte [vc. dotta, lat. *amĕnte(m)*, nom. *āmens*, comp. di *a-* (*1*) e *mēns* 'mente'; 1308] **agg.**; anche **s. m.** *1* (*med.*) Che (o Chi) è affetto da amenza. *2* †Pazzo: *amenti e dementi, cioè senza mente* (DANTE).

amènto o **amènto** [vc. dotta, lat. *amĕntu(m)* 'coreggia del giavellotto', per la somiglianza della forma; av. 1597] **s. m.** *1* (*bot.*) Infiorescenza pendula formata da una spiga di fiori unisessuati con asse flessibile. *2* Striscia di cuoio che gli antichi romani fissavano all'impugnatura del giavellotto per meglio maneggiarlo e lanciarlo.

amènza [vc. dotta, lat. *amĕntia(m)*, da *āmens* 'amente'; 1899] **s. f.** ● (*med.*) Forma acuta e grave di confusione mentale con deliri, allucinazioni e perdita del senso di orientamento: *il sopore d'ufficio lo coronava di un'a. … pressoché divinante* (GADDA).

amenziàle [1935] **agg.** ● (*med.*) Di amenza, relativo ad amenza.

Amèrica [nome del continente maggiormente conosciuto, specie attraverso gli emigranti: gli Stati Uniti d'*America*; 1865] **s. f.** ● (anche al pl., *le Americhe*) Il continente americano, meta privilegiata dell'emigrazione italiana tra la fine del XIX sec. e i primi decenni del XX: *Non è al paese che frutta il lavoro, / ma più giù nell'Americhe lontane* (SABA) | Gli Stati Uniti: *le responsabilità dell'A. nella politica internazionale* | (*fig.*) Opportunità di realizzare rapidi guadagni, di raggiungere benessere economico: *crede di aver trovato l'A.* | ***Scoperta dell'A.***, (*iron.*) scoperta di ciò che è noto e risaputo | ***Lo zio d'A.***, (*scherz.*) parente ricco che, morendo in Paesi lontani, lascia una notevole o inattesa eredità.

americàna [1942] **s. f.** *1* Gara ciclistica su pista, disputata da coppie o da più corridori che si alternano nella prova con classifica stabilita in base ai punti assommati ai vari traguardi | ***A. gigante***, se la distanza da coprire è superiore alle normali. *2* Traliccio disposto trasversalmente alla soffitta di un teatro per sostenere elementi pesanti quali batterie di proiettori, sipariettì e sim.

americanàta [1890] **s. f.** ● (*scherz.*) Impresa grandiosa, straordinaria, spesso incredibile: *un film pieno di americanate* | Avvenimento grandioso e di gusto eccentrico, quale si è soliti attribuire agli americani: *il ricevimento è stato un'autentica a.*

americanìsmo [1882] **s. m.** *1* Parola o forma propria dell'uso americano, spec. nordamericano. *2* Uso o costume proprio degli americani del Nord | Imitazione di tipiche abitudini americane. *3* Ammirazione per il governo, le leggi, il modo di vivere degli abitanti degli Stati Uniti | Politica che si ispira alla Costituzione americana. *4* Insieme delle tendenze dottrinarie, naturalistiche e liberali manifestatesi alla fine del XIX sec. fra i cattolici degli Stati Uniti.

americanìsta [1892] **s. m. e f.** (**pl. m.** *-i*) *1* Studioso di americanistica. *2* Nel ciclismo, corridore che partecipa a una americana.

americanìstica [1941] **s. f.** *1* Disciplina che studia la storia e l'etnologia delle Americhe. *2* Disciplina che studia la letteratura nordamericana.

americanizzàre [1922] **A v. tr.** ● Adattare ai costumi e alle idee americane, spec. degli Stati Uniti. **B v. intr. e intr. pron.** (aus. *essere*) ● Adattarsi ai costumi, ai gusti, alle idee americane, spec. degli Stati Uniti.

americanizzazióne [1981] **s. f.** ● L'americanizzare, l'americanizzarsi.

americàno [da *America*, così chiamata in onore di *Amerigo* Vespucci (1454-1512); 1697] **A agg.** *1* Delle Americhe: *fauna, flora americana.* *2* Degli Stati Uniti d'America: *il territorio a.*; *la politica americana* | ***All'americana***, secondo l'uso americano: *confronto all'americana*; *poker all'americana* | ***Truffa all'americana***, messa in atto ispirando fiducia alla persona che si vuole truffare, fingendosi ricchi stranieri e sim. allo scopo di carpire denaro dando in cambio oggetti senza valore | ***Servizio all'americana***, serie di piccole tovaglie individuali usate per apparecchiare la tavola. **B s. m.** *1* (**f.** *-a*) Abitante, nativo delle Americhe: *americani del nord, del centro, del sud.* *2* (**f.** *-a*) Abitante, nativo degli Stati Uniti d'America: *gli usi degli americani* | (*fam.*) Emigrato che torna al proprio paese dall'America. *3* Aperitivo preparato con vermut e qualche amaro, servito con selz. *4* Tipo di giornalmastro nel quale sono indicati gli sviluppi dei singoli mastrini. **C s. m.** solo **sing.** ● La lingua inglese parlata in America.

americanòlogo [comp. di *americano* e *-logo*; 1985] **s. m.** (**f.** *-a*; **pl. m.** *-gi*) ● Esperto dei problemi politici, economici, storici americani, spec. degli Stati Uniti.

amerìcio [da *America*; 1950] **s. m.** ● Elemento chimico artificiale, di numero atomico 95, fortemente radioattivo, appartenente al gruppo degli attinidi, ottenuto per trasformazione del plutonio. **SIMB.** Am.

amerindiàno [ingl. *Amerindian*, da *Amer(ican) Indian*; 1965] **agg.** ● Relativo agli indiani d'America.

amerìndio [ingl. *Amerind*, da *Amer(ican) Ind(ian)* 'Indiano di America'; 1955] **A agg.** ● Degli indiani d'America: *una lingua amerindia.* **B s. m.** (**f.** *amerindia*; **pl. m.** *amerìndi* o sp. *amerindios*) ● Indiano d'America.

ametàbolo [vc. dotta, gr. *ametábolos* 'che non cambia', comp. di *a-* e *metábolos* 'cangiante'; 1913] **agg.**; anche **s. m.** ● (*zool.*) Detto di insetto il cui sviluppo si compie senza metamorfosi.

ametìsta o (*pop.*) †**amatìsta** [vc. dotta, lat. *amethȳstu(m)*, nom. *amethȳstus*, dal gr. *améthystos* 'non ubriaco', comp. di *a-* e *methýō* 'io sono ubriaco', perché si credeva che la pietra fosse un rimedio contro l'ubriachezza; av. 1327] **s. f.** ● (*miner.*) Varietà di quarzo di colore violetto usata come gemma.

ametistìno [1499] **agg.** ● (*raro*) Che ha il colore dell'ametista.

amètrope [1950] **agg.**; anche **s. m. e f.** ● Che (o Chi) soffre di ametropia.

ametropìa [comp. di *a-* (*1*), del gr. *métron* 'misura', e *-opia*; 1892] **s. f.** ● (*med.*) Qualsiasi difetto di rifrazione dell'occhio.

amfetamìna /aɱfeta'mina/ o **anfetamina**, **anfetammina** [da *a(lpha)m(ethyl)-phe(ne)t(hyl)amine*; 1970] **s. f.** *1* Composto organico stimolante del sistema nervoso centrale, il cui uso provoca impressione di benessere e di forza con conseguente facilitazione del lavoro intellettuale e maggiore resistenza alla fatica. *2* Ognuno dei derivati sintetici, appartenenti al gruppo dei farmaci simpaticomimetici, stimolanti del sistema nervoso centrale, usati anche fuori del campo terapeutico per aumentare il rendimento muscolare e psichico.

amfi- /'aɱfi/ ● V. *anfi-*.

amiànto [vc. dotta, lat. *amiăntu(m)*, nom. *amiăntus*, dal gr. *amíantos* 'incorruttibile', comp. di *a-* (*1*) e *miáinō* 'io corrompo'; 1547] **s. m.** ● (*miner.*) Nome di alcune varietà di silicati caratterizzati dal formare cristalli filamentosi che possono essere usati per tessuti incombustibili e per crogioli; l'uso in edilizia non è più consentito per l'effetto cancerogeno delle fibre. **SIN.** Asbesto.

amicàbile [vc. dotta, lat. tardo *amicābile(m)*, da *amicus* 'amico'; av. 1342] **agg.** *1* †Amichevole: *per via di giustizia o di a. composizione* (GUICCIARDINI). *2* (*mat.*) Detto di due numeri ciascuno dei quali sia uguale alla somma dei divisori dell'altro.

amicàle [1499] **agg.** ● (*lett.*) Amichevole: *non varcò la soglia della discrezione a.* (ORTESE). ‖ **amicalménte**, **avv.**

amicàre [vc. dotta, lat. *amicāre*, da *amīcus* 'amico'; 1506] **A v. tr.** (*io amìco, tu amìchi*) ● (*lett.*) Rendere amico | ***Amicarsi qlcu.***, farselo amico | Pacificare | Propiziare. **B v. rifl. e rifl. rec.** ● (*lett.*) Farsi amico: *amicarsi con, a qlcu.*; *decisero di amicarsi fra loro.*

amichétto [1925] **s. m.** (**f.** *-a*) *1* Dim. di *amico.* *2* Amico, compagno di giochi di un bambino. *3* Innamorato, amante, spec. giovane.

♦**amichévole** [V. *amicabile*; nel sign. 3, per calco sull'ingl. (*user-*) *friendly*; sec. XIII] **agg.** *1* Da amico: *sguardo, discorso, comportamento a.*; *accordo, concordato a.* | ***In via a.***, come fra amici: *risolvere una questione in via a.* | Affabile, cordiale: *saluto a.* *2* (*sport*) Detto di competizione che si svolge soltanto per allenamento o esibizione spettacolare: *partita, incontro a.* *3* Detto di prodotto o sistema, spec. informatici, facili da usare: *un'interfaccia a.* *4* †Socievole. ‖ **amichevolménte**, **avv.**

amichevolézza [sec. XIV] **s. f.** *1* Caratteristica di chi (o di ciò che) è amichevole. *2* (*raro*) Dimostrazione di amicizia.

♦**amicìzia** [vc. dotta, lat. *amicĭtia(m)*, da *amīcus* 'amico'; av. 1294] **s. f.** *1* Affetto vivo e reciproco tra due o più persone: *allacciare, stringere, rompere un'a.* | ***A. interessata***, non sincera, legata al denaro e all'utile | ***In a., in tutta a.***, sinceramente e liberamente | ***Per a.***, disinteressatamente | ***A. fra Stati***, buone relazioni. **SIN.** Affezione, familiarità. **CONTR.** Avversione, inimicizia. *2* (*eufem.*) Relazione amorosa. *3* La persona con cui si intrattengono rapporti amichevoli: *ha molte amicizie* | ***Amicizie altolocate***, importanti | ***Amicizie particolari***, relazioni omosessuali | Appoggio: *poter contare su una buona a.*

♦**amìco** [lat. *amīcu(m)*. V. *amare*; av. 1243] **A agg.** (**pl. m.** *-ci*) *1* Benevolo, favorevole: *parole amiche*; *animo, paese a.* | ***Telefono a.***, V. *telefono* | Amichevole | (*lett.*) Propizio, favorevole: *fuggì con l'aiuto delle tenebre amiche* | (*raro, lett.*) Caro, amato. *2* (*mat.*) ***Numeri amici***, numeri amicabili. **B s. m.** (**f.** *-a*) *1* Chi è legato da sentimenti di amicizia: *trovare, perdere un a.*; *a. intimo, caro,* *fraterno*; *un consiglio da a.*; *a. di casa*, *di famiglia* | ***A. del cuore***, amico intimo | ***Essere amici per la pelle***, essere uniti da grandissima amicizia | ***L'a. dell'uomo***, il cane | ***Falso a.***, persona non sincera; (*fig.*) parola straniera simile a una italiana per grafia o suono, ma con significato diverso | (*fig.*) ***L'a. del giaguaro***, V. *giaguaro*. **2** (*iron.*) Persona nota cui si allude senza nominarla: *l'a. crede che io taccia, ma si sbaglia!* **3** (*eufem.*) Amante. **4** Chi ha particolare interesse o sente particolare attrazione per qlco.: *a. della musica*; *a. dello sport* | Sostenitore, fautore. CFR. filo- (1), -filo. || PROV. Amico con tutti e schiavo con nessuno; chi trova un amico trova un tesoro. || **amichettino**, dim. | **amichetto**, dim. (V.) | **amicone**, accr. (V.) | **amicuccio**, dim.

amicóne [1970] s. m. (f. *-a*) **1** Accr. di *amico*. **2** Amico inseparabile. **3** Chi ostenta nei confronti degli altri un atteggiamento molto amichevole e confidente.

amicròbico [comp. di *a-* (*1*) e *microbo*, con suff. agg.; 1970] agg. (pl. m. *-ci*) ● Privo di microrganismi.

àmida [comp. di *a-* (*1*) neg. e *mida* (tartaruga di mare), perché fluviale anziché marina (?); 1829] s. f. ● Testuggine fluviale commestibile con muso allungato a proboscide (*Amyda*).

amidàceo [da *amido*; 1829] agg. ● Detto di sostanza che contiene amido o che ha la natura dell'amido. SIN. Amilaceo.

amidatóre [1955] s. m. (f *-trice*) ● Operaio tessile addetto all'amidatura.

amidatùra [1929] s. f. ● Nell'industria tessile, operazione di apparecchiatura dei tessuti di cotone mediante cui questi si impregnano di una pasta amidacea.

amide e *deriv.* ● V. *ammide* e *deriv.*

àmido [vc. dotta, lat. *ămylu*(*m*), dal gr. *ámylon* 'non macinata' (sottinteso *farina*); av. 1577] s. m. ● Polimero del glucosio costituito da due componenti, l'amilosio e l'amilopectina; è ottenuto industrialmente da cereali e usato per colle, appretti e cosmetici, nell'industria alimentare e farmaceutica. CFR. amilo-.

amìgdala [vc. dotta, lat. *amўgdala*(*m*), nom. *amўgdala* 'mandorla', dal gr. *amygdálē*, di orig. straniera; sec. XV] s. f. **1** (*anat.*) Qualsiasi formazione del corpo a forma di mandorla | ***A. cerebellare***, massa rotondeggiante di neuroni localizzata sulla superficie ventrale degli emisferi del cervelletto | ***A. telencefalica***, massa rotondeggiante di neuroni localizzata nel rinencefalo | ***A. palatina***, o (*assol.*) ***amigdala***, tonsilla palatina. **2** (*miner.*) Concrezione minerale a forma di mandorla formatasi nella cavità di una roccia. **3** Pietra scheggiata a forma di grossa mandorla usata come arma nell'età della pietra.

amigdaliàno [dalle armi e strumenti a forma di mandorla, adoperati in quel periodo. V. *amigdala*; 1961] agg. ● Del periodo paleolitico caratterizzato dalla grande diffusione delle amigdale.

amigdalina [fr. *amygdaline*; 1865] s. f. ● (*chim.*) Glucoside delle mandorle amare, che per idrolisi sviluppa acido cianidrico.

amigdalite [comp. di *amigdala* e *-ite* (*1*); 1828] s. f. ● (*med.*) Infiammazione dell'amigdala palatina. SIN. Tonsillite.

amigdalòide [vc. dotta, gr. *amygdaloeidḗs* 'simile a mandorla'. V. *amigdala* e *-oide*; 1819] agg. **1** Che ha forma di amigdala: *arma a.*; *utensile a.* **2** Detto di alcune rocce eruttive ricche di amigdale.

amilàceo [dal lat. *ămylum* 'amido'; 1892] agg. ● Amidaceo.

amilàsi [dal lat. *ămylum*. V. *amido*; 1913] s. f. inv. ● Enzima presente nell'organismo animale e vegetale, che idrolizza l'amido a maltosio. SIN. Diastasi.

àmilo- [dal lat. *ămylu*(*m*) 'amido'] primo elemento ● In parole composte della terminologia scientifica, significa 'amido' o indica relazione con l'amido: *amiloplasto*.

amilopectina [vc. dotta, comp. di *amilo-* e del gr. *pēktós* 'condensato'] s. f. ● (*chim.*) Polimero del glucosio contenente numerose ramificazioni; è uno dei costituenti dell'amido.

amiloplàsto [comp. di *amilo-* e *-plasto*; 1961] s. m. ● (*bot.*) Plastidio privo di pigmento nel quale si accumula l'amido di riserva. SIN. Leucoplasto.

amilopsina [comp. di *amilo-* e del gr. *psíō* 'io disfo'; 1913] s. f. ● Amilasi presente nel succo pancreatico.

amilòsio [vc. dotta, dal lat. *ămylum* 'amido'; 1961] s. m. ● (*chim.*) Polimero lineare del glucosio; è uno dei costituenti dell'amido.

amimia [comp. di *a-* (*1*) e del tema del gr. *miméomai* 'imitare'; 1899] s. f. ● (*med.*) Perdita della capacità di accompagnare l'espressione di uno stato d'animo con un dato atteggiamento del viso.

amina ● V. *ammina*.

amìnico ● V. *amminico*.

amino- e *deriv.* ● V. *ammino-* e *deriv.*

amiotonia [comp. di *a-* (*1*) e *miotonia*] s. f. ● (*med.*) Miatonia.

†**amistà** o †**amistàde**, †**amistàte**, †**mistà** [provz. *amistat*, dal lat. parl. **amicitāte*(*m*) (*amicĭtiam*); av. 1243] s. f. **1** (*lett.*) Amicizia, familiarità: *santissima cosa adunque è l'a.* (BOCCACCIO). **2** Alleanza | (*spec. al pl.*) Alleati, confederati.

†**amistànza** [provz. *amistansa*, da *amistat*. V. *amistà*; sec. XIII] s. f. ● Familiarità: *contratta / col parentado avean grande a.* (ARIOSTO) | Lega, alleanza.

†**amistàte** ● V. †*amistà*.

amitòsi [comp. di *a-* (*1*) e *mitosi*; 1955] s. f. inv. ● (*biol.*) Tipo di divisione cellulare in cui la divisione del nucleo non ripartisce ugualmente il corredo cromosomico tra le due cellule figlie.

amitto [vc. dotta, lat. *amĭctu*(*m*), comp. di *ămb* 'intorno' e *iăcere* 'gettare'; sec. XII] s. m. ● Nella liturgia cattolica, quadrato di tela di lino che il celebrante indossa, prima del camice nel rito romano, dopo il camice nei riti ambrosiano e maronita, coprendosene le spalle e parte del petto.

amlètico [1927] agg. (pl. m. *-ci*) **1** Caratteristico di Amleto, personaggio dell'omonima tragedia shakespeariana | ***Dubbio a.***, (*fig.*) che rode l'animo e impedisce l'azione. **2** (*est.*) Ambiguo, contraddittorio, misterioso: *carattere a.* || **amleticaménte**, avv. In modo amletico, in modo dubbioso e irresoluto.

amletìsmo [1940] s. m. ● Atteggiamento dubbioso, irresoluto e misteriosamente malinconico, simile a quello di Amleto.

amlira [dall'ingl. *a*(*llied*) *m*(*ilitary*) *lira* 'lira militare alleata'; 1946] s. f. ● Banconota circolante in Italia nel periodo 1943-1950, emessa dal governo militare alleato di occupazione.

ammaccàbile [1887] agg. ● Che si può ammaccare.

ammaccaménto [av. 1555] s. m. ● Ammaccatura.

ammaccàre [di orig. onomat. (?); 1336 ca.] **A** v. tr. (*io ammàcco, tu ammàcchi*) **1** Deformare una superficie mediante urti, pressioni e sim.: *a. una pentola*. **2** (*est.*) Pestare, schiacciare: *ammaccarsi le ossa*; *a. le costole a qlcu.* **B** v. intr. pron. ● Deformarsi, schiacciarsi: *la frutta matura si ammacca facilmente*.

ammaccatùra [1550] s. f. ● Deformazione della superficie di qlco. per un colpo ricevuto: *la carrozzeria ha un'a.* | Segno su una parte del corpo a causa di un colpo ricevuto: *ha un'a. sul gomito*; SIN. Botta. || **ammaccaturina**, dim.

ammaestràbile [sec. XIV] agg. ● Che si può ammaestrare: *la volpe non è a.*

ammaestraménto [av. 1294] s. m. ● L'ammaestrare | (*est.*) Insegnamento | Monito: *E anche del dispiacere che aveva provato … gli restò un utile a.* (MANZONI).

ammaestràre [comp. di *a-* (*2*) e *maestro*; av. 1292] v. tr. (*io ammaèstro* o *ammaéstro*) **1** Istruire: *a. i giovani* | Rendere esperto, abile (*anche assol.*): *l'esperienza ammaestra più d'ogni parola*. **2** Addestrare a un lavoro, a esercizi di bravura e sim., detto spec. di animali: *a. le foche*.

†**ammaestratìvo** [1588] agg. ● Educativo. || †**ammaestrativaménte**, avv.

ammaestràto [av. 1530] part. pass. di *ammaestrare*; anche agg. **1** Istruito | Reso abile, accorto: *a. da un'esperienza negativa*. **2** Addestrato a esercizi di abilità: *elefante, cavallo a.*

ammaestratóre [1306] s. m. (f. *-trice*) ● Chi ammaestra, spec. animali: *a. di orsi*.

ammagliàre (**1**) [comp. di *a-* (*2*) e *maglia*; av. 1347] v. tr. (*io ammàglio*) **1** Legare balle, casse e sim. con corde intrecciate a forma di rete. **2** (*est.*) †Legare, cingere. **3** (*raro*) Rammagliare. **4** Cucire il bordo di un materasso.

ammagliàre (**2**) [comp. di *a-* (*2*) e *maglio*; 1865] v. tr. (*io ammàglio*) ● Battere, percuotere col maglio.

ammagliatóre [1955] s. m. (f. *-trice*) **1** Nei porti, operaio addetto ad ammagliare balle o casse. **2** Agganciatore.

ammagliatùra [1879] s. f. ● Operazione dell'ammagliare.

†**ammaiàre** [comp. di *a-* (*2*) e *maio* (*1*); av. 1543] v. tr. ● Ornare con fiori e foglie.

ammainabandièra [comp. di *ammaina*(*re*) (*la*) *bandiera*; 1942] s. m. inv. ● Atto, cerimonia solenne dell'ammainare la bandiera.

ammainàre o (*lett.*) **mainàre** [lat. **invagināre* 'inguainare nella vagina' (?); 1532] v. tr. (*io ammàino* o (*raro*) *ammaìno*) **1** (*mar.*) Far scendere, filando la cima di sostegno, bandiere, vele, antenne, pennoni e imbarcazioni | ***A. la bandiera***, per riporla o per arrendersi | ***A. all'argano***, con l'argano | ***A. le vele***, raccoglierle, ripiegarle; (*fig.*) rinunciare a un'impresa. **2** (*lett.*) Abbassare: *Ammainò un poco il nodo della cravatta* (CALVINO).

♦**ammalàre** [da *ammalato*; sec. XIII] **A** v. tr. ● (*raro*) Provocare malattie | (*fig.*) Corrompere, guastare: *una mela marcia ammala le altre*. **B** v. intr. pron. e raro intr. (aus. *essere*) ● Divenire infermo, essere colpito da malattia: *si ammalò d'influenza*; *mi sono ammalato un mese fa*; *Ammalerò se mi date altri fastidi* (GIACOSA).

♦**ammalàto** [comp. di *a-* (*2*) e *malato*; av. 1294] agg.; anche s. m. (f. *-a*) ● Che (o Chi) è colpito da una malattia: *essere gravemente a.*; *cadere a.*; *ho i bambini ammalati*; *visitare gli ammalati*; (*fig.*) *è a. di nostalgia*. || **ammalaticcio**, dim. | **ammalatino**, dim. | **ammalatùccio**, dim.

ammalazzàre [1947] v. intr. e intr. pron. (aus. *essere*) ● (*raro*) Ammalarsi spesso, anche se non gravemente.

ammalazzàto [1842] part. pass. di *ammalazzare*; anche agg. ● Malaticcio.

ammaliaménto [sec. XIV] s. m. ● L'ammaliare | Malia, seduzione.

ammaliànte [1987] part. pres. di *ammaliare*; anche agg. ● (*fig.*) Affascinante: *un sorriso a.*

ammaliàre [comp. di *a-* (*2*) e *malia*; 1321] v. tr. (*io ammàlio*) **1** Legare a sé con malie o incantesimi. **2** (*fig.*) Incantare, affascinare.

ammaliàto [av. 1348] part. pass. di *ammaliare*; anche agg. ● Colpito da incantesimo | (*fig.*) Affascinato. SIN. Stregato.

ammaliatóre [sec. XIV] agg.; anche s. m. (f. *-trice*) ● Che (o Chi) ammalia: *sguardo a.*

ammalinconìre [comp. di *a-* (*2*) e *malinconico*; 1865] **A** v. tr. (*io ammalinconìsco, tu ammalinconìsci*) ● Rendere malinconico. **B** v. intr. e intr. pron. (aus. *essere*) ● Diventare malinconico.

ammaliziaménto [1911] s. m. ● (*lett.*) Scaltrimento: *senza iniziazione e a.* (CROCE).

ammaliziàre [comp. di *a-* (*2*) e *malizia*; 1829] **A** v. tr. (*io ammalìzio*) ● (*lett.*) Rendere malizioso, scaltro. **B** v. intr. pron. ● (*lett.*) Diventare malizioso | Scaltrirsi.

ammalizzìre [1865] **A** v. tr. (*io ammalizzìsco, tu ammalizzìsci*) ● (*raro*) Smaliziare. **B** v. intr. (aus. *essere*) ● (*raro*) Divenire malizioso e scaltro.

ammaloràto [da *male* con influenza di (*andare in*) *malora*; 1968] agg. ● (*edil.*) Deteriorato dall'età e dagli agenti atmosferici, detto di elementi edilizi come muri, intonaci, tetti.

ammaltàre [comp. di *a-* (*2*) e *malta*; 1865] v. tr. ● (*raro*) Amalgamare formando una malta: *a. calce e sabbia*.

ammammolàrsi [comp. di *a-* (*2*) e *mammolo*; 1865] v. intr. pron. (*io mi ammàmmolo*) **1** (*pop., tosc.*) Stare per piangere. **2** (*pop., tosc.*) Appisolarsi | Imbambolarsi.

ammànco [da *ammancare*, comp. di *a-* (*2*) e *mancare*; 1812] s. m. (pl. *-chi*) ● Somma di denaro che risulta essere inesistente o mancante: *a. di cassa*.

ammandorlàto [comp. di *a-* (*2*) e *mandorla*; 1550] **A** agg. **1** Che ha forma di mandorla. **2** Che ha un lieve sapore di mandorla: *vino a.* **B** s. m. **1** Muro fatto con mattoni inclinati, in modo che gli spazi lasciati tra essi formino tanti rombi uguali. **2** Graticcio, inferriata con canne o sbarre che formano figure romboidali.

ammanettàre [comp. di *a-* (*2*) e *manetta*; 1669] v. tr. (*io ammanétto*) **1** Bloccare i polsi con le manette: *a. un imputato, un ladro*. **2** (*est.*) Arrestare.

ammanicàrsi [1987] v. intr. pron. (*io mi ammàni-*

co, tu ti ammànichi) ● *(fam.)* Legarsi a persone influenti per godere di appoggi, raccomandazioni, protezioni: *a. con qlcu.*

ammanicàto [1963] part. pass. di *ammanicarsi*; anche agg. ● Nel sign. del v. SIN. Ammanigliato.

†ammanieraménto [1726] s. m. ● Maniera, artificio.

ammanieràre [comp. di *a-* (2) e *maniera*; av. 1729] v. tr. *(io ammanièro)* **1** *(raro, lett.)* Abbellire con artifici: *a. il proprio stile.* **2** †Modificare.

ammanieràto [1687] part. pass. di *ammanierare*; anche agg. ● Artificioso, affettato. || **ammanierataménte**, avv.

ammanigliàre [comp. di *a-* (2) e *maniglia*; 1932] **A** v. tr. *(io ammaniglio)* ● *(mar.)* Unire una maglia di catena con un'altra per mezzo di una maniglia | Agganciare un cavo, una catena e sim. alla maniglia dell'ancora. **B** v. intr. pron. ● *(fig., fam.)* Ammanicarsi.

ammanigliàto [1950] part. pass. di *ammanigliare*; anche agg. ● Nei sign. del v. | *(fig.)* Che si vale di raccomandazioni, che dispone di protezioni influenti; SIN. Ammanicato.

ammannàre (1) [comp. di *a-* (2) e *manna* 'mannello'; av. 1729] v. tr. ● Riunire i cereali tagliati in manne o covoni.

†ammannàre (2) [var. di *ammannire*; av. 1292] **A** v. tr. ● Ammannire. **B** v. intr. pron. ● Apprestarsi, prepararsi.

ammannellàre [comp. di *a-* (2) e *mannella*; 1920] v. tr. *(io ammannèllo)* ● *(tosc.)* Ammatassare.

ammannìre [got. *manwjan* 'preparare'; sec. XIV] v. tr. *(io ammannìsco, tu ammannìsci)* ● Preparare, allestire, apparecchiare: *a. la cena* | *(iron.)* Propinare: *ci ha ammannito una conferenza noiosissima.*

ammansàre [comp. di *a-* (2) e *manso* 'mansueto'; av. 1304] v. tr. e intr. pron. ● *(raro)* Ammansire | *(fig., lett.)* Placare.

ammansìre [comp. di *a-* (2) e un denom. di *manso* 'mansueto'; av. 1600] **A** v. tr. *(io ammansìsco, tu ammansìsci)* **1** Rendere mansueto: *a. le fiere.* **2** *(fig.)* Rabbonire: *con quattro moine ha ammansito suo padre.* **B** v. intr. e intr. pron. (aus. *essere*) ● Divenire mansueto | Calmarsi, placarsi.

ammantàre [comp. di *a-* (2) e *manto*; av. 1306] **A** v. tr. **1** Coprire, avvolgere con manto | *(est.)* Vestire. **2** *(fig.)* Coprire: *la neve ammanta le cime.* **B** v. rifl. **1** Avvolgersi in un manto | *(est.)* Vestirsi. **2** *(fig.)* Ostentare qualità che non si hanno: *ammantarsi di virtù, di saggezza.* **C** v. intr. pron. ● Ricoprirsi: *il prato si ammanta di fiori.*

ammantatùra [av. 1306] s. f. ● *(raro)* L'ammantare, l'ammantarsi | *(est.)* Ciò che ammanta.

ammantellàre [comp. di *a-* (2) e *mantello*; av. 1342] v. tr. *(io ammantèllo)* **1** *(lett.)* Coprire con mantello | *(est.)* Avvolgere. **2** *(fig., lett.)* Celare, occultare.

ammànto [1313] s. m. **1** *(lett.)* Manto, mantello: *virtù non luce in disadorno a.* (LEOPARDI) | Veste da gran personaggio, spec. religioso: *a. vescovile* | Sopravveste. **2** *(fig., lett.)* Carica, dignità: *il papale a.*

ammàppalo ● V. *ammazzalo.*

ammàppelo ● V. *ammazzalo.*

ammàppete ● V. *ammazzete.*

ammaràggio [1925] s. m. ● Manovra dell'ammarare.

ammaraménto [1955] s. m. ● *(raro)* Ammaraggio.

ammaràre, *(evit.)* **ammarràre (2)** [comp. di *a-* (2) e *mare*; 1918] v. intr. (aus. *avere*, raro *essere*) ● Scendere fino a posarsi sull'acqua, detto di aereo, idrovolante o veicolo spaziale.

ammarezzàre [comp. di *a-* (2) e *marezzare*; 1797] v. tr. *(io ammarézzo)* ● Dare al panno, alla carta o alla latta il marezzo, cioè un effetto d'ondeggiamento nelle tinte.

ammarràggio o **amarràggio** s. m. ● Ormeggio.

ammarràre (1) o **amarràre** [fr. *amarrer*, dall'ol. *maren*, accostato per etim. pop. a *marre* 'marra'; 1881] v. tr. **1** Ormeggiare. **2** Fissare saldamente a una struttura solida, spec. in costruzioni di linee telefoniche o elettriche.

ammarràre (2) ● V. *ammarare.*

ammassaménto [1551] s. m. **1** L'ammassare, l'ammassarsi | Accumulo, mucchio. **2** Riunione, assembramento di persone | *(mil.)* Concentrazione di materiali e mezzi per conferire alle truppe una determinata autonomia logistica.

ammassàre [comp. di *a-* (2) e *massa*; av. 1294] **A** v. tr. **1** Mettere insieme, raccogliere in massa: *ammassò tutti i vestiti nella valigia* | Ammucchiare, accumulare, risparmiare: *a. ricchezze, gioielli, denaro.* **2** Portare all'ammasso: *a. il grano.* **B** v. intr. pron. **1** Far massa, adunarsi, affollarsi: *la folla si ammassò nel rifugio.* **2** Accumularsi: *il grano si ammassa nei granai.*

ammassàto [av. 1348] part. pass. di *ammassare*; anche agg. **1** Raccolto in gran quantità: *legname a.* | *Grano a.*, portato all'ammasso. **2** Stipato: *il pubblico era a. all'ingresso del teatro.*

ammassatóre [av. 1606] s. m.; anche agg. (f. *-trice*) **1** *(raro)* Chi (o Che) ammassa | *(spreg.)* Accaparratore. **2** Che (o Chi) gestisce un ammasso.

ammassellàre [comp. di *a-* (2) e *massello*; 1865] v. tr. *(io ammassèllo)* **1** *(raro* o *lett.)* Ammassare, ammonticchiare. **2** Imbarilare: *a. aringhe.*

ammassicciàre [comp. di *a-* (2) e *massiccio*; 1319] **A** v. tr. *(io ammassìccio)* **1** Ammucchiare, riunire in massa compatta. **2** Massicciare: *a. una strada.* **B** v. intr. pron. ● Divenire massiccio, fare massa. SIN. Rassodarsi.

ammàsso [da *ammassare*; 1750] s. m. **1** Mucchio, quantità di oggetti ammassati: *un a. di pietrame* | *A. stellare*, agglomeramento di stelle che sulla sfera celeste appare come zona ove la densità stellare è più elevata della norma: *a. stellare aperto, globulare.* **2** *(est.)* Accozzaglia, congerie: *un a. di anticaglie, di cose inutili* | *(fig.)* Mucchio, cumulo: *Quell'a. di notizie vere, false, dubbie* (MANZONI). **3** Raccolta di generi, spec. alimentari, ordinata e amministrata dallo Stato: *a. obbligatorio, volontario* | *(est.)* Magazzino di deposito di tali generi: *portare il grano, l'uva all'a.* | *(fig.)* ***Portare il cervello all'a.***, aderire a un'idea, a un partito e sim. in modo totalmente acritico.

ammatassàre [comp. di *a-* (2) e *matassa*; sec. XVI] v. tr. ● Ridurre in matassa: *a. la lana.*

†ammattaménto o **†amattaménto** [av. 1363] s. m. ● L'ammattare.

†ammattàre o **†amattàre** [dal fr. *mâter* 'alberare', dal francone **mast*; av. 1470] **A** v. tr. ● Attrezzare una nave di alberi. **B** v. intr. ● Chiedere soccorso per mezzo di appositi segnali inalberati sulle navi.

ammattiménto [1863] s. m. ● *(raro)* L'ammattire | *(est.)* Ciò che fa ammattire.

ammattìre [comp. di *a-* (2) e *matto*; sec. XIII] v. intr. *(io ammattìsco, tu ammattìsci*; aus. *essere)* **1** Diventare matto: *a. per il dolore.* SIN. Impazzire. **2** *(fig.)* Perdere la calma: *a dargli retta c'è da a.* | Scervellarsi: *è un problema che fa a.*

ammattonàre [comp. di *a-* (2) e *mattone*; av. 1348] v. tr. *(io ammattóno)* ● Pavimentare con mattoni: *a. una stanza.*

ammattonàto [sec. XIV] **A** part. pass. di *ammattonare*; anche agg. ● Nei sign. del v. **B** s. m. ● Pavimento rustico di mattoni.

ammattonatóre [1865] s. m.; anche agg. (f. *-trice*) ● Chi (o Che) è addetto all'ammattonatura.

ammattonatùra [1865] s. f. ● Operazione, lavoro dell'ammattonare | Ammattonato.

ammàzza [vc. di orig. dial., da *ammazzare* nel senso pop. ammirativo e di sorpresa; 1870] inter. ● *(centr.)* Esprime stupore, sorpresa, ammirazione: *a. che risultato!* CFR. Ammazzalo.

ammazzacaffè [comp. di *ammazza(re)* e *caffè*; 1935] s. m. ● *(fam.)* Piccola dose di liquore bevuta dopo il caffè, spec. a conclusione di un pasto abbondante.

ammazzacattivi [comp. di *ammazza(re)* e del pl. di *cattivo*; 1948] s. m. e f. inv. ● Chi punisce i cattivi, spec. nelle fiabe, nei film e sim.

ammàzzalo o *(eufem.)* **ammàppalo**, *(eufem.)* **ammàppelo, ammàzzelo** [1923] inter. ● *(centr.)* Esprime meraviglia, sorpresa, ammirazione o energica affermazione.

ammazzaménto [1558] s. m. **1** Uccisione | Strage. **2** *(fig., raro)* Grande fatica.

◆**ammazzàre** [comp. di *a-* (2) e *mazza*; sec. XIII] **A** v. tr. **1** Uccidere in modo violento: *l'hanno ammazzato come un cane* | Abbattere: *per Pasqua si ammazza l'agnello* | *(est.)* Causare la morte: *la malattia l'ha ammazzato in pochi mesi.* **2** *(fig.)* Affaticare gravemente: *questo lavoro ci ammazza* | Logorare, deprimere: *l'inazione mi ammazza* | ***A. il tempo***, occuparlo in qualche modo per vincere la noia, ingannare un'attesa e sim. **3** In alcuni giochi di carte, superare la carta giocata dall'avversario con una di valore più alto. **4** †Percuotere e uccidere con la mazza. **B** v. rifl. **1** Darsi la morte: *ammazzarsi col veleno; per il dispiacere si è ammazzato* | *(est.)* Causare la propria morte: *ammazzarsi con una vita sregolata.* **2** *(fig.)* Affaticarsi gravemente: *ammazzarsi di lavoro; ammazzarsi col troppo studio.* **C** v. intr. pron. ● Trovare involontariamente la morte: *si è ammazzato in un incidente automobilistico.*

ammazzasètte [comp. di *ammazza(re)* e *sette* 'che ammazza sette persone', dal personaggio di un'antica novella, che aveva ucciso sette mostri in un colpo solo; av. 1665] s. m. e f. inv. ● Chi si vanta di forza o bravura inesistenti. SIN. Bravaccio, smargiasso, spaccone.

ammazzàta [1955] s. f. ● *(fig., fam.)* Pesante fatica.

ammazzàto [av. 1936] part. pass. di *ammazzare*; anche agg. ● Ucciso: *è morto a.*

ammazzatóio [av. 1742] s. m. ● Mattatoio, macello.

ammazzatóre [1525] s. m. (f. *-trice*) ● *(raro)* Chi ammazza, spec. chi macella gli animali.

ammàzzelo ● V. *ammazzalo.*

ammàzzete o *(eufem.)* **ammàppete** [1959] inter. ● *(centr.)* Esprime meraviglia, stupore, ammirazione o energica affermazione.

ammelmàre o *(dial.)* **ammemmàre** [comp. di *a-* (2) e *melma*; av. 1620] v. intr. *(io ammélmo*; aus. *essere)* ● *(lett.)* Invischiarsi nella melma | Coprirsi, riempirsi di melma.

àmmen ● V. *amen.*

ammencìre [comp. di *a-* (2) e *mencio*; 1840] **A** v. tr. *(io ammencìsco, tu ammencìsci)* ● *(tosc.)* Rendere floscio, vizzo. **B** v. intr. (aus. *essere*) ● *(tosc.)* Divenir floscio | Avvizzire.

ammènda [da *ammendare*; av. 1294] s. f. **1** *(dir.)* Pena pecuniaria prevista per le contravvenzioni. **2** *(fig.)* Riconoscimento e riparazione di una colpa, di un errore, di un danno | ***Fare a. dei propri peccati***, riconoscerli e pentirsene.

ammendaménto [av. 1294] s. m. **1** *(lett.)* Emendamento. **2** *(agr.)* Qualsiasi accorgimento o intervento atto a migliorare la costituzione fisico-meccanica e la reazione di un terreno | Ammendante.

ammendànte [da *ammendare*] **A** part. pres. di *ammendare*; anche agg. ● Nei sign. del v. **B** s. m. ● *(agr.)* Materiale o prodotto utilizzato per l'ammendamento di un terreno | ***A. organico***, che migliora il terreno sotto l'aspetto nutritivo.

ammendàre [dal lat. *emendare* 'correggere', con cambiamento di pref. V. *emendare*; av. 1294] **A** v. tr. *(io ammèndo)* **1** *(lett.)* Emendare | Rimediare: *crudeli cavalieri, … ammendate il vostro fallo divenendo pietosi* (BOCCACCIO) | Risarcire. **2** *(agr.)* Sottoporre un terreno ad ammendamento, trattarlo con ammendamenti. **B** v. rifl. ● *(lett.)* Correggersi | Emendarsi.

ammennicolàre o *(lett.)* **amminicolàre** [lat. *adminiculāre* 'sostenere, appoggiare', da *adminĭculum* 'ammennicolo'; sec. XIV] **A** v. tr. *(io ammennìcolo)* ● *(lett.)* Fornire di prove, spec. cavillose. **B** v. intr. (aus. *avere*) ● *(raro)* Cavillare | *(tosc.)* Gingillarsi senza costrutto.

ammennìcolo o *(lett.)* **amminìcolo** [lat. *adminĭculu(m)* 'sostegno, palo', di etim. incerta; 1438] s. m. **1** *(raro)* Appoggio, prova | *(est.)* Pretesto, cavillo: *avere, trovare sempre nuovi ammennicoli.* **2** *(fig.)* Elemento accessorio e di poco conto: *nella spesa sono previsti vari ammennicoli.*

†ammentàrsi [comp. di *a-* (2) e *mente*; 1319] v. intr. pron. ● Rammentarsi.

ammésso [lat. *admĭssu(m)*, part. pass. di *admĭttere* 'ammettere'; av. 1306] **A** part. pass. di *ammettere*; anche agg. **1** Accolto, ricevuto | Accettato: *i candidati ammessi alla prova scritta.* **2** Riconosciuto: *una verità ormai ammessa da molti.* **B** nella loc. cong. ***a. che***, posto che, sempre che, purché (introduce una prop. ipotetica o concessiva con il v. al congv.): *invitiamola, a. che lei lo desideri; lo farò, a. che tu lo voglia* | ***A. e non concesso che***, V. *concesso.* **C** s. m. (f. *-a*) ● Chi può accedere: *gli ammessi al concorso, agli esami.*

ammestàre [comp. di *a-* (2) e *mestare*; 1865] v. tr. *(io amméstо)* **1** *(raro)* Armeggiare. **2** *(raro)* Spadroneggiare.

ammetàre [comp. di *a-* (2) e *meta*; av. 1912] v. tr. *(io amméto)* ● Riunire, disporre in mete, detto di covoni e sim.

ammettènza o **ammittànza** [da *ammettere*, come contrapposto a *impedenza* (da *impedire*); 1965] **s. f.** ● (*fis.*) Grandezza elettrica tipica dei circuiti elettrici in parallelo a corrente alternata, che costituisce l'inverso dell'impedenza.

♦**ammèttere** [vc. dotta, lat. *admĭttere* 'spingere, ammettere', comp. di *ăd* e *mĭttere* 'mandare'; av. 1306] **v. tr.** (coniug. come *mettere*) **1** Lasciar entrare: *a. alla presenza*; *a. all'udienza papale* | Accogliere, ricevere: *a. nella propria famiglia* | Accettare: *a. qlcu. agli esami.* **2** Permettere, consentire: *non ammettiamo discussioni* | Riconoscere valido, veridico e sim.: *a. la fortuna, l'esistenza di Dio* | Supporre: *ammettiamo pure la sua innocenza.* **3** †Lanciare i cani alla caccia: *chi serba in coppia e' can, chi gli scompagna*; / *chi già 'l suo ammette, chi 'l richiama e alletta* (POLIZIANO).

†**ammezzaménto** [sec. XIII] **s. m.** ● Dimezzamento.

ammezzàre [comp. di *a-* (2) e *mezzo* (2); av. 1342] **v. tr.** (*io ammèzzo*) **1** Dividere a metà | *A. un fiasco di vino*, riempirlo o vuotarlo fino a metà. **2** (*raro*) Eseguire a metà: *a. un lavoro, un discorso.*

ammezzàto [1875] **A part. pass.** di *ammezzare*; anche **agg.** **1** Nei sign. del v. **2** *Piano a.*, quello posto fra il pianterreno e il primo piano. **B s. m.** ● Piano ammezzato: *abitare all'a.* SIN. Mezzanino.

ammezziménto [1955] **s. m.** ● Imbrunimento della polpa di frutta troppo matura.

ammezzire [comp. di *a-* (2) e *mezzo* (1); 1618] **v. intr.** e **intr. pron.** (*io ammezzisco, tu ammezzisci*; aus. *essere*) ● Diventare mezzo, fradicio: *le pere ammezziscono* | Afflosciarsi.

ammiccaménto [1884] **s. m.** **1** L'ammiccare | Cenno d'intesa fatto ammiccando: *Con un a. allusivo gli mise il ricevitore all'orecchio* (MORAVIA). **2** (*fisiol.*) Atto involontario di aprire e chiudere rapidamente gli occhi.

ammiccànte [1945] **part. pres.** di *ammiccare*; anche **agg.** **1** Nei sign. del v.: *sguardo a.* **2** (*fig.*) Allusivo: *una battuta a.*

ammiccàre [dal lat. *micāre* 'scintillare' (?); 1319] **A v. intr.** (*io ammìcco, tu ammìcchi*; aus. *avere*) ● Fare cenni d'intesa, spec. con gli occhi e di nascosto: *ammiccò all'amico*; *gli ammiccò che parlasse*; *i tuoi occhi ... non ammiccano più ai miei trucchi d'amore* (MORANTE) | Strizzare l'occhio. **B v. tr.** ● (*raro, lett.*) Indicare col movimento degli occhi: *pur me ammiccando con un risolino* (CARDUCCI).

ammìcco [1865] **s. m.** (pl. *-chi*) ● L'ammiccare | Cenno d'intesa, strizzatina d'occhio.

ammìde o **amìde** [da *amm(oniaca)*, col suff. chimico *-ide*; 1892] **s. f.** ● (*chim.*) Composto organico che deriva, almeno formalmente, dall'ammoniaca per sostituzione di uno o più atomi di idrogeno con radicali di acidi | *A. primaria, secondaria, terziaria*, a seconda che vengano sostituiti uno, due, tre atomi di idrogeno | *A. nicotinica*, vitamina PP.

ammìdico o **amìdico** [1970] **agg.** (pl. m. *-ci*) ● (*chim.*) Relativo all'ammide.

ammìna o **amìna** [fr. *amine*, da *ammoniaque* 'ammoniaca', con il suff. chim. *-ine*; 1875] **s. f.** ● (*chim.*) Composto organico basico che deriva, almeno formalmente, dall'ammoniaca per sostituzione di uno o più atomi di idrogeno con radicali alchilici o arilici | *A. primaria, secondaria, terziaria*, a seconda che vengano sostituiti uno, due, tre atomi di idrogeno | *A. del risveglio*, amfetamina.

ammìnico o **amìnico** [1929] **agg.** (pl. m. *-ci*) ● (*chim.*) Detto del gruppo monovalente $-NH_2$ | Relativo ad ammine o a loro derivati.

amminicolàre e *deriv.* ● V. *ammennicolare* e *deriv.*

amministràre [vc. dotta, lat. *administrāre*, comp. di *ăd* e *ministrāre* 'servire, governare'; av. 1292] **A v. tr.** **1** Curare il buon andamento, spec. economico, di un'attività pubblica o privata: *a. il proprio patrimonio*; *a. beni immobili*; *a. un condominio, un'azienda*; *a. una regione* | *A. lo Stato*, governarlo | *A. la giustizia*, esplicare, da parte degli organi giurisdizionali, le attività idonee a garantire l'esatta applicazione del diritto. **2** Distribuire con oculatezza, dosare: *a. il tempo, a. le forze* | *A. il vantaggio*, in una gara sportiva, limitarsi a difenderlo. **3** (*raro*) Porgere, somministrare: *a. una punizione, una medicina, i sacramenti* | Officiare: *a. la S. Messa.* **B v. rifl.** ● Regolarsi, organizzare la propria vita o il proprio lavoro.

amministrativista [1943] **s. m. e f.** (pl. m. *-i*) ● Esperto di diritto amministrativo.

amministrativìstico **agg.** (pl. m. *-ci*) ● Che concerne il diritto amministrativo.

amministratìvo [vc. dotta, lat. *administratīvu(m)*, da *administrāre* 'amministrare'; 1531] **A agg.** **1** Che si riferisce all'amministrazione pubblica: *decreto, atto a.* | *Elezioni amministrative*, o (*ellitt.*) *le amministrative*, elezioni relative ai Consigli comunali, provinciali e regionali | *Diritto a.*, ramo del diritto pubblico che disciplina l'organizzazione e il funzionamento della Pubblica Amministrazione | *Decentramento a.*, attribuzione agli organi periferici dello Stato o a Enti locali, delle funzioni antecedentemente proprie dell'Amministrazione centrale | *Potere a.*, potere esecutivo. **2** Che si riferisce all'amministrazione privata: *occuparsi di questioni amministrative* | *Fatto a.*, fenomeno della gestione che porta variazioni nei componenti patrimoniali. || **amministrativaménte**, avv. Per quanto riguarda l'amministrazione. **B s. m.** (f. *-a*) ● Impiegato che lavora nell'amministrazione di un'azienda o di un ente.

amministràto [av. 1446] **A part. pass.** di *amministrare*; anche **agg.** ● Nei sign. del v. | *Prezzo a.*, quello fissato da un'amministrazione pubblica spec. per beni di prima necessità. **B s. m.** (f. *-a*) ● Chi è soggetto a un'amministrazione pubblica.

amministratóre [vc. dotta, lat. tardo *administratōre(m)*, da *administrāre* 'amministrare'; av. 1294] **A agg.** (f. *-trice*) ● Che amministra. **B s. m.** (V. nota d'uso FEMMINILE) ● Chi amministra qlco.: *l'a. di un condominio* | *A. delegato*, nelle società di capitale, componente del consiglio di amministrazione che su delega di questo ne esplica alcune funzioni | *A. giudiziario*, incaricato dell'autorità giudiziaria per la gestione temporanea di dati beni in adempimento di una pubblica funzione | *A. apostolico*, reggente temporaneo di una diocesi per incarico della S. Sede.

♦**amministraziòne** [vc. dotta, lat. *administratiōne(m)*, da *administrāre* 'amministrare'; av. 1396] **s. f.** **1** Attività dell'amministrare: *l'a. del bilancio familiare.* CFR. -nomia. **2** Attività che gli organi di un'azienda svolgono per il raggiungimento del fine aziendale | *A. del personale*, complesso di tecniche e di operazioni compiute da organi specializzati di un'azienda per il miglior impiego del personale | *Atti di straordinaria a.*, quelli che producono effetti rilevanti sulla composizione del patrimonio | *Atti di ordinaria a.*, quelli relativi alla normale gestione di un patrimonio | *Affari, questioni, problemi di ordinaria a.*, (*fig.*) comuni, che non presentano particolari difficoltà | *Consiglio d'a.*, l'insieme degli amministratori di una società | (*dir.*) *A. controllata*, gestione sotto controllo giudiziario del patrimonio dell'imprenditore per impedirne la insolvenza | (*dir.*) *A. straordinaria*, procedura concorsuale disposta dal ministro dell'Industria di concerto con quello del Tesoro, allo scopo di evitare il fallimento delle grandi imprese in crisi. **3** Concreta attività dello Stato svolta per provvedere ai pubblici bisogni: *a. pubblica* | Complesso di organi che esercitano tale attività amministrativa: *l'a. comunale*; *la Pubblica A.* | *Amministrazioni locali*, i comuni, le province, le regioni | *A. fiduciaria*, sistema di governo predisposto dalle Nazioni Unite, per cui uno Stato assume l'amministrazione e la rappresentanza internazionale di un territorio non ancora in grado di governarsi da solo, al fine di portarlo all'indipendenza. **4** Sede delle attività amministrative, spec. di un'azienda, impresa e sim.: *l'a. è al terzo piano*; *vi hanno chiamato in a.*

ammino- o **amino-** [da *ammina*] primo elemento ● In parole composte della terminologia chimica indica la presenza del radicale monovalente $-NH_2$: *amminoacido.*

amminoàcido o **aminoàcido** [comp. di *ammino-* e *acido*; 1913] **s. m.** ● Composto organico contenente uno o più gruppi amminici e uno o più gruppi carbossilici, costituente delle proteine, di vitale importanza nel metabolismo animale.

amminoàlcol o **aminoàlcol** [comp. di *ammino-* e *alcol*; 1983] **s. m.** ● (*chim.*) Composto organico contenente uno o più gruppi amminici e uno o più gruppi alcolici.

amminoglicosìde o **aminoglicosìde** [comp. di *ammino-* e *glicoside*] **s. m.** ● (*farm.*) Composto chimico costituito da ammino-zuccheri uniti con legame glucosidico a un nucleo a sei atomi di carbonio; presentano questa struttura antibiotici naturali come la streptomicina e la gentamicina.

amminoglicosìdico o **aminoglicosìdico** **agg.** (pl. m. *-ci*) ● Relativo ad amminoglicoside.

amminopirìna o **aminopirìna** [comp. di *ammino-* e un deriv. del gr. *pyr*, genit. *pyrós*, 'fuoco' (V. *piro-*)] **s. f.** ● Piramidone.

amminoplàsto o **aminoplàsto** [comp. di *ammino-* e *plasto*; 1961] **s. m.** ● Materia plastica ottenuta per policondensazione di ammine o ammidi con formaldeide, usata come polvere da stampaggio, antipiega, collante e vernice.

amminutaménto [1961] **s. m.** ● (*agr.*) Operazione, lavoro dell'amminutare.

amminutàre [comp. di *a-* (2) e *minuto* (1); sec. XIV] **v. tr.** **1** †Rompere in parti minute. **2** (*agr.*) Sminuzzare con l'erpice le zolle di un terreno arato, prima della semina.

ammiràbile [vc. dotta, lat. *admirābile(m)*, da *admirāri* 'ammirare'; av. 1306] **agg.** **1** (*raro*) Ammirevole: *comportamento a.* **2** (*lett.*) Meraviglioso. || **ammirabilménte**, avv.

ammiràglia [1664] **s. f.** **1** Nave da guerra su cui è imbarcato l'ammiraglio | Nella marina mercantile, la nave più grande e veloce d'una compagnia di navigazione | (*est.*) La vettura di maggior prestigio di una casa automobilistica. **2** Nel ciclismo, l'automobile del direttore di corsa, o del direttore di una squadra, al seguito di una gara, spec. a tappe.

ammiragliàto [1629] **A s. m.** **1** Dignità e ufficio dell'ammiraglio. **2** L'insieme degli alti ufficiali della marina militare. **3** Edificio sede dell'ammiragliato. **4** In alcuni Stati europei, Ministero della marina. **B** in funzione di **agg.** ● Detto di un tipo tradizionale di ancora con lungo fusto, due marre e un ceppo a L ortogonale a esse.

ammiràglio o †**almiràglio**, †**almirànte** [dall'ar. *amīr* 'principe'; av. 1294] **s. m.** **1** Fino al sec. XVIII, supremo comandante di mare e dignitario della corona. **2** Oggi, comandante di un complesso rilevante di navi da guerra | *A. di divisione, di squadra*, rispettivamente secondo e terzo grado della gerarchia degli ammiragli.

ammiràndo [vc. dotta, lat. *admirăndu(m)*, gerundivo di *admirāri* 'ammirare'; 1340] **agg.** ● (*lett.*) Mirabile, meraviglioso.

♦**ammiràre** [vc. dotta, lat. *admirāri*, comp. di *ăd* e *mirāri* 'ammirare'; sec. XIII] **A v. tr.** **1** Osservare, contemplare con intenso interesse e compiacimento ciò che si giudica bello: *a. un bel panorama.* **2** (*est.*) Considerare con stima, con rispetto: *a. le gesta degli eroi.* **B v. intr.** e **intr. pron.** (aus. *essere*) ● (*raro, lett.*) Meravigliarsi, stupire: *Di tanta novità l'angel si ammira* (ARIOSTO).

ammiratìvo [vc. dotta, lat. tardo *admiratīvu(m)*, da *admirāri* 'ammirare'; sec. XIV] **agg.** ● Che denota ammirazione, meraviglia: *sguardo a.* | (*disus.*) *Punto a.*, esclamativo. || **ammirativaménte**, avv.

ammiràto [av. 1476] **part. pass.** di *ammirare*; anche **agg.** **1** Nei sign. del v. **2** Pieno di ammirazione: *essere, rimanere a. di qlco.* || **ammirataménte**, avv.

ammiratóre [vc. dotta, lat. tardo *admiratōre(m)*, da *admirāri* 'ammirare'; sec. XIV] **s. m.** (f. *-trice*) **1** Chi ammira: *è un a. di Mozart e della sua musica*; SIN. Estimatore | Chi dimostra ammirazione entusiastica: *la cantante è stata accolta da una folla di ammiratori*; *un codazzo, uno stuolo di ammiratori.* **2** Corteggiatore.

♦**ammirazióne** [vc. dotta, lat. *admiratiōne(m)*, da *admirāri* 'ammirare'; av. 1306] **s. f.** **1** L'ammirare: *essere in a. di qlco.* | Sentimento di intenso interesse e compiacimento verso ciò che si giudica bello: *l'interpretazione del famoso violinista ha suscitato l'a. degli spettatori.* **2** Sentimento di grande stima, considerazione: *sentire, provare, nutrire a. per qlco., per qlcu.* | (*est.*) Persona o cosa che suscita tale sentimento: *la sua forza nel dolore è l'a. di tutti.* **3** †Meraviglia, stupore: *certo non ti dovrien punger li strali / d'a. omai* (DANTE *Par.* II, 55-56).

ammirévole [lat. *admirābile(m)*, da *admirāri* 'ammirare'; 1879] **agg.** ● Che è degno di ammirazione: *tenere un contegno a.* || **ammirevolménte**, avv.

ammiserìre [comp. di *a-* (2) e *misero*; 1801] **v. tr.** (*io ammiserisco, tu ammiserisci*) ● (*lett., raro*)

Rendere misero.
ammissìbile [vc. dotta, lat. mediev. *admissibile(m)*, da *admĭttere* 'ammettere'; 1588] **agg.** *1* Che si può permettere, consentire: *questo non è un comportamento a.* | Che si può accettare: *un'ipotesi a.* CONTR. Inammissibile. *2* Detto di atto processuale compiuto da una parte in osservanza delle prescrizioni della legge così da dovere essere preso in considerazione dal giudice: *azione a.*; *ricorso a.*
ammissibilità [1858] **s. f.** ● Condizione di ciò che è ammissibile: *l'a. di un ricorso.*
ammissióne [vc. dotta, lat. *admissiōne(m)*, da *admĭttere* 'ammettere'; 1615] **s. f.** *1* Accettazione, accoglimento: *chiedere l'a. a un ordine religioso* | Accettazione di un paziente in un istituto di cura | ***Esame d'a.***, quello che consente il passaggio a una classe superiore. *2* Riconoscimento: *l'a. delle proprie colpe* | Consenso, approvazione: *per comune a.*
ammittànza ● V. *ammettenza.*
ammobigliàre e *deriv.* ● V. *ammobiliare* e *deriv.*
ammobiliaménto, (*evit.*) **ammobigliaménto** [1675] **s. m.** ● L'ammobiliare | (*est.*) L'insieme dei mobili che arredano una casa, una stanza e sim.
ammobiliàre, (*evit.*) **ammobigliàre** [comp. di *a-* (*2*) e *mobilia*; 1684] **v. tr.** (*io ammobìlio*) ● Fornire di mobili: *a. un appartamento, un ufficio.*
ammobiliàto [av. 1879] **part. pass.** di *ammobiliare*; anche **agg.** ● Fornito del mobilio: *appartamento a.*
ammodernaménto [1865] **s. m.** ● L'ammodernare.
ammodernàre [comp. di *a-* (*2*) e *moderno*; 1576] **v. tr.** (*io ammodèrno*) ● Rendere moderno, nuovo: *a. un impianto, l'arredamento della casa.*
ammodernatùra [1865] **s. f.** ● (*raro*) L'ammodernare | Ciò che è ammodernato.
ammòdite o **ammodite** [vc. dotta, lat. *ammŏdyte(m)*, nom. *ammŏdytes*, dal gr. *ammodýtes*, comp. di *ámmos* 'sabbia' e *dýō* 'mi affondo'; 1367 ca.] **A s. m.** ● Varietà di vipera con una protuberanza conica sull'apice del muso (*Vipera ammodytes*). SIN. Vipera dal corno. **B s. f.** ● Piccolo pesce osseo con corpo molto allungato e subcilindrico di color azzurro-verdastro, agilissimo nello sprofondarsi nella sabbia (*Ammodytes lanceolatus*).
ammòdo o **a mòdo** [comp. di *a-* (*2*) e *modo*; 1841] **A avv.** ● Con cura, con garbo, per bene, come si conviene, con prudenza: *fate le cose a.*; *comportati a.*; *posate a. quel vetro.* **B agg. inv.** ● Detto di persona, saggio, bene educato e sim.: *è un ragazzo a.* || **ammodino, dim.**
ammòfila [comp. del gr. *ámmos* 'sabbia' e *phílos* 'che ama, predilige'; 1819] **s. f.** *1* Genere di piante erbacee perenni delle Graminacee, con rizomi striscianti, fusti cespugliosi eretti e fiori in pannocchie (*Ammophila*). *2* Genere di Imenotteri di forma slanciata che nidificano nel suolo, nascondendo con minuti sassolini l'ingresso alla loro tana (*Ammophila*). SIN. Vespa della sabbia.
ammòfilo [comp. del gr. *ámmos* 'sabbia' e di *-filo*; 1955] **agg.** ● Detto di organismo vegetale o animale che vive nella sabbia.
ammogliàre [comp. di *a-* (*2*) e *moglie*; 1313] **A v. tr.** (*io ammóglio*) ● Dare moglie. **B v. rifl.** *1* Prendere moglie: *ammogliarsi con una brava ragazza.* *2* †Congiungersi.
ammogliàto [av. 1400] **A part. pass.** di *ammogliare*; anche **agg.** ● Nei sign. del v. **B s. m.** ● Chi ha moglie.
ammoìna o **ammuìna** [vc. nap., deriv. di *ammoinare*; 1986] **s. f.** ● (*nap.*) Confusione | ***Fare a.***, ammoinare.
ammoinàre (*1*) o **ammuinàre** [sp. *amohinar*, da *mohima* 'tedio', da *mohino* 'triste, avvilito', di etim. incerta] **A v. tr.** (*io ammoìno*) ● (*nap.*) Infastidire. **B intr.** e **intr. pron.** (aus. *essere*) ● In marina, affaccendarsi facendo confusione.
†**ammoinàre** (*2*) [comp. di *a-* (*2*) e *moina*; av. 1705] **v. tr.** ● Blandire, adulare con moine.
ammollaménto [sec. XIV] **s. m.** ● L'ammollare, l'ammollarsi, nel sign. di *ammollare* (*1*).
ammollàre (*1*) [comp. di *a-* (*2*) e *molle*; av. 1294] **A v. tr.** (*io ammòllo*) *1* Rendere molle, spec. bagnando nell'acqua: *a. il pane nel vino*; *a. un tessuto* | ***A. il bucato***, metterlo a mollo. *2* (*fig.*) †Intenerire, raddolcire. **B v. intr.** e **intr. pron.** (aus. *essere*) ● (*raro*) Diventare molle: *il pane si ammolla* | Impregnarsi di umidità: *rimase due ore ad a. sotto la pioggia.* **C v. intr. pron.** ● †Intenerirsi, raddolcirsi.
ammollàre (*2*) [comp. di *a-* (*2*) e *molla*; 1750] **v. tr.** (*io ammòllo*) *1* Allentare, mollare: *a. un cavo.* *2* (*fig.*) Affibbiare, appioppare: *a. uno schiaffo, un pugno.*
ammollicàre [da *mollica*] **v. tr.** (*io ammollìco, tu ammollìchi*) ● Cospargere con mollica di pane sbriciolata.
ammolliménto [av. 1604] **s. m.** ● Ammorbidimento (*lett., anche fig.*).
ammollìre [lat. tardo *admollīre*, comp. di *ăd* e *mŏllis* 'molle'; 1336 ca.] **A v. tr.** (*io ammollìsco, tu ammollìsci*) *1* Rendere molle: *a. la ceralacca col calore.* SIN. Ammorbidire. *2* (*fig., lett.*) Lenire | Raddolcire, intenerire | Infiacchire, indebolire: *Sì, la vecchiaia gli ammollìa le membra* (PASCOLI). **B v. intr. pron.** *1* Diventare molle: *la cera s'è ammollita.* *2* (*fig., lett.*) Ammansirsi | Intenerirsi.
ammòllo [da *ammollare* (*1*); 1970] **s. m.** ● Prolungata immersione spec. della biancheria nel liquido detergente per facilitarne la successiva lavatura: *mettere la biancheria in a.*
ammonìaca [fr. *ammoniaque*, dal lat. *ammonĭacu(msāl)*, a sua volta dal gr. *ammōniakón*, detto così dal tempio di Giove Ammone in Libia, presso il quale si raccoglieva questa sostanza; 1795] **s. f.** ● Gas incolore, irritante, che in acqua ha reazione alcalina, ottenuto spec. per sintesi da azoto e idrogeno, utilizzato in farmacia e in varie lavorazioni industriali.
ammoniacàle [fr. *ammoniacal*, da *ammoniaque* 'ammoniaca'; 1795] **agg.** ● Di ammoniaca | Che ha le proprietà dell'ammoniaca | Che contiene ammoniaca: *gas, vapore, liquido a.*
ammoniacàto [sec. XIV] **A agg.** ● Detto di composto che contiene ammoniaca. **B s. m.** ● Composto complesso formato da un sale neutro e da una o più molecole di ammoniaca.
ammonìaco [av. 1564] **agg.** (**pl. m.** *-ci*) *1* Di ammoniaca: *sale a.* *2* Di ammonio | ***Sale a.***, cloruro di ammonio.
ammònico [1970] **agg.** (**pl. m.** *-ci*) ● Detto di composto dell'ammonio: *cloruro, nitrato, solfato a.*
ammoniménto [da *ammonire*; 1294] **s. m.** *1* L'ammonire | Avviso, consiglio, avvertenza | Esortazione | Ammaestramento, lezione: *questo ti serva di a.* *2* Ammonizione, richiamo.
ammònio [da *ammoniaca*; 1829] **s. m.** ● (*chim.*) Gruppo monovalente positivo non isolato allo stato libero, presente nelle soluzioni acquose dell'ammoniaca e dei suoi sali, che si comporta come lo ione di un metallo alcalino.
ammoniotèlico [comp. di *ammonio* e del gr. *télos* 'fine', inteso come 'stadio finale', col suff. *-ico*] **agg.** (**pl. m.** *-ci*) ● (*biol.*) Detto di animale caratterizzato da ammoniotelismo.
ammoniotelìsmo [comp. di *ammonio* e del gr. *télos* 'fine' col suff. *-ismo*] **s. m.** ● (*biol.*) Metabolismo dei composti azotati tipico di alcuni gruppi animali; porta prevalentemente o esclusivamente all'eliminazione di scorie in forma di ammoniaca o di sali ammoniacali.
ammonìre [vc. dotta, lat. *admonēre*, comp. di *ăd* e *monēre* 'ricordare'; 1294] **v. tr.** (*io ammonìsco, tu ammonìsci*) *1* Mettere in guardia con energia e autorevolezza, contro errori, pericoli e sim.: *a. i giovani contro i pericoli della droga* | Essere di ammaestramento: *i nostri errori debbono ammonirci.* *2* (qlcu. + *a*; + *di*) Esortare: *ammonì la recluta al rispetto delle regole*; *vi ammonisco a non ripetere simili errori*; *l'ammonì di stare zitta e di non aumentare coi suoi lamenti lo spavento di quell'ora* (SVEVO). *3* Rimproverare, riprendere, correggere: *a. qlcu. per una mancanza.* *4* (*dir., sport*) Rivolgere a qlcu. un'ammonizione: *il giudice ha ammonito i testimoni*; *a. un dipendente*; *l'arbitro ha ammonito lo stopper.*
Ammonìti [dette così perché hanno forma somigliante alle corna del dio *Ammone*; 1819] **s. f. pl.** (**sing.** *-e*) ● Nella tassonomia animale, ordine di Cefalopodi fossili diffusi dal Devoniano al Cretaceo con guscio a forma di spirale diviso internamente in camere crescenti (*Ammonites*). ➡ **ILL. paleontologia.**
ammonitìvo [1893] **agg.** ● Che contiene un'ammonizione: *richiamo a.*
ammonìto [av. 1294] **A part. pass.** di *ammonire*; anche **agg.** ● Nei sign. del v. **B s. m.** (**f.** *-a*) ● Chi ha ricevuto un'ammonizione.
ammonitóre [vc. dotta, lat. *admonitōre(m)*, da *admonēre* 'ammonire'; sec. XIV] **agg.**; anche **s. m.** (**f.** *-trice*) ● Che (o Chi) ammonisce.
ammonitòrio [vc. dotta, lat. tardo *admonitōriu(m)*, da *admonēre* 'ammonire'; av. 1566] **agg.** ● (*raro*) Che serve ad ammonire: *parlare con tono a.*
ammonizióne [vc. dotta, lat. *admonitiōne(m)*, da *admonēre* 'ammonire'; 1336 ca.] **s. f.** *1* Rimprovero: *ha ricevuto una grave a.* *2* (assol.; + *a*; + *di*) Esortazione, avvertimento, monito: *Una tragica a. gli sonò nel cuore* (D'ANNUNZIO); *a. a far bene, a non lasciarsi intimidire*; *accompagnando il dono coll'a. di tenerne ben conto* (MANZONI). *3* (*dir.*) Monito che il magistrato rivolge alle parti, ai testimoni e ai consulenti tecnici sull'importanza degli atti che stanno per compiere | Sanzione disciplinare, irrogabile ai dipendenti, consistente in un formale rimprovero. *4* (*sport*) Avvertimento dato dall'arbitro o dal dirigente a un giocatore o atleta che abbia commesso scorrettezze o infrazioni | Provvedimento preso a carico di giocatori o atleti spec. recidivi nei falli o nelle irregolarità | ***Doppia a.***, seconda ammonizione che, nel calcio, comporta l'espulsione del giocatore.
ammonizzazióne [da *ammonio*; 1929] **s. f.** ● (*biol., chim.*) Processo microbico di trasformazione dell'azoto organico del terreno in azoto ammoniacale.
ammontàre (*1*) [comp. di *a-* (*2*) e *monte*; 1427] **A v. tr.** (*io ammónto*) ● (*raro, lett.*) Ammassare oggetti uno sull'altro. SIN. Ammucchiare. **B v. rifl.** ● (*raro*) Ammassarsi. **C v. intr.** (aus. *essere*) ● Raggiungere una determinata cifra totale: *i debiti ammontano a tremila euro.*
ammontàre (*2*) [da *ammontare* (*1*); 1885] **s. m.** ● Totale complessivo: *l'a. delle spese è eccessivo.*
ammonticchiàre [dal lat. tardo *montĭculus* 'monticello' col suff. *-icchiare*; sec. XIV] **A v. tr.** (*io ammontìcchio*) ● Ammucchiare, spec. in modo disordinato: *a. libri, stoviglie, abiti.* **B v. rifl.** ● (*raro*) Ammassarsi.
ammorbaménto [1745] **s. m.** ● L'ammorbare | (*fig.*) Corruzione.
ammorbàre [comp. di *a-* (*2*) e *morbo*; av. 1374] **A v. tr.** (*io ammòrbo*) *1* Rendere malsano e infetto | Appestare, detto di pessimi odori (*anche assol.*): *un puzzo acre ammorbava l'aria*; *un tanfo, un fetore, che ammorba* | (*fig., fam.*) Importunare, infastidire. *2* (*fig.*) Corrompere: *a. i pensieri, i sentimenti.* **B v. intr.** (aus. *essere*) ● †Ammalarsi: *com'uom ch'è sano e'n un momento ammorba* (PETRARCA).
ammorbatóre [1845] **agg.** (**f.** *-trice*) ● Che ammorba.
ammorbidàre [sec. XIV] **v. tr.**, **intr.** e **intr. pron.** (*io ammòrbido*; aus. *essere*) ● (*raro*) Ammorbidire.
ammorbidènte [1955] **A part. pres.** di *ammorbidire*; anche **agg.** ● Nei sign. del v. **B s. m.** *1* (*chim.*) Additivo usato nel lavaggio dei tessuti per attenuarne la rigidità conferita dai sali di calcio. *2* Additivo per il bucato domestico usato per rendere morbidi i capi lavati.
ammorbidiménto [1865] **s. m.** *1* L'ammorbidire, l'ammorbidirsi. *2* (*fig.*) Attenuazione della rigidità, della durezza: *a. del carattere*; *nell'incontro col governo si è notato un a. delle richieste sindacali.*
ammorbidìre [comp. di *a-* (*2*) e *morbido*; 1353] **A v. tr.** (*io ammorbidìsco, tu ammorbidìsci*) *1* Rendere morbido, tenero: *a. la cera.* *2* (*fig.*) Addolcire: *a. il carattere* | (*fig.*) ***A. qlcu.***, renderlo meno ostile | ***A. le proprie richieste, la propria posizione***, (*fig.*) mitigarle | ***A. i contorni***, (*fig.*) sfumarli. **B v. intr.** e **intr. pron.** (aus. *essere*) *1* Diventare morbido, molle. *2* (*fig.*) Addolcirsi: *gli si è ammorbidito il carattere.*
ammorsàre (*1*) [comp. di *a-* (*2*) e *morsa*; 1927] **v. tr.** (*io ammórso*) *1* Chiudere in una morsa. *2* (*arch.*) Lasciare ammorsature, per il collegamento di un muro con un altro nuovo.
†**ammorsàre** (*2*) [lat. parl. **admorsāre* (*admordēre*). V. *mordere*; av. 1380] **v. tr.** ● Mordere.
ammorsatùra [da *ammorsato*, part. pass. di *ammorsare* (*1*); 1950] **s. f.** ● (*arch.*) Pietra lasciata sporgere da un muro nudo, per un'eventuale nuo-

va costruzione.

†**ammorsellàto** [comp. di *a-* (2) e *morsello*; 1325 ca.] s. m. ● Vivanda a base di carne tritata e uova sbattute.

ammortaménto [sec. XIV] s. m. *1* Estinzione graduale di un debito o reintegrazione entro un periodo prestabilito, di spese, capitali per impianti, ammodernamenti e sim. mediante pagamenti periodici e accantonamenti di quote, calcolati in base a un piano finanziario | ***A. del debito pubblico, a. dei prestiti pubblici***, rimborso graduale da parte dello Stato delle somme prese a mutuo. SIN. (*raro*) Ammortizzazione. *2* Procedimento giudiziario diretto alla sostituzione di un titolo di credito smarrito, sottratto o distrutto.

ammortàre [comp. di *a-* (2) e *morto*; 1313] v. tr. (*io ammòrto*) *1* Effettuare un ammortamento. *2* †Uccidere | (*lett.*) †Spegnere, estinguere: *il digiuno ammorta molti vizi* (SACCHETTI).

ammortiménto [av. 1257] s. m. *1* (*raro, lett.*) Intorpidimento. *2* †Estinzione.

ammortìre [lat. parl. **admortīre*, da *mŏrs*, genit. *mŏrtis* 'morte'; 1310] **A** v. tr. (*io ammortìsco, tu ammortìsci*) *1* †Rendere inerte, torpido. *2* (*fig., lett.*) Affievolire, attutire: *Per ribattere e a. i colpi* (MANZONI). **B** v. intr. e intr. pron. (aus. *essere*) ● †Svenire.

ammortizzàbile [av. 1869] agg. ● Che si può ammortizzare.

ammortizzaménto [fr. *amortissement*. V. *ammortare*; 1886] s. m. *1* Ammortamento. *2* Assorbimento di urti o vibrazioni.

ammortizzàre [dal fr. *amortir*, e *-izzare*; 1839] v. tr. *1* Ammortare. *2* Attutire, assorbire urti, vibrazioni, sollecitazioni mediante ammortizzatori.

ammortizzatóre [1919] s. m. ● Dispositivo per attutire urti e attenuare vibrazioni, utilizzato spec. nei veicoli e nei macchinari: *a. a frizione, idraulico, oleopneumatico* | (*fig., econ.*) ***Ammortizzatori sociali***, complesso dei provvedimenti, come la cassa integrazione o il prepensionamento, volti ad attenuare le conseguenze sociali della perdita di posti di lavoro.

ammortizzazióne [1819] s. f. ● (*raro*) Ammortizzamento: *a. di una cambiale*; *a. dei prestiti pubblici.*

ammorzàre [lat. parl. **admortiāre*, da *mŏrs*, genit. *mŏrtis* 'morte'; sec. XIII] **A** v. tr. (*io ammòrzo*) *1* (*lett.*) Spegnere, estinguere, smorzare (*anche fig.*): *a. la fiamma, il fuoco, la luce*; *a. il pianto, un dolore.* *2* (*fig., lett.*) Attutire: *a. la voce.* **B** v. intr. pron. ● (*raro, lett.*) Estinguersi, annullarsi.

ammosciàre [comp. di *a-* (2) e *moscio*; 1768] **A** v. tr. (*io ammóscio*; fut. *io ammoscerò*) ● (*fam.*) Rendere moscio, vizzo: *la pioggia ha ammosciato le falde del cappello* | (*fig.*) Annoiare, deprimere. **B** v. intr. e intr. pron. (aus. *essere*) ● Diventare moscio | (*fig.*) Intristirsi, deprimersi.

ammoscìre [1614] **A** v. tr., intr. e intr. pron. (*io ammoscìsco, tu ammoscìsci*; aus. intr. *essere*) ● (*raro*) Ammosciare. **B** v. intr. e intr. pron. (aus. *essere*) ● Ammosciare, ammosciarsi.

ammostaménto [1955] s. m. ● Preparazione del mosto atto ad essere fermentato.

ammostàre [comp. di *a-* (2) e *mosto*; av. 1597] **A** v. tr. (*io ammósto*) ● Pigiare l'uva per farne mosto. **B** v. intr. (aus. *avere*) ● Diventare mosto.

ammostatóio [1789] s. m. ● Strumento di legno per ammostare e muovere la vinaccia.

ammostatóre [1789] s. m.; anche agg. (f. *-trice*) ● Chi (o Che) ammosta.

ammostatùra [1789] s. f. ● Ammostamento.

†**ammotinàre** e *deriv.* ● V. *ammutinare e deriv.*

ammòtrago [comp. del gr. *ámmos* 'sabbia' e *trágos* 'capro'; 1955] s. m. (pl. *-ghi*) ● Pecora selvatica africana con collo e petto abbondantemente crinito e lunghe corna arcuate (*Ammotragus lervia*).

ammucchiaménto [1777] s. m. ● (*raro*) L'ammucchiare, l'ammucchiarsi | (*raro*) Mucchio, cumulo.

♦**ammucchiàre** [comp. di *a-* (2) e *mucchio*; 1350 ca.] **A** v. tr. (*io ammùcchio*) ● Raccogliere in mucchio: *a. le castagne* | Accumulare: *a. denari.* **B** v. intr. pron. ● Affollarsi, ammassarsi: *la mobilia si ammucchiava in un angolo.*

ammucchiàta [part. pass. sostantivato di *ammucchiare*; 1972] s. f. *1* (*pop.*) Rapporto sessuale di gruppo, senza distinzione di numero e di sesso. *2* (*est., spreg.*) Gruppo eterogeneo e confuso: *un'a. elettorale.*

ammucidìre [comp. di *a-* (2) e *mucido*; av. 1597] v. intr. e intr. pron. (*io ammucidìsco, tu ammucidìsci*; aus. *essere*) ● (*tosc.*) Ammuffire.

ammuffiménto [1970] s. m. ● Alterazione di un alimento dovuta alla formazione di muffe.

ammuffìre [comp. di *a-* (2) e un denom. di *muffa*; av. 1836] v. intr. (*io ammuffìsco, tu ammuffìsci*; aus. *essere*) *1* Fare la muffa: *questi biscotti sono ammuffiti* | (*fig.*) ***Tenere il denaro ad a.***, non investirlo. *2* (*fig.*) Sciuparsi tenendosi appartati dalla vita attiva: *a. sui libri, in casa.*

ammuffìto [sec. XV] part. pass. di *ammuffire*; anche agg. *1* Nei sign. del v. *2* (*fig.*) Vecchio, superato, retrivo.

ammuinàre e *deriv.* ● V. *ammoinare e deriv.*

ammulinàre [comp. di *a-* (2) e *mulino*; 1481] **A** v. tr. ● (*raro*) Fare girare vorticosamente. **B** v. intr. (aus. *essere*) ● (*raro*) Fare mulinello, girare vorticosamente, detto di polvere, nevischio e sim.

ammusàre [comp. di *a-* (2) e *muso*; 1319] **A** v. intr. (aus. *essere*) ● Star vicino col muso, detto di animali. **B** v. tr. ● (*raro, lett.*) Toccare col muso. **C** v. rifl. rec. ● (*lett.*) Toccarsi muso con muso: *le pecore s'ammusavano in un mucchio lanoso* (D'ANNUNZIO).

ammusìre [1865] v. intr. (*io ammusìsco, tu ammusìsci*; aus. *essere*) ● (*raro*) Immusonirsi.

ammusonìto [1939] agg. ● (*raro*) Immusonito.

ammutàre [comp. di *a-* (2) e *muto*; 1319] v. intr. (aus *essere*) ● (*raro*) Ammutolire: *se ammuto / volentieri fra gli uomini, a te parlo* (SABA).

ammutinaménto o †**ammotinaménto** [av. 1527] s. m. *1* Ribellione di quattro o più militari o di almeno un terzo dei membri dell'equipaggio a ordini dei superiori: *reato di a.* *2* (*est.*) Correntemente, rifiuto di obbedire a un ordine superiore da parte di appartenenti alle forze armate, di membri dell'equipaggio, di carcerati.

ammutinàre o †**ammotinàre** [sp. *amotinar*, dal fr. (*se*) *mutiner*, da *meute* 'sommossa', dal lat. *movēre* 'muovere'; av. 1540] **A** v. tr. (*io ammutìno, evit. ammùtino*) ● (*raro*) Indurre all'ammutinamento: *a. l'esercito.* **B** v. intr. pron. ● Rendersi colpevole di ammutinamento.

ammutinàto [av. 1540] **A** part. pass. di *ammutinare*; anche agg. ● Nei sign. del v. **B** s. m. (f. *-a*) ● Chi è colpevole di ammutinamento.

ammutìre [comp. di *a-* (2) e *muto*; sec. XIV] **A** v. intr. (*io ammutìsco, tu ammutìsci*; aus. *essere*) ● (*raro*) Divenir muto | Tacere. **B** v. tr. ● (*raro, lett.*) Ridurre al silenzio: *a. i nemici.*

ammutolìre [comp. di *a-* (2) e un denom. di *mutolo*; av. 1306] **A** v. intr. (*io ammutolìsco, tu ammutolìsci*; aus. *essere*) ● Divenire silenzioso | (*est.*) Tacere improvvisamente per stupore, paura, vergogna e sim. **B** v. tr. ● (*raro*) Far tacere: *lo stupore lo ammutolì.*

amnesìa [fr. *amnésie*, dal gr. *amnēsía*, comp. di *a-* e *-mnesia*; 1819] s. f. ● Perdita totale o parziale della memoria | (*est.*) Momentaneo vuoto di memoria.

àmnio o **àmnios** [vc. dotta, lat. tardo *ămnio(n)*, dal gr. *amníon*, di etim. incerta; 1683] s. m. ● (*anat.*) Membrana trasparente che forma un sacco ripieno di liquido in cui è sospeso l'embrione dei Vertebrati superiori.

amniocèntesi o **amniocentèsi** [comp. di *amnio* e del gr. *kéntēsis* 'puntura' (V. *paracentesi*); 1975] s. f. inv. ● (*med.*) Prelievo del liquido amniotico effettuato mediante l'introduzione di un lungo ago attraverso l'addome della gestante fino a raggiungere il sacco amniotico per individuare l'eventuale presenza di alterazioni cromosomiche del feto.

amniografìa [comp. di *amnio* e *-grafia*; 1955] s. f. ● (*med.*) Tecnica radiologica per cui si visualizza il feto, rendendo possibile la diagnosi prenatale del sesso e di eventuali anomalie.

àmnios ● V. *amnio.*

amnioscopìa [comp. di *amnio* e *-scopia*; 1983] s. f. ● (*med.*) Esame ottico effettuato mediante amnioscopio per valutare le caratteristiche del liquido amniotico e visualizzare il feto.

amnioscòpio [1983] s. m. ● (*med.*) Strumento ottico per effettuare l'amnioscopia.

Amniòti [da *amnio*; 1955] s. m. pl. ● Nella tassonomia animale, denominazione dei Vertebrati il cui embrione si sviluppa nell'amnio.

amniòtico [1819] agg. (pl. m. *-ci*) ● (*anat.*) Dell'amnio | ***Liquido a.*** secreto dalla membrana amniotica e in essa contenuto.

amnistìa [vc. dotta, lat. *amnēstia(m)*, nom. *amnēstia*, dal gr. *amnēstía* 'oblio, remissione', comp. di *a-* (1) e *mimnḗskō* 'io rammento'; av. 1292] s. f. ● (*dir.*) Provvedimento generale con cui lo Stato dichiara l'estinzione di determinati reati già commessi, rinunciando all'applicazione della pena. CFR. Grazia, indulto (1) | ***A. propria***, quando è anteriore alla sentenza irrevocabile di condanna | ***A. impropria***, quando è posteriore alla sentenza irrevocabile di condanna.

amnistiàre (o *-stià-*) [1848] v. tr. (*io amnìstio* o *amnistìo*) ● Applicare l'amnistia a dati reati esonerando i colpevoli dalla esecuzione della pena.

amnistiàto (o *-stià-*) [1829] **A** part. pass. di amnistiare; anche agg. ● Nei sign. del v. **B** s. m. (f. *-a*) ● Chi è stato beneficiato da una amnistia.

àmo [lat. *hāmu(m)* 'uncino', di etim. incerta; av. 1306] s. m. (pl. *àmi*; pl. f. †*àmora*) *1* Uncino di acciaio di varia grandezza che fissato alla lenza e fornito di esche diverse serve per la cattura del pesce: *il pesce abbocca all'amo*; *amo a paletta, amo a occhiello.* ➡ ILL. **pesca**. *2* (*est.*) Punta uncinata: *l'amo dello strale, dell'ancora.* *3* (*fig.*) Lusinga, insidia | ***Abboccare all'amo***, cadere in un inganno | ***Gettare l'amo***, tendere un'insidia.

a mòdo ● V. *ammodo.*

amoèrro o **amoèrre** [fr. *moire*, dall'ingl. *mohair*, a sua volta dall'ar. *muḫayyar* 'specie di cammellotto fatto di peli di capra'; av. 1767] s. m. ● Stoffa di seta molto consistente, con giochi di riflessi che imitano il movimento delle onde.

amòmo [lat. *amōmu(m)*, dal gr. *ámomon*, di orig. semitica; 1313] s. m. ● Pianta erbacea delle Zingiberacee, fornita di grossi rizomi, con fusti eretti, foglie strette, lineari e lanceolate, fiori brunicci in spighe composte (*Amomum cardamomum*).

amoràccio ● V. *amorazzo.*

amoràle [comp. di *a-* (1) e *morale*; 1895] agg.; anche s. m. e f. ● Che risulta estraneo e indifferente a qualsiasi valutazione morale: *vita a.*; *comportamento a.*; *persona a.* ‖ **amoralménte**, avv.

amoralìsmo [1908] s. m. ● Atteggiamento proprio di chi concepisce la vita completamente estranea a qualsiasi valutazione di ordine morale.

amoralità [1897] s. f. ● Caratteristica di chi (o di ciò che) è amorale.

amoràzzo o **amoràccio** [1353] s. m. *1* Pegg. di *amore.* *2* Tresca.

♦**amóre** [lat. *amōre(m)*. V. *amare*; av. 1250] s. m. (*Amore* nel sign. 7) *1* Intenso sentimento di affetto, inclinazione profonda verso qlcu. o qlco.: *a. paterno, materno, fraterno*; *a. per un amico* | ***D'a. e d'accordo***, senza contrasti | ***Per a. o per forza***, in ogni modo | ***Per l'a. di Dio***, escl. di supplica o incitamento o impazienza | ***Per a. di***, al fine, per causa | ***A. di sé***, egocentrismo | ***Amor proprio***, senso del proprio valore, della propria dignità. CONTR. Odio. *2* Forte attrazione, anche sessuale, verso un'altra persona: *a. corrisposto, tormentato, infelice, tenero, morboso*; *a. sensuale, platonico, romantico*; *a. sacro, profano*; *parlare d'a.* CFR. eroto- | ***A. libero***, che si realizza senza legami matrimoniali | ***Figlio dell'a.***, (*eufem.*) figlio naturale | ***Fare all'a., fare l'a. con qlcu.***, avere rapporti sessuali con qlcu.; (*disus.* o *region.*) amoreggiare | ***Patire, soffrire il mal d'a.***, amare con intensità dolorosa. *3* (*biol.*) Complesso di atteggiamenti, di attività e modificazioni morfologiche che nella maggior parte degli animali accompagna la riproduzione. *4* Aspirazione alla realizzazione di un ideale etico, politico, religioso e sim.: *a. della povertà, della giustizia sociale* | Desiderio di Dio e del bene | ***Per amor (o l'amor) di Dio!***, per carità; (*est.*) può anche esprimere disappunto, forte impazienza e sim.: *smettila, per amor di Dio!* | Sentimento di solidarietà, di affetto, di carità e sim.: *provare a. per gli oppressi, per i nemici*; *a. della patria, dell'umanità* | Interesse appassionato, predilezione, per un'attività, una materia di studio e sim.: *a. per le arti, per la matematica, per le lunghe passeggiate* *5* Forte desiderio di qlco., attaccamento a qlco.: *a. del denaro, del lusso, del potere*; *a. per la vita, per i piaceri.* *6* Solerzia, zelo, accuratezza: *studiare, lavorare con a.* *7* (*fig.*) Dio: *il Sommo, Eterno, Divino a.* | Paterna dilezione di Dio per le sue creature. *8* Chi (o ciò che) è oggetto di amore (*anche scherz.*): *la musica è il* suo unico a.; è poi venuto all'appuntamento il tuo a.? | Chi (o ciò che) è molto attraente: *la tua bambina è proprio un a.*; *ha un giardino che è un a.* **9** (*est., spec. al pl.*) Avventura, vicenda amorosa: *non fa che parlare dei suoi amori.* **10** Dio dell'amore. **11** Una delle figure nel gioco dei tarocchi. **12** (*bot.*) *A. nascosto*, aquilegia. || PROV. Amor con amor si paga; l'amor non fa bollir la pentola. || **amoràccio**, **amoràzzo**, **pegg.** (V.) | **amorétto**, **dim.** (V.) | **amorino**, **dim.** (V.) | **amorùccio**, **dim.**

amoreggiaménto [av. 1294] **s. m.** ● L'amoreggiare | Relazione amorosa non impegnativa; SIN. Flirt.

amoreggiàre [da *amore*; 1536] **v. intr.** (*io amoréggio*; aus. *avere*) ● Intrattenere rapporti amorosi, spec. frivoli e superficiali.

amorétto [1573] **s. m. 1** Dim. di *amore* | (*spreg.*) Amore superficiale e di breve durata. **2** (*raro, spec. al pl.*) Amorino.

amorévole [av. 1294] **agg.** ● Che sente e dimostra amore: *madre, voce a.* | Affabile: *una a. accoglienza.* || **amorevolménte**, **avv.**

amorevolézza [1353] **s. f. 1** Sollecitudine, premura affettuosa. **2** (*est.*) Atto che dimostra affetto: *la accolse con molte cortesie e amorevolezze.* || **amorevolezzina**, **dim.** | **amorevolezzùccia**, **dim.**

amorfismo [1865] **s. m. 1** (*raro*) Caratteristica di chi (o di ciò che) è amorfo (*anche fig.*). **2** (*fis.*) Proprietà, condizione delle sostanze amorfe.

amòrfo [vc. dotta, gr. *ámorphos* 'informe, deforme', comp. di *a-* e *morphḗ* 'forma'; 1797] **agg. 1** Che è privo di forma: *materia amorfa* | (*fig.*) Che è privo di personalità, di carattere: *individuo a.* **2** (*fis.*) Detto di sostanza che non ha costituzione cristallina. || **amorfaménte**, **avv.**

amorino [1541] **s. m. 1** Dim. di *amore*. **2** (*spec. al pl.*) Puttino, dipinto o scolpito, raffigurante il dio Amore: *una ghirlanda di amorini alati.* **3** (*fig.*) Fanciullo delicato e leggiadro. **4** Divano ottocentesco fatto in forma di S sdraiata. **5** (*bot.*) Reseda.

†**amorosità** [av. 1306] **s. f.** ● (*lett.*) Disposizione amorosa.

amoróso o (*pop.*) **moróso** (**2**) nel sign. B [da *amore*; av. 1250] **A agg. 1** Che ha natura d'amore, che è proprio dell'amore, che riguarda l'amore: *passione amorosa*; *poesia amorosa*; *disavventura amorosa.* **2** Che prova, dimostra, ispira amore: *sguardo, sospiro a.*; *maestro, padre a.* | (*lett.*) Piacevole, leggiadro, caro. **3** †Innamorato. **4** (*mus.*) Indicazione espressiva che richiede un'esecuzione dolce e affettuosa: *andante a.* || **amorosaménte**, **avv.** Con amore. **B s. m.** (**f.** *-a*) **1** (*disus.*) Innamorato, amato, fidanzato: *si è fatta bella per uscire con l'a.* **2** Ruolo del teatro italiano corrispondente alla parte di giovane innamorato. || **amorosétto**, **dim.** | **amorosino**, **dim.**

amoscino [lat. *damascēnu(m)* 'susino di Damasco'; sec. XVI] **s. m.** ● Varietà di susino dal frutto oblungo (*Prunus domestica damascena*).

amostànte [ar. *al-mustaḥlaf* 'giurato'; av. 1431] **s. m.** ● Titolo di governatore arabo.

amovibile [dal lat. *amovēre* 'rimuovere', comp. di *ăb* 'da' e *movēre* 'muovere'; av. 1519] **agg.** ● Che si può spostare, rimuovere. CONTR. Inamovibile.

amovibilità [1863] **s. f.** ● Condizione di chi (o di ciò che) è amovibile.

amozióne [dal lat. *amotiōne(m)*, da *amovēre* 'rimuovere'; 1961] **s. f.** ● Rimozione, allontanamento, destituzione.

Ampelidàcee [comp. di *ampelo-* e *-acee*; 1819] **s. f. pl.** ● (*bot.*) Vitacee.

àmpelo- [dal gr. *ámpelos* 'vite', di orig. preindeur.] primo elemento ● In parole composte della terminologia dotta o scientifica significa 'vite' o indica relazione con la vite: *ampelografia.*

ampelodèsma [comp. di *ampelo-* e del gr. *désma* 'legame' (V. *desmologia*); 1819] **s. f.** ● Pianta erbacea delle Graminacee con culmi cespugliosi, foglie lineari tenaci e margini ruvidi, usata per fare corde (*Ampelodesma tenax*). SIN. Saracchio.

ampelografia [comp. di *ampelo-* e *-grafia*; 1913] **s. f.** ● Descrizione e classificazione della vite nelle sue specie e varietà coltivate.

ampelologia [comp. di *ampelo-* e *-logia*; 1950] **s. f.** ● Studio della vite e dei suoi prodotti.

ampelotecnia [comp. di *ampelo-* e *-tecnia*; 1955] **s. f.** ● Viticoltura.

ampeloterapia [comp. di *ampelo-* e *terapia*; 1961] **s. f.** ● Cura a base di uva. SIN. Botrioterapia.

amperàggio [fr. *ampérage*, da *ampere*; 1935] **s. m.** ● Intensità di una corrente elettrica espressa in ampere.

ampere /am'pɛr/ [dal n. del fisico fr. A. M. *Ampère* (1775-1836); 1892] **s. m. inv.** ● (*fis.*) Unità di misura dell'intensità di corrente elettrica nel Sistema Internazionale; è pari alla corrente che, percorrendo due conduttori paralleli di lunghezza infinita e sezione trascurabile posti alla distanza di 1 metro nel vuoto, determina tra essi una forza di $2 \cdot 10^{-7}$ newton per ogni metro di conduttore. SIMB. A.

amperòmetro [comp. di *ampere* e *-metro*; 1892] **s. m.** ● Strumento che misura in ampere l'intensità di una corrente elettrica.

amperóra [comp. di *ampere* e *-ora*; 1913] **s. m. inv.** ● (*fis.*) Unità di quantità di elettricità corrispondente a quella trasportata da una corrente di 1 ampere durante 1 ora. SIMB. A·h.

amperspira [comp. di *ampere* e *spira*; 1941] **s. f.** ● (*fis.*) Unità di misura della forza magnetomotrice dovuta alla corrente elettrica, corrispondente alla corrente di 1 ampere concatenata una sola volta. SIMB. Asp.

Ampex® [marchio registrato; 1963] **s. m.** ● Macchina per la registrazione magnetica delle immagini | (*per anton.*) Registrazione videomagnetica.

ampicillina [adattamento dell'ingl. *ampicillin*, da *am(ino-) p(en)icillin* 'amino-penicillina'] **s. f.** ● (*farm.*) Penicillina semisintetica di impiego orale o parenterale, ad ampio spettro antibatterico.

ampiézza [av. 1294] **s. f. 1** Proprietà, caratteristica di ciò che è ampio: *a. di un campo, di una strada.* SIN. Estensione, vastità. **2** Grandezza: *misurare l'a. di un vano*; *stanza di notevole a.* | (*fig.*) Campo, ambito, portata: *è difficile valutare l'a. del fenomeno* | (*fig.*) Vastità di pensiero, dottrina e sim.: *mente di grande a.* **3** (*fis.*) Massima deviazione di una grandezza, periodicamente variabile, dal suo valor medio | *A. di marea*, ampitudine di marea. **4** (*mat.*) Grandezza, estensione, larghezza: *l'a. di un angolo.* **5** †Liberalità.

♦**àmpio** o (*lett.*) **àmplo** [lat. *ămplu(m)*, di etim. incerta; av. 1294] **A agg.** (**superl.** *amplìssimo* (V.); raro *ampìssimo*) **1** Che ha grande estensione, vasto, spazioso: *sala, strada ampia*; *corridoio, palazzo a.* | Comodo, largo: *vestito a.*; *forma ampia* | Capace, capiente: *una borsa ampia.* **2** (*est.*) Abbondante, copioso: *concedere ampie garanzie* | (*fig.*) Ampolloso, esteso: *stile a.*; *significato più a.* || **ampiaménte**, **avv.** **B s. m.** ● †Larghezza, ampiezza.

amplessicàule [fr. *amplexicaule*, comp. del lat. *amplexāri* 'abbracciare' e *cau'is* 'gambo'; 1829] **agg.** ● (*bot.*) Abbracciante.

amplèsso [vc. dotta, lat. *amplĕxu(m)*, deriv. di *amplĕcti* 'abbracciare', comp. di *ămb* 'intorno' e *plĕctere* 'intrecciare'; av. 1492] **s. m.** ● (*lett.*) Abbraccio: *Riconosci in questo a.* / *Una madre, amato figlio* (DA PONTE) | (*eufem.*) Coito: *a. coniugale.*

ampliaménto (o **-plia-**) [1563] **s. m.** ● Ingrandimento, allargamento, estensione: *lavori di a.*

ampliàre (o **-plià-**) [vc. dotta, lat. *ampliāre*, da *ămplus* 'ampio'; 1336 ca.] **A v. tr.** (*io àmplio*) ● Rendere più ampio: *a. una strada, un fossato* | (*fig.*) Accrescere, aumentare: *a. la propria cultura, le proprie relazioni.* **B v. intr. pron.** ● Allargarsi, ingrandirsi: *le città si ampliano sempre più.*

ampliativo (o **-plia-**) [av. 1642] **agg.** ● (*raro*) Che ha lo scopo di ampliare.

ampliàto (o **-plià-**) [1342 ca.] **part. pass.** di *ampliare*; anche **agg. 1** Nei sign. del v. **2** *Edizione ampliata*, quella recante nuovi saggi, racconti e sim. o aggiunte in genere.

amplidina [comp. di *ampli(are)* e *dina(mo)*; 1955] **s. f.** ● (*elettr.*) Amplificatore di potenza, rotante, derivato dalla metadinamo. SIN. Amplidinamo.

amplidinamo [adattamento dell'ingl. *amplidyne* 'amplidina'; 1955] **s. f. inv.** ● (*elettr.*) Amplidina.

amplificàre [vc. dotta, lat. *amplificāre*, comp. di *ămplus* 'ampio' e *-ficāre* '-ficare'; sec. XIV] **v. tr.** (*io amplìfico, tu amplìfichi*) **1** Dare maggiore ampiezza. **2** Presentare con esagerazione retorica | (*fig.*) Magnificare, esagerare: *a. i pregi di un'opera.* **3** Moltiplicare il valore di una grandezza fisica, mediante adeguati dispositivi: *a. una corrente elettrica, un segnale acustico.*

amplificativo [1551] **agg.** ● Che serve ad amplificare.

amplificatóre [vc. dotta, lat. *amplificatōre(m)*, da *amplificāre* 'amplificare'; sec. XIV] **A agg.** (**f.** *-trice*) ● Che amplifica: *impianto a.* **B s. m. 1** (**f.** *-trice*) (*raro* o *lett.*) Chi amplifica. **2** Dispositivo avente lo scopo di moltiplicare in un dato rapporto una grandezza fisica | *A. meccanico*, costituito da una leva o da un sistema di leve, come nei barometri metallici, nei minimetri comparatori e sim. | *A. magnetico*, bobina con nucleo di acciaio magnetizzato da una corrente continua per amplificazione di tensione e di potenza | (*per anton.*) Correntemente, apparecchiatura atta ad aumentare l'intensità di un segnale elettroacustico per renderne possibile la trasmissione e la ricezione.

amplificatòrio [da *amplificare*; 1987] **agg.** ● (*ling.*) Che contiene un'amplificazione: *artificio retorico a.*

amplificazióne [vc. dotta, lat. *amplificatiōne(m)*, da *amplificāre* 'amplificare'; sec. XIV] **s. f. 1** (*raro*) Aumento: *l'accrescimento e a. della famiglia* (ALBERTI). **2** Moltiplicazione del valore di una grandezza fisica: *fattore di a.* **3** Effetto ottenuto mediante un amplificatore. **4** (*ling.*) Esagerazione retorica di un discorso o di singole parole ottenuta mediante la graduale precisazione di alcuni particolari o la ripetizione di termini e frasi equivalenti: *Ormai son giunto al fine, ormai son vinto, / né più posso fugir né aver diffesa* (BOIARDO).

amplissimo [1336 ca.] **agg. 1** Sup. di *amplo*. **2** (*lett.*) Grande, magnifico: *quella chiarissima e amplissima repubblica* (GUICCIARDINI).

amplitùdine [vc. dotta, lat. *amplitūdine(m)*, da *ămplus* 'ampio'; sec. XIV] **s. f. 1** (*lett.*) Ampiezza, grandezza. **2** (*astron.*) L'arco di orizzonte compreso fra il punto ove un astro sorge o tramonta e il vero punto dell'est o dell'ovest. **3** *A. di marea*, differenza tra il livello medio delle alte maree e quello delle basse maree in un dato luogo.

àmplo ● V. *ampio*.

ampólla [lat. *ampŭlla(m)*, dim. di *ămphora*, dal gr. *amphoréus*, comp. da *amphí* 'dalle due parti' e *phérō* 'io porto'; 1336 ca.] **s. f. 1** Piccolo recipiente in vetro o in ceramica, a base larga e panciuta e a imboccatura stretta: *le ampolle dell'olio, dell'aceto.* **2** Involucro, spec. di vetro, in cui viene praticato il vuoto o vengono introdotti gas inerti per consentire particolari effetti elettrici o elettronici: *a. del tubo a raggi catodici, a raggi X.* **3** Vasetto metallico contenente l'olio sacro. **4** (*anat.*) Segmento più espanso di un condotto | *A. rettale*, ultimo tratto, dilatato, dell'intestino retto. **5** (*raro*) Rigonfiamento simile a vescica visibile talvolta in alcuni vegetali. || **ampollétta**, **dim.** | **ampollina**, **dim.** (V.) | **ampollino**, **dim. m.** (V.) | **ampollùzza**, **dim.**

ampollièra [1875] **s. f.** ● Sostegno per ampolle, spesso completo di spargisale e spargipepe, entrato nell'uso nel XVIII secolo.

ampollina [sec. XIV] **s. f. 1** Dim. di *ampolla*: *le ampolline dell'olio e dell'aceto.* **2** Nella liturgia cattolica, ciascuna delle due piccole ampolle che contengono il vino e l'acqua, usate nella celebrazione della Messa.

ampollino [1955] **s. m. 1** Dim. di *ampolla*. **2** Piccolo recipiente spec. metallico usato un tempo dai militari per portare l'olio per lubrificare il fucile.

ampollosità [1761] **s. f.** ● Eccessiva cerimoniosità, ricercatezza e sim. nel parlare o nello scrivere.

ampollóso [da *ampolla* nel sign. 1; av. 1517] **agg.** ● Cerimonioso, ricercato, magniloquente: *tono e stile ampollosi.* || **ampollosétto**, **dim.** || **ampollosaménte**, **avv.**

amputàbile [1941] **agg.** ● Che si può amputare.

amputàre [vc. dotta, lat. *amputāre*, comp. di *ămb-* 'intorno' e *putāre* 'tagliare'; 1499] **v. tr.** (*io àmputo*) **1** Asportare un organo o una parte di esso: *a. un arto.* **2** (*fig.*) Eliminare una o più parti da un discorso, uno scritto e sim.

amputazióne [vc. dotta, lat. *amputatiōne(m)*, da *amputāre* 'amputare'; 1558] **s. f. 1** Asportazione di un organo o di una sua parte: *a. di un arto, della mammella, del retto.* **2** (*fig.*) Eliminazione di parti di un discorso, uno scritto e sim.

Amuchina® [marchio registrato] **s. f.** ● Soluzione disinfettante contenente cloro come principio attivo.

amulèto o **amuléto** [vc. dotta, lat. *amulētu(m)*, di etim. incerta; 1587] **s. m.** ● Oggetto ritenuto capace di proteggere da mali, disgrazie e sim.

àmulo [vc. dotta, dal lat. *hāmulu(m)* 'piccolo (-*ŭlu(m)*) amo (*hāmu(m)*)'] **s. m.** ● (*zool.*) Negli Uccelli, ognuno dei minuscoli uncini cornei che connettono reciprocamente le barbule delle penne. **SIN.** Radiolo.

an- ● V. *a-* (*1*).

àna (**1**) [gr. *aná* 'sopra, su'; 1491] **avv.** ● Termine proprio della ricettazione farmaceutica a significare che delle sostanze prescritte si devono prendere parti uguali o fare uguale distribuzione.

†**àna** (**2**) [ar. *anā*'; sec. XIII] **s. f.** ● Sforzo.

ana- (**1**) [secondo l'uso prefissale gr. della prep. *aná* 'su, sopra', di orig. indeur.] **pref.** ● In parole composte dotte significa 'all'insù', 'sopra' o indica elevazione: *anagogia*, *anagrafe*.

ana- (**2**) [senso sviluppato dal preverbale gr. *aná-*, che in *ananéuein* significa 'alzare la testa (per dire di no)'] **pref.** ● In parole composte dotte significa 'indietro', 'contro', 'al contrario': *anabiosi*, *anagramma*.

ana- (**3**) [ampliamento di *a(n)-* neg., presente già in gr.] **pref.** ● Forma usata arbitrariamente in luogo del pref. privativo *a-* o *an-*, per es. in *anatossina*.

anàbasi [vc. dotta, gr. *anábasis*, da *anabáinō* 'io salgo su'; dalla spedizione di Ciro il Giovane nel 401 all'interno della Persia, che diede il titolo a un'opera di Senofonte; 1889] **s. f. inv.** ● (*lett.*) Viaggio lungo, tormentato e faticoso.

anàbate [vc. dotta, gr. *anabátēs* 'asceso, salito', da *anabáinein* 'salire', comp. di *aná* 'su' e *báinein* 'andare', di orig. indeur.; 1965] **s. m.** ● Pesce osseo tropicale delle acque dolci e salmastre dotato di un organo respiratorio utilizzabile anche fuori dell'acqua (*Anabas scandens*).

anabàtico [dal gr. *anabátēs* 'che sale', da *anabáinein* 'salire', comp. di *aná* 'su' e *báinein* 'salire', di orig. indeur.; 1970] **agg.** (**pl. m.** *-ci*) ● Detto di vento locale dovuto al movimento ascendente di masse d'aria: *brezza anabatica*. **CONTR.** Catabatico.

anabattismo [vc. dotta, gr. *anabaptismós* 'nuovo battesimo', comp. di *aná* 'di nuovo' e *baptismós* 'battesimo'; 1929] **s. m.** ● Dottrina e corrente degli anabattisti.

anabattista [comp. di *ana-* (*2*) e *baptízō* 'io immergo', poi 'battezzo'; 1532] **A s. m. e f.** (**pl. m.** *-i*) ● Seguace di una setta protestante del XVI sec. che sosteneva l'invalidità del battesimo impartito ai neonati e la necessità di rinnovarlo in età di ragione. **B** anche **agg.**: *la setta a.*

anabattistico [1865] **agg.** (**pl. m.** *-ci*) ● Che concerne l'anabattismo.

anabbagliànte [comp. di *an-* e *abbagliante*; 1961] **A agg.** ● Che non abbaglia: *luce a.*; *schermo, fascio, faro a.* **B s. m.** **1** Sorgente di luce che dà luogo a un abbagliamento così tenue da non ridurre sensibilmente la visibilità. **2** (*autom.*) Fascio di luce emesso dai proiettori degli autoveicoli e deviato verso il basso per non abbagliare chi giunge in senso opposto | Il proiettore che emette tale fascio.

anabiòsi [vc. dotta, gr. *anabíōsis*, comp. di *aná* 'di nuovo' e *bíōsis* 'condotta, tenore di vita' (V. *bio-*); 1892] **s. f. inv.** ● (*biol.*) Vita latente provocata dalla disidratazione o dal raffreddamento, che si può osservare in alcuni invertebrati e protozoi | *A. osmotica*, quando è provocata dall'eccesso di salinità.

anabòlico [1955] **agg.** (**pl. m.** *-ci*) ● (*biol.*) Che concerne l'anabolismo: *processo a.*

anabolismo [dal gr. *anabolḗ* 'dilazione', comp. di *aná* 'indietro' e *bolḗ* 'lancio, colpo'; 1908] **s. m.** ● (*biol.*) Fase attiva del metabolismo, in cui le sostanze introdotte nell'organismo si trasformano in materiale energetico o di accumulo. **CONTR.** Catabolismo.

anabolizzànte [1970] **A s. m.** ● Sostanza che favorisce nell'organismo l'insieme dei processi costruttivi che portano alla formazione di nuovi tessuti attraverso la biosintesi delle proteine. **B** anche **agg.**: *sostanza a.*

Anacardiàcee [vc. dotta, comp. di *anacardi(o)* e *-acee*; 1892] **s. f. pl.** (**sing.** *-a*) ● Nella tassonomia vegetale, famiglia di piante delle Terebintali, composta da specie legnose, nel cui legno si trovano canali resiniferi, con fiori spessi unisessuati in pannocchie (*Anacardiaceae*). ➡ **ILL. piante**/5.

anacàrdio o **anacàrdo** [lat. tardo *anacărde(m)*, dal gr. *anakárdion* 'simile a un cuore'; 1595] **s. m.** ● Albero delle Anacardiacee con foglie persistenti, coriacee, fiori bianco-rosati, con peduncoli fruttiferi rigonfi, carnosi e commestibili che portano il vero frutto, anch'esso commestibile (*Anacardium occidentale*) | Il frutto di tale pianta.

ànace ● V. *anice*.

anacenòsi [lat. tardo *anacoenōsi(m)*, nom. *anacoenōsis*, dal gr. *anakóinōsis* 'comunicazione', da *koinós* 'comune'; 1829] **s. f. inv.** ● (*ling.*) Nella retorica, richiesta di consiglio a quegli stessi a cui o contro cui si parla: *Che debb'io far? che mi consigli, Amore?* (PETRARCA).

anaciàto [da *anace*; av. 1936] **agg.** ● Che ha odore o sapore di anice.

anacìclico [vc. dotta, gr. *anakyklikós*, da *anakyklénō* 'volgo in giro', da *kýklos* 'giro'; 1892] **agg.** (**pl. m.** *-ci*) ● Detto di verso leggibile anche a ritroso senza variazione di senso. **SIN.** Palindromico.

anacino ● V. *anicino*.

ànacio ● V. *anice*.

anàclasi [vc. dotta, gr. *anáklasis* 'spezzatura', comp. di *aná* 'su' e *kláō* 'io rompo'; 1865] **s. f. inv.** **1** (*ling.*) Nella metrica classica, sostituzione in un piede metrico di una sillaba lunga con una breve o viceversa per ottenere una variazione ritmica. **2** (*fis.*) Rifrazione della luce.

anaclàstica [dal gr. *anáklastos* 'ripiegato, riflesso', da *anáklasis* 'piegatura, spezzatura' (V. *anaclasi*); 1819] **s. f.** ● Ramo dell'ottica che studia le rifrazioni luminose. **SIN.** Diottrica.

anaclàstico [1955] **agg.** (**pl. m.** *-ci*) ● Detto di verso greco o latino che presenti il fenomeno dell'anaclasi.

anacolùto [vc. dotta, lat. tardo *anacolūtho(n)*, dal gr. *anakólouthon*, da *an-* e *akólouthos* 'che segue'; 1819] **s. m.** ● (*ling.*) Figura retorica che consiste nella quasi sempre consapevole e voluta mancanza o incongruenza di nessi sintattici, allo scopo spec. di rendere la spontaneità del linguaggio parlato: *Quelli che muoiono bisogna pregare Iddio per loro* (MANZONI).

anacònda [da una vc. cingalese non identificata; 1827] **s. m. inv.** ● Grosso serpente tropicale dei Boidi lungo 7-8 metri, di colore olivastro, screziato di giallo sul ventre, che conduce vita semi-acquatica (*Eunectes murinus*). ➡ **ILL. animali**/5.

anacorèsi [gr. *anachṓrēsis*. V. *anacoreta*; 1955] **s. f. inv.** ● Abbandono della vita attiva per ritirarsi in solitudine e dedicarsi alla vita contemplativa e ascetica.

anacorèta [vc. dotta, lat. tardo *anachorēta(m)*, nom. *anachorēta*, dal gr. crist. *anachōrētḗs*, da *amachōréō* 'mi tiro in disparte'; sec. XIV] **s. m.** (**pl.** *-i*) ● Chi si ritirava a vivere nel deserto per raggiungere, in mortificazione e in preghiera, la perfezione cristiana | (*fig.*) ***Vita da a.***, semplice e solitaria. **SIN.** Eremita.

anacorètico [vc. dotta, lat. tardo *anachorēticu(m)*, nom. *anáchorēticus*, dal gr. *anachōrētikós*, da *anachōrētḗs* 'anacoreta'; 1680] **agg.** (**pl. m.** *-ci*) ● Di anacoreta, da anacoreta.

anacoretismo [1955] **s. m.** ● Vita da anacoreta, pratica dell'anacoresi.

anacreontèo [vc. dotta, lat. *Anacreontīu(m)*, nom. *Anacreontīus*, dal gr. *Anakreónteios*, agg. di *Anakréōn*, genit. *Anakréontos* 'Anacreonte'; 1829] **A s. m.** ● Verso della metrica classica tipico della lirica di Anacreonte, costituito da un dimetro ionico a minore. **B** anche **agg.**: *verso a.*

anacreòntica [vc. dotta, lat. tardo *anacreŏnticu(m)*, dal n. del poeta gr. *Anacreonte* (570 ca.-490 ca. a.C.); av. 1712] **s. f.** ● Breve poesia in metro anacreonteo nella lirica greca e latina, in strofette generalmente di settenari e ottonari nella lirica italiana.

anacreòntico [av. 1642] **agg.** (**pl. m.** *-ci*) ● Di Anacreonte | Conforme allo stile di Anacreonte: *ode anacreontica*.

anacronismo [vc. dotta, gr. *anachronismós*, comp. di *aná* 'contro' e *chrónos* 'tempo'; av. 1600] **s. m.** **1** Errore di cronologia per cui si attribuiscono cose e fatti caratteristici di un'epoca a un'altra diversa. **2** Persona, idea, atteggiamento e sim. in contrasto col suo tempo: *questa teoria è un a.*

anacronìstico [1892] **agg.** (**pl. m.** *-ci*) ● Che pecca di anacronismo: *comportamento a.* ‖ **anacronisticaménte**, **avv.**

anacrùsi [vc. dotta, gr. *anákrousis*, da *anakroúō* 'io conduco indietro'; 1829] **s. f. inv.** **1** (*ling.*) Sillaba di un verso che nella scansione ritmica viene considerata fuori battuta e che spesso precede il primo accento, come negli endecasillabi: *o falce d'argento, qual mèsse di sogni / ondeggia al tuo mite chiarore qua giù!* (D'ANNUNZIO). **2** (*mus.*) Nota o gruppo di note che talvolta precedono il primo tempo forte di una battuta.

anadèma [vc. dotta, lat. *anadēma*, dal gr. *anádēma*, da *déō* 'io bendo'; 1961] **s. f.** ● Diadema, benda avvolta attorno al capo, usati nella Grecia antica da donne e fanciulli.

anadiòmene o **anadiomène** [vc. dotta, lat. *anadyŏmene(m)*, nom. *anadyŏmene*, dal gr. *anadyoménē*, part. di *anadýomai* 'io emergo'; 1611] **agg.**; anche **s. f.** ● Epiteto di Venere, emersa dal mare.

anadiplòsi [vc. dotta, gr. *anadíplōsis*, da, *anadiplóō* 'io raddoppio'; 1584] **s. f. inv.** ● (*ling.*) Figura retorica che consiste nella ripetizione di una o più parole di un enunciato precedente all'inizio del successivo: *luce intellettüal, piena d'amore; / amor di vero ben, pien di letizia; / letizia che trascende ogne dolzore* (DANTE *Par.* XXX, 40-42).

anàdromo [gr. *anádromos* 'risalente', comp. di *aná* 'indietro' (V. *ana-* (*2*)) e *drómos* 'corsa', deriv. di *dramêin* 'correre' (di orig. indeur.); 1939] **agg.** ● (*zool.*) Detto di pesce (come, per es., lo storione e il salmone) che dal mare si porta periodicamente nelle acque dolci per riprodursi. **CFR.** Catadromo.

anadùmeno **s. m.** ● (*archeol.*) Diadumeno.

anaelèttrico [comp. di *ana-* (*3*) e *elettrico*; 1940] **agg.** (**pl. m.** *-ci*) ● (*elettr.*) Di corpo non elettrizzabile per strofinamento.

anaeròbico, (*evit.*) **aneròbico** [1908] **agg.** (**pl. m.** *-ci*) ● Relativo all'anaerobiosi.

anaeròbio, (*evit.*) **aneròbio** [comp. di *ana-* (*3*) e *aerobio*; 1892] **A s. m.** ● (*biol.*) Essere vivente che vive in assenza di ossigeno libero. **B** anche **agg.**: *batteri anaerobi*.

anaerobiòsi [comp. di *ana-* (*3*) e *aerobiosi*; 1929] **s. f. inv.** ● (*biol.*) Processo vitale e fisiologico che si svolge in assenza di ossigeno molecolare.

anafàse [comp. di *ana-* (*1*) e *fase*; 1948] **s. f.** ● (*biol.*) Terza fase della cariocinesi, in cui i cromosomi si allontanano dall'equatore dirigendosi verso i poli del fuso.

anafilàssi [vc. dotta, comp. di *ana-* (*2*) e *phýlaxis* 'protezione'; 1923] **s. f. inv.** ● Reazione immunitaria abnorme e immediata dell'organismo nei confronti di sostanze (allergeni) che siano già state precedentemente introdotte nell'organismo.

anafilàttico [1942] **agg.** (**pl. m.** *-ci*) ● (*med.*) Relativo ad anafilassi | ***Shock a.***, insufficienza circolatoria indotta da anafilassi generale che consegue alla introduzione circolatoria di un allergene in un soggetto già sensibilizzato.

anafonèsi [comp. di *ana-* (*1*) e *phṓnēsis* 'suono', da *phōnêin* 'emettere voce, suono', da *phōnḗ* 'voce, suono' (V. *fonema*); 1952] **s. f. inv.** ● (*ling.*) Mutamento fonetico, proprio di molti dialetti toscani, delle vocali toniche *é* e *ó* nelle più chiuse *ì* e *ù*, quando seguite da determinate consonanti (per es. dal lat. *longum*, *lungo*, anziché *longo*, presente invece in molti dialetti).

anàfora [vc. dotta, lat. tardo *anăphora(m)*, nom. *anăphora*, dal gr. *anaphorá* 'ripetizione', da *anaphérō* 'io ripeto'; 1575] **s. f.** **1** (*ling.*) Figura retorica che consiste nella ripetizione della medesima parola, o gruppo di parole, all'inizio di due o più frasi o versi successivi: *s'io meritai di voi mentre ch'io vissi, / s'io meritai di voi assai o poco* (DANTE *Inf.* XXVI, 80-81). **SIN.** Epanafora. **2** (*ling.*) Procedimento di coesione testuale, consistente nella ripresa di un elemento del discorso, precedentemente menzionato, mediante un pronome, un sinonimo, una ripetizione e sim.: *quando Giuda si impiccò, nessuno rimpianse la morte di quel traditore* (*traditore* è anafora di *Giuda*). **CONTR.** Catafora. **3** Nelle liturgie delle Chiese cristiane orientali, la parte centrale della Messa, corrispondente al canone della liturgia romana | (*est.*) Nella liturgia romana, la preghiera eucaristica o canone.

anaforèsi [comp. di *an(odo)* e gr. *phórēsis* 'il portare', dalla stessa radice di *phérein* 'portare' (V. *-fero*); 1932] s. f. inv. ● (*fis.*) Migrazione verso l'anodo di particelle cariche negativamente, provocata da un campo elettrico.

anafòrico (1) [vc. dotta, gr. *anaphorikós*, da *anaphorá* 'anafora'; 1865] agg. (pl. m. *-ci*) ● (*ling.*) Che si riferisce all'anafora: *procedimento, elemento a.* CONTR. Cataforico. || **anaforicaménte**, avv.

anafòrico (2) [vc. dotta, lat. tardo *anaphŏricu(m)*, nom. *anaphŏricus*, dal gr. *anaphorikós*, da *anaphorá* 'il liberarsi', da *anaphérein* 'far salire'. V. *anafora*; 1829] agg. (pl. m. *-ci*) ● (*med.*) Emetico.

anafrodisìa [gr. *anaphrodisía*, comp. di *an-* e *aphrodísios* 'di Afrodite', dea dell'amore; 1961] s. f. ● Diminuzione o assenza del desiderio sessuale.

anafrodisìaco [1961] **A** agg. (pl. m. *-ci*) **1** Di anafrodisia: *stato a.* **2** Detto di sostanza che deprime gli stimoli sessuali. **B** s. m. ● Sostanza anafrodisiaca.

anagàllide [vc. dotta, gr. *anagallís*, genit. *anagallídos*, di etim. incerta; sec. XIV] s. f. ● Pianta erbacea delle Primulacee con fusti striscianti, foglie opposte e sessili, piccoli fiori rossi o azzurri (*Anagallis arvensis*). SIN. Mordigallina.

anagènesi [gr. *anagénnēsis* 'rigenerazione' (da *anagennân* 'rigenerare', comp. di *ana-* (*1*) e *gennân* 'generare', d'orig. indeur.), rifatto su *genesi*; 1961] s. f. inv. ● (*biol.*) Trasformazione di una specie, un genere, una famiglia, un ordine in un'altra specie, genere, famiglia, ordine superiore, senza ramificazioni in più forme.

anagìride [gr. *anágyris*, d'etim. incerta; 1550] s. f. ● Arbusto delle Leguminose con fiori gialli che fioriscono d'inverno, i cui semi contengono due alcaloidi velenosi (*Anagyris foetida*).

anaglìfico [av. 1764] agg. (pl. m. *-ci*) ● Relativo ad anaglifo.

anàglifo o **anaglìpto** [vc. dotta, lat. tardo *anăglyphu(m)*, nom. *anăglyphus*, dal gr. *anáglyphos*, da *glýphō* 'io incido, cesello'; 1768] s. m. **1** (*spec. al pl.*) Piccolo oggetto di scavo, in bassorilievo. **2** (*spec. al pl.*) Coppia di immagini stereoscopiche che, osservate con occhiali speciali, danno l'impressione di immagine in rilievo.

anaglìptico e *deriv.* ● V. *anaglittico* e *deriv.*

anaglìpto ● V. *anaglifo*.

anaglìttica o **anaglìptica** [1819] s. f. ● Arte di intagliare e incidere pietre dure o preziose.

anaglìttico o **anaglìptico** [vc. dotta, lat. tardo *anaglŷpticu(m)*; 1865] agg. (pl. m. *-ci*) ● Relativo all'anaglittica.

anagogìa [vc. dotta, lat. tardo *anagōge(n)*, nom. *anagōge*, dal gr. *anagōgḗ* comp. di *aná* 'su' e *ágō* 'io conduco'; sec. XV] s. f. **1** Rapimento dell'anima nella contemplazione delle cose divine. **2** Una delle quattro forme di interpretazione delle Sacre Scritture, nella quale i fatti descritti sono spiegati come simbolo delle realtà soprannaturali cui l'anima deve elevarsi.

anagògico [1308] agg. (pl. m. *-ci*) ● Dell'anagogia, basato sull'anagogia. || **anagogicaménte** avv. Secondo l'interpretazione anagogica.

anàgrafe [vc. dotta, gr. *anagraphḗ* 'iscrizione, registro', comp. di *aná* 'ana- (1)' e *graphḗ* 'scritto, scrittura'; 1764] s. f. **1** Registro o archivio elettronico contenente i dati sulla popolazione di ogni comune, con le indicazioni riguardanti ciascun individuo e le relative variazioni (nascita, matrimonio, mutamento di residenza, morte, ecc.) | Ufficio comunale che conserva tali dati e rilascia i relativi documenti: *richiedere all'a. il proprio stato di famiglia.* **2** (*est.*) Archivio | ***A. tributaria***, servizio centrale dell'amministrazione finanziaria che raccoglie e ordina in un archivio elettronico tutti i dati e le notizie su ogni cittadino soggetto a imposta.

anagràfico [1905] agg. (pl. m. *-ci*) ● Dell'anagrafe, relativo all'anagrafe: *registro a.*; *dati anagrafici.* || **anagraficaménte**, avv. Per quanto riguarda i dati anagrafici.

anagràmma [comp. del gr. *aná* 'sopra' (V. *ana-* (*1*)) e *grámma* 'lettera', sul modello del gr. tardo *anagrammatismós* 'anagramma'; 1618] s. m. (pl. *-i*) ● Gioco enigmistico consistente nella trasposizione delle lettere di una parola in modo da formare un'altra (p. es. *piscina-spinaci*).

anagrammàre [1740 ca.] **A** v. tr. ● Fare l'anagramma di una parola o d'una frase. **B** v. intr. pron. ● Formare anagramma del proprio nome: *Renato Fucini si anagrammò in Nerì Tanfucio.*

anagrammàtico [1765] agg. (pl. m. *-ci*) ● Di anagramma. || **anagrammaticaménte**, avv. A modo di, per anagramma.

anagrammìsta [1941] s. m. e f. (pl. m. *-i*) ● Chi compone o risolve anagrammi.

analcòlico o **analcoòlico** [comp. di *an-* e *alco(o)lico*; 1942] **A** agg. (pl. m. *-ci*) ● Che non contiene alcool: *bibita analcolica.* **B** s. m. ● Bevanda priva di alcol.

anàlda [deformazione del n. della contea belga di *Hainaut*; 1353] agg. ● Solo nella loc. avv. ***all'a.***, detto di sopravveste maschile lunga e stretta con maniche ampie, in voga nel tardo Medioevo.

anàle [da *ano*; 1827] agg. **1** (*anat.*) Dell'ano, relativo all'ano: *orifizio, sfintere a.* **2** (*psicoan.*) ***Fase a.***, la seconda fase dello sviluppo psicosessuale del bambino, in cui la fonte principale di piacere è la zona anale.

analècta [gr. *análekta*, nt. pl. di *análektos* 'raccolto', da *analégein* 'raccogliere', comp. di *aná* 'in alto, verso' e *légein* 'raccogliere' (V. *-logo*); 1748] s. m. pl. ● Insieme di opuscoli, frammenti, testi, notizie e sim. spec. di natura giuridica, storica o scientifica.

analèmma [vc. dotta, gr. *análēmma* 'piano, piedistallo, sostegno', deriv. del v. *analambánein* 'sollevare'; 1955] s. m. (pl. *-i*) ● (*astron.*) Proiezione ortografica del moto apparente del Sole sul piano meridiano del luogo di osservazione.

analèssi [vc. dotta, gr. *análēpsis*, comp. di *aná* 'di nuovo' e *lêpsis* 'il prendere'; 1819] s. f. inv. **1** Nella retorica classica, ripresa di una stessa parola. **2** In un testo narrativo, riferimento ad avvenimenti anteriori al tempo della narrazione. CFR. Prolessi.

analèttico [vc. dotta, lat. *analēpticu(m)*, nom. *analēpticus*, dal gr. *analēptikós*. V. *analessi*; 1797] **A** s. m. (pl. *-ci*) ● Medicamento capace di eccitare transitoriamente l'attività cardiaca, circolatoria e respiratoria. **B** anche agg.: *farmaco a.*

analfabèta [vc. dotta, gr. *analphábētos*, comp. di *an-* e *alphábētos* 'alfabeto'; 1676] agg.; anche s. m. e f. (pl. m. *-i*) ● Che (o Chi) non sa leggere e scrivere. CONTR. Alfabeta | (*est.*) Ignorante | ***A. di ritorno***, persona, spec. adulta, che ha disimparato a leggere e a scrivere.

analfabètico [1911] agg. (pl. m. *-ci*) ● Che non si fonda sulle lettere dell'alfabeto: *scrittura analfabetica.*

analfabetìsmo [1883] s. m. **1** Condizione dell'analfabeta | ***A. di ritorno***, di chi ha perso per lunga desuetudine la già acquisita capacità di leggere e scrivere; SIN. Dealfabetizzazione. **2** Fenomeno sociale per cui una determinata percentuale di persone, in età adatta all'apprendimento, è e resta incapace di leggere e di scrivere: *la piaga dell'a.*; *lotta contro l'a.*

analgesìa [vc. dotta, gr. *analgēsía*, comp. di *an-* e *álgos* 'dolore'; 1819] s. f. ● Riduzione o soppressione della sensibilità al dolore.

analgèsico [1899] **A** agg. (pl. m. *-ci*) ● Relativo ad analgesia | Che produce analgesia: *farmaco a.* **B** s. m. ● Farmaco antidolorifico che agisce sul centro della percezione del dolore situato nella corteccia cerebrale. SIN. Antalgico, antidolorifico.

anàlisi [vc. dotta, gr. *análysis*, da *analýō* 'io sciolgo'; 1675] s. f. inv. **1** Metodo di studio e di ricerca consistente nello scomporre un tutto nelle sue singole componenti allo scopo di esaminarle e definirle: *a. del periodo*; *procedere all'a. di un fenomeno sociale, di un fatto storico, di una norma di legge.* CONTR. Sintesi | ***A. estetica***, relativa agli elementi estetici di un'opera d'arte | ***A. grammaticale***, quella che identifica la funzione grammaticale delle parole che compongono una proposizione | ***A. logica***, quella che identifica la funzione sintattica delle parole o di gruppi di parole in una proposizione | (*est.*) Indagine, esame approfondito: *condurre un'accurata a. di un problema*; *a. psicologica* | ***A. di mercato***, ricerca di mercato | ***In ultima a.***, in conclusione. **2** In varie discipline scientifiche, insieme delle operazioni aventi lo scopo di determinare la natura e le caratteristiche fondamentali di una sostanza o di un complesso di sostanze: *a. qualitativa, quantitativa*; *a. chimica elementare*; *a. spettrale, gravimetrica, colorimetrica* | ***A. del suono***, relativa a un suono complesso per ottenere le componenti semplici armoniche, la loro frequenza e la loro intensità | ***A. clinica***, in medicina, quella che viene effettuata a scopo diagnostico: *a. del sangue, dell'urina*; *fare le a.* **3** (*mat.*) ***A. infinitesimale***, ramo della matematica che studia le applicazioni del concetto di limite, segnatamente il calcolo infinitesimale | ***A. matematica***, ramo della matematica che studia i metodi di calcolo per la risoluzione di problemi matematici e le teorie che da tale studio sorgono | ***A. funzionale***, studio delle equazioni funzionali | ***A. combinatoria***, ramo della matematica che studia la costruzione e l'enumerazione di insiemi costituiti da un numero finito d'elementi ed obbedienti a requisiti assegnati | †***A. algebrica***, algebra classica. **4** (*elab.*) Fase di lavoro, precedente la programmazione, in cui vengono esaminate le procedure la cui esecuzione sarà affidata alla macchina. **5** Trattamento psicoanalitico: *essere in a.*; *sette anni di a.* | ***A. di gruppo***, V. *gruppo*.

analìsta [fr. *analyste*, dal gr. *analýō* 'io sciolgo'; 1674] s. m. e f. (pl. m. *-i*) **1** Chi esegue analisi spec. chimiche, mediche e sim. | ***A. finanziario***, chi si dedica all'analisi della situazione finanziaria dell'azienda | ***A. tempi e metodi***, tecnico della produzione addetto alla determinazione dei tempi di lavorazione secondo il metodo più economico | ***A. di mercato***, professionista che fa ricerche di mercato o analisi di un determinato settore dell'economia | Chi analizza i problemi, spec. aziendali, in funzione dell'elaborazione elettronica. **2** Scrittore che sa descrivere con acutezza i sentimenti umani. **3** Psicoanalista.

analìtica [1740] s. f. ● Qualsiasi disciplina che si fonda sul procedimento dell'analisi.

analiticità [1983] s. f. ● Caratteristica di chi (o di ciò che) è analitico.

analìtico [av. 1566] agg. (pl. m. *-ci*) **1** Proprio dell'analisi: *metodo, procedimento a.* | Che ha attitudine all'analisi: *mente, intelligenza analitica* | (*est.*) Minuzioso: *descrizione analitica* | ***Bilancia analitica***, usata, spec. in chimica, per pesate di alta precisione con approssimazioni di 0,1-0,2 mg. **2** Basato sull'analisi | ***Chimica analitica***, branca della chimica che studia la composizione qualitativa e quantitativa dei composti e dei miscugli | ***Indice a.***, nei libri, quello che indica le pagine in cui si parla di un dato autore o di un dato argomento | (*filos.*) ***Giudizio a.***, nella logica kantiana, quello in cui un concetto del predicato è implicitamente contenuto in quello del soggetto, per cui basta analizzare il soggetto per ricavare il predicato | ***Filosofia analitica***, indirizzo della filosofia contemporanea, diffuso spec. nei Paesi anglosassoni, che considera la ricerca filosofica come un'indagine scientifica improntata a criteri di rigore ed esattezza e si volge in particolare allo studio del linguaggio. **3** (*mat.*) Di metodo che usa prevalentemente calcoli. **4** (*ling.*) ***Lingua analitica***, quella (ad es. l'italiano) che esprime i rapporti grammaticali con l'aggiunta di elementi indipendenti piuttosto che con modificazioni interne delle parole. CONTR. Sintetico. || **analiticaménte**, avv.

analizzàbile [1941] agg. ● Che si può analizzare.

analizzàre [fr. *analyser* 'fare l'analisi (*analyse*)', dal gr. *analýō* 'io sciolgo'; 1711] v. tr. **1** Sottoporre qlco. ad analisi: *a. un minerale, un periodo*; *scrittore che analizza abilmente i sentimenti umani.* **2** (*est.*) Esaminare con cura, nei particolari: *a. un comunicato, una legge*; *problema complesso, difficile da a.*

analizzatóre [1781] s. m. **1** (f. *-trice*) Chi fa un'analisi, spec. chimica. **2** (*scient.*) Strumento per compiere analisi | ***A. universale***, multimetro. **3** (*miner.*) Dispositivo del microscopio da mineralogia che evidenzia quale tipo di interferenza abbia subito la luce polarizzata all'interno del cristallo.

anallèrgico [comp. di *an-* e *allergia*, con suff. agg.; 1950] agg. (pl. m. *-ci*) ● Che non produce allergia: *siero a.*

analogìa [vc. dotta, lat. *analŏgia(m)*, nom. *analŏgia*, dal gr. *analogía* 'proporzione'. V. *analogo*; 1558] s. f. **1** Relazione di affinità e somiglianza tra due o più cose: *a. di gusti*; *le lingue neolatine presentano fra loro numerose analogie*; *l'a. fra le due opere è evidente.* **2** (*ling.*) Influenza assimilatrice che una forma esercita su un'altra | Nella grammatica antica, principio di regolarità nella flessione e nella formazione delle parole; CONTR. Anomalia. **3** (*filos.*) In logica, argomentazione che, in base alla somiglianza di due o più cose per uno o più aspetti, suppone la somiglianza di queste stesse cose per qualche altro aspetto: *argomentare per a.* **4** (*fis.*) Corrispondenza che esiste fra due fenomeni fisici di natura diversa quando le grandezze relative all'uno e le grandezze relative all'altro sono legate da equazioni identiche; permette di studiare fenomeni complessi su modelli costituiti da fenomeni più semplici. **5** (*biol.*) Relazione esistente tra parti anatomiche di categorie tassonomiche diverse che svolgono la stessa funzione ma differiscono per il piano organizzativo complessivo e le modalità di sviluppo (per es. ali di uccelli e di insetti).

analògico [vc. dotta, lat. *analŏgicus*, dal gr. *analogikós*, da *análogos* 'analogo'; 1550] **agg.** (**pl. m.** *-ci*) **1** Che è tipico dell'analogia: *metodo a.* | Che si basa sull'analogia: *interpretazione analogica.* **2** Detto di sistema o dispositivo che tratta grandezze non discrete che variano con continuità: *calcolatore a.* | ***Orologio a.***, che segna l'ora rappresentando lo scorrere del tempo tramite il movimento delle lancette. **CFR.** Digitale. || **analogicaménte**, **avv.** In modo analogico, per analogia.

analogismo [1748] **s. m.** • Uso di procedimenti analogici.

analogista [1929] **s. m. e f.** (**pl. m.** *-i*) • Grammatico classico della scuola alessandrina sostenitore del principio dell'analogia.

anàlogo [vc. dotta, lat. *analŏgu(m)*, nom. *anălogos*, dal gr. *análogos* 'proporzionato, che è in rapporto con', da *lógos* 'proporzione, corrispondenza'; av. 1565] **agg.** (**pl. m.** *-ghi*) **1** Che ha analogia con qlco.: *mi trovo in una situazione analoga alla tua.* **SIN.** Affine, simile. **2** (*biol.*) Detto di organi o parti di animali che hanno uguale funzione anche se origine embrionale molto diversa. **3** (*lett.*) Appropriato, confacente. || **analogaménte**, **avv.**

anamnèsi o **anàmnesi** [vc. dotta, lat. tardo *anamnesi(m)*, nom. *anamnēsis*, dal gr. *anámnēsis* 'ricordo', da *anamimnḗskō* 'io ricordo'; 1819] **s. f. inv.** **1** Nella filosofia platonica, teoria basata sulla preesistenza dell'anima, secondo cui tutte le nostre conoscenze sono ricordi di cognizioni acquisite in esistenze anteriori. **2** (*med.*) Raccolta delle notizie riguardanti i precedenti fisiologici e patologici personali ed ereditari dei pazienti, compiuta a scopo diagnostico mediante l'interrogatorio del paziente stesso e dei familiari: *a. prossima, remota.* **CFR.** Catamnesi. **3** (*relig.*) Parte del canone della Messa successiva alla consacrazione e che contiene l'offerta del sacrificio.

anamnèstico [vc. dotta, gr. *anamnēstikós*, da *anámnēsis* 'anamnesi'; 1819] **agg.** (**pl. m.** *-ci*) • (*med.*) Relativo ad anamnesi: *dati anamnestici.*

anàmni [comp. di *a-* (*1*) e *amnio*; 1983] **s. m. pl.** (**sing.** *-io*) • Nella tassonomia animale, denominazione dei Vertebrati il cui embrione è privo di annessi embrionali.

anamòrfico [1974] **agg.** (**pl. m.** *-ci*) • Relativo ad anamorfosi | ***Lente anamorfica***, che dà luogo ad anamorfosi delle immagini.

anamorfizzàre **v. tr.** • (*cine, fot.*) Operare un'anamorfosi.

anamorfizzazióne **s. f.** • (*cine, fot.*) Utilizzo di sistemi ottici che permettono l'anamorfosi.

anamorfòsi o **anamòrfosi** [comp. dotta, gr. *anamórphōsis*, da *morphḗ* 'forma'; 1819] **s. f. inv.** **1** Deformazione dell'immagine per mezzo di un sistema ottico, tale che l'ingrandimento in senso orizzontale sia diverso da quello in senso verticale. **2** Artificio pittorico per inserire in una composizione scene o immagini non percepibili se non osservate di scorcio o da un determinato punto di vista. **3** (*biol.*) Tendenza a un graduale incremento in complessità o a un cambio di forma nell'evoluzione di un gruppo di animali o di piante.

ànanas o **ananàs**, (*tosc.*) **ananàsse**, **ananàsso** nel sign. 1 [dal guaranì *nana*, attrav. il port. *ananaz*; av. 1764] **s. m.** **1** Pianta delle Bromeliacee con lunghe foglie spinose ai margini, disposte a rosetta dal cui centro si alza uno scapo portante una spiga di fiori violacei (*Ananas sativus*). ➡ **ILL. piante**/10. | Il frutto di tale pianta, simile nell'aspetto a una grossa pigna, costituito dai singoli frutti, dalle brattee, dal peduncolo. **2** Tipo di bomba a mano contenente un'alta dose di esplosivo che nell'aspetto ricorda vagamente il frutto omonimo.

anancàsmo [vc. dotta, gr. *anánkasma* 'costrizione' dal v. *anankázein* 'obbligare, costringere'] **s. m.** • (*psicol.*) Pensiero o impulso insistente e coatto.

anancàstico [vc. dotta., gr. *anankastikós* 'obbligatorio, coercitivo', dal v. *anankázein* 'obbligare, costringere'] **agg.** (**pl. m.** *-ci*) • Che presenta anancasmi: *personalità anancastica, tipo a.*

anànche o **anànke** [gr. *anánkē* 'necessità'; 1885] **s. f. inv.** • (*lett.*) Necessità, fato, destino.

anapèstico [vc. dotta, lat. tardo *anapăesticu(m)*, nom. *anapăesticus*, dal gr. *anapaistikós*, da *anápaistos* 'anapesto'; 1631] **agg.** (**pl. m.** *-ci*) • Di anapesto: *ritmo a.* | Formato di anapesti: *verso a.*

anapèsto [vc. dotta, lat. *anapaestu(m)*, nom. *anapaestus*, dal gr. *anápaistos* 'battuto a rovescio', da *anapáiō* 'io batto a rovescio'; sec. XIV] **s. m.** • (*ling.*) Piede metrico della poesia greca e latina formato da due sillabe brevi e da una lunga.

anaplasìa [comp. di *ana-* (*3*) e *-plasia*] **s. f.** • (*med.*) Perdita della differenziazione cellulare, della organizzazione e della funzione specifica tessutale; si verifica nelle cellule neoplastiche.

anaplàsma [comp. del gr. *aná* 'all'insù, sopra' (V. *ana-* (*1*)) e *plásma* 'plasma'; 1955] **s. m.** (**pl.** *-i*) • Genere di protozoi parassiti dei globuli rossi di vari Mammiferi, spec. Bovini ed Equini (*Anaplasma*).

anaplasmòsi [comp. di *anaplasm(a)* e *-osi*; 1955] **s. f. inv.** • Malattia infettiva dei Bovini e degli Ovini, trasmessa dalle zecche, caratterizzata da anemia.

anapodìttico [dal gr. *anapódeiktos* 'non provato', comp. di *an-* e *apodeiknýnai* 'mostrare' (V. *apodittico*); 1965] **agg.** (**pl. m.** *-ci*) • Che è evidente di per sé e non ha bisogno di dimostrazione.

anaptìssi [vc. dotta, gr. *anáptyxis* 'apertura, spiegazione', da *anaptýssein* 'spiegare, svolgere', comp. di *aná* 'su' e *ptýssein* 'piegare', di etim. incerta; 1950] **s. f. inv.** • (*ling.*) Inserimento di una vocale in un gruppo consonantico, per facilitarne la pronuncia: *Sempre ha l'asima e la tossa* (POLIZIANO).

anaptìttico [da *anaptissi*; 1980] **agg.** (**pl. m.** *-ci*) • (*ling.*) Di anaptissi, inserito per anaptissi.

anarchìa [gr. *anarchía*, comp. di *an-* e *archḗ* 'comando, potere'; 1619] **s. f.** **1** Mancanza di governo | Stato di disordine politico dovuto a mancanza o debolezza di governo: *cadere nell'a.* | (*est.*) Disordine, indisciplina: *in questa casa vige l'a.* **2** Concezione e movimento politico sorti nella seconda metà dell'Ottocento, che propugnano un ordine fondato sull'autonomia e la libertà degli individui contro ogni forma di Stato e di potere costituito.

anàrchico [da *anarchia* o fr. *anarchique*; 1766] **A agg.** (**pl. m.** *-ci*) • Proprio dell'anarchia: *idee anarchiche* | (*est.*) Disordinato, caotico. || **anarchicaménte**, **avv.** **B s. m.** (**f.** *-a*) • Fautore dell'anarchia | (*est.*) Chi è insofferente di ogni regola o disciplina.

anarchìsmo [1895] **s. m.** **1** Atteggiamento anarchico | (*est.*) Tendenza, gener. priva di fondamento ideologico o politico, a rifiutare qualsiasi forma di autorità: *l'a. dei giovani.* **2** L'organizzazione della vita sociale teorizzata dagli anarchici.

anarcòide [comp. di *anarc(hico)* e *-oide*; 1905] **agg.**; anche **s. m. e f.** **1** Che (o Chi) è propenso all'anarchia. **2** (*est., spreg.*) Che (o Chi) ha tendenze ribelli, è insofferente d'ogni disciplina e sim.: *carattere a.*; *assumere atteggiamenti da a.*

anariàno [comp. di *an-* e *ariano*; 1950] **agg.**; anche **s. m.** • (*raro*) Che (o Chi) non è ariano.

anasàrca o †**anassàrca** [gr. *anásarx*, genit. *anásarkos*, comp. di *aná* 'verso, contro' e *sárx*, genit. *sarkós* 'carne', di etim. incerta; av. 1577] **s. m.** (**pl.** *-chi*) • (*med.*) Edema generalizzato al tessuto sottocutaneo di tutto il corpo.

anastàtica [dal gr. *anástasis* 'risurrezione'; 1865] **s. f.** • Pianta erbacea delle Crocifere a forma di cespuglietto con foglie ovali, pelose e fiori piccoli di colore bianco (*Anastatica hierochuntica*). **SIN.** Rosa di Gerico.

anastàtico [ingl. *anastatic*, attrav. il fr. *anastatique*, dal gr. *anástasis* 'azione di risollevarsi, risurrezione'; 1892] **agg.** (**pl. m.** *-ci*) • Detto di riproduzione litografica fondata sul trasporto diretto dello stampato alla pietra per ottenere una nuova matrice: *copia anastatica* | (*est.*) Detto di ogni procedimento che permetta di ristampare fedelmente un originale: *ristampa anastatica.* || **anastaticaménte**, **avv.** Mediante un procedimento anastatico.

anastigmàtico [comp. di *an-* e *astigmatico*; 1913] **agg.** (**pl. m.** *-ci*) • Di sistema ottico, lente od obiettivo, in cui sia eliminato l'astigmatismo.

anastigmatìsmo [1955] **s. m.** • Proprietà di ciò che è anastigmatico: *a. di una lente.*

anastilòsi [vc. dotta, comp. di *ana-* (*1*) e del gr. *stýlosis* 'colonnato'; 1963] **s. f. inv.** • (*archeol.*) Ricostruzione di antichi edifici o monumenti con l'utilizzo delle parti originali e nel rispetto delle primitive strutture.

anastomizzàre [da *anastomosi*; 1941] **v. tr.** • (*chir.*) Unire in anastomosi.

anastomòsi o **anastòmosi** [vc. dotta, lat. tardo *anastomōsi(m)*, nom. *anastomōsis*, dal gr. *anastómōsis* 'imboccatura', da *anastomóō* 'dare sbocco', comp. di *aná* 'verso' e *stóma* 'bocca'; 1574] **s. f. inv.** **1** (*chir.*) Connessione realizzata chirurgicamente tra strutture anatomiche tubulari tra loro omogenee, come vasi o tratti intestinali, o eterogenee, come l'uretere e il colon. **2** (*anat.*) Ramo di comunicazione tra tronchi vasali o nervosi principali.

anàstrofe [vc. dotta, lat. tardo *anăstrophe(n)*, nom. *anăstrophe*, dal gr. *anastrophḗ* 'inversione' (*stréphō* 'io rovescio'); 1819] **s. f.** • (*ling.*) Figura retorica che consiste nel mutamento dell'ordine consueto delle parole all'interno di una frase: *O belle a gli occhi miei tende latine!* (TASSO).

anatàsio [vc. dotta, dal gr. *anátasis* 'azione di stendere in alto'; 1961] **s. m.** • (*miner.*) Ossido di titanio in lunghi prismi tetragonali neri.

anatèma o raro **anàtema** [vc. dotta, lat. tardo *anăthema*, dal gr. *anáthema* 'maledizione', da *anatíthēmi* 'io pongo sopra, dedico'; 1619] **s. m.** (**pl.** *-i*) **1** Nelle religioni greca e romana, consacrazione votiva agli dei inferi | Nella religione cristiana, scomunica solenne contenente originariamente la maledizione dello scomunicato. **2** (*est.*) Maledizione: *gettare, scagliare l'a. contro qlcu.*; *fulminare qlcu. di anatemi.* **3** †Chi è colpito da anatema.

anatematìsmo [vc. dotta, lat. tardo *anathematī́smu(m)*, nom. *anathematī́smus*, dal gr. *anathematismós*. V. *anatema*; 1619] **s. m.** • Denuncia ecclesiastica di libro o di dottrina degni di anatema.

anatematizzàre o **anatemizzàre** [vc. dotta, lat. tardo *anathematizāre*, dal gr. *anathematízō*. V. *anatema*; av. 1498] **v. tr.** **1** Colpire con anatema. **2** (*raro, lett.*) Condannare: *i quali anatemizzarono la danza di Isadora* (SAVINIO).

Anàtidi [dal lat. *ănas*, genit. *ănatis* 'anitra'; 1955] **s. m. pl.** (**sing.** *-e*) • Nella tassonomia animale, famiglia di Uccelli degli Anseriformi in genere acquatici (*Anatidae*).

anatocìsmo [vc. dotta, lat. *anatocī́smu(m)*, dal gr. *anatokismós*, deriv. dal v. *anatokízein* 'prendere l'interesse (*tókos*) su (*aná*) l'interesse'; 1673] **s. m.** • (*econ.*) Regola di calcolo degli interessi su un capitale, in base alla quale gli interessi di un periodo concorrono, insieme al capitale originario, alla maturazione di interessi per i periodi successivi.

anatòlico [1983] **A agg.** (**pl. m.** *-ci*) • Dell'Anatolia, regione della Turchia: *villaggi anatolici.* **B s. m.** (**f.** *-a*) • Abitante, nativo dell'Anatolia.

anatomìa o †**notomìa** [vc. dotta, lat. tardo *anatŏmia(m)*, nom. *anatŏmia*, dal gr. *anatomḗ* 'dissezione', da *anatémnō* 'io seziono'; av. 1455] **s. f.** **1** Scienza che studia la forma e la struttura degli organismi animali e vegetali nelle singole parti che li compongono | ***A. umana normale***, studio sistematico della forma e della costituzione del corpo umano | ***A. patologica***, branca della medicina che studia le malattie con l'esame delle alterazioni indotte nei vari organi o tessuti dai processi morbosi | ***A. comparata***, studio comparativo dell'anatomia umana e animale per ricavare considerazioni generali sul significato morfologico degli organi | ***A. topografica***, studio del corpo umano secondo una suddivisione regionale. ➡ **ILL.** p. 2122-2127 ANATOMIA UMANA. **2** Dissezione: *fare l'a. di un cadavere.* **3** (*est.*) La forma, la struttura di un organismo o di una sua parte (*anche fig.*) | Pezzo anatomico: *Chi … non è buon maestro di figure, e masimo di notomia, non se ne può intendere* (MICHELANGELO). **4** (*fig.*) Analisi metodica e minuziosa di qlco.: *a. di una crisi, di un delitto.*

anatòmico [vc. dotta, lat. tardo *anatŏmicu(m)*, nom. *anatŏmicus*, dal gr. *anatomikós*, da *anatomḗ* 'anatomia'; 1664] **A** agg. (pl. m. *-ci*) *1* Di anatomia, relativo all'anatomia: *preparazione anatomica*; *pezzo a.* | ***Sala anatomica***, dove si fanno le dissezioni | ***Tavolo a.***, per dissezioni. *2* Modellato, strutturato secondo la forma del corpo umano o di una sua parte: *sedile a.*; *sedia, scarpa anatomica.* || **anatomicaménte**, avv. Per quanto riguarda l'anatomia. **B** s. m. (f. *-a*) ● Anatomista.

anatomista o †**notomista** [av. 1519] s. m. e f. (pl. m. *-i*) ● Studioso, esperto di anatomia.

anatomizzàre o †**notomizzàre** [1567] v. tr. *1* Sezionare un corpo animale studiandone la struttura, l'anatomia: *a. un cadavere, un arto.* SIN. Dissecare. *2* (*fig.*) Esaminare in modo sottile e minuzioso.

anatomopatologìa [comp. di *anatom(ic)o* e *patologia*] s. f. ● (*med.*) Anatomia patologica.

anatomopatòlogo [da *anatomopatologia*] s. m. (f. *-a*; pl. m. *-gi*) ● (*med.*) Medico specializzato in anatomia patologica.

anatossina [comp. di *ana-* (*3*) e *tossina*; 1930] s. f. ● (*biol.*) Tossina batterica privata artificialmente del suo potere tossico che però conserva le proprietà vaccinanti: *a. antitetanica, difterica.* SIN. Tossoide.

♦**ànatra** o **ànitra** [lat. parl. **ănitra(m)*, per il class. *ănate(m)*, di orig. indeur.; sec. XIII] s. f. *1* Genere di uccello acquatico spesso commestibile degli Anseriformi con piedi palmati, becco largo e piatto, piumaggio variopinto su fondo generalmente grigio (*Anas*) | ***A. selvatica***, germano reale | ***A. domestica***, derivata dal germano reale ma differente per mole, colore delle piume, maggiore deposizione delle uova | ***A. muschiata, a. muta***, originaria dell'America meridionale, grossa e di piumaggio verde, con screziature bianche sulle ali, che emana odore di muschio e, nel maschio, emette soltanto una specie di soffio invece del verso caratteristico (*Cairina moschata*) | ***A. matta***, fischione | ***A. sposa, a. sposina***, originaria dell'America sett., di piumaggio elegante (*Aix sponsa*) | ***A. mandarina***, originaria dell'Estremo Oriente, di piumaggio e forma elegante (*Aix galericulata*) | ***A. zoppa***, (*fig.*, trad. dell'ingl. *lame duck*) nel linguaggio giornalistico, persona inefficiente, incapace o che esercita un potere solo nominalmente. ➡ ILL. **animali**/7. *2* Correntemente, la femmina del germano reale. || **anatràccia**, pegg. | **anatràccio**, pegg. m. | **anatrèlla**, dim. (V.) | **anatrétta**, dim. | **anatrina**, dim. | **anatrino**, dim. m. | **anatròcco**, dim. m. | **anatròccolo**, dim. m. (V.) | **anatròtto**, dim. m.

anatràre [1831] v. intr. (*io ànatro*; aus. *avere*) ● Detto dell'anatra, emettere il caratteristico verso basso e stridulo, frammisto a frequenti starnazzii.

anatrèlla [1557] s. f. *1* Dim. di *anatra.* *2* (*arald.*) Piccola anatra posta nello scudo sempre di profilo, ad ali chiuse, priva del becco e delle zampe.

anatrèptica o **anatrèttica** [vc. dotta, gr. *anatreptikós*, da *anatrépō* 'io rovescio, abbatto'; 1940] s. f. ● In logica, l'arte di rovesciare le argomentazioni dell'avversario per confonderlo.

anatròccolo o **anitròccolo** [av. 1449] s. m. *1* Dim. di *anatra.* *2* Pulcino dell'anatra: *la favola del brutto a.*

anàtropo [dal gr. *anatropḗ* 'rovesciamento', deriv. di *anatrépein* 'rovesciare', comp. di *ana-* 'ana-' (2)' e *trépein* 'volgere'; 1983] agg. ● (*bot.*) Capovolto | ***Ovulo a.***, quello delle Fanerogame, curvato alla base in modo che l'asse longitudinale sia parallelo all'asse del funicolo.

ànca [francone **hanca*; 1282] s. f. *1* Regione anatomica del corpo umano che comprende la parte laterale e posteriore del bacino e la parte laterale e superiore della coscia; CFR. Coxalgia | Correntemente, fianco | ***Muovere le anche***, ancheggiare. *2* Regione anatomica del corpo di molti animali corrispondente all'angolo esterno dell'ileo, costituente nei quadrupedi la parte più ampia della groppa. *3* Punto del fianco della nave dove lo scafo si arrotonda per formare la poppa.

ancàta [1942] s. f. *1* Movimento compiuto con l'anca. *2* Nella lotta azione con la quale, facendo perno sulla propria anca, si rovescia a terra l'avversario.

ancèlla o †**ancilla** [lat. *ancĭllam*, dim. di *ăncula* 'serva', di orig. indeur., attratto nella serie dei nomi in *-ella*; av. 1294] s. f. *1* (*lett.*) Schiava | ***L'a. del Signore***, (*per anton.*) la Madonna. *2* (*lett.*) Domestica, cameriera: *a le vergini ancelle il cane affida* (PARINI).

ancestràle [fr. *ancestral*, da *ancestre*, dal lat. *antecēssor*, genit. *antecessōris*. V. *antecessore*; 1918] agg. *1* Avito, atavico: *terrori ancestrali.* *2* (*biol.*) Detto di organo che si riscontra in animali fossili, e che nelle specie viventi è atrofizzato o diversamente sviluppato.

♦**ànche** o (*tosc.*) †**ànco** [etim. incerta; 1211] **A** cong. *1* Pure, con riferimento a quanto precedentemente espresso e sottinteso: *ho già studiato storia e a. geografia*; *a. oggi non potrò venire* | Si usa nelle risposte con valore raff.: *'Tu vieni?' 'Sì!' 'E tua madre?' 'A.'.* *2* Rafforza l'idea di possibilità: *potevi a. dirmelo*; *avresti potuto a. star zitto.* *3* Persino: *l'hai trattato a. troppo bene* | Oltre a ciò, inoltre: *c'è da considerare a. questo fatto* | Con un senso di rammarico: *a. da te dovevo sentirmelo dire!* *4* Introduce una prop. concessiva, sia implicita col v. al ger. o all'inf., sia esplicita col v. al congv. e all'indic.: *a. dicendoglielo tu, non ci crederà*; *a. a volerlo aiutare, non si può far molto per lui*; *a. se volesse non potrebbe farcela*; *non accetterei, fosse a. lei a chiedermelo* | Sebbene, quantunque: *si mostra scontroso, a. se lo tratto con ogni riguardo* | ***Quand'a.***, ammesso pure che, dato pure che, anche se. **B** avv. *1* (*lett.*) †Fino ad ora: *non hanno a. provveduto alle difese* | ***Per a., per anco***, ancora, finora; (*fig.*) del resto, per altro: *né io sono per a. un manzoniano / che tiri quattro paghe per il lesso* (CARDUCCI) | †***Non a.***, nemmeno. *2* (*lett.*) †Ancora, di nuovo; *sì che 'n inferno i' credea tornar a.* (DANTE *Inf.* XXXIV, 81). *3* (*lett.*) Ormai, finalmente: *sian gli sdegni anco forniti* (TASSO).

ancheggiaménto [1925] s. m. ● L'ancheggiare.

ancheggiàre [da *anca*; 1940] v. intr. (*io anchéggio*; aus. *avere*) ● Muoversi facendo ondeggiare i fianchi.

anchiloṣàre [da *anchilosi*; av. 1930] v. tr. e intr. pron. (*io anchilòṣo* o *anchìloṣo*) ● Irrigidire per anchilosi: *le mie gambe si stanno anchilosando.*

anchiloṣàto [1915] part. pass. di *anchilosare*; anche agg. *1* Nei sign. del v. *2* Rigido, incapace di movimento (*anche fig.*): *mi sento tutto a.*; *avere la memoria anchilosata.*

anchilòṣi o **anchìloṣi** [vc. dotta, gr. *ankýlōsis*, da *ankýlos* 'curvo'; 1574] s. f. inv. ● (*med.*) Diminuzione o perdita dei normali movimenti di un'articolazione.

anchilòstoma [comp. del gr. *ankýlos* 'curvo' e *stóma* 'bocca'; 1875] s. m. (pl. *-i*) ● Verme dei Nematodi parassita intestinale, con bocca fornita di piccoli denti (*Ancylostonia duodenale*).

anchilostomìaṣi [1923] s. f. inv. ● (*med.*) Infestazione da anchilostomi, che si localizzano nell'intestino causando intensa anemia.

anchina [dalla città cinese di *Nanjing*; 1797] s. f. ● Tela di cotone di color giallo, originaria della città di Nanchino.

anchino [lat. tardo *anquīna(m)*, dal gr. *ankóinē* 'cosa curva', da *ánkos* 'curvatura'; 1607] s. m. ● (*mar.*) Anello di corde robuste, per fissare all'albero i pennoni minori e le antenne delle vele auriche, che reca inserite grosse sfere di legno duro (*bertocci*).

anchorman /*ingl.* 'æŋkəɹ,mæn/ [loc. ingl. d'America, propr. 'uomo àncora'; 1984] s. m. inv. (f. ingl. *anchorwoman* /*ingl.* 'æŋkəɹ,wumən/ o *anchorlady* /'æŋkə-leidi/; pl. m. ingl. *anchormen* /*ingl.* 'æŋkəɹ,mɛn/; pl. f. ingl. *anchorwomen* /*ingl.* 'æŋkəɹ,wɪmɨn/ o *anchorladies* /'æŋkə-leidis/) ● Conduttore di un notiziario televisivo o radiofonico, che assicura da studio i collegamenti con i vari inviati, coordina la messa in onda dei servizi e commenta gli avvenimenti del giorno | (*gener.*) Conduttore di un programma televisivo o radiofonico di largo ascolto.

ància [germ. **ankja* 'tubo', attrav. il fr. *anche*; 1829] s. f. (pl. *-ce*) ● (*mus.*) Sottile lamina di legno, metallo o plastica collocata nell'imboccatura di alcuni strumenti aerofoni, atta a provocare la vibrazione della colonna d'aria ivi contenuta: *a. semplice*; *a. doppia.* SIN. Linguetta. ➡ ILL. **musica.**

†**ancìdere** [da †*anciso*; av. 1276] v. tr. ● (*lett.*) Uccidere: *Qual dispietata aita / M'ancide et stratia* (MICHELANGELO).

ancien régime /*fr.* ɑ̃,sjɛ̃ʀe'ʒim/ [loc. fr., propr. 'vecchio regime'; 1923] loc. sost. m. *1* Regime monarchico assoluto dominante in Francia prima della Rivoluzione francese. *2* (*est.*) Sistema politico-sociale appartenente al passato.

ancile [vc. dotta, lat. *ancīle*, prob. comp. di *ămb-* 'intorno' e *cāedere* 'tagliare'; sec. XIV] s. m. *1* Piccolo scudo ovale che gli antichi romani credevano inviato in Terra dal dio Marte. *2* (*est.*) Ogni scudo di forma ovale.

†**ancilla** ● V. *ancella.*

ancillàre [vc. dotta, lat. *ancillāre(m)*, da *ancīlla* 'ancella'; 1905] agg. *1* Proprio delle ancelle | (*scherz.*) ***Amori ancillari***, amori con domestiche; *un'avventura furtiva, spiacevole, violenta, di sapore decisamente a.* (MORAVIA). *2* (*fig.*, *lett.*) Ausiliario, subordinato.

ancipite [vc. dotta, lat. *ancĭpite(m)*, comp. di *ămb-* 'da ogni parte' e *căput*, genit. *căpitis* 'capo'; 1485] agg. *1* (*poet.*) A doppio taglio, detto di lama: *e per ferirsi prese il ferro a.* (SANNAZARO). *2* (*ling.*) Detto di sillaba o vocale che, nella metrica classica, può essere considerata breve o lunga. *3* (*lett.*, *fig.*) Duplice, incerto, ambiguo: *una di quelle forme ancipiti tra bestiali e divine* (D'ANNUNZIO).

ancìṣo [lat. *ancīsu(m)*, comp. di *ambi* 'da entrambe le parti' e *caesus*, part. pass. di *cāedere* 'tagliare'. Cfr. *inciso*; 1319] agg. *1* †Reciso. *2* (*lett.*) Ucciso.

†**ànco** ● V. *anche.*

†**ancòi** [dal lat. *hŏdie* 'oggi' con un pref. non chiaro; 1319] avv. ● Oggi: *or ti rammenta / come bevesti di Letè a.* (DANTE *Purg.* XXXIII, 95-96).

†**àncola** ● V. *ancora* (*1*).

ancóna [gr. biz. *eikóna* 'immagine', per il classico *eikṓn*, con un pref. non chiaro. V. *icona*; 1312] s. f. ● Tavola posta sull'altare, dipinta o scolpita, spesso a più scomparti, in legno, marmo o terracotta | (*est.*) Nicchia o cornice in cui è posta tale tavola.

†**ancóne** [vc. dotta, lat. tardo *ancōna*, nom. *ăncon*, dal gr. *ankṓn*, 'gomito'; av. 1406] s. m. ● Articolazione del gomito.

anconèo [da †*ancone*; 1681] **A** agg. ● (*anat.*) Detto di un piccolo muscolo del braccio tra l'omero e l'ulna: *muscolo a.* **B** anche s. m. ➡ ILL. p. 2122 ANATOMIA UMANA.

anconetàno o **anconitàno** [av. 1306] **A** agg. ● Di Ancona: *dialetto a.* **B** s. m. (f. *-a*) ● Abitante, nativo di Ancona.

♦**àncora** (1) o †**àncola** [lat. *ăncora(m)*, nom. *ăncora*, dal gr. *ánkyra*, da *ánchos* 'curvatura'; sec. XIII] s. f. *1* (*mar.*) Strumento, gener. metallico e munito di bracci ricurvi (marre), che, gettato a mare da bordo, trattiene la nave ormeggiata al fondale mediante una catena o un cavo | ***Stare sull'a.***, fermo | ***Dar fondo all'a.***, affondarla | ***Levare, salpare l'a.***, partire, andarsene | ***A. galleggiante***, freno idrodinamico che viene filato a mare per frenare lo scarroccio o diminuire la velocità della nave | ***A. di salvezza***, (*fig.*) ultima possibilità di salvezza. *2* (*elettr.*) Pezzo di ferro dolce comandato da un elettromagnete per compiere funzioni quale l'apertura o la chiusura a distanza di un circuito. *3* Pezzo di acciaio o di ottone, la cui forma ricorda quella dell'ancora di marina, che costituisce lo scappamento usato negli orologi meccanici, in particolare in quelli a pendolo. *4* In alcuni tipi di sciovie, l'attrezzo al quale si agganciano uno o due sciatori. || **ancorétta**, dim. (V.) | **ancorina**, dim. | **ancoròtto**, dim. m. (V.) (V. nota d'uso ACCENTO).

♦**ancóra** (2) [lat. *hănc hōra(m)* 'a quest'ora'; av. 1250] **A** avv. (troncato in *ancor*) *1* Indica continuità di un'azione, di un fatto o di una condizione: *stava a. dormendo*; *dovrò faticare a. per molti mesi prima di concludere la mia ricerca*; *sino al fiume è a. il Lazio, poi comincia la Toscana*; *c'è a. un po' di torta.* *2* Fino a ora, per ora: *non si è visto a.*; *non è a. pronto.* *3* A quel tempo: *io ero a. bambino* | Fino allora: *non avevo a. approfondito la cosa.* *4* Di nuovo, un'altra volta, per indicare il ripetersi di una cosa o di un'azione: *vieni a. a trovarmi*; *proverò a.* *5* In aggiunta: *ne vuoi a. un po'?*; *resta a. dieci minuti* | Rafforzativo: *non sai tutto: c'è a. dell'altro* | ***A. a.***, forse: *se le avesse risposto per le rime, a. a. lo capirei, ma darle uno schiaffo…* *6* Persino, spec. come raff. di un compar.: *tu sei a. più fortunato di me.* **B** cong. *1* (*lett.*) Anche: *le voglio bene ancor io* (GOLDONI). *2* †Sebbene, quantunque, ancorché (introduce una prop. concess. con il v. al congv.): *ch'i' ti conosco, ancor sie lordo tutto* (DANTE *Inf.* VIII,

39) | †Nondimeno: *se voi non lo mi concedete, a. andrò* (BOCCACCIO) (V. nota d'uso ACCENTO).

†ancóra che /aŋ'korake*, aŋkora'ke*/ • V. *ancorché*.

†ancoraché • V. *ancorché*.

ancoràggio [1488] **s. m. 1** (*mar.*) Luogo ove si può gettare l'ancora | (*est.*) L'azione stessa del gettare l'ancora | ***Tassa d'a.*** o ***all'a.***, tassa dovuta da una nave all'autorità del porto ove getta l'ancora. **2** Collegamento di strutture o parti di esse fra loro o al suolo: *l'a. di una macchina utensile*; *l'a. di un ponte*. **3** (*fig.*) Saldo riferimento, radicamento: *l'a. di Cattaneo alla cultura illuminista*.

ancoràre [da *ancora* (*1*); 1512] **A v. tr.** (*io àncoro*) **1** Ormeggiare una nave calando l'ancora sul fondo. **2** (*est.*) Agganciare, attaccare solidamente (*anche fig.*): *a. qlco. al suolo, a una parete*; *a. un ragionamento a principi logici indiscutibili*. **3** (*fig.*) Rapportare stabilmente il valore della moneta a quello dell'oro o dell'unità monetaria di altro Stato | (*est.*) Ammettere la convertibilità della moneta in oro o in data valuta estera: *a. il franco svizzero all'euro*. **B v. rifl. 1** Gettare l'ancora: *ci ancorammo al largo*. **2** (*est.*) Aggrapparsi, attaccarsi con forza (*anche fig.*): *ancorarsi a una sporgenza del muro*; *ancorarsi a una speranza*.

†ancoràtico [1961] **s. m.** • Tassa d'ancoraggio.

ancoràto [av. 1547] **part. pass.** di *ancorare*; anche **agg. 1** Nei sign. del v. **2** (*arald.*) Detto di figura terminante a guisa dell'uncino di una ancora: *croce ancorata*.

ancorché o **†ancóra che**, **†ancoraché** [comp. di *ancor(a)* (*2*) e *che* (*2*); 1276] **cong.** • (*lett.*) Benché, quantunque, sebbene (introduce una prop. concess. col v. al congv.): *a. fosse molto affaticato, continuò tuttavia a lavorare* | Anche se: *l'uomo niente tanto odia quanto la noia e però gli piace di veder qualche novità a. brutta* (LEOPARDI).

ancoréssa [1889] **s. f.** • Ancora molto pesante con una sola marra.

ancorétta [1769] **s. f. 1** Dim. di *ancora* (*1*). **2** Grappino (1). **3** Amo per pesche speciali, a tre o quattro punte. ➡ **ILL. pesca.**

ancoròtto [1797] **s. m. 1** Dim. di *ancora* (*1*). **2** Piccola ancora con più marre usata per imbarcazioni leggere.

ancorquàndo [comp. di *ancor(a)* (*2*) e *quando*; sec. XVII] **cong.** • (*lett.*) Benché, quantunque, anche se (introduce una prop. concess. con il v. al congv.).

†ancròia [dal n. della protagonista di un poemetto pop. (*La Regina Ancroia*); 1534] **s. f.** • (*lett.*) Donna vecchia e laida.

ancùde o **ancùdine** [deformazione di *incudine*, nata da *la* (*i*)*ncudine*; av. 1306] **s. f.** • (*poet.*) Incudine: *clangor di magli / su forti ancudi* (PASCOLI).

ànda [da *andare* (*1*); av. 1400] **A s. f. 1** †(*dial.*) Avvio, aire: *dar l'a.* **2** (*dial.*) Andatura | (*fig.*) Modo di fare, atteggiamento. **B** in funzione di **inter.** • (*pop.*) Si usa come voce d'incitamento per gli animali da tiro, spec. per il bue.

andalușite [comp. di *Andalusi(a)*, dove fu scoperto, e *-ite* (*2*); 1817] **s. f.** • (*miner.*) Alluminosilicato in prismi opachi diffuso in alcune rocce metamorfiche, con caratteristiche inclusioni grafitiche a forma di croce.

andalùso [av. 1635] **A agg.** • Dell'Andalusia: *città andalusa*; *ballo a.* **B s. m.** (f. *-a*) • Abitante, nativo, dell'Andalusia.

andaménto [da *andare* (*1*); av. 1294] **s. m. 1** Svolgimento, modo di procedere di qlco. nel tempo: *la situazione economica ha un a. oscillante* | Corso, decorso: *l'a. di una malattia* | Sviluppo: *una fascia ornamentale ad a. orizzontale*. **2** (*mus.*) Nella fuga, soggetto di ampia dimensione a due frasi ritmicamente contrastanti | Progressione; espressività di un brano. **3** (*mus.*) Sequenza. **4** Tono, stile: *un discorso dall'a. solenne*. **5** †Percorso, via. **6** †Viaggio, movimento nello spazio | Andatura. **7** †Comportamento, condotta | (*spec. al pl.*) Maneggi, pratiche.

andàna [da *andare* (*1*) (?); 1829] **s. f. 1** Spazio libero tra due filari d'alberi | Passaggio libero tra file di casse, botti, sacchi e sim. **2** Striscia d'erba da foraggio lasciata a essiccare perché diventi fieno. **3** (*mar.*) Fila di navi ormeggiate perpendicolarmente alla banchina, l'una a fianco dell'altra | Banchina dove le navi possono ormeggiarsi in andana.

andànte [1333] **A part. pres.** di *andare* (*1*); anche **agg. 1** Continuo, continuato: *muro a.* | Corrente: *anno, mese a.* **2** (*fig.*) Che ha qualità scadente: *un tessuto a.*; *mobili andanti*. **3** Facile, scorrevole | (*est.*) Spontaneo, semplice: *un periodare a. e disinvolto* (DE SANCTIS). || **andanteménte**, **avv.** (*raro*) Continuamente, senza interruzione; comunemente. **B s. m.** • (*mus.*) Movimento fra l'adagio e l'allegro. || **andantino**, **dim.** (V.).

andantino [dim. di *andante*; 1797] **s. m.** • (*mus.*) Movimento sia più mosso sia più lento dell'andante, comunque più leggero e ondeggiante | Titolo di brani musicali o di una parte di essi.

♦**andàre** (**1**) [etim. discussa: lat. *annāre* 'nuotare verso' (?); 1219] **v. intr.** (**pres.** *io vàdo* o (*lett.*, *tosc.*) *vo* /vɔ*/, *tu vài*, *egli va* /va*/, *noi andiàmo*, *voi andàte*, *essi vànno*; **fut.** *io andrò*, pop. *anderò*; **congv. pres.** *io vàda*, *noi andiàmo*, *voi andiàte*, *essi vàdano*; **condiz. pres.** *io andrèi*, pop. *anderèi*; **imperat.** *va* /va, va*/ o *va'* o *vài*, *andàte*; le altre forme dal tema *and-*; aus. *essere*) ATTENZIONE! *va* non richiede l'accento (V. nota d'uso ACCENTO). La forma *va* dell'imperat. può assumere, in unione con particelle avv. o pron., le forme *vàcci*, *vàtti*, *vàttene*, *vàllo* e sim., con raddoppiamento della consonante iniziale della particella e, nel caso di *vatti* e *vallo*, anticipazione (o 'risalita') della particella enclitica: *vatti a comprare* per *va a comprarti*; *vallo a prendere* per *va a prenderlo*. *Vattene* è l'imperat. della forma intensiva *andarsene*. **I** Compiere una serie di movimenti di locomozione, riferito a esseri animati o inanimati **1** Muoversi, spostarsi, a piedi o con altri mezzi di locomozione, senza meta o senza che la meta sia indicata: *a. nudo, scalzo, a capo scoperto*; *a. svelto, lento, rapidamente, lentamente, di corsa, di fretta, di furia, di premura, di carriera, di galoppo, al galoppo, al trotto, a tutta birra, a passo di carica, come il vento, come il fulmine, a piedi, a cavallo, in aereo, in automobile, in macchina, in bicicletta, in nave, in tram, in treno*; *a. per la strada*; *a. errando, fuggendo*; *a. diritto, a due a due, a piccoli gruppi, in colonna, in corteo, in fila indiana, in lunghe file* | ***A. a gambe levate***, V. *gamba* | ***A. a quattro gambe, gatton gattoni, gattoni***, camminare sulle mani e sulle ginocchia | ***A. ruzzoloni, zoppiconi*** e sim., ruzzolare, zoppicare e sim. | ***A. a zonzo***, passeggiare senza meta | ***A. alla spicciolata***, in gruppetti o singolarmente senza ordine preciso, riferito a un gruppo relativamente vasto. **2** Muoversi, spostarsi a piedi o con altri mezzi di locomozione verso una meta più o meno chiaramente definita: *a. a casa, al bar, a teatro, al cinema, al comizio, alla manifestazione, in biblioteca, in chiesa*; *a. a caccia, a pesca, in villeggiatura, in vacanza*; *a. in prigione, in galera*; *a. a fragole, a funghi, a legna*; (*pop.*) *a. per fragole, per funghi, per legna*; *a. lontano, all'estero, via per sempre, in esilio*; *a. in esplorazione, in perlustrazione*; *a. alla carica*; *i fiumi vanno verso il mare* | ***A. a donne, a uomini***, andare in cerca di rapporti amorosi | ***A. per mare***, navigare | ***A. per i sei anni***, essere in procinto di compierli | ***A., essere sulla bocca di tutti***, (*fig.*) essere oggetto dei discorsi o dei pettegolezzi generali | ***A., andarci a nozze***, (*fig.*) fare qlco. di molto gradito | ***A. alla banda***, di nave, piegare da uno dei lati | ***A. a fondo, a picco***, di nave, inabissarsi; (*fig.*) rovinarsi | ***Andiamo a vedere, ad analizzare, a esaminare, a verificare***, (*pleon.*) vediamo, analizziamo, ecc. | ***A. su, sopra***, salire (*anche fig.*); di spettacolo teatrale, avere inizio | ***A. oltre, troppo oltre***, oltrepassare un limite definito (*anche fig.*) | ***A. giù, sotto***, scendere (*anche fig.*) | ***A. addosso***, investire | ***A. dentro***, in carcere | ***A. in collera, in bestia***, adirarsi, infuriarsi | ***A. d'accordo***, concordare | ***A. soldato***, a fare il servizio militare | (*fig.*) ***A. all'altro mondo, al Creatore, in cielo, in Paradiso, a babboriveggoli, a Buda, a Patrasso, a ingrassare i petronciani***, morire | ***A. a vuoto, a monte, all'aria, alla malora, al diavolo, a rotoli, a catafascio, a carte quarantotto***, non riuscire, fallire | ***A. avanti***, (*fig.*) progredire | ***A. indietro***, (*fig.*) regredire | ***A. in macchina***, cominciare a essere stampato | ***A. in macchina con un giornale*** e sim., iniziare la pubblicazione | ***A. in pagina***, di notizia o articolo, essere pubblicato sul giornale | ***A. in scena***, essere rappresentato a teatro | (*est.*) ***A. in scena con una commedia*** e sim., rappresentarla a teatro | ***A. in onda***, venir trasmesso, detto di trasmissione radiofonica o televisiva | ***A. in buca***, (*fig.*) finire in una situazione senza via d'uscita | ***A. al fondo di una questione***, sviscerarla | ***Non a. giù***, non piacere, non sopportare | ***A. con Dio***, allontanarsi in pace | ***A. a buon fine***, concludersi bene | ***A. col pensiero, con la memoria a qlcu. o qlco.***, pensare a, ricordare qlcu. o qlco. | ***A. alle calende greche***, tirarla per le lunghe | ***A. a ruba***, essere molto richiesto | ***A. all'asta, all'incanto***, essere venduto all'asta, all'incanto | ***A. a nascondersi***, (*fig.*) vergognarsi | ***A. a Canossa***, (*fig.*) riconoscere i propri errori, umiliarsi e sim. | In escl. e loc. esortative, spec. iron., esprimenti scontentezza, dispetto, incredulità e sim.: *va là, ma va là!*; *andiamo!* | (*iron.*) ***Ma dove vai?***, frase rivolta a chi si dimostra troppo frettoloso, indaffarato e sim. **3** (*est.*) Essere collocato, essere destinato a venire messo in un dato posto: *questo quadro va nel salotto*. **4** (*sport*) ***A. a rete, a canestro***, realizzare, segnare una rete, un canestro | ***A. in fuga***, nel ciclismo su strada, nel podismo e sim., iniziare una fuga. **5** Comportarsi in un dato modo: *a. fiero, orgoglioso, superbo* | ***A. a fronte alta, a testa alta***, (*fig.*) essere sicuro della propria onestà | ***A. pazzo per qlcu. o qlco.***, prediligere | ***A. per la maggiore***, essere di moda | ***A. a naso, a fiuto***, agire in modo non sistematico, affidandosi all'istinto | ***A. a tasto, a tastoni, alla cieca***, procedere a casaccio, senza idee chiare | ***A. controcorrente***, (*fig.*) opporsi alla mentalità dominante, alla tradizione e sim. | ***A. sul sicuro***, agire in base a dati certi | ***A. terra terra***, (*fig.*) comportarsi in modo moderato, prudente, pensare in modo prosaico e sim. | ***A. a letto con qlcu., a. con qlcu.***, avere rapporti sessuali con qlcu. | ***A. di corpo***, defecare. **6** Di moneta e sim., avere corso legale: *fra tre mesi questa moneta non andrà più* | (*est.*) Costare, valere: *questo bicchiere va a cinque euro il pezzo*. **7** Unito a un gerundio, esprime azione continuata: *a. dicendo, facendo, scrivendo*, ecc. | ***A. dietro a dire*** e sim., (*region.*) continuare a dire e sim. **8** Unito a un participio, può essere sinonimo di *dover essere*: *questa tassa va pagata*; *quel volume va riposto in biblioteca* | ***A. errato***, essere in errore | ***A. perduto, smarrito***, perdersi, essere perduto. **9** Unito alla particella pron. *ne*, significa essere in pericolo, in gioco: *ne va della nostra vita*; *ne andrebbe del mio onore, della mia dignità* e sim. **II** Cambiare di stato, svilupparsi da una data condizione a una condizione più o meno diversa. **1** Trasformarsi: *a. in fumo, in fiamme, in cenere, in acqua* | ***A. a male***, guastarsi | ***A. in pezzi, in briciole, in frantumi***, rompersi | (*fig.*) ***A. in brodo di giuggiole***, in estasi, bearsi | ***A. in visibilio***, trasecolare, strabiliare | ***A. in amore, in calore***, riferito agli animali nel periodo dell'accoppiamento | ***A. in vacca***, V. *vacca* | ***Andarci di mezzo***, essere coinvolto in qlco. **2** ***Andarsene***, andare via: *se n'è andato poco fa*; (*est.*) dileguarsi, scomparire: *quest'anno il freddo non vuole andarsene*; *i miei guadagni se ne vanno troppo in fretta*; *la salute, la memoria se ne vanno* | (*fig.*) Morire | Trascorrere velocemente, riferito al tempo: *le ore, i minuti se ne vanno*. **3** Procedere: *è un'iniziativa che va*; *gli affari per ora vanno*; *a. bene, male, di male in peggio*; *come va?, come va la vita?, come andiamo oggi?* | (*fig.*) ***A. a gonfie vele***, ottimamente | ***A. liscia***, avere buon esito | (*fam.*) ***Va di lusso***, va bene, ottimamente | ***Lasciar a.***, lasciar perdere, non curarsi di qlco. | ***Lasciarsi a.***, lasciarsi cadere; (*fig.*) abbandonarsi: *lasciarsi a. alla nostalgia*; (*fig.*) trascurarsi, scoraggiarsi. **4** Funzionare: *una volta tutti i treni andavano a vapore*; *il mio orologio non va più* | Essere adatto, gradito, piacevole: *questo vestito ti va a pennello*; *quei guanti non mi vanno*; *ti va quel film?*; *questa faccenda non mi va proprio*. || **PROV.** Chi va al mulino s'infarina.

andàre (**2**) [da *andare* (*1*); av. 1306] **s. m.** (**pl.** †*-i*) **1** L'azione, il fatto di andare, di muoversi | ***A. e venire***, andirivieni, successione frequente di movimenti da un luogo all'altro | ***A tutto a.***, moltissimo, intensamente | ***A lungo a.***, alla lunga, col passar del tempo | ***Con l'a. del tempo, degli anni***, mentre il tempo, gli anni trascorrono. **2** (*lett.*) Andatura, portamento di chi si muove: *non era l'andar suo cosa mortale* (PETRARCA). **3** (*spec. al pl.*) †Sentiero, strada, viottolo.

andàta [av. 1294] **s. f. 1** L'andare, il percorso che si fa recandosi in un luogo: *l'a. è stata più breve del ritorno*. **CONTR.** Ritorno. **2** ***Girone d'a.***, (*ellitt.*) ***andata***, nel calcio e sim., serie di incontri che costituiscono il primo di due turni di partite durante il quale le squadre si incontrano per la prima volta: *vincere il girone d'a.*; *perdere un incontro dell'a.* ***3*** †Cammino, viaggio.

andàto [sec. XIII] **part. pass.** di *andare* (*1*); anche **agg.** ***1*** Nei sign. del v. ***2*** Passato, trascorso: *il bel tempo a.* | Spacciato, morto: *ormai è a.* | (*fam.*) ***Merce, frutta andata***, avariata.

andatòia [da *andato*; 1955] **s. f.** ● Rampa inclinata che, in una costruzione, collega i diversi palchi di un ponte di fabbrica.

andatùra [sec. XIII] **s. f.** ***1*** Modo di camminare, di incedere: *a. lenta*; *a. goffa, nervosa*; *la caratteristica a. dell'oca* | (*fisiol.*) Deambulazione: *difetti di a.* | (*lett.*) Portamento: *un'a. regale, maestosa.* ***2*** Velocità: *l'auto procedeva a forte a.* | (*sport*) Ritmo, velocità di marcia o di corsa di un concorrente: *a. regolare, sostenuta, veloce*; *procedere a forte a.*, *forzare l'a.* | ***Fare l'a.***, in vari sport, precedere gli altri concorrenti regolandone la velocità | Nell'equitazione, nell'ippica, modo di procedere del cavallo: *rompere l'a.* | ***A. naturale***, passo, trotto, galoppo | ***A. difettosa***, ambio e altre | ***Andature artificiali***, quelle di maneggio o di alta scuola. ***3*** (*mar.*) Nelle imbarcazioni a vela, modo di navigare in relazione all'angolo tra la direzione del vento e la rotta | ***A. di bolina***, con un angolo tra 45° e 80° | ***A. al traverso***, con il vento perpendicolare alla rotta | ***A. al lasco***, con un angolo tra 100° e 160° | ***A. in fil di ruota***, ***in poppa***, con il vento esattamente in poppa | Nelle navi a propulsione meccanica, velocità conseguente alla potenza sviluppata. ➡ **ILL.** p. 2155 SPORT.

andàzzo [lat. parl. **andātio*, nom. sing. V. *andare* (*1*); av. 1400] **s. m.** ● Usanza, modo di procedere molto criticabile e gener. di breve durata: *un a. che non mi piace*; *hai preso un brutto a.*

andeṣite o **andesite** [dal n. della catena delle *Ande*, sp. *Andes*; 1905] **s. f.** ● Roccia effusiva costituita spec. da anfiboli e pirosseni.

àndicap [1971] **s. m. inv.** ● Adattamento di *handicap* (V.).

andicappàre e *deriv.* ● V. *handicappare* e *deriv.*

andino [1829] **A agg.** ● Delle Ande: *paesaggio a.* **B s. m.** (**f.** *-a*) ● Abitante della regione andina.

andirivièni [comp. dall'imperat. ant. di *andare* (*1*) e *rivenire*; 1520] **s. m. inv.** ***1*** Movimento dell'andare e venire di gente nello stesso luogo | (*est.*) Intrico, groviglio: *un a. di strade, di vicoli.* ***2*** (*fig.*) Giro confuso di parole: *dopo due ore di a. il contratto fu concluso.*

àndito [da *andare* (*1*) (?); 1342] **s. m.** ● Stretto e breve corridoio, entrata, ingresso, anticamera: *Dall'a. … irruppe nella sala un impetuoso soffio di vento* (BUZZATI) | (*est.*, *raro*) Bugigattolo.

-ando [lat. *-ăndu(m)*, desinenza del gerundivo in funzione agg. con l'idea di dovere e obbligatorietà] **suff.** (**f.** *-a*) ● In aggettivi per lo più sostantivati di origine latina, o in altri formati analogamente, implica un'idea di dovere, di necessità e sim.: *esecrando, venerando, cresimando, educanda.*

andorràno [1929] **A agg.** ● Di Andorra. **B s. m.** (**f.** *-a*) ● Abitante, nativo di Andorra.

andrèna [gr. *anthrḗnē* 'calabrone', da avvicinare a *athḗr* 'punta della spiga' e *thérix* 'resta della spiga'; av. 1912] **s. f.** ● Genere di Insetti degli Imenotteri di color nero e bluastro, nidificanti nel terreno (*Andrena*).

-andria [dal gr. *anḗr*, genit. *andrós* 'uomo', di orig. indeur.] secondo elemento ● In parole composte dotte significa 'uomo': *poliandria* | In parole composte della terminologia botanica è usato con riferimento all'elemento maschile in genere, o col significato di 'stame': *proterandria.*

andrienne /fr. ˌɑ̃dʀiˈjɛn/ [fr., detta così perché usata da un'attrice nell'*Andrienne* di E. G. Baron, rifacimento dell'*Andria* di Terenzio; sec. XVIII] **s. f. inv.** ● Ampia vestaglia femminile, usata nei secc. XVIII e XIX.

andro-, -àndro [dal gr. *anḗr*, genit. *andrós* 'uomo'] primo o secondo elemento ● In parole composte dotte significa 'uomo' o indica comunque relazione con il genere maschile: *androfobia, androgino, ginandro* | In parole composte della terminologia botanica è usato con riferimento all'elemento maschile o significa 'stame': *androceo.*

androcèntrico [comp. di *andro-* e *centrico*; 1997] **agg.** (**pl. m.** *-ci*) ● Proprio dell'androcentrismo | Caratterizzato da androcentrismo: *atteggiamento a.*

androcentrìṣmo [da *androcentri(co)* con il suff. *-ismo*; 1996] **s. m.** ● Concezione e atteggiamento di chi attribuisce all'uomo una posizione di superiorità rispetto alle donne. **CFR.** Maschilismo.

androcèo [da *andro-*, in opposizione a *gineceo*; 1865] **s. m.** ***1*** Nella casa greca, parte riservata agli uomini. ***2*** (*bot.*) L'insieme degli stami di un fiore.

andròctono [gr. *androktónos* 'uccisore d'uomini', comp. di *andro-* 'andro-' e un deriv. di *ktéinein* 'uccidere' (prob. di orig. indeur.); 1961] **s. m.** ● Scorpione che vive in luoghi caldi e sabbiosi, la cui puntura è spesso mortale per l'uomo (*Androctonus australis*).

androfobìa [comp. di *andro-* e *-fobia*; 1961] **s. f.** ● (*psicol.*) Paura morbosa degli uomini.

andrògeno [comp. di *andro-* e *-geno*; 1955] **A agg.** ● Detto di ormone sessuale ad azione mascolinizzante, che regola lo sviluppo degli organi e determina i caratteri sessuali secondari: *ormone a.* **B** anche **s. m.**: *gli androgeni.*

androginìa [da *androgino*; 1865] **s. f.** ● Contemporanea presenza degli organi della riproduzione maschili e femminili in certe piante e animali. **SIN.** Ermafroditismo.

androgìnico [av. 1938] **agg** (**pl. m.** *-ci*) ● Relativo ad androginia | Androgino.

andrògino [vc. dotta, lat. *andrŏgynu(m)*, nom. *andrŏgynus*, dal gr. *andrógynos*, comp. di *anḗr*, genit. *andrós* 'uomo' e *-gino*; sec. XIV] **agg.**; anche **s. m.** ***1*** Che (o Chi) presenta i caratteri dell'androginia. **SIN.** Ermafrodito. ***2*** (*fig.*) Che (o Chi) ha aspetto sessualmente ambiguo, partecipe delle caratteristiche esteriori di entrambi i sessi.

andròide [comp. di *andro-* e *-oide*; 1819] **A agg.** ● (*med.*) Che presenta caratteri di tipo maschile | ***Obesità a.***, quella nella quale l'accumulo di tessuto adiposo prevale nella parte superiore del corpo. **B s. m.** e **f.** ● Automa con aspetto e funzioni simili a quelli umani.

andrologìa [comp. di *andro-* e *-logia*; 1974] **s. f.** ● Branca della medicina che studia e cura le malattie proprie del sesso maschile e spec. delle alterazioni delle capacità riproduttive.

andròlogo [1980] **s. m.** (**f.** *-a* **pl. m.** *-gi*) ● Specialista di andrologia.

andromanìa [comp. di *andro-* e *-mania*; 1829] **s. f.** ● (*med.*) Ninfomania.

andróne [lat. *andrōne(m)*, nom. *ăndron*, dal gr. *andrṓn* 'appartamento degli uomini', da *anḗr*, genit. *andrós* 'uomo'; sec. XIV] **s. m.** ● (*arch.*) Sala delle case antiche adibita a ricevere i forestieri | Al piano terreno degli edifici, passaggio che dal portone di ingresso immette alla scala o al cortile interno.

andropàuṣa [da *andro-*, sul modello di *menopausa*; 1963] **s. f.** ● (*fisiol.*) Climaterio maschile caratterizzato da una graduale cessazione dell'attività fisiologica testicolare, raramente accompagnato da disturbi psichici ed endocrini.

andròṣace [vc. dotta, lat. *andrŏsace(n)*, nom. *andrŏsaces*, dal gr. *andrósakes*, deriv. di *anḗr*, genit. *andrós* 'uomo' (V. *andro-*): la seconda parte sarebbe *ákos* 'rimedio', di etim. incerta (?); 1704] **s. f.** ● Genere di piante erbacee delle Primulacee con foglie spesso in rosetta e piccoli fiori bianchi, rosa o rossi generalmente in ombrelle (*Androsace*).

androsteróne [comp. di *andro-*, *ster(oide)*, e *-one* (*2*); 1970] **s. m.** ● (*biol.*) Ormone sessuale androgeno che si forma nelle ghiandole genitali e nella corteccia surrenale, ottenuto anche per sintesi.

anecòico [ingl. *anechoic*, comp. di *ana-* (*3*) e *echo* 'eco'; 1974] **agg.** (**pl. m.** *-ci*) ● (*fis.*) Detto di ciò che è in grado di assorbire le onde sonore senza rifletterle | ***Camera anecoica***, ambiente le cui pareti assorbono completamente i suoni.

anecumène [comp. di *an-* ed *ecumene*; 1965] **s. f.** ● Parte delle terre emerse non abitabili dall'uomo per le condizioni fisiche o climatiche.

anecumènico [1983] **agg.** (**pl. m.** *-ci*) ● Che si riferisce all'anecumene.

aneddòtica [1939] **s. f.** ***1*** Arte di raccogliere e scrivere aneddoti. ***2*** Insieme degli aneddoti relativi a un personaggio, a un'epoca e sim.

aneddòtico [1818] **agg.** (**pl. m.** *-ci*) ● Relativo ad aneddoto: *un particolare a.* | Ricco di aneddoti: *un racconto a.* | Che si basa su episodi marginali: *una biografia di carattere a.* || **aneddoticaménte**, **avv.** In forma di aneddoto.

aneddotìsta [1796] **s. m.** e **f.** (**pl. m.** *-i*) ● Chi raccoglie, scrive o narra aneddoti.

anèddoto [fr. *anecdote*, dal gr. *anékdotos* 'inedito' comp. di *an-* ed *ekdídōmi* 'io pubblico'; av. 1729] **s. m.** ● Episodio poco noto e gener. curioso di carattere storico o relativo alla vita privata di un personaggio, riportato in forma piacevole: *un libro pieno di aneddoti.*

anelànte [1340] **part. pres.** di *anelare*; anche **agg.** ***1*** (*lett.*) Ansimante, affannato. ***2*** (*fig.*, *lett.*) Che desidera ardentemente. || **anelanteménte**, **avv.** Con affanno; bramosamente.

anelàre o †**alenàre** [vc. dotta, lat. *anhelāre*, vc. espressiva; 1477] **A v. intr.** (*io anèlo*; aus. *avere*) ***1*** (*lett.*) Respirare affannosamente: *anelava dopo la pesante fatica*; *anelava tutta sudata nel salire la via erta* (VERGA). ***2*** (*fig.*) Aspirare a qlco.: *a. alla libertà.* **SIN.** Tendere. **B v. tr.** ***1*** (*poet.*) Mandar fuori dal petto. ***2*** (*fig.*) Desiderare ardentemente: *a. la liberazione.*

anelasticità [comp. di *an-* ed *elasticità*; 1919] **s. f.** ***1*** (*fis.*) Proprietà di alcuni corpi solidi di deformarsi permanentemente dietro l'azione di forze esterne. **SIN.** Plasticità. ***2*** (*fig.*) Rigidità, invariabilità.

anelàstico [1955] **agg.** (**pl. m.** *-ci*) ***1*** (*fis.*) Detto di corpo che presenta anelasticità. ***2*** (*fig.*, *raro*) Rigido, fisso.

anelèttrico [comp. di *an-* ed *elettrico*; 1819] **agg.** (**pl. m.** *-ci*) ● Non elettrico | Non conduttore dell'elettricità.

anèlito [vc. dotta, lat. *anhēlitu(m)*, da *anhelāre* 'anelare'; sec. XIV] **s. m.** ***1*** (*lett.*) Respiro ansante | (*poet.*) Soffio vitale: *il potente a. / della seconda vita* (MANZONI) | ***L'estremo a.***, l'ultimo respiro. ***2*** (*fig.*) Desiderio ardente: *un a. di grandezza.*

anellaménto [1983] **s. m.** ● (*zool.*) Inanellamento.

anellàto [1483] **agg.** ● Che presenta anelli di colore diverso fra loro: *animale con la coda anellata.*

anellazióne [1961] **s. f.** ● Incisione anulare della corteccia degli alberi praticata per diversi scopi: maggiore ingrossamento dei frutti, maggiore resistenza ai parassiti e sim. **SIN.** Cercinatura.

Anèllidi [vc. dotta, comp. di *anell(o)* e *-idi*; 1875] **s. m. pl.** (**sing.** *-e*) ● Nella tassonomia animale, tipo di animali dal corpo cilindrico diviso in segmenti detti metameri (*Anellida*). **SIN.** (*pop.*) Vermi. ➡ **ILL. animali/1; zoologia generale.**

anellino [1965] **s. m.** ***1*** Dim. di *anello*. ***2*** (*spec. al pl.*) Pasta piccola avente la forma di piccolo anello. ***3*** (*tess.*) Ring.

♦**anèllo** [lat. *anĕllu(m)*, dim. di *ānulus*, dim. di *ānus* 'circolo, anello'. V. *ano*; sec. XIII] **s. m.** (**pl.** *anèlli*; †*anèlla*, **f.**, †*anèlle*, **f.** nel sign. 9) ***1*** Cerchietto d'oro, d'argento o d'altro metallo che si porta alle dita delle mani, spec. all'anulare, per ornamento o come simbolo di una condizione, di un vincolo e sim.: *a. di matrimonio, di fidanzamento* | ***Dare, mettere l'a.***, sposare | ***Prendere l'a.***, sposarsi | ***Giorno dell'a.***, giorno nuziale | ***A. sigillo***, sulla cui parte piatta sono incisi gli emblemi di riconoscimento spec. di una persona, di un ente, di una dignità e che serve per autenticare documenti o sigillare lettere e sim. | ***A. episcopale, pastorale***, portato dai vescovi | ***Correre all'a.***, anticamente, di giostra in cui i cavalieri corrono per infilzare con la lancia un anello sospeso a una funicella | ***A. del Pescatore, piscatorio***, quello originariamente usato come sigillo e portato dal Papa, che reca l'impronta di Pietro che pesca in barca e viene spezzato dopo la morte di ogni pontefice. ***2*** (*est.*) Oggetto o struttura a forma di cerchio: *l'a. della chiave, gli anelli della tenda* | ***A. d'ormeggio***, per ormeggiare imbarcazioni | ***A. stradale***, raccordo fra strade | ***L'a. della pista***, il tracciato anulare di uno stadio o di un velodromo su cui si disputa una gara podistica, ciclistica o di pattinaggio | (*zool.*) Ogni segmento circolare che forma il corpo degli Anellidi | (*bot.*) Membrana, anche mobile, che circonda lo stipite di alcuni funghi | Porzione di legno che si forma ogni anno nelle piante dotate di struttura secondaria (gimnosperme e dicotiledoni), sui cerchi annuali di crescita | ***Ad a.***, a forma circolare | (*astron.*) ***A. di Saturno***, insieme di corpuscoli, di piccoli meteoriti e di pulviscolo, dislocati secondo una fascia concentrica col pianeta e giacente sul piano equatoriale. *3* Ogni elemento costitutivo di una catena | (*fig.*) ***L'a. più debole della catena***, la persona o l'elemento più fragile in un gruppo, un contesto e sim. | ***A. mancante***, (*fig.*) collegamento mancante in una sequenza, una serie e sim. | (*zool.*) ***A. di congiunzione***, organismo, estinto o no, tassonomicamente intermedio tra due gerarchie sistematiche | (*fig.*) ***Essere l'a. di congiunzione***, fungere da intermediario. *4* (*anat.*) Apertura di forma tondeggiante o ellittica: *a. inguinale, di Ranvier.* *5* (*chim.*) Catena chiusa di atomi, a forma di poligono, che si riscontra spec. nei composti organici | ***A. benzenico***, struttura a esagono regolare, caratteristica della serie aromatica, formata da sei atomi di carbonio | ***Anelli condensati***, due o più anelli uguali o diversi aventi in comune almeno due atomi. *6* (*mat.*) Struttura algebrica dotata di un'addizione, rispetto alla quale è un gruppo abeliano, e di una moltiplicazione distributiva e associativa. *7* (*mat.*) Solido generato da una figura piana, generatrice, il cui baricentro descrive una linea piana chiusa detta direttrice | (*elettr.*) ***A. di Pacinotti***, elemento rotante fondamentale dei primi tipi di dinamo, che trasforma l'energia meccanica in elettrica e viceversa. *8* (*cine*) Spezzone di pellicola usata nelle operazioni di sincronizzazione o di missaggio. *9* (*tosc.*) †Ditale. *10* (*spec. al pl.*) Pasta piccola a forma di anello. *11* (*poet., al pl.*) Riccioli di capelli. *12* (*al pl.*) In ginnastica, attrezzo gemellare oscillante, composto di due piccoli cerchi di legno, che si impugnano, tenuti sospesi mediante funi e ganci: *fare un esercizio agli anelli.* ‖ **anellàccio**, **pegg.** | **anellètto**, **dim.** | **anellino**, **dim.** (V.) | **anellóne**, **accr.** | **anellùccio**, **anellùzzo**, **dim.**

anèlo [vc. dotta, lat. *anhēlu(m)*, da *anhelāre* 'anelare'; 1321] **agg.** *1* (*poet.*) Ansante, anelante. *2* (*poet., fig.*) Ansioso, angosciato: *forse a tanto strazio / cadde lo spirto a.* (MANZONI).

anemia [vc. dotta, gr. *anaímia*, comp. di *an-* e *hâima* 'sangue'; 1819] **s. f.** *1* (*med.*) Diminuzione nel sangue del contenuto di emoglobina o di globuli rossi o di entrambi | ***A. dei minatori***, anchilostomiasi | ***A. perniciosa***, ***a. cerebrale***, ***a. falciforme***, ciascuna delle varie malattie caratterizzate da carenze di emoglobina o di globuli rossi. **SIN.** Oligoemia. | ***A. mediterranea***, talassemia. *2* (*fig.*) Fiacchezza, indebolimento, snervatezza: *a. delle lettere, della politica.*

anèmico [1841] **A agg.** (**pl. m.** *-ci*) *1* Relativo ad anemia. *2* (*est.*) Pallido: *volto a.*; *foglia d'un verde a.* *3* (*fig.*) Fiacco, senza vigore, debole: *scrittore, musicista a.* ‖ **anemicaménte**, **avv.** **B agg.**; anche **s. m.** (**f.** *-a*) ● Che (o Chi) è affetto da anemia.

anemo- [dal gr. *ánemos* 'vento', di orig. indeur.] primo elemento ● In parole composte significa 'vento' o 'aria': *anemofilo, anemometro.*

anemocòro [comp. di *anemo-* e un deriv. del gr. *chōrêin* 'spostarsi, diffondersi' (V. *autocoria*); 1961] **agg.** ● Detto di pianta che affida al vento il trasporto dei suoi frutti o semi.

anemofilìa [comp. di *anemo-* e *-filia*; 1933] **s. f.** ● Processo di trasporto del polline delle piante per mezzo del vento.

anemòfilo [comp. di *anemo-* e *-filo*; 1906] **agg.** ● Detto di pianta la cui impollinazione avviene per mezzo del vento.

anemografia [comp. di *anemo-* e *-grafia*; 1745] **s. f.** ● Descrizione dei venti.

anemògrafo [comp. di *anemo-* e *-grafo*; 1875] **s. m.** ● Anemometro con dispositivo per la registrazione cronologica della direzione e dell'intensità del vento.

anemometria [comp. di *anemo-* e *-metria*; 1797] **s. f.** ● Parte della meteorologia che studia i venti e spec. la loro velocità.

anemomètrico [1961] **agg.** (**pl. m.** *-ci*) ● Relativo all'anemometro o all'anemometria: *misurazioni anemometriche* | ***Scala anemometrica***, tabella che consente di determinare l'intensità del vento.

anemòmetro [comp. di *anemo-* e *-metro*; 1771] **s. m.** ● Strumento per la misura dell'intensità del vento o per l'indicazione per mezzo di indici dei valori momentanei della direzione e dell'intensità del vento | ***A. registratore***, anemografo. ➡ **ILL.** p. 2157 SPORT.

anèmone [vc. dotta, lat. *anemōne(m)*, nom. *anemōne*, dal gr. *anemṓnē*, di etim. incerta; av. 1498] **s. m.**; raro **f.** *1* Genere di piante erbacee perenni delle Ranuncolacee, con rizoma dal quale derivano i fusti aerei annuali, foglie spesso radicali e fiori solitari con pochi o molti sepali di colore blu, porpora o bianco (*Anemone*) | ***A. dei fiorai***, pianta erbacea delle Ranuncolacee con tubero schiacciato, foglie radicali e fiore simile a un papavero di colore rosa, rosso, violetto, blu o bianco (*Anemone coronaria*) | ***Albero degli anemoni***, (*pop.*) calicanto d'estate. ➡ **ILL.** **piante**/3. *2* (*zool.*) ***A. di mare***, attinia: *gli anemoni marini brillavano in attesa* (CALVINO).

anemoscòpio [comp. di *anemo-* e *-scopio*; sec. XVII] **s. m.** ● Strumento che indica la direzione del vento, costituito da una banderuola girevole attorno a un asse verticale e collegata ad apposito indice mobile su una scala.

-àneo [lat. *-āneu(m)*, ampliamento di *-anu(m)* '-ano (1)'] **suff.** ● Forma aggettivi, talora sostantivati, di somiglianza o partecipazione di origine quasi esclusivamente latina: *contemporaneo, estraneo, litoraneo.*

anepigrafo [vc. dotta, gr. *anepígraphos*, comp. di *an-* ed *epigraphḗ* 'iscrizione, titolo'. V. *epigrafe*; 1819] **agg.** ● Detto di monumento, manoscritto, componimento letterario e sim. privi di incisione epigrafica o di titolazione: *una poesia anepigrafa.*

anergia [comp. di *a-* (*1*) e di un deriv. del gr. *érgon* 'lavoro'; 1987] **s. f.** *1* (*med.*) Mancanza di energia. *2* (*med.*) Assenza di reattività immunologica nei confronti di un antigene (es. microrganismo) a cui l'individuo è già stato esposto. *3* (*biol.*) Condizione cellulare in cui un linfocita risulta vitale ma incapace di risposte funzionali.

aneròbico ● V. *anaerobico.*

anerobio ● V. *anaerobio.*

aneròide [comp. di *a-* (*1*) e del gr. *nērós* 'umido, fresco'; 1871] **agg.** ● Detto, in origine, del barometro metallico a tubo ripiegato | Detto di qualsiasi barometro metallico.

anestesia [vc. dotta, gr. *anaisthēsia*, comp. di *an-* priv. e *áisthēsis* 'sensazione'; 1819] **s. f.** ● Abolizione della sensibilità dolorifica anche patologica, indotta artificialmente con farmaci, a scopo chirurgico | ***A. totale***, che interessa tutte le attività cerebrali, a eccezione di quelle strettamente vitali, con soppressione della coscienza | ***A. locale***, che interessa una parte limitata del corpo con conservazione della coscienza | ***A. peridurale***, ottenuta iniettando un anestetico locale nello spazio fra la dura madre del midollo spinale e la parete del canale vertebrale; consente al paziente di rimanere cosciente | ***A. spinale***, ottenuta iniettando un anestetico locale nello spazio subaracnoidale; perdita della sensibilità per lesioni del midollo spinale.

anestesiologia [comp. di *anestesia* e *-logia*; 1955] **s. f.** ● Branca della medicina che studia le condizioni e i metodi dell'anestesia chirurgica.

anestesiològico [1968] **agg.** (**pl. m.** *-ci*) ● Dell'anestesiologia.

anestesiòlogo [1974] **s. m.** (**f.** *-a*; **pl. m.** *-gi*) ● Medico specialista in anestesiologia.

anestesista [1950] **s. m.** e **f.** (**pl. m.** *-i*) ● Medico specialista in anestesia.

anestètico [1865] **A agg.** (**pl. m.** *-ci*) *1* Relativo ad anestesia. *2* Che produce anestesia: *farmaco a.* **B s. m.** *1* Sostanza che, usata internamente o localmente, produce anestesia. *2* (*fig., raro*) Qualunque cosa procuri tranquillità.

anestetizzàre [1908] **v. tr.** ● Sottoporre ad anestesia.

anèto o **anéto** [lat. *anēthu(m)*, dal gr. *ánēthon*, di orig. preindeur.; 1340 ca.] **s. m.** ● Pianta erbacea delle Ombrellifere, con fusto eretto, foglie composte e fiori giallastri in ombrelle (*Anethum graveolens*).

aneuplòide [comp. di *a-* (*1*) ed *euploide*; 1986] **agg.** ● (*biol.*) Che ha un numero di cromosomi diverso da un multiplo del numero aploide. **SIN.** Eteroploide. **CONTR.** Euploide.

aneurina [comp. di *a-* (*1*) e del gr. *nêuron* 'nervo'; 1955] **s. f.** ● Vitamina B1.

aneurisma [vc. dotta, lat. tardo *aneurȳsma*, dal gr. *anéurysma* 'dilatazione', da *eurýs* 'largo', forse di orig. indeur.; av. 1730] **s. m.** (**pl.** *-i*) ● (*med.*) Dilatazione di un tratto limitato della parete cardiaca o di un vaso sanguigno, solitamente un'arteria: *a. dell'aorta addominale.*

aneurismàtico [1750] **agg.** (**pl. m.** *-ci*) ● Relativo, conseguente ad aneurisma.

anfanaménto [1524] **s. m.** ● (*lett.*) L'anfanare.

anfanàre [etim. incerta; 1364] **v. intr.** (*io ànfano* o *anfàno*; aus. *avere*) *1* (*lett.*) Parlare a vuoto, a sproposito, senza venire alla conclusione: *Che dici, che vai anfanando, scimmione?* (FENOGLIO). *2* (*lett.*) Affaccendarsi inutilmente: *che cosa è tutto questo a., gridare, rissare?* (PASCOLI).

anfesibèna ● V. *anfisbena.*

anfetamìna ● V. *amfetamina.*

anfetammìna ● V. *amfetamina.*

anfi- o **amfi-** [dalla prep. e avv. gr. *amphí* 'da una parte all'altra', 'intorno'] primo elemento ● In parole dotte composte significa 'intorno', 'attorno' (*anfiteatro*), o 'da due parti', 'doppio' (*anfibio*) | In parole composte della terminologia chimica indica che, in un sistema a due anelli esatomici condensati, le posizioni 2 e 6 sono state sostituite.

anfiartròsi [comp. di *anfi-* e del gr. *árthrōsis* 'articolazione', da *arthróō* 'io congiungo, articolo'; 1771] **s. f. inv.** ● (*med.*) Sinfisi.

Anfìbi [1623] **s. m. pl.** ● Nella tassonomia animale, classe di Vertebrati con pelle nuda e viscida, scheletro osseo, larve acquatiche branchiate e adulti terrestri polmonati (*Amphibia*). ➡ **ILL.** **animali**/4.

anfìbio [vc. dotta, lat. *amphībio(n)*, dal gr. *amphíbios*, comp. di *anfi-* e *bíos* 'vita'; av. 1606] **A agg.** *1* Detto di animale che può vivere sia in terra sia in acqua | (*est.*) Detto di ogni apparecchiatura, congegno, veicolo e gener. cosa che si può usare sia in terra sia in acqua. ➡ **ILL.** **vigili del fuoco.** *2* Detto di guerra o operazione militare che coinvolge forze terrestri, marittime, aeree. **B s. m.** *1* Ogni animale appartenente alla classe degli Anfibi. *2* Veicolo in grado di muoversi sia su terra che in acqua, oppure sia su strada ordinaria che su strada ferrata | Veicolo stradale o ferroviario dotato di diversi sistemi di alimentazione. *3* Aereo munito di mezzi quali scafi, ruote, sci, galleggianti e sim. che gli consentono di partire e atterrare su superfici solide e liquide. *4* Scarpone impermeabile e molto resistente.

anfibiòtico [comp. di *anfi-* e gr. *biotikós*, agg. di *bíos* 'vita' (V. *bio-*); 1961] **agg.** (**pl. m.** *-ci*) ● (*zool.*) Detto di insetto le cui larve vivono nell'acqua mentre gli adulti sono terrestri.

anfibolìa [vc. dotta, lat. *amphibŏlia(m)*, nom. *amphibŏlia*, dal gr. *amphibolía*, da *amphibállō* 'io colloco intorno'; 1955] **s. f.** ● Anfibologia.

anfibolite [da *anfibolo* nel sign. B; 1961] **s. f.** ● (*geol.*) Roccia metamorfica composta in prevalenza da anfibolo e plagioclasio, derivante da trasformazione di rocce gabbriche.

anfìbolo [vc. dotta, lat. tardo *amphĭbolu(m)*, nom. *amphĭbolus*, dal gr. *amphíbolos*. V. *anfibolia*; 1817] **A agg.** ● (*lett., raro*) Ambiguo, incerto. **B s. m.** ● (*miner.*) Nome collettivo di un gruppo di silicati a catena di formula complessa, contenenti ossidrili, calcio, magnesio, ferro, alluminio e sodio, caratterizzati da cristalli allungati o fibrosi; sono costituenti importanti delle rocce, in particolare di quelle metamorfiche.

anfibologìa [vc. dotta, lat. tardo *amphibolŏgia(m)*, comp. di *amphibŏlia* (V. *anfibolia*) e *-logia*; 1865] **s. f.** *1* (*ling.*) Ambiguità di una parola, di un'espressione o di un discorso, interpretabili in modo duplice: *una vecchia porta la sbarra*; *Sì vi sono stato così una volta come mille* (BOCCACCIO). *2* (*filos.*) Errore in cui cade una dimostrazione a causa di un'imperfetta costruzione grammaticale.

anfibològico [av. 1588] **agg.** (**pl. m.** *-ci*) ● Che concerne l'anfibologia, che ne ha il carattere.

anfìbraco [vc. dotta, lat. *amphĭbrachy(m)*, nom. *amphĭbrachys*, dal gr. *amphíbrachys* 'fra due brevi', comp. di *amphí* 'anfi-' e *brachýs* 'breve'; 1598] **s. m.** (**pl.** *-chi*) ● (*ling.*) Piede metrico della poesia greca e latina formato da una sillaba breve, una lunga e un'altra breve.

anfìdromo [vc. dotta, gr. *amphídromos* 'che corre in due sensi', comp. di *amphí* (V. *anfi-*) e *drómos* 'corsa' (V. *aerodromo*); 1955] **agg.** ● Detto di nave che può navigare indifferentemente di prua e poppa (per es. alcuni traghetti e il proa).

anfigonìa [comp. di *anfi-* e *-gonia*; 1955] **s. f.** ● (*biol.*) Tipo di riproduzione sessuale in cui un nuovo individuo trae origine dall'unione di due gameti, di solito morfologicamente diversi.

anfigònico [1959] **agg.** (**pl. m.** *-ci*) ● Di anfigonia | Che si verifica per anfigonia.

anfimacro [vc. dotta, lat. *amphìmacru(m)*, nom. *amphìmacrus*, dal gr. *amphímakros* 'fra due lunghe', comp. di *amphí* (V. *anfi-*) e *makrós* 'lungo'; 1961] s. m. ● (*ling.*) Cretico.

anfiòsso [comp. di *anfi-* e del gr. *oxýs* 'aguzzo'; 1903] s. m. ● Termine che indica genericamente ogni rappresentante del sottotipo Cefalocordati, organismi marini filtratori, di modeste dimensioni e col tronco sprovvisto di appendici pari. SIN. Lancetta. ➡ ILL. **animali**/4.

Anfìpodi [vc. dotta, comp. di *anfi-* e del gr. *poús*, genit. *podós* 'piede'; 1819] s. m. pl. (sing. *-e*) ● Nella tassonomia animale, ordine di piccoli Crostacei spec. marini con corpo compresso, agilissimi nel salto (*Amphipoda*). SIN. Pulci di mare.

anfipròstilo [vc. dotta, dal gr. *amphipróstylos*, comp. di *anfi-*, *pro-* (2) e *-stilo*; 1819] **A** s. m. ● Tempio greco o romano con portico aperto a colonne su ciascuna delle due fronti. **B** anche agg.: *tempio a.*

anfisbèna o **anfesibèna**, †**anfisìbena** [vc. dotta, lat. *amphisbaena(m)*, nom. *amphisbaena*, dal gr. *amphísbaina*, comp. di *amphí* (V. *anfi-*) e *báinō* 'io vado'; sec. XIII] s. f. **1** Serpente favoloso, immaginario, della Libia, velenoso, di cui non si distingueva il capo dalla coda. **2** Rettile dei Sauri a vita sotterranea con corpo cilindrico, privo di arti, diviso superficialmente in anelli (*Amphisbaena alba*).

anfiteàtro [vc. dotta, lat. *amphitheātru(m)*, dal gr. *amphithéatron*, comp. di *anfi-* e *teatro*; 1521] s. m. **1** Edificio a pianta ovale o circolare con più ordini concentrici di gradinate e un'arena al centro dove si svolgevano i combattimenti di gladiatori, lotte di animali feroci e sim. ➡ ILL. **archeologia**. **2** (*est.*) Locale o edificio a forma circolare per giochi sportivi, spettacoli teatrali e sim. SIN. Arena. **3** In teatri e sale da concerto, galleria di posti in gradinate curvilinee nella parte più alta della sala. **4** Aula, spec. universitaria, a pianta ellittica e gradinate: *a. anatomico*. **5** (*geogr.*) ***A. morenico***, complesso dei materiali morenici, depositi in cordoni concentrici, alla fronte di un ghiacciaio.

anfitrióne [dal n. del protagonista della commedia *Amphytrion* di Molière (derivata da Plauto), ospite fastoso; 1876] s. m. ● (*anton.*) Padrone di casa generoso e ospitale.

anfizióni o **anfizìoni** [1581] s. m. pl. ● Rappresentanti delle città greche appartenenti all'anfizionia.

anfizionìa [vc. dotta, gr. *amphiktyonía*, comp. di *amphí* 'anfi-', e *ktízō* 'io istituisco'; 1846] s. f. ● Nell'antica Grecia, lega delle città circostanti luoghi di interesse religioso per la tutela di interessi comuni, anche politici.

anfiziònico [1756] agg. (pl. m. *-ci*) ● Dell'anfizionia, degli anfizioni.

anfòlito [comp. di *anfo(tero)* e *(elettro)lito*; 1955] s. m. ● (*chim.*) Elettrolita anfotero.

ànfora [vc. dotta, lat. *ămphora(m)*. V. *ampolla*; sec. XIV] s. f. ● Vaso a corpo globulare allungato con strozzatura al piede e al collo e due anse verticali, molto usato nell'antichità per il trasporto e la conservazione di liquidi, spec. olio e vino. ‖ **anforàccia**, pegg. | **anforétta**, dim.

anfòtero [vc. dotta, gr. *amphóteros* 'l'uno e l'altro', compar. di *ámphō* 'ambedue'; 1892] **A** agg. ● (*chim.*) Detto di composto che può comportarsi come acido o come base, a seconda della sostanza con cui viene posto a reagire. **B** anche s. m.

anfràtto [vc. dotta, lat. *anfrăctu(m)* 'giravolta', forse di orig. osca; 1623] s. m. ● Cavità angusta, stretta rientranza di pareti rocciose: *La lucertola … annidata tra gli anfratti delle due rupi* (MORAVIA) | Luogo scosceso e tortuoso.

anfrattuosità [av. 1758] s. f. **1** Irregolarità del terreno. **2** Cavità piccola e stretta.

anfrattuóso [vc. dotta, lat. tardo *anfractuōsu(m)*, da *anfrāctus* 'anfratto'; 1632] agg. ● (*raro*, *lett.*) Pieno di anfratti | Scosceso, accidentato.

àngamo [gr. *gángamon* 'specie di rete da pesca' di etim. sconosciuta; 1937] s. m. ● (*mar.*) Rete a forma di sacco a maglie fitte, con bocca munita di un cerchio di ferro, usata a rimorchio di un battello su fondali sabbiosi per la pesca o per studi talassografici. SIN. Gangamo.

angarìa [V. *angheria*; av. 1364] s. f. **1** Nel mondo medievale, categoria di prestazioni in opere e in natura imposte ai sudditi di condizione sociale inferiore. **2** (*dir.*) Facoltà di uno Stato, in tempo di guerra o di pericolo pubblico, di requisire sul suo territorio navi, aeromobili e altri mezzi di trasporto appartenenti ad altri Stati. **3** V. *angheria*.

angariàre [vc. dotta, lat. tardo *angariāre* 'requisire per i trasporti, costringere a'. V. *angheria*; av. 1342] v. tr. (*io angàrio*) ● Trattare duramente, opprimere con angherie | (*est.*) Tormentare, tiranneggiare.

angariatóre [1618] s. m.; anche agg. (f. *-trice*) ● Chi (o Che) opprime con angherie.

àngela (1) o (*tosc.*) **àngiola** [f. di *angelo*; 1294] s. f. ● (*lett.*) Angelo con aspetto femminile | (*est.*) Donna che possiede particolari qualità di bellezza, grazia, bontà: *O nova a. mia senz'ala a fianco* (CARDUCCI). ‖ **angelétta**, dim. | **angelìna**, dim.

àngela (2) o (*tosc.*) **àngiola** [da *angelo*: detta così perché particolarmente buona; 1400] **A** s. f. ● Varietà di uva bianca da tavola coltivata in Emilia. **B** anche agg.: *uva a.*

angelèno [1987] **A** agg. ● Della città californiana di Los Angeles. **B** s. m. (f. *-a*) ● Abitante, nativo di Los Angeles.

angèlica [da *angelico*, per le sue qualità medicamentose; av. 1577] s. f. **1** Pianta erbacea perenne delle Ombrellifere, con radice a fittone, fusto eretto con foglie radicali pennatosette, fiori bianco-verdognoli riuniti in grandi ombrelle composte; l'olio essenziale ricavato da alcune sue specie è usato nella preparazione di alcuni liquori (*Angelica archangelica*). ➡ ILL. **piante**/7. **2** (*mus.*) Strumento simile all'arciliuto | Registro dell'organo.

angelicàle [av. 1294] agg. ● (*lett.*) Da angelo, angelico.

angelicàto [av. 1300] agg. ● (*lett.*) Simile ad angelo: *la donna angelicata dei poeti dello Stilnovo* | Fatto angelo.

angelicità [da *angelico*; 1946] s. f. ● Caratteristica di chi (o di ciò che) è angelico (*spec. fig.*): *l'a. di un animo, di un viso*.

angèlico [vc. dotta, lat. tardo *angĕlicu(m)*, nom. *angĕlicus*, dal gr. *angelikós*. V. *angelo*; av. 1250] agg. (pl. m. *-ci*) **1** Di angelo: *angeliche forme* | ***Salutazione angelica***, l'Ave Maria | (*fig.*) ***Il dottore a.***, (*per anton.*) S. Tommaso d'Aquino. **2** Simile ad angelo per la natura, l'aspetto e sim.: *voce, bellezza angelica*; *donna angelica* | (*est.*) Bello, puro, dolce: *viso, cielo, carattere a.* ‖ **angelicaménte**, avv.

angelìno ● V. *angiolino*.

♦**àngelo** o †**àgnolo**, (*lett.*, *tosc.*) **àngiolo** [lat. tardo *ăngelu(m)*, nom. *ăngelus*, dal gr. *ángelos* 'nunzio, messaggero', di orig. orient.; av. 1294] **A** s. m. (f. *-a* (V.)) **1** Creatura celeste puramente spirituale, rappresentata in forma di giovanile bellezza, con ali, e circonfusa da raggi di luce | ***A. custode, tutelare***, dato da Dio a ciascuna anima; (*fig.*) chi accompagna costantemente una persona (*spec. scherz.*): *è diventato l'a. custode della figlia* | ***Angeli custodi***, (*scherz.*) i poliziotti, spec. i due che sogliono accompagnare un imputato o un prigioniero | ***A. caduto, infernale, delle tenebre***, Lucifero, il Demonio | ***Pane degli angeli***, l'eucaristia | (*disus.*, *eufem.*) ***Fabbrica degli angeli***, clinica ove si praticano aborti clandestini | ***Discutere sul sesso degli angeli***, (*fig.*) su argomenti irresolubili o inutili. **2** (*fig.*) Persona di straordinaria bellezza e bontà, o dotata di virtù eccezionali: *una testina d'a.*; *quella ragazza è un a.*; *un a. di bontà, d'innocenza* | ***Cantare, suonare, scrivere come un a.***, con impareggiabile bravura. **3** Nel pattinaggio, figura libera che si esegue portando il busto in posizione parallela al terreno stando in equilibrio su una gamba, mentre l'altra è tesa in alto all'indietro. **4** Palla di cannone, composta di due emisferi collegati da una spranga o da una catena, usata anticamente spec. in marina per danneggiare l'alberatura nemica. **5** Una delle figure nel gioco dei tarocchi. **6** (*zool.*) ***A. di mare***, squadro. **B** in funzione di agg. inv. ● (posposto al s.) Nella loc. ***pesce a.***, squadro. ‖ **angiolèllo**, dim. | **angiolétto**, dim. (V.) | **angiolìno**, dim. (V.) | **angiolóne**, accr. | **angiolùccio**, dim.

angelolatrìa [comp. di *angelo* e *-latria*; 1819] s. f. ● Culto e adorazione degli angeli.

angelologìa [comp. di *angelo* e *-logia*; 1955] s. f. ● L'insieme delle dottrine e delle credenze relative agli angeli.

Àngelus [dalle parole iniziali della preghiera: *Angelus Domini nuntiavit Mariae* 'l'Angelo del Signore annunziò a Maria'; 1858] s. m. inv. ● Preghiera alla Madonna annunciata dal suono di campane, recitata al mattino, a mezzogiorno e alla sera.

àngere [lat. *ăngere*, corrispondente al gr. *ánchō*; av. 1374] v. tr. (oggi difett. usato solo nella terza pers. sing. dell'indic. pres. *ànge*) ● (*lett.*) Affliggere, angosciare: *tutto mi ange e tormenta* (CARDUCCI).

angherìa [vc. dotta, lat. tardo *angarīa(m)* 'obbligo di fornire i mezzi di trasporto', dal gr. *angaréia*, da *ángaros* 'messo del re di Persia con autorità di requisire e imporre tasse'; av. 1498] s. f. **1** V. *angaria* | (*est.*) Tassa esosa. **2** (*fig.*) Atto di prepotenza, sopruso: *fare angherie*.

angìna [vc. dotta, lat. *angīna(m)*, da *ăngere* 'stringere'; av. 1729] s. f. ● (*med.*) Infiammazione della tonsilla palatina e dell'orofaringe: *a. difterica*.

angìna pèctoris [lat. scient., propr. 'angina del petto'; 1862] loc. sost. f. inv. (pl. lat. *anginae pectoris*) ● (*med.*) Dolore localizzato dietro lo sterno, talvolta diffuso al braccio sinistro, causato da spasmo delle arterie coronarie. SIN. Stenocardia.

anginóso [1757] **A** agg. ● Relativo ad angina. **B** agg.; anche s. m. (f. *-a*) ● Che (o Chi) soffre d'angina.

angio-, -àngio [dal gr. *angêion* 'vaso'] primo o secondo elemento ● In parole composte della terminologia botanica indica il ricettacolo dei semi: *angiosperma* | Solo come primo elemento, in parole scientifiche composte significa 'vaso sanguigno': *angiopatia*, *sporangio*.

angiocàrpo [comp. di *angio-* e gr. *karpós* 'frutto'; 1961] s. m. ● (*bot.*) Corpo fruttifero di Funghi degli Ascomiceti e dei Basidiomiceti dove l'imenio è completamente avvolto da ife sterili fino alla maturità delle spore, come nei tartufi e nelle vesce.

angiochirurgìa [comp. di *angio-* e *chirurgia*] s. f. ● (*chir.*) Chirurgia vascolare.

angiocolìte [comp. di *angio-* e *colite*; 1940] s. f. ● (*med.*) Colangite.

angiogènesi [comp. di *angio-* e *genesi*; 1989] s. f. inv. ● (*fisiol.*) Sviluppo del sistema vascolare in tessuti e organi.

angiografìa [comp. di *angio-* e *-grafia*; 1819] s. f. ● Tecnica di visualizzazione dei vasi sanguigni e linfatici mediante introduzione in essi di sostanze radiopache | Angiogramma.

angiogràfico agg. (pl. m. *-ci*) ● Relativo all'angiografia: *cateteri angiografici*.

angiogràmma [comp. di *angio-* e *-gramma*; 1970] s. m. (pl. *-i*) ● Lastra radiografica dei vasi sanguigni e linfatici.

angioìno [1532] agg. ● Degli Angiò, dinastia francese che regnò nell'Italia meridionale nei secc. XIII e XIV: *la dominazione angioina*.

àngiola ● V. *angela* (*1*) e (*2*).

angiolétto [av. 1525] s. m. **1** Dim. di *angelo*. **2** (*fig.*) Bimbo buono (*anche iron.*)

angiolìno o †**agnolino**, **angelìno** [av. 1590] s. m. **1** Dim. di *angelo*. **2** (*fig.*) Bambino grazioso.

àngiolo ● V. *angelo*.

angiologìa [vc. dotta, gr. *angeiología*, comp. di *angio-* e *-logia*; 1755] s. f. ● Scienza che studia la morfologia e la patologia dei vasi sanguigni e linfatici.

angiòlogo [comp. di *angio-* e *-logo*; 1983] s. m. (f. *-a*; pl. m. *-gi*) ● Specialista di angiologia.

angiòma [fr. *angiome*, dal gr. *angêion* 'vaso'; 1879] s. m. (pl. *-i*) ● (*med.*) Affezione dovuta a tumore o malformazione dei vasi sanguigni | ***A. piano della cute***, (*pop.*) voglia di vino.

angioneuròsi [comp. di *angio-* e *neurosi*; 1961] s. f. inv. ● (*med.*) Qualsiasi disturbo vascolare provocato da turbe del sistema nervoso autonomo.

angiopatìa [comp. di *angio-* e *-patia*; 1561] s. f. ● Malattia dei vasi sanguigni e linfatici.

angioplàstica [comp. di *angio-* e *plastica*; 1986] s. f. ● (*chir.*) Ricostruzione o riparazione di un vaso sanguigno mediante intervento operatorio, laser o sonda.

angiosarcòma [comp. di *angio-* e *sarcoma*; 1913] s. m. (pl. *-i*) ● (*med.*) Tumore maligno originato dai vasi sanguigni.

angiospàsmo [comp. di *angio-* e del gr. *spasmós* 'convulsione'; 1942] s. m. ● (*med.*) Contrazione spastica dei vasi sanguigni. SIN. Vasospasmo.

Angiospèrme [comp. di *angio-* e del gr. *spérma* 'seme'; 1797] s. f. pl. (sing. *-a*) ● (*bot.*) Nella tassonomia vegetale, divisione di piante delle Fanerogame con ovuli racchiusi nell'ovario, riconoscibili per i fiori da cui originano frutti che contengono e disperdono i semi (*Angiospermae* o *Magnoliophyta*). CONTR. Gimnosperme. ➡ ILL. **piante**/2.

angiostatina [dall'ingl. *angiostatin*, comp. di *angio-* e di un elemento tratto dal v. lat. *stāre* 'fermare, arrestare'; 1996] s. f. ● (*med.*) Sostanza peptidica capace di arrestare la proliferazione delle cellule vasali.

angiotensina [comp. di *angio-*, del lat. *tēnsus* 'teso', part. pass di *tĕndere* e del suff. *-ina*] s. f. ● (*biol.*) Uno dei peptidi plasmatici prodotti da un precursore inattivo per azione della renina, dotati di azione ipertensiva.

angipòrto [vc. dotta, lat. *angipŏrtu(m)*, comp. di *angere* 'stringere' e *pŏrtus* 'porto, passaggio'; 1499] s. m. *1* Vicolo stretto, angusto, talvolta senza uscita | (*al pl.*) La parte più degradata e malfamata di una città. *2* †La parte più riparata di un porto.

anglesite [dall'isola di *Anglesey* in Inghilterra, ove se ne trovò in grande quantità; 1950] s. f. ● (*miner.*) Solfato di piombo, formato spec. per ossidazione superficiale dei giacimenti di galena.

anglicanèsimo o **anglicanismo** [ingl. *anglicanism*. V. *anglico*; 1849] s. m. ● Dottrina della Chiesa anglicana.

anglicàno [ingl. *anglican*. V. *anglico*; av. 1606] **A** agg. ● Detto della Chiesa nazionale d'Inghilterra che ha dottrine fondamentali calviniste e liturgia simile alla cattolica, con a capo il re: *chiesa anglicana*. **B** agg.; anche s. m. (f. *-a*) ● Che (o Chi) appartiene alla Chiesa anglicana.

anglicismo [fr. *anglicisme*. V. *anglico*; 1765] s. m. ● Parola o locuzione propria dell'inglese entrata in un'altra lingua. SIN. Inglesismo.

anglicizzàre [1902] v. tr. e intr. pron. ● Adattare, adattarsi ai costumi, ai gusti e alle idee inglesi. SIN. Inglesizzare.

anglicizzazióne [da *anglicizzare*] s. f. ● L'anglicizzare, l'anglicizzarsi.

ànglico [da *Angli*, popolo della Britannia; 1540] agg. (pl. m. *-ci*) ● Relativo agli antichi Angli | (*est.*, *lett.*) Inglese.

anglismo [1970] s. m. ● (*raro*) Anglicismo.

anglista [comp. di *anglo* e *-ista*; 1965] s. m. e f. (pl. m. *-i*) ● Studioso di lingua e letteratura inglese.

anglistica [1974] s. f. ● Studio della lingua, della letteratura, della cultura e della civiltà dei popoli di lingua inglese.

ànglo [vc. dotta, lat. tardo *Ànglu(m)*, n. del popolo che abitava la Britannia; 1525] s. m. (f. *-a*) *1* Appartenente a una antica popolazione germanica stanziatasi in Britannia a partire dal IV sec. d.C. *2* (*lett.*) Inglese.

ànglo- [V. *anglo*] primo elemento ● In parole composte fa riferimento agli antichi Angli o ai moderni Inglesi, oppure alla Gran Bretagna: *angloamericano*, *anglomania*, *anglosassone*.

angloamericàno o **anglo-americàno** [comp. di *anglo-* e *americano*; 1818] agg. ● Che si riferisce all'Inghilterra e agli Stati Uniti d'America: *letteratura angloamericana*.

anglofilìa [fr. *anglophilie*, da *anglophile* 'anglofilo, amico dell'Inghilterra', comp. di *anglo-* e *-phile* 'filo'; 1961] s. f. ● Interesse, simpatia per l'Inghilterra.

anglòfilo [comp. di *anglo-* e *-filo*; 1959] agg.; anche s. m. (f. *-a*) ● Che (o Chi) prova simpatia per l'Inghilterra.

anglofobìa [fr. *anglophobie*, da *anglophobe* 'anglofobo'; 1961] s. f. ● Antipatia per l'Inghilterra.

anglòfobo [fr. *anglophobe*, comp. di *anglo-* e *-phobe* '-fobo'; 1961] agg.; anche s. m. (f. *-a*) ● Che (o Chi) prova antipatia per l'Inghilterra.

anglòfono [comp. di *anglo-* e *-fono*; 1983] **A** agg.; anche s. m. (f. *-a*) ● Che (o Chi) parla inglese. **B** s. m. (f. *-a*) ● Abitante di uno Stato in cui l'inglese è una lingua in uso.

anglo-ispàno [1983] agg. ● Che riguarda l'Inghilterra e la Spagna, con riferimento a epoche storiche: *le guerre anglo-ispane per la supremazia marittima*.

anglòmane [1819] s. m. e f. ● Chi ammira esageratamente tutto ciò che è inglese.

anglomanìa [fr. *anglomanie*. comp. di *anglo-* e *-mania*; 1763] s. f. ● Ammirazione esagerata e smania d'imitare tutto ciò che è inglese.

ànglo-normànno [comp. di *anglo-* e *normanno* sul modello dell'ingl. *Anglo-Norman*] agg. ● Che riguarda la Normandia e l'Inghilterra, dalla conquista di Guglielmo di Normandia (1066) fino al XIV secolo: *architettura anglo-normanna*.

anglosàssone [comp. di *anglo-* e *sassone*; 1818] **A** agg. *1* Relativo alle tribù germaniche degli Angli e dei Sassoni che emigrarono in Britannia a partire dal IV sec. d.C.: *invasione a.* *2* Relativo ai popoli di lingua e cultura inglese: *letteratura a.* **B** s. m. e f. *1* (*spec. al pl.*) Appartenente alla tribù degli Angli e dei Sassoni. *2* Appartenente ai popoli di lingua e cultura inglese.

angolàno [1765] **A** agg. ● Relativo all'Angola, repubblica africana. **B** s. m. (f. *-a*) ● Abitante, nativo dell'Angola.

angolàre (*1*) o †**angulàre** [vc. dotta, lat. *angulāre(m)*, da *ăngulus* 'angolo'; av. 1342] **A** agg. *1* Formato da angoli | Fatto ad angolo, ad angoli: *colonna a.*, *elemento metallico a.* *2* Di angolo | ***Velocità a. di un punto***, variazione dell'angolo descritto dal raggio vettore del punto nell'unità di tempo | ***Distanza a.***, angolo compreso fra le visuali che vanno dal punto d'osservazione ai due punti osservati. *3* Che è posto in angolo | ***Pietra a.***, la pietra che forma l'angolo esterno di un edificio; (*fig.*) il fondamento, il sostegno di qlco. || **angolarménte**, avv. Ad angolo. **B** s. m. ● Elemento metallico di lamiera ripiegata, spesso utilizzata come rinforzo in strutture metalliche. SIN. Cantonale.

angolàre (*2*) [da *angolo*; 1936] v. tr. (*io àngolo*) *1* Disporre a forma d'angolo | Porre in angolo. *2* Nel calcio, nel tennis e sim., indirizzare la palla diagonalmente. *3* (*fot.*, *cine*, *tv*) Riprendere un soggetto, una scena e sim. secondo una determinata angolazione.

angolarità [1623] s. f. ● Forma angolare.

angolàto [vc. dotta, lat. *angulātu(m)*, da *ăngulus* 'angolo'; 1519] agg. *1* (*raro*) Di forma angolare. *2* (*arald.*) Accantonato. *3* Nel calcio, nel tennis e sim., detto di tiro con traiettoria diagonale.

angolatùra [1970] s. f. *1* Piegamento ad angolo. *2* (*fig.*) Punto di vista, prospettiva; SIN. Angolazione.

angolazióne [da *angolo*; 1942] s. f. *1* (*fot.*, *cine*, *tv*) Angolo o punto di vista da cui si riprende una scena SIN. Angolatura. *2* (*fig.*) Prospettiva da cui si considera un problema, un fatto e sim. SIN. Angolatura. *3* Nel calcio, direzione impressa alla palla verso un angolo della porta: *segnare con una perfetta a.* | Nella scherma, colpo portato con la spada al polso dell'avversario: *stoccata d'a.*

angolièra [1970] s. f. ● Cantoniera.

angolista [1970] s. m. e f. (pl. m. *-i*) ● Nei giochi di carte, chi, talora con funzione di arbitro, assiste a una partita stando nell'angolo tra due giocatori.

♦**àngolo** o †**àngulo** [vc. dotta, lat. *ăngulu(m)*, da avvicinare al gr. *ankýlos* 'curvo'; av. 1348] s. m. *1* (*mat.*) Intersezione di due semipiani complanari | Porzione di piano compresa fra due semirette uscenti da un medesimo punto | Misura di tale porzione | ***A. acuto***, minore di uno retto | ***A. concavo***, maggiore di uno piatto | ***A. convesso***, minore di uno piatto | ***A. giro***, quello massimo, costituito dall'intero piano | ***A. ottuso***, maggiore di uno retto e minore di uno piatto | ***A. piatto***, metà di uno giro, semipiano | ***A. retto***, metà di uno piatto | ***A. diedro*** (*o* ***solido***), intersezione (o unione) di due semispazi | ***A. di due rette sghembe***, misura dell'angolo compreso fra le parallele a esse uscenti da un punto qualsiasi | ***A. visuale***, V. *visuale*. CFR. gonio-, -gono. *2* Canto, cantonata: *l'a. di una stanza*; *sedere in un a.*; *un tavolo d'a.*; *il caffè all'a. della strada*; *il caffè all'a.* | ***Via Verdi a. via Bianchi***, il punto in cui via Verdi si incrocia con via Bianchi | (*est.*) Spigolo: *battere contro l'a. di un mobile*. *3* Luogo appartato: *un a. di mondo, di terra*; *un a. tranquillo, fuori mano*; *cacciarsi, starsene in un a.* | ***In ogni a.***, ***in tutti gli angoli***, dovunque | ***A. cottura***, in una stanza di soggiorno o in un monolocale, zona attrezzata a cucina | (*mil.*) ***A. morto***, zona dietro un ostacolo dove non può giungere il tiro di un'arma da fuoco. *4* Nel calcio, ciascuno dei quattro vertici del campo rettangolare di gioco delimitato da un arco di cerchio tracciato in bianco e contrassegnato da una bandierina, da dove si batte il calcio d'angolo (V. *calcio* (*1*), sign. 4) | Ciascuno dei quattro vertici della porta: *a. basso*, *alto* | Nel pugilato, ognuno dei quattro punti in cui si incontrano i lati del quadrato a due dei quali, opposti, siedono i pugili prima dell'inizio dell'incontro e durante gli intervalli fra le riprese. || **angolétto**, dim. | **angolino**, dim.

angolòide [comp. di *angolo* e *-oide*; 1941] s. m. ● (*mat.*) Intersezione di tre semispazi.

angolosità [1780 ca.] s. f. *1* Caratteristica di ciò che è angoloso. *2* (*fig.*) Asprezza, rigidezza: *a. di carattere*; *a. di stile* (LEOPARDI).

angolóso o †**angulóso** [vc. dotta, lat. *angulōsu(m)*, da *ăngulus* 'angolo'; 1581] agg. *1* Che ha angoli: *fitte righe d'una angolosa scrittura corsiva* (CALVINO) | (*est.*) Ossuto, scarno: *corpo a.* *2* (*fig.*) Aspro, duro | (*fig.*, *raro*) Scontroso: *carattere a.* SIN. Spigoloso.

àngora [dal n. della città di *Angora* (Ankara); 1846] s. f. ● Solo nella loc. ***d'a.***, che indica alcune razze di animali caratterizzati da pelo lunghissimo e molto morbido: *gatto*, *coniglio d'a.*; *capra d'a.* | ***Lana d'a.***, filato prodotto con la lana delle capre d'angora o con il pelo dei conigli d'angora, usato per maglieria o per tessuti, misto a lana di pecora.

angòscia [lat. *angŭstia(m)* 'strettezza', da *ăngere* 'stringere'; av. 1294] s. f. (pl. *-sce*) *1* Stato di ansia accompagnato da viva preoccupazione o paura: *un'attesa piena di a.* *2* (*filos.*) Nell'esistenzialismo, stato di inquietudine che deriva all'uomo da una tensione irrisolta tra essere e nulla, finito e infinito. *3* (*psicol.*) Stato caratterizzato da paure irrazionali e accompagnato da una sensazione di malessere generico e, a volte, da vertigini, sudorazione e disturbi cardiaci. *4* (*lett.*) †Affanno.

angosciànte [1961] part. pres. di *angosciare*; anche agg. ● Che procura angoscia: *dubbio*, *situazione a.*

angosciàre [lat. tardo *angustiāre*, da *angŭstia* 'angustia'; 1336 ca.] **A** v. tr. (*io angòscio*; fut. *io angoscerò*) ● Dare angoscia: *la sua presenza mi angoscia*. **B** v. intr. pron. ● Affannarsi, travagliarsi.

angosciàto [1319] part. pass. di *angosciare*; anche agg. ● Tormentato dall'angoscia. || **angosciataménte**, avv.

angoscióso [lat. tardo *angustiōsu(m)*, da *angŭstia* 'angustia'; 1294] agg. *1* D'angoscia: *grido a.*; *invocazione angosciosa*. *2* Che genera angoscia: *attesa angosciosa*; *problemi angosciosi*. || **angosciosaménte**, avv.

angostùra o †**angustùra** [da *Angostura*, antica città del Venezuela; 1829] s. f. *1* Piccolo albero delle Rutacee con corteccia di sapore amaro e odore aromatico (*Cusparia officinalis*). *2* (*est.*) Essenza amara per liquori estratta dalla corteccia dell'albero omonimo.

ångström /'an(g)strom, *sved.* ˈɔŋsˌtrœm/ [detto così dal n. del fisico sved. A. J. *Ångström* (1814-1874); 1929] s. m. ● Unità di misura di lunghezza pari a 10^{-10} m. SIMB. Å.

àngue [vc. dotta, lat. *ăngue(m)*, di orig. indeur.; 1313] s. m. ● (*lett.*) Serpente: *come in bel prato … / giace sovente a. maligno ascoso* (TASSO).

anguicrinito [comp. di *angue* e *crinito*; av. 1704] agg. ● (*lett.*) Che ha serpenti in luogo dei capelli: *le Furie anguicrinite* (PARINI).

Ànguidi [vc. dotta, comp. di *angue* e *-idi*; 1929] s. m. pl. (sing. *-e*) ● Nella tassonomia animale, famiglia di Rettili degli Squamati con corpo serpentiforme e arti ridottissimi (*Anguidae*).

anguilla [lat. *anguĭlla(m)*, da *ănguis* 'serpente'; sec. XIII] s. f. *1* Pesce osseo commestibile degli Anguilliformi con corpo allungato, pelle viscida con squame rudimentali; vive in acqua dolce fino al momento della riproduzione, che avviene in mare (*Anguilla anguilla*) | ***A. elettrica***, gimnoto. ➡ ILL. **animali**/6. *2* (*fig.*) Persona estremamente agile | Persona molto scaltra, subdola, sfuggente. *3* (*mar.*) Trave aggiunta per rinforzo tra un baglio e l'altro, in senso longitudinale | Comando metallico che va da prua a poppa, sotto i bagli. || **anguillétta**, dim. | **anguillina**, dim. | **anguillóna**, accr.

anguillàia o **anguillàra** [1681] s. f. ● Luogo dove si allevano anguille.

anguillésco [1913] agg. (pl. m. *-schi*) ● (*fig.*) Ambiguo, sfuggente: *atteggiamento a.* || **anguillescaménte**, avv.

anguillifórme [comp. di *anguilla* e *-forme*; 1730] agg. ● Che ha forma di anguilla.

Anguillifórmi [1845] s. m. pl. (sing. *-e*) ● Nella tassonomia animale, ordine di Pesci ossei a corpo allungato, flessibile, serpentiforme senza pinne ventrali (*Anguilliformes*).

anguillula [dim. di *anguilla*; 1892] **s. f.** ● Genere di piccoli vermi Nematodi parassiti di animali e vegetali, una cui specie vive anche nell'aceto (*Anguillula*). ➡ **ILL. animali**/1.

†**anguinàia** o †**anguinàglia** [lat. *inguinālia*, nt. pl. di *inguinālis*, agg. di *īnguen* 'inguine'; 1313] **s. f.** ● Inguine.

anguìpede [vc. dotta, dal lat. *anguĭpes* genit. *-ĕdis*, comp. di *anguis* 'serpe' e *pes*, genit. *pedis* 'piede'; av. 1796] **s. m.**; anche **agg.** ● (*raro, poet.*) Chi (o Che) ha i piedi formati da serpenti: *così gli immani anguipedi pagaro / di lor nefanda scelleranza il fio* (MONTI).

†**anguistàra** [provz. *engrestara*, dal gr. *gástra* 'ventre di un vaso, vaso', da *gastḗr*, genit. *gastrós* 'ventre'; sec. XIII] **s. f.** ● Caraffa di vetro con collo lungo e stretto.

†**àngulo** e *deriv.* ● V. *angolo* e *deriv.*

angùria [pl. del gr. tardo *angóurion* 'cocomero', di orig. straniera; 1485] **s. f.** ● (*sett.*) Cocomero.

angùstia [vc. dotta, lat. *angŭstia(m)*. V. *angoscia*; av. 1294] **s. f. 1** (*lett.*) Mancanza o scarsità di spazio: *l'a. di una stanza, di un appartamento*; *l'a. del tempo*. **2** (*fig.*) Ristrettezza, povertà: *angustie materiali* | ***Versare, trovarsi in angustie***, trovarsi in ristrettezze economiche | Meschinità: *a. di mente, di idee*. **3** (*fig.*) Angoscia, affanno: *dare, recare a.*; *stare in a. per qlco.*; *tenere qlcu. in a.*

angustiàre [vc. dotta, lat. tardo *angustiāre*, da *angŭstia* 'angustia'; av. 1294] **A v. tr.** (*io angùstio*) ● Angosciare, affliggere. **B v. intr. pron.** ● Angosciarsi, affliggersi: *angustiarsi per una sventura, una preoccupazione* e sim.

angustiàto [av. 1306] **part. pass.** di *angustiare*; anche **agg.** ● Nei sign. del v. ‖ **angustiataménte**, **avv.**

angusticlàvio [vc. dotta, lat. *angusticlāviu(m)*, comp. di *angŭstus* 'stretto' e *clāvus* 'striscia di porpora che listava la tunica dei cittadini romani'; 1797] **s. m.** ● Striscia piuttosto stretta di porpora posta sulla toga dei cavalieri romani | La toga ornata di tale striscia.

angustióso [vc. dotta, lat. tardo *angustiōsu(m)*, da *angŭstia* 'angustia'; av. 1306] **agg.** ● (*lett.*) Pieno di angustie | (*est.*) Misero, meschino: *virtù gretta, misera, angustiosa* (MANZONI). ‖ **angustiosaménte**, **avv.** Con angustia.

angùsto [vc. dotta, lat. *angŭstu(m)* da *ăngere* 'stringere'; 1321] **agg. 1** Stretto, incomodo, disagevole: *luogo, sentiero a.*; *valle angusta*. **2** (*fig.*) Limitato, ristretto, detto di persona o delle facoltà spirituali: *persona angusta*; *animo, spirito, intelletto a.* **3** (*raro, fig.*) †Insufficiente. ‖ **angustaménte**, **avv.**

†**angustùra** ● V. *angostura*.

ànice o (*raro*) **ànace**, (*tosc.*) **ànacio** [gr. *ánison*, d'incerta provenienza straniera; sec. XIV] **s. m. 1** Pianta erbacea delle Ombrellifere con foglie inferiori arrotondate e superiori pennate e fiori bianchi in ombrelle (*Pimpinella anisum*) | ***A. dei Vosgi***, cumino dei prati | ***A. stellato***, badiana. ➡ **ILL. piante**/3, 7; **spezie.** | Il frutto aromatico di tale pianta. **2** (*est.*) Liquore estratto dai frutti dell'omonima pianta.

anicino o **anacino** [da *anice*; 1712] **s. m. 1** Piccolo biscotto con anice. **2** Confetto minutissimo con anice.

anicióne [da *anice*; 1955] **s. m.** ● Liquore dal pronunciato sapore di anice.

anicònico [comp. di *a-* (*1*) e *icona*, con suff. aggettivale; 1961] **agg.** (**pl. m.** *-ci*) **1** Che non permette immagini: *culto a.* **2** Nel linguaggio della critica d'arte, non figurativo.

anidride [dal gr. *ánydros* 'senz'acqua', comp. di *an-* 'a- (1)' e *hýdōr* 'acqua'; 1870] **s. f.** ● (*chim.*) Composto formato da un non metallo e da ossigeno; nella nomenclatura chimica moderna il termine *anidride* è sostituito da *ossido* in tutti i composti binari con ossigeno | ***A. arseniosa***, molto tossica, adoperata in vetreria per la sbianca dei vetri. **SIN.** Arsenico bianco | ***A. carbonica***, diossido di carbonio, gas incolore, inodoro, insaporo, soffocante, che si svolge nelle fermentazioni organiche e nelle combustioni, usato per bibite gassate e, allo stato solido, nella conservazione di sostanze deperibili.

anidrite [da *anidro*; 1829] **s. f.** ● (*miner.*) Solfato di calcio anidro di solito in masse cristalline saccaroidi di colore grigiastro.

ànidro [vc. dotta, gr. *ánydros* 'senz'acqua', comp. di *an-* 'a- (1)' e *hýdōr* 'acqua', di orig. indeur.; 1829] **agg.** ● Privo di acqua.

anidròsi [gr. *anídrōsis*, comp. di *an-* 'a- (1)' e *hídrōsis* 'traspirazione' (deriv. di *hidrṓs* 'sudore', di orig. indeur.); 1939] **s. f. inv.** ● (*med.*) Mancanza della secrezione sudorale.

anìle [dall'ar. *an-nīl*, attrav. lo sp. *añil*; 1578] **s. m.** ● Pianta legnosa delle Papilionacee con piccoli fiori rosso-giallognoli e foglie coperte di peli, dalla fermentazione delle quali si ottiene l'indaco (*Indigofera anil*).

anilina [da *anile*; 1875] **s. f.** ● (*chim.*) Ammina liquida, oleosa, della serie aromatica, ottenuta industrialmente per riduzione del nitrobenzene, usata nell'industria di coloranti, farmaceutici e isolanti elettrici. **SIN.** Fenilammina.

♦**ànima** [vc. dotta, lat. *ănima(m)*, da avvicinare al gr. *ánemos* 'vento, soffio'; 1275] **s. f. 1** In molte filosofie, principio vitale di tutti gli esseri esistenti: *anima intellettiva, sensitiva, vegetativa*; *L'a. d'ogne bruto e de le piante* (DANTE *Par.* VII, 139). **2** (*relig.*) Parte spirituale e immortale dell'uomo: *a. pura, innocente*; *l'a. e il corpo* | ***Salute dell'a.***, beatitudine eterna | ***Cura di anime***, ministero degli ecclesiastici che sono in diretto contatto con i fedeli | ***Amare con tutta l'a.***, appassionatamente | ***Volere un bene dell'a. a qlcu.***, essere profondamente affezionato a qlcu. | ***Giurare sull'a. propria, di qlcu.***, giurare solennemente | ***Essere pronto a dare l'a. per qlcu. o qlco.***, essere pronto a sacrificarsi per qlcu. o qlco. | ***Non avere a.***, non avere cuore, essere privo di scrupoli | ***Tenere, reggere l'a. coi denti***, essere in pessime condizioni di salute | ***Rendere l'a. a Dio***, morire | ***Vendere l'a. al Diavolo***, scendere a gravi compromessi con la propria coscienza per raggiungere i propri fini, soddisfare le proprie ambizioni e sim. | (*fig.*) ***Essere l'a. gemella di qlcu.***, essere molto vicino a qlcu. per carattere, gusti, aspirazioni e sim. | (*fig.*) ***Darsi a. e corpo a qlcu., a qlco.***, dedicarsi completamente a qlcu., impegnarsi a fondo in qlco. | (*fig.*) ***Toccare l'a.***, commuovere | ***All'a.***, escl. esprimente sorpresa o ammirazione, anche ironiche e sim. | (*fig.*) ***Rompere l'a. a qlcu.***, (*fam.*) seccarlo. **3** Persona: *un paese di poche anime* | ***Non c'è a. viva***, non c'è nessuno | ***Un'a. dannata***, persona malvagia | ***Un'a. in pena***, persona irrequieta, tormentata, che non trova pace | (*fig.*) ***A. nera***, persona malvagia, priva di scrupoli | ***La buon'a.***, V. *buonanima*. **4** (*est.*) Parte, nucleo, elemento centrale, interno di qlco.: *l'a. del dente, del legno*; *l'a. di una fune metallica* | ***A. di un frutto***, (*pop.*) seme | ***A. di uno strumento ad arco***, sottile cilindro di abete collocato fra il coperchio e il fondo degli strumenti ad arco per sostenere la pressione esercitata dalle corde sul ponticello | ***A. del bottone***, parte interna di un bottone ricoperto | ***A. di un modello di fonderia***, corpo solido che, nella formatura, occupa il volume che deve restare vuoto all'interno del getto | (*elettr.*) Conduttore rivestito di isolante che costituisce l'elemento di formazione dei cavi elettrici multipolari. **5** (*fig.*) Elemento essenziale di qlco.: *la pubblicità è l'a. del commercio*; *L'a. dei partiti è l'odio* (LEOPARDI) | ***L'a. di un affare, di un'impresa***, la persona che ispira, dirige e sim. **6** Cavità interna dell'arma da fuoco, fra la testa dell'otturatore e la bocca dell'arma. ‖ **animàccia**, **pegg.** | **animétta**, **dim.** (V.) | **animina**, **dim.** | **animùccia**, **dim.**

animàbile [vc. dotta, lat. *animābile(m)* (non sicuramente attestato), da *ănima* 'anima'; 1585] **agg.** ● Che si può animare.

animadversióne o **animavversióne** [vc. dotta, lat. tardo *animadversiōne(m)*, da *animadvĕrtere*, da *ănimum advĕrtere* 'rivolgere il pensiero'; 1499] **s. f. 1** (*lett.*) Rimprovero, biasimo. **2** †Annotazione, osservazione critico-letteraria.

♦**animàle** (**1**) [lat. *animăle*, da *ănima* 'anima'; av. 1294] **s. m.** (**pl.** †*animài*) **1** Ogni organismo vivente capace di vita sensitiva e di movimenti spontanei: *questa / Bella d'erbe famiglia e d'animali* (FOSCOLO) | ***A. ragionevole***, (*per anton.*) l'uomo | (*est.*) Persona, in quanto portatrice di una caratteristica peculiare e dominante: *Giolitti, questo grande a. politico*. **2** Bestia: *a. domestico, selvatico*; *animali da macello, da cortile*. **CFR.** zoo-, -zoo, terio-, -terio. **3** (*fig.*) Persona rozza, volgare, incivile: *vivere da a.*; *sudicio come un a.* | Persona ignorante, stupida: *taci, a.!* | (*lett.*) Persona in cui prevale la componente corporea e istintiva: *Ella appariva, così, la donna di delizia, ... l'a. voluttuario e magnifico* (D'ANNUNZIO). ‖ **animalàccio**, **pegg.** | **animalétto**, **dim.** | **animalino dim.** | **animalóne**, **accr.** | **animalùccio**, **animalùzzo**, **dim.**

ANIMALI (VOCI DEGLI)
nomenclatura

animali (**voci degli**)
● *allodola*: fischiare; fischio;
● *anatra*: anatrare
● *asino*: ragliare; raglio;
● *bue*: muggire = mugghiare, mugliare; muggito = mugghio;
● *canarino, usignolo*: gorgheggiare, trillare; gorgheggio; trillo;
● *cane*: abbaiare, uggiolare, guaire, guaiolare, mugolare, ustolare, gagnolare, schiattire, latrare, ringhiare, ululare; abbaio; guaito, ringhio, latrato, ululato, uggiolio, mugolio;
● *capinera, passero*: cinguettare, ciangottare; cinguettio, ciangottio;
● *capra, pecora*: belare; belato;
● *cavallo*: nitrire; nitrito;
● *cervo, orso*: bramire; bramito;
● *chioccia*: chiocciare, crocciare; verso chioccio;
● *chiurlo, assiolo*: chiurlare; chiurlo;
● *cicala*: frinire;
● *civetta* (anche, *cavalletta, falco, grillo, pipistrello, quaglia*): stridere; stridio;
● *coniglio*: zigare, squittire; squittio;
● *corvo, cornacchia, gracchio, taccola*: crocidare = gracchiare; crocidio = gracchio;
● *coyote*: latrare; latrato;
● *elefante*: barrire; barrito;
● *gallina*: crocchiare, crocchiolare, cantare, schiamazzare;
● *gallo*: cantare, chicchiriare; canto;
● *gatto*: miagolare = gnaulare, soffiare, ronfare = fare le fusa, ustolare; miagolio = gnaulio;
● *gufo, allocco*: bubolare; gufare;
● *insetti* (ape, calabrone, mosca, moscone, vespa, zanzara): ronzare = bombire; ronzio = bombo;
● *leone*: ruggire; ruggito;
● *lupo, iena,*: ululare; ululato;
● *maiale, cinghiale, orso*: grugnire, ringhiare, rugliare; grugnito; ringhio; ruglio;
● *merlo, pettirosso*: cantare, fischiare, chioccolare; canto, fischio, chioccolo;
● *mucca, bue*: muggire; muggito;
● *pavone*: paupulare, stridere;
● *piccione, tortora*: tubare = grugare;
● *pulcino*: pigolare = pipiare; pigolio;
● *rana*: gracidare; gracidio;
● *rondine*: stridere, garrire; garrito;
● *serpente*: sibilare; sibilo;
● *tacchino, gallina faraona*: gloglottare; gloglottio;
● *topo*: squittire; squittio;
● *tordo*: chioccolare, fischiare, zirlare; chioccolo, fischio, zirlo;
● *volpe*: abbaiare, guaire; abbaio, guaito;

♦**animàle** (**2**) [vc. dotta, lat. *animāle(m)*, da *ănima* 'anima'; av. 1294] **agg. 1** (*lett.*) Dell'anima: *lo spirito a.* (DANTE) | (*lett.*) Degli esseri animati: *la terra degna / di tutta l'animal perfezione* (DANTE *Par.* XIII, 82-83). **2** Degli animali: *fisiologia a.* | ***Regno a.***, gli animali ordinati secondo classi, ordini, specie | ***Olio, grasso a.***, che si ricava da animali; **CFR.** Vegetale. **3** Proprio degli aspetti materiali, corporei e sim. dell'uomo: *gli istinti animali*. **CONTR.** Spirituale. ‖ **animalménte**, **avv.**

animalerìa [da *animale* (*1*); av. 1704] **s. f.** ● (*raro*) Azione degna di un animale.

animalésco [1659] **agg.** (**pl. m.** *-schi*) ● Di animale, degno di animale (*spec. spreg.*): *figura animalesca*; *aspetto, viso a.* ‖ **animalescaménte**, **avv.**

animalìsmo [da *animale* (*1*); 1987] **s. m.** ● Forma di zoofilia tendente a salvaguardare gli animali, mantenendoli nel loro ambiente naturale e proteggendoli dall'intervento dell'uomo.

animalista [1877] **s. m. e f.**; anche **agg.** (**pl. m.** *-i*) **1** Pittore o scultore di figure di animali. **2** Chi, spesso con manifestazioni polemiche, si impegna nella salvaguardia degli animali, proteggendoli da maltrattamenti dell'uomo.

animalìstico [1931] **agg.** (**pl. m.** *-ci*) ● Detto di stile decorativo avente esclusivamente animali per soggetto.

animalità [sec. XIV] s. f. ● Insieme degli attributi e delle facoltà proprie degli animali. CONTR. Spiritualità.

animàre [vc. dotta, lat. *animāre*, da *ănima* 'anima'; av. 1363] **A** v. tr. (*io ànimo*) **1** Infondere l'anima: *Dio animò la creta* | Dar vita attraverso il linguaggio dell'arte: *a. una tela, un paesaggio.* **2** Dare vivacità, calore: *un sorriso le animò il volto* | Rendere vivace, movimentato: *a. una serata; a. una discussione; un continuo viavai anima le strade.* **3** Incitare, spingere: *lo anima una grande ambizione; è animato dalle migliori intenzioni* | Esortare: *a. i soldati alla battaglia* | Promuovere: *a. i traffici, i commerci.* **B** v. intr. pron. **1** (*lett.*) Farsi animo, rincuorarsi. **2** Acquistare vita, vivacità e sim.: *il corso si va animando* | Farsi più vivace: *Aveva occhi ... inespressivi, che si animavano soltanto quando il marito era presente* (MORAVIA). **3** Accalorarsi: *animarsi nel parlare, nel discutere.*

♦**animàto** [1294] **A** part. pass. di *animare*; anche agg. **1** Dotato di vita, di anima: *gli esseri animati* | (*est.*) Dotato di movimento: *presepe a.* | Pieno di vita, di vivacità: *un quartiere a.* | Acceso, infervorato: *un'animata discussione.* **2** Mosso, spinto: *è a. da buone intenzioni.* **3** *Bastone a.*, che nasconde una lama che può fuoriuscire azionando una molla | *Asta animata*, per montatura da occhiali, formata da una sbarretta metallica rivestita di celluloide | *Disegno, cartone a.*, serie di figure in movimento ottenute mediante la ripresa cinematografica di disegni rappresentanti le successive fasi del movimento stesso. || **animataménte**, avv. Con vivacità, fervore. **B** s. m. ● (*mus.*) Indicazione espressiva che richiede vivacità e fervore.

animatóre [vc. dotta, lat. tardo *animatōre(m)*, da *animāre* 'animare'; 1623] **A** agg. ● (*lett.*) Che anima: *soffio a.; principio a.* **B** s. m. (f. *-trice*) **1** Chi anima, vivacizza: *egli fu l'a. di quella serata* | Promotore, ispiratore: *l'a. di un'iniziativa* | *A. di gruppo*, chi, in un gruppo di lavoro, di studio e sim., ha la funzione di agevolare lo svolgimento del compito e il raggiungimento degli obiettivi del gruppo stesso | *A. socioculturale*, persona che opera nell'ambito di un territorio, per esempio di un quartiere, con il compito di facilitare e promuovere i rapporti fra i cittadini e le istituzioni, quali le scuole, le biblioteche di quartiere e i centri sportivi e ricreativi | *A. scolastico*, animatore socioculturale operante prevalentemente nell'ambito della scuola | *A. turistico*, chi, in una struttura per vacanze organizzate, promuove e conduce attività ricreative, giochi, spettacoli e sim. **2** Tecnico che ricostruisce cinematograficamente il movimento mediante ripresa in successione di singoli fotogrammi o mediante tecniche di computer animation.

animavversióne ● V. *animadversione.*

animazióne [vc. dotta, lat. *animatiōne(m)*, da *animāre* 'animare'; sec. XIV] s. f. **1** L'animare. **2** Vivacità, calore: *parlare, discutere con a.* | (*est.*) Affollamento, movimento. **3** Attività dell'animare, dell'animatore: *a. socioculturale; l'a. in un villaggio turistico.* **4** *Teatro d'a.*, quello in cui i personaggi sono pupazzi animati dall'uomo. **5** *Cinema d'a.*, che utilizza la tecnica dei cartoni animati.

animèlla [propr. dim. di *anima*, nel sign. di 'parte interna di una cosa'; av. 1492] s. f. ● In culinaria, il timo e il pancreas dell'agnello e del vitello.

animétta [1829] s. f. **1** Dim. di *anima.* **2** Armatura usata nel sec. XVII, formata da una grande piastra o da scaglie articolate.

Animifórmi [comp. del port. *anhima*, dal n. tupi dell'uccello, e il pl. di *-forme*; 1965] s. m. pl. (sing. *-e*) ● Nella tassonomia animale, ordine di Uccelli dal becco corto e ricurvo e ridotta membrana interdigitale (*Anhimiformes*).

animismo [da *anima*; 1829] s. m. **1** In alcune religioni primitive, tendenza a credere tutte le cose animate da spiriti, benefici o malefici, superiori all'uomo. **2** (*filos.*) Concezione in base alla quale l'anima rappresenta il fondamento sia delle funzioni vegetative sia di quelle intellettuali. **3** In etnologia religiosa, teoria che spiega l'evoluzione storica delle religioni in funzione dello sviluppo delle idee animistiche.

animista [1829] **A** s. m. e f. (pl. m. *-i*) **1** Seguace dell'animismo. **2** Nelle fonderie, operaio addetto alla fabbricazione e alla posa delle anime nei modelli. **B** agg. ● Animistico.

animìstico [1943] agg. (pl. m. *-ci*) ● Che concerne l'animismo.

♦**ànimo** [vc. dotta, lat. *ănimu(m)*. V. *anima*; av. 1294] **A** s. m. **1** Principio attivo della personalità, delle facoltà intellettive, della volontà, e la sede degli affetti: *disposizione d'a.* | *Mettersi l'a. in pace*, rassegnarsi | *Toccare l'a.*, commuovere | *Di buon a.*, ben disposto | *Volgere l'a.*, darsi con la mente, col cuore | *Ad un a.*, (*lett.*) concordemente. **2** Proposito, intenzione: *celare il proprio a.* | *Avere in animo di fare qlco.*, avere intenzione di farla. **3** Coraggio: *ebbe l'a. di affrontare una situazione così incerta* | *Prendere a.*, ardire | *Perdersi d'a.*, scoraggiarsi | *Bastare l'a.*, sentire forza e coraggio sufficienti. **B** in funzione di inter. ● Si usa come esortazione ad avere coraggio, a non lasciarsi abbattere e sim.: *su ragazzi, a.!* || **animùzzo**, dim.

animosità [vc. dotta, lat. tardo *animositāte(m)*, da *animōsus* 'animoso'; av. 1290] s. f. **1** Ostilità, malanimo. **2** (*lett.*) Ardire, audacia, coraggio: *Confesso che ho troppo di a. giovanile* (REDI).

animóso [vc. dotta, lat. *animōsu(m)*, da *ănimus* 'animo'; 1312] **A** agg. **1** (*lett.*) Ardito, coraggioso: *gioventù animosa; cuori animosi* | Detto di animale, focoso, impetuoso: *come a suon di tube / a. caval s'infiamma all'armi* (POLIZIANO). **2** (*lett.*) Ostile, maldisposto: *I cittadini di Pisa, che sono animosi contro a' Fiorentini* (VILLANI). **B** s. m. (f. *-a*) ● Persona coraggiosa, audace: *Una mano di animosi diede l'assalto alle scale del Palazzo* (D'ANNUNZIO). || **animosétto**, dim. || **animosaménte**, avv. Con animosità.

anìmula [vc. dotta, lat. *anĭmula*, dim. di *ănima* 'anima'; 1499] s. f. ● (*lett.*) Piccola anima | (*fig.*) Persona dall'interiorità debole, incerta: *quell'a. che era Pietro Metastasio* (CROCE).

ànimus [lat., propr. 'animo'; 1961] s. m. inv. (pl. lat. *animi*) **1** Intenzione, proposito, volontà consapevole, spec. nel linguaggio giuridico | (*dir.*) *A. donandi, furandi, lucrandi*, intenzione di donare, di derubare, di lucrare. **2** (*lett.*) Stato d'animo | Carattere, indole, temperamento.

aninga [vc. port. di orig. tupi; 1929] s. f. ● (*zool.*) Genere di Uccelli dei Pelicaniformi, tipico degli ambienti tropicali e subtropicali, con lunghezza fino a un metro, collo sinuoso e livrea marrone scura o nera a disegni bianchi (*Anhinga*).

anióne [vc. dotta, gr. *aniṓn*, genit. *anióntos* 'che sale', part. pres. di *áneimi* 'io salgo'; 1892] s. m. ● (*fis.*) Ione di carica negativa che durante l'elettrolisi si dirige all'anodo.

anisétta [fr. *anisette*, da *anis* 'anice'; 1856] s. f. ● Liquore all'anice, aromatico e di sapore dolce.

aniso- [dal gr. *ánisos* 'diseguale'] primo elemento ● In parole scientifiche composte indica disuguaglianza, diversità, dissomiglianza: *anisotropo.*

anisocitòsi [comp. di *aniso-* 'disuguale' e *-cito* 'cellula' con il suff. *-osi*; 1961] s. f. inv. ● (*biol.*) Presenza di cellule di varie dimensioni nel sangue; si riscontra in vari tipi di anemia e riguarda di regola i globuli rossi.

anisocorìa [comp. di *aniso-*, del gr. *kórē* 'pupilla' e del suff. *-ia*; 1940] s. f. ● (*med.*) Condizione caratterizzata dalla disuguaglianza del diametro delle pupille.

anisofillìa [comp. di *aniso-* e un deriv. del gr. *phýllon* 'foglia'; 1906] s. f. ● (*bot.*) Presenza di foglie con forma diversa sulla stessa pianta.

anisogamète [vc. dotta, comp. di *aniso-* e *gamete*; 1955] s. m. ● (*biol.*) Ciascuno dei gameti, maschile e femminile, lievemente diversi per forma e dimensioni.

anisogamìa [vc. dotta, comp. di *aniso-* e *-gamia*; 1929] s. f. ● (*biol.*) Riproduzione che avviene tramite anisogameti. CFR. Eterogamia, isogamia.

anisomorfismo [comp. di *an-* e *isomorfismo*; 1973] s. m. ● (*ling.*) Principio secondo cui le distinzioni semantiche fatte in una lingua non sono corrispondenti a quelle fatte in un'altra.

anisosillabismo [comp. di *aniso-* e *sillab(ico)* con il suff. *-ismo*] s. m. ● (*letter.*) Fenomeno in cui una sequenza di versi dello stesso tipo ha un numero disuguale di sillabe; è proprio della metrica classica, ma si riscontra talvolta anche nella poesia romanza delle origini.

anisotropìa [da *anisotropo*; 1906] s. f. ● (*miner.*) Caratteristica dei corpi cristallini di presentare proprietà diverse nelle diverse direzioni.

anisòtropo [comp. di *aniso-* e *-tropo*; 1892] agg. ● (*miner.*) Detto di corpo che presenta anisotropia.

♦**ànitra** ● V. *anatra.*

anitròccolo ● V. *anatroccolo.*

annacquaménto [av. 1698] s. m. **1** L'annacquare (*anche in senso fig.*). **2** (*econ.*) Sopravvalutazione del capitale di un'impresa rispetto al valore reale.

annacquàre o †**inacquàre**, **innacquàre** [lat. tardo *inaquāre*, comp. di *ĭn* e *ăqua* 'acqua'; 1353] v. tr. (*io annàcquo*) **1** Diluire un liquido aggiungendovi acqua: *a. il vino.* **2** (*fig.*) Moderare, edulcorare, attenuare: *a. la realtà, una notizia* | *A. un capitale*, eseguire l'annacquamento, sopravvalutarlo.

annacquàta [1875] s. f. ● Annacquamento leggero | (*est.*) Pioggerella. || **annacquatina**, dim.

annacquàto [av. 1563] part. pass. di *annacquare*; anche agg. **1** Diluito in acqua. **2** (*fig.*) Sbiadito: *un colore a.* | Attenuato, edulcorato. || **annacquataménte**, avv.

annacquatùra [1961] s. f. ● L'annacquare | La cosa annacquata.

annaffiaménto o **innaffiaménto** [sec. XIV] s. m. ● L'annaffiare, il venire annaffiato.

annaffiàre o **inaffiàre**, **innaffiàre** [prob. lat. **inafflāre* 'soffiare dentro', da *flāre* 'soffiare'; av. 1292] v. tr. (*io annàffio*) **1** Cospargere d'acqua con un getto a pioggia: *a. un campo, i fiori, le aiuole.* **2** (*fig.*) Accompagnare un cibo con una bevanda: *a. l'arrosto con dell'ottimo Barolo.*

annaffiàta o **inaffiàta**, **innaffiàta** [1842] s. f. ● Atto dell'annaffiare, spec. leggermente | (*est.*) Pioggerella. || **annaffiatina**, dim.

annaffiatóio o **inaffiatóio**, **innaffiatóio** [av. 1604] s. m. ● Recipiente provvisto di manico e lungo becco con all'estremità una bocchetta traforata, usato per annaffiare. ➡ ILL. **agricoltura e giardinaggio.**

annaffiatóre o **inaffiatóre**, **innaffiatóre** [1603] agg.; anche s. m. (f. *-trice*) ● Che (o Chi) annaffia.

annaffiatùra o **inaffiatùra**, **innaffiatùra** [av. 1704] s. f. ● Operazione dell'annaffiare.

†**annàle** [vc. dotta, lat. *annāle(m)*, da *ănnus* 'anno'; 1546] agg. ● Annuale.

annàli [vc. dotta, lat. *annāles*, pl. di *annālis* 'annale'; 1353] s. m. pl. **1** Narrazione degli avvenimenti storici ordinata e distinta anno per anno: *gli a. romani; gli A. di Tacito.* **2** (*est.*) Storia, memorie storiche: *un fatto destinato a rimanere negli a.* **3** Titolo di rassegne scientifiche periodiche.

annalìsta [av. 1600] s. m. e f. (pl. m. *-i*) ● Scrittore di annali.

annalìstica [1955] s. f. ● Genere storiografico, tipico del mondo greco e romano, in cui gli avvenimenti sono esposti in ordine cronologico anno per anno.

annalìstico [1955] agg. (pl. m. *-ci*) ● Che si riferisce agli annalisti o all'annalistica. || **annalisticaménte**, avv.

annamìta [1913] **A** agg. (pl. m. *-i*) ● Dell'Annam, regione storica della penisola indocinese. **B** s. m. e f. (pl. m. *-i*) ● Abitante, nativo dell'Annam.

annamìtico [1955] **A** agg. (pl. m. *-ci*) ● Dell'Annam, degli Annamiti. **B** s. m. solo sing. ● Lingua parlata dagli Annamiti.

annasàre [comp. di *a-* (*2*) e *naso*; av. 1294] v. tr. ● (*lett., region.*) Annusare.

annaspàre [da *naspo* (?); av. 1543] **A** v. tr. ● Avvolgere il filato sul naspo per formare la matassa | (*raro, fig.*) *A. la vista*, confonderla. **B** v. intr. (aus. *avere*) **1** Agitare confusamente le braccia o le gambe, come per cercare un appiglio o per afferrare qlco. che sfugge: *annaspava disperatamente cercando di tenersi a galla* | (*est.*) Gesticolare disordinatamente. **2** (*fig.*) Affaccendarsi intorno a qlco. senza concludere: *annaspa da ore fra i libri* | (*fig.*) Confondersi, imbrogliarsi: *a. nel parlare, nel rispondere.*

annaspicàre [iter. di *annaspare*; 1865] v. intr. (*io annàspico, tu annàspichi*; aus. *avere*) ● (*raro*) Imbrogliarsi nel parlare: *l'oratore annaspicava continuamente.*

annaspìo [1879] s. m. ● Un annaspare continuo.

annàspo [da *annaspare*; 1865] s. m. ● (*tess.*) Aspo.

Atlante degli animali (elenco degli animali più importanti e relativo numero di pagina)

Ogni figura è accompagnata da un numero preceduto dal segno di moltiplicazione «×» che indica quante volte il disegno è più grande dell'animale al naturale, oppure da una frazione che indica quante volte è più piccolo.

acaro 3	bisonte 13	cinciallegra 10	fenicottero 7	iena 14	merluzzo 6	pecora 7	salamandra 4	tenia 1
acciuga 6	boa 5	cincilla 11	fillossera 2	iguana 5	migale 3	pellicano 7	salmone 6	termite 2
airone 7	bradipo 11	cinghiale 12	fischione 7	ippocampo 6	millepiedi 3	pernice 8	sanguisuga 1	testuggine 5
albatro 7	bufalo 12	civetta 8	foca 14	ippopotamo 12	mosca 2	pettine 4	sarago 8	tignola 2
alce 12	caimano 5	cobra 5	folaga 8	istrice 11	muflone 13	pettirosso 9	sardina 6	tigre 14
aliotide 7	calabrone 2	coccinella 2	forbicina 2	koala 14	murena 6	piattola 2	scampo 3	tinca 6
alligatore 5	calamaro 4	coccodrillo 5	formica 2	lama 12	murice 4	picchio 9	scarabeo 2	tonno 7
allocco 9	camaleonte 5	colibrì 9	formichiere 11	lamantino 13	narvalo 11	pidocchio 2	scarafaggio 2	topo 11
allodola 10	cammello 12	colombo 9	fregata 7	lampreda 5	nasello 6	pinguino 7	sciacallo 13	tordo 10
alpaca 12	camoscio 13	condor 7	fringuello 9	leone 14	nibbio 8	pipistrello 11	scimpanzé 14	toro 13
ameba 1	canarino 10	coniglio 11	furetto 10	leopardo 14	oca 7	piranha 6	scoiattolo 11	torpedine 5
anaconda 5	cane 13	corallo 1	gabbiano 8	lepre 11	oloturia 4	pitone 5	scolopendra 3	tortora 9
anatra 7	canguro 10	cormorano 7	gallina 8	libellula 2	opossum 10	pittima 8	scombro 6	trachino 6
anguilla 6	capinera 9	cornacchia 10	gambero 3	lince 14	orango 14	piviere 8	scorpione 3	tricheco 14
antilope 13	capodoglio 11	corvo 10	gatto 14	lombrico 1	orata 6	poiana 8	scricciolo 10	trota 6
ape 2	capra 13	coyote 13	gattopardo 14	lontra 6	orca 11	polpo 4	seppia 4	tucano 7
aquila 8	capriolo 12	criceto 11	gattuccio 5	luccio 6	ornitorinco 10	pulce 2	sogliola 7	uccello lira 9
ara 9	cardellino 10	crotalo 5	gaviale 5	lucciola 2	orso 13	puma 14	sparviero 8	upupa 9
aragosta 3	caribù 12	cuculo 9	gazza 10	lucertola 5	ossiuro 1	puzzola 10	spigola 6	usignolo 10
aringa 6	carpa 6	daino 12	gazzella 13	lumaca 4	ostrica 4	quaglia 8	squalo 6	vanessa 2
armadillo 11	castoro 11	delfino 11	ghepardo 14	lupo 13	otaria 14	raganella 4	stambecco 13	varano 5
asino 12	cavalletta 2	dentice 6	ghiandaia 10	macaco 14	ozelot 14	ramarro 5	starna 8	vespa 2
astice 3	cavallo 12	donnola 13	ghiro 11	maggiolino 2	paguro 3	rana 4	stella di mare 4	vigogna 12
attinia 1	cefalo 6	dorifora 2	giaguaro 14	maiale 12	palombo 5	razza 5	storione 7	vipera 5
avvoltoio 7	cercopiteco 14	dromedario 12	gibbone 14	mandrillo 14	panda 13	remora 7	storno 10	visone 6
babbuino 14	cernia 6	elefante 13	giraffa 12	mantide 2	pangolino 11	renna 12	struzzo 7	volpe 13
balena 11	cervo 12	epeira 3	gorilla 14	marabù 7	paradisea 10	riccio 4, 11	tacchino 8	vongola 4
barbagianni 9	chiocciola 4	ermellino 13	granchio 3	marmotta 11	parrocchetto 9	rinoceronte 12	tafano 2	yak 13
beccaccia 8	cicala 2	fagiano 8	grifone 8	martin pescatore 9	passero 10	rombo 7	talpa 11	zanzara 2
beccafico 9	cicogna 7	faina 8	grillo 2	martora 11	patella 5	rondine 8, 10	tarantola 3	zebra 12
bertuccia 14	cigno 7	falco 8	gru 8	medusa 1	pavoncella 8	rondone 9	tarsio spettro 14	zecca 3
biscia 5	cimice 2	faraona 8	gufo 9	merlo 9	pavone 8	rospo 4	tasso 14	zibellino 13

Tipo: PROTOZOI

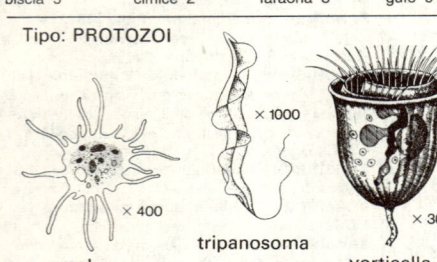

ameba ×400 — tripanosoma ×1000 — vorticella ×300

Tipo: SPUGNE

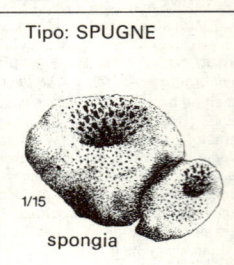

spongia 1/15

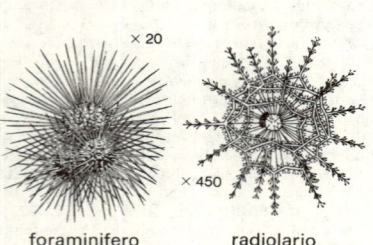

foraminifero ×20 — radiolario ×450

Tipo: CELENTERATI

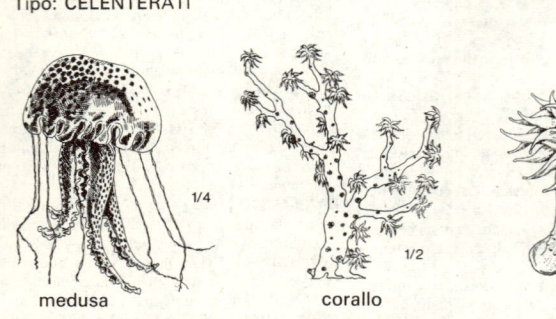

medusa 1/4 — corallo 1/2 — attinia 1/4

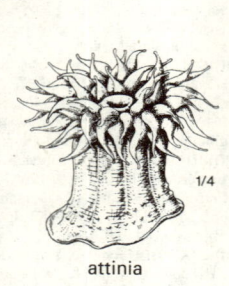

madrepora 1/12

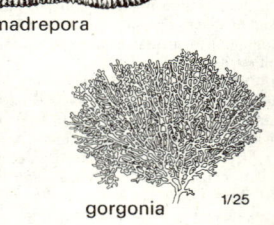

gorgonia 1/25

Tipo: ANELLIDI

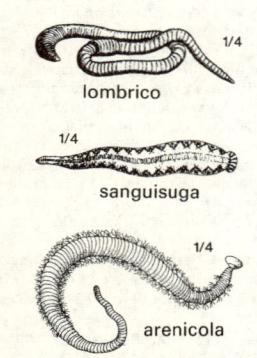

lombrico 1/4 — sanguisuga 1/4 — arenicola 1/4

Tipo: PLATELMINTI

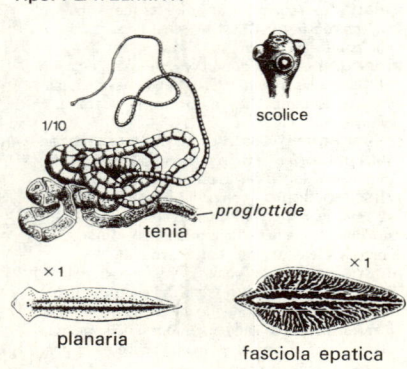

tenia 1/10 — scolice — proglottide — planaria ×1 — fasciola epatica ×1

Tipo: NEMATODI

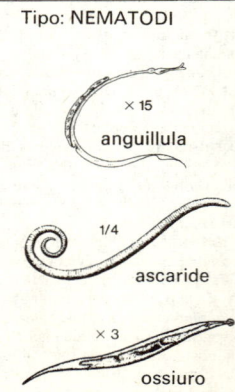

anguillula ×15 — ascaride 1/4 — ossiuro ×3

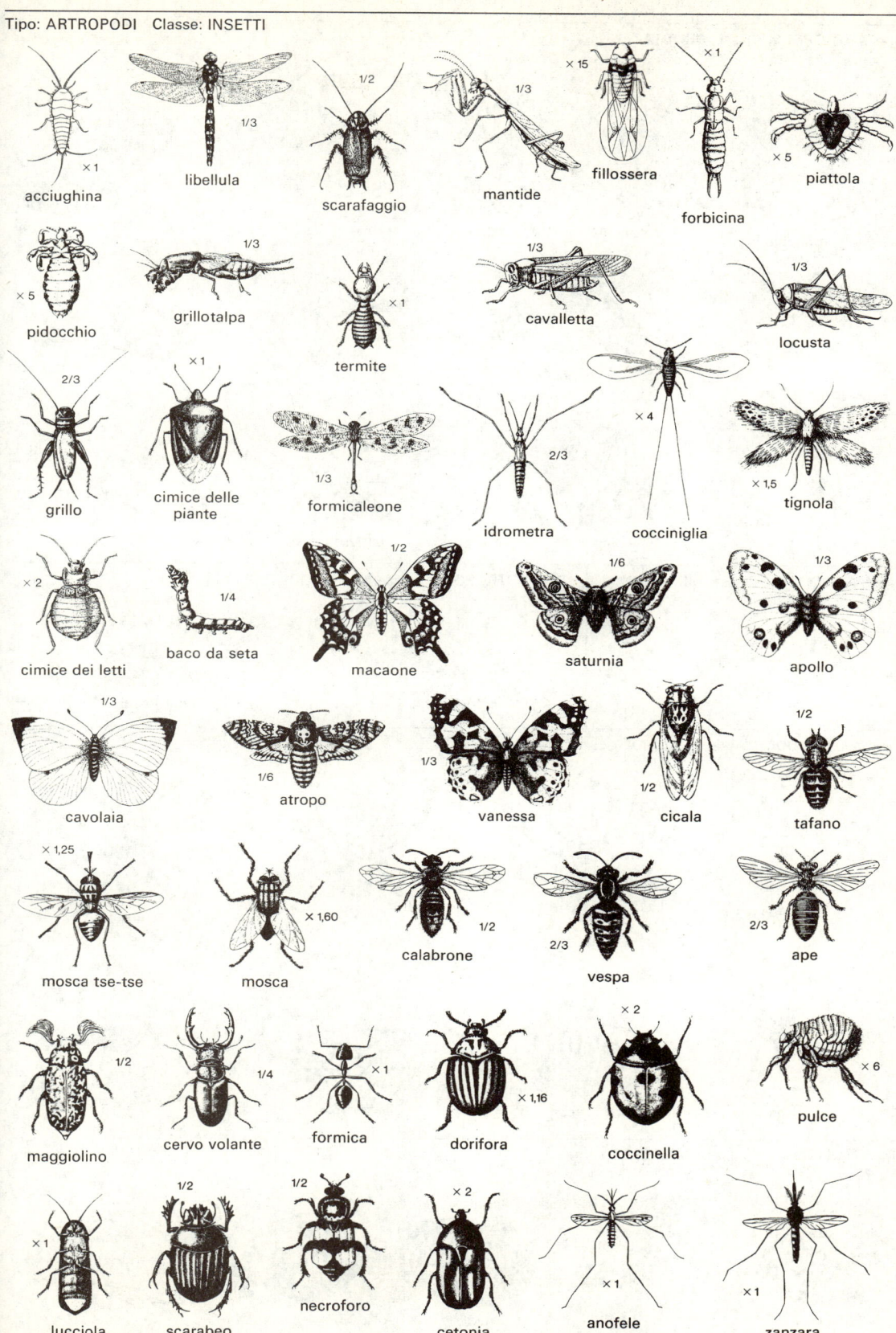

Animali/3

Tipo: ARTROPODI Classe: CROSTACEI

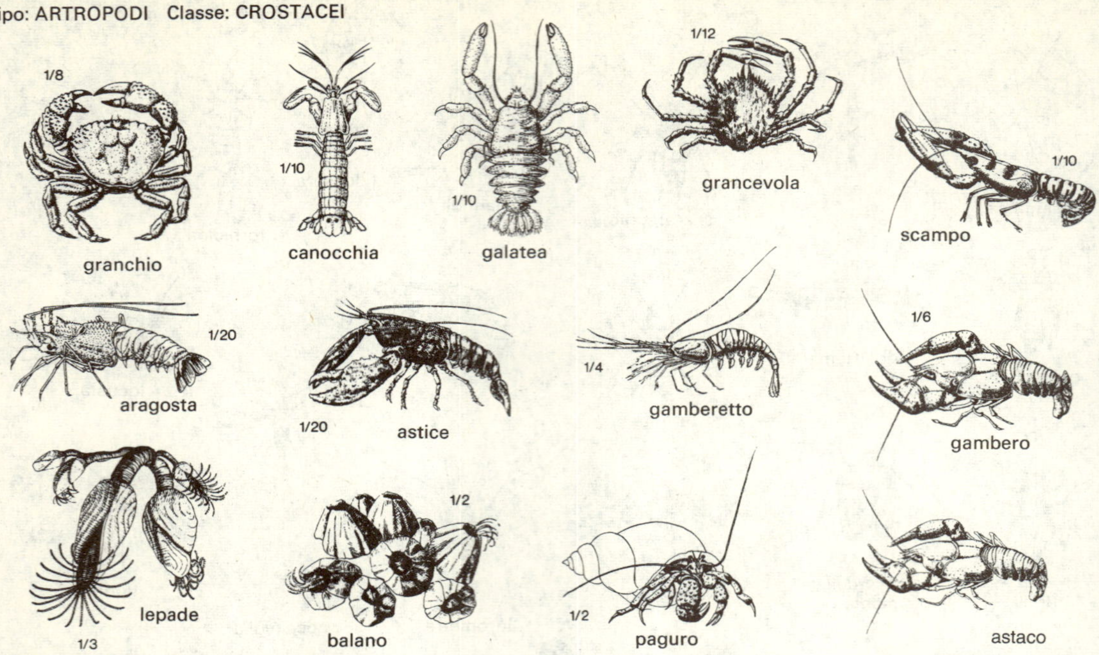

- granchio 1/8
- canocchia 1/10
- galatea 1/10
- grancevola 1/12
- scampo 1/10
- aragosta 1/20
- astice 1/20
- gamberetto 1/4
- gambero 1/6
- lepade 1/3
- balano 1/2
- paguro 1/2
- astaco

Tipo: ARTROPODI Classe: MIRIAPODI

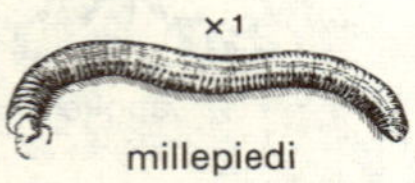

- millepiedi ×1

Tipo: ARTROPODI Classe: CHILOPODI

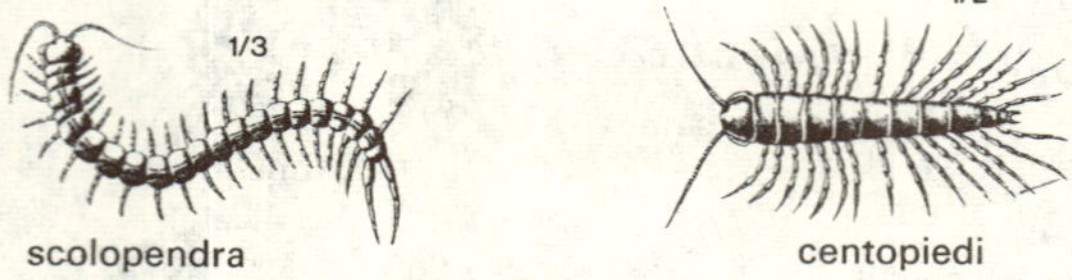

- scolopendra 1/3
- centopiedi 1/2

Tipo: ARTROPODI Classe: ARACNIDI

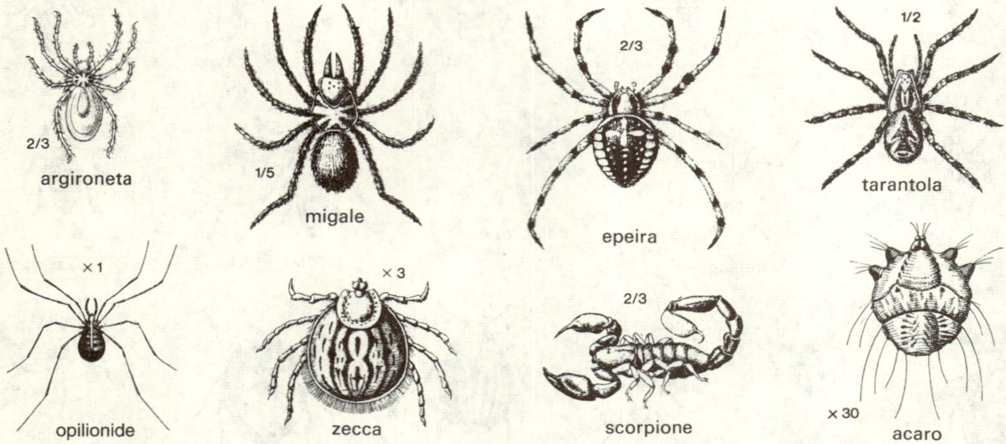

- argironeta 2/3
- migale 1/5
- epeira 2/3
- tarantola 1/2
- opilionide ×1
- zecca ×3
- scorpione 2/3
- acaro ×30

Tipo: MOLLUSCHI Classe: GASTEROPODI

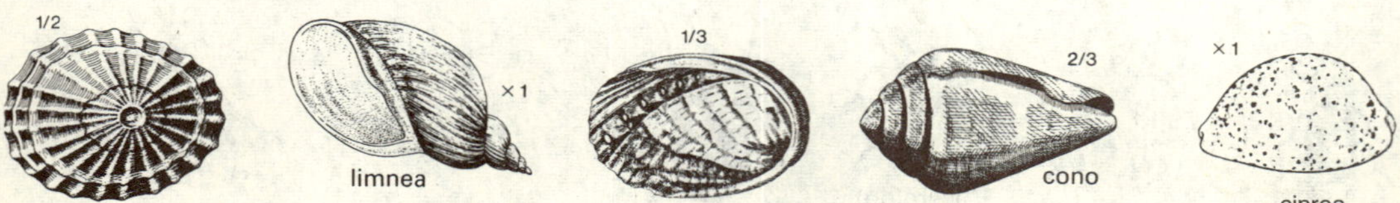

- patella 1/2
- limnea ×1
- aliotide 1/3
- cono 2/3
- ciprea ×1

segue

segue Tipo: MOLLUSCHI Classe: GASTEROPODI

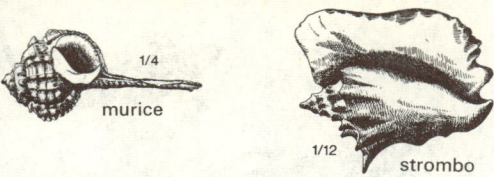
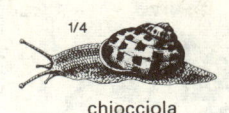
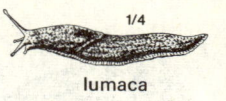

Tipo: MOLLUSCHI Classe: BIVALVI

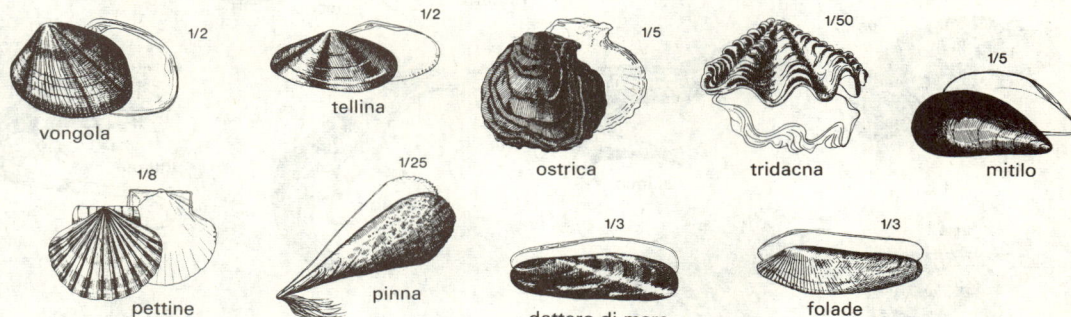

Tipo: MOLLUSCHI Classe: CEFALOPODI

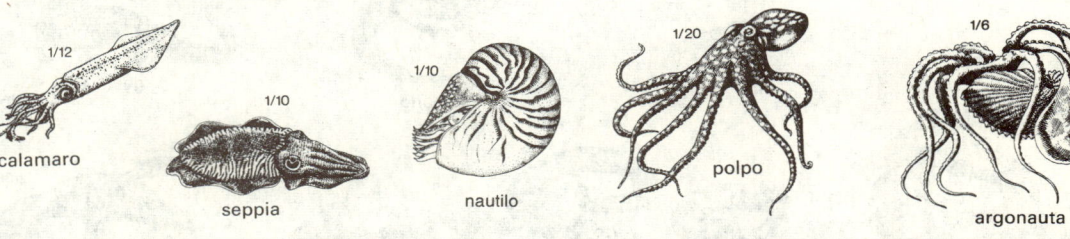

Tipo: ECHINODERMI

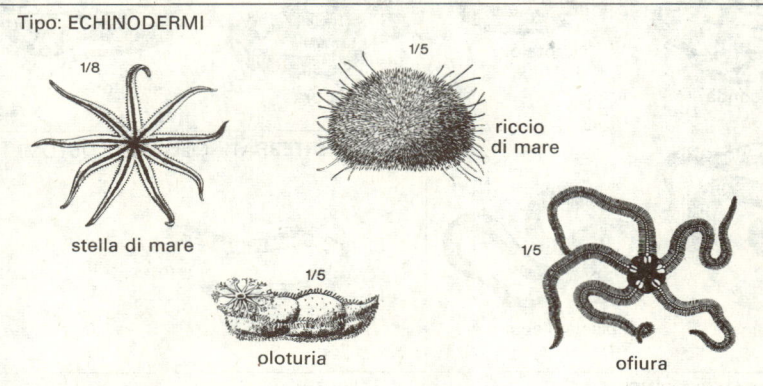

Tipo: CORDATI

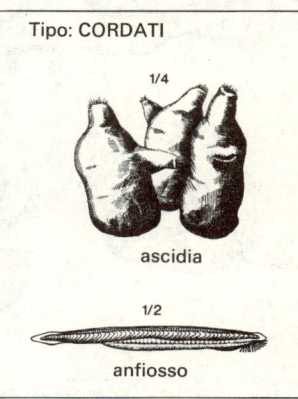

Tipo: VERTEBRATI Classe: ANFIBI

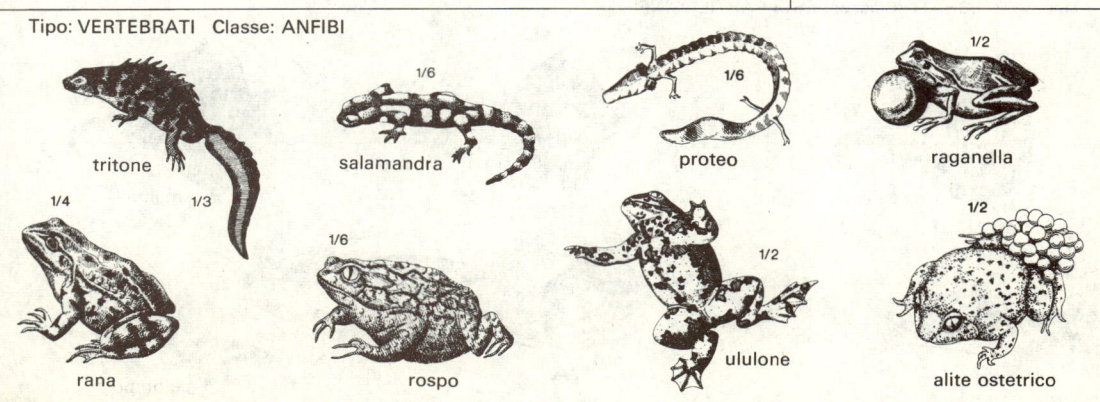

segue Tipo: VERTEBRATI   Classe: PESCI CARTILAGINEI

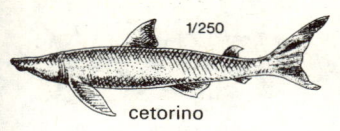
cetorino 1/250

squalo tigre 1/100

squalo balena 1/250

Tipo: VERTEBRATI   Classe: PESCI OSSEI

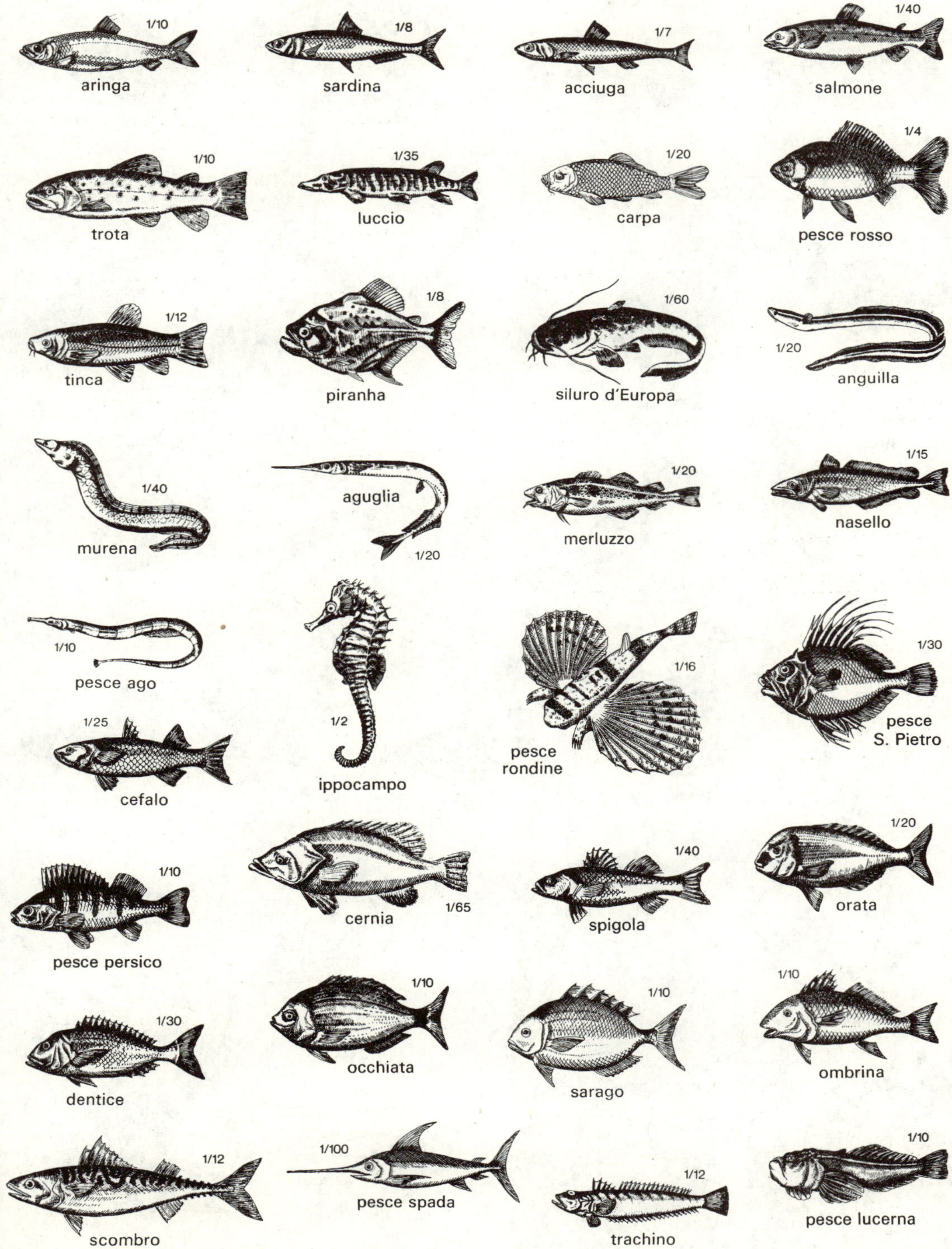

aringa 1/10	sardina 1/8	acciuga 1/7	salmone 1/40
trota 1/10	luccio 1/35	carpa 1/20	pesce rosso 1/4
tinca 1/12	piranha 1/8	siluro d'Europa 1/60	anguilla 1/20
murena 1/40	aguglia 1/20	merluzzo 1/20	nasello 1/15
pesce ago 1/10 / cefalo 1/25	ippocampo 1/2	pesce rondine 1/16	pesce S. Pietro 1/30
pesce persico 1/10	cernia 1/65	spigola 1/40	orata 1/20
dentice 1/30	occhiata 1/10	sarago 1/10	ombrina 1/10
scombro 1/12	pesce spada 1/100	trachino 1/12	pesce lucerna 1/10

segue

Animali/6

segue Tipo: VERTEBRATI   Classe: UCCELLI

Animali/10

- cinciallegra 1/5
- passero 1/6
- pigliamosche 1/5
- cardellino 1/4
- canarino 1/5
- rondine 1/6
- allodola 1/6
- storno 1/7
- averla 1/6
- ciuffolotto 1/6
- usignolo 1/5
- paradisea 1/15
- zigolo 1/5
- scricciolo 1/3
- tordo 1/12
- cornacchia 1/15
- corvo 1/15
- gazza 1/15
- ghiandaia 1/12

Tipo: VERTEBRATI   classe: MAMMIFERI   Ordine: MARSUPIALI

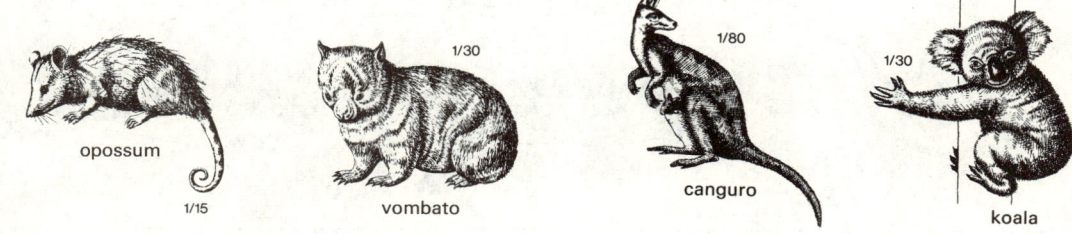

- opossum 1/15
- vombato 1/30
- canguro 1/80
- koala 1/30

Tipo: VERTEBRATI   Classe: MAMMIFERI   Ordine: MONOTREMI

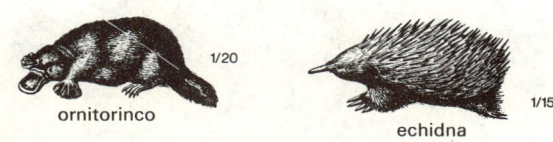

- ornitorinco 1/20
- echidna 1/15

Animali/11

Tipo: VERTEBRATI   Classe: MAMMIFERI   Ordine: MALDENTATI

- formichiere 1/75
- bradipo 1/30
- armadillo 1/15
- pangolino 1/40

Tipo: VERTEBRATI   Classe: MAMMIFERI   Ordine: RODITORI

- marmotta 1/20
- ghiro 1/8
- lepre 1/30
- scoiattolo 1/10
- cincilla 1/13
- castoro 1/20
- istrice 1/25
- coniglio 1/25
- ratto 1/8
- criceto 1/5
- topo 1/4
- cavia 1/10

Tipo: VERTEBRATI   Classe: MAMMIFERI   Ordine: CETACEI

- orca 1/200
- balenottera 1/600
- narvalo 1/180
- balena 1/600
- delfino 1/65
- capodoglio 1/500
- focena 1/55

Tipo: VERTEBRATI   Classe: MAMMIFERI   Ordine: INSETTIVORI

- riccio 1/10
- talpa 1/6
- toporagno 1/2
- pipistrello 1/8
- vampiro 1/15

111

Tipo: VERTEBRATI Classe: MAMMIFERI Ordine: UNGULATI

Animali/12

segue

Animali/13

segue Tipo: VERTEBRATI Classe: MAMMIFERI Ordine: UNGULATI

- toro 1/100
- zebù 1/70
- yak 1/120
- bisonte 1/100
- gnu 1/65
- gazzella 1/60
- antilope 1/35
- camoscio 1/35
- capra 1/45
- stambecco 1/50
- muflone 1/50
- elefante 1/140
- lamantino ×1/100
- dugongo 1/100

Tipo: VERTEBRATI classe: MAMMIFERI Ordine: CARNIVORI

- cane 1/40
- lupo 1/40
- coyote 1/40
- sciacallo 1/30
- volpe 1/50
- orso 1/80
- procione 1/30
- panda 1/40
- mangosta 1/30
- visone 1/18
- faina 1/20
- donnola 1/8
- martora 1/10
- moffetta 1/10
- ermellino 1/15
- zibellino 1/30
- zibetto 1/40
- furetto 1/20

segue

annàta [da *anno*; 1525] s. f. **1** Corso di un anno: *le provviste per l'intera a.* | **A. agraria**, periodo di un anno, durante il quale si compie il ciclo produttivo della terra | **Vino d'a.**, ottenuto da una vendemmia particolarmente pregiata | **Pensioni d'a.**, termine giornalistico con cui si definiscono pensioni maturate in periodi non recenti e soggette a provvedimenti perequativi. **2** Complesso di fenomeni considerati nello spazio di un anno: *un'a. fredda, piovosa*; *l'a. politica, turistica*; *è stata una buona, cattiva a. per i campi.* **3** L'importo di denaro da ricevere o versare in un anno: *un'a. di stipendio*; *pagare un'a. di affitto.* **4** Insieme di tutti i numeri di un periodico pubblicati durante un anno: *l'ultima a. del Foro Italiano.* || **annatàccia**, pegg. | **annatina**, dim. | **annatóna**, accr. | **annatùccia**, dim.

annàtto [vc. di orig. caribica; 1955] s. m. ● (*chim.*) Sostanza colorante naturale giallo-arancio usata nell'industria alimentare | (*est.*) Oriana.

annebbiaménto [av. 1673] s. m. **1** Formazione di nebbia | Banco di nebbia. **2** (*fig.*) Offuscamento: *a. della vista, delle idee.* SIN. Obnubilamento.

annebbiàre [comp. di *a-* (2) e *nebbia*; av. 1342] **A** v. tr. (*io annébbio*) **1** Offuscare con nebbia | (*est.*) Velare: *il denso fumo annebbiava il cielo.* **2** (*fig.*) Oscurare, confondere: *l'alcol annebbia la mente.* **B** v. intr. (anche impers.; aus. *essere*) ● (*raro*) Offuscarsi per nebbia. **C** v. intr. pron. ● Divenire nebbioso: *il tempo si annebbia* | (*fig.*) Confondersi: *la vista, la mente cominciò ad annebbiarsi.*

annebbiàto [sec. XIV] part. pass. di *annebbiare*; anche agg. ● Nei sign. del v. | (*fig.*) Ottenebrato, confuso | (*fig., lett.*) Turbato: *Per un istante, a., non sentì le parole dei due* (PAVESE).

annegaménto [sec. XIV] s. m. ● L'annegare, nel sign. di *annegare* (*1*) | Morte per affogamento.

annegàre (**1**) [lat. parl. **adnecāre*, comp. di *ăd* e *necāre* 'uccidere'; sec. XIII] **A** v. tr. (*io annégo* (o -è-), *tu annéghi* (o -è-)) ● Far morire per soffocamento immergendo in acqua: *i gattini furono annegati appena nati* | (*fig.*) **A. i dispiaceri nel vino**, bere per dimenticare. SIN. Affogare. **B** v. intr. e intr. pron. (aus. *essere*) **1** Morire per annegamento: *dopo pochi istanti dal tuffo è annegato.* **2** (*fig.*) Perdersi, sprofondare: *a. nell'oro, nei debiti*; *tra questa / immensità s'annega il pensier mio* (LEOPARDI). **C** v. rifl. ● Uccidersi per annegamento: *si è annegato buttandosi nel fiume.*

†**annegàre** (**2**) e deriv. ● V. *abnegare* e deriv.

annegàto [av. 1306] **A** part. pass. di *annegare* (*1*); anche agg. ● Nei sign. del v. **B** s. m. (f. *-a*) ● Persona morta per annegamento.

†**anneghittìre** [comp. di *a-* (2) e *neghittoso*; 1300 ca.] **A** v. tr. ● Rendere pigro. **B** v. intr. e intr. pron. (aus. *essere*) ● Infiacchire, impigrire.

anneraménto [1320 ca.] s. m. ● (*raro*) Annerimento.

anneràre [comp. di *a-* (2) e *nero*; 1319] v. tr., intr. e intr. pron. (*io annéro*; aus. intr. *essere*) ● (*raro*) Annerire.

anneriménto [av. 1698] s. m. ● L'annerire, l'annerirsi | **A. del vino**, alterazione dovuta all'eccesso di sali di ferro.

annerire [comp. di *a-* (2) e *nero*; av. 1292] **A** v. tr. (*io annerisco, tu annerisci*) **1** Rendere nero: *il fumo annerisce gli ambienti.* **2** (*fig., lett.*) Denigrare. **B** v. intr. e intr. pron. (aus. *essere*) ● Divenire nero | Oscurarsi.

anneritùra [av. 1698] s. f. ● Annerimento.

annessiectomìa o **annessectomìa** [comp. di *annesso* e gr. *ektomḗ* 'taglio, amputazione'; 1955] s. f. ● (*chir.*) Asportazione chirurgica degli annessi uterini.

annessióne [fr. *annexion*, dal lat. tardo *adnexiōne(m)*, da *adnĕctere* 'annettere'; 1660] s. f. **1** Unione spec. di una parte a un tutto. **2** Ampliamento del territorio di uno Stato a spese di parte o tutto il territorio di un altro Stato: *procedere all'a. di un territorio, di una provincia.*

annessionìsmo [1950] s. m. ● Politica di uno Stato che tende ad ampliare il proprio territorio mediante annessioni.

annessionista [1860] **A** s. m. e f. (pl. m. *-i*) ● Chi sostiene l'annessione. **B** agg. ● Annessionistico: *politica a.*

annessionìstico [1921] agg. (pl. m. *-ci*) ● Che propugna l'annessionismo.

annessite [fr. *annexite*; 1898] s. f. ● (*med.*) Infiammazione degli annessi uterini.

annèsso o **annésso** [vc. dotta, lat. *adnĕxu(m)*, part. pass. di *adnĕctere* 'annettere'; nel sign. B2 dal fr. *annexes*; av. 1375] **A** agg. ● Unito, congiunto: *una fattoria con l'a. terreno*; *un convento con podere a.* | Allegato: *i documenti annessi alla lettera.* **B** s. m. **1** (*spec. al pl.*) Parti accessorie di una costruzione | **Annessi e connessi**, tutte le cose che necessariamente vanno unite con altra principale. **2** (*spec. al pl., anat.*) Formazioni aggiunte ad alcuni organi o apparati principali | **Annessi cutanei**, l'insieme delle strutture derivate dalla pelle, come peli, squame e unghie, che la corredano e concorrono alle sue funzioni | **Annessi uterini**, o (*assol.*) **annessi**, l'insieme delle ovaie, tube uterine e legamenti dell'utero.

†**annestàre** e deriv. ● V. *innestare* e deriv.

annèttere o **annéttere** [vc. dotta, lat. *adnĕctere*, comp. di *ăd* e *nĕctere* 'legare', da avvicinare a *nōdus* 'nodo'; av. 1642] v. tr. (pres. *io annètto* o *annétto*; pass. rem. *io annettéi*, raro *annèssi*, *tu annettésti*; part. pass. *annèsso* o *annésso*) **1** Unire, congiungere: *a. un magazzino alla fabbrica* | Allegare, accludere: *a. un foglio a una lettera* | (*fig.*) **A. importanza a qlco.**, attribuirle, darle, importanza. **2** Conglobare tramite un'annessione: *a. una provincia a uno Stato.*

annibàlico [da *Annibale* (247 ca.-183 a.C.), il condottiero cartaginese; 1912] agg. (pl. m. *-ci*) ● Di Annibale: *guerre annibaliche.*

annichilaménto [1673] s. m. ● (*raro*) Annichilimento.

annichilàre [av. 1306] v. tr. e intr. pron. (*io annìchilo*) ● (*raro*) Annichilire.

annichilazióne [vc. dotta, lat. tardo *adnihilatiōne(m)*, da *adnihilāre* 'annichilare'; av. 1406] s. f. **1** (*lett.*) Annullamento, annientamento: *a. dell'anima in Dio.* **2** (*fis.*) Processo di trasformazione di una particella e della corrispondente antiparticella in energia sotto forma di radiazione elettromagnetica.

annichiliménto [1869] s. m. **1** Annientamento. **2** (*lett.*) Annullamento di sé, umiliazione.

annichilire [lat. tardo *adnihilāre* 'tenere in nessun conto' (comp. di *ăd* e *nĭhil* 'nulla'), secondo la pronuncia mediev.; av. 1306] **A** v. tr. (*io annichilisco, tu annichilisci*) ● (*lett.*) Ridurre al niente, annientare | (*fig.*) Abbattere, prostrare, ridurre senza volontà: *quelle parole lo annichilirono.* **B** v. rifl. e intr. pron. ● (*lett.*) Annullarsi: *ogni cosa si muta, nulla s'annichila* (BRUNO) | (*fig.*) Umiliarsi, avvilirsi.

annidaménto [1929] s. m. **1** L'annidare, l'annidarsi. **2** (*biol.*) Penetrazione dell'uovo fecondato nella mucosa uterina.

annidàre [comp. di *a-* (2) e *nido*; av. 1306] **A** v. tr. **1** (*raro*) Porre nel nido. **2** (*fig.*) Accogliere, dare ricetto: *a. nell'animo sentimenti di rancore.* **B** v. rifl. o intr. pron. **1** Farsi il nido. **2** (*est.*) Nascondersi: *i cecchini si erano annidati tra le macerie* | (*fig.*) Trovar posto, attecchire: *nel suo animo s'annida l'invidia.*

annientaménto [av. 1712] s. m. **1** L'annientare | Distruzione totale, definitiva: *l'a. di un esercito.* **2** (*fig.*) Annullamento: *a. della personalità* | (*fig.*) Abbattimento, prostrazione: *provare un senso di a.* | (*fig.*) Umiliazione; SIN. Annichilazione.

annientàre [comp. di *a-* (2) e *niente*; av. 1294] **A** v. tr. (*io anniènto*) **1** Ridurre al niente | Distruggere. **2** (*fig.*) Abbattere, prostrare. **B** v. rifl. ● Umiliarsi, abbassarsi.

annitrio s. m. ● (*lett.*) Nitrito prolungato.

annitrire [lat. **hinnitrīre*, da *hinnīre*, di orig. onomat.; av. 1292] v. intr. (*io annitrisco, tu annitrisci*; aus. *avere*) ● (*lett.*) Nitrire.

anniversàrio [vc. dotta, lat. *anniversārĭu(m)* 'che ricorre ogni anno', comp. di *ănnus* 'anno' e *vĕrtere* 'volgere'; 1308] **A** agg. ● (*raro*) Che ricorre ogni anno: *giorno a.* **B** s. m. **1** Giorno di ricorrenza e commemorazione annuale di un avvenimento particolarmente importante: *il 14 luglio è l'a. della presa della Bastiglia.* **2** (*raro*) Compleanno, genetliaco.

♦**anno** [lat. *ănnu(m)*, il cui sign. ant. doveva essere quello di 'anno compiuto'; 960] s. m. **1** Unità di misura del tempo, equivalente a 3,153600 · 10^7s | **A. solare** o **tropico**, intervallo di tempo tra due passaggi consecutivi del Sole all'equinozio di primavera, pari a 365g 5h 48min 46s su cui è regolato il calendario civile. SIMB. a | **A. astronomico** o **sidereo** o **siderale**, intervallo di tempo fra due passaggi consecutivi del Sole in uno stesso punto della sua orbita apparente, pari a 365g 6h 9min 9,5s | **A. civile** o **comune**, di 365 o 366 giorni (in questo secondo caso, detto *anno bisestile*) | **A. lunare**, di 12 o 13 lunazioni | **A. luce**, unità di misura della distanza, che rappresenta lo spazio percorso in un anno dalla luce, cioè 9461 miliardi di km; SIMB. a.l. **2** Correntemente, periodo di dodici mesi, dal 1° gennaio al 31 dicembre, su cui è regolato il calendario civile: *l'a. nuovo, prossimo, entrante, nascente*; *l'a. scorso, passato*; *il corrente a.*; *il primo, l'ultimo dell'a.*; *di a. in a., a. per a.*; *entro l'a.* CFR. -ennio | **Capo d'a.**, V. *capodanno* | **Un altr'a., quest'altr'a., l'a. che viene**, l'anno prossimo | **Buon a.!**, formula di augurio che si usa all'inizio dell'anno | **Anni fa, anni or sono**, alcuni anni addietro | **Ad anni alterni**, un anno sì e l'altro no | **A. santo**, nel quale la Chiesa celebra il Giubileo, attualmente ogni 25 anni o in occasioni straordinarie, precedentemente ogni fine di secolo od ogni 50 anni | (*al pl.*) Serie più o meno lunga di anni, identificata in base a criteri storici e sim.: *gli anni della guerra*; *i poeti degli anni Venti*; *le canzoni degli anni Sessanta* | **Anni di piombo**, V. *piombo* nel sign. 4 | (*lett., iperb.*) **Mill'anni**, un periodo di tempo lunghissimo: *a me pareva millanni che si facesse giorno* (CELLINI). **3** Periodo di tempo di circa dodici mesi, con inizio variabile: *tornerà in Europa tra un a. e mezzo*; *lo hanno condannato a tre anni di carcere* | Periodo di tempo, di durata anche inferiore a un anno, considerato in relazione alle attività che in esso trovano compiuto svolgimento: *a. giudiziario* | **A. accademico, scolastico**, che inizia dall'apertura delle Università, delle scuole | (*est.*) Corso di studi: *iscriversi al primo a. d'università*; *essere all'ultimo a. di liceo.* **4** (*spec. al pl.*) Età dell'uomo: *un bimbo di un a.*; *un uomo di trent'anni* | **Pieno d'anni**, vecchio | **Verdi anni**, giovinezza | **Essere in là con gli anni**, in età avanzata | **Levarsi, togliersi gli anni**, asserire di essere più giovani di quello che si è effettivamente | **Portare bene, male gli anni**, dimostrarne di meno, o di più. || **annétto**, dim. | **annùccio**, dim.

annobilire [comp. di *a-* (2) e *nobile*; 1504] v. tr. (*io annobilisco, tu annobilisci*) **1** (*lett.*) Nobilitare, far nobile. **2** (*lett., raro*) Ornare, abbellire.

annoccàre [comp. di *a-* (2) e *nocca*; 1803] **A** v. tr. (*io annòcco, tu annòcchi*) ● Piegare il tralcio di una pianta per propagginarla. **B** v. intr. pron. ● Fendersi, screpolarsi, detto dei rami degli alberi.

annodaménto [sec. XIII] s. m. ● (*raro*) L'annodare.

annodàre [comp. di *a-* (2) e *nodo*; 1313] **A** v. tr. (*io annòdo*) **1** Legare insieme, stringere con nodo: *a. due nastri*; *annodarsi un fazzoletto al collo* | **A. le scarpe**, allacciarle | **Annodarsi la cravatta**, farle il nodo. **2** (*fig.*) Stringere: *a. una relazione, un'amicizia.* **B** v. intr. pron. **1** Aggrovigliarsi, formare dei nodi. **2** (*raro, fig.*) Ingarbugliarsi nel parlare.

annodàto [sec. XIV] part. pass. di *annodare*; anche agg. **1** Nei sign. del v. **2** (*arald.*) Detto delle figure attorcigliate fra loro.

annodatùra [1664] s. f. ● L'annodare | Nodo | Punto in cui il nodo è stato fatto.

♦**annoiàre** [lat. tardo *inodiāre*, da *ĭn ŏdio habēre* 'avere in odio'; av. 1374] **A** v. tr. (*io annòio*) ● Provocare noia, fastidio, molestia: *le sue parole mi annoiano.* **B** v. intr. (aus. *essere*) ● †Riuscire molesto. **C** v. intr. pron. ● Provare noia: *annoiarsi di qlco.*; *annoiarsi a uno spettacolo.*

annoiàto [av. 1694] part. pass. di *annoiare*; anche agg. ● Che prova o rivela noia, fastidio e sim.: *essere mortalmente a.*; *mi rivolse uno sguardo a.* || **annoiataménte**, avv.

annominazióne [vc. dotta, lat. *adnominatiōne(m)*, nom. *adnominātio*, comp. di *ăd* e *nominātio* 'denominazione'; 1545] s. f. ● (*ling.*) Paronomasia.

annòna [vc. dotta, lat. *annōna(m)*, da *ănnus* 'anno'; sec. XIII] s. f. **1** Nell'antica Roma, insieme delle derrate distribuite periodicamente al popolo | Approvvigionamento cittadino | Rendite annuali dello Stato, in denaro o in natura. **2** Complesso delle norme e attività con cui un governo provvede al fabbisogno alimentare della popolazione; l'ufficio preposto. **3** †Biada.

annonàrio [vc. dotta, lat. tardo *annonārĭu(m)*, da *annōna* 'annona'; av. 1580] agg. **1** Che concerne l'annona, nell'antica Roma | ***Province annonarie***, province che dovevano un tributo di frumento al fisco dell'Impero Romano. *2* Che concerne l'annona, il consumo, il rifornimento di viveri: *tessera, carta, annonaria.*

annosità [1865] s. f. ● Caratteristica di ciò che è annoso.

annóso [vc. dotta, lat. *annōsu(m)*, da *ănnus* 'anno'; 1438] agg. *1* (*raro*) Che ha molti anni: *quercia annosa.* *2* Che dura, che si trascina da molti anni: *studi annosi; risolvere un'annosa questione.* || **annosaménte**, avv.

annotàre [vc. dotta, lat. *adnotāre*, comp. di *ăd* e *notāre* 'notare'; 1476] v. tr. (*io annòto*) *1* Segnare, prendere nota: *a. una spesa, un numero telefonico, un nome da ricordare.* *2* Corredare di note un testo, postillare.

annotatóre [vc. dotta. lat. *adnotatōre(m)*, da *adnotāre* 'annotare'; 1627] s. m. (f. *-trice*) ● Chi annota, spec. un testo.

annotazióne [vc. dotta, lat. *adnotatiōne(m)*, da *adnotāre* 'annotare'; 1521] s. f. *1* Nota, appunto: *fare delle annotazioni.* *2* Postilla, chiosa: *le annotazioni a un testo.* *3* (*dir.*) Forma di pubblicità atta a rendere nota la modifica di una situazione giuridica già resa pubblica: *a. sull'atto di stato civile.* || **annotazioncina**, dim.

annottàre [lat. parl. **adnoctāre*, comp. di *ăd* e *nŏx*, genit. *nŏctis* 'notte'; 1313] **A** v. intr. impers. (*annòtta*; aus. *essere*) ● Farsi notte: *durante l'inverno annotta presto.* **B** v. intr. e intr. pron. (aus. *essere*) *1* (*lett.*) Farsi buio: *o quando l'emisperio nostro annotta* (DANTE *Inf.* XXXIV, 5). *2* (*raro, lett.*) Oscurarsi. **C** v. intr. (aus. *avere*) ● †Passare la notte, pernottare.

†annovàle ● V. *annuale.*

annoveràbile [1950] agg. ● (*raro*) Che si può annoverare.

annoveràre o **annumeràre** [lat. *adnumerāre*, comp. di *ăd* e *nŭmerus* 'numero'; 1211] v. tr. (*io annòvero*) *1* (*lett.*) Numerare, contare: *ad una ad una annoverar le stelle* (PETRARCA). *2* Includere in un gruppo, in una categoria: *a. una persona fra i propri amici; è da a. tra i maggiori pittori del Novecento.* *3* (*lett.*) Elencare: *mi andava annoverando con pompa i suoi trionfi amorosi* (ALFIERI).

annuàle o **†annovàle** [vc. dotta, lat. tardo *annuāle(m)*, da *ănnuus* 'annuo'; 1321] **A** agg. *1* Che ricorre ogni anno: *festa a.* | Che si tiene ogni anno: *esercitazione a.* | Relativo a un anno: *temperatura media a.* *2* Che dura un anno: *contratto a.* | Annuo: *pianta a.* || **annualménte**, avv. Di anno in anno; ogni anno. **B** s. m. *1* (*lett.*) Anniversario: *l'a. della fondazione di Roma.* *2* †Annata.

annualità [av. 1683] s. f. ● Somma, rendita che viene pagata annualmente, spec. la quota annua destinata all'ammortamento di un debito.

annuàrio [vc. dotta, lat. tardo *annuāriu(m)*, da *ănnuus* 'annuo'; 1809] s. m. ● Pubblicazione annuale contenente dati e notizie relative ad attività scientifiche, politiche, industriali, letterarie e sim.: *a. di statistica, di pubblica amministrazione.*

annuènza [vc. dotta, lat. *adnuĕntia*, part. nt. pl. di *adnŭere*. V. *annuire*; 1781] s. f. ● (*lett.*) Consenso, approvazione.

annuìre [vc. dotta, lat. *adnŭere*, *annŭere* con cambiamento di coniugazione, comp. di *ăd* e *nūtus* 'cenno del capo'; 1499] v. intr. (*io annuìsco, tu annuìsci*; aus. *avere*) ● Fare cenno di sì: *annuiva a ogni parola dell'oratore; annuì con un cenno del capo* | Acconsentire: *a. a una richiesta.*

annullàbile [1892] agg. ● Che si può annullare: *provvedimento a.; contratto a.*

annullabilità [1932] s. f. ● Condizione di ciò che è annullabile.

annullaménto [av. 1604] s. m. *1* L'annullare | Annientamento, estinzione: *secondo l'etica epicurea, il piacere è l'a. del dolore.* *2* (*dir.*) Eliminazione degli effetti di un atto o negozio giuridico non conformi al diritto: *a. di un matrimonio, di un contratto, di un provvedimento giurisdizionale* | (*est.*) Cancellazione, revoca: *a. di una gara, di un concorso* | Abrogazione: *a. di una norma.* *3* (*mat.*) Riduzione a zero di un polinomio. *4* Annullo postale.

annullàre [lat. tardo *adnullāre*, comp. di *ăd* e *nŭllus* 'nessuno'; 1312] **A** v. tr. *1* Rendere nullo: *l'antidoto annulla gli effetti del veleno* | Rendere vano: *la bufera ha annullato gli sforzi dei soccorritori.* *2* Dichiarare nullo, cioè invalido e senza effetti: *a. una richiesta, un bando di concorso; a. una prenotazione* | (*dir.*) Eliminare gli effetti di un atto o negozio giuridico non conformi al diritto: *a. un testamento, un contratto, un provvedimento giurisdizionale* | ***A. una legge***, abrogarla. *3* Distruggere, annientare, estinguere: *a. la capacità operativa del nemico.* *4* (*mat.*) Ridurre a zero: *a. un prodotto.* *5* Sottoporre ad annullo postale, detto della corrispondenza. **B** v. intr. pron. *1* Svanire, confondersi: *il dolce canto s'annullò nell'aria* (PASCOLI). *2* Annientarsi, immedesimarsi totalmente in qlcu. o in qlco.: *annullarsi nella famiglia, nel lavoro* | (*lett., fig.*) Umiliarsi, annichilirsi. **C** v. rifl. rec. ● Eliminarsi a vicenda.

annullatìvo [av. 1683] agg. ● Che ha forza di annullare.

annullàto [1336 ca.] part. pass. di *annullare*; anche agg. *1* Nei sign. del v. *2* Detto di francobollo su cui è impresso l'annullo. SIN. Obliterato, usato.

annullatóre [1342 ca.] agg.; anche s. m. (f. *-trice*) ● Che (o Chi) annulla | ***Bollo a.***, quello usato negli uffici postali per l'annullo di plichi, lettere e sim.

annullazióne [vc. dotta, lat. tardo *adnullatiōne(m)*, da *adnullāre* 'annullare'; 1483] s. f. ● (*lett.*) Annullamento: *la totale a. di quello imperio* (GUICCIARDINI).

annùllo [da *annullare*; 1930] s. m. ● Segno indelebile di varia forma impresso con timbro sui francobolli applicati sulla corrispondenza.

annumeràre ● V. *annoverare.*

♦**annunciàre** o **annunziàre** [vc. dotta, lat. tardo *adnuntiāre*, comp. di *ăd* e *nuntiāre* 'annunziare'; 1294] v. tr. (*io annùncio*) *1* Rendere noto, fare sapere: *a. un fidanzamento, un matrimonio, una nascita; a. la morte di qlcu.; ha annunciato il suo ritorno* | Fare sapere in modo solenne una cosa importante, spec. di pubblico interesse: *a. la vittoria, la sconfitta, la cessazione delle ostilità* | Predire: *i profeti annunciarono la venuta di Gesù Cristo* | (*elvet.*) Segnalare, iscrivere, notificare: *obbligo di a. la propria attività all'Ufficio IVA.* *2* Far prevedere, far presagire, dare segni rivelatori: *i fiori annunciano la primavera; i brividi annunciano la febbre; il barometro annuncia la pioggia.* *3* Informare una persona, spec. autorevole, della presenza di visitatori: *gli fu annunciata una visita; lo annunciarono al direttore; si fece a. dal portiere.*

annunciàto o **annunziàto** [av. 1306] part. pass. di *annunciare*; anche agg. *1* Nei sign. del v. *2* Nel linguaggio giornalistico, detto di ciò che era previsto o facilmente prevedibile: *una catastrofe annunciata* (dal romanzo *Cronaca di una morte annunciata*, 1981, dello scrittore colombiano G. García Márquez).

annunciatóre o **annunziatóre** [vc. dotta, lat. tardo *adnuntiatōre(m)*, da *adnuntiāre* 'annunziare'; av. 1292] s. m.; anche agg. (f. *-trice*) ● Chi (o Che) annuncia | ***A. radiofonico, televisivo***, lettore di notizie, testi e annunci alla radio e alla televisione.

Annunciazióne o (*raro*) **Annunziazióne** [vc. dotta, lat. tardo *adnuntiatiōne(m)*, da *adnuntiāre* 'annunziare'; av. 1348] s. f. *1* Annuncio dell'incarnazione del Verbo, fatto a Maria dall'arcangelo Gabriele | Rappresentazione iconografica di tale evento. *2* Festa liturgica di tale evento, celebrata il 25 marzo.

annùncio o **annùnzio** [vc. dotta, lat. tardo *adnūntiu(m)*, comp. di *ăd* e *nūntius* 'notizia'; 1313] s. m. *1* Comunicazione di una notizia: *dare, recare l'a. di qlco.; spargere l'a.* | (*elvet.*) Segnalazione, iscrizione, notifica: *sportello per l'a. dei guasti* | ***Effetto a.***, conseguenze provocate dal semplice annuncio dell'intenzione di attuare un provvedimento, di prendere un'iniziativa, e sim. | (*est.*) La notizia stessa: *a. inatteso, triste, doloroso, lieto.* *2* Breve testo scritto con cui si comunica qlco.: *a. di matrimonio, di nascita, di morte* | ***A. economico***, avviso pubblicitario composto di poche righe di solo testo, pubblicato dai giornali in apposite rubriche | ***A. pubblicitario***, messaggio pubblicitario composto da un testo e da un'immagine. *3* (*fig.*) Presagio, indizio, segno rivelatore | Predizione. *4* Nelle bocce, indicazione preventiva della scelta del boccino o della boccia avversaria da colpire.

annunziàre e deriv. ● V. *annunciare* e deriv.

Annunziàta [vc. dotta, lat. *adnuntiāta(m)*, part. pass. f. di *adnuntiāre* 'annunziare'; 1400 ca.] s. f. (*annunziàta* nei sign. 4 e 5) *1* Titolo di Maria Vergine che ricevette l'annunzio dell'angelo. *2* Festa liturgica dell'Annunciazione (25 marzo). *3* Ordine istituito nel XIV sec. da Amedeo VI di Savoia i cui cavalieri erano considerati cugini del re. *4* (*relig.*) Appartenente a una delle congregazioni religiose intitolate all'Annunciazione.

annùnzio ● V. *annuncio.*

ànnuo [vc. dotta, lat. *ănnuu(m)*, da *ănnus* 'anno'; av. 1540] agg. *1* Della durata di un anno, relativo a un anno: *lavoro a.; stipendio a.* *2* Che ricorre ogni anno: *festività annue.* *3* Detto di pianta il cui sviluppo si svolge in un anno; CFR. Perenne.

annùrca [nap. *annurca*, forse dal lat. parl. **indulcāre* 'addolcire', comp. parasintetico di *dŭlcis* 'dolce'; 1955] **A** s. f. ● Varietà di mela da tavola piuttosto piccola, con buccia rosso-violacea e polpa biancastra dal sapore dolce-acidulo. **B** in funzione di agg. solo f.: *mela a.*

♦**annusàre** [dalla sovrapposizione di *muso* ad *annasare*; av. 1527] **A** v. tr. *1* Aspirare aria col naso per sentire un odore (*anche assol.*): *a. un profumo; il cane annusa le gambe del padrone; girava per la casa annusando qua e là* | ***A. tabacco***, aspirarlo entro le narici, fiutarlo. *2* (*fig.*) Accorgersi, intuire quasi al fiuto: *annusai subito l'inganno; La gatta ... annusava l'ora col suo nasino bruno* (MORANTE). **B** v. rifl. rec. ● Fiutarsi a vicenda | (*fig.*) Studiarsi a vicenda: *le due squadre si limitano ad annusarsi.*

annusàta [1887] s. f. ● Atto dell'annusare.

annusatóre [1919] s. m. (f. *-trice*) ● Chi per professione giudica dall'odore la qualità di un prodotto: *a. di vini, di profumi.*

annùso [1887] s. m. ● (*raro*) Fiuto.

annuvolaménto [1858] s. m. *1* Addensamento di nubi | Massa di nubi. *2* (*fig., lett.*) Turbamento del volto: *fra questo a. traspariva una interrogazione infantile* (MORANTE).

annuvolàre [comp. di *a-* (*2*) e *nuvola*; av. 1347] **A** v. tr. (*io annùvolo*) *1* (*raro*) Coprire, oscurare di nuvole. *2* (*fig.*) Offuscare, turbare: *la notizia gli annuvolò il volto.* **B** v. intr. pron. *1* Coprirsi di nuvole: *il cielo si annuvolò improvvisamente.* *2* (*fig.*) Turbarsi, oscurarsi in viso.

àno [vc. dotta, lat. *ānu(m)* 'anello', poi 'culo', di etim. incerta; av. 1416] s. m. ● (*anat.*) Orifizio all'estremità terminale dell'intestino retto | ***Ano artificiale***, comunicazione definitiva o temporanea, creata chirurgicamente, dell'intestino con l'esterno in sede diversa da quella naturale. CFR. procto-. ➡ ILL. p. 2124, 2125 ANATOMIA UMANA.

-àno (*1*) [dal suff. lat. di appartenenza *-ānu(m)*, originariamente applicato agli etnici e spesso sost.] suff. ● Forma nomi di origine latina, o creati per analogia con questi, e anche aggettivi (spesso sostantivati) derivati da nomi che indicano mestiere, categoria, classe, dignità e sim., oppure che designano gli abitanti di paesi, città, nazioni, continenti e altre entità geografiche: *africano, diocesano, emiliano, ergastolano, francescano, isolano, mondano, montano, ortolano, parrocchiano, popolano, repubblicano, romano, scrivano.* CFR. -esano, -etano, -igiano, -itano.

-àno (*2*) [della stessa orig. di *-ano* (*1*) in applicazione scient. convenzionale] suff. ● In chimica organica indica, secondo la nomenclatura ufficiale, ogni idrocarburo saturo: *metano, etano, propano.*

anòbio [comp. del gr. *ánō* 'su, dentro' e *bíos* 'vita'; 1819] s. m. ● Insetto dei Coleotteri le cui larve scavano gallerie nel legno (*Anobium*). CFR. Tarlo.

anòdico [1941] agg. (pl. m. *-ci*) ● Relativo all'anodo | ***Effetto a.***, forte aumento della resistenza elettrica che si verifica nella cella elettrolitica, dovuto a una pellicola gassosa, prodotta dall'elettrolisi, che si interpone fra la superficie dell'anodo e l'elettrolito.

anòdino o, più diffuso ma meno corretto, **anodìno** [vc. dotta, lat. tardo *anōdynu(m)*, nom. *anōdynos*, dal gr. *anṓdynos*, comp. di *an-* priv. e *odýnē* 'dolore'; av. 1698] agg. *1* (*disus.*) Detto di medicamento che fa cessare o diminuire il dolore. SIN. Calmante. *2* (*fig.*) Impersonale, insignificante, vago: *proposta anodina; discorso a.* || **anodinaménte**, avv.

anodizzàre [da *anodo*; 1970] v. tr. ● Sottoporre a ossidazione anodica una sostanza, spec. un metallo, al fine di ottenere una superficie di elevata durezza e resistenza alla corrosione: *a. l'alluminio.*

ànodo, (*evit.*) **anòdo** [comp. di *ana-* (*1*) e *hodós* 'via'; 1865] s. m. ● (*elettr.*) Elettrodo positivo dei voltametri, dei bagni galvanici, dei tubi a vuoto. CONTR. Catodo | Elettrodo negativo della pila voltaica | *A. sacrificale*, costruito in particolari leghe di zinco per la protezione catodica di strutture d'acciaio immerse in acqua marina alle quali è collegato elettricamente.

anodónta [comp. del gr. *an-* e *odoús*, genit. *odóntos* 'dente'; 1829] s. m. e f. ● Genere di Molluschi bivalvi d'acqua dolce (*Anodonta*).

anoètico [comp. di *a-* (*1*) e del gr. *noētikós* 'intellettivo', da *noêin* 'vedere, capire', da *nôus* 'mente' (V. *nous*); 1955] agg. (pl. m. *-ci*) ● (*filos.*) Detto di ciò che non riguarda la conoscenza o il pensiero | (*psicol.*) Detto di ciò che è ricevuto passivamente, senza organizzazione conscia.

anòfele [vc. dotta, dal gr. *anōphelḗs* 'inutile'; 1829] s. m. ● Zanzara trasmettitrice della malaria, che si posa tenendo il corpo obliquo e le zampe posteriori sollevate (*Anopheles*). ➡ ILL. animali/2.

anolino [dal lat. *ānulus* 'anello', per la forma. V. *anello*; 1546] s. m. ● Specie di agnolotto, specialità della cucina parmigiana.

anomalia [vc. dotta, lat. *anomălia(m)*, nom. *anomălia*, dal gr. *anōmalía* (V. *anomalo*), prob. attrav. il fr. *anomalie*; 1587] s. f. *1* Deviazione da ciò che è considerato normale, regolare: *il funzionamento di questo convegno presenta un'a.* | (*med.*) Anormalità: *un organo che presenta varie anomalie*; *a. funzionale, strutturale, ereditaria, acquisita*; *a. motoria*. *2* (*ling.*) Carattere aberrante di una forma o di una costruzione | Nella grammatica antica, principio di irregolarità nella flessione e nella formazione delle parole; CONTR. Analogia. *3* (*geogr.*) *A. termica*, differenza fra la temperatura media di un luogo e la media di tutti i punti sullo stesso parallelo, ambedue ridotte al livello del mare | ***Anomalie magnetiche***, irregolarità del campo magnetico terrestre che si riscontrano in determinate zone della Terra. *4* (*astron.*) Angolo che la congiungente il fuoco dell'orbita ellittica con il corpo celeste orbitante forma con l'asse maggiore dell'ellisse. *5* (*mat.*) ***A. di un punto del piano***, in un sistema cartesiano, angolo compreso tra l'asse delle ascisse e la retta che congiunge il punto con l'origine.

anomalista [da *anomalia* e *-ista*; 1908] s. m. e f. (pl. m. *-i*) ● Grammatico classico della scuola di Pergamo, sostenitore del principio dell'anomalia.

anomalistico [1819] agg. (pl. m. *-ci*) ● (*astron.*) Attinente all'anomalia | Detto dei periodi di rivoluzione misurati rispetto ai passaggi a una delle absidi: *anno, mese a.*

anòmalo [vc. dotta, lat. *anōmalu(m)*, nom. *anōmalus*, dal gr. *anṓmalos*, comp. di *an-* priv. e *homalós* 'piano, uguale'; 1673] agg. ● Che presenta anomalia: *verbo a.*; *posizione anomala del cuore* | ***Fiore a.***, con petali dissimili fra loro per forma o grandezza.

anomìa [vc. dotta, gr. *anomía*, da *ánomos* 'senza legge', comp. di *a-* (*1*) e *nómos* 'legge' (V. *-nomo*); 1929] s. f. *1* (*sociol.*) Insieme di situazioni derivanti da una carenza di norme sociali. *2* (*med.*) Perdita della capacità di assegnare i nomi a oggetti che tuttavia vengono correttamente riconosciuti.

anòmico [1987] agg. (pl. m. *-ci*) ● Relativo ad anomia | Caratterizzato da anomia.

anòna [sp. *anona*, vc. delle Antille; 1708] s. f. ● Piccolo albero delle Anonacee con foglie ovali e fiori solitari penduli di colore verde all'esterno, bianco all'interno, con frutti gustosi e profumati (*Anona cherimolia*).

Anonàcee [vc. dotta, comp. di *anona* e *-acee*; 1845] s. f. pl. (sing. *-a*) ● Nella tassonomia vegetale, famiglia di piante arboree e arbustive con legno e foglie aromatiche (*Anonaceae*).

anònima [f. sost. di *anonimo*; 1976] s. f. *1* (*dir.*) Società anonima. *2* Organizzazione criminosa i cui componenti sono ignoti: *a. sequestri.*

anonimàto [1919] s. m. ● La condizione di chi mantiene nascosta la propria identità: *mantenere l'a.* | (*est.*) La condizione di chi non è noto: *ripiombare nell'a.* | (*dir.*) ***Diritto all'a.***, diritto di celare la propria identità nei casi consentiti dalla legge.

anonimìa [1819] s. f. ● La condizione di un'opera priva del nome dell'autore: *l'a. di un testo del Cinquecento.*

anonimità [1985] s. f. ● Condizione di chi (o di ciò che) non si contraddistingue rispetto ad altri: *l'a. degli abitanti della grande metropoli.*

anònimo [vc. dotta, lat. tardo *anōnymu(m)*, nom. *anōnymus*, dal gr. *anṓnymos*, comp. di *an-* priv. e *ónoma* 'nome'; 1726] **A** agg. *1* Senza nome, di nome ignoto: *scrittore a.*; *un a. confidente della polizia* | ***Alcolista a.***, V. *alcolista* | Di cui non si conosce il nome dell'autore: *lettere anonime*; *libro a.* *2* (*dir.*) ***Società anonima***, nell'abrogato codice di commercio corrispondeva alle attuali società per azioni e società a responsabilità limitata. *3* (*fig.*) Privo di personalità: *stile a.*; *interpretazione anonima.* SIN. Anodino, banale. || **anonimaménte**, avv. **B** s. m. *1* (f. *-a*) Autore di nome ignoto: *una commedia di un a. del Cinquecento.* *2* (*raro*) Anonimato | ***Conservare l'a.***, non farsi riconoscere. *3* Scritto di autore sconosciuto.

Anoplùri [comp. del gr. *ánoplos* 'inerme' (*an-* e *hóplon* 'arma') e *ourá* 'coda'; 1950] s. m. pl. (sing. *-o*) ● Nella tassonomia animale, ordine di Insetti atteri, con occhi ridotti, metamorfosi incompleta, parassiti esterni di Mammiferi (*Anoplura*).

anopsìa [comp. di *a-* (*1*) e del gr. *ópsis* 'vista'; 1961] s. f. ● (*med.*) Perdita temporanea o definitiva della funzione visiva per strabismo, cataratta, errori di rifrazione e sim.

anorchìa ● V. *anorchidia.*

anòrchide [comp. di *a-* (*1*) e del gr. *órchis*, genit. *órcheōs* 'testicolo'; 1961] s. m.; anche agg. ● (*med.*) Chi (o Che) è privo di testicoli.

anorchidìa o **anorchìa** [comp. di *an-*, del gr. *orchídion* 'testicolo' e del suff. *-ia*; 1961] s. f. ● (*med.*) Assenza congenita, monolaterale o bilaterale, dei testicoli.

anoressànte [da *anoressia*; 1983] s. m. ● Sostanza che attenua gli stimoli della fame agendo sui centri nervosi preposti alla loro regolazione.

anoressìa [vc. dotta, lat. tardo *anorĕxia(m)*, nom. *anorĕxia*, dal gr. *anorexía*, comp. di *an-* e *órexis* 'appetito'; 1819] s. f. ● (*med.*) Mancanza persistente o perdita dell'appetito con conseguente rifiuto del cibo; costituisce uno stato morboso sintomatico di alcune malattie. CFR. Inappetenza, bulimia | ***A. mentale, nervosa***, quella causata da turbe psichiche.

anorèssico [1976] **A** agg. (pl. m. *-ci*) ● Relativo ad anoressia. **B** s. m. (f. *-a*) ● Chi soffre di anoressia.

anoressizzànte [da *anoressia*; 1983] s. m. ● Anoressante.

anorgànico [comp. di *an-* e *organico*; 1845] agg. (pl. m. *-ci*) *1* (*raro*) Inorganico. *2* (*ling.*) Detto di elemento non etimologico che si aggiunge al contesto di una parola.

anorgasmìa [comp. di *an-*, *orgasm(o)* e *-ia* (*2*)] s. f. ● (*biol.*, *med.*) Mancanza dell'orgasmo sessuale.

anorgàsmico [comp. di *an-* e di *orgasmico*; 1983] agg. (pl. m. *-ci*) ● (*biol.*, *med.*) Relativo alla mancanza di orgasmo sessuale | Privo di orgasmo sessuale.

anormàle [fr. *anormal.* V. *a-* (*1*) e *normale*; 1841] **A** agg. *1* Non conforme alla norma, irregolare: *eccitazione a.*; *notare qlco. di a.* *2* Che presenta anomalie, squilibri e sim.: *individuo a.* || **anormalménte**, avv. **B** s. m. e f. ● Persona anormale.

anormalità [1841] s. f. *1* Caratteristica, condizione di chi (o di ciò che) è anormale: *l'a. di una situazione, di un organo.* *2* Fatto, cosa anormale: *rilevare qualche a.*

anortite [dal gr. *ánorthos* 'inclinato', comp. di *an-* e *orthós* 'diritto', con il suff. *-ite* (*2*); 1855] s. f. ● (*miner.*) Alluminosilicato calcico appartenente al gruppo dei plagioclasi.

anortosite [comp. di *an-* e del gr. *orthós* 'diritto', con il suff. *-ite* (*2*); 1983] s. f. ● (*geol.*) Roccia intrusiva costituita da plagioclasio con pochi pirosseni.

anosìa [comp. di *an-* e del gr. *ūs*, genit. *ōtós* 'orecchio'; 1961] s. f. ● (*med.*) Mancanza congenita di una o di entrambe le orecchie.

anosmìa [comp. di *an-* e del gr. *osmḗ* 'odore'; 1819] s. f. ● (*med.*) Mancanza o diminuzione della sensibilità olfattiva.

anossìa [comp. di *an-* e *ossi(geno)*; 1970] s. f. ● (*med.*) Mancata utilizzazione dell'ossigeno da parte dei tessuti.

anossiemìa [comp. di *an-*, *ossi(geno)* ed *-emia*; 1939] s. f. ● (*med.*) Diminuita quantità di ossigeno nel sangue circolante.

ànsa (*1*) [vc. dotta, lat. *ānsa(m)*, il cui sign. originario doveva essere 'presa laterale che permette di afferrare un oggetto'; 1503] s. f. *1* Manico ricurvo di vaso, anfora, tazza o altro recipiente, a forma di S con la parte inferiore più piccola della superiore. *2* (*est.*, *raro*) Sporgenza, rientranza ricurva. *3* (*fig.*, *lett.*) Pretesto, appiglio, occasione: *dare a. alle critiche.* *4* (*med.*) Qualsiasi formazione anatomica incurvata su sé stessa: *a. intestinale, nervosa.* *5* Forte sinuosità nell'andamento di un corso d'acqua provocata dall'erosione della corrente. SIN. Meandro | (*lett.*) Piccola insenatura: *sul mar che romba nelle anse di Caprera* (D'ANNUNZIO).

ÀNSA (*2*) [sigla di *A(genzia) N(azionale) S(tampa) A(ssociata)*; 1945] s. f. inv. ● Agenzia che fornisce agli abbonati, spec. ai giornali, notizie di vario genere | (*est.*) La notizia stessa: *in redazione è appena arrivata un'a.*

†**ansaménto** [sec. XIV] s. m. ● Respiro affannoso.

ansànte [av. 1600] part. pres. di *ansare*; anche agg. *1* Nei sign. del v. *2* (*lett.*) Ansioso, desideroso.

ansàre [lat. tardo *anxiāre*, da *ănxia* 'ansia'; 1313] v. intr. (aus. *avere*) ● Respirare con affanno, ripigliando il fiato frequentemente. SIN. Ansimare.

ansàto [da *ansa*; av. 1764] agg. ● Fornito di anse: *vaso a.*

Anschluss /ted. 'anʃlus/ [in ted. propr. 'annessione', dal v. *anschliessen* 'unire'; 1955] s. m. inv. (pl. ted. *Anschlüsse*) ● Annessione (spec. con riferimento all'annessione dell'Austria alla Germania nazista nel 1938).

anseàtico [dal medio alto ted. *hanse* 'confederazione'; av. 1764] agg. (pl. m. *-ci*) ● Relativo alle città marinare tedesche unite dal XII al XVIII sec. per la protezione dei loro interessi economici e commerciali: *lega anseatica.*

Anserifórmi [vc. dotta, comp. del lat. *ānser*, genit. *ānseris* 'oca', di orig. indeur., e il pl. di *-forme*; 1935] s. m. pl. (sing. *-e*) ● Nella tassonomia animale, ordine di Uccelli acquatici atti al nuoto con zampe brevi dotate di quattro dita palmate e becco depresso (*Anseriformes*).

anserino [vc. dotta, lat. tardo *anserīnu(m)*, da *ānser*, genit. *ānseris* 'oca'; 1865] agg. ● Dell'oca, simile a oca: *andatura anserina* | ***Cute anserina***, pelle d'oca.

♦**ànsia** [lat. *ānxia(m)*, da *āngere* 'stringere'; av. 1304] s. f. *1* (*psicol.*) Stato emotivo spiacevole, accompagnato da senso di oppressione, eccitazione e timore di un male futuro, la cui caratteristica principale è la scomparsa o la notevole diminuzione del controllo volontario e razionale della personalità | Nella psicoanalisi, sensazione di pericolo, di cui il soggetto non sa individuare l'origine, provocata spec. da conflitti inconsci. SIN. Ansietà. *2* Correntemente, stato d'animo di preoccupazione, di inquietudine: *essere in a. per qlcu.*; *stare in a. se qlcu. ritarda* | Desiderio affannoso: *era tormentato dall'a. del successo.*

ansietà o †**ansietàde** [vc. dotta, lat. *anxietāte(m)*, da *ănxia* 'ansia'; av. 1306] s. f. *1* Apprensione angosciosa prodotta da timorosa incertezza di qualche evento | (*lett.*) Desiderio intenso e tormentoso: *per a. di conoscere la sua orribile situazione* (MANZONI). *2* †Respiro affannoso: *l'a. del polmone … le rompea le parole* (BOCCACCIO).

ànsima [dalla sovrapposizione di *asma* ad *ansia*; av. 1587] s. f. ● (*lett.*) Respiro affannoso: *l'a. lo soffocava* (D'ANNUNZIO).

ansimànte [av. 1712] part. pres. di *ansimare*; anche agg. ● Ansante, affannato.

ansimàre [da *ansima*; sec. XVII] v. intr. (*io ànsimo*; aus. *avere*) *1* Respirare con affanno: *ansimava nel salire le scale*; *il vecchio ansimava su per la salita.* *2* (*fig.*) Sbuffare, spec. della locomotiva.

ànsimo [av. 1587] s. m. ● (*lett.*) Ansima.

ànsio [vc. dotta, lat. *ănxiu(m)*. V. *ansia*; 1342] agg. *1* (*lett.*) Ansante, ansimante: *con a. petto* (BOCCACCIO). *2* (*lett.*) Ansioso | Inquieto, angosciato: *Un'ansia / pietà mi prende* (SABA). *3* †Desideroso, bramoso. || **ansiaménte**, avv. (*lett.*) In modo ansioso.

ansiògeno [comp. di *ansia* e *-geno*; 1970] agg. ● Che procura ansia, angoscia: *messaggi ansiogeni.*

ansiolìtico [comp. di *ansia* e del gr. *lytikós* 'che rilassa, che scioglie', da *lýein* 'sciogliere' (V. *-lisi*); 1970] **A** s. m. (pl. *-ci*) ● Farmaco atto ad attenuare e a curare gli stati di ansia e di angoscia. **B** anche agg.: *farmaco a.*; *effetto a.*

♦**ansióso** [vc. dotta, lat. tardo *anxiōsus*, da *ănxia* 'ansia'; av. 1416] **A** agg. *1* Proprio dell'ansia: *stato a.* *2* Pieno di ansia, agitato dall'ansia: *caratte-*

re a.; *domanda, occhiata, ansiosa.* *3* Desideroso, impaziente: *sono a. di vederti.* || **ansiosaménte**, avv. Con ansietà, in modo ansioso. **B** s. m. (f. *-a*) ● (*psicol.*) Chi è affetto da ansia.

ànsito [da *ansare*; 1359] s. m. ● (*lett.*) Respiro affannoso e ansante.

ànta (1) [lat. *āntae*, nom. pl., di orig. indeur.; 1477] s. f. *1* Tavola dipinta di un dittico | Laterale di un trittico o di un polittico. *2* Scuro, imposta, sportello: *le ante della finestra, dell'armadio.* *3* (*arch.*) Pilastro quadrangolare che costituisce la parte terminale, più o meno decorata, di un muro. || **antina**, dim.

ànta (2) [ricavato da *quaranta, cinquanta, sessanta*, ecc.; av. 1566] s. m. pl. ● (*scherz.*) Gli anni dai quaranta ai novanta: *entrare negli a.*; *passare gli a.*

antagonismo [fr. *antagonisme*, dal gr. *antagônisma*, comp. di *anti-* e *agōnismós* 'lotta'; 1771] s. m. ● Contrasto, opposizione, rivalità tra persone, forze, idee, interessi ecc.: *a. politico*; *il tradizionale a. tra Milan e Inter.*

antagonista [vc. dotta, lat. tardo *antagonĭsta(m)*, nom. *antagonĭsta*, dal gr. *antagōnistḗs*. V. *antagonismo*; 1584] **A** agg. (pl. m. *-i*) *1* Che è in contrasto, in antagonismo con altri. *2* (*mecc.*) Di molla che provvede a riportare l'organo mobile nelle condizioni di riposo al cessare della causa che ne ha provocato lo spostamento. *3* (*anat.*) Detto di muscolo che agisce in opposizione a un altro muscolo detto agonista. *4* (*biol.*) Detto di sostanza che possiede un'azione farmacologica o biochimica opposta a quella di un'altra: *farmaco a.* **B** s. m. e f. (pl. m. *-i*) ● Avversario, rivale | In un'azione drammatica, il personaggio in conflitto con il protagonista. **C** s. m. ● (*anat.*) Muscolo antagonista.

antagonistico [1797] agg. (pl. m. *-ci*) *1* Pertinente ad antagonismo | Che è in antagonismo. *2* (*anat.*) Relativo a muscolo antagonista. || **antagonisticaménte**, avv.

antàlgico [comp. di *anti-* e un deriv. del gr. *álgos* 'dolore' (V. *-algia*); 1819] agg. (pl. *-ci*); anche s. m. ● Analgesico.

antàn ● V. *d'antan.*

antanàclasi [vc. dotta, lat. tardo *antanăclasi(m)*, dal gr. *antanáklasis* 'ripetizione', deriv. di *antanaklân* 'riflettere, ripercuotere', comp. di *anti-* (*2*) e *anaklân* 'curvare, riflettere', comp. a sua volta di *ana-* (*1*) e *klân* 'curvare, spezzare' (d'orig. indeur.); 1829] s. f. inv. ● (*ling.*) Figura retorica che consiste nella ripetizione di una parola con significato diverso da quello usato in precedenza: *Chi t'ha levata dal mio amore? Amore* (POLIZIANO).

antanèlla [etim. incerta; 1930] s. f. ● Rete verticale che si tende di notte nei passaggi obbligati della selvaggina.

antàrtico [vc. dotta, lat. tardo *antărcticu(m)*, nom. *antărcticus*, dal gr. *antarktikós* 'opposto all'Orsa'. V. *artico*; av. 1375] **A** agg. (pl. m. *-ci*) ● Che si riferisce al polo opposto a quello artico, e alla zona circostante: *polo a.*; *fauna antartica* | **Calotta antartica**, quella delimitata dal circolo polare antartico, con al centro il polo sud. **B** s. m. ● Il polo sud e la zona geografica posta attorno a esso: *esplorare l'a.*

†ànte [lat. *ănte*, corrispondente al gr. *antí*; av. 1294] avv. ● Prima: *o poscia od a.* (PETRARCA).

ànte- [var. lat. della prep. *ănti* 'avanti, prima', usata come preverbale in un grande numero di comp.] pref. ● In parole composte indica anteriorità, precedenza nel tempo o nello spazio: *anteguerra, antemarcia.* V. anche *anti-* (*1*).

-ànte [originariamente desinenza del part. pres. della prima coniug. (dal lat. *-ānte(m)*) con valore agg.] suff. ● Nei participi presenti dei verbi in *-are*, in aggettivi participiali spesso sostantivati e nomi indicanti mestiere, condizione, qualità: *abbagliante, ambulante, bracciante, brillante, casellante, commerciante, galleggiante, questuante, villeggiante.*

antebèllico [da *ănte bĕllum* 'prima della guerra', formula lat. adoperata dopo la prima guerra mondiale; 1918] agg. (pl. m. *-ci*) ● Anteriore a una guerra. CONTR. Postbellico.

antecedènte [vc. dotta, lat. *antecedĕnte(m)*, part. pres. di *antecēdere* 'antecedere'; av. 1406] **A** agg. ● Che viene prima, che precede: *cause antecedenti*; *gli anni antecedenti la prima guerra mondiale.* || **antecedenteménte**, avv. In tempo anteriore. **B** s. m. *1* (*spec. al pl.*) Evento anteriore a un altro o che ne è la causa: *gli antecedenti di ciò che è accaduto* | (*raro*) Comportamento precedente. *2* In logica, il primo termine di una conseguenza. CONTR. Conseguente. *3* (*mat.*) In un insieme ben ordinato, termine massimo fra tutti quelli che precedono il termine dato.

antecedènza [vc. dotta, lat. *antecedĕntia*, part. pres. nt. pl. di *antecēdere* 'antecedere'; av. 1604] s. f. ● Caratteristica di ciò che è antecedente | Precedenza, priorità | **In a.**, in precedenza, prima.

antecèdere [vc. dotta, lat. *antecēdere*, comp. di *ănte* 'avanti' e *cēdere* 'allontanarsi'; 1340] v. tr. e intr. (pres. *io antecèdo*; part. pass. *antecedùto*, raro *antecèsso*; aus. intr. *essere*) *1* (*raro, lett.*) Precedere | Andare innanzi. *2* (*raro, fig.*) Essere superiore.

antecèsso [1970] part. pass. di *antecedere*; anche agg. ● (*raro*) Nei sign. del v.

antecessóre [vc. dotta, lat. *antecessōre(m)*, da *antecēdere* 'antecedere'; sec. XIII] s. m. (f. *†-a*) *1* (*raro*) Predecessore. *2* (*spec. al pl.*) Nell'esercito romano, soldati che esploravano i luoghi prima dell'arrivo dell'esercito. *3* (*spec. al pl.*) †Antenato.

†antedétto [lat. *antedĭctu(m)*, part. pass. di *antedīcere* 'dire prima'; av. 1388] agg. ● Anzidetto, suddetto.

antediluviàno ● V. *antidiluviano.*

antefàtto [comp. dal lat. *ănte* 'prima' e *făctum* 'fatto'; 1476] s. m. *1* (*spec. al pl.*) Fatto avvenuto prima: *gli antefatti della seconda Guerra Mondiale.* *2* La vicenda precedente il punto in cui comincia un'opera narrativa, drammatica e sim. *3* (*dir.*) **A. non punibile**, reato che costituisce il normale mezzo di realizzazione di un reato più grave e che ai fini della pena è assorbito da quest'ultimo.

antefissa [vc. dotta, lat. *antefīxa*, nt. pl. di *antefīxus*, comp. di *ănte* 'davanti' e *fīxus*, part. pass. di *fīgere* 'affiggere, appendere'; 1865] s. f. ● Nelle costruzioni greche, etrusche e romane, insieme degli elementi decorativi verticali ricorrenti lungo la linea di gronda. ➡ ILL. p. 2117 ARCHITETTURA.

anteguèrra [comp. di *ante-* e *guerra*; 1931] **A** s. m. inv. ● Periodo precedente una guerra: *i prezzi d'a.* CONTR. Dopoguerra. **B** in funzione di agg. inv. ● (posposto a un s.) Che si riferisce al periodo precedente una guerra: *economia, industria a.*

antèla [vc. dotta, gr. *anthḗlē*, da *ánthos* 'fiore' (V. *antologia*); 1865] s. f. ● (*bot.*) Infiorescenza a pannocchia con rami laterali più lunghi dell'asse che li porta.

antèlice [comp. di *ant(i)-* (*1*) ed *elice*; 1819] s. m. ● (*anat.*) Nel padiglione auricolare, rilievo curvo parallelo e anteriore all'elice.

antèlio [vc. dotta, gr. *anthḗlios*, comp. di *anti-* e *hḗlios* 'sole'; 1865] s. m. ● Alone solare.

ànte lìtteram [lat., propr. 'prima della lettera', cioè 'della didascalia'; si diceva della prova di una stampa eseguita prima che vi fosse apposta la didascalia; 1950] loc. agg. inv. e avv. *1* (*propr.*) Di prova d'incisione tirata prima che sia stampata l'iscrizione, e perciò di maggior pregio. *2* (*fig.*) Di fenomeno, manifestazione, persona e sim. che prefigurano caratteri propri di un periodo successivo: *Vico può dirsi un romantico ante litteram.*

antelmìntico ● V. *antielmintico.*

antelucàno [vc. dotta, lat. *antelucānu(m)*, comp. di *ănte* 'prima' e *lūx*, genit. *lūcis* 'luce'; 1319] agg. ● (*lett.*) Che precede la luce diurna: *stella antelucana*; *ore antelucane* | **Giorni antelucani**, antelunari.

antelunàre [comp. di *ante-* e *lunare*; av. 1524] agg. ● (*lett.*) Anteriore al primo quarto di Luna | **Giorni antelunari**, i tre giorni attorno al novilunio durante i quali la Luna non è visibile a occhio nudo.

antemàrcia [comp. di *ante-* e *marcia*; 1931] **A** agg. inv. ● Anteriore alla marcia fascista su Roma del 1922, spec. riferito all'iscrizione al partito fascista: *gli iscritti a.* **B** s. m. e f. inv. *1* Aderente al partito fascista già prima della marcia su Roma. *2* (*fig., raro*) Antesignano.

antemeridiàno ● V. *antimeridiano* (*1*).

antemètico ● V. *antiemetico.*

antèmide [vc. dotta, lat. *anthĕmide(m)*, nom. *ănthemis*, dal gr. *anthemís*, da *ánthos* 'fiore'; sec. XV] s. f. ● Pianta perenne aromatica delle Composite con foglie bipennate e infiorescenza a capolino con tutti i fiori bianchi ligulati o con fiori centrali bianchi (*Anthemis nobilis*).

antèmio [vc. dotta, gr. *anthémion* 'fiorellino', dim. di *ánthos* 'fiore' (V. *antologia*); 1955] s. m. ● (*archeol.*) Motivo decorativo a forma di fiore, spesso stilizzato.

antemuràle [vc. dotta, dal lat. tardo *antemurāle*, comp. di *ante-* e *murale* (*1*); av. 1540] s. m. *1* (*mil.*) Costruzione avanzata nelle fortificazioni ellenistiche, romane e medievali | (*est.*) Ogni opera di difesa destinata a sostenere il primo urto del nemico. *2* (*mar.*) Molo esterno, separato dalle altre opere portuali, che difende il bacino interno.

antenatàle [comp. di *ante* e *natale*; 1983] agg. ● Che precede la nascita: *mortalità a.*

♦antenàto [vc. dotta, lat. tardo *antenātu(m)*, comp. di *ănte* 'prima' e *nātus* 'nato'; av. 1405] s. m. (f. *-a*) ● Chi è nato e vissuto prima, nella medesima famiglia: *ritratti degli antenati* | (*est.*) **Gli antenati**, le generazioni precedenti.

anteneonatàle [comp. di *ante-* e *neonatale*; 1983] agg. ● Che si riferisce al feto nelle ultime settimane di gestazione: *mortalità a.*

♦antènna [lat. *antĕnna(m)*, di etim. discussa, prob. dal part. medio del gr. *anatíthēmi* 'io pongo sopra, sovrappongo', attrav. l'etrusco; av. 1348] s. f. *1* Elemento, palo, asta di sostegno: *l'a. di una bandiera* | Lunga asta inclinata collegata all'albero di una nave e alla quale è allacciato il lato maggiore di una vela triangolare | (*est., poet.*) Nave, vela. *2* (*fig., poet.*) Asta, lancia: *dirizzaro in alto / i duo guerrier le noderose antenne* (TASSO). *3* Tronco di abete, lungo oltre 10 metri, usato nelle armature provvisorie per costruzioni edilizie. *4* Dispositivo atto a irradiare o a captare onde elettromagnetiche: *a. direzionale*; *a. radio*; *a. televisiva* | **A. parabolica**, antenna a forma di paraboloide usata per la trasmissione e ricezione a grande distanza e via satellite. *5* (*zool.*) Appendice articolata e mobile, sede delle funzioni tattili e olfattiva, presente sul capo di molti Artropodi. CFR. -cero | **Drizzare le antenne**, (*fig.*) mettersi attentamente in ascolto, mettersi in guardia. || **antennèlla**, dim. | **antennétta**, dim. | **antennina**, dim.

antennàle [sec. XVII] s. m. ● (*mar.*) Lato della vela, che è fissato all'antenna.

antennària [detta così per la somiglianza del pappo con le *antenne* degli insetti; 1845] s. f. ● Pianta erbacea delle Composite con foglie alterne inferiormente pelose e fiori in capolini avvolti da brattee bianche o rosate (*Antennaria*).

antennìsta [1963] s. m. e f. (pl. m. *-i*) ● Tecnico che installa o ripara antenne televisive.

antènnula [dim. di *antenna*; 1955] s. f. ● (*zool.*) Ciascuna antenna del primo paio, nei Crostacei.

antenotàto [comp. di *ante-* e *notato*; 1970] agg. ● (*raro*) Notato prima.

antepenùltimo ● V. *antipenultimo.*

antepórre o **†antepónere** [lat. *antepōnere*, comp. di *ănte* 'davanti' e *pōnere* 'porre'; 1336 ca.] v. tr. (coniug. come *porre*) ● Mettere davanti, mettere prima: *a. l'aggettivo a un sostantivo* | Preferire, dare la priorità: *a. la praticità all'estetica.*

anteposizióne [da *anteposto*; av. 1698] s. f. ● (*lett.*) L'anteporre.

antepósto [av. 1311] part. pass. di *anteporre*; anche agg. ● Nei sign. del v.

antepredicaménto [vc. dotta, comp. di *ante-* e *predicamento*; 1970] s. m. ● (*spec. al pl.*) Ciascuna delle cinque categorie della logica medievale.

anteprìma [calco sul fr. *avant- première*; av. 1936] s. f. ● Proiezione cinematografica, o rappresentazione teatrale, dedicata a un gruppo particolare di spettatori, prima della presentazione pubblica: *assistere a un'a.*; *dare un film in a.* | (*est.*) Nella loc. avv. **in a.**, prima che sia noto ad altri o diventi di dominio pubblico: *ricevere un'informazione, una notizia in a.*

antèra [dal gr. *anthērós* 'fiorito', da *ánthos* 'fiore'; 1765] s. f. ● (*bot.*) Parte superiore dello stame dei fiori, sostenuta dal filamento, costituita da due teche, ognuna delle quali è a sua volta costituita da due logge polliniche nelle quali si formano i granuli di polline.

ànte rem [lat., 'prima della cosa, prima del fatto'] loc. agg. e avv. ● (*filos.*) All'interno della soluzione realistica della disputa degli universali, detto della posizione secondo la quale gli universali preesistono alle cose individuali e si pongono come loro modelli.

antergàre [da *postergare* con sostituzione di *pos(t)-* con l'opposto *an(te)-*; 1996] **v. tr.** (*io antèrgo, tu antèrghi*) ● (*banca*) Antidatare, anticipare.

antèrico [vc. dotta, lat. *anthĕricu(m)*, nom. *anthĕricus*, dal gr. *anthérikos* 'stelo dell'asfodelo', da avvicinare ad *athḗr* 'punta, barba della spiga', di etim. incerta; 1561] **s. m.** (**pl.** *-ci*) ● Pianta erbacea delle Liliacee con foglie lineari e fiori piccoli e bianchi simili al giglio (*Anthericum*).

anteridio [da *antera*; 1865] **s. m.** ● (*bot.*) Organo riproduttore maschile di alcuni vegetali inferiori.

♦**anterióre** [vc. dotta, lat. tardo *anteriōre(m)*, da *ānte* 'prima'; 1313] **agg.** *1* Che si trova davanti nel tempo o nello spazio: *i fatti anteriori al disastro*; *zampe anteriori* | ***Futuro a.***, esprime un'azione futura anteriore a un'altra anch'essa futura. **CFR.** avan-, protero-. *2* (*lett.*) Primo, rispetto ad altri. *3* (*ling.*) Detto di vocale il cui punto di articolazione è situato nella parte anteriore della cavità orale. **SIN.** Palatale. **CONTR.** Posteriore, velare. || **anteriorménte**, **avv.** In tempo precedente; davanti.

anteriorità [1570] **s. f.** ● Caratteristica di ciò che è anteriore in ordine di tempo: *l'a. di un fatto.*

àntero- [tratto da *anteriore*] primo elemento ● In aggettivi composti della terminologia anatomica e linguistica indica posizione anteriore: *anteromediale.*

anterògrado [comp. di *antero-* e *grado* (*2*), sul modello di *retrogrado*; 1955] **agg.** *1* (*biol.*) Caratterizzato da movimento in avanti. *2* (*psicol.*) Relativo a eventi posteriori a un evento di riferimento | ***Amnesia anterograda***, perdita della memoria di eventi posteriori al trauma causale o all'inizio del disturbo | ***Memoria anterograda***, capacità di ricordare eventi del passato recente, con perdita del ricordo di quelli del passato remoto, o di ricordare eventi posteriori a un avvenimento quale un trauma cranico. **CONTR.** Retrogrado.

anterolateràle [comp. di *antero-* e *laterale*; 1970] **agg.** ● (*anat.*) Che ha direzione dalla posizione anteriore verso un lato del corpo.

anteromediàle [comp. di *antero-* e *mediale*; 1970] **agg.** ● (*anat.*) Che ha direzione dalla posizione anteriore verso la linea mediana del corpo.

anteroposterióre [comp. di *antero-* e *posteriore*; 1970] **agg.** ● (*anat.*) Che ha direzione dalla posizione anteriore verso la parte posteriore del corpo: *proiezione a.*

anterozòo o **anterozòide** [comp. di *antera* e del gr. *zôon* 'animale'; 1892] **s. m.** ● (*bot.*) Gamete maschile di alcuni vegetali inferiori, dotato di ciglia che permettono la locomozione, prodotto dagli anteridi.

antèsi [vc. dotta, gr. *ánthēsis*, da *ánthos* 'fiore'; 1829] **s. f. inv.** ● (*bot.*) Apertura del fiore, fioritura.

antesignàno [vc. dotta, lat. *antesignānu(m)* 'guardia della bandiera, soldato della prima linea', comp. di *ānte* 'davanti' e *sīgna* 'insegne'; 1499] **s. m.** *1* (*st.*) Legionario romano scelto, posto a guardia delle insegne. *2* (**f.** *-a*) (*fig.*) Precursore di una dottrina o un sistema di idee: *l'a. della psicoanalisi.*

ànti- (*1*) [dal lat. *anti-* (in posizione isolata *ante*) con analogie indeur.] **pref.** ● In parole composte indica anteriorità, precedenza nel tempo o nello spazio: *anticamera, antidiluviano.*

ànti- (*2*) [dall'avv. e prep. gr. *antí*, di orig. indeur., che, col sign. di 'contro', aveva già in gr. un largo impiego preverbale] **pref.** *1* In parole composte dotte indica avversione, antagonismo, capacità o disposizione a contrastare, a impedire e sim.: *antidemocratico, antischiavista, antinevralgico, antiabbagliante, anticiclone, antipodi, antipolio.* *2* In parole composte del linguaggio scientifico indica posizione speculare, contrapposizione, inversione, presenza di opposte proprietà: *anticiclone, antilogaritmo, antiparticella.*

antiabbagliànte [comp. di *anti-* (*2*) e *abbagliante*; 1947] **A agg.** ● Che impedisce l'abbagliamento | ***Pannello, siepe a.***, che forma una barriera nello spartitraffico delle autostrade contro la luce dei fari dei veicoli che viaggiano in senso opposto. **B s. m.** ● (*autom.*) Anabbagliante.

antiabortista [comp. di *anti-* (*2*) e *abortista*; 1975] **agg.**; anche **s. m. e f.** (**pl. m.** *-i*) ● Che (o Chi) è contrario alla legalizzazione dell'aborto: *medico a.*

antiabortivo [comp. di *anti-* (*2*) e *abortivo*] **A s. m.** ● (*farm.*) Farmaco capace di impedire l'aborto, naturale o indotto. **B** anche **agg.**: *farmaco a.*

antiabrogazionista [comp. di *anti-* (*2*) e *abrogazionista*] **agg.**; anche **s. m. e f.** (**pl. m.** *-i*) ● Che (o Chi) è contrario all'abrogazione di una legge.

antiaccadèmico [comp. di *anti-* (*2*) e *accademico*; av. 1956] **agg.** (**pl. m.** *-ci*) ● Contrario all'accademismo, ostile alle norme tradizionali e ufficiali: *arte antiaccademica.*

antiàcido [comp. di *anti-* (*2*) e *acido*; 1700] **A s. m.** ● Sostanza che contrasta o neutralizza un acido | ***A. gastrico***, capace di diminuire l'iperacidità gastrica e il dolore da essa causato. **B** anche **agg. inv.**: *medicamento a.*

antiàcne [comp. di *anti-* (*2*) e *acne*; 1970] **A s. m. inv.** ● Sostanza atta a curare l'acne. **B** anche **agg.**: *crema a.*

antiaderènte [comp. di *anti-* (*2*) e *aderente*] **agg.** ● Detto di pentola, padella, tegame e sim. alla cui superficie di cottura non si attacca il cibo.

antiaèrea [av. 1928] **s. f.** ● Complesso delle attività e dei mezzi che servono a proteggere dalle offese aeree: *l'a. è entrata in azione.*

antiaèreo [comp. di *anti-* (*2*) e *aereo*; 1915] **agg.** ● Di mezzo usato per contrastare l'azione di aerei avversari o per diminuirne gli effetti: *rifugio a.*; *cannone a.*; *difesa antiaerea.*

antiaggregànte [comp. di *anti-* (*2*) e *aggregante*; 1986] **A s. m.** ● (*farm.*) Farmaco dotato di azione inibitrice dell'aggregazione delle piastrine. **B** anche **agg.**: *farmaco a.*

antialcòlico o **antialcoòlico** [comp. di *anti-* (*2*) e *alco(o)lico*; 1955] **agg.** (**pl. m.** *-ci*) ● Che è contro l'alcolismo: *campagna, lega antialcolica.*

antialcolista o **antialcoolista** [comp. di *anti-* (*2*) e *alco(o)lista*; 1961] **s. m. e f.** (**pl. m.** *-i*) ● Chi combatte l'alcolismo.

antialcoòlico ● V. *antialcolico.*

antialcoolista ● V. *antialcolista.*

antiàlghe [comp. di *anti-* (*2*) e del pl. di *alga*; 1989] **agg. inv.** ● Detto di trattamento che impedisce alle alghe di crescere o attecchire.

antialisèo [comp. di *anti-* (*2*) e *aliseo*; 1892] **s. m.** ● Vento in quota che si manifesta al di sopra dell'aliseo con direzione contraria a questo, nelle regioni tropicali dei due emisferi. **SIN.** Controaliseo.

antiallèrgico [comp. di *anti-* (*2*) e *allergia*, con suff. aggettivale; 1961] **A s. m.** (**pl.** *-ci*) ● Farmaco impiegato per contrastare o per prevenire le manifestazioni dell'allergia. **B** anche **agg.**: *farmaco, medicamento a.*

antialóne [comp. di *anti-* (*2*) e *alone*; 1966] **agg. inv.** ● (*fot.*) Antialonico.

antialònico [comp. di *anti-* (*2*) e *alone*, con suff. aggettivale; 1961] **A agg.** (**pl. m.** *-ci*) ● Detto di preparato usato in fotografia per evitare o attenuare la formazione di aloni sull'immagine. **SIN.** Antialone. **B s. m.** ● Composto, preparato antialonico.

antianèmico [comp. di *anti-* (*2*) e *anemico*; 1961] **A s. m.** (**pl.** *-ci*) ● Farmaco che favorisce la formazione degli eritrociti e dell'emoglobina nel sangue. **SIN.** Emopoietico. **B** anche **agg.**: *medicamento a.*

antiànsia [comp. di *anti-* (*2*) e *ansia*] **agg. inv.** ● Detto di farmaco o trattamento terapeutico che combatte, cura o previene l'ansia. **SIN.** Ansiolitico.

antiappannànte [comp. di *anti-* (*2*) e del part. pres. di *appannare*; 1963] **A agg.** ● Che impedisce l'appannamento dei vetri: *prodotto a.*; *funzione a.* **B s. m.** ● Sostanza o dispositivo antiappannante.

antiartritico [comp. di *anti-* (*2*) e *artritico*; 1968] **A s. m.** (**pl.** *-ci*) ● Medicamento utile contro l'artrite. **B** anche **agg.**: *farmaco a.*

antiasmàtico [comp. di *anti-* (*2*) e *asmatico*] **A s. m.** (**pl.** *-ci*) ● Farmaco atto a prevenire o a curare l'asma bronchiale. **B** anche **agg.**: *farmaco a.*

antiastènico [comp. di *anti-* (*2*) e *astenico*; 1970] **A s. m.** (**pl.** *-ci*) ● Farmaco contro l'astenia fisica o psichica. **B** anche **agg.**: *farmaco, medicamento a.*

antiatòmico [comp. di *anti-* (*2*) e *atomico*; 1949] **agg.** (**pl. m.** *-ci*) ● Che serve a difendere contro le armi atomiche: *rifugio a.*; *difesa, protezione antiatomica.*

antiàtomo [comp. di *anti-* (*2*) e *atomo*; 1982] **s. m.** ● (*fis.*) Sistema fisico analogo a un normale atomo, ma in cui ogni particella ordinaria è sostituita dalla sua antiparticella.

antibacchio o **antibàcchio** [vc. dotta, lat. tardo *antibacchīu(m)*, nom. *antibacchīus*, dal gr. *antibácheios*. V. *bacchio*; 1961] **s. m.** ● (*metrica*) Palimbaccheo.

antibàgno [comp. di *anti-* (*1*) e *bagno*; 1550] **s. m.** ● Locale che precede la stanza da bagno.

antibattèrico [comp. di *anti-* (*2*) e *batterico*; 1961] **A s. m.** (**pl.** *-ci*) ● Sostanza capace di arrestare lo sviluppo e la moltiplicazione di microrganismi patogeni o di provocarne la morte. **B** anche **agg.**: *farmaco a.*

antibécco [comp. di *anti-* (*1*) e *becco*, ma modellato sul fr. *avant-bec*; 1865] **s. m.** (**pl.** *-chi*) ● Avambecco.

antibiogràmma [comp. di *antibio(tico)* e *-gramma*; 1983] **s. m.** (**pl.** *-i*) ● (*med.*) Prova di sensibilità batterica in un individuo ai vari farmaci antibiotici o chemioterapici | (*est.*) Il modulo predisposto su cui sono annotati i risultati di tale prova.

antibiòsi [comp. di *anti-* (*2*) e del gr. *bíōsis* 'condotta di vita', da *bíos* 'vita' (V. *bio-*); 1936] **s. f. inv.** ● (*biol.*) Antagonismo tra specie diverse viventi in un medesimo ambiente.

♦**antibiòtico** [comp. di *anti-* (*2*) e gr. *bíōsis* 'vita', detto così perché toglie la vita ai germi; 1948] **A s. m.** (**pl.** *-ci*) ● Sostanza di varia struttura chimica prodotta da microrganismi, quali muffe e batteri, od ottenuta per sintesi, con potere batteriostatico o battericida sui principali germi patogeni, usato nelle malattie infettive | ***A. a largo spettro d'azione***, che esercita la propria azione su un numero vasto di microrganismi patogeni. **B** anche **agg.**: *farmaco, prodotto a.*

antiblasfèmo [comp. di *anti-* (*2*) e *blasfemo*; 1961] **agg.** ● Che è contro la bestemmia: *lega, campagna antiblasfema.*

antiblàstico [comp. di *anti-* (*2*) e *blastico*; 1974] **A s. m.** (**pl.** *-ci*) ● Farmaco che ritarda o impedisce la proliferazione di cellule (tumorali, batteriche, ecc.). **B** anche **agg.**: *farmaco a.*

antibloccàggio [comp. di *anti-* (*2*) e *bloccaggio*; 1985] **agg.** e **s. m. inv.** ● Antiblocco.

antiblòcco [ingl. *anti block* (*system*); 1987] **agg.** e **s. m. inv.** ● (*autom.*) Detto di sistema elettronico di regolazione della pressione del fluido nel circuito frenante per evitare il pericoloso blocco delle ruote in frenata; in sigla ABS (2).

antibolscevico, (*evit.*) **antibolscèvico** [comp. di *anti-* (*2*) e *bolscevico*; 1949] **agg.**; anche **s. m.** (**pl. m.** *antibolscevichi*, (evit.) *antibolscèvichi*, (evit). *antibolscèvici*) ● Che (o Chi) si oppone al bolscevismo.

antiborghése [composto di *anti-* (*2*) e *borghese*; 1914] **agg.**; anche **s. m. e f.** ● Che (o Chi) è contrario alla mentalità e allo stile di vita della borghesia.

antibràccio [comp. di *anti-* (*1*) e *braccio*; av. 1866] **s. m.** (**pl.** *antibràcci*) ● (*anat., raro*) Avambraccio.

antibrachiàle [comp. di *anti-* (*1*) e del lat. *brāchiāle(m)*, da *brāchĭum* 'braccio'; 1970] **agg.** ● Dell'avambraccio: *nervo a.*

antibrìna [comp. di *anti-* (*2*) e *brina*] **agg. inv.** ● Che impedisce la formazione della brina sulle foglie delle piante: *reti a.*

anticàccia [comp. di *anti-* (*2*) e *caccia* (*1*); 1981] **agg. inv.** ● Che si oppone alla pratica della caccia: *referendum a.*

anticàglia [da *antico*; 1336 ca.] **s. f.** *1* Oggetto fuori moda e antiquato | Uso, costume antiquato (*spec. spreg.*) *2* (*spec. al pl.*) †Ruderi, rovine.

anticalcàre [comp. di *anti-* (*2*) e *calcare*] **A s. m. inv.** ● Prodotto che serve a evitare o a eliminare la formazione di residui calcarei. **B** anche **agg. inv.**: *prodotto a.*

anticàmera [comp. di *anti-* (*1*) e *camera*, sec. XIV] **s. f.** *1* Prima stanza di un appartamento o di un ufficio, di solito attigua a quella di ricevimento | ***Fare a.***, aspettare di essere ricevuti | (*fam.*) ***Non mi passa neppure per l'a. del cervello***, non ci penso nemmeno. *2* (*fig.*) Stadio che prelude al raggiungimento di qlco.: *l'a. del potere.* *3* Anticamente, l'insieme delle persone di servizio che sostavano nell'anticamera.

anticanceróso [comp. di *anti-* (*2*) e *canceroso*; 1819] **agg.** ● Detto di rimedio contro il cancro.

anticàncro [comp. di *anti-* (*2*) e *cancro* (*2*); 1985] **agg. inv.** ● Che mira a combattere, curare o prevenire il cancro: *ricerca a.*

anticapitalismo [comp. di *anti-* (*2*) e *capitalismo*; 1968] **s. m.** ● Avversione, opposizione al sistema del capitalismo.

anticapitalìstico [comp. di *anti-* (*2*) e *capitalistico*; 1896] **agg.** (**pl. m.** *-ci*) ● Contrario, ostile al capitalismo.

anticàrie [comp. di *anti-* (*2*) e *carie*; 1963] **A s. m. inv.** ● Mezzo farmacologico atto a prevenire la carie dentaria o a rallentarne l'evoluzione. **B** anche **agg. inv.**: *dentifricio a.*

anticàrro [comp. di *anti-* (*2*) e *carro*; 1936] **agg. inv.** ● (*mil.*) Detto di ogni mezzo atto a contrastare o impedire l'azione dei carri armati: *mina a.*; *proiettili a.*

anticatarràle [comp. di *anti-* (*2*) e *catarrale*; 1846] **A s. m.** ● Medicamento che agisce contro il catarro normalizzando la secrezione e rimuovendo l'eccesso di muco. **B** anche **agg.**: *farmaco a.*

anticàto [da *antico*; 1342] **agg.** ● Detto di ciò che, costruito in epoca moderna, viene trattato in modo da sembrare antico: *mobili anticati.*

anticàtodo [comp. di *anti-* (*2*) e *catodo*; 1961] **s. m.** ● Particolare elettrodo usato nei tubi per la produzione di raggi X.

anticattòlico [comp. di *anti-* (*2*) e *cattolico*; 1789] **agg.**; anche **s. m.** (**f.** *-a*; **pl. m.** *-ci*) ● Che (o Chi) è contrario al cattolicesimo.

anticellulite [comp. di *anti-* (*2*) e *cellulite*; 1983] **agg. inv.** ● Detto di ogni mezzo atto a ridurre o eliminare la cellulite: *trattamento, fiale a.*

anticheggiàre [av. 1642] **v. intr.** (*io antichéggio*; aus. *avere*) ● (*raro, lett.*) Fare uso delle maniere e dello stile antico: *a. nello scrivere.*

antichista o †**antiquista** [da *antico*; av. 1808] **s. m. e f.** (**pl. m.** *-i*) ● Studioso di antichità classica, cultore di tutto ciò che riguarda il mondo antico.

antichìstica [da *antico*] **s. f.** ● Studio dell'antichità classica e del mondo antico.

♦**antichità** o †**antiquità** [vc. dotta, lat. *antiquitāte*(*m*), da *antīquus* 'antico'; sec. XIII] **s. f.** *1* Caratteristica di ciò che è antico. *2* L'età antica, spec. quella classica: *i filosofi dell'a.* | (*lett.*) Secoli, tempi remoti. *3* (*spec. al pl.*) Suppellettili, oggetti antichi: *museo di a.*; *cercatore di a. etrusche* | Istituzioni, riti, monumenti dell'età antica: *le a. medievali.* *4* †Vecchiezza | Rudere.

antichizzàto [1974] **agg.** ● Anticato.

anticìclico [comp. di *anti-* (*2*) e *ciclo*, con suff. aggettivale; 1979] **agg.** (**pl. m.** *-ci*) ● (*econ.*) Detto di ciò che tende a correggere o contenere gli effetti di una fase del ciclo economico.

anticiclóne [comp. di *anti-* (*2*) e *ciclone*; 1892] **s. m.** ● (*meteor.*) Configurazione isobarica con pressione atmosferica crescente verso l'interno, in presenza della quale il tempo è gener. bello.

anticiclònico [1955] **agg.** (**pl. m.** *-ci*) ● Relativo ad anticiclone | ***Zona anticiclonica***, che presenta pressione atmosferica più alta rispetto alle zone circostanti.

anticima [comp. di *anti-* (*1*) e *cima*; 1955] **s. f.** ● In alpinismo, punta minore e più bassa, che precede la vetta vera e propria.

anticipàre [vc. dotta, lat. *anticipāre*, comp. di *ănte* 'prima' e *căpere* 'prendere'; 1483] **v. tr.** (*io antìcipo*) *1* Fare una cosa prima del tempo fissato in precedenza: *a. i lavori di restauro, la data del matrimonio* | ***A. i tempi***, rendere più celere l'esecuzione di qlco. | Precorrere: *tendenze che anticipavano il romanticismo.* *2* Dare, pagare, prima della scadenza: *a. un pagamento, lo stipendio.* *3* (*assol.*) Essere in anticipo: *quest'anno il freddo ha anticipato.* *4* Rendere noto in anticipo: *hanno anticipato i risultati della ricerca.* *5* (*disus.*) Prevedere. *6* (*raro*) Prevenire: *a. le mosse di un rivale* | (*sport*) ***A. un avversario***, prevedere e precedere la sua azione per prendersi un vantaggio; nel calcio e sim., per impadronirsi della palla.

anticipàto [1499] **part. pass.** di *anticipare*; anche **agg.** *1* Fatto o avvenuto prima del tempo: *scioglimento a. delle Camere*; *inverno a.* | Pagato in anticipo: *tre mesi di affitto a.* *2* Reso noto in anticipo: *comunicazione anticipata.* || **anticipataménte**, **avv.** Prima del tempo, in anticipo: *pagare anticipatamente*; *ti ringrazio anticipatamente.*

anticipatóre [1884] **agg.**; anche **s. m.** (**f.** *-trice*) ● Che (o Chi) anticipa. **SIN.** Precursore.

anticipazióne [vc. dotta, lat. *anticipatiōne*(*m*), da *anticipāre* 'anticipare'; av. 1406] **s. f.** *1* L'anticipare. *2* Informazione fornita in anticipo: *anticipazioni sui risultati elettorali* | Previsione. *3* (*mus.*) Nota o serie di note dell'accordo che deve seguire, suonata mentre l'accordo precedente dura ancora. *4* (*ling.*) Collocazione di una parola prima dell'ordine normale. **SIN.** Prolessi. *5* Antefatto, premessa, antecedente di qlco.: *tali avvenimenti furono le anticipazioni dei moti rivoluzionari.* *6* (*banca*) Somma di denaro che una banca ha consegnato o messo a disposizione di un cliente in base a garanzia, in titoli o merci, della restituzione della stessa: *contratto di a. bancaria.* || **anticipazioncèlla**, **dim.**

♦**antìcipo** [da *anticipare*; 1858] **s. m.** *1* Anticipazione | ***In a.***, prima del tempo convenuto o normale: *pagare in a.*; *quest'anno l'estate è in a.* | Partita del campionato di calcio che viene giocata prima delle altre; **CONTR.** Posticipo. *2* Somma di denaro anticipata. *3* Abilità di un atleta di prevedere e precedere l'azione dell'avversario: *avere il senso dell'a.*, *giocare sull'a.*, *battere qlcu. sull'a.* | Nel tennis, l'azione del giocatore che colpisce la palla nella fase ascendente del rimbalzo da terra: *giocare d'a.* | Nell'equitazione, azione errata del cavaliere che precede il salto del cavallo. *4* (*mecc.*) In un motore a combustione interna, l'intervallo di tempo che intercorre tra l'inizio della combustione e il raggiungimento da parte dello stantuffo del punto morto superiore nel cilindro.

anticlericàle [comp. di *anti-* (*2*) e *clericale*, sul modello del fr. *anticlérical*; 1865] **agg.**; anche **s. m. e f.** ● Che (o Chi) è contrario all'intervento del potere ecclesiastico nella vita politica.

anticlericalìsmo [fr. *anticléricalisme*; 1888] **s. m.** ● L'atteggiamento e il complesso delle idee degli anticlericali.

anticlìmax [comp. di *anti-* (*2*) e del gr. *klímax* 'scala'; 1955] **s. m. o f.** ● (*ling.*) Figura retorica consistente nel disporre in ordine decrescente per intensità e forza una serie di concetti o di vocaboli: *E mi dicono, Dormi! / mi cantano, Dormi! sussurrano, / Dormi! bisbigliano, Dormi!* (PASCOLI).

anticlinàle [comp. di *anti-* (*2*) e del gr. *klínō* 'io inclino, piego'; 1892] **A agg.** ● (*geol.*) Detto di piega della crosta terrestre generalmente convessa verso l'alto, nel cui nucleo si trovano gli strati o le rocce più antiche. **B s. f.** ● Piega anticlinale.

♦**antìco** o †**antìquo** [lat. *antīquu*(*m*), da *ănte* 'prima'; av. 1250] **A agg.** (**pl. m.** *-chi*) *1* Che risale a tempi molto remoti: *costumi antichi*; *antiche scritture*; *antiche leggi*; *storia, arte, età antica.* **CFR.** archeo-, paleo-, vetero- | ***Storia antica***, che riguarda il periodo dalle origini della civiltà mediterranea fino al 476 d.C. e spec. il mondo classico greco e romano | ***A. Testamento***, parte delle sacre scritture anteriore alla nascita di Cristo. *2* Trascorso, passato: *tenerezza, passione antica*; *risentire un a. dolore* | (*est.*) Consueto, abituale: *un'antica abitudine.* *3* Detto di mobili, oggetti d'arte o da collezione realizzati da oltre cento anni: *quadro, tappeto a.*; *un'antica porcellana.* **CONTR.** Nuovo, recente. *4* Caratteristico dei tempi passati: *virtù antiche*; *coraggio a.*; *un'antica signorilità*; *l'a. splendore*; *uomo di a. stampo* | ***All'antica***, (*ellitt.*) secondo il costume antico, sobrio e semplice; secondo atteggiamenti o mentalità del passato. **CONTR.** Moderno. *5* (*lett.*) Anziano, vecchio: *la mia cara antica genitrice* (MARINO). || **anticaménte**, **avv.** Nel tempo antico. **B s. m.** *1* (*solo sing.*) Forma, stile, carattere distintivo, di ciò che appartiene a tempi remoti (spec. in contrapposizione a moderno): *sapere d'a.*; *imitare l'a.*; *distinguere l'a. dal moderno* | ***In a.***, anticamente. *2* ***A. d'epoca***, mobile od oggetto eseguito nel periodo storico nel quale si sono affermati gli elementi stilistici e strutturali che lo caratterizzano. *3* (*spec. al pl.*) Gli uomini vissuti in tempi remoti: *come dicevano gli antichi ...*; *la saggezza, la sapienza degli antichi.* || **antichétto**, **dim.** | **anticùccio**, **dim.**

anticoagulànte [comp. di *anti-* (*2*) e *coagulare*; 1956] **A s. m.** ● Farmaco che impedisce il processo di coagulazione del sangue. **B** anche **agg.**: *farmaco a.*

anticolèrico [comp. di *anti-* (*2*) e *colerico*; 1779] **A s. m.** (**pl.** *-ci*) ● Rimedio che agisce contro il colera. **B** anche **agg.**: *medicamento, farmaco a.*

anticollisióne [comp. di *anti-* (*2*) e *collisione*; 1985] **agg. inv.** ● Che serve a evitare la collisione fra due veicoli: *meccanismo a.*

anticolonialìsmo [comp. di *anti-* (*2*) e *colonialismo*] **s. m.** ● Avversione, opposizione al colonialismo o ai regimi coloniali.

anticolonialista **s. m. e f.**; anche **agg.** (**pl. m.** *-i*) ● Fautore, sostenitore dell'anticolonialismo.

anticomunìsmo [comp. di *anti-* (*2*) e *comunismo*; 1946] **s. m.** ● Ostilità verso il comunismo.

anticomunista [comp. di *anti-* (*2*) e *comunista*; 1941] **s. m. e f.**: anche **agg.** (**pl. m.** *-i*) ● Chi (o Che) è ostile al comunismo.

anticoncettivo [comp. di *anti-* (*2*) e *concettivo*; 1950] **s. m.**; anche **agg.** ● Antifecondativo.

anticoncezionàle [comp. di *anti-* (*2*) e *concezionale*; 1942] **s. m.**; anche **agg.** ● Antifecondativo, contraccettivo.

anticoncordatàrio [comp. di *anti-* (*2*) e *concordatario*; 1955] **agg.** ● Che è contrario a un concordato tra Chiesa e Stato (in particolare, usato con riferimento al concordato del 1929 tra Chiesa cattolica e Stato italiano).

anticonfessionàle [comp. di *anti-* (*2*) e *confessionale*; 1961] **agg.** ● Di chi (o di ciò che) è contrario a ogni forma di confessionalismo.

anticonformìsmo [comp. di *anti-* (*2*) e *conformismo*; 1956] **s. m.** ● Atteggiamento di opposizione verso le idee e le abitudini predominanti in un dato ambiente sociale, periodo storico e sim.

anticonformista [comp. di *anti-* (*2*) e *conformista*; 1961] **s. m. e f.**; anche **agg.** (**pl. m.** *-i*) ● Chi (o Che) mostra anticonformismo.

anticonformìstico [1965] **agg.** (**pl. m.** *-ci*) ● Proprio dell'anticonformismo e degli anticonformisti. || **anticonformisticaménte**, **avv.**

anticongelànte [comp. di *anti-* (*2*) e *congelare*; 1961] **A agg.** ● Atto a impedire il congelamento di un liquido: *sostanza a.* **B s. m.** ● Sostanza anticongelante. **SIN.** Antigelo.

anticongiunturàle [comp. di *anti-* (*2*) e *congiuntura*; 1965] **agg.** ● (*econ.*) Volto a modificare o limitare gli effetti della congiuntura.

†**anticonóscere** [comp. di *anti-* (*1*) e *conoscere*; av. 1332] **v. tr.** ● Sapere in anticipo | Prevedere.

anticonvenzionàle [comp. di *anti-* (*2*) e *convenzionale*; 1984] **agg.** ● Che è contrario alle convenzioni sociali, che si oppone alle idee, alle consuetudini, agli usi accettati dalla maggioranza: *atteggiamento a.*

anticorodal® /antikoro'dal/ [marchio registrato] **s. m. inv.** ● (*metall.*) Lega leggera da fonderia costituita da alluminio, magnesio, manganese e silicio, resistente alla corrosione e utilizzata in costruzioni navali, elementi d'arredamento esterno degli edifici, infissi, accessori per linee elettriche e connessioni.

anticorpàle **agg.** ● (*med.*) Relativo ad anticorpo | ***Titolo a.***, grado di concentrazione di anticorpi specifici in un siero | ***Reazione a.***, ogni modificazione della concentrazione di anticorpi specifici in un siero.

anticòrpo [comp. di *anti-* (*2*) e *corpo*; 1904] **s. m.** ● (*biol.*) Immunoglobulina prodotta da particolari linfociti del sistema immunitario dei Vertebrati come risposta alla penetrazione di una specifica sostanza eterologa (antigene) con cui è in grado di interagire.

anticorrosìvo [comp. di *anti-* (*2*) e *corrosivo*] **agg.** ● Che serve a proteggere un metallo dalla corrosione: *trattamento a.*

anticostituzionàle [fr. *anticonstitutionnel*; 1778] **agg.** ● (*dir.*) Detto di disposizione normativa o atto amministrativo contrario alla lettera o allo spirito della Costituzione. || **anticostituzionalménte**, **avv.**

anticostituzionalità [1970] **s. f.** ● Condizione di anticostituzionale: *a. di una legge, di un provvedimento.*

anticrèsi o **anticrèsi** [fr. *antichrèse*, dal gr. *antíchrēsis* 'uso reciproco'; 1746] **s. f. inv.** ● (*dir.*) Contratto con cui il debitore o un terzo consegnano al creditore, a garanzia del credito, un immobile i cui frutti serviranno per il pagamento degli interessi e del capitale: *concludere un'a.*

anticrimine [comp. di *anti-* (*2*) e *crimine*; 1980] **agg. inv.** ● Detto di ogni mezzo atto a difendere da ladri, criminali e sim.: *mostra di apparati a.*

anticrìsi [comp. di *anti-* (*2*) e *crisi*; 1984] **agg. inv.** ● Che serve a fronteggiare o a evitare una crisi, spec. economica: *misure a.*; *politica a.*

anticristiàno [comp. di *anti-* (*2*) e *cristiano*; av. 1292] **agg.** ● Contrario al cristianesimo.

anticristo [vc. dotta, lat. tardo *antichrĭstu*(*m*), da *Chrĭstus* 'Cristo'; av. 1306] **s. m.** (*inv. nel sign. 1*) *1* (*relig.*) ***L'A.***, l'essere diabolico che, secondo l'Apocalisse, alla fine dei secoli si leverà contro

Cristo e la sua Chiesa. *2* (*est.*) Persecutore della Chiesa. *3* (*est., fig.*) Individuo malvagio e diabolico.

anticrittogàmico [comp. di *anti-* (*2*) e *crittogama*; 1886] **A** agg. (pl. m. *-ci*) ● Detto di sostanza o di trattamento usato per evitare alle piante le malattie causate da crittogame parassite. **B** s. m. ● Sostanza anticrittogamica: *trattare un frutteto con anticrittogamici.*

anticròllo [comp. di *anti-* (*2*) e *crollo*; 1943] agg. inv. ● Detto di struttura architettonica che è in grado di resistere al crollo di altre strutture soprastanti o circostanti.

anticucìna [comp. di *anti-* (*1*) e *cucina*; 1970] s. f. ● Piccolo locale di servizio da cui si accede alla cucina.

†**anticursóre** [vc. dotta, lat. *antecursōre(m)*, nom. *antecŭrsor*, comp. di *ănte* 'avanti' e *cŭrsor* 'corriere'; av. 1729] s. m. ● (*fig.*) Precursore.

antidàta [comp. di *anti-* (*1*) e *data*; 1673] s. f. ● Data apposta a un atto per attribuirgli un'epoca di formazione anteriore a quella vera.

antidatàre [comp. di *anti-* (*1*) e *datare*; 1723] v. tr. ● Apporre ad atti, documenti e sim. una data anteriore a quella reale: *a. un decreto, una lettera.* SIN. Retrodatare.

antidèficit [comp. di *anti-* (*2*) e *deficit*; 1985] agg. inv. ● Diretto a eliminare o ridurre il deficit pubblico: *provvedimenti a.*

antideflagrànte [comp. di *anti-* (*2*) e *deflagrante*; 1990] agg. ● Detto di apparecchiatura, impianto, dispositivo costruiti in modo da eliminare o ridurre in modo considerevole il pericolo di esplosioni. SIN. Antiscoppio.

antidemocràtico [comp. di *anti-* (*2*) e *democratico*; 1790] agg.; anche s. m. (f. *-a*; pl. m. *-ci*) ● Che (o Chi) è contrario all'istituzione e ai principi della democrazia. || **antidemocraticaménte** avv.

antidepressivo [comp. di *anti-* (*2*) e *depressivo*; 1966] **A** s. m. ● Farmaco che agisce contro la depressione. **B** anche agg.: *pillole antidepressive.*

antiderapànte [fr. *antidérapant*, comp. di *anti-* (*2*) e *dérapant*, part. pres. di *déraper* 'slittare', dal provz. moderno *derapar*, deriv. di *rapar* 'cogliere, afferrare', vc. di orig. germ.; 1908] agg. ● Detto di pneumatico di autoveicolo particolarmente idoneo a evitare gli slittamenti.

antidetonànte [fr. *antidétonant*; 1936] **A** s. m. ● Composto che, addizionato in piccole quantità a un carburante, gli permette di resistere meglio alla detonazione e quindi a rapporti di compressione più elevati. **B** anche agg.: *composto a.*

antidiabètico [comp. di *anti-* (*2*) e *diabetico*; 1961] **A** s. m. (pl. *-ci*) ● Farmaco che agisce contro il diabete. **B** agg. ● Che agisce contro il diabete: *farmaco a.* | Di organizzazione sanitaria per la profilassi e la cura del diabete: *centro a.*

antidiaforètico [comp. di *anti-* (*2*) e *diaforetico*; 1961] **A** s. m. (pl. *-ci*) ● Farmaco atto a prevenire o a limitare la sudorazione. **B** anche agg.: *preparato a.*

antidiarròico [comp. di *anti-* (*2*) e *diarrea*; 1846] **A** s. m. (pl. *-ci*) ● Farmaco contro la diarrea. **B** anche agg.: *farmaco, medicamento a.*

antidiftèrico [comp. di *anti-* (*2*) e *difterico*; 1894] agg. (pl. m. *-ci*) ● Di rimedio contro la difterite: *siero a.*; *vaccinazione antidifterica.*

antidiftotetànico [comp. di *anti-* (*2*), *dift(eric)o* e *tetanico*; 1983] agg. (pl. m. *-ci*) ● Detto di rimedio atto a prevenire la difterite e il tetano: *vaccinazione antidiftotetanica.*

antidiluviàno o **antediluviàno** [comp. di *anti-* (*1*) e *diluvio*; av. 1730] agg. *1* Che risale al tempo anteriore al diluvio universale: *mostro, animale, fossile a.* *2* (*fig.*) Estremamente antiquato (*anche scherz.*): *idee antidiluviane*; *vestito a.*; *automobile antidiluviana.*

antidistùrbo [comp. di *anti-* (*2*) e *disturbo*; 1968] agg. inv. ● (*radio*) Detto di dispositivo in grado di attenuare o eliminare l'effetto di disturbi dovuti a cause atmosferiche, industriali e sim., sulla ricezione di radiosegnali.

antidiurètico (o **-diu-**) [vc. dotta, comp. di *anti-* (*2*) e *diuretico*; 1961] agg. (pl. m. *-ci*) ● (*farm.*) Detto di sostanza che riduce la diuresi: *ormone a.*, *farmaco a.*

antidivìstico [1983] agg. (pl. m. *-ci*) ● Proprio di antidivo o antidiva: *atteggiamenti antidivistici.*

antidìvo [comp. di *anti-* (*2*) e *divo* (*2*); 1966] s. m. (f. *-a*) ● Personaggio del mondo dello spettacolo, dello sport e sim. che, pur godendo di notevole popolarità, è completamente alieno dalle stranezze ed eccentricità considerate tipiche dei divi.

antidivorzìsmo [comp. di *anti-* (*2*) e *divorzismo*; 1970] s. m. ● Atteggiamento di chi è contrario a una legislazione che consenta il divorzio.

antidivorzista [1903] s. m. e f. (pl. m. *-i*) ● Chi è contrario a una legislazione che consenta il divorzio.

antidogmàtico [comp. di *anti-* (*2*) e *dogmatico*; 1961] agg. (pl. m. *-ci*) ● Contrario ai dogmi e al dogmatismo: *scritto, discorso a.*

antidogmatìsmo [comp. di *anti-* (*2*) e *dogmatismo*; 1913] s. m. ● Atteggiamento culturale che rifiuta e combatte i dogmi, e in generale i sistemi ideologici considerati troppo rigidi: *la sua filosofia è soprattutto una forma di a.*

antidolorìfico [comp. di *anti-* (*2*) e *dolorifico*; 1952] **A** s. m. (pl. *-ci*) ● Analgesico. **B** anche agg.: *farmaco a.*; *sostanza antidolorifica.*

antidòping /anti'dɔpin(g)/ [comp. di *anti-* (*2*) e *doping*; 1962] **A** s. m. inv. ● Controllo effettuato dalle autorità sportive ai fini di accertare, impedire e punire l'uso di preparati che favoriscono artificialmente la prestazione di atleti o animali. **B** anche agg. inv.: *controllo, esame a.*

antidòrcade [comp. di *anti-* (*2*) e del gr. *dorkás*, genit. *dorkádos* 'capriolo, gazzella, daino', di orig. indeur.; 1961] s. f. ● Antilope agilissima che presenta nella parte posteriore del dorso una duplicatura della pelle simile a un marsupio (*Antidorcas marsupialis*).

†**antidotàrio** [dal lat. *antĭdotu(m)* 'antidoto'; 1499] s. m. ● Ricettario di antidoti o di farmaci in genere.

antìdoto [vc. dotta, lat. *antĭdotu(m)*, dal gr. *antídoton* (sottinteso *phármakon* 'rimedio') 'dato contro'; av. 1492] s. m. (assol.; + *a*; + *contro*) *1* Sostanza che impedisce o annulla l'effetto dannoso di un veleno. SIN. Antiveleno, contravveleno. *2* (*fig.*) Rimedio, conforto: *cercare un a. alla malinconia, allo stress, contro il dolore.*

antidròga [comp. di *anti-* (*2*) e *droga*; 1968] agg. inv. ● Che si oppone all'uso e alla diffusione della droga: *legge a.*; *provvedimenti a.*

antidumping /ingl. ˌænti'dʌmpɪŋ, ˌæntae-/ [vc. ingl., comp. di *anti-* 'anti- (2)' e *dumping* (V.); 1985] agg. inv. ● (*econ.*) Detto di azione o provvedimento che tende a scoraggiare o impedire la pratica del dumping: *dazio a.*

antieconòmico [comp. di *anti-* (*2*) e *economico*; 1892] agg. (pl. m. *-ci*) ● Contrario ai principi e alle leggi dell'economia: *metodo a. di produzione* | (*est.*) Che non è conveniente. SIN. Svantaggioso. || **antieconomicaménte**, avv.

antieffrazióne [comp. di *anti-* (*2*) ed *effrazione*; 1986] agg. inv. ● Che è dotato di dispositivi atti a impedire l'effrazione: *cassaforte, serratura a.*

antielettróne [comp. di *anti-* (*2*) ed *elettrone*; 1987] s. m. ● (*fis.*) Positrone.

antielmìntico o **antelmìntico** [comp. di *anti-* (*2*) e gr. *hélmins*, genit. *hélminthos* 'verme'; av. 1730] **A** s. m. (pl. *-ci*) ● Medicamento che determina la morte e l'espulsione dei vermi parassiti. CFR. Vermicida, vermifugo. **B** anche agg.: *preparato, farmaco a.*

antielusìvo [comp. di *anti-* (*2*) ed *elusivo*; 1989] agg. ● Che tende a impedire l'elusione fiscale: *provvedimento a.*

antiemètico o **antemètico** [comp. di *anti-* (*2*) ed *emetico*; 1819] **A** s. m. (pl. *-ci*) ● Rimedio contro il vomito. **B** anche agg.: *farmaco a.*

antiemofìlico [comp. di *anti-* (*2*) ed *emofilia*; 1987] agg. (pl. m. *-ci*) ● Detto di ciò che agisce contro l'emofilia: *plasma umano a.*

antiemorràgico [comp. di *anti-* (*2*) ed *emorragico*; 1819] s. m.; anche agg. (pl. m. *-ci*) ● Emostatico.

antiemorroidàle [comp. di *anti-* (*2*) ed *emorroide*; 1970] **A** s. m. ● Medicamento per la cura delle emorroidi. **B** anche agg.: *farmaco a.* SIN. Antiemorroidario.

antiemorroidàrio [comp. di *anti-* (*2*) ed *emorroidario*] s. m.; anche agg. ● (*farm.*) Antiemorroidale.

antiepilèttico [comp. di *anti-* (*2*) ed *epilessia*, con suff. aggettivale; 1970] **A** s. m. (pl. *-ci*) ● Farmaco che agisce contro l'epilessia. **B** anche agg.

antieròe [comp. di *anti-* (*2*) ed *eroe*; 1969] s. m. (f. *antieroina*) ● In un'opera letteraria o cinematografica, personaggio di primo piano che si contrappone all'eroe convenzionale per essere privo dei valori positivi a questo di solito attribuiti.

antiestètico [comp. di *anti-* (*2*) ed *estetico*; 1903] agg. (pl. m. *-ci*) ● Che offende l'estetica perché sproporzionato, malfatto, brutto.

anti-fading /anti'feidin(g)/ [comp. di *anti-* (*2*) e *fading*; 1940] s. m. inv. ● (*radio*) Dispositivo a feedback che annulla, negli apparecchi radioriceventi, l'effetto di fading.

antifascìsmo [comp. di *anti-* (*2*) e *fascismo*; 1921] s. m. ● Concezione e attività politica contraria al fascismo.

antifascista [comp. di *anti-* (*2*) e *fascista*; 1920] s. m. e f.; anche agg. (pl. m. *-i*) ● Chi (o Che) si è opposto o si oppone al fascismo.

†**antifàto** [comp. di *anti-* (*1*) e *fato* 'destino, morte', in quanto donata dal marito in previsione della propria morte; av. 1565] s. m. ● Controdote.

antifebbrìle [comp. di *anti-* (*2*) e *febbrile*; 1761] **A** s. m. ● Rimedio contro la febbre. SIN. Antipiretico, antitermico. **B** anche agg.: *farmaco a.*

antifecondatìvo [comp. di *anti-* (*2*) e *fecondativo*; 1906] **A** s. m. ● Sostanza, mezzo o procedimento atto a impedire la fecondazione. SIN. Anticoncezionale, contraccettivo. **B** anche agg.: *pillola antifecondativa.*

antifemminìsmo [comp. di *anti-* (*2*) e *femminismo*; 1968] s. m. ● Atteggiamento di chi è contrario al femminismo.

antifemminista [comp. di *anti-* (*2*) e *femminista*; 1928] s. m. e f.; anche agg. (pl. m. *-i*) ● Chi (o Che) è contrario al femminismo.

antifermentatìvo [comp. di *anti-* (*2*) e *fermentativo*; 1951] **A** s. m. ● Composto o miscuglio di composti che viene aggiunto spec. agli alimenti e ai preparati farmaceutici per assicurarne la conservazione. **B** anche agg.: *sostanza antifermentativa.*

antifiàmma [comp. di *anti-* (*2*) e *fiamma*; 1938] agg. inv. *1* Che resiste alle fiamme, che non può essere intaccato dalle fiamme: *armadi blindati a.* *2* (*tess.*) Detto di sostanza applicata ai tessuti per renderli incombustibili.

antifiscalìsmo [comp. di *anti-* (*2*) e *fiscalismo*; 1970] s. m. ● Dottrina contraria all'eccessivo fiscalismo.

antifiscalista [comp. di *anti-* (*2*) e *fiscalista*; 1973] s. m. e f.; anche agg. (pl. m. *-i*) ● Chi (o Che) è contrario al fiscalismo.

antifiscalìstico [comp. di *anti-* (*2*) e *fiscalistico*; 1973] agg. (pl. m. *-ci*) ● (*raro*) Che è contrario al fiscalismo.

antiflogìstico [comp. di *anti-* (*2*) e *flogistico*; 1819] s. m.; anche agg. (pl. m. *-ci*) ● Antinfiammatorio.

antiflogòsi o **antiflògosi** [comp. di *anti-* (*2*) e *flogosi*; 1940] s. f. inv. ● Cura del processo infiammatorio.

antìfona [vc. dotta, lat. tardo *antiphōna(m)*, dal gr. *antíphōnos*, comp. di *anti-* 'anti- (2)' e *phōnē* 'voce', in quanto indicava la contrapposizione di una voce all'altra; av. 1342] s. f. *1* Nella musica greco-romana, canto eseguito da due voci in ottava fra loro. *2* (*relig.*) Nella liturgia cattolica, versetto recitato o cantato, che precede o segue il salmo. *3* (*al pl.*) Laudi in fine dell'Uffizio in onore di Maria Vergine. *4* (*fig.*) Discorso allusivo, senso nascosto: *capire l'a.* | (*est.*) Discorso noioso e troppo ripetuto: *ripetere sempre la stessa a.*

antifonàle [1865] **A** agg. ● Relativo all'antifona. **B** s. m. ● Antifonario.

antifonàrio [da *antifona*; av. 1419] s. m. ● Libro che raccoglie le antifone di tutto l'anno, con le relative note di canto fermo | (*est.*) Libro che contiene le parti cantate della liturgia della Messa. SIN. Antifonale.

antifonìa [V. *antifona*; 1829] s. f. ● (*mus.*) Nell'antica teoria greca, esecuzione contemporanea di suoni a distanza d'ottava | Nella liturgia cristiana, esecuzione a cori alterni.

antifòrfora [comp. di *anti-* (*2*) e *forfora*; 1970] agg. inv. ● Detto di preparato atto a prevenire o a curare la forfora: *lozione a.*

antìfrasi [vc. dotta, lat. tardo *antíphrasi(n)*, nom. *antíphrasis*, dal gr. *antíphrasis*, comp. di *anti-* 'anti- (2)' e *phrásis* 'frase, locuzione'; av. 1553] s. f. inv. ● (*ling.*) Figura retorica che consiste nel dire l'esatto opposto di ciò che si vuole affermare, o per ironia o per eufemismo: *per noiare quella buona femina* (BOCCACCIO).

antifràstico [da *antifrasi*; 1875] **agg.** (**pl. m.** *-ci*) ● Che esprime un'antifrasi | Relativo all'antifrasi. || **antifrasticaménte**, **avv.**

antifrizióne [comp. di *anti-* (*2*) e *frizione*; 1938] **agg. inv.** ● Detto di metalli o più generalmente leghe metalliche, dotati di basso coefficiente di attrito e buona resistenza all'usura, adatti a realizzare accoppiamenti striscianti.

antifùmo [comp. di *anti-* (*2*) e *fumo*; 1985] **agg. inv.** *1* Che mira a combattere o a scoraggiare il vizio del fumo: *trattamento, campagna a.* **SIN.** Antitabacco. *2* Atto a contenere la fuoriuscita di fumo: *dispositivo, miscela a.*

antifungino [comp. di *anti-* (*2*) e *fungino*] **s. m.**; anche **agg.** ● (*farm.*) Antimicotico.

antifùrto [comp. di *anti-* (*2*) e *furto*; 1937] **A s. m.** (**pl. inv.** o *-i*) ● Dispositivo che segnala i tentativi di furto o impedisce che siano portati a termine, montato su automobili, e anche in banche, abitazioni, negozi. **B** anche **agg. inv.**: *congegni a.*

antigàs [comp. di *anti-* (*2*) e *gas*; 1929] **A agg.** ● Di ogni mezzo usato per difendersi dai gas venefici o per attenuarne l'effetto: *maschera a.*; *sostanza a.* **B s. m.** ● Composto o preparato adatto ad assorbire, o a trattenere mediante reazione chimica, i gas tossici.

antigelivo [comp. di *anti-* (*2*) e *gelivo*; 1997] **agg.** ● Detto di materiale da costruzione resistente al gelo e alle basse temperature: *pavimento a. per esterni.*

antigèlo [comp. di *anti-* (*2*) e *gelo*; 1970] **s. m. inv.**; anche **agg. inv.** ● Anticongelante.

antigene [dall'ingl. *anti*(*body*) *gene*(*rator*) 'generatore di anticorpo'; 1925] **s. m.** ● (*biol.*) Sostanza estranea gener. proteica che, se penetra nel sangue e nei tessuti di un organismo, è capace di indurvi una risposta specifica immunitaria di tipo umorale (anticorpo) o cellulare, con cui interagisce.

antigènico [1955] **agg.** (**pl. m.** *-ci*) ● Relativo ad antigene: *proprietà antigeniche.*

antighiaccio [comp. di *anti-* (*2*) e *ghiaccio* (*1*); 1961] **agg. inv.** ● Che serve a impedire la formazione di ghiaccio sulle superfici esterne degli aeromobili: *dispositivo a.*

antigiènico o **antiigiènico** [comp. di *anti-* (*2*) e *igienico*; 1861] **agg.** (**pl. m.** *-ci*) ● Che è contrario alle norme dell'igiene | Che è nocivo alla salute.

antiginnàstica [comp. di *anti-* (*2*) e *ginnastica*; 1987] **s. f.** ● (*raro*) Tipo di ginnastica che privilegia un'attivazione muscolare blanda o passiva, in contrapposizione al potenziamento attivo della ginnastica tradizionale.

antigiuridicità [1955] **s. f.** ● Condizione di ciò che è antigiuridico.

antigiurìdico [comp. di *anti-* (*2*) e *giuridico*; 1884] **agg.** (**pl. m.** *-ci*) ● Contrario al diritto, al disposto di una norma giuridica: *comportamento a.* || **antigiuridicaménte**, **avv.**

antigorite [ted. *Antigorit*, dal n. di una sezione alpina della Val d'Ossola, *Antigor*(*io*), col suff. *-ite* (*2*)] **s. f.** ● (*miner.*) Specie di serpentino in lamelle, tipico delle Alpi.

antigovernativo [comp. di *anti-* (*2*) e *governativo*; 1874] **agg.** ● Contrario, ostile al governo: *intervento a.*; *propaganda antigovernativa.*

antigràffio [comp. di *anti-* (*2*) e *graffio*; 1990] **agg. inv.** ● Detto di materiale che non si graffia, che non si può scalfire: *vetro a.*

antigrafo [(scritto): vc. dotta, lat. tardo *antĭgraphu*(*m*), dal gr. *antígraphon* 'copia', da *gráphō* 'io scrivo'; 1779] **A s. m.** ● Copia manoscritta di un manoscritto. **B** anche **agg.**: *manoscritto a.*

antigràndine [comp. di *anti-* (*2*) e *grandine*; 1950] **agg. inv.** ● Detto di ogni mezzo atto a evitare o limitare la caduta della grandine: *razzi a.*; *cannone a.*

antigravità [comp. di *anti-* (*2*) e *gravità*; 1965] **agg.** ● Detto di ogni mezzo atto a evitare o limitare gli effetti nocivi delle variazioni della forza di gravità sugli esseri viventi.

antiigiènico ● V. *antigienico.*

antiimperialismo ● V. *antimperialismo.*

antiimperialista ● V. *antimperialista.*

antiimperialìstico ● V. *antimperialistico.*

antiincèndio ● V. *antincendio.*

antiinfèrno ● V. *antinferno.*

antiinfettivo ● V. *antinfettivo.*

antiinfiammatòrio ● V. *antinfiammatorio.*

antiinflattivo ● V. *antinflativo.*

antiinflazionìstico ● V. *antinflazionistico.*

antiinfluenzàle ● V. *antinfluenzale.*

antiinfortunìstico ● V. *antinfortunistico.*

antiinquinaménto ● V. *antinquinamento.*

antiintercettazióne ● V. *antintercettazione.*

antiintrusióne ● V. *antintrusione.*

antiipertensivo o **antipertensivo** [comp. di *anti-* (*2*) e *ipertensivo*] **agg.**; anche **s. m.** ● (*farm.*) Detto di agente capace di ridurre la pressione ematica: *farmaci antiipertensivi.*

antiistèrico ● V. *antisterico.*

antileptóne [comp. di *anti-* (*2*) e *leptone*; 1986] **s. m.** ● (*fis.*) Ogni antiparticella del leptone, caratterizzata da valore di carica elettrica e di numero leptonico opposti a quelli del corrispondente leptone; gli antileptoni sono il positrone, l'antimuone, l'antitauone e gli antineutrini.

antilèttera o **antilèttera** ● V. *avantilettera.*

antiliberàle [comp. di *anti-* (*2*) e *liberale*; 1876] **agg.**; anche **s. m. e f.** ● Che (o Chi) è contrario al liberalismo, all'ideologia liberale.

antilipèmico [comp. di *anti-* (*2*) e *lipemico*] **A s. m.** (**pl.** *-ci*) ● (*farm.*) Sostanza capace di abbassare il contenuto di lipidi nel sangue. **B** anche **agg.**: *farmaco a.*

antillàno [1819] **A agg.** ● Delle Antille, relativo alle Antille, arcipelago dell'America centrale. **B s. m.** (**f.** *-a*) ● Abitante, nativo delle Antille.

antillide [vc. dotta, gr. *anthyllís*, genit. *anthyllídos*, da *ánthos* 'fiore' (V. *antologia*); 1550] **s. f.** ● Genere di piante erbacee delle Papilionacee con foglie pennate e fiori in capolini di colore giallo, rosso o bianco (*Anthyllis*) | Vulneraria.

antilocàpra [comp. di *antilo*(*pe*) e *capra*; 1955] **s. f.** ● Mammifero ruminante americano simile a un'antilope, con lunghe corna biforcate (*Antilocapra americana*).

antilogaritmo [comp. di *anti-* (*2*) e *logaritmo*; 1829] **s. m.** ● (*mat.*) Numero di cui si calcola il logaritmo.

antilogia [vc. dotta, gr. *antilogía*, comp. di *anti-* 'anti- (2)' e *lógos* 'discorso'; sec. XVIII] **s. f.** *1* (*filos.*) Contrapposizione di un argomento a un altro di forza uguale ma opposta. **SIN.** Contraddizione. *2* (*psicol.*) Azione illogica, compiuta per impulso inconscio.

antilògico [da *antilogia*; 1801] **agg.** (**pl. m.** *-ci*) ● Di antilogia, che presenta antilogia.

antilope o †**antilopa** [fr. *antilope*, dall'ingl. *antelope*, n. di un animale fiabesco, di orig. biz.; 1772] **s. f.** *1* Genere di Mammiferi ruminanti che vivono nei Paesi caldi, spec. in Africa; sono snelli e veloci, con corna cave e occhi molto vivi (*Antilope*). ➡ **ILL. animali**/13. *2* Pelle conciata di tali animali, vellutata e morbida, usata per vari indumenti di tipo sportivo: *giacca, cappotto di a.*

antiluètico [comp. di *anti-* (*2*) e *luetico*; 1950] **A agg.** (**pl. m.** *-ci*) ● Detto di ciò che è atto a prevenire o a curare la sifilide: *misure antiluetiche*; *preparato a.* **B s. m.** ● Farmaco usato contro la sifilide.

antimàcchia [comp. di *anti-* (*2*) e *macchia* (*1*); 1971] **agg. inv.** ● (*tess.*) Detto di trattamento a cui vengono sottoposti i tessuti per impedire il formarsi di macchie | Detto di tessuto sottoposto a tale trattamento.

antimàfia [comp. di *anti-* (*2*) e *mafia*; 1973] **A agg. inv.** ● Detto di ciò che è volto a prevenire o reprimere la mafia: *legge a.*; *commissione a.* **B s. f.** ● Commissione parlamentare d'inchiesta con poteri propri della magistratura: *l'a. ha ordinato l'arresto di un testimone reticente.*

antimagnètico [comp. di *anti-* (*2*) e *magnetico*; 1967] **agg.** (**pl. m.** *-ci*) ● Che non risente dell'azione di un campo magnetico: *orologio a.*

antimalàrico [comp. di *anti-* (*2*) e *malarico*; 1961] **A s. m.** (**pl.** *-ci*) ● Farmaco usato contro la febbre malarica. **B** anche **agg.**: *farmaco a.*

antimatèria [comp. di *anti-* (*2*) e *materia*; 1957] **s. f.** ● (*fis. nucl.*) Insieme di tutte le antiparticelle.

antimeridiàno (**1**) o (*raro*) **antemeridiàno** [vc. dotta, lat. *antemeridiānu*(*m*), da *ānte merīdie*(*m*) 'prima del mezzogiorno' (V. *pomeridiano*); 1598] **agg.** ● Che precede il mezzogiorno: *spuntino a.*; *le dieci antimeridiane.*

antimeridiàno (**2**) [comp. di *anti-* (*2*) e *meridiano*; 1965] **s. m.** ● Porzione di meridiano compresa fra i poli e passante per gli antipodi di un luogo: *a. di Greenwich.*

antimero [comp. di *anti-* (*1*) e *-mero*; 1955] **s. m.** ● (*zool.*) Ognuna delle sezioni del corpo che, negli animali a simmetria raggiata, sono disposte a raggiera intorno all'asse verticale del corpo.

antimetàbole [lat. mediev. *antimetabŏle*, dal gr. *antimetabolḗ*, da *antimetabállein* 'invertire'; av. 1636] **s. f.** ● (*ling.*) Figura retorica che consiste nella ripetizione, invertendone l'ordine, delle parole di una proposizione enunciata, producendo così un ribaltamento di significato: *affermando questi cotali non mangiare per vivere, ma più tosto vivere per mangiare* (BOCCACCIO).

antimetafìsico [comp. di *anti-* (*2*) e *metafisico*; 1970] **s. m.**; anche **agg.** (**pl. m.** *-ci*) ● Chi (o Che) si oppone alla metafisica.

antimicòtico [comp. di *anti-* (*2*) e *micotico*; 1967] **A s. m.** (**pl.** *-ci*) ● Medicamento usato nella terapia delle malattie prodotte da sviluppo di funghi parassiti. **B** anche **agg.**: *farmaco a.*; *pomata antimicotica.* **SIN.** Antifungino.

antimicròbico [comp. di *anti-* (*2*) e *microbico*; 1961] **A s. m.** (**pl.** *-ci*) ● (*farm.*) Sostanza capace di uccidere o inibire lo sviluppo dei microrganismi. **B** anche **agg.**: *farmaco a.*

antimilitarismo [1905] **s. m.** ● Tendenza, concezione contraria al militarismo.

antimilitarista [comp. di *anti-* (*2*) e *militarista*; 1899] **A s. m. e f.** (**pl. m.** *-i*) ● Chi è contrario al militarismo: *un a. convinto.* **B** anche **agg.**: *ideologia, posizione a.*

antimilitarìstico [1942] **agg.** (**pl. m.** *-ci*) ● Che è proprio degli antimilitaristi o dell'antimilitarismo.

antimìne [comp. di *anti-* (*2*) e il pl. di *mina* (*1*); 1970] **agg. inv.** ● Atto a difendere dalle mine o a individuarle e impedirne lo scoppio.

antimissile [comp. di *anti-* (*2*) e *missile*; 1963] **agg. inv.** ● (*mil.*) Detto di ogni mezzo atto a distruggere o deviare dalla sua traiettoria un missile: *missile, sistema a.* **SIN.** Antimissilistico.

antimissilìstico [comp. di *anti-* (*2*) e *missilistico*; 1967] **agg.** (**pl. m.** *-ci*) ● Antimissile.

antimonàrchico [fr. *antimonarchique*; 1765] **agg.**; anche **s. m.** (**pl. m.** *-ci*) ● Che (o Chi) è contrario alla monarchia.

antimoniàle [av. 1698] **agg.** ● (*chim.*) Relativo all'antimonio | Che contiene antimonio.

antimònico [1961] **agg.** (**pl. m.** *-ci*) ● (*chim.*) Detto di composto dell'antimonio pentavalente | ***Acido a.***, acido, inorganico, tribasico, solido, bianco, insolubile in acqua, derivato dal pentossido di antimonio.

antimònio [ar. *uṯmud*; sec. XIV] **s. m.** ● (*chim.*) Elemento chimico semimetallo, fragile, argenteo, ottenuto industrialmente dalla stibina, usato per leghe dure come quelle per caratteri da stampa, e in farmacia per espettoranti ed emetici. **SIMB.** Sb.

antimonióso [sec. XIV] **agg.** ● (*chim.*) Detto di composto dell'antimonio trivalente | ***Acido a.***, derivante dal triossido di antimonio.

antimonite [1886] **s. f.** ● (*miner.*) Stibnite.

antimonopòlio [comp. di *anti-* (*2*) e *monopolio*; 1971] **agg. inv.** ● Che mira a impedire la formazione di monopoli: *provvedimenti a.* **SIN.** Antitrust.

antimonopolìstico [comp. di *anti-* (*2*) e *monopolio*; 1956] **agg.** (**pl. m.** *-ci*) ● Che è contrario ai monopoli.

antimperialismo o **antiimperialismo** [comp. di *anti-* (*2*) e *imperialismo*; 1923] **s. m.** ● Atteggiamento di opposizione all'imperialismo.

antimperialista o **antiimperialista** [comp. di *anti-* (*2*) e *imperialista*; 1918] **agg.**; anche **s. m. e f.** (**pl. m.** *-i*) ● Che (o Chi) è contrario all'imperialismo: *movimento, politica a.*

antimperialìstico o **antiimperialìstico** [comp. di *anti-* (*2*) e *imperialistico*; 1949] **agg.** (**pl. m.** *-ci*) ● Contrario, ostile all'imperialismo: *politica antimperialistica.*

antimùffa [comp. di *anti-* (*2*) e *muffa*; 1985] **A s. m. inv.** ● Sostanza che impedisce la formazione della muffa. **B** anche **agg. inv.**: *trattamento a.*

antimùro [dal lat. *antemurāle* 'antemurale'; sec. XIV] **s. m.** *1* Muro posto davanti ad altro per difesa o rinforzo. *2* (*fig.*) †Difesa, riparo.

antinazionàle [comp. di *anti-* (*2*) e *nazionale*; 1819] **agg.** ● Che è contrario al sentimento nazionale, agli interessi nazionali: *discorso, atteggiamento a.*

antinazìsta [comp. di *anti-* (*2*) e *nazista*; 1950] **agg.**; anche **s. m. e f.** (**pl. m.** *-i*) ● Che (o Chi) è contrario al nazismo.

antincèndio o **antiincèndio** [comp. di *anti-* (*2*) e *incendio*; 1950] **A agg. inv.** ● Atto a prevenire o a spegnere gli incendi: *dispositivo a.* **B** s. m. ● Prodotto chimico, componente delle cariche per estintori, usato nella difesa contro gli incendi.

antinèbbia [comp. di *anti-* (2) e *nebbia*; 1938] s. m. inv.; anche agg. inv. ● Fendinebbia.

antineoplàstico [comp. di *anti-* (2) e *neoplasia*; 1968] **A** s. m. (pl. *-ci*) ● Farmaco o altro agente che agisce contro una neoplasia. **B** anche agg.: *farmaco a.* CFR. Antitumorale.

antineurìtico o **antinevrìtico** [comp. di *anti-* (2) e *neurite*; 1961] **A** s. m. (pl. *-ci*) ● Rimedio contro la neurite. **B** anche agg. (pl. m. *-ci*): *farmaco a.*

antineuròtico o **antinevròtico** [comp. di *anti-* (2) e *neurosi*; 1959] **A** s. m. (pl. *-ci*) ● Rimedio contro la neurosi. **B** anche agg.: *farmaco, trattamento a.*

antineutrino [comp. di *anti-* (2) e *neutrino*; 1955] s. m. ● (*fis.*) Ogni antiparticella del neutrino, caratterizzata da valore di numero leptonico opposto a quello del neutrino corrispondente.

antineutróne [comp. di *anti-* (2) e *neutrone*; 1955] s. m. ● (*fis.*) Antiparticella del neutrone.

antinéve [comp. di *anti-* (2) e *neve*; 1963] agg. inv. ● Detto di dispositivo che impedisce o riduce qualunque effetto dannoso della neve: *catene a.*; *occhiali a.*; *pneumatici a.*

antinevràlgico [comp. di *anti-* (2) e *nevralgico*; 1892] **A** s. m. (pl. *-ci*) ● Farmaco atto a calmare le nevralgie. **B** anche agg.

antinevrìtico ● V. *antineuritico.*

antinevròtico ● V. *antineurotico.*

antinfèrno o **antiinfèrno** [comp. di *anti-* (1) e *inferno*; 1887] s. m. ● Vestibolo dell'Inferno dantesco, dove si trovano le anime degli ignavi.

antinfettivo o **antiinfettivo** [comp. di *anti-* (2) e *infettivo*; 1961] agg. ● Detto di ciò che previene lo sviluppo di un'infezione.

antinfiammatòrio o **antiinfiammatòrio** [comp. di *anti-* (2) e *infiammatorio*; 1983] **A** s. m. ● Rimedio contro le infiammazioni. **B** anche agg.: *pomata antinfiammatoria.*

antinflativo o **antinflattivo**, **antiinflattivo** [comp. di *anti-* (2) e *inflazione*; 1981] agg. ● (*econ.*) Antinflazionistico.

antinflazionìstico o **antiinflazionìstico** [comp. di *anti-* (2) e *inflazionistico*; 1985] agg. (pl. m. *-ci*) ● (*econ.*) Detto di ciò che è inteso a contrastare o a limitare gli effetti dell'inflazione. SIN. Antinflativo.

antinfluenzàle o **antiinfluenzàle** [comp. di *anti-* (2) e *influenzale*; 1970] **A** s. m. ● Farmaco per la terapia sintomatica delle forme influenzali. **B** anche agg.: *farmaco a.*

antinfortunìstico o **antiinfortunìstico** [comp. di *anti-* (2) e *infortunistico*; 1950] agg. (pl. m. *-ci*) ● Atto alla prevenzione degli infortuni, spec. quelli sul lavoro: *legislazione antinfortunistica.*

antinomìa [vc. dotta, lat. *antinŏmia(m)*, nom. *antinŏmia*, dal gr. *antinomía*, comp. di *anti-* e *nómos* 'legge'; 1663] s. f. **1** (*filos.*) Situazione di conflitto in cui vengono a trovarsi due proposizioni contraddittorie che possono essere separatamente giustificabili con argomenti di uguale forza | La contraddizione di un principio con sé stesso. **2** (*est.*) Contraddizione palese.

antinòmico [1955] agg. (pl. m. *-ci*) ● Di antinomia, che presenta antinomia, contraddizione. ‖ **antinomicaménte**, avv.

antinquinaménto o **antiinquinaménto** [comp. di *anti-* (2) e *inquinamento*; 1983] agg. inv. ● Detto di ciò che è inteso a prevenire e a combattere l'inquinamento delle acque, dell'aria e del suolo: *misure a.*

antintercettazióne o **antiintercettazióne** [comp. di *anti-* (2) e *intercettazione*] agg. inv. ● Detto di sistema o di dispositivo attivati per impedire le intercettazioni telefoniche.

antintrusióne o **antiintrusióne** [comp. di *anti-* (2) e *intrusione*; 1983] agg. inv. ● Detto di sistema adatto a proteggere gli occupanti di un veicolo da urti laterali: *barre a.*

antinucleàre [comp. di *anti-* (2) e *nucleare*; 1983] agg.; anche s. m. e f. **1** Che (o Chi) si oppone all'uso bellico dell'energia nucleare: *trattato a.* **2** Che (o Chi) si oppone all'installazione e all'uso di centrali elettriche nucleari.

antinuclearìsta [comp. di *anti-* (2) e *nuclearista*; 1981] **A** s. m. e f. (pl. m. *-i*) **1** Chi si oppone all'uso bellico dell'energia nucleare. **2** Chi si oppone all'installazione e all'uso di centrali elettriche nucleari. **B** anche agg.: *propaganda a.*

antinùcleo [comp. di *anti-* (2) e *nucleo*; 1987] s. m. ● (*fis.*) Nucleo composto da antineutroni e antiprotoni.

antinucleóne [comp. di *anti-* (2) e *nucleone*; 1969] s. m. ● (*fis.*) Antiparticella del nucleone, costituita da antiquark; gli antinucleoni sono l'antiprotone e l'antineutrone.

antioccidentalìsmo [comp. di *anti-* (2) e *occidentalismo*] s. m. ● Atteggiamento di opposizione all'Occidente e all'occidentalismo.

antiochèno [vc. dotta, lat. *Antiochēnu(m)*, da *Antiochīa* 'Antiochia'; av. 1557] **A** agg. ● Di Antiochia, città della Turchia, che fu, in epoca romana, la capitale del regno della Siria. **B** s. m. (f. *-a*) ● Abitante, nativo di Antiochia.

antiofìdico [comp. di *anti-* (2) e *ofidi*; 1940] **A** s. m. (pl. *-ci*) ● Siero o altro antidoto contro il veleno dei serpenti. **B** anche agg.: *siero a.*

antìopa [vc. dotta, lat. *Antĭopa(m)*, n. di un personaggio mitologico; 1965] s. f. ● Farfalla nostrana con livrea dai magnifici colori (*Nymphalis antiopa*).

antioràrio [comp. di *anti-* (2) e *orario*; 1965] agg. ● Detto di movimento che avviene nel verso opposto a quello in cui ruotano le lancette di un orologio. CONTR. Orario.

antiossidànte [comp. di *anti-* (2) e *ossidante*; 1955] **A** s. m. ● Composto che, aggiunto in piccole quantità a una sostanza, è capace di impedirne o ritardarne l'ossidazione spontanea; in particolare nelle sostanze alimentari ritarda l'irrancidimento dei grassi e le variazioni di colore o di sapore. **B** anche agg.: *sostanza a.*

antipalchétto [comp. di *anti-* (1) e *palchetto*; 1955] s. m. ● Anticamera del palco, in alcuni teatri.

antipàllage [vc. dotta, gr. *anthypallagḗ*. V. *ipallage*; av. 1604] s. f. ● (*ling.*) Scambio, permutazione di casi e modi.

antipànico [comp. di *anti-* (2) e *panico* (1); 1991] agg. inv. ● Detto di porta di sicurezza che si apre solo dall'interno facendo pressione su una grande maniglia.

antipàpa [comp. di *anti-* (2) e *papa*; av. 1348] s. m. (pl. *-i*) ● Papa eletto illegittimamente contro quello eletto secondo le regole canoniche.

antipapàle [da *antipapa*; 1870] agg. **1** Che è proprio di un antipapa: *bolla a.* **2** Contrario all'autorità del Papa.

antiparallèlo [comp. di *anti-* (2) e *parallelo*] agg. **1** (*mat.*) Detto di una coppia di rette in relazione a un'altra coppia di rette, che si tagliano a vicenda formando un quadrilatero in cui gli angoli opposti sono supplementari. **2** (*mat.*) Detto di vettori aventi la stessa direzione e verso opposto.

antiparassitàrio [comp. di *anti-* (2) e *parassitario*; 1941] **A** s. m. ● Prodotto o composto usato per l'azione anticrittogamica o insetticida che può svolgere. **B** anche agg.: *sostanza antiparassitaria.*

antiparlamentàre [comp. di *anti-* (2) e *parlamentare*; 1961] agg. ● Che è contrario al regime parlamentare.

antiparticèlla [comp. di *anti-* (2) e *particella*; 1965] s. f. ● (*fis. nucl.*) Particella identica a una particella ordinaria per massa, vita media e spin, ma di carica elettrica e momento magnetico di segno opposto.

antipartìto [comp. di *anti-* (2) e *partito* (1); av. 1937] **A** agg. inv. ● Contrario alla linea politica ufficiale di un partito: *corrente, gruppo a.*; *attività a.* **B** s. m. e f. inv. ● Chi si oppone alle direttive del proprio partito.

antipastièra [da *antipasto*; 1955] s. f. ● Vassoio a diversi scomparti, usato per servire antipasti.

♦**antipàsto** [comp. di *anti-* (1) e *pasto*; 1526] s. m. ● Assortimento di vivande stuzzicanti che vengono servite all'inizio del pasto. ‖ **antipastino**, dim.

antìpate [comp. di *anti-* (2) e gr. *páthos* (V. *pathos*): detto così perché impassibile; 1476] s. m. ● Specie di Antozoi viventi a una certa profondità, il cui scheletro nerastro fornisce il corallo nero (*Antipathes larix*).

antipatìa [vc. dotta, lat. *antipathīa(m)*, nom. *antipathīa*, dal gr. *antipátheia* 'passione contro qualcuno', comp. di *anti-* (2) e *páthos* 'passione'; 1594] s. f. ● Avversione istintiva verso persone o cose: *avere, nutrire, provare, sentire a. per, verso qlcu. o qlco.*; *ispirare a.*; *vincere, superare l'a.*

♦**antipàtico** [da *antipatia*; av. 1686] **A** agg. (pl. m. *-ci*) ● Che suscita antipatia: *contegno, aspetto, individuo a.*; *essere a. a qlcu.* | Fastidioso, seccante: *un a. mal di schiena*; *un contrattempo a.* ‖ **antipaticaménte**, avv. **B** s. m. (f. *-a*) ● Persona antipatica.

antipatizzànte [da *antipat(ico)*, sul modello del contr. *simpatizzante*; 1863] s. m. e f. ● Chi dimostra poca simpatia per un movimento, un partito e sim., pur senza opporvisi completamente.

antipatriòttico [comp. di *anti-* (2) e *patriottico*, prob. attrav. il fr. *antipatriotique*; 1819] agg. (pl. m. *-ci*) ● Contrario all'ideale di patria, agli interessi della patria: *discorso, comportamento a.* ‖ **antipatriotticaménte**, avv.

antipatriottìsmo [1955] s. m. ● Tendenza e atteggiamento antipatriottico.

antipenùltimo o **antepenùltimo** [comp. di *anti-* (1) e *penultimo*; 1525] agg. ● (*lett.*) Terzultimo.

antiperìodo [comp. di *anti-* (1) e *periodo*; 1942] s. m. ● (*mat.*) In un numero decimale periodico misto, gruppo di cifre che precede il primo periodo.

antiperistàlsi [comp. di *anti-* (2) e *peristalsi*; 1961] s. f. inv. ● (*fisiol.*) Movimento ondulatorio di contrazione gastrointestinale in direzione opposta a quella della peristalsi. CFR. Peristalsi.

antiperistàltico [1819] agg. (pl. m. *-ci*) ● (*fisiol.*) Di antiperistalsi: *contrazione antiperistaltica.*

antipersóna [comp. di *anti-* (2) e *persona*; 1996] agg. inv. ● (*mil.*) Detto di ogni mezzo atto a colpire reparti di fanteria o civili: *mina a.* SIN. Antiuomo.

antipertensivo ● V. *antiipertensivo.*

antipetrarchìsmo [comp. di *anti-* (2) e *petrarchismo*; 1961] s. m. ● Avversione alle maniere e allo stile poetico del Petrarca o dei suoi imitatori.

antipièga [comp. di *anti-* (2) e *piega*; 1942] agg. inv. ● Detto di processo di rifinizione dei tessuti, prevalentemente di fibre cellulosiche, avente lo scopo di impedirne la formazione di pieghe durante l'uso | Detto di tessuto ingualcibile.

antipirètico [comp. di *anti-* (2) e gr. *pyretikós* 'febbrile' (da *pŷr*, genit. *pyrós* 'fuoco'); 1797] s. m.; anche agg. (pl. m. *-ci*) ● Antifebbrile.

antiplàcca [comp. di *anti* (2) e *placca*; 1990] agg. inv. ● (*farm.*) Detto di agente o trattamento orale attivo contro la placca batterica dentaria: *dentifricio, collutorio a.*

antìpode [gr. *antípodes*, pl., comp. di *anti-* 'anti-(2)' e *poús*, genit. *podós* 'piede'; sec. XIV] **A** s. m.; †anche agg. ● (*raro, spec. al pl.*) Chi (o Che) si trova in un luogo della terra diametralmente opposto al punto considerato. **B** s. m. ● (*al pl.*) Punti di una sfera, spec. della sfera terrestre, diametralmente opposti | ***Essere agli antipodi***, (*fig.*) avere opinioni diametralmente opposte.

antipodìsta [comp. di *anti-* (2) e del gr. *póus* genit. *podós* 'piede', nel senso di 'coi piedi all'incontrario, in alto'; 1955] s. m. e f. (pl. m. *-i*) ● Acrobata che, disteso sul dorso, compie esercizi di destrezza e di abilità con le gambe.

antìpodo [cfr. *antipode*; 1955] s. m. ● Gioco enigmistico che permette, spostando la prima lettera in coda o l'ultima all'inizio e leggendo a rovescio, di ottenere o la medesima parola o un'altra di senso compiuto (es.: p-ossesso; rossor-e; b-occola, balocco; targ-a, grata).

antipoètico [comp. di *anti-* (2) e *poetico*; 1765] agg. (pl. m. *-ci*) ● Che è contrario alla poesia: *soggetto a.*; *forma antipoetica* | (*est.*) Che è insensibile, ostile alla poesia: *secolo a.*

antipòlio [comp. di *anti-* (2) e *polio*, abbr. di *poliomielite*; 1963] **A** agg. inv. ● Detto di medicamento e relativo trattamento che immunizza dalla poliomielite: *siero, vaccino a.*; *vaccinazione a.* **B** s. f. inv. ● Vaccinazione antipolio.

antipoliomielìtico [comp. di *anti-* (2) e *poliomielitico*; 1963] agg. (pl. m. *-ci*) ● Antipolio.

antipolìtico [comp. di *anti-* (2) e *politico*; 1794] agg. (pl. m. *-ci*) **1** (*raro*) Che è contrario alla politica. **2** Che è privo di senso politico | (*raro*) Impolitico.

antipólvere [comp. di *anti-* (2) e *polvere*; 1938] agg. inv. ● Detto di sostanza che tende a impedire il sollevarsi della polvere, spec. da strade non asfaltate | Detto di prodotti contro la polvere usati nella pulizia della casa o di accessori: *panno a.*

antipopolàre [comp. di *anti-* (2) e *popolare* (2); av. 1799] agg. ● Che va contro l'interesse, i desideri o la volontà del popolo | Impopolare: *legge a.*; *provvedimenti antipopolari.*

antipòrta [comp. di *anti-* (*1*) e *porta*; sec. XIII] **s. f.** ***1*** Porta che sta davanti a un'altra | Spazio tra due porte. ***2*** Opera di fortificazione a difesa della porta di una città o di una fortezza. ***3*** Nei libri antichi, pagina che precede il frontespizio, recante in genere una illustrazione.

antipòrto [comp. di *anti-* (*1*) e *porto*; av. 1416] **s. m.** ● (*mar.*, *raro*) Avamporto.

antiproibizionismo [comp. di *anti-* (*2*) e *proibizionismo*; 1989] **s. m.** ● Movimento di opinione contrario a proibire o penalizzare la vendita e il consumo di alcune sostanze, spec. stupefacenti.

antiproibizionista [comp. di *anti-* (*2*) e *proibizionista*; 1987] **s. m. e f.**; anche **agg.** (**pl. m.** *-i*) ● Sostenitore dell'antiproibizionismo.

antiproiettile [comp. di *anti-* (*2*) e *proiettile*; 1983] **agg. inv.** ● Detto di ciò che ha lo scopo di proteggere dai proiettili d'arma da fuoco: *giubbotto a.*; *vetri a.*

antiprotóne [comp. di *anti-* (*2*) e *protone*; 1955] **s. m.** ● (*fis.*) Antiparticella del protone da cui differisce per la carica che è uguale ma negativa e per il momento magnetico uguale ma contrario.

antipsichiatria [comp. di *anti-* (*2*) e *psichiatria*; 1972] **s. f.** ● Corrente della psichiatria sviluppatasi negli anni '60 del Novecento, critica nei confronti delle teorie tradizionali, che propone di ricercare le cause delle malattie mentali nell'ambiente familiare e sociale.

antipsicòtico [comp. di *anti-* (*2*) e *psicotico*; 1990] **A s. m.** (**pl.** *-ci*) ● Farmaco attivo nel trattamento degli stati psicotici. **B** anche **agg.**: *farmaci antipsicotici.*

antipsòrico [comp. di *anti-* (*2*) e del gr. *psōrikós*, agg. di *psṓra* 'scabbia'; 1829] **A s. m.** (**pl.** *-ci*) ● Rimedio contro la scabbia. **B** anche **agg.** (**pl. m.** *-ci*): *medicamento a.*

antipùlci [comp. di *anti-* (*2*) e del pl. di *pulce*; 1989] **A agg. inv.** ● Che protegge dalle pulci: *trattamento a.*; *collare a.* **B** anche **s. m. inv.**: *spruzzare un a.*

antipurgatòrio [comp. di *anti-* (*1*) e *purgatorio*; 1898] **s. m.** ● Vestibolo del Purgatorio, dove, secondo Dante, le anime di quelli che in vita furono in diverso modo indolenti e indugiarono a pentirsi sostano più o meno a lungo prima di essere ammesse nel Purgatorio vero e proprio.

antiquària [vc. dotta, lat. *antiquāria(m)* (sottinteso *ărte(m)*), 'scienza delle cose antiche', da *antīquus* 'antico'; 1750] **s. f.** ***1*** Scienza relativa allo studio dell'antichità. ***2*** (*raro*) Commercio di oggetti antichi.

antiquariàto [da *antiquario*; 1941] **s. m.** ● Raccolta o commercio di libri, opere d'arte e oggetti antichi | ***Pezzo d'a.***, oggetto da collezione; (*fig.*) ciò che è fuori moda, sorpassato e sim. | ***Mostra dell'a.***, esposizione di oggetti antichi.

antiquàrio [vc. dotta, lat. *antiquāriu(m)*, da *antīquus* 'antico'; 1740 ca.] **A s. m.** (**f.** *-a*) ***1*** Commerciante d'antichità. ***2*** (*lett.*) Studioso di antichità, erudito: *Letterato e a. in Roma è … tutt'uno* (LEOPARDI). **B agg.** ● Che si riferisce alle antichità: *arte, ricerca antiquaria.*

antiquàrium [nt. sost. del lat. *antiquārius* 'che riguarda l'antichità' (V. *antiquario*); 1889] **s. m. inv.** (**pl. lat.** *antiquarii*) ● Museo che ospita raccolte di materiale archeologico nel luogo stesso di provenienza: *l'a. di Paestum.*

antiquàrk **s. m. inv.** ● (*fis.*) Nella fisica delle particelle, ciascuna delle antiparticelle dei quark.

antiquàto [vc. dotta, lat. *antiquātu(m)*, part. pass. di *antiquāre* 'invecchiare', da *antīquus* 'antico'; 1342] **agg.** ***1*** Sorpassato, caduto in disuso: *linguaggio, abito a.* ***2*** †Inveterato. || **antiquatamènte**, **avv.**

†antiquista ● V. *antichista.*

†antiquità ● V. *antichità.*

†antìquo ● V. *antico.*

antiràbbico o **antiràbico** [fr. *antirabique*. V. *rabbia*; 1892] **agg.** (**pl. m.** *-ci*) ● Che previene o cura la rabbia o idrofobia: *siero, vaccino a.*; *istituto a.*

antirachìtico [comp. di *anti-* (*2*) e *rachitico*; 1819] **agg.** (**pl. m.** *-ci*) ● Che previene e cura il rachitismo | ***Vitamina antirachitica***, vitamina D.

antiràcket /anti'raket/ [comp. di *anti-* (*2*) e dell'ingl. *racket* propr. 'chiasso, frastuono'; 1981] **agg. inv.** ● Che ha lo scopo di prevenire o di combattere il racket: *provvedimento, misure, repar-to a.*

antiràdar [comp. di *anti-* (*2*) e *radar*; 1963] **agg.** ● Detto di dispositivo atto a disturbare o annullare le capacità ricettive dei radar.

antirazionàle [comp. di *anti-* (*2*) e *razionale*; av. 1873] **agg.** ● Che si oppone alla ragione.

antirazzismo [comp. di *anti-* (*2*) e *razzismo*; 1986] **s. m.** ● Atteggiamento di opposizione nei confronti del razzismo.

antirecessivo [comp. di *anti-* (*2*) e *recessivo*; 1987] **agg.** ● Che mira a frenare la recessione economica: *provvedimenti antirecessivi.*

antireferendàrio [comp. di *anti-* (*2*) e *referendum*, con suff. aggettivale; 1983] **agg.** ● Che è contrario al frequente ricorso ai referendum: *movimento a.*

antireligióso [comp. di *anti-* (*2*) e *religioso*; 1832] **agg.** ● Che è contrario alla religione e ai suoi princìpi: *scritto, spirito a.*

antiretòrica [comp. di *anti-* (*2*) e *retorica*; 1911] **s. f.** ● Atteggiamento di avversione nei confronti di tutto ciò che è retorico, ampolloso, ridondante.

antireumàtico [comp. di *anti-* (*2*) e *reumatico*; 1819] **A s. m.** (**pl.** *-ci*) ● Rimedio contro le affezioni reumatiche. **B** anche **agg.** (**pl. m.** *-ci*): *farmaco a.*

antiriciclàggio [comp. di *anti-* (*2*) e *riciclaggio*; 1990] **agg. inv.** ● Che ha lo scopo di impedire il riciclaggio di denaro sporco: *norme a.*

antiriflèsso [comp. di *anti-* (*2*) e *riflesso* (*1*); 1967] **agg. inv.** ● Che elimina o attenua il riflesso della luce: *lenti a.*

antirivoluzionàrio [comp. di *anti-* (*2*) e *rivoluzionario*; 1860] **agg.**; anche **s. m.** (**f.** *-a*) ● Che (o Chi) è contrario alla rivoluzione.

antirollànte [comp. di *anti-* (*2*) e *rollante*; 1961] **agg.** ● Antirollio.

antirollìo [comp. di *anti-* (*2*) e *rollio*; 1970] **agg. inv.** ● Detto di congegno o dispositivo atto ad attutire gli effetti del rollio di una nave: *pinne a.* | Anche riferito ad autoveicolo: *barre a.* | Detto di una tavola o di un telo che impediscono a chi è sdraiato in cuccetta di cadere quando la barca è sbandata: *telo a.*

antiromànzo [comp. di *anti-* (*2*) e *romanzo*; 1983] **s. m.** ● Opera di narrativa che preordinatamente, e talora polemicamente, abbandona le caratteristiche strutturali tipiche o convenzionali del romanzo, come la trama, la caratterizzazione dei personaggi e sim.

antiròmbo [comp. di *anti-* (*2*) e *rombo* (*1*); 1989] **agg. inv.** ● (*autom.*) Detto di vernice molto densa con cui si ricoprono le parti inferiori della scocca per ridurne le vibrazioni e i rumori.

antirrìno [vc. dotta, lat. *antirrhīno(n)*, dal gr. *antírrinon*, comp. di *anti-* e *rís*, genit. *rinós* 'naso', per la forma della corolla; 1532] **s. m.** ● Pianta erbacea delle Scrofulariacee con grappoli di fiori rossi con bocca gialla (*Antirrhinum majus*). **SIN.** Bocca di leone.

antirùggine [comp. di *anti-* (*2*) e *ruggine*; 1950] **A agg. inv.** ● Di ciò che serve a impedire l'ossidazione dei materiali ferrosi: *olio a.* **B** anche **s. m. inv.**: *applicare l'a. prima della vernice.*

antirùghe [comp. di *anti-* (*2*) e il pl. di *ruga*; 1970] **A agg. inv.** ● Detto di prodotto cosmetico che previene o cura la formazione delle rughe. **B** anche **s. m. inv.**: *mettere l'a. attorno agli occhi.*

antirumóre [comp. di *anti-* (*2*) e *rumore*; 1985] **agg. inv.** ● Che mira a eliminare o ridurre il rumore: *provvedimenti a.*; *barriere, tappi a.*

antis, in ● V. *in antis.*

antisàla [comp. di *anti-* (*1*) e *sala*; 1809] **s. f.** ● Vestibolo, anticamera.

antiscàlo [comp. di *anti-* (*1*) e *scalo*; 1889] **s. m.** ● Parte immersa dello scalo su cui è impostata una nave in costruzione.

antiscàsso [comp. di *anti-* (*2*) e *scasso*; 1989] **agg. inv.** ● Detto di strutture, come casseforti, porte e sim., dotate di dispositivi atti a impedire furti con scasso.

antischiavismo [comp. di *anti-* (*2*) e *schiavismo*; 1905] **s. m.** ● Movimento per l'abolizione della schiavitù.

antischiavista [comp. di *anti-* (*2*) e *schiavista*; 1961] **s. m. e f.**; anche **agg.** (**pl. m.** *-i*) ● Chi (o Che) è fautore dell'antischiavismo.

antischiùma [comp. di *anti-* (*2*) e *schiuma*; 1961] **A s. m. inv.** ● (*chim.*) Sostanza capace di abbattere una schiuma o di prevenirne la formazione. **B** anche **agg. inv.**: *agente a.* **SIN.** Antischiumogeno.

antischiumògeno [comp. di *anti-* (*2*) e *schiumogeno*] **s. m.**; anche **agg.** ● (*chim.*) Antischiuma.

antiscientìfico [comp. di *anti-* (*2*) e *scientifico*; 1884] **agg.** (**pl. m.** *-ci*) ● Contrario ai princìpi e ai metodi della scienza: *procedimento a.* || **antiscientificamènte**, **avv.**

antisciòpero [comp. di *anti-* (*2*) e *sciopero*; 1955] **agg. inv.** ● Detto di ogni provvedimento o comportamento che sia contro lo sciopero.

antiscippo [comp. di *anti-* (*2*) e *scippo*; 1983] **agg. inv.** ● Detto di ciò che è fatto in modo da non poter essere strappato di dosso durante uno scippo: *valigia a.*; *borse a.* | Che ha lo scopo di prevenire o impedire il scippo: *squadra a.*

antiscivolo [comp. di *anti-* (*2*) e *scivolo*; 1985] **agg. inv.** ● Antisdrucciolevole.

antiscòppio [comp. di *anti-* (*2*) e *scoppio*] **agg. inv.** ● Antideflagrante.

antiscorbùtico [comp. di *anti-* (*2*) e *scorbutico*; av. 1758] **A agg.** (**pl. m.** *-ci*) ● Che previene e cura lo scorbuto | ***Vitamina antiscorbutica***, vitamina C. **B** anche **s. m.**

antisdrucciolévole [comp. di *anti-* (*2*) e *sdrucciolevole*; 1987] **agg.** ● Che elimina o riduce il pericolo di scivolare: *suole antisdrucciolevoli*; *pavimentazione stradale a.* **SIN.** Antiscivolo.

antiseborròico [comp. di *anti-* (*2*) e *seborroico*; 1955] **A s. m.** (**pl.** *-ci*) ● Farmaco che previene e cura la seborrea. **B** anche **agg.**: *farmaco, trattamento a.*

antisemìta [comp. di *anti-* (*2*) e *semita*; 1881] **s. m. e f.**; anche **agg.** (**pl. m.** *-i*) ● Chi (o Che) è ostile nei confronti degli Ebrei.

antisemìtico [1880] **agg.** (**pl. m.** *-ci*) ● Relativo all'antisemitismo o agli antisemiti | Diretto contro gli Ebrei: *persecuzioni antisemitiche.*

antisemitismo [ted. *Antisemitismus*. V. *anti-* (*2*) e *semita*; 1881] **s. m.** ● Atteggiamento, politica ostile nei confronti degli Ebrei.

antisèpsi [comp. di *anti-* (*2*) e del gr. *sêpsis* 'putrefazione'; 1905] **s. f. inv.** ● Sterilizzazione mediante l'uso di sostanze chimiche capaci di distruggere i germi.

antisequèstro [comp. di *anti-* (*2*) e *sequestro*; 1985] **agg. inv.** ● Atto a impedire i sequestri di persona: *prevenzione a.*

antisèttico [comp. di *anti-* (*2*) e del gr. *sēptikós* 'che genera putrefazione'; 1757] **A agg.** (**pl. m.** *-ci*) ***1*** Di antisepsi: *trattamento a.* ***2*** Che distrugge i germi e quindi consente l'antisepsi: *liquido a.* **B s. m.** ● Sostanza chimica capace di distruggere i germi.

antisfondamènto [comp. di *anti-* (*2*) e *sfondamento*; 1980] **agg. inv.** ● Detto di struttura o di materiale in grado di resistere a tentativi di sfondamento: *finestre a.*

antisièro [comp. di *anti(corpo)* e *siero*; 1955] **s. m.** ● (*biol.*) Siero immune contenente anticorpi verso uno o più antigeni particolari.

antisilurànte [comp. di *anti-* (*2*) e *silurante*; 1961] **A agg.** ● Detto delle unità della marina militare e delle armi impiegate nel combattimento contro la nave silurante. **B** anche **s. m.**: *essere imbarcato su un a.*; *nave dotata di antisiluranti.*

antisimmètrico [comp. di *anti-* (*2*) e *simmetrico*; 1955] **agg.** (**pl. m.** *-ci*) ● (*mat.*) Di ente matematico i cui elementi simmetrici rispetto a un punto, a un asse, o a un piano, hanno segno opposto: *funzione antisimmetrica* | ***Relazione antisimmetrica***, quella che sussiste tra un elemento *a* e un elemento *b* e non sussiste tra *b* e *a*, a meno che *a* non sia uguale a *b*.

antisindacàle [comp. di *anti-* (*2*) e *sindacale* (*2*); 1983] **agg.** ● (*dir.*) Detto di ogni comportamento di un datore di lavoro diretto a impedire o limitare l'esercizio della libertà e dell'attività sindacale e del diritto di sciopero in un'azienda: *repressione della condotta a.* | (*gener.*) Che è contrario ai sindacati e alle loro iniziative.

antisismico [comp. di *anti-* (*2*) e *sismico*; 1909] **agg.** (**pl. m.** *-ci*) ● Detto di costruzione effettuata con particolari accorgimenti per renderla resistente ai terremoti.

antisistèma [comp. di *anti-* (*2*) e *sistema*; 1981] **agg. inv.** ● Contrario al sistema politico e sociale vigente: *ideologia a.*

antiskating /antis'keitin(g)/ [comp. di *anti-* (*2*) e dell'ingl. *skating*; 1983] **s. m. inv.** ● Nei giradischi degli impianti ad alta fedeltà, dispositivo per la correzione della forza centrifuga che tende a spostare il braccio verso l'esterno del disco.

antislittaménto [comp. di *anti-* (*2*) e *slittamento*; 1955] **agg. inv.** ● Che impedisce lo slittamento di un veicolo: *freni a.*

antismòg /antiz'mɔg/ [comp. di *anti-* (*2*) e *smog*; 1970] **agg. inv.** ● Che tende a prevenire la formazione dello smog o a eliminarne i dannosi effetti.

antisociàle [comp. di *anti-* (*2*) e *sociale*; 1818] **agg.**; anche **s. m. e f.** ● Che (o Chi) è pericoloso alla società e ostile alle sue regole di comportamento | (*psicol.*) ***Reazione a.***, disturbo della personalità che porta l'individuo a essere cronicamente in conflitto con la società.

antisofisticazióne o **antisofisticazióni** [comp. di *anti-* (*2*) e *sofisticazione*; 1985] **agg. inv.** ● Che mira a impedire le sofisticazioni alimentari: *nucleo a.*

antisolàre [comp. di *anti-* (*2*) e *solare* (*1*); 1970] **agg.** ● Detto di crema o sostanza efficace a proteggere dalla lunga esposizione ai raggi del sole.

antisóle [comp. di *anti-* (*2*) e *sole*; 1970] **agg. inv.** ● Atto a proteggere dai raggi solari: *vetri a.*; *occhiali a.*

antisommergìbile [comp. di *anti-* (*2*) e *sommergibile*; 1923] **A s. m.** ● Mezzo, unità o dispositivo atto a contrastare azioni offensive di sommergibili. **B** anche **agg.**: *elicottero a.*

antisommòssa [comp. di *anti-* (*2*) e *sommossa*; 1985] **agg. inv.** ● Che opera o è concepito per prevenire o reprimere sommosse, rivolte, tumulti e sim.: *reparti, azioni a.*

antisoviètico [comp. di *anti-* (*2*) e *sovietico*; 1958] **agg.** (**pl. m.** *-ci*) ● Basato sull'antisovietismo: *propaganda antisovietica.*

antisovietismo [comp. di *anti-* (*2*) e *sovietismo*; 1983] **s. m.** ● Fino al 1991, atteggiamento di opposizione nei confronti della politica dell'Unione Sovietica.

antispasmòdico [comp. di *anti-* (*2*) e *spasmodico*; av. 1730] **agg.**; anche **s. m.** (**pl. m.** *-ci*) ● Antispastico.

antispàstico [vc. dotta, lat. tardo *antispasticu(m)*, dal gr. *antispastikós*, da *antispân* 'tirare in senso contrario', comp. di *anti-* 'anti- (2)' e *spân* 'tirare' (di etim. incerta); 1819] **A s. m.** (**pl.** *-ci*) ● Medicamento che calma o sopprime gli spasmi decontraendo i muscoli e ripristinandone la funzionalità. **SIN.** Antispasmodico. **B** anche **agg.** (**pl. m.** *-ci*): *farmaco a.*

antispàsto [vc. dotta, lat. tardo *antispăstu(m)*, nom. *antispăstus*, dal gr. *antíspastos* 'tirato in senso contrario', comp. di *anti-* (*2*) e *spáō* 'io tiro'; 1819] **s. m.** ● (*ling.*) Piede metrico greco e latino formato da una sillaba breve, due lunghe e una breve.

antisportivo [comp. di *anti-* (*2*) e *sportivo*; 1961] **agg.** ***1*** Che contrasta con i doveri agonistici o le regole di cavalleria sportiva e con il loro spirito. ***2*** (*gener.*) Che è contrario allo sport.

antistaminico [comp. di *anti-* (*2*) e *istaminico*; 1961] **A s. m.** (**pl.** *-ci*) ● Farmaco di varia natura chimica che ha il potere di contrastare l'azione dell'istamina, uno dei principali fattori responsabili delle manifestazioni allergiche. **B** anche **agg.** (**pl. m.** *-ci*): *farmaco a.*

antistànte [1918] **part. pres.** di *antistare*; anche **agg.** ● Che sta davanti: *il giardino a. alla villa*; *il piazzale a. il municipio.*

antistàre [vc. dotta, lat. *antistāre*, comp. di *ānte* 'avanti' e *stāre* 'stare'; 1943] **v. tr. e intr.** (**pres.** *io antistò, tu antistài, egli antistà*; nelle altre forme coniug. come *stare*; aus. intr. *essere*) ● (*lett.*) Stare davanti: *Un ponte ... antistà il portale* (GADDA).

antistàtico [comp. di *anti-* (*2*) e *statico* (*1*); 1974] **agg.** (**pl. m.** *-ci*) ● (*fis.*) Detto di sostanza in grado di eliminare l'elettricità statica da oggetti realizzati con materiali isolanti.

†**antiste** ● V. *antistite.*

antistèrico o **antiistèrico** [comp. di *anti-* (*2*) e *isterico*; av. 1730] **A s. m.** (**pl.** *-ci*) ● Rimedio contro l'isterismo. **B** anche **agg.** (**pl. m.** *-ci*): *farmaco a.*; *acqua antisterica.*

antistite o †**antiste** [vc. dotta, lat. *antĭstite(m)* 'che sta innanzi', comp. di *ānte* 'davanti' e *stāre* 'stare'; av. 1375] **s. m.** ***1*** (*st.*) Colui che presiedeva una cerimonia religiosa, sacerdote di un culto. ***2*** Un tempo, prelato domestico della corte pontificia | (*est.*) Vescovo, parroco.

antistoricismo [comp. di *anti-* (*2*) e *storicismo*; 1931] **s. m.** ● Atteggiamento di sottovalutazione dell'importanza dello sviluppo storico nell'interpretazione dei fenomeni sociali, politici, culturali ecc. | Tendenza culturale o filosofica contraria allo storicismo.

antistoricìstico [comp. di *anti-* (*2*) e *storicistico*; 1969] **agg.** (**pl. m.** *-ci*) ● Caratterizzato da antistoricismo.

antistòrico [comp. di *anti-* (*2*) e *storico*; 1822] **agg.** (**pl. m.** *-ci*) ● Che non tiene conto degli aspetti storici: *ragionamento a.* | Che è in antitesi con lo sviluppo storico: *provvedimento a.*

antistreptolisina [comp. di *anti-* (*2*) e *streptolisina*; 1963] **s. f.** ● Anticorpo diretto verso le streptolisine.

antistreptolisìnico [1983] **agg.** (**pl. m.** *-ci*) ● Relativo all'antistreptolisina | ***Titolo a.***, tasso corrispondente al contenuto relativo di anticorpi antistreptolisinici presenti nel siero, che risulta elevato nelle infezioni recenti da streptococco o nel reumatismo articolare acuto.

antistrèss [comp. di *anti-* (*2*) e *stress*; 1971] **agg. inv.** ● Che mira a combattere lo stress: *tecniche a.*

antistrofe o **antistrofa** [vc. dotta, lat. tardo *antĭstrophe(m)*, nom. *antĭstrophe*, dal gr. *antistrophḗ*. V. *strofa*; 1587] **s. f.** ● (*letter.*) Seconda parte di una triade lirica, di cui la prima parte è la strofa, la terza è l'epodo | Nella tragedia greca, gruppo di versi che presenta una esatta corrispondenza con la precedente strofa.

antitabàcco [comp. di *anti-* (*2*) e *tabacco*; 1986] **agg. inv.** ● Che mira a combattere il vizio del fumo: *centro a.* **SIN.** Antifumo.

antitacchéggio [comp. di *anti-* (*2*) e *taccheggio*; 1990] **agg. inv.** ● Che serve a impedire o a prevenire il taccheggio: *dispositivo a.*

antitàrlo [comp. di *anti-* (*2*) e *tarlo*; 1990] **agg. inv.** ● Detto di trattamento o prodotto atto a proteggere il legno dall'azione dei tarli: *vernici a.*

antitàrme [comp. di *anti-* (*2*) e del pl. di *tarma*; 1988] **A agg. inv.** ● Detto di trattamento o prodotto che protegge le fibre e i tessuti di lana e sim. dall'azione delle tarme. **SIN.** Antitarmico. **B s. m. inv.** ● Sostanza antitarme.

antitàrmico [comp. di *anti-* (*2*) e *tarma*, con suff. aggettivale; 1961] **A agg.** (**pl. m.** *-ci*) ● Antitarme. **B** anche **s. m.** (**pl.** *-ci*): *un potente a.*

antitàrtaro [comp. di *anti-* (*2*) e *tartaro*; 1990] **agg. inv.** ● (*farm.*) Detto di agente o trattamento orale attivo contro il tartaro dentario.

antitedésco [comp. di *anti-* (*2*) e *tedesco*; 1833] **agg.** (**pl. m.** *-schi*) ● Contrario, ostile ai Tedeschi o alla Germania: *politica antitedesca.*

antitèrmico [comp. di *anti-* (*2*) e *termico*; 1882] **s. m.**; anche **agg.** (**pl. m.** *-ci*) ● Antifebbrile, antipiretico.

antiterrorismo [comp. di *anti-* (*2*) e *terrorismo*; 1977] **A s. m.** ● Complesso delle azioni di polizia volte a prevenire e reprimere il terrorismo. **B** anche **agg. inv.**: *provvedimenti, misure a.*

antiterroristico [1979] **agg.** (**pl. m.** *-ci*) ● Che ha lo scopo di prevenire e di combattere il terrorismo: *azione antiterroristica.*

antitesi [vc. dotta, lat. tardo *antĭthesi(m)*, nom. *antĭthesis*, dal gr. *antíthesis*, comp. di *anti-* 'anti- (2)' e *thésis* 'posizione'; 1585] **s. f. inv.** ***1*** (*ling.*) Figura retorica che consiste nell'accostamento di parole e concetti contrapposti: *et spento 'l foco ove agghiacciando io arsi* (PETRARCA). ***2*** (*filos.*) Termine o proposizione che si contrappone a un altro termine o proposizione assunta come tesi. ***3*** (*est.*) Contrasto: *il suo carattere è in completa a. col mio.*

antitetànica [agg. sostantivato da *antitetanico*] **s. f.** ● Iniezione di vaccino antitetanico | Vaccinazione contro il tetano.

antitetànico [comp. di *anti-* (*2*) e *tetano*; 1892] **agg.** (**pl. m.** *-ci*) ● Di medicamento contro il tetano e le convulsioni tetaniche: *siero, vaccino a.*

antitètico [vc. dotta, lat. tardo *antithĕticu(m)*, nom. *antithĕticus*, dal gr. *antithetikós*. V. *antiteto*; 1765] **agg.** (**pl. m.** *-ci*) ● Di antitesi, che costituisce un'antitesi: *due princìpi antitetici* | (*est.*) Contrapposto, opposto: *uno stato d'animo a. a un altro.* || **antiteticaménte**, **avv.**

antiteto [vc. dotta, lat. tardo *antĭtheto(n)*, dal gr. *antítheton* 'contrapposto', da *antitíthēmi* 'io contrappongo'; sec. XIV] **s. m.** ● (*ling., disus.*) Membro dell'antitesi.

antitìfico [comp. di *anti-* (*2*) e *tifico*; 1970] **agg.** (**pl. m.** *-ci*) ● Detto di rimedio atto a prevenire il tifo: *vaccinazione antitifica.*

antitòssico [comp. di *anti-* (*2*) e *tossico* (*1*); 1961] **A agg.** (**pl. m.** *-ci*) ● Che ha le proprietà dell'antitossina | ***Siero a.***, che contiene antitossine. **SIN.** Disintossicante. **B** anche **s. m.**: *prescrivere un a.*

antitossina [fr. *antitoxine*. V. *tossina*; 1896] **s. f.** ● Anticorpo capace di neutralizzare una specifica tossina.

antitràgo [vc. dotta, gr. *antítragos* 'contro (*antí*) il trago (*trágos*)'; 1961] **s. m.** (**pl.** *-ghi*) ● (*anat.*) Nel padiglione auricolare, piccola sporgenza cartilaginea contrapposta al trago.

antitrinitàrio [comp. di *anti-* e *trinitario*; 1961] **A s. m.** (**f.** *-a*) ● (*relig.*) Nel cristianesimo, chi rifiuta il dogma della trinità. **B** anche **agg.**: *dogma a.*

antitrinitarismo [da *antitrinitario*; 1987] **s. m.** ● (*relig.*) Nel cristianesimo, il movimento degli antitrinitari.

antitrombina [comp. di *anti-* (*2*) e *trombina*; 1961] **s. f.** ● (*biol., chim.*) Una delle diverse sostanze presenti nel plasma capaci di inibire l'attività della trombina.

antitrust /anti'trast/ o **anti-trust** [comp. di *anti-* (*2*) e *trust*; 1950] **agg. inv.** ● Detto di provvedimento o istituzione che, a tutela della libertà di concorrenza, impedisce il formarsi di monopoli: *legge a.* **SIN.** Antimonopolio.

antitubercolàre [comp. di *anti-* (*2*) e *tubercolare*; 1896] **agg.** ● Detto di rimedio o cura atti a combattere o prevenire la tubercolosi.

antitumoràle [comp. di *anti-* (*2*) e *tumorale*; 1985] **A s. m.** ● Farmaco o altro agente che esercita attività contro la crescita, lo sviluppo o la propagazione di un tumore. **B** anche **agg.**: *farmaco a.* **CFR.** Antineoplastico.

antiuòmo [comp. di *anti-* (*2*) e *uomo*; 1949] **agg. inv.** ● (*mil.*) Antipersona.

antiùrico [comp. di *anti-* (*2*) e *urico*; 1970] **agg.** (**pl. m.** *-ci*) ● Che favorisce l'eliminazione dell'acido urico: *farmaco a.*

antiùrto [comp. di *anti-* (*2*) e *urto*; 1965] **agg. inv.** ● Detto di ciò che ha lo scopo di eliminare o di attutire gli effetti di un urto: *dispositivo a.*; *molle a.* | (*est.*) Che ha una buona resistenza agli urti: *orologio a.*

antiusùra (**1**) [comp. di *anti-* (*2*) e di *usura* (*1*); 1992] **agg. inv.** ● Che ha lo scopo di combattere o prevenire il fenomeno dell'usura: *norme, provvedimenti a.*

antiusùra (**2**) [comp. di *anti-* (*2*) e di *usura* (*2*); 1996] **agg. inv.** ● Che serve a prevenire o rallentare i danni causati dall'usura di un materiale: *prodotto a.*

antivaiolóso [comp. di *anti-* (*2*) e *vaioloso*; 1970] **agg.** ● Detto di rimedio o cura atti a prevenire il vaiolo.

antivedére (**1**) [vc. dotta, lat. *antevidēre* 'vedere prima', comp. di *ānte* 'prima' e *vidēre* 'vedere'; 1294] **v. tr.** (coniug. come *vedere*) ● (*lett.*) Prevedere: *né posso il giorno che la vita serra / antiveder per lo corporeo velo* (PETRARCA).

antivedére (**2**) [da *antivedere* (*1*); 1313] **s. m.** ● (*lett.*) Previsione | Presagio.

†**antivedùto** [av. 1374] **part. pass.** di *antivedere*; anche **agg.** ● Previsto | Avveduto.

antiveggènte [comp. di *anti-* (*1*) e *veggente*; av. 1311] **agg.** ● (*lett.*) Dotato di antiveggenza.

antiveggènza [1819] **s. f.** ● (*lett.*) Previsione | Preveggenza.

antiveléno [comp. di *anti-* (*2*) e *veleno*; 1961] **A agg. inv.** ● Che agisce contro gli effetti di un veleno: *centro a.* **B s. m. inv.** ● Antidoto, contravveleno.

antivenèreo [comp. di *anti-* (*2*) e *venereo*; av. 1698] **agg.** ● Detto di rimedio contro le malattie veneree: *profilassi antivenerea.*

antivenìre [vc. dotta, lat. *antevenīre*, comp. di *ānte* 'prima' e *venīre* 'venire'; av. 1347] **A v. tr.** (coniug. come *venire*) ● (*lett.*) Prevenire. **B v. intr.** (aus. *essere*) ● †Venire, arrivare prima.

antiversióne [vc. dotta, lat. tardo *anteversiōne(m)*, da *antevĕrtere* 'passare innanzi'; sec. XVIII] **s. f.** ● (*med.*) Particolare atteggiamento dell'utero nel bacino a formare, con la vagina, un angolo aperto in avanti.

antivigilia [comp. di *anti-* (*1*) e *vigilia*; av. 1712] **s. f.** ● Giorno precedente una vigilia: *l'a. di Na-*

tale.

antivìpera [comp. di *anti-* (2) e *vipera*; 1950] **agg. inv.** ● Detto di siero che neutralizza il veleno della vipera.

antiviràle [comp. di *anti-* (2) e *virale*; 1970] **agg.** ● Detto di rimedio curativo o profilattico atto a combattere o prevenire le malattie causate da virus.

antivìrus [comp. di *anti-* (2) e *virus*; 1990] **A s. m. inv.** ● (*elab.*) Programma che individua e distrugge i virus. **B** anche **agg. inv.**: *programma a.*

antivivisezióne [comp. di *anti-* (2) e *vivisezione*; 1985] **agg. inv.** ● Che è contrario alla vivisezione nella sperimentazione e nella ricerca scientifica: *movimento, lega a.*

antivivisezionista [da *antivivisezione*; 1928] **s. m. e f.**; anche **agg.** (**pl. m.** *-i*) ● Chi (o Che) è contrario alla vivisezione.

ànto- [dal gr. *ánthos* 'fiore', di etim. incerta] primo elemento ● In parole composte della terminologia botanica significa 'fiore', o indica relazione coi fiori: *antofillo, antologia.*

antocianina [da *antociano* con il suff. *-ina*; 1961] **s. f.** ● Pigmento vegetale, glucoside, che colora dal rosso al violetto frutti, fiori e piante. **SIN.** Antociano.

antociàno [comp. di *anto-* e *kýanos* 'azzurro'; 1955] **s. m.** ● (*chim.*) Antocianina.

antofillo [comp. di *anto-* e *-fillo*; 1955] **s. m.** ● Foglia modificata che nel fiore forma il calice e la corolla.

antografia [comp. di *anto-* e *-grafia*; 1865] **s. f.** ● Arte di disporre i fiori per esprimersi in modo simbolico.

antologia [vc. dotta, gr. *anthología*, propr. 'raccolta di fiori', comp. di *ánthos* 'fiore' e *légō* 'io raccolgo'; 1621] **s. f.** ● Raccolta di brani scelti (in versi o in prosa) di uno o più autori. **SIN.** Florilegio, poliantea | (*fig.*) ***Da a.***, molto bello, memorabile: *una sequenza cinematografica, un'esecuzione, un'azione sportiva da a.* | (*est.*) Raccolta di opere musicali o artistiche; **CFR.** Compilation.

antològica [f. sost. di *antologico*] **s. f.** ● (*ellitt.*) Mostra antologica.

antològico [1865] **agg.** (**pl. m.** *-ci*) ● Di antologia, da antologia: *brano a.* | ***Mostra antologica***, quella che espone al pubblico la parte più larga o significativa delle opere di un artista, di un movimento, di un periodo e sim. || **antologicaménte**, **avv.** In forma di antologia.

antologista [1930] **s. m. e f.** (**pl. m.** *-i*) ● Autore, curatore di antologie.

antologiẓẓàre [1974] **v. tr.** ● Scegliere le parti più significative di autori e opere letterarie e pubblicarle in forma di antologia: *a. i poeti dell'ermetismo.*

antoniàno [da S. *Antonio*; 1955] **A s. m.** ● Monaco appartenente a una delle varie congregazioni cattoliche orientali che, fondate nel XVI e XVII sec., facevano risalire le loro regole a S. Antonio Abate (251 ca.-356). **B agg.** ● Che si riferisce alle chiese, alla spiritualità, alla predicazione di S. Antonio da Padova (1195-1231).

antonimia [comp. di *anti-* (2) e un deriv. del gr. *ónyma*, var. di *ónoma* 'nome' (V. *onomastico*); 1845] **s. f.** ● (*ling.*) Rapporto fra due antonimi. **CONTR.** Sinonimia.

antonìmico [1955] **agg.** (**pl. m.** *-ci*) ● Di antonimia, che costituisce antonimia.

antònimo [comp. di *anti-* (2) e *-onimo*; 1950] **agg.**; anche **s. m.** ● (*ling.*) Detto di parola che abbia significato opposto a quello di un'altra (p. es. *bello e brutto*). **CONTR.** Sinonimo.

antonomàṣia [vc. dotta, lat. *antonomăsia(m)*, nom. *antonomăsia*, dal gr. *antonomasía*, comp. di *antí* 'anti- (2)' e *ónoma* 'nome'; sec. XIV] **s. f.** ● (*ling.*) Figura retorica che consiste nell'adoperare un nome comune o una perifrasi invece di un nome proprio e viceversa: *disse 'l cantor de' bucolici carmi* (DANTE *Purg.* XXII, 57); *E tu gli ornavi del tuo riso i canti / che il lombardo pungean Sardanapalo* (FOSCOLO) | ***Per a.***, per eccellenza, per definizione: *l'Artusi è il gastronomo per a.*

antonomàstico [sec. XVII] **agg.** (**pl. m.** *-ci*) ● Usato per antonomasia. || **antonomasticaménte**, **avv.** Per antonomasia.

antònomo [comp. di *anto-* e del gr. *némein* 'pascolare', di orig. indeur.; 1845] **s. m.** ● Insetto dei Coleotteri parassita di alberi da frutta, spec. del melo (*Anthonomus pomorum*).

antoptòṣi [comp. di *anto-* e del gr. *ptôsis* 'caduta'; 1961] **s. f. inv.** ● Caduta anticipata dei fiori dalla pianta per cause diverse.

Antoẓòi [comp. di *anto-* e del gr. *zôion* 'animale'; 1955] **s. m. pl.** (**sing.** *-zoo*) ● Nella tassonomia animale, classe di Celenterati marini a forma di polipi che vivono isolati o in colonie sostenute da uno scheletro (*Anthozoa*).

antràce [vc. dotta, lat. tardo *ănthrace(m)*, nom. *ănthrax*, dal gr. *ánthrax* 'carbone', di etim. incerta; 1327] **s. m.** **1** (*med.*) Lesione necrotica tipica del carbonchio cutaneo; nel linguaggio comune, favo. **2** (*med., disus.*) Carbonchio.

antracène [fr. *anthracène*. V. *antrace*; 1892] **s. m.** ● Idrocarburo aromatico, primo termine della serie antracenica, ottenuto dal catrame di carbon fossile usato spec. nell'industria dei coloranti.

antracènico [1983] **agg.** (**pl. m.** *-ci*) ● Relativo all'antracene.

antrachinóne [comp. di *antra(cene)* e *chinone*; 1950] **s. m.** ● Composto organico, giallo, cristallino, ottenuto per ossidazione dell'antracene, impiegato spec. nella preparazione di una vasta classe di coloranti.

antrachinònico [1950] **agg.** (**pl. m.** *-ci*) ● Relativo all'antrachinone.

antracite [vc. dotta, lat. *anthracīte(m)*. V. *antrace*; av. 1796] **A s. f.** ● Carbone fossile, nero lucente, di alto potere calorifico, molto ricco di carbonio libero, che contiene un'esigua quantità di sostanze volatili e pertanto brucia senza fumo. **B** in funzione di **agg. inv.** ● (posposto a un s.) Detto di colore grigio molto scuro ma lucente.

antracìtico [1983] **agg.** (**pl. m.** *-ci*) ● Relativo all'antracite.

àntraco- [gr. *ánthrax*, genit. *ánthrakos* 'carbone (per lo più di legna)', di etim. incerta] primo elemento ● In parole composte significa 'carbone', o è usato con riferimento al carbone: *antracene, antracosi.*

antracòṣi [vc. dotta, gr. *anthrákōsis*. V. *antrace*; 1865] **s. f. inv.** ● Malattia polmonare dovuta alla prolungata inalazione di eccessive quantità di polveri di carbone.

àntro [vc. dotta, lat. *ăntru(m)*, dal gr. *ántron*, di etim. incerta; av. 1374] **s. m.** **1** Caverna, spelonca. **2** (*fig.*) Abitazione misera e tetra: *vivere in un a.* **3** (*med.*) Formazione anatomica cava | ***A. gastrico***, porzione che precede il piloro | ***A. di Highmore***, seno mascellare.

antròpico [vc. dotta, gr. *antrōpikós*, agg. di *ánthrōpos* 'uomo', di etim. incerta; 1932] **agg.** (**pl. m.** *-ci*) ● Relativo all'uomo: *studi antropici.*

antropiẓẓàto [1975] **agg.** ● Che ha subito un processo di antropizzazione: *paesaggio, ambiente a.*

antropiẓẓazióne [dal gr. *ánthrōpos* 'uomo'; 1982] **s. f.** ● Complesso degli interventi che l'uomo compie sull'ambiente naturale al fine di adattarlo ai propri bisogni.

antropo-, -àntropo [dal gr. *ánthrōpos* 'uomo', di etim. incerta] primo o secondo elemento ● In parole composte dotte o scientifiche significa 'uomo': *antropogenesi, antropologia*; *filantropo.*

antropocèntrico [comp. di *antropo-* e *centrico*; 1940] **agg.** (**pl. m.** *-ci*) ● Che considera l'uomo al centro di ogni cosa: *teorie antropocentriche.*

antropocentrìṣmo [fr. *anthropocentrisme*, comp. del gr. *ánthrōpos* 'uomo' e *kéntron* 'centro'; 1935] **s. m.** ● (*filos.*) Concezione filosofica secondo cui tutto nell'universo è stato creato in funzione dell'uomo che pertanto ne costituisce il centro.

antropofagia [vc. dotta, lat. tardo *anthropophăgia(m)*, nom. *anthropophăgia*, dal gr. *anthrōpophagía*, comp. di *ánthrōpos* 'uomo' e *phagêin* 'mangiare'; 1749] **s. f.** ● Consumo di carne umana a scopo rituale, magico o per necessità. **SIN.** Cannibalismo.

antropòfago [vc. dotta, lat. *anthropŏphagus*, dal gr. *anthrōpophágos*. V. *antropofagia*; av. 1367] **agg.**; anche **s. m.** (**f.** *-a*; **pl. m.** *-gi*) ● Che (o Chi) pratica l'antropofagia.

antropòfita [dall'agg. sostantivato *antropofito*, comp. di *antropo-* e *-fito*] **s. f.** ● (*bot.*) Pianta la cui presenza in un certo territorio è dovuta, direttamente o indirettamente, all'opera dell'uomo.

antropogèneṣi [comp. di *antropo-* e *genesi*; 1819] **s. f. inv.** ● Studio dell'origine e dello sviluppo delle più arcaiche razze umane.

antropogènico [comp. di *antropo-* e *-genico*] **agg.** (**pl. m.** *-ci*) ● (*biol.*) Relativo all'antropogenesi.

antropògeno [vc. dotta, comp. di *antropo-* e *-geno*; 1988] **agg.** ● (*ecol.*) Detto di ambiente creato dall'uomo, come città, campi coltivati e sim.

antropogeografia [comp. di *antropo-* e *geografia*; 1905] **s. f.** ● Ramo della geografia che studia la distribuzione dell'uomo sulla Terra in rapporto con l'ambiente.

antropòide [vc. dotta, gr. *anthrōpoeidḗs*, comp. di *ánthrōpos* 'uomo' e *-oide*; 1819] **A agg.** ● Somigliante all'uomo nell'aspetto. **B s. m. e f.** ● Tipo arcaico e rozzo di ominide.

Antropoidèi [vc. dotta, dal gr. *anthrōpoeidḗs*, comp. di *ánthrōpos* 'uomo' e *-eidḗs* '-oide'] **s. m. pl.** (**sing.** *-o*) ● Nella tassonomia animale, sottordine di Primati comprendente varie famiglie, tra le quali gli Ominidi (*Anthropoidea*).

antropologia [comp. di *antropo-* e *-logia*; 1533] **s. f.** ● Ramo delle scienze naturali che studia l'origine dell'uomo e la sua posizione nello schema di classificazioni degli animali | ***A. criminale***, scienza che ricerca le caratteristiche organiche e biologiche dei delinquenti | ***A. culturale***, scienza che studia le strutture mentali di gruppi etnici e sociali | ***A. fisica***, lo studio dell'uomo in rapporto alla sua genesi, al suo sviluppo somatico, alla sua diffusione sulla Terra mediante l'adattamento all'ambiente, e alla sua suddivisione in diverse razze e ceppi.

antropològico [1825] **agg.** (**pl. m.** *-ci*) ● Di antropologia. || **antropologicaménte**, **avv.** Dal punto di vista antropologico.

antropologìṣmo [1955] **s. m.** ● Corrente filosofica che vede l'uomo al centro della realtà.

antropòlogo [1858] **s. m.** (**f.** *-a*; **pl. m.** *-gi*) ● Studioso di antropologia.

antropomanzia [comp. di *antropo-* e *-manzia*; 1819] **s. f.** ● Forma di divinazione che si basa sull'esame delle viscere umane.

antropometrìa [comp. di *antropo-* e *-metria*; 1778] **s. f.** ● Scienza che misura il corpo umano e le sue parti per recare un contributo all'antropologia.

antropomètrico [1876] **agg.** (**pl. m.** *-ci*) ● Che riguarda l'antropometria.

antropòmetro [comp. di *antropo-* e *-metro*; 1955] **s. m.** ● Strumento mediante il quale si eseguono misurazioni in lunghezza sul corpo umano.

antropomòrfico [1905] **agg.** (**pl. m.** *-ci*) ● Relativo all'antropomorfismo. || **antropomorficaménte**, **avv.**

antropomorfìṣmo [da *antropomorfo*; av. 1855] **s. m.** ● Nella tipologia religiosa, attribuzione di forme fisiche e di sentimenti umani alle figure divine.

antropomòrfo [vc. dotta, gr. *anthrōpómorphos*, comp. di *ánthrōpos* 'uomo' e *morphḗ* 'forma'; 1819] **A agg.** **1** Che ha forma umana. **2** Detto di scimmie che hanno caratteri morfologici affini a quelli dell'uomo, come lo scimpanzé e il gorilla. **B s. m.** ● Forma intermedia fra scimmia e uomo.

antroponimia [da *antroponimo*; 1955] **s. f.** ● Parte dell'onomastica che ha per oggetto lo studio dei nomi di persona.

antroponìmico [1955] **agg.** (**pl. m.** *-ci*) ● Che si riferisce ai nomi di persona.

antropònimo [comp. di *antropo-* e *ónyma*, var. di *ónoma* 'nome' (V. *onomastico*); 1955] **s. m.** ● Nome di persona.

antroposfèra [comp. di *antropo-* e *sfera*; 1961] **s. f.** ● (*ecol.*) Parte della biosfera caratterizzata dalla presenza della popolazione umana.

antropoṣofia [comp. di *antropo-* e del gr. *sophia* 'sapienza' (V. *sofia*); 1921] **s. f.** ● Dottrina teosofica a base del movimento fondato dall'austriaco R. Steiner (1861-1925), che riconosce all'uomo la capacità di accedere alla conoscenza salvifica della realtà soprasensibile e di Dio, attraverso particolari metodi di sviluppo spirituale.

antropòṣofo [comp. di *antropo-* e *-sofo*] **s. m.** (**f.** *-a*) ● Seguace dell'antroposofia.

antropoẓòico [comp. di *antropo-* e del gr. *zōikós*, agg. di *zôion* 'animale'; 1940] **A agg.** (**pl. m.** *-ci*) ● Dell'era geologica in cui comparve l'uomo sulla Terra. **SIN.** Quaternario. **B** anche **s. m.** (**pl.** *-ci*): *resti fossili dell'a.*

antrustióne [dal francone *trust* 'protezione'; 1845] **s. m.** ● Nel diritto franco, l'appartenente alla corte e al consiglio del re.

antùrio [comp. di *anto-* e *-uro* (2); 1961] **s. m.** ● Genere di piante delle Aracee dell'America tropicale, con fusto a simpodio, grande spata dai colori vivaci e foglie rigide (*Anthurium*).

anulàre [vc. dotta, lat. tardo *anulāre(m)*, agg. di *ānulus* 'anello' (V.); sec. XIV] **A agg. 1** Che ha forma di anello | ***Raccordo a.***, circonvallazione periferica urbana, che collega fra loro le strade di grande comunicazione convergenti sulla città, spec. a Roma | (*astron.*) ***Eclisse a.***, quella in cui la Luna è completamente sovrapposta al Sole, di cui appare solo un anello luminoso. **2** (*arch.*) Detto di volta emisferica impostata su due muri, circolari e concentrici. **B s. m.** ● Quarto dito della mano dove, di solito, si porta l'anello.

anurèsi o **anurèsi** [comp. di *an-* e del gr. *oúrēsis* 'l'urinare'; 1875] **s. f. inv.** ● (*med.*) Anuria.

Anùri [comp. di *an-* e *-uro* (2), attrav. il fr. *anoures*; 1940] **s. m. pl.** (**sing.** *-o*) ● Nella tassonomia animale, ordine di Anfibi privi di coda, con zampe posteriori atte al salto e forma larvale assai diversa da quella adulta (*Anura*).

anùria (1) o **anuria** [comp. di *an-* e *-uria*; 1875] **s. f.** ● (*med.*) Mancanza della secrezione di urina.

anùria (2) [comp. di *an-* privativo e del gr. *ourá* 'coda'; 1961] **s. f.** ● (*zool.*) Mancanza di coda.

anùro [comp. di *an-* e *-uro* (2); 1950] **agg.** ● (*zool.*) Detto di animale privo di coda.

-ànza [ripete la funzione di astratti che aveva il lat. *-āntia(m)*, un derivato dal part. pres. della prima coniug. (*abundante(m)*; *abundantia(m)*)] **suff.** ● Forma sostantivi astratti che indicano condizione, modo d'essere, stato: *abbondanza, adunanza, cittadinanza, lontananza, risonanza, temperanza, vacanza.*

♦**ànzi** [lat. *āntea* 'anteriormente'; av. 1250] **A cong. 1** O meglio, o piuttosto: *ti avviserò quando sarà pronto, a. te lo porterò io stesso.* **2** Con valore avvers., invece, all'opposto, al contrario: *non mi dispiace, a. la cosa mi fa veramente piacere*; (*ellitt.*) *Non è antipatico, a.!*; *'Vi do fastidio?' 'A.'* | ***A. che***, piuttosto che, invece di; V. anche *anziché* | ***A. che no***, V. *anzichenò*. **3** Con valore raff.: *verrò presto, a. prestissimo.* **4** (*lett.*) Con valore temp. nella loc. cong. ***a. che***, prima che: *stette per ispazio d'un'ora a. che fosse legato* (SACCHETTI) | V. anche *anziché*. **B prep. 1** (*lett.*) Avanti di, prima di: *a. sera*; *a. notte*; *a. il chiarir dell'alba* (LEOPARDI) | ***A. tempo, a. tutto, a. detto***, V. *anzitempo, anzitutto, anzidetto*. **2** †Davanti, alla presenza di: *io era a. il mio speco* (TASSO) | (*est.*) †A paragone di. **C avv.** ● (*lett.*) Prima | V. anche *poc'anzi*.

anzianàto [da *anziano*; sec. XIV] **s. m. 1** Nei comuni medievali, l'ufficio degli anziani. **2** Condizione di chi ha maturato un'anzianità.

anzianità [1590] **s. f. 1** Condizione di chi è anziano. **2** Tempo di titolarità di una carica, di un ufficio e sim. | ***A. di servizio del prestatore di lavoro***, tempo durante il quale esso ha esplicato la propria attività e che influisce sulla applicazione a suo favore di vari istituti giuridici | ***Pensione di a.***, V. *pensione*.

♦**anziàno** [lat. **antiānu(m)*, da *ānte* 'avanti, prima'; av. 1294] **A agg. 1** Che è piuttosto avanti negli anni, di età avanzata: *ormai è una donna anziana*; *è troppo a. per queste cose* | Che ha più anni di età in confronto ad altri: *lo studente più a. ha ventidue anni.* **2** Che è titolare di una carica, di un ufficio e sim. da un dato periodo di tempo: *vota per ultimo il magistrato più a.* **B s. m.** (**f.** *-a*) **1** Persona di età avanzata. **2** (*gerg.*) Studente universitario dal terzo anno in avanti. **3** Nei comuni medievali, magistrato. || **anzianòtto**, **dim.**

anziàte [vc. dotta, dal lat. pl. *Antiāte(s)* 'abitanti di Anzio (*Āntium*)'; 1986] **A agg.** ● Di Anzio, in provincia di Roma. **B s. m. e f.** ● Abitante, nativo di Anzio.

anziché o (*raro*) **ànzi che** /antsi'ke*, 'antsike*/ [comp. di *anzi* e *che* (2); sec. XIII] **cong. 1** Invece di, piuttosto che (introduce una prop. compar. col v. all'inf.): *ha preferito rimanere in casa, a. venire al cinema*; *è meglio andare di persona, a. scrivere.* **2** †Prima di (introduce una prop. temporale con il v. al congv.): *e ciò fu anni 430 anzi che si cominciasse Roma* (VILLANI).

anzichenò o **ànzi che no** [da *anzi, che* e *no*; 1818] **avv.** ● (*scherz.*) Piuttosto, alquanto (gener. posposto al concetto che si vuole rafforzare): *è noiosino a.*; *soleva raccontar la sua storia ... lunghettamente anzi che no* (MANZONI).

anzidétto [comp. di *anzi* e *detto*; av. 1744] **agg.** ● Suddetto, predetto | Scritto prima.

anzitèmpo o **ànzi tèmpo** [comp. di *anzi* e *tempo*; av. 1374] **avv.** ● Prima del tempo, con anticipo: *sei venuto a.*; *ho incominciato il lavoro a.* | ***Alzarsi a.***, assai presto | ***Morire a.***, prematuramente.

anzitùtto o (*raro*) **ànzi tùtto** [comp. di *anzi* e *tutto*; av. 1557] **avv.** ● Prima di tutto, prima di ogni altra cosa, per prima cosa: *a. dimmi come stai*; *si preoccupa a. di sé*; *consideriamo a. le difficoltà.*

†**aocchiàre** e *deriv.* ● V. *adocchiare* e *deriv.*

aoh /a'o*/ [vc. onomat.; 1973] ● V. *aho*.

†**aombràre** e *deriv.* ● V. *adombrare* e *deriv.*

†**aonestàre** ● V. †*adonestare*.

aònio [vc. dotta, lat. *aŏniu(m)*, nom. *aŏnius*, dal gr. *aónios*, dai monti *Aoni*, nella Beozia, dov'era il fonte di Aganippe sacro alle Muse; 1532] **agg. 1** (*poet.*) Dei monti Aoni, nella Grecia centrale | ***Sorelle Aonie***, le Muse. **2** (*est., poet.*) Che è proprio delle Muse: *coro a.*

†**aoppiàre** [comp. di *a-* (2) e *oppio*; av. 1375] **v. tr.** ● Inebriare con l'oppio: *ogni cosa veduta e intesa, aoppiarono la giovane* (SACCHETTI).

aorìstico [1887] **agg.** (**pl. m.** *-ci*) ● Dell'aoristo | ***Aspetto a.***, momentaneo.

aoristo [vc. dotta, lat. tardo *aorĭstu(m)*, nom. *aorĭstus*, dal gr. *aóristos* 'indefinito', da *horízō* 'io limito'; av. 1565] **s. m.** ● (*gramm.*) Tempo del verbo greco e di altre lingue indoeuropee che esprime l'aspetto momentaneo di un'azione.

aòrta [vc. dotta, gr. *aortḗ*, da *aeírō* 'io sollevo'; sec. XV] **s. f.** ● (*anat.*) Arteria principale del corpo umano che si origina dal ventricolo sinistro del cuore e, diramandosi, distribuisce il sangue a tutti gli organi. ➡ **ILL.** p. 2123, 2125 ANATOMIA UMANA.

aòrtico [1829] **agg.** (**pl. m.** *-ci*) ● Che si riferisce all'aorta.

aortocoronàrico [comp. di *aorta* e *coronaria*, con suff. aggettivale; 1983] **agg.** (**pl. m.** *-ci*) ● Che si riferisce all'aorta e alle coronarie.

aortografia [comp. di *aorta* e *-grafia*; 1955] **s. f.** ● Tecnica radiologica di visualizzazione dell'aorta mediante introduzione in essa di sostanze radiopache.

aostàno [1983] **A agg.** ● Di Aosta. **B s. m.** (**f.** *-a*) ● Abitante, nativo di Aosta.

apache /a'paʃ*, *sp.* a'patʃe, *fr.* a'paʃ/ [dallo sp. d'America *ápachu* 'nemico', di area nord-messicana; nel sign. 2, vc. fr., applicazione giornalistica del n. della tribù indiana degli *Apaches*; 1789] **s. m. e f.** (**pl. inv.** o **sp.** e **fr.** *apaches*) **1** Appartenente a una tribù di indiani d'America nomadi e guerrieri stanziati spec. nell'Arizona e nel Nuovo Messico. **2** (*disus.*) Teppista parigino.

apagòge o **apagogia** [vc. dotta, gr. *apagōgḗ* 'deduzione', da *ágō* 'io conduco'; 1797] **s. f.** ● (*filos.*) Procedimento dimostrativo indiretto consistente nel provare la falsità di una proposizione dimostrando la falsità delle sue conseguenze necessarie.

apagògico [1819] **agg.** (**pl. m.** *-ci*) ● Detto di ragionamento fondato sull'apagoge.

àpale [vc. dotta, gr. *hapalós* 'molle', di etim. incerta; 1955] **s. m.** ● Genere di scimmie delle Platirrine che vivono nell'America meridionale, di piccole dimensioni, con pelame folto e morbido (*Hapale*).

apàllage [vc. dotta, gr. *apallagḗ* 'separazione', da *apallássō* 'io separo'; 1829] **s. f.** ● (*ling.*) Figura retorica che consiste nell'interporre nel costrutto una proposizione, o nell'allontanarsi dall'ordine dei concetti: *L'Italia! Mi hanno accusato di averla chiamata vile! E non ricordarono* (*se non fosse troppo innocente ed ingenuo appellarsi alla memoria degli avversari*) *e non ricordarono, per un verso ...* (CARDUCCI).

a pàrte [comp. di *a* e *parte*; 1955] **loc. sost. m.** ● (*teat.*) In una rappresentazione teatrale, le battute che un attore pronuncia fra sé, esprimendo il proprio pensiero rivolto agli spettatori, come di nascosto dagli altri attori presenti in scena.

apartheid /apar'teid, *afrikaans* ʔa'part,ɦeit/ [ol., da *apart* 'separato' (dal fr. *à part* 'a parte'), col suff. *-heid* che denota stato o condizione; 1963] **s. f. o m. inv.** ● Politica di segregazione razziale praticata dalla minoranza bianca della Repubblica Sudafricana, dopo l'affermazione elettorale del partito nazionalista (1948), nei confronti delle popolazioni nere autoctone e delle minoranze asiatiche; è stata formalmente abolita nel 1991 | (*est., gener.*) Discriminazione razziale.

apartiticità [1948] **s. f.** ● Caratteristica di chi (o di ciò che) è apartitico.

apartitico [comp. di *a-* (1) e *partitico*; 1944] **agg.** (**pl. m.** *-ci*) ● Indipendente dai partiti politici: *istituzione apartitica.* || **apartiticaménte**, **avv.**

apatia [vc. dotta, lat. *apathīa(m)*, nom. *apathīa*, dal gr. *apátheia* 'impassibilità' comp. di *a-* priv. e *páthos* 'passione'; sec. XIV] **s. f. 1** Nella filosofia cinica e stoica, ideale etico consistente nell'indifferenza verso le emozioni, le sensazioni e sim., conseguita mediante l'esercizio della virtù. **2** (*est.*) Indifferenza, inerzia, mancanza di volontà e di interesse di fronte alla vita, ai sentimenti: *è difficile scuoterlo dalla sua a.*

apàtico [1611] **agg.**; anche **s. m.** (**f.** *-a*; **pl. m.** *-ci*) ● Che (o Chi) sente e dimostra apatia. || **apaticaménte**, **avv.** Con apatia.

apatista [av. 1642] **s. m. e f.**; anche **agg.** (**pl. m.** *-i*) **1** (*filos.*) Chi (o Che) si sforza di conseguire l'apatia, l'imperturbabilità. **2** †Apatico.

apatite [dal gr. *apátē* 'inganno', in quanto questo minerale si scambia facilmente con altri; 1817] **s. f.** ● (*miner.*) Fosfato di calcio contenente fluoro, cloro o carbonato che si presenta in cristalli gialli o incolori.

apatùra [dal gr. *apatân* 'ingannare', di orig. incerta; 1875] **s. f.** ● Farfalla dalle ali con riflessi violacei, la cui larva cresce sui pioppi e sui salici (*Apatura Iris*).

àpax legòmenon /'apaks le'gɔmenon/ ● V. *hapax legomenon*.

♦**àpe** (1) [lat. *āpe(m)*, di etim. incerta; av. 1294] **s. f.** ● Insetto degli Imenotteri che produce miele e cera, con corpo bruno e peloso, addome fornito di pungiglione, apparato boccale atto a lambire e antenne brevi (*Apis*). **SIN.** Pecchia. **CFR.** Ronzare. ➡ **ILL.** **animali**/2 | ***Ape domestica***, allevata per la produzione di cera e miele (*Apis mellifica*) | ***Ape operaia***, femmina sterile che provvede a tutte le attività necessarie al mantenimento dell'alveare | ***Ape regina***, l'unica femmina feconda di solito presente in un alveare | ***Danza delle Api***, V. *danza*.

Àpe® (2) [marchio registrato. Cfr. Vespa; 1983] **s. f. inv.** ● Nome commerciale di un motofurgone a tre ruote.

àpeiron [vc. dotta, gr. *ápeiron* 'illimitato, senza (*a-*) fine, confine (*péras*)'; 1961] **s. m.** ● (*filos.*) Nella filosofia di Anassimandro, il principio corporeo, infinito e indeterminato, da cui si generano tutti gli enti.

a péna ● V. *appena*.

aperiodicità [1939] **s. f.** ● Mancanza di periodicità.

aperiòdico [comp. di *a-* (1) e *periodico*; 1955] **agg.** (**pl. m.** *-ci*) **1** (*fis.*) Detto di fenomeno o grandezza mancante di periodicità. **2** (*mat.*) Non periodico: *funzione aperiodica* | Non razionale: *numero a.*

aperispèrmico [comp. di *a-* (1) e *perisperma*; 1970] **agg.** (**pl. m.** *-ci*) ● (*bot.*) Detto di seme mancante di perisperma o albume.

†**aperitivo** (1) [vc. dotta, lat. tardo *aperitīvu(m)* 'che apre', da *aperīre* 'aprire'; sec. XIV] **agg.**; anche **s. m.** ● Che facilita le secrezioni gastriche | Lassativo.

aperitivo (2) [V. precedente, ma attrav. il fr. *apéritif*; 1905] **s. m.** ● Bevanda alcolica o analcolica che stimola l'appetito.

apèrsi ● V. *aprire*.

†**apèrta** [1319] **s. f.** ● Apertura.

apèrtis vèrbis [lat., propr. 'con parole chiare'] **loc. avv.** ● Apertamente, chiaramente, francamente: *dire la propria opinione apertis verbis.*

♦**apèrto** [av. 1294] **A part. pass.** di *aprire*; anche **agg. 1** Dischiuso, non chiuso: *portone a.* | (*est.*) Ampio, spazioso, scoperto, libero: *zona aperta*; *mare a.*; *all'aria aperta*; *in aperta campagna* | ***Accogliere a braccia aperte***, (*fig.*) con affetto, gioia, cordialità | ***Rimanere a bocca aperta***, (*fig.*) stupirsi fortemente | ***Stare a occhi aperti***, ***tenere gli occhi aperti***, (*fig.*) stare attenti, stare in guardia, stare sul chi vive | (*fig.*) ***Sognare a occhi aperti***, fantasticare, fare castelli in aria | Accessibile: *ufficio a. al pubblico.* **2** (*ling.*) Detto di vocale articolata con un grado di apertura maggiore della vocale chiusa | ***Sillaba aperta***, che termina in vocale. **3** (*fig.*) Non definito, che può avere esiti diversi: *è una situazione ancora aperta*; *un proble-*

ma a. a tutte le soluzioni. **4** (*fig.*) Franco, schietto: *linguaggio, carattere a.* | ***Lettera aperta***, V. *lettera* nel sign. II, 1 | ***A viso, a cuore a.***, con franchezza e coraggio | (*est.*) Chiaro, manifesto, palese: *questa è un'aperta manifestazione di potenza.* **5** (*fig.*) Disponibile a nuove idee ed esperienze, antidogmatico: *sono persone molto aperte; è di mente aperta.* **6** (*mat.*) In una retta, detto di intervallo in cui sono esclusi gli estremi | ***Insieme a.***, in uno spazio metrico, quello per ogni punto del quale è possibile determinare un intorno centrato nel punto, che appartiene interamente all'insieme. **7** (*arald.*) Detto delle porte di edifici, posti come emblemi nello scudo, attraverso le quali si vede lo smalto del campo. **8** (*mus.*) Detto di particolare emissione della voce | Negli ottoni, detto di suono a padiglione libero. || **apertaménte**, avv. In modo schietto, sincero. **B** s. m. **1** Luogo libero, scoperto | ***All'a.***, all'aria aperta. **2** (*mat.*) Insieme aperto. **C** avv. ● In modo chiaro, con franchezza, apertamente: *parlare a.*

♦**apertùra** [lat. *apertūra(m)*. V. *aprire*; av. 1342] s. f. **1** L'aprire, l'aprirsi: *a. di una porta* | (*ling.*) ***Grado di a.***, misura (relativa) dell'apertura della cavità orale nell'articolazione delle singole vocali. **2** Fenditura, spaccatura: *l'a. di una roccia, di una parete* | †Taglio, intacco. CFR. bocca-, stomato-. **3** Ampiezza | ***A. visiva***, ampiezza del campo visivo | (*aer.*) Virata a forte inclinazione compiuta da velivoli da combattimento in formazione, che permette loro di distanziarsi per atterrare uno alla volta | (*aer.*) ***A. alare***, massima dimensione dell'ala misurata perpendicolarmente al piano di simmetria longitudinale dell'aeromobile | (*fig.*) ***A. mentale***, mancanza di pregiudizi, disponibilità a nuove esperienze. **4** Avviamento, inizio: *a. di un negozio, di un gioco, della caccia* | ***A. di credito***, contratto con cui una banca si obbliga a mettere a disposizione di un cliente una somma di denaro per un certo tempo o a tempo indeterminato; (*fig.*) dimostrazione di fiducia: *concedere un'a. di credito a qlcu.* | Inaugurazione: *l'a. di una mostra, dell'anno giudiziario, dell'anno accademico* | Nel gioco degli scacchi, fase iniziale di una partita | Nel poker e in altri giochi di carte, inizio del gioco da parte di chi ha in mano una determinata combinazione. **5** (*fig.*) Disposizione a forme di accordo con forze politiche di diverso orientamento: *a. a sinistra, al centro, a destra.* **6** Titolo, articolo o servizio pubblicato in alto a sinistra nella pagina di un giornale. **7** (*ottica*) Diametro utile di un obiettivo o di uno specchio | ***A. angolare***, angolo fra i raggi estremi di un fascio entrante in un sistema ottico | ***A. numerica***, rapporto tra la distanza focale e il diametro utile di un obiettivo o di uno specchio. **8** Nel calcio, nella pallacanestro e sim., invio della palla verso le zone laterali del campo: *una a. verso l'ala sinistra.*

aperturìsmo [da *apertura* nel sign. 5; 1962] s. m. ● In politica, disponibilità a intendersi con gruppi o partiti di diverso orientamento.

aperturista [1963] agg.; anche s. m. e f. (pl. m. *-i*) ● Che (o Chi) dà prova di aperturismo.

Apètale [1931] s. f. pl. (sing. *-a*) ● Nella tassonomia vegetale, gruppo di piante prive di corolla o di perianzio.

apètalo [comp. di *a-* (*1*) e *petalo*; av. 1730] agg. ● Detto di fiore privo di petali.

a pètto ● V. *appetto.*

apiàio [lat. *apiāriu(m)*, nom. *apiārius*, da *āpis* 'ape'; av. 1811] s. m. (f. *-a*) ● (*lett.*) Colui che cura le api.

apiàrio [lat. *apiāriu(m)*, da *āpis* 'ape'; av. 1481] s. m. ● Luogo ove si trovano gli alveari | Insieme degli alveari.

apiàto [1955] agg. ● Detto di pianta che presenta apiatura.

apiatùra [il fenomeno è chiamato così perché si credeva fosse determinato dal trasporto del polline da parte delle *api*; 1955] s. f. ● Produzione, in una pianta di agrumi, di frutti diversi da quelli propri della varietà coltivata cui la pianta stessa appartiene.

apicàle [da *apice*; 1950] agg. **1** Detto di organo che si sviluppa alla sommità di un altro. **2** (*ling.*) Detto di suono articolato per mezzo della punta della lingua.

àpice [vc. dotta, lat. *āpice(m)*, di orig. incerta, forse etrusca; 1499] s. m. **1** Cima, punta, vertice: *l'a. di una lama, di una fiamma* | (*fig.*) Culmine: *essere all'a. della gloria, del successo.* | ***A. sillabico***, il suono più aperto degli altri in una sillaba che presenta vari suoni (ad es. nella sillaba '*fuo-*' di *fuoco*, l'apice sillabico è *o* /ɔ/). **2** Nella terminologia scientifica, parte di un organo, di un corpo, di una struttura e sim., opposta alla base: *a. di una radice dentaria* | ***A. polmonare***, parte superiore del polmone, al di sopra del piano della seconda costa | ***A. vegetativo***, la parte terminale in via di accrescimento del fusto o della radice; SIN. Cono vegetativo. ➡ ILL. p. 2127 ANATOMIA UMANA. **3** Segno diacritico (') posto in alto a destra di alcune lettere o numeri, con varie funzioni, in matematica, nell'ortografia di varie lingue, nei sistemi di trascrizione fonetica. **4** (*astron.*) ***A. del moto solare***, punto della sfera celeste verso il quale si sposta il Sole, con tutti i pianeti e rispetto alle altre stelle circostanti. || **apicétto**, dim.

apicectomìa [comp. di *apic(e)* e *-ectomia*; 1950] s. f. ● (*chir.*) Resezione dell'apice di una radice dentaria.

apicoltóre o **apicultóre** [comp. di *ape* e *cultore*; 1868] s. m. (f. *-trice*) ● Chi si dedica all'apicoltura.

apicoltùra o **apicultùra** [comp. di *ape* e *coltura*; 1875] s. f. ● Allevamento organizzato delle api.

apicultóre ● V. *apicoltore.*

apicultùra ● V. *apicoltura.*

Àpidi [comp. di *ap(e)* e *-idi*; 1955] s. m. pl. (sing. *-e*) ● Nella tassonomia animale, famiglia di Insetti degli Imenotteri con corpo tozzo, zampe robuste e pungiglione ben sviluppato, cui appartengono l'ape e il bombo (*Apidae*).

a piè ● V. *appiè.*

a pièno ● V. *appieno.*

apìna [da *ape*; 1970] s. f. ● Veleno delle api.

àpio ● V. *appio* (*2*).

a piómbo ● V. *appiombo.*

apióne [dal gr. *ápion* 'pera', per la forma del corpo (?); 1829] s. m. ● Genere di Coleotteri dei Curculionidi dannosi a ortaggi e piante da frutta (*Apion*).

apirèno [vc. dotta, lat. *apyrēnu(m)*, nom. *apyrēnus*, dal gr. *apýrēnos* 'senza nocciolo', comp. di *a-* priv. e *pyrḗn*, genit. *pyrḗnos* 'nocciolo', di orig. indeur.; 1819] **A** agg. ● (*bot.*) Privo di semi: *frutto a.* **B** s. m. ● (*bot.*) Frutto senza semi.

apiressìa [vc. dotta, gr. *apyrexía*, comp. di *a-* priv. e *pyretós* 'febbre'; 1819] s. f. ● (*med.*) Mancanza di febbre durante una malattia.

apirètico [1828] agg. (pl. m. *-ci*) ● Privo temporaneamente di febbre, detto di malato o di periodo di malattia.

apiscàmpo [comp. di *ape* e *scampo*; 1955] s. m. ● Attrezzo usato dagli apicoltori per impedire l'ascesa delle api dalla camera di covata al melario. SIN. Fugapi.

apìstico [da *ape*; 1891] agg. (pl. m. *-ci*) ● Che riguarda l'apicoltura: *allevamento, congresso a.*

apiterapìa [comp. di *api(na)* e *terapia*; 1956] s. f. ● Trattamento di alcune malattie mediante inoculazione di apina.

apìvoro [comp. di *ape* e *-voro*; 1913] agg. ● (*zool.*) Che si ciba di api: *uccello a.*

Aplacentàti [comp. di *a-* (*1*) e *placenta*; 1961] s. m. pl. (sing. *-o*) ● Mammiferi privi di placenta.

aplanàtico [dal gr. *aplánētos* 'non errante', comp. di *a-* priv. e *planáō* 'io svio'; 1865] agg. (pl. m. *-ci*) ● (*fis.*) Detto di sistema ottico privo di aberrazione sferica e di coma: *obiettivo a.*

aplasìa [comp. di *a-* (*1*) e gr. *plássein* 'formare' (V. *plasma*); 1950] s. f. ● (*med.*) Mancanza o sviluppo incompleto di un organo o tessuto.

aplestìa [gr. *aplēstía*, da *áplēstos* 'insaziabile', comp. di *a-* (*1*) e un deriv. di *pimplánai* 'riempire', d'orig. indeur.; 1983] s. f. ● (*med.*) Acoria.

aplìsia [vc. dotta, gr. *aplysía* 'sudiciume', comp. di *a-* (*1*) e *plýsis* 'lavanda'; av. 1564] s. f. ● Mollusco marino dei Gasteropodi bruno olivastro, viscido, con piccola conchiglia interna (*Aplysia*). SIN. Lepre di mare.

aplìte [dal gr. *haplóos* 'semplice'; 1961] s. f. ● (*geol.*) Roccia eruttiva in giacitura filoniana, chiara, a grana fine, senza cristalli individuabili.

àplo- [dal gr. *haplóos* 'semplice', da *ha* 'uno, semplice' di orig. indeur.; la seconda parte è di incerta spiegazione] primo elemento ● In parole composte dotte o scientifiche significa 'singolo' o 'semplice': *aplologia.*

aplografìa [comp. di *aplo-* e *-grafia*; 1955] s. f. ● Errore di scrittura, tipico spec. degli antichi copisti, consistente nello scrivere una sola volta un gruppo di lettere ripetute (per es. *caposto* invece di *capoposto*). CONTR. Dittografia.

aplòide [comp. di *aplo-* e *-oide*; 1929] agg. ● (*biol.*) Detto del numero dei cromosomi caratteristico delle cellule germinali mature ed equivalente a metà di quello delle cellule somatiche.

aplologìa [comp. di *aplo-* e *-logia*; 1955] s. f. ● (*ling.*) Caso particolare di dissimilazione in cui si articola una sola volta un suono o un gruppo di suoni che dovrebbe essere articolato per due volte nella stessa parola (per es., *tragicomico* per *tragico-comico*).

aplològico [1961] agg. (pl. m. *-ci*) ● Proprio dell'aplologia.

aplomb /a'plɔm, *fr.* a'plõ/ [fr., propr. 'a piombo'; 1900] s. m. inv. ● Perfetta caduta del tessuto in un abito maschile o femminile | (*fig.*) ***Avere dell'a.***, essere disinvolti, spigliati, sicuri di sé e sim.

aplùstro o **aplùstre** [vc. dotta, lat. *aplūstra*, nt. pl., dal gr. *áphlaston*, di etim. incerta; 1810] s. m. ● Ornamento di nave antica alla sommità della poppa.

apnèa [vc. dotta, gr. *ápnoia* 'mancanza di respiro', comp. di *a-* (*1*) e un deriv. di *pnêin* 'respirare' (V. *pneuma*); 1819] s. f. ● (*med.*) Sospensione, temporanea o patologica, dei movimenti respiratori | ***In a.***, senza respirare, detto spec. di immersione subacquea.

apneìsta [1983] s. m. e f. (pl. m. *-i*) ● Nuotatore che si immerge in apnea.

apnòico [1955] agg. (pl. m. *-ci*) ● (*med.*) Relativo all'apnea: *crisi apnoica.*

àpo ● V. *appo.*

àpo- [prep. gr., *apó* 'da', di orig. indeur., già in uso preverbale in gr. con senso separativo] pref. ● Indica allontanamento, distinzione, differenziazione, perdita, separazione: *apocizio, apofonia.*

apocalìsse o **apocalìssi** [vc. dotta, lat. tardo, *apocalýpsi(m)*, nom. *apocalýpsis*, dal gr. *apokálypsis* 'rivelazione', da *apokalýptō* 'io svelo'; 1354] s. f. (*Apocalisse* nel sign. 1) **1** Ultimo libro del Nuovo Testamento, scritto da S. Giovanni Evangelista | Rivelazione degli avvenimenti finali e del secondo avvento di Cristo, contenuta in tale libro. **2** (*fig.*) Catastrofe, disastro totale.

apocalìttico [vc. dotta, gr. tardo *apokalyptikós*. V. *apocalisse*; 1584] agg. (pl. m. *-ci*) **1** Attinente all'Apocalisse di S. Giovanni, o all'apocalisse come fine dei tempi: *attesa apocalittica.* **2** (*est.*) Catastrofico, funesto, spaventoso: *evento a.*; *visioni apocalittiche* | (*est.*) Esageratamente pessimista: *previsioni apocalittiche*; *non essere così a. sul tuo futuro!* || **apocalitticaménte**, avv.

apocatàstasi [vc. dotta, gr. *apokatástasis* 'ristabilimento' da *apokathístēmi* 'io ristabilisco'; 1829] s. f. inv. ● Dottrina religiosa della rigenerazione del mondo, dopo la finale distruzione.

Apocinàcee [da *apocino*; 1865] s. f. pl. (sing. *-a*) ● Nella tassonomia vegetale, famiglia di piante erbacee o legnose delle Contorte a forma di liana, con caule succulento e vasi laticiferi ben sviluppati (*Apocynaceae*). ➡ ILL. **piante**/8.

apòcino [vc. dotta, lat. *apŏcyno(n)*, dal gr. *apókynon*, comp. di *apó* 'lontano da', e *kýōn* 'cane', in quanto creduta nociva ai cani e ai lupi; av. 1498] s. m. **1** Pianta erbacea delle Apocinacee con fiori a pannocchia e stelo eretto (*Apocynum cannabinum*). **2** Fibra tessile ricavata dagli steli della pianta omonima, usata per fabbricare cordami e tele da imballaggio.

apocìzio [comp. di *apo-* e un deriv. del gr. *kýtos* (V. *cito-*); 1955] s. m. ● (*bot.*) Cellula plurinucleata di alcune alghe e del micelio di alcuni Funghi.

apocopàre [1664] v. tr. (*io apòcopo*) ● Troncare con apocope.

apòcope [vc. dotta, gr. *apokopḗ*, comp. di *apó* 'da' e *kopḗ* 'taglio'; av. 1565] s. f. ● (*ling.*) Caduta di una sillaba o di una vocale in fine di parola: *Passer mai solitario* (PETRARCA).

apòcrifo [vc. dotta, lat. tardo *apŏcryphu(m)*, nom. *apŏcryphus*, dal gr. *apókryphos* 'nascosto, segreto', da *krýptō* 'io nascondo'; av. 1565] **A** agg. **1** Detto di libro non riconosciuto come canonico nelle religioni che hanno stabilito un canone delle Scritture rivelate: *Vangeli apocrifi*; *Atti apocrifi degli Apostoli.* **2** Detto di testo, spec. letterario, falsamente attribuito a un'epoca o a un autore. SIN. Spurio. **B** anche s. m.: *apocrifi ebraici, islamici*; *un a. attribuito al Petrarca.*

apòcrino [comp. di *apo-* e di *-crino*; 1955] **agg.** ● (*biol.*) Detto di ghiandola le cui cellule epiteliali perdono parte del protoplasma nel corso della secrezione.

apocromàtico [comp. di *apo-* e *cromatico*; 1950] **agg.** (**pl. m.** *-ci*) ● (*fis.*) Detto di obiettivo esente dall'aberrazione cromatica riguardo a tre colori.

apocromatismo [1983] **s. m.** ● (*fis.*) Acromatismo.

àpode ● V. *apodo*.

Àpodi [pl. di *apodo*; 1819] **s. m. pl.** (**sing.** *-o*) ● Nella tassonomia animale, ordine di Anfibi che comprende pesci allungati e serpentiformi, senza squame e pinne ventrali, quali l'anguilla (*Apoda*).

Apodifórmi [vc. dotta, comp. di *apodi* e il pl. di *-forme*; 1965] **s. m. pl.** (**sing.** *-e*) ● Nella tassonomia animale, ordine di Uccelli di media grandezza con zampe molto corte e dita incurvate dalle unghie robuste (*Apodiformes*).

apodissi [dal gr. *apódeixis* da *apodéiknymi* 'io mostro'; 1829] **s. f. inv.** ● (*filos.*) Dimostrazione.

apoditèrio [vc. dotta, lat. *apodytēriu(m)*, dal gr. *apodytḗrion*, da *apodýō* 'mi spoglio'; 1865] **s. m.** ● Nelle antiche terme o palestre, spogliatoio.

apodittica [1961] **s. f.** ● (*filos.*) Settore della logica che si occupa della dimostrazione.

apoditticità [da *apodittico*; 1986] **s. f.** ● Caratteristica di ciò che è apodittico.

apodittico [vc. dotta, lat. tardo *apodīcticu(m)*, nom. *apodīcticus*, dal gr. *apodeiktikós*, da *apodéiknymi* 'io mostro'; 1585] **agg.** (**pl. m.** *-ci*) *1* (*filos.*) Che è evidente di per sé e non ha bisogno di dimostrazione: *principio a.* *2* (*est.*) Evidente, irrefutabile: *verità apodittica* || **apoditticaménte**, **avv.** In modo apodittico, in modo irrefutabile.

àpodo o **àpode** [vc. dotta, gr. *ápous*, genit. *ápodos* 'senza piedi', comp. da *a-* priv. e *poús*, genit. *podós* 'piede'; 1476] **agg.** ● Che non ha piedi: *animale a.*

apòdosi [vc. dotta, gr. *apódosis* 'restituzione', da *apodídōmi* 'io restituisco'; 1819] **s. f. inv.** ● (*ling.*) Proposizione principale condizionata dalla protasi in un periodo ipotetico.

apoenzima [comp. del pref. *apo-* 'separato' ed *enzima*] **s. m.** (**pl.** *-i*) ● (*chim.*) Porzione proteica della molecola di un enzima.

apofàntico [gr. *apophantikós*, da *apopháinein* 'far conoscere, mostrare, dichiarare'; 1955] **agg.** (**pl. m.** *-ci*) ● (*filos.*) Di enunciato verbale che può essere detto vero o falso | (*est.*) Dichiarativo, enunciativo, in contrapposizione a espressivo: *giudizio a.*

apòfasi [vc. dotta, gr. *apóphasis* 'negazione', propr. 'espressione (*phásis*) contro (*apó*)'] **s. f.** ● Negazione.

apofàtico [vc. dotta, gr. *apophatikós* 'negativo', da *apóphasis* 'apofasi'] **agg.** (**pl. m.** *-ci*) ● Che esprime negazione.

apòfisi [vc. dotta, gr. *apóphysis* 'escrescenza', da *apophýō* 'io metto fuori'; av. 1673] **s. f. inv.** *1* (*anat.*) Sporgenza o protuberanza ossea: *a. coronoide, mastoidea.* *2* Corpo geologico minore, derivato da una massa rocciosa intrusiva di maggiori dimensioni.

apòfita [comp. di *apo-* e *-fita*] **s. f.** ● (*bot.*) Pianta spontanea che vive in un ambiente creato dall'uomo.

apofonìa [comp. di *apo-* e *-fonia*; 1894] **s. f.** ● (*ling.*) Alternanza della qualità o della quantità nel vocalismo di una stessa radice o di uno stesso suffisso: *a. qualitativa, quantitativa.*

apofònico [1965] **agg.** (**pl. m.** *-ci*) ● (*ling.*) Detto dell'aspetto o grado di una vocale nell'ambito delle mutazioni proprie dell'apofonia.

apoforèti [vc. dotta, lat. *apophorēta*, nt. pl., dal gr. *apophórēta* 'che si può portar via', da *apophérō* 'io porto via'; av. 1580] **s. m. pl.** *1* Doni che l'ospite distribuiva ai commensali nelle feste dei Saturnali o in un convito. *2* Brevi componimenti poetici spec. di tipo epigrammatico che accompagnavano questi doni.

apoftègma o **apoftèmma** [vc. dotta, gr. *apóphthegma*, da *apophthéngomai* 'io dichiaro apertamente'; av. 1604] **s. m.** (**pl.** *-i*) ● Detto, massima memorabile | Motto breve e arguto.

apogèo [vc. dotta, gr. *apógeion*, comp. di *apó* 'lontano da' e *-geo*; 1606] **A s. m.** *1* (*astron.*) Il punto più lontano dalla Terra dell'orbita che un corpo le descrive intorno. *2* (*fig.*) Culmine: *essere all'a. della potenza, della gloria.* **B** in funzione di **agg.** ● (*astron.*) Relativo al punto dell'orbita più lontano dalla Terra: *Sole a.*; *distanza apogea.* **CONTR.** Perigeo.

apògrafo [vc. dotta, lat. *apŏgrapho(n)*, dal gr. *apógraphos* 'copiato', comp. da *apó* 'da' e *gráphō* 'io scrivo'; 1753] **A agg.** ● Che è copia diretta dell'originale: *manoscritto, testo a.*; *lezione apografa.* **CONTR.** Autografo. **B s. m.** ● Testo, manoscritto apografo.

apòlide [vc. dotta, gr. *ápolis*, genit. *apólidos*, comp. di *a-* (*1*) e *pólis* 'città, stato'; 1819] **agg.**; anche **s. m. e f.** ● Che (o Chi) è privo di ogni cittadinanza.

apolidia [1955] **s. f.** ● Condizione di apolide.

apoliticità [av. 1926] **s. f.** ● Estraneità alla politica | Disinteresse, indifferenza verso la politica.

apolìtico [comp. di *a-* (*1*) e *politico*; 1908] **agg.**; anche **s. m.** (**pl. m.** *-ci*) ● Che (o Chi) è estraneo alla politica o manca di interesse per essa.

apolline ● V. *apollo*.

apollìneo [vc. dotta, lat. *apollĭneu(m)*, da *Apŏllo* 'Apollo'; 1499] **agg.** *1* (*lett.*) Di Apollo, che si riferisce ad Apollo | *Spirito a.*, nella filosofia di F. Nietzsche, uno degli atteggiamenti tipici della mentalità ellenica, che considera la vita secondo una visione armonica e luminosa, esprimendosi in forme artistiche limpide e serene, in opposizione all'atteggiamento che valorizza le componenti irrazionali e sfrenate. **CFR.** Dionisiaco. *2* (*fig.*) Perfetto, quanto a bellezza classica di forme: *effigie apollinea*; *viso, collo a.*

apòllo o (*lett.*) **apòlline** [dal n. del dio *Apollo*; 1476] **s. m.** *1* Uomo di straordinaria bellezza: *essere, credersi un a.* *2* Grossa farfalla diurna, tipica delle zone montane, con ali arrotondate, bianche macchiate di nero (*Parnassius Apollo*). ➡ **ILL.** **animali**/2.

apologèta [ricavato da *apologetico*, sul rapporto *anacoreta-anacoretico*, *asceta-ascetico*, ecc.; 1929] **s. m. e f.** (**pl. m.** *-i*) *1* Nei primi secoli del cristianesimo, scrittore di apologia della fede cristiana contro i pagani; **SIN.** Apologista. *2* (*est.*) Chi difende o esalta qlcu. o qlco.

apologètica [1865] **s. f.** *1* Scienza ecclesiastica, cattolica e protestante, intesa a giustificare e difendere, anche polemicamente, i preamboli della fede o, più generalmente, tutto ciò che si riferisce alla religione. *2* Parte della retorica e della dialettica che ha per scopo la difesa di qlcu. o di qlco.

apologètico [vc. dotta, lat. tardo *apologēticō(n)*, dal gr. *apologētikós*. V. *apologia*; av. 1498] **agg.** (**pl. m.** *-ci*) *1* Che si riferisce all'apologetica o all'apologia: *discorso, libro a.* *2* (*est.*) Esaltatorio, intensamente elogiativo e sim.: *parlare con tono a.*; *lo ha difeso con calore a.* || **apologeticaménte**, **avv.** In modo apologetico; con tono di apologia.

apologia [vc. dotta, lat. tardo *apolŏgia(m)*, nom. *apolŏgia*, dal gr. *apología*, da *apologéomai* 'io parlo in mia difesa'; sec. XIV] **s. f.** *1* Discorso in difesa e giustificazione di sé | Discorso o componimento letterario in difesa ed esaltazione di una persona, una dottrina e sim. *2* (*est.*) Esaltazione, elogio: *a. del passato regime*; *a. di reato.*

apologista [vc. dotta, gr. *apologistḗs*. V. *apologia*; 1638] **s. m. e f.** (**pl. m.** *-i*) *1* Chi pronuncia o scrive un'apologia. *2* Apologeta. *3* (*est.*, *lett.*) Difensore, sostenitore.

apologìstico [1955] **agg.** (**pl. m.** *-ci*) ● (*lett.*) Apologetico. || **apologisticaménte**, **avv.**

apologizzàre [vc. dotta, gr. *apologízomai*. V. *apologia*; av. 1712] **A v. tr.** ● (*raro*) Esaltare. **B v. intr.** (aus. *avere*) ● (*raro*) Fare un'apologia di qlcu. o qlco.

apòlogo [vc. dotta, lat. *apŏlogu(m)*, nom. *apŏlogus*, dal gr. *apólogos*, comp. di *apó* 'da' e *lógos* 'discorso'; 1528] **s. m.** (**pl.** *-ghi*) ● Breve racconto con fini morali: *l'a. di Menenio Agrippa.* **SIN.** Allegoria, favola.

aponènse [lat. *Aponēnse(m)* dal n. della località, *Aponu(m)*] **A agg.** ● Di Abano Terme, in provincia di Padova. **B s. m. e f.** ● Abitante, nativo di Abano Terme.

aponeuròsi o **aponevròsi** [vc. dotta, gr. *aponéurōsis*, da *nêuron* 'nervo'; av. 1758] **s. f. inv.** ● (*anat.*) Membrana fibrosa che riveste i muscoli | *A. d'inserzione*, espansione membranosa terminale di un tendine.

aponeuròtico o **aponevròtico** [av. 1758] **agg.** (**pl. m.** *-ci*) ● Relativo all'aponeurosi.

aponevròsi e *deriv.* ● V. *aponeurosi* e *deriv.*

aponìa [vc. dotta, gr. *aponía*, da *áponos* 'immune da pena, da turbamento', comp. di *a-* priv. e *pónos* 'fatica', di etim. incerta; 1829] **s. f.** ● (*filos.*) Nell'etica epicurea, serenità dello spirito, mancanza di dolore conseguita contemplando il mondo.

apoplessìa [vc. dotta, lat. tardo *apoplēxia(m)*, nom. *apoplēxia*, dal gr. *apoplēxía*, da *apoplḗssō* 'io stordisco'; av. 1292] **s. f.** *1* (*med.*) †Perdita improvvisa della sensibilità e della motilità. *2* (*med.*) Emorragia a carico di organi interni: *a. cerebrale*; *a. surrenalica, polmonare.* *3* (*per anton.*) Correntemente, emorragia cerebrale. **SIN.** Colpo apoplettico.

apoplèttico o **apoplètico** [vc. dotta, lat. tardo *apoplēcticu(m)*, nom. *apoplēcticus*, dal gr. *apoplēktikós*, da *apoplēxía* 'apoplessia'; 1474] **A agg.** (**pl. m.** *-ci*) ● Relativo ad apoplessia | *Colpo a.*, apoplessia. **B agg.**; anche **s. m.** (**f.** *-a*) ● Che (o Chi) è colpito da apoplessia cerebrale.

aporèma [vc. dotta, gr. *apórēma* 'dubbio', da *aporéō* 'io sono in imbarazzo'; 1940] **s. m.** (**pl.** *-i*) ● (*filos.*) Argomentazione dialettica che intendendo mostrare la validità di due argomenti contrari approda a una contraddizione.

aporètico [gr. *aporētikós*, da *aporéin* 'essere in imbarazzo'; 1955] **A agg.** (**pl. m.** *-ci*) ● (*filos.*) Caratterizzato da aporia, che presenta aporia: *situazione aporetica.* **B agg. e s. m.** (**f.** *-a*) ● (*filos.*) Seguace dello scetticismo.

aporìa (**1**) [vc. dotta, gr. *aporía* 'dubbio'. V. *aporema*; 1939] **s. f.** ● (*filos.*) Difficoltà o incertezza derivante dall'uguale validità di due ragionamenti contrari | (*est.*) Difficoltà logica insolubile.

apòria (**2**) [dal gr. *áporos* 'inaccessibile'; 1961] **s. f.** ● Farfalla delle Pieridi con corpo nero e ali bianche striate di nero (*Aporia crataegi*).

aposiopèsi [vc. dotta, gr. *aposiṓpēsis*, dal gr. *aposiōpáō* 'io cesso di parlare'; 1865] **s. f. inv.** ● (*ling.*) Reticenza.

†a pòsta ● V. *apposta*.

apostasìa [vc. dotta, gr. tardo *apostasía*, da *apóstasis* 'allontanamento'; av. 1396] **s. f.** *1* Nel diritto greco, azione spettante all'antico padrone nei confronti del liberto che fosse venuto meno ai suoi doveri verso di lui. *2* Abbandono totale e pubblico della propria religione per seguirne un'altra. *3* (*est.*) Abbandono della propria dottrina, di un obbligo morale o di partito e sim.

apòstata [vc. dotta, lat. tardo *apŏstata(m)*, nom. *apŏstata*, dal gr. *apostátēs*. V. *apostasia*; av. 1342] **s. m. e f.** (**pl. m.** *-i*) ● Chi commette apostasia.

apostatàre [1354] **v. intr.** (*io apòstato*; aus. *avere*) *1* Rinnegare pubblicamente la propria fede. *2* †Traviare.

†apostèma o **†apostèmata** [vc. dotta, lat. *apostēma*, dal gr. *apóstēma*, da *aphístēmi* 'mi allontano, mi disgrego'; av. 1306] **s. m. e f.** (**pl. m.** *-i*) ● Ascesso.

a posterióri [lat. 'da ciò che è dopo', comp. di *ā* 'da' e *posteriōri*, abl. di *postĕrior* 'seguente'; av. 1642] **A loc. agg. e avv.** ● (*filos.*) Detto di dimostrazione che procede dagli effetti alle cause. **CONTR.** A priori. **B loc. sost. m.** ● (*filos.*) Complesso delle conoscenze o dei giudizi che derivano dall'esperienza.

apostolàto [vc. dotta, lat. tardo *apostolātu(m)*, da *apŏstolus* 'apostolo'; av. 1342] **s. m.** *1* Missione religiosa di ciascuno degli apostoli per la diffusione del Vangelo: *l'a. di Paolo.* *2* (*est.*) Opera di propagazione di una religione o di una fede filosofica o morale | *A. laico*, nelle Chiese cristiane, l'impegno, esteso ai laici, di inserire i motivi della rivelazione e delle verità evangeliche nella società moderna attraverso la diffusione della dottrina e la personale testimonianza di vita. *3* (*est.*) Attività di chi propugna un ideale spec. morale e sociale o esercita una professione con dedizione assoluta.

apostolicità [1955] **s. f.** *1* La legittimità della derivazione della Chiesa dalla fondazione e predicazione degli Apostoli. *2* La caratterizzazione apostolica di un istituto, di un movimento o di un atteggiamento sociale-religioso.

apostòlico [vc. dotta, lat. tardo *apostŏlicu(m)*, nom. *apostŏlicus*, dal gr. *apostolikós*, da *apóstolos* 'apostolo'; 1321] **agg.** (**pl. m.** *-ci*) *1* Che è proprio degli Apostoli: *lettera, predicazione apostolica.* *2* Del Papa, quale legittimo successore del principe degli apostoli Pietro: *sede apostolica.* **3** (*est.*) Che si riferisce agli atti e agli organi della S. Sede: *decisione apostolica*; *lettere apostoliche*; *nunzio a.* **4** Tipico di un apostolo, degno di un apostolo: *zelo a.* || **apostolicaménte**, avv.

apòstolo [vc. dotta, lat. tardo *apŏstolu(m)*, nom. *apŏstolus*, dal gr. *apóstolos* 'inviato', da *apostéllō*, 'io mando'; av. 1294] s. m. **1** Ognuno dei dodici discepoli scelti da Gesù Cristo a diffondere il Vangelo (Simone detto Pietro, Andrea, Giacomo, Giovanni, Filippo, Bartolomeo, Matteo, Tommaso, Giacomo figlio di Alfeo, Simone, Giuda figlio di Giacomo, Giuda Iscariota) | *L'a. delle genti*, San Paolo | *Il principe degli apostoli*, S. Pietro. **2** (f. *-a*) (*est.*) Chi propugna e propaga con ardore una dottrina, una fede e sim.: *un a. della pace, della libertà.*

apostrofàre (1) [da *apostrofe*; av. 1375] **A** v. tr. (*io apòstrofo*) ● Rivolgersi improvvisamente a qlcu. con un tono duro, di rimprovero, di sdegno e sim.: *apostrofandolo rudemente gli gridò: 'Ma che fai?'.* **B** v. intr. (aus. *avere*) ● (*lett.*) Rivolgere un'apostrofe a qlcu.

apostrofàre (2) [da *apostrofo*; av. 1729] v. tr. (*io apòstrofo*) ● Segnare con l'apostrofo: *a. una parola.*

apòstrofe [vc. dotta, lat. *apŏstrophe(n)*, nom. *apŏstrophe*, dal gr. *apostrophḗ* 'deviazione', da *stréphō* 'io volgo'; 1360 ca.] s. f. ● (*ling.*) Figura retorica che consiste nel rivolgere improvvisamente e vivamente il discorso a persona o cosa diversa dal convenzionale destinatario: *Ahi Pisa, vituperio de le genti* (DANTE *Inf.* XXXIII, 79).

apòstrofo [vc. dotta, lat. tardo *apŏstrophu(m)*, nom. *apŏstrophus*, dal gr. *apòstrophos*, da *apostréphō* 'io volgo indietro'; av. 1589] s. m. ● (*gramm.*) Segno della elisione e qualche volta del troncamento (V. nota d'uso ELISIONE e TRONCAMENTO) | Nelle date in cifre arabe, segno della soppressione del millennio o del centesimo: *uno scrittore del '900*; *la guerra del '15-'18.*

†**apotèca** [vc. dotta, lat. *apothēca(m)*, nom. *apothēca*, dal gr. *apothḗkē* 'ripostiglio', da *apotíthēmi* 'io ripongo'; 1521] s. f. ● Parte della casa romana in cui si conservavano i viveri e spec. il vino.

apotècio [vc. dotta, gr. *apothḗkion*, dim. di *apothḗkē*. V. *apoteca*; 1829] s. m. ● (*bot.*) Corpo fruttifero di alcuni Funghi e licheni a forma di coppetta contenente gli aschi.

apotèma [vc. dotta, gr. tardo *apóthema* 'abbassamento' da *apotithēmi* 'io abbasso'; 1819] s. m. (pl. *-i*) ● (*mat.*) In un poligono regolare, il segmento di perpendicolare condotto dal centro della circonferenza inscritta nel poligono a un lato | In una piramide a base regolare, il segmento di perpendicolare condotto da un vertice a un lato del poligono di base | In un cono circolare retto, il segmento di generatrice compreso fra il vertice e un punto della circonferenza di base.

apoteòṣi [vc. dotta, lat. tardo *apotheōsi(n)*, nom. *apotheōsis*, dal gr. *apothéōsis*, da *theós* 'dio'; av. 1680] s. f. inv. **1** Cerimonia solenne con la quale si deificavano gli eroi defunti e gli imperatori romani ancora viventi. **2** (*teat.*) Nel teatro greco, trasformazione finale dell'eroe in divinità, ottenuta scenicamente mediante macchinari atti a dare l'impressione del meraviglioso | Nelle coreografie ottocentesche, scena finale, spesso simbolica, caratterizzata da luci e costumi fastosi e dalla presenza contemporanea di tutti gli attori. **3** (*fig.*) Celebrazione, esaltazione di una persona, di un avvenimento: *fare l'a. di qlcu.* | Trionfo: *a. del Milan* | Spettacolo grandioso: *questo tramonto è un'a. di colori.*

apotropàico [dal gr. *apotrópaios* 'che allontana', da *apotrépein* 'stornare', 'allontanare (*trépein*) da (*apó*) qualcuno o qualcosa (di pericoloso)'; 1929] agg. (pl. m. *-ci*) ● Detto di oggetti, atti, iscrizioni e formule orali che, per la loro particolare carica magica, sono ritenuti capaci di allontanare o distruggere gli influssi malefici.

apoẓèugma [comp. di *apo-* e gr. *zêugma* 'unione' (V. *zeugma*); 1829] s. m. (pl. *-i*) ● (*ling.*) Figura retorica per la quale più verbi reggono più parole o frasi che sintatticamente possono essere rette da uno solo di essi: *raddoppio e pianti e rinnuovo e sospiri* (POLIZIANO).

appaciàre [comp. di *a-* (*2*) e *pace*; av. 1348] **A** v. tr. (*io appàcio*) ● (*lett.*) Pacificare | Placare. **B** v. rifl. ● (*lett.*) Fare la pace | Placarsi.

appacificàre [comp. di *a-* (*2*) e *pacificare*; av. 1348] **A** v. tr. (*io appacìfico, tu appacìfichi*) ● (*lett.*) Pacificare, quietare | Sedare. **B** v. rifl. ● (*lett.*) Rappacificarsi.

appagàbile [av. 1712] agg. ● Che si può appagare: *aspirazione a.*

appagaménto [av. 1292] s. m. **1** Soddisfazione: *l'a. di un desiderio* | Stato d'animo di chi è soddisfatto, appagato. **2** †Compenso, retribuzione.

appagàre [comp. di *a-* (*2*) e *pagare*; av. 1294] **A** v. tr. (*io appàgo, tu appàghi*) **1** Rendere pago, far contento qlcu.: *Qual meco s'ansa, / rado sen parte, sì tutto l'appago* (DANTE *Purg.* XIX, 23-24). **2** Esaudire, soddisfare: *a. un desiderio, un'aspirazione* | (*est.*) Saziare: *a. la fame, la sete.* **3** (*lett.*) Acquietare, placare: *a. la propria coscienza.* **B** v. rifl. ● Essere, ritenersi, pago: *appagarsi di poco.*

appagàto [sec. XIII] part. pass. di *appagare*; anche agg. ● Pago, soddisfatto.

appagatóre [1865] agg.; anche s. m. (f. *-trice*) ● (*raro*) Che (o Chi) appaga.

appàia ● V. *apparire.*

appaiaménto [av. 1704] s. m. ● Accoppiamento.

appaiàre [comp. di *a-* (*2*) e *paio*; 1321] **A** v. tr. (*io appàio*) **1** Accoppiare, formare un paio: *a. due guanti dello stesso colore*; *a. due animali di razza.* **2** (*lett., fig.*) Uguagliare. **B** v. rifl. ● Accoppiarsi, unirsi | (*raro*) Sposarsi. || PROV. Dio li fa e poi li appaia.

appaiàto [av. 1519] part. pass. di *appaiare*; anche agg. ● Nei sign. del v.

appaiatùra [av. 1704] s. f. ● (*raro*) Appaiamento, accoppiamento.

appàio ● V. *apparire.*

appaleṣàre [comp. di *a-* (*2*) e *palesare*; 1344] v. tr. (*io appaléṣo*) ● (*lett.*) Palesare.

appallottolàre [comp. di *a-* (*2*) e *pallottola*; av. 1565] **A** v. tr. (*io appallòttolo*) ● Ridurre in forma di pallina: *a. la creta, la mollica del pane.* **B** v. intr. pron. ● Rapprendersi in grumi, in pallottole: *la farina con l'acqua si appallottola.* **C** v. rifl. ● Raggomitolarsi: *il gatto si appallottolò sul cuscino.*

appalmàto [comp. di *a-* (*2*) e *palma*; 1829] agg. ● (*arald.*) Di una mano con la palma aperta.

appaltànte [1970] **A** part. pres. di *appaltare*; anche agg. ● (*raro*) Nei sign. del v. **B** s. m. e f. ● Chi dà qlco. in appalto.

appaltàre [V. *appalto*; av. 1565] v. tr. ● Dare o (*raro*) prendere in appalto: *a. a un'impresa privata la costruzione di un ponte*; *a. uno scavo.*

appaltatóre [av. 1557] agg. e s. m. (f. *-trice*) ● Che (o Chi) prende in appalto. SIN. Accollatario | (*raro*) Chi dà in appalto.

appàlto [etim. incerta; 1532] s. m. **1** (*dir.*) Contratto con cui si assume a proprio rischio l'esecuzione di un'opera o di un servizio contro un corrispettivo in denaro: *contratto di a.* SIN. (*raro*) Accollo. **2** (*region.*) Luogo in cui si vendono prodotti di monopolio dello Stato, quali tabacchi e valori bollati.

appannàbile [da *appannare*; 1829] agg. ● (*raro*) Che si può appannare: *vetro facilmente a.*

appannàggio o †**panàggio (2)** [fr. *apanage* 'assegnazione di pane'; 1578] s. m. **1** Dotazione a favore di capi di Stato o assegno spettante a date personalità di grande rilevanza politica. **2** (*est.*) Retribuzione fissa | Dote: *il padre le ha garantito un buon a.* **3** (*fig.*) Prerogativa: *il dolore è a. dei viventi* | *In a.*, come prerogativa.

appannaménto [1667] s. m. ● L'appannare, l'appannarsi | (*fig.*) Offuscamento, stanchezza.

appannàre [comp. di *a-* (*2*) e *panno* (con cui si copriva qualche cosa); av. 1374] **A** v. tr. **1** Togliere la lucentezza o la trasparenza: *a. un vetro, uno specchio.* **2** (*fig.*) Offuscare: *spesso la stanchezza appanna i riflessi.* **B** v. intr. pron. **1** Detto di vetri o metalli, perdere la lucentezza o la trasparenza, per vapore, umidità, sudiciume e sim.: *i finestrini dell'auto si appannano con l'alito.* **2** (*fig.*) Annebbiarsi, oscurarsi: *mi si appanna la vista* | Affiochirsi, della voce.

appannàto [av. 1406] part. pass. di *appannare*; anche agg. ● Nei sign. del v. | (*fig.*) Confuso, offuscato: *riflessi appannati.*

†**appannatóio** [av. 1712] s. m. ● Panno usato per coprire gli occhi ai cavalli bizzarri mentre vengono bardati.

appannatùra [av. 1698] s. f. ● (*lett.*) Appannamento | Offuscamento, intorbidamento.

†**appàrare (1)** [lat. *apparāre*, comp. di *ăd* e *parāre* 'preparare'; sec. XIV] **A** v. tr. ● Preparare | Addobbare. **B** v. rifl. ● Vestirsi, abbigliarsi, addobbarsi.

†**apparàre (2)** [da *imparare*, con cambio di pref. dovuto all'accostamento con *apparare* (*1*); sec. XIII] v. tr. ● (*lett.*) Imparare, apprendere: *incapace d'a. per massime ragionate* (VICO).

apparatčik /appa'ratʃik, *russo* ʌpa'ratʲtʃɪk/ [vc. russa, orig. 'operaio addetto a una macchina (*apparát*)'; 1985] s. m. e f. inv. ● Nell'ex Unione Sovietica, funzionario del partito comunista | (*est., spreg.*) Funzionario di partito, burocrate.

apparàto [vc. dotta, lat. tardo *apparātu(m)*, da *apparāre* 'apparare (1)'; av. 1306] s. m. **1** Complesso di macchine, strumenti, impianti, apparecchi e sim. atto a conseguire un determinato scopo: *a. bellico, offensivo, difensivo, industriale, scenico.* **2** (*anat.*) Complesso di organi adibiti alla medesima funzione: *a. circolatorio, osseo, muscolare, intestinale.* **3** (*biol.*) Organulo cellulare complesso: *a. di Golgi.* **4** Complesso dei quadri dirigenti e dei funzionari di un partito politico, di un governo e sim.: *l'a. burocratico.* **5** (*est., fig.*) Insieme di preparativi particolarmente appariscenti, sfarzosi e sim.: *un grande a. di forze*; *ci accolsero con un incredibile a. di fiori e di luci.* **6** (*fig.*) Insieme organico di nozioni, dati, informazioni e sim., concernenti una o più opere o discipline: *disporre di un ricco a. culturale* | ***A. critico***, nell'edizione critica di un testo, l'insieme delle varianti gener. poste in nota assieme ai criteri seguiti nel ricostruire la lezione esatta.

apparatóre [vc. dotta, lat. tardo *apparatōre(m)*, da *apparāre* 'apparare (1)'; sec. XIII] s. m. (f. *-trice*) ● Nel teatro ottocentesco, chi provvedeva ad arredare la scena.

†**apparecchiaménto** [av. 1294] s. m. **1** Allestimento, preparativo, apprestamento. **2** Apparato, addobbo.

♦**apparecchiàre** [lat. **appariculāre*, da *apparāre* 'apparare'; av. 1294] **A** v. tr. (*io apparécchio*) **1** (*lett.*) Predisporre, preparare: *A noi / morte apparecchi riposato albergo* (FOSCOLO) | Allestire: *a. la tavola per la cena.* **2** (*assol.*) Preparare la tavola per il pasto: *apparecchiò in fretta*; *ha apparecchiato in giardino.* **3** (*tess.*) Sottoporre i tessuti all'apparecchiatura. **B** v. rifl. **1** (*lett.*) Prepararsi, disporsi: *s'apparecchia / al dolce assalto* (ARIOSTO). **2** †Provvedersi dei mezzi necessari a sostenere un cimento: *e io sol uno / mi apparecchiava a sostener la guerra* (DANTE *Inf.* II, 3-4).

apparecchiàta [sec. XIII] s. f. ● (*fam.*) Rapida e sommaria preparazione della tavola.

apparecchiàto [sec. XIII] part. pass. di *apparecchiare*; anche agg. ● Nei sign. del v.

apparecchiatóre [1306] agg.; anche s. m. (f. *-trice*) **1** (*raro*) Che (o Chi) apparecchia. **2** Che (o Chi) è addetto all'apparecchiatura dei tessuti.

apparecchiatùra [av. 1698] s. f. **1** (*raro, lett.*) Preparazione | Insieme di preparativi. **2** (*tess.*) Insieme delle operazioni cui si sottopone il tessuto greggio per fargli assumere forma, aspetto e caratteri definitivi. **3** Preparazione di una tela o di un muro per renderli atti a essere dipinti. **4** (*arch.*) Taglio e disposizione dei conci di pietra nella costruzione di muri, archi e volte. **5** Serie di strumenti, dispositivi e sim.: *a. meccanica, bellica, elettrica.* || **apparecchiaturina**, dim.

♦**apparécchio** [av. 1348] s. m. **1** (*disus.*) Apparato: *a. muscolare*; *a. bellico.* **2** Dispositivo semplice o complesso per specifiche realizzazioni: *a. radiofonico, telefonico, televisivo*; *a. fotografico, ottico, oculistico* | ***A. ortodontico***, per la correzione delle malformazioni dentarie, spec. dei bambini | ***A. gessato***, bendaggio impastato col gesso per contenere arti fratturati o correggere malformazioni ossee. **3** (*per anton.*) Aeroplano, idrovolante, elicottero o altro aeromobile. **4** (*tess.*) Reparto di un'azienda in cui si compie l'apparecchiatura dei tessuti | Correntemente, apparecchiatura: *dare l'a. a un tessuto.* || **apparecchiétto**, dim.

apparentaménto [1951] s. m. **1** (*raro*) L'apparentare, l'apparentarsi. **2** Accordo fra partiti politici per la presentazione di liste elettorali comuni allo scopo di evitare dispersione di voti.

apparentàre [comp. di *a-* (*2*) e *parente*; sec. XIII] **A** v. tr. (*io apparènto*) ● (*raro*) Imparentare. **B** v. rifl. **1** (*raro*) Imparentarsi. **2** Concordare un apparentamento.

apparènte [1308] **part. pres.** di *apparire*; anche **agg.** *1* Manifesto, evidente, palese: *si è offeso senza a. motivo* | (*lett.*) Visibile: *senza movimento a.* *2* (*est., lett.*) Appariscente, sfarzoso. *3* Che pare ma non è: *la sua sicurezza è solo a.*; *manteneva una calma a.* CONTR. Reale. || **apparenteménte**, **avv.** In apparenza: *una risposta apparentemente esatta.*

♦**apparènza** [vc. dotta, lat. tardo *apparĕntia(m)*, da *apparēre* 'apparire'; sec. XIII] **s. f.** *1* Modo di apparire, aspetto esteriore, sembianza: *avere una bella, una buona, una brutta a.*; *a giudicare dall'a.*; *guardare solo all'a.* *2* Manifestazione esteriore priva di reale sostanza: *a. falsa, bugiarda*; *avere un'a. di onestà, di serietà*; *sotto un'a. di formalità*; *badare alle apparenze*; *sono tutte apparenze* | ***In a., all'a.***, a giudicare da quel che si vede, alla prima impressione | ***Salvare le apparenze***, agire rispettando la forma e le convenzioni. *3* (*lett.*) Appariscenza, comparsa. *4* †Apparizione. *5* †Fenomeno fisico: *molte apparenze varie che si scorgono di sera* (GALILEI). *6* (*filos.*) L'oggetto della conoscenza sensibile. SIN. Fenomeno. || PROV. L'apparenza inganna.

†**apparere** ● V. *apparire.*

appariglìare [comp. di *a-* (*2*) e *pariglia*; av. 1850] **v. tr.** (*io appariglio*) *1* Accoppiare nel tiro animali, spec. cavalli. *2* Nel gioco della scopa, fare la presa in modo da ricostituire il numero pari delle carte di uguale valore, spec. del sette. CONTR. Sparigliare.

†**apparimènto** [1294] **s. m.** ● Apparizione: *erano compiuti li nove anni appresso l'a.* (DANTE).

♦**apparire** o †**apparère** [lat. *apparēre*, comp. di *ăd* e *parēre* 'apparire'; av. 1294] **v. intr.** (**pres.** *io appàio* o *apparisco*, *tu appàri* o *apparisci*, *egli appàre* o *apparisce*, *noi appariàmo*, raro *appaiàmo*, *voi apparite*, *essi appàiono* o *appariscono*; **pass. rem.** *io appàrvi* o *apparii*, raro *appàrsi*, *tu apparisti*, *egli appàrve* o *appari*, raro *appàrse*, *noi apparimmo*, *voi appariste*, *essi appàrvero* o *apparìrono*, raro *appàrsero*; **fut.** *io apparirò*, lett. *apparrò*; **congv. pres.** *io appàia* o *apparisca*, *noi appariàmo*, *voi appariàte*, *essi appàiano*, o *appariscano*; **part. pass.** *appàrso*, raro *apparìto*, †*appariùto*; aus. *essere*) *1* Presentarsi alla vista, spec. improvvisamente o causando sorpresa, meraviglia e sim., detto di persona o cosa che prima non si vedeva: *apparve una donna vestita di bianco*; *un'isola appariva ai loro occhi*; *uno strano animale appare tra l'erba* | Presentarsi in sogno, visione e sim.: *gli apparve in sogno il fratello morto*; *Arte magica è quando si fa apparere persona morta* (SACCHETTI). *2* Spuntare, sorgere: *nel cielo già appare la luna*; *il sole apparve all'orizzonte.* *3* Mostrarsi chiaramente: *prima o poi la verità apparirà* | Risultare: *dalle prove in nostro possesso la sua colpevolezza appare chiara.* *4* Mostrare di essere: *a. triste, addolorato, allegro, lieto*; *mi è apparso molto contento*; *il suo viso appariva felice.* SIN. Parere, sembrare. *5* (*raro*) Fare bella figura, comparire.

appariscènte [lat. tardo *apparescĕnte(m)*, part. pres. di *apparēscere*, da *apparēre* 'apparire'; 1300 ca.] **agg.** ● Che dà nell'occhio, che attira gli sguardi: *colore, vestito a.* | (*est.*) Di bella presenza, vistoso: *donna a.*; *un tipo di bellezza a.*

appariscènza [lat. tardo *apparescĕntia*, part. nt. pl. di *apparēscere*. V. *appariscente*; sec. XIII] **s. f.** ● (*raro*) Caratteristica di chi (o di ciò che) è appariscente.

apparita [av. 1306] **s. f.** ● (*raro, lett.*) Apparizione | Comparsa.

apparitóre [av. 1569] **s. m.** *1* Nell'antica Roma, persona addetta al servizio di magistrati e sacerdoti o dell'imperatore. *2* Nel Medio Evo, servo di vari magistrati. *3* (*ant.*) Chi, durante le epidemie di peste e sim., precedeva il carro degli appestati suonando la campanella.

apparizióne [vc. dotta, lat. *apparitiōne(m)*, da *apparēre* 'apparire'; 1336 ca.] **s. f.** *1* L'apparire, spec. di esseri soprannaturali, visioni, fenomeni celesti e sim.: *a. della Vergine, di un Santo, di una cometa.* *2* Fantasma, spettro: *era pallida come se avesse visto un'a.* *3* (*est., fam.*) Breve comparsa: *il funzionario ha fatto una breve a. e se n'è andato subito.*

appàrso [1351 ca.] **part. pass.** di *apparire*; anche **agg.** ● Nei sign. del v.

♦**appartaménto** [ant. sp. *apartamēnto* 'luogo appartato'; 1538] **s. m.** *1* Insieme di stanze che costituiscono un'abitazione indipendente e separata dal resto di una casa. *2* (*mar.*; *disus.*) Spostamento in miglia verso levante o verso ponente compiuto da una nave su di una rotta comunque inclinata rispetto ai meridiani. || **appartamentino**, **dim.** | **appartamentóne**, **accr.** | **appartamentùccio**, **dim.**

appartàre [comp. di *a-* (*2*) e *parte*; av. 1304] **A v. tr.** ● (*raro*) Mettere in disparte, da parte. **B v. rifl.** ● Mettersi in disparte: *appartarsi per parlare con qlcu.* | Allontanarsi, isolarsi: *appartarsi dalla vita politica.*

appartàto [1566] **A part. pass.** di *appartare*; anche **agg.** *1* Nei sign. del v. | Remoto, isolato: *un luogo a.* | Che sta in disparte: *tenersi a. in un angolo*; *vivere a.* | Solitario: *conduce una vita appartata.* *2* (*lett.*) Distinto, particolare. || **appartataménte**, **avv.** *1* (*lett.*) Separatamente: *trattare appartatamente due questioni.* *2* In disparte: *vivere appartatamente.* **B s. m.** ● †Luogo destinato a usi particolari.

appartenènte [sec. XIV] **A part. pres.** di *appartenere*; anche **agg.** ● Che appartiene. **B s. m. e f.** ● Chi fa parte di un gruppo, una classe, una categoria e sim.: *gli appartenenti al sindacato.*

appartenènza [1342] **s. f.** *1* L'appartenere: *l'a. a un sindacato, a una setta religiosa*; *contestare l'a. di un bene* | ***Gruppo di a.***, quello nel quale una persona svolge un determinato ruolo. *2* (*est., raro*) Ciò che appartiene: *ecco tutte le tue appartenenze* | (*raro*) Accessorio, pertinenza. *3* †Qualità, attributo.

♦**appartenére** [lat. parl. **appartenēre*, comp. parasintetico di *pārs*, genit. *pārtis* 'parte', col pref. *ad-*; av. 1294] **A v. intr.** (coniug. come *tenere*; aus. *essere* o *avere*) *1* Essere di proprietà o in possesso di qlcu.: *quell'oggetto mi appartiene.* *2* †Avere relazioni di parentela. *3* Fare parte di un gruppo, di una classe, di una categoria e sim.: *a. a una famiglia benestante*; *quel paesino appartiene al comune di Siena.* *4* Convenire, competere, spettare: *la decisione appartiene al capo dello Stato.* **B v. intr. pron.** ● †Spettare, addirsi: *Ella cercò d'essere più savia che a lei non si apparteneva* (BOCCACCIO).

appassiménto [av. 1832] **s. m.** ● Perdita della freschezza (*anche in senso fig.*).

appassionaménto [1579] **s. m.** ● (*raro*) L'appassionarsi.

appassionànte [1967] **part. pres.** di *appassionare*; anche **agg.** ● Che avvince, che suscita vivo interesse e partecipazione emotiva: *una vicenda, un romanzo a.*

♦**appassionàre** [comp. di *a-* (*2*) e *passione*; av. 1673] **A v. tr.** (*io appassióno*) (qlcu.; qlcu. + *a* qlco.) ● Suscitare vivo interesse, passione e sim. per qlco.: *a. qlcu. alla musica, alla scienza* | Avvincere: *una lettura che appassiona i ragazzi* | (*lett.* o *region.*) Addolorare, commuovere. **B v. intr. pron.** *1* (+ *a*; raro + *di*; lett. + *per*) Provare passione, sentire vivo interesse per qlco.: *appassionarsi al teatro, allo sport*; *per un lungo periodo si è appassionato di pittura*; *non poteva appassionarsi per cose avvenute tanto tempo prima* (SVEVO). *2* (*lett.* o *region.*) Addolorarsi, commuoversi.

♦**appassionàto** [sec. XIV] **A part. pass.** di *appassionare*; anche **agg.** (assol.; + *di*; lett. + *per*) *1* Che prova passione: *un giovane a. di musica, di sport, di cinema*; *a. per la musica più ancora che per la poesia* (FOGAZZARO) | Pieno di passione: *un amante a.* *2* Che rivela, che esprime passione: *uno sguardo a.*; *l'arringa appassionata del difensore.* *3* (*mus.*) Detto di indicazione espressiva che precisa un movimento: *andante a.* || **appassionataménte**, **avv.** In modo appassionato. **B s. m.** (**f.** *-a*) (assol; + *di*) ● Chi si dedica con passione a qlco.: *gli appassionati della lirica.*

appassire [comp. di *a-* (*2*) e *passo* (*3*); av. 1499] **v. intr.** e **intr. pron.** (*io appassìsco, tu appassìsci*; aus. *essere*) *1* Divenire, secco, vizzo, detto di fiori, piante e sim.: *le foglie appassiscono.* *2* (*fig.*) Illanguidire, sfiorire: *la giovinezza appassisce troppo presto.*

†**appastàre** [comp. di *a-* (*2*) e *pasta*; 1313] **A v. tr.** ● Impastare. **B v. intr. pron.** ● Farsi denso come pasta.

appastellàrsi [comp. di *a-* (*2*) e *pastello*; 1865] **v. intr. pron.** (*io mi appastèllo*) ● Agglomerarsi in pallottoline: *spesso le vernici si appastellano.*

appeal /ap'pil, *ingl.* ə'phi:l/ [vc. ingl., propr. 'richiamo'; 1961] **s. m. inv.** *1* Richiamo, attrazione: *una proposta non priva di a.* *2* Accorc. di *sex appeal.*

appeasement /*ingl.* ə'phi:zmənt/ [ingl., da *to appease* 'pacificare, calmare', dall'ant. fr. *apeser* (fr. mod. *apaiser*), comp. del lat. *ăd* e del denom. di *pais* (mod. *paix*) 'pace'; 1950] **s. m. inv.** ● Politica di acquiescenza nei confronti di uno Stato aggressivo e potenzialmente ostile, perseguita a costo di concessioni e sacrifici.

appellàbile [1673] **agg.** ● Che si può appellare: *sentenza a.*

appellabilità [1673] **s. f.** ● Condizione di appellabile.

appellànte [1549] **A part. pres.** di *appellare*; anche **agg.** ● Nei sign. del v. **B s. m. e f.** ● Chi appella o si appella.

appellàre [lat. *appellāre*, comp. di *ăd* e *pellāre* (da *pĕllere* 'spingere') 'spingersi verso, dirigersi'; sec. XIII] **A v. tr.** (*io appèllo*) *1* (*raro, lett.*) Chiamare, spec. per nome. *2* †Invitare, provocare, sfidare | (*poet.*) †Incitare: *te fremendo appella / ai fatti illustri il popolar favore* (LEOPARDI). *3* †Accusare, incolpare. **B v. tr., intr.** e **intr. pron.** (aus. intr. *essere*) ● (*dir.*) Ricorrere ad un giudice di grado superiore affinché modifichi un provvedimento viziato o ingiusto emesso da un giudice civile o penale di grado inferiore: *a. una sentenza*; *i condannati decisero di a.*; *a., appellarsi contro una sentenza.* **C v. intr. pron.** *1* Fare appello, rivolgersi a qlcu.: *appellarsi alla generosità, alla coscienza di qlcu.* *2* (*lett.*) Chiamarsi, avere nome.

appellativo [vc. dotta, lat. tardo (*nōmen*) *appellatīvu(m)*, da *appellāre* 'appellare'; av. 1557] **A agg.** *1* (*ling., raro*) Che serve a denominare: *nome a.* CONTR. Proprio. *2* (*dir., raro*) Relativo ad appello. **B s. m.** *1* Titolo d'onore, di dignità e sim. *2* (*ling.*) Nome comune. *3* Soprannome, epiteto: *un a. scherzoso, offensivo.*

appellàto [av. 1292] **A part. pass.** di *appellare*; anche **agg.** *1* Nel sign. del v. *2* (*dir.*) Detto di chi è convenuto in un giudizio di appello. **B s. m.** (**f.** *-a*) ● Chi è convenuto in un giudizio di appello.

appellatòrio [vc. dotta, lat. tardo *appellatōriu(m)*, da *appellāre* 'appellare'; sec. XVIII] **agg.** ● (*dir.*) Di appello.

appellazióne [vc. dotta, lat. *appellatiōne(m)*, da *appellāre* 'appellare'; 1292] **s. f.** *1* (*raro, lett.*) Nome, denominazione | Epiteto. *2* †Appello, ricorso: *il giudice … paghi le spese che succedono per l'a. dichiarata giusta* (CAMPANELLA).

appèllo [da *appellare*; av. 1306] **s. m.** *1* Chiamata per nome di persone, spec. in ordine alfabetico, allo scopo di controllarne la presenza: *fare l'a.*; *presentarsi, rispondere, mancare all'a.* | ***Votazione per a. nominale***, quella in cui si prende nota di ciascun votante e del suo voto. *2* Ciascuna delle convocazioni che l'ordinamento universitario prevede per ogni sessione ordinaria d'esame: *primo, secondo a.*; *sessione straordinaria ad a. unico.* *3* (*est.*) Sollecitazione, istanza: *un a. alla bontà altrui* | ***Fare appello a***, invocare: *faccio a. al vostro buon cuore* | ***Fare a. alle proprie risorse fisiche, morali e sim.***, raccoglierle in uno sforzo particolare | Pubblico richiamo in favore di qlco.: *un a. per la pace.* *4* (*dir.*) Mezzo d'impugnazione contro le sentenze di primo grado: *giudice dell'a.*; *a. contro le sentenze penali, civili*; *corte d'a.* | ***Atto d'a.***, atto introduttivo con cui si determina l'instaurarsi di un giudizio di secondo grado | ***Giudizio di a.***, di secondo grado | ***Senz'a.***, di provvedimento giurisdizionale contro cui non si può ricorrere.

♦**appéna** o (*raro, lett.*) **a péna** [comp. di *a-* (*2*) e *pena*; 1294] **A avv.** *1* A fatica, a stento, con difficoltà: *riusciamo a. a distinguerlo*; *ci sente a.*; *facemmo a. in tempo* | ***A. a.***, pochissimo, a mala pena: *socchiuse a. a. un occhio.* *2* Soltanto, non di più: *mi ha fatto a. un cenno*; *versami a. due dita di vino*; *sono a. le sei.* *3* Da poco: *sono a. arrivato*; *la luna era appena sorta in cielo* | Correlativo di 'che' e 'quando': *era a. uscito quando mi ricordai che cosa dovevo dirgli.* **B cong.** ● Subito dopo che, tosto che (introduce una prop. temp., sia implicita con il v. al part. pass., sia esplicita con il v. all'indic. o al congv.): *a. arrivai* (anche *a. arrivato*), *mi corse incontro* | Con il 'non' pleon.: *non a. mi ha visto, se l'è data a gambe*; *non a. tu guarisca, andremo al mare.*

†**appenàre** [comp. di *a-* (*2*) e *pena*; av. 1364] **A v.**

tr. • Mettere in pena. **B** v. rifl. • (*lett.*) Affannarsi, darsi pena.

◆**appèndere** [lat. *appĕndere*, comp. di *ăd* 'verso' e *pĕndere* 'pesare' (V. *pendere*); av. 1306] **A** v. tr. (pres. *io appèndo*; pass. rem. *io appési*, *tu appendésti*; part. pass. *appéso*) **1** Attaccare una cosa a un sostegno più o meno elevato da terra in modo che vi resti sospesa: *a. il cappello all'attaccapanni*; *a. un quadro al muro* | **A. la bicicletta**, **i guantoni al chiodo**, (*fig.*) ritirarsi dall'attività sportiva del ciclismo, del pugilato. **2** (*lett.*) Impiccare: *a. un reo a un albero, alla forca*. **3** (*fig.*) †Valutare, soppesare: *i consigli appende e pesa* (TASSO). **B** v. rifl. • Attaccarsi | **Appendersi al braccio di qlcu.**, appoggiarsi | (*fig.*) **Appendersi al collo di qlcu.**, gettargli le braccia al collo.

appendiàbiti [comp. di *appendere* e del pl. di *abito*; 1970] s. m. inv. • Attaccapanni.

appendìce [vc. dotta, lat. *appendĭce*(m) 'aggiunta', da *appendere* 'sospendere'; sec. XIV] s. f. • **1** Parte aggiunta a un'altra con lo scopo di spiegare, approfondire o aggiornare: *a. a un discorso* | Complesso di scritti, documenti e sim. allegati a un'opera: *a. di un libro*, *di un'enciclopedia* | Volume di aggiornamento di un'enciclopedia | Parte di un quotidiano, dove, a piè di pagina, si pubblicavano articoli di varietà, di critica, puntate di romanzi e sim.: *romanzo d'a.* **3** (*anat.*) **A. vermiforme**, **ileocecale**, o (*assol.*) **appendice**, piccola porzione cilindrica dell'intestino cieco nell'angolo tra questo e l'ultima ansa ileale. → ILL. p. 2125 ANATOMIA UMANA. || **appendicétta**, dim.

appendicectomìa [comp. di *appendice* e gr. *ektomḗ* 'recisione', da *témnō* 'io taglio'; 1906] s. f. • (*chir.*) Asportazione chirurgica dell'appendice vermiforme del cieco.

appendicìsta [1847] s. m. e f. (pl. m. *-i*) • Un tempo, scrittore di romanzi d'appendice per i giornali.

appendicìte [da *appendice*, attrav. l'ingl. *appendicitis*; 1892] s. f. • (*med.*) Infiammazione dell'appendice vermiforme del cieco.

appendicolàre [dal lat. *appendīcula*, dim. di *appĕndix*, genit. *appendīcis* 'appendice'; 1943] agg. **1** Che ha forma d'appendice | (*bot.*) **Organo a.**, foglia. **2** (*anat.*) Dell'appendice vermiforme.

Appendicolàrie [V. *appendicolare*; 1955] s. f. pl. (sing. *-a*) • Nella tassonomia animale, classe di Tunicati marini con corda dorsale che persiste nell'adulto (*Appendiculariae*).

appendigònna o **appendigónna** [comp. di *appendere* e *gonna*; 1963] s. m. inv. • Speciale tipo di attaccapanni per gonne.

appendìzie [vc. dotta, lat. tardo *appendīciu*(m) 'aggiunta'. V. *appendice*; 1625] s. f. pl. • (*dir.*) Prestazioni accessorie, di varia natura, che nella colonia parziaria il colono doveva al concedente per contratto o consuetudine: *le a. dovute* | (*est.*) Regalie dovute per consuetudine al padrone dal colono.

†**appennecchiàre** [comp. di *a-* (2) e un denom. di *pennecchio*; sec. XVIII] v. tr. (*io appennécchio*) • Ridurre in pennecchi la lana, la canapa, il lino.

appennellàre [comp. di *a-* (2) e *pennello*; 1889] v. tr. (*io appennèllo*) • (*mar.*) Ormeggiare una nave dando fondo a due ancore di prua poste una davanti all'altra sulla stessa linea d'ancoraggio | Prepararsi a dar fondo filando la catena dell'ancora fino a farle toccare l'acqua.

appennìnico [1929] agg. (pl. m. *-ci*) • Degli Appennini: *paesaggio a.*; *vegetazione appenninica*.

appennìno [lat. *Apennīnu*(m); av. 1292] **A** s. m. • (*lett.*) **L'Appennino**, gli Appennini: *sopra i fronzuti omeri d'Appennino* (BOCCACCIO). **B** agg. • (*raro, lett.*) Appenninico: *la luna / da selve appennine ... si solve* (CARDUCCI).

appercettìvo [1955] agg. • (*filos.*, *psicol.*) Che concerne o interessa l'appercezione.

appercezióne [comp. del lat. *ăd* 'verso' e *perceptio*, genit. *perceptiōnis* 'percezione'; 1865] s. f. **1** (*filos.*) Atto del prendere chiara consapevolezza delle proprie percezioni e di distinguere il soggetto percipiente dall'oggetto percepito. **2** (*psicol.*) Stadio finale dell'attenzione percettiva, in cui qualcosa viene chiaramente compreso e acquista una relativa preminenza nella coscienza.

appertizzàre [1965] agg. (pl. m. *-ci*) v. tr. • (*raro*) Trattare mediante appertizzazione.

appertizzazióne [fr. *appertisation*, dal nome del cuoco N. *Appert* inventore del processo; 1965] s. f. • Conservazione dei cibi deperibili mediante sterilizzazione col calore in recipienti impermeabili all'aria.

appesantiménto [1961] s. m. • L'appesantire, l'appesantirsi | Pesantezza (*spec. in senso fig.*).

appesantìre [comp. di *a-* (2) e *pesante*; 1845] **A** v. tr. (*io appesantìsco*, *tu appesantìsci*) **1** Rendere pesante o più pesante (*anche fig.*): *a. una valigia con libri*, *un odore acuto appesantisce l'aria*; *troppi aggettivi appesantiscono lo stile*. **2** (*fig.*) Rendere torpido, greve: *a. la testa, lo stomaco*. **B** v. intr. pron. **1** Diventare pesante o più pesante: *appesantirsi con carichi eccessivi* | Ingrassare: *con gli anni ci si appesantisce*. **2** (*fig.*) Diventare torpido, sonnolento | (*fig.*) Aggravarsi.

◆**appéso** [av. 1306] part. pass. di *appendere*; anche agg. • Nei sign. del v.

appestàre [comp. di *a-* (2) e *peste*; 1615] **A** v. tr. (*io appèsto*) **1** Contagiare con la peste o (*est.*) con altra malattia infettiva: *a. un intero paese*. **2** Riempire di odori nauseabondi (*anche assol.*): *il fumo del sigaro appestava la casa*; *c'è un tanfo che appesta*. **3** (*fig.*) Corrompere, inquinare moralmente: *i libri di cui i materialisti appestano il mondo* (FOSCOLO). **B** v. intr. e intr. pron. (aus. *essere*) • †Prendere la peste.

appestàto [1550] **A** part. pass. di *appestare*; anche agg. • Nei sign. del v. **B** s. m. (f. *-a*) • Chi è ammalato di peste.

appestatóre [1835] agg.; anche s. m. (f. *-trice*) • Che (o Chi) appesta.

appetènte [1865] part. pres. di *appetire*, anche agg. **1** Nei sign. del v. | (*lett.*) Che sente appetito | (*lett.*) Che stuzzica l'appetito. **2** (*fig.*, *lett.*) Bramoso, desideroso: *a te con focoso disio a. di ritornare* (BOCCACCIO).

appetènza [vc. dotta, lat. *appetēntia*(m), da *appetĕre* 'appetire'; av. 1705] s. f. • (*raro*) Appetito | (*fig.*, *lett.*) Desiderio.

appetìbile [vc. dotta, lat. *appetībile*(m), da *appetĕre* 'appetire'; 1319] agg. • Desiderabile.

appetibilità [1612] s. f. • Caratteristica di chi o di ciò che è appetibile.

appetìre [lat. *appetĕre* 'bramare', comp. di *ăd* e *petĕre* 'chiedere', con influsso di *appetito*; sec. XIII] **A** v. tr. (*io appetìsco*, *tu appetìsci*) **1** (*lett.*) Desiderare vivamente: *quantunque ogni uomo naturalmente appetisca vendetta delle ricevute offese* (BOCCACCIO). **2** (*lett.*) Avere voglia, desiderio di un cibo: *a. la frutta, la carne*. **B** v. intr. (aus. *essere* o *avere*) • (*lett.*) Suscitare l'appetito | Piacere.

appetitìvo [vc. dotta, lat. tardo *appetitīvu*(m), da *appetĕre* 'appetire'; av. 1357] agg. **1** (*filos.*) Relativo ad appetizione. **2** †Appetitoso.

◆**appetìto** [vc. dotta, lat. *appetītu*(m), da *appetĕre* 'appetire'; 1294] s. m. **1** Tendenza istintiva degli esseri verso ciò che soddisfa i loro bisogni e desideri: *gli appetiti dell'animo, del corpo*; *Per ché non neggi tu, o sacra fame / de l'oro, l'a. de' mortali?* (DANTE *Purg.* XXII, 40-41) | Istinto, inclinazione. **2** Desiderio di mangiare: *avere molto, poco a.*; *mangiare con a.*, *di buon a.*; *stuzzicare, perdere l'a.* | **Buon a.!**, augurio a chi si appresta a mangiare. **3** (*lett.*) Voglia, brama, cupidigia: *l'a. dell'uomo è infinito* (CAMPANELLA). || PROV. L'appetito vien mangiando.

appetitóso [da *appetito*; 1508] agg. **1** Che stimola l'appetito: *cibo, piatto a*. **2** (*fig.*) Che desta desiderio, attraente: *donna appetitosa*. **3** †Desideroso, voglioso. || **appetitosaménte**, avv. (*lett.*) Con appetito.

appetizer /əpə'taizər/, ingl. 'æpɪ,taɪzə/ [vc. ingl., propr. 'ciò che stimola l'appetito', da *to appetize* 'provocare gusto per il cibo' di orig. fr.; 1991] s. m. inv. • Stuzzichino, piccolo antipasto.

appetizióne [vc. dotta, lat. *appetitiōne*(m), da *appetītus*, part. pass. di *appetĕre* 'appetire'; sec. XIV] s. f. • (*filos.*) Tendenza della volontà a soddisfare determinati bisogni o a conseguire determinati fini.

appètto o **pètto** [comp. di *a-* (2) e *petto*; av. 1337] **A** avv. • (*lett.*) Di fronte | (*fig.*) In confronto. **B** nella loc. prep. **appetto a** • (*lett.*) Di fronte, dirimpetto: *a. alla chiesa* | (*fig.*) In confronto, paragone, rispetto: *a. a lui tutti gli altri valgono poco*; *ho lodato l'Italia a. alla Francia, perché non ha rinunziato alla sua lingua antica* (LEOPARDI).

appezzaménto [da *appezzare*; 1817] s. m. • Frazione di terreno agricolo: *un a. di terra fertile*; *vari appezzamenti a frutteto*.

appezzàre [comp. di *a-* (2) e *pezzo*; 1797] v. tr. (*io appèzzo*) **1** (*lett.*) Tagliare in pezzi. **2** (*raro*) Congiungere insieme vari pezzi: *a. una fune*.

appezzàto [1865] **A** part. pass. di *appezzare*; anche agg. • Nei sign. del v. **B** s. m. • (*lett.*) Appezzamento.

appezzatùra [1865] s. f. • Operazione e modo dell'appezzare.

appiacevolìre [comp. di *a-* (2) e *piacevole*; av. 1673] v. tr. (*io appiacevolìsco*, *tu appiacevolìsci*) • (*raro*) Rendere piacevole | Mitigare.

appianàbile [1819] agg. • Che si può appianare.

appianaménto [1745] s. m. • L'appianare | (*fig.*) Risoluzione, superamento: *l'a. di una divergenza*.

appianàre [lat. tardo *adplanāre*, comp. di *ăd* e *plānus* 'piano'; 1319] **A** v. tr. **1** Rendere piano, spianare: *a. un terreno, una strada*. **2** Abbattere, atterrare: *a. un bosco*. **3** (*fig.*) Rimuovere difficoltà, ostacoli e sim.: *a. un dissidio, una divergenza d'opinioni* | (*lett.*) Agevolare: *appianar la strada al dispotismo* (LEOPARDI). **B** v. intr. pron. • Risolversi, chiarirsi: *col tempo ogni cosa si appiana*.

appianàto [1320 ca.] part. pass. di *appianare*; anche agg. • Nei sign. del v.

appianatóia [1565] s. f. • Attrezzo usato dai muratori per rendere liscio l'intonaco.

appianatóio [1865] s. m. • Macchina per appianare il terreno.

appianatùra [1865] s. f. • Operazione dell'appianare: *l'a. di una strada, di un sentiero* | Punto ove una superficie è stata appianata.

appiastràre [comp. di *a-* (2) e *piastra*; av. 1320] **A** v. tr. • (*raro*) Stendere come un impiastro: *a. una pomata* | (*fig.*, *lett.*) Attaccare insieme: *staccò dalle pareti un quadro*, *... lo appiastrò al suolo* (GADDA). **B** v. rifl. • Attaccarsi, appiccicarsi.

appiastricciàre [comp. di *a-* (2) e *piastriccio*; 1618] **A** v. tr. (*io appiastrìccio*) • (*raro*) Impiastricciare. **B** v. intr. pron. • (*raro*) Appiccicarsi.

appiàstro [lat. *apiastrum*, deriv. di *apium* 'appio' (2)'; sec. XIV] s. m. • (*bot.*) Melissa.

appiattaménto [1304 ca.] s. m. • L'appiattarsi.

appiattàre [comp. di *a-* (2) e di un deriv. dell'agg. *piatto*; sec. XIII] **A** v. tr. • (*raro*) Nascondere. **B** v. rifl. • Nascondersi, rimpiattarsi: *appiattarsi nel buio, dietro un albero, fra l'erba, in un cantuccio*.

appiattiménto [1906] s. m. **1** L'appiattire, l'appiattirsi | **A. dei salari**, **delle aliquote e sim.**, riduzione della differenza tra i minimi e i massimi e tra le varie categorie | (*fig.*) Riduzione a un livello unico, gener. inferiore: *a. culturale*; *a. del gusto*. SIN. Livellamento. **2** (*astron.*) Schiacciamento.

appiattìre [comp. di *a-* (2) e *piatto*; 1881] **A** v. tr. (*io appiattìsco*, *tu appiattìsci*) • Rendere piatto, schiacciare (*anche fig.*): *a. un materasso con l'uso*; *è uno sfondo che appiattisce il quadro*. **B** v. rifl. • Farsi piatto, schiacciarsi: *l'animale si appiattì per terra* | (*fig.*) Uniformarsi o allinearsi in modo acritico: *si è appiattito sulle posizioni del segretario del partito*. **C** v. intr. pron. **1** Divenire piatto. **2** (*fig.*) Livellarsi: *i salari si sono appiattiti* | Diventare monotono, privo di attrattive: *in questa noia tutto si appiattisce*.

appiccàgnolo [da *appiccare*; sec. XIV] s. m. • (*raro, lett.*) Oggetto a cui ci si può afferrare o si può appendere qlco.

appiccaménto [av. 1320] s. m. • (*raro*) L'appiccare, l'appiccarsi.

◆**appiccàre** [etim. incerta; 1300 ca.] **A** v. tr. (*io appìcco*, *tu appìcchi*) **1** (*lett.* o *region.*) Congiungere, unire, attaccare: *appiccano alla punta di ciascuna trave una catena* (MACHIAVELLI) & Affiggere: *a. un quadro al muro* | (*lett.*) Trasmettere una malattia contagiosa. **2** Appendere, sospendere | (*est.*) Impiccare. **3** (*raro, lett.*) Cominciare: *a. zuffa, battaglia, discorso* | **A. il fuoco a qlco.**, incendiarla. **4** †Assestare | †**Appiccarla a qlcu.**, affibbiare qlco. | (*fig.*) darla ad intendere. **B** v. rifl. **1** (*region.*) Attaccarsi, aggrapparsi: *appiccarsi a un sostegno* | (*est.*) Appendersi | Impiccarsi: *appiccarsi a una trave*. **2** †Azzuffarsi, scontrarsi. **C** v. intr. pron. **1** (*lett.*) Trasmettersi, detto di malattia contagiosa.

2 (*lett.*) Attecchire, metter radici, germogliare.

appiccàto [1953] **A** part. pass. di *appiccare*; anche agg. ● Nei sign. del v. **B** s. m. ● Carta dei tarocchi raffigurante un uomo appeso per un piede.

appiccatùra [av. 1519] s. f. ● (*raro* o *region.*) Attaccatura | (*est.*) Punto di congiuntura | (*est.*) Unione di più cose.

appicciàre [etim. incerta; av. 1306] v. tr. (*io appiccio*) *1* †Attaccare | (*tosc.*) Unire insieme: *a. i fichi secchi.* *2* (*dial.*) Accendere: *a. il fuoco, il lume.*

appiccicàre [da *appicciare*; 1304] **A** v. tr. (*io appiccico, tu appiccichi*) *1* Attaccare con sostanze vischiose, adesive: *a. un francobollo, un cartellino.* *2* (*fig.*) Appioppare: *a. un ceffone* | Attribuire: *a. un soprannome, un epiteto.* *3* (*assol.*) Essere vischioso, appiccicoso: *il miele appiccica.* **B** v. rifl. ● Attaccarsi (*anche fig.*).

appiccicaticcio [1400 ca.] **A** agg. (pl. f. *-ce*) *1* Che si appiccica: *liquido a.* *2* (*fig.*) Detto di persona, importuno, molesto. **B** s. m. ● Ciò che appiccica | (*fig.*) Insieme di cose malamente unite.

appiccicatùra [av. 1722] s. f. ● L'appiccicare | (*fig.*) Aggiunta inopportuna: *chiude con l'a. di una riflessioncella* (CROCE).

appiccicóso [av. 1722] agg. *1* Che appiccica o si appiccica: *marmellata appiccicosa*; *dita appiccicose.* *2* (*fig.*) Detto di persona, importuno, noioso: *è una cara persona, ma è troppo appiccicosa.* ‖ **appiccicosaménte**, avv.

appiccicume [av. 1945] s. m. ● Sostanza appiccicosa o insieme di cose appiccicose.

appicco (1) [da *appiccare*; sec. XV] s. m. (pl. *-chi*) *1* (*raro*) Appiglio, attaccatura. *2* (*fig., lett.*) Pretesto, occasione, opportunità: *dare, trovare a.*; *servire di a.*

appicco (2) [da *a picco*; 1940] s. m. (pl. *-chi*) ● Parete di roccia o di ghiaccio perfettamente verticale, in montagna.

appiccolire [comp. di *a-* (2) e *piccolo*; sec. XIII] v. tr. (*io appiccolisco, tu appiccolisci*) ● (*raro, lett.*) Rimpicciolire (*anche fig.*).

appiè o **a piè**, **appiède**, **appièdi** [comp. di *a-* (2) e *piede*; 1312] **A** avv. ● †A piedi. **B** nella loc. prep. ***a. di*** ● (*lett.*) Ai piedi, sotto, nella parte inferiore: *a. del monte*; *a. del poggio, … giaceva un mucchietto di casupole* (MANZONI) | (*fig.*) In fondo: *a piè di pagina.*

appiedaménto [1955] s. m. *1* L'appiedare, il venire appiedato. *2* Sanzione che viene applicata nei confronti di cavalieri, fantini o guidatori colpevoli di gravi infrazioni, spec. violenza al cavallo, durante lo svolgimento di una gara, consistente nella proibizione a partecipare a un certo numero di corse.

appiedàre [comp. di *a-* (2) e *piede*; av. 1803] v. tr. (*io appièdo*) *1* Fare scendere soldati o reparti dai relativi mezzi di trasporto o di combattimento per agire a piedi. *2* (*est.*) Costringere a scendere da un mezzo di trasporto: *un guasto all'automobile mi ha appiedato.*

appiedàto [av. 1946] part. pass. di *appiedare*; anche agg. *1* Nei sign. del v. *2* Nell'ippica, detto di cavaliere, fantino o guidatore colpito dalla sanzione dell'appiedamento | Negli sport motoristici, detto di pilota non accasato.

appiède ● V. *appiè.*

appièdi ● V. *appiè.*

appièno o **a pièno** [comp. di *a-* (2) e *pieno*; 1308] avv. ● (*lett.*) Pienamente, interamente, del tutto: *non avete corrisposto a. alle nostre aspettative*; *comprendo a. il tuo stato d'animo.*

appigionaménto [1829] s. m. ● (*disus.* o *region.*) L'appigionare.

appigionàre [comp. di *a-* (2) e *pigione*; 1375] v. tr. (*io appigióno*) ● (*disus.* o *region.*) Dare a pigione: *a. case, stanze, negozi* | ***Appigionasi***, come cartello o annuncio pubblicitario | Noleggiare.

appigliàrsi [comp. di *a-* (2) e *pigliare*; av. 1250] **A** v. rifl. (*io mi appìglio*) ● Aggrapparsi a un sostegno: *a. al braccio di qlcu. per non cadere in terra.* **B** v. intr. pron. *1* (*raro*) Appiccarsi, estendersi: *Lo ingordo foco s'appiglia nelle legne* (LEONARDO) | Abbarbicarsi: *l'edera s'appiglia ai rami.* *2* (*fig.*) Attenersi: *a. a un partito, a un inutile pretesto*; *e veggio 'l meglio, et al peggior m'appiglio* (PETRARCA).

appiglio [da *appigliarsi*; 1824] s. m. *1* Punto di appoggio o di sostegno: *trovare un a.* | Nell'alpinismo, asperità della roccia su cui si esercita con le mani gener. una trazione | ***A. rovescio***, quello che viene sfruttato in trazione dal basso verso l'alto | (*mil.*) ***A. tattico***, ogni rilievo del terreno favorevole all'azione di un piccolo reparto. *2* (*fig.*) Pretesto, occasione: *cercare un a. per giustificarsi.*

àppio (1) [dal lat. *melăpiu(m)*, dal gr. *mēlápion*, comp. di *mêlon* 'melo' e *ápion* 'pero'; av. 1639] agg. ● (*agr.*) Appiolo.

àppio (2) o **àpio** [lat. *àpiu(m)*, interpretato dai latini come 'erba delle api'; 1282 ca.] s. m. ● (*bot.*) Denominazione di varie Ombrellifere | ***A. dolce***, ***a. grande***, sedano.

appiòla [v. *appiolo*; 1806] s. f. ● Mela appiola.

appiòlo [da *appio* (*1*); av. 1566] agg. ● Detto di una varietà di mela dal colore rosso intenso | ***Melo a.***, quello che produce tale varietà di mele.

appiómbo o **a piómbo** nel sign. A [comp. di *a-* (*2*) e *piombo*; av. 1363] **A** avv. ● Perpendicolarmente, secondo la direzione del filo a piombo. **B** s. m. *1* Direzione verticale del filo munito di piombo. *2* (*veter.*) Direzione degli arti dell'animale piazzato su un piano orizzontale.

appioppàre [comp. di *a-* (*2*) e *pioppo* (a cui si legano le viti); av. 1597] v. tr. (*io appiòppo*) *1* Legare le viti al tronco di un pioppo per sostenerne i tralci. *2* Piantare un terreno a pioppi. *3* (*fig., fam.*) Affibbiare: *a. un pugno* | Attribuire: *a. un nomignolo* | Rifilare: *a. denaro falso.*

appisolàrsi [comp. di *a-* (*2*) e *pisolo*; 1634] v. intr. pron. (*io mi appìsolo*) ● Addormentarsi d'un sonno breve e leggero: *a. davanti al fuoco.*

♦**applaudire** [lat. *applaudere*, comp. di *ăd* e *plaudere* 'plaudere'; 1351] v. tr. e intr. (*io applàudo* o *applaudisco, tu applàudi* o *applaudisci*; aus. intr. *avere*) *1* (assol.; qlco. o qlcu.; lett. + *a* qlcu. o qlco.) Manifestare approvazione, entusiasmo e sim. battendo le mani: *a. una cantante*; *bisognosi di gridare, d'a. a qualcheduno* (MANZONI). *2* (+ *a* qlco.) (*est.*) Approvare, mostrarsi favorevole: *tutti applaudirono alle proposte dell'assemblea.*

applauditóre [1441] agg.; anche s. m. (f. *-trice*) ● (*raro*) Che (o Chi) applaude.

applàuso [vc. dotta, lat. *applăusu(m)*, 'urto con strepito', poi 'applauso', comp. di *ăd* e *plausus* 'plauso'; av. 1406] s. m. *1* Manifestazione spontanea e clamorosa di favore e di approvazione, espressa battendo le mani: *a. unanime, fragoroso*; *risuonò un a.*; *gli applausi scrosciavano*; *un coro di applausi gli fece eco* | ***A. a scena aperta***, quello rivolto dal pubblico a un attore nel corso della rappresentazione interrompendo lo svolgimento dell'azione scenica. *2* (*est.*) Approvazione, consenso, lode: *la contraria opinione ebbe … l'a. universale* (SARPI).

applausòmetro [comp. di *applauso* e *-metro*; av. 1956] s. m. ● Apparecchio per misurare la durata e l'intensità degli applausi del pubblico, negli spettacoli spec. televisivi.

àpplet /'aplet, *ingl.* 'æplɛt/ [vc. ingl., da *app(lication)* nel senso di 'programma di computer' con il suff. ingl. dim. *-let*; 1996] s. m. inv. ● (*elab.*) Programma di ridotte dimensioni incluso in una pagina web.

applicàbile [1499] agg. ● Che si può applicare.

applicabilità [1819] s. f. ● Caratteristica di ciò che è applicabile.

♦**applicare** [vc. dotta, lat. *applicāre* 'accostare, applicare', comp. di *ăd* e *plicāre* 'piegare'; 1312] **A** v. tr. (*io àpplico, tu àpplichi*) *1* Porre una cosa sopra un'altra in modo che aderiscano: *a. un'etichetta, una pomata, un cerotto, una guarnizione* | (*est.*) Accostare: *a. le labbra all'orecchio di qlcu.* *2* (*fig.*) Dare, attribuire: *a. un nomignolo, un epiteto, un titolo* | Adattare, riferire: *a. il risultato di una ricerca al benessere generale.* *3* (*fig.*) Impiegare, destinare: *è stato applicato a un ufficio importante* | ***A. la mente, l'animo***, dedicare, concentrare. *4* (*fig.*) Mettere in atto, far valere: *a. un esempio, una teoria, una legge, un regolamento* | Praticare: *a. uno sconto del 20%* | ***A. la messa***, celebrarla secondo un'intenzione | Infliggere: *a. una pena, una tassa.* **B** v. rifl. ● Impegnarsi in qlco. con grande attenzione e diligenza (*anche assol.*): *è un ragazzo intelligente, ma si applica troppo poco.*

applicativo [1619] agg. *1* Relativo all'applicazione: *norme applicative.* *2* (*elab.*) Che è destinato all'esecuzione di uno o più compiti definiti: *programma a.* ‖ †**applicativaménte**, avv. Con applicazione.

applicàto [av. 1647] **A** part. pass. di *applicare*; anche agg. *1* Nei sign. del v. *2* Detto di scienza volta a fini pratici: *chimica applicata* | ***Arte applicata***, che si propone di abbellire prodotti industriali e oggetti d'uso comune. **B** s. m. (f. *-a*) ● Lavoratore subordinato, della categoria impiegatizia, che svolge mansioni spec. d'ordine: *a. statale, comunale, bancario.*

applicatóre [1618] agg.; anche s. m. (f. *-trice*) ● Che (o Chi) applica.

applicazióne [vc. dotta, lat. *applicatiōne(m)*, da *applicāre* 'applicare'; 1308] s. f. *1* L'applicare: *a. di un cerotto* | Attuazione: *a. di una legge* | (*mil.*) ***Scuola d'a.***, che completa la formazione degli ufficiali promossi dall'Accademia | ***Applicazioni tecniche***, nella scuola media inferiore, vecchia denominazione dell'attuale educazione tecnica | ***Colori di a.***, quelli che si applicano alle stoffe per azione meccanica di impressione o stampa. *2* Ogni elemento decorativo cucito o ricamato su abiti, applicato su mobili, strutture e sim.: *applicazioni in pizzo*; *applicazioni metalliche.* *3* (*mat.*) Corrispondenza univoca, funzione. *4* (*fig.*) Adattamento, riferimento: *a. di un criterio generale al caso pratico.* *5* (*fig.*) Attenzione costante, concentrazione mentale, impegno: *devi studiare con molta a. per superare l'esame*; *l'a. allo studio*; *mettersi a lavorare con a.* *6* (*elab.*) Programma o insieme di programmi destinato a impieghi specifici come elaborazione di testi, gestione di database, contabilità.

applique /*fr.* a'plik/ [fr., da *appliquer* 'applicare'; 1933] s. f. inv. ● Lume applicato al muro | Mensola | ***Mobile, specchio d'a.***, da parete.

†**àppo** o †**àpo** [etim. incerta: lat. *ăd pŏst* 'a dopo', o lat. *ăpud* 'presso' (forse da avvicinare ad *ăpere* 'legare, attaccare'); av. 1292] prep. *1* (*lett.*) Presso, accanto: *oziosi i cavalli a. i lor cocchi* (MONTI) | (*est.*) Nelle opere, negli scritti di un autore: *a. molti antichi istoriografi* (BOCCACCIO) | (*fig.*) Nell'opinione, nel favore di qlcu.: *Ho io grazie / grandi apo te?* (DANTE *Inf.* XVIII, 134-135). *2* In confronto, a paragone di: *il loro podere fu niente a. la forza de' Romani* (VILLANI). *3* (*raro*) Dopo.

appoderaménto [1817] s. m. ● Frazionamento di un terreno in poderi: *l'a. di un latifondo.*

appoderàre [comp. di *a-* (*2*) e *podere*; 1817] v. tr. (*io appodéro*) ● Suddividere un terreno in poderi.

appoggiacàpo [comp. di *appoggia(re)* e *capo*; 1865] s. m. inv. *1* Striscia di stoffa stesa sulla spalliera delle poltrone, ove si appoggia la testa. *2* (*raro*) Appoggiatesta.

appoggiaférro [comp. di *appoggia(re)* e *ferro*; 1945] s. m. inv. ● Piastra di materiali vari su cui si appoggia il ferro da stiro.

appoggiamàno [comp. di *appoggia(re)* e *mano*; 1935] s. m. inv. *1* Bacchetta che i pittori tengono con la sinistra per appoggiarvi la mano nel dipingere. *2* (*raro*) Corrimano.

appoggiapièdi [comp. di *appoggia(re)* e il pl. di *piede*; 1967] s. m. inv. *1* Nelle motociclette, nelle poltrone professionali, nelle sedie, in attrezzi ginnici e sim., supporto per i piedi. *2* Poggiapiedi.

♦**appoggiàre** [lat. parl. **appodiāre*, da *pŏdium* 'piedestallo'; sec. XIII] **A** v. tr. (*io appòggio*) *1* Accostare, sovrapporre una cosa a un'altra che la sostenga: *a. la scala all'albero* | (*fig., raro*) Fondare, basare: *a. le proprie speranze su esili indizi.* *2* (*est.*) Deporre con delicatezza: *a. i bicchieri sul tavolo* | ***A. un colpo***, nel pugilato, sferrarlo con scarsa potenza | (*lett.*) ***A. uno schiaffo, un ceffone***, darlo, affibbiarlo. *3* (*assol.*) Nel calcio, passare, inviare il pallone a un compagno meglio piazzato. *4* (*fig.*) Sostenere: *a. una proposta, un'iniziativa* | (*fig.*) Favorire: *a. un partito politico, una persona* | (*fig.*) ***A. un'azienda***, accordarle credito. *5* (*lett.*) Affidare. **B** v. intr. (aus. *avere*) ● Poggiare, reggersi: *la colonna appoggia su un forte basamento* | (*fig.*) Basarsi, fondarsi: *i miei dubbi appoggiano su valide prove.* **C** v. rifl. *1* Sostenersi, reggersi: *appoggiarsi alla spalla di qlcu.* | (*fig.*) Ricorrere: *appoggiarsi a un amico.* *2* (*fig.*) Fondarsi, basarsi: *le lontane speranze, / ove s'appoggia la mortal natura* (LEOPARDI).

†**appoggiàta** [av. 1712] s. f. ● (*mar.*) Abbattuta.

appoggiatèsta [comp. di *appoggia(re)* e *testa*; av. 1939] s. m. inv. ● Elemento delle poltrone di barbieri o dentisti che serve ad appoggiare la testa; SIN. Appoggiacapo | Negli autoveicoli, poggiatesta.

appoggiàto [1308] part. pass. di *appoggiare*; anche agg. *1* Nei sign. del v. *2* ***Colpo a.***, nella scherma, stoccata che non arriva di punta. *3* (*ling.*) Detto di consonante preceduta o seguita da altra consonante.

appoggiatóio [1550] s. m. ● Ciò che serve di appoggio | Parapetto, ringhiera.

appoggiatùra [1720] s. f. ● (*mus.*) Abbellimento consistente nel far precedere alla nota essenziale una nota adiacente in funzione di rilievo.

appòggio [1319] A s. m. *1* Sostegno: *le stampelle gli servono d'a.* | (*ling.*) ***Vocale d'a.***, vocale aggiunta per facilitare l'articolazione dei suoni di una parola. *2* (*fig.*) Aiuto, favore, protezione: *contare sull'a. altrui*; *dare a. a qlcu.*; *rimanere senza a.* | ***A. esterno***, voto favorevole che un partito dà al Governo senza parteciparvi | (*est.*) Persona in grado di dare aiuto, favore, protezione: *avere appoggi ovunque*; *non avere appoggi*; *quel-l'uomo è il tuo unico a.* *3* (*mil.*) Azione di fuoco di artiglieria per facilitare l'attacco della fanteria. *4* Nelle costruzioni, tipo di vincolo fisso o mobile destinato a trasmettere alla struttura sottostante l'azione delle forze agenti sulla costruzione. *5* (*dir.*) Diritto di appoggiare o infiggere un proprio manufatto al bene immobile altrui. *6* Attrezzo ginnico costituito da un blocchetto rettangolare di legno, sagomato per l'impugnatura e usato negli esercizi a corpo libero | ***Salire a cavallo in a.***, nell'equitazione, modo corretto di salire a cavallo senza l'utilizzo delle staffe. *7* Nello sport della canoa, manovra compiuta immergendo energicamente la pala della pagaia di piatto al fine di equilibrare l'imbarcazione. *8* (*mus.*) Regione dove si verifica la massima tensione muscolare nell'emissione della voce: *a. in petto*, *a. su diaframma*. B In funzione di agg. inv. ● (posposto al s.) Nella loc. ***nave a.***, nave militare destinata all'assistenza e al rifornimento di unità minori, che operino lontano dalle basi.

appollaiàrsi [comp. di *a-* (*2*) e *pollaio*; 1566] v. rifl. (*io mi appollàio*) *1* Collocarsi su rami o altri sostegni, spec. con riferimento a uccelli | Accovacciarsi. *2* (*fig.*) Rannicchiarsi, spec. in luogo alto: *a. su uno sgabello*.

appollaiàto [1566] part. pass. di *appollaiarsi*; anche agg. ● Nei sign. del v. | Inoltre: (*fig.*, *fam.*) Detto di case ed edifici in genere situati su un'altura: *paesini appollaiati sulle montagne*; *le ròcche tedesche appollaiate* (CARDUCCI).

†**appónere** ● V. *apporre*.

apponìbile [da *apporre*; 1845] agg. ● Che si può apporre.

apponibilità [1955] s. f. ● (*raro*) Caratteristica di ciò che è apponibile.

appontàggio [fr. *appontage*, comp. del lat. *ăd* e un deriv. di *pont* 'ponte'; 1961] s. m. ● Atterraggio di un aereo o di un elicottero su un ponte di volo, spec. di una portaerei.

appontàre [comp. di *a-* (*2*) e un denom. di *ponte*; 1965] v. intr. (*io appónto*; aus. *essere*) ● Compiere la manovra di appontaggio.

appoppaménto [1955] s. m. ● Abbassamento anormale della poppa di una nave o di un aeromobile.

appoppàre [comp. di *a-* (*2*) e *poppa* (*2*); sec. XVI] A v. tr. (*io appóppo*) ● Spostare un carico verso la poppa di una nave o di un aeromobile. B v. intr. e intr. pron. (aus. *essere*) ● Abbassare la poppa, detto di nave o aeromobile.

appórre o †**appónere** [lat. *adpōnere*, comp. di *ăd* e *pōnere* 'porre'; av. 1294] A v. tr. (coniug. come *porre*) *1* Porre presso, sotto o sopra: *a. i sigilli*, *la data*, *una condizione a un contratto* | (*est.*) Aggiungere: *appose l'iniziale del suo nome accanto al-l'importo della tratta* (SVEVO). *2* (*fig.*, *lett.*) Attribuire: *a. qlco. a lode*, *a infamia* | Imputare: *a. una colpa*. *3* †Obiettare, opporre, trovare da ridire. B v. rifl. ● (*lett.*) Farsi presso | (*fig.*, *lett.*) ***Apporsi al vero***, indovinare.

apportàre [lat. *apportāre*, comp. di *ăd* e *portāre* 'portare'; av. 1294] A v. tr. (*io appòrto*) *1* (*lett.*) Portare verso o presso qlcu. *2* Causare, produrre: *a. benessere*, *dolore*, *danni*; *agli occhi miei gravi di sonno apporta / … fastidio* (SABA). *3* (*dir.*) Addurre, allegare, produrre: *a. fatti*, *prove*, *ragioni*; *a. qlco. a discarico*, *a colpa*. *4* †Annunciare, riferire.

apportatóre [1336 ca.] agg.; anche s. m. (f. *-trice*) ● Che (o Chi) apporta.

appòrto [da *apportare*; 1931] s. m. *1* Contributo: *dare un valido a. a una ricerca*. *2* (*metall.*) ***Metallo***, ***materiale di a.***, sostanza che viene colata allo stato liquido nella zona di unione di due pezzi da saldare e che costituisce il cordone di saldatura. *3* (*dir.*) Somma in denaro o complesso di beni che un socio conferisce per entrare in una società. *4* Trasporto paranormale di corpi anche attraverso la materia solida.

appọ̀si ● V. *apporre*.

appositìvo [vc. dotta, lat. *appositīciu(m)*, da *appŏsitus* 'apposto'; 1336 ca.] agg. *1* Aggiunto, complementare. *2* (*ling.*) Che ha valore di apposizione: *termine a.*; *gerundio a.* *3* †Falso, fittizio: *sotto nome a. d'altro padre, teneramente la nutricò* (BOCCACCIO).

♦**appọ̀sito** [vc. dotta, lat. *appŏsitu(m)*. V. *apposto*; 1308] agg. *1* †Messo innanzi | (*est.*) Servito in tavola. *2* Fatto apposta, conveniente, adatto: *scrivere sull'a. modulo*. || **appositaménte**, avv. *1* Opportunamente: *linguaggio appositamente scelto*. *2* Apposta: *abito scelto appositamente*.

apposizióne [vc. dotta, lat. *appositiōne(m)*, da *appŏsitus* 'apposto'; 1531] s. f. *1* L'apporre | (*est.*) Ciò che è apposto. *2* (*ling.*) Sostantivo, solo o accompagnato da attributi o da complementi, che si unisce a un altro per meglio determinarlo.

♦**appòsta** o †**a pòsta** [comp. di *a-* (*2*) e *posta* (*1*); sec. XIV] A avv. *1* Con intenzione, di proposito: *l'ho detto a.*; *l'hai fatto proprio a. per indispettirmi*; *se invece fossimo riusciti ad annoiarvi, credete che non s'è fatto a.* (MANZONI). SIN. Deliberatamente. *2* Con lo scopo preciso, unicamente, appositamente: *è stato deciso a. per danneggiarmi*; *è venuto a. per te*; *a farlo a.*; *nemmeno*, *neanche a farlo a.* B in funzione di agg. inv. ● Fatto appositamente, destinato, adatto: *una stanza a. per i bambini*; *ci vogliono dei chiodi a.*

appostaménto [da *appostare* (*1*); av. 1364] s. m. *1* L'appostare, l'appostarsi | Agguato, insidia: *preparare un a.* | Luogo in cui ci si apposta. *2* Elemento della fortificazione campale per tiratori isolati. *3* Ogni genere di riparo o di tesa per attendervi la selvaggina: *a. fisso*, *vagante*.

appostàre (*1*) [lat. parl. **appositāre*, da *appŏsitus*, part. pass. di *appōnere* 'apporre'; av. 1292] A v. tr. (*io appòsto*) *1* Tenere d'occhio stando nascosto per spiare i movimenti di qlcu., per tendere un agguato e sim.: *a. il nemico*, *la selvaggina*; *il gatto apposta gli uccelli* | †Scoprire di nascosto: *avendo appostato che insieme con la moglie era, se n'andò da lui* (BOCCACCIO). *2* Collocare in appostamento: *Il meglio era appostar colà due uomini* (NIEVO). *3* †Decidere, disporre. B v. rifl. ● Mettersi in agguato: *appostarsi dietro un cespuglio*.

†**appostàre** (*2*) [da *a posto*; 1532] v. tr. ● Assestare: *a. un colpo*.

appostìssimo [superl. della loc. *a posto*] A agg. inv. ● (*fam.*) Detto di persona molto corretta, degna della massima stima e fiducia. B avv. ● Benissimo, ottimamente, perfettamente: *stare*, *sentirsi a.*

appósto [1320 ca.] part. pass. di *apporre*; anche agg. ● Nei sign. del v.

appovènta ● V. *poventa*.

appozzàre (*1*) [comp. di *a-* (*2*) e il denom. di *pozzo*; av. 1597] v. tr. (*io appózzo*) ● Scavare pozze in un terreno.

appozzàre (*2*) [comp. di *a-* (*2*) e *pozzo*; av. 1936] v. tr. (*io appózzo*) ● (*raro*) Immergere in un pozzo o (*est.*) in un liquido | ***A. un avversario***, nella pallanuoto, spingerlo fallosamente sott'acqua.

appratiménto [1779] s. m. ● L'appratire.

appratìre [comp. di *a-* (*2*) e *prato*; 1779] A v. tr. (*io appratisco*, *tu appratisci*) ● Coltivare a prato. B v. intr. (aus. *essere*) *1* Ridursi a prato: *il terrenoappratisce*. *2* Mettere i fili fuori dal terreno, detto del grano.

♦**apprèndere** [lat. *apprehĕndere*, comp. di *ăd* e *prehĕndere* 'prendere'; av. 1250] A v. tr. (coniug. come *prendere*) *1* Comprendere, acquisire con la mente: *a. un difficile concetto*; *a. con facilità*, *con difficoltà* | Imparare: *a. un'arte*, *un lavoro*; *a. bene le regole grammaticali*. *2* Venire a conoscere: *ha appreso la notizia dal giornale*. *3* (*lett.*) Insegnare: *E quante cose / la bella Elvira m'apprese!* (SABA). B v. rifl. ● (*lett.*) Afferrarsi, attaccarsi: *apprendersi a una corda*. C v. intr. pron. ● (*fig.*, *lett.*) Propagarsi, detto spec. di incendio, passione e sim.: *Amor, ch'al cor gentil ratto s'apprende* (DANTE *Inf.* V, 100).

apprendìbile [1775] agg. ● Che si può apprendere: *nozioni facilmente apprendibili*.

apprendiménto [av. 1294] s. m. *1* Acquisizione di nuove conoscenze: *a. di una poesia*, *di una notizia*, *di una tecnica sportiva*. *2* (*psicol.*) Modificazione relativamente durevole indotta in un organismo direttamente dall'esperienza.

♦**apprendìsta** [av. 1758] s. m. e f. (pl. m. *-i*) *1* (*dir.*) Colui che è stato assunto con un contratto di apprendistato: *diritti e obblighi dell'a.* *2* Correntemente, chi si avvia all'apprendimento di un mestiere: *a. falegname* | (*fig.*) ***A. stregone***, chi promuove attività o provoca situazioni il cui successivo svolgimento non è poi in grado di controllare.

apprendistàto [1933] s. m. *1* (*dir.*) Rapporto di lavoro subordinato finalizzato al tirocinio del prestatore d'opera. *2* Periodo di tempo in cui un soggetto lavora in qualità di apprendista. *3* (*raro*) Insieme degli apprendisti.

apprensìbile [vc. dotta, lat. tardo *apprehensībile(m)*, da *apprehĕndere* 'apprendere'; sec. XV] agg. ● (*lett.*) Apprendibile.

apprensióne [vc. dotta, lat. tardo *apprehensiōne(m)*, da *apprehĕndere* 'apprendere'; 1308] s. f. *1* (*raro*, *lett.*) Apprendimento, conoscimento | (*est.*) Percezione, comprensione. *2* Stato di inquietudine derivante dal timore di pericoli, eventi dolorosi e sim.: *destare a.*; *mettere*, *vivere*, *stare in a.*; *provare a. per la salute di qlcu.*

†**apprensìva** [1319] s. f. ● Facoltà dell'apprendere: *Vostra a. da esser verace / tragge intenzione* (DANTE *Purg.* XVIII, 22-23).

apprensìvo [1353] agg. *1* (*raro*, *lett.*) Che serve ad apprendere, capace di apprendere: *facoltà apprensiva*; *intelligenza apprensiva*. *2* Che si lascia prendere dall'inquietudine, dall'ansia: *carattere a.*; *mamma apprensiva* | Che rivela ansia: *un'occhiata apprensiva*. || **apprensivaménte**, avv. Con apprensione.

†**apprẹsentàre** [comp. di *a-* (*2*) e *presentare*; av. 1292] A v. tr. *1* (*lett.*) Presentare, offrire, porgere (*anche fig.*): *Mai non t'appresentò natura o arte / piacer, quanto le belle membra in ch'io / rinchiusa fui* (DANTE *Purg.* XXXI, 49-51). *2* Mettere davanti, palesare, dimostrare. B v. rifl. ● Presentarsi, comparire.

apprẹ́so [1313] part. pass. di *apprendere*; anche agg. ● Nei sign. del v.

appressaménto [sec. XIV] s. m. ● (*raro*, *lett.*) Avvicinamento.

appressàre [comp. di *a-* (*2*) e *presso*; av. 1294] A v. tr. (*io apprèsso*) ● (*lett.*) Avvicinare. B v. intr. e rifl. (aus. *essere*) *1* (*raro*) Accostarsi, avvicinarsi: *appressarsi alla meta*, *alla fine di un lavoro*. *2* (*fig.*) †Rassomigliare.

apprèsso [lat. tardo *ăd prĕssu(m)*. V. *presso*; av. 1294] A avv. *1* Accanto, vicino. *2* (*lett.*) Dopo, nel tempo, in seguito, più tardi: *come dice a.* (o *in a.*) *l'autore*; *come si seppe a.*; *subito a.* | ***Poco a.***, poco dopo. *3* Dietro: *tutti li altri che venieno a.*, / *non sappiendo 'l perché*, *fenno altrettanto* (DANTE *Purg.* III, 92-93). B prep. *1* Vicino: *attento! stammi a.* | ***Portati a. l'ombrello***, con te. *2* (*lett.*) †Dopo: *a. la sua morte*; *a. il suo discorso*; *Come d'autunno si levan le foglie / l'una a. de l'altra* (DANTE *Inf.* III, 112-113). *3* †Dietro: *L'altro, ch'a. me la rena trita, / è Tegghiaio Aldobrandi* (DANTE *Inf.* XVI, 40-41) | ***Andare a. a qlcu.***; ***andare a. a qlco.***, (*fig.*) desiderarla. *4* (*lett.*) †Presso. C in funzione di agg. inv. ● Che segue, successivo: *il mese*, *il giorno a.*; *due ore a.*; *qualche anno a.*; *perciò non lacrimai né rispuos'io / tutto quel giorno né la notte a.* (DANTE *Inf.* XXXIII, 52-53) | ***Bagaglio a.***, V. *bagaglio*.

apprestaménto [1353] s. m. *1* (*lett.*) Preparazione. *2* (*mil.*) Ogni opera di fortificazione campestre: *a. difensivo*.

apprestàre [lat. parl. **adpraestāre*, comp. di *ăd* e *praestus* 'pronto'; av. 1294] A v. tr. (*io apprèsto*) *1* (*lett.*) Preparare, mettere a punto: *a. le armi per una rivolta*. *2* (*lett.*) Offrire, somministrare: *a. le cure del caso a un infortunato*. B v. rifl. ● Prepararsi: *apprestarsi a sbarcare*.

†**apprèsto** [1353] s. m. ● Preparativo.

apprettaménto [1945] s. m. ● (*tess., conciar.*) Trattamento con appretto.

apprettàre [fr. *apprêter* 'preparare', dal lat. parl. **apprestāre*, dall'avv. lat. classico *praesto* 'alla portata di'; 1955] v. tr. (*io apprètto*) ● (*tess., conciar.*) Trattare con appretto.

apprettatóre [1955] s. m. (f. *-trice*) ● (*tess., conciar.*) Operaio addetto all'apprettatura.

apprettatrice [1961] s. f. ● (*tess.*) Macchina per apprettare.

apprettatùra [1950] s. f. ● (*tess., conciar.*) Operazione dell'apprettare.

apprétto (o **-è-**) [fr. *apprêt*, da *apprêter*. V. *apprettare*; 1877] s. m. **1** (*tess.*) Sostanza chimica che viene incorporata nei tessuti per conferire particolari qualità e proprietà, quali la consistenza, la morbidezza, l'impermeabilità, la irrestringibilità, la resistenza alla piegatura e sim.: *a. addensante, incollante, impermeabilizzante, antipiega, antimacchia, antitarmico* | Soluzione a base di amido che si spruzza sui tessuti per facilitarne la stiratura e conferire loro lucentezza e rigidità. **2** (*conciar.*) Sostanza con cui si trattano cuoio o pelle per renderli lucenti od opachi nella misura desiderata. **3** (*tess., conciar.*) Apprettatura. **4** (*tess., conciar.*) Effetto raggiunto con l'apprettatura.

apprezzàbile [da *apprezzare*; sec. XVI] agg. **1** Degno di nota, rilievo e sim.: *tessuto di a. consistenza* | Pregevole: *un'esecuzione a.* **2** Considerevole, rilevante: *non ci sono tra le due tesi differenze apprezzabili.* **3** (*raro*) Valutabile, misurabile. || **apprezzabilménte**, avv.

apprezzaménto [sec. XVI] s. m. **1** Valutazione, giudizio: *apprezzamenti benevoli, malevoli*; *un a. poco lusinghiero* | Stima, approvazione: *la sua proposta ha ricevuto l'a. generale.* **2** (*econ.*) Maggior valutazione di una moneta rispetto a un'altra o a talune altre: *l'euro ha avuto un a. dell'1% sul dollaro.*

♦**apprezzàre** [lat. tardo *appretiāre*, comp. di *ăd* e *prĕtium* 'valore'; 1304] v. tr. (*io apprèzzo*) **1** Stimare: *a. molto una persona* | (*est.*) Gradire: *a. le premure di qlcu.* **2** (*raro*) Fissare, valutare un prezzo.

apprezzativo [av. 1694] agg. ● (*raro*) Che apprezza: *sentimento a.*

apprezzàto [av. 1694] part. pass. di *apprezzare*; anche agg. ● Stimato, considerato: *un a. professionista.*

apprezzatóre [av. 1694] agg.; anche s. m. (f. *-trice*) ● (*raro*) Che (o Chi) apprezza.

†**approbàre** e *deriv.* ● V. *approvare* e *deriv.*

approcciàre [ant. fr. *aprocher*, dal lat. tardo *adpropiāre*, comp. di *ăd* e *prŏpe* 'vicino'; 1313] **A** v. intr. e intr. pron. (*io appròccio*; aus. *avere*) **1** †Avvicinarsi: *Ma ficca li occhi a valle, chè s'approccia / la riviera del sangue* (DANTE *Inf.* XII, 46-47). **2** †Accostarsi al recinto di una piazza, a un'opera di fortificazione mediante approcci. **B** v. tr. ● (*fam.*) Accostare qlco. per stabilire un contatto, un approccio.

appròccio [da *approcciare*; nel sign. 3 per calco dall'ingl. *approach*; av. 1600] s. m. **1** (*raro*) Avvicinamento a qlco. | ***Zona d'a.***, zona in prossimità di una stazione dal lato degli arrivi. **2** Avvicinamento a qlcu. per conoscerne le intenzioni, disporlo ad ascoltare proposte o istanze, ottenerne i favori e sim.: *tentare un a.*; *fare degli approcci* | (*fig.*) Primo contatto: *il suo a. con l'informatica non è stato privo di problemi.* **3** Metodo usato, orientamento seguito per affrontare un argomento, una questione e sim.: *a. matematico allo studio della fisica.* **4** (*mil.*) †Insieme di lavori di protezione eseguiti dagli assedianti per accostarsi con maggiore sicurezza a una piazza o a un'opera di fortificazione assediata.

approdàre (**1**) [comp. di *a-* (*2*) e *proda*; 1304] v. intr. (*io appròdo*; aus. *essere* o *avere*) **1** (*mar.*) Avvicinarsi alla costa, giungere a riva. **2** (*fig.*) Riuscire in ciò che ci si prefigge | ***Non a. a nulla***, non riuscire affatto.

approdàre (**2**) [comp. di *a-* (*2*) e *prode* 'interesse'; 1319] v. intr. **1** †Giovare: *nulla lo scudo approdava* (PULCI) | Essere utile | Profittare. **2** (*lett.*) Garbare, piacere.

appròdo [da *approdare* (*1*); av. 1786] s. m. **1** Manovra dell'approdare. **2** Località litoranea dove una nave può approdare. **3** (*fig.*) Punto d'arrivo di ricerche, indagini e sim.: *un a. culturale*; *il suo spirito cerca da tempo questo a.*

♦**approfittàre** [comp. di *a-* (*2*) e *profitto*; 1664] **A** v. intr. (aus. *avere*) ● Trarre profitto, utilità: *a. dell'esperienza, degli studi, delle occasioni favorevoli, dell'assenza di qlcu.* **B** v. intr. pron. ● Trarre indebitamente vantaggio: *approfittarsi della buona fede di qlcu.*

approfittatóre [da *approfittare*; 1975] s. m. (f. *-trice*) ● Profittatore.

approfondàre [1676] v. tr. (*io approfóndo*) ● (*lett.*) Approfondire.

approfondiménto [av. 1926] s. m. ● (*raro*) L'approfondire | (*fig.*) Esame più accurato, studio condotto in profondità: *l'a. di un problema*; *un argomento che necessita di maggiore a.*

approfondire [comp. di *a-* (*2*) e *profondo*; 1726] **A** v. tr. (*io approfondisco, tu approfondisci*) **1** Rendere profondo o più profondo: *a. un pozzo.* **2** (*fig., lett.*) Rendere più intenso: *a. un dolore, un rimpianto.* **3** (*fig.*) Esaminare, studiare a fondo: *a. un argomento, una questione, una materia.* **B** v. intr. pron. ● Divenire profondo o più profondo (*anche fig.*).

approfondito [1860] part. pass. di *approfondire*; anche agg. ● Nei sign. del v. | (*fig.*) Dettagliato, analitico: *esame a.* || **approfonditaménte**, avv. (*raro*) In modo approfondito.

approntaménto [1955] s. m. **1** (*raro*) Preparazione, allestimento. **2** (*mil.*) Complesso delle operazioni di mobilitazione e delle attività addestrative per portare un'unità al voluto grado di efficienza operativa.

approntàre [comp. di *a-* (*2*) e *pronto*; 1647] v. tr. (*io appróntо*) ● Preparare, predisporre: *a. gli abiti da lavoro, la tavola, il letto.*

approntatùra [1970] s. f. ● Disposizione di pezzi meccanici in posizione tale da essere pronti per il loro impiego.

†**appropiàre** ● V. *appropriare.*

appropinquàre [vc. dotta, lat. *adpropinquāre*, comp. di *ăd* e *propīnquus* 'vicino'; 1294] **A** v. tr. ● †Avvicinare, accostare. **B** v. intr. e intr. pron. (aus. *essere*) ● †Avvicinarsi, accostarsi | Oggi scherz.: *appropinquati, ch'io ti veda bene.*

†**appropòsito** [comp. di *a-* (*2*) e *proposito*; 1542] avv. ● Convenientemente.

appropriàbile [1584] agg. ● (*raro*) Detto di cosa della quale ci si può appropriare.

appropriaménto [av. 1642] s. m. ● L'appropriare, l'appropriarsi (*spec. fig.*) | (*raro, lett.*) Proprietà, convenienza.

appropriàre o †**appropiàre** [lat. tardo *appropriāre*, comp. di *ăd* e *prŏprius* 'proprio'; 1306] **A** v. tr. (*io appròprio*) **1** (con la particella pron.) ***Appropriarsi***, fare proprio, spec. con arbitrio o inganno: *appropriarsi un diritto*; *ella … non doveva appropriarsi quelle parole* (PIRANDELLO) | †***A. qlco. a qlcu.***, darla in proprietà. **2** (*lett.*) Adattare, applicare: *a. un principio a un'idea.* **3** †Paragonare. **B** v. intr. pron. **1** (+ *di*) Impadronirsi, spec. indebitamente: *appropriarsi di denaro altrui.* **2** (*raro*) Convenirsi, confarsi: *questo colore non ti si appropria.*

appropriàto [1354] part. pass. di *appropriare*; anche agg. ● Adeguato, preciso, calzante: *risposta appropriata*; *parlare usando i termini appropriati.* || **appropriataménte**, avv. In modo appropriato: *citare appropriatamente qlco.*

appropriazióne [vc. dotta, lat. tardo *appropriatiōne(m)*, da *appropriāre* 'appropriare'; 1686] s. f. ● L'appropriarsi | (*dir.*) ***A. indebita***, il disporre arbitrariamente di denaro o di cosa mobile altrui, di cui si sia a qualunque titolo in possesso, per procurare a sé o ad altri un ingiusto profitto; correntemente, arbitraria disposizione di cosa mobile altrui da parte di chi l'ha in consegna.

approssimànte [dall'ingl. *approximant*, riferito agli organi articolatori, che si avvicinano] agg. ● (*ling.*) Detto di suono che è pronunciato con un restringimento degli organi della fonazione, ma senza arrivare all'avvicinamento che produce i suoni fricativi: *le semivocali e le liquide sono suoni approssimanti.*

approssimàre [lat. tardo *approximāre*, comp. di *ăd* e *prŏximus* 'vicinissimo'. V. *prossimo*; av. 1294] **A** v. tr. (*io appròssimo*) ● (*lett.* o *raro*) Mettere molto vicino. SIN. Accostare, avvicinare. **B** v. rifl. e intr. pron. ● Farsi vicino (*anche fig.*): *approssimarsi alla riva del mare*; *la bella stagione e le vacanze si approssimano*; *approssimarsi alla meta prefissa.*

approssimativo [1812] agg. **1** Che si avvicina alla misura esatta: *calcolo, conto a.* **2** (*est.*) Generico, vago: *avere una conoscenza approssimativa di qlco.* | Superficiale, privo di rigore: *una regia teatrale alquanto approssimativa.* || **approssimativaménte**, avv. In modo approssimativo: *capire qlco. approssimativamente.*

approssimàto [1300 ca.] part. pass. di *approssimare*; anche agg. **1** (*lett.*) Vicino. **2** Vicino alla misura esatta: *valore a. per eccesso, per difetto.*

approssimazióne [sec. XIV] s. f. **1** (*lett.*) Avvicinamento. **2** (*mat.*) Avvicinamento a un numero, o quantità, mediante numeri, o quantità più semplici da rappresentare o da calcolare | ***Per a.***, approssimativamente, all'incirca | (*est.*) Genericità.

approvàbile o †**approbàbile** [lat. tardo *adprobābile(m)*, da *adprobāre* 'approvare'; av. 1646] agg. ● Che si può approvare: *progetto a.*

♦**approvàre** o †**approbàre** [lat. *adprobāre*, comp. di *ăd* e *probāre*. V. *provare*; av. 1292] v. tr. (*io appròvo*) **1** Giudicare buono, giusto: *a. le idee, le asserzioni di qlcu.* | (*est.*) Lodare: *a. incondizionatamente qlcu.* **2** Ritenere idoneo: *la commissione approvò il candidato.* **3** (*dir.*) Conferire efficacia, da parte di un'autorità amministrativa, a un atto emanato da un'autorità inferiore: *a. una concessione in appalto*; *a. l'apertura di un pubblico servizio* | Deliberare favorevolmente, da parte di un organo collegiale: *il bilancio non è ancora stato approvato*; *entrambe le Camere hanno già approvato il progetto di legge.* **4** †Sperimentare, provare.

approvativo o †**approbativo** [lat. tardo *adprobatīvu(m)*, da *adprobāre* 'approvare'; av. 1551] agg. ● (*raro*) Atto ad approvare: *disegno a.*

approvatóre o †**approbatóre** [lat. *adprobatōre(m)*, da *adprobāre* 'approvare'; sec. XIII] agg.; anche s. m. (f. *-trice*) ● Che (o Chi) approva.

approvazióne o †**approbazióne** [lat. *adprobatiōne(m)*, da *adprobāre* 'approvare'; sec. XIII] s. f. **1** Consenso: *riportare l'a. generale* | (*est.*) Lode: *ottenere l'a. del collegio dei professori.* **2** (*dir.*) Manifestazione di assenso di un privato o di un'autorità pubblica condizionante l'efficacia di un negozio giuridico da altri concluso o di un atto emanato da un'autorità inferiore: *ha dato la propria a. alla compravendita*; *attendere l'a. del prefetto* | ***A. delle leggi***, atto con cui i due rami del Parlamento stabiliscono il testo definitivo delle leggi concludendone il procedimento di formazione.

approvisionàre ● V. *approvvigionare.*

approvvigionaménto o †**approvisionaménto** [av. 1794] s. m. **1** Rifornimento di provviste, di materiali e sim. | Scorta, riserva di viveri e materiali. **2** (*org. az.*) Attività consistente nel rifornire l'azienda delle materie prime, delle attrezzature, dei materiali e sim. necessari alla produzione. **3** (*al pl.*) Insieme di mezzi e materiali necessari spec. al mantenimento e all'attività di un esercito.

approvvigionàre o (*raro*) **approvisionàre** [comp. di *a-* (*2*) e *provvigione*; 1812] **A** v. tr. (*io approvvigióno*) **1** Fornire di provviste: *a. una città.* **2** (*mar.*) Fornire una nave dei viveri e dei materiali necessari alla navigazione. **3** (*mil.*) Provvedere i materiali e i mezzi necessari per le esigenze dell'esercito. **B** v. rifl. **1** Fornirsi di provviste. **2** Rifornirsi delle merci o delle materie prime per la produzione.

approvvigionatóre [1983] s. m. (f. *-trice*) ● (*org. az.*) Funzionario addetto all'approvvigionamento. SIN. Buyer.

appruaménto [1950] s. m. ● Abbassamento manuale della prua di una nave o di un aeromobile.

appruàre [comp. di *a-* (*2*) e *prua*; 1889] **A** v. tr. (*io apprùo*) ● Spostare verso la prua: *a. un carico.* **B** v. intr. e intr. pron. (aus. *essere*) ● Abbassare più del normale la prua, detto di natante o aereo, per eccessivo carico, per avaria o per manovra.

†**appulcràre** [comp. di *a-* (*2*) e del lat. *pŭlcher* 'bello'; 1313] v. tr. ● Abbellire, aggiungere per ornamento: *parole non ci appulcro* (DANTE *Inf.* VII, 60).

†**appùlso** [vc. dotta, lat. *appŭlsu(m)* 'spinta', da *appĕllere* 'accostare, muovere a'; 1499] s. m. ● Impulso, spinta, propulsione.

appuntàbile [da *appuntare* (*2*); 1858] agg. ● (*disus.*) Criticabile: *contegno a.*

appuntaménto (*1*) [da *appuntare* (*1*); 1555] **s. m.** ● (*raro*) L'appuntare, nel sign. di *appuntare* (*1*).

♦**appuntaménto** (*2*) [fr. *appointement* 'sentenza interlocutoria con cui il giudice ordina alle parti di produrre nuovi testimoni o prove scritte sui punti (*point*) del fatto o della questione che non sono stati sufficientemente chiariti nell'udienza'; 1502] **s. m.** *1* Intesa, accordo fra due o più persone di trovarsi in un dato luogo in un giorno e a un'ora determinati: *darsi a.*; *dare un a.*; *avere un a.*; *tardare, mancare a un a.*; *a. d'affari*; *a. amoroso* | (*eufem.*) ***Casa d'appuntamenti***, nella quale si esercita la prostituzione | ***Mancare all'a.***, (*fig.*) deludere le aspettative di qlcu.: *la squadra è mancata all'a. col suo pubblico* | ***A. spaziale, in orbita***, manovra astronautica nella quale un veicolo spaziale insegue, raggiunge ed eventualmente si aggancia a un altro. *2* (*lett.*) Accordo, convenzione: *un nuovo a. simile a quello di Cambrai* (GUICCIARDINI). *3* (*lett., raro*) Compenso.

appuntàre (*1*) [comp. di *a-* (*2*) e *punta*; sec. XIII] **A v. tr.** *1* Fissare mediante oggetti appuntiti: *a. una decorazione, un fiore* | ***A. l'ago, uno spillo***, fissarlo introducendolo per la punta. *2* Fare la punta: *a. una matita* | Rendere aguzzo: *a. un bastone.* *3* (*raro*) Dirigere, puntare (*anche fig.*): *a. le artiglierie*; *a. l'indice accusatore* | ***A. gli occhi, lo sguardo***, guardare fissamente | ***A. le orecchie***, ascoltare attentamente. *4* †Appoggiare con forza: *a. i piedi, le mani al suolo.* **B v. intr. pron.** *1* (*raro*) Divenire aguzzo | (*fig., lett.*) Essere acuto, penetrante: *Sotto le sopracciglia s'appuntavano gli occhietti* (PIRANDELLO). *2* Rivolgersi (*anche fig.*): *su quei fatti s'appunta il nostro interesse.* *3* †Far punto, concludersi.

appuntàre (*2*) [comp. di *a-* (*2*) e *punto*; 1337] **v. tr.** *1* Prendere appunti, segnare, notare: *a. qlco. su un taccuino, su un libro.* *2* †Nel linguaggio amministrativo, prendere nota di chi non si presenta in ufficio. *3* (*fig., lett.*) Biasimare, riprendere: *un tempo si usava a. di grave imperfezione questo o quel libro di storia* (CROCE).

appuntàta [da *appuntare* (*1*); 1940] **s. f.** *1* Cucitura leggera, fatta alla svelta. *2* Nella scherma, uscita in tempo sulla risposta composta dall'avversario. || **appuntatina**, **dim.**

appuntàto (*1*) [sec. XIII] **part. pass.** di *appuntare* (*1*); anche **agg.** *1* Nei sign. del v. *2* (*arald.*) Detto di due figure che si toccano con le punte. *3* (*fig., lett.*) Maligno. *4* (*fig.*) †Affettato.

appuntàto (*2*) [calco sul fr. *appointé*, part. pass. di *appointer* nel senso di 'mandare un soldato a fare una *puntata* (fr. *pointe*, propr. 'punta') pericolosa'; 1877] **s. m.** *1* Grado tra soldato e caporale nelle antiche armi a cavallo. *2* Nelle armi dei carabinieri, delle guardie di finanza e delle guardie carcerarie, primo grado della gerarchia | Nel soppresso ordinamento delle guardie di pubblica sicurezza, grado sostituito dalla nuova qualifica di assistente.

appuntatóre [da *appuntare* (*2*); av. 1566] **s. m.** (f. *-trice*) *1* †Chi è incaricato di annotare le mancanze altrui in un ufficio. *2* (*fig., lett.*) Chi è facile al biasimo, alla censura.

appuntatùra (*1*) [da *appuntare* (*1*); 1865] **s. f.** ● (*raro*) L'appuntare, nel sign. di *appuntare* (*1*).

†**appuntatùra** (*2*) [da *appuntare* (*2*); 1337] **s. f.** ● Nota, rilevazione di assenza in un ufficio | Multa | Biasimo, censura.

appuntellàre [comp. di *a-* (*2*) e *puntellare*; av. 1539] **A v. tr.** (*io appuntèllo*) *1* Sostenere con puntelli: *a. una costruzione.* *2* (*lett., fig.*) Appoggiare, sostenere. **B v. rifl.** ● (*lett.*) Appoggiarsi, sostenersi.

appuntellatùra [1865] **s. f.** ● Operazione dell'appuntellare: *iniziare l'a. di una casa* | Insieme di travi che fanno da puntello.

appuntino o **a puntino** [dim. di *appunto* (*2*); av. 1492] **avv.** ● Con grande cura e precisione, con meticolosità, esattamente: *eseguire, riferire a.*; *ricordati di fare tutto a.*; *non è possibile fare tutto a puntino.*

♦**appuntire** [comp. di *a-* (*2*) e un denom. di *punta*; 1955] **v. tr.** (*io appuntìsco, tu appuntìsci*) ● Rendere aguzzo.

appuntito [1865] **part. pass.** di *appuntire*; anche **agg.** ● Aguzzo, a punta: *il doberman ha un muso a.*

♦**appùnto** (*1*) [da *appuntare* (*2*); 1779] **s. m.** *1* Annotazione scritta, rapida e concisa, fatta per aiutare la memoria: *prendere appunti*; *dettare degli appunti*; *gli appunti delle lezioni.* *2* (*fig.*) Rimprovero: *muovere un a. a qlcu.* *3* (*banca*) Effetto. || **appuntino**, **dim.**

♦**appùnto** (*2*) o **a pùnto** [lat. *ăd pŭnctu(m)* 'al punto'; 1294] **avv.** *1* Proprio: *stavo a. pensando a questo*; *le cose stanno a. così*; *a. per ciò desideravo vederti* | Con valore raff.: *Avevo per l'a. intenzione di venire*; *a. tu! capiti a proposito*; (*iron.*) *Ci mancava a. solo il suo consiglio!* | ***Giust'a.***, V. *giustappunto*. **SIN.** Esattamente, giusto, precisamente. *2* Si usa nelle risposte, come affermazione energica: '*intendevi parlare di questo?*' '*a.!*'; '*Sei ancora qui?*' '*Per l'a.!*'.

appuraménto [1725] **s. m.** ● Verifica, accertamento.

appuràre [comp. di *a-* (*2*) e *puro*, propr. 'render puro'; 1641] **v. tr.** ● Controllare la verità di qlco.: *non è stato possibile a. se i suoi dubbi erano fondati* | Mettere in chiaro: *a. l'accaduto.*

appuzzàre [comp. di *a-* (*2*) e *puzzo*; av. 1292] **v. tr.** *1* †Riempire di puzza. *2* (*est., lett.*) Ammorbare, appestare (*anche fig.*): *Ecco colei che tutto 'l mondo appuzza!* (DANTE *Inf.* XVII, 3).

aprassìa [vc. dotta, gr. *apraxía* 'inazione, inerzia', comp. di *a-* (*1*) e un deriv. di *prássein* 'agire' (V. *prassi*); 1929] **s. f.** ● (*med.*) Incapacità di eseguire movimenti preordinati, in assenza di paralisi o disturbi sensoriali.

apribàlle [comp. di *apri(re)* e del pl. di *balla*; 1961] **A s. m. inv.** ● (*tess.*) Macchina per aprire il cotone pressato nelle balle e dividerlo in fiocchi. **B s. m. e f. inv.** ● Operaio addetto a tale macchina.

apribile [1843] **agg.** ● Che si può aprire.

apribócca [comp. di *apri(re)* e *bocca*; 1912] **s. m. inv.** ● (*med.*) Strumento per aprire e tenere divaricate le mascelle del paziente durante ispezioni diagnostiche o interventi chirurgici.

apribottìglie [comp. di *apri(re)* e il pl. di *bottiglia*; 1965] **s. m. inv.** ● Strumento per togliere il tappo a corona delle bottiglie a chiusura ermetica. **SIN.** Levacapsule.

apribùste [comp. di *apri(re)* e del pl. di *busta*] **s. m. inv.** ● Apparecchio per aprire rapidamente le buste delle lettere.

apricàsse [comp. di *apri(re)* e del pl. di *cassa*; 1955] **s. m. inv.** ● Strumento di ferro a foggia di S usato per sollevare il coperchio delle casse.

aprìco [vc. dotta, lat. *aprīcu(m)*, di etim. incerta; av. 1374] **agg.** (pl. m. *-chi* o †*-ci*) *1* (*lett.*) Aperto, esposto al sole e all'aria. *2* (*lett.*) Luminoso, sereno: *l'a. raggio di Febo* (LEOPARDI).

aprilànte [1602] **agg.** ● Di aprile, solo nel prov. *Terzo* (*o quarto*) *a.*, *quaranta dì durante*, cioè com'è il terzo (o il quarto) giorno di aprile, così sarà il tempo per i quaranta giorni che seguono.

♦**aprìle** [lat. *aprīle(m)*, di etim. incerta; 1248] **s. m.** ● Quarto mese dell'anno nel calendario gregoriano, di 30 giorni | (*fig., lett.*) Primavera della vita, giovinezza: *nel bello / april degli anni* (LEOPARDI). || **PROV.** Aprile ogni goccia un barile; Aprile, dolce dormire.

aprilìno [1939] **agg.** ● (*lett.*) Di aprile.

a priòri o **apriòri** (spec. nel sign. B) [lat. 'da ciò che è prima', comp. di *ā* 'da' e *priōri*, abl. di *prĭor* 'precedente'; 1631] **A loc. agg. e avv.** ● (*filos.*) Detto di dimostrazione che procede dalle cause agli effetti: *dimostrazione a priori*; *dimostrare a priori qlco.* | (*est.*) Senza basarsi sull'esperienza, talvolta per pregiudizio: *dare dei giudizi a priori.* **CONTR.** A posteriori. **B loc. sost. m.** ● (*filos.*) Complesso delle conoscenze o dei giudizi cui si perviene con la pura ragione prescindendo dall'esperienza.

apriorìsmo [dalla loc. lat. *a priori*; 1890] **s. m.** ● (*filos.*) Atteggiamento filosofico di chi rifiuta i dati dell'esperienza e fonda le proprie conoscenze e i propri giudizi sui principi della pura ragione | (*est.*) Atteggiamento di chi giudica prescindendo dall'esperienza, talvolta basandosi su preconcetti.

apriorìstico [1905] **agg.** (pl. m. *-ci*) *1* (*filos.*) Che concerne o interessa l'apriorismo. *2* (*est.*) Non verificato, preconcetto, dogmatico: *giudizio a.*; *affermazioni aprioristiche.* || **aprioristicaménte**, **avv.**

apriorità [1955] **s. f.** ● Carattere di ciò che è 'a priori'.

apripìsta [comp. di *apri(re)* e *pista*; 1961] **s. m. inv.** (anche f. nel sign. 1) *1* (*sport*) Chi è incaricato di aprire ufficialmente la pista prima di una gara di discesa | (*raro*) Battipista | (*est., fig.*) Chi per primo intraprende un'attività ed è poi seguito da altri. *2* (*mecc.*) Bulldozer.

apripòrta [comp. di *apri(re)* e *porta* (*1*); 1974] **s. m. inv.** ● Dispositivo, gener. elettrico, per comandare a distanza l'apertura di porte e cancelli.

♦**aprìre** [lat. *aperīre*, di etim. incerta; av. 1294] **A v. tr.** (**pass. rem.** *io aprìi* o *apèrsi*, *tu aprìsti*, *egli apèrse* o *aprì*, *noi aprìmmo*, *voi aprìste*, *essi apèrsero* o *aprìrono*; **part. pass.** *apèrto*) *1* Disserrare, schiudere: *a. una finestra, una porta, una cassa* | (*est.*) Scavare: *a. un fossato, una via sotterranea* | (*est.*) Tagliare, fendere: *a. un cadavere per farne l'autopsia* | †***A. la vena***, salassare. *2* Allargare, distendere: *a. il compasso, un tessuto piegato* | ***A. la guardia***, nel pugilato, offrire dei bersagli all'avversario | ***A. il gioco***, nel calcio, nel rugby e sim., sviluppare azioni a largo raggio | ***A. la bocca***, parlare | ***Non aprir bocca***, (*fig.*) mantenere un completo silenzio | ***A. le vele***, lascarle. *3* Manifestare, palesare, rivelare: *a. l'animo, il cuore a qlcu.* | ***A. gli occhi***, (*fig.*) riconoscere una data realtà, spec. dopo un periodo di inganni o illusioni | ***A. gli occhi a qlcu.***, (*fig.*) fargli conoscere la realtà | ***A. gli occhi alla luce***, (*fig.*) nascere | (*fig.*) ***A. la mente***, allargare il campo delle proprie riflessioni, cognizioni e sim. | (*fig.*) ***A. gli orecchi***, prestare attenzione. *4* (*fig.*) Fondare, istituire: *a. una scuola, un istituto di beneficenza.* *5* Cominciare, iniziare: *a. l'anno, un corso di lezioni, la legislatura, la seduta* | ***A. una via***, nell'alpinismo, tracciare un nuovo itinerario di scalata | ***A. la caccia***, esercitare il diritto di caccia nel primo giorno permesso dalla legge | ***A. il corteo, la processione***, guidarli | ***A. il fuoco***, cominciare a sparare | ***A. casa***, metter su casa | ***A. la luce***, (*fam.*) accenderla | ***A. l'acqua***, (*fam.*) farla scorrere dal rubinetto. *6* (*assol.*) In diversi giochi di carte, iniziare la partita. **B v. intr.** e **intr. pron.** (aus. *essere*) *1* Fendersi, spaccarsi: *la montagna si è aperta su un lato*; *la nave si aprì su una fiancata* | Schiudersi: *questa giacca apre troppo davanti* | ***Apriti cielo!***, esclamazione che allude a un fatto eccezionale, che provoca una forte reazione. *2* (*est.*) Allargarsi: *dopo la strettoia la caverna si apriva* | (*fig., lett.*) Distendersi: *una vasta pianura si aprì dinnanzi a noi* | Sbocciare: *i fiori si aprono al calore.* *3* Cominciare: *una nuova giornata si apre davanti a noi* | Iniziare un'attività: *il droghiere apre alle 3*; *la sessione si aprì in autunno* | (*fig.*) Dimostrare disponibilità a forme di accordo o collaborazione con forze politiche o sociali di diverso orientamento: *a. a destra, a sinistra.* **C v. rifl.** ● (*fig.*) Confidarsi: *aprirsi con*, (*lett.*) *a*, *un amico.*

apriscàtole [comp. di *apri(re)* e il pl. di *scatola*; 1941] **s. m. inv.** ● Strumento tagliente che serve ad aprire le scatole di latta dei cibi conservati.

†**aprìtivo** [sec. XIV] **agg.** ● Lassativo.

apritóio [da *aprire*; 1961] **s. m.** ● Nell'industria tessile, macchina a griglia per l'espulsione delle impurità dai fiocchi di cotone.

apritóre [1351 ca.] **s. m.** (f. *-trice*) *1* †Chi (o ciò che) apre. *2* Operaio vetraio che dà la forma precisa all'oggetto di vetro ottenuto per pressatura o soffiatura in stampi nella lavorazione semiautomatica del vetro.

aprìtùra [av. 1306] **s. f.** *1* †Apertura, fessura | (*lett.*) Gola di montagna. *2* Nell'industria tessile, apertura e spolveratura dei fiocchi di cotone.

†**àpro** [vc. dotta, lat *ăpru(m)*, di orig. indeur.; av. 1533] **s. m.** ● (*lett.*) Cinghiale: *ecco, tra i nostri pascoli … / fier apri, aspri orsi* (ARIOSTO).

aprochèilo [comp. di *a-* (*1*) e *procheilo*; 1955] **agg.** ● (*ling.*) Detto di suono pronunciato senza arrotondare le labbra.

aprossessìa [dal neerl. *aprosexia*, dal gr. *aprosexía* 'disattenzione', comp. di *a-* priv. e di un deriv. del v. *proséchein* 'fare attenzione'; 1961] **s. f.** ● (*psicol.*) Disturbo dell'attenzione causato da lesioni cerebrali, da depressione grave o da ossessioni.

aprutìno [vc. dotta, da *Aprutium*, n. lat. mediev. dell'Abruzzo; av. 1557] **agg.** ● (*lett.*) Abruzzese.

àpside [vc. dotta, lat. *apsĭda*, dal gr. *hapsís*, genit. *hapsîdos* 'circonferenza, volta, arco', deriv. di *hápsos* 'articolazione, giuntura', da *háptein* 'connettere', d'orig. sconosciuta; av. 1755] **s. m.** ● (*astron.*) Ognuno dei punti dell'orbita di un pianeta situati alla maggiore o alla minore distanza dal Sole.

Apterigifórmi [comp. di *a-* (*1*), del gr. *ptéryx*, genit. *ptérygos* 'ala' (V. *pterigio*) e del pl. di *-forme*; 1965] s. m. pl. (sing. *-e*) ● Nella tassonomia animale, ordine di Uccelli con ali ridotte, lungo becco e collo corto, senza carena (*Apterygiformes*).

Apterigòti [comp. di *a-* (*1*) e del gr. *pterygōtos* 'alato' (da *ptérix*, genit. *ptérygos* 'ala'. V. *pterigio*); 1955] s. m. pl. (sing. *-o*) ● Nella tassonomia animale, sottoclasse di Insetti ametaboli e privi di ali per tutta la loro vita (*Apterygota*).

àptero ● V. *attero*.

apuàno [av. 1907] **A** s. m.; anche agg. (f. *-a*) ● Appartenente a un antico popolo di stirpe ligure, stanziatosi nei territori corrispondenti all'attuale Toscana nord-occidentale | ***Alpi Apuane***, catena montuosa che sorge in tale regione. **B** agg. ● Delle Alpi Apuane e del territorio circostante.

àpulo [1860] **A** agg. ● Dell'antica Apulia | ***Vasi apuli***, antichi prodotti di terracotta fabbricati nell'Italia meridionale. **B** s. m. (f. *-a*) ● Abitante dell'antica Apulia.

a puntino ● V. *appuntino*.

a pùnto ● V. *appunto* (*2*).

†**àqua** ● V. *acqua*.

aquagym /akwa'dʒim, *ingl.* 'ækwə,dʒɪm/ [vc. ingl., comp. di *aqua-* 'acqua' e *gym*, accorc. di *gymnastics* 'ginnastica'; 1998] s. f. inv. ● Ginnastica che si esegue stando immersi nell'acqua.

aquaplaning /akwa'plenin(g), *ingl.* 'ækwə,pleɪnɪŋ/ [vc. ingl., dapprima 'sport dell'acquaplano', poi 'scivolare', da *to aquaplane* 'andare sull'acquaplano'; 1983] s. m. inv. ● (*autom.*) Fenomeno per cui, sull'asfalto bagnato e a una certa velocità, gli pneumatici di un veicolo perdono l'aderenza al terreno, rendendo il veicolo stesso ingovernabile, a causa dell'interposizione di un velo d'acqua fra il battistrada e il manto stradale.

aquàrio (**1**) ● V. *acquario* (*1*).

Aquàrio (**2**) ● V. *Acquario* (*2*).

†**aquàtico** ● V. *acquatico*.

†**aquàtile** ● V. *acquatile*.

†**àqueo** ● V. *acqueo*.

Aquifoliàcee [comp. del lat. scient. *aquifoli*(*um*) e *-acee*; 1845] s. f. pl. (sing. *-a*) ● Nella tassonomia vegetale, famiglia di piante arboree e arbustive con foglie sempreverdi e fiori regolari giallo-verdognoli, utilizzate per il legname, per gli estratti medicamentosi e per ornamento (*Aquifoliaceae*).

♦**àquila** [lat. *ăquila*(*m*), di etim. incerta; sec. XIII] s. f. *1* Uccello rapace dei Falconiformi con zampe piumate, forti artigli e becco robusto ricurvo (*Aquila*) | ***A. reale***, la più grande, di colore bruno e fulva sulla testa (*Aquila chrysaëtus*) | ***Occhio, sguardo d'a.***, (*fig.*) acutissimo | ***Nido d'a.***, (*fig.*) luogo solitario, appartato, in cima a una vetta | (*fig.*) ***A. selvaggia***, denominazione giornalistica della categoria dei piloti civili in sciopero. ➡ ILL. **animali**/8. *2* Effigie dell'uccello omonimo, spec. come emblema o vessillo di eserciti, imperi, ordini cavallereschi. *3* (*fig.*) Persona dotata di intelligenza non comune | ***Non essere un'a.***, essere mediocre, limitato. *4* ***A. di mare***, pesce cartilagineo dei Batoidei con corpo largo discoidale e coda lunga, sottile (*Myliobatis aquila*). ‖ **aquilàccia**, pegg. | **aquilétta**, dim. | **aquilina**, dim. | **aquilino**, dim. m. | **aquilóne**, accr. m. | **aquilòtto**, dim. m. (V.).

aquilàno [1525] **A** agg. ● Dell'Aquila. **B** s. m. (f. *-a*) ● Abitante, nativo dell'Aquila.

aquilàstro [da *aquila*; 1598] s. m. ● (*zool.*) Falco pescatore.

aquilègia [dal lat. *aquĭlegus* 'che serve a tirar su l'acqua'; 1415] s. f. (pl. *-gie*) ● Pianta erbacea delle Ranuncolacee con fiori a cinque petali e cinque sepali di colore vario rivolti verso terra (*Aquilegia vulgaris*). SIN. Amor nascosto.

aquiliàno [dalla (*legge*) *aquilia*, proposta a Roma dal tribuno *Aquilio* nel III sec. a.C.; 1955] agg. ● (*dir.*) Extracontrattuale: *danno a.*

aquilìfero [vc. dotta, lat. *aquilĭferu*(*m*), comp. di *ăquila* (l'insegna) e *ferre* 'portare'; av. 1704] s. m. ● Legionario romano che portava l'insegna dell'aquila.

aquilino (**1**) [dall'*aquila* che vi era impressa; av. 1313] s. m. ● Moneta d'argento recante incisa sul rovescio l'aquila, coniata dai conti del Tirolo in Merano nel XIII sec. e imitata da varie zecche dell'Italia settentrionale.

aquilino (**2**) [vc. dotta, lat. *aquilīnu*(*m*), da *ăquila* 'aquila'; av. 1327] agg. ● Proprio dell'aquila | (*est.*) Adunco: *naso a.*

aquilonàre [vc. dotta, lat. tardo *aquilonāre*(*m*), da *ăquilo*, genit. *aquilōnis* 'aquilone'; av. 1320] agg. *1* (*lett.*) Che è proprio del vento d'aquilone: *turbini aquilonari*. *2* (*lett.*) Che guarda a settentrione | Settentrionale.

aquilóne (**1**) [vc. dotta, lat. *aquilōne*(*m*), di etim. incerta; av. 1306] s. m. *1* (*lett.*) Vento di tramontana. *2* (*lett.*) Settentrione.

♦**aquilóne** (**2**) [da *aquila*; av. 1786] s. m. *1* Giocattolo consistente in una sottile intelaiatura rivestita di carta, tela o altro materiale leggero, che, tirato contro vento con un filo, può sostenersi in aria. SIN. Cervo volante. *2* Aeromobile che, assicurato a una fune, si solleva in aria librandosi, usato per osservazioni, spec. meteorologiche. SIN. Cervo volante. *3* Deltaplano. *4* (*pesca*) Divergente.

aquilòtto [1612] s. m. *1* Dim. di *aquila*. *2* Aquila giovane. *3* (*arald.*) Piccola aquila posta in numero nello scudo. *4* (*fig.*) Giovane pilota di aerei.

aquinàte [1829] **A** agg. ● Di Aquino, in provincia di Frosinone. **B** s. m. e f. ● Abitante, nativo di Aquino | ***L'Aquinate***, (*per anton.*) S. Tommaso d'Aquino.

a quo /*lat.* a'kwɔ/ [lat., 'dal quale, dopo il quale'] loc. agg. inv. ● Si dice, spec. nel linguaggio giuridico o storico, per qualificare un punto di riferimento iniziale: *dies a quo*.

†**aquóso** e *deriv.* ● V. *acquoso* e *deriv.*

àra (**1**) [vc. dotta, lat. *āra*(*m*), di etim. incerta; 1340] s. f. *1* Presso gli antichi romani, altare sul quale si offrivano i sacrifici. *2* (*est.*, *lett.*) Altare: *i sacrileghi don su l'ara pone* (MANZONI). *3* (*est.*, *lett.*) Tempio.

àra (**2**) [guaranì *arara*, attrav. il fr.; 1797] s. f. ● Genere di grossi pappagalli con lunga coda e piumaggio di color rosso vivo, giallo, blu o verde (*Ara*). ➡ ILL. **animali**/9.

àra (**3**) [fr. *are*, dal lat. *ārea*(*m*). V. *aia*; 1838] s. f. ● Unità di misura di superficie usata in agrimensura e corrispondente a 100 m^2. SIMB. a.

arabescàre o **rabescàre** [da *arabesco*; av. 1589] v. tr. (*io arabésco, tu arabéschi*) *1* In oreficeria, decorare con arabeschi mediante incisione, cesello, agemina. *2* (*est.*) Decorare con disegni bizzarri: *a. una parete, le pagine di un libro.*

arabescàto o **rabescàto** part. pass. di *arabescare*; anche agg. *1* Ornato di arabeschi: *volta arabescata*. *2* (*est.*) Coperto di segni e ghirigori simili ad arabeschi.

arabésco o **rabésco** [da *arabo*; 1353] **A** agg. (pl. m. *-schi*) ● †Arabo | Conforme allo stile arabo: *avendo in dosso l'abito a.* (ARIOSTO). **B** s. m. (pl. *-schi*) *1* Decorazione tipica dell'arte islamica a motivi rigorosamente stilizzati disposti sul piano, con valore puramente lineare e grafico. *2* In oreficeria, motivo decorativo ornamentale a intreccio bizzarro. *3* (*est.*) Insieme di linee capricciose, bizzarre e intricate | (*scherz.*) Scrittura decifrabile a fatica.

arabesque /*fr.* ara'bɛskə/ [1977] s. f. inv. *1* (*mus.*) Tipo di composizione dall'andamento elegante e sinuoso. *2* Una delle posizioni della danza classica, usata anche nel pattinaggio, nella ginnastica artistica e ritmica.

aràbico [vc. dotta, lat. *arăbicu*(*m*). V. *arabo*; 1336 ca.] **A** agg. (pl. m. *-ci*) *1* Dell'Arabia: *deserto a.* | (*est.*) Arabo: *tribù arabiche* | ***Cifre arabiche***, numeri arabi | ***Gomma arabica***, resina ricavata da alcune specie di acacie. *2* (*fig.*, *lett.*) Incomprensibile. **B** s. m. solo sing. ● †Lingua araba.

aràbile [vc. dotta, lat. *arābile*(*m*), da *arāre* 'arare'; 1320] agg. ● Che si può arare: *terreno, campo a.*

arabìsmo [1797] s. m. ● Parola o locuzione propria dell'arabo, entrata in un'altra lingua.

arabista [1865] s. m. e f. (pl. m. *-i*) ● Esperto di lingua, di letteratura, di civiltà araba.

arabizzàre [1986] **A** v. tr. ● Adattare agli usi, ai costumi arabi. **B** v. intr. pron. ● Conformarsi agli usi, ai costumi arabi.

àrabo [ar. *'arab* 'nomadi'; 1321] **A** s. m. (f. *-a*) *1* Abitante musulmano dell'Arabia. *2* Chi appartiene a popolazioni o gruppi etnici che hanno subìto in modo determinante la dominazione etnica, politica e culturale degli Arabi, assumendone le caratteristiche proprie, spec. la lingua e la religione: *gli arabi del Marocco*. **B** s. m. solo sing. ● Lingua della famiglia semitica parlata dagli Arabi | ***Parlare a.***, (*fig.*) in modo incomprensibile. **C** agg. ● Degli Arabi: *lingua, arte, religione araba* | ***Pane a.***, tipo di panino tondo, basso, con poco sale e lievito.

àrac ● V. *arak*.

Aràcee [dal lat. *ărum*. V. *aro* (*1*); 1865] s. f. pl. (sing. *-a*) ● Nella tassonomia vegetale, famiglia di piante a tubero delle Spadiciflore, con fiori raccolti in spighe avvolte da una grande brattea e frutti carnosi (*Araceae*). ➡ ILL. **piante**/10.

aràchide [vc. dotta, gr. *árachos*, di etim. incerta; 1828] s. f. ● Pianta erbacea delle Papilionacee, con fusto eretto, foglie paripennate, frutti sotterranei oblunghi e spugnosi (*Arachis hypogaea*) | Il frutto di tale pianta, che contiene semi da cui si ricava un olio commestibile e si prepara un tipo di burro | Il seme tostato di tale pianta; SIN. Nocciolina americana. ➡ ILL. **piante**/7.

arachidònico [da *arachide*] agg. (pl. m. *-ci*) ● (*chim.*) Relativo ad acido arachidonico | ***Acido a.***, acido con 20 atomi di carbonio e quattro doppi legami contenuto in piccola quantità in molti grassi animali, essenziale per lo sviluppo corporeo.

aracnèo [vc. dotta, lat. tardo *Arachnēu*(*m*), nom. *Arachnēus*, dal gr. *arachnâios*, agg. di *aráchnē* 'ragno', di orig. indeur.; 1829] agg. ● (*lett.*) Di ragno.

Aràcnidi [vc. dotta, comp. del gr. *aráchnē* 'ragno' e di *-idi*; 1819] s. m. pl. (sing. *-e*) ● Nella tassonomia animale, classe di Chelicerati privi di antenne, aventi capo fuso col torace, sei paia di appendici (due cheliceri, due pedipalpi e otto arti), respirazione polmonare o tracheale; ne fanno parte il ragno e lo scorpione (*Arachnida*). ➡ ILL. **animali**/3; **zoologia generale**.

aracnidìsmo [1961] s. m. ● (*med.*) Intossicazione prodotta da veleno di ragno.

aracnofobia [comp. del gr. *aráchnē* 'ragno' e *-fobia*; 1988] s. f. ● (*psicol.*) Paura morbosa dei ragni.

aracnòide [vc. dotta, lat. tardo *arachnoīde*(*n*), nom. *arachnoīdes*, dal gr. *arachnoeidḗs* 'simile a tela di ragno'. V. *aracnidi* e *-oide*; 1664] s. f. ● (*anat.*) Una delle membrane meningee che avvolgono l'encefalo e il midollo spinale, tra la dura e la pia madre.

aracnoidèo [1961] agg. ● (*anat.*) Relativo all'aracnoide.

aracnoidite [comp. di *aracnoide* e *-ite* (*1*); 1829] s. f. ● (*med.*) Infiammazione dell'aracnoide.

aragonése [1476] **A** agg. ● Dell'Aragona, regione della Spagna: *città aragonesi*; *regno a.* | Proprio del regno d'Aragona: *dinastia a.* **B** s. m. e f. *1* Abitante, nativo dell'Aragona. *2* Sovrano del regno d'Aragona: *la politica degli aragonesi*.

aragonite [dall'*Aragona*, regione della Spagna; 1955] s. f. ● (*miner.*) Carbonato di calcio ortorombico in cristalli prismatici incolori o in concrezioni arborescenti.

aragósta o †**aligùsta** [lat. *locŭsta*(*m*) 'cavalletta' e 'aragosta', di etim. incerta; av. 1492] **A** s. f. ● Grosso crostaceo marino commestibile dei Decapodi, privo di chele, con lunghe antenne e corazza spinosa di color bruno violaceo (*Palinurus vulgaris*). ➡ ILL. **animali**/3. **B** in funzione di agg. inv. ● (posposto a un s.) Che ha il colore rosso aranciato caratteristico dell'aragosta cotta: *automobile color a.*

àrak o **àrac**, **àrrak** [ar. *'áraq* 'sudore'; 1829] s. m. ● Acquavite di succo di canne e aromi originaria dell'Indostan.

aràldica [1797] s. f. ● Scienza che studia gli stemmi e le insegne araldiche. ➡ ILL. **araldica**.

aràldico [da *araldo*; 1680] agg. (pl. m. *-ci*) ● Relativo all'araldica, agli stemmi e blasoni nobiliari.

araldista [1813] s. m. e f. (pl. m. *-i*) ● Studioso, esperto di araldica.

aràldo [fr. *héraut*, dal francone **hariwald* 'capo di esercito'; av. 1348] s. m. *1* Nel Medioevo, ufficiale della corte reale o feudale o del comune incaricato di rendere pubbliche le decisioni e le leggi del signore o delle autorità comunali, di compiere missioni e sim. *2* (*est.*, *lett.*) Messaggero, banditore.

aràlia [orig. incerta (forse canadese); 1797] s. f. ● Genere di piante delle Araliacee con foglie alterne pennate e infiorescenza a ombrella o a capolino (*Aralia*).

Araliàcee [comp. di *aralia* e *-acee*; 1865] s. f. pl. (sing. *-a*) ● Nella tassonomia vegetale, famiglia di piante legnose, cui appartiene l'edera, con grandi foglie, fiori riuniti in capolini o spighe e frutti a

drupa (*Araliaceae*). ➡ ILL. **piante**/7.
aramàico [da *Aram*, n. biblico della Siria; 1862] **A** agg. (pl. m. *-ci*) ● Degli Aramei. **B** s. m. solo sing. ● Lingua della famiglia semitica parlata dagli Aramei.
araméo [V. *aramaico*; sec. XVI] agg. e s. m. (f. *-a*) ● Appartenente a uno dei gruppi etnico-linguistici, in cui si dividono i Semiti.
arancèra ● V. *aranciera*.
arancéto [da *arancio*; 1499] s. m. ● Terreno coltivato ad aranci.
◆**arància** [da *arancio*; av. 1336] s. f. (pl. *-ce*) **1** Frutto dell'arancio, di forma sferica, con buccia di colore acceso fra il giallo e il rosso. **2** *A. meccanica*, (*fig.*) manifestazione di crudele vandalismo o di gratuita e feroce violenza di gruppo (dal titolo di un film di S. Kubrick del 1971). || **arancino**, dim. m. (V.).
◆**aranciàta** o †**ranciàta** [1726] s. f. **1** Bevanda preparata con acqua, succo d'arancia e, talora, zucchero | Bibita analcolica preparata con acqua, succo d'arancia, zucchero, acido citrico, anidride carbonica e aromatizzata con essenza d'arancia. **2** †Colpo d'arancia.
aranciàto o (*raro*) **ranciàto** [1534] agg. ● Che ha il colore dell'arancia: *abito a.*; *Il sole strabocca a. sul rettifilo grigio* (SLATAPER).
aranciéra o **arancèra** [da *arancio*; 1829] s. f. ● Serra ove si collocano nei mesi freddi le piante di agrumi in vaso.
arancìno [da *arancia* o da *arancio*; 1010] **A** agg. **1** Di arancia: *sapore, profumo a.* **2** Simile a un'arancia: *frutto a.* | (*lett.*) Che ha il colore dell'arancia: *raso a.* **B** s. m. **1** Piccolo arancio. **2** Piccola arancia | Frutto dell'arancio che, non ancora maturo, cade al suolo. **3** Crocchetta di riso a forma di arancia, farcita di ragaglie e sugo di carne.
◆**aràncio** o †**naràncio**, (*poet.*) **ràncio** (2), solo nei sign. A 1 e 2 [ar. *nāranğ*, persiano *nārang*', prob. dal sanscrito; 1309 ca.] **A** s. m. **1** Albero delle Rutacee con fiori bianchi molto profumati, foglie ovali con picciolo allargato e frutti sferici dal colore caratteristico | *A. dolce*, varietà coltivata di arancio con frutta dalla polpa agrodolce (*Citrus sinensis*). SIN. Melarancio, portogallo | *A. amaro, a. forte*, varietà coltivata di arancio con foglie più scure dell'arancio dolce e polpa del frutto amara (*Citrus amara*). SIN. Cedrangolo, melangolo | *Fiori d'a.*, quelli portati tradizionalmente dalla sposa nel giorno delle nozze come simbolo di purezza. ➡ ILL. **piante**/5. **2** Arancia: *spremuta d'a.* **3** (*est.*) Colore intermedio fra il colore giallo e il rosso, caratteristico del frutto dell'arancio. **B** agg. inv. (pl. m., *lett.*, *-ci*; pl. f., *lett.*, *-ce*) ● Che ha il colore dell'arancia: *le barche si avanzavano ... con ... grandi vele, arance* (D'ANNUNZIO). || **arancino**, dim. m. (V.).
arancióne [da *arancia*; 1829] **A** agg. (pl. inv. o *-i*) ● Che ha il colore acceso dell'arancia matura: *vestito a.* **B** s. m. (anche f. nel sign. 2) **1** Il colore arancione. **2** Nel linguaggio giornalistico, aderente alla comunità spirituale degli Hare Krishna, che indossa spesso vesti di foggia indiana dal caratteristico colore arancione.
Aranèidi [vc. dotta, comp. del lat. *arānea* 'ragno' e *-idi*; 1845] s. m. pl. (sing. *-e*) ● Nella tassonomia animale, ordine degli Aracnidi comprendente i ragni (*Araneina*).
arapàima [vc. della Guaiana; 1955] s. m. inv. ● Grande pesce commestibile americano dei Clupeiformi (*Arapaima*).
◆**aràre** [lat. *arāre*, di orig. indeur.; sec. XIII] v. tr. **1** Fendere in solchi e rivoltare la terra con l'aratro (*anche assol.*): *i contadini arano sotto il sole.* **2** (*fig., lett.*) Solcare: *a. il mare, il cielo* | *A. il mare*, (*fig.*) fare qlco. di inutile. **3** (*mar.*) Strisciare sul fondale del mare senza farvi buona presa, detto dell'ancora (*anche assol.*).
aratìvo [av. 1562] agg. ● Seminativo.
aràto [av. 1348] part. pass. di *arare*; anche agg. ● Nei sign. del v.
aratóre [vc. dotta, lat. *arātōre(m)*, da *arāre* 'arare'; sec. XIV] agg.; anche s. m. (f. *-trice*) ● Che (o Chi) ara.
aratòrio [vc. dotta, lat. tardo *arātōriu(m)*, da *arāre* 'arare'; av. 1638] agg. ● Che serve per arare.
aratrice [av. 1940] s. f. ● (*raro*) Macchina agricola usata per arare.
◆**aràtro** [lat. *arātru(m)*. V. *arare*; av. 1292] s. m. ● Attrezzo agricolo atto a rompere, frammentare, dissodare il terreno | *A. assolcatore*, per scavare fossi | *A. affossatore*, per scavare fossi | *A. monovomere, polivomere*, dotato rispettivamente di uno o più vomeri | *A. a bilanciere*, a due corpi lavoranti contrapposti per l'aratura funicolare. ➡ ILL. p. 2113
AGRICOLTURA.
aratùra [vc. dotta, lat. tardo *arātūra(m)*, da *arāre* 'arare'; sec. XIV] s. f. **1** Operazione, lavoro dell'arare. **2** La stagione in cui si ara.
araucàno [da *Arauco*, n. di una provincia del Cile; 1860] agg.; anche s. m. (f. *-a*) ● Che (o Chi) appartiene a una popolazione indigena americana attualmente abitante la zona centrale del Cile: *lingua araucana*.
araucària [da *Arauco*, n. di una provincia del Cile; 1865] s. f. ● Genere di alberi delle Araucariacee molto ramificati, con foglie aculeate e fitte (*Araucaria*). ➡ ILL. **piante**/1.
Araucariàcee [vc. dotta, comp. di *araucaria* e *-acee*; 1965] s. f. pl. (sing. *-a*) ● Nella tassonomia vegetale, famiglia di piante arboree sempreverdi con foglie acicolari molto fitte sui rami (*Araucariaceae*).
arazzeria [1539] s. f. **1** Arte del tessere arazzi. **2** Manifattura di arazzi. **3** L'insieme degli arazzi che ornano un luogo o che sono destinati a tale

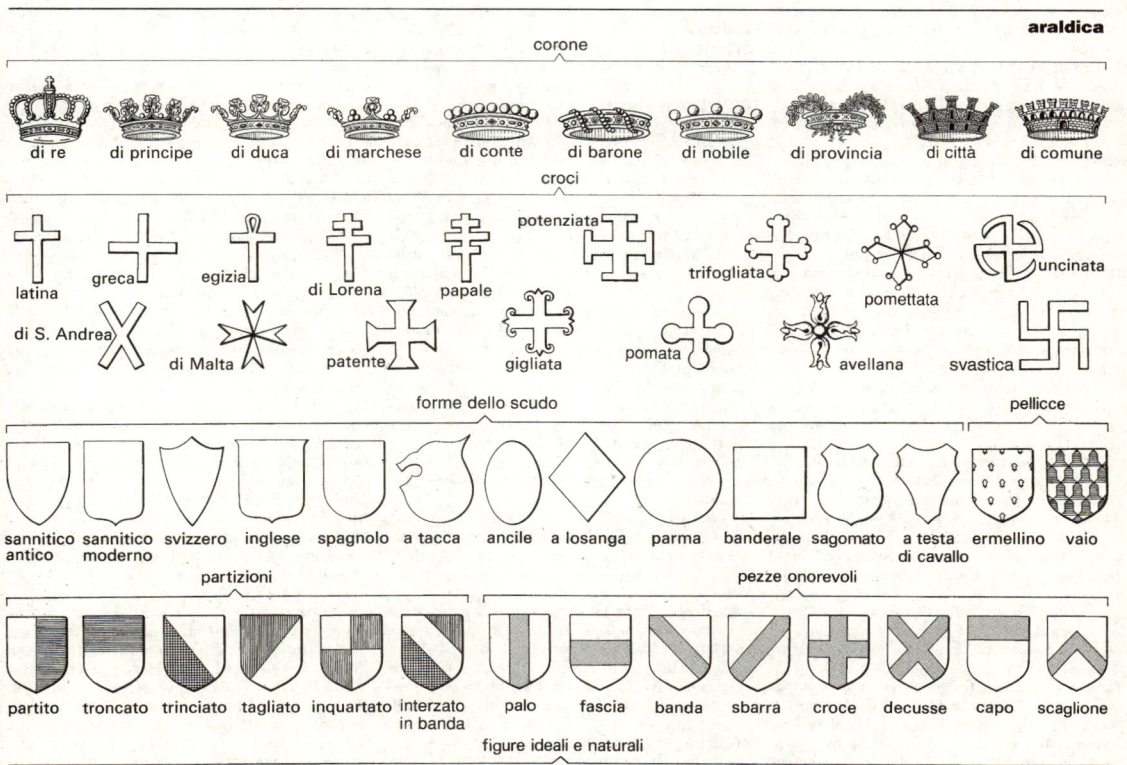

araldica

corone: di re, di principe, di duca, di marchese, di conte, di barone, di nobile, di provincia, di città, di comune

croci: latina, greca, egizia, di Lorena, papale, potenziata, trifogliata, pomettata, uncinata, di S. Andrea, di Malta, patente, gigliata, pomata, avellana, svastica

forme dello scudo: sannitico antico, sannitico moderno, svizzero, inglese, spagnolo, a tacca, ancile, a losanga, parma, banderale, sagomato, a testa di cavallo

pellicce: ermellino, vaio

partizioni: partito, troncato, trinciato, tagliato, inquartato, interzato in banda

pezze onorevoli: palo, fascia, banda, sbarra, croce, decusse, capo, scaglione

figure ideali e naturali: drago, grifo rampante, sirena, liocorno, idra, leoni affrontati, destro-cherio, sinistro-cherio, anatrelle, bisanti, cinque-foglie, vepre, crescenti addossati, giglio scopo.

arazzière [1663] s. m. (f. *-a*) ● Chi tesse o vende arazzi.

aràzzo o †**ràzzo** (1) [dal n. della città fr. di *Arras*, famosa per la lavorazione degli arazzi; 1441] s. m. ● Tessuto eseguito a mano su telaio con figure a motivi ornamentali, destinato a decorare una parete.

àrbiter elegantiàrum /lat. 'arbiter elegan'tsjarum/ [loc. lat., da *arbiter elegantiae* 'giudice, esteta della mondanità' appellativo coniato da Tacito per Petronio, persona di grande raffinatezza alla corte di Nerone] loc. sost. m. inv. (pl. lat. *arbitri elegantiarum*) ● Chi si propone come modello di eleganza e raffinatezza, spec. nel vestire: *in tutti i ricevimenti è lui l'arbiter elegantiarum.*

arbitràggio [fr. *arbitrage*. V. *arbitro*; 1539] s. m. *1* (*sport*) Attività di direzione e di controllo svolta da un arbitro in una competizione sportiva. *2* (*dir.*) Arbitramento: *ricorrere all'a.* *3* (*econ.*) Operazione di acquisto e immediata rivendita di beni su piazze diverse.

arbitraggìsta [1961] s. m. e f. (pl. m. *-i*) *1* (*econ.*) Chi svolge operazioni di arbitraggio. *2* (*econ.*) Chi predispone i calcoli alla base di un'operazione di arbitraggio.

arbitràle [vc. dotta, lat. tardo *arbitrāle(m)*, da *ărbiter* 'arbitro'; 1487] agg. ● Di arbitro: *decisione a.*; *sentenza a.* | ***Collegio a.***, di arbitri | (*dir.*) ***Clausola a.***, con cui le parti si impegnano a sottoporre la composizione di eventuali controversie al giudizio di arbitri.

arbitraménto [sec. XIV] s. m. ● (*dir.*) Procedimento per cui la determinazione del contenuto di una clausola contrattuale lasciata in bianco è affidata dalle parti all'arbitrio o all'apprezzamento di un terzo. SIN. Arbitraggio.

arbitràre o †**albitràre** [vc. dotta, lat. *arbitrāre*, da *ărbiter* 'arbitro'; av. 1250] **A** v. tr. (*io àrbitro*) *1* Decidere una controversia e sim. in qualità di arbitro (*anche assol.*) *2* Dirigere una gara in qualità di arbitro: *a. una partita di calcio, un incontro di tennis, di pugilato.* *3* †Ritenere, credere. **B** v. intr. (aus. *avere*) *1* †Agire arbitrariamente. *2* †Pensare, congetturare.

arbitrarietà [1880] s. f. *1* Caratteristica di ciò che è arbitrario. *2* (*ling.*) Principio fondamentale della linguistica moderna per cui il rapporto che unisce un significante e un significato è arbitrario, cioè convenzionale.

arbitràrio o †**albitràrio** [vc. dotta, lat. *arbitrārĭu(m)*, da *ărbiter* 'arbitro'; av. 1348] agg. ● Fatto, stabilito ad arbitrio: *atto, discorso a.*; *esercizio a. delle proprie ragioni* | (*est.*) Abusivo, ingiustificato: *intervento a.* || **arbitrariaménte**, avv. Secondo l'arbitrio del singolo; abusivamente.

arbitràto [vc. dotta, lat. *arbitrātu(m)*, da *ărbiter* 'arbitro'; 1354] s. m. *1* Ufficio o giudizio dell'arbitro. *2* (*dir.*) Procedimento civile con cui uno o più privati definiscono, per incarico delle parti, una contesa fra queste insorta: *a. rituale, irrituale, libero.*

arbitratóre [1356 ca.] s. m. (f. *-trice*) ● (*dir.*) Terza persona cui le parti di un contratto hanno affidato la determinazione del contenuto di una clausola dello stesso.

arbìtrio o †**albìtrio**, †**albìtro** [vc. dotta, lat. *arbĭtrĭu(m)*, da *ărbiter* 'arbitro'; sec. XIII] s. m. *1* (*lett.*) Facoltà di giudicare e operare liberamente le proprie scelte e la propria volontà: *agire, comportarsi, secondo il proprio a.* | ***Ad a. di qlcu.***, a sua volontà | ***Libero a.***, la possibilità da parte dell'uomo di scegliere senza essere determinato da alcuna necessità. *2* (*lett.*) Autorità, potestà assoluta: *e a lui / si dia l'a. dello Stato in mano* (MANZONI). *3* Atto abusivo, illegale: *commettere un a.* | (*est.*) Prepotenza, capriccio: *prendersi un a.* | ***D'a.***, arbitrariamente (V. nota d'uso ACCENTO).

♦**àrbitro** o †**àlbitro** [vc. dotta lat. *ărbitru(m)*, di etim. incerta; 1298] s. m. (f. *-a*) *1* Chi è libero di decidere e di agire secondo la propria volontà: *essere a. della propria vita* | (*est.*) Padrone assoluto: *a. dei destini dello Stato.* *2* (*dir.*) Privato cittadino investito, dalle parti di una controversia, del compito di decidere la stessa. *3* (*sport*) Ufficiale di gara che, durante una competizione, è incaricato di far osservare le regole, di sanzionare le infrazioni, i falli e di convalidare il risultato finale.

†**arboràre** ● V. *alberare.*

arboràto [dal lat. *ărbor* 'albero'; sec. XIV] agg. ● (*lett.*) Alberato, piantato ad alberi.

†**àrbore** ● V. *albero.*

arbòreo [vc. dotta, lat. *arbŏreus*, da *ărbor* 'albero'; 1485] agg. ● Che ha qualità o forma d'albero: *vegetazione, massa arborea* | (*est., poet.*) ***Corna arboree***, ramose.

arborescènte [vc. dotta, lat. *arborescĕnte(m)*, part. pres. di *arborēscere* 'diventar albero', da *ărbor* 'albero'; 1499] agg. *1* (*miner.*) Che imita una forma arborea: *cristallizzazione a.* *2* (*bot.*) Detto di frutice o arbusto che raggiunge quasi la dimensione e la forma di un albero.

arborescènza [1865] s. f. ● Il generale sviluppo di una pianta.

arboréto [av. 1406] s. m. *1* †V. *albereto.* *2* Raccolta di alberi e arbusti fatta a scopo di studio.

arborìcolo [comp. del lat. *ărbor*, genit. *ărboris* 'albero' e *-colo*; 1965] agg. ● Detto di animale o vegetale che vive sugli alberi.

arboricoltóre [comp. di *arbore* e *-coltore*; 1955] s. m. (f. *-trice*) ● Chi si occupa di arboricoltura.

arboricoltùra [comp. di *arbore* e *-coltura*; 1852] s. f. ● Coltivazione delle piante arboree | Scienza relativa a tale coltivazione.

arborìfero [comp. di *arbore* e *-fero*; 1499] agg. ● (*lett.*) Che produce alberi.

arborifórme [comp. di *arbore* e *-forme*; 1983] agg. ● (*raro*) Arboreo.

arborizzazióne [1819] s. f. ● (*anat.*) Disposizione degli elementi anatomici, quali nervi, vasi e sim. come i rami di un albero. ➡ ILL. p. 2124 ANATOMIA UMANA.

arboscèllo o †**arbuscèllo** [lat. **arbuscĕllu(m)* 'alberetto', da *arbŭscula*, dim. di *ărbor* 'albero'; 1319] s. m. ● Piccolo albero, piantina.

arbustàceo [1955] agg. ● Relativo ad arbusto | Costituito di arbusti: *vegetazione arbustacea.*

arbustìvo [da *arbusto*; 1955] agg. ● Che ha forma di arbusto.

arbùsto [vc. dotta, lat. *arbūstu(m)*, da *ărbor* 'albero'; 1340 ca.] s. m. ● Pianta legnosa con fusto perenne ramificato fin dalla base. SIN. Frutice. || **arbustino**, dim.

àrbuto [lat. *arbūtu(m)* 'corbezzolo'; 1499] s. m. ● Genere di piante sempreverdi delle Ericacee cui appartiene il corbezzolo (*Arbutus*).

àrca [lat. *ărca(m)*, da accostare ad *arcēre* 'allontanare'; 1296] s. f. *1* Sarcofago che, per la sua stessa struttura e per le decorazioni, assume carattere monumentale. *2* Cassa di legno usata un tempo per riporvi tessuti, oggetti preziosi, reliquie e sim.: *Figlie, prendetemi nell'a. / la mantelletta mia nera* (D'ANNUNZIO) | ***A. dell'Alleanza***, presso gli antichi Ebrei, quella che conteneva le tavole della Legge, la verga di Aronne e un vaso della manna del deserto, ed era simbolo dell'unità delle tribù e del patto stretto con Dio | (*fig., lett.*) ***A. di scienza, di virtù e sim.***, persona estremamente dotta, virtuosa e sim. | †Madia. *3* ***A. di Noè***, imbarcazione con la quale il patriarca biblico Noè si salvò dal diluvio insieme con una coppia di ciascun genere di animali viventi; (*fig.*) luogo in cui sono raccolti molti animali | ***Essere vecchio come l'a. di Noè***, essere vecchissimo, decrepito. *4* †Cassa del carro. *5* Mollusco marino dei Lamellibranchi con conchiglia spessa e rugosa (*Arca noae*). || **arcàccia**, pegg. | †**arcèlla**, dim. | **archétta**, dim.

-àrca [dal gr. *-árchēs*, forma parallela di *-archos*, da *árchein* 'essere a capo', di etim. incerta] secondo elemento ● In parole composte dotte significa 'capo' o 'comandante', e sim.: *monarca, patriarca.*

àrcade [vc. dotta, lat. *ărcade(m)*, nom. *ărcas*, dal gr. *arkás*, dalla regione dell'*Arcadia*; 1340] **A** agg. ● (*lett.*) Dell'antica Arcadia. **B** s. m. e f. *1* (*lett.*) Abitante dell'antica Arcadia. *2* Socio dell'Accademia dell'Arcadia. *3* (*est.*) Scrittore vuoto e retorico, manierato: *O arcadi e romantici fratelli* (CARDUCCI).

arcàdia [dall'omonima regione della Grecia, mitica patria della poesia bucolica; 1342] s. f. *1* (*lett.*) Luogo ideale di vita amena, idillica e del tutto separata dalla realtà, come nella favolosa e mitica regione greca dell'Arcadia. *2* ***Arcadia***, accademia letteraria, sorta nel 1690, il cui scopo era rievocare una poesia semplice e limpida vicina ai modelli bucolici greci e all'elegia latina; dal 1925 col nome di Accademia Letteraria Italiana si occupa di studi di storia letteraria | Corrente letteraria settecentesca collegata all'omonima accademia, la cui poesia, caratterizzata da una eccessiva ostentazione di semplicità, amore per la natura e sim., si risolse in vuota esercitazione stilistica, convenzionale e frivola. *3* (*fig.*) Ogni riunione di persone, ogni corrente culturale e sim., che tratti futilmente di cose senza importanza: *fare dell'a.*

arcàdico [vc. dotta, lat. *arcădicu(m)*, nom. *arcădicus*, dal gr. *Arkadikós*, da *Arcadia*; 1513] agg. (pl. m. *-ci*) *1* Dell'Arcadia | ***Motivo a.***, motivo ornamentale d'ispirazione pastorale di moda nel XVIII sec. *2* Proprio degli accademici dell'Arcadia: *stile a.* *3* (*fig.*) Frivolo, lezioso. || **arcadicaménte**, avv. In modo arcadico, secondo lo stile dell'Arcadia.

†**arcadóre** o †**arcatóre** [da *arco*; sec. XII] s. m. *1* Arciere. *2* Truffatore, gabbamondo.

arcagète ● V. *archegete.*

arcaicità [1925] s. f. ● Caratteristica di ciò che è arcaico.

arcaicizzàre e *deriv.* ● V. *arcaizzare* e *deriv.*

arcàico [vc. dotta, lat. tardo *archăicu(m)*, nom. *archăicus*, dal gr. *archaikós*, da *archâios* 'antico'; 1865] **A** agg. (pl. m. *-ci*) ● Che è molto antico, che risale alla prima antichità: *statue arcaiche, miti arcaici* | ***Scrittura arcaica***, la più antica forma di scrittura latina, derivata dall'alfabeto etrusco, talora con andamento bustrofedico. || **arcaicaménte**, avv. **B** s. m.; anche agg. ● (*geol.*) Archeozoico.

arcaìsmo [vc. dotta, lat. tardo *archaīsmu(m)*, nom. *archaīsmos*, dal gr. *archaïsmós*, da *archaikós* 'arcaico'; av. 1676] s. m. *1* Forma linguistica scomparsa dall'uso o ripresa come preziosismo a fini stilistici. *2* Tendenza, presente nell'arte o nella letteratura, verso il ritorno a forme primitive.

arcaìsta [1832] s. m. e f. (pl. m. *-i*) ● Scrittore che riprende a fine artistico o prezioso frasi e locuzioni desuete o arcaiche.

arcaìstico [1939] agg. (pl. m. *-ci*) ● Di stile o di artista che si rifà a moduli e modelli arcaici.

arcaizzànte o **arcaicizzànte** [1931] part. pres. di *arcaizzare*; anche agg. ● Che si ispira a forma e modi arcaici: *poesia a.*

arcaizzàre o **arcaicizzàre** [1950] v. intr. (aus. *avere*) ● Usare forme e modi arcaici.

arcàle [da *arco*; av. 1292] s. m. ● Forma dell'arco della centina | Parte curva di muratura che delimita un arco.

†**arcàme** [da *arca*; 1481] s. m. ● Scheletro di un animale morto.

arcangèlica s. f. ● (*bot.*) Angelica.

arcàngelo o **arcàngiolo** [vc. dotta, lat. tardo *archăngelu(m)*, nom. *archăngelos*, dal gr. *archángelos*. V. *archi-* e *angelo*; av. 1306] s. m. ● Spirito celeste di grado superiore a quello dell'angelo, comune alle religioni cristiana e musulmana: *l'a. Michele, Gabriele, Raffaele.*

arcàno [vc. dotta, lat. *arcānu(m)*, da *ărca*, in quanto significava 'rinchiuso, riposto'; av. 1306] **A** agg. ● Misterioso, nascosto, segreto: *gli arcani voleri della Provvidenza.* || **arcanaménte**, avv. **B** s. m. ● Mistero: *svelare l'a.*

†**arcàre** [da *arco*; av. 1294] v. tr. *1* Curvare ad arco, inarcare. *2* Scagliare, tirare con l'arco. *3* (*fig.*) Ingannare.

arcaréccio [da *arco*; 1913] s. m. ● (*edil.*) Trave, disposta normalmente alla pendenza del tetto, che appoggia sui puntoni di capriata e sorregge l'orditura superiore.

arcàta [da *arco*; av. 1363] s. f. *1* (*arch.*) Struttura ad arco o a volta cilindrica avente funzione statica di sostegno: *le arcate dei ponti.* *2* Qualunque formazione disposta ad arco: *a. sopracciliare, a. dentaria*; (*fam.*) *l'a. degli occhi.* *3* Spazio percorso da una freccia lanciata con l'arco | Traiettoria di una freccia o di un proiettile | ***Tirare in a.***, con artiglieria puntata ad angoli elevati, perché sia più lunga la gittata o per colpire bersagli situati al di là di ostacoli. *4* (*mus.*) Movimento dell'arco sulle corde dello strumento, la cui varietà dà suoni e fraseggi diversi. SIN. Archeggio | ***A. in su***, dal tallone alla punta | ***A. in giù***, dalla punta al tallone. || **arcatìna**, dim.

arcatèlla [1923] s. f. *1* Dim. di *arcata.* *2* (*arch.*) Piccolo arco facente parte di una serie, usato come elemento costruttivo o, spec. nell'architettura romanica, come elemento ornamentale. SIN. Archetto.

arcàto [av. 1327] part. pass. di *arcare*; anche agg. ●

(*raro*) Fatto ad arco | Fatto ad arcate.
†arcatóre ● V. **†arcadore**.
arcàvolo [comp. di *archi*- e *avolo*; av. 1535] **s. m.** (f. *-a*) ● Genitore del bisnonno | (*est.*) Lontano antenato.
àrce [vc. dotta, lat. *ărce*(*m*), forse da avvicinare ad *ărca*. V. *arca*; 1340] **s. f.** ● (*lett.*) Rocca.
arcèlla [vc. dotta, lat. tardo *arcĕlla*(*m*) 'piccola (*-ĕlla*) arca'; 1905] **s. f.** **1** Nelle chiese paleocristiane, vano sotto l'altare contenente reliquie. **2** Cassone nuziale decorato: *un'a. del Settecento*.
archaeòpteryx /*lat.* arke'ɔpteriks/ ● V. *archeottèrige*.
archè [vc. dotta, gr. *archḗ* 'principio', di etim. incerta; 1955] **s. f.** ● (*filos.*) Principio.
archeàno [dal gr. *archḗ* 'principio'. V. *archè*; 1955] **A s. m.** ● (*geol.*) Il più antico dei due periodi dell'era precambriana. **B** anche agg.: *periodo a.*
archègete o **arcagète** [vc. dotta, gr. *archēgétēs* 'iniziatore, fondatore', comp. di *arch*(*i*)- e *hēgéomai* 'io conduco'] **s. m.** ● Tra i greci, fondatore di città e di colonie | Epiteto di alcune divinità greche, spec. di Apollo, patrone dei colonizzatori | Dio della stirpe.
archeggiaménto [av. 1796] **s. m.** ● (*mus.*) L'archeggiare.
archeggiàre [da *arco*; 1481] **A v. tr.** e **intr.** (*io archéggio*; aus. *avere*) ● (*mus.*) Suonare uno strumento a corde per mezzo dell'arco. **B v. tr.** ● †Piegare ad arco.
archeggiatùra [av. 1946] **s. f.** ● (*arch.*) Successione in serie di arcate o arcatelle.
archéggio [da *archeggiare*; 1892] **s. m.** ● (*mus.*) Arcata.
Archegoniàte [da *archegonio*; 1955] **s. f. pl.** (**sing.** *-a*) ● Nella tassonomia vegetale, gruppo di piante che presentano una medesima struttura degli archegoni (*Archegoniatae*).
archegònio [comp. di *archḗ* 'principio' e *-gonio*; 1955] **s. m.** ● (*bot.*) Organo riproduttore femminile pluricellulare di alcune piante che contiene l'oosfera.
archèo- [dal gr. *archáios* 'antico'] primo elemento ● In parole composte dotte significa 'antico' o 'primitivo': *archeografia, archeozoico.*
archeoastronomìa [comp. di *archeo*- e *astronomia*; 1983] **s. f.** ● Ricerca e studio di resti archeologici atti a documentare le conoscenze astronomiche degli antichi e la loro applicazione nel campo della religione, della misurazione del tempo, ecc.
archeobiologìa [comp. di *archeo*- e *biologia*] **s. f.** ● Studio dei reperti biologici dell'era arcaica.
archeobotànica [comp. di *archeo*- e *botanica*] **s. f.** ● Studio dei reperti botanici dell'era arcaica.
archeografìa [comp. di *archeo*- e *-grafia*; 1828] **s. f.** ● Descrizione dei monumenti antichi.
archeogràfico [1970] **agg.** (**pl. m.** *-ci*) ● Relativo all'archeografia: *testo a.*
archeògrafo [1819] **s. m.** (f. *-a*) ● Studioso, esperto di archeografia.
archeologìa [vc. dotta, gr. *archaiología*, comp. di *archeo*- e *-logia*; av. 1810] **s. f.** ● Scienza che si occupa delle antichità sotto il profilo storico e artistico | *A. industriale*, disciplina che si occupa della scoperta, della catalogazione e dello studio dei resti fisici di processi e metodi industriali del passato, spec. del XVIII e XIX sec. | *A. subacquea*, disciplina che si occupa della ricerca di reperti sommersi e, spec., della localizzazione di antiche navi naufragate | *A. urbana*, disciplina che analizza le stratificazioni degli insediamenti urbani dall'antichità ai nostri giorni. ➡ ILL. *archeologia*.
archeològico [1819] **agg.** (**pl. m.** *-ci*) ● Relativo all'archeologia: *studi, scavi archeologici*; *reperti archeologici*. || **archeologicaménte**, avv. Dal punto di vista dell'archeologia.
archeòlogo [vc. dotta, gr. *archaiológos*. V. *archeologia*; 1817] **s. m.** (f. *-a*; **pl. m.** *-gi*) ● Studioso, esperto di archeologia.
archeometrìa [comp. di *archeo*- e *-metria*; 1991] **s. f.** ● (*archeol.*) Scienza di supporto all'archeologia che, nello studio e nell'analisi dei reperti, utilizza metodi e strumenti propri della matematica e delle scienze naturali.
archeottèrige o **archaeopteryx** [dal lat. scient. *Archaeopteryx*, comp. del gr. *archáios* 'antico' (V. *arcaico*) e *ptéryx* 'ala' (V. *pterigio*); 1961] **s. m.** ● Uccello primitivo dei Saurini, fossile del Giurassico, con penne, coda ben sviluppata e mascelle fornite di denti (*Archaeopteryx*). ➡ ILL. *paleontologia*.
archeozòico (*Archeozoico* come s. m.) [comp. di *archeo*- e *-zoico*; 1929] **A s. m.** (**pl.** *-ci*) ● La più antica era geologica, durata circa 230 milioni di anni, che si chiude con la comparsa dei primi fossili. **B** anche agg. (**pl. m.** *-ci*): *era archeozoica*.
archetìpico [1983] **agg.** (**pl. m.** *-ci*) ● (*lett.*) Di archetipo | Che costituisce un archetipo: *eroi archetipici*.
archetìpo [vc. dotta, lat. *archḗtypu*(*m*), dal gr. *archétypon*, comp. del gr. *archḗ* 'principio' e di *-tipo*; av. 1292] **A s. m. 1** Nella filosofia di Platone, modello originario e ideale delle cose sensibili. **2** Nella terminologia psicologico-religiosa, ciascuno dei moduli ancestrali universali di intuizione e di pensiero che emergono, con rappresentazioni, nei sogni individuali e nei miti religiosi. **3** (*psicoan.*) Nella dottrina di Jung, rappresentazione dell'inconscio, di una esperienza comune a tutti gli uomini. SIN. Immagine primordiale. **4** Redazione non conservata di un'opera letteraria, ricostruibile attraverso le testimonianze di altri manoscritti o stampe da essa derivati, che rappresenta il testo ipotetico più vicino all'originale perduto. **5** Primo esemplare e modello. SIN. Prototipo. **B** agg. ● (*lett.*) Primitivo, esemplare: *forme archetipe*.
archétto [1340 ca.] **s. m. 1** Dim. di *arco*. **2** (*mus.*) Arco. **3** (*arch.*) Arcatella. **4** Ordigno a scatto per prendere uccelli, proibito dalla legge. SIN. Fionda a elastico. **5** (*ferr.*) Tipo di apparecchio portato dai mezzi di trazione elettrici per captare la corrente da una linea di contatto: *presa di corrente ad a.* || **archettìno**, dim.
àrchi- [primo termine (*arch*(*i*)- e *arch*(*e*)-) di numerosi comp. gr., dal v. *árchein* 'essere al comando', di orig. incerta] primo elemento ● In parole composte dotte o scientifiche significa 'primo' o 'capo', o indica primato e sim.: *archiatra, archidiocesi, archimandrita, archimiceti* | Può subire anche l'elisione: *arcangelo*.
-archìa [gr. *-archía*, propr. di deriv. nom. dei n. in *-archos* '-arca'] secondo elemento ● In parole composte dotte significa 'governo' o 'dominio': *monarchia, oligarchia*.
archiacùto [comp. di *arco* e *acuto*; 1856] **agg.** ● Che ha forma di arco acuto: *finestra archiacuta* | (*est.*) Che è costituito da archi acuti: *loggia archiacuta*.
Archianèllidi [comp. di *archi*- e *anellidi*; 1955] **s. m. pl.** (**sing.** *-e*) ● Nella tassonomia animale, classe di Anellidi per la maggior parte marini, privi di parapodi, ritenuti forme primitive (*Archianellida*).
archiàtra o **archiàtro** [vc. dotta, lat. tardo *archiātru*(*m*), nom. *archiātrus*, dal gr. *árchi-* e *iatrós* 'medico'; 1711] **s. m.** (**pl.** *-i*) ● Medico primario di una corte: *a. pontificio* | (*disus.*) Primario di una clinica. SIN. Protomedico.
archibugètto o **†archibusètto** [av. 1595] **s. m. 1** Dim. di *archibugio*. **2** Antica arma da fuoco corta.
†archibugiàre o **†archibusàre** [1543] **v. tr.** ● Assalire, uccidere a colpi di archibugio.
archibugiàta o **†archibusàta** [1540] **s. f.** ● Colpo d'archibugio | (*est.*) Ferita prodotta da un colpo d'archibugio.
archibugière o **†archibusière** [av. 1519] **s. m. 1** Soldato armato di archibugio | *A. a cavallo*, cavalleggero armato d'archibugio. **2** †Armaiolo.
archibùgio o **†archibuso** [ant. fr. *harquebusse*, dall'ol. *hakebusse*, propr. 'canna con l'uncino'; sec. XIV] **s. m.** ● Antica arma da fuoco a canna lunga, di calibro costante, in origine arma da posta, divenuta in seguito portatile e data in dotazione alla fanteria e alla cavalleria leggera: *a. a ruota, a serpentino*. || **archibugètto**, dim. (V.) | **archibugióne**, accr.
archibùso e deriv. ● V. *archibugio* e deriv.
archicèmbalo (o *-è-*) [comp. di *archi*- e *cembalo*; 1862] **s. m.** ● Cembalo grande a sei tastiere, la cui invenzione risale al XVI sec.
archicortéccia [comp. di *archi*- e *corteccia*] **s. f.** (**pl.** *-ce*) ● (*anat.*) Semplice struttura corticale nervosa presente nell'archipallio, alla quale vengono trasmesse informazioni olfattive e gustative.
archidiòcesi (o *-diò-*) o **arcidiòcesi** [comp. di *archi*- e *diocesi*; 1823] **s. f. inv.** ● Diocesi dell'arcivescovo | Provincia sulla quale l'arcivescovo ha giurisdizione.

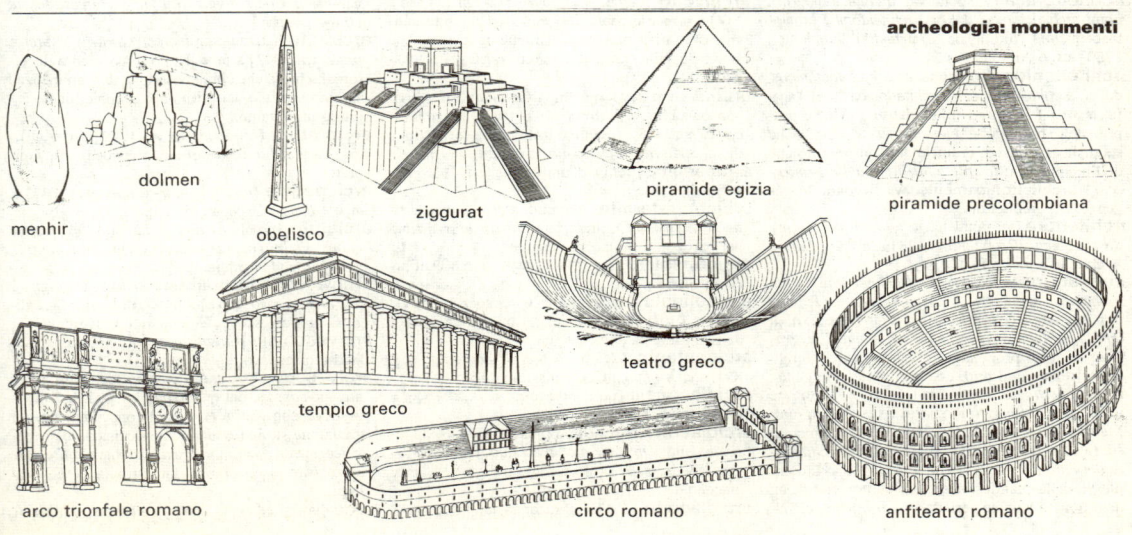

archeologia: monumenti

menhir — dolmen — obelisco — ziggurat — piramide egizia — piramide precolombiana — tempio greco — teatro greco — arco trionfale romano — circo romano — anfiteatro romano

archiepiscopàle [comp. di *archi-* ed *episcopale*; av. 1557] **agg.** • Arcivescovile.

archiginnàsio [comp. di *archi-* e *ginnasio*; av. 1758] **s. m.** • Titolo attribuito in passato alle Università di Roma e di Bologna | Nome del palazzo che dal 1563 al 1803 fu sede dell'Università di Bologna.

archilochèo o **archilòchio** [vc. dotta, lat. *archilochīu(m)*, nom. *archilochius*, dal gr. *archilócheios*, dal n. del poeta *Archiloco* che lo inventò; 1748] **A agg.** • Del poeta greco Archiloco (VII sec. a.C.) | ***Sistema a.***, strofa di varia struttura in metri dattilici o in metri dattilici e giambici. **B s. m.** • Verso della poesia greca e latina formato da una tetrapodia dattilica e da una tripodia trocaica.

archimandrita [vc. dotta, lat. tardo *archimandrīta(m)*, nom. *archimandrīta*, dal gr. *archimandrítēs*, comp. di *archi-* e *mándra* 'mandra', poi 'monastero'; 1321] **s. m.** (pl. *-i*) **1** Nelle Chiese cristiane orientali, superiore di monastero importante o di congregazione monastica | Titolo onorifico concesso a sacerdoti secolari. **2** (*fig., lett.*) Antesignano, capo.

Archimicèti [comp. di *archi-* e gr. *mýkēs*, genit. *mýkētos*, 'fungo' (V. *micelio*); 1955] **s. m. pl.** (sing. *-e*) • Nella tassonomia vegetale, classe di Funghi unicellulari parassiti di alghe e di piante terrestri (*Archimycetes*).

archipàllio [comp. di *archi-* e *pallio*] **s. m.** • (*anat.*) Porzione dorsale e mediale del pallio, esclusivamente mediale nei Mammiferi, caratterizzata da un'elementare corteccia nervosa.

archipèndolo o **archipènzolo** [comp. di *arco* e *pendolo*; 1525] **s. m.** • Strumento per verificare l'orizzontalità di un piano, costituito da due aste uguali unite da un angolo retto, da cui pende un filo a piombo, e collegate da un'asta trasversale con segnata nel mezzo una linea di fede: *creta o scarpello o pennello o archipenzolo* (BEMBO).

archiprèsbitero [vc. dotta, lat. *archipresbȳteru(m)*, comp. di *archi-* e *prĕsbyter*, genit. *presbȳteri* 'prete'; 1970] **s. m.** • Arciprete.

†**archisinagògo** [vc. dotta, lat. tardo *archisynagōgu(m)*, nom. *archisynagōgus*, dal gr. *archisynágōgos*. V. *archi-* e *sinagoga*; av. 1306] **s. m.** • Capo della sinagoga, nei Paesi di lingua latina e greca.

architettàre [vc. dotta, lat. *architectāri*, da *architĕctus* 'architetto'; av. 1571] **v. tr.** (*io architétto* o *architètto*) **1** (*disus.*) Ideare il progetto di una costruzione dal punto di vista architettonico: *Tutti gli edifici … furono architettati da lui* (VASARI). **2** (*fig., lett.*) Ideare: *architettava un metodo di difesa* (D'ANNUNZIO). **3** (*fig.*) Macchinare: *a. imbrogli a danno di qlcu.*

♦**architètto** [vc. dotta, lat. *architĕctu(m)*, dal gr. *architéktōn*, comp. di *archi-* e *téktōn* 'costruttore'; av. 1374] **s. m.** (f. *-a*; V. nota d'uso FEMMINILE) **1** Chi esercita l'architettura | Chi è laureato nella facoltà di architettura. **2** (*fig., lett.*) Ideatore, artefice | ***Il divino, l'eterno a.***, (*per anton.*) Dio | ***Il grande a. dell'Universo***, il Dio dei massoni.

†**architettònica** [vc. dotta, lat. *architectŏnica(m)*, nom. *architectŏnica*, dal gr. *architektonikḗ* (sottinteso *téchnē* 'arte'), da *architéktōn* 'architetto'; 1756] **s. f.** • Architettura.

architettònico [vc. dotta, lat. *architectŏnicus*, dal gr. *architektonikós*. V. *architettonica*; 1550] **agg.** (pl. m. *-ci*) **1** Relativo all'architettura | Che è proprio dell'architettura: *elemento a.* **2** (*est.*) Che soddisfa esigenze di ordine e di equilibrio, tipiche dell'architettura: *lo stile a. di Piero della Francesca.* || **architettonicaménte**, avv. Secondo le esigenze dell'architettura.

†**architettóre** [vc. dotta, lat. tardo *architectōre(m)*, da *architĕctus* 'architetto'; 1498] **s. m.** (f. *-trice*) • Architetto (*anche fig.*).

architettùra [vc. dotta, lat. *architectūra(m)*, da *architĕctus* 'architetto'; 1525] **s. f.** **1** Arte e tecnica di progettare e costruire edifici o altre opere: *a. di edifici pubblici*; *a. di giardini*; *a. navale* | ***A. grafica***, l'arte di progettare uno stampato conferendogli ritmo, equilibrio, essenzialità, funzionalità | ***A. del paesaggio***, l'arte e la tecnica di strutturare in senso significativo lo spazio fisico abitato dall'uomo. **2** L'opera architettonica e l'insieme dei suoi caratteri costruttivi ed estetici: *le architetture del Foro Romano*; *l'a. del Partenone*. **3** Il complesso delle manifestazioni architettoniche di un determinato luogo e periodo: *l'a. francese del Seicento* | Insieme di manifestazioni architettoniche legate da comuni caratteristiche di stile: *l'a. barocca, neoclassica, funzionale*. ➡ ILL. p. 2116-2121 ARCHITETTURA. **4** Schema o struttura secondo cui si articola la trama o la composizione di un'opera o di un organismo: *l'a. di un romanzo, di una sinfonia, di un convegno*. **5** (*elab.*) ***A. di rete, di sistema***, struttura logica di collegamento tra diversi elaboratori o dispositivi | ***A. software***, modalità di strutturazione logica di un programma.

architravàta [da *architrave*; 1550] **s. f.** • Disposizione degli architravi.

architravàto [av. 1755] **agg.** • Munito di architrave: *colonne architravate*.

architravatùra [av. 1764] **s. f.** • Complesso degli architravi di un edificio | La loro messa in opera.

architràve [comp. di *archi-* e *trave*; 1436] **s. m.** • Trave principale | Elemento della trabeazione che poggia sopra i capitelli delle colonne, i pilastri o gli stipiti, ed è sormontata dal fregio | Ogni struttura orizzontale posta a chiusura superiore di un'apertura. ➡ ILL. p. 2116-2118 ARCHITETTURA.

archiviàre [1588] **v. tr.** (*io archìvio*) **1** Registrare e collocare in archivio: *a. un documento, una pratica* | (*est.*) Tralasciare di occuparsi di qlco.: *a. una questione*. **2** (*dir.*) Procedere all'archiviazione: *a. un procedimento*.

archiviazióne [1588] **s. f.** **1** Registrazione nel protocollo e deposito di uno o più documenti o di intere serie nei luoghi adibiti alla loro conservazione. **2** (*dir.*) Provvedimento con cui il giudice delle indagini preliminari dichiara che l'azione penale non deve essere promossa per i motivi previsti dalla legge: *decreto di a. per manifesta infondatezza della notizia di reato*.

archìvio [vc. dotta, lat. tardo *archīvu(m)* e *archīu(m)*, dal gr. *archêion* 'residenza dei magistrati', da *archḗ* 'comando, magistratura'; 1483] **s. m.** **1** Raccolta privata o pubblica di documenti destinati a essere conservati: *a. di famiglia, a. fotografico*; *a. elettronico*; *a. giornalistico*; *l'a. della RAI* | ***A. storico***, complesso di documenti non più suscettibile di aumento in quanto appartenente a una amministrazione cessata. **2** Luogo o ufficio in cui tali documenti vengono conservati secondo determinati criteri atti a facilitarne la ricerca e il reperimento: *depositare in a.*; *compiere ricerche in a.* | ***A. notarile***, pubblico ufficio destinato alla raccolta degli atti notarili | ***A. di Stato***, ufficio pubblico incaricato della conservazione dei documenti di Stato e degli atti storici che interessano lo Stato stesso. **3** Titolo di riviste, spec. di carattere scientifico: *a. giuridico*; *a. storico italiano*.

archivìsta [1664] **s. m. e f.** (pl. m. *-i*) • Chi è addetto a un archivio o alla sua custodia.

archivìstica [1874] **s. f.** • Complesso di criteri concernenti la tenuta degli archivi | La disciplina che si occupa di tali criteri: *docente di a.*

archivìstico [1888] **agg.** (pl. m. *-ci*) • Che si riferisce agli archivi, all'archivistica o agli archivisti.

archivòlto [comp. di *arco* e *volto* (2) (?); sec. XIV] **s. m.** • Elemento di decorazione architettonica costituito da una fascia variamente lavorata che si svolge sulla fronte di un arco. ➡ ILL. p. 2118 ARCHITETTURA.

àrci- **A** primo elemento • In parole composte, corrisponde ad 'archi-': *arcidiavolo, arciprete, arciduca*. **B** pref. • Rafforzativo usato nella formazione di superlativi: *arcicontento, arcinoto, arciricco*.

arcibasìlica [comp. di *arci-* e *basilica*; 1955] **s. f.** • Basilica maggiore.

arciconfratèrnita [comp. di *arci-* e *confraternita*; 1865] **s. f.** • Confraternita principale o distinta per particolari titoli e privilegi.

arciconsolàre [av. 1698] **agg.** • (*lett.*) Dell'arciconsolo: *ufficio a.*

arcicònsolo [comp. di *arci-* e *console*; sec. XVI] **s. m.** • Titolo (dal 1575 al 1915) del presidente dell'Accademia della Crusca.

arcicontènto [comp. di *arci-* e *contento*; sec. XVI] **agg.** • (*fam.*) Contentissimo, felice.

arcidiaconàle [da *arcidiacono*; av. 1939] **agg.** • Relativo ad arcidiacono.

arcidiaconàto (o **-dia-**) [vc. dotta, lat. tardo *archidiaconātu(m)*, da *archidiăconus* 'arcidiacono'; sec. XIV] **s. m.** • Titolo, ufficio e dignità di arcidiacono.

arcidiàcono (o **-dià-**) [vc. dotta, lat. tardo *archidiăconu(m)*, nom. *archidiăconus*, dal gr. *archidiákonos*. V. *archi-* e *diacono*; av. 1348] **s. m.** • Capo dei diaconi | Dignità dell'ordine dei diaconi nel collegio dei Cardinali.

arcidiàvolo [comp. di *arci-* e *diavolo*; sec. XIV] **s. m.** **1** Capo dei diavoli: *la sorte … cadde sopra Belfagor a.* (MACHIAVELLI). **2** (*bot., pop.*) Bagolaro.

arcidiocesàno (o **-dio-**) [1970] **agg.** • Di arcidiocesi.

arcidiòcesi (o **-diò-**) • V. *archidiocesi*.

arcidùca [comp. di *arci-* e *duca*; av. 1527] **s. m.** (pl. *-chi*) **1** Duca di maggior potere e prestigio. **2** Principe della casa regnante di Asburgo-Austria e Asburgo-Lorena.

arciducàle [av. 1566] **agg.** • Di arciduca: *dignità a.*

arciducàto [av. 1557] **s. m.** • Titolo e dignità di arciduca | Territorio posto sotto il dominio di un arciduca.

arciduchéssa [av. 1698] **s. f.** **1** Moglie o figlia di un arciduca. **2** Principessa della casa regnante di Asburgo-Austria e Asburgo-Lorena.

arcièra [1847] **s. f.** • Feritoia nelle antiche fortificazioni per scagliare le frecce.

arcière o †**arcièro** [fr. *archier*, da *arc* 'arco'; av. 1294] **s. m.** **1** Milite a piedi o a cavallo, armato d'arco. **2** (f. *-a*) Tiratore d'arco. ➡ ILL. p. 2151 SPORT. **3** (*scherz.*) †Truffatore, imbroglione.

arcifànfano [comp. di *arci-* e *fanfano*; 1527] **s. m.** (f. *-a*) • (*disus.*) Fanfarone, millantatore.

arcigno [etim. incerta; av. 1388] **agg.** **1** Severo e piuttosto scostante: *atteggiamento, sguardo, viso a.*; *aria arcigna*; *zitella arcigna*. **2** †Di gusto aspro, acerbo, detto spec. di frutta. || **arcignaménte**, avv. Con asprezza: *trattare arcignamente qlcu.*

arcile [da *arca* (*1*); sec. XIII] **s. m.** • (*sett.*) Madia a forma di cassone, munita di uno o due cassetti e di un coperchio ribaltabile | (*centr.*) Cassa per riporre la farina di castagne e sim. SIN. Cassamadia.

arciliùto [comp. di *arci-* e *liuto*; av. 1647] **s. m.** • (*mus.*) Specie di liuto con due manici, come le tiorbe, ma più lunghi.

arcinòto [comp. di *arci-* e *noto*; 1756] **agg.** • Ampiamente conosciuto, di dominio pubblico: *un episodio noto e a.*

arcionàto [1520] **agg.** • Detto di sella fornita di arcioni.

arcióne [lat. parl. **arciōne(m)*, da *ărcus* 'arco', prob. attrav. il fr. *arçon*; sec. XIII] **s. m.** • Ossatura arcuata della sella | (*est.*) Sella: *stare, montare in a., in arcioni* | ***Stare bene in a.***, andare bene a cavallo.

arcipèlago [comp. di *archi-* e del gr. *pélagos* 'mare' ('mare principale'); av. 1557] **s. m.** (pl. *-ghi*) **1** Gruppo di isole vicine le une alle altre situate nello stesso mare e con uguali caratteristiche morfologiche. **2** (*fig., lett.*) Gruppo di cose simili | (*fig.*) Insieme di fenomeni simili: *l'a. dei centri sociali giovanili*.

†**arciprèsso** [V. *cipresso*; sec. XIV] **s. m.** • (*lett.*) Cipresso: *l'odo fuggir fra gli arcipressi foschi* (D'ANNUNZIO).

arciprète [lat. tardo *archipresbȳteru(m)*. V. *arci-* e *prete*; av. 1342] **s. m.** • Titolo di parroco o di rettore di chiesa che abbia posizione di preminenza | Titolo onorifico del primo dei canonici di un capitolo importante.

arcipretùra [da *arciprete*; av. 1779] **s. f.** • Ufficio, carica, titolo, beneficio e residenza di arciprete.

arcispedàle [comp. di *arci-* e *spedale*; 1733] **s. m.** • (*disus.*) Ospedale principale.

arcistùfo [comp. di *arci-* e *stufo*; 1885] **agg.** • (*fam.*) Estremamente seccato o annoiato: *sono a. delle vostre lamentele*.

arcivescovàdo o **arcivescovàto** nel sign. 1 [da *arcivescovo*; 1312] **s. m.** **1** Titolo, ufficio e dignità di arcivescovo. **2** Sede dell'arcivescovo.

arcivescovile [da *arcivescovo*; 1740 ca.] **agg.** • Dell'arcivescovo: *dignità a.*

arcivéscovo [lat. tardo *archiepĭscopu(m)*, nom. *archiepĭscopus*, dal gr. *archiepískopos*. V. *arci-* e *vescovo*; sec. XIII] **s. m.** • Titolo onorifico che, per tradizione storica o autonoma decisione del pontefice, spetta a taluni vescovi | ***A. metropolita***, che è preposto al governo di una provincia ecclesiastica.

♦**àrco** [lat. *ărcu(m)*, di etim. incerta; sec. XIII] **s. m.**

(pl. *àrchi*, †*àrcora*, f.) *1* Arma da lancio costituita da un'asta elastica di legno, corno o acciaio che, curvata tendendo una corda fissata alle estremità, scaglia una freccia | ***Tendere l'a.***, (*fig.*) mirare a qlco. | ***Stare con l'a. teso***, (*fig.*) fare estrema attenzione, stare in guardia, stare col fucile spianato | (*fig.*) ***Avere molte frecce al proprio a.***, V. *freccia*. ➡ ILL. p. 2151 SPORT. *2* (*mat.*) Parte compresa tra due punti di una circonferenza | (*est.*) Parte compresa tra due punti di una linea curva. *3* (*arch.*) Struttura ad asse curvilinea, generalmente in muratura, posta a copertura di una luce di porta, finestra, ponte, con funzione statica di scaricare sui piedritti il peso della struttura sovrastante | ***A. a tutto sesto***, con altezza uguale al raggio | ***A. a sesto acuto***, con altezza maggiore del raggio | ***A. a sesto ribassato, scemo***, con altezza minore del raggio | ***A. cieco***, a luce chiusa, murata | ***A. rampante***, usato come organo di contrrospinta | ***A. di trionfo***, edificio monumentale ad arco, a uno o più fornici, tipico dell'architettura romana, edificato per celebrare imperatori o per commemorare vittorie militari | ***A. trionfale***, grande arco che nelle basiliche cristiane raccorda l'abside con la navata centrale o col transetto | ***A. scenico***, V. *arcoscenico*. ➡ ILL. p. 2118, 2119 ARCHITETTURA. *4* (*est.*) Struttura, formazione, linea e sim., curvata: *l'a. delle sopracciglia, dell'orizzonte* | (*lett.*) ***L'a. del cielo, l'a. celeste***, la volta celeste | ***Ad a.***, piegato ad arco | (*anat.*) ***A. dell'aorta***, tratto arcuato dell'aorta toracica, fra la porzione ascendente e quella discendente | (*anat.*) ***A. neurale, vertebrale***, componente dorsale della vertebra che assieme al corpo della stessa delimita lo spazio attraversato dal midollo spinale | (*anat.*) ***A. orale***, complesso scheletrico mascellare e mandibolare | (*fisiol.*) ***A. riflesso***, semplice circuito nervoso costituito da un neurone afferente che conduce lo stimolo e da una via efferente che conduce la risposta | (*astron.*) ***A. diurno, notturno***, traiettoria apparente descritta sulla sfera celeste da un astro rispettivamente sopra e sotto l'orizzonte | (*geol.*) ***Archi insulari***, festoni di isole allineate e disposte ad arco lungo un margine di continente, che sono sede di attività vulcanica e di terremoti. ➡ ILL. p. 2123 ANATOMIA UMANA. *5* (*fis.*) ***A. voltaico, a. elettrico***, o (*assol.*) ***arco***, arco luminoso che si forma al passaggio della corrente nell'atmosfera fortemente ionizzata che si crea tra due elettrodi di carbone collegati a una sorgente elettrica | ***Lampada ad a.***, sorgente luminosa che utilizza l'emissione di un arco elettrico fra due elettrodi di carbone | ***Saldatura ad a.***, processo di saldatura che sfrutta il calore prodotto dallo scoccare di un arco voltaico. *6* (*polit.*) ***A. costituzionale***, nei decenni successivi alla seconda guerra mondiale, l'insieme dei partiti che collaborarono alla stesura della Costituzione italiana. *7* (*fig.*) Periodo di tempo caratterizzato da una fase ascendente e una discendente: *l'a. degli anni, della vita*; *nell'a. di quattro secoli quella civiltà si sviluppò e decadde*. *8* (*mus.*) Bacchetta di legno lungo la quale è teso un fascio di crini di cavallo, usata per far vibrare le corde di determinati strumenti musicali. SIN. Archetto | ***Strumenti ad a., gli archi*** (*per anton.*), strumenti a corda che si suonano con l'arco (violino, viola, violoncello, contrabbasso) | ***A. musicale***, strumento cordofono costituito da un arco su cui è tesa una corda da pizzicare, esistente già dalla preistoria. ‖ **archétto**, dim. (V.) | **archicèllo**, dim. | **arconcèllo**, dim. | **arcóne**, accr. | **arcùccio**, dim.

◆**arcobaléno** [comp. di *arco* e *baleno*; 1481] s. m. ● Fenomeno ottico dovuto alla rifrazione dei raggi del sole su gocce d'acqua sospese nell'aria; è costituito da una serie di archi coi colori dello spettro solare e appare dopo la pioggia o vicino a una cascata. ➡ ILL. p. 2135 SCIENZE DELLA TERRA ED ENERGIA.

arcobalèstro [lat. tardo *arcuballĭsta(m)*; V. *arco* e *balestra*; av. 1292] s. m. ● Antica arma romana che lanciava frecce, dalla quale deriva la balestra.

arcocosecànte [comp. di *arco* e *cosecante*; 1965] s. m. ● (*mat.*) Misura, solitamente in radianti, dell'arco del quale il numero dato è la cosecante.

arcocoséno [comp. di *arco* e *coseno*; 1959] s. m. ● (*mat.*) Misura, solitamente in radianti, dell'arco del quale il numero dato è il coseno.

arcocotangènte [comp. di *arco* e *cotangente*; 1965] s. m. ● (*mat.*) Misura, solitamente in radianti, dell'arco del quale il numero dato è la cotangente.

arcolàio [da *arcora*, ant. pl. di *arco*; 1353] s. m. ● Strumento costituito da bacchette di legno, intorno a cui si colloca la matassa, e che, girando su un perno, permette di dipanarla. SIN. Bindolo, dipanatoio, guindolo, incannatoio.

arcontàto [av. 1823] s. m. ● Titolo, carica e dignità di arconte | Durata di tale carica.

arcónte [vc. dotta, lat. tardo *archŏnte(m)*, nom. *ărchon*, dal gr. *árchōn*, da *archós* 'comandante, capo'; 1587] s. m. ● Nell'antico diritto greco, il magistrato ateniese cui erano affidati i compiti più importanti.

Arcosàuri [comp. del gr. *archo-* 'che sta al principio' e il pl. di *sauro*; 1961] s. m. pl. (sing. *-o*) ● Nella tassonomia animale, sottoclasse dei Rettili, attualmente rappresentata dai soli Loricati, ma in passato costituita da numerosi gruppi di aspetto terrificante, tra i quali le forme terrestri note come Dinosauri.

arcoscènico o **àrco scènico** [comp. di *arco* e *scenico*; 1942] s. m. (pl. *-ci*) ● Arco di varia profondità, che collega la sala teatrale con il palcoscenico.

arcosecànte [comp. di *arco* e *secante*; 1970] s. f. ● (*mat.*) Misura, solitamente in radianti, dell'angolo del quale il numero dato è la secante.

arcoséno [comp. di *arco* e *seno*; 1955] s. m. ● (*mat.*) Misura, solitamente in radianti, dell'arco del quale il numero dato è il seno.

arcosòlio o **arcosòglio** [comp. del lat. *ărcus* 'arco' e di *sŏlium* 'sepolcro'; 1892] s. m. ● Sepoltura in uso spec. nelle catacombe, consistente in una nicchia, per lo più a forma di arco, scavata nel muro, nella quale veniva incassato il sarcofago.

arcotangènte [comp. di *arco* e *tangente*; 1959] s. f. ● (*mat.*) Misura, solitamente in radianti, dell'angolo la cui tangente è il numero dato.

arctazióne [vc. dotta, lat. tardo *arctatiōne(m)*, da *ărctus* 'stretto'; 1970] s. f. ● (*med.*) Coartazione.

àrcto- o **àrto-** [dal gr. *árktos* 'orso' (d'orig. indeur.)] primo elemento ● In parole composte significa 'orso', o indica relazione con gli orsi: *arctocefalo, artocebo*.

arctocèfalo [comp. di *arcto-* e *-cefalo*; 1955] s. m. ● Nella tassonomia animale, genere di Mammiferi dei Pinnipedi con muso allungato, orecchie corte e pelliccia molto pregiata (*Arctocephalus*).

Arctòidi [comp. di *arcto-* e *-oidi*; 1955] s. m. pl. (sing. *-e*) ● (*zool.*) Orsiformi.

arcuàre [vc. dotta, lat. *arcuāre*, da *ărcus* 'arco'; 1865] A v. tr. (*io àrcuo*) ● Piegare ad arco: *a. un ferro, la schiena*. B v. rifl. ● Piegarsi ad arco: *lo vidi arcuarsi sotto il peso*.

arcuàto [1282] part. pass. di *arcuare*; anche agg. ● Piegato ad arco: *ponticello a.*; *sopracciglia arcuate*.

ardèa [lat. *ardĕa*, specie di airone; av. 1374] s. f. ● Genere di Uccelli con lunghe zampe, lungo collo, becco diritto, cui appartiene l'airone (*Ardea*).

Ardèidi [vc. dotta, comp. di *ardea* e *-idi*; 1955] s. m. pl. (sing. *-e*) ● Nella tassonomia animale, famiglia di Uccelli dei Ciconiformi cui appartengono gli aironi e i tarabusi (*Ardeidae*).

ardènte [av. 1250] part. pres. di *ardere*; anche agg. *1* Che arde. *2* (*est.*) ***Sole a.***, cocente | ***Sabbia a.***, infuocata | ***Camera a.***, locale parato a lutto, con ceri e fiori, ove viene esposta la salma, prima che le si rendano gli onori funebri | (*disus.*) ***Acqua a.***, acquavite. *3* (*fig.*) Impetuoso, animoso: *cuore, carattere a.* | Appassionato: *amore, invocazione a.* | (*lett.*) Desideroso | Brillante, luminoso: *occhio, sguardo, colore a.* *4* †Acre, piccante. *5* (*mar.*) Orziero. ‖ **ardentétto**, dim. | **ardentùccio**, dim. ‖ **ardenteménte**, avv. Con ardore.

ardènza [da *ardere*; 1611] s. f. ● (*lett.*) Ardore, veemenza.

àrdere [lat. *ardēre*, da *arēre* 'esser secco'; av. 1250] A v. tr. (pass. rem. *io àrsi, tu ardésti*; part. pass. *àrso*) *1* Bruciare: *a. la legna*; *a. una casa*; *a. gli eretici sul rogo*. *2* Inaridire, seccare: *il gelo arse le piantine*; *il solleone ha arso la campagna*. *3* (*fig., lett.*) Infiammare di passione: *E so ben ch'i' vo dietro a quel che m'arde* (PETRARCA). B v. intr. (aus. *essere*) *1* Essere acceso, in fiamme: *il fuoco arde nel caminetto*; *la legna arde nella stufa* | Risplendere: *le fiaccole ardevano nella notte*. *2* (*fig.*) Essere intenso, forte, detto di sentimenti, passioni e sim.: *l'ira gli arde in petto*. *3* (+ *di*; + *da*; lett. + *per*) (*fig.*) Provare intensamente una passione, un sentimento: *ardere d'ira, d'amore, dal desiderio di fare qlco.*; *ardo per quei begli occhi amabili* (GOLDONI). *4* Essere molto caldo, emanare calore intenso: *a. di febbre*; *la strada arde sotto il sole*; *senti come arde il sole*. *5* (*fig., lett.*) Infierire, imperversare: *accorrere dove arde la mischia*.

ardèsia [fr. *ardoise*, di etim. incerta; 1741] A s. f. *1* Roccia scistosa argillosa facilmente divisibile in lastre sottili di colore grigio o verdastro; è usata per la copertura di tetti, per lavagne ecc. *2* Colore grigio bluastro caratteristico della sostanza omonima: *cielo d'a.* B in funzione di agg. inv. ● (posposto al s.) Nella loc. ***grigio a.***, detto delle tonalità di grigio tendente al blu, tipica dell'omonimo minerale: *abito, tessuto grigio a.*

àrdica [gr. biz. *nárthēka*, per il classico *nárthēx*, genit. *nárthēkos* 'nartece'; 1955] s. f. ● Portico delle basiliche paleocristiane ravennati.

ardiglióne [ant. fr. *hardillon*, dal franc. **hard* 'filo ritorto'; av. 1367] s. m. *1* Ferretto acuminato per la chiusura della fibbia. *2* Piccola punta acuminata all'interno della curvatura dell'amo per impedire lo sganciamento del pesce. SIN. Barbiglio.

ardiménto [1294] s. m. *1* (*lett.*) Coraggio: *mostrare il proprio a.* *2* (*lett.*) Impresa ardita | (*fig.*) Audacia letteraria: *gli ardimenti di un poeta*.

ardimentóso [1300 ca.] agg. ● Audace, coraggioso: *giovane, atto, gesto a.* ‖ **ardimentosaménte**, avv. In modo ardito: *agire ardimentosamente*.

ardìre (*1*) [francone **hardjan* 'render duro'; 1294] A v. intr. e intr. pron. (*io ardìsco, tu ardìsci*; difett. per le forme coincidenti con quelle di *ardere* (*ardiàmo, ardiàte, ardènte*), sostituite nell'uso con quelle di *osare*; aus. intr. *avere*) (+ inf.; + *di* seguito da inf.; lett. + *a*) ● Avere forza d'animo, audacia, coraggio, per compiere qlco.: *non ardiva protestare*; *non ardì di presentarsi al padre*; *niuno si ardiva a rispondere* (MACHIAVELLI); *e coglierlo noi / non ci ardimmo* (D'ANNUNZIO). B v. tr. ● (*raro, lett.*) Osare: *l'altezza de' Troian che tutto ardiva* (DANTE *Inf.* XXX, 14).

ardìre (*2*) [da *ardire* (*1*); 1294] s. m. (pl. raro *-i*) ● Audacia, coraggio, spec. eccessivo e temerario: *mostrare un grande a. in battaglia* | (*est.*) Impudenza: *il suo a. non conosce limiti*.

arditézza [av. 1257] s. f. ● Caratteristica di chi (o di ciò che) è ardito.

arditìsmo [da *ardito*; 1945] s. m. ● Arditezza, atteggiamento spesso retorico tipico degli Arditi durante e dopo il primo conflitto mondiale, fatto di sprezzo del pericolo, gusto dell'avventura, esaltazione della lotta cruenta.

ardìto [av. 1294] A part. pass. di *ardire*; anche agg. *1* Coraggioso: *spirito a.* | (*raro*) Temerario, spavaldo: *comportamento a.* | Impertinente, insolente, sfacciato: *frasi, parole, ardite*; *complimento a.* | ***Fare a.***, (*lett.*) rendere audace | ***Farsi a.***, prendere coraggio | †***Essere a. a fare qlco.***, avere il coraggio. *2* (*fig.*) Nuovo, originale: *concetto a.*; *idea, immagine ardita*. *3* (*tosc.*) Erto, ripido: *strada ardita* | †***Essere a. a fare qlco.***, avere il coraggio. ‖ **arditaménte**, avv. B s. m. ● Soldato dei reparti costituiti, durante la guerra 1915-18, con personale particolarmente addestrato per azioni rischiose d'assalto.

arditóre [da *ardere*; 1819] s. m. (f. *-trice*) ● Operaio addetto nelle fonderie all'accensione dei forni.

-àrdo [originariamente suff. germ., impiegato come secondo elemento di n. di pers., denotante una qualità espressa dalla prima parte del n. (*Adalbard* 'uomo di grande nobiltà'); acquistò poi un'autonomia semantica a carattere spreg.] suff. derivativo ● Forma aggettivi, quasi sempre sostantivati, di valore spregiativo o che indicano generalmente una qualità negativa: *beffardo, bugiardo, codardo, infingardo, testardo, vegliardo*; *gagliardo*.

ardóre [vc. dotta, lat. *ardōre(m)*, da *ardēre* 'ardere'; av. 1290] s. m. *1* Calore intenso: *l'a. della canicola* | (*fig.*) Arsura. *2* (*fig.*) Passione, sentimento intenso: *desiderare con a. qlcu. o qlco.* | (*lett.*) Eccitazione: *a. carnale*. *3* Alacrità, fervore: *lavorare, studiare con a.* *4* †Fiamma, fuoco. *5* †Violenza, furore. *6* (*per anton.*) †Lo Spirito Santo.

arduità [vc. dotta, lat. *arduitāte(m)*, da *ărduus* 'arduo'; sec. XIV] s. f. ● (*lett.*) Caratteristica di ciò che è arduo: *vedevano l'a. della proposta* (SARPI).

àrduo [vc. dotta, lat. *ărduu(m)*, di etim. incerta; av. 1306] agg. *1* (*lett.*) Erto, ripido: *pendio, sentiero a.* | (*lett.*) Elevato, alto: *Ardua la vetta si perde nella sera* (CARDUCCI). *2* (*fig.*) Difficile a compiersi, a comprendersi, a risolversi e sim.: *impresa ardua*; *passo, concetto a.*; *affare, caso a.* || **arduaménte**, avv. (*raro*) Con difficoltà.

-are (1) [dalla desinenza lat. dei v. della prima coniug. (*-āre*)] suff. ● Proprio dei verbi della prima coniugazione: *mangiare, parlare, studiare.*

-are (2) [dal suff. agg. lat. *-āre(m)*, parallelo di *-āle(m)*, usato quando nel tema vi era una *-l-*; p. es. *lunāre(m)*, anziché *lunāle(m)*] suff. ● Forma aggettivi di origine latina o tratti da sostantivi che indicano 'qualità', 'relazione': *ancillare, crepuscolare, esemplare, militare, polmonare, salutare, titolare.*

♦**àrea** [vc. dotta, lat. *ārea(m)*. V. *aia*; 1340] s. f. *1* Spazio delimitato di terreno: *i giardini pubblici occupano una vasta a.* | ***A. fabbricabile***, destinata alla costruzione di edifici | ***A. di servizio***, spiazzo munito di attrezzature per assistenza ad automobilisti e rifornimento o riparazioni ad autoveicoli | (*sport*) Nei giochi di palla, zona del campo opportunamente delimitata | ***A. di rigore***, nel calcio, zona nella quale i falli dei difensori subiscono la punizione del calcio di rigore | ***A. di porta***, zona da cui si può rimettere in gioco la palla uscita dalla linea di fondo; nella pallamano, zona riservata esclusivamente al portiere | (*per anton.*) Area di rigore: *entrare in a.* | ***A. di partenza***, nel golf, zona da cui si effettua il primo tiro per ogni buca. *2* (*mat.*) Misura dell'estensione di una superficie. *3* (*est.*) Parte, zona, regione e sim., interessata da particolari avvenimenti o fenomeni: *a. di alte, di basse pressioni*; *area ciclonica, anticiclonica* | ***A. linguistica***, che presenta un fatto o un insieme di fatti linguistici particolari | (*anat.*) ***A. corticale***, (*ellitt.*) ***area***, porzione della corteccia cerebrale distinta dalle circostanti per struttura e funzione | ***A. monetaria, a. del dollaro, della sterlina e sim.***, in cui le contrattazioni internazionali avvengono praticamente in base a una sola unità monetaria, quale il dollaro, la sterlina e sim. | ***A. depressa, sottosviluppata***, caratterizzata da una situazione economica e sociale di persistente povertà, sottosviluppo e sim. | ***A. metropolitana***, circoscrizione amministrativa che raggruppa il comune di una grande città e i comuni limitrofi | (*tel.*) ***A. locale***, ciascuna delle aree geografiche in cui è suddiviso il territorio nazionale agli effetti del servizio telefonico. *4* (*est., fig.*) Raggruppamento, schieramento, settore: *le aree politiche parlamentari*; *a. di destra, di centro, di sinistra* | (*fig.*) Settore, àmbito: *a. culturale* | (*ling.*) ***A. di dispersione***, insieme delle varie realizzazioni di un fenomeno.

àrea Cèlsi [lat. 'area di Celso', che per primo la descrisse; 1918] loc. sost. f. inv. (pl. lat. *areae Celsi*) ● (*med.*) Chiazza glabra, rotondeggiante, sul cuoio capelluto, dovuta alla mancanza di capelli. SIN. Alopecia areata.

areàle [1950] **A** agg. ● Relativo a un'area | (*ling.*) ***Linguistica a.***, quella che considera i fenomeni linguistici secondo la loro distribuzione geografica | (*fis.*) ***Velocità a.***, rapporto fra l'area descritta da un segmento orientato che ruota o si muove altrimenti in un piano e l'intervallo di tempo impiegato per descriverla. || **arealménte**, avv. **B** s. m. ● (*biol.*) Area occupata da una specie che, supposta originaria di un dato luogo, si è diffusa fino a che non ha trovato ostacoli alla sua espansione e la sua capacità moltiplicativa.

àrea mànager /area'manadʒer, *ingl.* 'ɛəriə ˌmænɪdʒəɹ/ [loc. ingl., 'dirigente, capo (*manager*) di una zona (*area*) di vendita'. V. *area* e *manager*; 1979] loc. sost. m. e f. inv. (pl. ingl. *area managers*) ● (*org. az.*) Capoarea.

areàre ● V. *aerare.*

area test /area'tɛst, *ingl.* 'ɛəriəˌtɛst/ [loc. ingl., propr. 'prova su una zona'. V. *area* e *test*] loc. sost. m. inv. (pl. ingl. *area tests*) ● Nel marketing, studio di un mercato fatto mediante prove di lancio di uno o più prodotti in aree geografiche limitate.

areàto [da *area*; 1967] agg. ● (*med.*) Circoscritto, limitato a una o più aree, nella loc. ***alopecia areata.***

arèca [port. *areca*, di orig. malese; 1525] s. f. ● Palma con foglie pennate e frutto a drupa (*Areca catechu*).

arèico (1) [comp. di *a-* (*1*) e un deriv. del gr. *rêin* 'scorrere, fluire'; 1955] agg. (pl. m. *-ci*) ● Che è privo di corsi di acqua per scarsa piovosità o per considerevole evaporazione: *regione, zona areica.*

arèico (2) [da *area* e *-ico*; 1983] agg. (pl. m. *-ci*) ● (*fis.*) Riferito all'area, detto di grandezza fisica: *carica, massa areica.*

areligióso [comp. di *a-* (*1*) e *religioso*; 1908] agg. ● Che prescinde dalla religione, che non ha religione. || **areligiosaménte**, avv.

arèlla [vc. sett., dim. del lat. *hăra* 'porcile', di orig. indeur. (?); 1803] s. f. ● Graticcio di canna palustre usato per essiccare frutti, per fare ombra o per allevare bachi da seta.

arèm o **àrem** ● V. *harem.*

arèmme ● V. *harem.*

arèna (1) o **arèna**, **rèna** nel sign. 1 [vc. dotta, lat. *arēna(m)*, prob. di orig. etrusca; av. 1292] s. f. *1* (*lett.* o *raro*) Sabbia: *a. di mare, di fiume*; *mischiare la rena con calce* | ***Seminare nell'a., costruire sull'a.***, (*lett.*) fare qlco. di inutile. *2* (*lett.*) Lido marino | (*est.*) Terra, suolo. *3* (*med.*) Calcolo renale. || †**arenèlla**, dim.

arèna (2) (o *-è-*) [vc. dotta, lat. *arēna(m)* 'anfiteatro (sparso di sabbia)', da *arēna* 'sabbia'; sec. XIV] s. f. *1* Spazio pianeggiante situato al centro degli antichi anfiteatri, nel quale si svolgevano i ludi gladiatorii | ***Scendere nell'a.***, (*fig.*) affrontare la lotta, scendere in campo | ***A. del circo***, pista. *2* Anfiteatro | Resti di un anfiteatro classico, a volte ancora utilizzati per manifestazioni pubbliche, spettacoli e sim.: *stagione operistica all'A. di Verona* | (*est.*) Cinema o teatro all'aperto. *3* (*est.*) Campo di gara, di competizione, spec. stadio calcistico o di atletica | Luogo adibito allo svolgimento della corrida. || **arenàccio**, pegg. m. | **arenóne**, accr. m.

arenàceo [vc. dotta, lat. *arenāceu(m)*, da *arena* 'rena'; av. 1599] agg. ● Che è composto o ha natura di sabbia: *roccia arenacea.*

arenaménto o (*lett.*) **arrenaménto** [1766] s. m. *1* L'arenarsi. *2* (*fig.*) Fermata, impedimento. *3* Deposito di sabbia che rialza il fondo di un alveo.

arenàre o (*lett.*) **arrenàre** nel sign. B [da *arena* (*1*); av. 1348] v. intr. e intr. pron. (*io aréno* o *arèno* ecc.; aus. *essere*) *1* Andare in secco nella sabbia, detto di imbarcazioni. *2* (*fig.*) Fermarsi per il sopraggiungere di impedimenti: *l'affare si arenò*; *la conversazione si è arenata.*

arenària [da *arena* (*1*); 1714] s. f. *1* (*geol.*) Roccia detritica costituita da granuli sabbiosi cementati più o meno tenacemente. *2* Genere di piante erbacee delle Cariofillacee con foglie opposte, fiori solitari e frutto a capsula (*Arenaria*).

arenàrio [vc. dotta, lat. tardo *arenāriu(m)*, da *arēna* 'arena (1)'; sec. XIV] agg. ● Di sabbia.

arengàrio [da *arengo*; 1935] s. m. ● Palazzo municipale tipico spec. dell'Italia settentrionale, caratterizzato da un balcone esterno per arringare il popolo | Nel periodo fascista, costruzione con funzioni simili.

aréngo o **arèngo**, **arringo** [V. *arringo*; 1342] s. m. (pl. *-ghi*) ● Nel Medioevo, assemblea popolare comunale | (*est.*) Luogo ove l'assemblea si riuniva.

arenìcola [comp. di *arena* (*1*) e *-cola*; 1829] s. f. ● Genere di Anellidi marini dei Policheti con branchie a forma di ciuffi sporgenti (*Arenicola*). ➡ ILL. **animali**/1; **zoologia generale.**

arenìcolo o †**renìcolo** [comp. di *arena* (*1*) e *-colo*; 1875] agg. ● Detto di organismo animale o vegetale che vive nella sabbia.

arenìle [1490] s. m. ● Tratto sabbioso della spiaggia marina o della riva di fiumi e laghi.

arenosità o **renosità** [av. 1320] s. f. ● Natura, aspetto sabbioso.

arenóso o **renóso** [lat. *arenōsu(m)*, da *arēna* 'arena (1)'; av. 1320] agg. *1* Sabbioso. *2* (*fig., lett.*) Instabile, malfermo.

arènte [vc. dotta, lat. *arĕnte(m)*, part. pres. di *arēre* 'esser secco', di orig. indeur.; 1450 ca.] agg. ● (*lett.*) Arido.

àreo- ● V. *aero-* (*1*) e *aero-* (*2*).

areògrafo e *deriv.* ● V. *aerografo* e *deriv.*

areogràmma [comp. di *are(a)* e *-gramma*; 1955] s. m. (pl. *-i*) ● (*stat.*) Diagramma di forma circolare in cui l'ampiezza degli spicchi è proporzionale alla grandezza dei valori. SIN. Grafico a torta. ➡ ILL. **diagramma.**

arèola [vc. dotta, lat. *arĕola(m)*, dim. di *ārea* 'area'; 1499] s. f. *1* Piccola superficie. *2* (*anat.*) Area di cute bruna attorno al capezzolo: *a. mammaria.* SIN. Aureola.

areolàre [1955] agg. *1* Relativo a un'areola. *2* Areale: *velocità a.*

areolàto [1955] agg. ● Dotato di areola.

areometrìa [comp. del gr. *araiós* 'leggero' e *-metria*; 1955] s. f. *1* (*fis.*) Determinazione del peso specifico di liquidi e solidi. *2* In geotecnica, esame granulometrico della parte di un terreno costituita da limo e argilla.

areòmetro [comp. del gr. *araiós* 'leggero' e di *-metro*; 1771] s. m. ● (*fis.*) Apparecchio usato per determinare il peso specifico o la densità di liquidi e di solidi | ***A. a peso costante***, densimetro | ***A. a volume costante***, per la determinazione della densità di solidi o liquidi.

areonàutica ● V. *aeronautica.*

areopagìta [vc. dotta, lat. *Areopagīte(m)*, nom. *Areopagītes*, dal gr. *Areiopagítēs*, da *Áreios págos* 'areopago'; sec. XIV] s. m. (pl. *-i*) ● Giudice facente parte dell'Areopago.

areopagìtico [vc. dotta, lat. *Areopagītĭcu(m)*, nom. *Areopagitikós*, da *Areiopagítēs* 'areopagita'; 1607] agg. (pl. m. *-ci*) ● Relativo all'Areopago e ai suoi membri.

areòpago o **areopàgo** [vc. dotta, lat. *Areŏpagu(m)*, nom. *Areŏpagus*, dal gr. *Áreios págos*, propr. 'monte di Ares', comp. di *Árēs* 'Ares' e *págos* 'collina, rialzo' da *pēgnýnai* 'conficcare, fissare', di orig. indeur.; sec. XIV] s. m. (pl. *-ghi*) *1* Nell'antica Atene, il supremo tribunale con competenze anche politiche. *2* (*fig., lett.*) Alto e importante consesso (*anche iron.*): *quel piccolo a. di buontemponi* (NIEVO).

areoplàno ● V. *aeroplano.*

areopòrto ● V. *aeroporto.*

areòstilo [vc. dotta, lat. *araeostȳlo(n)*, nom. *araeostȳlos*, comp. del gr. *araiós* 'non denso', di etim. incerta, e *-stilo*; av. 1758] **A** s. m. ● Tipo d'intercolunnio nel quale le colonne si trovano disposte a tre diametri di distanza l'una dall'altra. **B** agg.; anche s. m. ● Detto di tempio con tale intercolunnio.

arétino [lat. *arretīnu(m)*, da *Arrētium* 'Arezzo'; av. 1294] **A** agg. ● Di Arezzo: *ceramiche aretine.* **B** s. m. (f. *-a*) ● Abitante, nativo di Arezzo | ***L'Aretino***, (*per anton.*) Pietro Aretino, scrittore (1492-1556). **C** s. m. solo sing. ● Dialetto del gruppo toscano, parlato ad Arezzo.

arf [vc. onomat.] inter. ● Nei fumetti, voce che riproduce il verso di un cane che cerca di attirare l'attenzione su di sé.

arfasàtto [da *Arfassad*, re dei Medi; av. 1587] s. m. ● (*disus.*) Uomo sciocco, volgare e arruffone: *Sulla terra ancor non videsi / un più gracile a.* (BOITO).

argàli [persiano *ārgālī* 'pecora selvatica'; 1955] s. m. inv. ● Grossa pecora asiatica selvatica fornita di robuste corna (*Ovis ammon*).

arganìsta [1961] s. m. e f. (pl. m. *-i*) ● Addetto alla manovra di un argano.

àrgano [lat. parl. **ărganu(m)*, dal gr. *tà órgana*, pl. di *órganon* 'attrezzo'; 1314] s. m. ● Apparecchio di sollevamento costituito da un cilindro di legno o metallo su cui si avvolge la fune portante, trascinato in rotazione da un motore, o azionato manualmente mediante manovella | ***Con gli argani, a forza d'argani***, (*fig., lett.*) con grande fatica, difficoltà e sim. || **arganèllo**, dim. | **arganétto**, dim.

argànte [da *Argante*, personaggio della Gerusalemme Liberata del Tasso; 1923] s. m. *1* Arganista, in teatri antichi. *2* Palo un tempo collocato tra le quinte dei teatri, sul quale si affiggeva una lista degli attori secondo l'ordine di entrata in scena | Reggilume mobile, a tre piedi, usato un tempo per illuminare il palcoscenico.

argàto [dal grecismo serbocroato *àrgatin* 'lavoratore giornaliero, bracciante'; 1984] s. m. (f. *-a*) ● Bambino rapito o comprato da nomadi e avviato al furto o all'accattonaggio.

argentàna [1892] s. f. ● Correntemente, argentone, alpacca.

argentàre [lat. tardo *argentāre*, da *argĕntum* 'argento'; av. 1541] v. tr. (*io argènto*) ● Rivestire di un sottile strato di argento la superficie di un oggetto: *a. a foglia, ad amalgama.*

argentària [dal colore *d'argento* delle foglie;

1845] s. f. ● Pianta erbacea perenne delle Composite con foglie lanose argentee e fiori gialli (*Jacea ragusina*).

argentàrio [vc. dotta, lat. *argentāriu(m)*, da *argĕntum* 'argento'; av. 1342] **A** agg. *1* †Che contiene argento, che è simile all'argento. *2* Relativo agli argentieri. **B** s. m. *1* (*lett.*) Argentiere. *2* Nella Roma antica, colui che svolgeva attività bancaria.

argentàto [av. 1294] part. pass. di *argentare*; anche agg. *1* Ricoperto di uno strato di argento. *2* Che ha il colore o la lucentezza dell'argento: *foglie argentate*. *3* Detto di mantello o di piumaggio che presenta un riflesso grigio brillante: *il manto a. del cincillà*; *volpe argentata*.

argentatóre [sec. XIV] s. m.; anche agg. (f. *-trice*) ● Chi (o Che) argenta.

argentatùra [1829] s. f. *1* Operazione dell'argentare. *2* Rivestimento più o meno sottile di argento.

argent de poche /fr. aʀ,ʒɑ̃t'pɔʃ/ [loc. fr., propr. 'denaro di tasca'; 1963] loc. sost. m. inv. ● Denaro per le piccole spese.

argènteo [vc. dotta, lat. *argĕnteu(m)*, da *argĕntum* 'argento'; 1336] **A** agg. *1* D'argento. *2* Che ha il colore, lo splendore dell'argento: *chiome argentee*; *metallo a.* | (*lett.*) Argentino: *riso a.* | ***Periodo a.***, epoca letteraria, spec. della letteratura latina, successiva al periodo aureo. **B** s. m. ● Moneta d'argento di Diocleziano.

argenterìa [av. 1400] s. f. ● Complesso di oggetti d'argento, quali vasellame, posate e sim.: *l'a. di famiglia*; *apparecchiare la tavola con l'a.*; *hanno rubato tutta l'a.*

argentièra [da *argento*; av. 1350] s. f. ● Miniera o cava d'argento.

argentière [lat. *argentāriu(m)* 'argentaio', attrav. il fr. *argentier*; 1367] s. m. (f. *-a*) *1* Artigiano che lavora l'argento | Chi vende oggetti d'argento. *2* †Banchiere.

argentìfero [comp. di *argento* e *-fero*; 1664] agg. ● Che contiene argento: *terreni argentiferi* | Ricco di argento: *filone a.*

argentina (1) [da *argento*, per il colore delle squame; 1829] s. f. *1* Genere di Osteitti dei Salmonidi con scaglie argentee utilizzate per produrre perle artificiali (*Argentina sphyraena*). *2* Anguilla giunta alla maturità sessuale, caratterizzata da un ventre argenteo.

argentina (2) [da *argento*, per il colore; 1550] s. f. ● Pianta erbacea delle Rosacee con foglie composte argentee nella pagina inferiore e piccoli fiori gialli (*Potentilla anserina*).

argentina (3) [dal nome della Repubblica Argentina, ove cominciò l'uso; 1953] s. f. ● Maglia a girocollo, con maniche lunghe, usata in origine dagli sportivi.

argentino (1) [da *argento*; 1438] agg. *1* (*lett.*) Che ha il colore, lo splendore dell'argento: *un laghetto, limpido ed a. come la faccia d'uno specchio* (NIEVO) | (*dial.*) ***†Pesce a.***, argentina. *2* Che ha un suono chiaro e limpido, simile al timbro dell'argento percosso: *un'argentina voce di fanciulla*.

argentino (2) [1850] **A** agg. ● Dell'Argentina: *prateria argentina*; *tango a.* **B** s. m. (f. *-a*) ● Abitante, nativo dell'Argentina.

argentite [comp. di *argento* e *-ite* (2); 1955] s. f. ● (*miner.*) Solfuro di argento in cristalli cubici color piombo dalla lucentezza metallica.

♦**argènto** o †**arïènto** [lat. *argĕntu(m)*, da avvicinare al gr. *argós* 'chiaro, brillante'; av. 1250] s. m. *1* Elemento chimico, metallo nobile, bianco, duttile e malleabile, ottenuto per coppellazione dai suoi minerali arricchiti; è usato per monili, oggetti di lusso, leghe per monete, gelatine fotografiche e conduttori. SIMB. Ag. CFR. argiro- | ***Medaglia d'a.***, (*ellitt.*) ***argento***, quella assegnata al secondo classificato in una competizione sportiva | ***A. vivo***, (*pop.*) mercurio | (*fig.*) ***Avere l'a. vivo addosso***, essere molto irrequieto, non poter stare fermo | (*fig.*) ***Nozze d'a.***, venticinquesimo anniversario di matrimonio. *2* (*est.*) Ciò che è bianco e lucente come l'argento: *l'a. della luna, dei capelli* | ***D'a.***, argenteo | ***Capelli d'a.***, canuti. *3* Oggetto d'argento | ***Gli argenti***, argenteria, vasellame, arredi sacri d'argento. *4* (*raro, lett.*) Moneta d'argento, denaro: *El piange qui l'a. de' Franceschi* (DANTE *Inf.* XXXII, 115).

argentóne [1865] s. m. ● Correntemente, alpacca, argentana.

argilla [lat. *argīlla(m)*, dal gr. *árgillos*, da avvicinare ad *argós* 'bianco'; 1340 ca.] s. f. ● Roccia sedimentaria formatasi con il consolidamento di fango alluvionale, usata, per le sue qualità plastiche, nella fabbricazione della ceramica | (*edil.*) ***A. espansa***, quella trattata industrialmente per ottenere materiale poroso, gener. sotto forma di piccole sfere, con elevata capacità di isolamento termico e acustico | (*poet.*) ***Creata, mortale a.***, corpo umano.

argillàceo [vc. dotta, lat. *argillăceu(m)*, da *argilla* 'argilla'; 1779] agg. ● Di argilla | Che ha le proprietà dell'argilla.

argillóso [vc. dotta, lat. *argillōsu(m)*, da *argilla* 'argilla'; 1340 ca.] agg. *1* Che contiene argilla: *terreno a.* | Ricco di argilla: *sedimento a.* *2* Simile all'argilla, per qualità e sim.: *materiale a.*

arginàle [1963] agg. ● Relativo a un argine | ***Sentiero a.***, tracciato lungo un argine.

arginaménto [1688] s. m. ● L'arginare.

arginàre [da *argine*; av. 1530] v. tr. (*io àrgino*) *1* Fornire, cingere, di argini: *a. un fiume*. *2* (*fig.*) Contenere, frenare, arrestare: *a. le incursioni nemiche*; *a. la corruzione dilagante*; *a. un disastro finanziario*.

arginatùra [av. 1613] s. f. ● Complesso delle opere eseguite lungo un fiume per disciplinarne il corso e contenerne le piene.

àrgine [lat. parl. **ărgere(m)* (*ăggerem*), da *aggĕrere* 'accumulare', comp. di *ăd* e *gĕrere* 'portare'; 1313] s. m. *1* Rialzo di terra naturale o artificiale, che impedisce lo straripamento dei corsi d'acqua | (*fig.*) Barriera, riparo, freno: *porre un a. al vizio, alla corruzione* e sim. *2* (*mil.*) Rialzo di terra o di muro per la difesa di un accampamento o di una piazza. *3* (*est.*) Terrapieno: *gli argini della ferrovia*. *4* Nell'equitazione, ostacolo artificiale nei concorsi ippici. || **arginèllo**, dim.

arginina [dal gr. *árgyros* 'argento'; 1961] s. f. ● (*chim.*) Amminoacido presente nelle proteine che, nelle cellule epatiche, partecipa alla biosintesi dell'urea.

argìnnide [dal n. mitologico lat. *Argynnu(m)*, nom. *Argynnus*, dal gr. *Árgynnos*, fanciullo amato da Agamennone, il quale annegò nel fiume Cefisso, sulla cui sponda quegli innalzò a lui una tomba e a Venere un tempio; av. 1916] s. f. ● Farfalla diurna con ali posteriori ornate di macchie argentee su fondo scuro (*Argynnis aglaja*).

argirìa [1955] s. f. ● (*med.*) Argiriasi.

argirìasi [dal gr. *árgyros* 'argento'; 1970] s. f. inv. ● (*med.*) Colorazione grigio-nerastra della congiuntiva e della cute del volto, dovuta ad argirismo.

argirìsmo [1950] s. m. ● (*med.*) Intossicazione cronica da argento.

àrgiro- [dal gr. *árgyros* 'argento'] primo elemento ● In parole composte significa 'argento', o indica relazione con l'argento: *argirismo*, *argironeta*.

argironèta [comp. di *argiro-* e del gr. *néō* 'io filo'; 1819] s. f. ● Ragno acquatico verde rossiccio caratteristico per l'aspetto argenteo conferitogli dal piccolo strato d'aria trattenuta dai peli del corpo e per la tela, a forma di campana, costruita sott'acqua (*Argyroneta aquatica*). ➡ ILL. **animali**/3.

argiròsi [comp. di *argiro-* e *-osi*; 1929] s. f. inv. ● (*med.*) Argiriasi.

argìvo [vc. dotta, lat. *Argīvu(m)*, nom. *Argīvus*, dal gr. *Argêios* 'di Argo'; 1336 ca.] **A** agg. *1* Di Argo, antica città greca: *i re argivi* | Dell'Argolide, regione della città di Argo: *popolazioni argive*. *2* (*est., lett.*) Greco: *le falangi argive*. **B** s. m. (f. *-a*) *1* Abitante, nativo, di Argo o dell'Argolide. *2* (*est., lett.*) Greco.

Àrgo (1) [vc. dotta, lat. *Ărgu(m)*, nom. *Ărgus*, dal gr. *Árgos*, mostro mitologico dai molti occhi, posto a guardia di Io; av. 1374] s. m. (pl. *-ghi*) ● (*fig., lett.*) Persona dalla vista acutissima, cui non sfugge nulla.

àrgo (2) [V. *argo* (*1*); 1961] s. m. (pl. *-ghi*) ● Grosso uccello dei Galliformi con coda molto lunga, piumaggio bruno e numerose macchie chiare, simili a occhi, sparse sulle ali (*Argusianus argus*).

àrgo (3) o **àrgon** [dal gr. *argós* 'inerte', comp. di *a-* (*1*) ed *érgon* 'opera', di orig. indeur. detto così per la sua inerzia chimica; 1905] s. m. (pl. *-ghi*) ● Elemento chimico, gas nobile, incolore, inodore, componente dell'aria da cui si ottiene per liquefazione, usato per creare un ambiente inerte nelle saldature ad arco e nelle lampade a incandescenza. SIMB. Ar.

argòlico [vc. dotta, lat. *Argŏlicu(m)*, nom. *Argŏlicus*, dal gr. *Argolikós* 'dell'Argolide'; 1313] agg. (pl. m. *-ci*) ● Dell'Argolide | (*est., lett.*) Della Grecia.

argomentàbile [vc. dotta, lat. tardo *argumentābile(m)*, da *argumĕntum* 'argomento'; 1865] agg. ● Che si può argomentare.

argomentàre o †**argumentàre** [vc. dotta, lat. *argumentāri*, da *argumĕntum* 'argomento'; av. 1294] **A** v. tr. (*io argoménto*) ● (*raro*) Dedurre da argomenti, ragioni, indizi e sim.: *dalla lettera che scrisse si poté a. il suo stato d'animo*; *e già dal di fuori poté subito a. in che stato la fosse* (MANZONI). **B** v. intr. (aus. *avere*) *1* Addurre argomenti, ragionare: *a. bene, male, con abilità, con sottigliezza*; *a. contro qlcu.* *2* Dimostrare con argomentazioni. **C** v. intr. pron. ● †Ingegnarsi, adoperarsi, apparecchiarsi: *in van pur s'argomenta / di ritenerlo* (TASSO). **D** in funzione di s. m. solo sing. ● Ragionamento, discussione: *sosteneva la sua tesi con un a. sottile*.

argomentatìvo [vc. dotta, lat. tardo *argumentatīvu(m)*, da *argumĕntum* 'argomento'; sec. XVI] agg. ● Che riguarda l'argomentazione | Che procede per argomentazioni: *ragionamento a.*

argomentatóre o †**argumentatóre** [av. 1600] s. m. (f. *-trice*) ● Chi argomenta.

argomentazióne o †**argumentazióne** [vc. dotta, lat. *argumentatiōne(m)*, da *argumĕntum* 'argomento'; 1441] s. f. ● L'argomentare | Complesso di ragionamenti opportunamente concatenati allo scopo di convalidare o confutare una tesi: *argomentazioni giuridiche, filosofiche*.

♦**argoménto** o †**arguménto** [vc. dotta, lat. *argumĕntu(m)*, da *argŭere* 'dimostrare'; 1274 ca.] s. m. *1* (*filos.*) Argomentazione | ***A. cornuto***, dilemma. *2* Correntemente, ragionamento e prova con cui si sostiene una tesi: *addurre, sostenere, confutare un a.*; *offrire argomenti logici e persuasivi* | ***Essere a corto di argomenti***, avere esaurito gli elementi a favore della propria tesi | (*dir.*) ***Argomenti di prova***, semplici presunzioni che il giudice trae dal comportamento delle parti nel processo. *3* Occasione, motivo: *questo è un ottimo a. per seguire il suo esempio* | ***Dare a. a qlcu.***, dargli il pretesto per credere o fare qlco. *4* (*lett.*) Indizio, segno: *Gli parve … un certo qual a. di fiume vicino* (MANZONI). *5* Materia di un discorso, di un'opera e sim.: *dissertare su argomenti interessanti, astrusi*; *scegliere un a. difficile* | ***Uscire dall'a.***, staccarsi dal tema iniziale | ***Entrare in a.***, affrontare un tema | ***Complemento di a.***, indica la cosa di cui si parla o scrive | (*est.*) Esposizione riassuntiva di un'opera. *6* (*mat.*) Elemento cui si applica un'operazione o spec. una funzione. *7* (*mat.*) Anomalia di un numero complesso considerato nella sua rappresentazione come punto del piano. *8* †Mezzo, rimedio, cura. || **argomentàccio**, pegg. | **argomentino**, dim. | **argomentóne**, accr. | **argomentùccio**, dim.

àrgon ● V. *argo* (*3*).

argonàuta [vc. dotta, lat. *Argonauta(m)*, dal gr. *Argonáutēs*, comp. di *Argo* (n. della nave) e *náutēs* 'nocchiero'; 1441] s. m. (pl. *-i*) *1* Ciascuno dei navigatori che parteciparono, con Giasone, alla conquista del vello d'oro imbarcandosi sulla nave Argo. *2* (*lett., fig.*) Ardito navigatore. *3* Mollusco dei Cefalopodi munito di otto tentacoli, con due dei quali la femmina sostiene una fragile conchiglia bianca destinata a contenere le uova (*Argonauta argo*). ➡ ILL. **animali**/4.

argot /fr. aʀ'go/ [fr., dapprima 'corporazione di ladri', di etim. incerta; 1892] s. m. inv. ● Gergo, spec. quello dei malviventi parigini.

arguìre [vc. dotta, lat. *argŭere* 'dimostrare', il cui primo sign. era 'far brillare, rischiarare'. Cfr. *argento*; 1342] **A** v. tr. (*io arguisco, tu arguisci*) *1* Giungere a una conclusione attraverso indizi, premesse e sim.: *dalla sua espressione arguisco che mente*. SIN. Dedurre, supporre. *2* †Denotare, palesare: *i pericoli maggiori arguiscono maggiore nobiltà* (VASARI). **B** v. intr. ● †Dimostrare, argomentare.

†**arguménto** e *deriv.* ● V. *argomento* e *deriv.*

argutézza [1587] s. f. ● Arguzia.

argùto [vc. dotta, lat. *argūtu(m)*, da *argŭere* 'dimostrare, indicare'; av. 1292] agg. *1* Che mostra prontezza e vivacità d'ingegno miste a uno spirito sottile, garbato, spesso brillante: *vecchietto a.*;

è un conversatore a. e simpatico | Che rivela o denota arguzia, spirito brillante, acutezza e sim.: *motto, scherzo a.*; *facezia, domanda, risposta, osservazione, conversazione, burla, arguta*. **2** Penetrante, espressivo: *sguardo a.*; *viso a.*; *faccia arguta*. **3** (*lett.*) Detto di suono, argentino, squillante: *odo sonar nelle romite stanze / l'a. canto* (LEOPARDI) | Stridulo: *l'a. frinire delle cicale*. **4** †Intenso, detto di dolore, passione e sim. || **argutaménte**, avv.

argùzia [vc. dotta, lat. tardo *argūtia(m)*, da *argūtus* 'arguto'; av. 1508] s. f. **1** Caratteristica di chi (o di ciò che) è arguto: *esprimersi con a.*; *mancare di a.*; *sguardo pieno di a.* **2** Motto, pensiero, concetto arguto: *le arguzie del Seicento* | Gioco di parole, facezia: *discorso ricco di arguzie*.

♦**ària** (**1**) [lat. *āera*, nom. *āer*, dal gr. *aḗr*, di etim. incerta; 1294] **A** s. f. **1** Miscuglio gassoso inodore, insapore, comburente, costituito essenzialmente di azoto e ossigeno, che forma l'atmosfera indispensabile alla vita animale e vegetale: *a. fresca, pura*; *a. viziata, chiusa, surriscaldata*. CFR. aero- (1), pneumato-, pneumo- | ***A. aperta***, libera, circolante; nella pittura spec. impressionistica, detto di effetti cromatici che traggono spunto diretto dall'azione della luce naturale esterna | ***A. liquida***, miscela di ossigeno e azoto liquidi nelle proporzioni in cui si trovano nell'aria a temperatura ambiente | ***A. compressa***, a pressione superiore a quella atmosferica la cui forza espansiva è utilizzata in varie forme | ***A. condizionata***, artificialmente trattata fino a raggiungere condizioni volute di temperatura, umidità e purezza | ***A. fritta***, (*fig.*) discorso scontato, pieno di luoghi comuni e sim. | ***Dare a. a qlco.***, esporla all'aria | ***Dare a. a un ambiente***, aerarlo | ***Cambiare l'a.***, rinnovarla aprendo le finestre | ***Pigliare, prendere a., un po' d'a.***, uscire all'aperto, fare una breve passeggiata | ***Sentirsi mancare l'a.***, sentirsi soffocare | ***Campare d'a.***, (*fig.*) nutrirsi di niente | ***Corrente d'a.***, spostamento d'aria spec. tra due aperture | ***Colpo d'a.***, leggera infreddatura causata da una corrente d'aria. **2** Spazio libero verso il cielo: *guardare, alzarsi in a.* | ***All'a., in a., per a.***, in alto, all'insù | ***Col naso all'a., colla testa per a.***, (*fig.*) distrattamente, svagatamente | ***A pancia all'a.***, supino | ***Finire a gambe all'a.***, cadere, spec. all'indietro | ***Andare, essere, trovarsi, buttare in a., per a., all'a.***, sottosopra, a soqquadro (*anche fig.*) | ***Sparare in a., sparare un colpo in a.***, in alto, per non colpire | ***Saltare in a.***, esplodere; (*fig.*) essere eliminato, distrutto, fare una brutta fine, detto di qlco. o qlcu. | ***Per a., nell'a., in a.***, sospeso in alto, nel vuoto | ***Progetto campato in a.***, (*fig.*) incerto, difficile, irrealizzabile | ***C'è qlco. per a., nell'a.***, (*fig.*) qlco. sta per accadere | ***Fare castelli in a.***, fantasticare | ***A mezz'a.***, né in alto né in basso | ***Discorso a mezz'a.***, ambiguo, incerto. **3** (*est.*) Clima: *l'a. di montagna non gli si confà*; *ha bisogno di cambiare a.* | (*fig.*) Ambiente, situazione più o meno sfavorevole: *questa non è a. per noi* | ***Cambiare a.***, trasferirsi, smettere di frequentare un dato ambiente, fuggire | ***Non è a. di fare qlco.***, non è il momento. **4** L'ora d'uscita all'aperto, nel cortile del carcere e sim., per i detenuti in cella. **5** Ogni elemento scenografico in tela dipinta, rappresentante volte, soffitti e sim., atti a evitare lo sforo. **6** (*mus.*) Nel melodramma e in tutti i generi vocali dal XVII al XIX sec., pezzo per voce e orchestra di struttura prima strofica, poi in 3 sezioni, quindi in 2 parti o libera | ***A. con da capo***, dove la terza e ultima sezione riproduce e varia la prima | ***A. classico-romantica***, in due grandi parti contrastanti, la seconda delle quali da ripetere con variazioni | ***A. da camera***, con pianoforte | Nella poesia per musica, coppia o breve serie di strofe: *a. di Metastasio* | Nella musica strumentale, pezzo melodico di carattere quasi vocale. **7** (*al pl.*) Nell'equitazione, esercizi di abilità: *arie di maneggio, arie di alta scuola* | ***Arie basse***, con il cavallo che poggia sul terreno | ***Arie alte***, con il cavallo sollevato dal suolo | ***Arie rilevate***, costituite da salti e praticate principalmente nei circhi equestri. **8** (*astrol.*) ***Elemento a.***, (*ellitt.*) ***aria***, nella suddivisione dei pianeti secondo l'elemento che vi domina, trigono a cui appartengono i segni dei Gemelli, della Bilancia e dell'Acquario. ➡ ILL. **zodiaco**. **B** in funzione di inter. ● Si usa come esortazione a uscire, ad andarsene e (*fig.*) a concludere, troncare uno stato di cose insostenibile, intollerabile e sim.: *ora via, svelta, a.!*; (*scherz.*) *a. ai monti!*; *chi non gli piace, a.!* (BACCHELLI) || **ariàccia**, pegg. | **ariétta** dim. (V.).

ARIA
nomenclatura

aria

● *caratteristiche*: etere, gas, atmosfera, vento (cfr.), tromba d'aria, ciclone, tornado, smog, mefite, miasma, malaria; afa, calma, offuscamento, rarefazione; temperatura, stato igrometrico; filo = soffio = spiffero d'aria, corrente, folata, boccata, bolla; polverosa, viziata, pesante, greve, irrespirabile, satura, afosa, opprimente, soffocante; fresca, pungente = frizzante, gelida; nativa, vivificatrice, uggiosa; compressa, condizionata, climatizzata, gassata, ossigenata, liquida; calda ⇔ fredda, umida ⇔ asciutta, fine, leggera, salubre, pura ⇔ inquinata, irrespirabile, chiusa, malsana, nitida = trasparente = limpida ⇔ opaca, sana = salubre ⇔ malsana = insalubre;

● *studio dell'aria*: aerologia, aerografia, aerodinamica;

● *strumenti*: anemometro, aerometro, aeroscopio, aerografo, aerofono, baroscopio, barometro, condensatore, compressore, manometro, psicrometro, spirometro; aeratore, ventilatore, climatizzatore, condizionatore, ventola, phon;

● *azioni*: respirare, purificare, ossigenare, ozonizzare, condizionare, riscaldare, refrigerare, saturare, comprimere, viziare, inquinare; mancare, arieggiare, areare, ventilare, dare aria, rinnovare l'aria, prendere aria, aspirare, ventilare.

♦**ària** (**2**) [V. *aere* (*2*); av. 1374] s. f. **1** Aspetto, apparenza, espressione: *avere un'a. stanca, strana, allegra* | ***Avere l'a. di***, parere, sembrare | ***Senza averne l'a.***, senza parere | ***Con un'a. da nulla***, fingendo indifferenza | ***Darsi un'a. di, da***, assumere un certo atteggiamento | ***Darsi delle arie***, darsi eccessiva importanza. **2** †Bizzarria, capriccio. || **ariàccia**, pegg. | **ariétta**, dim.

ària-àcqua [1985] agg. inv. ● (*mil.*) Detto di missile destinato a essere lanciato da un aeromobile in volo contro bersagli posti sopra o sotto la superficie del mare. CFR. Aria-sott'acqua.

ària-ària [1970] agg. inv. ● (*mil.*) Detto di missile destinato a essere lanciato da un aeromobile in volo contro bersagli aerei.

arianèṣimo [da *ariano* (*1*); 1690] s. m. ● Eresia trinitaria che sosteneva essere il Cristo differente per natura dal Padre, a lui inferiore, non da lui generato e da lui adottato come figlio.

arianiẓẓàre [da *ariano* (*2*); 1961] v. tr. ● Rendere ariano.

ariàno (**1**) [vc. dotta, lat. *Ariānu(m)*, dal n. dell'eresiarca *Arīus*, in gr. *Áreios*, propr. 'marziale'; av. 1342] **A** agg. ● Di Ario, dell'arianesimo: *eresia ariana*. **B** s. m. (f. *-a*) ● Seguace di Ario (280-336), dell'arianesimo.

ariàno (**2**) [da *ario*; 1885] **A** agg.; anche s. m. (f. *-a*) ● Che (o Chi) fa parte della supposta razza portatrice delle lingue indoeuropee, che i nazisti assunsero come razza superiore in contrapposizione alle altre. **B** agg. ● (*ling.*) Indoeuropeo: *lingue ariane*.

ària-sott'àcqua [1983] agg. inv. ● (*mil.*) Detto di missile destinato a essere lanciato da un aeromobile in volo contro bersagli sommersi. CFR. Aria-acqua.

ària-spàzio [1983] agg. inv. ● (*mil.*) Detto di missile destinato a essere lanciato da un aeromobile in volo contro bersagli spaziali.

ària-superfìcie [1983] agg. inv. ● (*mil.*) Detto di missile destinato a essere lanciato da un aeromobile in volo contro bersagli in superficie, terrestri o navali. SIN. Aria-terra.

ària-tèrra [1967] agg. inv. ● (*mil.*) Aria-superficie.

aribàllo [vc. dotta, gr. *arýballos*, da *arýein* 'attingere', di etim. incerta; 1929] s. m. ● Vaso di produzione arcaica greca con corpo panciuto, collo stretto e corto, bocca con labbro largo e appiattito e un'ansa verticale.

aridézza [sec. XIV] s. f. ● (*raro*) Aridità.

aridità [vc. dotta, lat. *ariditāte(m)*, da *āridus* 'arido'; sec. XIV] s. f. **1** Caratteristica di ciò che è arido. **2** (*fig.*) Povertà, mancanza di sentimento, sensibilità, affetto e sim. | Povertà, sterilità di stile: *Un'età … di a. creativa* (CROCE).

♦**àrido** [vc. dotta, lat. *āridu(m)*, da *arēre* 'esser arido'; av. 1292] **A** agg. **1** Che è privo di umidità, secco: *deserto a.*; *campagna, terra, arida*; *pianura arida e desolata* | ***Clima a.***, con scarsissime precipitazioni, comunemente al di sotto di 250 mm annui | CFR. xero-. **2** (*est.*) Sterile, infecondo: *gli aridi campi del Vesuvio*. **3** (*fig.*) Povero di idee, sentimenti, sensibilità e sim.: *stile a.*; *parole aride*; *cuore a.* **4** †Scarso: *raccolto a.* || **aridétto**, dim. | **aridùccio**, dim. || **aridaménte**, avv. **B** s. m. pl. ● Materiale incoerente secco e granuloso, che si misura in modo analogo ai liquidi: *misure per aridi*.

aridocoltùra o **aridocultùra** [comp. di *arido* e *coltura*; calco sull'ingl. *dry-farming*; 1917] s. f. ● Coltivazione di piante in clima arido o quasi arido in assenza di irrigazione.

arieggiaménto [av. 1942] s. m. **1** Il dare aria a un ambiente. **2** L'immettere aria in un liquido per arricchirlo di ossigeno.

arieggiàre [da *aria* (*1*); av. 1587] **A** v. tr. (*io ariéggio*) **1** Dare aria, far entrare l'aria in un ambiente: *a. le stanze* | (*est.*) Esporre all'aria: *a. gli abiti*. **2** (*fig.*) Somigliare: *è una composizione che arieggia il sonetto* | Imitare: *a. gli atteggiamenti, le espressioni di qlcu.* **B** v. intr. (aus. *avere*) ● Affettare un atteggiamento: *quella giovane arieggia a gran dama*.

arieggiàto [1832 ca.] part. pass. di *arieggiare*; anche agg. ● Aerato | Arioso, ventilato.

†**ariènto** ● V. *argento*.

arietàre [da *ariete*; 1499] v. tr. (*io arièto* /a'rjɛto, ari'ɛ-/ o *arìeto*) **1** †Percuotere coll'ariete: *a. le mura della città assediata*. **2** (*est., lett.*) Colpire con violenza.

arïète (**1**) (o -**riè**-) [vc. dotta, lat. *arĭete(m)*, di etim. incerta; 1308] s. m. **1** Maschio della pecora. SIN. Montone. **2** Antica macchina da assedio, costituita da trave armata di una testa di ferro, che veniva fatta battere contro porte e muraglie di opere fortificate per demolirle. **3** Nave da guerra a propulsione meccanica munita di sperone, usata nella seconda metà del XIX sec. **4** (*idraul.*) ***Colpo d'a.***, V. *colpo*, sign. 5.

Arïète (**2**) (o -**riè**-) [V. *ariete* (*1*)] **A** s. m. **1** (*astron.*) Costellazione dello zodiaco nella quale, due millenni or sono, si trovava l'equinozio di primavera. **2** (*astrol.*) Primo segno dello zodiaco, compreso tra zero e trenta gradi dell'anello zodiacale, che domina il periodo compreso tra il 21 marzo e il 20 aprile. ➡ ILL. **zodiaco**. **B** s. m. e f. inv. ● Persona nata sotto il segno dell'Ariete: *essere un A.*

ariétta [1618] s. f. **1** Dim. di *aria* (*1*). **2** Brezza fresca e leggera: *un'a. deliziosa*. **3** Breve aria musicale, di carattere leggero. **4** (*letter.*) Aria elegante e leziosa: *le ariette del Metastasio*. || **ariettina**, dim.

arìle [da *ar(omatico)* col suff. *-ile* (*2*); 1955] s. m. ● (*chim.*) Radicale monovalente derivato dagli idrocarburi aromatici per eliminazione di un atomo di idrogeno.

arìlico [1955] agg. (pl. m. *-ci*) ● Relativo a un arile | Che contiene un arile.

arìllo [etim. incerta; 1829] s. m. ● (*bot.*) Estremità superiore del funicolo che forma un involucro carnoso o peloso attorno al seme.

arimànnia o **arimannìa** [da *arimanno*; av. 1750] s. f. ● Nel mondo medievale, terra concessa in godimento a singoli o a gruppi di soldati con l'obbligo di prestare il servizio militare a cavallo e di pagare un'imposta personale o reale.

arimànno [longb. *hariman* 'uomo dell'esercito'; av. 1750] s. m. ● Nell'antico diritto germanico e longobardo, l'uomo libero compreso nell'ordine degli armati e con diritto all'assegnazione di terre.

arìnga (**1**) [germ. **haring*; av. 1347] s. f. ● Pesce osseo commestibile dei Clupeidi, tipico dei mari freddi, argenteo sul ventre e blu-verdastro sul dorso, con mandibola sporgente e denti piccoli (*Clupea harengus*). ➡ ILL. **animali**/6.

†**arìnga** (**2**) ● V. *arringa*.

aringo e *deriv.* ● V. *arringo* e *deriv.*

arinìa [comp. di *a-* (*1*) e un deriv. di *-rino*; 1955] s. f. ● (*med.*) Mancanza totale e congenita del naso.

àrio [dal sanscrito *ārya* 'nobile'; 1935] agg.; anche s. m. **1** Indoiranico. **2** (*raro*) Indoeuropeo.

-àrio [corrispondente in vc. dotte al pop. *-aio*, continua direttamente il lat. *-ariu(m)*] suff. ● Forma aggettivi (spesso sostantivati) di origine latina o tratti da sostantivi, come: *annuario, confinario, ferroviario, necessario, ordinario, pubblicitario, rivoluzionario, sedentario* | Entra anche nella formazione di sostantivi indicanti oggetti o strumenti: *casellario, lampadario, macchinario.*

arióso [da *aria* (*1*); 1437] **A** agg. *1* Ricco d'aria e di luce: *un locale a.* | (*est.*) Aperto, spazioso: *un panorama a.* *2* (*fig., lett.*) Di respiro ampio, sviluppo armonico, ritmo vasto e sim.: *poesia ariosa.* *3* †Presuntuoso. *4* †Capriccioso, bizzarro, estroso. || **ariosaménte**, avv. **B** agg.; anche s. m. ● (*mus.*) Forma intermedia fra l'aria e il recitativo, con andamento declamatorio e accompagnamento strumentale.

ariostèo (o *-rio-*) [av. 1907] agg. ● Ariostesco.

ariostésco (o *-rio-*) [1723] agg. (pl. m. *-schi*) ● Che è proprio del poeta L. Ariosto (1474-1533).

arìsta (*1*) [lat. *arĭsta(m)*, forse prestito da una lingua sconosciuta; 1304] s. f. *1* (*bot.*) Filamento rigido situato all'apice delle glume e glumette del fiore di alcune Graminacee. SIN. Resta. *2* (*est., lett.*) Spiga.

àrista (*2*) [etim. incerta; av. 1547] s. f. ● Schiena del maiale macellato cotta arrosto, specialità della cucina toscana.

aristàto [da *arista* (*1*); 1819] agg. ● (*bot.*) Che è munito di arista: *grano a.*

aristocràtico [vc. dotta, gr. *aristokratikós*, da *aristokratía* 'aristocrazia'; 1615] **A** agg. (pl. m. *-ci*) *1* Che appartiene all'aristocrazia: *giovani aristocratici* | (*est.*) Raffinato, elegante: *modi aristocratici.* *2* Che è retto dall'aristocrazia: *potere, governo, stato a.* | Fautore dell'aristocrazia: *partito a.* || **aristocraticaménte**, avv. **B** s. m. (f. *-a*) *1* Chi fa parte del ceto nobile | Chi ostenta atteggiamenti troppo raffinati: *si dà arie da a.* *2* Chi favorisce o sostiene un partito aristocratico.

aristocrazìa [vc. dotta, lat. tardo *aristocrătia(m)*, nom. *aristocrătia*, dal gr. *aristokratía* 'governo dei migliori', comp. di *áristos* 'il migliore' e *kratéo* 'io domino'; av. 1565] s. f. *1* Forma di governo in cui il potere è detenuto dai nobili. *2* La classe dei nobili che detengono il potere. *3* (*est.*) Il ceto nobile: *l'a. di Francia; l'a. inglese.* *4* (*fig.*) L'insieme di coloro che eccellono in un gruppo, un'attività e sim.: *l'a. dei poeti italiani; l'a. dello sport dilettantistico.* *5* (*fig.*) Comportamento raffinato e signorile: *trattare qlcu. con a.*

aristofanèo o **aristofanio** [vc. dotta, lat. *Aristophanēu(m)*, nom. *Aristophanēus*, dal gr. *aristopháneios*, da *Aristophánēs* 'Aristofane' (444 a.C.-385 a.C.), che lo usò frequentemente; 1862] **A** s. m. ● Verso greco e latino di sette sillabe. **B** anche agg.: *verso a.*

aristofanésco [da *Aristofane*; av. 1862] agg. (pl. m. *-schi*) *1* Che è proprio del commediografo greco Aristofane | Conforme all'arte, allo stile di Aristofane. *2* (*est.*) Arguto, mordace, satirico.

aristofanìo o **aristofànio** ● V. *aristofaneo.*

aristolòchia [vc. dotta, lat. *aristolŏchia(m)*, nom. *aristolŏchia*, dal gr. *aristolochía*, comp. di *áristos* 'ottimo' e *lóchos* 'parto', perché la pianta era ritenuta efficace contro le infezioni da parto; sec. XIV] s. f. ● Pianta erbacea delle Aristolochiacee con foglie picciolate alterne e fiori giallo-verdastri allungati (*Aristolochia clematitis*). SIN. (*pop.*) Stalloggi.

Aristolochiàcee [vc. dotta, comp. di *aristolochia* e *-acee*; 1887] s. f. pl. (sing. *-a*) ● Nella tassonomia vegetale, famiglia di piante policarpiche, erbacee o arbustive, delle Dicotiledoni con foglie semplici alternate e fiori ascellari (*Aristolochiaceae*).

aristotèlico [vc. dotta, lat. tardo *Aristotĕlicu(m)*, nom. *Aristotĕlicus*, dal gr. *Arisrotelikós*, agg. di *Aristotele*; av. 1498] **A** agg. (pl. m. *-ci*) ● Che è proprio del filosofo Aristotele (384 a.C.-322 a.C.) o del suo pensiero. || **aristotelicaménte**, avv. Secondo il pensiero di Aristotele. **B** s. m. (f. *-a*, pl. m. *-ci*) ● Seguace della filosofia di Aristotele.

aristotelìsmo [1766] s. m. ● La filosofia di Aristotele | Corrente di pensiero che si ispira alla filosofia di Aristotele.

aritmètica [vc. dotta, lat. *arithmētica(m)*, nom. *arithmētica* (sottinteso *ārs* 'arte'), dal gr. *arithmētikḗ*, da *arithmós* 'numero'; av. 1294] s. f. *1* (*mat.*) Ramo della matematica che studia le proprietà dei numeri naturali | ***A. razionale***, studio dell'aritmetica condotto con metodo rigoroso. *2* ***A. politica***, metodo quantitativo d'indagine economica, originariamente formulato e adattato da alcuni autori del sec. XVII, da cui sono derivate l'econometria e la statistica.

aritmètico [vc. dotta, lat. *arithmēticu(m)*, nom. *arithmēticus*, dal gr. *arithmētikós*, da *arithmētikḗ* 'aritmetica'; 1550] **A** agg. (pl. m. *-ci*) *1* (*mat.*) Relativo all'aritmetica. *2* (*est., fig.*) Che è regolare e preciso: *ordine a.* || **aritmeticaménte**, avv. Secondo i principi e i sistemi dell'aritmetica. **B** s. m. (f. *-a*) ● Studioso di aritmetica.

aritmìa [comp. di *a-* (*1*) e gr. *rythmós* 'misura, battuta'; 1892] s. f. *1* Mancanza di ritmo. *2* (*med.*) Irregolarità di qualsiasi fenomeno ritmico dell'organismo umano: *a. mestruale* | ***A. cardiaca***, o (*assol.*) ***aritmia***, nel battito del cuore.

aritmico [comp. di *a-* (*1*) e gr. *rythmikós* 'ritmico'; av. 1642] **A** agg. (pl. m. *-ci*) ● Che presenta aritmia: *fenomeno a.; polso a.* || **aritmicaménte**, avv. **B** agg.; anche s. m. (f. *-a*) ● (*med.*) Che (o Chi) è affetto da aritmia cardiaca.

aritmomanzìa [comp. del gr. *arithmós* 'numero' (d'orig. indeur.) e *-manzia*; 1829] s. f. ● Forma di predizione del futuro per mezzo dei numeri.

a rivedérci ● V. *arrivederci.*

arizotònico [comp. di *a-* (*1*), *rizo-* e del gr. *tonikós* (agg. di *tónos* 'accento'. V. *tono* (*1*)); 1965] agg. (pl. m. *-ci*) ● (*ling.*) Detto di parola (ad es. *casetta*) non accentata sul radicale. SIN. Rizoatono. CONTR. Rizotonico.

arlecchinàta [1765] s. f. ● Azione, comportamento degni di Arlecchino | Buffonata.

arlecchinésco [1765] agg. (pl. m. *-schi*) ● Tipico, degno di Arlecchino: *casacca arlecchinesca* | Buffonesco, ridicolo: *scherzi arlecchineschi.* || **arlecchinescaménte**, avv.

arlecchìno [dal nome della famosa maschera di Bergamo dal caratteristico abito a losanghe multicolori; fr. *hellequin*, di etim. incerta; av. 1665] **A** s. m. *1* Persona mascherata da Arlecchino. *2* (*fig.*) Buffone: *fare l'a.* | ***Discorso da a.***, incoerente, privo di serietà | ***Essere un a.***, mancare di parola, di carattere. **B** in funzione di agg. inv. ● Di colori vivaci e diversi fra loro, come il costume di Arlecchino: *tovaglia a.* | (*zoot.*) ***Alano a.***, col mantello maculato.

†**arlòtto** [ant. fr. *arlot* 'briccone', di etim. incerta; sec. XIV] s. m. ● Pezzente, miserabile | Persona ingorda, mangione: *e cominciò a mangiar come un a.* (PULCI).

arm [da *arm(a)*; 1905] s. f. ● (*mil.*) Solo nelle loc. inter. ***presentat'arm***, ***spall'arm***, ***pied'arm e sim.***, presentate l'arma, arma in spalla, arma al piede e sim., nei comandi militari.

♦**àrma** o †**àrme** [lat. *ărma*, nt. pl., di orig. indeur.; av. 1294] s. f. (pl. *àrmi*, †*àrme*) *1* Tutto ciò che serve all'uomo quale strumento di offesa o di difesa: *a. automatica, portatile; a. convenzionale, atomica; a. offensiva, difensiva* | ***A. bianca***, qualunque arma che ferisca di punta o di taglio, come il pugnale, la spada e sim.: *assalto all'a. bianca* | ***A. da fuoco***, quella che lancia a distanza proiettili e sim. mediante sostanze esplosive | ***A. impropria***, V. *improprio* | ***Armi biologiche, chimiche***, complesso degli aggressivi biologici e chimici e dei relativi mezzi di diffusione | ***Presentare le armi***, rendere gli onori militari | ***Concedere l'onore delle armi***, rendere gli onori militari ad assediati arresisi dopo strenua, valorosa resistenza | ***Passare per le armi***, giustiziare, in tempo di guerra o in casi di emergenza armata | ***Venire alle armi***, scontrarsi in battaglia | ***Prendere le armi***, prepararsi alla guerra | ***Deporre, abbassare, posare le armi***, (*fig.*) cessare le ostilità, arrendersi | ***Stare con le armi al piede***, (*fig.*) essere in procinto di fare la guerra | ***Uomo d'armi***, esperto in arte militare | ***Piazza d'armi***, ove si svolgono esercizi militari; (*fig.*) casa, stanza e sim. molto vasta | ***Porto d'armi***, licenza di tenerle | ***Porto abusivo di armi***, illecito penale consistente nel portare fuori della propria abitazione o delle sue appartenenze un'arma senza la licenza dell'Autorità, o un'arma per cui non è ammessa licenza | ***Atto, fatto d'armi***, combattimento | ***Viso dell'arme***, (*lett.* o *scherz.*) cipiglio burbero, severo | ***Affilare le armi***, prepararsi a una lotta (*spec. fig.*) | ***Prendere le armi***, iniziare una guerra, un combattimento (*anche fig.*) | ***Essere alle prime armi***, (*fig.*) essere agli inizi di un'attività, una professione e sim. | ***Armi e bagagli***, (*fig.*) tutto l'equipaggiamento di una persona. ➡ ILL. armi. *2* (*fig.*) Mezzo, anche non materiale, usato a propria difesa o a danno altrui: *le unghie sono le armi del gatto; l'intelligenza è la sua a. più efficace; il pianto è una tipica a. femminile* | ***A. a doppio taglio***, (*fig.*) ciò che può rivelarsi controproducente. *3* (*est.*) Esercito, milizia | Parte dell'esercito specializzato per un particolare impiego: *a. di fanteria, di cavalleria, dei carabinieri* | ***L'a. azzurra***, l'aeronautica militare | ***L'a. benemerita***, i carabinieri. *4* Servizio militare: *chiamare alle armi; andare, essere sotto le armi* | ***Compagno d'armi***, commilitone. *5* (*arald.*) V. *arme.*

armacòllo [da *arma a collo*; av. 1525] s. m. *1* †Correggia posta trasversalmente sul petto | Gorgiera. *2* Nella loc. avv. ***ad a.***, detto del modo di portare qlco., spec. un'arma con una cinghia attaccata o una sciarpa che, attraversando il petto o la schiena, scende da una spalla al fianco opposto: *portare il fucile ad a.*

armadiètto [comp. di *armadi(o)* e *-etto*; 1589] s. m. *1* Dim. di *armadio.* *2* Piccolo armadio per riporre effetti personali in luoghi di lavoro, di studio, di svago e sim.: *gli armadietti di una palestra* | ***A. farmaceutico***, per custodire medicinali o l'occorrente per il pronto soccorso.

armadìllo [sp. *armadillo*, da *armado* 'armato'; 1586] s. m. ● Mammifero americano degli Sdentati con testa e tronco protetti da un'armatura articolata formata di placche ossee rivestite da squame cornee disposte in modo da permettere l'avvolgimento a palla dell'animale in caso di pericolo (*Dasypus novemcinctus*). ➡ ILL. animali/11.

♦**armàdio** o †**armàrio** [lat. *armāriu(m)* 'deposito di armi', con dissimilazione, da *ărma* 'armi'; av. 1292] s. m. ● Grande mobile a uno o più battenti e a uno o più corpi usato per conservare indumenti od oggetti vari: *a. a specchio, a tre luci, a due corpi, guardaroba* | ***A. a muro***, vano nella parete chiuso da ante | ***A. d'angolo***, di forma triangolare, in modo da potersi inserire nell'angolo formato da due pareti | (*fig., fam.*) Persona dalla corporatura imponente. || **armadiàccio**, pegg. | **armadiètto**, dim. | **armadìno**, dim. | **armadióne**, accr. | **armadiùccio**, dim.

armagnac /fr. aʀmaˈɲak/ [fr., dal n. della regione fr. ove viene prodotto; 1929] s. m. inv. ● Acquavite francese, ricavata per distillazione dall'uva della regione omonima.

armaiòlo o †**armaiuòlo** [da *arma*; av. 1419] s. m. *1* (f. *-a*) Chi fabbrica, vende e ripara armi | †Chi fabbrica armature difensive, corazze e sim. *2* (*mil.*) Soldato specializzato o sottufficiale addetto alla custodia e alla manutenzione delle armi portatili | (*mar.*) Cannoniere specializzato nella riparazione di artiglierie e armi portatili.

armamentàrio [vc. dotta, lat. *armamentāriu(m)* 'deposito di armi', da *ărma* 'armi'; sec. XIV] s. m. *1* Complesso di strumenti necessari allo svolgimento di un'attività, un lavoro e sim.: *l'a. da orologiaio, del falegname, chirurgico* | Luogo in cui tali strumenti sono conservati | (*scherz.*) Complesso di strumenti od oggetti anche non indispensabili: *arrivò in spiaggia con tutto l'a. per l'abbronzatura.* *2* (*fig.*) Complesso di idee, cognizioni e sim.: *è orgoglioso del suo imponente a. filosofico.* *3* †Armeria.

armaménto [lat. *armamĕntu(m)* 'fornimento, attrezzatura' (spec. di navi), da *ărma* 'armi'; av. 1342] s. m. *1* L'armare, l'armarsi | (*lett.*) Preparativo di guerra. *2* Insieme delle armi d'ogni specie che costituiscono dotazione individuale o di reparto o di un intero organismo militare complesso: *a. del fante, della divisione* | (*est., al pl.*) Il complesso delle armi e dei mezzi di guerra che determinano, con gli impianti di produzione, il potenziale bellico di una nazione: *corsa agli armamenti.* *3* (*mar.*) Situazione in cui si trova una nave pronta a intraprendere l'attività cui è destinata | L'attrezzatura di una nave | Tipo di attrezzatura velica: *a. a sloop* | ***A. di un pezzo***, gli uomini a esso destinati | ***A. di regata, di lancia***, l'insieme dei vogatori destinati sull'imbarcazione | ***Società di a.***, società costituita fra i comproprietari della nave. *4* Insieme di congegni, di materiali e di mezzi, atti a far funzionare uno strumento, una macchina, un motore e sim.: *a. ferroviario, telefonico.*

♦**armàre** [lat. *armāre*, da *ărma* 'armi'; 1312] **A** v. tr. *1* Fornire di armi: *a. l'esercito, i ribelli* | ***A. qlcu. cavaliere***, nel Medioevo, nominarlo cavaliere me-

armi

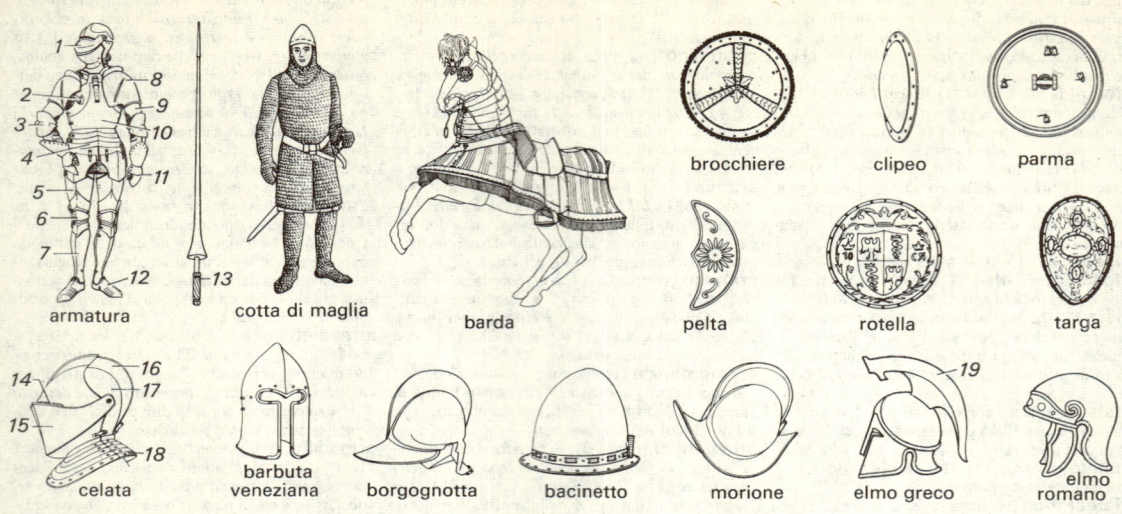

1 celata 2 resta 3 cubitiera 4 panciera 5 cosciale 6 ginocchiera 7 gambiera 8 spallaccio 9 bracciale 10 petto 11 manopola 12 scarpa
13 lancia da torneo 14 vista 15 ventaglia 16 cresta 17 coppo 18 gorgiera 19 cimiero

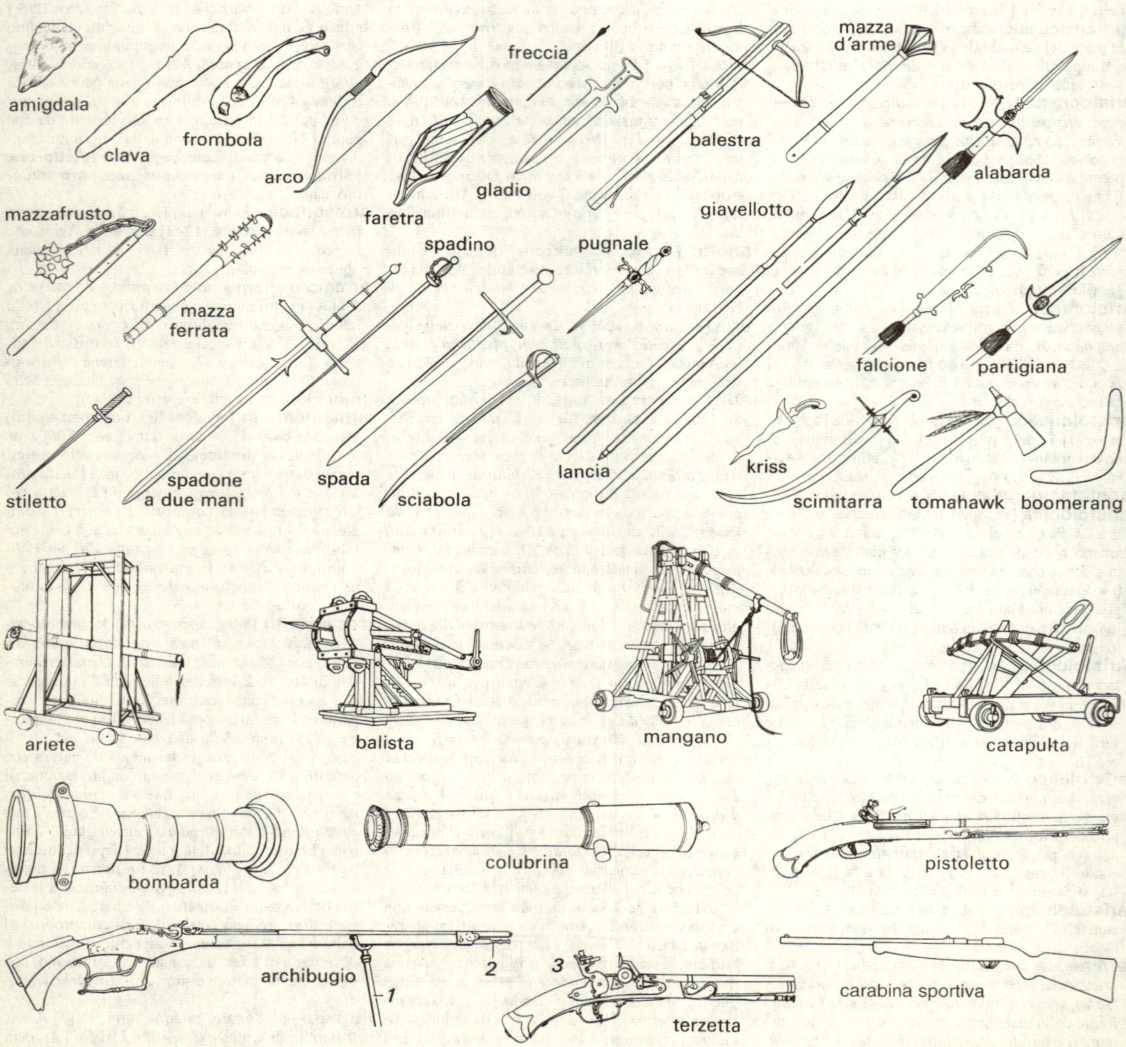

1 forcella 2 bacchetta 3 acciarino

armi

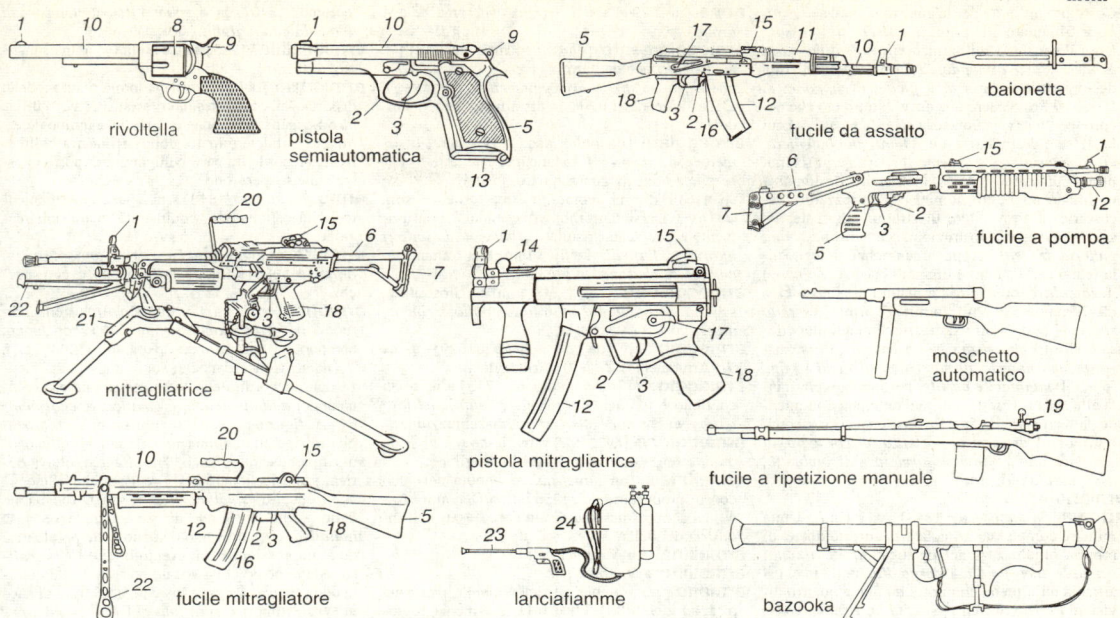

1 mirino 2 ponticello 3 grilletto 4 sicura 5 calcio 6 calcio pieghevole 7 calciolo 8 tamburo 9 cane 10 canna 11 copricanna 12 serbatoio 13 fondello del caricatore 14 pomello di caricamento 15 congegno di mira 16 fermo del caricatore 17 selettore del tiro 18 impugnatura a pistola 19 otturatore 20 maniglia di trasporto 21 treppiede 22 bipiede 23 lancia 24 serbatoio

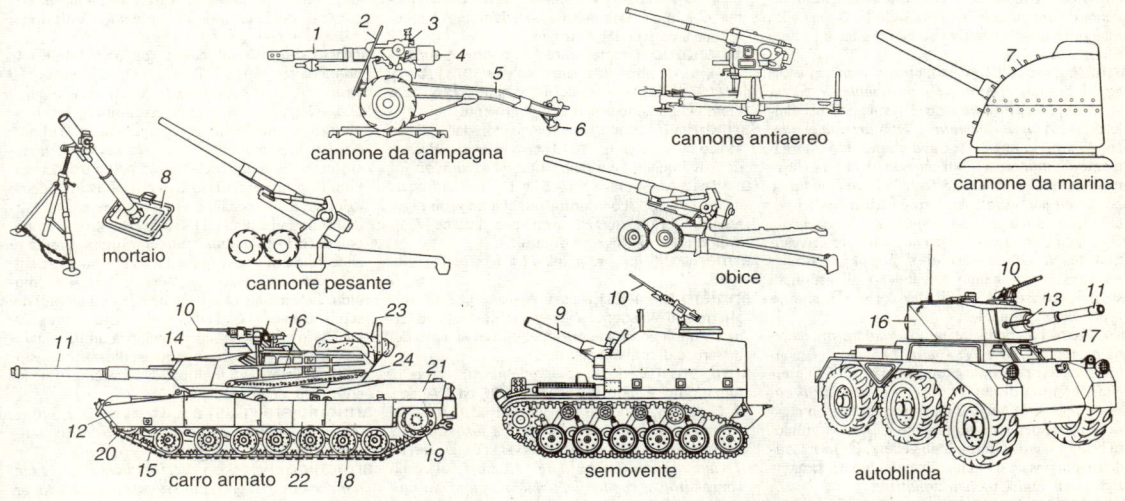

1 bocca da fuoco 2 scudo 3 congegni di punteria 4 culatta 5 affusto 6 vomere 7 torre corazzata 8 piastra 9 obice 10 mitragliatrice contraerea 11 cannone 12 scafo 13 mitragliatrice 14 mitragliatrice coassiale 15 cingolo 16 torretta 17 periscopio 18 ruota portante 19 ruota motrice 20 ruota di rinvio 21 corazza 22 piastra di protezione del cingolo 23 antenna radio 24 cavo d'acciaio per il traino

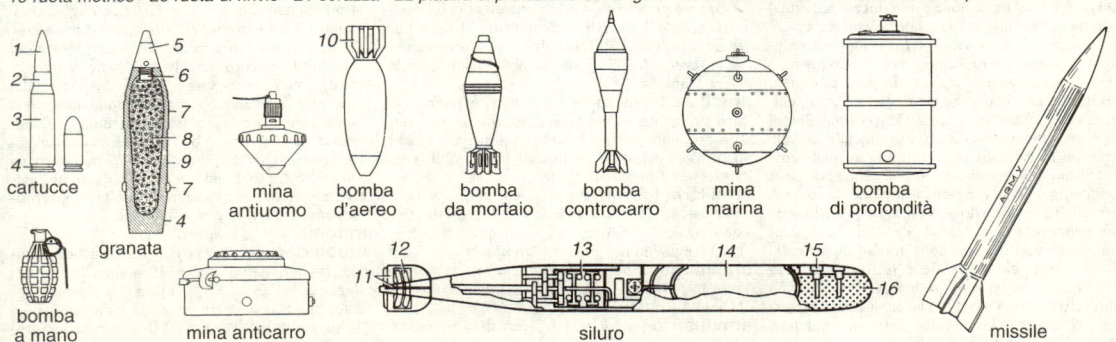

1 proiettile 2 colletto 3 bossolo 4 fondello 5 ogiva 6 spoletta 7 corona 8 carica 9 bicchiere 10 alette 11 timoni 12 eliche 13 motore 14 serbatoio 15 acciarino 16 testa esplosiva

diante la cerimonia dell'investitura | (*est.*) Fortificare: *a. un caposaldo, una testa di ponte* | (*est.*) Costituire un'unità per la guerra: *a. nuove divisioni.* **2** Chiamare alle armi: *a. i riservisti* | (*assol., lett.*) Potenziarsi militarmente: *in quell'epoca la Francia stava armando.* **3** Provvedere un'arma del proiettile e sim.: *a. il fucile, il cannone*; *a. l'arco.* **4** Provvedere una nave di tutto ciò che occorre per la navigazione e le specifiche attività cui la stessa è destinata: *a. un veliero, una baleniera, un sommergibile* | ***A. i remi***, disporli negli scalmi, pronti alla voga | Nel canottaggio, destinare a un'imbarcazione gli uomini e le attrezzature necessarie. **5** Provvedere di strutture di sostegno, spec. provvisorie, costruzioni, scavi e sim.: *a. una galleria.* **6** (*teat.*) Applicare un telaio di legno alla tela o carta su cui è dipinta la scena. **7** (*mus.*) ***A. la chiave***, preparare l'armatura di chiave. **B** v. rifl. **1** Prendere le armi, fornirsi di armi: *l'esercito si armò* | (*est.*) Fornirsi di strumenti atti alla difesa o all'offesa: *armarsi di un bastone, di un sasso, di una catena*; *armarsi fino ai denti* | (*fig., iron.*) ***Armiamoci e partite***, per indicare chi incita alla lotta o (*est.*) a un'iniziativa, ma non intende parteciparvi. **2** (*fig.*) Provvedersi, spec. di qualità morali: *armarsi di pazienza, di coraggio, di sottomissione* | Munirsi: *armatosi di ombrello, uscì sotto la pioggia.*

†**armàrio** ● V. *armadio.*

armàta [da *armare*; av. 1348] **s. f.** **1** (*mil.*) Unità militare complessa, articolata in corpi e dotata di propria organizzazione logistica: *la VI armata*; *generale di corpo d'a.* | ***Corpo d'a.***, unità in cui si articola un'armata, composta da due a quattro divisioni | (*est.*) Esercito | (*fig.*) ***L'a. Brancaleone***, gruppo raccogliticcio di persone, le cui imprese maldestre hanno esito negativo o ridicolo (dal titolo del film di M. Monicelli del 1966). **2** (*mar.*) La maggiore unità operativa navale da guerra, composta di squadre, a loro volta articolate in divisioni: *l'Invincibile a.* | (*est.*) Flotta. **3** (*est.*) La maggiore unità operativa aerea da guerra | (*est.*) Flotta aerea.

♦**armàto** [sec. XIII] **A** part. pass. di *armare*; anche agg. **1** Fornito di armi | ***Forze Armate***, V. *forza*, sign. 12 | ***Lotta armata***, che si avvale dell'uso delle armi | ***A mano armata***, (*lett.*) ***armata mano***, con le armi in pugno. **2** ***Cavo a.***, protetto esternamente da numerosi strati intrecciati di tela catramata particolarmente resistente | ***Cassa armata***, le cui pareti sono unite tra loro da fili metallici per un facile montaggio | ***Cemento a.***, V. *cemento.* **3** (*zool.*) Detto di animale che ha il corpo rivestito di scaglie, spine o aculei. **4** (*arald.*) Detto degli animali che hanno le zanne o gli artigli di smalto diverso da quello del corpo. **B** s. m. ● (*spec. al pl.*) Soldato.

armatóre [vc. dotta, lat. tardo *armatōre(m)*, da *armāre* 'armare'; sec. XV] **A** s. m. **1** (f. *-trice*) Chi allestisce navi per conto proprio o d'altri | Chi esercita l'impresa di navigazione: *l'a. nomina il comandante della nave.* **2** Operaio addetto alla messa in opera delle armature nelle gallerie di miniera e negli scavi sotterranei in genere. **3** (*ferr.*) Addetto alla posa e manutenzione dei binari. **B** anche agg.: *compagnia, società armatrice.*

armatoriàle [av. 1956] agg. ● Che attiene all'esercizio della navigazione: *impresa a.*

♦**armatùra** [lat. *armatūra(m)*, da *ărma* 'armi'; sec. XIII] **s. f.** **1** (*st.*) Protezione per la difesa individuale fatta di qualunque materiale resistente, cuoio, tessuto, maglia e piastre di ferro e sim., adattabile alla persona senza impedirne i movimenti | †Macchina da guerra. **2** (*est.*) Insieme di organi, strutture e sim. che proteggono dall'esterno piante, animali, manufatti e sim.: *l'a. del granchio, di un cavo sottomarino.* **3** Ossatura metallica delle strutture in calcestruzzo, costituita normalmente da tondini di ferro omogeneo o di acciaio disposti longitudinalmente o ripiegati in modo da sopportare gli sforzi di trazione e di taglio | ***A. di servizio***, opera provvisoria di sostegno di una costruzione durante l'esecuzione o in caso di pericolo. **4** (*est.*) Tutto ciò che sostiene, rinforza e sim.: *a. di scena*; *l'a. di un vetro, di una pianta.* **5** (*tess.*) Intreccio di trama e ordito che caratterizza un tessuto. **6** (*elettr.*) Uno dei due elementi conduttori che, separati dal dielettrico, costituiscono un condensatore elettrico | Àncora di un circuito magnetico. **7** (*mus.*) ***A. di chiave***, insieme di bemolle o diesis, posti all'inizio del rigo, indicanti la tonalità di un pezzo. || **armaturétta**, dim.

àrme [av. 1294] **s. f.** **1** (*arald.*) Stemma. **2** †V. *arma.*

armeggiaménto [da *armeggiare*; av. 1431] **s. m.** **1** †Spettacolo d'armi: *vivendo con cantori e poeti, fra giostre e armeggiamenti* (CATTANEO). **2** L'affaccendarsi in modo disordinato e inconcludente.

armeggiàre [da *arma*; sec. XIII] **v. intr.** (*io arméggio*; aus. *avere*) **1** †Maneggiare le armi | †Fare preparativi di guerra | †Combattere. **2** †Fare spettacoli d'armi, come giostre, tornei e sim. **3** (*fig.*) Darsi dattorno, affaccendarsi confusamente e con scarsi risultati: *armeggia da un'ora intorno ai fornelli.* **4** (*fig.*) Intrigare, tramare: *a. per essere eletto*; *a. in segreto.*

†**armeggiatóre** [av. 1324] **s. m.** ● Giostratore, schermitore: *fu molto onorato con palio, e con armeggiatori* (COMPAGNI).

arméggio (1) [da *armeggiare*; 1590] **s. m.** **1** †Armamento. **2** (*lett.*) Armeggìo.

armeggìo (2) [da *armeggiare*; 1715] **s. m.** ● Un continuo e frequente armeggiare: *tutto quel loro a. non mi convince.* SIN. Intrigo, macchinazione.

armeggióne [av. 1492] **s. m.** (f. *-a*) ● Chi si dà da fare senza costrutto | (*fig.*) Imbroglione.

armellìna® [da *armellino*, vc. veneta per 'albicocca', propr. 'armeno'; 1955] **s. f.** ● Denominazione dei semi di pesca e di albicocca usati nell'industria dei dolci.

armellinàto ● V. *ermellinato.*

armellino ● V. *ermellino.*

arméno [lat. *armĕniu(m)* 'dell'Armenia', rifatto sul pl. it. *armeni*; 1483] **A** agg. ● Dell'Armenia, regione e Stato dell'Asia occidentale | ***Chiesa armena***, chiesa cristiana monofisita sorta in Armenia a cavallo del IV sec., staccatasi dall'ubbidienza a Roma nel XV sec. | ***Rito a.***, liturgia dei cattolici armeni. **B** s. m. (f. *-a*) ● Abitante, nativo dell'Armenia. **C** s. m. solo sing. ● Lingua della famiglia indoeuropea, parlata dagli Armeni.

armentàrio o **armentière** [vc. dotta, lat. *armentāriu(m)*, da *armentum* 'armento'; av. 1375] **A** agg. ● (*lett.*) Che si riferisce all'armento. **B** s. m. ● (*lett.*) Guardiano o padrone di armenti.

arménto [vc. dotta, lat. *armĕntu(m)*, dalla stessa radice di *ărma* 'armi'; 1313] **s. m.** ● (*lett.*) Branco di grossi quadrupedi domestici: *un a. di buoi.*

armerìa [da *arma*; av. 1565] **s. f.** **1** (*mil.*) Locale dove si custodiscono ordinatamente le armi di un reparto. **2** Collezione di armi spec. antiche | Galleria d'armi. **3** Negozio di armi.

armerista [1955] **s. m.** (pl. *-i*) ● (*arald.*) Armoriale.

armière [av. 1566] **s. m.** **1** Armaiolo. **2** In artiglieria e in aviazione, soldato specializzato addetto all'impiego, manutenzione, conservazione del materiale di armamento.

armìgero [vc. dotta, lat. *armĭgeru(m)*, comp. di *ărma* 'armi' e *gĕrere* 'portare'; 1336 ca.] **A** agg. **1** (*lett.*) Che porta e usa le armi. **2** (*est., fig.*) Animoso, bellicoso: *quella valle è fortissima e i valligiani armigeri* (MACHIAVELLI). **B** s. m. **1** (*lett.*) Uomo d'armi | (*fig.*) Guardia del corpo (*anche iron.*): *appare in pubblico seguito dai suoi armigeri.* **2** †Scudiero.

armìlla [vc. dotta, lat. *armĭlla(m)*, da *ărmus* 'parte alta del braccio'; sec. XIV] **s. f.** **1** Cerchio d'oro o d'argento portato dai soldati romani al braccio sinistro come distintivo di ricompensa al valor militare | (*est.*) Bracciale per ornamento. **2** (*astron.*) Anello fisso o mobile costituente la sfera armillare.

armillàre [1578] agg. ● Di armilla | ***Sfera a.***, antico strumento astronomico costituito da un insieme di anelli, corrispondenti ai principali cerchi della sfera celeste, con il quale era possibile rappresentare il moto dei pianeti.

armillària [da *armilla*, per l'anello che ne circonda il piede; 1829] **s. f.** ● Genere di Funghi dei Basidiomiceti delle Agaricacee con spore di colore bianco e anello nel gambo (*Armillaria*).

armillàto [vc. dotta, lat. *armillātu(m)*, da *armĭlla* 'armilla'; 1475 ca.] agg. ● (*lett.*) Ornato di armille | Cinto di collare: *il veltro a.* (D'ANNUNZIO).

armilùstrio [vc. dotta, lat. *armilūstriu(m)*, comp. di *ărma* 'armi' e *lustrāre* 'purificare'; av. 1388] **s. m.** ● Festa militare dei Romani in cui si offrivano sacrifici e si facevano gare d'armi.

armipotènte [vc. dotta, lat. *armipotĕnte(m)*, nom. *armĭpotens*, comp. di *ărma* 'armi' e *pŏtens* 'potente'; 1340] agg. ● (*poet.*) Potente in armi: *di Giove invitta a. figlia* (MONTI).

armistiziàle [1955] agg. ● Relativo a un armistizio.

armistìzio [dal fr. *armistice*, formato sul modello di parole lat. come *solstĭtium* 'solstizio'; av. 1708] **s. m.** ● Sospensione, totale o parziale, a tempo determinato o indeterminato, delle ostilità fra belligeranti | Accordo tra parti belligeranti di porre in essere tale sospensione.

àrmo [da *armare*; 1812] **s. m.** ● (*mar.*) Armamento | Nel canottaggio, equipaggio di un'imbarcazione.

armoire /fr. ar'mwa:r/ [fr., dal lat. *armāriu(m)*. V. *armadio*; 1883] **s. f. inv.** ● Armadio, spec. con specchi.

armonìa [vc. dotta, lat. *harmŏnia(m)*, nom. *harmŏnia*, dal gr. *harmonía*, da *harmózō* 'io congiungo, compongo', da *harmós* 'giuntura'; 1294] **s. f.** **1** (*mus.*) Concordanza di suoni e di voci | Scienza degli accordi, della loro formazione e combinazione: *a. diatonica, a. cromatica, a. enarmonica* | ***A. figurata***, quella in cui i suoni sono arpeggiati o ripetuti simultaneamente con combinazioni ritmiche caratteristiche | ***A. ellenica***, ottava dorica, scala nazionale dei Greci antichi | Scienza degli accordi: *studiare a.* **2** (*est.*) Disposizione delle parole che rende un suono gradevole | ***A. imitativa***, che attraverso il suono delle parole rende le impressioni di un evento o cose | ***A. vocalica***, adattamento della vocale postonica alla qualità della tonica. **3** (*est.*) Insieme gradevole di suoni, voci, rumori e sim: *una dolce a. vagava per l'aria.* **4** (*fig.*) Combinazione di elementi diversi che produce effetti piacevoli ai sensi: *l'a. del creato, dell'universo*; *un'a. di colori e di proporzioni.* **5** (*fig.*) Concordia di idee, sentimenti e sim.: *vivere in buona a.*; *essere in buona a. con qlcu.*; *a. tra le nazioni, tra i popoli* | Conformità: *agire in a. con le leggi vigenti.*

armònica [dall'ingl. *harmonica*, prob. attrav. il fr. *harmonica*; 1769] **s. f.** **1** (*mus.*) Denominazione di strumenti in voga spec. nel XVIII sec., quali il *Glasspiel*, antico strumento costituito da bicchieri o tazze di vetro riempite d'acqua sfregati sul bordo dal dito inumidito, e la *Glasharmonica*, trasformazione del precedente ad opera di B. Franklin, in coppe emisferiche di cristallo che ruotano azionate da un pedale e vengono sfregate sui bordi da entrambe le mani | ***A. a bocca***, strumento popolare formato da una scatoletta forata, fornita di ance vibranti, che si suona facendole scorrere sulle labbra e soffiando negli appositi fori. ➡ ILL. **musica.** **2** Arte musicale | Scienza degli intervalli dei suoni. **3** (*mat.*) Ciascuna delle oscillazioni sinusoidali in cui può essere scomposta un'oscillazione periodica | Ciascuna delle oscillazioni sinusoidali con frequenza multipla di un'oscillazione sinusoidale, detta fondamentale.

armonicista [1955] **s. m. e f.** (pl. m. *-i*) **1** Suonatore di armonica. **2** Operaio che costruisce strumenti musicali.

armònico [vc. dotta, lat. *harmŏnicu(m)*, nom. *harmŏnicus*, dal gr. *harmonikós*, da *harmonía* 'armonia'; av. 1492] **A** agg. (pl. m. *-ci*) **1** (*mus.*) Che ha o produce armonia: *insieme a. di suoni* | ***Cassa armonica***, cassa di uno strumento musicale che sfrutta la risonanza per amplificare e migliorare il suono | ***Suoni armonici, vibrazioni armoniche***, (*ellitt.*) ***armonici, armoniche***, suoni secondari prodotti da un corpo in vibrazione che hanno frequenza multipla rispetto al suono fondamentale; negli strumenti ad arco, sono ottenuti sfiorando la corda in uno dei punti frazionari della sua lunghezza. **2** (*fig.*) Che è ben proporzionato, ben accordato, in ogni sua parte: *l'a. sviluppo del corpo umano.* **3** Detto di vino in cui le sensazioni olfattive e gustative si fondono e si esaltano. || **armonicaménte**, avv. **B** s. m. ● †Armonista.

armònio ● V. *armonium.*

armonióso [sec. XIV] agg. **1** Che produce armonia, che è dotato di armonia: *suono, discorso a.*; *lingua armoniosa.* **2** (*fig.*) Che è ben proporzionato, ben accordato in ogni sua parte: *un'armoniosa struttura architettonica.* || **armoniosétto**, dim. || **armoniosaménte**, avv.

armonista [1896] **s. m. e f.** (pl. m. *-i*) ● Studioso di armonia musicale | (*est.*) Maestro d'armonia, compositore.

armonìstico [1955] agg. (pl. m. *-ci*) ● Relativo all'armonia.

armònium o **armònio**, **harmònium** [dal fr. *harmonium*, dal gr. *harmónios* 'armonioso'. V. *armonia*; 1840] s. m. inv. ● (*mus.*) Strumento ad aria, fornito di ancia e tastiera, con registri come l'organo; accompagna i cori in chiesa. ➡ ILL. **musica.**

armonizzaménto [sec. XVI] s. m. ● (*raro*) Armonizzazione.

armonizzàre [da *armonia*; 1319] **A** v. tr. *1* Mettere in armonia, musicare secondo l'armonia. *2* Rendere armonioso: *a. i versi di una composizione*; *a. il proprio stile*. *3* (*fig.*) Rendere privo di contrasti: *a. i colori di un quadro*; *a. le diverse parti di un'opera*. **B** v. intr. e intr. pron. (aus. intr. *avere*) ● Essere in armonia: *questi colori armonizzano tra loro*; *il suo temperamento non armonizza col nostro*; *In quale statua ... la grazia e la possa si armonizzano così magistralmente?* (D'ANNUNZIO).

armonizzàto [1308] part. pass. di *armonizzare*; anche agg. *1* Nei sign. del v. *2* (*lett.*, *fig.*) Proporzionato in modo perfetto.

armonizzatóre [1955] s. m. (f. *-trice*) ● Chi armonizza.

armonizzazióne [1955] s. f. *1* (*mus.*) Tecnica e modalità dell'armonizzare. *2* L'armonizzare, il rendere armonioso | Concordanza.

armoràccio [lat. *armorăciu(m)*, di etim. incerta; 1819] s. m. ● Pianta erbacea perenne delle Crocifere con le foglie basali picciolate, quelle superiori dentate e la radice di sapore acre (*Armoracia rusticana*). SIN. Barbaforte, rafano rusticano.

armoriàle [fr. *armorial*, dal lat. *ărma* 'armi', sul modello di *historial* 'storico'; 1983] s. m. ● (*arald.*) Libro in cui sono designate o blasonate le armi delle famiglie, oppure quelle di città, nazioni, corporazioni e sim.

armoricàno [ingl. *armorican*, dal lat. tardo *Armoricānu(m)* 'dell'Armorica'; 1925] agg. ● Relativo a un'antica popolazione di origine celtica che abitava la zona della Gallia sulle coste dell'Atlantico.

arnèis [vc. piemontese da un lat. mediev. *renayus* 'che cresce fuori stagione'] s. m. inv. ● Vino bianco di color giallo paglierino, dal profumo fresco e fruttato e dal sapore asciutto, prodotto in provincia di Cuneo dal vigneto omonimo.

♦**arnése** [ant. fr. *herneis* 'equipaggiamento di un soldato', dallo scandinavo **hernest* 'provviste per l'armata'; av. 1292] s. m. *1* Attrezzo da lavoro: *gli arnesi del meccanico*, *dell'elettricista* *2* (*est.*, *fam.*) Oggetto, strumento di cui non si conosce o non si vuole dire il nome: *che cos'è quell'a.?*; *teneva in mano uno strano a.* *3* (*lett.*) Modo di vestire: *non posso ricevere gli ospiti in quest'a.* *4* (*lett.*) Condizioni economiche o fisiche: *essere bene*, *male in a.*; *rimettersi in a.* *5* †Armatura del cavaliere e del cavallo: *pien tutto il campo è di spezzate lance / di rotti scudi e di troncato a.* (TASSO) | Fortezza: *Siede Peschiera*, *bello e forte a.* (DANTE *Inf.* XX, 70). *6* (*fig.*, *fam.*) Individuo poco raccomandabile (*spec. spreg.*): *frequentava un brutto a.*; *è il peggiore a. di tutta la banda.* *7* (*lett.*, *spec. al pl.*) Masserizie, suppellettili, oggetti di arredamento. *8* (*spec. al pl.*) †Bagaglio: *Assaliti fummo da ... predoni*, *vaghi del copioso a.* (BOCCACCIO) | Salmerie.

àrnia [etim. incerta; av. 1294] s. f. ● Abitazione di una colonia di api allo stato naturale, costituita dalla cavità di un albero, di una roccia e sim. | Abitazione di una colonia di api allo stato di domesticità, consistente gener. in una struttura lignea a forma di casetta destinata ad accogliere i favi per costituire l'alveare. ➡ ILL. p. 2113 AGRICOLTURA.

àrnica [prob. gr. *ptarmikḗ* 'pianta che fa starnutire', da *ptáirō* 'io starnuto'; av. 1558] s. f. ● Pianta erbacea delle Composite con foglie basali a rosetta e capolini di color arancione (*Arnica montana*).

arnióne [romagnolo *argnón*. V. *rognone*; sec. XIII] s. m. ● (*region.*) Rognone.

arnoglòssa [vc. dotta, lat. tardo *arnoglōssa(m)*, dal gr. *arnóglōsson*, propr. 'lingua di agnello', comp. di *arḗn*, genit. *arnós* 'agnello' e *glôssa* 'lingua'; sec. XVII] s. f. ● (*bot.*) Piantaggine.

àro (**1**) [vc. dotta, gr. *áron*, di etim. incerta; 1476] s. m. ● Pianta erbacea velenosa delle Aracee con rizoma tuberoso e fiori gialli (*Arum maculatum*, *Arum italicum*). SIN. Gigaro.

àro (**2**) [V. *ara* (*3*); 1838] s. m. ● (*agr.*) Ara.

-àro ● V. *-aio* (*2*).

-aròlo ● V. *-aiolo*.

aròma [vc. dotta, lat. *arōma*, dal gr. *árōma*, di etim. incerta; av. 1342] s. m. (pl. *aròmi*, †*aròmati*) *1* Sostanza naturale o chimica che determina una gradevole azione olfattiva o gustativa. *2* (*spec. al pl.*) Sostanze odorose usate per profumare o insaporire. *3* Odore penetrante e gradevole, emanato dalle sostanze aromatiche: *a. d'incenso*, *di caffè* | (*lett.*) Fragranza, profumo (*anche fig.*): *l'amaro a. del mare* (MONTALE); *l'a. della terra natia.*

†**aromatàrio** [vc. dotta, lat. tardo *aromatāriu(m)*, da *arōma* 'aroma'; 1585] s. m. ● Droghiere.

aromaterapìa [comp. di *aroma* e *terapia*; 1985] s. f. ● Trattamento terapeutico o estetico mediante essenze vegetali.

aromaticità [sec. XIV] s. f. ● Proprietà di ciò che è aromatico.

aromàtico [vc. dotta, lat. tardo *aromătĭcu(m)*, nom. *aromăticus*, dal gr. *arōmatikós*, da *árōma* 'aroma'; sec. XIV] agg. (pl. m. *-ci*) *1* Che ha odore e sapore d'aroma: *cibo a.*; *erbe aromatiche* | ***Piante aromatiche***, dalle quali si ricavano aromi | ***Vino a.***, che conserva l'aroma dell'uva d'origine. ➡ ILL. **verdura.** *2* (*chim.*) Detto di composto organico caratterizzato dalla presenza di almeno un anello benzenico: *serie aromatica.* CONTR. Alifatico, grasso. *3* †Strano, fantastico. || **aromaticaménte**, avv.

aromatizzànte [1829] **A** part. pres. di *aromatizzare*; anche agg. ● Nei sign. del v. **B** s. m. ● Additivo alimentare che permette di soddisfare gli organi del gusto e dell'olfatto.

aromatizzàre [vc. dotta, lat. tardo *aromatizāre*, dal gr. *arōmatízō*, da *árōma* 'aroma'; sec. XIV] v. tr. ● Rendere aromatico, spec. una vivanda: *a. la carne.*

aromatizzazióne [1955] s. f. ● (*raro*) L'aromatizzare.

àrpa (**1**) [lat. tardo *hărpa(m)*, dal germ. **harpa*; 1321] s. f. ● Grande strumento a corde, di forma triangolare, che si suona pizzicando con le dita: *a. semplice*, *a pedali*, *doppia* | ***A. eolia***, strumento con cassa armonica le cui corde sono messe in vibrazione da una corrente d'aria. ➡ ILL. **musica.**

àrpa (**2**) o †**àrpe** [vc. dotta, lat. *hărpe(m)*, nom. *hărpe*, dal gr. *hárpē* 'falce', di orig. indeur.; av. 1367] s. f. ● Antica spada falcata con un uncino tagliente sporgente dalla lama presso la punta, in uso spec. in Oriente.

arpacòrdo ● V. *arpicordo*.

arpagóne (**1**) [lat. *harpagōne(m)*, dal gr. *harpágē* 'uncino, gancio', da *harpázō* 'io strappo a forza'; av. 1292] s. m. ● Congegno provvisto di uncini, anticamente usato per agganciare le navi nemiche o i merli delle mura.

arpagóne (**2**) [dal n. del protagonista della commedia *L'Avare* (1668) di Molière; 1892] s. m. ● (*lett.*) Persona estremamente avara.

†**àrpe** ● V. *arpa* (*2*).

arpeggiaménto [1829] s. m. *1* Esecuzione arpeggiata di un brano musicale. *2* (*veter.*) Arpeggio.

arpeggiàre [da *arpa* (*1*); av. 1638] v. intr. (*io arpéggio*; aus. *avere*) *1* Suonare l'arpa o altri strumenti a corda | Eseguire l'arpeggio. *2* (*veter.*) Presentare il difetto dell'arpeggio.

arpeggiàto [1829] **A** part. pass. di *arpeggiare*; anche agg. ● Nei sign. del v. **B** s. m. ● (*mus.*) Esecuzione o arpeggio di un accordo o di una serie di accordi | Segno con cui ne viene data l'indicazione.

arpeggiatóre [av. 1907] s. m. (f. *-trice*) ● (*disus.*) Arpista.

arpéggio (**1**) [1708] s. m. *1* (*mus.*) Esecuzione successiva anziché simultanea delle note costituenti un accordo. *2* (*veter.*) Andatura difettosa del quadrupede che flette di scatto il garretto sollevando esageratamente il piede posteriore.

arpeggìo (**2**) [1961] s. m. ● (*mus.*) Arpeggiamento continuato e frequente.

arpeggióne [1940] s. m. ● (*mus.*) Strumento a sei corde simile alla chitarra ma suonato con l'arco, inventato nell'Ottocento e presto caduto in disuso: *la sonata per a. di Schubert.*

arpènto [fr. *arpent*, dal lat. *arepĕnne(m)*, vc. di orig. gallica; 1829] s. m. ● Antica misura di superficie usata in Francia e in Germania.

arpése [gr. tardo *hárpax*, genit. *hárpagos* 'gancio di ferro'. Cfr. *arpagone* (*1*); 1570] s. m. ● (*edil.*) Perno di ferro o rame a doppia grappa per collegare verticalmente i conci di pietra.

arpìa [vc. dotta, lat. *harpȳia(m)*, nom. *harpȳia*, dal gr. *hárpyia* 'la rapace'; 1313] s. f. *1* Mostro mitologico, rappresentato con volto di donna, corpo di vari animali e ali di uccello. *2* (*est.*) Persona avara e rapace | Donna d'aspetto sgradevole e di carattere astioso. *3* Uccello rapace americano dei Falconiformi, feroce carnivoro, fornito di un caratteristico ciuffo di piume sul capo (*Thrasaëtus harpyia*). *4* Farfalla notturna dei Lepidotteri dall'addome terminante in due lunghe appendici (*Cerura vinula*). || **arpiàccia**, pegg.

arpicòrdo o **arpacòrdo** [comp. di *arpa* (*1*) e *corda*; 1536] s. m. ● (*mus.*) Antico nome della spinetta poligonale, con cordiera dalla forma simile a quella dell'arpa | Clavicembalo, simile nel suono a un'arpa, col fondo di legno.

arpinàte [vc. dotta, lat. *Arpināte(m)*, da *Arpīnum* 'Arpino'; 1584] **A** agg. ● Di Arpino, città del Lazio. **B** s. m. e f. ● Abitante, nativo di Arpino | ***L'a.***, (*per anton.*) Marco Tullio Cicerone.

arpionàre [da *arpione*; 1952] v. tr. (*io arpióno*) ● Colpire con l'arpione.

arpióne [lat. parl. **harpigōne(m)* per il classico *harpagōne(m)*. V. *arpagone* (*1*); 1353] s. m. *1* (*mecc.*) Elemento dell'arpionismo, a forma di virgola, montato su un perno fisso, che permette alla ruota dentata a denti di sega di girare solo in un senso. SIN. Nottolino | Ferramenta di persiana a ventola e di porta, che permette la rotazione del battente | Organo di fissaggio della rotaia alla traversa. *2* Ferro uncinato infisso spec. in un muro, per appendere qlco. *3* (*pesca*) Arpone. *4* (*disus.*) Nell'alpinismo su ghiaccio, particolare tipo di chiodo costituito da un tubo metallico munito di un anello a un'estremità e affilato dall'altra per agevolarne la penetrazione.

arpionìsmo [1892] s. m. ● (*mecc.*) Meccanismo costituito da una ruota dentata a denti di sega, contro i quali viene a puntare l'arpione montato su un perno fisso, in modo da permettere alla ruota di girare solo in un senso.

arpìsta [da *arpa* (*1*); 1862] s. m. e f. (pl. m. *-i*) ● Suonatore d'arpa.

arponàre [da *arpone*; 1983] v. tr. (*io arpóno*) ● Colpire con l'arpone.

arpóne [fr. *harpon*, da *harper* 'afferrare'; av. 1698] s. m. ● Ferro in forma di lancia a due o più denti semplici o con ardiglione, normalmente snodati, fissato ad una asta o freccia, che viene lanciato a mano o con altro mezzo contro grossi pesci e cetacei: *a. da balena.* ➡ ILL. **pesca.**

arquebuse /fr. ˌaʀkəˈbyːz/ [fr., propr. 'archibugio', perché serviva a curare le ferite causate da armi da fuoco; 1942] s. m. ● Liquore ottenuto per distillazione da erbe aromatiche.

àrra [vc. dotta, lat. *ărra(m)*, abbr. di *ărrabo*, dal gr. *arrabṓn*, di orig. ebr.; av. 1306] s. f. *1* Nel diritto romano, anticipo sul prezzo della compravendita a riprova della conclusione del contratto e a garanzia dell'esatto adempimento | Caparra. *2* (*fig.*, *lett.*) Pegno, promessa: *Ma un'a. / si vuol di vostra fé* (MANZONI).

arrabattàrsi [sp. *arrebatarse* 'andare in collera, accorrere in folla', da *rebato* 'attacco improvviso, allarme'; av. 1527] v. intr. pron. ● Affaticarsi, sforzarsi, agitarsi stentatamente per arrivare a qlco., per ottenere qlco. e sim.: *s'arrabatta per trovare lavoro.*

arrabbiaménto [av. 1698] s. m. *1* L'arrabbiare: *l'a. dei cani.* *2* (*raro*) Arrabbiatura.

♦**arrabbiàre** [comp. di *a-* (*2*) e *rabbia*; av. 1313] **A** v. intr. (*io arràbbio*; aus. *essere*) ● Prendere la rabbia, diventare idrofobo: *il cane arrabbiò improvvisamente.* **B** v. intr. pron. e (*raro* o †) intr. (aus. *essere*) ● Essere preso dall'ira, dalla collera, detto di persona: *si arrabbiò e cominciò a dare in escandescenze*; *non devi far a. tuo padre*; *ne fu per arrabbiar*, *per venir matto* (ARIOSTO) | (*raro*) ***A. dalla fame***, ***dalla sete*** e sim., soffrire per la troppa fame, sete e sim.

arrabbiàta [av. 1306] s. f. *1* (*fam.*) Arrabbiatura: *prendersi un'a.* *2* (*cuc.*) V. *arrabbiato*.

arrabbiatìccio [1862] s. m. ● Terreno che non contiene la giusta quantità d'acqua.

♦**arrabbiàto** [av. 1306] part. pass. di *arrabbiare*; anche agg. *1* Idrofobo | Adirato, incollerito. *2* (*fig.*) Di chi pratica e sostiene qlco. con accanimento:

giocatore, polemista a. **3** ***Giovani arrabbiati***, gli aderenti a una corrente letteraria inglese del secondo dopoguerra, costituita di giovani scrittori che esprimevano con amarezza la loro mancanza di fiducia nella società. **4** Detto di cibo cotto a fuoco vivo e con poco grasso o in padella e con forti odori: *fritto a.*; *pollo a.* **5** Nella loc. avv. ***all'arrabbiata***, (*cuc.*) detto di cibo condito con sugo molto piccante: *penne all'arrabbiata*. || **arrabbiatèllo**, dim. || **arrabbiataménte**, avv. Con rabbia.

arrabbiatùra [av. 1865] s. f. ● L'arrabbiarsi | Accesso d'ira, di collera: *prendersi un'a.*

arraffàre [comp. di *a-* (*2*) e *raffare*; av. 1400] v. tr. ● Afferrare, strappare con violenza | (*est.*) Rubare con sveltezza: *è uno che arraffa tutto quello che può*.

arraffatóre [1983] s. m. (f. *-trice*) ● Chi arraffa.

arraffóne [1983] s. m. (f. *-a*) ● Chi arraffa.

àrrak ● V. *arak*.

arrampicaménto [1865] s. m. ● L'arrampicarsi.

♦**arrampicàre** [comp. di *a-* (*2*) e *rampicare*; av. 1577] **A** v. intr. (*io arràmpico, tu arràmpichi*; aus. *essere*) ● Nell'alpinismo, procedere in progressione verticale aiutandosi con mani e piedi | Nel ciclismo, affrontare una salita. **B** v. intr. pron. **1** Salire attaccandosi a qlco.: *arrampicarsi sugli alberi, sulle pareti scoscese* | (*est.*) Crescere in altezza appoggiandosi a qlco., detto di piante: *il glicine, l'edera si arrampicano lungo i muri*. **2** (*est.*) Inoltrarsi con fatica per una strada scoscesa: *l'autobus si arrampica ogni giorno su per i colli* | (*fig.*) ***Arrampicarsi sui vetri, sugli specchi***, tentare di sostenere tesi inaccettabili o di realizzare imprese impossibili.

arrampicàta [1925] s. f. **1** L'arrampicarsi. **2** Nell'alpinismo, ascensione su roccia o su ghiaccio in cui si fa anche uso delle mani per progredire: *tecnica dell'a.*, *effettuare un'a.* | ***A. libera***, (*ellitt.*) ***libera***, in cui si sfruttano soltanto gli appigli naturali offerti dalla parete | ***A. artificiale***, in cui si ricorre a chiodi, staffe e corde come mezzi di progressione. SIN. Scalata | Nella ginnastica, esercizio di salita alla fune o alla pertica compiuto con le braccia e le gambe o con le sole braccia | Nel ciclismo, superamento di una salita a forte pendenza. SIN. Scalata.

arrampicatóre [1847] s. m. (f. *-trice*) **1** Chi si arrampica | (*fig.*) ***A. sociale***, persona ambiziosa, spec. di modeste origini, che tenta con ogni mezzo di raggiungere un'elevata posizione sociale. **2** Nell'alpinismo, chi arrampica, chi compie scalate. SIN. Rocciatore, scalatore | Nel ciclismo, atleta particolarmente forte in salita. SIN. Grimpeur, scalatore.

arrancàre [comp. di *a-* (*2*) e *ranco*; 1481] v. intr. (*io arrànco, tu arrànchi*; aus. *avere*) **1** Camminare zoppicando: *arrancava dietro il banco con la gamba più corta* (MORAVIA) | (*est.*) Avanzare a fatica: *la vecchia arrancava su per la salita*; *il direttissimo arrancava* (BUZZATI). **2** Nel canottaggio, vogare con fatica.

arrancàta [1614] s. f. **1** L'arrancare. **2** Successione di colpi di remi dati vogando di forza.

†**arrandellàre** [comp. di *a-* (*2*) e *randello*; av. 1400] v. tr. **1** Stringere, legare stretto. **2** Percuotere con un randello. **3** Gettare, scagliare con forza.

arrangiaménto [fr. *arrangement*. V. *arrangiare*; 1881] s. m. **1** Accordo, accomodamento: *cercare, trovare un a.*; *venire a un a.* **2** Nella musica leggera, armonizzazione e strumentazione di una melodia.

♦**arrangiàre** [fr. *arranger*, da *rang*. V. *rango*; 1845] **A** v. tr. (*io arràngio*) **1** Sistemare, accomodare alla meglio: *vedremo di a. anche questa faccenda* | (*fig., fam.*) ***A. qlcu.***, malmenarlo. **2** (*fig.*) Mettere insieme in qualche modo: *cercate di a. la cena*. **3** Nella musica leggera, effettuare un arrangiamento. **B** v. intr. pron. **1** Addivenire a un accordo: *tra noi ci arrangeremo benissimo*. **2** Riuscire a cavarsela: *nelle difficoltà occorre arrangiarsi* | ***Arrangiati!***, secco invito a cavarsela da solo. **3** Sistemarsi alla meno peggio in un luogo: *ci siamo arrangiati tutti nel soggiorno*.

arrangiatóre [1962] s. m. (f. *-trice*) ● Nella musica leggera, chi cura l'arrangiamento di una melodia.

arrangolàre [comp. di *a-* (*2*) e *rangola*; av. 1565] **A** v. intr. (*io arràngolo*; aus. *avere*) ● (*lett.*) Parlare con voce rauca, affannata, soffocata. **B** v. intr. pron. ● †Stizzirsi, arrabbiarsi.

arrantolàto [dal part. pass. di *rantolare*; av. 1565] agg. ● (*raro, lett.*) Che rantola | Che è rotto da rantoli: *la parola gli usciva arrantolata dalla gola* (MANZONI).

arrapàre [nap. *arrapà*, forse da *rapa*, intesa nel sign. metaforico di 'membro virile'; 1959] **A** v. tr. ● (*pop.*) Eccitare sessualmente. **B** v. intr. pron. ● Eccitarsi sessualmente.

arrapinàre [comp. di *a-* (*2*) e *rapina*; av. 1698] **A** v. tr. ● †Fare arrabbiare. **B** v. intr. pron. ● (*tosc.* o *lett.*) Arrabbiarsi | (*fig.*) Affannarsi, arrovellarsi.

†**arrappàre** [provz. *arrapar*, forse dal got. **hrapōn*; sec. XIV] v. tr. ● Togliere con violenza, strappare, afferrare | (*est.*) Rubare.

†**arraspàre** [comp. di *a-* (*2*) e *raspare*; av. 1400] v. tr. ● Raspare | (*fig.*) Rubare, portar via.

array /ingl. əˈreɪ/ [vc. ingl., 'ordine', 'raggruppamento ordinato' attraverso il fr.; 1985] s. m. inv. (pl. ingl. *arrays*) ● (*mat.*) Insieme ordinato di numeri o simboli disposti in colonne e righe. CFR. Matrice.

arrazzàre [comp. di *a-* (*2*) e *razzo*; 1956] **A** v. tr. ● (*lett.*) Fare esplodere, incendiare | (*rom., volg.*) Eccitare. **B** v. intr. e intr. pron. (aus. *essere*) ● (*lett.*) Ardere come un razzo | (*est.*) Brillare, rifulgere.

arrecàre [comp. di *a-* (*2*) e *recare*; av. 1294] **A** v. tr. (*io arrèco, tu arrèchi*) **1** (*lett.*) Recare, portare. **2** (*fig.*) Cagionare: *a. noia, disturbo a qlcu.*; *arrecar danno alle cose altrui*. **3** †Attribuire | †Addurre. **B** v. rifl. ● †Portarsi, avvicinarsi.

arrecatóre [1940] agg.; anche s. m. (f. *-trice*) ● (*raro, lett.*) Che (o Chi) arreca.

arredaménto [1884] s. m. **1** L'arredare | Studio della disposizione di mobili e arredi in abitazioni, uffici, negozi e sim. | Arte di arredare una scena teatrale, cinematografica e sim. **2** (*est.*) Complesso di mobili, arredi e decorazioni presenti in un'abitazione e sim. | Mobilio e suppellettili sceniche che completano la scenografia.

arredàre [cfr. *corredare*; sec. XIII] v. tr. (*io arrèdo*) ● Fornire un locale di mobili, suppellettili, decorazioni e sim. disponendoli secondo un dato gusto e criterio (*anche assol.*): *hanno appena finito di a. la nuova casa*; *un oggetto che arreda* | (*est.*) Ammobiliare.

arredatóre [1950] s. m. (f. *-trice*) **1** Chi progetta e realizza un arredamento. **2** Operaio specializzato nell'esecuzione di lavori di arredamento. **3** Incaricato dell'arredamento di una scena.

arrèdo [1313] s. m. ● Ogni singolo oggetto o il complesso degli oggetti che servono a completare o a decorare uno o più ambienti | ***Arredi sacri***, gli oggetti usati per il culto, come calice, ampolline, argenti, paramenti sacerdotali e sim. | ***A. urbano***, complesso delle attrezzature che servono a completare la funzionalità degli spazi pubblici urbani, come panchine, fontanelle, lampioni, paline segnaletiche, ecc.

arrembàggio [da *arrembare* (*1*); 1772] s. m. **1** (*mar.*) Assalto a una nave nemica dopo averla abbordata | ***All'a.!***, grido di combattimento. **2** (*fig.*) Azione, attacco, tentativo disperato | ***Andare, buttarsi, gettarsi, all'a.***, partire di slancio per conquistare qlco. o qlcu.

arrembàre (**1**) [etim. incerta; 1772] v. tr. (*io arrèmbo*) **1** Dare l'assalto a una nave dopo averla abbordata. **2** (*raro, lett.*) Attraccare.

arrembàre (**2**) [etim. incerta; 1865] **A** v. intr. e intr. pron. (*io arrèmbo*; aus. *essere*) **1** Manifestare arrembatura, detto del cavallo. **2** (*fig.*) Camminare trascinandosi a fatica. **B** v. tr. ● (*raro*) Piegare su un fianco.

arrembàta [da *arrembare* (*1*); 1961] s. f. ● (*raro*) Arrembaggio.

arrembàto (**1**) [1970] part. pass. di *arrembare* (*1*); anche agg. ● Nei sign. del v.

arrembàto (**2**) [1865] part. pass. di *arrembare* (*2*); anche agg. ● Detto del cavallo che ha il nodello permanentemente deviato in avanti, con conseguente deviazione dello zoccolo.

arrembatùra [da *arrembare* (*2*); 1865] s. f. ● Difetto del cavallo arrembato.

arrèmbo [da *arrembare* (*1*); av. 1938] s. m. ● (*raro, lett.*) Arrembaggio.

arrenaménto ● V. *arenamento*.

arrenàre [comp. di *a-* (*2*) e *rena*; 1481] **A** v. tr. (*io arréno*) ● Pulire strofinando con la sabbia: *a. stoviglie, metalli*. **B** v. intr. e intr. pron. (aus. *essere*) ● V. *arenare*.

arrendaménto [sp. *arrendamiento*, da *arrendar* 'appaltare', da *rendir* 'dare, consegnare', dal lat. *rĕddere* 'rendere'; av. 1540] s. m. ● Nel Regno di Napoli, gabella la cui riscossione era data in appalto a privati.

arrendatóre [av. 1569] s. m. ● (*st.*) Appaltatore privato di gabelle.

♦**arrèndere** [comp. di *a-* (*2*) e *rendere*; sec. XIII] **A** v. tr. (coniug. come *rendere*) ● †Rendere, restituire, consegnare: *arrendé la terra a' Francesi* (GUICCIARDINI). **B** v. intr. pron. **1** Darsi vinto, consegnarsi al nemico: *la città si arrese in pochi giorni*. **2** (*fig.*) Cedere, piegarsi, darsi per vinto: *arrendersi all'evidenza, alla ragione*; *esitò prima di arrendersi*; *lottò a lungo ma non si arrese*. **3** (*raro, lett.*) Piegarsi, flettersi: *i rami si arrendono al vento*.

arrendévole [av. 1292] agg. **1** Che non resiste e cede facilmente: *feci male ... a mostrarmi a.* (MORAVIA). SIN. Acquiescente, docile | Compiacente, accondiscendente: *Veramente bella appariva, illanguidita, a.* (D'ANNUNZIO). **2** (*raro, lett.*) Che si piega agevolmente: *legno, ramo a.* || **arrendevolménte**, avv.

arrendevolézza [av. 1589] s. f. ● Caratteristica di chi (o di ciò che) è arrendevole.

arréso [av. 1600] part. pass. di *arrendere*; anche agg. ● Nei sign. del v.

†**arrestaménto** [sec. XIV] s. m. ● Fermata | Cattura, sequestro.

♦**arrestàre** (**1**) [lat. mediev. *adrestāre*, comp. di *ăd* e *restāre* 'stare ancora, fermarsi'; sec. XIII] **A** v. tr. (*io arrèsto*) **1** Fermare, impedire la continuazione di un movimento (*anche fig.*): *a. una macchina, un treno*; *a. un'emorragia*; *il suo sguardo arrestò il mio gesto*; *la guerra ha arrestato lo sviluppo del paese* | ***A. i passi***, fermarsi | ***A. il gioco***, ordinare la sospensione da parte dell'arbitro, per la punizione di un fallo. **2** Trattenere una persona per assicurarla alla giustizia, sottoporre ad arresto: *fu arrestato sotto l'accusa di omicidio*. **3** †Sequestrare. **B** v. rifl. ● Fermarsi, indugiare: *il treno si arresta di colpo*; *si arrestarono di fronte al pericolo*.

†**arrestàre** (**2**) [comp. di *a-* (*2*) e *resta* (*2*); av. 1431] v. tr. ● Mettere la lancia in resta.

arrestàto [av. 1375] **A** part. pass. di *arrestare* (*1*); anche agg. **1** Nei sign. del v. **2** (*arald.*) Detto delle navi senza alberatura e dei quadrupedi fermi sulle quattro zampe. **B** s. m. (f. *-a*) ● Persona sottoposta ad arresto.

arrestatóio [da *arrestare* 'fermare'; 1889] s. m. ● (*mar.*; *raro*) Stopper.

arrèsto [da *arrestare* (*1*); av. 1348] s. m. **1** Fermata: *l'a. di un'auto*; *subire un a.* | (*est.*) Indugio, ritardo | ***Senza a.***, senza indugio | ***Battuta d'a.***, intervallo, interruzione. **2** Qualsiasi dispositivo tendente a limitare la corsa o a impedire il movimento di una direzione di un organo meccanico. **3** Nei giochi di palla, sospensione di un'azione da parte dell'arbitro per la punizione di un fallo: *a. del gioco* | Nel calcio e sim., azione effettuata sul pallone da un giocatore in seguito a un passaggio, a un tiro avversario o dopo un palleggio | ***A. al volo***, nel calcio, stop | Nella scherma, uscita in tempo su attacco composto dell'avversario, che impedisce il proseguimento dell'azione | Nella pallacanestro, fondamentale di gioco. **4** (*dir.*) Limitazione della libertà personale come pena detentiva per le violazioni della legge penale che lo prevedono, come provvedimento di carattere provvisorio introduttivo alla custodia cautelare o come misura di polizia a tutela di un interesse. **5** (*spec. al pl.*) Punizione disciplinare esclusiva per ufficiali e marescialli delle forze armate: *arresti semplici, di rigore*. **6** (*med.*) Cessazione improvvisa di una funzione organica: *a. cardiaco* | Interruzione nello sviluppo: *a. psichico*. CFR. -stasi. **7** (*fot.*) Bagno acido per negativi e carte, che precede il fissaggio e serve a bloccare l'azione dello sviluppo.

arretraménto [av. 1738] s. m. ● Spostamento all'indietro | Indietreggiamento | (*fig.*) Rinuncia | (*fig.*) Ripensamento.

arretràre [comp. di *a-* (*2*) e *retro*; 1321] **A** v. tr. (*io arrètro*) ● Spostare indietro: *il comandante arretrò le truppe dietro la collina*. **B** v. intr. (aus. *essere*) ● Retrocedere, ritirarsi: *a. di fronte al pericolo* | (*fig.*) Rinunciare, venir meno: *non ho intenzione di a. dalle mie decisioni*.

arretratézza [1949] s. f. ● Condizione di chi è

arretrato: *a. mentale* | Condizione di scarso sviluppo: *a. economica, culturale di un Paese.*

arretràto [1742] **A** part. pass. di *arretrare*; anche agg. *1* Che è, o è rimasto, indietro. *2* ***Numero, fascicolo a.***, di un giornale, di una rivista e sim., che precede l'ultimo pubblicato | ***Lavoro, affare a.***, non sbrigato a suo tempo. *3* Detto di chi (o di ciò che) non ha avuto un normale sviluppo: *bambino mentalmente a.* | ***Mentalità arretrata***, sorpassata | ***Area arretrata***, di accentuato sottosviluppo | ***Paese a.***, sottosviluppato economicamente, politicamente e socialmente. *4* (*ling.*) Detto di suono che, rispetto a un suono avanzato, è articolato più verso la gola. || **arretrataménte**, avv. **B** s. m. *1* (*spec. al pl.*) Debito scaduto e non pagato a suo tempo | Somma non incassata e rimasta da esigere. *2* (*fig.*) Faccenda, conto, in sospeso: *avere degli arretrati con la giustizia.*

àrri [vc. onomat.; 1360 ca.] inter. ● Si usa come voce d'incitamento agli animali da soma e da tiro: *a.! a.!*; *a. là.*

arricchiménto [sec. XIV] s. m. *1* L'arricchire, l'arricchirsi (*anche fig.*): *il suo rapido a. ha destato dei sospetti*; *a. culturale.* *2* (*tecnol.*) Processo di separazione di un miscuglio di un minerale grezzo in due parti rispettivamente più ricca e più povera di un dato elemento.

♦**arricchire** [comp. di *a-* (2) e *ricco*; av. 1294] **A** v. tr. (*io arricchìsco, tu arricchìsci*) ● Rendere ricco: *a. la propria famiglia* | (*fig.*) Aumentare, accrescere, incrementare: *a. la propria cultura*; *ha arricchito la biblioteca di due preziosi volumi* | (*fig.*) Adornare: *arricchì il suo giardino di fiori.* **B** v. intr., rifl. e intr. pron. (aus. *essere*) ● Diventare ricco: *a. alle spalle, a spese di qlcu.*; *si sono arricchiti in breve tempo* | (*fig.*) Crescere di valore, di pregio o di importanza per l'acquisizione di nuovi elementi: *la letteratura si arricchisce di nuovi poeti*; *il racconto del testimone si arricchisce di nuovi particolari.*

arricchito [sec. XIII] **A** part. pass. di *arricchire*; anche agg. *1* Nei sign. del v. *2* Detto di minerale grezzo e sim. che ha subito l'arricchimento. **B** s. m. (f. *-a*) ● Chi è riuscito a diventare ricco in poco tempo (*spec. spreg.*).

arricciabùrro [comp. di *arriccia(re)* e *burro*; 1961] s. m. inv. ● Utensile di cucina, a lama curvata e scannellata, usato per ridurre il burro in ricci.

arricciacapélli [comp. di *arriccia(re)* e il pl. di *capello*; 1961] s. m. inv. ● Strumento di ferro usato un tempo per arricciare e ondulare i capelli.

arricciaménto [av. 1406] s. m. *1* L'arricciare, l'arricciarsi. *2* (*bot.*) Deformazione del lembo fogliare causata da parassiti. SIN. Virosi.

arricciàre [comp. di *a-* (2) e *riccio*; 1313] **A** v. tr. (*io arrìccio*) *1* Piegare avvolgendo in forma di riccio: *a. i capelli*; *arricciarsi i baffi* | (*est.*) Accartocciare: *a. gli angoli di una pagina.* *2* Increspare, corrugare | ***A. il naso, le labbra, il muso***, in segno di riprovazione, stizza, disgusto e sim.; (*est.*) disapprovare, biasimare: *quella proposta gli fece a. il naso* | ***A. il pelo***, rizzarlo, sollevarlo, in segno di spavento o di rabbia. *3* Incalcinare il muro prima di dare l'intonaco definitivo. **B** v. intr. pron. (aus. *essere*) ● Diventare riccio: *i suoi capelli si arricciano con facilità* | (*est.*) Accartocciarsi: *le foglie si arricciano al sole.* **C** v. intr. pron. e †intr. (aus. *essere*) *1* (*raro*) Rizzarsi, sollevarsi, del pelo o dei capelli, per paura, rabbia o sim. *2* †Sdegnarsi, incollerirsi.

arricciàto [1351 ca.] **A** part. pass. di *arricciare*; anche agg. ● Nei sign. del v. || **arricciataménte**, avv. **B** s. m. *1* Arricciatura nel sign. 3 | Nella tecnica di preparazione per l'affresco, strato di intonaco ruvido sul quale si traccia la sinopia. *2* †Broccato.

arricciatùra [1664] s. f. *1* L'arricciare, l'arricciarsi. *2* Ondulazione caratteristica delle lane fini. *3* Incalcinatura ruvida, primo strato di intonaco.

arriccio [da *arricciare*; 1829] s. m. ● Arricciatura, nel sign. 3.

arricciolaménto [1865] s. m. ● Avvolgimento a forma di ricciolo.

arricciolàre [comp. di *a-* (2) e *ricciolo*; 1863] **A** v. tr. (*io arricciolo*) ● Modellare a forma di ricciolo | ***A. il burro***, tagliarlo a riccioli. **B** v. intr. pron. ● (*raro*) Prendere forma di ricciolo.

arridàre [fr. *rider*, dall'ol. *riden*; 1829] v. tr. ● (*mar.*) Tesare le manovre dormienti che sostengono e fissano l'alberatura, in modo che non vi sia imbando.

arridatóio [1889] s. m. ● (*mar.*) Ferramenta a doppia vite per regolare la tensione di una manovra dormiente.

arridere [lat. *arridēre*, comp. di *ăd* e *ridēre* 'ridere'; 1321] **A** v. intr. (coniug. come *ridere*; aus. *avere*) *1* (*lett.*) Sorridere | Essere favorevole, propizio: *la fortuna gli arride*; *in futuro ci arrideranno tempi migliori*; *il successo arride alla nostra impresa.* *2* (*lett.*) Essere gradito. **B** v. tr. (coniug. come *ridere*) *1* (*lett.*) Rendere ridente, gaio. *2* (*lett.*) Elargire, concedere: *la luce, etereo dono, / arrisi … / a l'uom* (CARDUCCI).

arrière-goût /fr. aʀjɛʀ'gu/ [vc. fr., comp. di *arrière* 'indietro' e *goût* 'gusto, sapore'; 1908] s. m. inv. (pl. fr. *arrière-goûts*) ● Retrogusto, retrosapore.

arrière-pensée /fr. aʀjɛʀpɑ̃'se/ [vc. fr., comp. di *arrière* 'dietro' e *pensée* 'pensiero'; 1905] s. f. o m. inv. (pl. fr. *arrière-pensées*) ● Pensiero non espresso | Scopo recondito, secondo fine.

†**arriffàre** [comp. di *a-* (2) e *riffa*; av. 1584] v. tr. ● Giocare alla riffa | (*est.*) Arrischiare.

arrìnga o †**arìnga** (2) [got. *hrings* 'cerchio'. Cfr. ted. *Ring* 'cerchio, anello'; av. 1294] s. f. *1* (*lett.*) Discorso solenne, pronunciato davanti a un'assemblea, al popolo e sim. *2* (*dir.*) Perorazione del difensore o del pubblico ministero nel processo penale: *fare, pronunciare, scrivere un'a.*

†**arringaménto** o †**aringaménto**, [av. 1292] s. m. ● L'arringare | Arringa.

arringàre o †**aringàre** [av. 1292] v. tr. e intr. (*io arrìngo, tu arrìnghi*) ● Rivolgersi a un insieme di persone pronunciando un'arringa: *nel Foro i tribuni arringavano la folla*; *†a. al popolo* | (*est.*) Esortare col discorso: *a. i soldati prima del combattimento.*

arringatóre o †**aringatóre** [sec. XIII] s. m. (f. *-trice*) ● (*lett.*) Chi arringa.

arringo o **arìngo** [V. *arringa*; sec. XIII] s. m. (pl. *-ghi*) *1* (*st.*) Campo, recinto in cui si gareggiava nei tornei: *scendere, entrare, nell'a.* | ***Correre l'a.***, giostrare. *2* (*fig., lett.*) Gara, lotta, disputa. *3* V. *arengo.*

arrischiàre o †**arriscàre**, (*tosc.*) **arrisicàre** [comp. di *a-* (2) e *rischiare*; av. 1294] **A** v. tr. (*io arrischio*) *1* Mettere a rischio, in pericolo: *a. la vita.* *2* Osare: *ha arrischiato una mossa molto audace* | (*est.*) Formulare con esitazione: *a. un giudizio, una congettura* | (*assol.*) Correre un rischio: *preferì a. piuttosto che rinunciare all'impresa.* **B** v. rifl. ● Esporsi a un rischio: *non so se devo arrischiarmi a fare questa proposta* | Osare: *lo fecero salire senza ch'egli s'arrischiasse a chiedere dove andavano* (BACCHELLI).

arrischiàto [av. 1529] part. pass. di *arrischiare*; anche agg. *1* Che presenta dei rischi: *un'impresa arrischiata*; SIN. Rischiosa. *2* Temerario, avventato: *un giudizio a.* | (*lett.*) Audace. || **arrischiataménte**, avv.

arrischio [1552] s. m. ● (*lett.*) Rischio.

arrisicàre ● V. *arrischiare.*

arriso [av. 1907] part. pass. di *arridere*; anche agg. ● Nei sign. del v.

arriva [sp. *arriba*. V. *arrivare*; 1829] inter. ● (*mar.*) A riva.

arrivàbile [av. 1835] agg. ● (*raro*) Raggiungibile.

♦**arrivàre** [lat. **adripāre* 'portare, giungere a riva', comp. di *ăd* e *rīpa* 'riva'; 1300 ca.] **A** v. intr. (aus. *essere*) *1* Raggiungere un dato luogo o un dato punto (*anche in senso fig.*): *a. a casa, in chiesa, a teatro*; *a. alla laurea, alla conoscenza di qlco., al cuore di qlcu.* | ***A. in gruppo, in un fazzoletto***, detto dei concorrenti di una gara di corsa che giungono al traguardo tutti assieme e quasi sulla stessa linea | ***A. a qlco.***, giungere a toccare o a prendere un oggetto: *non riesco ad a. a quella mensola* | (*est.*) Raggiungere lo stesso livello di qlcu. o di qlco.: *chi può a. alla tua bontà?*; *nessun altro uomo è mai arrivato a tale abisso di crudeltà.* *2* Riuscire a procurarsi, ottenere qlco.: *a. a un certo prezzo*; *a. a un certo ambiente*; *a. a lavorare, a studiare, ecc.* | (*fig.*) ***Arrivarci***, riuscire a capire: *non ci arrivi? eppure è molto semplice.* *3* Toccare un determinato livello di lunghezza, altezza, prezzo, tempo e sim.: *le trecce le arrivavano fino alla cintura*; *le vette dei monti pare arrivino fino al cielo*; *questa pelliccia arriverà a quattromila euro*; *è arrivato felicemente a 80 anni* | (*est.*) Essere della misura giusta, detto di abiti: *la giacca dell'anno scorso gli arriva appena appena* | (*fig.*) Giungere al punto di: *se continua così arriveremo a odiarci* | Osare, ardire: *è arrivato a dire che siamo tutti in mala fede.* *4* (*assol.*) Affermarsi nella vita, nel mondo: *tu desideri solo a.* *5* Sopraggiungere: *eravamo tutti d'accordo ed ecco, arriva lui a sollevare questioni* | Accadere: *arriverà questo: che tutti sarete puniti.* **B** v. tr. *1* (*raro, lett.*) Raggiungere | †Trarre sulla riva | (*fig.*) Conseguire: *a. uno scopo.* *2* (*fam., raro*) Riuscire a toccare, a prendere: *a. un frutto, un oggetto.*

♦**arrivàto** [sec. XIV] **A** part. pass. di *arrivare*; anche agg. *1* Giunto in un luogo, in un punto | ***Nuovo a.***, di chi è giunto da poco | ***Ben a.***, V. *benarrivato.* *2* Che ha raggiunto una solida posizione sociale: *ormai è un uomo a.* *3* (*fam.*) Sfinito, spossato: *dopo questa giornata, sono a.* | Logorato, usurato: *un motore a.* **B** s. m. (f. *-a*) ● Chi ha raggiunto una solida posizione sociale.

arrivatùra [da *arrivare*; 1829] s. f. ● (*tipogr.*) In un manoscritto o in uno stampato, punto dove finisce il lavoro di un compositore e comincia quello di un altro.

arrivedélla ● V. *arrivederla.*

arrivedéllo ● V. *arrivederla.*

♦**arrivedérci** o (*raro*) **a rivedérci** nel sign. A. [da intendersi (*addio fino*) *a rivederci*; 1635 ca.] **A** inter. *1* Si usa come formula di commiato temporaneo: *a.* (*a*) *stasera*; *a.* (*a*) *presto* | V. anche *arrivederla.* *2* (*fam.*) Si usa per troncare una discussione che non si vuole o non è possibile continuare: *a., ho capito*; *sì, a.!*; *a. e grazie!* **B** s. m. inv. ● La formula stessa del saluto: *un felice a.*; *le esprimo il mio più cordiale a.*; *ripetuti, rinnovati a.*

arrivedérla o (*pop., tosc.*) **arrivedélla**, (*pop., tosc.*) **arrivedéllo** [var. rispettosa (*-la*) di *arrivederci*); 1846] inter. ● Si usa come saluto nell'accomiatarsi da persona con cui non si è in confidenza | (*fam.*) Si usa per troncare una discussione: *arrivederla e tanti saluti a casa!*

arrivìsmo [da *arrivare*, calco sul fr. *arrivisme*; 1905] s. m. ● Smania di raggiungere presto e a ogni costo un'elevata condizione sociale, economica, politica e sim.: *uno sfrenato a., una smisurata vanità e uno snobismo camaleontesco* (GRAMSCI).

arrivista [1908] s. m. e f. (pl. m. *-i*) ● Chi si prefigge di raggiungere in breve tempo e a qualunque costo una elevata posizione sociale, economica, politica e sim.

arrivìstico [1983] agg. (pl. m. *-ci*) ● Caratterizzato da arrivismo: *smanie arrivistiche.*

♦**arrivo** [da *arrivare*; 1566] s. m. *1* L'arrivare, il fatto di arrivare: *l'a. dell'autobus, di un amico, di un gruppo di turisti* | ***Essere in a.***, stare per arrivare | ***Avere in a.***, essere in attesa di qlco. che si è richiesto. *2* Luogo in cui si arriva e, nel linguaggio sportivo, in cui si conclude una gara di corsa | (*al pl.*) Nelle stazioni ferroviarie, nelle autostazioni e negli aeroporti, elenco degli orari dei mezzi in arrivo. *3* (*sport*) L'azione con cui l'atleta, la macchina, l'animale passa sul traguardo alla fine di una gara: *a. in gruppo, in volata* | ***A. frazionato***, quando i concorrenti arrivano al traguardo isolati o in piccoli gruppi con un certo distacco | Nella ginnastica, presa di contatto col terreno e modo in cui ciò avviene al termine di un esercizio. *4* (*al pl.*) L'insieme delle merci arrivate di recente al venditore: *esporre, mostrare gli ultimi arrivi.*

arroccaménto [da *arroccare* (2); 1918] s. m. *1* Arrocco. *2* (*mil.*) ***Linea di a.***, comunicazione o fascio di comunicazioni parallele a un fronte di operazioni.

arroccàre (1) [comp. di *a-* (2) e *rocca* (1); av. 1406] v. tr. (*io arròcco* o *arrócco, tu arròcchi* o *arrócchi*) ● Porre canapa, lino, seta e sim. sulla rocca per filare.

arroccàre (2) [comp. di *a-* (2) e *rocco* nel sign. di 'torre'; 1771] **A** v. tr. (*io arròcco, tu arròcchi*) *1* Nel gioco degli scacchi, coprire il re con la torre, muovendoli simultaneamente. *2* Muovere le truppe per linee coperte, interne al fronte. *3* (*fig.*) Mettere al riparo, al sicuro. **B** v. rifl. *1* Nel gioco degli scacchi, coprire il proprio re con la torre. *2* Nel calcio e sim., chiudersi in stretta difesa. *3* (*est.*) Mettersi al sicuro: *si arroccarono sui colli* | (*fig.*) Chiudersi: *si arroccò con ostinazione in difesa della sua tesi.*

†**arrocchiàre** [comp. di *a-* (*2*) e *rocchio*; 1400 ca.] v. tr. *1* Ridurre in rocchi, arrotolare. *2* (*fig.*) Abborracciare.

arrocciàrsi [comp. di *a-* (*2*) e il denom. di *roccia*; 1940] v. intr. pron. (*io mi arròccio*) ● Incrodarsi.

arròcco [da *arroccare* (*2*); 1930] s. m. (pl. *-chi*) ● Nel gioco degli scacchi, movimento simultaneo del re e della torre.

arrochiménto [1865] s. m. ● L'arrochire | Raucedine.

arrochire [comp. di *a-* (*2*) e *roco*; 1803] **A** v. tr. (*io arrochìsco, tu arrochìsci*) ● Rendere roco, rauco: *il freddo improvviso ha arrochito le nostre voci.* **B** v. intr. e intr. pron. (aus. *essere*) ● Divenire roco, rauco: *arrochisce spesso; si è arrochito con l'umidità.*

arrochito [av. 1742] part. pass. di *arrochire*; anche agg. ● Roco, rauco.

arrogànte [vc. dotta, lat. *adrogănte*(*m*) 'persona che richiede, pretende', da *adrogāre* 'arrogare'; 1308] agg.; anche s. m. e f. ● Che (o Chi) dimostra presunzione e insolenza: *dalla sua bocca escono solo parole arroganti; sei un bell'a.* || **arrogantàccio**, pegg. | **arrogantèllo**, dim. | **arrogantóne**, accr. | **arrogantùccio**, dim. || **arrogantemènte**, avv. Con arroganza.

arrogànza [vc. dotta, lat. *adrogăntia*(*m*). V. *arrogante*; av. 1276] s. f. ● Modo di comportarsi insolente e presuntuoso: *parlare, rispondere, trattare gli altri con a.*

arrogàre [vc. dotta, comp. dal lat. *ăd* e *rogāre* 'chiedere'; 1499] v. tr. (*io arrògo, tu arròghi* o, più corretto ma meno diffuso, *io àrrogo, tu àrroghi*) *1* (con la particella pron.) ***Arrogarsi qlco.***, attribuirsi qlco. senza averne il diritto: *arrogarsi un diritto, un merito, un vanto, un titolo.* *2* Nel diritto romano, compiere un'arrogazione.

arrogazióne [vc. dotta, lat. tardo *adrogatiōne*(*m*) 'adozione di una persona', da *adrogāre* 'arrogare'; 1744] s. f. ● Nel diritto romano, assunzione di un capofamiglia sotto la patria potestà di un altro capofamiglia.

†**arrògere** [dal lat. *adrogāre* 'attribuire', poi 'aggiungere un magistrato a un altro'. V. *arrogare*; 1298] v. tr. (oggi difett. usato solo nella seconda pers. dell'indic. pres. *arròge* o (*bur.*) *arrògi* e nel part. pass. (*raro*) *arròto*) ● Aggiungere, integrare: *duolmi ch'ogni giorno arroge al danno* (PETRARCA).

arrolàre e *deriv.* ● V. *arruolare e deriv.*

arronciglière [comp. di *a-* (*2*) e *roncigliare*; 1313] **A** v. tr. (*io arronciglio*) *1* †Afferrare col rampino. *2* †Torcere, avvolgere | (*fig.*) Aggrottare. **B** v. rifl. ● †Attorcigliarsi.

arronzàre [comp. di *a-* (*2*) e *ronzare*; 1865] **A** v. tr. (*io arrónzo*) *1* (*region.*) Lavorare in fretta e male (*anche assol.*): *non fa le cose per bene, arronza troppo.* *2* (*mar.*; *disus.*) Urtare con violenza un'altra nave o imbarcazione. **B** v. intr. pron. ● (*fam., tosc.*) Affaccendarsi, darsi d'attorno.

†**arrosàre** (*1*) [vc. dotta, lat. tardo *arrōsāre*, da *rōs*, genit. *rōris* 'rugiada'; av. 1250] v. tr. ● Irrorare.

arrosàre (*2*) [comp. di *a-* (*2*) e di un deriv. di *rosa*; 1903] **A** v. tr. (*io arròso*) ● (*lett.*) Tingere di rosa. **B** v. intr. pron. ● (*lett.*) Tingersi di rosa: *come un albero prezioso / entro la luce che s'arrosa* (MONTALE).

arrossaménto [av. 1547] s. m. ● L'arrossare, l'arrossarsi | Parte del corpo arrossata.

arrossàre [comp. di *a-* (*2*) e *rosso*; 1321] **A** v. tr. (*io arrósso*) ● Far divenire rosso: *il vento forte arrossa gli occhi; l'autunno arrossa le foglie.* **B** v. intr. e intr. pron. (aus. *essere*) *1* Diventare rosso: *al tramonto le acque del lago si arrossano.* *2* †Arrossire: *tutta di vergogna arrossò* (BOCCACCIO).

arrossiménto [av. 1547] s. m. ● (*raro*) L'arrossire.

arrossire [comp. di *a-* (*2*) e *rosso*; sec. XIII] v. intr. e †intr. pron. (*io arrossìsco, tu arrossìsci*; aus. *essere*) *1* (*raro*) Diventare rosso. *2* Diventare rosso in viso, per vergogna, emozione, gioia e sim.: *arrossisce appena lo si guarda; nel viso s'arrossì l'Angel beato* (ARIOSTO) | (*est.*) Vergognarsi: *è incapace di a.*

†**arrostàre** [comp. di *a-* (*2*) e *rosta*; av. 1311] **A** v. tr. ● Dimenare, agitare. **B** v. rifl. ● Schermirsi, difendersi: *dall'altra man col battaglio s'arrosta* (PULCI).

arrostiménto [av. 1597] s. m. *1* L'arrostire, il venire arrostito. *2* Trattamento termico di un minerale, consistente in un riscaldamento al di sotto del punto di fusione e in corrente d'aria, che serve per eliminare parti volatili e per facilitare l'estrazione del metallo.

arrostire [germ. **raustjan*; sec. XIII] **A** v. tr. (*io arrostìsco, tu arrostìsci*) *1* Cuocere per azione diretta del calore, allo spiedo, sulla brace, alla graticola, al forno, in casseruola: *a. il pesce, le bistecche, un maialino.* *2* (*est.*) Abbrustolire, tostare: *a. il pane, le castagne.* *3* Sottoporre sostanze o certi minerali ad arrostimento. *4* †Inaridire, disseccare. **B** v. intr. e intr. pron. (aus. *essere*) ● Cuocersi arrosto: *mettere le castagne ad a.* | (*fig.*) Stare esposto a lungo ai raggi solari per abbronzarsi: *gli piace a. al sole.*

arrostita [1879] s. f. ● (*region.*) Caldarrosta. SIN. Bruciata.

arrostito [sec. XIII] part. pass. di *arrostire*; anche agg. *1* Nei sign. del v. *2* (*est.*) Troppo cotto, abbrustolito: *bistecca dura e arrostita* | (*fig.*) Eccessivamente abbronzato: *viso a. dal sole.*

♦**arròsto** [1309 ca.] **A** s. m. ● Carne arrostita: *a. di vitello, di tacchino* | ***A. morto***, carne cotta nella casseruola con pochissimo liquido | ***Più fumo che a.***, (*fig.*) più apparenza che sostanza. || **arrostino**, dim. **B** agg. inv. ● Detto di vivanda arrostita: *pollo a.*; *carni a.* († *arroste*); *galline a.*; *castagne arrosto* (*region. arroste*). **C** avv. ● A modo di arrosto: *cuocere, fare, mettere a.*

arrotaménto [sec. XIV] s. m. ● L'arrotare.

arrotàre [comp. di *a-* (*2*) e *ruota*; 1312] **A** v. tr. (*io arròto*, †*arruòto*) *1* Ridare il taglio a una lama, mediante la mola o una pietra abrasiva (cote): *a. la scure, la falce, il coltello.* *2* Levigare il pavimento con l'arrotatrice. *3* Sfregare insieme | ***A. i denti***, farli stridere, sfregando quelli di sopra con quelli di sotto, in segno di rabbia, minaccia e sim.: *e una mora gelosa di lei, arrotava i denti* (GINZBURG) | (*fig.*) ***A. la erre***, pronunciarla in modo difettoso rispetto al normale uso italiano. *4* Investire, urtare con le ruote: *poco mancò che l'automobile ci arrotasse.* *5* †Sottoporre al supplizio della ruota. **B** v. rifl. e rifl. rec. *1* Urtarsi con le ruote. *2* (*raro, lett.*) Agitarsi con inquietudine.

arrotatrice [1965] s. f. ● Macchina per levigare pavimenti, mediante piastre di abrasivo.

arrotatùra [av. 1704] s. f. ● Operazione dell'arrotare.

arrotino [av. 1698] s. m. (f. *-a*) ● Chi per mestiere arrota lame, coltelli, forbici e sim.

arròto [av. 1324] **A** part. pass. di †*arrogere*; anche agg. ● †Aggiunto. **B** s. m. ● A Firenze, nel Medioevo, persona assegnata come aiuto a un magistrato.

arrotolaménto [1955] s. m. ● Avvolgimento in forma di rotolo.

♦**arrotolàre** [comp. di *a-* (*2*) e *rotolo*; 1550] **A** v. tr. (*io arròtolo*) ● Ridurre in forma di rotolo. **B** v. rifl. ● Avvolgersi a rotolo.

arrotolàto [av. 1698] part. pass. di *arrotolare*; anche agg. ● Avvolto a rotolo.

arrotolatrice [1955] s. f. ● Macchina per arrotolare fogli di lamiera.

arrotondadòrsi (o *-ó-*) [comp. di *arrotonda*(*re*) e il pl. di *dorso*] s. m. inv. ● In legatoria, macchina con cui si conferisce ai dorsi una rotondità più o meno accentuata.

arrotondaménto [1937] s. m. *1* Conferimento o assunzione di una forma rotonda o più rotonda. *2* (*mat.*) Sostituzione di un numero con altro ad esso prossimo ma più semplice | (*est.*) Integrazione, aumento.

arrotondàre [comp. di *a-* (*2*) e *rotondo*; 1858] **A** v. tr. (*io arrotóndo*) *1* Dare forma rotonda o più rotonda | (*fig.*) ***A. il periodo***, renderlo più scorrevole e armonioso. *2* (*mat.*) Sostituire a un numero non esprimibile con un numero finito di cifre decimali, o comunque complicato, un altro numero a esso prossimo ma più semplice: *a. per difetto, per eccesso* | ***A. alla seconda, alla terza cifra decimale***, fermarsi a tale cifra | (*fig.*) ***A. lo stipendio, la paga e sim.***, integrarli con altri guadagni. **B** v. intr. pron. ● Diventare rotondo | (*est.*) Ingrassare.

arrotondàto [1585] part. pass. di *arrotondare*; anche agg. *1* Nei sign. del v. *2* (*ling.*) Detto di suono pronunciato con le labbra arrotondate.

arrovellaménto [av. 1945] s. m. ● L'arrovellarsi | Tormento interiore.

arrovellàre [dal lat. *rebellāre* 'rinnovare la guerra', da *bellum* 'guerra'; av. 1558] **A** v. tr. (*io arrovèllo*) ● Tormentare, angustiare | (*fig.*) ***Arrovellarsi il cervello***, pensare intensamente per trovare la soluzione di qlco. **B** v. rifl. *1* Tormentarsi, angustiarsi: *non arrovellarti per questa sciocchezza!* *2* Affannarsi per raggiungere qlco. di particolarmente difficile: *da ieri mi sto arrovellando per convincerti.*

arroventaménto [1829] s. m. ● L'arroventare, l'arroventarsi.

arroventàre [comp. di *a-* (*2*) e *rovente*; av. 1333] **A** v. tr. (*io arrovènto*) ● Rendere rovente: *a. il ferro prima di batterlo; il sole d'agosto arroventa la città*; (*fig.*) *una nuova polemica arroventa la crisi politica.* **B** v. intr. pron. ● Diventare rovente: *la sabbia si arroventa sotto il sole*; (*fig.*) *la discussione si è arroventata.*

arroventàto [1728] part. pass. di *arroventare*; anche agg. ● Nei sign. del v. | (*fig.*) Infuocato, caldissimo: *le scogliere arroventate dal sole* (MORANTE).

arroventatùra [1863] s. f. ● Arroventamento: *a. del ferro.*

arrovesciaménto [sec. XIV] s. m. ● (*raro*) Rovesciamento | Rovesciamento, piegamento, all'indietro.

arrovesciàre [comp. di *a-* (*2*) e *rovesciare*; sec. XIV] **A** v. tr. (*io arrovèscio*; fut. *io arrovescerò*) *1* (*raro*) Rovesciare. *2* Volgere, piegare, lasciar cadere all'indietro: *s'attaccò al fiasco arrovesciando il capo all'indietro* (VERGA). **B** v. rifl. ● Lasciarsi cadere all'indietro: *si arrovesciò al suolo.*

arrubinàre [comp. di *a-* (*2*) e *rubino*; 1353] v. tr. ● (*raro, lett.*) Rendere del colore del rubino.

arruffamatàsse [comp. di *arruffa*(*re*) e il pl. di *matassa*; av. 1767] s. m. e f. inv. ● (*disus.*) Chi imbroglia creando disordine.

arruffaménto [1879] s. m. ● L'arruffare | Scompiglio, disordine.

arruffapòpoli o **arruffapòpolo** [comp. di *arruffa*(*re*) e *popolo*; 1849] s. m. e f. inv. ● Chi, intrigando, spinge il popolo alla rivolta: *d'ora innanzi non ci saranno più a.* (VERGA).

arruffàre [longob. *rauffen*; av. 1342] **A** v. tr. *1* Scompigliare, mettere in disordine, detto spec. di capelli, fili e sim.: *gli arruffai i capelli con la mano* | ***A. la matassa***, scompigliarne i fili; (*fig.*) imbrogliare, complicare le cose. *2* (*fig.*) Confondere, turbare: *a. la questione, i pensieri.* **B** v. intr. pron. ● Diventare arruffato (*anche fig.*): *col vento mi si arruffano i capelli.*

arruffàto [av. 1333] part. pass. di *arruffare*; anche agg. *1* Scompigliato, disordinato. *2* (*fig.*) Complicato, difficile: *una questione arruffata* | Confuso: *un discorso a.* || **arruffataménte**, avv. Disordinatamente.

arruffianaménto [1976] s. m. ● (*pop.*) L'arruffianarsi.

arruffianàre [comp. di *a-* (*2*) e *ruffiano*; av. 1388] **A** v. tr. *1* (*disus.*) Sedurre per conto d'altri | (*est.*) Indurre a soddisfare i desideri altrui | ***Arruffianarsi qlcu.***, rendersello amico spec. con modi servili. *2* (*raro, fig.*) Abbellire in modo artificioso una cosa perché appaia bella. **B** v. intr. pron. ● (*pop.*) ***Arruffianarsi con qlcu.***, accordarsi, spec. per fini equivoci.

arruffio [da *arruffare*; 1845] s. m. ● Disordine, scompiglio (*anche fig.*): *il pollaio era tutto un a. di piume; la sua mente è un a. di idee strambe.*

arruffóne [da *arruffare*; 1863] s. m. (f. *-a*) ● Persona disordinata e confusionaria | (*est.*) Imbroglione.

arrugginiménto [1965] s. m. ● L'arrugginire, l'arrugginirsi (*anche in senso fig.*).

♦**arrugginire** [comp. di *a-* (*2*) e *ruggine*; 1354] **A** v. tr. (*io arrugginìsco, tu arrugginìsci*) ● Rendere rugginoso: *la salsedine e l'acqua hanno arrugginito l'ancora* | (*fig.*) Indebolire, rendere inabile: *l'inattività arrugginisce i muscoli.* SIN. Irrigginire. **B** v. intr. e intr. pron. (aus. *essere*) *1* Ricoprirsi di ruggine: *il ferro arrugginisce; la lima si è arrugginita.* *2* Essere attaccato dalla ruggine, detto dei vegetali. *3* (*fig.*) Perdere forza fisica, agilità intellettuale e sim.: *con la vecchiaia si è arrugginito.*

arrugginito [1336 ca.] part. pass. di *arrugginire*; anche agg. ● Ricoperto di ruggine | (*fig.*) Indebolito, privo di funzionalità: *ho i muscoli arrugginiti.*

arruolaménto o (*raro*) **arrolaménto** [1761] s. m. ● L'arruolare, l'arruolarsi: *l'a. dei volontari.*

arruolàre o (*raro*) **arrolàre** [fr. *enrôler*, da *rôle*. V. *ruolo*; av. 1604] **A** v. tr. (*io arruòlo*; in tutta la coniug., *-uò-* se tonico, *-uo-* o raro *-o-* se atono) ● Reclutare, chiamare alle armi. **B** v. rifl. ● Entrare volontariamente a far parte delle forze armate.

†**arruvidàrsi** [1664] v. intr. pron. ● Divenir ruvido.

arruvidiménto [1865] s. m. ● (*raro*) Irruvidimento.

arruvidìre [comp. di *a-* (*2*) e *ruvido*; 1865] **A** v. tr. (*io arruvidisco, tu arruvidisci*) ● (*raro*) Irruvidire. **B** v. intr. e intr. pron. (aus. *essere*) ● (*raro*) Irruvidirsi.

ars dictàndi [lat., propr. 'arte di comporre'. V. *dettare*] loc. sost. f. inv. (pl. lat. *artes dictandi*) ● Nel Medioevo, il complesso di regole ed esempi per scrivere lettere in latino.

arsèlla [genov. *arsela*, dal lat. tardo *arcĕlla(m)* 'cassettina', dim. di *ărca*; 1684] s. f. ● (*region.*) Vongola.

arsenàle o (*sett.*) †**arzanà** (o *-ẓ-*) [ar. *dār ṣinā'a* 'casa del mestiere, dove si fabbrica'; 1313] s. m. *1* Luogo, edificio o insieme di edifici marittimi dove si costruiscono, riparano e armano spec. le navi da guerra. *2* Stabilimento militare dove vengono costruiti e riparati armamenti, attrezzature ed equipaggiamenti vari per l'esercito | (*est.*) Grande quantità di armi: *la polizia gli ha trovato in casa un vero a.* *3* (*est.*) Luogo in cui sono raccolti, spec. in modo disordinato, oggetti diversi: *la sua cantina è un a. di roba vecchia* | Insieme di oggetti diversi: *è partito portando con sé un vero a.*

arsenalòtto [veneto *arsenaloto*. V. *arsenale*; 1678] s. m. (f. *-a*) ● Operaio di un arsenale.

arseniàto [1795] s. m. ● Sale o estere dell'acido arsenico.

arsenicàle [sec. XVII] agg. ● Relativo ad arsenico | Detto di composto o preparato contenente arsenico: *per poco esala l'anima per una pozione a.* (GOZZANO).

arsenicàto [1865] **A** s. m. ● Sostanza trattata con arsenico, o con i suoi composti | Sostanza contenente arsenico. **B** anche agg.: *sostanze arsenicate.*

arsenicìṣmo [1939] s. m. ● (*med.*) Avvelenamento cronico da arsenico.

arsènico [vc. dotta, lat. tardo *arsĕnicu(m)*, dal gr. *arsenikón*, di orig. orient., con avvicinamento ad *ársēn* 'maschio'; 1481] **A** s. m. ● Elemento chimico, semimetallo, fragile, di colore grigio, presente in natura in quasi tutti i sali metallici da cui si ricava; è usato per prodotti farmaceutici, insetticidi e acceleratori di crescita in zootecnia. SIMB. As | (*est.*) Veleno | ***A. bianco***, anidride arseniosa. **B** agg. (pl. m. *-ci*) ● Detto di composto dell'arsenico pentavalente | ***Acido a.***, acido inorganico, tribasico, solido, incolore, solubile in acqua, derivato dall'anidride arsenica | ***Anidride arsenica***, bianca, velenosa, impiegata per preparare arseniati, insetticidi e sim.

arseniòṣo [1865] agg. ● Detto di composto dell'arsenico trivalente | ***Acido a.***, acido inorganico, tribasico, derivato dall'anidride arseniosa | ***Anidride arseniosa***, polvere bianca, preparata per arrostimento di minerali d'arsenico, adoperata in tintoria e nell'industria vetraria.

arseniùro [da *arsenico*, col suff. chimico *-uro* (*2*); 1829] s. m. ● Composto chimico binario dell'arsenico con i metalli.

arsèno- primo elemento ● In parole composte della terminologia chimica indica la presenza di uno o più atomi di arsenico: *arsenobenzolo.*

arsenobenzòlo [comp. di *arseno-* e *benzolo*; 1961] s. m. ● Ogni composto organico in cui a ciascuno di due atomi di arsenico trivalente, collegati tra di loro, sono uniti un radicale benzenico monovalente o un suo derivato; è usato spec. nella cura della sifilide.

arsenopirite [comp. di *arseno-* e *pirite*; 1929] s. f. ● (*miner.*) Solfoarseniuro di ferro in cristalli prismatici, o più spesso in masserelle, dalla lucentezza metallica e dal color bianco stagno.

àrsi (1) [vc. dotta, lat. *ărsi(m)*, nom. *ărsis*, dal gr. *ársis* 'elevamento', da *áirō* 'io sollevo'; 1780] s. f. inv. *1* (*mus.*) Il levare della battuta. CONTR. Tesi. *2* Nella metrica greca, il tempo debole del piede, nella metrica latina il tempo forte.

àrsi (2) ● V. *ardere.*

arsicciàre [da *arsiccio*; av. 1405] v. tr. (*io arsìccio*) ● (*raro*) Bruciacchiare.

arsìccio [da *arso*; 1313] **A** agg. (pl. f. *-ce*) ● (*lett.*) Alquanto arso, bruciacchiato | (*est.*) Riarso, arido: *campo a.* **B** s. m. ● (*lett.*) Bruciaticcio: *sapere d'a.*

arsìna [fr. *arsine*, dall'abbr. di *arsenic* 'arsenico'; 1913] s. f. ● Composto gassoso, incolore, velenosissimo, dell'arsenico con l'idrogeno, usato nell'industria dei semiconduttori e nella preparazione di composti organici arsenicali | Ogni derivato organico di tale composto, ottenuto per sostituzione degli atomi di idrogeno con radicali alchilici o arilici, usato nella preparazione di composti aggressivi e vescicanti.

arsióne [1300 ca.] s. f. *1* (*lett.*) Sensazione di bruciore, di calore, per febbre, sete e sim. *2* †Incendio.

àrso [1313] part. pass. di *ardere*; anche agg. ● Nei sign. del v. || **arsaménte**, avv.

arsùra [lat. tardo *arsūra(m)*. V. *arso*; av. 1250] s. f. *1* Calore eccessivo: *l'a. d'agosto* | (*est.*) Aridità, siccità: *l'a. del deserto.* *2* Secchezza, spec. della gola, dovuta a sete, febbre e sim.: *sento una terribile a.* *3* †Fuoco, incendio.

†**artàre** [lat. *artāre*, da *ārtus* 'stretto'; 1497] v. tr. ● Costringere, coartare, sforzare.

artàto [part. pass. di †*artare* nel sign. 1; da *arte* nel sign. 2; 1353] agg. *1* (*lett.*) Sforzato, non spontaneo. *2* (*lett.*) Fatto ad arte, con lo scopo di ingannare, raggirare e sim. || **artataménte**, avv. Con arte astuta, con inganno.

art déco /fr. ˌaʀdeˈko/ [loc. fr., tratta dall'*Exposition Internationale des Arts Décoratifs et Industriels Modernes*, tenutasi a Parigi nel 1925; 1966] **A** loc. sost. m. inv. (pl. fr. *arts déco*) ● Stile déco (V. *déco*). **B** anche agg. inv.: *gioielli art déco.*

art dirèctor /ˈart diˈrɛktor, *ingl.* ˈɑːɹtdɪˌɹɛktəɹ/ [vc. ingl., propr. 'direttore (*director*) artistico (*art* 'arte')', con due componenti di orig. lat.; 1967] loc. sost. m. e f. inv. (pl. ingl. *art directors*) ● Responsabile del settore grafico di un'agenzia pubblicitaria.

♦**arte** [lat. *ărte(m)*, di orig. indeur.; av. 1250] s. f. *1* Attività umana regolata da accorgimenti tecnici e fondata sullo studio e sull'esperienza | ***Arti meccaniche, illiberali***, (*lett.*) i mestieri manuali | ***Arti liberali***, (*lett.*) le attività intellettuali | ***Le sette arti***, le arti del trivio (V.) e del quadrivio (V.) | ***L'a.***, nell'educazione medievale, retorica | ***Arti grafiche***, che riguardano le varie tecniche della stampa | ***A. militare***, applicazione dei principi, dei metodi e dei procedimenti che regolano l'impiego delle forze armate in pace e in guerra | ***Arti marziali***, insieme di varie tecniche di difesa personale, d'antica origine orientale, volte a neutralizzare l'aggressore mediante particolari colpi o movimenti, senza ricorrere all'uso delle armi da punta, da taglio e da fuoco | (*scherz.*) ***L'a. di Michelaccio***, dei fannulloni | ***A regola d'a.***, in modo eccellente | (*fig.*) ***Essere senz'a. né parte***, non saper fare niente. *2* L'attività, individuale o collettiva, da cui nascono prodotti culturali o comportamenti e sim. che sono oggetto di giudizi estetici, reazioni di gusto e sim., e il risultato di questa attività: *vissi d'a., vissi d'amore*; *è una grande opera d'a.* | ***Arti maggiori***, architettura, pittura, scultura | ***Arti minori***, oreficeria, ceramica, glittica, ecc. | ***Arti belle, belle arti, arti figurative***, scultura, pittura, architettura e, talvolta, musica | ***A. sacra***, di soggetto religioso | ***A. ambientale***, land art | ***A. concettuale***, termine generico che racchiude varie esperienze artistiche tendenti a privilegiare una definizione dell'arte come pensiero, piuttosto che come espressione attraverso un oggetto | ***A. processuale***, corrente artistica che concentra l'attenzione sul momento di creazione dell'opera piuttosto che sull'opera stessa | ***A. povera***, tendenza artistica, nata negli anni '60 del Novecento, che rifiuta i mezzi convenzionali della tela e del colore a favore dell'uso di materiali arcaici ed elementari tratti dal mondo animale, vegetale, minerale | ***Storia dell'a.***, che studia le arti figurative nel loro sviluppo | ***L'a. per l'a.***, poetica secondo cui l'arte non deve proporsi alcun fine pratico | ***Settima a.***, la cinematografia | (*per anton.*) Il complesso delle arti figurative | ***Figlio d'a.***, discendente da una famiglia di attori | ***Nome d'a.***, nuovo nome che un artista usa nella sua carriera professionale, sostituendolo in tutto o in parte al suo nome legale | ***In a.***, secondo il nome d'arte: *Alberto Pincherle, in a. Moravia*; *Antonio De Curtis, in a. Totò.* *3* Complesso delle opere artistiche, spec. di arte figurativa, di un dato paese, di una data epoca e sim.: *l'a. del Medioevo, del Rinascimento*; *l'a. italiana, greca.* *4* (*est.*) Abilità, accorgimento: *l'a. di farsi benvolere* | ***Male arti***, lusinghe | ***Ad a.***, con artificio o a bella posta. *5* Dall'antichità alla Rivoluzione francese, organizzazione di artigiani, mercanti e lavoratori in genere, per tutelare i propri interessi economici e politici | ***Arti maggiori***, quelle dei giudici, notai, speziali, mercanti, cambiatori, pellicciai e quelle della lana e della seta | ***Arti minori***, quelle dei fornai, dei calzolai, dei fabbri, ecc. *6* (*est.*) †Incantesimo, malia, sortilegio | ***Fare, gettar l'a.***, operare incantesimo. || PROV. Impara l'arte e mettila da parte. || **artàccia**, pegg. | **articèlla**, dim. | **articìna**, dim.

artefàre [comp. dal lat. *ărte* 'con arte' e *fare* (*1*); 1862] v. tr. (coniug. come *strafare*) ● (*raro*) Alterare, modificare con accorgimenti particolari.

artefàtto [1708] **A** part. pass. di *artefare*; anche agg. *1* Nel sign. del v. *2* Non genuino: *vino a.*; *cibi artefatti.* *3* (*fig.*) Falso, innaturale: *maniere artefatte*; *modi artefatti.* || **artefattaménte**, avv. **B** s. m. ● †Opera eseguita dalla mano umana.

artéfice [lat. *artĭfice(m)*, comp. di *ărs* 'arte' e *făcere* 'fare'; av. 1294] s. m. e f. *1* Chi realizza opere per le quali è richiesta una specifica capacità. *2* (*lett.* o *raro*) Artista, autore, creatore | ***Il Sommo a.***, (*per anton.*) Dio. || **artefìcello**, dim. | **artefiiciàccio**, pegg.

†**artefìcio** ● V. *artificio.*

†**artefìzio** ● V. *artificio.*

artèmia [vc. dotta del lat. scient. con incerto riferimento] s. f. ● (*zool.*) Genere di Crostacei che annovera *Artemia salina*, abitatrice di acque interne salate.

artemìṣia [vc. dotta, lat. *artemīsia(m)*, nom. *artemīsia*, dal gr. *artemisía* 'pianta sacra ad Artemide'; sec. XIV] s. f. ● Pianta erbacea delle Composite con foglie inferiormente lanose e superiormente di color verde scuro e capolini gialli oblunghi (*Artemisia vulgaris*).

♦**artèria** [vc. dotta, lat. tardo *artēria(m)*, nom. *artēria*, dal gr. *artēría*, da *artáō* 'io sospendo, sono connesso'; 1310] s. f. *1* (*anat.*) Ciascuna delle formazioni tubolari, muscolari ed elastiche che portano il sangue dal cuore a tutte le parti del corpo: *a. basilare, brachiale, celiaca, coronaria, aorta, femorale, radiale, ulnare* | ***A. anonima***, che dall'arco dell'aorta raggiunge l'articolazione fra sterno e clavicola destra suddividendosi nelle arterie carotide e succlavia destra. ➡ ILL. p. 2123, 2125 ANATOMIA UMANA. *2* (*est., fig.*) Importante via di comunicazione terrestre: *arterie stradali, autostradali, ferroviarie*; *un'a. di grande traffico.* || **arteriola**, dim. (V.) | **arteriùccia**, **arteriùzza**, dim.

arteriàle [av. 1597] agg. ● Di arteria: *sangue a.*

arterializzazióne [1955] s. f. ● (*med.*) Trasformazione di sangue venoso in sangue arterioso.

arteriectomia [comp. di *arteri(a)* ed *-ectomia*; 1961] s. f. ● (*chir.*) Asportazione chirurgica di un'arteria o di un suo tratto.

arteriografìa [comp. di *arteria* e *-grafia*; 1961] s. f. *1* Tecnica radiologica di visualizzazione delle arterie mediante introduzione in esse di sostanze radiopache. *2* (*est.*) Arteriogramma.

arteriogràmma [comp. di *arteria* e *-gramma*; 1961] s. m. (pl. *-i*) ● Immagine radiografica di un'arteria.

arteriola [1819] s. f. *1* Dim. di *arteria.* *2* (*anat.*) Ogni piccolo vaso arterioso di diametro inferiore a 0,3 mm | ***A. terminale***, porzione terminale dell'arteria prima dei capillari.

arteriologìa [comp. di *arteria* e *-logia*; 1819] s. f. ● Studio sistematico delle arterie.

arterioloscleròṣi o **arterioloscleròṣi** [comp. di *arteriol(a)* e *sclerosi*; av. 1939] s. f. inv. ● (*med.*) Forma di arteriosclerosi delle arteriole.

arteriopatìa [comp. di *arteria* e *-patia*; 1955] s. f. ● Qualsiasi malattia delle arterie.

arteriosclerò̀ṣi o **arterioscleròṣi** [comp. di *arteria* e del gr. *sklḗrōsis* 'indurimento', da *sklērós* 'duro'; 1875] s. f. inv. ● (*med.*) Qualsiasi condizione patologica delle arterie caratterizzata da ispessimento, indurimento, perdita di elasticità delle pareti arteriose con conseguente riduzione dell'apporto ematico ai tessuti; la forma più comune di arteriosclerosi è rappresentata dall'aterosclerosi. CFR. Arteriolosclerosi, aterosclerosi.

arterioscleròtico [1918] **A** agg. (pl. m. *-ci*) ● Di, relativo ad, arteriosclerosi. **B** agg.; anche s. m.

(f. *-a*) ● Che (o Chi) è affetto da arteriosclerosi | (*fig., fam.*) Rimbambito.

arteriòso [1659] **agg.** ● Delle arterie, relativo alle arterie: *pressione arteriosa.*

arteriotomia [vc. dotta, gr. *artēriotomía*, comp. di *artēría* 'arteria' e *-tomía* '-tomia'; 1986] **s. f.** ● Incisione chirurgica di un'arteria.

arterite [comp. di *arteria* e *-ite* (*1*); 1828] **s. f.** ● Infiammazione della parete arteriosa.

arteṣiàno [fr. *artésien*, dalla regione dell'*Artois* in Francia ove furono scavati per la prima volta; 1835] **agg.** ● Detto di pozzo scavato per mezzo di trivelle e rivestito di tubo, dal quale l'acqua zampilla elevandosi sopra la superficie del suolo | ***Falda artesiana***, detto di acque sotterranee che scorrono sotto pressione, in modo da risalire spontaneamente quando si crea un passaggio verso l'alto.

†**artézza** [da †*arto* (*2*); 1319] **s. f.** ● Strettezza.

àrtico [vc. dotta, lat. *ărcticu(m)*, nom. *ărcticus*, dal gr. *arktikós* 'dell'emisfero dell'Orsa', da *árktos* 'orso'; 1336 ca.] **A agg.** (pl. m. *-ci*) ● Che si riferisce al polo Nord e alla zona circostante: *fauna artica* | ***Calotta artica***, quella delimitata dal circolo polare artico, con al centro il polo Nord. **B s. m.** ● Il polo Nord e la zona geografica posta attorno a esso.

articolàre (**1**) [vc. dotta, lat. *articulāre*, da *artĭculus*, da *ărtus* 'arto (1)'; 1319] **A v. tr.** (*io articolo*) **1** Muovere le parti del corpo attorno alle articolazioni: *a. un braccio, una gamba.* **2** Pronunciare le parole distintamente, quasi sillabandole | (*est.*) Dire, pronunciare: *tanto fu lo stupore che non riuscì ad a. parola.* **3** (*mus.*) Eseguire note e fraseggi in modo chiaro e distinto. **4** (*est.*) Scindere, suddividere: *articolò la relazione in più sezioni.* **5** †Formare le membra. **B v. rifl.** o **intr. pron. 1** Di arti, essere congiunti in corrispondenza di un'articolazione. **2** Suddividersi: *l'opera si articola in sedici volumi.*

articolàre (**2**) [vc. dotta, lat. *articulāre(m)*, da *artĭculus*. V. *articolare* (*1*); av. 1698] **agg.** ● Di articolazione, relativo ad articolazione del corpo: *dolore a.* | ***Capsula a.***, apparato legamentoso e fibroso che tiene a contatto le estremità di due ossa, formando un involucro che racchiude l'articolazione.

articolàto (**1**) [av. 1292] **part. pass.** di *articolare* (*1*); anche **agg. 1** Che si muove liberamente, detto di parti del corpo. **2** Detto di meccanismo snodabile non rigido. **CFR.** Autoarticolato. **3** (*fig.*) Che si dispiega organicamente negli elementi che lo compongono: *un ragionamento, uno scritto ben a.* **4** (*bot.*) Detto di fusto fornito di nodi. **5** ***Linguaggio a.***, il linguaggio umano fondato essenzialmente sull'uso della voce. **6** Sinuoso, frastagliato: *linea costiera articolata.* || **articolataménte**, **avv.**

articolàto (**2**) [da *articolo*; av. 1664] **agg.** ● (*ling.*) Detto di preposizione congiunta con l'articolo.

articolatóre [1970] **s. m.** ● (*ling.*) Parte mobile dell'apparato di fonazione.

articolatòrio [1970] **agg.** ● (*ling.*) Relativo all'articolazione.

articolazióne [vc. dotta, lat. *articulatiōne(m)*, da *articulāre* 'articolare'; av. 1519] **s. f. 1** L'articolare, l'articolarsi, il fatto di essere articolato: *l'a. della nota, della voce, di un concetto.* **2** (*anat.*) Insieme funzionale di elementi che permette la connessione reciproca di due ossa | ***A. mobile***, in cui la superficie delle ossa è rivestita da cartilagine liscia per ridurre l'attrito durante il movimento | ***A. fissa***, bloccata in modo stabile da tessuto fibroso (per es. le articolazioni poste tra le ossa del cranio) | ***A. sterno-claveare***, tra lo sterno e la clavicola. **3** (*bot.*) Connessione fra due parti di un vegetale. **4** (*ling.*) Insieme dei movimenti degli organi della voce nel processo della fonazione | ***Punto, luogo di a.***, luogo in cui avviene la chiusura o il restringimento del canale vocale | ***Base di a.***, insieme delle caratteristiche articolatorie di una data lingua | ***Modo di a.***, insieme dei coefficienti articolatori propri di un dato suono. **5** (*mecc.*) Collegamento di due organi che permette la rotazione dell'uno rispetto all'altro.

articolèssa [da *articolo*, col suff. *-essa* di alcuni n. f.; 1868] **s. f.** ● (*spreg.*) Articolo di giornale ridondante o ampolloso.

articolista [1843] **s. m. e f.** (pl. m. *-i*) ● Scrittore di articoli di giornale.

♦**artìcolo** [vc. dotta, lat. *artĭculu(m)*, dim. di *ărtus* 'articolazione'; av. 1306] **s. m. 1** (*ling.*) Particella premessa al nome per determinarlo: *a. determinativo, indeterminativo, partitivo.* **2** Punto essenziale di una dottrina religiosa | ***A. di fede***, verità di fede contenuta nel Credo; (*est., fig.*) affermazione che si ritiene vera e in cui si crede completamente. **3** Una delle proposizioni in cui sono suddivise le leggi, i regolamenti e sim. | ***A. di prova***, suddivisione del capitolato di prova. **SIN.** Capitolo. **4** Scritto piuttosto ampio che in un giornale, una rivista, un bollettino e sim. tratta un determinato argomento | ***A. di apertura, di fondo***, commento ai fatti di maggiore attualità, firmato dal direttore o da autorevoli collaboratori, pubblicato gener. dai giornali italiani in apertura di prima pagina e da molti giornali stranieri nella pagina centrale di sinistra | ***A. di spalla***, pubblicato in alto a destra per dargli particolare rilievo | ***A. di taglio***, pubblicato a mezza pagina su più colonne. **5** Voce, nei vari usi lessicografici: *redigere un a. per un dizionario; vocabolario di 118 000 articoli.* **6** (*ragion.*) Complesso di registrazioni fatte sul giornale a partita doppia riferentisi a un fatto amministrativo. **7** Oggetto, capo di mercanzia posto in vendita: *negozio di articoli sportivi* | (*est., fig., iron.*) Persona bizzarra, singolare: *quel tuo amico è un bell'a.* **8** (*zool.*) Parte di organo separata dalle parti contigue mediante un'articolazione. **9** (*bot.*) Parte di organo distinta dalle parti contigue mediante una strozzatura o un nodo. **10** †Istante, momento | †***In a. di morte***, V. *in articulo mortis.* || **articolàccio**, **pegg.** | **articolétto**, **dim.** | **articolino**, **dim.** | **articolóne**, **accr.**

articulo mortis, in ● V. *in articulo mortis.*

artière [da *arte*; av. 1294] **s. m. 1** (*lett.*) Chi esercita un'arte | Artigiano: *il poeta è un grande a.* (CARDUCCI). **2** (*est., lett.*) Artista, poeta. **3** Soldato dell'arma del genio. **4** (*ippica*) Chi ha cura di un cavallo da corsa o da concorso. || **artierùccio**, **dim.**

♦**artificiàle** o (*lett.*) **artifiziàle** [vc. dotta, lat. tardo *artificiāle(m)*, da *artificium* 'artificio'; av. 1294] **agg. 1** Detto di ciò che è ottenuto dall'attività umana mediante procedimenti tecnici (spec. in contrapposizione a *naturale*): *allattamento, lago a.; bellezza a.* | ***Lingua a.***, lingua convenzionale per la comunicazione gergale o internazionale. **2** Fatto a imitazione della natura con un procedimento tecnico: *ghiaccio, pioggia a.; fiori artificiali* | ***Fuochi artificiali***, d'artificio | ***Scalata a.***, effettuata con l'ausilio di mezzi meccanici come chiodi, moschettoni, staffe e sim. **3** (*fig.*) Artificioso, non spontaneo: *cordialità a.* || **artificialménte**, **avv.**

artificialiṣmo [da *artificiale*] **s. m.** ● (*psicol.*) Tendenza, presente nel bambino, a ritenere che oggetti e fenomeni naturali siano opera dell'essere umano.

artificialità [1920] **s. f.** ● Caratteristica di ciò che è artificiale (*anche fig.*).

†**artificiàre** o †**artifiziàre** [sec. XIV] **v. tr.** ● Lavorare, realizzare con artificio.

artificiàto o (*lett.*) **artifizàto** [1308] **part. pass.** di †*artificiare*; anche **agg. 1** (*lett.*) Artificioso | (*lett.*) Fatto con arte, a regola d'arte. **2** (*raro*) Alterato, falsificato | Adulterato: *vino a.* || **artificiataménte**, **avv.** Con artificio.

artificière [da *artificio*; 1829] **s. m. 1** Operaio, soldato, aviere o marinaio specializzato per la custodia e il maneggio degli esplosivi e degli artifici | Servente di un pezzo d'artiglieria addetto alla preparazione e al maneggio delle cariche di lancio durante il tiro. **2** Pirotecnico.

artificio o †**arteficio**, †**artefizio**, (*lett.*) **artifizio** [vc. dotta, lat. *artificiu(m)*, da *ărtifex*, genit. *artĭficis* 'artefice'; 1308] **s. m. 1** (*lett.*) Uso dell'arte per ottenere un determinato fine | (*est., lett.*) Maestria, abilità: *cantare, suonare, con mirabile a.* **2** (*est.*) Espediente abile e ingegnoso per ottenere un miglior effetto: *usa ogni a. per sembrare più bella; gli artifici della moda; le luci erano diffuse qua e là con a.* | (*est.*) Astuzia, inganno: *gli artifici della magia; ricorrere a un a. per ottenere qlco.* **3** Eccessiva ricerca di effetto, mancanza di naturalezza: *parlare, scrivere, agire, con a.* **4** Dispositivo, congegno, ordigno, spec. esplosivo, variamente usato per segnalazioni, inneschi, brillamenti di mine e sim. | ***Fuochi d'a.***, pirotecnici, con girandole, razzi e figure.

artificioṣità o (*raro*) **artifizioṣità** [av. 1332] **s. f.** ● Caratteristica di chi (o di ciò che) è artificioso: *l'a. dell'invenzione.*

artificióṣo o (*lett.*) **artifizióṣo** [av. 1294] **agg. 1** (*lett.*) Fatto con arte, con maestria: *con un discorso veemente e artifizioso* (MANZONI) | †Ingegnoso. **2** Non spontaneo, artefatto: *affettuosità artificiosa; espressioni artificiose.* || **artificioṣaménte**, **avv.** In modo non naturale e non spontaneo.

artifizio e *deriv.* ● V. *artificio* e *deriv.*

artigianàle [1931] **agg.** ● Di artigiano, di artigiani: *consorzio a.* | (*est.*) Fatto con pochi mezzi, alla buona: *un film a.* || **artigianalménte**, **avv.**

artigianalità [comp. di *artigianal(e)* col suff. di qualità *-ità*; 1981] **s. f.** ● Caratteristica di ciò che è artigianale.

artigianàto [1907] **s. m. 1** Attività produttiva degli artigiani: *l'a. sardo.* **2** La categoria, la condizione degli artigiani. **3** (*est.*) Insieme dei prodotti degli artigiani: *un a. che ha notevoli pregi artistici.*

artigianèllo [1957] **s. m. 1** Dim. di *artigiano.* **2** Allievo di una scuola di attività artigiane tenuta da religiosi.

artigianésco [av. 1644] **agg.** (pl. m. *-schi*) ● (*raro*) Di artigiano.

♦**artigiàno** [da *arte*; 1312] **A s. m.** (f. *-a*) ● Chi produce beni o presta servizi impiegando il proprio lavoro, anche manuale, in maniera prevalente rispetto al capitale investito nell'impresa. **B agg.** ● Relativo all'artigiano o all'artigianato: *lavoro a.; produzione artigiana; associazioni artigiane.* || **artigianèllo**, **dim.** (V.) | **artigianùccio**, **dim.**

artigliàre [da *artiglio*; 1313] **v. tr.** (*io artiglio*) ● Afferrare con gli artigli: *l'aquila piombò sull'agnello e lo artigliò.*

artigliàto [av. 1375] **part. pass.** di *artigliare*; anche **agg. 1** Nei sign. del v. **2** Munito di artigli: *un rapace a.* | (*est.*) Piegato in forma d'artiglio: *mano artigliata.* **3** Ferito da artigli.

artiglière [1602] **s. m.** ● Appartenente all'arma di artiglieria.

artiglierìa [fr. *artillerie*, di etim. incerta; sec. XIV] **s. f. 1** Complesso di tutte le armi da fuoco non portatili, che si dividono in cannoni, obici e mortai: *a. da montagna, semovente, corazzata, pesante-campale, pesante, contraerea, controcarro; a. di piccolo, medio, grosso calibro* | ***A. da campagna***, all'immediato seguito dei reparti operanti | ***Pezzo di a.***, la singola arma o pezzo | ***Arma d'a.***, aliquota costitutiva dell'esercito specializzata nell'impiego delle artiglierie | (*scherz.*) Arma da fuoco. **2** (*spec. al pl.*) Il complesso dei pezzi operanti unitariamente su un dato fronte. **3** (*spec. al pl.*) †Macchine belliche da lancio anteriori alle armi da fuoco.

♦**artìglio** [provz. *artelh*, dal lat. *artĭculu(m)*, dim. di *ărtus* 'arto'; av. 1276] **s. m. 1** Robusta unghia adunca di animali rapaci, volatili o terrestri. **2** (*fig.*) Mano di persona avida, feroce, spietata: *gli artigli dell'assassino* | ***Cadere negli artigli di qlcu.***, cadere in suo potere.

†**artimóne** [lat. *artemōne(m)*, nom. *ărtemon*, dal gr. *artémōn* 'vela di gabbia', di etim. incerta; 1308] **s. m.** ● (*mar.*) Vela di gabbia, o del secondo ordine, messa al disopra dei trevi.

Artiodàttili [comp. del gr. *ártios* 'pari' e *dáktylos* 'dito' (in quanto hanno numero pari di dita); 1892] **s. m. pl.** (sing. *-o*) ● Nella tassonomia animale, ordine di Mammiferi erbivori il cui arto è costituito da un numero pari di dita funzionanti munite di zoccolo (*Artiodactyla*). **SIN.** Paridigitati.

♦**artista** [da *arte*; 1321] **s. m. e f.** (pl. m. *-i*) **1** Chi opera nel campo dell'arte: *Raffaello fu un grande a.; la Duse è stata una delle artiste più famose del teatro italiano; a. di caffè concerto; a. del varietà* | (*est.*) Chi eccelle nel proprio lavoro, spec. manuale (*anche iron.*): *quel falegname è un vero a.; non c'è che dire, come scassinatore è proprio un a.!* **2** (*est.*) Chi ha e rivela particolari doti di sensibilità, gusto estetico e sim. **3** †Artigiano. || **artistóne**, **accr. m.** | **artistùcolo**, **spreg.**

artisticità [da *artistic(o)* col suff. di qualità *-ità*; 1985] **s. f.** ● Caratteristica di ciò che è artistico | Valore artistico: *non è in discussione l'a. della sua produzione.*

♦**artìstico** [1818] **agg.** (pl. m. *-ci*) **1** Pertinente all'arte e agli artisti: *ambiente a.; attività artistica; liceo a., educazione artistica.* **2** Che è fatto secondo i canoni dell'arte: *opera artistica* | (*est.*) Che rivela un gusto raffinato e sim. || **artisticamènte**, avv.

art nouveau /fr. ˌaʀnuˈvo/ [loc. fr., 'arte nuova'; 1955] loc. sost. m. o f. inv. ● Movimento artistico a cavallo tra il XIX e il XX sec., con una particolare tendenza alla stilizzazione delle figure in funzione simbolica o decorativa.

àrto (1) [vc. dotta, lat. *ărtu(m)*, s. di orig. indeur.; 1774] s. m. ● (*anat.*) Parte del corpo umano e animale congiunta al tronco per mezzo di articolazioni che ne permettono il movimento | ***A. superiore***, braccio | ***A. inferiore***, gamba | (*med.*) ***A. fantasma***, sensazione dolorosa e ossessionante della presenza di un arto precedentemente amputato. CFR. artro-. ➡ ILL. **zoologia generale**.

†**àrto** (2) [vc. dotta, lat. *ărtu(m)*, aggettivo di orig. indeur.; 1313] agg. ● Stretto, angusto.

àrto- ● V. *arcto-*.

artocàrpo [comp. del gr. *ártos* 'pane' e *karpós* 'frutto'; 1819] s. m. ● (*bot.*) Albero delle Moracee, originario dell'Oceania, con grandi infruttescenze sferiche commestibili (*Artocarpus altilis*) SIN. Albero del pane. ➡ ILL. **piante**/2.

artocèbo [comp. di *arto-*, var. di *arcto-* e del gr. *kêbos* 'scimmia' (V. *cebo*); 1983] s. m. ● Genere di proscimmie viventi nell'Africa occidentale, caratterizzate da forme tozze e arti brevi (*Arctocebus*).

artralgìa [comp. di *artr(o)-* e *-algia*; 1845] s. f. ● (*med.*) Dolore a una articolazione con segni di infiammazione e senza lesioni articolari apprezzabili.

artrìte [vc. dotta, lat. tardo *arthrītis*, nom., dal gr. *arthrîtis*, da *árthron* 'articolazione'; av. 1698] s. f. ● (*med.*) Infiammazione articolare.

artrìtico [vc. dotta, lat. *arthrīticu(m)*, nom. *arthrīticus*, dal gr. *arthritikós*, da *arthrîtis* 'artrite'; av. 1698] **A** agg. (pl. m. *-ci*) ● Relativo ad artrite. **B** agg.; anche s. m. (f. *-a*) ● Che (o Chi) è affetto da artrite.

artritìsmo [comp. di *artrit(e)* e del suff. *-ismo*; 1950] s. m. ● (*med.*) Predisposizione costituzionale a contrarre infiammazioni articolari.

àrtro- [dal gr. *árthron* 'giuntura, articolazione'] primo elemento ● In parole composte significa 'arto' o 'articolazione': *artropatia, artrosi*.

artrologìa [comp. di *artro-* e *-logia*; 1887] s. f. ● Parte dell'anatomia che studia la morfologia e la funzione delle articolazioni.

artropatìa [comp. di *artro-* e *-patia*; 1875] s. f. ● Malattia articolare in genere.

artroplàstica [comp. di *artro-* e *plastica*; 1939] s. f. ● Operazione chirurgica per correggere l'articolazione lesa.

Artròpodi [comp. di *artro-* e del pl. di *-podo*; 1875] s. m. pl. (sing. *-e*) ● Nella tassonomia animale, tipo di animali invertebrati con zampe articolate, corpo suddiviso in capo, torace e addome rivestito di chitina (*Arthropoda*). ➡ ILL. **animali**/2-3.

artroscopìa [comp. di *artro-* e *-scopia*; 1985] s. f. ● (*med.*) Indagine endoscopica di una articolazione, con la possibilità di eseguire biopsie o interventi terapeutici.

artròsi [comp. di *artro-* e *-osi*; 1892] s. f. inv. ● Malattia degenerativa delle articolazioni.

artròsico **A** agg. (pl. m. *-ci*) ● Relativo ad artrosi: *degenerazione artrosica*. **B** agg.; anche s. m. (f. *-a*) ● Che (o Chi) è affetto da artrosi.

artrotomìa [comp. di *artro-* e *-tomia*; 1950] s. f. ● (*chir.*) Incisione chirurgica di un'articolazione.

arturiàno [1965] agg. ● Di Artù, leggendario re di Britannia | Del ciclo bretone.

arùndine [vc. dotta, lat. *arŭndine(m)* 'canna', di etim. incerta; 1913] s. f. ● Asta ornata di fiori, con in cima tre candele disposte a triangolo, usata in passato, nelle funzioni del Sabato Santo, per accendere il cero pasquale e i lumi della chiesa.

aruspicàle [1983] agg. ● (*lett.*) Di aruspice.

†**aruspicàre** [1521] v. tr. ● Esercitare l'aruspicina.

arùspice [vc. dotta, lat. *harŭspice(m)*, comp. di **haru* da avvicinare al sanscrito *hirā* 'vena' e *-spex*, da *spĕcere* 'guardare'; 1521] s. m. ● Sacerdote divinatore etrusco e romano che prediceva il futuro esaminando le viscere delle vittime.

aruspicìna [vc. dotta, lat. *haruspicīna(m)* (*ărtem*) 'arte dell'aruspice', da *harŭspex* 'aruspice'; 1587] s. f. ● Tecnica della divinazione per mezzo delle viscere di animali, propria di molte religioni antiche.

aruspìcio [vc. dotta, lat. *haruspĭciu(m)*, da *harŭspex* 'aruspice'; av. 1357] s. m. *1* Responso divinatorio tratto dall'esame delle viscere delle vittime. *2* (*raro*) L'aruspicare.

ÀRVA [sigla di *A(pparecchio di) R(icerca in) Va(langa)*; 1991] s. m. inv. ● Dispositivo elettronico di segnalazione, costituito da un ricetrasmettitore individuale su lunghezza d'onda prestabilita, utilizzato per la localizzazione degli alpinisti travolti da valanghe.

arvàle [vc. dotta, lat. *arvālis*, da *ărvum* 'campo'; 1900] s. m. ● Presso gli antichi romani, ciascuno dei dodici sacerdoti del collegio che provvedeva, in maggio, alle cerimonie in onore della dea Dia, alla propiziazione delle divinità agresti e alla purificazione dei campi.

arvènse [dal lat. *ărvum* 'campo'. V. *arvale*; 1809] agg. ● (*bot.*) Detto di vegetale che vive nei campi coltivati.

arvìcola [comp. del lat. *ărvum* 'campo' e di *-cola*; 1875] s. f. ● Piccolo mammifero roditore simile a un topo, con coda breve, che provoca gravi danni alle coltivazioni (*Arvicola arvalis*).

arzàgola ● V. *alzavola*.

†**arzanà** (o *-z-*) ● V. *arsenale*.

arzàvola ● V. *alzavola*.

arzènte [lat. *ardĕnte(m)* 'ardente'; av. 1250] **A** s. m. ● (*disus.*) Cognac. **B** agg. ● †Ardente | ***Acqua a.***, acquavite; alcol.

arzigogolàre [etim. incerta; av. 1565] v. tr. e intr. (*io arzigògolo*; aus. intr. *avere*) ● Fare arzigogoli, perdersi in ragionamenti tortuosi e complicati: *a. ingegnosamente, sottilmente*; *a. su un caso controverso* | (*raro*) Escogitare: *chissà che cosa sta arzigogolando*.

arzigogolàto [1865] part. pass. di *arzigogolare*; anche agg. ● Complicato, artificioso. || **arzigogolataménte**, avv.

arzigògolo [etim. incerta; 1536] s. m. *1* Discorso cervellotico, tortuoso, cavilloso | (*est.*) Giro di parole artificioso e bizzarro. *2* Trovata sottile e fantasiosa.

arzìllo [lat. *asĭlu(m)* 'tafano' (?); av. 1767] agg. ● Agile, vispo, vivace: *un vecchietto a.*; *come mai oggi sei così a.?* | (*tosc.*) ***Vino a.***, frizzante.

ÀSA [sigla dell'ingl. *American Standards Association*; 1955] s. m. inv. ● Unità di misura della sensibilità delle pellicole fotografiche; oggi sostituita da ISO.

àsaro [vc. dotta, lat. *ăsaru(m)*, dal gr. *ásaron*, di orig. preindeur.; sec. XIV] s. m. ● Genere di piante erbacee perenni delle Aristolochiacee, con rizoma strisciante, foglie reniformi e fiori privi di corolla (*Asarum*). SIN. Renella (2).

†**asbèrgo** ● V. *usbergo*.

asbèsto [vc. dotta, lat. *asbĕstu(m)*, nom. *asbĕstos*, dal gr. *ásbestos* 'inestinguibile', da *sbénnymi* 'io spengo'; av. 1327] s. m. ● (*raro*) Amianto.

asbestòsi [comp. di *asbesto* e *-osi*; 1933] s. f. inv. ● Malattia professionale dei minatori delle miniere di amianto, causata dalla inalazione di polveri di tale minerale.

asbùrgico o **absbùrgico** [1963] agg. (pl. m. *-ci*) ● Degli Asburgo, relativo agli Asburgo: *monarchia asburgica* | (*est.*) Rigoroso, corretto: *amministrazione di tradizione asburgica*.

ascàride [vc. dotta, lat. tardo *ascărida(m)*, dal gr. *askaris*, genit. *askarídos*, da *askarízō* 'io salto' (?); av. 1698] s. m. ● Verme dei Nematodi parassita intestinale (*Ascaris lumbricoides*). ➡ ILL. **animali**/1.

àscaro o **àscari** [ar. *'askarī* 'soldato'; 1891] s. m. *1* Soldato indigeno delle vecchie truppe coloniali europee, spec. quelle italiane in Eritrea, Somalia e Libia. *2* (*fig., spreg., raro*) Chi serve da ausiliario ai grandi partiti.

†**àsce** ● V. *ascia*.

ascèlla [lat. *axĭlla(m)*, dim. di *āla* 'ala'; 1313] s. f. *1* (*anat.*) Regione del corpo a forma di cavità piramidale compresa fra la radice del braccio e il torace. *2* (*bot.*) Angolo compreso fra la foglia e il ramo a cui essa si attacca.

ascellàre [1474] agg. *1* (*anat.*) Dell'ascella: *arteria, temperatura a.* | (*scherz.*) Che arriva fin quasi all'ascella: *abito da sera con uno spacco a.*; *minigonna a.* *2* (*bot.*) Detto di organo situato all'ascella di una foglia o di una brattea.

ascendentàle [av. 1742] agg. *1* Che ascende: *movimento a.* *2* Che si riferisce agli antenati | ***Linea a.***, linea ascendente. || **ascendentalménte**, avv.

ascendènte [vc. dotta, lat. *ascendĕnte(m)*, part. pres. di *ascĕndere* 'ascendere'; av. 1348] **A** part. pres. di *ascendere*; anche agg. *1* Che sale: *movimento a. di masse d'aria*. *2* ***Linea a.***, rapporto intercorrente tra un soggetto e i parenti da cui esso discende (genitori, nonni, bisnonni, ecc.) | ***Ritmo a.***, in poesia, detto dei metri e delle serie metriche che iniziano con la posizione debole | (*mus.*) ***Scala a.***, in cui ogni suono è più acuto di quello immediatamente precedente. *3* (*astron.*) Detto della posizione di un astro che si muove verso settentrione. *4* (*ling.*) Detto di dittongo il cui primo elemento è una semivocale e il secondo è una vocale. || **ascendenteménte**, avv. **B** s. m. (anche f. nel sign. 1) *1* Parente in linea ascendente (genitore, nonno, bisnonno, ecc.). *2* (*astrol.*) Grado del segno zodiacale che si alza all'orizzonte al momento della nascita di una persona. *3* (*fig.*) Autorità morale, influsso: *aveva un grande a. su di lui*.

ascendènza [vc. dotta, lat. *ascendĕntia*, nt. pl. di *ascĕndens*. V. *ascendente*; 1761] s. f. *1* (*raro*) Caratteristica di ciò che è ascendente. *2* Complesso degli antenati di una famiglia. *3* (*est., fig.*) Origine, matrice artistica o culturale.

ascéndere o **ascèndere** [lat. *ascĕndere*, comp. di *ăd* e *scăndere* 'salire'; av. 1306] **A** v. intr. (coniug. come *scendere*; aus. *essere*) *1* (*lett.*) Andare verso l'alto: *a. per un erto colle* | (*fig.*) Innalzarsi: *a. al trono, all'onore degli altari*. *2* (*raro*) Ammontare: *gli utili ascendono a centomila euro*. **B** v. tr. ● (*raro, lett.*) Salire: *a. il monte*.

†**Ascènsa** [vc. dotta, lat. tardo *ascēnsa(m)*, da *ascēnsio* 'ascensione'; av. 1561] s. f. ● La festa dell'Ascensione.

ascensionàle [fr. *ascensionnel*, da *ascension* 'ascensione'; av. 1572] agg. *1* Che tende a salire: *andamento a.* *2* (*fis.*) Detto di velocità, forza, spinta, traslazione e sim. verso l'alto, o di una sua componente verticale. || **ascensionalménte**, avv.

ascensióne [vc. dotta, lat. *ascensiōne(m)*, da *ascĕndere* 'ascendere'; 1336 ca.] s. f. (*Ascensióne* nel sign. 2) *1* Salita | Nell'alpinismo, l'arrampicata su una parete di roccia, di ghiaccio o di neve. SIN. Scalata. *2* Salita di Gesù Cristo al cielo, dopo la Resurrezione | Festa liturgica cattolica, con la quale si celebra la salita di Gesù al cielo, originariamente nel quarantesimo giorno dopo Pasqua e, attualmente, nella domenica successiva. *3* (*astron.*) ***A. retta***, longitudine celeste.

◆**ascensóre** [vc. dotta, lat. tardo *ascensōre(m)* 'che sale', dal v. *ascĕndere* 'ascendere'; 1887] s. m. ● Impianto per il trasporto di persone o cose in senso verticale, da un piano all'altro degli edifici o fra punti a diverso livello di una città.

ascensorìsta [1925] s. m. e f. (pl. m. *-i*); anche agg. ● Persona addetta alla manovra di un ascensore | Tecnico addetto al montaggio, manutenzione e riparazione degli ascensori.

ascésa [f. sost. di *asceso*; av. 1494] s. f. ● Salita (*spec. fig.*): *a. al potere, al trono*.

ascèsi [vc. dotta, lat. tardo *ascēsi(n)*, nom. *ascēsis*, dal gr. *áskēsis* 'esercizio', da *askéō* 'io esercito'; 1914] s. f. inv. ● Tirocinio spirituale e fisico che, attraverso digiuno, isolamento, meditazioni e preghiera, procura la perfezione interiore e il distacco dal mondo e dagli istinti.

ascéso [av. 1572] part. pass. di *ascendere*; anche agg. ● Nei sign. del v.

ascèsso [vc. dotta, lat. *abscĕssu(m)*, da *abscēdere* 'andar via'; av. 1638] s. m. ● (*med.*) Raccolta circoscritta di pus, senza tendenza infiltrativa.

ascessuàle [1955] agg. ● Relativo ad ascesso.

ascèta [vc. dotta, lat. tardo *ascēta(m)*, nom. *ascēta*, dal gr. *askētés*. V. *ascesi*; 1743] s. m. e f. (pl. m. *-i*) *1* Chi è dedito a pratiche di perfezione spirituale | Monaco, cenobita, eremita. *2* (*est.*) Chi è dedito a vita austera e contemplativa.

ascètica [1862] s. f. ● Parte della teologia che tratta della perfezione cristiana.

ascètico [gr. *askētikós*, da *áskēsis*. V. *ascesi*; av. 1729] agg. (pl. m. *-ci*) *1* Di asceta, da asceta. *2* (*est.*) Contemplativo, mistico: *vita, condotta ascetica*. || **asceticaménte**, avv.

ascetìsmo [1761] s. m. *1* Regola di vita fondata sull'ascesi. *2* (*est.*) Modo di vivere austero e contemplativo.

àscia o (*tosc.*) †**àsce** [lat. *ăscia(m)*, di orig. indeur.; 1304] s. f. (pl. *àsce*) *1* In carpenteria, utensile per smussare e abbozzare il legname, avente il taglio perpendicolare al manico di legno | ***Maestro d'a.***, V. *maestro* | ***Fatto, tagliato, con l'a.***, (*fig., lett.*) rozzo, grossolano; affrettato, fatto senza cura. *2* Correntemente, scure | ***A. di guerra***, nel mondo medievale, scure da combattimento; presso i pellirosse del Nord America, tomahawk | *Dissotterrare l'a. di guerra*, (*fig.*) avere intenzioni bellicose; (*scherz.*) dare inizio a una controversia. *3 A. d'argento*, pesce osseo abissale dei Clupeiformi provvisto di organi luminosi dalla forma simile a quella di un'ascia (*Argyropelecus hemigymnus*). || **ascétta**, dim. | **asciòla**, **asciuòla**, dim. | **asciòlo**, **asciuòlo**, dim. m.

asciàle [lat. parl. *axāle(m), da ăxis 'perno'; 1862] s. m. ● Ciascuno dei due pezzi di legno che fiancheggiano il timone dell'erpice.

ascialia ● V. *asialia*.

ascialóne [da *asciale*; 1829] s. m. ● (*edil.*) Nelle impalcature, legno fissato dai muratori alle antenne, e su cui poggiano le assi dei ponti.

asciànti ● V. *ashanti*.

asciàre [da *ascia*; av. 1665] v. tr. (*io àscio*; fut. *io ascerò*) ● (*raro*) Sgrossare con l'ascia.

asciàta [1865] s. f. ● Colpo d'ascia.

asciàtico [comp. di *a-* (*1*) e un deriv. del gr. *skiá* 'ombra', di orig. indeur.; 1955] agg. (pl. m. *-ci*) ● Scialitico.

ascìdia [V. *ascidio*; 1819] s. f. ● Tunicato acquatico degli Ascidiacei che nella forma adulta vive fisso sul fondo e ha forma larvale libera (*Ascidia*). ➡ ILL. **animali**/4.

Ascidiàcei [da *ascidia*; 1965] s. m. pl. (sing. *-o*) ● Nella tassonomia animale, classe di Tunicati con corpo a forma di sacco, fisso sul fondo marino e due aperture all'estremità libera cui appartengono le ascidie (*Ascidiacea*).

ascìdio [gr. *askídion*, dim. di *askós* 'otre'. V. *asco*; 1809] s. m. ● Organo caratteristico di alcune piante carnivore derivante da una modificazione delle foglie che serve per la cattura di piccoli animali.

ascidiòsi [comp. di *ascidio* e *-osi*; 1955] s. f. inv. ● (*bot.*) Fenomeno per cui le foglie si trasformano in ascidi.

asciòlvere (**1**) o †**sciòlvere** [lat. *absŏlvere* (*ieiūnia*) 'sciogliere il digiuno'; av. 1370] **A** v. intr. (*pass. rem. io asciòlsi, tu asciolvésti*; *part. pass. asciòlto*; aus. *avere*) ● †Fare colazione, merenda: *asciolverono molto bene la domenica mattina* (SACCHETTI). **B** v. tr. ● †Mangiare.

asciòlvere (**2**) [da *asciolvere* (*1*); 1970] s. m. (pl. raro *-i*) ● (*lett.*) Colazione, merenda: *un piccolo a.*

ascisc ● V. *hascish*.

ascissa [vc. dotta, lat. *abscĭssa(m)* (sottinteso *līneam*) 'linea tagliata', da *abscĭndere* 'tagliar via'; 1739] s. f. ● (*mat.*) Misura del segmento avente per estremi un punto fisso e l'origine di una retta o di una curva orientata | La prima delle coordinate cartesiane di un punto del piano o dello spazio.

ascite [vc. dotta, lat. tardo *ascīte(n)*, nom. *ascītes*, dal gr. *askítēs* (sottinteso *nósos*) 'malattia del ventre', da *askós* 'otre'; av. 1698] s. f. ● (*med.*) Raccolta patologica di liquido trasudatizio nella cavità peritoneale. SIN. Idroperitoneo.

ascìtico [av. 1698] agg. (pl. m. *-ci*) ● (*med.*) Relativo all'ascite: *liquido a.*

ascìtizio [dal lat. *adscīre* 'adottare'; av. 1642] agg. ● (*raro, lett.*) Accessorio, aggiunto: *qualità ascitizia.*

asciugabiancherìa [comp. di *asciuga(re)* e *biancheria*; 1961] s. m. o f. inv. ● Asciugatrice.

asciugacapélli [comp. di *asciuga(re)* e il pl. di *capello*; 1953] **A** s. m. inv. ● Apparecchio elettrico che produce aria calda per asciugare i capelli. SIN. Fon (*1*), phon. **B** anche agg. inv.: *casco a.*

†**asciugàggine** [1353] s. f. ● Asciuttezza, secchezza: *tanta è l'a. e l'arsura, la quale io v'ho dentro* (BOCCACCIO).

asciugamàno o (*pop.*) **sciugamàno** [comp. di *asciuga(re)* e *mano*; 1836] s. m. ● Pezzo di tela o di spugna di varie dimensioni per asciugarsi le mani o il viso. || **asciugamanino**, dim.

asciugaménto [sec. XIV] s. m. ● (*raro*) Asciugatura.

asciugànte [1829] **A** part. pres. di *asciugare*; anche agg. ● Nei sign. del v. **B** s. m. ● (*tess.*) Asciugatoio.

♦**asciugàre** o (*pop.*) **sciugàre** [lat. tardo *exsucāre* 'estrarre il succo', comp. di *ĕx* e *sūcus* 'sugo'; 1298] **A** v. tr. (*io asciùgo, tu asciùghi*) *1* Privare dell'acqua o dell'umidità: *a. i piatti, il pavimento, con un panno*; *un sole caldo asciuga i campi*; *asciugarsi le mani, il viso, i capelli* | (*est.*) Prosciugare: *a. le valli, le paludi*. *2* Tergere: *gli asciugò le lacrime con un gesto affettuoso*; *asciugarsi la fronte* | *A. le lacrime di qlcu.*, (*fig.*) consolarlo. *3* (*fig.*) Svuotare, privare, spec. di denaro: *gli hanno asciugato le tasche in pochi giorni* | *A. un fiasco*, berne tutto il contenuto. **B** v. rifl. ● Detergersi da un liquido: *asciugati prima di uscire.* **C** v. intr. e intr. pron. (aus. *essere*) ● Diventare asciutto: *è un tessuto che si asciuga subito.*

asciugatóio o †**sciugatóio** [1353] s. m. *1* († o *region.*) Asciugamano, telo da bagno. *2* Macchina usata nell'industria tessile per asciugare fibre sciolte o filati o tessuti. SIN. Asciugante.

asciugatóre [1829] s. m. ● Apparecchio elettrico che produce aria calda, usato, spec. in locali pubblici, per asciugarsi le mani.

asciugatrìce [1961] s. f. ● Macchina per l'asciugatura della biancheria. SIN. Asciugabiancheria.

asciugatùra [1865] s. f. ● L'asciugare, l'asciugarsi, il venire asciugato. || **asciugaturina**, dim.

asciùtta [da *asciutto*; 1765] s. f. *1* (*region.*) Siccità | Nella risicoltura, tempo in cui si toglie l'acqua dalle risaie. *2* (*veter.*) Periodo compreso tra due lattazioni | *Essere in a.*, di bovina che ha sospeso la lattazione.

asciuttézza [1684] s. f. ● Caratteristica di chi (o di ciò che) è asciutto (*anche in senso fig.*): *a. del clima*; *l'a. di un volto, di una risposta.*

♦**asciùtto** [lat. *exsūctu(m)*, part. pass. di *exsūgere* 'succhiare, suggere'; 1268] **A** agg. *1* Che è privo di acqua, di umidità: *stagno, torrente a.* | *Tempo a.*, senza pioggia o umidità | *Vento a.*, secco | *Pasta asciutta*, V. *pastasciutta* | *Pane a.*, (*fig., lett.*) senza companatico | *Balia asciutta*, che ha cura di un bambino ma non lo allatta | (*lett.*) Arido, sterile: *terra asciutta*; *campi asciutti* | Asciugato: *panni asciutti*. *2* (*est.*) Secco, inaridito: *labbra asciutte*; *gola, bocca asciutta* | *Restare a bocca asciutta*, (*fig.*) rimanere deluso. *3* (*fig.*) Privo di lacrime: *occhi asciutti*; *viso a.* | *A ciglio a.*, senza versare lacrime. *4* Detto di vino che conserva solo piccolissime tracce di zucchero | Detto di vino spumante secco. *5* (*fig.*) Magro, snello: *corpo a.*; *un viso a. ed espressivo* | †Macilento. *6* (*fig.*) Estremamente sobrio e misurato: *stile a.* | (*est.*) Breve, conciso, brusco: *è una risposta asciutta che non ammette repliche*; *mi congedò con due parole asciutte.* || **asciuttaménte**, avv. Seccamente, senza complimenti: *rispondere asciuttamente a qlcu.* **B** s. m. ● Luogo, terreno, asciutto: *finché piovve restò in casa all'a.* | *Restare, rimanere all'a.*, (*fig.*) senza soldi. || **asciuttino**, dim.

Asclepiadàcee [vc. dotta, comp. di *asclepiade* e *-acee*; 1887] s. f. pl. (sing. *-a*) ● Nella tassonomia vegetale, famiglia di piante erbacee o legnose delle Contorte con fusto spesso ingrossato e carnoso contenente un latice (*Asclepiadaceae*).

asclepìade [vc. dotta, lat. *asclepīade(m)*, nom. *asclēpias*, dal gr. *asklēpiás*, dal n. del dio *Asclepio*; av. 1498] s. f. ● Pianta erbacea perenne delle Genzianacee con foglie opposte e fiori grandi azzurri (*Gentiana asclepiadea*).

asclepiadèo [vc. dotta, lat. *asclepiadēu(m)*, dal gr. *asklēpiádeion*, dal n. del poeta *Asclepiade* (IV-III sec. a.C.), ritenutone l'inventore; 1587] **A** agg. ● Che è proprio del poeta greco Asclepiade: *verso a.* | *Sistema a.*, strofa di varia struttura, formata da asclepiadei, gliconei e ferecratei. **B** s. m. ● Verso asclepiadeo | *A. minore*, di dodici sillabe | *A. maggiore*, di sedici sillabe.

asclepiadina [da *asclepiade*; 1955] s. f. ● Sostanza amara, dotata di proprietà purgative e depurative, presente nel rizoma di una specie di asclepiade.

àsco [gr. *askós* 'otre', di etim. incerta; 1906] s. m. (pl. *-schi*) ● (*bot.*) Organo dei Funghi e dei licheni a forma sferica o di clava, contenente le spore.

àsco- [dal gr. *askós* 'otre', di etim. incerta] primo elemento ● In parole composte significa 'sacco' o 'a forma di sacco': *ascocarpo, ascogonio.*

ascocàrpo [comp. di *asco-* e *-carpo*; 1970] s. m. ● (*bot.*) Ricettacolo che nei Funghi ascomiceti contiene gli aschi.

ascogònio [comp. di *asco-* e *-gonio*; 1955] s. m. ● (*bot.*) Organo riproduttore femminile degli ascomiceti.

ascolàno [1550] **A** agg. ● Di Ascoli Piceno, nelle Marche. **B** s. m. (f. *-a*) ● Abitante, nativo di Ascoli Piceno.

ascoliàsmo [vc. dotta, gr. *askōliasmós*, da *askōliázein* 'saltare sull'otre', da *askós* 'otre'. V. *asco*; 1829] s. m. ● Gioco degli antichi Greci e Romani consistente nello stare in equilibrio su di un otre gonfiato.

†**ascólta** (**1**) ● V. *scolta*.

ascólta (**2**) [da *ascoltare*; 1970] s. f. ● (*raro*) *Andare all'a.*, andare a caccia presto al mattino, per udire il canto delle starne e individuarle.

ascoltàbile [1795] agg. ● Che si può ascoltare.

♦**ascoltàre** o (*dial.*) †**scoltàre** [lat. parl. *ascultāre (classico *auscultāre*), prob. dalla radice di *auris* 'orecchio'; 1294] v. tr. (*io ascólto*) *1* Stare a sentire attentamente, prestare orecchio (*anche assol.*): *a. la lezione, un oratore*; *ascoltava con interesse tutto ciò che il professore diceva*; *si udì un rumore: tutti ascoltarono*; *tacque e ascoltò*. CFR. Udire | *A. la Messa*, assistervi. *2* Dare retta: *ha ascoltato i consigli del medico* | Ubbidire: *non vuole mai a. i suoi genitori* | Esaudire: *Dio ascolterà le nostre preghiere*. *3* (*med.*) V. *auscultare*.

ascoltatóre o (*raro*) **auscultatóre** [lat. *auscultatōre(m)*, da *auscultāre* 'ascoltare'; 1336 ca.] s. m. (f. *-trice*) ● Chi ascolta una trasmissione radiotelevisiva o una conferenza.

ascoltazióne [lat. *auscultatiōne(m)*, da *auscultāre* 'ascoltare'; 1584] s. f. *1* (*lett.*) L'ascoltare. *2* (*med.*) V. *auscultazione*.

ascólto [da *ascoltare*; av. 1400] s. m. ● Il fatto di ascoltare | *Essere, stare, mettersi in a.*, porsi ad ascoltare | *Dare, porgere, prestare a.*, prestare attenzione, dare retta | *Gruppo d'a.*, quello formato da utenti radiotelevisivi, sul giudizio dei quali è calcolato l'indice di gradimento dei programmi | *Indice di a.*, quello che misura la percentuale di utenti radiotelevisivi di un programma, calcolato in rapporto agli utenti di altri programmi.

Ascomicèti [comp. di *asco-* e del gr. *mýkēs*, genit. *mýkētos* 'fungo'; 1892] s. m. pl. (sing. *-e*) ● Nella tassonomia vegetale, classe di Funghi parassiti, saprofiti o simbionti, che formano le spore entro gli aschi (*Ascomycetes*).

ascóndere [lat. *abscŏndere*, comp. di *ăbs* e *cōndere* 'mettere insieme, riporre', a sua volta da *dăre* 'dare'; av. 1250] v. tr. (coniug. come *nascondere*) ● (*lett.*) Nascondere, occultare.

ascòrbico [comp. di *a-* (*1*) e *scorb(uto)*, con il suff. chimico *-ico*; 1950] agg. (pl. m. *-ci*) ● Detto di acido organico che si trova nei succhi della frutta, spec. degli agrumi, e nelle verdure, usato nella cura dello scorbuto, delle astenie, degli stati emorragici.

ascorbìna [comp. di *a-* (*1*) e *scorb(uto)*, con il suff. chimico *-ina*; 1970] s. f. ● Vitamina C.

ascóso o †**ascósto** [lat. *abscōsu(m)*, da *abscōndere* 'ascondere'; av. 1250] part. pass. di *ascondere*; anche agg. ● (*lett.*) Nascosto. || **ascosaménte**, avv.

ascospòra [comp. di *asco-* e *spora*; 1929] s. f. ● (*bot.*) Spora che si forma nell'interno degli aschi.

†**ascósto** ● V. *ascoso*.

ascrèo [vc. dotta, lat. *Ascraeu(m)*, nom. *Ascraeus*, dal gr. *Askráios*, dalla città di *Ascra*; 1532] agg. *1* Della città di Ascra, patria del poeta greco Esiodo (VIII-VII sec. a.C.). *2* (*est.*) Detto di poesia didascalica ispirata a Esiodo.

ascrìtto [vc. dotta, lat. *adscrīptu(m)*, part. pass. di *adscrībere* 'ascrivere'; 1561] **A** part. pass. di *ascrivere*; anche agg. *1* Nei sign. del v. | Attribuito, assegnato. *2* (*raro*) Scritto accanto. **B** s. m. (f. *-a*) ● (*raro*) Iscritto: *gli ascritti a una società, in un registro.*

ascrìvere [vc. dotta, lat. *adscrībere*, comp. di *ăd* e *scrībere* 'scrivere'; av. 1375] v. tr. (coniug. come *scrivere*) *1* (*lett.*) Annoverare: *in quella prova fu ascritto fra i migliori*. *2* (*lett.*) Attribuire, imputare: *a. qlco. a merito, a beneficio, a lode di qlcu.*

ascrivìbile [1958] agg. ● Che può essere ascritto: *uno sbaglio a. a distrazione*. SIN. Attribuibile.

Àsdic /ingl. ˈæzdɪk/ [sigla dell'ingl. *Allied Submarine Detection Investigation Committee* 'Comitato alleato di ricerche per l'individuazione dei sommergibili'; 1970] s. m. ● Ecogoniometro.

aseità [dal lat. *ā sē* 'da sé'; 1787] s. f. ● (*filos.*) Condizione dell'essere che ha in sé stesso la ragione della propria esistenza. CONTR. Abalietà.

asèllo [lat. *asĕllu(m)*, dim. di *ăsinus* 'asino'; av. 1698] s. m. ● Piccolo crostaceo degli Isopodi di acqua dolce, fornito di sette paia di zampe terminanti a uncino (*Asellus aquaticus*).

asemanticità [1969] s. f. ● Caratteristica di ciò

askenazita

che è asemantico.
asemàntico [comp. di a- (1) e semantico; 1974] **agg.** (**pl. m.** -ci) ● (ling.) Che non ha un significato proprio, autonomo: unità asemantiche | Non conforme alle regole semantiche di una lingua: frase asemantica. || **asemanticaménte**, avv.

asèpsi [comp. di a- (1) e del gr. sêpsis 'putrefazione', da sḗpō 'io putrefaccio'; 1891] **s. f. inv.** ● (med.) Completa assenza di microrganismi patogeni: a. di laboratori biomedici | Insieme di tecniche dirette a impedire la contaminazione da germi patogeni delle ferite o degli organi e tessuti interessati da interventi chirurgici, al fine di evitare le infezioni | **A. chirurgica**, l'insieme delle misure adottate a protezione del campo e dell'ambiente operatorio.

asessuàle [comp. di a- (1) e sessuale; 1892] **agg.** ● (biol.) Detto di riproduzione che avviene senza il concorso degli organi di sesso. **SIN.** Agamico. || **asessualménte**, avv. Per via asessuale.

asessuàto [1949] **agg.** **1** Privo di organi sessuali differenziati. **2** (biol.) Asessuale. **3** (fig.) Neutro, indifferenziato, privo di specifica caratterizzazione. || **asessuataménte**, avv.

asèttico [comp. di a- (1) e del gr. sēptikós 'putrefativo'. V. asepsi; 1886] **agg.** (**pl. m.** -ci) **1** Relativo all'asepsi | Detto di ferita, campo operatorio, ferro chirurgico e sim. in condizioni di asepsi. **2** (fig.) Che è privo di passionalità, freddo, sterile: temperamento, contegno, stile a.; in tempi meno asettici dei nostri (SCIASCIA) | **asetticaménte**, avv.

asfaltàre [da asfalto; 1941] **v. tr.** ● Coprire, pavimentare con asfalto, misto ad altro bitume ed eventualmente a ghiaia, una massicciata stradale per renderla liscia e impermeabile.

asfaltatóre [1913] **s. m.** (**f.** -trice) ● Chi è addetto all'asfaltatura di strade e sim.

asfaltatùra [1913] **s. f.** ● Operazione dell'asfaltare | Rivestimento di asfalto.

asfàltico [av. 1828] **agg.** (**pl. m.** -ci) ● Che contiene asfalto.

asfaltista [1925] **s. m. e f.** (**pl. m.** -i) ● Asfaltatore.

asfàlto [vc. dotta, lat. tardo asphăltu(m), nom. asphăltus, dal gr. ásphaltos, di orig. semitica; 1550] **s. m.** **1** Miscela di idrocarburi fluidi e viscosi, di origine organica, parzialmente ossidati, con impurità minerali, usato per le sue caratteristiche impermeabilizzanti per calafatare, coprire terrazzi, tetti e spec. per la pavimentazione stradale. **2** (est.) Strada, via asfaltata: gli pneumatici mordono l'a.; a. insanguinato dagli incidenti.

asfèrico [comp. di a- (1) e sferico; 1961] **agg.** (**pl. m.** -ci) ● (ottica) Detto di sistema ottico che non presenta aberrazione sferica.

asfissìa [gr. asphyxía 'arresto del polso', comp. di a- (1) e sphýzō 'io palpito'; 1773] **s. f.** **1** (med.) Difficoltà o arresto della funzione respiratoria, dovuta a mancanza di ossigeno nell'aria o a impedimento della respirazione (annegamento, strangolamento, gas tossici, paralisi, ecc.). **2** (fig.) Mancanza di vitalità: La letteratura è in istato d'a. (LEOPARDI). **SIN.** Paralisi.

asfissiànte [1864] **part. pres.** di asfissiare; anche **agg.** **1** Che asfissia: gas a. | (est.) Che toglie il respiro: caldo a. **2** (fig.) Molto fastidioso, opprimente, molesto. || **asfissianteménte**, avv.

asfissiàre [1829] **A v. tr.** (io asfissio) **1** (med.) Provocare asfissia. **2** (est.) Dare l'impressione che il respiro venga a mancare (anche assol.): l'aria viziata di quell'ambiente ci asfissiava; c'è un caldo che asfissia. **3** (fig., fam.) Opprimere, molestare: asfissia tutti con le sue continue domande. **B v. intr.** (aus. essere) **1** Essere colpito da asfissia. **2** (est.) Sentirsi mancare il respiro: quasi asfissiava per il fetore di quel luogo. **C v. rifl.** ● Uccidersi mediante asfissia: la ragazza tentò di asfissiarsi per amore.

asfìttico [dal gr. ásphyktos 'senza polso', comp. di a- (1) e un deriv. di sphýzein 'pulsare'. V. asfissia; 1773] **agg.** (**pl. m.** -ci) **1** Di asfissia: stato a. | Che è in stato di asfissia totale o parziale. **2** (fig.) Privo di vitalità: una tradizione culturale ormai asfittica; un mercato discografico diventato a. || **asfitticaménte**, avv.

asfodèlo o (raro) **asfòdelo** [vc. dotta, lat. asphŏdelu(m), nom. asphŏdelus, dal gr. asphódelos, di orig. preindeur.; sec. XIV] **A s. m.** ● Pianta erbacea delle Liliacee con lunghe foglie e fiori bianchi raccolti in grappoli, presso gli antichi greci e Romani sacra ai morti (*Asphodelus albus*). ➡ **ILL. piante**/11. **B** in funzione di **agg.** ● (posposto al s., poet.) Che è coperto di asfodeli: le anime s'avanzano sul prato a. (D'ANNUNZIO).

ashànti /aʃˈʃanti/ o **asciànti** [dal n. indigeno (?); 1896] **agg.**; anche **s. m. e f. inv.** ● Appartenente a un gruppo etnico del Ghana e della Costa d'Avorio, di elevata cultura.

ashkenazìta /askenadzˈdzita/ ● V. askenazita.

ashram /ˈaʃram, ingl. ˈæːʃrɔm/ [dal sanscrito āśramah 'eremitaggio', comp. di ā- 'verso, vicino' e śramh 'sforzo, fatica'; 1975] **s. m. inv.** (pl. ingl. ashrams) ● Comunità religiosa formata dai seguaci di un guru induista | L'edificio in cui ha sede la comunità.

-àṣi [dalla parte finale del primo enzima isolato, la (diast)asi] **suff.** ● In parole scientifiche forma le denominazioni di enzimi: amilasi, maltasi.

aṣìaco [vc. dotta, lat. tardo asīacu(m), nom. asīacum, da Asia 'Asia'; av. 1907] **agg.** (**pl. m.** -ci) ● (lett.) Asiatico.

aṣiàgo [dal n. della città di Asiago, in prov. di Vicenza; 1973] **s. m. inv.** ● Tipo di formaggio semicotto, a maturazione media, prodotto con latte vaccino in forme piuttosto grandi.

aṣialìa o **ascialìa** [comp. di a- (1) e del gr. síalon 'saliva' (di etim. incerta); 1955] **s. f.** ● (med.) Mancanza della secrezione salivale.

aṣianéṣimo o **aṣianìṣmo** [da asiano; 1965] **s. m.** ● Movimento letterario dell'antichità greco-romana fautore di una imitazione stilistica degli ampollosi retori dell'Asia Minore | (est.) Retorica sovrabbondanza e ricercatezza nello stile letterario.

aṣiàno [vc. dotta, lat. asiānu(m), propr. 'asiatico', poi 'seguace della scuola retorica asiatica', dal gr. asianós, agg. di Asia 'Asia'; sec. XV] **agg.** **1** (poet.) Dell'Asia. **2** Relativo all'asianesimo o ai suoi canoni estetici.

aṣiàtica [f. sost. di asiatico; 1957] **s. f.** ● Influenza asiatica.

aṣiàtico [vc. dotta, lat. Asiăticu(m), nom. Asiăticus, dal gr. Asiatikós 'dell'Asia'; 1513] **A agg.** (**pl. m.** -ci) ● Che è proprio dell'Asia: popolazioni asiatiche; animali asiatici | **Influenza asiatica**, epidemia di influenza provocata da un virus proveniente dall'Asia | **Stile, lusso a.**, (fig., disus.) pomposo. **B s. m.** (**f.** -a) ● Abitante, nativo dell'Asia: gli europei e gli asiatici.

aṣigmàtico [comp. di a- (1) e sigmatico; 1965] **agg.** (**pl. m.** -ci) ● (ling.) Privo di sigma: aoristo a.

aṣillàbico [comp. di a- (1) e sillabico; 1974] **agg.** (**pl. m.** -ci) **1** (ling.) Che non è centro di sillaba: fonema a.; vocale asillabica. **2** Detto di verso il cui ritmo non è fondato su un numero fisso di sillabe.

•aṣìlo [vc. dotta, lat. asýlu(m), dal gr. ásylon 'inviolabile', comp. di a- (1) e sýlon 'violenza, rapina'; 1505] **s. m.** **1** Rifugio, ricovero, ricetto: cercare, chiedere, trovare a. | **Diritto di a.**, nell'antichità e secondo il vigente diritto canonico, inviolabilità accordata al rifugiato in un tempio o in una chiesa | **A. politico**, inviolabilità accordata allo straniero rifugiato per motivi politici in territorio estero o in luoghi che godono della extraterritorialità. **2** Luogo in cui si raccolgono persone bisognose di assistenza e aiuto | **A. di mendicità**, ricovero per vecchi in disagiate condizioni | **A. notturno**, dove si offre da dormire a chi non ha tetto. **3** Scuola materna: a. infantile, d'infanzia | **A. nido**, quello che custodisce i bambini fino a tre anni, spec. quando entrambi i genitori lavorano.

aṣimmetrìa [comp. di a- (1) e simmetria; 1748] **s. f.** ● Mancanza, difetto di simmetria tra le parti di un oggetto.

aṣimmetricità [1965] **s. f.** ● (raro) Caratteristica, proprietà di ciò che è asimmetrico.

aṣimmètrico [comp. di a- (1) e simmetrico; 1885] **agg.** (**pl. m.** -ci) **1** Privo di simmetria. **2** (chim.) Detto di derivato sostituito in cui i gruppi sostituenti non sono sistemati simmetricamente | Detto di atomo le cui valenze sono saturate da atomi o gruppi atomici diversi: atomo di carbonio a. || **aṣimmetricaménte**, avv.

aṣinàggine [av. 1566] **s. f.** ● Grande ignoranza.

aṣinàio [lat. asināriu(m), da ăsinus 'asino'; 1353] **s. m.** (**f.** -a) ● Chi guida l'asino.

aṣinartèto o **aṣinàrteto** [vc. dotta, gr. asynártētos 'senza connessione', comp. di a- (1) e un deriv. di synártān 'connettere, congiungere', comp. di sýn 'con' (V. simpatia) e artân 'attaccare, connettere', da aérein 'attaccare', di orig. indeur.; 1929] **agg.** ● Detto di verso formato da due membri di andamento ritmico contrario.

aṣinàta [da asino; 1832] **s. f.** ● Atto, discorso che rivela ignoranza e grossolanità.

aṣincronìa [comp. di a- (1) e sincronia; 1970] **s. f.** ● Mancanza di sincronia.

aṣincronìṣmo [comp. di a- (1) e sincronismo; 1942] **s. m.** **1** (fis.) Caratteristica di ciò che è asincrono. **2** Nella tecnica cinematografica, effetto di mancata sincronizzazione fra colonna visiva e colonna sonora.

aṣìncrono [comp. di a- (1) e sincrono; 1950] **agg.** **1** (fis.) Detto di processo non coincidente nel tempo con altri processi. **2** Detto di motore elettrico a corrente alternata la cui velocità dipende, ma non rigidamente, dal numero di poli e dalla frequenza della corrente.

aṣindètico [av. 1642] **agg.** (**pl. m.** -ci) ● (ling.) Coordinato per asindeto.

aṣìndeto [vc. dotta, lat. asýndeto(n), dal gr. asýndeton 'slegato', comp. di a- (1) e sundéō, 'io lego'; av. 1604] **s. m.** ● (ling.) Figura retorica che consiste nell'accostare fra loro i membri di un'enumerazione senza l'impiego delle congiunzioni: le donne in festa, in alegrezza, in gioco, / in danze perregrine, in dolci canti (BOIARDO). **CONTR.** Polisindeto.

aṣinergìa [comp. di a- (1) e sinergia; 1950] **s. f.** **1** (med.) Incoordinazione fra più organi o parti corporee che normalmente interagiscono in modo armonico. **2** (med.) Alterazione dell'intensità e della regolare successione dei movimenti elementari che formano un atto volontario; è causata da malattie del cervelletto.

aṣinerìa [av. 1462] **s. f.** ● Asinaggine | Discorso, comportamento da ignorante, da sciocco.

aṣinésco [av. 1478] **agg.** (**pl. m.** -schi) ● Da persona ignorante e villana. || **aṣinescaménte**, avv.

aṣinìno [vc. dotta, lat. asinīnu(m), da ăsinus 'asino'; 1308] **agg.** **1** Di asino, da asino: orecchie asinine | (fig.) Da zotico: comportamento a. **2** **Tosse asinina**, pertosse. || **aṣininaménte**, avv.

aṣinità [1525] **s. f.** ● Ignoranza grossolana | Asineria.

♦aṣino [lat. ăsinu(m) di orig. preindeur.; 1282] **A s. m.** (**f.** -a) **1** Mammifero dei Perissodattili, più piccolo del cavallo e con orecchie più lunghe, grigio e biancastro sul ventre con lunghi crini all'estremità della coda (*Equus asinus*). **SIN.** Ciuco, somaro. **CFR.** Ragliare. ➡ **ILL. animali**/12 | **Legare l'a. dove vuole il padrone**, (fig.) obbedire docilmente | **Lavare la testa all'a.**, (fig.) far cosa inutile | **A schiena d'a.**, (fig.) detto di superficie convessa | **Bellezza dell'a.**, (fig., fam.) quella caratteristica della prima giovinezza | **Fare, essere come l'a. di Buridano**, rimanere incerti sul partito da prendere (secondo un paradosso attribuito al filosofo fr. G. Buridano (1330 ca.-1358 ca.), un asino, posto fra due mucchi di fieno identici, morirebbe di fame non riuscendo a scegliere). **2** (fig.) Persona ignorante, zotica: è un a. calzato e vestito. **B** in funzione di **agg.** ● (raro) Ignorante, grossolano: gente asina. | **PROV.** Meglio un asino vivo che un dottore morto; chi non può dare all'asino dà al basto. || **aṣinàccio**, pegg. | **aṣinèllo**, dim. | **aṣinettàccio**, pegg. | **aṣinétto**, dim. | **aṣinìno**, dim. | **aṣinóne**, accr. | **aṣinòtto**, dim. | **aṣinùccio**, dim. | †**aṣinaménte**, avv. Da ignorante.

aṣintàttico [comp. di a- (1) e sintattico; 1912] **agg.** (**pl. m.** -ci) ● Privo di sintassi: periodo a. || **aṣintatticaménte**, avv.

aṣintomàtico [comp. di a- (1) e sintomatico; 1983] **agg.** (**pl. m.** -ci) ● Che non presenta sintomi.

aṣintòtico [av. 1742] **agg.** (**pl. m.** -ci) **1** (mat.) Di asintoto | Di proprietà o comportamento d'una funzione al tendere delle variabili all'infinito. || **aṣintoticaménte**, avv.

aṣìntoto o **aṣìntòto** [vc. dotta, gr. asýmptōtos, comp. di a- (1) e dall'agg. verbale di symptōtō 'io coincido'; av. 1673] **s. m.** (mat.) Retta cui una curva data si avvicina indefinitamente senza mai incontrarla | Tangente a una curva piana in un suo punto all'infinito.

aṣìṣmico [comp. di a- (1) e sismico; 1923] **agg.** (**pl. m.** -ci) **1** Che non è soggetto al terremoto: zona asismica. **2** Antisismico. || **aṣiṣmicaménte**, avv.

askenazìta /askenadzˈdzita/ o **ashkenazìta**,

askenàzi [ebr. *ashkĕnaz*, parola della Bibbia indicante una nazione discendente da Iafet, che nel Medioevo fu identificata con la Germania; 1969] **agg.**; anche **s. m. e f.** (**pl. m.** *-i*) ● Ebreo originario dell'Europa centrale e orientale.

Asl /a'ɛsse 'ɛlle/ [sigla di *A(zienda) s(anitaria) l(ocale)*; 1996] **s. f. inv.** ● Azienda articolata in distretti sanitari di base che erogano l'assistenza sanitaria in ambito territoriale, facente capo al Servizio Sanitario Nazionale.

àsma [vc. dotta, lat. *ăsthma*, dal gr. *ásthma* 'respirazione faticosa', di etim. incerta; av. 1306] **s. f.** o raro **m.** (**pl. f.** *-e*, **m.** *-i*) ● (*med.*) Condizione morbosa caratterizzata da intensa difficoltà respiratoria | ***A. bronchiale***, provocata da spasmo dei piccoli bronchi | ***A. cardiaca***, da insufficienza cardiaca | ***A. allergica***, provocata da allergeni.

asmàtico [vc. dotta, lat. *asthmătĭcu(m)*, nom. *asthmătĭcus*, dal gr. *asthmatikós*, da *ásthma* 'asma'; sec. XIV] **A agg.** (**pl. m.** *-ci*) **1** Di asma, relativo ad asma. **2** (*fig.*) Stentato, difficoltoso: *una prosa asmatica*. **B agg.**; anche **s. m.** (**f.** *-a*) ● Che (o Chi) è affetto da asma.

asociàle [comp. di *a-* (*1*) e *sociale*; 1914] **A agg.** **1** Che è privo di coscienza sociale, che non sente o rifiuta le esigenze della vita sociale. **2** Detto di persona chiusa e introversa. || **asocialménte**, **avv.** **B s. m. e f.** ● Persona asociale.

asocialità [1946] **s. f.** ● Caratteristica di chi (o di ciò che) è asociale: *l'a. di un atto*.

àsola [lat. *ănsula(m)*, dim. di *ănsa* 'impugnatura'; 1663] **s. f.** **1** Piccolo taglio nel tessuto di un abito, orlato con punto a smerlo, destinato ad accogliere il bottone. **2** Occhiello di metallo in cui entra un perno | Fessura, ove si introduce la moneta o il gettone, in apparecchi automatici di distribuzione di sigarette, generi alimentari e sim.

asolàia [da *asola*; 1942] **s. f.** ● Lavorante specializzata nell'esecuzione delle asole. **SIN.** Occhiellaia.

asolàre [etim. incerta; av. 1712] **v. intr.** (*io àsolo*; aus. *avere*) **1** (*lett.*) Alitare, spirare, spec. del vento. **2** (*lett.*) Prendere aria, rinfrescarsi.

àsolo [da *asolare*; 1865] **s. m.** ● (*lett.*) Alito, soffio di vento.

a sòlo ● V. *assolo*.

àspa [da *aspo*; av. 1566] **s. f.** ● (*tess.*) Aspo.

Asparagàcee [vc. dotta, comp. di *asparago* e *-acee*; 1862] **s. f. pl.** (**sing.** *-a*) ● Nella tassonomia vegetale, sottofamiglia di piante erbacee rizomatose delle Liliacee con frutti a bacca (*Asparagaceae*).

asparagéto [av. 1597] **s. m.** ● Luogo coltivato ad asparagi.

asparagiàia o (*pop.*) **sparagiàia** [1865] **s. f.** ● Asparageto.

asparagìna [da *asparago*; 1819] **s. f.** ● (*chim.*) Amminoacido presente nelle proteine, ammide dell'acido aspartico.

aspàrago o (*tosc.*) **asparàgio**, (*pop.*) **sparàgio**, †**spàrago** [lat. *aspărăgu(m)*, nom. *aspărăgus*, dal gr. *aspáragos*, di etim. incerta; sec. XV] **s. m.** (**pl.** *-gi*) ● Pianta erbacea delle Liliacee con rizoma corto e grosso dal quale spuntano germogli commestibili (*Asparagus officinalis*) | (*est.*) Il germoglio commestibile (detto *turione*) di tale pianta: *uova con gli asparagi*; *risotto, frittata con punte di asparagi* | ***A. selvatico***, pianta suffruticosa delle Liliacee fornita di acute spine (*Asparagus acutifolius*). ➡ **ILL. piante**/11.

aspargicoltóre [comp. di *aspar(a)go* e *-coltore*; 1983] **s. m.** (**f.** *-trice*) ● Coltivatore di asparagi.

aspargicoltùra [comp. di *aspar(a)go* e *-coltura*; 1983] **s. f.** ● Coltivazione degli asparagi.

Aspartàme® [dal fr. *aspartique*, n. di un acido nel quale si trasforma l'*asparagina*; 1985] **s. m.** (**pl.** *-i*) ● Dolcificante ipocalorico a base di amminoacidi.

aspàrtico [fr. *aspartique*, acido che si ottiene dall'*asparagina*] **agg.** (**pl. m.** *-ci*) ● (*chim.*) Detto di un acido bicarbossilico presente nelle proteine, simile all'acido glutammico: *acido a.*

aspàta [1829] **s. f.** ● Quantità di filato che resta avvolto all'aspo.

aspatóio [1955] **s. m.** ● Aspo industriale.

aspatóre [1955] **s. m.** (**f.** *-trice*) ● Operaio addetto all'aspatura.

aspatùra [da *aspo*; 1955] **s. f.** ● Svolgimento di un filato da bobine o rocche per avvolgerlo su aspi onde formare matasse.

àspe ● V. *aspide*.

aspecìfico [comp. di *a-* (*1*) e *specifico*; 1942] **agg.** (**pl. m.** *-ci*) ● (*med.*) Detto di malattia la cui causa non è specifica.

asperèlla o **asprèlla**, **sperèlla**, **sprèlla** [lat. parl. **asperĕlla(m)*, da *ăsper* 'ruvido'; 1598] **s. f.** ● (*bot.*) Coda di cavallo | Attaccamani.

†**asperézza** ● V. *asprezza*.

aspèrge ● V. *asperges*.

aspèrgere [vc. dotta, lat. *aspĕrgere*, comp. di *ăd* e *spărgere* 'spargere'; av. 1342] **v. tr.** (**pres.** *io aspèrgo, tu aspèrgi*; **pass. rem.** *io aspèrsi, tu aspergésti*; **part. pass.** *aspèrso*) **1** (*lett.*) Bagnare, spruzzare leggermente. **2** Spruzzare ritualmente d'acqua benedetta i fedeli o l'altare. **3** (*lett.*) Spargere, cospargere.

aspèrges o **aspèrge** [dal versetto che il sacerdote pronuncia aspergendo con l'acqua benedetta: *Asperges me, Domine, hyssopo et mundabor* 'mi aspergerai con issopo e sarò puro'; 1524] **s. m. inv.** ● Aspersorio.

Aspergillàcee [vc. dotta, comp. di *aspergillo* e *-acee*; 1929] **s. f. pl.** (**sing.** *-a*) ● Nella tassonomia vegetale, famiglia di Funghi degli Ascomiceti che formano muffe verdastre sulle sostanze in decomposizione (*Aspergillaceae*).

aspergìllo [dalla forma, come di un *aspersorio*; 1829] **s. m.** ● Genere di Funghi degli Ascomiceti delle Aspergillacee, a forma di aspersorio, patogeni per l'uomo in alcune specie (*Aspergillus*).

aspergillòsi [comp. di *aspergillo* e *-osi*; 1939] **s. f. inv.** ● Malattia dell'uomo e degli animali prodotta da una specie patogena di aspergillo, localizzata spec. nei polmoni.

asperità o †**asprità** [vc. dotta, lat. *asperitāte(m)*, da *ăsper* 'aspro'; 1274 ca.] **s. f.** ● Irregolarità, scabrosità: *l'a. del terreno* | (*fig.*) Difficoltà, impedimento: *le a. della vita*.

aspermìa [comp. di *a-* (*1*) e di un deriv. di *sperma* nel senso di 'seme'; 1955] **s. f.** **1** (*med.*) Incapacità di produrre o di emettere lo sperma. **2** (*bot.*) Mancata formazione del seme per cause genetiche o patologiche. **CFR.** Partenocarpia.

†**àspero** ● V. *aspro*.

aspèrrimo [superl. di *aspro*; av. 1342] **agg.** ● Che è estremamente aspro (*spec. fig.*).

aspersióne [vc. dotta, lat. *aspersiōne(m)*, da *aspĕrgere* 'aspergere'; 1319] **s. f.** **1** (*raro*) L'aspergere. **2** Rito dell'aspergere con acqua benedetta.

aspèrso [1532] **part. pass.** di *aspergere*; anche **agg.** ● Nei sign. del v.

aspersòrio [vc. dotta, lat. mediev. *aspersoriu(m)*, da *aspĕrgere* 'aspergere'; 1556] **s. m.** ● Strumento per aspergere con l'acqua benedetta.

aspèrula [dal lat. *ăsper* 'aspro', con suff. dim.; 1793] **s. f.** ● Genere di piante erbacee delle Rubiacee con foglie verticillate e fiori in pannocchie (*Asperula*) | ***A. odorosa***, stellina odorosa.

†**aspettànza** [sec. XIII] **s. f.** ● Attesa.

♦**aspettàre** [lat. parl. **aspectāre* per *exspectāre*, da *spectāre* 'guardare'; av. 1250] **v. tr.** (*io aspètto*) **1** Avere l'animo e la mente rivolti al verificarsi di qlco. o all'arrivo di qlcu. (*anche assol.*): *a. con desiderio, con ansia, con timore*; *a. un amico, una telefonata, una notizia*; *non aspetto nessuno*; *sono due ore che aspetto*; *siamo stanchi di a.*; *aspettava da anni il ritorno del padre*; *aspetta di ottenere la promozione*; *non gli resta che a. la morte* | ***Farsi a.***, arrivare in ritardo: *le piace farsi a.*; *stamattina l'autobus si fa a.* | ***A. un bambino***, (*fig.*) essere in stato di gravidanza | ***A. la manna, la Provvidenza***, (*fig.*) non fare nulla per togliersi dagli impicci | ***A. qlcu. a braccia aperte***, (*fig.*) con vivo desiderio | ***A. la palla al balzo***, (*fig.*) l'occasione buona | ***A. qlcu. al varco***, (*fig.*) attenderlo in una situazione delicata, particolarmente difficile da superare | ***Qui t'aspettavo!***, (*fig.*) ecco il momento in cui ti si può mettere alla prova. **2** Subordinare il compimento di un'azione al verificarsi di un evento: *aspetterò il suo arrivo fino a domani, poi deciderò io stesso*; *prima di uscire aspettò che il temporale finisse* | ***Ma che cosa aspetti?***, detto a chi esita a far qlco. | (*assol.*) Indugiare: *ricordati che il tempo non aspetta*; *abbiamo aspettato troppo*. **3** (*intens.*) ***Aspettarsi qlco.***, prevederla: *non devi aspettarti niente da lui*; *non m'aspetto nulla di buono*; *questa me l'aspettavo*; *al mondo bisogna aspettarsi di tutto* | ***C'era da aspettarselo!***, di situazione facilmente prevedibile. || **PROV.** Chi la fa l'aspetti.

aspettatìva [1565] **s. f.** **1** Attesa: *essere, stare in a. di qlco.* | (*est., spec. al pl.*) Ciò che ci si aspetta: *essere inferiore, superiore alle aspettative*; *deludere le aspettative*; **SIN.** Previsione. **2** Condizione di un lavoratore dipendente che, dietro sua richiesta, è dispensato dal prestare servizio per un determinato periodo di tempo: *chiedere un anno di a.*; *mettersi in a. per motivi di salute, di famiglia*.

†**aspettatóre** [av. 1311] **s. m.** (**f.** *-trice*) ● Chi aspetta.

aspettazióne [lat. *expectatiōne(m)*. V. *aspettare*; av. 1342] **s. f.** **1** (*lett.*) Attesa: *stare in a.* | Stato d'animo di chi aspetta: *era un'a. insostenibile*. **2** (*est., lett.*) Speranza: *rispondere, venire meno all'a.*

aspètto (**1**) [da *aspettare*; av. 1363] **s. m.** ● (*lett.*) Attesa: *Deh non mi tener più in cotanto a.* (L. DE' MEDICI) | ***Sala d'a.***, nelle stazioni e in altri luoghi di pubblico servizio, quella in cui le persone aspettano di partire o di essere ricevute | (*mus.*) ***Battuta d'a.***, V. *battuta*, sign. 5 | ***Caccia all'a.***, praticata aspettando i selvatici nei luoghi di pastura o di abbeverata.

♦**aspètto** (**2**) [vc. dotta, lat. *aspĕctu(m)*, da *aspĭcere* 'guardare'; 1294] **s. m.** **1** (*lett.*) Vista, sguardo | ***A primo a.***, a prima vista. **2** Ciò che si presenta alla vista | (*est.*) Modo in cui qlco. si presenta alla vista: *l'a. del paese era tranquillo*. **3** (*est.*) Sembianza, apparenza: *avere un brutto, un bell'a.*; *essere di a. gradevole, sgradevole, florido, sofferente*; *un uomo di umile a.* **4** Punto di vista, modo di considerare una questione, un problema e sim.: *sotto certi aspetti sono d'accordo*; *alla luce dei nuovi fatti la faccenda cambia a.*; *i diversi aspetti di uno stesso problema*. **5** (*ling.*) Modo di rappresentare il processo verbale nella sua durata, nel suo svolgimento, nel suo compimento: *a. progressivo, a. risultativo*. **6** (*astrol.*) Distanza in gradi tra due pianeti | ***Pianeta in buon a.***, favorevole.

aspettuàle [dall'ingl. *aspectual* deriv. di *aspect* 'aspetto' in senso gramm.; 1979] **agg.** ● (*ling.*) Relativo all'aspetto verbale: *l'opposizione a. perfettivo/imperfettivo è molto diffusa nelle varie lingue*.

aspic /fr. as'pik/ [uso figurato di *aspic* 'serpente' (dal gr. *áspis* 'serpente aspide', con la terminazione in *-ic* di *basilisk* 'basilisco'), perché la gelatina può ricordare il colore della pelle del serpente, o dalla forma a serpente degli stampi; 1905] **s. m. inv.** ● Vivanda, spec. a base di carne o pesce, in gelatina, modellata in piccoli stampi.

àspide o (*lett.*) **àspe**, †**àspido** [vc. dotta, lat. *ăspide(m)*, nom. *ăspis*, dal gr. *aspís*, vc. prob. preindeur.; sec. XIII] **s. m.** **1** (*lett.*) Serpente velenoso. **2** ***A. di Cleopatra***, serpente velenoso bruno a macchie nere irregolari capace, in stato di agitazione, di dilatare il collo (*Naja haje*). **SIN.** Cobra egiziano. **3** Antica bocca da fuoco di piccolo calibro del genere colubrina. **4** (*fig., lett.*) Persona malvagia e irosa.

aspidìstra [dal gr. *aspís*, genit. *aspídos* 'scudo' (di etim. incerta), col suff. *-istra* dei n. d'agente f. gr.; detta così dall'aspetto delle sue foglie; 1865] **s. f.** ● Pianta ornamentale delle Liliacee, con larghe foglie coriacee, molto resistente alla siccità, alla mancanza di luce e alla polvere (*Aspidistra elatior*). ➡ **ILL. piante**/11.

†**àspido** ● V. *aspide*.

aspirànte [1579] **A part. pres.** di *aspirare*; anche **agg.** ● Che aspira qlco.: *pompa, congegno a.* | Che aspira a qlco.: *a. attore*. **B s. m.** (anche **f.** nel sign. 1) **1** Chi aspira a raggiungere, a ottenere qlco.: *a. a un ufficio, a un premio, a una nomina* | ***A. al titolo***, nel pugilato, l'atleta professionista al quale è stato riconosciuto il diritto di incontrare il detentore di un titolo di campione messo in palio. **2** ***A. ufficiale***, grado istituito in tempo di guerra per la categoria degli ufficiali di complemento, intermedio fra quello di aiutante di battaglia e quello di sottotenente.

aspirapólvere [comp. di *aspira(re)* e *polvere*; 1942] **s. m. inv.** ● Elettrodomestico che aspira la polvere e i piccoli rifiuti depositandoli in un apposito contenitore a sacco: *passare l'a.*

aspiràre [vc. dotta, lat. *aspirāre* 'inspirare, infondere', comp. di *ăd* e *spirāre* 'soffiare'; 1319] **A v. tr.** **1** Immettere nei polmoni inspirando attraverso la bocca o il naso: *a. l'aria pura del primo mattino*; *a. il fumo della sigaretta*. **2** (*est.*) Trarre a sé, detto di apparecchi che servono a estrarre da un ambiente gas, liquidi, solidi e sim. **3** (*ling.*) Articolare, pronunciare con aspirazione: *a. la consonante c*. **4** (*lett.*) †Ispirare: *Zefiro torna, che de amore aspira / … desioso instinto* (BOIARDO) **B** v. intr. (aus. *avere*) **1** Anelare, mirare a qlco.: *a. al successo mondano, all'amore, alla gloria*; *aspira a essere assunto*. **2** (*lett.*) †Spirare | (*fig.*) Essere favorevole.

aspiràto [av. 1565] part. pass. di *aspirare*; anche agg. **1** Nei sign. del v. | (*ling.*) Pronunciato con aspirazione. **2** (*autom.*) Detto di motore a scoppio a quattro tempi con carburatore in cui la miscela aria-carburante viene aspirata nel cilindro dal solo movimento del pistone.

aspiratóre [fr. *aspirateur*, dal lat. *aspirāre* 'aspirare'; 1875] s. m. **1** Apparecchio per estrarre aria, gas o polvere da un ambiente. **2** (*med.*) Strumento chirurgico per aspirare liquidi o sangue da una ferita.

aspirazióne [vc. dotta, lat. *aspiratiōne(m)*, da *aspirāre* 'aspirare'; av. 1557] s. f. **1** (*med.*, *raro*) Atto dell'aspirare con la bocca o con il naso; inspirazione | (*med.*) Operazione dell'aspirare liquidi o sim. dalle cavità o da altre parti del corpo. **2** (*ling.*) Soffio espiratorio che accompagna la pronuncia di certi suoni. **3** Complesso di condotti attraverso cui l'aria o la miscela combustibile è aspirata in un motore a combustione interna | Fase in cui lo stantuffo, discendendo nel cilindro, aspira tale miscela. **4** In una pompa idraulica di sollevamento, formazione di depressione che provoca il sollevamento dell'acqua dal pozzo inferiore al corpo di pompa: *tubo di a.*; *capacità di a.* **5** (*fig.*) Vivo desiderio di conseguire un fine: *provare, nutrire delle aspirazioni*; *la sua massima a. è di starsene tranquillo*. || **aspirazioncèlla**, dim.

aspirina® [dal ted. *Aspirin*, n. coniato dal chimico H. Dreser nel 1899, comp. di *A(cetyl)* 'acetile', *Spir(saüre)* 'acido salicilico' e *-in*; 1900] s. f. ● Acido acetilsalicilico in compresse, usato come antipiretico, analgesico e antireumatico.

asplènio o †**asplèno** [vc. dotta, lat. *asplēno(n)*, nom. *ásplēnos*, comp. di *a-* (*1*) e gr. *splḗn*, *splēnós* 'milza', perché si riteneva efficace contro i mali di questo organo; 1476] s. m. ● (*bot.*) Nella tassonomia vegetale, genere di Felci delle Polipodiacee, ad ampia distribuzione geografica, con fronde per lo più pennate, piccole e divise in lobi rotondeggianti (*Asplenium*).

àspo [got. **haspa*; 1312] s. m. **1** Asticella di legno con avvolta una matassa di spago, usata in giardinaggio per tracciare rettifili o aiuole. **2** Organo rotante della mietitrebbiatrice che colloca gli steli sul trasportatore. ➡ ILL. p. 2115 AGRICOLTURA. **3** (*tess.*) Attrezzo formato da un perno da cui si dipartono a raggiera dei supporti per il filato che serve ad eseguire l'aspatura. SIN. Annaspo, aspa, naspo.

asportàbile [av. 1729] agg. ● Che si può asportare.

asportàre [vc. dotta, lat. *asportāre*, comp. di *ābs* 'da' e *portāre* 'portare'; sec. XIV] v. tr. (*io aspòrto*) **1** Portare via da un luogo: *vino da a.* | Trafugare: *i ladri asportarono un prezioso quadro* | (*est.*) Estirpare: *a. una pianta*. **2** Togliere chirurgicamente un organo o una parte del corpo.

asportazióne [vc. dotta, lat. *asportatiōne(m)*, da *asportāre* 'asportare'; av. 1603] s. f. ● L'asportare | Rimozione chirurgica: *a. di un tumore*.

aspòrto [1829] s. m. **1** L'asportare: *a. di materiali*. **2** Nella loc. avv. ***da a.***, da portarsi via, da non consumarsi sul posto: *pizza da a.*

aspreggiàre [da *aspro*; 1340] v. tr. (*io asprèggio*) ● (*lett.*) Trattare con asprezza, tormentare: *oh cielo! / Perché aspreggiarmi anzi che udirmi vuoi?* (ALFIERI) | (*est.*) Inasprire.

asprèlla ● V. *asperella*.

asprétto [1889] **A** agg. **1** Dim. di *aspro*. **2** Che ha sapore tendente all'aspro: *vino a.* **B** s. m. ● Sapore leggermente aspro del vino. || **asprettino**, dim.

asprézza o †**asperézza** [da *aspro*; av. 1292] s. f. **1** Proprietà di ciò che è aspro al gusto, al tatto, all'udito: *l'a. di un sapore, di un aroma, di un suono* | (*ling.*) Incontro sgradevole di più consonanti. **2** Ruvidezza, scabrosità: *l'a. di una superficie* | (*est.*) Difficoltà: *l'a. del cammino* | Caratteristica di ciò che è brullo e selvaggio: *l'a. delle steppe nordiche*. **3** (*fig.*) Alterezza, severità: *riprendere qlcu. con a.* | (*est.*) Durezza: *mitigare l'a. del proprio carattere* | (*est.*) Crudeltà, ferocia: *l'a. della lotta, della battaglia*. **4** Freddo intenso: *l'a. del clima invernale, della notte polare*.

asprì [fr. *esprit*, dal lat. *spīritu(m)* 'soffio'; 1908] s. m. ● Pennacchio formato da numerosi fili di airone, usato come ornamento di copricapi militari e di cappelli o acconciature femminili.

asprigno [av. 1606] agg. **1** Che ha sapore alquanto aspro: *vino a.* **2** (*fig.*, *raro*) Ostile.

asprino [da *aspro*; av. 1600] s. m. ● Vino bianco frizzante, leggero, acidulo, prodotto in Basilicata e in Campania.

†**asprità** ● V. *asperità*.

àspro o †**àspero** [lat. *ăsperu(m)*, di etim. incerta; 1276] agg. (superl. *aspèrrimo* (V.), o *asprissimo*) **1** Che ha sapore agro e irritante per la gola, caratteristico della frutta acerba: *vino a.*; *uva aspra*; *prugne aspre* | (*est.*) Pungente, acre, detto di odore: *l'odore a. dell'aceto* | Sgradevole, stridulo, detto di suono: *voce aspra*. **2** (*ling.*) Detto di suono la cui pronuncia è relativamente intensa | ***Spirito a.***, nelle vocali iniziali aspirate del greco. **3** (*lett.*) Ruvido al tatto, scabro: *una superficie assai aspra*. **4** (*est.*) Malagevole, scosceso: *seguirono un a. cammino fra le rocce* | Brullo, selvaggio: *l'a. paesaggio andino*. **5** (*fig.*) Che mostra severità, alterezza: *trattare qlcu. in modo a.* | (*lett.*) Crudele: *i ludi aspri di Marte* (FOSCOLO). **6** Rigido, freddo, detto di clima: *l'a. inverno nordico*. || **asprétto**, dim. (V.) | **asprino**, dim. (V.) | **asprùccio**, dim. || **aspraménte**, avv.

aspromontàno agg. ● Dell'Aspromonte, regione montuosa della Calabria.

assaettàre [comp. di *a-* (*2*) e *saetta*; 1865] **A** v. tr. (*io assaétto* o *assaètto*) **1** (*tosc.*) Colpire con saetta. **2** (*fig.*, *lett.*) Molestare grandemente. **B** v. intr. (aus. *essere*) ● (*tosc.*) Essere colpito dal fulmine, spec. in imprecazioni: *che io possa a. se non è vero!* **C** v. intr. e intr. pron. (aus. *essere*) ● (*tosc.*, *fig.*) Arrabbiarsi, arrovellarsi.

assaettàto [av. 1729] part. pass. di *assaettare*; anche agg. **1** Nei sign. del v. **2** (*tosc.*) Posposto ad altro agg., assume valore raff.: ***pane duro a.***, durissimo; ***oggetto caro a.***, carissimo e sim. | (*raro*, *lett.*) Arrabbiato.

assafètida [comp. del lat. mediev. *asa*, di etim. incerta, e *foetida* 'puzzolente'; sec. XIV] s. f. **1** Pianta delle Ombrellifere con foglie inferiormente pelose e fiori giallastri che fornisce una gomma resinosa di odore sgradevole (*Ferula asafoetida*). **2** (*farm.*) Gommoresina ricavata dalla pianta omonima, usata un tempo come carminativo, antispastico, sedativo e antielmintico.

♦**assaggiàre** [comp. di *a-* (*2*) e *saggiare*; sec. XIII] v. tr. (*io assàggio*) **1** Provare il sapore di un cibo, di una bevanda: *a. il caffè, il pranzo* | (*est.*) Mangiare pochissimo: *non ho fame, assaggerò qlco.* | Cominciare a bere o a mangiare: *non gli lasciarono neppure il tempo di a. la cena* | (*fig.*) ***A. i pugni di qlcu.***, prenderli. **2** (*raro*) Saggiare (*anche fig.*): *a. l'oro*; *a. la propria resistenza*.

assaggiatóre [sec. XIV] s. m. (f. *-trice*) **1** Chi ha il compito di assaggiare vini o cibi per definirne le caratteristiche. **2** Saggiatore.

assaggiatùra [1400 ca.] s. f. ● (*raro*) Assaggio.

assaggino s. m. **1** Dim. di *assaggio*. **2** Piccola porzione di cibo o di bevanda.

assàggio [lat. tardo *exăgiu(m)* 'pesatura', con cambio di suff.; sec. XIV] s. m. **1** L'assaggiare | (*est.*) Piccola quantità di cibo o bevanda: *prendere un a. di dolce*. **2** (*fig.*) Campione: *ecco un a. della nostra merce* | Prova, mostra: *vi darò un a. delle mie capacità*. || **assaggino**, dim. (V.).

♦**assài** [lat. parl. **ăd sătis*, da *sătis* 'abbastanza'; av. 1250] **A** avv. **1** (*lett.*) Abbastanza, sufficientemente: *ho già visto a.*; *ho già lottato a.* | ***Averne a. di qlcu., di qlco.***, esserne stanco, non volerne più sapere. **2** Molto: *ha fatto a. per i suoi parenti*; *a. lo loda, e più lo loderebbe* (DANTE *Par.* VI, 142); *bere, mangiare a.* | Si usa a formare il superl. assol. avv.: *a. contento*; *uno spettacolo a. interessante*; *a. meno*; *a. più*; *a. prima*; *a. dopo*; *a. tardi*. **3** (*antifr.*) Nulla, per nulla: *so a.!*; *m'importa a. di tutto questo!* **4** Nella loc. avv. ***d'a.***, (*lett.*) di molto, di gran lunga: *la sua influenza era cresciuta d'a.* (BACCHELLI); †di valore, di notevole importanza, autorevole, riferito a persona: *Carlo Magno fu re … d'a. e coraggioso molto* (SACCHETTI). **B** in funzione di agg. inv. ● Molto, parecchio, in gran numero: *ho avuto a. fastidi*; *ci hai messo a. tempo*; *c'era a. gente*. || **assaìssimo**, superl. (V.). **C** in funzione di s. m. inv. **1** (*al pl.*) I molti, i più: *sono a. quelli che la pensano così*; *eravamo in a. a volerlo*; *i Fiorentini rimproverarono i loro che gli a. si lasciassino superare da pochi* (MACHIAVELLI). **2** Grande quantità: *per guadagnare l'a., avventurano il poco* (CASTIGLIONE).

assaìssimo [1536] **A** avv. ● Sup. di *assai*. **B** in funzione di agg. ● Moltissimo: *ben può il musico modificare in assaissime guise queste assuefazioni* (LEOPARDI).

assàle [lat. parl. **axāle(m)*, da *ăxis* 'asse (2)'; 1664] s. m. ● Parte dell'autoveicolo che ha la funzione di trasmettere il carico del telaio alle ruote con interposizione di molle e di trasmettere la forza motrice nonché sterzante alle ruote.

†**assaliménto** [av. 1292] s. m. ● Assalto.

♦**assalire** [lat. parl. **assalīre*, per il classico *assilīre* comp. di *ăd* e *salīre* 'saltare'; av. 1276] v. tr. (pres. *io assàlgo*, o *assalisco*, *tu assàli*, o *assalisci*; pass. rem. *io assalìi*, o †*assàlsi*, *tu assalìsti*, *essi assalìrono*, o †*assàlsero*) **1** Investire con impeto, aggredire con violenza (*anche fig.*): *assalì l'avversario alle spalle*; *lo assalirono con insulti d'ogni genere*. **2** (*fig.*) Impadronirsi, cogliere, investire con forza, detto di sentimenti, passioni o anche malattie: *un ricordo doloroso lo assale*; *me, s'io giaccio in riposo, il tedio assale* (LEOPARDI); *la polmonite l'assalì all'improvviso*.

assalitóre [1312] agg. e s. m. (f. *-trice*) **1** Che (o Chi) assale. **2** †Detrattore.

assaltàre [lat. par. **assaltāre*, comp. di *ăd* e *saltāre* 'saltare'; sec. XIII] v. tr. ● Dare l'assalto, prendere d'assalto (*anche fig.*) | †***A. alla strada***, rapinare qlcu. per la strada.

assaltatóre [av. 1540] s. m. (f. *-trice*) ● Chi assalta.

♦**assàlto** [da *assaltare*; sec. XIII] s. m. **1** (*mil.*) Azione con cui le truppe più avanzate nel combattimento concludono la fase decisiva dell'attacco: *reparti d'a.* | ***Mezzi d'a.***, in marina, mezzi navali destinati a colpire le unità nemiche rifugiate nei porti. **2** (*est.*) Attacco violento effettuato facendo gener. uso di armi: *l'a. al treno*; *muovere all'a.*; *dare l'a. a una banca*; *la città fu conquistata al primo a.* | ***Prendere d'a.***, conquistare di slancio; (*est.*) accalcarsi, affollare, cercare di entrare in un luogo o in un mezzo di trasporto; (*fig.*) affrontare qlcu. o qlco. con decisione | ***A. alla diligenza***, (*fig.*) tentativo di impossessarsi di qlco. con ogni mezzo | Nella loc. agg. ***d'a.***, detto di chi svolge un incarico o una professione con grande risolutezza o particolare grinta: *pretore d'a.*; *giornalista d'a.* **3** (*sport*) Incontro tra due schermidori: *a. in sala*; *a. in gara* | ***A. accademico***, di esibizione | Nel pugilato, ripresa. **4** (*fig.*) Manifestazione brusca e improvvisa di malattie, sentimenti, passioni e sim.: *l'a. del male*; *l'a. dei ricordi*.

†**assannàre** ● V. *azzannare*.

assaporaménto [av. 1698] s. m. ● L'assaporare.

assaporàre o †**saporàre** (**1**) [comp. di *a-* (*2*) e *sapore*; av. 1294] v. tr. (*io assapóro*) **1** Gustare un cibo o una bevanda con voluta lentezza per prolungare la piacevole sensazione che ne deriva: *assaporava il dolce in silenzio*. **2** (*fig.*) Godere spiritualmente: *finalmente assaporava la riconquistata libertà*. **3** †Insaporire.

assassinaménto [1509] s. m. **1** (*lett.*) Assassinio. **2** (*fig.*, *lett.*) Sopruso, angheria: *Ah che a. è questo! ah signor fiscale!* (MANZONI).

assassinàre [da *assassino*; 1312] v. tr. **1** Uccidere un essere umano, spec. a tradimento e per scopi criminali. **2** (*lett.*) Maltrattare, angariare, opprimere: *e dipoi faceva assassinare quel popolo da un suo governatore* (MACHIAVELLI). **3** (*fig.*) Danneggiare gravemente, rovinare: *Non debbono i giudici … a. la giustizia* (MURATORI) | (*fig.*) ***A. una poesia, un brano musicale***, eseguirli molto male.

assassinio [1584] s. m. **1** Uccisione di un essere umano, spec. a tradimento e per scopi criminali: *si è reso colpevole d'a.* **2** (*fig.*, *lett.*) Oppressione, sopruso.

♦**assassino** [ar. *ḥaššāš* 'fumatore di *ḥašīš*', nome di una setta orientale che obbediva ciecamente agli ordini del proprio capo politico-religioso, il Vecchio della Montagna; av. 1290] **A** s. m. (f. *-a*) **1** Chi commette un assassinio: *ricercare, scoprire, processare, condannare un a.*; *l'a. cancellò le sue tracce*; *l'a. torna sempre sul luogo del delitto.* **2** (*relig.*) Affiliato alla setta segreta degli Assassini che, nel XII sec., in Siria, praticavano l'omicidio per fini religiosi agendo sotto l'effetto dell'hascisc. **3** (*raro, lett.*) Sicario | (*est.*) Chi danneggia qlco. o qlcu. per malvagità o incapacità. **B** agg. **1** Malvagio, criminale: *tendenze assassine.* **2** (*fig.*) Che conquista, seduce: *occhi assassini* | ***Mosca assassina***, neo artificiale che, nel sec. XVIII, le dame mettevano all'angolo dell'occhio o della bocca per civetteria.

assatanàto [parasintetico di *Satana*; 1982] agg. ● (*rom.*) Indemoniato | (*est.*) Agitato, esaltato | (*est.*) Eccitato sessualmente.

àsse (1) [lat. *ăsse(m)*, di etim. incerta; 1312] s. f. (pl. *àssi*, pop. *àsse*) ● Tavola di legno, stretta, lunga e di poco spessore, ricavata per sezione longitudinale da un tronco d'albero: *ammucchiare le assi nel magazzino* | ***A. da stiro***, tavola oblunga ricoperta con lana, panno o sim., sulla quale si stirano gli indumenti | ***A. di battuta***, in atletica, nei salti lungo e triplo, striscia che indica il salto nullo | ***A. di equilibrio***, attrezzo per esercizi ginnici costituito da una barra di legno sollevata dal suolo a mezzo di supporti | ***Fra quattro assi***, (*fig., lett.*) nella bara. ‖ **assàccia**, pegg. | **assicèlla**, dim. | **assicina**, dim. | **assóna**, accr. | **assóne**, accr. m.

àsse (2) [lat. *ăxe(m)*, di orig. indeur.; 1313] s. m. **1** (*tecnol.*) Organo di macchina, a forma di cilindro allungato, che sostiene gli elementi rotanti, con funzione essenzialmente portante | ***A. fisso***, se gli elementi rotanti girano liberamente su di esso | ***A. rotante***, se l'asse gira assieme agli elementi con esso collegati. **2** (*mat.*) ***A. di simmetria d'una figura piana***, retta tale che una rotazione di 180° intorno a essa lascia inalterata la figura stessa | ***A. d'un segmento***, luogo dei punti del piano equidistanti dagli estremi del segmento | ***A. cartesiano***, ciascuna delle rette usate per associare a un punto del piano le sue coordinate cartesiane | ***A. di rotazione***, retta fissa intorno alla quale si fa ruotare una figura. **3** (*est.*) Retta immaginaria dotata di particolari proprietà rispetto a una figura o a un corpo, con specifici sign. nelle varie discipline: *a. trasversale, verticale della nave*; *assi aerodinamici di un aeromobile* | ***A. longitudinale, trasversale, sagittale***, rette immaginarie che attraversano il corpo umano rispettivamente dall'alto al basso, da sinistra a destra, da avanti a dietro | ***A. stradale***, linea mediana della carreggiata di una strada | (*urban.*) ***A. attrezzato***, strada urbana i cui attraversamenti sono ridotti al minimo e muniti di semafori, così da consentire il traffico veloce | ***A. ottico***, in fisica, retta congiungente i centri di curvatura di tutte le superfici sferiche riflettenti o rifrangenti che costituiscono un sistema ottico; in mineralogia, direzione lungo la quale in un cristallo non si nota birifrazione | ***A. cristallografico***, uno dei tre assi non complanari che corrispondono a tre spigoli presenti o possibili in un cristallo | ***A. terrestre***, linea immaginaria che passando per il centro della Terra unisce i due poli, e attorno alla quale la Terra compie il movimento di rotazione | (*fig.*) Direzione, linea di collegamento: *il traffico lungo l'a. Bologna-Verona-Brennero.* **4** (*fig.*) Alleanza politica fra due Stati, indicati per lo più dal nome delle rispettive capitali: *a. Roma-Berlino, a. Parigi-Bonn.* **5** (*anat.*) Epistrofeo. ‖ **assóne**, accr. (V.).

àsse (3) [vc. dotta, lat. *ăsse(m)*, prestito da una lingua straniera, forse dall'etrusco; av. 1600] s. m. **1** Unità dell'antica moneta romana di bronzo, divisibile in 12 once, che variò nel tempo di valore e di peso. **2** (*dir.*) ***A. ereditario***, il patrimonio lasciato dal defunto, valutato nel suo complesso al fine di calcolarne le singole quote spettanti agli eredi | ***A. ecclesiastico***, il complesso di beni appartenenti alla Chiesa.

assécco [da *asseccare* 'seccare'; 1889] s. m. (pl. *-chi*) ● (*mar.*; *raro*) Parte del fondo della barca in cui si raccoglie l'acqua e in cui si trova l'alleggio.

assecondàre [da *secondare*; av. 1348] v. tr. (*io assecóndo*) ● Favorire: *a. i tentativi, le ricerche di qlco.* | Soddisfare: *a. i capricci di un bambino* | Seguire: *a. col corpo il ritmo della musica.*

†**assecuràre** e *deriv.* ● V. *assicurare* e *deriv.*

†**assedérsi** [vc. dotta, lat. *assidēre*, comp. di *ăd* e *sedēre* 'sedere'; av. 1313] v. intr. pron. ● Sedersi: *se volete che con voi m'asseggia, / faròl, se piace a costui che vo seco* (DANTE *Inf.* XV, 35-36).

assediànte [sec. XV] **A** part. pres. di *assediare*; anche agg. ● Nei sign. del v. **B** s. m. e f. ● Chi assedia.

assediàre [adattamento mediev. del lat. *obsidēre* 'star fermo (*sedēre*) davanti (*ŏb*)'; av. 1306] v. tr. (*io assèdio*) **1** Circondare con un esercito un luogo fortificato per impadronirsene con la forza. **2** (*est.*) Chiudere tutt'attorno, bloccare, isolare: *il villaggio era assediato dalla neve*; *le acque ci assediano da giorni* | Attorniare: *una folla festante lo assedia.* **3** (*fig.*) Importunare, infastidire: *lo assediavano con richieste insistenti* | Corteggiare in modo insistente: *a. una donna.*

assediàto [1336 ca.] **A** part. pass. di *assediare*; anche agg. ● Nei sign. del v. **B** s. m. (f. *-a*) ● Chi subisce un assedio: *gli assediati attendevano rinforzi.*

assediatóre [sec. XV] s. m. (f. *-trice*) ● (*lett.*) Assediante.

assèdio [lat. parl. **adsĕdiu(m)*, per il classico *obsĭdium*, da *obsidēre* 'star seduto davanti, tenere il campo'; sec. XIII] s. m. **1** Complesso delle operazioni svolte da un esercito attorno a un luogo fortificato per impadronirsene con la forza | ***Stato d'a.***, stato di pericolo pubblico, insieme di provvedimenti che limitano la libertà personale dei cittadini, presi in occasione di rivolte, gravi sommosse e sim. | ***A. economico***, stato di isolamento dal mercato mondiale di un paese che non può vendere o rifornirsi all'estero. **2** (*est.*) Blocco, ressa (*anche fig.*): *l'a. dei dimostranti durava da giorni*; *i fotografi cinsero d'a. la casa*; *i creditori hanno posto l'a. alla ditta* | (*lett.*) Corteggiamento insistente: *a. amoroso.*

assegnàbile [av. 1712] agg. ● Che si può assegnare.

assegnaménto [av. 1348] s. m. **1** (*raro*) Assegnazione, attribuzione. **2** (*disus.*) Rendita, provento: *è rimasta povera e senza assegnamenti* (PIRANDELLO). **3** (*fig.*) Fiducia, speranza | ***Fare a. su qlcu., su qlco.***, contarci sopra, fondarci le proprie speranze. ‖ **assegnamentùccio**, dim.

♦**assegnàre** [lat. *assignāre*, comp. di *ăd* e *sĭgnum* 'segno'; av. 1276] v. tr. (*io asségno*) **1** (*dir.*) Disporre di qlco. a favore di qlcu., spec. attribuire la proprietà di un bene espropriato con provvedimento d'autorità: *a. ai braccianti i terreni espropriati*; *a. un bene in seguito a vendita.* **2** (*lett.*) Conferire, riconoscere come segno caratteristico, prerogativa e sim.: *Dio assegnò agli uomini il dono della parola* | (*est.*) Destinare a favore: *a. una dote cospicua alla figlia*; *gli hanno assegnato una rendita vitalizia.* **3** (*lett.*) Addurre: *assegno due ragioni per che io … deggio loro parlare* (DANTE). **4** Affidare: *gli assegnarono una mansione di grande responsabilità* | Destinare: *fu assegnato al reparto vendite.* **5** Stabilire, prescrivere: *a. un termine, una scadenza.*

assegnatàrio [1607] s. m. (f. *-a*) ● Persona cui è assegnato qlco., spec. colui al quale è attribuita, mediante ordinanza del giudice dell'esecuzione, la proprietà di un bene espropriato: *a. di un terreno nel corso di una riforma fondiaria.* SIN. Aggiudicatario.

assegnàto (1) [1548] part. pass. di *assegnare*; anche agg. **1** Attribuito | Destinato. **2** Che è da pagare: *porto a.* CONTR. Franco. **3** †Parco | †Cauto. ‖ †**assegnataménte**, avv. Con precisione ed esattezza; parsimoniosamente.

assegnàto (2) [fr. *assignats*; 1791] s. m. ● (*spec. al pl.*) Moneta cartacea emessa nel XVIII sec. dall'Assemblea nazionale francese il cui valore era garantito dai beni confiscati durante la Rivoluzione.

assegnatóre [vc. dotta, lat. tardo *assignatōre(m)*, da *assignāre* 'assegnare'; av. 1755] s. m. (f. *-trice*) ● (*raro*) Chi assegna.

assegnazióne [vc. dotta, lat. *assignatiōne(m)*, da *assignāre* 'assegnare'; sec. XIV] s. f. **1** Attribuzione | Conferimento. **2** Destinazione: *a. ad un ufficio.* **3** Aggiudicazione: *a. di un bene pignorato.*

assegnìsta [da *assegno*; 1983] s. m. e f. (pl. m. *-i*) ● Laureato che svolge attività scientifica presso un'università o altro ente di ricerca pubblico e viene, solitamente, retribuito mediante assegno.

♦**asségno** [da *assegnare*; 1588] s. m. **1** Attribuzione patrimoniale data in corrispettivo di prestazioni di lavoro o per altro motivo: *assegni al lavoratore*; *a. di carovita*; *a. alimentare*; *a. di presenza* | ***Assegni per il nucleo familiare*** o ***assegni familiari***, integrazioni salariali, versate da enti previdenziali a lavoratori o pensionati, di ammontare variabile a seconda del reddito e della dimensione del nucleo familiare | ***A. di studio***, sussidio versato dallo Stato a studenti universitari meritevoli e di modeste condizioni economiche; SIN. Presalario. **2** (*est.*) Rendita: *vivere con un piccolo a. mensile.* **3** (*banca*) ***A. bancario*** o (*per anton.*) ***assegno***, mezzo di pagamento consistente nell'ordine scritto a una banca di pagare una somma determinata alla persona ivi indicata | ***A. a vuoto***, emesso malgrado la inesistenza presso la banca di fondi disponibili sufficienti | ***A. postdatato***, emesso con data futura e pertanto non ammesso dalla legge | ***A. circolare***, titolo di credito emesso da una banca e contenente la promessa di pagare una somma determinata già depositata presso la stessa | ***A. a copertura garantita***, su cui la banca attesta la presenza di fondi disponibili | ***A. sbarrato***, pagabile dalla banca trassata solo a un'altra banca o al prenditore se suo cliente | ***A. non trasferibile***, che può essere riscosso soltanto dalla persona indicata dall'emittente | ***A. turistico***, tratto da una banca su una propria filiale e incassabile solo mediante una doppia firma conforme dell'intestatario, una al momento dell'emissione e l'altra al momento dell'incasso; SIN. Traveller's cheque. **4** Somma da pagare all'atto del ritiro di una merce: *pacco gravato di a.*; *spedire qlco. contro a.*, o *contr'a.*

†**asseguìre** [vc. dotta, lat. *ăssequi*, rifatto su *seguire*; av. 1348] v. tr. **1** Raggiungere, conseguire. **2** Seguire, tenere dietro (*anche fig.*).

†**assembiàre** e *deriv.* ● V. *assembrare* (2) e *deriv.*

assemblàggio [fr. *assemblage*, da *assembler*. V. *assemblare*; 1963] s. m. **1** In varie tecnologie, operazione produttiva costituita dall'accoppiamento e unione di due o più parti del prodotto allo scopo di ottenere il prodotto finito o un suo sottogruppo. **2** (*elab.*) Operazione svolta dai programmi compilatori o traduttori di linguaggi simbolici per cui alle frasi del linguaggio simbolico vengono sostituite le corrispondenti sequenze d'istruzioni in linguaggio macchina. **3** (*arte*) Opera d'arte realizzata con materiali eterogenei.

assemblàre [fr. *assembler*, dal lat. parl. *assimulāre*, comp. di *ăd* e il denom. di *sĭmul* 'insieme' di orig. indeur.; 1580] v. tr. (*io assémblo*) **1** Sottoporre ad assemblaggio. **2** V. *assembrare* (2).

assemblatóre [1967] **A** s. m. (f. *-trice*) ● Operaio addetto all'assemblaggio. **B** in funzione di agg. (posposto al s.) ● (*elab.*) ***Programma a.***, quello che, mediante un'operazione di assemblaggio, produce da un programma scritto in linguaggio simbolico il corrispondente programma in linguaggio macchina.

♦**assemblèa** [fr. *assemblée*, dal part. di *assembler* 'riunire'. V. *assembrare* (2); av. 1348] s. f. **1** Riunione degli appartenenti a una collettività per discutere problemi di interesse comune: *a. studentesca*; *a. degli iscritti al sindacato*; *a. di quartiere*; *a. di reparto* | ***A. aperta***, nella quale può intervenire anche chi non fa parte della collettività direttamente interessata | (*relig.*) ***A. liturgica***, il complesso dei fedeli che assistono alla celebrazione della Messa. **2** (*dir.*) Collettività degli appartenenti a un gruppo organizzato cui sono affidate funzioni deliberative: *a. generale*; *a. dei soci*; *a. generale delle Nazioni Unite*; *convocare, sciogliere l'a.* | ***A. deserta***, quando non si è raggiunto il numero legale dei partecipanti | ***A. legislativa***, Parlamento | ***Assemblee parlamentari***, camere parlamentari | ***A. regionale***, organo legislativo delle regioni. **3** (*mar.*) Adunata giornaliera degli equipaggi per gli esercizi, la distribuzione dei lavori e sim.

assembleàre [1950] agg. ● Pertinente a un'assemblea: *deliberazione a.*; *riunioni assembleari.* ‖ **assemblearménte**, avv.

assemblearismo [1971] s. m. **1** Concezione della democrazia diretta tendente ad attribuire alle assemblee di base i poteri decisionali degli organi rappresentativi. **2** (*spreg.*) Tendenza a eccedere nella durata e nel numero delle assemblee | (*est.*) Tendenza a strumentalizzare un'assemblea.

assemblearìstico agg. (pl. m. *-ci*) ● Proprio, tipico delle assemblee o dell'assemblearismo: *gergo a.*

assembraménto o †**assembiaménto** [da *assembrare (2)*; sec. XIV] s. m. *1* Adunata di persone, spec. in luogo aperto, per dimostrazioni, spettacoli insoliti, e sim.: *l'a. della folla, dei curiosi; sul luogo dell'incidente si formò un grande a.* *2* †Massa di armati | †Adunanza di soldati.

assembràre (1) [ant. fr. *assembler*, dal lat. *adsimilāre* 'far simile'; av. 1250] A v. intr. (*io assémbro*; aus. *essere*) *1* †Sembrare, parere. *2* (*poet.*) Somigliare, essere simile: *L'intento viso che assembra / l'arciera Diana* (MONTALE). B v. tr. ● †Rappresentare in modo simile | Paragonare.

assembràre (2) o †**assembiàre**, †**assemblàre** [fr. *assembler*, dal lat. *assimulāre*; av. 1250] A v. tr. (*io assémbro*) *1* V. *assemblare*. *2* (*lett.*) Mettere insieme | (*raro*) Radunare. B v. intr. e intr. pron. (aus. *essere*) ● (*lett.*) Affollarsi: *i curiosi si assembravano per vedere la scena.*

assèmpro e deriv. ● V. *esempio* e deriv.

assennàre [comp. di *a-* (2) e *senno*; av. 1294] v. tr. ● Far rinsavire | Istruire.

assennatézza [av. 1729] s. f. ● Caratteristica di assennato.

assennàto [1300 ca.] part. pass. di †*assennare*; anche agg. ● Che ha o rivela saggezza, buon senso, giudizio: *ragazza assennata; ragionamento a.* || **assennataménte**, avv. Con saggezza, giudizio: *comportarsi assennatamente.*

assènso [vc. dotta, lat. *assēnsu(m)*, da *assentīre* 'assentire'; 1319] s. m. *1* (*dir.*) Manifestazione di volontà di un terzo condizionante la validità di un atto da altri emanato: *a. del genitore al matrimonio del figlio minorenne* | *Silenzio a.*, V. *silenzio*, sign. 2. *2* (*est.*) Consenso, approvazione: *dare, negare, il proprio a.; gli fece un cenno di a.; un mormorio di a. si levò dalla folla.*

assentàre (1) [vc. dotta, lat. *assentari*, intens. di *assentire*, comp. di *a-* (2) e *sentire* 'sentire'; av. 1294] A v. intr. (aus. *avere*) ● †Consentire. B v. tr. (*io assènto*) ● (*lett.*) Lusingare, adulare: *continui ad a. chi ti avea pria beneficato* (FOSCOLO).

assentàre (2) [vc. dotta, lat. tardo *absentāre* 'allontanare', da *ăbsens*, genit. *absĕntis* 'assente'; 1312] A v. tr. (*io assènto*) ● †Allontanare. B v. intr. pron. ● Allontanarsi da un luogo per un periodo di tempo gener. breve: *si assentò qualche minuto dal lavoro.*

♦**assènte** [vc. dotta, lat. *absēnte(m)*, part. pres. di *ăbsum* 'sono assente', comp. di *ăb* che indica allontanamento e *sŭm* 'io sono'; av. 1294] A agg. *1* Che non è presente nel luogo in cui dovrebbe essere o in cui ci si aspetterebbe che fosse: *essere a. da casa, da scuola; essere a. alle lezioni; gli alunni assenti saranno puniti* | (*est.*) Lontano: *non parlava mai del padre a.* *2* (*fig.*) Assorto, distratto: *sguardo, espressione a.* *3* (*dir.*) Che è scomparso da tempo dall'ultimo domicilio o dimora e da almeno due anni non dà più notizie di sé. B s. m. e f. *1* Persona assente: *gli assenti hanno sempre torto* | (*dir.*) Persona scomparsa: *chiamata alla successione di un a.* *2* (*eufem.*) Persona defunta: *tutti rivolsero un pensiero all'a.; la memoria dell'a.*

assenteìsmo [fr. *absentéisme*, dall'ingl. *absenteeism*, da *absentee* 'assente', dal lat. *absĕnte(m)* 'assente'; 1905] s. m. *1* Spec. nell'Inghilterra del sec. XIX, abitudine dei grandi proprietari terrieri di vivere lontani dai propri possedimenti dedicando a questi scarsa o nessuna cura. *2* (*fig.*) Disinteresse, indifferenza, spec. verso i problemi politici e sociali: *l'a. politico dei cittadini favorisce i cattivi governi.* *3* In un'azienda, assenza dal proprio posto di lavoro di un lavoratore dipendente: *a. per cause individuali, per cause sindacali* | *Tasso di a.*, (*ellitt.*) *assenteismo*, rapporto fra le assenze dal posto di lavoro e le giornate lavorative di un dato periodo.

assenteìsta [fr. *absentéiste*, da *absentéisme* 'assenteismo'; 1903] agg.; anche s. m. e f. (pl. m. *-i*) *1* Che dà prova di assenteismo: *proprietario a.* | Che (o Chi) è spesso assente dal proprio posto di lavoro. *2* (*fig.*) Che (o Chi) rimane indifferente di fronte ai problemi politici e sociali.

assenteìstico [1983] agg. (pl. m. *-ci*) ● Dell'assenteismo o degli assenteisti. || **assenteisticaménte**, avv.

assentiménto [av. 1306] s. m. ● (*raro*) Assenso, consenso.

assentire [vc. dotta, lat. *assentīre*, comp. di *ăd* e *sentīre* 'sentire, ritenere'; av. 1306] A v. intr. (pres. *io assènto*; part. pres. *assenziènte*; aus. *avere*) ● Dare il proprio assenso: *a. a una proposta.* SIN. Consentire. B v. tr. ● (*lett.*) Permettere, accordare.

♦**assènza** [vc. dotta, lat. *absēntia(m)*, da *ăbsens*, genit. *absēntis* 'assente'; 1308] s. f. *1* Mancata presenza di una persona nel luogo in cui dovrebbe essere o ci si aspetterebbe che fosse: *giustificare le assenze; registro delle assenze; quest'anno ha fatto molte assenze; spero che in nostra a. non succeda nulla* | Mancanza: *a. di luce, d'aria, di sole; in a. di precisi riscontri.* *2* (*dir.*) Scomparsa di una persona protratta nel tempo dall'ultimo domicilio o dimora e mancanza di notizie da almeno due anni: *dichiarazione di a.* *3* (*med.*) *A. epilettica*, breve e totale sospensione della coscienza, con o senza movimenti automatici, seguita da amnesia, propria del piccolo male epilettico.

assenziènte [1834] part. pres. di *assentire*; anche agg. ● Consenziente.

assènzio o †**assènzo** [lat. *absĭnthiu(m)*, dal gr. *apsínthion*, di orig. preindeur.; av. 1311] s. m. *1* Pianta erbacea perenne delle Composite con foglie pelose e fiori gialli riuniti in capolini (*Artemisia absinthium*). ➡ ILL. **piante**/9. *2* Liquore ottenuto per macerazione e distillazione dei fiori e delle foglie della pianta omonima. *3* (*fig., lett.*) Amarezza, dolore: *lo dolce assenzo de' martiri* (DANTE *Purg.* XXIII, 86).

†**asserenàre** [comp. di *a-* (2) e *sereno*; av. 1492] v. tr., intr. e intr. pron. ● (*lett.*) Rasserenare.

†**asseriménto** [1961] s. m. ● Asserzione.

asserire [vc. dotta, lat. *assĕrere*, comp. di *ăd* e *sĕrere* 'connettere, intrecciare'; av. 1540] v. tr. (*io asserisco, tu asserisci*; part. pass. *asserito*, †*assèrto* (*1*)) ● Affermare, sostenere con vigore: *asserisce di essere stato ammalato; asserisce che non lo sapeva* | (*dir.*) *A. qlco. in giudizio*, vantare una pretesa in un processo | *A. uno debitore*, sostenere che qlcu. è obbligato a qlco.

asserpolàrsi [comp. di *a-* (2) e lat. *sĕrpula* 'piccola serpe'; 1865] v. rifl. (*io mi assèrpolo*) ● (*raro, lett.*) Attorcigliarsi, avvolgersi come una serpe.

asserragliaménto [av. 1907] s. m. ● (*raro*) L'asserragliare, l'asserragliarsi | Barricata, sbarramento.

asserragliàre [comp. di *a-* (2) e *serraglio*; 1312] A v. tr. (*io asserràglio*) ● (*lett.*) Chiudere con serragli | (*est.*) Barricare, sbarrare: *I popolani ... asserragliarono le vie della città in più parti* (VILLANI). B v. rifl. ● Rifugiarsi, spec. in luogo chiuso, per mettersi al sicuro: *asserragliarsi in casa; i soldati si asserragliarono nel fortino* | (*fig.*) Chiudersi: *si asserragliò nel più totale silenzio.*

assertività [1986] s. f. ● Caratteristica di chi (o di ciò che) è assertivo.

assertivo [ingl. *assertive*, dal lat. *assĕrtus*, part. pass. di *assĕrere* (V. *asserto* (2)) nel sign. 2; 1342] agg. ● (*lett.*) Che asserisce, che afferma: *giudizio a.* | Che contiene un'asserzione: *proposizione assertiva.* || **assertivaménte**, avv. In modo affermativo.

†**assèrto (1)** part. pass. di *asserire*; anche agg. ● Nei sign. del v.

assèrto (2) [vc. dotta, lat. tardo *assĕrtu(m)*, s. dal part. pass. di *assĕrere*. V. *asserire*; av. 1642] s. m. ● (*lett.*) Asserzione, affermazione: *dimostrare, confermare un a.*

assertóre [vc. dotta, lat. *assertōre(m)*, da *assĕrere* 'asserire'; av. 1375] s. m. (f. *-trice*) ● Chi sostiene con vigore un principio, una dottrina e sim.: *essere a. dell'evoluzionismo; Ultimo a. del papato come suprema monarchia universale* (BACCHELLI).

assertòrio [vc. dotta, lat. tardo *assertōriu(m)*, da *assĕrere* 'asserire'; 1865] agg. ● Assertivo.

asserviménto [1936] s. m. *1* Assoggettamento, sottomissione. *2* (*mecc.*) Collegamento fra due elementi di un meccanismo, che obbliga uno di essi a seguire l'azione comandata dall'altro. CFR. servo-.

asservire [comp. di *a-* (2) e *servire*; av. 1294] A v. tr. (*io asservisco, tu asservisci*) *1* Rendere servo, assoggettare (*anche fig.*): *a. gli istinti alla ragione.* *2* (*tecnol.*) Collegare due grandezze fisiche di un sistema, due elementi di una macchina o di un impianto stabilendo fra loro un asservimento. B v. rifl. ● Rendersi servo, sottomettersi: *asservirsi al nemico.*

asserzióne [vc. dotta, lat. *assertiōne(m)*, da *assĕrere* 'asserire'; 1584] s. f. ● L'asserire | Affermazione, dichiarazione: *confutare le asserzioni di qlcu.*

assessoràto [av. 1569] s. m. ● Carica di assessore | Durata di tale carica | Sede degli uffici che dipendono dall'assessore.

assessóre [lat. *assessōre(m)*, propr. 'colui che siede accanto'. V. *assidere*; av. 1292] s. m. (f. *-a*; V. nota d'uso FEMMINILE) *1* Membro della giunta regionale, provinciale o comunale. *2* (*elvet.*) Membro di giuria popolare | Membro di commissione arbitrale. *3* †Funzionario incaricato di coadiuvare altro funzionario superiore.

assessoriàle [1963] agg. ● (*raro*) Di assessore.

assessorìle [1983] agg. ● Di assessore: *commissione a.*

assestacovóni [comp. di *assesta(re)* e il pl. di *covone*; 1955] s. m. inv. ● Organo della mietitrice-legatrice che allinea gli steli del frumento per la legatura.

assestaménto [1627] s. m. *1* Sistemazione, adattamento, regolazione | *A. forestale*, programma tecnico-economico per la conservazione e l'utilizzazione dei boschi | *A. del terreno*, complesso di fenomeni relativi al costipamento delle terre lavorate | (*geol.*) Movimento del suolo o delle rocce che si dispongono in modo da conseguire un migliore equilibrio: *scosse di a.* | (*fig.*) Situazione di stabilità dopo una fase movimentata: *a. del dollaro sul fronte valutario.* *2* (*edil.*) Piccolo abbassamento delle murature, dovuto a cedimento delle malte o a graduale aumento del peso sovrastante durante la costruzione. SIN. Calo.

assestàre o †**sestàre** [comp. di *a-* (2) e *sesto* (3); sec. XIV] A v. tr. (*io assèsto*) *1* Mettere in ordine, a posto: *a. i volumi di una biblioteca.* *2* (*est.*) Sistemare, regolare con cura: *a. una carica di esplosivo, un meccanismo* | *A. un colpo*, colpire con abilità nel punto voluto. B v. rifl. ● Mettersi a posto, adattarsi: *s'assestò ben bene sulla poltrona* | Sistemarsi: *si è assestato nella nuova casa.* C v. intr. pron. ● Raggiungere un assetto stabile (detto spec. di costruzioni o terreni).

assestàta [da *assestare*; 1987] s. f. ● Il riordinare o il riordinarsi in modo rapido e sommario: *dare un'a. alla casa; darsi un'a. prima di uscire.*

assestatézza [1829] s. f. ● (*raro*) Caratteristica di chi (o di ciò che) è assestato.

assestàto [1754] part. pass. di *assestare*; anche agg. *1* Sistemato, ordinato. *2* (*lett.* o *raro*) Assennato, avveduto, detto di persona: *un buon giovine, a.* (MANZONI). || **assestataménte**, avv. Ordinatamente.

assèsto [av. 1530] s. m. ● (*raro*) Ordine.

asset /ingl. 'æsɛt/ [vc. ingl., propr. 'bene (economico)' dall'anglo-fr. *assetz* '(avere) a sufficienza, abbastanza'; 1986] s. m. inv. ● (*econ.*) Elemento dell'attivo di bilancio, quali beni di proprietà, liquidità, crediti e sim. | *A. immateriale*, bene immateriale.

assetàre [comp. di *a-* (2) e *sete*; 1319] A v. tr. (*io asséto*) *1* Portare, ridurre alla sete: *a. una città, un paese.* *2* (*fig., lett.*) Rendere desideroso, bramoso. B v. intr. (aus. *essere*) ● (*raro, lett.*) Avere, patire sete: *i Numidi ... pochissimo assetano* (ALFIERI).

assetàto [1319] A part. pass. di *assetare*; anche agg. *1* Che ha sete | (*fig.*) Bramoso, avido: *a. di sangue; a. di conoscenza.* *2* (*est.*) Riarso: *campi assetati.* B s. m. (f. *-a*) ● Chi ha molta sete.

assettaménto [sec. XIV] s. m. *1* (*raro*) L'assettare, l'assettarsi. *2* (*edil., raro*) Assestamento. *3* (*raro, lett.*) Accordo. *4* †Seduta, consesso.

assettàre [lat. parl. **assedităre*, freq. di *sedēre* 'sedere'; av. 1294] A v. tr. (*io assètto*) *1* Mettere in ordine, sistemare: *quando la sala fu assettata iniziarono le danze* | (*est.*) Acconciare, adornare: *assettarsi i capelli, il vestito; a. un abito.* *2* Collocare nel luogo adatto: *assettò i libri sopra il tavolo.* *3* (*raro*) Allestire, preparare: *a. gli altari, gli arnesi del lavoro* | (*lett., iron.*) Conciare per le feste. B v. rifl. *1* Abbigliarsi, adornarsi: *si assettò prontamente e uscì.* *2* (*lett.*) Prepararsi, spec. a dire o a fare qlco. *3* †Sedersi: *il re s'assettò ad una tavola* (BOCCACCIO).

assettàto [av. 1348] part. pass. di *assettare*; anche agg. *1* (*spec. lett.*) Ordinato | Detto di persona curata nel vestire. *2* †Seduto | Sistemato. || **assetta-**

tamente, avv. Con ordine; (*est.*) acconciatamente; *parlare assettatamente*, con posatezza e proprietà.

assètto [da *assettare*; 1299 ca.] s. m. *1* Ordine, sistemazione | ***Dare a.***, sistemare | ***Mettere in a.***, mettere in ordine | ***Mettersi in a.***, disporsi, prepararsi | (*est.*) Ordinamento: *decidere il nuovo a. delle carriere statali.* *2* (*est.*) Modo di vestire, tenuta, equipaggiamento: *truppe in a. di guerra.* *3* Disposizione, positura di un aereo o di una nave rispetto a riferimenti fissi o mobili: *a. appoppato, appruato, cabrato, picchiato, sbandato.* *4* (*autom.*) Disposizione dei carichi aerodinamici: *in quel circuito la Ferrari ha problemi di a.*

asseveraménto [av. 1694] s. m. ● (*raro*) L'asseverare.

asseveràre [vc. dotta, lat. *adseverāre*, comp. di *ăd* e *sevērus* 'severo, solenne'; sec. XIV] v. tr. (*io assèvero*) *1* (*lett.* o *raro*) Affermare con certezza ed energia. *2* (*dir.*) Eseguire un'asseverazione.

asseverativo [1612] agg. ● (*lett.*) Affermativo: *tono a.* || **asseverativaménte**, avv.

asseverazióne [vc. dotta, lat. *adseveratiōne(m)*, da *adseverāre* 'asseverare'; av. 1540] s. f. *1* (*raro*) Affermazione decisa ed energica. *2* (*dir.*) Certificazione, nei modi previsti dalla legge, della verità di quanto affermato in una perizia, o della conformità al testo originale di una traduzione, o della verità di fatti determinati.

assiàle [da *asse* (2); 1940] agg. ● Relativo all'asse: *piano a.*

assibilàre [comp. di *a-* (2) e *sibilo*; av. 1530] **A** v. tr. (*io assìbilo*) *1* (*lett.*) †Fischiare, sibilare. *2* (*ling.*) Sottoporre un suono ad assibilazione. **B** v. intr. pron. ● (*ling.*) Subire l'assibilazione.

assibilazióne [da *assibilare*; 1938] s. f. ● (*ling.*) Trasformazione per la quale un suono diventa sibilante.

assicèlla [sec. XIV] s. f. *1* Dim. di *asse* (*1*). *2* Piccola tavola di legno.

assicellàto [da *assicella*, dim. di *asse* (*1*); 1940] s. m. ● (*arald.*) Partizione costituita da file di rettangoli a due smalti alternati | ***A. innestato***, partizione costituita da file di rettangoli a due smalti solo parzialmente contrapposti.

assicuràbile [1865] agg. ● Che si può assicurare.

assicurànte [1865] **A** part. pres. di *assicurare*; anche agg. ● Nei sign. del v. **B** s. m. e f. ● (*dir.*) Chi conclude un contratto di assicurazione con un'impresa assicuratrice | Nel rapporto di assicurazione sociale, colui cui fa carico l'obbligazione di pagare il contributo.

♦**assicuràre** o †**assecuràre** [lat. parl. **assecurāre*, comp. di *ăd* e *secūrus* 'sicuro'; sec. XIII] **A** v. tr. *1* Rendere certo, garantire: *a. a qlcu., assicurarsi, un buon lavoro, una buona retribuzione* | Proteggere, preservare: *a. la propria vecchiaia, i propri beni.* *2* Dare certezza, incoraggiando e tranquillizzando: *ti assicuro che non accadrà nulla* | Dare per certo: *mi aveva assicurato che sarebbe venuto.* *3* Fermare, fissare saldamente: *a. qlco. con ganci, con corda*; *a. un compagno di cordata* | (*fig.*) ***A. qlcu. alla giustizia***, farlo arrestare. *4* (*dir.*) Concludere un contratto di assicurazione: *a. un bene contro i furti* | (*est.*) ***A. una lettera, un plico e sim.***, spedirli assicurandosi contro il caso di perdita o manomissione dietro pagamento di una soprattassa. *5* (*mar.*, *raro*) ***A. la bandiera***, sulle navi, alzare la bandiera e sparare contemporaneamente un colpo di cannone, per garantirne l'autenticità. *6* †Munire, fortificare: *e ben quel muro che assecura il sito / d'arme e d'opere men dev'essere munito* (TASSO). **B** v. rifl. *1* Accertarsi, controllare: *assicurarsi di poter realizzare un'impresa* | (*lett.*) Tranquillizzarsi | †Fidarsi, aver fiducia. *2* Nell'alpinismo, effettuare i procedimenti di assicurazione. *3* (*dir.*) Garantirsi la copertura di un rischio, mediante un contratto di assicurazione: *assicurarsi contro i furti, gli incidenti* e sim.

assicuràta [f. sost. di *assicurato*; 1820] s. f. ● Lettera o plico postale a valore dichiarato di cui le Poste, dietro pagamento di una speciale soprattassa, garantiscono l'inoltro al destinatario con particolari misure di sicurezza o il rimborso in caso di danneggiamento o smarrimento.

assicurativo [1829] agg. *1* Che serve ad assicurare. *2* (*dir.*) Che concerne un'assicurazione: *prestazioni assicurative.*

assicuràto o †**assecuràto** [1336 ca.] **A** part. pass. di *assicurare*; anche agg. *1* Reso sicuro. *2* Coperto da un'assicurazione. || **assicurataménte**, avv. Con certezza. **B** s. m. (f. *-a*) ● (*dir.*) Colui verso il quale l'assicuratore è obbligato con il contratto di assicurazione o a favore del quale è stata conclusa l'assicurazione: *obblighi dell'a.*

assicuratóre [1397] **A** s. m. *1* (*dir.*) Ente che assume il rischio oggetto del contratto di assicurazione. *2* (f. *-trice*) Correntemente, chi stipula contratti di assicurazione come agente di una società assicuratrice. **B** anche agg.: *società assicuratrice.*

assicurazióne o †**assecurazióne** [1618] s. f. *1* Conferma, garanzia | Affermazione, discorso e sim. che tranquillizzano, che danno certezza. *2* (*dir.*) Contratto con cui un assicuratore, contro pagamento di un premio, si obbliga a tenere indenne l'assicurato dagli effetti dannosi di un evento futuro e incerto: *a. contro i furti, contro i danni*; *a. sulla vita*; *stipulare un'a.* | ***A. sociale***, previdenza sociale | ***A. obbligatoria***, forma previdenziale gestita da enti pubblici cui deve obbligatoriamente iscriversi chi esercita determinate attività | ***Società d'a., d'assicurazioni***, ente che esplica attività assicurativa | ***Polizza d'a.***, documento probatorio del contratto d'assicurazione. *3* Nell'alpinismo, l'insieme dei procedimenti che si attuano durante un'ascensione allo scopo di arrestare un'eventuale caduta: *fare a.* | ***A. a spalla***, quando lo scalatore è trattenuto da una corda che passa sulla schiena e sulla spalla di chi assicura | ***A. diretta***, quella effettuata con il solo ausilio della corda | ***A. indiretta***, quando la corda passa per chiodi o spuntoni di roccia per ridurre l'altezza di caduta libera.

assideraménto [av. 1597] s. m. ● (*med.*) Complesso degli effetti dannosi causati dal freddo quando è superata la capacità di termoregolazione dell'organismo umano.

assideràre [lat. parl. **assiderāre*, comp. di *ăd* e *sīdus*, genit. *sīderis* 'costellazione, clima, stagione'; 1353] **A** v. tr. (*io assìdero*) *1* Esporre al freddo | Gelare: *il freddo ha assiderato le pianticelle.* *2* (*med.*) Sottoporre ad assideramento. **B** v. intr. e intr. pron. (aus. *essere*) *1* Intorpidire per il freddo. *2* (*med.*) Rimanere colpito da assideramento.

assideràto [1353] part. pass. di *assiderare*; anche agg. *1* Nei sign. del v. | Colpito da assideramento. *2* (*raro, fig.*) Intirizzito.

assìdere [lat. *assīdere* 'porsi a sedere', comp. di *ăd* e *sīdere*. V. *sedere* (*1*); 1313] **A** v. tr. (pass. rem. *io assìsi, tu assidésti*; part. pass. *assìso*) *1* †Far sedere | Collocare. *2* †Assediare. **B** v. intr. pron. ● (*lett.*) Porsi a sedere: *il re si assise sul trono*; *e pietosa s'asside in su la sponda* (PETRARCA) | (*est.*) Posarsi; fermarsi.

assiduità [vc. dotta, lat. *assiduitāte(m)*, da *assīduus* 'assiduo'; 1300 ca.] s. f. ● Caratteristica di chi (o di ciò che) è assiduo: *a. nel lavoro, nello studio.*

assìduo [vc. dotta, lat. *assīduu(m)*; da *assidēre* 'sedere accanto'; 1336 ca.] agg. *1* Che si dedica a qlco. con cura costante e continua: *studente, lettore a.*; *un a. studioso.* *2* Che è fatto con costanza e continuità: *cure, ricerche assidue*; *lo studio a. dà buoni risultati.* *3* Che si reca con frequenza e regolarità in un luogo per dovere, necessità, utilità e sim.: *pochi di voi sono assidui alle lezioni*; *è un a. cliente del nostro bar.* || **assiduaménte**, avv.

assiemàggio [da *assieme*; 1966] s. m. ● (*tecnol.*) Assemblaggio.

assiemàre [1983] v. tr. (*io assièmo*) ● Mettere, tenere assieme.

♦**assième** [da *insieme*, con cambio di pref.; av. 1556] **A** avv. ● Insieme: *stare a.*; *mettere, riunire a.*; *aspettami, usciremo a.* **B** nelle loc. prep. *a. a*, (*raro*) *a. con* ● In compagnia di, insieme con: *verrò a. a te.* **C** s. m. ● Complesso, gruppo di persone o cose in cui ci sia coesione, fusione tra le singole parti: *una squadra di calcio che forma un bell'a.*; *l'a. orchestrale*; *gioco d'a.*; *ottima recitazione d'a.*; *tutto l'a. delle costruzioni è di una perfetta simmetria.*

assiepaménto [1865] s. m. *1* L'assiepare, l'assieparsi | Affollamento: *un a. di curiosi intralcia la circolazione.* *2* †Recinto di siepi.

assiepàre [comp. di *a-* (2) e *siepe*; 1313] **A** v. tr. (*io assièpo*) *1* (*lett.*) Far siepe | (*est., lett.*) Chiudere con una siepe | (*est.*) Chiudere. *2* (*fig.*) Affollare, gremire: *la folla assiepa gli ingressi dello stadio.* **B** v. intr. pron. ● Affollarsi intorno: *la gente si assiepa lungo la strada*; *la folla si assiepava intorno al vincitore.*

assiepàto [sec. XIV] part. pass. di *assiepare*; anche agg. ● Che si accalca.

assìle [da *asse* (*2*); 1967] agg. ● Detto di organo animale o vegetale che è situato lungo o verso l'asse longitudinale di un altro organo.

assillabazióne [comp. di *a-* (*2*) e *sillaba*; 1865] s. f. ● (*ling.*) Figura retorica che consiste nella ripetizione della medesima sillaba all'inizio di più parole: *di me medesmo meco mi vergogno* (PETRARCA). CFR. Allitterazione.

assillànte [1934] part. pres. di *assillare*; anche agg. ● Che assilla, che tormenta: *un pensiero a.* | Fastidioso, insistente. || **assillanteménte**, avv.

assillàre [da *assillo*; sec. XIV] **A** v. tr. ● Molestare, tormentare: *a. qlcu. con preghiere insistenti*; *un pensiero continuo l'assillava.* **B** v. intr. (aus. *avere*) ● (*lett.*) Smaniare: *e parve un toro bravo quando assilla* (PULCI).

assìllo [lat. *asīlu(m)* 'tafano', di etim. incerta; 1342] s. m. *1* Insetto predatore dei Ditteri di color bruno-giallastro fornito di proboscide con la quale punge gli animali domestici. *2* (*fig.*) Pensiero tormentoso e continuo: *l'a. degli esami*; *senza l'a. della scuola* | ***Avere l'a.***, essere inquieto, smaniare.

assimigliàre e *deriv.* ● V. *assomigliare* e *deriv.*

assimilàbile [1865] agg. ● Che si può assimilare.

assimilabilità [1987] s. f. ● Caratteristica di ciò che è assimilabile.

assimilàre [vc. dotta, lat. tardo *assimilāre*, comp. di *ăd* e *sĭmilis* 'simile'; av. 1342] **A** v. tr. (*io assìmilo*) *1* (*lett.*) Rendere simile. *2* (*ling.*) Sottoporre un suono al processo di assimilazione. *3* (*biol.*) Assorbire sostanze nutritive trasformandole in parte integrante dell'organismo vivente. *4* (*fig.*) Far proprio, acquisire: *a. idee, concetti, abitudini.* **B** v. intr. pron. *1* Diventare, rendersi simile: *nella coscienza dei più il bene si assimila all'utile.* *2* (*ling.*) Subire un'assimilazione.

assimilativo [1865] agg. ● Di assimilazione, relativo ad assimilazione.

assimilatóre [1818] agg. (f. *-trice*) ● Che assimila: *organo a.*; *capacità assimilatrice.*

assimilazióne [vc. dotta, lat. *assimilatiōne(m)*, comp. di *ăd* e *sĭmilis* 'simile'; sec. XIV] s. f. *1* (*biol.*) Assorbimento di sostanze nutritive: *condizione morbosa determinata da un'imperfetta a. degli alimenti.* *2* (*raro*) Parificazione. *3* (*fig.*) Apprendimento, acquisizione: *l'a. di una nuova teoria*; *ha una grande capacità di a.* *4* (*psicol.*) Processo di apprendimento | Processo di percezione o di appercezione in cui un contenuto nuovo è talmente simile a un contenuto famigliare che i due sembrano quasi identici. *5* (*ling.*) Processo per cui due suoni a contatto o a breve distanza tendono a divenire identici o ad assumere caratteri comuni.

assìolo o †**assiuòlo** [comp. del lat. *ăxio*, n. di quest'uccello, di orig. incerta, e del suff. dim. *-olo*; 1354] s. m. ● Piccolo uccello rapace notturno degli Strigiformi con livrea grigia venata di nero e grandi occhi vivaci (*Otus scops*). SIN. Chiù. CFR. Chiurlare. ➡ ILL. **animali**/9 | †*Capo d'a.*, ignorante.

assiologìa [comp. del gr. *áxios* 'degno' e *-logia*; 1950] s. f. *1* Scienza che studia l'origine e la storia dei titoli e dei gradi nobiliari e dignitari. *2* V. *axiologia.*

assiològico [1965] agg. (pl. m. *-ci*) *1* Relativo all'assiologia. *2* V. *axiologico.* || **assiologicaménte**, avv.

assiòma [gr. *axíōma* 'dignità', da *áxios* 'degno'; av. 1565] s. m. (pl. *-i*) *1* (*filos., mat.*) Principio generale evidente e indimostrabile che può fare da premessa a un ragionamento, una teoria e sim. *2* (*est.*) Affermazione che è superfluo dimostrare perché palesemente vera.

assiomàtica [f. sost. di *assiomatico*; 1930] s. f. ● (*filos.*) La totalità dei principi posti alla base di una qualsiasi scienza deduttiva.

assiomàtico [vc. dotta, gr. *axiōmatikós*, da *axíōma*. V. *assioma*; 1639] agg. (pl. m. *-ci*) *1* (*filos.*) Che concerne l'assioma o ne ha il carattere. *2* (*est.*) Indiscutibile, irrefutabile: *verità assiomatica.* || **assiomaticaménte**, avv. Indiscutibilmente, irrefutabilmente.

assiomatizzàre [1955] v. tr. ● Trattare in base ad assiomi: *a. una scienza.*

assiomatizzazióne [1955] s. f. ● L'assiomatizzare.

assiòmetro [comp. del gr. *axía* 'valore' e *-metro*; 1847] s. m. ● Strumento che indica l'angolo formato dalla pala del timone con l'asse longitudinale di una nave con timone a ruota.

assiriologìa [comp. del gr. *assýrios* 'assiro' e *-logia*; 1930] s. f. ● Scienza che studia la storia e la civiltà degli Assiri.

assiriòlogo [comp. del gr. *assýrios* 'assiro' e *-logo*; 1955] s. m. (f. *-a*; pl. m. *-gi*) ● Studioso, esperto di assiriologia.

assiro [vc. dotta, lat. *Assȳr(i)u(m)*, dal gr. *Assýrios*, di orig. semitica (dal n. della città di *Aššur*); 1319] **A** agg. ● Dell'Assiria, regione storica della Mesopotamia: *iscrizioni assire*; *i resti delle antiche città assire.* **B** s. m. (f. *-a*) ● Abitante, nativo dell'Assiria. **C** s. m. solo sing. ● Lingua parlata dagli Assiri.

assiro-babilonése [1955] agg. (pl. *assirobabilonési*) ● Che si riferisce all'Assiria e alla Babilonia, considerate come unità: *civiltà assiro-babilonese.*

assisa (1) [ant. fr. *assise* 'uniforme', da *asseoir* 'stabilire', dal lat. parl. **assedēre*, per il classico *assidēre*; av. 1348] s. f. *1* (*lett.*) Divisa, livrea, uniforme: *ei nudo andonne / dell'a. spogliato* (PARINI). *2* **A. geologica**, insieme di strati rocciosi distinto dagli altri per particolari caratteri litologici o paleontologici. *3* (*biol.*) Strato di cellule.

†**assisa (2)** [V. *accisa*; av. 1348] s. f. ● Balzello, imposta.

assise [fr. *assise* 'seduta', var. di *accise*. V. *accisa*; av. 1310] s. f. pl. *1* Nel mondo medievale, le assemblee giudiziali e (*est.*) talune compilazioni legislative: *a. del regno di Sicilia*; *a. di Gerusalemme.* *2* (*est.*) Congresso, riunione plenaria: *le a. dei rivoluzionari in esilio.* *3* Corte d'assise (V. *corte*, sign. 6).

assisìate o **assisiàno** [1896] **A** agg. ● Di Assisi. **B** s. m. e f. ● Abitante, nativo di Assisi | ***L'Assisiate***, (*per anton.*) S. Francesco d'Assisi.

assiso [sec. XIII] part. pass. di *assidere*; anche agg. ● (*lett.*) Seduto.

àssist /'assist, *ingl.* ə'sɪst/ [vc. ingl., propr. 'assistere'; 1983] s. m. inv. ● (*sport*) Nella pallacanestro, nel calcio e sim., ultimo passaggio che dà, a chi lo riceve, buone possibilità di segnare.

assistentàto [1942] s. m. ● Ufficio di assistente: *a. universitario* | La durata di tale ufficio.

assistènte [1304] **A** part. pres. di *assistere*; anche agg. ● Nei sign. del v. **B** s. m. e f. *1* Chi collabora con qlcu. in una determinata attività | ***A. di volo, a. di bordo***, la persona di sesso maschile (*steward*) o femminile (*hostess*) addetta all'assistenza dei passeggeri e dell'equipaggio sugli aerei civili | Negli studi televisivi, incaricato del regolare andamento del lavoro in studio o in sala di prove | ***A. universitario***, ausiliare del professore titolare di cattedra o di corsi di insegnamento; tale ruolo, abolito nel 1980, è stato parzialmente sostituito da quelli di 'ricercatore' e di 'professore associato'. *2* (*org. az.*) Persona che lavora a stretto contatto con un dirigente di azienda al quale fornisce consulenza tecnica, specialistica o professionale. *3* Chi presta la propria opera a fini assistenziali, spec. nell'ambito sociale, culturale e religioso: *a. sanitario* | ***A. sociale***, chi, all'interno di appositi organismi, si occupa dell'aiuto morale e materiale a persone in particolari condizioni di disagio. *4* ***A. al soglio***, dignitario ecclesiastico o laico, di nomina pontificia, che assiste il Papa nelle cerimonie civili più solenni. *5* Nell'ordinamento della polizia di Stato, qualifica corrispondente al grado soppresso di appuntato, immediatamente superiore a quella di guardia | ***A. di polizia femminile***, qualifica corrispondente a quella di ispettore, per le donne arruolate nella polizia di stato; la persona di sesso femminile che ha tale qualifica.

assistènza [1614] s. f. *1* (*raro*) Presenza, partecipazione: *a. alle lezioni* | Vigilanza: *turni di a.* *2* (*dir.*) Intervento attivo o passivo al compimento di un'attività altrui: *a. legale.* *3* Complesso delle attività prestate al fine di aiutare materialmente o moralmente qlcu. | ***A. sociale***, insieme delle attività svolte da appositi organismi per l'aiuto morale e materiale di persone in particolari condizioni di disagio | ***A. sanitaria ai lavoratori***, garantita agli stessi mediante le assicurazioni sociali e altri mezzi predisposti all'interno delle aziende | ***A. tecnica***, servizio di riparazione dei guasti fornito ai propri clienti da un produttore o da un venditore di beni di consumo durevole. *4* Aiuto, soccorso: *prestare a. ai feriti, ai malati, ai bisognosi* | (*est.*) Cura assidua: *l'a. dell'infermiera.* *5* (*sport*) Nella ginnastica artistica e sim., insieme degli interventi che si attuano per preservare l'incolumità dell'atleta.

assistenziàle [1935] agg. ● Che concerne l'assistenza, spec. quella pubblica o sociale: *attività, ente a.* | Assistenzialistico | ***Stato a.***, V. *stato* (*3*), sign. 1. || **assistenzialménte**, avv.

assistenzialìsmo [1983] s. m. ● Degenerazione di un sistema di Stato assistenziale verso forme clientelari o statalistiche.

assistenzialìstico [1967] agg. (pl. m. *-ci*) ● Relativo all'assistenzialismo: *politica assistenzialistica* | Proprio dell'assistenzialismo: *mentalità assistenzialistica.*

assistenziàrio [1942] s. m. ● Istituto che aiuta spec. gli ex detenuti a reinserirsi nella società.

♦**assìstere** [vc. dotta, lat. *adsĭstere*, comp. di *ăd* 'presso, davanti' e *sĭstere* 'stare'; av. 1342] **A** v. intr. (pass. rem. *io assistéi*, o *assistètti* (o *-é-*), *tu assistésti*; part. pass. *assistito*; aus. *avere*) (+*a*) ● Essere presente, intervenire: *a. a uno spettacolo, a una lezione, alla Messa.* **B** v. tr. ● Curare, soccorrere: *a. un ferito, un ammalato* | Coadiuvare: *a. un tecnico nel proprio lavoro* | Curare con assiduità gli interessi di qlco.: *l'avvocato assiste i propri clienti.*

assistìbile [1983] agg. ● (*raro*) Che può essere assistito.

assistìto [av. 1704] **A** part. pass. di *assistere*; anche agg. ● Nei sign. del v. | ***Fecondazione assistita***, V. *fecondazione.* **B** s. m. (f. *-a*) ● Chi beneficia dell'assistenza di qlcu. | (*region.*) Chi, per ispirazione, dà i numeri del lotto.

assìto [da *asse* (*1*); av. 1400] s. m. *1* Tramezzo di assi affiancate o unite per dividere una stanza in due più piccole. *2* Pavimento, solaio di tavole percorribile da persone. SIN. Impalcato, tavolato.

†**assiuòlo** ● V. *assiolo.*

àsso [vc. dotta, lat. *ăsse(m)*. V. *asse* (*3*); sec. XIV] s. m. *1* Faccia di dado o di tavoletta di domino segnata con un sol punto | Carta da gioco che porta un solo segno: *a. di picche* | ***Avere l'a. nella manica***, (*fig.*) avere ottime possibilità di successo | (*fig.*) ***Lasciare, piantare in a.***, abbandonare qlcu. sul più bello, in cattivo stato, senza aiuto, e sim. | (*fig.*) ***Restare in a.***, essere abbandonato, rimanere solo | ***A. pigliatutto***, V. *pigliatutto.* *2* (*fig.*) Chi eccelle in una particolare attività per speciali doti e bravura: *è un a. in matematica*; *gli assi del ciclismo.*

associàbile [sec. XIV] agg. ● Che si può associare.

associabilità [1863] s. f. ● Caratteristica di ciò che è associabile.

associaménto [av. 1698] s. m. ● (*raro*) L'associare, l'associarsi.

associànte [1965] **A** part. pres. di *associare*; anche agg. ● Nei sign. del v. **B** s. m. e f. ● Colui che ammette un'altra persona alla ripartizione del risultato economico di un affare o dell'intera gestione della sua impresa.

♦**associàre** [vc. dotta, lat. tardo *associāre*, comp. di *ăd* e *sŏcius* 'amico'; 1532] **A** v. tr. (*io assòcio*) *1* Rendere partecipe di un'attività, spec. mediante l'unione a un gruppo preesistente: *a. dei giovani a un club sportivo*; *volle a. il figlio negli affari.* *2* Mettere insieme, unire: *a. un gruppo di amici* | (*fig.*) Mettere in relazione: *a. immagini e idee diverse.* *3* Trasferire qlcu. da un luogo a un altro determinato accompagnandolo o scortandolo, spec. nelle loc.: ***a. un morto alla chiesa***; ***a. qlcu. alle carceri.*** **B** v. rifl. *1* Partecipare agli utili di un'impresa dietro il corrispettivo di un determinato apporto. *2* Unirsi in società: *si è associato con degli amici per avviare un'attività commerciale*; *potete associarvi a noi in questo tentativo* | (*est.*) Iscriversi a un'associazione: *associarsi a un club, a un partito politico.* *3* (*fig.*) Unirsi ai sentimenti di qlcu.: *associarsi al dolore, alla gioia e sim. di qlcu.*; *tutti i colleghi si associarono al lutto.* **C** v. intr. pron. ● Unirsi, collegarsi: *nel romanzo, il ricordo della madre si associa alla nostalgia per i luoghi dell'infanzia.*

associatività [1961] s. f. ● (*mat.*) Proprietà di ciò che è associativo.

associatìvo [1941] agg. *1* Relativo ad associazione, ad associazioni: *contratto agrario di tipo a.*; *attività culturali nell'ambito a.* *2* Atto ad associare | (*mat.*) Di operazione per la quale, tutte le volte che sono definiti $a(bc)$ ed $(ab)c$, essi sono uguali | Di struttura algebrica individuata da una operazione associativa. *3* (*anat.*) Detto di struttura nervosa o di funzione in grado di integrare varie informazioni, determinando risposte complesse: *corteccia associativa.*

associàto [1499] **A** part. pass. di *associare*; anche agg. *1* Nei sign. del v. *2* ***Professore a.***, nell'ordinamento universitario italiano, quello appartenente a un ruolo intermedio tra il ricercatore e il professore ordinario. **B** s. m. (f. *-a*) *1* Chi fa parte di un'associazione. *2* Professore associato.

♦**associazióne** [1735] s. f. *1* Unione, aggregazione | Nell'ordinamento universitario italiano, insieme di pratiche concorsuali necessarie per entrare nel ruolo di professore associato | ***A. di medicamenti***, somministrazione contemporanea o a breve distanza di due farmaci | ***A. stellare***, insieme di stelle che presentano alcune caratteristiche fisiche comuni. *2* Unione di due o più individui allo scopo di esercitare in comune una medesima attività: *a. politica, di beneficenza*; *libertà di a.* | ***A. in partecipazione***, contratto con cui un soggetto, associante, riceve da un altro soggetto, associato, un apporto e gli attribuisce, in cambio, una partecipazione agli utili di una sua impresa o affare | ***A. a, per delinquere***, accordo di tre o più persone allo scopo di commettere delitti; correntemente, accordo tra più persone associate allo scopo di commettere uno o più reati | ***A. segreta***, caratterizzata dal fatto di occultare la propria esistenza, o i propri fini, o i propri soci | ***A. di tipo mafioso***, i cui membri si avvalgono della forza di intimidazione del vincolo associativo e della condizione di assoggettamento e di omertà che ne deriva per commettere delitti od ottenere vantaggi ingiusti | ***Associazioni d'arma***, associazioni corrispondenti ad armi, corpi, specialità e servizi attualmente esistenti nelle Forze Armate. *3* (*fig.*) Nesso, concatenamento: *a. mentale*; *a. di idee* | (*psicol.*) Relazione funzionale tra fenomeni psicologici stabilita nel corso dell'esperienza individuale e tale che la presenza di uno tende a evocare l'altro. *4* (*biol.*) Linkage.

associazionìsmo [ingl. *associationism*, attrav. il fr. *associationism*; 1931] s. m. *1* Il fenomeno sociale dell'aggregarsi in associazione | Il complesso delle associazioni aventi indirizzo ideologico comune: *l'a. cattolico.* *2* (*psicol.*) Teoria per cui l'apprendimento e lo sviluppo dei processi superiori consistono fondamentalmente nella combinazione di elementi mentali irriducibili.

associazionista [1933] s. m. e f. (pl. m. *-i*) ● (*psicol.*) Seguace dell'associazionismo.

associazionìstico [av. 1952] agg. (pl. m. *-ci*) ● Relativo all'associazionismo.

assodaménto [sec. XIV] s. m. ● Operazione dell'assodare: *l'a. di un terreno* | (*fig.*) Accertamento.

assodàre [comp. di *a-* (*2*) e *sodo*; av. 1306] **A** v. tr. (*io assòdo*) *1* Rendere sodo, duro | (*est.*) Consolidare: *a. un muro, un argine*; (*fig., lett.*) *a. la propria posizione, il carattere.* *2* (*fig.*) Accertare: *a. la verità, i fatti.* **B** v. intr. pron. *1* Divenire sodo: *la colla si assoda raffreddandosi.* *2* (*raro, fig.*) Consolidarsi, rafforzarsi | (*lett.*) Irrobustirsi: *Ella intanto provveda che suo figlio si assodi bene* (NIEVO).

assoggettàbile [1863] agg. ● Che si può assoggettare.

assoggettaménto [1745] s. m. *1* Riduzione in uno stato di dipendenza, ubbidienza, servitù e sim. *2* (*est.*) Il sottoporre: *l'a. dei redditi di capitale a una tassa.*

assoggettàre [comp. di *a-* (*2*) e *soggetto* (*1*); 1619] **A** v. tr. (*io assoggètto*) ● Rendere soggetto, sottomettere | Costringere all'ubbidienza, alla servitù | (*est.*) Sottoporre: *a. a sforzi*; *a. a verifica.* **B** v. rifl. ● Adattarsi, sottomettersi: *si è assoggettato alla sua autorità* | (*est.*) Sottoporsi.

assolàre (1) ● V. *assuolare.*

assolàre (2) [comp. di *a-* (*2*) e *solo*; 1723] v. tr.

(*io assòlo*) ● (*raro*) Rendere solo | *A.* ***una carta***, nel gioco del tressette e del terziglio, tenere in mano una sola carta di un dato seme o colore.

assolàre (3) [comp. di *a-* (2) e *sole*; 1829] **v. tr.** (*io assòlo*) ● (*raro, lett.*) Esporre, stendere al sole: *a. il fieno.*

assolàto [da *sole*; av. 1597] **agg.** ● Pieno di sole, esposto completamente al sole: *casa assolata*; *campi assolati.*

assolcàre [comp. di *a-* (2) e *solco*; av. 1306] **v. tr.** (*io assólco, tu assólchi*) ● Lavorare a solchi: *a. un campo.*

assolcatóre [1955] **A agg.** (f. *-trice*) ● Che compie l'assolcatura. **B s. m.** ● Organo della seminatrice a righe che apre i solchi nei quali è posto il seme.

assolcatùra [1955] **s. f.** ● Apertura dei solchi su un terreno già arato e spianato.

assoldaménto [1745] **s. m.** ● (*raro*) L'assoldare.

assoldàre [comp. di *a-* (2) e *soldo*; av. 1363] **v. tr.** (*io assòldo*) **1** (*st.*) Reclutare soldati in cambio di un compenso in denaro | Arruolare mercenari. **2** (*est.*) Prendere al proprio servizio, spec. per compiere azioni illecite: *a. una spia.*

assòlo o **a sòlo** [comp. di *a-* (2) e *solo*; 1706] **s. m.** (pl. inv. o *-i*) **1** (*mus.*) In un'esecuzione collettiva, parte della composizione affidata a una sola voce, strumentale o vocale, da eseguirsi con uno o più strumenti della stessa natura, mentre gli altri tacciono o accompagnano: *un'a. dell'oboe*; *l'a. del tenore.* **2** (*est.*) Brillante azione individuale, spec. di un atleta.

assolòtto [1936] **s. m.** ● Adattamento di *axolotl* (V.).

assòlsi ● V. *assolvere.*

assòlto [1321] **part. pass.** di *assolvere*; anche **agg.** ● Nei sign. del v.

assolutézza [1865] **s. f.** ● Caratteristica di ciò che è assoluto.

assolutìsmo [ingl. *absolutism*, prob. attrav. il fr. *absolutisme*; 1848] **s. m.** **1** Sistema politico in cui il potere del sovrano è senza limiti e controlli. **2** (*est., fam.*) Atteggiamento di chi si comporta da assolutista.

assolutista [ingl. *absolutist*, prob. attrav. il fr. *absolutiste*; 1848] **s. m. e f.** (pl. m. *-i*) **1** Fautore dell'assolutismo. **2** (*fam.*) Chi cerca di imporre agli altri la propria volontà.

assolutìstico [1937] **agg.** (pl. m. *-ci*) ● Dell'assolutismo: *governo a.* | Da assolutista. || **assolutisticaménte**, **avv.**

assolutizzàre [1979] **v. tr.** ● Fare di un'idea, un aspetto, un problema e sim. qlco. di definitivo e immutabile: *a. il concetto di uguaglianza*; *a. la centralità dei giovani emarginati.* CONTR. Relativizzare.

assolutizzazióne [1977] **s. f.** ● L'assolutizzare.

♦**assolùto** [av. 1294] **A** †**part. pass.** di *assolvere* ● (*raro*) Nei sign. del v. **B agg.** **1** (*lett.*) Libero da relazioni, limiti, circostanze particolari: *Voglia assoluta non consente al danno* (DANTE *Par.* IV, 109) | ***Stato a.***, in cui tutta l'autorità politica è accentrata in un capo. **2** (*fig.*) Deciso, perentorio, autoritario: *mio padre fiero e a. nelle sue risoluzioni* (FOSCOLO). **3** Generale, universale: *verità assoluta* | ***In a.***, (*ellitt.*) in modo assoluto, assolutamente: *ciò vale in a.*; (*comm.*) detto di operazione commerciale effettuata senza clausole sospensive. **4** Totale, pieno, intero: *un'assoluta padronanza di sé* | ***Bisogno a.***, urgente, imprescindibile | ***Fede assoluta***, cieca | ***Maggioranza assoluta***, V. *maggioranza* nel sign. 2 | (*mat.*) ***Valore a. d'un numero reale***, il numero stesso se esso non è negativo, altrimenti il suo opposto | (*fis.*) ***Peso specifico a.***, peso dell'unità di volume di un corpo, cioè rapporto fra il suo peso e il suo volume | ***Temperatura assoluta***, che parte dallo zero assoluto, uguale alla temperatura centigrada più 273°. **5** (*ling.*) Detto di costruzione che sta a sé nella proposizione | ***Ablativo a.***, senza legame sintattico col resto della proposizione | ***Comparativo a.***, in latino, esprime il grado intensivo di una qualità senza alcun paragone | ***Superlativo a.***, esprime la più alta gradazione di una qualità, indipendentemente dal paragone con altri termini della frase. **6** (*sport*) ***Campionati assoluti*** o (*ellitt.*) ***assoluti***, gara o complesso di gare di un determinato sport per l'assegnazione del massimo titolo stagionale della specialità: *gli assoluti di tennis.* ||

assolutaménte, **avv.** **1** In modo assoluto; ***regnare assolutamente***, seguendo i principi dell'assolutismo; (*gramm.*) ***usare assolutamente un verbo transitivo***, senza il complemento oggetto. **2** (*enfat.* o *raff.*) In frasi sia negative che positive, equivale a in ogni modo, a qualunque costo: *non dobbiamo assolutamente parlargli*; *devo assolutamente finire il lavoro entro stasera*; (*fam.*) no, per niente: *'Vuoi riposare?' 'Assolutamente'*; (*fam.*) senza dubbio, certamente, sì: *'Ne sei convinto?' 'Assolutamente'.* **3** In unione con aggettivi, del tutto, completamente: *sono assolutamente sicuro che si tratta di lui*; *è un pezzo assolutamente falso.* **C s. m.** ● (*filos.*) Ciò che ha in sé stesso la propria ragione d'essere e costituisce il fondamento primo di tutte le cose.

assolutóre [vc. dotta, lat. tardo *absolutōre(m)*, da *absŏlvere* 'assolvere'; 1865] **s. m.** (f. *-trice*) ● Chi assolve.

assolutòrio [vc. dotta, lat. tardo *absolutōriu(m)*, da *absŏlvere* 'sciogliere, assolvere'; 1618] **agg.** ● Che assolve: *sentenza assolutoria.*

assoluzióne [vc. dotta, lat. *absolutiōne(m)*, da *absŏlvere* 'assolvere'; av. 1306] **s. f.** **1** (*dir.*) Dichiarazione dell'innocenza dell'accusato o imputato emessa con la sentenza conclusiva del processo: *sentenza di a.* **2** Remissione dei peccati concessa dal sacerdote cattolico al penitente che si è confessato.

assòlvere [vc. dotta, lat. *absŏlvere*, comp. di *ăb* 'da' e *sŏlvere* 'sciogliere'; 1312] **v. tr.** (pass. rem. *io assolvéi*, o *assolvètti* (o *-é-*), o *assòlsi, tu assolvésti*; part. pass. *assòlto*, †*assolùto*) **1** (*lett.*) Liberare da un obbligo, da un impegno, da una promessa e sim.: *il principe assolse i sudditi dal giuramento* | ***A. un debito***, pagarlo. **2** (*dir.*) Dichiarare innocente, riconoscendo infondata l'accusa: *è stato assolto, a. il convenuto, l'imputato.* **3** Rimettere al penitente la colpa dei suoi peccati. **4** Condurre a termine: *a. il proprio dovere.*

assolviménto [av. 1250] **s. m.** ● Adempimento.

assomigliànza o †**assimigliànza** [av. 1698] **s. f.** ● (*raro*) Somiglianza.

♦**assomigliàre** o (*lett.*) **assimigliàre** [comp. di *a-* (2) e *somigliare*; av. 1257] **A v. tr.** (*io assomìglio*) **1** (*lett.* o *raro*) Ritenere simile, paragonare: *a. la gioventù alla primavera*; *A te assomiglio la mia vita d'uomo* (QUASIMODO). **2** (*lett.*) Rendere simile: *la lunga barba lo assomiglia a un vecchio.* **B v. intr. e** (*lett., raro*) **intr. pron.** (aus. intr. *avere*) (+ *a*) ● Essere simile: *il bambino assomiglia alla madre*; *da un tedio … così veemente, che si assomiglia a dolore e a spasimo* (LEOPARDI). **C v. rifl. rec.** ● Essere somigliante: *si assomigliano come due gocce d'acqua.*

assommàre (1) [comp. di *a-* (2) e *sommare*; av. 1294] **A v. tr.** (*io assómmo*) ● Sommare, raccogliere insieme, riunire (*spec. fig.*): *egli assomma in sé vizi e virtù* | †Fare la somma. **B v. intr.** (aus. *essere*) ● Ammontare: *i danni accertati assommano a varie migliaia di euro.* **C v. intr. pron.** ● (*fig.*) Sommarsi: *molte imperfezioni si assommano nell'uomo.*

assommàre (2) [comp. di *a-* (2) e *sommo*; av. 1313] **A v. tr.** (*io assómmo*) **1** (*lett.*) Condurre a termine: *Acciò che tu assommi / perfettamente … il tuo cammino* (DANTE *Par.* XXXI, 94-95). **2** Tirare a galla: *i pescatori assommano le reti* | Tirare su, dal fondo del mare: *a. una torpedine.* **B v. intr.** (aus. *essere*) **1** Venire a galla. SIN. Aggallare. **2** (*mar.*; *raro*) Salire in coperta.

assonànte [1728] **part. pres.** di *assonare*; anche **agg.** **1** (*lett.*) Nel sign. del v. **2** (*ling.*) Che determina assonanza.

assonànza [av. 1729] **s. f.** **1** (*ling.*) Uguaglianza delle vocali nel suono finale (cioè dopo la vocale accentata compresa) di due parole o di due versi: *piove su i pini / scagliosi ed irti* (D'ANNUNZIO) | Ripetizione di sillabe omofone alla fine di più parole della stessa frase. **2** (*fig., lett.*) Corrispondenza armonica di suoni, colori e sim.

assonanzàto [1955] **agg.** ● (*ling.*) Detto di verso collegato con altri da assonanza.

assonàre [vc. dotta, lat. *adsonāre*, comp. di *ăd* e *sonāre* 'suonare'; av. 1729] **v. intr.** (*io assuòno*; la *o* dittonga in *uo* se tonica; aus. *essere* e *avere*) ● (*lett.*) Rispondere armonicamente a un suono.

assóne o **axóne** [dal gr. *áxōn*, genit. *áxonos* 'asse'; 1955] **s. m.** ● (*anat.*) Cilindrasse. ➡ ILL. p. 2124 ANATOMIA UMANA.

assonèma o **axonèma** [comp. di *asso(ne)* e del gr. *nêma* 'filamento'; 1983] **s. m.** (pl. *-i*) ● (*biol.*) Struttura interna dei flagelli e delle ciglia delle cellule eucariotiche, risultante da un'ordinata disposizione di microtubuli.

assonemàle [da *assonema* col suff. *-ale* (1)] **agg.** ● (*biol.*) Relativo ad assonema.

assonnàre [comp. di *a-* (2) e *sonno*; 1321] **A v. tr.** (*io assónno* (o *-ò-*)) ● (*lett.*) Indurre al sonno, far addormentare. **B v. intr.** (aus. *essere*) **1** (*lett.*) Essere preso dal sonno, insonnolirsi: *mi richinava come l'uom ch'assonna* (DANTE *Par.* VII, 15). **2** (*fig., lett.*) Restare inattivo: *ma non assonno io già sul sanguinoso / trono* (ALFIERI).

assonnàto [1723] **part. pass.** di *assonnare*; anche **agg.** **1** Pieno di sonno, che ha sonno. **2** (*fig., lett.*) Pigro, inoperoso. || **assonnataménte**, **avv.**

assonometria [comp. del gr. *áxōn*, genit. *áxonos* 'asse' e di *-metria*; 1955] **s. f.** ● Rappresentazione prospettica di un oggetto secondo tre assi corrispondenti alle tre dimensioni: altezza, lunghezza, larghezza.

assopiménto [1644] **s. m.** **1** L'assopirsi | Stato di sopore. **2** (*fig.*) Acquietamento.

assopìre [lat. parl. **assopīre*, comp. di *ăd* e *sopīre* 'assopire'; 1647] **A v. tr.** (*io assopisco, tu assopisci*) **1** (*raro*) Indurre sopore, rendere sonnolento: *il calmante lo assopì subito.* **2** (*fig., lett.*) Calmare, placare. **B v. intr. pron.** **1** Essere preso da sopore, addormentarsi leggermente: *si è appena assopito.* **2** (*fig., lett.*) Calmarsi, acquietarsi: *Quelle dispute a poco a poco si assopirono* (CROCE).

assorbènte [1728] **A part. pres.** di *assorbire*; anche **agg.** **1** Nei sign. del v.: *carta a.* **2** (*edil.*) ***Elementi assorbenti***, quelli appositamente costruiti per assorbire i suoni, come la lana di vetro, la gommapiuma e sim. **B s. m.** **1** Sostanza che compie l'assorbimento. **2** Tampone di ovatta o cellulosa in fiocco per l'igiene intima femminile durante il periodo mestruale: *a. interno.*

assorbènza [1987] **s. f.** ● Caratteristica di ciò che è assorbente | Capacità di assorbire.

assorbiménto [av. 1406] **s. m.** **1** (*biol.*) Processo mediante il quale i prodotti ultimi della digestione vengono assunti dalle cellule | ***A. radicale***, processo per cui sostanze nutritive sciolte in acqua, dal terreno passano ai vasi legnosi. **2** Fenomeno per cui certi solidi o liquidi vengono impregnati di sostanze liquide o gassose. **3** (*fis.*) Fenomeno per cui una parte dell'energia di una radiazione incidente su un corpo viene trasformata in calore, anziché essere trasmessa o riflessa. **4** (*sport*) Nello sci, tecnica consistente nel piegamento e nella successiva distensione delle gambe, allo scopo di ammortizzare gli urti e compensare le asperità del terreno. **5** (*fig.*) Acquisizione | Annessione: *a. di un'azienda.*

assorbimetro [comp. di *assorbi(re)* e *-metro*; 1955] **s. m.** ● Apparecchio che misura l'assorbimento di gas nei liquidi.

♦**assorbìre** [vc. dotta, lat. *absorbēre*, comp. di *ăb* e *sorbēre* 'sorbire'; av. 1306] **v. tr.** (pres. *io assorbìsco* o *assòrbo, tu assorbìsci* o *assòrbi*; part. pass. *assorbìto*, poet. *assòrto* (2)) **1** Attrarre qlco. a sé e penetrarsene, attraverso pori, meati, interstizi, detto spec. di corpi porosi: *le spugne assorbono l'acqua*; *la terra assorbe la pioggia*; *i tessuti impermeabili non assorbono l'umidità* | (*fig.*) ***A. un colpo***, nel pugilato, ricevere un pugno senza dimostrare di risentirne gli effetti. SIN. Incassare | (*sport*) ***A. gli attacchi avversari***, sostenere senza particolari danni l'azione dell'avversario. **2** (*est., lett.*) Ingoiare, inghiottire: *le onde assorbirono la piccola imbarcazione.* **3** (*fig.*) Fare proprio, assimilare: *quell'autore assorbì la cultura del suo tempo* | Consumare, esaurire: *ogni suo risparmio è stato assorbito da quell'affare* | Impegnare: *il lavoro assorbe tutto il suo tempo* | (*fig.*) ***A. manodopera***, impiegarla.

assordaménto [1669] **s. m.** ● L'assordare | Diminuzione dell'udito per troppo rumore.

assordànte [1765] **part. pres.** di *assordare*; anche **agg.** ● Che disturba l'udito | (*est.*) Molto forte: *un rumore a.* | (*fig.*) Clamoroso: *il silenzio a. dell'imputato.* || **assordanteménte**, **avv.**

assordàre [comp. di *a-* (2) e *sordo*; av. 1364] **A v. tr.** (*io assórdo*) **1** Rendere sordo | (*est.*) Stordire con un rumore eccessivo o insistente: *il frastuono della città ci assorda.* **2** (*raro, fig.*) Infastidire, annoiare, con continui discorsi, lamenti e sim.: *lo assorda tutto il giorno con le sue chiacchiere inutili.* **3** Attutire un suono. **B** v. intr. (aus. *essere*) ● (*raro, lett.*) Divenire sordo: *è assordato per l'esplosione.* **C** v. intr. pron. **1** (*raro, lett.*) Attutirsi, smorzarsi, detto di suono. **2** (*ling.*) Subire assordimento.

assordiménto [1879] s. m. **1** (*raro*) Assordamento. **2** (*ling.*) Passaggio di un suono sonoro al corrispondente suono sordo. CONTR. Sonorizzazione.

assordìre [1527] v. tr., intr. e intr. pron. (*io assordìsco, tu assordìsci*; aus. intr. *essere*) ● (*raro*) Assordare.

†assórgere ● V. *assurgere.*

assortativo [ingl. *assortative*, da *to assort* 'distribuire, classificare, mettere nello stesso gruppo con altri' (stessa etim. dell'it. *assortire* (*1*)); 1983] agg. ● (*biol.*) Detto di accoppiamento non casuale fra individui che si somigliano in uno o più caratteri fenotipici.

assortiménto [da *assortire* (*1*); 1566] s. m. **1** Disponibilità e varietà di merci esistenti in un punto di vendita: *un vasto a. di articoli sportivi.* **2** Insieme di oggetti di uno stesso genere ma differenti nei particolari: *a. di piatti, di mobili, di suppellettili.* **3** (*tess.*) Operazione di classificazione delle fibre tessili naturali.

assortire (**1**) [comp. di *a-* (*2*) e il denom. di *sorta*; 1383] v. tr. (*io assortìsco, tu assortìsci*) **1** Ordinare e disporre secondo criteri particolari: *a. i libri secondo l'altezza*; *a. gli abiti secondo il colore* | Accordare oggetti diversi secondo criteri estetici: *a. gli accessori all'abito.* **2** (*raro*) Rifornire negozi e sim. di molti articoli: *a. una merceria.*

†assortire (**2**) [comp. di *a-* (*2*) e *sorte*; av. 1348] v. tr. ● Eleggere, estrarre a sorte.

assortito [av. 1597] part. pass. di *assortire* (*1*); anche agg. **1** Di varie qualità: *caramelle assortite.* **2** ***Accessori ben assortiti***, scelti con gusto | ***Una coppia, una compagnia ben assortita***, che armonizza bene insieme.

assortitóre [da *assortire* (*1*); av. 1712] s. m. (f. *-trice*) ● Chi effettua assortimenti, spec. operaio specializzato dell'industria laniera addetto all'assortitura.

assortitùra [da *assortire* (*1*); 1955] s. f. ● Operazione manuale dell'industria laniera consistente nella divisione e classificazione dei velli e dei pezzami di lana sucida.

assòrto (**1**) [av. 1342] **A** part. pass. di *assorbire* ● (*poet.*) Nei sign. del v. **B** agg. ● Che è profondamente intento a qlco.: *essere a. in profondi pensieri* | Meditabondo: *rimase a., seduto nella poltrona.*

†assórto (**2**) ● V. *assurto.*

assottigliaménto [av. 1347] s. m. **1** L'assottigliare. **2** Dimagrimento | (*fig.*) Riduzione, diminuzione.

assottigliàre [comp. di *a-* (*2*) e *†sottigliare*; av. 1306] **A** v. tr. (*io assottìglio*) **1** Rendere sottile, aguzzare: *a. un palo* | (*est.*) Affilare, arrotare: *a. una lama* | (*fig.*) **†*A. il vino***, annacquarlo. **2** Ridurre, diminuire: *a. le scorte dei viveri, le rendite.* **3** (*fig., lett.*) Rendere perspicace: *a. la mente, il cervello* | Acuire: *a. la propria sensibilità.* **B** v. intr. pron. ● Divenire sottile, magro: *assottigliarsi per una malattia* | (*fig.*) Ridursi: *il numero degli aderenti si assottigliava.* **C** v. rifl. ● †Ingegnarsi, sforzarsi.

assuccàre [genov. *assuccâ* 'acciuffare, acchiappare'; 1932] v. tr. (*io assùcco, tu assùcchi*) ● (*mar.*) Stringere, tesare: *a. un nodo, una legatura, una cima.*

assuefacènte [1970] part. pres. di *assuefare* ● (*raro*) Nei sign. del v.

assuefàre [vc. dotta, lat. *adsuefăcere*, comp. di *adsuē*(*tus*) 'abituato' e *făcere* 'fare'; 1353] **A** v. tr. (coniug. come *strafare*) ● Avvezzare, far prendere un'abitudine: *a. il palato a nuovi sapori.* **B** v. rifl. ● Avvezzarsi, abituarsi: *Mitridate si assuefaceva ai veleni.*

assuefàtto [1342] **A** part. pass. di *assuefare*; anche agg. ● Nei sign. del v. **B** agg.; anche s. m. (f. *-a*) ● (*med.*) Che (o Chi) è colpito da assuefazione.

assuefazióne [av. 1519] s. f. **1** Adattamento: *a. al fumo, al clima, alla fatica.* **2** (*med.*) Abitudine a certe sostanze, tossiche o curative, da parte dell'organismo, per cui ne occorrono dosi sempre crescenti per ottenere l'effetto voluto: *a. agli stupefacenti.*

†assuèto [vc. dotta, lat. *adsuētu*(*m*), part. pass. di *adsuēscere*. V. *consueto*; av. 1498] agg. ● Avvezzo, assuefatto: *Omo robusto, ma non a. a faticar le braccia* (CASTIGLIONE).

♦assùmere [vc. dotta, lat. *adsūmere*, comp. di *ăd* e *sūmere* 'prendere'; 1321] v. tr. (pass. rem. *io assùnsi, tu assumésti*; part. pass. *assùnto*) **1** Prendere su di sé: *a. una responsabilità, un impegno, una carica* | ***A. il pontificato***, diventare Papa | ***Assumersi un onere***, addossarselo | ***Assumersi il merito di qlco.***, attribuirselo. **2** Fare proprio: *a. un contegno distaccato, un tono confidenziale.* **3** (*gener.*) Prendere: *le sue parole assunsero un tono minaccioso* | (*est.*) Ingerire, consumare: *a. un farmaco, una droga, a. una sostanza, una medicina.* **4** Prendere alle proprie dipendenze: *a. un operaio, un impiegato, un dirigente*; *è stata assunta come segretaria*; *a. un giardiniere, una cameriera.* **5** (*lett.*) Innalzare a un onore, a una carica: *a. al trono, al pontificato* | Elevare: *la Vergine fu assunta in cielo.* **6** (*dir.*) Ricercare, procurarsi, accogliere, spec. prove, elementi utili e sim.: *a. mezzi di prova* | ***A. testimonianze***, accogliere le deposizioni dei testimoni | ***A. informazioni su qlcu.***, informarsi su di lui. **7** Ammettere come ipotesi una proposizione per constatare le conseguenze che ne risultano.

assumìbile [1865] agg. ● (*raro*) Che si può assumere.

assùnsi ● V. *assumere.*

Assùnta [V. *assunto* (*1*); 1550] s. f. **1** Maria Vergine elevata al cielo in anima e corpo: *chiesa dedicata all'Assunta.* **2** Festa dell'Assunzione di Maria Vergine | (*est.*) Il giorno in cui è celebrata tale festa (15 agosto).

assuntìvo [vc. dotta, lat. *assumptīvu*(*m*), da *adsūmptus* 'assunto'; av. 1294] agg. ● Che si assume: *ipotesi assuntiva.*

assùnto (**1**) [1319] **A** part. pass. di *assumere*; anche agg. ● Nei sign. del v. **B** s. m. (f. *-a*) ● Chi è stato preso come dipendente: *i nuovi assunti.*

assùnto (**2**) [vc. dotta, lat. *assūmptu*(*m*), part. pass. di *assūmere* 'assumere'; av. 1527] s. m. **1** Ciò che si deve dimostrare: *sostenere il proprio a.* SIN. Tesi. **2** (*filos.*) Proposizione scelta come premessa minore di un sillogismo. **3** (*lett.*) Impegno, incarico: *non posso prendere altri assunti* (LEOPARDI).

assuntóre [1747] agg.; anche s. m. (f. *-trice*) **1** (*dir.*) Che (o Chi) assume un obbligo mediante regolare contratto. **2** ***A. di stazione, a. ferroviario***, titolare di un'assuntoria, legato all'amministrazione centrale da rapporti di impiego o da una particolare convenzione d'appalto. **3** (*raro*) Consumatore abituale, spec. di droga.

assuntorìa [da *assuntore*; 1955] s. f. ● Piccola stazione ferroviaria retta da un assuntore.

assunzióne [vc. dotta, lat. *adsumptiōne*(*m*), da *adsūmptus* 'assunto'; av. 1342] s. f. (*Assunzióne* nel sign. 3) **1** L'assumere: *a. di un obbligo, di un impegno morale*; *a. di responsabilità*; *a. di mezzi di prova* | Acquisizione alle proprie dipendenze: *a. in prova di un lavoratore* | Elevazione a una dignità: *a. al soglio pontificio, alla corona* **2** (*filos.*) Operazione in base alla quale si ammette una proposizione solamente per dimostrarne un'altra. **3** Elevazione di Maria Vergine in cielo | Festa dell'Assunta (15 agosto): *il giorno dell'Assunzione.*

assunzionista [fr. *assomptioniste*; 1942] s. m. e f. (pl. m. *-i*) ● Religioso della Congregazione dell'Assunzione, fondata in Francia nel XIX sec.

assuolàre o **assolàre** [comp. di *a-* (*2*) e *suolo*; 1863] v. tr. (*io assuòlo*) ● (*raro, tosc.*) Collocare a strati.

assurdità [vc. dotta, lat. tardo *absurditāte*(*m*), da *absŭrdus* 'assurdo'; av. 1573] s. f. ● Caratteristica di ciò che è assurdo: *a. di una tesi, di un'affermazione* | (*est.*) Ciò che è assurdo: *stai dicendo delle a.*

♦assùrdo [vc. dotta, lat. *absŭrdu*(*m*) 'dissonante', di orig. indeur.; sec. XIV] **A** agg. ● Che è contrario alla ragione, al senso comune e all'evidenza: *preconcetto, giudizio, pensiero a.*; *tutto questo mi sembra a.* | ***Equazione assurda***, impossibile. || **assurdaménte**, avv. **B** s. m. **1** (*filos.*) Proposizione o giudizio contrario alle leggi di un determinato sistema di inferenze. **2** Correntemente, ciò che contrasta con la ragione e con la logica: *sostenere un a.* | ***Dimostrazione per a.***, procedimento logico consistente nello stabilire la verità di una tesi dimostrando che la tesi opposta è falsa.

assùrgere o **†assórgere** [vc. dotta, lat. *assŭrgere*, comp. di *ăd* e *sŭrgere* 'sorgere'; 1532] v. intr. (pres. *io assùrgo, tu assùrgi*; pass. rem. *io assùrsi, tu assurgésti*; part. pass. *assùrto, †assòrto* (*2*); aus. *essere*) ● (*lett.*) Levarsi in piedi | (*fig.*) Levarsi in alto, elevarsi, innalzarsi.

assùrto o **†assórto** (**2**) [1865] part. pass. di *assurgere*; anche agg. ● Nei sign. del v.

àsta [lat. *hăsta*(*m*) 'lancia', di orig. indeur. Il senso di 'vendita all'incanto' deriva dal fatto che si piantava un'asta nel luogo ove si ponevano in vendita i beni dei debitori del tesoro pubblico; sec. XIII] s. f. **1** Elemento sottile, lungo, liscio e diritto, di legno o di altro materiale, per usi diversi: *l'a. della bandiera* | ***Bandiera a mezz'a.***, fissata al centro dell'asta, in segno di lutto | ***A. della stadera***, il braccio graduato su cui vien fatto scorrere il contrappeso | ***A. del compasso***, ciascuna delle due metà articolate del compasso | ***A. degli occhiali***, ciascuna delle stanghette di una montatura da occhiali | (*est.*) Manico. **2** (*mar.*) Nei velieri, il bompresso e qualsiasi piccolo pennone orizzontale. **3** Nell'atletica, attrezzo di forma tubolare e di materiale elastico sul quale l'atleta fa leva impugnandolo, per innalzarsi ed eseguire un tipo di salto: *salto con l'a.* ➡ ILL. p. 2147 SPORT. **4** Lancia | ***A. broccata***, lancia da scherma con ferro a testa non perforante per disarcionare l'avversario senza ferirlo. **5** Tratto verticale di molte lettere dell'alfabeto latino: *l'a. della b* | La parte dei caratteri tipografici di certe lettere dell'alfabeto che fuoriesce dall'occhio medio | ***A. ascendente***, quella della b | ***A. discendente***, quella della p. **6** (*spec. al pl.*) Linea diritta e verticale che il bambino tracciava come primo esercizio di scrittura: *fare le aste.* **7** Procedimento di vendita al migliore offerente fatta secondo formalità legislativamente disciplinate: *a. deserta*; *a. fallimentare* | ***Vendita all'a.***, all'incanto | (*econ.*) ***A. competitiva***, collocamento di titoli o azioni mediante assegnazione ai vari aggiudicatari ai prezzi da essi offerti in ordine decrescente, cioè privilegiando coloro che hanno offerto il prezzo più alto fino a esaurimento dell'emissione | (*econ.*) ***A. marginale***, collocamento di titoli o azioni per cui il prezzo di vendita definitivo di tutta l'emissione è pari al prezzo più basso offerto dagli aggiudicatari. **8** (*raro, lett.*) Pene. **9** (*bot., tosc.*) ***A. regia***, asfodelo. || **asticciòla, asticciuòla**, dim. (V.) | **asticèlla**, dim. (V.).

astàbile [comp. di *a-* (*1*) e *stabile*; 1974] agg. ● (*elettron.*) Detto di circuito elettronico che oscilla regolarmente fra due condizioni non stabili. CFR. Bistabile, monostabile.

astacicoltùra [comp. del lat. *ăstacus* 'gambero' e *-coltura*; 1961] s. f. ● Allevamento di gamberi d'acqua dolce e di altri crostacei.

àstaco [vc. dotta, lat. *ăstacu*(m), nom. *ăstacus*, dal gr. *ostakós*, da *ostéon* 'osso'; av. 1577] s. m. (pl. *-ci*) ● (*zool.*) Gambero di fiume. ➡ ILL. **animali**/3.

astànte [vc. dotta, lat. *adstănte*(*m*), part. pres. di *adstāre* 'stare vicino', comp. di *ăd* 'presso' e *stāre* 'stare'; av. 1306] s. m. e f. **1** (*spec. al pl.*) Chi è presente: *gli astanti applaudirono.* **2** †Medico di guardia negli ospedali.

astanterìa [da (*medico*) *astante* 'medico di guardia'; 1876] s. f. ● Locale ospedaliero dove si ricoverano provvisoriamente i malati in attesa di assegnarli a un reparto.

astàta [da *asta*; 1829] s. f. ● (*raro*) Colpo d'asta.

astaticità [1961] s. f. ● (*fis.*) Condizione di un corpo astatico.

astàtico [comp. di *a-* (*1*) e *statico*; 1887] agg. (pl. m. *-ci*) **1** (*elettr.*) Detto di un sistema di magneti solidali fra loro e con polarità contrapposte, sì da essere insensibili all'azione direttiva del campo magnetico terrestre. **2** (*mecc.*) Detto di regolatore che mantenga la velocità costante per qualunque valore del carico.

astàto (**1**) [vc. dotta, lat. *hastātu*(*m*), da *hăsta* 'asta'; av. 1292] **A** agg. **1** (*st.*) Armato di asta. **2** (*fig., lett.*) Che è diritto come un'asta. **3** (*bot.*) Detto di foglia a forma di punta di lancia. **B** s. m. ● (*spec. al pl.*) Soldati armati d'asta che, nello schieramento della legione romana, combattevano originariamente in seconda e, in seguito, in prima fila.

àstato (**2**) [dal gr. *ástatos* 'instabile', comp. di *a-* (*1*) e *statós* 'stazionario' (V. *-stato*); 1959] s. m. ● Elemento chimico, non metallo, artificiale, del gruppo degli alogeni, preparato per bombardamento del bismuto con particelle alfa nel ciclotrone. SIMB. At. SIN. (*raro*) Alabamio.

asteggiàre [da *asta*; 1863] **v. intr.** (*io astéggio*; aus. *avere*) • (*disus.*) Fare le aste, come primo esercizio per imparare a scrivere.

astèmio [vc. dotta, lat. *abstēmiu(m)*, che va ricollegato a *temētum* 'vino', prob. da un s. *tēnum* che indicava una bevanda inebriante; av. 1613] **agg.**; anche **s. m.** (f. *-a*) • Che (o Chi) non beve vino o altri alcolici.

astenère [vc. dotta, lat. *abstinēre*, comp. di *ăbs* 'da' e *tenēre* 'tenere'; av. 1292] **A v. tr.** (coniug. come *tenere*) • (*lett.*) Tenere lontano: *e chi la scure / asterrà pio dalle devote frondi* (FOSCOLO). **B v. rifl. 1** Tenersi lontano da qlco.; farne a meno: *astenersi dal vino, dal fumo, dal gioco* | Trattenersi dal fare o dal dire qlco.: *astenersi dalla maldicenza, dai giudizi avventati*; *astenersi dal testimoniare*. **2** Nel linguaggio politico, non votare (*anche assol.*): *astenersi dal voto*; *molti si sono astenuti*. **3** (*dir.*) Dichiarare, da parte degli organi giudiziari o degli ausiliari di giustizia, di non volere prendere parte a determinati giudizi: *il giudice si è astenuto*.

astenìa [vc. dotta, gr. *asthéneia*, comp. di *a-* (*1*) e *sthénos* 'forza', d'orig. indeur.; 1819] **s. f.** • Diminuzione della capacità al lavoro muscolare | Senso di debolezza, mancanza di forze.

astènico [1829] **A agg.** (pl. m. *-ci*) • Di, relativo ad, astenia. **B agg.**; anche **s. m.** (f. *-a*) • Che (o Chi) è affetto da astenia.

astenopìa [comp. del gr. *asthenḗs* 'debole' (V. *astenia*) e *ṓpē* 'vista'; 1940] **s. f.** • Senso di stanchezza agli occhi per sforzo di accomodazione o per eccesso di lavoro dei muscoli oculari.

astenosfèra [comp. del gr. *asthenḗs* 'debole' (V. *astenia*), e *sfera*; 1933] **s. f.** • (*geol.*) Porzione del mantello terrestre, fra 100 e 700 km, su cui scorrono le zolle della litosfera. ➡ ILL. p. 2130 SCIENZE DELLA TERRA ED ENERGIA.

astensiòne [vc. dotta, lat. tardo *abstentiōne(m)*, comp. di *ăbs* 'da' e *tĕneo* 'io tengo', prob. attrav. il fr. *abstention*; 1865] **s. f. 1** (*raro*) Rinuncia a fare o dire qlco. | *A. dal lavoro*, sciopero. **2** Deliberata rinuncia a esercitare il diritto di voto: *abbiamo notato troppe astensioni*.

astensionìṣmo [fr. *abstentionnisme*, da *abstentionniste* 'astensionista'; 1905] **s. m. 1** (*raro*) Tendenza a non partecipare alla vita politica. **2** Tendenza, atteggiamento di chi si astiene dall'esprimere il proprio voto | L'insieme delle astensioni.

astensionìsta [fr. *abstentionniste*, dall'ingl. *abstentionist*; 1883] **s. m. e f.**; anche **agg.** (pl. m. *-i*) • Chi (o Che) pratica o teorizza l'astensionismo.

astensionìstico [1983] **agg.** (pl. m. *-ci*) • Relativo all'astensionismo.

astenùto [1946] **A part. pass.** di *astenere* • Nei sign. del v. **B s. m.** (f. *-a*) • Chi si astiene dal dare il proprio voto: *gli astenuti sono diciotto*.

àster [gr. *astḗr*, propr. 'stella' (di orig. indeur.), per la sua forma; sec. XV] **s. m. inv.** • (*bot.*) Astro della Cina.

Asteràcee [vc. dotta, comp. di *aster* e *-acee*; 1955] **s. f. pl.** • (*bot.*) Composite.

astèrgere [vc. dotta, lat. *abstergēre*, comp. di *ăbs* 'da' e *tergēre* 'pulire'; 1524] **v. tr.** (coniug. come *tergere*) **1** (*lett.*) Lavare delicatamente: *a. una ferita* | Pulire, nettare: *a. la fronte dal sudore*. **2** (*fig.*, *lett.*) Cancellare.

astèria [vc. dotta, gr. *asterías* 'stellato', agg. di *astḗr* 'stella'; av. 1564] **s. f. 1** (*zool.*) Stella di mare. **2** (*miner.*) Varietà di corindone con una caratteristica stella a sei punte luminosa interna. SIN. Corindone stellato.

asteriscàto [da *asterisco*; 1997] **agg.** • Contrassegnato da un asterisco: *paragrafo a.*

asterìsco [vc. dotta, lat. tardo *asterĭscu(m)*, nom. *asterĭscus*, dal gr. *asterískos* 'stelletta', dim. di *astḗr* 'stella'; sec. XIV] **s. m.** (pl. *-schi*) **1** Segno tipografico a forma di stelletta a cinque o più punte usato per evidenziare un tratto di un discorso o rimandare a una nota od omettere un nome | (*ling.*) Indica una parola o una forma storicamente non attestate oppure una forma o un'espressione non accettabili dal punto di vista grammaticale o semantico. **2** Nei giornali, ciascuno dei brevi articoli in cui sono divise certe rubriche. SIN. Stelloncino.

asterìṣmo [vc. dotta, dal gr. *asterismós* 'costellazione', deriv. da *astḗr* 'stella'; 1612] **s. m.** • (*miner.*) Proprietà di certi minerali di riflettere la luce secondo direzioni preferenziali a forma di stella.

asteroidàle [1983] **agg.** • (*astron.*) Di asteroide.

asteròide [vc. dotta, gr. *asteroidḗs* 'simile a stella', comp. di *astḗr* 'stella' e *-oide*; 1829] **s. m.** • (*astron.*) Ognuno dei molti piccoli pianeti in orbita attorno al Sole, la cui posizione è generalmente compresa fra le orbite di Marte e Giove. SIN. Pianetino. ➡ ILL. p. 2142 SISTEMA SOLARE.

Asteroidèi [dal gr. *asteroeidḗs* 'simile a stella'. V. *asteroide*; 1940] **s. m. pl.** (sing. *-o*) • Nella tassonomia animale, classe di Echinodermi con corpo a disco che continua alla periferia in cinque o più braccia a forma triangolare, cui appartengono le stelle di mare (*Asteroidea*).

astersiòne [vc. dotta lat. tardo *abstersiōne(m)*, da *abstergēre* 'astergere'; sec. XIV] **s. f. 1** (*lett.*) L'astergere (*anche fig.*) **2** Decapaggio.

astèrso [1618] **part. pass.** di *astergere*; anche **agg.** • Nei sign. del v.

asticciòla o (*lett.*) **asticciuòla** [1313] **s. f. 1** Dim. di *asta*. **2** Stecca della freccia | (*est.*, *lett.*) Freccia. **3** Cannello a un'estremità del quale si inserisce il pennino | (*est.*, *lett.*) Penna.

àstice [lat. *ăstacu(m)*, nom. *ăstacus*, dal gr. *astakós*, di orig. indeur.; av. 1730] **s. m.** • Grosso gambero di mare con corpo color turchino scuro e robuste chele (*Homarus vulgaris*). SIN. Omaro. ➡ ILL. animali/3.

asticèlla [av. 1685] **s. f. 1** Dim. di *asta*. **2** Regolo di metallo o altro materiale, posto sui ritti, da superare nel salto in alto o nel salto con l'asta. ➡ ILL. p. 2147 SPORT.

astigiàno [1540] **A agg.** • Di Asti: *vigneti*, *vini astigiani*. **B s. m.** (f. *-a*) **1** Abitante, nativo di Asti | ***L'Astigiano***, (*per anton.*) il poeta Vittorio Alfieri (1749-1803). **2** Il territorio di Asti: *i vini dell'A.*

astigmàtico [1909] **A agg.** (pl. m. *-ci*) • Relativo all'astigmatismo | ***Lente astigmatica***, avente una superficie piana o sferica e l'altra superficie cilindrica o torica, atta a correggere l'astigmatismo dell'occhio. **B agg.**; anche **s. m.** (f. *-a*) • (*med.*) Che (o Chi) è affetto da astigmatismo.

astigmatìṣmo [comp. di *a-* (*1*) e del gr. *stígma* 'punto', perché questa imperfezione produce la conseguenza che un punto luminoso dà sulla retina non un punto ma una macchia; 1875] **s. m. 1** (*med.*) Difetto di rifrazione dell'occhio, dovuto a irregolarità della sfericità corneale, per cui un punto viene percepito allungato. **2** (*fis.*) Aberrazione delle lenti per cui l'immagine di un punto è costituita da due linee focali perpendicolari fra loro, e situate a diversa distanza dalla lente.

astigmòmetro [comp. di *astigm(atismo)* e *-metro*; 1955] **s. m.** • Strumento ottico atto a misurare l'astigmatismo.

astìle [vc. dotta, lat. *hastīle*, da *hăsta* 'asta'; sec. XIV] **A s. m. 1** (*lett.*) Legno della lancia | (*est.*) Lancia. **2** †Virgulto | (*lett.*) Bastone. **B agg.** • Detto di croce processionale posta alla sommità di un'asta.

àstilo [vc. dotta, gr. *ástylos*, comp. di *a-* priv. e del gr. *-stilo*; 1961] **agg.** • Che è privo di colonne: *tempio*, *edificio a.*

astinènte [vc. dotta, lat. *abstinĕnte(m)*, part. pres. di *abstinēre*, comp. di *ăbs* 'da' e *tenēre* 'trattenere'; sec. XIII] **agg.** • Che si astiene, spec. dai piaceri materiali: *essere a. dai piaceri della carne*; *essere a. nel bere*, *nel mangiare*. || **astinenteménte**, **avv.** (*raro*) Castamente; con temperanza.

astinènza o †**stinènzia** [vc. dotta, lat. *abstinĕntia(m)*, da *ăbstinens*, genit. *abstinĕntis* 'astinente'; av. 1292] **s. f. 1** Rinuncia ai piaceri dei sensi: *fare vita di a.* | Castità, continenza | (*est.*) Rigidezza e austerità di vita. **2** Astensione da alcuni cibi comandata dalla Chiesa cattolica in certi giorni e periodi dell'anno | In religioni non cattoliche, astensione permanente da alcuni alimenti per precetto divino o per motivi rituali. **3** Rinuncia, volontaria o forzata, all'assunzione di un farmaco o di una droga | ***Sindrome da a.***, ***crisi di a.***, insieme dei sintomi causati da una brusca interruzione dell'assunzione di un farmaco o di una droga.

àstio [got. *haifsts* 'lotta'; 1104] **s. m.** • Rancore, malanimo, spec. causato da invidia o dispetto: *portare a. a qlcu.*; *avere*, *nutrire*, *provare a. verso*, *contro*, *qlcu.*

astioṣità [1865] **s. f.** • Caratteristica di chi (o di ciò che) è astioso.

astióṣo [1294] **agg.** • Che è pieno di astio: *uomo*, *carattere a.* | Che dimostra astio: *voce astiosa*; *parole astiose*. || **astioṣaménte**, **avv.**

astìsta [da *asta*; 1965] **s. m. e f.** (pl. m. *-i*) • Specialista del salto con l'asta.

astóre [provz. *astor*, dal lat. *acceptōre(m)*, di orig. indeur., con avvicinamento ad *accĭpere* 'prendere'; av. 1294] **s. m. 1** Uccello rapace dei Falconiformi simile allo sparviero ma di maggiori dimensioni, con ali corte e rotonde, piumaggio grigio sul dorso e bianco sul ventre (*Astur palumbarius*). ➡ ILL. animali/8. **2** (*raro*, *fig.*) Persona rapace.

astòrico [comp. di *a-* (*1*) e *storico*; 1970] **agg.** (pl. m. *-ci*) • Che non ha rapporto con la storia, che prescinde dalla storia: *giudizio a.*

àstracan • V. *astrakan*.

astraènte [1931] **part. pres.** di *astrarre*; anche **agg.** • Che astrae: *natura nell'arte, ... come prodotto del pensiero a.* (CROCE).

†**astràere** • V. *astrarre*.

astràgalo [vc. dotta, lat. *astrăgalu(m)*, nom. *astrăgalus*, dal gr. *astrágalos*, di etim. incerta; av. 1452] **s. m. 1** (*anat.*) Osso del piede che si articola con la tibia e il perone in alto, il calcagno in basso e lo scafoide in avanti. ➡ ILL. p. 2122 ANATOMIA UMANA. **2** Dado a quattro facce ricavato dall'omonimo osso della capra o del montone, usato dagli antichi per vari giochi. SIN. Aliosso. **3** Genere di piante delle Papilionacee con foglie trasformate in spine e fiori di vari colori raccolti in grappoli (*Astragalus*). **4** (*arch.*) Modanatura che separa il fusto della colonna dal capitello e dalla base. SIN. Tondino. ➡ ILL. p. 2117 ARCHITETTURA.

astragalomanzìa [comp. di *astragalo* e *-manzia*; 1829] **s. f.** • Divinazione dell'ignoto per mezzo dei dadi.

†**astràggere** • V. *astrarre*.

àstrakan o **astrakàn**, **àstracan** [dal n. della città russa di *Astrachan'*, dove la pelliccia veniva fabbricata; 1868] **s. m. inv. 1** Pelliccia pregiata, ottenuta dal vello nero, fine e ricciuto dell'agnellino di razza karakul, sacrificato pochi giorni dopo la nascita. **2** Tessuto di lana che imita tale pelliccia.

astràle [vc. dotta, lat. *astrāle(m)*, agg. di *ăstrum* 'astro'; 1584] **agg.** • Proprio degli astri: *mondo a.*; *influssi astrali* | ***Corpo a.***, secondo gli occultisti, l'alone fluidico, non visibile, di cui è dotato ogni corpo fisico, capace di dar vita a particolari fenomeni | (*fig.*) Straordinario, smisurato: *successo*, *lontananza a.*

astrànzia [etim. incerta; 1829] **s. f.** • Pianta erbacea delle Ombrellifere con l'infiorescenza accompagnata da un involucro colorato (*Astrantia major*).

astrarre o †**astràere**, †**astràggere** [vc. dotta, lat. *abstrăhere*, comp. da *ăbs* 'da' e *trăhere* 'trarre'; 1308] **A v. tr.** (coniug. come *trarre*) **1** (*filos.*) Separare mentalmente nell'oggetto dato qualche proprietà particolare per considerarla separatamente. **2** (*lett.*) Allontanare, distogliere: *a. la mente dallo studio*; *a. l'anima dalle cose materiali*. **B v. intr.** (aus. *avere*) • Prescindere: *non si può giudicare astraendo dai fatti*. **C v. rifl.** • Concentrarsi in qlco. distogliendosi da ogni elemento circostante: *quando studia si astrae completamente*.

astràto • V. *adstrato*.

astrattézza [1550] **s. f. 1** Caratteristica di ciò che (o di chi) è astratto | Indeterminatezza, spec. di concetto o ragionamento. **2** †Distrazione, sbadataggine.

astrattìṣmo [1905] **s. m. 1** In pittura e scultura, assenza di qualsiasi riferimento alla realtà oggettiva. **2** Corrente artistica del Novecento che tende ad astrarre da ogni rappresentazione delle forme della realtà sensibile.

astrattìsta [1950] **A s. m. e f.** (pl. m. *-i*) • Seguace dell'astrattismo. **B** anche **agg.**: *pittore a.*

astrattìstico [1970] **agg.** (pl. m. *-ci*) • (*raro*) Relativo all'astrattismo e agli astrattisti.

astrattìvo [1549] **agg.** • Che tende all'astrazione: *intelligenza astrattiva*.

astràtto o †**stràtto** (1) [1308] **A part. pass.** di *astrarre*; anche **agg. 1** Che deriva da astrazione: *concetto a.* | (*ling.*) ***Nome a.***, che indica qualità non percepibili dai sensi | Che non ha rapporti con la realtà empirica: *scienza astratta* | Che non ha fondamento nella realtà: *discorsi astratti*; *proget-*

to a.; *Che giovano ... le verità astratte ...?* (LEOPARDI) | *In a.*, (*ellitt.*) in modo astratto, senza rapporti con la realtà: *parlare, discutere, in a.* CONTR. Concreto. **2** Che segue o si ispira all'astrattismo: *pittore a.; quadro a.* **3** (*dir.*) **Negozio giuridico a.**, quello che è valido ed efficace anche senza che ne sia indicata la causa tipica o atipica. || **astrattaménte**, *avv.* **B** *s. m.* ● Ciò che deriva da astrazione: *l'a. e il concreto.*

astrazióne [vc. dotta, lat. tardo *abstractiōne(m)*, da *abstrāhere* 'astrarre'; av. 1484] **s. f.** **1** L'astrarre | **Fare a. da qlco.**, prescindere da qlco. | (*filos.*) Operazione consistente nel trarre da enti fra loro distinti i loro caratteri comuni in modo da istituire una teoria generale, valevole per tutti. **2** (*fig.*) Pensiero o idea non fondata, che non ha rapporti con la realtà: *questo progetto è un'a.*

astrétto [1308] *part. pass.* di *astringere*; anche *agg.* ● (*lett.*) Nei sign. del v. | Stretto, rinchiuso | (*fig.*) Legato, obbligato, costretto: *ora mi trovo quasi astretta a doverlo odiare* (GOLDONI).

†**astrìgnere** ● V. *astringere.*

astringènte [1657] **A** *part. pres.* di *astringere*; anche *agg.* ● Nei sign. del v. **B** *s. m.* ● Rimedio che tende a diminuire o arrestare una secrezione o un'emorragia, usato in terapia contro le forme infiammatorie della cute e delle mucose | Sostanza, preparato o farmaco che ha tale potere, usato spec. per ridurre l'evacuazione intestinale.

astringere o †**astrìgnere** [vc. dotta, lat. *adstrĭngere*, comp. di *ăd* e *strĭngere* 'stringere'; av. 1348] *v. tr.* (*coniug.* come *stringere*) **1** (*lett.*) Costringere, obbligare | Stringere: *l'universo nel pugno astringe e serra* (TASSO). **2** (*med.*) Ridurre la secrezione dei tessuti, esercitare un'azione astringente.

àstro [lat. *ăstru(m)*, dal gr. *ástron*, di etim. incerta; 1321] **s. m.** **1** Corpo celeste. **2** (*fig.*) Chi primeggia, chi eccelle in determinati settori, spec. dello sport e dello spettacolo: *un a. del varietà, del ciclismo*; SIN. Star, stella | **A. nascente**, chi ha intrapreso un'attività con ottimi risultati facendo presagire una brillante carriera. **3** *A. della Cina*, pianta arborea perenne delle Composite con fiori di vario colore il cui capolino è circondato da brattee disposte a raggiera (*Callistephus chinensis*).

àstro- primo elemento ● In parole composte dotte o scientifiche significa 'astro' o 'a forma di astro', o indica relazione con la navigazione spaziale: *astrofisica, astrolatria, astronauta, astronave.*

-àstro [dal lat. *-ăstru(m)*, da un precedente *-tro-* ampliato con *-as-* di orig. incerta] *suff. alterativo* **1** Conferisce a sostantivi valore peggiorativo o spregiativo: *giovinastro, medicastro, poetastro.* **2** Unendosi agli aggettivi di colore fa loro assumere un senso, oltre che peggiorativo, di approssimazione: *biancastro, nerastro, olivastro, verdastro.*

astrobiologìa [comp. di *astro-* e *biologia*; 1983] **s. f.** ● Parte della biologia che cerca nello spazio l'origine della vita.

astrobùssola [comp. di *astro-* e *bussola* (3), sul modello dell'ingl. *astrocompass*; 1969] **s. f.** ● Strumento per controllare la rotta di un velivolo.

astrochìmica [comp. di *astro-* e *chimica*; 1940] **s. f.** ● Parte dell'astronomia che studia la composizione chimica dell'universo.

astrodinàmica [comp. di *astro* e *dinamica*; 1892] **s. f.** ● Parte dell'astronomia che studia il moto degli astri.

astròfico [comp. di *a-* (1) e *strofico*; 1955] *agg.* (pl. m. *-ci*) ● Detto di componimento poetico in cui i versi si susseguono liberamente prescindendo da una determinata struttura strofica.

astròfilo [comp. di *astro-* e *-filo*; 1955] **s. m.** (f. *-a*) ● Astronomo dilettante.

astrofìsica [comp. di *astro-* e *fisica*; 1892] **s. f.** ● Parte dell'astronomia che studia la costituzione fisica dell'universo.

astrofìsico [1955] **A** *agg.* (pl. m. *-ci*) ● Attinente all'astrofisica. **B** *s. m.* (f. *-a*) ● Studioso di astrofisica.

astrofotometrìa [comp. di *astro-* e *fotometria*; 1961] **s. f.** ● Misurazione della luminosità degli astri.

astrofotòmetro [comp. di *astro-* e *fotometro*; 1961] **s. m.** ● Strumento per la misura della luminosità degli astri.

astrografìa [comp. di *astro-* e *-grafia*; av. 1936] **s. f.** ● Fotografia dei corpi celesti.

astrògrafo [comp. di *astro* e *-grafo*; 1892] **s. m.** ● Strumento astronomico che serve per la fotografia dei corpi celesti.

astrolàbio [lat. med. *astrolabiu(m)*, dal gr. *astrolábon* (sottinteso *órganon*) 'strumento che prende gli astri', comp. di *astḗr* 'stella' e *lambánō* 'io prendo'; av. 1405] **s. m.** ● Antico strumento usato dai naviganti per determinare la posizione degli astri, sostituito poi dal sestante.

astròlago e *deriv.* ● V. *astrologo* e *deriv.*

†**astrolamìa** ● V. *astronomia.*

astrolatrìa [comp. di *astro-* e *-latria*; 1819] **s. f.** ● Culto degli astri deificati, praticato da molti popoli dell'antico Oriente.

astrologàre o (*pop.*) **astrolagàre**, (*pop.*) **strolagàre**, (*pop.*) **strologàre** [sec. XIV] *v. intr.* (*io astròlogo, tu astròloghi*; aus. *avere*) **1** Esercitare l'astrologia. **2** (*fig.*) Congetturare, fantasticare.

astrologìa [vc. dotta, lat. *astrolōgia(m)*, nom. *astrolōgia*, dal gr. *astrología* 'astronomia'. V. *astro-* e *-logia*; av. 1292] **s. f.** ● Arte di antica origine che presume di scoprire influssi degli astri sulla vita umana, al fine di prevedere avvenimenti futuri | ***A. mondana***, antica arte divinatoria sulle sorti della nazione e dei re | ***A. natale***, arte di formulare e interpretare l'oroscopo individuale.

astrològico [vc. dotta, lat. tardo *astrolŏgicu(m)*, nom. *astrolŏgicus*, dal gr. *astrologikós* 'astronomico', da *astrología*. V. *astrologia*; sec. XIV] *agg.* (pl. m. *-ci*) ● Relativo all'astrologia: *segno, campo a.* | ***Anno a.***, ciclo solare annuale che comincia il 21 marzo. || **astrologicaménte**, *avv.* Per quanto riguarda l'astrologia.

astròlogo o (*pop.*) **astròlago**, (*pop.*) **stròlago**, (*pop.*) **stròlogo** [vc. dotta, lat. *astrŏlogu(m)*, nom. *astrŏlogus*, dal gr. *astrológos* 'astronomo'. V. *astrologia*; 1294] **s. m.** (f. *-a*; pl. m. *-gi*, pop. *-ghi*) ● Chi pratica l'astrologia | **Crepi l'a.!**, esclamazione scherzosa rivolta a chi predice sciagure.

astrometrìa [comp. di *astro-* e *-metria*; 1955] **s. f.** ● Astronomia di posizione (V. *astronomia*).

♦**astronàuta** [comp. di *astro-* e *-nauta*; 1937] **s. m.** e f. (pl. m. *-i*) ● Chi viaggia oltre l'atmosfera terrestre | Addetto alla condotta o ai servizi di bordo di un'astronave.

astronàutica [fr. *astronautique*. V. *astro-* e *nautica*; 1931] **s. f.** ● Scienza, tecnica e attività relative alla costruzione e all'impiego dei mezzi che vanno oltre l'atmosfera terrestre. ● ILL. *astronautica.*

astronàutico [1955] *agg.* (pl. m. *-ci*) ● Attinente all'astronautica.

♦**astronàve** [comp. di *astro-* e *nave*; 1955] **s. f.** ● Veicolo spaziale. SIN. Cosmonave.

astronomìa o †**astrolamìa**, †**stronomìa** [vc. dotta, lat. *astronŏmia(m)*, nom. *astronŏmia*, dal gr. *astronomía*, comp. di *ástron* 'astro' e *nómos* 'legge'; av. 1310] **s. f.** ● Scienza che studia gli astri e i fenomeni celesti | ***A. di posizione***, parte dell'astronomia che studia le posizioni e i movimenti dei corpi celesti. SIN. Astrometria.

astronòmico [vc. dotta, lat. tardo *astronŏmicu(m)*, nom. *astronŏmicus*, dal gr. *astronomikós*, da *astronomia* 'astronomia'; av. 1536] *agg.* (pl. m. *-ci*) **1** Attinente all'astronomia: *cannocchiale a.* **2** (*fig.*) Esagerato, eccessivo, inarrivabile: *prezzo a.; cifre astronomiche.* || **astronomicaménte**, *avv.* Per quanto riguarda l'astronomia.

astrònomo [vc. dotta, lat. tardo *astrŏnomu(m)*, nom. *astrŏnomus*, dal gr. *astronómos*. V. *astrono-*

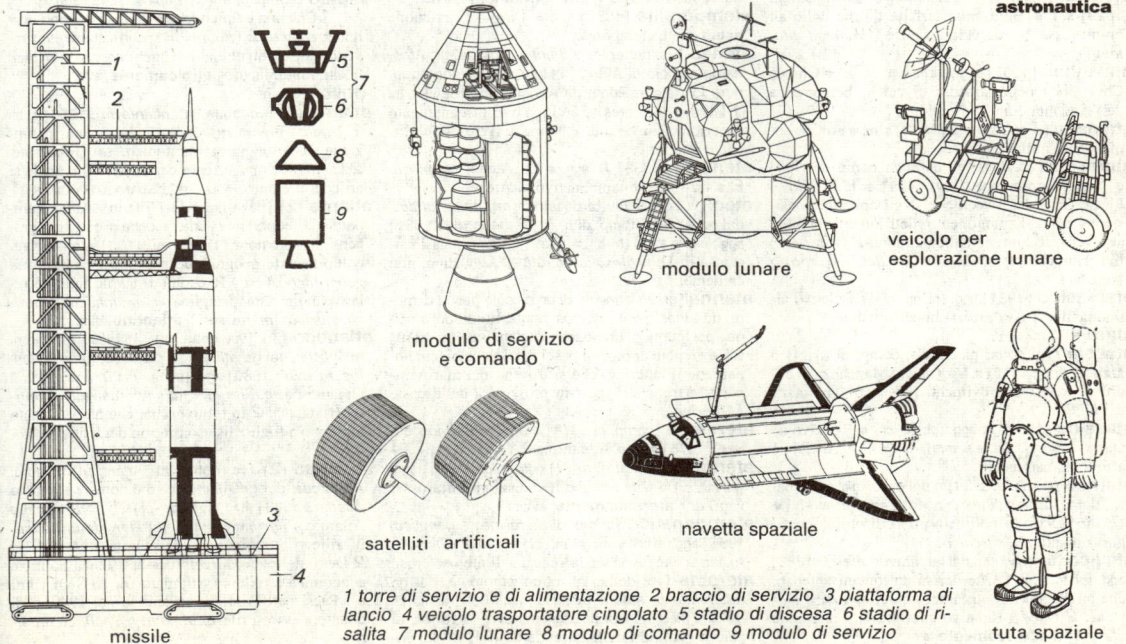

astronautica

veicolo per esplorazione lunare

modulo lunare

modulo di servizio e comando

satelliti artificiali

navetta spaziale

tuta spaziale

missile

1 torre di servizio e di alimentazione 2 braccio di servizio 3 piattaforma di lancio 4 veicolo trasportatore cingolato 5 stadio di discesa 6 stadio di risalita 7 modulo lunare 8 modulo di comando 9 modulo di servizio

mia; av. 1350] s. m. (f. *-a*) ● Studioso di astronomia.

astropòrto [comp. di *astro-* e *porto*; 1962] s. m. ● Cosmodromo.

astruṣàggine [1869] s. f. ● Astruseria goffa e inutile.

astruṣerìa [1840] s. f. ● Caratteristica di chi (o di ciò che) è astruso: *l'a. di un discorso* | Astrusità.

astruṣità [1863] s. f. ● Astruseria: *l'a. di una teoria* | Discorso, ragionamento oscuro, incomprensibile: *queste sono tutte a.*

astrùṣo [vc. dotta, lat. *abstrūsu(m)*, part. pass. di *abstrūdere* 'mettere da parte', comp. di *ăbs* 'da' e *trūdere* 'spingere'; 1619] agg. *1* Che è difficile da capire perché oscuro, complicato, tortuoso e sim.: *problema, concetto, ragionamento a.*; *formule astruse*; *termini astrusi*; *parlare, esprimersi, in modo a.* *2* (*raro, lett.*) Nascosto, recondito. || **astruṣétto**, dim. || **astruṣaménte**, avv.

♦**astùccio** [provz. *estug*, di etim. incerta; 1618] s. m. ● Custodia foderata e modellata secondo la forma dell'oggetto da contenere: *l'a. della collana, della macchina fotografica*; *a. per gioielli.* || **astuccìno**, dim.

♦**astùto** [lat. *astūtu(m)*, dalla forma *ăstu* 'con astuzia', vc. del gergo teatrale; av. 1306] agg. ● Che è capace di escogitare e di usare i mezzi più opportuni al raggiungimento di un dato scopo, anche non buono: *essere a. come, più di, una volpe*; *se crede di essere a. con noi si sbaglia* | Che denota scaltrezza, furbizia e sim.: *idea astuta*; *parole astute*; *risposta astuta*; *sguardo, sorriso a.*; *trovata, trappola astuta.* || **astutaménte**, avv. Con astuzia.

♦**astùzia** o (*pop., tosc.*) †**stùzia** [vc. dotta, lat. *astūtia(m)*, da *astūtus* 'astuto'; av. 1292] s. f. *1* Caratteristica di chi (o di ciò che) è astuto: *in questo caso l'a. è necessaria*; *giocare d'a.* *2* Idea, azione astuta: *astuzie amorose, oratorie*; *le piccole astuzie delle donne*; *ricorrere alle più sottili astuzie* | Accorgimento, stratagemma: *le astuzie di Ulisse.*

at /at, *ingl.* æt/ [vc. ingl., corrispondente al 'presso' degli indirizzi; 1996] s. m. inv. ● (*elab.*) Nome inglese del carattere chiocciola (@).

-àta [originariamente in s. astratti ricavati dal part. pass. di verbi della prima coniug.] suff. ● Forma sostantivi che indicano azione, effetto, risultato o hanno valore collettivo: *armata, cavalcata, cucchiaiata, manciata, nevicata, passeggiata, pedata, pennellata, pugnalata.*

atabàgico [comp. di *a-* (*1*) e *tabagico* (V. *tabagismo*); 1955] s. m. (pl. *-ci*) ● Preparato farmaceutico per disassuefarsi dal fumo.

atalànta [dal n. di un personaggio mitologico gr.; 1829] s. f. ● Bellissima farfalla diurna dalle ali bruno-rosse a macchie azzurre (*Vanessa atalanta*).

atalantìno [1967] agg.; anche s. m. (f. *-a*) ● Che (o Chi) gioca nella squadra di calcio bergamasca dell'Atalanta o ne è sostenitore.

atamàno [russo *ataman*; 1843] s. m. ● Antico comandante militare cosacco.

atarassìa [vc. dotta, gr. *ataraxía*, comp. di *a-* (*1*) e *táraxis* 'turbamento'; av. 1729] s. f. *1* (*filos.*) Ideale etico degli scettici e degli epicurei consistente nel raggiungimento dell'imperturbabilità attraverso il dominio sulle passioni. *2* (*est., lett.*) Imperturbabilità: *L'abituale a. del suo spirito* (GADDA).

ataràssico [1931] agg. (pl. m. *-ci*) *1* Relativo all'atarassia. *2* (*est., raro*) Imperturbabile.

†**atàre** ● V. *aiutare.*

atassìa [vc. dotta, gr. *ataxía*, comp. di *a-* (*1*) e *táxis* 'ordine'; 1819] s. f. ● (*med.*) Mancanza di coordinazione dei movimenti muscolari volontari: *a. cinetica.*

atàssico [1939] **A** agg. (pl. m. *-ci*) ● Relativo ad atassia. **B** agg.; anche s. m. (f. *-a*) ● Che (o Chi) è affetto da atassia.

atàttico [comp. di *a-* (*1*) e del gr. *taktikós* 'ordinato', dal v. *tássein* di etim. incerta] agg. (pl. m. *-ci*) ● (*chim.*) Detto di polimero privo di ordine configurazionale: *polistirene a.*

atàvico [fr. *atavique*, dal lat. *ătavus* 'atavo'; 1882] agg. (pl. m. *-ci*) *1* Che deriva da lontani antenati, che ha origini remotissime: *paure, credenze ataviche.* *2* (*med.*) Relativo ad atavismo: *anomalie ataviche.* || **atavicaménte**, avv.

atavìṣmo [fr. *atavisme*. V. *atavico*; 1875] s. m. ● (*biol.*) Ricomparsa in un individuo di caratteri anatomici o funzionali esistenti in lontanissimi antenati.

atavìstico [fr. *atavistique*. V. *atavico*; av. 1907] agg. (pl. m. *-ci*) ● Relativo ad atavismo.

àtavo [vc. dotta, lat. *ătavu(m)*, comp. di *ătta* 'nonno' e *ăvus* 'avo'; av. 1543] s. m. (f. *-a*) *1* (*raro*) Padre del trisnonno o della trisnonna. *2* (*spec. al pl., lett.*) Avi, antenati: *lontane istorie / d'atavi* (CARDUCCI).

atciù /atʃ'tʃu*/ ● V. *ecci.*

ateìṣmo [da *ateo*; 1584] s. m. ● Negazione di Dio | Concezione fondata su tale negazione.

ateìsta [sec. XVI] s. m. e f. (pl. m. *-i*) ● Chi professa l'ateismo.

ateìstico [1639] agg. (pl. m. *-ci*) ● Relativo all'ateismo e all'ateista.

àtele [gr. *atelḗs* 'imperfetto', senza (*a-*) fine (*télos*)'; 1829] s. m. ● Genere di scimmie americane delle Platirrine con lunghissimi arti, lunga coda prensile, testa piccola e corpo esile (*Ateles*).

atelettaṣìa o **atelectaṣìa** [comp. del gr. *atelḗs* 'imperfetto' e *éktasis* 'dilatazione'; 1930] s. f. ● (*med.*) Incompleta distensione della parte terminale di un organo | ***A. polmonare***, stato di collasso degli alveoli polmonari con scomparsa dell'aria al loro interno.

atelettàṣico [1983] agg. (pl. m. *-ci*) ● (*med.*) Relativo ad atelettasia.

atelìa [vc. dotta, deriv. dal gr. *atelḗs* 'senza (*a-*), fine, scopo (*télos*)'; 1829] s. f. *1* (*biol.*) Assenza di finalità in un processo biologico o in una teoria biologica. *2* (*biol.*) Incompleto sviluppo embrionale che coinvolge l'intero corpo o una sua parte. *3* (*med.*) Mancanza congenita del capezzolo.

atelier /*fr.* atə'lje/ [vc. fr., 'mucchio di schegge di legno', poi 'cantiere', dall'ant. fr. *astelle* 'scheggia di legno', dal lat. parl. **astĕlla(m)*, per il classico *astŭla(m)*, var. di *ăssula(m)*, dim. di *ăssis* 'asse'; 1758] s. m. inv. *1* Locale, luogo di lavoro di artigiani o artisti | ***A. fotografico***, studio di fotografo. *2* (*per anton.*) Sartoria per signora.

atellàna [vc. dotta, lat. *atellāna(m)* (sottinteso *fābulam*), rappresentazione teatrale, dalla città di *Atĕlla*; 1554] s. f. ● (*letter.*) Farsa campana diffusasi nell'antica Roma come rappresentazione teatrale a maschere fisse con intrecci di spirito assai salace e popolare.

atemàtico [comp. di *a-* (*1*) e *tematico*; 1955] agg. (pl. m. *-ci*) ● (*ling.*) Nelle lingue indoeuropee, detto di forma in cui la terminazione viene direttamente connessa alla radice.

atemporàle [comp. di *a-* (*1*) e *temporale* (*1*); 1963] agg. ● (*filos.*) Che è fuori del tempo, che trascende il tempo. || **atemporalménte**, avv.

atemporalità [1983] s. f. ● (*filos.*) Condizione di ciò che è atemporale.

atenèo [vc. dotta, lat. *Athenaeu(m)*, dal gr. *Athḗnaion* 'tempio di Atena', istituto d'istruzione superiore fondato in Roma da Adriano; av. 1696] s. m. *1* Istituto di ricerca scientifica o di insegnamento superiore | Università. *2* Nome di riviste scientifiche o letterarie.

ateniéṣe [1353] **A** agg. ● Di Atene: *tempio a.* **B** s. m. e f. ● Abitante, nativo di Atene.

àteo [vc. dotta, lat. tardo *ătheu(m)*, nom. *ătheos*, dal gr. *átheos*, comp. di *a-* (*1*) e *theós* 'dio'; 1631] agg.; anche s. m. (f. *-a*) ● Che (o Chi) nega l'esistenza di Dio: *filosofia atea.* CFR. Agnostico, non credente.

aterìna [gr. *atherínē*, n. di un piccolo pesce di mare, da *athḗr*, genit. *athéros* 'punta, barba della spiga', poi 'punta di un pesce', di etim. incerta; 1819] s. f. ● Genere di piccoli pesci dei Teleostei, cui appartiene il latterino, che si trovano nei mari temperati e tropicali, spec. in prossimità delle coste (*Atherina*).

atermàno [comp. di *a-* (*1*) e del gr. *thermón* 'calore'; 1875] agg. ● Adiatermano.

atèrmico [comp. di *a-* (*1*) e *termico*; 1970] agg. (pl. m. *-ci*) ● Che assorbe le radiazioni infrarosse: *vetro a.* || **atermicaménte**, avv.

aterogenètico [comp. di *atero(ma)* e *genetico*; 1955] agg.; anche s. m. (pl. m. *-ci*) ● (*med.*) Detto di sostanza che favorisce la genesi dell'aterosclerosi.

ateròma [vc. dotta, lat. tardo *atherōma*, dal gr. *athḗrōma*, da *athḗra* 'poltiglia'; av. 1698] s. m. (pl. *-i*) *1* (*med.*) Lesione degenerativa a forma di placca giallastra della parete arteriosa; risulta costituita da deposito di lipidi, spec. colesterolo, circondato da tessuto connettivale fibroso e da una massa di cellule muscolari lisce proliferanti. CFR. Aterosclerosi, arteriosclerosi. *2* (*med.*) Formazione cistica abitualmente del cuoio capelluto, contenente cheratina e dovuta all'ostruzione del dotto di una ghiandola sebacea.

ateromaṣìa [da *ateroma*; 1942] s. f. ● (*med.*) Aterosclerosi.

ateromatóṣo agg. ● (*med.*) Relativo ad ateroma | ***Placca ateromatosa***, ateroma.

aterosclerò̀ṣi o **aterosclèroṣi** [comp. di *atero(ma)* e *sclerosi*; 1955] s. f. inv. ● (*med.*) Forma di arteriosclerosi delle grandi e medie arterie, spec. dell'aorta, delle coronarie e delle carotidi; è caratterizzata dalla formazione di ateromi all'interno delle arterie, con diminuita elasticità e restrizione del lume vasale e ridotto afflusso di sangue ai tessuti. CFR. Arteriosclerosi, ateroma.

ateroscleròtico [1983] agg. (pl. m. *-ci*) ● (*med.*) Relativo ad aterosclerosi: *placche aterosclerotiche.*

ateṣìno [1846] **A** agg. ● Dell'Adige, della Val d'Adige. **B** s. m. (f. *-a*) ● Abitante, nativo della Val d'Adige.

atestìno [1961] **A** agg. ● Di Ateste, nome latino della città veneta di Este: *Fanciullo ancor nell'atestin liceo* (PINDEMONTE) | ***Civiltà atestina***, civiltà dell'età del ferro che ebbe come centro l'antica Ateste. **B** s. m. (f. *-a*) ● Abitante, nativo della regione di Este.

atetèṣi [vc. dotta, gr. *athétēsis* 'abolizione, reiezione', da *áthetos* 'abrogato, messo da parte', comp. di *a-* priv. e un deriv. di *tithénai* 'porre' di orig. indeur.; 1961] s. f. inv. ● Nell'edizione critica di un testo letterario, eliminazione di un passo ritenuto, dal punto di vista filologico, spurio o interpolato.

atetòṣi [dal gr. *áthetos* 'disordinato, sconnesso', comp. di *a-* priv. e *tithénai* 'porre': detta così perché caratterizzata da movimenti involontari; 1930] s. f. inv. ● (*med.*) Disturbo neurologico caratterizzato da movimenti di contorsione involontari, lenti e ripetitivi spec. a carico di faccia, lingua e arti.

atimìa (*1*) [vc. dotta, dal gr. *atimía*, propr. 'infamia'] s. f. ● (*dir.*) Istituto del diritto greco in base al quale chi avesse commesso fatti di particolare gravità contro lo Stato era privato completamente o parzialmente dei diritti civili.

atimìa (*2*) [vc. dotta, dal gr. *athymía*, da *áthymos* 'scoraggiato, senza (*a-*) animo (*thymós*)'; 1961] s. f. ● (*psicol.*) Attenuazione o abolizione di ogni stimolo affettivo e di ogni reazione emotiva, caratteristica di alcuni disturbi mentali.

atipicità [1961] s. f. ● Caratteristica di ciò che è atipico: *l'a. di un fenomeno.*

atìpico [comp. di *a-* (*1*) e *tipico*; 1845] agg. (pl. m. *-ci*) *1* Che non è tipico, che è diverso dal tipo normale: *caso a.* *2* (*dir.*) Non specificatamente previsto e disciplinato dalla legge: *negozio giuridico a.* SIN. Innominato. || **atipicaménte**, avv.

-àtivo ● V. *-ivo.*

atlànte (*1*) [vc. dotta, lat. *atlănte(m)*; 1758] s. m. *1* (*arch.*) Figura maschile rappresentata in funzione di sostegno architettonico. SIN. Telamone. *2* (*anat.*) Prima vertebra cervicale, sulla quale si articola il cranio. ➡ ILL. p. 2122 ANATOMIA UMANA.

atlànte (*2*) [dalla figura del Titano *Atlante* stampata sulla copertina di una raccolta di carte geografiche di Mercatore (1595); av. 1703] s. m. ● Raccolta di carte geografiche rilegate in volume: *a. geografico* | (*est.*) Raccolta di tavole figurate relative a una data disciplina: *a. anatomico, botanico, storico, linguistico.* || **atlantìno**, dim.

atlàntico (*1*) [vc. dotta, lat. *atlănticu(m)*, nom. *atlănticus*, dal gr. *atlantikós*, da *Átlas*, genit. *Átlantos* 'Atlante'; 1580] agg. (pl. m. *-ci*) *1* (*raro, lett.*) Gigantesco: *questa mia fatica veramente atlantica* (GALILEI). *2* In bibliografia, che ha il formato massimo a foglio disteso proprio degli atlanti: *volume a.*

atlàntico (*2*) [vc. dotta, lat. *Atlănticu(m)*, nom. *Atlănticus*, dal gr. *Atlantikós*, dal nome del monte *Atlante*; 1533] agg. (pl. m. *-ci*) *1* Dell'Oceano Atlantico: *corrente atlantica* | ***Dorsale atlantica***, il rilievo sottomarino dell'Oceano Atlantico. *2* Detto del patto di reciproca assistenza politica, economica e militare, stipulato fra gli Stati Uniti e i Paesi dell'Europa occidentale nel 1949, e di quanto a esso si riferisce: *patto a.*; *politica atlantica.*

atlantiṣmo [1963] s. m. ● Linea di politica estera basata sul Patto Atlantico | Ideologia dell'alleanza atlantica.

atlèta [vc. dotta, lat. *athlēta(m)*, nom. *athlēta*, dal gr. *athlētḗs*, da *âthlos* 'lotta'; 1321] s. m. e f. (pl. m. *-i*) **1** Chi pratica uno sport a livello agonistico. **2** Persona forte, robusta e armonicamente sviluppata. **3** (*fig., lett.*) Chi difende con forza ed eroismo un nobile ideale: *tu se' di Dio nel mondo a.* (PULCI).

atlètica [vc. dotta, lat. *athlētica(m)* (sottinteso *ărtem* 'tecnica'), da *athlēta* 'atleta'; 1797] s. f. ● Complesso di varie attività motorie finalizzate a una migliore efficienza fisica, spec. come preparazione di base per ciascuna disciplina sportiva | ***A. leggera***, (*ellitt.*) ***atletica***, sport comprendente le discipline della corsa, della marcia, dei lanci e dei salti | (*disus.*) ***A. pesante***, quella comprendente, un tempo, le specialità della lotta e del sollevamento pesi. ➡ ILL. p. 2146 SPORT.

ATLETICA
nomenclatura

atletica

● *atletica leggera*: corsa su strada (maratona, maratoneta), corsa su pista (corsa piana, gare di velocità, gare di mezzofondo, gare di fondo, staffetta, corsa con ostacoli, corsa con siepi), corsa campestre, filo del traguardo, blocchi di partenza, corsia, tartan, testimone, fondista, mezzofondista, centometrista; marcia; salto (in lungo, in alto, con l'asta, triplo), asticella, ritti, sforbiciata, battuta, rincorsa; lancio del disco (disco, pedana circolare di lancio, zona di delimitazione, bande laterali di zona), discobolo; lancio del giavellotto (linea di lancio, pedana), giavellotto (di metallo, di legno, impugnatura, punta), giavellottista; getto del peso (peso, pedana di lancio, fermapiedi); lancio del martello (martello, filo d'acciaio, maniglia, inferriata di protezione); decathlon, pentathlon, esathlon, triathlon;

● *azioni*: correre, marciare, accelerare l'andatura; disputare una gara, stabilire la classifica; saltare, abbattere un ostacolo, passarsi il testimone, effettuare il cambio, prepararsi al cambio; saltare; impugnare il disco o il giavellotto; lanciare, scagliare l'attrezzo; squalificare, qualificarsi;

● *atletica pesante*: sollevamento pesi = pesistica (sbarra a pesi fissi = bilanciere, sbarra a pesi aumentabili): sollevamento di strappo, sollevamento di slancio, sollevamento di distensione; pesista = sollevatore di pesi; lotta: greco-romana, stile libero; giapponese = judò, jujitsu, lotta con cintura, lotta svizzera;

● *azioni*: sollevare il bilanciere; lottare, fare lo sgambetto, ungersi di olio; combattere, salire sul ring, abbandonare il ring, colpire di destro o di sinistro; infilare, calzarsi, cavarsi i guantoni; mettere K.O., vincere (ai punti, per fuori combattimento = knock out, per arresto del combattimento = knock out tecnico, per abbandono, per getto della spugna, per intervento medico, per squalifica).

atlètico [vc. dotta, lat. tardo *athlēticu(m)*, nom. *athlēticus*, dal gr. *athlētikós*, da *athlēta(m)* 'atleta'; 1543] agg. (pl. m. *-ci*) **1** Che si riferisce all'atletica: *prova atletica, preparazione atletica.* **2** Da atleta: *struttura atletica* | (*est.*) Armonico, robusto, ben strutturato: *taglia atletica*; *forme atletiche.* ‖ **atleticaménte**, avv.

atletiṣmo [1918] s. m. ● Attività degli atleti.

♦**atmosfèra** [comp. del gr. *atmós* 'vapore' e *sphâira* 'sfera'; 1659] s. f. **1** (*geogr.*) Involucro gassoso che circonda un corpo celeste | ***A. terrestre***, quella, costituita di aria, che circonda la Terra fino a un'altezza non ben determinata, con densità decrescente verso l'alto, sede dei fenomeni meteorologici. CFR. meteoro-. ➡ ILL. p. 2129, 2130 SCIENZE DELLA TERRA ED ENERGIA. **2** (*fig.*) Condizione psicologica all'interno di un determinato ambiente o periodo, dipendente dalle situazioni che si vivono, dai rapporti che si stabiliscono e sim.: *essere immerso in un'a. ostile*; *nella deprimente a. del sanatorio* (MORAVIA); *l'a. dei primi anni del Novecento.* **3** (*fis.*) Unità di misura della pressione di un gas o di un vapore, pari a 101325 Pa. SIMB. atm.

♦**atmosfèrico** [1789] agg. (pl. m. *-ci*) ● (*geogr., fis.*) Dell'atmosfera: *pressione atmosferica* | ***Circolazione atmosferica***, complesso degli spostamenti di masse d'aria fra zone con diversa pressione | ***Disturbi atmosferici***, quelli della ricezione radio dovuti a disturbi elettrici nell'atmosfera. ‖ **atmosfericaménte**, avv. Dal punto di vista atmosferico.

-àto (1) [dal lat. *-ātu(m)*, propr. desinenza di part. pass., di orig. indeur.; anche suff. denotante carica o condizione: p. es. *tribunātu(m)*] suff. **1** Forma nomi astratti indicanti ufficio, carica, condizione (talora con valore collettivo): *artigianato, bracciantato, consolato, papato.* **2** In aggettivi che significano 'provvisto di qlco.', 'che possiede qlco.' o che si riferiscono a quantità: *alato, costumato, dentato, garbato, pepato, stellato.* **3** Forma i participi passati dei verbi in *-are*: *parlare - parlato, amare - amato.*

-àto (2) [dal lat. *-ātu(m)*, nt. di *-ātus* 'ato (1)', attraverso un modulo del tipo *plŭmbum acetātum* 'sale prodotto dall'azione dell'acido acetico sul piombo'] suff. ● In chimica indica i sali derivati da un acido in *-ico*: *solfato, clorato*; o gli esteri derivati da un acido in *-ico*: *acetato, nitrato*; o i sali degli acidi aromatici: *benzoato, ftalato*; o gli alcolati: *metilato, etilato.*

atòllo [ingl. *atoll*, prob. dal singalese *ātul* 'dentro'; 1872] s. m. **1** Isola corallina elevata fino a 4 m, formata da un anello nel cui centro sta una laguna comunicante col mare. ➡ ILL. p. 2133 SCIENZE DELLA TERRA ED ENERGIA. **2** (*mar.*) Grosso galleggiante di salvataggio, di forma gener. anulare, atto a fornire a più naufraghi immersi in mare un aiuto per il galleggiamento.

atòmica [1950] s. f. ● Accorc. di *bomba atomica.*

atomicità [1875] s. f. ● Proprietà di ciò che è costituito da un insieme di atomi.

♦**atòmico** [1865] agg. (pl. m. *-ci*) **1** (*fis.*) Di atomo, relativo all'atomo: *stato a.* | ***Peso a.***, peso di un atomo riferito all'unità di misura data dalla dodicesima parte di un atomo di carbonio 12. **2** Nucleare: *guerra atomica*; *tregua atomica* | ***Energia atomica***, energia interna dell'atomo; correntemente energia nucleare | ***Bomba atomica***, fondata sui processi di disintegrazione del nucleo dell'uranio | ***Sottomarino a.***, che per la propulsione sfrutta l'energia nucleare | ***Era atomica***, quella, condizionata dall'impiego dell'energia nucleare, che si fa convenzionalmente decorrere dalla metà del XX secolo. **3** (*fig.*) Eccezionale, straordinario, travolgente: *bellezza atomica.* ‖ **atomicaménte**, avv. Relativamente all'atomo o all'energia atomica.

atomiṣmo [1797] s. m. **1** (*filos.*) Dottrina filosofica secondo cui la realtà è il frutto di un aggregarsi spontaneo e casuale di atomi in continuo movimento. **2** (*fig.*) Suddivisione, frammentazione eccessiva: *l'a. del sistema politico.*

atomista [av. 1635] s. m. e f. (pl. m. *-i*) ● (*filos.*) Chi segue e sostiene le teorie dell'atomismo.

atomistica [1819] s. f. ● (*raro*) Fisica atomica.

atomìstico [1865] agg. (pl. m. *-ci*) ● (*filos.*) Che concerne l'atomismo. ‖ **atomisticaménte**, avv. Secondo l'atomismo.

atomiẓẓàre [ingl. *to atomize*. V. *atomo*; 1939] v. tr. **1** Nebulizzare. **2** (*raro*) Distruggere con un bombardamento atomico.

atomiẓẓatóre [1942] s. m. ● Apparecchio per nebulizzare | Apparecchio usato per diffondere antiparassitari o liquidi su alberi o coltivazioni.

atomiẓẓazióne [1955] s. f. **1** Nebulizzazione. **2** (*chim.*) Sistema di essiccamento secondo cui una sostanza in soluzione viene dispersa in finissime particelle per mezzo d'una corrente calda e secca che elimina il solvente.

♦**àtomo** [vc. dotta, lat. *ătomu(m)*, nom. *ătomus*, dal gr. *átomos* 'indivisibile', comp. di *a-* (*1*) e *témnō* 'io taglio'; sec. XIV] s. m. **1** (*fis.*) La più piccola parte in cui può essere suddiviso un elemento chimico; è formato da un nucleo, costituito da particelle con carica elettrica positiva (*protoni*) e particelle neutre (*neutroni*), attorno al quale orbitano particelle con carica negativa (*elettroni*). **2** (*fig.*) Quantità minima: *un a. di vita, di verità.*

atonàle [comp. di *a-* (*1*) e *tonale*; 1930] agg. ● Detto di musica che non segue i principi classici della tonalità.

atonalità [comp. di *a-* (*1*) e *tonalità*; 1950] s. f. ● Mancanza di tonalità | Sistema musicale che prescinde dalle norme dell'armonia tonale.

atonìa [vc. dotta, lat. tardo *atŏnia(m)*, nom. *atŏnia*, dal gr. *atonía*, da *átonos* 'atono'; av. 1758] s. f. **1** (*med.*) Mancanza o diminuzione del tono muscolare. **2** (*ling.*) Mancanza di accento tonico.

atonicità [comp. di *a-* (*1*) e *tonicità*; 1955] s. f. ● (*ling.*) Caratteristica di ciò che è atono.

atònico [da *atono*; 1955] agg. (pl. m. *-ci*) ● (*med.*) Affetto da atonia: *muscolatura atonica.*

àtono [vc. dotta, gr. *átonos*, comp. di *a-* priv. e *tónos* 'energia, accento'; 1914] agg. **1** (*ling.*) Detto di sillaba o di vocale non accentata (V. nota d'uso ACCENTO). **2** (*raro*) Che è privo, che scarseggia di tono muscolare. **3** (*fig., lett.*) Inerte, privo di espressione: *sguardo a.*

atopìa [comp. di *a-* (*1*), del gr. *tópos* 'luogo' e del suff. *-ia*; 1961] s. f. ● (*med.*) Tendenza ereditaria a sviluppare una ipersensibilità immediata (allergia) verso antigeni ambientali come la polvere delle abitazioni, il polline, la forfora di animali.

atòpico [1986] agg. (pl. m. *-ci*) **1** (*med.*) Che predispone allo sviluppo di malattie associate a una eccessiva formazione di anticorpi che inducono allergia. **2** (*med.*) Ectopico.

a tórno ● V. *attorno.*

atòssico [comp. di *a-* (*1*) e *tossico* (*1*); 1892] agg. (pl. m. *-ci*) ● Privo di tossicità: *farmaco a.*

atout /*fr.* a'tu/ [fr., da *à tout*, propr. 'a tutto'; 1905] s. m. inv. **1** Nei giochi di carte, seme che, predominando sugli altri, è avvantaggiato nelle prese. **2** (*fig.*) Possibilità, probabilità di vittoria, di successo e sim.: *avere qualche a.*

ATP /attip'pi*/ [sigla dell'ingl. *Adenosine TriphosPhate* 'adenosintrifosfato'] s. m. inv. ● (*biol.*) Nucleotide diffuso in tutto il mondo vivente, che partecipa a numerose reazioni biochimiche.

atràbile [vc. dotta, lat. *ātra(m) bīle(m)* 'bile nera'; 1631] s. f. **1** †Nell'antica medicina, uno degli umori dell'organismo umano che diviene nero per cause morbose e infonde la malinconia: *l'umor melancolico è chiamato a.* (REDI). **2** (*fig., lett.*) Ipocondria, pessimo umore.

atrabiliàre o (*raro*) **atrabiliàrio** [av. 1698] **A** agg. **1** (*med.*) †Relativo all'atrabile. **2** (*est., lett.*) Bilioso, irascibile: *un vecchio scettico, intelligente, a.* (FOGAZZARO). **B** agg.; anche s. m. ● (*med.*) †Che (o Chi) è affetto da atrabile.

a travèrso ● V. *attraverso.*

atraẓina [deriv. dal n. del composto chimico *triazina*; 1976] s. f. ● (*chim.*) Composto chimico organico aromatico azotato, usato come erbicida.

atrèplice o †**atrèbice**, †**atrèpice**, **atrìplice** [lat. *atrĭplice(m)*, dal gr. *atráphaxys*, di orig. sconosciuta; 1313] s. m. e f. ● (*bot.*) Pianta erbacea delle Chenopodiacee con fiori verdastri raccolti in infiorescenze a grappolo (*Atriplex hortense*). SIN. Bietolone.

atrepsìa [fr. *athrepsie*, comp. di *a-* (*1*) e del gr. *thrépsis* 'nutrizione'; av. 1925] s. f. ● (*med.*) Grave deperimento organico, spec. dei lattanti.

atreṣìa [fr. *atrésie*, comp. di *a-* (*1*) e del gr. *trêsis* 'foro'; 1908] s. f. ● (*med.*) Incompleto sviluppo dell'orifizio di una formazione canalicolare: *a. anale, esofagea.*

atriàle (o **-trià-**) [da *atrio* nel sign. 3; 1955] agg. ● (*med.*) Dell'atrio: *affezione a.*

atrichìa [comp. di *a-* (*1*) e del gr. *thríx*, genit. *trichós* 'pelo'; 1940] s. f. ● (*med.*) Malattia congenita consistente nella mancanza di peli e capelli.

atrìchico agg. (pl. m. *-ci*) ● Affetto da atrichia.

àtrio [vc. dotta, lat. *ātriu(m)*, forse di orig. etrusca; 1342] s. m. **1** Vestibolo della casa romana e greca, con l'impluvio. **2** Prima entrata, esterna o interna, di un edificio, ornata per lo più da colonne o pilastri: *a. dell'albergo, della stazione.* **3** (*anat.*) Qualsiasi camera o vestibolo che, connesso ad altra cavità, la precede lungo una direttrice di flusso | ***A. cardiaco***, nei Vertebrati, cavità del cuore che riceve il sangue refluo dei grandi vasi venosi; nell'uomo, ciascuna delle due camere superiori del cuore dove giunge il sangue venoso (a. destro) e arterioso (a. sinistro). SIN. Orecchietta. ➡ ILL. p. 2123 ANATOMIA UMANA. **4** (*geogr.*) Zona intermedia tra un cono vulcanico formatosi nell'interno di un altro e l'orlo del vecchio cratere.

atrioventricolàre [comp. di *atrio* 'orecchietta' e *ventricolare*] agg. ● (*anat.*) Relativo agli atri e ai ventricoli cardiaci | ***Nodo a.***, gruppo di cellule specializzate del miocardio che, a partire dalla regione atriale, proiettano impulsi contrattili verso i ventricoli.

atrìplice ● V. *atreplice.*

àtro [lat. *ātru(m)* 'scuro', da confrontare con forme analoghe dei dial. italici significanti 'annerito dal fuoco'; 1313] **agg.** *1* (*lett.*) Nero, oscuro: *un velo a. m'ha ingombre / le luci* (ALFIERI). *2* (*fig., lett.*) Atroce, crudele | Tetro. || **atraménte**, **avv.**

atróce (o -ò-) [vc. dotta, lat. *atrōce(m)*, da *āter* 'nero'; 1334] **agg.** *1* Che suscita terrore, spavento, raccapriccio: *scena, spettacolo, delitto a.*; *ghigno a.*; *è la cosa più a. che potesse capitare* | (*est.*) Terribile, crudele; *desiderio, delusione a.*; *la sua morte fu a.* | (*iperb.*) ***Dolore, fitta, crampo a.***, molto intensi. *2* (*lett.*) Spietato, malvagio: *un insulto a.* || **atroceménte**, **avv.**

atrocità [vc. dotta, lat. *atrocitāte(m)*, da *ātrox*, genit. *atrōcis* 'atroce'; 1524] **s. f.** *1* Caratteristica di ciò che è atroce. *2* (*est.*) Atto, avvenimento atroce: *le a. della guerra.*

atrofia [vc. dotta, lat. tardo *atrŏphia(m)*, nom. *atrŏphia*, dal gr. *atrophía*, comp. di *a-* (*1*) e *tréphō* 'io nutro'; av. 1600] **s. f.** *1* (*med.*) Diminuzione di volume di un organo o di un tessuto per riduzione numerica o volumetrica degli elementi costituenti | ***A. gialla acuta del fegato***, necrosi acuta del fegato, con degenerazione grassa, per cause tossiche o infettive. *2* (*bot.*) Sviluppo totalmente o parzialmente incompleto di un organo vegetale. *3* (*fig.*) Ridotta funzionalità: *l'a. degli uffici pubblici.*

atròfico [1750] **agg.** (**pl. m.** *-ci*) *1* (*med.*) Di atrofia | Che è affetto da atrofia: *organo, muscolo a.* *2* (*fig.*) Inefficiente.

atrofizzàre [1862] **A v. tr.** *1* Rendere atrofico. *2* (*fig.*) Indebolire, svigorire: *l'abitudine atrofizza le passioni.* **B v. intr. pron.** *1* Essere colpito da atrofia, cadere in atrofia. *2* (*fig.*) Ottundersi: *il mio cervello si atrofizzava* (VERGA).

atrofizzazióne **s. f.** ● L'atrofizzare, l'atrofizzarsi (*anche fig.*).

àtropa [prob. da *Átropos*, n. di una delle Parche. V. *atropo*; 1819] **s. f.** ● Genere di piante delle Solanacee con fusto eretto, foglie ovali pubescenti e fiori di colore violaceo (*Atropa*).

atropìna [da *atropa*; 1825] **s. f.** ● Alcaloide velenoso contenuto in diverse Solanacee, spec. nella belladonna e nello stramonio, usato in medicina.

àtropo [gr. *Átropos*, propr. 'inflessibile', comp. di *a-* priv. e *trépō* 'io volgo'; 1829] **s. m.** ● (*zool.*) Acheronzia, testa di morto. ➡ **ILL. animali**/2.

attaccàbile [av. 1704] **agg.** ● Che si può attaccare.

attaccabottóni [comp. di *attacca(re)* e il pl. di *bottone*; 1923] **s. m. e f. inv.** ● (*fig., fam.*) Chi fa perdere tempo agli altri con le sue chiacchiere interminabili e fastidiose.

attaccabrighe [comp. di *attacca(re)* e il pl. di *briga*; 1858] **s. m. e f. inv.** ● (*fam.*) Chi si comporta in modo litigioso e provocatorio. **SIN.** Accattabrighe.

attaccàgnolo [da *attaccare*; av. 1704] **s. m.** *1* (*tosc.*) Oggetto a cui si può attaccare qlco. *2* (*fig.*) Cavillo, pretesto.

attaccalite [comp. di *attacca(re)* e *lite*; 1865] **s. m. e f. inv.** ● (*raro*) Chi litiga spesso e per motivi futili.

attaccamàni o **attaccamàno** [comp. di *attacca(re)* e il pl. di *mano*; 1829] **s. m. inv.** ● Pianta erbacea delle Rubiacee con fusto e foglie muniti di aculei e frutti spinosi che si attaccano ai vestiti o al vello degli animali (*Galium aparine*). **SIN.** Attaccavesti.

attaccaménto [av. 1597] **s. m.** *1* (*raro*) Attaccatura | †Unione. *2* (*fig.*) Legame affettivo, affezione: *a. a un luogo, alla vita, alla madre*; *avere a. per qlcu.* *3* †(*ling.*) Concrezione.

♦**attaccànte** [av. 1704] **A part. pres.** di *attaccare*; anche **agg.** ● Nei sign. del v. **B s. m. e f.** *1* Chi attacca: *gli attaccanti furono respinti.* *2* Nel calcio e sim., chi gioca in prima linea, in posizione avanzata, con il compito di sviluppare azioni offensive e di segnare punti. **SIN.** Avanti.

♦**attaccapànni** [comp. di *attacca(re)* e il pl. di *panno*; 1846] **s. m. inv.** ● Mobile od oggetto di varia forma, di legno o altro materiale, a cui si appendono cappotti, cappelli e sim.

♦**attaccàre** [da *staccare*, con cambio di pref.; av. 1294] **A v. tr.** (*io attàcco, tu attàcchi*) *1* Unire strettamente, mediante adesivi, cuciture e sim.: *a. la fodera a un vestito*; *a. un francobollo* | Applicare: *a. un cerotto* | ***A. un manifesto***, affiggerlo | ***A. due pezzi di corda, di filo***, legarli | ***A. i buoi, i cavalli al carro***, aggiogarli con finimenti | ***A. un bottone***, (*fig., fam.*) molestare con discorsi e chiacchiere interminabili | (*est.*) Appendere: *a. la giacca all'attaccapanni*; *a. un quadro.* *2* (*fig.*) Trasmettere, spec. per contagio: *a. l'influenza, la tisi, un vizio.* *3* Assalire con violenza: *a. il nemico* | (*fig.*) Osteggiare: *a. la politica del governo, le iniziative di qlcu.* | (*est.*) Corrodere, danneggiare: *la ruggine attacca il ferro.* *4* (*assol.*) Nel calcio e sim., sviluppare azioni offensive: *la squadra ha attaccato per tutto il primo tempo.* *5* Cominciare: *a. zuffa, lite, discorso, la recita* | ***A. la salita***, nel ciclismo, iniziare la salita | ***A. il fuoco***, appiccarlo. **B v. intr.** (aus. *avere*) *1* Aderire: *questa vernice non attacca.* *2* Attecchire (*anche fig.*): *gli innesti hanno attaccato bene*; *questa moda non attaccherà* | ***Non attacca!***, non c'è niente da fare. *3* Andare, muovere all'assalto: *i soldati attaccarono allo scoperto.* *4* Cominciare: *la recita attaccò con il prologo.* **C v. intr. pron.** e **rifl.** *1* Farsi aderente: *le pagine, le carte si sono attaccate* | ***La carne, la salsa si attaccano***, bruciando, aderiscono al fondo del recipiente di cottura. *2* Trasmettersi per contagio: *molte sono le malattie che si attaccano.* *3* Appigliarsi, aggrapparsi (*anche fig.*): *salendo si attaccava alle sporgenze delle rocce*; *l'edera si attacca al tronco*; *quando uno ha bisogno si attacca a tutto* (GOLDONI) | (*fig., fam.*) ***Attaccarsi alla bottiglia, al fiasco***, bere avidamente | (*fig., fam.*) ***Attaccarsi al telefono***, telefonare, spec. a lungo | (*fam.*) ***Attaccarsi*** (***al tram***), arrangiarsi, accettare una situazione non gradita. *4* (*fig.*) Affezionarsi: *mi sono attaccato a lui come a un figlio.* **D v. rifl. rec.** ● Assalirsi a vicenda, scontrarsi, azzuffarsi: *i contendenti si attaccarono con gran coraggio.*

attaccatìccio [1659] **A agg.** (**pl. f.** *-ce*) *1* Che si attacca facilmente: *fango a.* *2* (*raro, lett.*) Contagioso (*anche fig.*): *pensa ai medici che morirono di malattie attaccaticcie* (DE AMICIS); *allegria attaccaticcia.* *3* (*fig.*) Di persona importuna della cui compagnia è difficile liberarsi: *è un tipo a.* **B s. m.** ● Parte di vivanda che si attacca al fondo del tegame per eccesso di cottura: *avere sapore, odore d'a.*; *sapere d'a.*

attaccàto [av. 1375] **part. pass.** di *attaccare*; anche **agg.** *1* Unito strettamente | Applicato | Appeso. *2* (*fig.*) Legato affettivamente: *è molto a. alla vita familiare* | Ligio: *a. al dovere.* || †**attaccataménte**, **avv.** Con attaccamento.

attaccatùra [av. 1566] **s. f.** ● L'attaccare | (*est.*) Punto dove una cosa si attacca a un'altra: *l'a. della manica.*

attaccatùtto [comp. di *attacca(re)* e *tutto*; 1985] **s. m. inv.** ● Colla molto adesiva che agisce su svariati materiali.

attaccavèsti [comp. di *attacca(re)* e il pl. di *veste*; 1829] **s. m. inv.** ● (*bot.*) Attaccamani.

attacchinàggio [1987] **s. m.** ● L'attacchinare.

attacchinàre [da *attacchino*; 1985] **v. intr.** (aus. *avere*) ● Attaccare manifesti, spec. da parte di attivisti politici e sindacali.

attacchino [da *attaccare*; 1848] **s. m.** (**f.** *-a*) ● Chi per mestiere attacca manifesti murali.

♦**attàcco** [da *attaccare*; av. 1535] **s. m.** (**pl.** *-chi*) *1* Unione, giunzione: *l'a. delle maniche*; *punto di a. di due oggetti.* *2* Dispositivo che serve a fissare, congiungere e sim. | Nello sci, dispositivo per garantire il bloccaggio di sicurezza dello scarpone | Nello sci nautico, dispositivo a forma di scarpa per trattenere il piede sull'attrezzo. ➡ **ILL.** p. 2113, 2114 AGRICOLTURA; p. 2158, 2159 SPORT. *3* Organo atto all'inserzione di apparecchi elettrici sulle linee di distribuzione di energia elettrica: *a. a spina, a morsetto* | Organo per l'inserzione dell'apparecchio telefonico nella linea. *4* Insieme di animali da tiro necessari per un veicolo, un aratro e sim.: *a. a quattro, a sei.* *5* (*mil., sport*) Azione offensiva: *muovere all'a.*; *a. di balestra* | (*est.*) Nel calcio e sim., l'insieme dei giocatori della linea più avanzata della squadra che conducono tale azione. *6* (*med.*) Accesso: *a. isterico, epilettico.* *7* (*fig.*) Critica, spec. violenta e ostile: *muovere un a. alla politica governativa.* *8* Avvio, inizio | ***A. vocalico***, modo di dare inizio all'articolazione di una vocale | Nell'alpinismo, l'inizio di una via di arrampicata | ***Arto di a.***, nella corsa a ostacoli, l'arto che per primo supera la barriera. *9* (*fig.*) Appiglio: *trovare un solido a.* | (*lett.*) Occasione, pretesto. *10* (*chim.*) Operazione consistente nel rivelare, all'osservazione microscopica, differenze di struttura o composizione esistenti sulle superfici dei metalli. *11* (*mus.*) Momento in cui gli esecutori cominciano a suonare o cantare. **CFR.** Entrata | Gesto iniziale del direttore d'orchestra o di coro: *dare l'a.* | Nel contrappunto, ogni entrata del tema o soggetto | Nella musica elettronica, effetto transitorio prodotto nell'emissione di un suono | Nella musica seriale, modo di presentazione di un suono, parametro della serie | Nel jazz, violenta intonazione di un suono preceduto da un portamento.

attaché /fr. ata'ʃe/ [vc. fr., propr. 'attaccato', part. pass. di *attacher* 'attaccare'; 1858] **s. m. e f. inv.** ● Nel linguaggio diplomatico, addetto.

attachment /a'tatʃmənt, ingl. ə'tʰætʃmənt/ [vc. ingl., propr. 'oggetto attaccato, aggiunto', dal fr. *attachement*; 1994] **s. m. inv.** ● (*elab.*) File allegato a un messaggio di posta elettronica.

Attàcidi [dal n. del genere *Attacus*, che è il lat. tardo *attăcus*, dal gr. *áttakos* 'locusta', d'orig. sconosciuta; 1983] **s. f. pl.** (**sing.** *-e*) ● Nella tassonomia animale, famiglia di farfalle notturne, spec. tropicali, spesso di enormi dimensioni e con ali caudate.

attagliàre [comp. di *a-* (*2*) e *tagliare*; 1441] **A v. intr.** (*io attàglio*; aus. *essere*) ● †Piacere, andare a genio. **B v. intr. pron.** ● Adattarsi, confarsi: *questo ruolo ti si attaglia alla perfezione*; *la tua risposta non si attaglia alla domanda.*

†**attalentàre** [comp. di *a-* (*2*) e *talento*; av. 1250] **v. intr.** ● Piacere, essere di gradimento | Andare a genio.

attanagliaménto [1955] **s. m.** ● L'attanagliare, il venire attanagliato | (*st.*) Nel diritto intermedio, inasprimento della pena capitale consistente nello strappare con tenaglie arroventate le carni al condannato.

attanagliàre [comp. di *a-* (*2*) e *tanaglia*; av. 1342] **v. tr.** (*io attanàglio*) *1* Afferrare con le tenaglie. *2* (*est.*) Stringere forte: *gli attanagliò i polsi con le mani.* *3* (*fig.*) Assillare, opprimere: *il rimorso lo attanagliava.*

attànte [fr. *actant*, da *act(ion)* 'azione'; 1973] **s. m. e f.** *1* (*ling.*) Soggetto che compie l'azione espressa dal verbo | (*est.*) Ciascuno dei sintagmi nominali (persone o cose) che partecipano al processo verbale. *2* Nell'analisi strutturale del racconto, ciascuno dei protagonisti che svolgono funzioni diverse.

†**attapinàrsi** [comp. di *a-* (*2*) e *tapino*; sec. XIV] **v. intr. pron.** ● Affannarsi, tribolare.

attapulgite [dal n. della città della Georgia (USA) *Attapulgus*, dove è stata trovata, col suff. *-ite*] **s. f.** ● (*miner.*) Silicato idrato di magnesio e alluminio; tipo di argilla sedimentaria con proprietà colloidali, gelificanti, addensanti e sim.

†**attarantàto** [comp. di *a-* (*2*) e *tarantola*; av. 1529] **agg.** ● Morso dalla tarantola.

†**attarantolàto** [av. 1639] **agg.** ● (*raro*) Attarantato.

attardàre [comp. di *a-* (*2*) e *tardi*; 1612] **A v. tr.** ● (*lett.*) Rallentare: *il fango attarda la marcia dei soldati.* **B v. intr. pron.** ● Fermarsi, trattenersi: *attardarsi in ufficio, per strada.*

†**attàre** [vc. dotta, lat. *aptāre*, da *ăptus* 'adatto'; 1353] **v. tr.** ● Adattare.

attecchiménto [1865] **s. m.** ● L'attecchire | (*fig.*) Diffusione.

attecchire [got. **thikian* 'prosperare'; sec. XIV] **v. intr.** (*io attecchisco, tu attecchisci*; aus. *avere*) *1* Detto di piante, mettere radici, crescere, prosperare. **SIN.** Allignare, barbicare, barbificare, radicarsi. *2* (*fig.*) Prendere vigore, diffondersi: *è una moda che non può a.*

attediàre [vc. dotta, lat. mediev. *attaediāre*, comp. di *ăd* e *taedium* 'tedio'; av. 1342] **A v. tr.** (*io attèdio*) ● (*lett.*) Tediare. **B v. intr. pron.** ● (*lett.*) Provare tedio.

♦**atteggiaménto** [av. 1600] **s. m.** *1* Modo di atteggiare la persona, di disporsi: *a. dimesso, minaccioso, sospetto.* *2* (*est.*) Comportamento, espressione: *a. ostile*; *a. da superuomo* | (*fig.*) Posizione concettuale assunta rispetto a un problema: *criticare l'a. del governo nei confronti della disoccupazione.*

atteggiàre [da *atto*; 1319] **A v. tr.** (*io attéggio*) ● Disporre il corpo o parti di esso in modo da esprimere uno stato d'animo, un'intenzione e sim.: *a. le mani a preghiera*; *a. il volto a dolore*; *atteggia-*

va la bocca a una smorfia sdegnosa (PAVESE). **B** v. rifl. ● Assumere ostentatamente una certa apparenza o condizione: *atteggiarsi a martire, a vittima.*

attempàrsi [comp. di *a-* (*2*) e *tempo*; 1313] v. intr. pron. (*io mi attèmpo*) *1* (*lett.*) Invecchiare. *2* †Indugiare, tardare.

attempàto [part. pass. di *attemparsi*; av. 1348] agg. ● Detto di chi è piuttosto avanti negli anni: *un uomo a. e distinto*; *una donna piuttosto attempata.* || **attempatèllo**, dim. | **attempatino**, dim. | **attempatùccio**, dim.

attendaménto [av. 1803] s. m. ● L'attendarsi | Accampamento di tende.

attendàrsi [comp. di *a-* (*2*) e *tenda*; av. 1306] v. intr. pron. (*io mi attèndo*) ● Accamparsi montando le tende: *le truppe si sono attendate a mezza costa.*

attendènte [sec. XIV] **A** part. pres. di *attendere*; anche agg. ● †Nei sign. del v. **B** s. m. ● Nell'ordinamento militare italiano, fino all'abolizione di tale mansione, soldato addetto al servizio personale di un ufficiale.

♦**attèndere** [lat. *attĕndere* 'prestare attenzione a qualche cosa', comp. di *ăd* e *tĕndere* 'tendere'; av. 1257] **A** v. tr. (coniug. come *tendere*) *1* Aspettare (*anche assol.*): *attenderò che il treno parta*; *attende da molto il tuo ritorno*; *a. qlcu. con ansia, con impazienza, con gioia*; *ormai non si può più a.* *2* †Custodire con cura. *3* †Mantenere una promessa: *Lunga promessa con l'attender corto* (DANTE *Inf.* XXVII, 110). **B** v. intr. (aus. *avere*) *1* Dedicarsi con impegno a qlcu. o qlco.: *a. ai propri affari, a un lavoro, agli studi, alle faccende domestiche, a un malato.* *2* †Stare attento, considerare, osservare.

attendìbile [1751] agg. ● Che si può prendere in considerazione, che è degno di fede: *notizia a.* || **attendibilménte**, avv.

attendibilità [1853] s. f. ● Caratteristica di ciò che è attendibile: *l'a. di un'informazione.*

attendìṣmo [da *attendere* e *-ismo* sul modello del fr. *attentisme*; 1942] s. m. ● Spec. in politica, atteggiamento di attesa in vista del maturare di determinati eventi.

attendìsta [1942] agg.; anche s. m. e f. (pl. m. *-i*) ● Che (o Chi) dà prova di attendismo.

†**attenebràre** ● V. *ottenebrare.*

attenènte [av. 1540] part. pres. di *attenere*; anche agg. ● (*raro*) Attinente.

attenére [lat. parl. **attenēre*, per il classico *attinēre*, comp. di *ăd* e *tenēre* 'tenere'; 1297] **A** v. tr. (coniug. come *tenere*) ● (*lett.*) Mantenere: *Io atteni in parte / Quel che promesso avea* (MANZONI). **B** v. intr. (aus. *essere*) (+ *a*) ● Spettare, concernere: *simili obiezioni non attengono al problema.* **C** v. rifl. (+ *a*) *1* (*raro, lett.*) Tenersi, attaccarsi: *attenersi a un sostegno* | Appoggiarsi | †Sostenersi. *2* (*fig.*) Aderire, conformarsi strettamente: *attenersi alle istruzioni ricevute.*

attentàre [vc. dotta, lat. *attemptāre*, comp. di *ăd* e *temptāre* 'tentare'; av. 1292] **A** v. intr. (*io attènto*; aus. *avere*) *1* Tentare di arrecare danno ad altri nella persona o negli interessi: *a. alla vita, all'incolumità, all'onore di qlcu.*; *a. a una persona, al sovrano.* *2* †Tentare, provare: *avendo attentato di ridurre … le loro repubbliche da popolari in aristocratiche, tutti furono spenti* (VICO). **B** v. intr. pron. ● Osare, ardire: *non s'attentò di tornare a casa*; *non ti a. a seguirmi* (MORAVIA).

attentàto [1673] **A** part. pass. di *attentare*; anche agg. ● (*raro*) Nei sign. del v. **B** s. m. *1* Atto con cui si attenta a qlco. o qlcu.: *a. alla vita altrui, attentati alla morale* | (*est.*) Atto di violenza con cui si intende e tenta di uccidere una o più persone a scopi politici: *l'a. di Felice Orsini*; *attentati terroristici.* *2* (*dir.*) Fatto punito dalla legge come reato anche se è mancata la produzione del danno: *a. alla sicurezza dello Stato.* *3* †Impresa temeraria.

attentatóre [1865] s. m. (f. *-trice*) ● Chi compie un attentato.

attènti [pl. di *attento*; 1865] **A** inter. ● Si usa come comando a militari, ginnasti, alunni, perché assumano, in segno di saluto rispettoso o in attesa di ulteriori ordini, una posizione eretta del corpo, con la testa alta, lo sguardo volto in avanti, le braccia tese lungo i fianchi, i talloni uniti e le punte dei piedi divaricate, restando immobili e in silenzio | ***A. a destra!, a. a sinistra!***, rispettivamente, durante una sfilata, comandi di volgere di scatto e contemporaneamente il capo a destra o a sinistra in segno di saluto, passando davanti ad autorità, superiori e sim. **B** in funzione di s. m. inv. *1* La posizione d'attenti: *mettersi sull'a.*; *stare sull'a.* | ***Mettere sull'a.***, (*fig.*) far rigare diritto. *2* Segnale suonato con la tromba o comandato a voce per far assumere ai militari la posizione di attenti: *suonare l'a.*; *dare l'a.*

♦**attènto** [lat. *attĕntu(m)*, part. di *attĕndere* 'tendere verso', comp. di *ăd* e *tĕndere* 'tendere'; 1308] agg. *1* Che impegna ogni facoltà mentale e fisica in quello che fa, agendo con cautela e cura al fine di evitare inesattezze, errori e sim.: *un a. osservatore*; *stare a. a un discorso, a una lezione*; *dovresti stare più a. a quello che fai* | In tono escl., per richiamare l'attenzione di qlcu. su un pericolo: *attenta, figlia mia!*; *attenti, ragazzi!* | (*est.*) Che dimostra attenzione: *sguardo a.*; *occhi attenti*; *viso a. e compunto* | Diligente, sollecito: *è molto a. ai suoi doveri*; *è il nostro impiegato più a.* *2* Che è pensato, detto o fatto in modo accurato: *un'attenta analisi dei fatti*; *la lettura del testo è stata molto attenta.* || **attentaménte**, avv. In modo attento.

attenuaménto [1750] s. m. ● (*raro*) Attenuazione.

attenuànte [1733] **A** part. pres. di *attenuare*; anche agg. *1* Nei sign. del v. *2* (*dir.*) ***Circostanza a.***, elemento eventuale del reato che determina una diminuzione della pena legislativamente prevista per lo stesso. **B** s. f. ● (*dir.*) Circostanza attenuante: *concedere le attenuanti generiche, specifiche.* CONTR. Aggravante.

attenuàre [vc. dotta, lat. *attenuāre*, comp. di *ăd* e *tĕnuis* 'tenue'; sec. XIV] **A** v. tr. (*io attènuo*) *1* Rendere tenue, meno grave e meno forte: *a. l'urto, il dolore, il rumore.* *2* Alleggerire, diminuire: *a. la pressione fiscale, la pena* | (*lett.*) Dimagrire. **B** v. intr. pron. ● Divenire tenue, perdere forza, virulenza, intensità e sim.: *il maltempo si va attenuando*; *il dolore si attenua.*

attenuatìvo [1961] agg. ● Che attenua, che serve ad attenuare. || **attenuativaménte**, avv.

attenuàto [av. 1342] part. pass. di *attenuare*; anche agg. ● Tenue, più tenue. || **attenuataménte**, avv.

attenuazióne [vc. dotta, lat. tardo *attenuatiōne(m)*, da *attenuāre* 'attenuare'; 1657] s. f. *1* Diminuzione di intensità, gravità, entità e sim.: *a. dei sintomi di una malattia.* *2* (*med.*) Diminuzione dell'attività di una sostanza, della virulenza o potere patogeno di microrganismi e sim. *3* (*fis.*) Diminuzione di ampiezza di una oscillazione.

♦**attenzióne** [vc. dotta, lat. *attentiōne(m)*, da *attĕntus* 'attento'; av. 1406] **A** s. f. *1* Intensa concentrazione fisica e mentale intorno a un determinato oggetto: *attirare, concentrare, fermare, destare, suscitare, sviare l'a.*; *osservare qlco. con a.*; *per favore, un istante di a.* | ***Fare, prestare a.***, stare attento | (*est.*) Cura, diligenza: *mettere a. nel fare qlco.*; *studiare, lavorare, con a.* *2* (*spec. al pl.*) Atto gentile, affettuoso e riguardoso: *colmare qlcu. di attenzioni*; *prodigare attenzioni*; *usare mille attenzioni a qlcu.*; *essere pieno di attenzioni per qlcu.* *3* (*psicol.*) Processo cognitivo che consente di selezionare le informazioni in base alla loro rilevanza biologica o psicologica. **B** in funzione di inter. ● Si usa per richiamare l'interesse di qlcu. o per segnalare un pericolo. || **attenzioncèlla**, dim.

attergàre [comp. di *a-* (*2*) e *tergo*; 1313] **A** v. tr. (*io attèrgo, tu attèrghi*) ● (*bur.*) Scrivere, annotare a tergo di un documento. **B** v. rifl. *1* †Mettersi alle spalle: *a gli ultimi s'atterga* (TASSO). *2* †Voltare le spalle.

attergàto [1949] **A** part. pass. di *attergare*; anche agg. ● Nei sign. del v. **B** s. m. ● (*bur.*) Nota scritta a tergo di una pratica.

attèrige [gr. *aptérygos* 'senza ali', comp. di *a-* priv. e del gr. *ptéryx* 'ala'; 1845] s. m. ● (*zool.*) Kiwi.

àttero o **àptero** [vc. dotta, gr. *ápteros* 'senza ali', comp. di *a-* priv. e *pterón* 'ala'; 1819] agg. *1* Che è privo di ali: *insetti atteri.* *2* (*scult.*) Detto di figura alata rappresentata senza ali: *vittoria attera.* *3* (*arch.*) Detto del tempio che ha porticati solo alle facciate, anteriore e posteriore.

atterràggio [dal fr. *atterrissage*, da *atterrir* 'toccar terra'; 1824] s. m. *1* Manovra mediante la quale un aereo atterra | ***A. forzato***, inevitabile, generalmente per avaria, su terreno qualunque | ***A. guidato***, spec. con mezzi radioelettrici per scarsa visibilità | ***A. strumentale***, effettuato a mezzo degli strumenti per scarsa visibilità | ***Campo d'a.***, aerodromo. *2* (*mar.*) Punto della costa facilmente riconoscibile e atto quindi a costituire punto di riferimento nella determinazione della posizione della nave.

atterraménto [av. 1364] s. m. *1* Abbattimento. *2* Nella lotta, nel judo e sim., il toccare con entrambe le spalle il tappeto | Nel pugilato, il mandare o il finire al tappeto.

♦**atterràre** [comp. di *a-* (*2*) e *terra*; nel sign. B, calco sul fr. *atterrir*; av. 1290] **A** v. tr. (*io attèrro*) *1* (*raro*) Abbattere: *a. un muro, un edificio* | Gettare a terra: *a. un aggressore* | ***A. l'avversario***, nella lotta, nel pugilato e nel judo, effettuarne l'atterramento, abbatterlo. *2* †Volgere verso terra, spec. il viso, lo sguardo e sim. *3* (*fig., lett.*) Umiliare, avvilire: *il Dio che atterra e suscita* (MANZONI) | Debellare, sottomettere. **B** v. intr. (aus. *avere*, raro *essere*) *1* Scendere con un aeromobile fino a posarsi sul terreno o altra superficie solida. *2* (*mar.*) Accostarsi verso terra venendo da alto mare. *3* (*sport*) Toccare terra: *il saltatore atterrò malamente.* **C** v. intr. pron. ● (*lett.*) Cadere a terra, abbattersi al suolo. **D** v. rifl. ● †Inginocchiarsi | (*fig.*) †Avvilirsi, abbattersi.

atterriménto [av. 1698] s. m. ● (*raro*) L'atterrire, il venire atterrito | Spavento.

atterrìre [dal lat. *terrēre* (cfr. *terrore*), con *a* (*2*) e con metaplasmo; 1584] **A** v. tr. (*io atterrìsco, tu atterrìsci*; difett. per le forme coincidenti con quelle di *atterrare* (*atterriamo, atterriate*), sostituite nell'uso con quelle di *spaventare, impaurire* e sim.) ● Incutere spavento, terrore: *a. qlcu. con minacce di morte.* **B** v. intr. pron. ● Provare terrore, spaventarsi.

atterrìto [1504] part. pass. di *atterrire*; anche agg. ● Terrorizzato.

†**atterzàre** [comp. di *a-* (*2*) e *terzo*; 1292] v. tr. ● Ridurre di un terzo | Raggiungere la terza parte di qlco.: *già eran quasi che atterzate l'ore / del tempo che onne stella n'è lucente* (DANTE).

♦**attéṣa** [da *atteso*; sec. XIII] s. f. *1* L'attendere: *sala d'a.*; *l'a. del treno, di un amico* | ***Lista d'a.***, V. *lista* nel sign. 2 | Periodo di tempo che trascorre nell'attendere: *quell'a. non finiva mai*; *l'a. durò a lungo* | Stato d'animo di chi attende: *l'a. fu penosa*; *si consumava nell'a.* | ***In a.***, ***nell'a.***, aspettando | (*eufem., fam.*) ***Essere in a.***, ***in dolce a.***, essere in gravidanza, aspettare un bambino. *2* (*spec. al pl.*) Aspettativa: *corrispondere, venir meno alle attese*; *tradire le attese.*

atteṣìṣmo [da *attesa*, sul modello del fr. *attentisme*; 1925] s. m. ● (*raro*) Attendismo.

atteṣìsta [da *attesismo*; 1961] s. m. e f. (pl. m. *-i*) ● (*raro*) Attendista.

attéṣo [av. 1292] part. pass. di *attendere*; anche agg. *1* Aspettato con desiderio o timore: *un riconoscimento a.*; *l'attesa perturbazione.* *2* (*lett.*) Dato, considerato, spec. in frasi con valore avverbiale: *attese le circostanze, non proferì parola* | ***A. che***, V. *attesoché.* *3* †Attento.

atteṣoché o **attéṣo che** [da *atteso* e *che*; av. 1529] cong. ● (*bur.*) Dato che, considerato che.

attestàbile [da *attestare* (*1*); 1863] agg. ● Che si può attestare.

attestaménto [da *attestare* (*2*); 1939] s. m. ● (*mil.*) Operazione dell'attestarsi: *l'a. delle truppe.*

attestànte [1751] part. pres. di *attestare* (*1*); anche agg. ● Nei sign. del v. | Comprovante: *certificato a. l'infortunio.*

attestàre (**1**) [vc. dotta, lat. *attestāri*, comp. di *ăd* e *testāri* 'attestare', da *tĕstis* 'testimone'; av. 1566] v. tr. (*io attèsto*) *1* Affermare come testimone, per diretta conoscenza o esperienza: *a. la verità dei fatti.* *2* (*fig.*) Dimostrare in modo evidente: *il rossore attestava la sua timidezza* | Certificare, comprovare.

attestàre (**2**) [comp. di *a-* (*2*) e *testa*; sec. XIV] **A** v. tr. (*io attèsto*) *1* Disporre due cose testa a testa: *a. mattoni* | ***A. un ponte alla riva***, fermarne saldamente le due testate alla riva. *2* Schierare le truppe in luogo adatto all'attacco o alla difesa. **B** v. rifl. *1* (*mil.*) Schierarsi in luogo opportuno in attesa di un'azione: *Nella pineta … s'erano attestati gli americani* (MORAVIA) | (*fig.*) Assumere un atteggiamento rigidamente ligio a un'idea, a un punto di vista e sim.: *si è attestato su concezioni arretrate.* *2* †Affrontarsi per combattere, venire a battaglia.

attestàto [av. 1729] **A** part. pass. di *attestare* (*1*); anche agg. ● Nei sign. del v. | Documentato in modo certo: *una parola non attestata.* **B** s. m. ● Dichiarazione scritta: *a. di benemerenza* | (*est.*) Certificato: *rilasciare un a.* | Documento | (*fig.*) Prova, testimonianza: *si tratta di un nuovo a. della sua buona fede.*

attestatóre [vc. dotta, lat. *attestatōre(m)*, da *attestāri* 'attestare (1)'; 1664] s. m. (f. *-trice*) ● (*raro*) Chi attesta, chi testimonia.

attestatùra [da *attestare* (*2*); 1879] s. f. ● (*agr.*) Tipo di allacciamento orizzontale di tralci o rami.

attestazióne [vc. dotta, lat. tardo *attestatiōne(m)*, da *attestāri* 'attestare (1)'; 1632] s. f. *1* Affermazione, testimonianza: *a. delle proprie colpe* | (*est.*) Attestato: *rilasciare una falsa a.* | Documentazione: *l'a. di un vocabolo.* *2* (*fig.*) Dimostrazione di un sentimento: *a. di stima, di affetto, di biasimo* | (*raro, lett.*) ***In a. di***, in segno di: *in a. del mio rispetto* (GOLDONI).

atticciàto [etim. incerta: forse longob. *thikki* 'grosso', col pref. *ad-* raff. e un suff. di tipo participiale; 1353] agg. ● Che ha corporatura robusta e tarchiata. || **atticciatèllo**, dim.

atticìṣmo [vc. dotta, lat. tardo *atticĭsmu(m)*, nom. *atticĭsmus*, dal gr. *attikismós*, da *attikós* 'attico'; 1600] s. m. *1* (*letter.*) Movimento letterario dell'antichità greco-romana fautore dello stile conciso degli oratori attici | (*est.*) Purezza di lingua e di stile improntata alla massima stringatezza. *2* (*ling.*) Caratteristica del dialetto attico.

atticista [vc. dotta, gr. *attikistḗs*. V. *atticismo*; av. 1729] s. m. e f. (pl. m. *-i*) ● Oratore o scrittore seguace dell'atticismo | (*est.*) Letterato con ricercata purezza e semplicità di stile.

atticiẓẓàre [vc. dotta, gr. *attikízō*. V. *atticismo*; sec. XVI] v. intr. (aus. *avere*) ● Impiegare parlando o scrivendo lo stile attico | (*est.*) Parlare, scrivere con limpida eleganza.

àttico (**1**) [vc. dotta, lat. *ăttĭcu(m)*, nom. *ătticus*, dal gr. *attikós*, agg. della regione dell'*Attica*; 1340] **A** agg. (pl. m. *-ci*) *1* Dell'Attica: *tempio a.*; *popolazioni attiche.* *2* Relativo all'atticismo o che ne segue le teorie: *scrittore, scritto a.* *3* (*est., fig.*) Elegante, raffinato: *stile a.* | (*fig., lett.*) ***Sale a.***, fine arguzia. || **atticaménte**, avv. (*lett.*) Con grazia ed eleganza attica. **B** s. m. solo sing. ● Dialetto greco parlato nell'Attica.

àttico (**2**) [fr. *attique*. V. precedente; av. 1696] s. m. (pl. *-ci*) *1* (*arch.*) Parte di un edificio, sovrapposta al cornicione, con funzioni decorative e sim. *2* (*edil.*) Ultimo piano abitabile di un edificio, in genere sovrapposto al cornicione: *abitare in un a.* *3* (*anat.*) Parte dell'orecchio medio.

†attignere e *deriv.* ● V. *attingere* e *deriv.*

attiguità [1865] s. f. ● Condizione di ciò che è attiguo.

attìguo [vc. dotta, lat. *attĭguu(m)*, da *attĭngere* 'toccare', comp. di *ăd* e *tăngere* 'toccare'; av. 1729] agg. ● Contiguo, vicino: *nella stanza attigua.* || **attiguaménte**, avv.

àttila [dal n. di *Attila* (406-453) re degli Unni, soprannominato per la sua opera di devastazione *flagello di Dio*; av. 1872] s. m. e f. inv. ● (*per anton.*) Devastatore, distruttore (*anche scherz.*).

attillàre [etim. incerta; av. 1734] **A** v. tr. *1* (*raro*) Abbigliare con ricercatezza. *2* Rendere aderente al corpo: *a. una gonna, una giacca.* **B** v. rifl. ● (*raro, lett.*) Vestirsi con cura e ricercatezza: *attillarsi per una festa.*

attillatézza [1855] s. f. ● (*raro*) Caratteristica di chi (o di ciò che) è attillato.

attillàto [1528] part. pass. di *attillare*; anche agg. *1* (*lett.*) Vestito con cura e ricercatezza. *2* Detto di indumento che aderisce al corpo e ne mette in risalto le forme: *golfino, abito a.*; *un paio di calzoni molto attillati* | (*lett.*) Detto di chi è vestito con abiti aderenti. || **attillatino**, dim. | **attillatùzzo**, dim. || **attillataménte**, avv. (*raro*) Con accurata eleganza.

attillatùra [1528] s. f. *1* (*raro*) L'attillarsi | (*est.*) Ricercatezza nel vestire. *2* (*lett.*) Abito, veste molto elegante e raffinata. *3* Parte in cui l'abito aderisce al corpo.

attimìno [dim. di *attimo*; 1990] **A** s. m. ● (*fam.*) Spazio brevissimo di tempo: *aspetta un a.* **B** in funzione di avv. ● Nella loc. avv. (*fam.*) ***un a.***, un po', appena appena: *questa minestra è un a. salata.*

♦**àttimo** [lat. *ătomu(m)*, nom. *ătomus*, dal gr. *átomos* 'indivisibile'. V. *atomo*; 1338 ca.] s. m. ● Brevissima frazione di tempo: *un a. fa era ancora qui*; *senza un a. di requie* | ***In un a.***, in un istante, in un baleno | ***Di a. in a.***, al più presto, da un momento all'altro | ***Cogliere l'a. fuggente***, saper godere le brevi gioie che la vita offre | ***Un a.***, (*fam.*) un po': *spostati un a. più in là.* || **attimino**, dim. (V.).

attinènte [vc. dotta, lat. *attinĕnte(m)*, part. pres. di *attinēre*, comp. di *ăd* e *tenēre* 'tenere'; 1483] **A** agg. *1* Che riguarda, che concerne: *questione a. alla ricerca scientifica.* *2* (*elvet.*) Originario (con riferimento al luogo da cui proviene la famiglia): *nato a Lugano e a. di Zurigo.* **B** s. m. e f. ● †Parente.

attinènza [da *attinente*; av. 1347] s. f. *1* Connessione, rapporto: *non c'è a. tra ciò che dici e ciò che fai.* *2* Rapporto che intercorre fra i diversi membri di due famiglie non consanguinee collegate fra loro da un vincolo matrimoniale | (*lett.*) Legame di parentela o amicizia: *tornò a confidare ... nelle potenti attinenze* (NIEVO) | (*elvet.*) Luogo di origine dei propri avi: *indicare l'a. e il domicilio.* *3* (*al pl.*) Annessi, accessori: *ha venduto il podere e le relative attinenze.*

attingere o **†attignere** [lat. *attĭngere* 'toccare, raggiungere', comp. di *ăd* e *tăngere* 'toccare'; 1313] **A** v. tr. (pres. *io attingo, tu attingi*; pass. rem. *io attinsi, tu attingésti*; part. pass. *attinto*) (qlco.; qlco. + *a*; qlco. + *da*) *1* (*lett.*) Toccare, raggiungere: *il mar si leva e quasi il cielo attinge* (ARIOSTO) | (*fig.*) Ottenere, conseguire: *a. la gloria.* *2* Prendere, tirar su acqua: *a. acqua a una sorgente, al fiume, al pozzo, dal pozzo* | (*est.*) Spillare: *a. il vino dalle botti.* *3* (*fig.*) Trarre, derivare, ricavare: *a. notizie, informazioni da fonti sicure*; *a. alla propria esperienza.* **B** v. intr. (aus. *avere*) (+ *a*) *1* (*lett.*) Pervenire, giungere (*anche fig.*): *a. alla suprema beatitudine.* *2* (*econ.*) ***A. al credito***, utilizzare le linee di credito messe a disposizione.

attingiménto o **†attigniménto** [sec. XIV] s. m. ● (*raro*) L'attingere | Presa, rifornimento di acqua: *a. di acque pubbliche.*

attingitóio o **†attignitóio** [av. 1342] s. m. ● (*raro*) Recipiente a forma di coppa, con manico, usato per attingere acqua.

attinia [dal gr. *aktís*, genit. *aktînos* 'raggio' (V. *attino-*); 1819] s. f. ● Genere di animali marini dei Celenterati di aspetto simile a un fiore (*Actinia*). SIN. Anemone di mare.

attinicità [dall'ingl. *actinism*. V. *attinia*; 1940] s. f. ● (*fis.*) Proprietà delle radiazioni attiniche.

attìnico [dal gr. *aktís*, genit. *aktînos* 'raggio'. V. *attinia*; 1892] agg. (pl. m. *-ci*) ● (*fis.*) Detto di radiazione elettromagnetica, spec. di quella ultravioletta, capace di svolgere un'azione chimica | ***Luce attinica***, adatta alla corretta impressione di una pellicola.

attinide [da *attinio*; 1961] s. m. ● Ognuno dei 15 elementi chimici, di numero atomico compreso tra 89 e 130, simili tra loro e che formano una serie analoga a quella delle terre rare.

attìnio [V. *attinia*; 1913] s. m. ● Elemento chimico radioattivo, di proprietà chimiche simili al lantanio, reperibile in natura nei minerali uraniferi. SIMB. Ac.

attino- o **actino-** [dal gr. *aktís* genit. *aktînos* 'raggio', forse di orig. indeur.] primo elemento ● In parole scientifiche composte significa 'raggio' o 'a struttura raggiata': *attinometria.*

attinografia [fr. *actinographie*, comp. di *attino-* e *-grafia*; 1940] s. f. ● Fotografia che sfrutta l'attinicità dei raggi X.

attinolite o **actinolite** [vc. dotta, comp. di *attino-*, *actino-* e *-lite*] s. f. ● (*miner.*) Varietà di anfibolo magnesio-ferrifero, in cristalli allungati verdi.

attinologia [comp. di *attino-* e *-logia*; 1983] s. f. ● Studio dei raggi luminosi, spec. relativamente alla loro azione medica e biologica.

attinometria [comp. di *attino-* e *-metria*; 1940] s. f. ● Procedimento di misurazione del grado di attività chimica o termica di radiazioni, spec. ultraviolette.

attinomètrico [1983] agg. (pl. m. *-ci*) ● Relativo ad attinometria | Basato sull'attinometria: *metodi attinometrici.*

attinòmetro [comp. di *attino-* e *-metro*; 1955] s. m. *1* Strumento per eseguire misurazioni con metodi attinometrici. *2* Sostanza campione per determinare l'efficacia d'una sorgente di radiazioni ultraviolette.

Attinomicèti ● V. *Actinomiceti.*

attinomòrfo ● V. *actinomorfo.*

attìnon [V. *attinia*; 1955] s. m. ● Isotopo radioattivo del radon, che si genera dall'attinio per disintegrazione.

Attinopterìgi [comp. di *attino-* e del gr. *ptéryx*, genit. *ptérygos* 'ala, pinna'; 1961] s. m. pl. (sing. *-gio*) ● Nella tassonomia animale, sottoclasse di Pesci con scheletro più o meno ossificato e corpo generalmente fusiforme (*Actinopterygii*).

attinoterapia [comp. di *attino-* e *-terapia*; 1961] s. f. ● Terapia che impiega raggi attinici e ultravioletti.

attinto [sec. XIV] part. pass. di *attingere*; anche agg. ● Nei sign. del v. | (*fig.*) Ricavato: *un sentimento a. dalla prima educazione* (MANZONI).

attintùra [da *attingere* 'toccare'; 1863] s. f. ● (*veter.*) Contusione e trauma provocati sull'arto del cavallo dal ferro dell'arto opposto, per difetto d'andatura.

♦**attiràre** [comp. di *a-* (*2*) e *tirare*; 1582] **A** v. tr. ● Trarre a sé: *il Nord attira l'ago della bussola* | (*fig.*) Attrarre: *a. l'interesse di tutti*; *a. gli sguardi della gente*; *attirarsi la simpatia generale.* **B** v. rifl. rec. ● Attrarsi reciprocamente (*anche fig.*).

attitudinàle [da *attitudine* (*1*); 1745] agg. ● Relativo all'attitudine, alle attitudini: *esame a.* || **attitudinalménte**, avv.

♦**attitùdine** (**1**) [vc. dotta, lat. tardo *aptitūdine(m)*, da *ăptus* 'adatto'; av. 1347] s. f. ● Predisposizione verso particolari attività: *avere a. per le lettere*; *persona priva di particolari attitudini*; *cavallo che ha a. al trotto.*

attitùdine (**2**) [lat. **actitūdine(m)*, da *actuāre* 'trattare'; av. 1519] s. f. *1* (*raro*) Atteggiamento del corpo: *stare in a. di penitente.* *2* (*raro, fig.*) Modo di fare | Opinione, punto di vista: *un a. scontrosa rispetto ai giovani.*

attivànte [1965] **A** part. pres. di *attivare*; anche agg. ● Nei sign. del v. **B** s. m. ● (*chim.*) Attivatore.

attivàre [1798] **A** v. tr. *1* Mettere in azione, rendere operante, attivo: *a. un dispositivo di emergenza.* *2* (*bur.*) Sollecitare una pratica, una trattativa e sim. *3* (*chim.*) Fare sì che le molecole di un sistema chimico aumentino la loro capacità di reazione o siano in grado di reagire. **B** v. rifl. ● Assumere l'iniziativa, impegnarsi attivamente: *attivarsi per prenotare un albergo, per ricomporre una lite.* **C** v. intr. pron. ● Diventare attivo: *si è attivata una circolazione ciclonica* | Entrare in funzione: *i sensori non si sono attivati.*

attivatóre [1955] s. m. ● (*chim.*) Ciò che riesce ad attivare. SIN. Attivante.

attivazióne [1798] s. f. *1* L'attivare, il venire attivato | (*chim.*) ***A. di un catalizzatore***, trattamento mediante il quale lo si rende attivo o lo si rigenera | (*chim.*) ***A. di un monomero***, trattamento con calore o radiazioni o sostanze chimiche che, attraverso la formazione di specie chimiche molto reattive, rende possibile la polimerizzazione di un monomero. *2* Aggiornamento delle registrazioni catastali.

attivìṣmo [1909] s. m. *1* Dottrina filosofica in base alla quale tutti i valori sono subordinati alle esigenze dell'azione e della sua riuscita. *2* Dottrina pedagogica fondata sulla concezione dell'attività spontanea del bambino come elemento educativo determinante. *3* Tendenza a vivere in modo estremamente dinamico, attivo ecc.: *dar prova di eccessivo a.*; *il suo sfrenato a. nasconde una mancanza di certezze.* *4* (*raro*) Attività propagandistica di militanti politici o sindacali.

attivista [1942] **A** s. m. e f. (pl. m. *-i*) *1* Chi segue o si ispira alla dottrina dell'attivismo. *2* Militante di base che partecipa attivamente a creare consensi a un'organizzazione politica o sindacale. **B** agg. ● Attivistico.

attivìstico [1931] agg. (pl. m. *-ci*) *1* Di attivismo, basato sull'attivismo. *2* (*est.*) Dinamico. || **attivisticaménte**, avv.

♦**attività** [vc. dotta, lat. tardo *activitāte(m)*, da *actīvus* 'attivo'; av. 1406] s. f. *1* Caratteristica, condizione di chi (o di ciò che) è attivo: *la vostra a. continua a stupirmi.* SIN. Operosità | ***Essere in a.***, essere in movimento, in azione; lavorare; (di impianti e sim.) essere operativo, funzionare. *2* (*geol.*) Fase di effettiva eruzione o emissione di lave, gas ed elementi piroclastici da parte di un vulcano. CONTR. Estinzione. *3* Insieme di azioni, comportamenti e decisioni, proprie di un individuo o di una categoria di individui, tesi alla realizzazione di uno scopo: *a. produttiva, lucrativa*; *a. ricreativa, lavorativa*; *dedicarsi a una a. professionale, saltuaria*; *scegliere una determinata a.* | ***A. primaria***, agricoltura | ***A. secondaria***, industria | ***A. terziaria***, commercio, trasporti e comunicazioni, credito e assicurazione, servizi, libere professioni e pubblica amministrazione. **4** Insieme dei valori inscritti nell'attivo di un bilancio. CONTR. Passività. **5** (*fis. nucl.*) Numero di decadimenti radioattivi che avvengono nell'unità di tempo in una sostanza radioattiva. **6** (*fis.*) ***A. ottica***, capacità di determinate sostanze di ruotare il piano di polarizzazione della luce.

attivizzàre [1963] v. tr. ● Rendere attivo, operante: *a. un gruppo economico*.

◆**attìvo** [vc. dotta, lat. *actīvu(m)*, da *ăgere* 'fare'; sec. XIII] **A** agg. **1** Che è caratterizzato dall'azione: *intelletto a.*; *vita attiva*; *Il seme della lotta attiva non era sopravvissuto fino a noi* (LEVI). CONTR. Contemplativo. **2** Che agisce con impegno ottenendo notevoli risultati pratici: *lavoratore a.*; *il mondo è delle persone attive*; *è un uomo a., non un sognatore*. **3** Che determina l'azione: *condizione attiva*; *attenzione attiva*; *parte attiva* | ***Avere, prendere parte attiva a, in, un'impresa***, parteciparvi direttamente e in modo determinante. CONTR. Passivo. **4** Che è in funzione, che è operativo: *l'impianto non è più a.* | (*geol.*) ***Vulcano a.***, in attività. **5** (*ling.*) Detto di forma verbale, quando il soggetto compie l'azione o si trova in un determinato stato. **6** (*chim.*) Detto di sistema chimico che possiede reattività o proprietà catalitiche e adsorbenti diverse e generalmente superiori alle normali. **7** (*econ.*) Detto di bilancio, azienda, operazione contabile e sim. che attesta l'andamento positivo di una o più operazioni finanziarie: *bilancio a.*; *saldo a.*; *l'impresa è attiva*. CONTR. Passivo. **8** Detto di metodo pedagogico basato sull'attivismo. **9** (*mil.*) ***Servizio a.***, quello dei militari che prestano servizio in tempo di pace. || **attivaménte**, avv. **B** s. m. **1** Forma verbale attiva: *coniugare un verbo all'a.* **2** (*econ.*) Complesso delle componenti positive del patrimonio di un'azienda | Complesso di beni e servizi di cui può disporre un'azienda in un determinato momento | ***Segnare qlco. all'a., al proprio a.***, (*fig.*) considerarlo vantaggioso; (*est.*) annoverarlo fra i pregi, i meriti. **3** Insieme dei dirigenti e degli attivisti di un partito o di un sindacato: *si è riunito l'a. regionale*.

attizzaménto [av. 1363] s. m. ● L'attizzare (*anche fig.*).

attizzàre [lat. parl. **attitiāre*, comp. di *ăd* e *tītio* 'tizzone'; av. 1342] v. tr. **1** Ravvivare il fuoco smuovendo i tizzoni e la brace o favorendo comunque la combustione. **2** (*fig.*) Rendere più intenso, più ardente: *a. l'odio, il desiderio* | †Aizzare, spec. gli animali.

attizzatóio [av. 1537] s. m. ● Attrezzo per attizzare il fuoco.

attizzatóre [av. 1342] agg.; anche s. m. (f. *-trice*) ● Che (o Chi) attizza il fuoco | (*fig.*) Istigatore.

◆**àtto (1)** [vc. dotta, lat. *āctu(m)*, da *ăgere* 'fare'; 1294] s. m. **1** (*filos.*) Ciò che si realizza perdendo i caratteri dell'attività e della possibilità, in contrapposizione a ciò che è in potenza. **2** Comportamento umano che deriva da una precisa volontà: *a. gentile, onesto, nobile*; *a. ambiguo, scorretto, vile, spregevole*; *a. di fiducia, di giustizia* | Atteggiamento, movimento fisico | ***Fare l'a. di***, accennare a compiere un'azione, un gesto: *fece l'a.* (o *fece a.*) *di andarsene* | †Atteggiamento, posa leziosa | (*est.*) Dimostrazione, prova di un sentimento: *a. d'affetto, di stima, di amicizia* | ***Mettere in a.***, realizzare | ***Essere in a.***, in corso di realizzazione | ***All'a. pratico***, in pratica, in realtà | ***Fare a. di presenza***, recarsi in un luogo per pura formalità. **3** (*est.*) Gesto, movimento, anche al di fuori della volontà: *nell'a. di cadere si aggrappò alla ringhiera* | Momento in cui si compie un'azione: *all'a. della consegna*; *lo sorpresero nell'a. di rubare*. **4** (*dir.*) Comportamento umano produttivo di effetti giuridici in quanto volontario e consapevole: *a. lecito, illecito, libero, dovuto* | ***A. amministrativo***, qualsiasi manifestazione di volontà o intervento fatto dalla Pubblica Amministrazione nell'esercizio della propria funzione | ***A. osceno***, quello commesso in luogo pubblico o aperto o esposto al pubblico che, secondo il comune sentimento, offende il pudore. **5** (*dir.*) Documento avente rilevanza giuridica: *a. pubblico*; *gli atti del processo* | ***A. legislativo***, legge | ***A. autentico***, scrittura redatta secondo prestabilite forme giuridiche tali da dare piena fede al suo contenuto | ***A. d'accusa***, quello con cui al termine dell'istruttoria penale si rendono noti all'imputato i fatti a lui attribuiti; (*fig.*) aperta espressione di critica, di polemica, di condanna | (*est.*) Qualsiasi documento o scritto che non tende a conseguire specifici fini giuridici: *atti d'archivio* | ***Prendere a. di qlco.***, esserne a conoscenza e tenerla nella dovuta considerazione | ***Dare a.***, riconoscere ufficialmente. **6** (*al pl.*) Raccolta di relazioni e interventi, comunicazioni e sim. di congressi, accademie, assemblee: *gli atti dell'assemblea Costituente, della Deputazione di storia patria* | ***Atti degli Apostoli***, libro canonico del Nuovo Testamento, nel quale si narrano le vicende della Chiesa, dopo l'Ascensione di Gesù. **7** Dichiarazione, manifestazione orale: *a. di fede, di speranza, di carità* | ***A. di dolore***, formula con la quale il penitente si accusa dei propri peccati e dichiara la propria contrizione. **8** (*ling.*) ***A. linguistico***, funzione pragmatica connessa con il linguaggio (ad es. una richiesta, un consiglio, un ordine, un'asserzione ecc.). **9** Ognuna delle parti di cui si compone un'opera teatrale | ***A. unico***, opera teatrale in un atto. || **atterèllo**, dim. | **attùccio**, dim.

◆**àtto (2)** [lat. *ăptu(m)* 'adatto', part. pass. di *ăpere* 'legare, attaccare'; av. 1306] agg. **1** Che ha attitudine, idoneità per qlco.: *a. alle armi, agli studi* | Adatto, conveniente: *mezzo a. allo scopo*. **2** †Valido, abile: *centauri agili et atti* (ARIOSTO).

àtto- [norv. e dan. *atten* 'diciotto'] primo elemento ● Anteposto al nome di un'unità di misura la divide per un miliardo di miliardi, cioè la moltiplica per 10^{-18}. SIMB. a.

attòllere [vc. dotta, lat. *attŏllere* 'levare (*tŏllere*, di orig. indeur.) verso (*ăd*) l'alto'; 1499] v. tr. (*io attòllo*; difett. del pass. rem.) ● (*raro, lett.*) Innalzare | Sollevare: *ed ei nel grembo molle / le posa il capo, e 'l volto al volto attolle* (TASSO).

attoniménto [1913] s. m. ● Sbigottimento, stupore.

attònito [vc. dotta, lat. *attŏnitu(m)* 'stordito dal tuono', da *tonāre* 'tuonare'; 1336 ca.] agg. **1** Fortemente impressionato da un avvenimento improvviso: *rimanere a. per la sorpresa, per la meraviglia, per lo stupore, per lo spavento* | (*est.*) Che dimostra profonda impressione: *guardare con occhi attoniti*; *sguardo, viso a.*; *espressione attonita*. **2** †Balordo, stolto. || **attonitaménte**, avv. Con grande stupore.

attoràle ● V. *attoriale*.

attòrcere [comp. di *a-* (*2*) e *torcere*; 1313] **A** v. tr. (coniug. come *torcere*) ● Torcere all'intorno | Avvolgere con forza una cosa su sé stessa o più cose tra loro: *a. una corda, i panni bagnati*. **B** v. rifl. ● Contorcersi.

attorcigliaménto [1681] s. m. ● L'attorcere | Avvolgimento di qlco. su sé stesso o intorno a qualcos'altro.

attorcigliàre [sovrapposizione di *attorcere* ad *attortigliare*; 1498] **A** v. tr. (*io attorcìglio*) ● Attorcere su sé stesso: *a. la lana* | Avvolgere attorno: *a. una fune intorno a un palo*; *attorcigliava i capelli intorno alle dita*. **B** v. rifl. e intr. pron. ● Avvolgersi più volte su sé stesso o intorno a qlco.: *la fune si attorcigliò inestricabilmente*.

attorcigliatùra [1961] s. f. ● Attorcigliamento | Attorcitura.

attorciménto [av. 1729] s. m. ● (*raro*) L'attorcere.

attorcitùra [1955] s. f. **1** Attorcigliatura. **2** (*agr.*) Attralciatura.

◆**attóre** [vc. dotta, lat. *actōre(m)*, da *ăgere* 'fare'; sec. XIV] s. m. (f. *-trice*) **1** Chi recita, interpreta una parte in uno spettacolo: *a. teatrale, cinematografico*; *a. di rivista, di avanspettacolo* | ***Attor giovane***, ruolo del teatro drammatico italiano; (*est.*) attore adatto ad interpretare parti giovanili | (*est., spreg.*) Simulatore: *non fidarti di lei, è un'attrice esperta!* **2** (*fig.*) Chi partecipa attivamente e direttamente a una vicenda reale: *quell'uomo fu a. di uno storico evento*. CONTR. Spettatore. **3** (*dir.*) Colui che agisce in giudizio promuovendo un'azione privata: *l'a. e il convenuto*. **4** (*tosc.*) †Agente. || **attorèllo**, dim. | **attorìno**, dim. | **attorùccio**, dim. | **attorùcolo**, spreg. | **attricétta**, dim. f.

attoriàle o **attoràle** [1985] agg. ● Che è proprio dell'attore: *tecnica a.* | Che è relativo all'attore e al suo ruolo.

attòrio o **attòreo** [da *attore*; 1955] agg. ● (*dir.*) Relativo ad attore.

attorniàre [provz. *torneiar*, av. 1277] **A** v. tr. (*io attórnio*) **1** Circondare: *la folla festante lo attorniò* | Accerchiare: *a. le postazioni nemiche* | (*raro, lett.*) Percorrere all'intorno: *farotti poi … sette volte a. il santo altare* (SANNAZARO). **2** (*raro, fig.*) Circuire. **3** †Fare tornei. **B** v. rifl. ● Circondarsi di persone, spec. non buone: *si attornia di cattivi consiglieri*.

◆**attórno** o (*raro, lett.*) **a tórno** [comp. di *a* (*2*) e *torno*; 1282] **A** avv. ● In giro, in cerchio, all'intorno (in genere ha gli stessi usi di 'intorno', a eccezione di alcune locuzioni in cui è preferito) | ***Mandare a.***, in giro; (*fig.*) spargere una voce, diffondere una diceria | ***Andare a.***, andare di qua e di là, gironzolare; (*fig.*) propalarsi, detto di una chiacchiera, di diceria e sim. | ***L'ho sempre a.***, mi sta sempre addosso, mi opprime | ***Guardarsi a.***, (*fig.*) agire con cautela, usare precauzione | ***Levarsi qlcu. o qlco. d'a.***, (*fig.*) liberarsene, sbrigarsene | ***Darsi a.*** (o ***d'a.***), darsi da fare, industriarsi, darsi cura: *la Contessa … si dava molto a. per far la vispa e la graziosa* (NIEVO) | Iterativo: *attorno attorno, tutt'intorno*. **B** nella loc. prep. ***attorno a*** **1** Intorno a: *gli alunni stavano a. alla cattedra*; *si rincorrevano a. al tavolo* | ***Stare a. a qlco.***, (*fig.*) occuparsene con assiduità | ***Stare a. a qlcu.***, non abbandonarlo mai; (*fig.*) insistere assiduamente per ottenere qlco. **2** Circa: *ci vediamo a. alle 8*; *costa a. ai due milioni*. **3** (*raro*) Su, a proposito di: *fantasticare a. a un'idea*.

attortigliaménto [sec. XVIII] s. m. ● (*raro*) Avvolgimento | (*lett.*) Involuzione: *la ricercatezza, e a., … della lingua* (LEOPARDI).

attortigliàre [lat. parl. **tortiliāre*, comp. di *ăd* e *tŏrtilis* 'ricurvo'; av. 1370] **A** v. tr. (*io attortìglio*) ● (*raro*) Avvolgere più volte qlco. su sé stesso, attorcigliare. **B** v. rifl. e intr. pron. ● (*raro*) Avvolgersi su sé stesso, attorcigliarsi.

attòrto [1313] part. pass. di *attorcere*; anche agg. ● Nei sign. del v.

attossicàre o (*poet.*) **attoscàre** [comp. di *a-* (*2*) e *tossico* (*1*); 1300 ca.] v. tr. (*io attòssico, tu attòssichi*) **1** (*lett.*) Avvelenare: *a. il cibo, l'acqua* | Infettare. **2** (*fig., lett.*) Amareggiare | Tormentare: *Grixenda aveva davvero il cuore attossicato* (DELEDDA). **3** (*fig., lett.*) Corrompere.

attraccàggio [1932] s. m. ● (*raro*) Attracco.

attraccàre [etim. incerta; av. 1883] v. tr. e intr. (*io attràcco, tu attràcchi*; aus. intr. *essere* e *avere*) ● (*mar.*) Manovrare per approdare alla banchina, o accostarsi ad altra nave.

attràcco [1863] s. m. (pl. *-chi*) ● (*mar.*) Manovra dell'attraccare | Punto in cui si attracca.

attraènte [1721] part. pres. di *attrarre*; anche agg. ● Che attrae | Seducente, gradevole: *donna, visione a.*; *una proposta a.* || **attraenteménte**, avv. (*raro*) In modo attraente.

†**attràere** ● V. *attrarre*.

attralciatùra [da *tralcio*; 1955] s. f. ● (*agr.*) Legatura dei tralci della vite ai loro sostegni.

†**attrappàre** [fr. *attraper*, dal francone *trappa* 'trappola'; sec. XIV] **A** v. tr. **1** Prendere, afferrare, con forza. **2** Rapire, rubare | (*fig.*) Truffare. **B** v. rifl. ● Rattrappirsi, contrarsi.

attrappìre [ricavato da *rattrappire*; 1761] v. tr. (*io attrappisco, tu attrappisci*) ● (*raro*) Rattrappire.

◆**attràrre** o †**attràere** [lat. *adtrăhere*, comp. di *ăd* e *trăhere* 'tirare'; av. 1347] **A** v. tr. (coniug. come *trarre*) **1** Tirare a sé, attirare con forza (*anche fig.*): *la calamita attrae il ferro*; *quella visione attrasse il suo sguardo*. **2** (*fig.*) Allettare, lusingare, avvincere (*anche assol.*): *il suo sorriso e la sua grazia mi attraggono*; *ha un modo di fare che attrae* | (*est., raro*) Cattivarsi: *attrarsi la simpatia generale*. **B** v. rifl. rec. ● Tirarsi l'uno verso l'altro (*anche fig.*).

attrattìva [da *attrattivo*; 1614] s. f. **1** Capacità di attrarre (*spec. fig.*): *avere a.*; *esercitare una forte a. su qlcu.*; *sentire l'a. della poesia* | Fascino, seduzione: *è dotata di grande a.* **2** (*al pl.*) Qualità che attraggono, allettano: *le attrattive della vita*.

attrattìvo [vc. dotta, lat. tardo *attractīvu(m)*, da

attrăctus 'attratto'; 1353] **agg.** ● Che ha il potere di attrarre | (*fig., lett.*) Amabile, seducente: *Avea la testa una grazia attrattiva* (MACHIAVELLI). || **attrattivamente**, **avv.** (*raro*) Con attrazione.

attràtto [av. 1306] **A part. pass.** di *attrarre*; anche **agg.** ● Attirato (*spec. in senso fig.*): *si sentiva a. da quella donna.* **B s. m.** ● †Storpio, paralitico: *sanando infermi, e rizzando attratti* (VILLANI).

attrattóre [da *attrarre*; av. 1712] **s. m.** ● (*mat.*) Stato di equilibrio verso cui tende un sistema dinamico.

attraversaménto [av. 1555] **s. m.** *1* L'attraversare | (*est.*) Zona in cui si può attraversare | ***A. pedonale***, parte della carreggiata zebrata sulla quale i pedoni in transito godono della precedenza rispetto ai veicoli. *2* Incrocio di due strade.

♦**attraversàre** [da *attraverso*; 1312] **A v. tr.** (*io attravèrso*) *1* Passare attraverso (*anche fig.*): *per uscire attraversarono la siepe; durante il suo viaggio ha attraversato tutta l'Europa; attraversò in fretta la strada; il fiume attraversa tutta la città; un sospetto gli attraversò la mente* | ***A. la strada, il passo, a qlcu.***, tagliargli la strada; (*fig.*) ostacolarlo | (*assol.*) Attraversare una strada, una piazza e sim.: *esitò a lungo prima di a.* *2* (*mar.*) Incrociare con la propria rotta quella di un'altra nave, passandole a poca distanza. *3* (*mar.*) ***A. l'ancora***, metterne il fuso quasi orizzontale, dopo averla salpata. *4* (*fig.*) Vivere, passare: *stanno attraversando un momento difficile.* *5* (*fig., lett.*) Ostacolare, impedire: *mi attraversa tutti i progetti* | (*assol.*) †Contraddire. **B v. rifl.** *1* (*lett.*) Mettersi di traverso. *2* (*fig., lett.*) Opporsi, impedire, porre ostacoli.

♦**attravèrso** o (*lett.*) **a travèrso** [comp. di *a-* (*2*) e *traverso*; sec. XIII] **A avv.** ● (*lett.*) Trasversalmente, obliquamente, di traverso, per traverso. **B prep.** *1* Da parte a parte, da una parte all'altra, in mezzo a, dentro: *mettere uno sbarramento a. la strada; passare a. la siepe; arrivare a. vicoli; guardare a. le imposte; prendere la scorciatoia a. i campi;* (*fig.*) *siamo passati a. grandi dolori, gravi difficoltà* | Anche nella loc. prep. ***attraverso a***: *mettere uno sbarramento a. alla strada.* *2* Mediante, per mezzo di, in seguito a: *a. ricerche; è stato appurato a. lunghe indagini.* *3* Obliquamente, in senso trasversale: *l'albero è caduto a. la strada e ha ostruito il traffico.*

♦**attrazióne** [vc. dotta, lat. tardo *attractiōne(m)*, da *attrăctus* 'attratto'; sec. XIV] **s. f.** *1* Proprietà dell'attirare a sé: *l'a. del polo magnetico* | (*ling.*) Processo di assimilazione per il quale una parola adegua il proprio aspetto morfologico a quello di una parola con la quale è in rapporto | ***A. modale***, in latino, uso del congiuntivo invece dell'indicativo per assimilazione del congiuntivo della frase sovraordinata. *2* (*fig.*) Fascino: *esercitare una forte a. sulle masse* | Vivo interesse, inclinazione: *provare a. per qlcu., per qlco.; a. fisica, sessuale.* *3* (*est.*) Chi (o ciò che) richiama o risveglia l'interesse di qlcu. | (*al pl.*) Divertimenti, spettacoli allettanti: *le attrazioni del luna park; una località che offre poche attrazioni.* *4* Numero sensazionale, che attira il pubblico, in uno spettacolo di varietà o rivista: *gli elefanti ammaestrati sono l'a. di quel circo.* *5* †Contrazione.

†**attrecciàre** [comp. di *a-* (*2*) e *treccia*; av. 1375] **v. tr.** ● Intrecciare | Fare le trecce coi capelli.

attrezzàggio [da *attrezzare*; 1983] **s. m.** *1* Attrezzatura. *2* (*mecc.*) Fase di predisposizione a una data lavorazione di una macchina utensile.

attrezzaménto [1929] **s. m.** *1* (*raro*) L'attrezzare. *2* (*est.*) Attrezzatura.

♦**attrezzàre** [da *attrezzo*; 1772] **A v. tr.** (*io attrézzo*) *1* Fornire di attrezzi o di attrezzatura: *a. una falegnameria; a. uno studio dentistico, una nave.* *2* (*est.*) Fornire di tutto il materiale necessario alla realizzazione di qlco.: *a. una spedizione scientifica, un ufficio tecnico* | ***A. una via***, nell'alpinismo, predisporre chiodi, corde fisse e sim. lungo l'itinerario di salita perché possa essere successivamente percorso con maggiore facilità | ***A. una barca***, prepararla per una regata. **B v. rifl.** ● Fornirsi del necessario: *attrezzarsi per trascorrere una notte all'addiaccio.*

attrezzàto [1910] **part. pass.** di *attrezzare*; anche **agg.** *1* Nei sign. del v. | ***Via attrezzata***, in alpinismo, itinerario facilitato da chiodi, corde fisse, scalette metalliche, e sim. *2* Detto di area urbana fornita di attrezzature sportive e ricreative: *parco a.; verde pubblico a.*

♦**attrezzatùra** [1824] **s. f.** *1* Fornitura, dotazione di attrezzi. *2* Complesso di attrezzi, strumenti, congegni e sim., necessari allo sviluppo di un'attività professionale o produttiva: *l'a. di un ristorante, di un albergo; l'a. di una nave* | ***A. meccanica***, complesso di congegni, e dei mezzi ausiliari, necessari alla lavorazione in serie di un pezzo | (*est.*) Complesso del materiale necessario alla realizzazione di un fine: *le attrezzature ricreative, culturali di una città; attrezzature alberghiere.* *3* (*mar.*) Operazione di messa a punto di vele e manovre di una imbarcazione | ***A. velica***, complesso dei componenti necessari a una imbarcazione per navigare a vela.

attrezzerìa [1940] **s. f.** *1* Insieme degli oggetti necessari al completamento della scena teatrale e sim. *2* In varie tecnologie, reparto ausiliario alla produzione adibito alla costruzione, regolazione e messa a punto delle attrezzature specifiche di produzione.

attrezzista [1859] **s. m. e f.** (**pl. m.** *-i*) *1* Atleta specialista della ginnastica ai grandi attrezzi. *2* Trovarobe. *3* Operaio addetto all'attrezzeria o all'attrezzatura meccanica.

attrezzìstica [1961] **s. f.** ● Ginnastica eseguita ai grandi attrezzi.

attrezzìstico [1955] **agg.** (**pl. m.** *-ci*) ● Che è fatto con attrezzi: *ginnastica attrezzistica* | Che si riferisce agli attrezzi: *allestimento a. di una nave.*

♦**attrézzo** [ant. fr. *atrait*, dal lat. *attractu(m)* 'attratto'; 1669] **A s. m.** *1* Strumento necessario allo svolgimento di una determinata attività: *a. di cucina, del falegname, del coltivatore* | ***Attrezzi navali***, complesso di tutto quanto è necessario per armare una nave. *2* (*sport*) Ogni oggetto, strumento o impalcatura usati per gare, concorsi sportivi e sim. | Nella ginnastica, strumento di varia struttura per eseguire esercizi e assumere posizioni specifiche: *ginnastica con attrezzi; esercizi agli attrezzi* | ***Grandi attrezzi***, quelli che servono per l'appoggio e la sospensione | ***Piccoli attrezzi***, quelli che si utilizzano nei lanci e nelle traslocazioni a corpo libero. **B in funzione di agg.** ● (posposto al s.) Nella loc. ***carro attrezzi***, autoveicolo attrezzato per l'assistenza agli autoveicoli, per il loro traino e sim. || **attrezzàccio**, **accr.** | **attrezzùccio**, **dim.**

attribuìbile [1751] **agg.** ● Che si può attribuire.

♦**attribuìre** [vc. dotta, lat. *attribŭere*, comp. di *ăd* e *tribŭere* 'tributare'; av. 1292] **v. tr.** (*io attribuìsco, tu attribuìsci*) *1* Assegnare, riconoscere come spettante a qlcu.: *a. a qlcu. una ricompensa, una parte degli utili* | (*est.*) Concedere: *a. a qlcu. la facoltà di decidere* | ***Attribuirsi un diritto, un merito***, arrogarseli. *2* Ascrivere: *a. a lode, a biasimo* | Imputare, riconoscere un nesso causale: *a. una disgrazia all'imprudenza di qlcu.* | Riconoscere a un autore la paternità di un'opera: *a. un quadro al Mantegna.*

attributivo [1582] **agg.** *1* Che ha funzione di attributo. *2* (*dir.*) ***Negozio giuridico a.***, quello che ha l'effetto di determinare uno spostamento di diritti patrimoniali da un soggetto a un altro. || **attributivamente**, **avv.**

attribùto [vc. dotta, lat. *attribūtu(m)*, part. pass. di *attribŭere* 'attribuire'; av. 1294] **s. m.** *1* (*filos.*) Qualità fondamentale di un ente: *gli attributi di Dio* | (*est.*) Caratteristica peculiare di una persona o di una cosa: *gli attributi muliebri* | (*eufem., al pl.*) Gli organi sessuali maschili, spec. intesi come simbolo di grinta, di decisione. *2* (*est.*) Elemento distintivo avente carattere simbolico usato nella rappresentazione di divinità pagane, personaggi mitologici, personificazioni e sim.: *le bilance sono l'a. della giustizia.* *3* (*arald.*) Aggettivo o participio che serve a indicare la posizione e le particolarità delle pezze e delle figure. *4* (*ling.*) Aggettivo che attribuisce una qualità o una circostanza al sostantivo cui si riferisce.

attribuzióne [vc. dotta, lat. *attributiōne(m)*, da *attribūtus* 'attribuito'; av. 1498] **s. f.** *1* L'attribuire: *l'a. di questo quadro è incerta* | Assegnazione: *l'a. di un premio.* *2* (*al pl.*) Facoltà e poteri spettanti a chi svolge una determinata attività: *tutto questo non entra nelle sue attribuzioni.*

attribuzionìsmo [da *attribuzione*; 1950] **s. m.** ● Tendenza ad attribuire un'opera artistica a un autore semplicemente sulla base di affinità stilistiche, talora anche molto lievi.

†**attristaménto** [sec. XIV] **s. m.** ● Afflizione.

attristàre [comp. di *a-* (*2*) e *triste*; sec. XIII] **A v. tr.** *1* (*lett.*) Rendere triste, rattristare: *troppo e poco saper la vita attrista* (L. DE' MEDICI) | Affliggere | Tormentare. *2* †Rendere tristo, malvagio. **B v. intr. pron.** ● (*lett.*) Divenire malinconico, triste: *tu non mi fai altro che chiamare e della mia lunga dimora t'attristi* (BOCCACCIO).

attristire [sec. XIII] **A v. tr.** (*io attristìsco, tu attristìsci*) *1* (*lett.*) Rattristare. *2* (*raro, lett.*) Rendere sterile, improduttivo. **B v. intr.** (aus. *essere*) *1* (*raro*) Perdere vigore, isterilire. *2* (*raro*) Perdere vigore e freschezza, spec. riferito a piante: *i fiori attristivano per la siccità.* **C v. intr. pron.** ● (*raro, lett.*) Divenire triste.

attrito (**1**) [vc. dotta, lat. *attrītu(m)* 'sfregamento', da *attĕrere* 'sfregare' comp. di *ăd* e *tĕrere* 'sfregare'; 1785] **s. m.** *1* Resistenza che incontra un corpo nel suo moto relativo a un altro corpo: *a. radente, volvente, misto.* *2* (*est.*) Logorio, strofinio: *si è assottigliato per l'a.* *3* (*fig.*) Contrasto, dissidio: *le inevitabili gelosie e gli attriti che nascono tra suocere* (PIRANDELLO).

attrito (**2**) [lat. *attrītu(m)*, part. pass. di *attĕrere*. V. precedente; 1340] **agg.** *1* (*lett.*) Logoro, consunto (*anche fig.*) *2* In teologia, che prova attrizione.

attrizióne [vc. dotta, lat. tardo *attritiōne(m)*, da *attrītus* 'attrito (2)'; 1354] **s. f.** *1* Nella teologia cattolica, il dolore e la detestazione dei peccati, ispirati da motivi imperfetti, quali il timore dei castighi e la bruttezza del peccato, e non dal puro amore verso Dio. *2* †Attrito, logoramento: *volendo mostrare come i corpi durissimi per l'a. d'altri più molli possano consumarsi* (GALILEI).

attruppaménto [fr. *attroupement*; 1823] **s. m.** ● L'attrupparsi | (*est.*) Assembramento.

attruppàre [fr. *attrouper*. V. *truppa*; 1669] **A v. tr.** ● (*lett.*) Radunare confusamente, spec. animali. **B v. intr. pron.** ● Riunirsi in modo confuso.

attuàbile [1863] **agg.** ● Che si può attuare.

attuabilità [1865] **s. f.** ● Caratteristica di ciò che è attuabile: *l'a. di un progetto.*

♦**attuàle** [vc. dotta, lat. tardo *actuāle(m)*, da *ăctus*, da *ăgere* 'agire'; 1308] **agg.** *1* Che avviene nel momento presente: *esistenza a.* | Che appartiene o si riferisce al presente: *le attuali circostanze; l'a. stato delle cose* | (*geol.*) ***Era a.***, era quaternaria | Che è applicabile nel presente: *l'a. legislazione del lavoro* | Che rimane valido nel presente sebbene appartenga al passato: *il pensiero di Pascal è ancora a.* *2* (*filos.*) Che è in atto, che è passato dalla potenzialità alla realtà effettiva | (*relig.*) ***Peccato a.***, nella teologia cattolica, quello commesso dalla persona, imputabile alla sua volontà | (*relig.*) ***Grazia a.***, nella teologia cattolica, quella concessa da Dio all'uomo come aiuto transitorio, per illuminarlo nell'intelletto e spingerlo a compiere il bene; **CFR.** Abituale. || **attualménte**, **avv.** Nel presente, oggi.

attualìsmo [av. 1926] **s. m.** *1* (*filos.*) Dottrina filosofica elaborata da G. Gentile (1875-1944), riconducibile all'idealismo, che individua il principio o la sostanza dell'essere in un atto o in un'attività. **SIN.** Autoctisi. *2* (*geol.*) Teoria secondo la quale gli avvenimenti geologici del passato furono causati dagli stessi fenomeni e processi che agiscono nell'era presente.

attualista [1961] **A s. m. e f.** (**pl. m.** *-i*) ● (*filos.*) Chi segue o si ispira all'attualismo. **B agg.** ● Attualistico.

attualìstico [1941] **agg.** (**pl. m.** *-ci*) ● (*filos.*) Che concerne l'attualismo.

attualità [vc. dotta, lat. mediev. *actualitāte(m)*, da *actuālis* 'attuale'; 1308] **s. f.** *1* Caratteristica di ciò che è attuale: *l'a. di una teoria, di un problema, di un'opera* | ***Essere d'a.***, suscitare interesse nel momento presente | ***Tornare d'a.***, di idea, movimento, o sim. che, sorto nel passato, riacquista significato nel presente. *2* Avvenimento, fatto, del presente o del recentissimo passato: *pagine di a.; settimanale d'a.*

attualizzàre [1965] **A v. tr.** *1* Rendere attuale un problema, una questione. *2* (*econ.*) Procedere all'attualizzazione di un'attività futura. **B v. intr. pron.** ● Diventare attuale, acquistare attualità.

attualizzazióne [1898] **s. f.** *1* Realizzazione: *a. di un progetto* | (*raro*) Aggiornamento: *a. di un'enciclopedia.* *2* (*econ.*) Calcolo matematico del valore attuale, a un tasso stabilito, di attività

finanziarie disponibili in futuro a scadenze note: *a. di una rendita.*

attuàre [lat. mediev. *actuāre*, dal lat. *āctus* 'atto'; av. 1420] **A** v. tr. (*io àttuo*) ● Mettere in atto, realizzare: *a. una riforma.* **B** v. intr. pron. ● Tradursi in atto, realizzarsi: *i tuoi progetti si attueranno.*

attuariàle [ingl. *actuarial*, da *actuary*, di orig. lat. (*actuārius* 'attuario (2)'); 1912] agg. ● Detto del ramo della matematica finanziaria che si occupa del calcolo, sulla base di dati statistici, di interessi composti, rendita, montante e delle altre variabili contabili di un'assicurazione.

attuàrio (1) [vc. dotta, lat. *actuāriu(m)*, aggettivo da *āctus* 'atto', da *ăgere* 'fare'; 1614] agg. ● *Navi attuarie,* navi da guerra romane da trasporto, leggere e agili.

attuàrio (2) [vc. dotta, lat. *actuāriu(m)*, dal sign. metonimico di *āctus* 'documento scritto (in un atto compiuto)'; av. 1580] **s. m. 1** Ufficiale romano addetto ai magazzini dell'esercito. **2** Nel diritto intermedio, ufficiale incaricato di trascrivere gli atti giudiziari. **3** (f. -*a*) Chi si occupa di matematica attuariale.

attuativo [da *attuare*; 1983] agg. ● Che permette di realizzare, di mettere in atto qlco.

attuatóre [1961] agg.; anche s. m. **1** (f. -*trice*) (*raro*) Che (o Chi) attua. **2** (*ing.*) Dispositivo che, in un sistema di controllo, effettua meccanicamente, elettricamente o in altro modo l'azione di regolazione.

attuazióne [av. 1673] s. f. ● Realizzazione.

attuffàre [comp. di *a-* (2) e *tuffare*; av. 1292] **A** v. tr. ● (*raro, lett.*) Immergere, tuffare: *lo fa lavar Astolfo sette volte* / *e sette volte sotto acqua l'attuffa* (ARIOSTO) | (*fig.*) Sommergere. **B** v. rifl. ● (*lett.*) Immergersi (*anche fig.*) **C** v. intr. pron. ● (*raro, lett.*) Sprofondarsi.

attuóso [vc. dotta, lat. *actuōsu(m)*, da *āctus* 'azione', da *ăgere* 'fare'; 1544] agg. ● (*lett.*) Attivo, operoso.

†**attutàre** [comp. di *a-* (2) e del lat. *tutāri* 'proteggere, difendere'; av. 1294] **A** v. tr. ● (*lett.*) Smorzare, calmare, mitigare. **B** v. intr. pron. ● (*lett.*) Calmarsi, acquetarsi: *qui pon fine alle morti e in lui quel caldo* / *il disdegno marzial par che s'attuti* (TASSO).

attutimento [av. 1901] s. m. ● (*raro*) L'attutire | Attenuazione.

attutire [metaplasmo di *attutare*; av. 1555] **A** v. tr. (*io attutìsco, tu attutìsci*) ● Rendere meno violento, meno intenso: *a. l'urto, il dolore* | **A.** *un suono*, v. intr. pron. ● Diminuire nell'intensità (*anche fig.*): *il dolore s'attutisce per l'effetto dei sedativi.*

aùcuba [dal giapp. *aoki*; 1829] s. f. ● Arbusto ornamentale sempreverde delle Cornacee con foglie lanceolate coriacee e lucenti, punteggiate di bianco e di giallo (*Aucuba japonica*).

aucùpio [vc. dotta, lat. *aucŭpium*, comp. di *ăvis* 'uccello' e *căpere* 'prendere'; sec. XVIII] s. m. ● (*raro, lett.*) Caccia agli uccelli, spec. con le reti.

◆**audàce** o †**aldàce** [vc. dotta, lat. *audāce(m)*, da *audēre* 'osare'; 1282] **A** agg. **1** Che non teme il pericolo e affronta ogni difficoltà sfidando il rischio che ne deriva: *Cristoforo Colombo fu un navigatore a.* **2** Che è detto o fatto in modo arrischiato: *a. consiglio; impresa, rapina a.* | (*est.*) Provocante: *sguardi, parole, proposte audaci*; *indossare abiti audaci* | (*raro, lett.*) Insolente: *ri-*

sposta, gesto a. **3** Che è molto originale, che innova rispetto alla tradizione, alle norme vigenti e sim.: *stile, moda a.*; *idee, teorie, opinioni audaci*; *un pittore dalla tecnica a.* || **audaceménte**, avv. **B** s. m. e f. ● Persona audace: *la fortuna aiuta gli audaci.* || **audacètto**, dim.

◆**audàcia** o †**aldàcia** [vc. dotta, lat. *audācia(m)*, da *audax*, genit. *audācis* 'audace'; av. 1306] **s. f.** (pl. -*cie*) **1** Caratteristica di chi (o di ciò che) è audace: *l'a. di un esploratore, di una concezione* | Azione audace: *quel viaggio è stato una vera a.* **2** Temerarietà, sfacciataggine, insolenza: *ha avuto l'a. di metterci alla porta.*

au-dessus de la mêlée /fr. ot,sydlamε'le/ [loc. fr., propr. 'al di sopra della mischia', dal titolo di un libro di R. Rolland (1915)] loc. avv. ● Al di fuori della lotta e delle competizioni, in una posizione di assoluta imparzialità e serenità di giudizio: *essere, trovarsi, restare au-dessus de la mêlée.*

audience /'ɔdjəns, ingl. 'ɔːdiəns/ [vc. ingl. dal lat. *audiĕntia*. V. *udienza*; 1971] s. f. inv. ● Quantità di persone che si calcola siano raggiunte da un messaggio diffuso da mezzi di comunicazione di massa. SIN. Udienza nel sign. 5.

†**audiènza** ● V. *udienza*.

àudio [sostantivazione del prefissoide ingl. *audio-*; 1953] **A** s. m. inv. ● (*tv*) Tutto ciò che riguarda la trasmissione e la ricezione del suono | Il suono stesso, il volume, spec. di un apparecchio televisivo: *abbassa l'a.!* **B** anche agg.: *segnale a.*

àudio- [dal tema *audi-* deriv. dal v. lat. *audīre* 'udire' con la vocale di congiunzione *o*, ci è giunto prob. dall'ingl.] primo elemento ● In parole composte indica relazione con l'udito o fa riferimento alla percezione acustica: *audiogramma, audiovisivo.*

audiocassètta [comp. di *audio-* e *cassetta*; 1979] s. f. ● Nastro magnetico contenuto in un caricatore, usato per la registrazione e la riproduzione di suoni.

audiofrequènza [comp. di *audio-* e *frequenza*; 1961] s. f. ● In radiofonia e telefonia, frequenza elettrica compresa nella gamma delle frequenze udibili.

audiogràmma [comp. di *audio-* e *-gramma*; 1955] s. m. (pl. -*i*) ● Fascio di curve che forniscono, in funzione della frequenza, i valori dell'intensità dell'onda sonora per ogni valore del livello di sensazione sonora.

audiolèso (o -*è-*) [comp. di *audio-* e *leso*; 1983] agg.; anche **s. m.** (f. -*a*) ● Che (o Chi) è menomato nell'orecchio, nell'udito.

audiolibro [comp. di *audio*(*cassetta*) e *libro*; 1979] **s. m.** ● Libro il cui testo è inciso su audiocassetta.

audiologìa [comp. di *audio-* e *-logia*; 1955] s. f. ● Branca della medicina che studia l'orecchio e la funzione uditiva.

audiològico [1983] agg. (pl. m. -*ci*) ● Relativo all'audiologia.

audiòlogo [1983] s. m. (f. -*a*; pl. m. -*gi*) ● Studioso, specialista di audiologia.

audiometrìa [comp. di *audio-* e *-metria*; 1969] s. f. ● (*med.*) Insieme delle misurazioni effettuate per determinare la sensibilità degli organi dell'udito.

audiomètrico [1986] agg. (pl. m. -*ci*) ● Di audiometria, relativo ad audiometria: *esame a.*

audiometrìsta [da *audiometria*, calco sull'ingl. *audiometrist*; 1969] s. m. e f. (pl. m. -*i*) ● Tecnico esperto in esami audiometrici.

audiòmetro [comp. di *audio-* e *-metro*; 1892] s. m. ● Strumento per la determinazione della sensibilità degli organi dell'udito.

audioprotèsi [comp. di *audio-* e *protesi*; 1984] s. f. inv. ● (*med.*) Protesi acustica.

audioprotesìsta [comp. di *audio-* e *protesista*; 1980] s. m. e f. (pl. m. -*i*) ● Chi costruisce o applica protesi per l'udito.

Audiotèl® [comp. di *audio-* e *tel*(*efono*); 1993] **A** s. m. inv. ● Servizio privato che fornisce a pagamento agli abbonati telefonici informazioni di vario genere, attraverso una rete gestita da Telecom Italia, che trattiene per sé una percentuale della tariffa. **B** anche agg. inv.: *servizio A.*

audiovisióne [comp. di *audio-* e *visione*; 1983] s. f. ● (*gener.*) L'insieme dei sistemi audiovisivi.

audiovisivo [comp. di *audio-* e *visivo*; 1955] **A** agg. ● Che consente di ascoltare dei suoni e contemporaneamente di vedere delle immagini: *mezzi, sussidi audiovisivi.* || **audiovisivaménte**, avv. **B** s. m. ● (*spec. al pl.*) L'insieme delle attrezzature, come videocassette, diapositive, film, usate come sussidi didattici. ➡ ILL. **audiovisivi**.

†**audìre** ● V. *udire*.

audit /'audit, ingl. 'ɔːdɪt/ [vc. ingl., propr. 'verifica, revisione', dal lat. *audītu(m)* 'sentito, ascoltato'; 1986] **s. m.** ● (*econ.*) Verifica di dati e procedure in un'azienda, finalizzata all'accertamento della loro correttezza.

Àuditel [comp. dell'ingl. *audi*(*ence*) (V.) e *tel*(*evision*) 'televisione'; 1985] **s. m. inv.** ● Sistema di rilevamento degli indici di ascolto radiotelevisivi.

auditing /ingl. 'ɔːdɪtɪŋ/ [vc. ingl., da *to audit* 'rivedere, verificare i conti', dal lat. *audītu(m)*, part. pass. di *audīre* 'ascoltare'; 1979] **s. m. inv.** ● (*org. az.*) Verifica della contabilità di un'azienda, per appurare se i valori del bilancio corrispondono o meno alle scritture contabili.

auditivo ● V. *uditivo*.

auditor /ingl. 'ɔːdɪtə/ [vc. ingl., dal lat. *audītor* nom., 'uditore'. V. *auditing*; 1979] **s. m.** e **f. inv.** ● (*org. az.*) Funzionario addetto alle operazioni di auditing.

auditóre [av. 1292] **s. m.** (f. -*trice*) **1** V. *uditore.* **2** Adattamento di *auditor* (V.).

†**auditòrio** (1) ● V. *uditorio* (1).

auditòrio (2) [vc. dotta, lat. *auditōriu(m)*, da *audīre* 'udire'; 1938] **s. m.** **1** Edificio con una o più sale per l'audizione di musica, conferenze, prosa e sim. **2** V. *uditorio* (2).

auditòrium [vc. lat., 'sala per ascoltare (*audīre*) conferenze'; 1935] **s. m. inv.** ● Auditorio (2) nel sign. 1.

audizióne [vc. dotta, lat. *auditiōne(m)*, da *audīre* 'udire'; sec. XIV] **s. f.** **1** Ascolto: *a. di testimoni*; *a. musicale.* **2** Prova preliminare di ascolto di un programma, spec. radiofonico, prima della sua trasmissione.

aùf ● V. *uff.*

aùff /'a'uf/ ● V. *uff.*

aùffa ● V. *uff.*

aùffete ● V. *uff.*

àuge [ar. *awǧ* 'culmine'; av. 1311] **s. f.** solo sing. **1** Nell'astronomia tolemaica, il punto più elevato dell'epicicloide, corrispondente alla massima di-

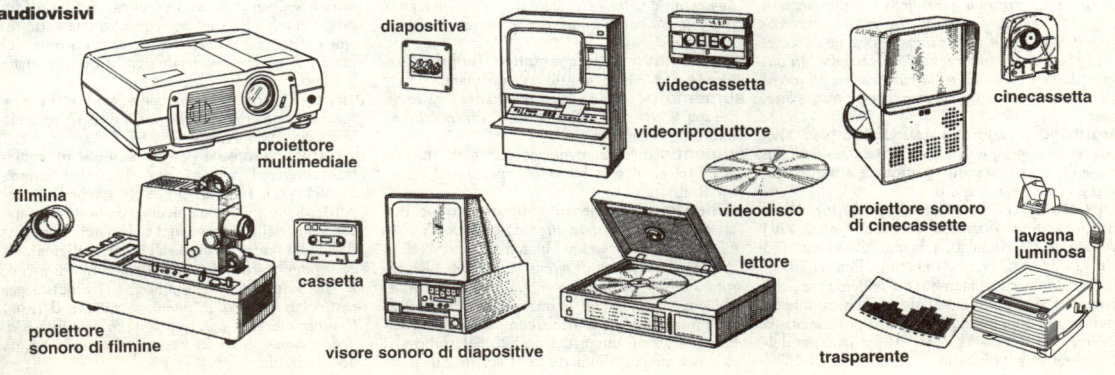

audiovisivi: filmina, proiettore sonoro di filmine, cassetta, proiettore multimediale, diapositiva, visore sonoro di diapositive, videoriproduttore, videocassetta, videodisco, lettore, trasparente, cinecassetta, proiettore sonoro di cinecassette, lavagna luminosa

stanza di un pianeta dalla Terra | †Apogeo. *2* (*fig.*) Apice, culmine, massimo grado e sim. | ***Essere in a.***, trovarsi al vertice della notorietà, del successo, aver raggiunto il punto più alto della fama, della gloria e sim. | ***Venire in a.***, acquistare credito, fama, gloria.

augèllo [lat. tardo *aucĕllu(m)*, dim. di *ăvis* 'uccello'; av. 1257] **s. m.** (**f.** *-a*) ● (*poet.*) Uccello: *in su' rami fra novelle fronde / cantano i loro amor soavi augelli* (POLIZIANO). || **augellétto**, **dim.** | **augellino**, **dim.**

†**auggiàre** ● V. *aduggiare.*

augite [dal gr. *augḗ* 'splendore, luce'; 1817] **s. f.** ● (*miner.*) Pirosseno di colore verde scuro, diffuso in molte rocce eruttive.

†**augnàre** o †**adugnàre** nel sign. A1 [da *ugnare*; av. 1533] **v. tr.** *1* Adunghiare. *2* Tagliare obliquamente.

augnatùra [1550] **s. f.** ● In varie tecnologie, taglio obliquo con cui i diversi componenti di una struttura vengono uniti fa loro per agevolarne il collegamento | ***Cassetta per augnature***, quella per tagliare ad angolo le aste di legno per formare le cornici.

†**augumentàre** e *deriv.* ● V. *aumentare* e *deriv.*

auguràbile [1949] **agg.** ● Che è da augurarsi. **SIN.** Sperabile.

auguràle o †**aguriàle** [vc. dotta, lat. *augurāle(m)*, da *augur*, genit. *auguris* 'augure'; av. 1566] **agg.** *1* Che esprime augurio: *discorso a.* *2* Degli àuguri: *pratiche augurali.* || **auguralménte**, **avv.**

♦**auguràre** o †**aguràre** [vc. dotta, lat. *augurāre* 'esercitare l'ufficio di augure', da *augur*, genit. *auguris* 'augure'; av. 1292] **A** **v. tr.** (*io àuguro*) *1* Esprimere un augurio per sé o per altri (*anche iron.*): *a. buon viaggio*; *a. la buona notte*; *a. la buona riuscita di un affare*; *a. la morte, un malanno e sim.*; *a. il buon anno, il buon compleanno* | (con la particella pron.) ***Augurarsi qlco.***, sperare qlco. per sé o per altri: *mi auguro di rivederti presto*; *ci auguriamo che tutto vada per il meglio*; *ti auguro di arrivare in tempo.* *2* †Predire, presagire. **B** **v. intr.** (aus. *avere*) *1* (*st.*) Pronosticare secondo la tecnica divinatoria degli àuguri | Adempiere alle funzioni di augure. *2* (*est.*, *lett.*) Trarre auspici.

auguràto [av. 1764] **A** **part. pass.** di *augurare*; anche **agg.** ● Nei sign. del v. **B** **s. m.** ● (*st.*) Nell'antica Roma, dignità e funzione di augure. || **augurataménte**, **avv.**

auguratóre o †**aguratóre** [av. 1406] **agg.**; anche **s. m.** (**f.** *-trice*) ● (*raro*, *lett.*) Che (o Chi) augura.

àugure [vc. dotta, lat. *āugure(m)*, da *augēre* 'aumentare'; il sign. originale era 'accrescimento accordato dagli dei a un'impresa' o 'colui che dà l'accrescimento, colui che dà i presagi favorevoli'; 1313] **s. m.** ● Sacerdote divinatore che, presso i Romani e gli Etruschi, prediceva il futuro e accertava la volontà degli dei attraverso l'osservazione del volo e del movimento degli uccelli e l'interpretazione dei sogni e dei fenomeni naturali.

♦**augùrio** o †**agùrio**, †**augùro**, †**aùrio** [vc. dotta, lat. *augŭriu(m)*, da *augur*, genit. *auguris* 'augure'; av. 1306] **s. m.** *1* (*st.*) Responso divinatorio reso dagli àuguri | Rito con il quale si ricavava tale responso. *2* Segno, presagio, di cosa futura: *essere di buono, di cattivo a.* | (*lett.*) Presentimento: *tristi auguri, e sogni, e penser negri, / mi danno assalto* (PETRARCA). *3* Speranza, voto di felicità, salute, benessere e sim.: *un a. di buona fortuna, di prosperità, di pronta guarigione* | Espressione di augurio: *formulare, porgere, presentare, un sincero, affettuoso a.* *4* (*spec. al pl.*) Formula di cortesia in particolari ricorrenze: *fare, porgere, gli auguri*; *biglietto di auguri*; *vi manderemo gli auguri per Pasqua.* || **auguriàccio**, **pegg.** | **auguróne**, **accr.**

auguróso o †**aguróso**, †**augurióso** [sec. XIV] **agg.** ● (*lett.*) Che è di augurio | ***Bene, male a.***, di buono o cattivo augurio. || **augurosaménte**, **avv.** (*raro*) Con buon augurio.

augustàle [vc. dotta, lat. *augustāle(m)*, dal n. dell'imperatore *Augŭstus* 'Augusto'; sec. XIV] **A** **agg.** *1* Di Augusto, imperatore romano (63 a.C.-14 d.C.). *2* (*est.*) †Imperiale. **B** **s. m.** *1* Nella Roma imperiale, membro del collegio sacerdotale addetto al culto di Augusto e di altri imperatori morti e divinizzati. *2* Moneta d'oro coniata da Federico II di Svevia con l'effigie laureata dell'imperatore sul rovescio.

augustèo [vc. dotta, lat. *augustēu(m)*, dal n. dell'imperatore *Augŭstus* 'Augusto'; 1499] **agg.** ● Dell'imperatore Augusto o della sua età: *legge augustea.*

augùsto (**1**) [vc. dotta, lat. *augŭstu(m)*, da *augur*, nel senso di 'consacrato dagli àuguri'; av. 1292] **A** **agg.** ● Sacro, maestoso, venerabile: *l'augusta persona del monarca, del pontefice*; *ci onorò con la sua augusta presenza.* **B** **s. m.** ● (*lett.*) Imperatore.

augùsto (**2**) [fr. *Auguste*, n. proprio di un tipo di clown creato nel sec. XIX; 1954] **s. m.** ● Pagliaccio del circo equestre, che indossa un abito da sera esageratamente largo e lungo, con lungo gilet bianco e corti pantaloni neri.

♦**àula** [vc. dotta, lat. *āula(m)*, nom. *aula*, dal gr. *aulḗ* 'cortile, dimora', di etim. incerta; 1321] **s. f.** *1* Locale adibito a lezioni scolastiche: *le alunne sono entrate in a.*; *l'a. di fisica, di disegno* | ***A. magna***, nelle università, nelle scuole e in altri edifici pubblici, l'aula riservata alle occasioni solenni. *2* In vari edifici pubblici, vasto locale destinato a riunioni, assemblee e sim.: *l'a. di Montecitorio, di Palazzo Madama*; *le aule del Tribunale*; *a. bunker.* *3* (*lett.*) Sala di una reggia, di un palazzo e sim. | ***A. regia***, reggia. || **aulétta**, **dim.**

aulènte [av. 1237] **part. pres.** di *aulire*; anche **agg.** ● (*poet.*) Fragrante, odoroso, profumato: *i ginepri folti di coccole aulenti* (D'ANNUNZIO).

aulète o **aulèta** [vc. dotta, gr. *aulētḗs*, da *aulós* 'flauto'; av. 1912] **s. m.** (**f.** *aulètride*, V.) ● (*lett.*) Suonatore di flauto: *dell'a. querulo, che piange* (PASCOLI).

aulètica [vc. dotta, gr. *aulētikḗ*, da *aulós* 'flauto'; 1829] **s. f.** ● Nella Grecia antica, l'arte di suonare l'aulos.

aulètico [1887] **agg.** (**pl. m.** *-ci*) ● Che si riferisce all'auletica.

aulètride [vc. dotta, gr. *aulētrís*, genit. *aulētrídos*, da *aulós* 'flauto'. V. *aulos*; av. 1912] **s. f.** ● (*lett.*) Suonatrice di flauto: *voci / alte destò l'a. col flauto* (PASCOLI).

àulico [vc. dotta, lat. *aulicu(m)*, nom. *aulicus*, dal gr. *aulikós*, da *aulḗ* 'aula'; av. 1550] **agg.** (**pl. m.** *-ci*) *1* (*lett.*) Di corte: *consiglio, consigliere a.* *2* Nobile, colto, raffinato, detto di lingua, stile e sim.: *linguaggio a.*; *scrittore, poeta a.* || **aulicaménte**, **avv.**

†**auliménto** o †**uliménto** [sec. XII] **s. m.** ● Fragranza.

aulire o †**ulire** [dal lat. classico *olēre* 'avere odore', attraverso una forma volg. *aulēre*; av. 1288] **v. intr.** (*io aulìsco, tu aulìsci*; difett. usato solo nelle forme del **pres.** e **imperf. indic.** e del **part. pres.**) ● (*lett.*) Olezzare, odorare: *lo suol che d'ogne parte auliva* (DANTE *Purg.* XXVIII, 6).

aulòs [vc. dotta, gr. *aulós* 'flauto', di orig. indeur.; 1829] **s. m.** ● Antico strumento musicale greco a fiato, a due canne. ➡ **ILL. musica.**

aumentàbile o †**agumentàbile**, †**augumentàbile** [1632] **agg.** ● Che si può aumentare.

♦**aumentàre** o †**agumentàre**, †**augumentàre** [vc. dotta, lat. tardo *augmentāre*, da *augmĕntum* 'aumento'; 1336 ca.] **A** **v. tr.** (*io auménto*) *1* Incrementare, accrescere: *a. lo stipendio, le spese.* *2* Nei lavori a maglia, aggiungere punti (*anche assol.*): *a. i punti, le maglie*; *dopo dieci centimetri si deve a.* **B** **v. intr.** (aus. *essere*) *1* Crescere in quantità, estensione, potenza, peso e sim.: *la folla è aumentata*; *è aumentato di tre chili*; *il rumore aumenta.* *2* (*fam.*) Crescere di prezzo, diventare più caro: *la carne aumenta*; *da domani aumenta la benzina.*

†**aumentativo** o †**agumentativo**, †**augumentativo** [av. 1375] **agg.** ● Atto ad aumentare.

aumentàto [1336 ca.] **part. pass.** di *aumentare*; anche **agg.** *1* Nei sign. del v. *2* (*mus.*) ***Intervallo a.***, intervallo eccedente.

aumentista [da *aumento*, col suff. *-ista*; 1881] **s. m. e f.** (**pl. m.** *-i*) ● In borsa, chi specula sul rialzo. **SIN.** Rialzista.

♦**auménto** o †**aguménto**, †**auguménto** [vc. dotta, lat. *augmĕntu(m)* da *augēre* 'accrescere'; 1336 ca.] **s. m.** *1* L'aumentare | Incremento, crescita: *a. di spese, di entrate, di intensità.* *2* (*fam.*) Rincaro: *è stato preannunciato un ulteriore a. del pane.* *3* (*ling.*) Prefisso che, in lingue indoeuropee quali il greco, l'ario e l'armeno, compare nella formazione di alcuni tempi del passato del verbo (ad es., nel greco, l'imperfetto, l'aoristo, il piuccheperfetto).

aumônière /fr. omo'njɛːʀ/ [fr., da *aumône* 'elemosina', perché era la borsa in cui si teneva il denaro per le elemosine; 1965] **A** **s. f. inv.** ● Antica borsa a forma di sacchetto, per tenervi denaro, che si portava agganciata alla cintura. **B** in funzione di **agg.** ● (posposto al s.) Nella loc. ***Scollatura a.***, a drappeggio.

àuna [fr. *aune*, dal francone *alina*, propr. 'avambraccio'; 1819] **s. f.** ● Antica misura di lunghezza usata in Francia e in Belgio prima dell'adozione del sistema metrico decimale.

†**aunàre** e *deriv.* ● V. *adunare* e *deriv.*

†**aunghiàre** ● V. *adunghiare.*

au pair /fr. o'pɛːʀ/ [fr., propr. 'alla pari'; 1950] **loc. agg.** e **avv.** ● Detto di persona che svolge un lavoro spec. di istitutrice, governante e sim., presso una famiglia, senza ricevere da questa una retribuzione, ma soltanto il vitto e l'alloggio: *ragazza, studentessa au pair*; *lavorare au pair*; *stare au pair presso una famiglia.*

àura o †**òra** (**3**) [lat. *aura(m)*, nom. *aura*, dal gr. *áura* 'soffio', di etim. incerta; 1313] **s. f.** *1* (*raro*, *lett.*) Venticello leggero e piacevole: *trovossi al fiume in un boschetto adorno / che lievemente la fresca a. muove* (ARIOSTO) | †Vento. *2* (*raro*, *lett.*) L'aria che si respira | (*est.*) Alito, respiro. *3* (*fig.*, *lett.*) Atmosfera: *un'a. di sventura, di pace*; *un'a. di morte si stendeva sulla città.* *4* (*fig.*) Credito, favore: *a. popolare.* *5* (*med.*) Sensazione soggettiva o fenomeno motorio che precede crisi spec. epilettiche caratterizzate da parossismi ricorrenti. *6* (*raro*, *lett.*) Effluvio, emanazione | Nell'occultismo, supposta emanazione del corpo umano percepibile dai chiaroveggenti. || **aurétta**, **dim.**

auràle [vc. dotta; comp. del lat. *āure(m)* 'orecchia' col suff. *-ale*; 1991] **agg.** *1* Relativo all'orecchio o percepito dall'orecchio. *2* (*letter.*) ***Trasmissione a.***, comunicazione di un testo per via orale | ***Cultura a.***, quella che designa la civiltà greca fino al IV sec. a.C. caratterizzata dalla comunicazione orale di testi.

auràto o †**oràto** [vc. dotta, lat. *aurātu(m)*, da *āurum* 'oro'; av. 1374] **A** **agg.** ● (*lett.*) Che ha il colore dell'oro: *tra nuvolette aurate / vedeasi Amor con l'arco* (TASSO). **B** **s. m.** ● (*chim.*) Sale dell'acido aurico.

àurea mediòcritas [lat., propr. 'aurea mediocrità'] **loc. sost. f. inv.** (**pl.** lat. *aureae mediocritates*) *1* Atteggiamento di misura e di moderazione, lontano da ogni eccesso. *2* (*iron.*) Condizione di chi non si distingue per particolari doti o è contento della propria mediocrità.

àureo (**1**) [vc. dotta, lat. *āureu(m)*, agg. di *āurum* 'oro'; 1336 ca.] **agg.** *1* D'oro: *anello a.*; *corona aurea* | ***Riserva aurea***, l'oro detenuto dagli istituti di emissione di uno Stato a garanzia della circolazione cartacea | ***Sistema a.***, sistema monetario fondato sull'oro | ***Valuta aurea***, moneta d'oro o convertibile in oro. *2* (*lett.*) Che ha il colore, lo splendore dell'oro: *e molti d'auree ginestre si paravano i colli* (CARDUCCI) | (*est.*) Luminoso, splendente: *ed a. il giorno, e limpido il notturno aere stellato* (FOSCOLO). *3* (*lett.*, *fig.*) Nobile, pregevole, prezioso: *a. libretto* | ***Scrittore a.***, finissimo | ***Periodo, secolo a.***, epoca di massimo splendore | ***Età aurea***, l'età dell'oro, in cui l'uomo conobbe una completa e leggendaria felicità | ***Aurea mediocrità***, V. *aurea mediocritas* *4* (*mat.*) ***Sezione aurea***, segmento parte d'un altro, che sia medio proporzionale fra l'intero segmento e la parte residua | (*astron.*) ***Numero a.***, serve per trovare l'epatta e si ottiene dividendo per 19 l'era cristiana più uno.

àureo (**2**) [sost. del precedente; av. 1580] **s. m.** ● Moneta d'oro romana che variò di peso secondo le epoche.

aurèola o †**laurèola** (**2**) [lat. *aurĕola(m)* (sottinteso *corōnam*) 'corona d'oro', da *aureus* 'aureo'; av. 1342] **s. f.** *1* (*relig.*) Luce che circonda il corpo dei Santi | Corona splendente attorno al capo dei Santi, della Vergine, del Cristo nell'iconografia e nella statuaria cattolica | In altre religioni, luce soprannaturale che emana dal corpo di asceti. *2* (*fig.*) Splendore di gloria che si acquista per particolari virtù: *a. di bontà, di santità.* *3* (*est.*) Contorno di luce, colore o sim., di un corpo: *l'a. della fiamma*; *un'a. di riccioli.* *4* (*anat.*) Areola del capezzolo.

aureolàre (1) [1912] v. tr. (*io aurèolo*) ● (*raro, lett.*) Cingere con un'aureola (*anche fig.*).

aureolàre (2) [da *aureola* nel sign. 4; 1915] agg. ● (*anat.*) Relativo all'aureola del capezzolo: *ghiandole aureolari*.

aureolàto [1919] part. pass. di *aureolare* (1); anche agg. ● (*lett.*) Nei sign. del v.: *Qual sei mi piaci, aureolata testina* (SABA).

aureomicìna [dallo (*Strepto*)- *myces aureo* (*faciens*) da cui fu isolata; 1950] s. f. ● Antibiotico appartenente al gruppo delle tetracicline, usato nella terapia di numerose malattie infettive.

àuri- o **àuro-** [dal lat. *āurum* 'oro', di orig. indeur.] primo elemento ● In parole composte dotte o scientifiche significa 'oro', o fa riferimento al colore dell'oro: *aurifero*.

àurica [fr. *aurique*, dall'ol. *oorig*; 1813] **A** agg. solo f. ● (*mar.*) Detto di vela trapezoidale inferita sul picco, sull'albero e sul boma: *vela a.*; *randa a.* | ***Attrezzatura a.***, quella che fa uso di vele auriche. **B** s. f. ● (*mar.*) Vela aurica.

†**auricàlco** [V. *oricalco*; sec. XIV] s. m. ● (*raro*) Oricalco.

àurico [dal lat. *āurum* 'oro'; 1865] agg. (pl. m. *-ci*) ● (*chim.*) Detto di composto dell'oro trivalente: *cloruro a.* | ***Idrato a.***, composto ossigenato dell'oro con proprietà acide.

aurìcola [vc. dotta, lat. *aurīcula(m)*, dim. di *auris* 'orecchia'; av. 1698] s. f. **1** (*anat.*) Orecchietta del cuore. **2** Pianta erbacea rizomatosa delle Primulacee con foglie carnose e fiori gialli a ombrella, che cresce sulle rupi calcaree e viene anche coltivata come pianta ornamentale (*Primula auricola*).

auricolàre [vc. dotta, lat. tardo *auriculāre(m)*, da *aurīcula*. V. *auricola*; sec. XIV] **A** agg. ● Dell'orecchio, relativo all'orecchio: *padiglione a.* | (*dir.*) ***Testimone a.***, che riferisce ciò che ha udito direttamente | ***Confessione a.***, fatta all'orecchio del confessore | †***Dito a.***, il mignolo (per l'abitudine di introdurlo nell'orecchio). **B** s. m. ● Accessorio degli apparecchi radioriceventi e gener. di riproduzione del suono che, applicato all'orecchio, ne consente l'ascolto individuale.

aurìfero [vc. dotta, lat. *aurĭferu(m)*, comp. di *āurum* 'oro' e *fĕrre* 'portare'; 1499] agg. ● Che contiene oro: *terreno a.*

aurìga [vc. dotta, lat. *aurīga(m)*, di etim. incerta; 1336 ca.] s. m. e f. (pl. m. *-ghi*) **1** Anticamente, guidatore di cocchio. **2** (*raro, lett.*) Cocchiere.

aurignaciàno /auriɲɲa'tʃano, or-/ o **aurignaziàno** /auriɲɲats'tsjano, or-/ [dalla località di *Aurignac*; 1930] **A** agg. ● Che si riferisce a una cultura preistorica dell'epoca paleolitica e al periodo in cui essa si sviluppò. **B** anche s. m.: *reperti dell'a.*

†**aùrio** ● V. *augurio*.

†**àuro** ● V. *oro*.

àuro- ● V. *auri-*.

auròra o **auròra** [vc. dotta, lat. *aurōra(m)*, di orig. indeur.; av. 1292] s. f. **1** Chiarore dell'atmosfera terrestre che precede il sorgere del sole, dovuto all'ultima luce crepuscolare del mattino | ***All'a.***, allo spuntar del sole | ***A. polare***, luminescenza del cielo notturno che si manifesta in prossimità dei circoli polari | ***A. boreale, australe***, a seconda del polo interessato. ➡ ILL. p. 2129 SCIENZE DELLA TERRA ED ENERGIA. **2** (*fig., lett.*) Prima manifestazione, inizio: *l'a. della civiltà* | ***L'a. della vita***, la fanciullezza.

auroràle [1865] agg. **1** Dell'aurora: *s'irraggiò alla luce a.* (D'ANNUNZIO) | ***Righe aurorali***, caratteristiche righe di emissione presenti negli spettri delle aurore polari. **2** (*fig., lett.*) Iniziale: *la forma a. del conoscere* (CROCE).

†**ausàre** ● V. *adusare*.

auscultàre o **ascoltàre** [vc. dotta, lat. *auscultāre* 'ascoltare con attenzione', comp. di un primo elemento, nel quale si riconosce *āuris* 'orecchio', di orig. indeur., e di una seconda parte (*-cultare*), di etim. incerta; 1499] v. tr. ● (*med.*) Eseguire un'auscultazione.

auscultatóre ● V. *ascoltatore*.

auscultazióne o **ascoltazióne** [vc. dotta, lat. *auscultatiōne(m)*, da *auscultātus*, part. pass. di *auscultāre* 'auscultare'; 1865] s. f. ● (*med.*) Esame obiettivo del malato consistente nel riconoscere con l'orecchio o con particolari strumenti, quali il fonendoscopio e lo stetoscopio, i suoni normali o anormali che provengono dagli organi interni.

auṣiliàre [vc. dotta, lat. *auxiliāre(m)* 'che aiuta', da *auxĭlium* 'aiuto'; 1520] **A** agg. ● Che aiuta: *milizia a.* | ***Verbo a.***, che serve a formare i tempi composti e il passivo (in italiano, sono tali il verbo *essere* e *avere*). || **auṣiliarménte**, avv. **B** s. m. e f. ● Chi presta aiuto, collaborazione. SIN. Coadiutore. **C** s. m. ● Verbo ausiliare.

auṣiliària [f. sost. di *ausiliario*; 1946] s. f. ● Donna impiegata in servizi assistenziali, amministrativi o tecnici al seguito dell'esercito operante.

auṣiliàrio [vc. dotta, lat. *auxiliāriu(m)*, da *auxĭlium* 'aiuto'; 1513] **A** agg. **1** Che aiuta: *truppe ausiliarie* | ***Posizione di servizio a.***, nell'esercito, quella degli ufficiali non più atti al servizio attivo ma ancora impiegabili in servizi speciali nel territorio o al seguito delle truppe operanti | Da impiegare in caso di emergenza: *motore a.*, *velatura ausiliaria* | (*mar.*) ***Naviglio a.***, nave mercantile che, in caso di guerra, la marina militare requisisce e impiega come unità combattente. **2** (*med.*) Di, relativo a, medicamento che aiuta l'azione del farmaco principale. **B** s. m. (f. *-a* (V.)) **1** Aiutante, collaboratore | ***Ausiliari di giustizia***, soggetti cui possono essere affidate mansioni strumentali sussidiarie o sostitutive di quelle degli organi giurisdizionali. **2** (*spec. al pl.*) Corpi di milizia straniera che operavano in aiuto degli eserciti di Roma. **3** (*fam.*) Ufficiale in posizione di servizio ausiliario.

auṣiliatóre [vc. dotta, lat. *auxiliatōre(m)*, da *auxiliāri* 'recare soccorso', deriv. di *auxĭlium* 'aiuto' (V. *ausilio*); av. 1342] agg.; anche s. m. (f. *-trice*) ● (*lett.*) Che porta aiuto, che soccorre | ***Maria Ausiliatrice***, la Madonna, come soccorritrice dei cristiani.

auṣìlio [vc. dotta, lat. *auxĭliu(m)*, da *augēre* 'accrescere'; av. 1444] s. m. ● (*lett.*) Aiuto.

†**àuṣo** [vc. dotta, lat. *ausu(m)*, part. pass. di *audēre* 'osare'; 1321] agg. ● (*lett.*) Ardito, audace.

auṣònio [vc. dotta, lat. *Ausŏniu(m)*, dal popolo degli *Ausones*; 1481] **A** agg. ● (*lett.*) Italico: *le antiche popolazioni ausonie*. **B** s. m. ● (*chim., raro*) Nettunio.

auspicàbile [1863] agg. ● Che si può auspicare: *è a. che tutto si risolva presto*. || **auspicabilménte**, avv.

auspicàle [vc. dotta, lat. *auspicāle(m)*, da *auspex*, genit. *auspicis* 'auspice'; 1934] agg. **1** Relativo all'auspice. **2** (*lett.*) Di buon augurio.

auspicàre [vc. dotta, lat. *auspicāri*, da *auspex*, genit. *auspicis* 'auspice'; 1499] v. tr. (*io àuspico, tu àuspichi*) **1** (*lett.*) Prendere gli auspici | (*est.*) Pronosticare. **2** (*est.*) Augurarsi, far voti: *a. la felice conclusione di un'impresa*; *auspico che vi arrida il successo*; *il governo auspica di poter fare progredire la trattativa*.

àuspice [vc. dotta, lat. *auspice(m)* 'che esamina il volo degli uccelli', comp. di *ăvis* 'uccello' e *spĕcere* 'guardare'; 1521] s. m. e f. **1** Presso i Romani, sacerdote divinatore che traeva l'auspicio. **2** (*lett.*) Chi promuove, favorisce, inizia e sim., un'impresa: *questa volta io sarei … l'a. involontaria* (D'ANNUNZIO) | Spec. in frasi con valore avverbiale: *l'accordo fu firmato a. il ministro*.

auspìcio o †**auspìzio** [vc. dotta, lat. *auspĭciu(m)*, da *auspex*, genit. *auspicis* 'auspice'; sec. XIV] s. m. **1** Presso gli antichi Romani, presagio tratto dall'osservazione del volo, del pasto e dei movimenti degli uccelli | Specie di augurio. **2** (*est.*) Presagio, pronostico: *iniziare un'attività con, sotto, buoni auspici*; *essere di buono, di cattivo a.* | Augurio, desiderio: *è nostro a. che la squadra vinca*. **3** (*fig.*) Protezione, favore: *la mostra fu inaugurata sotto gli auspici delle autorità locali*.

austerità o †**austeritàde**, †**austeritàte** [vc. dotta, lat. *austeritāte(m)*, da *austērus* 'austero'; 1306] s. f. **1** Caratteristica di chi (o di ciò che) è austero: *l'a. dell'asceta*; *a. di vita, di costumi, di comportamento*. **2** (*econ.*) Il complesso delle limitazioni imposte dal governo alle spese pubbliche o dallo stesso auspicate nei consumi privati per giungere a un risanamento economico. **3** †Asprezza di sapore.

austèrity /aus'teriti, *ingl.* ɔ:'steɹəti/ [ingl., dal fr. *austérité*, dal lat. *austeritāte(m)* 'austerità'; 1951] s. f. inv. ● Austerità, nel sign. 2.

austèro [vc. dotta, lat. *austēru(m)*, nom. *austērus*, dal gr. *austērós* 'duro, aspro', da avvicinare ad *âuos* 'secco'; sec. XIII] agg. **1** Che rivela una rigida e severa norma di vita: *carattere, aspetto, costume, comportamento a.*; *vita, disciplina, morale, austera* | ***Un palazzo a.***, dalle linee essenziali, severe. **2** (*raro*) Aspro, secco, asciutto, detto di sapore | ***Vino a.***, vino di pregio la cui morbidezza è piacevolmente interrotta da un leggero sapore astringente | ***Clima a.***, rigido, inclemente. || **austerétto**, dim. || **austeraménte**, avv.

austòrio [deriv. dal lat. tardo *haustōre(m)* 'colui che attinge', da *haurīre* 'attingere'; 1538] s. m. **1** (*archeol.*) Vaso sacrificale per attingere. **2** (*bot.*) Organo di assorbimento caratteristico delle piante parassite.

austràle [vc. dotta, lat. *austrāle(m)*, da *auster* 'austro'; 1336 ca.] agg. ● (*geogr.*) Meridionale, spec. detto dell'emisfero compreso tra l'equatore e il polo sud. CONTR. Boreale.

australiàna [f. sost. di *australiano*; 1940] s. f. ● Gara ciclistica a inseguimento su pista con la partecipazione di tre o quattro corridori che partendo da punti diversi, equidistanti fra loro, devono eseguire un certo numero di giri nel minor tempo possibile.

australiàno [1860] **A** agg. ● Dell'Australia: *popolazioni australiane*; *lingua australiana*. **B** s. m. (f. *-a*) ● Abitante, nativo dell'Australia.

australòide [comp. di *Austral(ia)* e *-oide*; 1955] agg. ● Detto di razza umana i cui individui presentano caratteri quali capelli ricci, naso leggermente largo, pelle bruna.

australopitèco [comp. di *australe* e del gr. *píthēkos* 'scimmia'; 1955] s. m. (pl. *-chi* o *-ci*) ● Ogni tipo umano fossile, rinvenuto nell'Africa meridionale, che presenta caratteristiche di transizione tra le grandi scimmie antropomorfe e l'uomo.

austriacànte [1881] agg.; anche s. m. e f. ● (*spreg.*) Che (o Chi) era favorevole al governo dell'Austria in Italia.

austrìaco [1607] **A** agg. (pl. m. *-ci*) ● Dell'Austria: *letteratura austriaca* | (*est.*) Dell'impero austroungarico: *dominazione austriaca*. **B** s. m. (f. *-a*; pl. m. *-ci*) ● Abitante, nativo dell'Austria.

àustro [vc. dotta, lat. *austru(m)*, di etim. incerta; 1319] s. m. **1** (*lett.*) Vento umido e caldo che soffia da mezzogiorno. **2** (*lett.*) Mezzogiorno.

àustro- (1) primo elemento ● In parole composte è accorciamento di 'australe': *austroafricano*.

àustro- (2) primo elemento ● In parole composte fa riferimento all'Austria o agli austriaci: *austroungarico*.

austroafricàno [comp. di *austro-* (*1*) e *africano*; 1955] agg. ● Che si riferisce all'Africa australe.

austroungàrico o (*raro*) **austrungàrico** [comp. di *austro-* (*2*) e *ungarico*; 1912] agg. (pl. m. *-ci*) ● Relativo alla monarchia asburgica e allo Stato (1867-1918) costituito dall'Impero d'Austria e dal Regno d'Ungheria: *Impero a.*

autarchìa (1) [gr. *autárkeia* 'il bastare a sé stesso', comp. di *auto-* e *arkéō* 'io basto'; 1873] s. f. **1** Nella filosofia cinica, condizione di autosufficienza del saggio il quale raggiunge la felicità liberandosi dalle passioni che lo legano al mondo degli altri. **2** Autosufficienza economica tale che un Paese possa produrre all'interno tutto ciò di cui ha bisogno rinunciando agli scambi economici con l'estero.

autarchìa (2) [vc. dotta, gr. *autarchía* 'autocrazia', comp. di *auto-* e *archḗ* 'comando'; 1819] s. f. **1** (*raro, lett.*) Padronanza, dominio di sé | (*est.*) Potere assoluto. **2** (*dir.*) Capacità degli enti pubblici, spec. territoriali, di amministrare i propri interessi in modo autonomo.

autàrchico (1) [da *autarchia* (*1*); 1923] agg. (pl. m. *-ci*) ● Dell'autarchia, relativo all'autarchia economica: *politica autarchica* | Di merce prodotta con materie prime o procedimenti non importati dall'estero: *tessuti autarchici*. || **autarchicaménte**, avv. In modo autarchico, con autarchia.

autàrchico (2) [da *autarchia* (*2*); 1923] agg. (pl. m. *-ci*) ● (*dir.*) Dotato di autarchia amministrativa: *ente a. territoriale*.

autarchizzàre [da *autarchico* (*2*); 1937] v. tr. ● Rendere autarchico.

aut aut [lat., 'o … o'; 1875] loc. sost. m. inv. ● Alternativa, scelta a cui non ci si può sottrarre | ***Imporre un aut aut***, costringere a una scelta.

autèntica [da *autenticare*; av. 1673] s. f. ● Dichiarazione scritta atta a comprovare l'autenticità di un documento, di una firma, di un oggetto, di un'opera d'arte e sim.: *a. delle reliquie di un Santo*; *apporre l'a.*

autenticàbile [1887] agg. ● Che si può autenticare.

autenticàre [lat. mediev. *authenticāre*, da *authĕnticus* 'autentico'; av. 1400] v. tr. (*io autèntico, tu autèntichi*) **1** (*dir.*) Accertare come autografo un documento da parte di pubblico ufficiale: *a. un testamento, una firma* | ***A. una fotografia***, dichiarare, da parte di un pubblico ufficiale, che la persona in essa ritratta è la stessa che vi ha apposto la propria firma. **2** (*est.*) Confermare, convalidare con autorità: *a. le affermazioni di qlcu.* | ***A. un'opera d'arte***, rilasciarne l'expertise.

autenticaziòne [1570] s. f. ● Attestazione di autenticità: *a. di un atto di citazione.*

autenticità [1727] s. f. ● Condizione di ciò che è autentico: *provare l'a. di un documento, di una dichiarazione, di un'opera d'arte.*

autèntico [vc. dotta, lat. tardo *authĕnticu(m)*, nom. *authĕnticus*, dal gr. *authentikós*, da *authéntēs* 'che è fatto da sé'; 1308] agg. (pl. m. *-ci*) **1** Che proviene con certezza da chi ne è indicato quale autore: *documento a.*; *firma autentica* | ***Copia autentica***, convalidata da un'autorità competente | ***Interpretazione autentica***, fornita dallo stesso organo che ha emanato l'atto. **2** Vero, reale: *un fatto a.* | (*est.*) Originale: *un mobile a. del 1700* | (*fig.*) Genuino: *gli aspetti più autentici della nostra civiltà*; (*iron.*, *intens.*) *è un a. farabutto!* **3** (*mus.*) Detto di certi modi del canto fermo. || **autenticaménte**, avv.

autentificàre [comp. di *autentico* e *-ficare*; 1965] v. tr. (*io autentìfico, tu autentìfichi*) ● (*raro, bur.*) Autenticare.

autentificaziòne [da *autentificare*; 1985] s. f. ● (*raro, bur.*) Autenticazione.

authority /ingl. ɔːˈθɒɹəṭi/ [vc. ingl., propr. 'autorità'; 1985] s. f. inv. (pl. ingl. *authorities*) ● Organo che sovrintende a un determinato settore amministrativo.

autière [da *auto* (*1*); 1931] s. m. ● Militare addetto alla guida di automezzi.

autișmo [ted. *Autismus*, dal gr. *autós* 'stesso' (V. *auto-* (*1*)); 1935] s. m. ● (*psicol.*) Disturbo, frequente nella schizofrenia, caratterizzato dalla perdita di interesse per il mondo esterno, chiusura in sé stessi e produzione di fantasie, deliri e allucinazioni | ***A. infantile***, disturbo che compare nei primi anni di vita ed è caratterizzato dal mancato sviluppo di relazioni sociali, incapacità di usare il linguaggio, apatia, rigidità, giochi ripetitivi, movimenti ritmici.

♦**autista** (**1**) [da *auto* (*1*); 1932] s. m. e f. (pl. m. *-i*) ● Conducente professionale di autoveicoli.

autista (**2**) [da *autismo*; 1935] agg.; anche s. m. e f. (pl. m. *-i*) ● (*psicol.*) Che (o Chi) è affetto da autismo.

autistico [1941] agg. (pl. m. *-ci*) ● (*psicol.*) Caratterizzato da autismo | Detto di pensiero indisciplinato, impulsivo, non consapevole delle proprie contraddizioni. || **autisticaménte**, avv. In modo autistico, con autismo.

♦**àuto** (**1**) [1898] s. f. inv. ● Accorc. di *automobile*: *a. da corsa* | ***A. blu***, V. *autoblù* | ***A. civetta***, quella priva di segni distintivi usata da agenti di polizia e sim. in borghese per sorprendere più facilmente chi trasgredisca la legge | V. anche *automobile*.

auto (**2**) /sp. 'auto/ [dal lat. *ăctu(m)* 'azione drammatica', da *ăgere* 'fare, rappresentare'; sec. XVIII] s. m. (pl. sp. *autos*) ● Dramma sacro in un atto, diffuso in Spagna e Portogallo soprattutto tra il sec. XV e il sec. XVII | ***A. sacramentale***, concernente l'Eucaristia.

àuto- (**1**) [dal gr. *autós* 'stesso'] primo elemento ● In parole composte dotte significa 'di sé stesso' o 'da sé': *autobiografia, autodifesa, autocombustione, autodidatta.*

àuto- (**2**) primo elemento ● In parole composte è accorciamento di 'automobile': *autoambulanza, autodromo, autotrasportato.*

autoabbronzànte [comp. di *auto-* (*1*) e *abbronzante*; 1970] **A** agg. ● Detto di prodotto che abbronza senza esporre il corpo al sole: *crema, olio a.* **B** anche s. m.

autoaccensiòne [comp. di *auto-* (*1*) e *accensione*; 1925] s. f. ● (*autom.*) Fenomeno che si verifica spec. nei motori a scoppio surriscaldati quando la miscela si accende intempestivamente nei cilindri senza che scocchi la scintilla.

autoaccessòrio [comp. di *auto-* (*2*) e *accessorio*; 1983] s. m. ● (*spec. al pl.*) Accessorio per auto.

autoaccùșa [comp. di *auto-* (*1*) e *accusa*; 1974] s. f. ● Attribuzione a sé stesso di una colpa.

autoaccușàrsi [comp. di *auto-* (*1*) e la forma rifl. di *accusare*; 1985] v. rifl. ● Fare atto di autoaccusa.

autoadeșivo [comp. di *auto-* (*1*) e *adesivo*; 1973] agg.; anche s. m. ● Detto di prodotto la cui superficie, grazie alle speciali sostanze di cui è spalmata, aderisce a un'altra mediante la semplice pressione: *nastro a.*; *etichette autoadesive.*

autoaffermaziòne [comp. di *auto-* (*1*) e *affermazione*; 1985] s. f. ● Atteggiamento di chi mira a esprimere pienamente sé stesso, la propria personalità e il proprio ruolo.

autoaffondaménto [comp. di *auto-* (*1*) e *affondamento*; 1958] s. m. ● Affondamento di una nave provocato dallo stesso equipaggio per evitare che essa sia catturata dal nemico (*anche fig.*): *l'a. di un partito.*

autoambulànza [comp. di *auto-* (*2*) e *ambulanza*; 1931] s. f. ● Autoveicolo attrezzato per il trasporto di ammalati o feriti. SIN. Ambulanza | (*mil.*) ***A. radiologica, odontoiatrica***, attrezzatura mobile e relativo personale per le cure speciali in zona di combattimento. ➡ ILL. **autoveicoli.**

autoanàlisi [comp. di *auto-* (*1*) e *analisi*; 1899] s. f. inv. ● (*psicoan.*) Analisi che un soggetto compie su sé stesso secondo i procedimenti del metodo psicanalitico.

autoanticòrpo [comp. di *auto-* (*1*) e *anticorpo*] s. m. ● (*med.*) Anticorpo prodotto dall'organismo contro un autoantigene; la sua presenza è in genere correlata a malattie autoimmuni.

autoantigene [comp. di *auto-* (*1*) e *antigene*] s. m. ● (*med.*) Componente con caratteristiche di antigene verso l'organismo cui appartiene che, nelle malattie autoimmuni, induce la formazione di anticorpi.

autoapprendiménto [comp. di *auto-* (*1*) e *apprendimento*; 1987] s. m. **1** Apprendimento che si raggiunge senza l'intervento di un docente. **2** Capacità di un dispositivo elettronico programmabile di adattare il proprio comportamento in base a parametri rilevati nell'ambiente al quale viene applicato (comandi dell'operatore, tipologia dei dati, frequenza di sequenze ripetitive).

autoarticolàto [comp. di *auto-* (*2*) e *articolato* (*1*); 1963] s. m. ● Autoveicolo costituito da una motrice e da un semirimorchio. CFR. Autosnodato. ➡ ILL. **autoveicoli.**

autoassòlversi [comp. di *auto-* (*1*) e *assolversi*; 1985] v. rifl. ● Giustificare, accettare incondizionatamente il proprio operato senza attribuirsi responsabilità, errori, colpe: *è un'intera classe politica che si autoassolve.*

autobetonièra [comp. di *auto-* (*2*) e *betoniera*; 1973] s. f. ● Autoveicolo attrezzato di betoniera che consente l'impasto del calcestruzzo durante il tragitto dal luogo di caricamento al luogo di utilizzazione. ➡ ILL. **autoveicoli.**

autobiografia [comp. di *auto-* (*1*) e *biografia*; 1828] s. f. ● Narrazione della propria vita | Biografia di sé stesso.

autobiogràfico [1865] agg. (pl. m. *-ci*) ● Che concerne l'autobiografia | Che si riferisce a casi ed esperienze della propria vita: *notizia autobiografica.* || **autobiograficaménte**, avv. In forma autobiografica.

autobiografișmo [1941] s. m. ● Tendenza di uno scrittore a porsi come protagonista della propria opera, a collegare con la propria vita i temi di cui tratta.

autoblinda [comp. di *auto-* (*2*) e *blinda*; 1938] s. f. ● Autoblindo.

autoblindàta [1935] s. f. ● Autoblinda.

autoblindàto [comp. di *auto-* (*2*) e *blindato*; 1939] agg. **1** Detto di autoveicolo armato e blindato. **2** (*est.*) Fornito di autoblinda, montato su autoblinda: *reparto, reggimento a.*

autoblindo [accorc. di *autoblindomitragliatrice*; 1938] s. f. inv. ● Automezzo protetto da una blindatura a prova di proiettile di fucile e variamente armato.

autoblindomitragliatrice [1961] s. f. ● Autoblindo armato con una o più mitragliatrici.

autobloccànte [comp. di *auto-* (*1*) e di un deriv. di *bloccare*; 1976] agg. **1** (*autom.*) Detto di un particolare tipo di differenziale che automaticamente impedisce a una delle due ruote motrici di arrestarsi quando l'altra gira a vuoto. **2** (*edil.*) Detto di masselli in cemento che in fase di posa si incastrano l'uno con l'altro senza bisogno di essere cementati, usati spec. per pavimentazioni esterne.

autoblù o **àuto blu** [1980] s. f. ● Automobile gener. di colore blu usata, spec. per scopi di rappresentanza, da personalità o alti funzionari del mondo politico, amministrativo, industriale e sim.

autobòmba [comp. di *auto-* (*2*) e *bomba*; 1982] s. f. (pl. *autobómbe*) ● Automobile in cui è stato collocato un grosso quantitativo di esplosivo, parcheggiata e poi fatta esplodere a scopo terroristico.

autobótte [comp. di *auto-* (*2*) e *botte*; 1918] s. f. ● Autoveicolo per il trasporto di liquidi il cui serbatoio è internamente diviso in scomparti indipendenti fra loro.

♦**autobus** o (*pop.*) **autobùs**, (*evit.*) **autòbus** [fr. *autobus*, comp. di *auto-* (*2*) e *-bus*; 1913] s. m. ● Grande autoveicolo pubblico per trasporto urbano o interurbano di persone | (*fam.*) ***Perdere l'a.***, non fare in tempo a prenderlo; (*fig.*) lasciarsi sfuggire l'occasione favorevole. ➡ ILL. **autoveicoli.**

autocalùnnia [comp. di *auto-* (*1*) e *calunnia*; 1949] s. f. ● (*dir.*) L'incolpare sé stessi, presso l'autorità giudiziaria, di un reato che si sa non avvenuto o di un reato commesso da altri.

autocamionàle [comp. di *auto-* (*2*) e *camionale*; 1955] s. f. ● Strada costruita appositamente per essere percorsa da camion.

autocampéggio [comp. di *auto-* (*2*) e *campeggio*; 1939] s. m. ● Campeggio praticato con automezzi.

autocàravan [comp. di *auto-* (*2*) e *caravan*; 1974] s. m. o f. inv. ● Autofurgone sul cui telaio cabinato è montata una struttura analoga a quella del caravan, attrezzata come un'abitazione essenziale. SIN. Motorcaravan. ➡ ILL. **campeggiatore.**

autocarràto [da *autocarro*; 1942] agg. ● (*mil.*) Detto di truppe o materiali trasportati con autocarri.

autocàrro [fr. *autocar*, dall'ingl. *autocar*. V. *auto-* (*2*) e *carro*; 1919] s. m. ● Grande autoveicolo comprendente una cabina di guida e un cassone per trasporto di cose: *a. a cassone aperto, a cassone ribaltabile, a furgone.* ➡ ILL. **autoveicoli.**

autocefalia [lat. mediev. *autocephalia*, da *autocĕphalus* 'autocefalo'; 1845] s. f. ● Nella Chiesa greca, indipendenza delle Chiese nazionali dall'autorità dei patriarchi.

autocèfalo [vc. dotta, lat. *autocĕphalu(m)*, nom. *autocĕphalus*, dal gr. *autoképhalos*, comp. di *auto-* e *kephalḗ* 'testa'; 1865] **A** agg. ● Detto di ogni Chiesa greca nazionale che si regge con il sistema dell'autocefalia. **B** s. m. ● Vescovo della Chiesa greca non dipendente dal patriarca.

autocelebraziòne [comp. di *auto-* (*1*) e *celebrazione*; 1985] s. f. ● Esaltazione del proprio operato, dei propri meriti.

autocensùra [comp. di *auto-* (*1*) e *censura*; 1970] s. f. ● Censura attuata spontaneamente dall'autore su una propria opera allo scopo di uniformarla preventivamente alle direttive dell'autorità pubblica | (*est.*, *gener.*) Controllo preventivo delle proprie azioni o espressioni, detto di individui od organizzazioni.

autocensuràrsi [comp. di *auto-* (*1*) e *censurare*; 1985] v. rifl. ● Compiere un'autocensura | (*est.*) Limitare sé stessi nella manifestazione di pensieri, sentimenti, convincimenti.

autocentrànte [comp. di *auto-* (*1*) e *centrante*; 1955] **A** agg. ● (*tecnol.*) Che centra automaticamente: *piattaforma a.* **B** s. m. ● Morsa munita di tre ganasce che centra e fissa il pezzo sul tornio o su altre macchine utensili durante la lavorazione.

autocèntro (o *-é-*) [comp. di *auto-* (*2*) e *centro*; 1939] s. m. **1** Unità organica del servizio automobilistico militare esistente fino alla seconda guerra mondiale. **2** Centro di assistenza e vendita di autovetture.

autocertificaziòne [comp. di *auto-* (*1*) e *certificazione*; 1984] s. f. ● Attestazione di alcune condizioni personali, quali data e luogo di nascita, residenza, cittadinanza, stato civile e sim., firmata dall'interessato; sostituisce un certificato rilasciato da un ufficio pubblico.

autocestèllo [comp. di *auto-* (*2*) e *cestello*; 1983] s. m. ● Autoveicolo attrezzato con un braccio elevatore, telescopico, alla cui estremità è fissata una piattaforma che consente di eseguire, a notevole altezza dal suolo, lavori di installazione e riparazione, di potatura di piante, e sim.

autocingolàto [comp. di *auto-* (2) e *cingolato*; 1970] s. m. ● Autoveicolo munito di cingoli al posto delle ruote.

autocistèrna [comp. di *auto-* (2) e *cisterna*; 1933] s. f. ● Autoveicolo per il trasporto di liquidi il cui serbatoio non è internamente diviso in scomparti indipendenti. ➡ ILL. **autoveicoli.**

autocisternìsta [da *autocisterna*; 1979] s. m. e f. (pl. m. *-i*) ● Guidatore di un'autocisterna.

autocitàrsi [1983] v. rifl. ● Citare un proprio scritto o discorso.

autocitazióne [comp. di *auto-* (1) e *citazione*; 1983] s. f. ● Citazione di un proprio scritto o discorso.

autoclàve [fr. *autoclave*, comp. di *auto-* (1) e lat. *clāvis* 'chiave', in quanto si chiude da sé; 1865] s. f. **1** Chiusura ermetica per recipienti nei quali la pressione interna è maggiore di quella esterna. **2** Recipiente a chiusura ermetica usato per ottenere temperature superiori a 100 °C, per il trattamento di oggetti da sterilizzare o di sostanze da trasformare: *a. di disinfezione, per tintoria.*

autoclavìsta [1955] s. m. e f. (pl. m. *-i*) ● Operaio specializzato che sorveglia il funzionamento di un'autoclave.

autocolónna (o *-ò-*) [comp. di *auto-* (2) e *colonna*; 1941] s. f. ● Gruppo di automezzi che viaggiano in colonna.

autocombustióne [comp. di *auto-* (1) e *combustione*; 1933] s. f. **1** (*gener.*) Incendio spontaneo di materiali vari, facilmente infiammabili, spec. per eccesso di calore estivo: *l'a. dei boschi.* **2** (*autom.*) Combustione che segue all'autoaccensione.

autocommiṣeràrsi [comp. di *auto-* (1) e del rifl. di *commiserare*; 1990] v. rifl. ● (*io mi autocommiṣero*) Commiserare, compatire sé stessi.

autocommiṣerazióne [comp. di *auto-* (1) e *commiserazione*; 1963] s. f. ● Il sentire pietà per sé stessi, per le proprie sventure e sim.

autocompensazióne [comp. di *auto-* (1) e *compensazione*] s. f. ● Meccanismo di compensazione automatica | Fenomeno di riequilibrio automatico | (*fig.*) Il trovare compensazione da sé.

autocompiaciménto [comp. di *auto-* (1) e *compiacimento*; 1935] s. m. ● Il compiacersi vanitoso di sé stessi, dei propri successi e sim.

autoconcessionàrio [comp. di *auto-* (1) e *concessionario*; 1981] s. m. ● Concessionario di vendita di automobili per conto di una casa produttrice.

autoconservazióne [comp. di *auto-* (1) e *conservazione*; 1985] s. f. ● Conservazione di sé stessi, difesa della propria vita: *istinto di a.*

autoconsùmo [comp. di *auto-* (1) e *consumo*; 1965] s. m. ● Utilizzazione da parte degli agricoltori di un'aliquota del prodotto per le necessità familiari.

autocontràtto [comp. di *auto-* (1) e *contratto*; 1955] s. m. ● Correntemente, contratto che il rappresentante conclude con sé stesso in proprio o come rappresentante di un'altra parte.

autocontròllo [comp. di *auto-* (1) e *controllo*; 1942] s. m. ● Dominio, padronanza delle proprie azioni e reazioni: *perdere l'a.*

autoconvìncersi [comp. di *auto-* (1) e del rifl. di *convincere*; 1985] v. rifl. ● Convincersi soltanto sulla base di valutazioni personali e soggettive.

autoconvinciménto [comp. di *auto-* (1) e *convincimento*; 1985] s. m. ● L'autoconvincersi. SIN. Autoconvinzione.

autoconvinzióne [comp. di *auto-* (1) e *convinzione*] s. f. ● (*raro*) Autoconvincimento.

autoconvocàto [comp. di *auto-* (1) e *convocato*; 1985] agg.; anche s. m. (f. *-a*) ● Nel linguaggio sindacale, che (o chi), senza alcuna convocazione ufficiale, ha deciso di propria iniziativa di riunirsi per dar vita a un'assemblea, una riunione, una manifestazione e sim.

autoconvòglio [comp. di *auto-* (2) e *convoglio*; 1963] s. m. ● Convoglio di automezzi.

autocopiànte [comp. di *auto-* (1) e del part. pres. di *copiare*; 1986] agg. ● Detto di carta che permette di ottenere una o più copie di una scrittura senza bisogno della carta carbone.

autocorìa [1955] s. f. ● (*bot.*) Disseminazione senza l'aiuto di agenti esterni. SIN. Autodisseminazione.

autocòro [comp. di *auto-* (1) e un deriv. del gr. *chōrêin* 'scagliarsi'; 1955] agg. ● (*bot.*) Che presenta autocoria.

autocorrelazióne [comp. di *auto-* (1) e *correlazione*; 1966] s. f. ● (*stat.*) Correlazione fra i valori assunti da una variabile statistica in tempi diversi.

autocorrezióne [comp. di *auto-* (1) e *correzione*; 1961] s. f. **1** Depurazione naturale dell'acqua dei fiumi e dei laghi. **2** (*pedag.*) Verifica diretta e autonoma, da parte dell'alunno, dell'esattezza delle proprie risposte.

autocorrièra [comp. di *auto-* (2) e *corriera*; 1939] s. f. ● Autoveicolo che compie un servizio pubblico di trasporto di persone e bagagli su percorsi interurbani.

autocosciènza [comp. di *auto-* (1) e *coscienza*; 1920] s. f. **1** (*filos.*) Coscienza di sé | Nella filosofia idealistica, la consapevolezza che ha di sé un principio infinito, condizione di tutta la realtà. **2** Forma di analisi collettiva in cui varie persone si radunano per analizzare e confrontare le proprie esperienze di vita: *fare a.*; *gruppo di a.*

autòcrate o (*raro*) **autòcrata** [gr. *autocratḗs*, comp. di *auto-* 'auto- (1)' e *krátos* 'forza', attrav. il fr. *autocrate*; 1819] s. m. e f. ● Sovrano assoluto | (*est.*) Despota, prepotente.

autocràtico [fr. *autocratique*, da *autocrate* 'autocrate'; av. 1807] agg. (pl. m. *-ci*) ● Di autocrate, da autocrate: *governo a.*; *leggi autocratiche.* SIN. Dispotico. || **autocraticaménte**, avv.

autocrazìa [vc. dotta, gr. *autokráteia*, da *autokratḗs* 'autocrate', prob. attrav. il fr. *autocratie*; 1819] s. f. ● Governo dispotico, tirannico.

autocrìtica [comp. di *auto-* (1) e *critica*; 1892] s. f. **1** Capacità di giudicare e di criticare direttamente sé stessi, le proprie azioni, le proprie opere e sim.: *essere dotati di a.* | Giudizio critico su sé stessi, sulle proprie azioni e sim.: *Era molto in uso fra noi fare l'a.* (GINZBURG). **2** In Paesi o partiti comunisti, riconoscimento pubblico, spesso imposto, dei propri errori politici.

autocrìtico [1908] agg. (pl. m. *-ci*) ● Proprio dell'autocritica: *assumere un atteggiamento a.*

autocròss /auto'krɔs/ [comp. di *auto-* (2) e dell'ingl. *cross* sul modello di *motocross*; 1983] s. m. inv. ● Sport automobilistico consistente nel percorrere piste accidentate, con vecchie auto riadattate o con auto costruite appositamente.

autòctiṣi [comp. di *auto-* (1) e gr. *ktísis* 'creazione'; 1930] s. f. inv. ● (*filos.*) Attualismo.

autoctonìa [1938] s. f. ● Condizione, caratteristica di ciò che è autoctono.

autòctono [vc. dotta, lat. tardo *autŏchthone(m)*, nom. *autŏchthon*, dal gr. *autóchthōn*, comp. di *auto-* (1) e *-ctono*; av. 1796] **A** agg. ● Detto di roccia o corpo geologico formatosi nel luogo in cui si trova senza aver subito trasporti tettonici. **B** agg.; anche s. m. (f. *-a*) ● Che (o Chi) è nato nel luogo in cui risiede: *popolazioni autoctone*; *gli autoctoni della Valle Aurina.* CFR. Alloctono.

autodafé o **àuto da fé** [port. *auto da fe* 'atto della fede'; 1781] s. m. **1** (*st.*) In Spagna, durante l'Inquisizione, proclamazione solenne della sentenza dell'inquisitore seguita dall'abiura o dalla condanna di un eretico | Esecuzione sul rogo dell'eretico che non voleva sottomettersi all'abiura. **2** (*est.*) Abiura, ritrattazione: *costringere qlcu. all'a.* | Distruzione di qlco. a scopo provocatorio: *fare un a. di quadri, di libri.*

autodeciṣióne [comp. di *auto-* (1) e *decisione*; 1918] s. f. ● Capacità di prendere decisioni autonome, senza subire influenze estranee o costrizioni | ***A. dei popoli***, diritto dei popoli di decidere liberamente del loro destino.

autodemolitóre [da *autodemolizione*; 1980] s. m. (f. *-trice*) ● Chi lavora nel settore dell'autodemolizione.

autodemolizióne [comp. di *auto-* (2) e *demolizione*; 1963] s. f. **1** Demolizione di autoveicoli vecchi o inutilizzabili, da cui vengono recuperati i pezzi ancora in buono stato. **2** (*est.*) Luogo, centro di raccolta degli autoveicoli destinati a essere demoliti.

autodenùncia o **autodenùnzia** [comp. di *auto-* (1) e *denuncia*; 1955] s. f. (pl. *-ce* o disus. *-cie*) **1** Denuncia di sé stesso | Spontanea confessione dei propri errori e delle proprie colpe. **2** (*dir.*) Denuncia di un reato all'autorità competente da parte dell'autore dello stesso che se ne confessa colpevole.

autodenunciàrsi o **autodenunziàrsi** [comp. di *auto-* (1) e la forma rifl. di *denunciare*; 1985] v. rifl. ● Fare atto di autodenuncia.

autodeterminazióne [comp. di *auto-* (1) e *determinazione*; 1930] s. f. **1** Autodecisione: *l'a. dell'uomo, dei popoli* | ***Carta di a.***, V. *carta*. **2** In topografia, operazione per individuare sulla carta la posizione in cui ci si trova, cioè il punto di stazione.

autodiàgnoṣi [comp. di *auto-* (1) e *diagnosi*; 1880] s. f. inv. **1** Controllo delle condizioni e del funzionamento delle varie parti di un'apparecchiatura, di un motore e sim., compiuto automaticamente da un sistema elettronico-meccanico di cui la macchina è dotata. **2** Diagnosi effettuata su sé stessi.

autodichìa [vc. dotta, dal v. gr. *autodikéin* 'avere propria (*auto-*) giurisdizione (da *díkē* 'giustizia, diritto')'] s. f. ● (*dir.*) Potestà riconosciuta alle Camere e alla Corte Costituzionale di giudicare, sostituendosi in ciò agli organi della giustizia amministrativa, sulle controversie relative al rapporto di impiego del personale da essi dipendente.

autodidàtta [gr. *autodídaktos*, comp. di *auto-* (1) e *didáskō* 'io insegno' attrav. il fr. *autodidacte*; 1905] s. m. e f. (pl. m. *-i*) ● Chi si è istruito o ha ampliato la propria cultura senza frequentare scuole e senza l'aiuto di insegnanti.

autodidàttico [1844] agg. (pl. m. *-ci*) ● Proprio dell'autodidatta: *metodo a.* || **autodidatticaménte**, avv.

autodifèṣa [comp. di *auto-* (1) e *difesa*; 1896] s. f. **1** Attività difensiva esplicata personalmente: *l'a. di un imputato*; *arma da a.* **2** Autotutela.

autodìna [comp. di *auto-* (1) e (*etero*)*dina*; 1955] s. f. ● Autoeterodina.

autodirètto [comp. di *auto-* (1) e *diretto*] agg. ● Detto di chi ha autonoma capacità di decisione e non si lascia influenzare dai consigli degli altri.

autodisciplìna [comp. di *auto-* (1) e *disciplina*; 1955] s. f. ● Disciplina che l'individuo impone a sé stesso o che trova in sé stessa i motivi che la determinano.

autodisseminazióne [comp. di *auto-* (1) e *disseminazione*; 1955] s. f. ● (*bot.*) Autocoria.

autodistrùggersi [comp. di *auto-* (1) e *distruggere*; 1983] v. rifl. (coniug. come *distruggere*) **1** Distruggersi automaticamente, disintegrarsi, detto di ordigni, missili ecc. **2** (*fig.*) Comportarsi in modo tale da causare, più o meno coscientemente, la propria rovina fisica e psichica.

autodistruttìvo [1966] agg. ● Di autodistruzione: *tendenze autodistruttive.*

autodistruzióne [comp. di *auto-* (1) e *distruzione*; av. 1926] s. f. ● L'autodistruggersi.

autodonazióne [comp. di *auto-* (1) e *donazione*; 1987] s. f. ● (*med.*) Pratica medica consistente nel prelievo di sangue, nella sua modificazione o arricchimento e introduzione nello stesso individuo donatore; è effettuata a scopo terapeutico o sperimentale. CFR. Plasmaferesi.

autòdromo, (*evit.*) **autodròmo** [comp. di *auto-* (2) e del gr. *drómos* 'corsa'; 1908] s. m. ● Pista destinata a gare automobilistiche e motociclistiche.

autoeccitazióne [comp. di *auto-* (1) ed *eccitazione*; 1955] s. f. ● (*elettr.*) Fenomeno per cui l'eccitazione dei campi magnetici necessari per il funzionamento di una dinamo è creata dalla dinamo stessa.

autoeducazióne [comp. di *auto-* (1) ed *educazione*; 1898] s. f. ● Educazione spontanea di sé stesso.

autoemarginazióne [comp. di *auto-* (1) e *emarginazione*; 1985] s. f. ● Atto di chi volutamente e consapevolmente si mette ai margini della società, si esclude dalla vita sociale.

autoemotèca [comp. di *auto-* (2) ed *emoteca*; 1965] s. f. ● Autoveicolo attrezzato a emoteca.

autoemoterapìa [comp. di *auto-* (1) ed *emoterapia*; 1930] s. f. ● (*med.*) Metodo terapeutico eseguito mediante autotrasfusione. CFR. Autotrasfusione.

autoemotrasfuṣióne [comp. di *auto-* (1), *emo-* e *trasfusione*; 1984] s. f. ● (*med.*) Autotrasfusione.

autoerotiṣmo [comp. di *auto-* (1) ed *erotismo*; 1955] s. m. ● Ricerca di sensazioni di tipo sessuale sulla propria persona | (*est.*) Masturbazione.

autoeṣaltazióne [comp. di *auto-* (1) ed *esalta-*

zione; 1985] s. f. ● Esaltazione compiaciuta di sé, del proprio operato, dei propri meriti.

autoeṣàme [comp. di auto- (1) e esame; 1899] s. m. ● Esame di una parte del corpo che una persona compie da sé | *A. del seno*, esame delle mammelle che la donna esegue da sola per controllare la comparsa di noduli o altre alterazioni.

autoesclùdersi [comp. di auto- (1) ed escludere; 1985] v. rifl. ● Porsi deliberatamente al di fuori di qlco., estromettersi dalla partecipazione a un'attività, a un diritto o dal godimento di un bene.

autoestinguènte [comp. di auto- (1) e di estinguente, part. pres. di estinguere in uso agg.; 1987] agg. ● Detto di materiale che a contatto col fuoco interrompe il processo di combustione: *pavimento in moquette a.*

autoeterodina [comp. di auto- (1) ed eterodina; 1955] s. f. ● Circuito per la ricezione radiotelegrafica di segnali che si sovrappongono alle oscillazioni da esso generate.

autofagia [comp. di auto- (1) e -fagia attraverso il fr. autophagie; 1956] s. f. *1* (*fisiol.*) Durante un digiuno prolungato, consumo da parte dell'organismo di materiale presente nei propri tessuti. *2* (*psicol.*) Manifestazione psicotica consistente in un impulso irrefrenabile a mordersi. *3* (*biol.*) Digestione intracellulare di materiale endogeno appartenente alla cellula stessa, che si verifica all'interno di un lisosoma.

autofagosòma [vc. dotta, comp. del gr. autophágos 'che divora (da phagêin 'mangiare') sé stesso (autós)' e soma; 1991] s. m. (pl. -i) ● (*biol.*) Struttura citoplasmatica delimitata da membrana e costituita da porzioni cellulari destinate a essere demolite.

autofattùra [comp. di auto- (1) e fattura; 1979] s. f. ● Fattura emessa nei propri confronti dall'acquirente di merci o servizi, anziché dal fornitore, spec. a fini fiscali.

autofecondaziόne [comp. di auto- (1) e fecondazione; 1930] s. f. ● Autogamia.

autoferrotranviàrio (o -vià-) [comp. di auto(mobilistico), ferro(viario) e tranviario; 1950] agg. ● Che si riferisce ai trasporti pubblici automobilistici, ferroviari e tranviari.

autoferrotranvière [1961] s. m. (f. -a) ● Lavoratore dei trasporti autoferrotranviari.

autofertiliẓẓànte [comp. di auto- (1) e fertilizzante; 1963] agg. ● (*fis.*) Detto di reattore nucleare in cui sono presenti nuclei non fissili che vengono trasformati in fissili dai neutroni emessi nelle reazioni di fissione.

autofficina [comp. di auto- (2) e officina; 1955] s. f. *1* Officina dove si riparano automobili. *2* (*raro*) Officina mobile montata su autocarro.

autofilettànte [comp. di auto- (1) e il part. pres. di filettare; 1955] agg. ● Detto di vite di acciaio che filetta direttamente il foro mentre viene avvitata.

autofilotranviàrio (o -vià-) [comp. di auto(mobilistico), filo(bus) e tranviario; 1950] agg. ● Relativo agli autobus, ai filobus e ai tram: *rete autofilotranviaria.*

autofinanziamènto [comp. di auto- (1) e finanziamento; 1941] s. m. ● Reimpiego totale o parziale, nell'ambito di un'impresa, degli utili da essa stessa conseguiti.

autofinanziàrsi [comp. di auto- (1) e finanziare; 1961] v. rifl. (*io mi autofinànzio*) ● Provvedere con fonti interne di finanziamento ai fabbisogni aziendali.

autofòcus [dall'ingl. autofocus, comp. di auto- (1) e focus 'fuoco fotografico'; 1984] **A** s. m. inv. ● Speciale dispositivo per la messa a fuoco automatica di un obiettivo. **B** agg. inv. ● Detto di obiettivo, ovvero di macchina fotografica e di proiettore per diapositive dotati di tale dispositivo.

autofurgόne [comp. di auto- (2) e furgone; 1935] s. m. ● Autocarro chiuso: *a. funebre, cellulare.*

autogamìa [comp. di auto- (1) e -gamia; 1913] s. f. *1* (*biol.*) Processo di fecondazione al quale partecipano un gamete femminile e uno maschile prodotti dal medesimo individuo. *2* (*bot.*) Processo di impollinazione nell'ambito del medesimo fiore in cui si è formato il polline, o nell'ambito di fiori diversi della stessa pianta. SIN. Autoimpollinazione, impollinazione diretta. CONTR. Allogamia.

autogèneṣi [comp. di auto- (1) e genesi; 1940] s. f. inv. ● Generazione spontanea di esseri viventi.

autògeno [gr. autogenês, comp. di auto- (1) e -geno; 1875] agg. *1* Che si genera da sé | (*psicol.*) *Training a.*, insieme di tecniche psicoterapeutiche fondate sulla distensione spontanea del soggetto che si concentra su sé stesso. *2* Detto di saldatura di due parti metalliche ottenuta mediante fusione del metallo stesso, senza aggiunta di metallo di apporto o con l'aggiunta di materiale uguale a quello da saldare.

autogestiόne [comp. di auto- (1) e gestione; 1971] s. f. ● Gestione di un'azienda da parte dei lavoratori della stessa | (*est.*) Gestione di un qualsiasi organismo o attività da parte di coloro che vi operano: *a. di una scuola, di un asilo.*

autogestìre [comp. di auto- (1) e gestire; 1983] v. tr. (*io autogestisco, tu autogestisci*) ● Sottoporre ad autogestione.

autogiro [comp. di auto- (2) e giro; 1929] s. m. ● (*aer.*) Aerogiro mosso da una normale elica a motore e sostentato da uno o più rotori folli.

autogòl o **autogoal** /auto'gɔl/ [comp. di auto- (1) e gol; 1908] s. m. inv. *1* Nel calcio, nella pallanuoto e sim., punto a vantaggio della squadra avversaria segnato da un giocatore che manda erroneamente o devia involontariamente il pallone nella propria porta. SIN. Autorete. *2* (*fig.*) Iniziativa che si rivela dannosa per chi l'ha assunta.

autogonfiàbile [comp. di auto- (1) e gonfiabile; 1985] **A** agg. ● Che si gonfia da sé, automaticamente: *canotto, zattera a.* **B** s. m. ● (*mar.*) Battello autogonfiabile di salvataggio, coperto ed attrezzato per la sopravvivenza dei naufraghi.

autogonia [comp. di auto- (1) e -gonia; 1955] s. f. ● Autogenesi.

autogovernàrsi [comp. di auto- (1) e governare; av. 1975] v. rifl. (*io mi autogovèrno*) ● Amministrarsi da soli, senza controlli esterni.

autogovèrno [comp. di auto- (1) e governo; 1890] s. m. ● Facoltà concessa a un gruppo sociale di amministrarsi da solo | *A. locale*, delle comunità locali governate da organi elettivi locali | *A. dei popoli*, concesso ai Paesi che raggiungono l'indipendenza, spec. alle ex-colonie.

autografia [1849] s. f. *1* Caratteristica di ciò che è autografo. *2* Tecnica semplice, ma grossolana e in disuso, per trasportare su pietra litografica o lastra di zinco un disegno eseguito con inchiostro grasso su carta speciale.

autogràfico [1887] agg. (pl. m. -ci) ● Relativo ad autografia: *riproduzione autografica.*

autògrafo [vc. dotta, lat. autŏgraphu(m), nom. autographus, dal gr. autógraphos, comp. di auto- 'auto- (1)' e -graphos '-grafo'; 1740 ca.] **A** agg. ● Scritto di pugno dall'autore: *manoscritto a.* **B** s. m. *1* Manoscritto di opera letteraria vergato di mano propria dall'autore. *2* Qualsiasi documento scritto di pugno da una persona: *abbiamo tre autografi di Garibaldi* | (*est.*) Firma: *chiedere un a. a un famoso attore.*

Autogrill® /auto'gril/ [comp. di auto- (2) e dell'ingl. grill (room) 'rosticceria'; 1963] s. m. ● Posto di ristoro per automobilisti situato nelle aree di servizio delle autostrade.

autogrù [comp. di auto- (2) e gru; 1939] s. f. ● Autoveicolo munito di gru, usato spec. per la rimozione di altri veicoli in avaria o in sosta abusiva. ➡ ILL. **autoveicoli**; **vigili del fuoco.**

autoguìda [comp. di auto- (1) e guida; 1970] s. f. ● (*aer., mil.*) Guida automatica di un missile, un siluro e sim. verso un bersaglio fisso o mobile, mediante informazioni ricevute direttamente dal bersaglio stesso. SIN. Homing.

autoguidàto [1974] agg. ● Detto di ciò che è dotato di autoguida: *missile a.*

autoimbustànte [comp. di auto- (1) e del part. pres. di imbustare] **A** s. m. ● Modulo che si può ripiegare e chiudere a busta. **B** anche agg.: *modulo a.*

autoimmondizie [comp. di auto- (2) e il pl. di immondizia; 1973] s. m. inv. ● Autoveicolo dotato di una parte ribaltabile per il carico e lo scarico delle immondizie. ➡ ILL. **autoveicoli.**

autoimmùne [da autoimmunità; 1985] agg. ● (*med.*) Caratterizzato da autoimmunità, relativo ad autoimmunità: *malattia a.*

autoimmunità [ingl. autoimmunity. V. auto- (1) e immunità; 1983] s. f. ● (*med.*) Stato patologico in cui, per errato riconoscimento immunitario, si ha, in un organismo, produzione di anticorpi specifici contro i costituenti dello stesso organismo.

autoimmunitàrio [comp. di auto- (1) e immunitario; 1985] agg. ● (*biol.*) Autoimmune.

autoimmuniẓẓaziόne [da autoimmunità] s. f. ● (*med.*) Processo spontaneo o indotto in grado di determinare autoimmunità.

autoimpollinaziόne [comp. di auto- (1) e impollinazione; 1961] s. f. ● (*bot.*) Autogamia.

autoincèndio [comp. di auto- (2) e incendio; 1973] s. m. ● Autoveicolo dotato di apposite attrezzature per domare gli incendi. ➡ ILL. **autoveicoli**; **vigili del fuoco.**

autoincensàrsi [comp. di auto- (1) e del rifl. di incensare; 1987] v. rifl. (*io mi autoincènso*) ● Lodare esageratamente sé stessi.

autoindòtto [comp. di auto- (1) e indotto, sul modello di autoinduzione; 1969] agg. ● (*fis.*) Relativo all'autoinduzione.

autoinduttànza [comp. di auto- (1) e induttanza; 1961] s. f. ● (*fis.*) Coefficiente di autoinduzione di un circuito elettrico.

autoinduziόne [calco dell'ingl. self-induction. V. auto- (1) e induzione; 1897] s. f. ● (*fis.*) Produzione di forza elettromagnetica in un circuito elettrico dovuta alla variazione della corrente nel circuito stesso.

autoingànno [comp. di auto- (1) e inganno; 1899] s. m. ● Processo mentale attraverso il quale si tende a dimenticare gli aspetti sgradevoli di una realtà, sostituendoli con altri confortanti e positivi, ma talvolta del tutto immaginari.

autoinnaffiatrìce [comp. di auto- (2) e innaffiatrice; 1930] s. f. ● Autobotte attrezzata per innaffiare le strade.

autoinnèsto [comp. di auto- (1) e innesto; 1987] s. m. ● (*chir.*) Autotrapianto.

autoinstallànte [comp. di auto- (1) e del part. pres. di installare; 1996] agg. ● (*elab.*) Che si trasferisce da sé nel disco rigido di un computer: *programma a.*

autointossicaziόne [fr. autointoxication. V. auto- (1) e intossicazione; 1898] s. f. ● (*med.*) Intossicazione dell'organismo per azione di sostanze tossiche prodotte dallo stesso.

autoinvitàrsi [comp. di auto- (1) e invitarsi; 1989] v. rifl. ● Proporsi come invitato o presentarsi senza invito: *a. a una cena.*

autoipnòṣi [comp. di auto- (1) e ipnosi; 1908] s. f. inv. ● Ipnosi esercitata su sé stessi.

autoironia [comp. di auto- (1) e ironia; 1982] s. f. ● Capacità di ironizzare, ridere di sé stessi.

autolàtra [1884] s. m. e f. (pl. m. -i) ● Chi dà prova di autolatria.

autolatria [comp. di auto- (1) e latria; 1905] s. f. ● (*psicol.*) Esagerata stima e adorazione di sé stesso. SIN. Egolatria.

autolavàggio [comp. di auto- (2) e lavaggio; 1983] s. m. ● Luogo appositamente attrezzato per la pulizia e il lavaggio di autoveicoli.

autolegittimaziόne [comp. di auto- (1) e legittimazione; 1985] s. f. ● Legittimazione del proprio operato effettuata con criteri soggettivi e spec. nell'esclusiva valutazione del proprio interesse.

autoleṣiόne [comp. di auto- (1) e lesione; 1918] s. f. ● (*raro*) Lesione, minorazione e sim. prodotta deliberatamente sul proprio corpo.

autoleṣioniṣmo [comp. di auto- (1) e un deriv. di lesione; 1934] s. m. *1* Il produrre deliberatamente una minorazione, temporanea o permanente, sul proprio corpo. *2* (*fig.*) Atteggiamento di chi cagiona il proprio danno: *il suo discorso è un brillante esempio di a.*

autoleṣionista [1918] s. m. e f. (pl. m. -i) ● Chi commette autolesionismo (*anche fig.*).

autoleṣionìstico [1955] agg. (pl. m. -ci) ● Che è proprio dell'autolesionista o dell'autolesionismo. || **autoleṣionisticaménte**, avv.

autolettiga [comp. di auto- (2) e lettiga; 1929] s. f. ● Autoambulanza.

autolettùra [comp. di auto- (1) e lettura; 1985] s. f. ● Lettura dei contatori che registrano il consumo periodico di acqua, elettricità o gas, compiuta dall'utente stesso e comunicata per posta o per telefono all'azienda erogatrice.

autolimitàrsi [comp. di auto- (1) e la forma rifl. di limitare; 1985] v. rifl. ● Limitare sé stesso in qlco.: *a. nel mangiare.*

autolinea [comp. di auto- (2) e linea; 1950] s. f. ● Linea di comunicazione percorsa regolarmente da autoveicoli pubblici.

autoliquidazióne [comp. di *auto-* (*1*) e *liquidazione*; 1985] **s. f.** ● Calcolo e versamento delle imposte da parte del contribuente.

autòliṣi [comp. di *auto-* (*1*) e del gr. *lýsis* 'scioglimento'; 1955] **s. f. inv.** ● (*med.*) Disintegrazione spontanea delle cellule o dei tessuti per azione di sostanze da essi stessi prodotte.

autolivellànte [comp. di *auto-* (*1*) e il part. pres. di *livellare*; 1985] **agg.** *1* Detto di un sistema capace di mantenere un assetto stabilito: *sospensioni autolivellanti*. *2* Detto di fluido denso capace di disporsi orizzontalmente in modo omogeneo su una superficie: *malta a.*

autològico [vc. dotta, comp. di *auto-* (*1*) e *logico*; 1961] **agg.** (**pl. m.** *-ci*) ● Detto di termine, spec. un aggettivo, che esprime una proprietà riferita a sé stesso: *polisillabico è a. in quanto composto da più di una sillaba.* CONTR. Eterologico.

autòlogo [vc. dotta, comp. di *aut(o)-* e *-ologo*, tratto da *omologo*] **agg.** (**pl. m.** *-ghi*) ● (*biol.*) Relativo ai tessuti propri di un individuo: *trapianto a.*

autòma o †**autòmato** [vc. dotta, lat. tardo *autŏmatu(m)*, dal gr. *autómatos* 'semovente', da *autós*. V. *auto-* (*1*). La forma *automa* è ricavata dal pl. *automati*; 1589] **s. m.** (**pl.** *-i*) *1* Dispositivo meccanico che riproduce i movimenti, e generalmente l'aspetto esterno, dell'uomo e degli animali | In cibernetica, sistema dotato di alcune delle proprietà che caratterizzano gli organismi viventi superiori, compreso l'uomo, quali la capacità di autoregolazione, l'adattamento all'ambiente e l'apprendimento. *2* (*est.*) Chi agisce, si muove e sim. in modo meccanico, senza rendersi conto dei propri atti: *camminare come un a.*; *eseguire un ordine come un a.*; *essere impassibile come un a.*

automàtica [f. sost. di *automatico*; 1978] **s. f.** *1* Scienza e tecnica dell'automazione. *2* Pistola automatica.

automaticità [da *automatico*; 1943] **s. f.** ● Caratteristica di ciò che è automatico: *l'a. di un congegno, di un atto.*

automaticiẓẓàre [1963] **v. tr.** ● Automatizzare.

♦**automàtico** [da †*automato* o dal fr. *automatique*; 1770] **A agg.** (**pl. m.** *-ci*) *1* (*tecnol.*) Detto di operazione che si compie da sé, senza intervento di un manovratore: *chiusura automatica*; *scatto a.* *2* (*est.*) Detto di macchina o meccanismo che, regolato opportunamente, è in grado di compiere date operazioni senza il diretto intervento dell'uomo: *distributore a. dei biglietti* | ***Ricerca automatica***, funzione telefonica che consente a chi chiama di accedere direttamente a una linea libera tra più linee a disposizione | ***Orologio a.***, da polso, nel quale un congegno particolare utilizza i movimenti del braccio per caricare la molla | ***Bottone a.***, bottone metallico in due parti che si incastrano a pressione mediante una molla | ***Arma automatica***, arma da fuoco moderna a ripetizione, in cui appositi congegni provvedono all'estrazione del bossolo scarico ed al ricaricamento | ***Pilota a.***, autopilota. *3* (*fig.*) Detto di movimento eseguito senza la diretta partecipazione della coscienza e della volontà: *gesti automatici*; *fece un a. cenno del capo* | Detto di ciò che si verifica come diretta conseguenza di un altro fatto: *l'aumento del prezzo della benzina provoca l'a. aumento di tutti gli altri prezzi.* || **automaticaménte**, **avv.** **B s. m.** *1* Bottone automatico. *2* Fucile automatico, spec. da caccia.

automatiṣmo [fr. *automatisme*; 1819] **s. m.** *1* Caratteristica, condizione di ciò che è automatico: *l'a. di una lavorazione meccanica, di una macchina.* *2* Attrezzatura automatica che sostituisce completamente l'attività manuale per l'esecuzione di un'operazione. *3* (*psicol.*) Carattere degli atti compiuti meccanicamente, senza partecipazione della coscienza. *4* Norma che, spec. in campo economico, determina incrementi, adeguamenti, correttivi automatici: *a. contrattuale, salariale.*

automatiẓẓàre [fr. *automatiser*; 1943] **v. tr.** ● Rendere automatico | ***A. gli impianti***, in modo da renderli efficienti al massimo con limitato intervento della manodopera.

automatiẓẓazióne [1943] **s. f.** ● Automazione.

†**autòmato** ● V. *automa*.

automazióne [ingl. *automation*, accorciamento di *automatization*; 1955] **s. f.** ● Impiego di apparecchiature automatiche nell'esecuzione e nel controllo dei processi | Correntemente, automatica.

automedicazióne [comp. di *auto-* (*1*) e *medicazione*; 1988] **s. f.** ● Terapia praticata con farmaci per il cui acquisto non c'è obbligo di ricetta medica: *l'aspirina è un medicinale di a.*

automedónte [da *Automedonte*, n. dell'auriga di Achille; 1847] **s. m.** ● (*lett.*, *scherz.*) Cocchiere.

automercàto [comp. di *auto-* (*2*) e *mercato*; 1985] **s. m.** *1* Mercato automobilistico. *2* Esercizio commerciale che si occupa della compravendita di automobili.

automèẓẓo [comp. di *auto-* (*2*) e *mezzo* (di trasporto); 1935] **s. m.** ● Autoveicolo.

automobilàstro [1950] **s. m.** (**f.** *-a*) ● (*spreg.*) Automobilista inesperto o spericolato.

♦**automòbile** [fr. *automobile*, comp. di *auto-* 'auto- (1)' e *mobile* 'che si muove'; 1892] **A agg.** ● (*disus.*) Che si muove per forza propria: *congegno, macchina a.* **B s. f.** ● Veicolo, generalmente a quattro ruote, mosso da un proprio motore per lo più a combustione interna e destinato al trasporto su strada di un numero limitato di passeggeri | ***A. da corsa***, monoposto, di linea aerodinamica e con motore potentissimo, usata per gare in pista | ***A. elettrica***, mossa da uno o più motori elettrici | ***A. sportiva***, generalmente a due posti, molto veloce | (*disus.*) ***A. di piazza***, taxi. ➡ ILL. p. 2164-2167 TRASPORTI. || **automobilàccia**, **pegg.** | **automobilina**, **dim.** (V.) | **automobilóna**, **accr.**

AUTOMOBILE
nomenclatura

automobile
● *tipi di automobile*: berlina ⇔ limousine, convertibile = decappottabile = cabriolet, coupé, giardinetta, da gran turismo, berlina, da turismo veloce, spider = a due posti, sportiva, familiare, pick up, monovolume, station-wagon, utilitaria, city car, diesel, benzina, elettrica, fuoristrada, pulmino; veloce, potente, di rappresentanza, d'occasione; nuova ⇔ vecchia = usata = di seconda mano, macinino = catorcio = bagnarola = carcassa, di serie ⇔ fuori serie, pubblica ⇔ privata; taxi, auto blu, auto blindata, autopattuglia, autocivetta, pantera della polizia, auto pirata, autobomba; prototipo, auto da corsa = monoposto da competizione;
● *gare automobilistiche*: autodromo, circuito, curva, giro, rettilineo, starter, box, gran premio, griglia di partenza, prove, pole position; rally, gare di velocità, gare di regolarità; scuderia, muletto, formula uno, due, tre, formula tremila; dragster, kart = go-kart; alettone, minigonna;
● *persone*: automobilista, corridore automobilista = pilota, kartista; navigatore; sponsor;
● *officina meccanica* (di riparazione): autoriparazione, revisione, controllo, diagnosi; convergenza fari, convergenza ruote, equilibratura gomme, registrazione freni, registrazione frizione, rettifica cilindri, rettifica valvole, smerigliatura valvole, sabbiatura candele, grafitaggio, revisione motore; buca per riparazioni, ponte di lavaggio;
● *persone*: meccanico riparatore, elettrauto, carburatorista, radiatorista;
● *autoveicoli speciali*: autobus, autotreno, autocarro, autopompa, autoambulanza, autolettiga, autoemoteca, autobetoniera, autoblindo, autobruco = cingolato, autobotte, autocestello, autogrù, autopompa, autoscala, autoinnaffiatrice, autospazzatrice, spazzaneve, autostarter, bisarca, camper, autocaravan, autohome, carro attrezzi; autocarro = camion, autotreno, autoarticolato, motrice, bilico = semirimorchio, ralla; medio, pesante, leggero; a cassone (centina, telone), a furgone (con cassone ribaltabile, frigorifero, con rimorchio); autobotte = autocisterna, autosnodato; autospeaker;
● *azioni*: avviare il motore, mettere in moto, guidare = pilotare, sorpassare, segnalare, sterzare, rallentare, accelerare, sgommare, frenare, parcheggiare, bloccare i freni, decelerare, investire, slittare, derapare, urtare, sbandare, tamponare, scontrarsi, ribaltarsi, grippare, imballare il motore, fondere le bronzine, forzare il motore, rodare, mettere in folle, cambiare, sostare, fare rifornimento, fare il pieno, riparare, revisionare, smontare, mettere a punto, vulcanizzare, cambiare una gomma = una ruota.

automobilina [1943] **s. f.** *1* Dim. di *automobile*. *2* Piccola vettura elettrica con cui, nei parchi di divertimento, si corre su apposite piste.

automobiliṣmo [1898] **s. m.** ● Tutto ciò che riguarda gli autoveicoli e il loro impiego | (*per anton.*) Sport delle corse in automobile.

♦**automobilista** [1899] **s. m. e f.** (**pl. m.** *-i*) ● Chi guida un'automobile | Chi pratica l'automobilismo.

automobilistico [1905] **agg.** (**pl. m.** *-ci*) ● Che si riferisce all'automobile o all'automobilismo: *corse, gare automobilistiche* | Che si riferisce agli autoveicoli: *patente automobilistica*; *registro a.* || **automobilisticaménte**, **avv.**

automodelliṣmo [comp. di *auto-* (*2*) e *modellismo*; 1979] **s. m.** ● Tecnica e attività che riguardano la riproduzione in scala ridotta di modelli d'automobile | Collezionismo di modelli d'automobile di piccole dimensioni.

automontàto [comp. di *auto-* (*2*) e *montato*; 1942] **agg.** ● Montato su automezzi: *reparti automontati.*

automorfiṣmo [comp. di *auto-* (*1*) e *-morfismo*] **s. m.** ● (*mat.*) Isomorfismo in cui dominio e immagine del dominio sono la stessa struttura | Correntemente, isomorfismo di una struttura su sé stessa.

automotóre [fr. *automoteur*. V. *auto-* (*1*) e *motore*; 1871] **agg.** (**f.** *-trice* (V.)) ● Detto di macchina o impianto che funziona per mezzo di un motore in essa contenuto.

automotrice [comp. di *auto-* (*1*) e *motrice*; 1892] **s. f.** ● Vettura ferroviaria, tranviaria o filoviaria a trazione autonoma per il trasporto di passeggeri, adibita anche al traino di rimorchi. ➡ ILL. p. 2168 TRASPORTI.

automutilazióne [comp. di *auto-* (*1*) e *mutilazione*; 1892] **s. f.** ● Il mutilare sé stessi | Il procurarsi diminuzioni nell'integrità fisica per fini illeciti.

autònica [comp. di *auto-* (*2*) e (*elettro*)*nica*; 1987] **s. f.** ● Elettronica applicata agli autoveicoli.

autonoleggiatóre [1965] **s. m.** (**f.** *-trice*) ● Proprietario o gerente di un autonoleggio.

autonoléggio [comp. di *auto-* (*1*) e *noleggio*; 1941] **s. m.** ● Noleggio di automobili | Azienda che esercita tale attività.

autonomìa [vc. dotta, gr. *autonomía*. V. *autonomo*; av. 1739] **s. f.** *1* Capacità di governarsi con proprie leggi: *l'a. dello Stato*; *a. legislativa regionale*; *a. politica, amministrativa.* *2* (*est.*) Indipendenza: *l'a. dell'ordine giudiziario* | ***A. contrattuale***, libertà riconosciuta ai privati di concludere contratti previsti dalla legge o non previsti o previsti solo in parte. *3* (*est.*) Capacità di pensare e di agire liberamente, senza subire influenze estranee: *conservare la propria a.* *4* (*polit.*) Movimento extraparlamentare, sorto intorno al 1970, che rifiuta totalmente le istituzioni tradizionali. *5* In impianti, macchinari e sim., capacità di funzionare per un certo periodo senza ulteriore rifornimento di energia | Distanza che un mezzo di trasporto può percorrere con il quantitativo di combustibile di cui è capace il serbatoio, e il periodo di tempo corrispondente.

autonomiṣmo [1941] **s. m.** ● Tendenza all'autonomia politica o amministrativa.

autonomista [1862] **A s. m. e f.** (**pl. m.** *-i*) ● Fautore dell'autonomia politica o amministrativa. **B agg.** ● Autonomistico.

autonomistico [1955] **agg.** (**pl. m.** *-ci*) ● Relativo all'autonomismo o agli autonomisti.

♦**autònomo** [vc. dotta, gr. *autónomos* 'che si governa con proprie leggi', comp. di *auto-* 'auto- (1)' e *nómos* 'legge'; av. 1755] **A agg.** *1* Dotato di autonomia: *ente a.*; *regione autonoma*; *azienda autonoma* | ***Lavoro a.***, che si presta senza vincolo di subordinazione. *2* (*est.*) Libero, indipendente: *essere a. nelle proprie decisioni*; *attività autonoma* | Non condizionato da altri fattori: *mutamento fonetico a.* *3* (*anat.*) ***Sistema nervoso a.***, V. *nervoso*. || **autonomaménte**, **avv.** **B s. m.** (**f.** *-a*) *1* (*polit.*) Chi si riconosce nelle posizioni del movimento dell'Autonomia. *2* Chi aderisce a organizzazioni sindacali di settore non collegate con i sindacati confederali CGIL-CISL-UIL. *3* Lavoratore autonomo.

autoparchéggio [comp. di *auto-* (*1*) e *parcheggio*; 1942] **s. m.** ● Parcheggio per autoveicoli.

autopàrco [comp. di *auto-* (*1*) e *parco*; 1939] **s.**

m. (pl. *-chi*) **1** Autoparcheggio. **2** Il complesso degli autoveicoli addetti a un servizio o a un ente.

autopattùglia [comp. di *auto-* (*2*) e *pattuglia*; 1983] s. f. ● Pattuglia di agenti delle forze dell'ordine che compiono servizio di vigilanza a bordo di un'automobile.

autopiàno [comp. di *auto-* (*1*) e *piano* 'pianoforte'; 1926] s. m. ● (*mus.*) Pianola.

autopilòta [comp. di *auto-* (*1*) e *pilota*; 1934] s. m. (pl. *-i*) ● Servomeccanismo, usato a bordo di aeromobili o natanti, che a partire dai dati forniti da un sistema di navigazione inerziale o da una bussola, permette di seguire una rotta prestabilita senza l'intervento del pilota. SIN. Pilota automatico | *A. giroscopico*, che funziona a mezzo di giroscopi.

autopìsta [comp. di *auto-* (*1*) e *pista*; 1935] s. f. **1** Strada naturale in regione desertica, percorribile da autoveicoli. **2** Nei parchi di divertimento, pista per piccole automobili elettriche.

autoplastìa [fr. *autoplastie*, comp. di *auto-* 'auto- (1)' e del gr. *plássō* 'io faccio'; 1961] s. f. ● (*med.*) Riparazione chirurgica di difetti organici con innesti prelevati dallo stesso individuo.

autoplàstica [1863] s. f. ● Autoplastia.

autopoièṣi [comp. di *auto-* (*1*) e *-poiesi*; 1985] s. f. inv. ● Capacità di un sistema spec. vivente di riprodurre sé stesso mantenendo invariate le proprie caratteristiche e la propria organizzazione.

autopómpa [comp. di *auto-* (*2*) e *pompa*; 1933] s. f. ● Autocarro attrezzato con pompa antincendio e prese d'acqua.

autoportànte [comp. di *auto-* (*1*) e *portante*; 1974] agg. ● (*ing.*, *mecc.*) Detto di struttura che ha la capacità di sostenere sé stessa, eliminando così parte delle normali strutture di sostegno.

autopòrto [comp. di *auto-* (*1*) e *porto*; 1969] s. m. ● Ampio luogo di sosta per autoveicoli di trasporto e commerciali, situato nei pressi di un posto di frontiera o della periferia di grandi città, per uno smistamento o sdoganamento più veloce delle merci e per evitare ingorghi di traffico sulle strade.

autopostàle [comp. di *auto* (*2*) e *postale*] **A** s. m. ● (*elvet.*) Autobus delle Poste Federali Svizzere. **B** anche agg.: *servizio a.*

autopropulsióne [comp. di *auto-* (*1*) e *propulsione*; 1965] s. f. ● Propulsione di un corpo qualsiasi dovuta a sviluppo o trasformazione d'energia all'interno del corpo stesso.

autopropùlso [1955] agg. ● Detto di missile, bomba e sim. dotati di un dispositivo atto a farli muovere.

autoprotètto [comp. di *auto-* (*1*) e del part. pass. di *proteggere*; 1987] agg. ● Detto di apparecchiatura provvista di un sistema automatico di protezione: *sirena antifurto autoprotetta* | *Tubo a.*, tubo radiologico che indirizza i raggi X in modo che il radiologo non sia toccato dalle radiazioni.

autopsìa [vc. dotta, gr. *autopsía* 'l'osservare coi propri occhi', comp. di *auto-* 'auto- (1)' e *ópsis* 'vista', prob. attrav. il fr. *autopsie*; 1828] s. f. ● Esame e descrizione di un corpo dopo la morte mediante dissezione, per scopi didattico-scientifici o medico-legali, al fine di determinare le cause e il momento del decesso.

autòptico [1913] agg. (pl. m. *-ci*) ● Relativo ad autopsia: *esame a.*

autopùbblica [comp. di *auto-* (*1*) e *pubblico*; 1935] s. f. ● Automobile adibita a servizio pubblico, taxi.

autopulènte [comp. di *auto-* (*1*) e il part. pres. di *pulire*; 1983] agg. ● Detto di impianto o apparecchiatura i cui rifiuti si eliminano automaticamente con processi chimici | *Forno a.*, quello per la cottura dei cibi che elimina automaticamente i residui.

autopùllman /auto'pulman/ [comp. di *auto-* (*2*) e *pullman*; 1942] s. m. inv. ● Autobus turistico o di linea.

autopunitìvo [comp. di *auto-* (*1*) e *punitivo*; 1985] agg. ● Di autopunizione, relativo ad autopunizione: *meccanismi autopunitivi*.

autopunizióne [comp. di *auto-* (*1*) e *punizione*; 1955] s. f. ● (*psicol.*) Desiderio inconscio di punirsi in conseguenza di un complesso di colpa.

autoràdio [comp. di *auto-* (*2*) e *radio* (*4*); 1942] s. f. inv. **1** Apparecchio radioricevente per autoveicoli. **2** (*disus.*) Radiomobile.

autoradùno [comp. di *auto-* (*1*) e *raduno*; 1942] s. m. ● Raduno di automobili, spec. a scopo sportivo o propagandistico.

♦**autóre** [vc. dotta, lat. *auctōre*(*m*) 'colui che fa avanzare, il promotore, il fattore', da *augēre* 'far crescere, accrescere'; av. 1292] s. m. (f. *-trice*) **1** Chi dà origine, genera, causa, determina e sim. qlco.: *l'a. di un danno, di un crimine*; *è l'a. della nostra rovina* | (*dir.*) *A. mediato*, chi commette un reato per mezzo di altra persona | *Il sommo A.*, (*per anton.*) Dio. **2** (*dir.*) Dante causa. **3** Chi ha creato un'opera letteraria, artistica, scientifica: *l'a. di un romanzo, di un trattato* | *Diritto d'a.*, diritto morale e patrimoniale spettante all'autore sulle opere dell'ingegno letterarie e artistiche di carattere creativo; correntemente, compenso spettante all'autore che abbia concluso un contratto di edizione | *Quadro d'a.*, di artista noto e di valore | *Fuori l'a.*, espressione spec. entusiastica del pubblico a teatro | (*per anton.*) Scrittore: *gli autori classici*; *autori latini*. || **autoróne**, accr. | **autorùccio**, **autorùzzo**, dim.

autoreattóre [comp. di *auto-* (*1*) e *reattore*; 1955] s. m. ● Particolare aeroreattore per altissime velocità, in cui la compressione dell'aria elimina il compressore e le sue turbine motrici, cioè tutti gli organi rotanti. SIN. Statoreattore.

autoreferènza [vc. dotta, comp. di *auto-* (*1*) e *referenza*; 1988] s. f. ● (*filos.*) Procedimento logico o linguistico per cui un concetto o un enunciato si riferisce a sé stesso | Nella teoria dei sistemi del sociologo tedesco N. Luhmann (1927-1998), proprietà di un sistema di riferirsi a elementi e operazioni interne a esso e distinte da quelle dell'ambiente circostante.

autoreferenziàle [1985] agg. **1** (*filos.*) Detto di ciò che possiede la proprietà dell'autoreferenza. **2** (*est.*) Che fa riferimento solo a sé stesso e alla propria realtà: *il mondo degli adolescenti è a.*; *una polemica sterile e a.*; *un'organizzazione rigida e a.*

autoreggènte [comp. di *auto-* (*1*) e del part. pres. di *reggere*; 1987] agg. ● Detto di calza da donna, lunga fino alla coscia, con un bordo elastico alto in grado di sostenerla senza bisogno di reggicalze.

autoregolamentazióne [comp. di *auto-* (*1*) e *regolamentazione*; 1979] s. f. ● Emanazione di norme atte a regolamentare la propria condotta, spec. nell'ambito sindacale: *a. del diritto di sciopero.*

autoregolazióne [comp. di *auto-* (*1*) e *regolazione*; 1943] s. f. ● Regolazione automatica di impianti e sim.

autorepàrto [comp. di *auto-* (*2*) e *reparto*; 1965] s. m. **1** (*mil.*) Reparto dotato di automezzi. **2** Insieme di uomini e mezzi addetti agli autoveicoli dell'esercito o di altro organismo.

autorespiratóre [comp. di *auto-* (*1*) e *respiratore*; 1941] s. m. ● Dispositivo alimentato da ossigeno che serve per la respirazione subacquea o in ambienti mefitici. ➡ ILL. **pesca**; **vigili del fuoco.**

autoréte [comp. di *auto-* (*1*) e *rete*; 1942] s. f. ● Autogol.

autoreverse /autore'vɛrs/ [comp. di *auto-* (*1*) e dell'ingl. *reverse* 'rovescio'; 1981] s. m. inv. ● In un registratore magnetico a cassette, funzione che consente l'ascolto continuo e successivo dei due lati di una cassetta, mediante l'inversione automatica del senso di trascinamento del nastro.

autorévole [vc. dotta, lat. tardo *auctorābile*(*m*), da *auctor* 'autore'; 1353] agg. ● Che ha autorità: *uno scrittore a.* | (*est.*) Che proviene da persona tenuta in molta considerazione: *giudizio, consiglio, proposta a.* || **autorevolménte**, avv.

autorevolézza [av. 1676] s. f. ● Caratteristica di chi (o di ciò che) è autorevole.

autoribaltàbile [comp. di *auto-* (*1*) e *ribaltabile*; 1970] s. m. ● Autocarro con cassone ribaltabile.

autoricàmbio [comp. di *auto-* (*2*) e di *ricambio*; 1985] s. m. (spec. al pl. nel sign. 2) **1** Settore che produce e commercializza ricambi per autoveicoli. **2** Pezzo di ricambio per autoveicoli: *magazzino di autoricambi* | Negozio in cui si vendono tali pezzi di ricambio.

autoricaricàbile [comp. di *auto-* (*1*) e *ricaricabile*; 1998] **A** agg. ● Che viene ricaricata durante l'uso, detto di scheda telefonica prepagata per telefono cellulare. **B** s. f. ● Scheda autoricaricabile.

autoridùrre [comp. di *auto-* (*1*) e *ridurre*; 1971] v. tr. (coniug. come *ridurre*) ● Ridurre da sé: *autoridursi lo stipendio* | Praticare l'autoriduzione: *si sono autoridotti l'affitto.*

autoriduttóre [1977] s. m. (f. *-trice*) ● Chi pratica l'autoriduzione.

autoriduzióne [1971] s. f. ● Forma di contestazione sociale consistente nella riduzione del prezzo di un qualsiasi bene o servizio, decisa da un singolo o, più spesso, da un gruppo organizzato.

autoriferiménto [comp. di *auto-* (*1*) e *riferimento*; 1986] s. m. **1** Nella teoria dei sistemi, proprietà di un sistema di riferirsi a sé stesso, indipendentemente dall'ambiente esterno. **2** (*psicol.*) Tendenza a riferire a sé stessi gli avvenimenti della realtà circostante.

autoriméssa [comp. di *auto-* (*2*) e *rimessa*; 1923] s. f. ● Locale o gruppo di locali adibiti alla custodia di veicoli, con annessi i servizi inerenti.

autoriparazióne [comp. di *auto-* (*2*) e *riparazione*; 1970] s. f. ● Luogo in cui si effettuano riparazioni su autoveicoli.

♦**autorità** o †**autoritàde**, †**autoritàte** [vc. dotta, lat. *auctoritāte*(*m*), da *auctor* 'autore'; av. 1306] s. f. **1** (*dir.*) Potere, tutelato dalla legge, di emanare atti vincolanti l'attività dei destinatari: *l'a. della legge, dello Stato*; *non riconoscere nessuna a.* | *Agire d'a.*, in base a un potere legittimo | (*est.*) Forza vincolante per disposizione di legge: *a. di cosa giudicata.* **2** Complesso di organi, dotati di tale potere, esplicanti specifiche funzioni: *a. legislativa, giudiziaria, governativa* | (*per anton.*) Singolo organo, cui spetta nel caso concreto di esplicare le proprie funzioni | *L'a. costituita*, riconosciuta dallo Stato | Authority: *un'a. monetaria europea*; *l'A. per l'informatica.* **3** (*al pl.*, *est.*) Insieme degli individui titolari di pubblici uffici: *a. civili, militari, ecclesiastiche*; *le a. cittadine.* **4** Ascendente, influsso che una persona esercita sulle altre: *abusare della propria a.* **5** (*est.*) Credito, stima, prestigio: *il pregio … della vecchiezza, el quale sia non altro che autoritate* (ALBERTI) | Testimonianza autorevole: *l'a. di un filosofo, di uno scrittore* | *Principio d'a.*, quello per cui una tesi filosofica o scientifica si ritiene valida non intrinsecamente ma per l'autorevolezza di chi la sostiene. **6** (*est.*) Chi, per grande esperienza, competenza e sim., gode di un particolare ascendente e di un'alta stima nell'ambito dei suoi interessi, studi, attività: *è un'a. nel campo matematico.* **7** (*raro, lett.*) Autorevolezza, serietà: *di grande a. ne' lor sembianti* (DANTE *Inf.* IV, 113).

autoritarietà [da *autoritario*; 1991] s. f. ● Caratteristica del provvedimento amministrativo che consiste nella sua idoneità a comportare unilateralmente modificazioni nella sfera giuridica del destinatario.

autoritàrio [fr. *autoritaire*, dal lat. *auctōritas* 'autorità'; 1870] agg. ● Che fa valere la propria autorità con fermezza intransigente e talvolta eccessiva: *padre a.*; *preside a.* | Tipico di chi è autoritario: *usare un tono a., dei modi autoritari* | (*est.*, *raro*) Prepotente: *carattere a. e ribelle* | *Governo a.*, dispotico | *Stato a.*, quello in cui l'esecutivo accentra in sé tutti i poteri limitando o negando il ruolo dell'opposizione e le libertà individuali. || **autoritariaménte**, avv.

autoritarìṣmo [1880] s. m. ● Forma di esagerata autorità esercitata da persone o istituzioni.

†**autoritàte** ● V. *autorità*.

autoritatìvo [1666] agg. ● (*raro*) Deciso o imposto d'autorità | (*disus.*) Autoritario. || **autoritativaménte**, avv. (*raro*) Con autorità.

autoritràtto [comp. di *auto-* (*1*) e *ritratto*; 1913] s. m. **1** Ritratto di sé stesso, dipinto, scolpito, disegnato. **2** (*letter.*, *est.*) Descrizione dei propri caratteri fisici e morali.

♦**autorizzàre** [fr. *autoriser*, dal lat. mediev. *auctorizare*, dal lat. *auctoritas* 'autorità'; 1623] v. tr. (qlcu. o qlco.; + *a* seguito da inf.) **1** Permettere, dare facoltà di compiere una determinata azione: *mi hanno autorizzato a parlarti*; *le autorità competenti non hanno autorizzato l'apertura del locale.* **2** Giustificare, legittimare: *il suo comportamento autorizza i nostri sospetti.*

autorizzazióne [fr. *autorisation*, da *autoriser* 'autorizzare'; 1644] s. f. **1** Permesso di compiere una determinata azione. **2** (*dir.*) Atto di privato o di autorità amministrativa che conferisce a un soggetto la giuridica potestà di esercitare un diritto rimuovendo gli ostacoli e i limiti posti dalla legge all'esercizio dello stesso | Documento contenente tale atto | *A. a procedere*, atto con cui un'autorità a ciò legittimata consente l'inizio o la prosecuzione dell'azione penale nei confronti di una certa persona o per un certo reato.

autoroulotte /autoru'lɔt/ [comp. di *auto-* (*2*) e *roulotte*; 1979] **s. f.** ● Autoveicolo formato da una roulotte montata sul telaio di un camioncino. CFR. Camper.

autosalóne [comp. di *auto* (*1*) e *salone*; 1961] **s. m.** ● Locale adibito all'esposizione di automobili in vendita.

autoscàfo [fr. *autoscaphe*. V. *auto-* (*2*) e *scafo*; 1908] **s. m.** ● (*raro*) Motoscafo.

autoscàla [comp. di *auto-* (*2*) e *scala*; 1933] **s. f.** *1* Scala estensibile montata su autocarro e usata spec. dai vigili del fuoco e dagli elettricisti. ➡ ILL. **autoveicoli**; **vigili del fuoco**. *2* (*est.*) Scala idraulica montata su autocarro e usata per lavori di manutenzione, riparazione, potatura e sim. a grande altezza.

autoscàtto [comp. di *auto-* (*1*) e *scatto*; 1935] **s. m.** ● (*fot.*) Dispositivo che permette di far scattare automaticamente l'otturatore dopo un numero di secondi prestabilito.

autoscioglimento [comp. di *auto-* (*1*) e *scioglimento*; 1941] **s. m.** ● Scioglimento di un ente, di un partito e sim. attuato dagli elementi stessi che lo compongono.

♦**autoscóntro** [comp. di *auto-* (*2*) e *scontro*; 1965] **s. m.** ● Nei parchi di divertimento, piccola vettura elettrica che su apposita pista si porta allo scontro con altre simili | Pista attrezzata su cui circolano tali vetture.

autoscuòla [comp. di *auto-* (*2*) e *scuola*; 1941] **s. f.** *1* Scuola per l'insegnamento teorico e pratico della guida degli autoveicoli. *2* Automobile, munita di doppi comandi, sulla quale si apprende la guida da un istruttore.

autosemàntico [comp. di *auto-* (*1*) e *semantico*] **agg.** (**pl. m.** *-ci*) ● (*ling.*) Detto di parola che ha un significato autonomo, indipendente dal contesto. CONTR. Sinsemantico.

autoservìzio [comp. di *auto-* (*2*) e *servizio*; 1952] **s. m.** ● Autolinea | (*al pl.*) Rete di autolinee.

autosilo [comp. di *auto-* (*1*) e *silo*; 1967] **s. m.** (**pl.** *-i* o *autosilos*) ● Vasto locale per parcheggio urbano di autoveicoli, a più piani, anche sotterraneo.

autosnodàto [comp. di *auto-* (*2*) e *snodato*; 1963] **s. m.** ● Veicolo per il trasporto stradale costituito da due o più elementi collegati non rigidamente tra loro. CFR. Autoarticolato. ➡ ILL. **autoveicoli**.

autosoccórso [comp. di *auto-* (*1*) e *soccorso*; 1983] **s. m.** *1* Autoveicolo dotato di attrezzatura per la rimozione o il traino di autovetture che hanno subito guasti o incidenti. ➡ ILL. **autoveicoli**. *2* Il servizio effettuato con tale autoveicolo.

autosòma [comp. di *auto-* e *-soma*, tratto da *cromosoma*; 1932] **s. m.** (**pl.** *-i*) ● (*biol.*) Ognuno dei cromosomi che non concorre alla determinazione genotipica del sesso.

autospazzatrice [comp. di *auto-* (*2*) e *spazzatrice*; 1941] **s. f.** ● Autoveicolo attrezzato per la pulizia delle strade, per lo più munito di spazzolone rotante.

autospurgatóre [comp. di *auto-* (*2*) e *spurgatore*; 1973] **s. m.** ● Autobotte con lungo braccio flessibile a pompa aspirante, attrezzata per spurgare chiusini, tombini e gener. condotti del sistema fognario stradale.

autossidazióne [comp. di *auto-* (*1*) e *ossidazione*; 1955] **s. f.** ● Ossidazione di una sostanza che avviene spontaneamente spec. per reazione con l'ambiente in cui è posta: *l'a. dei grassi, degli oli.*

autostàrter /autos'tarter/ [comp. di *auto-* (*2*) e *starter*; 1965] **s. m. inv.** *1* (*sport*) Nel trotto, automobile attrezzata posteriormente con due transenne pieghevoli che, disposte orizzontalmente, chiudono la pista per tutta la larghezza, e dietro le quali i cavalli, nella fase di partenza, si allineano man mano che l'automobile accelera: *partenza con l'a.* *2* (*autom.*) Nei moderni motori a iniezione elettronica, starter che si inserisce e disinserisce automaticamente in base al regime di funzionamento raggiunto dal motore.

autostazióne [comp. di *auto* (*1*) e *stazione*; 1961] **s. f.** *1* Stazione di servizio per rifornimento, pulizia, revisione e riparazione degli autoveicoli. *2* Stazione ove fanno capo più autolinee.

autostìma [comp. di *auto-* (*1*) e *stima*; 1985] **s. f.** ● (*psicol.*) Valutazione positiva o negativa di sé, che esprime la misura in cui una persona si considera capace, importante e di valore.

autostòp [comp. di *auto* (*1*) e dell'ingl. (*to*) *stop* 'fermare'; 1951] **s. m. inv.** ● Il fermare autoveicoli in transito per chiedere un passaggio | Il trasporto stesso.

autostoppista [1959] **s. m. e f.** (**pl. m.** *-i*) ● Chi pratica l'autostop.

♦**autostràda** [comp. di *auto-* (*2*) e *strada*; 1924] **s. f.** *1* Strada riservata agli autoveicoli e ai motoveicoli di cilindrata superiore a un minimo stabilito, priva di attraversamenti e gener. a due o più carreggiate divise da uno spartitraffico, con pendenze ridotte e curve del più ampio raggio possibile per consentire alte velocità: *a. libera*, *a. pedaggio* | *A. del Sole*, quella che da Milano porta verso il sud dell'Italia. *2* (*elab.*) *A. informatica*, sistema per la trasmissione bidirezionale di grandi quantità di dati fra più utenti; si basa sull'impiego di fibre ottiche e di elaboratori che gestiscono il traffico delle comunicazioni.

AUTOSTRADA
nomenclatura

autostrada
● *caratteristiche*: libera ⇔ a pagamento, a due corsie, a tre corsie;
casello, barriera, ingresso, posto di pagamento del pedaggio, Viacard, Telepass, uscita, isola spartitraffico, guardrail, siepe, cordonata, pannello antiabbagliante, pannello antirumore, piazzola di sosta, area di sosta, colonnina del soccorso stradale, area di parcheggio, stazione o area di servizio, autogrill, raccordo, rampa di raccordo, corsia (di marcia normale, di sorpasso, di accelerazione, di uscita, di decelerazione, di emergenza), bretella, Autovelox.

autostradàle [1941] **agg.** ● Che si riferisce ad autostrada.

autostrangolamento [comp. di *auto-* (*1*) e *strangolamento*] **s. m.** ● Forma di omicidio adottata dalla mafia. CFR. Incaprettamento.

autosufficiènte [comp. di *auto-* (*1*) e *sufficiente*; 1965] **agg.** ● Che basta a sé stesso, che non necessita dell'aiuto di altri | Che è economicamente autonomo.

autosufficiènza [comp. di *auto-* (*1*) e *sufficienza*; 1935] **s. f.** ● Caratteristica di chi (o di ciò che) è autosufficiente.

autosuggestionàbile [1961] **agg.** ● Che si autosuggestiona facilmente.

autosuggestionàrsi [1898] **v. rifl.** (*io mi autosuggestióno*) ● Suggestionarsi da sé.

autosuggestióne [comp. di *auto-* (*1*) e *suggestione*; 1886] **s. f.** *1* Suggestione esercitata su sé stesso. *2* (*psicol.*) Tecnica psicoterapeutica che si propone di migliorare le proprie condizioni di salute o il proprio comportamento mediante la ripetizione di formule verbali.

autosuggestivo [comp. di *auto-* (*1*) e *suggestivo*; 1983] **agg.** ● Di autosuggestione, relativo ad autosuggestione: *fenomeno a.*

autotassàrsi [comp. di *auto-* (*1*) e *tassare*; 1981] **v. rifl.** ● Eseguire l'autotassazione.

autotassazióne [comp. di *auto-* (*1*) e *tassazione*; 1978] **s. f.** ● Pagamento delle imposte sul reddito, calcolato ed effettuato per obbligo di legge dal contribuente stesso, presso gli sportelli di un istituto di credito autorizzato che provvederà poi a versare l'importo alla tesoreria dello Stato.

autotelàio [comp. di *auto-* (*2*) e *telaio*; 1961] **s. m.** ● Telaio dell'autoveicolo, privo di carrozzeria, ma fornito degli organi meccanici.

autotipia [comp. di *auto-* (*1*) e *-tipia*] **s. f.** ● (*tipogr.*) Zincografia.

autotomia [comp. di *auto-* (*1*) e del gr. *tomḗ* 'taglio'; 1913] **s. f.** ● (*zool.*) Amputazione spontanea di una parte del corpo compiuta a scopo di difesa da alcuni animali, soprattutto invertebrati.

autotrainàto [comp. di *auto-* (*2*) e *trainato*, part. pass. di *trainare*; 1970] **agg.** ● Trainato mediante automezzi: *cannone a.*

autotrapiànto [comp. di *auto-* (*1*) e *trapianto*; 1987] **s. m.** *1* (*chir.*) Trapianto di un tessuto da una parte a un'altra dello stesso organismo: *a. di cute negli ustionati*, *a. di midollo*. *2* (*chir.*) Tessuto od organo trapiantato nello stesso individuo. SIN. Autoinnesto.

autotrasformatóre [comp. di *auto-* (*1*) e *trasformatore*; 1961] **s. m.** ● (*elettr.*) Trasformatore il cui avvolgimento secondario non è elettricamente distinto dall'avvolgimento primario.

autotrasfusióne [comp. di *auto-* (*1*) e *trasfusione*; 1963] **s. f.** ● (*med.*) Trasfusione in un individuo di sangue proprio precedentemente prelevato. SIN. Autoemotrasfusione.

autotrasportàre [comp. di *auto-* (*2*) e *trasportare*; 1965] **v. tr.** (*io autotraspòrto*) ● Trasportare persone o cose mediante autoveicoli.

autotrasportatóre [1956] **s. m.** (**f.** *-trice*) ● Chi esegue autotrasporti.

autotraspòrto [comp. di *auto-* (*2*) e *trasporto*; 1934] **s. m.** ● Trasporto di persone o di merci mediante autoveicoli.

autotrazióne [comp. di *auto-* (*1*) e *trazione*; 1941] **s. f.** ● Trazione di mezzi meccanici capaci di movimento autonomo, come autovetture, camion e sim.: *gasolio per a.*

autotrenìsta [1939] **s. m. e f.** (**pl. m.** *-i*) ● Guidatore di autotreno.

autotrèno [comp. di *auto-* (*2*) e *treno*; 1932] **s. m.** ● Su strada ordinaria, insieme di una motrice stradale, o di un autocarro atto al traino, e di uno o più rimorchi | Su strada ferrata, complesso automotore costituito da automotrici termiche ed, eventualmente, da veicoli rimorchiati meccanicamente e funzionalmente fra loro inseparabili. ➡ ILL. **autoveicoli**.

autotrofia [comp. di *auto-* (*1*) e *-trofia*; 1955] **s. f.** ● (*biol.*) Proprietà di alcuni organismi di produrre sostanze nutritive a partire da materiali inorganici.

autòtrofo [1955] **agg.** ● (*bot.*) Dotato di autotrofia. CONTR. Eterotrofo.

autotutèla [comp. di *auto-* (*1*) e *tutela*; 1955] **s. f.** ● (*dir.*) Potere, proprio degli enti pubblici e consentito ai privati nei soli casi legislativamente indicati, di far valere i propri diritti senza ricorrere all'autorità giudiziaria | *A. collettiva*, difesa dei propri diritti che i lavoratori compiono mediante le organizzazioni sindacali.

autovaccino [comp. di *auto-* (*1*) e *vaccino*; 1955] **s. m.** ● (*med.*) Vaccino preparato con germi isolati dallo stesso focolaio infettivo che si vuole curare.

autovalutazióne [comp. di *auto-* (*1*) e *valutazione*; 1985] **s. f.** ● Valutazione delle proprie prestazioni, spec. in relazione a un obiettivo o a uno standard predefinito.

autoveìcolo [comp. di *auto-* (*2*) e *veicolo*; 1917] **s. m.** ● Veicolo stradale per il trasporto di persone o cose, a quattro o più ruote, mosso dal proprio motore. CFR. auto- (2). ➡ ILL. **autoveicoli**.

Autovèlox® [comp. di *auto-* (*2*) e *velox* per 'velocità'; 1985] **s. m. inv.** ● Dispositivo per la rilevazione della velocità dei veicoli su strada, costituito da un tachimetro radar e da una macchina fotografica, utilizzato nel controllo del traffico.

autoventilàto [comp. di *auto-* (*1*) e *ventilato*] **agg.** ● Provvisto di un impianto di ventilazione: *organi meccanici autoventilati.*

autovettùra [comp. di *auto-* (*2*) e *vettura*; 1930] **s. f.** ● Autoveicolo per il solo trasporto di persone.

autunìte /autu'nite, otu-/ [dalla città fr. di *Autun*; 1881] **s. f.** ● (*miner.*) Fosfato idrato di calcio e uranio, in cristalli piatti quadrati od ottagonali di un vivace colore giallo.

♦**autunnàle** [vc. dotta, lat. *autumnāle*(*m*), da *autŭmnus* 'autunno'; av. 1363] **agg.** ● Dell'autunno: *brume autunnali* | Che si svolge in autunno: *vacanze, ferie autunnali.*

♦**autùnno** o †**utónno** [vc. dotta, lat. *autŭmnu*(*m*), di orig. etrusca; 1282] **s. m.** *1* Stagione dell'anno che dura 89 giorni e 18 ore dall'equinozio d'autunno al solstizio d'inverno, corrispondente alla primavera nell'emisfero australe | (*fig.*) *A. caldo*, quello del 1969, in cui le battaglie sindacali furono particolarmente dure; per estens., qualunque periodo caratterizzato da intense lotte sindacali. *2* (*fig.*) Età avanzata dell'uomo, già vicina alla vecchiaia: *l'a. della vita.*

auxìna [comp. di *aux*(*o*)- e *-ina*; 1950] **s. f.** ● (*bot.*) Ormone vegetale che regola la crescita delle piante.

auxo- /'aukso/ [dal gr. *auxánein* 'aumentare'] **primo elemento** ● In parole composte, spec. della ter-

auxologia

minologia medica, significa 'accrescimento': *auxologia, auxopatia*.

auxologia [comp. di *auxo-* e *-logia*; 1950] s. f. ● Scienza che studia i processi di accrescimento dell'organismo nell'età evolutiva.

auxològico [1963] agg. (pl. m. *-ci*) ● Dell'auxologia.

auxometria [comp. di *auxo-* e *-metria*; 1983] s. f. ● Studio quantitativo dei fenomeni relativi allo sviluppo di un organismo.

auxopatìa [comp. di *auxo-* e *-patia*; 1950] s. f. ● (*gener.*) Malattia dell'accrescimento.

†**auzzino** ● V. *aguzzino*.

†**avacciàre** [da †*avaccio*; sec. XIII] **A** v. tr. ● Affrettare, sollecitare. **B** v. intr. pron. ● Affrettarsi: *tutta la congiura si avacciò di ucciderlo* (COMPAGNI).

†**avàccio** [lat. *vivācius*, avv. compar. di *vīvax*, genit. *vivācis* 'vivace'; av. 1294] avv. ● Presto: *a. sarai dove / di ciò ti farà l'occhio la risposta* (DANTE *Inf.* XXXIII, 106-107).

avallànte [1908] **A** part. pres. di *avallare*; anche agg. ● Nei sign. del v. **B** s. m. e f. ● Chi avalla.

avallàre [1865] v. tr. **1** Garantire con avallo: *a. una cambiale*. **2** (*fig.*) Confermare, legittimare, rendere credibile: *le prove raccolte avallano la mia ipotesi* | Sostenere, appoggiare: *a. un'iniziativa, un progetto*.

avallàto [1342] **A** part. pass. di *avallare*; anche agg. ● Nei sign. del v. **B** s. m. (f. *-a*) ● Beneficiario di un avallo.

avàllo [fr. *aval*, di etim. incerta; 1342] s. m. **1** Garanzia di pagamento di un debito cambiario altrui mediante dichiarazione apposta sul titolo. **2** (*fig.*) Conferma, sostegno, approvazione.

avalutativo [comp. di *a-* (1) e *valutativo*; 1987] agg. ● Che prescinde da giudizi di valore, spec. nelle scienze sociali e nell'epistemologia.

avambécco [comp. di *avan-* e *becco* (1) nel sign. 6; 1955] s. m. (pl. *-chi*) ● Sperone sporgente a monte dalla pila di un ponte che serve a regolare il deflusso delle acque sotto le arcate. SIN. Antibecco.

avambràccio [fr. *avant-bras*, propr. 'avanti-braccio'; 1771] s. m. (pl. *-ci*) ● (*anat.*) Parte dell'arto superiore compresa tra il gomito e la mano nell'uomo e in altri Mammiferi. SIN. Antibraccio.

avampiède [comp. di *avan-* e *piede*; 1911] s. m. ● (*anat.*) Porzione distale del piede, comprendente le ossa delle falangi, quelle metatarsali e, tra le ossa tarsali, il cuboide e le ossa cuneiformi.

avampòrto [fr. *avant-port*; 1896] s. m. ● Porto situato in posizione avanzata sul mare rispetto al retroterra: *l'a. di Le Havre, di Hong Kong*.

avampòsto [fr. *avant-poste*; 1848] s. m. ● (*mil.*) Ogni nucleo di forze che un'unità in sosta schiera a intercettazione del nemico e con compiti di sorveglianza.

avan- [per *avan*(ti)] primo elemento (assume davanti a *p* e *b* la forma *avam* per assimilazione). ● In parole composte indica 'anteriorità' o 'precedenza' di luogo o di tempo: *avancarica, avanguardia, avamporto, avamposto, avanspettacolo, avantreno*.

avàna [dal colore dei sigari dell'*Avana*, capitale della repubblica di Cuba; 1844] **A** s. m. inv. **1** Tipo di tabacco coltivato nell'America centrale, spec. a Cuba | Sigaro fine fatto con tale tabacco. **2** Colore marrone chiaro, caratteristico del tabacco omonimo. **B** anche agg. inv.: *tabacco a.; un soprabito a.*

avancàrica [comp. di *avan-* e *carica*; 1889] s. f. ● Solo nella loc. *ad a.*, detto di arma da fuoco che si carica dalla bocca: *cannoni, fucili ad a.; i mortai da fanteria sono ad a.*

avance /a'vãs, fr. a'vɔ̃:s/ [dal sost. pl. fr. *avances*, da *avancer* 'avanzare'; 1692] s. f. inv. (usato in fr. spec. al pl. *avances*) ● Approccio, proposta: *fare un'a. a una donna; respingere le avances di qlcu*.

avancòrpo [fr. *avant-corps*; 1863] s. m. ● Tutto ciò che in un edificio sporge dal corpo principale.

avancórsa [comp. di *avan-* e *corsa*] s. f. ● In un veicolo, spec. un motociclo, distanza orizzontale tra il punto di intersezione dell'asse dello sterzo con il terreno e il punto di contatto della ruota anteriore.

avanèra [sp. *habanera*, dalla città dell'*Avana*] s. f. ● Adattamento di *habanera* (V.).

avanguàrdia o †**vanguàrdia** [fr. *avant-garde* 'avanti-guardia'; av. 1540] s. f. **1** (*mil.*) Reparto che precede una colonna per evitare un attacco di sorpresa. CONTR. Retroguardia. | *Essere all'a.*, (*fig.*) essere in una posizione molto avanzata e innovativa sul piano tecnico, culturale e sim.: *c'era nella generalità il desiderio … di figurare all'a.* (BUZZATI). **2** Movimento artistico e letterario caratterizzato da atteggiamenti polemici e innovatori nei confronti della tradizione: *le avanguardie del Novecento; scrittore, artista d'a.*

avanguardìsmo [da *avanguardia*, col suff. *-ismo*; 1939] s. m. ● In arte e letteratura, tendenza all'avanguardia.

avanguardìsta [1918] s. m. e f. (pl. m. *-i*) **1** In arte e letteratura, partecipe di idee, correnti, scuole d'avanguardia. **2** (*st.*) Giovane componente di organizzazioni paramilitari fasciste.

†**avanìa** o †**vanìa** [ar. *hąwān* 'umiliazione' (?); av. 1347] s. f. **1** Pesante imposta che i Turchi imponevano ai Cristiani in Oriente | (*est.*) Imposta vessatoria. **2** (*raro, fig.*) Torto, sopruso.

avannòtto ['pesce nato quest'anno', dall'ant. *uguanno* 'quest'anno'; av. 1488] s. m. **1** Pesce appena nato, spec. d'acqua dolce. **2** (*fig.*) †Semplicione.

avanscèna [comp. di *avan-* e *scena*; calco sul fr. *avant-scène*; 1970] s. f. ● Proscenio.

avanscopèrta [comp. di *avan-* e *scoperta*; 1892] s. f. ● (*mil.*) Ricognizione a grande distanza per individuare la posizione o i movimenti del nemico | (*fig.*) Sondaggio, ricerca, indagine: *vai in a. per trovare un ristorante*.

avanscòrta [comp. di *avan-* e *scorta*; 1937] s. f. ● Nave che scorta un convoglio, precedendolo | (*est.*) La funzione di tale nave: *navigare in a.*

avanspettàcolo [comp. di *avan-* e *spettacolo*; 1934] s. m. ● Spettacolo di varietà un tempo rappresentato in alcune sale prima della proiezione del film | (*fig., spreg.*) *Da a.*, mediocre, grossolano: *comicità da a.; volgarità da a.*

†**avantàggio** e deriv. ● V. †*avvantaggio* e deriv.

avantèsto [comp. di *avan-* e *testo*; 1989] s. m. **1** (*letter.*) L'insieme degli scritti che documentano la fase di elaborazione di un testo letterario fino alla stesura definitiva. **2** In un libro, l'insieme degli elementi che precedono il testo vero e proprio, quali il frontespizio, la dedica, la premessa, l'indice e sim.

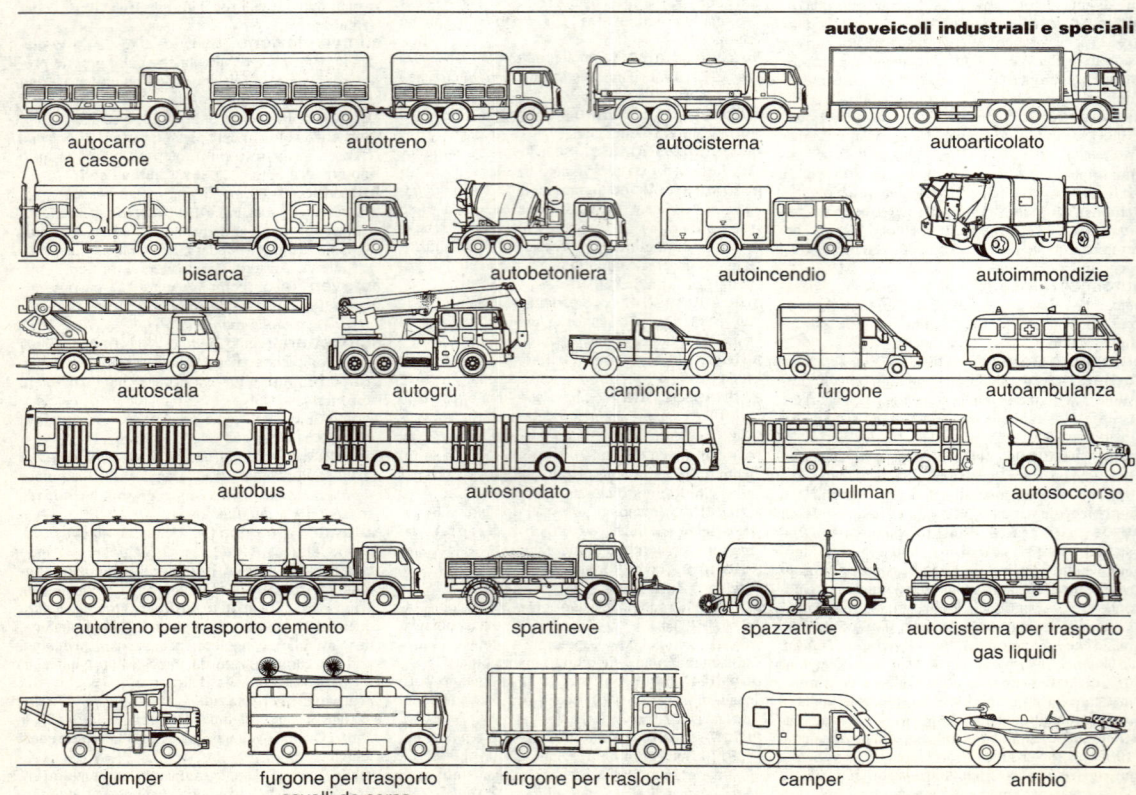

autoveicoli industriali e speciali: autocarro a cassone, autotreno, autocisterna, autoarticolato, bisarca, autobetoniera, autoincendio, autoimmondizie, autoscala, autogrù, camioncino, furgone, autoambulanza, autobus, autosnodato, pullman, autosoccorso, autotreno per trasporto cemento, spartineve, spazzatrice, autocisterna per trasporto gas liquidi, dumper, furgone per trasporto cavalli da corsa, furgone per traslochi, camper, anfibio

♦**avànti** o †**avànte** [lat. tardo *abănte*, comp. di *ăb* 'da' e *ănte* 'prima'; av. 1250] **A avv.** **1** Indica antecedenza nello spazio: *il capofila faccia due passi a.*, o *in a.* | ***Andare a.***, procedere; (*fig.*) avanzare, continuare, fare progressi: *non aspettatemi, andate a.*; *il lavoro va a. bene*; *speriamo che andando a. lo spettacolo migliori* | ***Così non si può andare a.***, per indicare impossibilità di proseguire in una data situazione, a causa di gravi problemi | ***Tirare a.***, vivere alla meno peggio: *'Come va?' 'Mah, si tira a.'* | ***Mettere a. scuse***, addurle, accamparle | ***Farsi a.***, avanzare; (*fig.*) mettersi in vista, affermarsi | ***Mandare a. bene la famiglia***, farla vivere discretamente | ***Mettere le mani a.***, (*fig.*) prendere precauzioni, cautelarsi, porre per tempo delle condizioni | (*fig.*) ***Essere a. negli studi, in un affare, in un'impresa*** e sim., essere a buon punto, in via di conclusione: *sono abbastanza a. nella verifica della contabilità* | Anche con riferimento allo sviluppo, al progresso: *essere a. nella legislazione sociale* | (*fig.*) ***Essere a. con gli anni, negli anni***, essere in età attempata | ***A. e indietro***, da un punto a un altro dello stesso luogo | ***Tanto a.***, (*fig.*) a tal punto, tanto oltre. **SIN.** Dinnanzi, innanzi. **CONTR.** Dietro, indietro. **2** (*lett.*) Indica anteriorità nel tempo: *perché non hai provveduto a.?* **SIN.** Dapprima, prima. **3** Indica posteriorità nel tempo nelle loc. ***d'ora in a., di qui in a.***, d'ora in poi. **B** nelle **loc. cong.** *a. di*, *a. che* ● Prima di (introduce una prop. temp. sia implicita con il v. all'inf., sia esplicita con il v. al congv.): *a. di decidersi chiede consiglio a destra e a sinistra*; *a. che se ne andasse lo pregai di un favore.* **C inter.** **1** Si usa come comando di avanzare o come invito a entrare a chi bussa alla porta, o sta su di essa: *a.! si accomodi!* | ***A.!, marsc'!***, comando a militari o ginnasti di iniziare la marcia | (*mar.*) ***A. tutta forza! a. tutta!***, ordine alla sala macchine di fare avanzare la nave sviluppando la massima potenza consentita. **2** Si usa come esortazione o come sollecitazione: *a.! non abbia paura*; *a.! scherzavo, non avertene a male*; *a.! smettila*; *a., o popolo!* **D prep.** **1** (*raro*) Davanti: *ti aspetto a. casa* | Anche nella loc. prep. ***avanti a***, davanti a, alla presenza di: *camminava a. a tutti*; *a. al sindaco.* **2** (*lett.* o *raro*) Prima di: *a. lo spuntar del sole*; *a. Cristo*; *a. la giornata di Rocroi* (MANZONI) | V. anche *avant'ieri*. **E** in funzione di **agg. inv.** ● (posposto a un s.) Prima, precedente: *il giorno a.*; *la settimana a.*; *un anno a.*; *ti avviserò un mese a.* **F s. m. e f. inv.** ● (*sport*) Nel calcio e sim., attaccante.

avantielènco (o -è-) [comp. di *avanti* ed *elenco*; 1978] **s. m.** (pl. *-chi*) ● Parte iniziale dell'elenco telefonico che contiene informazioni utili alla consultazione dello stesso e al miglior uso dei servizi telefonici.

avant'ièri o **avantièri** [comp. di *avanti* e *ieri*, o dal fr. *avant-hier*; 1518] **avv.** ● Il giorno prima di ieri, ieri l'altro: *l'ho visto proprio avant'ieri*; *rispondo alla tua lettera d'avant'ieri.*

avantilèttera (o -é-) o **antilèttera**, **avànti lèttera** [fr. *avant la lettre*; V. *ante litteram* nel sign. B; 1930] **A s. f. inv.** ● Prova d'incisione tirata prima che vi sia apposta l'iscrizione e perciò di maggior pregio. **B agg. inv.** ● (*fig.*) Ante litteram.

avantrèno [fr. *avant-train*; 1824] **s. m.** **1** (*autom.*) Gruppo anteriore dell'autoveicolo comprendente le ruote, le sospensioni, i freni e gli organi dello sterzo. **2** Nelle artiglierie a trazione animale, parte anteriore di ogni vettura a quattro ruote.

avanvòmere [comp. di *avan-* e *vomere*; 1929] **s. m.** ● Piccolo corpo dell'aratro che si applica sulla bure dinanzi al coltello per tagliare e rovesciare una fetta superficiale di terreno.

avanzaménto [da *avanzare* (*1*); sec. XIII] **s. m.** **1** L'avanzare | Spostamento in avanti | Progressione: *stato di a. dei lavori* | Lunghezza di cui progredisce lo scavo di una galleria in un prefissato intervallo di tempo | ***A. in calotta***, sistema di scavo e di rivestimento di galleria che si inizia dalla parte superiore di essa. **2** (*bur.*) Promozione: *ottenere un a. di grado.* **3** (*fig.*) Progresso: *l'a. della tecnica, delle ricerche.* **4** Nell'organizzazione aziendale, registrazione sistematica a consuntivo della produzione. **5** Nelle macchine utensili, il moto, dato all'utensile o al pezzo da lavorare, che consente di portare quest'ultimo alla forma richiesta.

♦**avanzàre** (**1**) [lat. parl. **abantiāre*, da *abănte*. V. *avanti*; av. 1250] **A v. intr.** (aus. *essere* nei sign. 1 e 3, *avere* nel sign. 2) **1** Andare o venire avanti: *a. a piedi* | ***A. negli anni***, (*fig.*) invecchiare | (*fig.*) Progredire: *a. nella conoscenza, nello studio* | (*fig.*) †Crescere, aumentare. **2** (*mil.*) Accorciare la distanza che separa dall'avversario. **3** Sporgere in fuori: *la siepe avanza parecchi centimetri dallo steccato.* **B v. tr.** **1** Spostare in avanti, portare in avanti: *a. le trincee* | (*fig.*) Presentare: *a. una domanda, una proposta.* **2** (*fig.*) Superare: *a. qlcu. in astuzia, in sapienza* | (*est.*) Vincere: *a. qlcu. nella corsa, nel salto.* **3** (*fig.*) Elevare, promuovere: *spero che mi avanzino presto di grado* | (*lett.*) Accrescere, spec. in potenza. **C v. intr. pron.** **1** Farsi innanzi: *si avanzò timidamente* | (*fig., lett.*) Osare, ardire: *puoi tu sola avanzarti / a cacciarmi così?* (METASTASIO). **2** (*fig.*) Approssimarsi: *la primavera s'avanza.*

avanzàre (**2**) [da *avanzo*; 1353] **A v. tr.** **1** Dovere avere qlco. da qlcu.: *avanzo da te una forte somma.* **2** (*raro*) Guadagnare risparmiando (*anche fig.*): *a. tempo e fatica* | †***A. denari***, risparmiarli. **B v. intr.** (aus. *essere*) **1** Rimanere: *non mi è avanzato un soldo*; *è avanzata un po' di torta* | (*est.*) Essere sovrabbondante: *le provviste bastano e avanzano* | ***La vita, il tempo che avanza***, che ancora deve trascorrere. **2** (*fig.*) †Sopravvivere: *a. all'incendio.*

avanzàta [da *avanzare* (*1*); 1824] **s. f.** **1** Atto dell'avanzare | (*raro, fig.*) Progresso: *l'a. dell'opposizione.* **2** Progressione di truppe vittoriose | ***A. per l'assalto***, movimento che un'unità compie per portarsi a distanza di assalto.

avanzatìccio [1551] **s. m.** ● (*raro*) Rimasuglio: *gli avanzaticci della cena.*

avanzàto (**1**) [av. 1698] **part. pass.** di *avanzare* (*1*); anche **agg.** **1** Che è avanti: *pattuglia avanzata.* **2** (*fig.*) Audace, innovatore: *essere di idee avanzate*; *portarsi su posizioni più avanzate*; *come ricercatore è uno dei più avanzati.* **3** Inoltrato, detto di tempo, ora, età e sim.: *era notte avanzata*; *in età avanzata.* **4** Detto di ciò che è più difficile o più complesso rispetto a un livello di base | (*est.*) Detto di corso di studi o di libri di testo che si riferiscono a livelli di apprendimento superiore. **5** (*ling.*) Detto di suono che, rispetto a un suono arretrato, è articolato più vicino alle labbra.

avanzàto (**2**) [av. 1793] **part. pass.** di *avanzare* (*2*); anche **agg.** ● Nei sign. del v. | Restato, rimasto: *pane a.*

avanzatóre [av. 1294] **s. m.** (f. *-trice*) ● (*raro*) Chi avanza | ***A. di produzione***, in una fabbrica, chi controlla l'avanzamento del programma.

avànzo (**1**) [deriv. di *avanzare*] **s. m.** **1** (*mar.*) ***A. dell'elica***, spazio percorso in un giro dall'elica, in direzione del moto della nave, rispetto all'acqua calma. **2** †Progresso.

♦**avànzo** (**2**) [da *avanzare* (*2*); 1293] **s. m.** **1** Ciò che resta di qlco.: *a. di tessuto, di pane*; (*anche assol.*) *per cena ci sono solo degli avanzi* | ***Averne, essercene d'a.***, in abbondanza, di troppo | ***Gli avanzi dell'Acropoli, di Pompei***, le rovine | ***Gli avanzi di un'antica civiltà***, i resti | (*lett.*) ***Gli avanzi mortali***, le spoglie | (*fig.*) ***A. di galera, di forca***, delinquente. **2** In contabilità, eccedenza dell'entrata sull'uscita | Utili o parte di utili provenienti da esercizi precedenti | Somma algebrica fra le attività e le passività finanziarie. **3** (*mat.*) Resto, in aritmetica. **4** (*raro, lett.*) Risparmio | †***Mettere in a.***, mettere in serbo, risparmiare. || **avanzìno, dim.**

avaria [ar. *'awār* 'difetto, mancanza' (?); 1300] **s. f.** **1** Danno o guasto subito durante il viaggio da una nave o dal suo carico. **2** (*est.*) Guasto di merce durante il viaggio, anche per terra. **3** Guasto meccanico: *avere un'a. al motore*; *motore in a.*

avariàre [1865] **A v. tr.** (*io avàrio*) ● Guastare: *la lunga sosta ha avariato le merci.* **B v. intr. e intr. pron.** (aus. *essere*) ● Alterarsi, guastarsi: *i cibi mal conservati si avariano.*

avariàto [1844] **part. pass.** di *avariare*; anche **agg.** ● Nei sign. del v.

avarìzia [vc. dotta, lat. *avarĭtia(m)*, da *avārus* 'avaro'; av. 1294] **s. f.** **1** †Avidità di denaro, cupidigia, considerata nella teologia cattolica uno dei sette vizi capitali: *in a. hai tu peccato, desiderando più che il convenevole* (BOCCACCIO); *O esecrabile A., o ingorda / fame d'avere* (ARIOSTO). **2** Eccessivo attaccamento al denaro e riluttanza a spenderlo: *la sua a. è nota a tutti.* **SIN.** Spilorceria | ***Crepi l'a.!***, esclamazione scherzosa nel decidere una spesa che si era ritenuta eccessiva.

♦**avàro** (**1**) [lat. *avāru(m)*, da collegare ad *avēre* 'desiderare vivamente', di etim. incerta; 1258] **A agg.** **1** †Avido: *la miseria dell'a. Mida* (DANTE *Purg.* XX, 106). **2** Di chi spende a malincuore, o non spende affatto, per eccessivo attaccamento al denaro: *è un vecchio incredibilmente a.* | (*est.*) Improduttivo, sterile: *un terreno arido e a.* **CONTR.** Prodigo. **3** (*fig.*) Che è eccessivamente parsimonioso o restio nel dire o fare qlco. spec. a favore di altri: *essere avari di parole, di complimenti, del proprio tempo* | (*est., lett.*) Che è dato con estrema parsimonia: *cibo a.* || **avaraménte, avv.** Con avarizia. **B s. m.** (f. *-a*) ● Persona avara. || **avaràccio, pegg.** | **avarétto, dim.** | **avaronàccio, accr.** | **avaróne, accr.** | **avarùccio, avarùzzo, dim.**

àvaro (**2**) **agg.**; anche **s. m.** (f. *-a*) ● Appartenente a un antico popolo nomade di stirpe unno-tatara, originario della Mongolia.

avatàr o **avatàra** [sanscrito *avatāra* 'discesa'] **s. m. inv.** **1** Nel brahmanesimo e nell'induismo, ciascuna delle dieci incarnazioni del dio Visnù | (*est., lett.*) Reincarnazione, ritorno, trasformazione. **2** (*est., elab.*) Personaggio virtuale che in un programma di intelligenza artificiale si adegua alle esigenze dell'interlocutore.

àve [vc. dotta, lat. *ăve*, formula di saluto, forse di orig. punica; av. 1306] **A inter.** ● Si usa come saluto augurale nel linguaggio religioso cattolico, spec. in preghiere e invocazioni liturgiche | (*lett., scherz.*) Salve: *Ave, o rima! Con bell'arte / su le carte / te persegue il trovadore* (CARDUCCI). **B s. f.** o **m. inv.** ● (*pop.*) Accorc. di *Ave Maria* | (*fig.*) ***In un ave, in meno di un'ave***, in un attimo, nel tempo in cui si reciterebbe un'ave.

avèlia ● V. *averla.*

avellàna [lat. *abellāna(m)* (*nŭcem*) 'noce della città di Avella'; sec. XIV] **s. f.** **1** Nocciola. **2** (*arald.*) Croce avellana.

avellàno [1306] **A s. m.** ● (*lett.*) Nocciolo (1): *rinnovato hanno verga d'a.* (D'ANNUNZIO). **B agg.** ● (*arald.*) ***Croce avellana***, composta di quattro avellane, racchiuse nei loro involucri fogliacei e congiunte per le estremità rotonde.

avèllere [vc. dotta, lat. *avĕllere* 'svellere', comp. di *ā* e di *vĕllere* 'tirare'; 1319] **v. tr.** (pass. rem. *io avùlsi*; part. pass. *avùlso*) ● (*lett.*) Svellere, strappare: *ch'ogni basso pensier del cuor m'avulse* (PETRARCA).

avellinése [1930] **A agg.** ● Di Avellino. **B s. m. e f.** ● Abitante, nativo di Avellino.

avèllo [lat. *labĕllu(m)* 'bacino, tinozza', con la caduta della *l-* sentita come articolo; 1313] **s. m.** ● (*lett.*) Tomba, sarcofago | (*est.*) Sepoltura.

avemarìa o **avemmarìa**, (*raro*) **àve marìa** [lat. eccl. *Ave Maria*, saluto dell'Angelo a Maria; 1353] **s. f.** (*Ave Maria* nel sign. 1; **pl. inv.** o *avemarie*) **1** Preghiera alla Madonna, composta, nella prima parte, dalle parole di saluto a lei rivolte dall'arcangelo Gabriele: *dire, recitare l'Ave Maria*; *biascicare un'a.* | Salutazione angelica | ***Sapere qlco. come l'a.***, saperla a memoria. **2** Suono delle campane della sera, dell'alba e del mezzogiorno | Correntemente, suono delle campane della sera | L'ora stessa del tramonto: *è già suonata l'a.*; *vediamoci dopo l'a.* **3** Ciascuno dei piccoli grani di cui si compone il rosario. **4** Tipo di pasta corta da minestra, a forma di cilindretti forati, più piccola del paternostro.

♦**avéna** [lat. *avēna(m)*, di orig. preindeur.: nel sign. 2 perché 'zufolo fatto con lo stelo dell'avena'; 1309] **s. f.** **1** Pianta erbacea delle Graminacee con fusti alti, vuoti ed erbosi, e fiori disposti a coppie in spighette pendenti, coltivata per l'alimentazione animale e umana (*Avena sativa*). ➡ **ILL. piante**/10. **2** (*lett.*) Strumento pastorale da fiato.

a venire ● V. *avvenire.*

avènte [sec. XIV] **A part. pres.** di *avere*; anche **agg.** ● Nei sign. del v. **B s. m.** ● Nelle loc. tipiche del linguaggio giuridico: ***a. diritto***, colui al quale è riconosciuto un dato diritto, in base a una valutazione giuridica, burocratica e sim.; ***a. causa***, successore a titolo particolare per atto tra vivi o a causa di morte.

aventiniàno [da *Aventino*. V. *aventinismo*; 1942] **A agg.** ● Dell'Aventino. **B agg.**; anche **s. m.** (f. *-a*) **1** Detto di ciascuno dei deputati italiani che nel 1924-25, dopo il delitto Matteotti, parteciparono alla secessione dell'Aventino. **2** (*est.*) Oppositore pregiudiziale, spec. per intransigenza morale.

aventinìsmo [da *Aventino*, lat. *Aventīnum*, n. di uno dei sette colli di Roma ove avvenne la secessione della plebe romana, passato a designare quel gruppo di deputati italiani che nel 1924-25, dopo il delitto Matteotti, si astennero dai lavori parlamentari per protesta morale contro il fascismo; 1942] s. m. ● Mancata partecipazione ai lavori di un'assemblea, spec. parlamentare, per ragioni di intransigente opposizione morale.

aventinista [1941] agg.; anche s. m. e f. (pl. m. *-i*) ● Aventiniano.

♦**avére** (1) [lat. *habēre*, da una radice indeur. significante 'prendere'; 1211] **A** v. tr. (pres. *io ho* /ɔ*/, raro *ò*, †*àggio*, †*àbbo*, †*àio*, *tu hài*, raro *ài*, *egli ha* /a*/, raro *à*, †*àve*, *noi abbiàmo*, †*avémo*, *voi avéte*, *essi hànno*, raro *ànno*; imperf. *io avévo*, †*avéva*, †*avéa*, *tu avévi*; pass. rem. *io èbbi* (o *ébbi*), †*èi*, *tu avésti*, *egli èbbe* (o *ébbe*), *noi avémmo*, raro *èbbimo* (o *ébb-*), *voi avéste*, *essi èbbero* (o *ébb-*), †*èbbono* (o †*ébb-*); fut. *io avrò*, †*averò*, †*arò*, *tu avrài*, †*averài*, †*arài*; condiz. *io avrèi*, †*averèi*, †*avrìa*, *tu avrésti*, †*averésti*, *egli avrèbbe* (o *-ébbe*), †*avrìa*; congv. pres. *io àbbia*, †*àggia*, *noi abbiàmo*, *voi abbiàte*, *essi àbbiano*, †*àggiano*; imperat. *àbbi*, *abbiàte*; part. pass. *avùto*, †*aùto*; le altre forme sono regolari. È v. aus. nella formazione dei tempi composti di tutti i v. tr. attivi, di vari v. intr. e dei v. servili quando il v. che segue all'infinito richiede l'aus. avere) **I** Possedere, come risultato di un atto di appropriazione, come caratteristica oppure come disposizione soggettiva. **1** Possedere, con riferimento a beni materiali: *a. molto denaro*, *una biblioteca aggiornata*; *a. l'automobile*, *una villa al mare* | Con riferimento a entità non materiali: *a. qualche speranza*; *a. la sicurezza di riuscire*; *a. fiducia*; *a. molte amicizie* | Con riferimento a qualità fisiche, psicologiche, culturali, a età e sim.: *a. i capelli bianchi*; *a. dieci anni*; *a. una discreta voce*, *molta memoria*, *poco spirito* | ***A. qlco. per la testa***, (*fig.*) essere preoccupato | ***A. qlcu. dalla propria parte***, (*fig.*) averne l'appoggio | ***Averne per un pezzo***, impiegare molto tempo in una data attività e sim. | ***A. da mangiare***, ***da bere***, ecc., avere di che mangiare, bere e sim. a sufficienza | ***Avercela con qlcu.***, provare antipatia, rancore per qlcu. | ***A. bisogno***, abbisognare, necessitare | ***A. un po' dell'incosciente***, ***dello sciocco*** e sim., essere un po' incosciente, sciocco e sim. | ***A. molto del padre***, assomigliargli. **2** Tenere: *a. un pacco in mano*; *a. i vestiti nell'armadio* | Indossare: *a. un vestito elegante*; *a. sempre il cappello in testa* | (*region.*) ***Aver su***, portare indosso: *aveva su un maglione rattoppato*. **3** Ottenere: *a. una forte gratifica*; *a. un posto importante*; *a. un'eredità insperata* | Acquistare: *ho avuto questo libro a poco prezzo* | Ricevere: *a. una lettera*; *a. delle pessime notizie* | ***Dover a.***, essere creditore. **4** Sentire, provare: *a. sonno*, *freddo*, *dolore*, *compassione* | Essere affetto da: *a. la febbre*, *il raffreddore*, *la polmonite*. **5** (*lett.*) †Venire a sapere | (*lett.*) Conoscere, sapere un'arte, una disciplina e sim. **II** Essere in un dato stato. **1** Seguito dalla prep. *da* e da un verbo all'infinito, indica obbligazione: *a. da finire il lavoro*; *ho da confidarti un segreto* | ***A. altro da fare***, ***da pensare***, fare, pensare a cose più importanti | ***A. (a) che fare***, ***(a) che vedere con qlcu. o qlco.***, avere rapporti con qlcu. o qlco. | ***Non avere niente (a) che fare***, ***(a) che vedere con qlcu. o qlco.***, non avere alcun rapporto con qlcu. o qlco. | ***A. che dire con qlcu.***, litigare con qlcu. **2** (*lett.*) Seguito dalla prep. *a* e da un verbo all'infinito, trasferisce il valore del suo tempo e modo al verbo che lo segue: *ebbe a soffrire*, soffrì; *temo che abbia a rovinarsi*, temo che si rovini | (*raro*, *lett.*) Al pass. rem., seguito dalla prep. *a* e da un verbo all'infinito, indica che l'azione rappresentata dal verbo è stata sul punto di realizzarsi: *ebbe a morire*, poco mancò che morisse. **3** Con gli avverbi *sotto*, *sopra*, *accanto*, *dietro* e sim., indica un rapporto di spazio: *a. dietro una lunga fila di automobili*; *a. davanti un muro*. **4** Seguito da un agg. o s., qualche volta con le prep. *a* o *in* in posizione intermedia, trasferisce il suo valore verbale all'agg. o s.: *a. caro*, *a caro*, gradire; *a. cura*, curare; *a. riguardo*, *diligenza*, *zelo*; *a. a sdegno*, sdegnare; *a. in odio*, *disprezzo*, odiare, disprezzare; *a. a mente*, ricordarsi; *a. luogo*, svolgersi; *a. in animo*, avere intenzione | ***A. presente qlco. o qlcu.***, ricordarsene | ***Aversene a male***, impermalirsi | ***A. sulle corna***, (*fig.*) in odio | ***A. qlco. per le mani***, stare trattando o provvedendo. **B** v. intr. (aus. *avere*) ● (*lett.*) Esserci: *non v'ha dubbio*, *motivo*. ‖ PROV. Chi più ha, più vuole.

avére (2) [da *avere* (1); 1310] s. m. **1** (*spec. al pl.*) Ricchezza, denaro, patrimonio: *consumare i propri averi*. **2** (*ragion.*) Denominazione convenzionale della sezione destra di un conto, nella quale si registrano i crediti. **3** Credito: *esigere la restituzione del proprio a.* | ***Il dare e l'a.***, i debiti e i crediti. CONTR. Dare.

avèrla o (*raro*) **avèlia**, (*pop.*) **vèlia** (1), (*pop.*) **vèrla** [etim. incerta; 1481] s. f. ● Uccello carnivoro dei Passeriformi, di media grandezza, con becco uncinato, gambe lunghe e unghie robuste, coda larga a ventaglio (*Lanius collurio*): *Agito pensieri miei fedeli / e pensieri covati in nido d'altri / come i piccini della verla* (LUZI). ➡ ILL. animali/10.

avernàle [da *averno*; 1686] agg. ● (*lett.*) Infernale.

Avèrno [vc. dotta (*lācus*) *Avĕrnu*(*m*) 'lago di Averno'; 1336 ca.] s. m. ● (*lett.*) Inferno.

averroìsmo [dal n. del filosofo *Averroè* (1126-1198); 1941] s. m. ● Indirizzo della filosofia scolastica che si ispira alla dottrina di Averroè.

averroista [1498] **A** agg. ● Che è proprio del filosofo Averroè. **B** s. m. (pl. *-i*) ● Seguace di Averroè e dell'averroismo.

averroìstico [1955] agg. (pl. m. *-ci*) ● Di Averroè, conforme alla filosofia di Averroè.

†**aversièra** ● V. *versiera*.

†**aversière** ● V. †*avversiere*.

†**aversièro** ● V. †*avversiere*.

†**avèrso** [1321] part. pass. di †*avertere*; anche agg. ● (*lett.*) Rivolto altrove.

†**avèrtere** [vc. dotta, lat. *avĕrtere*, comp. di *ā* 'da' e *vĕrtere* 'volgere'; av. 1600] v. tr. ● (*lett.*) Allontanare, volgere altrove: *Avertano gli dei qualche sciagura!* (BRUNO).

Avèsta [persiano mediev. *apastāk*, prob. 'testo fondamentale'; 1829] s. m. inv. ● Libro sacro della religione zoroastriana, composto di cinque parti.

avèstico [1930] **A** agg. (pl. m. *-ci*) ● Che si riferisce all'Avesta e alla lingua persiana antica usata nell'Avesta. **B** s. m. solo sing. ● Antica lingua iranica, usata nell'Avesta.

avi- [dal lat. *ăvis* 'uccello', di orig. indeur.] primo elemento ● In parole composte significa 'uccello' o 'volatile': *avicoltura*.

aviàrio [vc. dotta, lat. *aviāriu*(*m*), da *ăvis* 'uccello'; 1892] **A** agg. ● Degli uccelli: *malattie aviarie*. **B** s. m. ● Grande uccelliera, spec. nei giardini zoologici.

♦**aviatóre** [fr. *aviateur*, dal lat. *ăvis* 'uccello'; 1910] s. m. (f. *-trice*) ● Addetto alla condotta o ai servizi di bordo di velivoli, elicotteri e sim.

aviatòrio [1915] agg. ● Che concerne l'aviazione.

♦**aviazióne** [fr. *aviation*, dal lat. *ăvis* 'uccello'; 1909] s. f. **1** Scienza, tecnica e attività relative alla costruzione e all'impiego delle aerodine | Aeronautica: *a. costiera*; *a. da bombardamento*, *da caccia*, *da combattimento*; *a. civile*, *commerciale*, *da diporto*, *sportiva*. **2** (*est.*) Insieme degli aviatori e dei velivoli, spec. di un determinato Paese: *l'a. italiana*, *inglese*, *statunitense* | Arma Aeronautica.

avìcolo [1902] agg. ● Che si riferisce all'avicoltura.

avicoltóre o **avicultóre** [1914] s. m. (f. *-trice*) ● Chi esercita l'avicoltura.

avicoltùra o **avicultùra** [comp. di *avi-* e *coltura*; 1891] s. f. ● Scienza dell'allevamento degli uccelli, spec. di quelli da cortile.

avicunìcolo [comp. del lat. *ăvis* 'uccello' e *cunīculus* 'coniglio'; 1950] agg. ● Relativo alla avicunicoltura o agli avicunicoltori.

avicunicoltóre o **avicunicultóre** [1965] s. m. (f. *-trice*) ● Chi si dedica all'avicunicoltura.

avicunicoltùra o **avicunicultùra** [1965] s. f. ● Tecnica di allevamento contemporaneo di polli e conigli.

†**avidézza** [av. 1600] s. f. ● Avidità.

avidità [vc. dotta, lat. *aviditāte*(*m*), da *ăvidus* 'avido' (V.); av. 1406] s. f. ● Desiderio intenso, ardente: *bevve con grande a.*; *a. di conoscenza* | (*est.*) Brama, cupidigia: *a. di denaro*, *di gloria*.

àvido [vc. dotta, lat. *ăvidu*(*m*), da *avēre* 'bramare'; 1312] agg. ● Che sente e manifesta intenso e ardente desiderio di qlco.: *è un giovane a. di gloria*; *sono a. di conoscere la verità* | Che desidera qlco. in modo eccessivo, smodato e sim.: *a. di ricchezze*, *di potere*, *di vendetta* | (*est.*) Che rivela avidità: *fissava la preda con occhi avidi*. SIN. Bramoso, cupido. ‖ **avidaménte**, avv.

avière [comp. di *avio-* e *-iere*; 1925] s. m. ● Militare di truppa dell'Arma Aeronautica: *a. semplice* | ***A. scelto***, di grado corrispondente a caporale | ***Primo a.***, corrispondente a caporalmaggiore.

avifàuna [comp. di *avi-* e *fauna*; 1875] s. f. ● L'insieme degli uccelli di una data località.

avifaunìstico [comp. di *avi-* e *faunistico*; 1984] agg. (pl. m. *-ci*) ● Che si riferisce all'avifauna: *patrimonio a.*

avignonése [1476] **A** agg. ● Di Avignone, città della Francia meridionale | ***Esilio***, ***cattività a.***, periodo durante il quale i papi fissarono la residenza in Avignone (1305-1377). **B** s. m. e f. ● Abitante, nativo di Avignone.

†**avincere** ● V. *avvincere*.

àvio [uso autonomo del prefissoide *avio-*; av. 1938] agg. inv. ● Adatto, relativo ad aeromobile: *benzina a.*; *pneumatici a.*

avio- [tratto da *aviazione*] primo elemento ● In parole composte significa 'aeromobile' o indica relazione con l'aeronautica: *avioimbarco*, *aviolinea*, *avioraduno*, *aviorimessa*, *aviotrasportato*.

aviocistèrna [comp. di *avio-* e *cisterna*; 1974] s. f. ● Aerocisterna.

aviogètto [comp. di *avio-* e *getto* (*2*); 1952] s. m. ● Velivolo propulso da uno o più motori a reazione diretta. ➡ ILL. p. 2174-2175 TRASPORTI.

avioimbàrco [comp. di *avio-* e *imbarco*; 1950] s. m. (pl. *-chi*) ● L'operazione di prendere posto su un aereo.

aviolanciàre [comp. di *avio-* e *lanciare*; 1965] v. tr. (*io aviolàncio*) ● Lanciare cose o persone da un aereo per mezzo di paracadute.

aviolàncio [comp. di *avio-* e *lancio*; 1950] s. m. ● Lancio di cose o persone da un aereo per mezzo di paracadute.

aviolìnea [comp. di *avio-* e *linea*; 1931] s. f. ● (*raro*) Aerolinea effettuata a mezzo di velivoli, elicotteri e sim.

avional® /avjo'nal/ [marchio registrato] s. m. inv. ● (*metall.*) Lega leggera da lavorazione plastica costituita da alluminio, rame, manganese, magnesio e silicio, usata per costruzioni aeronautiche e meccaniche molto sollecitate.

aviònica [ingl. *avionics*, da *avion* 'aeromobile', che è il fr. *avion* (dal lat. *ăvis* 'uccello': V. *aviazione*); 1978] s. f. ● Scienza della progettazione e produzione di apparecchiature elettroniche per uso aeronautico. SIN. Aeroelettronica.

aviònico [1983] agg. (pl. m. *-ci*) ● Relativo all'avionica: *settore a.*; *apparati avionici*.

avioradùno [comp. di *avio-* e *raduno*; 1961] s. m. ● Raduno di mezzi aerei a scopo sportivo o propagandistico.

avioràzzo (o *-zz-*) [comp. di *avio-* e *razzo*; 1961] s. m. ● (*aer.*) Razzo trasportato e lanciato da un aeroplano.

aviorimèssa [comp. di *avio-* e *rimessa*; 1935] s. f. ● Locale chiuso per il ricovero di aeromobili. SIN. Aerorimessa, hangar.

aviosbàrco [comp. di *avio-* e *sbarco*; 1961] s. m. (pl. *-chi*) ● Azione condotta da unità paracadutiste, seguite da truppe aerotrasportate, per costituire una testa di sbarco aereo in territorio nemico, o per compiervi atti di guerra.

aviotrasportàre [comp. di *avio-* e *trasportare*; 1941] v. tr. (*io aviotraspòrto*) ● Aerotrasportare.

aviotraspòrto [comp. di *avio-* e *trasporto*; 1942] s. m. ● Aerotrasporto.

aviotrùppa [comp. di *avio-* e *truppa*; 1961] s. f. ● Unità paracadutista | Unità aerotrasportabile.

avitaminòsi [comp. di *a-* (*1*), *vitamina*, e *-osi*; 1930] s. f. inv. ● (*med.*) Stato patologico causato da mancanza di una o più vitamine nell'organismo. CFR. Ipovitaminosi.

avìto [vc. dotta, lat. *avītu*(*m*), da *ăvus* 'avo'; 1525] agg. ● Degli avi | (*est.*) Che proviene dagli avi: *patrimonio a.*; *usanza avita*.

àvo [lat. *ăvu*(*m*), di orig. indeur. col sign. di 'anziano'; av. 1374] s. m. (f. *-a*) **1** (*lett.*) Padre del padre o della madre. SIN. Nonno. **2** (*spec. al pl.*) Antenato: *gli avi materni*.

avocàdo [sp. del Messico *aguacate*, dall'azteco *ahuacatl*, n. dell'albero e del frutto; 1955] **A** s. m. inv. **1** Albero delle Lauracee, sempreverde, molto alto, con foglie coriacee, fiori in pannocchia e frutto a forma di pera (*Persea gratissima*). *2* Frutto dell'albero omonimo, di color verde, con polpa gialliccia commestibile e profumata. **B** in funzione di **agg. inv.** nel sign. 2 ● Nella loc. ***pera a.***

avocàre [vc. dotta, lat. *avocāre*, comp. di *ā* 'da' e *vocāre* 'chiamare'; 1499] **v. tr.** (*io àvoco, tu àvochi*) ● (*dir.*) Esercitare il potere di avocazione: *a. a sé l'emanazione di un provvedimento.*

avocatòrio [1955] **agg.** ● (*dir.*) Che avoca | Relativo ad avocazione.

avocazióne [vc. dotta, lat. *avocatiōne(m)*, da *avocāre* 'avocare'; av. 1566] **s. f.** ● (*dir.*) Potere legislativamente riconosciuto a organi o enti di sostituirsi ad altri nella prosecuzione di data attività.

avocétta [etim. incerta; 1863] **s. f.** ● Uccello di palude dei Caradriformi, grande come un fagiano, con lungo becco rivolto all'insù, lunghe zampe e piumaggio bianco e nero (*Recurvirostra avocetta*). **SIN.** Monachina.

avogadóre [vc. dotta, lat. tardo *advocatōre(m)*, da *advocāre* 'chiamare a sé'; 1547 ca.] **s. m.** ● (*st.*) Magistrato della Repubblica di Venezia, che in origine sosteneva le ragioni del fisco nei processi civili e penali, divenuto più tardi giudice d'appello.

àvolo [vc. dotta, lat. *ăvulu(m)*, dim. di *ăvus* 'avo'; sec. XIII] **s. m.** (**f.** *-a*) *1* (*raro, lett.*) Avo. *2* (*raro, spec. al pl.*) Antenato.

†avolteràre e *deriv.* ● V. *adulterare* e *deriv.*

†avoltóio ● V. *avvoltoio.*

avòrio [lat. tardo *ebŏreu(m)*, agg. di *ĕbur* 'avorio'; av. 1292] **A s. m.** *1* Sostanza ossea, dura e compatta, che forma le zanne dell'elefante e di altri grossi Mammiferi, come l'ippopotamo | Dentina | ***Nero d'a.***, carbone d'avorio in polvere di colore nero, usato come colorante e come levigante in oreficeria | ***A. artificiale***, imitazione dell'avorio, costituita generalmente da celluloide, acetilcellulosa, galalite, impastate con sostanze minerali, ossa o residui di avorio, e cementate con colla | ***A. vegetale***, sostanza simile all'avorio animale, ricavata dai semi di varie piante, usata spec. per bottoni. *2* Colore bianco tendente al giallo, caratteristico della sostanza omonima: *una vecchia signora vestita d'a.* *3* (*fig., lett.*) Candore: *l'a. delle mani, del seno, delle spalle.* *4* (*spec. al pl.*) Oggetti d'arte in avorio: *una collezione di avori cinesi.* **B** in funzione di **agg. inv.** ● (posposto a un s.) Che ha colore avorio: *pizzo a.*; *abito color a.*

avorniéllo o **avornèllo** [sec. XIV] **s. m.** *1* Dim. di *†avornio.* *2* (*bot.*) Ornello.

†avòrnio o **†avórno** [lat. *labŭrnu(m)*, con la caduta della *l-* iniziale interpretata come articolo; av. 1320] **s. m.** *1* (*bot.*) Frassino. *2* (*bot.*) Maggiociondolo. || **avorniéllo dim.** (V.).

avrò ● V. *avere* (*1*).

avulsióne [vc. dotta, lat. *avulsiōne(m)*, da *avŭlsus* 'avulso'; 1858] **s. f.** *1* (*dir.*) Distacco naturale di parte di un fondo rivierasco e incorporazione della stessa a uno o più fondi frontisti o contigui. *2* (*med., raro*) Asportazione.

avulsìvo [1930] **agg.** *1* Che si può staccare, svellere. *2* (*ling.*) Detto di suono prodotto durante l'inspirazione.

avùlso [av. 1566] **part. pass.** di *avellere*; anche **agg.** *1* Nei sign. del v. *2* (*fig.*) Staccato: *un individuo a. dalla società*; *una parola avulsa dal contesto.* *3* (*sport*) ***Classifica avulsa***, nei tornei a squadre, particolare classifica basata soltanto sugli scontri diretti tra formazioni che al termine del campionato o del torneo si trovino a pari punteggio.

avuncolàto [dal lat. *avunculus* 'zio materno', dim. di *avus* 'nonno'; 1955] **s. m.** ● (*antrop.*) Rapporto di autorità che si instaura, nelle società matrilineari, tra un individuo e il figlio della propria sorella e che corrisponde a quello padre-figlio nelle società patrilineari.

avùto [1353] **part. pass.** di *avere* ● Nei sign. del v.

avvalènte [1986] **A part. pres.** di *avvalersi*; anche **agg.** ● Nel sign. del v. **B s. m. e f.** ● Chi si avvale, si serve di qlco.

avvalérsi [comp. di *a-* (*2*) e *valere*; av. 1556] **v. intr. pron.** (coniug. come *valere*) ● (*lett.*) Valersi: *a. dei consigli di qlcu.*

avvallaménto [sec. XVIII] **s. m.** *1* (*geogr.*) Depressione del terreno rispetto alle zone circostanti. **CONTR.** Prominenza. *2* (*est.*) Abbassamento, cedimento del terreno, dovuto a varie cause: *la strada era piena di buchi e di avvallamenti.*

avvallàre [comp. di *a-* (*2*) e *valle*; 1313] **A v. tr.** *1* (*raro, lett.*) Abbassare verso terra: *vergine che li occhi onesti avvalli* (DANTE *Purg.* XXVIII, 57). *2* (*raro, fig.*) Avvilire, umiliare. **B v. intr.** (aus. *essere*) ● (*raro, lett.*) Scendere a valle. **C v. intr. pron.** *1* Abbassarsi, affondarsi: *un terreno che s'avvalla con facilità.* *2* (*fig.*) †Avvilirsi, umiliarsi.

avvallàto [av. 1566] **part. pass.** di *avvallare*; anche **agg.** *1* Che presenta avvallamento: *terreno a.* *2* Posto in fondo a una valle: *paese a.*

avvallatùra [1779] **s. f.** ● Avvallamento.

avvaloraménto [sec. XIV] **s. m.** ● L'avvalorare, l'avvalorarsi | Convalida: *l'a. di un'ipotesi.*

avvaloràre [comp. di *a-* (*2*) e *valore*; 1321] **A v. tr.** (*io avvalóro*) *1* Dare valore, convalidare: *le sue risposte avvalorano la mia testimonianza.* *2* (*banca*) Garantire l'autenticità della firma del traente mediante l'apposizione di un visto da parte di un impiegato bancario. *3* (*raro, lett.*) Dar forza, rinvigorire (*anche fig.*). **B v. intr. pron.** ● Prendere forza, acquistare valore: *è una congettura che si sta avvalorando.*

avvàlso [1970] **part. pass.** di *avvalersi* ● Nei sign. del v.

avvampaménto [1865] **s. m.** ● (*raro*) L'avvampare | Vampata.

avvampàre [comp. di *a-* (*2*) e *vampa*; 1319] **A v. intr.** (aus. *essere*) *1* Ardere divampando: *la legna secca avvampa facilmente* | (*est.*) Divenire rosso e luminoso come fiamma: *cielo e mare avvampavano al calar del sole* | Arrossire: *a. in viso per eccessiva timidezza.* *2* (*fig.*) Lasciarsi trasportare da sentimenti violenti: *a. di sdegno, di ira, di rabbia.* **B v. tr.** *1* (*raro, lett.*) Accendere, bruciare (*anche fig.*): *nel pericolo dello ardentissimo fuoco che l'avvampa* (VASARI). *2* Abbruciacchiare, detto della biancheria posta a contatto di un ferro da stiro troppo caldo. **SIN.** Strinare.

avvantaggiaménto [av. 1698] **s. m.** ● (*raro*) L'avvantaggiare, l'avvantaggiarsi | Vantaggio.

avvantaggiàre o **†avvantaggiàre** [da *avvantaggio*; 1321] **A v. tr.** (*io avvantàggio*) *1* Dare vantaggio, precedenza, superiorità e sim.: *a. la comunità* | (*est.*) Far progredire, migliorare: *a. l'agricoltura, l'economia.* *2* (*raro*) Superare. **B v. rifl.** *1* Portarsi avanti: *avvantaggiarsi negli affari, nello studio, in una competizione.* *2* (*est.*) Approfittare di qlco.: *avvantaggiarsi di qualche informazione sicura.* *3* (*est.*) Prendere un vantaggio su qlcu.: *avvantaggiarsi su tutti i concorrenti.*

avvantaggiàto [1363] **part. pass.** di *avvantaggiare*; anche **agg.** *1* Che è in una condizione di vantaggio: *partire a.* *2* †Sovrabbondante, eccedente.

†avvantàggio o **†avantàggio** [ant. fr. *avantage*, da *avant* 'avanti'; sec. XIII] **s. m.** ● Vantaggio, superiorità, preminenza | ***Prendere l'a.***, prendere il sopravvento | ***D'a.***, di più, d'avanzo.

†avvantaggióso [1619] **agg.** ● Vantaggioso. || **†avvantaggiosaménte**, **avv.** Vantaggiosamente.

avvedérsi [comp. di *a-* (*2*) e *vedere* (*1*); av. 1292] **v. intr. pron.** (coniug. come *vedere*) ● Rendersi conto, accorgersi: *a. di uno sbaglio*; *a. di avere sbagliato*; *sbagliò senza avvedersene.*

†avvediménto [sec. XIII] **s. m.** ● Avvedutezza, accortezza | Espediente ingegnoso.

avvedutézza [sec. XIII] **s. f.** ● Caratteristica di chi è avveduto. **SIN.** Accortezza, sagacia.

avvedùto [av. 1294] **part. pass.** di *avvedersi*; anche **agg.** ● Sagace, accorto, giudizioso: *è un professionista a.* | (*lett.*) ***Fare a. qlcu.***, avvertirlo. || **avvedutaménte**, **avv.** Accortamente.

†avvegnaché o **†avvègna che**, **†avvènga che**, **†avvengaché** [comp. di *avvenga* e *che* (*2*); av. 1294] **cong.** *1* Benché, quantunque, sebbene (introduce una prop. concess. con il v. al congv.): *avvegna che la subitanea fuga / dispergesse color per la campagna, / rivolti al monte ove ragion ne fruga, / i' mi ristrinsi a la fida compagna* (DANTE *Purg.* III, 1-4). *2* Poiché, per il motivo che (introduce una prop. caus. con il v. all'indic.): *avvegna che per molte condizioni di grandezze le cose si possono magnificare* (DANTE).

avvelenaménto [1692] **s. m.** *1* Contaminazione mediante veleno. *2* Intossicazione causata da ingestione di veleno: *presentare sintomi di a.* | Uccisione o suicidio tramite veleno. *3* (*fig.*) Turbamento | Rovina, corruzione: *a. delle coscienze.*

avvelenàre [comp. di *a-* (*2*) e *veleno*; av. 1294] **A v. tr.** (*io avveléno*) *1* Rendere velenoso, mettere veleno in qlco.: *a. il cibo, le acque, un'esca* | Ammorbare, inquinare: *a. l'aria.* *2* Intossicare con veleno | Uccidere mediante veleno. *3* (*fig.*) Turbare, amareggiare: *i continui dispiaceri gli avvelenavano l'esistenza* | Corrompere: *certi esempi avvelenano i giovani.* **B v. rifl.** ● Prendere il veleno | Uccidersi col veleno.

avvelenàto [sec. XIII] **part. pass.** di *avvelenare*; anche **agg.** *1* Nei sign. del v. *2* (*fig.*) Irato, rabbioso | ***Avere il dente a. con qlcu.***, nutrire profondo rancore.

avvelenatóre [av. 1565] **agg.**; anche **s. m.** (**f.** *-trice*) ● Che (o Chi) avvelena.

†avvelenìre [av. 1320] **v. tr.** ● Avvelenare.

†avvenànte [fr. *avenant*, dal lat. *advenīre* 'arrivare, venir bene'; av. 1348] **agg.** *1* Avvenente. *2* Nelle loc. avv. ***all'a.***, ***a questo a.***, al paragone, in proporzione.

avvenènte [provz. *avinent*. V. *†avvenante*; 1294] **agg.** *1* Attraente, seducente, bello: *un giovane, una ragazza a.* *2* †Di maniere graziose.

avvenènza [1659] **s. f.** ● Caratteristica di chi è avvenente.

†avvenévole [av. 1292] **agg.** ● Avvenente, leggiadro, grazioso.

†avvengaché ● V. *†avvegnaché.*

†avvènga che /avvɛŋga'ke*, av'vɛŋgake*/ ● V. *†avvegnaché.*

♦**avveniménto** [1308] **s. m.** *1* Fatto, evento importante, pubblico o privato: *questo è il principale a. del secolo*; *gli avvenimenti della mia vita*; *per i bambini la festa fu un a.* *2* †Esito, conclusione. *3* †Venuta, avvento: *assai … dopo l'a. di Cristo* (VILLANI).

♦**avvenìre** (**1**) [lat. *advenīre*, comp. di *a-* (*2*) e *venīre* 'venire'; av. 1250] **A v. intr.** (coniug. come *venire*; aus. *essere*) ● Accadere, capitare, succedere: *l'episodio avvenne molto tempo fa*; *voglio sapere come è avvenuto l'incidente*; *ha deciso di partire, avvenga quel che vuole*; *come spesso avviene*; *come suole a.* **B v. intr. pron.** *1* †Addirsi, convenire: *non ti si avviene.* *2* †Imbattersi, scontrarsi: *avvenirsi a, in qlcu.* | †Capitare: *avvenirsi in un luogo.*

♦**avvenìre** (**2**) o (*raro*) **a venire** nel sign. A [da *avvenire* (*1*); 1288] **A agg. inv.** ● Che deve venire, futuro: *il tempo, le generazioni, la vita a.* **B s. m. inv.** *1* Ciò che deve venire, tempo futuro: *bisogna pensare all'a.*; *l'a. è nelle mani di Dio* | ***Per l'a.***, ***in a.***, nel tempo che verrà, in futuro. *2* (*est.*) Sorte futura: *fantasticare sul proprio a.* | Benessere, grandezza, fortuna futuri: *pensare all'a. dei figli*; *popolo di grande a.*

avvenirìsmo [da *avvenire* (*2*); 1908] **s. m.** ● Fiducia ottimistica in idee e progetti nuovi che si credono destinati ad aver fortuna in avvenire: *ostentare il proprio a.*

avvenirìsta [1898] **A s. m. e f.** (**pl. m.** *-i*) ● Chi crede entusiasticamente nel futuro. **B agg.** ● Avveniristico.

avvenirìstico [1931] **agg.** (**pl. m.** *-ci*) ● Proprio dell'avvenirismo, degli avveniristi | (*est.*) Che anticipa il futuro: *un grattacielo a.* || **avveniristicaménte**, **avv.**

†avventìccio ● V. *avventizio.*

†avventìzio ● V. *avventizio.*

avventàre [lat. parl. **adventāre*, comp. di *a-* (*2*) e *vĕntus* 'vento'; 1313] **A v. tr.** (*io avvènto*) *1* (*lett.*) Lanciare, scagliare con forza: *a. un sasso contro qlcu.* | (*est.*) Aizzare: *avventò il cane contro il ladro.* *2* (*fig.*) Dire inconsideratamente: *a. giudizi azzardati.* **B v. rifl.** ● Lanciarsi, gettarsi con impeto contro, o addosso a, qlcu. o qlco.: *avventarsi armati sul nemico*; *si avventò al collo del padre.* **C v. intr.** (aus. *avere*) ● (*raro, lett.*) Fare effetto, colpire: *Una tale inverosimiglianza avventa* (MANZONI).

avventatàggine [av. 1621] **s. f.** ● (*raro*) Avventatezza.

avventatézza [av. 1698] **s. f.** ● Caratteristica di chi (o di ciò che) è avventato: *agire con a.* **SIN.** Inconsideratezza, sconsideratezza | (*est.*) Azione, discorso, da persona avventata.

avventàto [av. 1587] **part. pass.** di *avventare*; anche **agg.** ● Fatto, detto e sim. con eccessiva impulsività, senza riflessione: *un giudizio a.* | (*est.*) Di persona che agisce con precipitazione, senza riflettere: *un ragazzo a.* || **avventataménte**, **avv.** In modo avventato, senza riflessione. || **avventatèllo**, **dim.**

†avventìccio ● V. *avventizio.*

avventìsta [ingl. *Adventist*, da *advent* 'avvento';

1927] s. m. e f. (pl. m. *-i*) ● Seguace di una delle sette cristiane evangeliche, in prevalenza di origine americana, che predicano l'imminenza del ritorno del Cristo trionfante.

avventiziàto [1928] s. m. *1* Condizione, stato di chi è avventizio in un impiego o in un lavoro | Periodo durante il quale si è in tale stato: *fare un anno di a.*; *un a. di due anni.* *2* La categoria dei lavoratori avventizi.

avventìzio o †**avveniticcio**, †**avvenitizio**, †**avventiccio** [vc. dotta, lat. *adventīciu(m)*, da *advenīre* 'sopraggiungere'; av. 1292] **A** agg. *1* (*lett.*) Che viene da fuori | (*est.*) Straniero: *gente, popolazione avventizia.* *2* Temporaneo, provvisorio, detto spec. di impiego, lavoro e sim.: *impiegato a.*; *personale a.* *3* Casuale, occasionale, incerto: *guadagno a.* *4* (*anat.*) ***Tunica avventizia*** o (*ellitt.*) ***avventizia***, strato di tessuto connettivo e fibre elastiche che riveste varie strutture tubulari. *5* (*bot.*) Detto di organo che si sviluppa in posizione anomala | ***Radici avventizie***, quelle che si sviluppano sul fusto. **B** s. m. (f. *-a*) ● Chi è stato assunto per sopperire a necessità transitorie, spec. nel pubblico impiego: *assumere avventizi.*

avvènto [vc. dotta, lat. *advĕntu(m)*, da *advenīre* 'arrivare'; av. 1294] s. m. *1* Venuta: *sperare nell'a. di un futuro migliore.* *2* (*est.*) Il pervenire a una carica, a un grado e sim.: *l'a. al trono, al soglio pontificio.* *3* (*relig.*) Venuta di Gesù nel mondo e sua incarnazione | Tempo liturgico che alcune Chiese cristiane dedicano alla preparazione del Natale, nelle quattro settimane che lo precedono.

avventóre [lat. *adventōre(m)*, da *advenīre* 'venire'; av. 1543] s. m. (f. *-trice*) ● Cliente abituale di un negozio o di un locale pubblico: *il locale è pieno di avventori.*

♦**avventùra** (1) [fr. *aventure*, dal lat. *adventura*, part. fut. nt. pl. di *advenīre* 'avvenire'; 1294] s. f. *1* Avvenimento insolito, emozionante o imprevisto: *un'a. di viaggio*; *ha avuto una vita piena di avventure* | (*est.*) Impresa, evento straordinario, rischioso o audace: *amare l'a.* | †***Mettersi in a.***, correre il rischio; avventurarsi | ***Per a.***, per caso; (*lett.*) forse. *2* Relazione amorosa breve e non impegnativa: *ha l'abitudine di raccontare le sue avventure*; *è stata solo un'a.*; *un'a. galante.* || **avventurétta**, dim. | **avventurina**, dim.

avventùra (2) [comp. di *a-* (2) e *ventura*; av. 1348] s. f. ● (*lett.*) Buona sorte, fortuna.

avventuràre (1) [comp. di *a-* (2) e *ventura* 'caso'; sec. XV] **A** v. tr. ● (*lett.*) Affidare alla sorte, esporre a un rischio: *a. il proprio patrimonio in un'impresa azzardata* | (*fig.*) Azzardare: *a. una domanda.* **B** v. rifl. ● Mettersi in pericolo: *avventurarsi in mare con la tempesta* | (*fig.*) Arrischiarsi, azzardarsi: *avventurarsi ad avanzare una proposta.*

†**avventuràre** (2) [comp. di *a-* (2) e *ventura* 'fortuna'; av. 1547] v. tr. ● Rendere prospero, fortunato.

avventuràto (1) [1669] part. pass. di *avventurare* (*1*); anche agg. ● Nei sign. del v. || **avventuratamènte**, avv. Alla ventura.

avventuràto (2) [av. 1292] part. pass. di †*avventurare* (*2*); anche agg. *1* Nei sign. del v. *2* (*lett.*) Fortunato: *O forse a. è chi s'inganna?* (SABA) | (*lett.*) ***Bene a.***, alquanto fortunato | †***Male a.***, sfortunato. || †**avventuratamènte**, avv. Con fortuna, con successo.

avventurièro o (*lett.*) **avventurière** [fr. *aventurier*; 1575] **A** s. m. *1* (f. *-a*) (*lett.*) Chi va in giro per il mondo cercando con ogni mezzo di fare fortuna | (*est.*) Imbroglione: *è un a. di pochi scrupoli.* *2* (*st.*) Soldato di ventura, mercenario. **B** agg. ● (*lett.*) Che ama e cerca l'avventura: *gioventù avventuriera.*

avventurìna o **venturina** [fr. *aventurine*, da *aventure*, in quanto si credeva che le pagliuzze venissero messe nel vetro fuso *à l'aventure* 'a caso'; 1705] s. f. ● (*miner.*) Varietà verde di quarzo contenente lamelle di mica e clorite.

avventurìsmo [da *avventura* (*1*); 1926] s. m. ● Atteggiamento di chi, spec. in politica, propone soluzioni o fa delle scelte piuttosto avventate, di cui non è possibile prevedere tutte le conseguenze.

avventurista [1975] agg.; anche s. m. e f. (pl. m. *-i*) ● Che (o Chi) dà prova di avventurismo.

avventuristico [1972] agg. (pl. m. *-ci*) ● Improntato ad avventurismo: *comportamento a.*

♦**avventuróso** (1) [da *avventura* (*1*); av. 1294] agg. *1* Che è attratto dall'avventura: *un carattere a.* | (*est.*) Ricco di avventure: *racconto, viaggio a.* *2* (*fig.*) Rischioso: *seguire una politica avventurosa.* || **avventurosaménte**, avv.

†**avventuróso** (2) [da *avventurare* (*2*); av. 1249] agg. ● (*lett.*) Fortunato | ***Male a.***, sfortunato. || †**avventurosaménte**, avv. Con buona fortuna.

avvenùto [1348 ca.] **A** part. pass. di *avvenire*; anche agg. ● Nei sign. del v. **B** s. m. solo sing. ● (*lett.*) Accaduto: *la signora Lanucci non voleva apparire di dare importanza all'a.* (SVEVO).

avveràbile [1956] agg. ● Che si può avverare: *una speranza a.*

avveraménto [sec. XIV] s. m. ● L'avverarsi.

♦**avveràre** [comp. di *a-* (*2*) e *vero*; 1319] **A** v. tr. (*io avvéro*) *1* (*raro*) Rendere vero, reale, effettivo. *2* †Affermare per vero | †Confermare: *i fatti in breve tempo avverarono le parole* (BARTOLI). **B** v. intr. pron. ● Realizzarsi, verificarsi: *molte profezie si sono avverate.*

avverbiàle [vc. dotta, lat. tardo *adverbiāle(m)*, da *advĕrbium* 'avverbio'; 1551] agg. ● (*ling.*) Di avverbio: *suffisso a.* | Che ha funzione d'avverbio: *locuzione a.* || **avverbialménte**, avv. In modo di avverbio.

avvèrbio [vc. dotta, lat *advĕrbiu(m)*, comp. di *ăd* 'presso' e *vĕrbum* 'parola'; 1526] s. m. ● (*ling.*) Parte invariabile del discorso che modifica il senso del verbo o dell'aggettivo o di un altro avverbio: *avverbi di tempo, di maniera.*

avversàre [vc. dotta, lat. *adversāri* 'fare opposizione', da *advĕrsus* 'contro'; 1340] v. tr. (*io avvèrso*) ● Contrastare, ostacolare, opporsi: *ti ho avversato a lungo*; *a. un'iniziativa.*

♦**avversàrio** o †**avversàro** [vc. dotta, lat. *adversāriu(m)*, da *advĕrsus* 'avverso'; av. 1294] **A** s. m. (f. *-a*) *1* Chi sta dalla parte avversa, rispetto a un'altra persona, in una lotta, una gara, un concorso, una discussione e sim.: *i due avversari erano uno di fronte all'altro*; *scagliò l'arma contro l'a.*; *demolì tutti gli argomenti dell'a.* | (*lett.*, *per anton.*) ***L'a.***, ***il maligno a.***, il demonio. *2* (*dir.*) Nel processo, la parte contraria: *replicare alle argomentazioni dell'a.* **B** agg. *1* Contrario, avverso: *fazione, squadra avversaria.* *2* (*dir.*) Che si oppone in giudizio: *parte avversaria* | ***Avvocato a.***, difensore della controparte | ***Ragioni avversarie***, quelle dedotte in giudizio dalla parte contraria.

avversativo [vc. dotta, lat. tardo *adversatīvu(m)*, da *adversātus*, part. pass. di *adversāri* 'avversare'; 1623] agg. ● (*ling.*) Detto di congiunzione (come *ma*, *però*, *tuttavia*) che coordina due parole o due frasi, opponendole. || **avversativaménte**, avv.

avversatóre [vc. dotta, lat. *adversatōre(m)*, da *adversāri* 'avversare'; sec. XIV] s. m.; anche agg. (f. *-trice*) ● Chi (o Che) avversa, contrasta.

†**avversièra** ● V. *versiera.*

†**avversière** o †**aversière**, †**aversièro** [fr. ant. *aversier* 'avversario', cioè il diavolo; av. 1306] s. m. (f. *-a* (V.)) ● Nemico, avversario.

avversióne [da *avverso*; av. 1348] s. f. ● Viva ostilità, antipatia: *provare, nutrire, sentire, dimostrare a. per qlcu.* o *qlco.* | (*est.*) Ripugnanza, nausea: *ha una vera a. per certi cibi.* CFR. miso-, -fobia.

avversità [vc. dotta, lat. *adversitāte(m)*, da *advĕrsus* 'avverso'; av. 1294] s. f. *1* Condizione di ciò che è avverso, contrario, sfavorevole: *l'a. della sorte.* *2* (*spec. al pl.*) Calamità, disgrazia: *le a. della vita, della sorte*; *le a. sono materia della virtù* (ALBERTI).

avvèrso (1) [vc. dotta, lat. *advĕrsu(m)*, part. pass. di *advĕrtere* 'voltare verso', comp. di *ăd* 'contro' e *vĕrtere* 'voltare'; 1308] agg. *1* Contrario, sfavorevole (*anche fig.*): *fortuna avversa*; *destino a.* | (*est.*) Sfortunato, infelice: *stato a.*; *condizione avversa.* *2* (*lett.*) †Opposto, contrapposto: *i bei crin d'auro / scherzon nel petto per lo vento a.* (POLIZIANO). || **avversaménte**, avv. Contrariamente.

avvèrso (2) [lat. *advĕrsu(m)*. V. *avverso* (*1*); 1321] prep. *1* (*lett.*) †Contro, in opposizione: *certo assai vedrai sommerso / nel falso il creder tuo, se bene ascolti / l'argomentar ch'io li farò a.* (DANTE *Par.* II, 61-63) | Usata oggi solo nel linguaggio giuridico e burocratico: *ricorrere a. la sentenza*; *proporre ricorso a. un atto della Pubblica Amministrazione.* *2* †Nella loc. avv. ***per a.***, all'opposto, al contrario, viceversa.

avvertènza [1481] s. f. *1* Cautela, prudenza: *procedere con molta a.* | ***Avere l'a. di***, badare, procurare, aver cura di: *abbi l'avvertenza di spegnere il gas.* *2* Ammonimento, avviso, consiglio: *un'utile a.* | ***A. ai lettori***, dichiarazione premessa a uno scritto o a un libro in cui si chiariscono intenzioni, procedimenti e sim. | (*spec. al pl.*) Istruzioni: *avvertenze per l'uso di un medicinale.*

avvertìbile [1865] agg. ● Che si può percepire, spec. con l'udito.

avvertiménto [1520] s. m. *1* Ammonimento, consiglio: *un amichevole a.* | (*est.*) Intimidazione: *un a. mafioso.* SIN. Avviso. *2* (*sport*) Invito da parte dell'arbitro o del giudice di gara agli atleti di comportarsi correttamente | ***Linea di a.***, nella scherma, linea segnata sulla pedana di gara, avente la funzione di avvertire lo schermidore che lo spazio per retrocedere concesso dal regolamento sta per finire.

♦**avvertìre** [lat. *advĕrtere* 'volgere verso'. V. *avverso* (*1*); sec. XIV] **A** v. tr. (*io avvèrto*; raro *io avvertisco, tu avvertìsci*) *1* Percepire: *a. il calore del sole, la stanchezza, un lieve rumore* | (*est.*, *lett.*) Considerare con attenzione: *a. la bellezza di un paesaggio.* *2* Rendere consapevole qlcu. di una circostanza a lui ignota: *a. un amico di un pericolo.* *3* (*est.*) Avvisare, ammonire, consigliare: *ti avverto che devi stare molto attento* | Minacciare: *vi avverto che, in caso contrario, dovrò ricorrere alle maniere forti.* **B** v. tr. e intr. (aus. intr. *avere*) ● (*raro*, *lett.*) Fare attenzione, badare: *Se la mandate via, avvertite che ella avanza il salario di un anno* (GOLDONI).

avvertito [1527] part. pass. di *avvertire*; anche agg. *1* Nei sign. del v. *2* Consapevole, cauto, accorto: *guardare con occhio a.*; *mestiere che voleva orecchio a.* (BACCHELLI). || **avvertitaménte**, avv. Intenzionalmente.

avvezióne [vc. dotta, lat. *advectiōne(m)* 'trasporto', da *advĕctus*, part. pass. di *advĕhere* 'condurre, trasportare', comp. di *a-* (*2*) e *vĕhere* 'trasportare' (V. *veicolo*); 1970] s. f. ● (*meteor.*) Movimento, trasporto orizzontale di aria: *a. di aria calda, di aria fredda.*

avvezzàre [lat. parl. **advitiāre*, comp. di *a-* (*2*) e *vĭtium* 'vizio, difetto'; av. 1294] **A** v. tr. (*io avvézzo*) ● (*raro* o *lett.*) Dare un'abitudine, una consuetudine: *a. il popolo all'ubbidienza* | (*est.*) Educare: *a. bene i figli.* **B** v. rifl. ● (*raro* o *lett.*) Abituarsi: *avvezzarsi ai rumori, alle fatiche.*

avvézzo [sec. XIV] agg. ● (*raro* o *lett.*) Abituato: *uomo a. a ogni sacrificio* | ***Male a.***, educato male.

avviaménto [av. 1347] s. m. *1* L'avviare, l'avviarsi verso un dato luogo o in un'attività: *a. al lavoro, allo studio*; *codice di a. postale* | ***Scuola d'a.***, scuola triennale che, nell'ordinamento precedente all'istituzione della scuola media unica, forniva un primo insegnamento secondario per la preparazione ai vari mestieri. *2* (*econ.*) Valore riconosciuto a un'azienda economica, sulla base di elementi quali il buon nome sul mercato, il volume degli affari, la clientela e sim. *3* (*mecc.*) Fase transitoria di passaggio dalla quiete alla velocità di regime, di un motore, di una macchina, di una locomotiva: *dispositivi di a.*; *tempo, spazio d'a.* | Correntemente, messa in moto: *a. difettoso.* *4* In tipografia, complesso di operazioni necessarie per mettere la macchina da stampa in condizioni di produrre copie perfette.

♦**avviàre** [comp. di *a-* (*2*) e *via*; av. 1306] **A** v. tr. (*io avvìo*) *1* Mettere sulla via da percorrere: *a. l'ospite alla stazione*; *avviò il bambino verso la madre* | (*fig.*) Indirizzare verso un'attività: *a. qlcu. agli studi giuridici.* *2* Iniziare, dare principio, cominciare a eseguire: *a. una nuova costruzione*; *a. l'attività di un'impresa*; *a. un colloquio, un interrogatorio* | Intraprendere: *a. un'indagine* | ***A. il fuoco***, accenderlo, appiccarlo. *3* Mettere in moto: *a. il motore* | In tipografia, provvedere all'avviamento: *a. una macchina da stampa.* **B** v. intr. pron. *1* Mettersi in via, incamminarsi: *si avviarono di corsa verso l'uscita*; *avviarsi alla fine, al trionfo.* *2* (*fig.*) Essere sul punto di, stare per: *si avvia a diventare un ottimo chirurgo.*

avviàto [av. 1374] part. pass. di *avviare*; anche agg. *1* Nei sign. del v. *2* Detto di impresa commerciale solida, ben fornita di clientela: *un negozio, un commercio ben a.*

avviatóre [1865] s. m. ● Congegno meccanico di

vario tipo usato per avviare un motore.

avviatùra [av. 1865] s. f. *1* (*raro*) Avvio. *2* Primo giro di un lavoro a maglia.

avvicendaménto [av. 1406] s. m. *1* Successione, alternanza spec. sistematica: *a. di pubblici impiegati*; *a. di truppe in prima linea*. *2* Successione nel tempo di colture diverse sul medesimo terreno.

avvicendàre [comp. di *a-* (2) e *vicenda*; av. 1348] **A** v. tr. (*io avvicèndo*) ● Alternare, spec. con metodo e sistematicità: *a. il lavoro allo svago*. **B** v. rifl. rec. ● Succedersi, mutare a vicenda: *le stagioni si avvicendano*.

avvicinàbile [1961] agg. ● Che si può avvicinare | (*fig.*) Di persona facilmente accostabile.

avvicinaménto [1632] s. m. *1* L'avvicinare, l'avvicinarsi | (*mil.*) ***Marcia d'a.***, movimento tattico che si compie per portarsi a distanza di attacco. *2* (*tipogr.*) Distanza fra le facce laterali contigue di due caratteri vicini tra loro.

♦**avvicinàre** [comp. di *a-* (2) e *vicino*; 1319] **A** v. tr. *1* Mettere vicino o più vicino: *a. la sedia al tavolo, il libro alla luce*. *2* Farsi vicino a una persona per parlarle, entrare in rapporti con lei, conoscerla e sim.: *avvicinò il ministro per congratularsi con lui*; *non è facile avvicinarlo*. **B** v. intr. pron. *1* Farsi, venire vicino o più vicino (*anche fig.*): *il fanciullo si avvicinò alla madre*; *il freddo si avvicina* | (*fig.*) Essere simile: *la traduzione si avvicina molto all'originale*. *2* †Trovarsi, essere vicino.

avvignàre [comp. di *a-* (2) e *vigna*; av. 1320] v. tr. ● Coltivare un terreno a vite.

avvilènte o †**avvilïènte** [1905] part. pres. di *avvilire*; anche agg. ● Che avvilisce, che mortifica. ‖ **avvilenteménte**, avv.

avviliménto [1657] s. m. *1* L'avvilire, l'avvilirsi | Stato di profondo abbattimento, scoraggiamento, sfiducia: *gettare nell'a.*; *cadere in un profondo a.*; *abbattersi nell'a.* *2* Umiliazione | (*est.*) Degradazione morale.

avvilìre [comp. di *a-* (2) e *vile*; 1342] **A** v. tr. (*io avvilisco, tu avvilisci*) *1* Rendere vile, disprezzabile: *la menzogna avvilisce le tue qualità*. SIN. Degradare. *2* Deprimere, umiliare: *le tue parole mi avviliscono*. *3* †Far diminuire il prezzo, valore e sim. **B** v. intr. pron. *1* Perdersi d'animo: *si è molto avvilito per la recente disgrazia*. *2* (*raro, lett.*) Rendersi vile, abbietto, spregevole: *s'è avvilito nei vizi* | (*lett.*) Umiliarsi.

avvilitìvo [av. 1832] agg. ● (*lett.*) Avvilente.

avvilìto [1336 ca.] part. pass. di *avvilire*; anche agg. *1* (*raro, lett.*) Degradato, decaduto. *2* Che è in uno stato di abbattimento, scoraggiamento, sfiducia: *sentirsi a.*

avviluppaménto [av. 1363] s. m. ● (*raro*) L'avviluppare, l'avvilupparsi | Viluppo, intrico.

avviluppàre [comp. di *a-* (2) e *viluppo*; 1314] **A** v. tr. *1* Avvolgere in modo disordinato e confuso: *a. fili, cordami* | (*fig.*) Imbrogliare: *a. qlcu. con astuzie e raggiri*. *2* Avvolgere con cura: *avvilupparono il ferito in una coperta*. **B** v. rifl. ● Ravvolgersi in qlco.: *avvilupparsi in un mantello* | (*fig., lett.*) Intricarsi, imbrogliarsi: *si avviluppa in mille fantasie*. **C** v. intr. pron. ● Ingarbugliarsi: *vele e corde si avviluppavano inestricabilmente*.

avviluppàto [1336 ca.] part. pass. di *avviluppare*; anche agg. *1* Nei sign. del v. | (*fig., lett.*) Confuso, contorto. *2* (*raro, lett.*) Incerto: *entra con passo a.* (DE SANCTIS). ‖ **avviluppataménte**, avv. (*raro*) In modo confuso e intricato.

avvinàre [comp. di *a-* (2) e *vino*; 1829] v. tr. *1* Lavare con vino una botte nuova per toglierle l'odore del legno | Lavare con vino bottiglie o fiaschi per eliminare odori e impurità | Versare un po' di vino (che poi sarà gettato) in un bicchiere o in una caraffa per toglierne ogni odore estraneo e predisporli a una corretta degustazione del vino stesso. *2* (*raro*) Mischiare con vino: *a. l'acqua*.

avvinatóre [1983] s. m. ● Apparecchio per avvinare le bottiglie.

avvinazzàre [comp. di *a-* (2) e del lat. tardo *vināceu(m)* 'vinacciolo'; sec. XIV] **A** v. tr. ● (*raro*) Ubriacare. **B** v. rifl. ● (*raro*) Ubriacarsi.

avvinazzàto [av. 1333] **A** part. pass. di *avvinazzare*; anche agg. *1* Nei sign. del v. *2* Alterato dal vino: *voce avvinazzata*. **B** s. m. (f. *-a*) ● Ubriaco.

avvincènte [1896] part. pres. di *avvincere*; anche agg. ● Che avvince, attrae, affascina: *una lettura a.*

avvìncere o (*ant.*) **avincere** [comp. di *a-* (2) e del lat. *vincīre* 'legare'; av. 1292] v. tr. (coniug. come *vincere*) *1* (*lett.*) Legare, stringere | Cingere intorno. *2* (*fig.*) Attrarre fortemente, affascinare (*anche assol.*): *le sue parole mi avvincono*; *un romanzo che avvince*.

†**avvinchiàre** ● V. *avvinghiare*.

†**avvincigliàre** [comp. di *a-* (2) e *vinciglio*; av. 1565] v. tr. ● Legare, stringere | Attorcigliare, intrecciare.

avvinghiàre o †**avvinchiàre** [comp. di *a-* (2) e del lat. tardo *vinculāre*, da *vĭnculum* 'legame'; 1313] **A** v. tr. (*io avvìnghio*) ● Cingere con forza: *lo avvinghiò con le braccia*. **B** v. rifl. e rifl. rec. ● Stringersi con forza: *si avvinghiò al collo della madre*.

avvìnto [1313] part. pass. di *avvincere*; anche agg. *1* (*lett.*) Stretto, legato. *2* (*fig.*) Attratto, affascinato.

avvìo [da *avviare*; av. 1865] s. m. ● Avviamento, principio: *l'a. di un lavoro, di una impresa* | ***Dare l'a.***, mettere in movimento; (*fig.*) dare inizio | ***Prendere l'a.***, mettersi in movimento; (*fig.*) avere inizio.

avvisàglia [da *avviso* (*1*); av. 1348] s. f. *1* Indizio, sintomo: *le prime avvisaglie del male si manifestarono all'improvviso*. *2* (*mil.*) Breve combattimento, repentino e tumultuoso.

♦**avvisàre** (**1**) [da *avviso* (*1*); 1319] **A** v. tr. (qlcu.; + di seguito da sost. o inf.; + *che* seguito da indic.) *1* Dare avviso, avvertire: *non ti ho avvisato della mia partenza* | Far sapere: *ti avviso che sono iniziati i lavori*. *2* Ammonire, consigliare: *il cartello avvisa di non sostare in quell'area*; *lo avvisammo che non doveva mentire*. **B** v. intr. (aus. *avere*) ● (*raro, lett.*) Credere, stimare. **C** v. intr. pron. ● †Deliberare, proporsi: *s'avvisò di voler prima veder chi fosse e poi prender partito* (BOCCACCIO) | †Porre mente, fare attenzione. ‖ PROV. Uomo avvisato mezzo salvato.

avvisàre (**2**) [ant. fr. *aviser*, comp. di *à* 'a' e *viser* 'vedere', dal lat. parl. **visāre*, per il classico *vīsere*, intens. di *vidēre* 'vedere'; 1313] **A** v. tr. *1* †Scorgere, osservare, ravvisare. *2* †Prendere di mira. **B** v. intr. pron. ● (*raro, lett.*) Accorgersi, avvedersi: *ben s'avvisaro i franchi onde de l'ire / l'impeto novo e 'l minacciar procede* (TASSO).

†**avvisàrsi** [da *viso*; av. 1348] v. rifl. ● (*raro*) Affrontarsi, spec. in un combattimento.

avvisàto [av. 1363] **A** part. pass. di *avvisare* (*1*); anche agg. *1* Nei sign. del v. *2* (*lett.*) ***Bene a.***, accorto | ***Male a.***, malaccorto | †***Andare, stare a.***, comportarsi con attenzione. ‖ **avvisataménte**, avv. (*raro*) Deliberatamente. **B** agg.; anche s. m. (f. *-a*) ● Che (o Chi) ha ricevuto un avviso di garanzia.

avvisatóre [da *avvisato*, part. pass. di *avvisare* (*2*); av. 1250] s. m. *1* (f. *-trice*) Chi avvisa. *2* Apparecchio per segnalazione: *a. di grisou, d'incendio* | ***A. acustico***, dispositivo di segnalazione acustica sugli autoveicoli. SIN. Clacson.

avvìso (**1**) [fr. ant. *avis*, dalla loc. (*ce m'est*) *à vis*, dal lat. *vīsu(m)* (part. pass. di *vidēre*) 'questo è il mio parere'; 1313] s. m. *1* Avvertimento, anche a carattere ufficiale: *un a. importante* | (*dir.*) Avvertenza spec. scritta di fatti o atti o intenzioni, che si dà all'interessato: *a. di sfratto*; *a. d'asta* | ***A. di reato, a. di garanzia***, informazione di garanzia | ***A. di procedimento***, comunicazione giudiziaria | (*est.*) Lo scritto recante tale avvertimento o avvertenza. *2* Notizia, annuncio: *dare a. di qlco.* | ***A. di chiamata***, segnale acustico che, durante una conversazione telefonica, avvisa di un'altra chiamata in attesa | (*est.*) Qualunque tipo d'inserzione pubblicitaria in giornali, riviste e periodici in genere: *avvisi economici, commerciali* | (*est.*) Cartellone, manifesto. *3* Consiglio, ammonimento: *spero che questo a. ti faccia riflettere* | ***Stare, mettere sull'a.***, attento, in guardia. *4* Parere, opinione: *a mio a., a mio modesto a.*; *secondo il mio a.* | ***Essere d'a.***, pensare, credere: *essere dello stesso a.*; *essere di a. contrario*. *5* (*raro, lett.*) Divisamento, disegno, piano | (*est.*) †Trovata: *nuovi avvisi hanno li piacevoli uomeni, e spezialmente i buffoni* (SACCHETTI). ‖ **avvisàccio**, pegg. | **avvisétto**, dim. | **avvisìno**, dim. | **avvisùccio**, dim.

avvìso (**2**) [sp. (*barca de*) *aviso*. V. *avviso* (*1*); 1829] s. m. ● Nave a vapore da guerra, leggera e molto veloce, che serviva a trasmettere ordini e recar notizie da un porto all'altro.

avvistaménto [1932] s. m. ● L'avvistare.

avvistàre [comp. di *a-* (2) e *vista*; av. 1337] v. tr. ● Scorgere, riconoscere di lontano: *a. una luce, una nave, la riva*; *finalmente avvistarono terra*.

avvistàto [av. 1306] part. pass. di *avvistare*; anche agg. ● Nei sign. del v.

avvìsto [sec. XIII] part. pass. di *avvedersi*; anche agg. ● (*raro*) Nei sign. del v.

avvitaménto [da *avvitare* (*1*); 1961] s. m. *1* Operazione dell'avvitare. *2* (*aer.*) Discesa in vite, spec. come acrobazia. *3* In ginnastica artistica, nei tuffi e sim., movimento rotatorio del corpo sul proprio asse longitudinale e trasverso. *4* (*fig.*) Spirale negativa: *l'a. della crisi economica*.

avvitàre (**1**) [comp. di *a-* (*2*) e *vite*; 1863] **A** v. tr. *1* Introdurre una vite nella madrevite o in un foro e serrarla col cacciavite | Unire per mezzo di viti. *2* Inserire, in un supporto o in una cavità apposita, un oggetto filettato come una vite, girandolo su sé stesso: *a. una lampadina*. **B** v. rifl. ● Muoversi su sé stesso avvolgendosi a spirale | (*aer.*) Discendere a vite, detto di un velivolo. **C** v. intr. pron. ● (*fig.*) Cadere in una spirale negativa: *una rabbia che si avvita su sé stessa*; *avvitarsi in una depressione*.

avvitàre (**2**) [comp. di *a-* (*2*) e *vita*; 1970] v. tr. ● Stringere alla vita, rendere attillato in vita: *a. un abito*.

avvitàta [da *avvitare* (*1*); 1918] s. f. *1* L'avvitare qlco. sommariamente o in fretta. *2* (*aer.*) Avvitamento.

avvitàto (**1**) [1947] part. pass. di *avvitare* (*1*); anche agg. *1* Nei sign. del v. *2* Detto di tuffo o salto eseguito con avvitamento.

avvitàto (**2**) [da *vita*; 1947] agg. ● Stretto in vita: *una giacca avvitata*.

avvitatóre [di *avvitare* (*1*); 1970] s. m. ● Apparecchio, per lo più elettrico o ad aria compressa, per l'avvitamento rapido di dadi e viti. SIN. Avvitatrice.

avvitatrìce [1970] s. f. ● Avvitatore.

avvitatùra [1955] s. f. ● L'avvitare, nel sign. di *avvitare* (*1*) | Collegamento effettuato con viti.

avviticchiaménto [av. 1696] s. m. ● (*lett.*) L'avviticchiare, l'avviticchiarsi.

avviticchiàre [comp. di *a-* (2) e *viticchio*; 1313] **A** v. tr. (*io avvitìcchio*) ● (*lett.*) Cingere intorno con movimento avvolgente: *come l'... ellera avviticchia il robusto olmo, così le tue braccia il mio collo avvinsero* (BOCCACCIO). **B** v. intr. pron. e rifl. ● Afferrarsi, avvolgersi: *i tralci della vite si avviticchiano al tronco* | (*fig., lett.*) Stringersi: *avviticchiarsi al collo della madre*.

avvivaménto [av. 1729] s. m. ● (*lett.*) L'avvivare, l'avvivarsi.

avvivàre [comp. di *a-* (2) e *vivo*; 1319] **A** v. tr. *1* (*lett.*) Rendere vivo, dare la vita: *la linfa avviva le piante* | (*fig.*) Dare vigore: *a. le forze, la memoria*. *2* (*fig., lett.*) Animare, rendere vivace: *il suo intervento avvivò la conversazione* | (*est.*) Rendere allegro, brillante, luminoso e sim.: *Quindici stelle che ... / lo cielo avvivan* (DANTE *Par.* XIII, 5). **B** v. intr. pron. ● (*lett.*) Acquistare vita, vigore, vivacità e sim.: *a quella vista il suo sguardo s'avvivò*.

avvizziménto [1955] s. m. *1* L'avvizzire. *2* (*bot.*) Perdita permanente di turgore della pianta per deficienza d'acqua | Malattia provocata da funghi o da batteri localizzati nei vasi conduttori della linfa.

avvizzìre [comp. di *a-* (2) e *vizzo*; 1738] **A** v. tr. (*io avvizzisco, tu avvizzisci*) ● Rendere vizzo | (*fig.*) Privare di freschezza, giovinezza e sim.: *il tempo e le privazioni l'hanno avvizzita*. **B** v. intr. (aus. *essere*) ● Diventare vizzo: *con la siccità i fiori e le foglie avvizziscono* | (*fig.*) Perdere freschezza, giovinezza e sim.: *la sua bellezza comincia ad a.*

avvizzìto [av. 1735] part. pass. di *avvizzire*; anche agg. ● Vizzo | (*fig.*) Sfiorito.

avvocàta [av. 1306] s. f. (*Avvocàta* nel sign. 1) *1* Patrona, titolo della Madonna. *2* (*raro*) Donna che esercita l'avvocatura.

avvocatería [1865] s. f. *1* (*raro*) Artificio da avvocato. *2* (*spreg.*) Complesso di avvocati.

avvocatésco [1803] agg. (pl. m. *-schi*) ● Da avvocato (*spec. spreg.*): *eloquenza avvocatesca*; *cavilli avvocateschi*. ‖ **avvocatescaménte**, avv.

avvocatéssa [av. 1767] s. f. *1* (*raro*) Donna che esercita l'avvocatura. *2* (*scherz.*) Moglie dell'avvocato | (*scherz.*) Donna dall'eloquenza facile che ama la polemica, la discussione e sim.

avvocaticchio [1983] s. m. *1* (*merid.*) Dim. di *avvocato* | Avvocato mediocre, che vale poco. *2* Legale cavilloso (V. nota d'uso STEREOTIPO).

♦**avvocàto** [lat. *advocātu(m)*, part. pass. di *advocāre* 'chiamare in giudizio'; av. 1292] s. m. (f. *-a* (V.); *-éssa* (V.); V. nota d'uso FEMMINILE) *1* Dottore in giurisprudenza, iscritto in apposito albo professionale, abilitato a difendere una parte nelle cause civili, penali e amministrative | *A. di fiducia*, difensore di fiducia | *A. d'ufficio*, difensore d'ufficio | (*fam.*) *Parlare come un a.*, avere facilità di parola, sapere persuadere gli altri | *Saperne quanto un a.*, essere molto abile negli intrighi, nei cavilli | (*scherz.*) *A. delle cause perse*, chi si batte per sostenere opinioni impossibili | *A. del diavolo*, ecclesiastico che è incaricato di sostenere le tesi contraddittorie nei processi di canonizzazione; (*fig.*) chi, in una discussione, sostiene intenzionalmente opinioni contrarie a quelle generalmente affermate. *2* (*est.*) Protettore, patrocinatore: *si è fatto a. delle opinioni correnti.* || **avvocatìcchio**, dim. (V.) | **avvocatìno**, dim. | **avvocatóne**, accr. | **avvocatùccio**, **avvocatùzzo**, dim. | **avvocatùcolo**, dim.

avvocatùra [1765] s. f. *1* Professione dell'avvocato: *esercitare l'a.* *2* Complesso di avvocati | *A. dello Stato, erariale*, complesso di organi costituiti da abilitati alla professione di avvocato cui è demandata la funzione di difendere lo Stato in giudizio.

avvolgènte [1546] part. pres. di *avvolgere*; anche agg. *1* Nei sign. del v. *2* Che avvolge il corpo seguendone le linee: *sedili avvolgenti.* *3* (*fig.*) Circondante: *manovra a.* | (*fig.*) Avvincente, affascinante: *uno stile a.* || **avvolgentemènte**, avv.

♦**avvòlgere** o (*lett.*) **avvòlvere** [lat. *advŏlvere*, comp. di *a-* (*2*) e *vŏlvere* 'volgere'; 1313] **A** v. tr. (coniug. come *volgere*) *1* Arrotolare, volgere qlco. attorno a un'altra o su sé stessa: *a. una fascia, una corda*; *a. una benda attorno a una ferita* | (*est.*) Avviluppare (*anche fig.*): *a. un oggetto nella carta per confezionarlo*; *a. un bambino nelle coperte*; *le fiamme avvolgono l'edificio*; *la nebbia avvolgeva la vallata.* *2* (*fig., lett.*) Aggirare, ingannare: *Spesso l'ingenua frode avvolge il credulo* (D'ANNUNZIO). **B** v. intr. pron. *1* Girarsi intorno | (*est.*) Aggrovigliarsi, attorcigliarsi: *il filo si avvolgeva in una grossa matassa*; *come sul capo al naufrago / l'onda s'avvolve e pesa* (MANZONI). *2* †Aggirarsi, perdersi: *Pel bosco Ferraù molto s'avvolse* (ARIOSTO). **C** v. rifl. ● Avvilupparsi: *avvolgersi in una coperta.*

avvolgìbile [1939 ca.] **A** agg. ● Che si può avvolgere: *persiana a.* **B** s. m. ● Persiana formata di listelli di legno o plastica collegati trasversalmente, che si avvolgono su di un rullo. SIN. Tapparella.

avvolgifiòcco [comp. di *avvolg(ere)* e *fiocco* (*2*); 1985] s. m. (pl. *-chi*) ● (*mar.*) Avvolgitore collegato allo stralio di un'imbarcazione a vela per regolare la superficie del fiocco. SIN. Rullafiocco | Strallo avvolgibile.

avvolgimènto [1353] s. m. *1* L'avvolgere, l'avvolgersi | (*lett.*) Viluppo. *2* (*lett., fig.*) Inganno, intrigo. *3* (*mil.*) Manovra di aggiramento di un'ala dello schieramento nemico per coglierlo alle spalle. *4* (*elettr.*) Complesso di conduttori che creano un campo magnetico o sono sedi di correnti indotte in una macchina o apparecchio elettrico: *a. a disco.*

avvolgirànda [comp. di *avvolg(ere)* e *randa*] s. m. inv. ● (*mar.*) Avvolgitore contenuto nel boma o nell'albero di un'imbarcazione a vela per regolare la superficie della randa. SIN. Rullaranda.

avvolgitóre [av. 1543] agg.; anche s. m. (f. *-trice* (V.)) *1* Che (o Chi) avvolge. *2* (*raro, lett.*) Ingannatore. *3* Operaio specializzato nella realizzazione di avvolgimenti elettrici. *4* (*mar.*) Congegno dotato di un tamburo che permette di avvolgere una vela attorno all'asse in cui è inferita per regolarne la superficie esposta o per riporla.

avvolgitrice [1955] s. f. ● Macchina per avvolgere.

†**avvolpacchiàre** [comp. di *a-* (*2*) e *volpe*, *volpacchiotto*; av. 1565] **A** v. tr. ● Aggirare con arti subdole, da volpe. **B** v. intr. pron. ● Intricarsi | Confondersi, imbrogliarsi.

avvolticchiàre [da *avvolto* con suff. verb. iter. *-icchiare*; av. 1597] **A** v. tr. (*io avvoltìcchio*) ● (*raro*) Avvolgere strettamente a più capi. **B** v. intr. pron. e rifl. ● (*raro*) Attorcigliarsi | (*raro, fig.*) Confondersi.

avvòlto [av. 1292] part. pass. di *avvolgere*; anche agg. ● Nei sign. del v. | (*fig.*) Immerso, circondato: *un paese a. nella nebbia*; *un delitto a. nel mistero.*

avvoltóio o †**avoltóio** [lat. *vultŭriu(m)*, da *vŭltur* 'avvoltoio', di orig. etrusca: 'l'uccello del dio Vel', o da avvicinare a *vĕllere* 'strappare'; sec. XIII] s. m. *1* Uccello rapace dei Falconiformi, con testa nuda e becco uncinato, collo rivestito di pelle rugosa, apertura alare superiore ai due metri e forti zampe ricoperte da un ciuffo di piume (*Aegypius monachus*) | *A. degli agnelli*, grande specie, quasi estinta in Italia, caratterizzata da un ciuffo di setole sotto al becco (*Gypaetus barbatus*). ➡ ILL. **animali**/7. *2* (*fig.*) Persona avida, rapace e crudele, che trae profitto dalle disgrazie altrui.

avvoltolàre [da *avvolto*; 1858] **A** v. tr. (*io avvòltolo*) ● Avvolgere più volte e disordinatamente: *a. un oggetto in un foglio di carta.* **B** v. rifl. ● Avvolgersi più volte: *si avvoltolò nello scialle* | Rotolarsi: *i maiali si avvoltolano nel fango.*

avvoltolàto [1782] part. pass. di *avvoltolare*; anche agg. ● Nei sign. del v. || **avvoltolatamènte**, avv. †In fretta, alla meno peggio.

avvòlvere ● V. *avvolgere.*

axel /'aksel, *ingl.* 'æksəl/ [vc. ingl., dal n. del pattinatore artistico norvegese *Axel* Paulsen che ideò tale figura nel 1881] s. m. inv. ● (*sport*) Nel pattinaggio artistico, figura che richiede l'esecuzione di un salto con una rotazione e mezza in aria: *doppio a.*, *triplo a.*

axeroftòlo [comp. di *a-* (*1*), *xeroft(almina)* e il suff. chim. *-olo* (*1*); 1949] s. m. ● Vitamina A.

axiologìa o **assiologìa** [comp. del gr. *áxios* 'degno' e *-logia*; 1950] s. f. ● (*filos.*) Scienza o teoria dei valori.

axiològico o **assiològico** [1965] agg. (pl. m. *-ci*) ● (*filos.*) Che concerne l'axiologia | Che costituisce un valore.

axolòtl [vc. azteca, propr. 'servo dell'acqua'; 1918] s. m. inv. ● (*zool.*) Larva degli anfibi urodeli capace di riprodursi, che mantiene per tutta la vita lo stato larvale.

axóne ● V. *assone.*

axonèma ● V. *assonema.*

ayatollah /ajatol'la*, *iran.* ɒːjætol'lɒː/ [dall'ar. *āyatu-llāh* 'miracoloso segno di Dio', adattato alla fonetica persiana; 1978] s. m. inv. ● Nell'Islam sciita, la massima autorità religiosa, cui si riconoscono unanimemente particolari doti di saggezza, di preparazione teologica, dirittura morale e dedizione alla collettività.

àye-àye /'aje 'aje/ [da una vc. malgascia di orig. onomat.; 1930] s. m. inv. ● Proscimmia con lunga coda terminante a pennacchio e alluce privo di artiglio (*Cheiromys madagascariensis*).

Ayurvèda /ajur'vɛda/ [vc. sanscrita propr. 'scienza della vita', comp. di *āyur* 'vita, potere vitale' e *veda* 'conoscenza'; 1988] s. f. inv. ● Antica dottrina filosofica indiana basata su complesse relazioni fra le tre forze basilari (sole, luna, vento) e i cinque elementi fondamentali della materia (terra, acqua, fuoco, aria, etere) legati ai cinque sensi (olfatto, gusto, vista, tatto, udito) | Forma di medicina alternativa indiana tramandata oralmente, che privilegia la medicina preventiva e insegna pratiche terapeutiche.

ayurvèdico /ajur'vediko/ [1993] agg. (pl. m. *-ci*) ● Che riguarda l'ayurveda o ne segue i principi: *medicina ayurvedica.*

azalèa [vc. dotta, gr. *azaléa*, f. dell'agg. *azaleós* 'arido, secco', da *ázō* 'io asciugo'; 1819] s. f. ● Arbusto delle Ericacee molto ramificato, con piccole foglie persistenti e grandi fiori di vari colori (*Rhododendron indicum*). ➡ ILL. **piante**/7.

azèdarach /a'dzɛdarak/ [fr. *azédarac(h)* dal persiano *āzād-dirakht*, propr. 'albero libero', che cresce allo stato selvaggio; 1894] s. m. inv. ● (*bot.*) Albero delle Meliacee originario dell'Asia tropicale dal quale si ricava un legno pregiato; ha frutti con proprietà emetiche e purgative (*Melia azedarach*). SIN. Albero santo.

azeotropìa [comp. di *a-* (*1*), del gr. *zeîn* 'bollire' e di *-tropia*] s. f. ● (*chim.*) Fenomeno tipico dei miscugli azeotropici.

azeotròpico [ingl. *azeotropic*, comp. del gr. *a-* privativo, di un deriv. del v. *zéin* 'bollire', di estensione indeur., e *-tropic* '-tropico'] agg. (pl. m. *-ci*) ● (*chim.*) Detto di un miscuglio di liquidi che bolle a una definita temperatura producendo un vapore di uguale composizione: *miscela azeotropica.*

azerbaigiàno [1988] **A** agg. ● Dell'Azerbaigiàn, regione della Transcaucasia. **B** s. m. (f. *-a*) ● Abitante, nativo dell'Azerbaigiàn. **C** s. m. solo sing. ● Lingua affine al turco parlata nell'Azerbaigiàn.

azèro [1991] s. m. (f. *-a*) ● Abitante, nativo dell'Azerbaigiàn. SIN. Azerbaigiano.

azerty /adz'dzɛrti/ [dalle lettere che compaiono nei primi sei tasti della prima riga dell'area alfabetica] agg. inv. ● (*elab.*) Nella loc.: *tastiera a.*, tipo di tastiera la cui distribuzione dei tasti è adottata come standard sulle macchine per scrivere e nell'informatica in Francia. CFR. Qwerty, qzerty.

azeruòlo ● V. *lazzeruolo.*

azidotimidìna [n. chim., da *azoto* e *timina*] s. f. ● (*farm.*) Farmaco antivirale particolarmente attivo sul virus HIV dell'AIDS di cui inibisce la replicazione; in sigla AZT.

azièndа [sp. *hacienda*; stessa etim. dell'it. *faccenda*; 1602] s. f. ● Complesso di beni organizzato per la produzione di altri beni o servizi | Comunemente, impresa produttrice di beni o servizi | *A. familiare*, quella costituita dai beni e dal lavoro prevalentemente forniti dai componenti una famiglia | *A. autonoma*, ufficio particolare di organi o enti amministrativi cui è riconosciuta una speciale autonomia contabile e finanziaria | *A. sanitaria locale*, V. *Asl* | (*est., fig.*) Settore, categoria, organismo e sim. considerato nel suo insieme sotto il profilo economico: *l'a. cinema è in crisi*; *l'a. Italia.* || **aziendìna**, dim.

aziendàle [1931] agg. ● Di una azienda: *organizzazione a.*; *avviamento a.* | *Contratto collettivo a.*, contratto stipulato tra l'imprenditore e l'insieme dei lavoratori dell'impresa o una rappresentanza di essi | *Economia a.*, scienza che studia l'utilizzazione dei beni di un'azienda per il raggiungimento dei fini prefissi. || **aziendalmènte**, avv. Dal punto di vista aziendale.

aziendalìsmo [1959] s. m. *1* Studio dei problemi dell'azienda. *2* Tendenza a privilegiare gli interessi delle aziende o di quella in cui si lavora.

aziendalìsta [1985] **A** s. m. e f. (pl. m. *-i*) *1* Esperto, studioso di economia aziendale. *2* Chi attribuisce un'importanza primaria agli interessi delle aziende o di quella in cui lavora. **B** agg. ● Aziendalistico.

aziendalìstica [f. sost. di *aziendalistico*] s. f. ● Scienza che studia la gestione aziendale.

aziendalìstico [1959] agg. (pl. m. *-ci*) ● Proprio, tipico dell'aziendalismo, degli aziendalisti | Che si riferisce all'azienda.

aziendalizzazióne [1967] s. f. ● Trasformazione di un ente pubblico in azienda.

aziliàno [dal n. della località di Mas d'Azil, nei Pirenei; 1930] agg. ● Nella loc. *cultura aziliana*, cultura dell'età della pietra le cui manifestazioni artistiche consistono in ciottoli incisi a disegni geometrici in ocra.

àzima ● V. *azzima.*

àzimo ● V. *azzimo.*

àzimut [ar. *as-sumūt*, pl. di *as-samt* 'direzione'; 1578] s. m. ● (*astron.*) Angolo tra il circolo verticale di un astro e il meridiano del luogo di osservazione | Angolo che la retta congiungente un punto con l'origine di un sistema di coordinate forma con una retta o un piano fissi.

azimutàle [av. 1739] agg. ● (*astron.*) Attinente all'azimut | *Goniometro a.*, munito soltanto di cerchio graduato orizzontale, che permette di misurare l'azimut.

azionàbile [da *azionabile*; 1983] agg. *1* (*gener.*) Che si può azionare, che si può muovere, mettere in azione. *2* (*dir.*) Detto di diritto che si può far valere in giudizio.

azionamènto [da *azionare*; 1967] s. m. ● Messa in azione, in movimento.

azionàre [fr. *actionner*, da *action* 'azione (1)'; 1905] v. tr. (*io azióno*) ● Muovere, mettere in azione: *a. il dispositivo di sicurezza.*

azionariàto [da *azionario*; 1944] s. m. *1* Partecipazione nel possesso di azioni di una società | *A. diffuso*, caratterizzato da un elevato numero di piccoli azionisti. *2* Insieme dei possessori di azioni di una società: *a. operaio, popolare, di Stato.*

azionàrio [da *azione* (*2*); 1918] agg. ● Costituito

da azioni: *capitale a. di una società*; *pacchetto a.*

azionatóre [da *azionare*; 1983] **agg.** (**f.** *-trice*), anche **s. m.** ● Che (o Chi) aziona.

azióne (**1**) [vc. dotta, lat. *actiōne(m)*, da *ăgere* 'fare'; av. 1294] **A s. f. 1** Atto dell'agire, dell'operare: *far seguire l'a. ai discorsi, alle decisioni*; *pensiero e a.*; *passare all'a.*; *partito d'a.* | ***Filosofia dell'a.***, ogni teoria filosofica che sostenga il primato dell'azione sulla conoscenza intellettiva; pragmatismo | ***Uomo d'a.***, attivo, energico | ***Entrare in a.***, cominciare ad agire, a operare. **2** Atto, operato individuale che implica una valutazione morale: *commettere un'a. buona, cattiva, infame, indegna*; *bisogna avere il coraggio delle proprie azioni* | †Faccenda, negozio. **3** Produzione di un determinato effetto: *un farmaco che esercita un'a. sedativa*; *l'a. demolitrice delle onde del mare* | Movimento, funzionamento: *mettere in a. un meccanismo* | (*fig.*) Capacità, efficacia: *l'a. benefica delle sue parole*. **4** Soggetto di un'opera letteraria, drammatica o narrativa: *l'a. del romanzo si svolge in Africa* | ***Unità d'a.***, semplicità dell'intreccio di un dramma o poema. **5** (*dir.*) Attività di un privato o del Pubblico Ministero atta a provocare una decisione del giudice | ***A. comune***, adottata dal Consiglio dell'Unione Europea per affrontare specifiche situazioni in cui si ritiene necessario un intervento operativo dell'Unione. **6** (*mil.*) Combattimento, fatto d'armi: *a. terrestre, navale* | ***A. di fuoco***, tiro o complesso di tiri volti al raggiungimento di uno scopo tattico. **7** (*sport*) Modo in cui si svolge o viene condotta la fase di una gara: *a. lenta, decisa, travolgente* | Manovra o insieme di manovre di uno o più atleti per realizzare o sviluppare il proprio gioco in un dato momento: *a. d'attacco, difensiva*. **8** (*fis.*) Forza che un sistema fisico esercita su un altro sistema: *principio di a. e di reazione* | Grandezza fisica avente le dimensioni del prodotto di un'energia per un tempo. **9** (*elvet.*) Offerta speciale, campagna promozionale (calco sul ted. 'Aktion'): *al supermercato c'è un'a. di surgelati*. **B** in funzione di **inter.** ● Si usa come ordine agli attori da parte del regista cinematografico all'inizio di ogni ripresa: *a.!* || **azionàccia**, **pegg.** | **azioncèlla**, **dim.** | **azioncìna**, **dim.** | **azionùccia**, **dim.**

azióne (**2**) [fr. *action*, a sua volta dall'ol. *aktie*; 1673] **s. f.** ● (*dir.*) Quota del capitale di una società commerciale, e documento che incorpora il diritto del socio a una quota di capitale sociale della stessa: *la società ha emesso nuove azioni* | ***A. privilegiata***, che accorda al titolare un diritto di preferenza nella distribuzione degli utili | ***A. di godimento***, attribuita ai possessori di azioni rimborsate in caso di riduzione per esuberanza del capitale sociale | ***A. di risparmio***, caratterizzata dal fatto di essere al portatore e di avere una remunerazione e un trattamento fiscale più favorevoli rispetto all'azione ordinaria | ***A. d'oro***, ***a. aurea***, golden share.

azionismo [V. *azionista* (*2*); 1982] **s. m.** ● L'ideologia e la politica del Partito d'Azione e di chi, nel corso degli anni, si è a esso richiamato.

azionista (**1**) [da *azione* (*2*); 1690] **s. m.** e **f.** (**pl. m.** *-i*) ● Titolare di azioni di una società: *diritto di voto degli azionisti* | ***A. di riferimento***, chi detiene una partecipazione tale da consentirgli il controllo della società.

azionista (**2**) [da *azione* (*1*); 1944] **s. m.** e **f.** (**pl. m.** *-i*) ● Aderente al Partito d'Azione, operante, fra il 1942 e il 1947, con un programma di conciliazione fra liberalismo e socialismo.

azionìstico [da *azionista* (*1*); 1983] **agg.** (**pl. m.** *-ci*) ● Azionario.

àzo- [tratto da *azoto*] primo elemento ● In parole composte della terminologia chimica indica la presenza del gruppo azoico (–N=N–): *azocolorante*, *azocomposto*.

azocolorànte [comp. di *azo-* e *colorante*; 1983] **s. m.** ● (*chim.*) Colorante azoico.

azocompósto [comp. di *azo-* e *composto*; 1950] **s. m.** ● (*chim.*) Composto azoico.

azòico (**1**) [dal gr. *ázōos* 'privo (*a-*) di vita (*zōé*)' con la terminazione aggettivale *-ico*; 1829] **agg.** (**pl. m.** *-ci*) ● (*geol.*) Arcaico.

azòico (**2**) [comp. di *azo-* e *-ico*; 1955] **agg.** (**pl. m.** *-ci*) ● (*chim.*) Detto di composto organico in cui è presente il gruppo –N=N–.

azolla [dal gr. *áz(ein)* 'seccare' e *oll(ýnai)* 'perdere' (?); 1930] **s. f.** ● Felce acquatica galleggiante con fusto ramificato e foglioline alterne squamiformi (*Azolla caroliniana*).

azònio [da *azoto* col suff. *-onio*, ricavato da *ammonio*; 1955] **s. m.** ● (*chim.*) Composto chimico contenente il radicale azo- insieme con un atomo di alogeno e un radicale idrocarburico.

azoospermìa [comp. di *a-* (*1*) e un deriv. di *zoosperma*; 1936] **s. f.** ● (*med.*) Assenza di spermatozoi nel liquido spermatico.

azotàto [1875] **agg.** ● Detto di composto chimico che contiene azoto: *concime a.*

azotatùra [1955] **s. f.** ● Somministrazione di concimi azotati alle colture durante la vegetazione.

azotemìa [comp. di *azot(o)* ed *-emia*; 1937] **s. f.** ● (*med.*) Presenza nel sangue di urea o di altri composti azotati.

azòtico [1726] **agg.** (**pl. m.** *-ci*) ● (*chim.*) Nella loc. ***acido a.***, acido nitrico.

azòto [comp. di *a-* (*1*) e del gr. *zoé* 'vita'; 1795] **s. m.** ● Elemento chimico, non metallo, gassoso, incolore, inodore, che non mantiene la combustione e la respirazione, costituente principale dell'aria, da cui si ottiene per liquefazione; è usato per la produzione dell'ammoniaca e di fertilizzanti. **SIMB.** N. **SIN.** (*raro*) Nitrogeno. **CFR.** nitro-.

azotofissatóre [comp. di *azoto* e *fissatore*; 1955] **A s. m.** ● (*biol.*) Organismo capace di fissare l'azoto atmosferico. **B** anche **agg.** (**f.** *-trice*): *batteri azotofissatori*.

azotoiprìte [comp. di *azoto* e *iprite*; 1955] **s. f.** ● Liquido oleoso incolore dotato di forte potere vescicante, per cui è usato, oltre che in biologia e in medicina, anche come aggressivo chimico.

azotùria o **azoturìa** [comp. di *azoto* e del gr. *ôuron* 'urina'; 1955] **s. f.** ● (*med.*) Quantità di azoto ureico presente nelle urine.

azotùro [comp. di *azoto* e *-uro*; 1955] **s. m.** ● (*chim.*) Nitruro.

aztèco /as'tɛko, ats'tɛ-/ [dall'indigeno *Aztecatl* 'abitante di *Aztlan*', il mitico paese di provenienza, propr. 'la terra degli aironi'; 1938] **A s. m.** (**f.** *-a*; **pl. m.** *-chi*) ● Appartenente a una antica popolazione indigena dell'America centrale, stanziata nell'attuale Messico. **B s. m.** solo **sing.** ● Lingua parlata dagli Aztechi. **C agg.** (**pl. m.** *-chi*) ● Degli Aztechi: *lingua, civiltà azteca*.

azuki /adz'dzuki, *giapp.* ˌa'dzɯki, -'zɯ-/ [vc. di provenienza giapp.] **s. m. inv.** ● Varietà di soia che si presenta in forma di semi di vari colori; in cucina ha lo stesso impiego dei fagioli.

azulejo /*sp.* aθu'lexo, asu'lɛho/ [vc. sp., prob. dall'ar. *az-zulayğ*; 1930] **s. m. inv.** (**pl. sp.** *azulejos*) ● Piastrella di terracotta maiolicata o verniciata, usata per pavimentazioni o per rivestimenti di pareti.

azulène [comp. dello sp. *azul* 'azzurro' (di orig. ar.) e del suff. chim. di idrocarburi *-ene*; 1955] **s. m.** ● Idrocarburo liquido, oleoso, di colore azzurro, isomero della naftalina, ottenuto da molti oli essenziali, impiegato nella preparazione di cosmetici.

àzza o **†àccia** (**2**) [fr. *hache*, dal germ. *hapja*; sec. XIV] **s. f.** ● Antica arma in uso fino al XVI secolo, costituita da una corta asta e da una testa a forma di accetta con penna solitamente a punta.

azzannàre (o **-ẓẓ-**) o **†assannàre** [comp. di *a-* (*2*) e *zanna*; 1312] **v. tr. 1** Afferrare e stringere con le zanne: *il cane gli azzannò le gambe*. **2** (*raro*, *fig.*) Criticare ferocemente.

azzannàta (o **-ẓẓ-**) [1887] **s. f.** ● Morso dato con le zanne: *l'a. del lupo*.

azzannatùra (o **-ẓẓ-**) [1887] **s. f.** ● Segno dell'azzannata.

azzardàre [fr. *hasarder*, da *hasard* 'azzardo'; 1553] **A v. tr. 1** Arrischiare: *a. una speculazione* | Fare, dire, con esitazione, incertezza e sim.: *a. un intervento, una domanda* | ***A. un'ipotesi***, avere il coraggio di proporla. **2** (*assol.*) Esporsi a un rischio, agire avventatamente: *ha azzardato troppo e si è rovinato*. **B v. intr. pron.** ● Avventurarsi, arrischiarsi: *non si azzardava a intervenire*; *non azzardarti a parlarmi in questo modo!*

azzardàto [1770] **part. pass.** di *azzardare*; anche **agg. 1** Nei sign. del v. **2** Audace, temerario, arrischiato: *risposta, impresa azzardata*. || **azzardataménte**, **avv.**

azzàrdo [fr. *hasard*, dall'ar. *az-zahr* 'dado da gioco'; 1644] **s. m. 1** Complesso di circostanze casuali che implica, fra gli esiti possibili, rischi, pericoli e sim.: *sfidare l'a.*; *esporsi all'a.*; *mettersi all'a.* | ***Giochi d'a.***, quelli in cui la vincita dipende dalla sorte anziché dalla bravura del giocatore, e perciò vietati dalla legge nei luoghi pubblici o aperti al pubblico e in circoli privati | (*gener.*) Rischio: *affrontare quel viaggio è stato un bell'a.*; *uscire con un simile freddo è un a.* **2** †Caso, sorte.

azzardóso [da *azzardo*; 1647] **agg. 1** Che rivela o implica azzardo: *atto a.*; *impresa azzardosa* | (*est.*) Dubbio, incerto. **2** (*lett.*) Che ama esporsi al rischio, detto spec. di persona. || **azzardosaménte**, **avv.**

-azzàre **suff.** derivativo e alterativo di verbi ● Forma verbi ai quali conferisce valore frequentativo, attenuativo o peggiorativo: *sbevazzare*, *scopiazzare*, *scorrazzare*, *sghignazzare*, *spiegazzare*, *svolazzare*.

azzeccagarbùgli (o **-ẓẓ-**) [dal nome di un celebre personaggio manzoniano; 1849] **s. m. inv.** ● Leguleio da strapazzo | Intrigante (V. nota d'uso STEREOTIPO).

azzeccàre (o **-ẓẓ-**) [medio alto ted. *zecken* 'menare un colpo'; av. 1704] **A v. tr.** (*io azzécco* (o *-ẓẓ-*), *tu azzécchi* (o *-ẓẓ-*)) **1** Colpire nel segno | (*est.*) Appioppare | ***Azzeccarla a qlcu.***, (*fig.*) fargliela. **2** (*fig.*) Indovinare: *ha azzeccato la risposta esatta* | ***Non azzeccarne mai una***, (*fam.*) non riuscire in nulla. **B v. intr.** ● (*centr.*, *merid.*) Avere a che fare | ***Che ci azzecca?***, che c'entra?

azzeccàto (o **-ẓẓ-**) [1829] **part. pass.** di *azzeccare*; anche **agg.** ● Ben riuscito: *una battuta azzeccata*.

azzeraménto [1939] **s. m.** ● L'azzerare, il venire azzerato (*anche fig.*).

azzeràre [comp. di *a-* (*2*) e *zero*; 1942] **v. tr.** (*io azzèro*) **1** (*gener.*) In vari strumenti di misurazione o apparecchi di calcolo, ridurre, portare a zero. **2** (*est.*) Annullare, cancellare: *a. le conclusioni di un dibattito* | (*fig.*) Riportare al punto di partenza: *a. gli elementi di una polemica*.

azzeruòla ● V. *lazzeruola*.

azzeruòlo ● V. *lazzeruolo*.

àzzima o **àzima** [V. *azzimo*; av. 1396] **s. f.** ● Pane non lievitato, pane azzimo. || **azzimèlla**, **dim.**

azzimàre [provz. *azesmar*, dal lat. *adaestimāre* 'apprezzare'; 1308] **A v. tr.** (*io àzzimo* o *àzzimo*) ● Ornare, agghindare: *a. la propria persona* | Acconciare: *azzimarsi i capelli*. **B v. rifl.** ● Ornarsi con ricercatezza (*spec. iron.*).

azzimàto [sec. XIII] **part. pass.** di *azzimare*; anche **agg.** ● Acconciato con ricercatezza, agghindato. || **azzimataménte**, **avv.**

àzzimo o (*lett.*) **àzimo** [vc. dotta, lat. tardo *azȳmu(m)*, nom. *azȳmus*, dal gr. *ázymos* 'senza lievito', comp. di *a-* priv. e *zýmē* 'lievito'; av. 1306] **A agg.** ● Non lievitato, detto spec. del pane. **B s. m.** ● Pane non lievitato consumato dagli Ebrei nella settimana pasquale e dai Cattolici durante il rito della Messa | ***Festa degli azzimi***, quella che, presso gli antichi Ebrei, cadeva sette giorni dopo la Pasqua.

azzittàre (o **-ẓẓ-**) [1735] **v. tr.**, **intr.** e **intr. pron.** (aus. intr. *essere*) ● Azzittire.

azzittìre (o **-ẓẓ-**) [comp. di *a-* (*2*) e *zitto*; av. 1850] **A v. tr.** (*io azzittìsco* (o *-ẓẓ-*), *tu azzittìsci* (o *-ẓẓ-*)) ● Fare star zitto: *a. la scolaresca*. **B v. intr.** e **intr. pron.** (aus. *essere*) ● Tacere: *si azzittì di colpo*.

-àzzo [var. non tosc. di *-accio*] **suff.** derivativo ● Forma sostantivi con valore per lo più spregiativo: *amorazzo*, *andazzo*, *codazzo*, *pupazzo*.

azzonaménto [da *zona*, sul modello dell'ingl. *zoning*; 1963] **s. m.** ● (*urban.*) Suddivisione di un ambito territoriale in zone a scopo di pianificazione e controllo delle trasformazioni urbanistiche del territorio stesso. **SIN.** Zonizzazione.

azzoppaménto (o **-ẓẓ-**) [1961] **s. m.** ● L'azzoppare.

azzoppàre (o **-ẓẓ-**) [comp. di *a-* (*2*) e *zoppo*; 1525] **A v. tr.** (*io azzòppo* (o *-ẓẓ-*)) ● Far diventare zoppo. **B v. intr.** e **intr. pron.** (aus. *essere*) ● Diventare zoppo: *è azzoppato dopo quella brutta caduta*; *il cavallo si azzoppò*.

azzoppìre (o **-ẓẓ-**) [1553] **v. intr.** e **intr. pron.** (*io azzoppìsco* (o *-ẓẓ-*), *tu azzoppìsci* (o *-ẓẓ-*); aus. *essere*) ● Diventare zoppo.

azzuffaménto (o **-ẓẓ-**) [sec. XIV] **s. m.** ● (*raro*) L'azzuffarsi | Zuffa.

azzuffàre (o **-ẓẓ-**) [comp. di *a-* (*2*) e *zuffa*; sec. XIII] **A v. tr. 1** †Far venire a zuffa. **2** †Mescolare. **B v. rifl.** e **rifl. rec.** ● Venire alle mani, picchiarsi: *si* *azzuffarono davanti a tutti.*

azzurràbile [da *azzurro*, n. dei componenti delle squadre sportive nazionali italiane (dal colore della maglia); 1942] agg.; anche s. m. e f. ● (*raro*) Detto dell'atleta che potrà essere scelto quale componente di una squadra nazionale italiana.

azzurràggio [1955] s. m. ● (*chim.*) Operazione consistente nell'aggiungere a sostanze giallicce un prodotto azzurro, per renderle bianche | L'effetto di tale operazione.

azzurraménto [1955] s. m. ● (*fis.*) Trattamento mediante il quale si deposita sulla superficie di una lente uno strato molto sottile di una sostanza trasparente, con lo scopo di diminuire la riflessione e quindi di aumentare la trasparenza della lente per certe radiazioni dello spettro; i riflessi che rimangono hanno colore azzurrino.

azzurràre [1863] v. tr. e intr. pron. ● Tingere, tingersi d'azzurro.

azzurràto [1356] **A** part. pass. di *azzurrare*; anche agg. *1* Nei sign. del v. *2 Obiettivo a.*, le cui lenti sono ricoperte da uno strato antiriflettente che elimina completamente la riflessione di alcune radiazioni, ma lascia dei riflessi azzurrini. **B** s. m. ● Fregio tipografico composto da più filetti chiari, paralleli e vicinissimi l'uno all'altro.

azzurreggiàre [av. 1519] v. intr. (*io azzurréggio*; aus. *avere*) ● (*lett.*) Essere azzurro, tendere al colore azzurro: *dei vigneti sul ciglio dell'altura l azzurreggiano i pali* (SABA).

azzurríccio [1551] agg. (pl. f. -*ce*) ● †Che tende all'azzurro.

azzurrígno [sec. XIV] agg. ● (*lett.*) Che ha un colore azzurro chiaro, tendente al grigio: *fumo a.*

azzurríno [1353] **A** agg. ● Che ha un colore azzurro tenue e delicato: *nebbia, aria azzurrina.* **B** s. m. *1* Il colore azzurrino. *2* (f. -*a*) Atleta che fa parte di una squadra nazionale italiana di categoria junior.

azzurrità [1882] s. f. ● (*lett.*) Caratteristica di ciò che è azzurro: *l'a. degli oceani* | (*lett.*) Distesa d'azzurro: *volare nell'immensa a.*

azzurríte [1875] s. f. ● (*miner.*) Carbonato idrato di rame in cristalli o in concrezioni di colore azzurro intenso.

◆**azzùrro** [persiano *lāžwărd*, con la caduta della *l*- iniziale interpretata come articolo; av. 1276] **A** agg. *1* Che ha un colore variabile tra il celeste e il turchino: *cielo, mare a.*; *occhi azzurri*; *veste azzurra.* CFR. ciano- | *Principe a.*, nelle fiabe, il principe che sposa la protagonista; (*est.*) lo sposo ideale a lungo sognato | *Pesce a.*, acciughe, sardine, sgombri. *2* Detto di atleta che sia stato chiamato a far parte di una formazione rappresentativa italiana contrassegnata dalla maglia di tale colore: *i calciatori azzurri* | (*est.*) Relativo a una squadra sportiva nazionale italiana: *il basket a.* | (*est.*) Relativo all'attività sportiva italiana sul piano internazionale: *il ritiro a.*; *dirigenti azzurri* | (*per anton.*) Italiano: *le affermazioni dello sport a. alle olimpiadi* | Detto di aderente al movimento politico Forza Italia. CFR. Forzista. *3* Detto di atleta che gioca nella squadra di calcio del Napoli. **B** s. m. *1* Il colore azzurro. *2* (f. -*a*) Atleta che fa parte di squadra nazionale italiana: *gli azzurri scendono in campo con speranze di vittoria* | Rappresentante italiano a gare, tornei e sim., internazionali | Aderente al movimento politico Forza Italia. CFR. Forzista. *3* Atleta che gioca nella squadra di calcio del Napoli. *4* Composto chimico di colore azzurro: *a. di rame* | Sostanza che colora in azzurro | *A. di Berlino*, blu di Prussia | *A. di metilene*, blu di metilene | *A. oltremarino*, oltremare. || **azzurràstro**, pegg. | **azzurrétto**, dim.

azzurrógnolo (o -ò-) [sec. XIV] agg. ● Che ha un colore azzurro pallido e sbiadito: *velo a.*; *luce azzurrognola*; *nubi azzurrognole.*

b, B

Il suono rappresentato in italiano dalla lettera *B* è quello della consonante occlusiva bilabiale sonora /b/. Questa consonante può essere, secondo i casi, semplice (es. *rubàre* /ru'bare/, *tìbia* /'tibja/, *libro* /'libro/, *la bellézza* /label'letstsa/, *tórbo* /'torbo/, *bellézza* /bel'letstsa/, *gran bellézza* /grambel'letstsa/) oppure geminata (es. *gòbbo* /'gɔbbo/, *ràbbia* /'rabbja/, *lìbbra* /'libbra/, *la bellézza* /kebbel'letstsa/).

b, (*maiusc.*) **B** [1516] **s. f.** o **m.** ● Seconda lettera dell'alfabeto italiano (nome per esteso *bi*): *b minuscola*; *B maiuscolo* | Nella compitazione spec. telefonica it. *b come Bologna*; in quella internazionale *b come bravo* | (*sport*) **Serie B**, suddivisione comprendente gli atleti o le squadre di valore intermedio | **Di serie B**, (*fig.*) di qualità inferiore | (*chim.*) **Vitamine del gruppo B**, V. *vitamina*.
ba (**1**) /ba/ [bah, ba, ba*/] ● V. *bah*.
ba (**2**) [da *b* e *a*, prima sillaba insegnata agli scolari in passato] **vc.** ● (*fam.*) Solo nella loc.: *non dire né a né ba*, non dire nulla, tacere.
bàba [slov. *bába* di ampia area slava, voce del linguaggio infant.; 1912] **s. f.** ● (*sett.*) Donna spec. vecchia: *gli uomini facevano la convalescenza in bottega e le babe in letto* (SVEVO).
babà [fr. *baba*, dal polacco *baba*, propr. 'nonna, vecchia'; 1891] **s. m.** ● Dolce di pasta lievitata, a forma di fungo, intriso di rum, talvolta con l'aggiunta di uva passa.
babàco [dal port. *babacu*] **s. m.** (**pl.** *-chi*) **1** (*bot.*) Palma del Brasile non-orientale coltivata per l'olio che si estrae dalle sue drupe (*Orbygnia speciosa*). **2** (*bot.*) Alberello delle Caricacee coltivato nelle regioni a climi intertropicale e mediterraneo per le grandi bacche commestibili (*Carica pentagona*) | Il frutto di tale pianta.
babàssu [dal suo n. port. *babaçú* di orig. tupi; 1987] **s. m. inv.** ● (*bot.*) Palma originaria del Brasile, dal cui frutto si estrae un olio per cosmetici e detergenti (*Orbignya martiana*) | Il frutto di tale palma.
babàu o **babào**, **bào**, **bàu** (**2**) [vc. onomat.: imitativa della voce del *Bau* 'pauroso essere fantastico' (?); 1879] **s. m.** ● Mostro immaginario, spauracchio per bambini: *se non stai buono chiamo il b.* | Persona che mette paura.
babbagigi [ar. *ḥabbʿazīz* 'mandorla, bacca buona', comp. di *habb* 'grano, seme' e *ʿazīz* 'forte, sacro, buono'; av. 1783] **s. m. inv.** ● (*bot. tosc., spec. al pl.*) Tubero commestibile, di sapore zuccherino, del cipero dolce. **SIN.** (*pop.*) Dolcichino.
babbalèo [av. 1716] **agg.**; anche **s. m.** ● (*tosc.*) Babbeo.
babbàno [av. 1793] **agg.**; anche **s. m.** ● (*tosc.*) Babbeo.
babbèo [vc. onomat. con suff. spreg.; av. 1742] **agg.**; anche **s. m.** ● Sciocco, semplicione: *si sa che i babbei non hanno memoria* (SCIASCIA).
†**bàbbio** [lat. *babulu(m)* 'sciocco, stolto', vc. onomat.; av. 1861] **s. m.** (**f.** *-a*) ● Stolto, sciocco. ‖ **babbióne**, accr. (V.).
babbióne [accr. di †*babbio*; av. 1449] **agg.**; anche **s. m.** (**f.** *-a*) ● (*tosc.*) Stupido, sciocone.
◆**bàbbo** [lat. parl. *babbu(m)*, vc. infant.; 1310] **s. m.** ● (*fam.*) Padre (spec. in Toscana e in Sardegna): *questo è il mio b.*; *vieni, b.!* **SIN.** Papà | **A b. morto**, di debito che si salderà coi denari dell'eredità paterna | *Cose che non hanno né b. né mamma*, prive di fondamento | *Babbo Natale*, personaggio fantastico dall'aspetto di vecchio con una lunga barba bianca che, secondo quanto si racconta ai bambini, viene a portar loro regali la notte di Natale: *non credere più, credere ancora, a Babbo Natale*. ‖ **babbàccio**, pegg. | **babbétto**, dim. | **babbìno**, dim. | **babbùccio**, dim. | **babbóne**, accr.
babbomòrto [comp. di *babbo* e (quando sarà) *morto*; 1797] **s. m.** (**pl.** *babbimòrti*) ● Debito fatto dal figlio e pagabile alla morte del padre con l'eredità.
babborivéggoli o †**babborivéggioli** [nome d'invenzione, comp. di *babbo* e un deriv. scherz. di *rivedere*; av. 1612] **s. m. inv.** ● (*tosc., scherz.*) Solo nella loc. *andare a b.*, morire.
†**babbuàsso** [da *babbuino* con sostituzione di suff. spreg.; av. 1449] **agg.**; anche **s. m.** ● Sciocco, scimunito.
babbùccia [fr. *babouche*, dall'ar. *bābūš*, e questi dal persiano *pāpūš*, comp. di *pā* 'piede' e *pūš* 'coperta'; 1863] **s. f.** (**pl.** *-ce*) **1** Calzatura di tipo orientale, con punta rivolta all'insù. **2** Pantofola, pianella da camera | Calzatura di lana a maglia per neonati.
babbuìno o †**babuìno** [fr. *babouin*, da *babine* 'labbra' di orig. onomat., per le labbra prominenti di questa scimmia; av. 1367] **s. m. 1** Grossa scimmia africana cinocefala, con pelo liscio di color bruno olivastro (*Papio cynocephalus*). ➡ **ILL.** animali/14. **2** (*f. -a*) (*fig.*) Persona goffa e sciocca.
babbùsco [da †*babbio*; av. 1698] **agg.** (**pl. m.** *-schi*) ● (*lett.*) Grande e grosso: *sì b., tarchiato e rubesto da reggere a ogni fatica* (PARINI).
babèle [vc. dotta, lat. *Bābele(m)*, nome ebr. (*Bābēl*) della capitale assira, dal babilonese *Bāb-ilu* 'porta di Dio', resa celebre dal racconto biblico della torre incompiuta; 1597] **s. f.** ● Confusione, disordine, trambusto: *che b. in quest'aula!* | Luogo di confusione, di disordine: *il tuo ufficio è una vera b.*
babèlico [fr. *babélique*, da *Babel* 'babele'; 1689] **agg.** (**pl. m.** *-ci*) **1** (*lett.*) Di Babele. **2** (*lett., fig.*) Chiassoso | Disordinato. ‖ **babelicaménte**, avv.
†**babelònia** ● V. *babilonia*.
†**babillòna** ● V. *babilonia*.
babilonése [1659] **A agg.** ● Di Babilonia: *arte, cattività b.* **B s. m.** e **f.** ● Abitante di Babilonia.
babilònia o †**babelònia**, †**babillòna** [vc. dotta, lat. *Babylōnia(m)* 'provincia di Babele', nota dalla Bibbia per i suoi disordini; av. 1350] **s. f.** ● Confusione, disordine: *Una b. di scatole, di matasse, di matassine, di trecce* (GADDA). **SIN.** Babele.
babilònico [vc. dotta, lat. *Babylōnicu(m)* 'di Babele'; av. 1374] **agg.** (**pl. m.** *-ci*) **1** Di Babilonia. **2** (*fig., lett.*) Fastoso e corrotto | Confuso, disordinato.
babirùssa [fr. *babiroussa*, dal malese *bābī* 'maiale' e *rūsa* 'cervo'; 1802] **s. m. inv.** ● Mammifero artiodattilo dei Suidi simile a un piccolo maiale, caratteristico delle isole Molucche, con grandi zanne che, nei maschi, sono arcuate verso l'alto (*Babirussa babirussa*). ➡ **ILL.** animali/12.
babìsmo [dal n. del suo fondatore, Ali Muhammad di Shīrāz (1819-1850), che si proclamò *Bāb*, cioè 'porta' (di accesso alla conoscenza del Capo supremo); 1950] **s. m.** ● Dottrina professata da una setta persiana dell'Ottocento, che avversava la corruzione dei costumi, l'accattonaggio, la poligamia.
babórdo [fr. *bâbord*, dall'ol. *bakboord*, comp. di *bak* 'dietro' e *boord* 'bordo', perché il pilota volgeva le spalle al lato sinistro; 1520] **s. m.** ● Correntemente, lato sinistro della nave, guardando verso prua (il termine non è usato nel linguaggio della marina; V. *sinistra*). **CONTR.** Dritta, tribordo.
†**babuìno** ● V. *babbuino*.
baby /'bɛbi, ingl. 'bɛɪbi/ [ingl., dim. di *babe*, voce infant.; 1877] **A s. m.** e **f. inv.** (**pl.** ingl. *babies*) **1** Neonato | Bambino. **2** (*fig.*) Piccola dose di whisky. **B s. f. inv.** ● (*fam.*) Ragazza, giovane donna: *ciao b.!* **C** in funzione di **agg.** ● Infantile: *moda b.* | Piccolo: *zucchine, carote b.*; *computer b.* | **Pensione b.**, V. *pensione*.
baby boom /'bɛbi'bum/ [loc. ingl., propr. 'esplosione (*boom*) di (nascite di) bambini (*baby*)'; 1978] **loc. sost. m. inv.** (**pl.** ingl. *baby booms*) ● Rapido aumento della natalità.
baby-doll /'bɛbidɔl, ingl. 'bɛɪbi,dɒl/ [propr. 'piccola bambola' (*doll*, vezz. del n. proprio *Dorothy* 'Dorotea'); dal nome della protagonista del film omonimo di E. Kazan; 1963] **s. m. inv.** (**pl.** ingl. *baby-dolls*) ● Camicia da notte femminile corta, completata o no da mutandine.
baby killer /'bɛbi'killer/ [dall'ingl. *baby* 'giovane' e *killer* 'uccisore'; 1987] **loc. sost. m.** e **f. inv.** ● Giovane assassino su commissione.
baby pensionàto /'bɛbi pensjo'nato/ [da *baby* nel senso di 'piccolo, giovine' e *pensionato*; 1983] **s. m.** (**f.** *-a*) ● Chi, dopo una breve attività lavorativa, può fruire di una rendita pensionistica in età relativamente giovane.
baby pusher /'bɛbi'puʃʃer/ [dall'ingl. *baby* 'giovane' e *pusher* 'spacciatore'; 1987] **loc. sost. m.** e **f. inv.** ● Ragazzo molto giovane che spaccia sostanze stupefacenti.
baby-sitter /'bɛbi'sitter, ingl. 'bɛɪbi,sɪtə/ [propr. 'assistente (*sitter*, da *sit* 'sedere, star seduto') di bambino (*baby*)'; 1950] **s. f.** e **m. inv.** (**pl.** ingl. *baby-sitters*) ● Chi custodisce i bambini durante l'assenza dei genitori.
baby-sitting /'bɛbi'sittin(g), ingl. 'bɛɪbi,sɪtɪŋ/ [loc. ingl., da *baby-sitter*; 1980] **loc. sost. m. inv.** ● L'attività di baby-sitter: *nella fiera funziona un servizio di baby-sitting*.
bacàccio [av. 1871] **s. m. 1** Pegg. di *baco* (1). **2** Baco da seta morto.
bacàio [da *baco* (1); 1868] **s. m.** (**f.** *-a*) ● (*raro*) Chi accudisce ai bachi da seta.
bacalàre ● V. *baccalare* (2).
bacalàro ● V. *baccalaro*.
bacaménto [av. 1698] **s. m.** ● (*raro*) Il bacare, il bacarsi.
bacàre [da *baco* (1); av. 1600] **A v. tr.** (*io bàco, tu bàchi*) ● Guastare, spec. moralmente: *le cattive letture gli bacano la mente*. **SIN.** Corrompere. **B v. intr.** e **intr. pron.** (aus. *essere*) ● Fare vermi, guastarsi: *la carne baca se non è cotta*; *con la grandine la frutta si baca*.
bacaròzzo ● V. *bacherozzolo*.
bacàto [av. 1585] **A part. pass.** di *bacare*; anche **agg. 1** Nei sign. del v. **2** (*fig.*) Corrotto | **Mente bacata**, con idee sbagliate. **B s. m. 1** (*tosc.*) Allevamento dei bachi. **2** (*tosc.*) Produzione della seta naturale. ‖ **bacatìccio**, pegg. | **bacatùccio**, dim.
bacatùra [av. 1907] **s. f.** ● Il bacare, il bacarsi | (*fig., lett.*) Guasto morale.
bàcca (**1**) [vc. dotta, lat. *bāc(c)a(m)* 'frutto d'albero agreste', di etim. incerta; av. 1333] **s. f. 1** (*bot.*) Tipo di frutto carnoso indeiscente contenente numerosi semi, come il pomodoro e gli acini d'uva | **B. di ginepro**, coccola. **2** †Perla. **3** Grano di collana.
†**bàcca** (**2**) [lat. *Baccha*, dal gr. *Bákchē*, sacerdotessa di Bacco; sec. XIV] **s. f.** ● (*lett.*) Baccante.

baccagliàre o **baccaiàre** [etim. discussa: lat. *bacchāre* 'baccare, schiamazzare'(?); 1940] **v. intr.** (*io baccàglio*; aus. *avere*) ● (*region.*) Vociare, altercare in modo rumoroso | Protestare rumorosamente.

baccalà (**1**) [etim. discussa: dall'ol. ant. *bakeljauw* (*per kabeljauw*), attraverso lo sp. *bacalao*(?); 1650 ca.] **s. m.** *1* Merluzzo salato ed essiccato all'aria | (*sett.*) Stoccafisso: *b. alla vicentina.* *2* (*fig.*) Persona stupida, incapace, mediocre. *3* (*fig.*) Persona magra, asciutta, rinsecchita.

baccalà (**2**) [da *baccalare* (*2*), omofono di *baccalare* (*1*), parallelo di *baccalà* (*1*); 1913] **s. m.** ● (*fam.*, *tosc.*) Persona miscredente.

baccalàre (**1**) [etim. incerta; 1607] **s. m.** ● (*mar.*, *spec. al pl.*; *disus.*) Ciascuno degli elementi sporgenti dal bordo della galea, la cui estremità sostiene i legni in cui si inseriscono gli scalmi.

†**baccalàre** (**2**) o **bacalàre** [provz. *bacalar* 'giovane', dal lat. parl. *baccalārem*, di etim. incerta; av. 1336] **s. m.** ● Baccelliere | (*iron.*) Sapientone. || **baccalaróne**, **accr.**

baccalàro o **bacalàro** [da *baccalare* (*2*) con sostituzione spreg. di suff.; 1765] **s. m.** ● (*tosc.*) Garzone del vetturino.

baccalaureàto [lat. mediev. *baccalaureātu*(*m*), da **baccalāris* 'baccalare (2)' con sovrapposizione di *laureātus* 'coronato di lauro'; 1908] **s. m.** *1* In Francia, titolo di licenza media superiore | Nei Paesi anglosassoni, laurea di grado inferiore al dottorato. **CFR.** Baccelliere. *2* (**f.** *-a*) Chi ha conseguito il baccalaureato.

baccanàle [vc. dotta, lat. *Bacchanāle*, abl. sing. tratto dall'usuale pl. *Bacchanālia*; 1521] **s. m.** *1* (*spec. al pl.*) Nell'antica Roma, festa orgiastica del culto orfico-dionisiaco. *2* (*fig.*) Festa chiassosa e orgiastica: *fare un b.* **SIN.** Baldoria, gozzoviglia. *3* (*mus.*) Composizione corale simile al canto carnascialesco toscano, in uso nei secc. XVI e XVII.

†**baccanàlia** [vc. dotta, lat. *Bacchanālia* (pl.) 'feste in onore di *Bacco*', che degeneravano facilmente in orge; 1550] **s. f.** ● Baccanale.

†**baccanàrio** [1550] **agg.** ● Bacchico, spec. in pittura: *storie baccanarie* (VASARI).

†**baccanèlla** [dim. dell'ant. *baccana* 'bettola', da *baccano*; sec. XIV] **s. f.** *1* Adunanza di gente chiassosa. *2* Taverna, bettola.

baccàno [da *baccanale*; av. 1600] **s. m.** *1* Rumore forte e fastidioso provocato da più persone che parlano a voce alta: *fare un b. infernale* | (*est.*) Rumore assordante, frastuono: *il b. del traffico.* **SIN.** Chiasso, confusione, strepito. *2* (*fig.*) Clamore, scalpore: *il fatto ha suscitato un gran b.*

baccànte [vc. dotta, lat. *bacchāntes* (pl.), dal part. di *bacchāri* 'baccare'; sec. XIV] **A s. f.** *1* Nell'antichità classica, donna che partecipava ai sacrifici orgiastici in onore di Dioniso ed era iniziata ai suoi misteri. *2* (*est.*) Donna dominata da una forte eccitazione sensuale. **B agg.** ● (*lett.*) Furente, come una baccante | (*est.*, *lett.*) Scomposto nei movimenti.

bàccara o **bàcchera** [lat. *băccare*, abl. di *băccar* 'pianta non determinata', dal gr. *bákkar*, vc. lidia; 1892] **s. f.** ● Pianta erbacea delle Aristolochiacee con fusto strisciante, foglie reniformi e fiore a campanula di color violaceo (*Asarum europaeum*). **SIN.** Renella.

baccarà (**1**) [fr. *baccara*, di etim. incerta; 1905] **s. m.** ● Gioco d'azzardo fatto con le carte | ***B. all'italiana***, macao.

baccarà (**2**) **s. m.** ● Adattamento di *baccarat* (V.).

baccarat /*fr.* baka'ʀa/ [dal nome della città francese di *Baccarat*, celebre per le sue vetrerie; 1908] **A s. m. inv.** ● Tipo di cristallo, finissimo: *una coppa di b.* **B** in funzione di **agg. inv.**: *cristallo b.*

†**baccàre** [vc. dotta, lat. *bacchāri* 'festeggiare *Bacco*' e 'agitarsi sfrenatamente'; 1575] **v. intr.** ● Tripudiare come fanno le baccanti.

baccellàio [da *baccello*; av. 1850] **s. m.** (**f.** *-a*) *1* (*tosc.*) Campo di fave. *2* (*tosc.*) Venditore di fave.

baccellàto [1967] **agg.** ● (*arch.*) Decorato con baccelli.

baccellatùra [1939] **s. f.** ● Motivo ornamentale architettonico a baccelli.

†**baccellerìa** (**1**) [av. 1348] **s. f.** ● Grado e titolo di baccelliere.

baccellerìa (**2**) [da *baccello*, nel sign. 3] **s. f.** ● (*tosc.*) Atto o detto sciocco.

baccellétto [1565] **s. m.** *1* Dim. di *baccello*, spec. nel sign. 2. *2* (**f.** *-a*) Baccello, nel sign. 3.

baccellieràto [1859] **s. m.** ● (*lett.*) Grado e titolo accademico di baccelliere.

baccellière [fr. *bachelier* 'giovane aspirante a essere cavaliere', dal lat. parl. **baccalāre*(*m*), di etim. incerta; sec. XII] **s. m.** *1* Aspirante cavaliere, nella cavalleria medievale. *2* Nell'ordinamento universitario medievale (spec. nelle facoltà di teologia), e in alcuni ordinamenti universitari moderni, grado accademico che precede la laurea e il dottorato. **CFR.** Baccalaureato. *3* (*fig.*, *lett.*) Saccente, sapientone.

baccellìno [1779] **agg.** ● (*bot.*) Che produce baccelli | ***Piante baccelline***, leguminose.

baccèllo [lat. *bacĭllu*(*m*) 'bastoncino' sovrapposto a *bacca* (*1*) (?); 1353] **s. m.** *1* Frutto deiscente delle Leguminose a forma allungata, con due valve in cui sono contenuti i semi: *b. di fagioli, di fave, di piselli* | (*tosc.*) Frutto della fava fresca. *2* Elemento decorativo, a rilievo o incavo, ottenuto dalla stilizzazione del baccello vegetale. *3* (**f.** *-a*) (*fig.*, *tosc.*) Persona semplice, sciocca, sprovveduta. || **PROV.** Chi ha mangiato i baccelli, spazzi i gusci. || **baccellàccio**, **pegg.** | **baccellétto**, **dim.** (V.) | **baccellìno**, **dim.** | **baccellóne**, **accr.** (V.).

baccellóne (**1**) [av. 1638] **s. m.** *1* Accr. di *baccello.* *2* (**f.** *-a*) (*tosc.*, *fig.*) Persona sempliciona e sprovveduta.

baccellóne (**2**) [1427] **agg.** ● (*tosc.*) Solo nelle loc. ***cacio b.***, formaggio pecorino adatto a mangiarsi con le fave; ***piselli baccelloni***, simili per grossezza e sapore alle fave.

baccheggiàre [vc. dotta, da *Bacco*, come †*baccare*; 1787] **v. intr.** (*io bacchéggio*; aus. *avere*) ● (*lett.*) Comportarsi da baccante | (*est.*, *lett.*) Muoversi in modo scomposto, agitarsi chiassosamente: *la Pisana baccheggiava come una vivandiera* (NIEVO).

bacchèo o **bacchìo** (**3**) [vc. dotta, lat. *bacchīu*(*m*), dal gr. *bakchêios*, 'di Bacco', perché frequentemente usato nei canti in onore del dio; 1819] **s. m.** ● (*ling.*) Piede metrico della poesia greca e latina costituito da una breve più due lunghe, usato nei canti in onore di Bacco | Verso formato da piedi bacchei.

bàcchera ● V. *baccara.*

♦**bacchétta** [da *bacchetto*; 1312] **s. f.** *1* Sottile asta di legno o di altro materiale | ***B. magica***, quella dei maghi e delle fate | ***Con un colpo di b. magica***, (*fig.*) quasi per magia | ***B. divinatoria***, quella biforcuta che usano i rabdomanti. *2* Bastone usato in passato per infliggere pene corporali | ***Comandare a b.***, (*fig.*) con piena e assoluta autorità. *3* (*mus.*) Verghetta, gener. di legno, usata dai direttori d'orchestra per battere il tempo e dare gli attacchi agli strumenti; (*est.*) direttore d'orchestra | (*spec. al pl.*) Asticciole di legno con punta a forma di pallina usate in coppia per suonare il tamburo | Parte superiore dell'archetto, che tiene tese le corde. *4* Attrezzo leggero in legno a forma d'asta cilindrica usato in esercizi ginnici individuali e collettivi | ***B. del pittore***, asticciola di legno usata, spec. un tempo, dai pittori per appoggiarvi la mano. *5* Asticciola anche metallica fornita di battipalla e cavastracci usata un tempo per caricare o pulire le armi da fuoco ad avancarica. || **bacchettìna**, **dim.**

bacchettàre [av. 1742] **v. tr.** (*io bacchétto*) *1* Percuotere tessuti con una bacchetta per liberarli dalla polvere | (*raro*) Punire a colpi di bacchetta; (*fig.*) criticare aspramente. *2* (*tosc.*, *fig.*) Vendere a bassissimo prezzo.

bacchettàta [1483] **s. f.** ● Colpo di bacchetta | (*fig.*) ***Dare, distribuire bacchettate sulle mani, sulle dita***, rimproverare, criticare aspramente.

bacchétto [dim. del lat. parl. **băccu*(*m*), da *băculum* 'bastone'; 1859] **s. m.** ● Bastoncino tondo, leggermente più grosso della bacchetta | ***B. della frusta***, manico. || **bacchettìno**, **dim.**

bacchettonàggine [1961] **s. f.** ● (*raro*) Bacchettoneria.

bacchettóne [dal *bacchetto* con cui i devoti flagellanti si percuotevano (?); 1617] **s. m.** (**f.** *-a*) *1* Chi è eccessivamente zelante nelle pratiche religiose. **SIN.** Bigotto, baciapile. *2* (*est.*) Persona solo apparentemente devota o dabbene | ***Fare il b.***, l'ipocrita.

bacchettonerìa [av. 1698] **s. f.** ● Comportamento, azione da bacchettone: *la b. che era ipocrisia* (CROCE). **SIN.** Bigottismo, santimonia.

bacchiàre [da *bacchio* (*1*); sec. XV] **v. tr.** (*io bàcchio*) *1* Percuotere col bacchio un albero d'alto fusto per farne cascare i frutti: *b. le castagne, le noci, le olive.* *2* (*fam.*, *tosc.*) Svendere.

bacchiàta [da *bacchiare*; 1481] **s. f.** *1* Colpo di bacchio. *2* (*fig.*) Batosta.

bacchiatóre [sec. XV] **s. m.** (**f.** *-trice*) ● Chi bacchia.

bacchiatùra [1952] **s. f.** ● Operazione del bacchiare.

bàcchico [vc. dotta, lat. *Băcchicu*(*m*) 'pertinente a Bacco'; 1549] **agg.** (**pl. m.** *-ci*) ● Caratteristico di Bacco | Fatto in onore di Bacco: *orge bacchiche.*

bacchillóne [etim. discussa: simile a *baccellone* (?); 1481] **s. m.** (**f.** *-a*) ● (*tosc.*) Individuo che perde tempo in cose puerili | Fannullone.

bàcchio (**1**) [lat. *băculu*(*m*) 'bastone', di orig. indeur.; 1481] **s. m.** ● Pertica per bacchiare.

bàcchio (**2**) ● V. *abbacchio.*

bàcchio (**3**) o **bacchìo** ● V. *baccheo.*

baccìfero [vc. dotta, lat. *bacĭferu*(*m*), comp. di *băca* 'bacca (1)' e *-fer* '-fero'; av. 1577] **agg.** ● Che produce bacche.

baccifórme [comp. di *bacca* (*1*) e *-forme*; 1829] **agg.** ● Che ha forma di bacca.

Bàcco [vc. dotta, lat. *Băcchu*(*m*), dal nome del dio del vino *Bacco*; 1321] **s. m.** solo **sing.** *1* (*raro* anche *bàcco*) (*lett.*) Vino: *un nappo / di dolcissimo b.* (MONTI) | (*scherz.*) Vizio del bere: *gli effetti di B.*; *dedito a B.* *2* (*fam.*, *eufem.*) Nelle loc. inter. che esprimono meraviglia, stupore o contrarietà: ***per b.!***; ***corpo di b.!*** || **baccóne**, **accr.** e **bacchissimo**, (*scherz.*) solo nelle loc. inter. ***per b. baccone!***, ***per b. bacchissimo!***, che esprimono meraviglia, stupore e sim.

bachèca [vc. dotta, di etim. incerta; 1618] **s. f.** *1* Mobile a forma di tavolo con il piano costituito da una vetrina talvolta inclinata in cui si mettono in mostra oggetti preziosi, libri rari e sim. *2* Riquadro appeso al muro nel quale si espongono documenti, avvisi, circolari e sim.

bachelite® o **bakelite** [dal nome dell'inventore, L.H. *Baekeland* (1853-1944); 1931] **s. f.** ● (*chim.*) Resina termoindurente ottenuta per polimerizzazione di fenolo e formaldeide; insolubile e infusibile, è usata per fabbricare materiali isolanti e oggetti vari.

†**bacherìa** [da *baco* (*1*)] **s. f.** ● Bigattiera.

bacheròzzolo o (*region.*) **bacaròzzo**, **bacheròzzo**, **bagaròzzo**, **bagheròzzo** [etim. discussa: dim. di *baco* (*1*) con sovrapposizione di *bozzolo* (?); 1306] **s. m.** *1* Bruco | Insetto. *2* (*region.*) Scarafaggio | (*fig.*) Prete (per il colore della veste). || **bacherozzolìno**, **dim.**

bachiàno /ba'kjano/ [1914] **A agg.** ● Relativo al compositore J.S. Bach (1685-1750), alla sua opera, al suo stile: *un fugato b.* **B s. m.** (**f.** *-a*) ● Seguace, imitatore o appassionato di Bach.

bachicoltóre o **bachicultóre** [comp. di *baco* (*1*) e *-coltore*; 1876] **s. m.** (**f.** *-trice*) ● Chi alleva bachi da seta.

bachicoltùra o **bachicultùra** [comp. di *baco* (*1*) e *coltura*; 1865] **s. f.** ● Allevamento dei bachi da seta.

bachicultóre e *deriv.* ● V. *bachicoltore* e *deriv.*

†**bachiòcco** ● V. †*baciocco.*

†**baciabàsso** [comp. di *bacia*(*re*) (*1*) e *basso*; av. 1665] **s. m.** ● Baciamano, inchino.

baciamàno [comp. di *bacia*(*re*) (*1*) e *mano*; av. 1554] **s. m.** (**pl.** *baciamàno* o *baciamàni*) ● Atto del baciare la mano in segno di rispetto, riverenza o galanteria.

baciaménto [sec. XV] **s. m.** ● (*raro*) Il baciare ripetutamente.

baciapile [comp. di *bacia*(*re*) (*1*) e il pl. di *pila* (dell'acqua santa); av. 1675] **s. m. e f. inv.** *1* Chi ostenta un'eccessiva devozione religiosa. **SIN.** Bacchettone, bigotto. *2* (*est.*) Persona ipocrita.

♦**baciàre** (**1**) o †**basciàre** [lat. *basiāre*, da *bāsium* 'bacio'; sec. XII] **A v. tr.** (*io bàcio*) *1* Premere le labbra su qlcu. o qlco. in segno di affetto, amore, rispetto: *b. qlcu. in fronte, sulle labbra, sulle guance*; *b. la mano a qlcu.* | ***Bacio, baciamo le mani!***, espressione di saluto in Sicilia | (*fig.*) ***La fortuna ti ha baciato in fronte***, ti ha favorito moltissimo. *2* (*fig.*, *lett.*) Sfiorare, toccare: *La luna bacia il cipresseto fosco* (PASCOLI). **SIN.** Lambire | †***B. il chiavistello***, andarsene senza speranza di ritornare. **B** v. rifl. rec. ● Darsi scambievolmente dei baci. **C** v. intr. pron. ● (*raro*) Combaciare.

†**baciàre** (**2**) [da *baciare* (*1*); 1840] s. m. ● Atto di baciare | Il bacio stesso.

baciàtico [dal *bacio*, che suggellava la donazione; 1955] s. m. (pl. *-ci*) ● Nel Medio Evo, donazione assegnata o promessa dal fidanzato nell'atto di baciare la futura sposa.

baciàto [1951] part. pass. di *baciare*; anche agg. *1* Nei sign. del v. *2* (*letter.*) ***Rima baciata***, accoppiata.

baciatóre [lat. *basiatōre(m)*, da *basiāre* 'baciare'; 1583] s. m. (f. *-trice*) ● (*raro*) Chi bacia.

bacicci [etim. incerta; 1820] s. m. inv. ● Nome di varie piante, tra cui il finocchio marino, il riscolo, il cipero dolce.

baciccia [vezz. genov. di (Giovanni) *Battista* con sovrapposizione scherz. di *ciccia*; 1887] s. m. e f. inv. *1* (*scherz.*) Appellativo che si dà ai genovesi. *2* Uomo grasso e pigro.

bacile [etim. discussa: da *bacino* con sostituzione di suff. (?); 1473] s. m. *1* Largo recipiente di forma circolare, con incavatura centrale molto profonda, usato per lavarsi. *2* (*arch.*) Echino del capitello dorico.

bacillàre [da *bacillo*; 1874] agg. ● Relativo a bacilli | Causato da bacilli.

Bacillariòfite [comp. di un deriv. del lat. *bacĭllum* 'piccolo bastone', e un deriv. del gr. *phytón* 'pianta'; 1955] s. f. pl. ● (*bot.*) Diatomee.

bacillìfero [comp. di *bacillo* e *-fero*; 1970] agg. ● Che porta bacilli.

bacillifórme [comp. di *bacillo* e *-forme*; 1961] agg. ● Che ha forma di bacillo.

bacillo [vc. dotta, lat. *bacĭllu(m)* 'bastoncello', dim. di *băculum*. V. *bacchio* (*1*) e *bacolo*; 1888] s. m. *1* (*biol.*) Batterio a forma di bastoncello utile come agente di molte fermentazioni o pericoloso portatore di malattie: *b. del carbonchio, del tetano* | ***B. di Koch***, della tubercolosi. *2* (*zool.*) ***B. di Rossi***, insetto degli Ortotteri dal mimetismo spiccato, con corpo esile, allungato, privo di ali e con lunghe zampe (*Bacillus Rossii*).

bacillòsi [comp. di *bacill(o)* e *-osi*; 1955] s. f. inv. ● (*gener.*) Qualunque malattia di origine bacillare.

bacinèlla [av. 1571] s. f. *1* Dim. di *bacino* nel sign. 1. *2* Recipiente concavo di forma rotonda e vario materiale, adibito a usi domestici e industriali: *lavarsi le mani nella b.*; *bacinelle per lo sviluppo fotografico*.

bacinétto [fr. ant. *bacinet*, da *bacin* 'bacino'; sec. XIV] s. m. *1* (*anat.*) Piccola cavità imbutiforme del rene che raccoglie l'urina convogliandola verso l'uretere. *2* (*mil.*) Armatura leggera del capo, a forma di piccolo bacino | †Celata | †Scodellino.

bacino [lat. parl. **baccīnu(m)* 'vaso di legno', forse di orig. gallica; av. 1348] s. m. *1* Recipiente di forma tonda, generalmente basso e a bordi rovesciati, un tempo spec. metallico, atto a contenere acqua e altri liquidi. *2* (*anat.*) Parte del corpo compresa tra l'addome e gli arti inferiori, formata da uno scheletro osseo imbutiforme e dalle parti molli circostanti | ***B. osseo***, cavità ossea formata dalle due ossa dell'anca, dal sacro e dal coccige. SIN. Pelvi. *3* (*arch.*) ***Volta a b.***, avente per intradosso una calotta sferica o ellissoidale, atta a coprire un'area circolare. *4* Regione strutturalmente concava della superficie terrestre | (*geol. min.*) Area depressa, continentale o marina, in cui si accumulano i sedimenti | Correntemente, regione ricca di giacimenti minerari: *b. aurifero, carbonifero, petrolifero* | (*geogr.*) ***B. idrografico***, tratto di superficie terrestre sul quale scorrono le acque che affluiscono a un dato corso d'acqua, a un dato lago, a un dato mare | ***B. imbrifero***, bacino idrografico con particolare riferimento al concorso delle acque di pioggia | ***B. montano***, regione avente un unico sistema idrografico | ***B. morenico***, zona limitata a valle e ai fianchi da apparati morenici | ***B. orografico***, zona compresa fra importanti rilievi, spec. con fondo alluvionale | ***B. ablatore***, parte inferiore di un ghiacciaio, sotto il limite delle nevi persistenti in cui avviene la fusione del ghiaccio | ***B. collettore***, parte superiore di un ghiacciaio, sopra il limite delle nevi persistenti in cui si accumula la neve che si trasforma in ghiaccio | (*idraul.*) Depressione del terreno in cui ha luogo una raccolta naturale o artificiale di acqua: *b. idroelettrico* | (*fig.*, *bur.*) ***B. d'utenza***, area territoriale i cui abitanti utilizzano un determinato servizio, spec. pubblico | ***B. di crisi***, area territoriale colpita da disoccupazione industriale o ristagno produttivo, che necessita di aiuti speciali. ➡ ILL. p. 2138, 2139 SCIENZE DELLA TERRA ED ENERGIA. *5* (*mar.*) Specchio d'acqua riparato naturalmente o artificialmente | ***B. di carenaggio, di raddobbo***, lunga fossa semiellittica, scavata sotto il livello del mare e dotata di porte e pompe, per contenere all'asciutto le navi e poter lavorare sotto la linea di galleggiamento | ***B. galleggiante***, zatterone con cassoni per la zavorra, che può essere affondato, posto sotto una nave e fatto riemergere portando in secco la nave stessa per riparazioni | ***B. di ricovero***, darsena. ➡ ILL. p. 2171 TRASPORTI. || **bacinèlla**, dim. f. (V.) | **bacinétto**, dim. (V.) | **bacinùzzo**, dim.

♦**bàcio** (**1**) o †**bàscio** [lat. *bāsiu(m)*, di prob. orig. celt.; sec. XIII] s. m. ● Atto del baciare: *dare, buttare, stampare baci* | ***Coprire, mangiare di baci***, baciare ripetutamente, con effusione | ***B. alla francese***, sulla gota, stringendola fra l'indice e il medio | ***B. di Giuda***, (*fig.*) bacio o lusinga che maschera un tradimento | ***B. della pace***, segno di riconciliazione | (*med.*) ***Malattia del b.***, mononucleosi | (*fig.*) ***B. della morte***, gesto, atto che provoca a chi lo subisce conseguenze rovinose e irreparabili | (*fig.*, *fam.*) ***Al b.***, alla perfezione, a puntino, detto di cosa fatta come si deve e ben riuscita. || **bacétto**, dim. | **bacino**, dim. | **baciòne**, accr. | **baciòzzo**, accr. (V.)

bacio (**2**) [lat. parl. **opacīvu(m)*, da *opācus* 'ombroso'; sec. XIV] **A** agg. ● (*raro*) Volto a tramontana | Ombroso: *luogo b.* CONTR. Solatio. **B** s. m. ● Luogo esposto a tramontana | ***A b.***, a tramontana.

†**baciòcco** o †**bachiòcco** [etim. incerta; 1827] agg.; anche s. m. ● Sempliciotto, grullo.

baciòzzo [accr. di *bacio*; 1353] s. m. ● (*lett.*) Grosso bacio schioccante: *dandole i più grossi baciozzi del mondo* (BOCCACCIO).

bacitracina [vc. dotta, comp. del lat. scient. *baci(llus subtilis)*, specie che produce la tossina, e del n. della bambina americana M. *Tracy*, sui tessuti della quale è stata ritrovata, col suff. *-ina*, sul modello dell'ingl. *bacitracin*] s. f. ● (*farm.*) Antibiotico polipeptidico per uso topico attivo spec. sui batteri gram-positivi e su alcuni gram-negativi.

baciucchiaménto [1545] s. m. ● (*raro*) Sbaciucchiamento.

baciucchiàre [iter. di *baciare* (*1*); sec. XV] v. tr. (*io baciùcchio*) ● (*raro*) Sbaciucchiare.

baciùcchio (**1**) [av. 1629] s. m. ● (*raro*) Bacio affrettato.

baciucchìo (**2**) [1865] s. m. ● (*raro*) Sbaciucchio.

backgàmmon /bɛk'gɛmon, *ingl.* 'bæk,gæmən/ [vc. ingl., comp. di *back* 'indietro' e di *gammon*, var. mediev. di *gamen* 'gioco, divertimento', forse perché a volte le pedine di un giocatore sono obbligate a tornare *indietro* al punto di partenza; 1955] s. m. inv. ● Gioco a due il cui tavoliere presenta 24 punte bicolori, con 15 pedine a giocatore e due dadi; l'obiettivo del giocatore è far uscire per primo le proprie pedine dal tavoliere attraverso il campo di gioco avversario. CFR. Tavola reale.

background /*ingl.* 'bæk,gɹaʊnd/ [vc. ingl., propr. 'retrofondo', comp. di *back* 'dietro' e *ground* 'fond(ament)o'; 1967] s. m. inv. ● Complesso di condizioni, circostanze, idee e sim. che fanno da sfondo alla realizzazione di un evento, allo sviluppo di un processo, alla formazione psicologica e culturale di un individuo: *il b. storico e sociale del romanticismo*. SIN. Retroterra.

backlog /'bɛklog, *ingl.* 'bæk,lɔg/ [vc. ingl., propr. 'accumulo'; 1992] s. m. inv. *1* Lavoro arretrato. *2* (*elab.*) Lista delle operazioni che attendono di essere eseguite dal computer.

backslash /bek'zlɛʃ, *ingl.* 'bæk,slæʃ/ [vc. ingl., propr. 'barra (*slash*) all'indietro (*back*)'] s. m. inv. (pl. ingl. *backslashes*) ● (*tipogr.*) Barra inversa.

backspace /bek'speis, *ingl.* 'bæk,speɪs/ [vc. ingl., propr. 'spazio (*space*) all'indietro (*back*)'] s. m. inv. ● (*elab.*) Tasto, contraddistinto da una freccia rivolta verso sinistra, che determina la cancellazione del carattere posto prima del cursore.

backstage /*ingl.* 'bæk 'steɪdʒ/ [loc. ingl. comp. di *back* 'retro' e *stage* 'palco'; 1985] s. m. inv. ● Ciò che avviene dietro le quinte di un rappresentazione teatrale, di una ripresa cinematografica o televisiva, di un avvenimento pubblico (*anche fig.*): *l'animato b. di una sfilata di moda*.

back-to-back /*ingl.* 'bæk tə'bæk/ [vc. ingl., accorc. di *back-to-back loan*, propr. 'prestito avallato', e *back-to-back deposit*, propr. 'credito avallato'; 1992] s. m. inv. ● (*econ.*) Operazione finanziaria mediante la quale una società costituisce un deposito presso una banca a garanzia di un finanziamento di pari importo che quest'ultima erogherà a favore di un beneficiario indicato e di norma legato da rapporti economici alla società garante.

backup /bɛ'kap, *ingl.* 'bæk,ʌp/ [vc. ingl., comp. di *to back* 'appoggiare' (da *back* 'schiena, schienale', d'orig. germ.) e *up* 'su' (V. *pin-up girl*); 1988] s. m. inv. *1* In varie tecnologie, sistema di riserva il cui intervento è previsto in caso di guasto del sistema principale. *2* (*elab.*) Copia di sicurezza di dati o programmi.

bàco (**1**) [estensione del sign. di *baco* 'essere pauroso' per indicare genericamente un 'verme'; av. 1400] s. m. (pl. *-chi*) *1* (*zool.*) Insetto che passa per il triplice stadio di bruco, crisalide e farfalla | ***B. da seta***, insetto lepidottero dei Bombicidi le cui larve bianchicce dopo quattro mute producono la seta sotto forma di filo, con il quale formano un bozzolo da cui uscirà la farfalla, bianca, pelosa, con antenne a pettine (*Bombyx mori*) SIN. Bombice | ***Fare i bachi***, allevarli per ricavarne la seta | ***Castello dei bachi***, intelaiatura di legno ove si tengono le stuoie dei bachi. ➡ ILL. **animali**/2. *2* (*pop.*) Verme della farina e dei frutti | ***Avere il b.***, essere bacato | (*spec. al pl.*) Vermi degli intestini, spec. dei bambini. *3* (*elab.*, *fam.*) Errore all'interno di un programma che ne impedisce il corretto funzionamento. SIN. Bug. *4* (*fig.*) Pensiero fisso e continuo: *avere il b. del guadagno, della gelosia*; *ci aveva in corpo quel b.* (FOGAZZARO). SIN. Rodimento, tarlo. || **bacàccio**, pegg. (V.) | **bacherèllo**, dim. | **bacheròzzolo**, dim. (V.) | **bachino**, dim. | **bacolino**, dim.

bàco (**2**) [di etim. discussa: da *Bau* 'pauroso essere fantastico' (?); 1353] s. m. ● (*tosc.*, *scherz.*) Solo nella loc.: ***fare b.***, ***fare b. b.***, giocare a nascondersi e fare capolino all'improvviso, ovvero a coprirsi e scoprirsi il viso con le mani, per spaventare o far divertire i bambini.

†**bacòcco** ● V. *bacucco* (*1*).

bàcolo o †**bàculo** [vc. dotta, lat. *băculu(m)* 'bastone', di origine indeur.; 1504] s. m. ● (*lett.*) Bastone | (*lett.*) Bastone vescovile, pastorale.

bacologia [comp. di *baco* (*1*) e *-logia*; 1865] s. f. ● Studio dell'allevamento dei bachi da seta.

bacològico [1887] agg. (pl. m. *-ci*) ● Relativo alla bacologia, ai bachi da seta | ***Campagna bacologica***, periodo in cui si allevano i bachi da seta.

bacòlogo [comp. di *baco* (*1*) e *-logo*; 1865] s. m. (f. *-a*; pl. m. *-gi*) ● Studioso, esperto di bacologia.

bacon /'bɛkon, *ingl.* 'beɪkən/ [vc. ingl., dall'ant. fr. *bacon*, di orig. francone (*bakko*, della stessa radice dell'ingl. *back* 'parte posteriore del corpo'; 1942] s. m. inv. ● Pancetta di maiale affumicata.

baconiàno [av. 1850] agg. ● Relativo al filosofo F. Bacon (1561-1626).

bactèrio e *deriv.* ● V. *batterio* e *deriv.*

bacùcco (**1**) o †**bacòcco** [dal n. del profeta *Abacuc*; av. 1589] agg.; anche s. m. (pl. m. *-chi*) ● Detto di persona vecchia e rimbecillita: *vecchio b.*; *un gran b.* SIN. Cucco.

†**bacùcco** (**2**) [etim. incerta; 1909] s. m. ● Specie di cappuccio usato anticamente per celare il volto, spec. dei prigionieri.

†**bàculo** ● V. *bacolo*.

bàda [da *badare*; 1525] s. f. *1* (*lett.*, *raro*) Attesa, indugio | ***Stare a b.***, ***alla b.***, indugiare, temporeggiare. *2* ***Tenere a b. qlcu.***, trattenere qlcu. sorvegliandolo.

†**badalóne** (**1**) [etim. discussa: da *badare* nel significato ant. di 'indugiare' (?); 1481] s. m. *1* Bighellone, perdigiorno. *2* Uomo grande, grosso e semplicione.

badalóne (**2**) [per *bad(i)alone*, da *badiale* nel senso di 'grande'; 1939] s. m. ● Grande leggio che si pone al centro del coro nelle chiese.

†**badaluccàre** [da *badalucco*; av. 1348] v. intr. *1* Fare scaramucce col nemico: *i ragazzi de' Franceschi si misono a b., e a combattere* (VILLANI). *2* Indugiare.

†**badalùcco** [da *badare* con sovrapposizione d'altra parola; sec. XIII] s. m. (pl. *-chi*) *1* (*lett.*) Passatempo, svago. *2* (*mil.*) Scaramuccia.

badanài o **badanàio**, **tatanài** [ebr. *be-adonaj* 'per il mio signore', dal Salmo CXVII, ripetuto come escl. 'per Dio'; 1808] **s. m. inv.** ● (*tosc.*) Chiasso, schiamazzo, spec. da parte di persone che parlano tutte insieme.

badànte A part. pres. di *badare*; anche **agg.** ● Nei sign. del v. **B s. m. e f.**; anche **agg.** ● (*fam.*) Sorvegliante di degenti ricoverati in ospedali o case di cura.

♦**badàre** [lat. parl. **badāre* 'aprire la bocca', di orig. onomat.; av. 1294] **A v. intr.** (aus. *avere*) **1** (+ *a*) Sorvegliare, prendersi cura, occuparsi di qlcu. o qlco.: *b. ai bambini, alla casa, al gregge.* **2** (assol.; + *a*; + *di* seguito da inf.; + *che* seguito da indic. o congv.) Fare attenzione: *bada di non perdere i soldi*; *bada a quel che fai*; *bada che la porta sia ben chiusa* | ***Bada, badate!***, si usa per rafforzare un avvertimento o una minaccia: *bada che non sto scherzando!*; *bada, la mia pazienza ha un limite!* | Interessarsi di qlco. o qlcu.: *b. ai fatti propri*; *b. solo a divertirsi*; *passando non avevo badato a loro* | Dare importanza: *b. al sodo*; *non ci b.!* | ***Non b. a spese***, spendere molto, senza economia. **3** †Indugiare, esitare: *consolate lei dunque ch'ancor bada* (PETRARCA). **B v. tr. 1** Sorvegliare, custodire: *b. le pecore* | Fare oggetto di viva attenzione: *badatemi con un po' di serietà* (GOLDONI); *senza badarlo neppure.* **2** †Considerare con attenzione: *se lo 'ntelletto tuo ben chiaro bada* (DANTE *Purg.* IV, 75). **C v. intr. pron.** (+ *da*) ● (*raro, lett.*) Guardarsi: *bàdati, badiamoci, dal rifare la storia antica a modo nostro* (CARDUCCI).

badatóre [da *badare*; 1831] **s. m.** (f. *-trice*) ● Chi sorveglia, spec. la selvaggina.

badatùra [da *badare*; 1950] **s. f.** ● (*tosc.*) Guardia fatta dai contadini di notte: *b. dell'uva.*

†**badèrla** [per *bader(el)la* 'che serve a tenere a bada'; 1338 ca.] **s. f.** ● Donna sciocca.

badèrna [fr. *baderne*, dal provz. *baderno*, di etim. incerta; 1813] **s. f. 1** (*mar.*) Treccia di filacce e altri materiali di recupero usata per proteggere cime e catene di ormeggio dallo sfregamento | Treccia tessile o sintetica che garantisce la tenuta all'acqua nel premistoppa situato all'uscita dell'asse dell'elica dallo scafo di una nave. **2** (*tecnol.*) Guarnizione di una tenuta a premistoppa.

badéssa o †**abadéssa**, †**abbadéssa** [lat. eccl. *abatĭssa(m)*, da *ăbbas* 'abate'; sec. XIII] **s. f. 1** Superiora di un monastero di religiose: *madre b.* CFR. Abate. **2** (*fig.*) Donna grassa e grossa | Donna piena di gravità, spec. ostentata.

badge /*ingl.* bædʒ/ [vc. ingl., dapprima 'emblema, segno destinato a distinguere un cavaliere o una schiera di soldati', da una vc. anglo-normanna d'orig. incerta; 1981] **s. m. inv. 1** Placchetta di riconoscimento, corredata di fotografia, dei partecipanti a convegni, congressi e sim. **2** Distintivo recante sovraimpressa l'immagine di un personaggio politico, cantante e sim.

badìa [lat. eccl. *abbatīa(m)*, da *ăbbas* 'abate'; sec. XIII] **s. f. 1** V. *abbazia.* **2** (*fig.*) Luogo dove regna l'abbondanza. || PROV. Casa mia, casa mia, benché piccola tu sia, tu mi pari una badia. || **badiòla**, o †**badiuòla**, **dim.** | **badiùccia**, **dim.** | **badiùzza**, **dim.**

badiàle (o *-dià-*) [da *badia*; 1534] **agg. 1** V. *abbaziale.* **2** (*lett.*) Di badia. **3** (*est.*) Grosso, enorme: *naso b.* **4** (*est.*) Prosperoso, grande: *così fresco, grassoccio e b.* (CARDUCCI) | Gioviale, pacioccone. || **badialóne**, **accr.** || **badialménte**, **avv.** Con tutto agio e comodo.

badiàna [fr. *badiane*, da una lingua orient.: persiano *bād(i)yān*; 1797] **s. f.** ● (*bot.*) Piccolo albero delle Magnoliacee i cui frutti aromatici disposti a stella sono usati nella fabbricazione dei liquori (*Illicium verum*). SIN. Anice stellato.

badilànte [1902] **s. m. e f.** ● Manovale addetto a lavori col badile. SIN. Spalatore, sterratore.

badilàta [av. 1519] **s. f.** ● Colpo dato col badile | Quantità di materiale che si raccoglie in una volta sola con un badile.

badìle [lat. parl. **batīle(m)* per *batĭllum*, di etim. incerta; sec. XIV] **s. m.** ● Strumento con manico di legno e lama di ferro ampia, leggermente concava, di varia forma, usato per rimuovere sabbia o terra già smossa. SIN. Pala.

badinage /*fr.* badi'naːʒ/ [vc. fr., propr. 'scherzo', da *badin*, originariamente 'stupido, sciocco', secondo il sign. dell'ant. provz. *badar* 'restare a bocca aperta' (V. *badare*); 1950] **s. m. inv.** ● (*mus.*) Movimento di danza brillante introdotto nelle suite e sonate nel sec. XVIII, poi divertimento di breve respiro. SIN. Badinerie.

badinerie /*fr.* badin'ʀi/ [vc. fr., da *badin* 'sciocco', quindi propr. 'sciocchezza'; 1766] **s. f. inv.** ● (*mus.*) Badinage.

badiòtto o **badiòto** [1860] **A agg.** ● Della Val Badia, in Alto Adige. **B s. m.** (f. *-a*) ● Abitante, nativo della Val Badia. **C s. m.** solo **sing.** ● Dialetto ladino parlato in Val Badia.

badminton /*ingl.* 'bædmɪntən/ [vc. ingl., da *Badminton*, residenza del duca di Beaufort, nel Gloucestershire; 1965] **s. m. inv.** ● Gioco simile al tennis che si svolge all'aperto o al chiuso, in singolo o doppio, col volano.

badogliàno [1952] **A agg.** ● Relativo al maresciallo d'Italia P. Badoglio, spec. negli anni 1943-45: *governo b.* **B s. m.** ● Seguace del maresciallo Badoglio: *Abbozzarono un saluto ai badogliani* (FENOGLIO).

Baedeker /*ted.* 'beːˌdɛkʌ, 'beːdəkʌ/ [dal n. del libraio K. *Baedeker* (1801-1859) che pubblicò per primo le rinomatissime guide; 1889] **s. m. inv.** ● Denominazione di guida turistica redatta in tedesco o in altre lingue.

♦**bàffo** [etim. discussa: gr. *bāphḗ* 'tintura' (?); av. 1704] **s. m. 1** (*spec. al pl.*) Ciuffi di peli che crescono sul labbro superiore dell'uomo: *baffi biondi, bruni, brizzolati*; *radersi, portare i baffi*; *lasciarsi crescere i baffi, tagliarsi i baffi*; *un bel paio di baffi* | ***Ridere sotto i baffi***, di nascosto, con malizia o compiacenza | ***Torta da leccarsi i baffi***, particolarmente gustosa | (*fam.*) ***Mi fa un b.***, non me ne importa | ***Coi baffi***, (*fig.*) di persona o cosa ottima, eccellente e sim.: *una cena coi baffi.* **2** (*spec. al pl.*) Lunghi peli setolosi che crescono sul muso di alcuni animali: *i baffi del gatto, del topo, del leone.* **3** (*fig., est.*) Macchia, sgorbio: *fare baffi con l'inchiostro.* **4** (*spec. al pl., fig.*) Onde spumose che si formano ai lati della prua di una nave in moto. **5** (*autom.*) Piccolo alettone anteriore montato sulle monoposto da corsa. || **baffettino**, **dim.** | **baffétto**, **dim.** | **baffóne**, **accr.** (V.).

baffóne [1841] **s. m. 1** Accr. di *baffo.* **2** (*scherz.*) Persona con baffi folti e lunghi | (*per anton., scherz., pop.*) Denominazione di Josif V. Stalin, spec. negli anni successivi al termine della seconda Guerra Mondiale.

baffùto [1520 ca.] **agg.** ● Provvisto di baffi.

†**bàga** [etim. incerta; av. 1519] **s. f.** ● Sacco di pelle, otre.

†**bagàglia** [av. 1540] **s. f.** ● Bagaglio: *tutti due gli eserciti, espediti, senza alcuna b., passassino il Po* (GUICCIARDINI).

bagagliàio [1855] **s. m. 1** (*ferr.*) Vagone destinato esclusivamente al trasporto di merci | Deposito di bagagli, nelle stazioni. **2** (*aer.*) Sugli aerei, vano usato per contenere bagagli, posta, merci e sim. **3** (*autom.*) Vano adibito al trasporto dei bagagli.

bagaglièra [1970] **s. f.** ● (*autom.*) Bagagliaio.

♦**bagàglio** [fr. *bagage*, da *baga* 'fagotto, borsa', di orig. provz. e di etim. incerta; 1612] **s. m. 1** Tutto quanto si porta con sé in viaggio | (*ferr.*) ***B. presso***, correntemente ***b. appresso***, l'insieme dei colli ammessi gratuitamente nella carrozza a seguito del viaggiatore | ***B. a mano***, quello di piccolo ingombro che il passeggero di un aereo o di un pullman può tenere con sé. **2** (*fig.*) Ciò che una persona ha appreso con lo studio, la ricerca, l'esperienza e sim.: *b. di nozioni tecniche*; *b. culturale*; *b. di ricordi.* **3** Salmeria della truppa | ***Con armi e bagagli***, (*fig.*) con tutto ciò che si possiede: *andarsene, partire con armi e bagagli.*

†**bagaglióne** [1600] **s. m.** ● Negli eserciti antichi, servo o soldato addetto ai bagagli.

bagagliùme [1600] **s. m.** ● (*spreg.*) Grande quantità di bagagli.

bagarinàggio [1874] **s. m.** ● Attività di bagarino. SIN. Incetta.

bagarino [dall'ar. parlato *baggālīn* 'mercanti che vendono al minuto'; 1800] **s. m.** (f. *-a*) ● Incettatore di ciò che si prevede di rivendere a un prezzo più elevato: *b. di biglietti teatrali.*

bagaròzzo ● V. *bacherozzolo.*

bagarre /*fr.* ba'gaːʀ/ [vc. fr., dal provz. *bagarro*, di orig. basca (*batzarre* 'riunione'); 1962] **s. f. inv. 1** (*sport*) Nel ciclismo, fase di gara tumultuosa e veloce, determinatasi improvvisamente e disputata in gruppo: *b. finale.* **2** (*fig.*) Tafferuglio, trambusto, tumulto: *l'episodio finì con una b. generale.*

bagàscia [etim. incerta; 1353] **s. f.** (pl. *-sce*) ● (*lett., spreg.*) Meretrice | Sgualdrina. || **bagasciòna**, **accr.**

bagàscio [av. 1375] **s. m.** ● (*lett.*) Bagascione.

bagascióne [1364] **s. m. 1** (*lett., spreg.*) Chi frequenta bagasce. **2** (*lett., spreg.*) Omosessuale maschile.

bagàssa [fr. *bagasse*, dallo sp. *bagazo*, da *baga* 'capsula che contiene i semi di lino', dal lat. *băca* 'bacca'; 1937] **s. f.** ● Residuo della lavorazione della canna da zucchero.

bagatèlla e *deriv.* ● V. *bagattella* e *deriv.*

bagattèlla o **bagatèlla** [etim. discussa: da *gabbatella*, da *gabbare* (?); 1476] **s. f. 1** Cosa frivola e senza troppa importanza. SIN. Bazzecola, inezia. **2** (*mus.*) Breve composizione musicale di struttura formale semplice. **3** Gioco analogo al biliardo. **4** †Gioco di prestigio fatto coi bussolotti. || **bagattellina**, **dim.** | **bagattellùccia**, **bagattellùzza**, **dim.**

bagattellàre o **bagatellàre** [dal ted. *Bagatell* 'bazzecola, inezia' in funzione di attributo in certi usi tecnici] **agg.** ● (*dir.*) Di scarsa importanza: *reato b., condono b.*

†**bagattellière** [da *bagattella*; av. 1600] **s. m.** ● Giocoliere.

bagattino [etim. discussa: affine a *bagattella* (?); av. 1313] **s. m.** ● Piccola moneta di mistura e poi di rame, coniata tra il XIII e il XVI sec. spec. nel Veneto.

bagàtto [etim. discussa: da *Bagdad*, città di provenienza di caratteristici giocolieri (?); 1887] **s. m.** ● Carta da gioco; il minore dei ventidue trionfi dei tarocchi.

baggèo [da *babbeo* con sovrapposizione di *baggiano*; 1765] **s. m.**; anche **agg.** (f. *-a*) ● (*raro*) Babbeo, sciocco.

baggiàna [lat. *baiāna(m)* 'fava proveniente dalla città di *Baia*, in Campania'; sec. XV] **s. f. 1** (*bot.*) Varietà di fava a semi molto grossi. **2** (*al pl.*) †Fandonie, belle parole ingannevoli.

baggianàta [da *baggiano*; 1765] **s. f.** ● Stupidaggine, sciocchezza.

baggiàno [da *baggiana* attraverso il sign. osceno di 'fava'; av. 1650] **agg.**; anche **s. m.** (f. *-a*). **1** Sciocco, grullo. **2** Soprannome dato un tempo ai contadini milanesi, nel Bergamasco soggetto a Venezia. || **baggianàccio**, **pegg.** | **baggianèllo**, **dim.**

bàggiolo [lat. *bāiulu(m)* 'portatore, facchino', di etim. incerta; 1550] **s. m.** ● Sostegno architettonico per marmi e pietre.

bàgher [forse dal ceco *bagr* 'draga, scavatrice'; 1986] **s. m. inv.** ● (*sport*) Nella pallavolo, fondamentale di ricezione, eseguito con gli avambracci tesi e uniti, con cui si respinge la palla in fase difensiva.

bàghero o **bàghere** [ted. dial. *Wagerl(e)*, dim. di *Wagen* 'vettura'; 1882] **s. m.** ● (*ant.*) Carrozza leggera a quattro ruote, senza cassetta || **bagherino**, **dim.**

bagheròzzo ● V. *bacherozzolo.*

baghétta [fr. *baguette*, dall'it. *bacchetta*; 1933] **s. f.** ● Motivo ornamentale laterale sulle calze, che dalla caviglia risale al polpaccio e termina spesso con piccolo motivo a freccia | Guarnizione laterale, nei guanti. SIN. Freccia, spighetta.

bagigi [per (*bab*)*bagigi* (V.); 1858] **s. m. pl.** ● (*sett.*) Arachidi, noccioline americane.

†**baglì** ● V. *balì.*

bagliétto **s. m.** ● (*mar.*) Baglio sottile. SIN. Lata.

bàglio [etim. discussa: lat. parl. **bāliu(m)* per *bāiulu(m)* 'portatore', di etim. incerta; 1772] **s. m.** ● (*mar.*) Elemento strutturale dello scafo (in materiali compositi, legno o metallo), ortogonale all'asse longitudinale, per contrastare la compressione delle murate e sostenere i ponti | ***B. massimo***, larghezza massima di costruzione dello scafo | ***B. maestro***, quello principale, gener. in corrispondenza del punto più largo dello scafo.

baglionàto [fr. *bâillonné*, detto di animale con la bocca spalancata, da *bâiller*, propr. 'sbadigliare' (dal lat. *bataculāre*); 1955] **agg.** ● (*arald.*) Detto di animale che tiene in bocca un osso o un bastone.

baglióre [etim. discussa: da *abbagliare* (?); av. 1400] **s. m. 1** Luce improvvisa, che abbaglia: *corre il baglior della funerea lava* (LEOPARDI). SIN. Baleno, fulgore, splendore. **2** (*fig.*) Splendida manifestazione di qlco.: *i primi bagliori di una* *nuova era; gli ultimi bagliori di una civiltà.* **3** (*fig.*) Apparizione breve e improvvisa di qlco.: *il b. di uno sguardo, di un sorriso.* **4** †Disturbo dell'occhio per cui la vista è offuscata da strie luminose.

†baglivo ● V. *balivo.*

bàgna [sett. da *bagnè* 'bagnare'; 1887] **s. f.** ● (*sett.*) Intingolo | Liquore a bassa gradazione alcolica usato in pasticceria per inzuppare dolci.

bagnàbile **agg.** **1** Che può essere bagnato. **2** Detto di materiale che è permeabile all'acqua: *zolfo b.*

bagnacàuda o **bàgna càuda** [vc. piemontese, comp. di *bàgna* 'intingolo' e *càuda* 'calda'; 1961] **s. f.** ● (*sett.*) Intingolo preparato con olio, aglio e acciughe, in cui si immergono verdure spec. crude.

bagnaiuòlo [1587] **s. m.** (**f.** *-a*) ● (*disus.*) Bagnino.

bagnànte [1353] **A** **part. pres.** di *bagnare*; anche **agg.** ● Nei sign. del v. | Inoltre: (*agr.*) Detto di sostanza chimica aggiunta agli antiparassitari per favorirne l'azione sulle superfici da trattare. **B** **s. m.** e **f.** ● Chi fa il bagno o i bagni, spec. nel mare | (*est.*) Chi d'estate villeggia in una località marina.

♦**bagnàre** [lat. parl. **baniāre* per *balneāre*, da *bălneum* 'bagno (1)'; av. 1250] **A** **v. tr.** **1** Spargere liquido su qlco. o qlcu.: *b. i panni*; *bagnarsi le mani, la fronte* | ***Bagnarsi la bocca, le labbra, la lingua e sim.***, bere. **SIN.** Aspergere, immollare, innaffiare. **CONTR.** Asciugare. **2** (*fig.*) Festeggiare qlco. bevendo: *b. una laurea.* **3** Toccare, lambire, detto di mari e fiumi a proposito di città, coste e sim.: *il Tirreno bagna Napoli*; *Torino è bagnata dal Po.* **B** **v. rifl.** ● Fare il bagno. **C** **v. intr. pron.** ● Inzupparsi: *bagnarsi per la pioggia come un pulcino.*

bagnaròla [da *bagnare*; 1858] **s. f.** **1** (*region.*) Tinozza per il bagno. **2** (*scherz.*) Mezzo di trasporto in cattive condizioni: *quel battello è una b.*

bagnasciùga [comp. di *bagna(re)* e *asciuga(re)*; 1797] **s. m. inv.** **1** (*mar.*) Zona compresa tra la linea di galleggiamento massima e minima dello scafo. **2** (*impropr.*) Zona di una spiaggia di costa bassa ove si rompono le onde e che per questo appare ora asciutta e ora bagnata. **SIN.** Battigia, battima.

bagnàta [1875] **s. f.** ● Il bagnare, il bagnarsi.

♦**bagnàto** [av. 1250] **A** **part. pass.** di *bagnare*; anche **agg.** **1** Nei sign. del v. **2** ***Sembrare, essere come un pulcino b.***, (*fig.*) starsene umile, pauroso, mortificato. **B** **s. m.** ● Terreno, luogo bagnato | ***Piovere sul b.***, (*fig.*) aggiungersi di disgrazie a disgrazie o (*scherz., antifr.*) di fortune a fortune.

bagnatóre [lat. *balneatōre(m)*, da *bălneum* 'bagno (1)'; 1618] **s. m.** (**f.** *-trice*) **1** (*raro*) Chi (o ciò che) bagna. **2** †Bagnante.

bagnatùra [1587] **s. f.** **1** Il bagnare, il bagnarsi. **2** (*spec. al pl., tosc.* o *lett.*) La stagione dei bagni | Serie di bagni.

bagnino [1875] **s. m.** (**f.** *-a*) ● Chi sorveglia e assiste i bagnanti sulle spiagge.

♦**bàgno** (**1**) [lat. parl. **bāneu(m)* per *bălneu(m)*, dal gr. *balnêion*, di orig. sconosciuta; sec. XIII] **s. m.** **1** Immersione di qlcu. o qlco. nell'acqua o in altro liquido: *bagni di mare*; *b. di fanghi*; *fare il b.*; *costume da b.*; *vasca da b.* | ***Essere in un b. di sudore***, grondare di sudore | (*fig.*) ***B. di sangue***, strage, massacro | ***Fare un b.***, (*fig., gerg.*) subire una pesante sconfitta in giochi di carte, spec. al bridge | (*fig.*) ***B. di folla***, il trattenersi a lungo tra una folla entusiasta durante una manifestazione pubblica, detto spec. di personaggio famoso. **2** (*est.*) Esposizione del corpo a vari agenti fisici: *b. di sole, di luce, di vapore* | ***B. turco***, bagno caldo di vapore cui seguono doccia e massaggio. **3** Acqua o altro liquido in cui avviene l'immersione: *mettere a b.*; *il b. è pronto* | ***B. fotografico***, soluzione che permette il trattamento chimico del materiale sensibile negativo o positivo | ***B. galvanico***, in cui si immergono i metalli per galvanizzarli | ***A b. d'olio***, detto di lubrificazione di organi meccanici | (*chim.*) Recipiente contenente una data sostanza in cui si immerge un corpo per riscaldarlo indirettamente e mantenere la temperatura uniforme. **4** Vasca in cui si fa il bagno | Locale in cui sono situati gli apparecchi igienici nell'abitazione: *b. padronale, di servizio* | ***B. pubblico***, locale attrezzato per fare il bagno, e gener. per provvedere alla pulizia personale, a pagamento. **5** (*spec. al pl.*) Stabilimento balneare o termale: *b. Margherita*; *Bagni di Montecatini* | Anche come toponimo: *Bagni di Lucca*; *Bagni di Tivoli.* || **bagnàccio**, **pegg.** | **bagnétto**, **dim.** | **bagnettino**, **dim.** | **bagnolino**, **dim.**

bàgno (**2**) [da un *bagno* (di Costantinopoli o di Livorno), adibito a prigione; 1875] **s. m.** ● Luogo in cui si scontava la pena dei lavori forzati: *il b. penale di Tolone.*

bagnòlo o (*lett.*) **bagnuòlo** [lat. parl. **baneōlu(m)* per *balnĕolum*, dim. di *bălneum* 'bagno (1)'; 1344] **s. m.** **1** (*med.*) Applicazione di pezzuole bagnate sulla parte lesa. **2** (*edil.*) Vasca trapezoidale nella quale si estingue la calce viva.

bagnomarìa o **bàgno marìa**, **bàgno Marìa** [comp. di *bagno* (*1*) e *Maria* 'Ebrea, sorella di Mosè, ritenuta popolarmente un'alchimista'; 1539] **s. m. inv.** ● Sistema indiretto di riscaldamento di un recipiente che viene immerso in acqua direttamente scaldata: *mettere a b.*; *cuocere a b.* | (*est.*) Il recipiente stesso.

Bagnoschiùma® [comp. di *bagno* (*1*) e *schiuma*; 1983] **s. m. inv.** ● Prodotto che sciolto nell'acqua del bagno produce una schiuma saponosa profumata.

bagnuòlo ● V. *bagnolo.*

bàgola [lat. *bācula(m)* 'piccola bacca'; 1965] **s. f.** **1** (*bot., sett.*) Bacca. **2** (*sett.*) Ciancia, fandonia.

bagolàre [da *bagola*, nel sign. 2; 1888] **v. intr.** (*io bàgolo*; aus. *avere*) ● (*sett.*) Chiacchierare, ciarlare.

bagolàro [da *bagola*; 1550] **s. m.** ● Albero delle Ulmacee con fusto liscio, fiori verdi in grappolo ascellare, corteccia grigiastra e rami molto flessibili e duri (*Celtis australis*). **SIN.** Arcidiavolo, spaccasassi.

bagolóne [dal dial. *bagola*, nel sign. 2; av. 1885] **s. m.** (**f.** *-a*) ● (*sett.*) Chiacchierone, fanfarone.

bagònghi [dal n. pr. di un celebre nano da circo; 1987] **s. m.** e **f. inv.** ● (*scherz.* o *spreg.*) Persona dalla statura molto al di sotto della media | (*fig.*) Persona che vale poco.

bagordàre o **†bigordàre** nel sign. 2 [ant. provz. *ba(g)ordar* 'correre la giostra', dal francone **bihurdan* 'recingere lo spiazzo per il torneo'; sec. XIII] **v. intr.** (*io bagórdo*; aus. *avere*) **1** Fare stravizi, gozzovigliare. **2** (*mil.*) †Armeggiare, dar prova di abilità nel maneggiare le armi, spec. il bagordo.

bagórdo o **†bigórdo** nel sign. 2 [ant. provz. *beort*, dall'ant. fr. *behorder* 'bagordare'; av. 1313] **s. m.** **1** (*spec. al pl.*) Stravizi, gozzoviglie: *far bagordi*; *darsi ai bagordi.* **2** (*mil.*) †Lancia usata nei tornei, nelle giostre | Prova di abilità nel maneggiare le armi.

baguette /*fr.* ba'gɛt/ [vc. fr., propr. 'bacchetta', dall'it. *bacchetta*; 1933] **s. f. inv.** **1** Baghetta. **2** Brillante tagliato a forma di rettangolo allungato | Taglio rettangolare allungato del diamante. **3** Filone di pane di notevole lunghezza.

baguttiàno [1990] **A** **agg.** ● Relativo al premio letterario Bagutta: *il cenacolo b.* **B** **s. m.** (**f.** *-a*) ● Giudice, concorrente, frequentatore del premio stesso.

bah /bah, ba, ba*/ o (*raro*) **ba** [vc. onomat.; 1875] **inter.** ● Esprime incertezza, rassegnazione, incredulità, disprezzo con sign. analogo a 'chissà', 'forse è così', 'vada come vuole' e sim.: *bah! non so proprio cosa pensare.*

bahaìsmo /baa'izmo/ [dai nomi dei fondatori, *Bahā' Allah* e il figlio *Abdul Bahā'*; 1930] **s. m.** ● (*relig.*) Movimento religioso sviluppatosi dal babismo intorno alla metà del sec. XIX, i cui principi fondamentali sono l'unità di tutte le religioni e la realizzazione della concordia e dell'uguaglianza sociale.

bahaìsta **s. m.** e **f.**; anche **agg.** (**pl. m.** *-i*) ● (*relig.*) Seguace del bahaismo.

baht /bat/ [etim. incerta; 1938] **s. m. inv.** ● Unità monetaria della Thailandia. **SIMB.** B.

bài (**1**) [vc. onomat.; 1913] **inter.** ● Riproduce l'abbaiare del cane: *baiii*; *il cane giù nel cortile continua a fare bai bai.*

bài (**2**) [vc. onomat.; av. 1400] **vc.** ● (*fam.*) Solo nella loc.: ***non dire né ai né bai***, non pronunciare parola, non dire nulla.

bàia (**1**) [da (*ab*)*baiare*, propr. 'scherzo rumoroso'; av. 1449] **s. f.** **1** Burla, canzonatura | ***Dare la b. a qlcu.***, burlare qlcu., spec. schiamazzandogli dietro. **2** Bagattella, inezia. || **baiàccia**, **pegg.** | **baiétta**, **dim.**

bàia (**2**) [sp. *bahía*, di etim. incerta; calco sull'ingl. *bay* 'recesso, campata, posta (nella stalla)' nel sign. 2; 1504] **s. f.** **1** (*geogr.*) Insenatura della costa, meno ampia di un golfo, con imboccatura relativamente stretta. **2** (*aer.*) La parte opportunamente strutturata e attrezzata di un hangar in cui un aeromobile è ospitato per essere sottoposto a lavori di manutenzione.

bàia (**3**) [fr. *baille*, dal lat. *bāiula* 'portatrice (d'acqua)', di etim. incerta] **s. f.** ● (*mar.*; *disus.*) Tinozza di legno a doghe, cerchiata di metallo.

baiadèra [fr. *bayadère*, dal port. *balhadeira* 'ballerina', da *balhar* 'ballare'; 1858] **A** **s. f.** ● Danzatrice indù | (*est.*) Ballerina di avanspettacolo. **B** in funzione di **agg. inv.** ● Detto di tessuto rigato a tinte vivaci in seta, cotone o lana.

†baiàre [da *abbaiare*; av. 1400] **v. intr.** ● Abbaiare.

baiàta [da *baiare*; av. 1543] **s. f.** **1** (*raro*) Chiasso scherzoso, o fatto per burlare qlcu. **2** (*lett.*) Cosa insensata, sciocchezza.

baicolo [venez. *baicolo* 'piccolo cefalo', per la forma; 1873] **s. m.** ● Biscottino secco, tipico di Venezia.

baignoire /*fr.* bɛ'ɲwaːʀ/ [vc. fr., propr. '(vasca da) bagno', da *baigner* 'bagnar(si)'] **s. f. inv.** ● Barcaccia di teatro.

†bàila ● V. *balia* (*1*).

bailàmme o (*raro*) **bailàm** (*raro, tosc.*) **†bilièmme** [dalla rumorosa festa turca del *bairam*; 1845] **s. m. inv.** ● Confusione di gente e di voci. **SIN.** Baraonda, chiasso.

†bailìa ● V. *balia* (*2*).

bàilo [ant. provz. *baile*, dal lat. *bāiulus* 'portatore, facchino'; av. 1306] **s. m.** **1** (*st.*) Balio, balivo. **2** (*st.*) Ambasciatore, spec. della Repubblica veneta.

bàio [provz., *fr.* bai, dal lat. *bădius*, di etim. incerta; av. 1294] **A** **agg.** ● Detto di un tipo di mantello equino di color rosso, con le estremità degli arti, la coda e la criniera nere. **B** **s. m.** ● Cavallo con mantello baio.

baiòcco [etim. incerta; av. 1502] **s. m.** (**pl.** *-chi*) **1** Moneta d'argento, poi di rame, in uso nello Stato pontificio fino al 1866. ➡ **ILL. moneta.** **2** (*spec. al pl.*) Soldi, quattrini: *non avere baiocchi* | ***Non valere un b.***, (*fig.*) essere di poco o nessun valore. **3** (*fig.*) †Sciocco: *il giubbileo, / dove van tante schiere di baiocchi* (PULCI).

baióne [da *baia* (*1*); 1526] **s. m.** **1** †Chi burla e fa chiasso. **2** (*tosc.*) Schiamazzo, canzonatura | ***Fare il b. a qlcu.***, dileggiarlo schiamazzando e battendosi la bocca con la mano.

baionétta [fr. *baïonnette*, dal nome della città di *Bayonne*, dove si fabbricò la prima volta; 1690 ca.] **A** **s. f.** **1** Arma bianca, corta, da inastare all'estremità del fucile per i combattimenti corpo a corpo: *assalto alla b.* | ***B. in canna***, inastata. **2** (*fig.*) Soldato: *un esercito di otto milioni di baionette.* **3** (*mecc.*) ***Innesto a b.***, quello, tra due pezzi, in cui uno di questi si infila in parte sull'altro e poi si fissa mediante breve rotazione. **B** in funzione di **inter.** ● Si usa come comando, per far inastare la baionetta sul fucile.

baionettàta [1865] **s. f.** ● Colpo di baionetta.

bairàm [turco *bayram* 'festa'; 1829] **s. m. inv.** ● (*relig.*) Nome di due feste musulmane | ***Piccolo b.***, della durata di tre giorni, successivo al digiuno del Ramadan | ***Grande b.***, della durata di quattro giorni, settanta giorni dopo il piccolo bairam.

baironiàno ● V. *byroniano.*

bàita [vc. alpina di etim. discussa: dall'ant. alto ted. *Wahta* 'guardia' (?); 1873] **s. f.** ● Piccola costruzione di sassi o di legname, assai comune in alta montagna, usata spec. come deposito o come ricovero dei pastori.

†baiùcola o **†baiùca** [dim. di *baia* (*1*); av. 1566] **s. f.** ● Bagattella, sciocchezza.

†bàiulo [vc. dotta, lat. *bāiulu(m)* 'portatore, facchino', di etim. incerta; 1308] **s. m.** **1** Portatore. **2** Balio, aio.

bakelite ● V. *bachelite.*

bàlacron® o **balacròn** [marchio registrato] **s. m. inv.** ● Materiale vinilico usato spec. per legatoria.

balafòng o **balafò**, o **balafòn** [fr. *balafo(n)*, dal mandingo *balafo*, comp. di *bala* 'xilofono' e *fo* 'battere'] **s. m. inv.** ● (*mus.*) Strumento a percussione africano e afroamericano costituito da una cassa armonica in legno che sostiene verghe pure di legno percosse con martelletti dai suonatori.

balalàica o **balalàika** [russo *balalajka*, di etim. incerta; 1892] **s. f.** ● (*mus.*) Strumento musicale a corde, con cassa armonica triangolare e lungo manico, tipico della tradizione russa. ➡ ILL. musica.

balance /ˈbalans, *ingl.* ˈbæləns/ [vc. ingl., propr. 'bilanciamento' dal lat. *bilanx*, comp. di *bi-* e di *lanx* 'piatto'] s. m. inv. ● Negli apparecchi per la riproduzione del suono, comando per il bilanciamento dell'intensità sonora in uscita su due o più canali.

balànico [da *balano-*; 1958] agg. (pl. m. *-ci*) ● (*anat.*) Relativo al glande.

balanino [da *balano*; 1887] s. m. ● Piccolo insetto dei Coleotteri con lunghissimo rostro, le cui larve sono parassite di nocciole, ghiande e sim. (*Balaninus nucum*).

balanite (1) [comp. di *balano-* e *-ite* (*1*); 1829] s. f. ● (*med.*) Infiammazione del glande.

balanite (2) [dal gr. *bálanos* 'ghianda', di etim. incerta; 1967] s. f. ● Genere di piccoli alberi tropicali che forniscono legno da lavoro e semi ricchi di olio (*Balanites*).

bàlano [vc. dotta, lat. *bălanu*(*m*) 'ghianda', dal gr. *bálanos*, di etim. incerta; av. 1564] s. m. ● Crostaceo dei Cirripedi marini con sei paia di zampe che sporgono da una nicchia calcarea conica (*Balanus tintinnabulum*). SIN. Dente di cane. ➡ ILL. animali/3.

bàlano- [dal gr. *bálanos* 'ghianda'. V. *balano*] primo elemento ● In parole composte della terminologia medica significa 'glande' o indica relazione col glande: *balanite* (*1*).

balàscio o **balàsso** [ar. *baláhš*, dal nome della provincia afgana *Badahšān*, donde provenivano queste pietre; 1306] s. m. ● (*miner.*) Varietà preziosa di spinello nobile, trasparente e di colore rosso.

balàta [vc. caraibica (*bálata* nelle isole, *paláta* in terraferma); 1950] s. f. ● Gommoresina dura, simile al caucciù, ricavata dal latice di alberi dell'America meridionale, usata per impermeabilizzare tessuti e come isolante.

†**bàlatro** ● V. *baratro*.

balaùsta o †**balaùstra** (1) [fr. *balauste*, dal lat. *balaūstium*, e questo dal gr. *balaýstion*, di etim. incerta; sec. XIV] s. f. ● Frutto del melograno.

balaùstio o **balaùsto** [1550] s. m. ● (*raro, lett.*) Balausta.

†**balaùstra** (1) ● V. *balausta*.

balaùstra (2) [av. 1764] s. f. ● Balaustrata.

balaustràta [perché costituita di *balaustri*; av. 1698] s. f. ● Struttura a colonnette, collegate da un basamento e una cimasa, che serve da parapetto o divisorio.

balaustràto [1631] **A** agg. ● Composto, provvisto di balaustri: *finestra balaustrata*. **B** s. m. ● †Balaustrata.

balaustrino [da *balaustro*, per la forma; 1961] s. m. ● Compasso di precisione usato per tracciare circonferenze di piccolo raggio.

balaùstro [vc. dotta, lat. *balaŭstiu*(*m*) 'melograno', col quale si paragonò l'ornamento del capitello; 1550] s. m. ● Colonnetta ornamentale di balaustrate e parapetti, ballatoi e terrazze.

balayeuse /*fr.* baleˈjøːz/ [vc. fr., (= *machine à balayer*) da *balayer* 'spazzare', dalla vc. di orig. gallica *balai* 'scopa'] s. f. inv. ● Orlo a frangia, un tempo applicato per protezione alle gonne lunghe. SIN. Salvagonna.

balbettaménto [1858] s. m. ● Il balbettare | Ciò che si pronuncia balbettando. SIN. Balbettio, barbugliamento, tartagliamento.

balbettàre [iter. del lat. tardo *balbāre* 'vagire, balbettare' da *bălbus* 'balbo'; sec. XIII] **A** v. intr. (*io balbétto*; aus. *avere*) **1** Parlare, esprimersi con incertezza, con ripetizione di sillabe o arresti di parole, per malformazione anatomica o per cause psicologiche. SIN. Barbugliare, tartagliare. **2** Cominciare a parlare: *quel bambino già balbetta* | (*fig.*) Essere agli inizi, detto di una scienza o sim. **B** v. tr. ● Pronunciare, dire, in modo confuso e spezzato: *b. una scusa* | (*fig.*) Conoscere alla peggio una lingua, una disciplina scientifica e sim.: *b. un po' di francese*.

balbettio [1858] s. m. ● Balbettamento continuo.

balbettóne [1830] agg.; anche s. m. ● (*raro*) Che (o Chi) balbetta.

†**bàlbo** [lat. *bălbu*(*m*) 'balbuziente', di orig. onomat.; 1319] agg. ● (*lett.*) Balbuziente: *mi venne in sogno una femmina balba* (DANTE *Purg.* XIX, 7).

balbòa /*sp.* ˈbalˈβoa/ [dal n. dell'esploratore sp. Vasco Núñez de *Balboa* (1475-1519); 1949] s. m. inv. (pl. sp. *balboas*) ● Unità monetaria di Panamá.

balbutìre o (*raro*) **balbotire**, †**balbuzzire** [vc. dotta, lat. *balbutīre* 'balbettare', da *bălbus* 'balbo'; 1321] v. intr. e tr. (pres. *io balbutìsco, tu balbutìsci*; part. pres. *balbuziènte* (V.); aus. *avere*) ● (*lett.*) Balbettare: *Ma la donna subito s'imbrogliò, balbutì, e chiamò l'uomo in aiuto* (FENOGLIO).

balbùzie [da *balbuziente*; 1584] s. f. inv. ● (*med.*) Ripetizione parziale e convulsa di sillabe o frequenti interruzioni della frase causata da spasmo intermittente dell'apparato fonatorio.

balbuziènte [vc. dotta, lat. *balbutiĕnte*(*m*), part. pres. di *balbutīre* 'balbettare'; av. 1375] agg.; anche s. m. e f. ● Che (o Chi) è affetto da balbuzie.

†**balbuzzire** ● V. *balbutire*.

balcànico [fr. *balkanique*, dal turco *balkan* 'catena di montagne' forse da *balk* 'fango'; 1886] agg. (pl. m. *-ci*) **1** Relativo ai Balcani, alla regione dei Balcani: *penisola balcanica*. **2** (*fig.*) Caotico, violento, ingovernabile.

balcanizzàre [1931] v. tr. ● (*polit.*) Ridurre uno Stato nelle condizioni di disordine o di frammentazione in cui si trovavano gli Stati balcanici nei primi decenni del Novecento.

balcanizzazióne [1970] s. f. ● Il balcanizzare, il venire balcanizzato | Frammentazione politica, linguistica e spesso religiosa di uno Stato (ad es. la ex Iugoslavia o la ex Unione Sovietica) in entità più piccole e ostili fra loro.

†**bàlco** [longob. **balko*, di etim. incerta; av. 1313] s. m. **1** Balcone: *per tetti, per li balchi e per le torre, / ciascun con lumi accesi intorno corre* (BOIARDO). **2** (*tosc.*) Palco, fienile.

balconàta [1624] s. f. **1** Balcone di forma allungata sul quale si aprono diverse finestre. **2** Nelle moderne sale da spettacolo, concerto e sim., parte sovrastante la platea, con diverse file digradanti di posti. **3** (*mar.*) Nei vascelli e nei grandi velieri, galleria di balconi nell'estremità poppiera.

balconcino [av. 1900] s. m. **1** Dim. di *balcone*. **2** *Reggiseno, bustino a b.*, privo di spalline, a struttura rigida o semirigida per sostenere il seno, lasciandone scoperta la parte superiore. SIN. Balconnet. **3** Nella parte interna della porta di un frigorifero, ripiano con la sponda rialzata: *b. portauova, portabottiglie*.

♦**balcóne** [da *balco*; 1308] s. m. ● Struttura sporgente dal muro esterno di un edificio, contornata da una balaustra o ringhiera, costituente uno spazio accessibile esterno | (*est.*) Finestra grande, aperta fino al pavimento, con balaustra o ringhiera. ‖ **balconcino**, dim. (V.).

balconnet® /*fr.* balkɔˈnɛ/ [vc. fr., dim. di *balcon* 'balcone', per la forma (?); 1950] s. m. inv. ● Tipo di reggiseno, bustino e sim., a balconcino.

baldacchino [da *Baldac*(*co*), antico nome di *Bagdad*, donde provenivano questi drappi; av. 1306] s. m. **1** Copertura mobile a forma di padiglione retta da aste, sotto la quale si porta in processione il SS. Sacramento. **2** Ricco drappo sorretto da aste o colonne o sostenuto da un telaio che sta a coronamento di altari, troni, seggi, letti signorili. **3** (*arch.*) Coronamento in marmo, pietra o bronzo usato per nicchie, edicole, tombe medievali e tabernacoli contenenti la pisside | Ciborio, nelle basiliche cristiane e nelle chiese barocche: *il b. del Bernini in S. Pietro in Roma*.

baldànza [da *baldo*; av. 1250] s. f. ● Esuberante sicurezza nelle proprie forze che si manifesta nelle parole e nei fatti. SIN. Arditezza, arroganza, spavalderia.

†**baldanzeggiàre** [av. 1311] v. intr. ● Avere un comportamento sfrontato, sfrenato.

baldanzóso [sec. XIII] agg. ● Che dimostra baldanza: *aspetto b.*; *arrivò con passo b.* SIN. Ardito, arrogante, spavaldo. ‖ **baldanzosétto**, dim. ‖ **baldanzosaménte**, avv. Con baldanza.

†**baldézza** [ant. provz. *baudeza* 'ardire', da *baut* 'baldo'; av. 1294] s. f. ● Baldanza, fiducia, sicurezza: *voi mi date a parlar tutta b.* (DANTE *Par.* XVI, 17).

bàldo [ant. fr. *bald, baud*, ant. provz. *baut* 'fiero, ardente', dal franc. *bald* 'ardito, fiero, vivace'; sec. XIII] agg. ● (*lett.* o *scherz.*) Che mostra disinvoltura e sicurezza. SIN. Animoso, ardito, sicuro di sé. ‖ **baldaménte**, avv. Arditamente; con franchezza.

baldòria [ant. fr. *baudoire*, da *baud* 'baldo'; av. 1449] s. f. **1** Allegria rumorosa, festa chiassosa: *fare un po' di b. con gli amici*. **2** (*spreg.*) Gozzoviglia: *fare b.* SIN. Baccanale, crapula, stravizio. **3** (*tosc.*) Fuoco acceso in occasione di feste.

baldósa [provz. *baudosa*, da *baudos* 'giocoso, allegro', a sua volta da *baut* 'baldo'; 1481] s. f. ● Antico strumento musicale a corde usato spec. in campagna.

baldràcca [etim. discussa: da *Baldac*(*co*), nome antico della città di *Bagdad* (?); 1526] s. f. ● (*spreg.*) Meretrice ‖ **baldraccàccia**, pegg. | **baldraccóna**, accr.

♦**baléna** [lat. *bal*(*l*)*ēna*(*m*) 'balena', forse di orig. illirica; sec. XIII] s. f. **1** Enorme cetaceo dei Misticeti con corpo sagomato a pesce, pelle liscia e nera, arti anteriori a forma di pinna e arti posteriori assenti, pinna caudale battente su un piano frontale, e numerose lamine cornee lunghe e strette, dette fanoni, in luogo dei denti (*Balaena* ed *Eubalena*) | Correntemente, ogni grosso cetaceo marino: *caccia alla b.* | *Stecche di b.*, lamine flessibili e resistenti, ricavate dai fanoni delle balene, usate per intelaiare ombrelli e articoli di corsetteria femminile. ➡ ILL. animali/11. **2** (*fig., scherz.*) Persona deforme per grassezza. ‖ **balenòtto**, dim. m. (V.) | **balenòttero**, dim. m. (V.).

balenaménto [sec. XIV] s. m. ● Il balenare. SIN. Lampeggiamento, lampo.

balenàre [da *baleno*; av. 1311] **A** v. intr. (impers. *baléna*; anche pers.; aus. *essere*) **1** Lampeggiare | *B. a secco*, senza tuono. **2** (*est.*) Splendere all'improvviso. SIN. Baluginare, brillare. **3** (*fig.*) Apparire all'improvviso: *mi balenò un sospetto*. **4** †Barcollare | (*fig.*) Tentennare. **B** v. tr. ● (*lett.*) Emanare, emettere luce: *fatta ella allor più gaia nel sembiante, / balenò intorno uno splendor vermiglio* (POLIZIANO).

baleneria [da *balena*; 1970] s. f. ● (*raro*) L'attività dei balenieri.

balèngo o **balèngo** [etim. incerta; av. 1916] agg. (pl. m. *-ghi*) ● (*sett.*) Bizzarro, strano.

balenièra [da *balena*; av. 1470] s. f. **1** Nave da caccia alle balene. **2** Un tempo, imbarcazione di servizio a remi con prua e poppa affilate, adibita all'uso personale del comandante.

balenière [1865] s. m. ● Marinaio di una baleniera | Cacciatore di balene.

balenièro [1940] agg. ● Attinente alle balene e alla loro caccia.

balenìo [da *balenare*; av. 1850] s. m. ● Il balenare continuo.

baléno (1) [etim. discussa: da *balena*, popolarmente considerata un essere misterioso guizzante per l'aria (?); sec. XIII] s. m. ● Folgorio di luce su una superficie lucida | (*fig.*) *In un b.*, in un attimo. SIN. Bagliore, lampo. ‖ PROV. Dopo il baleno viene il tuono.

†**baléno** (2) [etim. discussa: da *balena* che nel sec. XIV si chiamava *pesce baleno*] agg. ● Solo nella loc. *pesce b.*, balena.

balenòttera [vc. dotta, lat. *balenŏptera*(*m*), comp. del lat. *balēna* e del gr. *-pteros*, da *pterón* 'ala, piuma', per la caratteristica pinna dorsale; 1819] s. f. ● (*zool.*) Cetaceo dei Misticeti simile alle balene ma con corpo più snello, testa più piccola e con pinna dorsale e tipiche pieghe longitudinali sulla gola e sulla porzione anteriore e ventrale del tronco (*Balaenoptera*) | *B. azzurra*, la maggiore delle balenottere, con pelle di color acciaio sul dorso, vivente negli oceani polari. ➡ ILL. animali/11.

balenòttero [dim. di *balena*; 1963] s. m. ● Balenotto.

balenòtto [dim. di *balena*; av. 1698] s. m. ● Balena giovane.

balèra [da *ballare*, con esito dial. lombardo; 1949] s. f. ● (*sett.*) Locale da ballo di modeste pretese | Pista da ballo, spec. all'aperto.

balèstra [lat. *ba*(*l*)*lista*(*m*) 'macchina militare lancia-proiettili' da una vc. gr. deriv. da *ballízein* 'lanciare', di etim. incerta; 1285] s. f. **1** Antica arma da lancio costituita da un fusto di legno con un arco fissato a croce a un'estremità per lanciare frecce e grossi dardi: *b. manesca, da posta* | (*fig., lett.*) *Tiro di b.*, indicazione approssimata di distanza | (*lett.*) *Dare il pane con la b.*, (*fig.*) fare un favore malvolentieri o con mala grazia. **2** (*spec. al pl.*) Molla semiellittica composta di più foglie o lame, usata per la sospensione dei veicoli. **3** (*mar.*; *disus.*) Leva di gran forza usata nel varo delle navi. **4** In tipografia, speciale tipo di vantaggio con piano di sostegno estraibile. ‖ **balestrino**, dim. m. | **balestrùccio**, dim. m.

†**balestràio** [sec. XVIII] s. m. ● Fabbricante o ven-

ditore di balestre.

balestràre [av. 1292] **A** v. tr. (*io balèstro*) **1** (*lett.*) Scagliare, tirare con la balestra: *tender le reti o b. il dardo* (MARINO) | (*est.*) Trafiggere | (*fig.*) Affliggere. **2** (*raro, lett.*) Sbalestrare, scaraventare. **B** v. intr. (aus. *avere*) ● (*lett.*) Tirare con la balestra.

balestràta [1353] s. f. ● Tiro o colpo di balestra.

balestrerìa [1820] s. f. **1** Deposito per le balestre. **2** Compagnia di balestrieri | (*est.*) Azione collettiva di balestrieri.

balestrièra [av. 1406] s. f. ● Feritoia per balestre.

balestrière [ant. provz. *balestrier*, dal lat. *ballistārium* nel senso tardivo di 'tiratore di balestra'; sec. XIII] s. m. ● Tiratore di balestra | Soldato armato di balestra.

balestriglia o **ballestriglia** [sp. *ballestrilla*, dim. di *ballesta* 'balestra'; av. 1642] s. f. ● Antico strumento usato per misurare gli angoli.

balestrina s. f. ● Balestriglia.

balèstro [da *balestra*; sec. XIII] s. m. ● (*mil.*) Grossa balestra.

balestróne [accr. di *balestro*, cui può assomigliare; 1632] **A** s. m. ● (*mar.*) Pertica che si mette in diagonale a sostenere le punte di alcune vele. SIN. Livarda, struzza. **B** agg. ● (*region.*) Solo nella loc. *pan b.*, fatto con miele, fichi secchi e noci.

balestrùccio [per la forma, che ricorda una *balestra*; av. 1484] s. m. ● Uccello dei Passeriformi simile alla rondine ma più piccolo, con gola e parte posteriore del dorso bianche e coda poco forcuta (*Delichon urbica*).

balì o †**baglì** [fr. *bailli*, dal lat. *bāiulus* 'portatore'; 1554] s. m. ● Cavaliere di grado superiore in alcuni antichi ordini cavallereschi | Nell'Ordine di Malta, cavaliere di grado superiore a quello di commendatore | Nell'ordinamento feudale, funzionario di nomina regia a capo di una circoscrizione territoriale. SIN. Balivo.

bàlia (**1**) o †**bàila** [lat. parl. **bāila*(*m*), da *bāiula* 'portatrice'; sec. XIII] s. f. **1** Donna che allatta dietro compenso i figli altrui | *B. asciutta*, donna che ha cura dietro compenso di un bambino senza allattarlo | *Avere bisogno della b.*, (*fig.*) non essere capace di togliersi dagli impicci | (*fig.*) *Tenere a b. qlco.*, ritardarne la realizzazione: *e la mia b. fu malinconia* (ANGIOLIERI). SIN. Nutrice. **2** †Levatrice. || **baliàccia**, pegg. | **baliòna**, accr. | **baliùccia**, dim.

balìa (**2**) o †**bailìa** [fr. *baillie*, da *bail* 'bailo'; av. 1250] s. f. **1** (*lett.*) Autorità, potere assoluto, potestà di governo. **2** Nella loc. *in b.*, in potere, alla mercè (*anche fig.*): *essere, cadere, darsi, sentirsi in b. delle onde, della sorte*; *in sua b.* | *Essere, restare in b. di sé stesso*, abbandonato a sé stesso, senza alcuna protezione. **3** (*lett.*) †Forza, energia, vigore: *ella riman d'ogni vigor sì vòta / che di tenersi in piè non ha b.* (ARIOSTO). **4** Nei comuni medievali, magistratura collegiale straordinaria con poteri eccezionali, che veniva creata in situazioni di emergenza e per un periodo di tempo limitato: *gli Otto di b.*

baliàggio (o -**lià**-) [fr. *bailliage*, da *bail* 'bailo'; 1673] s. m. ● Grado di balì | Ufficio del balì | Territorio governato dal balì.

baliàtico [da *balia* (*1*); 1612] s. m. (pl. -*ci*) **1** Compito della balia e suo compenso: *contratto di b.* **2** (*raro*) Bambino affidato a balia.

baliàto [da *balì*(*a*) (*2*); av. 1363] s. m. ● Baliaggio.

balilla [vezz. di *Battista*, con riferimento a Giovanni Battista Perasso, il ragazzo che nel 1746 diede inizio all'insurrezione dei Genovesi contro gli occupanti austriaci; nel sign. B marchio registrato; 1926] **A** s. m. inv. ● Al tempo del fascismo, ognuno dei ragazzi tra gli otto e i quattordici anni organizzati in formazioni a carattere paramilitare. **B** s. f. inv. ● *Balilla*®, automobile utilitaria italiana a quattro posti, diffusa negli anni '30 del Novecento.

balinése [1983] **A** agg. ● Dell'isola di Bali. **B** s. m. e f. ● Abitante dell'isola di Bali.

†**bàlio** (**1**) [variante di *balivo*; sec. XIII] s. m. ● Governatore | Ambasciatore, messo.

bàlio (**2**) [da *balia* (*1*); 1554] s. m. ● (*raro*) Marito della balia | (*scherz.*) Chi accudisce bambini piccoli.

†**balióso** (o -**liò**-) [sp. *valioso*, da *valer* 'aver prezzo, valere', dal lat. *valēre* 'essere forte, vigoroso'; av. 1543] agg. ● Vigoroso, forte: *baliosi del lungo esercizio delle armi* (CARDUCCI).

balipèdio [vc. dotta, comp. della prima parte di *bali*(*stica*) e del gr. *pedíon* 'spianata, campo'; 1892] s. m. ● (*mil.*) Campo sperimentale di tiro, nel quale si eseguono tutte le prove necessarie a determinare esattamente il comportamento di un'arma da fuoco.

†**balìre** [da *balia* (*2*); 1336 ca.] v. tr. **1** Sostenere | Maneggiare: *b. la spada*. **2** Reggere, governare.

balìsta [vc. dotta, lat. *bal*(*l*)*ĭsta*(*m*) 'balestra'; 1520] s. f. ● Specie di balestra atta a lanciare sassi o grossi dardi, usata negli antichi eserciti dei Greci e dei Romani.

balìstica [da *balistico*; av. 1764] s. f. ● Scienza che studia il movimento e la direzione dei proiettili.

balìstico [da *balista*; av. 1786] agg. (pl. m. -*ci*) ● Relativo alla balistica. || **balisticaménte**, avv.

Balìstidi [comp. del lat. *ballĭsta* 'balestra' (detti così dalla pinna dorsale anteriore, formata da tre spine erettili, che ricorda la forma d'una balestra) e -*idi*; 1950] s. m. pl. (sing. -*e*) ● Nella tassonomia animale, famiglia di Pesci dei Tetrodontiformi con il corpo ricoperto di scudetti mobili o scaglie (*Balistidae*).

balistite [vc. dotta, comp. di *balist*(*ica*) e -*ite* (*2*); 1892] s. f. ● Esplosivo da lancio formato da nitroglicerina e nitrocellulosa.

balìvo o †**baglivo** [ant. fr. *baillif* da *bail* 'bailo'; sec. XIII] s. m. ● Nell'ordinamento feudale, funzionario di nomina regia a capo di una circoscrizione territoriale | Cavaliere di grado superiore in alcuni ordini cavallereschi. SIN. Balì.

bàlla [fr. *balle*, dal francone **ballā* 'palla', di orig. indeur.; 1341] s. f. **1** Quantità di merci messe insieme e avvolte in tela o altra materia per essere trasportate: *b. di lana*. SIN. Involto. **2** (*est., tosc.*) Sacco di tessuto grossolano. **3** (*fig.*) Frottola, fandonia, bugia: *dire, raccontare balle*; *quante balle!*; *sono tutte balle!*. **4** (*region.*) Sbornia: *prendere, avere la b.* **5** (*spec. al pl., volg.*) Testicoli. || **ballàccia**, pegg. | **ballétta**, dim. | †**ballìno**, dim. m. | **ballòtto**, dim. m. | **ballóne**, accr. m.

ballàbile [da *ballare*; av. 1777] **A** agg. ● Detto di musica o canto adatto alla danza. **B** s. m. ● Canzone o motivo per ballo.

ballabilità s. f. ● Caratteristica di ciò che è ballabile: *la b. di un disco, di una canzone*.

♦**ballàre** [lat. tardo *ballāre* 'danzare', forse dal gr. *bállein* nel senso di 'ballare'; 1313] **A** v. intr. (aus. *avere*) **1** Eseguire movimenti coordinati con il ritmo della musica o anche del canto: *sapere, non sapere b.*; *oh! come balli bene, bella bimba* | *B. come un orso*, goffamente. SIN. Danzare. **2** (*est.*) Saltare, saltellare: *b. per la gioia* | Agitarsi: *b. dal nervoso* | Oscillare, tentennare, sobbalzare: *le finestre ballarono per il bang*; *la nave ha ballato durante la burrasca*. **3** (*est.*) Muoversi: *le monete gli ballano in tasca* | *Far b. i quattrini*, spenderli | *Far b. qlcu.*, sottoporlo a un elevato ritmo di lavoro, fargli subire la propria schiacciante superiorità: *far b. gli impiegati, l'avversario*. **4** (*fig.*) Essere largo, di misure sproporzionate, detto di capi di vestiario: *la giacca gli balla addosso*. **B** v. tr. ● Eseguire, con riferimento a una danza: *b. un valzer*. || PROV. Quando manca la gatta i topi ballano; quando si è in ballo bisogna ballare.

ballast /ingl. 'bæləst/ [vc. ingl., propr. 'zavorra', per assimilazione da un precedente *barlast*, di orig. nordica: propr. 'peso (*last*) netto (*bar*)' (?); 1874] s. m. inv. **1** (*ferr.*) Strato compresso di pietrisco o ghiaia, che sostiene le traversine dei binari. SIN. Massicciata. **2** In varie tecnologie, zavorra.

ballàta [provz. *balada*, da *balar* 'ballare'; 1294] s. f. **1** (*region.*) Breve giro di ballo. **2** (*letter.*) Componimento poetico popolare, sorto in rapporto con la musica e la danza, in versi o tutti endecasillabi o tutti settenari, oppure endecasillabi e settenari, formato da una o più stanze cantate a solo e da un ritornello per il coro. SIN. Canzone a ballo | *B. romantica*, componimento lirico narrativo della poesia romantica spec. in versi ottonari accompagnato talora dal ritornello. SIN. Romanza | Correntemente, canto narrativo popolare in versi. **3** (*mus.*) Nel Medioevo, canto di accompagnamento alla danza. SIN. Canzone a ballo | Nel periodo romantico, composizione per canto e accompagnamento o per strumento solista di ispirazione lirico-narrativa | Nella musica popolare anglosassone, canzone narrativa | Nella musica leggera, canzonetta ispirata a forme popolareggianti. || **ballatèlla**, dim., nel sign. 2 | **ballatétta**, dim., nel sign. 2 | **ballatina**, dim., nei sign. 1 e 2.

ballatista s. m. e f. (pl. m. -*i*) ● Scrittore di ballate.

ballatóio (**1**) [etim. discussa: da *bellatōriu*(*m*) 'galleria di combattimento (*bĕllum*)' con sovrapposizione di *ballare* (?); av. 1400] s. m. **1** Balcone che gira intorno a un edificio o a parte di esso, esternamente o internamente, con parapetto di protezione. SIN. Pianerottolo, terrazzino. **2** Nell'alpinismo, tipo di cengia aerea. **3** Sporto intorno al cassero e ai castelli delle navi antiche.

ballatóio (**2**) [da *ballare*; av. 1936] s. m. ● (*spec. al pl.*) Bacchettine poste di traverso nelle gabbie degli uccelli.

†**ballatóre** [lat. *ballatōre*(*m*) 'danzatore', da *ballāre* 'ballare'; av. 1342] s. m. ● Danzatore, ballerino.

ballerina [av. 1492] s. f. **1** F. di *ballerino* nei sign. 1 e 2: *b. classica, di night*; *una brava, una pessima b.* SIN. Danzatrice | *B. di fila*, quella che in un corpo di ballo non ha parti da solista. **2** Scarpa scollata femminile con tacco basso, molto flessibile e generalmente sfoderata. **3** (*zool.*) Cutrettola. **4** (*bot.*) Morella. || **ballerinétta**, dim.

♦**ballerino** [da *ballare*; av. 1342] **A** s. m. **1** (f. -*a*) Chi balla per professione, spec. in luoghi di pubblico spettacolo: *i ballerini russi*. SIN. Danzatore. **2** (f. -*a*) (*est.*) Chi balla per diletto, spec. con abilità: *un ottimo, un pessimo b.* **3** Pianta delle Orchidacee con tuberi ovoidali, foglie lanceolate con lunga spiga terminale con molti piccoli fiori gialli e rossi, e parte del calice simile a una figura umana (*Aceras anthropophorum*). **B** agg. **1** Che balla | *Cavalli ballerini*, quelli del circo. **2** (*est.*) Instabile | *Terre ballerine*, soggette a frequenti terremoti | (*fig.*) Mutevole, variabile: *tempo b.* | (*fig.*) Incerto, traballante: *difesa ballerina* | (*fig.*) *Asso b.*, quello che a poker il giocatore, già in possesso di una coppia, non scarta per puntare alla doppia coppia o per lasciar credere di possedere già un tris. **3** Detto di una specie di bomba a mano con impennaggio di tela.

ballestriglia ● V. *balestriglia*.

ballettàre [da *balletto*; 1886] v. intr. (*io ballétto*; aus. *avere*) ● (*lett., raro*) Camminare saltellando | Ballare senza grazia.

ballettìstico [1965] agg. (pl. m. -*ci*) ● Di balletto.

♦**ballétto** [av. 1543] s. m. **1** Dim. di *ballo*. **2** Componimento musicale a ritmo di danza | Azione pantomimica con musica e danza: *i balletti russi del primo Novecento* | (*fig.*) *Balletti rosa, verdi*, incontri erotici di uomini adulti con ragazze o, rispettivamente, ragazzi. **3** Corpo di ballo, compagnia di ballerini professionisti: *il b. della Scala*. **4** (*fig.*) Alternanza di dati, notizie o fatti che si accavallano: *continua il b. delle cifre fra sindacati e imprenditori*.

ballista [da *balla*, nel sign. 3; 1942] s. m. e f. (pl. m. -*i*) ● (*scherz.*) Chi racconta fandonie.

♦**bàllo** [da *ballare*; 1312] s. m. **1** Movimento ordinato del corpo e spec. dei piedi, secondo il ritmo della musica o del canto: *maestro, scuola di b.* SIN. Danza | *Corpo di b.*, l'insieme dei ballerini stabili di un teatro lirico o di una compagnia di balletti | (*letter.*) *Canzone a b.*, ballata | (*fig.*) *Essere in b.*, detto di qlcu., essere coinvolto in un impegno difficile cui non ci si può sottrarre; detto di qlco., andare di mezzo, patire le conseguenze: *è in b. la mia vita* | *Mettere, tirare in b. qlcu.*, renderlo partecipe di faccende, vicende difficili | *Mettere, tirare in b. qlco.*, prenderla in esame, in considerazione, spec. per discuterla o contestarla. **2** Giro di danza, durata di un ballabile. **3** Tipo di ballabile: *il valzer è un b. a tre tempi* | *B. liscio*, tradizionale, come il valzer, la mazurca, la polka, in contrapposizione a quello moderno con musica sincopata. **4** Festa danzante: *dare un b.*; *invitare a un b.*; *aprire il b.*; *il b. delle matricole*; *b. in maschera*; *b. a corte*. SIN. Veglia, veglione. **5** Azione scenica espressa per mezzo della pantomima e della danza, con accompagnamento di musica | *B. Excelsior*, spettacolo coreografico allegorico della fine dell'Ottocento che celebrava, secondo lo spirito del positivismo, la vittoria della civiltà sull'oscurantismo. **6** Serie di sobbalzi, di scossoni: *il volo è stato tutt'un b.* **7** (*med.*) *B. di S. Vito*, malattia del sistema nervoso caratterizzata da contrazioni muscolari e da movimenti involontari | *Avere il b. di S. Vito*, (*fig.*) essere in continuo movimento. **8** †Battaglia: *danzar nel sanguinoso / b. di*

Marte (MONTI). || **ballétto**, **dim.** (V.) | **ballónzolo**, **dim.**

ballonchiàre [da †*ballonchio*; 1618] **v. intr.** (*io ballónchio*; aus. *avere*) ***1*** †Ballare a salti, senz'ordine. ***2*** (*lett.*) Ballonzolare.

†**ballónchio** [da *ballo*, con sviluppo pegg.; 1353] **s. m.** ● Ballo rustico, contadinesco.

ballon d'essai /*fr.* ba,lõde'sɛ/ [vc. fr., propr. 'pallone (*ballon*, dall'accr. dell'it. *balla*) di prova (*essai* da *essayer* 'assaggiare')', cioè 'palloncino lanciato (un tempo) per saggiare la direzione del vento'; 1916] **loc. sost. m. inv.** (pl. fr. *ballons d'essai*) ● Notizia diffusa o iniziativa attuata per saggiare le reazioni altrui.

ballonzàre [1676] **v. intr.** (*io ballónzo*; aus. *avere*) ● (*lett.*) Ballonzolare.

ballonzolàre [da *ballonzolo*; av. 1665] **v. intr.** (*io ballónzolo*; aus. *avere*) ***1*** Ballare a salti | Ballare alla buona, in famiglia. ***2*** (*est.*) Saltellare, camminare saltellando: *il cane gli ballonzola fra i piedi* | Muoversi, agitarsi sussultando: *far b. un mazzo di chiavi.*

ballónzolo [dim. di **ballonzo*, parallelo sett. di *ballonchio*; 1865] **s. m.** ● Ballo alla buona, senza pretese.

balloon /bal'lun, *ingl.* bə'lu:n/ [vc. ingl., propr. 'pallone' per la sua forma tondeggiante; 1967] **s. m. inv.** ● Nei fumetti, palloncino o nuvoletta con le parole che i personaggi dicono o pensano.

ballòta [vc. dotta, lat. *ballōte(n)* 'marrubio bastardo', preso dal suo n. gr. *ballōtḗ*] **s. f.** ● (*bot.*) Cimiciotto, marrubio nero.

ballòtta (**1**) [ar. *ballūṭa* 'ghianda'; 1618] **s. f.** ● (*tosc.*) Castagna lessata con la buccia. **SIN.** Caldallessa.

ballòtta (**2**) [venez. *balota* 'pallottola' per esprimere il voto, dim. di *bala* 'palla'; 1474] **s. f.** ***1*** Pallina o piccolo oggetto usato nel Medio Evo per votare. ***2*** †Palla, proiettile. || †**ballottìna dim.**

ballottàggio [fr. *ballottage*, da *ballotte* 'ballotta (per votazione)'; 1877] **s. m.** ***1*** Secondo scrutinio decisivo fra i due candidati che hanno riportato più voti nel primo scrutinio: *essere, entrare in b.* ***2*** Gara finale per l'assegnazione di un titolo sportivo fra due concorrenti a pari merito.

†**ballottaménto s. m.** ● Sballottamento.

ballottàre [da *ballotta* (*2*); 1477] **v. tr.** (*io ballòtto*) ***1*** (*st.*) Votare, con le ballotte | Mettere ai voti. ***2*** (*lett.*) Sballottare.

ballottàta [da *ballottare*, nel sign. 2; 1879] **s. f.** ● (*sport*) Nell'equitazione, figura delle arie alte, nella quale il cavallo compiendo un salto piega all'indietro le zampe anteriori e tiene gli stinchi delle posteriori perpendicolari al terreno.

†**ballòtto** [da *ballotta* (*1*); av. 1698] **s. m.** ***1*** (*tosc.*) Castagna. ***2*** (*centr.*) Varietà di castagno. || †**ballottìno**, **dim.**

bàlma [vc. del sostrato ligure, dalla base **bala/pala* 'altura tondeggiante'; 1919] **s. f.** ● (*sett.*) Roccia sporgente | (*est.*) Grotta.

balneàbile [1974] **agg.** ● Detto di spiaggia, acque e sim. in cui è possibile o consentita la balneazione.

balneabilità [da *balneabile* col suff. di *-ità* qualità; 1985] **s. f.** ● (*bur.*) Autorizzazione sanitaria a fare bagni in acque pubbliche: *concedere, revocare la b.*

balneàre [vc. dotta, lat. *balneāre(m)* 'pertinente al bagno', agg. di *bălneum* 'bagno (1)'; av. 1931] **agg.** ● Pertinente ai bagni, spec. di mare: *stabilimento b.* | (*polit.*, *fig.*) ***Governo b.***, quello destinato a rimanere in carica per la sola durata di un'estate; (*est.*) governo effimero, di breve durata.

balneàrio [vc. dotta, lat. *balneāriu(m)* 'relativo al bagno (*bălneum*)'; 1750] **agg.** ● (*lett.*) Balneare.

balneazióne [da *balneare*; 1936] **s. f.** ***1*** (*med.*) L'attuazione di pratiche balneoterapiche. ***2*** (*bur.*) Il fare i bagni: *in questo tratto di mare è vietata la b.*

bàlneo [dal lat. *bălneu(m)* 'bagno (1)'; 1499] **s. m.** ● Edificio in cui si faceva il bagno, nell'antichità classica.

balneoterapìa [vc. dotta, comp. del lat. *bălneum* 'bagno (1)' e *terapia*; 1875] **s. f.** ● Idroterapia praticata mediante bagni in vasca o in piscina, impacchi o docce.

balneoteràpico [1955] **agg.** (pl. m. *-ci*) ● Di balneoterapia: *pratiche balneoterapiche.*

†**baloàrdo** ● V. *baluardo.*

baloccàggine [av. 1311] **s. f.** ● (*raro*, *lett.*) Attività inutile e puerile.

baloccaménto [av. 1566] **s. m.** ● Il baloccare, il baloccarsi.

baloccàre [etim. incerta; 1481] **A v. tr.** (*io balòcco, tu balòcchi*) ● Far divertire qlcu. **SIN.** Trastullare. **B v. rifl.** ***1*** Trastullarsi, divertirsi. ***2*** Gingillarsi, oziare.

balòcco [da *baloccare*; 1481] **s. m.** (pl. *-chi*) ***1*** (*disus.*) Giocattolo per bambini | (*fig.*) Passatempo. ***2*** (*lett.*) Sciocco, credulone. || **balocchìno**, **dim.** | **baloccùccio**, **dim.**

baloccóne [da *balocco*; 1344] **A s. m.** (f. *-a*) ● (*fam.*, *tosc.*) Chi perde il tempo in trastulli. **B** †**avv.** ● Solo nella loc. ***andare b.***, oziando, con aria svagata.

balògio [it. sett. *balòs* 'birbante', di etim. incerta; 1618] **agg.** (pl. f. *-gie* o *-ge*) ● (*tosc.*) Melenso, fiacco | Incerto: *tempo b.*

balordàggine [1559] **s. f.** ● Storditaggine, stupidità | Atto o detto da balordo. **SIN.** Sciocchezza.

†**balorderìa** [av. 1547] **s. f.** ● Balordaggine.

†**balordìa** [av. 1806] **s. f.** ● Balordaggine.

balórdo [etim. discussa: fr. *balourd*, ant. fr. *besiourd*, comp. del pref. aument. *bis-* e del lat. *lūridus* 'pallido' e, quindi 'sbalordito' (?); av. 1400] **A agg.** ***1*** Sciocco, tonto, che ha poco senno o giudizio: *voglio esser buona, ma non balorda* (GOLDONI) | Privo di senso, strampalato: *idea balorda.* ***2*** (*raro* o *lett.*) Stordito, intontito, per stanchezza, sonno, stupore e sim.: *mezzo b. dal vino.* ***3*** Mal riuscito, mal fatto, poco chiaro: *affare b.*; *merce balorda* | Che vale poco: *cavallo b.* | ***Tempo b.***, instabile, che non promette bene. || **balordaménte**, **avv. B s. m.** (f. *-a*) ***1*** Persona sciocca, stolida. ***2*** (*gerg.*) Piccolo delinquente, sbandato, emarginato. || **balordàccio**, **pegg.** | †**balordèllo**, **dim.** | †**balordìccio**, **dim.** | **balordóne**, **accr.** | **balordùccio**, **dim.**

balordóne [da *balordo*; 1865] **s. m.** ● (*veter.*) Sindrome frequente negli equini caratterizzata da manifestazioni nervose cerebro-spinali e da grave ittero.

†**balovàrdo** ● V. *baluardo.*

bàlsa [da una vc. indigena attraverso lo sp. *balsa*; 1955] **s. f.** ● Legno più leggero del sughero, fornito dall'*Ochroma lagopus*, albero del versante pacifico dell'America meridionale usato nell'aeromodellismo e per salvagenti.

balsamèlla ● V. *besciamella.*

balsàmico [av. 1715] **A agg.** (pl. m. *-ci*) ***1*** Di balsamo | Che ha le proprietà di un balsamo. **SIN.** Aromatico, odoroso. ***2*** (*fig.*) Odoroso, salubre: *che aria balsamica c'è quassù!* **CONTR.** Fetido, malsano, puzzolente. **B s. m.** ● Medicamento che, come il balsamo, ha la proprietà di curare infiammazioni della cute, dei bronchi, delle mucose, ecc.

balsamìna [gr. *balsaminē*, da *bálsamon* 'balsamo'; 1550] **s. f.** ***1*** Pianta erbacea delle Balsaminacee con fusto translucido, fiori ascellari di vario colore e capsula con valve che a maturità scagliano lontano i semi (*Impatiens balsamina*). **SIN.** Begliuomini. ***2*** Nome dato a diverse varietà di uve.

Balsaminàcee [comp. di *balsamin(a)* e *-acee*; 1930] **s. f. pl.** (sing. *-a*) ● Nella tassonomia vegetale, famiglia di piante erbacee delle Terebintali con foglie alterne od opposte e fiori zigomorfi (*Balsaminaceae*).

balsamìno [da *balsamina*; 1820] **s. m.** ***1*** Pianta dal cui frutto si estrae un balsamo. ***2*** Vitigno dell'Emilia e delle Marche, che dà uva nera e dolce.

balsamìte [da *balsamo*; sec. XIV] **s. f.** ● Pianta perenne delle Composite, a fiori gialli, con foglie odorose e vellutate, da cui si estrae un'essenza (*Chrysanthemum balsamita*).

bàlsamo o †**bàlsimo** [lat. *bălsamu(m)* 'balsamo (albero)' e 'balsamo', dal gr. *bálsamon*, di orig. semitica; av. 1294] **s. m.** ***1*** Sostanza contenente resine, gomma, oli volatili, acidi aromatici, estratta dal tronco di molte specie di piante con particolari doti medicinali | Sostanza emolliente per capelli, da applicare dopo lo shampoo. ***2*** (*est.*) Lenimento efficace per un dolore | (*fig.*, *raro*) Cibo o bevanda che abbia proprietà ristoratrici o sia di squisito sapore. ***3*** (*fig.*) Conforto, lenimento, sollievo: *quella notizia è stata un b. per lui.*

bàlta [da **baltare* 'ribaltare'; av. 1588] **s. f.** ● (*tosc.*) Sbalzo, rovesciamento | ***Dare la b.***, ***dare di b.***, andare, mandare sottosopra | ***Gli ha dato di b. il cervello***, è impazzito.

bal tabarin /*fr.* ,baltaba'rɛ̃/ [vc. fr. comp. di *bal* 'ballo' e *tabarin* (V.); 1942] **loc. sost. m. inv.** ● Tabarin.

bàlteo [vc. dotta, lat. *bălteu(m)* 'cinturone', forse di orig. etrusca; 1340] **s. m.** ***1*** Cintura di cuoio che il soldato romano portava dalla spalla destra al fianco sinistro per appendervi la spada o altro. ***2*** (*est.*, *lett.*) Fascia o cintura portata ai fianchi o a tracolla.

bàltico [dal lituano *baltas* 'palude'; av. 1557] **agg.** (pl. m. *-ci*) ● Relativo ai Paesi e ai popoli rivieraschi del Mar Baltico: *razza baltica* | ***Lingue baltiche***, gruppo di lingue della famiglia indoeuropea | ***Le Repubbliche baltiche***, l'Estonia, la Lituania e la Lettonia.

baltoslàvo [comp. di *balt(ic)o* e di *-slavo*; 1955] **agg.** ● (*ling.*) Relativo al gruppo linguistico delle lingue baltiche e delle lingue slave.

baluàrdo o †**baloàrdo**, †**balovàrdo** [ant. provz. *baloart*, ant. fr. *boloart*, dal medio alto ted. *bolwerk* 'balestra', comp. del v. *boln* 'gettare' e di *werk* 'macchina', protetta poi da un *baluardo*; av. 1535] **s. m.** ***1*** (*mil.*) Gran bastione di una fortificazione. ***2*** (*fig.*) Difesa, sostegno.

balùba [dal n. della tribù (*Luba*) col pref. della classe del pl. (*ba*); 1930] **A agg. inv.** ● Detto di popolazione di lingua bantu della Repubblica democratica del Congo. **B s. m. e f. inv.** ● Persona appartenente alla popolazione baluba | (*scherz.*) Persona rozza e incolta. (V. nota d'uso STEREOTIPO)

balùci o **belùci** [da *Balōč*, n. indigeno degli abitanti del Baluchistan] **A s. m. e f. inv.** ● Abitante, nativo del Baluchistan, regione dell'Asia meridionale, tra l'Iran e il Pakistan. **B s. m.** solo **sing.** ● Lingua del gruppo dialettale iranico nord-occidentale parlata nel Baluchistan.

baluginaménto [1909] **s. m.** ● Il baluginare.

baluginàre [etim. discussa: comp. di *ba* (per *bis*) e del lat. parl. **lucināre* 'splendere' (?); av. 1756] **v. intr.** (*io balùgino*; aus. *essere*) ***1*** Apparire e sparire velocemente alla vista: *sull'altare maggiore i guizzi baluginanti di due ceri* (PIRANDELLO). ***2*** (*fig.*) Presentarsi alla mente in modo rapido e confuso: *mi baluginò un sospetto.* **SIN.** Balenare.

baluginìo [da *baluginare*; av. 1887] **s. m.** ● Chiarore tenue e intermittente.

balùmina [dallo sp. *balumo*, e questo dal lat. *volūmen* 'tutto ciò che viene avvolto'; 1937] **s. f.** ● (*mar.*; *disus.*) Ultimo telo della vela latina, verso poppa.

bàlza [lat. *băltea*, pl. di *bălteu(m)* 'mura che separavano i diversi ordini nella scalea degli anfiteatri, come una cintura (*bălteus*)'; 1325 ca.] **s. f.** ***1*** Luogo scosceso e dirupato di collina o di montagna. **SIN.** Dirupo. ***2*** Breve tratto pianeggiante che interrompe un dirupo. ***3*** Fregio che incornicia l'arazzo. ***4*** Striscia di stoffa posta a ornamento e rinforzo in fondo alle vesti femminili, tende, coperte e sim. **SIN.** Falpalà, frangia, orlo. ***5*** Balzana di cavallo.

balzachiàno /baldza'kjano/ o **balzacchiàno** [1911] **agg.** ● Che è proprio dello scrittore francese H. De Balzac (1799-1850).

balzàna [da *balza*; sec. XV] **s. f.** ***1*** Guarnizione all'orlo di vesti, tende e sim. ***2*** (*sett.*) Risvolto dei calzoni. ***3*** Striscia di pelo biancastro sopra gli zoccoli dei cavalli.

balzàno [da *balzana*, nel sign. 3; 1153] **agg.** ***1*** Detto di cavallo che ha le balzane in uno o più arti. ***2*** (*fig.*) Stravagante, bizzarro: *cervello b.*; *idea balzana.* || **balzanaménte**, **avv.**

♦**balzàre** [lat. tardo *balteāre*, da *bălteum* 'balzo (2)'; 1481] **A v. intr.** (aus. *essere*) ***1*** Saltare su di scatto, come fanno i corpi elastici: *il gatto balzò sul davanzale* | (*est.*) Lanciarsi: *b. sul tram in moto* | Muoversi repentinamente: *b. dalla poltrona* | Sussultare: *il cuore gli balza* (D'ANNUNZIO) | ***2*** (*fig.*) Risaltare con assoluta evidenza | ***B. agli occhi***, apparire evidente. **B v. tr.** ● (*raro*) Sbalzare.

balzàto [1481] **part. pass.** di *balzare*; anche **agg.** ***1*** Nei sign. del v. ***2*** (*mus.*) Detto di colpo d'arco degli strumenti ad arco che, gettando l'arco sulla corda, permette rimbalzi per inerzia. **SIN.** Gettato, saltellato.

balzellàre [iter. di *balzare*; sec. XV] **A v. intr.** (*io balzèllo*; aus. *essere* e *avere*) ● Andare a piccoli balzi, saltellare | (*lett.*) Sobbalzare, detto di cose: *facendo b. le stoviglie apparecchiate* (MANZONI). **B v. tr.** ● (*tosc.*) Appostare: *b. la lepre.*

balzèllo (**1**) [1688] **s. m.** ***1*** Dim. di *balzo* (*1*).

2 (*tosc.*) Appostamento per abbattere selvaggina | *Fare il b.*, fare la posta | *Andare, stare a b.*, andare, stare alla posta, in agguato (*anche fig.*). || **balzellóne**, accr.

balzèllo (2) [da *balzo* (1), perché imposta che colpiva a *balzi* imprevisti; av. 1449] s. m. 1 (*ant.*) Tassa, imposta straordinaria. 2 Tributo esoso, arbitrario.

balzellóni [av. 1665] avv. ● A piccoli balzi, a saltelli, saltellando: *camminare, procedere b.* | A scossoni, con sobbalzi: *la macchina fatale s'avanza b., e serpeggiando* (MANZONI); *il convoglio fischiava e andava b. rallentando la corsa* (VERGA) | (*fig.*) In modo interrotto e irregolare | Anche nella loc. avv. *a b.*

♦**bàlzo** (1) [da *balzare*; 1508] s. m. 1 Salto che fa un corpo elastico dopo aver picchiato in terra | *Prendere la palla al b.*, (*fig.*) cogliere l'occasione. 2 Movimento repentino, salto, scatto: *Attraversò così, a balzi delle sue gambe magre, metà della scogliera* (CALVINO). 3 (*fig.*) Superamento di una posizione precedente | *Fare un b. nella propria carriera*, migliorarla nettamente. || **balzèllo**, dim. (V.) | **balzétto**, dim. | **balzìculo**, dim.

bàlzo (2) [lat. *bălteu(m)* 'cintola'; 1313] s. m. 1 Prominenza, sporgenza del terreno | Luogo scosceso, balza. 2 Striscia, guarnizione. 3 (*mar., disus.*) Bansigo.

balzòla [da *balza*] s. f. ● (*centr.*) Nelle case coloniche, terrazzino coperto a capo della scala esterna che dà accesso alla casa.

bàmba [reduplicazione onomat. di tipo infant.; 1353] s. m. e f. inv. ● (*sett.*) Persona rimbambita.

bambàgia [lat. tardo *bambāce(m)*, di etim. discussa: dal gr. *bómbyx* 'baco da seta' (?); av. 1350] s. f. (pl. *-gie*) 1 Materia cellulosica di cui è rivestito il seme del cotone | Cascame della filatura del cotone | Cotone non filato, in fiocchi | *Vivere, stare, allevare, tenere nella b.*, (*fig.*) con ogni riguardo, nella mollezza. 2 (*bot.*) *B. selvatica*, pianta erbacea delle Composite con foglie alterne cotonose al rovescio e fiori in capolini di colore grigio o bianco (*Antennaria dioica*).

bambagiàto [da *bambagia*] s. m. ● Bozzolo difettoso per tessitura irregolare dello strato esterno.

bambagìna [1549] s. f. 1 Tela di bambagia. 2 Carta fabbricata con sola mezzapasta di canapa e lino.

bambagìno [av. 1348] agg. ● Di bambagia | *Tela bambagina*, bambagina.

bambagióna [da *bambagia*; 1881] s. f. ● Pianta erbacea delle Graminacee con foglie pelose e fiori in pannocchia (*Holcus lanatus*). SIN. Bozzolina, fieno bianco.

bambagióso [av. 1597] agg. ● Che ha le caratteristiche della bambagia | Morbido come bambagia.

bambàra [sp. *bambarria* 'caso, fortuna (al gioco)' da *bambo* 'sciocco'; 1734] s. f. ● Gioco di carte simile alla primiera.

bamberòttolo [da †*bambo*; av. 1400] s. m. (f. *-a*) 1 (*raro, spreg.*) Bambino non ben proporzionato e grassoccio. 2 (*fig.*) Persona rimasta un po' bambina di fisico e di mente. SIN. Bamboccio.

bambinàggine [da *bambino*; 1817] s. f. ● (*raro, spreg.*) Azione, comportamento ingenuo, da bambino: *è stata una b. senza malizia.*

bambinàia [1855] s. f. ● Donna che per professione si prende cura dei bambini.

bambinàio [1865] s. m. ● Uomo che si prende cura dei bambini o che ama giocare e scherzare con loro (*spec. scherz.*).

bambinàta [av. 1704] s. f. ● Atto, discorso ingenuo, da bambino. SIN. Ragazzata.

bambineggiàre [1870] v. intr. (*io bambinéggio*; aus. *avere*) ● Comportarsi ingenuamente, da bambino. SIN. Bamboleggiare, pargoleggiare.

bambinèllo [av. 1694] s. m. 1 (f. *-a*) Dim. di *bambino*. 2 (*per anton., merid.*) Gesù Bambino.

bambinerìa [av. 1694] s. f. ● (*raro*) Bambinata.

bambinésco [1536] agg. (pl. m. *-schi*) ● (*spec. spreg.*) Ingenuo, puerile. || **bambinescaménte**, avv.

♦**bambino** [da †*bambo*; 1481] A s. m. (f. *-a*) 1 L'essere umano dalla nascita all'inizio della fanciullezza: *allevare, educare un b.*; *i bambini ci guardano* | *B. prodigio*, dalle eccezionali capacità mnemoniche e intellettive | *Gesù Bambino*, Gesù in età infantile e (*est.*) la sua raffigurazione in pittura e scultura. SIN. Bimbo, marmocchio, piccino, piccolo. 2 (*est., spec. al pl.*) Figlio, di sesso maschile o femminile: *ha due bambini* | (*fam.*) *Aspettare un b.*, essere incinta. 3 (*fig., iron.* o *scherz.*) Persona adulta che si comporta ingenuamente o scioccamente: *non fare il b.!* 4 (*per anton.*) Gesù Bambino. B agg. 1 Molto giovane: *sposa bambina*. 2 (*fig.*) Inesperto, semplice: *mente bambina* | Non del tutto sviluppato: *civiltà, cultura bambina*. || **bambinàccio**, pegg. | **bambinèllo**, dim. (V.) | **bambinétto**, dim. | **bambinettino**, dim. | **bambinino**, dim. | **bambinóne**, accr. (V.) | **bambinùccio**, dim.

bambinóne [1865] s. m. (f. *-a*) 1 Accr. di *bambino*. 2 (*fig., scherz.*) Persona adulta ingenua e semplice come un bambino.

†**bàmbo** [reduplicazione onomat. di tipo infant.; sec. XIII] A s. m. 1 Bambino. 2 (*fig.*) Sciocco. B agg. ● Sciocco.

bamboccerìa [av. 1566] s. f. ● Bambocciata, nel sign. 1.

bamboccïante [1962] s. m. ● Nel Seicento, pittore di bambocciate.

bambocciàta [da *bamboccio*; nel sign. 2, da *Bamboccio*, soprannome del pittore olandese Pieter Van Laer; av. 1696] s. f. 1 Discorso o azione da bamboccio. 2 (*pitt.*) Genere seicentesco di composizione pittorica, per lo più di piccolo formato, ispirato a scene quotidiane di vita popolare.

bambòccio [da †*bambo* con suff. vezz. spreg.; 1545] s. m. (f. *-a*; pl. f. *-ce*) 1 Bambino vispo e grassoccio. 2 (*fig.*) Persona semplice e inesperta | *Fare il b.*, agire scioccamente. SIN. Scioccone, sempliciione. 3 Fantoccio fatto con cenci o altro materiale. SIN. Pupazzo. || **bamboccétto**, dim. | **bamboccino**, dim. | **bambocciòne**, accr. | **bambocciòtto**, dim.

♦**bàmbola** [vezz. f. di †*bambo* 'bambino'; sec. XIV] s. f. 1 Fantoccio di vario materiale vestito da bambina o da donna, usato spec. dalle bambine per giocare: *b. di pezza, di celluloide*; *giocare con la b.* 2 (*fig.*) Giovane donna con viso bello ma inespressivo | Giovane donna vistosamente bella: *che b.!* 3 Nel gergo sportivo, stato di intontimento e di prostrazione dovuto alla stanchezza o alla schiacciante superiorità dell'avversario: *andare in b.* 4 †Vetro dello specchio. || **bambolétta**, dim. | **bambolina**, dim. (V.) | **bambolóna**, accr. (V.) | **bambolóne**, accr. m. (V.).

bamboleggiaménto [1910] s. m. ● Il bamboleggiare.

bamboleggiàre [da *bambola*; sec. XIII] v. intr. (*io bamboléggio*; aus. *avere*) ● Comportarsi in modo puerile | Assumere un atteggiamento affettato e lezioso, detto spec. di donna. SIN. Bambineggiare, pargoleggiare.

bambolifìcio [comp. di *bambola* e *-ficio*; 1955] s. m. ● Fabbrica di bambole.

bambolina [av. 1556] s. f. 1 Dim. di *bambola*. 2 (*est.*) Bambina o giovane donna che pare una bambola.

bàmbolo [vezz. di †*bambo* 'bambino'; 1279] s. m. ● (*lett.*) Bambino. || **bambolino**, dim. | **bambolóne**, accr. (V.).

bambolóna [1734] s. f. 1 Accr. di *bambola*. 2 Donna matura che affetta atteggiamenti caratteristici di donna giovane | Giovane donna vistosamente bella.

bambolóne [av. 1675] s. m. (f. *-a* (V.)) 1 Accr. m. di *bambola* nel sign. 1. 2 (*fig.*) Uomo spec. grosso, che si comporta in modo piuttosto goffo e puerile.

bambolòtto [deriv. di *bambolo* con *-otto*; 1884] s. m. 1 Pupazzo, fantoccio. 2 (f. *-a*) Bambino grassoccio, rotondetto | (*est.*) Persona goffa, infantile.

bambù [port. *bambù*, dall'indiano *bāmbū*; 1585] s. m. 1 Denominazione di numerose specie di Graminacee, di taglia molto diversa, con fusto legnoso pieno o cavo, articolato, foglie lineari, brevi e picciolate, infiorescenze a pannocchia (*Arundinaria, Bambusa, Dendrocalamus*). ➡ ILL. **piante**/10. 2 Fusto nodoso, cilindrico e flessibile delle piante omonime, usato per fare bastoni da passeggio, canne da pesca, mobili, scatole.

bambuṣàia [da *bambù* con la *s* del ted. *Bambus*; 1942] s. f. ● Terreno piantato a bambù.

Bambuṣèe [1955] s. f. pl. (sing. *-a*) ● (*bot.*) Bambusoidee.

Bambuṣoìdee [da *Bambus(a)*, n. del genere tratto dal neerl. *bamboes*, con il suff. *-oidee*; 1972] s. f. pl. (sing. *-a*) ● (*bot.*) Nella tassonomia vegetale, sottofamiglia delle Graminacee, a distribuzione tropicale, comprendente i bambù (*Bambusoideae*). SIN. Bambusee.

banàle [fr. *banal* 'appartenente a un feudo (*ban*), d'uso comune'; 1877] agg. ● Detto di ciò che è convenzionale, assolutamente comune, privo di originalità e di significato particolare: *persona, conversazione b.*; *libro, film b.* | Di poco conto: *si tratta di un b. incidente.* || **banalménte**, avv. In modo banale, con banalità.

banalità [1884] s. f. 1 Caratteristica di chi (o di ciò che) è banale: *cadere nella b.* SIN. Mediocrità. 2 Cosa banale: *dire, fare delle b.*

banaliẓẓàre [da *banale*; nel sign. 2, dal fr. *banaliser*; 1966] A v. tr. 1 Rendere banale. 2 Attrezzare una linea ferroviaria, a due o più binari, in modo da rendere possibile la circolazione indifferentemente su ogni binario nei due sensi di marcia. B v. intr. pron. ● Diventare banale, convenzionale.

banaliẓẓazióne [1970] s. f. ● Il rendere, o il venir reso, banale: *la b. di un concetto.*

♦**banàna** [port. *banana*, da una lingua della Guinea; 1591] s. f. 1 Frutto del banano: *un casco di banane* | (*fig.*) *Scivolare su una buccia di b.*, incorrere in un errore o in un incidente imprevisto | (*spreg.*) *Repubblica delle banane*, denominazione generica degli Stati dell'America centro-meridionale la cui economia è basata sulla esportazione di frutta o gener. di materie prime e che sono in una condizione di dipendenza dal capitale straniero e di endemica arretratezza politico-istituzionale (dalla loc. ingl. *banana republic*); (*fig.*) Stato caratterizzato da corruzione, illegalità, inefficienza. 2 (*est.*) Rotolo di capelli a forma allungata, tipico di pettinature infantili: *Aveva, da piccolo, grossi boccoli neri, accomodati in lunghe banane sulla fronte* (GINZBURG). 3 (*est.*) Panino di forma stretta e lunga. 4 (*elettr.*) Tipo di spina a un solo polo usata per collegamenti provvisori, che si inserisce nella boccola. || **bananina**, dim. | **bananóna**, accr.

banana split /bananas'plit, *ingl.* bəˈnæ·nə-ˌsplɪt/ [loc. ingl., comp. di *banana* 'banana' e *split* 'divisione, spaccata' (d'orig. germ.); 1983] s. f. inv. (pl. ingl. *banana splits*) ● Dolce costituito da una banana tagliata nel senso della lunghezza, cosparsa di liquore e coperta di gelato, panna montata e nocciole tritate.

bananéto [1942] s. m. ● Piantagione di banani.

bananicoltóre [1955] s. m. (f. *-trice*) ● Coltivatore di banani.

bananicoltùra [1942] s. f. ● Coltivazione dei banani.

bananièra [fr. (*cargo*) *bananier*, agg. di *banane* 'banana'; 1937] s. f. ● Nave attrezzata per il trasporto di banane.

bananièro [1802] A agg. ● Relativo alle banane, spec. con riferimento al loro commercio: *nave bananiera*. B s. m. ● Coltivatore, commerciante di banane.

banàno [da *banana*; 1858] s. m. ● Pianta tropicale delle Musacee alta fino a 5 m, con foglie inguainanti che simulano un tronco e si aprono in un'ampia corona nel mezzo della quale si formano i fiori e poi i frutti, gialli e oblunghi, riuniti in un'infruttescenza, detta casco (*Musa sapientium*) | *B. tessile*, abacà. ➡ ILL. **piante**/10.

banàto [da *bano*; 1905] s. m. ● (*st.*) Titolo, ufficio di bano | Territorio governato da un bano.

banàuṣico [dal ted. *banausisch* deriv. a sua volta dal gr. *banausikós*, agg. di *bánausos* 'artigiano'; 1955] agg. (pl. m. *-ci*) ● (*lett.*) Detto di arte esclusivamente meccanica | (*est.*) Di cosa meramente utilitaria.

♦**bànca** [longob. *banka* 'panca', di orig. indeur.; av. 1348] s. f. 1 Impresa avente funzione intermediaria tra risparmiatori e produttori, attuata con la raccolta e l'impiego di capitali forniti dai primi e richiesti dai secondi: *funzionario, impiegato di b.*; *biglietto di b.* | *B. d'affari*, le cui attività principali sono la consulenza e l'intermediazione finanziaria | *B. agente*, autorizzata a operare in divisa estera | *B. d'emissione*, che può emettere carta moneta | *B. popolare*, di carattere locale, istituita spec. per favorire le attività artigiane | Edificio o parte di edificio in cui ha sede l'impresa stessa | *B. telematica*, servizio telematico che consente l'esecuzione di operazioni bancarie attraverso un terminale collegato alla rete telefonica | *B. del* *tempo*, associazione con fini di solidarietà sociale fra cittadini promossa o sostenuta da enti locali i cui aderenti si cambiano, conteggiandole in termini di tempo, prestazioni di vario genere | ***B. etica***, che investe in iniziative nel settore non profit e si propone di offrire ai propri clienti trasparenza nella gestione del risparmio. ***2*** (*med.*) Deposito di organi o liquidi organici a funzione integrativa o sostitutiva: *b. degli occhi, delle ossa, del sangue, del seme*. ***3*** (*elab.*) ***B. dati***, insieme di informazioni raccolte e conservate per mezzo di sistemi elettronici. ***4*** Rinforzo a un argine di terra. ***5*** †Tavola, panca. ***6*** (*st.*) Nel Medioevo, suprema magistratura, in varie città italiane: *capo di b.* | Tribunale | †***Sedere alla b.***, sedere in tribunale, giudicare. ***7*** †Tavola e registro per l'arruolamento dei soldati. || **bancàccia**, **pegg.** (V.) | **bancarèlla**, **bancherèlla**, **dim.** (V.) | **banchétta**, **dim.** | **banchina**, **dim.** (V.).

BANCA
nomenclatura

banca

● *tipi di banca*: azienda = istituto di credito, di emissione, di intermediazione, banca d'affari, di accettazione = merchant bank, di deposito, d'investimento; commerciale, popolare, offshore, consortile; banco, monte, monte dei pegni; cassa di risparmio, cassa, cassa rurale, cassa rurale e artigiana; statale = pubblica ⇔ privata, locale, regionale, nazionale, estera, centrale;

● *attrezzature e servizi bancari*: sede centrale, agenzia, filiale, riscontro, sala del tesoro, sportello; listino (dei corsi = di borsa, dei cambi, dei prezzi); cassetta di sicurezza, caveau; credito (bancario, ipotecario, agevolato, fondiario, agrario, commerciale, industriale, pubblico ⇔ privato, personale, reale, produttivo, consuntivo, ordinario, mobiliare ⇔ immobiliare, finanziario, a breve, a medio termine = mediocredito, a lungo termine), carta di credito; deposito (fiduciario, garantito, cauzionale, circolare, pecuniario, bancario; per affare, di cassa; vero = reale ⇔ fittizio, ordinario ⇔ straordinario, regolare ⇔ irregolare); assegno = chèque (bancario, circolare, trasferito, girato, domiciliato, retrodatato ⇔ postdatato, estinto; trasferibile ⇔ non trasferibile = sbarrato; a vista, a vuoto = allo scoperto, di taglio limitato, a copertura garantita, in bianco, fuori piazza, all'ordine, al portatore, a sé stesso = m. m.), libretto di assegni = sceccario, traveller's chèque, banca trassata, firma di traenza; ricevuta bancaria; versamento, cassa automatica, cassa continua, distinta, prelievo, bancomat, tessera magnetica, carta di credito, libretto di risparmio (nominativo, al portatore, di deposito), conto (aperto, scoperto, vincolato), rimborso, estinzione, saldo attivo = a credito, saldo passivo = a debito, scoperto, interesse maturato, liquidazione degli interessi; estratto conto, mandato di pagamento, bonifico; provvista, certificato di deposito, affogliamento, scuponatura; segreto bancario; apertura di credito, linea di credito, anticipazione, sconto, prestito, mutuo (bancario, ipotecario), fideiussione, fido, interesse (semplice, continuo, composto, maturato, nominale = virtuale, accumulato, arretrato; attivo ⇔ passivo, legale ⇔ usurario), saggio = tasso di interesse; prime rate, top rate; valuta; cambiale (bancabile, commutabile, girabile; avallata, girata, insoluta, pagata, protestata; finanziata, commerciale, ipotecaria, pignoratizia; in sofferenza, all'incasso), effetto, carta-foglio, farfalla, rata, tratta; pagamento, presentazione, proroga, protesto, sconto (bancario, commerciale, cambiario, finanziario, mercantile, razionale), tratta, vaglia cambiario, pagherò; titoli di credito (a reddito fisso, a reddito variabile, indicizzati, azionari), mercato mobiliare, massa titoli, valore nominale, emissione (alla pari, sopra la pari, sotto la pari, a pubblica sottoscrizione, per sindacato), conversione, congelamento, dietim, corso, buono fruttifero, buono del tesoro (ordinario, poliennale), cartella (fondiaria, di rendita), obbligazione del debito pubblico (consolidato ⇔ fluttuante, redimibile ⇔ irredimibile); certificato di credito del tesoro; fondo d'investimento; pronti contro termine; warrant.

● *persone*: impiegato, cassiere, bancario, ragioniere, funzionario, procuratore, direttore di agenzia, di filiale, regionale, centrale, azionista, amministratore delegato, presidente, consigliere di amministrazione, governatore; guardia giurata, portavalori, fattorino; banchiere; risparmiatore, intestatario di conto corrente, creditore, debitore, accreditante, girante, giratario, prenditore, scontatario, scontista; sportellista, cassiere, depositante, depositario;

● *azioni*: risparmiare, affidare, depositare, accreditare, addebitare, stornare, scalare, vincolare, versare, trasferire, girare, fare, firmare, staccare un assegno, sbarrare un assegno, ritirare, incassare, prelevare, riscuotere, scontare, scomputare, aprire, chiudere un conto = una partita, estinguere; andare allo scoperto = in rosso, chiedere, ottenere un prestito; accendere un mutuo, finanziare, ridurre ⇔ aumentare il tasso d'interesse, scartellare, stringere il credito; investire, fruttare, ricapitalizzare; protestare ⇔ cancellare il protesto, andare in protesto; svaligiare = rapinare.

bancàbile [1905] **agg.** ● (*dir.*) Di titolo di credito che può essere presentato a una banca per lo sconto: *cambiale b.*

bancabilità [1955] **s. f.** ● Caratteristica di ciò che è bancabile.

bancàccia [1627] **s. f.** (**pl.** *-ce*) ***1*** Pegg. di *banca*. ***2*** (*mar.*) Panca dove sedevano i timonieri delle galee.

bancàle [lat. mediev. *bancāle(m)*, dal germ. *bank* 'banco'; sec. XV] **s. m.** ***1*** Sedile lungo e stretto per più persone, gener. fornito di schienale. ***2*** ***B. di macchina utensile***, supporto, generalmente di ghisa, sul quale sono fissati tutti gli organi mobili. ***3*** Ricco drappo, spesso ricamato, usato nel Medioevo per ornare e coprire i banchi delle chiese nelle occasioni solenni. ***4*** Pallet.

♦**bancarèlla** o **bancherèlla** [1889] **s. f.** ***1*** Dim. di *banca* nel sign. 5. ***2*** Carretto o banco di vendita all'aperto di merci varie: *una b. di libri*. || **bancarellina**, **dim.**

bancarellàro [1957] **s. m.** (**f.** *-a*) ● (*region.*) Bancarellista.

bancarellista o **bancherellista** [1935] **s. m.** e **f.** (**pl. m.** *-i*) ● Chi vende oggetti su bancarelle.

bancàrio [av. 1566] **A agg.** ● Pertinente a banca, che riguarda la banca: *assegno, vaglia b.* **B s. m.** (**f.** *-a*) ● Chi è impiegato in una banca.

bancarótta [comp. di *banca* e del part. pass. di *rompere*, perché ai falliti era rotto, anticamente, il banco; 1598] **s. f.** (**pl.** *bancarótte* o *bancheròtte*) ***1*** (*dir.*) Complesso di comportamenti colposi o dolosi dell'imprenditore dichiarato fallito, specificati dalla legge, che recano pregiudizo ai creditori: *imprenditore condannato per b.* | ***B. semplice***, quella commessa con colpa | ***B. fraudolenta***, quella commessa con dolo | ***B. preferenziale***, reato commesso dal fallito che, prima della procedura fallimentare o nel suo corso, esegue pagamenti al fine di favorire uno o più creditori a danno degli altri. ***2*** (*fig.*) Cattiva riuscita, insuccesso, fallimento: *fare b.*; *la b. dei nostri progetti*.

bancarottière [da *bancarotta*; 1723] **s. m.** (**f.** *-a*) ● Chi fa bancarotta.

bancàta [da *banco*] **s. f.** ***1*** (*geol.*) Banco. ***2*** (*mar.*) †Distanza tra due banchi successivi di rematori. ***3*** (*autom.*) Nei motori alternativi a combustione interna, zona del basamento atta a sostenere i cilindri e i supporti che reggono l'albero motore, allineati e resi solidali tra loro.

bancherèlla e *deriv.* ● V. *bancarella* e *deriv.*

banchettànte [1723] **A part. pres.** di *banchettare*; anche **agg.** ● Nei sign. del v. **B s. m.** e **f.** ● Chi banchetta. **SIN.** Commensale, convitato.

banchettàre [1528] **A v. intr.** (*io banchétto*; aus. *avere*) ● Partecipare a banchetti | (*est.*) Mangiare e bere lietamente. **B v. tr.** ● (*raro, lett.*) Invitare a banchetto.

banchettatóre [av. 1803] **s. m.** (**f.** *-trice*) ● Chi banchetta.

banchétto [1542] **s. m.** ***1*** Dim. di *banco*. ***2*** (*est.*) Bancarella. ***3*** Lauto pranzo cui partecipano molti convitati, spec. per onorare o festeggiare qlco.: *b. di nozze, di laurea*. **SIN.** Convito, simposio. || **banchettino**, **dim.** | **banchettóne**, **accr.**

banchière o †**banchièro** [da *banca*; 1211] **s. m.** (**f.** *-a*) ***1*** Chi esercita l'attività bancaria. ***2*** Proprietario, grande azionista o amministratore di una banca. ***3*** (*disus.*) Croupier.

banchìglia [da *banchisa* con cambio di suff.; 1905] **s. f.** ● Banchisa.

♦**banchina** [1889] **s. f.** ***1*** Dim. di *banca*. ***2*** Costruzione lungo il molo o alla proda del porto per l'attracco delle navi e le operazioni di carico e scarico delle merci | Molo per l'ormeggio delle navi e l'imbarco di persone e cose. ➡ **ILL.** p. 2171 TRASPORTI. ***3*** Marciapiede rialzato delle stazioni ferroviarie | Sentiero fiancheggiante il binario, adibito al passaggio del personale addetto alla sorveglianza e alla manutenzione. ***4*** Parte marginale della strada percorsa spec. da ciclisti e pedoni. ***5*** (*edil.*) Struttura orizzontale, posta sotto o sopra un muro, avente spessore poco differente da quello del muro stesso. ***6*** (*mil.*) Nelle antiche fortificazioni, gradino di terra sul quale montano i soldati per affacciarsi al parapetto e fare fuoco sul nemico. ***7*** (*raro*) Panchina.

banchinàggio [1955] **s. m.** ● (*edil.*) In un'armatura provvisoria, complesso di banchine.

banchinaménto [1955] **s. m.** ● Gradonamento.

banchìsa [fr. *banquise*, dai banchi (*bancs*) di ghiaccio; av. 1917] **s. f.** ● Distesa glaciale sui mari delle regioni polari costituita da lastroni di ghiaccio più o meno saldamente uniti fra loro.

banchìsta [1962] **s. m.** e **f.** (**pl. m.** *-i*) ● Banconiere.

♦**bànco** [francone *bank* 'tavola, asse', di orig. indeur.; 1321] **s. m.** (**pl.** *-chi*) ***1*** Sedile lungo e stretto, fornito, a seconda degli usi, di schienale, di piano di appoggio e sim.: *b. degli imputati*; *b. dei deputati*; *banchi dei rematori* | ***B. di scuola***, fornito di scrittoio o di tavolino. ***2*** Mobile a forma di lungo tavolo ove vengono svolte diverse attività | ***B. di vendita***, piano che divide acquirente e venditore in negozio | (*disus.*) ***Roba (di) sotto b.***, detto di merce scelta, riservata a clienti di riguardo | ***Sotto b.***, (*fig.*) di nascosto | (*farm.*) ***Prodotto da b.***, di libera vendita nelle farmacie, non soggetto a prescrizione medica. ***3*** Grande tavolo sul quale tengono i loro ferri e attrezzi fabbri, tornitori, falegnami, scultori e sim. | ***B. di tipografia***, dove si compone e si impagina un testo | ***B. di prova***, attrezzatura dotata di appositi comandi e strumenti di misura sulla quale si fissa un motore per determinarne le caratteristiche; (*fig.*) situazione particolare, difficoltà che mette alla prova le intenzioni e le capacità di qlcu. o la validità e l'efficacia di qlco.: *l'esame sarà il b. di prova della sua preparazione* | ***B. di manovra***, per il comando, la regolazione, il controllo del funzionamento di una macchina, di un impianto, di una linea ferroviaria. ***4*** Banca: *B. di Napoli*. ***5*** Locale dove si vendono o si scambiano particolari beni o servizi: *b. dei preziosi* | ***B. dei pegni***, ***b. di pegno***, agenzia o istituto che esercita il prestito dietro consegna in garanzia di un bene economico | ***B. del lotto***, botteghino dove si ricevono le giocate. ***6*** Nei giochi d'azzardo, posta che mette chi tiene il gioco per pagare le vincite dei giocatori: *tenere, perdere, avere il b.* | ***Tenere b.***, (*fig.*) animare, guidare, dominare discussioni, riunioni e sim. | (*est.*) Il giocatore che dirige e amministra il gioco, ricevendo le puntate, distribuendo le vincite, fornendo prestiti: *il b. vince*. ***7*** (*geol.*) Strato roccioso di notevole spessore | Spesso strato di minerale, di origine sedimentaria: *b. di carbon fossile, di calcare*. ***8*** Ammasso di elementi vari con notevole estensione orizzontale | ***B. di sabbia***, elevazione sul fondo di un fiume o del mare, quasi affiorante alla superficie | ***B. corallino, madreporico***, tipico dei mari caldi, costituito da coralli e madrepore viventi in colonie | ***B. di nebbia***, spessa coltre di nebbia sopra una data località | ***B. di pesci***, enorme quantità di pesci che nuotano insieme. || **bancàccio**, **pegg.** | †**bancheròttolo**, **dim.** | †**bancheròzzo**, **dim.** | **banchétto**, **dim.** (V.) | **banchino**, **dim.** | **bancóne**, **accr.** (V.) | **bancùccio**, **dim. pegg.**

bancogiro [comp. di *banco* nel sign. 4 e *giro*: 'giro di credito da conto (*banco*) a conto'; 1630] **s. m.** ● Operazione bancaria con cui si trasferisce una somma da un conto a un altro, senza materiale movimento di denaro.

Bàncomat® [prob. da *banc(a aut)omat(ica)*; 1983] **s. m. inv.** ● Sistema telematico che consente ai correntisti di una banca il prelievo di contanti da appositi sportelli automatici di qualsiasi banca aderente al sistema, di effettuare acquisti, di pagare servizi | Tessera magnetica che permette l'accesso a tale sistema | Sportello bancario automati-

co che permette di accedere a tale sistema.
bancóne [av. 1306] **s. m. 1** Accr. di *banco*. **2** Lungo tavolo chiuso da un lato sino a terra che in uffici e negozi separa gli impiegati o i venditori dal pubblico. **3** Antico scrittoio italiano dei secc. XV-XVI, costituito da un piano poggiante su due cassetti sotto ai quali vi è una parte rientrante munita di tiretti. **4** Nella composizione tipografica a piombo, grosso mobile contenente le casse dei caratteri | Banco di tipografia. ‖ **bancoèllo**, dim.
banconière [1942] **s. m.** (f. *-a*) ● Chi serve il cliente al banco di vendita: *b. di bar, di macelleria, di tavola calda*.
banconista [1942] **s. m. e f.** (pl. m. *-i*) ● Banconiere.
banconòta [ingl. *banknote*, comp. di *bank* 'banco' e *note* 'biglietto'; 1849] **s. f.** ● Biglietto di banca emesso dalla banca centrale: *una b. da cento euro*.
bancopòsta [comp. di *banco* e *posta*; 1983] **s. m. inv.** ● Effettuazione da parte dell'amministrazione postale italiana di operazioni di deposito e pagamento simili a quelli svolti dalle banche per mezzo di denaro, libretti di risparmio, vaglia, assegni e altri titoli postali.
band /ingl. bænd/ [vc. ingl., cfr. *banda* (3); 1950] **s. f. inv.** ● Complesso strumentale di varia composizione | Nel jazz, complesso strumentale di tipo diverso a seconda degli stili.
bànda (1) [provv. *banda*; 1313] **s. f. 1** (*lett. o raro*) Lato, parte: *b. destra, sinistra* | *Da b.*, da parte | *Lasciare, mettere da b.*, evitare, tralasciare: *Mettere un poco da b. i vostri capricci* (NIEVO) | *Avere da b.*, avere in serbo | †*Dall'altra b.*, d'altra parte, d'altronde | (*fig.*) Luogo, sito: *Italia e Francia, e tutte l'altre bande* / *del mondo* (ARIOSTO) | *Da, in, per ogni b.*, dappertutto. **2** (*mar.*) Ciascuno dei lati della nave a dritta e a sinistra | *Andare alla b.*, detto di imbarcazione a vela che in corsa piega da un lato | *Timone alla b.*, girato alla massima inclinazione | *Due, quattro, sei alla b.*, ordine che si impartisce sulle navi da guerra per rendere gli onori col fischio agli ufficiali che salgono o scendono da bordo. **3** Battente. **4** Ala della rete da pesca.
◆**bànda** (2) [ant. fr. *bande*, *bende* dal francone *binda 'fascia'; av. 1348] **s. f. 1** Striscia di colore contrastante col fondo: *cravatta a bande rosse e nere*. **2** Striscia di tessuto, di passamaneria e sim., spesso di tinta contrastante, applicata a un abito, alla cucitura laterale dei calzoni di un'uniforme e sim.: *calzoni con le bande rosse* | Striscia di cuoio nell'interno del cappello maschile. **3** (*arald.*) Striscia che attraversa il campo di uno scudo diagonalmente dalla destra del capo alla sinistra della punta. **4** Striscia di drappo con disegni che, legata per il lungo a un'asta con la croce, si porta in processione. **5** Fascia a tracolla. **6** (*fis.*) Insieme delle righe dello spettro di un gas | (*radio*) **B. di frequenza**, serie completa di onde elettromagnetiche di frequenze comprese fra un minimo e un massimo | **B. passante**, insieme delle frequenze trasmesse o amplificate di un apparecchio elettronico, che ne determina i limiti | **B. cittadina**, l'insieme delle frequenze di onde corte comprese intorno ai 27 megacicli, generalmente utilizzate dai radioamatori; in sigla CB | *Larghezza di b.*, gamma di frequenze assegnate a un canale di trasmissione | *Trasmissione in b. base*, emissione di un segnale non modulato | (*fis.*) **B. di valenza**, campo dei più alti stati di energia dello spettro di un cristallo solido comprendente le energie di tutti gli elettroni che intervengono nei legami degli atomi costituenti il cristallo. **7** (*elab.*) **B. perforata**, nastro perforato | **B. magnetica**, strato di materiale magnetizzabile, applicato su supporti diversi (schede, tessere, carte di credito), sul quale sono registrate informazioni. **8** (*cine*) **B. sonora**, colonna sonora di una pellicola cinematografica. ‖ **bandìna**, dim. (V.).
◆**bànda** (3) [got. *bandwa* 'segno', 'stendardo', di etim. incerta; av. 1555] **s. f. 1** (*st.*) Striscia di drappo o insegna di determinato colore che distingueva le milizie di uno Stato da quelle di un altro: *Giovanni dalle bande nere* | (*est.*) Reparto di soldati contraddistinto dall'insegna di uguale colore. **2** Reparto di volontari che esercita la guerriglia: *bande di partigiani* | Reparto di truppe irregolari. **3** Gruppo organizzato di malviventi: *b. di rapina-*

tori; *la b. del buco* | **B. armata**, gruppo di persone armate e organizzate per compiere delitti contro lo Stato | (*est., scherz.*) Brigata, compagnia di amici: *uscire in b.* SIN. Cricca, ghenga. **4** (*mus.*) Complesso musicale di strumenti a fiato e a percussione, per esecuzioni gener. all'aperto: *b. militare, municipale*.
bànda (4) [etim. incerta; 1528] **s. f.** ● Lastra metallica. ‖ **bandèlla**, dim. (V.).
bandàio [da *banda* (4)] **s. m.** (f. *-a*) ● (*region.*) Lattoniere.
bandàna o **bandànna** [vc. hindi (*bāndhnū*) trasmessa attraverso l'ingl.; 1985] **s. f.** o **m.** (pl. f. *-e*; pl. m. **inv.**) ● Fazzoletto di seta o cotone a colori vivaci portato dai giovani spec. intorno alla testa o al collo.
bandàto [da *banda* (2); 1585] **A s. m.** ● (*arald.*) Scudo col campo diviso diagonalmente in un numero pari di bande, a smalti alternati. **B agg.** ● Attraversato da banda.
bandeau /fr. bōʹdo/ [v. fr., cfr. *banda* (2); 1905] **s. m. inv.** (pl. fr. *bandeaux*) ● Ciascuna delle due strisce di capelli lisci che, in un tipo di acconciatura femminile, inquadrano il volto raccogliendosi poi sulla nuca.
†**bandeggiàre** [da *bando*; av. 1363] **v. tr.** ● Mettere al bando.
bandéggio [da *banda* (2) sul modello dell'ingl. *banding* (*techniques*) '(tecniche) per ottenere bande'; 1978] **s. m.** ● (*biol.*) Metodologia di laboratorio usata in citologia che permette di evidenziare differenze strutturali dei cromosomi in forma di bande colorate.
bandèlla [sec. XIV] **s. f. 1** Dim. di *banda* (4). **2** Piastra metallica infissa su imposte, sportelli e sim. recante all'estremità un anello che le fissa nei cardini. **3** Ala ribaltabile del piano di un tavolo | Piastra metallica lunga e stretta usata come decorazione e rinforzo di mobili. **4** (*edit.*) Aletta, risvolto, ribaltina.
banderàio [av. 1400] **s. m.** (f. *-a*) **1** V. *bandieraio*. **2** †Portabandiera.
banderàle o **bandieràle** [da *bandiera*; 1962] **s. m.** ● (*arald.*) Scudo di forma rettangolare.
banderése [ant. fr. *banerez* 'portabandiera', da *bannière* 'bandiera'; 1340] **s. m.** ● Signore feudale che in guerra guidava un certo numero di suoi vassalli sotto la propria bandiera.
banderilla /banˈdeˈrilla, sp. °bandeˈriʎa, -ija/ [dim. dello sp. *bandera* 'bandiera'; 1892] **s. f.** (pl. *banderille* o sp. *banderillas*) ● Asticciola lignea, con punta metallica, ornata di nastri, che i toreri piantano nel collo del toro durante la corrida.
banderillèro /banderilˈlero, sp. °bandeɾiˈʎero, -iˈje-/ [1892] **s. m.** (pl. *banderilleri* o sp. *banderilleros*) ● Torero durante la corrida pianta le banderille nel collo del toro.
banderuòla o **banderòla**, **bandieruòla** [av. 1557] **s. f. 1** Dim. di *bandiera*. **2** Insegna metallica girevole posta sulla sommità di edifici per indicare la direzione del vento. SIN. Ventarola. **3** (*fig.*) Persona volubile, che cambia facilmente opinione. SIN. Girella.
◆**bandièra** [ant. provv. *bandiera*, da *banda* (3), nel sign. 2; sec. XIII] **A s. f. 1** Drappo di stoffa attaccato a un'asta, di uno o più colori e disegni, simboleggiante uno Stato, una città, un'associazione, un corpo militare e sim.: *alzare, ammainare la b.*; *esporre la b.* | **B. abbrunata**, con un drappo di panno nero legato all'asta in segno di lutto | **B. a mezz'asta**, abbassata fino a metà dell'asta, in segno di lutto | **B. bianca**, in segno di resa e per parlamentare | *Alzare b. bianca*, (*fig.*) desistere, rinunciare a un'impresa | **B. gialla**, per segnalare una malattia contagiosa | **B. rossa**, simbolo del socialismo e del comunismo; segnale di pericolo | **B. tricolore**, (*per anton.*) quella nazionale italiana | **B. nazionale**, di uno Stato, della sua marina, del suo esercito, degli enti pubblici e sim. | *Battere b.*, esporre, da parte di navi o aeromobili, la bandiera dello Stato al quale appartengono | **B. da segnali**, di forma e colori vari, isolata o a gruppi serve per le comunicazioni tra navi e tra queste e i marinai | **B. di cortesia**, quella dello stato straniero nelle cui acque territoriali si trova la nave | **B. di comodo**, *b. ombra*, quella usata per nascondere la vera nazionalità di navi, yacht e sim. che vogliono eludere determinate imposizioni fiscali o evitare determinati vincoli | *Aiutante di b.*, ufficiale addetto alla persona dell'ammiraglio | *A b.*,

di oggetto attaccato per una estremità o un angolo | *A bandiere spiegate*, (*fig.*) con tutti gli onori, trionfalmente; (*est.*) con successo | *Piantare la b.*, prendere possesso di un luogo (*anche fig.*) | *Abbandonare la b.*, (*fig.*) disertare | *Portare la b.*, (*fig.*) primeggiare | *Portare alta la b.*, fare onore al proprio paese, partito e sim. | *Il punto, il gol della b.*, (*fig.*) l'unico conseguito da chi ha subito una grave sconfitta | *Voltare, cambiare b.*, (*fig.*) cambiare opinione, idea, partito e sim. SIN. Insegna, stendardo, vessillo. **2** (*fig.*) Insegna, simbolo spec. dell'ideale, della causa a cui ci si ispira, per cui si lotta e sim.: *la b. della libertà, della scienza, del progresso*; *in esilio Turati fu una b. dell'antifascismo* | *Candidato di b.*, nell'elezione a una carica, chi viene proposto da un gruppo, un partito e sim. come la persona più rappresentativa del gruppo o del partito stesso, e la cui candidatura viene portata avanti anche nel caso in cui non si preveda la possibilità di un'affermazione | (*sport*) Personaggio particolarmente rappresentativo di una disciplina: *b. dello sport italiano*. **3** Gioco tra due gruppi di ragazzi, che gareggiano per impossessarsi di una bandiera. **4** Riquadro nero di stoffa o di cartone, applicato a un'asta e usato in scenotecnica per interrompere un fascio di luce. **5** (*aer.*) *A b.*, *in b.*, detto di un corpo aerodinamico disposto come una bandiera rispetto al vento, in modo da offrire la minima resistenza aerodinamica. **6** (*tipogr.*) **B. destra**, *b. sinistra*, tipo di impaginazione basata su una linea verticale ideale a cui poggiano rispettivamente l'ultima e la prima lettera di una serie di righe di testo non giustificato. **7** (*mar.*) *Metter le vele in b.*, lasciar fileggiare le vele nel vento. **8** (*mil.*) †Truppa o compagnia di soldati raccolta sotto la stessa bandiera | Nelle antiche milizie italiane, soldato a cavallo armato di lancia con bandiera. **B** in funzione di **agg. inv.** ● (*posposto a un s.*) Nelle loc. *rosso*, *verde b.*, con riferimento ai toni di colore tipici della bandiera nazionale italiana. ‖ PROV. Bandiera vecchia onor di capitano. ‖ **bandieruòla**, dim. (V.) | **bandieràccia**, pegg. | **bandierìna**, dim. (V.) | **bandierónа**, accr. | **bandierόne**, accr. m. | **bandierùccia**, dim.
bandieràbile agg. ● (*aer.*) Che può essere disposto in bandiera: *elica, piano b.*
bandieràio o **banderàio** [av. 1400] **s. m.** (f. *-a*) ● Fabbricante o venditore di insegne, bandiere, drappi, paramenti da chiesa.
bandièrale ● V. *banderale*.
bandierìna [1865] **s. f. 1** Dim. di *bandiera*. **2** (*sport*) Nel calcio e sim., drappo bianco o giallo fissato a un'asta posta agli angoli del campo | *Tiro dalla b.*, calcio d'angolo. **3** (*calcio*) Bandiera usata dai guardalinee per segnalazioni dirette all'arbitro.
bandieruòla ● V. *banderuola*.
†**bandigióne** ● V. *imbandigione*.
bandìna [av. 1400] **s. f. 1** Dim. di *banda* (2). **2** (*arald.*) Alta striscia formata da pezzi, ritagli, teste o zampe di animali da pellicceria.
bandinèlla [sec. XIV] **s. f. 1** Dim. di *banda* (2). **2** Tessuto rado e leggero fortemente apprettato usato per avvolgere e imballare tessuti e per modelli di sartoria. **3** Drappo per coprire il leggio nelle chiese | Labaro di confraternita religiosa. **4** Asciugatoio lungo per le mani, rotante sopra due rulli fissati al muro. **5** (*arch.*) Decorazione rinascimentale a forma di nastro. **6** Protezione di frasche o stuoie usata nei vivai.
bandìre o †**bannìre** [got. *bandwjan* 'dare un segno', perché si notificava l'esilio di qualcuno con un segno di tromba; av. 1250] **v. tr.** (*io bandìsco, tu bandìsci*) **1** Pubblicare, notificare, annunciare con pubblico avviso o bando: *b. un concorso*. SIN. Indire. **2** Esiliare, mettere al bando: *Dante fu bandito dai fiorentini* (*fig.*) Mettere da parte, evitare: *b. i complimenti*; *b. le malinconie*.
bandista [da *banda* (3), nel sign. 4; 1853] **s. m. e f.** (pl. *-i*) ● Suonatore in una banda musicale.
bandìstico [1901] **agg.** (pl. m. *-ci*) ● Di banda musicale: *corpo b.*
bandìta [*bandire*; av. 1587] **s. f.** ● Zona di protezione e ripopolamento costituita da privati o enti pubblici dove sono proibiti caccia, pesca, raccolta dei prodotti del sottobosco e passaggio senza autorizzazione.
banditésco [1963] **agg.** (pl. m. *-schi*) ● Da bandito: *azione, impresa bandìtesca* | (*est.*) Degno di

un criminale; violento, sopraffattorio: *comportamento b.* || **banditescaménte**, avv.

banditìsmo [1866] s. m. *1* Presenza, attività di banditi: *la repressione del b.* *2* (*fig.*, *spreg.*) Comportamento disonesto di chi è privo di scrupoli.

bandito [av. 1294] **A** part. pass. di *bandire*; anche agg. *1* Nei sign. del v. *2 Corte bandita*, nel Medioevo, festa organizzata da un grande feudatario in onore dei signori dei dintorni. **B** s. m. (f. *-a*) *1* (*st.*) Chi è messo al bando, esiliato dalla patria: *fu fatta la convenzione ... concedendo ... li banditi ricuperassero li loro beni* (SARPI). *2* Chi, da solo o in banda, commette, per lo più abitualmente, atti criminosi quali rapine, assassini e sim.: *agguato, aggressione di banditi; dare la caccia a un b.* | *Capo b.*, V. *capobandito*. SIN. Brigante, delinquente, fuorilegge, malvivente. *3* (*fig.*) Persona disonesta e senza scrupoli.

banditóre [da *bandire*; av. 1342] s. m. (f. *-trice*) *1* (*st.*) Chi leggeva ad alta voce nelle strade notizie d'interesse pubblico | (*fig.*) Promotore e sostenitore di un'idea, di una dottrina e sim. *2* Chi, nelle aste pubbliche, annuncia gli oggetti, i prezzi e le offerte relative.

bàndo o †**bànno** [fr. *ban*, dal francone *ban* 'bando'; av. 1294] s. m. *1* Pubblico annuncio, un tempo dato verbalmente a suon di tromba o di tamburo, e oggi notificato con affissi, fogli ufficiali e sim.: *b. di vendita, d'asta* | Correntemente, decreto, legge e, gener., ordine dell'autorità: *b. d'arruolamento, di concorso*. SIN. Avviso, editto, ordine, proclama. *2* (*dir.*) Ordine avente forza di legge emanato dalle autorità militari in zona di guerra durante le ostilità. *3* (*st.*) Condanna, spec. di esilio, proclamata in pubblico: *minacciare, intimare il b.; mandare in b.; mettere al b.* | (*est.*) Esilio, cacciata: *b. perpetuo* | ***Rompere il b.***, tornare dall'esilio prima del tempo | ***Mettere al b.***, (*fig.*) eliminare, escludere | (*fig.*) ***B. alle chiacchiere, agli scrupoli***, lasciamoli da parte, basta.

bandòla [sp. *bandola*, dal lat. *pandūra*, dal gr. *pandûra* 'strumento musicale a tre corde'; 1887] s. f. ● (*mus.*) Strumento della tradizione popolare spagnola a corde pizzicate.

bandolèro /sp. °bando'lero/ [vc. sp., cfr. *banda* (*3*); av. 1540] s. m. (pl. *bandolèri*, sp. *bandoleros*) ● Bandito.

bandolièra [fr. *bandoulière*, da *bande* 'banda, fascia'; av. 1611] s. f. *1* (*mil.*) Striscia di cuoio o tessuto con tasche o giberne per le munizioni portata ad armacollo dai soldati o per ornamento sulle uniformi da parata. *2* Nella loc. avv. ***a b.***, ad armacollo, a tracolla.

bàndolo [da *banda* (*2*) 'striscia'; 1481] s. m. ● Capo della matassa | (*fig.*) ***Trovare il b.***, trovare la soluzione | (*fig.*) ***Perdere il b.***, confondersi.

bandóne [da *banda* (*4*); 1797] s. m. *1* Grossa lastra di metallo, simile alla latta, per fare recipienti e utensili da cucina: *un vaso di b. in forma di gamella o di tegamino* (ARTUSI). *2* Saracinesca metallica di negozi o magazzini.

bandònion o **bandòneon** [ted. *bandoneon*, chiamato così perché messo in commercio dal negoziante H. *Band*, sul modello del n. di altri strumenti musicali terminanti in *-eon*; 1950] s. m. ● (*mus.*) Tipo di fisarmonica con due tastiere a bottone, diffuso spec. in Argentina come accompagnamento del tango.

bandòra [vc. sp., dal grecismo lat. *pandūra(m)*] s. f. ● (*mus.*) Strumento rinascimentale a pizzico.

bandùra [lat. *pandūra*, dal gr. *pandûra* 'strumento musicale a tre corde'; 1949] s. f. ● (*mus.*) Strumento a corde pizzicate diffuso in Russia.

bandurria /sp. °ban'durr:ja/ o **mandurria** [vc. sp., dal lat. tardo *pandūria* (nt. pl.), di orig. gr.] s. f. inv. (pl. sp. *bandurrias*) ● (*mus.*) Strumento a corde pizzicate, diffuso ancora oggi in Spagna per accompagnare la jota.

bang /baŋg, *ingl.* bæŋ/ o **bànghete** nel sign. A, **bèng** nel sign. A [vc. onomat.; 1941] **A** inter. ● Riproduce il rumore di uno sparo, di un urto o di uno schianto, spec. nei fumetti. **B** s. m. *1* Il rumore stesso. *2* (*aer.*) ***B. sonico***, effetto acustico molto intenso determinato dal passaggio di un aereo, anche ad alta quota, a velocità prossima o superiore a quella del suono.

bàngio [1950] s. m. ● Adattamento di *banjo* (V.).

bangioìsta [1973] s. m. e f. (pl. m. *-i*) ● Suonatore di banjo.

bangladèṣe [1998] **A** agg. ● Del Bangladesh. **B** s. m. e f. ● Abitante, nativo del Bangladesh.

banjo /'bɛndʒo, *ingl.* 'bændʒəʊ/ [ingl. *banjo*, di etim. discussa: da *bandura*, secondo la pronuncia degli schiavi negri (?); 1908] s. m. inv. (pl. ingl. *banjos* o *banjoes*) ● (*mus.*) Strumento simile alla chitarra, con cassa armonica rotonda a fondo piatto, introdotto in America dagli schiavi negri. ➡ ILL. **musica**.

banlieue /fr. bɑ̃'ljø/ [vc. fr., propr. 'giurisdizione (*ban* 'bando') fino a una lega (lat. mediev. *leuca*) dalla città'; 1985] s. f. inv. ● Con riferimento a Parigi, esteso territorio periferico comprendente sobborghi con abitazioni e strutture industriali | (*est.*) Fascia periferica di una grande città.

bannalità [da †*banno*; 1881] s. f. ● (*dir.*) Nell'ordinamento feudale, diritto del feudatario di imporre lo svolgimento di alcune attività agricole o industriali in luoghi di sua proprietà e dietro pagamento di una tassa.

banner /'baner, *ingl.* 'bænə/ [vc. ingl., propr. *bandiera*; 1996] s. m. inv. ● (*elab.*) Inserzione pubblicitaria su una pagina web, costituita gener. da un'immagine o da un'animazione contenenti un collegamento al sito dell'inserzionista.

†**bannire** ● V. *bandire*.

†**bànno** ● V. *bando*.

bàno [serbo-croato *ban*, dal mongolo *bajan* 'opulento'; 1919] s. m. ● Governatore di province in Ungheria e nei Paesi slavi, fino alla metà del XIX sec.

banqueting /'banketin(g), *ingl.* 'bæŋkwɪtɪŋ/ [vc. ingl., da *banquet* 'banchetto'; 1998] s. m. inv. ● Servizio di preparazione di cibi e bevande e di organizzazione della loro consumazione in occasioni di gala o di rappresentanza, effettuato da ditte specializzate. CFR. Catering.

bansìgo [vc. genovese da *bansa* 'bilancia'; 1970] s. m. (pl. *-ghi*) ● (*mar.*) Tavola di legno o imbracatura tessile sostenuta da cime che serve da sedile per lavorare sospesi all'albero o fuori bordo.

bàntam [ingl. *bantam* 'piccolo gallo da combattimento'; 1955] s. m. inv. ● (*sport*) Nel pugilato, peso gallo.

banteng /*indonesiano* 'banteŋ/ [dal malese *banteng*, *banting*; 1955] s. m. inv. ● (*zool.*) Bue selvatico dal pelame bruno, con zampe bianche e corna ricurve, che vive a piccoli gruppi nelle foreste dell'Indonesia (*Bos javanicus*).

bàntu o **bantù** [vc. indigena *bantu* pl. di *muntu* 'uomo'; 1882] agg.; anche s. m. e f. inv. ● Che (o Chi) appartiene alla famiglia linguistica di popoli dell'Africa nera stanziati al di sotto del 5° parallelo Nord, a eccezione dei Pigmei, Boscimani e Ottentotti | ***Lingue b.***, gruppo di lingue africane.

bào ● V. *babau* e *bau* (*1*).

baobàb [fr. *baobab*, da una lingua dell'Africa; 1875] s. m. inv. ● Albero tropicale delle Bombacacee, con frutti a forma di zucca superficialmente legnosi e fusto di legno molle che può raggiungere i 40 m di circonferenza (*Adausonia digitata*). ➡ ILL. **piante**/4.

♦**bar** (**1**) [fr. *bar*, dall'ingl. *bar* 'barra', per la sbarra che esisteva in alcuni locali per appoggio; 1897] s. m. inv. *1* Locale pubblico in cui si consumano caffè, liquori, bibite, panini, spec. al banco. *2* Mobile per tenervi liquori e bevande in genere. || **barettino**, dim. | **barétto**, dim. | **barino**, dim.

bar (**2**) [vc. dotta, abbr. del gr. *barýs* 'pesante'; 1930] s. m. inv. ● (*fis.*) Unità di misura della pressione pari a 10^5 pascal. SIMB. bar.

♦**bàra** [longob. *bāra* 'lettiga', dal germ. **beran* 'portare'; 1321] s. f. *1* Feretro, cassa da morto | (*fig.*) ***Avere un piede nella b.***, essere vicino alla morte. *2* Carro per portare in processione le reliquie di un santo. *3* †Barella, lettiga | Telaio di legno usato in passato per portare i morti al cimitero. || **barèlla**, dim. (V.).

barabàsso ● V. *barbasso*.

baràbba [dal n. proprio del malfattore liberato al posto di Cristo, gr. *Barabbâs*, dall'aramaico *bar abbā*, propr. 'figlio (*bar*) del padre o del padrone (*abbā*)'; 1866] s. m. inv. ● Vagabondo, briccone | (*sett.*) Uomo appartenente alla malavita.

baracàno o †**baracàne** [av. 1348] s. m. *1* Tessuto di pelo di cammello o di lana di capra. *2* V. *barracano*.

baràcca [sp. *barraca*, di orig. preromana; av. 1665] s. f. *1* Costruzione di legno o metallo per ricovero provvisorio di persone, animali, materiali e attrezzi | ***Piantare b. e burattini***, (*fig.*) abbandonare ogni cosa, ogni faccenda. SIN. Capanno, casetta. *2* (*fam.*) Complesso di una famiglia, di un'amministrazione, di un'impresa e sim., dall'andamento difficoltoso: *mandare avanti la b.* *3* (*spreg.*) Ciò che è in cattive condizioni o male organizzato: *questa motocicletta è una b.* | ***Andare, mandare in b.***, (*fig.*) a catafascio. *4* Baldoria, bisboccia e sim., spec. nella loc. ***far b.*** *5* (*tess.*) Congegno formato da cilindri, montati su appositi supporti, sui quali si fanno scorrere i tessuti, dopo la tessitura o la finitura, per controllarne la regolarità o eseguirne la misurazione. || **baraccàccia**, pegg. | **baracchina**, dim. | **baracchino**, dim. m. (V.) | **baraccóna**, accr. | **baraccóne**, accr. m. (V.) | **baraccùccia**, **baraccùzza**, dim.

baraccaménto [1909] s. m. ● Insieme di baracche.

baraccàno ● V. *barracano*.

baraccàre [da *baracca*; 1905] **A** v. intr. (*io baràcco, tu baràcchi*; aus. *avere*) *1* (*raro*) Erigere baracche. *2* (*fig.*, *lett.*) Gozzovigliare. **B** v. tr. ● (*raro*) Sistemare in baracche.

baraccàto [1955] part. pass. di *baraccare*; anche agg. e s. m. (f. *-a*) ● Che (o Chi) abita in una baracca, spec. nell'ambito di una baraccopoli.

baracchìno [1918] s. m. *1* Dim. di *baracca*. *2* Piccolo ricovero provvisorio per militari o alpinisti. *3* (*pop.*) Edicola, chiosco di bibite e sim. *4* (*gerg.*) Piccolo apparecchio ricetrasmettitore per radioamatori.

baraccóne [1865] s. m. *1* Accr. di *baracca*. *2* Costruzione provvisoria per spettacoli popolari, spec. di circo, saltimbanchi e sim. | ***Fenomeno da b.***, (*fig.*) chi per inconsuete caratteristiche suscita curiosità intorno a sé (*spec. spreg.*). *3* (*fig.*) Ente, organismo e sim. disorganizzato e inefficiente.

baracconìsta [1970] s. m. e f. (pl. m. *-i*) ● (*raro*) Proprietario o lavorante di baraccone da fiera.

baraccòpoli [comp. di *baracca* e *-poli*; 1970] s. f. inv. ● Complesso di misere baracche abitate, spec. alla periferia di una grande città.

baràggia o (*raro*) **barràggia** [da una base preromana **barra* 'terreno roccioso'; 1930] s. f. (pl. *-ge*) ● Terreno argilloso e compatto pressoché sterile.

baraónda [sp. *barahunda*, di etim. incerta; av. 1850] s. f. ● Confuso e tumultuoso movimento di gente | (*est.*) Confusione, disordine: *c'è una gran b.; che b. avete combinato!*

baràre [da *baro*; 1544] v. intr. (aus. *avere*) *1* Ingannare al gioco di carte o dadi. *2* (*est.*) Comportarsi in modo disonesto: *b. in amore*.

bàratro o †**bàlatro** [lat. *bărathru(m)* 'abisso', dal gr. *bárathron*, di etim. incerta; 1313] s. m. ● Luogo profondo, cavernoso e buio: *b. infernale; sprofondare in un b.* | (*fig.*) Subisso, rovina materiale o morale in cui ci si perde: *b. di miserie; nel b. del vizio*. SIN. Abisso, precipizio.

†**baràtta** [provz. *barata*, di etim. incerta; 1313] s. f. ● Contesa, zuffa.

barattaménto [sec. XIV] s. m. ● Scambio, baratto.

barattàre [provz. *baratar*, da *barata* (V. *baratta*); 1312] **A** v. tr. *1* Scambiare una cosa con un'altra: *b. un libro con un disco* | (*fig.*) ***B. parola***, chiacchierare | (*lett.*) ***B. le carte in mano a qlcu.***, deformare il significato delle altrui parole. SIN. Cambiare, permutare. *2* †Truffare, ingannare | †Sbaragliare. **B** v. intr. ● †Cedere, arrendersi.

barattatóre [1726] s. m. (f. *-trice*, pop. disus. *-tora*) ● (*raro*) Chi baratta.

baratterìa [provz. *baratarie*, da *barata* (V. *baratta*); av. 1294] s. f. *1* †Peculato | (*est.*) Inganno, frode. *2* Il tener banco di gioco all'aperto, nel Medioevo.

barattière o †**barattièro** [provz. *baratiers*, da *barata* (V. *baratta*); av. 1294] s. m. *1* †Negoziante al minuto. *2* †Reo di peculato | Truffatore | (*raro*, *est.*) Brigante, malvivente. *3* Nel Medioevo, chi teneva banco di gioco.

baràtto (**1**) [provz. *barat*, da *barata* (V. *baratta*); av. 1306] s. m. *1* Scambio diretto di un bene o di un servizio con un altro, senza l'uso della moneta: *fare un b. con qlcu.* *2* (*dir.*) Permuta. *3* †Baratteria | (*est.*) †Scaltrezza, inganno. *4* †Baratteria. || **barattina**, dim. f. | **barattùccio**, dim.

†**baràtto** (**2**) [da †*baratta*; 1310] s. m. ● Scontro, mischia: *Tramontana e Libezzo ad un tratto / urtarno il mare insieme a rio b.* (BOIARDO).

♦**baràttolo** [etim. incerta; av. 1566] s. m. ● Contenitore di banda stagnata, di vetro, di alluminio o di plastica, di forma generalmente cilindrica, con coperchio, atto a contenere prodotti alimentari, farmaceutici e sim. | (*est.*) Quanto può essere contenuto in un barattolo: *si è mangiato un b. di marmellata.* || **barattolètto**, dim. | **barattolino**, dim. | **barattolóne**, accr.

♦**bàrba** (*1*) [lat. *bărba(m)*, di orig. indeur.; av. 1294] s. f. *1* Insieme dei peli che spuntano sulle guance, sul mento e su parte della gola dell'uomo: *b. dura, morbida, lunga; radersi la b.* | ***Farsi la b.***, radersela | ***Fare la b. a qlcu.***, radergliela; (*fig.*) essergli superiore, sopraffarlo | ***Avere la b. lunga***, da radere | ***Che b.!***, (*fig.*) che noia! | ***Farla in b. a qlcu.***, ingannarlo: *Fategliela in b., alla finanza* (BACCHELLI) | ***In b., alla b. di qlcu. o qlco.***, alla faccia, a dispetto: *Mangeremo ... alla b. di chi non vuole* (GOLDONI) | ***Servire qlcu. di b. e capelli***, (*fig.*) trattarlo duramente. *2* (*est.*) Insieme di questi peli, in quanto vengono lasciati crescere fino a costituire un'appendice del viso: *b. fluente, corta, folta, rada, curata, incolta; b. da cappuccino, da missionario; b. alla nazarena, alla Mefistofele; portare, avere la b.* *3* (*fig.*) Uomo che porta la barba (nel sign. 2) | (*est., lett.*) Uomo fornito di buon senso, esperienza, autorità: *vecchie barbe tradizionali* | (*fig.*) ***B. d'uomo***, uomo di valore. *4* (*est.*) Ciuffo di peli sul mento di alcuni animali: *la b. del capro* | Insieme di fili o ramificazioni in alcuni fiori e frutti: *le barbe del granoturco* | ***Carciofi con la b.***, vecchi, col girello peloso. *5* (*spec. al pl.*) Radici sottili e filamentose dei vegetali | (*est.*) La radice stessa | ***Mettere le barbe***, attecchire, mettere le radici (*anche fig.*): *li stati che vengano subito ... non possono avere le barbe e corrispondenzie loro* (MACHIAVELLI). *6* (*bot.*) ***B. di becco***, genere di piante erbacee delle Composite con capolini gialli o viola, foglie abbraccianti il fusto e acheni provvisti di un pappo a lunghi peli (*Tragopogon*). SIN. Salsefrica, sassefrica | ***B. di bosco***, lichene grigiastro, molto ramoso (*Usnea barbata*) | ***B. di cappuccino***, pianta erbacea perenne delle Plantaginacee con foglie a rosetta, commestibile (*Plantago coronopus*). SIN. Erba stella | ***B. di capra***, fungo basidiomicete delle Idnacee il cui gambo esce dalla scorza degli alberi dividendosi in tanti rametti (*Hydnum coralloides*) | ***B. di Giove***, arbusto sempreverde delle Papilionacee con foglie coperte di morbida peluria e piccoli fiori in ombrelle (*Anthyllis barba-Iovis*). ➡ ILL. **lichene**. *7* (*anat.*) Ciascuno dei rami principali che si distaccano a spina di pesce dal rachide di una penna degli uccelli, costituendo insieme alle barbule da loro emergenti il vessillo della stessa. *8* (*spec. al pl.*) Nell'incisione su metallo, sottili lamine o rialzi sollevati dal bulino o dalla punta secca ai lati del segno. *9* Sfrangiatura degli orli non rifilati dei libri. *10* (*mar.*) †Piccola fune, gener. di materiale scadente | ***Ormeggio a b. di gatto***, V. *ormeggio*. || PROV. A barba folle rasoio molle. || **barbàccia**, pegg. | **barbétta**, dim. (V.) | **barbettìno**, dim. m. | **barbicciuòla**, dim. | **barbicèlla**, dim. | **barbicìna**, dim. | **barbìna**, dim. (V.) | **barbìno**, dim. m. | **barbolìna**, dim. | **barbóna**, accr. | **barbóne**, accr. m. (V.) | **barbùccia**, dim. | **barbucìno**, dim. m.

bàrba (*2*) o †**barbàno** [da *barba* (*1*); 1321] s. m. inv. ● (*sett.*) Zio: *l'opere sozze / del b. e del fratel* (DANTE *Par.* XIX, 136-137) | (*est.*) Uomo anziano | †Pastore valdese.

barbabiètola [lat. *hĕrba(m) bēta(m)* 'bietola' con sovrapposizione di *barba* (*1*); 1759] s. f. *1* Pianta erbacea biennale delle Chenopodiacee con fusto di notevole altezza, grandi foglie, grossa radice carnosa: *b. da zucchero, da distilleria, da foraggio, da orto* (*Beta vulgaris*). ➡ ILL. **piante**/3. *2* La radice commestibile della barbabietola da orto, di color rosso cupo e di sapore dolciastro: *barbabietole in insalata.*

barbablù [dal nome del protagonista di una fiaba di Ch. Perrault; 1875] s. m. ● Marito violento e brutalmente geloso | (*est., scherz.*) Persona che incute paura.

barbacàne [etim. discussa: ar. volgarizzato *b-albaqára* 'porta delle vacche', perché in orig. proteggeva un recinto, posto tra esso e la muraglia principale, dove si custodiva il bestiame per il vettovagliamento (?); sec. XIII] s. m. *1* (*mil.*) Opera dell'antica fortificazione fatta per rinforzo di altre opere | Muro con feritoie che s'innalzava davanti alla porta della fortezza per accrescerne la difesa. *2* Feritoia in un muro di sostegno per consentire lo scolo delle acque.

barbacàrlo [etim. incerta; 1950] s. m. ● Vino dell'Oltrepò Pavese, di colore rosso rubino, di gusto simile alla mandorla, e di vivace schiuma, ottenuto da varie uve locali tra cui la Barbera.

barbafórte [comp. di *barba* (*1*) 'radice' e *forte*; 1804] s. m. o f. ● Pianta erbacea delle Crocifere con piccoli fiori bianchi e grosse radici dal sapore piccante (*Armoracia rusticana*) SIN. Cren, rafano.

barbagiànni [comp. di *barba* (*2*) 'zio' e *Gianni* 'Giovanni' per il frequente trapasso da nomi d'uomo a nomi d'animali; 1354] s. m. inv. *1* Uccello rapace notturno degli Strigiformi con becco incurvato all'apice, piumaggio molle e abbondante di color giallo-rossiccio macchiettato di grigio sul petto (*Tyto alba*). ➡ ILL. **animali**/9. *2* (*fig.*) Uomo sciocco, balordo | Persona pesante da sopportare.

barbagliàre (*1*) [da *barbaglio* (*1*); av. 1939] v. intr. (*io barbàglio*) ● (*raro*) Sfavillare.

†**barbagliàre** (*2*) [vc. di orig. onomat.; av. 1306] v. intr. ● (*raro*) Balbettare, tartagliare: *e la lengua barbaglia / e non sa che parlare* (JACOPONE DA TODI).

barbagliàta o **barbaiàda** [dal milan. *barbajada*, n. dato alla bevanda da quello del suo inventore, Domenico *Barbaja*; 1970] s. f. ● (*lomb.*) Bevanda calda, a base di latte e cioccolato.

barbàglio (*1*) [etim. incerta: comp. di *bis* (passato a *bar-*) e *baglio* (?); 1360 ca.] s. m. ● Abbagliamento prodotto da luce intensa | Lampo improvviso di luce.

barbàglio (*2*) [da *barbagliare* (*1*); av. 1850] s. m. ● Bagliore intenso e ripetuto.

barbaiàda ● V. *barbagliata*.

†**barbalàcchio** [comp. di *barba* (*2*) e della deformaz. di qualche nome proprio; sec. XV] s. m. ● Uomo buono a nulla.

barbanèra [dalla figura pop. dell'astronomo caratterizzato da una fluente *barba nera*; 1885] s. m. inv. ● Calendario popolare diffuso spec. fra gli agricoltori, contenente previsioni, consigli e aneddoti | (*est.*) Lunario.

†**barbàno** ● V. *barba* (*2*).

†**barbàre** [da *barba* (*1*); 1306] A v. intr. ● Mettere radici, attecchire (*anche fig.*). B v. tr. *1* Conficcare, cacciar dentro. *2* (*fig.*) Giocare un brutto scherzo.

barbareggiàre [da *barbaro*; 1718] v. intr. (*io barbaréggio*; aus. *avere*) ● (*lett.*) Scrivere o parlare usando barbarismi.

barbarésco (*1*) [da *barbaro*; av. 1374] agg. (pl. m. *-schi*) ● (*lett.*) Barbarico.

barbarésco (*2*) o **barberésco** (*2*), **berberésco** [da *Barbaria* 'Barberia'; 1299 ca.] A agg. (pl. m. *-schi*) ● Della Barberia, regione storica dell'Africa settentrionale (all'incirca tra il Marocco e la Libia): *pirati barbareschi.* B s. m. *1* Abitante della Barberia | (*est.*) Saraceno | Pirata barbaresco. *2* Cavallo da corsa della Barberia.

barbarésco (*3*) [dal nome del comune di *Barbaresco* (Cuneo)] s. m. ● Pregiato vino rosso piemontese, asciutto, di vitigno Nebbiolo; ha colore rosso granato con riflessi aranciati e profumo caratteristico che ricorda la viola mammola.

†**barbària** ● V. *barbarie*.

barbaricìno [av. 1936] A agg. ● Della Barbagia, regione della Sardegna. B s. m. (f. *-a*) ● Nativo o abitante della Barbagia.

barbàrico [vc. dotta, lat. *barbăricu(m)*, da *bărbarus* 'barbaro'; 1336 ca.] agg. (pl. m. *-ci*) *1* Dei barbari: *invasioni barbariche.* *2* (*est.*) Degno di barbari, incivile: *usanze barbariche.* || **barbaricaménte**, avv.

barbàrie o †**barbària** [vc. dotta, lat. *barbărĭe(m)*, da *bărbarus* 'barbaro'; 1499] s. f. inv. *1* Condizione di popolo barbaro e arretrato: *essere ancora allo stato di b.* SIN. Inciviltà. CONTR. Civiltà. *2* (*est.*) Atto crudele degno di barbari: *le b. della guerra.* SIN. Efferatezza, ferocia.

barbarismo [vc. dotta, lat. *barbarĭsmu(m)*, da *bărbarus* 'barbaro'; av. 1294] s. m. *1* (*ling.*) Forma di una parola non generata dalle regole della lingua, spec. dalle regole morfologiche e fonologiche, in un'epoca determinata. *2* (*raro*) Nelle arti, ciò che è contrario alle regole, al buon gusto.

barbarità [da *barbaro*; 1906] s. f. ● (*raro*) Crudeltà | Azione crudele.

barbarizzàre [vc. dotta, lat. tardo *barbarizāre*, dal gr. *barbarízein* 'parlare al modo dei *barbari*'; 1663] v. intr. (aus. *avere*) ● (*lett.*) Barbareggiare.

bàrbaro o †**bàrbero** (*2*) [vc. dotta, lat. *bărbaru(m)*, dal gr. *bárbaros* 'straniero, propr. balbettante', perché non sa farsi capire' con reduplicazione di orig. onomat.; av. 1292] A s. m. (f. *-a*) *1* Per i Greci dell'antichità, e in seguito per i Romani, chi non apparteneva alla loro stirpe e civiltà | (*lett., est.*) Straniero. *2* Appartenente a una nazione considerata arretrata e incivile: *gli usi, la religione dei barbari.* *3* (*al pl., st.*) Popoli, di diversa stirpe, che occuparono con la forza i territori dell'Impero Romano: *le invasioni dei barbari.* B agg. *1* (*st.* o *lett.*) Che è proprio di una popolazione straniera: *lingua barbara; voci, parole barbare* | ***Poesia, metrica barbara***, che si propone di riprodurre in italiano il suono e la misura dei metri classici, così detta perché tale suonerebbe all'orecchio dei Greci e dei Latini che non vi sentirebbero alla base il senso della quantità per loro essenziale. *2* Dei barbari, barbarico: *costumi barbari* | (*est.*) Primitivo, selvaggio: *popolo b.; usi barbari* | (*fig.*) Rozzo, incolto: *gusti barbari; vestire in modo b.; scrivere in un latino b.* *3* (*fig.*) Crudele, inumano: *una barbara rappresaglia.* || **barbaràccio**, pegg. || **barbaraménte**, avv. Crudelmente; rozzamente.

barbarόssa [comp. di *barba* (*1*) e il f. di *rosso*; av. 1597] s. f. ● Denominazione di vari tipi di uva color rosso ciliegia.

barbàsso o (*tosc.*) **barabàsso** [lat. *verbăscu(m)*, di etim. incerta; 1829] s. m. ● (*bot.*) Tasso barbasso.

barbassòro o **barbassóre** [da *valvassore*, con sovrapposizione di *barba* (*2*); 1353] s. m. *1* †Valvassore | (*est.*) Persona autorevole: *mia nonna materna, ... vedova di uno dei barbassori di Corte* (ALFIERI). *2* (*lett., scherz., est.*) Chi si dà arie di persona dotta e solenne.

barbastèllo [lat. *vespertīlio* 'pipistrello' con sovrapposizione di *barba* (*1*); 1930] s. m. ● Pipistrello con pelame bruno sul dorso e grigiastro sul ventre, occhi scuri e orecchie basse e molto larghe (*Barbastella Barbastellus*).

barbàta [da *barba* (*1*) nel sign. 4; av. 1597] s. f. *1* Barbatella. *2* L'insieme delle barbe di una pianta. || **barbatèlla**, dim. (V.).

barbatèlla [av. 1597] s. f. *1* Dim. di *barbata*. *2* Talea di vite o di albero che ha messo le barbe.

barbatellàio [da *barbatella*; 1937] s. m. ● Parte del vivaio dove si mettono a radicare le talee di viti franche o innestate.

barbàto [lat. *barbātu(m)*, da *bărba* 'barba (1)'; av. 1294] agg. *1* Detto di organo vegetale circondato da peli paralleli fra loro. *2* (*lett.*) Che ha la barba: *in compagnia d'un monaco b.* (ARIOSTO). *3* †Savio | Robusto.

barbazzàle o **barbozzàle** [dalla *barbozza* del cavallo; 1481] s. m. *1* Catenella metallica che gira attorno alla barbozza degli equini e si unisce, per mezzo di ganci, alle stanghette del morso della briglia. ➡ ILL. p. 2152 SPORT. *2* (*lett., fig.*) Freno. *3* (*zool.*) Ciascuna delle due appendici cutanee che pendono ai lati del collo di alcune razze di capra. SIN. Tettola.

barbecue /barbe'ky, *ingl.* 'ba:ɹbɪ,kju:/ [vc. ingl., dallo sp. *barbacoa*, da una lingua indigena amer.; 1962] s. m. inv. ● Cottura delle carni all'aria aperta, su braci o alla griglia | Griglia per tale cottura.

barbèra [etim. incerta; 1857] s. m. o f. (pl. m. inv., pl. f. *-e*) *1* Vitigno molto diffuso in Piemonte e Lombardia, ma anche in altre regioni italiane, che produce un'uva di colore blu intenso dalle sfumature grigie e dà origine a numerosi vini di largo consumo. *2* Vino rosso da tavola, spesso frizzante, ottenuto dal vitigno omonimo: *b. dell'Oltrepò Pavese* | Vino del Piemonte, di color rosso rubino intenso, austero: *serba la tua purpurea b.* (PASCOLI); *b. d'Asti, d'Alba, del Monferrato.*

barberésco ● V. *barbaresco* (*2*).

barber hauler /*ingl.* 'ba:ɹbəɹ 'hɔ:ləɹ/ [loc. ingl., comp. da un deriv. di *to haul* 'orzare' e da *Barber*, cognome dei fratelli Manning e Merritt, americani, che l'hanno inventata] s. m. inv. (pl. ingl. *barber haulers*) ● (*mar.*) Su un'imbarcazione a vela, manovra corrente per regolare finemente il punto di scotta di una vela di prua, costituita da una cima che termina con una puleggia in cui scorre la scotta.

barberia ● V. *barbieria*.

bàrbero (**1**) [da *Barberia* 'regione dei barbari'; 1534] **s. m.** ● Cavallo berbero | Cavallo assai veloce impiegato per correre il palio.

†**bàrbero** (**2**) ● V. *barbaro*.

barbétta [sec. XIV] **A s. f. 1** Dim. di *barba* (*1*) | ***B. a pizzo***, intorno al mento | ***B. a mosca***, sotto il labbro inferiore. **2** Ciuffo di peli situato sulla faccia posteriore dello stinco degli equini, molto sviluppato nei cavalli da tiro | Nel ferro di cavallo, prolungamento a forma di linguetta triangolare che si ribatte sulla parete dello zoccolo. **3** Luogo più elevato sul terrapieno di un'opera di fortificazione, sul quale si collocavano pezzi d'artiglieria allo scoperto | ***B. protetta, corazzata***, installazione a pozzo per artiglieria, protetta da cupola corazzata | Struttura metallica circolare, in rilievo sul ponte delle navi corazzate della fine del sec. XIX, entro la quale ruotava l'affusto del cannone. **4** Cavo leggero che le imbarcazioni usano per l'ormeggio e il rimorchio. **B s. m. inv.** ● (*pop.*) Uomo che porta una corta barba: *Il b. si voltava di nuovo* (PAVESE). || **barbettàccia**, **pegg.** | **barbettina**, **dim.** | **barbettino**, **dim. m.**

barbétto [piemontese *barbét*, di etim. discussa: per la *barba* dei pastori valdesi (?); av. 1789] **s. m.** ● (*sett., scherz.*) Valdese.

barbicàre [da *barba* (*1*) con sovrapposizione di *radicare*; av. 1367] **v. intr.** e **intr. pron.** (*io bàrbico, tu bàrbichi*; aus. intr. *avere*) ● Abbarbicare, abbarbicarsi.

Bàrbie® /'barbi, *ingl.* 'bɑːbɪ/ [vc. ingl., dim. di *Barbara*, nome della figlia di Ruth Handler, una dei fondatori della Mattel, che nel 1957 ideò la bambola; 1985] **s. f. inv.** (pl. ingl. *Barbies*) ● Nome commerciale di una bambola modellata sulla figura di una giovane donna, fornita di un ricco guardaroba e di vari accessori | (*est., iron.*) Donna o ragazza che nell'aspetto fisico, nel modo di vestire e negli atteggiamenti ricorda una bambola.

♦**barbière** o †**barbièro** [fr. *barbier*, da *barbe* 'barba (1)'; 1235] **s. m.** (f. *-a*) **1** Chi taglia e rade per mestiere la barba e i capelli. **2** †Chirurgo di basso livello.

barbieria o **barberia** [1481] **s. f.** ● (*region.*) Negozio di barbiere.

†**barbièro** ● V. *barbiere*.

barbificàre [vc. dotta, comp. di *barba* (*1*) nel sign. 4 e *-ficare*; av. 1367] **v. intr.** (*io barbìfico, tu barbìfichi*; aus. *avere*) ● (*bot.*) Moltiplicare ed estendere le radici nel terreno.

barbigi [lat. *barbītiu(m)*, da *bărba* 'barba (1)'; av. 1735] **s. m. pl.** ● (*scherz.*) Basette | Baffi.

barbiglio [da *barba* (*1*) (?); 1918] **s. m. 1** (*zool.*) Appendice cutanea con funzioni sensoriali che in alcuni pesci e larve di anfibi è situata all'angolo della bocca o sotto la mandibola. **2** Bargiglio. **3** Ciascuno dei due prolungamenti laterali della freccia che impediscono alla punta di uscire dal corpo in cui è infitta. **4** Parte uncinata dell'amo. **SIN.** Ardiglione.

barbina [1846] **s. f. 1** Dim. di *barba* (*1*). **2** Tipo di pasta lunga simile a spaghetti estremamente fini. **3** (*al pl.*) Guarnizione laterale di velo, pizzo, nastri delle cuffiette ottocentesche | Veli o nastri del cappello femminile, per cingere il viso da ambo i lati.

barbino [1623] **agg. 1** Gretto, meschino: *gente barbina*. **2** Fatto male: *pittura barbina* | Insopportabile, difficoltoso: *situazione, impresa barbina* | ***Fare una figura barbina***, una gran brutta figura. || **barbinaménte**, **avv.**

bàrbio ● V. *barbo*.

bàrbito [vc. dotta, lat. tardo, *bărbitu(m)*, dal gr. *bárbitos*, di etim. incerta; av. 1604] **s. m.** ● Strumento musicale a più corde della Grecia antica.

barbitonsóre [lat. mediev. *barbitonsōre(m)*, da *bărba* 'barba (1)' e *tōnsor* 'tagliatore'; 1527] **s. m.** ● (*scherz.*) Barbiere.

barbitùrico [vc. dotta, suggerita dal nome scient. del lichene *Usnea barbata* e dall'*urea*, dai quali sono stati tratti i componenti dell'acido; 1948] **A agg.** (pl. m. *-ci*) ● Detto di acido ottenuto per azione dell'acido malonico sull'urea, e dei composti da esso derivati. **B s. m.** ● Farmaco contenente acido barbiturico, con azione sedativa e ipnotica, tossico se usato in dosi eccessive: *avvelenamento da barbiturici*.

barbiturismo [1930] **s. m.** ● Intossicazione da barbiturici | Tossicomania da barbiturici.

bàrbo o **bàrbio** [lat. *bărbu(m)*, da *bărba* 'barba (1)' a causa dei suoi barbigli; 1481] **s. m.** ● Pesce commestibile di acqua dolce dei Cipriniformi con quattro barbigli sul muso (*Barbus barbus*).

barbòcchio [comp. di *barba* (*1*) nel sign. 4 e *occhio* nel sign. 4; 1759] **s. m.** ● Pezzo di rizoma di canna con una o più gemme, usato per la moltiplicazione della pianta.

barbògio [etim. incerta; sec. XIV] **agg.**; anche **s. m.** (pl. f. *-gie* o *-ge*) ● Che (o Chi) è vecchio, rimbambito, noioso, brontolone: *un vecchio b.* | (*est., lett.*) Decrepito: *idee barbogie*.

barboncino [dim. di (*cane*) *barbone*; 1868] **s. m.** (f. *-a*) ● Cane barbone di piccola taglia.

barbóne [av. 1535] **A s. m. 1** Accr. di *barba* (*1*). **2** Cane con bel pelame arricciato, di colori diversi ma uniformi. **3** Chi ha la barba lunga. **4** (f. *-a*) (*est.*) Vagabondo che vive di espedienti ai margini della società. **5** Pianta erbacea delle Orchidacee che possiede infiorescenze di fiori con labello a margini divisi in più lobi (*Loroglossium hircinum*). **6** Malattia infettiva e contagiosa dei bufali caratterizzata da tumefazione alla mascella. **7** Moneta d'argento di Lucca tra il XV e il XVIII sec. || **barboncino**, **dim.** del sign. 2 (V.). **B** anche **agg.** nel sign. 2: *cane b.*

barbóso [da *barba* (*1*); 1942] **agg.** ● (*fam.*) Noioso: *discorso b.* || **barbosaménte**, **avv.**

barbotin /*fr.* barbo'tɛ̃/ [1929] **s. m. inv.** ● (*mar.*) Barbottino.

barbòtta [etim. incerta: dallo sprone coperto di cuoio irsuto, come *barba* (*1*) (?); 1540] **s. f. 1** Nave medievale protetta con piastre metalliche e di cuoio, impiegata per l'assalto a fortezze marittime. **2** Barchetto armato di spingarda usato un tempo per la caccia alle anatre selvatiche.

barbottàre [vc. onomat.; 1526] **A v. tr.** e **intr.** (*io barbòtto*; aus. intr. *avere*) ● (*tosc.*) Borbottare (*anche fig.*) **B v. intr.** (aus. *avere*) ● Bollire.

barbottino [adattamento di *barbotin*, dal n. dell'inventore, il capitano di fregata fr. *Babotin*] **s. m.** ● (*mar.*) Ruota dentata per ingranare la catena dell'ancora al tamburo del verricello. **SIN.** Barbotin.

barbòtto ● V. *barbozzo*.

barbòzza [da *barba* (*1*) nel senso di 'mento', con sovrapposizione di un deriv. di *bŭcca(m)* 'bocca'; 1865] **s. f. 1** Regione della testa del cavallo tra il canale delle ganasce ed il rilievo del mento. **2** Barbotto.

barbozzàle ● V. *barbazzale*.

barbòzzo o **barbòtto** [da *barba* (*1*); 1959] **s. m.** ● Nelle antiche armature, pezza aggiuntiva per integrare la celata aperta a difesa della gola e del mento.

barbùdo /*sp.* bar'βuðo/ [vc. sp., propr. 'barbuto', da *barba* (*1*), per la folta barba che lo caratterizza; 1959] **s. m. inv.** (pl. sp. *barbudos*) ● Partigiano o seguace di Fidel Castro, spec. durante la rivoluzione cubana (1956-1958) | (*est.*) Simpatizzante per il castrismo.

barbugliaménto [av. 1698] **s. m.** ● Il barbugliare.

barbugliàre [vc. onomat.; av. 1420] **A v. tr.** (*io barbùglio*) ● Parlare in modo confuso, smozzicando le parole: *non capisco cosa barbugli*. **SIN.** Balbettare, borbottare. **B v. intr.** (aus. *avere*) ● Gorgogliare, borbottare, detto di liquidi e sim. sottoposti a ebollizione: *la polenta barbuglia nel paiolo*.

barbuglióne [1879] **s. m.** (f. *-a*) ● (*raro*) Chi parla barbugliando.

bàrbula [vc. dotta, lat. *bărbula(m)* 'piccola barba', dim. di *bărba* 'barba (1)'; 1935] **s. f. 1** Ciascuno degli elementi che, agganciati fra loro per mezzo di microscopici uncini, tengono unite le barbe delle penne degli uccelli. **2** Ciascuna delle due piccole escrescenze carnose poste sotto la lingua del cavallo.

barbùsa [vc. emiliana, propr. 'barbosa', per le sue *barbe*; 1973] **s. f.** ● Muschio comune sui muri, sui tetti e sui terreni calcarei, di color verde in ambiente umido, grigio-biancastro in ambiente secco. ➡ **ILL. piante**/1.

barbùta [da *barba* (*1*) 'mento'; av. 1348] **s. f. 1** Nei secc. XIV-XV, tipo di celata aperta, fornita di visiera o semplice nasale | ***B. veneziana***, la cui forma imita l'elmo greco classico. **2** (*est.*) Soldato fornito di tale celata.

barbùto [lat. parl. **barbūtu(m)* per *barbātu(m)*, da *bărba* 'barba (1)'; 1308] **agg.** ● Che è provvisto di barba | Che ha una grande barba. **CONTR.** Glabro, imberbe, sbarbato.

bàrca (**1**) [orig. prelatina (?); 1313] **s. f. 1** Cumulo di covoni di grano o altri cereali, di foraggi e sim., accatastati all'aperto gli uni sugli altri. **SIN.** Bica. **2** (*fig.*) Mucchio, gran quantità: *avere una b. di soldi*. || **barcóne**, **accr. m.** (V.).

♦**bàrca** (**2**) [lat. tardo *bărca(m)*, da *bāris* 'barchetta a remi egizia', gr. *bâris*, di etim. incerta; sec. XIII] **s. f. 1** Imbarcazione, spec. di dimensioni modeste, per trasporto di persone e cose: *b. da pesca, da diporto*; *b. a remi, a vela, a motore* | ***Andare, essere in b.***, (*fig.*) in uno stato di gran confusione, in crisi | ***La b. di Pietro***, (*fig.*) la Chiesa cattolica | (*est.*) Qualsiasi imbarcazione da diporto, anche di grosse dimensioni: *avere la b. a Portofino*; *fare le vacanze in b.* **CFR.** scafo-, -scafo. **2** (*fig.*) La famiglia, l'azienda, il lavoro e sim.: *mandare avanti la b.*; *mantenere la b. dritta* | ***Essere tutti nella stessa b.***, essere tutti in una stessa condizione, detto di un gruppo di persone. **3** (*fam.*) Scarpa troppo larga. **4** Vasca o tino per la tintura delle fibre tessili. || **barcàccia**, **pegg.** (V.) | **barchèlla**, **dim.** | **barchèllo**, **dim. m.** | **barchétta**, **dim.** (V.) | **barchétto**, **dim. m.** (V.) | **barchina**, **dim.** | **barchino**, **dim. m.** (V.) | **barcóna**, **accr.** | **barcóne**, **accr. m.** (V.).

barcàccia [av. 1535] **s. f.** (pl. *-ce*) **1** Pegg. di *barca* (*2*). **2** Sui velieri, l'imbarcazione più grande tra quelle di bordo, per trasporto di materiali e di uomini. **3** Grande palco laterale nei teatri: *il teatro dalle barcacce alla piccionaia veniva giù in un subisso d'applausi* (SAVINIO).

barcaiòlo o †**barcaiuòlo**, (*dial.*) **barcaròlo**, †**barcaruòlo**, †**barcheròlo** [av. 1348] **s. m.** (f. *-a*) **1** Chi per mestiere governa una barca | Traghettatore. **2** Chi noleggia barche.

barcalà o **barcalài** [comp. di *barca* (*2*) e il venez. *lai* 'lati, fianchi di un'imbarcazione'] **inter.** ● Si usa come comando a scialuppe perché si portino sotto bordo.

barcamenàre [comp. di *barca* (*2*) e *menare*; av. 1850] **A v. intr.** (*io barcaméno*; aus. *avere*) ● (*lett.*) Destreggiarsi tra i pericoli: *La Serenissima … soffriva e barcamenava* (NIEVO). **B v. intr. pron.** ● Agire con accortezza e senza compromettersi, in situazioni difficili: *riesco a malapena a barcamenarmi tra l'ufficio e la casa*.

barcàna [da una vc. indigena (?); 1955] **s. f.** ● Duna a forma di mezzaluna con la convessità rivolta verso la parte da cui spira il vento.

barcaréccio o **barcheréccio** [da *barca* (*2*); av. 1527] **s. m.** ● Insieme delle imbarcazioni che nelle stesse acque sono adibite al medesimo lavoro: *b. da pesca, portuale*.

barcarizzo [comp. di *barca* (*2*) e *rizza*(*re*) (?); 1865] **s. m.** ● Apertura sul fianco della nave all'altezza della coperta, cui viene applicata la scala esterna per scendere e salire a bordo | (*est.*) La scala esterna.

barcaròla [dal venez. *barcaròl* 'barcaiolo'; 1766] **s. f. 1** Tipica canzone dei gondolieri di Venezia. **2** Composizione musicale ispirata a suggestioni marinaresche o a cantilene di barcaioli.

barcaròlo ● V. *barcaiolo*.

†**barcaruòlo** ● V. *barcaiolo*.

barcàta [da *barca* (*2*); av. 1557] **s. f. 1** Quantità di carico portata da una barca: *Caronte, passando dall'una all'altra riva … una b. d'anime* (BARTOLI). **2** (*fig., fam.*) Grande quantità: *guadagna una b. di soldi*.

barcheggiàre [da *barca* (*2*); av. 1597] **A v. intr.** (*io barchéggio*; aus. *avere*) ● (*lett.*) Andare in barca per diporto, senza meta fissa. **B v. intr.** e **intr. pron.** (aus. intr. *avere*) ● (*fig., lett.*) Destreggiarsi: *Così barcheggiando si venne alla primavera* (NIEVO).

barchéggio [1761] **s. m.** ● (*raro*) Il barcheggiare.

barcheréccio ● V. *barcareccio*.

†**barcheròlo** ● V. *barcaiolo*.

barchéssa [da *barca* (*1*); 1947] **s. f.** ● Tettoia annessa alla casa colonica per custodirvi fieno e grano.

barchétta [1340] **s. f. 1** Dim. di *barca* (*2*). **2** Ogni oggetto che ha forma di piccola barca | ***Scollatura a b.***, quella che si allarga verso le spalle. **3** Rete da trote usata in Piemonte e in Lombardia. **4** (*mar.*) Spazio sotto la chiglia che, in un sommergibile, viene riempito con la zavorra fissa per abbassare il centro di gravità. *5* (*autom.*) Vettura scoperta a due posti di piccole dimensioni. || **barchettèlla**, **dim.** | **barchettina**, **dim.**

barchettàta [1920] **s. f.** ● Barcata | Gita in barca.

barchétto [av. 1342] **s. m.** *1* Dim. m. di *barca* (*2*) | ***B. del nostromo***, piccola barca di bordo, di forma quasi rettangolare, usata per controllare la verniciatura e lo stato esterno dello scafo della nave. *2* Grossa barca a vela con due alberi usata per la pesca. *3* Barchino nel sign. 2. || **barchettùccio**, **dim.**

barchettóne [etim. incerta; 1983] **s. m.** ● Tipo di letto caratteristico dello stile Impero, costituito da un alto cassone con spalliere ricurve sui lati stretti. **SIN.** Battello nel sign. 2.

barchino [1827] **s. m.** *1* Dim. di *barca* (*2*). *2* Piccola imbarcazione, a fondo piatto e di basse sponde, per caccia in palude. *3* Piccolo motoscafo usato come mezzo d'assalto.

bàrco (**1**) [da *barca* (*2*); 1895] **s. m.** (**pl.** *-chi*) ● Veliero da trasporto con due o più alberi.

bàrco (**2**) **s. m.** (**pl.** *-chi*) ● Barca (1), bica.

†**bàrco** (**3**) ● V. *parco* (*1*).

barcobèstia [comp. di *barco* 'imbarcazione a vela' e *bestia*, che può essere interpretato come 'adatto al trasporto di animali'] **s. m. inv.** ● (*mar.*) Goletta con tre alberi a vele auriche in cui l'albero di trinchetto è armato con vele quadre.

barcollaménto [av. 1698] **s. m.** ● Il barcollare.

barcollànte [av. 1685] **part. pres.** di *barcollare*; anche **agg.** ● Che si regge male sulle gambe | Ondeggiante, instabile, traballante (*anche fig.*): *passi barcollanti*; *governo b.*

barcollàre o (*tosc.*) †**barcullàre** [etim. incerta; av. 1535] **v. intr.** (*io barcòllo*; aus. *avere*) ● Stare malfermo sulle gambe vacillando ora da un lato ora dall'altro: *b. sotto i colpi*; *camminava barcollando* | (*fig.*) Essere in crisi, instabile, precario: *il trono barcolla.* **SIN.** Ondeggiare, traballare.

barcollìo [1925] **s. m.** ● Barcollamento continuato.

barcollóni o (*raro*) **barcollóne** [1541] **avv.** ● Barcollando, vacillando: *camminare*, *avanzare b.*; *l'ubriaco veniva avanti b.* | Con valore raff.: *barcollon b.*

barcóne (**1**) [av. 1547] **s. m.** *1* Accr. di *barca* (*2*). *2* Barca a fondo piatto per la costruzione di ponti provvisori.

barcóne (**2**) [1803] **s. m.** *1* Accr. di *barca* (*1*). *2* Barca di covoni a base ampia, spec. quadrangolare.

†**barcullàre** ● V. *barcollare.*

bàrda [ar. occid. *bard'a* per *barda'a* 'coprisella, basto', di orig. persiana; av. 1363] **s. f.** *1* (*st.*) Armatura del cavallo d'arme, in cuoio o in ferro, a difesa della testa, del collo, del petto e della groppa. *2* Sella senza arcioni. || **bardèlla**, **dim.** (V.).

bardàglio [da *barda*; sec. XIV] **s. m.** ● Sacco imbottito, usato al posto della sella o del basto.

bardaménto [av. 1698] **s. m.** ● (*raro*) Bardatura.

bardàna [etim. incerta; 1499] **s. f.** *1* (*bot.*) Pianta erbacea delle Composite con grosse radici e piccoli fiori rossi raccolti in capolini sferici con brattee uncinate che si attaccano alle vesti e al vello degli animali, attuando così la disseminazione (*Arctium lappa*). *2* (*bot.*) ***B. minore***, pianta erbacea delle Composite che vive in luoghi aridi e sabbiosi e i cui capolini hanno brattee uncinate (*Xanthium strumarium*).

bardàre [da *barda*; av. 1566] **A v. tr.** *1* (*st.*) Munire di barda un cavallo d'arme | Mettere i finimenti: *b. il cavallo.* *2* (*fig.*) Caricare di abiti e accessori vistosi, pretenziosi: *come hanno bardato quel bambino!* **B v. rifl.** ● (*scherz.*) Adornarsi in modo eccessivo: *bardarsi a festa.*

bardàssa o **bardàsso** nei sign. A 1 e A 3 [ar. *bardağ* 'schiava', di etim. incerta; 1340 ca.] **A s. m.** (**pl.** *-i*) *1* (*lett.*, *spreg.*) Giovane omosessuale maschile che si prostituisce. **SIN.** Cinedo. *2* (*lett.*, *spreg.*) Ragazzaccio, giovinastro. *3* (*region.*) Ragazzetto. **B s. f.** *1* (*lett.*, *spreg.*) Prostituta. **SIN.** Bagascia. *2* (*region.*) Ragazzetta. || **bardassóne**, **accr.**

bardassàta [1925] **s. f.** ● (*region.*) Ragazzata.

bardàsso ● V. *bardassa A* nei sign. 1 e 3.

bardàto [1483] **part. pass.** di *bardare*; anche **agg.** ● Nei sign. del v. | (*scherz.*) Abbigliato in modo vistoso | (*lett.*) Ornato.

bardatùra [1623] **s. f.** *1* Il bardare, il bardarsi. *2* L'insieme dei finimenti del cavallo. *3* (*scherz.*) Abbigliamento ricco di accessori inutili e vistosi.

bardèlla [av. 1348] **s. f.** *1* Dim. di *barda.* *2* Sella larga, spec. di legno, con alto arcione, usata nella Maremma e nella campagna romana. *3* Imbottitura sotto l'arcione della sella. || **bardellóne**, **accr. m.** (V.).

bardellàre [1820] **v. tr.** (*io bardèllo*) ● Munire di bardella un cavallo.

bardellóne [av. 1587] **s. m.** *1* Accr. di *bardella.* *2* Grossa bardella usata per domare i puledri. **CFR.** Sbardellare.

bardìglio [sp. *pardillo*, da *pardo* 'il colore scuro del manto del *leopardo*'; 1681] **s. m.** ● Varietà di marmo di colore bigio o azzurro cinereo.

bardìto [vc. dotta, lat. *barditu(m)* 'canto di guerra dei Germani', da *bărdus* 'bardo'; 1819] **A agg.** ● (*raro*, *lett.*) Caratteristico dei bardi. **B s. m.** ● (*raro*, *lett.*) Canto guerresco degli antichi popoli germanici.

bàrdo (**1**) [vc. dotta, lat. *bardu(m)*, dal celt. **bardo*, di orig. indeur.; 1763] **s. m.** *1* Poeta vate dei popoli celtici, che celebrava le imprese dei capi illustri. *2* (*est.*, *lett.*) Cantore, poeta patriottico.

†**bàrdo** (**2**) [sp. *balde*, originariamente d'impiego marittimo e di etim. incerta; av. 1600] **agg.** ● Sciocco, balordo: *b. ed ignobile ingegno* (BRUNO).

bardolìno [dal nome del paese veronese, dove viene principalmente prodotto (*Bardolino*, dal nome pers. germ. *Bardilo*); 1905] **s. m.** ● Vino di color rubino, aroma sottile, asciutto, ottenuto da uve locali: *b. classico*, *superiore.*

†**bardòsso** [da *bisdosso*, con sostituzione di pref.; 1525] **vc.** ● Solo nella loc. avv. ***a b.***, sul dorso nudo, senza sella, di cavallo e sim.; (*fig.*) in modo trascurato, confusamente.

bardòtto [etim. discussa: fr. *bardot*, da *barda* (?); 1615] **s. m.** *1* Animale ibrido non fecondo che si ottiene dall'incrocio di un'asina con un cavallo; **CFR.** Mulo. *2* (**f.** *-a*) (*fig.*) Garzone, apprendista. *3* Chi è addetto al traino di natanti con l'alzaia lungo l'argine di un fiume.

barèlla [1342] **s. f.** *1* Dim. di *bara.* *2* Specie di lettuccio usato per il trasporto a braccia o a spalla di ammalati o feriti. **SIN.** Lettiga. *3* Tavola rettangolare con due stanghe, per il trasporto a mano di sassi, terra e sim. *4* Supporto per portare in processione statue o immagini sacre.

barellànte [1923] **s. m. e f.** ● Barelliere nel sign. 1.

barellàre [da *barella*; av. 1873] **A v. tr.** (*io barèllo*) ● Portare qlco. o qlcu. con la barella: *b. le pietre*, *il fieno tagliato*, *un ammalato.* **B v. intr.** (aus. *avere*) ● (*lett.*) Vacillare: *lo zio… barellava davvero come un ubbriaco* (VERGA).

barellàta [1865] **s. f.** ● Quantità di materiale che sta in una barella.

barellière [1965] **s. m.** (**f.** *-a*) *1* Chi trasporta ammalati o feriti con la barella, denominato anche agente sociosanitario | (*est.*) Infermiere volontario spec. nei pellegrinaggi ai santuari. *2* Manovale addetto al trasporto con la barella di sassi, terra e sim.

barèna (**1**) [venez. *baro* 'cespo, fondura', anticamente 'terreno incolto', forse dal celt. **barros* 'ciuffo', di orig. indeur.; av. 1869] **s. f.** ● Terreno che, nei periodi di bassa marea, emerge dalle acque lagunari.

barèna (**2**) [1950] **s. f.** ● Bareno.

barenatóre [1955] **s. m.** (**f.** *-trice*) ● Operaio addetto alla barenatura.

barenatrice [1955] **s. f.** ● Alesatrice speciale per operazioni di barenatura.

barenatùra [dal v. sp. *barrenar* 'trivellare', da *barrena* 'succhiello, trivella' (?); 1955] **s. f.** ● Foratura di un cilindro metallico di notevole lunghezza eseguita prima dell'alesatura.

barèno [sp. *barrena*, dall'ar. di Spagna *barrīna*, dal lat. *verūina*, da *vĕrus*, di orig. indeur.; 1962] **s. m.** ● Barra porta-utensili innestata al mandrino dell'alesatrice. **SIN.** Barena.

†**bareria** o †**barreria** [da *baro*; 1509] **s. f.** ● Truffa, imbroglio.

bareșàna [1958] **s. f.** ● Uva bianca da tavola tipica della regione pugliese.

barèșe [1475] **A agg.** ● Di Bari. **B s. m. e f.** ● Abitante di Bari. **C s. m.** solo **sing.** ● Dialetto parlato a Bari.

baresteșìa [vc. dotta, comp. del gr. *báros* 'peso' e *aísthēsia* 'sensazione'; 1936] **s. f.** ● (*med.*) Sensibilità degli organi, o di parti del corpo umano, alla pressione.

bareșteșiòmetro [vc. dotta, comp. di *barestesia* e *-metro*; 1940] **s. m.** ● Apparecchio per misurare la barestesia.

†**bargagnàre** [etim. incerta; av. 1363] **v. intr.** ● Trattare, mercanteggiare.

†**bargàgno** [da *bargagnare*; av. 1348] **s. m.** ● Contratto, trattato.

†**bargellàto** [av. 1566] **s. m.** ● Ufficio e carica di bargello.

bargèllo o †**barigèllo** [francone *barigildus* 'funzionario elevato della giustizia franca'; av. 1342] **s. m.** *1* Nei comuni medievali, magistrato incaricato del servizio di polizia | (*est.*) Capo delle guardie | Sbirro, poliziotto: *i bargelli mordevano gli uomini come lui* (SCIASCIA). *2* Palazzo, con adiacente prigione, in cui risiedeva tale magistrato. *3* (**f.** *-a*) (*raro*, *tosc.*) Impiccione, ficcanaso. || **bargellino**, **dim.**

†**bàrgia** [etim. incerta; 1340 ca.] **s. f.** ● Giogaia dei ruminanti.

bargigliàto **agg.** ● (*raro*) Bargigliuto.

bargìglio [da *bargia*; 1605] **s. m.** ● Escrescenza carnosa che pende sotto il becco di alcuni uccelli, spec. gallinacei. **SIN.** Barbiglio. || **bargiglióne**, **accr.** (V.).

bargiglióne [av. 1494] **s. m.** *1* Accr. di *bargiglio.* *2* Escrescenza carnosa del collo, caratteristica di alcune razze di Suini. **SIN.** Tettola.

bargigliùto [av. 1470] **agg.** ● Che è fornito di bargigli.

bàri- [dal gr. *barýs* 'pesante', di orig. indeur.] primo elemento ● In parole composte spec. della terminologia scientifica significa 'pesante' o 'grave': *baricentro*, *barisfera.*

baria [vc. dotta, gr. *barýs* 'pesante'; 1955] **s. f.** ● Unità di pressione corrispondente alla pressione di 1 dina per cm^2.

bàribal [n. indigeno messicano; 1905] **s. m. inv.** ● Orso americano di forma tozza e pesante, onnivoro, con pelame bruno e fitto (*Enarctos americanus*).

baricentràle [1955] **agg.** ● Baricentrico.

baricèntrico [1967] **agg.** (**pl. m.** *-ci*) ● Relativo al baricentro.

baricèntro (o *-é-*) [vc. dotta, comp. di *bari-* e *centro*; 1892] **s. m.** *1* (*fis.*) Punto di applicazione della forza peso di un corpo. **SIN.** Centro di gravità. *2* (*mat.*) ***B. d'un triangolo***, punto d'intersezione delle mediane.

bàrico (**1**) [dal gr. *báros* 'peso', di orig. indeur.; 1955] **agg.** (**pl. m.** *-ci*) *1* Della pressione atmosferica. *2* Relativo al peso, come grandezza fisica.

bàrico (**2**) [da *bario*; 1950] **agg.** (**pl. m.** *-ci*) ● (*chim.*) Relativo al bario.

†**barigèllo** ● V. *bargello.*

bariglióne [fr. *barillon*, dim. di *baril* 'barile'; 1364] **s. m.** ● (*raro*, *tosc.*) Grosso barile lungo e rotondo per conservare pesci in salamoia e sim. | ***A barilglioni***, (*fig.*) in grande quantità | †Barile ardente.

barilàio o (*region.*) **barilàro** [sec. XVI] **s. m.** (**f.** *-a*) *1* Fabbricante o venditore di barili. *2* (*disus.*) Portatore di barili.

barilàme [1962] **s. m.** ● (*raro*) Insieme di barili.

barilàro ● V. *barilaio.*

barile [etim. incerta; calco sull'ingl. *barrel* 'barile' nel sign. di unità di misura del petrolio; sec. XII] **s. m.** *1* Piccola botte in legno, della capacità fino a 230 litri circa, destinata a contenere prodotti liquidi e in polvere | (*fig.*) ***Fare il pesce in b.***, V. *pesce* | V. anche *scaricabarile* | †***B. ardente***, botte piena di sostanze esplosive che gli assediati gettavano sul nemico o che veniva usata per far saltare una fortificazione. ➡ **ILL. vino.** *2* (*est.*) Ciò che è contenuto in un barile: *un b. d'olio*, *di petrolio*; *un b. d'acciughe* | (*fig.*) ***Essere un b. di lardo***, ***di ciccia***, ***essere grasso come un b.***, essere molto grasso. *3* Unità di misura del volume di liquidi, variabile dai 30 ai 70 litri | (*per anton.*) Unità di misura del petrolio, pari a 158,98 l. *4* (*fis.*) Aberrazione di distorsione di una lente per cui un oggetto quadrato ha come immagine una figura a lati curvilinei convessi. *5* (*mar.*; *disus.*) Parrocchetto fisso. *6* Moneta d'argento fiorentina della prima metà del XVI sec. con il Redentore e il Battista da un lato e il giglio dall'altro. || **barilàccio**, **pegg.** | †**barilétta**, **dim.** (V.) | **barilétto**, **dim.** (V.) | **barilòtto**, **barilòzzo**, **dim.** (V.).

†**barilétta** o †**barlétta** [av. 1405] **s. f.** *1* Dim. di *ba-*

rile. **2** Bariletto nel sign. 2.

barilétto o †**barlétto** (**1**) [1427] **s. m. 1** Dim. di *barile.* **2** †Fiaschetta da viaggio | †Piccolo recipiente. **3** Nell'orologio, ruota dentata composta da un disco circolare e da un cilindro scatolato, contenente la molla. **4** ***B. dell'obiettivo***, in apparecchi ottici, parte anteriore o posteriore della montatura di un obiettivo sulla quale sono fissate le lenti.

barilòtto o **barilòzzo** nei sign. 1 e 2, †**barlòtto**, †**barlòzzo** nei sign. 1 e 2 [av. 1431] **s. m. 1** Dim. di *barile.* **2** (*fig.*) Persona piccola e tozza. **3** (*mus.*) Parte del clarinetto che si intercala tra il becco e la parte superiore. **4** Nel tiro a segno, il centro del bersaglio.

barimetrìa [vc. dotta, comp. di *bari-* e *-metria*; 1950] **s. f. 1** Valutazione approssimativa del peso di animali vivi, compiuta basandosi sulla misura di alcune parti del corpo. **2** Ognuno dei metodi di misura della pressione atmosferica.

bàrio [vc. dotta, ingl. *barium*, da *barytes* 'barite', minerale che contiene questo elemento; 1819] **s. m.** ● Elemento chimico, metallo alcalino terroso, bianco-argenteo, diffuso in natura nei suoi minerali. SIMB. Ba | ***Solfato di b.***, usato come mezzo di contrasto nelle indagini radiologiche del tubo digerente.

barióne [dal gr. *barýs* 'grave, pesante' col suff. *-one*; 1965] **s. m.** ● (*fis.*) Ogni particella subnucleare di spin semintero soggetta a interazione forte.

barionico [1987] **agg.** (**pl. m.** *-ci*) ● Relativo a barione.

barisfèra [comp. di *bari-* e *sfera* nel senso di 'globo (terrestre)'; 1931] **s. f.** ● (*geol.*) Nucleo centrale della Terra, formato da materiale ad alta densità e quindi molto pesante.

barisfèrico [1962] **agg.** (**pl. m.** *-ci*) ● Relativo alla barisfera.

barista o (*tosc.*) **barrista** [da *bar* (*1*); 1940] **s. m. e f.** (**pl. m.** *-i*) ● Chi, in un bar, serve al banco | Chi possiede o gestisce un bar.

barite [vc. dotta, comp. del gr. *barýs* 'pesante' e *-ite*; 1795] **s. f. 1** Idrossido di bario. **2** (*miner.*) Solfato di bario in cristalli piatti con lucentezza vitrea ed elevata densità.

baritina [da *barite*; 1865] **s. f.** ● (*miner.*) Barite.

baritonàle [1865] **agg.** ● Di baritono: *tono b.*

baritoneggiàre [da *baritono*; 1904] **v. intr.** (*io baritonéggio*; aus. *avere*) ● (*fam.*) Fare voce da baritono.

baritonèsi [gr. *barytónēsis*, da *barýtonos* 'dal tono (*tónos*) grave (*barýs*)'; 1950] **s. f. inv.** ● (*ling.*) In alcuni antichi dialetti greci, e talora nelle lingue moderne, fenomeno per cui l'accento risale dall'ultima sillaba verso l'inizio della parola.

baritono [vc. dotta, lat. *barýtono(n)*, 'non accentato sull'ultima sillaba', dal gr. *barý tonos*, comp. di *barýs* 'grave' e *tónos* 'tono'; av. 1565] **A s. m.** ● (*mus.*) Voce virile intermedia tra quella di tenore e quella di basso | (*est.*) Cantante con voce di baritono. SIN. Mezzotenore. **B agg.** ● (*ling.*) Nella grammatica greca, detto di parola con l'accento grave sull'ultima sillaba | Di parola con l'ultima sillaba atona. **C agg. inv.** ● (posposto al s.) (*mus.*) Detto di strumento musicale che, nell'ambito della propria famiglia, ha estensione simile a quella della voce di baritono: *sax b.*

barlàccio [etim. incerta; av. 1527] **agg.** (**pl. f.** *-ce*) **1** (*tosc.*) Andato a male, detto di uovo. **2** (*fig.*) Malandato, fiacco.

†**barlétta** ● V. †*bariletta.*

†**barlétto** (**1**) ● V. *bariletto.*

barlétto (**2**) [etim. incerta; 1681] **s. m.** ● Specie di morsetto usato dal falegname per fissare al banco di lavoro le tavole da piallare.

†**barlòtto** ● V. *barilotto.*

†**barlòzzo** ● V. *barilotto.*

barlùme [comp. di *bar-* (per *bis-* (*2*)) e *lume*; 1353] **s. m. 1** Luce debole e incerta che non permette di vedere con chiarezza: *un tenue b. illuminava la stanza.* **2** (*fig.*) Indizio debole e confuso dell'esistenza di qlco.: *un b. d'intelligenza, di speranza, di coraggio.* SIN. Parvenza, segno.

barmaid /ˈbarmeid, *ingl.* ˈbɑːˌmeɪd/ [vc. ingl., comp. di *bar* 'bar' e *maid* 'serva'] **s. f. inv.** ● Ragazza o donna addetta a servire alcolici e a preparare cocktail in locali pubblici.

barman /ˈbarman, *ingl.* ˈbɑːmən/ [vc. ingl., propr. 'uomo (*man*) del bar (*bar*)', secondo un modello comune di comp.; 1908] **s. m. inv.** (**pl. ingl.** *barmen*) ● Uomo addetto a preparare cocktail in locali pubblici | Chi, in un bar, serve al banco.

barn /barn/ [vc. ingl., che pare nata dall'espressione *as big as a barn door* 'molto grande', propr. 'grande come la porta di un fienile'; 1955] **s. m. inv.** ● (*fis.*) Unità di misura della sezione d'urto in processi nucleari pari a 10^{-28} m^2. SIMB. b.

barnabìta [da S. *Barnaba*, titolo della chiesa milanese dove ebbe la prima sede l'ordine; 1684] **s. m.** (**pl.** *-i*) ● Chierico regolare dell'ordine di San Paolo, fondato a Milano nel 1530 da S. Antonio Maria Zaccaria.

barnabìtico **agg.** (**pl. m.** *-ci*) ● Dei Barnabiti: *ordine, pellegrinaggio b.*

†**barnàggio** ● V. *baronaggio.*

bàrnum [dal n. dell'impresario amer. P. T. *Barnum* (1810-1891) e del suo straordinario circo; 1985] **s. m. inv.** ● Il veloce avvicendarsi di avvenimenti spettacolari e al limite dell'incredibile, come i numeri di un circo equestre: *il b. della campagna elettorale.*

bàro o †**bàrro** (**2**) [etim. incerta; da *barone* in senso spreg. (?); av. 1449] **s. m.** (**f.** *-a*) ● Chi truffa al gioco, spec. delle carte | (*est.*) Imbroglione.

bàro-, -baro [dal gr. *barós* 'peso, pressione'] primo o secondo elemento ● In parole composte della terminologia scientifica significa 'pressione' o 'gravità': *barometro*; *isobaro.*

baroccheggiànte [av. 1946] **agg.** ● Che si ispira o tende al barocco: *stile b.* | (*est.*) Vistoso, eccessivo, di gusto discutibile: *abbigliamento b.*; *moda b.*

barocchétto [da *barocco* (*1*); 1927] **s. m. 1** Aspetto tardo del barocco che si manifesta con un alleggerimento delle forme preannunciante il rococò. **2** Stile di mobili composto di elementi barocchi, rococò e cinesi.

†**barocchio** o †**baròcco** (**2**), †**baròccolo** [etim. discussa: da *baro* (?); av. 1400] **s. m.** ● Tipo di usura | Vendita a prezzo altissimo | Frode.

barocchìsmo [da *barocco* (*1*); 1848] **s. m.** ● Tendenza a un gusto barocco, che anticipa o riecheggia gli stilemi del barocco storico (*anche spreg.*): *il b. del Marino*; *il b. di De Chirico.*

baròccio e *deriv.* ● V. *barroccio* e *deriv.*

baròcco (**1**) [etim. incerta: forse vc. dell'Italia sett. che significa 'balordo, strano, irregolare, bizzarro'; 1797] **A s. m.** (**pl.** *-chi*) ● Gusto e stile affermatisi nell'arte e nella letteratura del Seicento, tendenti a effetti bizzarri, inconsueti, declamatori, illusionisticamente scenografici. SIN. Seicentismo. **B agg.** (**pl. m.** *-chi*). **1** Di opera artistica o letteraria che partecipi del barocco: *poemetto b.*; *facciata barocca* | (*est.*) Che si riferisce o si ispira al gusto e allo stile del barocco: *decorazione*, *scenografia barocca.* **2** (*fig.*) Fastoso, enfatico, pesante: *gusto b.* || **baroccaménte**, **avv.** In modo barocco, secondo il gusto barocco.

†**baròcco** (**2**) ● V. †*barocchio.*

†**baròccolo** ● V. †*barocchio.*

baroccùme [da *barocco* (*1*); 1865] **s. m. 1** (*spreg.*) Aspetto deteriore del gusto o dello stile barocco. **2** (*est., spreg.*) Opera che presenta tale aspetto deteriore. **3** (*fig., spreg.*) Insieme di oggetti pretenziosi e di cattivo gusto.

barocettóre [comp. di *baro-* e (*re*)*cettore*; 1983] **s. m.** ● (*med.*) Recettore per la sensibilità alla pressione.

barogràfico [1955] **agg.** (**pl. m.** *-ci*) ● Relativo al barografo | Che è misurato dal barografo.

baròografo [vc. dotta, comp. di *baro-* e *-grafo*; 1892] **s. m.** ● Barometro con dispositivo per la registrazione cronologica delle variazioni della pressione atmosferica.

barogràmma [comp. di *baro-* e *-gramma*; 1955] **s. m.** (**pl.** *-i*) ● Diagramma di registrazione di un barografo.

baròlo [dal nome del paese *Barolo*, forse di orig. celt.; 1881] **s. m.** ● Pregiato vino rosso piemontese, asciutto, austero, di vitigno Nebbiolo; ha colore rosso rubino intenso che, con l'invecchiamento, tende al granato con riflessi aranciati, e un profumo caratteristico che ricorda la viola e la rosa appassita.

barometrìa [comp. di *baro-* e *-metria*; 1970] **s. f.** ● (*fis.*) Misurazione delle variazioni della pressione atmosferica col barometro.

barométrico [1649] **agg.** (**pl. m.** *-ci*) ● Relativo al barometro | Che è misurato dal barometro: *pressione barometrica.*

baròmetro [ingl. *barometer*, comp. di *baro-* 'baro-' e *-meter* '-metro'; av. 1729] **s. m. 1** Strumento per la misurazione della pressione atmosferica | ***B. a mercurio***, nel quale la pressione atmosferica viene equilibrata dalla pressione idrostatica di una colonnina di mercurio contenuta in una canna di vetro | ***B. aneroide o metallico***, il cui elemento sensibile è costituito da una o più capsule metalliche che si deformano sotto l'effetto della pressione atmosferica | ***B. registratore***, barografo. **2** (*fig., lett.*) Persona che risente le variazioni atmosferiche: *stava come quei barometri ambulanti nei quali ogni costola, ogni giuntura con doloruzzi e scricchiolamenti dà indizio del cambiar del tempo* (NIEVO) | (*fig.*) Ciò che è sensibile alle variazioni di un determinato ambiente, e permette di valutarle: *la borsa valori è il b. della fiducia pubblica.*

baronàggio o †**barnàggio** [ant. fr. *barnage*, da *baron* 'barone (1)'; av. 1294] **s. m. 1** Titolo e dominio di barone. **2** †Insieme di baroni.

baronàle [av. 1735] **agg.** ● Pertinente a barone o a baronia: *titolo, dignità b.*

baronàta [da *barone* (*2*); av. 1742] **s. f.** ● (*lett.*, *raro*) Azione sconveniente. SIN. Bricconata, prepotenza, sopraffazione.

baronàto [da *barone* (*1*); 1865] **s. m.** ● Baronia.

baroncino [av. 1835] **s. m. 1** Dim. di *barone* (*1*). **2** Figlio di barone | Giovane barone.

◆**baróne** (**1**) [fr. *baron*, dal francone *baro* 'uomo libero, atto a lottare'; av. 1294] **s. m.** (**f.** *-éssa* (V.)) **1** Titolo feudale dato dapprima a tutti i grandi di un regno, poi ai maggiori feudatari. **2** Titolo nobiliare immediatamente inferiore a visconte | (*est.*) La persona insignita di tale titolo | †Titolo attribuito ai santi. **3** (*est., lett.*) Personaggio nobile e molto potente | Signore, capo: *se non torna tuo fratello Menico tu resti il b. della casa* (VERGA). **4** (*spec. spreg.*) Chi esercita e amministra un grande potere economico: *i baroni dell'industria, dell'alta finanza* | (*est.*) Chi, in un ambiente professionale, sfrutta il ruolo che ricopre per esercitare forme di potere personale: *i baroni dell'università, della medicina.* || **baroncèllo**, **dim.** | **baroncino**, **dim.** (V.) | **baronèllo** **dim.** | **baronùccio**, **dim.**

baróne (**2**) [etim. discussa: lat. *barōne(m)* 'sciocco, imbecille' (?); 1623] **s. m.** ● (*lett.*) Furfante. || **baroncèllo**, **dim.** | **baronèllo**, **dim.**

baronésco (**1**) [da *barone* (*1*)] **agg.** (**pl. m.** *-schi*) ● Pertinente a barone.

baronésco (**2**) [da *barone* (*2*); 1550] **agg.** (**pl. m.** *-schi*) ● (*lett.*) Furfantesco. || **baronescaménte**, **avv.**

baronéssa [av. 1342] **s. f. 1** Moglie di barone. **2** Signora di nobili condizioni. || **baronessina**, **dim.**

baronétto [ingl. *baronet*, dim. di *baron* 'barone (1)'; 1667] **s. m.** ● Titolo nobiliare inglese, di grado immediatamente inferiore a barone.

baronìa [av. 1294] **s. f. 1** Titolo, dignità di barone. **2** Dominio, giurisdizione del barone. **3** †Il ceto dei baroni | (*est.*) Insieme di nobili. **4** (*spreg.*) Potere economico, istituzionale o politico dispoticamente esercitato.

baropatìa [comp. di *baro-* e *-patia*; 1955] **s. f.** ● (*med.*) Insieme di sintomi clinici provocati sull'organismo da brusche variazioni della pressione atmosferica.

baroscòpio [comp. di *baro-* e *-scopio*; 1749] **s. m.** ● (*fis.*) Apparecchio usato per valutare approssimativamente la pressione atmosferica | Apparecchio usato per la verifica del principio di Archimede nei gas.

barotermògrafo [comp. di *baro-*, *termo-* e *-grafo*; 1955] **s. m.** ● Strumento per la registrazione cronologica e contemporanea su di un'unica cartina dell'andamento della pressione atmosferica e della temperatura dell'aria.

bàrra [etim. incerta; av. 1348] **s. f. 1** Asta di legno o metallo, che funge spec. da leva di comando in congegni, meccanismi e sim.: *b. degli alettoni* | ***B. spaziatrice***, nelle tastiere, quella il cui abbassamento provoca l'automatico inserimento di spazi fra caratteri scritti | ***B. scanalata***, nel tornio parallelo, quella che trasmette il movimento dal mandrino al carrello portautensili | ***B. di rimorchio, di traino***, quella, spec. a snodo, per l'attacco posteriore dei rimorchi, attrezzi agricoli e sim. ai veicoli trainanti | ***B. di torsione***, elemento in acciaio che, negli autoveicoli, funge da sospensione elastica | ***B. di controllo***, nei reattori nucleari, barra di materiale capace di assorbire bene i neutroni, usata per regolare l'andamento della reazione. ➡ ILL. p. 2114, 2115 AGRICOLTURA. **2** (*mar.*) ***B. del timone***, o (*ellitt.*) ***barra***, asta che comanda l'asse del timone; (*est.*) il timone stesso | ***Angolo di b.***, quello formato dalla pala del timone con l'asse longitudinale della nave | ***B. a dritta***, ***a sinistra***, ordine impartito al timoniere per dirigere la nave. **3** Asta metallica piena, a sezione gener. cilindrica: *b. di rame.* **4** Verghetta del morso del cavallo | Spazio privo di denti dove questa poggia, nella mandibola del cavallo e di altri Mammiferi domestici. **5** (*raro*) Sbarramento, steccato | Tramezzo che nell'aula giudiziaria divide lo spazio riservato ai giudici, avvocati, ecc. da quello per il pubblico | ***Andare***, ***stare alla b.***, (*fig.*) difendere in giudizio. **6** Nell'equitazione, barriera. **7** (*tipogr.*) Lineetta obliqua che va da sinistra in basso a destra in alto (/) | ***B. inversa***, lineetta obliqua che va da sinistra in alto a destra in basso (\ ), utilizzata spec. come separatore | ***Codice a barre***, V. *codice.* **8** Ammasso di sabbia, sassi, fanghiglia, situato alla bocca dei porti, alla foce dei fiumi e sim. || **barrétta**, **dim.** (V.) La barra si usa per separare i versi di una poesia, quando non si va a capo; per indicare un'alternativa o un'opposizione fra due termini: *un'attesa dolce/amara*; per descrizioni scientifiche: *125/220 V.* Frequente è l'uso della congiunzione *e/o*, di valore aggiuntivo e disgiuntivo: *cercansi tecnici e/o disegnatori.*

barracàno o **baraccàno** [ar. *barrakān* 'stoffa grossolana' e 'mantello fatto di quella stoffa'; av. 1347] **s. m.** **1** V. *baracano.* **2** Pesante veste di lana o di tela usata dalle popolazioni dell'Africa settentrionale.

barracellàre [1970] **agg.** ● Relativo al barracello: *compagnia b.*

barracèllo [vc. di area sarda, dallo sp. *barrachel*, della stessa orig. dell'it. *bar(i)gello*; 1886] **s. m.** ● Guardia privata per la repressione e prevenzione della delinquenza rurale in Sardegna.

barracùda [prob. vc. indigena dell'America Latina; 1950] **s. m. inv.** ● Pesce dei Teleostei feroce e aggressivo, con corpo allungato e compresso e denti robusti (*Sphyraena picuda*).

barrage /fr. baˈʀaːʒ/ [vc. fr., propr. 'barriera, sbarramento', da *barre* '(s)barra'; 1940] **s. m. inv.** ● Spareggio, spec. in competizioni ippiche.

barràggia ● V. *baraggia.*

barramina [comp. di (*s*)*barra* e *mina*, per la sua funzione; av. 1930] **s. f.** ● Attrezzo per la perforazione delle rocce, costituito da una pesante asta di acciaio terminante in una punta tagliente.

barrànco [sp. *barranco*, di orig. prerom.; 1955] **s. m.** (**pl.** *-chi*) ● Profonda incisione scavata sui fianchi di un cono vulcanico.

barràre [da *barra*; av. 1348] **v. tr.** **1** Delimitare, contrassegnare con una o più barre. **2** †Sbarrare.

barràto [av. 1348] **part. pass.** di *barrare*; anche **agg.** ● Segnato con una barra: *numero b.*; *assegno b.* | Sbarrato.

barratùra [1970] **s. f.** ● Il barrare | Sbarratura.

barré /fr. baˈʀe/ [vc. fr., propr. 'barrato', dall'uso di bloccare le corde dello strumento appoggiandovi l'indice] **s. m. inv.** ● (*mus.*) Nella chitarra e strumenti affini, l'uso di appoggiare l'indice simultaneamente su tutte le corde, modificandone così lunghezza e accordo, per facilitare l'esecuzione qualora la tonalità implichi problemi di diteggiatura. **CFR.** Capotasto.

†**barrerìa** ● V. †*bareria.*

barrétta [1970] **s. f.** **1** Dim. di *barra.* **2** Prodotto alimentare che ha il formato di una tavoletta allungata: *una b. di cioccolato.*

barricadièro [fr. *barricadier*, da *barricade* 'barricata'; 1915] **agg.** ● Rivoluzionario, estremista: *atteggiamento, discorso b.*

barricaménto [da *barricare*; 1967] **s. m.** **1** Il barricare, il barricarsi. **2** L'insieme di ciò che costituisce una barricata.

barricàre [fr. *barriquer*, da *barrique* 'botte', perché spesso ci si serviva di botti per i barricamenti; 1598] **A v. tr.** (*io bàrrico, tu bàrrichi*). **1** Ostruire un passaggio con barricate allo scopo di difendersi e combattere: *b. una strada.* **2** (*est.*) Chiudere, sprangare ogni accesso, gener. a scopo di difesa: *barricarono porte e finestre.* **B v. rifl.** ● Rinchiudersi, ripararsi in luogo ben protetto (*anche fig.*): *gli studenti si barricarono sotto il portico*; *si è barricato nel silenzio* | ***Barricarsi in casa***, rinchiudervisi rifiutando ogni contatto col mondo esterno. **SIN.** Asserragliarsi.

barricàta [fr. *barricade*, da *barriquer* 'barricare'; 1598] **s. f.** **1** Riparo per lo più occasionale di pietre, legname e sim. apprestato attraverso vie o passaggi obbligati per impedire il transito e consentire la difesa: *combattere sulle barricate* | ***Fare le barricate***, (*fig.*) opporsi con tutte le forze a qlco. | ***Essere dall'altra parte della b.***, (*fig.*) essere in una posizione di radicale dissenso, spec. politico e ideologico. **2** ***B. di appontaggio***, rete all'estremità del ponte di volo di una portaerei per arrestare gli aerei che non siano stati trattenuti dalla barriera di appontaggio.

♦**barrièra** [fr. *barrière*, da *barre* 'barra'; 1623] **s. f.** **1** Sbarramento, cancello, steccato e sim., che serve a chiudere un passo, a segnare un posto, un confine: *b. daziaria*; *b. doganale* | ***Barriere architettoniche***, gli ostacoli di natura costruttiva che impediscono o rendono difficile agli handicappati l'accesso agli edifici, e il loro uso | Elemento di chiusura di un passaggio a livello | ***B. stradale***, struttura di acciaio o calcestruzzo posta ai lati di una strada per trattenere i veicoli che escono dalla carreggiata | ***B. autostradale***, casello, dove si ritira il biglietto o si paga il pedaggio, che occupa interamente la sede autostradale | ***B. di appontaggio***, sistema di cavi sul ponte di una portaerei per frenare in poco spazio gli aerei che appontano. **2** (*est.*) Linea di elevazione del terreno: *una b. di montagne* | ***B. corallina***, formazione madreporica che forma una frangia a breve distanza dalla costa. **3** (*fig.*) Impedimento, difficoltà: *superare ogni b.* | Divisione: *far cadere le barriere culturali fra Est e Ovest* | Pregiudizio: *b. razziale* | ***B. doganale***, eccessiva onerosità dei dazi d'importazione a scopo protezionistico. **4** (*fis.*) Limite per superare il quale occorrono nuovi studi, tecniche, dispositivi particolari | (*aer.*) ***B. del suono***, muro del suono | ***B. del calore***, ***termica***, riscaldamento aerodinamico delle superfici che si verifica ai numeri di Mach supersonici e ipersonici e costituisce ostacolo al raggiungimento di quelle velocità. **5** (*est.*) Schieramento difensivo di calciatori affiancati su tiro di punizione avversario. **6** (*fig.*) Riparo, protezione. **7** Nell'equitazione, palo cilindrico di legno componente un ostacolo | Nell'atletica leggera, ostacolo fisso nei tremila siepi. ➡ ILL. p. 2152 SPORT.

barrique /fr. baˈʀik/ [vc. fr. di provenienza merid., da un tipo gallo-romanzo **barrica*; 1930] **s. f. inv.** ● Botticella per lo più di rovere, della capacità da 200 a 250 litri, destinata all'affinamento temporaneo di determinati vini, sia bianchi che rossi.

barrìre [vc. dotta, lat. *barrīre*, da *bărrus* 'elefante', di orig. indiana; 1585] **v. intr.** (*io barrisco, tu barrisci*; aus. *avere*) ● Emettere barriti: *gli elefanti barriscono.*

barrìsta ● V. *barista.*

barrìto [vc. dotta, lat. *barrītu(m)*, da *bărrus* 'elefante', di orig. indiana; av. 1292] **s. m.** **1** Urlo acuto e potente caratteristico dell'elefante e (*est.*) di altri animali: *la giungla risuonava di barriti.* **2** (*est.*) Urlo forte e sgraziato, spec. umano: *i barriti di un cantante stonato.*

bàrro (**1**) [sp. *barro*, di orig. preromana; av. 1712] **s. m.** **1** Terra per fare i buccheri. **2** Bucchero.

†**bàrro** (**2**) ● V. *baro.*

barrocciàio o **barocciàio**, (*region.*) **birocciàio** [1842] **s. m.** ● Conducente di un barroccio.

barrocciàta o **barocciàta** [av. 1921] **s. f.** ● Quantità di oggetti o di materiale contenuti in un barroccio: *una b. di pietre, di fieno* | ***A barrocciate***, (*fig.*) in grande quantità.

barroccìno o **baroccìno**, (*region.*) **biroccìno** [1803] **s. m.** **1** Dim. di *barroccio.* **2** Veicolo leggero e scoperto, a due ruote, per il trasporto di persone. ➡ ILL. **carro e carrozza.**

barròccio o **baròccio**, (*region.*) **biròccio** [lat. parl. **birŏtiu(m)*, comp. di *bi-* 'con due' e *rŏta* 'ruota'; av. 1764] **s. m.** **1** Carro gener. a due ruote per il trasporto di merci e materiali vari. **2** (*est.*) Barrocciata: *un b. di pietre.* || **barroccìno**, **dim.** (V.).

barròtto [fr. *barrot*, di etim. incerta; 1937] **s. m.** ● (*mar.*; *disus.*; *spec. al pl.*) Ciascuna delle parti di un baglio interrotto da un boccaporto.

barùffa [germ. **raup-* (prob. imparentato con il lat. *rŭmpo*), in una forma che ha subito la seconda rotazione consonantica; av. 1400] **s. f.** ● Litigio confuso e rumoroso: *far b. con qlcu.*; *sono piccole baruffe di innamorati.*

baruffàre [da *baruffa*; 1955] **v. intr.** (aus. *avere*) ● Litigare in modo confuso e rumoroso.

barzamìno o **barẓamìno** ● V. *barzemino.*

♦**barẓellétta** [etim. incerta; 1504] **s. f.** **1** Breve e rapida canzone a ballo popolare composta di settenari e ottonari. **SIN.** Frottola. **2** (*est.*) Storiella spiritosa e divertente: *dire, raccontare barzellette*; *una b. spinta* | Aneddoto scherzoso | ***Prendere***, ***pigliare qlco. in b.***, scherzarci sopra. **SIN.** Arguzia, freddura.

barẓellettàro [da *barzellett(a)* col suff. pop. *-aro* (V. *-aio* (*2*)); 1947] **agg.** ● Che è caratteristico delle barzellette (*anche spreg.*): *spirito b.*

barẓellettìstica [da *barzelletta* col suff. *-istico* sostantivato al f.; 1963] **s. f.** **1** Genere umoristico che si esprime nella creazione di barzellette. **2** La produzione di barzellette di un autore, un'epoca, un paese.

barẓellettìstico [1985] **agg.** (**pl. m.** *-ci*) ● Di barzelletta | (*est.*) Che riflette una comicità di gusto poco raffinato.

barzemìno o **barẓemìno**, **barzamìno**, **berzemìno**, **berzamìno** [da una variante di *balsamo*, per il suo sapore (?); 1955] **s. m.** ● Vitigno della Lombardia, che dà un'uva dolce e aromatica.

barẓòtto ● V. *bazzotto.*

†**bàṣa** ● V. *base.*

baṣàle [1950] **A agg.** **1** Relativo alla base: *la parte b. del fusto* | Che è alla base o la costituisce: *foglie basali.* **2** (*med.*) Essenziale per il mantenimento delle attività fondamentali di un organismo: *metabolismo b.* | Detto di condizione iniziale di un'attività fisiologica o di un esame clinico. **3** (*fig.*) Fondamentale, basilare, essenziale. **B s. m.** ● †Base nel sign. 1.

†**baṣalìschio** ● V. *basilisco.*

baṣalìsco ● V. *basilisco.*

baṣàlte ● V. *basalto.*

baṣàltico [1754] **agg.** (**pl. m.** *-ci*) ● Detto di roccia che possiede la composizione e la struttura del basalto.

baṣaltìno [1779] **agg.** ● (*raro*) Basaltico.

baṣàlto o (*raro*) **baṣàlte** [vc. dotta, lat. *basălte(m)* 'durissimo marmo etiopico' altra forma di *basanītes*, dal gr. *basanítēs*, di orig. afric.; 1561] **s. m.** ● Roccia effusiva nerastra, costituita da plagioclasio e augite.

baṣaménto [da *basare*; 1499] **s. m.** **1** Parte inferiore di un monumento o di un edificio, spesso sottolineata da diverso paramento murario | Porzione di colore diverso alla base delle pareti interne di un locale | Zoccolo continuato di mobili a struttura architettonica, quali armadi e librerie. **2** Struttura sulla quale appoggia una macchina: *b. metallico*; *b. in cemento armato* | Incastellatura dei motori a combustione interna. **3** (*geol.*) Substrato cristallino della crosta terrestre | Complesso di rocce cristalline e metamorfiche irrigidite su cui poggiano i terreni sedimentari. **CONTR.** Copertura.

baṣamìna [vc. dotta, comp. di *basa(re)* e *mina*; 1941] **s. f.** ● Mazza di ferro con la punta a taglio, usata per scavare la camera per la mina.

♦**baṣàre** [1796] **A v. tr.** **1** Collocare, stabilire su una base: *b. un edificio, una statua.* **2** (*fig.*) Fondare: *b. un'accusa su dati certi.* **B v. rifl.** ● Attenersi a determinati elementi nel giudicare, nel ragionare e sim.: *basarsi sulle apparenze porta spesso a conclusioni errate*; *io mi baso su dati di fatto.* **C v. intr. pron.** ● Fondarsi, poggiare: *la coscienza della realtà si basa sulla distinzione d'immagini reali e … irreali* (PIRANDELLO).

bas-bleu /fr. baˈblø/ [loc. m. fr., propr. 'calza turchina', calco sull'ingl. *blue-stocking*, dal colore delle calze di un certo Stillingfleet, brillante frequentatore nel XVIII sec. del salotto di lady Montague] **s. f. inv.** (**pl.** fr. *bas-bleus*) ● (*spreg.*) Scrittrice, donna letterata pedante e saccente.

bàsca [1965] **s. f.** ● Baschina.

baschìna [fr. *basquine*, dallo sp. *basquina*, forma più castigliana del precedente *basquiña*, dal port. *vasquinha* 'proprio dei *Baschi*'; 1890] **s. f.** ● Negli abiti femminili, parte di stoffa riportata, gener. sghemba, che va dalla vita al fianco.

†**bascià** ● V. *pascià.*

†**bàscio** e *deriv.* ● V. *bacio* (*1*) e *deriv.*

bàsco [sp. *vasco*, dal lat. *vāsco*, di etim. incerta; 1352] **A agg.** (pl. m. *-schi*) ● Che appartiene a una popolazione stanziata nella regione litoranea del golfo di Biscaglia, presso i Pirenei, in Francia e Spagna: *lingua basca*; *berretto b.*; *regione basca* | ***Palla basca***, pelota. **B s. m.** **1** (f. *-a*) Nativo, abitante della regione basca. **2** Copricapo di panno a forma di cupolino tondo, senza tesa e aderente: *usciva nella nebbia ... con in testa un b. largo* (GINZBURG) | Berretto militare in dotazione a tutte le unità dell'esercito italiano con diverse colorazioni a seconda dell'arma o corpo | ***B. blu***, agente di polizia, spec. in tenuta da ordine pubblico | ***B. nero***, carrista | ***B. rosso***, ***b. cremisi***, paracadutista | ***B. verde***, militare della Guardia di Finanza; appartenente all'Azione Cattolica negli anni intorno al 1950. **C s. m.** solo sing. ● Lingua appartenente al gruppo delle lingue preindoeuropee, parlata dai baschi. || **baschétto**, dim. nel sign. B2.

basculàggio [adattamento del fr. *basculage* dal v. *basculer* 'oscillare'; 1986] **s. m.** ● Oscillazione intorno a un asse | ***B. fotografico***, l'inclinazione regolabile tra i piani dell'obiettivo e della pellicola in una macchina fotografica.

basculànte o **basculànte** [da *bascula*; 1983] **agg.** ● (*tecnol.*) Detto di sbarra, congegno e sim. che può oscillare intorno a un asse.

bascùlla o **bàscula** [fr. *bascule*, dal più ant. *bacule* (con avvicinamento a *basse* 'bassa'), dal v. *baculer* 'battere il didietro (*cul*) a terra, abbasso (*bas*)'; 1890] **s. f.** **1** Bilancia a bilico, per corpi di grandi dimensioni. **2** Nei fucili da caccia, blocco d'acciaio al quale sono agganciate le canne mediante i ramponi.

♦**bàṣe** o †**bàṣa** [lat. *bǎse(m)*, dal gr. *básis*, dal v. *baínein* 'andare', 'sostenere'; 1308] **A s. f.** **1** Parte inferiore di un'intera costruzione o di una membratura che funge da sostegno alle parti sovrastanti | Nella colonna e nel pilastro, elemento interposto tra il fusto e il piano d'appoggio, costituente il raccordo fra la membratura verticale e quella orizzontale sottostante. ➡ ILL. p. 2117 ARCHITETTURA. **2** (*est.*) Sostegno, parte inferiore di qlco.: *la b. di un mobile, di un bicchiere*; *b. cranica*. **3** (*fig.*) Principio, fondamento, sostegno culturale di qlco.: *la sua moralità ha solide basi* | ***Gettare, porre le basi di una dottrina***, formularne i principi | ***Avere buone basi***, essere culturalmente preparato | ***Mancare di basi***, essere impreparato | ***In b. a, sulla b. di***, sul fondamento di, tenendo conto di | ***A b. di***, formato, costituito specialmente da. **4** (*est.*) Elemento costitutivo, componente essenziale o attiva di qlco.: *il riso è la b. dell'alimentazione giapponese*; *la b. di un medicinale*. **5** Zona appositamente attrezzata ove stazionano forze militari: *b. aerea, navale*; *basi militari all'estero* | ***B. d'operazione***, da cui un esercito operante trae i rifornimenti e su cui appoggia le sue comunicazioni durante una campagna di guerra | ***B. di armamento***, aeroporto dove un aereo risiede abitualmente | ***B. spaziale***, luogo, naturale o artificiale, dove si svolgono attività spaziali | (*est.*) Qualunque luogo da cui si parte per un'impresa, a cui si fa capo per assistenza organizzativa e sim. | (*fig.*) ***Rientrare alla b.***, riferito a cose o persone, tornare al luogo di partenza | ***Non fare ritorno alla b.***, detto di reparti militari, navi e aerei che non rientrano dalla missione operativa; (*fig.*) di persone che non tornano, di cose che si smarriscono. **6** (*mat.*) ***B. di una potenza***, il numero da elevare a potenza | ***B. di un logaritmo***, numero che, elevato a una potenza pari al logaritmo di un secondo numero, vale quest'ultimo | Lato o poligono arbitrariamente prescelto in relazione al quale si calcola l'altezza di una figura piana o solida: *b. di un quadrato, di un triangolo, di una piramide* | In un sistema di numerazione, numero naturale con le cui potenze sono espressi gli altri numeri: *sistema a b. decimale, a b. binaria*. **7** ***B. geodetica, topografica***, tratto di terreno fra due punti fissati, misurato direttamente con la massima precisione, che serve come base di una triangolazione. **8** (*econ.*) ***B. imponibile***, valore cui si deve commisurare l'aliquota per determinare l'imposta | ***B. monetaria***, insieme di moneta legale in circolazione, depositi delle banche presso la Banca Centrale e passività a breve delle autorità monetarie. **9** (*ling.*) ***B. apofonica***, gruppo radicale o suffissale che presenti alternanza nel vocalismo. **10** Nel baseball, ciascuno dei vertici del diamante, che i giocatori in attacco cercano di occupare in successione per fare punti. **11** Uno degli elettrodi del transistor. **12** L'insieme degli iscritti a un partito, a un sindacato e sim., rappresentato al vertice dagli organi direttivi che ne coordinano e ne esprimono la volontà: *consultare la b.*; *la b. preme per lo sciopero*. **13** (*chim.*) Composto, la cui soluzione acquosa ha sapore di liscivia e rende di colore azzurro la cartina di tornasole, che combinato con acidi forma i sali: *b. inorganica, b. organica*. CONTR. Acido. SIN. Alcali. **14** Ogni crema o liquido incolore che si applica sul volto per prepararlo al trucco | Smalto incolore protettivo che si applica sulle unghie prima di quello colorato. **15** (*mus.*) ***B. musicale***, pista musicale preregistrata, usata per ulteriori registrazioni o come accompagnamento in esibizioni dal vivo. **B** in funzione di **agg. inv.** ● (posposto a un s.) Fondamentale, essenziale, principale: *salario b.*; *problema b.*; *testo b.*; *campo b.*

baseball /'bezbol, *ingl.* 'beɪs,bɔːl/ [vc. ingl., propr. 'palla (*ball*) a base (*base* nel sign. 10)'; 1892] **s. m. inv.** ● Gioco di palla che si svolge su un campo dove è tracciato un quadrato ai cui vertici sono segnate le basi, tra due squadre di nove giocatori. CFR. Softball.

BASEBALL
nomenclatura

baseball
● *campo di gioco*: rombo = diamante, casabase = piatto, linea del battitore, box del battitore, fuoricampo, pedana di lancio = monte del lanciatore, area di presa, fuori campo, linea dei giocatori; strike, ball, inning; cuscinetto di base, mazza da baseball;
● *attrezzatura*: mazza, palla, guanto, maschera, corazza;
● *formazione*: lanciatore = pitcher, battitore, ricevitore = catcher, corridore, prima base, seconda base, terza base, interbase = shortstop, esterno sinistro, esterno centro, esterno destro.

baṣedowiàno /bazedo'vjano/ [dal n. del medico ted. che descrisse la malattia, K. v. *Basedow* (1799-1854); 1923] **A agg.** ● Relativo al morbo di Basedow. **B s. m.** (f. *-a*) ● Chi è affetto dal morbo di Basedow.

baṣedowiṣmo /bazedo'vizmo/ [1970] **s. m.** ● Morbo di Basedow, malattia endocrina caratterizzata da esoftalmo e disturbi neurovegetativi.

baseline /*ingl.* 'beɪs,laen/ [vc. ingl., propr. 'linea (*line*) di base (*base*)'; 1988] **s. f. inv.** ● Nel linguaggio della pubblicità, breve testo, generalmente in calce o ai margini di un annuncio, con il nome, l'indirizzo e il logotipo dell'azienda committente.

baṣèno ● V. *basino*.

baṣétta (1) [etim. incerta; av. 1543] **s. f.** **1** Parte dei capelli che scende lungo la guancia, davanti all'orecchio, congiungendosi eventualmente con la barba. **2** (*spec. al pl.*) †Baffi. || **baṣettàccia**, pegg. | **baṣettina**, dim. | **baṣettóne**, accr. m. (V.).

baṣétta (2) [da *base*; 1987] **s. f.** ● (*elettron.*) Supporto di plastica, ceramica o altro materiale isolante per circuiti stampati.

baṣettino [detto così per le due *basette* nere ai lati del becco; 1829] **s. m.** ● Piccolo passeriforme che vive nei canneti (*Panurus biarmicus*).

baṣettóne [av. 1698] **s. m.** **1** Accr. di *basetta*. **2** (*est.*) Chi porta grandi basette.

Basic /*ingl.* 'beɪsɪk/ [sigla ingl. di *B(eginners) A(ll-purpose) S(ymbolic) I(nstruction) C(ode)* 'codice simbolico universale per insegnare ai principianti'; 1968] **s. m. inv.** ● (*elab.*) Linguaggio per la programmazione dei calcolatori elettronici, molto diffuso per la sua semplicità.

basic English /*ingl.* 'beɪsɪk 'ɪŋglɪʃ/ [loc. ingl., propr. 'inglese (*English*) di base (*basic*)'] **loc. sost. m. inv.** ● Sistema linguistico semplificato, con un lessico e una grammatica elementari, basato sull'inglese.

baṣicità [da *basico* nel sign. 2; 1962] **s. f.** ● (*chim.*) Proprietà delle basi. SIN. Alcalinità. CONTR. Acidità | Proprietà di un acido di neutralizzare uno o più equivalenti di una base mediante gli atomi di idrogeno salificabili della sua molecola.

bàṣico [da *base*; nel sign. 1, attrav. l'ingl. *basic*; 1865] **agg.** (pl. m. *-ci*) **1** (*raro*) Basilare, fondamentale | Di base. **2** (*chim.*) Relativo a base, caratteristico di una base: *reazione basica* | ***Terreno b.***, ricco di sali minerali e povero di acidi. **3** Detto di roccia eruttiva povera di silicio e di colore scuro.

baṣìdio [vc. dotta, lat. *basīdiu(m)*, corrispondente a un gr. **basídion*, dim. di *básis* 'base, piedestallo'; 1950] **s. m.** ● (*bot.*) Organo a forma di clava che nei Funghi dei Basidiomiceti porta le spore.

Baṣidiomicèti [vc. dotta, comp. di *basidio* e del gr. *mýkētes* 'funghi'; 1950] **s. m. pl.** (sing. *-e*) ● Nella tassonomia vegetale, classe di Funghi caratterizzata dalla produzione di basidiospore portate dai basidi (*Basidiomycetes*).

baṣidiospòra [comp. di *basidio* e *spora*; 1950] **s. f.** ● Spora dei basidiomiceti.

baṣificàre [comp. di *base* e *-ficare*; 1970] **v. tr.** (*io baṣifico, tu baṣifichi*) ● Aggiungere una base a un liquido per renderlo basico o per neutralizzarne l'acidità.

baṣificazióne **s. f.** ● Il basificare, il venire basificato.

baṣìfilo [comp. di *base* e *-filo*; 1955] **agg.** ● Detto di vegetale che vive di preferenza su terreni basici. CONTR. Acidofilo.

baṣilàre [vc. dotta, lat. *basilāre(m)*, rifatto erroneamente da *bàsis* 'base' sul tipo di *similare*; sec. XV] **agg.** **1** (*raro*) Che fa da base. **2** (*fig.*) Fondamentale, essenziale: *principi basilari*.

baṣilarità [1987] **s. f.** ● Caratteristica di ciò che è basilare.

baṣiliàno [dal nome di S. *Basilio* (330 ca.-379) di Cesarea, che ne dettò le regole; 1829] **A agg.** ● Che si riferisce a S. Basilio il Grande o alle correnti monastiche orientali che seguono la sua regola. **B s. m.** (f. *-a*) ● Religioso che segue la regola di S. Basilio.

baṣìlica [vc. dotta, lat. *basĭlica(m)* 'edificio pubblico', lat. eccl. 'edificio destinato al culto cristiano', dal gr. *basilikḗ* (*oikía*) '(casa) reale, reggia', da *basiléus* 're'; 1321] **s. f.** **1** Edificio pubblico romano con grandi sale e corridoi per adunanze giudiziarie e politiche, comizi, letture e sim.: *la b. di Massenzio*. **2** Edificio dell'antica architettura cristiana, a sviluppo longitudinale e terminazione ad abside, derivato dalla basilica romana e destinato al culto: *la b. di S. Apollinare in Classe*. **3** Titolo di chiesa derivante da concessione apostolica o da consuetudine immemorabile, con annessi privilegi liturgici: *la b. di Pompei, di Santa Maria Maggiore*. **4** (*arald.*) Insegna della Camera apostolica.

baṣilicàle [1875] **agg.** ● Che è proprio delle basiliche, o che si riferisce a esse: *edificio a pianta b.*; *arte b.*

baṣìlico (1) o (*tosc.*) **bassìlico** [lat. *basĭlicu(m)*, dal gr. *basilikón* 'regio' nel senso di '(erba, pianta) regale'; 1310] **s. m.** ● Pianta erbacea delle Labiate con foglie ovali molto aromatiche (usate per insaporire i cibi o in alcune ricette) e fiori chiari raccolti in spighe (*Ocymum basilicum*). ➡ ILL. **piante**/8.

baṣìlico (2) [vc. dotta, lat. *basĭlicu(m)*, dal gr. *basilikós* 'regio', da *basiléus* 're', di etim. incerta; sec. XIV] **agg.** (pl. m. *-ci*) **1** (*raro*) Regio | ***Libri basilici***, codificazione dell'età bizantina che ha ridotto e unificato l'opera legislativa di Giustiniano. **2** (*raro*) Principale | (*anat.*) ***Vena basilica***, superficiale del braccio, nella faccia anteriore interna.

baṣilìsco o †**baṣalischio**, **baṣalisco**, †**baṣilischio** [vc. dotta, lat. *basilĭscu(m)*, dal gr. *basilískos* 'reuccio' dim. di *basiléys* 're'; sec. XII] **s. m.** (pl. *-schi*) **1** Rettile tropicale dei Sauri con caratteristiche creste laminari erettili sul capo e sul dorso, di colore verdastro con fasce nere (*Basiliscus americanus*) **2** Nella zoologia greco-romana, mostro fantastico, con poteri malefici e terribili, spesso rappresentato con una cresta a forma di corona | ***Occhi di b.***, ***sguardo di b.***, (*fig.*) che incutono spavento. **3** Grossa colubrina del XV sec., che armava la prua di alcune galee.

baṣilissa o **baṣilissa** [gr. *basílissa*, f. di *basiléys* 're' col suff. proprio del f. *-issa*; 1887] **s. f.** ● (*st.*) Imperatrice dell'impero bizantino | (*lett.*) Regina.

baṣino o **baṣèno** [fr. *basin*, da *bombasin* 'bambagino', di orig. it. da cui è stata staccata la prima parte, intesa come *bon* 'buono'; 1829] **s. m.** ● Tessuto di cotone, con effetto diagonale, usato spec. per fodere.

baṣire [vc. gallica *basire, da una base ba- 'morire'; sec. XV] **v. intr.** (*io baṣisco, tu baṣisci*; aus. *essere*) **1** (*lett.*) Cadere in deliquio, svenire: *b. per estrema debolezza*; *non vedete che costei è un pulcin bagnato che basisce per nulla?* (MANZONI) | (*est.*) Allibire, sbalordire per forte, o improvvisa, emozione: *b. di paura*. **2** †Morire.

baṣista [da *base*; 1923] **s. m.** e **f.** (**pl. m.** *-i*) **1** (*polit.*) Chi sostiene e segue l'orientamento politico della base di un partito in contrasto con le direttive della direzione centrale. **2** (*gerg.*) Chi partecipa a imprese criminose fornendo tutte le informazioni utili a stabilire un piano d'azione.

baṣito [av. 1742] **part. pass.** di *basire*; anche **agg.** ● (*lett.*) Fortemente sbalordito, attonito: *quando ci vide, rimase b.*

♦**bàsket** /'basket, *ingl.* 'bæˑskɨt/ [1965] **s. m. inv.** ● Accorc. di *basketball*.

bàsketball /'basketbol, *ingl.* 'bæˑskɨt,bɔːl/ [loc. ingl., comp. di *basket* 'cesto' (in orig. per frutta) e *ball* 'palla'; 1921] **s. m. inv.** ● Pallacanestro.

†**baṣòffia** ● V. *bazzoffia*.

baṣofilia [comp. di *base* e *-filia*; 1962] **s. f.** ● Proprietà, condizione di ciò che è basofilo.

baṣòfilo [comp. di *base-* e *-filo*; 1962] **agg.** ● (*biol.*) Detto di cellula che presenta affinità per i coloranti basici: *granulo b.* **CONTR.** Acidofilo.

baṣofobìa [vc. dotta, comp. del gr. *básis* 'base, appoggio' e *-fobia*; 1930] **s. f.** ● (*psicol.*) Paura morbosa di camminare o di stare in posizione eretta.

†**bàṣola** **s. f.** ● Basolo.

baṣolàio [1965] **s. m.** (**f.** *-a*) ● Basolatore.

baṣolàto [1955] **s. m.** ● Pavimentazione stradale fatta con basoli.

baṣolatóre [1955] **s. m.** (**f.** *-trice*) ● Operaio pavimentatore.

baṣolatùra [1965] **s. f.** ● Pavimentazione di una strada con basoli.

bàṣolo [da *base*; 1336 ca.] **s. m.** **1** †Basamento, appoggio. **2** Grossa lastra di pietra di origine eruttiva, usata, spec. nell'Italia meridionale, per pavimentazioni stradali.

†**baṣsà** ● V. *pascià*.

bàssa (**1**) [da *basso*, come contrapposto a *alto* 'elevato'; av. 1793] **s. f.** **1** Parte pianeggiante e depressa di una regione geografica: *b. padana*; *b. ferrarese*. **2** (*meteor.*) Zona mobile con pressione atmosferica inferiore ai valori normali. **SIN.** Depressione.

bàssa (**2**) [dal tagliando inferiore da staccare e consegnare; 1881] **s. f.** ● (*mil.*) Lasciapassare: *b. d'uscita*.

bassacórte [adattamento del fr. *basse-cour* 'cortile (*cour*, f.) basso (*basse*)', anche materialmente, destinato alla servitù; 1905] **s. f.** (**pl.** *bassecórti*) ● Spazio attiguo al fabbricato colonico ove si allevano il pollame e altri piccoli animali domestici.

bassadànza [sp. *baja danza*: perché caratterizzata da un passo inclinato, *basso* (?); av. 1530] **s. f.** (**pl.** *bassedànze*) ● Danza lenta del cerimoniale di corte, tipica del XV secolo.

bassanèllo [dal n. dell'inventore, G. *Bassano* (XVI sec.) (?); 1931] **s. m.** ● Strumento musicale simile al fagotto in uso nei secc. XVI e XVII.

†**bassàre** [da *basso*; av. 1294] **A** **v. tr.** ● Abbassare: *questo detto bassò il viso, piagnendo* (BOCCACCIO). **B** **v. intr. pron.** e **rifl.** ● Abbassarsi.

bassàrico [vc. dotta, lat. *Bassăricu(m)* 'di Bacco', dal gr. *bassarikós* '(pelle) propria della volpe (*bassára*, di etim. incerta)' e 'baccante', che di quella pelle si rivestiva; av. 1938] **agg.** (**pl. m.** *-ci*) ● (*lett.*) Bacchico.

bassàride [vc. dotta, lat. *Bassăride(m)* 'baccante', nom. *Băssaris*, dal gr. *bassarís* 'baccante' e 'volpe' (V. *bassarico*); 1584] **s. f.** ● (*lett.*) Baccante, menade.

bassarisco [dal gr. *bossára* 'volpe', di etim. incerta, col suff. dim. *-ískos*; 1950] **s. m.** (**pl.** *-schi*) ● Piccolo mammifero onnivoro dei Carnivori con coda molto lunga ad anelli bianchi e neri che vive nelle regioni sud-occidentali degli Stati Uniti (*Bassariscus astutus*).

basset hound /*ingl.* 'bæsɨt,haond/ [loc. ingl., propr. 'cane da caccia (*hound*) basso (*basset*, di orig. fr.)'; 1987] **loc. sost. m. inv.** (**pl.** ingl. *basset hounds*) ● Cane da caccia con arti corti, corpo molto robusto e allungato e orecchie pendenti.

bassétta [perché gioco basato sulle carte *basse*; sec. XV] **s. f.** ● Antico gioco d'azzardo a carte, simile al faraone.

bassétto [dim. di *basso C*, nel sign. 2; 1829] **s. m.** ● Antico strumento ad arco, tra contrabbasso e violoncello, soppiantato dal contrabbasso | Unito al nome di uno strumento ne indica la voce di tenore o contralto: *corno di b.*

bassézza [av. 1250] **s. f.** **1** (*raro*) Condizione di chi (o di ciò che) è basso | (*fig.*) Pochezza, miseria spirituale, viltà: *b. d'animo*; *b. morale*. **2** †Posizione bassa, depressione del terreno: *nelle bassezze delle valli* (LEONARDO) | (*fig.*) †Condizione sociale umile, inferiore | (*fig.*) †Decadenza politica e sociale | (*fig.*) †Volgarità. **3** (*fig.*) Azione vile e abietta: *è capace di qualsiasi b.*

bassìlico ● V. *basilico* (*1*).

bassina [variante di *bacina* (?); 1931] **s. f.** ● Speciale bacinella rotativa di forma sferica usata nell'industria dolciaria per la preparazione dei confetti.

bassinatóre **s. m.** (**f.** *-trice*) ● Operaio addetto al funzionamento di una bassina.

bassista **s. m.** e **f.** (**pl. m.** *-i*) ● Chi suona una chitarra basso.

♦**bàsso** [lat. tardo *băssu(m)*, d'orig. osca (?); av. 1276] **A** **agg.** (**compar.** di maggioranza: *più basso*, o *inferiore* (V.); **superl.** *bassissimo*, o *infimo* (V.)) **1** Che non si eleva molto rispetto a un piano, in confronto a strutture analoghe: *casa bassa* | ***Statura bassa***, inferiore alla normale | (*est.*) Che occupa una posizione poco elevata: *i quartieri poveri sono nella parte bassa della città* | (*fig.*) ***Fare man bassa di qlco.***, prenderne più che si può | (*fig.*) ***Avere il morale b.***, essere triste, abbattuto | ***Parti basse***, (*eufem.*) i genitali; anche, il sedere | ***Colpo b.***, al di sotto della cintura; (*fig.*) azione sleale. **CFR.** cata-. **CONTR.** Alto. **2** Che è privo di rilievi montagnosi: *regione bassa*. **3** Poco profondo: *fondale b.*; *l'acqua di questo fiume è bassa* | (*fig.*) ***Essere in basse acque***, passarsela male. **CONTR.** Alto. **4** Grave, profondo: *le note basse della scala musicale* | Sommesso: *tono b.*; *voce bassa*. **5** Stretto: *tessuto, nastro b.* | Di esiguo spessore. **6** (*est.*) Pertinente alla parte più tarda di un'epoca storica, dello sviluppo di una lingua e sim.: *b. Impero*; *b. latino*; *b. Medioevo* | Che è in anticipo rispetto al tempo in cui ricorre normalmente, riferito a festività mobile e sim.: *Pasqua bassa* | ***Bassa stagione***, il periodo meno frequentato di una stagione turistica. **CONTR.** Alto. **7** (*est.*) Meridionale: *la bassa Italia* | Che è situato a valle, verso il mare: *b. Polesine* | Vicino alla foce, riferito a un corso d'acqua: *il b. Po*. **8** (*est.*) Che occupa un posto non elevato in una graduatoria di importanza, meriti e sim.: *bassa forza*; *bassa macelleria*; *spirito di bassa lega*; *gente di b. rango*; *i ceti più bassi*; *b. clero* | ***Messa bassa***, non cantata. **CONTR.** Alto. **9** (*est.*) Volgare, meschino, immorale: *bassi scopi*; *bassi istinti*; *persona, azione bassa*. **10** (*est.*) Piccolo, scarso: *b. prezzo, stipendio*; *un b. quoziente di intelligenza*; *pressione bassa*. || **bassaménte**, **avv.** **1** In modo basso, vile. **2** †Umilmente. **B** **avv.** **1** In giù, verso il basso, in una parte bassa: *guardare b.*; *mirare, colpire b.* | ***Volare b.***, a bassa quota (*anche fig.*). **2** Con voce sommessa: *parlare b.* **C** **s. m.** **1** La parte inferiore di qlco.: *l'iscrizione si trova sul b. della colonna* | ***Scendere a b., da b.***, giù, al pianterreno; V. anche *abbasso* e *dabbasso* | ***Cadere in b.***, (*fig.*) ritrovarsi in una misera condizione | (*fig.*) ***Guardare qlcu. dall'alto in b.***, con ostentata alterigia | (*fig.*) ***Gli alti e bassi della vita***, i momenti favorevoli e quelli sfavorevoli. **2** (*mus.*) La voce maschile più grave, che canta nel registro di petto | Cantante con voce di basso: *b. cantante*, *b. comico*, *b. profondo* | Lo strumento più grave di una famiglia: *b. di viola* | Chiave di basso | ***B. continuo***, la parte più grave di una composizione vocale o strumentale del periodo barocco che va realizzata dall'esecutore, cioè armonizzata secondo le regole dell'armonia e affidata a uno o più strumenti (organo in chiesa, clavicembalo in camera, chitarrone, violoncello) | ***B. fondamentale***, la nota più grave dell'accordo scritto o sentito nella forma fondamentale | ***B. ostinato***, basso continuo che ripete variamente una stessa formula melodica | ***B. cifrato*** o ***b. numerato***, basso continuo sulle cui note sono indicate con cifre gli intervalli caratteristici degli accordi di accompagnamento | ***B. dato***, indicazione delle note di basso che rappresentano la struttura armonica e melodica su cui si dovrà svolgere la composizione, usata nelle improvvisazioni e nella didattica | (*per anton.*) Chitarra elettrica cui è affidata, in un complesso, la voce più grave dell'accompagnamento ritmico. **3** A Napoli, locale d'abitazione seminterrato, con porta di ingresso a livello stradale. **4** (*pesca*) ***B. di lenza***, finale. || **bassétto**, **dim.** | **bassino**, **dim.** | **bassòtto**, **dim.** (V.) | **bassùccio**, **dim.**

bassofóndo [fr. *bas-fond*, comp. di *bas* 'basso' e *fond* 'fondo'; 1846] **s. m.** (**pl.** *bassifóndi*) **1** Zona del mare poco profonda, con banchi o secche pericolose per la navigazione. **2** (*al pl.*, *fig.*, *raro*) Strati sociali inferiori che vivono ai margini della legge | I luoghi, i quartieri cittadini abitati o frequentati dalla malavita: *i bassifondi della metropoli*.

bassopiàno [comp. di *basso* e *piano*; 1661] **s. m.** (**pl.** *bassipiàni* o *bassopiàni*) ● Estesa regione pianeggiante poco elevata sul livello del mare.

bassorilièvo [comp. di *basso* e *rilievo*; av. 1519] **s. m.** (**pl.** *bassorilièvi* o raro *bassirilièvi*) ● Rappresentazione scultoria a rilievo, in cui le forme sporgono di poco dal piano di fondo.

♦**bassòtto** [1585] **A** **agg.** ● Dim. di *basso*. **B** **s. m.** ● Cane da tana con pelo raso, arti cortissimi, corpo molto allungato, forte e muscoloso.

bassotùba o **bàsso tùba** [per la funzione di *basso* che assume lo strumento a fiato chiamato generalmente *tuba*; 1970] **s. m. inv.** ● (*mus.*) Principale rappresentante del gruppo delle tube nella famiglia dei flicorni, usato dall'orchestra e dalla banda moderna. **SIN.** Tuba bassa. ➡ **ILL. musica.**

bassovèntre o **bàsso vèntre** [comp. di *basso* e *ventre*; 1955] **s. m.** (**pl.** raro *-i*) ● Parte inferiore dell'addome | (*est. eufem.*) Organi genitali esterni.

bass reflex /*ingl.* 'beɪs ɹɪ'fleks/ [loc. ingl., propr. 'riflesso (*reflex*) di tono basso (*bass*)'; 1974] **loc. sost. m. inv.** ● Tecnica di realizzazione di altoparlanti per alta fedeltà che consente una resa migliore delle frequenze più basse.

bassùra [da *basso* con contrapposizione ad *altura*; sec. XIV] **s. f.** **1** (*raro*) Bassopiano, avvallamento: *la superficie lunare … piena di eminenze e bassure* (GALILEI). **2** (*raro*, *fig.*) Bassezza morale.

bàsta (**1**) o (*raro*) **bàstia** (**1**) [da *bastire*; av. 1756] **s. f.** **1** Cucitura a punti lunghi, propria dell'imbastitura. **2** Piega in dentro, fatta a una veste per accorciarla o per poterla poi allungare.

♦**bàsta** (**2**) [da *bastare*, forma nel contempo impersonale e imperativale; 1598] **A** **inter.** ● Si usa per imporre silenzio o per porre termine a un discorso o per esigere la cessazione di qlco., anche con il valore concl. di 'insomma': *b.! state zitti!*; *b. con queste lamentele!*; *b., per farla breve, decisi di fare tutto da solo*; *sono brutte situazioni ma b.! cambiamo discorso* | ***Ma b. là, oh b. là***, (*sett.*) per esprimere meraviglia, stupore. **B** **cong.** ● Purché, a condizione di (introduce una prop. condiz. con il v. al congv. o all'inf.): *otterrete il permesso, b. non insistiate*; *si riesce a fare anche le cose molto difficili, b. insistere*. **C** nella **loc. cong.** ***b. che*** ● Purché, a condizione che (introduce una prop. condiz. con il v. al congv.): *fai quello che vuoi, b. che tu non esageri*. **D** in funzione di **sost.**, nella **loc.** (*fam.*) ***averne*** (***a***) ***b. di…***, averne abbastanza, non poterne più.

†**bastàgio** o †**vastàso** [gr. *bastásios, da *bastázein* 'portare (un carico)'; av. 1312] **s. m.** ● Facchino.

bastàio [da *basto*; 1853] **s. m.** (**f.** *-a*) ● Chi fabbrica o vende basti.

bastànte [av. 1471] **part. pres.** di *bastare*; anche **agg.** ● Che basta, sufficiente: *non aveva mezzi bastanti per mantenere la famiglia*. || **bastanteménte**, **avv.** A sufficienza.

†**bastànza** [da *bastare*; av. 1306] **s. f.** ● Sufficienza | (*raro*) Durata | ***A b.***, abbastanza.

bastàrda [f. sost. di *bastardo*; 1938] **s. f.** **1** (*spreg.*) f. di *bastardo*, sign. 1. **2** Tipo di scrittura caratterizzata da una forte inclinazione a destra, dalle aste grosse all'inizio e terminanti in punte sottili e acute. **3** Barcone delle tonnare che manovra le reti con un argano durante la mattanza. **4** Cannone dotato di canna molto corta rispetto al calibro.

bastardàggine [1673] **s. f.** ● (*spreg.*) Condizione di chi (o di ciò che) è bastardo.

bastardèlla [da *bastardo A* nel sign. 3 'irregolare'; 1738] **s. f.** ● Recipiente di terracotta o di rame stagnato più fondo del tegame, per cuocere la carne.

bastardèllo [da *bastardo A* nel sign. 3, 'eterogeneo' per il carattere vario delle annotazioni; sec. XV] **s. m.** ● Registro di note tenuto anticamente da notai o da pubblici ufficiali.

bastàrdo [ant. fr. *bastard*, di etim. incerta; av. 1306] **A agg.** *1* (*spreg.*) Nato da genitori non legittimamente coniugati: *figlio b.* **SIN.** Illegittimo. *2* Detto di animale o vegetale nato da incrocio fra due razze diverse. *3* (*fig.*) Spurio, non schietto: *parole bastarde* | Molto brutto, molto negativo: *tempi bastardi* | Irregolare, eterogeneo, che si discosta dal modello comune: *caratteri tipografici bastardi* | (*tecnol.*) ***Lima bastarda***, usata per lavori di sgrossatura e sbavatura, è al secondo posto nella classificazione delle lime per grossezza di taglio. *4* (*mar.*) ***Vela bastarda***, vela latina più grande, usata sulle galee | ***Galea bastarda***, di grandi dimensioni. **B s. m.** (**f.** *-a*) *1* (*spreg.*) Figlio nato da un'unione illegittima | Usato spesso come epiteto ingiurioso: *taci, b.!*; *maledetto b.!* *2* Animale, spec. cane, bastardo. || **bastardàccio**, **pegg.** | **bastardèllo**, **dim.** | **bastardino**, **dim.** | **bastardóne**, **accr.** | **bastardùccio**, **dim.**

bastardùme [av. 1320] **s. m.** *1* (*spreg.*) Progenie bastarda | (*est.*) Bastardaggine. *2* (*est.*) Insieme di persone o cose spregevoli o eterogenee.

♦**bastàre** [lat. parl. **bastāre*, dal gr. *bastázein* 'portare, sostenere' (?); 1253] **A v. intr.** (aus. *essere*) ● Essere sufficiente: *i soldi non ti bastano mai* | ***Quel tanto che basta***, che è necessario | ***Mi basta, non mi basta l'animo***, ho, non ho, il coraggio | (*est.*) Durare, resistere: *questa somma mi basterà per un mese.* **B v. intr. impers.** ● Essere sufficiente: *bastava dirmelo e avrei provveduto* | ***E non basta!***, e c'è dell'altro, di più | V. anche *basta* e *basta che* | ***Quanto basta***, in ricette di cucina, in preparati farmaceutici e sim., quanto è sufficiente a raggiungere un limite determinato o voluto (in sigla, q.b.): *aggiungere latte quanto basta*; (*fig.*) sufficientemente: *è scaltro quanto basta per non farsi infinocchiare.*

†**bastèrna** [vc. dotta, lat. tardo *bastĕrna(m)*, da *bastum* 'bastone' (?); 1319] **s. f.** ● Tipo di lettiga | Carro.

bastétto [1933] **s. m.** *1* Dim. di *basto*. *2* (*mar.*, *raro*) Lista di legno presso la murata sul ponte di alcune navi.

bastévole [da *bastare*; 1336 ca.] **agg.** ● (*lett.*) Bastante. || **bastevolménte**, **avv.** Sufficientemente, abbastanza.

bàstia (1) ● V. *basta* (*1*).

bastia (2) o **bastida**, **bastita** [ant. provz. *bastida*, da *bastir* 'bastire, costruire (una casa)'; sec. XIII] **s. f.** ● Piccola fortezza di forma quadra, chiusa intorno da un fossato e da un terrapieno.

bastiàn contràrio [comp. di *bastian*, abbreviazione familiare di Sebastiano, e *contrario*; 1905] **loc. sost. m.** (**pl.** *bastiàn contràri*) ● (*sett.*) Oppositore programmatico, contraddittore per partito preso o per il gusto di distinguersi.

bastida ● V. *bastia* (*2*).

bastiménto [da *bastire*; 1681] **s. m.** *1* Nome generico delle imbarcazioni a vela o a motore più grandi delle barche: *partono i bastimenti*; *è arrivato un b. carico di ...*; *b. di linea, da battaglia* | Comunemente, nave. *2* (*est.*) Quantità di merci contenuta in un bastimento: *un b. di grano.* || **bastimentino**, **dim.**

bastingàggio [fr. *bastingage*, da *bastingue*, dal provz. *bastengo*, da *bastir* 'bastire'; 1847] **s. m.** ● Impavesata.

bastionàre [av. 1565] **v. tr.** (*io bastióno*) ● (*raro*) Fortificare con bastioni.

bastionàta [av. 1642] **s. f.** *1* Complesso di bastioni. *2* (*est.*) Grande muraglia rocciosa.

bastionatùra **s. f.** ● Il bastionare | Bastionata.

bastióne [fr. *bastillon*, dim. di *bastille*, adattamento del provz. *bastide* (V. *bastia* (*2*)); 1520] **s. m.** *1* Opera di fortificazione costituita da una massa di terra, piena o vuota nel mezzo, incamiciata di mattoni o di pietre, disposta ordinatamente agli angoli del recinto delle fortezze, con angolo saliente verso la campagna. ➡ **ILL.** p. 2121 ARCHITETTURA. *2* (*fig.*) Riparo, difesa. || **bastioncèllo**, **dim.**

†**bastire** [ant. fr., provz. *bastir*, dal germ. **bastjan* 'tessere, intrecciare'; sec. XIV] **v. tr.** ● Costruire, fabbricare.

bastita ● V. *bastia* (*2*).

bàsto [lat. *băstu(m)*, denom. del grecismo **bastāre* 'portare un peso' (V. *bastare*); av. 1320] **s. m.** *1* Rozza sella imbottita, con arcioni alti, usata soprattutto per cavalcare muli e asini | Bardatura delle bestie da soma, per assicurarvi il carico. *2* (*fig.*, *lett.*) Peso eccessivo e ingrato: *avere, portare il b.* | (*fig.*, *lett.*) Oppressione | ***Mettere il b.***, ridurre in soggezione | ***Non portare il b.***, non essere schiavo di nessuno. *3* ***B. rovescio***, cunetta per lo scolo delle acque, nelle strade lastricate. || **bastétto**, **dim.** (V.) | **bastina**, **dim. f.**

bastonàbile [1827] **agg.** ● (*raro*, *lett.*) Meritevole d'una bastonatura.

bastonàre [da *bastone*; 1353] **A v. tr.** (*io bastóno*) *1* Percuotere con un bastone | (*est.*) Picchiare: *lo hanno bastonato di santa ragione.* **SIN.** Battere, legnare. *2* (*fig.*) Attaccare con critiche violente, strapazzare: *con poche parole l'hanno proprio bastonato* | ***B. l'organo, il violino***, suonarli male. **B v. rifl. rec.** ● Percuotersi l'un l'altro, spec. con bastoni: *si stanno bastonando.*

bastonàta [av. 1350] **s. f.** *1* Colpo, percossa data con un bastone: *prendere una bella b.*; *fare a* (*o alle*) *bastonate.* **SIN.** Bussa, legnata. *2* (*fig.*) Batosta: *prendere una b. in affari*; *la malattia è stata una vera b. per lui.* || **bastonatina**, **dim.**

bastonàto [1353] **part. pass.** di *bastonare*; anche **agg.** *1* Nei sign. del v. *2* (*raro*) Rotto di fatica | ***Sembrare un cane b.***, essere triste e avvilito.

bastonatóre [1697] **s. m.**; anche **agg.** (**f.** *-trice*) ● (*raro*, *lett.*) Chi (o Che) bastona.

bastonatùra [1738] **s. f.** *1* Il bastonare, il venire bastonato. *2* (*fig.*) Danno, batosta.

bastoncèllo [av. 1320] **s. m.** *1* Dim. di *bastone.* *2* Panino bislungo. *3* (*tipogr.*) Bastoncino. *4* (*al pl.*) Stecche maestre del ventaglio. *5* (*biol.*) Ciascuno degli apici cilindrici delle cellule recettrici della retina, responsabili della visione a bassa intensità luminosa. **CFR.** Cono.

♦**bastoncino** [1550] **s. m.** *1* Dim. di *bastone.* *2* Racchetta da sci. ➡ **ILL.** p. 2159 SPORT. *3* (*arch.*) Astragalo. *4* (*edil.*) Tondino, nelle armature. *5* (*anat.*) Ciascuno dei terminali del nervo ottico all'interno dell'occhio. *6* (*tipogr.*) Carattere tipografico più piccolo di quello a bastone. *7* (*al pl.*) ***Bastoncini di pesce***®, marchio registrato di alimento costituito da polpa di pesce tritata e impanata in piccole forme rettangolari, da mangiarsi fritte.

♦**bastóne** [lat. parl. **bastōne(m)*, parallelo di *băstum* 'basto' (V.); av. 1306] **s. m.** *1* Ramo d'albero arrotondato e lavorato, od oggetto allungato, anche non di legno, usato per appoggiarsi camminando e come arma: *b. nodoso*; *b. da passeggio, da montagna*; *minacciare qlcu. con il b.*; *un colpo di b.* | ***B. bianco***, quello usato dai ciechi | ***B. animato***, cavo e contenente una lama | (*fig.*) ***Mettere i bastoni fra le ruote a qlcu.***, creargli delle difficoltà | ***Usare il b. e la carota***, (*fig.*) alternare la maniera dura a quella dolce. *2* Insegna di autorità, spec. militare: *b. di maresciallo di Francia* | ***B. vescovile***, pastorale | ***Bastone di Esculapio***, caduceo | ***Avere il b. del comando***, (*fig.*) essere la massima autorità, comandare. *3* Ciascuno dei vari tipi di attrezzo sportivo usato per tirare, colpire, respingere palle, palline, dischi e sim.: *b. da golf* | In ginnastica, barra cilindrica di ferro pieno con cui si eseguono esercizi a corpo libero. ➡ **ILL.** p. 2154 SPORT. *4* (*spec. al pl.*) Uno dei quattro semi delle carte da gioco italiane e dei tarocchi. *5* (*fig.*) Aiuto, sostegno: *sarai il b. della mia vecchiaia.* *6* Pane di forma allungata. **SIN.** Filone, sfilatino. *7* (*arald.*) Banda diminuita a un terzo della sua larghezza. *8* (*arch.*) Toro (3). *9* (*tipogr.*) ***Carattere a b.***, carattere tipografico privo di grazia, con aste di spessore costante. || **bastoncèllo**, **dim.** (V.) | **bastoncétto**, **dim.** | **bastoncino**, **dim.** (V.) | **bastoncióne**, **accr.** | **bastonciòtto**, **dim.** | †**bastonèllo**, **dim.** | †**bastonétto**, **dim.** | **bastonùccio**, **dim.**

†**bastracóne** [etim. discussa: da *bastagio* (?); av. 1400] **s. m.** ● Uomo grosso e forzuto.

batacchiàre [av. 1400] **v. tr.** (*io batàcchio*) ● (*raro*) Colpire col batacchio | (*est.*) Bastonare.

batacchiàta [av. 1400] **s. f.** ● (*raro*) Colpo di batacchio | (*est.*) Percossa.

batàcchio o (*raro*) **battàcchio** [lat. parl. **battuāculu(m)*, da *bāttuere* 'battere'; av. 1484] **s. m.** *1* Bastone usato per bacchiare. *2* Battaglio di campana. *3* Anello di ferro o altro arnese infisso sulle porte per bussare o per ornamento. **SIN.** Battiporta, picchiotto.

bàtalo o **bàtolo** [etim. incerta; 1353] **s. m.** ● Lista di panno portata anticamente sulla toga da dottori e magistrati | Falda del cappuccio medievale.

batàta [da una vc. delle Antille; av. 1557] **s. f.** *1* Pianta erbacea delle Convolvulacee con fiori riuniti in gruppetti e radici a tubero. ➡ **ILL.** **piante**/8. *2* Il tubero della pianta omonima, farinoso e zuccherino, usato nell'alimentazione umana e animale. **SIN.** Patata americana, patata dolce.

batàvo o **bàtavo** [vc. dotta, lat. *Batāvu(m)*, di etim. incerta; av. 1768] **A agg.** ● Dei Batavi, antica popolazione dell'Olanda meridionale. **B s. m.** (**f.** *-a*) ● Chi appartiene alla popolazione batava.

batch /ingl. bætʃ/ [vc. ingl., nella loc. *batch processing* 'elaborazione a blocchi'; 1972] **agg. inv.** ● (*elab.*) Detto di procedura che si svolge senza l'intervento dell'operatore | Detto di file che contiene una sequenza di comandi, che vengono eseguiti automaticamente.

batch processing /ingl. 'bætʃ,pɹəʊsesɪŋ/ [vc. ingl., propr. 'elaborazione a blocchi'; 1983] **loc. sost. m. inv.** ● (*elab.*) Elaborazione a posteriori e su dati preventivamente raggruppati.

bateau-mouche /fr. ba,to'muʃ/ [vc. fr., comp. di *bateau* 'battello' e *mouche* 'mosca', così chiamato per la sua piccolezza; 1984] **s. m. inv.** (**pl.** fr. *bateaux-mouche*) ● A Parigi, battello fluviale che trasporta passeggeri in gita turistica lungo la Senna.

bàti- [dal gr. *batýs* 'profondo', di orig. oscura] primo elemento ● In parole composte della terminologia scientifica significa 'profondo' o 'profondità': *batiscafo, batisfera.*

batida /port. °ba'tiða, ba'tʃida/ [vc. port., propr. '(s)battuta, frullato', dal v. *bater* 'battere'] **s. f. inv.** (**pl.** port. *batidas*) ● Bevanda di origine brasiliana costituita da una miscela di succo di frutta e alcol, gener. di canna da zucchero.

batigrafia [comp. di *bati-* e *-grafia*; 1962] **s. f.** ● Scienza che studia la profondità dei mari e dei laghi.

batigràfico [1955] **agg.** (**pl. m.** *-ci*) ● Relativo alla batigrafia.

batik [giavanese *batik* 'disegno'; 1927] **s. m. inv.** ● Procedimento indonesiano di colorazione delle stoffe, consistente nell'immergere il tessuto in bagni di colore, avendo prima ricoperto con cera liquida le parti destinate a rimanere incolori | Il prodotto così ottenuto.

batimetria [vc. dotta, comp. di *bati-* e *-metria*; 1913] **s. f.** ● Parte dell'oceanografia che riguarda la misurazione scientifica della profondità delle acque marine e lacustri.

batimètrico [1934] **agg.** (**pl. m.** *-ci*) ● Relativo alla batimetria.

batìmetro [vc. dotta, comp. di *bati-* e *-metro*; 1913] **s. m.** ● Scandaglio per misurare le profondità delle acque.

batiscàfo [vc. dotta, comp. di *bati-* e *scafo*; 1948] **s. m.** ● Piccolo sommergibile per esplorare le profondità marine.

batisfèra [vc. dotta, ingl. *bathysphere*, comp. di *bathy-* 'bati-' e *sphere* 'sfera'; 1934] **s. f.** ● Cabina metallica sferica, atta a resistere a forti pressioni, per esplorare le profondità marine.

batìsta o **battista** (1) [fr. *batiste*, prob. da *Baptiste*, nome del primo fabbricante di questa stoffa; av. 1704] **A s. f.** ● Tessuto con armatura a tela, assai fine: *b. di lino.* **B** in funzione di **agg.** ● (posposto al s.): *tela b.*

†**batistèo** ● V. *battistero.*

batmòtropo [comp. del gr. *bathmós* 'passo', 'grado' e *-tropo*, perché si riferisce al grado di eccitabilità del muscolo cardiaco; 1962] **agg.** ● (*fisiol.*) Che è in grado di eccitare le fibre muscolari, spec. con riferimento all'attività cardiaca: *alcuni farmaci hanno un effetto b.*

bàto-, -bato [dal gr. *báthos* 'profondità' (V. *bati-*)] primo o secondo elemento ● In parole composte della terminologia scientifica significa 'profondità' o 'abbassamento': *batometro, batosfera, isobato.*

batòcchio [lat. parl. **battŭculu(m)*, da *băttuere* 'battere'; av. 1557] **s. m.** *1* Grosso bastone | Bastone per i ciechi. *2* Batacchio di campana. *3* Battiporta.

batòcio [corrispondente veneto di *battocchio*] **s. m.** ● (*venez.*) Grosso bastone a forma di spatola, usato spec. dalle maschere della commedia dell'arte.

batofobìa [comp. di *bato-* e *fobia*; 1988] **s. f.** ● (*psicol.*) Paura morbosa del vuoto.

Batoidèi [comp. del gr. *bátos* 'pesce razza', forse di orig. preindeur., e *-oidei*; 1950] **s. m. pl.** (**sing.** *-eo*) ● Nella tassonomia animale, ordine di Pesci cartilaginei dal corpo appiattito, cui appartengono le razze e le torpedini (*Batoidei*).

batolìte [comp. di *bato-* e del gr. *líthos* 'pietra'; 1913] **s. f.** ● Corpo geologico di grandi dimensioni, affiorante per almeno 100 km^2 che, in profondità, si collega al sial.

bàtolo ● V. *batalo.*

batometrìa [comp. di *bato-* e *-metria*; 1962] **s. f.** ● Batimetria.

batomètrico [1962] **agg.** (**pl. m.** *-ci*) ● Batimetrico.

batòmetro [comp. di *bato-* e *-metro*; 1865] **s. m.** ● Batimetro.

batoscòpico [1950] **agg.** (**pl. m.** *-ci*) ● Atto a esplorare le profondità dei mari e dei laghi | ***Sfera batoscopica***, batisfera.

batosfèra [vc. dotta, comp. di *bato-* e *sfera*; 1936] **s. f.** ● Batisfera.

batòsta [da *battere*; 1340] **s. f.** ***1*** (*raro*) Percossa | (*est., lett.*) Lite, zuffa: *di spade e di baston ferrati / era sì grande la b.* (BOCCACCIO). ***2*** (*fig.*) Sconfitta | Grave disgrazia o danno negli affari o nella salute: *non si è ancora ripreso dalla b.* || **batostìna**, **dim.**

bàtrace o **batràce** o **batràcio**, **bàtraco** [vc. dotta, gr. *batrácheios* 'relativo alla rana (*bátrachos*)', di etim. incerta; 1819] **s. m.** ● (*lett.*) Rana, rospo.

Batracoidifórmi [comp. del gr. *bátrachos* 'rana' con i suff. *-oide* e *-forme*; 1965] **s. m. pl.** (**sing.** *-e*) ● Nella tassonomia animale, ordine di Pesci ossei aventi la parte anteriore del corpo più pronunciata della posteriore e la superficie vischiosa e priva di scaglie (*Batracoidiformes*).

batracomiomachìa [vc. dotta, gr. *batrachomyomachía*, comp. di *bátrachos* 'rana', *mŷs* 'topo' e *máchē* 'battaglia'; dal titolo di un poemetto comico della letteratura classica greca; 1723] **s. f.** ● (*lett.*) Contesa futile e ridicola.

battàcchio ● V. *batacchio.*

battage /fr. ba'taʒ/ [vc. fr., propr. 'battitura', dal v. *battre* nell'espressione *battre la grosse caisse* 'battere la grancassa'; 1935] **s. m. inv.** ● Massiccia campagna pubblicitaria | (*est.*) Pubblicità chiassosa ed esagerata attorno a qlcu. o qlco.

♦**battàglia** [lat. tardo *batt(u)ālia(m)*, deriv., attrav. l'agg. *battuāle(m)*, di cui rappresenta il s. m. pl. (*battuālia* 'esercizi di soldati e gladiatori'), da *bàttere* 'battere'; av. 1276] **s. f.** ***1*** Scontro armato tra eserciti o grandi unità nemiche: *b. offensiva, difensiva, controffensiva*; *b. aerea, terrestre*; *b. d'incontro, d'arresto*; *dare, ingaggiare, attaccare, accettare, rifiutare b.* **CFR.** -machia. **SIN.** Combattimento, conflitto | ***B. campale***, quella combattuta in campo aperto tra gli eserciti contrapposti; (*fig.*) impresa difficile, scontro decisivo | ***B. di retroguardia***, (*fig.*) polemica condotta su posizioni arretrate o su temi non più attuali | ***B. navale***, gioco per ragazzi in cui ciascuno dei giocatori tenta di individuare la posizione delle navi dell'avversario, segnate su una tabella quadrettata o disposte in sagoma su una scacchiera | ***Campo di b.***, luogo dove avviene o è avvenuta una battaglia; (*est.*) luogo in cui regna il disordine: *la camera dei ragazzi è un campo di b.* | ***Da b.***, (*fig.*) detto di oggetti o capi d'abbigliamento molto robusti, destinati a un uso continuo: *una giacca, una borsa da b.* ***2*** (*fig.*) Contrasto, lotta: *la vita è una continua b.* | Conflitto sentimentale: *il dì che la b. / d'amor sentii la prima volta* (LEOPARDI) | ***Nome di b.***, soprannome spesso adottato da chi combatte clandestinamente: *la 'Pasionaria' fu nome di b. di Dolores Ibarruri* | ***Cavallo di b.***, (*fig.*) materia, lavoro in cui si eccelle; pezzo forte. ***3*** Grande campagna propagandistica per il raggiungimento di un determinato fine: *la b. del grano*; *la b. per il disarmo.* ***4*** †Schiera di soldati | Battaglione. ***5*** Composizione musicale polifonica su testi descriventi scene di battaglia. || **battagliàccia**, **pegg.** | **battagliètta**, **dim.** | **battagliùccia**, **battagliùzza**, **dim.**

battagliànte [av. 1729] **A** **part. pres.** di *battagliare*; anche **agg.** ● (*raro*) Nei sign. del v. **B** **s. m.** ● (*raro, lett.*) Combattente.

battagliàre [sec. XIV] **v. intr.** (*io battàglio*; aus. *avere*) ● (*lett.*) Prendere parte a una battaglia | (*est.*) Combattere, lottare, disputare: *b. con sottili argomenti.*

battagliatóre [sec. XIV] **s. m.**; anche **agg.** (**f.** *-trice*) ● (*raro, lett.*) Combattente.

†**battaglière** [av. 1347] **A** **s. m.** ● (*raro, lett.*) Chi combatte | Guerriero. **B** **agg.** ● V. *battagliero.*

battaglierésco [av. 1290] **agg.** (**pl. m.** *-schi*) ● (*lett.*) Pertinente a battaglia | Bellicoso, battagliero.

battaglièro o †**battaglière** [av. 1320] **agg.** ● Bellicoso, pugnace: *esercito, giovane b.* | (*fig.*) Polemico, combattivo: *animo, temperamento b.*

†**battagliévole** [av. 1332] **agg.** ● Pertinente a battaglia | Bellicoso, battagliero. || **battaglievolménte**, **avv.** Per via di battaglia.

battàglio [provz. *batalh*, che corrisponde, per orig. e sign., a *battacchio* (V.); av. 1400] **s. m.** ***1*** Ferro che pende dentro la campana per farla suonare | ***Capo del b.***, parte più grossa che batte sulla campana. ***2*** Batacchio, battiporta, picchiotto. || **battaglìno**, **dim.** | **battaglióne**, **accr.** | **battagliùccio**, **dim.**

battagliòla o (*lett.*) **battagliuòla** [da *battaglia*: perché di difesa durante la *battaglia* (?); 1602] **s. f.** ● Ringhiera costituita da cavi metallici (*draglie*) tesi tra paletti metallici (*candelieri*) posta sul bordo dei ponti scoperti delle imbarcazioni.

battaglióne [da *battaglia* nel sign. 4; 1520] **s. m.** ● (*mil.*) Nell'esercito italiano, unità tattica fondamentale della fanteria, costituita da più compagnie e comandata da un maggiore o da un tenente colonnello.

battagliuòla ● V. *battagliola.*

battàna [da †*batto*; 1908] **s. f.** ● Piccolo battello a fondo piatto usato nelle lagune venete e di Comacchio.

battellière [fr. *batelier*, da *batel* 'battello'; 1598] **s. m.** ● Chi pilota un battello.

♦**battèllo** [ant. fr. *batel*, dim. dell'anglosassone *bât* 'imbarcazione'; av. 1350] **s. m.** ***1*** Imbarcazione generalmente a motore adibita a particolari impieghi: *b. da pesca, b. pilota* | ***B. porta***, cassone galleggiante che può essere affondato per chiudere bacini di carenaggio | Imbarcazione a remi o a vela che, in passato, era all'ordine di una grande nave a vela | ***B. pneumatico***, gommone. ➡ **ILL. vigili del fuoco.** ***2*** Barchettone. || **battellétto**, **dim.** | **battellìno**, **dim.** | **battellóne**, **accr.**

battentatùra [da *battente*; 1955] **s. f.** ● Elemento ligneo aggettante della parte inferiore esterna dei battenti di porte e finestre per assicurarne la chiusura e l'impenetrabilità all'acqua.

battènte [av. 1396] **A** **part. pres.** di *battere*; anche **agg.** ***1*** Nei sign. del v. | ***Pioggia b.***, abbondante e insistente. ***2*** ***A tamburo b.***, (*fig.*) con grande rapidità e decisione. **B** **s. m.** ***1*** Imposta di porta o di finestra | Parte dello stipite su cui battono la porta o la finestra quando si chiudono | ***Chiudere i battenti***, (*fig.*) cessare un'attività: *l'azienda ha dovuto chiudere i battenti per le difficoltà economiche.* ***2*** Incavo di una cornice o di una specchiera, ove s'incastra il quadro o il cristallo. ***3*** Batacchio, battiporta, picchiotto. ***4*** Parte del telaio per tessitura che serve da appoggio alla navetta nel suo moto e serra fortemente la trama dopo il suo passaggio. ***5*** Pezzo mobile che batte le ore sulla campana, negli orologi a suoneria. ***6*** Lembo della campana contro cui picchia il battaglio. ***7*** Lato mobile di una cassa, da alzarsi e abbassarsi. ***8*** Bordura esterna della tasca tagliata: *tasca a b.* ***9*** (*idraul.*) Differenza di quota fra la superficie libera di un bacino e il punto più alto di un'apertura sommersa | ***Bocca a b.***, apertura praticata nella parete di un bacino contenente del liquido, che risulta totalmente sommersa. || **battentìno**, **dim.** (V.).

battentìno [1935] **s. m.** ***1*** Dim. di *battente.* ***2*** Passamano usato nella bordatura di cuscini.

♦**bàttere** [lat. *bàttuere*, attrav. il lat. parl. *bàttere*, di etim. sconosciuta; av. 1250] **A** **v. tr.** (**pass. rem.** *battéi*; **part. pass.** *battùto*) ***1*** Effettuare una serie di colpi su qlcu. o qlco., con vari mezzi e per vari fini: *b. il cavallo con la frusta, un chiodo col martello*; *Caron dimonio … / batte col remo qualunque s'adagia* (DANTE *Inf.* III, 109-111) | ***B. i panni, i tappeti***, spolverarli | ***B. il grano***, trebbiarlo | ***B. i frutti***, bacchiarli | ***B. la carne***, pestarla | ***B. la verdura***, tritarla | ***B. la porta***, bussare | ***B. un colpo***, nelle sedute spiritiche, detto di spirito evocato che segnala la sua presenza: *se ci sei, batti un colpo*, (*anche scherz.*) | ***B. una punizione, un fallo laterale, un rigore***, nel calcio e sim., effettuarne il tiro | ***B. moneta***, coniarla | ***B. a macchina***, o (*assol.*) *battere*, dattilografare | ***B. il tamburo***, suonarlo | ***B. la grancassa***, (*fig.*) fare gran pubblicità | ***B. cassa***, (*fig.*) chiedere soldi | ***B. banco***, (*fig.*) tenerlo, in giochi di carte e sim. | ***B. il chiodo***, (*fig.*) insistere sullo stesso argomento | ***B. il ferro finché è caldo***, (*fig.*) insistere approfittando della situazione favorevole | ***B. l'acqua nel mortaio***, (*fig.*) affaticarsi inutilmente | ***B. la fiacca***, (*fig.*) evitare la fatica, lavorare poco e svogliatamente | ***B. i tacchi***, (*fig.*) fuggire | ***B. i denti***, per freddo, paura e sim. | ***B. le mani***, applaudire | ***B. i piedi***, di bambino bizzoso; (*fig.*) di adulto caparbio, ostinato | ***B. il naso***, (*fig.*) imbattersi | ***B. il capo***, (*fig.*) ostinarsi in qlco. senza riuscirci | ***Non sapere dove b. il capo***, (*fig.*) essere disperato; non sapere che fare | ***Battersi il petto***, (*fig.*) pentirsi | ***Battersi i fianchi***, (*fig., lett.*) esaltarsi a freddo, artificialmente | †***Battersi il fianco***, rammaricarsi | ***Non batter ciglio***, (*fig.*) rimanere imperturbabile | ***Senza batter ciglio***, (*fig.*) con impassibilità, senza scomporsi | ***B. le ali, le penne***, prendere il volo (*anche fig.*) | ***In un batter d'occhio, di ciglio, di palpebre, d'ali***, (*fig.*) in un attimo | ***B. bandiera***, nelle navi, inalberarla, portarla spiegata | ***B. il passo***, segnarlo ritmicamente coi piedi sul terreno | ***B. il tempo***, in musica, dirigerlo, marcarlo | ***B. le ore***, scandirle con rintocchi | ***B. la diana, la ritirata***, darne il segnale con suoni di tromba o rulli di tamburo | ***B. una fortezza, una città***, colpirla ripetutamente con tiro d'artiglieria o altri mezzi di offesa bellica | ***B. in breccia***, dirigere i tiri delle artiglierie in un solo luogo per far breccia; (*fig.*) sconfiggere, superare nettamente | ***Essere battuto dal vento***, di luogo dove il vento soffia con forza. ***2*** Percorrere: *b. la via, il cammino* | (*fig.*) ***B. la strada degli impieghi, dello studio***, dedicarsi a tali carriere | Frequentare, girare, scorrere: *b. la città, il mercato* | Perlustrare: *b. la campagna* | ***B. una pista da sci***, rendere la neve compatta percorrendola sistematicamente con gli sci o con il gatto delle nevi | ***B. il marciapiede***, (*assol.*) *battere*, (*fig.*) esercitare la prostituzione per strada. ***3*** (*fig.*) Vincere: *b. il nemico, l'orgoglio altrui*; *b. qlcu. in velocità*; *Italia batte Bulgaria 2 a 0* | Superare: *b. un primato, il record degli incassi* | †Abbattere | †Umiliare: *Iddio glorioso … i peccatori batte e gastiga* (DANTE). ***4*** Dominare, essere a cavaliere su una zona di territorio: *fece una fortezza … in su una punta di colle, e per questo batteva tutto il porto e gran parte della città di Genova* (MACHIAVELLI). ***5*** (*lett.*) Lambire, bagnare, toccare, detto del mare, dell'onda: *il mare detto Terreno … che colle sue rive batte la contrada di Maremma* (VILLANI). **B** **v. intr.** (aus. *avere*) ***1*** Cadere con insistenza, con violenza: *sul castello di Verona / batte il sole a mezzo giorno* (CARDUCCI); *la pioggia batte sui vetri* | Bussare: *b. alla porta* | Pulsare, palpitare: *il polso batte regolarmente*; *il cuore mi batteva per l'emozione.* ***2*** Sbattere, urtare contro qlco. | ***B. in testa***, detto del rumore caratteristico prodotto, nei motori a scoppio, da una combustione irregolare. ***3*** Effettuare la battuta, nel tennis, nel baseball e in altri sport di palla. ***4*** Rintoccare: *all'orologio del campanile battevano le quattro.* ***5*** (*fig.*) Insistere: *non si stancherà di b. su questi principi* | ***B. su un tasto, sullo stesso tasto***, insistere sulla stessa questione | †Tendere, andare a parare: *l'instanza di questo filosofo batte qua* (GALILEI). ***6*** Fuggire, svignarsela, nella loc. ***b. in ritirata*** | ***Battersela***, andarsene via di nascosto, svignarsela. **C** **v. intr. pron.** ***1*** Lottare, combattere: *battersi per un'idea, per vincere.* ***2*** (*raro*) Imbattersi: *battersi in qlcu.* **D** **v. rifl. rec.** ● Combattere, duellare: *battersi all'ultimo sangue.* **E** in funzione di **s. m.** solo **sing.** ● (*mus.*) Nella loc. ***In b.***, che indica i tempi forti di una battuta. **CONTR.** In levare. || **PROV.** Bisogna battere il ferro finché è caldo.

♦**batterìa** [fr. *batterie*, da *battre* 'battere'; 1520] **s. f.** ***1*** Unità d'artiglieria costituita dall'insieme di quattro o sei pezzi e del personale, dei materiali vari e dei mezzi occorrenti per farla operare e muovere: *b. costiera, contraerea* | ***Scoprire le proprie batterie***, (*fig.*) rivelare le proprie intenzioni, i propri piani e pensieri | †Bombardamento | †Luogo nel quale si collocavano i pezzi d'artiglieria per battere le mura di una fortezza o città. ***2*** (*mar.*) ***Ponte di b.***, (*ellitt.*) **batteria**, primo ponte sotto coperta delle navi, dove un tempo erano sistemati i cannoni. *3* Insieme di vari elementi riuniti preordinatamente per uno scopo comune: *b. di test psicotecnici* | ***B. da cucina***, l'insieme degli utensili e recipienti usati in cucina | ***B. elettrica***, unione di elementi voltaici, quali pile, accumulatori e sim., per ottenere tensioni, correnti, capacità o potenze superiori a quelle dei singoli elementi che la compongono: *caricare la b. dell'automobile* | ***B. anodica***, unione di pile a secco o di accumulatori per l'alimentazione dei circuiti anodici di tubi elettronici. *4* Insieme di strumenti ritmici a percussione nelle orchestre spec. di jazz e di musica leggera. ➡ ILL. **musica**. *5* Meccanismo di orologio che fa battere le ore. *6* Meccanismo di sparo di un fucile, spec. da caccia. *7* Speciale gabbia a più compartimenti utilizzata per l'allevamento industriale del pollame e di altri animali: *polli allevati in b.* *8* (*sport*) Turno eliminatorio per la qualificazione alla finale o a una prova intermedia, che si disputa quando il numero dei concorrenti è tale da non poter gareggiare tutti insieme in un confronto diretto. *9* Muta di cani da caccia, spec. da seguito | Insieme dei richiami in una rete per uccelli.

battericìda o **bactericìda** [vc. dotta, comp. di *batteri(o)* e *-cida*; 1908] **A** s. m. (pl. *-i*) ● Qualsiasi sostanza in grado di distruggere i batteri. **B** anche agg.: *sostanza b.*

battèrico o **bactèrico** [1913] agg. (pl. m. *-ci*) ● Di batteri, relativo a batteri: *coltura batterica*. || **battericaménte**, avv. Per quanto riguarda i batteri. SIN. Batteriologicamente.

batteriemìa [comp. di *batteri(o)* ed *-emia*; 1962] s. f. ● (*med.*) Presenza di batteri vitali nel circolo sanguigno.

battèrio o **bactèrio** [vc. dotta, lat. scient. *bacterĭu(m)*, dal gr. *baktḗrion* 'bastoncino', dim. di *báktron*, di orig. indeur.; 1888] s. m. ● (*biol.*) Microrganismo unicellulare senza nucleo distinto | ***B. patogeno***, che produce malattie. SIN. Schizomicete.

batteriòfago o **bacteriòfago** [vc. dotta, comp. di *batterio* e *-fago*; 1950] s. m. (pl. *-gi*) ● (*biol.*) Qualsiasi virus che infetta una cellula batterica, dalla quale viene moltiplicato e di cui in genere induce la lisi. SIN. Fago.

Batteriòfite [comp. di *batterio* e del pl. f. di *-fito*] s. f. pl. (sing. *-a*) ● (*bot.*) Nella tassonomia vegetale, divisione della sistematica botanica comprendente gli organismi procarioti comunemente noti come batteri (*Bacteriophyta*).

batteriolìsi [comp. di *batterio* e *-lisi*; 1948] s. f. inv. ● Fenomeno di distruzione dei batteri per dissolvimento, determinato da speciali sostanze, o da un particolare fermento, o da cause fisiche o chimiche.

batteriolìtico [1983] agg. (pl. m. *-ci*) ● Relativo a batteriolisi | Che provoca batteriolisi: *enzima b.*

batteriologìa o **bacteriologìa** [vc. dotta, comp. di *batterio* e *-logia*; 1886] s. f. ● Branca della biologia che ha per oggetto lo studio dei batteri.

batteriològico o **bacteriològico** [1890] agg. (pl. m. *-ci*) ● Che si riferisce alla batteriologia o ai batteri: *esame b. del sangue* | ***Guerra batteriologica***, che prevede l'uso di batteri patogeni come armi di offesa. || **batteriologicaménte**, avv. Per quanto riguarda la batteriologia, sotto l'aspetto batteriologico.

batteriòlogo o **bacteriòlogo** [vc. dotta, comp. di *batterio* e *-logo*; 1894] s. m. (f. *-a*; pl. m. *-gi*) ● Studioso di batteriologia.

batterioscopìa [comp. di *batterio* e *-scopia*; 1955] s. f. ● (*med.*) Esame al microscopio di batteri a fini diagnostici o di ricerca.

batteriòsi o **bacteriòsi** [comp. di *batteri(o)* e *-osi*; 1962] s. f. inv. ● Malattia delle piante provocata da batteri.

batteriostàtico o **bacteriostàtico** [vc. dotta, comp. di *batterio* e dell'agg. gr. *statikós* 'che ferma, arresta'; 1948] agg. (pl. m. *-ci*) ● Che impedisce o rallenta lo sviluppo dei batteri: *sostanze batteriostatiche*.

batterioterapìa o **bacterioterapìa** [vc. dotta, comp. di *batterio* e *terapia*; 1888] s. f. ● Cura di alcune malattie per mezzo di batteri.

batterioteràpico o **bacterioteràpico** [1965] agg. (pl. m. *-ci*) ● Relativo alla batterioterapia.

batterìsta [da *batteria*; 1950] s. m. e f. (pl. m. *-i*) ● Suonatore di batteria.

batteṣimàle [lat. mediev. *baptisimāle(m)*, deriv. di *baptĭsmus* 'battesimo'; 1354] agg. ● Relativo al battesimo: *rito, cerimonia, acqua, fonte, vasca b.* | ***Innocenza b.***, totale.

battéṣimo o (*lett.*) †**battéṣmo** [vc. dotta, lat. eccl. *baptĭsmu(m)*, dal gr. *baptismós* 'immersione', da *báptein* 'immergere'; av. 1089] s. m. (*Battesimo* nel sign. 2) *1* Rito di immersione nell'acqua, a mezzo del quale si era iniziati in alcune sette orientali precristiane. *2* Primo sacramento di molte Chiese cristiane, amministrato per versamento dell'acqua sulla testa o per immersione | ***Tenere qlcu. a b.***, fare da padrino o da madrina a un neonato | ***Tenere a b. qlco.***, (*fig.*) inaugurarla, promuoverla | ***Nome di b.***, quello personale che precede il cognome, imposto all'atto del battesimo. *3* (*fig.*) Cerimonia inaugurativa di qlco.: *b. di una campana, di una nave*. *4* (*fig.*) Atto, rito di iniziazione | ***B. del fuoco***, la prima partecipazione a un combattimento; (*fig.*) la prima prova in un'attività impegnativa o singolare | ***B. dell'aria***, primo volo su un aereo | ***B. dell'equatore***, scherzosa cerimonia in cui vengono spruzzati d'acqua marina i passeggeri o i marinai di una nave che passino per la prima volta la linea dell'equatore.

battezẓàndo [sec. XVII] s. m.; anche agg. (f. *-a*) ● Chi (o Che) deve ricevere il battesimo.

battezẓànte [av. 1396] **A** part. pres. di *battezzare* ● Nei sign. del v. **B** s. m. ● Chi amministra il battesimo.

battezẓàre [vc. dotta, lat. eccl. *baptizāre*, dal gr. *baptízo*, da *báptein* 'immergere'; 1300 ca.] **A** v. tr. (*io battéẓẓo*) *1* Amministrare il battesimo. *2* Tenere a battesimo, far da padrino o madrina: *gli ho battezzato l'ultimo figlio*. *3* Dare il nome per mezzo del battesimo: *lo hanno battezzato Giuseppe* | (*est.*) Denominare, chiamare. *4* (*scherz.*) Bagnare | ***B. il vino***, annacquarlo. **B** v. intr. pron. *1* Ricevere il battesimo. *2* (*fig., raro*) Assumere abusivamente un titolo, una qualifica e sim.: *battezzarsi principe*.

battezẓàto [1472] **A** part. pass. di *battezzare*; anche agg. ● Nei sign. del v. **B** s. m. (f. *-a*) ● Chi ha ricevuto il battesimo.

battezẓatòio ● V. *battezzatorio*.

battezẓatóre [vc. dotta, lat. eccl. *baptizatōre(m)*, da *baptizāre* 'battezzare'; sec. XIII] s. m. (f. *-trice*) ● Chi battezza.

battezẓatòrio o **battezẓatòio** [sec. XIV] s. m. ● Vasca dove si battezzava per immersione | Recipiente che contiene l'acqua per battezzare.

battezẓière [av. 1729] s. m. ● Battezzatore.

battibaléno [comp. di *battere* e *baleno*; 1863] s. m. ● Attimo, momento brevissimo, nella loc. ***in un b.***

battibeccàre [da *battibecco*; 1929] v. intr. (*io battibécco, tu battibécchi*; aus. *avere*) ● Avere battibecchi, discutere vivacemente: *hanno battibeccato a lungo su chi doveva pagare il conto*.

battibécco [comp. di *battere* e *becco* (*1*); 1848] s. m. (pl. *-chi*) ● Breve disputa verbale. SIN. Alterco, diverbio.

battìbile [1952] agg. ● Che può essere battuto, sconfitto.

†**battibùglio** [da *battere* col suff. d'altri n. semanticamente vicini, come (*subb*)*uglio*, (*taffer*)*uglio*, (*guazzab*)*uglio*; 1765] s. m. ● Lite, disputa: *dopo che … ebbe con voi quel certo b. rissoso* (GOLDONI).

batticàrne [comp. di *battere* e *carne*; 1941] s. m. inv. ● Attrezzo di legno o di metallo usato per assottigliare le fette di carne prima della cottura.

battichiàppe [comp. di *battere* e il pl. di *chiappa*; 1960] s. m. inv. ● Anticamente, pugnale che pendeva sulle natiche.

batticóda [comp. di *battere* e *coda*; 1962] s. f. inv. ● (*zool.*) Cutrettola.

batticòffa [comp. di *battere* e *coffa*; 1829] s. f. ● (*mar.*) Rinforzo di tela cucito sul fondo delle vele di gabbia per garantirle dall'attrito delle coffe.

batticòre ● V. *batticuore*.

batticùlo [comp. di *battere* e *culo*; av. 1665] s. m. *1* Nelle antiche armature, parte appesa alla schiena dalla corazza, per proteggere le natiche. *2* Giberna appesa alla bandoliera. *3* (*pop., disus.*) Falde dell'abito a coda maschile. *4* (*mar.*) Cima d'ormeggio che va dalla poppa dell'imbarcazione a una bitta in banchina più a proravia, utilizzata in manovra per scostare la prua dalla banchina | Bozza per mantenere il cavo di rimorchio lungo l'asse del rimorchiatore | †Vela aurica portata all'estrema poppa. SIN. Mezzanella.

batticuòre o (*pop.*) **batticòre** [comp. di *battere* e *cuore*; 1536] s. m. ● Palpitazione di cuore per fatica, timore o altro | ***Avere il b.***, (*fig.*) essere ansioso, trepidante | ***Far venire il b.***, (*fig.*) provocare ansia, trepidazione.

battifàlce [comp. di *battere* e *falce*; 1965] s. m. inv. ● Piccola incudine per battervi la lama della falce, quando ha perso il filo.

battifiàcca [comp. di *battere* (*la*) *fiacca*, loc. di orig. mil., nata da un ironico impiego di *battere* (i segnali col tamburo); 1950] s. m. e f. inv. ● Bighellone, fannullone.

battifiànco [comp. di *battere* e *fianco*; 1865] s. m. (pl. *-chi*) ● Parete o asse mobile che separa le poste dei cavalli nella stalla.

battifólle [comp. di *battere* e *follare*, per il prob. sign. originario di 'gualchiera'; sec. XIII] s. m. ● (*st.*) Fortificazione provvisoria, per lo più di grossi legnami e in forma di torre.

battifóndo [comp. di *battere* e *fondo*; 1908] s. m. ● Gioco d'azzardo al biliardo, con un fondo, o posta, illimitato | Partita di carte in cui un solo sfidante si cimenta successivamente con più avversari.

battifrédo [ant. fr. *berfroī*, dal medio alto ted. *bërcvrit*, comp. di *bërgen* 'assicurare' e *vride* 'protezione', con sovrapposizione di *battere*; sec. XIII] s. m. ● Torre di vedetta tipica delle fortificazioni medievali | Torre mobile lignea usata negli assedi.

battigia [da *battere*; 1839] s. f. (pl. *-gie* o *-ge*) ● Parte della spiaggia battuta dalle onde. SIN. Bagnasciuga, battima.

battilàno o **battilàna** [comp. di *battere* e *lana*, con la terminazione m.; 1470] s. m. (f. *-a*) ● (*disus.*) Operaio che batteva e ungeva la lana | Materassaio.

battilàrdo [comp. di *battere* e *lardo*; 1923] s. m. inv. ● Tagliere in legno di piccole dimensioni su cui si battono carne, lardo, verdure e sim.

battilàstra [comp. di *battere* e *lastra* (di metallo); 1970] s. m. e f. inv. ● Operaio che raddrizza la lamiera grezza battendola con speciali martelli.

battilòcchio [fr. *battant-l'oeil*, comp. di *battant* 'che batte' e *oeil* 'occhio'; 1881] s. m. ● Antica cuffia femminile ricadente sugli occhi.

battilòglia s. f. ● Battilocchio.

battilòglio s. m. ● Battilocchio.

battilòro [comp. di *battere* e *oro*; 1400 ca.] s. m. inv. ● Artigiano che batte l'oro e l'argento, riducendoli in sottili lamine o foglie.

bàttima [dal *battere* delle onde sulla spiaggia; 1922] s. f. ● Battigia, bagnasciuga.

battimàno o **battimàni** [comp. di *battere* e *mano*; 1802] s. m. ● (*spec. al pl.*) Dimostrazione di favore e approvazione espressa battendo le mani: *battimani frequenti si levavano dall'assemblea*.

battimàre [propr. 'dove *batte il mare*'; 1813] s. m. inv. ● Riparo dalla violenza delle onde posto sul ponte delle navi.

battimàzza [comp. di *battere* e *mazza*; 1853] s. m. inv. ● (*disus.*) Chi nella fucina batte la mazza | Garzone del fabbro.

battiménto [1342] s. m. *1* (*raro*) Il battere | Sbattimento | Palpito: *i battimenti del cuore rallentarono*. *2* (*fis.*) Alternativo aumentare e diminuire dell'ampiezza di oscillazioni acustiche, ottiche o di altro genere, dovuto alla sovrapposizione di due onde di frequenze vicine. *3* (*mecc.*) Detonazione provocata in un motore a scoppio dalla difettosa accensione del carburante.

battimùro [comp. di *battere* e *muro*; 1920] s. m. inv. ● Gioco di ragazzi nel quale vince chi fa cadere più vicino alla base di un muro una moneta, una figurina, un bottone o altro oggetto, che diventa proprietà del vincitore.

battipàlle [comp. di *battere* e *palla*; 1853] s. m. inv. ● Estremità più massiccia della bacchetta che si usava per calcare la munizione nei fucili ad avancarica.

battipàlo [comp. di *battere* e *palo*; 1570] s. m. (anche f. nel sign. 2) *1* Macchina che serve a infiggere pali nel terreno mediante caduta di un maglio. SIN. Berta. *2* Operaio addetto alla manovra della macchina omonima.

battipànni [comp. di *battere* e il pl. di *panno*; av. 1920] s. m. inv. ● Spatola di giunco intrecciato o di plastica con cui si battono panni, tappeti e sim. per farne uscire la polvere.

battipénna [comp. di *battere* e *penna* nel sign. di 'plettro'; 1983] s. m. ● (*mus.*) La parte del plettro opposta a quella appuntita.

battipista [comp. di *battere*, nel senso di 'preparare (avanzando per primo)' e *pista*; 1970] **A** s. m. inv. (anche f. nel sign. 1) **1** Chi rende percorribile una pista sciistica battendo la neve con gli sci. **2** (*est.*) Mezzo semovente cingolato che svolge la stessa funzione. **B** anche agg. inv. nel sign. 2: *mezzi b.*

battipòrta [comp. di *battere* e *porta*; 1582] s. m. inv. **1** Batacchio, picchiotto. **2** Seconda porta, di rinforzo alla prima.

battiràme [comp. di *battere* e *rame*; 1939] s. m. e f. inv. ● Artigiano che lavora il rame.

battiscópa [comp. di *battere* (durante la pulizia) e *scopa*; 1967] s. m. inv. ● Fascia di legno, pietra o altro materiale che corre in basso lungo le pareti di una stanza a protezione del muro. SIN. Salvamuro.

battiségola [comp. di *battere* e *segola*] s. m. inv. ● (*bot.*, *tosc.*) Fiordaliso.

battisóffia [comp. di *battere* e *soffiare* (del cuore); av. 1400] s. f. ● (*raro*, *lett.*) Paura che provoca palpitazioni di cuore.

battispiàggia [comp. di *battere* e *spiaggia*; 1962] s. m. inv. ● (*disus.*) Antico battello doganale guardacoste.

battispólvero o **battispólvere** [comp. di *battere* e *spolvero*; 1853] s. m. ● Specie di sacchetto di tessuto molto rado, pieno di gesso o di polvere di carbone, usato dai disegnatori per spolverizzare un disegno.

battista (**1**) ● V. *batista.*

battista (**2**) [vc. dotta, lat. eccl. *baptīsta(m)* 'battezzatore', dal gr. *baptistḗs*, da *baptízein* 'battezzare'; av. 1321] **A** s. m. e f. (pl. *-i*) **1** (*lett.*) Battezzatore | *Giovanni b.*, San Giovanni, profeta e precursore di Gesù. **2** Chi apparteneva a una delle antiche sette orientali che praticavano il battesimo. **3** Chi appartiene a una delle confessioni cristiane riformate che ritengono efficace soltanto il battesimo amministrato al fedele adulto e consapevole del significato del sacramento. **B** agg. ● Che si riferisce a una di tali sette o confessioni: *Chiesa b.*

battistèro o †**battistèo**, (*raro*) **battistèrio** [vc. dotta, lat. *baptistēriu(m)* 'bagno, piscina', lat. eccl. 'fonte battesimale', dal gr. *baptistḗrion*, da *baptízein* 'battezzare'; sec. XIII] s. m. ● Costruzione a pianta centrale situata un tempo nelle immediate vicinanze della chiesa e contenente il fonte battesimale che venne successivamente incorporato alla chiesa stessa, spec. sotto forma di cappella: *il b. di Parma*, *di Firenze*, *di Pisa* | (*est.*) †Fonte battesimale.

battistina [da (S. Giovanni) *Battist(a)* col suff. *-ina*] s. f.; anche agg. ● Religiosa dell'ordine di S. Giovanni Battista.

battistràda [comp. di *battere* e *strada*; 1817] s. m. inv. (anche f. nei sign. 2 e 3) **1** Servitore che precedeva a cavallo la carrozza del padrone | Chi, spec. per motivi di sicurezza, apre la strada a cortei ufficiali, processioni e sim. **2** (*scherz.*) Chi precede o annunzia altri: *è il suo b.*; *col marito davanti*, *b.*, *si disponeva a uscire dalla sala* (PIRANDELLO) | (*iron.*) Chi agevola o favorisce qlcu.: *fare da b. a una persona per un impiego.* **3** Chi, in una gara di corsa, fa l'andatura in testa a tutti, guidando e regolando la gara. **4** Parte sagomata esterna dello pneumatico, che viene a contatto con la strada, provvista di scolpiture per aumentarne l'aderenza al suolo. ➡ ILL. p. 2113 AGRICOLTURA; p. 2166 TRASPORTI.

battisuòcera [comp. di *battere* e *suocera*] s. m. inv. ● (*bot.*, *tosc.*) Fiordaliso.

battitàcco [comp. di *battere* e *tacco*; 1962] s. m. (pl. *-chi*) ● Nastro di rinforzo per proteggere l'orlo interno dei calzoni.

battitappéto [comp. di *battere* e *tappeto*; 1963] s. m. ● Specie di aspirapolvere per pulire tappeti, moquette e sim.

battitìccio [da *battere* nel sign. di 'trebbiare'; 1865] **A** s. m. ● (*disus.*) Residuo, sull'aia, del grano battuto. **B** anche agg. (pl. f. *-ce*): *paglia battiticcia.*

bàttito [sec. XIV] s. m. **1** Il battere, il palpitare | (*est.*) Serie di colpi continui e regolari: *il b. della pioggia*, *dell'orologio.* **2** (*med.*) Fenomeno acustico provocato dalla contrazione cardiaca e dalla pulsazione arteriosa. **3** (*mecc.*) *B. in testa*, preaccensione. **4** †Tremito.

battitóia [da *battere*; 1829] s. f. **1** (*tipogr.*) Legno squadrato con cui si pareggiano i caratteri o la forma prima di stampare. **2** (*mus.*) Nel tamburo, la pelle superiore da percuotere.

battitóio [1313] s. m. **1** Battente nei sign. 1 e 2. **2** Bacchetta o rotolo di carta per battere la musica, spec. nelle chiese. **3** Macchina dell'industria cotoniera usata per la battitura del cotone. **4** Antica macchina da guerra, simile all'ariete, usata per abbattere le mura. **5** †Lastrico.

battitóre [av. 1264] s. m. (f. *-trice* nei sign. 1, 2 e 3) **1** Chi batte: *b. di grano*, *di lana*, *di ferro.* **2** Nei giochi di palla, chi effettua la battuta | Nel baseball, giocatore della squadra in attacco che dalla casa base ha il compito di colpire la palla con la mazza | *B. libero*, (*ellitt.*) *libero*, nel calcio, giocatore della difesa senza specifici compiti di marcatura. **3** Chi batte un bosco, un tratto di campagna e sim. per stanare la selvaggina. **4** Battente. **5** Organo della trebbiatrice che ruota dentro il controbattitore.

battitrice [1913] s. f. ● Trebbiatrice.

battitùra [sec. XIII] s. f. **1** Il battere | *B. a macchina*, o (*ellitt.*) *battitura*, scrittura eseguita con macchina per scrivere. **2** Trebbiatura del grano e di altri cereali sull'aia | Periodo in cui si compie tale lavoro. **3** Percossa, colpo: *recare i segni delle battiture subite* | (*est.*) Impronta lasciata da un colpo, spec. di martello. **4** (*fig.*, *lett.*) Castigo | Danno: *le battiture della fortuna* (FOSCOLO). **5** Parte del rame che, sotto forma di scaglie, cade a terra nel batterlo a caldo | Impronta prodotta sul rame dai colpi di martello. **6** (*edit.*) Operazione consistente nel comprimere il dorso dei libri, dopo averli cuciti, con un martello o con arnesi appositi.

†**bàtto** [retroformazione da *battello*, inteso come dim.; av. 1348] s. m. ● Imbarcazione a remi.

battòcchio [da *batacchio* con sostituzione di suff. e il *-tt-* di *battere* (?); 1829] s. m. ● (*raro*) Batacchio.

bàttola [da *battere*; 1841] s. f. **1** Tabella nel sign. 2 | Oggetto che, agitato, produce rumore; è usato dai cacciatori per fare alzare la selvaggina. **2** Utensile per spianare, in varie tecnologie. **3** (*al pl.*) Davantini di tela bianca inamidata che completano la toga di magistrati, avvocati e, anticamente, di religiosi. **4** (*relig.*) Crepitacolo. **5** (*raro*, *fig.*) Ciarlone | Parlantina.

battologia [vc. dotta, lat. *battologĭa(m)*, dal gr. *battología*, da *battologêin* 'ciarlare', di orig. onomat.; 1745] s. f. ● (*lett.*) Inutile e noiosa ripetizione di parole e frasi.

battològico [1962] agg. (pl. m. *-ci*) ● (*lett.*) Che ripete inutilmente parole o frasi.

battóna [da *battere* nel sign. B 5; 1959] s. f. ● (*pop.*, *centr.*) Prostituta da strada.

battùra [dal *battere* per 'incassare' le tavole (?); 1820] s. f. ● (*mar.*) Incavo longitudinale sui due lati del trave di chiglia in legno.

♦**battùta** [av. 1566] s. f. **I** Il battere. **1** (*raro*) Percossa o serie di percosse | (*est.*) Il segno che resta impresso. **2** Colpo o serie di colpi dati sulla superficie di un corpo: *b. del pettine di un telaio* | Nella macchina per scrivere, abbassamento di un tasto o della barra spaziatrice: *180 battute al minuto* | (*est.*) Spazio di un carattere o intervallo fra parole. **3** Accento, nella metrica latina e greca. **4** Nel dialogo teatrale, ciò che dice ogni volta ciascun attore: *saltare*, *perdere*, *dare la b.* | *Non perdere una b.*, (*fig.*) prestare molta attenzione a ciò che viene detto | (*est.*) Frase, motto spiritoso e mordace: *avere la b. pronta*; *da quella b. rampollava una antica storiella* (SCIASCIA). **5** (*mus.*) Spazio sul pentagramma delimitato da due stanghette verticali in cui sono contenuti i valori ritmici assunti come unità di base e indicati all'inizio del brano. SIN. Misura | *B. binaria*, formata da due tempi di uguale durata | *B. ternaria*, formata da tre tempi di uguale durata | *Tempo di b.*, uno dei tempi in cui essa è suddivisa | *B. d'aspetto*, *d'arresto*, quella in cui tace una voce o uno strumento; (*fig.*) interruzione, pausa | *A b.*, a tempo | *Contro b.*, controtempo | *Alle prime battute*, (*fig.*) agli inizi di qlco. **6** Caccia fatta con battitori | (*est.*) Ogni partita di caccia in comitiva | (*fig.*) Vasta operazione di polizia per la cattura di malviventi. **7** Nella pallavolo, tennis e ping-pong, servizio | Nel baseball e sim., colpo eseguito dal battitore | Nel salto, momento di stacco effettuato con uno o due piedi | Nella ginnastica artistica e sim., azione che si effettua sulle pedane, sul trampolino e sim. **II** Luogo dove batte qlco. **1** Parte dello stipite o della soglia su cui si arresta il battente. **2** *B. di un fiume*, parte della riva ove l'acqua picchia più forte. **3** (*raro*) Via frequentata, pista | *Andare per la b.*, fare ciò che fanno gli altri. || **battutàccia**, pegg. | **battutèlla**, dim. | **battutìna**, dim.

battùto [av. 1294] **A** part. pass. di *battere*; anche agg. **1** Nei sign. del v. | *Terra battuta*, costipata, spianata | *Strada battuta*, molto frequentata. **2** *Ferro*, *rame b.*, lavorato al martello | *A spron b.*, (*fig.*) a tutta velocità | *Un posto b. dal vento*, in cui il vento soffia spesso o impetuosamente. **B** s. m. **1** Trito o pesto di verdure, di solito con lardo o prosciutto per condimento. **2** Pesto di carne e uova o altro, per ripieni di vivande. **3** Pavimento costruito con calcestruzzo di cemento, lisciato e passato con la bocciarda per renderne zigrinata la superficie: *b. di un marciapiede.* || **battutìno**, dim.

batùffolo o (*raro*) **batùfolo** [etim. incerta; av. 1698] s. m. ● Piccolo e soffice ammasso di bambagia, lana, cotone e sim.: *un b. di cotone* | (*fig.*) Bambino o animale piccolo e grasso: *quel piccino è un b. roseo.* || **batuffolétto**, dim. | **batuffolìno**, dim. | **batuffolóne**, accr.

bàu (**1**) o **bào** [vc. onomat.; 1481] inter. ● Riproduce l'abbaiare del cane: *bau bau* | *Fare bau bau*, fare paura ai bambini, spaventarli.

bàu (**2**) ● V. *babau.*

baud /baud, *fr.* bo, *ingl.* bɔːd/ [dal n. dell'ingegnere J. M. E. *Baud(ot)* (1845-1903); 1937] s. m. inv. ● Unità di misura della velocità di trasmissione dei dati su linee telegrafiche e telefoniche, pari a 1 bit al secondo. SIMB. B o Bd.

baulàre [da *baule*; 1950] v. tr. (*io baùlo*) ● Sistemare un terreno mediante baulatura.

baulatùra [da *baulare*; 1955] s. f. ● Sistemazione della superficie del terreno a schiena d'asino per facilitare lo sgrondo delle acque.

baùle o (*merid.*) **bàule** [sp. *ba(h)úl*, dall'ant. fr. *bahur*, di etim. incerta; 1618] s. m. **1** Cassa da viaggio in legno o cuoio, spesso rinforzata da bandelle o borchie metalliche, munita di solito di coperchio ricurvo e, ai lati, di grosse maniglie | (*fig.*) *Viaggiare come i bauli*, senza vedere niente. **2** (*autom.*) Bagagliaio. SIN. Bagagliera. **3** †Zaino. || **baulàccio**, pegg. | **baulétto**, dim. (V.) | **baulino**, dim. | **baulóne**, accr.

bauleria s. f. ● Assortimento di bauli.

baulétto [av. 1698] s. m. **1** Dim. di *baule.* **2** Cofanetto per oggetti femminili, spec. per gioielli | (*est.*) Borsetta rigida e con manici corti, da signora | Beauty-case. **3** Nei motocicli, piccolo contenitore. **4** (*cuc.*) Involtino di carne ripieno.

baùscia /ba'uʃʃa, *lomb.* ba'yʃa/ [senso fig. del lombardo *bauscia* 'bava'; 1954] s. m. inv. **1** (*sett.*) Fanfarone. **2** (*scherz.*) Milanese.

baùtta o (*raro*) **baùta** [venez. *bauta*, connesso con *bava*; 1721] s. f. **1** Mantellina nera, di seta o velluto e pizzo, con cappuccio e maschera, usata dai veneziani durante il carnevale nel Settecento. **2** Mascherina di seta o velluto per coprire la parte superiore del volto.

bauxite [fr. *bauxite*, dal nome della località provz. di Les *Baux*, dove si trovano giacimenti di questo minerale; 1892] s. f. ● (*geol.*) Roccia base per l'estrazione dell'alluminio, costituita da un miscuglio di differenti minerali idrati di alluminio.

bàva [da **baba*, vc. espressiva propria del linguaggio infant.; 1313] s. f. **1** Liquido schiumoso che esce dalla bocca di certi animali e da quella di persone in un particolare stato fisico e psicologico | *Avere la b. alla bocca*, (*fig.*) essere furibondo | *Far venire la b. alla bocca a qlcu.*, (*fig.*) farlo arrabbiare molto. **2** Filo di materia serica avvolto attorno al bozzolo, prodotto dal baco | Seta debole, che non si può filare. **3** Soffio leggero di vento, spec. sul mare tranquillo, che spira con forza 1 della scala del vento Beaufort: *b. di vento*, *di scirocco*, *d'aria.* **4** (*tecnol.*, *al pl.*) Scabrosità dei metalli che escono dalla forma | Parti di metallo che nella fusione scappano attraverso le fessure. **5** (*pesca*) Filo in materiale plastico usato per lenze e finali. || **bavétta**, dim. | **bavùccia**, dim.

bavaglino [1865] s. m. **1** Dim. di *bavaglio.* **2** Piccolo tovagliolo che si allaccia al collo dei bambini piccoli. SIN. Bavetta.

bavàglio [da *bavagliolo*; av. 1311] s. m. ● Pezzo

di stoffa o fazzoletto che, strettamente legato o applicato alla bocca, impedisce a qlcu. di parlare o di gridare | *Mettere il b. a qlcu.*, (*fig.*) impedirgli di esprimere la sua volontà e le sue idee | *Mettere il b. alla libertà*, (*fig.*) ridurla o eliminarla. || **bavaglino**, dim. (V.). | **bavaglióne**, accr.

bavagliòlo o (*lett.*) **bavagliuòlo** [da *bava*; 1400 ca.] s. m. ● Bavaglino. || **bavagliolino**, dim.

bavarése [1819] **A** agg. ● Della Baviera: *costumi bavaresi*. **B** s. m. e f. ● Abitante della Baviera. **C** s. f. *1* Bevanda calda a base di latte, cioccolata o tè, uova e liquore, preparata frullando tutti gli ingredienti. *2* Semifreddo a base di latte, uova, panna e gelatina.

bavàrico [av. 1374] agg. (pl. m. *-ci*) ● (*lett.*) Dei Bavari, della Baviera.

bàvaro (*1*) [1532] s. m. (f. *-a*) ● (*lett.*) Abitante della Baviera.

†**bàvaro** (*2*) ● V. *bavero*.

bavatùra [1970] s. f. ● (*tecnol.*) Sbavatura.

bavèlla [da *bava*; 1376] s. f. *1* Insieme delle bave esterne del bozzolo del filugello che si estraggono come cascame prima del filamento continuo di seta. *2* (*est.*) Tessuto ricavato dal filo omonimo.

bàvera [da *bavero*; 1848] s. f. ● Collo ampio increspato o pieghettato che circonda una scollatura | Scialletto o mantellina femminile, che scende sulle spalle e sul petto. || **baverina**, dim.

bàvero o (*dial.*) †**bàvaro** (*2*) [etim. discussa: da *bava* (?); 1554] s. m. ● Colletto della giacca, del soprabito, del cappotto | *Prendere qlcu. per il b.*, (*raro*) aggredirlo; (*fig.*) prenderlo in giro. || **baverino**, dim. | **baveróne**, accr.

bavétta [da *bava*; 1568] s. f. *1* Bavaglino | Pettorina. *2* Sbavatura del metallo fuso. *3* Riparo, per lo più di gomma o tela gommata, sospeso dietro le ruote dei veicoli contro gli spruzzi e la polvere. *4* (*al pl.*) Tipo di pasta alimentare a forma di strisce strette e sottili.

bavièra [fr. *bavière*, da *bave* 'bava'; av. 1431] s. f. *1* Nelle antiche armature, parte mobile della celata chiusa che protegge la gola e il mento. *2* Striscia attaccata a berretti di lana usata un tempo per riparare la bocca dal freddo.

bavósa [per il muco (*bava*) abbondante; 1930] s. f. ● (*pop.*) Denominazione di vari Pesci ossei marini commestibili, appartenenti al genere blennio.

bavóso [av. 1332] agg. ● Cosparso di bava | Che cola bava: *vecchio, bambino b.*

bazàr [persiano *bāzār* 'mercato'; av. 1340] s. m. inv. *1* Mercato tipico dell'Oriente islamico e dell'Africa settentrionale. *2* (*est.*) Emporio di merci d'ogni genere. *3* (*fig.*) Luogo in cui regna un grande disordine.

bazooka /badz'dzuka, *ingl.* bə'zuːkʌ/ [vc. ingl. d'America, propr. 'strumento simile al trombone': dal pop. *bazoo* 'trombetta' (?); 1943] s. m. inv. *1* (*mil.*) Lanciarazzi anticarro portatile. *2* (*cine*) Cavalletto a un solo piede usato per sostenere la cinepresa durante riprese in luoghi angusti.

bazùca s. m. ● Adattamento di *bazooka* (V.).

bàzza (*1*) (o **-zz-**) [etim. incerta; av. 1535] s. f. *1* (*disus.*) Ognuna delle carte vinte all'avversario e poste a mucchietto innanzi al giocatore. *2* Colpo fortunato: *che b.!*; *è proprio una b.!*

bàzza (*2*) (o **-zz-**) [etim. incerta; 1863] s. f. ● Mento molto sporgente | (*fam.*, *scherz.*) Mento: *pulirsi la b.* || **bazzina** (o **-zz-**), dim. | **bazzóna** (o **-zz-**), accr.

bazzàna [ant. provz. *bazana*, dall'ar. parl. *biṭāna* 'pelle di pecora' e 'fodera'; 1582] s. f. ● Pelle assai morbida di pecora, usata per rilegare libri.

bazzècola o **bazzécola** [etim. incerta; da *bazza* (*1*) (?); av. 1565] s. f. ● Cosa insignificante, di poco conto: *questo problema è una b. per me.* SIN. Bagattella, inezia.

bàzzica [etim. incerta; 1532] s. f. *1* Gioco di carte, le cui regole sono simili in parte alla briscola e in parte al tressette | Gruppo di tre o quattro carte uguali nel gioco medesimo. *2* Gioco al biliardo. SIN. Trentuno reale.

bazzicàre [etim. sconosciuta; 1353] **A** v. tr. (*io bàzzico, tu bàzzichi*) ● Frequentare abitualmente: *b. luoghi pericolosi*. **B** v. intr. (aus. *avere*) ● Intrattenersi sistematicamente in qualche luogo o presso qlcu.: *quel tale bazzica troppo in casa nostra.* || PROV. Chi bazzica lo zoppo impara a zoppicare.

†**bazzicatùra** [av. 1375] s. f. ● (*spec. al pl.*) Cianfrusaglie, cose di poco pregio.

bazzicòtto [da *bazzica* (*1*); 1761] s. m. *1* Nel gioco della bazzica, combinazione di tre carte uguali. *2* Nella bazzica al biliardo, colpo che abbatte tutti i birilli meno il centrale. || **bazzicottóne**, accr. (V.).

bazzicottóne [accr. di *bazzicotto*] s. m. ● Nel gioco della bazzica, combinazione di quattro carte uguali.

bazzòffia o †**basòffia** [etim. incerta; 1612] s. f. *1* (*tosc.*) Minestrone o (*est.*) cibo abbondante e grossolano. *2* (*tosc.*, *fig.*) Complesso di cose in disordine | Discorso, scritto e sim., lungo e confuso.

bazzóne [da *bazza* (*2*)] s. m. (f. *-a*) ● Chi ha una grande bazza.

bazzòtto o (*dial.*) **barzòtto** [lat. *bădiu(m)* '(di colore) baio', cioè 'intermedio', con suff. attenuante; 1605] agg. *1* Detto di uovo cotto in acqua bollente in modo tale da non diventare completamente sodo. *2* (*fig.*) Detto di cosa o persona che si trova in una condizione indefinita | *Tempo b.*, né sereno né piovoso.

bazzùto [da *bazza* (*2*); 1955] agg. ● (*raro*) Che ha il mento molto sporgente | (*raro*) Aguzzo.

†**be** /be*/ ● V. *bi*.

bè /'bɛɛ/ o **bèe** [vc. onomat., come il lat. *bee*; sec. XIV] inter. *1* Riproduce il belato delle pecore, degli agnelli, delle capre e sim. *2* (*fig.*) Esprime derisione verso chi si dimostra pauroso.

be' (*1*) /bɛ/ [av. 1306] agg. ● (*tosc.*) Troncamento di *bei* (pl. m. di *bello* (V.)).

be' (*2*) /bɛ/ ● V. *beh*.

beach volley /*ingl.* 'biːtʃ,vɒli/ [dall'ingl. *beach* 'spiaggia' e *volley* 'pallavolo'; 1987] loc. sost. m. inv. ● Pallavolo che si gioca sulla spiaggia con squadre costituite da due giocatori.

beagle /*ingl.* 'biːgl/ [vc. ingl., di orig. sconosciuta; 1980] s. m. inv. ● Piccolo cane da caccia di origine inglese, dal mantello generalmente tricolore a tinte vivaci.

beànte (*1*) [ant. fr. *béant*, part. pres. di *beer*, da *baer* 'stare aperto', dal lat. parl. **batāre* 'stare a bocca aperta', di orig. onomat.; 1908] agg. *1* (*med.*) Che rimane aperto: *vena b.* *2* (*geol.*) Detto di faglia o sim. che separa due masse rocciose per mezzo di una fessura.

beànte (*2*) [av. 1799] part. pres. di *beare*; anche agg. ● (*raro, lett.*) Che dà beatitudine.

bear /bɛ(a)r, *ingl.* bɛəɹ/ [vc. ingl., propr. 'orso', deriv. prob. da frasi prov., come il noto *vendere la pelle dell'orso prima di averlo preso*; 1955] s. m. inv. ● (*banca*) Nel linguaggio della borsa, speculatore al ribasso. SIN. Orso, ribassista. CFR. Bull, toro.

beàre [vc. dotta, lat. *beāre* 'rendere felice', di etim. incerta; sec. XIII] **A** v. tr. (*io bèo*) ● (*raro*) Far contento, felice, deliziare qlcu.: *b. qlcu. di parole*; *il raggio / che primo la beò: un amico* (SABA). **B** v. intr. pron. ● Dilettarsi, compiacersi, estasiarsi: *bearsi alla vista di un quadro.*

bearnése [1950] agg. e s. m. e f. ● Del Béarn, regione storica della Francia | (*per anton.*) *Il b.*, Enrico IV di Francia | *Salsa b.*, salsa a base di rosso d'uovo, cipolla, burro fuso, aceto, sale e pepe, particolarmente adatta ad accompagnare carne o pesce alla griglia.

beat (*1*) /bit, *ingl.* biːt/ [vc. ingl., che traduce propr. 'battuta', dal part. pass. di *to beat* 'colpire', di orig. indeur.; 1965] s. m. inv. ● (*mus.*) Tempo di battuta | Nel jazz, pulsazione ritmica fondamentale, di due o quattro tempi, eseguita dalle percussioni in contrasto con la linea melodica.

beat (*2*) /bit, *ingl.* biːt/ [vc. ingl., propr. 'battuto, avvilito, esaurito', sottinteso *generation* 'generazione'; 1959] **A** s. m. e f. inv. *1* Appartenente a un movimento letterario e culturale di protesta sorto negli Stati Uniti d'America nei primi anni '50 del Novecento. *2* (*est.*) Negli anni intorno al 1960, giovane contestatore del costume di vita contemporaneo, spec. degli adulti | (*gener.*) Capellone. **B** agg. inv. *1* Pertinente ai beat: *letteratura, moda, locale b.* *2* (*mus.*) Detto di movimento musicale sorto in Inghilterra negli anni '60 del Novecento, con influenza del blues e del primo rock americano.

†**beatànza** [1308] s. f. ● Beatitudine.

beatificàbile [1745] agg. ● Che si può dichiarare beato.

beatificàre [vc. dotta, lat. tardo *beatificāre*, comp. di *beātus* 'felice' e *făcere* 'fare'; av. 1306] v. tr. (*io beatìfico, tu beatìfichi*) *1* (*raro, lett.*) Beare, deliziare: *Una profonda pace lo beatifica* (D'ANNUNZIO). *2* Dichiarare beato, per autorità ecclesiastica, un servo di Dio e permetterne il culto pubblico.

beatificazióne [av. 1406] s. f. ● Atto con il quale la Chiesa cattolica permette che un servo di Dio, morto in fama di santità, sia onorato con culto pubblico e con titolo di beato | Cerimonia pontificia nella quale un servo di Dio è proclamato beato | *Causa di b.*, processo canonico nel quale si approvano o si respingono i titoli per una proposta di beatificazione.

beatìfico [vc. dotta, lat. tardo *beatĭficu(m)*, comp. di *beātus* 'felice' e *făcere* 'fare'; av. 1406] agg. (pl. m. *-ci*) ● (*lett.*) Che fa beato | *Visione beatifica*, godimento di Dio, proprio dei beati.

beatitùdine [vc. dotta, lat. *beatitūdine(m)*, da *beātus* 'felice'; av. 1294] s. f. *1* Condizione perfetta dell'anima, che, nel Paradiso, gode della contemplazione di Dio. *2* Ciascuno dei principi di perfezione evangelica che sono enunciati nel Discorso della Montagna (che contiene il nucleo essenziale dell'insegnamento di Gesù Cristo). *3* (*est.*) Stato di felicità completa: *aspirare alla b.*; *essere immerso in una totale b.*

beatnik /'bitnik, *ingl.* 'biːtnɪk/ [vc. ingl., da *beat* col suff. d'altra vc., come in (*sput*)*nik*; 1963] s. m. e f. inv. ● Beat (2).

♦**beàto** [vc. dotta, lat. *beātu(m)* 'felice', part. pass. di *beāre* 'beare'; av. 1292] **A** part. pass. di *beare*; anche agg. *1* Che è in uno stato di completa felicità | Si usa in escl. per esprimere ammirazione, invidia benevola o indicare sorte fortunata: *b. lui!*; (*iron.*, *antifr.*) *è felice nella sua beata ignoranza* | *B. fra le donne*, di chi si trova, unico uomo, fra più donne | *B. chi lo vede!*, di chi si vede raramente | *Vita beata*, serena. *2* Che gode della visione beatifica di Dio: *la Beata Vergine*. || **beataménte**, avv. Con beatitudine, con contentezza. **B** s. m. (f. *-a*) *1* Chi gode della perfetta felicità nella contemplazione di Dio | *Il Regno dei beati*, il Paradiso. *2* Titolo con il quale un servo di Dio, in seguito a processo canonico di beatificazione, è elevato all'onore degli altari. *3* (*fig.*, *spreg.*) †Bacchettone, bigotto. || **beatina**, dim. f. | **beatóna**, accr. f.

†**beatóre** [1561] s. m.; anche agg. (f. *-trice* (V.)) ● (*raro*) Chi (o Che) dispensa beatitudine, rende beati.

beatrice [1294] **A** s. f. *1* (*raro, lett.*) Dispensatrice di beatitudine, di gioia spirituale: *Vaghe faville … beatrici / de la mia vita* (PETRARCA). *2* (*raro, lett.*) Ispiratrice (con riferimento alla Beatrice dantesca): *disse*: *'Ritroverai la b.'* (PASCOLI). **B** anche agg.

beau geste /*fr.* ˌbo'ʒɛstə/ [loc. fr. comp. di *beau* 'bello' e *geste* 'gesto'; 1949] loc. sost. m. inv. (pl. fr. *beaux gestes*) ● (*iron.*) Bel gesto.

beaujolais /*fr.* boʒɔ'lɛ/ [vc. fr., ellissi di *vin du Beaujolais* 'vino della regione del Beaujolais', nel Massiccio Centrale, dove si produce; 1907] s. m. inv. ● (*enol.*) Vino rosso dell'omonima regione francese, commercializzato particolarmente come vino novello (*b. nouveau*).

beauty (*1*) /'bjuti, *ingl.* 'bjuːti/ s. m. inv. ● Acrorc. di *beauty case*.

beauty (*2*) /'bjuti, *ingl.* bɪ'juːtɪ/ s. m. inv. ● (*fis.*) Bottom.

beauty case /bjuti'keiz, *ingl.* 'bjuːti,keɪs/ [comp. con le vc. ingl. *beauty* 'bellezza' (dal fr. *beauté*) e *case* 'contenitore, cassetta' (dall'ant. fr. sett. *casse*)] loc. sost. m. inv. (pl. ingl. *beauty cases*) ● Piccola valigia a forma di bauletto atta ad accogliere gli oggetti di toeletta e i prodotti di bellezza necessari per il trucco.

beauty center /bjuti'sɛnter, *ingl.* 'bjuːti,sɛntəɹ/ [loc. ingl., propr. 'centro (*center*) di bellezza (*beauty*)'; 1986] loc. sost. m. inv. (pl. ingl. *beauty centers*) ● Istituto di bellezza.

beauty farm /*ingl.* 'bjuːti,fɑːm/ [dall'ingl. *beauty* 'bellezza' e *farm* 'fattoria'; 1990] loc. sost. f. inv. (pl. ingl. *beauty farms*) ● Albergo che, in un ambiente di notevole comfort, offre ai propri ospiti terapie fisiche e trattamenti estetici o dietetici.

bebè [fr. *bébé*, prob. adatt. dell'ingl. *baby* (V.); 1875] s. m. *1* Bambino molto piccolo: *è nato un b.*; *il mio b. compie tre mesi.* *2* Nella loc. *alla b.*, detto di ciò che è destinato ai bambini, oppure presenta caratteristiche di tipo infantile | *Scarpe alla b.*, calzature classiche per bambini scollate e con cinturino orizzontale sul collo del piede | *Ca-*

pelli alla b., taglio di capelli femminili molto corto alla nuca | ***Colletto alla b.***, piccolo e rotondo.

be-bop /bi'bap, *ingl.* 'bɪi,bɒp/ [vc. di creazione arbitraria (onomat.) per indicare l'incoerente dissonanza di questo tipo di jazz; 1950] **s. m. inv.** *1* (*mus.*) Prima forma di jazz negro moderno, nato in America negli anni '40 del Novecento, ostico e provocatorio, caratterizzato da nuova articolazione ritmica, ricchezza armonica e salti di note. *2* Ballo moderno a ritmo veloce, derivante dall'omonimo stile jazzistico.

†**bécca** (1) [etim. incerta; sec. XV] **s. f.** *1* Specie di sciarpa di seta nera portata anticamente da professori universitari e magistrati. *2* Bandoliera militare. *3* Nastro di seta usato un tempo per legare le calze sotto al ginocchio.

bécca (2) [da *becco* (*1*); 1865] **s. f.** *1* Angolo, estremità di un fazzoletto e sim. *2* Piega che si fa all'angolo esterno del foglio di un libro per ritrovare la pagina. *3* (*sett.*) Picco montano. *4* Berretta a due punte tipica dei dogi veneziani. *5* Nella piccozza da alpinismo, solida lama d'acciaio appuntita e seghettata.

beccàbile [av. 1601] **agg.** ● (*raro*) Che si può beccare.

beccàccia [per la forma del *becco*; 1598] **s. f.** (**pl.** *-ce*) ● Uccello commestibile dei Caradriformi con zampe brevi, becco lungo e diritto, piumaggio molto mimetico (*Scolopax rusticola*) | ***B. di mare***, con becco rosso più corto e zampe rosse più lunghe della beccaccia (*Haematopus ostralegus*). ➡ **ILL. animali**/8.

beccaccino [da *beccaccia*; 1598] **s. m.** *1* Uccello commestibile migratore dei Caradriformi, più piccolo della beccaccia e con zampe più lunghe (*Capella gallinago*). ➡ **ILL. animali**/8. *2* (*mar.*) Deriva da regata con scafo a spigolo, randa e fiocco. **SIN.** Snipe.

beccaccióne [pegg. di *becco* nel senso di 'cornuto'] **s. m.** (**f.** *-a* **nel sign.** *est.*) ● (*rom.*) Marito tradito | (*est.*) Persona sciocca, credulona.

†**beccaficàta** [av. 1698] **s. f.** *1* (*raro*) Scorpacciata di beccafichi. *2* Banchetto tenuto dagli Accademici della Crusca, al momento del rinnovo delle cariche.

beccafico [comp. di *becca*(*re*) e *fico*; 1481] **s. m.** (**pl.** *-chi*) ● Uccello canoro dei Passeriformi simile alla capinera ma di colore bigio (*Sylvia borin*). ➡ **ILL. animali**/9.

beccàio [da *becco* (*2*); 1312] **s. m.** (**f.** *-a*) *1* († o *region.*) Macellaio. *2* †Carnefice.

beccamòrti o **beccamòrto** [comp. di *becca*(*re*) e il pl. di *morto*; 1353] **s. m. e f. inv.** ● (*spreg.*) Becchino (anche come ingiuria).

beccamòrto [sec. XIV] **s. m.** *1* V. *beccamorti*. *2* (*fig.*, *scherz.*) Corteggiatore, spasimante: *fa il b. con tutte le donne*.

beccamoschìno [comp. di *becca*(*re*) e *moschino* (*1*); 1930] **s. m.** ● Piccolo uccello dei Passeriformi con piumaggio rossiccio e sottili strisce nere (*Cisticola iuncidis*).

beccapésci [comp. di *becca*(*re*) e il pl. di *pesce*; 1827] **s. m. inv.** ● Uccello marino dei Lariformi con becco nero slanciato dalla punta gialla, coda sviluppatissima e piedi palmati neri (*Sterna sandvicensis*).

♦**beccàre** [da *becco* (*1*); av. 1348] **A v. tr.** (*io bécco, tu bécchi*) *1* Prendere col becco: *la gallina becca il granoturco* | Colpire, ferire col becco: *quell'uccello ha beccato il compagno* | (*est.*) Pizzicare: *mi ha beccato un tafano* | (*est.*, *scherz.*) Mangiucchiare: *b. qlco. prima di pranzo*. *2* (*fig.*, *fam.*) Ottenere, con fortuna o astuzia: *ogni moglie che becca un marito* (PARINI); *beccarsi un premio* | Prendere, pigliare, spec. qlco. di sgradito: *beccarsi un malanno, un ceffone, la prigione* | Sorprendere, cogliere, spec. in fallo: *l'hanno beccato mentre rubava*. *3* (*fig.*) Provocare, polemizzare | In teatro, disapprovare con vivace prontezza battute o sbagli di attori: *i loggionisti hanno beccato il tenore* | ***Farsi b. dal pubblico***, farsi disapprovare vivacemente. **B v. intr.** *1* (*fam.*) Subire una sconfitta: *la Juventus ha beccato dall'ultima in classifica*. *2* Difettare d'equilibrio, detto di fucile da caccia. **C v. rifl. rec.** ● Colpirsi reciprocamente col becco | (*fig.*) Bisticciarsi: *quei due si beccano sempre per delle stupidaggini*. || **PROV.** Gallina secca spesso becca.

beccastrìno [da **beccastro*, pegg. di *becco* (*1*) (?); sec. XV] **s. m.** ● Zappa grossa e stretta per cavare sassi.

beccàta [av. 1306] **s. f.** *1* Colpo di becco | (*est.*) Quantità di cibo che un uccello prende col becco. *2* In teatro, commento ironico e derisorio del pubblico a un qualsiasi incidente o errore scenico. || **beccatàccia**, **pegg.** | **beccatèlla**, **dim.** | **beccatìna**, **dim.**

beccatèllo [da *becco* (*1*), per la forma; av. 1348] **s. m.** *1* (*arch.*) Mensoletta spec. di legno per sostenere parti in aggetto di un edificio | Nell'antica architettura militare struttura aggettante, gener. costituita da un archetto su mensole, destinata a respingere dall'alto gli assalitori. *2* Piolo dell'attaccapanni.

beccatóio [da *beccare*; av. 1494] **s. m.** ● Recipiente che contiene il becchime nella gabbia per uccelli.

beccatùra [1539] **s. f.** ● Il beccare | (*est.*) Segno lasciato da un colpo di becco.

beccheggiàre [freq. di *beccare*, per il movimento simile a quello di un uccello che becca; 1797] **v. intr.** (*io becchéggio*; aus. *avere*) ● Compiere movimenti di beccheggio, detto di nave e di aeromobile.

beccheggiàta [1941] **s. f.** ● Movimento di beccheggio.

becchéggio [da *beccheggiare*; 1813] **s. m.** ● Movimento di oscillazione pendolare della nave o dell'aereo intorno all'asse trasversale | ***Asse di b.***, asse attorno al quale avviene tale oscillazione.

beccherìa [da *beccaio*; 1342] **s. f.** ● (*disus.* o *region.*) Macelleria | †Macello.

becchettàre [da *beccare*; av. 1861] **A v. tr.** (*io becchétto*) ● Beccare con frequenza e rapidità. **B v. rifl. rec.** ● Beccarsi a piccoli colpi | (*fig.*) Bisticciarsi.

becchettìo [av. 1912] **s. m.** ● Il becchettare | Il rumore insistente che ne deriva.

becchétto [da *becca* (*1*) con suff. dim.; av. 1566] **s. m.** *1* Punta del cappuccio medievale. *2* Parte superiore e laterale delle scarpe dove sono i fori per infilare le stringhe.

becchìme [da *beccare*; 1779] **s. m.** ● Cibo per volatili, spec. domestici.

becchincróce [dal *becco* a punte *incrociate*; 1955] **s. m. inv.** ● (*zool.*) Crociere.

becchìno [da *beccare*. V. *beccamorti*; 1353] **s. m.** (**f.** *-a*) ● Chi trasporta e seppellisce i morti. **SIN.** Necroforo.

♦**bécco** (1) [lat. *bēccu*(*m*), di prob. orig. celt.; 1319] **s. m.** (**pl.** *-chi*) *1* Caratteristica formazione cornea costituita da due pezzi che rivestono la mascella e la mandibola degli Uccelli, dei Cheloni e dei Monotremi, la cui forma e grandezza è in rapporto al regime alimentare | (*fig.*, *scherz.*) ***Ecco fatto il b. all'oca***, ecco fatto tutto | (*fig.*) ***Non avere il b. d'un quattrino***, essere senza un soldo. ➡ **ILL. zoologia generale.** *2* (*fig.*, *scherz.*) Bocca umana | ***Aprire, chiudere il b.***, parlare, cessare di parlare | ***Tenere il b. chiuso***, tacere | ***Mettere il b. in qlco.***, intromettersi, ingerirsi, spec. a sproposito | ***Restare a b. asciutto***, essere escluso da qlco. | ***Bagnarsi il b.***, bere. *3* (*est.*) Sporgenza appuntita di vari oggetti: *il b. della caffettiera, della piccozza, del bulino, del calcio del fucile* | Bocchino di alcuni strumenti a fiato. *4* ***B. d'oca***, specie di pinzetta usata per conservare l'arricciatura ai capelli. **SIN.** Beccuccio. *5* Bruciatore a gas provvisto di un regolatore di intensità della fiamma: *b.* (*di*) *Bunsen*. *6* (*edil.*) ***B. di civetta***, tipo di modanatura incurvata | Piastrella di rivestimento con spigolo arrotondato, usata come terminale di una fascia di rivestimento. *7* (*miner.*) ***B. di stagno***, cassiterite a cristalli geminati. *8* Monte dalla vetta affilata e dai fianchi scoscesi. || **becchétto**, **dim.** | **beccóne**, **accr.** | **beccùccio**, **dim.** (V.).

bécco (2) [etim. incerta; 1308] **s. m.** (**pl.** *-chi*) *1* Maschio della capra. **SIN.** Caprone, (*lett.*) irco. *2* (*pop.*, *fig.*) Marito di donna infedele. **SIN.** Cornuto | ***B. e bastonato***, chi, oltre al danno, subisce anche le beffe.

beccofrusóne o **beccofrosóne** [comp. di *becco* (*1*) e *frusone*; 1905] **s. m.** ● Uccello dei Passeriformi con ampia bocca fornita di becco corto e diritto, ciuffo erettile sul capo e piumaggio soffice e denso di color grigio rossastro (*Bombycilla garrulus*). **SIN.** Galletto di bosco.

beccolàre [1865] **v. tr. e intr.** (*io béccolo*; aus. intr. *avere*) ● (*raro*) Beccare lentamente.

beccucchiàre **v. tr.** (*io beccùcchio*) ● (*raro*) Beccare leggermente, a riprese.

beccùccio [1550] **s. m.** *1* Dim. di *becco* (*1*). *2* Piccolo prolungamento sporgente e adunco di ampolle, anfore, storte e sim. da cui si versa un liquido. *3* Pinzetta usata per conservare l'arricciatura ai capelli. **SIN.** Becco d'oca.

beccùto [1863] **agg.** ● (*raro*) Fornito di becco | (*est.*) Che ha un lungo becco.

beccuzzàre [av. 1921] **v. tr.** ● (*raro*) Beccucchiare.

beceràggine [1903] **s. f.** ● Volgarità, cafonaggine | Comportamento, espressione o azione da becero.

beceràta [1918] **s. f.** ● Azione da becero.

beceréSCo [av. 1918] **agg.** (**pl. m.** *-schi*) ● Da becero.

bécero (o *-è-*) [etim. incerta; av. 1492] **A s. m.** (**f.** *-a*) ● Persona volgare e insolente | Persona rozza e ineducata. **B agg.** ● Volgare, insolente: *gente becera*. || **beceràccio**, **pegg.** | **beceróne**, **accr.** || **beceraménte**, **avv.**

becerùme [da *becero*; 1863] **s. m.** ● (*tosc.*) Marmaglia, gentaglia.

béchamel /*fr.* beʃa'mɛl/ [1892] **s. f. inv.** ● Besciamella.

becher /'bɛker, *ted.* 'bɛçʌ/ [ted. *Becher*, dal lat. parl. *bicārium* 'bicchiere' (V.); 1905] **s. m. inv.** (**pl.** ted. **inv.**) ● Recipiente cilindrico, spec. di vetro, munito di beccuccio, resistente al fuoco, usato nei laboratori chimici.

bèchico [vc. dotta, lat. *bēchicu*(*m*), dal gr. *bēchikós*, da *bḗx* genit. *bēchós* 'tosse' di etim. incerta; 1567] **A agg.** (**pl. m.** *-ci*) ● Detto di medicamento contro la tosse. **B** anche **s. m.**

béco [da *Beco*, dim. di *Domenico*; av. 1588] **s. m.** (**f.** *-a*; **pl. m.** *-chi*) ● (*tosc.*) Contadino o popolano rozzo, goffo.

becquerel /*fr.* bɛkə'ʀɛl/ [dal n. del fisico fr. A.H. *Becquerel* (1852-1908); 1972] **s. m. inv.** ● (*fis.*) Unità di misura dell'attività di una sostanza radioattiva nel Sistema Internazionale, pari a un decadimento al secondo. **SIMB.** Bq.

bedanatrice [dal fr. *bédâne*, comp. di *bec d'ane* 'becco d'anitra' (per la forma), confuso poi con (*bec*) d'*âne* 'd'asino'; 1955] **s. f.** ● Macchina per forare tavole di legno.

bed and breakfast /bed ən'brekfast, *ingl.* bed ən'bɹɛkfəst/ [loc. ingl., propr. 'letto (*bed*) e (*and*) prima colazione (*breakfast*)'; 1989] **A loc. sost. m. inv.** (**pl.** ingl. *bed and breakfasts*) ● Sistemazione alberghiera che comprende il pernottamento e la prima colazione | (*est.*) Pensione o casa privata che offrono tale sistemazione. **B** anche **loc. agg. inv.**: *trattamento bed and breakfast*.

bedàno [fr. *bédâne*, da intendere *be*(*c*) *d'âne* 'becco d'asino'; 1617] **s. m.** ● Scalpello a lama stretta, adatto per eseguire scanalature e incastri.

bedùina [da *beduino*, per la foggia; 1853] **s. f.** ● Lungo mantello femminile con cappuccio, usato un tempo per la sera.

bedùino [ar. *bedawī* 'abitante del deserto (*badw*)'; 1510] **A s. m.** (**f.** *-a*) *1* Nomade arabo delle steppe e dei deserti del Medio Oriente e dell'Africa settentrionale. *2* (*fig.*) Persona dall'apparenza rozza o strana. **B agg.** ● Di beduini: *tribù beduine*.

bèe /'bɛɛ/ ● V. *bè*.

been /bɛen/ [dal persiano *bahman* 'undicesimo mese dell'anno (corrispondente circa a gennaio)', quando la radice è raccolta e mangiata; 1550] **s. m. inv.** ● (*bot.*) Nome di alcune specie arboree delle Moringacee, a distribuzione tropicale, con fiori bianchi profumati e semi in capsule (*Moringa oleifera, Moringa aptera, Moringa arabica*) | ***Olio di b.***, olio che si estrae dai semi di tali piante, usato come alimento, lubrificante e cosmetico.

beeper /*ingl.* 'biːpəɹ/ [vc. ingl., dal v. *to beep* 'far bip (*beep*)'; 1988] **s. m. inv.** ● Cercapersone.

beethoveniàno /betove'njano/ [1900] **A agg.** ● Che è proprio del musicista tedesco Ludwig van Beethoven (1770-1827) o riguarda la sua produzione: *le nove sinfonie beethoveniane*. **B s. m.** (**f.** *-a*) ● Cultore o studioso di Beethoven.

♦**befàna** [lat. *epiphănia*(*m*), dal gr. *epipháneia* 'manifestazione (della divinità attraverso chiari segni)'; av. 1363] **s. f.** (*Befàna* nel sign. 1) *1* (*pop.*) Epifania: *per la B. andremo a sciare*; *fra due giorni è la B.* *2* Personaggio fantastico dall'aspetto di vecchia che, secondo quanto si racconta ai bambini, scende per la cappa del camino a portar loro doni nella notte dell'Epifania: *che cosa ti ha portato la b.?*; *credere, non credere più, alla b.* **3** (*est.*) Donna vecchia e brutta: *tua suocera è diventata proprio una b.!* **4** (*est.*) I regali fatti per l'Epifania: *guarda che bella b. hai avuto!* || **befanàccia**, pegg. | **befanóna**, accr. | **befanóne**, accr. m.

bèffa [di orig. onomat.; sec. XIII] s. f. ● Burla, inganno, architettati contro qlcu. per schernirlo: *fare una b. a qlcu.* | Gesto o parola di scherno | ***Farsi beffe di qlcu.***, prendersi gioco di qlcu. | ***Restare col danno e con le beffe***, danneggiato e deriso. SIN. Baia, derisione, dileggio.

beffàrdo [1313] **A** agg. **1** Che si compiace di deridere e beffare: *un tipo cinico e b.* SIN. Mordace. **2** Che rivela scherno o ironia: *riso b.*; *espressione beffarda.* SIN. Derisore, ironico, schernitore. || **beffardaménte**, avv. **B** s. m. ● †Burlone, canzonatore.

beffàre [da *beffa*; sec. XIII] **A** v. tr. (*io bèffo*) ● Burlare, schernire: *Così con un riso schernevole beffandolo* (SANNAZARO) | Gabbare, turlupinare: *si è lasciato b. come uno sciocco.* **B** v. intr. pron. ● Prendersi gioco di qlcu. o qlco.: *beffarsi di tutto e di tutti.*

beffatóre [1313] s. m.; anche agg. (f. *-trice*) ● (*lett.*) Beffeggiatore: *sia preso questo traditore e b. di Dio e de' santi* (BOCCACCIO).

beffeggiaménto [av. 1694] s. m. ● (*raro*) Il beffeggiare.

beffeggiàre [av. 1332] v. tr. (*io befféggio*) ● Beffare con particolare cattiveria e accanimento: *b. le cose sacre e profane.*

beffeggiatóre [1585] **A** s. m.; anche agg. (f. *-trice*) ● (*raro, lett.*) Chi (o Che) fa beffe. **B** agg. ● (*raro*) Ironico, canzonatorio.

†**beffeggiatòrio** [av. 1767] agg. ● Derisorio.

bèga o **béga** [got. **bēga*, connesso con l'ant. alto ted. *bâga* 'lite, contesa'; av. 1705] s. f. **1** Litigio, contrasto: *beghe amorose.* **2** Faccenda fastidiosa, spiacevole: *cacciarsi nelle beghe, in una b.*; *pigliarsi delle beghe*; *non voler beghe.*

begàrdo [ant. fr. *bégard*, da *béguin*, con sostituzione di suff. spreg.; 1829] s. m. (f. *-a*) ● Membro di un movimento cattolico riformatore sorto in Fiandra nel XIII sec., che adottò la regola e la dottrina delle beghine e fu dichiarato eretico.

beghìna [fr. *béguine*, di etim. discussa: di orig. fiamminga (?); sec. XIV] s. f. **1** Religiosa di comunità cattoliche fondate nel XII sec., poi in parte assorbite dai movimenti francescano e domenicano. **2** Donna che vive in una comunità religiosa osservando i voti temporanei di castità e ubbidienza. **3** (*spreg.*) Bigotta, bacchettona.

beghinàggio [fr. *béguinage*, da *béguine* 'beghina'; 1828] s. m. **1** Comunità delle beghine | Piccolo quartiere nel quale dimoravano le beghine. **2** (*spreg.*) Devozione esagerata e ostentata, da beghina.

beghinìşmo [1866] s. m. ● (*spreg., raro*) Bigottismo.

beghìno [fr. *béguin*, da *béguine* 'beghina'; sec. XIII] s. m. (f. *-a*) **1** Religioso del movimento dei Begardi. **2** (*spreg., raro*) Bigotto, bacchettone.

begliuòmini o **begliòmini** [comp. dei pl. di *bello* e *uomo*; 1802] s. m. pl. ● (*bot.*) Balsamina.

†**begolàrdo** [da †*begolare*; 1313] s. m. ● Ciarlatano, imbonitore: *Dante Alleghier, s'i' so' buon b.* (ANGIOLIERI).

†**begolàre** ● V. †*bergolare.*

begònia [fr. *bégonia*, dal cognome dell'intendente di S. Domingo, Michel *Bégon* (1638-1710), in onore del quale fu imposto il nome a questa pianta; 1815] s. f. ● Genere di piante arbustive o erbacee delle Begoniacee, comprendente molte specie coltivate per le foglie e i fiori variamente colorati (*Begonia*). ➡ ILL. **piante**/3.

Begoniàcee [comp. di *begonia* e *-acee*; 1865] s. f. pl. (sing. *-a*) ● Nella tassonomia vegetale, famiglia di piante delle Dicotiledoni con foglie alterne provviste di lobi (*Begoniaceae*). ➡ ILL. **piante**/3.

beguine /fr. bəˈgin, ingl. bɪˈgiːn/ o **béguine** /fr. beˈgin/ [vc. creola delle Antille (*biguine*) di orig. ingl. (dal v. *begin* 'dar inizio, attaccare'); 1965] s. f. inv. ● Ballo d'origine caraibica, a ritmo lento.

bègum o **begùm** [vc. ingl. di orig. persiana (*begam*, dal turco orient. *bigim* 'principessa', f. di *big* 'principe, *bey*'); 1825] s. f. inv. ● Principessa, signora di rango elevato nel mondo musulmano.

♦**bèh** /bɛh, bɛ, bɛʔ/ o (*fam.*) **be'** [av. 1400] inter. ● (*fam.*) Con valore discorsivo, in breve, insomma: *'Che ne pensi?' 'Beh, è un po' presto per dare un giudizio'* | Con valore concl. o interr., ebbene, e così, e allora, dunque: *beh! fate voi*; *beh! hai ragione tu!*; *beh, andiamocene!*; *beh, cosa vuoi?*; *beh, cosa vogliamo fare?*; *beh, che ve ne sembra?* | Con valore avversativo, però: *beh* (anche ripetuto: *beh, beh*), *piano con certi discorsi!*

behaviorişmo /beavjoˈrizmo/ [dall'ingl. *behaviour*, variante americana *behavior*, 'comportamento', formato dal v. *to behave* con sovrapposizione di *havior* 'possesso'; 1942] s. m. ● (*psicol.*) Comportamentismo.

behavioristico /beavjoˈristiko/ [1949] agg. (pl. m. *-ci*) ● (*psicol.*) Comportamentistico.

bèi (**1**), (*evit.*) **bèi** [1879] s. m. inv. ● Adattamento di *bey* (V.).

bèi (**2**) ● V. *bello.*

beige /fr. bɛːʒ/ [vc. fr., di etim. incerta; 1905] **A** agg. inv. ● Detto di sfumatura di grigio tendente al nocciola più o meno chiaro. **B** s. m. inv. ● Il colore beige.

beignet /fr. bɛˈɲɛ/ [1940] s. m. inv. ● Bignè.

beilicàle [turco *beylik* 'relativo al *bey*, principato', ampliato col suff. *-ale*; 1894] agg. ● (*st.*) Relativo al bey e alla sua carica.

beilicàto [1939] s. m. ● (*st.*) Giurisdizione, carica di un bey.

bèişa [vc. somala; 1955] s. f. ● Antilope dell'Africa Orientale caratterizzata da lunghe corna diritte (*Oryx beisa*).

bèl (**1**) ● V. *bello.*

bèl (**2**) [dal nome del fisico A. Graham *Bell* (1847-1922); 1955] s. m. inv. ● (*fis.*) Unità di misura del guadagno o dell'attenuazione di potenza di strumenti, componenti e sim. espresso mediante il logaritmo decimale del rapporto tra le potenze di due segnali. SIMB. B.

belànte [av. 1714] **A** part. pres. di *belare*; anche agg. **1** Nei sign. del v. **2** (*fig.*) Lamentoso, noioso: *voce, pianto b.* **B** s. f. e m. ● (*raro, lett.*) Pecora, agnello: *un branco ... / di candide belanti* (MONTI).

belàre [lat. *belāre*, di orig. onomat.; sec. XIII] **A** v. intr. (*io bèlo*; aus. *avere*) **1** Emettere belati: *il gregge belava lamentosamente.* **2** (*fig.*) Frignare, piagnucolare, lamentarsi | Cicalare noiosamente: *Se si fosse messo anche lui a b. d'amore* (SVEVO). **B** v. tr. e intr. ● (*fig.*) Parlare, declamare, cantare, in modo lamentoso e sdolcinato: *un coro che belava pietosamente*; *si udì b. di dentro una voce asmatica* (VERGA).

belàto [da *belare*; av. 1492] s. m. **1** Verso flebile e lamentoso caratteristico della pecora, dell'agnello e della capra: *i dolci belati delle pecore al pascolo.* **2** (*fig.*) Piagnisteo: *non sopporto i belati di quella donna* | Canto, recitazione e sim. lamentosi.

belcantişmo [1985] s. m. ● Tecnica o culto del belcanto.

belcantistico [1985] agg. (pl. m. *-ci*) ● Che riguarda il belcanto o ne riflette le caratteristiche: *gusto b.*; *esecuzione belcantistica.*

belcànto o **bèl cànto** [1955] s. m. solo sing. ● (*mus.*) Stile interpretativo, riferito spec. all'opera italiana fino a Rossini, caratterizzato da scarso interesse per il rapporto voce-ruolo, vocalità stilizzata e non realistica, gusto per la fioritura, l'improvvisazione e il virtuosismo | (*est.*) Vocalità virtuosistica.

belemnìta o **belemnite** [dal gr. *belemnítēs* (sottinteso *líthos*) '(pietra) a forma di dardo (*bélemnon*, da *bállein* 'lanciare, scagliare')'; av. 1730] s. m. (pl. *-i*) ● Cefalopode fossile dei Dibranchiati la cui parte massiccia è facilmente rinvenibile in sedimenti mesozoici (*Belemnites*).

bèlga [vc. dotta, lat. *Bĕlga*(*m*), di prob. orig. celt.; 1623] **A** agg. (pl. m. *-gi*; pl. f. *-ghe*) **1** Del Belgio: *popolo b.* **2** ***Razza b.***, pregevole razza equina da tiro pesante, di tipo brachimorfo. **3** ***Insalata b.***, varietà di cicoria bianca dal caratteristico cespo compatto sottile e allungato, di sapore amarognolo. **B** s. m. e f. ● Abitante, nativo del Belgio.

†**belgioìno** ● V. *benzoino.*

†**belgiuìno** ● V. *benzoino.*

belìo [da *belare*; av. 1910] s. m. ● (*raro, lett.*) Il belare continuo.

♦**bèlla** [av. 1300] s. f. **1** Donna bella, avvenente: *la b. del quartiere*; *la b. e la bestia* | ***B. mia!***, appellativo affettuoso (*spec. scherz.* o *iron.*) **2** (*per anton.*) La donna amata: *addio, mia b., addio!* **3** Bella copia: *copiare, mettere in b.* **4** Nei giochi, spec. di carte, e in alcuni sport, l'ultimo incontro decisivo tra avversari alla pari. SIN. Spareggio. **5** (*bot.*) ***B. di giorno***, pianta erbacea delle Convolvulacee con fusti eretti e fiori con corolle imbutiformi, molto delicate, di color roseo o violetto (*Convolvulus tricolor*) | ***B. di notte***, pianta erbacea delle Nictaginacee con foglie ovali lanceolate e fiori di color giallo o rosso o bianco (*Mirabilis jalapa*); (*fig.*) prostituta | ***B. vedova***, pianta erbacea rizomatosa delle Iridacee con foglie lunghe e fiori giallo-verdastri (*Hermodactylus tuberosus*) | ***B. di undici ore***, giacinto del Perù | ***B. montanina***, (*tosc.*) varietà di giglio. ➡ ILL. **piante**/3. **6** Piatto di ceramica rinascimentale in cui venivano ritratti volti di giovani donne, prodotto spec. a Casteldurante e Faenza. || **bellóna**, accr. (V.).

belladònna [comp. di *bello* e *donna*: perché sta a base di un unguento di bellezza (?); av. 1577] s. f. (pl. *belledònne*) **1** Pianta erbacea delle Solanacee con fusto ramoso alto circa 1 m, foglie ovate, fiori bruni ascellari, bacche brune e lucenti (*Atropa belladonna*). ➡ ILL. **piante**/8. **2** (*est.*) Estratto ottenuto dalle foglie e dalle radici della pianta omonima, usato in farmacologia.

belladonnìna [da *belladonna*; 1962] s. f. ● (*chim.*) Alcaloide estratto dalle foglie di belladonna.

†**bellàre** [vc. dotta, lat. *bellāre*, da *bĕllum* 'guerra', di etim. incerta; av. 1348] v. intr. ● Combattere.

†**bellatóre** [vc. dotta, lat. *bellatōre*(*m*), da *bellāre* 'combattere'; av. 1375] agg.; anche s. m. ● (*raro*) Guerriero.

bellavìsta o **bèlla vìsta** [comp. di *bello* e *vista* 'dalla bella apparenza'; 1970] s. f. (pl. *belleviste*) **1** Bella veduta, bello spettacolo. **2** Nella loc. ***in b.***, riferita a vivande servite in gelatina, con bordure varie di verdure, sottaceti e sim.: *salmone in b.*

belle époque /fr. ˌbɛleˈpɔk/ [espressione fr., propr. 'bella epoca'; 1963] loc. sost. f. inv. ● Periodo che va dalla fine dell'Ottocento all'inizio della prima guerra mondiale, caratterizzato, nell'ambito della borghesia europea, da benessere economico e vita spensierata: *il can can è il ballo tipico della belle époque.*

bellétta [forse var. di *melletta*, affine a *melma*; av. 1292] s. f. ● (*lett.*) Fanghiglia, melma.

belletterìsta o **bellettrista** [adatt. del fr. *bellettriste*, da *belles lettres* 'belle lettere'; 1837] s. m. e f. (pl. m. *-i*) ● (*disus., spec. spreg.*) Cultore, spec. dilettante, di letteratura, di belle lettere.

belletterìstica o **bellettrìstica** [1955] s. f. ● (*disus., spec. spreg.*) Letteratura, spec. dilettantesca.

belletterìstico o **bellettrìstico** [1935] agg. (pl. m. *-ci*) ● (*disus.*) Relativo alla belletteristica.

bellétto [prob. da *bello*, per la sua funzione; av. 1502] s. m. **1** Crema o cosmetico per il trucco del viso: *darsi il b.* **2** (*fig., lett.*) Artificio stilistico.

bellettrìsta e *deriv.* ● V. *belletterista e deriv.*

♦**bellézza** [lat. parl. **bellĭtia*(*m*), da *bĕllus* 'bello'; av. 1250] s. f. **1** Qualità di chi (o di ciò che) è bello: *la b. di una donna, di un'opera d'arte*; *le bellezze naturali*; *la b. della virtù*; *la b. è una specie di armonia visibile che penetra soavemente nei cuori umani* (FOSCOLO) | ***B. greca***, conforme ai canoni estetici di proporzioni ed euritmia propri della civiltà greca classica | ***Concorso di b.***, dove si premiano le ragazze più belle | ***Istituto di b.***, per il trattamento estetico della persona | ***Per b.***, per ornamento | ***Che b.!***, escl. di gioia (*anche iron.*) | ***Chiudere, finire in b.***, concludere un'attività in modo molto positivo. CONTR. Bruttezza. **2** Cosa, persona bella: *è una b.*; *ciao, b.!* | ***B. mia!***, escl. affettuosa (*anche iron.*) | ***Il lavoro procede che è una b.***, di bene in meglio. **3** (*fig.*) Grande quantità, lunga durata: *durare la b. di dieci anni.* || **bellezzìna**, dim. | **bellezzóna**, accr.

bellicìşmo [fr. *bellicisme*, dal lat. *bĕllicus* 'bellico', sul modello di *pacifisme* 'pacifismo'; 1942] s. m. ● Tendenza a risolvere i problemi internazionali con la forza.

bellicìsta [fr. *belliciste*, da *bellicisme* 'bellicismo'; 1933] s. m. e f.; anche agg. (pl. m. *-i*) ● Chi (o Che) sostiene il bellicismo.

bellicìstico [1956] agg. (pl. m. *-ci*) ● Relativo al bellicismo.

bèllico (**1**) [vc. dotta, lat. *bĕllicu*(*m*), da *bĕllum* 'guerra', forma recente di *duĕllum*, di etim. incerta; 1353] **agg.** (**pl. m.** *-ci*) ● Pertinente alla guerra: *apparato, sforzo b.* | ***Occupazione bellica***, di tutto o di parte del territorio di uno Stato belligerante da parte del nemico.

bellico (2) [lat. *umbilīcu(m)* 'ombelico' (V.); sec. XIII] **s. m.** (**pl.** *-chi*) ***1*** (*bot.*) Infossamento lasciato dal picciolo nel punto in cui si è staccato il frutto. ***2*** V. *ombelico*.

†**bellicóne** [medio alto ted. *willekomen* 'benvenuto', comp. di *wille* 'volere, desiderare' e *kome* 'venire'; av. 1698] **s. m.** ● Bicchiere panciuto.

bellicosità [1952] **s. f.** ● Caratteristica di bellicoso | (*est.*) Spirito battagliero.

bellicóso [vc. dotta, lat. *bellicōsu(m)*, da *bĕllicus* 'bellico (1)'; 1338 ca.] **agg.** ***1*** Incline alla guerra: *nazione bellicosa*. ***2*** (*est.*) Indocile, battagliero: *individuo, atteggiamento, spirito b.* || **bellicosaménte**, **avv.** In modo guerresco, battagliero.

bèllide [vc. dotta, lat. *bĕllide(m)*, da *bĕllus* 'bello' (?); 1733] **s. f.** ● (*bot.*) Margheritina.

belligerànte [vc. dotta, lat. *belligerănte(m)*, part. pres. di *belligerăre*, comp. di *bĕllum* 'guerra' e *gĕrere* 'fare'; 1480] **agg.**; anche **s. m. e f.** ● Che (o Chi) è in stato di guerra: *Stati belligeranti*; *violento scontro tra belligeranti*.

belligerànza [vc. dotta, da *belligerante*; 1939] **s. f.** ● Condizione di uno Stato in guerra implicante un complesso di diritti o di obblighi allo stesso riconosciuti o imposti dal diritto internazionale: *rapporto di b. tra Stati*.

belligero [vc. dotta, lat. *bellĭgeru(m)*, comp. di *bĕllum* 'guerra' e *gĕrere* 'condurre, fare'; 1342] **agg.** ● (*lett.*) Guerresco | Bellicoso.

bellimbùsto o †**bell'imbùsto** [comp. di *bello* e *busto*; av. 1665] **s. m.** (**pl.** *bellimbùsti*, ant. anche *beglimbùsti*) ● Uomo ricercato nel vestire, fatuo e galante. **SIN.** Cicisbeo, ganimede, zerbinotto.

Bellini [dal n. del pittore G. *Bellini* (1432 ca.-1516); il cocktail, servito da diversi anni all'Harry's bar di Venezia, fu così chiamato in occasione di una mostra dei suoi quadri; 1948] **s. m. inv.** ● Cocktail di succo di pesca bianca e di prosecco spumante.

belliniàno **A** **agg.** ● Che riguarda il musicista italiano Vincenzo Bellini (1801-1835) e la sua arte: *la produzione operistica belliniana*. **B** **s. m.** (**f.** *-a*) ● Ammiratore, seguace di V. Bellini.

bellìno [av. 1547] **agg.** ***1*** Dim. di *bello* | Grazioso, carino. ***2*** Affettato | ***Fare il bello b.***, ***le belle belline***, (*lett.*) fare moine.

♦**bèllo** [lat. *bĕllu(m)*, dim. di *bŏnus* 'buono'; av. 1224 ca.] **A** **agg.** (**sing. m.** *bèllo*, **pl. m.** *bèlli*, posposti al s.; **sing. m.** *bèl*, **pl. m.** *bèi* (tosc. *be'*) davanti a consonante che non sia *s* impura, *gn, pn, ps, x, z*; **sing. m.** *bèllo*, **pl. m.** *bègli*, davanti a vocale, *s* impura, *gn, pn, ps, x, z*; **pl. f.** regolare. Si elide al **sing.** in *bell'* davanti a vocale). *Bello* si tronca in *bel* davanti a consonante: *un bel gatto, bel tempo, che bel tipo*; rimane però *bello* davanti a *s impura, z, x, gn, ps* e (ma non sempre) *pn*: *bello scrittoio, bello stivale, bello zaino*; si elide in *bell'* davanti a vocale: *bell'aspetto, bell'e fatto, bell'operaio, bell'uomo*. Al plurale, *belli* diventa *bei* davanti a consonante: *bei pomodori, bei fiori, bei libri*; diventa però *begli* davanti a vocale o a *s impura, z, x, gn, ps* e (ma non sempre) *pn*: *begli atleti, begli uomini, begli stupidi*. Al femminile, la forma del singolare *bella* si può elidere davanti a vocale: *bell'attrice*; invece il plurale *belle* si elide raramente: *belle immagini* (meglio di *bell'immagini*). (V. nota d'uso ELISIONE e TRONCAMENTO) ***1*** (assol.; + *a*, + *da*, seguiti da inf.) Che, per le sue qualità estetiche, provoca impressioni gradevoli: *persona, cosa bella*; *uno spettacolo b. a vedersi*; *sopr'un gran letto assai b. a vedere* (BOCCACCIO); *è un film b. da vedere, da vedersi*. **CFR.** calli-, callo-, calo-. **CONTR.** Brutto | (*est.*) ***Belle lettere***, letteratura | ***Belle arti***, ***arti belle***, arti figurative | ***B. scrivere***, stile letterario considerato come modello di eleganza e di correttezza | ***Bel tempo***, sereno | ***Bella giornata***, serena | ***Bel mare***, calmo | ***Bel sesso***, il sesso femminile | ***Bel mondo***, società ricca ed elegante | ***Bell'ingegno***, persona di intelligenza vivace, brillante | ***B. spirito***, (*iron.*) persona superficialmente spiritosa e frivola | ***Begli anni***, la gioventù | ***Bella stagione***, primavera, estate | ***Bella vita***, (*spreg.*) spensierata, mondana | ***Farsi b.***, adornarsi, agghindarsi | ***Farsi b. di qlco.***, (*fig.*) vantarsene, attribuirsene i meriti quando non sono propri | ***Darsi al bel tempo***, (*fig.*) dedicarsi all'ozio e ai piaceri. ***2*** Vistoso, cospicuo, grande: *una bella altezza, rendita, eredità, spesa*; *un bel patrimonio* | Con valore intens. (preposto a un s.): *un bel nulla*; *un bel sì*; *è bell'e fatto*; *è bell'e morto*; *nel bel mezzo*; *al bel principio*; *a bell'agio* | ***A b. studio***, ***a bella posta***, con tutta l'intenzione | ***Bell'e buono***, vero e proprio | Con valore intens. scherz. (preposto a un s.): *una bella insolenza*; *un bel matto*; *una bella bestia* | ***Questa è bella***, ***l'hai fatta bella***, (*iron.*) questa è grossa, l'hai fatta grossa | Con valore neutro: *è troppo b. per essere vero!* | ***Che b.!***, che bellezza: *si va a cena fuori? che b.!* | ***Oh bella!***, (*ellitt., iron.*) esprime sorpresa, disapprovazione, disappunto e sim. | ***Ne ha dette delle, di belle***, (*iron.*) ha detto delle assurdità, delle enormità | ***Belle cose!***, (*antifr.*) brutte cose | ***Bella figura!***, (*antifr.*) brutta figura | Con valore pleon.: *un bel giorno*; *una bella mattina*. ***3*** Buono: *una bella azione* | Dignitoso: *un bel morir tutta la vita onora* (PETRARCA) | ***Giovane di belle speranze***, promettente | ***Fare una bella riuscita***, riuscire bene | ***Un bel lavoro***, fatto bene (*anche iron.*) || **bellaménte**, **avv.** In modo garbato, conveniente; beatamente, con comodo; abilmente, con garbo (*anche iron.*): *le avea fatto capire bellamente che non l'amava più* (VERGA). **B** in funzione di **avv.** ***1*** Nella loc. ***bel b.***, adagio adagio, lemme lemme; (*anche raff.*) pian piano, bel bello. ***2*** Nella loc. ***alla bell'e meglio***, in modo approssimativo. **C** **s. m.** solo **sing.** ***1*** Ciò che per aspetto esteriore o per qualità intrinseche provoca impressioni gradevoli: *avere il gusto, l'amore del b.* ***2*** Nella filosofia platonica, manifestazione del bene. ***3*** Tempo bello, sereno: *la stagione si mette al b.*; *fa b.* ***4*** Con valore neutro e gener. raff.: *cosa fai di b.?* | ***Il b. è che***, la cosa strana è che | ***Ha di b. che***, il suo lato positivo è che | ***Sul più b.***, nel momento culminante, più importante | ***Ci volle del b. e del buono***, molta fatica | (*scherz.*) ***Adesso viene, comincia il b.***, il difficile. ***5*** Con valore neutro e gener. enfatico, in riferimento a categorie generali di cui si vuole esaltare una qualità peculiare: *donna è b.*; *single è b.* **D** **s. m.** (**f.** *-a* (V.)) ***1*** Uomo avvenente: *il b. del paese* | ***Fare il b.***, civettare | ***Fare il b. in piazza***, pavoneggiarsi | ***B. mio!***, (*region.*) ***b. di mamma!***, appellativi affettuosi (*spec. scherz.* o *iron.*). ***2*** (*per anton.*) L'uomo amato. || **bellino**, **dim.** (V.) | **bellòccio**, **accr.** (V.) | **bellóne**, **accr.** | †**bellùccio**, **dim.**

bellòccio [1524] **agg.** (**pl. f.** *-ce*) ***1*** Accr. di *bello*. ***2*** Che ha un tipo di bellezza fresca, semplice ma non raffinata.

bellóna [1820] **s. f.** ***1*** Accr. di *bella*. ***2*** Donna avvenente, spec. di bellezza vistosa e non particolarmente raffinata.

†**bellóre** [av. 1294] **s. m.** ● Bellezza.

bellospirito o **bèllo spirito** [comp. di *bello* e *spirito*; av. 1556] **s. m.** (**pl.** *bègli spiriti*) ● Persona di ingegno vivace e piacevole | (*iron.* o *spreg.*) Chi è spiritoso in modo superficiale e affettato. **SIN.** Bellumore, burlone.

bellùino [vc. dotta, lat. tardo *bel(l)uīnu(m)* 'bestiale', da *bēl(l)ua* 'animale'; av. 1730] **agg.** ● (*lett.*) Pertinente a belva | (*est.*) Feroce, selvaggiamente brutale: *ira belluina*. **SIN.** Ferino. || **belluinaménte**, **avv.**

bellumóre o **bell'umóre** [comp. di *bello* e *umore*; av. 1609] **s. m.** (**pl.** *bègli umóri*, raro *bellumóri*) ● Persona di carattere allegro e bizzarro (*anche iron.*). **SIN.** Bellospirito, burlone.

bellunése [da *Belluno*, di etim. discussa: di orig. celt. per contrazione di **Belodunum*, come dire la 'città fortificata (*dunum*) brillante (radicale **bel-*)' in senso esornativo (?); 1847] **A** **agg.** ● Della città di Belluno. **B** **s. m. e f.** ● Abitante di Belluno. **C** **s. m.** solo **sing.** ● Dialetto del gruppo veneto, parlato a Belluno.

bellùria [da *bello* con suff. ripreso da altre vc. in *-uria*; 1840] **s. f.** ***1*** (*fam., tosc.*) Bellezza apparente. ***2*** (*lett., spec. al pl.*) Eleganza artificiosa e di gusto mediocre, spec. nello scrivere.

bèlo [per *bel(at)o*; av. 1492] **s. m.** ● (*raro, lett.*) Belato: *il doloroso b. / della madre, che perde il caro agnello* (L. DE' MEDICI).

belodónte [vc. dotta, comp. del gr. *bélos* 'dardo' e *odoýs*, genit. *odóntos* 'dente'; 1940] **s. m.** ● Genere di grandi rettili fossili del triassico superiore (*Belodon*).

Belonifórmi [comp. del n. scient. *Belone*, dal gr. *belónē* 'ago' e *-forme*; 1965] **s. m. pl.** (**sing.** *-e*) ● (*zool.*) Ordine di Pesci dei Teleostei marini dal corpo affusolato e pinne a raggi molli, tra cui l'aguglia (*Beloniformes*).

belorùsso ● V. *bielorusso*.

Belpaése o **bèl paése** nel sign. 2 [dal titolo d'ispirazione petrarchesca del noto libro di divulgazione scientifica *Il Bel Paese* di A. Stoppani, pubblicato nel 1875; 1374] **s. m. inv.** ***1*** *Belpaese*®, marchio registrato di un tipico formaggio a pasta molle ma compatta, prodotto in Lombardia. ***2*** (*per anton.*) L'Italia.

beltà o †**beltàde**, †**beltàte**, †**biltà** [ant. provz. *beltat*, dal lat. parl. **bellitāte(m)*, da *bĕllus* 'bello'; sec. XII] **s. f.** ***1*** (*lett.*) Bellezza: *questo nostro caduco e fragil bene, / ch'è vanto et ombra, et ha nome beltate* (PETRARCA). ***2*** (*lett.*) Donna di grande bellezza.

belùci ● V. *baluci*.

belùga [vc. russa, da *bélyj* 'bianco', di orig. indeur.; 1955] **s. m. inv.** ***1*** Grosso cetaceo degli Odontoceti, di colore nero o grigio negli esemplari giovani, tendente al bianco con il progredire dell'età (*Delphinapterus leucas*). ***2*** Ladano (2) | Caviale caratterizzato da uova grigie o nere di medie dimensioni che si ricava da tale pesce.

bèlva [lat. *bēl(l)ua(m)* 'bestia': vc. onomat. (?); 1319] **s. f.** ● Animale feroce (*anche fig.*): *di sua tana stordita esce ogni b.* (POLIZIANO); *quando beve diventa una b.* **CFR.** terio-, -terio. **SIN.** Fiera.

belvedére [comp. di *bel(lo)* e *vedere* (1); 1598] **A** **s. m.** (**pl.** *-i* o *-e*) ***1*** Luogo elevato da cui si gode una bella veduta. ***2*** (*mar.*) Terzultima vela quadra, a partire dal ponte, dell'albero di mezzana. ➡ **ILL.** p. 2173 TRASPORTI. ***3*** Pianta erbacea delle Chenopodiacee con foglie verde chiaro che in autunno acquistano una colorazione rossa (*Kochia scoparia*). **SIN.** Cipressina, granata. **B** in funzione di **agg. inv.** ● (posposto a un s.) Che consente una bella veduta | ***Carrozza b.***, alla testata di alcuni tipi di elettrotreni.

Belzebù [vc. dotta, lat. eccl. *Beelzebūb*, dal gr. *Beelzeboúb*, nome di un'antica deità fenicia; 1313] **s. m.** solo **sing.** ● Nome con il quale nel Nuovo Testamento si indica il principe dei Diavoli.

†**belzoìno** ● V. *benzoino*.

†**belzùino** ● V. *benzoino*.

bèma [dal gr. *bêma* 'passo', dipendente dal v. *báinein* 'camminare', di struttura indeur.; 1930] **s. m. inv.** ***1*** Nell'antica Grecia, unità di misura di lunghezza equivalente a m 0,74. ***2*** Nell'antica Grecia, piedistallo di pietra o legno da cui parlavano gli oratori. ***3*** Nelle basiliche cristiane, banco situato lungo la curva dell'abside | Nelle chiese bizantine, il presbiterio con la relativa abside.

bemberg® /'bɛmberg, *ted.* 'bɛmbɛʀk/ [marchio registrato; 1955] **s. m.** solo **sing.** ● Fibra tessile artificiale composta soprattutto di cellulosa, succedanea della seta, usata spec. nella produzione di fodere.

bemòlle o (*raro*) **bimòlle** [comp. di *be*, n. ant. della nota musicale si, e *molle*, riferito al Si più basso dei due possibili nella scala diatonica; av. 1449] **s. m.** ● (*mus.*) Alterazione che abbassa di un semitono la nota cui si riferisce, fissa se posta in chiave, temporanea se precede immediatamente la nota: *re b.*; *un b. in chiave*.

bemollizzàre [1826] **v. tr.** ● (*mus.*) Alterare una nota con un bemolle.

bemparlànte ● V. *benparlante*.

bempensànte ● V. *benpensante*.

bemportànte ● V. *benportante*.

bèn **A** **avv.** ● Forma tronca di *bene* (*1*): *l'atleta italiano si è ben comportato*; *chiudi ben bene quella valigia*; *ben ti sta!* **B** **s. m. inv.** ● Forma tronca di *bene* (*2*): *Dolce mio ben che contento mi fai* (BOCCACCIO); *il popolaccio gavazzava nell'abbondanza d'ogni ben di Dio* (NIEVO).

benaccètto o **ben accètto**, **beneaccètto** [comp. di *ben(e)* e *accetto*; 1865] **agg.** ● (*lett.*) Gradito: *questo tuo dono è b.*

benacènse [vc. dotta, lat. *Benacēnse(m)* dal n. del lago di Garda, *Benācu(m)*; 1809] **agg.** ● Del lago di Garda.

†**benaffètto** o †**ben affètto** [comp. di *ben(e)* e *affetto* (V.); av. 1613] **agg.** ● Fedele.

benallevàto [comp. di *ben(e)* e *allevato*; 1745] **agg.** ● (*raro, lett.*) Che ha ricevuto una buona educazione.

benalzàto o **ben alzàto** [comp. di *ben(e)* e *alzato*; 1865] **A** **agg.** spec. in funzione di **inter.** ● Si usa come saluto augurale a chi si è alzato dal letto (*an-*

che iron.): *b.!*; *benalzata!* **B** anche **s. m.** ● La formula stessa del saluto: *dare il b. a qlcu.*

benamàto ● V. *beneamato.*

benànche o (*lett.*) **benànco**, (*lett.*) **ben ànco** [comp. di *ben(e)* e *anche*; av. 1630] **avv.** ● (*lett.*) Perfino, pure, ancorché (con valore raff., talora posposto al v.): *voglio riuscire, dovessi b. impiegarci un anno*; *ben anco a noi la tua possanza invita / è manifesta* (MONTI).

benandànte [comp. di *ben(e)* e *andante*; 1973] **s. m.** ● Nel Friuli dei secc. XVI-XVII, chi celebrava antichi riti agrari di fertilità in difesa dei raccolti contro streghe e stregoni, perseguitato a sua volta come stregone dall'Inquisizione | (*est.*) Stregone.

benandàta [comp. di *ben(e)* e *andata*; 1385] **s. f.** *1* (*disus.*) Mancia. *2* (*disus.*) Buonuscita.

benarrivàto o **ben arrivàto** [comp. di *ben(e)* e *arrivato*; av. 1628] **A agg.** spec. in funzione di **inter.** ● Si usa come saluto a chi arriva, per esprimere buona accoglienza: *b.!*; *benarrivati a casa nostra!* **B** anche **s. m.** *1* (**f.** *-a*) Persona che giunge gradita: *siate i benarrivati*; *sei il b.* *2* La formula stessa del saluto: *dare il b. a qlcu.*

benauguránte [da *ben(e)* e *augurante*] **agg.** ● Che è di buon augurio: *formula b.*

benauguràto [comp. di *ben(e)* e *augurato*; 1688] **agg.** ● (*raro*) Fortunato. || **benauguratamente**, **avv.** Con buon augurio.

benauguróso [comp. di *ben(e)* e *auguroso*; 1840] **agg.** ● (*raro, lett.*) Di buon augurio.

benavère o **ben avère**, **beneavère** [comp. di *ben(e)* e *avere* (*1*); 1712] **A v. intr.** (difett. usato solo all'inf.) ● (*raro*) Avere tranquillità, pace, spec. nella loc. ***non lasciare b. qlcu.*** **B** anche in funzione di **s. m.** solo **sing.**: *non lascia più b. a nessuno.*

†**benavvedùto** [comp. di *ben(e)* e *avveduto*] **agg.** ● (*raro*) Accorto, prudente.

†**benavventuràto** [comp. di *ben(e)* e *avventurato*; av. 1347] **agg.** ● Fortunato, felice: *re per molte vittorie ottenute con gravissimi pericoli chiamato b.* (GUICCIARDINI).

†**benavventuróso** [comp. di *ben(e)* e *(av)venturoso*; av. 1347] **agg.** ● Fortunato. || **benavventurosamente**, **avv.** Con buona fortuna.

♦**benché** o (*lett.*) †**ben che** [da *ben(e)* e *che* (*2*); 1308] **cong.** *1* Sebbene, quantunque (introduce una prop. concess. di preferenza con il v. al congv.): *b. sia tardi, passerò a prenderti* | Con l'ellissi del v.: *b. ammalato volle uscire ugualmente* | (*assol.*) Con il v. all'indic.: *b., per dir il ver, non han bisogno / di maestro* (TASSO). *2* (*lett.*) Ma, tuttavia (con valore avvers. e il v. all'indic.): *furon marito e moglie*: *b. la poveretta se ne pentì poi, in capo a tre giorni* (MANZONI). *3* Con valore raff. nella loc. ***il b. minimo***, nemmeno il più piccolo: *non fa il b. minimo sforzo.*

benchmark /'bentʃmark, *ingl.* 'bentʃmɑːk/ [vc. ingl., nell'uso fig. di 'segno (*mark*) sul banco di lavoro (*bench*)'; 1986] **s. m. inv.** ● Insieme di dati presi come parametri di riferimento per valutare le prestazioni di un dispositivo, la produttività di un processo o il rendimento di uno strumento finanziario.

bencreàto [comp. di *ben(e)* e *creato*; av. 1729] **agg.** ● (*raro, lett.*) Bene educato.

bènda o **bénda** [germ. **binda* 'fascia', di orig. indeur.; 1243] **s. f.** *1* Striscia di tela o garza per la fasciatura di ferite, fratture e sim. | ***B. elastica***, di tessuto elastico | ***B. gessata***, impregnata nella confezione di apparecchi gessati. *2* Striscia di tessuto avvolta intorno al capo in segno di sovranità, dignità, onore e sim., o per ornamento: *bende sacerdotali* | ***Auree bende***, il diadema regale | ***Le sacre bende***, quelle dei sacerdoti pagani o delle monache. *3* Velo o drappo portato in capo dalle donne, spec. nel Medio Evo, secondo l'età e la condizione | ***Bende vedovili***, i veli neri portati in segno di lutto dalle vedove. *4* Fascia che copre gli occhi e impedisce la vista: *la b. nera dei condannati a morte* | ***Avere la b. agli occhi***, (*fig.*) non rendersi conto della realtà | ***Gli è caduta la b. dagli occhi***, (*fig.*) si è accorto di come stanno realmente le cose. *5* (*mar.*) Nelle vele, striscia di tela trasversale di rinforzo dove sono fissate le borose. || †**bendèlla**, **dim.** | †**benderèlla**, **dim.** | **bendina**, **dim.** | **bendóne**, **accr. m.** (V.) | **bendùccia**, **dim.** | †**bendùccio**, **dim. m.** (V.).

bendàggio [fr. *bandage*, da *bande* 'benda'; 1886] **s. m.** *1* Il bendare | Insieme delle bende con cui si effettua una medicazione. **SIN.** Fasciatura. *2* Nel pugilato, fasciatura che protegge le mani e i polsi del pugile sotto i guantoni: *b. duro, molle.*

bendàre [1583] **v. tr.** (*io bèndo* o *béndo*) *1* Fasciare con bende: *b. un occhio, una ferita, un arto malato.* *2* Coprire gli occhi a qlcu. con una benda, per impedirgli la vista: *b. un condannato*; *b. qlcu. per gioco* | ***B. gli occhi a qlcu.***, (*fig.*) confondergli la mente, impedirgli d'accorgersi di qlcu.: *l'animosità gli occhi non benda* (TASSO).

bendàto [av. 1294] **part. pass.** di *bendare*; anche **agg.** *1* Nei sign. del v. *2* (*est., lett.*) Che porta la benda, detto spec. di monache | Che porta il turbante: *i bendati Sultani* (PARINI) | ***La dea bendata***, la fortuna.

bendatùra [av. 1342] **s. f.** ● Fasciatura con bende | †Acconciatura.

bendidio /bendi(d)'dio/ o **bèn di Dio** [comp. di *ben(e)* di *Dio*; 1840] **s. m. inv.** ● Grande quantità di cose, spec. cibi, leccornie e sim.: *alla festa c'era ogni b.*

bending /*ingl.* 'bendiŋ/ [vc. ingl., propr. 'il piegarsi', 'il curvarsi'] **s. m. inv.** ● (*chim.*) Moto di vibrazione dei legami chimici secondo direzioni diverse da quelle della loro lunghezza. **CFR.** Stretching.

bendispósto o **ben dispósto** [comp. di *ben(e)* e *disposto*; 1581] **agg.** ● Favorevole a qlcu. o qlco.: *essere b. verso qlcu.*

bendóne [av. 1400] **s. m.** *1* Accr. di *benda.* *2* Striscia pendente da mitrie, cuffie e sim.

†**bendùccio** [av. 1449] **s. m.** *1* Dim. di *benda.* *2* Striscia di panno che si applicava sulle spalle o alla cintola come decorazione. *3* Fazzoletto.

♦**bène** (**1**) [lat. *bĕne*, da *bŏnus*, di etim. incerta; sec. XII] **A avv.** (troncato in *bèn*, spec. se in posizione proclitica; **compar.** di maggioranza *meglio*; **superl.** *benissimo*, o *ottimamente*). *1* In modo buono, giusto, retto: *fare qlco. b.*; *agire b.*; *comportarsi b.* **CFR.** eu-. *2* In modo soddisfacente, pienamente adeguato: *crescere b.*; *lo conosco b.*; *il conto torna b.*; *gli affari vanno b.*; *gli è andata b.*; *vestire b.*; *quest'abito mi sta b.*; *stare, sentirsi b.* | ***Stare, sentirsi poco b.***, essere indisposto, ammalato | ***Gli sta b.!, ben gli sta!***, se lo merita | ***Vederci, sentirci, b.***, in modo chiaro e distinto | ***Va b.!***, d'accordo | ***Ben detto, ben fatto!***, di cosa detta o fatta a proposito | ***Trattare b.***, con riguardo | ***Passarsela b.***, vivere con agiatezza | ***Nascere b.***, da famiglia socialmente elevata | ***B. o male***, in un modo o nell'altro, comunque: *b. o male abbiamo finito* | ***Di b. in meglio***, sempre meglio (*anche iron.*) | ***Guadagnare b.***, molto | ***Star b. a quattrini***, possederne molti | (*iter.*) ***Ben b.***, molto bene, molto, completamente, accuratamente e sim.: *legare, chiudere ben b.*; *guardare ben b. in viso qlcu.* **CONTR.** Male. *3* Con valore raff. e intens.: *è ben grande!*; *ben cotto*; *si tratta di ben altro*; *pesa ben cento kili*; *ne sei ben certo?*; *sai b. che non lo posso fare.* *4* Per antifr.: *si è conciato b.!*; *adesso sì che siamo ben messi!* **B** in funzione di **agg. inv.** ● Che appartiene o si riferisce ai ceti socialmente più elevati: *gente b.*; *quartiere b.* **C** in funzione di **inter.** *1* Esprime soddisfazione, consenso, ammirazione, entusiasmo: *b., adesso puoi andare!*; *bravo!, b.!*; *b., bis!* *2* Si usa per introdurre o concludere un discorso, una conversazione, per tagliar corto: *b., sentiamo cos'hai da dirmi*; *b., b., ora possiamo andarcene*; *b., basta così* | V. anche *beh.* || **benìno**, **dim.** | **benóne**, **accr.**

♦**bène** (**2**) [V. vc. precedente; sec. XII] **s. m.** *1* Principio su cui si fonda l'ordine etico | (*est.*) Ciò che è buono, giusto e onesto: *tendere, aspirare al b.* | Azione buona: *non c'è nessuno scellerato che non faccia qualche b.* (GUICCIARDINI) | ***A fin di b.***, con buone intenzioni | ***Opere di b.***, opere buone, di carità. **CONTR.** Male. *2* Nella teologia cristiana, Dio come fine ultimo dell'uomo: *il sommo Bene.* **SIN.** Beatitudine. *3* Ciò che è utile, piacevole, conveniente: *il b. della patria*; *pace e b.* | ***L'ha fatto per il tuo b.***, per la tua felicità, nel tuo interesse | Ciò che è opportuno, utile, vantaggioso; buona cosa: *è b. che tu non ci sia*; *sarebbe b. che venisse anche lui* | (*lett.*) ***Condurre, portare a b.***, ottenere un risultato favorevole. *4* Affetto, amore | ***Voler b., voler del b. a qlcu.***, amare | ***Un b. dell'anima***, un grandissimo affetto | (*est.*) La persona per cui si nutre affetto: *l'amato b.* *5* (*raro*) Pace, quiete: *non avere un giorno di b.* *6* (*dir.*) Ogni possibile oggetto di diritti: *b. mobile, immobile*; *b. privato, demaniale*; *comunione di beni tra coniugi*; *beni dotali, parafernali* | ***Beni culturali***, beni, mobili o immobili, di notevole importanza per il patrimonio culturale e che costituiscono documento di storia, arte e scienza: *Ministero dei beni culturali e ambientali.* *7* (*econ.*) Tutto quanto serve a soddisfare i bisogni dell'uomo: *b. complementare, supplementare*; *b. produttivo, improduttivo* | ***Beni di consumo***, destinati a un consumo immediato, consistente nella loro distruzione o trasformazione fisica, e non alla produzione di altri beni | ***Beni (di) rifugio***, quelli che conservano il loro potere d'acquisto nel tempo, e che si acquistano quindi per sicurezza, spec. durante i periodi di forte crescita dell'inflazione | ***Beni immateriali***, quelli non tangibili, come marchi, brevetti, licenze e sim. *8* (*spec. al pl.*) Ricchezze, averi: *ha perso tutti i suoi beni*; *i beni altrui* | ***Ben di Dio***, V. *bendidio.*

beneaccètto ● V. *benaccetto.*

beneamàto o **benamàto** [comp. di *bene* e *amato*; 1613] **agg.** ● (*lett.*) Che è molto amato. **SIN.** Diletto, prediletto.

beneavére ● V. *benavere.*

benedettìno [dal nome di S. *Benedetto* (480 ca.-547), che dettò la regola; 1706] **A agg.** ● Di S. Benedetto da Norcia: *regola benedettina* | Che si riferisce a uno degli ordini monastici di S. Benedetto o di S. Scolastica: *monaca benedettina.* **B s. m.** *1* (**f.** *-a*) Appartenente agli ordini benedettini. *2* (*fig., raro*) Persona molto erudita e paziente: *lavoro da b.* *3* Liquore di erbe aromatiche preparato in origine dai benedettini francesi.

♦**benedétto** [1233] **part. pass.** di *benedire*; anche **agg.** *1* Nei sign. del v. *2* Beato, santo, sacro: *b. colui che viene nel nome del Signore*; *la memoria benedetta di mio nonno.* *3* (*est.*) Colmo di ogni bene | ***Terra benedetta***, assai fertile | ***Clima b.***, assai salubre. *4* Fausto: *in quel giorno b. l'ho conosciuto.* **CONTR.** Maledetto. *5* Si usa in escl. per esprimere ammirazione, lode o impazienza, rimprovero benevolo: *b. te che puoi correre!*; *benedetti ragazzi che non stan mai fermi!* | (*antifr.*) Maledetto: *questo b. ascensore è sempre guasto!*

benedicènte [av. 1348] **part. pres.** di *benedire*; anche **agg.** ● Che dà la benedizione: *mano b.*; *Cristo b.*

†**benedìcere** ● V. *benedire.*

benedicite [dalla prima parola (*benedicite* 'benedite') di una preghiera lat.; 1524] **s. m. inv.** ● Formula di preghiera che gli appartenenti a ordini religiosi fanno precedere alla consumazione dei pasti.

♦**benedire** o †**benedicere** [vc. dotta, lat. *benedīcere*, comp. di *bene* 'bene' e *dīcere* 'dire', adattato nel lat. eccl. al significato del gr. *eulogéin* 'benedire'; 1114 ca.] **v. tr.** (**imperf. indic.** *io benedicévo*, pop. *benedìvo*; **pass. rem.** *io benedìssi*, pop. *benedìi*; **imperat.** *benedìci*; per le altre forme coniug. come *dire*) *1* Invocare la protezione divina su qlcu. o su qlco.: *b. il cibo*; *tutti, o figli miei, vi benedissi* (PASCOLI) | Consacrare con rito religioso, in particolare con la benedizione: *b. una chiesa* | (*fam., antifr.*) ***Mandare qlcu. a farsi b.***, mandarlo alla malora | (*fam.*) ***È andato tutto a farsi b.***, è andato tutto perduto. *2* Esprimere gratitudine per qlco. o qlcu.: *benedico il suo buon cuore.* *3* Accordare protezione, grazie e sim., detto spec. di Dio: *Dio benedica la tua casa*; *è un'iniziativa che la fortuna ha benedetto* | ***Dio ti benedica!***, escl. di gratitudine e sim. **CONTR.** Maledire. *4* Lodare, esaltare: *b. il nome, la memoria di qlcu.*

benedizionàle [1913] **s. m.** ● Libro liturgico, contenente le formule rituali della benedizione, ad uso del vescovo.

benedizióne [vc. dotta, lat. eccl. *benedictiōne(m)*, da *benedīcere* 'benedire'; 1224 ca.] **s. f.** *1* In alcune religioni (Ebraismo, Cristianesimo, Islamismo), azione sacra che una persona, rivestita di potere sacerdotale, compie per attrarre il favore divino su persone e su cose | Nella liturgia cattolica, rito amministrato dal sacerdote per la consacrazione di cose o persone o per invocare la protezione divina: *dare, impartire la b.*; *b. delle palme*; *b. nuziale*; *b. col Santissimo Sacramento* | ***B. apostolica***, del Papa | ***B. papale***, del vescovo in nome e per delegazione del Papa. *2* (*per anton.*) Correntemente, funzione religiosa cattolica nella quale si benedicono i fedeli con il SS. Sacramento. *3* Invocazione di bene per qlcu. o qlco.: *ecco la mia paterna b.* | (*fam., antifr.*) Improperio, maledizione: *sai le benedizioni che mi ha mandato!* |

(*est.*) Chi (o ciò che) è fonte di bene e di gioia: *tu sei la mia b.*; *quest'acqua è una b. per la terra.* CONTR. Maledizione. ‖ **benedizioncèlla**, dim.

beneducàto o **ben educàto** [comp. di *ben(e)* e *educato*; 1865] agg. ● Che ha ricevuto una buona educazione | (*est.*) Che ha maniere garbate: *giovane b.* CONTR. Maleducato.

†**benefàre** [vc. dotta, lat. *benefăcere*, comp. di *bĕne* 'bene' e *făcere* 'fare'; av. 1589] v. intr. ● Fare del bene: *benefacendo alla repubblica* (CAMPANELLA).

†**benefattìvo** [comp. di *bene* e *fattivo*; av. 1595] agg. ● Meritevole.

benefattóre [vc. dotta, lat. tardo *benefactōre(m)*, da *benefăcere* 'benefare'; av. 1294] s. m.; anche agg. (f. *-trice*; pop. disus. *-tora*) ● Chi (o Che) fa del bene al prossimo: *un b. dell'umanità* | Chi (o Che) fa opere di beneficenza. SIN. Filantropo.

beneficàre [vc. dotta, lat. *beneficāre*, da *benĕficus* 'benefico'; 1441] v. tr. (*io benèfico, tu benèfichi*) ● Fare del bene, aiutare: *b. un'opera pia con lasciti testamentari.*

beneficàto [av. 1405] **A** part. pass. di *beneficare*; anche agg. ● Nei sign. del v. **B** s. m. (f. *-a*) ● Chi ha ricevuto benefici.

beneficatóre [da *beneficare*; av. 1294] s. m.; anche agg. (f. *-trice*) ● Chi (o Che) dà un beneficio.

beneficènte [da *beneficenza*; av. 1565] agg. ● (*lett.*) Benefico.

beneficènza, (*evit.*) **beneficiènza** [vc. dotta, lat. *beneficĕntia(m)*, da *benĕficus* 'benefico'; 1300 ca.] s. f. ● Abituale opera di aiuto agli indigenti: *fare della b.*; *elargire denaro in b.*; *opera, istituto di b.*; *serata, ballo, lotteria di b.* | ***Qui non si fa della b.***, (*fig.*) non si regala niente | Opera buona. SIN. Carità, filantropia.

beneficiàle [vc. dotta, lat. tardo *beneficiāle(m)*, da *benefĭcium* 'beneficio'; 1497] agg. ● Attinente a beneficio ecclesiastico: *lite b.*, *fondo b.* SIN. Beneficiario.

beneficialista [1673] s. m. e f. (pl. m. *-i*) ● Giurista particolarmente versato nelle materie beneficiali.

beneficiàre o †**benefiziàre** [vc. dotta, lat. tardo *beneficiāre*, da *benefĭcium* 'beneficio'; av. 1292] **A** v. tr. (*io beneficio*) ● (*disus.*) Beneficare: *b. qlcu. di una rendita.* **B** v. intr. (aus. *avere*) (+ *di*) ● Trarre beneficio o vantaggio da qlco.: *b. di una tessera gratuita.* SIN. Godere, usufruire.

beneficiàrio [vc. dotta, lat. *beneficiāriu(m)* 'che concerne un favore', da *benefĭcium* 'beneficio'; av. 1557] **A** agg. **1** Beneficiale: *fondo b.* | ***Erede b.***, che ha accettato l'eredità con beneficio di inventario. **2** Detto di persona rispetto alla quale si producono gli effetti favorevoli di un contratto o di un atto: *terzo b.* **B** s. m. (f. *-a*) ● Beneficiato.

beneficiàta [1618] s. f. **1** Rappresentazione teatrale il cui introito va a profitto di uno o più attori. **2** (*fig.*) Seguito di eventi favorevoli per una stessa persona.

beneficiàto [av. 1396] **A** part. pass. di *beneficiare*; anche agg. **1** Nei sign. del v. **2** ***Eredità beneficiata***, accettata col beneficio d'inventario. **B** s. m. **1** Chierico titolare di un beneficio ecclesiastico. SIN. Beneficiario. **2** (f. *-a*) Persona in favore della quale si compie un atto o si rilascia un titolo: *il b. di una cambiale.*

beneficiènza ● V. *beneficenza.*

beneficio o **benefizio** [vc. dotta, lat. *benefĭciu(m)*, da *benĕficus* 'benefico'; av. 1294] s. m. **1** Azione che reca ad altri un vantaggio, un bene: *colmare qlcu. di benefici*; *non è la più labile cosa che la memoria de' benefici ricevuti* (GUICCIARDINI). **2** (*est.*) Utilità, giovamento: *trarre b. dalla cura* | ***B. di legge***, vantaggio accordato legislativamente | (*org. az.*) ***B. accessorio***, V. *fringe benefit* | (*dir.*) ***B. d'inventario***, facoltà dell'erede di accettare un'eredità mantenendo la propria responsabilità per i debiti ereditari nei limiti della consistenza del patrimonio ereditato | ***Con b. d'inventario***, (*fig.*) con riserva | Nel diritto feudale, concessione di terreno come compenso di servizi resi. **3** ***B. ecclesiastico***, ente giuridico, eretto dalla competente autorità ecclesiastica, costituito da un complesso di beni stabilmente destinati al mantenimento del titolare di un ufficio sacro | Correntemente, complesso dei beni oggetto del beneficio. ‖ **beneficétto**, dim. | **beneficióne**, accr. | **beneficiòtto**, dim. | **beneficiùccio**, dim. | **beneficiuòlo**, dim.

benèfico [vc. dotta, lat. *benĕficu(m)*, comp. di *bĕne* 'bene' e *-ficus*, da *făcere* 'fare'; 1499] agg. (pl. m. *-ci*; difett. del superl., sostituito, nell'uso, da *molto benefico* o da *beneficentìssimo*, superl. di *beneficente*) **1** Che è utile, vantaggioso, che arreca beneficio: *clima b.* **2** Che fa del bene | Che fa sistematicamente opere di beneficenza: *persona benefica*; *ente b.* ‖ **beneficaménte**, avv.

bènefit /'benefit, *ingl.* 'benɪfɪt/ [1981] s. m. inv. ● Accorc. di *fringe benefit.*

benefizio e *deriv.* ● V. *beneficio* e *deriv.*

†**benègno** ● V. *benigno.*

beneinformàto ● V. *beninformato.*

beneintenzionàto ● V. *benintenzionato.*

beneintéso ● V. *beninteso.*

benemerènte [vc. dotta, lat. *bĕne merĕnte(m)*, comp. di *bĕne* 'bene' e del part. pres. di *merēre* 'meritare'; 1499] agg. ● (*lett.*) Benemerito.

benemerènza [vc. dotta, da *benemerente*; 1618] s. f. ● Merito acquisito nei confronti di istituzioni, comunità e sim. | ***Attestato di b.***, riconoscimento ufficiale dei meriti.

benemeritàre v. intr. (*io benemèrito*; aus. *avere*) ● (*lett.*) Divenire benemerito: *b. della patria.*

benemèrito [vc. dotta, lat. *bĕne mĕritu(m)*, comp. di *bĕne* 'bene' e del part. pass. di *merēre* 'meritare'; 1481] **A** agg.; anche s. m. (f. *-a*; difett. del superl., sostituito, nell'uso, da *molto benemerito*, o da *benemerentìssimo*, superl. di *benemerente*) ● Che (o Chi) ha acquisito merito nei confronti di istituzioni, comunità e sim.: *b. della cultura* | ***L'Arma benemerita***, o (*ellitt.*) ***la Benemerita***, l'Arma dei Carabinieri. ‖ **benemeritaménte**, avv. **B** s. m. ● †Beneficio, benemerenza, merito.

†**benenànza** ● V. †*benignanza.*

beneplàcito [vc. dotta, lat. *beneplăcitu(m)*, comp. di *bĕne* 'bene' e del part. pass. di *placēre* 'piacere, acconsentire'; 1308] s. m. **1** Approvazione, consenso: *ottenere il b. dalle autorità.* **2** (*raro*) Volontà, arbitrio, potestà: *non può pensare di agire a suo b.*

benèssere [comp. di *ben(e)* e *essere*; av. 1420] s. m. (pl. *-i*) **1** Buono stato di salute: *provare un senso di b.* | (*est.*) Stato di soddisfazione interiore generata dal giusto equilibrio di fattori psico-fisici. **2** Agiatezza: *vivere nel b.* | ***Economia, società del b.***, sistema economico-sociale che si prefigge determinate finalità a vantaggio di tutto l'aggregato sociale, come aumento e stabilità dell'occupazione, elevato reddito nazionale, perequazione sociale, aumento dei consumi e sim.

benestànte [comp. di *bene* e *stante*; 1498] s. m. e f.; anche agg. ● Chi (o Che) possiede mezzi finanziari sufficienti per vivere con una certa agiatezza: *è una persona b.* SIN. Abbiente, agiato, facoltoso.

benestàre [comp. di *bene* e *stare*; av. 1588] s. m. inv. **1** (*raro, lett.*) Benessere, agiatezza: *minacciare il pane e il b. del popolo* (BACCHELLI). **2** Esplicita e formale approvazione di determinati atti, progetti e sim.: *il sindaco ha concesso il b. all'iniziativa.* SIN. Autorizzazione, consenso.

benestarista [da *benestare*; 1983] s. m. e f. (pl. m. *-i*) ● (*org. az.*) Chi è addetto al controllo o collaudo di prodotti industriali, dei quali attesta la compatibilità con le norme o le tolleranze prestabilite.

beneventàno [sec. XIV] **A** agg. ● Di Benevento | (*paleogr.*) ***Scrittura beneventana***, tipo di scrittura molto geometrica e con i tratti diritti spezzati, entrata nell'uso alla fine dell'VIII sec. e diffusa nel ducato di Benevento fino al XIII sec. **B** s. m. (f. *-a*) ● Abitante, nativo di Benevento.

†**benevogliènza** ● V. *benevolenza.*

benevolènte o †**benevogliènte**, †**benivolènte**, †**benvogliènte**, **benvolènte** [vc. dotta, lat. *benevolĕnte(m)*, comp. di *bĕne* 'bene' e *vĕlle* 'volere'; av. 1294] **A** agg. ● (*lett.*) Favorevolmente disposto. ‖ **benevolenteménte**, avv. Con segni di benevolenza. **B** s. m. ● †Chi ha buoni rapporti di amicizia con qlcu.

benevolènza o †**benevogliènza**, †**benvogliènza** [vc. dotta, lat. *benevolĕntia(m)*, da *benĕvolus* 'benevolo'; sec. XIII] s. f. **1** Buona disposizione d'animo verso qlcu.: *provare, dimostrare b. verso qlcu.*; *trattare qlcu. con b.*; *cattivarsi la b. di tutti.* CONTR. Malevolenza. **2** Indulgenza, favore, spec. nell'ambito di rapporti gerarchici: *mi affido alla sua b.*

benèvolo o †**benìvolo** [vc. dotta, lat. *benĕvolu(m)*, comp. di *bĕne* 'bene' e *vĕlle* 'volere'; av. 1294] agg. (difett. del superl., sostituito, nell'uso, da *molto benevolo* o da *benevolentìssimo*, superl. di *benevolente*) ● Che è ben disposto, indulgente, amichevole, affettuoso: *è stato b. verso i miei errori* | Benigno, affabile: *è b. con tutti.* CONTR. Malevolo. ‖ **benevolménte**, avv. Con benevolenza, in modo favorevole.

benfàtto o **ben fàtto** [comp. di *ben(e)* e *fatto*; av. 1444] agg. **1** Ben formato fisicamente: *corpo b.*; *una ragazza molto benfatta.* CONTR. Malfatto. **2** Eseguito bene: *un lavoro b.*

bèng ● V. *bang.*

bengàla [dal nome della regione indiana *Bengala* dove si usavano fuochi colorati per segnalazioni nella caccia alla tigre; 1857] s. m. (pl. inv.) ● Fuoco d'artificio variamente colorato | (*mil.*) Dispositivo illuminante lanciato con un razzo e dotato di paracadute che, scendendo lentamente, illumina una vasta zona.

bengalése [1860] **A** agg. ● Relativo al Bengala. **B** s. m. e f. ● Abitante, nativo del Bengala. **C** s. m. solo sing. ● (*ling.*) Lingua indiana parlata nella regione del delta del Gange.

bengàli [hindi *baṅgālī*, dal n. della regione (*Baṅgāl*); 1905] s. m. inv.; anche agg. inv. ● Bengalese (nel sign. C): *letterature in b.*; *lingua b.*

bengalìna [1927] s. f. ● Stoffa di lana o seta con trama cordonata, originariamente prodotta nel Bengala.

bengalìno (1) agg.; anche s. m. (f. *-a*) ● Bengalese.

bengalìno (2) [dal nome del presunto paese di provenienza, il *Bengala*; 1797] s. m. ● Piccolo uccello canoro dei Passeriformi di colore grigiastro, con vivace livrea nuziale a capo rosso (*Amandava amandava*).

bengòdi [comp. di *ben(e)* e *godi*, imperat. di *godere*; 1353] s. m. inv. ● Paese immaginario dove regna l'abbondanza | (*est.*) Luogo ove si mangia e beve a sbafo. SIN. Cuccagna.

beniamìno [dal nome del figlio prediletto di Giacobbe, ebr. *Binyāmīn*, comp. di *bēn* 'figlio' e *yāmīn* '(mano) destra', del lato, cioè, di buon auspicio; 1751] s. m. (f. *-a*) **1** Figlio prediletto. **2** (*est.*) Chi gode di particolare predilezione: *b. della sorte*; *il b. del superiore.* SIN. Favorito, preferito.

†**benignànza** o †**benenànza**, †**beninànza** [adattamento di *beninanza*, dall'ant. provz. *benenansa* 'benessere', da *benigne* 'benigno'; sec. XIII] s. f. ● Benignità, bontà.

benignità [lat. *benignitāte(m)*, da *benīgnus* 'benigno'; av. 1292] s. f. **1** Atteggiamento di simpatia, cortesia, affabilità: *trattare, considerare con b.*; *usare b. verso qlcu.* | (*est., lett.*) Mitezza, bontà: *b. del clima.* **2** Indulgenza, clemenza. **3** (*med.*) Natura o carattere benigno di una malattia.

benìgno o †**benègno** [lat. *benīgnu(m)* 'di buona natura', comp. di *bĕne* 'bene' e *gīgnere* 'nascere, produrre'; 1250] agg. **1** Che è ben disposto, comprensivo, cortese: *rivolgere uno sguardo b.*; *sorriso, gesto b.* **2** Indulgente, clemente, favorevole: *sorte benigna*; *interpretazione benigna*; *critica benigna*; *astro b.* **3** Di malattia e sim., non pericolosa per la vita: *forma benigna*; *decorso b.* | ***Tumore b.***, che non produce metastasi. ‖ **benignaménte**, avv. Con benignità, affabilmente; con indulgenza, favorevolmente.

†**beninànza** ● V. †*benignanza.*

beninformàto o **beneinformàto** [comp. di *ben(e)* e *informato*; 1983] agg.; anche s. m. ● Che (o Chi) possiede od ottiene informazioni, notizie e sim. sicure e di prima mano.

benintenzionàto o **beneintenzionàto**, **ben intenzionàto** [comp. di *ben(e)* e *intenzionato*; 1889] agg.; anche s. m. (f. *-a*) ● Che (o Chi) ha propositi favorevoli: *essere b. verso qlcu.* CONTR. Malintenzionato. ‖ **benintenzionataménte**, avv.

♦**benintéso** o **beneintéso**, **ben intéso** [comp. di *ben(e)* e *inteso*, preso dal fr. *bien entendu*; 1681] **A** avv. ● Certamente, naturalmente, come risposta affermativa per sottolineare il consenso o come raff.: *'allora ci pensi tu?' 'b.!'*; *b., ci divideremo anche le responsabilità.* **B** nella loc. cong. ***b. che*** ● Purché, alla condizione che (introduce una prop. concess. con il v. al congv.): *ti darò una risposta, b. che tu ti faccia vedere.* **C** agg. ● (*raro*) Inteso opportunamente, a proposito: *un ben inteso orgoglio*; *un senso di carità b.* CONTR. Malinteso.

†**benivolènte** ● V. *benevolente.*

†benivolo ● V. *benevolo.*

benmeritàre /bemmeri'tare/ [comp. di *ben(e)* e *meritare*, come in lat. *merēre bĕne*] **v. intr.** (*io benmèrito*; aus. *avere*) ● (*raro*) Essere benemerito: *b. della cultura, del Paese.*

bènna [lat. *bĕnna(m)* 'caretta gallica su quattro ruote', di orig. celt.; 1930] **s. f.** *1* Recipiente rovesciabile o apribile, retto da una gru, per il sollevamento, il trasporto e lo scarico di materiale sciolto: *b. trascinata*; *b. mordente.* *2* Treggia.

bennàto o (*lett.*) **ben nàto** [comp. di *ben(e)* e *nato*, propr. '*nato* sotto *buona* stella'; 1313] **agg.** ● (*lett.*) Gentile, beneducato | †Nato da una famiglia socialmente elevata | †Portato al bene, fortunato.

benparlànte /bempar'lante/ o (*raro*) **bemparlànte**, **ben parlànte** [comp. di *ben(e)* e *parlante*; 1585] **s. m. e f.**; anche **agg.** *1* (*raro*) Chi (o Che) parla la propria lingua materna correttamente. *2* (*raro, lett.*) Chi (o Che) parla con facilità ed eloquenza.

benpensànte /bempen'sante/ o (*raro*) **bempensànte**, **ben pensànte** [comp. di *ben(e)* e *pensante*, ripreso dal fr. *bien pensant*; 1865] **s. m. e f.**; anche **agg.** ● Chi (o Che) segue la mentalità e le opinioni politiche e sociali dominanti, spec. in senso conservatore e tradizionalistico.

benportànte /bempor'tante/ o (*raro*) **bempportànte**, **ben portànte** [comp. di *ben(e)* e *portante*, calcato dal fr. *bien portant*; av. 1698] **agg.** ● Di aspetto sano e giovanile, nonostante l'età: *un vecchio b.*

benservito [comp. di *ben(e)* e *servito*, da *servire*; av. 1600] **s. m.** ● Dichiarazione relativa alle capacità di un lavoratore rilasciata dal datore di lavoro al momento della cessazione del rapporto di lavoro | ***Dare il b. a qlcu.***, (*iron.*) licenziarlo.

bensì [comp. di *ben(e)* e *sì*; av. 1557] **A cong.** ● Con valore avvers., però, ma, invece, anzi (in correlazione con una espressione negativa): *non bisogna indugiare, b. agire* | Unito a 'ma' raff.: *è chiaro che la polizia non aveva voluto minacciare la folla, ma b. ristabilire l'ordine* | (*raro*) Tuttavia, per altro: *l'ho trattato male, b. a malincuore.* **B avv.** ● (*lett.*) Con valore raff., sì, certo, certamente (con sign. più efficace del solo 'sì'): *più delle leggi può b. la forza delle ragioni e l'onore delle opinioni* (FOSCOLO) | Contrapposto a un 'ma' successivo: *conclusero che i guai vengono b. spesso, perché ci si è dato cagione; ma che la condotta più cauta e più innocente non basta a tenerli lontani* (MANZONI).

bentazóne® [marchio registrato; 1987] **s. m.** ● (*chim.*) Diserbante indicato per il trattamento selettivo del riso, del frumento e di altre colture.

bènthos /'bentos/ o **bèntos** [vc. dotta, gr. *bénthos* 'abisso (del mare)', connesso con l'agg. *bathýs* 'profondo' (V. *bati-*); 1930] **s. m. inv.** ● (*biol.*) Il complesso degli organismi animali e vegetali che vivono a diretto contatto con il fondo del mare o delle acque interne.

bentònico [1930] **agg.** (pl. m. *-ci*) ● Che appartiene al benthos: *organismi bentonici.*

bentonite [dal nome della località di Fort *Benton*, nel Montana; 1942] **s. f.** ● Tipo di argilla formatasi per alterazione idrotermale di rocce feldspatiche o di ceneri vulcaniche, con alte proprietà di adsorbimento e assorbimento.

bentornàto o **ben tornàto** [comp. di *ben(e)* e *tornato*; av. 1604] **A agg.** spec. in funzione di **inter.** ● Si usa come saluto a chi torna da un viaggio o comunque dopo una lunga assenza: *bentornati!*; *b. fra noi!* **B** anche **s. m.** *1* (f. *-a*) Persona bene accolta al suo ritorno: *siate i bentornati!* *2* La formula stessa del saluto: *dare il b. a qlcu.*

bèntos ● V. *benthos.*

bentòsto o **ben tòsto** [comp. di *bene* e *tosto* 'subito', sull'es. del corrispondente fr. *bien tôt*; 1581] **avv.** ● (*lett.*) Presto, subito: *l'ordine feudale … fu b. sopraffatto* (CARDUCCI).

bentrovàto o **ben trovàto** [comp. di *ben(e)* e *trovato*; 1823] **agg.** spec. in funzione di **inter.** ● Si usa come saluto rivolto a chi si incontra o si trova in un luogo, anche come risposta a 'bentornato' e a 'benvenuto': *ben trovato!*; *ben trovata!*; *ben trovati!*

benvedùto o **ben vedùto** [comp. di *ben(e)* e *veduto*; 1613] **agg.** ● (*raro*) Benvisto.

benvenùto o **ben venùto** [comp. di *ben(e)* e *venuto*; av. 1350] **A agg.** spec. in funzione di **inter.** ● Si usa come saluto per esprimere buona accoglienza e gradimento a chi arriva o si presenta in un luogo: *b. a casa nostra!*; *benvenuti a Roma!* **B** anche **s. m.** *1* (f. *-a*) Persona o cosa ben accolta, gradita: *siate il b. tra noi.* *2* La formula stessa del saluto: *dare il b. a qlcu.*

benvisto o **ben visto** [comp. di *ben(e)* e *visto*; 1772] **agg.** ● Che gode stima e rispetto: *la sua attività è benvista in tutti gli ambienti.* CONTR. Malvisto.

†benvogliènte ● V. *benevolente.*

†benvogliènza ● V. *benevolenza.*

†benvolènte ● V. *benevolente.*

benvolére (1) o **ben volére** nel sign. A [comp. di *ben(e)* e *volere (1)*; 1438] **v. tr.** (difett., usato solo all'inf. **pres.**, al **part. pass.** e al **part. pres.**) ● Provare e manifestare stima, simpatia, affetto per qlcu.: *farsi b. da qlcu.*; *prendere a b. qlcu.*; *è benvoluto da tutti.* CONTR. Malvolere.

benvolére (2) [da *benvolere (1)*; 1310] **s. m.** solo **sing.** ● (*lett.*) Benevolenza: *prendere qlcu. in b.*

benvolùto [1438] **part. pass.** di *benvolere*; anche **agg.** ● Nei sign. del v.

benzaldèide [comp. di *benz(oe)* e *aldeide*; 1950] **s. f.** ● Aldeide liquida, incolore, con odore di mandorle amare, ottenuta per ossidazione del toluolo, usata nell'industria dei profumi e come intermedio per molti processi industriali. SIN. Aldeide benzoica.

benzedrina® [di formaz. incerta; 1967] **s. f.** ● Nome commerciale dell'amfetamina.

benzène [vc. dotta, da *benzoe*; 1907] **s. m.** ● Benzolo.

benzènico [1930] **agg.** (pl. m. *-ci*) ● Derivato dal benzene, relativo al benzene: *anello b.*; *serie benzenica* | Detto di composto aromatico caratterizzato da un anello benzenico.

benzidina [prob. dal ted. *Benzidine*, comp. di *Benzi(n)* 'benzina' e dei due suff. frequenti in chim. *-id* '-ide' e *-ine* '-ina'; 1962] **s. f.** ● (*chim.*) Diammina aromatica dalla quale derivano importanti sostanze coloranti; trova anche impiego nell'analisi chimica.

benzile [comp. di *benz(oe)* e del suff. chimico *-ile*; 1962] **s. m.** ● Radicale aromatico, monovalente, derivato dal toluolo.

benzìlico [1962] **agg.** (pl. m. *-ci*) ● Detto di composto contenente il radicale benzile o da questo derivabile.

♦**benzina** [vc. dotta, da *benzoe*; 1863] **s. f.** ● Liquido volatile e infiammabile ottenuto dal petrolio, formato da quantità variabili di idrocarburi alifatici e aromatici, usato come carburante e come solvente | ***B. auto***, per motori di autoveicoli | ***B. normale, super***, carburante per auto con diverso numero di ottano | ***B. avio***, per motori di aerei | ***Benzine leggere, medie, pesanti***, successive frazioni della distillazione degli oli leggeri del petrolio | ***B. naturale***, ottenuta dal gas naturale | ***B. verde***, V. *verde* | ***B. etilata***, contenente piombo tetraetile, colorata artificialmente in rosso o azzurro | (*fam.*) ***Fare b.***, rifornire di carburante la propria automobile | ***Rimanere senza b.***, (*fig.*) senza energia psico-fisica.

benzinàio o (*rom.*) **benzinàro** [1955] **s. m.** (f. *-a*) ● Persona addetta ad un distributore di benzina.

bènzo- o **benz-** [vc. dotta, da *benzoe*] primo elemento ● In parole composte della terminologia chimica indica le molecole organiche derivate dal benzolo: *benzaldeide*, *benzopirene.*

benzoàto [vc. dotta, da *benzoe*; 1962] **s. m.** ● Sale o estere dell'acido benzoico.

benzocaina [comp. di *benzo-* e *(co)caina*] **s. f.** *1* (*chim.*) Molecola organica ad azione protettiva contro i raggi ultravioletti. *2* (*farm.*) Anestetico locale in grado di mediare la soppressione del dolore in una zona delimitata del corpo.

benzochinóne [comp. di *benzo-* e *chinone*] **s. m.** ● (*chim.*) Chinone derivato dal benzene; se ne conoscono due isomeri diffusi in natura.

benzodiazepina [comp. di *benzo-*, *diazo-* e del suff. *-ina*; 1985] **s. f.** ● (*chim., farm.*) Sostanza organica azotata comunemente usata in terapia come ansiolitico, miorilassante e come farmaco induttore del sonno.

benzòe [lat. mediev. *benzoe*, della stessa orig. di *benzoino*; 1905] **s. m.** ● Benzoino nel sign. 2.

benzofenóne [ingl. *benzophenone*, comp. di *benzo-* per *benzoic* 'benzoico' e *phenone* 'fenone'] **s. m.** ● (*chim.*) Chetone aromatico dall'intenso odore di geranio; usato nell'industria dei cosmetici per saponi e profumi, in quella farmaceutica per ipnotici e antistaminici.

benzòico [1795] **agg.** (pl. m. *-ci*) ● Detto di composto contenente il radicale benzoile o da questo derivabile | ***Acido b.***, acido organico bianco, cristallino, impiegato in profumeria, medicina e industria alimentare | ***Aldeide benzoica***, benzaldeide.

benzoìle [1913] **s. m.** ● Radicale aromatico, monovalente, derivato dall'acido benzoico.

benzoino o **†belgioino**, **†belgiuino**, **†belzoino**, **†belzuino** [ar. *lubān ǧāwī* 'incenso di Giava'; 1550] **s. m.** *1* Albero delle Ebenacee con foglie alterne, ovali e fiori bianchi riuniti in grappoli terminali (*Styrax benzoin*). *2* Sostanza balsamica ottenuta da varie specie della pianta omonima, costituita principalmente di resina e acido benzoico, usata in profumeria e in medicina. SIN. Benzoe. *3* (*chim.*) Composto della serie aromatica ottenuto per condensazione della benzaldeide.

benzolismo [1950] **s. m.** ● (*med.*) Intossicazione cronica dovuta a benzolo.

benzòlo [vc. dotta, da *benzoe*; 1865] **s. m.** ● Idrocarburo aromatico liquido, tossico, ottenuto da catrame di carbon fossile e da petrolio, usato come solvente e nella preparazione di intermedi per l'industria chimica e farmaceutica. SIN. Benzene.

benzopirène [comp. di *benzo-* e *pirene*; 1965] **s. m.** ● Idrocarburo aromatico policiclico, contenuto nel catrame del carbon fossile; è fortemente nocivo alla salute.

benzopiridina [comp. di *benzo-* e *piridina*; 1950] **s. f.** ● (*chim.*) Chinolina.

bèola [dal nome della località di *Beura* (sul Toce, nei pressi di Domodossola), dove esistono grandi cave di gneiss; 1905] **s. f.** ● (*miner.*) Varietà di gneiss riducibile in lastre, usata in edilizia per finiture.

beóne o (*lett.*) **bevóne** [per *bevone*, da *bevere*, var. di *bere*; 1535 ca.] **s. m.** (f. *-a*) ● Chi ha il vizio di bere. SIN. Ubriacone.

beòta [vc. dotta, lat. *Boeōtu(m)* 'della *Beozia*', regione greca nota per i suoi abitanti, ritenuti rozzi e stupidi; 1723] **A s. m. e f.** (pl. m. *-i*) *1* Abitante della Beozia, regione della Grecia. *2* (*fig.*) Persona stupida, ottusa. SIN. Idiota, sciocco, tardo. **B agg.** ● Da stupido: *sguardo*, *riso b.*

beòtico [vc. dotta, lat. *Boeōticu(m)*, dal gr. *boiōtikós* 'abitante della Beozia (*Boiōtía*, n. di prob. orig. illirica)'; 1832] **agg.** (pl. m. *-ci*) ● Della Beozia.

bequàdro o **beqquàdro**, **†biquàdro** [comp. di *be*, dalla lettera *b*, che indicava la nota musicale 'si', e di *quadro* (o *duro*) in etimologia alla fine del lemma, riferito al Si più alto dei due possibili nella scala diatonica; av. 1573] **s. m.** ● (*mus.*) Alterazione che ne annulla una precedente, riportando la nota alla sua altezza naturale.

ber /'ber/ ● V. *bere.*

berberésco ● V. *barbaresco (2).*

Berberidàcee [comp. di *berberid(e)* e *-acee*; 1865] **s. f. pl.** (sing. *-a*) ● Nella tassonomia vegetale, famiglia di piante arbustive o erbacee con foglie semplici o variamente composte, fiori attinomorfi e frutti a bacca (*Berberidaceae*). ➡ ILL. **piante**/3.

berbèride [lat. scient. *Berberide(m)*, nom. *Berberis*, dall'ar. *barbārīs*] **s. f.** ● Genere di piante arbustive delle Berberidacee, con foglie dai rami lunghi e spinosi, fiori in grappoli e frutto a bacca (*Berberis*).

bèrbero [ar. *barbarī*, dal gr. *bárbaros* 'barbaro'; 1819] **A agg.** *1* (*antrop.*) Detto di chi appartiene a gruppi fisicamente affini a quelli mediterranei, parlanti una lingua semitica diffusa in Africa settentrionale e in particolare nelle regioni dell'Atlante e nell'interno dell'Algeria, della Tunisia e della Libia. *2* (*zool.*) ***Cavallo b.***, purosangue arabo da sella e da tiro leggero, molto apprezzato per le sue doti di forza e resistenza. *3* (*raro*) Barbaresco: *pirati berberi.* **B s. m.** (f. *-a*) *1* Chi appartiene alla popolazione berbera. *2* Cavallo berbero. *3* (*raro*) Abitante della Barberia. **C s. m.** solo **sing.** ● Lingua della famiglia camitica, parlata dai Berberi.

†berbìce [lat. parl. *berbīce(m)*, di etim. incerta; sec. XIII] **s. f.** ● Pecora, agnello.

berceau /fr. bɛʀ'so/ [1776] **s. m. inv.** (pl. fr. *berceaux*) ● Bersò.

berceuse /fr. bɛʀˈsøːz/ [vc. fr., propr. 'la cullatrice', da *bercer* 'cullare', dal lat. parl. **bertiāre*, di orig. gallica; 1905] **s. f. inv.** ● Composizione musicale ispirata alla ninna-nanna.

berchèlio o **berkèlio** [da *Berkeley*, in California, dove è stato isolato; 1963] **s. m.** ● Elemento chimico, metallo artificiale transuranico, di numero atomico 97, appartenente al gruppo degli attinidi, ottenuto per bombardamento dell'americio con particelle alfa. **SIMB.** Bk.

berciàre [dal lat. tardo *bĕrbex* 'pecora'; 1863] **v. intr.** (*io bèrcio*; aus. *avere*) ● (*tosc.*) Gridare, strillare in modo sguaiato.

bèrcio [da *berciare*; 1865] **s. m.** ● (*tosc.*) Grido sguaiato, strillo.

bercióne [1939] **s. m.** (**f.** *-a*) ● (*tosc.*) Chi bercia spesso.

♦**bére** (**1**) o †**bévere** [lat. *bĭbere*, di orig. indeur.; sec. X] **v. tr.** (talora troncato in *ber*) (**pres.** *io bévo*; **pass. rem.** *io bévvi* o *bevètti* (o *-étti*), raro *bevéi*, *tu bevésti*; **fut.** *io berrò* o raro *beverò*; **condiz.** *io berrèi* o *beverèi*; le altre forme dal tema *bev-*) **1** Inghiottire un liquido: *b. acqua*; *b. un bicchiere di vino*; *beviamo qualcosa?*; *b. a garganella, a centellini* | ***B. a collo, a fiasco***, senza servirsi del bicchiere | ***B. come una spugna***, molto | ***B. alla salute***, brindare | ***B. un bicchiere di più***, ubriacarsi | ***B. un uovo***, suggerlo da un foro fatto nel guscio | ***Uova da b.***, molto fresche | (*fig.*) ***Bersi lo stipendio***, spendere tutto in alcolici | (*fig.*) ***B. il sangue di qlcu.***, sfruttarlo | (*fig., pop.*) ***B. un avversario***, vincerlo con grande facilità | ***O b. o affogare***, (*fig.*) non avere alternative, avere una sola via d'uscita | (*fam.*) ***Ti sei bevuto il cervello?***, sei impazzito? **2** (*assol.*) Ingerire bevande alcoliche, spec. abitualmente: *beve per dimenticare*; *quella donna beve*; *offrire, pagare da b. a qlcu.* **3** (*fig.*) Credere ingenuamente: *questa non la bevo*; *l'ha bevuta!*; *darla a b. a qlcu.* | ***B. le parole di qlcu.***, ascoltarlo con attenzione | ***Bersi qlcu. con gli occhi***, guardarlo intensamente, con ammirazione o desiderio | ***Berle grosse***, essere credulone. **4** Assorbire: *questo terreno beve acqua* | Consumare benzina o sim. in quantità eccessiva (*anche assol.*): *questo motore beve benzina, olio*; *una macchina che beve* | ***Il cavallo non beve***, (*fig.*) detto di situazione economica generale che ristagna a causa dell'assenza di domanda e di investimenti produttivi. **5** Al gioco del biliardo, far guadagnare punti all'avversario con un tiro mal riuscito. **6** †Ricevere un colpo. || **PROV.** Chi ha bevuto berrà.

♦**bére** (**2**) [da *bere* (*1*); av. 1306] **s. m.** (**pl.** *†-i*) ● Abitudine a bere, spec. con riferimento a bevande alcoliche: *per dimenticare si è dato al b.* | (*raro*) Ciò che si beve: *spende per il b.*

berecìnzio o **berecìntio** [lat. *berecȳntiu(m)* 'proprio dei Frigi o Berecinti (*Berecȳntes*, dal gr. *Berékyntes*)'; av. 1804] **agg.** ● (*lett.*) Frigio.

†**berétta** (**1**) ● V. *berretta*.

Berétta® (**2**) [dal n. della ditta bresciana *Beretta* che la costruì nel 1915; 1955] **s. f. inv.** ● (*per anton.*) Pistola semiautomatica calibro 9 in dotazione alle Forze armate italiane.

berettino ● V. *berrettino*.

†**bèrga** [medio alto ted. *bërge*, da *bërgen* 'coprire, difendere'; 1865] **s. f.** ● (*sett.*) Argine.

bergamàsca [1618] **s. f.** ● Antica canzone a ballo popolare, originaria della città di Bergamo | (*est.*) Brano musicale a essa ispirato.

bergamàsco [1313] **A agg.** (**pl. m.** *-schi*) ● Di Bergamo. **B s. m.** (**f.** *-a*) ● Abitante, nativo di Bergamo. **C s. m.** solo **sing.** ● Dialetto parlato a Bergamo.

bergamìna [dal n. delle Prealpi di Bergamo donde le vacche scendevano stagionalmente; av. 1829] **s. f.** **1** (*sett.*) Vacca lattifera. **2** (*lomb.*) Impresa di allevamento e produzione di bovini da latte.

bergamìno [da *bergamina*; 1955] **s. m.** (**f.** *-a*) ● (*zoot.*) Imprenditore o lavoratore che alleva bovini da latte.

bergamòtta [turco *beg armūdī* 'pera (*armūdī*) del signore (*beg*)'; 1554 ca.] **A agg.** solo **f.** ● Detto di varietà di pera dal profumo di cedro. **B** anche **s. f.**

bergamòtto [V. vc. precedente; av. 1565] **s. m.** **1** Pregiata varietà di pero. **2** Albero delle Rutacee simile all'arancio, con fiori bianchi e frutto piccolo e rotondo (*Citrus bergamia*). ➡ **ILL. piante**/5. **3** Il frutto non commestibile dell'albero omonimo, giallo e rotondo | ***Essenza, olio di b.***, olio etereo che si estrae dalla buccia del frutto omonimo, usato in profumeria e nell'industria dei liquori.

bergère /fr. bɛʀˈʒɛːʀ/ [vc. fr., propr. 'pastora' (forse per le raffigurazioni di scene di pastori frequenti nella tapezzeria), f. di *berger*, dal lat. parl. **vervecārius*, da *vĕrvex*, genit. *vervēris* 'pecora'; 1931] **s. f. inv.** ● Poltrona imbottita, ampia e profonda con poggiatesta laterali: *seduto di fronte a lui, in una più grande e soave b.* (ORTESE).

†**berghinèlla** [etim. incerta; av. 1565] **s. f.** ● Ragazza ciarliera | Ragazza scostumata.

†**bergolàre** o †**begolàre** [lat. parl. **berbecāre*, da *bĕrbex* 'pecora'; av. 1388] **v. intr.** ● Cianciare, cicalare.

†**bèrgolo** (**1**) [da †*bergolare*; 1353] **s. m.** ● Chiacchierone | Sempliciotto.

bèrgolo (**2**) [da *berga*; av. 1320] **s. m.** ● Specie di cesta di vimini.

beribèri o **bèri bèri** [vc. indigena malese (*biri-biri* 'pecora, montone', per l'aspetto assunto dai colpiti da questa malattia); 1828] **s. m. inv.** ● Malattia da carenza di vitamina B_1, caratterizzata da polinevrite.

Bericifórmi [comp. del n. lat. scient. del genere *Beryx* e del pl. di *-forme*; 1965] **s. m. pl.** (**sing.** *-e*) ● Nella tassonomia animale, ordine di Pesci ossei viventi lungo le coste dei mari caldi, con occhi grandi e colori vivaci (*Beryciformes*).

berìllio [dal *berillo*, dal quale è estratto; 1919] **s. m.** ● Elemento chimico, metallo raro, leggero, grigiastro, ottenuto spec. per elettrolisi di suoi sali, richiesto dalla tecnologia nucleare quale moderatore di neutroni. **SIMB.** Be.

berìllo [vc. dotta, lat. *berȳllu(m)*, dal gr. *bḗryllos*, di orig. indiana; sec. XIV] **s. m.** ● (*miner.*) Silicato di berillio e alluminio, in cristalli prismatici esagonali di vari colori. **CFR.** Acquamarina, morganite, smeraldo.

beriòlo o (*lett.*) **beriuòlo** [it. sett. *beveròlo*, da *bevere*; 1865] **s. m.** ● Beverino.

bèrk /bɛrk/ [formaz. incerta] **s. m. inv.** ● (*fis.*) Unità di misura del potenziale gravitazionale terrestre.

berkèlio ● V. *berchelio*.

†**berlèffe** [ant. fr. **beleffre*, da *be-* (per *bis-* (*1*)) e *leffre* 'labbra'; av. 1708] **s. m.** ● Sberleffo.

†**berléngo** o **berlèngo** [francone *brĕdling*, dim. di *brĕt* 'tavola (da gioco)', forse attraverso l'ant. fr. *brelenc*, *berlenc*; av. 1565] **s. m.** ● (*gerg.*) Tavola da pranzo o da gioco.

berlìcche o **berlìc**, (*raro*) **berlòc**, **berlòcche** [vc. di orig. espressiva; av. 1850] **s. m. inv.** ● (*disus., pop.*) Diavolo | (*fig.*) ***Far b. berlocche***, mancare di parola | (*fig.*) ***Restare come b.***, restare scornato.

berlìna (**1**) [di etim. incerta; 1481] **s. f.** **1** Antica pena inflitta a certi condannati esponendoli in luogo pubblico e rendendo noto con bando o per iscritto la loro colpa; **CFR.** Gogna | (*est.*) Il luogo stesso della pena. **2** (*fig.*) Scherno, derisione | ***Mettere in, alla b.***, esporre al ridicolo. **3** Gioco di società in cui un giocatore deve indovinare quale degli altri giocatori ha espresso su di lui i giudizi che gli vengono riferiti.

berlìna (**2**) [fr. *berline*, dal nome della città di Berlino, dove apparve per la prima volta questo tipo di vettura; av. 1735] **s. f.** **1** Carrozza di gala a quattro ruote e a doppio fondo. **2** Automobile chiusa a due o quattro porte. ➡ **ILL.** p. 2167 TRASPORTI. **3** Vagoncino usato nelle miniere per trasportare il carbone estratto fino all'ascensore. || **berlinétta**, **dim.**

berlinése [1930] **A agg.** ● Di Berlino. **B s. m. e f.** ● Abitante, nativo di Berlino.

berlìnga [fr. *brelingue*, in orig. 'moneta per giocare', dall'ant. fr. *brelenc* 'tavola da gioco' (V. *berlengo*); 1827] **s. f.** ● Moneta milanese d'argento del valore di 20 soldi coniata nel XVI-XVII secolo.

berlingàccio [spreg. da *berlengo*, col sign. di 'giovedì grasso'; sec. XIV] **s. m.** ● (*tosc.*) Giovedì grasso, ultimo giovedì di Carnevale.

†**berlingàre** [da *berlengo* nel senso di 'tavola da mangiare'; 1364] **v. intr.** ● Ciarlare, pettegolare: *millanterie ch'ella fa quando berlinga con l'altre femmine* (BOCCACCIO).

berlingòzzo [da *berlingaccio*, perché mangiato soprattutto a carnevale (?); av. 1484] **s. m.** ● Ciambella con crosta croccante e internamente soffice, tipica della Toscana.

berlòc ● V. *berlicche*.

berlòcca [fr. *berloque*, *breloque*, 'segnale, col tamburo, dell'ora del pasto', di orig. onomat.; 1955] **s. f.** ● L'ora del pasto e del riposo di mezzogiorno per i marinai e gli operai dei cantieri navali.

berlòcche ● V. *berlicche*.

bèrma [fr. *berme*, dal neerlandese *berm* 'argine', di orig. indeur.; 1955] **s. f.** ● (*edil.*) Platea in calcestruzzo costruita ai piedi di un argine o di un terrapieno per proteggerli dal pericolo di erosioni del terreno.

bermùda [ingl. *bermudas* per *Bermuda shorts*, dal n. delle isole *Bermuda*, dove questo tipo di indumento è abitualmente indossato; 1952] **s. m. pl.** ● Tipo di calzoni maschili e femminili che arrivano sopra il ginocchio.

bermudiàna [ingl. d'America *Bermudian* 'proprio delle isole Bermuda'; 1955] **s. f.** **1** Albero delle Cupressacee con fiori turchini e legno bianco (*Juniperus bermudiana*). **2** Randa triangolare | Attrezzatura velica che fa uso di tale randa. **SIN.** Marconi.

†**bernàcla** o †**bernìcca** [fr. *bernacle*, ingl. *barnacle*, dall'irlandese *bairneach* con sovrapposizione di *bernicle*, dal bretone *bernic* 'sorta di conchiglia' per la credenza popolare che quest'oca nascesse dalle conchiglie; av. 1698] **s. f.** ● Palmipede simile all'anatra, dal tipico collo bianco.

bernàrda [da *Bernardo*, secondo l'uso di chiamare l'organo genitale femminile con nomi di persona] **s. f.** ● (*volg.*) Organo genitale femminile.

bernardìno [1955] **A agg.** ● Relativo all'ordine religioso fondato da Bernardo di Chiaravalle (1091-1153). **B s. m.** ● Monaco appartenente a tale ordine.

Bernàrdo l'eremìta [in fr. *Bernard-l'hermite*, denominazione scherz. suggerita dall'abitudine del crostaceo di ritirarsi nel guscio vuoto di un mollusco; 1779] **loc. sost. m. inv.** ● (*zool.*) Paguro.

berneggiàre [dal n. del poeta giocoso F. *Berni*; av. 1565] **v. intr.** (*io bernéggio*; aus. *avere*) ● (*lett.*) Imitare lo stile poetico giocoso e satirico del Berni.

bernésca [av. 1600] **s. f.** ● Genere di poesia, modellato su quella di F. Berni.

bernésco [1538] **agg.** (**pl. m.** *-schi*) **1** Che è proprio del poeta F. Berni (1497-1535). **2** (*fig.*) Giocoso, faceto, satirico.

bernése [1614] **A agg.** ● Della città di Berna o dell'omonimo cantone svizzero. **B s. m. e f.** ● Abitante, nativo della città o del cantone di Berna.

bèrnia [sp. *bernia*, di etim. incerta; av. 1543] **s. f.** ● Sontuoso mantello femminile, in voga nell'epoca rinascimentale.

†**bernìcca** ● V. †*bernacla*.

berniniàno **agg.** ● Che riguarda l'arte e la produzione dell'architetto e scultore Gian Lorenzo Bernini (1598-1680): *il barocco b.*; *le fontane berniniane*.

bernòccolo o **bernòcchio** [etim. discussa: da *ber* (per *bis*) e *nocchio* (?); 1573] **s. m.** **1** Piccola protuberanza cranica naturale o dovuta a contusione: *cadendo si è fatto un b. in fronte.* **SIN.** Bozza. **2** (*fig.*) Naturale disposizione a certi studi o attività (secondo teorie scientifiche del XVIII sec., la conformazione della testa avrebbe un influsso sulle inclinazioni personali): *avere il b. della matematica, del critico, dell'inventore.* **SIN.** Attitudine, inclinazione. **3** (*raro, lett.*) Piccola sporgenza su una superficie. || **bernoccolétto**, **dim.** | **bernoccolìno**, **dim.** | **bernoccolóne**, **accr.**

bernoccolùto [1605] **agg.** ● Che ha bernoccoli.

berrétta o †**berétta** [V. *berretto*; 1288] **s. f.** **1** Copricapo di foggia varia: *b. da notte* | ***B. da prete***, rigida, di forma quadrata, a tre o quattro spicchi con una piccola nappa nel mezzo | ***B. vescovile, prelatizia***, di color rosso. **2** (*bot.*) ***B. da prete***, arbusto delle Celastracee con foglie opposte, fiori piccoli giallognoli e frutti rossi a capsula quadrangolare di forma simile alla berretta di un prete (*Evonymus europaeus*). **SIN.** Evonimo, fusaggine. || **berrettàccia**, **pegg.** | **berrettìna**, **dim.** | **berrettùccia**, **dim.**

berrettàio [sec. XV] **s. m.** (**f.** *-a*) ● Chi fabbrica o vende berretti.

berretterìa [1865] **s. f.** ● Negozio di berretti.

berrettifìcio [1942] **s. m.** ● Fabbrica di berretti.

berrettinàio [1865] **s. m.** (**f.** *-a*) ● Berrettaio.

berrettìno o (*raro*) **berettìno**, †**bertìno** [etim. discussa: ar. *bārūdī* 'colore della polvere da sparo (*bārūd*)'; 1340 ca.] **A agg.** **1** †Grigio, cenerognolo: *essendo le piante spogliate delle loro foglie, si dimostran di colore b.* (LEONARDO). 2 Detto del colore azzurro cinereo applicato su piatti e vasi prodotti nel Rinascimento dai maiolicai faentini. 3 (*raro, lett., fig.*) Ingannatore, malvagio: *gente berrettina*. **B** s. m. ● †Il colore berrettino.

♦**berrétto** [ant. provz. *berret*, dal lat. tardo *bĭrrus* 'mantello con cappuccio'; av. 1571] s. m. ● Copricapo aderente al capo, spesso con visiera: *b. da fantino, da collegiale, da ciclista*; *b. basco* | ***B. da notte***, papalina | ***B. goliardico***, usato dagli studenti universitari, di diverso colore a seconda delle Facoltà | ***B. frigio***, a corno, con la punta piegata in avanti, simbolo di libertà durante la Rivoluzione francese | ***B. verde***, appartenente a reparti speciali dell'esercito degli Stati Uniti particolarmente addestrati a reprimere la guerriglia | ***B. dogale***, corno, acidario. || **berrettàccio**, pegg. | **berrettino**, dim. | **berrettóne**, accr. (V.) | **berrettùccio**, dim.

berrettóne [1539] s. m. 1 Accr. di *berretto*. 2 Copricapo speciale di pelliccia d'orso, usato dai granatieri del vecchio esercito piemontese. 3 Un tempo, copricapo di dottori, giudici e sim. 4 (*est., spreg.*) Persona tronfia, che si dà importanza.

†**berriuòla** [etim. discussa: da *berretta* con mutamento di suff. (?); av. 1348] s. f. (m. *-o*) ● Berretta, papalina.

†**berrovàglia** [1618] s. f. ● Sbirraglia.

†**berrovière** o †**birroviere** [ant. fr. *berruier*, perché dalla provincia di *Berry* venivano arditi cavalieri; 1312] s. m. ● Sbirro | Masnadiero.

bersagliàre [da *bersaglio*; 1598] v. tr. (*io bersàglio*) 1 Colpire ripetutamente tirando a un bersaglio: *b. il nemico*. 2 (*est.*) Colpire più volte: *b. qlcu. di pugni* | (*fig.*) Tempestare: *lo hanno bersagliato di domande* | (*fig.*) Perseguitare: *b. qlcu. di scherzi*; *essere bersagliato dalla sfortuna*.

bersaglièra [1883] s. f. 1 (*scherz.*) Donna molto pronta e decisa. 2 Nella loc. avv. ***alla bersagliera***, alla maniera dei bersaglieri; (*fig.*) con energica disinvoltura: *portare il cappello alla b.*; *correre, affrontare qlco. alla b.*

bersaglière [da *bersaglio*, di cui erano esperti i primi *bersaglieri*; 1858] s. m. 1 Soldato dello speciale Corpo di fanteria leggera istituito nel 1836. SIN. Fante piumato. 2 (*fig.*) Persona molto energica e decisa: *hai un passo da b.!*

bersaglierésco [1941] agg. (pl. m. *-schi*) ● Tipico del bersagliere | (*est.*) Energico, impulsivo, spavaldo | Agile, svelto: *passo b.* || **bersaglierescaménte**, avv.

bersàglio o †**berzàglio** [ant. fr. *bersail*, da *berser* 'tirare con l'arco', di orig. francone (**birson* 'andare a caccia'); 1321] s. m. 1 L'obiettivo da colpire, spec. con un'arma o in esercitazioni sportive: *b. fisso, mobile*; *mirare al b.*; *colpire, mancare il b.*; *tiro al b.* | ***B. grosso***, nel pugilato, il torace | ***B. valido***, nella scherma, quello consentito dal regolamento. ➡ ILL. p. 2150, 2151 SPORT. 2 (*est.*) Obiettivo | ***Colpire il b.***, (*fig.*) raggiungere i propri intenti. 3 (*fig.*) Persona o cosa perseguitata da scherzi, critiche, sfortuna e sim.: *mi truovo / di sciocchi e d'empi favola e b.* (CAMPANELLA). 4 (*elettron.*) Superficie anodica colpita dagli elettroni emessi dal catodo di un tubo a raggi X | Elettrodo del tubo a raggi catodici della telecamera soggetto al bombardamento del pennello elettronico analizzatore. 5 (*fis.*) L'atomo o il nucleo che in una reazione atomica o nucleare è inizialmente fermo. 6 †Zuffa, combattimento: *parmi mill'anni or d'essere al berzaglio* (PULCI).

bersò [adattamento, secondo la pronuncia, del fr. *berceau*, dal lat. parl. *bertiāre*, di orig. gallica; 1850] s. m. ● Tipo di pergolato a cupola formato da strutture di legno o metallo ricoperte da piante rampicanti.

bèrta (1) [dal n. pr. *Berta*, deprezzato per la sua frequenza (?); 1521] s. f. ● (*lett.*) Burla, beffa | ***Dar la b.***, deridere.

bèrta (2) [fr. *berthe* 'leggera pellegrina per coprire la scollatura', vc. pubblicitaria richiamantesi alla saggia e modesta madre di Carlo Magno, *Berta*; 1913] s. f. ● Nell'abbigliamento femminile ottocentesco, ampia bordura di merletto nelle scollature | Scialle di merletto.

bèrta (3) [da *bert(esc)a* (?); 1638] s. f. ● Maglio, battipalo.

bèrta (4) [etim. incerta; 1829] s. f. ● (*zool.*) Puffino.

bèrta (5) [dal n. di *Bertha* Krupp nelle cui officine veniva fabbricato; 1918] s. f. ● Nella loc. ***Grossa, gran b.***, cannone a gran potenza di fuoco e lunga gittata, usato dall'esercito tedesco nella prima guerra mondiale.

bertabèllo ● V. *bertuello*.

berteggiàre [da *berta* (1); 1524] v. tr. (*io bertéggio*) ● (*lett.*) Burlare, beffeggiare (*anche assol.*): *quell'uomo non si propone di b. né di censurare, ma unicamente di sfogare il suo umore* (DE SANCTIS).

bertésca [lat. mediev. *brittĭsca(m)*, dal lat. parl. **brĭttus* 'bretone': 'fortificazione di tipo bretone' (?); 1312] s. f. 1 Opera difensiva a forma di piccola torre | Riparo mobile, da potersi alzare e abbassare, posto tra due merli di fortezza | Torretta con feritoie. 2 (*caccia*) Osservatorio rialzato, con feritoie, nei roccoli. 3 †Impalcatura per pittori, muratori e sim. || **bertescóne**, accr. m.

bertibèllo ● V. *bertuello*.

†**bertino** ● V. *berrettino*.

bertòccio [da *vertecchio* con mutamento di suff.; 1820] s. m. ● (*mar.*) Ognuna delle piccole sfere di legno che, infilate in un pezzo di cavo come grani di rosario, formano la trozza. SIN. Paternostro.

bertòldo o **bertóldo** [dal n. pr. *Bertoldo* col sign. spreg. attribuitogli dal personaggio di G. C. Croce; av. 1827] s. m. ● Uomo rozzo ma astuto | Finto tonto.

bertóne [etim. incerta; av. 1533] s. m. 1 †Cavallo con le orecchie mozze. 2 (*lett.*) Protettore di prostitute.

bertovèllo ● V. *bertuello*.

bertùccia [dal n. proprio *Berta*, passato a indicare una 'donna ciarliera'; av. 1313] s. f. (pl. *-ce*; m. †*-o*) 1 Scimmia catarrina priva di coda, con pelame folto di color grigio bruno, muso molto espressivo di colore rosato come i piedi e le mani (*Macacus inuus*) | (*est.*) ***Far la b. a qlcu.***, scimmiottarlo. ➡ ILL. **animali**/14. 2 (*fig.*) Persona brutta e goffa, spec. donna. 3 Specie di antico cannone. || **bertuccina**, dim. | **bertuccino**, dim. m. | **bertuccióne**, accr. m. (V.).

bertuccióne [av. 1400] s. m. 1 Accr. di *bertuccia*. 2 (*fig.*) Uomo goffo e brutto.

bertuèllo o **bertabèllo**, **bertibèllo**, **bertovèllo** [lat. parl. **vertibĕllu(m)*, dim. di *vertĭbulum* 'vertebra', da *vĕrtere* 'volgere, girare'; 1320 ca.] s. m. 1 Specie di nassa con più ritrosi per la pesca di orate, saraghi, e sim. ➡ ILL. **pesca**. 2 Rete a imbuto per la cattura di uccelli. 3 (*tosc., fig.*) Imbroglio, impiccio.

berùzzo [da *bere* (propr. 'bevutina'); av. 1625] s. m. ● (*raro, tosc.*) Colazione di contadini al campo | Spuntino.

†**bèrza** [etim. incerta; 1313] s. f. ● Parte della gamba dal ginocchio al piede | Calcagno, tallone.

†**berzàglio** ● V. *bersaglio*.

berzamìno (o *-z-*) ● V. *barzemino*.

berzemìno (o *-z-*) ● V. *barzemino*.

besciamèlla o (*pop.*) **balsamèlla** [fr. (*sauce à la*) *Béchamel*, dal nome di un noto buongustaio del Seicento, L. de *Béchamel*; 1790] s. f. ● Salsa a base di farina cotta in latte e burro: *con qualche cucchiaiata di balsamella e rigaglie* (ARTUSI).

†**bèscio** ● V. †*besso*.

†**bessàggine** [da †*besso*; 1353] s. f. ● Balordaggine.

†**bèsso** o †**bèscio** [etim. incerta; 1353] agg. ● (*tosc.*) Sciocco, insulso | (*scherz.*) Senese.

†**bestegnàre** ● V. *bestemmiare*.

bestémmia o (*tosc.*) †**bestégna**, †**biastéma**, †**biastèmia** [lat. eccl. *blasphēmia(m)* con sovrapposizione di *bestemmiare*; av. 1292] s. f. 1 Invettiva o parola oltraggiosa contro la divinità, i simboli, le persone venerati da una religione: *dire, tirare delle bestemmie*. SIN. (*fam.*) Moccolo. 2 (*est.*) Espressione, giudizio e sim. gravemente offensivi nei confronti di persone degne di considerazione e rispetto: *parlare male di tuo padre è una b.!* | Imprecazione, maledizione. 3 (*est.*) Sproposito, affermazione assurda. || **bestemmiàccia**, pegg. | **bestemmiùccia**, **bestemmiùzza**, dim.

bestemmiàre o (*tosc.*) †**bestegnàre**, †**bistemàre**, †**biastemiàre** [lat. parlato **blastemāre* per il lat. eccl. *blasphemāre*, dal gr. *blasphemêin*, di orig. incerta; 1294] v. tr. (*io bestémmio*) 1 Offendere la divinità o le cose sacre con espressioni ingiuriose pronunciando bestemmie (*anche assol.*): *Deh perché mi farete disperare e bestemmiare Iddio...?* (BOCCACCIO) | ***B. come un turco, come un facchino***, frequentemente | (*assol.*) Dire assurdità. SIN. (*fam.*) Smoccolare. 2 Maledire: *b. la propria sorte*; *poco manca ch'io non bestemmi il cielo e la natura* (LEOPARDI) | Parlare una lingua stentatamente: *b. un po' d'inglese*.

bestemmiatóre o †**biastematóre** [lat. eccl. *blasphematōre(m)* con sovrapposizione di *bestemmiare*; av. 1342] s. m.; anche agg. (f. *-trice*, pop. disus. *-tora*) ● Chi (o Che) bestemmia abitualmente.

♦**bèstia** (o *-è-*) [lat. *bēstia(m)*, di etim. incerta; 1282] s. f. 1 Animale, in senso generico | ***Bestie feroci***, fiere | ***Bestie da soma***, che portano carichi | ***Bestie da tiro***, che trainano veicoli | ***Lavorare, sudare, faticare come una b.***, molto duramente | ***Vivere, dormire, mangiare come una b.***, in modo adatto più a un animale che a un uomo | ***Andare in b.***, (*fig.*) infuriarsi | ***B. rara***, (*fig.*) persona fuori dal comune | ***B. nera***, (*fig.*) cosa o persona che ossessiona, che costituisce un incubo | ***Brutta b.***, (*fig.*) cosa o persona che si teme. 2 (*fig.*) Persona rozza, ignorante e violenta | Insulto generico: *sei una b.!* 3 (*fam.*) Persona o cosa di eccezionale forza, vigore, potenza: *questa macchina è una b.!* 4 (*fam., scherz.*) Stola, piccola pelliccia. 5 Gioco d'azzardo a carte. || **bestiàccia**, pegg. | **besticciuòla**, dim. | **bestióna**, accr. | **bestióne**, accr. m. (V.) | **bestiùccia**, dim. | †**bestiuòlo**, dim. m.

bestiàio [av. 1779] s. m. (f. *-a*) ● (*tosc.*) Chi governa il bestiame.

bestiàle [vc. dotta, lat. tardo *bestiāle(m)*, da *bēstia* 'bestia'; av. 1294] agg. 1 Pertinente a bestia. 2 (*est.*) Da bestia, tipico di una bestia: *espressione, violenza b.* | Crudele, disumano: *'l suo gran successore, / che superbia condusse a bestial vita* (PETRARCA). 3 (*est., fam.*) Molto intenso: *fa un freddo b.*; *una fame b.*; *ho sentito un male b.* || **bestialàccio**, pegg. | **bestialonàccio**, accr. | **bestialóne**, accr. || **bestialménte**, avv. In modo bestiale, da bestia.

bestialità [1321] s. f. 1 Caratteristica di chi (o di ciò che) è bestiale: *ha mostrato la sua b.* | (*fig.*) Grosso sproposito: *ha fatto due b. nel compito di matematica*. 2 (*raro*) Rapporto sessuale con un animale.

♦**bestiàme** [da *bestia* col suff. *-ame*; av. 1306] s. m. ● L'insieme degli animali domestici: *allevamenti di b.* | ***B. grosso***, buoi, vacche e sim. | ***B. minuto***, capre, pecore e sim.

bestiàrio (1) [da *bestia*; av. 1729] s. m. 1 Nell'antica Roma, chi combatteva contro le fiere nel circo. 2 (*est.*) Guardiano di bestie feroci.

bestiàrio (2) [vc. dotta, lat. *bestiāriu(m)*, da *bēstia* 'bestia'; 1914] s. m. 1 Trattato medievale che descrive, gener. con scopo allegorico, qualità e comportamento, veri o presunti, degli animali. 2 Decorazione scultoria a base di mostri e bestie in edifici medievali.

bestìno [lat. parl. **bestīnu(m)*, da *bēstia* 'bestia'; 1797] s. m. ● (*raro*) Odore o tanfo di bestia | Odore sgradevole.

bestiòla o (*lett.*) **bestiuòla** [vc. dotta, lat. *bestiŏla(m)*, dim. di *bēstia* 'bestia'; av. 1449] s. f. 1 Piccola bestia. 2 (*fig., fam.*) Persona poco intelligente. || **bestiolétta**, dim. | **bestiolìna**, dim.

bestióne [1353] s. m. (f. *-a*) 1 Accr. di *bestia*. 2 (*fig.*) Persona di grande corporatura, rozza e poco intelligente. || **bestionàccio**, pegg.

bestiuòla ● V. *bestiola*.

bèst sèller /bɛs(t)'seller, *ingl.* 'bɛst 'sɛlə/ [vc. ingl., propr. 'ciò che si vende' (*seller*) 'meglio' (*best*); 1950] loc. sost. m. inv. (pl. ingl. *best sellers*) ● Libro, disco e sim. che per numero di copie vendute supera tutti gli altri, per un certo periodo di tempo.

bestsellerìsta /bes(t)selle'rista/ [1973] s. m. e f. (pl. m. *-i*) ● Autore di best seller.

bèta [gr. *bêta*, adattamento della seconda lettera dell'alfabeto fenicio *beth* 'casa'; 1913] **A** s. m. o f. inv. 1 Nome della seconda lettera dell'alfabeto greco. 2 (*astron.*) Seconda stella in ordine decrescente della luminosità visuale di una costellazione. **B** in funzione di agg. inv. (posposto al s.) 1 (*fis.*) Nelle loc. ***raggi, particelle b.***, elettroni emessi dal nucleo durante alcune disintegrazioni radioattive. 2 (*fisiol.*) Detto di recettore adrenergico la cui stimolazione tende ad aumentare l'attività delle cellule cardiache e arteriose.

betabloccànte [comp. di (*adrenergico*) *beta* e del part. pres. di *bloccare*; 1983] **A** s. m. ● (*farm.*) Agente capace di inibire la trasmissione beta adrenergica. **B** anche agg.: *farmaco b.*

betacişmo [da *beta*, n. della *b* gr., sul modello di *deltacismo*, *iotacismo*, *rotacismo*; 1950] s. m. ● (*ling.*) In fonetica, passaggio dalla consonante labiodentale fricativa sonora *v* alla corrispondente bilabiale occlusiva *b*, caratteristico dei dialetti centro-meridionali, del sardo, del corso, dello spagnolo ecc. | (*med.*) Disturbo della pronuncia per cui diverse consonanti sono sostituite dalla *b*.

betaìna [dal lat. *bēta* 'bietola', da cui si ricava; 1930] s. f. ● Sostanza cristallina derivata dalla glicocolla, che rappresenta un costituente naturale dei tessuti vegetali e animali.

beta-lattàmico [da *beta*, *lattam(e)* col suff. *-ico*] agg. (pl. m. *bèta-lattàmici*) ● (*farm.*) Relativo a una struttura molecolare organica eterociclica con gruppo ammidico, tipica di antibiotici naturali prodotti da funghi quali le penicilline e le cefalosporine: *antibiotico beta-lattamico*.

betamimètico [comp. di *beta* nel sign. B2 e *mimetico*] agg.; anche s. m. (pl. m. *-ci*) ● (*farm.*) Betastimolante.

betastimolànte [comp. di *beta* nel sign. B2 e *stimolante*] agg.; anche s. m. ● (*farm.*) Detto di farmaco o agente capace di produrre risposte fisiologicamente analoghe a quelle prodotte dalla stimolazione dei recettori adrenergici di tipo beta. SIN. Betamimetico.

betatróne [vc. dotta, ingl. *betatron*, comp. di (*raggi*) *beta* e (*elec*)*tron*; 1948] s. m. ● (*nucl.*) Acceleratore per elettroni nel quale l'accelerazione è ottenuta mediante un campo elettrico d'induzione.

bètel [port. *bétel(e)*, nel Malabar *véttila*, comp. di *veru* 'semplice' e *ila* 'foglia'; 1508] s. m. **1** Pianta arbustiva rampicante delle Piperacee con foglie acuminate e aromatiche (*Piper betle*). **2** Bolo da masticare costituito da noce di areca, calce viva, aromi, avvolti in una foglia di betel, in uso nel mondo indo-malese.

bètilo [vc. dotta, lat. *bāetulu(m)*, dal gr. *báitylos*, forse dall'ebr. *bēt'ēl* 'casa del Dio'; av. 1796] s. m. ● (*archeol.*) Pietra rituale alta più di un metro, a forma conica, che si trova spec. in Sardegna.

betlemìta [1847] **A** agg. ● Di Betlemme. **B** s. m. e f. ● Abitante, nativo di Betlemme.

betón [fr. *béton*, ant. fr. *betun* 'fango' dal lat. *bitūmen* 'bitume'; 1905] s. m. ● Calcestruzzo.

betonàggio [fr. *bétonnage*, da *béton* 'beton'; 1962] s. m. ● Complesso di operazioni occorrenti alla preparazione del calcestruzzo.

betònica ● V. *bettonica*.

betonièra [fr. *bétonnière*, da *béton* 'beton'; 1927] s. f. ● Impastatrice per calcestruzzo.

betonìsta [da *beton*; 1969] s. m. e f. (pl. m. *-i*) ● Operaio edile addetto alla preparazione del calcestruzzo.

bètta (1) [etim. incerta; 1602] s. f. ● Piccola nave ausiliaria, per trasporto. || **bettolina**, dim. (V.).

bètta (2) [giavanese *bettah* 'guerriero' (?); 1930] s. f. ● Piccolo pesce d'acqua dolce dei Perciformi il cui maschio è noto per l'aggressività verso i suoi simili (*Betta splendens*). SIN. Pesce combattente.

bèttola (1) [etim. incerta; 1478] s. f. ● Osteria di basso livello | (*fig.*) ***Parole, modi da b.***, volgari. || **bettolàccia**, pegg. | **bettolétta**, dim. | **bettolino**, dim. m. (V.) | **bettolùccia**, dim.

bèttola (2) [adattamento del genov. *béttoa*, da *betta (1)*] s. f. ● (*tosc.*) Grossa chiatta da rimorchio, per trasporto di terriccio e sim.

bettolànte [1598] s. m. e f. ● (*raro*, *lett.*) Chi frequenta le bettole: *far baldoria e lega con contadini e bettolanti* (NIEVO) | Bettoliere.

bettolière [1585] s. m. (f. *-a*) ● (*lett.*) Chi gestisce una bettola. SIN. Oste, taverniere.

bettolìna [dim. di *betta (1)*; 1937] s. f. ● Grossa chiatta per trasporto di materiali e di merci | Piccola nave ausiliaria, spec. per trasporto di liquidi (acqua, carburanti e sim.).

bettolìno [1898] s. m. **1** Dim. di *bettola (1)*. **2** (*disus.*) Spaccio di bevande e cibi nelle stazioni, caserme, carceri e sim.

bettònica o **betònica**, (*pop.*) **brettònica**, (*pop.*) **vettònica** [lat. *vettònica(m)*, di etim. discussa: dal nome del popolo ibero-celtico dei *Vettōnes* (?); 1342] s. f. ● Pianta erbacea perenne delle Labiate con fiori rosa riuniti in spiga e foglie dalle nervature molto marcate (*Betonica officinalis*) | (*fig.*, *scherz.*) ***Avere più virtù della b.***, possedere ottime qualità | (*fig.*, *scherz.*) ***Essere conosciuto come, più della b.***, essere conosciutissimo.

bètula ● V. *betulla*.

Betulàcee [comp. del lat. *bĕtula* 'betulla' e di *-acee*; 1910] s. f. pl. (sing. *-a*) ● Nella tassonomia vegetale, famiglia di piante delle Dicotiledoni con foglie alterne, fiori in amenti e frutto a cono (*Betulaceae*). ➡ ILL. **piante**/2.

betùlla o (*dial.*) **bètula** [lat. *bĕtula(m)*, *betŭlla(m)*, di orig. celt.; 1561] s. f. ● Albero delle Betulacee con corteccia biancastra che si sfoglia facilmente, foglie romboidali dal lungo picciolo e frutti alati (*Betula alba*). ➡ ILL. **piante**/2.

bèuta o **bèvuta (1)** [etim. incerta; 1935] s. f. ● Recipiente conico di vetro resistente al calore, usato nei laboratori chimici.

BèV [abbr. dell'ingl. *b(illion) e(lectron) V(olts)* '(del valore di un) miliardo di elettronvolt'; 1963] s. m. inv. ● (*fis.*) Unità di misura di energia, pari a un miliardo di elettronvolt. SIN. GeV.

béva [da †*bevere*; 1625] s. f. **1** (*raro*, *lett.*) Bevanda. **2** Degustazione del vino | Gusto di un vino | Momento in cui un vino è nelle migliori condizioni per essere bevuto: *vino di pronta b.*

bevàce o (*lett.*) **bibàce** [lat. *bibāce(m)*, da *bĭbere* 'bere'; 1584] agg. ● (*raro*, *lett.*) Facile a imbeversi: *la b. creta / figlia dei fiumi* (D'ANNUNZIO).

♦**bevànda** [dal gerundio di †*bevere* col suff. di altra vc.; sec. XIII] s. f. ● Ogni liquido che si beve: *b. alcolica*, *medicinale*. || **bevandàccia**, pegg. | **bevandina**, dim.

BEVANDE
nomenclatura

bevande (cfr. vino).

● *caratteristiche*: corroborante, tonica, medicinale, effervescente, frizzante, gasata, rinfrescante, aromatica, amarascata, amaricante, stimolante, eccitante, afrodisiaca; alcolica ⇔ analcolica, amara, secca, zuccherata, dolce ⇔ aspra, fredda ⇔ calda; liscia, con selz, con soda, con ghiaccio, on the rocks, allungata, annacquata, diluita; bibita = pozione = beverone = beveraggio; balsamo, ambrosia, intruglio; cocktail, aperitivo (alcolico ⇔ analcolico), drink;

● *birra*: bionda = chiara ⇔ scura, rossa, dolce ⇔ amara; alla spina, in bottiglia; macinazione del malto, mescolamento con l'acqua, ammostatura, decantazione, bollitura col luppolo, raffreddamento, fermentazione, maturazione, filtrazione, pastorizzazione; malto, orzo, lievito, luppolino;

● *liquori*: maraschino, alchermes, mistrà, anice = anisetta = sambuca = fumetto = sassolino = vespetrò, arquebuse, assenzio, amaretto, cordial Campari, cerasella, nocino, millefiori, limoncello, visciolato, nocino, chartreuse, certosino, genepì, centerbe, fiordalpe, alpestre, Strega; punch, rum, kümmel, Vov, sidro, calvados, china, fernet; acquavite (kirsch = cherry brandy, slivoviz, vodka, whisky, gin, brandy = cognac = armagnac, grappa, acquavite di genziana, prunella, aguardiente, mistrà, arak); rabarbaro, tequila, batida, curaçao, triple-sec, pulque, mescàl, rachi, sakè = vino di riso, toddy = vino di palma, ratafià, rosolio;

● *bevande analcoliche*: caffè, tè, caffè e latte, latte macchiato, cappuccino, caffè macchiato, marocchino, cioccolata, camomilla, infuso (di tiglio, di malva, di menta, di sambuco, di verbena, di alloro); latte (scremato, intero, condensato, pastorizzato, sterilizzato, a lunga conservazione); acqua minerale (liscia = naturale, gasata), seltz, limonata, aranciata, cedrata, spremuta di limone, spremuta di arancia, succo di frutta (albicocca, pesca, pera, pompelmo, mela, pomodoro, ananas, uva, mirtillo), granatina, frullato = frappé, orzata, tamarindo, gassosa; sciroppo, latte di mandorle, latte di cocco, spuma, acqua tonica, chinotto, Coca-Cola; Irish coffee, carcadè, grog, tisana, decotto;

● *azioni*: bere (a fior di labbra, a sorsi, a garganella, d'un fiato, dalla bottiglia = a canna), appagare la sete, sorbire, libare, inumidirsi, bagnarsi le labbra, sorseggiare, centellinare, †zinzinare, brindare, alzare i bicchieri, bere alla salute, assaggiare, assaporare, centellinare, sorseggiare, gustare, degustare; tracannare, trincare, sbevazzare, bere come una spugna, ingozzarsi, alzare il gomito, ubriacarsi, ingollare; dissetarsi, rinfrescarsi, abbeverarsi; mescolare, girare, versare, mescere, offrire da bere; zuccherare, addolcire, annacquare, diluire, distillare.

bevazzàre [1441] v. intr. (aus. *avere*) ● (*raro*) Sbevazzare.

beveràggio [ant. fr. *bevrage*, dal lat. *bĭbere* 'bere'; 1306] s. m. **1** (*raro*) Bevanda | Beverone | (*est.*) Intruglio. **2** (*scherz.*, *fam.*) Bevanda in genere: *dove posso trovare del b.?*; *ho comprato un po' di beveraggi per la festa.* **3** †Mancia, ricompensa: *Dammi un buon b., ch'io lo merto* (L. DE' MEDICI).

†**beveràre** [da †*bevere*; 1483] v. tr. ● Abbeverare.

beveratóio [av. 1647] s. m. ● Abbeveratoio.

†**bévere** ● V. *bere*.

bevereccio [da †*bevere*; av. 1604] **A** agg. ● †Gradevole a bersi. **B** s. m. ● (*raro*, *lett.*) Umidità del terreno.

beverèllo [1951] s. m. ● Beverino.

†**beverìa** [ant. provz. *beveria*, da *beure* 'bere'; av. 1294] s. f. ● Sbevazzamento: *gioco, beverie, donne, erano le sue tre virtù principali* (NIEVO).

beverìno [da †*bevere*; 1803] s. m. ● Abbeveratoio nelle gabbie degli uccelli.

†**bévero** ● V. †*bivero*.

beveròlo [da †*bevere*] s. m. ● (*sett.*) Beverino.

beveróne [da †*bevere*; sec. XIV] s. m. **1** Bevanda per le bestie, composta d'acqua e farina o crusca. **2** Bevanda abbondante insipida | (*est.*) Bevanda medicamentosa: *trangugiare il b.* | †Filtro.

bevévo ● V. *bere (1)*.

bevìbile [1750] agg. ● Che si può bere | (*fig.*, *scherz.*) Plausibile: *la notizia non è b.*

bevicchiàre [1598] **A** v. tr. (*io bevicchio*) ● Bere poco, di tanto in tanto. **B** v. intr. (aus. *avere*) ● Bere vino o alcolici, spesso e in una certa quantità.

†**bevigióne** ● V. †*bevizione*.

beviménto [sec. XIV] s. m. ● (*raro*, *lett.*) Il bere.

bevitóre [lat. tardo *bibitōre(m)*, da *bĭbere* 'bere'; sec. XIII] **A** s. m. (f. *-trice*, pop. disus. *-tora*) ● Chi beve | (*raro*) Chi beve bevande alcoliche in locali pubblici: *rissa tra bevitori* | Chi beve molto, spec. bevande alcoliche, e resiste bene agli effetti di queste: *è un buon b.*, *un gran b.* **B** agg. ● (*raro*) Che beve.

†**bevizióne** o †**bevigióne** [lat. tardo *bibitiōne(m)*, da *bĭbere* 'bere'; sec. XIV] s. f. ● Il bere, bevuta.

bévo ● V. *bere (1)*.

bevóne ● V. *beone*.

bevucchiàre [1881] v. tr. (*io bevùcchio*) ● Bevicchiare.

bevùta (1) ● V. *beuta*.

bevùta (2) [da †*bevere*; 1639] s. f. **1** Il bere | ***Fare una b.***, bere parecchio | Ciò che si beve in una volta. **2** Bicchierata, rinfresco: *una b. tra amici*; *offrire una b.* **3** (*fig.*) Nel gioco del biliardo, errore che fa guadagnare punti all'avversario. || **bevutina**, dim.

bevùto [1919] part. pass. di *bere*; anche agg. **1** Nei sign. del v. **2** (*fam.*) Ubriaco, ebbro: *dalla festa tornò a casa b.*

bévvi ● V. *bere (1)*.

bèy /bei, be'i*/ [vc. turca, *bey* 'capo, signore', dal turco ant. *bäg*, forse di orig. iranica (*bag* 'divino'); 1765] s. m. inv. ● Nell'impero ottomano, titolo attribuito ai governatori di province, agli alti ufficiali dell'esercito e ai funzionari amministrativi.

bezzicàre [da *beccare* con sovrapposizione di *pizzicare*; av. 1400] **A** v. tr. (*io bézzico*, *tu bézzichi*) **1** Beccare rapidamente. **2** (*fig.*) †Molestare con parole offensive. **B** v. rifl. rec. ● †Litigare, bisticciarsi.

†**bezzicàta** [da *bezzicare*; 1325] s. f. ● Colpo di becco.

bezzicatùra [1829] s. f. ● (*raro*) Il bezzicare | Segno prodotto dal bezzicare.

bèzzo (o *-é-*) [ted. della Svizzera *Bätzen* 'monete di Berna con la raffigurazione di un orso (*petz*)'; 1545] s. m. **1** Antica moneta veneziana da mezzo soldo, d'argento, poi di rame e di lega. **2** (*spec. al pl.*, *region.*) Soldi, quattrini: *il vecchio … cantava sempre miseria, e nascondeva i suoi bezzi* (VERGA).

bhutanése /buta'nese/ o **butanése** [1987] **A** agg. ● Del Bhutan, Stato dell'Asia, tra l'India e la Cina. **B** s. m. e f. ● Abitante del Bhutan.

bi /bi*/ o †dial. **be** /be*/ [1344 ca.] s. m. o f. inv. ● Nome della lettera *b*.

bi- [dal lat. *bĭs* 'due (volte)'] primo elemento ● In parole composte significa 'due', 'due volte', 'composto di due', 'che ha due', 'doppio', e sim.: *bilinguismo, bisettimanale, bimensile* | In parole composte della terminologia chimica, un tempo indicava la presenza di due atomi o di due molecole o di due radicali uguali (CFR. di- (2)); anche i sali acidi: *bicarbonato*.

biàcca [longob. *blaich* 'sbiadito'; av. 1313] s. f. *1* Sostanza colorante bianca | *B. di piombo*, carbonato basico di piombo, tossico, che annerisce all'aria, usato per vernici | *B. di zinco*, litopone | *B. usta*, prodotto della calcinazione della biacca. *2* (*per anton.*) Correntemente, biacca di piombo.

biàcco [come *biacca*, forse dal longob. *blaich* 'pallido', per il suo colore (?); av. 1525] s. m. (pl. *-chi*) ● Rettile non velenoso degli Ofidi con corpo agilissimo e snello di color giallo verdastro macchiettato di nero (*Coluber viridiflavus*).

biàda [lat. mediev. *blāda*, dal francone **blād* 'prodotto di un campo'; 1282] s. f. *1* (*gener.*) Qualunque cereale usato per l'alimentazione del bestiame, spec. da soma e da cavalcare: *dare la b. ai cavalli*. SIN. Foraggio. *2* (*lett., spec. al pl.*) Messi: *veggionvisi... i campi pieni di biade* (BOCCACCIO).

biadaiòlo o †**biadaiuòlo** [1285] s. m. (f. *-a*) ● (*raro*) Venditore di biade.

biadàre [1779] v. tr. ● (*tosc.*) Dare la biada alle bestie.

biadesìvo [comp. di *bi-* e *adesivo*; 1990] agg. ● Che è adesivo da ambo i lati: *nastro b.*

biadétto [da †*biado* (*1*); av. 1406] **A** s. m. ● (*lett.*) Colore azzurrognolo. **B** agg. ● Che ha colore azzurrognolo.

†**biàdo** (1) ● V. *biavo*.

†**biàdo** (2) s. m. ● Biada.

biàlbero [comp. di *bi-* e *albero*; 1962] agg. inv. ● (*autom.*) Detto di motore a combustione interna che ha due alberi a camme in testa che comandano rispettivamente le valvole di scarico e quelle di aspirazione: *propulsore b.*

biànca [da *bianco*; 1829] s. f. *1* (*zool.*) Primo sonno dei bachi da seta. *2* (*tipogr.*) Facciata del foglio o del nastro di carta, che viene stampata per prima o in cui compare la prima pagina della segnatura | *B. e volta*, le due facciate contrapposte di un foglio di carta da stampare. *3* (*edit., ellitt.*) Cronaca bianca.

biancàna [1779] s. f. ● (*geol.*) Formazione rotondeggiante, di natura argillosa o arenaceo-argillosa, tipica delle zone collinari circostanti Siena e Volterra.

biancàstro [av. 1698] agg. ● Che tende al bianco | *Viso b.*, pallido.

biancheggiamènto [1890] s. m. ● Il biancheggiare.

biancheggiàre [1313] **A** v. intr. (*io biancheggio*; aus. *avere*) *1* (*lett.*) Apparire bianco, tendere al colore bianco | *Il mare biancheggia*, per le spume mosse dal vento. *2* (*est.*) Divenire bianco di capelli, incanutire. **B** v. tr. ● Imbiancare: *b. le pareti*.

♦**biancherìa** [da *bianco*: col suff. di (*te*)*leria*; sec. XIV] s. f. ● Complesso degli indumenti intimi: *b. personale*; *b. di seta, di nailon, di cotone*; *b. da uomo, b. per signora* | Complesso dei panni di uso domestico | *B. da letto*, lenzuola, federe e sim. | *B. da tavola*, tovaglie, tovaglioli e sim. | *B. da bagno*, asciugamani e sim.

BIANCHERIA
nomenclatura

biancheria = lingeria

● *caratteristiche*: stirata, inamidata, operata (damascata, ricamata), liscia, personale = intima; sporca = sudicia ⇔ pulita = linda = candida; di seta, di cotone, di nylon; da uomo, per signora; corredo, parure, muta, ricambio; camicia = camicetta (collo, sprone, polso, polsino, gemelli), pigiama, camicia da notte, baby-doll, maglia = maglietta, T-shirt, canottiera (di lana, di filo, di cotone; a bretelline, con mezze maniche, con manica lunga), mutandoni, mutanda = mutandina = slip = culottes, tanga, perizoma, body, busto, pagliaccetto, panciera, reggipancia, ventriera, boxer, fazzoletto, pedalini, calzini, calze, sopracalze, reggicalze, collant (a rete, di pizzo, autoreggente, coprente, velata, setificata, crespata, smagliata), guaina, sottovita, reggiseno, reggipetto (a balconcino = balconnet), giarrettiera, guêpière, calzamaglia, accappatoio, veste da camera, liseuse, vestaglia, vestaglietta, matinée, négligé, sottoveste, sottana;

● *azioni*: cucire, ricamare, cifrare, rammendare, aggiustare; sgualcire, cambiare, lavare, sciorinare, stendere, asciugare, stirare, inamidare, apprettare; indossare.

biancherìsta [1962] s. f. ● Operaia addetta alla confezione o al ricamo della biancheria | Cucitrice di bianco.

bianchétto o (*sett.*) **gianchétto**, nel sign. B2 [sec. XV] **A** agg. *1* Dim. di *bianco*. *2* (*raro*) Che ha un debole colore bianco. **B** s. m. *1* Sostanza imbiancante, in polvere o liquida, a base di biacca, variamente impiegata: *b. per i muri, per le scarpe, per i panni*; *b. per cancellare*. *2* (*al pl.*) Sardine e acciughe neonate, trasparenti e incolori, che lessate diventano bianche. *3* (*region.*) Bicchiere di vino bianco.

bianchézza [1308] s. f. ● Caratteristica di ciò che è bianco. SIN. Biancore, candidezza.

bianchìccio [1436] agg. (pl. f. *-ce*) *1* Dim. di *bianco*. *2* Che tende al colore bianco, che ha un colore bianco sporco.

bianchiménto [av. 1571] s. m. *1* Il bianchire. *2* Soluzione di acido solforico e acqua che serve a pulire i metalli preziosi.

bianchìno [1970] s. m. *1* Dim. di *bianco*. *2* (*region.*) Bicchiere di vino bianco.

bianchìre [1294] **A** v. tr. (*io bianchisco, tu bianchisci*) *1* Far diventare bianco: *b. lo zucchero, il sale*. SIN. Imbiancare. *2* Pulire i metalli preziosi. *3* (*tosc.*) Scottare, per rapida immersione in acqua bollente: *b. la carne*. **B** v. intr. (aus. *essere*) ● †Diventar bianco.

biancicàre [da *bianco*: sull'es. del corrisp. lat. *albicāre*; sec. XIV] v. intr. e tr. (*io biàncico, tu biàncichi*; aus. *avere*) ● (*lett.*) Biancheggiare.

biancicóre [av. 1913] s. m. ● (*lett.*) Biancore diffuso: *un b. dubbio stendevasi innanzi nella chiarità plenilunare* (D'ANNUNZIO).

♦**biànco** [germ. *blank* 'bianco', in orig. 'lucente'; sec. XII] **A** agg. (pl. m. *-chi*) *1* Detto di sensazione visiva dovuta a una particolare miscela di luci monocromatiche | (*est.*) Di tutto ciò che ha colore chiaro in antitesi a un equivalente scuro: *razza bianca*; *vino b.*; *uva bianca*; *carni bianche*; *pane b.*; *b. come la neve, come il latte*; *b. rosato*; *b. avorio*. CFR. leuco- | *Diventare b. per la paura*, pallidissimo | *Mosca bianca*, (*fig.*) cosa o persona molto rara | *Carbone b.*, (*fig.*) forza idraulica per produrre elettricità | *Notte in b., bianca*, (*fig.*) insonne (V. *notte* nel sign. 2) | *Arma bianca*, (*fig.*) non da fuoco | *Calor b.*, temperatura altissima | (*fig.*) *Portare l'entusiasmo al calor b.*, al culmine | *B. e rosso*, di colorito sano, spec. nel volto | *Bandiera bianca*, segno di resa (*anche fig.*) | *Colletto b.*, (*fig.*) impiegato. *2* Immacolato, pulito (*anche fig.*): *il camice b.*; *la veste bianca* | Canuto: *vecchio dai capelli bianchi* | *Fare i capelli bianchi in un lavoro*, dedicarvi molti anni | *Far venire i capelli bianchi a qlcu.*, dargli molte preoccupazioni | Non scritto, privo dei segni di scrittura: *scheda bianca*; *consegnare il foglio b. in un compito di esame* | *Dare, avere carta bianca*, (*fig.*) piena libertà d'azione | *Libro b.*, raccolta di documenti divulgati nonostante la loro riservatezza | *Voce bianca*, quella di bambino o di cantore evirato | *Omicidio b.*, la morte di operai sul lavoro, causata dalla mancanza di adeguate misure di sicurezza | *Lupara bianca*, V. *lupara* | *Sciopero b.*, V. *sciopero*. *3* Invernale, nevoso: *sport b.*; *b. Natale* | *Settimana bianca*, V. *settimana*. *4* (*fig.*) Reazionario, legittimista: *terrore b.*; *Russi bianchi*. *5* Detto di organizzazioni sociali d'ispirazione cristiana: *cooperative bianche*. *6* (*st.*) Detto di molte fazioni cittadine durante l'età dei Comuni: *guelfo di parte bianca*. **B** s. m. *1* Il colore bianco: *il b. delle nevi*; *b., rosso e verde*; *un b. accecante* | *Non distinguere b. da nero*, (*fig.*) non capire nulla | *Far vedere nero per b.*, (*fig.*) dare a intendere una cosa per un'altra | *Di punto in b.*, V. *punto* (*1*) nel sign. 1. *2* Parte bianca di qlco. | (*pop.*) *Il b. dell'occhio*, la sclerotica | (*fam.*) *Il b. dell'uovo*, l'albume, spec. cotto. *3* Ogni sostanza o composto di colore bianco o che colora di bianco: *b. di barite*; *b. di zinco* | Intonaco delle pareti: *dare il b.*; *dare una mano di b.* *4* Abito, ornamento bianco, spec. nelle loc. *sposarsi in b.*; *vestire di b.* *5* Biancheria, spec. nella loc. *cucitrice in b.*, *di b.* *6* Foglio di carta non scritto, nella loc. *mettere nero su b.*, mettere per iscritto, spec. con riferimento a un accordo, un'intesa e sim. *7* Nella loc. *b. e nero*, in contrapposizione a colorato: *disegno, fotografia, cinema in b. e nero*. *8* (*tipogr.*) elemento della composizione che non risulta nella stampa e dà quindi luogo a uno spazio bianco. *9* Nel gioco degli scacchi, il giocatore che ha i pezzi bianchi e cui tocca la prima mossa: *il b. muove e matta in tre mosse*. *10* (*numism.*) Denominazione di molte monete di basso billone imbiancate con un leggero strato d'argento. *11* (f. *-a*) Persona di pelle bianca, appartenente alla razza caucasoide, abitante in Europa o da questa emigrata: *discriminazioni fra bianchi e neri*; *la tratta delle bianche*. *12* (f. *-a*) (*st.*) Appartenente a una fazione bianca durante l'età dei Comuni: *i Bianchi e i Neri*. *13* (f. *-a*) Russo controrivoluzionario: *i Bianchi e i Rossi*. *14* Vino bianco (anche come denominazione): *un bicchiere di b.*; *B. dei Colli Euganei*; *B. di Toscana*. *15* Nella loc. *in b.*, di foglio, documento e sim., privo di segni di scrittura: *consegnare il compito in b.* | *Foglio in b.*, documento già firmato che dovrà essere riempito secondo l'accordo intervenuto tra le parti | *Firmare in b.*, (*fig.*) prendere un impegno senza conoscere condizioni, rischi, responsabilità | *Cambiale, assegno in b.*, privo, al momento dell'emissione, di una o più indicazioni essenziali; correntemente, privo dell'indicazione dell'importo. *16* (*fig.*) Nella loc. *in b.*, privo di sughi e spezie, con riferimento a vivande lessate e poco condite: *mangiare in b.* | *Pesce in b.*, lesso, condito solo con olio e limone. *17* (*fig.*) Nella loc. *in b.*, relativa a scopi primari o usuali per qualunque ragione non conseguiti: *notte in b.*; *matrimonio in b.* | *Andare in b.*, fallire, non riuscire in un'impresa. || **biancàccio**, pegg. | **biancàstro**, pegg. | **bianchétto**, dim. (V.) | **bianchìccio**, dim. (V.) | **bianchìno**, dim. (V.) | **biancolino**, dim. | **biancóne**, accr. | †**biancòzzo**, dim. | **biancùccio**, dim.

biancoazzùrro [comp. di *bianco* e *azzurro*; 1950] agg.; anche s. m. (pl. m. *-i*) ● Biancoceleste.

biancocelèste [comp. di *bianco* e *celeste*, i colori della squadra; 1940] agg.; anche s. m. e f. ● Che (o Chi) gioca nella squadra di calcio romana della Lazio o ne è sostenitore.

biancofióre [da *Biancofiore*, n. dell'eroina di una diffusa leggenda mediev. (?); 1951] s. m. *1* Antica danza ballata da due coppie. *2* Fino al 1994, inno della Democrazia Cristiana | (*est.*) La Democrazia Cristiana.

biancolina s. f. ● Seconda dormita dei bachi da seta.

biancomangiàre [fr. *blanc-manger* per il colore 'bianco' (*blanc*) di questo 'cibo' (*manger*); av. 1546] s. m. *1* Vivanda dolce o salata a base di latte o latte di mandorle e farina rappresi. *2* (*merid.*) Bianchetti fritti.

bianconàto [1955] agg. ● Detto del grano duro affetto da bianconatura.

bianconatùra [da *bianco*: per le macchie farinose che provoca nelle cariossidi; 1955] s. f. ● Malattia caratteristica delle cariossidi dei grani duri che si presentano in alcuni punti farinosi e non vitrei.

biancóne [1827] s. m. ● Uccello rapace diurno dei Falconiformi, con testa grossa e larga, becco corto e uncinato, ali lunghe e piumaggio bruno sul dorso e bianco sulla parte inferiore del corpo (*Circaetus gallicus*).

bianconéro [comp. di *bianco* e *nero*, i colori della squadra; 1940] agg.; anche s. m. (f. *-a*; pl. *-i*) ● Che (o Chi) gioca nella squadra di calcio torinese della Juventus, dell'Udinese o dell'Ascoli o ne è sostenitore.

biancóre [1340 ca.] s. m. ● (*lett.*) Candore, bianchezza | Lucore, luce diffusa.

biancorùsso [1955] agg. (pl. m. *-i*); anche s. m. ● Bielorusso.

biancoségno [comp. di *bianco* e *segno*, sul modello del corrisp. fr. *blanc-seign*; 1863] s. m. ● (*dir.*) Scrittura privata firmata in bianco e destinata a essere riempita in seguito da un terzo di fiducia delle parti in base a un accordo preventiva-

biancóso [av. 1535] agg. • (raro, lett.) Bianco, bianchiccio.
biancospino [comp. di bianco e spino; sec. XIV] s. m. (pl. biancospini) • Frutice delle Rosacee con rami spinosi, foglie ovali e divise e piccoli fiori bianchi raccolti in corimbi (Crataegus oxyacantha). ➡ ILL. piante/6.
biancostàto [etim. incerta; 1965] s. m. • (sett.) Spuntatura di maiale e di bue.
biancovestito [vc. dotta, comp. di bianco e vestito; 1319] agg. • (lett.) Vestito di bianco.
biancùme [sec. XIV] s. m. • (raro, lett.) Bianchezza | Insieme di cose bianche.
biante • V. †viante.
biàscia [da biasciare; av. 1887] s. f. (pl. -sce) • (tosc.) Saliva che si forma sulle labbra di chi biascica.
biasciàre [vc. onomat.; sec. XIII] v. tr. (io biàscio; fut. io biascerò) • (raro) Biascicare.
biascicaménto [sec. XIV] s. m. • Il biascicare | Rumore prodotto da chi biascica.
biascicapaternòstri [comp. di biascica(re) e il pl. di paternostro; 1887] s. m. e f. inv. • (raro, disus.) Persona bigotta.
biascicàre [iter. di biasciare; av. 1400] v. tr. (io biàscico, tu biàscichi) • Mangiare lentamente qlco. masticandola male e facendo rumore: b. un pezzo di pane | (fig.) Parlare lentamente, accorciando e pronunciando male le parole: b. le orazioni | B. le parole, parlare in modo inintelligibile, balbettare.
biascicarosàri [comp. di biascica(re) e il pl. di rosario] s. m. e f. inv. • (raro, disus.) Persona bigotta.
biascicatùra [1920] s. f. • (raro) Biascicamento | (raro) Cosa biascicata.
biascìchio [av. 1936] s. m. • Biasciamento intenso e continuo | (est.) Rumore prodotto da una o più persone che biascicano.
biascicóne [1865] s. m. (f. -a) • (fam.) Chi ha l'abitudine di biascicare.
biasimàbile [sec. XIV] agg. • (raro) Biasimevole.
biasimàre o **†biasmàre**, **†blasmàre** [da blasmer, dal lat. parl. *blastemāre 'bestemmiare'; av. 1272] A v. tr. (io biàsimo) • Esprimere un giudizio negativo su qlcu. o qlco.: b. la condotta di qlcu. SIN. Criticare, disapprovare, riprendere, riprovare. CONTR. Elogiare. B v. intr. pron. • †Dolersi, lamentarsi: forse ti te si biasimerà (BOCCACCIO). || PROV. Chi ti loda in presenza, ti biasima in assenza.
biasimatóre [av. 1292] s. m.; anche agg. • Chi • (Che) biasima.
biasimévole o **†biasmévole** [av. 1292] agg. • Meritevole di biasimo: tenere un comportamento b. Riprovevole. CONTR. Lodevole. || **biasimevolménte**, avv.
biàsimo o (lett.) **†biàsmo**, **†blàsmo** [da biasimare; sec. XIII] s. m. • Dura critica, rimprovero, disapprovazione: meritare il b. | Dare b., biasimare | †Avere b., essere biasimato.
biasmàre e deriv. • V. biasimare e deriv.
biassiàle [comp. di bi- e asse (2), con suff. aggettivale] agg. • (fis.) Che ha due assi ottici.
biàssico [comp. di bi- e asse (2), con suff. aggettivale; 1962] agg. • (fis.) Biassiale.
biastéma e deriv. • V. bestemmia e deriv.
biastèmia e deriv. • V. bestemmia e deriv.
biathlèta o **biatlèta** [1986] s. m. e f. (pl. m. -i) • Chi partecipa a gare di biathlon.
biathlon /'biatlon/, **biatlon** [vc. dotta, comp. di bi- e del gr. âthlon 'gara, lotta'; 1977] s. m. • (sport) Negli sport invernali, gara comprendente due prove, lo sci di fondo e il tiro alla carabina | (est.) Gara comprendente due prove di diverse specialità.
biatòmico [comp. di bi- e atomo, con suff. aggettivale; 1962] agg. (pl. m. -ci) • (chim.) Diatomico.
biauricolàre [comp. di bi- e auricolare; 1935] agg. • Che riguarda entrambe le orecchie: cuffia per audizione b.
biàvo o (region.) **†biàdo** (1) [ant. fr. blau, fr. dial. blave, dal francone blāo; 1483] agg. • (lett.) Che ha un colore azzurro chiaro, sbiadito: gli enormi occhi biavi (PIRANDELLO).
bibàce • V. bevace.
bibàgno o **bibàgni** [comp. di bi- e di bagno (1); 1983] agg. inv. • Nel linguaggio degli annunci eco-

nomici, che ha due bagni: vendesi appartamento b.
bibàsico [comp. di bi- e basico; 1865] agg. (pl. m. -ci) • (chim.) Dibasico.
Bibbia [vc. dotta, lat. eccl. bǐblia(m), dal gr. biblía (pl.) 'libri'; av. 1292] s. f. (bibbia nei sign. 3 e 4) 1 Complesso delle Sacre Scritture (Antico e Nuovo Testamento), delle quali i libri dell'Antico Testamento sono comuni agli Ebrei e ai Cristiani | B. vulgata, nella traduzione latina di S. Girolamo. 2 (est.) Manoscritto o stampa del testo della Bibbia. 3 (fig.) Opera o autore considerato fondamentale e indiscutibile per completezza e autorità: l'Eneide fu la b. di Dante. 4 (fig.) †Discorso o scritto lungo e noioso.
bibbio [lat. vípio, di orig. onomat.; av. 1564] s. m. • (zool., tosc.) Fischione.
bibelot /fr. bibǝ'lo/ [vc. fr., di orig. onomat.; 1886] s. m. inv. • Soprammobile di poco pregio, anche se grazioso | Ninnolo, oggettino decorativo e da collezione: occupatevi di calze e di b. (ALERAMO).
biberòn /bibe'rɔn, fr. bibǝ'ʀõ/ [fr. biberon, dal lat. bǐbere 'bere'; 1861] s. m. inv. • Poppatoio | Avere ancora bisogno del b., (fig.) detto di adulto che si comporta con ingenuità e immaturità.
bibita [vc. dotta, lat. bǐbita pl., da bǐbitum, part. pass. di bǐbere 'bere'; 1618] s. f. • Bevanda dissetante, analcolica o a bassissimo contenuto alcolico.
bibitàro [av. 1948] s. m. (f. -a) • (centr.) Venditore di bibite.
biblicìsmo [1962] s. m. • Rigida aderenza alla Bibbia, spec. come tendenza di alcuni teologi protestanti.
bìblico [vc. dotta, da Bibbia; av. 1694] agg. (pl. m. -ci) 1 Della Bibbia, relativo alla Bibbia: testo b. | esegesi biblica | Proprio dell'epoca e della civiltà documentate nell'Antico Testamento | Stile b., proprio della Bibbia o che lo imita | Società bibliche, associazioni per diffondere la Bibbia. 2 (fig.) Solenne, drammatico, grandioso: maledizione biblica; impresa biblica. || **biblicaménte**, avv. Secondo il testo della Bibbia.
biblio- [dal gr. biblíon 'libro', di orig. incerta] primo elemento • In parole dotte significa 'libro': bibliofilo, biblioteca.
bibliobus [comp. di biblio- e -bus; 1931] s. m. • Autoveicolo, autobus o furgone, adibito a biblioteca o libreria.
bibliodiversità [comp. di biblio- e diversità; 1998] s. f. • Differenziazione tra libri che trattano lo stesso argomento e si rivolgono agli stessi utenti, determinata dalle diverse scelte creative degli autori o dall'impostazione grafica degli editori.
bibliòfago [comp. di biblio- e -fago; 1986] agg. (pl. m. -gi) • Detto di piccoli animali che rosicchiano o mangiano libri, carte, documenti: la tarma è un insetto b.
bibliofilìa [vc. dotta, comp. di biblio- e -filia; 1892] s. f. • Amore per i libri, spec. se pregevoli e rari.
bibliòfilo [vc. dotta, comp. di biblio- e -filo; 1797] s. m. (f. -a) • Amatore, conoscitore, ricercatore e collezionista di libri, spec. rari.
bibliografìa [vc. dotta, comp. di biblio- e -grafia; 1765] s. f. 1 Tecnica della descrizione sistematica e catalogazione di libri. 2 Elenco delle opere scritte intorno a una branca scientifica, a un argomento, un autore e sim. | Elenco dei libri consultati per la compilazione di un'opera scientifica | B. essenziale, comprendente le opere più importanti. 3 Complesso delle opere pubblicate in un dato periodo.
bibliogràfico [1766] agg. (pl. m. -ci) • Relativo alla bibliografia | Bollettino, notiziario b., periodico con annunci di libri nuovi, recensioni e sim. || **bibliograficaménte**, avv. Secondo le norme bibliografiche.
bibliògrafo [vc. dotta, comp. di biblio- e -grafo; 1768] s. m. (f. -a) • Esperto di bibliografia.
biblioiàtrica [comp. di biblio- e -iatrica; 1865] s. f. • (raro) Arte del restauro e manutenzione di libri.
bibliolatrìa [vc. dotta, comp. di biblio- e -latria; 1908] s. f. • (raro) Fede cieca nei libri, culto esagerato dei libri.
bibliologìa [vc. dotta, comp. di biblio- e -logia; 1829] s. f. • Scienza che si occupa dei libri, della loro storia, della loro conservazione e utilizzazione culturale.
bibliòlogo [comp. di biblio- e -logo; 1987] agg.

anche s. m. (f. -a; pl. m. -gi) • Studioso, cultore di bibliologia.
bibliòmane [comp. di biblio- e -mane; 1771] s. m. e f. (iron.) Chi ha la mania di collezionare libri spec. rari.
bibliomanìa [vc. dotta, comp. di biblio- e -mania; 1771] s. f. • (iron.) Mania di ricercare e collezionare libri, spec. rari e antichi.
bibliomanzìa [vc. dotta, comp. di biblio- e -manzia; 1865] s. f. • Divinazione ottenuta aprendo a caso un libro, spec. la Bibbia, e interpretando le prime parole che si leggono.
◆**bibliotèca** [vc. dotta, lat. bibliothēca(m), dal gr. bibliothḗkē, comp. di biblio- 'biblio-' e thēkḗ '-teca'; av. 1292] s. f. 1 Ambiente ove sono raccolti e conservati libri | Edificio, sala con grandi raccolte di libri a disposizione del pubblico per la lettura e la consultazione: b. universitaria, comunale, popolare | B. capitolare, annessa a una cattedrale | B. circolante, che dà in prestito libri ai soci (fig., scherz.) B. ambulante, vivente, persona molto erudita. 2 Collezione di libri, similari per formato, argomento, editore: B. dei classici italiani; B. di monografie scientifiche Zanichelli. 3 Scaffale destinato a contenere libri; libreria. 4 (elab.) B. di programmi, software. || **bibliotechìna**, dim. | **bibliotèca**, accr. | **bibliotecùccia**, pegg.
bibliotecàrio [vc. dotta, lat. bibliothecāriu(m), da bibliothēca 'biblioteca'; 1613] s. m. (f. -a) • Chi dirige una biblioteca o è comunque addetto al suo funzionamento.
biblioteconomìa [comp. di biblioteca e un deriv. del gr. nómos 'legge, regola'; 1892] s. f. • Scienza che studia l'amministrazione e il funzionamento delle biblioteche.
biblioteconomìsta [1965] s. m. e f. (pl. m. -i) • Chi è esperto di biblioteconomia.
biblìsta [dal lat. bǐblia 'bibbia'; 1929] s. m. e f. (pl. m. -i) • Studioso di biblistica.
biblìstica [1887] s. f. • Insieme delle discipline relative allo studio della Bibbia.
bìbulo [vc. dotta, lat. bǐbulu(m), da bǐbere 'bere'; 1727] agg. 1 (raro, lett.) Che assorbe, che si imbeve facilmente | Carta bibula, carta assorbente. 2 (raro, scherz., lett.) Che beve volentieri alcolici, beone.
bìca [longob. bīga 'mucchio'; 1313] s. f. 1 Cumulo di covoni di grano. SIN. Barca. 2 (est., lett.) Cumulo, ammasso di cose. **bicóne**, accr. m.
bicameràle [comp. di bi- e camera; 1878] A agg. 1 Detto di sistema parlamentare basato su due Camere legislative. 2 Detto di commissione parlamentare formata da rappresentanti di ambedue le Camere. B s. f. • (ellitt.) Commissione bicamerale.
bicameralìsmo [da bicamerale; 1950] s. m. • Sistema parlamentare in cui il potere legislativo è affidato a due Camere.
bicàmere [comp. di bi- e del pl. di camera (1); 1983] agg. inv. • Nel linguaggio degli annunci economici, detto di appartamento costituito da camere.
bicaràttere [comp. di bi- e carattere; 1983] s. m. • (elab.) Byte.
bicarbonàto [vc. dotta, comp. di bi- e carbonato; 1865] s. m. 1 (chim.) Sale dell'acido carbonico. SIN. Carbonato acido | B. di sodio, sodico, sostanza cristallina, bianca, impiegata per bevande effervescenti, come antiacido e in vari usi domestici. 2 (per anton.) Correntemente, bicarbonato di sodio.
bicarbossìlico [comp. di bi- 'di due (gruppi)' e carbossilico; 1955] agg. (pl. m. -ci) • (chim.) Dicarbossilico.
bicchèrna [etim. sconosciuta; 1936] s. f. • (st.) Fino al XVIII sec., esattoria del comune di Siena | (est.) Registro annuale dei tributi | (pitt.) Tavolette di b., tavolette dipinte usate come copertura dei registri dell'erario comunale di Siena.
bicchieràio [1325] s. m. (f. -a) • (raro) Chi fabbrica o vende bicchieri.
bicchieràta [1851] s. f. 1 Quantità di liquido che può essere contenuta in un bicchiere. 2 (est.) Bevuta fatta in compagnia, spec. per festeggiare qlcu.: tutto finì con una b. in casa del console (BACCHELLI).
◆**bicchière** o **†bicchièri**, **†bicchièro** [etim. incerta; 1234] s. m. 1 Piccolo recipiente, spec. di vetro, di varie forme e misure, in cui si versa il liquido da bere: b. di vetro, di cristallo, d'argento, di pla-

stica, di cartone; *b. da acqua, da vino, da birra, da cognac, da whisky*; *riempire un b. di vino*; *versare il vino nel b.* | ***Il b. della staffa***, l'ultimo prima di congedarsi | ***Levare il b.***, brindare | ***Bere un b. di più, di troppo***, ubriacarsi | (*fig.*) ***Affogare in un b. d'acqua***, confondersi davanti a piccole difficoltà | (*fig.*) ***Tempesta in un b. d'acqua***, grande agitazione o rumore privi di conseguenze proporzionate | ***Fondo, culo di b.***, (*fig.*) diamante falso. **2** (*est.*) Quantità di liquido contenuta in un bicchiere: *bere un b. di vino*. **3** Antica misura per liquidi. **4** Involucro esterno di una granata esplosiva. || **bicchieràccio**, pegg. | **bicchierétto**, dim. | **bicchierino**, dim. (V.) | **bicchieróne**, accr. | **bicchierótto**, accr. | **bicchierùccio**, dim.

bicchierino [sec. XIV] s. m. **1** Dim. di *bicchiere*. **2** Bicchiere piccolo, da liquore | Quantità di liquido, spec. alcolico, contenuta in un bicchierino: *un b. di vermut*; *bere, farsi un b.* **3** Vasetto di vetro per luminarie o per ornare tombe e sim.

†**bicchièro** ● V. *bicchiere*.

†**bicciacùto** [provz. *bezagut*, dal lat. *bisacūtus* 'a punta (*acūtus*) nell'una e nell'altra parte (*bis*)'; 1342 ca.] s. m. ● Scure a due tagli.

bicciàrsi [da †*beccio* 'capro': dal lat. parl. **ibiceus*, agg. di *ībex* 'stambecco, capra selvatica' (?); av. 1920] v. rifl. rec. (*io mi biccio*) ● (*raro, lett.*) Cozzare, spec. di animali cornuti.

bicèfalo [vc. dotta, comp. del lat. *bi-* 'a due' e del gr. *kephalḗ* 'testa'; 1798] agg. ● (*raro, lett.*) Che ha due teste: *mostro b.*

bicentenàrio [comp. di *bi-* e *centenario* (*1*); av. 1910] s. m. ● Secondo centenario di un avvenimento memorabile.

bichini [1950] s. m. inv. ● Adattamento di *bikini* (V.).

♦**bici** [1941] s. f. inv. ● (*fam.*) Accorc. di *bicicletta*.

♦**biciclétta** [fr. *bicyclette*, dim. dell'ingl. *bicycle* 'biciclo'; 1892] s. f. ● Veicolo a due ruote allineate, montate su telaio e azionate da movimenti di spinta sui pedali collegati per mezzo di una catena alla ruota posteriore | ***B. a motore***, ciclomotore | ***Appendere la b. al chiodo***, (*fig.*) di corridore ciclista, cessare l'attività agonistica | ***B. da neve***, sky-bob. ➡ ILL. p. 2161 TRASPORTI. || **biciclettàccia**, pegg. | **biciclettina**, dim. | **biciclettóna**, accr.

biciclettàta [1942] s. f. ● Giro, escursione in bicicletta, spec. a scopo ricreativo o di esercizio fisico.

biciclo [ingl. *bicycle*, comp. del lat. *bi-* 'di due' e del gr. *kýklos* 'cerchio'; 1892] s. m. ● Antico modello di bicicletta con i pedali applicati alla ruota anteriore molto più grande della posteriore.

bicilindrico [comp. di *bi-* e *cilindro*, con suff.; 1962] agg. (pl. m. *-ci*) **1** (*mecc.*) Dotato di due cilindri: *motore b.* **2** (*fis.*) Di lente avente due superfici cilindriche.

bicipattino [comp. di *bici* e *pattino* (*2*); 1962] s. m. ● Mezzo di svago acquatico costituito da una bicicletta, montata su due pattini che sostituiscono le ruote.

bicipite [vc. dotta, lat. *bicĭpite(m)*, comp. di *bi-* 'di due' e *-cĭpitis*, da *căput* 'capo, testa'; av. 1673] **A** agg. **1** (*anat.*) Detto di muscolo a due capi che confluiscono in una massa comune. **2** Detto dell'animale spec. araldico raffigurato con due teste: *l'aquila b. austriaca*. **B** s. m. ● (*anat.*) Ogni muscolo a due capi che confluiscono in una massa comune: *b. brachiale*; *b. femorale* | Bicipite brachiale. ➡ ILL. p. 2122 ANATOMIA UMANA.

biclorùro [vc. dotta, comp. di *bi-* e *cloruro*; 1865] s. m. ● (*chim.*) Sale dell'acido cloridrico, la cui molecola contiene due atomi di cloro | Composto organico contenente due atomi di cloro.

bicòcca [etim. incerta; av. 1457] s. f. **1** (*lett.*) Piccola rocca o castello alla sommità di un monte. **2** (*raro, lett.*) Fortificazione malandata. **3** (*spreg.*) Casupola, catapecchia: *abitare in una b.*

bicolóre [vc. dotta, lat. *bicolōre(m)*, comp. di *bi-* 'di due' e *cōlor* 'colore'; 1340] **A** agg. ● Che ha due colori: *nastro b.* | (*fig.*) ***Governo b.***, formato da due partiti di diverse tendenze. **B** s. f. ● Macchina tipografica che stampa a due colori.

bicomàndo [vc. dotta, comp. di *bi-* 'con due' e (posti di) *comando*; 1970] agg. inv. ● Dotato di doppio comando, detto di mezzi, dispositivi e sim. che possono essere comandati da due diversi agenti umani o meccanici: *aereo, apparato, vettura b.*

bicòncavo [vc. dotta, comp. di *bi-* 'ambo (le parti)' e *concavo*; 1892] agg. ● Concavo da ambedue le parti, detto spec. di lente.

bicondizionàle [comp. di *bi-* e *condizionale*] s. m.; anche agg. ● (*mat.*) Connettivo logico che dà un risultato vero solo quando ambedue le espressioni che collega sono vere.

bicònico [comp. di *bi-* e *conico*; 1970] **A** agg. (pl. m. *-ci*) ● Che ha forma di due coni contrapposti. **B** s. m. (pl. *-ci*) ● (*archeol.*) Vaso funerario a forma di due coni uniti per la base, munito di coperchio e gener. di un solo manico.

biconvèsso [vc. dotta, comp. di *bi-* 'ambo (le parti)' e *convesso*; 1892] agg. ● Convesso da ambedue le parti, detto spec. di lente.

bicòppia [vc. dotta, comp. di *bi-* 'doppio' e *coppia*; 1955] s. f. ● Insieme di due coppie di fili telefonici o telegrafici.

bicòrdo [vc. dotta, comp. di *bi-* 'doppio' e *corda* 'nota'; 1865] s. m. ● (*mus.*) Doppia corda | Doppia nota | Insieme di due suoni eseguiti contemporaneamente sopra uno strumento a corde.

bicoriàle [comp. di *bi-* e *corion*, con suff. aggettivale; 1962] agg. ● (*biol.*) Che deriva da due corion, i quali producono due gruppi di annessi: *gemelli bicoriali*.

bicòrne o (*raro*) **bicòrno** [vc. dotta, lat. *bicŏrne(m)*, comp. di *bi-* 'di due' e *cŏrnus* 'corno'; 1342] agg. ● Che ha due corna o punte: *cappello b.*

bicòrnia [lat. parl. **bicŏrnia*, variante di *bicŏrnis* 'bicorne'; 1681] s. f. ● Piccola incudine, spec. per orafi, orologiai e sim.

bicòrno [comp. di *bi-* 'doppio' e *corno*; 1709] **A** s. m. ● Cappello a due punte volte verso l'alto e ornato di veli, usato dalle donne del Medio Evo | Cappello voluminoso e con punte verso il basso, portato dagli uomini nel primo Impero | Feluca, portata con l'alta uniforme dagli ufficiali di marina, dagli accademici di Francia, dai diplomatici. **B** agg. ● V. *bicorne*.

bicornùto [av. 1406] agg. **1** Bicorne. **2** (*filos.*) ***Argomento b.***, dilemma.

bicromàtico [comp. di *bi-* e *cromatico*] agg. (pl. m. *-ci*) ● Dicromatico.

bicromàto [comp. di *bi-* e *cromato* (*2*); 1955] s. m. ● Sale dell'acido bicromico.

bicromìa [fr. *bichromie*, vc. dotta, comp. di *bi-* 'a due' e *chromie*, dal gr. *chrôma* 'colore'; 1962] s. f. ● Procedimento per ottenere una riproduzione colorata di soggetti utilizzando i due colori fondamentali arancio e blu-verde | (*est.*) Riproduzione così ottenuta.

bicròmico [comp. di *bi-* e *cromico* (*1*)] agg. (pl. m. *-ci*) ● Detto di composto chimico contenente due atomi di cromo.

bicùbito [vc. dotta, lat. *bicŭbitu(m)*, comp. di *bi-* 'di due' e *cŭbitum* 'cubito (misura)'; av. 1588] s. m. ● Misura di due cubiti.

bicuspidàle [1940] agg. ● (*arch.*) Bicuspide: *facciata b.*

bicuspidàto [1829] agg. ● Bicuspide.

bicùspide [vc. dotta, comp. di *bi-* 'con due' e *cuspide*; av. 1810] agg. **1** Che è formato di due cuspidi o punte. **2** (*anat.*) Di organo o formazione a due lembi lanceolati | ***Valvola b.***, valvola mitrale.

bid bond /ingl. 'bɪd,bɒnd/ [dall'ingl. *bid* 'offerta, cauzione' e *bond* 'titolo a garanzia'] loc. sost. m. inv. (pl. ingl. *bid bonds*) ● (*econ.*) Nei contratti internazionali, garanzia bancaria riguardante la fornitura di un appalto o di una merce da esportare.

bidè [fr. *bidet*, propr. 'cavallino', di etim. incerta; 1850] s. m. ● Vaschetta bassa di forma allungata, su cui si sta a cavalcioni, per lavarsi le parti intime.

♦**bidèllo** [ant. fr. *bedel* 'poliziotto', dal francone **bidal* 'messo giudiziario'; sec. XV] s. m. (f. *-a*) **1** Chi è addetto alle pulizie e alla custodia di una scuola: *b. di Università*. **2** (*est.*) Inserviente presso un ufficio | †Inserviente di banda musicale.

bidentàle [vc. dotta, lat. *bidentāle(m)*, da *bĭdens* 'animale (alla seconda dentizione) pronto a essere sacrificato'; 1828] s. m. ● Presso gli antichi Romani, spazio sacro nel quale era caduto il fulmine ed era stata sacrificata, per espiazione, una pecora di due anni.

bidènte [vc. dotta, lat. *bidĕnte(m)*, comp. di *bi-* 'di due' e *dēns* 'dente'; 1340] **A** s. m. **1** Zappa a due denti. **2** Forca a due rebbi. **3** Presso gli antichi Romani, animale, spec. pecora, di due anni, adatto al sacrificio. **B** agg. ● (*lett.*) Detto di animale che è alla seconda dentizione, che ha due anni: *pecora b.*

bidet /fr. bi'dɛ/ [1813] s. m. inv. ● Bidè.

bidimensionàle [comp. di *bi-* e di *dimensione*, con suff. aggettivale; 1962] agg. ● Che ha due dimensioni.

bidimensionalità [1962] s. f. ● Proprietà di ciò che è bidimensionale.

bidirezionàle [comp. di *bi-* e *direzionale*; 1985] agg. ● Che ha due direzioni, anche opposte: *corrente, antenna b.* | (*elab.*) Detto della scrittura di una stampante.

bidistillàto [comp. di *bi-* e *distillato*; 1965] agg. ● Detto di liquido che ha subìto due procedimenti di distillazione.

bidonàre [da *bidone*, nel sign. 3; 1962] v. tr. (*io bidóno*) ● (*fam.*) Imbrogliare, truffare.

bidonàta [1950] s. f. ● (*fam.*) Imbroglio, truffa | Opera scadente.

♦**bidóne** [fr. *bidon*, da una vc. nordica *bidha* 'recipiente', di etim. incerta; 1846] s. m. **1** Recipiente metallico o in materia plastica, di media capacità, di forma cilindrica, atto al trasporto di prodotti liquidi: *b. di benzina*. **2** (*fam.*) Truffa, imbroglio: *fare, tirare un b. a qlcu.*; *prendersi un b.*, *un gran b.* **3** (*fam.*) Apparecchiatura, congegno, macchina che non funziona o funziona poco e male. **4** (*fam.*) Atleta di doti modeste e scarsa abilità. || **bidoncino**, dim.

bidonista [da *bidone*, nel sign. 3; 1946] s. m. e f. (pl. m. *-i*) ● (*raro, fam.*) Truffatore, imbroglione.

bidonvia [scherz. da *bidon(e)*, sul modello di *seggiovia*; 1970] s. f. ● Tipo di funivia con piccole cabine aperte di forma cilindrica. ➡ ILL. **funivia**.

bidonville /fr. bidõ'vil/ [comp. fr., propr. 'città (*ville*) dei bidoni (*bidons*, sing. *bidon*)'; 1963] s. f. inv. ● Quartiere di baracche costruite con materiali vari, spec. lamiere di bidoni, alla periferia di una grande città.

bièco [lat. *oblīquu(m)* 'torto, piegato' con sovrapposizione di *aĕquu(m)* 'uguale'; 1313] agg. (pl. m. *-chi*, †*-ci*) **1** (*lett.*) Obliquo, torvo, spec. dello sguardo: *guardare con occhio b.* **2** (*fig.*) Sinistro, minaccioso, turpe: *persona bieca*; *volto b.* || **biecaménte**, avv. In modo bieco; torvamente: *usciva di là com'ebbro guardando biecamente il mare* (PIRANDELLO).

Biedermeier /ted. 'bi:dʌ,maeʌ/ [vc. ted., dal n. di un personaggio inventato da Kussmaul e Eichrodt che rappresentava il tedesco borghese e conformista; 1983] agg.; anche s. m. inv. ● Detto di stile di arredamento diffuso nelle case tedesche borghesi nella prima metà dell'Ottocento, ispirato allo stile Impero, ma più semplice e pratico.

bièlica [comp. di *bi-* 'a doppia' e *elica*; 1970] agg. inv. ● Fornito di due eliche: *apparato motore b.*

bièlla [fr. *bielle*, di etim. incerta; 1853] s. f. ● (*mecc.*) Elemento che in un apparato motore ha la funzione di convertire il moto rettilineo alternato del pistone nel moto rotatorio dell'albero di trasmissione | ***B. madre***, nei motori stellari o a più file di cilindri, biella principale cui sono articolate altre bielle | ***B. d'accoppiamento***, quella che collega l'asse motore agli assi accoppiati di una locomotiva. || **biellétta**, dim.

biellése [1847] **A** agg. ● Di Biella. **B** s. m. e f. ● Abitante o nativo di Biella.

bielorùsso o **belorùsso** [adattamento del russo *belorús*, propr. 'russo bianco', cioè di quella parte della Russia chiamata Bianca, epiteto d'incerta spiegazione; 1955] **A** agg. ● Della Bielorussia. **B** s. m. (f. *-a*) ● Abitante, nativo della Bielorussia. **C** s. m. solo sing. ● Lingua appartenente al gruppo orientale delle lingue slave, parlata nella Bielorussia.

biennàle [vc. dotta, lat. *biennāle(m)*, da *biĕnnium* 'periodo di due anni'; 1585] **A** agg. **1** Che dura due anni: *carica, impiego b.* **2** Che avviene o ricorre ogni due anni: *manifestazione b.*; *emigrazione b.* **3** (*bot.*) Bienne. || **biennalménte**, avv. Ogni due anni. **B** s. f. ● Manifestazione che si fa ogni due anni: *la B. di Venezia*.

biènne [vc. dotta, lat. *biĕnne(m)*, comp. di *bi-* e *ănnus* 'anno'; 1855] agg. **1** (*raro, lett.*) Di due anni. **2** (*bot.*) Detto di pianta erbacea il cui ciclo vitale dura due anni. SIN. Biennale.

biènnio [vc. dotta, lat. *biĕnniu(m)*, comp. di *bi-* e *ănnus* 'anno'; 1615] s. m. ● Periodo di due anni | Corso di studi con durata complessiva di due anni.

biergòlo [comp. di *bi-* ed *ergolo* sul modello di *monoergolo* e *propergolo*] **s. m.** ● (*chim.*) Bipropellente.
bièrre [dalla lettura (*bi erre*) della sigla *B*(*rigate*) *R*(*osse*); 1978] **A s. m. e f. inv.**; anche **agg.** ● Nel linguaggio giornalistico, appartenente alle Brigate Rosse. **B s. f. pl.** ● Il gruppo terroristico delle Brigate Rosse.
bièscio [ant. provz. *biais* 'obliquità', dal gr. *epikársios*, di non chiara composizione] **agg.** ● Obliquo.
bièta ● V. *bietola.*
bieticolo [1955] **agg.** ● Concernente la bieticoltura.
bieticoltóre o **bieticultóre** [vc. dotta, comp. di *bieta* e *-coltore*; 1941] **s. m.** (f. *-trice*) ● Chi coltiva barbabietole da zucchero.
bieticoltùra o **bieticultùra** [vc. dotta, comp. di *bieta* e *coltura*; 1941] **s. f.** ● Coltivazione per lo più intensiva delle barbabietole da zucchero per uso industriale.
bieticultùra e *deriv.* ● V. *bieticoltura* e *deriv.*
bietola o **bièta** [lat. *bēta*(*m*), di prob. orig. celt., confuso con *blēta*(*m*), *blītu*(*m*), nome di altra pianta, dal gr. *blíton*, di etim. incerta; 1310] **s. f.** *1* Varietà di barbabietola da orto, con foglie e costole fogliari commestibili (*Beta vulgaris cicla*). *2* Correntemente, barbabietola. ‖ **bietolina**, **dim.** | **bietolóne**, **accr. m.** (V.).
bietolàio [1962] **s. m.** ● Campo coltivato a barbabietole da zucchero.
bietolóne [av. 1565] **s. m.** *1* Accr. di *bietola.* *2* (*bot.*) Atreplice. *3* (f. *-a*) (*fig.*) Persona insulsa e sciocca, semplicione.
biétta [etim. incerta; av. 1320] **s. f.** *1* Pezzo di legno o di metallo, di forma troncoconica, usato per serrare, fendere legni e sim. **SIN.** Chiavetta, cuneo | (*mus.*) Nasetto. *2* (*edil.*) Pezzo di legno di forma parallelepipeda che viene inserito trasversalmente in due travi fra loro collegate, per trasmettere sforzi di taglio.
bifacciàle [comp. di *bi-* e di un deriv. di *faccia*; 1973] **agg.** ● Che ha due facce | Che presenta determinate caratteristiche su entrambe le facce.
bifamiliàre o **bifamigliàre** [comp. di *bi-* e *fami*(*g*)*liare*; 1986] **agg.** ● Che è adatto a ospitare due famiglie, detto di villa, casa e sim.
bifàse [vc. dotta, comp. di *bi-* e *fase*; 1930] **agg.** (pl. *-i* o **inv.**) *1* Che ha due fasi. *2* (*elettr.*) Di sistema di due forze elettromotrici alternate di ugual periodo, sfasate tra loro di un quarto di periodo.
bifero [vc. dotta, lat. *bĭferu*(*m*), comp. di *bi-* 'doppio' e *-fer*, da *fĕrre* 'portare, produrre'; 1950] **agg.** ● (*bot.*) Detto di pianta che fiorisce o fruttifica due volte all'anno.
biffa [longob. *wîffa* 'fastello di paglia' assunto come segno di confine; 1586] **s. f.** *1* Asta usata in operazioni di livellamento. *2* Piastra in gesso o vetro a X posta alla fenditura di un muro per verificare se si allarga.
biffàre (1) [da *biffa*; 1859] **v. tr.** *1* Marcare con biffe un terreno per rilevamenti topografici. *2* Apporre biffe alla fenditura di un muro.
biffàre (2) [fr. *biffer*, di etim. incerta; 1940] **v. tr.** *1* Segnare, cancellare uno scritto, uno stampato e sim. con un segno a forma di X. *2* (*fig.*, *raro*) Rubare con abilità e destrezza.
bifido [vc. dotta, lat. *bĭfidu*(*m*), comp. di *bi-* 'in due' e *-fidus*, da *fĭndere* 'dividere, spaccare'; 1561] **agg.** ● Diviso in due parti: *lingua bifida* | (*med.*) ***Spina bifida***, rachischisi.
bifilàre [comp. di *bi-* e dell'agg. di *filo*; 1962] **A agg.** *1* Composto di due fili | (*elettr.*, *elettron.*) ***Circuito b.***, costituito da due fili a conduttori metallici. *2* Detto di caricatore di pistola semiautomatica o automatica in cui le cartucce sono disposte in due file parallele. **B s. m.** ● Tipo di antenna a due conduttori per apparecchi radioriceventi.
bifocàle [comp. di *bi-* e dell'agg. di *f*(*u*)*oco*; 1963] **agg.** ● Di sistema ottico che possiede due fuochi | Detto di lente da occhiali, per presbiti, avente nella parte centrale e in quella inferiore una diversa curvatura, per vedere nitidamente da lontano e, rispettivamente, da vicino.
bifólca ● V. *biolca.*
bifolcheria [av. 1306] **s. f.** *1* (*raro*) Azione villana. *2* †Mansione di bifolco.
bifólco o (*dial.*) **biólco** [lat. **bufŭlcu*(*m*), variante di *bubŭlcu*(*m*) 'custode di buoi (*bōves*)'; av. 1306] **s. m.** (f. *-a*; pl. m. *-chi*) *1* Salariato che accudisce al bestiame e lo impiega nei lavori agricoli. *2* (*fig.*, *spreg.*) Persona villana, di maniere rozze.
†bifonchiàre ● V. *bofonchiare.*
bifora [vc. dotta, lat. *bĭfore*(*m*) 'che ha due (*bi-*) battenti o aperture (*fŏres*)'; 1881] **A s. f.** ● Finestra o porta suddivisa in due aperture per mezzo di un pilastrino o di una colonnina: *campanile con bifore.* **B** anche **agg.** solo f.: *finestra b.*
biforcaménto [av. 1320] **s. m.** ● (*raro*) Biforcatura | Biforcazione.
biforcàre [da *†biforco*; 1476] **A v. tr.** (*io bifórco, tu bifórchi*) ● (*raro*) Dividere in due come una forca. **B v. intr. pron.** ● Diramarsi: *la strada si biforca presso il fiume.*
biforcatùra [1831] **s. f.** ● Il biforcarsi | Punto in cui qlco. si biforca.
biforcazióne [da *biforcare*; av. 1519] **s. f.** *1* Il biforcarsi | Punto in cui qlco. si biforca: *la b. di un ramo.* *2* Diramazione di due linee ferroviarie, strade e sim. **SIN.** Bivio.
†bifórco [vc. dotta, lat. *bifŭrcu*(*m*), comp. di *bi-* 'con due (punte)' e *fŭrca* 'forca'; 1340 ca.] **s. m.** ● Legno biforcuto.
biforcùto [comp. di *bi-* e *forcuto*; 1340 ca.] **agg.** ● Diviso in due, come una forca: *ramo b.* | ***Piede b.***, caprino | ***Lingua biforcuta***, quella di alcuni rettili; (*fig.*) di persona velenosa e maligna.
bifórme [vc. dotta, lat. *bifōrme*(*m*), comp. di *bi-* 'di due' e *fōrma* 'forma'; 1319] **agg.** ● (*lett.*) Che ha due forme: *divinità, mostro b.*
bifrónte [vc. dotta, lat. *bifrŏnte*(*m*), comp. di *bi-* 'con due' e *frōns* 'fronte, faccia'; sec. XIV] **A agg.** *1* Che ha due fronti o due facce: *una costruzione b.* *2* Detto del dio latino Giano, che era rappresentato con due opposte facce. *3* (*fig.*) Che muta i suoi atteggiamenti in modo opportunistico e sleale: *individuo b.* | (*fig.*) Che presenta due aspetti contrastanti: *discorso, politica b.* *4* Detto di parola, che, letta alla rovescia, dà luogo a una diversa parola (p. es. Roma-amor; acetone-enoteca). **CFR.** Palindromo. **B s. m.** ● Gioco enigmistico che consiste nel trovare una o più parole o frasi bifronti.
big /ingl. bɪg/ [vc. ingl., propr. 'grosso', di etim. incerta: di orig. scandinava (?); 1949] **s. m. e f. inv.** ● Personaggio importante, esponente autorevole: *un big dell'industria.*
biga [vc. dotta, lat. *bīga*(*m*), da *biiŭgum*, comp. di *bi-* 'a due' e *iŭgum* 'giogo'; 1321] **s. f.** *1* Nell'antichità classica, cocchio a due ruote tirato da due cavalli, usato anche nelle corse. ➡ **ILL. carro e carrozza.** *2* Carrozzella scoperta a due posti. *3* (*mar.*) Gru elementare formata da due antenne unite all'estremità superiore e articolate da cavi e paranchi usata nei porti | Coppia di grosse travi messe per rinforzare l'albero della nave. *4* (*mecc.*) Rudimentale gru costituita da due montanti uniti in modo da formare una V capovolta.
bigamìa [av. 1396] **s. f.** *1* (*dir.*) Reato commesso dal bigamo. *2* Correntemente, condizione di chi è bigamo.
bigamo [vc. dotta, lat. tardo *bĭgamu*(*m*) per *dĭgamu*(*m*), dal gr. *dígamos*, comp. di *di-* 'doppio' e *gamêin* 'sposare'; av. 1342] **A s. m.** (f. *-a*) *1* (*dir.*) Secondo l'ordinamento civile chi, già coniugato, contrae un altro matrimonio avente effetti civili o, non coniugato, contrae matrimonio avente effetti civili con persona già coniugata | Secondo l'ordinamento canonico, chi, legato da matrimonio religioso, ne contrae un secondo anche solo con rito civile. *2* Correntemente, chi ha due mogli o due mariti. **B** anche **agg.**: *uomo b.*
bigaro ● V. *bighero.*
bigàto [vc. dotta, lat. *bigātu*(*m*), da *bīga* 'biga'; 1561 ca.] **s. m.** ● Moneta d'argento romana repubblicana che reca incisa una biga.
bigattàia [da *bigatto*] **s. f.** ● (*raro*) Bigattiera.
bigattièra [1819] **s. f.** ● Luogo predisposto per l'allevamento dei bachi da seta | Tavolo su cui si allevano i bachi.
bigattière [1853] **s. m.** (f. *-a*) ● (*sett.*) Addetto all'allevamento dei bachi da seta.
bigattìno [da *bigatto*] **s. m.** *1* Dim. di *bigatto.* *2* (*pesca*) Cagnotto.
bigàtto [vc. sett. *bigàt*, di etim. incerta, forse dal lat. *bōmbyce*(*m*) 'baco da seta' con il suff. dim. *-attu*; 1340] **s. m.** *1* (*sett.*) Baco da seta. *2* (*fig.*) †Uomo furbo e sornione. ‖ **bigattino**, **dim.** (V.).
big bang /ingl. 'bɪg 'bæŋ/ [loc. ingl., propr. 'grande esplosione', comp. di *big* 'grande' (V. *big*) e *bang* (V.); 1963] **loc. sost. m. inv.** ● La grande esplosione dalla quale, secondo alcune teorie cosmologiche, ha avuto origine l'universo | (*fig.*) Evento nuovo e straordinario: *il big bang nella trattazione dei titoli in Borsa.*
big crunch /big'krantʃ, *ingl.* 'bɪg,kɹʌntʃ/ [loc. ingl., propr. 'grande (*big*) contrazione (*crunch*)'; 1998] **loc. sost. m. inv.** (pl. ingl. *big crunches*) ● (*astron.*) Secondo una teoria cosmologica, collasso della materia con cui avrà fine la vita dell'universo.
bigèllo [da *bigio*, per il suo colore; 1325 ca.] **s. m.** ● Panno grossolano a pelo lungo di color grigio spento.
bigeminàta [vc. dotta, comp. del lat. *bi-* 'doppio' e *geminātus* 'geminato'] **agg.** solo f. ● Detto di foglia con lembo diviso in due parti e picciolo unico.
bigeminìsmo [da *bigemin*(*o*) con il suff. *-ismo*; 1939] **s. m.** ● (*med.*) L'evento di un fenomeno che si manifesta con duplice modalità | ***B. cardiaco***, aritmia caratterizzata da una alternanza costante di un'extrasistole con una sistole.
bigèmino [vc. dotta, lat. *bigĕminu*(*m*), comp. di *bi-* e della seconda parte di analoghi comp. come *trigĕminu*(*m*) e *quadrigĕminu*(*m*); 1892] **agg.** *1* Gemellare: *parto b.* *2* Che manifesta bigeminismo: *polso b.*, *ritmo b.*
bighellàre [etim. incerta; 1953] **v. intr.** e **intr. pron.** (*io bighèllo*; aus. intr. *avere*) ● (*raro*) Bighellonare.
bighellonàre [da *bighellone*; 1863] **v. intr.** (*io bighellóno*; aus. *avere*) ● Perdere il tempo senza concludere nulla | Girellare senza scopo: *b. per le strade tutto il giorno.*
bighellóne [etim. discussa: per *bigolone* con sovrapposizione di altra parola (?); 1566] **s. m.** (f. *-a*) ● Individuo perditempo e ozioso. **SIN.** Ciondolone, fannullone, infingardo, perdigiorno.
bighellóni [1887] **avv.** ● Bighellonando: *andar b. per la città.*
bigherìno [da *bighero*; 1829] **s. m.** ● Guarnizione di merletto applicata un tempo sull'orlo delle vesti femminili.
bighero o **bigaro** [it. sett. **bigo* da ***(*bom*)*bico* per (*bom*)*bice*; av. 1799] **s. m.** ● Trina, merletto. ‖ **bigherino**, **dim.** (V.)
bìgia [dal colore *bigio* delle penne; 1956] **s. f.** (pl. *-gie*) ● Piccolo uccello dei Passeriformi, grigio, con testa nera e petto bianco (*Sylvia hortensis*).
bigiàre [vc. dial. lombarda, di etim. incerta; 1918] **v. tr.** (*io bìgio*) ● (*sett.*) Marinare la scuola (*anche assol.*).
bigiarèlla [da *bigio* per il colore del piumaggio; 1887] **s. f.** ● Piccolo uccello canoro dei Passeriformi dal piumaggio grigio, simile alla capinera (*Sylvia curruca*).
bigino [vc. dial. lombarda (*bigin* 'libriccino') di etim. incerta; 1905] **s. m.** ● (*sett.*, *pop.*) Libretto contenente la traduzione letterale, spec. interlineare, di testi di autori greci e latini | (*est.*) Bignamino.
bigio [etim. incerta; 1306] **agg.** (pl. f. *-gie* o *-ge*) *1* Che ha un colore grigio spento: *asino b.* | Cupo, tenebroso: *cielo b.* | ***Tempo b.***, nuvoloso | ***Pane b.***, (*lett.*) pane scuro, di farina integrale. *2* (*fig.*, *lett.*) Scialbo. *3* †Malvagio. ‖ **bigiccio**, **dim.** | **bigino**, **dim.** | **bigiùccio**, **dim.**
bigiógnolo (o *-ò-*) [av. 1813] **agg.** ● Di colore tendente al grigio.
bigiotteria [fr. *bijouterie*, da *bijou* 'gioiello' (V. *bigiù*); 1798] **s. f.** ● Assortimento di collane, spille, orecchini, bracciali decorativi realizzati con metalli e pietre non preziosi | (*est.*) Negozio dove si vendono tali oggetti.
bigiù **s. m.** ● Adattamento di *bijou* (V.).
biglia ● V. *bilia.*
bigliàrdo e *deriv.* ● V. *biliardo* e *deriv.*
bigliettàio o (*raro*) **bigliettàrio** [1929] **s. m.** (f. *-a*) ● Chi vende biglietti per il viaggio su mezzi pubblici di trasporto o per l'accesso a locali pubblici.
bigliettazióne [1974] **s. f.** ● (*bur.*) Distribuzione di biglietti, spec. su mezzi pubblici di trasporto: *b. automatica.*
biglietteria [1938] **s. f.** ● Luogo in cui si vendono biglietti d'ingresso a locali pubblici, per uso di mezzi pubblici di trasporto e sim.: *b. dello stadio*; *b. ferroviaria* | ***B. del teatro***, botteghino.
♦**bigliétto** o †**vigliétto** [fr. *billet*, ant. fr. *billette* da *bullette*, dim. di *bulle* 'bolla', per sovrapposizione di *bille* 'palla'; av. 1600] **s. m.** *1* Piccolo foglio di car-

ta | (*est.*) Breve testo scritto su tale piccolo foglio. *2* Piccolo foglio o cartoncino | (*est.*) Breve testo contenente saluti, auguri e sim. | ***B. da visita***, cartoncino a stampa contenente il nome e il cognome di qlcu., e talvolta l'indirizzo, i titoli professionali e sim. *3* Rettangolo di cartone o carta stampata che dà diritto, gener. dietro pagamento, ad assistere a spettacoli sia pubblici che privati, o a usufruire di pubblici servizi: *b. ferroviario, tranviario; b. d'ingresso, d'invito* | ***B. di lotteria***, con cui si partecipa all'estrazione di una lotteria. *4* ***B. di banca***, cartamoneta emessa da una banca, a ciò autorizzata dallo Stato. *5* ***B. postale***, foglio di carta da scrivere che l'Amministrazione postale pone in vendita già piegato, gommato e affrancato. *6* †Ordine scritto. || **bigliettino**, **dim.** | **bigliettóne**, **accr.** (V.) | **bigliettùccio**, **dim.**

bigliettóne [1946] **s. m.** *1* Accr. di *biglietto*. *2* (*fam.*) Banconota di grosso taglio.

biglióne ● V. *billone*.

big match /*ingl.* 'bɪg 'mætʃ/ [loc. ingl., propr. 'grande incontro'; 1989] **loc. sost. m. inv.** (**pl.** ingl. *big matches*) ● Nel pugilato, l'incontro più importante del programma | (*est.*) L'incontro più atteso di una giornata sportiva.

Bignàmi® [dal n. dell'editore E. *Bignami*; 1967] **s. m. inv.** ● Testo di piccolo formato, a circolazione scolastica, che riassume in forma piana le nozioni basilari di una determinata disciplina. || **Bignamino**, **dim.** (V.).

Bignamino [dim. di *Bignami*] **s. m.** ● (*pop.*) Bignami.

bignè [fr. *beignet*, da *beigne* 'bugna, bernoccolo' (di etim. incerta) per la forma gonfia e rotonda; 1747] **s. m. inv.** *1* Specie di pasta dolce, piccola e tonda, cotta in forno e farcita di crema, zabaione e sim. *2* (*centr.*) Panino a forma di grossa rosetta.

bignònia [dal cognome dell'abate fr. J. *Bignon* (1589-1656), a ricordo del quale fu dato il nome; 1829] **s. f.** ● Genere di arbusti rampicanti delle Bignoniacee con foglie composte, fiori a campanula e frutti a capsula (*Bignonia*).

Bignoniàcee [comp. di *bignoni(a)* e *-acee*; 1887] **s. f. pl.** (**sing.** *-a*) ● Nella tassonomia vegetale, famiglia di piante legnose, rampicanti, con fiori irregolari e foglie composte (*Bignoniaceae*).

bìgo [da *biga*, nel sign. 3, con valore dim., di etim. incerta; 1932] **s. m.** (**pl.** *-ghi*) ● (*mar.*) Albero e relativo picco di carico di una nave.

bigodino o **bigodì**, **bigudino** [fr. *bigoudi*, di etim. incerta; 1927] **s. m.** ● Piccolo cilindro di reticella di nailon e sim. su cui si avvolgono le ciocche di capelli per la messa in piega. **SIN.** Diavoletto, diavolino.

bìgolo [vc. veneta, di etim. incerta] **s. m.** ● (*spec. al pl.*) Pasta alimentare a forma di vermicelli, in uso nel Veneto.

bigóncia [da *bigoncio*; 1321] **s. f.** (**pl.** *-ce*) *1* Recipiente di legno a doghe privo di coperchio e di manici per trasportare l'uva durante la vendemmia | ***A bigonce***, (*fig.*) in gran quantità. ➡ **ILL. vino.** *2* †Antica unità di misura di capacità per liquidi. *3* (*ant.*) Pulpito, cattedra da cui si parlava nelle accademie e nelle università | ***Montare, salire in b.***, (*fig.*) fare il saccente.

bigóncio [lat. parl. **bicōngium* e poi, per metatesi, **bigōnciu(m)*, comp. di *bi-* 'a due' e **gōncius* per *cŏngius* 'congio, misura per liquidi'; sec. XIV] **s. m.** *1* Recipiente più largo e più basso della bigoncia, con due doghe più alte e forate per introdurvi una pertica e facilitarne il trasporto. *2* All'ingresso dei teatri e dei cinema, cassetta in cui l'addetto introduce il tagliando del biglietto presentato dallo spettatore. || **bigoncino**, **dim.** | **bigonciòlo**, **dim.** | **bigoncióne**, **accr.**

†**bigordàre** e *deriv.* ● V. *bagordare* e *deriv.*

bigòtta [da *biga*; 1847] **s. f.** ● (*mar.*) Carrucola senza girella, a faccia spianata e fornita di tre buchi, per tener rigida e tesa la manovra alla cui estremità è impiombata.

bigotterìa [1688] **s. f.** ● Bigottismo | Azione da bigotto.

bigottìṣmo [da *bigotto*; 1767] **s. m.** ● Caratteristica o atteggiamento da bigotto. **SIN.** Bacchettoneria, beghinismo, santimonia.

bigòtto [fr. *bigot*, di etim. incerta: dall'escl. anglosassone *bî god* 'per Dio', intercalare attribuito per spregio ai Normanni (?); 1688] **s. m.**; anche **agg.** (**f.** *-a*) ● Chi (o Che) ostenta una grande religiosità dedicandosi soprattutto alle pratiche esteriori del proprio culto: *fare il b.* | Bacchettone, ipocrita: *non è religioso, ma b.* **SIN.** Baciapile, collotorto, picchiapetto, tartufo. || **bigottaménte**, **avv.**

bigudino ● V. *bigodino*.

biiettivo [1970] **agg.** ● (*mat.*) Soddisfacente alla definizione di biiezione.

biiezióne [comp. di *bi-* 'a doppia' e *-iezione* di altri comp. della stessa serie; 1965] **s. f.** ● (*mat.*) Applicazione d'un insieme su un altro che mette in relazione ogni elemento del primo con uno e un solo elemento del secondo.

biiodùro [vc. dotta, comp. di *bi-* e *ioduro*; 1962] **s. m.** ● Sale dell'acido iodidrico, la cui molecola contiene due atomi di iodio | Composto organico contenente due atomi di iodio.

bijou /*fr.* bi'ʒu/ [vc. fr., dal bretone *bizou* 'anello', da *biz* 'dito'; 1688] **s. m. inv.** (**pl.** fr. *bijoux*) *1* Gioiello. *2* (*fam.*, *fig.*) Persona o cosa che si ammira per la loro grazia e raffinatezza: *con quel vestito sei proprio un b.*

biker /'baiker, *ingl.* 'baekəɹ/ [vc. ingl. d'America, da *bike* 'motocicletta'; 1989] **s. m. e f. inv.** ● Motociclista | Chi guida moto di grossa cilindrata: *raduno di b.*

bikini® o **bichini** [dal n. di un atollo dell'Oceano Pacifico in cui furono eseguiti esperimenti atomici: quindi 'esplosivo'; 1946] **s. m. inv.** ● Costume da bagno femminile a due pezzi.

bilabiàle [vc. dotta, comp. di *bi-* 'a due' e *labiale*; 1938] **A agg.** ● (*ling.*) Detto di suono articolato per mezzo del labbro inferiore e di quello superiore. **B s. f.** ● Consonante bilabiale (in italiano: *b, m, p*).

bilabiàto [vc. dotta, comp. di *bi-* 'a due' e *labiato*; 1829] **agg.** ● Detto di organo vegetale che forma due labbra: *calice b., corolla bilabiata.*

bilabiodentàle [comp. di *bi-*, *labio-* e *dentale*] **agg.**; anche **s. f.** ● (*ling.*) Labiodentale.

bilàma [comp. di *bi-* e *lama* (*1*); 1974] **agg. inv.** ● Detto di un tipo di rasoio a due lame sovrapposte: *rasoi b.*

bilaminàto [comp. di *bi-* e *laminato*; 1990] **s. m.** ● Pannello truciolare rivestito su ambedue le facce con un foglio di laminato plastico.

bilancèlla [da *bilancia*, perché la pesca avviene con due barche in coppia; 1905] **s. f.** ● Paranzella | Piccola barca da pesca.

♦**bilància** (**1**) o †**bilànza** [lat. parl. **bilāncia(m)*, da *bĭlanx*, comp. di *bi-* 'con due' e *lănx* 'piatto'; sec. XIII] **s. f.** (**pl.** *-ce*) *1* Strumento, gener. a due bracci uguali con due piatti o coppe, che serve a misurare l'uguaglianza o la differenza di peso dei corpi posti sui piatti | ***B. di precisione***, ***b. da analisi***, con approssimazione, nelle pesate, a 0,2-0,1 mg | ***B. automatica***, quella munita di una lancetta che indica su un quadrante il peso dell'oggetto posto sul piatto | ***B. a molla***, dinamometro | ***B. a bilico***, basculla | ***B. romana***, stadera | ***B. pesabambini***, V. *pesabambini* | ***B. pesapersone***, V. *pesapersone* | ***Dare il crollo, il tracollo, il tratto alla b.***, farla traboccare da una parte | ***Mettere sulla b.***, (*fig.*) valutare, tener conto | ***Ago della b.***, V. *ago* nel sign. A 2 | ***Mettere sulla b. dell'orafo***, (*fig.*) valutare, esaminare, con cura minuziosa | (*fis.*) ***B. di Archimede***, ***b. idrostatica***, usata per la determinazione del peso volumico o specifico dei corpi, funzionante in base al fatto che un corpo immerso in un fluido riceve una spinta uguale e contraria al peso del fluido spostato. *2* (*econ.*) ***B. commerciale***, rilevazione dell'andamento delle importazioni e delle esportazioni di merci di un Paese in un tempo determinato | ***B. dei pagamenti***, rilevazione delle uscite e delle entrate valutarie globali di un Paese in un dato periodo. *3* Simbolo e attributo della giustizia. *4* Rete da pesca quadra, con gli angoli uniti a due braccia incrociate, appesa ad un'asta e sollevata con un argano o verricello, comandato a mano o elettricamente. ➡ **ILL. pesca.** *5* (*ferr.*) Valvola di sicurezza in opera sulle caldaie a vapore. *6* Asta orizzontale, cui sono applicate varie lampade, per l'illuminazione dall'alto del palcoscenico. *7* (*edil.*) Ponteggio provvisorio. *8* (*min.*) Elevatore a saliscendi. *9* Bilanciere in un orologio a pendolo. || **bilancétta**, **dim.** | **bilancina**, **dim.** | **bilancino**, **dim. m.** (V.) | **bilancióna**, **accr.** | **bilancióne**, **accr. m.**

Bilància (**2**) [V. *bilancia* (*1*)] **A s. f.** *1* (*astron.*) Costellazione dello zodiaco. *2* (*astrol.*) Settimo segno dello zodiaco, compreso tra 180 e 210 gradi dell'anello zodiacale, che domina il periodo compreso tra il 24 settembre e il 23 ottobre. ➡ **ILL. zodiaco.** **B s. m. e f. inv.** ● Persona nata sotto il segno della Bilancia

bilanciàio [sec. XIV] **s. m.** (**f.** *-a*) ● (*raro*) Chi fabbrica o vende bilance.

bilanciaménto [1527] **s. m.** *1* Il bilanciare, il bilanciarsi. *2* Insieme di accorgimenti atti a ridurre le vibrazioni in una macchina. *3* Spostamento del carico a bordo di una nave per equilibrarla.

bilanciàre [da *bilancia*; sec. XIII] **A v. tr.** (*io bilàncio*) *1* (*raro*) Pesare con la bilancia | (*fig.*) Considerare, ponderare: *b. le proprie possibilità, i propri argomenti.* *2* Pareggiare: *b. le entrate e le uscite* | (*fig.*) Compensare: *b. i vantaggi e gli svantaggi di qlco.* *3* Mantenere in equilibrio, sopportare: *b. la lancia; b. la vanga sulla spalla* | (*fig.*) Equilibrare: *b. una dieta.* **B v. rifl. e rifl. rec.** ● Equilibrarsi: *le loro forze si bilanciano; in lui, qualità e difetti si bilanciano* | Tenersi in equilibrio | ***Bilanciarsi fra due partiti***, (*fig.*) tenersi in posizione equidistante da entrambi.

bilanci'àrm o **bilanciàrm** [da *bilanci(ate)* (*le*) *arm(i)*; av. 1927] **loc. sost. m.** ● Ordine impartito ai soldati perché durante la marcia impugnino l'arma col braccio teso in basso, tenendola orizzontale e bilanciata | Posizione assunta in seguito a tale ordine.

bilanciàto (**1**) [av. 1572] **part. pass.** di *bilanciare*; anche **agg.** *1* Che è in equilibrio | (*fig.*) Equilibrato: *dieta bilanciata.* *2* (*fig.*) †Dubbio, incerto. || **bilanciataménte**, **avv.** In equilibrio.

bilanciàto (**2**) [da *bilancio*; 1970] **agg.** ● Posto, iscritto in un bilancio: *spesa bilanciata.*

†**bilanciatóre** [av. 1604] **s. m.**; anche **agg.** ● Chi (o Che) bilancia, esamina.

bilancière [da *bilancia*; 1588] **s. m.** *1* Organo meccanico costituito da un braccio oscillante, che serve a trasformare un moto oscillante in rotatorio, o viceversa | Organo oscillante che rende regolare la marcia degli orologi e dei pendoli. *2* Pressa manuale comandata da una vite munita superiormente di braccio portante due contrappesi | Macchina per coniare monete e medaglie. **SIN.** Torchio a vite. *3* Lunga pertica per trasportare pesi agganciati alle estremità, appoggiandola sulle spalle | Lunga e sottile asta con cui i funamboli si aiutano per mantenere l'equilibrio | (*sport*) Nel sollevamento pesi, sbarra di acciaio alle cui estremità vengono assicurati dischi di ferro, ghisa o gomma dura di vario peso. ➡ **ILL.** p. 2145 **SPORT.** *4* Piccolo scafo laterale, collegato con traverse allo scafo principale, destinato a garantire la stabilità del proa e del trimarano. *5* (*zool.*, *spec. al pl.*) Ali posteriori dei Ditteri trasformate in organi sottili a forma di piccola clava.

bilancino [1734] **s. m.** *1* Dim. di *bilancia* nei sign. 1 e 4 | Bilancia di precisione, spec. in laboratori chimici, farmaceutici, e sim. | ***Pesare col b.***, (*fig.*) esaminare con cura, prendere in attenta considerazione. *2* Parte del calesse sporgente dalle stanghe, cui si attaccano le tirelle del cavallo. *3* Cavallo da tiro aggiunto di rinforzo a fianco di quello che è tra le stanghe. **SIN.** Trapelo. *4* Impugnatura a forma di croce cui sono collegati i fili che muovono le marionette. *5* Nello sci nautico, asticella che si impugna durante la corsa e che è collegata con due corde alla fune di traino.

♦**bilàncio** [da *bilanciare* 'equilibrare, pareggiare'; 1463] **s. m.** *1* Conteggio delle entrate e delle uscite relative a un dato periodo della gestione amministrativa di un'azienda o di un ente, o dei guadagni e delle spese di una famiglia o di una persona: *b. di una società, familiare, trimestrale* | Pareggiamento nella gestione aziendale delle entrate e delle uscite | ***B. preventivo***, compilato prima che si verifichino i fatti. **SIN.** Budget | ***B. consuntivo***, redatto alla fine dell'esercizio | ***B. di chiusura***, elenco dei componenti del capitale alla fine dell'esercizio | ***B. consolidato***, quello unificato di diverse società di uno stesso gruppo industriale | ***B. certificato***, esaminato da una società di revisione che ne garantisce l'attendibilità con lettera di certificazione | ***B. ministeriale***, di ogni singolo ministero | ***B. governativo***, ***b. statale***, composto dai bilanci ministeriali | ***Ministero del b.***, che coordinava e dirigeva la gestione finanziaria dello Stato; le sue funzioni sono ora attribuite al Ministero dell'economia | ***B. familiare***, rilevazione delle spese per consumi effettuate dalle famiglie, utilizzata spec. nel calcolo degli indici del costo della vita.

2 (*fig.*) Valutazione riassuntiva di una situazione in tutti i suoi aspetti, anche contrastanti: *il b. dell'affare è positivo*; *fare il b. delle proprie azioni.*

bilancista [1965] s. m. e f. (pl. m. -*i*) *1* Bilanciaio. *2* Tecnico che cura la manutenzione di bilance elettriche, elettroniche e sim.

bilànza ● V. *bilancia.*

bilàrzia e *deriv.* ● V. *bilharzia e deriv.*

bilaterale [vc. dotta, formata modernamente col lat. *bi-* 'a due' e con l'agg. *laterāle(m)* 'proprio del lato'; 1841] agg. *1* Che concerne due lati: *paralisi b. dei muscoli laringei.* *2* (*dir.*) Che concerne due parti | ***Negozio giuridico b.***, quello per la cui efficace conclusione la legge richiede l'intervento di entrambe le parti dello stesso | ***Contratto b.***, caratterizzato dalle obbligazioni che sorgono a carico di entrambi i contraenti. *3* (*ragion.*) ***Conto b.***, con due ordini di quantità. *4* (*biol.*) ***Simmetria b.***, caratteristica di organo composto di due parti simmetriche. *5* (*ling.*) ***Opposizione b.***, che intercorre fra due fonemi che si distinguono per un solo elemento. || **bilateralménte**, avv.

bilateralismo [da *bilaterale*; 1955] s. m. ● (*polit.*) Nei rapporti internazionali, tendenza a privilegiare gli accordi diretti bilaterali.

bilateralità [1880] s. f. ● Caratteristica di ciò che è bilaterale.

bilàtero [comp. di *bi-*, dal lat. *bĭs* 'due (volte)', e di un deriv. dal lat. *lătus*, genit. *lăteris* 'lato'; 1965] agg. *1* Che ha due lati o facce. *2* (*zool.*) Detto di animale a simmetria bilaterale.

Bildungsroman /ted. 'bıldʊŋzʀo,man/ [vc. ted., propr. 'romanzo (*Roman*) di educazione, formazione (*Bildung*)'; 1986] s. m. inv. (pl. ted. *Bildungsromane*) ● (*letter.*) Romanzo di formazione.

bile [vc. dotta, lat. *bīle(m)*, di etim. incerta; 1659] s. f. *1* (*anat.*) Liquido vischioso e filante, giallo-verdastro, secreto dal fegato, che si raccoglie nella cistifellea. CFR. cole-. *2* (*fig.*) Collera, stizza: *sputare, ingoiare b.*; *rodersi, crepare dalla b.*; *essere giallo, verde, livido, dalla b., di b.*

bilénco o **bilènco** [ant. fr. *bellinc*, comp. del lat. *bis* e del francone **link* 'sinistro'; 1438] agg. ● Storto | Sbilenco.

bilhàrzia /bi'lartsja/ o **bilàrzia** [dal n. dello scopritore, il medico ted. Th. *Bilharz* (1825-1862); 1859] s. f. ● (*med.*) Schistosoma.

bilharziòsi /bilar'tsjɔzi/ o **bilarziòsi** [da *bilharzia*; 1934] s. f. inv. ● (*med.*) Schistosomiasi.

bilia o **biglia** [fr. *bille*, di etim. incerta; sec. XVII] s. f. *1* Palla del biliardo | Buca del biliardo | ***Fare b.***, mandare nella buca la palla dell'avversario. *2* Pallina di vetro, terracotta o plastica con cui giocano i ragazzi.

biliardàio o **bigliardàio** [1865] s. m. (f. -*a*) ● Chi fabbrica o vende biliardi.

biliardière o **bigliardière** [1865] s. m. ● (*disus.*) Gestore d'una sala di biliardo.

biliardino o **bigliardino** [1940] s. m. *1* Dim. di *biliardo*. *2* Biliardo di piccola misura, con diversa disposizione delle buche, dove si gioca con stecche più corte | Flipper.

biliàrdo o **bigliàrdo** [fr. *billard*, propr. 'bastone ricurvo per spingere delle palle' da *bille* 'parte di albero pronta per essere lavorata'; av. 1574] s. m. *1* Gioco in cui bilie d'avorio vengono spinte con le mani o colpite con una stecca secondo regole particolari su un tavolo apposito | ***Palla da b.***, bilia d'avorio che si usa per tale gioco | (*scherz.*) ***Essere calvo come una palla da b.***, essere completamente calvo. *2* Speciale tavolo rettangolare per il gioco omonimo, coperto di panno verde, con alte sponde, in cui si aprono sei buche e con piccoli birilli al centro | (*fig.*) ***Liscio come un b.***, di piano o superficie del tutto priva di rugosità, sporgenze e sim. *3* (*est.*) Stanza o locale pubblico ove si trova il biliardo. || **biliardino**, dim. (V.).

biliàre [da *bile*; 1744] agg. ● (*med.*) Che concerne la bile: *secrezione b.*; *vie biliari* | ***Acido b.***, ciascuno dei due acidi contenuti nella bile.

bilicàre [lat. parl. **umbilicāre*, da *umbilīcus*, nel senso di 'centro (di equilibrio)'; 1481] **A** v. tr. (*io bìlico, tu bìlichi*) *1* (*raro*) Mettere in bilico. *2* (*fig.*) †Riflettere bene prima di decidere. **B** v. rifl. e intr. pron. ● †Mettersi o essere in bilico.

bìlico [da *bilicare*; av. 1348] s. m. (pl. -*chi* o -*ci*) *1* Posizione di un corpo in equilibrio instabile: *porre in b.*; *essere, stare in b.* | (*fig.*) Stato di dubbio, di incertezza: *tenere qlcu. in b.*; *in b. tra la vita e la morte.* *2* Tipo di cerniera per sportelli, finestre e sim., costituita da due piccole piastre, di cui una munita di un perno cilindrico che s'introduce in un apposito foro dell'altra. *3* Ciascuno dei due perni di ferro su cui si muove la campana. *4* Punto della bilancia in cui è attaccato il ferro dal quale pendono i piatti. *5* (*ferr.*) ***Ponte a b.***, per la pesatura dei carri. SIN. Stadera a ponte | ***Carro con b.***, carro provvisto di traversa girevole su ralla montata al centro del pavimento per trasporto di elementi di carico di grande lunghezza. *6* Autoarticolato. *7* †Punto centrale.

†**bilièmme** ● V. *bailamme.*

bilineàre [comp. di *bi-* e dell'agg. di *linea*; 1692] agg. ● (*mat.*) Detto di polinomio in due variabili che sia di primo grado in ciascuna di esse separatamente.

bilìneo [vc. dotta, comp. di *bi-* e *linea*; 1674] agg. ● (*mat.*) Contenente due linee.

bilìngue o †**bilìnguo** [vc. dotta, lat. *bilĭngue(m)*, comp. di *bi-* 'di due' e *lĭngua*; 1490] **A** agg. (pl. -*i* o inv.) *1* Che usa o parla correntemente e normalmente due lingue: *persona b.*; *popolo b.* | ***Zona, regione b.***, in cui si parlano due lingue | Scritto in due lingue: *iscrizione b.*; *dizionari bilingui.* *2* (*fig., lett.*) Insincero. **B** s. m. e f. ● Persona bilingue.

bilinguìsmo [1941] s. m. *1* Condizione di chi è bilingue. *2* Situazione linguistica nella quale i soggetti parlanti sono portati a utilizzare alternativamente due lingue diverse, a seconda delle circostanze | Divisione di una regione, di uno Stato e sim. in due gruppi linguistici.

bilinguità [1962] s. f. ● (*raro*) Caratteristica di bilingue.

†**bilìnguo** ● V. *bilingue.*

biliòne o †**billiòne** [fr. *billion*, comp. di *bi-* 'doppio' e (*mi*)*llion*; 1765] s. m. *1* Miliardo, secondo l'uso contemporaneo italiano, francese e statunitense. *2* Milione di milioni, mille miliardi, secondo l'uso italiano antico e quello contemporaneo tedesco e inglese.

†**biliòrsa** [propr. 'dalla doppia (*bi-*) natura di leone (*lio*) e orso (*orsa*)' (?); av. 1665] s. f. ● (*raro*) Orco, mostro, spauracchio.

biliòso [vc. dotta, lat. tardo *biliōsu(m)*, da *bīlis* 'bile'; av. 1589] agg. *1* (*disus.*) Biliare. *2* (*fig.*) Irritabile, collerico: *carattere b.*; *persona biliosa.* || **biliosaménte**, avv.

biliottàto [da *bilia* sul modello del fr. *billeté*, da *bille*; av. 1348] agg. ● (*arald.*) Cosparso di macchie a forma di gocce.

bilirubina [comp. del lat. *bīli(s)* 'bile' (nom.) e di un deriv. di *rŭber* 'rosso'; 1916] s. f. ● Pigmento biliare di color giallo-rosso derivante dalla trasformazione dell'emoglobina.

bilirubinemìa [comp. di *bilirubina* ed *-emia*; 1933] s. f. ● (*med.*) Concentrazione della bilirubina nel sangue, molto elevata in malattie emolitiche, epatiche e sim.

bilirubinurìa o **bilirubinùria** [comp. di *bilirubina* e *-uria*; 1933] s. f. ● (*med.*) Presenza di bilirubina nell'urina.

biliverdina [comp. del lat. *bīli(s)* 'bile' (nom.) e di un deriv. di *verde*; 1865] s. f. ● Pigmento biliare di color verde derivante dalla trasformazione dell'emoglobina.

†**bille** ● V. †*billi.*

billétta [fr. *billette* 'bastone, sbarra', propr. dim. di *bille* 'tronco d'albero' (forse d'orig. gallica); 1955] s. f. ● (*metall.*) Laminato metallico, da cui si ottengono barre e profilati, di sezione quadrata fino a 4 cm.

†**billi** o †**bille** nel sign. B [dal grido di richiamo, proprio dei tacchini; 1481] **A** s. m. pl. ● (*iter.*) Moine, carezze | (*fig.*) Cautele | ***Fare b. b. col capo***, (*fig.*) tentennarlo. **B** inter. ● (*dial., iter.*) Si usa come richiamo per i polli, spec. per dar loro il becchime.

billing /ingl. 'bılıŋ/ [vc. ingl., propr. 'elencazione, fatturato'; 1980] s. m. inv. ● Budget che un'agenzia pubblicitaria amministra per conto dei clienti.

†**billiòne** ● V. *bilione.*

billóne o **biglióne** [fr. *billon*, ant. 'lingotto', 'lega di oro con altro metallo'; sec. XVIII] s. m. ● Lega di rame e argento usata spec. nella monetazione imperiale romana del III sec. d.C.

bilobàto [comp. di *bi-* 'a due' e un agg. di *lobo*; 1829] agg. *1* (*bot.*) Detto di organo vegetale diviso in due lobi. *2* (*arch.*) Detto di arco o di elemento terminante ad arco, la cui centinatura forma due lobi o due archi di cerchio intersecanti tra loro: *finestra bilobata.*

bìlobo o **bilòbo** [comp. di *bi-* e *lobo*; 1863] agg. ● Bilobato.

bilocàle [comp. di *bi-* e *locale* (2); 1986] s. m. ● Unità immobiliare composta di due vani abitabili.

bilocazióne [vc. dotta, comp. di *bi-* 'in due (luoghi)' e del lat. *locatiōne(m)* 'collocazione'; 1955] s. f. ● In parapsicologia, presenza simultanea di un corpo in due posti diversi.

†**biltà** ● V. *beltà.*

biltong /afrikaans 'bıłtɔŋ/ [vc. afrikaans, prob. dall'ol. *bil* 'posteriore di bue' e *tong* 'lingua, striscia'] s. m. inv. ● Alimento tradizionale sudafricano, costituito da strisce di carne di bue o altri animali, seccate al sole.

bilùce [comp. di *bi-* e *luce*; 1962] agg. inv. ● Detto di lampada a due luci, spec. di proiettori d'autoveicolo.

bilùstre [vc. dotta, lat. *bilūstre(m)*, comp. di *bi-* 'di due' e *lūstrum* 'quinquennio'; av. 1707] agg. ● (*lett.*) Di due lustri.

bimane [V. *bimano*; sec. XVIII] s. m. e f. ● (*sport*) Giocatore di tennis che colpisce la palla impugnando la racchetta con entrambe le mani.

bìmano [vc. dotta, fr. *bimane*, comp. di *bi-* 'con due' e *mānus* 'mano'; 1773] agg. ● Provvisto di due mani, detto spec. dell'uomo in contrapposizione ai quadrumani.

bimare o **bimàre** [vc. dotta, lat. *bimăre(m)*, comp. di *bi-* 'su due' e *măre* 'mare'; 1868] agg. ● (*lett.*) Che si affaccia su due mari: *i folti riccioli simili alle uve / della b. Corinto* (D'ANNUNZIO).

♦**bimbo** [vc. infant.; sec. XVI] s. m. (f. -*a*) ● Bambino. || **bimbàccio**, pegg. | **bimbétto**, dim. | **bimbino**, dim. | **bimbóne**, accr.

bimèmbre o (*lett.*) **bimèmbro** [vc. dotta, lat. *bimĕmbre(m)*, comp. di *bi-* 'di due' e *mĕmbrum* 'membro'; 1559] agg. ● (*raro*) Che ha doppie membra | Che ha duplice natura | Che si compone di due parti.

bimensile [vc. dotta, comp. di *bi-* e *mensile*; 1941] agg. ● Che ha luogo, si pubblica e sim. due volte al mese: *pagamento, seduta, rivista b.*

bimestràle [da *bimestre*; 1848] agg. ● Che dura due mesi: *contratto b.* | Che ricorre ogni due mesi: *scadenza b.* || **bimestralménte**, avv. Ogni due mesi.

bimestralità [da *bimestrale*] s. f. *1* Caratteristica di ciò che ricorre ogni due mesi: *la b. di una bolletta.* *2* Somma di denaro pagata o riscossa ogni due mesi: *riscuotere le b. arretrate.*

bimèstre [vc. dotta, lat. *bimēstre(m)*, comp. di *bi-* 'di due' e *-mēstris*, da *mēnsis* 'mese'; 1729] s. m. ● Periodo di due mesi | ***Pagare a bimestri***, ogni due mesi.

bimetàllico [comp. di *bi-* e *metallico*; 1956] agg. (pl. m. -*ci*) ● Che si compone di due metalli.

bimetallismo [vc. dotta, comp. di *bi-* e *metallismo*; 1885] s. m. ● Sistema monetario in cui le monete a corso legale sono coniate in due metalli, di solito oro e argento.

bimetàllo [comp. di *bi-* e *metallo*; 1955] s. m. ● Lamina costituita da due strisce di metalli diversi unite mediante laminazione.

bimillenàrio [comp. di *bi-* e *millenario*; 1956] **A** s. m. ● Celebrazione, ricorrenza di evento avvenuto duemila anni prima. **B** agg. ● Che si verifica ogni duemila anni.

bimodàle (**1**) [comp. di *bi-* e *modale* in particolare accezione; 1987] agg. ● Detto di mezzo di trasporto che può viaggiare sia su strada che su rotaia | ***Filobus b.***, che può circolare alimentandosi sia dalla rete elettrica che a carburante.

bimodàle (**2**) [comp. di *bi-* e *modale*; 1955] agg. *1* (*stat.*) Detto di una distribuzione di frequenza caratterizzata da due valori modali. *2* Detto di trasporto effettuato con due diversi mezzi, ad esempio treno e nave.

bimòlle ● V. *bemolle.*

bimotóre [vc. dotta, comp. di *bi-* e *motore*; 1931] **A** agg. ● Fornito di due motori: *aereo, apparato, motoscafo b.* **B** s. m. ● Aeroplano bimotore.

binàre [lat. parl. **bināre*, da *bīni* 'a due a due', da *bis-* (2) (V.); av. 1525] **A** v. tr. *1* (*raro*) Ripetere due volte una stessa azione | Unire due cose | ***B. la messa***, celebrarne due in uno stesso giorno per autorizzazione vescovile | ***B. una consonante***, raddoppiarla. *2* (*tess.*) Abbinare. **B** v. intr. (aus. *avere*) ● †Partorire due gemelli.

binària [dal senso etim. di *binario* 'composto di

due'; 1970] s. f. ● (*astron.*) Ciascuna delle stelle che, in una coppia, ruota attorno all'altra.

♦**binàrio** [vc. dotta, lat. *binăriu(m)* 'doppio', da *bīni* 'a due a due', da *bis-* (*2*) (V.); av. 1498] **A** agg. *1* Costituito di due parti | *Verso b.*, di due sillabe. *2* (*chim.*) Detto di composto formato da due soli elementi. *3* Detto di sistema di numerazione che ha per base il numero due e che utilizza solo le cifre 0 e 1, usato spec. nell'elaborazione elettronica. CFR. Ottale, decimale, duodecimale, esadecimale. *4* (*astron.*) ***Stelle binarie***, coppia di stelle che orbitano l'una attorno all'altra. *5* (*ling.*) ***Tratto b.***, nella teoria fonologica di R. Jakobson (1896-1982), il tratto distintivo (acustico, articolatorio o percettivo) che può essere presente o assente in un fonema. **B** s. m. ● Complesso delle due rotaie su cui rotolano, guidate, le ruote dei veicoli ferroviari e tranviari | ***B. morto, b. tronco***, allacciato agli altri da un solo estremo, che non prosegue | ***Essere su un b. morto***, (*fig.*) in una situazione che non mostra di avere vie d'uscita | ***Rientrare nel b. della legalità***, (*fig.*) nell'ambito della legalità | ***Politica del doppio b.***, (*fig.*) che si prefigge contemporaneamente due scopi, e attua due metodi diversi, per conseguirne almeno uno. ➡ ILL. p. 2170 TRASPORTI.

binarìsmo [da *binario*; 1978] s. m. ● (*ling.*) Teoria fonologica che analizza i fonemi di una lingua facendo uso dei tratti binari.

†**binàto** (1) [lat. parl. **bināti* 'gemelli', da *bīni*; V. *binare*; av. 1311] agg. *1* Gemello. *2* Biforme.

binàto (2) [1319] part. pass. di *binare*; anche agg. *1* Nei sign. del v. *2* Accoppiato, duplicato. *3* Detto di torre corazzata, con due cannoni, in una nave da guerra.

binatóia [av. 1836] s. f. ● (*tess.*) Binatrice nel sign. 1.

binatóio s. m. ● (*tess.*) Binatrice, nel sign. 1.

binatrice [1955] s. f. *1* Macchina tessile che accoppia i fili per la torcitura. SIN. Accoppiatrice. *2* Operaia tessile addetta alla binatura.

binatùra [da *binare*; 1965] s. f. ● (*tess.*) Operazione dell'accoppiare più fili per la torcitura.

binauràle [vc. dotta, comp. del lat. *bīni* 'a due a due' e di un deriv. di *auris* 'orecchia'; 1987] agg. ● Relativo a entrambe le orecchie: *sordità b.*

binauricolàre [comp. del lat. *bīni* 'due per volta' (V. *binario*) e di *auricolare*] agg. ● Detto di fenomeno che interessa entrambe le orecchie: *audizione b.*

binazióne [1955] s. f. ● Il binare | Celebrazione, da parte di un sacerdote, di due messe nello stesso giorno, per autorizzazione vescovile.

binda [ant. alto ted. *windā* 'argano, arcolaio', dal v. *windan* 'torcere, avvolgere'; 1863] s. f. ● Macchina per il sollevamento di carichi a piccola altezza, azionata a manovella. SIN. Cricco.

bindèlla [dim. di *binda* 'striscia di tela'; av. 1485] s. f. *1* Fettuccia, nastro. *2* Striscia di acciaio che unisce, mediante saldatura, le canne di una doppietta.

bindellàre [1965] v. tr. (*io bindèllo*) ● Applicare il bindello a scatole di lamiera stagnata.

bindellatùra [1962] s. f. ● Operazione del bindellare.

bindellina [dim. di *bindella*; 1935] s. f. ● Passamano metallico avvolto in seta, tipico di alcuni paramenti ecclesiastici.

bindèllo [dim. di *binda* 'striscia (originariamente di tela, poi anche di metallo)'; 1962] s. m. ● Nastrino di latta impiegato per la chiusura ermetica di scatole contenenti generi alimentari.

binder /'bainder, *ingl.* 'baendə*/ [ingl. *binder* 'legante'] s. m. inv. ● Nelle pavimentazioni stradali, manto di conglomerato bituminoso.

bindolàre [da *bindolo*; av. 1767] v. tr. (*io bìndolo*) ● (*raro*) Abbindolare.

bindolerìa [1734] s. f. ● (*raro*) Imbroglio, inganno.

bìndolo [ant. alto ted. **windel*, dim. di *windā* 'binda'; 1663] s. m. *1* Un tempo, macchina idrovora per attingere acqua da pozzi, per prosciugare terreni, e sim., spesso azionata da animali. *2* Arcolaio, aspo. *3* (*fig.*) Inganno, raggiro | (*est.*, *raro*) Ingannatore, imbroglione. || **bindolino**, dim. | **bindolóne**, accr.

bingo /'biŋgo, *ingl.* 'biŋgəu/ [vc. ingl. d'orig. oscura, forse da *bing*, vc. onomat. indicante il suono del campanello che trilla per indicare il vincitore; 1965] s. m. inv. (pl. ingl. *bingos*) ● Gioco affine alla tombola effettuato sia con le cartelle numerate che con le carte da gioco.

†**bino** [lat. *bīnu(m)*, sing. di *bīni* 'a due a due', da *bis* (V.); 1340 ca.] agg. ● (*lett.*) Doppio, gemello: *i ben della nostr'anima vivente / son divisi da' savi in parte bina, / l'una razional, l'altra che sente* (L. DE' MEDICI).

binòcolo o †**binòccolo** [vc. dotta, comp. del lat. *bīni* 'a due' e di *ŏculus* 'occhio'; av. 1754] s. m. ● Strumento costituito da due cannocchiali gemelli, usato per osservare con ambedue gli occhi oggetti lontani, e per vederli ingranditi | ***B. prismatico***, con prismi incorporati che permettono di aumentare la distanza fra gli assi degli oculari, migliorando la sensazione di rilievo dovuta alla visione binoculare | (*fig.*) ***Col b.!***, neanche per sogno!

binoculàre [da *binocolo*; 1940] agg. ● Detto di visione di un oggetto che avviene mediante tutti e due gli occhi contemporaneamente.

binomiàle [1930] agg. ● (*mat.*) Relativo a binomio | (*stat.*) ***Distribuzione b.***, relativa a una variabile casuale che può assumere due modalità (ad esempio il risultato del lancio di una moneta).

binòmio [vc. dotta, lat. mediev. *binōmiu(m)*, da *bi-* 'con due' e *nōmen* 'nome'; 1543] **A** s. m. *1* (*mat.*) Polinomio costituito da due monomi. *2* (*est.*) Insieme di due cose o persone. **B** agg. ● Che si compone di due nomi o di due termini: *denominazione binomia.*

binubo [vc. dotta, lat. *binūbu(m)*, comp. di *bis-* (*2*) e *nūbere* 'sposare'; 1963] agg.; anche s. m. (f. *-a*) ● Che (o Chi) si è sposato due volte.

binucleàto [comp. di *bi-* e *nucleato*; 1950] agg. ● (*biol.*) Detto di elemento cellulare dotato di due nuclei.

bio-, -bio [dal gr. *bíos* 'vita', di orig. indeur.] primo o secondo elemento ● In parole composte della terminologia scientifica significa 'vita' o 'essere vivente': *biografia, biologia; anaerobio* | In altri casi significa 'biologia', 'biologico': *bioagricoltura, biosociologia, biotecnologia.*

bioagricoltùra [comp. di *bio-* e *agricoltura*; 1985] s. f. ● (*agr.*) Tecnica di coltivazione della terra che, per limitare i danni all'ambiente, tende a ridurre o a eliminare l'impiego di fertilizzanti e pesticidi chimici.

bioarchitettùra [comp. di *bio-* e *architettura*; 1987] s. f. ● (*arch.*) Orientamento e ramo dell'architettura che, spec. nella costruzione di abitazioni civili, si propone il rispetto dell'ambiente naturale, privilegiando l'impiego di materiali e di tecniche che consentano un risparmio energetico.

bioastronàutica [comp. di *bio-* e *astronautica*; 1990] s. f. ● Studio dei problemi biologici, comportamentali e medici concernenti l'astronautica.

biobibliografìa [vc. dotta comp. di *bio-* e *bibliografia*; 1941] s. f. ● Bibliografia che comprende l'elenco delle opere di un autore e la letteratura su di lui.

biocarburànte [comp. di *bio-* e *carburante*; 1987] s. m. ● (*chim.*) Carburante ottenuto con trattamenti fisici e chimici di sostanze vegetali.

biocatalizzatóre [comp. di *bio-* e *catalizzatore*; 1965] s. m. ● Sostanza che attiva o favorisce le reazioni biochimiche.

biòcco [estratto da *bioccolo*] s. m. (pl. *-chi*) ● (*lett.*) Bioccolo: *e su nel cielo pieno / di smorte luci / trapassa qualche b. / di nuvola, e si perde* (MONTALE).

biòccolo [lat. *bŭccula(m)* nel senso tardivo di 'ricciolo' con sovrapposizione di *fiocco*; 1481] s. m. *1* Ciuffo di cotone o di lana non ancora filati: *lana in bioccoli.* *2* (*est.*) Batuffolo di qualsiasi materiale soffice: *b. di schiuma, di neve* | Colaticcio della candela. *3* (*raro*) Grumo, groppo. || **bioccolétto**, dim. | **bioccolino**, dim.

bioccolùto [av. 1893] agg. ● Fatto a bioccoli, pieno di bioccoli.

bioccupàto [comp. di *bi-* e *occupato*] s. m. (f. *-a*) ● Chi svolge una doppia attività lavorativa.

biocenologìa [vc. dotta, comp. di *bio-*, *ceno-* (*3*) e *-logia*; 1988] s. f. ● Branca della biologia che studia le comunità di organismi animali e vegetali in natura.

biocenòsi [vc. dotta, comp. di *bio-* e del gr. *koinōsis* 'unione, comunanza'; 1955] s. f. inv. ● (*biol.*) Complesso di individui di diverse specie animali o vegetali che coabitano in un determinato ambiente.

biocentrìsmo [comp. di *bio-* e *centrismo* in particolare accezione; av. 1991] s. m. ● Concezione che pone al centro dell'universo la vita animale e vegetale, in tutte le sue manifestazioni. CFR. Antropocentrismo.

biochìmica [vc. dotta, comp. di *bio-* e *chimica*; 1875] s. f. ● Disciplina che studia i processi chimici che avvengono negli esseri viventi.

biochìmico [1941] **A** agg. (pl. m. *-ci*) *1* Relativo alla biochimica. *2* Detto di sedimento formato dalla precipitazione di minerali, sia per l'azione diretta di organismi, sia per le condizioni ambientali determinate dagli organismi viventi. **B** s. m. (f. *-a*) ● Studioso di biochimica.

biocìda [comp. di *bio-* e *-cida*] agg.; anche s. m. (pl. m. *-i*) ● Detto di sostanza che distrugge la vita delle piante.

bioclàstico [vc. dotta, comp. di *bio-* e *clastico*; 1970] agg. (pl. m. *-ci*) ● (*geol.*) Detto di sedimento formato da detriti di gusci e di altri resti organogeni | Detto di processo di fratturazione delle rocce causato da organismi viventi.

bioclimatologìa [comp. di *bio-* e *climatologia*; 1963] s. f. ● Scienza che studia le relazioni tra organismi viventi e clima.

biocompatìbile [comp. di *bio-* e *compatibile*; 1986] agg. ● Che non ha effetti dannosi sulle funzioni biologiche.

biocompatibilità [comp. di *bio-* e *compatibilità*; 1989] s. f. ● Proprietà dei materiali che non danneggiano i tessuti organici o gli organi: *la b. di alcune protesi dentarie.*

bioculàre [comp. di *bi-* 'doppio' e *oculare*; 1955] agg. ● Detto di microscopio con un obiettivo e due oculari per utilizzare la visione con i due occhi.

biodegradàbile [comp. di *bio-* e *degradabile*; 1978] agg. ● (*biol.*, *chim.*) Detto di composto organico inquinante scomponibile in composti meno o non inquinanti, ad opera di microrganismi, con processi catalizzati da enzimi.

biodegradabilità [1979] s. f. ● Caratteristica, proprietà di ciò che è biodegradabile.

biodegradàre [1979] v. tr. ● Sottoporre a biodegradazione.

biodegradazióne [1974] s. f. ● (*chim.*) Insieme delle trasformazioni chimiche di tipo demolitivo di molecole organiche mediate da microrganismi aerobici e anaerobici.

biodiesel /bio'dizel, *ingl.* 'bajəu,di:zəl/ [comp. di *bio-* e *diesel*; 1991] s. m. inv. ● Carburante per autoveicoli a motore diesel costituito da gasolio con una modesta percentuale di idrocarburi derivati da oli vegetali (colza, girasole, mais).

biodinàmica [comp. di *bio-* e *dinamica*; 1932] s. f. ● Bioenergetica, nel sign. 1.

biodinàmico [comp. di *bio-* e *dinamico*; 1985] agg. (pl. m. *-ci*) *1* Che riguarda la biodinamica. *2* Che segue i principi e utilizza le tecniche della bioagricoltura: *coltura biodinamica* | ***Cibo, alimento b.***, a base di prodotti naturali, proveniente da coltivazioni biologiche.

biodisponibilità [comp. di *bio-* e *disponibilità*; 1991] s. f. ● (*farm.*, *fisiol.*) Meccanismo che permette a una sostanza farmacologica o a un alimento di liberare i loro principi attivi nell'organismo che deve assorbirli | Percentuale di un farmaco o di un alimento utilizzata dall'organismo.

biodiversità [comp. di *bio-* e *diversità*; 1990] s. f. ● (*biol.*) Varietà di organismi viventi in un ecosistema.

biòdo o **biòdo**, (*tosc.*) **biòdolo** [lat. parl. **bluda(m)*, da **būdula(m)*, dim. di *būda(m)*; 1727] s. m. ● Pianta erbacea delle Sparganiacee con rizoma strisciante, foglie coriacee erette e infiorescenze a pannocchia (*Sparganium erectum*). ➡ ILL. piante/11.

bioelettricità [comp. di *bio-* e *elettricità*; 1965] s. f. ● Complesso dei fenomeni elettrici che si verificano nei tessuti viventi | Effetto di tali fenomeni.

bioelèttrico [1965] agg. (pl. m. *-ci*) ● Relativo alla bioelettricità.

bioelettrònica [comp. di *bio-* e *elettronica*; 1983] s. f. ● Scienza che studia l'applicazione delle tecniche elettroniche alla biologia.

bioenergètica [comp. di *bio-* e *energetica*; 1978] s. f. *1* Disciplina che studia gli effetti dei processi dinamici (movimento, accelerazione, mancanza di peso e sim.) negli organismi viventi. SIN. Biodinamica. *2* Branca della biologia che studia le trasformazioni di energia negli organismi viventi. *3* Disciplina che, riferendosi alle teorie di W. Reich (1897-1957), studia la personalità sulla base dei processi energetici del corpo.

bioenergètico [1983] agg. (pl. m. *-ci*) ● Della bioenergetica, relativo alla bioenergetica.

bioenergìa [comp. di *bio-* ed *energia*; 1985] s. f. ● Energia prodotta spec. con l'impiego di biogas o di etanolo.

bioèrma ● V. *bioherma*.

bioètica [comp. di *bio-* e *etica*; 1985] s. f. ● Disciplina che studia i problemi relativi all'applicazione all'uomo, agli animali e all'ambiente, delle nuove conoscenze acquisite dalla ricerca biologica e medica.

bioètico [1986] **A** agg. (pl. m. *-ci*) ● Che riguarda la bioetica. **B** s. m. (f. *-a*) ● Studioso o ricercatore nel campo della bioetica.

biofàbbrica [comp. di *bio(logico)* e *fabbrica*; 1987] s. f. ● Azienda che fornisce all'agricoltura tecnologie per la lotta biologica.

biofarmacèutica [comp. di *bio-* e *farmaceutica*; 1983] s. f. ● Settore della farmaceutica che studia le tecniche necessarie per ottenere farmaci nei quali si realizzi la massima disponibilità biologica dei principi attivi.

biofeedback /bio'fidbek/ [comp. di *bio-* e *feedback*; 1978] s. m. inv. ● (*psicol.*) Tecnica che consente di acquisire il controllo di alcune funzioni fisiche quali il battito cardiaco, il grado di rilassamento e sim., tramite l'informazione immediata delle modificazioni ottenute, fornite da apparecchiature specifiche.

biofilìa [vc. dotta, comp. di *bio-* e *-filia*; 1940] s. f. ● Disponibilità affettiva innata della specie umana nei confronti di altri organismi con i quali essa ha convissuto nel corso dell'evoluzione. CONTR. Biofobia.

biòfilo [comp. di *bio-* e *-filo*] agg. ● Che protegge o favorisce la vita: *l'ossigeno è un elemento b.*

biofìsica [vc. dotta, comp. di *bio-* e *fisica*; 1942] s. f. ● Scienza che studia i fenomeni biologici mediante gli strumenti e i principi della fisica.

biofìsico [1962] **A** agg. (pl. m. *-ci*) ● Relativo alla biofisica. **B** s. m. (f. *-a*) ● Studioso di biofisica.

biofobìa [comp. di *bio-* e *fobia*] s. f. ● (*psicol.*) Avversione innata della specie umana nei confronti di determinati organismi quali i ragni o i serpenti. CONTR. Biofilia.

biogàs [comp. di *bio-* e *gas*; 1981] s. m. ● Gas naturale che si ottiene, a opera di batteri anaerobi, da escrementi umani e animali raccolti in contenitori stagni privi di ossigeno.

biogènesi [vc. dotta, comp. di *bio-* e *genesi*; 1908] s. f. inv. ● Dottrina dell'origine della sostanza vivente fondata sul principio che ogni essere vivente deriva da altro essere vivente preesistente. CONTR. Abiogenesi.

biogenètico [1899] agg. (pl. m. *-ci*) ● Relativo alla biogenesi | ***Teoria biogenetica***, teoria sull'origine e l'evoluzione degli esseri viventi secondo la quale lo sviluppo embrionale dell'individuo (*ontogenesi*) passa attraverso gli stessi stadi dell'evoluzione della specie (*filogenesi*).

biogenìa [comp. di *bio-* e *-genia*; 1908] s. f. ● Scienza che studia l'evoluzione degli organismi viventi.

biògeno [vc. dotta, comp. di *bio-* e *-geno*; 1942] **A** agg. ● Che è stato formato da organismi viventi. **B** s. m. ● Elemento chimico costitutivo della materia vivente.

biogeografìa [comp. di *bio-* e *geografia*; 1913] s. f. ● (*biol.*) Disciplina che tratta la distribuzione degli organismi animali e di quelli vegetali sulla Terra e le cause che l'hanno determinata.

biografàre [da *biografia*; 1955] v. tr. (*io biògrafo*) ● (*raro*) Scrivere una biografia: *i giornali son tutti intenti ... a b. i nuovi eletti* (SCIASCIA).

biografìa [dal gr. *biographía* 'scrittura' (*graphía*) di una vita (*bíos*); 1765] s. f. ● Storia della vita di una persona, spec. famosa | Opera letteraria in cui tale storia è narrata.

biogràfico [da *biografia*; 1753] agg. (pl. m. *-ci*) ● Che concerne la biografia: *notizie biografiche* | ***Dizionario b.***, che contiene biografie. ‖ **biograficaménte**, avv.

biògrafo [vc. dotta, comp. di *bio-* e *-grafo*; 1756] s. m. (f. *-a*) ● Autore di biografie.

biohèrma /bio'ɛrma/ [etim. incerta; 1970] s. m. inv. ● Corpo geologico costituito prevalentemente da scheletri saldati di organismi bentonici fissi, come una scogliera corallina.

bioindicatóre [comp. di *bio-* e *indicatore* (*1*); 1996] s. m.; anche agg. (f. *-trice*) ● (*biol.*) Ogni organismo vegetale o animale utilizzato per rilevare variazioni nei caratteri chimici o fisici dell'ambiente.

bioingegnère [comp. di *bio-* e *ingegnere*; 1981] s. m. (f. raro *-a*) ● Studioso, esperto di bioingegneria.

bioingegnerìa [comp. di *bio-* e *ingegneria*; 1971] s. f. ● (*biol.*) Applicazione di nozioni di matematica, chimica, ingegneria, biologia e fisiologia allo studio e progettazione di materiali, protesi e strumenti utilizzati in medicina e biologia.

biòlca o (*dial.*) †**bifòlca** [da *bifolco*, propr. 'la terra che può arare un *bifolco* in un giorno'; 1892] s. f. ● Antica misura agraria di superficie, tuttora in uso nell'Emilia e nel Veneto: *Ed in quanti vivete su quelle 53 biolche?* (EINAUDI).

biòlco ● V. *bifolco*.

biologìa [vc. dotta, comp. di *bio-* e *-logia*; 1828] s. f. ● (*gener.*) Scienza che tratta di tutte le manifestazioni della vita, comprendente anatomia, fisiologia, zoologia, botanica e sim. | Correntemente, scienza che studia i fenomeni comuni a tutti gli esseri viventi, animali e vegetali: *b. animale*, *vegetale*; *b. generale* | ***B. molecolare***, ramo delle scienze biologiche che studia a livello molecolare struttura e funzionamento degli esseri viventi.

biològico [1865] agg. (pl. m. *-ci*) **1** Che si riferisce alla biologia | ***Ciclo b.***, ciclo vitale di un organismo animale o vegetale | ***Guerra biologica***, guerra basata sull'impiego di microrganismi patogeni (batteri, virus). **2** (*agr.*) Detto di tecniche agricole che escludono o limitano l'impiego di fertilizzanti e pesticidi chimici e dei prodotti così ottenuti | ***Agricoltura biologica***, V. *bioagricoltura*. SIN. Biodinamico. ‖ **biologicaménte**, avv. Secondo le leggi della biologia.

biologìsmo [comp. di *bio(logia)* e *-ismo* sul modello dell'ingl. *biologism*; 1865] s. m. ● Teoria che riconduce a fatti biologici l'interpretazione di fenomeni sociali, religiosi o politici.

biòlogo [vc. dotta, comp. di *bio-* e *-logo*; 1865] s. m. (f. *-a*; pl. m. *-gi*) ● Studioso, esperto di biologia.

bioluminescènza [comp. di *bio-* e *luminescenza*; 1920] s. f. ● Produzione di energia luminosa da parte di organismi viventi: *la b. della lucciola*.

biòma [dal gr. *bíos* '(ambiente di) vita'; 1955] s. m. (pl. *-i*) ● (*biol.*) Complesso di comunità animali e vegetali stabilizzate mantenuto dalle condizioni ambientali di una determinata area.

biomanipolazióne [comp. di *bio-* e *manipolazione*] s. f. ● (*biol.*) Modificazione del patrimonio genico di cellule indotta attraverso tecniche di ingegneria genetica.

biomàssa [comp. di *bio-* e *massa*; 1963] s. f. ● Quantità totale di esseri viventi che si trova in un determinato volume d'acqua o di terreno.

biomatemàtica [comp. di *bio-* e *matematica*; 1986] s. f. ● Disciplina che studia le applicazioni della matematica e della statistica alla ricerca biomedica.

biomateriàle [comp. di *bio-* e *materiale*; 1986] s. m. ● Materiale costituito spec. da leghe, metalli, polimeri, sostanze ceramiche, utilizzato in chirurgia nella sostituzione di organi o di parti di organi dei quali è in grado di rispettare la funzione biologica.

biomeccànica [comp. di *bio-* e *meccanica*; 1955] s. f. ● Scienza che studia le applicazioni della meccanica alla biologia e alla medicina.

biomeccànico [1985] agg. (pl. m. *-ci*) ● Che riguarda la biomeccanica.

biomedicàle [comp. di *bio-* e dell'agg. ingl. *medical* 'della medicina'; 1985] agg. ● Che è di supporto alla biomedicina o ne segue i principi: *apparecchiatura*, *tecnica b.*

biomedicina [comp. di *bio-* e *medicina*; 1985] s. f. ● Scienza che conduce studi e ricerche nel campo della medicina e in quello delle scienze biologiche.

biomèdico [comp. di *bio-* e *medico*; 1985] agg. (pl. m. *-ci*) ● Che riguarda la biomedicina: *sperimentazione biomedica*.

biometeorologìa [comp. di *bio-* e *meteorologia*; 1942] s. f. ● Scienza che studia gli effetti delle condizioni meteorologiche sugli esseri viventi.

biometrìa [comp. di *bio-* e *-metria*; 1930] s. f. ● Ramo della statistica che tratta le discipline della biologia quantitativa, come genetica, etologia, sociobiologia e sim.

biomètrico [da *biometria*; 1955] agg. (pl. m. *-ci*) ● Relativo alla biometria.

biometrìsta [da *biometria*; 1983] s. m. e f. (pl. m. *-i*) ● Studioso, esperto di biometria.

biomicroscopìa [comp. di *bio-* e *microscopia*; 1955] s. f. ● (*med.*) Esame microscopico di tessuti viventi, spec. dell'occhio umano.

biónda (**1**) [da *biondo*; nel sign. 2, per il colore del tabacco (?); 1970] s. f. **1** Donna dai capelli biondi: *una bella b.* **2** (*gerg.*) Sigaretta.

biónda (**2**) ● V. *blonda*.

†**biónda** (**3**) [fr. *blonde*, da *blond* '(di colore) biondo'; av. 1484] s. f. ● Tintura per far diventare biondi i capelli.

biondàstro [1886] agg. ● Che ha un colore tendente al biondo.

biondeggiànte [1758] part. pres. di *biondeggiare*; anche agg. ● Nei sign. del v.

biondeggiàre [sec. XIII] v. intr. (*io biondéggio*; aus. *avere*) ● Essere o apparire biondo | ***Le messi biondeggiano***, cominciano a essere bionde, prossime alla maturazione.

biondèlla [dal colore *biondo*; sec. XIV] s. f. ● (*pop.*) Centaurea minore.

biondézza [1342] s. f. ● Caratteristica di biondo: *la luminosa b. dell'ottobre romano* (D'ANNUNZIO).

biondiccio [1551] agg. (pl. f. *-ce*) ● Che ha un colore biondo pallido, slavato: *capelli biondicci*.

biondino [da *biondo* col suff. dim. *-ino*; 1882] s. m. (f. *-a*) ● Giovane dai capelli biondi e dalla figura minuta.

◆**bióndo** [etim. incerta; 1193] **A** agg. **1** Che ha un colore intermedio fra il giallo e il castano chiaro, con gradazioni diverse, detto spec. di capelli, barba e sim.: *testa*, *chioma bionda*; *baffi biondi* | (*fig.*) ***Il b. metallo***, l'oro | (*fig.*) ***Messi***, ***spighe bionde***, mature | (*fig.*) ***Il b. Tevere***, dal colore delle acque spesso cariche di fanghiglia | (*fig.*) ***Il b. dio***, Apollo. **2** Di persona, che ha i capelli biondi: *fanciulla bionda*; *bambino b.* **B** s. m. **1** Il colore biondo. **2** (f. *-a* (V.)) Persona che ha i capelli biondi. ‖ **biondàccio**, pegg. | **biondèllo**, dim. | **biondétto**, dim. | **biondino**, dim. (V.) | **biondóne**, accr.

biònica [ingl. *bionics*, comp. di *bio-* e *(tech)nics* 'tecniche'; 1903] s. f. ● (*biol.*) Scienza che studia l'applicazione della biologia alla progettazione e realizzazione di dispositivi elettronici, meccanici e sim., che simulano il funzionamento di organi o apparati presenti negli esseri viventi. CFR. Cibernetica.

biònico [1967] **A** agg. (pl. m. *-ci*) ● Relativo alla bionica: *occhio b.* **B** s. m. (f. *-a*) ● Esperto di bionica.

bionomìa [comp. di *bio-* e *-nomia*; 1962] s. f. ● Scienza che studia le leggi organiche della natura.

biopatìa [comp. di *bio-* e *-patia*; 1983] s. f. ● (*med.*) Qualsiasi perturbazione generalizzata dell'organismo.

bioproteìna [comp. di *bio-* e *proteina*; 1986] s. f. ● (*biol.*) Proteina ottenuta da colture di microrganismi e impiegata in zootecnia per integrare i mangimi.

biopsìa [vc. dotta, comp. di *bio-* e del gr. *ópsis* 'vista, vedere'; 1915] s. f. ● (*med.*) Asportazione chirurgica di un frammento di tessuto vivente, a scopo diagnostico.

biòptico [1955] agg. (pl. m. *-ci*) ● (*med.*) Relativo alla biopsia: *esame b.*

bioriduttóre [comp. di *bio-* e *riduttore*] s. m.; anche agg. (f. *-trice*) ● Organismo che partecipa al processo di decomposizione della materia organica.

biorìtmico [1976] agg. (pl. m. *-ci*) ● Che riguarda il bioritmo o i bioritmi: *ciclo b.*

biorìtmo [comp. di *bio-* e *ritmo*; 1970] s. m. **1** Manifestazione ciclica di un fenomeno vitale. **2** L'insieme dei ritmi, positivi e negativi, relativi all'attività fisica, emotiva e intellettuale di una persona, calcolato secondo apposite tabelle.

biorizzazióne [etim. incerta; 1955] s. f. ● Sterilizzazione del latte ottenuta nebulizzando il latte stesso sotto pressione in un recipiente scaldato per effetto degli ultrasuoni.

bios [sigla ingl. di *b(asic) i(nput) o(utput) s(ystem)* 'sistema fondamentale di ingresso e uscita'] s. m. inv. ● (*elab.*) Sistema operativo di base per la gestione delle operazioni elementari di avviamento del computer.

biosatèllite [comp. di *bio-* e *satellite*] **s. m.** ● Satellite artificiale attrezzato per ospitare esseri umani e animali, per un determinato periodo di tempo, e in grado di ritornare poi sulla Terra.

bióscia [da †*bioscio*; 1802] **s. f.** (**pl.** *-sce*) ● (*raro, tosc.*) Neve che si scioglie appena caduta.

†**bióscio** [longob. **blauz* 'nudo': di orig. nordica (?); av. 1492] **agg.** ● Sbieco | *A b.*, di traverso.

bioscopìa [comp. di *bio-* e *-scopia*; 1950] **s. f.** ● (*med.*) Esame medico-legale delle funzioni vitali per accertare la condizione di vita o di morte di un individuo.

biosensóre [comp. di *bio-* e *sensore*; 1989] **s. m.** ● (*chim.*) Dispositivo che impiega materiale di origine biologica per la rivelazione e il dosaggio quantitativo di una sostanza.

biosfèra [vc. dotta, comp. di *bio-* e *sfera*; 1950] **s. f.** ● Insieme delle parti della Terra, idrosfera e atmosfera comprese, abitate da organismi viventi | (*est.*) Insieme degli organismi viventi nella biosfera. **SIN.** Ecosfera. ➡ **ILL.** p. 2129 SCIENZE DELLA TERRA ED ENERGIA.

biosìntesi [comp. di *bio-* e *sintesi*; 1962] **s. f. inv.** ● Sintesi chimica attuata da organismi viventi.

biosistèma [comp. di *bio-* e *sistema*; 1983] **s. m.** (**pl.** *-i*) ● (*biol.*) Ecosistema.

biosociologìa [comp. di *bio-* e *sociologia*; 1970] **s. f.** ● Disciplina ausiliaria della sociologia che indaga le relazioni tra fenomeni biologici e fenomeni sociali.

biòssido [vc. dotta, comp. di *bi-* e *ossido*; 1865] **s. m.** ● Diossido.

biostratigrafìa [comp. di *bio-* e *stratigrafia*; 1965] **s. f.** ● Branca della geologia stratigrafica che suddivide le rocce in una successione ordinata distinguendole per mezzo del loro contenuto in fossili.

biot /*fr.* bjo/ [dal n. del fisico, matematico e astronomo fr. J.-B. *Biot* (1774-1862); 1971] **s. m. inv.** ● (*fis.*) Unità di misura dell'intensità di corrente elettrica, pari a 10 ampere.

biotech /bio'tɛk, *ingl.* 'bajəʊˌtɛk/ [abbr. ingl. di *biotech(nology)* 'biotecnologia'; 1992] **A s. m. o f. inv.** ● Accorc. di *biotecnologia*. **B agg. inv.** ● Accorc. di *biotecnologico*.

biotècnica [1986] **s. f.** ● Settore della ricerca che applica i principi della tecnica alla biologia.

biotecnologìa [comp. di *bio-* e *tecnologia*; 1981] **s. f.** ● (*biol.*) Insieme delle applicazioni delle tecniche della biologia molecolare, dell'ingegneria genetica e di altre discipline delle scienze biologiche allo sviluppo di nuovi processi o prodotti destinati alla commercializzazione.

biotecnològico [1985] **agg.** (**pl. m.** *-ci*) ● Che riguarda la biotecnologia.

biotecnòlogo [comp. di *bio-* e *tecnologo*; 1986] **s. m.** (**f.** *-a*; **pl. m.** *-gi*) ● Ricercatore, esperto nel campo della biotecnologia.

bioterapèuta [comp. di *bio-* e *terapeuta*; 1986] **s. m. e f.** (**pl. m.** *-i*) ● Chi studia o si occupa di bioterapia.

bioterapìa [comp. di *bio-* e *terapia*; 1962] **s. f.** ● (*med.*) Terapia effettuata con prodotti biologici quali vaccini e sieri, o microrganismi viventi come i lattobacilli.

biòtico [vc. dotta, gr. *biotikós* 'relativo alla vita (*bíos*)'; 1955] **agg.** (**pl. m.** *-ci*) ● Biologico, spec. nel campo dell'ecologia o della biogeografia.

biotìna [dal gr. *biotikós* 'proprio della vita (*bíos*)' con sostituzione del suff., adattato ai n. chimici in *-ina*; 1965] **s. f.** ● (*chim.*) Vitamina idrosolubile prodotta dai microrganismi, presente soprattutto nei tessuti animali. **SIN.** Vitamina H.

biotìpo o **biòtipo** [comp. di *bio-* e *tipo*; 1930] **s. m.** *1* (*biol.*) Insieme di individui che hanno il medesimo genotipo. *2* (*med.*) Complesso dei caratteri morfologici funzionali e degli aspetti intellettuali e psichici di una persona.

biotipologìa [comp. di *biotipo* e *-logia*; 1922] **s. f.** ● Branca della medicina che studia i tipi costituzionali.

biotìte [ted. *Biotit*, dal n. del fisico fr. J.-B. *Biot* (1774-1862); 1892] **s. f.** ● (*miner.*) Mica di magnesio e ferro, di colore da nero a bronzeo, molto diffusa nelle rocce eruttive.

biòtopo [vc. dotta, comp. di *bio-* e del gr. *tópos* 'luogo'; 1962] **s. m.** ● (*biol.*) Unità dell'ambiente fisico in cui si svolge la vita di una singola popolazione di organismi o di un'associazione biologica.

biòttico [comp. di *bi-* e *ottico*; 1987] **agg.** (**pl. m.** *-ci*) ● Detto di sistema ottico costituito da due gruppi di lenti ad assi paralleli.

biòtto [got. *blauts* 'nudo', di prob. orig. nordica; 1925] **agg.** *1* (*sett.*) Nudo. *2* †Misero, meschino.

biòva [vc. milan. d'etim. incerta; 1965] **s. f.** ● Forma di pane tondeggiante a pasta soffice, diffusa nell'Italia settentrionale. ‖ **biovètta**, **dim.**

biovétro [comp. di *bio-* e *vetro*; 1986] **s. m.** ● (*chim.*) Materiale biocompatibile di composizione simile a quella del vetro, usato negli interventi chirurgici di inserimento di protesi ossee.

biovulàre [comp. di *bi-* e *ovulo*, con suff. aggettivale; 1932] **agg.** ● (*biol.*) Detto di ognuno dei due gemelli nati dalla fecondazione e dallo sviluppo di due ovuli. **CFR.** Monovulare. **SIN.** Dizigotico.

bip [ingl. *beep* di orig. imitativa; 1977] **s. m. inv.** *1* Voce onomatopeica che riproduce il segnale acustico di alcuni apparecchi elettronici. *2* (*est.*) Cicalino, cercapersone e sim.

bipàla [comp. di *bi-* 'due' e *pala*; 1970] **agg. inv.** ● (*aer.*) Fornito di due pale: *elica b.*; *rotore b.*

biparo [comp. di *bi-* e *-paro*; 1962] **agg.** ● (*bot.*) Detto di un tipo di infiorescenza che si divide in due rami opposti al disotto dell'apice principale, il quale si arresta precocemente.

bipartìbile [1829] **agg.** ● Che si può bipartire.

bipartìre [vc. dotta, lat. *bipartīre*, comp. di *bi-* 'in due (parti)' e *partīre* 'dividere'; av. 1508] **A v. tr.** (*io bipartìsco, tu bipartìsci*) ● Dividere in due parti (*anche fig.*). **B v. intr. pron.** ● Biforcarsi.

bipàrtisan /bai'partizan, *ingl.* baɪ'pɑːtɪˌzæn, ˌbaɪpɑːtɪ'zæn/ [vc. ingl. comp. di *bi-* 'bi' e *partisan* 'partigiano, che parteggia'; 1994] **agg. inv.** ● (*polit.*) Detto di linea politica o di provvedimento sostenuti sia dalla maggioranza che dall'opposizione: *politica estera b.*

bipartìtico [da *bipartito* (*1*); 1950] **agg.** (**pl. m.** *-ci*) ● Formato o attuato da due partiti: *sistema b.*

bipartitìsmo [da *bipartito* (*1*); 1955] **s. m.** ● Sistema politico caratterizzato dall'esistenza di due soli partiti che si alternano al governo e all'opposizione.

bipartìto (**1**) [comp. di *bi-* 'doppio' e *partito* (*1*); 1955] **A agg.** ● Pertinente a due partiti o parti politiche: *governo b.* **B s. m.** ● Alleanza di due partiti o parti politiche.

bipartìto (**2**) [av. 1406] **part. pass.** di *bipartire*; anche **agg.** *1* Nei sign. del v. *2* (*bot.*) Detto di organo vegetale diviso abbastanza profondamente in due parti.

bipartizióne [vc. dotta, lat. *bipartitiōne(m)*, da *bipartīre* 'bipartire'; 1797] **s. f.** ● Divisione in due parti.

bip bip [vc. onomat., dall'ingl. *beep-beep*; 1977] **s. m. inv.** *1* Segnale acustico ripetuto di apparecchi elettronici. *2* (*est.*) L'apparecchio stesso, spec. con riferimento al cercapersone.

bìpede [vc. dotta, lat. *bĭpede(m)*, comp. di *bi-* 'con due' e *pēs* 'piede'; 1612] **A agg.** ● Che ha due piedi: *animale b.* **B s. m. e f.** *1* Animale con due piedi | (*per anton., scherz.*) L'uomo. *2* Coppia di arti di un quadrupede: *b. anteriore, posteriore, laterale, diagonale.*

bipennàto [comp. di *bi-* e *pennato*; 1809] **agg.** ● Detto di foglia composta di foglioline disposte come le barbe di una penna su peduncoli secondari a loro volta attaccati su un peduncolo principale.

bipènne o **bipénne** [vc. dotta, lat. *bipĕnne(m)*, comp. di *bi-* 'a due' e *pĕnna* 'ala'; av. 1292] **s. f.** ● (*lett.*) Scure a due tagli.

bipiràmide [comp. di *bi-* 'doppio' e *piramide*; 1930] **s. f.** *1* Solido formato da due piramidi uguali in semipiani opposti rispetto al poligono di base in comune. *2* (*miner.*) Forma cristallina equivalente a due piramidi ripetute da un piano di riflessione ortogonale all'altezza.

biplàcca [comp. di *bi-* e *placca*; 1962] **s. f.** ● Tubo elettronico che contiene due anodi distinti nello stesso involucro.

biplàno [fr. *biplan*, comp di *bi-* 'a due' e *plan* 'piano', nel senso di 'ala (d'aeroplano)'; 1909] **A agg.** ● (*aer.*) Munito di due piani aerodinamici: *rotore, velivolo b.* **B s. m.** ● Velivolo munito di due piani aerodinamici.

bipolàre [vc. dotta, comp. di *bi-* e *polo*, con suff. aggettivale; 1925] **agg.** *1* (*fis.*) Che ha due poli. *2* Detto di politica internazionale basata essenzialmente su due poli d'influenza | Detto di sistema politico basato sul bipolarismo. *3* (*psicol.*) Detto di disturbo mentale caratterizzato da un'alternanza di fasi depressive e maniacali. **CFR.** Maniaco-depressivo.

bipolarìsmo [da *bipolare*; 1929] **s. m.** *1* Situazione per cui, nell'ambito di uno Stato pluripartitico, il sistema politico tende a polarizzarsi in due blocchi contrapposti. *2* Nell'ambito della politica internazionale, sistema di accordi politici, economici o commerciali basato su due sole nazioni e, in particolare, su due grandi potenze. *3* (*med.*) Condizione psicopatologica caratterizzata dall'alternarsi di stati depressivi a stati esageratamente euforici.

bipolarista [da *bipolarismo*; 1997] **s. m. e f.** (**pl. m.** *-i*); anche **agg.** ● (*polit.*) Sostenitore del bipolarismo.

bipolarità [1950] **s. f.** ● (*fis.*) Stato, proprietà di ciò che è bipolare.

bipolarizzazióne [1979] **s. f.** ● (*polit.*) In uno Stato pluripartitico, tendenza dell'elettorato a raccogliersi intorno ai due partiti maggiori.

bipòlide [comp. di *bi-* 'con doppia' e del gr. *pólis* 'città'; 1965] **agg.**; anche **s. m. e f.** ● Che (o Chi) possiede una doppia cittadinanza.

bipòlo [comp. di *bi-* 'doppio' e *polo*; 1965] **s. m.** ● Circuito elettrico a due morsetti.

bipósto [vc. dotta, comp. di *bi-* 'a due' e *posto*; 1955] **A agg. inv.** ● Munito di due posti: *aereo, automobile b.* **B s. m. inv.** ● Aereo a due posti.

bipropellènte [comp. di *bi-* e *propellente*] **s. m.** ● (*chim.*) Propellente liquido costituito da un combustibile e da un ossidante messi a contatto solo al momento dell'impiego.

biquadràtico [comp. di *bi-* e *quadratico*; 1950] **agg.** (**pl. m.** *-ci*) ● (*mat.*) Di polinomio o equazione di quarto grado in cui l'incognita compare solo alla seconda e alla quarta potenza.

†**biquàdro** ● V. *bequadro*.

biràcchio [etim. incerta; av. 1665] **s. m.** ● (*raro, lett.*) Brandello, pezzo di stoffa lacera | (*fig.*) Minima quantità di qlco.

†**birba** (**1**) [etim. incerta; av. 1686] **s. f.** ● Carrozza scoperta a due cavalli. ‖ †**birbìno**, **dim. m.**

birba (**2**) [fr. *bribe* 'tozzo di pane dato per elemosina' (onomat.); 1481] **s. f.** *1* (*lett.*) Persona scaltra e malvagia. *2* (*scherz.*) Ragazzo vivace, che unisce impertinenza a furberia: *come scolaro è una gran b.* **SIN.** Monello. *3* †Frode, malizia. ‖ **birbacchiuòla**, **dim.** | **birbacchiuòlo**, **dim. m.** | **birbacciòne**, **accr. m.** | **birbettuòlo**, **dim. m.** | **birbóne**, **accr. m.** (V.).

birbantàggine [av. 1865] **s. f.** ● Azione, comportamento da birbante.

birbànte [da **birbare* 'mendicare' (V. *birba* (*2*)); 1686] **s. m. e f.** *1* Persona astuta e disonesta. **SIN.** Furfante, mascalzone. *2* (*scherz.*) Monello. ‖ **birbantàccio**, **accr.** | **birbantèllo**, **dim.**

birbanteggiàre [1879] **v. intr.** (*io birbantéggio*; aus. *avere*) ● Comportarsi da birbante.

birbanterìa [av. 1712] **s. f.** *1* Caratteristica di chi è birbante: *la sua b. è nota a tutti.* **SIN.** Birbonaggine, bricconaggine, furfanteria. *2* Azione da birbante. **SIN.** Bricconaggine, furfanteria, malefatta.

birbantésco [av. 1749] **agg.** (**pl. m.** *-schi*) ● Caratteristico di birbante. ‖ **birbantescaménte**, **avv.**

†**birbàta** [av. 1802] **s. f.** ● (*raro*) Azione da birba.

birberìa [1823] **s. f.** ● Birbanteria.

birbésco [av. 1850] **agg.** (**pl. m.** *-schi*) ● (*raro*) Birbantesco.

birbo [av. 1704] **s. m.** (**f.** *-a*) ● (*raro*) Birba.

birbonàggine [1857] **s. f.** ● Birbanteria.

birbonàta [1729] **s. f.** ● Azione da birbone. **SIN.** Bricconata, malefatta.

birbóne [1508] **A s. m.** (**f.** *-a*) *1* Accr. di *birba* (*2*). *2* Furfante, persona scaltra e malvagia. **SIN.** Briccone, canaglia, mascalzone. *3* (*scherz.*) Birbante, monello. *4* †Vagabondo, mendicante. **B agg.** *1* Cattivo, maligno: *un tiro b.* *2* Con valore raff. (*scherz.*) molto forte e intenso: *freddo b.*; *sete birbona*; *fame birbona.* ‖ **birbonàccio**, **pegg.** | **birboncèllo**, **dim.** | **birboncióne**, **accr.**

birboneggiàre [1750] **v. intr.** (*io birbonéggio*; aus. *avere*) ● Fare il birbone.

birbonerìa [1729] **s. f.** ● Birbanteria. **SIN.** Bricconaggine, furfanteria.

birbonésco [1765] **agg.** (**pl. m.** *-schi*) ● Birbantesco. ‖ **birbonescaménte**, **avv.** Da birbone.

bircio o **sbircio** [etim. incerta; sec. XVI] **agg.** (**pl. f.** *-ce*) ● (*tosc., raro*) Guercio, strabico | Miope.

bird-watcher /bird'wɔtʃer, *ingl.* 'bɜːdˌwɒtʃə/

[loc. ingl., propr. 'osservatore' (*watcher*) di uccelli (*bird*)] loc. sost. m. e f. inv. (pl. ingl. *bird-watchers*) ● Chi pratica il bird watching.

bird-watching /bird'wɔtʃin(g), *ingl.* 'bɜːd-ˌwɒtʃɪŋ/ [loc. ingl., propr. 'osservazione (*watching*) degli uccelli (*bird*)'] s. m. inv. ● Attività ricreativa e sportiva consistente nell'osservare gli uccelli o talora altri animali, gener. attraverso un binocolo, andando a cercarli e seguendoli nel loro ambiente naturale.

bireattóre [comp. di *bi-* 'doppio' e *reattore*; 1955] **A** agg. ● (*aer.*) Detto di aviogetto dotato di due propulsori a reazione diretta. **B** s. m. ● (*aer.*) Aviogetto bireattore.

birème (o -é-) [vc. dotta, lat. *birēme(m)*, comp. di *bi-* 'a due' e *rēmus* 'remo'; 1547] s. f. ● Antica nave leggera, a due ordini di remi. SIN. Galea.

biribissi o **biribisso** [vc. espressiva; av. 1708] s. m. inv. *1* Antico gioco d'azzardo italiano simile alla lotteria, con puntate sui numeri da 1 a 70. *2* Piccola trottola rudimentale costituita da uno stecco infilato nell'anima di un bottone.

birichinàta [1863] s. f. ● Azione da birichino. SIN. Monelleria.

birichineria [1929] s. f. ● Atteggiamento o comportamento da birichino.

birichino [da *briccone* (?); 1801] **A** s. m. (f. *-a*) ● Ragazzo vivace, monello. SIN. Birba | (*scherz.*) Persona furba, maliziosa | (*lett.*) Furfante: *quel b. di loro padre fu in prigione* (BACCHELLI). **B** agg. ● Vispo e irrequieto: *ragazzo b.* | Vivace, malizioso: *con gli occhi socchiusi e un sorriso b. su le labbra* (PIRANDELLO). SIN. Furbo. || **birichinaménte**, avv.

birifrangènte [fr. *biréfringent*, comp. di *bi-* 'doppio' e *réfringent* 'rifrangente'; 1962] agg. ● Detto di corpo dotato di birifrangenza.

birifrangènza [fr. *biréfringence*, comp. di *bi-* 'doppio' e *réfringence* 'rifrangenza'; 1902] s. f. ● (*fis.*) Proprietà di certi corpi cristallini di scindere il raggio luminoso che li attraversa in due raggi diversamente polarizzati e uscenti dal cristallo diversamente rifratti: *la b. dello spato d'Islanda.* CFR. Monorifrangenza.

birifrazióne [comp. di *bi-* e *rifrazione*; 1955] s. f. ● Doppia rifrazione in sostanze birifrangenti.

birignào [vc. onomat.; 1923] s. m. ● Nel linguaggio dello spettacolo, pronuncia artificiosa e ridicola di attori o cantanti.

birillo [etim. incerta; da *brillare* 'roteare' (?); 1797] s. m. *1* Cilindro sagomato di legno o di avorio che, in alcuni giochi quali biliardo, bowling e sim., si tenta di far cadere mediante palle o bocce. *2* Gamba di mobile dalla forma di un birillo capovolto. *3* (*al pl.*) Gioco infantile consistente nell'abbattere con palle cilindri di legno. *4* Cono gener. di plastica usato per segnalazioni stradali provvisorie.

birincèllo ● V. *brincello.*

birmàno [ingl. *Burman*, con un'oscillazione vocalica della pronuncia loc. della regione (*bĕrna*); 1828] **A** agg. ● Della Birmania. **B** s. m. (f. *-a*) ● Abitante, nativo della Birmania. **C** s. m. solo sing. ● Lingua della famiglia cino-tibetana, parlata dai Birmani.

biro® [marchio registrato, dal n. dell'inventore, l'ungh. László Biró (1899-1985); 1948] **A** s. f. inv. ● Penna a sfera. **B** anche agg. inv.: *penna b.* || **birétta**, dim.

biròccio e *deriv.* ● V. *barroccio* e *deriv.*

biròldo (o -ò-) [etim. incerta; av. 1449] s. m. ● Insaccato fatto con sangue di vitello o di maiale con l'aggiunta di pezzi di interiora, condito con spezie. SIN. Sanguinaccio.

birotóre [comp. di *bi-* 'doppio', e *rotore*; 1970] agg. ● Munito di due rotori: *elicottero, sistema b.*

birra [ted. *Bier*: dal lat. *bĭbere* 'bere' (?); 1521] s. f. ● Bevanda ottenuta per fermentazione alcolica di una decozione acquosa di malto di orzo, di frumento e di altri cereali, mescolata a sostanze aromatizzanti come il luppolo e contenente anidride carbonica: *b. scura*; *b. rossa*; *b. chiara, bionda* | ***B. alla spina***, spillata direttamente dalla botte | ***B. analcolica***, quella con grado saccarometrico in volume compreso tra 3% e 8% | ***B. light, b. leggera***, quella con grado saccarometrico in volume compreso tra 5% e 10,5% | (*fig.*) ***A tutta b.***, a grande velocità (prob. dalla loc. 'a tutta briglia', fr. 'à toute bride', deformata per analogia con le loc. 'a tutto vapore, a tutto gas' e con accostamento 'birra-benzina') | ***Dare la b. a qlcu.***, (*fig.*) superarlo nettamente, spec. in gare sportive | (*fig.*, *pop.*) ***Farci la b.***, considerare inutile qlco. || **birrétta**, dim.

birràcchio [da *birro* (*1*) per il colore del manto col suff. dim. *-acchio*; 1625] s. m. ● (*centr.*) Vitello dal primo al secondo anno di età.

birràglia ● V. *sbirraglia.*

birràio [da *birra*; 1797] s. m. (f. *-a*) ● Chi fabbrica o vende birra.

birràrio [1955] agg. ● Attinente alla fabbricazione della birra.

birreria (1) [da *birra*; 1837] s. f. *1* Locale pubblico dove si vende birra e spesso si possono consumare piatti freddi o caldi. *2* (*raro*) Fabbrica di birra.

†**birrerìa** (2) ● V. *†sbirreria.*

birrésco ● V. *sbirresco.*

birrificio [comp. di *birra* e *-ficio*] s. m. ● Fabbrica di birra.

birro (1) [lat. tardo *bĭrru(m)* 'rosso', per *bŭrru(m)*, dal gr. *pyrrós*, di etim. incerta; av. 1336] s. m. *1* Mozzetta dei vescovi cattolici. *2* V. *sbirro* (*1*).

birro (2) o **ṣbirro** (2) [da (*s*)*birro* (*1*), perché tiene legato un oggetto, come il birro fa con il prigioniero (?); 1805] s. m. ● (*mar.*) Spezzone di cima o cavo metallico dotato di due anelli, usato per assicurare un paranco e sim. SIN. Sbirro.

birrovière ● V. *†berroviere.*

bis [vc. dotta, lat. *bĭs*, forma più recente di *dŭis* 'due volte'; av. 1835] **A** inter. ● Si usa come acclamazione nei teatri, nelle sale di concerti e sim. per chiedere la replica di un brano: *bis!, bis!; bene, bis!; bravo, bis!* **B** in funzione di s. m. *1* Ripetizione immediata, richiesta dal pubblico, di un brano dello spettacolo o del concerto in corso: *chiedere un bis; concedere, fare il bis.* *2* (*est.*) Replica, ripetizione: *questo vino è ottimo: facciamo il bis.* **C** in funzione di agg. ● (posposto a un s.) Supplementare o, spec. nelle numerazioni, aggiuntivo: *treno bis; Via Marconi, 12 bis.*

bis- (1) [lo stesso pref. *bis-* (*2*), che dal senso di allontanamento, presente in *bisnonno, bisdrucciolo*, ecc., ha assunto quello di diminuzione e, quindi, di peggioramento] pref. ● Fa assumere significato spec. peggiorativo ai verbi e agli aggettivi coi quali entra in composizione: *bistrattare, bislungo, bistorto.*

bis- (2) [dal lat. *bĭs* 'due volte'] primo elemento ● In parole composte significa 'due', 'due volte', 'doppio' e sim.: *biscotto.* CFR. bi- | Indica anche, in nomi di parentela, un grado più remoto: *bisnipote, bisnonno*; in altri casi indica un grado successivo: *biscroma, bisunto.*

†**biṣàcca** ● V. *bisaccia.*

bisaccàride [comp. di *bi-* 'doppio', e *saccaride*; 1965] s. m. ● (*chim.*) Disaccaride.

biṣàccia o †**biṣàcca** [lat. *bisăccia*, pl. di *bisăccium*, comp. di *bi-* 'con due' e *săccus* 'sacco'; 1290] s. f. (pl. *-ce*) *1* Grossa borsa di stoffa o di pelle, a due tasche, da appendere alla sella o da portare a tracolla, usata un tempo spec. da contadini e frati in questua | (*est.*) Ciascuna di queste due tasche. *2* Antica misura agraria di superficie della Sicilia. || **biṣaccina**, dim.

biṣànte [vc. dotta, gr. mediev. *byzántis* 'bizantino'; sec. XIII] s. m. *1* Moneta d'oro dell'impero bizantino | Nome di varie altre monete coniate in Oriente. ➡ ILL. **moneta.** *2* Dischetto d'oro o d'argento, simile a moneta senza conio, usato anticamente per ornamento e sim. *3* (*arald.*) Figura simile a una moneta non impressa, posta da sola o in numero sullo scudo.

†**biṣantino** ● V. *bizantino.*

biṣàrca [comp. di *bis-* (*2*) e *arca*; 1974] s. f. ● Grande automezzo a due piani che trasporta le automobili nuove dalla fabbrica ai luoghi di vendita. SIN. Cicogna nel sign. 3. ➡ ILL. **autoveicoli.**

biṣarcàvolo [vc. dotta, comp. di *bis-* (*2*) e *arcavolo* 'trisavolo'; av. 1606] s. m. (f. *-a*) ● Padre dell'arcavolo o dell'arcavola.

biṣàvo [vc. dotta, lat. mediev. *bisăvu(m)* 'due volte (*bĭs*) nonno (*ăvus*)'; 1321] s. m. (f. *-a*) *1* Bisnonno. SIN. Bisavolo. *2* (*spec. al pl., est.*) Gli antenati.

biṣàvolo [da *bisavo*, col dim. *avolo*; 1321] s. m. (f. *-a*) ● Bisavo.

biṣbètico [vc. dotta, gr. *amphisbētikós*, comp. di *amphís* 'dall'una e dall'altra parte' e un deriv. di *bàinein* 'andare'; av. 1629] agg.; anche s. m. (f. *-a*; pl. m. *-ci*) ● Che (o Chi) ha carattere stravagante, litigioso e difficilmente contentabile: *un vecchio b.*; *la bisbetica domata.* SIN. Lunatico. || **biṣbeticaménte**, avv. Da bisbetico.

biṣbigliaménto [av. 1698] s. m. ● Bisbiglio.

biṣbigliàre [vc. onomat.; av. 1348] **A** v. intr. (*io biṣbìglio*; aus. *avere*) *1* Parlare sottovoce: *il pubblico cominciò a b.* SIN. Mormorare, sussurrare. *2* (*est.*) Far pettegolezzi su qlco. o qlcu.: *sul suo conto bisbigliano molto.* SIN. Mormorare, sparlare. **B** v. tr. *1* Dire sottovoce qlco.: *mi bisbigliò alcune parole incomprensibili.* SIN. Mormorare, sussurrare. *2* (*est., raro*) Insinuare: *si bisbiglia che abbia un amante.*

†**biṣbigliatóre** [da *bisbigliare*, nel sign. A1; av. 1565] s. m.; anche agg. ● Chi (o Che) sparla di qlcu. o qlco.

†**biṣbigliatòrio** [av. 1400] agg. ● Che bisbiglia.

biṣbiglio (1) [da *bisbigliare*; sec. XIV] s. m. *1* Sussurro | Chiacchiericcio | (*est., raro*) Voce, diceria: *un b. infondato.* SIN. Mormorio, pissi pissi. *2* (*poet.*) Fruscio: *il b. de' zefiri fra le frondi* (FOSCOLO).

biṣbiglio (2) [1618] s. m. ● Bisbigliare frequente, continuato: *il b. delle vecchiette.* SIN. Brusio.

†**biṣbiglióne** [av. 1565] s. m. (f. *-a*) ● Pettegolo.

biṣbòccia [dal fr. *débauche*, di etim. incerta; 1863] s. f. (pl. *-ce*) ● Allegra riunione per mangiare e bere abbondantemente. SIN. Baldoria, festa.

biṣbocciàre [1863] v. intr. (*io biṣbòccio*; aus. *avere*) ● Fare bisboccia, baldoria.

biṣbocciόne [1863] s. m. (f. *-a*) ● Chi fa abitualmente bisboccia.

bisca [etim. incerta; av. 1565] s. f. ● Locale ove si gioca d'azzardo: *b. clandestina.* || **biscàccia**, **biscàzza**, pegg.

biscaglina [dal nome della regione di provenienza, la *Biscaglia*; 1510] s. f. ● (*mar.*) Scaletta volante di corda.

biscaglino [1532] **A** agg. ● Della Biscaglia, provincia della Spagna. **B** s. m. *1* (f. *-a*) Abitante della Biscaglia. *2* Grosso fucile usato come arma da spalto fino al XVIII secolo.

biscaiòlo o †**biscaiuòlo** [da *bisca*; av. 1665] s. m. (f. *-a*) ● (*raro*) Frequentatore di bische.

†**biscantàre** [da *discantare* con sovrapposizione di *bis-* (*1*); av. 1440] v. tr. ● Canterellare.

†**biscànto** (1) [da *biscantare*; 1427] s. m. ● Cantilena.

†**biscànto** (2) [comp. di *bis-* (*2*) e *canto* 'cantone'; av. 1527] s. m. ● Doppio cantone | (*est.*) Angolo, cantonata: *un certo b. di muro, dove il muro muta cammino e gira* (MACHIAVELLI).

†**biscazzàre** [da *biscazza*, pegg. di *bisca*; 1313] **A** v. intr. (aus. *avere*) ● (*raro*) Giocare nelle bische. **B** v. tr. ● Giocare qlco. in una bisca | (*fig.*, *lett.*) Scialacquare i propri beni: *biscazza e fonde la sua facultade* (DANTE *Inf.* XI, 44).

biscazzière [1300 ca.] s. m. (f. *-a*) *1* Gestore di una bisca | †Frequentatore di bische. *2* Chi segna i punti fatti dai giocatori al biliardo.

bischeràggine [da *bischero*; 1954] s. f. ● (*pop.*, *tosc.*) Sciocchezza, stupidità.

bischeràta [1962] s. f. *1* (*pop., tosc.*) Azione o discorso da bischero, stupidata. *2* Cosa da niente: *non preoccuparti: è una b.*

†**bischerièra** [1640] s. f. ● Parte dove si trovano i bischeri negli strumenti musicali a corda.

bischero [etim. sconosciuta; 1353] s. m. *1* Legnetto per tendere le corde negli strumenti musicali a corda. SIN. Pirolo, caviglia. *2* (*volg., tosc.*) Membro virile. *3* (f. *-a*) (*fig., pop., tosc.*) Sciocco, ingenuo. SIN. Minchione. || **bischerèllo**, dim.

bischètto [etim. discussa: da *dischetto* con sovrapposizione di *bis-* (*1*) (?); 1797] s. m. ● Deschetto da lavoro dei calzolai.

†**bischizzàre** [etim. discussa: longob. *biskizzan* 'ingannare' (?); 1623] v. intr. ● Far giochi di parole | Fantasticare, almanaccare.

†**bischìzzo** ● V. *bisticcio.*

biscia [lat. tardo *bĭstia(m)*, per *bēstia(m)* 'bestia'; 1313] s. f. (pl. *-sce*) ● Serpe non velenosa | ***B. d'acqua***, natrice | (*fig.*) †***In b., a b.***, a zig zag | (*fig.*) †***A b.***, a bizzeffe, a iosa: *ho in mano danari a b.* (REDI). ➡ ILL. **animali**/5. || **biscióne**, accr. m. (V.) | †**bisciòla**, **bisciuòla**, dim.

biscio [1944] s. m. ● (*tosc.*) Biscia.

†**bisciola** ● V. *visciola.*

bisciolo [vc. onomat.; 1863] agg.; anche s. m. (f. *-a*) ● Bleso.

biscióne [av. 1535] s. m. *1* Accr. di *biscia.* *2* Nome dello stemma raffigurante una grossa biscia, appartenuto ai Visconti, signori di Milano, simbolo della città stessa | (*est.*) Denominazione di aziende milanesi (Alfa Romeo, Mediaset) che hanno tale biscia nel loro marchio. *3* Dolce emiliano a forma di biscia, a base di pasta di mandorle.

biscottàre [da *biscotto*; av. 1597] v. tr. (*io biscòtto*) ● Cuocere due volte o a lungo, togliendo all'alimento ogni umidità e rendendolo croccante.

biscottàto [av. 1557] part. pass. di *biscottare*; anche agg. ● Nei sign. del v.: *pane b.*; *fette biscottate*.

biscotterìa [1802] s. f. *1* Fabbrica di biscotti | Negozio dove si vendono i biscotti. *2* Assortimento di biscotti, dolci e sim.

biscottièra [1887] s. f. ● Recipiente per biscotti.

biscottière [1965] s. m. (f. *-a*) ● Fabbricante di biscotti.

biscottièro [1970] agg. ● Attinente all'industria dei biscotti.

biscottifìcio [1942] s. m. ● Fabbrica di biscotti.

biscottìno [1875] s. m. *1* Dim. di *biscotto*. *2* (*tosc.*) Buffetto. *3* Bielletta che nei veicoli collega una estremità della balestra al telaio.

♦**biscòtto** [lat. *biscŏctu(m)* 'cotto (*cŏctum*) due volte (*bĭs*)'; av. 1342] **A** s. m. *1* Pasta dolce, di varia forma, a base di farina, zucchero e grassi, con eventuale aggiunta di uova, cotta a lungo in forno: *b. all'anice*; *b. di Novara*. *2* Pane cotto due volte per renderlo più conservabile, in uso spec. in marina come alimento di riserva. *3* Terracotta o porcellana di prima cottura destinata a ricevere il rivestimento vetroso. **B** agg. ● Biscottato. || **biscottèllo**, dim. | **biscottìno**, dim. (V.).

biscròma [vc. dotta, comp. di *bis-* (*2*) e di (*semi*)-*croma*, nel senso che due *biscrome* hanno il valore di durata di una *semicroma*; 1659] s. f. ● (*mus.*) Figura di nota avente durata di 1/32 di semibreve.

biscugìno [vc. dotta, comp. di *bis-* (*2*) e *cugino*; 1863] s. m. (f. *-a*) ● Cugino in secondo o terzo grado.

biscuit /fr. bis'kɥi/ [vc. fr., propr. 'biscotto', perché ottenuta con doppia cottura; 1890] s. m. inv. *1* Porcellana bianca, opaca, senza smalto, simile al marmo, usata spec. nel sec. XVIII per statuette e altri oggetti ornamentali | Oggetto fabbricato con tale porcellana. *2* Biscotto nel sign. 3. *3* Gelato semifreddo.

bisdòsso [comp. di *bis-* (*1*) e *dosso*; av. 1449] vc. ● Solo nella loc. avv. *a b.*, sul dorso nudo del cavallo o sim., senza sella: *montare*, *cavalcare*, *andare a b.*

bisdrùcciolo [comp. di *bis-* (*2*) e *sdrucciolo*; 1842] agg. ● Detto di parola accentata sulla quart'ultima sillaba, come *diteglielo*, *scivolano*, *andandosene*. (V. nota d'uso ACCENTO)

bisecànte [comp. di *bi-* 'in due' e del lat. *secānte(m)*, part. pres. di *secāre* 'tagliare'; 1925] **A** agg. ● Che biseca. **B** s. f. ● Retta, semiretta bisecante.

bisecàre [comp. di *bi-* 'doppio', dal lat. *bĭs* 'due (volte)', e *secāre* 'tagliare'; 1905] v. tr. (*io biseco*, *tu bisechi*) ● (*mat.*) Dividere a metà un angolo.

bisecolàre [comp. di *bi-* 'doppio' e *secolare*; av. 1941] agg. ● Di due secoli, che ha due secoli: *quercia b.*

bisègolo [comp. di *bi-* 'doppio' e *segolo*; 1863] s. m. ● Utensile di legno duro o metallo usato dal calzolaio, per la levigatura di suole e tacchi.

bisellàre [da *bisello*; 1970] v. tr. (*io bisèllo*) ● Smussare il bordo di lamiere, lenti, cliché e sim.

bisellatrice [1970] s. f. ● (*mecc.*) Macchina con cui si esegue il bisello.

bisellatùra [1965] s. f. ● (*tecnol.*) Smussatura.

bisèllo [fr. *biseau* (ant. **bisel*): comp. del lat. *bis* 'due volte' e un deriv. di *āla* nel senso di 'angolo' (?); 1967] s. m. *1* (*mecc.*) Smusso a piano inclinato inserito fra due superfici perpendicolari di un pezzo lavorato | Smusso ottenuto negli spigoli di una lamiera o di un altro pezzo lavorato mediante un taglio inclinato. *2* Profilo acuminato dell'orlo di una lente da occhiali. *3* (*arch.*) Modanatura costituita da un piano inclinato che collega due superfici parallele.

bisèmico [fr. *bisémique*, comp. di *bi-* e *sémique* 'semico, del significato' (V. *sema*); 1983] agg. (pl. m. *-ci*) ● (*ling.*) Detto di parola che ha due significati diversi a seconda dei contesti.

bisènso [vc. dotta, comp. di *bi-* e *senso*; 1923] s. m. *1* Parola che ha doppio significato. CFR. Omonimo. *2* Gioco enigmistico consistente nel trovare una parola che ha doppio significato: *Passarono le sere sciogliendo enimmi e bisensi* (DE ROBERTO).

bisessuàle [vc. dotta, comp. di *bi-* 'doppio' e del lat. tardo *sexuāle(m)* 'pertinente al sesso'; 1863] **A** agg. ● Che ha i caratteri dei due sessi | *Fiore b.*, con stami e pistilli. **B** agg.; anche s. m. e f. ● Che (o Chi) prova attrazione sessuale per persone di entrambi i sessi; CFR. Eterosessuale, omosessuale, transgender.

bisessualità [1895] s. f. ● Proprietà di ciò che è bisessuale | (*psicoan.*) Teoria freudiana secondo cui ogni persona avrebbe costituzionalmente disposizioni sessuali sia maschili che femminili.

bisessuàto [vc. dotta, da **sessuare*, formato su *sessuale*; 1962] agg. ● Bisessuale nel sign. A.

bisestìle [vc. dotta, lat. *bisextīle(m)*, da *bisēxtus* 'bisesto'; sec. XIV] agg. ● Detto dell'anno di 366 giorni, che ha il bisesto.

bisèsto o **bisèsto** [vc. dotta, lat. *bisēxtu(m)*, comp. di *bĭs* 'due volte' e *sĕxtum* 'sesto', perché era l'intercalare aggiunto al *sesto* giorno prima dell'inizio di marzo; 1282] **A** s. m. *1* Giorno che ogni quattro anni si aggiunge al mese di febbraio. *2* †Anno bisestile. **B** agg. ● (*raro*) Bisestile, spec. nella loc. ***anno b.***, ***anno funesto***.

bisettimanàle [comp. di *bi-* 'doppio' e *settimana*, con suff. aggettivale; 1916] agg. ● Che avviene, è pubblicato, trasmesso e sim., due volte ogni settimana: *lezioni bisettimanali*. || **bisettimanalménte**, avv. Due volte la settimana: *le lezioni si terranno bisettimanalmente*.

bisettóre [comp. di *bi-* 'doppio' e del lat. *sectōre(m)* 'tagliatore, divisore'; 1955] agg. (f. *-trice*) ● (*mat.*) Che divide a metà: *piano b.*

bisettrice [vc. dotta, comp. di *bi-* 'in due' e del lat. *sectrīce(m)*, f. di *sĕctor* (V. *settore*); 1892] s. f. ● (*mat.*) Semiretta uscente dal vertice dell'angolo, che divide l'angolo stesso in due angoli uguali. ➡ ILL. **geometria**.

bisèx [abbr. di *bisessuale*, con influenza dell'ingl. *sex*; 1973] agg. e s. m. e f. inv. *1* Bisessuale. *2* Unisex.

bisezióne [vc. dotta, comp. di *bi-* 'in due' e *sectiōne(m)* 'sezione'; 1875] s. f. ● (*mat.*) Divisione in due parti uguali di un angolo piano o di un diedro.

bisfenòide [comp. di *bi-* e *sfenoide*; 1955] s. m. ● Solido geometrico che ha per facce quattro triangoli isosceli o scaleni.

†**bisgènero** [comp. di *bis-* (*2*) e *genero*; av. 1600] s. m. ● Marito della nipote.

bisillàbico [1987] agg. (pl. m. *-ci*) ● Bisillabo.

bisìllabo [vc. dotta, lat. *bisȳllabu(m)*, comp. di *bi-* 'di due' e *sȳllaba* 'sillaba'; av. 1530] **A** agg. ● Che è formato da due sillabe. **B** s. m. ● Parola formata da due sillabe | Verso di due sillabe con l'accento sulla prima.

bislaccherìa [1765] s. f. ● (*raro*) Stravaganza.

bislàcco o (*pop.*) †**sbillàcco** [vc. espressiva, di orig. oscura; 1608] agg. (pl. m. *-chi*) ● Stravagante, strambo: *cervello b.* || **bislaccaménte**, avv.

bislìngua [comp. di *bis-* (*2*) e *lingua*, nel senso di 'foglia simile a lingua'; sec. XIV] s. f. ● Pianta perenne sempreverde delle Liliacee, simile al pungitopo, con cladodi non pungenti e fiori in piccole ombrelle (*Ruscus hypophillum*).

bislùngo [lat. mediev. *bislŏngu(m)*, comp. di *bĭs* 'due volte' e *lŏngu(m)* 'lungo'; sec. XIV] agg. (pl. m. *-ghi*) ● Che ha forma allungata: *piatto b.* | Che ha forma allungata e irregolare: *un naso b.* || **bislungaménte**, avv. (*raro*) In modo bislungo.

bismàlva [forse lat. (*hi*)*bĭs*(*cum*) *mălva*(*m*): V. *ibisco* e *malva*; av. 1320] s. f. ● (*bot.*) Altea.

bismarckiàno agg. ● Relativo al politico prussiano Otto von Bismarck (1815-1898), presidente del consiglio e ministro degli esteri della Prussia e poi del secondo Reich dal 1862 al 1890.

bismùto, (*evit.*) **bismuto** [vc. dotta, ted. *Wismut*, comp. del toponimo *Wiesen* e di *muten* 'sollecitare una concessione mineraria', ottenuta appunto nel sec. XV in Boemia, in località *Wiesen* 'Prati'; av. 1625] s. m. ● Elemento chimico, metallo bianco-rossiccio, fragile, ottenuto per lo più dalla lavorazione del rame e di altri metalli, usato spec. per leghe e per prodotti farmaceutici. SIMB. Bi.

bisnipóte [comp. di *bis-* (*2*) e di *nipote*; 1306] s. m. e f. ● Figlio o figlia di un nipote. SIN. Pronipote.

♦**bisnònno** [comp. di *bis-* (*2*) e *nonno*; 1698] s. m. (f. *-a*) ● Padre del nonno o della nonna. SIN. Bisavolo.

bisógna [ant. fr. *besoigne*, dal francone **bisunnja*, comp. del pref. germ. *bi-* 'presso, vicino' e di un deriv. del v. **sunnjôn* 'occuparsi'; av. 1294] s. f. ● (*lett.*) Affare, faccenda: *le bisogne domestiche* | Necessità: *sopperire alla b.*; *le volgari bisogne della lor vita* (VICO).

♦**bisognàre** [da *bisogno*; av. 1294] **A** v. intr. (*io bisógno*; aus. *essere*, raro *avere*; usato soprattutto come impers.) *1* Essere necessario, occorrere: *ti bisogna-no altri denari?* SIN. Necessitare. *2* (*lett.*) Aver bisogno: *tutte le giovani … non bisognano d'altri ornamenti* (FOSCOLO). **B** v. intr. impers. ● Essere necessario: *bisogna decidersi a partire*; *bisogna che tu vada*; (*enfat.*) *bisognava vedere! bisognava sentire!*

bisognévole [av. 1294] **A** agg. *1* (*raro*, *lett.*) Che è necessario, opportuno, occorrente. *2* (*raro*, *lett.*) Che è bisognoso: *un poveraccio b. di tutto*. **B** s. m. solo sing. ● (*raro*, *lett.*) Ciò che è necessario.

bisognìno [1970] s. m. *1* Dim. di *bisogno*. *2* (*eufem.*) Necessità corporale.

♦**bisógno** [germ. **bisundhī* 'lavoro, affare, cura' (V. *bisogna*); 1272] s. m. *1* Necessità di procurarsi qlco. che manca: *bisogni reali*, *fittizi*; *essere pieno di bisogni*; *il quotidiano b. di denaro*; *avere b. di*; *c'è b. del parere di un tecnico* | (*gener.*) Necessità, occorrenza: *al b.*; *in caso di b.*; *secondo il b.*; *non c'è b. di piagnucolare*. *2* (*est.*) Mancanza di mezzi, povertà: *essere*, *trovarsi*, *vivere in grande*, *urgente*, *assoluto*, *estremo b.* | (*spec. al pl.*) Necessità o desiderio diffuso che dà origine alla domanda di uno o più beni economici. *3* Forte stimolo fisico o psicologico a compiere una determinata azione: *sento il b. di sfogarmi*. CFR. -mania | (*spec. al pl.*, *eufem.*) Necessità corporale: *ho un b. urgente*; *fare i propri bisogni*. || **bisognìno**, dim. (V.) | **bisognùccio**, dim.

bisognóso [av. 1294] agg.; anche s. m. (f. *-a*) ● Che (o Chi) ha bisogno: *b. di guida*, *di consigli* | Povero: *dare lavoro ai bisognosi*; *assistere famiglie bisognose*. || PROV. Giovane ozioso, vecchio bisognoso. || **bisognosaménte**, avv.

bisolfàto [vc. dotta, comp. di *bi-* e *solfato*; 1863] s. m. ● Sale dell'acido solforico. SIN. Solfato acido.

bisolfìto [comp. di *bi-* e *solfito*; 1852] s. m. ● Sale dell'acido solforoso. SIN. Solfito acido.

bisolfùro [vc. dotta, comp. di *bi-* e *solfuro*; 1863] s. m. ● Sale dell'acido solfidrico, la cui molecola contiene due atomi di zolfo | Composto organico contenente due atomi di zolfo.

bisònico [comp. di *bi-* e dell'agg. di *s(u)ono*; 1970] agg. (pl. m. *-ci*) ● Che ha o raggiunge una velocità doppia della velocità del suono: *aereo b.*

bisónte [vc. dotta, lat. *bisŏnte(m)*, di etim. incerta; 1476] s. m. *1* Grosso mammifero selvatico degli Artiodattili con la parte anteriore del tronco molto più sviluppata di quella posteriore, gibbosità dorsale, fronte convessa e larga, corna brevi e lunghi peli sul corpo (*Bison*). ➡ ILL. **animali**/13. *2* (*est.*, *fig.*) ***B. della strada***, ogni autotreno, autoarticolato e sim. di grandi dimensioni.

†**bisquizzo** ● V. *bisticcio*.

bissàre [da *bis*; 1877] v. tr. ● Replicare, o far replicare un pezzo, un'esecuzione | (*est.*) Ripetere, rifare.

bissìno [vc. dotta, lat. *bȳssinu(m)*, dal gr. *býssinos*, agg. di *býssos* 'bisso'] agg. ● Di bisso.

bìsso [vc. dotta, lat. tardo *bȳssu(m)* dal gr. *býssos*, di orig. egiz.; 1306] s. m. *1* Tessuto di lino, rado e sostenuto, per biancheria ricamata da tavola e da letto | Tela finissima di lino usata dagli antichi per vesti lussuose. *2* Sostanza secreta da Molluschi dei Lamellibranchi, che solidifica formando un fascio di filamenti con i quali l'animale si fissa a un sostegno | Fibra tessile anticamente ricavata da tale sostanza; SIN. Seta marina | Tessuto ottenuto con questa fibra.

bissòlo [dall'it. sett. *bissa*, la 'biscia' dei Visconti, impressa sul conio; 1930] s. m. ● Tipo di moneta milanese dei Visconti, recante la figura di una piccola biscia.

bissóna [accr. venez. di *bissa* 'biscia', per la sua forma lunga; 1892] s. f. *1* Imbarcazione veneziana da parata a otto remi, per feste e regate. *2* Moneta milanese coniata da Bernabò Visconti con la biscia sul dritto | Grosso da tre soldi coniato nella zecca di Milano da Luigi XII.

bistàbile [comp. di *bi-* e *stabile*; 1966] agg. ● (*elettron.*) Detto di multivibratore caratterizzato da due stati stabili di funzionamento. CFR. Astabile, monostabile.

bistànte [comp. di *bi(s)* (2) e *stante*; av. 1367] s. m. ● Frattempo: *in questo b.*

bistécca [ingl. *beefsteak*, comp. di *beef* 'carne di bue' e *steak* 'bistecca'; 1844] s. f. ● Fetta di carne di manzo o di vitello tagliata sulla costola, cotta sulla graticola o nel tegame: *b. alla fiorentina* | ***B. con l'osso***, costata | ***B. al sangue***, cotta solo in superficie | ***B. alla Bismarck***, cotta alla griglia e con uovo sopra | ***B. alla svizzera***, di carne tritata. || **bisteccàccia**, pegg. | **bistecchina**, dim. | **bisteccóna**, accr.

bistecchièra [1963] s. f. ● Piastra o graticola usata per cuocere le bistecche.

bistentàre [comp. di *bis-* (1) e *stentare*; av. 1348] v. intr. (*io bistènto*) ● Penare | Indugiare.

bistènto [da *bistentare*; av. 1348] s. m. ● Stento, indugio, pena.

bisticciaménto [av. 1698] s. m. ● Bisticcio.

bisticciàre [adattamento tosc. di †*bischizzare*; 1441] **A** v. intr. (*io bistìccio*; aus. *avere*) ● Altercare, litigare con particolare vivacità di espressioni verbali: *non voglio sentir b.* **B** v. rifl. rec. ● Litigarsi: *bisogna che smettiate di bisticciarvi.*

bistìccio o †**bischìzzo** nel sign. 2, †**bisquìzzo** [da *bisticciare* (V.); 1400] s. m. **1** Litigio, spec. passeggero e dovuto a cause non gravi: *bisticci fra amiche*; *sono i soliti bisticci degli innamorati.* **2** (*ling.*) Paronomasia. **3** Scioglilingua o gioco di parole basato su vocaboli di suono simile ma di significato diverso (p. es. *chi non risica non rosica*).

bistondàre [1863] v. tr. ● Rendere bistondo.

bistóndo [comp. di *bis-* (1) e *tondo*; av. 1597] agg. ● Che ha forma irregolarmente rotonda. SIN. Tondeggiante.

bistorì ● V. *bisturi.*

bistòrta [vc. dotta, per la forma *bistorta* della sua radice; av. 1320] s. f. ● (*bot.*) Pianta erbacea delle Poligonacee, rizomatosa, con foglie inferiormente glauche e fiori rosei raccolti in spighe (*Polygonum bistorta*).

bistòrto [da *distorto*, con mutamento di pref.; av. 1348] agg. **1** (*raro*) Molto torto, piegato: *gambe bistorte.* **2** (*fig., lett.*) Malizioso | Bisbetico.

bistràre [fr. *bistrer*, da *bistre* 'bistro'; av. 1911] v. tr. ● Tingere col bistro: *bistrarsi gli occhi.*

bistràto [av. 1911] part. pass. di *bistrare*; anche agg. ● ***Occhi bistrati***, truccati col bistro.

bistrattàre [comp. di *bis-* (1) e *trattare*; av. 1525] v. tr. ● Maltrattare (*anche fig.*): *b. un dipendente*; *b. l'italiano.*

bistro [fr. *bistre*, di etim. incerta; av. 1773] s. m. ● Materia colorante nero-blu, preparata con fuliggine del legno di faggio e perossido di manganese, usata in pittura e come cosmetico: *truccarsi gli occhi col b.*

bistrò [1931] s. m. ● Adattamento di *bistrot* (V.).

bistrot /fr. bis'tRo/ [vc. fr., di etim. incerta; 1953] s. m. inv. ● Caffè, spec. a Parigi, dove si possono anche consumare pasti rapidi o spuntini.

bìsturi o (*raro*) **bistorì** [fr. *bistouri*, originariamente 'pugnale', di etim. discussa: dal nome lat. (*Pistoria*) della città di *Pistoia*, celebre per la fabbricazione d'armi da taglio (?); 1771] s. m. inv. ● (*med.*) Coltello gener. a lama breve, di varia forma, usato negli interventi chirurgici spec. per incidere i tessuti molli | (*gerg.*) ***B. freddo, b. di ghiaccio***, apparecchio e tecnica mediante i quali si realizzano interventi di criochirurgia | ***B. laser***, (*gerg.*) ***b. di luce***, apparecchio e tecnica che applica il laser a interventi di neurochirurgia | ***B. elettrico***, V. *elettrobisturi.* ➡ ILL. **medicina e chirurgia.**

bisùlco [vc. dotta, lat. *bisŭlcu(m)*, comp. di *bis* 'in due' e *sŭlcus* 'solco'; av. 1530] agg. (pl. m. *-chi*) ● (*lett.*) Diviso in due, detto spec. dei piedi dei ruminanti: *un'orma / che bisulca non sia, ferina e vaga* (SANNAZARO).

bisùnto [comp. di *bis-* (2) e *unto*; 1353] agg. ● Molto unto: *unto e b.*

bit [abbr. dell'ingl. *bi(nary) (digi)t*, propr. 'cifra (*digit*) binaria (*binary*)'; 1961] s. m. inv. ● (*elab.*) Unità di misura della quantità di informazione, equivalente alla scelta di una fra due possibili alternative ugualmente probabili.

bitagliènte [comp. di *bi-* 'doppio' e *tagliente*; 1850] agg. ● Che ha doppio taglio.

bitartràto [comp. di *bi-* e *tartrato*] s. m. ● (*chim.*) Tartrato acido derivato dall'acido tartarico | ***B. di potassio***, cremor tartaro.

bitemàtico [comp. di *bi-* 'doppio' e *tema*, con suff. aggettivale; 1970] agg. (pl. m. *-ci*) ● (*mus.*) Detto di sonate e composizioni affini, imbastite su due temi principali.

bitematìsmo [da *bitematico*; 1962] s. m. ● (*mus.*) Uso di due temi principali, di carattere opposto, tipico del primo tempo di sonate, sinfonie, quartetti.

bitonàle [comp. di *bi-* 'doppio' e *tono* (1), con suff. aggettivale; 1955] agg. **1** (*mus.*) Che presenta bitonalità. **2** Detto di avvisatore acustico a due note: *clacson b.*

bitonalità [da *bitonale*; 1955] s. f. ● In un pezzo musicale, uso simultaneo di due tonalità diverse.

bitórzolo (o *-ò-*) [comp. di *bis-* (2) e **torzo(lo)* per *torsolo* (?); av. 1304] s. m. ● Piccola sporgenza irregolare sulla pelle o su altra superficie: *ha il viso pieno di bitorzoli.* || **bitorzolétto**, dim. | **bitorzolino**, dim. | **bitorzolóne**, accr.

bitorzolùto [av. 1484] agg. ● Pieno di bitorzoli: *naso b.*

bitta [fr. *bitte*, dallo scandinavo ant. *biti* 'traversa della nave'; 1771] s. f. ● (*mar.*) Colonna di legno o di ferro, sulla coperta della nave o sulle banchine dei porti, per dar volta alle cime d'ormeggio o alle catene delle ancore | ***Giro di b.***, bittatura; (*fig., gerg.*) gallone a forma di anello nei gradi degli ufficiali della marina militare.

bittàre [fr. *bitter*, da *bitte* 'bitta'; 1962] v. tr. ● (*mar.*; *disus.*) Abbittare.

bittatùra [1962] s. f. ● (*mar.*; *disus.*) Giro della catena dell'ancora intorno alla bitta.

bitter [ingl. *bitter*, dall'ol. *bitter* 'amaro', originariamente 'tagliente, pungente'; 1887] s. m. inv. ● Aperitivo amaro.

bittóne [da *bitta*; 1853] s. m. ● (*mar.*) Grossa bitta per dar volta alle cime | ***B. d'ormeggio***, colonnetta che, sulla calata dei porti, serve per ormeggiare le navi.

bitumàre [sec. XIV] v. tr. ● Rivestire con bitume: *b. una strada, la barca.*

bitumatóre [1955] s. m. (f. *-trice*) ● Operaio addetto alla bitumatura.

bitumatrìce [1955] s. f. ● Macchina per spargere il bitume sul fondo stradale.

bitumatùra [1952] s. f. ● Operazione del bitumare | Strato di bitume sul fondo stradale.

bitumazióne s. f. ● Bitumatura.

bitùme o †**bitùmine** [vc. dotta, lat. *bitūmine(m)*, nom. *bitūmen*, di etim. incerta; av. 1292] s. m. **1** Miscela di idrocarburi solidi o semisolidi usata spec. per rivestimenti impermeabilizzanti e antipolvere di marciapiedi, strade e sim. **2** Miscela di catrame, zolfo, sego od olio di pesce, che un tempo si spalmava calda sulla carena di legno delle navi per proteggerla.

bituminàre [vc. dotta, lat. *bitumināre*, da *bitūmen* 'bitume'; sec. XIV] v. tr. (*io bitùmino*) ● Bitumare.

†**bitùmine** ● V. *bitume.*

bituminóso [vc. dotta, lat. *bituminōsu(m)*, da *bitūmen* 'bitume'; 1367] agg. ● Che contiene bitume.

bitumizzazióne [1955] s. f. ● Trattamento con bitume di oggetti o costruzioni lignee a scopo protettivo.

bitùrbo [comp. di *bi-* e *turbo*; 1985] agg. inv.; anche s. m. inv. ● (*autom.*) Detto di motore equipaggiato con doppio turbocompressore.

biturgènse [dal lat. eccl. *Biturgēnse(m)*, abitante della città chiamata in gr. *Bitourgía*] **A** agg. ● Di Sansepolcro, in provincia di Arezzo. **B** s. m. e f. ● Abitante, nativo di Sansepolcro. CFR. Borghese (2).

biunivocità [da *biunivoco*; 1965] s. f. ● (*mat.*) Corrispondenza secondo cui a un elemento di un insieme corrisponde un solo elemento di un secondo insieme e viceversa.

biunìvoco [comp. di *bi-* 'doppio' e *univoco*; 1941] agg. (pl. m. *-ci*) **1** (*mat.*) Univoco in entrambi i sensi | ***Corrispondenza biunivoca***, che presenta biunivocità. **2** (*mat.*) Biiettivo. || **biunivocaménte**, avv.

biùta [lat. parl. **ablūta(m)*, part. pass. f. di *ablŭere* 'lavare (*lŭere*) via (*ab*)'; 1340 ca.] s. f. ● Mistura di materie grasse, usata come intonaco o per turare buchi sui tronchi di piante | (*est.*) †Belletto | (*dial.*) Crosta lucida sui dolci.

bivaccàre [da *bivacco*; 1812] v. intr. (*io bivàcco, tu bivàcchi*; aus. *avere*) **1** Stare a bivacco, detto di soldati, escursionisti, alpinisti e sim.: *b. al campo*; *b. in parete.* **2** (*est.*) Sistemarsi provvisoriamente, alla meglio, in un luogo: *bivaccarono un mese dai parenti.*

bivàcco [fr. *bivouac*, dal ted. dial. *bûwache*, comp. di *bî* 'presso' e *wacht* 'guardia'; 1667] s. m. (pl. *-chi*) **1** Stazionamento di truppe allo scoperto | (*est.*) Qualunque sosta o sistemazione di fortuna all'aperto, spec. notturna: *fuochi di b.* | ***B. in parete***, su una cengia o un'amaca, durante un'ascensione. **2** Luogo del bivacco | ***B. fisso***, piccola costruzione in legno o lamiera per il pernottamento di un numero limitato di alpinisti.

bivalènte [vc. dotta, comp. di *bi-* e *valente*; 1942] **A** agg. **1** (*chim.*) Di atomo o raggruppamento atomico che può combinarsi con due atomi d'idrogeno | Di sostanza che presenta nella molecola due identici gruppi funzionali. **2** (*med.*) ***Vaccinazione b.***, quella che immunizza contro due tipi di malattie. **3** (*fig.*) Che ammette due possibilità diverse di applicazione, interpretazione, soluzione: *principio, teoria b.* **B** s. f. ● (*med.*) Vaccinazione bivalente.

bivalènza [1942] s. f. **1** Proprietà di atomi e raggruppamenti atomici bivalenti. **2** (*fig.*) Caratteristica di ciò che è bivalente.

bivàlve [vc. dotta, comp. di *bi-* e il pl. di *valva*; 1561] agg. **1** (*zool.*) Detto di conchiglia di mollusco costituita da due valve unite da una specie di cerniera. **2** (*bot.*) Detto di frutto che, mediante due fenditure longitudinali, può essere diviso in valve.

Bivàlvi [av. 1725] s. m. pl. (sing. *-e*) ● (*zool.*) Lamellibranchi. ➡ ILL. **animali**/4.

†**bìvero** o †**bèvero** [lat. *bĭbru(m)*, di orig. celt., parallelo al lat. *fiber*, propr. 'bruno'; 1313] s. m. ● Castoro.

bivière [siciliano *bliveri*, dal lat. *vivārium* 'vivaio'; 1894] s. m. ● (*merid.*) Palude, lago: *il b. di Lentini.*

bìvio [vc. dotta, lat. *bĭviu(m)*, comp. di *bi-* 'con due' e *vĭa* 'via, strada'; sec. XIV] s. m. **1** Punto in cui una via di comunicazione si biforca: *al b., imboccate il viottolo a sinistra*; *b. ferroviario.* SIN. Biforcazione. **2** (*fig.*) Momento o condizione in cui si impone una scelta tra due diverse soluzioni o possibilità: *la nostra attività è giunta a un b.* | (*est.*) Scelta: *porre qlcu. davanti a un grave b.*

bivòmere [comp. di *bi-* e *vomere*] agg. inv. ● Detto di aratro con due vomeri.

bizantìna [1955] s. f. **1** Moneta d'oro coniata a Bisanzio. **2** Sopravveste corta e impreziosita di gemme, usata dalle donne bizantine.

bizantineggiàre [1905] v. intr. (*io bizantinéggio*; aus. *avere*) **1** Imitare l'arte bizantina. **2** (*fig.*) Indugiare in sottigliezze eccessive e in distinzioni o discussioni pedanti.

bizantinerìa [1918] s. f. ● (*raro*) Bizantinismo.

bizantinìsmo [1874] s. m. **1** Nelle arti figurative, tendenza a uno stile affine a quello bizantino, o presenza, nell'opera di un artista, di elementi di gusto o di cultura bizantina: *il b. della basilica di S. Marco a Venezia*; *il b. di Duccio* | (*est.*) Preziosismo ricercato ed estetizzante in arte o in letteratura. **2** Atteggiamento di sottigliezza inutile e pedante | Disputa, distinzione pedante.

bizantinìsta [1954] s. m. e f. (pl. m. *-i*) ● Studioso dell'arte o della civiltà bizantina.

bizantìno o (*lett.*) †**bisantìno** [vc. dotta, lat. tardo *Byzantīnu(m)* 'di Bisanzio'; av. 1698] agg. **1** Di Bisanzio, antico nome di Costantinopoli e dell'odierna Istambul | Della civiltà o dell'impero d'Oriente che aveva per capitale Bisanzio: *età, architettura, bizantina.* **2** (*est.*) Eccessivamente raffinato e ricco: *eleganza bizantina.* **3** (*fig.*) Sottile, cavilloso e pedante: *mente bizantina.*

bìzza [etim. incerta; av. 1729] s. f. ● Accesso momentaneo di collera, capriccio, stizza: *per la b. che ci aveva contro di lui* (VERGA) | ***Fare le bizze***, fare i capricci, detto spec. di bambini. || **bizzàccia**, pegg. | **bizzìna**, dim.

bizzarrìa [av. 1313] s. f. **1** Caratteristica di chi (o di ciò che) è bizzarro: *la sua b. non ha limiti.* SIN. Stranezza, stravaganza. **2** Azione o idea bizzarra. SIN. Capriccio, stranezza. **3** †Iracondia, collera.

bizzàrro [etim. incerta; da *bizza* (?); 1313] agg. **1** Che non segue i comportamenti considerati comuni e abituali: *ha modi bizzarri*; *non gli badare, è un tipo b.* SIN. Originale, stravagante. **2** Focoso, che si imbizzarrisce facilmente, detto spec. di cavallo. *3* (*raro, lett.*) Vivace | †Iracondo, stizzoso. || **bizzarraménte**, avv.

bizzèffe [ar. dial. *bizzēf* 'molto'; av. 1494] vc. ● Solo nella loc. avv. ***a b.***, in grande quantità, in grande abbondanza: *avere quattrini a b.*; *a primavera, fiori a b., e, a suo tempo, noci a b.* (MANZONI).

bizzòcco ● V. *bizzoco*.

bizzòco o (*raro*) **bizzòcco**, †**bizzòchero** [etim. incerta; 1211] s. m.; anche agg. (f. *-a*; pl. m. *-chi*) *1* Membro di comunità di laici, spec. terziari francescani, che nei secc. XIII e XIV praticavano vita povera e devota | (*est.*) Appartenente alla setta eretica italiana dei Fraticelli (XIV sec.), che respingevano l'autorità pontificia e dichiaravano essenziale per la salvezza la povertà assoluta. *2* (*fig., spreg.*) Bigotto.

bizzóso [da *bizza*; av. 1597] agg. ● Che fa le bizze, i capricci: *un bambino b.* | Che si irrita facilmente, detto spec. di cavallo. SIN. Ombroso. || **bizzosétto**, dim. | **bizzosìno**, dim. || **bizzosaménte**, avv.

blablà o **bla bla**, **bla-blà**, **blablablà** [vc. onomat.; 1973] s. m. ● Chiacchiericcio futile, discorso inutile o senza costrutto, senza conclusione: *il b. dell'alta società* (MONTALE).

black bottom /blek'bɔtəm, *ingl.* 'blæk,bɒtəm/ [ingl. d'America, propr. 'il fondo (*bottom*, di orig. indeur.) nero (*black*, pure di orig. indeur.)', orig. n. di un'area depressa abitata da una popolazione di colore] loc. sost. m. inv. ● Danza in voga negli Stati Uniti e in Europa negli anni '30 del Novecento.

black comedy /*ingl.* 'blæk 'kɒmədi/ [loc. ingl., propr. 'commedia (*comedy*) nera (*black*)'; 1990] loc. sost. f. inv. (pl. ingl. *black comedies*) ● Genere teatrale o cinematografico caratterizzato dal ricorso al macabro e alla rappresentazione cruda di fatti di sangue, ma con intenti satirici.

blackjack /blek'dʒɛk, *ingl.* 'blæk,dʒæk/ [vc. ingl. d'America, comp. di *black* 'nero' e *jack* 'fante' (delle carte da gioco)] s. m. inv. ● Gioco d'azzardo, simile al sette e mezzo, che si gioca con due mazzi di carte.

black music /*ingl.* 'blæk 'mjuːzɪk/ [loc. ingl., propr. 'musica (*music*) nera (*black*)'; 1984] loc. sost. f. inv. ● Musica afroamericana.

blackout /blek'aut, *ingl.* 'blæk,aʊt/ [vc. ingl., 'oscuramento', comp. di *black* 'nero, scuro' e *out* 'fuori', entrambi di orig. indeur.] s. m. inv. *1* Oscurità totale e paralisi di qualsiasi apparecchiatura mossa dall'energia elettrica, che conseguono a un'improvvisa interruzione nell'erogazione dell'energia stessa: *ieri vi sono stati dieci minuti di b.* | (*est.*) Interruzione improvvisa e completa nell'erogazione di un servizio pubblico nell'ambito delle telecomunicazioni: *b. telefonico, televisivo* | Interruzione delle comunicazioni tra un veicolo spaziale e le stazioni di collegamento a terra, durante l'ultima fase di rientro. *2* (*fig.*) Assoluta mancanza di notizie, silenzio completo nei riguardi di qlco.: *il b. sul caso X è totale*; *b. giornalistico* | (*est.*) Vuoto di memoria: *ho avuto un momento di b.*

black power /*ingl.* 'blæk 'pʰaʊəɹ/ [loc. ingl., propr. 'potere (*power*) nero (*black*)'; 1966] loc. sost. m. inv. ● Movimento sorto negli anni '60 del Novecento per la conquista di un potere politico ed economico da parte dei neri d'America.

blagueur /*fr.* bla'gœːʀ/ [vc. fr., da *blague* 'borsa per tabacco' e, fig., 'vescica vuota, vanteria': dal neerlandese *blagen* 'gonfiarsi' (?); 1880] s. m. inv. (f. fr. *blagueuse*) ● Spaccone, persona che non va presa sul serio.

blandiménto [vc. dotta, lat. *blandimĕntu(m)*, da *blandīre* 'blandire'; 1321] s. m. ● (*lett.*) Lusinga, carezza: *così vid'io quella / luce risplendere a' miei blandimenti* (DANTE *Par.* XVI, 29-30).

blandire [vc. dotta, lat. *blandīri*, lat. tardo *blandīre*, da *blāndus* 'blando'; 1342] v. tr. (*io blandisco, tu blandisci*) *1* (*lett.*) Carezzare | Sfiorare | (*fig.*) Lenire: *b. i dolori altrui*. *2* (*fig.*) Lusingare: *b. gli animi* | ***B. le passioni, i vizi***, secondarli, favorirli.

blandìzia o **blandizie** [lat. *blandĭtia(m)*, da *blāndus* 'blando'; sec. XIV] s. f. ● (*spec. al pl.*) Allettamento, lusinga: *discorso pieno di blandizie*.

blàndo [vc. dotta, lat. *blāndu(m)*, di etim. discussa: vc. espressiva (?); av. 1306] agg. ● Che si manifesta o che agisce con moderazione, con delicatezza: *una blanda punizione*; *cura, carezza blanda*; *un lassativo b.* | †Che cede facilmente alle lusinghe: *La carne d'i mortali è tanto blanda* (DANTE *Par.* XXII, 85) | (*est.*) Dolce, delicato: *la voce blanda di una fontana* (FOGAZZARO). CONTR. Energico. || **blandaménte**, avv. In modo blando; leggermente, delicatamente.

blasé /*fr.* bla'ze/ [vc. fr., part. pass. di *blaser* 'rendere insensibile', di orig. neerlandese (*blasen* 'soffiare'); 1821] agg. inv. ● Che si mostra scettico, indifferente.

blasfèma [vc. dotta, lat. eccl. *blasphēmia(m)* dal gr. *blasphēmía* da *blasphēmêin* 'blasfemare'; av. 1306] s. m. e f. (pl. m. *-i*) ● (*raro, lett.*) Bestemmia.

blasfemàre [vc. dotta, lat. eccl. *blasphemāre*, dal gr. *blasphēmêin*, di etim. incerta; av. 1306] v. intr. (*io blasfèmo*; aus. *avere*) ● (*raro, lett.*) Bestemmiare.

blasfematóre [av. 1484] s. m.; anche agg. (f. *-trice*) ● (*raro, lett.*) Bestemmiatore.

blasfematòrio [1939] agg. ● (*raro, lett.*) Empio, irriverente.

†**blasfemìa** [av. 1306] s. f. ● (*raro*) Bestemmia.

blasfèmo [lat. tardo *blasphēmu(m)*, dal gr. *blásphēmos* 'che dice parole empie'; 1342] **A** agg. ● Che costituisce un'offesa per la divinità: *atto b.*; *parola blasfema* | (*spreg.*) Eretico | (*est.*) Irriverente. || **blasfemaménte**, avv. **B** s. m. (f. *-a*) ● (*raro*) Bestemmiatore.

†**blasmàre** e *deriv.* ● V. *biasimare* e *deriv.*

blasonàre [1709] v. tr. (*io blasóno*) ● Descrivere un blasone secondo le regole araldiche.

blasonàrio [1962] s. m. ● Raccolta di blasoni.

blasonàto [1844] **A** agg. ● Fornito di blasone: *famiglia blasonata*. SIN. Nobile, titolato. **B** s. m. (f. *-a*) ● Persona aristocratica, appartenente alla nobiltà.

blasóne [fr. *blason*, anche 'scudo', di etim. incerta; 1672] s. m. *1* Stemma gentilizio, insegna araldica: *ritratti di famiglia decorati da un grosso b.* | (*est.*) Disegno, motto e sim. che indica distinzione, appartenenza a un gruppo chiuso, a un'élite e sim.: *b. del collegio* | (*fig.*) Parola d'ordine, concetto dominante che riassume, ispira una situazione, un comportamento: *ha fatto della generosità il suo b.* *2* Arte di comporre e descrivere le insegne araldiche. SIN. Araldica. *3* (*est.*) Nobiltà di stirpe.

†**blasònico** [av. 1841] agg. ● Pertinente al blasone.

blasonìsta [1865] s. m. e f. (pl. m. *-i*) ● Studioso di blasoni, di araldica.

†**blastèma (1)** o †**blastèmia** [da *blasfema* con sovrapposizione di *bestemmia*; 1865] s. f. ● Bestemmia.

blastèma (2) [fr. *blastème* dal gr. *blástēma*, da *blastánein* 'germogliare', di etim. incerta; 1483] s. m. (pl. *-i*) ● (*biol.*) Tessuto embrionale ancora indifferenziato da cui si sviluppa un organo sia animale che vegetale.

†**blastèmia** ● V. †*blastema (1)*.

blàstico [ricavato da *blast(oma)*; 1955] agg. (pl. m. *-ci*) *1* Che è causa di tumore: *attività blastica*. *2* Tumorale: *farmaco b.*

blàsto-, -blàsto [dal gr. *blastós* 'germe', di orig. oscura] primo o secondo elemento ● In parole composte della terminologia scientifica significa 'germe' o 'embrione' o 'cellula': *blastocele, blastomicete, eritroblasto*.

blastocèle [comp. di *blasto-* e del gr. *kóilos* 'cavità', di orig. indeur.; 1929] s. m. ● (*biol.*) Cavità delimitata da uno strato di cellule che si forma nel secondo stadio di segmentazione dell'uovo in molti animali.

blastòcero [vc. dotta, comp. di *blasto-* e *-cero*; 1931] s. m. ● (*zool.*) Mammifero dei Cervidi diffuso in Argentina e Patagonia, che conduce vita notturna di branco presso i corsi d'acqua; i maschi possiedono corna che si biforcano alla radice (*Blastocerus campestris*).

blastocìsti [comp. di *blasto-* 'germe' e *cisti* 'cavità'; 1962] s. f. inv. ● (*biol.*) Stadio dello sviluppo embrionale degli Euteri; corrisponde a un germe cavo ed è simile a una blastula, pur avendo un'origine e un significato diversi.

blastodèrma [comp. di *blasto-* e *-derma*; 1929] s. m. (pl. *-i*) ● (*biol.*) Strato di cellule che si forma dopo la fecondazione in corrispondenza della cicatricola delle uova molto ricche di tuorlo, come quelle degli Uccelli, dei Rettili e dei Pesci.

blastòfaga [comp. di *blasto-* e *fago*; 1955] s. f. ● Genere di Insetti appartenenti agli Imenotteri che realizza l'impollinazione del fico passando da un'infiorescenza all'altra (*Blastophaga*).

blastogènesi [comp. di *blasto-* e *genesi*; 1962] s. f. inv. *1* (*biol.*) Riproduzione asessuata per gemmazione. *2* (*biol.*) Fase iniziale dello sviluppo di un embrione con formazione del blastoderma.

Blastòidi [comp. di *blasto-* e un deriv. del gr. *êidos* 'forma'; 1962] s. m. pl. (sing. *-e*) ● Nella tassonomia animale, classe di Echinodermi fossili dell'era paleozoica (*Blastoidea*).

blastòma [vc. dotta, comp. di *blast(o)-* e *-oma*; 1914] s. m. (pl. *-i*) ● (*med.*) Tumore con cellule di tipo embrionale.

blastòmero [comp. di *blasto-* e del gr. *méros* 'parte'; 1931] s. m. ● (*biol.*) Ciascuna delle cellule derivate dalla segmentazione dell'uovo.

Blastomicèti [comp. di *blasto-* e del gr. *mýkētes*, pl. di *mýkēs* 'fungo'] s. m. pl. (sing. *-e*) ● (*bot.*) Nella tassonomia vegetale, classe di lieviti appartenenti al gruppo dei Funghi imperfetti (*Blastomycetes*).

blastòporo [comp. di *blasto-* e del gr. *póros* 'passaggio' (V. *poro*); 1932] s. m. ● (*biol.*) In embriologia, foro che mette in comunicazione la cavità interna della gastrula con l'esterno.

blàstula [vc. dotta, dim. del gr. *blástē* 'germe'; 1934] s. f. ● (*biol.*) Stadio dello sviluppo embrionale di numerosi gruppi animali, esclusi i Placentati, in cui i blastomeri sono disposti a delimitare una cavità centrale.

blateraménto [1887] s. m. ● Il blaterare | Serie di chiacchiere sgradevoli.

blateràre [vc. dotta, lat. *blaterāre*, vc. onomat.; 1827] **A** v. intr. (*io blàtero*; aus. *avere*) ● (*spreg.*) Parlare rumorosamente e a vanvera: *smettila di b.!* | Ripetere insistentemente affermazioni assurde o sgradevoli: *Ti prego poi di non andare a b. di queste cose al Caffè Vasco* (GIACOSA). SIN. Cianciare, ciarlare, cicalare. **B** v. tr. ● Andar dicendo a sproposito: *che cosa stai blaterando?*

blateróne [vc. dotta, lat. *blaterōne(m)*, da *blaterāre* 'blaterare'; 1865] s. m.; anche agg. (f. *-a*) ● (*raro, lett.*) Chiacchierone, sgradevolmente prolisso.

blàtta [vc. dotta, lat. *blătta(m)*, di etim. incerta; sec. XV] s. f. ● Denominazione di vari Insetti dei Blattoidei, attivi soltanto di notte, infestatori di case, magazzini e sim., con corpo piatto di color bruno scuro, zampe lunghe e antenne filiformi. SIN. Piattola nel sign. 3, scarafaggio | ***B. orientale***, di color nerastro, con ali solo nel maschio | ***B. americana***, di color ruggine.

Blattoidèi [comp. di *blatt(a)* e *-oidei*; 1955] s. m. pl. (sing. *-o*) ● Nella tassonomia animale, ordine di Insetti terrestri con lunghe zampe e antenne filiformi (*Blattoidea*).

blàzar [vc. ingl., da *blaz(e)* 'fiamma' con la terminazione di (*quas*)*ar*; 1991] s. m. inv. ● (*astron.*) Denominazione di una classe di galassie il cui nucleo produce emissioni concentrate di raggi gamma ad altissima energia.

blazer /'blezer, *ingl.* 'bleɪzəɹ/ [vc. ingl., propr. 'quello che fiammeggia', dal v. *blaze*, di orig. indeur., con allusione al suo colore; 1942] s. m. inv. ● Giacca sportiva a righe vistose o in tinta unita con stemma applicato sul taschino, tipica dei collegi inglesi | Giacca di maglia, senza collo né risvolti.

blé /ble*/ ● V. *blu*.

blefarite [vc. dotta, comp. di *blefaro-* e *-ite (1)*; 1865] s. f. ● (*med.*) Infiammazione del margine delle palpebre.

blèfaro- [dal gr. *blépharon* 'palpebra'] primo elemento ● In parole composte della terminologia medica significa 'palpebra': *blefarostato*.

blefaroplàstica [comp. di *blefaro-* e *plastica*; 1962] s. f. ● (*med.*) Operazione di chirurgia plastica sui tessuti delle palpebre.

blefarospàsmo [vc. dotta, comp. di *blefaro-* e *spasmo*; 1962] s. m. ● Chiusura delle palpebre per spasmo persistente del muscolo orbitale.

blefaròstato [vc. dotta, comp. di *blefaro-* e del gr. *statós* 'fisso, fermo'; 1940] s. m. ● Strumento usato per mantenere divaricate le palpebre durante interventi chirurgici sull'occhio.

bleffàre e *deriv.* ● V. *bluffare* e *deriv.*

blènda [fr. *blende*, dal ted. *Blende*, da *blenden* 'accecare, ingannare', perché questo minerale assomiglia alla galena, ma non produce piombo; 1797] s. f. ● (*miner.*) Voce del gergo minerario per indicare la sfalerite.

blènnio [gr. *blénna* 'muco'; 1935] s. m. ● Genere di Pesci ossei marini commestibili dei Perciformi, cui appartiene la bavosa (*Blennius*).

blèno- [dal gr. *blénna* 'muco', 'pus'] primo elemento ● In parole composte della terminologia medica significa 'muco' o 'pus': *blenorrea, blenostasi.*

blenorragìa [vc. dotta, comp. di *bleno-* e *-ragia*; 1819] **s. f.** ● Malattia infettiva contagiosa, trasmessa di solito con i rapporti sessuali, causata dal gonococco: *b. acuta; b. cronica.* SIN. Blenorrea, gonorrea, (*pop.*) scolo.

blenorràgico [1905] **agg.**; anche **s. m.** (pl. m. *-ci*) ● Che (o Chi) è affetto da blenorragia.

blenorrèa [comp. di *bleno-* e *-rea*; 1962] **s. f.** ● Blenorragia.

blenorròico [da *blenorrea*; 1962] **agg.**; anche **s. m.** (pl. m. *-ci*) ● Blenorragico.

blenòstaṣi o **blenostàṣi** [vc. dotta, comp. di *bleno-* e del gr. *stásis* 'immobilità, l'essere stazionario'] **s. f. inv.** ● (*med.*) Arresto di scolo purulento.

blenùria o **blenurìa** [vc. dotta, comp. di *bleno-* e del gr. *ôuron* 'urina'] **s. f.** ● (*med.*) Presenza di mucopus nelle urine.

bleṣità [da *bleso*; 1908] **s. f.** ● (*med.*) Disturbo della parola caratterizzato da deformazione, sostituzione o soppressione di una o più consonanti (spec. *l* e *s*).

blèṣo (o *-é-*) [vc. dotta, lat. *blaēsu(m)*, dal gr. *blaisós* 'storto, sbilenco', di etim. incerta; 1598] **agg.**; anche **s. m.** (f. *-a*) ● Che (o Chi) è affetto da blesità.

bleu /fr. blø/ [V. *blu*; 1771] **agg.**; anche **s. m. inv.** (pl. fr. *bleus*) ● Blu.

blimp /ingl. blımp/ [vc. ingl., prob. comp. di (*type*) *B* e *limp* 'floscio'; 1966] **s. m. inv.** ● Custodia per insonorizzare macchine per riprese cinematografiche usate in diretta.

blinda [fr. *blinde*, dal ted. *Blende*, da *blenden* 'accecare, chiudere'; 1663] **s. f.** ● Copertura o rivestimento per proteggere materiali o persone da esplosioni o tiri di armi da fuoco.

blindàggio [fr. *blindage*, da *blinder* 'blindare'; 1853] **s. m.** ● Rafforzamento o protezione di una struttura per renderla più resistente agli effetti delle esplosioni.

blindaménto [da *blindare*; 1940] **s. m.** ● Struttura resistente di materiale vario destinata ad aumentare la protezione dei lavori di fortificazione contro esplosioni.

blindàre [1853] **v. tr.** **1** Proteggere con blinda o blindatura: *b. un veicolo.* **2** (*est.*) Sottoporre a eccezionali misure di sorveglianza: *b. una città, un quartiere* | (*fig.*) Adottare provvedimenti che rendano qlco. non modificabile: *b. la legge finanziaria, un articolo della Costituzione.*

blindàto [1905] **A** **part. pass.** di *blindare*; anche **agg.** **1** Nei sign. del v.: *proiettile, bossolo b.; carro, treno b.; camera blindata* | ***Vetro b.***, a fogli sottilissimi alternati a strati di plastica, per schermo di pallottole e impedimento di furti | ***Reparto b.***, dotato di veicoli blindati. **2** (*est.*) Presidiato da mezzi blindati e forze di polizia: *quartiere b.* | (*fig.*) Protetto da rigorose misure di sicurezza: *comizio b., vita blindata* | (*fig.*) Non modificabile: *maggioranza blindata; manovra economica blindata.* **B** **s. m.** ● (*mil.*) Veicolo blindato.

blindatùra [da *blindare*; 1918] **s. f.** **1** Il blindare (*anche fig.*): *la b. della finanziaria.* **2** Corazzatura leggera.

blindo [1955] **s. f. inv.** ● Accorc. di *autoblindo.*

Blindoṣbàrra® [comp. di *blinda* e *sbarra*] **s. f.** ● Sistema per la distribuzione di energia elettrica a soffitto o a parete, spec. per uso industriale, costituito da un involucro metallico rigido contenente barre di rame, dotato di aperture che consentono derivazioni dalla linea principale.

blind trust /blain'trast, *ingl.* 'blaend 'tɹʌst/ [loc. dell'ingl. d'America, propr. 'amministrazione fiduciaria (*trust*) cieca (*blind*)'; 1994] **loc. sost. m. inv.** (pl. ingl. *blind trusts*) ● (*econ.*) Negli Stati Uniti, rapporto tra fiduciante e fiduciario caratterizzato dal fatto che il primo non è a conoscenza delle modalità di impiego del proprio patrimonio da parte del secondo, il quale è tenuto unicamente a fornire periodico resoconto dei risultati della gestione.

blinker /ingl. 'blıŋkəɹ/ [vc. ingl., riduzione di *blinker light* 'luce (*light*) intermittente (dal v. *to blink* 'lampeggiare')'; 1987] **s. m. inv.** ● Meccanismo che aziona il funzionamento a intermittenza di tutte le luci di direzione di un autoveicolo in sosta forzata e irregolare.

blister /'blister, *ingl.* 'blıstəɹ/ [vc. ingl., propr. 'vescica, bolla', nell'uso it. corrisponde all'ingl. *blister pack*; 1983] **s. m. inv.** ● Tipo di confezione, spec. farmaceutica, per contenere capsule, compresse e sim., a forma di placchetta composta da un involucro trasparente incollato su alluminio, da cui si estrae il prodotto custodito mediante pressione delle dita.

blitz /ingl. blıts, *ted.* blıts/ [ingl. *blitz*, dal ted. *Blitzkrieg*, propr. 'guerra lampo' (comp. di *Blitz* 'lampo' e *Krieg* 'guerra'); 1958] **s. m. inv.** (pl. ingl. *blitzes*, pl. ted. *Blitze*) ● Operazione militare o di polizia, caratterizzata dall'imprevedibilità dell'attacco e dalla rapidità dell'esecuzione | (*est.*) Nel linguaggio giornalistico o familiare, azione di forza molto rapida, colpo di mano.

blizzard /ingl. 'blızəɹd/ [vc. ingl. d'America, di etim. incerta; 1929] **s. m. inv.** ● Violenta tempesta di neve tipica delle regioni settentrionali dell'America | Forte vento polare misto a neve.

blob /ingl. blɒb/ [dal n. del film dell'orrore americano *'The Blob'* del 1958, poi titolo di una fortunata trasmissione televisiva italiana; in ingl., propr. 'goccia di sostanza vischiosa'; 1989] **s. m. inv.** ● Rapida successione di spezzoni selezionati da varie trasmissioni televisive, accostati in modo da provocare effetti comici, satirici o grotteschi | (*est.*) Serie di insoliti accostamenti, strana mescolanza, gioco di contrasti: *nei giornali c'è il b. della campagna elettorale.*

blobbàre [denom. di *blob*; 1991] **v. tr.** (*io blòbbo*) ● Assemblare immagini o sequenze di immagini in modo apparentemente casuale, ma con l'intento di sottolineare aspetti comici o grotteschi | (*est.*) Fare oggetto di satira.

bloccàggio [fr. *blocage*, da *bloquer* 'bloccare'; 1942] **s. m.** ● Il bloccare, il bloccarsi.

♦**bloccàre** [fr. *bloquer*, da *blocus* 'blocco (2)'; 1644] **A** **v. tr.** (*io blòcco, tu blòcchi*) **1** (*mil.*) Assediare città o territori del nemico controllando tutti gli accessi per impedire rifornimenti e comunicazioni. **2** (*est.*) Impedire l'accesso, il transito o l'uscita da un luogo: *una frana ha bloccato la strada; b. il transito, le uscite.* **3** Arrestare il movimento di qlcu. o qlco.: *la polizia bloccò il corteo dei dimostranti; sono stato bloccato dalla nevicata* | Immobilizzare: *le guardie hanno bloccato il ladro; un attacco di artrite lo ha bloccato a letto.* SIN. Fermare. **4** Arrestare l'azione dell'avversario | Nei giochi di palla, fermare il pallone trattenendolo, spec. da parte del portiere (*anche assol.*): *b. al volo, a terra; b. un tiro a rete; il portiere blocca a terra.* **5** Vietare, limitare per legge la variazione di taluni fenomeni economici: *b. i prezzi, gli affitti, i licenziamenti* | ***B. un conto, un assegno***, in banca, porre su di esso il fermo. **6** Interdire, con riferimento a tubi elettronici. **7** Fissare un organo meccanico mobile in una posizione voluta. **B** **v. intr.** (aus. *avere*) ● (*raro*) Fare blocco: *b. su un solo candidato.* **C** **v. intr. pron.** **1** Arrestarsi, fermarsi: *il motore si è bloccato.* **2** Avere un blocco psicologico, emotivo: *a un certo punto, durante l'esame, si è bloccato.*

bloccaruòta [comp. di *blocca(re)* e *ruota*; 1989] **A** **s. m.** inv. ● Congegno che serve a bloccare le ruote di un autoveicolo. SIN. Ganascia. **B** anche **agg. inv.**: *ceppi b.*

bloccastèrzo [comp. di *blocca(re)* e *sterzo*; 1963] **s. m. inv.** ● Antifurto a serratura che blocca il volante di guida o il manubrio.

bloccàto [av. 1680] **part. pass.** di *bloccare*; anche **agg.** **1** Nei sign. del v.: *prezzi bloccati.* **2** Ostacolato, impedito | Immobilizzato | (*fig.*) Inibito: *io invece ero b., non rispondevo che a monosillabi* (CALVINO).

bloccatùra [av. 1684] **s. f.** ● (*raro*) Bloccaggio.

blocchétto [1955] **s. m.** **1** Dim. di *blocco* (*1*): *un b. di cioccolata* | Piccolo bloc-notes; insieme di biglietti o tagliandi uniti alla matrice: *il b. degli assegni.* **2** (*metrologia*) ***B. di riscontro***, parallelepipedo d'acciaio di cui è nota la distanza fra le due coppie di facce con l'approssimazione del millesimo di millimetro. **3** Piccolo dado da incastrare nelle fessure della roccia, usato dagli alpinisti per la progressione o l'assicurazione. || **blocchettino, dim.**

blocchièra [da *blocco* (*1*); 1955] **s. f.** ● Macchina impiegata per la costruzione di blocchi artificiali di calcestruzzo.

blocchìsta [da *blocco* (*1*); 1946] **s. m.** e **f.** (pl. m. *-i*) ● Commerciante all'ingrosso.

blòcco (**1**) [fr. *bloc*, dall'ol. *blok* 'tronco squadrato'; 1833] **s. m.** (pl. *-chi*) **1** Massa compatta di considerevoli dimensioni: *un b. di granito, di marmo* | Notevole quantità di merce: *un b. di tessuti, di libri* | ***In b.***, in massa | ***Vendere, comprare in b.***, in una sola volta un'intera partita di merce | (*fig.*) ***Considerare, valutare qlco. in b.***, nell'insieme. **2** (*geol.*) Elemento di roccia clastica di diametro superiore a 25 cm | ***B. di accrezione***, frammento della crosta terrestre, delimitato da faglie, caratterizzato da storia geologica propria. **3** (*autom.*) ***B. cilindri, b. motore***, blocco, per lo più fuso in ghisa o in lega leggera, in cui sono ricavati i cilindri dei motori a combustione interna. **4** (*edit.*) ***B. libro***, l'insieme delle segnature cucite. **5** (*sport*) ***Blocchi di partenza***, in atletica, nuoto e sim., attrezzi o strutture su cui l'atleta appoggia i piedi per imprimere maggiore spinta all'azione di partenza. ➡ ILL. p. 2146, 2148 SPORT. **6** (*fig.*) Unione, alleanza: *unirsi in b., in un b.* | ***Fare b.***, allearsi | ***Fare b. intorno a qlcu. o qlco.***, sostenere, difendere in modo compatto qlcu. o qlco. | ***B. politico***, alleanza di due o più forze politiche per uno scopo definito, come elezioni e sim. | Nel basket, nella pallanuoto e sim., azione concordata con cui si libera un compagno ostacolando regolarmente il suo avversario diretto. **7** (*filat.*) Insieme di quattro o più francobolli ancora uniti tra loro. **8** (*elettr.*) Parte di un dispositivo elettrico avente una ben determinata funzione. **9** (*elab.*) Insieme omogeneo di dati trasferito unitariamente da una unità periferica all'elaboratore o viceversa. **10** Insieme di fogli staccabili riuniti a formare un quaderno. || **blocchétto, dim.** (V.).

blòcco (**2**) [fr. *blocus*, dall'ol. *blochuus* 'casa di tronchi', quindi 'posto di sorveglianza, fortino'; 1644] **s. m.** (pl. *-chi*) **1** Il bloccare, il bloccarsi | Interruzione, arresto: *b. di una macchina, di un congegno* | Sospensione: *b. degli scrutini.* **2** Sbarramento di forze militari, spec. navali, destinato a chiudere le vie di accesso, di rifornimento, di comunicazione con un luogo, un porto, uno Stato: *b. navale; b. continentale; b. pacifico, bellico; rompere il b.* | ***Posto di b.***, sbarramento posto lungo le vie di comunicazione da forze militari o di polizia per effettuare operazioni di controllo. **3** Vincolo legislativamente imposto al mutamento di una data situazione, spec. per arrestare o regolare un fenomeno economico: *b. dei fitti, dei salari.* **4** (*med.*) Interruzione di una funzione organica: *b. cardiaco; b. renale.* **5** (*psicol.*) Arresto improvviso del pensiero o dell'azione, vuoto di memoria a seguito di un eccesso d'ansia: *b. emotivo.* **6** Regime di esercizio ferroviario che, mediante opportuni segnali telefonici o di apparecchiature elettriche, assicura il distanziamento dei treni su una linea: *sezione, posto di b.*

bloc-notes /fr. ˌblɔk'nɔt/, (*evit.*) *pseudo-ingl.* **block-notes** [comp. fr., 'blocco (*bloc*) per annotazione (*notes*)'; 1905] **s. m. inv.** (pl. fr. *blocs-notes*) ● Taccuino per appunti formato da fogli staccabili.

blónda o **biónda** (**2**) [fr. *blonde*, da *blond* 'biondo' perché originariamente del colore della seta cruda; 1858] **s. f.** ● Merletto a fuselli con fondo a rete in uso in Francia alla metà del XVIII secolo.

blondin /fr. blõ'dɛ̃/ [vc. ingl., dal n. dell'acrobata fr. Ch. *Blondin* (1824-1897), che effettuò l'attraversamento del Niagara con un apparecchio di questo genere; 1950] **s. m. inv.** ● Apparecchiatura usata nella costruzione di dighe, ponti e sim., costituita da due piloni fissi o mobili che sostengono una o più funi portanti lungo le quali si muove il carrello che porta il carico, mobile verticalmente per mezzo di una fune di sollevamento.

blondinista [da *blondin*; 1983] **s. m. e f.** (pl. m. *-i*) ● Operaio addetto al funzionamento di un blondin.

Bloody Mary /bladi'meri, *ingl.* ˌblʌdı'mɛəɹı/ [loc. ingl., propr. 'Maria (*Mary*) sanguinaria (*bloody*)' per il colore di un suo componente, il succo di pomodoro; 1989] **loc. sost. m. inv.** (pl. ingl. *Bloody Maries*) ● Cocktail a base di succo di pomodoro, vodka, succo di limone, tabasco e altri aromi.

bloom /ingl. bluum/ [dall'antico ingl. *blōma*, che ha lo stesso significato; l'eventuale rapporto con l'omonimo *bloom* 'fiore', anche in altre lingue germaniche, non è chiarito; 1950] **s. m. inv.** ● (*metall.*) Blumo.

blouse /*fr.* blu:z/ [vc. fr., V. *blusa*; av. 1861] **s. f. inv.** ● Camicetta, blusa.

blouson /*fr.* blu'zõ/ [vc. fr., accr. di *blouse*, di etim. incerta; 1965] **s. m. inv.** ● Giubbotto piuttosto corto, di linea morbida.

blow-up /blo'ap, *ingl.* 'bləʊ,ʌp/ [vc. ingl., propr. 'esplosione', poi 'ingrandimento fotografico', comp. di *blow* 'colpo di vento, ventata' (d'orig. germ.) e *up* 'sopra' (vc. germ. d'orig. indeur.); 1974] **s. m. inv.** (pl. ingl. *blow-ups*) ● Ingrandimento fotografico di notevoli dimensioni.

♦**blu** /blu*/ o (*region.*) **blé** /ble*/, (*evit.*) **blù** [fr. *bleu*, dal francone **blāo* 'biado'; 1701] **A agg.** *1* Che ha un colore azzurro cupo, in varie sfumature: *il cielo blu di una notte serena* | ***Avere il sangue blu, essere di sangue blu***, essere nobile | (*fam.*) ***Prendersi una fifa blu***, spaventarsi a morte | ***Morbo blu***, (*pop.*) tetralogia di Fallot | ***Popolo blu***, i Tuareg. *2* Nel linguaggio giornalistico, detto di beni assegnati in uso a funzionari pubblici: *telefonino blu, auto blu* (V. *autoblù*). **B s. m.** *1* Il colore blu | ***Blu reale***, intenso | ***Blu elettrico***, particolarmente brillante | ***Blu marino***, turchino scuro, oltremare | ***Blu navy***, molto scuro (dal colore della divisa della Marina Inglese). *2* Ogni sostanza o composto chimico di colore blu o che colora di blu: *blu di metilene*; *blu di Parigi*, *di Prussia*. (V. nota d'uso ACCENTO)

bluàstro [fr. *bleuâtre*, da *bleu* 'blu' col suff. *-âtre* proprio delle sfumature di colori; 1881] **agg.** ● Che ha un colore tendente al blu: *livido b.*; *sfumatura bluastra*.

blucerchiàto [comp. di *blu* e *cerchiato*, dal colore e disegno della maglia; 1950] **agg.** anche **s. m.** (f. *-a*; pl. *-i*) ● Che (o Chi) gioca nella squadra di calcio genovese della Sampdoria o ne è sostenitore.

blue chip /*ingl.* 'bluː,tʃɪp/ [loc. ingl., propr. 'gettone blu' (quello di valore più elevato); 1979] **loc. sost. f. inv.** (pl. ingl. *blue chips*) ● (*borsa*) Azione di società considerata affidabile per rendimento e mantenimento del valore.

blue-jeans /*ingl.* 'bluː,dʒiːnz/ [vc. ingl., propr. '(calzoni) di tela (*jean*: dal n. fr. di Genova, *Gênes*?) di colore blu (*blue*)'; 1956] **s. m. pl.** ● Tipo di calzoni confezionati con tela di cotone molto resistente gener. di colore blu, con cuciture impunturate.

blue movie /blu'muvi, *ingl.* 'bluː,muːvi/ [loc. ingl., propr. 'film (*movie*) osceno (*blue* nel senso pop. di 'indecente')'; 1994] **loc. sost. m. inv.** ● Film pornografico.

blues /*ingl.* bluːz/ [vc. ingl., dalla loc. *to have the blues* 'essere malinconico'; 1966] **s. m. inv.** *1* (*mus.*) Genere vocale e strumentale negro americano derivante dalla fusione di elementi della tradizione negra e occidentale. *2* Ballo moderno, derivato dal canto omonimo.

blue tooth /blu'tut, *ingl.* 'bluː,tuːθ/ [loc. ingl., propr. 'dente (*tooth*) azzurro (*blue*)' che era il n. attribuito al re vichingo Harald II; 1999] **loc. sost. m. inv.** (pl. ingl. *blue teeth*) ● (*elab.*) Sistema di comunicazione a microonde (2,45 GHz) a breve raggio (10-100 m) per il collegamento di dispositivi elettronici portatili (personal computer, telefoni cellulari ecc.).

bluette /bly'ɛt/ [f. del fr. *bleu* 'blu'; 1930] **A agg. inv.** ● Che ha un colore turchino tenue: *abito b.* **B s. m. inv.** ● Il colore bluette.

bluff /blɛf, -uf, -af, *ingl.* blʌf/ [vc. di gioco dell'ingl. d'America di prob. orig. ol.; 1908] **s. m. inv.** *1* In alcuni giochi di carte, spec. nel poker, mossa tattica tendente a ingannare l'avversario, facendogli credere di avere un gioco superiore a quello reale. *2* (*fig.*, *est.*) Montatura destinata a far credere ciò che non è, a intimidire avversari, concorrenti e sim.: *la sua ricchezza è un b.*; *la loro potenza militare era solo un b.*

bluffàre o **bleffàre** [da *bluff*; 1918] **v. intr.** (aus. *avere*) *1* In alcuni giochi di carte, spec. nel poker, comportarsi come se si avessero in mano ottime carte, per disorientare l'avversario. *2* (*fig.*, *est.*) Tentare di ingannare gli altri con false apparenze, millantando meriti, ricchezze o possibilità di cui si è privi: *non credergli, sta bluffando*.

bluffatóre o **bleffatóre** [1918] **s. m.** (f. *-trice*) ● Chi bluffa.

blùmo [adattamento di *bloom* (V.); 1955] **s. m.** ● (*metall.*) Prodotto di laminatoio, con sezione fino a 40×40 cm, destinato a successive lavorazioni.

blùṣa [fr. *blouse*, di etim. incerta; 1846] **s. f.** *1* Camicetta da donna non aderente. *2* Camiciotto da lavoro: *la b. del pittore*. ‖ **bluṣétta**, dim. | **bluṣettìna**, dim. | **bluṣìna**, dim.

bluṣànte [da *blusa*; 1959] **agg.** ● Detto di indumento di linea sciolta, non aderente.

bluṣòtto [da *blusa*; 1941] **s. m.** ● Camiciotto da uomo, corto e con mezze maniche.

b-movie /bi'muvi, *ingl.* biː'muːvi/ [loc. ingl., comp. di *b*, 'di seconda categoria' e *movie* 'cinema'; 1990] **s. m. inv.** ● Genere cinematografico che ha scarse pretese artistiche e sfrutta spec. il filone horror o della fantascienza | Film che appartiene a tale genere.

bo /boʔ, boh, bo/ ● V. *boh*.

bòa (1) [vc. dotta, lat. *bŏa(m)*, di etim. incerta; av. 1342] **s. m. inv.** *1* Rettile dei Boidi lungo circa tre metri, con tronco poderoso, dorso bruno chiaro con macchie scure sui fianchi e ventre giallo punteggiato di nero (*Boa constrictor*). ➡ ILL. **animali**/5. *2* (*fig.*) Specie di lunga sciarpa fatta di piume di struzzo o di pelliccia, portata dalle donne intorno al collo.

bòa (2) [etim. discussa: sp. *boya*, dal medio neerlandese *bo(e)ye*, propr. 'legame', dal fr. *boie*, *buie*, di orig. lat. (*bōia*) (?); 1813] **s. f.** *1* Galleggiante stagno, gener. metallico, solidamente ancorato, per l'ormeggio delle navi, per segnalare secche, bassifondi e sim. *2* ***Boa aerea***, palloncino colorato per segnalazioni. *3* (*raro*) Segnale luminoso. ‖ **boétta**, dim.

bòa (3) [fr. *bouée*, di etim. incerta] **s. f.** ● (*sett.*) Frana, smottamento fangoso, spec. di terreni argillosi.

board /bɔrd, *ingl.* bɔːd/ [vc. ingl., propr. 'tavola', anche per riunioni; 1983] **s. m. inv.** ● Consiglio, comitato direttivo di un ente, un'azienda e sim.

boaria [da *boaro*; 1908] **s. f.** *1* Tipica azienda agricola con stalla centralizzata affidata a un salariato fisso. *2* Contratto di lavoro per aziende zootecniche.

boarina o **bovarina** [da *bo(v)aro*, perché come tale sembra comportarsi, essendo solita seguire i buoi al lavoro; 1622] **s. f.** ● (*zool.*) Cutrettola.

boàrio [vc. dotta, lat. *boāriu(m)*, da *bōs* 'bue'; 1863] **agg.** ● Relativo ai buoi, spec. nella loc. ***foro b.***, luogo in cui si tiene un mercato di bovini.

boàro ● V. *bovaro* nei sign. 1 e 2.

boàto (1) [vc. dotta, lat. *boātu(m)*, da *boāre*, prestito dal gr. *boân*, di orig. onomat.; av. 1342] **s. m.** *1* Rombo forte e cupo: *prima del terremoto si udì un b. sotterraneo*. SIN. Rimbombo, tuono. *2* (*aer.*) ***B. sonico***, specie di tuono determinato da un aereo che vola a velocità prossima o superiore a quella del suono. SIN. Bang sonico.

boato (2) /*port.* °'bwatu, 'b-/ [vc. port. della stessa orig. di *boato* (1); 1985] **s. m.** (usato spec. al pl. port. *boatos*) ● Nel linguaggio giornalistico, indiscrezione, voce di corridoio.

boat people /*ingl.* 'bəʊt,piːpl/ [loc. ingl., propr. 'gente (*people*) delle barche (*boat*)'; 1979] **loc. sost. m. pl.** ● Profughi in fuga o alla deriva su imbarcazioni di fortuna, spec. con riferimento alle vicende dell'Indocina.

boattière [dall'it. sett. *bo* 'bue' con i suff. *-atto* (proprio dei piccoli animali) e *-iere*; av. 1400] **s. m.** *1* (*region.*) Custode o mercante di buoi. *2* (*centr.*) Piccolo proprietario che lavora il terreno suo o di altri col proprio bestiame.

bob /*ingl.* bɒb/ [ingl. d'America, per *bobsled* o *bobsleigh*, comp. di *bob* 'coppia di guide di legno robusto' e *sled*, *sleigh* 'slitta'; 1930] **s. m. inv.** ● (*sport*) Slitta da corsa, montata su quattro pattini, di cui gli anteriori girevoli | ***Bob a due, a quattro***, a due o quattro posti | (*est.*) Sport praticato con tale slitta su speciali piste. SIN. Guidoslitta.

bòba (1) ● V. *sbobba*.

bòba (2) [gr. *bóōpa*, acc. di *bóōps* 'pesciolino dai grandi occhi', comp. di *bôus*, genit. *boós* 'bue' e *ōps*, genit. *ōpós* 'occhio'] **s. f.** ● (*zool.*) Boga.

bòbba ● V. *sbobba*.

bòbbia ● V. *sbobba*.

bobbista o **bobista** [da *bob*; 1935] **s. m. e f.** (pl. m. *-i*) ● Chi pratica lo sport del bob.

bobina [fr. *bobine*, di orig. onomat.; 1833] **s. f.** *1* Conduttore elettrico isolato, avvolto in spire a uno o più strati su un isolante o su un nucleo di ferro, il cui scopo è quello di realizzare un'induttanza | ***B. d'accensione***, negli autoveicoli, quella che trasforma la bassa tensione della batteria in alta tensione per le candele. *2* Lungo nastro di carta avvolto intorno a un'anima per la stampa di giornali e sim. su macchine da stampa rotative. *3* Rocchetto dove si avvolge la lenza: *b. del mulinello*. *4* Parte del caricatore sul quale viene avvolta la pellicola fotografica o cinematografica. *5* Insieme costituito da due dischi distanziati da un'anima centrale su cui si avvolge il nastro magnetico o la pellicola cinematografica pronta per la proiezione. *6* Cilindro sul quale si avvolge il nastro di fibre durante i vari passaggi di preparazione alla filatura.

bobinàre [1970] **v. tr.** ● In varie tecnologie, avvolgere in bobine.

bobinatóre [1955] **s. m.** (f. *-trice* (V.)) ● Operaio addetto alla bobinatura.

bobinatrìce [1942] **s. f.** *1* Operaia addetta alla bobinatura. *2* (*tess.*) Macchina per bobinare. SIN. Spolatrice.

bobinatùra [1931] **s. f.** ● Operazione del bobinare.

bobista ● V. *bobbista*.

†**bobólca** [vc. dotta, lat. **bubŭlca(m)* 'bifolca'; 1320 ca.] **s. f.** ● Biolca.

†**bobólco** o †**bubùlco** [vc. dotta, lat. *bubŭlcu(m)* 'bifolco, custode di buoi (*bŏves*)'; 1321] **s. m.** (f. *-a*; pl. m. *-chi*; pl. f. *-ce*) ● Bifolco.

bobtail /*ingl.* 'bɒb,teɪl/ [vc. ingl., propr. 'dalla coda (*tail*) mozzata (dal v. *to bob*)'] **s. m. inv.** ● Cane di razza inglese, originariamente da pastore, dal pelo grigio, folto e lungo, privo di coda e con grossa testa quadrata.

♦**bócca** [lat. *bŭcca(m)*, di etim. incerta; 1294] **s. f.** *1* (*anat.*) Cavità nella parte inferiore del capo, limitata dalle labbra, che costituisce la prima porzione del tubo digerente, ed è sede del senso del gusto e, nell'uomo, della parola | ***Respirazione b. a b.***, nel soccorso in casi di asfissia e sim., quella in cui l'aria è direttamente insufflata dal soccorritore alla persona soccorsa | ***B. fatta***, quella di un animale che presenta tutti gli incisivi permanenti | ***Duro, tenero di b.***, di cavallo poco o molto sensibile al freno. CFR. oro- (1), stomato-. ➡ ILL. p. 2127 ANATOMIA UMANA. *2* (*fig.*) In varie loc. con riferimento alla cavità anatomica | ***Restare a b. aperta***, per stupore, sbalordimento e sim. | ***Cadere in b. al nemico***, (*fig.*) finire proprio nel mezzo del pericolo | (*antifr.*) ***In b. al lupo!***, formula d'augurio a chi affronta una prova difficile o va incontro a una sorte incerta, a un pericolo e sim. | ***Avere, sentirsi il cuore in b.***, sentirlo battere molto forte per spavento, emozione e sim. | (*fig.*) ***Non ricordare dal naso alla b.***, essere di memoria molto corta. *3* (*fig.*) In varie loc., con riferimento alle funzioni nutritive e gustative | ***A b. asciutta***, digiuni | ***Restare, lasciare qlcu. a b. asciutta***, (*fig.*) rimanere deluso, deludere qlcu. | ***Avere, lasciare la b. buona, cattiva***, (*fig.*) restare soddisfatti, insoddisfatti | ***Essere di b. buona***, mangiare di tutto; (*fig.*) contentarsi facilmente | ***Essere di b. dolce***, delicato nel mangiare; (*fig.*) difficilmente contentabile | ***Fare la b. a qlco.***, abituarsi a qlco. | ***Rifarsi la b.***, togliere un cattivo sapore; (*fig.*) cancellare una cattiva impressione | ***Far venire l'acquolina in b.***, solleticare l'appetito; (*fig.*) far nascere il desiderio di qlco. | ***Togliersi il pane di b.***, (*fig.*) fare grandi sacrifici | ***Togliere, levare il pane di b. a qlcu.***, (*fig.*) privarlo anche del necessario per vivere | (*est.*) Persona a carico: *avere molte bocche da sfamare*. *4* (*fig.*) In varie loc., con riferimento alla funzione vocale | ***Non aprir b.***, non dir niente | ***Chiudere, cucire, tappare la b.***, (*fig.*) far tacere | (*fig.*) ***B. d'oro***, chi dice cose sagge e giuste | ***Tenere la b. chiusa, cucita***, tacere ostinatamente | ***Parlare, dire, suggerire, ammettere, rispondere a mezza b.***, con scarsa convinzione, con reticenza | ***Per b. di qlcu.***, per mezzo di altra persona | ***Cavar di b.***, (*fig.*) riuscire con fatica a far dire qlco. | ***Mettere in b. a qlcu.***, (*fig.*) suggerire o attribuire qlco. a qlcu. | ***Avere qlcu., qlco. in, sulla b.***, (*fig.*) parlarne sempre | ***Essere, andare sulla b. di tutti***, (*fig.*) dare adito a molte chiacchiere | ***Non avere né b. né orecchie***, (*fig.*) non voler parlare né ascoltare | ***Passare di b. in b.***, (*fig.*) di cosa riferita dall'uno all'altro | ***Lasciarsi sfuggire, scappare qlco. di b.***, (*fig.*) dire ciò che non si dovrebbe | ***Mettere b. in qlco.***, intromettersi | ***Togliere la parola di b. a qlcu.***, (*fig.*) anticiparlo mentre sta per parlare | ***Acqua in b.!***, silenzio! | ***Parole che riempiono la b.***, pompose e altisonanti | ***Essere la b. della verità***, (*fig.*) detto di persona sincera. **5** (*fig.*) Labbra: *baciare qlcu. sulla b.*; *picchiare, colpire sulla b.* | ***Storcere la b.***, fare smorfie per disgusto, rabbia, scherno e sim. **6** (*fig.*) Apertura di recipienti e oggetti svariati: *b. del sacco, di un vaso, della manica* | ***A raso b.***, di liquido che riempie completamente una bottiglia e sim. | (*metall.*) ***B. del forno***, l'apertura superiore del forno a tino, per l'introduzione del materiale | V. anche *boccadopera*. **7** (*tecnol.*) L'apertura compresa fra le ganasce di una pinza o una tenaglia, destinata a racchiudere il pezzo da afferrare o lavorare: *pinza a doppia b. per lattonieri e idraulici*. **8** Parte anteriore dell'anima di ogni arma da fuoco | ***B. da fuoco***, parte del pezzo d'artiglieria che serve per il lancio del proiettile; (*per est.*) pezzo d'artiglieria. ➡ ILL. p. 2121 ARCHITETTURA. **9** Foce di fiume: *b. di Magra* | (*al pl.*) Stretto passo di mare fra due terre: *Bocche di Bonifacio* | Stretto passo di montagna fra rocce a picco: *B. di Brenta* | ***B. del ghiacciaio***, apertura alla fronte del ghiacciaio dalla quale esce il torrente glaciale | ***B. vulcanica***, apertura nel suolo da cui escono i prodotti vulcanici. **10** (*bot.*) ***B. di leone***, antirrino | ***B. di lupo***, piccola pianta erbacea delle Labiate con foglie ovali, cordate e grandi fiori rosei o bianchi (*Melittis melissophyllum*). ➡ ILL. **piante**/8. **11** ***B. di dama***, pasta dolce a base di uova, mandorle e zucchero. **12** (*mil.*) ***B. di lupo***, difesa accessoria della fortificazione costituita da una luce troncoconica con uno o più pali aguzzi piantati verticalmente sul fondo. **13** (*edil.*) ***B. di lupo***, apertura di aerazione nella parete di un locale interrato, affacciata su un'intercapedine sotto il piano stradale e protetta da grate; nelle carceri, schermo di cemento posto davanti alle finestre che lascia filtrare la luce attraverso una fessura; (*est.*) la finestra munita di tale schermo. **14** (*mar.*) ***B. di lupo***, nodo scorsoio | ***B. di rancio***, piastra metallica sagomata in forma di tenaglia aperta, entro la quale passano le cime d'ormeggio. **15** (*elettron.*) ***B. irradiante***, terminazione aperta di guida d'onda, generalmente a forma di tromba, avente funzione di antenna. **16** (*idraul.*) ***B. d'acqua***, ogni apertura per far fluire un liquido all'esterno. **17** (*tess.*) ***B. d'ordito***, apertura che si forma per lasciar passare la navetta, durante il movimento dei licci. **18** Foratico, nella tonnara. **19** ***B. del martello***, la parte piana leggermente convessa con cui si batte. **20** (*arch.*) ***B. di lupo***, collegamento ortogonale tra due travi rettangolari. **21** (*anat.*) ***B. dello stomaco***, nel linguaggio comune, la regione superiore dell'addome che corrisponde all'epigastrio. || PROV. In bocca chiusa non entrano mosche. || **boccàccia**, **pegg.** (V.) | **bocchétta**, **dim.** (V.) | **bocchina**, **dim.** | **bocchino**, **dim. m.** (V.) | **boccùccia**, **dim.** (V.).

BOCCA
nomenclatura

bocca (cfr. sapore, gusto)
● *caratteristiche*: stretta ⇔ larga, regolare ⇔ irregolare, piccola ⇔ grande; di miele, di rosa, amorosa, sorridente, sensuale ⇔ fredda; aperta, spalancata ⇔ serrata, chiusa; amara = cattiva = impastata; sdentata;
● *parti della bocca*: mascella = osso mascellare superiore, mandibola = osso mascellare inferiore, ganascia, muscolo orbicolare;
● *labbra* (inferiore, superiore): sottili, grosse, carnose, tumide, sporgenti; vestibolo; gengiva; arcata dentale (superiore, inferiore);
● *denti* (corona, smalto, dentina, polpa; colletto, radice, apice, alveolo): incisivi, canini, premolari, molari;
● *cavità orale*: volta del palato, palato (duro, molle, velo pendulo = velo palatino), pavimento, frenulo = filetto, caruncole linguali, lingua (punta, faccia inferiore, faccia superiore, solco mediano, papille, margine laterale); tonsille; ugola; pilastri delle fauci, fauci; ghiandole salivari, saliva;
● *movimenti della bocca*: abbassamento ⇔ inarcazione; allungamento ⇔ accorciamento; protrusione ⇔ retrazione; laterizzazione, accartocciamento; smorfia;
● *funzioni della bocca*: masticazione, salivazione, insalivazione, deglutizione; respirazione, fonazione;
● *azioni*: chiudere ⇔ aprire, boccheggiare; mangiare, imboccare, masticare, mordere; succhiare, leccare, deglutire, bere; parlare, cantare, gridare, fischiare; sorridere, ridere; baciare; schioccare, fare boccacce, respirare, alitare, soffiare, sbuffare eruttare, sbadigliare; inumidirsi le labbra, umettare, salivare, sbavare, sputare = sputacchiare, scatarrare = scaracchiare = espettorare, sciacquarsi la bocca, gargarizzare = fare gli sciacqui = fare i gargarismi; imbavagliare = tappare;
● *termini medici*: stomatologia, stomatite, trisma, afta, collutorio.

bócca- [V. vc. precedente] primo elemento ● In parole composte significa 'apertura' in genere: *boccaporto, boccascena, boccadopera*.

boccaccésco [1765] **agg.** (**pl. m.** *-schi*) **1** Boccacciano. **2** (*est.*) Licenzioso, salace come in certe novelle del Boccaccio: *storielle boccaccesche*; *situazione boccaccesca*. || **boccaccescaménte**, **avv.** Licenziosamente.

boccaccévole [1539] **agg.** ● (*lett.*, *spreg.*) Boccaccesco, detto spec. della lingua e dello stile di imitatori del Boccaccio.

boccàccia [av. 1584] **s. f.** (**pl.** *-ce*) **1** Pegg. di *bocca*: *aprì la b. sdentata e fetida* (PIRANDELLO) | Bocca amara. **2** Smorfia fatta colla bocca, per disgusto, scherno e sim.: *fare le boccacce*. **3** (*fig.*) Persona maldicente o sboccata: *è una maledetta b. che non sa tacere*.

boccacciàno [1765] **agg.** ● Che è proprio dello scrittore G. Boccaccio (1313-1375).

boccadòpera o **bócca d'òpera** [comp. di *bocca d(i) opera*; 1879] **s. f.** (**pl.** *bocchedòpera*) ● Boccascena.

boccadòro [trad. del soprannome dell'eloquente padre della Chiesa S. Giovanni *Crisostomo*, in gr. *Chrysóstomos*, comp. di *chrysós* 'oro' e *stóma* 'bocca'; 1887] **s. m. inv.** **1** Epiteto di S. Giovanni patriarca di Costantinopoli. **2** (*est.*) Persona di grande eloquenza | (*iron.*) Persona saccente e troppo loquace.

boccàglio [da *bocca*; 1824] **s. m.** **1** (*idraul.*) Parte terminale di un tubo di scarico **2** (*idraul.*) Apparecchio di strozzamento per la misurazione della portata di un fluido in pressione. **3** Imboccatura di vari strumenti e apparecchi: *b. del megafono, del respiratore*.

boccàle (**1**) [lat. tardo *baucàle(m)*, dal gr. *baukális*, di orig. egiz.; 1390] **s. m.** **1** Recipiente panciuto, fornito di manico e talvolta di beccuccio: *b. di terracotta, di vetro* | ***A boccali***, (*fig.*) abbondantemente. **2** Quantità di liquido contenuto in un boccale: *un b. di birra*. **3** Misura di capacità per liquidi, variante da 1 0,8 a 1 2,2. || **boccalétto**, **dim.** | **boccalino**, **dim.**

boccàle (**2**) o **buccàle** [da *bocca*; 1941] **agg.** ● (*anat.*) Pertinente alla bocca: *mucosa b.*

boccalerìa [da *boccale* (*1*); 1934] **s. f.** ● Arte della maiolica in genere.

boccalino [da *bocca*, come 'apertura all'estremità'; av. 1311] **s. m.** ● Boccaglio terminale delle manichette di tela delle tubazioni d'incendio e di lavaggio a bordo delle navi.

boccalóne [1936] **s. m.** (**f.** *-a*) **1** Chi ha la bocca larga | Chi sta abitualmente a bocca aperta | (*est.*) Piagnucolone, spec. bambino. **2** (*fig.*) Persona volgare e sboccata | (*est.*) Persona maldicente.

boccàme [da *bocca*, come 'estremità (di colata)'; 1853] **s. m.** ● Materiale di recupero di fonderia proveniente dalla sbavatura del pezzo.

†**boccapòrta** **s. f.** ● Boccaporto.

boccapòrto [comp. di *bocca-* e *porto*; 1612] **s. m.** **1** Apertura munita di portello di chiusura a tenuta stagna, ricavata sul ponte delle navi, che immette nei locali sottostanti e nelle stive. **2** (*ferr.*) Apertura praticata nella parete anteriore del focolare delle caldaie a vapore per l'introduzione del combustibile. || **boccaportèllo dim.**

boccaròla [da *bocca*; 1942] **s. f.** ● (*pop.*) Fastidiosa lesione cutanea agli angoli della bocca.

boccascèna [comp. di *bocca-* e *scena*; 1858] **s. m. inv.** e (*raro*) **f.** (**pl. f.** *-e*) ● Apertura del palcoscenico verso la platea | L'insieme degli elementi scenografici che incorniciano tale apertura. SIN. Boccadopera.

boccàta [lat. parl. **buccàta(m)*, da *bùcca* 'bocca'; sec. XIV] **s. f.** **1** Ciò che si può tenere o prendere in bocca in una sola volta: *una b. di pane, di fumo, d'acqua* | ***Prendere una b. d'aria***, uscire per una breve passeggiata. **2** †Colpo sulla bocca a mano aperta. SIN. Labbrata. || **boccatina**, **dim.**

†**boccatùra** **s. f.** ● (*mil.*) Calibro.

boccétta [av. 1571] **s. f.** **1** Dim. di *boccia*. **2** Bottiglietta: *una b. di profumo*. **3** Bilia di avorio più piccola delle normali palle da biliardo. **4** (*al pl.*) Gioco analogo alle bocce ma praticato sul biliardo. || **boccettina**, **dim.** | **boccettùccia**, **dim.**

boccheggiaménto [1666] **s. m.** ● Il boccheggiare: *il b. del pesce fuor d'acqua*.

boccheggiànte [av. 1600] **part. pres.** di *boccheggiare*; anche **agg.** ● Nei sign. del v.: *essere b. per l'afa* | (*est.*) Agonizzante, moribondo | (*fig.*) ***Un'azienda b.***, in gravissima crisi.

boccheggiàre [da *bocca*; 1481] **v. intr.** (*io bocchéggio*; aus. *avere*) ● Aprire e chiudere la bocca, respirando affannosamente e muovendo le labbra ma senza emettere alcun suono: *i pesci fuor d'acqua boccheggiano*; *l'asmatico boccheggiava* | (*est.*) Agonizzare | (*fig.*) Essere in crisi, stare per finire.

bocchèllo [dim. di *bocca*; av. 1519] **s. m.** ● Piccola apertura negli argini dei canaletti d'irrigazione o di scolo per il deflusso delle acque.

bocchétta [av. 1537] **s. f.** **1** Dim. di *bocca*. **2** Piccola apertura o imboccatura di vasi, canali, tubi, strumenti a fiato, e sim. **3** Borchia o cornicetta metallica che orna e protegge la toppa della serratura. **4** ***B. stradale***, coperchio traforato di ghisa o di pietra che copre i tombini. **5** Nella scarpa, striscia di pelle che, partendo dalla tomaia, fascia il collo del piede. **6** Valico, sella, varco in una cresta montuosa, in genere all'estremità di un vallone. || **bocchettina**, **dim.** | **bocchettóne**, **dim. m.** (V.).

bocchettóne [accr. di *bocchetta*; 1962] **s. m.** **1** Imboccatura di un tubo o serbatoio gener. munita di raccordo per valvola, tappo o sim. a chiusura ermetica. **2** (*mecc.*) Elemento filettato di giunzione fra tubi.

bocchino [av. 1561] **s. m.** **1** Dim. di *bocca* | Smorfia fatta stringendo le labbra. **2** Nelle antiche armi da fuoco portatili, pezzo metallico all'estremità anteriore della cassa che guarnisce l'imboccatura del canale della bacchetta | Risalto per fissare la baionetta nei fucili. **3** Piccola imboccatura di alcuni strumenti a fiato. **4** Cannellino di foggia e materiale vari in cui si infila la sigaretta o il sigaro da fumare | Parte della sigaretta che si pone tra le labbra, di solito costituita dal filtro | Imboccatura della pipa. **5** (*volg.*) Fellatio.

bòccia [etim. incerta; 1499] **s. f.** (**pl.** *-ce*) **1** (*raro, scherz.*) Capo, testa: *mi duole la b.* **2** Vaso tondeggiante di vetro o cristallo per acqua o vino. **3** Palla di legno duro o di materiale sintetico usata in alcuni giochi: *b. da bowling*. **4** (*al pl.*) Gioco tra due giocatori o due squadre, in cui vince chi manda le proprie bocce più vicino al boccino: *giocare, fare una partita alle bocce* | (*fig.*) ***Ragionare a bocce ferme***, a cose fatte, dopo che la situazione si è stabilizzata. **5** †Pustola della pelle. SIN. Bolla. **6** (*lett.*) Bocciolo di fiore. || **boccétta**, **dim.** (V.) | **boccettino**, **dim. m.** | **boccino**, **dim. m.** (V.) | **bocciòlo**, **dim. m.** (V.) | **bocciolina**, **dim.** | **boccióna**, **accr.** | **boccióne**, **accr. m.**

bocciàrda [fr. *boucharde*, adatt., per sovrapposizione di *bouche* 'bocca', di *bocard*, dal ted. *Pochwerk* 'utensile (*Werk*) per battere (*pochen*)'; 1955] **s. f.** **1** Strumento di ferro, simile a un pestello, usato per rendere zigrinata la superficie dei battuti di cemento. **2** Martello con bocca munita di punte piramidali usato per lavorare le pietre.

bocciardàre [1983] **v. tr.** ● Trattare con la bocciarda o la bocciardatrice la superficie di pietre o battuti di cemento.

bocciardàto **part. pass.** di *bocciardare*; anche **agg.** ● Detto di superficie di pietra o di battuto di cemento trattati con una bocciarda o una bocciardatrice.

bocciardatrice [1987] **s. f.** ● Macchina utensile per bocciardare.

bocciardatùra [1618] **s. f.** ● Trattamento di una superficie di pietra o di cemento mediante una bocciarda o una bocciardatrice.

♦**bocciàre** o (*raro*) **sbocciàre** (**2**) nel sign. 3 [da *boccia*, nel sign. 3; nei sign. 1 e 2, sul modello dell'ingl. *to blackball* 'dar palla nera'; 1863] **A** **v. tr.** (*io bòccio*) **1** Respingere: *b. una legge, una proposta, un emendamento*. **2** Respingere agli esami: *l'hanno bocciato e dovrà ripetere l'anno*. **3** Nel gioco delle bocce, lanciare a parabola una boccia per colpire e spostare quella avversaria o il boccino. **B** v. intr. (aus. *avere*) *1* (*fam.*) Urtare, scontrarsi con l'automobile. *2* Effettuare una bocciata.

bocciàta [1941] s. f. *1* Nel gioco delle bocce, lancio a parabola per colpire e spostare una boccia o il boccino. *2* (*fam.*) Urto, scontro con l'automobile.

bocciatóre [1930] s. m. (f. *-trice*) ● Nel gioco delle bocce, chi effettua la bocciata.

bocciatùra [1880] s. f. *1* Il fatto di venire respinto, bocciato: *la b. di una proposta di legge*; *la b. di uno studente*. CONTR. Approvazione, promozione. *2* (*fam.*) Urto, scontro con l'automobile | Ammaccatura della carrozzeria causata dallo scontro.

boccino [1863] s. m. *1* Dim. di *boccia*. *2* (*raro, scherz.*) Capo, testa: *girare, rompere il b.* *3* Nel gioco delle bocce, la palla più piccola alla quale si devono accostare le proprie bocce più di quelle avversarie per realizzare punti. SIN. Pallino.

bòccio [forma m. di *boccia*; av. 1722] s. m. *1* Bocciolo, spec. nella loc. *in b.* | ***Un fiore in b.***, non ancora sbocciato (*anche fig.*): *garofani in b.*; *una fanciulla in b.* *2* †Bozzolo, nel sign. di *bozzolo* (*1*).

bocciòdromo, (*evit.*) **bocciodròmo** [comp. di *boccia* e *-dromo*; 1942] s. m. ● Impianto attrezzato con vari campi per il gioco delle bocce.

bocciòfila [1928] s. f. ● (*ellitt.*) Società bocciofila.

bocciòfilo [comp. di *boccia* e *-filo*; 1930] **A** agg. ● Relativo al gioco delle bocce | ***Società bocciofila***, associazione che propaganda il gioco delle bocce; (*est.*) luogo dove si pratica, anche a livello agonistico, il gioco delle bocce. **B** s. m. (f. *-a*) ● Chi pratica il gioco delle bocce.

bocciòlo o (*raro*) **bòcciolo**, (*lett.*) **bocciuòlo**, **bucciòlo** (1) [dim. di *boccio*; av. 1320] s. m. *1* Fiore che non è ancora sbocciato | ***Essere un b. di rosa***, (*fig.*) detto di donna giovane e graziosa. *2* (*tosc., lett.*) Tratto della canna fra un nodo e l'altro | (*est.*) Cannello di vari materiali e con varie funzioni: *il b. della botte*. *3* (*mecc.*) Camma, eccentrico: *un b. dell'albero di distribuzione*. *4* (*tosc., lett.*) Parte del candeliere in cui viene infilata la candela. || **bocciolétto**, dim. | **bocciolóne**, accr.

bóccola (1) (o *-ò-*) [lat. *bŭccula(m)*, dim. di *bŭcca* 'bocca' e anche 'pomo dello scudo'; sec. XIII] s. f. *1* Borchia, fibbia ornamentale. *2* (*mecc.*) Corpo cilindrico cavo di bronzo o di acciaio usato come supporto, cuscinetto o guida di perni e sim. *3* (*ferr.*) Nel materiale rotabile, organo destinato a trasmettere il carico ai fusi, a lubrificarli e a proteggerli. *4* (*elettr.*) Tipo di presa fissa unipolare. *5* Anello di ferro che fascia la testata di un legno soggetto a notevole pressione. *6* Nelle armature antiche, umbone o brocco della rotella. *7* Nel pattinaggio artistico, figura obbligatoria composta di due cerchi e due occhielli. *8* Nel tessuto a maglia, ansa formata da un capo di filato intrecciantesi con sé stesso o con altri fili disposti parallelamente. *9* (*falegnameria*) Cilindretto, inserito nel truciolare, che garantisce un solido collegamento con viti dei vari pezzi che compongono mobili, scaffalature e sim.

bóccola (2) (o *-ò-*) ● V. *buccola*.

bóccolo (o *-ò-*) o **bùccolo** [da *boccola* (2); 1845] s. m. ● Ciocca di capelli avvolta a spirale. || **boccolétto**, dim. | **boccolòtto**, dim. | **boccolóne**, accr.

†bocconàta [av. 1625] s. f. ● (*raro*) Boccone.

bocconcino [av. 1556] s. m. *1* Dim. di *boccone*. *2* Boccone molto saporito | (*est.*) Cibo squisito: *sa preparare certi bocconcini!* | (*fig.*) Giovane donna molto desiderabile: *Vecchiaccio rabbioso, questo b. non è per te* (GOLDONI). *3* Piccola palla di ricotta fritta, specialità della cucina romana. *4* Piccola mozzarella di forma tondeggiante, del peso di circa 50 grammi. *5* (*al pl.*) Spezzatino.

♦**boccóne** [da *bocca*; av. 1306] s. m. *1* Quantità di cibo che si può mettere in bocca in una sola volta: *un b. di pane, di minestra* | ***Mangiare, prendere, mandar giù un b.***, mangiare poco o in fretta | ***Guadagnarsi un b. di pane***, (*fig.*) tanto da vivere | ***Levarsi il b. di bocca***, (*fig.*) privarsi del necessario per darlo agli altri | ***Contare i bocconi***, (*fig.*) dare da mangiare in quantità appena sufficiente | ***B. da re***, (*fig.*) squisito | ***B. del prete***, (*fig.*) parte posteriore del pollo | ***Bocconi amari***, (*fig.*) umiliazioni, rimproveri. *2* (*est., fig.*) Piccola quantità di qlco. | ***A pezzi e bocconi***, poco per volta. *3* (*est.*) Cibo, pasto | ***Fra un b. e l'altro***, durante il pasto | ***Avere ancora il b. in bocca***, (*fig.*) avere appena finito di mangiare | (*fig.*) Cosa che piace, che si desidera: *è un b. che fa gola a molti*. *4* †Grossa pillola medicinale | Pezzetto di carne o altro cibo avvelenato, per animali | Esca, trappola. || **bocconcèllo**, dim. | **bocconcètto**, dim. | **bocconcino**, dim. (V.) | **bocconcióne**, accr.

boccóni o (*raro*) **boccóne** [da *bocca*; sec. XIV] avv. ● Stando disteso sul ventre con la faccia in giù: *giacere, dormire, cadere b.* SIN. Prono. CONTR. Supino.

bocconiàno [1960] agg.; anche s. m. (f. *-a*) ● Che (o Chi) si è laureato o ha frequentato un corso di studi all'università Bocconi di Milano.

boccùccia [1353] s. f. (pl. *-ce*) *1* Dim. di *bocca* | ***Fare b.***, mostrare disgusto o disprezzo. *2* (*est.*) Persona schifiltosa.

boccùto [1894] agg. ● (*raro, lett.*) Che ha grande bocca.

†bóce ● V. *voce*.

boche /fr. bɔʃ/ [vc. fr., da (*Al*)*boche*, alteraz one gerg. di *Allemand* 'tedesco', attraverso *Allemoche*] s. m. ● (*spreg.*) Tedesco, per i francesi.

bòcia [vc. veneta, di etim. incerta; 1919] s. m. inv. ● (*sett.*) Ragazzo | (*est., gerg.*) Recluta degli alpini.

†bociàre e *deriv.* ● V. *vociare* e *deriv.*

bòdda ● V. *botta* (*2*).

bodìno ● V. *budino*.

†bòdola ● V. *botola*.

bodóni [dal n. del tipografo G. *Bodoni* (1740-1813); 1965] s. m. inv. ● Carattere tipografico moderno dall'occhio rotondo e marcato.

bodoniàno [1789] agg. ● Che è proprio del tipografo Bodoni: *edizioni bodoniane* | Che ha o imita lo stile di Bodoni: *carattere b.* | (*ellitt.*) ***Alla bodoniana***, detto di rilegatura di libri eseguita con semplice cartoncino.

†bodrière ● V. *†budriere*.

body /ingl. 'bɒdi/ [vc. ingl., propr. 'corpo', di orig. germ.; 1966] s. m. inv. (pl. ingl. *bodies*) ● Indumento intimo femminile che riunisce in un solo pezzo corpetto e mutandine | Indumento analogo, anche maschile, usato in varie attività sportive.

body art /ingl. 'bɒdi,ɑːt/ [loc. ingl., propr. 'arte (*art*) del corpo (*body*)'; 1975] loc. sost. f. inv. ● Movimento e fenomeno artistico degli anni 1960-70, in cui il corpo dell'artista diventa esso stesso strumento espressivo grazie a gesti e azioni dimostrative da questo compiute.

body building /bɔdi'bildin(g), ingl. 'bɒdi-ˌbɪldɪŋ/ [loc. ingl., comp. di *body* 'corpo' (V. *body*) e *building*, part. pres. di *to build* 'fabbricare, trasformare' (d'orig. germ.); 1983] loc. sost. m. inv. ● Culturismo.

body copy /ingl. 'bɒdi,kɒpi/ [dall'ingl. *body* 'corpo' e *copy* 'testo'; 1988] s. m. inv. (pl. ingl. *body copies*) ● Testo descrittivo di uno slogan pubblicitario.

body painting /'bɔdi 'peintin(g), ingl. bɒdɪ pheɪntɪŋ/ [loc. ingl., propr. 'arte (*art*) di pittura (*painting*) del corpo (*body*)'; 1983] loc. sost. m. inv. ● Tecnica pittorica in cui viene dipinto il corpo umano oppure il corpo umano cosparso di colore viene utilizzato per dipingere. CFR. Body art.

Boeing® /'bɔin(g), ingl. bɔɪŋ/ [vc. ingl., dal n. dell'omonima compagnia aerea che costruì il suo primo aereo nel 1916] s. m. inv. ● Nome commerciale di aviogetti di grandi dimensioni per il trasporto di passeggeri e merci.

boèmo [lat. *Boihaēmiu(m)*, appartenente alla tribù celt. dei *Boi*; 1483] **A** agg. ● Della Boemia, regione della Repubblica Ceca: *popolo b.*; *lingua boema*. **B** s. m. (f. *-a*) ● Abitante della Boemia.

boèro [neerl. *Boer*, lett. 'contadino', di orig. dial.; 1899] **A** agg. ● Relativo ai coloni olandesi trapiantatisi nel Sud Africa nel XVII secolo: *popolazione boera*; *guerra anglo-boera*. **B** s. m. *1* (f. *-c*) Chi appartiene alla popolazione boera. *2* Grosso cioccolatino, contenente liquore e una ciliegia sotto spirito.

bòffice [da *suffice* con sovrapposizione onomat. di *boff* (?); av. 1660] agg. *1* (*raro*) Soffice, morbido | ***Pane b.***, molto lievitato. *2* (*lett.*) Grassoccio, paffuto.

bofonchiàre o **†bifonchiàre**, **†bufonchiàre**, (*pop.*) **ṣbofonchiàre**, (*raro, pop.*) **ṣbufonchiàre** [da *bofonchio*; 1300 ca.] v. intr. e tr. (*io bofónchio*; aus. *avere*) ● Brontolare, borbottare: *se ne andò bofonchiando*; *cominciò subito a b. e a piangere* (COLLODI).

bofónchio (1) [lat. parl. **bufŭnculu(m)*, da *bufōne(m)*, var. region. di *bubōne(m)* 'gufo'; 1726] s. m. ● (*tosc.*) Calabrone.

bofonchio (2) [deriv. di *bofonchiare*; 1901] s. m. ● Un bofonchiare insistente e prolungato: *riscotendosi al fitto b. precipitoso della sorella* (PIRANDELLO).

bòga o **bóga** [lat. *bōca(m)*, dal gr. *bóax*, *bôx*, acc. *bôka*, fatto deriv. da *boê* 'grido, rumore', perché ritenuto l'unico pesce capace di gridare; 1797] s. f. ● (*zool.*) Pesce osseo appartenente ai Perciformi dal corpo allungato ricoperto di squame sottili, grigie dorsalmente e bianche sul ventre (*Boops boops*). SIN. Boba.

bogàra [da *boga*; 1797] s. f. ● Lunga rete per la pesca delle boghe alle foci dei fiumi.

†bogliènte ● V. *bollente*.

boglìre ● V. *bollire*.

boh /bo?, boh, bo/ o **bo** [1823] inter. ● Esprime incertezza, noncuranza, incredulità, disprezzo.

bohème /fr. bɔ'ɛm/ [fr. *bohème* 'boemo' e 'zingaro', diffuso con le *Scènes de la vie de bohème* di H. Murger (1822-1861) e con l'omonima opera di G. Puccini (1858-1924); 1858] s. f. inv. ● Vita libera, disordinata e anticonformista, tipica di giovani artisti poveri | Insieme di artisti che conducono tale vita.

bohémien /fr. bɔe'mjɛ̃/ [1883] **A** s. m. inv. (f. fr. *bohémienne*) ● Chi conduce una vita di bohème. **B** anche agg.: *un artista b.*

bohémienne /fr. bɔe'mjɛn/ [vc. fr., *bohemiénne* 'zingaresca' (da *bohémien* 'zingaro', ritenuto proveniente dalla *Boemia*); 1905] s. f. inv. ● Danza popolare simile alla mazurca.

bòhrio /'bɔrjo/ [dal n. del fisico danese Niels *Bohr* che lo ha scoperto nel 1976] s. m. ● Elemento chimico transuranico artificiale di numero atomico 107. SIMB. Bh.

bòia [lat. *bōia(m)* 'catena, ceppo', dal gr. *boêiai* (sottinteso *dorai*) '(corregge) di cuoio di bue'; 1481] **A** s. m. inv. *1* Chi deve eseguire la sentenza capitale | ***Essere il b. di qlcu.***, (*fig.*) tormentare qlcu. in modo spietato, crudele. SIN. Carnefice. *2* (*est.*) Delinquente, mascalzone: *è un vero b.* | ***Faccia, espressione da b.***, viso sinistro, truce. *3* Nelle loc. inter. ***b. d'un mondo!***; ***b. d'un cane!***; ***b. d'una miseria!*** e sim. per esprimere ira, disappunto, rabbia e sim. **B** in funzione di agg. inv. ● Cattivo, tristo, spec. in loc. inter.: ***mondo b.!***; ***b. cane!***; ***miseria b.!*** | (*iperb.*) Insopportabile, terribile: *caldo, freddo b.*

boiàcca [etim. incerta; 1931] s. f. ● (*edil.*) Malta cementizia fluida usata, durante la messa in opera di piastrelle e mattoni di rivestimento, per unirli fra loro e farli aderire al pavimento o alla parete.

boiardésco agg. (pl. m. *-schi*) ● Che è proprio del poeta M. M. Boiardo (1441-1494): *poesia boiardesca*.

boiàrdo o **boiàro** [russo *bojar*, di etim. discussa: dall'agg. turco (ant.) *bai* 'ricco' col suff. persiano *-ar*, cioè 'uomo ricco, nobile' (?); av. 1557] s. m. *1* In epoca zarista, nobile russo o slavo proprietario terriero. *2* (f. *-a*) (*fig., spreg.*) Alto dirigente, spec. di un ente economico pubblico.

boiàta [da *boia*; 1873] s. f. ● (*pop.*) Carognata, mascalzonata: *è una delle sue solite boiate* | (*raro*) Stupidaggine: *smettila di dire boiate!* | Cosa fatta o riuscita malissimo: *questo libro è una gran b.*

boicottàggio [fr. *boycottage*, da *boycotter* 'boicottare'; 1888] s. m. ● Attività consistente nel boicottare o (*est.*) nell'ostacolare qlcu. o qlco.

boicottàre [fr. *boycotter*, dall'ingl. *to boycott* 'comportarsi come i coloni di lord Erne verso il suo inumano amministratore, capitano C.C. *Boycott* (1832-1897), contro il quale attuarono varie forme di rappresaglia'; 1881] v. tr. (*io boicòtto*) *1* Danneggiare economicamente un imprenditore o uno Stato produttore di determinati beni sottraendogli elementi indispensabili alla produzione o impedendo la vendita delle merci prodotte. *2* (*est.*) Ostacolare la riuscita di qlco.: *hanno boicottato tutte le nostre iniziative* | Ostacolare l'attività di qlcu., isolare qlcu.

boicottatóre [1965] s. m.; anche agg. (f. *-trice*) ● Chi (o Che) boicotta.

Bòidi [vc. dotta, comp. di *bo(a)* (*1*) e del suff. *-idi*;

1930] s. m. pl. (sing. *-e*) ● Nella tassonomia animale, famiglia di Rettili comprendente specie di grande mole, prive di veleno, ma dotate di grande forza muscolare (*Boidae*).

bòiler /'bɔiler, *ingl.* 'bɔɛləɹ/ [ingl. *boiler* 'bollitore'; 1960] **s. m. inv.** ● Scaldaacqua ad accumulazione.

bòina /sp. *°*'bɔina/ [vc. sp., di orig. basca; av. 1936] **s. f.** (**pl. sp.** *boinas*) ● Berretto basco.

boiserie /fr. bwazə'ʀi/ [vc. fr., da *bois* 'legno' (dal sign. originario di 'bosco'); 1962] **s. f. inv.** ● Rivestimento ligneo di pareti variamente lavorato e decorato.

boîte /fr. bwat/ [vc. fr., propr. 'scatola', dal lat. parl. *būxida* 'scatola di bosso', come *bussola* (V.); 1905] **s. f. inv.** ● Piccolo locale notturno: *le boîtes di Parigi*.

bolarmènico o **bolarmèno** [vc. dotta, comp. di *bolo* e *armenico* 'armeno', dalla regione di provenienza; av. 1320] **s. m.** (**pl.** *-ci*) ● Bolo nel sign. 4.

bolcióne ● V. *bolzone*.

boldina s. f. ● Alcaloide estratto dal boldo, dotato di azione coleretica e colagoga.

bòldo [sp. *boldo*, da una lingua dell'America merid.; 1950] **s. m.** ● Piccolo albero originario del Cile con fiori biancastri e foglie coriacee ovali di odore aromatico, usate come rimedio nelle affezioni epatiche (*Peumus boldus*).

boldóne [lat. *bŏtulum(m)* 'salsiccia', di etim. incerta, con sovrapposizione di altra parola; av. 1556] **s. m.** ● (*sett.*) Sanguinaccio.

boldróne [etim. incerta; 1370] **s. m.** ● Vello o pelle di pecora con tutta la lana.

bolentino [genov. *bolentin*, propr. 'volantino', cioè oggetto che vola; sec. XII] **s. m.** ● Lenza a mano per pesca sul fondo, spec. in mare, con più ami e grosso piombo terminale.

boléro [sp. *bolero*, di etim. incerta; 1828] **s. m.** *1* Musica e danza popolare spagnola, forse d'origine araba, in ritmo ternario. *2* Corto giacchetto maschile, aperto sul davanti, caratteristico del costume spagnolo | Indumento femminile di foggia analoga, ma senza maniche. *3* Cappello di feltro, tipico dei toreri, a tesa diritta, gener. ornato di nappe. || **bolerino**, dim. nel sign. 2.

boléto o **bolèto** [lat. *bolētu(m)*, di etim. incerta; av. 1498] **s. m.** ● Genere di Funghi basidiomiceti delle Poliporacee, comprendente varie specie per lo più commestibili, tra cui il porcino, caratterizzate da un cappello al di sotto del quale si trovano numerosi tubuli rivestiti dall'imenio | *Boletus satana*, fungo velenoso con cappello grigio-biancastro con piccoli tubuli gialli e piccoli pori rossi, la cui carne diviene azzurra se esposta all'aria.

bolgétta [av. 1536] **s. f.** *1* Dim. di *bolgia*. *2* (*lett.*) Borsa chiusa di pelle per documenti e sim. *3* Borsa dei postini.

bòlgia [ant. fr. *bolge* 'valigia', dal lat. *būlga*, di orig. gallica; 1313] **s. f.** (**pl.** *-ge*) *1* †Borsa, bisaccia, valigia | Ampia tasca di stoffa o cuoio, per attrezzi e strumenti. *2* (*per anton.*) Ciascuna delle dieci fosse dell'ottavo cerchio dell'Inferno dantesco. *3* (*fig.*) Luogo in cui vi è agitazione, tumulto, confusione: *che b.!* || **bolgétta**, dim. (V.).

bòlide [vc. dotta, lat. *bŏlide(m)*, dal gr. *bolís*, genit. *bolídos* 'oggetto lanciato', da *bállein* 'lanciare'; 1819] **s. m.** *1* (*astron.*) Meteorite assai luminosa e durevole. *2* (*est.*) Ciò che è dotato di grande velocità: *è passato come un b.*; *sull'autostrada va come un b.* | Nel calcio e sim., tiro in porta di notevole potenza. *3* Automobile da corsa: *i bolidi di Les Mans*. *4* (*fam., scherz.*) Persona grossa e corpulenta.

bolìna o **borìna**, **bulìna**, **burìna** [fr. *boline*, dall'ingl. *bowline*, comp. di *bow* 'prua' e *line* 'cavo'; av. 1470] **s. f.** (*mar.*) Nell'attrezzatura velica tradizionale, manovra usata per tesare verso prua la caduta verticale della vela quadra in modo che questa prenda meglio il vento | Andatura di un'imbarcazione a vela la cui rotta forma con la direzione del vento un angolo inferiore a 90°: *navigare, andare di b.* | *B. stretta*, stringendo il vento al massimo | *B. larga*, quella con un angolo di 45°-90°. ➡ **ILL.** p. 2155 SPORT.

bolinàre [1829] **v. tr.** e **intr.** (aus. *avere*) *1* Tesare le boline. *2* (*raro*) Andare in bolina.

bolìvar [ant. fr. *bolgia*/[dal n. dell'eroe sudamericano Simón *Bolívar* (1783-1830); 1937] **s. m. inv.** (**pl. sp.** *bolivares*) ● Unità monetaria del Venezuela. SIMB. Bs.

boliviàno [1930] **A agg.** ● Della Bolivia. **B s. m.** *1* (f. *-a*) Abitante, nativo della Bolivia. *2* Unità monetaria della Bolivia.

◆**bólla** (1) o †**búlla** [lat. *būlla(m)* 'bolla d'acqua', vc. di orig. espressiva che rimanda all'idea di rotondità; 1313] **s. f.** *1* Rigonfiamento di forma pressoché sferica che si forma sui liquidi per ebollizione o depressione | *B. di sapone*, quella che si ottiene soffiando aria, con una cannuccia, nell'acqua saponata | (*fig.*) cosa effimera | *È finito tutto in una b. di sapone*, (*fig.*) nel nulla | (*borsa*) *Bolla speculativa* o (*ellitt.*) *bolla*, aumento del valore di un titolo azionario per l'aspettativa di una costante crescita della sua quotazione e non sulla base del suo effettivo valore o delle reali possibilità di futuri utili (calco sull'ingl. *South Sea Bubble*, il clamoroso crollo finanziario della Compagnia dei mari del Sud, avvenuto a Londra nel 1720) | *In b.*, perfettamente orizzontale, con riferimento alla livella a bolla d'aria. *2* (*med.*) Raccolta di liquido sieroso negli strati superficiali della cute, più grande della vescicola. CFR. fiso-. *3* (*bot.*) Malattia fungina che si manifesta su germogli, frutti e foglie di alcune piante con rigonfiamenti e ispessimenti dei tessuti. *4* Occlusione gassosa che rimane nel vetro o nel metallo fuso per difetto di affinaggio. *5* Rigonfiamento sferoidale in vetro che è parte di alcuni apparecchi chimici e che ha diverse funzioni: *gorgogliatore, refrigerante a b.*; *b. di syracusa* | Apparecchio per concentrare nel vuoto soluzioni sciroppose, conserve, succhi alimentari e sim., usato spec. negli zuccherifici. *6* Difetto di tessitura costituito da rigonfiamenti del tessuto. || **bollicèlla**, dim. | **bolliciàttola**, pegg. | **bollicina**, dim. | **bollicola**, dim. | **bollùccia**, dim. | **bollùcola**, dim.

bólla (2) o †**búlla** [lat. *būlla(m)*, che designava la 'borchia d'oro o di cuoio, che i giovani patrizi romani portavano al collo'; poi (dal VI sec.) quella 'simile nella forma, di piombo, attaccata ad atti e lettere, quindi la lettera stessa'. Tutte est. del sign. fondamentale e primitivo di 'bolla d'acqua' (V. *bólla* (1)); av. 1304] **s. f.** *1* (*ant.*) Sigillo di metallo recante un'impronta su ciascuna faccia | Impronta di un sigillo apposta per l'autenticazione di atti. *2* (*st.*) Lettera papale o episcopale munita di sigillo | Diploma degli imperatori del Sacro Romano Impero. *3* Ricevuta, rilasciata a prova dell'avvenuta consegna di merce o dell'avvenuto pagamento di diritti: *b. di spedizione, di carico, di scarico, di consegna, di accompagnamento*. *4* (*org. az.*) Nella catena di montaggio, ordine dato agli operai per iniziare un lavoro. *5* Nell'antica Roma, ciondolo ornamentale. *6* (*lett.*) Borchia ornamentale d'oro o d'argento. || **bollétta**, dim. (V.).

bollandìsta [dal n. del gesuita J. *Bolland* (1596-1665); 1759] **s. m.** e **f.** (**pl. m.** *-i*) ● Scrittore di vite di santi secondo l'ordine dei giorni e dei mesi, in continuazione dell'opera iniziata nel XVII sec. dal gesuita Bolland.

bollàre [lat. *bullāre*, da *būlla* 'bolla (2)'; sec. XIII] **v. tr.** (*io bóllo*) *1* Applicare un bollo su un documento, un atto e sim. per comprovarne la validità o attestare l'avvenuto pagamento di un tributo: *b. un registro, la merce, il passaporto*. *2* (*fig.*) Segnare con marchio o traccia disonorevole: *le sue azioni lo bolleranno d'infamia*. SIN. Infamare, tacciare. *3* (*raro, fig.*) Ingannare, danneggiare.

bollàrio [1664] **s. m.** ● Raccolta di bolle pontificie.

bollàto [1312] **part. pass.** di *bollare*; anche **agg.** *1* Nei sign. del v. | *Carta bollata*, carta da bollo. *2* (*fig.*) Disonorato, infamato: *b. a vita*.

bollatóre [1863] **s. m.** (f. *-trice*) ● Chi bolla documenti, lettere e sim.

bollatrìce [1970] **s. f.** ● Macchina per apporre bolli, timbri e sim.

bollatùra [1337] **s. f.** ● Operazione del bollare.

bollazióne s. f. ● (*bur.*) Bollatura.

bollènte o †**bogliènte** [1313] **part. pres.** di *bollire*; anche **agg.** *1* Nei sign. del v. *2* (*fig.*) Caldissimo: *il brodo appena versato è b.* | (*fig.*) Ardente, focoso: *temperamento, carattere b.*

bollétta (1) o (*raro*) **bullétta** [1325] **s. f.** *1* Dim. di *bolla* (2). *2* (*fig.*) Polizza rilasciata a prova dell'avvenuta consegna di merce o dell'avvenuto pagamento: *b. di spedizione, b. del dazio* | Fattura periodica relativa a forniture di servizi primari: *b. del gas, del telefono*. *3* V. *bulletta* nel sign. 1. || **bollettino**, dim. m. (V.).

bollétta (2) o (*raro*) **bullétta** [dall'uso di affiggere in pubblico le polizze (*bollette*) dei falliti; 1819] **s. f.** Nella loc. *Essere, stare in b.*, senza denaro.

bollettàrio [1626] **s. m.** ● Blocco a madre e figlia, da cui si staccano bolle o ricevute.

bollettazióne [da *bollettare*, non in uso; 1991] **s. f.** ● (*bur.*) Emissione di una bolletta relativa al consumo di una utenza: *b. bimestrale*; *b. del gas*.

◆**bollettìno** o (*raro*) **bullettìno** [av. 1502] **s. m.** *1* Dim. di *bolletta* (1). *2* Polizza: *b. di consegna, di acquisto, di carico e scarico* | *B. di versamento*, modulo da compilare per ogni versamento sul conto corrente postale. *3* Notiziario periodico specializzato, relativo ad argomenti riguardanti l'attività di istituzioni, organizzazioni, uffici e sim.: *b. dei protesti cambiari, b. d'informazione*; *b. meteorologico*; *b. dell'Unione Matematica Italiana* | *B. medico*, che informa sul decorso della malattia di qlcu., spec. di personaggi illustri o famosi | *B. bibliografico*, con annunci di libri nuovi, recensioni e sim. | *B. ufficiale*, periodico redatto a cura di ciascun ministero contenente gli atti amministrativi che interessano gli impiegati del ministero stesso | *B. ufficiale delle società per azioni e a responsabilità limitata*, sul quale vanno pubblicati gli atti delle società nei casi previsti dalla legge | *B. ufficiale delle regione*, giornale per la pubblicazione degli atti regionali | *B. di guerra*, comunicato periodico sullo svolgimento delle operazioni militari emesso dal comando supremo delle forze armate in uno stato belligerante. *4* Nelle gare a punteggio e a cronometro, modulo su cui vengono registrati i risultati conseguiti dagli atleti.

†**bólli bólli** [dall'imperat. di *bolli(re)*, reduplicato] **s. m. inv.** ● Tumulto, sommossa.

†**bollicàre** ● V. *bulicare*.

†**bollìchio** [da †*bollicare*; av. 1375] **s. m.** ● Ribollimento.

bollilàtte [comp. di *bolli(re)* e *latte*; 1965] **s. m. inv.** ● Bollitore per latte con coperchio fornito di fori per impedire l'uscita della schiuma al momento dell'ebollizione.

bolliménto [1632] **s. m.** ● (*raro, lett.*) Bollore, ebollizione | (*fig., lett.*) Agitazione.

bollìno [1952] **s. m.** *1* Dim. di *bollo* (2). *2* Tagliandino di carta variamente contrassegnato per comprovare l'avvenuto adempimento di un obbligo giuridico o di fatto: *i bollini della tessera universitaria, i bollini dei punti in un concorso a premi*. *3* Tagliando della carta annonaria | *B. sanitario*, ciascuno dei cedolini, spettanti a chi è del tutto esente dalla partecipazione alla spesa sanitaria, che danno diritto alle prescrizioni mediche gratuite. *4* (*raro*) Tacchetto, in alcune scarpe sportive.

◆**bollìre** o (*dial.*) **boglìre** [lat. *bullīre*, da *būlla* 'bolla (1)', propr. 'fare *bul-bul*'; av. 1292] **A v. intr.** (*io bóllo*; aus. *avere*) *1* Formare bolle di gas, detto di liquidi durante il loro passaggio dallo stato liquido allo stato di vapore: *l'acqua bolle a cento gradi* | *Avere il sangue che bolle*, (*fig.*) essere in stato passionale. *2* (*est.*) Cuocere in un liquido che bolle: *le patate bollono* | *Quel che bolle in pentola*, (*fig.*) ciò che si sta preparando più o meno in segreto | *Lasciar b. qlcu. nel suo brodo*, (*fig.*) non curarsene | Gorgogliare, detto di recipiente in cui bolle un liquido: *la pentola bolle*. *3* (*fig.*) Soffrire per l'eccessivo calore: *in quella camera si bolle* | Essere arrabbiato o in grande agitazione: *b. d'ira, di rabbia*. *4* Fermentare, del mosto. **B v. tr.** ● Far cuocere nell'acqua o in altro liquido bollente: *b. una gallina*. SIN. Lessare.

bollisirìnghe [comp. di *bolli(re)* e del pl. di *siringa*] **s. m. inv.** ● Recipiente per la bollitura sterilizzante delle siringhe da iniezioni.

bollìta [1887] **s. f.** ● Breve bollitura. || **bollitìna**, dim.

bollìto [av. 1601] **A part. pass.** di *bollire*; anche **agg.** ● Nei sign. del v. **B s. m.** ● Vivanda di carne, spec. bovina, bollita: *mangiare il b.*; *b. misto*; *b. con sottaceti*. (*est.*) Carne adatta a essere bollita. SIN. Lesso.

bollitóre [1941] **s. m.** *1* Ogni recipiente che nell'uso domestico, industriale o scientifico serve a portare un liquido all'ebollizione | Autoclave di grande capacità, usata spec. per farvi avvenire reazioni chimiche, resistente a pressioni e temperature modeste. *2* (f. *-trice*) In varie industrie, operaio addetto alla bollitura.

bollitùra [1709] s. f. *1* Il bollire | Durata dell'ebollizione: *la b. della carne* | Acqua o altro liquido in cui sia stata bollita qlco. *2* (*metall.*) *B. a fuoco*, saldatura a fuoco.

†**bollizióne** [av. 1320] s. f. ● Bollitura | (*lett., fig.*) Agitazione.

bóllo (1) [da *bollire*; 1562] s. m. ● (*region.*) Bollore.

bóllo (2) [da *bollare*; 1588] s. m. *1* Impronta su qlco. (atti, documenti, bestiame, generi alimentari, contenitori per vari usi, e sim.) apposta per autenticazione, identificazione, tassa di registrazione o garanzia | *B. postale*, annullo per l'affrancatura delle spedizioni | *Imposta di b.*, tributo che grava su certi atti scritti | *Carta da b.*, quella legale munita di bollo | *Marca da b.*, V. *marca* (*1*) | *B. ordinario*, carta bollata | *B. straordinario*, marca da bollo o bollo a punzone o visto per bollo | *B. virtuale*, pagamento del tributo all'ufficio competente senza che ciò risulti dall'atto | *B. di circolazione*, (*ellitt.*) *bollo*, contrassegno di carta che attesta l'avvenuto pagamento della tassa di possesso di un autoveicolo. *2* Strumento che serve per bollare | *B. a secco*, impronta in rilievo di un sigillo | *B. a umido*, impronta con inchiostro. *3* (*pop.*) Francobollo. *4* †Marchio sul corpo, spec. sulla fronte, dei condannati per certi reati | (*fig.*) Segno, simbolo infamante. *5* (*fig., fam.*) Segno, livido: *ha le gambe piene di bolli* | Ammaccatura. || **bollino**, dim. (V.).

bollóre [da *bollire*; 1313] s. m. *1* Il bollire; stato di ebollizione di un liquido | *Dare un b.*, portare il liquido a ebollizione e subito sospenderla | *Levare, alzare il b.*, cominciare a bollire | *Essere a b.*, aver raggiunto la temperatura richiesta per la bollitura. *2* (*est.*) Caldo eccessivo: *il b. dell'estate*. *3* (*fig.*) Stato di agitazione, di eccitazione: *b. di sdegno, d'ira, di passioni* | (*fig.*) Entusiasmo, fervore: *al giovanil bollor, tutto par lieve* (ALFIERI).

bollóso [da *bolla* (*1*); 1920] agg. ● Pieno di bolle.

bòlo [vc. dotta, lat. tardo *bōlu(m)* 'grossa pillola', dal gr. *bôlos* 'palla di terra', di etim. incerta; 1314] s. m. *1* Piccola massa di cibo masticato e insalivato pronto per la deglutizione: *b. alimentare, masticatorio* | (*med.*) *B. isterico*, sensazione di costrizione o di ingombro alla gola propria degli isterici. *2* (*zool.*) Piccola massa di sostanze non digerite, come peli o penne, che si forma nello stomaco di uccelli, spec. rapaci, e che viene poi rigurgitata. SIN. Borra. *3* Pillola di grandi dimensioni, morbida e facilmente inghiottibile, usata oggi solo in veterinaria per somministrare farmaci di sapore sgradevole. *4* Miscela argillosa contenente ossidi di ferro che le conferiscono una colorazione prevalentemente rossa | Impasto costituito da tale argilla, usato da pittori e doratori per fare aderire la foglia d'oro su cornici, dipinti e sim.: *dorare a b.* SIN. Bolarmenico.

-bolo [dal gr. *bólos* 'lancio, getto'] secondo elemento ● In parole composte dotte o scientifiche significa 'che lancia' o 'che getta': *discobolo*.

bolognése [1312] A agg. ● Di Bologna | *Alla b.*, (*ellitt.*) detto di condimento fatto con odori e vari tipi di carne battuti, soffritti e cotti in salsa di pomodoro: *ragù alla b.* B s. m. e f. ● Abitante, nativo di Bologna. C s. m. solo sing. ● Dialetto di Bologna.

bolognino [dal n. della città di *Bologna*; 1211] s. m. ● Denaro coniato a Bologna dal 1191 al 1612.

bolòmetro [comp. del gr. *bolḗ* 'raggio' (con riferimento all'energia *raggiante*) e *-metro*; 1929] s. m. ● (*fis.*) Strumento che misura l'energia delle onde elettromagnetiche.

bolsàggine [da *bolso*; 1772] s. f. *1* Grave difficoltà respiratoria del cavallo, dovuta a uno stato enfisematoso del polmone. *2* (*fig.*) Fiacchezza, mancanza di vigoria.

bolscevico, (*evit.*) **bolscèvico** [russo *bol'ševík* 'uno della maggioranza', da *ból'šij* 'massimo'; 1917] agg.; anche s. m. (f. *-a*; pl. m. *-chi*) ● Relativo o appartenente alla tendenza di sinistra e maggioritaria dell'antico partito socialdemocratico russo | (*est.*) Comunista.

bolscevismo [russo *bol'ševízm*, da *ból'šij* 'massimo'; 1919] s. m. ● Teoria e prassi del partito bolscevico | (*est.*) Comunismo.

bolscevizzàre [da *bolscevico*; 1920] v. tr. ● Rendere bolscevico.

bólso [lat. *vŭlsu(m)*, part. di *vĕllere* 'schiantare'; sec. XIV] agg. *1* Detto di animale, spec. cavallo, affetto da bolsaggine. *2* Che respira male, asmatico | (*est.*) Fiacco, floscio | (*fig.*) †*Ferro b.*, smussato | (*fig.*) Goffo, che manca di vigoria: *un uomo dall'aria bolsa*; *prosa bolsa*. || **bolsaménte**, avv.

bolzanino o **bolzanino** [1948] A agg. ● Di Bolzano. B s. m. (f. *-a*) ● Abitante, nativo di Bolzano.

†**bolzonàre** o †**sbolzonàre** [da *bolzone*; av. 1347] v. tr. ● Percuotere col bolzone.

bolzonàto [av. 1606] part. pass. di †*bolzonare*; anche agg. *1* Nei sign. del v. *2* *Moneta bolzonata*, segnata col bolzone per toglierla dal corso legale.

bolzóne o **bolcióne** [ant. fr. *bonzon*, dal lat. mediev. *bultiōne(m)*, di orig. germ. (?); av. 1292] s. m. *1* (*ant.*) Testa in ferro dell'ariete per sfondare le muraglie | Specie di freccia con punta smussata o a corona. *2* (*ant.*) Ciascuna delle travi usate per muovere il ponte levatoio. *3* Punzone a molla usato per macellare i maiali colpendoli sulla fronte. *4* Punzone usato per segnare monete, medaglie e sim. *5* (*mar.*) Convessità del ponte in senso trasversale per facilitare il deflusso delle acque. *6* Argento in lega con metallo vile, usato per moneta. SIN. Billone. *7* (*arch.*) Asta trasversale passante, nella testa di chiavi da muro o da volta, destinata a trattenere le chiavi stesse durante la tensione.

bòma o **bòme** [fr. *bôme*, dall'ol. *boom*, di orig. germ.; 1813] s. m. inv. o s. f. ● (*mar.*) Asta incernierata all'albero, che aiuta a mantenere tesa la base della randa e a regolarne l'orientamento. ➡ ILL. p. 2155 SPORT; p. 2172 TRASPORTI.

♦**bómba** [di orig. onomat.; 1470 ca.] A s. f. *1* Antico proiettile da mortaio, di forma sferica, cavo, pieno di esplosivo, che scoppiava a distanza variante a seconda della lunghezza della miccia, accesa all'atto dello sparo dalla vampa della carica di lancio | Proietto dei moderni mortai, di forma aerodinamica, dotato di impennaggi e funzionante a percussione | Qualunque ordigno costituito da un involucro racchiudente materia esplosiva e munito di congegno di accensione | *B. a mano*, di impiego bellico, da lancio individuale, a raggio limitato | *B. a tempo*, il cui scoppio è prefissato per un dato momento | *B. carta*, rudimentale ordigno esplosivo costituito da polvere nera avvolta in molti fogli di carta legati strettamente, che, esplodendo, ha effetto rumoroso più che distruttivo | *B. Molotov*, V. *Molotov* | *B. asfissiante, incendiaria, fumogena, lacrimogena, dirompente, illuminante*, con riferimento alle materie contenute, agli effetti corrispondenti | *B. di profondità*, contenente una notevole carica di scoppio, lanciata o lasciata cadere in mare | *B. da aereo*, lanciata da aeroplani | *B. da mortaio, da bombarda*, costruite in modo da poter essere lanciate a una certa distanza col mortaio o con la bombarda | *B. a orologeria*, con dispositivo che provoca l'accensione con ritardo e al momento voluto; (*fig.*) ciò che è destinato a produrre effetti clamorosi in un momento successivo | *B. A, b. atomica*, ordigno che utilizza come carica di scoppio una sostanza fatta esplodere per innesco di una reazione nucleare a catena | *B. H, b. all'idrogeno, termonucleare, nucleare*, che sfrutta l'energia liberata nella trasformazione dell'idrogeno in elio | *B. N, b. al neutrone*, ordigno nucleare di energia relativamente limitata, i cui effetti letali sono dovuti prevalentemente all'emissione di neutroni veloci | *A prova di b.*, detto di un ricovero o riparo resistentissimo; (*fig.*) di ciò che è particolarmente solido e resistente: *un'amicizia a prova di b.* | *Corpo di mille bombe!*, (*fig., scherz.*) per indicare stupore, dispetto e sim. *2* *B. d'artificio*, proietto sferico di cartone con polveri piriche, che scoppiando in alto provoca l'effetto d'una pioggia di stelle, scintille e sim. *3* *B. vulcanica*, frammento di lava fusa eruttato da un vulcano. *4* (*fig., tosc.*) Fandonia, balla: *non raccontar bombe!* *5* (*fig.*) Notizia esplosiva, evento clamoroso | Scandalo. *6* (*fig., pop.*) Sostanza eccitante usata dagli atleti per accrescere il loro rendimento in gara | (*gerg.*) Spinello. *7* Pasta dolce soffice, ripiena di marmellata o crema, a forma di palla. *8* Pallottola di gomma da masticare che produce bolle colorate. *9* (*med.*) Apparecchiatura metallica di forma sferica usata in radioterapia: *b. al cobalto, al cesio*. ➡ ILL. **medicina e chirurgia**. *10* (*aer.*) Figura acrobatica in cui gli aerei, partendo da una formazione raccolta, puntano verso l'alto allargandosi in diverse direzioni così da simulare la deflagrazione di una bomba. *11* (*fis.*) *B. manometrica*, strumento usato per la determinazione della pressione dei gas provocati dall'accensione di una miscela esplosiva. *12* (*chim.*) *B. calorimetrica*, strumento usato per la determinazione del potere calorifico delle sostanze o per scopi di analisi chimica. *13* (*raro*) Cappello a cilindro. *14* Nei giochi infantili, luogo o punto che deve essere raggiunto prima di essere individuato dall'avversario | (*fig.*) *Tornare a b.*, dopo una divagazione, tornare all'argomento principale. B in funzione di agg. inv. ● (posposto a un s., *fig.*) Sensazionale, che desta scalpore, esplosivo: *notizia b.* || **bombétta**, dim. (V.).

Bombacàcee [comp. del lat. mediev. *bŏmbax*, variante di *bămbax* 'bambagia', e *-acee*; 1930] s. f. pl. (sing. *-a*) ● Nella tassonomia vegetale, famiglia di piante arboree con foglie alterne, fiori grandi e frutti polposi (*Bombacaceae*). ➡ ILL. **piante**/4.

bombàggio [dal fr. *bomber* 'arrotondare come una bomba (*bombe*)'; 1965] s. m. ● Tipico rigonfiamento delle scatole di conserve alimentari, dovuto ad alterazione del prodotto in esse contenuto.

†**bombànza** [ant. provz. *bo(m)bansa*, ant. fr. *bo(m)bance*, di orig. onomat.; av. 1294] s. f. ● Vanità, ostentazione.

bombàrda [ant. fr. *bombarde*, dal lat. *bŏmbus* 'bombo (2)'; av. 1348] s. f. *1* Rudimentale tipo di bocca da fuoco dei secc. XIII e XIV | Specie di mortaio di semplice struttura usato durante la prima guerra mondiale per distruggere reticolati e lanciare aggressivi chimici. *2* Veliero con un albero a vele quadre quasi al centro e uno più piccolo a vele auriche quasi a poppa. *3* Strumento a fiato dal suono profondo. *4* (*mus.*) Denominazione comune per strumenti a fiato ad ancia doppia in uso fino al sec. XVII | Registro dell'organo. || **bombardèlla**, dim. spec. nel sign. 1 | **bombardétta**, dim. spec. nel sign. 1 | **bombardino**, dim. m. nel sign. 3 (V.) | **bombardóne**, accr. m. nel sign. 3 (V.).

♦**bombardaménto** [1813] s. m. *1* Lancio sistematico di bombe: *b. a puntamento diretto*; *b. a tappeto*; *b. di copertura*; *aerei da b.*; *le vittime dei bombardamenti*. *2* (*fig.*) Serie rapida e intensa di domande, accuse e sim. *3* (*fis.*) *B. catodico, elettronico*, afflusso di elettroni sull'anticatodo che si verifica nella produzione dei raggi X. *4* (*fis. nucl.*) Invio contro un bersaglio di un fascio di particelle o fotoni per indurre reazioni nucleari o elettromagnetiche.

bombardàre [da *bombarda*; av. 1519] v. tr. *1* Colpire sistematicamente uno o più obiettivi con bombe o proiettili: *b. con l'aereo, con l'artiglieria pesante*. *2* (*fig.*) Sottoporre a un'azione intensa e insistente: *b. qlcu. di domande, di accuse*; *siamo bombardati da messaggi di ogni tipo*. *3* (*fis. nucl.*) Inviare contro un bersaglio un fascio di particelle o di fotoni. *4* (*med.*) Sottoporre un calcolo a litotripsia a onde d'urto.

bombardatóre [1848] s. m.; anche agg. (f. *-trice*) ● (*raro*) Chi (o Che) bombarda.

bombardièra [av. 1527] s. f. ● Feritoia nei muri delle fortezze per tirare con le bombarde.

bombardière [av. 1492] s. m. *1* Aereo da bombardamento | Pilota o membro dell'equipaggio di tale aereo. *2* Pescatore di frodo che impiega esplosivi per la cattura del pesce. *3* Servente di una bombarda | †Artigliere. *4* Insetto coleottero rosso mattone che, se disturbato, emette una scarica di liquido irritante finemente polverizzato (*Brachinus crepitans*). *5* (*sport, raro*) Nel calcio, nel pugilato o nel tennis, atleta che si distingue per l'eccezionale violenza ed efficacia dei suoi colpi.

bombardièro [av. 1557] agg. ● Dotato di bombarde | *Nave bombardiera*, antica nave armata di bombarde.

bombardino [1863] s. m. *1* Dim. di *bombarda*. *2* (*mus.*) Specie di strumento a fiato. SIN. Flicorno baritono. ➡ ILL. **musica**.

bombardóne [1863] s. m. *1* Accr. di *bombarda*. *2* (*mus.*) Specie di strumento a fiato. SIN. Flicorno basso grave.

bombàre (1) [da *bomba* 'bevanda', vc. infant.; sec. XIII] v. tr. e intr. (*io bómbo*; aus. intr. *avere*) ● (*tosc.*) Bere abbondantemente.

†**bombàre (2)** [da *bomba*; av. 1537] v. intr. ● Rimbombare, tuonare.

bombàre (3) [fr. *bomber*, da *bombe* 'bomba' per la forma arrotondata; 1970] v. tr. (*io bómbo*) ● In varie tecnologie, rendere convesse superfici metalliche spec. battendole dal rovescio.
bombaròlo [forma romanesca, da *bomba*, sul modello di *tombarolo*; 1973] s. m. (f. *-a*) ● Chi compie attentati terroristici con esplosivi.
bombàto [1954] part. pass. di *bombare* (3); anche agg. **1** Nei sign. del v. **2** Convesso, tondeggiante.
bombatùra [1957] s. f. ● In varie tecnologie, rigonfiamento.
bombé /fr. bō'be/ [vc. fr., per la forma 'a bomba (*bombe*)'; 1846] agg. inv. ● Convesso, tondeggiante: *bicchiere, coperchio b.* SIN. Rigonfio.
bómber /'bɔmbər, ingl. 'bɒməɹ/ [vc. ingl., propr. 'bombardiere', da *to bomb* 'bombardare' (*bomb* 'bomba'); 1982] s. m. inv. **1** (*sport*) Nel calcio, cannoniere | Nel pugilato, picchiatore. **2** Accorc. di *bomber jacket*.
bomberina [etim. incerta; 1983] s. f. ● Chiodo a testa larga e convessa, simile alla bulletta.
bomber jacket /ingl. 'bɒməɹˌdʒækɪt/ [dall'ingl. *bomber* '(pilota) bombardiere' e *jacket* 'giacca'; 1987] loc. sost. m. inv. (pl. ingl. *bomber jackets*) ● Tipo di giubbotto di linea abbondante indossato da piloti americani durante la seconda guerra mondiale | (*est.*) Giubbotto imbottito, corto e stretto in vita.
'bómbero ● V. *vomere* (1).
bombétta (1) [da *bomba* per la forma; 1908] s. f. ● Cappello maschile di feltro rigido con cupola tondeggiante e piccola tesa rialzata ai lati. SIN. Tubino.
bombétta (2) s. f. **1** Dim. di *bomba*. **2** Piccolo petardo che si fa esplodere per scherzo | Fialetta contenente liquido puzzolente, spec. acido solfidrico, che si infrange per scherzo, gioco e sim.
bombettàre [iter. di *bombare* (1); av. 1565] v. intr. (*io bombétto*; aus. *avere*) ● (*tosc.*) Bere spesso.
bómbice [vc. dotta, lat. *bombyce*(*m*), dal gr. *bómbyx*, di orig. orient.; 1585] s. m. ● (*zool.*) Baco da seta.
Bombìcidi [comp. di *bombic*(*e*) e *-idi*; 1962] s. m. pl. (sing. *-e*) ● Nella tassonomia animale, famiglia di Insetti dei Lepidotteri con corpo tozzo e peloso, antenne filiformi o a pettine, cui appartiene il bombice o baco da seta (*Bombycidae*).
bombicìno (1) [vc. dotta. lat. *bombycinu*(*m*), da *bómbyx* 'baco da seta'; 1476] agg. ● Di seta.
bombicìno (2) [vc. dotta, lat. tardo *charta*(*m*) *bombỳcina*(*m*), perché un tempo si riteneva fabbricata con la '*bambagia* (*bómbyx*, genit. *bombỳcis*, var. di *bāmbyx*)'; 1727] agg. ● Nella loc. **carta bombicina**, carta proveniente dalla città araba di el-Mambiġ, anticamente chiamata Bambice.
bombìre [vc. dotta, lat. *bombīre*, dal gr. *bombèin*, vc. onomat.; 1572] v. intr. ● Rumoreggiare | (*lett.*) Ronzare, spec. delle api.
bombìsta [da *bomba*; av. 1708] s. m. e f. (pl. m. -*i*) **1** †Bombardiere. **2** (*fig., tosc.*) Bugiardo.
bómbito [da *bombire*; av. 1907] s. m. ● (*lett.*) Rimbombo.
bómbo (1) [di orig. onomat.; 1581] s. m. **1** (*lett.*) Rumore cupo, rimbombo: *assorda il b. e il tuono* (TASSO). **2** (*lett.*) Ronzio, spec. di api. **3** Insetto degli Imenotteri comunissimo nei prati, con corpo tozzo, peloso, a strisce di colore nero, rosso, giallo e bianco (*Bombus terrestris*): *tacevano le vespe e i bombi* (SLATAPER).
bómbo (2) [lat. *bómbu*(*m*), dal gr. *bómbos*, di orig. onomat.; 1427] s. m. ● (*tosc.*) Bevanda.
bómbola [lat. parl. *bómbyla*(*m*), dal gr. *bombýlē*, da *bómbos*, di orig. espressiva; 1618] s. f. ● Recipiente di metallo a forma cilindrica, trasportabile, di capacità non superiore a 150 litri, destinato a contenere gas compressi o liquidi. || **bomboletta**, dim. (V.) | **bombolina**, dim. | **bombolóna**, accr. | **bombolóne**, accr. m. (V.).
bomboletta [da *bombola*] s. f. **1** Dim. di *bombola*. **2** *B. aerosol*, *b. spray*, piccolo recipiente cilindrico in alluminio, banda stagnata, vetro o materia plastica, il cui contenuto è proiettato all'esterno sotto forma di nebbiolina o di schiuma da un erogatore spray.
bómbolo [da *bombola*; 1941] s. m. ● (*scherz.*) Persona piccola e tozza. || **bombolino**, dim.
bombolóne [accr. di *bomba* nel senso fig. di 'oggetto sferico'; 1908] s. m. **1** Accr. di *bombola*. **2** Piccolo dolce fritto, di forma tondeggiante, ripieno di crema o marmellata. **3** (*centr., merid.*) Caramella di zucchero fuso, variamente colorata, venduta spec. in occasione di fiere. **4** Grande bombola per gas liquidi, di capacità non superiore a 1000 litri, trasportabile.
bombolòtto s. m. ● (*spec. al pl.*) Tipo di pasta da minestra in forma di cannelloni rigati e ricurvi.
bombóne (1) [da *bomba* nel sign. 4; 1912] s. m. (f. *-a*) ● (*tosc.*) Millantatore.
†**bombóne** (2) [da *bombare* (1); 1583] s. m. ● Beone.
bombóne (3) [av. 1827] s. m. inv. ● Adattamento di *bonbon* (V.).
bomboniera [fr. *bonbonnière*, da *bonbon*; 1867] s. f. **1** Scatola elegante contenente dolciumi, spec. confetti nuziali o di prima comunione. **2** (*fig.*) Ambiente molto elegante e raccolto: *quel locale è una vera b.*
bòme ● V. *boma*.
†**bomicàre** ● V. †*vomicare*.
†**bomìre** ● V. *vomire*.
bomprèsso [fr. *beaupré*, dal medio basso ted. *bāghspret*, comp. di *bāgh* 'braccio, prua' e *sprēt* 'verga, barra'; 1598] s. m. ● (*mar.*) Asta quasi orizzontale, fissa o mobile, sistemata sulla prua per allungare la base del piano velico. ➞ ILL. p. 2172 TRASPORTI.
bóna [f. di *bono*; 1868] s. f.; anche agg. ● (*region.*) Donna vistosamente bella. || **bonàzza**, pegg.
†**bonacciàre** [av. 1431] v. intr. ● Essere in bonaccia.
†**bonàccio** [da *buono*; av. 1602] agg. (pl. f. *-ce*) ● (*raro*) Bonario, semplice.
bonaccióne [da *bonaccio*; 1865] agg.; anche s. m. (f. *-a*) ● Che (o Chi) ha indole semplice, buona e affabile. SIN. Bonario, gioviale, paciocccone.
bonaerènse A agg. ● Della città di Buenos Aires. **B** s. m. e f. ● Abitante, nativo di Buenos Aires. SIN. Portegno.
bonàga [etim. incerta] s. f. ● (*bot., tosc.*) Ononide.
bonagrazia ● V. *buonagrazia*.
bonalàna ● V. *buonalana*.
bonamàno ● V. *buonamano*.
bonamòrte ● V. *buonamorte*.
bonànima ● V. *buonanima*.
bonanòtte ● V. *buonanotte*.
bonapartismo [dal n. della famiglia *Bonaparte*; 1866] s. m. **1** Orientamento politico di quanti, dopo la caduta di Napoleone Bonaparte (1769-1821), vivevano nel culto della sua memoria e vagheggiavano la restaurazione della sua dinastia. **2** (*est.*) Regime politico personale e autoritario, che richiede l'approvazione popolare mediante plebiscito.
bonapartista [1798] s. m. e f.; anche agg. (pl. m. *-i*) ● Chi (o Che) segue o sostiene il bonapartismo.
bonàrda [1896] **A** s. f. ● Nome di vari vitigni coltivati in Italia settentrionale che danno uva nera, da vino e da tavola. **B** s. m. inv. o s. f. ● Vino rosso, profumato, talvolta amabile, prodotto in Lombardia, Piemonte ed Emilia-Romagna dal vitigno omonimo.
bonarietà [sec. XIII] s. f. ● Caratteristica di chi (o di ciò che) è bonario. SIN. Affabilità, bonomia, mitezza.
bonàrio [ant. fr. *de bon aire* 'di buon aspetto'; av. 1584] agg. ● Mite, indulgente e affabile: *è una persona semplice e bonaria.* || **bonariaménte**, avv. Affabilmente, con dolcezza, senza malizia.
bonaséra ● V. *buonasera*.
bonavòglia ● V. *buonavoglia*.
bonbon /bom'bon, fr. bō'bō/ [vc. fr., *bonbon*, reduplicazione infant. di *bon* 'buono'; 1803] s. m. inv. (pl. fr. *bonbons*) ● Confetto, piccolo dolce.
boncinèllo [dim. di *bolcione*, var. di *bolzone*; av. 1470] s. m. ● Ferro a staffa che riceve le stanghette della serratura.
†**bóncio** ● V. *broncio* (1).
bond /ingl. bɒnd/ [vc. ingl., propr. 'legame', 'obbligo'; 1985] s. m. inv. ● (*econ.*) Titolo obbligazionario.
bonderizzazióne [fr. *bondérisation*, dall'ingl. *bonderizing*, da *bond* 'fascia di protezione'] s. f. ● (*metall.*) Trattamento antiruggine a base di fosforo per metalli ferrosi.
bondiòla o **bondiòla** [da †*boldone*, con sostituzione di suff.; 1718] s. f. ● Salume da cuocersi, tipico di Emilia, Lombardia e Veneto.
bonèllo [prob. vc. d'orig. gallica; 1940] s. m. ● Ognuna delle zone ricoperte da pochi palmi d'acqua e da continui canneti tipiche del basso litorale veneto.
†**bonétta** [fr. *bonnette*, da *bonnet* 'berretto'; av. 1296] s. f. ● Bisaccia.
bonétto [fr. *bonnet*, dal lat. mediev. *abonnis*, di etim. incerta; sec. XV] s. m. **1** (*raro*) In passato, berretto militare con visiera di cuoio lucido | Tipo di berretto calzato sotto il cappello. **2** Piccolo rialzo di terra sul lato fortificato della trincea a riparo del capo dei soldati.
bongiórno ● V. *buongiorno*.
bòngo [vc. africana; 1930] s. m. (pl. *-ghi*) ● Mammifero africano dei Bovidi, dotato in ambedue i sessi di voluminose corna avvolte a spirale, dirette all'indietro (*Tauratragus euryceurus*).
bòngos /'bɒŋgos/ o **bongós** /sp. ˈbɔŋˈgɔs/ [vc. dello sp. delle Antille, introdotta dai negri (*bongo* 'tamburo dei negri'); 1963] s. m. pl. ● Strumento a percussione di origine afrocubana, formato da due piccoli tamburi che si battono con le dita. ➞ ILL. **musica**.
bongovèrno ● V. *buongoverno*.
bon gré mal gré /fr. bō ˌgremal'gre/ [loc. fr., propr. 'buon grado mal grado'; 1997] loc. avv. ● Volente o nolente, per amore o per forza.: *bon gré mal gré hanno rinunciato alle vacanze.*
bongustàio ● V. *buongustaio*.
bonheur-du-jour /fr. bɔˌnœrdy'ʒuːr/ [vc. fr., del Settecento, propr. 'felicità del giorno (*jour*)'; 1983] s. m. inv. (pl. fr. *bonheurs-du-jour*) ● Piccolo scrittoio per signora entrato nell'uso in Francia verso la metà del XVIII sec., costituito da un tavolo e da una minuscola alzata arretrata rispetto al piano.
bonìfica [da *bonificare*; 1846] s. f. **1** Complesso di lavori di varia natura coordinati tra loro, per risanare i terreni paludosi e renderli atti alla coltura | *B. integrale*, risanamento completo di un territorio dove, oltre alle opere idrauliche e agrarie, si costruiscono strade, acquedotti, case e sim.: *consorzio di b.* | *Decontaminazione di terreni o falde acquifere inquinate.* **2** (*est.*) Il terreno reso coltivabile mediante lavori di bonifica: *bonifiche ferraresi.* **3** *B. di guerra*, quella che si fa rimuovendo da un terreno proiettili inesplosi, mine, rottami e sim. **4** (*metall.*) Trattamento termico dell'acciaio consistente in una tempra seguita da rinvenimento. **5** (*fig.*) Risanamento, miglioramento: *b. morale; b. di un quartiere malfamato.*
bonificàbile [1941] agg. ● Che si può bonificare.
bonificaménto [1550] s. m. ● (*raro*) Bonifica. SIN. Risanamento.
bonificàre [lat. mediev. *bonificāre*, comp. di *bōnus* 'buono' e *fācere* 'fare, rendere'; 1521] v. tr. (*io bonìfico, tu bonìfichi*) **1** Mettere a coltura un terreno rimuovendo le cause che ne impediscono la coltivazione: *b. una palude.* **2** Rimuovere mine o proiettili inesplosi da campi e terreni. **3** Ridurre di prezzo, abbuonare. **4** Ordinare o eseguire un bonifico bancario. **5** (*est.*) Risanare, depurare, migliorare.
bonificatóre [1957] s. m. (f. *-trice*) **1** Chi fa lavori di bonifica. **2** Chi è addetto alla bonifica di campi minati.
bonificazióne [1688] s. f. ● (*raro*) Bonifica.
bonìfico [1858] s. m. (pl. *-ci*) **1** Riduzione di prezzo, abbuono. **2** (*banca*) Operazione mediante la quale, su richiesta di un cliente, si trasferisce da un conto bancario a un altro, o si mette a disposizione di qlcu., una somma di denaro.
bonìno ● V. *buonino*.
bon mot /fr. ˌbō'mo/ [loc. fr., propr. 'buon motto'; 1813] s. m. inv. (pl. fr. *bons mots*) ● Arguzia, battuta di spirito.
bonne /fr. bɔn/ [vc. fr., propr. 'buona', da espressione carezzevole infant., come *ma bonne* 'la mia buona ...'; 1818] s. f. inv. ● Bambinaia, spec. francese.
bòno agg.; anche s. m. (f. *-a*, V.) ● V. *buono* (1).

bonòbo /bo'nɔbo/ [n. indigeno dell'animale; 1991] **s. m.** ● (*zool.*) Scimmia antropomorfa del Congo, simile a uno scimpanzé di piccola taglia (*Pan paniscus*).

bonomìa [fr. *bonhomie*, da *bonhomme* 'bonomo'; av. 1835] **s. f.** *1* Caratteristica di chi (o di ciò che) è mite e semplice. SIN. Benignità, bonarietà. *2* (*raro, lett.*) Ingenuità.

bonòmo ● V. *buonuomo*.

bonsài /*giapp.* ˌbɔːnsai/ [vc. giapp., che significa 'piantato in vaso piatto'; 1974] **s. m. inv.** ● Tecnica di coltivazione di alcune specie di piante e arbusti ornamentali mantenute nane in piccoli vasi bassi mediante taglio di radici, potatura di polloni, attorcigliamento di fili attorno ai rami | La pianta o l'arbusto così coltivato.

◆**bontà** o †**bontàde**, †**bontàte** [lat. *bonitāte(m)*, da *bŏnus* 'buono'; sec. XII] **s. f.** *1* Qualità di chi (o di ciò che) è buono; disposizione naturale a fare del bene: *b. d'animo*; *non approfittare della sua b.* | (*est.*) Benevolenza, compiacenza, cortesia: *abbiate la b. di ascoltarci* | (*iron.* o *antifr.*) ***B. sua, vostra***, ecc., per grazia sua, vostra, ecc.: *dopo due mesi, b. sua, si è degnato di rispondermi!* *2* Qualità di ciò che è buono in sé stesso o in relazione alla sua funzione: *la b. di una merce, di una macchina*; *la b. del clima* | Cosa buona, squisita: *questa torta è una b.!* *3* †Titolo di una moneta.

†**bontadiòso** [da *bontade*, var. di *bontà*; av. 1292] **agg.** ● Prode, valoroso.

†**bontàte** ● V. *bontà*.

bontempóne ● V. *buontempone*.

bon ton /bon'tɔn, *fr.* ˌbõ'tõ/ [loc. fr., propr. 'buon tono'; 1813] **loc. sost. m.** e **agg. inv.** ● Un tempo, comportamento ricercato, elegante, garbato | (*est.*) Buone maniere; comportamento educato o conforme a quello predominante in un certo ambiente.

bònus [vc. ingl. 'premio, gratifica (ai dipendenti)', dal lat. *bŏnus* 'buono'; 1983] **s. m. inv.** ● (*org. az.*) Gratifica erogata a titolo d'incentivo da un datore di lavoro spec. ai dirigenti d'azienda in aggiunta allo stipendio base.

bònus-màlus [loc. nata, pare, in Germania, comp. del ted. *Bonus* 'dividendo, premio assicurativo' (dal lat. *bŏnus* 'buono') e del lat. *mălus* 'cattivo' (V. *male* (*1*)); 1983] **s. m. inv.** ● Tipo di polizza assicurativa per autoveicoli secondo la quale il premio annuale diminuisce per l'automobilista che non abbia causato incidenti.

bon vivant /*fr.* bõvi'vã/ [loc. fr., propr. 'che vive (*vivant*) bene (*bon*)'] **A loc. agg. inv.** ● Che sa vivere bene godendo dei piaceri della vita. **B** anche **s. m. inv.**: *un raffinato bon vivant*.

bónza [vc. lomb. di etim. incerta; 1918] **s. f.** ● Macchina per lavori stradali, atta a trasportare e mantenere fluido il bitume.

bónzo [port. *bonzo*, dal giapp. *bōzu*; 1549] **s. m.** *1* Monaco buddista. *2* (*fig.*) Persona che si dà arie di importanza e ostenta gravità.

boogie /*ingl.* 'bu(u)gi/ [1963] **s. m. inv.** ● Accorc. di *boogie-woogie*.

boogie-woogie /*ingl.* 'bu(u)gi 'wu(u)gi/ [vc. ingl. d'Amer., di etim. discussa: da *boogie*, soprannome dei negri d'America, con altra parola con essa rimata (?); 1945] **loc. sost. m. inv.** *1* (*mus.*) Stile di jazz, originariamente pianistico, con cui si eseguono temi di blues, spesso ripetendone ossessivamente le frasi o le note. *2* Ballo derivato dall'omonimo stile di jazz.

booklet /'buklet, *ingl.* 'buklɪt/ [vc. ingl., propr. 'libretto', comp. di *book* 'libro' e del suff. dim. *-let*; 1993] **s. m. inv.** ● Libretto illustrativo o di istruzioni che, inserito nella custodia, accompagna i compact disc.

bookmaker /buk'meker, *ingl.* 'bukˌmeɪkəɹ/ [vc. ingl., comp. di *book* 'libro, lista, registro' e *maker* 'colui che fa', o, in questo caso, 'compila'; 1887] **s. m. inv.** ● Allibratore.

bookmark /'bukmark, *ingl.* 'bukˌmaːɹk/ [vc. ingl., propr. 'segnalibro'; 1996] **s. m. inv.** ● (*elab.*) Indirizzo di un sito web registrato dall'utente in un'apposita rubrica del browser, così da potervi accedere direttamente.

booleàno /bule'ano/ [dal n. del matematico G. *Boole* (1815-1864); 1955] **agg.** ● Relativo a G. Boole e alle sue teorie | ***Algebra booleana***, sistema algebrico che rappresenta una logica a due valori.

boom /*ingl.* buum/ [vc. ingl., di orig. onomat.; 1931] **s. m. inv.** *1* Periodo di intenso sviluppo economico. *2* (*aer.*) ***B. sonico***, boato sonico. *3* (*fig.*) Rapido fiorire di un'industria, di un'azienda e sim.: *il b. dell'industria automobilistica* | Improvviso successo, rapida diffusione: *il b. dell'agriturismo*.

boomerang /'bumeran(g), *ingl.* 'buuməˌræŋ/ [forma ingl. di una vc. austral.; 1863] **s. m. inv.** *1* Arma da getto australiana costituita da un bastone ricurvo che ha la proprietà di ritornare nei pressi del lanciatore, quando non colpisce il bersaglio. *2* (*fig.*) Atto ostile che si ritorce contro l'autore.

booster /*ingl.* 'buustəɹ/ [vc. ingl., dal v. to *boost* 'potenziare, spingere', di etim. incerta; 1949] **s. m. inv.** *1* (*gener.*) Apparecchio ausiliario, in varie tecnologie | (*mus.*) Amplificatore di suoni. *2* (*astron.*) Razzo ausiliario che fornisce una spinta supplementare a un missile o a un'astronave, impiegato spec. nelle fasi di lancio.

bootleg /*ingl.* 'buutˌleg/ [vc. ingl., propr. 'gambale', dall'uso dei vecchi contrabbandieri di nascondere le bottiglie di liquore negli stivali; 1982] **s. m. inv.** ● Album musicale realizzato e distribuito illegalmente, che contiene registrazioni dal vivo o inediti di studio | (*est.*) Disco o cassetta musicale pirata.

bootstrap /'butstrap, *ingl.* 'buutˌstɹæp/ [vc. ingl. propr. 'linguetta' (*strap*) per sollevare gli stivali (*boot*(*s*)); la loc. agg. *'by one's own bootstrap'* si riferisce all'immagine di una persona che si levi da terra tirando le linguette degli stivali e significa 'autosufficiente'; 1985] **s. m. inv.** ● (*elab.*) Caricamento iniziale del sistema operativo da una memoria di massa, gener. un disco rigido.

bop /*ingl.* bɒp/ **s. m.** ● Accorc. di *be-bop*.

bòra [lat. *bŏrea(m)* 'tramontana, borea'; 1858] **s. f.** ● Vento di est-nord-est freddo, secco, violento, che scende dalle Alpi orientali sul golfo di Trieste e prosegue impetuoso sull'Adriatico | ***B. scura***, o ***b. ciclonica***, caratterizzata da nubi, pioggia o neve | ***B. chiara***, o ***b. anticiclonica***, caratterizzata da cielo sereno. || **borino**, **dim. m.**

boràce o †**borràce** [vc. dotta, lat. mediev. *borāce(m)*, dall'ar. *bawraq* e questo dal persiano *būraq* 'nitro'; av. 1484] **s. m.** ● (*chim.*) Borato idrato di sodio, bianco, solubile, cristallino, usato in farmacia, per saldature e nella fabbricazione di vetri e smalti.

boracèra **s. f.** ● Piatto di marmo o pietra sul quale gli orefici preparano, sciolto in acqua, il borace per la saldatura.

boracìfero [vc. dotta, comp. di *borace* e *-fero*; 1838] **agg.** ● Che contiene o che produce borace | ***Soffione b.***, getto di vapore acqueo ricco di acido borico che sgorga violento dal terreno.

Boraginàcee ● V. *Borraginacee*.

boràgine ● V. *borragine*.

boràsso [vc. dotta, gr. *bórassos*, di orig. egiz.; 1895] **s. m.** ● Pianta tropicale delle Palme con larghe foglie a ventaglio e frutto a drupa (*Borassus flabelliformis*).

boràto [da *boro*; 1795] **s. m.** ● (*chim.*) Sale o estere dell'acido borico | Etere borico.

†**borbogliaménto** [sec. XIII] **s. m.** ● Il borbogliare | Borbottio.

†**borboglianza** [sec. XIV] **s. f.** ● Borbottio, gorgoglio, spec. del ventre.

borbogliàre [vc. onomat.; av. 1400] **v. intr.** (*io borbóglio*; aus. *avere*) ● (*raro, lett.*) Mormorare, borbottare, gorgogliare: *chi mormora di qua, e chi borboglia di là* (SACCHETTI).

borbóglio [av. 1363] **s. m.** *1* (*raro*) Mormorio, gorgoglio: *nel b. cupo e lento di quel mare* (PIRANDELLO) | Borborigmo. *2* †Rumore, frastuono. *3* †Tumulto.

borbònico [1782] **A agg.** (pl. m. *-ci*) *1* Dei Borbone, relativo ai Borbone (dinastia francese così chiamata dal castello di Bourbon, in Francia); relativo al ramo collaterale della famiglia, che regnò a Napoli dal 1734 al 1860: *la politica borbonica in Italia*. *2* (*fig.*) Retrivo, retrogrado: *mentalità borbonica*. **B s. m.** (f. *-a*) ● (*st.*) Fautore, seguace dei Borbone.

borborigmo [vc. dotta, fr. *borborygme*, dal gr. *borborygmós*, di orig. onomat.; 1797] **s. m.** ● (*med.*) Gorgoglio addominale spontaneo prodotto dal rapido spostamento dei gas e liquidi intestinali.

borbottaménto [av. 1565] **s. m.** ● Il borbottare | Borbottio, brontolio.

◆**borbottàre** [vc. onomat.; av. 1306] **A v. intr.** (*io borbòtto*; aus. *avere*) *1* Parlare in modo confuso o indistinto, o sottovoce | Brontolare, lamentarsi. SIN. Bofonchiare, mormorare, parlottare. *2* (*est.*) Produrre un rumore sordo e confuso, rumoreggiare: *la pentola borbotta*; *lo stomaco borbotta per la fame*. **B v. tr.** ● Pronunciare in modo indistinto: *la vecchina borbottava le preghiere*; *sorrise e borbottò qualche cosa in meneghino* (SVEVO).

borbottìno [da *borbottare*; av. 1698] **s. m.** *1* †Vaso di vetro con collo stretto e curvo, dal quale il liquido esce gorgogliando. *2* (*raro, lett.*) Manicaretto molto gustoso.

borbottìo [da *borbottare*; sec. XIV] **s. m.** *1* Rumore continuato, spec. di parole dette a bassa voce | Rumore sordo e prolungato: *il b. del tuono*. *2* Gorgoglio di liquidi.

borbottóne [av. 1600] **s. m.**; anche **agg.** (f. *-a*) ● (*raro*) Brontolone.

bòrchia [lat. parl. **borcula* per **broccula* '(cosa) puntuta' con sovrapposizione di altra parola (?); 1534] **s. f.** *1* Capocchia ornamentale di chiodi usati per fissare cuoi e tessuti su mobili, oggetti d'arredamento, infissi, serramenti e sim. *2* Piccolo disco in metallo, avorio, plastica e sim. usato per chiusura, ornamento, protezione in cinture, borse e altri oggetti di pelletteria, abiti, antiche armature e rilegature di libri. *3* Bocchetta della serratura. *4* Guarnizione circolare convessa in metallo, legno, plastica, usata come rifinitura per attacchi, allacciamenti, in varie tecnologie. || **borchiétta**, **dim.** | **borchióna**, **accr.** | **borchióne**, **accr. m.**

borchiàto [1858] **agg.** ● Ornato di borchie.

borchiettàto [1822] **agg.** ● Borchiato.

bórda [etim. incerta; av. 1590] **s. f.** ● (*disus.*) Vela latina all'albero maestro delle galee.

bordàglia [etim. incerta; av. 1363] **s. f.** ● (*raro*) Ciurmaglia, marmaglia: *si tenevano in disparte a tutto potere da questa b.* (NIEVO).

bordàme [da *bordo*; 1937] **s. m.** ● (*mar.*) Grembiule. ➡ ILL. p. 2155 SPORT.

bordàre (**1**) [da *bordo* nel sign. 4; 1598] **v. tr.** (*io bórdo*) *1* Fare un orlo o un bordo a qlco.: *b. una tovaglia, un vestito*; *b. una lamiera*; *b. la tomaia della scarpa* | (*fig.*) Delimitare con un segno: *b. una busta a lutto*. SIN. Orlare. *2* (*mar.*) Cazzare una vela. *3* †Percuotere.

†**bordàre** (**2**) [etim. incerta] **v. intr.** ● Darsi da fare.

bordàta [da *bordo* nel sign. 1; 1772] **s. f.** *1* (*mar.*; *disus.*) Bordo. *2* Sparo simultaneo dei cannoni di una nave sullo stesso lato: *una b. a salve*. *3* (*fig.*) Serie, successione rapida di qlco.: *una b. d'ingiurie, di fischi*; *scaraventò in coperta l'intera b. di un'articolessa di tre colonne* (GADDA).

bordatìno [da *bordare* (*1*); 1865] **s. m.** ● Tessuto di cotone forte, a righe sottili, adatto per grembiulini e abiti per bambini. SIN. Bordato, rigatino.

bordàto [1618] **A part. pass.** di *bordare* (*1*); anche **agg.** ● Nei sign. del v. **B s. m.** ● Bordatino.

bordatóre [1940] **s. m.** *1* (f. *-trice* (V.)) Chi rifinisce orli e bordi nei manufatti. *2* Nella macchina per cucire, dispositivo per fare gli orli. SIN. Orlatore.

bordatrìce [1933] **s. f.** *1* Rifinitrice di orli e bordi nei manufatti. *2* Macchina che esegue sagome e bordature su lamiere sottili | Macchina per formare i bordi dei contenitori metallici e predisporli alle successive lavorazioni.

bordatùra [1376] **s. f.** *1* Operazione consistente nel sagomare o bordare le estremità delle lamiere. *2* Orlatura per evitare la sfilacciatura o a fine ornamentale di vesti, tende, coperte e sim.

bordeaux /*fr.* bɔʀ'do/ [dal n. della città di *Bordeaux*, in lat. *Burdigala*, di oscura interpretazione; 1818] **A s. m. inv.** *1* Vino francese, bianco o rosso, prodotto nella regione di Bordeaux. *2* Colore rosso tendente al bruno. **B** in funzione di **agg. inv.** ● (posposto a un s.) Che ha colore rosso tendente al bruno: *rosso b.*; *scarpe b.*

bordeggiaménto **s. m.** ● Il bordeggiare.

bordeggiàre [fr. *bordoyer*, da *bord* 'bordo' (?); 1612] **v. intr.** (*io bordéggio*; aus. *avere*) *1* (*mar.*) Veleggiare di bolina, cambiando frequentemente di bordo per risalire controvento | Effettuare brevi navigazioni lungocosta. *2* (*est., raro*) Camminare a sghimbescio. *3* (*fig., lett.*) Destreggiarsi.

bordéggio [1865] **s. m.** *1* (*mar.*) Nella vela, andatura a zigzag, spec. di bolina, cambiando di volta in volta di bordo per risalire controvento.

2 Bordeggiamento.
bordellare [av. 1370] v. intr. ● Stare in un bordello.
bordellière [sec. XIV] s. m. ● (*disus.*) Frequentatore di bordelli.
bordèllo [ant. provz. *bordel*, dim. di *borda* 'capanna', dal francone *bord* 'tavola'; av. 1294] s. m. **1** Casa ove si esercita la prostituzione. **2** (*fig.*) Ambiente corrotto e malfamato. **3** (*fig.*) Luogo pieno di confusione e disordine. SIN. (*fam.*) Casino | (*est.*) Schiamazzo | ***Fare b.***, fare fracasso.
bordereau /fr. bɔrdə'ro/ [da *bord* 'orlo, margine', perché le note erano scritte sul margine del foglio] s. m. inv. (pl. fr. *bordereaux*) ● Borderò.
borderline /ingl. 'bɔːɹdəɹˌlaen/ [vc. ingl., propr. 'linea di confine' comp. di *border* 'confine, limite' e *line* 'linea'; 1986] agg. e s. m. e f. inv. ● Detto di chi (o di ciò che) si trova al limite tra due diverse condizioni, spec. patologiche: *un caso di demenza precoce b.*
borderò [adattamento di *bordereau*; 1802] s. m. **1** Distinta, elenco di documenti o titoli di credito o monete, che si producono o versano in pagamento | ***B. di sconto***, distinta di effetti scontati. **2** Nei cinema o teatri, nota degli incassi compilata ogni sera. **3** Cifra che un giornale spende mensilmente per la remunerazione di collaborazioni varie | Distinta di tali collaborazioni.
bordìglio o †**bordigliòne** [etim. incerta; 1829] s. m. **1** Ingrossamento irregolare nei fili di seta. **2** Tipo di filato.
bordino [1925] s. m. **1** Dim. di *bordo* | Piccola orlatura. **2** Parte del cerchione delle ruote dei veicoli ferroviari e tranviari che serve per guidare il veicolo nel binario.
bórdo [ant. fr. *bort*, fr. *bord*, dal francone *bord* 'tavola, asse'; sec. XIII] s. m. **1** (*mar.*) Contorno estremo di un natante | Fianco della nave | ***Nave di alto b.***, che ha fianchi assai alti, e più ordini di ponti e di batterie | ***Persona, gente d'alto b.***, (*fig.*) altolocata, di elevata posizione sociale | (*est.*) La nave nel suo complesso: *carta, documento, libro di b.*; *vita, gente di b.* | ***Andare, salire a b.***, sulla nave | ***A b.!***, comando di salire sul bastimento | ***Fuori b.***, sul lato esterno della murata; V. anche *fuoribordo* | ***B. libero***, la distanza dal pelo dell'acqua al ponte di coperta di una nave. **2** Tratto percorso da una barca a vela che sta bordeggiando, tra una virata e l'altra | ***Virare di b.***, manovrare in modo da prendere il vento dall'altro lato dell'imbarcazione; (*fig.*) detto di qlcu., mutare la direzione del cammino, e anche opinione, argomento e sim. | ***Star sui bordi***, aspettare bordeggiando. **3** Lo spazio interno di qualunque mezzo di trasporto, spec. nella loc. ***a b. di***: *a b. di un'automobile, di un aereo*. **4** Orlo, margine, contorno di qlco.: *il b. del fazzoletto*; *sedersi sul b. del divano*; *il b. delle aiuole* | (*aer.*) ***B. d'attacco*** o ***d'entrata***, ***b. di fuga*** o ***d'uscita***, quello rispettivamente anteriore o posteriore di un'ala o altra superficie aerodinamica | (*sport*) ***B. campo***, nel calcio e sim., la zona adiacente alle linee laterali e di fondo che delimitano il campo di gioco. **5** Guarnizione di stoffa che serve anche per rinforzare e allungare abiti, tende e sim. **6** Striscia tessuta o dipinta all'orlo di un drappo o di uno zoccolo di parete. || **bordino**, dim. (V.).
bordò [av. 1850] s. m. ● Adattamento di *bordeaux* (V.).
bordolése [fr. *bordelais*, dalla città di *Bordeaux* (lat. *Burdigala*, d'orig. incerta); 1860] **A** agg. **1** Di Bordeaux. **2** In varie loc. relative a enologia e viticoltura | ***Poltiglia b.***, (*ellitt.*) ***bordolese***, miscela di latte di calce e solfato di rame, usata per combattere varie malattie crittogamiche e specialmente la peronospora della vite | ***Tazza b.***, tazza liscia e di forma semplice usata per l'esame organolettico e la degustazione dei vini. CFR. Taste-vin | ***Bottiglia b.***, (*ellitt.*) ***bordolese***, da vino, di forma cilindrica e capacità di circa 3/4 di litro | ***Fusto b.***, (*ellitt.*) ***bordolese***, in legno, della capacità di 225 litri, per la spedizione di vini. **B** s. m. e f. ● Abitante di Bordeaux.
bordóne (**1**) [fr. ant. *bourdon*, prob. dal lat. *burdōne(m)* 'mulo' e anche 'sostenitore' e, quindi, 'bastone' (?); 1319] s. m. ● Un tempo, lungo bastone da pellegrino con manico ricurvo | †Trave, palo.
bordóne (**2**) [etim. discussa; da *bordone* (*1*) per la sua rigidità (?); 1612] s. m. ● Penna di uccello che comincia a spuntare | (*fig.*) ***Far venire i bordoni***, la pelle d'oca. || **bordoncino**, dim.
bordóne (**3**) [fr. ant. *bourdon*, di prob. orig. onomat.; av. 1535] s. m. ● (*mus.*) Canna senza fori che emette una sola nota d'accompagnamento in alcuni strumenti a fiato come la cornamusa; anche il procedimento compositivo che ne imita l'effetto | Registro più grave di uno strumento | Registro d'organo di suono cupo | Voce inferiore nella polifonia antica | ***Falso b.***, V. falsobordone | (*fig.*) ***Tener b. a qlcu.***, aiutarlo spec. in imprese disoneste.
bordùra [fr. *bordure*, da *bord* 'orlo, margine'; 1672] s. f. **1** Bordatura: *b. di un abito*. **2** Margine di aiuole o spazi erbosi, abbellito da piante ornamentali, spec. nane. **3** Decorazione che circonda a mo' di cornice la parte centrale di un arazzo. **4** (*arald.*) Gallone che gira intorno al campo dello scudo. **5** Guarnizione intorno a una pietanza.
bòrea [vc. dotta, lat. *bŏrea(m)*, dal gr. *boréas*, di etim. incerta; 1321] s. m. o †f. (pl. m. *-i*; pl. f. inv.) **1** Vento gelido di tramontana. **2** (*lett.*) Settentrione.
boreàle [vc. dotta, lat. *boreale(m)*, da *bŏrea* 'borea'; av. 1304] agg. ● (*geogr.*) Settentrionale, spec. detto dell'emisfero compreso tra l'equatore e il polo nord: *aurora b.* | ***Clima b.***, molto rigido, come nell'estremo Nord. CONTR. Australe.
borgàta [da *borgo*; sec. XIII] s. f. **1** Piccolo raggruppamento di case in campagna, spec. lungo una strada maestra. **2** A Roma, rione popolare sito all'estrema periferia, un tempo separato dalla città: *vivevo in una b. tutta calce / e polverone* (PASOLINI). || **borgatèlla**, dim.
borgatàro [da *borgata*; 1977] s. m. (f. *-a*) ● A Roma, abitante di una borgata (*anche spreg.*).
borgeșiàno /borge'zjano/ [1985] agg. ● Dello scrittore argentino J. L. Borges (1899-1986) | Caratteristico delle sue opere o ispirato al suo stile: *metafore, invenzioni, miti borgesiani*.
♦**borghése** (**1**) o †**borgése** [da *borgo*, sull'es. del fr. *bourgeois*; sec. XIII] **A** agg. **1** †Pertinente alla città. SIN. Cittadino. CONTR. Villano. **2** Pertinente alla classe della borghesia, al suo costume di vita, alla sua mentalità, cultura e sim.: *famiglie borghesi*; *romanzo. b. dell'Ottocento*; *Nel quartiere b., c'è la pace / di cui ognuno dentro si contenta* (PASOLINI). **3** (*est.*) Incline al quieto vivere, amante dell'ordine costituito: *mentalità b.* | (*spreg.*) Privo di buon gusto, di raffinatezza: *maniere borghesi*. **4** Civile, in contrapposizione a militare, ecclesiastico | (*ellitt.*) ***In b.***, ***alla b.***, in abito civile, senza uniforme. || **borgheșeménte**, avv. **B** s. m. e f. **1** †Abitante del borgo o della città non sottoposto alla giurisdizione feudale. **2** Chi appartiene alla classe della borghesia: *medio, alto b.* | ***Piccolo b.***, appartenente alla piccola borghesia; (*est.*, *spreg.*) persona di corte vedute, di opinioni meschine, di comportamenti banali e sim. **C** s. m. ● Chi non veste in uniforme: *militari, borghesi e ragazzi*. || **borgheșùccio**, dim. | **borgheșùcolo**, dim.
borghése (**2**) [da *Borgo* (San Sepolcro), n. tradizionale della città] **A** agg. ● Di Sansepolcro, in provincia di Arezzo. **B** s. m. e f. ● Abitante, nativo di Sansepolcro. CFR. Biturgense.
♦**borghesìa** [da *borghese*, sull'es. dell'ant. fr. *bourgesie*; 1671] s. f. ● Nell'età comunale, medio ceto cittadino, legato all'esercizio delle libere professioni e al monopolio della ricchezza mobiliare | Nell'età moderna, classe sociale composta dai proprietari dei mezzi di produzione e dai gruppi sociali che ne condividono modi di vita, aspirazioni e ideali, quali commercianti, artigiani, liberi professionisti, dirigenti industriali e sim. | ***Alta***, ***grande***, ***grossa b.***, lo strato superiore composto dai grandi proprietari | ***Media b.***, il ceto formato dai proprietari di aziende di medie dimensioni, dai liberi professionisti, dai dirigenti industriali e sim. | ***Piccola b.***, lo strato composto dai piccoli artigiani e dagli impiegati.
borgheșìșmo [1880] s. m. ● Caratteristica, condizione di chi (o di ciò che) è borghese | (*spreg.*) Mentalità, comportamento e sim. retrivi e meschini.
borgheșùccio [1900] s. m. (f. *-a*) **1** Dim. di *borghese* | Chi appartiene alla piccola borghesia: *Egli non è d'origine se non un b., figlio di un fabbricante di porcellane* (D'ANNUNZIO). **2** (*spreg.*) Persona che ha una visione limitata della vita, formalista nel comportamento e nei rapporti umani.
borgheșùme [1906] s. m. ● (*spreg.*) Il complesso dei borghesi.
borghigiàno [1547] **A** s. m. (f. *-a*) ● Abitante di un borgo o di una località nel cui nome compaia la parola *Borgo*. **B** agg. **1** Che abita in un borgo. **2** Pertinente a un borgo.
borgiàno [1876] agg. **1** Pertinente alla famiglia Borgia. **2** (*fig.*, *lett.*) Detto di periodo, comportamento politico e sim., dominato o ispirato dalla violenza e dall'intrigo.
borgiòtto ● V. *brogiotto*.
bórgo [lat. tardo *bŭrgu(m)*, dal germ. *bŭrgs* 'cittadina', 'forte'; sec. XIII] s. m. (pl. *-ghi*) **1** Piccolo centro abitato: *un b. marinaio*; *un b. rustico*; *di molte case un ricco b. e grosso* (ARIOSTO) | Frequente come toponimo: *B. a Mozzano* (*LU*), *Borgofranco d'Ivrea*. **2** Quartiere, sobborgo cittadino che si trova, o si trovava originariamente, in periferia, o fuori dalla cerchia delle antiche mura: *andandomene per lo b. de' Greci* (BOCCACCIO). || **borghettino**, dim. | **borghétto**, dim. | **borghicciòlo**, dim. | **borgùccio**, **borgùzzo**, dim.
borgógna [1766] s. m. inv. ● Vino francese, bianco o rosso, spesso di gran pregio, prodotto in Borgogna.
borgognóna [agg. sostantivato] s. f. ● (*ellitt.*) Bottiglia borgognona | Poltiglia borgognona.
borgognóne [fr. *bourguignon* 'abitante della Borgogna', dal lat. *Burgundiōne(m)* 'burgundo'; av. 1348] **A** agg. (f. *-a*) **1** Della Borgogna. **2** In varie loc. relative a enologia e viticoltura | ***Poltiglia borgognona***, poltiglia anticrittogamica simile a quella bordolese | ***Bottiglia borgognona***, bottiglia da vino, di forma conico-cilindrica e capacità di circa 3/4 di litro | ***Fusto b.***, (*ellitt.*) ***borgognone***, fusto in legno della capacità di 225 litri usato per la spedizione di vini. **3** Burgundo. **B** s. m. **1** (f. *-a*) Abitante della Borgogna. **2** (f. *-a*) Appartenente alla popolazione burgunda. **3** (*zool.*) Ciuffolotto. **4** Fusto borgognone.
borgognòtta [sp. *borgoñota*, dal fr. *bourguignotte*, sin. di *bourguignonne* 'della Borgogna'; 1566] s. f. ● Nelle antiche armature, celata aperta e leggera, provvista di cresta, tesa frontale, gronda, guanciali a cerniera e, talvolta, buffa.
borgomàstro [alto ted. ant. *burgmeister*, comp. di *burg* 'borgo, città' e *meister* 'capo'; av. 1527] s. m. ● Capo dell'amministrazione comunale, in Germania e altri stati europei.
bòria [lat. *bŏrea(m)* 'borea, vento di tramontana' col senso di 'aria (d'importanza)'; av. 1400] s. f. ● Vanitosa ostentazione di sé e dei propri meriti reali o immaginari: *metter su b.*; *essere pieno di b.*; *la b. de' dotti, i quali, ciò ch'essi sanno, vogliono che sia antico quanto che 'l mondo* (VICO). SIN. Burbanza, superbia, vanagloria. || **boriàccia**, accr. | **boriùccia**, **boriùzza**, dim.
boriàrsi [sec. XIV] v. intr. pron. (*io mi bòrio*) ● Montare in superbia, vantarsi di qlco.: *b. dei propri meriti*.
†**boricco** ● V. †*buricco* (*1*) e (*2*).
bòrico [da *boro*; 1829] agg. (pl. m. *-ci*) **1** (*chim.*) Detto di composto del boro trivalente: *acido b.* **2** Che contiene acido borico: *acqua, pomata borica*.
borina ● V. *bolina*.
borino [da *bora*; av. 1920] s. m. ● Lieve vento di bora.
borioșità [1508] s. f. ● Boria.
borióșo [da *boria*; 1340] agg. ● Pieno di boria, vanaglorioso: *persona boriosa*; *atto, comportamento b.* || **borioșaménte**, avv.
borire o †**borrire** [etim. discussa: longob. *burjan* 'alzare, scovare' (?); sec. XVIII] v. tr. (*io borisco, tu borisci*) ● (*raro*) Far levare a volo uccelli a cui sparare.
borlànda ● V. *burlanda*.
borlonatùra [da *borlone*; 1955] s. f. ● Sgusciatura e pulitura dei semi usati nell'industria dei bottoni.
borlóne [cfr. *burlare* (*2*); 1955] s. m. ● Macchina a cilindri rotanti per la borlonatura.
borlòtto [vc. dial. sett. (milan. *borlòt*), dalla base *borl-* che allude a 'oggetto tondeggiante'; 1931] s. m. ● Varietà di fagiolo da sgranare, con semi ovali, color rosso variegato, di media grossezza.
†**bòrnia** [fr. *borgne* 'losco, guercio', riferito anche a un racconto 'falso', di etim. incerta; av. 1698] s. f. ● Fandonia.
†**bòrnio** (**1**) [ant. fr. *borgne*, di etim. incerta; sec. XIV] agg. ● Cieco da un occhio | Guercio, losco |

Abbagliato, allucinato.

bòrnio (2) [fr. *borne*, dall'ant. fr. *bodne* di orig. discussa: celt. **botina* 'pietra di confine' (?); 1313] **s. m.** *1* †Pietra, roccia sporgente. *2* Concio o mattone sporgente che forma l'addentellato.

bornite [dal n. del mineralogista I. von *Born* (1742-1791); 1962] **s. f.** ● (*miner.*) Solfuro di rame e ferro in masse compatte, la cui superficie per esposizione all'aria si ricopre di patine iridescenti e vivaci. SIN. Erubescite.

bòro [da *borace*; 1863] **s. m.** ● Elemento chimico, semimetallo, bruno, duro, ottenuto per riduzione dell'anidride borica, usato come disossidante in metallurgia. SIMB. B.

boròsa [vc. dial., di etim. incerta; 1863] **s. f.** ● (*mar.*) Cimetta che serve per legare le vele ai pennoni | Manovra per fissare al boma il punto di scotta di una randa terzarolata.

borotàlco® [comp. di *boro* e *talco*; 1938] **s. m.** (pl. *-chi*) ● Nome commerciale di una polvere finissima a base di talco naturale, usata spec. sulle pelli delicate per le sue proprietà assorbenti e rinfrescanti.

bórra (o *-ò-*) [lat. tardo *bŭrra(m)*, di etim. incerta; 1306] **s. f.** *1* Insieme dei fili, non utilizzabili per la filatura, che sostengono il bozzolo ai ramoscelli del bosco. SIN. Ragna, spelaia. *2* Insieme di cimature di lana o mescolanze di peli e crini animali, usato per fare imbottiture e feltri di qualità scadente: *b. per basti.* *3* (*zool.*) Bolo. *4* Disco di feltro o sim. per separare il piombo dalla polvere, nelle cartucce da caccia. *5* (*fig.*) Materiale di scarto | (*est., lett.*) Parole, frasi inutili: *è impossibile che chi dice o scrive molte cose non vi metta di molta b.* (GUICCIARDINI).

borràccia [sp. *borracha*, da *borracho* 'ubriaco', dal lat. *bŭrrus* 'rossiccio', per il colore di chi ha bevuto; 1555] **s. f.** (pl. *-ce*) ● Recipiente di alluminio, plastica o altro materiale, atto a contenere acqua e altre bevande, usato spec. da soldati, alpinisti, ciclisti e sim. || **borraccétta**, dim. | **borraccina**, dim.

borraccina, (*evit.*) **borracina** [da *borra*; 1555] **s. f.** ● Muschio con fusticini in parte sdraiati e ricchi di foglie a margini dentellati.

borràccio [da *borra*; av. 1635] **s. m.** ● (*sett.*) Canovaccio, tovagliolo.

†**borràce** ● V. *borace*.

borracina ● V. *borraccina*.

borràggine ● V. *borragine*.

borràggio [da *borrare*; 1955] **s. m.** *1* (*min.*) Operazione del borrare: *b. a sabbia*; *b. ad acqua.* *2* Insieme degli elementi (borra o altri dischetti) che separano il piombo dalla polvere.

Borraginàcee o **Boraginàcee** [comp. di *borragin(e)* e *-acee*; 1955] **s. f. pl.** (sing. *-a*) ● Nella tassonomia vegetale, famiglia di piante dicotiledoni delle Tubiflorali con foglie pelose e fiori che formano un'infiorescenza scorpioide (*Borraginaceae*). ➡ ILL. **piante**/8.

borràgine o **boràgine**, **borràggine** [lat. tardo *borragine(m)*: dall'ar. *abū 'araq* 'padre del sudore', 'sudorifero', per le proprietà di questa pianta (?); 1342] **s. f.** ● Pianta erbacea annuale delle Borraginacee con grosso fusto succoso, grandi foglie rugose e ruvide e fiori turchini; è usata in cucina (le foglie) e in farmacia (i fiori) (*Borrago officinalis*).

borràna (1) [variante di *borragine*; 1310] **s. f.** ● (*dial.*) Borragine.

†**borràna** (2) [da *borro*; sec. XIV] **s. f.** ● Borro, torrente.

borràre [da *borra*; 1853] **v. tr.** (*io bórro*) ● Occludere il foro da mina con tampone di materiale inerte perché l'esplosivo possa agire con la massima efficacia.

†**borràsca** ● V. *burrasca*.

borratóre [da *borra*; 1932] **s. m.** ● Maglio a forma di ogiva usato per il consolidamento del terreno.

borratùra [1820] **s. f.** ● (*min.*) Borraggio.

†**borrire** ● V. *borire*.

bórro (o *-ò-*) [lat. tardo *bŏrra(m)*, bene attestato nella toponomastica; 1292] **s. m.** *1* (*lett.*) Burrone. *2* Fosso scavato dalle acque in luogo scosceso. *3* Canale di scolo di una palude.

♦**bórsa** (1) [lat. *bŭrsa(m)*, dal gr. *býrsa* 'cuoio', 'otre', di etim. incerta; av. 1250] **s. f.** *1* Contenitore di pelle, stoffa, plastica e sim. di varia forma e grandezza, per tenervi denaro, documenti e oggetti vari: *la b. del postino*; *b. da avvocato*; *la b. della spesa*; *la b. per il tabacco* | ***B. da viaggio***, con l'occorrente per la toeletta | ***B. diplomatica***, tipo di valigetta rigida e bassa per documenti, lettere e sim. | ***B. dell'acqua calda***, in gomma, da riempire con acqua calda per riscaldare una parte del corpo | ***B. da*** (o ***del***) ***ghiaccio***, in tessuto impermeabile, per applicazioni di ghiaccio su una parte del corpo | ***B. termica***, contenitore in materiale termoisolante per conservare e trasportare cibi e bevande. *2* Un tempo, sacchetto per portare il denaro | ***O la b. o la vita***, intimazione di rapinatori | ***Avere la b. piena, vuota***, avere molto, poco denaro | ***Aprire, sciogliere la b.***, spendere e donare con larghezza | ***Chiudere, stringere la b.***, fare economia | ***Mettere mano alla b.***, cominciare a pagare | ***Toccar qlcu. nella b.***, chiedergli denaro | ***Pagare di b. propria***, col proprio denaro | Sussidio finanziario dato a studenti, laureati, ricercatori scientifici e sim.: *b. di studio*; *b. premio* | Nel pugilato, la somma pattuita per un incontro per ciascun contendente. *3* Busta di seta o di lino in cui si ripone il corporale, nella liturgia cattolica. *4* ***B. di pastore***, pianta erbacea delle Crocifere a fusto eretto, fiori in racemo e frutti a siliquetta, di forma simile alla borsa in cui il pastore tiene il sale per gli animali (*Capsella bursa-pastoris*). *5* Guscio che racchiude i semi di alcune piante. *6* (*anat.*) Qualsiasi formazione a sacca: *b. scrotale* | ***B. mucosa, sierosa***, vescicola ripiena di liquido chiaro filante, interposta tra tendini e ossa o tra muscoli per facilitarne lo scorrimento | Correntemente, parte del corpo la cui forma ricorda quella di una borsa | ***Avere le borse sotto gli occhi***, le occhiaie gonfie | ***La b. del canguro***, il marsupio. *7* (*est.*) Rigonfiamento, deformazione degli abiti: *calzoni con le borse alle ginocchia.* *8* (*pop.*) Scroto | (*fig.*) Noia, persona noiosa: *che b.!* *9* (*bot.*) Parte ingrossata del ramo che porta il frutto nelle Pomacee. || PROV. Chi fa di testa paga di borsa. || **borsàccia**, pegg. | **borsellina**, dim. | †**borsèllo**, dim. m. (V.) | **borsétta**, dim. (V.) | **borsétto**, dim. m. (V.) | †**borsicchio**, dim. m. | †**borsiglio**, dim. m. (V.) | **borsina**, dim. | **borsino**, dim. m. | **borsóna**, accr. | **borsóne**, accr. m. | **borsòtto**, dim. m. (V.) | **borsùccia**, dim.

♦**bórsa** (2) [dal nome dei van der *Burse*, in casa dei quali si riunivano, a Bruges, nel XVI sec., i mercanti veneziani; av. 1638] **s. f.** *1* Istituzione pubblica o privata ove si svolge la compravendita di valori mobiliari o merci: *listino di b.*; *riunione di b.*; *rialzo, ribasso in b.* | ***B. merci***, ove si contrattano merci di largo mercato | ***B. valori***, ove si trattano titoli o divise estere | ***B. telematica***, ove le negoziazioni avvengono a mezzo di strumenti telematici | ***Giocare in b.***, specularvi | V. anche *dopoborsa*. *2* (*est.*) Il luogo, l'edificio ove avvengono le contrattazioni di borsa. *3* (*est.*) Mercato, compravendita: *la b. dei calciatori.* || **borsino**, dim. m. (V.).

BORSA
nomenclatura

borsa

● *tipi di borsa*: valori = finanziaria, titoli, merci = delle derrate; borsanera; fuoriborsa;

● *caratteristiche*: debole, buona, sostenuta, in rialzo ⇔ in ribasso, oscillante, fluttuante; invariata, ferma ⇔ instabile;

● *attività di borsa*: seduta, durante, riunione, contrattazioni, grida, recinto delle grida = corbeille; andamento, indice di borsa (M.I.B.TEL.), apertura, chiusura, orario, calendario, gioco, fixing, quotazione, listino, prezzo nominale, aggio, disaggio, collasso, negoziazione, contrattazione, azione = titolo azionario (ordinario, postergato, preferenziale = privilegiato, nominativo, di risparmio), fissato bollato, flottante, future, ripartizione degli utili, riparto, residuo, dividendo, interessenza, partecipazione, diritto di prelazione sugli utili; girata, incetta, trasferimento, nominatività, pacchetto azionario; cedola, cedolare; aggiotaggio, arbitraggio; mercato (primario, secondario; languido, fiacco, fermo, morto, sostenuto; interno ⇔ esterno, libero = aperto ⇔ chiuso = regolato, mercato ristretto = coulisse), borsino, dopoborsa = dopolistino, teleborsa; diritto di opzione, Opa (Offerta pubblica d'acquisto), Opv (Offerta pubblica di vendita); aumento di capitale, fondo comune d'investimento (azionario, obbligazionario bilanciato), capital gain, riporto, riporto alla pari, deporto, CONSOB (Commissione Nazionale per le Società e la Borsa);

● *persone*: agente, operatore di cambio, broker = intermediario = mediatore, remisier, dealer, agente di borsa, negoziatore, commissionario, speculatore, cassettista, procuratore alle grida, investitore, azionista = obbligazionista, quotista, aumentista = rialzista = (*gerg.* toro) ⇔ ribassista = (*gerg.* orso), cordata, risparmiatore, parco buoi; borsanerista;

● *azioni*: investire, giocare, comprare, vendere, svendere, rialzare, giocare al rialzo, ribassare, giocare al ribasso, quotare, trattare, optare, opzionare, sottoscrivere, speculare, frequentare la borsa; rastrellare, scalare una società, sospendere la contrattazione di un titolo azionario, esercitare, abbandonare un contratto.

borsàio [1384] **s. m.** (f. *-a*) ● Chi fabbrica o vende borse.

borsaiòlo o (*lett.*) **borsaiuòlo** [da *borsa* (*1*) col suff. d'agente *-aio* e il suff. spreg. *-olo* (*3*); av. 1665] **s. m.** (f. *-a*) ● Ladro che con abilità e sveltezza ruba dalle tasche o dalle borse. SIN. Borseggiatore.

†**borsàle** [da *borsa* (*1*); sec. XVII] **agg.** ● Pertinente alla borsa, nel sign. di borsa (2) | Mercantile.

Borsalino® [marchio registrato della ditta che li produce, la *Borsalino*; 1905] **s. m. inv.** ● Tipo di cappello maschile di feltro a tesa media.

borsanéra o **bórsa néra** [comp. di *borsa* (*2*) e il f. di *nero*, con allusione a operazioni compiute di notte; 1942] **s. f.** (pl. *borsenére*) ● Traffico illegale, clandestino, di merci razionate o rare, a prezzi maggiorati, spec. in periodo bellico.

borsanerista [1950] **s. m. e f.** (pl. m. *-i*) ● Chi pratica la borsa nera. SIN. Borsaro nero.

borsàro [1949] **s. m.** (f. *-a*) ● (*centr.*) Nella loc. *b. nero*, chi pratica la borsa nera.

borsàta [da *borsa* (*1*); 1865] **s. f.** *1* Quantità di roba che può essere contenuta in una borsa. *2* Colpo o percossa inferta con una borsa.

borsavalóri [comp. di *borsa* e del pl. di *valore*] **s. f.** (pl. *borsevalóri*) ● (*banca*) Mercato organizzato per la compravendita dei valori mobiliari e delle divise.

borseggiàre [da *borsa* (*1*) col suff. verb. *-eggiare*; 1877] **v. tr.** (*io borséggio*) ● Derubare una persona con abilità e sveltezza di qlco. che porta addosso o con sé: *l'hanno borseggiato del portafoglio.*

borseggiatóre [1877] **s. m.** (f. *-trice*) ● Borsaiolo.

borséggio [da *borseggiare*; 1877] **s. m.** ● Furto commesso con abilità e sveltezza su una persona.

♦**borsellino** [av. 1400] **s. m.** *1* Dim. di *borsello*. *2* Portamonete da tenersi in tasca o in borsetta | ***Vuotare il b.***, spendere tutto. *3* Tasca in cima a una lunga mazza per raccogliere le elemosine in alcune chiese cattoliche e protestanti. *4* Taschino dell'orologio.

borsèllo [1970] **s. m.** *1* †Dim. di *borsa* (*1*). *2* †Portamonete. *3* Borsa per uomo, di dimensioni generalmente non grandi, talvolta anche con tracolla, per tenervi documenti, denaro e oggetti vari. SIN. Borsetto. || **borsellino**, dim. (V.).

borsétta [1880] **s. f.** *1* Dim. di *borsa* (*1*). *2* Borsa da signora, di varia forma e dimensione, in pelle, tessuto, paglia e sim.: *una b. sportiva*; *b. da sera.* || **borsettàccia**, pegg. | **borsettina**, dim.

borsettàio [1983] **s. m.** (f. *-a*) ● Fabbricante o venditore di borsette.

borsetteria [comp. di *borsett(a)* ed *-eria*; 1985] **s. f.** *1* Settore artigianale o industriale che si occupa della fabbricazione di borse. *2* Negozio di borse.

borsettière [1955] **s. m.** (f. *-a*) ● Borsettaio.

borsettificio [comp. di *borsetta* e *ficio*; 1987] **s. m.** ● Fabbrica di borsette e articoli analoghi.

borsétto [1973] **s. m.** *1* Dim. di *borsa* (*1*). *2* Borsello.

†**borsiglio** [sec. XIV] **s. m.** *1* Dim. di *borsa* (*1*). *2* Sacchetto per profumi. *3* Portamonete. *4* (*fig.*) Denaro.

borsino [1962] **s. m.** *1* Dim. di *borsa* (*2*). *2* Ufficio bancario dove, in collegamento con le borse valori, si compiono operazioni su titoli. *3* Contrattazione di titoli che avviene a borsa chiusa.

borsista (1) [da *borsa* (*1*); 1941] **s. m. e f.** (pl. m.

-*i*) ● Chi fruisce di una borsa di studio, di ricerca e sim.

borsista (**2**) [da *borsa* (*2*); 1905] **s. m. e f.** (**pl. m.** -*i*) ● Chi specula in borsa.

borsistico [1908] **agg.** (**pl. m.** -*ci*) ● Di borsa, relativo alla borsa, nel sign. di borsa (2): *contrattazioni borsistiche.*

borsite o **bursite** [da *borsa* (di siero) con il suff. -*ite* (*2*); 1929] **s. f.** ● (*med.*) Infiammazione di una borsa mucosa o sierosa: *b. scrotale.*

borsòtto **s. m.** *1* Dim. di *borsa* (*1*). *2* Borsa di pelle per pallini da caccia.

bort /bɔrt, *fr.* bɔːʀ/ [vc. fr., dall'ant. fr. *bort* 'bastardo' (?); 1950] **s. m. inv.** ● Varietà microcristallina di diamante usata come abrasivo.

bortsch /bɔrʃ/ o **boršč** /*russo* bɯɔrʃː/ [russo *boršč*, parola che in orig. indicava la pianta d'acanto, con cui si faceva una minestra] **s. m. inv.** (**pl.** russo *bortschi*) ● Minestra a base di cavolo, barbabietola e crema acida, tipica della cucina russa.

borzacchino [sp. *borceguí*, dall'ar. *murzuqī* '(cuoio) di Murzuq' (?); av. 1529] **s. m.** ● Stivaletto.

borzàcchio ● V. *bozzacchio.*

bòṣa [sp. *boza*. V. *bozza* (*2*)] **s. f.** ● (*mar.*) Ognuna delle tre maniglie situate negli angoli inferiori di una vela quadra alle quali si applicano i tre spezzoni di cima con cui termina la bolina.

boscàggio [ant. fr. *bosc*(*h*)*age*, da *bos*(*c*) 'foresta'; av. 1348] **s. m.** ● Boscaglia.

boscàglia [ant. fr. *bosc*(*h*)*aille*, da *bos*(*c*) 'foresta'; av. 1363] **s. f.** ● Bosco fitto e incolto | Vasta macchia di arbusti.

boscaiòlo o (*lett.*) **boscaiuòlo** [sec. XV] **s. m.** (**f.** -*a*) *1* Chi taglia legna nei boschi. **SIN.** Spaccalegna, taglialegna. *2* Chi provvede alla coltivazione e alla conservazione dei boschi. **SIN.** Guardaboschi.

boscaréccio ● V. *boschereccio.*

boscàta [1618] **s. f.** ● Tratto di terreno coperto di bosco.

boscàtico [da *bosco*; sec. XVI] **s. m.** (**pl.** -*ci*) ● Uso civico medievale consistente nel diritto di far legna in un bosco di proprietà comune | Imposta pagata per esercitare tale diritto.

boscàto [av. 1606] **agg.** ● Boscoso.

boschéggio [etim. incerta; 1983] **s. m.** ● (*ragion.*) Operazione contabile consistente nel ricercare fra diverse registrazioni tutte quelle che si riferiscono a una stessa voce.

boscheréccio o (*lett.*) **boscaréccio** [da *bosco*; 1336 ca.] **agg.** (**pl. f.** -*ce*) *1* Del bosco, che proviene dal bosco: *fragole boscherecce.* **SIN.** Forestale, silvestre. *2* (*fig.*, *lett.*) Semplice, privo di raffinatezza | ***Poesia boschereccia***, poesia pastorale, bucolica.

boschétto [av. 1374] **s. m.** *1* Dim. di *bosco.* *2* Bosco ameno | Gruppo di piante ombrose. *3* Piccolo bosco artificiale disposto in modo da attirare gli uccelli verso un sistema di trappole o reti.

boschière [1623] **s. m.** ● Boscaiolo.

boschivo [av. 1764] **agg.** *1* Coltivato, tenuto a bosco: *terreno b.* | Ricco di boschi: *zona boschiva.* *2* Del bosco: *vegetazione boschiva.*

boscìmano [neerlandese *bosjesman*, 'uomo (*man*) della boscaglia (*bosje*)'; 1901] **A** **agg.** ● Detto di alcune popolazioni dell'Africa sud-occidentale, che presentano pelle giallastra, steatopigia, statura piccola e capelli crespi. **B** **s. m.** (**f.** -*a*) ● Chi appartiene alla popolazione boscimana. **C** **s. m.** solo **sing.** ● Lingua africana parlata dai Boscimani, simile all'ottentotto.

bòsco [etim. discussa: germ. **bosk* 'macchia, boschetto' (?); 1219] **s. m.** (**pl.** -*chi*) *1* Estensione di terreno coperta di alberi, spec. di alto fusto, e di arbusti selvatici | Il complesso di tali organismi vegetali: *b. di querce, di faggi, di castagni* | ***B. ceduo***, sottoposto per la rinnovazione a tagli periodici | †***Buono da b. e da riviera***, (*fig.*) detto di chi è adatto a ogni situazione e capace di far di tutto | ***Essere, diventare uccel di b.***, (*fig.*) detto di chi si rende irreperibile a chi tenta di imprigionarlo, spec. alla polizia | ***Portar legna al b.***, (*fig.*) fare una cosa inutile. **SIN.** Foresta, selva. *2* (*fig.*) Insieme di cose fitte, intricate: *un b. di capelli.* *3* Fascetti di rami, disposti in modo diverso, usati per sostenere i bachi da seta durante la tessitura del bozzolo | ***Andare al b.***, dei bachi che salgono sui rami. *4* (*raro*, *poet.*) Legname. || **PROV.** Meglio uccel di bosco che uccel di gabbia. || **boscàccio**, pegg. | **boscarèllo**, **boscherèllo**, **dim.** | **boschétto**, **dim.** (V.) | **boscóne**, **accr.**

BOSCO
nomenclatura

bosco

● *caratteristiche*: d'alto fusto, ceduo, di latifoglie, di aghifoglie, misto; rigoglioso ⇔ spoglio, folto ⇔ rado, giovane ⇔ secolare, puro ⇔ misto, demaniale ⇔ privato; sottobosco, selva, foresta (folta, intricata, impraticabile; equatoriale, subequatoriale = a galleria, tropicale, mediterranea, boreale); sezione del bosco, sentiero forestale, strada di esbosco, risina = scivolo per i tronchi; vivaio forestale, semenzaio forestale, ceppaia; patrimonio forestale, demanio forestale, leggi forestali, vincolo forestale; guardia forestale, ispettore forestale;

● *tipi di bosco*: abetaia, abetina, acereto, cipresseto, lariceto, lecceto, pineta, palmeto, querceto, olmeto, gelseto, saliceto, carpineta, castagneto, faggeta, pioppeto, oliveto; soprassuolo, sottobosco; cespuglio, fratta, matricina, pollone; radura, roveto, forteto, stipa;

● *persone*: tagliaboschi = taglialegna, legnaiolo, boscaiolo, segatore, guardaboschi = guardia forestale; silvicoltore;

● *azioni*: piantare, abbattere, atterrare, segare, sradicare, scortecciare, infoltire ⇔ sfoltire, sfrondare, tagliare, scapezzare, tenere a ceppaia, rimboscare ⇔ disboscare, imboscarsi; accatastare, trasportare.

boscoṣità [1862] **s. f.** ● Densità dei boschi di una data zona rispetto alla sua superficie totale: *b. alta, bassa.*

boscóṣo [av. 1347] **agg.** ● Coperto, ricco di boschi: *colline boscose.*

bòsforo [vc. dotta, dal nome del *Bosforo*, lat. *Bosp*(*h*)*ŏrus*, dal gr. *Bósporos*: propr. 'guado del bue' (*boòs póros*); 1632] **s. m.** ● (*lett.*) Stretto di mare.

†**bòṣima** ● V. *bozzima.*

boṣinàta o **boṣinàda** [vc. milan., da *buccinare*; 1905] **s. f.** ● Composizione satirica in dialetto milanese, recitata o cantata dai bosini.

boṣino [1905] **s. m.** ● Cantastorie delle campagne milanesi | (*sett.*) Campagnolo, uomo zotico.

boṣnìaco [1912] **A** **agg.** (**pl. m.** -*ci*) ● Della Bosnia. **B** **s. m.** (**f.** -*a*) ● Abitante, nativo della Bosnia.

boṣóne [dal cognome del fisico S. N. *Bose* (1894-1974); 1955] **s. m.** ● (*fis. nucl.*) Particella di spin intero, che segue la statistica di Bose-Einstein | ***B. scalare***, con spin nullo | ***B. vettore***, con spin unitario | ***B. di Higgs***, ipotetico bosone scalare che media le interazioni nel campo di Higgs.

boss /*ingl.* bɒs/ [vc. ingl. d'America, dal neerlandese *baas* 'padrone', di area limitata e orig. incerta; 1918] **s. m. inv.** (**pl.** ingl. *bosses*) ● Capo, padrone, spec. se e quando si comporti con arroganza e arbitrio: *i b. della mafia*; *il b. dell'azienda*; *i boss dell'industria chimica.*

bòssa nòva /*port.* ˈᵒbɔsʌ ˈnɔvʌ, ˈbɔsa ˈnɔva/ [vc. port. del Brasile: 'tendenza (dal senso originale di 'bernoccolo') nuova' (?); 1965] **s. f. inv.** ● Ballo d'origine brasiliana, derivante dal samba.

bòsso o (*tosc.*) **bòssolo** (**2**), (*dial.*) **bùsso** (**2**) [lat. *bŭxu*(*m*), dal gr. *pýksos*, di orig. asiatica; sec. XIV] **s. m.** *1* Arbusto perenne sempreverde delle Buxacee con piccole foglie coriacee e lucenti e legno durissimo (*Buxus sempervirens*). ➡ **ILL.** **piante**/2. *2* Legno di bosso.

bòssola [da *bossolo* (*1*)] **s. f.** *1* Spazzola per cavalli. *2* Antica misura veneta di capacità per liquidi, di circa tre litri.

bòssolo (**1**) o †**bùssolo** [lat. tardo *bŭxida*, dal gr. *pýksis*, con sovrapposizione di **bŭxulum*, dim. di *bŭxeum* 'oggetto di bosso'; 1313] **s. m.** *1* †Vasetto per cosmetici, medicamenti, profumi e sim. *2* Urna per elezioni e votazioni | Bussolotto per il gioco dei dadi | †Cassetta per elemosine. *3* Involucro cilindrico contenente la carica di lancio dei proiettili delle armi da fuoco e munito dell'innesco per la deflagrazione della carica. || **bossolétto**, **dim.** | **bossolino**, **dim.** | †**bossolòtto**, **dim.** (V.).

bòssolo (**2**) ● V. *bosso.*

†**bossolòtto** ● V. *bussolotto.*

bòston /*ingl.* ˈbɒstən/ [dal nome della città statunitense d'origine, *Boston*; 1896] **s. m. inv.** ● Ballo di origine nordamericana, simile al valzer ma di ritmo più lento.

bostoniàno [1978] **A** **agg.** ● Di Boston. **B** **agg.**; anche **s. m.** (**f.** -*a*) *1* Abitante, nativo di Boston. *2* (*raro*, *est.*, *lett.*) Raffinato, elitario.

Bostrìcidi [comp. di *bostrico* e -*idi*; 1950] **s. m. pl.** (**sing.** -*e*) ● Nella tassonomia animale, famiglia di Insetti dei Coleotteri; si nutrono di legno e hanno corpo cilindrico allungato e arti corti (*Bostrychidae*).

bòstrico [vc. dotta, gr. *bóstrychos* 'ricciolo', di etim. incerta; 1819] **s. m.** (**pl.** -*chi*) ● Insetto coleottero con testa incassata nel torace, zampe corte e apparato boccale robustissimo mediante il quale scava gallerie nel legno (*Bostrychus capucinus*).

Bot /bɔt/ [sigla di *b*(*uono*) *o*(*rdinario del*) *t*(*esoro*); 1979] **s. m. inv.** ● (*econ.*) Titolo di credito a scadenza annuale, semestrale o trimestrale emesso dallo Stato italiano.

botànica [vc. dotta, gr. *botanikḗ*, f. di *botanikós* 'botanico', sottinteso *téchnē* 'arte, scienza'; 1754] **s. f.** ● Scienza che ha come oggetto lo studio e la classificazione dei vegetali | ***B. farmaceutica***, scienza che ha come oggetto lo studio di vegetali da cui si estraggono i farmaci. ➡ **ILL.** **botanica generale.**

botànico [vc. dotta, gr. *botanikós*, da *botánē* 'erba'; av. 1698] **A** **agg.** (**pl. m.** -*ci*) ● Che si riferisce alla botanica | ***Orto, giardino b.***, in cui si coltivano piante a scopo di ricerca e di studio. || **botanicaménte**, **avv.** **B** **s. m.** (**f.** -*a*) ● Studioso di botanica.

†**bòto** (**1**) e *deriv.* ● V. *voto* (*1*) e *deriv.*

†**bòto** (**2**) [dal sign. di 'statua', che ha il tosc. *boto*, propr. 'voto': quindi, 'impalato', 'immobile (come una statua)'; av. 1665] **agg.** ● Sciocco, semplicione.

bòtola o †**bòdola** [etim. incerta; dal lat. mediev. *bauta* 'balta', attrav. i dial. sett.; av. 1742] **s. f.** ● Apertura dotata di un'imposta ribaltabile che mette in comunicazione due vani, uno soprastante e uno sottostante: *aprire una b. nel pavimento, nel soffitto.* || **botolina**, **dim.**

bòtolo [etim. incerta; 1319] **s. m.** *1* Cane piccolo, tozzo e ringhioso. *2* (*fig.*) Uomo stizzoso e pronto alla lite, ma debole e pauroso. || **botolétto**, **dim.** | **botolino**, **dim.** | **botolóne**, **accr.**

bòtri [vc. dotta, lat. *bŏthru*(*m*), dal gr. *bótrys*, propr. 'grappolo'] **s. m. inv.** ● Varietà di artemisia fortemente aromatica (*Chenopodium botrys*).

bòtrio- (**1**) [dal gr. *bóthrion* 'piccola fossa', di orig. non chiara] primo elemento ● In parole composte della terminologia scientifica significa 'fossa' o 'solco': *botriocefalo.*

bòtrio- (**2**) [dal gr. *bótrys* 'grappolo'] primo elemento ● In parole composte della terminologia scientifica significa 'grappolo' o 'a forma di grappolo': *botriomicosi.*

botriocèfalo [vc. dotta, comp. di *botrio-* (*1*) e -*cefalo*; 1923] **s. m.** ● Grosso platelminta, parassita intestinale, simile alla tenia ma privo di ventose e con due solchi laterali (*Diphyllobotrium latum*).

botriomicòṣi [comp. di *botrio-* (*2*), del gr. *mýkēs* 'fungo' e del suff. med. -*osi*; 1950] **s. f. inv.** ● Malattia infettiva del cavallo dovuta a micrococchi, che si manifesta con noduli e fistole nel tessuto cutaneo e sottocutaneo.

botrioterapìa [vc. dotta, comp. di *botrio-* (*2*) e *terapia*; 1940] **s. f.** ● Ampeloterapia.

botrite [vc. dotta, lat. *botryī̆te*(*m*), dal gr. *botryítis*, propr. 'a forma di grappolo (*bótrys*)'; 1829] **s. f.** ● Genere di Funghi imperfetti dei Deuteromiceti, saprofiti o parassiti di molte piante coltivate (*Botrytis*). **SIN.** Muffa grigia.

bòtro (o -**ò**-) [gr. *bóthros* 'fossa, voragine', di etim. incerta; av. 1597] **s. m.** ● (*tosc.* o *lett.*) Fossato scosceso in cui scorre un piccolo corso d'acqua: *il favellar leggero / dell'acque pei botri* (D'ANNUNZIO).

♦**bòtta** (**1**) [da *bottare*; 1280 ca.] **A** **s. f.** *1* Colpo, percossa data con un corpo contundente: *dare una b. col bastone, col martello* | ***Fare a botte***, picchiarsi | ***Botte da orbi***, colpi violenti e dati alla cieca | ***Parare le botte***, (*fig.*) difendersi | Colpo provocato da un urto contro qlco.: *cadendo ho preso una gran b.* | (*est.*) Il segno che resta sul corpo dopo un urto o una percossa violenta: *guarda che b. ho sul ginocchio* | †***Di tutta b.***, a tutta prova | †***A b. di***, a prova di | ***Tenere b.***, (*fig.*) resi-

botta

stere, perseverare, non mollare | *A b. calda*, (*fig.*) sotto l'impressione di un fatto doloroso, spiacevole e sim. appena avvenuto. **2** (*fig.*) Danno grave: *la perdita dell'azienda è stata per lui una terribile b.* | (*fig.*) Sconfitta: *sono venuti per vincere e hanno preso una bella b.!* **3** Rumore prodotto da oggetti che si urtano con violenza o da un'esplosione: *una b. di fucile*. SIN. Botto. **4** (*fig.*) Motto pungente, frase offensiva: *dirigere*, *indirizzare una b. a qlcu.* SIN. Battuta, frizzo. **5** Nella scherma, colpo | *B. dritta*, stoccata. **6** Rosa di pallini da caccia che investono un selvatico | *Restare sulla b.*, di animale colpito in pieno. **7** Sponda concava di un meandro erosa dalla corrente del fiume. **B** nella loc. sost. m. inv. *b. e risposta* ● Rapido scambio di battute polemiche: *continuano i b. e risposta tr ai due dirigenti politici.* ‖ **bottaccia**, pegg. | **bottarella**, **botterella**, dim.

bòtta (2) o (*raro*) **bòdda** [etim. incerta; 1353] s. f. **1** (*tosc.*) Rospo | *Camminare come una b.*, (*fig.*) saltellando | *Gonfio come una b.*, vanesio. **2** (*est.*, *lett.*, *tosc.*) Persona bassa e sgraziata.

bottàccio (**1**) [accr. di *botte*, per la forma; av. 1294] s. m. **1** †Fiasco, damigiana | Quantità di vino anticamente prelevata da un carico e data ai vetturali come compenso. **2** Bacino di raccolta delle acque che alimentano un mulino | Pozzetto praticato nei fossati per diminuire la velocità dell'acqua e facilitare il deposito dei detriti. **3** (*sett.*) Botte per lo spurgo dei pozzi neri. ‖ **bottaccino**, dim. | **bottacciòlo**, dim. (V.).

bottàccio (**2**) [etim. incerta; av. 1484] s. m.; anche agg. (pl. f. *-ce*) ● (*centr.*) Varietà di tordo.

bottàccio (**3**) ● V. *bottazzo*.

†**bottacciòlo** o †**bottacciuòlo** [av. 1342] s. m. **1** Dim. di *bottaccio* (*1*). **2** Pustola. **3** Lesione della pellicola dell'intonaco, provocata dal rigonfiamento di un granello di calce. **4** (*fig.*) Persona piccola e grassa.

bottàio o †**bottàro** [da *botte*; av. 1406] s. m. (f. *-a*) ● Chi fabbrica, ripara o vende botti.

bottalàre [da *bottale*] v. tr. ● Trattare le pelli nel bottale.

bottàle [da *botte*, per la forma; 1931] s. m. ● Apparecchiatura rotante nella quale vengono conciate le pelli.

bottalista s. m. e f. (pl. m. *-i*) ● Operaio di conceria addetto al bottale.

bottàme [sec. XIV] s. m. ● Insieme delle botti, dei tini e dei fusti di una cantina.

†**bottàre** [ant. fr. *boter* 'spingere, battere, gemogliare', dal francone *bōtan* 'battere'; sec. XIV] v. tr. ● Percuotere, colpire.

bottàrga [ar. *baṭraḥ*, in relazione col gr. *tárichos* 'salagione', di etim. incerta; av. 1547] s. f. ● Uova di muggine o di tonno compresse, seccate e salate; si mangia tagliata a fettine e condita, oppure si grattugia sulla pasta.

†**bottàro** ● V. *bottaio*.

bottàta [da *bottare*; 1840] s. f. **1** †Colpo, percossa | †Danno grave e improvviso. SIN. Botta. **2** (*lett.*) Frase pungente, spesso allusiva: *finisce per bottate rotte e scomposte* (GIUSTI).

bottatrice [etim. incerta; 1932] s. f. ● Pesce dei Teleostei di acqua dolce, commestibile, con corpo grosso anteriormente e compresso verso la coda, coperto di resistentissima pelle olivastra (*Lota lota*).

bottàzzo o **bottàccio** (3) [da *botte*; 1829] s. m. ● (*mar.*) Raddoppiamento del fasciame in legno nello scafo, spec. per proteggerlo dagli urti.

♦**bòtte** [lat. tardo *būtte(m)* 'piccolo vaso', di etim. incerta; 1221] s. f. **1** Recipiente in legno, di forma bombata, costituito da un insieme di doghe tenute unite da cerchi di metallo, destinato a contenere prodotti liquidi, spec. vino: *spillare il vino dalla b.* | (*est.*) Recipiente simile, ma di minori dimensioni, per conservarvi pesce, olive e sim. | *Dare un colpo al cerchio e uno alla b.*, serrare fra loro le doghe (con riferimento al lavoro dei bottai) ; (*fig.*) barcamenarsi | (*fig.*) *La b. piena e la moglie ubriaca*, due vantaggi che si escludono | (*fig.*) *Essere in una b. di ferro*, al sicuro. ➡ ILL. vino. **2** Appostamento palustre, costituito da una botte o da un piccolo tino entro cui si cela il cacciatore | *B. artificiale*, in cemento o metallo. **3** (*edil.*) *Volta a b.*, semicircolare. **4** A Roma, vettura pubblica a cavalli. SIN. Botticella. **5** Antica unità di misura per liquidi, con valori variabili da regione a regione. **6** (*mar.*) Antica unità di misura di stazza, equivalente alla tonnellata. ‖ PROV. *La botte dà il vino che ha.* ‖ **botticèlla**, dim. (V.) | **botticìna**, dim.

♦**bottéga** [lat. *apothēca(m)*, dal gr. *apothḗkē* 'deposito', dal v. *apotithénai* 'porre (*tithénai*) in disparte (*apó*)'; 1241] s. f. **1** Locale gener. a pian terreno e accessibile dalla strada, dove si vendono merci al dettaglio: *la b. del fruttivendolo*, *del panettiere*, *del macellaio* | **Mettere su b.**, *aprire b.*, cominciare un commercio, un'attività | *Star di b.*, avere la bottega in un dato luogo | *Chiudere b.*, (*fig.*) smettere di fare qlco. | †*Essere a uscio e b.*, *a* (o *di*) *casa e b.*, abitare, stare molto vicino a qlcu. o a qlco. | *Scarto di b.*, (*fig.*) cosa, persona, di nessun pregio | *Far b. di tutto*, (*fig.*) trafficare disonestamente con ogni cosa | *Affari*, *calcoli*, *convenienze di b.*, (*fig.*) personali, di parte | (*scherz.*) *Avere la b. aperta*, (*fig.*) avere i calzoni sbottonati. **2** Laboratorio, officina d'artigiano: *b. del falegname* | *Ferri di b.*, arnesi di mestiere | *Mettersi*, *andare*, *stare a b. da qlcu.*, per farvi l'apprendista | *Via delle Botteghe Oscure*, o (*ellitt.*) *le Botteghe Oscure*, (*per anton.*) fino al 2000, gli organi direttivi nazionali dei Democrati-

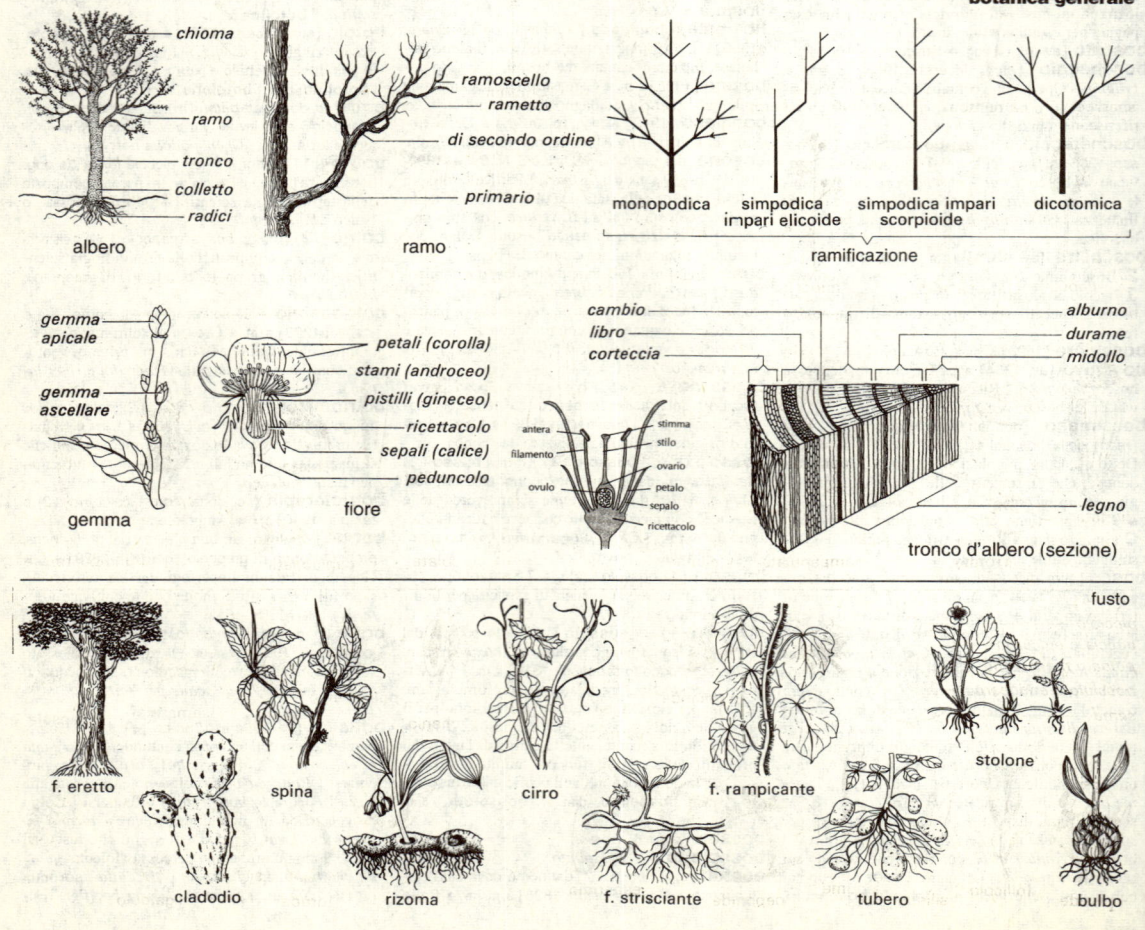

botanica generale

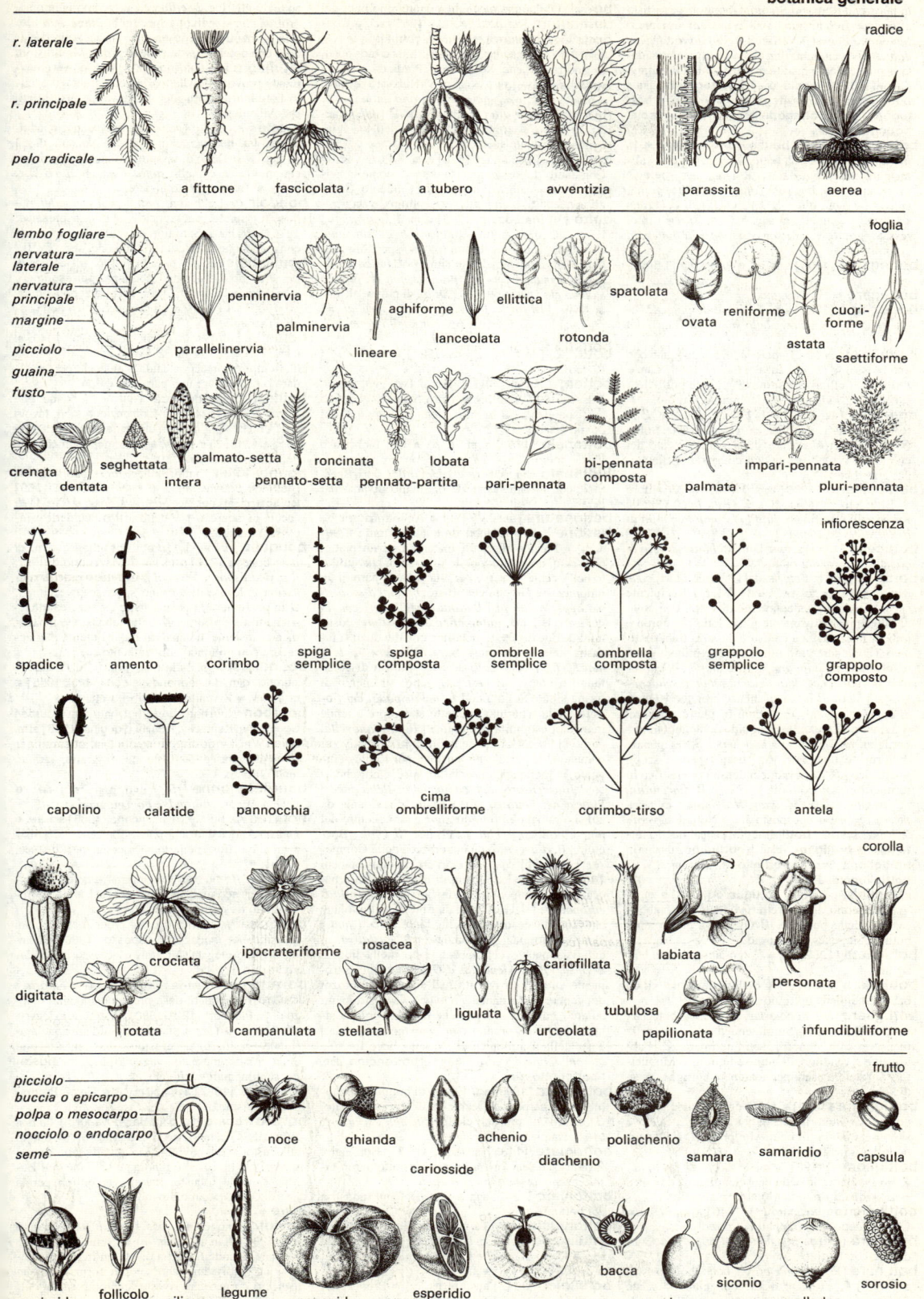

ci di Sinistra (in precedenza, fino al 1998, del Partito democratico della Sinistra; fino al 1991, del Partito comunista italiano) che avevano sede in tale via a Roma. *3* Studio, laboratorio di artista affermato, frequentato da allievi e aiuti, durante il Medioevo fino al XVII sec.: *b. di Giotto* | ***Opera di b.***, stilisticamente riferibile a un artista, ma, data la più scadente qualità, forse eseguita da allievi e aiuti. || **bottegàccia**, pegg. | **botteghétta**, dim. | **botteghina**, dim. | **botteghino**, dim. m. (V.) | **bottegóna**, accr. | **bottegóne**, accr. m. | **bottegùccia**, **bottegùzza**, dim.

bottegàio o (*dial.*) **bottegàro** [1342] **A** s. m. (f. *-a*) *1* Chi gestisce una bottega, spec. di generi alimentari. SIN. Negoziante. *2* (*fig.*, *lett.*, *spreg.*) Trafficante | (*spreg.*) Persona interessata, gretta, venale (V. nota d'uso STEREOTIPO). *3* (*tosc.*) †Avventore, cliente. **B** agg. ● (*lett.*, *spreg.*) Interessato, gretto, venale: *onesta ipocrisia bottegaia* (CARDUCCI).

bottegànte [1865] s. m. e f. ● (*raro*, *lett.*) Bottegaio.

bottegàro ● V. *bottegaio*.

botteghino [1720] s. m. *1* Dim. di *bottega*. *2* Biglietteria: *b. del teatro, dello stadio*. *3* Banco del lotto.

bottèllo [da *botto* (*1*), perché lavoro eseguito con una pressione (*botto*) sulla carta; av. 1908] s. m. ● (*raro*) Cartellino che si mette sopra le bottiglie o sui libri per indicarne il contenuto o il titolo.

botticèlla [av. 1597] s. f. *1* Dim. di *botte*. *2* A Roma, vettura pubblica a cavalli. SIN. Botte. *3* (*bot.*) Ingrossamento della parte apicale del culmo dei cereali prima dell'emissione della spiga: *grano in b.*

botticelliàno [1908] agg. *1* Proprio del pittore S. Botticelli (1445-1510). *2* (*est.*, *lett.*) Che ha forme esili e raffinate: *profilo b.*; *una fanciulla di bellezza botticelliana*.

botticèllo [1353] s. m. *1* Dim. di *botte*. *2* Vaso di cristallo a forma di botte.

♦**bottìglia** [ant. fr. *boteille*, dal lat. tardo *but(t)ĭcula*, dim. di *bŭttis* 'botte'; av. 1566] **A** s. f. *1* Recipiente spec. cilindrico, generalmente di vetro, con collo di diametro relativamente più ridotto del corpo e imboccatura adatta a chiusure di vario tipo, destinato a contenere vini, liquori, acque minerali, latte, olio e sim.: *stappare, sturare una b.*; *b. bordolese, borgognona, chiantigiana, renana, sciampagnotta* | ***Vino di b.***, invecchiato, pregiato | ***Fondi di b.***, (*fig.*, *spreg.*) imitazioni di pietre preziose. ➡ ILL. **vino**. *2* Quantità di liquido contenuta in una bottiglia: *ha bevuto una b. di vino*. *3* Recipiente, di forma e materiale vari, usato spec. a scopo scientifico | ***B. di Leyda***, condensatore elettrico in forma di grossa bottiglia | (*chim.*) ***B. fiorentina***, V. *fiorentina*. *4* ***B. Molotov***, V. *Molotov*. **B** in funzione di agg. inv. ● (posposto al s.) Nella loc. ***verde b.***, verde scuro. || **bottigliàccia**, pegg. | **bottigliétta**, dim. | **bottiglina**, dim. | **bottiglino**, dim. m. | **bottiglióna**, accr. | **bottiglióne**, accr. m. (V.) | **bottigliùccia**, dim.

bottigliàio o (*dial.*) **bottigliàro** [1910] s. m. (f. *-a*) *1* Operaio di una vetreria addetto alla fabbricazione delle bottiglie. *2* (*region.*) Chi compra bottiglie, e gener. cose usate.

bottigliàta [1952] s. f. ● Colpo dato con una bottiglia.

bottiglièra [1973] s. f. ● Settore del banco di un bar che contiene bottiglie.

bottiglière [ant. fr. *boteillier*, da *boteille* 'bottiglia'; sec. XIV] s. m. *1* †Soprintendente ai vini della mensa in case signorili. SIN. Cantiniere. *2* †Fabbricante o venditore di bibite e liquori. *3* Mobiletto a più ripiani usato per contenere bottiglie, spec. di vino.

bottiglierìa [1550] s. f. *1* Negozio dove si vendono vini e liquori spec. in bottiglia. *2* Locale ove si conservano bottiglie di vini pregiati. *3* Quantità di bottiglie assortite.

bottiglióne [1598] s. m. *1* Accr. di *bottiglia*. *2* Grossa bottiglia della capacità di circa due litri. ➡ ILL. **vino**. *3* Bobina di filato per maglieria.

bottinàio [da *bottinare* (*1*); 1846] s. m. (f. *-a*) ● Chi è addetto alla vuotatura di pozzi neri.

bottinàre (*1*) [da *bottino* (*2*); 1955] v. tr. ● Concimare con bottino.

bottinàre (*2*) [fr. *butiner*, da *butin* 'bottino (*1*)'; av. 1557] **A** v. tr. e intr. ● †Saccheggiare. **B** v. intr. (aus. *avere*) ● Volare alla raccolta di nettare e polline, detto delle api operaie | Andare a raccogliere cibo, detto di formiche operaie.

bottinatrice [da *bottinare* (*2*); 1929] s. f. ● Ape operaia adulta che raccoglie nettare e polline.

bottinatùra [da *bottinare* (*1*); 1955] s. f. ● Concimazione del terreno mediante bottino.

bottino (*1*) [fr. *butin*, dal medio basso ted. *bu(i)te* 'partizione'; sec. XIV] s. m. *1* Preda di guerra: *i soldati fecero gran b.* | (*gener.*) Ricavato di furti, rapine e sim.: *i rapinatori trovarono un magro b.* | (*lett.*) ***Mettere a b.***, saccheggiare. *2* (*mil.*) Sacco destinato al corredo del soldato | Il bagaglio contenuto in tale sacco.

bottino (*2*) [da *botte*; 1618] s. m. *1* Pozzo nero | Contenuto dello stesso, usato spec. come concime. *2* Imboccatura di una fogna | Cunicolo. *3* Negli acquedotti, recipiente per depurare le acque.

bòtto (*1*) [da *bottare*; 1313] s. m. *1* (*raro*, *lett.*) Percossa, colpo, botta | Rintocco: *b. di campana*. *2* Rumore forte, secco, improvviso spec. di spari, oggetti infranti o caduti e sim.: *bocche da fuoco che non mandavano più fuori se non b., fumo e stoppaccio* (PIRANDELLO) | ***Di b.***, di colpo, all'improvviso | ***In un b.***, in un attimo. *3* (*spec. al pl.*, *region.*) Fuoco di artificio: *i botti della notte di S. Silvestro*; *fare, sparare, i botti*.

bòtto (*2*) [da *botta* (*2*); av. 1327] s. m. ● (*dial.*) Rospo.

bòttom /ˈbɔtəm, *ingl.* ˈbɒtəm/ [vc. ingl., propr. 'basso'; 1990] s. m. inv. ● (*fis.*) Numero quantico corrispondente al quinto tipo (o sapore) dei quark. SIN. Beauty (2).

bottonàio [1797] s. m. (f. *-a*) ● Chi fabbrica o vende bottoni.

bottonàto agg. ● (*arald.*) Detto dei fiori, spec. rose, con la parte centrale di smalto diverso dai petali.

†**bottonatùra** [sec. XIV] s. f. ● Abbottonatura.

♦**bottóne** [ant. fr. *bouton*, da *boter* 'bottare'; 1286] s. m. *1* Piccolo disco di materiale vario, piatto, convesso, talvolta ricoperto di tessuto, che, infilato nell'occhiello, serve per allacciare le parti di un indumento e talvolta per ornare: *bottoni d'osso, di madreperla, dorati* | ***Bottoni gemelli***, V. *gemello* nel sign. B 2 | ***B. automatico, a pressione***, costituito da due dischetti metallici, uno dei quali si incastra nell'altro a pressione | ***Attaccare un b. a qlcu.***, (*fig.*) obbligarlo ad ascoltare un discorso lungo e noioso. *2* (*est.*) Oggetto, strumento di forma simile al bottone | ***B. della spada, del fioretto***, nella scherma, dischetto che copre e rende innocua l'estremità della lama | ***B. di manovella***, perno di articolazione della biella | Dispositivo di comando, di piccole dimensioni, per lo più sporgente, in molte apparecchiature spec. elettriche: *il b. dell'ascensore, del campanello, della luce* | ***Stanza dei bottoni***, (*fig.*) centro direzionale da cui si diramano ordini, direttive e sim.; centro del potere politico | (*elab.*) Pulsante. *3* (*bot.*) Bocciolo | ***B. d'argento***, pianta erbacea delle Composite con larghi cespi di fiori in capolini bianchi (*Achillea ptarmica*) | ***Botton d'oro***, pianta erbacea delle Ranuncolacee con fiori gialli (*Trollius europaeus*). *4* Groviglio di fibre appallottolate, che costituisce difetto nella filatura. *5* (*anat.*) Qualsiasi formazione nodulare | ***B. gustativo***, in cui risiedono le cellule del gusto, nella lingua. *6* (*med.*) ***B. di Aleppo, b. d'Oriente***, malattia tropicale cutanea provocata nell'uomo da protozoi del genere Leishmania. *7* (*mus.*) Negli strumenti ad arco, caviglia di legno che fissa la cordiera alla fascia | Nell'organo ogni comando manuale | Tasto della fisarmonica. *8* †Vasetto, boccetta: *due bottoni di olio di cedro* (REDI). || **bottoncino**, dim. | **bottonétto**, dim.

bottonièra [1585] s. f. *1* Serie di bottoni su indumenti e scarpe. *2* Occhiello di un indumento. *3* Quadro con pulsanti elettrici: *b. dell'ascensore*. SIN. Pulsantiera.

bottonière [1585] s. m. (f. *-a*) *1* †Bottonaio. *2* Industriale che opera nel settore bottoniero: *Associazione dei bottonieri italiani*.

bottonièro [1942] agg. ● Pertinente all'industria dei bottoni.

bottonificio [1941] s. m. ● Fabbrica di bottoni.

botulìgeno [comp. di *botuli(smo)* e *-geno*; 1983] agg. ● Detto di ciò che genera botulismo: *alimenti botuligeni*.

botulìnico [1947] agg. (pl. m. *-ci*) ● Proprio del bacillo botulino o da esso causato: *intossicazione botulinica*.

botulino [lat. scient. *bacĭllus botulīnus*, dal lat. *bŏtulus* 'salsiccia, budello' (prob. di orig. osca); 1955] agg. ● Nella loc. ***bacillo b.***, germe sporigeno, saprofita, che si sviluppa spec. nelle carni insaccate o in alimenti mal conservati o inscatolati ed elabora una potente tossina che provoca il botulismo.

botulìsmo [da *botulino*; 1923] s. m. ● Avvelenamento provocato dalla tossina elaborata dal bacillo botulino nei cibi mal conservati o inscatolati. SIN. Allantiasi.

bouclé /*fr.* buˈkle/ [vc. fr., da *boucle* 'riccio, anello', dal lat. *bŭccula*, dim. di *bŭcca* 'bocca'; 1936] **A** agg. inv. ● Detto di tessuto o filato a pelo lungo, con molti ricci e anelli: *stoffa, lana, tessuto b.* **B** s. m. inv. ● Tessuto, filato bouclé.

boudoir /*fr.* buˈdwaːʀ/ [vc. fr., dal v. *bouder* 'ritirarsi in disparte (col broncio)', di orig. espressiva; 1875] s. m. inv. ● Salottino privato da signora, per conversazione o toilette, di moda nel sec. XVIII.

bouillabaisse /*fr.* bujaˈbɛs/ [vc. fr., comp. di *bouill(e)* 'bolli' e *abaisse* 'abbassa', per esprimere la rapidità della cottura, trad. del provz. *bouia-baisso*; 1905] s. f. inv. ● Zuppa di pesce tipica della cucina marsigliese.

boule /*fr.* bul/ [vc. fr., propr. 'bolla, palla'; 1940] s. f. inv. *1* (*chim.*) Bolla. *2* Borsa gener. di gomma da riempire con acqua calda o ghiaccio per riscaldare o raffreddare una parte del corpo.

boulevard /*fr.* bulˈvaːʀ/ [dal neerlandese *bolwerc* 'opera (*werc*) di fortificazione con tavole (*bol*)', adibita poi, non più utilizzata, a pubblica passeggiata; 1853] s. m. inv. ● Viale generalmente alberato, spec. a Parigi.

bounty killer /bauntiˈkiller, *ingl.* ˈbaonti̜ˌkɪlə/ [dall'ingl. *bounty* 'taglia' e *killer* 'uccisore'; 1965] loc. sost. m. inv. (pl. ingl. *bounty killers*) ● Chi dà la caccia ai ricercati per catturarli o ucciderli e incassare la taglia.

bouquet /*fr.* buˈkɛ/ [propr. 'boschetto', dim. di *bois* 'bosco'; 1747] s. m. inv. *1* Mazzolino di fiori: *il b. della sposa*. *2* (*enol.*) Complesso delle sensazioni odorose di un vino spec. se invecchiato. *3* In profumeria, insieme delle essenze caratteristiche di un profumo. *4* Nella televisione a pagamento, insieme di canali ai quali l'utente può accedere con un unico abbonamento.

bouquiniste /*fr.* bukiˈnist/ [vc. fr., da *bouquin*, 'libretto', dim. del neerlandese *boek* 'libro'; 1905] s. m. e f. inv. ● Rivenditore di libri usati.

bourbon /ˈburbon, *ingl.* ˈbɜːɹbən/ [da *Bourbon* County, nel Kentucky, località d'origine; 1963] s. m. inv. ● Whisky di origine americana, ottenuto per fermentazione e distillazione di grano, segale, malto d'orzo.

bourguignonne /*fr.* buʀgiˈɲɔn/ s. f. inv. ● (*cuc.*) Accorc. di *fondue bourguignonne*.

bourrée /*fr.* buˈʀe/ [etim. incerta; 1905] s. f. inv. ● (*mus.*) Antica danza popolare francese che, stilizzata, si è diffusa nella musica colta spec. del sec. XVIII.

boutade /*fr.* buˈtad/ [vc. fr., dall'it. *botta(ta)*, termine degli schermidori (?); 1693] s. f. inv. ● Battuta, motto di spirito.

boutique /*fr.* buˈtik/ [vc. fr., propr. 'bottega', dal gr. *apothḗkē* 'magazzino, deposito'; 1960] s. f. inv. ● Negozio elegante di abiti e accessori di abbigliamento.

bovarina ● V. *boarina*.

bovarìsmo [dal n. della protagonista del romanzo di G. Flaubert (1821-1880), (Madame) *Bovary*; 1918] s. m. ● (*lett.*) Stato di insoddisfazione spirituale, desiderio di evasione dal conformismo della vita borghese con vaghe aspirazioni mondane, sentimentali e letterarie.

bovarista [1987] agg. (pl. m. *-i*) ● (*lett.*) Proprio del bovarismo.

bovàro o **boàro** [vc. dotta, lat. *bovāriu(m)*, da *bōs* 'bue'; 1554] s. m. (f. *-a*) *1* Salariato fisso addetto alla custodia dei bovini | Mercante di buoi *2* (*fig.*, *spreg.*) Uomo rozzo e ignorante. *3* Cane dell'Europa centrale robusto, brevilineo, ottimo per la guardia del bestiame bovino.

bòve ● V. *bue*.

Bòvidi [comp. del lat. *bōs*, genit. *bŏvis* 'bue' e di *-idi*; 1930] s. m. pl. (sing. *-e*) ● Nella tassonomia animale, grande famiglia di Mammiferi ruminanti, i cui individui hanno corna formate da un astuccio corneo che riveste le protuberanze dell'osso frontale (*Bovidae*).

†**bovile** [vc. dotta, lat. *bovīle(m)*, da *bōs* 'bue'; av. 1729] **s. m.** ● Stalla dei buoi.

bovina o (*pop.*) **buìna** nel sign. 1 [av. 1320] **s. f.** *1* Letame costituito da sterco bovino. *2* Mucca, vacca, vaccina: *bovine da latte.*

bovindo [1950] **s. m.** ● Adattamento di *bow window* (V.).

Bovini [1930] **s. m. pl.** ● Nella tassonomia animale, sottofamiglia dei Bovidi comprendente animali di mole notevole con due corna cave rotonde e lisce, muso nudo, giogaia e coda terminante in un ciuffo di peli (*Bovinae*).

bovino [vc. dotta, lat. *bovīnu(m)*, da *bōs* 'bue'; 1336 ca.] **A agg.** *1* Proprio del bue e dei bovini in genere: *carne bovina* | ***Occhi bovini***, tondi e sporgenti come quelli dei buoi. *2* (*fig.*) Che è torpido e ottuso: *comportamento b.*; *intelligenza bovina.* || **bovinaménte**, **avv. B s. m.** ● (*zool.*) Ogni individuo appartenente alla sottofamiglia dei Bovini.

bòvo [etim. incerta] **s. m.** ● (*disus.*) Piccolo veliero simile alla bombarda, armato con sole vele latine.

bòvolo [venez. *bòvolo* 'chiocciola', per le corna che ricordano quelle del *bove*; av. 1519] **s. m.** ● Conformazione particolare a spirale conica: *molla a b.*; *scala a b.*

bowling /'bulin(g), *ingl.* 'bəulɪŋ/ [vc. ingl., deriv. da *bowl* 'boccia' col suff. *-ing*, propr. dei n. verb.; 1963] **s. m. inv.** ● Gioco di origine americana, in cui si lancia su una pista di legno una boccia pesante per abbattere dei birilli | (*est.*) Luogo ove si pratica tale gioco.

bow window /bo'windo, *ingl.* 'bəu,windəu/ [vc. ingl., propr. 'finestra (*window*, dall'ant. nordico *vindauga* 'occhio (*auga*) al vento (*vindr*)') ad arco (*bow*, di orig. germ.)'] **loc. sost. m. inv.** (**pl.** ingl. *bow windows*) ● In un edificio, parte di un ambiente sporgente verso l'esterno simile a un balcone chiuso da vetrate.

box /*ingl.* bɒks/ [vc. ingl., originariamente '(recinto fatto con legno di) *bosso*'; 1894] **s. m. inv.** (**pl.** ingl. *boxes*) *1* Spazio ricavato in un ambiente più grande mediante tramezzi, pareti, vetrate e sim.: *il box doccia* | (*est.*) Cabina adibita a vari usi: *il box del posteggiatore di auto* | Specie di palchetto ottenuto nella galleria di un teatro mediante una bassa tramezzatura. *2* Nelle stalle o nelle scuderie, piccolo recinto destinato ad accogliere un solo animale. *3* Negli autodromi, posto di rifornimento o riparazione per le vetture in corsa. *4* Piccolo garage, situato al piano terreno o seminterrato di edifici di abitazione. *5* Piccolo recinto talvolta pieghevole in cui si mettono i bambini quando non sanno ancora camminare. *6* In una pagina a stampa, riquadro che racchiude una parte del testo alla quale si vuole dare particolare rilievo. *7* (*sport*) ***Box del battitore***, ***del ricevitore***, nel baseball, zona dove operano questi giocatori.

boxàre [da *boxe*; 1831] **v. intr.** (*io bòxo*; aus. *avere*) ● Praticare il pugilato.

boxe /*fr.* bɔks/ [vc. fr., dall'ingl. *box*, di etim. incerta; 1894] **s. f. inv.** ● Pugilato | ***Tirare di b.***, praticare il pugilato | ***Possedere una buona b.***, una buona tecnica pugilistica.

bòxer /*ingl.* 'bɒksəɹ/ [vc. ingl., propr. 'pugile' da *boxer shorts* 'calzoncini da pugile'; 1826] **s. m. inv.** *1* Cane da guardia e da difesa, con mantello fulvo o tigrato, testa tozza e labbra ricadenti. *2* (*autom.*) ***Motore b.***, a cilindri contrapposti. *3* (*spec. al pl.*) Tipo di mutande a calzoncino, spesso di tessuto fantasia.

boxeur /*fr.* bɔk'sœːʀ/ [vc. fr., da *boxe*, sul tipo del corrisp. ingl. *boxer*; 1857] **s. m. inv.** ● Pugile.

box office /bɔk'sɔffis, *ingl.* 'bɒks,ɒ·fɪs/ [loc. ingl., propr. 'ufficio (*office*) di affitto dei palchi (*box*) in teatro'; 1957] **loc. sost. m. inv.** (**pl.** ingl. *box offices*) *1* Botteghino di un cinema o di un teatro. *2* Incasso di un film | (*est.*) Successo commerciale di un film rispetto alla concorrenza: *conquistare il box office.*

boy /bɔi, *ingl.* bɔɪ/ [vc. ingl., propr. 'ragazzo', di area germ.; 1892] **s. m. inv.** *1* Ballerino di uno spettacolo di rivista. *2* (*raro*) Nel calcio, allievo. *3* Giovane inserviente d'albergo | Nel tennis, raccattapalle | Mozzo di stalla.

boyfriend /boi'frend, *ingl.* ,bɔɪ'fɹend/ [vc. ingl., comp. di *boy* 'ragazzo' e *friend* 'amico'] **s. m. inv.** ● Giovane innamorato, corteggiatore, accompagnatore fisso.

boy scout /boi'skaut, *ingl.* 'bɔɪ,skaut/ [vc. ingl., propr. 'giovane (*boy*) esploratore (*scout*, della stessa orig. di *scolta*)'] **loc. sost. m. inv.** (**pl.** ingl. *boy scouts*) ● Giovane esploratore, appartenente al movimento dello scoutismo.

bòzza (**1**) [forma sett. di *boccia*; av. 1348] **s. f.** *1* Pietra lavorata rozzamente, aggettante da un muro. **SIN.** Bozzo, bugna. *2* Protuberanza, bernoccolo, gonfiore: *ho battuto la testa e mi è spuntata una bella b.* | (*anat.*) ***Bozze frontali***, ***orbitarie***, parti sporgenti del cranio. *3* (*mar.*) Legatura provvisoria eseguita con una corta cima impiegata per tenere in forza una manovra corrente | ***B. a gancio***, a un'estremità della quale è fissato un gancio metallico | ***B. rompente***, impiegata per frenare la velocità della nave durante il varo. **SIN.** Abbozzatura. || **bozzèllo**, **dim. m.** (V.).

bòzza (**2**) [V. vc. precedente; 1511] **s. f.** *1* Prima stesura, schema di un lavoro, spec. letterario o artistico, da sottoporre a correzioni, rifacimenti e sim., che precede l'esecuzione definitiva. **SIN.** Abbozzo, bozzetto. *2* Prova di stampa di una composizione tipografica usata per correggere gli eventuali errori: *correggere*, *riscontrare le bozze*; *tirare una b.* | ***B. in colonna***, ***incolonnata***, di una composizione non ancora suddivisa in pagine | ***B. in pagina***, ***impaginata***, di una pagina nella sua forma definitiva | ***Prime***, ***seconde***, ***terze bozze***, secondo le successive fasi di correzione. || **bozzàccia**, **pegg.** | **bozzóne**, **accr. m.** (V.).

bozzàcchio o **borzàcchio** [da *bozza* (*1*) nel senso di 'enfiatura'; av. 1502] **s. m.** ● Susina priva di nocciolo, allungata e flaccida, deformata a opera di un fungo parassita. || **bozzacchióne**, **accr.**

bozzàgo o **bozzàgro**, **buzzàgo** [ant. provz. *buzac*, dal lat. *būteo*, di etim. incerta; sec. XIII] **s. m.** (**pl.** *-ghi*) ● (*zool.*) Poiana.

†**bozzàre** [da *bozza* (*2*); sec. XV] **v. tr.** ● Abbozzare, sbozzare.

bozzàto [perché lavorato a *bozze*; 1863] **s. m.** ● (*arch.*) Bugnato.

bozzèllo [dim. di *bozza* (*1*) nel sign. 3; 1797] **s. m.** ● (*mar.*) Carrucola a una o più pulegge.

bozzettìsmo [1884] **s. m.** ● Tendenza di uno scrittore o di un artista a usare frequentemente il bozzetto, preferendolo ad altre forme espressive.

bozzettìsta [1878] **s. m. e f.** (**pl. m.** *-i*) *1* Chi scrive bozzetti letterari. *2* Ideatore e disegnatore di cartelloni pubblicitari.

bozzettìstica [1950] **s. f.** ● Arte di scrivere bozzetti.

bozzettìstico [1962] **agg.** (**pl. m.** *-ci*) ● Proprio, caratteristico del bozzetto | (*fig.*) Vivace, spontaneo, anche se talvolta sommario, frammentario. || **bozzettisticaménte**, **avv.**

bozzétto [da *bozzo* (*1*) nel sign. 1; av. 1764] **s. m.** *1* Modello o disegno preliminare in scala ridotta di un'opera | Disegno colorato raffigurante la scena teatrale o cinematografica da realizzare | In televisione, modellino in scala delle scene da costruire | Schizzo di un annuncio pubblicitario. *2* Piccola, vivace composizione figurativa, di spunto generalmente realistico, di fattura rapida e spontanea. *3* Racconto breve, che ritrae situazioni o personaggi tratti dalla vita quotidiana | ***B. drammatico***, atto unico di contenuto realistico, sviluppato con rapida concentrazione.

bòzzima o †**bòsima** [lat. tardo *apŏzema(m)*, dal gr. *apózema*, dal v. *apozêin* 'far bollire'; 1376] **s. f.** *1* (*tess.*) Soluzione di sostanze che vengono assorbite dai filati e, seccando su di essi, li rendono lisci, flessibili e resistenti. *2* Miscuglio di crusca e acqua, per i polli. **SIN.** Pastone. *3* (*agr.*) Miscuglio acquoso di terriccio e letame nel quale si immergono le radici delle piante arboree prima della messa a dimora. *4* (*est.*) Miscuglio sozzo e sgradevole.

bòzzo (**1**) [da *bozza* (*1*) nel sign. 1; av. 1566] **s. m.** *1* Pietra lavorata rozzamente, aggettante da un muro. **SIN.** Bozza (1), bugna. *2* Bernoccolo, protuberanza. **SIN.** Bozza (1). *3* †Abbozzo.

†**bòzzo** (**2**) [da *bozza* (*1*) nel sign. 2 (?); av. 1300] **s. m.**; anche **agg.** ● Chi (o Che) è tradito dalla moglie | ***Fare b.***, (*fig.*) disonorare.

bòzzo (**3**) [lat. parl. **bŏdiu(m)*, di orig. ligure; 1767] **s. m.** ● Buca poco profonda piena d'acqua, pozzanghera.

bozzolàccio [1970] **s. m.** *1* Pegg. di *bozzolo* (*1*). *2* Bozzolo da cui è uscita la farfalla.

bozzolàia [1925] **s. f.** ● Stanza grande in cui si tengono i bozzoli dei bachi da seta.

bozzolàio [sec. XVIII] **s. m.** *1* (**f.** *-a*) Chi vende bozzoli di bachi da seta. *2* Bozzolaia.

bozzolàre **v. tr.** (*io bòzzolo*) ● Sbozzolare.

bozzolìna [da *bozzolo* (*1*) nel sign. 1, per la forma della pannocchia; 1955] **s. f.** *1* Pianta erbacea delle Poligalacee con foglie semplici, alterne e fiori in grappoli di color rosa e azzurro (*Polygala vulgaris*). *2* Bambagiona.

bòzzolo (**1**) [dim. della variante sett. di *boccio*; 1499] **s. m.** *1* Involucro ovale fabbricato dalla larva di certi Lepidotteri, spec. dal baco da seta, mediante una bava coagulata emessa da un apposito apparato secretore | ***B. fresco***, che contiene la crisalide viva | ***B. secco***, che contiene la crisalide uccisa dalla stufatura | ***Bozzoli doppioni***, che contengono due crisalidi | ***Bozzoli calcinati***, che contengono il baco infetto da calcina o muffa bianca | ***Bozzoli bambagiati***, flosci e in genere più grossi dei normali | ***Bozzoli aperti***, quelli che il baco, per malattia o per deficiente sviluppo, non è riuscito a chiudere | ***Bozzoli sfarfallati***, forati per fuoriuscita della farfalla | ***Bozzoli spuntati***, quelli che hanno le estremità meno ricche di fibra degli altri tratti | ***Bozzoli rugginosi***, macchiati di giallo ruggine | ***Bozzoli negroni***, macchiati di nero per putrefazione della crisalide | ***Uscire dal b.***, del baco che diventa farfalla; (*fig.*) di chi si rende autonomo, si apre a nuove esperienze | ***Chiudersi nel proprio b.***, (*fig.*) isolarsi. *2* Nodo che si forma nel filo, rendendolo disuguale | Grumo di farinacei non ben sciolti nell'acqua. *3* †Bozza, enfiatura. || **bozzolàccio**, **accr.** (V.) | **bozzolétto**, **dim.** | **bozzolìno**, **dim.**

bòzzolo (**2**) [etim. incerta; av. 1484] **s. m.** *1* †Ramaiolo usato dai tintori per prelevare dalle caldaie la materia colorante. *2* Antica misura per cereali corrispondente alla quantità di farina dovuta al mugnaio in compenso della macinatura.

bozzolóso [da *bozzolo* (*1*); av. 1730] **agg.** ● Pieno di bozzoli, di bitorzoli: *pasta bozzolosa*; *filato b.*

bozzolùto [av. 1698] **agg.** ● Bozzoloso.

bozzóne (**1**) [1955] **s. m.** *1* Accr. di *bozza* (*2*). *2* Bozza di una intera pagina di giornale su cui il redattore impaginatore e il correttore fanno un ultimo controllo.

bozzóne (**2**) [etim. incerta; 1881] **s. m.** *1* (*tosc.*) Agnello castrato. *2* (**f.** *-a*) (*tosc.*, *est.*) Persona ignorante e goffa.

bra /bra*/ [dal n. della località di commercializzazione, *Bra*, in provincia di Cuneo; 1955] **s. m. inv.** ● (*cuc.*) Formaggio semigrasso di latte vaccino, a pasta tenera, che indurisce con la stagionatura, tipico della provincia di Cuneo.

brabantino [1860] **A agg.** ● Relativo al Brabante, regione oggi suddivisa in due province, una in Belgio e una in Olanda | ***Aratro b.***, con avantreno rigido a carrello. **B s. m.** (**f.** *-a*) ● Abitante, nativo del Brabante.

bràca o (*sett.*) **bràga** [lat. *brāca(m)*, di orig. celt.; av. 1348] **s. f.** *1* (*raro*) Ognuna delle due parti che costituiscono i calzoni. *2* (*spec. al pl.*) Un tempo, ampi calzoni, lunghi fino al ginocchio | (*region.*) Pantaloni, calzoni | ***Calare le brache***, (*fig.*) umiliarsi, cedere | ***Farsi cascare le brache***, (*fig.*) intimorirsi | (*fig.*, *pop.*) ***Restare***, ***essere in braghe di tela***, rimanere, essere deluso, scornato o privo di risorse, spec. dopo aver subito un raggiro, un inganno, un rovescio economico. *3* Allacciatura di cuoio che imbraca un operaio sospeso nel vuoto. *4* Legaccio con cui si imbracano polli e uccelli | Comoda legatura per tenere semiliberi uccelli da richiamo. *5* Striscia di carta incollata dai rilegatori sopra un foglio strappato per renderlo più saldo. *6* (*mar.*) Cavo per imbracare | ***B. da rimorchio***, anello di cavo, gener. metallico, che si passa intorno alla bitta e a cui si lega il cavo di rimorchio | ***B. del palombaro***, cavo con cui il palombaro si tiene legato all'imbarcazione di appoggio durante un'immersione. *7* (*fig.*, *tosc.*, *spec. al pl.*) Chiacchiere, ciarle, pettegolezzi. || **brachétta**, **dim.** (V.) | †**brachétto**, **dim. m.** | **brachìna**, **dim.** | **brachìno**, **dim. m.** | **bracóne**, **accr. m.** (V.).

†**bracàle** [av. 1528] **agg.** ● Relativo alle brache.

bracalóne [1726] **A s. m.**; anche **agg.** (**f.** *-a*) ● (*fam.*) Chi (o Che) ha i pantaloni sempre cascanti | (*fig.*) Che (o Chi) è trasandato e sciatto, spec. nell'abbigliamento. **B** nella **loc. avv.** (*a*) ***bracaloni***, detto di calze, pantaloni o abiti cascanti.

bracàto [lat. *bracātu(m)*, da *brāca* 'braca'; av.

1712] agg. ● (*raro*) Munito di brache.

braccàre [da *bracco*; 1539] v. tr. (*io bràcco, tu bràcchi*) **1** Inseguire la selvaggina: *i cinghiali furono braccati fino in fondo valle.* **2** (*fig.*) Inseguire qlcu. senza dargli tregua, con ostinazione: *le forze di polizia braccarono gli assassini.*

braccàta [da *braccare*; av. 1921] s. f. **1** Battuta di caccia, spec. al cinghiale in Maremma. **2** (*est.*) Luogo in cui si svolge la battuta.

braccatóre [1865] s. m.; anche agg. (f. *-trice*) ● (*raro*) Chi (o Che) è abile nel braccare.

braccatùra [1945] s. f. ● Il braccare, il venire braccato.

braccésco [dal n. di *Braccio* da Montone (1368-1424); 1476] agg. (pl. m. *-schi*) **1** Che è proprio del condottiero Braccio da Montone: *milizie braccesche.* **2** (*fig.*) †Violento, prepotente.

braccétto [1808] s. m. **1** Dim. di *braccio.* **2** Nella loc. *a b.*, sottobraccio | ***Prendere qlcu. a b.***, intrecciare il braccio con quello di un altro | ***Andare a b. con qlcu.***, (*fig.*) essere d'accordo con lui. **3** (*mar.*) Braccio dei velacci e controvelacci. **4** Pezzo di legno o ferro sporgente in fuori. **5** Modo di nuotare in cui le braccia leggermente arcuate si portano alternativamente fuor d'acqua, la testa è tenuta alta sopra l'acqua e le gambe eseguono la battuta a ogni singola bracciata.

braccheggiàre [da *braccare*; 1618] **A** v. tr. (*io bracchéggio*) ● (*raro*) Braccare: *b. la selvaggina.* **B** v. intr. (aus. *avere*) ● (*fig., lett.*) Andare guardingo e curiosando: *Capitava spesso a ciondolare, fiutare, b. intorno ai mulini* (BACCHELLI).

braccheggiatóre [1863] s. m. (f. *-trice*) ● (*raro*) Chi braccheggia.

bracchéggio [da *braccheggiare*; av. 1729] s. m. ● (*raro*) Accurata e insistente ricerca.

bracchétto [av. 1321] s. m. **1** Dim. di *bracco.* **2** Cane da caccia piccolo e robusto, con pelo fitto e raso.

bracchière [da *bracco*; sec. XVI] s. m. ● Chi nelle battute di caccia guida e custodisce i cani | Chi con rumori e grida spinge la selvaggina verso le poste.

†**bracciaiuòla** [sec. XIV] s. f. ● Bracciale.

bracciàle [lat. *brachiāle(m)* 'relativo al braccio' (*brāchium*), bracciiletto'; 1336 ca.] s. m. **1** Braccialetto | ***B. elettronico***, radiotrasmettitore che, allacciato al polso o alla caviglia di un individuo soggetto a misure cautelari (per es. gli arresti domiciliari), ne segnala gli spostamenti all'autorità di polizia. **2** Fascia che si porta a un braccio, per contrassegno, distintivo e sim. **3** ***Pallone a b.***, V. *pallone*, sign. 3 | Attrezzo di legno, cavo e fornito di punte o denti, che copre la mano e il polso del giocatore di pallone a bracciale. **4** Salvagente gonfiabile per principianti, che si porta al braccio. **5** Parte dell'armatura antica che protegge il braccio. **6** Bracciolo di poltrona. **7** †Bracciolo da pesca. **8** Anello ornamentale di ferro o bronzo infisso nelle facciate di edifici spec. rinascimentali. || **braccialétto**, dim. (V.) | **braccialino**, dim.

♦**braccialétto** [dim. di *bracciale*; 1589] s. m. **1** Ornamento, per lo più prezioso, a forma di cerchio, che si porta al polso. **2** Striscia di cuoio o di metallo con la quale si allaccia l'orologio al polso. SIN. Cinturino. **3** ***B. elettronico***, bracciale elettronico. || **braccialettino**, dim.

bracciantàle [da *bracciante*; 1942] agg. ● Bracciantile.

bracciantàto [1918] s. m. ● Condizione e categoria dei braccianti.

bracciànte [da *braccio*; 1840] s. m. e f. ● Lavoratore agricolo non specializzato, solitamente a giornata o stagionale.

bracciantile [1950] agg. ● Pertinente ai braccianti: *lavoro, classe b.*

bracciàre [da *braccio* nel sign. 7; 1889] v. tr. (*io bràccio*) ● (*mar.*) Orientare i pennoni in modo che le vele prendano il vento.

bracciàta [sec. XIV] s. f. **1** Quantità di materiale che si può portare in una volta sulle braccia: *una b. di fieno, di paglia* | ***A bracciate***, (*fig.*) in considerevole quantità. **2** Nel nuoto, ciclo completo del movimento degli arti superiori in cui si inserisce la respirazione | (*est.*) Tratto compiuto con una bracciata. **3** (*raro*) Colpo dato con le braccia. **4** †Abbraccio. || **bracciatèlla**, dim. | **bracciatina**, dim. | **bracciataccia**, accr.

†**bracciatùra** [1808] s. f. ● Misurazione in braccia di un tessuto.

braccière [1617] s. m. ● (*lett.*) Chi accompagnava una dama dandole il braccio: *mandò una carrozza, con un vecchio b., a prender la madre e la figlia* (MANZONI).

braccino [dim. di *braccio*; av. 1907] s. m. (pl. *-i* o *braccine* f. nel sign. 1) **1** Braccio piccolo, sottile: *I suoi braccini / s'alzavano a pregare* (PASCOLI). **2** (*fig.*) Nel tennis, stato di emozione che coglie talvolta un giocatore quando sta per vincere un incontro e che gli fa commettere gravi errori (quasi che il braccio sia diventato più corto o più debole).

♦**bràccio** [lat. *brăchium*, dal gr. *brachíōn*: perché più corto (*brachýs*) dell'avambraccio (?); 1282] s. m. (pl. *bràccia*, f., nei sign. 1, 2, 3, 4, 5, 11, 12, 13; pl. *bràcci*, m., nei sign. 6, 7, 8, 9, 10; più in generale: f. in senso proprio e come unità di misura, m. in tutti gli altri casi) **1** Sezione dell'arto superiore umano che sta tra la spalla e il gomito. CFR. brachio- | Correntemente, ciascuno dei due arti superiori del corpo umano, dalla spalla alla mano: *muovere, sollevare, piegare, allungare il b., le braccia* | ***Sollevare, trasportare a braccia***, a forza di braccia, sulle braccia | †***Fare alle braccia***, lottare | ***Con le braccia in croce***, in segno di preghiera, supplica, adorazione | ***Avere un b. al collo***, portare un braccio, spec. ingessato, appeso al collo mediante una fascia, un foulard e sim., per meglio sostenerne il peso | ***Avere le braccia rotte per la fatica***, (*fig.*) indolenzite, stremate | ***Allargare le braccia***, (*fig.*) esprimere rassegnazione, impotenza | ***Alzare le braccia***, (*fig.*) arrendersi | ***Incrociare le braccia***, (*fig.*) rifiutarsi di eseguire il proprio lavoro, scioperare | ***Tenere, portare qlco. sotto b.***, fra il braccio e il fianco | ***Prendere, tenere in b.***, sulle braccia piegate | ***Dare, offrire il b. a qlcu.***, (*fig.*) perché vi si possa appoggiare camminando | ***Buttare, gettare le braccia al collo***, (*fig.*) abbracciare con trasporto | ***Stendere, aprire le braccia***, (*fig.*) per accogliere amorevolmente | ***Darsi, gettarsi in b. a qlcu.***, (*fig.*) abbandonarsi, affidarsi completamente a qlcu. | ***Essere, andare nelle braccia di Morfeo***, (*fig.*) dormire, andare a dormire | ***Sentirsi cascare le braccia***, (*fig.*) avvilirsi, scoraggiarsi | ***Ricevere a braccia aperte***, (*fig.*) accogliere molto cordialmente o con affetto | ***Discorso, versi a b.***, (*fig.*) improvvisati, non studiati, non letti. **2** (*fig.*) Facoltà, forza, potere: *il b. della legge*; *obbediente al b. regio* (MACHIAVELLI) | ***B. secolare***, l'autorità statale, in contrapposizione a quella ecclesiastica | ***Avere le braccia lunghe***, (*fig.*) essere potente, influente | ***Avere le braccia legate***, (*fig.*) essere impedito nell'agire | ***Essere il b. destro***, (*fig.*) l'aiuto, il principale sostegno | ***Se gli dai un dito si prende un b.***, (*fig.*) approfitta della generosità e comprensione altrui. **3** (*al pl., fig.*) La mano d'opera impiegata in un certo settore dell'agricoltura, dell'industria e sim.: *l'agricoltura manca di braccia*; *l'industria ha braccia in eccedenza* | (*fig.*) Lavoro | ***Avere buone braccia***, essere abile e tenace lavoratore | ***Avere sulle braccia qlcu.***, mantenere qlcu. col proprio lavoro | ***Vivere sulle proprie braccia***, col proprio lavoro. **4** ***B. di ferro***, gara di forza in cui si cerca di piegare il braccio dell'avversario appoggiando il gomito su un piano e stringendosi reciprocamente le palme; (*fig.*) prova di forza, di resistenza a oltranza in dispute, controversie e sim.: *fare b. di ferro, a b. di ferro con qlcu.*; *continua il b. di ferro tra governo e opposizione.* **5** Nei quadrupedi, regione dell'arto anteriore che ha per base scheletrica l'omero. **6** Oggetto fisso o mobile che sporge, si protende o si dirama rispetto a un piano verticale o a un asse centrale: *il b. della lampada, della stadera*; *i bracci della croce, della bilancia* | ***B. a pinza***, dispositivo per manipolare, stando a distanza, sostanze pericolose, spec. radioattive. SIN. Manipolatore | (*mar.*) Marra. ➡ ILL. p. 2113 AGRICOLTURA. **7** (*mar.*) Manovra corrente fissata all'estremità di pennoni, tangoni e antenne, per orientarli in senso orizzontale | Scotta sopravvento dello spinnaker. **8** Ala di una costruzione, di un edificio: *i bracci del transetto*; *i bracci del carcere* | ***B. della morte***, nei penitenziari degli Stati nei quali vige la pena capitale, settore in cui i condannati a morte aspettano di essere giustiziati. **9** (*gener.*) Diramazione, espansione | ***B. di fiume***, ramo, diramazione | ***B. di mare***, canale, stretto | ***B. di terra***, istmo. **10** (*fis.*) ***B. di una coppia di forze***, distanza fra le rette d'azione delle due forze costituenti la coppia | ***B. di una forza rispetto a un punto***, distanza del punto dalla retta d'azione della forza. **11** Unità di misura delle profondità marine, equivalente a 1,8288 m. SIMB. fm. **12** Antica unità di misura lineare, specie per stoffe, il cui valore oscillava tra 0,58 m e 0,70 m. **13** (*zool.*) Ognuna delle cinque parti del corpo delle stelle marine | Tentacolo dei Cefalopodi. || PROV. Braccio al collo e gambe a letto. || **braccétto**, dim. (V.) | **braccino**, dim. | **braccióne**, accr. | **bracciòtto**, accr.

bracciòlo o (*lett.*) **bracciuòlo** [lat. *brachiŏlu(m)*, dim. di *brăchium* 'braccio'; 1622] s. m. **1** Sostegno laterale di poltrona o sedia, per riposo dell'avambraccio di chi siede | ***B. a scomparsa***, nei sedili posteriori delle auto o nei treni, quello che, rialzato, si inserisce in un apposito incavo dello schienale | ***B. scrittoio***, piatto e molto largo usato come piano per scrivere. **2** Corrimano delle scale. **3** Spezzone di nylon che, nelle lenze a più ami, si distacca dalla lenza madre e termina con un amo. SIN. †Bracciale. **4** (*al pl.*) Alucce.

bràcco [germ. **brakko* 'cane da caccia', di orig. indeur.; av. 1292] s. m. (pl. *-chi*) **1** Cane da ferma e da riporto, con pelo generalmente corto e fitto, di color bianco, talora a macchie di vario colore. **2** (*fig., raro*) Poliziotto, segugio. || **bracchétto**, dim. (V.).

braccon̈àggio [1941] s. m. ● Attività del bracconiere.

bracconière [fr. *braconnier*, da *braconner*, originariamente 'cacciare con i giovani bracchi (ant. fr. *bracons*)'; 1884] s. m. ● Cacciatore di frodo.

bràce o †**bràcia**, †**bràge**, †**bràgia**, †**bràsa** [dal lat. tardo *brăsa(m)* 'carbone', di orig. germ.; av. 1294] s. f. **1** Fuoco senza fiamma che resta da legna o carbone bruciati: *cuocere le salsicce sulla b.*; *una bistecca alla b.* | (*fig.*) ***Sguardo di b.***, ardente, appassionato | ***Occhi di b.***, (*fig., lett.*) arrossati per l'ira, minacciosi | ***Farsi di b.***, (*fig.*) arrossire violentemente | ***Soffiare sulle braci***, (*fig.*) stimolare odio, passioni e sim. | ***Cadere dalla padella nella b.***, (*fig.*) capitare di male in peggio: *lo fare' volentieri, ma non vorrei uscir dalla padella e cascar nella b.* (MICHELANGELO) | ***Essere sulle braci***, (*fig.*) in attesa impaziente e preoccupata di qlco. o qlcu. **2** (*tosc.*) Carbone spento di legna minuta. SIN. Carbonella.

brachésse o (*dial.*) **braghésse** [it. sett. *braghesse*, da *braga* 'braca'; av. 1535] s. f. pl. ● Brache larghe, alla turca | (*scherz.*) Larghi calzoni | (*scherz.*) Mutandoni femminili.

brachétta o (*sett.*) **braghétta** [av. 1535] s. f. **1** Dim. di *braca.* **2** Parte dei calzoni che coprono lo sparato | Lembo di tessuto abbassabile fissato da bottoni sul davanti dei calzoni antichi. **3** (*spec. al pl.*) Mutandine | Calzoncini. **4** Nell'armatura antica, protezione del basso ventre fissata alle falde della maglia e fatta del medesimo materiale. **5** (*edit.*) Linguetta avvolta attorno al dorso di una segnatura su cui si incolla un inserto, in libri, riviste, ecc.

brachétto [etim. incerta; 1896] s. m. ● Vino piemontese amabile, di colore rosso rubino, dal profumo di rosa, ottenuto con uve del vitigno omonimo.

brachi- [dal gr. *brachýs* 'corto, breve'] primo elemento ● In parole composte della terminologia scientifica significa 'breve' o 'corto': *brachicefalia, brachimorfo.*

brachiàle [vc. dotta, lat. *brachiāle(m)*, da *brāchium* 'braccio'; 1499] agg. ● (*anat.*) Del braccio: *plesso, arteria b.*

brachialgìa [vc. dotta, comp. di *brachi-* e *-algia*; 1899] s. f. ● (*med.*) Nevralgia brachiale.

brachiblàsto [comp. di *brachi-* e *-blasto*; 1906] s. m. ● Ramo poco sviluppato e fittamente ricoperto di foglie.

brachicardìa [vc. dotta, comp. di *brachi-* e del gr. *kardía* 'cuore'; 1905] s. f. ● (*med.*) Bradicardia.

brachicefalìa [vc. dotta, comp. di *brachi-* e *-cefalia*; 1871] s. f. ● (*med.*) Prevalenza della larghezza sulla lunghezza, nel cranio.

brachicèfalo [vc. dotta, gr. *brachyképhalos*, comp. di *brachy-* 'brachi-' e *kephalḗ* 'testa'; 1871] agg.; anche s. m. (f. *-a*) ● (*med.*) Che (o Chi) presenta i caratteri della brachicefalia.

Brachìceri [comp. di *brachi-* e *-cero*: detti così per le antenne corte; 1962] s. m. pl. (sing. *-o*) ● Nella tassonomia animale, sottordine di Ditteri con corpo tozzo e antenne corte al quale appartengono i Muscidi (*Brachycera*).

bràchico [vc. dotta, dal lat. *brăc(c)hiu(m)* 'braccio'] agg. (pl. m. *-ci*) ● (*raro*) Brachiale.

brachière o †**braghière** [provz. *braguier*, da *brago* 'braca'; sec. XII] s. m. *1* Fasciatura di cuoio per contenere l'ernia. SIN. Cinto erniario. *2* †Cintura di cuoio per sostenere le brache.

brachigrafìa [vc. dotta, comp. di *brachi-* e *grafia*; 1797] s. f. ● Scrittura abbreviata, per compendio o troncamento delle parole.

brachilogìa [vc. dotta, gr. *brachylogía*, comp. di *brachy-* 'brachi-' e *lógos* 'discorso'; 1819] s. f. ● (*ling.*) Concisione ottenuta spec. mediante l'eliminazione di una o più parti del discorso. CFR. Ellissi.

brachilògico [da *brachilogia*; 1970] agg. (pl. m. *-ci*) ● Che è detto o scritto con brevità. || **brachilogicaménte**, avv. In modo brachilogico, per brachilogia.

brachimòrfo [comp. di *brachi-* e *-morfo*; 1965] agg. ● (*zool.*) Detto di tipo morfologico caratterizzato da prevalenza dei diametri trasversali su quelli longitudinali.

bràchio- [dal lat. *brăchiu(m)* 'braccio'] primo elemento ● In parole composte della terminologia scientifica significa 'braccio' o indica relazione col braccio: *brachioradiale*.

Brachiòpodi [vc. dotta, comp. di *brachio-* e del gr. *pódes* 'piedi'; 1819] s. m. pl. (sing. *-e*) ● Nella tassonomia animale, gruppo di animali marini con corpo racchiuso fra due valve, una dorsale e l'altra ventrale, non unite da legamenti (*Brachiopoda*).

brachioradiàle [comp. di *brachio-* e *radiale* (2); 1829] s. m. ● (*anat.*) Muscolo esterno del braccio. ➡ ILL. p. 2122 ANATOMIA UMANA.

brachipnèa [vc. dotta, gr. *brachýpnoia*, comp. di *brachýs* 'corto' e *pnoḗ* 'respiro'; 1819] s. f. ● (*med.*) Respirazione affannosa per riduzione d'ampiezza degli atti respiratori.

brachistòcrona [vc. dotta, dal gr. *bráchistos* 'cortissimo', superl. di *brachýs* 'brachi-', e *chrónos* 'tempo'] s. f. ● (*mat.*) Curva che, tra tutte quelle che congiungono due punti, ha il minor tempo di percorrenza.

brachitìpo o **brachitipo** [comp. di *brachi-* e *tipo*; 1950] s. m. ● Tipo costituzionale umano caratterizzato da prevalenza dei diametri trasversali su quelli longitudinali.

Brachiùri [comp. di *brachi-* e del gr. *ourá* 'coda'; 1829] s. m. pl. (sing. *-o*) ● Nella tassonomia animale, sottordine di Crostacei dei Decapodi con cinque paia di piedi ambulacrali, ampio cefalotorace, addome ridotto e ripiegato ventralmente, forniti di chele (*Brachyura*). SIN. (*pop.*) Granchi.

bràcia ● V. *brace*.

braciàio [av. 1910] s. m. *1* Cassetta nella quale i fornai riponevano la brace, per riutilizzarla. *2* Bracino.

braciaiòla [av. 1571] s. f. ● Fossetta sotto la graticola dei fornelli, ove cade la brace.

braciaiòlo [av. 1742] s. m. (f. *-a*) ● Bracino.

bracière [fr. *brasier*, da *braise* 'brace'; 1666] s. m. ● Recipiente di rame o altro metallo, spesso lavorato artisticamente, contenente la brace per riscaldare una stanza o anche, nell'antichità greco-romana, per celebrare riti religiosi.

bracino [da *brace*; 1818] s. m. *1* (*disus.*) Operaio addetto alla carbonaia. *2* (*region.*) Venditore di brace o carbone al minuto: *nero come un b.* *3* (*est.*, *disus.*) Persona sudicia o volgare.

braciòla o (*lett.*) **braciuòla** [da *brace*; 1542] s. f. *1* Fetta di carne da cuocere alla griglia o in padella: *b. di maiale*, *di vitello*. *2* (*fam.*, *scherz.*) Taglio al viso, spec. provocato durante la rasatura. || **braciolétta**, dim. | **braciolina**, dim. | **braciolóna**, accr.

bràco ● V. *brago*.

bracóne [av. 1600] s. m. *1* Accr. di *braca*. *2* (*fig.*, *tosc.*) Persona impicciona, pettegola.

bracòtto [da *braca* nel sign. 6; 1829] s. m. ● (*mar.*) Spezzone di cavo terminante con due ganci o due bozzelli, variamente utilizzabile nelle navi a vela.

bracòzzo ● V. *bragozzo*.

bràdi- [dal gr. *bradýs* 'lento', prob. di orig. indeur.] primo elemento ● In parole composte dotte o scientifiche significa 'lento': *bradicardia*, *bradisismo*. CONTR. Tachi-.

bradicardìa [vc. dotta, comp. di *bradi-* e del gr. *kardía* 'cuore'; 1899] s. f. ● Riduzione di frequenza del battito cardiaco.

bradicàrdico [1958] A agg. (pl. m. *-ci*) ● Relativo alla bradicardia. B agg.; anche s. m. (f. *-a*) ● Che (o Chi) presenta bradicardia.

bradichinina [comp. di *bradi-* e *chinina*] s. f. ● (*chim.*) Piccolo peptide basico presente nel sangue e prodotto per azione dell'enzima callicreina sulle globuline plasmatiche; è un potente vasodilatatore e provoca aumento della permeabilità capillare.

bradifasìa [vc. dotta, comp. di *bradi-* e del gr. *phásis* 'espressione'; 1892] s. f. ● Rallentamento del linguaggio.

bradifrasìa [vc. dotta, comp. di *bradi-* e del gr. *phrásis* 'discorso'; 1892] s. f. ● Lentezza nel formulare le frasi.

bradilalìa [vc. dotta, comp. di *bradi-* e del gr. *lalía* 'loquacità'; 1939] s. f. ● Lentezza nell'articolazione delle parole.

bradipepsìa [vc. dotta, comp. di *bradi-* e del gr. *pépsis* 'digestione'; 1778] s. f. ● Lentezza nelle funzioni digestive.

bràdipo [vc. dotta, comp. di *bradi-* e del gr. *poûs* 'piede'; 1793] s. m. ● Genere di Mammiferi brasiliani degli Sdentati di 50-70 cm di lunghezza, con coda cortissima, testa piccola, lunghi arti con formidabili unghie ricurve e pelame abbondante (*Bradypus*). SIN. Poltrone | *B. tridattilo*, mammifero degli Sdentati, con arti alquanto sviluppati e unghie grandi e robuste con cui si appende ai rami (*Bradypus tridactylus*). ➡ ILL. **animali**/11.

bradipsichìsmo [vc. dotta, comp. di *bradi-* e *psichismo*; 1932] s. m. ● Rallentamento delle funzioni psichiche.

bradisìsmico [1930] agg. (pl. m. *-ci*) ● Di bradisismo, relativo a bradisismo: *rilevamento*, *fenomeno b.*

bradisìsmo o **bradisìsmo** [vc. dotta, comp. di *bradi-* e del gr. *seismós* 'scotimento'; 1883] s. m. ● Movimento lento e regolare di innalzamento o di abbassamento del suolo: *b. negativo*, *positivo*.

bràdo [lat. tardo *brăida(m)* 'pianura', di orig. longob., con sovrapposizione di *bravo*; 1325] agg. *1* Non addomesticato, che vive allo stato libero, detto spec. di Bovini ed Equini. *2* Detto di allevamento di animali all'aperto. *3* (*fig.*, *est.*) Che è libero, primitivo, fuori dalle convenienze sociali: *vita brada*; *essere*, *vivere*, *allo stato b.*

bràga [sec. XIII] s. f. *1* V. *braca*. *2* Pezzo da interporre fra gli elementi di una tubazione verticale di scarico per immettervi uno o più tubi di scarico orizzontali. *3* Robusta staffa di ferro a prolungamento della culatta di alcune antiche artiglierie a retrocarica.

†**bràge** ● V. *brace*.

braghéssa ● V. *brachessa*.

braghétta ● V. *brachetta*.

†**braghière** ● V. *brachiere*.

†**bràgia** ● V. *brace*.

bràgo o (*lett.*) †**bràco** [lat. parl. **brăcu(m)* 'palude', di provenienza celt.; 1313] s. m. (pl. *-ghi*) *1* (*lett.*) Fango, melma, spec. di porcile: *i porci si avvoltolano nel b.*; *E come appar su putrido / b. una morta bolla* (BOITO). *2* (*fig.*, *lett.*) Abiezione, degradazione morale.

bragòzzo o **bracòzzo** [etim. incerta; 1898] s. m. ● (*mar.*) Tradizionale barca da pesca in legno caratteristica dell'alto Adriatico, fornita di ponte con prua e poppa tondeggianti, due alberi e vele al terzo, scafo e vele decorati a colori vivaci. ➡ ILL. **pesca**.

brahmanèsimo /brama'nezimo/ o **brahmanìsmo**, **bramanèsimo**, **bramanìsmo**, **braminìsmo** [1843] s. m. ● Sistema di pensiero religioso-filosofico e complesso di istituzioni e ordinamenti elaborati dai brahmani, che costituisce il fondamento della religione induista.

brahmànico /bra'maniko/ o **bramànico**, **braminico** [av. 1869] agg. (pl. m. *-ci*) ● Che è proprio del brahmanesimo e dei brahmani.

brahmanìsmo /brama'nizmo/ ● V. *brahmanesimo*.

brahmàno /bra'mano/ o **bramàno**, **bramino** (1) [vc. dotta, sanscrito *brahmán*, originariamente 'poeta, cantore', da *bráhma* 'formula, rappresentazione', di etim. incerta; 1554] s. m. ● Anticamente, sacerdote della religione induista | Membro della casta più elevata della comunità indù, cui appartengono i sacerdoti.

brahmsiàno /bram'sjano/ A agg. ● Che è proprio del musicista tedesco Johannes Brahms (1833-1897) o riguarda la sua produzione: *un Lied b.* B s. m. (f. *-a*) ● Ammiratore, seguace di J. Brahms.

bràida [longob. *braida* 'pian(ur)a'; sec. XIII] s. f. ● (*sett.*) Campo, prato nei pressi della città.

braidènse [da *braida*, donde s'è originato il dial. *Brera*; av. 1910] agg. ● Che è proprio della biblioteca milanese di Brera.

Braille® /fr. 'bʀajə/ [dal n. dell'inventore, il fr. Louis *Braille* (1809-1852); 1930] A s. m. inv. ● Sistema di scrittura per ciechi formato da punti in rilievo simboleggianti le lettere dell'alfabeto, da leggere passandovi sopra i polpastrelli. B anche agg.: *scrittura B.*

brainstorming /brein'stɔrmin(g)/, *ingl.* 'bɹeɪn-ˌstɔːmɪŋ/ [vc. ingl. d'America, cioè 'tempesta (*storming*, dal v. *to storm* 'tempestare') di cervelli (*brain*)'; 1970] s. m. inv. ● Tecnica di analisi in gruppo in cui la ricerca della soluzione di un dato problema avviene attraverso la libera esposizione di idee e di proposte da parte di tutti i partecipanti a una riunione.

brain trust /*ingl.* 'bɹeɪn,tɹʌst/ [vc. ingl. d'America, cioè *'trust* di cervelli (*brain*)'; 1935] loc. sost. m. inv. (pl. ingl. *brain-trusts*) ● Gruppo di esperti, tecnici, scienziati e gener. consulenti, costituito, spec. in un'azienda, per discutere e aiutare a risolvere problemi di particolare complessità e rilievo. SIN. Trust dei cervelli.

†**braìre** o †**sbraìre** [lat. parl. **bragīre*, di orig. onomat.; sec. XIII] v. intr. *1* (*lett.*) Cantare, cinguettare. *2* Gridare, urlare.

†**braitàre** [lat. parl. **bragitāre* 'gridare', iter. di **bragīre* 'braire'; 1750] v. intr. ● Sbraitare.

bràma [da *bramare*; av. 1303] s. f. ● Desiderio ardente e intenso, quasi smodato: *b. di uccidere*; *b. di onori*; *b. di apprendere*; *una lupa, che di tutte brame / sembiava carca ne la sua magrezza* (DANTE *Inf.* I, 49-50). SIN. Avidità, bramosia.

bramàbile [1584] agg. ● (*raro*) Che si può bramare. SIN. Desiderabile.

bramanèsimo ● V. *brahmanesimo*.

†**bramangière** [ant. fr. *blanc-mangier* 'biancomangiare'; av. 1375] s. m. ● Biancomangiare.

bramanìsmo ● V. *brahmanesimo*.

bramàno e *deriv.* ● V. *brahmano* e *deriv.*

bramantésco agg. (pl. m. *-schi*) ● Che riguarda l'arte e la produzione dell'architetto Donato Bramante (1444-1514): *la cupola bramantesca di S. Maria delle Grazie a Milano*.

bramàre [ant. provz. *bramar* 'urlare di animali (specie del cervo in amore)', dal germ. **brammon* 'muggire'; av. 1250] v. tr. ● (*lett.*) Desiderare intensamente, appassionatamente.

Brambilla [da un cognome molto comune a Milano; 1982] s. m. e f. inv. ● (*scherz.*) Piccolo imprenditore lombardo: *i B. si ribellano all'aumento delle imposte*.

braminìsmo ● V. *brahmanesimo*.

bramìno (1) e *deriv.* ● V. *brahmano* e *deriv.*

bramìno (2) [etim. incerta] s. m. ● Sbramino.

bramìre [stessa etim. di *bramare*; 1865] v. intr. (*io bramisco*, *tu bramisci*; aus. *avere*) *1* Emettere bramiti: *si udirono i cervi b. di dolore*. *2* (*est.*, *lett.*) Gridare selvaggiamente, detto di persone: *la gente gridava ... tripudiava, bramiva* (BACCHELLI).

bràmito o (*poet.*) **bràmito** [da *bramire*; 1623] s. m. *1* Grido alto e lamentoso caratteristico di animali selvatici, spec. del cervo e dell'orso. *2* (*est.*, *lett.*) Grido umano quasi selvaggio: *un b. di terrore*.

bràmma [ted. *Bramme*, di etim. incerta; 1955] s. m. (pl. *-i*) ● (*metall.*) Prodotto di laminatoio, usato come materiale di partenza per la fabbricazione delle lamiere, a sezione rettangolare.

bramosìa [da *bramoso*; av. 1600] s. f. ● (*lett.*) Desiderio sfrenato: *un'acre b. di sangue* (PASCOLI).

†**bramosità** [sec. XV] s. f. ● Brama.

bramóso [av. 1294] agg. ● (*lett.*) Che ha e dimostra brama, avidità: *b. di perfezione* (MANZONI). || **bramosétto**, dim. | **bramosìno**, dim. || **bramosaménte**, avv. Con brama.

brànca [lat. *brănca(m)*, di etim. incerta; 1313] s. f. *1* (*lett.*) Zampa di animale armata di artigli | †Chela del granchio e dello scorpione. *2* (*est.*) Mano protesa ad afferrare qlco. | (*spreg.*, *al pl.*)

Potere, controllo, dominio: *si dibatte nelle branche del vizio* (D'ANNUNZIO). SIN. Grinfie. *3* Ciascuna delle due parti di alcuni arnesi che servono ad afferrare e a stringere: *le branche delle pinze, delle tenaglie, del compasso.* *4* Ramo di albero o arbusto | ***B. madre***, ramo principale. *5* (*fig.*) Ramo della scienza o dello scibile: *le varie branche del diritto, della medicina.* SIN. Parte, suddivisione. *6* (*anat.*) Ciascuno dei rami in cui si risolve un organo a struttura fascicolare: *le tre branche del nervo trigemino.* *7* (*mar.*) Spezzone di corda con due anelli alle estremità | Mazzetto di tre o quattro cavetti terminanti con un anello e riuniti tra loro per l'altro capo | ***B. di bolina***, a tre capi, per fissare la bolina alla ralinga di caduta delle vele quadre. *8* (*raro*) Rampa di scala.

Brancaleóne [da (*armata*) *Brancaleone*; 1971] s. m. inv. ● (*per anton.*) Persona che in modo disordinato e incoerente si impegna, con esito negativo, in grandi cause: *i B. della politica* | ***Armata B.***, V. *armata.*

brancàre [da *branca*; 1481] v. tr. ● (*region.*) Abbrancare, afferrare.

brancarèlla [da *branca*; 1832] s. f. ● (*mar.*) Maniglia di cavo incordonata agli orli delle vele, usata spec. per passarvi i cavetti che allacciano le vele stesse ai pennoni.

brancàta [av. 1431] s. f. *1* Quantità di cose che si può stringere in una mano: *una b. di sassolini.* SIN. Manciata. *2* (*raro, lett.*) Zampata, manata. *3* (*raro, lett.*) Branco. || **brancatina**, dim.

brànchia [vc. dotta, lat. *brănchia(m)*, dal pl. *brănchiae*, a sua volta dal gr. *bránchia*, pl. di *bránchion*, di etim. sconosciuta; 1499] s. f. ● (*zool.*) Struttura respiratoria di solito fogliacea o laminare, di varia origine, grazie alla quale gli animali acquatici possono respirare l'ossigeno disciolto nell'acqua.

branchiàle [1825] agg. ● Pertinente alle branchie.

Branchiàti [1925] s. m. pl. (sing. *-o*) ● Nella tassonomia animale, denominazione degli animali acquatici che, per tutta la vita o soltanto per parte di essa, respirano mediante branchie (*Branchiata*).

brànchio- [dal lat. *brănchia* 'branchia'] primo elemento ● In parole composte della terminologia scientifica significa 'branchie' o indica relazione con le branchie: *branchiosauro.*

Branchiòpodi [vc. dotta, comp. di *branchio-* e del gr. *pódes* 'piedi'; 1829] s. m. pl. (sing. *-e*) ● Nella tassonomia animale, ordine di Crostacei di acqua dolce con corpo protetto da un carapace bivalve, arti atti al nuoto e alla respirazione (*Branchiopoda*).

branchiosàuro [vc. dotta, comp. di *branchio-* e del gr. *sâuros* 'lucertola'; 1930] s. m. ● Anfibio degli Stegocefali del Paleozoico, con faccia ventrale coperta di scaglie analoghe a quelle dei rettili (*Branchiosaurus*).

Branchiùri [comp. di *branchi(o)-* e *-uro* (*2*); 1962] s. m. pl. (sing. *-e*) ● Nella tassonomia animale, sottoclasse di Crostacei dal corpo appiattito, muniti di ventose, parassiti di pesci e anfibi (*Branchiura*).

brancicaménto [av. 1342] s. m. ● (*raro*) Il brancicare.

brancicàre [iter. di *brancare*; sec. XIV] **A** v. intr. (*io brància, tu brànichi*; aus. *avere*) ● Andare a tentoni, annaspando con le mani per cercare la direzione giusta: *b. nel buio.* **B** v. tr. ● Toccare, maneggiare, palpare insistentemente o brutalmente o sensualmente e sim.: *Egli mi stringeva, mi brancicava* (ALERAMO).

brancicatùra [1865] s. f. ● (*raro*) Il brancicare | Segno che resta su ciò che si è brancicato: *frutta piena di brancicature.*

brancichìo [1862] s. m. ● (*raro*) Un brancicare continuato.

♦**brànco** [da *branca*, passata a significare 'gruppo'; av. 1494] s. m. (pl. *-chi*) *1* Raggruppamento di animali della medesima specie: *un b. di cavalli, di pecore; un b. di lupi; un b. di cicogne, di pesci.* *2* (*est., spreg.*) Insieme di persone: *un b. di fannulloni* | ***Andare, muoversi in b.***, (*fig.*) passivamente raggruppati, come gli animali | ***Mettersi in b., entrare nel b.***, (*fig.*) seguire conformisticamente la via della maggioranza. || **branchétto**, dim. | **branchino**, dim. | **brancóne**, accr.

brancolaménto [1865] s. m. ● Il brancolare.

brancolàre [da *branca*, nel senso di 'mano protesa ad afferrare'; 1313] v. intr. (*io bràncolo*; aus. *avere*) *1* Andare a tentoni, spec. nel buio: *b. nell'oscurità.* SIN. Annaspare. *2* (*fig.*) Agire, muoversi con incertezza: *gli inquirenti brancolano ancora nel buio.*

brancolóne o **brancolóni** [1353] avv. ● (*raro*) Brancolando, a tentoni, a tastoni: *andare, muoversi b.; cercare qlco. brancoloni.*

brànda [etim. incerta; 1797] s. f. *1* Letto a telaio metallico pieghevole o smontabile, con rete metallica o con un piano di grossa tela, usato da militari, campeggiatori e sim. ➡ ILL. **campeggiatore.** *2* Amaca di tela usata a bordo dai marinai come letto. || **brandina**, dim.

brandeburghése [1955] **A** agg. ● Del Brandeburgo, regione storica della Germania | ***Concerti brandeburghesi***, i sei concerti che J.S. Bach dedicò al margravio del Brandeburgo. **B** s. m. e f. ● Abitante, nativo del Brandeburgo.

brandeggiàbile [1983] agg. ● (*mar. mil.*) Che si può brandeggiare, soggetto a brandeggio | (*tv*) Detto di telecamera munita di uno speciale dispositivo che ne permette l'orientamento sul piano orizzontale e su quello verticale, anche contemporaneamente.

brandeggiàre [da *brandire*; 1865] **A** v. tr. (*io brandéggio*) ● (*mil., est.*) Ruotare sul piano orizzontale una bocca da fuoco | (*gener.*) Ruotare su un piano orizzontale, intorno a un asse verticale, detto di apparecchiature, strumenti, congegni e sim. **B** v. intr. (aus. *avere*) *1* Oscillare, scuotersi. *2* (*mar.*) Ruotare, spec. con moto pendolare, di un'imbarcazione attorno alla sua linea d'ancoraggio.

brandéggio [1889] s. m. *1* (*mar.*) Movimento di rotazione di un'imbarcazione all'ancora per effetto del vento e della corrente | (*mar. mil.*) Rotazione di una bocca da fuoco sul piano orizzontale | ***Angolo di b.***, quello formato dall'asse longitudinale della nave con la linea di mira e misurato, da 0° a 360°, in senso orario a partire dalla prua. *2* (*gener.*) Rotazione su un piano orizzontale, in varie tecnologie.

brandèllo o **brindèllo** [etim. discussa: da *branello*, dim. di *brano*, con sovrapposizione di altra vc. (?); 1525] s. m. *1* Frammento strappato di tessuto o di altro materiale: *un b. di fodera; un b. di pelle* | ***Avere l'abito a brandelli***, tutto strappato. SIN. Pezzo. *2* (*fig.*) Piccola quantità, parte di qlco.: *non avere un b. di intelligenza, di pudore, di ritegno.* SIN. Briciola. || **brandellétto**, dim. | **brandellino**, dim. | **brandellùccio**, dim.

brand image /ingl. 'bɹænd 'ɪmɪdʒ/ [loc. ingl., comp. di *brand* 'marca', 'marchio di fabbrica' e *image* 'immagine' (dal fr. *image* 'immagine')] s. f. inv. (pl. ingl. *brand images*) ● Immagine, impressione che l'utente o il consumatore di un prodotto ha di questo attraverso una campagna pubblicitaria.

†**brandiménto** [av. 1563] s. m. ● Il brandire.

branding /'brendin(g), ingl. 'bɹændɪŋ/ [vc. ingl., dal v. *to brand* 'marchiare a fuoco', di area germ.; 1994] s. m. inv. ● Pratica consistente nel marchiare a fuoco la pelle umana con scritte o simboli.

brandire [ant. fr. *brandir*, dall'ant. fr. *brant* 'brando'; sec. XIV] **A** v. tr. (*io brandisco, tu brandisci*) ● Impugnare saldamente o agitare con forza un corpo contundente: *b. la spada, un coltello, un bastone* | (*est.*) Agitare qlco. con violenza. **B** v. intr. (aus. *avere*) ● (*tosc.* o *lett.*) Tremare, vibrare, oscillare.

brandistòcco [fr. *brandestoc, brindestoc*, dall'ol. *springstok*, propr. 'pertica, bastone (*stok*) da saltare (*springen*)'; sec. XVII] s. m. (pl. *-chi*) ● Arma da punta in uso nel sec. XVI, costituita da tre lame rientranti nel manico cavo.

†**branditóre** [da *brandire*; 1723] s. m.; anche agg. ● (*raro*) Chi (o Che) brandisce.

brand manager /ingl. 'bɹænd,mænɪdʒəɹ/ [loc. ingl., comp. di *brand* 'marca, marchio di fabbrica' (d'orig. germ.) e *manager* (V.)] loc. sost. m. e f. inv. (pl. ingl. *brand managers*) ● (*org. az.*) Dirigente che contribuisce a creare, attraverso la pubblicità, una buona immagine di un prodotto presso utenti o consumatori.

bràndo [ant. fr. *brant* 'spada', 'ferro della lancia', dal francone **brand* 'lama della spada', propr. 'tizzone (ardente)' per il suo splendore; 1476] s. m. *1* (*ant.*) Spadone a due tagli, da impugnarsi a una o a due mani. *2* (*poet.*) Spada: *mena a due mane quel b. tagliente* (BOIARDO).

†**brandóne** (*1*) [etim. incerta, come per *brandello*; sec. XIII] s. m. ● Brandello.

†**brandóne** (*2*) [ant. fr. *brandon*, dal francone **brand* 'tizzone'; 1310] s. m. ● Tizzone, torcia.

brandy /ingl. 'bɹændi/ [vc. ingl., da *brandwine*, dal neerlandese *brandewijn*, lett. 'vino (*wijn*) bruciato (dal v. *branden*, che ha assunto poi anche il sign. di 'distillare')'; 1829] s. m. inv. (pl. ingl. *brandies*) ● Acquavite che si ottiene in Italia dalla distillazione del vino, poi maturata, corretta e invecchiata in fusti di rovere.

†**brània** [di etim. discussa: dal lat. parl. **fragina* 'frana' (?); 1768] s. f. ● Tratto di campo, di terreno.

♦**bràno** [ant. fr. *braon*, dal francone *brādo* ampliato col suff. accr. *-on*; 1313] s. m. *1* Pezzo, parte strappata con violenza: *brani di stoffa, di carne* | ***Fare a brani, ridurre in brani***, sbranare | ***Cadere a brani***, (*anche fig.*) cadere a pezzi, cadere in rovina | (*lett.*) ***A b. a b.***, pezzo per pezzo: *La memoria dei fatti le tornava a brani* (MORAVIA). SIN. Brandello, pezzo. *2* Frammento di opera musicale o letteraria: *ascoltare un b. di musica classica; leggere un b. della Divina Commedia* | ***Brani scelti***, frammenti di vari autori, selezionati con criterio antologico. SIN. Passo. || **branèllo**, dim. | **branétto**, dim. | †**branolino**, dim.

branzino o **branzino** [it. sett. *bransin*, per l'apparescenza delle sue 'branchie' (*branzi*); 1761] s. m. ● (*zool., sett.*) Spigola.

†**bràsa** ● V. *brace.*

brasàre [da †*brasa* 'brace'; 1598] v. tr. *1* (*raro*) Far cuocere sulle braci spec. carni. *2* Cuocere a fuoco lento, in pentola chiusa, con aromi vari e poco liquido (vino, brodo e sim.). *3* Sottoporre a brasatura, in varie tecnologie.

brasàto [1905] **A** part. pass. di *brasare*; anche agg. ● Nei sign. del v. **B** s. m. ● Carne di bue cotta a fuoco lento, in pentola chiusa, con aromi vari e poco liquido (vino, brodo e sim.).

brasatóre [1955] s. m. (f. *-trice*) ● Operaio addetto alla brasatura metallica.

brasatùra [1941] s. f. ● Saldatura di pezzi metallici mediante materiale di apporto che funge da adesivo tra le facce dei metalli.

bràsca [da †*brasa* (?); 1865] s. f. ● Scorie e spurgo del ferro lavorato.

brasile [etim. discussa: per il colore simile alla brace (*brasa*) (?); 1555] s. m. *1* Legno di color rosso brace, proprio dell'America centrale e meridionale. SIN. Verzino. *2* Varietà coltivata di tabacco.

brasiliàno [dal n. dello Stato del *Brasile*, in port. e sp. *Brasil*, così chiamato per l'abbondanza delle piante tintorie chiamate *brasili*; 1765] **A** agg. ● Del Brasile: *flora, fauna, lingua brasiliana.* **B** s. m. (f. *-a*) ● Abitante, nativo del Brasile. **C** s. m. solo sing. ● Lingua portoghese parlata in Brasile.

brasserie /fr. bʀas(ə)'ʀi/ [vc. fr., comp. di *brasser* 'fabbricare la birra' dal lat. parl. **braciāre*, denom. di *brāce(m)* 'malto', ed *-erie* '-eria'] s. f. inv. ● Birreria o piccola trattoria.

bràssica [vc. dotta, dal lat. *brăssica(m)* 'cavolo', di etim. incerta; av. 1498] s. f. ● Genere di piante erbacee delle Crocifere a foglie intere o pennate, fiori gialli o bianchi in racemi e frutti a siliqua (*Brassica*).

brassière /fr. bʀa'sjɛːʀ/ [vc. fr., comp. di *bras* 'braccio' e del suff. *-ière* detto di parte del corpo coperta] s. f. inv. ● Corta camicetta molto scollata.

brattàre o **sbrattàre** (*2*) [nap. *brattà*, da *bratto*; 1955] v. intr. (aus. *avere*) ● Vogare con un sol remo posto a poppa dell'imbarcazione.

bràttea [vc. dotta, dal lat. *brăttea(m)* 'lamina di metallo', di etim. incerta; 1797] s. f. *1* (*bot.*) Foglia modificata che accompagna fiori o infiorescenze con funzione spec. protettiva. *2* Lamina metallica, spec. d'oro o d'argento, con varie decorazioni, usata anticamente per ornamento.

bratteàto [vc. dotta, dal lat. *bratteātu(m)*, da *brăttea* 'brattea'; 1779] **A** agg. *1* (*bot.*) Che è fornito di brattee. *2* Di moneta o medaglia falsificata mediante la sovrapposizione di una lamina d'oro o d'argento a un metallo vile. **B** s. m. ● Moneta medievale d'argento dal tondello molto sottile, coniata da una sola faccia, caratteristica della Germania dal XII al XIV sec.

bratteifórme [vc. dotta, comp. di *brattea* e *-forme*; 1829] agg. ● Che ha forma di brattea.

brattèola [vc. dotta, dal lat. *brattĕola(m)*, dim. di *brăttea* 'brattea'; 1829] s. f. ● (*bot.*) Brattea molto ridotta inserita sul peduncolo di alcuni fiori.

bratteolàto [da *bratteola*; 1955] **agg.** ● (*bot.*) Che è fornito di bratteole: *peduncolo b.*

bràtto o **sbràtto** (2) [nap. *bratto*: dal lat. *băttulum* 'battola' (?); 1889] **s. m.** ● Propulsione di un battello con un solo remo posto a poppa estrema e mosso alternativamente verso dritta e verso sinistra: *remo da b.*

bravacciàta o **bravazzàta** [1863] **s. f.** ● (*lett.*) Azione da bravaccio | Smargiassata.

bravàccio o **bravàzzo** [1525] **s. m.** *1* Pegg. di *bravo*. *2* (*lett.*) Sgherro | Uomo prepotente e millantatore.

bravàre [da *bravo*; 1483] **A v. intr.** (aus. *avere*) ● (*lett.*) Parlare o comportarsi in modo arrogante, provocatorio. **B v. tr.** *1* (*lett.*) Minacciare, provocare | Sfidare: *avea continuato a bravar la morte* (BACCHELLI). *2* (*region.*) Rimproverare duramente: *la vostra signora madre mi ha bravato moltissimo* (GOLDONI).

bravàta [1536] **s. f.** *1* (*lett.*) Comportamento, atto o discorso arrogante e provocatorio: *a far bravate con gli operai della diga* (CALVINO). **SIN.** Smargiassata, spacconata. *2* Azione rischiosa compiuta per spavalderia: *ha voluto fare la b. di uscire con la febbre*; *ti pentirai di certe bravate!* *3* (*lett.*, *region.*) Sgridata.

†**bravatòrio** [av. 1712] **agg.** ● Provocatorio, minaccioso.

†**bravazzàre** **v. intr.** ● Fare il bravaccio.

bravazzàta ● V. *bravacciata*.

bravàzzo ● V. *bravaccio*.

braveggiàre [1481] **v. intr.** (*io bravéggio*; aus. *avere*) ● (*raro*) Parlare e comportarsi con spavalderia.

braverìa [1525] **s. f.** *1* (*raro*, *lett.*) Vanteria, azione, comportamento arrogante. **SIN.** Spavalderia. *2* (*raro*, *lett.*) Atteggiamento da bravo | L'insieme dei bravi.

†**bravézza** [1550] **s. f.** ● Valentia.

♦**bràvo** [lat. *prāvu(m)*, con sovrapposizione di *barbaru(m)* (?); av. 1367] **A agg.** *1* (assol.; + *in* seguito da sost.; + *a*, + *nel* seguiti da inf.) Che compie la propria opera con impegno e abilità: *un b. operaio, una brava professionista*; *uno studente b. in matematica*; *un oratore b. a trovare argomenti convincenti*; *un'attrice brava nell'interpretare una parte*; (*anche antifr. iron.*): *b. furbo!*; *b. fesso!* | (*fam.*) ***Chi ci riesce è b.!***, per indicare lavori, concetti, discorsi particolarmente difficili. **SIN.** Abile, capace. **CONTR.** Inetto. *2* Buono, onesto, dabbene: *una brava moglie*; *un b. giovane* | In formule di cortesia, spesso iron.: *ascoltate, brav'uomo!* | Per esortazione, incoraggiamento: *su, da b.!* *3* (*lett.*) Animoso, coraggioso, prode: *gli epici canti del tuo popol b.* (CARDUCCI) | ***Fare il b.***, ostentare coraggio, spesso solo a parole | ***Notte brava***, in cui si compiono bravate teppistiche | ***Alla brava***, (*ellitt.*) alla maniera di chi fa il bravo, cioè in modo spavaldo e arrogante: *portare il cappello alla brava*; (*est.*) alla svelta, con sicura abilità: *dipinto alla brava*. *4* (*pleon.*, *fam.*) Preposto a un s. con valore intens.: *ogni giorno fa la sua brava passeggiata*. *5* †Erto, scosceso. *6* †Brado, indomito: *ognun lo fugge come fera brava* (PULCI). || **bravaménte**, **avv.** *1* Con bravura; efficacemente. *2* Con spavalderia. **B** in funzione di **inter.** ● Esprime soddisfazione, consenso, ammirazione: *b.*, *bis!* **C s. m.** *1* Nell'Italia secentesca, bandito che si rifugiava presso un signorotto e gli assicurava i suoi servizi ricevendone impunità e sostentamento. *2* (*est.*) Guardia armata assoldata da un personaggio potente, spec. per compiere prepotenze. || **PROV.** I bravi alla guerra e i poltroni alla scodella. || **bravàccio**, **bravàzzo**, **pegg.** (V.) | **bravétto**, **agg. dim.** | **bravettino**, **agg. dim.** | **bravino**, **agg. dim.** | **bravóne**, **accr.** (V.) | **bravùccio**, **agg. dim.**

bravóne [av. 1565] **s. m.** (f. *-a*) *1* Accr. di *bravo*. *2* (*raro*) Bravaccio | ***Fare il b.***, fare lo spaccone.

bravùra [1476] **s. f.** *1* (assol.; + *in* seguito da sost. o inf.; raro, lett. + *di* seguito da inf.) Abilità, perizia, capacità: *mostrare la propria b.*; *dimostrare b. in un lavoro*; *ha dimostrato la sua b. nel convincere gli ascoltatori*; *E monsieur diventai colla b. / Di storpiare le fanciulle e i putti* (GOLDONI) | ***Pezzo di b.***, lavoro la cui esecuzione richiede un'eccezionale abilità. *2* (*mus.*) Unito a nomi di brani vocali o strumentali indica difficoltà tecniche e carattere virtuosistico: *allegro di b.*, *aria di b.* | Nella loc. ***con bravura***, quando si richiede un'esecuzione brillante. *3* (*lett.*) Audacia, ardimento. *4* (*lett.*) Spavalderia, arroganza. *5* †Ferocia.

break (*1*) /brεk, *ingl.* bɹeɪk/ [vc. ingl., dal v. *to break* 'interrompere, staccare'; 1942] **A s. m. inv.** *1* Interruzione, pausa, spec. nel corso di un lavoro intellettuale, manageriale e sim.: *facciamo un b. e prendiamoci un caffè* | Breve annuncio pubblicitario trasmesso interrompendo un programma televisivo o radiofonico. *2* (*sport*) Nella pallacanestro e in altre discipline di squadra, il momento della partita in cui una compagine distanzia notevolmente nel punteggio quella avversaria. *3* (*sport*) Nel tennis, la conquista del game nel quale l'avversario è al servizio. **B inter.** ● (*sport*) Nel pugilato, ordine di separarsi dato dall'arbitro ai contendenti quando, venuti strettamente a contatto, si impediscono reciprocamente i movimenti tenendosi con le braccia | Nel rugby, comando di sciogliere la mischia.

break (*2*) /brεk, *ingl.* bɹeɪk/ [vc. ingl., di etim. discussa; forse da avvicinare a *brake* 'dispositivo che permette di girare un mezzo di trasporto a destra o a sinistra', di etim. incerta; 1963] **s. f. inv.** ● (*disus.*) Station wagon.

break dance /brεk'dεns, *ingl.* 'bɹeɪk‚dæ'ns/ [loc. ingl., comp. di *break* 'interruzione' (V. *break* (*1*)) e *dance* 'danza', perché è danza a movimenti spezzati; 1984] **loc. sost. f. inv.** ● Ballo moderno caratterizzato da movimenti a scatti, bruschi e spezzati che richiedono notevoli doti atletiche.

breakdown /brεk'daun, *ingl.* 'bɹeɪk‚daʊn/ [vc. ingl., propr. 'rottura', dal v. *to break* 'rompere'; 1989] **s. m. inv.** ● Improvviso arresto di elaboratori o impianti elettrici.

break even /*ingl.* 'bɹeɪk 'iːvn̩/ [loc. ingl., propr. 'chiusura (*break*) alla pari (*even*)'; 1991] **loc. sost. m. inv.** ● (*econ.*) Pareggio di bilancio nella gestione di un'azienda.

breakfast /*ingl.* 'bɹekfəst/ [vc. ingl., comp. di *to break* 'rompere' e *fast* 'digiuno'; 1892] **s. m. inv.** ● Prima colazione.

breaking /*ingl.* 'bɹeɪkɪŋ/ [vc. ingl., propr. 'rottura, interruzione', da *to break* (V. *break* (*1*)); 1983] **s. m. inv.** ● Break dance.

breakpoint /*ingl.* 'bɹeɪk‚pɔɪnt/ [vc. ingl., propr. 'punto (*point*) di interruzione (*break*)'] **s. m. inv.** *1* (*elab.*) Istruzione di arresto dell'elaborazione inserita nel listato di un programma per permetterne la verifica in corso di esecuzione. *2* (*sport*) Nel tennis, punto che dà la possibilità di strappare il servizio all'avversario.

bréccia (*1*) [fr. *brèche*, dal francone **brëka* 'rottura, fenditura', di orig. indeur.; 1582] **s. f.** (pl. *-ce*) ● Apertura fatta rompendo muri o terrapieni di qualunque opera di fortificazione, mediante tiro di artiglieria o lavoro di mina, per penetrarvi a viva forza | ***Battere in b.***, dirigere i tiri delle artiglierie sul luogo dove si vuol fare la breccia; (*fig.*) demolire una tesi, un'argomentazione; in una competizione, battere l'avversario proprio sul traguardo | ***Spianare la b.***, tirare sulla rottura già fatta per appianare le macerie | ***Essere, rimanere sulla b.***, (*fig.*) continuare a svolgere brillantemente la propria attività | ***Morire, cadere sulla b.***, (*fig.*) nel compimento del proprio lavoro o dovere | (*fig.*) ***Fare b. nell'animo, nel cuore, nei pensieri, di qlcu.***, fargli impressione favorevole, persuaderlo.

bréccia (*2*) [lat. parl. **brĭccia(m)*, dal tema medit. *brikka-* 'rilievo roccioso, erto' (?); 1342] **s. f.** (pl. *-ce*) *1* Insieme di ciottoli e frantumi di sassi portati dalla corrente dei fiumi | Insieme dei sassi opportunamente spezzati con cui, un tempo, si pavimentavano le strade. *2* (*geol.*) Roccia sedimentaria costituita da detriti angolosi cementati. || **brecciòla**, **dim.** (V.).

brecciaiòlo [1955] **s. m.** ● Spaccapietre.

brecciàle [av. 1936] **s. m.** ● Pietrisco, ghiaia: *scaricare i mucchi del b.* (PIRANDELLO).

brecciàme [1922] **s. m.** ● Pietrisco, ghiaia.

brecciòla [1962] **s. f.** *1* Dim. di *breccia* (*2*). *2* Brecciame costituito da sassi di dimensioni ridotte. || **brecciolina**, **dim.** | **brecciolino**, **dim. m.** (V.).

brecciolino **s. m.** *1* Dim. di *brecciola*. *2* (*merid.*) Brecciame molto minuto.

brecciόso [av. 1502] **agg.** ● Coperto di breccia.

brechtiàno /brek't jano, brex't jano/ [1961] **agg.** ● Che è proprio dello scrittore e drammaturgo tedesco B. Brecht (1898-1956).

breeder /'brider, *ingl.* 'bɹiːdə/ [vc. ingl., riduzione di *breeder reactor*, dal v. *to breed* 'generare, produrre'; 1974] **s. m. inv.** ● (*fis.*) Reattore autofertilizzante.

breeding /'bridin(g), *ingl.* 'bɹiːdɪŋ/ [vc. ingl., ger. di *to breed* 'allevare'; 1955] **s. m. inv.** ● Selettocoltura.

brefotròfio [vc. dotta, lat. *brephotrophīu(m)*, dal gr. *brephotrophêion*, comp di *bréphos* 'bambino' e *tréphein* 'allevare'; 1819] **s. m.** ● Istituto dove si raccolgono e allevano bambini abbandonati.

bregantino ● V. *brigantino*.

brègma [vc. dotta, dal lat. tardo *brĕgma(m)*, dal gr. *brégma*, di etim. incerta; av. 1729] **s. m.** (pl. *-i*) ● (*anat.*) Punto di incontro della sutura coronale e sagittale del cranio.

Breitschwanz /*ted.* 'bʀaet‚ʃvants/ [vc. ted., cioè 'coda (*Schwanz*) larga (*breit*)', ambedue vc. di orig. germ.; 1940] **s. m. inv.** (pl. ted. *Breitschwänze*) ● Pelliccia di agnellini persiani nati prematuri, con pelo lucente e cuoio sottile.

breloque /*fr.* bʀɔ'lɔk/ [vc. fr., forse di orig. onomat.; 1831] **s. f. inv.** ● Ciondolo da collo, spec. medaglione apribile.

Bremsstrahlung /*ted.* 'bʀεms‚ʃtʀaːluŋ/ [vc. ted. comp. di *Bremse* 'freno' e *Strahlung* 'radiazione'] **s. f. inv.** (pl. ted. inv.) ● (*fis.*) Radiazione elettromagnetica emessa da una particella carica sottoposta ad accelerazione.

brèndolo o **bréndolo** [etim. discussa: da *brindello* (?)] **s. m.** ● (*raro*, *tosc.*) Brandello.

brénna [ant. fr. *braine* '(animale) sterile', variante di *brehaing* 'sterile', di etim. incerta (?); av. 1375] **s. f.** ● Cavallo di poco valore. **SIN.** Ronzino, rozza.

brent /*ingl.* bɹεnt/ [etim. sconosciuta; 1985] **s. m. inv.** ● Petrolio greggio.

brénta [vc. sett., di prob. orig. preromana; 1390] **s. f.** *1* (*sett.*) Recipiente di legno per il trasporto a spalla del vino dal vinaio all'acquirente. *2* (*sett.*) Antica misura di capacità per liquidi, spec. vino. || **brentóne**, **accr. m.**

Brèntidi [dal gr. *brénthos*, n. di un uccello acquatico, di etim. incerta; 1930] **s. m. pl.** (sing. *-e*) ● Nella tassonomia animale, famiglia di Coleotteri dal corpo allungato, a forte dimorfismo sessuale, per lo più tropicali, che vivono sotto le cortecce degli alberi (*Brenthidae*).

bréntolo o **brèntolo** [etim. incerta; 1813] **s. m.** ● (*bot.*) Brugo.

bresàola [da *brasare* (?); 1931] **s. f.** ● Carne di manzo, salata ed essiccata, specialità della Valtellina.

brésca [lat. tardo *brĭsca(m)*, di etim. incerta; av. 1912] **s. f.** ● (*tosc.*) Favo di api.

†**bresciàlda** o †**bresciòlda** [variante di *bresciana* 'donna di Brescia' e poi 'signora', con sign. opposto; av. 1565] **s. f.** ● (*raro*) Donna volgare | (*raro*) Prostituta.

bresciàna [dal nome della città di *Brescia*; 1865] **s. f.** *1* Pala sottile di ferro, per ammassare rena, calcinacci e sim. *2* Brescianella.

brescianèlla [adattamento del lomb. *bresanela* 'fatta alla maniera bresciana (*bresana*)'; 1939] **s. f.** ● Impianto stabile di uccellagione, a reti verticali.

bresciàno [1313] **A agg.** ● Di Brescia. **B s. m.** (f. *-a*) ● Abitante, nativo di Brescia.

†**bresciòlda** ● V. †*brescialda*.

bretèlla [fr. *bretelle*, dall'ant. alto ted. *brittil* 'redine'; 1825] **s. f.** *1* (*spec. al pl.*) Strisce di vario materiale, nastro, elastico, cuoio e sim., che passano sopra le spalle e si allacciano ai calzoni per sostenerli. *2* (*spec. al pl.*) Liste di tessuto che, passando sopra le spalle, sostengono sottovesti e altri indumenti femminili. *3* Cinghia per portare il fucile a spalla | ***B. rientrante***, che può rientrare avvolgendosi automaticamente nell'interno del calcio. *4* Raccordo, collegamento fra due strade di grande comunicazione o fra due autostrade: *la b. Ivrea-Santhià*; *b. autostradale* | ***B. di rullaggio***, in un aeroporto, raccordo fra le piste principali. *5* (*mil.*) Elemento di fortificazione campale che collega due capisaldi o punti forti per natura del terreno. *6* Traversa di binari. || **bretellina**, **dim.**

brètone o **brèttone** [lat. tardo *Brĕttone(m)* 'abitante della *Bretagna*, tanto continentale, quanto insulare'; av. 1348] **A agg.** ● Della Bretagna, regione della Francia nord-occidentale: *lingua b.*, *coste*, *isole bretoni* | ***Ciclo b.***, ***romanzi bretoni***, dei cavalieri della Tavola Rotonda | ***Razza b.***, razza cavallina di tipo brachimorfo da tiro pesante rapido. **B s. m. e f.** ● Abitante, nativo della Bretagna.

C s. m. solo sing. ● Lingua appartenente al gruppo britannico delle lingue celtiche, parlata dai bretoni.

†**brétto** [prob. da *brettone* (?); av. 1363] agg. *1* Sterile, brullo. *2* (*fig.*) Meschino, sordido, gretto.

brettóne ● V. *bretone*.

brettònica ● V. *bettonica*.

breunerite [dal n. dell'ing. minerario P. *Breunner*, 1962] s. f. ● Minerale ferrifero che costituisce una varietà di magnesite.

bréva o **brèva** [vc. sett., lomb. *bréva*, prob. dalla stessa radice di *brivido* (V.); 1819] s. f. ● Vento periodico caratteristico dei laghi lombardi, che spira da libeccio a mezzodì.

♦**brève** o †**brième** [lat. *brĕve(m)*: connesso col gr. *brachýs* 'corto' (?); 1219] **A** agg. *1* Che ha scarsa durata temporale: *lavoro, recita, discorso, spettacolo b.*; *b. incontro*; *brevi vacanze*; *un b. periodo di riposo* | ***Tra b.***, tra poco tempo | ***A b. termine, a b. scadenza, a b.***, entro poco tempo, nel prossimo futuro: *ci riuniremo a b.*; *è un progetto da realizzare a b. scadenza*. CFR. brachi-. SIN. Fugace, rapido, spiccio. CONTR. Durevole, lungo, lento. *2* (*est.*) Conciso, stringato: *b. esposizione di fatti, teorie, idee* | ***Essere brevi***, (*fig.*) non dilungarsi su qlco. | ***In b.***, in modo conciso | ***A farla, a dirla b.***, in poche parole. SIN. Compendioso, succinto. CONTR. Prolisso. *3* Che si estende poco nello spazio: *una strada, un viottolo b.* CFR. brachi-. SIN. Corto. CONTR. Lungo. *4* (*lett.*) Piccolo, angusto, stretto: *bassa palude e b. stagno* (TASSO). CONTR. Ampio, grande, largo. *5* (*ling.*) Detto di vocale o sillaba che abbia una durata minore della lunga. || **brevemènte**, avv. *1* In poco tempo. *2* Concisamente. **B** in funzione di avv. ● (*lett.*) In poche parole, brevemente, concisamente: *Dicerolti molto b.* (DANTE *Inf.* III, 45). **C** s. m. *1* Lettera pontificia, sigillata con l'anello piscatorio, concernente per lo più affari del dominio temporale. *2* (*st.*) Lettera di un re o di un principe. *3* Nel Medioevo, documento relativo a un atto o negozio giuridico | Nel Medioevo, documento su cui era scritta la formula del giuramento prestato dai nuovi magistrati | (*est.*) Statuto, spec. di corporazione. *4* Piccolo involto di stoffa contenente reliquie o formule di preghiere, da portarsi al collo per devozione | (*est.*) Amuleto, talismano. **D** s. f. *1* Antica nota musicale con durata equivalente a due semibrevi. *2* Notizia di poche righe pubblicata da un giornale.

brevettàbile [da *brevettare*; 1987] agg. ● Detto di ciò che può essere brevettato.

brevettàre [1858] v. tr. (*io brevétto*) *1* Munire qlco. di brevetto: *b. un medicinale*. *2* Fornire qlcu. di brevetto: *b. un pilota*.

brevettàto [av. 1908] part. pass. di *brevettare*; anche agg. *1* Nei sign. del v. *2* (*fig., scherz.*) Detto di ciò che si vuole garantire bontà o efficacia: *questo è un sistema b. per far quattrini*.

brevétto [fr. *brevet*, dim. di *brief* 'breve' nel senso di '(breve) scritto'; 1619] s. m. *1* Attestato amministrativo della paternità di un'invenzione e del diritto esclusivo di godere, per un periodo di tempo determinato, degli utili economici che ne derivino. *2* Attestato ufficiale della capacità di esercitare determinate funzioni: *b. aeronautico* | ***B. di ufficiale***, documento che comprova la nomina nel grado | ***B. da pilota, di pilotaggio***, attestante idoneità a guida di navi, aeromobili e sim. | ***B. sportivo***, certificato di abilità per giovani praticanti una disciplina sportiva; certificato di idoneità come tecnico sportivo. *3* Decreto con cui erano anticamente conferite onorificenze, prebende, gradi militari e sim.

brevettuàle agg. ● Che riguarda un brevetto.

brèvi- [dal lat. *brĕvis* 'breve'] primo elemento ● In parole composte dotte o scientifiche significa 'corto' o 'breve': *brevilineo*.

breviàrio [vc. dotta, lat. *breviāriu(m)*, da *breviāre* 'abbreviare'; sec. XIV] s. m. *1* Libro contenente l'ufficio divino che gli ecclesiastici dovevano recitare a varie ore del giorno | Liturgia delle ore, ufficio divino. *2* (*fig.*) Opera, autore a cui si ricorre spesso: *la Divina Commedia è il suo b.* *3* Compendio, sommario, antologia, usato spec. nei titoli di opere letterarie: *il 'Breviario di estetica' di B. Croce*; *il 'Breviario del brivido'*.

brevilìneo [comp. di *brevi-* e *linea*; 1962] agg. ● (*med.*) Detto di tipo costituzionale in cui prevale lo sviluppo del tronco su quello degli arti.

breviloquènte [vc. dotta, lat. *breviloquĕnte(m)*, comp. di *brĕvis* 'breve' e *lŏquor* 'parlare'; av. 1869] agg. ● (*lett.*) Che parla o scrive in modo conciso: *prevedere e comprendere colla b. lettera della legge* (CATTANEO).

breviloquènza [vc. dotta, lat. *breviloquĕntia(m)*, comp. di *brĕvis* 'breve' e *loquĕntia* 'loquela'; av. 1675] s. f. ● (*lett.*) Brevità, concisione nello scrivere o nel parlare.

brevilòquio [vc. dotta, lat. *brevilŏquiu(m)*, comp. di *brĕvis* 'breve' e *lŏquor* 'parlare'; 1865] s. m. ● (*raro, lett.*) Laconicità, concisione.

brèvi mànu [loc. lat., propr. 'con una mano (*manu*) corta (*brevi*)'; 1892] loc. avv. ● Direttamente, personalmente, senza formalità, detto spec. di consegna di lettera, oggetti e sim. fatta a mano.

brèvio [da *breve*; 1965] s. m. ● Elemento chimico radioattivo, ottenuto nella degradazione dell'uranio, caratterizzato da una breve esistenza.

brevità o †**brevitàde**, †**brevitàte** [vc. dotta, lat. *brevitāte(m)*, da *brĕvis* 'breve'; av. 1294] s. f. *1* Caratteristica di ciò che è breve: *la b. della bella stagione, della vita, della felicità*; *data la b. del cammino andremo a piedi* | ***B. di sillaba***, durata di una sillaba che si pronuncia in un tempo solo | (*est.*) Concisione: *b. del discorso, dell'esporre*. *2* Diritto spettante alla banca per il servizio di incasso di cambiali a brevissima scadenza.

brézza (o **-zz-**) [etim. incerta; av. 1530] s. f. ● Vento debole o moderato a periodo giornaliero che si genera tra zone vicine sottoposte a diverso riscaldamento | ***B. di mare***, vento che spira dal mare verso terra, di giorno | ***B. di terra***, vento che spira da terra verso il mare, di notte | ***B. di monte, b. catabatica***, vento catabatico | ***B. di valle, b. anabatica***, vento anabatico | ***B. leggera, b. tesa***, che soffiano rispettivamente con forza 2 e 3 della scala del vento Beaufort. || **brezzétta** (o **-zz-**), dim. | **brezzettina** (o **-zz-**), dim. | **brezzolina** (o **-zz-**), dim. | **brezzolóne** (o **-zz-**), accr. m. | **brezzóne** (o **-zz-**), accr. m.

brezzàre [da *brezza*; 1863] **A** v. tr. (*io brézzo*) ● Ventilare il grano, per separarlo dalla pula. **B** v. intr. (aus. *essere*) ● (*raro*) Spirare, tirare, detto della brezza.

brezzatóre [1962] s. m. (f. *-trice*) ● Chi ventila il grano.

brezzatùra [1955] s. f. ● Operazione del brezzare il grano.

brezzeggiàre [av. 1673] v. intr. (*io brezzéggio*; aus. *essere*) ● (*lett.*) Spirare, detto del vento.

Briàcee [dal gr. *brýon* 'muschio', V. *brio* (*2*), e *-acee*; 1962] s. f. pl. (sing. *-a*) ● Nella tassonomia vegetale, famiglia di Muschi comprendente vari generi, tra cui il brio (*Bryaceae*).

briàco e deriv. ● V. *ubriaco* e *deriv.*

briantèo [1911] agg. ● Brianzolo, detto di cose.

brianzòlo o **brianzuòlo** [1881] **A** agg. ● Della Brianza, zona della Lombardia a nord di Milano, tra i fiumi Seveso e Adda. **B** s. m. (f. *-a*) ● Abitante, nativo della Brianza.

bric (*1*) [variante dell'ingl. *brig*, abbr. di *brigantine* 'brigantino', dall'it.] s. m. ● Brigantino.

bric (*2*) [var. dial. di *bricco* (*4*); av. 1963] s. m. inv. ● Cima montuosa dell'Appennino ligure-piemontese | Cima cuspidata delle Alpi occidentali.

†**brica** ● V. *briga*.

bric-à-brac /fr. ˌbrika'bʀak/ [vc. onomat.; 1873] loc. sost. m. inv. *1* Cianfrusaglie | Insieme di anticaglie variamente mescolate. *2* (*est.*) Negozio, bancarella ove si vendono tali anticaglie | Venditore di tali anticaglie.

†**bricca** [etim. incerta; av. 1484] s. f. ● Luogo scosceso e selvaggio: *per boschi e bricche e per balzi e per macchie* (PULCI). SIN. Balza, rupe.

bricchétta [fr. *briquette*, dim. di *brique* 'mattone', di orig. germ.; 1932] s. f. ● Mattonella di materiale agglomerato, spec. carbone o lignite.

brìccica [etim. discussa: dall'ant. it. *bricia* 'minuzzolo di pane', da *briciare*, dal lat. parl. *brisāre*, di etim. incerta; 1846] s. f. ● (*tosc.*) Cosa da nulla, inezia, minuzia. SIN. Briciola.

bricco (*1*) ● V. †*buricco* (*1*).

bricco (*2*) [turco *ibrik* 'brocca, cuccuma', dall'ar. *ibrīq*; av. 1698] s. m. (pl. *-chi*) ● Recipiente di ceramica o metallo, più largo in fondo, con manico e beccuccio, per caffè o latte. SIN. Cuccuma.

bricco (*3*) [fr. *brique*, di orig. germ.] s. m. (pl. *-chi*) ● Quadrello, mattone.

bricco (*4*) [vc. prob. di orig. preindeur.; av. 1557] s. m. (pl. *-chi*) ● (*sett.*) Erta scoscesa, cima di collina.

†**bricco** (*5*) [etim. incerta] s. m. *1* Becco, montone. *2* (*raro, fig.*) Mariolo.

bricc̀ola [etim. discussa: da †*bricco* (*5*) nel sign. 1(?); av. 1444] s. f. *1* Antica macchina da assedio per lanciare grosse pietre e sim. | ***Battere di b.***, ***in b.***, con tiro curvo, obliquo o di rimbalzo contro bersagli defilati. *2* Ciascuno dei pali o dei gruppi di pali che nella laguna veneta servono da ormeggio o delimitazione di passaggi navigabili.

bricconàggine [1865] s. f. ● Bricconeria.

bricconàta [1709] s. f. ● Azione da briccone. SIN. Malefatta.

briccóne [etim. incerta: dal fr. ant. *bric* 'stolto (?)'; sec. XIII] **A** s. m. (f. *-a*) *1* Persona malvagia e disonesta: *un b. matricolato*. SIN. Birbante, furfante, mascalzone. *2* (*est., fam.*) Persona, ragazzo vivace e astuto: *quel b. di mio figlio*. **B** agg. ● (*raro*) Malvagio, disonesto: *gente briccona*. || **briccònaccio**, pegg. | **bricconcèllo**, dim.

†**bricconeggiàre** [1618] v. intr. ● Fare il briccone.

bricconerìa [av. 1704] s. f. *1* Caratteristica di chi è briccone. *2* Azione, comportamento da briccone.

bricconésco [1760] agg. (pl. m. *-schi*) ● (*raro*) Da briccone: *atto b.* || **bricconescaménte**, avv.

brìcia [da *briciare*; sec. XIII] s. f. (pl. *-cie* o *-ce*) ● (*raro, lett.*) Pezzettino, frammento, minuzzolo: *stanno fissi … / su qualche b. di pane* (PASCOLI). || **briciola**, dim. (V.).

♦**brìciola** [dim. di *bricia*; sec. XIII] s. f. *1* Minuto frammento di cibo, spec. di pane: *riempire la tavola di briciole*; *le briciole dei biscotti, della torta*. *2* (*est.*) Quantità minima di qlco. (*anche fig.*): *ha ricevuto solo le briciole del patrimonio* | ***Andare in briciole***, frantumarsi | ***Ridurre in briciole***, distruggere. SIN. Minuzzolo. || **briciolétta**, dim. | **briciolina**, dim.

brìciolo [av. 1565] s. m. ● Briciola (*spec. fig.*): *non ha un b. di cervello*; *non avete dunque neppure un b. di pietà?* || **briciolino**, dim.

bricolage /fr. bʀikɔ'laːʒ/ [vc. fr., da *bricoler* 'passare da un'occupazione all'altra, eseguire piccoli lavori', a sua volta da *bricole*, che all'inizio significava 'catapulta', poi, con riferimento al movimento della catapulta, 'lavoro fatto a intervalli': dall'it. *briccola* 'catapulta'; 1964] s. m. inv. ● Attività consistente nel fare da sé, spec. per diletto, piccole riparazioni in casa, piccoli lavori di artigianato, falegnameria e sim.

bricòlla [fr. *bricole* 'briccola, macchina guerresca', di orig. it., passata a indicare anche le 'corde o cinghie (della macchina militare)'; av. 1939] s. f. ● Specie di cesta o sacco usato dai contrabbandieri delle zone alpine per il trasporto a spalla della merce | (*est.*) Carico di merci di contrabbando.

brida [ant. fr. *bride*, di orig. germ.; 1528] s. f. *1* †Briglia: *degli Italiani è peculiar laude il cavalcare bene alla b.* (CASTIGLIONE). *2* Antica macchina da guerra per afferrare dall'alto delle mura le macchine da assedio dei nemici e renderle inoffensive. *3* Morsetto, impiegato gener. nei torni.

bridge /briʤ, ingl. bɹɪʤ/ [vc. ingl., adattamento di *biritch*, n. di un gioco russo o turco; 1908] s. m. inv. ● Gioco di carte, fatto da quattro persone associate a due a due, in cui vince chi realizza il numero di prese per il quale si è impegnato nella dichiarazione iniziale.

bridgista /briʤ'ʤista/ [1940] s. m. e f. (pl. m. *-i*) ● Chi gioca a bridge.

bridgistico /briʤ'ʤistiko/ [1983] agg. (pl. m. *-ci*) ● Relativo al bridge.

brie /fr. bʀi/ [dal n. della regione fr. a Est di Parigi (*Brie*) dove viene prodotto; 1884] s. m. inv. ● Formaggio francese di latte vaccino a pasta molle e cruda con crosta morbida.

brief /brif, ingl. bɹiːf/ [vc. ingl., propr. 'memoria (riassuntiva)'; 1986] s. m. inv. ● Nel linguaggio pubblicitario, breve documento che fornisce i risultati di indagini di mercato e indica le strategie di lancio di un prodotto.

briefing /'brifin(g), ingl. 'bɹiːfɪŋ/ [vc. angloamericana, da *to brief* 'riassumere, dare istruzioni concise', da *brief* 'breve'; 1973] s. m. inv. ● Breve riunione in cui il responsabile di un gruppo impartisce ai partecipanti istruzioni o informazioni.

†**brième** ● V. *breve*.

†**briffàlda** [dal f. del fr. *brifaud* 'ghiottone', prob. da *brif(f)er* 'mangiare avidamente', di orig. onomat.; av. 1566] s. f. ● Prostituta.

briga o †**brica** [etim. discussa: gallico *brīga* 'forza' poi 'prepotenza' (?); av. 1294] s. f. *1* Molestia, fastidio, problema difficile: *gli è capitata una bella b.!; è un tipo che non vuole brighe; le tue brighe te le sbrogli da solo* | ***Darsi, prendersi la b. di***, darsi pensiero, prendersi un impegno gravoso | †***A gran b.***, a malapena: *ca 'l coraggio n'è feruto / c'a gran b. n'è guaruto* (JACOPONE DA TODI). *2* Controversia, lite: *attaccare, cercare b.*; *venire a b.* *3* †Contesa, battaglia, guerra: *e vinse in campo la sua civil b.* (DANTE *Par.* XII, 108). || **brigùccia**, dim.

♦**brigadière** [fr. *brigadier*, da *brigade* 'brigata', di orig. it.; 1668] s. m. ● Sottufficiale dell'Arma dei Carabinieri e del Corpo della Guardia di Finanza, che ha grado corrispondente a quello di sergente maggiore delle altre Armi | Nel soppresso ordinamento delle guardie di Pubblica Sicurezza, grado sostituito dalla nuova qualifica di sovrintendente della polizia di Stato | ***B. generale***, generale di brigata nell'antico esercito italiano e in alcuni attuali eserciti stranieri.

brigantàggio [1799] s. m. *1* Attività di brigante: *darsi al b.* *2* Complesso di bande organizzate che agiscono contro la persona o la proprietà, spec. in riferimento al fenomeno sviluppatosi nell'Italia meridionale dopo il 1861.

♦**brigànte** [da *brigare*; av. 1342] s. m. (f. *-éssa* (V.)) *1* (*spec. st.*) Malvivente che, stando alla macchia, compie azioni criminose spec. come membro di una banda organizzata: *un gruppo di briganti terrorizza la zona.* SIN. Bandito. *2* (*est., raro*) Individuo privo di scrupoli | (*fam., scherz.*) Briccone, birbone: *sei un gran b.!* *3* †Uomo gioviale, che ama feste e brigate: *Era questo frate Cipolla ... il miglior b. del mondo* (BOCCACCIO). || **brigantàccio**, pegg. | **brigantèllo**, dim. | **brigantóne**, accr. | **brigantùccio**, dim.

briganteggiàre [1859] v. intr. (*io briganteggio*; aus. *avere*) ● (*raro, lett.*) Far vita da brigante.

brigantésco [1861] agg. (pl. m. *-schi*) ● Di brigante | Degno di un brigante. || **brigantescaménte**, avv.

brigantéssa s. f. ● (*st., raro*) Donna che praticava il brigantaggio | (*raro, fig.*) Donna ardita, priva di scrupoli.

brigantìno o **bregantìno** [etim. incerta: da *brigante*, perché facente parte di una *briga* 'compagnia di navi' (?); av. 1359] s. m. ● Veliero a due alberi a vele quadre | ***B. a palo***, con due alberi a vele quadre e un terzo a vele auriche | ***B. goletta***, con il primo albero a vele quadre e il secondo a vele auriche. || PROV. Dove va la nave può andare il brigantino.

brigàre [da *briga*; av. 1306] **A** v. intr. (*io brigo, tu brighi*; aus. intr. *avere*) *1* Intrigare per ottenere qlco.: *sta brigando per ottenere quella carica.* *2* (*lett.*) Darsi da fare, ingegnarsi. *3* (*lett.*) Occuparsi: *quanto ... la filosofia si debba b. delle cose umane* (LEOPARDI). **B** v. tr. ● (*raro, lett.*) Intrigare per ottenere qlco.: *né ho brigato cariche mai* (FOSCOLO).

brigàta [da *brigare*; av. 1294] s. f. *1* Riunione di persone | Gruppo, comitiva di amici: *una b. di vecchi amici, di compagni di scuola*; *una lieta, un'allegra b.*; *una onesta b. di sette donne e di tre giovani* (BOCCACCIO) | †***Di b.***, insieme | †Famiglia. *2* (*mil.*) Nell'esercito italiano, grande unità tattica costituita da più battaglioni di specialità diverse e comandata da un generale di brigata: *b. meccanizzata, corazzata, di cavalleria, alpina* | ***B. aerea***, aerobrigata. *3* (*est.*) Grande gruppo organizzato di combattenti, anche irregolari, in vari conflitti: *b. partigiana* | ***Brigate internazionali***, formazioni militari di volontari stranieri, combattenti a favore dei repubblicani durante la guerra civile spagnola | ***Brigate Nere***, negli anni e sul territorio della Repubblica Sociale Italiana, corpo combattente di iscritti al Partito Fascista Repubblicano militarizzati per azioni contro i partigiani antifascisti | ***Brigate rosse***, formazione terroristica clandestina di estrema sinistra operante in Italia spec. negli anni 1970-80 con intenti eversivi | †Gruppo di armati. *4* †Branco di animali. || PROV. Poca brigata, vita beata. || **brigatàccia**, pegg. | **brigatèlla**, dim. | **brigatìna**, dim. | **brigatùccia**, dim.

brigatìsmo [1980] s. m. *1* Il fenomeno dell'organizzazione in brigate eversive o terroristiche. *2* Fenomeno e attività delle Brigate Rosse.

brigatista [1950] s. m. e f. (pl. m. *-i*) ● Appartenente alle Brigate Nere | Appartenente alle Brigate Rosse.

†**brigatóre** [av. 1803] s. m. ● Chi briga, intrigante.

brighèlla [dalla maschera Brighella e questa da *brigare*, sua parte caratteristica (?); av. 1745] s. m. inv. *1* Persona mascherata da Brighella. *2* (*raro, fig.*) Intrigante | (*raro, fig.*) Buffone: *fare il b.*

brigidìno [perché in orig. fatti dalle monache pistoiesi di S. *Brigida* (?); 1797] s. m. *1* Biscottino di forma tondeggiante, molto sottile, con anice, tipico della Toscana. *2* Coccarda di nastro pieghettato a uno o due colori fissata sul cappello a cilindro dei servitori in livrea. *3* (*fig., scherz.*) Coccarda, distintivo in genere.

briglia [prob. da *brida*; av. 1348] s. f. *1* Insieme dei finimenti (testiera, filetto, morso e redini) con cui si guida il cavallo | (*spec. al pl.*) Correntemente, redini. ➡ ILL. p. 2152, 2153 SPORT. *2* (*fig.*) Freno, guida | ***A b. sciolta***, (*fig.*) senza freni | ***A tutta b.***, (*fig.*) velocemente | ***Dar la b. sul collo***, (*fig.*) lasciar libero | ***Tirare la b.***, (*fig.*) usare rigore. *3* (*spec. al pl.*) Ciascuna delle strisce di cuoio con cui si sorreggono i bambini che muovono i primi passi. *4* Staffa per tenere uniti più pezzi. *5* (*mar.*) Ciascuno dei cavi o delle catene che tendono verso il basso e lateralmente un'asta orizzontale: *b. del bompresso.* *6* (*idraul.*) Manufatto costruito trasversalmente lungo l'alveo di un torrente per limitare l'asportazione di materiale dal fondo dovuta alla sua forte pendenza. SIN. Traversa. *7* (*med.*) Formazione naturale o patologica a forma di cordone che aderisce o strozza i visceri vicini: *b. fibrosa.* || **brigliètta**, dim. | **brigliettìna**, dim. | **briglióne**, accr. m.

brigóso [da *briga*; 1438] agg. ● (*lett.*) Molesto, faticoso, difficile | †Litigioso.

brik [accorc. di *Tetra Brik*®, marchio registrato della ditta Tetra Pak®] s. m. inv. ● Contenitore di cartone per alimenti liquidi a forma di parallelepipedo.

brillaménto [da *brillare* (*1*); av. 1584] s. m. *1* Il brillare | (*astron.*) ***B. solare***, repentino e temporaneo aumento della luminosità di una piccola zona del disco solare. *2* Accensione ed esplosione di mine e sim.: *b. elettrico*; *b. a miccia.*

brillantànte [da *brillante*; 1983] s. m. ● Speciale detersivo per macchine lavastoviglie che conferisce brillantezza alle stoviglie stesse.

brillantàre [av. 1764] v. tr. *1* Sfaccettare: *b. un diamante, un cristallo.* *2* Adornare con brillanti spec. piccoli, lustrini e sim. *3* Rendere brillante un metallo con speciali procedimenti chimici | (*est.*) Lustrare, lucidare: *brillantarsi le unghie.* *4* In pasticceria, rivestire alcuni tipi di confetti di uno strato di zucchero lucido e trasparente.

brillantàto [1779] part. pass. di *brillantare*; anche agg. *1* Nei sign. del v. *2* (*fig., lett.*) Sovraccarico, nello stile letterario: *b. discorso* (CARDUCCI).

brillantatùra [1950] s. f. ● Operazione del brillantare.

♦**brillànte** [part. pres. di *brillare* (*1*); av. 1606] **A** agg. *1* Che brilla, che splende: *cristallo, specchio b.*; *occhi brillanti come stelle* | (*est.*) Vivace: *un verde b.*; *colori brillanti.* *2* (*fig.*) Di chi (o di ciò che) spicca, suscita ammirazione, ha successo, spec. per spirito, vivacità e sim.: *attore, oratore b.*; *commedia b.* | Spiritoso, raffinato, mondanamente elegante: *conduce una vita b.*; *conversazione b.*; *donna molto b. in società* | Eccellente: *una b. carriera*; *risultato b.* | Geniale, felice, azzeccato: *un'idea, una trovata b.* || **brillanteménte**, avv. In modo brillante, con spirito e vivacità. **B** s. m. *1* Particolare taglio delle pietre preziose, a forma di due piramidi sfaccettate, unite per la base e di cui la superiore è tronca | Diamante così tagliato. *2* (*est.*) Anello con brillante: *il b. di fidanzamento.* *3* Ruolo del teatro italiano ottocentesco, comprendente parti vivaci e allegre. || **brillantìno**, dim. m. nel sign. B 1 | **brillantóne**, accr. m. | **brillantùzzo**, dim. m.

brillantézza [1952] s. f. ● Proprietà, caratteristica di ciò che è brillante (*anche fig.*).

brillantina (*1*) [fr. *brillantine*, da *briller* (originariamente riferito a una 'stoffa *brillante*'), di orig. it.; 1892] s. f. ● Cosmetico a base di olio, alcol e sostanze aromatiche, usato per tenere a posto i capelli e renderli lucenti: *b. solida, liquida.*

brillantìna (*2*) [da *brillare* (*1*) per la lucentezza delle sue glumette] s. f. ● Pianta delle Graminacee con foglie lineari e lucide e infiorescenza a spighette cuoriformi (*Briza minor*).

brillantìno [da *brillante*, per l'aspetto luccicante; 1797] s. m. ● Tessuto operato in lucido di seta o fibra artificiale.

brillànza [da *brillare* (*1*); 1938] s. f. ● (*fis.*) Rapporto fra l'intensità luminosa emessa in una data direzione da una sorgente praticamente puntiforme e l'area apparente.

♦**brillàre** (*1*) [da *brillo* (*2*); 1527] **A** v. intr. (aus. *avere*) *1* Risplendere di luce viva e tremula: *b. come una stella.* *2* (*fig.*) Spiccare, spec. per ingegno, spirito, vivacità e sim.: *brillava fra i convitati per il suo inesauribile brio* | (*scherz.*) ***B. per l'assenza***, farsi notare proprio perché assente. SIN. Emergere. *3* Accendersi ed esplodere, detto di mine. *4* (*fig.*) †Gioire, esultare: *il cor mi brilla* (L. DE' MEDICI) | †Fare spuma, detto di buon vino. **B** v. tr. ● Far esplodere: *b. cariche di esplosivo.*

†**brillàre** (*2*) [variante di *prillare*] v. intr. ● Girare rapidamente, frullare | Sorreggersi in aria battendo rapidamente le ali, detto di uccelli.

brillàre (*3*) [da *brillare* (*1*), perché operazione mediante la quale il riso diviene *brillante*; av. 1597] v. tr. ● Conferire ai semi di riso, orzo, miglio e sim. un aspetto brillante mediante vari trattamenti.

brillatóio [1797] s. m. *1* Apparecchio per la brillatura del riso. *2* Locale o stabilimento ove si effettua la brillatura del riso.

brillatóre (*1*) [da *brillare* (*1*); 1955] s. m. ● Nelle miniere, nei cantieri stradali e sim., chi è addetto all'esplosione delle mine.

brillatóre (*2*) [da *brillare* (*3*); 1945] s. m. (f. *-trice*) ● Chi è addetto alla brillatura dei cereali, spec. del riso.

brillatùra [1759] s. f. ● Operazione del brillare i cereali e spec. il riso.

brillìo [av. 1916] s. m. ● Il brillare, nel sign. di brillare (1).

brillo (*1*) [etim. discussa: da *brillare* (*1*), per gli occhi *brill(ant)i*; av. 1665] agg. ● Che è leggermente inebriato da bevande alcoliche. SIN. Alticcio.

brillo (*2*) [lat. *beryllu(m)* 'berillo'; 1320 ca.] s. m. ● Pianta legnosa delle Salicacee con foglie opposte e fiori maschili in spighe dalle antere color porpora (*Salix purpurea*).

brina [lat. *pruīna(m)*, della stessa radice di *prurīre* 'bruciare (per il calore o per il gelo)', con sovrapposizione di altra vc.; av. 1303] s. f. *1* Rugiada congelata o deposito di cristalli di ghiaccio che si forma per sublimazione nelle notti serene su oggetti con temperatura inferiore a zero gradi. *2* (*raro, lett., fig.*) Canizie incipiente: *una spruzzata di b. sulle tempie.* *3* (*fig., poet.*) †Carnagione candida: *viene a celar le fresche brine / sotto le rose onde il bel viso infiora* (TASSO).

brinàre [da *brina*; sec. XIV] **A** v. intr. impers. (aus. *essere*; pop. anche *avere*) ● Formarsi e depositarsi, detto della brina: *per il freddo notturno è brinato sui campi.* **B** v. tr. *1* Coprire di brina: *il freddo ha brinato la campagna* | (*fig.*) Screziare di bianco: *b. i capelli.* *2* Umettare l'orlo d'un bicchiere, spec. con succo di limone, immergendolo poi nello zucchero | Immergere un bicchiere in ghiaccio tritato o lasciarlo in freezer sino a che non si sia ricoperto di brina.

brinàta [da *brinare*; av. 1333] s. f. *1* Formazione e deposito di brina | (*est.*) Brina. *2* (*fig., lett.*) Canizie.

brinàto [av. 1729] part. pass. di *brinare*; anche agg. *1* Nei sign. del v. *2* (*fig., lett.*) Screziato di bianco: *cavallo b.*

brincèllo o **birincèllo** [da *briciolo*, con sovrapp. di *brandello*; 1930] s. m. ● (*tosc.*) Brandello.

†**brincio** [tratto dal lat. parl. *subrīngere* 'ringhiare' (?); 1605] agg. ● (*tosc.*) Detto della bocca che si atteggia in una smorfia particolare prima di piangere: *bocca brincia.*

brindàre [sp. *brindar*, da *brindis* 'brindisi'; 1628] v. intr. (aus. *avere*) ● Fare un brindisi: *brindiamo al vostro successo.*

brindèllo ● V. *brandello.*

brindellóne [da *brindello*; 1863] s. m. (f. *-a*) ● Persona trasandata, sciatta nel vestire | Fannullone.

brindillo [gr. *brindille*, dim. di *brin*, di orig. celt. (?), con la *-d-* d'altra vc.; 1955] s. m. ● Rametto sottile di piante arboree terminante con una gemma a frutto.

†brindiṣévole [av. 1698] **agg.** ● (*scherz.*) Adatto a fare il brindisi.

brìndiṣi [dalla loc. ted. (*ich*) *bring dir's* 'te lo porto, offro', formula di prammatica nel brindare; 1534] **s. m. inv.** *1* (assol.; + *a*; + *per*) Saluto, augurio per onorare o festeggiare qlcu. o qlco., pronunciato in un gruppo di persone, spec. commensali, levando il bicchiere e invitando gli altri a bere insieme, talvolta toccandosi reciprocamente i bicchieri prima di bere: *fare un b.*; *il b. era finito, con gran sollievo di tutti* (PIRANDELLO); *'Allora, un b. agli sposi!'* (FOGAZZARO); *facciamo un b. per festeggiare la vittoria.* *2* Componimento poetico da recitarsi a tavola durante il brindisi. *3* (*mus.*) Aria in forma di canzone, in una scena di convito.

brindiṣino [1847] **A agg.** ● Di Brindisi. **B s. m.** (f. *-a*) ● Abitante, nativo di Brindisi.

brinell [dal n. dell'ideatore, l'ingegnere sved. A. *Brinell* (1849-1925); 1955] **s. m. inv.** ● Unità di misura della durezza dei metalli. **SIMB.** HB.

brinóṣo [da *brina*; 1336 ca.] **agg.** ● Coperto di brina: *prati e campi brinosi.*

brio (**1**) [sp. *brío*, dal provz. *briu* e questo dal celt. **brīgos* 'forza, vivacità'; 1604] **s. m.** solo **sing.** *1* Spontanea vivacità di spirito che si esprime con modi allegri, spigliati e sim.: *un ragazzo pieno di b.* **SIN.** Gaiezza. *2* Vivacità espressiva, stilistica, in produzioni culturali, composizioni artistiche e sim.: *un racconto pieno di b.* | ***Con b.***, detto di esecuzione musicale vivace e brillante. **SIN.** Estro.

brio (**2**) [vc. dotta, lat. *brȳon* 'muschio', dal gr. *brýon*, di etim. incerta] **s. m.** ● Piccolo muschio verde argento delle Briacee, comune sui muri e ai margini delle strade (*Bryum argenteum*).

brio- [dal gr. *brýon* 'muschio' (V. *brio* (*2*))] primo elemento ● In parole composte della terminologia botanica significa 'muschio' o indica relazione con i muschi: *briofite.*

brioche /fr. bʀi'ɔʃ/ [vc. fr., deriv. dell'ant. normanno *brier* 'impastare col mattarello' (*brie*), con suff. alterante; 1868] **s. f. inv.** ● Tipo di pasta dolce a base di farina, burro, lievito e uova | Piccolo dolce fatto con tale pasta, cotto al forno, spesso farcito di marmellata, crema o cioccolato: *fare colazione con cappuccino e b.*

Briòfite [vc. dotta, comp. di *brio-* e *fito*; 1930] **s. f. pl.** (sing. *-a*) ● Nella tassonomia vegetale, divisione di piante con organizzazione a tallo e con alternanza di generazione cui appartengono i Muschi e le Epatiche (*Bryophyta*). ➡ **ILL. piante**/1.

briografìa [vc. dotta, comp. di *brio-* e *-grafia*] **s. f.** ● Briologia.

briologìa [vc. dotta, comp. di *brio-* e *-logia*; 1819] **s. f.** ● Parte della botanica che studia le Briofite.

briònia [vc. dotta, lat. *bryōnia*(*m*), dal gr. *bryonía*, da *brýon* 'brio (2)'; av. 1498] **s. f.** ● Pianta erbacea rampicante delle Cucurbitacee con grossa radice carnosa e lattiginosa, fiori giallognoli e bacche rosse (*Bryonia dioica*). **SIN.** Vite bianca, zucca marina, zucca selvatica.

briòscia [1938] **s. f.** (pl. *-sce*) ● Adattamento di *brioche* (V.). || **brioscina**, **dim.**

brioṣità [1865] **s. f.** ● Caratteristica di chi (o di ciò che) è brioso.

brióṣo [sp. *brioso*, da *brío* 'brio (1)'; av. 1519] **agg.** ● Che ha brio, che è pieno di brio: *giovane, stile b.*; *recitazione briosa* | (*fig.*) ***Colore b.***, gaio, vivace. || **brioṣaménte**, **avv.** In modo brioso, con brio.

Briozòi [vc. dotta, comp. di *brio-* e del gr. *zôon* 'animale'; 1875] **s. m. pl.** (sing. *-zoo*) ● Nella tassonomia animale, tipo di animali marini piccolissimi, che vivono in colonie sostenute da formazioni calcaree (*Bryozoa*).

briscola [etim. incerta; 1828] **s. f.** *1* Gioco di carte a due o a quattro giocatori, con tre carte per uno e una carta, la briscola, in tavola. *2* Carta del seme di briscola, di valore superiore alle carte degli altri tre semi | ***Contare quanto il due di b.***, (*fig.*) non contare niente | ***Essere l'asso di b.***, (*fig.*) avere molta importanza. *3* (*al pl.*, *fig.*, *fam.*) Botte, percosse: *si è preso certe briscole!* || **briscolétta**, **dim.** | **briscolina**, **dim.** (V.) | **briscolino**, **dim. m.** | **briscolóna**, **accr.** | **briscolóne**, **accr. m.** (V.) | **briscolòtta**, **dim.** | **briscolòtto**, **dim. m.** | **briscolùccia**, **dim.**

briscolàta [1887] **s. f.** ● (*fam.*) Partita a briscola.

briscolina **s. f.** *1* Dim. di *briscola.* *2* Carta di briscola di poco valore.

briscolóne [1887] **s. m.** *1* Accr. di *briscola.* *2* Carta di briscola di grande valore, come il tre e l'asso. *3* Gioco di carte analogo alla briscola in cui fa la presa chi getta la carta di valore più elevato purché dello stesso seme di quella gettata dal primo giocatore.

brisée /fr. bʀi'ze/ [vc. fr., propr. 'sbriciolata', dal v. *briser* 'spezzare', 'ridurre in briciole'; 1989] **agg.** solo **f.** ● (*cuc.*) Detto di pasta che si sbriciola facilmente, a base di farina, burro e acqua fredda; è utilizzata per torte dolci e salate.

bristol® /'bristol, *ingl.* 'bɹɪstḷ/ [dal n. della città ingl. di *Bristol*; 1887] **s. m. inv.** ● Cartoncino semilucido.

briṣùra [fr. *brisure*, da *briser* 'rompere'; 1950] **s. f.** ● (*arald.*) Alterazione di un'arme gentilizia allo scopo di distinguere i rami di una famiglia o le linee bastarde.

britànnico [vc. dotta, lat. *Britānnicu*(*m*), da *Britànnia* 'Bretagna'; 1499] **A agg.** (pl. m. *-ci*) *1* Dell'antica Britannia | ***Lingue britanniche***, gruppo comprendente alcune lingue celtiche, quali il cornico, ormai estinto, il gallese e il bretone. *2* Della Gran Bretagna: *il governo di Sua Maestà Britannica.* | Correntemente, inglese. **B s. m.** (f. *-a*) ● Abitante, nativo della Gran Bretagna | Correntemente, Inglese.

britànno [vc. dotta, lat. *Britānnu*(*m*), di etim. incerta; 1532] **agg.**; anche **s. m.** (f. *-a*) *1* Che (o Chi) appartiene alla popolazione celtica abitante l'antica Britannia. *2* (*est.*, *lett.*) Inglese.

British thermal unit /ingl. 'bɹɪtɪʃ 'θɜːɹmḷ ˌjuːnɪt/ [ingl., propr. 'unità termica britannica'] **loc. sost. f.** o **m. inv.** ● (*fis.*) Unità di misura anglosassone della quantità di calore pari a 1055,1 joule. **SIMB.** Btu.

brivìdio [av. 1828] **s. m.** ● Brivido continuato: *Allor prese i tiranni un b.* (MANZONI).

♦**brìvido** [etim. discussa; prob. dal lat. *brĕve*(*m*) 'manifestazione di freddo' oppure 'membra attrappite', *abbreviate*, per il freddo; 1612] **s. m.** *1* Tremore involontario, convulsivo, ritmico, della maggior parte dei muscoli, con sensazione di freddo. *2* (*fig.*) Emozione forte, intensa: *provare il b. della velocità*; *un b. di piacere* | ***Che dà, mette, fa venire i brividi***, (*fig.*) che incute terrore, orrore e sim.; che provoca una forte emozione. || **brividino**, **dim.**

†brivilègio e *deriv.* ● V. *privilegio* e *deriv.*

brizzolàto [da *pezzato* con sovrapposizione di *brina* (?); av. 1587] **agg.** *1* Macchiato, picchiettato di colore differente dal colore di fondo: *cavallo b.* *2* Che comincia a incanutire: *capelli brizzolati*; *un signore b.*

brizzolatùra [av. 1712] **s. f.** *1* Aspetto brizzolato: *b. dei capelli.* *2* Operazione del rendere brizzolata una superficie: *la b. di una parete.*

broadcast /brɔd'kast, *ingl.* 'bɹɔːdˌkæːst/ [vc. ingl., propr. 'radiodiffusione', 'teletrasmissione', dal v. *to broadcast* 'seminare' e poi 'diffondere'; 1997] **s. m. inv.** ● Sistema in cui un'emittente radiofonica e televisiva fa da capofila ad altre che funzionano come semplici ripetitori.

†bròbbio ● V. *obbrobrio.*

brocàrdico o **broccàrdico** [da *brocardo*; 1766] **agg.** (pl. m. *-ci*) ● Di brocardo | (*est.*) Di difficile e ardua soluzione: *punto b.*

brocàrdo o **broccàrdo** [etim. discussa: dal nome del giurista *Burchard* di Worms (?); av. 1348] **s. m.** ● Sintetica e antica massima giuridica: *citare brocardi.*

♦**bròcca** (**1**) [etim. discussa: gr. *próchous* 'vaso per versare (acqua)' dal v. *prochêin* 'versare', comp. di *pro* 'davanti' e *chêin* 'spandere', con sovrapposizione di *brocco* (?); sec. XIII] **s. f.** ● Vaso di terracotta, metallo o vetro, fornito di manico e beccuccio, per contenere liquidi | (*est.*) Quantità di liquido contenuto in una brocca: *una b. d'acqua.* || **brocchétta**, **dim.** | **brocchina**, **dim.** | **brocchino**, **dim. m.**

bròcca (**2**) o **bròccia** (**1**) [da *brocco*; av. 1492] **s. f.** *1* Piccolo ramo spoglio | Germoglio. *2* (*region.*) Canna divisa in cima in più punte, o provvista di imbuto, panierino o sim., per cogliere fichi o altra frutta. *3* Piccolo chiodo per scarpe | †Chiodo a borchia per ornamento. *4* †Bersaglio, centro del bersaglio.

broccàio [1728] **s. m.** ● Utensile in ferro con due punte vive, atto a praticare fori e sim. **SIN.** Punteruolo.

broccàme [da *brocca* (*2*) nel sign. 3; 1941] **s. m.** ● Insieme dei chiodi delle scarpe da montagna.

broccàrdo e *deriv.* ● V. *brocardo* e *deriv.*

broccàre [da *brocca* (*2*); 1342] **A v. tr.** (*io bròcco, tu bròcchi*) *1* †Spronare il cavallo. *2* Nell'industria tessile, ornare un tessuto con fili d'oro o d'argento annodati in modo da formare piccoli ricci o brocchi. **B v. intr.** ● †Germogliare.

†broccàta [1353] **s. f.** *1* Colpo di sprone. *2* (*fig.*) Prova, tentativo.

broccatèllo [sec. XIV] **s. m.** *1* Dim. di *broccato.* *2* Tessuto a grandi disegni formati sull'ordito e rilevati rispetto alla trama, usato spec. per tappezzerie e addobbi sacri. *3* Marmo giallo o rossiccio con macchie nere e violacee.

broccàto [da *broccare* per gli ornamenti, che sembrano rilevati sul tessuto di fondo; 1482] **s. m.** *1* Prezioso tessuto di seta pesante, tessuto a ricci o brocchi, talvolta con fili d'oro e d'argento, usato per tappezzerie, tendaggi e abiti da sera. *2* (*est.*) Veste di broccato. || **broccatèllo**, **dim.** (V.).

brocchière o **brocchièro** [ant. provz. *broquier*, da *bloca* '(boccola dello) scudo' con sovrapposizione di altra vc.; sec. XIV] **s. m.** ● Piccolo scudo circolare, munito al centro di brocco.

bròccia (**1**) ● V. *brocca* (*2*).

bròccia (**2**) [fr. *broche* 'brocca' nel senso etim. di 'arnese fornito di denti'; 1941] **s. f.** (pl. *-ce*) ● (*mecc.*) Utensile metallico allungato dotato di taglienti laterali a diversa sporgenza, usato per fare scanalature. **SIN.** Spina dentata.

†brocciàre [ant. fr. *brochier*, da *broche* 'broccio, spiedo'; av. 1348] **v. tr.** ● Spronare.

brocciatrice [1942] **s. f.** ● Macchina utensile per asportare i sovrametalli. **SIN.** Spinatrice.

brocciatùra [1963] **s. f.** ● Lavorazione di superficie eseguita con la broccia.

bròccio [fr. *broche*, dal lat. *brŏccus* 'brocco'; av. 1388] **s. m.** *1* †Stocco, lancia. *2* Fuso di legno usato nella lavorazione degli arazzi.

bròcco [lat. *brŏccu*(*m*) 'sporgente (spec. di denti)', forse di orig. celt.; sec. XIV] **s. m.** (pl. *-chi*) *1* Ramo secco, stecco, spino | Spuntone di ramo residuo dopo la potatura. *2* †Germoglio. *3* Punta metallica conica al centro dello scudo. *4* †Segno al centro di un bersaglio | ***Dare nel b.***, colpire il bersaglio, imbroccare, azzeccare (*anche fig.*). *5* (*raro*) Riccio in rilievo nella tessitura dei broccati. *6* Cavallo di poco pregio. **SIN.** Ronzino. *7* (*est.*, *fig.*) Atleta di doti modeste e scarsa abilità | (*est.*) Persona che vale poco, di scarse capacità.

broccolétto [1887] **s. m.** *1* Dim. di *broccolo.* *2* (*spec. al pl.*) Le infiorescenze della rapa raccolte prima che sboccino i fiori e consumate come ortaggio: *broccoletti all'agro*, *in padella.*

bròccolo [da *brocco* nel sign. 2; av. 1613] **s. m.** *1* Varietà di cavolo con fusto eretto, foglie cerose e fiori raccolti in un'infiorescenza verde meno compatta di quella del cavolfiore (*Brassica oleracea botrytis*). *2* Grappolo floreale allungato del cavolo, della rapa, della verza. *3* (f. *-a*) (*fig.*) Persona stupida e goffa. || **broccolétto**, **dim.** (V.) | **broccolino**, **dim.** | **broccolóne**, **accr.**

†broccùto [1342 ca.] **agg.** ● Nodoso | Ruvido.

broche /fr. bʀɔʃ/ [vc. fr., della stessa orig. di *brocco*, dal lat. *brŏccus* 'sporgente (detto spec. dei denti)'; 1846] **s. f. inv.** *1* Spilla, ornamento prezioso o di bigiotteria da fissarsi sull'abito. *2* (*raro*) Spiedo: *pollo alla b.*

brochure /fr. brɔ'ʃyːʀ/ [1765] **s. f. inv.** *1* Brossura. *2* Opuscolo, spec. pubblicitario, con un numero limitato di pagine.

bròda [da *brodo*; 1313] **s. f.** *1* Liquido che resta dopo la cottura di legumi, pasta e sim. | (*est.*, *spreg.*) Cibo lungo, brodoso e insipido: *non mi va di mangiare questa b.* | ***Gettar la b. addosso a qlcu.***, (*fig.*, *lett.*) dargli la colpa. *2* Acqua fangosa e sporca. *3* (*fig.*) Scritto, discorso lungo e noioso.

brodàglia [1841] **s. f.** *1* (*spreg.*) Brodo lungo | (*est.*) Minestra poco saporita. *2* (*fig.*, *spreg.*) Scritto, discorso lungo e noioso.

†brodaiòlo o **†brodaiuòlo** [1353] **A s. m.** *1* Ghiottone. *2* (*spreg.*) Frate. **B agg.** *1* Ingordo. *2* (*fig.*, *spreg.*) Fratesco: *la lor brodaiuola ipocrisia* (BOCCACCIO).

†brodàme [1950] **s. m.** ● Broda.

brodettàre [1955] **v. tr.** (*io brodétto*) ● Condire,

preparare una vivanda con brodetto.

brodètto [sec. XIV] s. m. *1* Dim. di *brodo*. *2* Intingolo di pesce alla marinara, tipico delle coste adriatiche. *3* Brodo con uova frullate e succo di limone, usato come salsa | †***Più antico del b.***, (*fig.*) vecchissimo. *4* (*raro, lett.*) Cibo liquido. *5* †***Andare, mandare in b.***, in malora.

brodino [1865] s. m. *1* Dim. di *brodo*. *2* Brodo ristretto e in poca quantità. *3* (*fig., fam.*) Rimedio, aiuto o sim. di poco conto.

bròdo [germ. **bròd*, indicante un tipo di cibo non usuale nelle mense romane; av. 1350] s. m. *1* Alimento liquido, utilizzabile anche nella preparazione di risotti o minestre, ottenuto facendo bollire in acqua salata carne, verdure o altro, con l'aggiunta eventuale di aromi e spezie: *b. grasso, magro, lungo, ristretto*; *b. di manzo, di cappone, di pesce, di tartaruga* | ***B. di dadi***, ottenuto per soluzione in acqua bollente di dadi d'estratti alimentari | ***Primo b.***, che si leva dopo la prima scottatura della carne | ***Lasciare cuocere qlcu., qlco. nel suo b.***, (*fig.*) non curarsene | ***Andare in b. di giuggiole***, (*fig.*) gongolare di gioia | (*fig.*) ***Tutto fa b.***, tutto serve. *2* Quantità di brodo contenuta in una tazza, scodella e sim.: *prendere un b.* *3* (*spreg.*) Broda | (*fig.*) Discorso lungo e noioso. *4* (*biol.*) ***B. di coltura***, V. *brodocoltura*; (*fig.*) ambiente o contesto favorevole alla nascita e allo sviluppo di qlco.: *il b. di coltura del terrorismo* | ***B. primordiale***, le acque dell'Oceano primitivo ricche di componenti organiche, da cui, secondo una teoria biologica, avrebbe avuto origine la vita sulla Terra. || PROV. Gallina vecchia fa buon brodo. || **brodàccio**, pegg. | **brodètto**, dim. (V.) | **brodino**, dim. (V.) | **brodùccio**, dim.

brodocoltura o **brodocultura** [1986] s. f. ● Soluzione bilanciata di sale, glucidi e amminoacidi, con aggiunta eventuale di siero o di estratti embrionali, usata per le colture in vitro.

brodolóne [da *brodo*; 1845] s. m. (f. *-a*) ● Chi si insudicia mangiando | (*est.*) Persona sporca, disordinata.

†**brodolóṣo** [av. 1492] agg. ● Imbrattato di brodo | Sudicio.

brodóṣo [av. 1698] agg. ● Con molto brodo: *minestra brodosa*.

brogiòtto o **borgiòtto**, **brugiòtto** [dal nome della fertile città sp. di produzione *Burjazot* (Valencia); sec. XV] **A** s. m. ● Varietà di fico a frutto grosso con polpa bianca o rossastra che matura in agosto. **B** in funzione di agg. ● Nella loc. ***fico b.***

brogliàccio o (*dial.*) **brogliàzzo** [fr. *brouillard* 'prima nota', da *brouiller* 'mescolare', da cui si è sviluppato poi il sign. di 'mettere in disordine' e, quindi, 'scrivere malamente'; 1863] s. m. *1* Registro di prima nota delle entrate e delle uscite di una amministrazione. *2* Scartafaccio | Diario.

brogliàre [vc. dell'Italia sett., dal fr. *brouiller* (V. *brogliaccio*); 1321] v. intr. (*io bròglio*; aus. *avere*) *1* (*raro*) Intrigare, brigare. *2* †Agitarsi confusamente.

brogliàzzo ● V. *brogliaccio*.

bròglio [da *brogliare*; av. 1565] s. m. ● Falsificazione, intrigo, spec. per ottenere cariche elettive: *brogli elettorali*.

†**bròilo** ● V. *brolo*.

broker /'brɔker, *ingl.* 'bɹəʊkəɹ/ [vc. ingl., da una vc. fr. che significava 'colui che vende vino alla brocca'; 1963] s. m. inv. ● (*econ.*) Professionista che funge da intermediario nell'acquisto o nella vendita di titoli, derrate o servizi in cambio di una commissione: *b. finanziario* | ***B. di assicurazioni***, professionista che studia per il cliente polizze ad hoc da sottoporre a varie compagnie di assicurazioni. SIN. Mediatore.

brokerage /*ingl.* 'bɹəʊkəɹɪʤ/ [vc. ingl. 'mediazione', da *broker* 'intermediario, mediatore', di lontana orig. fr.; 1979] s. m. inv. ● L'attività del broker.

brokeràggio /broke'raʤʤo/ [1983] s. m. ● Adattamento di *brokerage* (V.).

brolètto [vc. dell'Italia sett., dim. di *brolo*, il 'prato dove si teneva anticamente giustizia'; 1554] s. m. *1* Piazza in cui, nei comuni medievali, si teneva l'assemblea popolare. SIN. Arengo. *2* Palazzo municipale di alcune città lombarde, nel Medioevo.

†**bròllo** ● V. *brullo*.

bròlo o †**bròilo**, †**bruòlo** [vc. dell'Italia sett., dal lat. tardo *brŏgilu(m)*, di orig. celt.; 1305] s. m. *1* (*raro, lett.*) Orto, frutteto, giardino | Luogo alberato. *2* (*poet.*) †Ghirlanda, corona: *Beltà di fiori al crin fa b.* (POLIZIANO).

bromàto [da *bromo*; 1865] **A** s. m. ● Sale dell'acido bromico. **B** agg. ● Che contiene bromo.

bromatologìa [vc. dotta, comp. del gr. *brômata*, pl. di *brôma* 'cibo', e *-logia*; 1819] s. f. ● Branca della chimica che studia la composizione, le alterazioni e la conservabilità delle sostanze alimentari.

bromatològico [1940] agg. (pl. m. *-ci*) ● Che si riferisce alla bromatologia.

bromatòlogo [1955] s. m. (f. *-a*; pl. m. *-gi*) ● Studioso o esperto di bromatologia.

Bromeliàcee [dal n. di O. *Bromel*, botanico svedese al quale Linneo dedicò una di queste piante esotiche, e *-acee*; 1829] s. f. pl. (sing. *-a*) ● Nella tassonomia vegetale, famiglia di piante erbacee delle Liliflore con foglie coriacee e pelose e fiori in spighe o racemi (*Bromeliaceae*). ➡ ILL. piante/10.

bròmico [vc. dotta, fr. *bromique*, da *brome* 'bromo'; 1863] agg. (pl. m. *-ci*) ● Detto di composto del bromo pentavalente: *acido b.*

bromidràto [comp. di *bromo* e *idrato*; 1955] s. m. ● Sale ottenuto dalla reazione tra acido bromidrico e un composto organico basico.

bromìdrico [vc. dotta, comp. di *bromo* e *idro(geno)*; 1865] agg. (pl. m. *-ci*) ● (*chim.*) ***Acido b.***, composto da un atomo di bromo e uno di idrogeno; gassoso, di odore irritante. SIN. Idrobromico.

bromidròṣi [vc. dotta, comp. di *bromo* e del gr. *hidrôs* 'sudore'; 1930] s. f. inv. ● Sudorazione accompagnata da cattivo odore.

bromiṣmo [vc. dotta, da *bromo*; 1940] s. m. ● Intossicazione cronica da preparati bromici.

bròmo [vc. dotta, lat. *brŏmu(m)* 'odore fetido' dal gr. *brômos*, per il suo odore penetrante; 1829] s. m. ● Elemento chimico alogeno liquido di colore rosso-bruno, non metallo, tossico, di odore sgradevole e irritante, ottenuto dalle acque marine, usato in varie lavorazioni industriali e farmaceutiche. SIMB. Br.

bromofòrmio [vc. dotta, comp. di *bromo* e della seconda parte di (*cloro*)*formio*; 1865] s. m. ● Composto organico liquido, incolore, di sapore dolciastro, analogo al cloroformio, usato in medicina come sedativo, spec. nella pertosse.

bromògrafo [comp. di *bromo* e *-grafo*; 1955] s. m. ● Apparecchio per la riproduzione per contatto di pellicole fotografiche.

bromòlio [comp. di *brom(uro)* e *olio*; 1955] s. m. ● Procedimento mediante il quale l'immagine fotografica positiva viene sostituita da un'immagine all'inchiostro grasso. SIN. Oleobromia.

bromuràto [1970] agg. ● Detto di composto o sostanza contenente bromo o bromuro.

bromurazióne [1955] s. f. ● Reazione per effetto della quale si introduce uno o più atomi di bromo nella molecola di un composto organico.

bromùro [da *bromo*; 1865] s. m. ● Sale dell'acido bromidrico | ***B. di sodio***, farmaco blandamente sedativo.

bronchiàle [da *bronco* (*1*); av. 1758] agg. ● Dei bronchi: *asma, affezione b.*

bronchiettaṣìa o **bronchiectaṣìa** [comp. di *bronchi*, pl. di *bronco* (*1*), ed *ettasia*, var. di *ectasia*] s. f. ● (*med.*) Dilatazione patologica dei bronchioli con abbondante secrezione catarrale.

bronchìolo [1955] s. m. *1* Dim. di *bronco* (*1*). *2* (*anat.*) Parte terminale sottilmente ramificata dell'albero bronchiale. ➡ ILL. p. 2125 ANATOMIA UMANA.

bronchìte [vc. dotta, comp. di *bronco* (*1*) e *-ite* (*1*); 1829] s. f. ● Infiammazione dei bronchi: *b. acuta, cronica*. || **bronchitina**, dim.

bronchìtico [1955] **A** agg. (pl. m. *-ci*) ● Che è proprio della bronchite. **B** agg.; anche s. m. (f. *-a*) ● Che (o Chi) è affetto da bronchite.

bróncio (**1**) o †**bóncio** [prob. dal fr. ant. (*em*)*bronchier* 'vacillare, essere incerto, pensieroso', di orig. incerta, attrav. il v. *imbronciare*; av. 1380] s. m. ● Atteggiamento del volto, in particolare delle labbra, che manifesta malumore, cruccio, irritazione: *fare il b.*; *mettere, portare il b. a qlcu.*; *smettere il b.*

bróncio (**2**) [da *imbronciare*; 1808] agg. (pl. f. *-ce*) ● (*raro, lett.*) Imbronciato: *serrando la bocca broncia* (D'ANNUNZIO).

brónco (**1**) [vc. dotta, lat. *brŏnchu(m)*, dal gr. *brónchion*, di etim. incerta; 1574] s. m. (pl. *-chi*) ● (*anat., spec. al pl.*) Ciascuna delle ramificazioni delle vie respiratorie dalla trachea fino alle ultime diramazioni: *b. principale, secondario*. ➡ ILL. p. 2125 ANATOMIA UMANA. || **bronchiolo**, dim. (V.).

brónco (**2**) [etim. discussa: lat. parl. *brŭncu(m)*, per sovrapposizione di *trŭncus* 'tronco' a *brŏccus* 'oggetto appuntito' (?); 1313] s. m. (pl. *-chi*) *1* (*lett.*) Ramo nodoso e spoglio | Sterpo della ceppaia di un albero vecchio e secco | Cespuglio di spini: *non v'è albero, non tugurio, non erba. Tutto è bronchi* (FOSCOLO). *2* (*zool.*) Ramificazione delle corna dei Cervidi. || **broncóne**, accr. (V.).

broncodilatatóre [comp. di *bronco* (*1*) e *dilatatore*] **A** agg. (f. *-trice*) ● (*farm.*) Detto di farmaco che agisce dilatando la cavità bronchiale. **B** s. m. ● Il farmaco stesso.

broncografìa [comp. di *bronco* (*1*) e *-grafia*; 1936] s. f. *1* Tecnica radiologica di visualizzazione dei bronchi. *2* Broncogramma.

broncogràmma [comp. di *bronco* (*1*) e *-gramma*; 1955] s. m. (pl. *-i*) ● Immagine radiografica dei bronchi ottenuta mediante broncografia | Lastra radiografica dei bronchi.

broncolìtico [comp. di *bronco* (*1*) e *-litico* (*2*)] **A** agg. (pl. m. *-ci*) ● (*farm.*) Detto di farmaco che agisce sciogliendo il secreto bronchiale. **B** s. m. ● Il farmaco stesso.

broncóne [av. 1375] s. m. *1* Accr. di *bronco* (*2*). *2* Grosso ramo, irto di monconi delle ramificazioni minori, tagliato dal suo ceppo | Robusto palo biforcuto per sostenere le viti.

broncopleurìte [vc. dotta, comp. di *bronco* (*1*) e *pleurite*; 1892] s. f. ● Infiammazione dei bronchi e di una o di ambedue le pleure.

broncopolmonàre [vc. dotta, comp. di *bronco* (*1*) e *polmonare*; 1930] agg. ● Che concerne i bronchi e i polmoni: *affezione b.*

broncopolmonìte [vc. dotta, comp. di *bronco* (*1*) e *polmonite*; 1892] s. f. ● Infiammazione dei bronchi e dei polmoni.

broncorragìa [vc. dotta, comp. di *bronco* (*1*) e *-ragia*; 1962] s. f. ● Emorragia bronchiale.

broncoscopìa [vc. dotta, comp. di *bronco* (*1*) e *-scopia*; 1950] s. f. ● Esame ottico diretto dei bronchi.

broncoscòpio [comp. di *bronco* (*1*) e *-scopio*; 1950] s. m. ● Apparecchio ottico per effettuare la broncoscopia.

broncospàṣmo [comp. di *bronco* (*1*) e *spasmo*; 1986] s. m. ● (*med.*) Contrazione spastica della muscolatura liscia bronchiale con conseguente ostacolo al passaggio dell'aria.

broncostenòṣi [vc. dotta, comp. di *bronco* (*1*) e *stenosi*; 1940] s. f. inv. ● Restringimento patologico di un bronco.

broncotomìa [vc. dotta, comp. di *bronco* (*1*) e *-tomia*; 1832] s. f. ● (*chir.*) Incisione della parete di un bronco.

brónto- [dal gr. *brontḗ* 'tuono', da *brémein* 'rombare, rumoreggiare', di prob. orig. espressiva] primo elemento ● In parole composte della terminologia scientifica significa 'tuono': *brontofobia, brontoscopia*.

brontofobìa [vc. dotta, comp. di *bronto-* e *-fobia*; 1962] s. f. ● (*psicol.*) Paura dei temporali.

brontolaménto [av. 1587] s. m. ● Il brontolare.

♦**brontolàre** [vc. onomat.; 1353] **A** v. intr. (*io bróntolo*; aus. *avere*) *1* Lagnarsi a voce più o meno bassa proferendo parole di risentimento: *quando è in casa non fa che b.*; *b. contro tutto*. SIN. Borbottare. *2* Rumoreggiare, di tuono, tempesta e sim.: *il temporale si avvicina brontolando*. **B** v. tr. ● Dire tra i denti, borbottare: *b. insulti*.

brontolìo [av. 1735] s. m. ● Un brontolare continuato: *un b. iroso*; *il b. del mare*; *urtava … il tramontano con b. roco* (PASCOLI).

brontolóne [1797] s. m.; anche agg. (f. *-a*) ● Chi (o Che) brontola spesso e noiosamente | (*est.*) Chi (o Che) è sempre insoddisfatto.

brontosàuro [vc. dotta, comp. di *bronto-* e del gr. *sâuros* 'lucertola'; 1930] s. m. ● Rettile terrestre erbivoro del Giurassico, di grandi dimensioni, dell'ordine dei Dinosauri, con testa piccola, denti a cucchiaio, arti anteriori più corti dei posteriori (*Brontosaurus*). ➡ ILL. paleontologia.

brontoscopìa [vc. dotta, comp. di *bronto-* e *-scopia*; 1955] s. f. ● Divinazione basata sui rumori dei tuoni.

brontotèrio [vc. dotta, comp. di *bronto-* e del gr. *thērion* 'belva'; 1940] s. m. ● Grosso mammifero preistorico simile al rinoceronte (*Brontotherium*).

brónza [da *bronzo*, materiale di cui è fatto; 1829] **s. f.** ● Campanaccio.

bronzàre [da *bronzo*; sec. XV] **v. tr.** (*io brónzo*) **1** Rivestire di bronzo | Dare colore di bronzo. **2** Brunire.

bronzàto [av. 1934] **part. pass.** di *bronzare*; anche **agg.** **1** Nei sign. del v. | Rivestito di bronzo. **2** (*lett.*) Bronzeo. **3** Detto di mantello equino sauro o baio che presenta riflessi bronzei. **4** Detto di razza di tacchini con piumaggio bronzeo.

bronzatóre [1955] **s. m.** (f. *-trice*) ● Operaio addetto alla bronzatura dei metalli.

bronzatrice [1911] **s. f.** ● Macchina per la bronzatura.

bronzatùra [da *bronzare*; 1865] **s. f.** **1** Rivestimento di superfici metalliche con uno strato di bronzo. **2** Brunitura. **3** Comparsa di macchie bronzee sulle foglie del pomodoro. **4** Offuscamento di certe tinture delle fibre tessili.

brónzeo o **brònzeo** [vc. dotta, da *bronzo* secondo il modello del lat. *āureus* e simili; 1821] **agg.** **1** Che è fatto di bronzo: *statua bronzea*. **2** (*fig.*) Tenace, inflessibile: *carattere b.* **3** Che ha il colore del bronzo | Abbronzato: *carni bronzee*. **4** Che ha un suono forte, simile a quello del bronzo: *voce bronzea*; *risonanze bronzee*.

bronzétto [1797] **s. m.** **1** Dim. di *bronzo*. **2** Piccola scultura in bronzo.

bronzìna [da *bronzo*; 1797] **s. f.** **1** (*mecc.*) Cuscinetto di bronzo o di speciale lega metallica antifrizione che guarnisce perni di alberi rotanti, fusibile per il calore provocato dall'attrito quando la lubrificazione non è sufficiente. **2** Campanellina di bronzo al collo spec. di animali al pascolo.

bronzìno [av. 1431] **A** **agg.** **1** Bronzeo: *un odor di vento … era nel tuo corpo b.* (CAMPANA). **2** (*med.*) *Mal b., morbo b.*, morbo di Addison. **B** **s. m.** **1** (*raro*) Campanellino in bronzo | Medaglia di bronzo. **2** (*bot., region.*) Porcino nero, moreccio.

bronzìsta [1726] **s. m. e f.** (pl. m. *-i*) **1** Chi esegue lavori in bronzo. **2** Venditore di oggetti artistici in bronzo.

bronzìstica [da *bronzo* col suff. *-istico* sostantivato al f.] **s. f.** ● L'arte di lavorare il bronzo o la produzione artistica ad essa connessa: *la b. greca*; *la b. di Donatello*.

brónzo [etim. incerta; sec. XIII] **s. m.** **1** Lega di rame e stagno in varie proporzioni in cui possono entrare piccole quantità di altri elementi: *fusione in b.* | ***B. dorato***, rivestito d'una patina d'oro | ***B. d'alluminio***, cupralluminio | ***Polvere di b.***, per operare la bronzatura | ***Età del b.***, età preistorica caratterizzata dall'invenzione e dall'uso del bronzo | ***Medaglia di b.***, (*ellitt.*) ***bronzo***, quella data in premio al terzo classificato in una competizione sportiva | ***Faccia di b.***, (*fig.*) persona impudente, sfrontata | ***Petto, cuore di b.***, (*fig.*) per durezza o grande coraggio | ***Incidere qlco. nel b.***, (*fig., lett.*) lasciarne tracce imperiture. **2** Oggetto, spec. opera d'arte, in bronzo: *possedere un b. del Rinascimento*. **3** (*lett.*) Cannone, pezzo d'artiglieria | (*lett.*) Arma di bronzo. **4** (*lett.*) Campana: *muto de' bronzi il sacro squillo* (MONTI). || **bronzétto**, dim. (V.).

bròscia o **sbròscia** [etim. discussa: da *broda* con sovrapposizione d'altra vc. (?); 1863] **s. f.** (pl. *-sce*) **1** (*tosc.*) Residuo del mosto. **2** (*tosc.*) Minestra o bevanda scipita e disgustosa.

brossùra [adattamento del fr. *brochure*, da *brocher* nel sign. 'fare in fretta, senza cura', quindi, propr., 'legatura alla buona'; 1854] **s. f.** ● Tipo di legatura di libri, oggi usata spec. per le edizioni economiche, in cui la copertina è di semplice carta pesante: *edizione in b.* | ***B. fresata***, quella in cui i fogli non sono cuciti, ma incollati con uno speciale procedimento.

brossuràto [1983] **agg.** ● Detto di libro legato in brossura.

brossuratrice **s. f.** ● In legatoria, macchina per applicare la copertina a libri in brossura.

browniàno /brau'njano/ [dal n. di chi per primo lo studiò, il botanico scozzese Robert *Brown* (1773-1858); 1929] **agg.** ● (*fis.*) Nella loc. ***moto b.***, movimento continuo e disordinato di particelle solide o liquide microscopiche in sospensione in un fluido, dovute all'agitazione termica delle molecole del fluido stesso.

Browning® /'braunin(g), *ingl.* 'bɹaonɪŋ/ [dal n. del disegnatore di vari tipi di armi, lo statunitense J. M. *Browning* (1855-1926); 1914] **s. f. inv.** ● Denominazione di vari tipi di armi automatiche e semiautomatiche | (*per anton.*) Pistola semiautomatica di dimensioni ridotte.

brown sugar /braun'ʃugar, *ingl.* 'bɹaon 'ʃʊgəɹ/ [loc. ingl., propr. 'zucchero (*sugar*) scuro (*brown*)', cioè 'grezzo'; 1978] **loc. sost. m. inv.** ● Tipo di eroina di provenienza orientale.

browser /'brauzer, *ingl.* 'bɹaozəɹ/ [vc. ingl., dal v. *to browse* 'sfogliare'; 1995] **s. m. inv.** ● (*elab.*) Programma che consente all'utente di navigare in Internet.

brr /bṛr/ [vc. onomat.; 1952] **inter.** ● Riproduce lo sbattere dei denti, il tremolio di chi è colto da brividi di febbre, di freddo, di paura.

bru bru /bru(b)'bru*/ [vc. onomat.] **s. m. e f. inv.** ● (*sett.*) Chi, dotato di una fluente loquela, riesce a farsi avanti, a concludere ottimi affari e sim., anche senza troppi scrupoli.

brucàre [da *bruco*; sec. XIV] **v. tr.** (*io brùco, tu brùchi*) **1** Rodere foglie e fronde, come fanno i bruchi | Strappare a piccoli morsi erba, foglie e sim. per cibarsi, come fanno le pecore. **2** Sfrondare una frasca scorrendola con la mano dopo aver chiuso il pugno attorno a essa | ***B. la foglia***, dei gelsi per darla ai bachi da seta, o di altri alberi per darla al bestiame | ***B. le olive***, spiccarle a mano dai rami. **3** (*est.*) †Strappare, portar via. **4** (*fig.*) †Scemare, affievolire.

brucatóre [1803] **s. m.** (f. *-trice*) ● Chi effettua la brucatura delle foglie o delle olive.

brucatùra [1788] **s. f.** **1** (*raro*) Il brucare. **2** Raccolta delle foglie di gelso | Raccolta a mano delle olive.

Bruce /*ingl.* bɹuus/ [vc. ingl., da un n. proprio] **s. f. inv.**; anche **agg. inv.** ● (*mar.*) Ancora a due marre fisse progettata per l'ormeggio delle piattaforme di perforazione e usata anche per imbarcazioni da diporto.

brucèa [n. dato in onore dell'esploratore scozzese James *Bruce* (1730-1794); 1865] **s. f.** ● Genere di piante tropicali delle Simarubacee, con poche specie usate in medicina (*Brucea*).

brucèlla [dal n. dello scopritore, il medico australiano David *Bruce* (1855-1931); 1942] **s. f.** ● Genere batterico comprendente specie gram-negative, cocco-bacillari, parassite intracellulari, patogene per gli animali domestici e per l'uomo nei quali causano brucellosi (*Brucella*).

brucellòsi [comp. di *brucell(a)* e *-osi*; 1935] **s. f. inv.** **1** (*med.*) Infezione causata da brucelle, a carattere febbrile intermittente, che si trasmette all'uomo dagli animali. SIN. Febbre maltese, febbre ondulante. **2** (*veter.*) Malattia infettiva ad andamento cronico, caratterizzata da aborto, che colpisce Bovini, Ovini e Caprini.

brucènte [da *bruciare* con la terminazione di *rovente* e simili; 1865] **agg.** ● (*lett., tosc.*) Che brucia, che scotta. SIN. Bruciante, rovente.

bruciàbile [av. 1696] **agg.** ● Che si può bruciare.

bruciacchiàre [da *bruci(are)* con suff. attenuativo *-acchiare*; 1852] **v. tr.** (*io bruciàcchio*) ● Bruciare superficialmente: *b. il pollo*; *bruciacchiarsi le dita*.

bruciacchiatùra [1865] **s. f.** ● Il bruciacchiare | Parte bruciacchiata | Bruciatura superficiale.

bruciàglia [av. 1729] **s. f.** ● (*raro*) Insieme di rami secchi e sim. per accendere il fuoco.

bruciaménto [1581] **s. m.** ● (*raro*) Il bruciare | Incendio.

bruciànte [av. 1673] **part. pres.** di *bruciare*; anche **agg.** **1** (*raro*) Che brucia | (*fig.*) Che ferisce, che umilia: *una b. umiliazione*; *una b. sconfitta*; SIN. Cocente. **2** Fulmineo: *superare gli avversari con uno scatto b.*

bruciapélo [da *brucia(re)* il *pelo* dell'animale cacciato, tanto dappresso e fulmineamente s'è sparato; 1842] **A** **s. m.** ● (*tess.*) Macchina per bruciare la peluria nei tessuti di cotone. **B** vc. ● Nella loc. avv. ***a b.***, da pochissima distanza, da molto vicino, con riferimento a colpo di fucile o pistola: *sparare, tirare a b.* | (*fig.*) Alla sprovvista, all'improvviso: *fare una domanda a b.*; *me l'ha detto a b.*

bruciaprofùmi [comp. di *brucia(re)* e il pl. di *profumo*; 1939] **s. m. inv.** ● Recipiente di metallo o ceramica con coperchio abitualmente traforato, spesso lavorato artisticamente, usato per bruciare sostanze odorose.

♦**bruciàre** o †**brugiàre** [lat. parl. **brusiāre*, di etim. incerta; 1313] **A** **v. tr.** (*io brùcio*) **1** Consumare, distruggere, per azione del fuoco o di altra sorgente di calore: *b. la legna, l'incenso*; *b. una casa*; *b. la camicia col ferro da stiro* | ***B. la carne, la salsa***, cuocerla troppo in modo che si attacchi al recipiente di cottura | ***Bruciarsi le cervella***, (*fig.*) uccidersi sparandosi alla testa | (*fig.*) ***B. la scuola***, marinarla | (*fig.*) ***B. le tappe***, accelerare, affrettarsi | ***B. i ponti***, (*fig.*) rompere completamente le relazioni | ***Bruciarsi un dito, la lingua***, scottarseli | ***Bruciarsi le ali***, (*fig.*) danneggiarsi scherzando incautamente col pericolo; (*est.*) non avere più alcuna possibilità di riuscita in un'attività, una competizione e sim. **2** (*est.*) Corrodere, intaccare: *l'acido muriatico brucia i tessuti cutanei* | (*pop.*) Cauterizzare: *b. un porro, una ferita* | Inaridire, seccare: *il gelo ha bruciato i germogli*; *la siccità ha bruciato i campi*. **3** (*fig.*) Infiammare: *lo brucia l'ambizione* | Consumare, esaurire rapidamente, talvolta con spreco, sciupio e sim.: *b. le proprie forze, gli anni migliori* | ***B. la carriera di qlcu.***, comprometterla definitivamente | (*sport*) ***B. gli avversari***, superarli in maniera netta. **B** **v. intr.** (aus. *essere*; si usa per i tempi comp. solo nel sign. proprio) **1** Essere acceso, in fiamme: *il fuoco bruciava nel camino*; *il bosco brucia ancora* | Consumarsi, danneggiarsi col fuoco: *l'incenso brucia nel turibolo*; *l'arrosto sta bruciando*. **2** Essere molto caldo, emanare calore intenso: *un coperchio che brucia*; *b. di febbre*; *la campagna bruciava sotto il sole*; *senti come brucia il sole*. SIN. Scottare. **3** Produrre bruciore, infiammazione: *la tintura di iodio brucia* | Essere riarso, infiammato: *la ferita brucia*; *gli brucia la gola* | ***B. dalla sete***, patirla tormentosamente | (*fig.*) Produrre un forte disappunto, dispiacere, offesa e sim.: *quell'insulto gli brucia ancora*. **4** (*fig.*) Essere intenso, forte, detto di sentimenti, passioni e sim.: *mi brucia in petto una voglia* | Provare intensamente una passione, un sentimento: *b. d'amore, di vergogna*. **5** (*fig., poet.*) Svanire, annullarsi: *ogni attimo bruciava / negl'istanti futuri senza tracce* (MONTALE). **C** **v. intr. pron.** e **rifl.** **1** Scottarsi: *si è bruciato con l'acqua bollente*. SIN. Ustionarsi. **2** Andare distrutto a opera del fuoco o di altra fonte di calore: *si è bruciato tutto l'arrosto*; *con questa siccità l'erba si brucerà completamente*. **3** (*fig.*) Sprecarsi: *bruciarsi in attività inutili* | Compromettersi, fallire: *nella politica, ormai s'è bruciato*.

bruciàta [av. 1484] **s. f.** ● Caldarrosta. SIN. Arrostita. || **bruciatina**, dim.

bruciatìccio [1884] **A** **agg.** (pl. f. *-ce*) ● Bruciacchiato. **B** **s. m.** **1** Rimasuglio di cosa bruciata: *il b. della carta*. **2** Odore, sapore di cose bruciate: *sapere di b.*

♦**bruciàto** [1312] **A** **part. pass.** di *bruciare*; anche **agg.** **1** Nei sign. del v. **2** (*fig.*) ***Ore bruciate***, quelle molto calde del primo pomeriggio | ***B. dal sole***, abbronzato | ***Gioventù bruciata***, quella turbolenta e priva di fondamenti morali cresciuta negli anni che seguirono immediatamente la seconda guerra mondiale | ***Terra bruciata*** (*anche fig.*), V. *terra*, sign. A II 2. **3** Detto di tonalità del colore dei mantelli equini che ricorda quella del caffè tostato. **B** **s. m.** ● Gusto, odore di cose bruciate: *sapere di b.* | (*fig.*) Situazione poco chiara, sospetta, rischiosa: *sento puzzo di b.*

bruciatóre [1767] **s. m.** **1** (*gener.*) Apparecchiatura, dispositivo per bruciare: *b. di immondizie*. **2** Apparecchio usato per immettere in un focolare il combustibile gassoso o liquido finemente polverizzato insieme alla quantità d'aria necessaria per la combustione. **3** (*aer.*) Dispositivo che inietta quantità dosate di combustibile nei combustori dei turbomotori.

bruciatorista [1965] **s. m. e f.** (pl. m. *-i*) ● Operaio addetto al funzionamento e al controllo di un bruciatore.

bruciatùra [1865] **s. f.** **1** Il bruciare, il bruciarsi | Scottatura, ustione. **2** Batteriosi fogliare del tabacco. || **bruciaturina**, dim.

brucina [da *brucea*, da cui si credeva estratta; 1829] **s. f.** ● Alcaloide amarissimo, contenuto nel seme di noce vomica, con azione sul midollo spinale simile, ma assai più blanda, a quella della stricnina.

brùcio (1) [sing. tratto da *bruci*, pl. di *bruco*] **s. m.** ● (*tosc.*) Bruco. || **brucétto**, dim. | **brùciolo**, dim.

brucio (2) [da *bruciare*; 1865] s. m. ● Bruciore.

bruciòne [da *bruciare*, per il suo aspetto di terra bruciata; 1932] s. m. ● Parte superficiale, alterata, dei giacimenti di minerali metalliferi, spec. ferriferi.

bruciòre [1612] s. m. *1* Sensazione di dolore dovuta a punture, scottature e sim.: *il b. dell'alcol su una ferita; il b. della pelle scottata, della gola irritata.* *2* (*fig., lett.*) Desiderio intenso, ardore | (*fig.*) Umiliazione cocente: *il b. della sconfitta.* || **bruciorino**, dim.

brucite [dal n. del suo primo analista, il mineralista amer. A. *Bruce* (1777-1818)] s. f. ● (*miner.*) Idrossido di magnesio in cristalli lamellari.

♦**brùco** [lat. tardo *brūchu(m)* 'specie di cavalletta senza ali', dal gr. *broûchos*, di etim. incerta; av. 1320] **A** s. m. (pl. *-chi*) *1* (*zool.*) Larva di farfalla | (*est.*) Larva di qualsiasi insetto | ***B. del pisello***, piccolo coleottero fitofago la cui larva divora il seme del pisello (*Bruchus pisorum*). *2* Cilindretto cui stanno attaccati i segnali del messale, del breviario e sim. || **brucolino**, dim. **B** in funzione di agg. ● (*tosc.*) Poverissimo, nelle loc.: ***nudo b.***; ***nudo e b.***; ***b. b.***

brùfolo o (*raro*) **brùffolo** [vc. dial., di etim. incerta; 1931] s. m. ● Piccolo foruncolo. || **brufolàccio**, pegg. | **brufolétto**, dim. | **brufolino**, dim. | **brufolóne**, accr.

brufolóso [1967] agg. ● Che è pieno di brufoli.

brughièra [lat. parl. **brucāria(m)*, da *brūcus* 'erica', di prob. orig. celt.; 1766] s. f. ● Terreno alluvionale permeabile, incolto, ricoperto di cespugli e di arbusti fra i quali tipica è l'erica.

brughièro [1955] agg. ● Di terreno che ha i caratteri della brughiera.

†**brugiàre** ● V. *bruciare*.

brugiòtto ● V. *brogiotto*.

brùgo [lat. tardo *brūcu(m)* 'erica', di orig. celt.; av. 1829] s. m. (pl. *-ghi*) ● Piccolo frutice sempreverde delle Ericacee con fiori rosei in lunghi grappoli terminali (*Calluna vulgaris*). SIN. Brentolo, crecchia.

brùgola [dal n. del produttore Egidio Brugola; 1983] s. f. ● Vite con testa a incavo esagonale.

bruìre [fr. *bruire*, dal lat. parl. **brūgere* per *rugīre* 'ruggire' con sovrapposizione d'altra parola con *br-* iniziale; 1584] v. intr. (*io bruìsco, tu bruìsci*; aus. *avere*) ● (*lett.*) Frusciare, emettere leggeri rumori, detto di pioggia, foglie mosse dal vento, e sim.: *la pioggia che bruiva / tepida e fuggitiva* (D'ANNUNZIO).

†**bruìto** [av. 1600] s. m. *1* Il bruire. *2* (*raro, lett.*) Urlo di animale: *le tigri, gli orsi, gli leoni … manderanno dal ferino petto … i lor … bruiti* (BRUNO).

†**brulàzzo** o †**brullàsco**, †**burlàsco** [da *brullo* (?); av. 1449] agg. *1* Cisposo. *2* Spiantato, miserabile.

brûlé /fr. bry'le/ [vc. fr., propr. 'bruciato', part. pass. di *brûler* 'ardere, bruciare'; 1848] agg. inv. ● Detto di vino, solitamente rosso, bollito con spezie e zucchero, che si beve caldo.

brulicàme [da *brulicare*; av. 1535] s. m. ● Moltitudine di insetti brulicanti | (*est.*) Moltitudine di esseri viventi.

brulicànte [1862] part. pres. di *brulicare*; anche agg. ● Nei sign. del v.: *Contra il nemico b. al piano* (CARDUCCI); *una spiaggia b. di bagnanti.*

brulicàre [da *bulicare* con sovrapposizione di *brucare* (?); av. 1566] v. intr. (*io brùlico, tu brùlichi*; aus. *avere*) *1* Muoversi confusamente, riferito a un insieme numeroso d'insetti o, gener., a esseri viventi: *le formiche brulicavano* | Essere pieno di ciò che si muove confusamente: *la carogna brulicava di vermi; il viale brulica di gente* | (*gener.*) Muoversi, facendo più o meno rumore: *vi mette l'orecchio, per sentire se qualcheduno russa, fiata, brulica là dentro* (MANZONI). SIN. Formicolare, pullulare. *2* (*fig.*) Sorgere, affollarsi: *tentazioni strane le brulicavano nel cervello* (VERGA) | Pullulare di pensieri e sim.: *la mia mente brulica di idee.*

brulichìo [av. 1703] s. m. *1* Movimento continuo e confuso di insetti o, gener., di esseri viventi: *un b. di api, di persone.* *2* (*fig.*) Il pullulare di pensieri e sim.: *un b. di ricordi.*

†**brullàsco** ● V. †*brulazzo*.

brùllo o (*lett.*) †**bròllo** [da **brullare*, rendere nudo come un giunco, in dial. *brulla* (?); av. 1292] agg. *1* Privo di vegetazione: *campagna brulla* | (*fig., lett.*) Arido, desolato, tetro: *discende alla sua foce / la vita brulla* (MONTALE). *2* †Povero, seminudo.

brulòtto [fr. *brûlot*, da *brûler* 'bruciare' e questo dal lat. parl. **brustulāre*, variante di *ustulāre*; 1641] s. m. ● Un tempo, piccolo natante carico di esplosivo che veniva diretto contro le navi nemiche per farle esplondere.

brum [ingl. *brougham*, dal nome del politico e letterato Lord H. P. *Brougham* (1778-1868), che la usò per primo; 1881] s. m. inv. ● Carrozza chiusa a quattro ruote, per due persone.

brùma (1) [vc. dotta, lat. *brūma(m)*, per **brĕvima* (*dĭes*) '(giorno) più breve', da *brĕvis*, perché indicava, propr., il giorno più *breve* dell'anno; 1340] s. f. *1* Foschia, nebbia (*anche fig.*): *la b. del mattino; le brume del futuro.* *2* (*raro, lett.*) Solstizio d'inverno, pieno inverno: *tempi sereni sette giorni avanti e sette doppo la b.* (TASSO).

brùma (2) [vc. dotta, lat. *brūma(m)*, dal gr. *brôma* 'cibo' e 'cosa mangiata'; 1614] s. f. *1* (*zool.*) Teredine. *2* (*est.*) Ogni organismo vegetale o animale che si attacca su oggetti sommersi.

brumàio [fr. *brumaire*, da *brume* 'bruma (1)', con la terminazione di (*genn*)*aio* e (*febbr*)*aio*; 1857] s. m. *1* Secondo mese del calendario rivoluzionario francese, il cui inizio corrisponde al 22 ottobre e il termine al 20 novembre. *2* (*est., lett.*) Autunno.

brumàle [vc. dotta, lat. *brumāle(m)*, da *brūma* 'bruma (1)'; av. 1320] agg. ● (*raro, lett.*) Invernale: *piovea per la b. / nebbia lividi raggi alta la luna* (CARDUCCI) | (*raro, lett.*) Nebbioso.

bruméggio [dal genov. *brümeso*, dal nizzardo *bromech* 'esca' (1), di orig. gr. (*brôma* 'cibo'); 1863] s. m. ● Pastura per pesci di mare ottenuta spec. tritando avanzi e scarti di pesce.

brumista [da *brum*; 1865] s. m. (pl. *-i*) ● (*sett.*) Vetturino.

brumóso [vc. dotta, lat. tardo *brumōsu(m)*, da *brūma* 'bruma (1)'; 1883] agg. ● (*lett.*) Pieno di bruma, nebbioso.

brunàstro [1894] agg. ● Di colore che tende al bruno: *giallo b.*

brunch /brantʃ/, *ingl.* bɹʌntʃ/ [vc. ingl., fusione di *br*(*eakfast*) 'prima colazione' e (*l*)*unch* 'pranzo'; 1982] s. m. inv. (pl. ingl. *brunches*) ● Pasto della tarda mattinata costituito da una prima colazione ricca e variata, in grado di sostituire il pranzo.

brunèlla [variante di *prunella* per sovrapposizione di *bruno*; 1820] s. f. ● Pianta erbacea odorosa delle Labiate con foglie ovali e fiori violacei (*Brunella vulgaris*).

brunèllo [da *bruno*, con riferimento al colore dell'uva; 1896] s. m. ● Vino rosso pregiato prodotto in Toscana nella zona di Montalcino con uva di un vitigno Sangiovese selezionato; ha un colore rosso rubino intenso che tende al granato con l'invecchiamento e un profumo penetrante, caratteristico.

brunétto [dim. di *bruno*; 1340] **A** agg. ● (*raro*) Alquanto bruno, tendente al bruno: *colore b.* **B** agg. e s. m. (f. *-a*) ● Che (o Chi) ha i capelli scuri, detto spec. con tono affettuoso o ammirativo: *In casa d'una gentile e bella brunetta* (FOSCOLO).

bruniccio [1865] agg. (pl. f. *-ce*) ● Di colore che tende al bruno.

bruniménto [1632] s. m. ● Brunitura.

brunìre [ant. provz. *brunir*, da *brun* 'nero'; sec. XIV] v. tr. (*io brunisco, tu brunisci*) *1* Lucidare i metalli col brunitoio. *2* Scurire i metalli per ossidazione. *3* Rendere lucido e levigato un oggetto o una superficie metallica.

brunìto [av. 1906] part. pass. di *brunire*; anche agg. *1* Nei sign. del v. *2* (*est.*) Scuro e levigato: *legno b.* | ***Pelle brunita***, abbronzata.

brunitóio [av. 1537] s. m. *1* Strumento costituito da un'asticciola terminante con un'estremità generalmente arrotondata, di acciaio o di agata, usato per lucidare i metalli mediante sfregamento. *2* Ruota di legno usata dagli arrotini per lucidare le lame dopo averle affilate.

brunitóre [sec. XV] s. m. (f. *-trice*) ● Operaio addetto alla brunitura.

brunitùra o **burnitùra** [av. 1571] s. f. *1* Metallocromia. *2* Lucidatura di una superficie metallica mediante il brunitoio | Bronzatura. *3* Lucidatura dei tagli dei libri, che precede la doratura.

♦**brùno** [lat. parl. *brūnu(m)*, dal francone **brūn* 'scuro brillante'; 1313] **A** agg. *1* Che ha un colore scuro, quasi nero: *terra bruna; occhi bruni.* *2* Di persona, che ha carnagione, capelli, occhi bruni: *una ragazza bruna.* *3* Detto del colore del mantello dei bovini che può variare dal castano scuro al grigio chiaro | ***Razza bruna alpina***, razza bovina di origine svizzera con mantello bruno più o meno intenso. *4* (*lett.*) Poco illuminato, privo di luce: *questa via solinga e bruna* (TASSO). *5* (*fig., raro, poet.*) Mesto, turbato: *mia giornata incerta e bruna* (LEOPARDI) | †Ostile. **B** s. m. *1* Il colore bruno. *2* (*est., lett.*) Oscurità, tenebre. *3* (f. *-a*) Persona che ha carnagione e capelli bruni: *le brune e le bionde.* *4* Abito nero o altro segno di lutto: *mettere, prendere, portare, vestire, deporre il b.* | ***Parare a b.***, abbrunare. SIN. Gramaglie, lutto. || **brunèllo**, dim. | **brunettino**, dim. | **brunétto**, dim. (V.) | **brunòtto**, dim. | **brunóne**, accr. | **brunòzzo**, dim.

†**bruòlo** ● V. *brolo*.

brùsca (1) [lat. tardo *brūscu(m)* 'pungitopo', dal prec. *rūscu(m)*, incontratosi prob. con **brūcu(m)* 'erica'; av. 1647] s. f. *1* Spazzola dura di varia forma e dimensione, adatta a usi diversi: *la b. per strigliare i cavalli; lavare i panni con la b.* *2* (*bot., tosc.*) Coda cavallina. || **bruschétto**, dim. m. (V.) | **bruschino**, dim. m. (V.).

brùsca (2) [etim. incerta; av. 1380] s. f. *1* Ramoscello, festuca. *2* (*mar.*) Antico regolo graduato e pieghevole impiegato per disegnare il garbo generale dell'ossatura degli scafi. || **bruscarèlla**, dim. | **bruschétta**, dim. (V.).

brùsca (3) [dal lat. parl. *brusicāre*. (V. *bruscare* (2)); 1950] s. f. ● (*bot.*) Nella patologia vegetale, disseccazione degli apici fogliari o delle terminazioni di piccoli rami, di colore simile a una bruciatura, dovuto alla rapida evaporazione di goccioline d'acqua o all'azione di Funghi parassiti. SIN. Abbruscatura, bruscatura.

bruscàre (1) [da *brusca* (*1*) nel sign. 1; da *brusco* (*2*) nel sign. 2; 1887] v. tr. (*io brùsco, tu brùschi*) *1* Dar la brusca. *2* †Ripulire, potare le piante.

bruscàre (2) [lat. parl. **brusicāre*, iter. di **brusiāre* 'bruciare'] v. tr. (*io brùsco, tu brùschi*) ● (*region.*) Abbrustolire.

bruscatùra s. f. ● (*bot.*) Brusca (3).

bruscèllo [etim. discussa: da (*ar*)*boscello* con sovrapposizione di *brusco* (*2*) (?); av. 1936] s. m. *1* Ramo d'albero impaniato per cacciare uccelli di notte. *2* Grosso ramo di leccio o cipresso pittorescamente ornato, portato in processione | Rappresentazione popolare toscana recitata o cantata su un testo in ottave incatenate da gruppi di giovani che portano in processione per le vie il ramo omonimo.

bruschétta (1) [av. 1396] s. f. *1* Dim. di *brusca* (*2*). *2* (*spec. al pl.*) Gioco infantile consistente nello scegliere a caso un fuscello tra molti di diversa lunghezza; vince chi ha scelto il fuscello più lungo o più corto, secondo quanto stabilito in precedenza.

bruschétta (2) [da *bruscare* (*2*); 1975] s. f. *1* Fetta di pane abbrustolita, strofinata con aglio e condita con sale e olio di frantoio, tipica della cucina dell'Italia centrale. SIN. (*tosc.*) Fettunta. *2* (*tosc.*) Zuppa a base di cavolo nero bollito, olio e pane abbrustolito e strofinato con aglio.

bruschétto [1939] s. m. *1* Dim. di *brusca* (*1*). *2* Spazzola quasi rotonda, di setole o di saggina, per i cavalli.

bruschézza [da *brusco* (*1*); av. 1375] s. f. *1* (*raro*) Asprezza di sapore: *la b. del limone.* *2* Maniera aspra: *tratta tutti con molta b.* | (*fig.*) Secchezza di stile. *3* (*raro*) Rapidità: *frenare, fermarsi con b.*

bruschinàre [1940] v. tr. ● Ripulire col bruschino | (*est.*) Strofinare con energia.

bruschino [1865] s. m. *1* Dim. di *brusca* (*1*). *2* Spazzola molto dura, anche metallica, per vari usi.

♦**brùsco** (1) [da *brusca* (*1*); 1282] **A** agg. (pl. m. *-schi*) *1* Che ha sapore tendente all'aspro, ma gradevole: *vino b.; frutta brusca.* SIN. Acido, acre, agro. *2* Che è sgarbato, burbero | ***Con le brusche***, (*ellitt.*) con modi o parole aspre | (*fig.*) Rigido, secco, detto di stile. *3* Improvviso, inatteso | Rapido: *una brusca frenata.* *4* (*raro*) Nuvoloso, tempestoso: *tempo b.* | Pungente: *vento b.* | (*lett.*) Pieno di pericoli e difficoltà: *ci mancò poco che non fosse una giornata brusca come ieri, o peggio* (MANZONI). || **bruscaménte**, avv. *1* In modo burbero, senza complimenti. **2** Improvvisamente. **B** s. m. ● Sapore aspro di vini, agrumi, salse e sim. (*anche fig.*) | ***Tra il lusco e il b.***, all'imbrunire; (*fig.*) in una situazione incerta, con incertezza di umore. || **bruschétto**, dim.

†**brùsco** (**2**) [lat. *brūscu(m)* 'radice nodosa, nodo del legno', vc. senza etim.] s. m. ● Festuca | Minuzzolo di legno, paglia e sim. | Granello. || **brùscolo**, dim. (V.).

brùsco (**3**) [lat. tardo *brūscu(m)*, per il class. *rūscu(m)* con sovrapposizione d'altra vc. di pianta iniziante per *br-*; 1623] s. m. (pl. *-schi*) ● (*bot.*, *region.*) Pungitopo.

brùscola [etim. incerta; av. 1839] s. f. ● Specie di gabbia in giunco o sparto entro cui si pone la pasta di olive da spremere con presse idrauliche. SIN. Fiscolo.

bruscolino [1948] s. m. **1** Dim. di *bruscolo*. **2** (*rom.*) Brustolino nel sign. 1.

brùscolo [av. 1320] s. m. **1** Dim. di *brusco* (*2*). **2** Particella di materiale, spec. polvere e sim. (*anche fig.*): *mi è entrato un b. in un occhio*; *il vento solleva i bruscoli* | ***Levare i bruscoli dagli occhi***, (*fig.*) liberarsi dai fastidi. SIN. Briciola, festuca, minuzzolo. **3** (*fig.*) Persona piccina e minuta. **4** (*raro*) Foruncolo. || **bruscolétto**, dim. | **bruscolino**, dim. (V.) | **bruscolùccio**, **bruscolùzzo**, dim.

brusìo [da *brusire*; 1830] s. m. ● Rumore confuso e sommesso prodotto da molte persone riunite che parlano o si muovono, oppure da animali o cose in movimento: *il b. degli spettatori*, *degli insetti*; *il b. delle foglie mosse dal vento*.

brusìre [vc. parallela di *bruire*; 1903] v. intr. (*io brusisco*, *tu brusisci*; aus. *avere*) ● (*lett.*) Produrre brusio: *dappertutto nelle stanze brusivano mosche* (PAVESE).

brusóne [vc. lomb. (*brüsón*), dal v. *brüsar* 'bruciare'; 1828] s. m. ● Malattia del riso o di altra pianta che provoca una colorazione rosso-bruna sulle parti colpite.

†**brustolare** [lat. parl. **brustulāre*, di etim. incerta; av. 1557] v. tr. ● Abbrustolire, tostare.

brustolino [da *brustolare*; 1907] s. m. **1** Seme di zucca salato e tostato. **2** (*raro*, *sett.*) Tostino per il caffè.

brut /fr. bryt/ [vc. fr., propr. 'bruto', nel senso di 'naturale, genuino, primitivo', non avendo subito la seconda fermentazione; 1927] agg. inv. ● Detto di champagne o spumante molto secco, privo di zucchero.

†**brutàglia** [1584] s. f. ● Insieme di gente rozza, volgare e sim.

♦**brutàle** [vc. dotta, lat. *brutāle(m)*, da *brūtus* 'bruto'; av. 1342] agg. **1** Da bruto: *atto*, *comportamento b.* | Feroce, violento: *reazione b.* SIN. Bestiale, crudele, violento. **2** Spietato, brusco, duro: *una domanda*, *una risposta b.* | (*est.*) Senza alcuna delicatezza: *b. franchezza*. || **brutalménte**, avv. In modo brutale.

brutalìsmo [adattamento dell'ingl. *brutalism*, da *brutal* 'brutale, rozzo' per la rudezza del disegno; 1981] s. m. ● (*arch.*) Movimento architettonico, sviluppatosi principalmente in Gran Bretagna alla metà del sec. XX, che attribuisce particolare valore espressivo alla struttura e ai materiali, in particolare al cemento grezzo.

brutalità [fr. *brutalité*, da *brutal* 'brutale'; 1598] s. f. ● Caratteristica di chi (o di ciò che) è brutale: *la b. degli istinti* | Ferocia: *agire con b. insensata* | (*est.*) Completa mancanza di delicatezza | Atto o espressione brutale. SIN. Bestialità, crudeltà, violenza.

brutalizzàre [fr. *brutaliser*, da *brutal* 'brutale'; 1908] v. tr. ● Fare oggetto di brutalità: *b. uomini e animali* | (*est.*) Violentare sessualmente.

brùto [vc. dotta, lat. *brūtu(m)*, di orig. osca, col senso primitivo di 'grave, pesante'; av. 1294] **A** agg. **1** Privo della ragione umana: *animale*, *istinto b.* | Inanimato, inerte: *materia bruta*. **2** Grezzo, privo di elaborazione: *i fatti bruti* | ***Arte bruta***, tipo di arte spontanea nata intorno al 1950, che valorizza particolarmente opere di naïf, bambini e sim. **3** Brutale, animalesco, violento: *forza bruta*. **4** (*chim.*) ***Formula bruta***, V. *formula*. || **brutaménte**, avv. In modo bruto, da bruto. **B** s. m. **1** (*lett.*) Essere vivente privo della ragione umana. **2** (*est.*) Uomo violento e brutale | (*est.*) Uomo violento che compie atti perversi o di violenza carnale: *la povera ragazza è stata assassinata da un b.*

brùtta [1950] s. f. ● (*fam.*) Brutta copia: *stendere in b.*

bruttàre [da *brutto* nel prob. senso originario di 'sporco'; 1243] v. tr. **1** (*lett.*) Imbrattare, sporcare, macchiare: *b. qlcu. di sangue*, *di fango*. **2** (*fig.*, *lett.*) Contaminare, deturpare: *b. il candore dell'infanzia*.

bruttézza [1355] s. f. **1** Caratteristica, condizione di chi (o di ciò che) è brutto. CONTR. Bellezza. **2** Caratteristica, condizione di chi (o di ciò che) è considerato abbietto, immorale. **3** Cosa brutta (*anche fig.*): *bruttezze architettoniche*; *le bruttezze della vita*. **4** (*raro*, *lett.*) Azione moralmente riprovevole | †Abominio, vergogna.

♦**brùtto** [lat. *brūtu(m)* 'bruto' con raddoppiamento della consonante in vc. di provenienza sett.; 1282] **A** agg. **1** (assol.; + *a*, + *da*, seguiti da inf.) Che per aspetto esteriore o per caratteristiche intrinseche suscita impressioni sgradevoli: *una persona brutta*; *un quadro*, *un romanzo b.*; *divinità … terribili*, *odiose*, *brutte a vedere* (LEOPARDI); *uno spettacolo b. a vedersi*, *da vedere*, *da vedersi* | Con valore intens., spec. in insulti (preposto a un s.): *b. cattivo!*; *b. bugiardo!* | ***B. odore***, disgustoso | ***B. tempo***, piovoso, nuvoloso | ***Mare b.***, agitato | ***Brutta notizia***, sgradevole, negativa | ***B. segno***, indizio preoccupante | ***Brutta ferita***, pericolosa | ***B. male***, (*eufem.*) tumore maligno | ***B. scherzo***, pesante | ***B. momento***, inopportuno | ***Brutta copia***, minuta | ***Brutte carte***, di valore minimo o tali da offrire scarse possibilità di gioco | (*fig.*) ***Fare una brutta figura***, apparire inadeguato, ridicolo | (*fig.*) ***Avere una brutta cera***, un aspetto malato | ***Alle brutte***, (*ellitt.*) alla peggio, nel peggiore dei casi | ***Vedersela brutta***, trovarsi in difficoltà | ***Farla brutta a qlcu.***, fare uno scherzo pesante | ***Con le brutte***, (*ellitt.*) con le maniere brutte, in modo sbrigativo e rude | ***Venire alle brutte***, (*ellitt.*) alle maniere brutte, a contrasto violento | ***Passarne delle brutte***, attraversare periodi duri, difficili. CONTR. Bello. **2** Moralmente riprovevole: *una brutta azione*; *un b. vizio*. SIN. Cattivo. || **bruttaménte**, avv. In modo brutto; indecorosamente. **B** in funzione di avv. ● Nella loc. ***di b.***, all'improvviso e in malo modo, in modo ostile e minaccioso: *si arrabbiò di b.*; *guardare di b.*; (*est.*) furiosamente: *piove di b.* **C** s. m. solo sing. **1** Ciò che per aspetto esteriore o per caratteristiche intrinseche suscita impressioni sgradevoli: *il b. e il bello sono in continua opposizione*. **2** Tempo brutto, nuvolo: *la stagione volge al b.*; *fa b.* **3** Con valore neutro e gener. raff.: *il b. è che*, la difficoltà sta in | ***Ha di b. che***, il suo lato negativo, il suo difetto, è che. **D** s. m. (f. *-a*) ● Persona brutta: *i belli e i brutti*. || PROV. Il diavolo non è così brutto come lo si dipinge. || **bruttàccio**, pegg. | **bruttarèllo**, **bruttterèllo**, dim. | **bruttétto**, dim. | **bruttino**, dim. | **bruttoccino**, dim. | **bruttòccio**, dim. | **bruttóne**, accr.

bruttùra [da *brutto*; av. 1294] s. f. **1** Cosa brutta: *questo mobile è una vera b.* | Sudiciume, sozzura. **2** (*lett.*) Vergogna, abiezione: *se le brutture spariranno dal mondo* (CROCE).

bruxìsmo [ingl. *bruxism* dal v. gr. *brýchein* 'digrignare i denti', malamente traslitterato, con il suff. *-ism* '-ismo'; 1994] s. m. ● (*med.*) Digrignamento ritmico e spasmodico dei denti durante il sonno.

†**bruzzàglia** [etim. discussa: prob. da *bruciaglia* nel senso di 'legna da *bruciare*'; av. 1606] s. f. **1** Marmaglia. **2** (*est.*) Confusione.

†**brùzzico** [etim. discussa: di orig. onomat. (?); 1863] s. m. ● Bruzzolo.

brùzzolo [etim. incerta; sec. XIV] s. m. ● (*tosc.*) Crepuscolo mattutino o serotino.

bu (**1**) /bu*, bu/ [vc. onomat.; 1829] inter. **1** Riproduce l'abbaiare del cane (*spec. iter.*). **2** Si usa, spec. per gioco, per spaventare i bambini.

bu (**2**) /buu/ o **buu**, **buh** [vc. onomat.] **A** inter. ● Si usa per esprimere disapprovazione nei confronti di un oratore o di un artista. **B** anche in funzione di s. m. inv.

bùa [vc. infant.; av. 1449] s. f. ● (*infant.*, *fam.*) Dolore fisico | Piccola ferita.

†**buàccio** [da *bue*; av. 1520] s. m. ● Persona stupida, ignorante || **buacciòlo**, dim.

buàggine [da *bue* nel senso fig. di 'sciocco'; 1598] s. f. ● Balordaggine, melensaggine.

buàna [1968] s. m. e f. inv. ● Adattamento di *bwana* (V.).

buassàggine [da *buasso*, forma sett. di *buaccio* 'grosso bue'; av. 1676] s. f. ● (*raro*, *lett.*) Ottusa ignoranza: *la b. è il miglior dono che la natura faccia a un animale* (LEOPARDI).

bùbalo [gr. *bóubalis* 'antilope (africana)', da *bôus* 'bue'; 1930] s. m. ● Mammifero degli Artiodattili con pelame corto di color rossiccio e corna anellate (*Bubalis*). SIN. Alcelafo.

bùbbola (**1**) [da *bubbolo*; 1513] s. f. **1** (*spec. al pl.*) Menzogna, fandonia, frottola: *non raccontar bubbole!* **2** (*spec. al pl.*) Cosa di poca importanza: *sempre a parlar di bubbole* (MANZONI). SIN. Bagattella, inezia.

bùbbola (**2**) [lat. parl. **upŭpula(m)*, dim. di *ŭpupa* 'upupa'; 1476] s. f. ● (*zool.*, *tosc.*) Upupa.

bùbbola (**3**) [etim. incerta; av. 1449] s. f. ● (*bot.*) ***B. maggiore***, fungo commestibile delle Agaricacee con gambo bianco e cappello largo coperto di squame (*Lepiota procera*). SIN. Mazza di tamburo.

bubbolàre (**1**) [lat. *bubulāre*, da *būbo* 'gufo', di orig. onomat.; 1750] v. intr. (*io bùbbolo*; aus. *avere*) **1** (*tosc.*) Risuonare, rumoreggiare, del mare, del tuono e sim. | (*est.*) Brontolare. **2** (*raro* o *lett.*) Tremare: *là rannichiati entro un pagliajo, bubbolando pel freddo* (DOSSI).

bubbolàre (**2**) [da *bubbola* (*1*); 1829] v. tr. (*io bùbbolo*) ● (*pop.*, *tosc.*) Ingannare | Carpire con l'inganno.

bubbolièra [da *bubbolo*; 1941] s. f. ● Sonagliera di cavalli, muli e sim. formata di bubboli.

bubbolìna [da un dim. di *bubbolo*, per la forma; 1829] s. f. ● Fungo commestibile delle Agaricacee con cappello color grigio cenere a lamelle inferiori e gambo senza anello (*Amanita vaginata*).

bubbolìo [da *bubbolare* (*1*); 1891] s. m. **1** (*lett.*) Rumore, mormorio sordo e confuso: *un b. lontano* (PASCOLI). **2** Tintinnio continuo di sonagliere.

bùbbolo [da *bubbolare* (*1*); av. 1698] s. m. ● Sonaglio tondo, di ottone o bronzo, contenente una pallottolina mobile di ferro, usato per formare la sonagliera degli equini, o applicato al collare dei cani. || **bubbolino**, dim.

bubbóne [vc. dotta, lat. *bubōne(m)*, dal gr. *boubṓn*, di etim. incerta; sec. XV] s. m. **1** (*med.*) Qualsiasi tumefazione tondeggiante, spec. delle ghiandole linfatiche, per infezione acuta. **2** (*fig.*) Piaga, infezione morale che guasta gli animi, la società e sim.: *il b. della corruzione*.

bubbònico [1841] agg. (pl. m. *-ci*) ● Detto di malattia che si manifesta con bubboni: *peste bubbonica*.

bubolàre o **bubilàre** [vc. onomat.; av. 1910] v. intr. (*io bùbolo*; aus. *avere*) ● (*raro*) Detto del gufo e dell'allocco, emettere il caratteristico verso rauco.

†**bubóne** [vc. dotta, lat. *bubōne(m)*, vc. onomat.; 1499] s. m. ● Gufo.

bubù [vc. onomat.; 1953] s. f. ● (*infant.*, *fam.*, *raro*) Bua | (*raro*) Babau.

†**bubùlco** ● V. †*bobolco*.

♦**bùca** [lat. tardo *būca(m)*, forma parallela a *bŭcca* 'bocca'; 1313] s. f. **1** Cavità o apertura, naturale o artificiale, comunemente più profonda che estesa, nel suolo o in altra superficie: *fare*, *praticare una b. nel terreno*; *una strada piena di buche* | ***B. sepolcrale***, tomba | ***B. del suggeritore***, botola coperta da un cupolino posta al centro del palcoscenico vicino alla ribalta, nella quale prende posto il suggeritore durante la rappresentazione | ***B. delle lettere***, per l'impostazione della corrispondenza | ***B. del golf***, ciascuna delle piccole cavità cilindriche praticate lungo il percorso, in cui i giocatori mandano la pallina; (*est.*) percorso per arrivare a ciascuna buca | ***B. del biliardo***, in cui cadono le bilie. ➡ ILL. p. 2154 SPORT. **2** Depressione del terreno | Valle stretta fra due monti. SIN. Bassura. **3** Ristorante, trattoria posta sotto il livello stradale: *'la b. di Bacco'*. **4** Depressione su letti, poltrone e sim., prodotta da corpi umani o oggetti che vi sono stati a lungo. || **bucàccia**, pegg. | **bucheràttola**, dim. | **bucherèlla**, dim. | **bucherellina**, dim. | **buchétta**, dim. (V.) | **buchettina**, dim. | **buchina**, dim.

bucacchiàre [1829] v. tr. (*io bucàcchio*) ● (*raro*) Bucherellare, sforacchiare.

bucanéve [comp. di *buca(re)* e *neve*; 1812] s. m. inv. ● Pianta erbacea delle Amarillidacee dal cui bulbo sorgono due foglie in mezzo alle quali è lo stelo portante un fiore bianco e pendulo a fioritura molto precoce (*Galanthus nivalis*). ➡ ILL. piante/11.

bucanière [fr. *boucanier* 'cacciatore di buoi, di cui preparava la carne affumicata (*boucan*, di prob. orig. caraibica)'; 1682] **s. m.** ● Pirata, gener. francese, inglese od olandese, che spec. nel XVII secolo si dedicava alla guerra corsara.

♦**bucàre** [da *buco*; av. 1342] **A v. tr.** (*io bùco, tu bùchi*) **1** Fare buchi (*anche fig.*): *b. una parete*; *un fischio che buca l'aria* | ***B. i biglietti***, fare il foro di controllo in biglietti ferroviari e sim., da parte del personale apposito | (*fig.*) ***B. il video, lo schermo, le pagine di un giornale***, imporsi all'attenzione dei telespettatori o dei lettori: *un uomo politico che buca il video*; *una notizia che buca le prime pagine*. **2** ***B. una gomma, uno pneumatico***, subire accidentalmente la bucatura di uno pneumatico | (*anche assol.*): *ha bucato sulla ghiaia*. SIN. Forare. **3** (*fig.*) Fallire l'intervento sulla palla o sul pallone | (*est.*) ***B. una notizia***, nel gergo giornalistico, ignorarla e perciò non pubblicarla. **4** Attraversare, penetrare: *il grillo insidioso buca / i vestiti di seta vegetale* (MONTALE) | Pungere, ferire, detto di oggetti ruvidi, appuntiti o taglienti | ***B. il corpo, il ventre, la pancia a qlcu., di qlcu.***, ferirlo, colpirlo con un'arma bianca | (*est.*) Colpire, anche con armi da fuoco. **B v. intr.** (aus. *avere*) ● (*raro, lett.*) Penetrare, aprirsi un varco in qlco. (*anche fig.*): *b. in un impiego*. **C v. intr. pron.** ● Subire una bucatura, detto di cose: *si è bucata la gomma*. **D v. intr. pron.** e **rifl.** ● Pungersi, ferirsi: *bucarsi con una spina, con un ago* | (*gerg.*) Drogarsi iniettandosi spec. eroina: *si buca da qualche mese*.

bucatàio [da *bucato* (*2*); 1863] **s. m.** **1** (**f.** *-a*) (*tosc.*) Lavandaio. **2** (*tosc.*) Stanza del bucato.

bucatìno [da *bucato* (*1*); 1952] **s. m.** ● (*spec. al pl.*) Tipo di pasta simile agli spaghetti, ma più grossa e bucata.

bucàto (**1**) [av. 1492] **part. pass.** di *bucare*; anche **agg.** **1** Nei sign. del v. **2** ***Avere le mani bucate***, (*fig.*) avere facilità a spendere.

bucàto (**2**) [da **bucare* 'liscivare', ant. fr. *bugar*, dal francone **būkōn* 'immergere'; 1306] **s. m.** **1** Lavatura della biancheria con acqua bollente, sapone, liscivia o altro detersivo: *sapone da, per b.*; *mettere i panni in b.*; *fare il b.* | ***Lenzuola di b.***, pulitissime perché appena lavate. **2** La biancheria lavata in una volta: *stendere, stirare il b.* || PROV. Lo scritto non si mette in bucato. || **bucatino**, **dim.** | **bucatóne**, **accr.** | **bucatùccio**, **dim.**

bucatùra [da *bucare*; 1863] **s. f.** **1** Il bucare: *la b. dei biglietti* | (*est.*) Segno lasciato da arnesi appuntiti, punture d'insetti e sim. **2** Foratura di una gomma, di uno pneumatico: *il corridore fu vittima di una b.* **3** (*pop.*) Iniezione. || **bucaturìna**, **dim.**

buccàle ● V. *boccale* (*2*).

†**bùccaro** ● V. *bucchero*.

buccellàto [lat. tardo *buccellātu(m)* 'pane militare': da *buccēlla*, nel senso di 'panino a forma di corona o bocca (*bŭcca*)' (?); av. 1342] **s. m.** ● Ciambella tipica di Sarzana e della Lucchesia, variamente aromatizzata.

bùcchero o †**bùccaro** [sp. *búcaro* 'vaso da bere' e 'terra profumata da vasi' dal lat. *pōculum* 'coppa', prob. attrav. il port. *púcaro* (?); 1668] **s. m.** **1** Terra odorosa, argillosa e nera, con cui sono fatti molti vasi etruschi | Terra rossastra, odorosa, proveniente da più Paesi, anche dall'America, molto di moda nel sec. XVII, usata anche per fare pastiglie e profumare gli ambienti. **2** Vaso fatto con tali terre: *b. etrusco*.

♦**bùccia** [etim. incerta; sec. XIII] **s. f.** (**pl.** *-ce*) **1** Strato esterno membranoso di frutti, tuberi e sim.: *la b. della mela, dell'arancia, della patata* | Pellicola che riveste il seme di taluni frutti indeiscenti: *la b. della noce, della mandorla* | ***Scivolare su una b. di banana***, (*fig.*) V. *banana* | Sottile corteccia delle piante: *b. del leccio*; *incidere la b.* **2** (*est.*) Pellicola o crosta che ricopre insaccati, farinacei e sim.: *b. del formaggio, del salame* | ***Rivedere le bucce***, (*fig.*) cercare e correggere con pignoleria errori, colpe. **3** (*fig.*) Pelle umana | ***Essere di b. dura, avere la b. dura***, essere molto resistente, forte | ***Lasciarci, rimetterci la b.***, morire | Epidermide di animali, spec. rettili. **4** (*gener.*) Rivestimento esteriore (*anche fig.*): *questa è rettorica che però rimane alla b.* (DE SANCTIS).

bùccina o †**bùcina** [vc. dotta, lat. *būcina(m)*, di etim. discussa: comp. di *bōs* 'bue' e *căno* 'canto', perché strumento tratto da un corno di bue (?); sec. XIV] **s. f.** **1** Conchiglia del buccino. **2** Strumento a fiato, ricurvo, simile al corno da caccia, usato nelle antiche milizie romane. ➡ ILL. **musica.**

buccinàre o †**bucinàre**, †**sbuccinàre** [vc. dotta, lat. *bucināre*, da *būcina* 'buccina'; sec. XIV] **A v. intr.** (*io bùccino*; aus. *avere*) ● †Suonare la buccina. **B v. tr.** ● (*lett.*) Spargere voci, insinuazioni, spec. in modo furtivo: *per appurare se già in paese si bucinasse qualcosa intorno all'omicidio* (PIRANDELLO).

buccinatóre o †**bucinatóre** [vc. dotta, lat. *bucinatōre(m)*, da *būcina* 'buccina'; sec. XVII] **A s. m.** **1** †Suonatore di buccina | (*est., lett.*) Chi propala voci, dicerie. **2** (*anat.*) Piccolo muscolo appiattito situato nella guancia. **B** anche **agg.** nel sign. 2.

bùccino [vc. dotta, lat. *būcinu(m)* 'trombetta' e 'conchiglia' (a forma di tromba?) da *būcina* 'buccina'; av. 1498] **s. m.** ● Mollusco marino dei Gasteropodi con conchiglia a forma di chiocciola (*Tritonium nodiferum*).

†**bùccio** (**1**) [da *buccia*; sec. XIII] **s. m.** **1** Buccia, scorza | Pelle. **2** Parte esterna delle pelli che si conciano.

†**bùccio** (**2**) ● V. †*bucio*.

bucciòlo (**1**) ● V. *bocciolo*.

†**bucciòlo** (**2**) [adattamento del sett. *bozzolo*: con sovrapposizione di *buccia* (?); av. 1566] **s. m.** ● Bozzolo, nel sign. di *bozzolo* (*1*).

bùccola o **bòccola** (**2**) [lat. *bŭccula(m)* 'ornamento metallico di forma rotonda', da *bŭcca* 'mascella, bocca'; 1739] **s. f.** **1** Orecchino: *le pareva di vederla ... metter le buccole sfolgoranti alle orecchie* (DE ROBERTO). **2** Ricciolo di capelli. || **buccolétta**, **dim.** | **buccolina**, **dim.**

†**buccòlica** (**1**) ● V. *bucolica*.

buccòlica (**2**) [da *bucolica* con la sovrapposizione scherz. di *bocca*; av. 1449] **s. f.** ● (*lett., scherz.*) Ciò che si riferisce al mangiare.

†**buccòlico** ● V. *bucolico*.

bùccolo ● V. *boccolo*.

bucèfalo [vc. dotta, lat. *bucĕphalu(m)*, dal gr. *Bouképhalos*, comp. di *bôus* 'bue' e *kephalḗ* 'capo', n. del cavallo di Alessandro Magno; 1591] **s. m.** ● (*scherz.*) Cavallo, spec. di poco valore.

†**bucèllo** [etim. incerta; av. 1587] **s. m.** ● (*tosc.*) Giovenco, vitello. || **bucellùzzo**, **buccellùzzo**, **vezz.**

†**bucentàuro** ● V. *bucintoro*.

†**bucentòro** ● V. *bucintoro*.

bùcero [vc. dotta, lat. *būceru(m)* 'che ha le corna di bue', dal gr. *boúkerōs*, comp. di *bôus* 'bue' e *kéras* 'corno'; 1819] **s. m.** ● Grosso uccello dei Coraciformi, dal becco enorme incurvato e compresso, sormontato alla base da una protuberanza ossea a forma di elmo (*Bucerus rhinoceros*).

Buceròtidi [comp. di *bucero* e *-idi*; 1930] **s. m. pl.** (**sing.** *-e*) ● Nella tassonomia animale, famiglia di Uccelli equatoriali, provvisti di appendici sul becco, cui appartiene il bucorvo (*Bucerotidae*).

bucheràme [dal n. della città di provenienza, *Buhārā*, nell'Usbechistan; dal sanscrito *vihāra* 'monastero' (?); av. 1347] **s. m.** ● Tessuto fine, traforato in uso nel Medioevo.

†**bucheràre** [da *buco*; 1427] **A v. tr.** **1** Bucare. **2** (*raro, fig.*) Colpire. **B v. intr.** ● Brigare | Procacciarsi voti.

†**bucheratìccio** **agg.** ● Bucherellato.

bucherellàre [av. 1811] **v. tr.** (*io bucherèllo*) ● Forare con molti piccoli buchi: *i tarli bucherellano i vecchi mobili*.

bucherellàto [av. 1685] **part. pass.** di *bucherellare*; anche **agg.** ● Nei sign. del v.

buchétta [av. 1537] **s. f.** **1** Dim. di *buca*. **2** Nelle corse atletiche di velocità, ciascuna delle due piccole buche scavate nel terreno aventi un tempo la stessa funzione degli attuali blocchi di partenza.

buchétto [av. 1537] **s. m.** **1** Dim. di *buco*. **2** Fossetta nel mento, nelle gote.

bùci [vc. onomat.; av. 1742] **inter.** ● (*tosc.*) Si usa per ordinare silenzio o per raccomandare segretezza | Anche raff.: *zitto e b.!*

†**bùcina** e *deriv.* ● V. *buccina* e *deriv.*

†**bùcine** [lat. *būcinu(m)* 'buccino, specie di conchiglia' (?); av. 1400] **s. m.** ● Rete a forma di conchiglia, per pescare o per uccellare.

bucintòro o †**bucentàuro**, †**bucentòro** [etim. discussa: gr. **boukéntauros* 'grande centauro', comp. di *bôus* 'bue' e *kéntauros* 'centauro' (?); av. 1492] **s. m.** ● Nave con quaranta remi ornata di fregi, ori e pitture, usata a Venezia dal doge in occasione di solennità | (*est.*) Nave di rappresentanza o diporto in uso presso i sovrani degli antichi Stati italiani.

†**bùcio** o †**bùccio** (**2**) [etim. incerta] **s. m.** ● (*gener.*) Scafo, nave.

♦**bùco** (**1**) [da *buca*; 1313] **s. m.** (**pl.** *-chi*) **1** Cavità o apertura, naturale o artificiale, profonda e stretta, generalmente tondeggiante: *il b. della serratura*; *un b. nella tasca*; *fare un b. nel muro* | ***Banda del b.***, quella di ladri che penetrano nei locali da svaligiare attraverso un foro opportunamente praticato in muri, pareti divisorie e sim. | ***Non cavare un ragno dal b.***, (*fig.*) non raggiungere alcun risultato valido | ***Fare un b. nell'acqua***, fallire | Orifizio corporale: *buchi del naso, delle orecchie*. SIN. Foro, pertugio. **2** Ambiente angusto, spec. squallido e buio: *questa camera è un b.* | Luogo nascosto, recesso: *l'aveva condotto per tutti i buchi* (MANZONI) | ***Vivere nel proprio b.***, in modo modesto e ritirato. **3** (*mar.*) ***B. del gatto***, apertura nella piattaforma della coffa per consentire il passaggio degli uomini di equipaggio. **4** (*astron.*) ***B. nero***, regione dello spazio da cui, a causa dell'intensa forza gravitazionale generata dal collasso di una stella, la luce non può sfuggire; (*fig.*) ciò che consuma, inghiotte, annulla e sembra non avere fondo. **5** (*fig., gener.*) Mancanza, lacuna: *una preparazione piena di buchi*; *b. di memoria* | Debito, disavanzo finanziario | ***Tappare, turare un b.***, pagare un debito, colmare un disavanzo | Mancata pubblicazione, in un giornale, di una notizia importante data da altri | Nel gioco del calcio e sim., fallito intervento sulla palla. **6** (*fig.*) Intervallo di tempo libero in un orario di lavoro: *ho un b. di un'ora*. **7** (*elettron.*) Posizione libera nella banda di valenza di un semiconduttore che si comporta come una carica elettronica positiva con una massa positiva. **8** (*gerg.*) Iniezione di droga, spec. eroina. || PROV. Non tutte le ciambelle riescono col buco. || **bucherellino**, **dim.** | **bucherèllo**, **dim.** | **buchétto**, **dim.** (V.) | **buchino**, **dim.** | **bucolino**, **dim.** | **bucóne**, **accr.**

bùco (**2**) [da *buco* (*1*); av. 1449] **agg.** (**pl. m.** *-chi*) ● (*raro*) Bucato, forato | ***Osso b.***, V. *ossobuco* | (*fam.*) ***Andare b.*** (o ***buca***), fallire, avere esito negativo | ***Avere un'ora buca***, non avere impegni, avere una pausa di un'ora durante un'attività lavorativa.

bucòlica o †**buccòlica** (**1**) [vc. dotta, lat. *bucōlica* (n. pl.), dal gr. *boukolikós* 'pastorale', da *boukólos* 'pastore (*-kólos*) di buoi (*bôus*)'; av. 1375] **s. f.** ● Poesia pastorale in forma di egloga: *le bucoliche di Virgilio*.

bucòlico o †**buccòlico** [vc. dotta, lat. *bucōlicu(m)*, dal gr. *boukolikós* (V. *bucolica*); 1319] **agg.** (**pl. m.** *-ci*) **1** Pastorale: *poesia bucolica* | ***Dieresi bucolica***, dopo il quarto metro dell'esametro greco e latino. **2** Che evoca l'ambiente sereno dei campi e la vita campestre: *paesaggio b.* || **bucolicaménte**, **avv.**

bucòrvo [comp. di *bu(e)* e *corvo*, come trad. del n. lat. scient. *Bucorax*; 1930] **s. m.** ● Uccello con piumaggio nero lucente, della famiglia dei Bucerotidi, munito di una grossa prominenza a elmo sulla base del grosso becco (*Bucorax abyssinicus*).

bucrànio [vc. dotta, lat. *bucrāniu(m)*, dal gr. *boukránion*, comp. di *bôus* 'bue' e *kranion* 'cranio'; 1827] **s. m.** ● Motivo ornamentale architettonico dello stile dorico che riproduce un cranio di bue.

Bùdda o **Buddha** [sanscrito *buddháh*, part. pass. di *bódhati* 'svegliare, illuminare'; 1843] **s. m.** (**pl.** *Bùdda* o *Bùddi*) **1** Epiteto del principe Gotama, vissuto in India nel VI-V sec. a.C., il quale predicò le dottrine morali e filosofiche che sono all'origine del buddismo | Epiteto di ogni altro asceta buddista | Dipinto o statua raffigurante il Budda. **2** (*est.*) ***Viso di, da B.***, dall'espressione indifferente ed enigmatica | (*ellitt.*) ***Alla B.***, con le gambe incrociate sotto il tronco: *stare seduto alla B.*

Buddha e *deriv.* ● V. *Budda* e *deriv.*

buddhismo /bud'dizmo/ e *deriv.* ● V. *buddismo* e *deriv.*

buddismo o **buddhismo** [1839] **s. m.** ● Dottrina etica e filosofica predicata da Budda e forma religiosa che essa ha assunto in molti Paesi orientali.

buddista o **buddhista** [1843] **s. m.** e **f.**; anche **agg.** (**pl. m.** *-i*) ● Seguace del buddismo.

buddistico o **buddhistico** [1843] agg. (pl. m. *-ci*) ● Che si riferisce al buddismo.

budellàme [sec. XIV] s. m. ● (*raro*) Massa di budella, spec. di animali.

budèllo [lat. *botĕllu(m)* 'salsiccia', deriv. di *bŏtulum* 'sanguinaccio', di prob. orig. osca; av. 1350] s. m. (pl. *budèlla* f., raro *budèlle* f. nel sign. proprio; pl. *budèlli* m. nel sign. fig.) *1* (*pop.*) Intestino | ***Empirsi le budella***, mangiare molto | ***Cavare le budella***, (*fig.*) uccidere | ***Sentirsi tremare, torcere, rimescolare le budella***, (*fig.*) avere paura. *2* (*fig.*) Tubo: *un b. di gomma per annaffiare* | Imbottitura di oggetti vari. *3* (*fig.*) Vicolo lungo e stretto, spec. maleodorante | Corridoio lungo e angusto. *4* (*bot.*) ***B. pollinico***, formazione che esce dal granulo pollinico e trasporta i gameti maschili entro l'ovulo. || **budellino**, dim. | **budellóne**, accr. (V.).

budellóne [1761] s. m. (f. *-a*) *1* Accr. di *budello*. *2* (*fig.*, *spreg.*) Gran mangiatore | Grassone: *Un b. d'un frate gli venne incontro* (PASOLINI).

budget /'badʤet, *ingl.* 'bʌdʒɪt/ [vc. ingl., dal fr. *bougette* 'piccola borsa (*bouge*)', poi la 'borsa del ministro del tesoro', quindi 'bilancio dello stato'; 1799] s. m. inv. *1* Bilancio di previsione di un'azienda. *2* (*est.*) Piano finanziario, programma di spesa di un'azienda o di un settore di essa | ***B. pubblicitario***, somma stanziata per una campagna pubblicitaria | (*est.*) Somma a disposizione: *il nostro b. per le vacanze è limitato*.

budgetàrio /budʤe'tarjo/ o **buggettàrio** [1942] agg. ● Pertinente al budget | ***Controllo b.***, riscontro sistematico dei risultati di gestione con le previsioni del budget.

♦**budino** o (*raro*) **bodino**, †**pudino** [ingl. *pudding*, dal fr. *boudin* 'sanguinaccio', di etim. incerta, che ha influenzato nella forma e in alcuni sign. la vc. it.; 1747] s. m. ● Dolce di consistenza molle a base di latte, uova e zucchero, cotto in forno o a bagnomaria in apposito stampo, sformato freddo, spesso accompagnato da salse dolci o panna montata: *b. di cioccolata* | (*est.*, *impropr.*) Sformato, flan: *b. di asparagi*.

†**budrière** o †**bodrière** [fr. *baudrier*, di etim. incerta; 1643] s. m. ● Larga striscia di cuoio portata dai soldati ad armacollo per appendervi la sciabola o la spada | Bandoliera.

♦**bùe** o **bòve** [lat. *bŏve(m)*, di orig. indeur.; 1221] s. m. (f. *†buéssa* (V.); pl. m. *buòi*) *1* Genere di Mammiferi ruminanti appartenenti alla famiglia dei Bovidi, con corpo grosso e tozzo, corna presenti in entrambi i sessi (*Bos*) | (*per anton.*) Una specie di tale genere (*Bos taurus*). CFR. Muggire | ***Bue marino***, dugongo | ***Bue muschiato***, grosso mammifero ruminante con orecchie piccole, corna larghe e appiattite alla base, vello lunghissimo e ondulato e coda ridottissima (*Ovibos moschatus*). *2* Correntemente, maschio adulto castrato dei bovini addomesticati | ***Occhio di bue***, (*fig.*) occhio molto grande; (*est.*) finestrino tondo; (*est.*) lente convessa di lanterna | ***Uova all'occhio di bue***, uova cotte intere al burro in tegame | ***Chiudere la stalla quando i buoi sono scappati***, V. *stalla*, sign. 1 | ***Mettere il carro avanti ai buoi***, V. *carro*. *3* (*est.*) Carne di bue macellata o cucinata: *bue brasato al barolo*. *4* (*fig.*) Uomo stolido, ignorante, duro nell'apprendere | ***Parco buoi***, (*gerg.*) l'insieme di coloro che, privi di adeguate competenze tecniche, giocano in borsa attratti dal miraggio di facili guadagni. || PROV. Moglie e buoi dei paesi tuoi. || **buàccio**, pegg.

buen retiro /*sp.* 'bwen rɛ'tiro/ [loc. sp., propr. 'buon ritiro, buon asilo'] loc. sost. m. inv. ● Ritrovo di amanti | (*est.*) Luogo calmo e appartato, in cui si cercano riposo e tranquillità.

†**buéssa** [deriv. scherz. di *bue*; av. 1584] s. f. ● Vacca | (*fig.*) Donna rozza.

bùfala [av. 1363] s. f. *1* Femmina del bufalo: *mozzarella di b.* *2* (*fig.*, *scherz.*) Errore, svista madornale | Notizia giornalistica priva di fondamento. *3* (*fig.*, *scherz.*) Cosa di scarsa qualità: *dopo tante bufale, finalmente un buon film!*

bufalàio [av. 1589] s. m. (f. *-a*) ● (*merid.*) Lavoratore addetto al governo e alla mungitura delle bufale e delle vacche | Chi custodisce le mandrie di bufali.

†**bufalàta** [av. 1584] s. f. ● Corsa delle bufale, nella Firenze antica.

bufalino [av. 1484] agg. ● Di bufalo: *carne bufalina*.

bùfalo o †**bùffalo**, (*dial.*) **bùffolo**, (*dial.*) **bùfolo** [lat. parl. *būfalu(m)*, parallelo di *būbalu(m)*, dal gr. *bóubalos*, di etim. incerta; av. 1282] s. m. (f. *-a* (V.)) *1* Genere di Mammiferi ruminanti dei Bovidi con arti robusti, pelame duro e setoloso, corna larghe e assai sviluppate e fronte convessa (*Bubalus*) | (*fig.*) ***Mangiare come un b.***, senza moderazione | (*fig.*) ***Soffiare come un b.***, respirare affannosamente. ➡ ILL. animali/12. *2* (*fig.*) Uomo goffo e grossolano. || **bufalàccio**, pegg. | **bufalino**, dim. | **bufalóne**, accr. | **bufalòtto**, accr.

†**bufàre** [forma dial. di *buffare*; av. 1698] v. intr. *1* (*dial.*) †Nevicare con vento. *2* (*lett.*) V. *buffare*.

bufèra [da *buffare* in forma sett.; 1313] s. f. *1* Fortunale, tempesta, tormenta. *2* (*fig.*) Sconvolgimento psicologico, sociale e sim. | Periodo denso di avvenimenti drammatici: *la b. della rivoluzione*. SIN. Burrasca, tormenta.

bùffa (1) [vc. onomat., come *buffare*; 1313] s. f. *1* (*raro*, *lett.*) Forte e improvviso soffio di vento: *la corta b. / d'i ben che son commessi a la fortuna* (DANTE *Inf.* VII, 61-62). *2* (*raro*, *lett.*) Beffa, burla.

bùffa (2) [da *buffa* (*1*), in quanto 'parte dell'elmo per cui si respira (?)'; 1618] s. f. ● †Berretto che copriva gli orecchi e parte della faccia | Cappuccio delle cappe di alcune confraternite | Nelle antiche armature, visiera amovibile della celata aperta a protezione del volto dalla fronte alla bocca | †***Tirar giù la b.***, (*fig.*) calare la maschera.

†**bùffalo** ● V. *bufalo*.

buffàre o †**bufàre** nel sign. 1 [vc. onomat., da *buff-* 'soffiare, gonfiare'; av. 1313] **A** v. intr. (aus. *avere*) *1* (*lett.*) Sbuffare | (*lett.*) Soffiare con forza, detto del vento. *2* Emettere un caratteristico soffio, detto di branchi di anatre in volo. *3* (*fig.*) †Dire sciocchezze. **B** v. tr. ● Nel gioco della dama, portar via all'avversario il pezzo con cui ha omesso di mangiare: *b. una pedina*.

buffàta [1813] s. f. ● Soffio di vento, fumo e sim.: *una b. di vento portò fin lì dei canti lontani* (D'ANNUNZIO). SIN. Sbuffo.

buffatóre s. m. ● Anticamente, operaio di vetreria che faceva i fiaschi soffiando nel vetro con l'apposita canna.

buffè [av. 1722] s. m. ● Adattamento di *buffet* (V.).

buffer /'baffer, *ingl.* 'bʌfə/ [vc. ingl., propr. 'cuscinetto'; 1983] s. m. inv. ● (*elab.*) Memoria di transito sulla quale si immagazzinano dati prima del loro trasferimento sull'unità periferica oppure prima del loro trasferimento in memoria centrale.

bufferizzàre /bafferid'dzare, bufferid'dzare/ [da *buffer*; 1994] v. tr. ● (*elab.*, *elettr.*) Dotare un dispositivo di buffer.

buffet /buf'fɛ*, *fr.* by'fɛ/ [vc. fr., di etim. incerta; av. 1646] s. m. inv. *1* Credenza a uno o due corpi usata per conservare o esporre argenterie e stoviglie. *2* Tavola su cui nei ricevimenti sono esposti o serviti cibi, vini, bibite e sim. | (*est.*) Rinfresco. *3* Bar, caffè con tavola calda o fredda, ristorante in luoghi di transito o sosta: *b. della stazione ferroviaria*.

buffetterìa (1) [da *buffet*; 1955] s. f. ● Servizio di buffet.

buffetterìa (2) [fr. *buffeteries* 'oggetti di pelle di bufalo (*buffle*)'; 1812] s. f. ● (*spec. al pl.*) Accessori in cuoio del casermaggio e del soldato.

buffétto (1) [dalla vc. onomat. *buff-* 'soffio'; gonfio' per la sua leggerezza; av. 1449] agg. ● Nella loc. ***pan b.***, (*region.*) tipo di pane fino, soffice.

buffétto (2) [da *buffa* (*1*), con lo stesso sviluppo che ha portato il fr. *souffler* 'soffiare' a *soufflet* 'schiaffo'; av. 1363] s. m. ● Colpo leggero dato con le dita sulla gota o (*raro*, *lett.*) facendo schioccare le dita: *lo salutò con un b. affettuoso*.

buffétto (3) [av. 1646] s. m. ● (*raro*, *lett.*) Adattamento di *buffet* (V.) nei sign. 1 e 2.

bùffo (1) [da *buffare*; av. 1665] s. m. ● Soffio, impetuoso e improvviso: *giungevano buffi salmastri* (MONTALE) | Sbuffo di fumo e sim. SIN. Buffata. || **buffétto**, dim.

♦**bùffo** (2) [tratto da *buffone* (*1*); av. 1764] **A** agg. *1* Che provoca ilarità: *un tipo b.* | Che è ridicolo e bizzarro insieme: *mi fate una figura così buffa* (CARDUCCI). *2* Comico: *opera buffa*; *attore b.* || **buffaménte**, avv. **B** s. m. ● Attore cui sono affidati i ruoli comici o grotteschi nell'opera lirica. **C** s. m. solo sing. ● Cosa buffa, elemento o particolare ridicolo: *il b. è che ha ragione lui* | Comicità: *scoprire, notare il b. di una situazione*.

bùffo (3) [vc. di orig. espressiva] s. m. ● (*rom.*) Debito: *fare un b.*; *essere pieno di buffi*.

†**bùffola** [dalla vc. onomat. *buff-* 'soffio'; av. 1311] s. f. ● (*raro*) Inezia.

bùffolo ● V. *bufalo*.

buffonàggine [da *buffone* (*1*); 1743] s. f. ● (*raro*) Mancanza di serietà | Azione, discorso, comportamento da buffone.

†**buffonàre** [av. 1400] v. intr. ● Fare il buffone.

buffonàta [av. 1731] s. f. *1* Antica azione scenica all'aperto rappresentata durante il Carnevale in Versilia. *2* Azione, discorso da buffone | Azione, discorso di nessuna serietà: *fare, dire buffonate*; *è una b., non una cosa seria*. SIN. Pagliacciata.

buffóne (1) [dall'onomat. *buff-* 'gonfiare (le gote)' per far ridere; sec. XIII] s. m. (f. *-a*) *1* Individuo per lo più fisicamente deforme che nel Medio Evo e nel Rinascimento esercitava il mestiere di divertire i signori: *b. di corte*. SIN. Giullare. *2* (*fig.*) Chi volge in ridicolo le cose serie e intrattiene gli altri divertendoli. SIN. Burlone, pagliaccio. *3* (*fig.*) Persona priva di serietà e dignità: *qual motivo di ridere trovate in ciò? b.* (GOLDONI). || **buffonàccio**, pegg. | **buffoncèllo**, dim. | **buffoncino**, dim.

buffóne (2) [da *buffo* 'gonfio', per la sua forma; 1618] s. m. ● Vaso di vetro, panciuto e corto di collo, usato un tempo per tenere in fresco le bevande.

buffoneggiàre [da *buffone* (*1*); sec. XIV] v. intr. (*io buffonéggio*; aus. *avere*) ● Fare il buffone.

buffonerìa [av. 1396] s. f. *1* (*lett.*, *raro*) Arte, spettacolo del buffone. *2* Atteggiamento, atto o discorso da buffone | Buffonata.

buffonésco [1483] agg. (pl. m. *-schi*) ● (*raro*) Di buffone | (*est.*) Ridicolo, privo di serietà. || **buffonescaménte**, avv.

buffonista [trad. it. del fr. *bouffon* 'attore di opere buffe', dall'it. *buffone*] s. m. e f. (pl. m. *-i*) ● (*spec. al pl.*) Attori italiani che nel XVIII sec. introdussero in Francia l'opera buffa e altri spettacoli leggeri.

†**bùfo** [V. *bufone*] s. m. ● (*tosc.*) Gufo.

bùfolo ● V. *bufalo*.

†**bufonchiàre** ● V. *bofonchiare*.

†**bufóne** [vc. dotta, lat. *būfōne(m)*, vc. onomat.] s. m. ● Rospo.

buftalmìa [vc. dotta, da *buftalmo*; 1819] s. f. ● (*med.*) Protrusione dell'occhio dalla cavità orbitaria.

buftàlmo [dal gr. *boúphthalmos*, comp. di *bôus* 'bue' e *ophthalmós* 'occhio'; 1832] s. m. *1* Pianta erbacea delle Composite con foglie alterne su uno stelo gracile e grandi capolini solitari di fiori gialli (*Buphtalmum salicifolium*). SIN. (*pop.*) Occhio di bue. *2* (*med.*) Idroftalmo.

bug /bag, *ingl.* bʌg/ [vc. ingl., propr. 'cimice, insetto', che negli Stati Uniti assunse anche il sign. di 'difetto in un meccanismo'; 1985] s. m. inv. ● (*elab.*) Baco.

buganvillea [dal n. del navigatore al quale è stata dedicata, L.-A. de *Bougainville* (1729-1811); 1839] s. f. ● Pianta arbustiva delle Nictaginacee con rami spinosi e fiori piccoli avvolti da tre brattee di colore variabile dal rosa al porpora (*Bougainvillea spectabilis*).

bugànza [etim. incerta; 1761] s. f. ● (*sett.*) Gelone.

bùggera [da *buggerare*; av. 1910] s. f. *1* (*region.*) Sproposito, fandonia, stupidaggine. SIN. Buggerata. *2* (*region.*, *spec. al pl.*) Stizza, rabbia.

buggeràre [dal lat. tardo *bŭgeru(m)*, var. di *bŭlgaru(m)* 'bulgaro', poi 'eretico' (perché i bulgari avevano aderito all'eresia patarina), quindi 'sodomita' (secondo l'uso di adoperare n. di eretici come termini d'insulto); 1778] v. tr. (*io bùggero*) *1* (*ant.*, *volg.*) Compiere atti di sodomia. *2* (*fig.*, *region.*) Ingannare: *s'è lasciato b. come un novellino*. SIN. Buscherare.

buggeràta [1953] s. f. *1* (*region.*) Stupidaggine, fandonia, frottola: *badate ai fatti vostri e alle buggerate che vi contano* (BACCHELLI). *2* (*region.*) Buggeratura.

buggeratùra [1967] s. f. ● (*region.*) Raggiro, imbroglio.

buggerìo [av. 1802] s. m. *1* (*region.*) Chiasso, frastuono, confusione. *2* (*tosc.*) Gran quantità.

buggeróne [av. 1635] **A** s. m.; anche agg. (f. *-a*) ● (*region.*) Chi (o Che) buggera. **B** agg. ●

(*region.*) Molto grande, straordinario: *paura buggerona.*

buggettàrio ● V. *budgetario.*

bùghi-bùghi s. m. inv. ● (*pop.*) Adattamento di *boogie-woogie.*

bugìa (1) [fr. *bougie*, dal n. della città algerina *Bougie*, da cui si importavano cera e candele rinomate; 1622] s. f. ● Portacandela la cui base è costituita da un piattellino con manico | Lucerna a olio costituita da una piccola cassetta cilindrica.

♦**bugìa** (2) [ant. provz. *bauzia*, dal germ. *bausja* 'cattiveria, inganno'; av. 1294] s. f. *1* Affermazione volutamente contraria alla verità: *dire, raccontare bugie, un sacco di bugie*; *io non venni qui per dirvi le bugie* (BOCCACCIO) | *B. pietosa*, che dissimula la verità per evitare conseguenze dolorose o comunque gravi. SIN. Fandonia, frottola, menzogna. *2* (*fam.*) Macchietta bianca sulle unghie. *3* (*spec. al pl.*; *cuc.*) Nome usato in Piemonte per i cenci. || PROV. Le bugie hanno le gambe corte. || **bugiàccia**, pegg. | **bugiétta**, dim. | **bugiìna**, dim. | **bugióna**, accr. | **bugióne**, accr. m. | **bugiùccia**, **bugiùzza**, dim.

bugianèn /budʒa'nɛn/ [vc. piemontese, propr. 'che non (*nen*) si muove (dal v. *bugié*)', variamente interpretato: 'pigro' oppure 'che non si sposta dalla posizione conquistata'] s. m. e f. inv. ● (*scherz.*) Nomignolo dato ai piemontesi | (*est.*) Persona tenace e caparbia | (*spreg.*) Persona indolente.

bugiardàggine [1955] s. f. ● Caratteristica di chi è bugiardo.

bugiarderìa [av. 1742] s. f. *1* (*raro*) Menzogna. *2* (*raro, lett.*) Bugiardaggine.

bugiardino [deriv. scherz. di *bugiardo*] s. m. ● Foglietto accluso alla confezione di un farmaco, del quale spiega le caratteristiche, le indicazioni terapeutiche, la posologia e sim.

♦**bugiàrdo** [ant. provz. *bauzios*, da *bauzia* 'bugia (2)', con suff. pegg.; sec. XIII] **A** agg. *1* Che dice bugie | †*Fare b. qlcu.*, smentirlo. *2* (*lett.*) Ingannevole, illusorio: *la bugiarda speranza ti guida intanto per mano* (FOSCOLO) | Falso, menzognero: *lacrime, promesse bugiarde* | Che non rispecchia il reale andamento di una prova, una gara e sim.: *un risultato b.* *3* †Detto di una qualità di pera che sembra acerba e non lo è. || **bugiardaménte**, avv. Falsamente. **B** s. m. (f. *-a*) ● Persona bugiarda: *è un b. incorreggibile*; *dare a qlcu. del b.* SIN. Impostore. || PROV. Il bugiardo deve aver buona memoria. || **bugiardàccio**, pegg. | **bugiardèllo**, dim. | **bugiardino**, dim. | **bugiardóne**, accr. | **bugiarduòlo**, dim.

†**bugiàre** (1) [ant. provz. *bauzar* 'ingannare con bugia (*bauza*)'; av. 1347] v. intr. ● Dire bugie: *e certo i' non vi bugio* (DANTE *Purg.* XVIII, 109).

†**bugiàre** (2) [da *bugio* nel senso di 'buco'; 1532] v. tr. ● Bucare.

bugigàttolo [da *bugio* del *gatto* (?); sec. XV] s. m. ● Stanzino oscuro, spec. usato come ripostiglio: *un b. d'una cameruccia di questa giovane serva* (CELLINI) | Abitazione ristretta e squallida: *vivere in un b.*

†**bùgio** o (*sett.*) †**bùso** [sing. tratto dal pl. di 'buco' nella forma sett. *bugi* (?); 1321] agg. ● Bucato, vuoto.

†**bugliàre** [da *buglia*; av. 1388] v. intr. e intr. pron. ● Imbrogliarsi, ingarbugliarsi.

bugliòlo o (*lett.*) **bugliuòlo** [dal lat. parl. **būlliu(m)* 'tino', di orig. celt. (?); av. 1470] s. m. *1* (*mar.*) Secchio con un cavo collegato al manico, per attingere acqua dal mare. *2* Vaso per escrementi, in uso, spec. in passato, nelle carceri.

buglióne [fr. *bouillon*, da *bouillir* 'bollire'; av. 1300] s. m. *1* †Brodo, broda. *2* (*raro, fig., lett.*) Mescolanza, accozzaglia di gente e cose disparate.

bugliuòlo ● V. *bugliolo.*

buglòssa [vc. dotta, lat. *buglōssa(m)*, dal gr. *boúglōssos*, comp. di *bôus* 'bue' e *glôssa* 'lingua'; sec. XIV] s. f. ● Pianta erbacea delle Borraginacee con fusto eretto, foglie intere e fiori in racemi di color viola o bianco (*Anchusa officinalis*). SIN. Lingua di bue | *B. vera*, borragine.

bùgna [lat. parl. **būnia(m)*, di etim. incerta; 1550] s. f. *1* Pietra lavorata sporgente da un muro: *b. rozza o rustica, piana o liscia, a diamante.* SIN. Bozza. *2* (*mar.*) Rinforzo metallico, di corda o di cuoio degli angoli delle vele, dotato di un anello cui si fissano le manovre; (*est.*) l'anello stesso | Deformazione della carena della nave provocata da una collisione | Raddoppio della carena per rinforzo e protezione. ➡ ILL. p. 2155 SPORT. *3* Arnia.

bugnàre [1853] v. tr. ● Lavorare a bugne una facciata o un muro.

bugnàto [1822] **A** part. pass. di *bugnare*; anche agg. *1* Nel sign. del v. *2* (*mar.*) *Carena bugnata*, cui è stata sovrapposta la bugna. **B** s. m. ● Paramento murario formato da bugne, in uso nell'architettura romana e medievale e spec. nei palazzi del Rinascimento | *B. rustico*, a bugne appena sbozzate dalla superficie ruvida | *B. liscio*, a bugne regolarmente squadrate dalla superficie levigata | *B. a punta di diamante*, a bugne sfaccettate in forma di piramide con la punta rivolta verso l'esterno.

bùgno [da *bugna*; sec. XIII] s. m. ● Arnia rustica per api a favo fisso simile al ricovero naturale.

bùgnola [da *bugna*; av. 1449] s. f. *1* (*tosc.*) Paniere di paglia per biade, crusca e sim. | Cestina. *2* (*tosc.*) Cattedra, spec. degli accademici della Crusca.

bùgola o (*tosc.*) **bùgula** [etim. incerta; 1829] s. f. ● Pianta erbacea delle Labiate con stoloni, foglie ovate opposte e fiori blu-violetti (*Ajuga reptans*).

buiatrìa [comp. di *bu(e)* e *-iatria*] s. f. ● Settore della veterinaria che studia le malattie dei bovini.

†**buiccio** [av. 1527] s. m. *1* Dim. di *buio.* *2* Penombra: *così al b.* (MACHIAVELLI).

buìna ● V. *bovina.*

♦**bùio** o †**bùro** [lat. parl. **būriu(m)*, da *būrrus* 'rosso cupo' con sovrapposizione di altra vc.; 1313] **A** agg. *1* Che è privo di luce, che non è illuminato: *stanza buia*; *era una notte buia* | *Tempo b.*, nuvoloso | (*fig.*) Preoccupante, triste: *avvenire b.*; *tempi bui.* SIN. Oscuro, tenebroso. *2* (*fig.*) Corrucciato, triste: *essere b. in viso.* *3* (*fig.*) Di difficile comprensione: *la mia narrazion buia* (DANTE *Purg.* XXXIII, 46). SIN. Astruso. **B** s. m. *1* Mancanza di luce: *per più giorni dovei stare al b.* (ALFIERI) | *B. pesto, fitto, che si affetta*, molto intenso | *Al b.*, nell'oscurità | *Avvolto nel b.*, (*fig.*) ignorato, misterioso | *Essere al b.*, (*fig.*) ignorare | *Tenere al b.*, (*fig.*) nascondere | *Fare un salto nel b.*, (*fig.*) affrontare qlco. senza poterne prevedere le conseguenze | *Mettere al b.*, (*raro*) in prigione. SIN. Oscurità, tenebra. CONTR. Luce. *2* (*fig., lett.*) Ciò che è poco comprensibile o poco noto: *ti perdi nel b.* (PIRANDELLO). *3* Nel gioco del poker, puntata effettuata prima di vedere le carte, di valore doppio del piatto: *aprire al b.* || PROV. Al buio tutti i gatti sono bigi. || †**buiccio**, dim. (V.).

†**buióre** [av. 1292] s. m. ● Oscurità.

buiósa [av. 1587] s. f. ● (*gerg., lett.*) Prigione.

bulbàre [1892] agg. ● (*anat.*) Del bulbo, relativo al bulbo.

bulbicoltóre [comp. di *bulbo* e *-coltore*] s. m. (f. *-trice*) ● Chi si dedica alla bulbicoltura.

bulbicoltùra [comp. di *bulbo* e *-coltura*; 1965] s. f. ● Branca della floricultura relativa alla coltivazione delle piante bulbose da fiore.

bulbìfero [vc. dotta, comp. di *bulbo* e *-fero*; 1817] agg. ● Fornito di bulbo.

bulbifórme [vc. dotta, comp. di *bulbo* e *-forme*; 1829] agg. ● Che ha forma di bulbo.

bulbillo [vc. dotta, lato *bulbĭllu(m)*, dim. di *būlbus* 'bulbo'; 1829] s. m. ● (*bot.*) Gemma aerea che, staccata dalla pianta madre, è capace di emettere radici dando origine a una nuova pianta.

bùlbo [vc. dotta, lat. *būlbu(m)*, dal gr. *bolbós*, con reduplicazione fonosimbolica; sec. XIV] s. m. *1* (*bot.*) Grossa gemma sotterranea formata da un breve fusto circondato da foglie a forma di squame. ➡ ILL. **botanica generale.** *2* (*anat.*) Formazione globosa o fusiforme | *B. pilifero*, radice germinale del pelo | *B. oculare*, nella cavità orbitale, sfera nella cui sezione anteriore è posta la cornea | *B. rachidiano*, midollo allungato. *3* Involucro di vetro delle lampadine: *b. azzurrato*; *b. bianco.* *4* (*est.*) Oggetto sferico atto a contenere liquidi: *nel b. del termometro è posto il mercurio.* *5* (*mar.*) Corpo affusolato, gener. in ghisa o piombo, posto in funzione di zavorra all'estremità della deriva per migliorare la stabilità trasversale dello scafo | (*est.*) La deriva stessa | *Prua a b.*, rigonfiamento posto all'estremità della parte immersa della prua profilato per ridurre la resistenza all'avanzamento. ➡ ILL. p. 2172 TRASPORTI. *6* (*ferr.*) *Ferro a b.*, laminato con la sezione simile a quella della rotaia.

bulbocàstano [vc. dotta, comp. di *būlbu(m)* 'bulbo' e del gr. *kástanon* 'castagna'; 1832] s. m. ● Pianta erbacea delle Ombrellifere con fiori bianchi e radice tuberosa commestibile (*Bunium bulbocastanum*). SIN. Castagna di terra.

bulbósa [f. sost. di *bulboso*] s. f. ● (*spec. al pl.*) Nel giardinaggio, ogni pianta con fusti sotterranei perenni quali bulbi, tuberi e rizomi.

bulbóso [lat. *bulbōsu(m)*, da *būlbus* 'bulbo'; 1598] agg. ● Fornito di bulbo | Bulbiforme.

†**buldriàna** [etim. incerta; av. 1484] s. f. ● Baldracca.

bulè o **bùle** [vc. dotta, gr. *boulé*] s. f. ● Nell'antica Grecia, consiglio dei rappresentanti della polis.

†**bulèsia** [etim. incerta; sec. XIV] s. f. ● (*zool.*) Fettone.

bulèuta [vc. dotta, gr. *bouleutḗs*] s. m. (pl. *-i*) ● Nell'antica Grecia, membro della bulè.

bùlgaro [lat. tardo *Būlgaru(m)*: propr. 'uomini del Volga (*Bolg*)' (?); sec. XIV] **A** agg. *1* Della Bulgaria: *cittadino b.*; *cuoio, ricamo b.*; *lingua bulgara.* *2* (*fig.*; *spreg.*) Grigio, rigido, ottuso (con riferimento al regime bulgaro degli anni 1946-1990, il più allineato all'ex Unione Sovietica): *burocratismo, dogmatismo b.* | *Elezioni bulgare*, caratterizzate da risultati plebiscitari. (V. nota d'uso STEREOTIPO) **B** s. m. *1* (f. *-a*) Abitante, nativo della Bulgaria. *2* Cuoio pregiato, rosso cupo e odoroso, usato in pelletteria e in legatoria. *3* Ricamo vivacemente variopinto. **C** s. m. solo sing. ● Lingua del gruppo slavo, parlata dai Bulgari.

bulge /*ingl.* bʌldʒ/ [ant. fr. *bouge*, da *būlga* 'sacco di cuoio', per la forma concava] s. m. inv. ● (*mar.*) Controcarena.

bulicàme [da *bulicare*; 1313] s. m. *1* (*raro*) Sorgente da cui l'acqua sgorga bollendo e gorgogliando | Gorgoglio d'acque correnti | (*lett.*) Spec. nell'Inferno dantesco, fiume di sangue bollente: *parea che di quel b. uscisse* (DANTE *Inf.* XII, 117). *2* (*geol.*) Vulcanetto di fango. SIN. Salsa (2). *3* (*fig.*) Moltitudine confusa di persone o di cose.

bulicàre o †**bollicàre** [lat. **bullicāre*, iter. di *bullire* 'bollire'; av. 1565] v. intr. (*io bùlico, tu bùlichi*; aus. *avere*) *1* (*lett.*) Bollire, ribollire, spec. dell'acqua. *2* (*raro, fig.*) Brulicare | Agitarsi.

†**bùlima** [etim. incerta; av. 1587] s. f. ● Frotta confusa di persone.

bulimìa [vc. dotta, gr. *boulimía* 'fame divoratrice', comp. di *bôus* 'bue' nel senso di 'grande' e *limós* 'fame'; 1499] s. f. ● (*med.*) Sensazione morbosa di appetito insaziabile con necessità di ingerire eccessive quantità di cibo. SIN. Polifagia, licoressia. CFR. Anoressia.

bulìmico [1985] **A** agg. (pl. m. *-ci*) ● (*med.*) Che riguarda la bulimia. **B** agg. e s. m. (f. *-a*) ● Che (o Chi) soffre di bulimia.

bulìna ● V. *bolina.*

bulinàre [da *bulino*; av. 1698] v. tr. ● Incidere col bulino: *b. il rame.*

bulinatóre [1955] s. m. (f. *-trice*) ● Chi incide col bulino | Incisore.

bulinatùra [1865] s. f. ● Incisione col bulino.

bulinìsta [1753] s. m. e f. (pl. m. *-i*) ● Bulinatore.

bulìno [etim. incerta: dal longob. **boro* 'succhiello' (?); 1427] s. m. ● Piccolo strumento di acciaio con punta tagliente per incidere metalli, cuoio e pelli | *Arte del b.*, quella dell'incisione.

bull /bul, *ingl.* bʊl/ [vc. ingl., propr. 'toro': V. l'opposto *bear* 'orso'; 1955] s. m. inv. ● (*banca*) Nel linguaggio della borsa, speculatore al rialzo. SIN. Rialzista, toro. CFR. Bear, orso.

†**bùlla** ● V. *bolla* (*1*) e (*2*).

bulldog /bul'dɔg, *ingl.* 'bʊl,dɒ·g/ [vc. ingl., comp. di *bull* 'toro' e *dog* 'cane'; 1844] s. m. inv. ● Razza di cani tozzi e massicci, a pelo raso e con accentuato prognatismo della mandibola | Correntemente, cane di tale razza.

bulldozer /bul'dɔdzer, *ingl.* 'bʊl,doʊzə/ [da *to bulldoze*, nell'ingl. d'America 'intimidire con la forza', di etim. incerta; 1945] s. m. inv. ● Macchina semovente cingolata, munita anteriormente di una grande lama per sbancare e spianare terreni, estirpare alberi e cespugli, sgomberare macerie e sim. ➡ ILL. **vigili del fuoco.**

bullétta o **bollétta** (1) [dim. del lat. *būlla* 'bolla (2)', per la forma; av. 1400] s. f. *1* Chiodo corto a capocchia larga. *2* V. *bolletta* (*1*) nei sign. 1 e 2. || **bullettino**, dim. m. | **bullettóne**, accr. m.

bullettàio [1853] s. m. (f. *-a*) ● Fabbricante o venditore di bullette.
bullettàme [av. 1374] s. m. ● Insieme di bullette o chiodi, di forma e grandezza varia.
bullettàre [1822] v. tr. (*io bullétto*) ● Ornare con bullette.
bullettatùra [1887] s. f. ● Operazione del bullettare | Guarnizione di bullette.
bullettino ● V. *bollettino*.
bullettonàto [da *bullettone*, accr. di *bulletta*, per la forma dei pezzi che lo compongono; 1955] **A** s. m. ● Tipo di pavimento costituito da pezzi di marmo o travertino uniti con malta di cemento. **B** anche agg.: *pavimento b.*
bullionìsmo [ingl. *bullionism*, da *bullion*, neerlandese *bulioen*, di orig. fr. (*billon*, anche 'lingotto'), accr. di *bille* nel senso di 'parte di albero'; 1955] s. m. ● Sistema monetario teorizzato nell'Ottocento, in cui la libera convertibilità dei biglietti in circolazione è garantita dall'integrale copertura in oro presso l'istituto emittente.
bullionìsta [1955] **A** agg. ● Basato sul bullionismo: *politica monetaria b.* **B** agg. e s. m. e f. (pl. m. *-i*) ● Sostenitore del bullionismo.
bullìsmo [da *bull(o)* con il suff. *-ismo*; 1958] s. m. ● Comportamento da bullo da parte di un individuo o di un gruppo sociale.
bùllo o **bùlo** [etim. incerta; 1547] **A** s. m. (f. *-a*) ● Giovane prepotente, bellimbusto | Teppista: *bulli di quartiere, di periferia* | (*est.*) Chi si mette in mostra con spavalderia: *fare il b.* **B** agg. ● Spavaldo, sfrontato, prepotente: *aria bulla.*
bullonàggio [1986] s. m. ● Bullonatura.
bullonàre [da *bullone*; 1921] v. tr. (*io bullóno*) ● Unire o inchiodare con bulloni.
bullonatùra [1965] s. f. ● Applicazione di bulloni.
bullóne [fr. *boulon*, dim. di *boule* 'bolla (1)'; 1892] s. m. ● Organo di collegamento di parti di macchine, composto da una vite di unione e da un dado avvitato all'estremità filettata della vite.
bulloneria [1950] s. f. *1* Fabbrica di bulloni. *2* Insieme dei vari tipi di bulloni usati nei collegamenti meccanici.
bùlo ● V. *bullo*.
†**bulsìno** [da *bolso*] s. m. ● (*raro*) Bolsaggine.
bum [vc. onomat.; 1860] inter. *1* Riproduce il rumore forte e rimbombante di un colpo, spec. quello di un'esplosione | Riproduce il suono della grancassa (*spec. iter.*): *cin cin bum bum.* *2* (*fig.*) Esprime incredulità, sottolineando ironicamente una grossa bugia, una spacconata.
bùmerang [1908] s. m. ● Adattamento di *boomerang* (V.).
bùna® [comp. con le sillabe iniziali di *bu(tadiene)* e *na(trium)* 'sodio'; 1938] s. f. ● Gomma sintetica ottenuta per polimerizzazione del butadiene usando come catalizzatore il sodio.
bundle /bandl, *ingl.* bʌndl/ [vc. ingl., propr. 'fascio, involto'; 1995] s. m. inv. ● Combinazione di prodotti offerti in vendita a un prezzo vantaggioso.
bungalow /'baŋgalo, 'bu-, *ingl.* 'bʌŋgə,ləʊ/ [vc. ingl., di orig. indost.: *banglā* 'bengalese' cioè originariamente '(casa) del Bengala'; 1844] s. m. inv. ● Villino a un piano, con grandi verande | (*est.*) Casetta per turisti, spec. in campeggi e villaggi di vacanza.
bungee jumping /*ingl.* 'bʌndʒi,dʒʌmpiŋ/ [loc. ingl., propr. 'saltatore (*jumping*) con corda speciale (*bungee*, di orig. sconosciuta)'; 1993] loc. sost. m. inv. ● Pratica sportiva consistente nel lanciarsi da un'altezza di varie decine di metri, di solito da ponti, legati per i piedi con una lunga corda elastica assicurata a un sostegno; si cade fino a una certa distanza dal suolo o dall'acqua rimbalzando ripetutamente verso l'alto.
bùnker (1) /'buŋker, *ingl.* 'bʌŋkə/ [vc. ingl., propr. 'deposito (di carbone in un'officina)'; 1852] s. m. inv. *1* Deposito di carbone, o gener. di combustibile, su navi, locomotive e sim. *2* (*sport*) Ostacolo artificiale su un percorso di golf, gener. consistente in una buca riempita di sabbia e munita di un riparo opposto alla direzione della palla. ➡ ILL. p. 2154 SPORT.
bùnker (2) /'buŋker, *ted.* 'buŋkʌ/ [vc. ted., presa nel sec. XIX dall'ingl. *bunker* (V. *bunker (1)*); 1940] **A** s. m. inv. (pl. ted. *Bunker*) *1* Ricovero militare sotterraneo in cemento armato, spesso protetto da lastre d'acciaio | Casamatta in cemento armato. *2* (*fig.*) Luogo talmente protetto da risultare quasi inaccessibile: *si è chiuso nel b. del suo ufficio.* **B** in funzione di agg. inv.: *aula b.*
bunkeràggio /buŋke'radʤo/ [1980] s. m. ● (*mar.*) Rifornimento di carburante.
bunkeràre /buŋke'rare/ [da *bunker (1)*; 1980] v. intr. (*io bùnkero*) ● (*mar.*) Rifornirsi del combustibile necessario per coprire la rotta stabilita.
Bunodónti [comp. del gr. *bounós* 'montagna, collina' (di orig. sconosciuta) e di *odonto-*: detti così perché hanno i denti molari arrotondati nella corona; 1962] s. m. pl. (sing. *-e*) ● Nella tassonomia animale, famiglia di Artiodattili a dentatura completa, spesso con zanne e molari a cuspidi arrotondate (*Bunodontia*).
buonacristiàna [comp. del f. di *buono* e del f. di *cristiano*] s. f. inv. ● (*bot.*) Pera William.
buonaféde o **buòna féde** [comp. del f. di *buono* (*1*) e *fede*; av. 1321] s. f. solo sing. *1* Convinzione di pensare o agire onestamente, giustamente e senza arrecare danno a nessuno: *era in b. quando ha preso la sua decisione.* *2* Ingenuità, fiducia: *approfittare della b. di qlcu.*
buonagràzia o (*raro*) **bonagràzia**, **buòna gràzia** [comp. del f. di *buono* (*1*) e *grazia*; 1797] s. f. (pl. *buonegràzie*) ● Cortesia, gentilezza | ***Con tua b.***, se non ti spiace, se permetti.
buonalàna o (*raro*) **bonalàna**, **buòna làna** [comp. del f. di *buono* (*1*) e *lana*; 1865] s. f. (pl. *buonelàne*) ● Birbante (*spec. iron.*).
buonamàno o (*raro*) **bonamàno**, **buòna màno** [comp. del f. di *buono* (*1*) e *mano*; av. 1793] s. f. (pl. *buonemàni*) ● (*disus.*) Mancia.
buonamòrte o **bonamòrte**, **buòna mòrte** [comp. del f. di *buono* (*1*) e di *morte*; av. 1492] s. f. (pl. *buonemòrti*) ● Morte serena, spec. dei cattolici muniti dei conforti religiosi | (*est.*) Preghiera o funzione liturgica per ottenere una buona morte.
buonànima o (*raro*) **bonànima**, **buòn'ànima** [comp. del f. di *buono* (*1*) e di *anima*; 1802] **A** s. f. (pl. *buonànime*) ● Persona defunta degna di memoria affettuosa e rispettosa: *così diceva sempre la b.*; *la b. di mia nonna.* **B** in funzione di agg. inv.: *mio nonno b.*
buonanòtte o **bonanòtte**, **buòna nòtte** [comp. del f. di *buono* (*1*) e *notte*; 1353] **A** inter. ● Si usa come saluto augurale o di commiato lasciandosi a tarda ora o prima di andare a letto | (*fam.*) ***B.!***, ***b. suonatori!***, ***b. al secchio!***, non c'è più niente da fare, è finita e sim. **B** anche s. f. inv. *1* La formula stessa del saluto: *dare, augurare la b.*; *il bacio della b.* *2* (*pop.*) Bricco o tazza di ceramica, sorretti da un corpo cilindrico bucherellato contenente un lumino a olio o a cera, in cui un tempo si tenevano caldi per la notte infusi, tisane e sim.
♦**buonaséra** o **bonaséra**, **buòna séra** [comp. del f. di *buono* (*1*) e *sera*; 1536] **A** inter. *1* Si usa come saluto augurale nel mezzo del pomeriggio o alla sera, incontrandosi o accomiatandosi. *2* (*fam.*) Esprime disappunto o sorpresa di fronte a contrarietà o eventi inaspettati: *b., ho sbagliato di nuovo!* **B** anche s. f. inv. (raro m.) ● La formula stessa del saluto: *dare la b.*
buonauscita ● V. *buonuscita*.
buonavòglia o (*raro*) **bonavòglia** [comp. del f. di *buono* (*1*) e *voglia*, nel senso di 'volontario'; av. 1348] **A** s. f. (pl. *buonevòglie*) ● (*raro*) Buona volontà, lena | ***Di b.***, volentieri: *tornò a lavorare di b.* (VERGA). **B** s. m. inv. *1* (*tosc.*) Giovane medico che presta servizio gratuito negli ospedali. *2* †Chi rema volontariamente nelle galee, in pagamento di un debito.
buoncostùme o **buòn costùme** [comp. di *buon(o)* (*1*) e *costume*; 1765] **A** s. m. inv. ● Modo di comportarsi conforme alla morale comune: *reati contro il b.* | ***Squadra del b.***, speciale reparto di polizia cui è affidata la tutela della pubblica moralità. **B** s. f. inv. ● (*ellitt.*) Squadra del buoncostume.
buondì o **buòn dì** [comp. di *buon(o)* (*1*) e *dì*; 1353] **A** inter. ● Buongiorno. **B** anche s. m.: *dare il b.*
buòn frésco loc. sost. m. (pl. *buòni fréschi*) ● (*pitt.*) Affresco eseguito sull'intonaco umido con colori stemperati ad acqua.
♦**buongiórno** o **bongiórno**, **buòn giórno** [comp. di *buon(o)* (*1*) e *giorno*; 1353] **A** inter. ● Si usa come saluto augurale spec. al mattino o nel corso della mattinata: *b. a tutti!* **B** anche s. m. inv. ● La formula stessa del saluto: *dare, ricevere il b.* SIN. Buondì.
buongovèrno o (*pop.*) **bongovèrno**, **buòn govèrno** [comp. di *buon(o)* (*1*) e *governo*; av. 1533] s. m. solo sing. *1* Modo di governare giusto, prudente e sollecito del bene pubblico. *2* Nome di varie magistrature e organi amministrativi e di polizia negli antichi Stati italiani.
buongràdo o **buòn gràdo** [comp. di *buon(o)* (*1*) e *grado*; 1965] vc. ● Solo nella loc. avv. ***di b.***, volentieri.
buongustàio o **bongustàio** [1781] s. m. (f. *-a*) ● Chi ama la buona cucina | (*est.*) Raffinato intenditore in campo artistico, letterario e sim.
buongùsto o **buòn gùsto** [comp. di *buon(o)* (*1*) e *gusto*; av. 1497] s. m. solo sing. *1* Capacità raffinata di apprezzamento e di scelta in campo artistico, letterario e sim.: *l'avere avuto in poesia buon gusto* (ARIOSTO) | Capacità di raffinato apprezzamento di ciò che è bello: *veste sempre con b.*; *un appartamento arredato con b.* *2* Atteggiamento di decoro, misura, delicatezza: *abbi il b. di tacere.*
buonìno o (*region.*) **bonìno** [dim. di *buono*; av. 1313] agg. ● Buono (con tono affettivo o vezzeggiativo): *Sii buonina, via, mamma! Andiamoci* (VERGA) | ***Bonino!***, stai quieto, spec. rivolto a bambini: *Vedete di giocare un po' insieme, bonini eh?* (PIRANDELLO).
buonìsmo [da *buon(o)* col suff. *-ismo*; 1995] s. m. ● Nel linguaggio giornalistico, atteggiamento bonario e tollerante che ripudia i toni aspri dello scontro politico (*spesso iron.*).
buonìsta [da *buon(o)* col suff. *-ista*; 1995] s. m. e f. (pl. m. *-i*); anche agg. ● Chi (o Che) dimostra buonismo.
♦**buòno (1)** o (*pop.*) **bòno** [lat. *bŏnu(m)*, isolato nella famiglia indeur., connesso forse con una vc. sanscrita con il senso di 'omaggio'; av. 1294] **A** agg. *Buono* si tronca in *buon* davanti a vocale o a consonante seguita da vocale o da *l* e *r*: *buon affare, buon anno, buon diavolo, buon carattere, buon profumo.* ATTENZIONE: la forma femminile singolare *buona*, che non muta davanti a consonante, si elide davanti a vocale e richiede perciò l'uso dell'apostrofo: *buona madre, buona macchina, buon'amica. Buono* rimane tale davanti a *s impura, z, x, gn, ps* e *pn*: *buono scultore* (nell'uso è tuttavia frequente il mantenimento della forma tronca: *un buon pneumatico, un buon stipendio*). Al plurale, *buoni* e *buone* normalmente non si elidono: *buoni ottici, buone amicizie.* Il comparativo di maggioranza è *più buòno* o *miglióre*; il superlativo è *buonissimo* o *òttimo*. (V. nota d'uso ELISIONE e TRONCAMENTO) (assol.; + *a*, + *da*, seguiti da inf.) *1* Che si considera conforme ai principi morali: *un uomo b.*; *una donna buona*; *un'anima buona*; *una buona azione*; *buoni sentimenti*; *buone intenzioni*; *buona volontà*; *buona fede*. CFR. eu-. CONTR. Cattivo. *2* Docile, mansueto, pacifico: *è un buon figliolo*; *ragazzo, vecchio b.* | ***Un buon diavolo, un buon uomo***, (*fig.*) una persona semplice | ***B. come il pane***, buonissimo | ***Essere tre volte b.***, essere molto buono; essere ingenuo | ***Troppo b.!***, V. *troppo* nel sign. C | ***Essere in buona***, (*ellitt.*) di buon umore | ***Alla buona***, (*ellitt.*) in modo semplice, senza eccessive pretese di perfezione | Quieto, tranquillo (*anche iter.*): *siate buoni*; *se ne stava b. b. in un angolo* | ***Mare b.***, calmo. SIN. Mite. *3* Cortese, affabile: *buone maniere*; *buone parole*; *buona grazia*; *buon garbo* | ***Fare buon viso, buona cera***, fare accoglienza favorevole | ***Con le buone***, (*ellitt.*) senza asprezza, con modi cortesi | ***Con le buone o con le cattive***, (*ellitt.*) in tutti i modi possibili | Benevolo, affettuoso: *sii b. con me* | ***Tenersi b. qlcu.***, conservarsene la simpatia, la benevolenza | ***Buoni uffici***, mediazione, intervento benevolo | ***Una buona parola***, una raccomandazione | ***Di buona voglia, di buon grado, di buon animo***, volentieri, con piacere | ***Di buon cuore***, con affetto | ***Di buon occhio***, con benevolenza. *4* Abile e idoneo ad adempiere la propria funzione: *un buon soldato*; *un buon medico*; *una buona vista*; *un b. stomaco*; *chi studia e medita, è b. a creare* (DE SANCTIS) | ***B. a nulla***, incapace | ***Una buona penna***, (*fig.*) un abile scrittore | ***Essere in buone mani***, al sicuro | ***Essere in b. stato***, ben conservato | ***Una buona forchetta***, (*fig.*) gran mangiatore, buongustaio | ***Essere di bocca buona***, non avere particolari esigenze riguardo ai cibi; (*fig.*) essere di facile contentatura. *5* Utile, vantaggioso: *buoni affari*; *buon prezzo*; *b. a sapersi* | ***A buon mercato***, a poco prezzo | ***Buon pro ti faccia***, ti giovi |

Buona uscita, V. *buonuscita* | Propizio, favorevole: *buon vento*; *buona stagione*; *buon Natale!* | ***Dio ce la mandi buona!***, (*ellitt.*) ci protegga | ***Nascere sotto una buona stella***, (*fig.*) sotto auspici favorevoli | ***Avere buon gioco***, trovarsi in mano una combinazione di carte favorevole; (*fig.*) essere nelle condizioni migliori, più idonee a fare qlco. ***6*** Giusto, valido, accettabile: *battersi per una buona causa*; *buone ragioni*; *una buona scusa* | ***A buon diritto***, con ragione | ***Far b.***, abbuonare qlco. | ***Questa è proprio buona!***, escl. anche iron. | ***Bello e b.***, (*enfat.*) autentico, vero e proprio: *questa è una prepotenza bella e buona!* | ***Una buona volta***, (*enfat.*) finalmente: *smettila una buona volta!* | ***A ogni buon conto***, per buona regola | ***Moneta buona***, in corso | ***Palla buona***, in vari sport, quella che non esce dall'area stabilita, rimanendo in gioco. ***7*** Grande, abbondante: *un buon numero*, *una buona quantità*; *dalla stazione a qui ci sono due kilometri buoni* | ***Una buona dose***, una grande quantità | ***Un buon voto***, alto | Con valore gener. intens.: *di buon'ora*, *di buon mattino*, presto | ***Essere a buon punto***, essere avanti in un'attività, negli studi e sim. | ***Di buon passo***, velocemente | ***Di buona lena***, con energia | ***Buon ultimo***, V. *ultimo*. ***8*** Che è in una posizione considerata socialmente elevata, e riflette una situazione di agiatezza ed eleganza: *buona famiglia*; *buona società*; *buon partito*. ***9*** Bello, pregevole esteticamente o tecnicamente: *un buon dramma*; *una buona esecuzione del concerto* | ***Salotto b.***, V. *salotto*. ***10*** Gradevole, gradito ai sensi: *buon odore*, *sapore*; *un buon risotto*, *dei buoni dolci*; *or le sorbe e le nespole … per noi non son buone a mangiare* (LEOPARDI); *una sostanza buona da fiutare*, *da palpare*, *da mangiare* (D'ANNUNZIO) | Piacevole: *essere in buona compagnia*; *avere una buona notizia* | ***Buona cera***, aspetto di chi è in soddisfacente stato di salute o in una situazione psicologica positiva | ***Fare una buona vita***, (*fig.*) vivere negli agi | (*fig.*) ***Darsi (al) buon tempo***, divertirsi. ***11*** (*lett.*) Bello, grazioso: *non avea troppo bone mani* (CASTIGLIONE). || **buonaménte**, **avv.** **B** **s. m.** solo **sing.** ***1*** Ciò che è buono: *in lui c'è del b.* | ***Essere un***, ***una***, ***poco di b.***, una persona poco onesta: *se vi sono dei giovani poco di b.* (GOLDONI) | ***Buon per me***, per mia fortuna. ***2*** Bel tempo: *la stagione si mette al b.* ***3*** Con valore neutro nelle loc.: ***ci volle del bello e del b.***, molta fatica | (*fam.*) ***Portare b.***, portare fortuna: *sembra che toccare quella statua porti b.* ***4*** †Bene | ***†Darsi al b.***, al bene. **C** **s. m.** (**f.** *-a*) ● Persona buona: *i buoni saranno premiati*; *i buoni e i cattivi*. || **buonino**, **dim.** (V.)

♦**buòno** (**2**) [dall'espressione *buono per* …, cioè 'valevole per …'; 1796] **s. m.** ● Documento che legittima il possessore a pretendere una determinata prestazione: *b. nominativo*, *al portatore*; *b. di carico*, *di scarico*; *b. omaggio*; *b. sconto* | ***B. di cassa***, ricevuta rilasciata dal cassiere di una banca per la presentazione ad altro sportello della stessa banca | ***B. di consegna***, che dà diritto al prelievo da un magazzino della quantità di merce indicata dalla polizza di carico | ***B. del tesoro***, titolo dello Stato a breve o media scadenza, fruttifero di interessi; **CFR.** Bot | ***B. fruttifero***, titolo emesso da istituti di credito, rappresentativo di un deposito a interesse, vincolato alla scadenza indicata.

buonóra o **buon'óra**, (*lett.*) **buòna óra**, †**buon'ótta** [comp. del f. di *buono* (*1*) e *ora* (*1*); 1353] **s. f.** solo **sing.** ***1*** (*raro*) Le prime ore del mattino, la mattina presto. ***2*** Nella loc. avv. ***di b.***, (*lett.*) †***a b.***, di buon mattino, per tempo: *partire di b.*, *uscire di casa di b.* | Più gener., presto: *cenare di b.*; *andare a dormire*, *coricarsi di b.* ***3*** Nella loc. inter. ***alla b.***, una buona volta, finalmente; in ogni modo, comunque: *sei arrivato*, *alla buon'ora*; *ce l'hai fatta!*, *alla buon'ora!*

buonsènso o **buòn sènso** [comp. di *buon*(*o*) (*1*) e *senso*; 1611] **s. m.** solo **sing.** ● Capacità di giudicare e comportarsi con saggezza, senso della misura ed equilibrio: *un ragazzo pieno di b.*

buontèmpo o **buòn tèmpo** [comp. di *buon*(*o*) (*1*) e *tempo*; 1353] **s. m.** solo **sing.** ● Vita allegra | ***Darsi (al) b.***, godersela.

buontempóne o **bontempóne** [da *buontempo*, con suff. accr.; 1758] **A** **s. m.** (**f.** *-a*) ● Chi ama vivere allegramente. **B** **agg.** ● Gaudente, gioviale.

buonumóre o **buòn umóre** [comp. di *buon*(*o*) (*1*) e *umore*; 1803] **s. m.** ● Disposizione d'animo gioiosa e serena: *essere di b.*; *perdere*, *ritrovare il b.*

buonuòmo o (*pop.*) **bonòmo**, **buòn uòmo** [comp. di *buon*(*o*) (*1*) e *uomo*; 1353] **s. m.** (**pl.** *buonuòmini*, †*buoni uòmini*) ● Uomo onesto, mite, ingenuo | Appellativo usato un tempo da persone di alto ceto verso i popolani: *ehi*, *b.!*

buonuscita o **buonauscita** [comp. del f. di *buono* (*1*) e *uscita*; 1918] **s. f.** ***1*** Somma di denaro data dal locatore o da un terzo all'inquilino perché lasci libero l'immobile prima dello scadere del contratto. ***2*** Indennità di anzianità data dal datore al prestatore di lavoro alla cessazione del rapporto intercorso. **CFR.** Trattamento di fine rapporto.

buprèste [vc. dotta, lat. *buprēste*(*m*), dal gr. *bóuprēstis*, comp. di *bôus* e *prḗthein* 'bruciare', perché causa d'infiammazione; av. 1498] **s. m.**, raro **f.** ● Genere di Insetti dei Coleotteri parassiti di molte piante (*Buprestis*).

Buprèstidi [comp. di *buprest*(*e*) e *-idi*; 1962] **s. m. pl.** (**sing.** *-e*) ● Nella tassonomia animale, grande famiglia di Coleotteri con corpo tozzo, spesso di colori metallici, le cui larve vivono nel legno (*Buprestidae*).

buralista [fr. *buraliste* 'ricevitore postale'] **s. m. e f.** (**pl. m.** *-i*) ● (*elvet.*) Responsabile di Ufficio postale.

burattàio [1887] **s. m.** ● Abburattatore.

burattàre [da *buratto*; sec. XIV] **v. tr.** ***1*** Abburattare: *b. la farina*, *il riso*. ***2*** (*raro*, *fig.*) Vagliare.

burattatóre [av. 1557] **s. m.** (**f.** *-trice*) ● Abburattatore.

burattatùra [1955] **s. f.** ● Abburattatura.

burattèllo [av. 1313] **s. m.** ***1*** Sacchetto usato un tempo per abburattare la farina. ***2*** (*ant.*) Veste fatta di buratto (nel sign. 1).

burattinàio [da *burattino* (*1*); 1734] **s. m.** (**f.** *-a*) ***1*** Chi muove sulla scena i burattini | Fabbricante o venditore di burattini. ***2*** (*fig.*) Chi trama dietro le quinte, chi muove i fili di qualche manovra.

burattinàta [1751] **s. f.** ***1*** Commedia di burattini. ***2*** (*est.*) Spettacolo teatrale di scarsissimo valore | (*fig.*) Buffonata.

burattinésco [av. 1803] **agg.** (**pl. m.** *-schi*) ● Di burattino | Da burattino | (*fig.*) Poco serio: *azioni burattinesche*. || **burattinescaménte**, **avv.**

♦**burattino** (**1**) [etim. discussa: da *Burattino*, n. del secondo zanni della Commedia dell'arte, così chiamato perché, per i suoi moti incomposti, sembrava *burattare* la farina (?); av. 1665] **s. m.** ***1*** Fantoccio di legno, manovrato dalla mano del burattinaio infilata dal basso nella veste, usato per rappresentare farse e commedie popolari o infantili. **CFR.** Marionetta | ***Teatro***, ***baracca dei burattini***, impalcatura di legno coperta di stoffe, col palcoscenico in cui si muovono i burattini | ***Piantare baracca e burattini***, (*fig.*) andarsene all'improvviso, lasciando tutto così come sta. ***2*** (*al pl.*) Rappresentazione di burattini: *fare i burattini*; *andare ai burattini*. ***3*** (*fig.*) Persona priva di volontà propria che agisce per impulso altrui | Persona volubile. **SIN.** Fantoccio, marionetta.

†**burattino** (**2**) [dim. di *buratta*, di orig. imperativale, da *burattare*; av. 1510] **s. m.** ● Abburattatore.

buràtto [lat. parl. **būra*(*m*), di orig. sconosciuta; av. 1566] **s. m.** ***1*** (*ant.*) Tessuto di crine usato per montare setacci e sim. | Tessuto a trama rada su cui si eseguivano i ricami. **SIN.** Stamigna. ***2*** Macchina munita di setacci usata in varie tecnologie per separare impurezze e spec. per separare la farina dalla crusca. **SIN.** Frullone. ***3*** Insegna dell'Accademia della Crusca | (*fig.*) L'Accademia stessa. ***4*** †Bersaglio costituito da una mezza figura girevole da colpire con la lancia correndo a cavallo in giostra. || **burattèllo**, **dim.**

bùrba [etim. incerta; 1941] **s. f.** ***1*** (*gerg.*) Recluta. ***2*** (*est.*) Uomo sciocco.

burbànza [etim. discussa: ant. fr. *bobance* 'pompa, ostentazione', con sovrapposizione di *burbero* (?); sec. XIII] **s. f.** ● Alterigia sprezzante e piena di arroganza. **SIN.** Boria, superbia, presunzione.

burbanzóso [sec. XIV] **agg.** ● Pieno di burbanza: *cipiglio*, *atteggiamento b.*; *modi burbanzosi*. **SIN.** Arrogante, borioso, superbo. || **burbanzosaménte**, **avv.** Con burbanza.

bùrbera o **bùrbara** [etim. incerta; 1550] **s. f.** ● Piccolo argano costituito da un cilindro orizzontale su cui si avvolge una fune, azionato manualmente. || **burberino**, **dim. m.**

bùrbero [etim. incerta; 1598] **agg.**; anche **s. m.** (**f.** *-a*) ● Che (o Chi) ha maniere scortesi e aspre: *un vecchio b.* | ***Il b. benefico***, persona che sotto modi scontrosi e bruschi cela bontà e gentilezza d'animo (dal titolo italiano dell'opera *Le bourru bienfaisant* scritta in francese da C. Goldoni nel 1771). || **burberàccio**, **pegg.** | **burberóne**, **accr.** || **burberaménte**, **avv.**

Burberry® /'barbəri, *ingl.* 'bɜːɹbəɹi, -bɛɹi/ [marchio registrato della ditta, che lo brevettò, la *Burberrys* Ltd.; 1942] **s. m. inv.** ● Soprabito impermeabile di taglio sportivo.

†**bùrchia** [da *burchio*; av. 1828] **s. f.** ● ***Alla b.***, a caso, trascuratamente; (*fig.*) copiando gli scritti altrui.

burchielleggiàre **v. intr.** (*io burchielléggio*; aus. *avere*) ● (*lett.*) Imitare lo stile giocosamente bizzarro e oscuro del poeta Burchiello.

burchiellésco [sec. XV] **A** **agg.** (**pl. m.** *-schi*) ***1*** Che è proprio del poeta Burchiello (1404-1449): *stile b.* ***2*** (*est.*, *lett.*) Oscuro, bizzarro. **B** **s. m.** ● Poeta imitatore del Burchiello.

burchièllo [sec. XIII] **s. m.** ***1*** Dim. di *burchio*. ***2*** Piccola barca per trasporto di passeggeri e merci sui fiumi.

bùrchio [etim. incerta: dal longob. **burgi* 'recipiente per tenervi i pesci'(?); 1313] **s. m.** ***1*** Barca a fondo piatto a remi, a vela o trainata dall'alzaia, per navigare su fiumi, canali e lagune. ***2*** (*lett.*) †Barca a remi: *Come tal volta stanno a riva i burchi* (DANTE *Inf.* XVII, 19). ***3*** Antica unità di misura per liquidi, usata a Venezia. || **burchièllo**, **dim.** (V.).

bùre [vc. dotta, lat. *būri*(*m*), di etim. incerta; 1491] **s. f.** ● Asse o fusto centrale dell'aratro cui è attaccato anteriormente il giogo. ➡ **ILL.** p. 2113 AGRICOLTURA.

bureau /*fr.* by'ʀo/ [vc. fr., da *bure* 'stoffa ordinaria' per coprire la scrivania, quindi, la 'scrivania' stessa e poi l''ufficio'; 1747] **s. m. inv.** (**pl.** fr. *bureaux*) ***1*** Grande scrittoio francese del XVIII sec. ***2*** Ufficio di direzione e contabilità in un albergo.

†**burèlla** [da †*buro* 'buio'; 1313] **s. f.** ***1*** Luogo sotterraneo, angusto e buio: *natural b. / ch'avea mal suolo e di lume disagio* (DANTE *Inf.* XXXIV, 98-99). ***2*** Antro, caverna | Prigione sotterranea.

burétta (**1**) [fr. *bourrette*, dim. di *bourre* 'borra'] **s. f.** ● Stoffa fatta con cascame di seta.

burétta (**2**) [fr. *burette*, dim. dell'ant. fr. *buie* 'vaso di terra', di etim. incerta; 1931] **s. f.** ● Tubo di vetro cilindrico calibrato e graduato, destinato alla misurazione dei volumi dei liquidi.

bùrga [etim. incerta; av. 1936] **s. f.** ***1*** Gabbione riempito di terra, ghiaia, pietre, per difesa contro l'erosione delle acque dei fiumi. ***2*** Cesto di vimini per conservare vivo il pesce. **SIN.** Viero.

burgensàtico [dal lat. *burgēnses* (pl.) 'borghesi'; 1673] **agg.** (**pl. m.** *-ci*) ● Allodiale.

burgraviàto [1829] **s. m.** ● Dignità e giurisdizione di burgravio.

burgràvio [medio alto ted. *burcgrâve*, comp. di *burc* 'borgo' e *grâve* 'conte'; 1797] **s. m.** ● Nel Medioevo, titolo del comandante militare della cittadella fortificata nelle città tedesche e fiamminghe.

burgùndo [vc. dotta, lat. tardo *Burgŭndii* (nom. pl.), n. della tribù, col senso originario di 'abitanti del borgo' (?); 1525] **s. m.**; anche **agg.** ● Appartenente a un'antica popolazione del gruppo germanico orientale, di origine scandinava, emigrata nel III sec. a.C. sul Meno e stanziatasi poi nel V sec. lungo il Reno e il Lemano.

buriàna [etim. discussa: da *bŏrea*(*m*) 'tramontana' (?); 1797] **s. f.** ***1*** (*region.*) Temporale di estensione e intensità limitata. ***2*** (*fig.*, *pop.*) Trambusto, chiasso, grande confusione: *fare b.*; *smettetela con questa b.!*

†**buriàsso** [etim. incerta; av. 1470] **s. m.** ***1*** Chi addestrava e metteva in campo i giostratori. ***2*** Suggeritore nelle recite.

buriàto [dal russo *burjat*, dal n. mongolo *burijad*] **s. m.** (**f.** *-a*); anche **agg.** ● Appartenente a un gruppo etnico mongolo della Siberia, stanziato prevalentemente nella repubblica autonoma dei Buriati.

†**buricco** (**1**) o †**boricco**, (*dial.*) **bricco** (**1**) [sp. *boricco*, dal lat. *burricu*(*m*) 'cavallino', di etim. incerta; av. 1729] **s. m.** ● (*raro*) Asino.

†**buricco** (**2**) o †**boricco** [etim. incerta; av. 1530] **s. m.** ● Lunga veste in lana in uso nel XVI e nel XVII sec.

burina ● V. *bolina*.

burino [vc. rom. di etim. incerta; av. 1866] s. m.; anche agg. (f. *-a*) ● (*rom.*, *spreg.*) Contadino | (*est.*) Chi (o Che) è zotico e grossolano. SIN. Buzzurro.

bùrka /*ar.* 'burka/ o **bùrqa** [dal n. hindi *burqa'*; 1975] s. m. inv. (pl. ar. *baràkia*) ● Manto che nel costume femminile tradizionale musulmano copre tutto il corpo, lasciando solo una finestra di tessuto più rado all'altezza degli occhi.

bùrla [sp. *burla*, di etim. incerta; 1526] s. f. *1* Scherzo, spec. non maligno e offensivo: *è stata una b. gustosissima* | ***Da b.***, non serio | ***Mettere, prendere in b.***, trattare da cosa ridicola, da gioco | Battuta scherzosa. SIN. Beffa, burletta, celia. *2* (*est.*) Cosa facile: *risolvere questo problema per me è una b.* SIN. Bagattella, inezia. *3* Nel Settecento, opera comica italiana. || **burlétta**, dim. (V.).

burlànda o **borlànda** [milan. *borlanda*, da *borla* 'cascare', da *borlo* 'rullo, rotolo', da *bóra* 'tronco d'albero rotondo'; 1887] s. f. ● Residuo della fabbricazione dell'alcol da materiali amidacei.

♦**burlàre** (**1**) [da *burla*; 1513] **A** v. tr. ● Beffare, canzonare: *eccellenti nell'arte di b. il pubblico* (DE SANCTIS). **B** v. intr. (aus. *avere*) ● Scherzare. **C** v. intr. pron. ● Farsi beffe: *tutti si burlano di lui.*

burlàre (**2**) [da una base di orig. incerta *bŏrra* 'legno tondo'; 1313] **A** v. tr. ● †Rotolare, spingere innanzi | (*fig.*) Sperperare. **B** v. intr. (aus. *essere*) ● (*region.*) Cadere.

†**burlàsco** ● V. *†brulazzo.*

burlatóre [da *burlare* (*1*); 1528] s. m.; anche agg. (f. *-trice*) ● (*raro*) Chi (o Che) burla.

burlésca [1965] s. f. ● (*mus.*) Composizione strumentale scherzosa e capricciosa.

burlésco [da *burla*; 1537] **A** agg. (pl. m. *-schi*) *1* Fatto per burla | Derisorio: *con un certo fare tra b. e rispettoso* (MANZONI). *2* Di stile realistico caricaturale: *poeta b.*; *poesia burlesca.* || **burlescaménte**, avv. **B** s. m. solo sing. ● Lato, elemento o caratteristica burlesca | Ciò che ha tale caratteristica: *cadere nel b.*

burlesque /*ingl.* bɜːr'lesk/ [vc. ingl., cfr. *burla*; 1955] s. m. inv. ● Genere teatrale di carattere satirico fiorito in Inghilterra nel Settecento | Spettacolo americano molto popolare costituito da numeri di varietà e di spogliarello.

burlétta [av. 1676] s. f. *1* Dim. di *burla*. *2* Celia, avvenimento ridicolo | ***Mettere in b.***, in ridicolo | ***Far la b.***, parlare scherzosamente.

burlévole [1550] agg. ● (*raro*, *lett.*) Burlesco | Che ama fare burle: *un giovanotto b.* || **burlevolménte**, avv. In modo burlesco.

burlièro [av. 1566] agg. ● (*lett.*) Burlone.

burlóne [1558] **A** s. m. (f. *-a*) ● Chi fa abitualmente burle: *sei un gran b.!* SIN. Buontempone, mattacchione. **B** agg. ● Scherzoso: *un tipo b.* SIN. Allegro, canzonatore.

burnitùra ● V. *brunitura.*

burnùs [ar. *búrnus*, di prob. orig. gr.; 1839] s. m. inv. *1* Ampio mantello tagliato in un solo pezzo, gener. con cappuccio, usato dalle popolazioni arabo-berbere dell'Africa mediterranea. *2* Mantello femminile da sera ispirato alla foggia dei mantelli arabo-berberi.

†**bùro** ● V. *buio.*

burò [1798] s. m. ● Adattamento di *bureau* (V.).

bùro- [da *buro*(*crazia*)] primo elemento ● In parole composte, fa riferimento alla burocrazia, spec. con connotazioni negative: *burocratese.*

buròcrate o †**burócrata** [fr. *bureaucrate*, da *bureaucratie* 'burocrazia'; 1918] s. m. e f. *1* Impiegato, spec. di alto grado e spec. delle pubbliche amministrazioni. *2* (*fig.*, *spreg.*) Chi esercita le proprie mansioni o comunque si comporta in modo pedante e formalistico: *i burocrati della cultura.*

burocratése [da *burocrat*(*e*) col suff. *-ese* (*2*); 1979] s. m. ● (*iron.*) Il linguaggio e lo stile pesanti e involuti dei burocrati.

burocràtico [fr. *bureaucratique*, da *bureaucratie* 'burocrazia'; 1802] agg. (pl. m. *-ci*) *1* Della burocrazia: *esigenze burocratiche*; *apparato b.* *2* (*fig.*, *spreg.*) Metodico e formalistico fino alla pedanteria | ***Tono b.***, distaccato e impersonale. || **burocraticaménte**, avv. In modo burocratico, dal punto di vista della burocrazia.

burocratìsmo [1879] s. m. ● Eccessivo sviluppo della burocrazia.

burocratizzàre [1884] v. tr. ● Rendere burocratico: *b. i servizi sociali.*

burocratizzazióne [1896] s. f. ● Il burocratizzare, il venire burocratizzato.

burocrazìa [fr. *bureaucratie*, comp. di *bureau* 'ufficio' e *-cratie* '-crazia'; 1781] s. f. *1* Potere amministrativo, spec. quello degli enti pubblici, nel rispetto delle leggi e dei regolamenti: *b. statale.* *2* (*spreg.*) Pedanteria, lungaggine, formalismo eccessivo, spec. nel disbrigo di pratiche amministrative. *3* Complesso degli impiegati, spec. pubblici.

buròtica [da *buro*(*cratico*) incrociato con (*informa*)*tico* sul modello di *robotica*; 1980] s. f. ● Organizzazione e automazione del lavoro d'ufficio mediante apparecchi e sistemi elettronici e informatici.

bùrqa ● V. *burka.*

burràia [da *burro*; 1920] s. f. ● (*raro*) Locale ove si prepara il burro.

burràio [1789] s. m. (f. *-a*, pl. m. *-i*) ● (*raro*) Chi fa o vende burro.

burràsca o †**borràsca** [vc. dial., venez. *borasca*, da *bora* (V.); av. 1557] s. f. *1* Tempesta, spec. marina, con vento violento di forza 8-9 della scala del vento Beaufort: *far b.*; *tempo di b.*; *il mare è in b.* | ***B. magnetica***, perturbazione repentina delle condizioni elettriche dell'atmosfera. *2* (*fig.*) Sconvolgimento psicologico, sociale e sim. | Periodo denso di avvenimenti drammatici: *burrasche finanziarie.* || **burraschèlla**, dim. | **burraschétta**, dim. | **burraschina**, dim. | **burrascóna**, accr. | **burrascóne**, accr. m.

burrascóso [1684] agg. *1* Che è in burrasca: *mare b.* *2* (*fig.*) Molto agitato, turbolento: *convegno, colloquio b.* || **burrascosaménte**, avv.

burràta [da *burro*; 1983] s. f. ● Formaggio molle, piuttosto grasso, di pasta filamentosa arricchita di panna.

†**burràto** (**1**) [da *borro*; 1313] s. m. ● Burrone, dirupo.

burràto (**2**) [da *burro*; sec. XV] agg. ● (*raro*) Imburrato: *pane b.*

burrièra [1941] s. f. ● Piccolo recipiente per il burro da cucina o da tavola. SIN. Portaburro.

burrificàre [1930] v. tr. (*io burrìfico, tu burrìfichi*) ● Trasformare in burro: *b. la panna.*

burrificàto [1932] part. pass. di *burrificare*; anche agg. *1* Nei sign. del v. *2* ***Formaggio b.***, di latte poco grasso cui è stato aggiunto burro.

burrificazióne [1930] s. f. ● Operazione del burrificare.

burrifìcio [1908] s. m. ● Fabbrica di burro.

burrìmetro [comp. di *burro* e *-metro*; 1955] s. m. ● Butirrometro.

burrino [da *burro*; 1955] s. m. ● Formaggio a forma di piccola pera ripiena di burro. SIN. Butirro, manteca.

♦**bùrro** [ant. fr. *burre*, attrav. il fr. moderno *beurre*, cfr. *butirro*; 1313] s. m. *1* Prodotto costituito dalla materia grassa del latte di vacca, dal quale si ricava per centrifugazione in apposite scrematrici e successiva zangolatura della crema così ottenuta: *b. fresco, rancido*; *pane e b.*; *un panetto di b.* | ***B. da tavola***, di prima scelta, da mangiare crudo | ***Uova al b.***, cotte col burro | ***Riso al b.***, condito con burro. *2* (*chim.*) ***B. vegetale***, grasso commestibile, preparato per idrogenazione di oli vegetali | ***B. di palma***, grasso giallo usato spec. nella fabbricazione dei saponi | ***B. di cacao***, grasso bianco che si ricava dai semi di cacao, usato in medicina e in cosmesi. *3* (*chim.*) Sostanza di aspetto e consistenza simile al burro: *b. di arsenico, di stagno, b. essiccativo.* *4* (*agr.*) ***B. nero***, letame di stalla decomposto e ben maturo. *5* ***Albero del b.***, albero tropicale delle Sapotacee con foglie coriacee, fiori ascellari e frutto a bacca (*Bassia butyracea*). *6* (*fig.*) Sostanza morbida: *questa carne è un b.* | ***Avere le mani di b.***, lasciare cadere tutto.

burróna [da *burro*; 1865] agg. solo f. ● Detto di pera o pesca a polpa molto tenera.

♦**burróne** [accr. di *borro*; av. 1342] s. m. ● Profondo scoscendimento nel terreno fra pareti dirupate. || **burroncèllo**, dim.

burróso [da *burro*; 1797] agg. *1* Ricco di burro: *formaggio b.* *2* (*fig.*) Che ha il colore o la consistenza del burro.

bursàle [vc. dotta, dal lat. *bùrsa* 'borsa (1)'; 1797] **A** s. m. (*anat.*) ● Muscolo del femore. **B** anche agg.: *muscolo b.*

bursite ● V. *borsite.*

bus (**1**) /bus, *ingl.* bʌs/ [1935] s. m. inv. (pl. ingl. *buses* o *busses*) ● Accorc. di *autobus*, spec. nella segnaletica stradale.

bus (**2**) /bus, *ingl.* bʌs/ [uso fig. ingl. di *bus* (*1*); 1986] s. m. inv. (pl. ingl. *buses*) ● (*elab.*) Il complesso delle linee di collegamento fra diverse unità di uno stesso sistema.

-bus [dal lat. (*omnī*)*bus* 'a, per, tutti'] secondo elemento ● In parole composte indica mezzi di trasporto pubblico: *aerobus, filobus.*

†**busbaccàre** [da †*busbacco*; av. 1444] v. intr. ● Truffare, imbrogliare.

bùsca (**1**) [sp. *busca*, da *buscar* 'buscare'; av. 1565] s. f. *1* (*raro*, *lett.*) Cerca | ***Andare alla b.***, all'accatto | ***Vivere alla b.***, di accatto o furto | ***Cane da b.***, da cerca. *2* Reato del militare che, in guerra, senza necessità, ordine o autorizzazione, s'impossessa di viveri, oggetti di vestiario o equipaggiamento.

bùsca (**2**) [lat. parl. **būsca*, pl. nt. collett. di un germ. **bŭsk* 'bacchettina'; av. 1338] s. f. ● (*dial.*) Bruscolo, fuscello.

buscalfàna [etim. incerta; av. 1400] s. f. ● (*lett.*) Ronzino: *un cavallaccio … che era una b., alto e magro, che parea la fame* (SACCHETTI).

♦**buscàre** [sp. *buscar*, di etim. incerta; sec. XV] v. tr. (*io bùsco, tu bùschi*) *1* Procacciarsi qlco. cercando: *b. da vivere* | Prendersi: *buscarsi un premio, una ramanzina, un raffreddore* | ***Buscarle***, (*fam.*) ricevere percosse. *2* (*lett.*) Rubare, predare (*anche assol.*): *gli andava a b. della paglia e del fieno di notte* (VERGA). *3* Cercare e riportare selvaggina ferita o uccisa, detto del cane.

buscheràre [var. eufem. di *buggerare*; 1850] v. tr. (*io bùschero*) *1* (*region.*) Buggerare, ingannare. *2* (*raro*) Sciupare.

buscheràta [av. 1850] s. f. ● (*region.*) Sproposito, fandonia: *non dire buscherate!* | Cosa da nulla.

buscheratùra [1952] s. f. ● (*region.*) Buggeratura.

buscherìo [1844] s. m. *1* (*region.*, *fam.*) Chiasso, frastuono di molte persone insieme. *2* Grande quantità: *un b. di gente, di quattrini.*

buscheróne [1887] agg. ● (*region.*, *fam.*) Buggerone: *fa un freddo b.*

†**buscióne** [fr. *bouisson*, dim. dell'ant. fr. *bos*(*c*) 'bosco'; av. 1311] s. m. ● Cespuglio spinoso.

†**bùsco** [da *busca* (*2*)] s. m. ● Bruscolo.

busécca [etim. discussa: da una forma sett. di *buzzo* (?); av. 1561] s. f. *1* Trippa di bovini. *2* Specie di zuppa con trippa e fagioli, tipica della cucina milanese.

busécchia [var. di *busecca*; 1353] s. f. *1* (*tosc.*) Budello di animale, spec. quello suino, usato per fare salsicce. *2* (*tosc.*, *al pl.*) Intestini.

busécchio [av. 1400] s. m. ● Busecchia.

bushel /*ingl.* 'buʃəl/ [vc. ingl., dal fr. ant. *boiss*(*i*)*el* 'piccolo recipiente', dal gallico **bostia* 'ciò che si può prendere con le mani', 'manipolo'; 1818] s. m. inv. ● Unità di misura di capacità, usata in Inghilterra e negli Stati Uniti d'America, per fluidi e aridi, pari a circa 36 litri. SIMB. bu.

busìllis o (*fam.*) **busìlli** [dalla frase lat. *in diebus illis* 'in quei giorni', erroneamente separata *in die* ('nel giorno') *busillis*; da che, poi, ci si chiedeva che cosa significasse mai *busillis*; av. 1698] s. m. inv. ● Difficoltà, punto difficile, nelle loc.: ***qui sta il b.***; ***questo è il b.***

business /*ingl.* 'bɪznəs/ [vc. ingl., con il sign. orig. di 'impresa, lavoro'; 1895] s. m. inv. ● Affare, transazione commerciale | Impresa industriale o commerciale.

business class /*ingl.* 'bɪznəs,klæːs/ [loc. ingl., propr. 'classe (*class*) commerciale (da *business* 'affari')'; 1981] loc. sost. f. inv. (pl. ingl. *business classes*) ● Sugli aerei, classe intermedia tra la prima e la turistica. CFR. Economy class.

business game /*ingl.* 'bɪznəs,geɪm/ [loc. ingl., comp. di *business* 'affare' (V. *business*) e *game* 'gioco, gara' (d'orig. germ.); 1989] loc. sost. m. inv. (pl. ingl. *business games*) ● (*org. az.*) Tecnica di addestramento dei dirigenti consistente nel simulare la gestione di un'azienda partendo da dati noti e raggiungendo obiettivi prefissati.

businessman /*ingl.* 'bɪznəsmən/ [vc. ingl., lett. 'uomo (*man*) d'affari (*business*: V.)'; 1905] s. m. inv. (f. ingl. *businesswoman*, pl. m. *businessmen*, pl. f. *businesswomen*) ● Uomo d'affari.

business school /*ingl.* 'bɪznəs,skuːl/ [loc. ingl., propr. 'scuola (*school*) di commercio (*busi-*

ness)'] loc. sost. f. inv. (pl. ingl. *business schools*) ● Scuola superiore o postuniversitaria per la formazione o la specializzazione nei vari settori dell'economia e del commercio.

busker /ingl. 'bʌskəɹ/ [vc. ingl., deriv. del v. to *busk* 'intrattenere con esecuzioni musicali nelle strade', di orig. sconosciuta; 1987] s. m. e f. inv. ● Artista che si esibisce per strada, spec. come musicista, cantastorie, saltimbanco.

†**bùso** ● V. †*bugio*.

bùssa [da *bussare*; 1353] s. f. ● (*spec. al pl.*) Colpo, percossa: *dare, ricevere busse*.

♦**bussàre** [etim. incerta; sec. XIII] **A** v. intr. (aus. *avere*) **1** Battere a una porta per farsi aprire: *chi ha bussato?* | ***B. alla porta di qlcu.***, (*fig.*) ricorrere a qlcu. per aiuto | (*fig.*) ***B. a quattrini***, chiederne in prestito. SIN. Picchiare. **2** Nel gioco del tressette, battere le nocche sul tavolo per invitare il compagno a calare la carta migliore del seme che si sta giocando: *b. a bastoni, a spade*. **B** v. tr. ● (*raro*) Percuotere, picchiare.

bussàta [av. 1600] s. f. **1** Il bussare | Colpo battuto a una porta. **2** Chiamata, nel gioco del tressette. **3** (*tosc., fig.*) Disgrazia, batosta. || **bussatàccia**, pegg. | **bussatina**, dim.

bussatóio [1887] s. m. **1** (*disus.*) Battente della porta d'ingresso. SIN. Picchiotto. **2** Nella pesca, frugatoio.

bussétto [da *busso* (*2*); sec. XV] s. m. ● Utensile di legno o di metallo che il calzolaio adopera per lucidare suole e tacchi.

bùsso (1) [da *bussare*; av. 1282] s. m. **1** (*region.*) Colpo | (*region.* o *lett.*) Il rumore che ne deriva: *ho sentito un b.*; *che cosa sono questi bussi?* | (*lett.*) Fracasso: *di fischi e bussi tutto el bosco suona* (POLIZIANO). **2** †Confusione, tumulto.

†**bùsso (2)** ● V. *bosso*.

bùssola (1) [da *bossolo* (*1*); 1342] s. f. ● Spazzola, brusca, spec. per cavalli.

bùssola (2) [lat. parl. *bŭxida(m)* 'cassetta', dal gr. tardo *pyxis*, da *pýxos* 'bosso', di etim. incerta; 1829] s. f. **1** Specie di portantina chiusa. **2** Antiporta di stanza | Seconda porta d'ingresso di chiese, caffè, appartamenti, per riparo dal freddo e dal vento; vano tra porta esterna e porta interna | (*est.*) Infisso girevole, a struttura cilindrica e diviso in scomparti, collocato talora nei vani d'accesso a locali pubblici. **3** Recinto di paraventi da dove il Papa poteva ascoltare le prediche senza essere visto. **4** Cassetta per raccogliere le elemosine, le schede di una votazione, i biglietti di una lotteria e sim. **5** (*mecc.*) Boccola.

bùssola (3) [V. *bussola (2)*] s. f. **1** Strumento di orientamento che utilizza la proprietà di un ago magnetico di orientarsi verso il polo Nord magnetico | ***B. giroscopica***, che indica la direzione del Nord geografico mediante un sistema giroscopico. SIN. Girobussola | ***B. solare***, impiegata in prossimità dei poli dove, per eccessiva discrepanza tra Nord magnetico e Nord geografico, le normali bussole magnetiche sono inutilizzabili | ***B. azimutale, topografica***, per la misura dei rilevamenti mediante un traguardo a essa connesso. **2** (*fig.*) Criterio di orientamento | (*fig.*) ***Perdere la b.***, confondersi. || **bussolétta**, dim. | **bussolina**, dim.

bussolànte [da *bussola (2)* 'portantina'; 1780] s. m. **1** †Addetto al trasporto di persone con la portantina. **2** Addetto all'anticamera papale | Titolo di familiari del Papa.

†**bùssolo** ● V. *bossolo (1)*.

bussolòtto o †**bossolòtto** [da *bussolo* col suff. dim. *-otto*; 1608] s. m. **1** Bicchiere, di vario materiale, per scuotervi i dadi, o contenitore usato dai prestigiatori nei loro giochi | ***Giocatore di bussolotti***, prestigiatore; (*fig.*) imbroglione | ***Gioco dei bussolotti***, gioco di prestigio; (*fig.*) inganno. **2** ***Bicchiere a b.***, basso, largo, con fondo massiccio, usato spec. per whisky. **3** Barattolo.

♦**bùsta** [ant. fr. *boiste*, dal lat. tardo *bŭxida(m)* 'cassetta di legno di bosso'; av. 1764] s. f. **1** Involucro formato da un foglio di carta piegato in quattro e chiuso su tre lati, usato per spedire lettere e sim.: *affrancare una b.*; *b. chiusa, sigillata* | ***B. a finestra***, con riquadro di carta trasparente per consentire la lettura dell'indirizzo scritto sulla lettera | ***B. postale, b. bollata***, su cui è già stampato il francobollo | ***B. primo giorno***, su cui è applicato un francobollo, o una serie di francobolli, con l'annullo del giorno di emissione | ***B. paga***, contenente la retribuzione del lavoratore dipendente di una azienda | (*est.*) Il foglio su cui sono indicate la retribuzione stessa e le sue varie componenti. **2** (*est.*) Custodia, astuccio, contenitore flessibile di piccole dimensioni, in cartone, pelle, tessuto, plastica o altro materiale, per riporvi libri, gioielli, strumenti di lavoro, documenti, generi alimentari e sim.: *la b. degli occhiali, delle posate, del medico*; *b. d'archivio*; *una b. di sottaceti*. **3** (*est.*) Borsetta femminile, appiattita e priva di manico. || **bustarèlla**, dim. (V.) | **bustina**, dim. (V.) | **bustóna**, accr.

bustàia [da *busto*; 1879] s. f. ● Donna che confeziona o vende busti.

bustàio [da *busta*; 1955] s. m. (f. *-a*) ● Operaio addetto alla fabbricazione delle buste.

bustarèlla [1931] s. f. **1** Dim. di *busta*. **2** (*fig.*) Compenso illecito dato sottomano per ottenere favori, sollecito disbrigo di pratiche amministrative e sim.: *dare, ricevere, prendere la b.*

bustier /fr. bys'tje/ [vc. fr., da *buste* 'busto'; 1986] s. m. inv. ● Bustino con reggiseno spesso evidenziato da sostegno a balconcino.

bustina [1955] s. f. **1** Dim. di *busta*. **2** Foglietto di carta piegato a forma di busta contenente una razione, spec. di farmaci in polvere. SIN. Cartina | Razione, dose confezionata in una bustina: *una b. di tè, di zucchero* | (*est.*) Confezione tascabile: *una b. di fiammiferi*. **3** Berretto militare pieghevole, a forma di busta: *la b. degli avieri*.

bustino [1720] s. m. **1** Dim. di *busto*. **2** Corpino sostenuto a volte da stecche negli abiti da sera femminili | La parte superiore di un abito da donna. SIN. Corpino.

bùsto [lat. *būstu(m)* 'luogo dove si bruciavano i cadaveri' (dal part. pass. di **būrere*, ricavato da *ambūrere* 'far consumare tutt'intorno', comp. di *amb-* 'intorno' e *ūrere* 'bruciare'), con passaggio semantico a 'sepolcro' e poi a 'immagine del defunto posta sul sepolcro'; 1238] s. m. **1** Parte superiore del tronco umano, dal collo ai fianchi. **2** Scultura a tutto tondo rappresentante una figura umana dalla testa alla vita, senza le braccia | ***Ritratto a mezzo b.***, raffigurazione pittorica del personaggio dalla testa sino a parte del petto. **3** Indumento intimo femminile con o senza stecche, in tessuto elastico o compatto, usato per modellare la persona | ***B. intero***, quello che in alto termina con reggiseno | ***B. a balconcino***, busto femminile a stecche, privo di spalline. **4** Parte attillata e ricamata di alcuni costumi tradizionali femminili, che va dal collo alla vita. **5** (*med.*) Protesi ortopedica per malformazioni del tronco e della colonna vertebrale. **6** ***Pollo a b.***, pollo pronto per la cottura, posto in vendita privo di testa, di zampe e di interiora. **7** †Tumulo, sepoltura | (*est.*) †Cadavere. || **bustino**, dim. (V.).

bustòcco [1860] **A** agg. (pl. m. *-chi*) ● Di Busto Arsizio. **B** s. m. (f. *-a*) ● Abitante, nativo di Busto Arsizio.

bustòmetro [comp. di *busta* e *-metro*; 1970] s. m. ● Grafico o modello per la misurazione del formato delle buste usate per la corrispondenza.

bustrofèdico [vc. dotta, lat. tardo *bustrophēdon*, dal gr. *boustrophēdón*, comp. di *bôus* 'bue' e *strophḗ* 'volgimento', cioè 'voltando alla maniera dei buoi (quando arano)'; 1930] agg. (pl. m. *-ci*) ● Detto di antiche scritture le cui righe andavano alternativamente da sinistra a destra e da destra a sinistra, come i solchi tracciati da un aratro.

bùta- [da *but(irrico)*, agg. dell'acido con questa composizione] primo elemento ● In chimica organica indica che un composto contiene un gruppo con 4 atomi di carbonio: *butano, butadiene*.

butadiène [comp. di *buta-*, *di-* 'doppio' ed *-ene*; 1931] s. m. ● Idrocarburo contenente due legami etilenici, che per poliaddizione fornisce gomme sintetiche. SIN. Eritrene.

butanése ● V. *bhutanese*.

butàno [vc. dotta, comp. di *buta-* e *-ano (2)*; 1929] s. m. ● Idrocarburo paraffinico, gassoso, incolore, ottenuto dalla distillazione del petrolio, che si usa, liquefatto e posto in bombole solo o con propano, come combustibile per usi domestici.

butanodótto [comp. di *butano* e *-dotto*, ricavato da *acquedotto*] s. m. ● Conduttura che porta il butano dal luogo di produzione a quello di consumo.

butanòlo [comp. di *butano* e *-olo (1)*; 1962] s. m. ● Alcol butilico.

butile [comp. di *(acido) but(inico)* e *-ile*; 1950] s. m. ● Radicale monovalente ottenuto dal butano.

butilico [1950] agg. (pl. m. *-ci*) ● Detto di composto che contiene il radicale butile o che deriva da esso: *alcol b.*

butinico agg. (pl. m. *-ci*) ● Del butino.

butino [comp. di *but(a)-* e *-ino*] s. m. ● (*chim.*) Idrocarburo insaturo a quattro atomi di carbonio contenente un legame triplo.

butirrico [1819] agg. (pl. m. *-ci*) **1** Detto di acido organico, monobasico, liquido, incolore, di odore disgustoso, presente spec. nel burro. **2** Che produce acido butirrico: *fermentazione butirrica*. **3** Detto di composto ottenuto da burro, latte e sim.

butirrificazióne s. f. ● Burrificazione.

butirro [lat. *butȳru(m)*, dal gr. *bóutyron*, comp. di *bôus* 'mucca' e *tyrós* 'formaggio'; sec. XIV] **A** s. m. **1** (*region.*) Burro. **2** Burrino. **B** agg. ● Detto di pera con polpa fondente e zuccherina | Detto di fagiolo con baccelli grossi, teneri, biancastri.

butirròmetro [comp. di *butirro* e *-metro*; 1925] s. m. ● Strumento per misurare la quantità di grasso nel latte.

butirróso [1755] agg. ● Burroso.

bùtta [etim. incerta; 1955] s. f. ● Puntello per armare le gallerie di miniera. || **buttóne**, accr. m.

buttafuòco [comp. di *butta(re)* e *fuoco*; sec. XVI] s. m. (pl. *-chi*) ● Asta recante una miccia all'estremità usata anticamente per dare fuoco ai cannoni ad avancarica.

buttafuòri [comp. di *butta(re)* e *fuori*, sul modello del fr. *boute-(de)hors*; 1797] s. m. inv. (anche f. nel sign. 2) **1** Foglietto contenente appropriate battute a soggetto che si affiggeva un tempo agli ingressi di scena | Chi un tempo dava agli attori il segnale per entrare in scena. **2** Nei bar e nei locali notturni, chi allontana dalla sala i clienti molesti. **3** (*mar.*) Ogni asta o pertica che si fa sporgere dall'imbarcazione per tenere tesa una vela, un cavo e sim.

♦**buttàre** [ant. provz. *botar*, dal francone **bōtan* 'battere' e 'buttar fuori (i germogli)'; 1313] **A** v. tr. **1** Gettare, lanciare vicino o lontano: *b. qlco. in terra, nell'acqua*; *b. un oggetto dalla finestra*; *b. una persona per terra* | ***B. fuori***, cacciare via: *l'hanno buttato fuori di casa* | ***B. giù un muro, una casa*** e sim., atterrarli, abbatterli | ***B. giù la pasta, la verdura*** e sim., metterle nell'acqua quando questa bolle | ***B. giù una carta***, giocarla | ***B. giù due righe, uno scritto, una lettera, un articolo*** e sim., scriverli affrettatamente | ***B. giù il cibo, un boccone, un sorso d'acqua*** e sim., inghiottirli in fretta | (*fig.*) ***B. giù un'offesa, un affronto***, subirli, tollerarli | (*fig.*) ***B. giù una persona***, parlarne male | (*fig.*) ***B. giù***, avvilire, prostrare nel fisico e nel morale: *questa faccenda mi butta giù*; *la malattia lo ha buttato molto giù* | ***B. là***, dire con ostentata indifferenza: *b. là una frase, una proposta* | ***B. all'aria***, mettere sottosopra: *i bambini hanno buttato all'aria tutta la casa*. **2** Disfarsi di qlco.: *butta (via) quella sigaretta!*; *finalmente ho buttato (via) il mio vecchio cappotto* | Sprecare, sciupare: *b. (via) il denaro, il tempo, la fatica, le energie* | ***Da buttar via***, di cosa o persona di nessun valore, che non serve più: *guarda che non sono ancora da buttar via!* | (*fig., fam.*) ***B. via il bambino insieme con l'acqua sporca***, eliminare senza distinzione ciò che è valido insieme a ciò che non lo è. **3** Emettere, mandar fuori (*anche assol.*): *la ferita butta sangue, pus*; *la piaga non butta più* | Generare, germogliare (*anche assol.*): *gli alberi buttano le foglie nuove*; *le piante cominciano a b. in marzo*. **4** †Rendere, fruttare. **B** v. intr. (aus. *avere*) **1** Volgere, tendere: *sembra che il tempo butti al bello*; *un colore che butta al grigio*. **2** (*fam.*) Prendere una determinata piega, con riferimento a situazioni e sim.: *aspettiamo a vedere come butta*; *la faccenda butta male* | ***Come ti butta?***, (*fam.*) come va? **C** v. rifl. **1** Gettarsi verso o contro qlcu. o qlco.: *buttarsi nell'acqua, dalla finestra*; *buttarsi in ginocchio*; *buttarsi sul letto, su una poltrona*; *buttarsi al collo, ai piedi di qlcu.* | ***Buttarsi alla macchia, alla campagna***, darsi alla latitanza | ***Buttarsi nel fuoco per qlcu.***, (*fig.*) essere pronto a tutto pur di aiutarlo | (*fig.*) ***Buttarsi via***, sprecarsi in attività dappoco o con persone non degne | (*fig.*) ***Buttarsi giù***, demoralizzarsi, perdersi d'animo. **2** (*fig.*) Dedicarsi a qlco. con decisione ed entu-

buttasella

siasmo: *ultimamente si è buttato a dipingere* | (*assol.*) Non lasciarsi sfuggire un'occasione favorevole: *è il tuo momento, buttati!* **3** Detto di uccelli, posarsi sopra una pianta, un prato o sull'acqua, spec. se richiamati.

buttasèlla [comp. di *butta*(*re*) e *sella*, sul modello del fr. *boute-selle*; 1561] **s. m. inv.** ● (*mil.*) Nei reparti a cavallo, comando di insellare dato a voce o con apposito segnale di tromba: *suonare, eseguire il b.*

buttàta [1863] **s. f.** **1** Nei giochi di carte, la carta calata in tavola. **2** Generazione di nuove foglie o nuovi germogli | Germoglio, getto. **3** (*caccia*) Discesa di uccelli in un luogo determinato | Il luogo stesso | *Pianta di b.*, albero predisposto in una tesa e preferito dagli uccelli per posarvisi.

butteràre [da *buttero* (1); av. 1936] **v. tr.** (*io bùttero*) ● Coprire di butteri.

butteràto [part. pass. di *butterare*; 1370] **agg.** ● Coperto di butteri.

butteratùra [1941] **s. f. 1** Insieme di cicatrici o butteri lasciati dal vaiolo sulla pelle. **2** Comparsa di macchie tondeggianti sulla buccia e nella polpa delle mele. **SIN.** Maculatura.

bùttero (**1**) [ar. *buṭūr*, pl. di *baṭr* 'pustola'; av. 1484] **s. m.** ● Cicatrice residua alla pustola vaiolosa.

bùttero (**2**) [vc. di est. centro-merid., forse dal gr. *bútoros*, comp. di *boûs* 'bue' e un deriv. del v. *teírein* 'spingere' (?); av. 1696] **s. m.** ● Nella Maremma toscana, guardiano a cavallo delle mandrie di bufali, tori, cavalli.

bùtto [da *buttare*; 1925] **s. m. 1** Getto, spec. d'acqua. **2** (*region.*) Germoglio | †*Di b.*, di colpo, a un tratto.

buvette /fr. by'vɛt/ [vc. fr., da *boire* 'bere', ma sul radicale *buv-*; 1867] **s. f. inv.** ● Piccola mescita di bibite e liquori, in ritrovi o luoghi pubblici.

Buxàcee [comp. di *bûxus*, n. lat. scient. del bosso, e *-acee*; 1929] **s. f. pl.** (*sing. -a*) ● Nella tassonomia vegetale, famiglia di piante delle Dicotiledoni cui appartiene il bosso (*Buxaceae*).

buy-back /*ingl.* 'baeˌbæk/ [loc. ingl., propr. 'comperare (*buy*) di nuovo (*back*)'; 1988] **loc. sost. m. inv.** ● (*banca*) Acquisto di azioni proprie da parte di una società.

buyer /'bajer, *ingl.* baeəɹ/ [vc. ingl. 'acquirente, compratore', da *to buy* 'acquistare', di orig. germ.; 1966] **s. m. e f. inv.** ● Funzionario o collaboratore di una ditta, di un grande magazzino, e sim., che tratta con i fornitori e assicura il rifornimento delle merci.

buy-out /ba'jaut, *ingl.* 'bae,aot/ [loc. ingl., propr. 'indennizzare perché uno abbandoni un posto, una proprietà', dal v. *to buy* 'comparare'; 1987] **s. m. inv.** (pl. ingl. *buy-outs*) ● (*econ.*) Acquisto, detto di aziende o attività commerciali.

buzzàgo ● V. *bozzago*.

buzzer /'badzder, *ingl.* bʌzəɹ/ [vc. ingl., dal v. *to buzz* 'ronzare'; 1989] **s. m. inv.** ● Segnalatore acustico, spec. in sveglie e orologi.

†**buzzicàre** [etim. incerta; sec. XIV] **v. intr. 1** Muoversi leggermente. **2** Mormorare, sussurrare.

†**buzzichìo** o †**bùzzico** [sec. XIV] **s. m.** ● Leggero movimento | Lieve rumore, mormorio.

bùzzo (**1**) [di orig. espressiva (?); sec. XV] **s. m.** ● (*pop.*) Pancia | (*fig.*) *Di b. buono*, con impegno: *si è messo a lavorare di b. buono*. ‖ **buzzàccio**, pegg. | **buzzétto**, dim. | **buzzìno**, dim. | **buzzóne**, accr. (V.)

bùzzo (**2**) [etim. incerta] **s. m.** ● (*sett.*) Arnia, bugno.

bùzzo (**3**) [etim. incerta; av. 1837] **agg.** ● (*tosc.*) Taciturno, imbronciato | *Tempo b.*, nuvoloso, piovoso.

†**buzzonàio** **s. m.** ● Trippaio.

buzzóne (**1**) [1797] **s. m.** (f. *-a*) **1** Accr. di *buzzo* (1). **2** (*pop.*) Persona panciuta | Pancione.

buzzóne (**2**) [emiliano *buzon* 'gabbione', di etim. incerta] **s. m.** ● Gabbia di fascine riempita di pietre a difesa di argini.

buzzùrro [etim. incerta; 1808] **s. m.** (f. *-a*) **1** Un tempo, venditore ambulante di castagne, castagnacci, polenta dolce. **2** (*disus.*) Persona giunta da poco in una data città | (*per anton., spreg.*) Piemontese, a Roma dopo il 1870. **SIN.** Forestiero. **3** (*spreg.*) Persona rozza, zotica e ignorante. **SIN.** Burino, cafone. (V. nota d'uso STEREOTIPO)

bwana /*swahili* 'bʋana/ [in swahili propr. 'signore, padrone' e anche 'Dio, Signore'; 1967] **s. m. e f. inv.** ● Padrone, capo.

bye-bye /bai'bai, *ingl.* 'bae 'bae/ [vc. ingl., inizialmente propria del linguaggio infant.; 1935] **inter.** ● Addio | Arrivederci.

bylina /*russo* bi'ljina/ [vc. russa, dal dial. *bylíná* 'ciò che è stato', da *bil* 'fu'; 1913] **s. f.** (pl. russo *byliny*) ● Canto popolare del Medioevo russo.

by night /bai'nait, *ingl.* bae'naet, bə-/ [vc. ingl., propr. 'presso (*by*, avv. di orig. germ. con valore attributivo) la notte (*night*, di orig. indeur.)'; 1961] **loc. agg. inv.** ● Notturno, di notte: *Roma by night*.

bypass /bai'pas, *ingl.* 'bae,pæˑs/ [vc. ingl., propr. 'passaggio (*pass*, di orig. fr.) accanto (*by*, avv. di orig. germ. con valore attributivo)'] **s. m. inv. 1** (*idraul.*) Diramazione di un condotto posta in prossimità di un organo di chiusura o di una pompa, con cui si pone in comunicazione la parte a monte dell'organo con quella a valle. **2** (*chir.*) Deviazione artificiale che, in un vaso sanguigno o in un'altra struttura canalizzata parzialmente o totalmente occlusa, consente di superare l'ostruzione. **3** (*urban.*) Percorso alternativo a quello abituale o tradizionale.

bypassàre /baipas'sare/ [denom. di *bypass*; 1964] **v. tr. 1** Fare deviare o ripristinare un passaggio applicando un bypass. **2** (*fig.*) Eludere, aggirare una difficoltà, un ostacolo.

bypassàto /baipas'sato/ [da *bypassare*; 1993] **agg.**; anche **s. m.** (f. *-a*) ● (*med.*) Che (o Chi) ha subito l'applicazione di un bypass.

byroniàno /bairo'njano/ o **baironiàno** [1873] **agg.** ● Che è proprio del poeta inglese G. G. Byron (1788-1824).

byte /bait, *ingl.* baet/ [da *b*(*inar*)*y* (*octet*)*te* 'ottetto binario'; 1966] **s. m. inv.** ● (*elab.*) Unità di misura della quantità di informazione corrispondente a 8 bit: *una memoria da un milione di b., un record di 100 b.* **SIMB.** B.

c, C

I suoni rappresentati in italiano dalla lettera *C* sono principalmente due: 'duro' o velare e 'dolce' o postalveopalatale. La *C* dura, consonante occlusiva velare non-sonora /k/, è scritta semplicemente *c* davanti alle vocali *a*, *o*, *u* e davanti a consonante (es. *càllo* /'kallo/, *còlle* /'kɔlle/, *cùlla* /'kulla/, *clìma* /'klima/, *crésta* /'kresta/); è scritta invece *ch* davanti alle vocali *e* e *i* (es. *chéto* /'keto/, *chìno* /'kino/). Può essere, secondo i casi, semplice (es. *èco* /'εko/, *richiùdo* /ri'kjudo/, *declàmo* /de'klamo/, *sètte chiòdi* /'sɛtte 'kjɔdi/, *èsco* /'esko/, *chiòdi* /'kjɔdi/, *ventùn chiòdi* /ven'tuŋ 'kjɔdi/) oppure geminata (es. *ècco* /'ekko/, *racchiùdo* /rak'kjudo/, *acclàmo* /ak'klamo/, *tre chiòdi* /trek'kjɔdi/). La *C* dolce, consonante semiocclusiva, o affricata, postalveopalatale non-sonora /tʃ/, è scritta semplicemente *c* davanti alle vocali *e* e *i* (es. *cènto* /'tʃɛnto/, *cìnto* /'tʃinto/); è scritta invece *ci*, con *i* muta, davanti alle altre vocali (es. *ciàlda* /'tʃalda/, *ciòndolo* /'tʃɔndolo/, *ciùrma* /'tʃurma/) ed eccezionalmente anche davanti a *e* (es. *pasticcière* /pasti'tʃɛre/, *spècie* /s'pɛtʃe/); non è mai seguita da consonante. Può essere, secondo i casi, semplice (es. *mìcia* /'mitʃa/, *la céna* /la'tʃena/, *mància* /'mantʃa/, *céna* /'tʃena/, *per céna* /per'tʃena/) oppure geminata (es. *miccia* /'mittʃa/, *a céna* /at'tʃena/). La lettera *C* fa poi parte del digramma *sc*, che rappresenta in italiano il suono della consonante costrittiva, o fricativa, postalveopalatale non-sonora /ʃ/. Analogamente a quello della *C* dolce, questo suono è scritto semplicemente *sc* davanti alle vocali *e* e *i* (es. *scélto* /'ʃɛlto/, *scìsma* /'ʃizma/); è scritto invece *sci*, con *i* muta, davanti alle altre vocali (es. *sciàbola* /'ʃabola/, *sciòlto* /'ʃɔlto/, *sciupàre* /ʃu'pare/) ed eccezionalmente anche davanti a *e* (es. *uscière* /uʃ'ʃere/, *cosciènza* /koʃ'ʃɛntsa/); non è mai seguito da consonante. Questo suono è sempre semplice (es. *cònscio* /'kɔnʃo/, *in sciòpero* /in'ʃopero/), tra due vocali, sempre geminato (es. *còscia* /'kɔʃʃa/, *lo sciòpero* /loʃ'ʃɔpero/). Davanti a lettere diverse da *e* e *i*, il gruppo grafico *sc* ha il valore di *S* non-sonora + *C* 'dura' /sk/ (es. *scuòla* /s'kwɔla/, *scrìtto* /s'kritto/). Per il gruppo grafico *cq*, V. la lettera *Q*.

c, (*maiusc.*) **C** [1516] **A** s. f. o m. • Terza lettera dell'alfabeto italiano (nome per esteso *ci*): *c minuscola*; *C maiuscolo* | Nella compitazione spec. telefonica it. *c come Como*; in quella internazionale *c come Charlie* | (*sport*) **Serie C**, suddivisione comprendente gli atleti e le squadre di livello inferiore | *Di serie C*, (*fig.*) di qualità scadente | (*chim.*) **Vitamina C**, V. *vitamina*. **B** s. m. inv. • (*elab.*) Linguaggio per la programmazione dei calcolatori elettronici, adatto alla programmazione strutturata.

†**ca'** /ka, ka*/ o †**ca** [troncamento di *casa*; sec. XIII] s. f. **1** Casa: *reducemi a ca' per questo calle* (DANTE *Inf.* XV, 54) | Oggi usato per designare palazzi antichi o in toponomastica (*spec. sett.*): *Ca' d'oro*; *Ca' Venier*; *Ca' d'Andrea*. **2** (*raro*) Casato: *madonna Lisetta da ca' Quirino* (BOCCACCIO). (V. nota d'uso ELISIONE e TRONCAMENTO)

cab /kab, *ingl.* kæb/ [vc. ingl., abbr. del fr. *cabriolet* (V.); 1842] s. m. inv. • Carrozzella inglese di piazza, a due ruote, nella quale il cocchiere stava molto in alto, in uso nell'Ottocento. ➡ ILL. *carro e carrozza*.

càbala o (*raro*) **càbbala** nel sign. 1 [ebr. *kabbâ-* *lah* 'dottrina ricevuta, tradizione'; 1486] s. f. **1** Corrente del misticismo ebraico medievale che considera la creazione del mondo come processo di emanazioni in forma di lettere. **2** (*est.*) Tecnica popolare per indovinare il futuro per mezzo di lettere, di numeri, di figure o di sogni | *C. del lotto*, che vuole indovinare i numeri che verranno estratti con operazioni aritmetiche. **3** (*fig.*) Intrigo, imbroglio: *quella buona voglia che sapeva impiegare nell'ordir cabale* (MANZONI).

cabalàre [1647] v. intr. (*io càbalo*; aus. *avere*) **1** (*raro*) Fare cabale. **2** (*fig.*) Congiurare ai danni di qlcu.

cabalétta [dim. di *co(b)bola* (?); 1812] s. f. **1** (*mus.*) Breve aria d'opera, vivace, dal motivo ritmico uniforme e ripetuto, spesso alla fine di una scena o di un concertato: *la c. del Trovatore*.

cabalìsta o (*raro*) **cabbalìsta** nel sign. 1 [da *cabala*; 1486] s. m. e f. (pl. m. -*i*) **1** Chi studia la cabala. **2** Chi cerca di indovinare con la cabala il futuro e spec. i numeri del lotto.

cabalìstico o (*raro*) **cabbalìstico** nel sign. 1 [av. 1565] agg. (pl. m. -*ci*) **1** Relativo alla cabala. **2** (*est.*) Oscuro, misterioso | *Segni cabalistici*, strani e indecifrabili. || **cabalisticaménte**, avv. In modo cabalistico; secondo la cabala.

cabalóne [1823] s. m. (f. -*a*) • (*raro*, *fig.*) Chi ordisce inganni e raggiri.

caban /fr. ka'bɔ̃/ [fr., propr. 'gabbano, cappotto'; 1984] s. m. inv. • Giaccone sportivo, per lo più in panno, spesso doppiopetto e con bottoni dorati.

cabarè [V. *cabaret*; av. 1828] s. m. **1** Adattamento di *cabaret* (V.). **2** (*sett.*) Vassoio.

cabaret /fr. kaba'ʀe/ [dall'ol. *cabret*, a sua volta dal piccardo *cambrette* (piccola camera'; 1768] s. m. inv. • Locale notturno con spettacoli di varietà | (*est.*) Gli spettacoli stessi: *cantante di c.*; *numeri di c.*

cabarettìsta s. m. e f. (pl. m. -*i*) • Attore di cabaret.

cabarettìstico [1942] agg. (pl. m. -*ci*) • Di cabaret, da cabaret.

càbbala • V. *cabala*.

cabernet /fr. kabεʀ'nε/ [fr., vc. dial. di etim. incerta; 1907] s. m. inv. **1** Vitigno originario della regione di Bordeaux, coltivato in Friuli, nel Veneto, in Trentino-Alto Adige e, più recentemente, anche in altre regioni | *C. sauvignon*, da cui si ottiene un vino più morbido | *C. franc*, da cui si ottiene un vino più rustico e vigoroso. **2** Vino rosso dal caratteristico profumo erbaceo che si ottiene dal vitigno omonimo.

cabestàno [fr. *cabestan*, deformazione di *cabestran*, da *cabestre* 'corda, cavezza': stessa etim. dell'it. *capestro*; 1659] s. m. **1** Macchina usata per il traino di carri ferroviari mediante fune. **2** (*mar.*) Argano ad asse verticale costituito da una campana intorno alla quale si avvolge il cavo da tirare, usato spec. per il traino di vagoni e per salpare l'ancora.

cabìla [ar. *qabîlah* 'tribù'; 1892] s. f. **1** La tribù dei Beduini, in Arabia. **2** (*est.*) Il principale raggruppamento etnico di popoli islamizzati anche fuori dall'Arabia.

♦**cabìna** o (*region.*) **gabìna** [fr. *cabine*, dall'ingl. *cabin*, dal lat. tardo *capanna*(m) 'capanna'; 1853] s. f. **1** Cameretta a bordo delle navi per uso dei viaggiatori e del personale di direzione. **2** Vano dove prendono posto i passeggeri negli aerei, funivie, ascensori e altri mezzi di trasporto. ➡ ILL. p. 2174, 2175 TRASPORTI. **3** Vano dove si trova il posto di guida, manovra o pilotaggio di un autocarro, locomotiva, aereo e sim. | *C. spaziale*, quella delle navicelle spaziali. ➡ ILL. p. 2113, 2115 AGRICOLTURA; p. 2168, 2169, 2174 TRASPORTI. **4** Vano di dimensioni variabili, adibito a usi diversi e diversamente attrezzato | *C. telefonica*, contenente un telefono pubblico | *C. elettrica*, contenente impianti per la trasformazione e la distribuzione dell'energia | *C. di manovra*, contenente i congegni per la manovra dei segnali ferroviari, dei deviatoi e sim. | *C. di proiezione*, in una sala cinematografica, quella che contiene la macchina da proiezione | *C. di regia*, V. *regia* (2) | *C. elettorale*, nella quale l'elettore può esercitare il suo diritto in piena segretezza. **5** Sulle spiagge, piccola costruzione adibita a spogliatoio.

cabinànte [1983] s. m. e f. • Su una nave, chi è addetto alle cabine e ai passeggeri.

cabinàto [1947] **A** agg. • Detto di imbarcazione da diporto fornita di cabina | Detto di autoveicoli, spec. autocarri, in cui il posto di guida isolato e chiuso assomiglia a una cabina. **B** s. m. • Imbarcazione da diporto fornita di cabina: *c. a motore*, *a vela*.

cabinìsta [1950] s. m. e f. (pl. m. -*i*) **1** Operaio addetto alla sorveglianza e alla manutenzione di una cabina elettrica. **2** Nei cinema, l'addetto alla proiezione dei film.

cabinovìa [da *cabina*, sul modello di *funivia* e *seggiovia*; 1963] s. f. • Funivia continua comprendente numerose piccole cabine a due o più posti.

cablàggio [fr. *câblage*, da *câble* 'cavo', dal lat. tardo *căpulu*(m) 'cappio'; 1965] s. m. • Insieme di cavi o conduttori colleganti le diverse parti di un'apparecchiatura elettrica o elettronica, o di un impianto elettrico | (*est.*) L'allestimento di tale apparecchiatura.

cablàre [fr. *câbler*, da *câble* 'cavo' (V. *cablaggio*); 1939] v. tr. **1** Collegare apparecchiature elettriche, dispositivi elettronici e sim. mediante cavi o fibre ottiche. **2** (*gerg.*) Trasmettere una notizia, spec. giornalistica, per cablogramma.

cablàto [1985] part. pass. di *cablare*; anche agg. **1** nel sign. del v. **2** Collegato via cavo: *città cablata*.

cablatóre [1965] s. m. (f. -*trice*) **1** Chi predispone i cablaggi. **2** Cablografista.

cablatùra [1994] s. f. • Realizzazione di collegamenti via cavo, spec. con l'impiego di fibre ottiche. CFR. Cablaggio.

câblé /fr. ka'ble/ [vc. fr., part. pass. di *câbler* 'ritorcere un cavo', da *câble* 'cavo'] **A** agg. (f. *câblée*) • Detto di filato di cotone o di lana ritorto più volte. **B** s. m. inv. • Tale tipo di filato.

càblo [1965] s. m. inv. • Accorc. di *cablogramma*.

cablografàre [da *cablogramma*, sul modello di *telegrafare*; 1962] v. tr. (*io cablògrafo*) • (*raro*) Cablare.

cablografìa [da *cablografare*, sul modello di *telegrafia*; 1955] s. f. • Trasmissione di telegrammi mediante sottomarini.

cablogràfico [1955] agg. (pl. m. -*ci*) • Relativo alla cablografia.

cablografìsta [1955] s. m. e f. (pl. m. -*i*) • Persona addetta alla trasmissione e ricezione di cablogrammi.

cablogràmma [fr. *câblogramme*, a sua volta dall'ingl. *cablegram*, comp. dell'ingl. *cable* 'gomena', poi 'cavo elettrico sottomarino' e -*gram* '-gramma'; 1905] s. m. (pl. -*i*) • Telegramma trasmesso mediante cavi sottomarini.

cablòtto [fr. *cablot* 'cavo', da *câble* 'canapo'; 1937] **s. m.** ● (*mar.*) Cavo dell'ancorotto.

cabochon /fr. kabɔˈʃɔ̃/ [fr., da *caboche* 'chiodone, testa', sovrapposizione del lat. *căput* 'capo' al fr. *bosse* 'bozza'; 1905] **s. m. inv.** ● Tipo di lavorazione delle pietre, preziose e non, che ne arrotonda la superficie senza sfaccettarla | Ogni pietra sottoposta a tale lavorazione.

cabotàggio [fr. *cabotage*, da *caboter* 'cabotare'; 1765] **s. m.** ● (*mar.*) Navigazione delle navi mercantili e da diporto lungo le coste | ***Grande, piccolo c.***, in dipendenza della lunghezza dei percorsi effettuati tra porto e porto | ***Di piccolo c.***, (*fig.*) di scarso rilievo, di modesta importanza.

cabotàre [fr. *caboter*, di etim. discussa: ant. fr. *cabo* 'lingua di terra che si addentra nel mare', di orig. sp. (?); 1937] **v. intr.** (*io cabòto*; aus. *avere*) ● (*mar.*) Praticare il cabotaggio.

cabotière [fr. *cabotier*, da *cabotage* 'cabotaggio'; av. 1912] **s. m.** ● (*mar.*) Chi pratica il cabotaggio.

cabotièro [1937] **A agg.** ● Di cabotaggio: *traffico c.* **B s. m.** ● (*mar.*) Piccolo mercantile da cabotaggio.

cabràre [fr. *cabrer* 'alzarsi come una capra', dal provz. *cabra* 'capra'; 1923] **v. intr. e tr.** (aus. intr. *avere*) ● (*aer.*) Alzare la prua dell'aeromobile con variazione di assetto o di traiettoria: *l'aereo cabra*; *il pilota cabra l'aereo.* CONTR. Picchiare (2).

cabràta [1936] **s. f.** ● Movimento, manovra del cabrare.

cabrèo [sp. *cabreo*, dal lat. *căput brĕve* 'sommario principale'; 1846] **s. m.** ● (*st.*) Registro catastale | †Mappa.

cabriolè [1796] **s. m.** ● Adattamento di *cabriolet* (V.).

cabriolet /fr. kabʀiɔˈlɛ/ [fr., da *cabrioler* 'fare capriole'; 1771] **s. m. inv.** *1* Carrozzina a due ruote, con mantice. *2* Automobile scoperta a due o quattro posti munita di capote. CFR. Roadster. ➡ ILL. p. 2167 TRASPORTI. *3* (*gerg.*) Assegno scoperto o a vuoto.

càca ● V. *cacca.*

cacadùbbi [comp. di *caca(re)* e il pl. di *dubbio*; 1739] **s. m. e f. inv.** ● (*pop., spreg.*) Persona titubante e piena di dubbi.

cacaiòla [dim. dell'ant. *cacaia*, dal lat. *cacāre* 'cacare'; sec. XIV] **s. f.** *1* (*raro, volg.*) Dissenteria | ***Avere, far venire la c.***, (*fig.*) una gran paura. *2* (*raro, pop.*) Nella loc. ***avere le scarpe, le calze alla c.***, non allacciate, a bracaloni.

cacào o (*pop.*) **caccào** [dall'azteco *cacahuatl*, propr. 'grano di cacao', attrav. lo sp. *cacao*; av. 1557] **s. m. inv.** *1* Pianta delle Sterculiacee, molto alta, con foglie grandi e persistenti, fiori bianchi o rossi, frutti di forma allungata dai semi simili a mandorle (*Theobroma cacao*). ➡ ILL. **piante**/4. *2* Sostanza alimentare aromatica che si ottiene, per torrefazione e macinazione, dai semi della pianta omonima, e costituisce il principale ingrediente della cioccolata | ***Burro di c.***, sostanza grassa, di color bianco-giallastro, estratta dai semi del cacao.

cacàre o (*region.*) **cagàre** [lat. *cacāre*, vc. infant.; 1353] **A v. intr.** (*io càco, tu càchi*; aus. *avere*) ● (*volg.*) Defecare, andare di corpo. **B v. tr.** ● (*volg.*) Eliminare, espellere dal corpo (*anche fig.*): *si me fusse forza … non potrei cacar altro che l'anima com'un appiccato* (BRUNO) | ***C. sangue***, avere la dissenteria; (*fig.*) stentare, faticare molto | ***Cacarsi sotto***, (*fig.*) avere una gran paura | (*fig., volg.*) ***Cacarsi qlcu.***, disprezzarlo, infischiarsene | ***Non lo cago nemmeno***, non mi curo minimamente di lui, lo ignoro del tutto.

cacarèlla o **cacherèlla** [1615] **s. f.** ● (*pop.*) Dissenteria | ***Avere, fare venire la c.***, (*fig.*) una gran paura | ***A c.***, a bracaloni.

†**cacarïùzza** [av. 1556] **s. f.** ● (*fig.*) Moina, leziosaggine.

†**cacasàngue** [comp. di *caca(re)* e *sangue*; 1483] **s. m. inv.** ● (*pop.*) Dissenteria | ***Ti venga il c.!***, ti venga un accidente.

cacasénno [comp. di *caca(re)* e *senno*, n. di uno dei personaggi di un'opera di G. C. Croce; 1866] **s. m. e f. inv.** ● (*spreg.*) Sputasentenze.

cacasentènze [comp. di *caca(re)* e il pl. di *sentenza*; av. 1584] **s. m. e f. inv.** ● (*pop., spreg.*) Persona saccente e noiosa.

†**cacasòdo** [comp. di *caca(re)* e *sodo*; sec. XVI] **s. m.** ● (*pop., spreg.*) Chi si dà soverchia importanza.

cacasòtto [comp. di *caca(re)* e *sotto*; 1534] **s. m. e f. inv.** ● (*pop., spreg.*) Persona vigliacca.

†**cacastécchi** [comp. di *caca(re)* e il pl. di *stecco*; sec. XIV] **s. m. e f. inv.** ● (*pop., spreg.*) Spilorcio | Persona incerta | Persona dappoco.

cacàta o (*region.*) **cagàta** [av. 1749] **s. f.** *1* (*volg.*) Atto del cacare | Escrementi. *2* (*volg., fig.*) Cosa brutta, malfatta, noiosa e sim. || **cacatìna, dim.** | **cacatóna, accr.**

cacatòa ● V. *cacatua.*

cacatóio o (*region.*) **cagatóio** [da *cacare*; 1527] **s. m.** ● (*raro, volg.*) Latrina.

cacatùa o **cacatòa** [malese *kakatūwa*, di etim. incerta, prob. attrav. il port.; 1708] **s. m. inv.** ● Genere di pappagalli di media lunghezza, con grande becco robusto compresso lateralmente, testa sormontata da un ciuffo erettile e piumaggio di colore non appariscente (*Cacatua*). ➡ ILL. **animali**/9.

cacatùra o (*region.*) **cagatùra** [av. 1306] **s. f.** ● (*volg.*) Cacata | Escremento, spec. di insetti.

†**cacazìbetto** [comp. di *caca(re)* e *zibetto*; 1585] **s. m. inv.** ● (*pop., spreg.*) Bellimbusto, vagheggino.

càcca o (*region.*) **càca** [vc. infant. V. *cacare*; av. 1484] **A s. f.** *1* (*infant., pop.*) Escrementi, spec. umani | ***Avere la c. al culo***, (*fig., volg.*) avere una gran paura. *2* (*est., infant.*) Cosa sudicia | Cosa da non toccare, da cui stare lontano. *3* (*fig., volg., spreg.*) Boria, superbia. **B** in funzione di **inter.** ● (*pop.*) Esprime dispetto, rabbia, ira e sim. || **cacchétta, dim.**

†**caccabàldola** [etim. incerta; sec. XIV] **s. f.** ● (*spec. al pl.*) Smanceria, gesto lezioso.

caccào ● V. *cacao.*

caccavèlla [lat. tardo *caccabella(m)*, dim. di *caccăbus* 'pentola' dal gr. *kákkabos*; 1841] **s. f.** *1* (*merid.*) Pentola di terracotta. *2* Strumento popolare napoletano costituito da una pignatta chiusa superiormente da una pelle d'asino in cui è infilato un bastone che, agitato ritmicamente, provoca un caratteristico suono crepitante.

càcchio (1) e *deriv.* ● V. *cazzo* e *deriv.*

càcchio (2) [lat. *cătulu(m)* 'piccolo cane, piccolo animale', di etim. incerta; 1663] **s. m.** ● Getto non fruttifero che si sviluppa su piante coltivate e che deve essere asportato.

cacchióne [da *cacchio* (2); sec. XIV] **s. m.** *1* Uovo di mosca o di altri insetti | Larva vermiforme dell'ape. *2* (*spec. al pl.*) Punta delle prime penne dei Gallinacei e di altri Uccelli. *3* (*merid.*) Lepre.

♦**càccia** (1) [da *cacciare*; av. 1250] **s. f.** (pl. *-ce*) *1* Attività del catturare o uccidere animali selvatici con trappole e con armi, spec. col fucile: *c. al cinghiale, alla volpe*; *ha la passione della c.* | ***C. grossa***, quella che si dà agli animali selvaggi di grosse dimensioni | Cattura e uccisione della selvaggina nelle condizioni stabilite dalla legge: *apertura della c.*; *riserva di c.*; *battuta di c.* | (*est.*) Appostamento e cattura di un animale da parte di un altro: *la c. dei leoni alle antilopi* | (*est.*) ***C. fotografica***, attività volta a fotografare animali selvatici nel loro ambiente naturale. *2* Pesca praticata con armi da fuoco, ad aria compressa e sim.: *c. subacquea*; *c. alla balena.* *3* (*est.*) Selvaggina presa a caccia e uccisa | (*est.*) Pietanza di selvaggina: *cucinare, mangiare la c.* SIN. Cacciagione. *4* (*est.*) Inseguimento, anche come azione militare, diretto spec. contro aerei e navi nemiche: *pilotare un aereo da c.* | ***C. all'uomo***, di banditi, fuggiaschi e sim. | ***Dare la c. a qlcu.***, inseguirlo | † ***Correre, andare, fuggire in c.***, essere inseguito. *5* (*est.*) Ricerca minuziosa e incessante di qlcu.: *dare la c. a una diva in incognito, al vincitore di una lotteria* | ***C. alle streghe***, (*fig.*) V. *strega.* *6* (*fig.*) Ricerca avida e affannosa di qlco.: *andare a c. di onori, di guadagni*; *un giornalista a c. di notizie* | ***Dare la c. a qlco.***, perseguirla senza sosta. *7* Ogni gioco caratterizzato dalla ricerca di qlco.: *c. al tesoro*; *c. agli errori.* *8* (*letter.*) Componimento poetico, spesso musicato, a rime libere di versi brevi frammisti a endecasillabi, in cui è per lo più scritta o rappresentata una scena di caccia. || **cacciarèlla, dim.** (V.).

càccia (2) [1917] **s. m. inv.** *1* Accorc. di *aereo da caccia.* *2* Accorc. di *cacciatorpediniere.*

cacciabàlle [comp. di *caccia(re)* nel senso dial. di 'tirar fuori' e il pl. di *balla* nel sign. di 'bugia'; 1986] **s. m. e f. inv.** ● (*fam.*) Chi inventa e racconta balle, fandonie, frottole.

cacciabombardière [comp. di *caccia(re)* e *bombardiere*; 1950] **s. m.** ● Aereo atto alla caccia e anche al bombardamento leggero.

cacciachiòdo [comp. di *caccia(re)* e *chiodo*; 1865] **s. m.** (pl. *-i* o **inv.**) ● Barretta d'acciaio con estremità troncoconica usata per l'estrazione dei chiodi.

cacciadiàvoli [comp. di *caccia(re)* e il pl. di *diavolo*; 1526] **s. m. inv.** *1* †Scongiuratore, esorcista. *2* (*bot., pop.*) Iperico.

cacciafèbbre [comp. di *caccia(re)* e *febbre*; 1930] **s. f. inv.** ● (*bot., pop.*) Biondella.

cacciagióne [av. 1328] **s. f.** (pl. *-i*) *1* Selvaggina: *è un luogo ricco di c.* | (*est.*) Ciò che rappresenta il frutto di una battuta di caccia. *2* (*est.*) Carne della selvaggina commestibile: *cucinare la c.*; *pasticcio di c.*

cacciamine [comp. di *caccia(re)* e del pl. di *mina*; 1947] **s. m. inv.** ● (*mar.*) Nave appositamente attrezzata per la ricerca, l'individuazione e la distruzione delle mine.

cacciamósche ● V. *scacciamosche.*

†**cacciapàlla** [comp. di *caccia(re)* e *palla*; sec. XVI] **s. m.** ● Asta recante all'estremità una specie di grosso cucchiaio per estrarre la palla dalle artiglierie ad avancarica.

cacciapiètre [comp. di *caccia(re)* e il pl. di *pietra*; 1962] **s. m. inv.** ● (*ferr.*) Sprone di ferro fissato anteriormente al telaio dei mezzi di trazione, a poca distanza dalla rotaia, allo scopo di rimuovere gli ostacoli che vi si potessero trovare. ➡ ILL. p. 2168, 2169 TRASPORTI.

♦**cacciàre** [lat. parl. **captiāre*, da *căpere* 'prendere'; 1255] **A v. tr.** (*io càccio*) *1* Inseguire un animale selvatico per catturarlo o ucciderlo (*anche assol.*): *c. le lepri, le quaglie* | (*est., raro*) Inseguire, incalzare, braccare. *2* Allontanare a forza o con comandi decisi (*anche fig.*): *c. qlcu. a pugni e calci*; *c. la malinconia* | Bandire, esiliare. SIN. Espellere. *3* Spingere, mettere dentro, spec. con violenza, o alla rinfusa, o sbadatamente: *c. qlcu. in prigione*; *c. le mani in tasca*; *dove hai cacciato gli occhiali?* | †***C. mano a qlco.***, dare di piglio. *4* Estrarre: *c. il coltello, il portafoglio.* *5* †Inseguire. **B v. intr.** (aus. *avere*) ● Andare a caccia: *che per cacciar nel bosco ne veniva* (ARIOSTO). **C v. rifl.** ● Introdursi, ficcarsi (*anche fig.*): *cacciarsi tra la folla*; *cacciarsi nei pasticci* | (*est., fam.*) Nascondersi: *dove ti sei cacciato?*

cacciarèlla [dim. di *caccia* (1); 1947] **s. f.** ● Nel Lazio e nella Maremma, battuta di caccia al cinghiale.

cacciasommergibili [comp. di *caccia(re)* e il pl. di *sommergibile*; 1935] **s. m. inv.** ● Nave da guerra di piccole dimensioni, destinata a combattere i sommergibili.

cacciaspolétta [comp. di *caccia(re)* e *spoletta*; 1847] **s. m. inv.** ● Strumento cilindrico con manico, atto a togliere la spoletta dal proiettile o a forzarla meglio su di esso.

cacciàta [1312] **s. f.** *1* Lo scacciare, il venire scacciato, spec. con la forza: *la c. degli Angioini.* SIN. Allontanamento, bando, espulsione. *2* (*raro*) Partita di caccia. *3* †Cavata, levata: *c. di sangue.*

cacciatóra [1825] **s. f.** *1* Nella loc. avv. e agg. ***alla c.***, alla maniera dei cacciatori | ***Giacca alla c.***, in velluto a coste o fustagno, con ampie tasche e tascone posteriore per riporvi la preda | ***Alla c.***, detto di pietanze cucinate in umido con cipolla, pomodoro e vino: *coniglio, pollo alla c.* | ***Salamino alla c.***, di piccola pezzatura. *2* (*ellitt.*) Giacca alla cacciatora: *una c. di velluto.*

♦**cacciatóre** [av. 1292] **s. m.** (f. *-trice*) *1* Chi esercita la caccia, spec. col fucile | ***C. di frodo***, chi caccia senza licenza o con mezzi illeciti o in terreni riservati o in tempi proibiti | ***C. subacqueo***, chi va a cacciare pesci munito di apposito fucile e attrezzatura per muoversi sott'acqua | ***Cacciatori di teste***, popoli allo stato di natura, spec. antropofagi, che, per motivi magici o rituali, conservano e mummificano le teste dei nemici vinti | (*org. az.*) ***C. di teste***, nel linguaggio giornalistico, persona od organizzazione che ricerca, per conto di un'impresa, personale altamente specializzato senza passare attraverso annunci economici. SIN. Head-hunter. *2* (*fig.*) Chi va alla ricerca ostinata di qlco.: *c. di guadagni, di onori, di facili amori* | ***C. di dote***, chi mira solo ad ammogliarsi con una donna ricca. *3* (*spec. al pl.*) Soldato a piedi o a cavallo, vestito, armato e addestrato per l'impiego nella milizia leggera: *Cacciatori delle Alpi.* *4* Pilota di aereo da caccia. ***5*** Servo in livrea che sedeva vicino al cocchiere nelle carrozze delle famiglie nobili. ***6*** †Persecutore.

cacciatorino [da (*salamino alla*) *cacciatora*; 1970] **s. m.** ● Piccolo salame di pasta dura.

cacciatorpedinière [comp. di *caccia*(*re*) e il pl. di *torpediniera*; 1905] **s. m. inv.** ● Nave da guerra, con dislocamento fino a 4000 tonnellate, con compiti antisiluranti, antiaerei e antisommergibili, armata con cannoni, siluri, missili.

♦**cacciavite** [comp. di *caccia*(*re*) e *vite*; 1772] **s. m.** (**pl. inv.** o *-i*) ● Attrezzo per stringere o allentare le viti, costituito da uno stelo di ferro che termina con un tagliente o una punta a croce, innestato in un manico | (*elettr.*) ***C. cercafase***, V. *cercafase*.

cacciù [malese *kāchu*, attrav. il port. *cachú* e il fr. *cachou*; av. 1684] **s. m.** ● (*bot.*) Catecù.

cacciùcco o **caciùcco** [turco *kačukli* 'minutaglia'; 1864] **s. m.** (**pl.** *-chi*) ● Zuppa di pesce alla marinara, con cipolla, aglio, pepe, vino bianco o rosso, tipica di Livorno.

càccola [da *cacca*; 1427] **s. f.** ***1*** (*spec. al pl.*) Lo sterco a pallottole di alcuni animali, o quello puntiforme di alcuni insetti: *caccole di capra, di mosca* | Sudiciume appallottolato tra la lana di capre, pecore e sim. ***2*** (*pop.*) Muco rappreso del naso | Cispa degli occhi. || **caccolétta, dim.** | **caccolina, dim.**

caccolóne [1887] **s. m.** (**f.** *-a*) ● (*pop.*) Chi si toglie continuamente caccole dal naso.

caccolóso [av. 1306] **agg.** ***1*** Cisposo | Pieno di caccole. ***2*** (*est., pop.*) Sporco, sudicio: *crollato … a sedere sulla brandina caccolosa* (PASOLINI).

caccóso o (*region.*) **cagóso** [da *cacca*; 1955] **agg.** ● (*volg.*) Sporco di escrementi.

cache /kaʃ*, kɛʃ*, *ingl.* kʰæʃ/ [vc. ingl., propr. 'nascondiglio', di orig. fr.; 1989] **A agg. inv.** ● (*elab.*) Detto di memoria ad accesso molto rapido dedicata a conservare i dati usati più frequentemente dai programmi, in modo da rendere più veloce l'esecuzione. **B** anche **s. f. inv.** ● Memoria cache.

cache-col /*fr.* ˌkaʃˈkɔl/ [vc. fr., propr. 'nascondi--collo', comp. di *cacher* 'nascondere' e *col* 'collo'; 1989] **s. m. inv.** (**pl. fr.** *cache-cols* o **inv.**) ● Fazzoletto da collo annodato sulla camicia dal collo aperto.

cachemire /*fr.* kaʃˈmiːʀ/ [vc. fr., dalla regione asiatica del *Kashmir*; 1797] **s. m. inv.** ● Tipo di lana a pelo lungo ottenuta da una razza di capre del Kashmir | Tessuto leggero e morbido di lana omonima.

cache-nez /*fr.* ˌkaʃˈne/ [vc. fr., propr. 'nascondi--naso', comp. di *cacher* 'nascondere' e *nez* 'naso'; 1905] **s. m. inv.** ● Sciarpa da avvolgersi attorno al collo e alla parte inferiore del viso per ripararli dal freddo.

cache-pot /*fr.* ˌkaʃˈpo/ [vc. fr., propr. 'nascondi--vaso', comp. di *cacher* 'nascondere' e *pot* 'vaso'; 1918] **s. m. inv.** (**pl. fr.** *cache-pots* o **inv.**) ● Portavasi.

cacherèlla ● V. *cacarella*.

cacherèllo [da *cacare*; 1340 ca.] **s. m.** ● Sterco di animali.

cache-sexe /*fr.* ˌkaʃˈsɛks/ [vc. fr., propr. 'nascondi-sesso', comp. di *cacher* 'nascondere' e *sexe* 'sesso'; 1931] **s. m. inv.** (**pl. fr.** *cache-sexes* o **inv.**) ● Indumento molto ridotto che, in uomini e donne, copre appena gli organi sessuali.

cachessìa [vc. dotta, lat. tardo *cachĕxia*(*m*), nom. *cachĕxia*, dal gr. *kachexìa* 'cattiva disposizione', comp. di *kakós* 'cattivo' e *héxis* 'disposizione'; av. 1730] **s. f.** ● (*med.*) Stato di grave deperimento organico.

cachet /kaʃˈʃɛ*, kaʃˈʃe*, *fr.* kaˈʃɛ/ [vc. fr., da *cacher* 'nascondere'; 1892] **s. m. inv.** ***1*** Involucro di ostia, o capsula di sostanza amidacea, che racchiude farmaci in polvere | (*est.*) Compressa usata per calmare i dolori, spec. di testa. ***2*** Carattere particolare di un tipo di eleganza: *una donna che ha molto c.* ***3*** Contratto temporaneo per singole prestazioni nei vari rami dello spettacolo e sim. | Compenso pattuito per tale singola prestazione. ***4*** Prodotto impiegato come colorante dei capelli.

cachèttico [vc. dotta, lat. tardo *cachĕcticu*(*m*), nom. *cachĕcticus*, dal gr. *kachektikós*, da *kachexia* 'cachessia'; sec. XIV] **agg.** (**pl. m.** *-ci*) ● (*med.*) Proprio della cachessia | Che è affetto da cachessia: *preferisce un cinquantenne c. a un giovanotto spalluto e muscoloso* (SAVINIO).

cachettista /kaʃʃetˈtista/ [da *cachet* nel sign. 3; 1983] **s. m. e f.** (**pl. m.** *-i*) ● Chi viene pagato a cachet, a ogni singola prestazione, spec. nell'ambito dello spettacolo.

càchi (**1**) o **kàki** [ingl. *khaki*, dal persiano *khāk* 'polvere'; 1908] **A agg. inv.** ● Che ha un colore giallo sabbia, caratteristico degli abiti coloniali: *uniforme, berretto c.* **B s. m. inv.** ● Il colore cachi.

càchi (**2**) o (*pop.*) **càco**, (*raro*) **kàki** [vc. di orig. giapp.; 1836] **s. m. inv.** ● Albero delle Ebenacee, di origine tropicale, con foglie coriacee oblunghe, fiori ascellari e frutto a bacca (*Diospyros kaki*). **SIN.** Loto del Giappone | Il frutto commestibile di tale pianta, rotondo, di colore aranciato o giallo--scuro | ***C. mela***, varietà di cachi con polpa compatta a maturità. ➡ **ILL. piante**/8.

cachinno [vc. dotta, lat. *cachĭnnu*(*m*), di orig. onomat.; 1308] **s. m.** ● (*lett.*) Sghignazzata sonora e beffarda: *lo tuo riso sia sanza c.* (DANTE).

caciàia o (*centr.*) **caciàra** (**1**) [da *cacio*; 1759] **s. f.** ● Locale adibito alla stagionatura e conservazione del cacio.

caciàio ● V. *casaro*.

caciàra (**1**) ● V. *caciaia*.

caciàra (**2**) [da avvicinare a *gazzarra*; 1931] **s. f.** ● (*rom.*) Gazzarra, confusione: *fare un po' di c.*; *tutta una gran confusione, una gran allegria, la c. del sabato sera* (PASOLINI).

caciaróne [da *caciara*; 1977] **s. m.** (**f.** *-a*) ● (*rom.*) Chi fa confusione, chiasso.

cacìcco o **cacìco** [dal caraibico *kacia*; 1525] **s. m.** (**pl.** *-chi*) ***1*** Capo indiano nell'America centrale e nel Perù, al tempo dell'occupazione spagnola. ***2*** (*est., fig., raro*) Notabile politico.

cacimpèrio o **cacimpèro, cazzimpèrio** [comp. di *cacio* e un secondo termine di etim. incerta; av. 1837] **s. m.** ***1*** Vivanda di formaggio grattugiato, burro, uova sbattute, latte o brodo, simile alla fonduta. ***2*** (*raro, region.*) Pinzimonio.

càcio [lat. *cāseu*(*m*) 'formaggio', di etim. incerta; 1299] **s. m.** ● (*tosc.*) Formaggio | ***Essere alto come un soldo di c.***, (*fig.*) di bambino o persona di piccola statura: *nel Maradagàl ci sono anche dei vigili alti come du soldi di c.* (GADDA) | ***Il c. sui maccheroni***, (*fig.*) ciò che viene a proposito | ***Essere pane e c.***, (*fig.*) essere molto amici.

caciocavàllo [comp. di *cacio* e *cavallo*, forse per la forma di questi formaggi; 1311] **s. m.** (**pl.** *caciocavàlli* o *cacicavàlli*) ● Formaggio tipico dell'Italia meridionale, di pasta dura, cruda, a forma allungata strozzata in alto, preparato con latte intero di vacca.

caciòtta o (*tosc.*) **caciòla** [da *cacio*; 1846] **s. f.** ● Formaggio tenero, in forma schiacciata e rotondeggiante, diffuso nell'Italia centrale. || **caciottèlla, dim.** | **caciottina, dim.**

caciottàro [1959] **s. m.** ● (*centr.*) Fabbricante o venditore di caciotte.

caciùcco ● V. *cacciucco*.

càco ● V. *cachi* (*2*).

càco- [dal gr. *kakós* 'cattivo', di etim. incerta] primo elemento ● In parole composte dotte o scientifiche significa 'cattivo' o 'sgradevole' o 'deforme': *cacografia, cacofonia*.

cacodèmone [vc. dotta, lat. tardo *cacodaemone*(*m*), nom. *cacodaemon*, dal gr. *kakodáimōn* 'posseduto da cattivo genio', comp. di *kakós* 'cattivo' e *dáimōn* 'demone'; av. 1600] **s. m.** ● (*raro, lett.*) Spirito maligno.

cacofagìa [comp. di *caco-* e *-fagia*; 1962] **s. f.** ● (*med.*) Patologia che si manifesta con la tendenza a mangiare sostanze ripugnanti.

cacofonìa [vc. dotta, gr. *kakophōnía*, comp. di *kakós* 'cattivo' e *-fonia*; 1585] **s. f.** ***1*** (*ling.*) Effetto sgradevole prodotto dall'incontro di certi suoni, spec. dalla ripetizione di sillabe uguali: *Insegni, con l'acre tua cura / rodendo la pietra e la creta* (PASCOLI). ***2*** In musica, successione o simultaneità di suoni sgradevoli.

cacofònico [1618] **agg.** (**pl. m.** *-ci*) ● Di sgradevole suono. || **cacofonicaménte, avv.**

cacografìa [comp. di *caco-* e *-grafia*; 1865] **s. f.** ***1*** Scrittura non conforme ai modelli grafici. **CONTR.** Calligrafia. ***2*** Scrittura errata.

cacologìa [vc. dotta, gr. *kakología* 'maldicenza, calunnia', comp. di *kakós* 'cattivo' e *-logia*; av. 1639] **s. f.** ● Espressione difettosa, desueta o in contrasto con l'abituale logica del discorso.

cacóne o (*region.*) **cagóne** [da *cacare*; 1353] **s. m.** (**f.** *-a*) ***1*** (*volg.*) Chi va spesso di corpo. ***2*** (*fig., volg.*) Persona paurosa.

cacoṣmìa [vc. dotta, gr. *kakosmía*, comp. di *kakós* 'cattivo' e *osmḗ* 'odore'; 1939] **s. f.** ● (*med.*) Disturbo dell'olfatto consistente nella percezione di odori ripugnanti.

Cactàcee [vc. dotta, comp. di *cact*(*us*) e *-acee*; 1865] **s. f. pl.** (**sing.** *-a*) ● Nella tassonomia vegetale, famiglia di piante tropicali delle Dicotiledoni con fusti verdi e carnosi spesso di forma strana, fornite di aculei o peli a ciuffi, con notevole riduzione e anche scomparsa delle foglie e fiore in genere solitario (*Cactaceae*). **SIN.** (*pop.*) Piante grasse. ➡ **ILL. piante**/3.

càctus o **càcto** nel sign. 2 [lat. *căctu*(*m*), nom. *căctus*, dal gr. *káktos* 'pianta spinosa', di orig. preindeur.; 1793] **s. m.** (**pl. inv.** o *càcti* nel sign. 2; **pl. lat. inv.**) ***1*** Genere di piante comprendente poche specie con fusto carnoso sempreverde, foglie trasformate in spine e fiori vivacemente colorati (*Cactus*). ***2*** (*gener.*) Pianta appartenente alla famiglia delle Cactacee.

cacùme [vc. dotta, lat. *cacūmen*, da collegare alla radice indeur. **ak* 'cima'; 1319] **s. m.** ● (*raro, lett.*) Sommità di un monte: *lo monte del cui bel c. / li occhi de la mia donna mi levaro* (DANTE *Par.* XVII, 113-114). **SIN.** Cima, vetta.

cacuminàle [1955] **agg.** ***1*** (*lett.*) Inerente alla vetta | Che si trova sulla vetta. ***2*** (*ling.*) Detto di suono nella cui articolazione la parte anteriore della lingua batte contro la sommità del palato.

Cad /kad, *ingl.* kæd/ [sigla ingl. di *c*(*omputer-*) *a*(*ided*) *d*(*esign*) 'progettazione aiutata dal computer'; 1983] **s. m. inv.** ● (*elab.*) Progettazione e disegno assistiti dal calcolatore elettronico.

cadaùno o †**cadùno**, †**cataùno**, †**catùno** [comp. del gr. *katá* 'per' e di *uno*; 1211] **agg. e pron. indef.** solo **sing.** ● Ciascuno, ognuno, spec. nel linguaggio commerciale: *saponette al prezzo di un euro cadauna*.

♦**cadàvere** [vc. dotta, lat. *cadāvere*, abl. di *cadāver*, che va accostato a *cădere* 'cadere'; av. 1364] **s. m.** ● Corpo umano dopo la morte: *seppellire il c.*; *bianco, freddo come un c.* | (*fig.*) ***C. ambulante***, persona macilenta e dall'aspetto sofferente. **CFR.** necro-. || **cadaverino, dim.**

cadavèrico [1745] **agg.** (**pl. m.** *-ci*) ● Proprio del cadavere: *rigidità, pallore c.* | (*fig.*) Che ha l'aspetto di un cadavere: *un vecchio macilento e c.* || **cadavericaménte, avv.**

cadaverina [1950] **s. f.** ● (*chim.*) Diammina fortemente tossica, appartenente al gruppo delle ptomaine, che si forma negli organismi animali in putrefazione.

caddie /ˈkɛddi, *ingl.* ˈkʰædi/ [ingl., dal fr. *cadet* (V. *cadetto*); 1950] **s. m. inv.** ● Nel golf, assistente che porta la sacca con i bastoni.

cadeau /*fr.* kaˈdo/ [vc. fr., col sign. di 'dono', assunto attraverso quello di 'ornamento' deriv., a sua volta, dal senso primitivo di 'lettera (ornamentale)' che aveva l'ant. provz. *capdel* (dal lat. tardo *capitĕllum*, dim. di *căput* 'capo') dal quale proviene; 1905] **s. m. inv.** (**pl. fr.** *cadeaux*) ● Dono, regalo.

cadènte [av. 1333] **A part. pres.** di *cadere*; anche **agg.** ***1*** Nei sign. del v. ***2*** ***Palazzo, edificio c.***, che va in rovina | ***Vecchio c.***, decrepito | ***Anno, mese c.***, (*fig.*) che volge al termine | ***Sole c.***, (*fig.*) che tramonta | ***Stella c.***, bolide. **B s. m.** ● †Corpo cadente; grave.

cadènza [vc. dotta, lat. *cadĕntia*, part. nt. pl. di *cădere* 'cadere', propr. 'cose che cadono'; 1550] **s. f.** ***1*** Modulazione della voce o di un suono prima della pausa | (*est.*) Inflessione della voce nel leggere, nel parlare o nel declamare: *una c. monotona, sonora* | (*est.*) Inflessione tipica di una lingua o di un dialetto: *la c. veneziana, siciliana*. ***2*** Misura o ritmo di un passo, di una marcia, di un ballo | (*est.*) Ritmo, frequenza: *c. bimestrale*. ***3*** (*mus.*) Nell'aria e nel concerto, episodio solistico nel silenzio dell'orchestra, previsto verso la fine del brano dopo un accordo sospensivo, e lasciato all'improvvisazione del solista o scritto dall'autore o talvolta anche da altri: *le cadenze di Beethoven per i concerti di Mozart* | In armonia, formula che conclude un brano, un suo periodo o una sua sezione.

cadenzaménto [da *cadenzare*] **s. m.** ● Determinazione dell'orario di servizi di trasporto, tale che sul medesimo percorso le partenze si effettuino allo stesso minuto di ciascuna ora prevista (per es. 9h10', 11h10', 13h10').

cadenzàre [fr. *cadencer*. V. *cadenza*; 1826] **v. tr.**

(*io cadènzo*) ● Imprimere a qlco. una cadenza: *c. la voce, il passo.* SIN. Ritmare.

cadenzàto [1830] part. pass. di *cadenzare*; anche agg. *1* Nei sign. del v. SIN. Ritmato, scandito. *2* Detto di mezzo di trasporto, che ha frequenza regolare, con partenze per una data destinazione effettuate allo stesso minuto di ciascuna ora prevista (ad es. 9h10', 11h10', 13h10') | ***Orario c.***, quello che stabilisce le partenze per una data destinazione allo stesso minuto di ciascuna ora prevista. || **cadenzataménte**, avv.

♦**cadére** o †**càggere** [lat. *cădere*, con metaplasmo già nel lat. parl., da una radice **kad-* non chiara; av. 1250] v. intr. (pass. rem. *io càddi, tu cadésti, egli càdde*, †*cadètte*; fut. *io cadrò, tu cadrài*; congv. pres. *io càda*, †*càggia*; condiz. pres. *io cadrèi, tu cadrésti*; part. pass. *cadùto*; ger. *cadèndo*, †*caggèndo*; aus. *essere*) *1* Andare senza sostegni dall'alto verso il basso, lentamente o rapidamente (*anche fig.*): *è caduto dall'albero; gli cadono i capelli; d'autunno cadono le foglie* | ***C. dalle nuvole***, (*fig.*) meravigliarsi, stupirsi | ***C. in piedi***, (*fig.*) uscire bene da una situazione pericolosa | Pendere: *i capelli le cadevano fino alla vita* | ***Il cappotto cade bene***, (*fig.*) è tagliato bene | ***Far c. le braccia***, (*fig.*) deprimere, far disperare. SIN. Cascare. *2* Precipitare provocando distruzioni, crollare (*anche fig.*): *il soffitto cadde con un rumore assordante; la fortezza è caduta* | (*fig.*) Finire, essere rovesciato: *è caduto il governo.* SIN. Rovinare. *3* (*fig.*) Venirsi a trovare in una situazione difficile: *c. ammalato, in disperazione, in miseria, in peccato, in rovina, in sospetto, in trappola* | ***C. dalla padella nella brace***, (*fig.*) passare da una situazione negativa a una ancora peggiore | (*fig.*) Fallire: *c. agli esami; la commedia cadde alla prima rappresentazione* | (*fig.*) Rimanere ucciso: *c. in battaglia, sulla breccia* | ***C. ai piedi di qlco. o qlcu.***, inginocchiarsi per supplicare o rendere omaggio | (*lett.*) Peccare. *4* (*fig.*) Calare, finire: *al c. del giorno, del sole; il vento cadde improvvisamente; tutti i suoi sospetti sono caduti* | (*fig.*) Venire a mancare, interrompersi: *è caduta la linea* | (*fig.*) ***Lasciar c. il discorso, la proposta***, abbandonarli | ***Far c. qlco. dall'alto***, (*fig.*) concedere qlco. con difficoltà e in modo altero | (*fig.*) ***Lasciar c. una parola, una frase e sim.***, presentarle con falsa noncuranza per ottenere un effetto particolare. *5* (*fig.*) Capitare, apparire improvvisamente, sopraggiungere: *c. a proposito; c. sotto gli occhi; cade la notte* | Posarsi: *l'accento cade sull'ultima sillaba* | Ricorrere con regolarità, periodicità: *oggi cade il mio compleanno.* *6* (*ling.*) Uscire, terminare: *verbi che cadono in -ere.*

cadétto [fr. *cadet*, dal guascone *capdet* 'capo'; 1554] **A** agg. *1* Detto di figlio maschio non primogenito di una famiglia nobile, senza diritto di successione | Di ramo collaterale nella discendenza di una famiglia nobile. *2* (*sport*) Di seconda categoria, di serie B: *squadra cadetta; campionato c.* **B** s. m. *1* Figlio maschio non primogenito senza diritto di successione | (*est.*) Figlio secondogenito. *2* Allievo di un'accademia militare. *3* (f. *-a*) (*sport*) Componente di una squadra cadetta.

cadì [ar. *qāḍī* 'giudice'; av. 1405] s. m. ● Magistrato musulmano che amministra la giustizia applicando le norme del diritto islamico.

†**cadiménto** [1351] s. m. ● Caduta (*anche fig.*).

caditóia [da *cadere*; 1550] s. f. *1* Apertura fatta negli sporti e nei ballatoi delle antiche fortificazioni e nelle volte delle torri, da cui si scagliavano sassi o altro per colpire il nemico. SIN. Piombatoia. *2* Apertura nella cunetta della strada per l'immissione dell'acqua nella fognatura.

cadmìa o **càdmia** [vc. dotta, lat. *cadmīa(m)*, nom. *cadmīa*, dal gr. *kadmêia* (sottinteso *gê* 'terra') 'ossido di zinco' che si trovava vicino all'acropoli di Tebe, chiamata 'Cadmia'; av. 1498] s. f. ● Fuliggine metallica che si forma nei recipienti o nei forni in cui si fondono metalli.

cadmiàre [1942] v. tr. (*io càdmio*) ● Rivestire un metallo, mediante galvanostegia, di un sottile strato di cadmio.

cadmiatùra [1942] s. f. ● Operazione del cadmiare.

càdmio [da *cadmia*; 1820] s. m. ● Elemento chimico, metallo bianco-argenteo, duttile, malleabile, ottenuto come sottoprodotto nella metallurgia dello zinco, usato spec. in galvanostegia. SIMB. Cd.

cadorìno [av. 1796] **A** agg. ● Della zona del Cadore, nel Veneto. **B** s. m. (f. *-a*) ● Abitante, nativo del Cadore.

cadréga o †**carrèga** [vc. dial. (lomb.), dal lat. *cătedra(m)* 'sedia', 'seggio' (V. *cattedra*), attraverso una forma metatetica (*cadreda*), poi dissimilata (*cadrega*); av. 1939] s. f. ● (*dial., sett.*) Sedia, scanno. || **cadreghìno**, dim. m. (V.).

cadreghìno [1973] s. m. *1* Dim. di *cadrega.* *2* (*dial., fig.*) La sedia, intesa come simbolo del potere: *perdere il c.*

cadùca [f. sost. di *caduco*; 1950] s. f. ● (*anat.*) Decidua.

caducàre [da *caduco*; 1830] v. tr. (*io cadùco, tu cadùchi*) ● (*dir.*) Annullare.

caducazióne [av. 1744] s. f. ● (*dir.*) Il venir meno degli effetti di un atto giuridico per scadenza del termine.

caduceàto agg. ● (*poet.*) Dotato di caduceo.

cadùcèo o **cadùceo** [vc. dotta, lat. *cadūceu(m)*, dal gr. *karýkeion*, da *kâryx* 'araldo'; 1499] s. m. *1* Bastone alato con due serpenti attorcigliati che si guardano, usato da Mercurio, messaggero degli dei, per comporre le liti. *2* Bastone con un serpente attorcigliato intorno, simbolo della professione medica. SIN. Bastone di Esculapio.

Caducicòrni [vc. dotta, comp. di *caduc(o)* e del pl. di *corno*] s. m. pl. (sing. *-e*); anche agg. ● (*zool.*) Plenicorni.

caducìfero [vc. dotta, lat. *caducĭferu(m)*, comp. di *cadūceum* 'caduceo' e *fĕrre* 'portare'; 1499] agg. ● (*poet.*) Che porta il caduceo.

caducifòglio [comp. di *caduco* e *foglia*; 1955] agg. ● Detto di pianta o di formazione vegetale a foglie decidue: *albero, bosco c.* CONTR. Sempreverde.

caducità [vc. dotta, lat. tardo *caducitāte(m)*, nom. *cadūcitas*, da *cadūcus* 'caduco'; av. 1676] s. f. *1* Condizione di ciò che è caduco | (*est.*) Fragilità, transitorietà: *la c. della bellezza fisica.* *2* (*dir.*) Inefficacia di un atto o negozio giuridico per il sopravvenire di condizioni previste dalla legge.

cadùco [vc. dotta, lat. *cadūcu(m)*, da *cădere* 'cadere'; av. 1306] agg. (pl. m. *-chi*) *1* Che cade presto | (*fig., lett.*) Che ha breve durata: *bellezza caduca; o caduche speranze, o pensier folli!* (PETRARCA). SIN. Effimero, fugace, labile | ***Mal c.***, (*pop.*) epilessia. *2* (*biol.*) Detto di organo animale o vegetale destinato a cadere e, talvolta, a essere sostituito da un altro, anche permanente: *foglie caduche; denti caduchi; palchi caduchi.* *3* (*ling.*) Detto di suono soggetto a indebolimento e a caduta. SIN. Evanescente. || **caducaménte**, avv. (*raro*) In modo caduco.

†**cadùno** ● V. *cadauno.*

♦**cadùta** [da *cadere*; 1288] s. f. *1* Movimento senza sostegni dall'alto verso il basso: *c. delle foglie, della pioggia, della neve, della grandine* | Capitombolo, ruzzolone: *ha fatto una brutta c.* | Perdita (*anche fig.*): *c. dei capelli; c. della vocale finale di una parola* | Crollo: *c. di un muro* | (*fis.*) ***C. dei gravi***, discesa spontanea dei corpi sotto l'azione della gravità | (*elettr.*) ***C. di tensione***, differenza di potenziale fra due punti di un circuito percorso da corrente | (*fis.*) ***C. termica***, differenza fra entalpia iniziale e finale nell'espansione di un aeriforme | ***C. d'acqua***, salto d'acqua | ***C. libera***, nel paracadutismo, parte della caduta tra il lancio dall'aereo e l'apertura del paracadute; (*fig.*) collasso, rapido crollo: *prezzi in c. libera; popolarità in c. libera.* *2* (*fig.*) Capitolazione, resa: *per la sì presta c. della città erano forte imbaldanziti* (BARTOLI) | (*fig.*) Rovina: *la c. dell'Impero Romano.* SIN. Crollo | (*est., lett.*) Peccato. *3* (*fig.*) Cessazione, fine di un potere politico, una carica e sim.: *la c. del governo, del ministero, della dittatura, della monarchia.* *4* (*mar.*) Lato verticale delle vele quadre e delle moderne vele di prua non inferite | Lato poppiero delle vele triangolari e trapezoidali. ➡ ILL. p. 2155 SPORT. *5* (*astrol.*) Nello zodiaco, segno in cui un corpo celeste non trova nessuna affinità e ha perciò una diminuzione del proprio influsso particolarmente accentuata. CONTR. Esaltazione.

cadùto [av. 1294] **A** part. pass. di *cadere*; anche agg. ● Nei sign. del v. **B** s. m. ● Chi è morto in combattimento o nell'adempimento del proprio dovere: *monumento ai caduti; i caduti per la libertà; i caduti sul lavoro.*

cady /ka'di*/ [prob. alterazione del fr. *cadis* 'rascia', di orig. sconosciuta] s. m. inv. ● Tessuto pregiato di lana o seta, leggermente ruvido, usato spec. per abiti da sera.

†**caèndo** [lat. *quaerĕndo* 'cercando', gerundio di *quaerĕre* 'chiedere, cercare'; av. 1292] vc. ● Solo nelle loc. ***andare, venire c.***, cercando, chiedendo.

†**cafàrnao** [dalla città della Galilea *Cafarnao*; il senso di 'disordine, confusione' deriva dalla turba venuta per vedere Cristo; 1865] s. m. ● Confusione, grande disordine | ***Andare in c.***, perdersi, smarrirsi.

café chantant /fr. ka'fe ʃɑ̃'tɑ̃/ [vc. fr., propr. 'caffè cantante'] loc. sost. m. inv. (pl. fr. *cafés chantants*) ● Caffè concerto.

café-society /ingl. 'kʰæfeɪ sə'saeəṭi/ [vc. ingl., propr. 'società da caffè'; 1960] s. f. inv. ● Il bel mondo, il complesso delle persone che frequentano i luoghi alla moda.

cafetàno ● V. *caffettano.*

♦**caffè** [turco *kahve*, dall'ar. *qahwa* 'bevanda eccitante'; 1585] **A** s. m. *1* Arbusto tropicale sempreverde delle Rubiacee con foglie ovate e glabre, fiori bianchi ascellari, frutto consistente in una drupa rossa con nocciolo contenente uno o due semi (*Coffea arabica*) | Ogni seme di tale pianta. ➡ ILL. piante/9. *2* Sostanza aromatica ottenuta per torrefazione e macinazione dei semi contenuti nei frutti della pianta del caffè: *grani, chicchi di c.; c. in grani; c. macinato* | ***C. verde***, qualsiasi caffè in seme, privato della buccia, prima della torrefazione | ***C. torrefatto***, caffè verde sottoposto a un qualsiasi grado di torrefazione | ***C. decaffeinato***, dal quale è stata estratta la caffeina | ***C. solubile***, sostanza solida, disidratata e solubile in acqua, ottenuta a partire dal caffè torrefatto. *3* Bevanda preparata per decozione a caldo di caffè torrefatto e macinato: *fare, preparare il c.; offrire una tazza di c., un c.; c. caldo, freddo* | ***C. nero***, senza latte, puro | ***C. macchiato***, a cui viene aggiunto un po' di latte | ***C. corretto***, con l'aggiunta di un liquore | ***C. turco, alla turca***, denso, preparato col bricco, non filtrato | ***C. espresso***, preparato al momento con apposita macchina | ***C. lungo, alto***, poco concentrato | ***C. americano***, caffè molto lungo ottenuto con lento filtraggio del macinato | ***C. ristretto, basso***, molto concentrato | ***Al c.***, dopo il pranzo | Ogni bevanda succedanea del caffè ottenuta dai semi di varie piante: *c. d'orzo; c. di cicoria, di ghianda* | ***C. bianco***, specie di sorbetto al sapore di caffè. *4* Locale pubblico dove si servono, oltre al caffè, gelati, bevande alcoliche e analcoliche, pasticceria e sim.: *andare al c.; passare la serata al c.* SIN. Bar | ***Chiacchiere, politica da c.***, oziose, astratte dalla realtà | ***C. concerto***, locale dove si ascolta musica e si balla. **B** in funzione di agg. ● (posposto a un s.) Che ha il colore bruno dorato caratteristico del caffè tostato: *un paio di scarpe color c.* || **caffeàccio**, pegg. | **caffeìno**, dim. | **cafferìno**, dim. | **caffettìno**, dim. | **caffeùccio**, dim.

caffeàrio [1942] agg. ● Del caffè: *industria caffearia.*

caffè e latte /kaffeel'latte/ ● V. *caffellatte.*

caffèico [dal fr. *caféique*, da *café* 'caffè'; 1962] agg. (pl. m. *-ci*) *1* (*chim.*) ***Acido c.***, acido organico aromatico in cristalli poco solubili in acqua, dotato di notevole potere riducente. *2* Detto di droghe che contengono caffeina.

caffeìcolo [1962] agg. ● Che concerne la coltivazione del caffè.

caffeìfero [1955] agg. ● Che produce caffè: *regione caffeifera.*

caffeìna [1865] s. f. ● Alcaloide contenuto nel caffè, dotato di azione stimolante sul cuore e su altri organi.

caffeìsmo [1899] s. m. ● Intossicazione da caffeina caratterizzata da tremori, insonnia, facile irritabilità.

caffellàtte o **caffè e làtte**, **caffelàtte**, (*raro*) **caff'è làtte** [comp. di *caffè* e *latte*; 1832] **A** s. m. inv. ● Bevanda composta di latte e caffè con cui comunemente si fa colazione la mattina. **B** in funzione di agg. inv. ● (posposto a un s.) Che ha il colore bruno chiaro della bevanda omonima: *vestito c.*

caffeomanzìa [comp. di *caffè* e *-manzia*; 1983] s. f. ● Pratica di divinazione mediante l'esame delle figure create dai fondi del caffè rovesciati in un recipiente pieno d'acqua.

caffettàno o **cafetàno**, **caffetàno**, **caftàn**, **caftàno** [ar. *qaftān* 'cotta di maglia'; 1481] s. m. *1* Ampia e lunga veste maschile con maniche svasate tipica dei paesi musulmani. **2** (*est.*) Abito femminile lungo e largo, con maniche ampie, spesso ricamato, simile nella foggia al precedente.

caffetterìa [1754] **s. f.** **1** Complesso di bevande e paste offerte nei caffè. **2** Reparto di un esercizio alberghiero che si occupa della prima colazione | Locale dove si possono consumare bevande e generi di ristoro, spec. all'interno di musei, teatri, mostre, stazioni ecc.

caffettièra [fr. *cafetière*. V. *caffè*; 1711] **s. f.** **1** Recipiente in cui si prepara il caffè | Bricco col quale si serve il caffè in tavola. **2** (*scherz.*) Autoveicolo vecchio e sgangherato: *funziona ancora questa c.?* | Locomotiva vecchia e sbuffante.

caffettière [fr. *cafetier*. V. *caffè*; 1740] **s. m.** (f. *-a*) ● Proprietario o gestore di una bottega di caffè.

càffo [ar. *kaff* 'palmo della mano' o *qaffa* 'cambiare rapidamente una moneta fra le dita'; 1282] **A s. m.** **1** (*tosc.*) Numero dispari | ***Giocare a pari e c.***, a pari e dispari, a un gioco simile alla morra; (*fig., lett.*) mettere a rischio qlcu. o qlco. **2** †Il primo di tutti, l'unico: *tu sei 'l c. d'ogni traditore* (PULCI). **B agg.** ● (*tosc.*) Dispari: *il tre è numero c.*

cafisso [ar. *qafīz* 'misura di capacità'; av. 1347] **s. m.** ● Antica unità di misura di capacità agraria per grano e olio: *il Cellerario di cucina consegnava loro … due cafissi d'olio* (DE ROBERTO).

cafonàggine [da *cafone*; 1940] **s. f.** ● Caratteristica, comportamento di cafone: *una c. senza pari* | Cafonata: *una delle sue solite cafonaggini.*

cafonàta [1951] **s. f.** ● Azione, frase da cafone: *fare, dire una c.*

cafóne [etim. incerta; 1861] **A s. m.** (f. *-a*) **1** (*merid.*) Contadino: *i cafoni del Sud.* **2** (*est., spreg.*) Persona rozza, villana o maleducata: *non faccia il c.!*; *comportarsi da c.* SIN. Buzzurro, zotico. **B agg.** ● Zotico, villano, maleducato: *la plebe contadina e cafona* (CARDUCCI). || **cafonàccio**, pegg. | **cafoncèllo**, dim.

cafonerìa [1946] **s. f.** ● Cafonaggine.

cafonésco [1900] **agg.** (pl. m. *-schi*) ● Da cafone: *gesto c.* || **cafonescaménte**, avv. In modo cafone, in modo villano.

cafonìsmo [av. 1932] **s. m.** ● Comportamento da cafone.

càfro [dall'ar. *kāfir* 'infedele'; av. 1557] **agg.**; anche **s. m.** (f. *-a*) ● (*gener.*) Che (o Chi) appartiene ai gruppi di lingua bantu stanziati nell'Africa sud-orientale | †***Gallina cafra***, nera.

caftàn ● V. *caffettano.*

caftàno ● V. *caffettano.*

cagàre e *deriv.* ● V. *cacare e deriv.*

†**càggere** ● V. *cadere.*

cagionàre [1321] **v. tr.** (*io cagióno*) **1** (*tosc.* o *lett.*) Causare, provocare: *c. danno, preoccupazione.* **2** †Incolpare.

cagionatóre [av. 1406] **s. m.**; anche **agg.** (f. *-trice*) ● (*raro*) Chi (o Che) dà cagione, causa.

cagióne [lat. *occasiōne(m)*. V. *occasione*; av. 1276] **s. f.** **1** (*tosc.* o *lett.*) Causa determinante di qlco.: *i dispiaceri furono la c. della sua morte.* **2** †Occasione, motivo: *la rigida giustizia che mi fruga / tragge cagion del loco ov'io peccai* (DANTE *Inf.* XXX, 70-71). **3** †Pretesto, cavillo | †Scusa. **4** †Colpa.

cagionévole [da *cagione*; 1353] **agg.** ● Di debole costituzione, facile ad ammalarsi: *un ragazzo gracile e c.* | (*est.*) Malaticcio | Malfermo: *salute c.*

cagionevolézza [1642] **s. f.** ● (*raro*) Caratteristica di chi è cagionevole di salute.

cagionóso [av. 1698] **agg.** ● (*tosc.*) Cagionevole.

†**cagiù** ● V. *acagiù.*

†**cagliàre (1)** [sp. *callar* 'tacere, dissimulare', dal lat. parl. **callāre*, dal gr. *chaláō* 'io lascio andare'; av. 1543] **v. intr.** **1** Perdersi d'animo, allibire. **2** Tacere.

cagliàre (2) o **quagliàre** [lat. *coagulāre*. V. *coagulare*; 1663] **A v. intr.** (*io càglio*; aus. *essere*) ● Rapprendersi a causa dell'acidità del caglio aggiunto, detto del latte. **B v. tr.** ● Far rapprendere: *poi col presame cagliò la metà di quel candido latte* (PASCOLI).

cagliaritàno A agg. ● Di Cagliari. **B s. m.** (f. *-a*) ● Abitante, nativo di Cagliari.

cagliàta [da *cagliare (2)*; 1663] **s. f.** ● Massa gelatinosa ottenuta per coagulazione della caseina del latte.

cagliatùra [1962] **s. f.** ● Processo di coagulazione del latte.

càglio (1) o †**quàglio** [lat. *coāgulu(m)*. V. *coagulare*; av. 1577] **s. m.** **1** Sostanza acida, tratta dall'abomaso di ruminanti lattanti, che aggiunta al latte lo fa cagliare. SIN. Presame. **2** (*zool.*) Abomaso.

càglio (2) [da *caglio (1)* perché serve a cagliare] **s. m.** ● Pianta erbacea delle Rubiacee con fiori gialli in pannocchie, un tempo usata per far cagliare il latte (*Galium verum*) | Carciofo selvatico.

cagliòstro [dal n. del famoso avventuriero del sec. XVIII, Giuseppe Balsamo, conte di *Cagliostro*; av. 1936] **s. m.** ● (*disus.*) Avventuriero, ciarlatano: *l'odiosa tirannia di quel c.* (PIRANDELLO).

càgna [lat. parl. **cānia(m)*, f. di *cānis* 'cane'; 1313] **s. f.** **1** Femmina del cane. **2** (*fig.*) Donna impudica. SIN. Baldracca, sgualdrina. **3** (*fig.*) †Donna dal carattere aspro e rabbioso. **4** (*fig.*) Cattiva attrice, spec. cantante. || **cagnétta**, dim. (V.).

cagnàccio o †**cagnàzzo** [av. 1546] **s. m.** (f. *-a*; pl. f. *-ce*) **1** Pegg. di cane. **2** Grosso pesce cartilagineo dei Selaci col dorso rossastro e macchie nere sul ventre (*Carcharias ferox*).

cagnàra [av. 1835] **s. f.** **1** (*raro*) Latrato di molti cani. **2** (*fig., fam.*) Chiasso di gente che litiga o si diverte: *fare c.*; *una c. assordante.*

†**cagnàzzo** [1313 ca.] **A agg.** **1** Brutto, deforme. **2** Di colore paonazzo: *Poscia vid'io mille visi cagnazzi / fatti per freddo* (DANTE *Inf.* XXXII, 70-71). **B s. m.** ● V. *cagnaccio.*

cagnésca ● V. *canesca.*

cagnésco [1353] **agg.** (pl. m. *-schi*) **1** †Che è tipico del cane. **2** (*fig., lett.*) Ostile, minaccioso: *volto indietro il viso più torvo e più c. che avesse fatto* (MANZONI) | ***Guardare in c.***, guardare torvo | (*lett.*) ***Stare, essere in c.***, essere sdegnato. || **cagnescaménte**, avv. Rabbiosamente.

cagnétta [1885] **s. f.** **1** Dim. di *cagna.* **2** (*gerg.*) Cannone da campagna da 75 mm.

cagnétto [av. 1907] **s. m.** **1** (f. *-a*) Dim. di *cane*; *un cagnetto … di colore bianco pezzato* (MORANTE). **2** Pesce di acqua dolce dei Blennidi con corpo allungato, muso tozzo e occhi sporgenti, di colore verde scuro superiormente e giallo a macchie verdi e brune sul ventre (*Blennius fluviatilis*).

cagnìna [forse da *cagna* con passaggio fig. poco chiaro; 1905] **s. f.** **1** Nelle Marche e in Romagna, denominazione del vitigno canaiolo. **2** Vino rosso da dessert, prodotto in Romagna dal vitigno omonimo; ha colore rosato carico, profumo vinoso, fruttato e sapore di uva matura su piacevole fondo acidulo.

cagnòlo [da *cagna*, perché ricorda le gambe dei cani; 1955] **agg.** ● Detto di cavallo che presenta nell'appiombo il difetto di una rotazione dello zoccolo verso l'interno.

cagnóne [vc. lombarda, da *cagnón* 'larva d'insetto', a cui il chicco di riso viene paragonato; 1850] **vc.** ● Nella loc. ***riso in c.***, in bianco, cotto in acqua e condito con burro fuso e parmigiano.

cagnotte /fr. ka'ɲɔt/ [vc. fr., di provenienza provenzale, prob. da *cagne* 'cagna' per la figura del piattello; 1942] **s. f. inv.** ● Piattello, vassoio dove i partecipanti a un gioco d'azzardo versano piccole somme di denaro gener. a favore del croupier | (*est.*) La somma così raccolta.

cagnòtto [sec. XV] **s. m.** **1** Dim. di *cane.* **2** Un tempo, sicario, persona prezzolata al servizio di un signore per difesa personale o per compiere prepotenze: *attorniato da parassiti e da cagnotti di vilissima sorta* (D'ANNUNZIO). **3** (*pesca*) Larva della mosca carnaria dal colorito bianco-cereo sporco usata come esca per quasi tutti i pesci d'acqua dolce. SIN. Bigattino.

cagoulard /fr. kagu'laːʀ/ [vc. fr., da *cagoule* 'cappuccio', che gli aderenti a un'organizzazione francese d'estrema destra portavano in occasione di certe manifestazioni: stessa orig. dell'it. *cocolla*] **s. m. inv.** ● Membro di un'organizzazione terroristica francese di estrema destra, attiva fra il 1936 e il 1945 | (*est.*) Terrorista filofascista.

cahier de doléances /fr. kaˌjedədole'ɑ̃ːs/ [loc. fr., propr. 'quaderno di lamentele'] **loc. sost. m. inv.** (pl. fr. *cahiers de doléances*) **1** (*st., spec. al pl.*) Raccolta di rimostranze e richieste che nella Francia del XVIII sec., prima della rivoluzione, veniva redatta durante le assemblee elettorali e presentata al re dagli Stati Generali. **2** (*est.*) Serie di lamentele, di proteste.

caì [vc. onomat.; 1983] **inter.** ● Riproduce il guaito del cane (*spec. iter.*).

càia [etim. incerta; 1965] **s. f.** ● Farfalla dei Lepidotteri con le ali anteriori bianche a chiazze marrone e le posteriori aranciate a macchie nere (*Arctia caja*).

caiàc ● V. *kayak.*

caiàcco ● V. *kayak.*

caiàco ● V. *kayak.*

†**càiba** ● V. *gabbia.*

caìcco o **caìcchio** [turco *qayk*; 1583] **s. m.** (pl. *-chi*) **1** Antica imbarcazione a remi. **2** Imbarcazione tipica delle coste turche, originariamente da trasporto, oggi da diporto.

càid [ar. *qā'id* 'chi guida, capo'; 1908] **s. m.** ● Funzionario musulmano nell'Africa del nord.

càieput /'kajeput/ ● V. *cajeput.*

caimàno [sp. *caimán*, di orig. amer.; av. 1557] **s. m.** ● Genere di rettili degli Alligatoridi (*Caiman*) | ***C. dagli occhiali***, rettile americano dei Coccodrilli con muso allungato e arrotondato, corazza robusta uniformemente scura (*Caiman crocodylus*). ➡ ILL. **animali**/5.

Caìno [dal n. del figlio di Adamo, che uccise a tradimento il fratello Abele; av. 1367] **s. m.** **1** (*per anton.*) Fratricida | Uccisore di parenti o di amici. **2** (*est.*) Traditore.

Càio [vc. dotta, lat. *Gāiu(m)*, prenome rom., per errata lettura del segno *C* che, nell'ortografia latina arcaica, valeva tanto per la sorda *c*, quanto per la sonora *g*; 1766] **s. m.** ● Nome proprio con cui si indica una persona indeterminata che non si vuole o non si può nominare; è usato per lo più insieme con i nomi di *Tizio* e *Sempronio*, aventi analogo significato: *invece di tacere, è andato a dire tutto a Tizio, C. e Sempronio.*

cairn /ingl. kʰɛəɹn/ [vc. ingl. di orig. gaelica, propr. 'mucchio'; 1930] **s. m. inv.** **1** Cumulo di pietre usato come monumento sepolcrale in alcune culture del periodo neolitico ed eneolitico. **2** (*est.*) Cippo di confine. SIN. Ometto nel sign. 3.

cairòta [da *Cairo*; 1963] **A agg.** (pl. m. *-i*) ● Del Cairo, capitale dell'Egitto. **B s. m. e f.** ● Abitante, nativo del Cairo.

càjeput /'kajeput, *ingl.* 'kʰæʤəpət, -ʊt/ o **càieput** [dal malese *kāyupūtih* 'albero bianco'; 1820] **s. m. inv.** ● Albero delle Mirtacee, tipico della regione indo-malese dalle cui foglie si ottiene, per distillazione, un liquido incolore usato in medicina (*Melaleuca leucadendron*).

cajun /ka'ʒun, *fr.* ka'ʒœ̃, *ingl.* 'kʰeɪʤn/ [vc. del fr. d'America, che imita la pronuncia locale di *acadien* 'acadiano'; 1985] **A s. m. e f. inv.** ● Abitante francofono dello Stato americano della Louisiana. **B** anche **agg.**: *cucina c.*

cake /kɛik, keik, *ingl.* kʰeɪk/ [vc. ingl., propr. 'torta, focaccia'] **s. m. inv.** ● Accorc. di *plum-cake.*

cake-walk /ingl. 'kʰeɪkˌwɔːk/ [nell'ingl. degli Stati Uniti, orig., 'gara consistente nel camminare (*walk*) con stile, che aveva per premio una torta (*cake*)'; av. 1908] **s. m. inv.** ● (*mus.*) Danza negro-americana di ritmo binario sincopato, che rivoluzionò la danza di sala agli inizi del Novecento.

càla (1) [vc. di orig. preindeur.; av. 1557] **s. f.** **1** Insenatura marina, molto piccola e poco profonda, in costa alta. SIN. Calanca. **2** Intaglio che si pratica alla base di un blocco di marmo per staccarlo dalla fronte della cava. SIN. Sottoscavo. || **calétta**, dim. (V.).

càla (2) [fr. *cale*, dal provz. *calo*, deriv. di *calar* 'calare, abbassare'; 1824] **s. f.** ● (*mar.*) Fondo della stiva della nave | Locale di bordo destinato a magazzino.

calabràche [comp. di *cala(re)* e il pl. di *braca*, da *calar le brache* 'darsi per vinto'; 1545] **A s. m. e f. inv.** ● (*pop.*) Persona eccessivamente remissiva e pusillanime. **B s. m.** ● Gioco di carte fra due persone, nel quale vince chi riesce a raccogliere il maggior numero di carte.

calabrése [1321] **A agg.** ● Della Calabria | ***Alla c.*** (*ellitt.*), alla maniera dei calabresi | ***Cappello alla c.***, di feltro nero a pan di zucchero e tesa larga, solitamente adorno di nastri variopinti. **B s. m. e f.** ● Abitante, nativo della Calabria. **C s. m.** solo **sing.** ● Dialetto italiano meridionale, parlato in Calabria.

calabresèlla [da *calabrese*; 1825] **s. f.** ● Terziglio.

càlabro [1532] **A agg.** **1** Che si riferisce a un'antica popolazione messapica stanziata nella penisola salentina. **2** (*lett.*) Calabrese. **B** s. m. (f. *-a*) ● Chi apparteneva alla popolazione calabra: *i Calabri e gli Apuli.*

calabro- primo elemento ● In parole composte fa riferimento alla Calabria: *Appennino calabro-lucano.*

calabróne o †**scalabróne** [lat. *crabrōne(m)*, di orig. indeur.; av. 1364] s. m. **1** Grosso insetto degli Imenotteri con corpo bruno rossiccio e addome variegato di giallo la cui femmina è fornita di pungiglione (*Vespa crabro*). CFR. Ronzare. ➡ ILL. animali/2 | (*fig.*) ***Essere nero come un c.***, avere un colorito bruno molto scuro; (*est.*) essere di cattivo umore. **2** (*fig.*) Corteggiatore insistente | Persona importuna.

calabrósa [etim. incerta; 1910] s. f. ● Rivestimento di ghiaccio tenace, compatto, translucido proveniente dal rapido congelamento di goccioline d'acqua sopraffuse.

calafatàggio [1824] s. m. ● Operazione del calafatare.

calafatàre [av. 1470] v. tr. **1** Stoppare e rincatramare le fessure del fasciame di un'imbarcazione in legno per renderlo impermeabile. **2** Rendere stagna una giunzione tra lamiere o tubi.

calafàto [gr. tardo *kalaphátēs*, di etim. incerta; 1322] s. m. ● Operaio specializzato nel calafataggio delle navi. SIN. Stoppatore (2).

calamàio o (*raro*) **calamàro** [lat. tardo *calamāriu(m)*, da *călamus* 'canna, penna per scrivere'; av. 1300] s. m. **1** Piccolo recipiente di varia forma e materiale per tenervi l'inchiostro e intingervi la penna per scrivere. **2** (*tipogr.*) Nelle macchine da stampa, serbatoio dell'inchiostro. **3** V. *calamaro* nei sign. 1 e 2. ‖ **calamaiétto**, dim.

calamàndra [etim. incerta; 1955] s. f. ● Pregiato legno bruno venato di nero ricavato da un albero indiano.

calamarétto [av. 1939] s. m. **1** Dim. di *calamaro*. **2** Calamaro di piccole dimensioni: *un fritto di calamaretti e gamberi.*

calamarièra [da *calamaro*; 1987] s. f. ● Totanara.

calamàro o **calamàio** [da *calamaio*, per il liquido nero che contiene; 1306] s. m. **1** Mollusco marino dei Cefalopodi, commestibile, con corpo bianco roseo punteggiato di scuro e prolungato in dieci tentacoli, che, in caso di pericolo, emette un liquido nero che intorbida l'acqua (*Loligo vulgaris*). ➡ ILL. animali/4. **2** (*spec. al pl., fig.*) Occhiaie livide: *avere i calamari agli occhi*; *Lei, signorino, soffre... l'ha i calamai... studia troppo...* (DOSSI). **3** (*raro*) V. *calamaio* nei sign. 1 e 2. ‖ **calamarétto**, dim. (V.).

†**calambà** [sp. *calambac*, dal malese *kalambak*; av. 1636] s. m. ● Legno della Cina, pregiato per il suo odore.

†**calambùcco** [av. 1588] s. m. ● Legno di aloe tinto di rosso, di odore molto gradevole.

calaménto [da *calare*; av. 1694] s. m. ● Parte finale della lenza.

calamìna [fr. *calamine*, prob. rifacimento semidotto del lat. *cadmīa*. V. *cadmia*; 1765] s. f. ● (*miner.*) Emimorfite.

calamìnta [vc. dotta, lat. *calamĭnthe(m)*, nom. *calamĭnthe*, dal gr. *kalaminthē*, di orig. preindeur.; sec. XIV] s. f. ● (*bot.*) Pianta erbacea delle Labiate ricoperta di molti peli, con piccoli fiori rosa o lilla in cime peduncolate munite di piccole brattee (*Satureja calamintha*) SIN. Nepetella.

calamìstro [vc. dotta, lat. *calamĭstru(m)*, prob. connesso con *călamus*, V. *calamo*; sec. XIV] s. m. **1** (*zool.*) Organo formato da setole ricurve situato sul quarto paio di zampe dei ragni. **2** Ferro usato un tempo per arricciare i capelli.

calamìta [etim. incerta; av. 1249] s. f. **1** (*fis.*) Magnete. **2** (*fig.*) Persona o cosa che possiede una forte attrattiva: *quella ragazza è una vera c. per gli uomini!*

calamità [vc. dotta, lat. *calamitāte(m)*, di orig. non romana; 1336 ca.] s. f. **1** Sventura o disgrazia che colpisce molte persone | ***C. naturali***, terremoti, inondazioni ecc. SIN. Catastrofe. **2** (*fig.*) Persona o cosa molesta, insopportabile o dannosa.

calamitàre [da *calamita*; 1564] v. tr. **1** Magnetizzare per induzione. **2** (*fig.*) Attirare: *c. l'attenzione, l'interesse generale.*

calamitàto [sec. XIV] part. pass. di *calamitare*; anche agg. **1** Nei sign. del v. **2** ***Ago c.***, quello della bussola.

calamitazióne [1865] s. f. ● (*raro*) Magnetizzazione.

†**calamìtico** [av. 1642] agg. (pl. m. *-ci*) ● Magnetico.

calamitóso [vc. dotta, lat. *calamitōsu(m)*, da *calămitas* 'calamità'; av. 1363] agg. ● (*lett.*) Pieno di sventure: *tempi calamitosi*; *vita calamitosa.* ‖ **calamitosaménte**, avv. In modo disgraziato.

càlamo [vc. dotta, lat. *călamu(m)* 'canna' poi 'penna' con corrispondenze nelle altre lingue indeur.; sec. XIV] s. m. **1** Genere di Palme con fusto flessuoso molto lungo e sottile, munito di aculei coi quali si attacca alle piante vicine (*Calamus*) | ***C. aromatico***, pianta erbacea delle Aracee con foglie verdi a sciabola e piccoli fiori giallognoli in spiga (*Acorus calamus*). SIN. Acoro. **2** Fusto sottile di alcune piante, internamente vuoto ed esternamente liscio | Parte del fusto della canna situata fra un nodo e l'altro. **3** (*lett.*) Stelo. **4** (*zool.*) Parte basale del rachide della penna degli uccelli impiantato nella cute. **5** Cannuccia o penna di volatile appuntita usata un tempo per scrivere | (*est., lett.*) Penna per scrivere. **6** (*poet.*) Freccia: *ond'era uscito il c. omicida* (ARIOSTO). **7** (*anat.*) Porzione caudale del quarto ventricolo encefalico, che si continua nel canale ependimale del midollo spinale.

calànca [fr. *calanque*. V. *cala* (*1*); 1772] s. f. ● Piccola e profonda insenatura in una costa alta e rocciosa. SIN. Cala (1).

calànco [vc. preindeur. (?); 1898] s. m. (pl. *-chi*) ● Solco di erosione inciso dalle acque dilavanti nei terreni argillosi.

calàndo [da *calare*; 1826] s. m. inv. ● (*mus.*) Diminuendo. CONTR. Crescendo.

calàndra (1) [gr. *kálandros*, di orig. preindeur.; av. 1292] s. f. ● Uccello dei Passeriformi simile all'allodola, ma più grosso, con una lunga unghia nel dito posteriore (*Melanocorypha calandra*). ‖ **calandrèlla**, dim. (V.).

calàndra (2) [etim. incerta; 1829] s. f. ● (*zool.*) Genere di Coleotteri dei Curculionidi, con specie le cui larve si nutrono in prevalenza di frumento (*Calandra granaria*) o di riso (*Calandra oryzae*). SIN. Punteruolo.

calàndra (3) [fr. *calandre*, dal gr. *kýlindros* 'cilindro' attrav. il lat. parl.; 1765] s. f. **1** In varie tecnologie, macchina costituita da pesanti cilindri a contatto, per distendere in fogli sottili varie sostanze o per spianare, levigare e lucidare tessuti, carta e sim. **2** (*tipogr.*) Nella tipografia in piombo, pressa per comprimere il flano contro la forma tipografica. **3** Parte anteriore, spec. verticale, della carrozzeria delle automobili | Nei fuoribordo, carenatura che ricopre il motore.

calandràggio s. m. ● Calandratura.

calandràre [fr. *calandrer*, da *calandre* 'calandra (3)'; 1797] v. tr. (*io calàndro*) ● Passare, lavorare alla calandra: *c. un tessuto, la carta.*

calandratóre [1955] s. m. (f. *-trice*) ● Chi manovra una calandra.

calandratùra [da *calandra* (*3*); 1962] s. f. ● Lavorazione di vari materiali eseguita con la calandra.

calandrèlla [dim. di *calandra* (*1*); 1797] s. f. ● Passeriforme affine all'allodola ma più piccolo e di colore più chiaro (*Calandrella brachydactyla*).

†**calandrìno** (1) [da avvicinare a *calandra* (*3*) 'macchina per stirare la carta' (?)] s. m. ● Squadra per falegnami, scalpellini e sim.

calandrìno (2) [dal n. di un personaggio credulone nel *Decameron* del Boccaccio; sec. XIII] s. m. ● (*lett.*) Persona sciocca e credulona | ***Fare qlcu. c.***, imbrogliarlo.

calàndro [V. *calandra* (*1*); 1846] s. m. ● Piccolo uccello dei Passeriformi di aspetto slanciato, con becco breve e piumaggio color grigio giallicciio (*Anthus campestris*).

calandróne [da *calandra* (*1*), perché uccello canoro; 1830] s. m. ● Flauto contadinesco con imboccatura come quella della zampogna.

Calanoidèi [dal lat. scient. *Calanus*: Calano era un gimnosofista indiano uccisosi alla presenza di Alessandro Magno] s. m. pl. (sing. *-o*) ● Nella tassonomia animale, gruppo di Crostacei dei Copepodi con piccolo addome e grande cefalotorace, comunissimi nel plancton marino (*Calanoidea*).

calànte [sec. XIV] part. pres. di *calare*; anche agg. **1** Nei sign. del v. | Che cala, che diminuisce | ***Luna c.***, in fase decrescente. **2** (*mus.*) Detto di nota stonata in quanto emessa con frequenza più bassa di quella giusta. CONTR. Crescente.

calào [vc. dell'estremo Oriente; 1830] s. m. ● (*zool.*) ***C. bicorne***, uccello dei Coraciformi con grosso becco giallo ricurvo che porta superiormente una protuberanza giallo-rossa che arriva alla fronte (*Dichoceros bicornis*) | ***C. rinoceronte***, uccello dei Coraciformi con enorme becco sormontato da una prominenza rossa incurvata verso l'alto come un corno (*Buceros rhinoceros*).

Calàppidi [dal malese *kalappa* 'noce di cocco', per la forma simile a mezza noce di cocco, e *-idi*; 1991] s. m. pl. (sing. *-o*) ● Nella tassonomia animale, famiglia di Crostacei dei Decapodi dal carapace molto convesso e ricoperto di tubercoli (*Calappidae*).

calàppio o †**galàppio** [etim. discussa; da una sovrapposizione di *laccio* a *cappio* (?); 1481] s. m. **1** Laccio, per prendere o tenere ferma la selvaggina. **2** (*fig.*) Agguato, insidia | Inganno.

calaprànzi [comp. di *cala(re)* e il pl. di *pranzo*; 1876] s. m. inv. ● Piccolo montacarichi per far salire e scendere pietanze, stoviglie e sim. tra la cucina e la sala da pranzo, se situate su piani diversi.

♦**calàre** [lat. tardo *calāre* 'sospendere', dal gr. *chaláō* 'io allento'; 1304] **A** v. tr. **1** Far muovere lentamente qlco. dall'alto verso il basso, sostenendola per tutto il tragitto con le mani o con altri strumenti: *c. un secchio nel pozzo*; *c. la scialuppa, le reti* | ***C. le vele***, ammainarle | Abbassare: *Fa, fa che le ginocchia cali* (DANTE *Purg.* II, 28) | ***C. le brache***, (*fig., pop.*) cedere per paura o viltà. CONTR. Alzare. **2** Nei lavori a maglia, diminuire progressivamente il numero delle maglie, man mano che aumentano i giri. CONTR. Aumentare. **3** Nei giochi di carte, giocare una carta senza fare presa. **4** (*mat.*) ***C. la perpendicolare***, considerare, tracciare la retta perpendicolare. **B** v. intr. (aus. *essere*) **1** Estendersi verso il basso: *Or chi sa da qual man la costa cala* (DANTE *Purg.* III, 52) | Scendere, discendere: *i lupi affamati calano al piano.* **2** Diminuire: *c. di peso, volume, lunghezza, livello, durata* | Diminuire di prezzo: *la benzina è calata* | Decadere: *c. nel credito, nella considerazione, nella stima* | Indebolirsi: *gli è calata la voce* | †Cessare: *d'assalirli non calavan mai* (BOCCACCIO). **3** Diminuire, detto della luminosità o della fase di un astro: *la luna cala dopo il plenilunio* | Giungere lentamente: *sta calando la nebbia*; *già calavano le prime ombre della sera* | Tramontare, declinare: *il sole / ridea calando dietro il Resegone* (CARDUCCI). **4** (*mus.*) Emettere un suono più basso di quello giusto; stonare | Diminuendo. CONTR. Crescendo. **C** v. rifl. ● Muoversi, spec. con lentezza, dall'alto verso il basso, usando punti d'appoggio naturali o strumenti: *si calarono dalle mura.*

†**calascióne** ● V. *colascione.*

calàstra [lat. *catăsta(m)* 'palco ove si collocavano gli schiavi posti in vendita'. V. *catasta*; sec. XV] s. f. **1** Trave di sostegno per la filiera delle botti. **2** †Ciascuno dei due sostegni sagomati sui quali poggiano le imbarcazioni sistemate sui ponti delle navi. SIN. Sella.

calastrèllo [da *calastra*; 1830] s. m. **1** (*mecc.*) Collegamento trasversale fra due elementi uguali di una struttura composta compressa, atto a diminuire il pericolo di flessione laterale. **2** (*mil.*) Ciascuna delle traverse metalliche che collegano rigidamente fra loro le due cosce dell'affusto.

calàta [da *calare*; 1615] s. f. **1** Abbassamento, discesa | Invasione: *si sparsero tutte in una volta le notizie della c. dell'esercito* (MANZONI). **2** Nell'alpinismo, discesa controllata: *c. a corda doppia.* **3** Luogo per cui ci si cala: *una c. abbastanza scoscesa.* SIN. China, pendio. **4** (*fam.*) Cadenza dialettale: *la c. romana, bolognese.* **5** Tipo di ballo italiano del XVI sec. **6** Banchina per il carico e lo scarico delle navi.

calàtide [gr. *kalathís*, genit. *kalatídos*, dim. di *kálathos* 'canestro, paniere'. V. *calato*; 1820] s. f. ● (*bot.*) Tipo di infiorescenza con il capolino allargato a forma di disco.

càlato [vc. dotta, lat. *călathu(m)*, nom. *călathus*, dal gr. *kálathos*, di etim. incerta; av. 1544] s. m. **1** Paniere largo di bocca e stretto di fondo, in uso nell'antichità. **2** Copricapo a forma di cesto tipico di alcune divinità della terra (come Gea o Demetra) e delle sacerdotesse addette al loro culto. **3** Capitello a forma di calice che poggia sulla testa di cariatidi.

calatóia [1955] s. f. ● Calatoio.

calatóio [da *calare*] s. m. ● Piano di mobile, ribaltabile in senso verticale e usato spesso come appoggio per scrivere | Anta ribaltabile.

calavèrna [etim. incerta; av. 1557] s. f. *1* (*mar.*) Fasciatura di protezione al ginocchio del remo nelle imbarcazioni, o anche alle parti di attrezzatura navale come antenne, pennoni e sim., soggetti a usura per attrito. *2* (*meteor.*) Galaverna.

calàẓa [gr. *chálaza* 'grandine', da una radice indeur. che indica 'ghiaccio'; 1820] s. f. ● (*biol.*) Ciascuno degli ispessimenti di albume che nelle uova degli uccelli tengono sospeso il tuorlo.

calàzio [vc. dotta, gr. *chalázion* 'chicco di grandine', dim. di *chálaza* 'grandine', per la forma a chicco di grandine; 1887] s. m. ● (*med.*) Piccola tumefazione dura, benigna, nello spessore della palpebra.

càlca [da *calcare* (*1*); av. 1292] s. f. ● Moltitudine di gente stretta insieme: *entrare nella c.*; *farsi largo nella c.*, *tra la c.* | *Fare c.*, affollarsi. SIN. Affollamento, folla, ressa.

calcàbile [vc. dotta, lat. tardo *calcābile(m)*, da *calcāre* 'calcare (1)'; av. 1342] agg. ● Che si può calcare.

calcafògli [comp. di *calca(re)* (*1*) e il pl. di *foglio*; 1865] s. m. inv. ● (*disus.*) Fermacarte.

†**calcagnàre** [av. 1494] v. intr. ● Scappare.

calcagnàta [1919] s. f. ● Colpo dato col calcagno.

†**calcagnìno** [av. 1400] s. m. *1* Dim. di *calcagno*. *2* Tacco.

calcàgno [lat. tardo *calcāneu(m)*, per il classico *călce(m)* 'calcagno, calcio'; av. 1306] s. m. (pl. *calcàgni* m., nel sign. proprio; *calcàgna*, †*calcàgne* f., in alcuni usi fig.) *1* (*anat.*) Osso voluminoso del piede, di cui rappresenta la parte postero-inferiore che poggia direttamente sul terreno | (*est.*) Parte posteriore del piede | ***Avere qlcu. alle calcagna***, (*fig.*) averlo sempre dietro, essere inseguito | ***Mostrare***, ***voltare***, ***battere le calcagna***, (*scherz.*) fuggire | †***Dare delle calcagne***, (*fig.*) stimolare, spronare. SIN. Tallone. ➡ ILL. p. 2122 ANATOMIA UMANA. *2* (*est.*) Parte della calza o della scarpa che ricopre il calcagno. *3* Parte inferiore dei cerchietti delle forbici, entro i quali si infilano le dita. || †**calcagnétto**, dim. | †**calcagnino**, dim. (V.).

calcagnòlo o **calcagnuòlo** [da *calcagno*; 1550] s. m. *1* (*mar.*) Parte esterna inferiore della ruota di poppa, che serve di sostegno per il timone. *2* Scalpello corto usato da scultori e scalpellini per lavorare il marmo.

calcalèttere o **calcalèttere** [comp. di *calca(re)* (*1*) e il pl. di *lettera*; av. 1859] s. m. inv. ● (*disus.*) Fermacarte.

calcaménto [av. 1320] s. m. ● (*raro*) Il calcare. SIN. Compressione, pigiatura.

calcaneàre [dal lat. tardo *calcāneum* 'calcagno'; 1962] agg. ● (*anat.*) Relativo al calcagno: *regione c.*

calcàra [lat. *calcāria(m)* (sottinteso *fornācem*), da *cālx*, genit. *călcis* 'calce (1)'; 1612] s. f. *1* Fornace da calce. *2* Antico forno fusorio in cui venivano preparate le fritte nelle fornaci vetrarie.

calcàre (*1*) [lat. *calcāre*, da *cālx*, genit. *călcis* 'calcagno'; av. 1306] A v. tr. (*io càlco*, *tu càlchi*) *1* Premere coi piedi: *c. la terra smossa* | (*fig.*) ***C. le scene***, ***il palcoscenico***, fare l'attore, recitare in teatro | Pigiare: *c. l'uva nel tino* | (*est.*) Percorrere: *c. una strada* | ***C. le orme di qlcu.***, (*fig.*) imitarlo, seguirne l'esempio. *2* Premere con forza dall'alto verso il basso: *c. i vestiti in una valigia*; *c. il cappello in testa a qlcu.* | ***C. la mano***, (*fig.*) eccedere in rigore, esigenza e sim. *3* Mettere in rilievo, sottolineare in vario modo con la voce: *c. le parole*, *alcune sillabe*. *4* Copiare un disegno passando una punta sui contorni in modo che questi si imprimano su un foglio sottostante tramite un foglio di carta da ricalco | Riprodurre una scultura per calco. *5* (*fig.*) †Opprimere, conculcare. *6* †Fecondare la femmina, detto dei volatili | Covare: *c. le uova*. B v. intr. pron. ● †Accalcarsi.

calcàre (*2*) [fr. *calcaire*, dall'agg. lat. *calcārius* 'che concerne la calce' da *cālx*, genit. *călcis* 'calce (1)'; 1830] A s. m. ● Roccia sedimentaria costituita prevalentemente di calcite | Deposito di carbonato di calcio lasciato dall'acqua su tubi, rubinetti, apparecchi e sim.: *il c. ha danneggiato la lavatrice*. B anche agg. ● Nella loc. ***pietra c.***, calcare.

calcàre (*3*) [vc. dotta, lat. *călcar*, genit. *calcāris* 'sprone', da *cālx*, genit. *călcis* 'calcagno'; 1865] s. m. ● (*lett.*) Sperone.

calcàreo [vc. dotta, lat. *calcāriu(m)*, da *cālx*, genit. *călcis* 'calce (1)'; av. 1730] agg. ● Che ha natura di calcare: *roccia calcarea* | Che è ricco di calcare: *terreni calcarei*.

calcaróne [da *calcara*; av. 1925] s. m. ● Fossa circolare poco profonda ove, in Sicilia, si accumulano e si bruciano i materiali zolfiferi per estrarne lo zolfo.

calcàta [da *calcare* (*1*); av. 1558] s. f. *1* Atto del calcare. *2* †Via battuta. || **calcatèlla**, dim. | **calcatìna**, dim.

calcatóio [cfr. lat. tardo *calcatōriu(m)* 'luogo dove si pigia l'uva', da *calcāre* 'calcare (1)'; 1665] s. m. *1* Nelle artiglierie ad avancarica, asta di legno con testa cilindrica per spingere e calcare nella bocca da fuoco la carica e la palla | Nelle artiglierie a retrocarica, bastone corto per spingere il proietto nella culatta. *2* Strumento atto a spingere nel foro da mina la carica esplosiva e il relativo borraggio. *3* Strumento a punta che serve a calcare i disegni.

calcatréppola [lat. mediev. *calcatrĭppa(m)*, di etim. incerta; sec. XIV] s. f. ● Pianta erbacea perenne delle Ombrellifere, con foglie pennatosette azzurro-violacee nella parte superiore, e fiori bianco-azzurri in capolini globosi (*Eryngium amethystinum*).

calcatréppolo s. m. ● Calcatreppola.

calcatùra [da *calcare* (*1*); av. 1320] s. f. ● Il calcare | Pigiatura.

càlce (*1*) [lat. *călce(m)*, nom. *cālx* 'calce', prob. dal gr. *chálix*, genit. *chálikos* 'ciottolo'; sec. XIV] A s. f. ● Composto solido, bianco, poroso ottenuto per decomposizione del calcare in appositi forni, usato per formare malte da costruzione e per imbiancare | ***C. viva***, pura, senz'acqua | ***C. spenta***, trattata con acqua | ***C. sodata***, miscela di calce e soda usata come disidratante e assorbente di anidride carbonica | ***C. idraulica***, con tenore di argilla tale da permettere la presa anche sott'acqua | ***Latte di c.***, calce stemperata con molta acqua, usata per imbiancare i muri | ***Acqua di c.***, liquido trasparente che affiora sul latte di calce se lasciato posare. B in funzione di agg. inv. ● (posposto a un s.) Detto di colore bianco intenso.

càlce (*2*) [vc. dotta, lat. *calce(m)* 'calcagno', poi in generale 'parte inferiore di qlco.', di orig. preindeur.; 1532] s. m. solo sing. ● Parte bassa di qlco. | ***In c.***, a piè di pagina: *firma*, *nota*, *in c.*

calcedònio [vc. dotta, lat. *Chalcedōnium*, nom. *Chalcedōnius* (sottinteso *lăpis*) 'pietra di Calcedonia', dal gr. *Chalkēdónios*, agg. della città di Calcedonia; av. 1327] s. m. *1* (*miner.*) Varietà di quarzo microcristallino a struttura fibroso-raggiata. *2* Tipo di vetro più o meno venato fatto a imitazione di pietre dure.

calcemìa [comp. di *calcio* (*3*) ed *-emia*; 1950] s. f. ● (*med.*) Contenuto di calcio nel sangue.

càlceo [vc. dotta, lat. *călceu(m)*, da *cālx* 'calcagno'; sec. XVII] s. m. ● Calzatura romana antica simile a uno stivaletto.

calcèola [dal lat. *calcĕolus*, dim. di *călceus* 'scarpa' (V. *calceo*): detta così dalla forma] s. f. ● Corallo fossile del Paleozoico dalla tipica foggia a scarpetta.

calceolària [dal lat. *calcĕolus*, dim. di *călceus* 'calceo', perché il fiore ha la foggia di scarpetta; 1828] s. f. ● Genere delle Scrofulariacee comprendente piante erbacee ramose con foglie pelose e fiori a forma di scarpetta (*Calceolaria*).

calceolàto [vc. dotta, dal lat. *calcĕolus* (V. *calceola*); 1819] agg. ● (*bot.*) A forma di scarpetta: *labello c.*

calcescisto [comp. di *calce* (*1*) e *scisto*; 1955] s. m. (pl. *calcescisti*) ● Roccia metamorfica, con netta scistosità, costituita spec. da calcite e miche.

calcéṣe [dal gr. *karchḗsion* 'coppa', poi 'calcese', di etim. incerta; av. 1470] s. m. ● (*mar.*) Albero d'un solo pezzo con un bozzello incorporato in cima, per il passaggio della scotta | Estremità superiore di tale albero.

calcestrùzzo [da una base **calcestre*, prob. deriv. di *calce* (*1*) e *-uzzo*; 1427] s. m. ● Materiale da costruzioni costituito da un impasto di sabbia, ghiaia e pietrisco con cemento e acqua.

calcétto (*1*) [dal lat. *călceus* 'calceo'; av. 1400] s. m. ● Scarpa scollata di pelle sottile, usata in passato da ballerini, schermidori e sim.

calcétto (*2*) [1963] s. m. *1* Dim. di *calcio* (*1*). *2* Calcio-balilla. *3* (*sport*) Gioco simile al calcio per regolamento ma che si pratica su un campo di dimensioni ridotte e con soli cinque giocatori per squadra. SIN. Calcio a cinque.

calciàre [da *calcio* (*1*); av. 1306] A v. intr. (*io càlcio*; aus. *avere*) ● Tirar calci: *il mulo calcia*; *il bambino calciava dalla rabbia*. B v. tr. *1* Spingere col piede: *c. un ciottolo*; *c. i sassi per strada*. *2* Nel calcio e nel rugby, colpire il pallone col piede per effettuare un tiro o un passaggio (*anche assol.*).

♦**calciatóre** [da *calcio* (*1*); 1903] s. m. (f. *-trice*) *1* (*raro*) Chi calcia. *2* Giocatore di una squadra di calcio.

calciatùra [da *calcio* (*2*); 1970] s. f. ● Parte inferiore in legno della cassa da fucile comprendente l'impugnatura e il calcio.

càlcico [1865] agg. (pl. m. *-ci*) ● Di calcio, a base di calcio: *composto c.* | Che contiene calcio: *acqua calcica*.

calcicòṣi [da *calcio* (*3*) col suff. *-osi*; 1987] s. f. inv. ● (*med.*) Affezione polmonare causata da prolungata inalazione di polvere di marmo.

calcidéṣe [1550] A agg. ● Dell'antica città greca di Calcide, nell'isola di Eubea. B s. m. e f. ● Abitante, nativo di Calcide.

calciferòlo [comp. di *calcio* (*3*) e *fer(ro)*, con il suff. *-olo* (*2*); 1990] s. m. ● (*chim.*) Sostanza liposolubile che si forma per irradiazione dell'ergosterolo. SIN. Vitamina D2.

calcificàre [comp. di *calcio* (*3*) e *-ficare*; 1941] A v. tr. (*io calcìfico*, *tu calcìfichi*) ● Incrostare di sali di calcio. B v. intr. pron. ● Indurirsi per eccessivo deposito di sali di calcio, detto dei tessuti viventi.

calcificazióne [fr. *calcification*. V. *calcio* (*3*) e *-ficazione*; 1875] s. f. ● Deposizione di sali di calcio nei tessuti viventi.

calcimetrìa [comp. di *calcio* (*3*) e *-metria*; 1965] s. f. ● Misurazione della percentuale di calcio contenuta in rocce o terreni.

calcìmetro [comp. di *calcio* (*3*) e *-metro*; 1950] s. m. ● Strumento per la calcimetria.

calcìna [lat. tardo *calcīna(m)*, da *cālx*, genit. *călcis* 'calce, (1)'; av. 1292] s. f. *1* Pietra calcare cotta in fornace e spenta con acqua | (*est.*) Calce viva. *2* Malta ottenuta mescolando a sabbia e pietrisco la calce spenta | ***C. dolce***, poco tenace | ***C. forte***, molto tenace | ***C. magra***, con molta sabbia | ***C. grassa***, con poca sabbia | ***Muro a c.***, fatto con mattoni e calcina.

calcinàccio [da *calcina*; sec. XIII] s. m. *1* Pezzo di calcina secca che si stacca dal muro intonacato | ***Un mucchio di calcinacci***, di rovine. *2* (*veter.*) Malattia dei volatili e spec. dei polli causata da rassodamento di sterco negli intestini.

calcinàio [da *calcina*; 1338] s. m. *1* Vasca per spegnervi con acqua la calce viva. *2* Manovale addetto alla preparazione della calcina. *3* Vasca per la calcinatura delle pelli.

calcinàre [da *calcina*; 1537] v. tr. *1* (*chim.*) Portare una sostanza ad alta temperatura per ottenere la sua decomposizione o per eliminare acqua di cristallizzazione o parti volatili | Trasformare un metallo in ossido mediante riscaldamento. *2* Trasformare il calcare in calce viva scaldandolo sopra i 600 gradi centigradi. *3* Spargere calce sui terreni acidi per correggerne la reazione | Dare la calce alle sementi, spec. dei cereali, a scopo protettivo. *4* Immergere le pelli da conciare, rinverdite, in un bagno di calce.

calcinàto [av. 1539] part. pass. di *calcinare*; anche agg. *1* Nei sign. del v. *2* Detto del baco da seta morto per calcino.

calcinatùra [1499] s. f. ● Il calcinare | Immersione delle pelli da conciare in un bagno di calce.

calcinazióne [av. 1406] s. f. ● Calcinatura.

calcincùlo [da *calci in culo*; 1987] s. m. inv. ● (*pop.*) Tipo di giostra con sedili sospesi a lunghe catene penzolanti nel vuoto.

calcìno [dal colore bianco come di *calce* che i bachi assumono quando colpiti da questa malattia; 1837] s. m. ● Malattia del baco da seta dovuta a un fungo parassita che rende le larve bianche, simili per consistenza e colore a tanti blocchetti di calce.

calcinòṣi [da *calcio* (*3*) col suff. *-osi*; 1940] s. f. inv. ● (*med.*) Qualsiasi condizione patologica caratterizzata dalla deposizione di sali di calcio nei tessuti dell'organismo.

calcinóso [da *calcina*; av. 1537] **agg.** ● Che ha caratteristiche o aspetto di calcina.

♦**càlcio** (1) [dal lat. *călx*, genit. *călcis* 'calcagno'; av. 1306] **s. m.** *1* Colpo che si dà col piede: *prendere a calci; essere preso a calci* | ***Mandare via a calci***, (*fig.*) scacciare in malo modo | ***Dare un c. a qlcu., trattare qlcu. a calci***, (*fig.*) trattarlo villanamente | ***Dare un c. a qlco.***, (*fig.*) rifiutarla | (*fig.*) ***Questi argomenti fanno a calci***, sono assolutamente contrari tra loro | ***Dare, tirar calci al rovaio, al vento, all'aria***, (*fig., lett.*) essere impiccato; morire di morte violenta. **SIN.** Pedata. *2* Percossa data colla zampa da animali forniti di zoccolo: *il c. del cavallo, del mulo* | ***Il c. dell'asino, del mulo***, V. *asino, mulo* | *3* (*sport*) Gioco che oppone due squadre, ciascuna di undici giocatori, che si contendono un pallone cercando di farlo entrare nella porta avversaria colpendolo con il piede o con la testa. **SIN.** Football | ***C. fiorentino***, a Firenze, antico gioco fra due squadre consistente nel colpire la palla col calcio e col pugno | ***C. a cinque***, calcetto. *4* (*sport*) Colpo dato con il piede al pallone nel gioco del calcio e sim. | ***C. di punizione***, concesso alla squadra che ha subito un fallo e battuto dal punto ove questo è stato commesso | ***C. di rigore***, battuto da undici metri contro la porta difesa dal solo portiere per fallo grave in area di rigore o per decidere il risultato di un incontro a eliminazione diretta terminato in parità | ***C. di rinvio***, che rimette in gioco il pallone uscito dalla linea di fondo | ***C. d'angolo***, battuto per fallo di fondo da uno degli angoli del campo ove si trova la bandierina. **SIN.** Corner | ***C. d'inizio***, nel calcio, il primo dato al pallone dal giocatore della squadra designata, dando inizio alla partita | ***C. piazzato***, nel rugby, quello dato al pallone collocato sul terreno | ***C. di rimbalzo***, quello dato al pallone subito dopo il primo rimbalzo. *5* (*sport*) Nel biliardo, tiro per il quale la palla battente tocca almeno una sponda del tavolo prima di colpire un'altra bilia | Sponda: *tiro di c.* || **calcétto**, **dim.** (V.) | **calcióne**, **accr.**

CALCIO
nomenclatura

calcio

● *campo di gioco*: porta (rete, pali, traversa), linea di porta, area di porta, area di rigore (dischetto di rigore), linea di fondo, linea laterale, linea di metà campo, cerchio di centro campo, area di corner = d'angolo (bandiera), zona;

● *formazione*: squadra = compagine, portiere, terzino destro e sinistro, centromediano, mediano = laterale (destro e sinistro), mediano di spinta, ala destra e sinistra, mezzala destra e sinistra, regista, mezzapunta, centrattacco = centravanti; battitore libero, centrocampista, stopper, attaccante, cannoniere, capitano, difensore, riserva, titolare; campagna acquisti, calcio mercato, ingaggio, premio partita; mister, trainer, allenatore, presidente, direttore tecnico, direttore sportivo, massaggiatore, medico;

● *svolgimento del gioco*: partita (di andata, di ritorno, derby, spareggio, finale), pallone = palla, calcio d'inizio, tiro (di prima, di seconda), di collo pieno, di destro, di sinistro, passaggio, rimessa in gioco dall'area di porta, calcio di punizione (di prima, di seconda), tiro a rete = in porta, gol o goal = rete, autogol = autorete, goleada, parata, tuffo, uscita, cannonata, calcio di rigore, calcio d'angolo = corner, colpo di testa, dribbling, sbarramento di giocatori, palla fuori gioco, rimessa laterale, posizione fuori gioco = offside, fallo (di fondo, di mani, laterale), ostruzione, rovesciata, contropiede, difesa, lancio, assist, pallonetto, marcamento, marcatura a uomo, tackle, melina, pressing, gioco a zona, catenaccio, traversone = cross, guardalinee, bandierina, arbitro, cartellino; primo, secondo tempo, intervallo; tempi supplementari; campionato; calcio storico, in costume, in livrea;

● *azioni*: vincere, pareggiare, sconfiggere; giocare in casa o fuori casa (in trasferta); attaccare, difendersi, rinviare, segnare, battere un calcio di punizione, effettuare un passaggio, caricare, parare; arbitrare una partita, fare il tifo per una squadra;

● *stadio*: tribuna, gradinate, recinto, campo (fondo del campo), spogliatoi, docce, infermeria, biglietterie, ingressi, panchina, tifoso, tifoseria, club.

càlcio (2) [da *calcio* (1), passato poi a indicare 'la parte inferiore di qlco.'; av. 1342] **s. m.** *1* Parte del fucile che si appoggia alla spalla | Impugnatura della pistola | ***C. a pistola***, con impugnatura curvata come quella delle pistole | ***C. all'inglese***, dritto senza curvatura. *2* †Calcagno. *3* (*est., lett.*) Parte inferiore di una pianta, di una montagna e sim.: *l'altro sedeva al c. di un castagno* (PASCOLI).

càlcio (3) [dal lat. *călx*, genit. *călcis* 'calce'; 1830] **s. m.** ● Elemento chimico, metallo alcalino-terroso tenero, bianco-argenteo, indispensabile alla vita sia animale che vegetale, ottenuto per elettrolisi dei suoi sali, usato come disossidante, ricostituente e in diverse leghe. **SIMB.** Ca.

calcioantagonista [comp. di *calcio* (3) e *antagonista*; 1990] **A agg.** (**pl. m.** *-i*) ● (*farm.*) Detto di farmaco che, inibendo l'afflusso di ioni di calcio all'interno delle cellule miocardiche e della muscolatura liscia vascolare, viene impiegato nella terapia dell'insufficienza coronarica e nell'ipertensione. **B** anche **s. m.**

càlcio-balilla [comp. di *calcio* (1) nel sign. 3 e *balilla*: detto così perché di piccole dimensioni; av. 1959] **s. m. inv.** ● Tavolo fornito di piccole sagome riproducenti i giocatori di due squadre calcistiche con le quali, manovrando le apposite barre trasversali a cui sono fissate, è possibile disputare una specie di partita di calcio | Gioco che si pratica su tale tavolo.

calciocianammìde o **calciocianamide**, **calciocianàmide** [comp. di *calcio* (3) e *cianamide*; 1957] **s. f.** ● (*chim.*) Sostanza ottenuta per azione dell'azoto sul carburo di calcio a elevata temperatura, usata spec. come concime.

calciòfilo [comp. di *calcio* (1) nel sign. 3 e *-filo*; 1985] **agg.**; anche **s. m.** (**f.** *-a*) ● (*raro, spec. scherz.*) Che (o Chi) ama il gioco del calcio.

calciòlo [da *calcio* (2); 1847] **s. m.** ● Guarnizione metallica, in corno o altra materia, posta per protezione alla base del calcio del fucile e sim.

càlcio-mercàto [comp. di *calcio* (1) nel sign. 3 e *mercato*; 1972] **s. m. inv.** ● Complesso di incontri, riunioni e sim. durante i quali si tratta la compravendita di calciatori.

calcioscommésse [comp. di *calcio* (1) nel sign. 3 e il pl. di *scommessa*; 1985] **s. m. inv.** ● Totonero.

calcioterapìa [comp. di *calcio* (3) e *terapia*; 1987] **s. f.** ● Impiego di sali di calcio a scopo terapeutico.

Calcispònge o **Calcispòngie** [comp. del lat. *călx*, genit. *călcis* 'calce (1)' e *spŏngia* 'spugna'; 1940] **s. f. pl.** (**sing.** *-gia*) ● Nella tassonomia animale, classe di Spugne con scheletro formato da spicole calcaree (*Calcispongiae*).

calcìstico [da *calcio* (1) nel sign. 3; 1921] **agg.** (**pl. m.** *-ci*) ● Relativo al gioco del calcio: *incontro c.; passione calcistica; discussioni, polemiche calcistiche.* || **calcisticaménte**, **avv.** Per quanto riguarda il gioco del calcio.

calcìte [da *calcio* (3); 1953] **s. f.** ● (*miner.*) Carbonato di calcio trigonale in cristalli romboedrici, comune costituente delle rocce.

calcitonìna [comp. di *calci(o)* (3), del gr. *tónos* 'tensione' e del suff. *-ina*] **s. f.** ● (*fisiol.*) Ormone polipeptidico secreto dalla tiroide che favorisce la diminuzione del calcio e dei fosfati del sangue.

calcitràre [vc. dotta, lat. *calcitrāre* 'tirar calci', da *călx*, genit. *călcis* 'calcagno' (V. *calcio* (1)); 1300 ca.] **v. intr.** (*io càlcitro*; aus. *avere*) ● (*lett.*) Recalcitrare.

càlco [da *calcare* (1); 1587] **s. m.** (**pl.** *-chi*) *1* Impronta di una scultura ricavata in materia molle come cera, argilla o gesso, allo scopo di trarne copie dell'originale | Copia così ottenuta: *una mostra di calchi da sculture antiche.* *2* Copia di un disegno ottenuta calcandone i contorni. *3* Impronta di una matrice di stampa per riprodurre copie mediante vari procedimenti. *4* (*ling.*) Trasposizione di modelli lessicali e sintattici da una lingua a un'altra: *'fai da te' è un c. sull'inglese 'do it yourself'*.

càlco- [dal gr. *chalkós* 'rame'] primo elemento ● In parole composte della terminologia scientifica significa 'rame' o indica relazione col rame: *calcotipia*.

calcocìte [ingl. *chalcocite*, dal gr. *chalkós* 'rame' e *-ite*, dall'originario n. fr. *chalcosine*; 1950] **s. f.** ● (*miner.*) Solfuro di rame di colore grigio scuro con iridescenze.

calcòfora [comp. di *calco-* e *-foro*, detta così dal colore; 1950] **s. f.** ● Coleottero dei Buprestidi dal rivestimento molto duro, verde con riflessi cuprei, che vive preferibilmente nel tronco di pini morti (*Chalcophora*).

calcògeno [comp. di *calco-* e *-geno*; 1965] **s. m.** ● Elemento del gruppo dell'ossigeno.

calcografìa [comp. di *calco-* e *-grafia*; 1550] **s. f.** *1* Procedimento di stampa a mezzo di matrici in rame incise in incavo sia manualmente che chimicamente. *2* Il complesso delle tecniche manuali d'incisione in incavo. *3* Luogo ove si stampano e si conservano le matrici di rame incise: *c. nazionale*.

calcogràfico [av. 1796] **agg.** (**pl. m.** *-ci*) ● Relativo a calcografia: *inchiostro c.* || **calcograficaménte**, **avv.** Mediante calcografia.

calcògrafo [comp. di *calco-* e *-grafo*; av. 1696] **s. m.** (**f.** *-a*) *1* Chi esercita la calcografia | Intagliatore in rame | Stampatore o riproduttore di matrici calcografiche. *2* Venditore di incisioni.

calcoidèo [vc. dotta, gr. *chalkoeidḗs* 'simile al rame', comp. di *chalkós* 'rame' e *-eidḗs* '-oide'; av. 1673] **agg.** ● (*anat.*) Di ciascuna delle tre ossa cuneiformi del tarso.

càlcola [da *calcare* (1); 1353] **s. f.** *1* (*spec. al pl.*) Nei telai a mano, ognuno dei pedali che, uniti con funicelle ai licci del pattino e mossi dai piedi del tessitore, servono per aprire e serrare le file dell'ordito mentre passa la spola. *2* In vari arnesi o congegni, parte che, mossa col piede, opera come le calcole dei tessitori.

calcolàbile [1765] **agg.** ● Che si può calcolare: *ricchezza difficilmente c.* **CONTR.** Incalcolabile.

♦**calcolàre** [vc. dotta, lat. tardo *calculāre* 'contare', da *călculus* 'calcolo'; 1496] **v. tr.** (*io càlcolo*) *1* Determinare qlco. per mezzo di un calcolo: *c. la distanza, l'estensione, la superficie di qlco.; c. l'ammontare di una somma* | (*assol.*) Fare calcoli: *non sa ancora c.; imparare a c.* *2* (*est.*) Considerare, comprendere in un calcolo: *ti ho calcolato come assente* | Tenere in considerazione: *se c'è da decidere, dovete c. anche me; nessuno mi calcola.* *3* (qlco.; + *di* seguito da inf.; + *che* seguito da congv o da fut.) Valutare, prevedere con un esame attento: *c. le probabilità di riuscita, i rischi; c. i pro e i contro* | Prevedere, far conto: *quando calcoli di partire?; calcolo che siano meno di venti; calcolo che saranno qui fra un'ora.*

calcolatóre [vc. dotta, lat. tardo *calculatōre(m)*, da *calculāre* 'calcolare'; 1342] **A agg.** (**f.** *-trice*) *1* Che esegue calcoli: *ingegnere c.* | Atto a eseguire calcoli: *regolo c.* *2* (*fig.*) Che, prima di agire, valuta con attenzione e freddezza gli elementi di una situazione pensando spec. al proprio interesse: *un uomo infido e c.* **B s. m.** *1* (**f.** *-trice*) Chi esegue calcoli. *2* (**f.** *-trice*) (*fig.*) Persona calcolatrice. *3* Macchina per l'elaborazione dei dati, destinata a eseguire su dati operazioni aritmetiche e una limitata serie di operazioni logiche | ***C. analogico***, V. *analogico* | ***C. digitale***, V. *digitale* (3) | ***C. elettronico***, (*impropr.*) elaboratore elettronico | ***C. di processo***, usato nel controllo di processi industriali.

calcolatrìce [vc. dotta, lat. tardo *calculatrīce(m)*, da *calculāre* 'calcolare'; 1881] **s. f.** ● Macchina da tasca o da tavolo che permette l'esecuzione automatica delle quattro operazioni aritmetiche ed eventualmente anche di loro combinazioni o di operazioni speciali: *c. manuale, automatica, scrivente, tascabile.*

†**calcolazióne** [vc. dotta, lat. tardo *calculatiōne(m)*, da *calculāre* 'calcolare'; 1498] **s. f.** ● Calcolo.

calcolìsta [da *calcolo*; 1983] **A s. m. e f.** (**pl. m.** *-i*) ● Ingegnere edile che si occupa di redigere i progetti delle strutture in cemento armato. **B** anche **agg.**: *ingegnere c.*

calcolitografìa [comp. di *calco-* e *litografia*; 1955] **s. f.** ● Processo di stampa basato sul trasporto sopra pietra litografica o zinco di un'immagine originale ottenuta con la calcografia, da stampare poi coi metodi litografici.

calcolitogràfico [1986] **agg.** (**pl. m.** *-ci*) ● Relativo

tivo alla calcolitografia: *stampa calcolitografica.*

♦**càlcolo** [vc. dotta, lat. *călculu(m)* 'sassolino', e in particolare 'sassolino per fare i conti, pietruzza', da *călx*, genit. *călcis* 'calce (1)'; sec. XIV] **s. m.** *1* (*mat.*) Insieme di operazioni fatte sugli enti dati per ottenere gli enti richiesti: *c. algebrico, numerico* | ***C. differenziale***, parte del calcolo infinitesimale che studia le funzioni, deducendone le proprietà da quelle delle loro derivate e dei loro differenziali | ***C. infinitesimale***, quello fondato sul concetto di limite di espressioni, che contengono grandezze infinitesime e su quelli di derivata e integrale | ***C. delle probabilità***, quello che studia la certezza, l'impossibilità o il grado di possibilità, la frequenza di eventi aleatori | ***C. elettronico***, quello svolto con l'impiego di circuiti elettronici | ***Macchine da c.***, le addizionatrici e calcolatrici nei loro vari tipi. *2* (*per anton.*) Matematica, aritmetica | ***Sapere far di c.***, saper contare. *3* (*fig.*) Valutazione, conto: *fare il c. dei danni* | (*fig.*) ***Far c. su qlcu. o qlco.***, farvi assegnamento | (*est.*) Congettura, previsione: *i tuoi calcoli sono assurdi* | ***Agire per c.***, considerando solo il proprio utile | ***Fare i propri calcoli***, considerare i dati di fatto, le prospettive future e sim. *4* (*med.*) Concrezione anomala di sali inorganici presente lungo le vie di eliminazione degli escreti e dei secreti: *c. biliare; c. renale.* *5* †Pietruzza. || **calcolètto**, **dim.** | **calcolino**, **dim.**

calcolòṣi [da *calcolo* nel sign. 4, col suff. *-osi*; 1899] **s. f. inv.** ● (*med.*) Affezione prodotta dalla presenza di calcoli: *c. biliare, epatica, renale, urinaria.* **SIN.** Litiasi.

calcolóṣo [sec. XIII] **agg.** *1* (*med.*) Relativo a calcolo. *2* (*raro*) Sofferente di calcoli.

calcolòtico [1986] **agg.** (**pl. m.** *-ci*) ● (*med.*) Relativo a calcolosi.

calcomania [comp. di *calco* 'disegno calcato' e *mania*; 1905] **s. f.** ● Decalcomania.

calcopirite [comp. di *calco-* e *pirite*; 1797] **s. f.** ● (*miner.*) Solfuro di rame e ferro di color giallo ottone e lucentezza metallica.

calcosiderografia [comp. di *calco(grafia)* e *siderografia*; 1962] **s. f.** ● (*tipogr.*) Calcografia su lastre d'acciaio.

calcosilografia [comp. di *calco-* e *silografia*; 1955] **s. f.** ● Processo di stampa che combina l'incisione in rame con quella in legno.

calcotèca [vc. dotta, gr. *chalkothḗkē*, comp. di *chalkós* 'rame' e *thḗkē* 'teca'; 1955] **s. f.** ● Raccolta di calchi di sculture.

calcotipìa [fr. *chalcotypie*, comp. del gr. *chalkós* 'rame' e *týpos* 'impronta'; 1892] **s. f.** ● Processo di stampa con matrici in rilievo di rame.

càlda [da *caldo*; av. 1484] **s. f.** *1* Operazione che consiste nel tenere il ferro o l'acciaio nel fuoco perché prenda il grado di calore necessario a fonderlo e lavorarlo | (*lett., fig.*) ***Fare due chiodi a una c.***, prendere due piccioni con una fava. *2* †Caldana.

caldàia o †**caldàra** [lat. tardo *caldāria(m)*, da *călidus* 'caldo'; 1313] **s. f.** *1* Recipiente metallico grande e rotondo per farvi bollire o cuocere qlco.: *c. del bucato* | (*est.*) Quantità di liquido contenuto in una caldaia: *un c. di acqua bollente.* *2* In varie tecnologie, apparecchio di forme e dimensioni diverse, destinato in genere all'evaporazione di liquidi o al loro riscaldamento: *la c. del termosifone* | ***C. a vapore***, che serve a trasformare l'acqua in vapore sotto pressione, per azionare turbine, macchine a vapore e sim. | (*gener.*) Il complesso del generatore di vapore, comprendente la caldaia propriamente detta, il focolare, il camino e gli accessori. || **caldaiètta**, **dim.** | **caldaina**, **dim.** | **caldaiòla**, **dim.** | **caldaiòna**, **accr.** | **caldaiòne**, **accr. m.** | **caldaiùccia**, **dim.**

caldàico [vc. dotta, lat. *Chaldăicu(m)*, nom. *Chaldăicus*, dal gr. *Chaldaikós*, da *Chaldâios* 'Caldeo'; 1486] **agg.** (**pl. m.** *-ci*) ● (*lett.*) Caldeo | ***Lingua caldaica***, impropriamente, l'aramaico dei testi biblici.

caldàio o †**caldàro** [lat. *calidāriu(m)*, da *călidus* 'caldo'; av. 1440] **s. m.** *1* Grosso recipiente, solitamente di rame, in cui si fa bollire qlco.: *il c. dell'acqua.* *2* Nella marina militare, pentolone per la minestra dell'equipaggio. || **caldaino**, **dim.** | **calderóne**, **accr.** (V.) | **calderòtto**, **dim.** (V.).

caldaista [da *caldaia*; 1955] **s. m. e f.** (**pl. m.** *-i*) ● Operaio addetto alla manovra e alla sorveglianza di una caldaia.

caldallèssa [comp. di *caldo* e *allesso*; av. 1536] **s. f.** (**pl.** *caldallésse* o *càlde allésso*) ● Castagna cotta nell'acqua con la sua scorza. **SIN.** Ballotta.

caldàna [da *caldo*; sec. XIV] **s. f.** *1* (*raro*) Calore afoso. *2* Improvvisa e fastidiosa sensazione di calore al viso | (*fig.*) Improvviso scatto d'ira o di rabbia. *3* Sottofondo del pavimento, fatto con sabbia o materiale coibente miscelato con piccola quantità di cemento, a scopo di isolamento. *4* Caldano, nel sign. 2. *5* Nelle risaie, vasca o superficie di terreno circondata da arginelli, per intiepidire l'acqua di irrigazione. || **caldanàccia**, **pegg.**

†**caldanino** **s. m.** *1* Dim. di *caldano.* *2* Piccolo scaldino di rame.

caldàno [da *caldo*; 1483] **s. m.** *1* Recipiente di rame, ferro, terracotta, per tenervi braci o carboni accesi per scaldarsi. **SIN.** Braciere. *2* Stanzetta sopra la volta del forno, ove si usava mettere il pane affinché lievitasse. || †**caldanino**, **dim.** (V.) | **caldanùccio**, **caldanùzzo**, **dim.**

†**caldàra** ● V. *caldaia.*

caldarerìa [da *caldaia*; 1983] **s. f.** ● Officina in cui si lavorano lamiere per la costruzione di caldaie, recipienti metallici e sim.

caldarina o **calderina** [1937] **s. f.** ● Piccolo generatore di vapore, destinato ad alimentare i servizi ausiliari a bordo delle navi.

†**caldàro** ● V. *caldaio.*

caldaróne ● V. *calderone.*

caldarròsta [comp. di *caldo* e *arrosto*; av. 1536] **s. f.** (**pl.** *caldarròste* o *càlde arròsto*) ● Castagna arrostita con la sua scorza in una padella bucherellata. **SIN.** Arrostita, bruciata.

caldarrostàio o (*dial.*) **caldarrostàro** [av. 1613] **s. m.** (**f.** *-a*) ● Venditore di caldarroste.

caldeggiàre [da *caldo*; av. 1363] **v. tr.** (*io caldéggio*) ● Raccomandare con calore, sostenere decisamente: *c. una proposta, un progetto, una soluzione.*

caldèo [vc. dotta, lat. *Chaldaeu(m)* 'Caldeo', poi 'astrologo, indovino', dalla regione della *Caldea*; av. 1374] **A** **agg.** *1* Relativo a una antica popolazione semitica stanziata nella Mesopotamia verso il sec. XI a.C. *2* ***Chiesa caldea***, costituita attualmente da cristiani di Mesopotamia e Kurdistan distaccatisi dal nestorianesimo e riuniti con la Chiesa cattolica | ***Rito c.***, tradizione liturgica orientale seguita da tali cristiani e da quelli siro-malabarici. **B** **s. m.** (**f.** *-a*) *1* Chi appartiene alla popolazione caldea. *2* Chi appartiene alla Chiesa caldea o professa il rito caldeo. *3* †Astrologo, impostore.

caldèra [sp. *caldera* 'caldaia'; 1585] **s. f.** ● (*geol.*) Recinto vulcanico a pareti ripide, con fondo depresso e pianeggiante, formatosi in seguito all'esplosione o allo sprofondamento di un apparato vulcanico.

calderàio o (*region.*) **calderàro** [da *caldaia*; av. 1388] **s. m.** (**f.** *-a*) *1* Chi fabbrica caldaie, paiuoli, casseruole e sim. *2* Operaio addetto a una caldaia. *3* (*st.*) Affiliato a società segreta costituitasi nell'Ottocento, spec. nel meridione d'Italia, con scopi legittimisti.

calderina ● V. *caldarina.*

calderino ● V. *cardellino.*

calderóne o **caldaróne** [1353] **s. m.** *1* Accr. di *caldaio.* *2* (*fig.*) Quantità disordinata di cose | ***Mettere tutto nello stesso c.***, (*fig.*) confondere cose diverse, considerarle allo stesso modo.

calderòtto [av. 1320] **s. m.** *1* Dim. di *caldaio.* *2* Piccola caldaia con coperchio e più stretta verso la bocca.

calderùgia [da *calderugio*; 1955] **s. f.** (**pl.** *-gie*) ● Pianta erbacea annua delle Composite, dai capolini cilindrici pelosi, comune in orti, terreni incolti e sim. (*Senecio vulgaris*).

calderùgio [da *calderino*, var. di *cardellino*, con mutamento di suff.; sec. XIV] **s. m.** ● (*tosc.*) Cardellino.

†**caldézza** [av. 1312] **s. f.** ● Calore, caldo | (*fig.*) Affetto, calore: *l'autore non ha c. di cuore* (DE SANCTIS).

caldìna [da *caldo*; 1887] **s. f.** ● Aiuola per colture orticole anticipate, protetta a nord e con la superficie inclinata a mezzogiorno. **SIN.** Costiera.

†**caldino** [av. 1375] **s. m.** ● (*lett.*) Luogo riparato ed esposto al sole: *noi ci staremo un pezzo a un c.* (L. DE' MEDICI).

♦**càldo** [lat. *căldu(m)*, pop. per il classico *călidu(m)*, di orig. indeur.; sec. XIII] **A** **agg.** *1* Che produce una sensazione di calore, che ha una temperatura superiore al normale o a quella con cui la si confronta: *clima c.; ora, giornata, stagione calda; avere la fronte, le mani, le orecchie calde* | (*pop.*) ***Animali a sangue c.***, omeotermi | Che tiene caldo il corpo: *stoffa calda.* **CONTR.** Freddo. *2* (*fig.*) Che si entusiasma, si sdegna, si appassiona rapidamente e con facilità: *ha un temperamento, un carattere c.; sono ragazzi dalla fantasia fervida e calda.* **SIN.** Focoso, impetuoso | (*lett., fig.*) Sensuale, passionale: *tutta calda in quella sua pelle colorita d'arancio* (D'ANNUNZIO) | ***Essere una testa calda***, (*fig.*) avere idee avventate e balzane | ***Avere il sangue c.***, (*fig.*) essere eccitabile, emotivo | Affettuoso, cordiale: *ci accolsero con calda e sincera simpatia.* **SIN.** Caloroso | (*fig.*) ***Piangere a calde lacrime***, dirottamente e con dolore | (*fig.*) ***Pigliarsela calda***, preoccuparsi, agitarsi, eccitarsi. **CONTR.** Freddo. *3* Che ha appena finito di cuocersi: *pane c.* | Che contiene cibi appena cucinati: *piatto c.* | ***Tavola calda***, V. *tavola* nel sign. 3 | (*fig.*) Appena eseguito, appena arrivato, molto recente e sim. (*spec. iter.*): *notizie calde; aveva tentato il colpo maestro di condurlo c. c. alle carceri* (MANZONI) | ***A botta calda***, V. *botta* (*1*). *4* (*est.*) Che ha un colore intenso e luminoso: *un giallo c.* | (*est.*) Che ha un suono profondo e gradevole: *una voce calda.* *5* (*fig.*) Che è caratterizzato da conflitti, tensioni e sim., risultando quindi particolarmente critico e difficile: *zona calda; giorni caldi* | ***Autunno c.***, V. *autunno.* || **caldaménte**, **avv.** Con calore (*spec. fig.*): *raccomandare caldamente.* **B** in funzione di **avv.** *1* †Con passione. *2* †Subito. **C** **s. m.** *1* Calore intenso | Temperatura elevata: *c. della stufa, del letto; il tuo cappotto tiene molto c.; oggi è, fa c.* | ***Lavorare a c.***, detto di metalli od oggetti metallici resi incandescenti e malleabili col fuoco | ***Tenere in c. un piatto***, metterlo nell'apposito scaldavivande, all'imboccatura del forno, gener. in un posto caldo | ***Tenere qlcu. in c.***, (*fig.*) trattarlo con particolare cura e riguardo; non soddisfarlo subito nei suoi desideri, pur tenendoselo buono | ***Tenere qlco. in c.***, (*fig.*) accantonarla senza pregiudicarne la soluzione | Stagione calda, spec. estiva: *non vedo l'ora che arrivi il c.* | ***Qualcosa di c.***, cibo o bevanda caldi, spec. per ristorarsi: *prendi qualcosa di c. dopo il viaggio.* *2* (*fig., lett.*) Ardore, desiderio, entusiasmo intenso: *audace e baldo / il fea degli anni e dell'amore il c.* (TASSO) | ***Nel c. del discorso***, nel colmo, nel momento più vivo | ***Non fare né c. né freddo***, lasciare indifferente | (*fig., raro*) Estro, calore: *essere in c.* *3* (*fig.*) Nella loc. ***a c.***, appena l'evento è successo, con immediatezza: *chiedere un'impressione a c.; parole dette a c.* || **caldàccio**, **pegg.** | **caldétto**, **dim.** | **caldiccio**, **dim.** | **caldino**, **dim.** | **caldùccio**, **dim.**

CALDO
nomenclatura

caldo

● *caratteristiche*: tepore, calore, vampa, vampata, afa, afosità, calura, siccità, aridità, arsura, sete; canicola, solleone, forno, fornace; secco, umido, soffocante, opprimente, torrido, tropicale; tiepido, rovente, ardente, bollente, cocente, infocato, d'inferno, equatoriale, infiammato, scottante, incandescente, avvampante, bruciante; accaldato, sudato, grondante sudore, boccheggiante;

● *azioni*: fare caldo o un gran caldo, sentire, avere caldo, scoppiare dal caldo, sudare, soffocare, cuocere, bollire, arrostire, essere, stare al caldo, accaldarsi, accalorarsi, tenere caldo, scaldare, scaldarsi, riscaldare, intiepidire, irradiare, irradiarsi, irraggiarsi, affocare, infocare, ardere, arroventare, surriscaldare.

caldùra [av. 1320] **s. f.** ● (*raro*) Caldo intenso e afoso proprio dell'estate: *strade male odoranti dove le femmine cantavano nella c.* (CAMPANA). **SIN.** Calura, canicola.

càle ● V. *calere.*

caledoniàno [da *Caledonia*, n. dato dai Romani alla Britannia settentrionale; 1955] **A** **s. m.** ● (*geol.*) Periodo orogenetico che va dal Cambriano superiore al Devoniano. **B** anche **agg.**: *periodo c.*

†**calefaciènte** [lat. *calefaciĕnte(m)* part. pres. di *calefăcere* 'rendere caldo', comp. di *călidus* 'caldo' e *făcere* 'fare'; av. 1698] **agg.** ● Detto di ciò che

produce senso di calore: *cibo, bevanda, medicamento c.*

calefazióne [vc. dotta, lat. tardo *calefactiōne(m)*, da *calefăcere* 'render caldo'. V. *calefacente*; av. 1320] **s. f.** ● Fenomeno per cui un liquido, versato su una superficie caldissima, forma gocce che corrono su questa senza entrare in ebollizione.

†**caleffàre** o †**galeffàre** [da *calefăcere* 'riscaldare' (?); av. 1400] **v. tr.** ● Schernire, burlare.

caleidoscòpico [1923] **agg.** (pl. m. *-ci*) *1* Che si riferisce al caleidoscopio. *2* (*fig.*) Che presenta un avvicendamento di luci, colori, immagini e sim.; vario, mutevole: *una città caleidoscopica.*

caleidoscòpio [ingl. *kaleidoscope*, comp. del gr. *kalós* 'bello', *éidos* 'figura' e *-scope* '-scopio'; 1818] **s. m.** *1* Tubo opaco nel cui interno sono disposti per il lungo alcuni specchietti piani ad angolo acuto tra loro, i quali, riflettendo i piccoli oggetti colorati e mobili situati in fondo al tubo, danno luogo a disegni variati e simmetrici. *2* (*fig.*) Insieme di elementi vari e mutevoli: *un c. di ricordi.*

calembour /fr. kalɔ̃'bu:ʀ/ [fr., di etim. incerta; 1818] **s. m. inv.** ● Freddura basata su un gioco di parole.

calèn [V. *calende*; av. 1266] **A s. m.** ● †Primo giorno del mese: *la notte alla quale il c. di gennaio seguitava* (BOCCACCIO). **B s. f. pl.** ● (*lett.*) V. *calende.*

calendàrio [vc. dotta, lat. tardo *calendăriu(m)*, da *calĕndae* 'calende'; av. 1292] **s. m.** *1* Sistema convenzionale di divisione e distribuzione del tempo in vari periodi, basato sul moto apparente del Sole o della Luna: *c. solare, lunare*; *c. giuliano, gregoriano* (V.). *2* Tabella o fascicolo in cui sono notati per ordine tutti i giorni dell'anno suddivisi in settimane e mesi, sono indicate le festività civili e religiose e, spesso, le fasi lunari, il santo del giorno e sim. SIN. Lunario | ***C. civile***, con l'indicazione delle feste riconosciute dallo Stato | ***C. scolastico***, con indicazione della durata dei giorni di lezione e delle festività | ***C. giudiziario***, con i giorni di udienza e le ferie. *3* Programma di manifestazioni o attività cronologicamente ordinate sulla base del calendario: *c. sportivo, venatorio, di borsa, agricolo.* || **calendariétto, dim.** | **calendariùccio, dim.**

calendarista [1963] **s. m. e f.** (pl. m. *-i*) ● Chi compila calendari | Chi si occupa dei problemi relativi al calendario.

calendarìstica [1955] **s. f.** ● Disciplina che si occupa dei problemi concernenti il calendario.

calendarìstico **agg.** (pl. m. *-ci*) ● Che riguarda il calendario.

calendarizzàre [da *calendario* con il suff. *-izzare*; 1985] **v. tr.** ● (*bur.*) Stabilire una data, una scadenza: *c. una riunione.*

calènde o †**calèndi** [vc. dotta, lat. *calĕndae*, nom. pl. di etim. incerta; 1306] **s. f. pl.** (*lett.* troncato in *calèn* (V.)) ● Primo giorno del mese secondo il calendario romano antico | (*scherz.*) ***Rimandare qlco. alle c. greche***, a tempo indeterminato, poiché le calende non esistevano nel calendario greco.

calendimàggio o (*lett.*) **calèn di màggio** [da *calen(de) di maggio*; 1312] **s. m. inv.** ● Primo giorno di maggio | (*est.*) Antica festa della primavera, celebrata a Firenze in tale giorno.

calèndola o **calèndula** [dal lat. *calĕndae* 'calende'; detta così perché nella buona stagione i fiori si aprono ogni mese; 1550] **s. f.** ● Pianta erbacea delle Composite, pelosa e dall'odore sgradevole, con foglie alterne dentate e fiori di color giallo-aranciato (*Calendula officinalis*). SIN. Fiorrancio.

calenzòla o **calenẓòla** ● V. *calenzuola.*

calenzòlo o **calenẓòlo** ● V. *calenzuolo.*

calenzuòla o **calenẓuòla**, (*pop.*) **calenzòla** [etim. incerta; 1950] **s. f.** ● Pianta erbacea delle Euforbiacee con fusto peloso, foglie arrotondate e latice bianco di sapore acre (*Euphorbia helioscopia*).

calenzuòlo o **calenẓuòlo**, (*pop.*) **calenzòlo** [etim. incerta; av. 1470] **s. m.** ● (*zool., pop.*) Verdone.

calepino [dal primo dizionario latino per le scuole, stampato a Reggio Emilia nel 1502, del bergamasco Ambrogio dei conti di *Calepio*; 1584] **s. m.** *1* Grosso vocabolario, spec. latino: *lo scolaro ... / spolvera il badiale c.* (PASCOLI) | (*scherz.*) Volume di gran mole, spec. antico. *2* Registro, taccuino: *annotò il debito in un suo c.* (BACCHELLI).

calére [lat. *calēre* 'esser caldo, essere inquieto', da avvicinare a *călidus* 'caldo'; sec. XIII] **v. intr. impers.** (difett. usato solo in alcune forme dei tempi semplici: **pres.** *càle*; **imperf.** *caléva*; **pass. rem.** *càlse*; **congv. pres.** *càglia*; **congv. imperf.** *calésse*; **ger.** *calèndo*) ● (*raro, lett.*) Stare a cuore, interessare: *di ciò non mi cale*; *Non ti cal d'allegria, schivi gli spassi* (LEOPARDI) | ***Mettere, porre qlco. in non cale***, trascurarla.

calèrna [port. *calem(a)*: vc. afric. (?); 1970] **s. f.** ● (*geogr.*) Grandioso frangente di onde lunghe e veloci su una costa alta.

†**calèsce** ● V. *calesse.*

calèsse o †**calèsce** [fr. *calèche*, dal ted. *Kalesche*, dal ceco *kolesa*, tipo di vettura; 1660] **s. m.** ● Vettura leggera a due ruote, con o senza mantice, trainata da un solo cavallo. ➡ ILL. **carro e carrozza.** || **calessino, dim.** | **calessùccio, dim.**

calessina [1825] **s. f.** ● Calesse piccolo a quattro posti.

†**calèstro** [di orig. preindeur. (?); av. 1597] **s. m.** ● Terreno magro, sassoso, adatto per le viti.

calétta (1) **s. f.** ● Dim. di *cala* (*1*).

calétta (2) [da *calettare*] **s. f.** ● Incavo o taglio praticato in modo da fare combaciare esattamente due pezzi di metallo o di legno.

calettaménto [1936] **s. m.** ● (*mecc.*) Il calettare | Accoppiamento tra pneumatico e ruota.

calettàre [etim. incerta; forse da avvicinare a *calare*; 1797] **A v. tr.** (*io calétto*) ● (*mecc.*) Unire due pezzi in modo che la sporgenza dell'uno si inserisca nella rientranza dell'altro. **B v. intr.** (aus. *avere*) ● Combaciare perfettamente.

calettatùra [1797] **s. f.** ● Calettamento.

càli [dall'ar. *(al-)qaly* 'potassa'; 1499] **s. f. inv.** ● Pianta erbacea spinosa delle Chenopodiacee, tipica dei terreni salmastri, con foglie carnose lineari e fiori ermafroditi ascellari (*Salsola kali*).

calìa [lat. tardo *cadīvu(m)* 'cadente, caduco', da *cădere* 'cadere'; av. 1400] **s. f.** *1* Perdita di metallo nella lavorazione di oggetti preziosi. *2* (*fig.*) Cosa di nessun valore | Anticaglia | Futilità. *3* (*fig.*) Persona malaticcia | Persona pignola e noiosa. *4* (*mar.*; *raro*) Calma assoluta di mare per totale caduta di vento.

calibràre [fr. *calibrer*; 1771] **v. tr.** (*io càlibro*) *1* Portare un pezzo cilindrico o una cavità cilindrica a un determinato diametro. *2* Ridonare le esatte misure a un bossolo di cartuccia già sparato che si era dilatato con lo sparo | Rettificare l'anima interna della canna di un'arma da fuoco per portarla al diametro esatto. *3* Cernere e classificare la frutta e i semi. *4* Tarare | (*fig.*) Misurare, adattare con prudenza: *c. la risposta a una domanda delicata.*

calibràto [1865] **part. pass.** di *calibrare*; anche **agg.** *1* Nei sign. del v. | (*fig.*) Calcolato con esattezza; ben vagliato. *2* ***Taglie calibrate***, di abiti confezionati in modo da potersi adattare alla diversa conformazione fisica delle persone.

calibratóio [av. 1680] **s. m.** *1* (*mecc.*) Alesatore. *2* Strumento per verificare l'esatto calibro di un'arma da fuoco. *3* Piccolo attrezzo per riportare al giusto calibro cartucce da caccia già sparate.

calibratóre [1955] **s. m.** *1* Calibratoio per caccia. *2* Specie di buratto usato per la cernita di frutta e ortaggi. *3* (f. *-trice*) In varie tecnologie, chi misura e ispeziona pezzi, prodotti o materiali a vista o con appositi strumenti di controllo.

calibratrice [1965] **s. f.** ● Macchina per la cernita e la classificazione di frutta o semi.

calibratùra [1955] **s. f.** ● Cernita e classificazione della frutta e dei semi.

calibrazióne [da *calibrare*; 1955] **s. f.** ● Operazione che pone in corrispondenza la scala dello strumento con i valori della grandezza da misurare.

càlibro o †**calibro** [ar. *qālib* 'forma da scarpe, forma da fondere', attrav. il fr. *calibre*; 1606] **s. m.** *1* Nelle armi da fuoco moderne, diametro interno della bocca misurato tra i pieni della rigatura, espresso in mm o centesimi di pollice | ***Piccolo c.***, fino a 100 mm | ***Medio c.***, da 100 a 210 mm | ***Grosso c.***, oltre i 210 mm | In artiglieria, unità di misura della lunghezza di bocche da fuoco | Nelle armi portatili o da caccia a canna liscia, numero che caratterizza l'anima della canna e che corrisponde alla quantità di pallottole sferiche, di diametro pari a quello dell'anima della canna, ottenibili da una libbra di piombo. *2* (*est.*) Bocca da fuoco, nella loc. ***piccolo, medio, grosso c.***; ***sparano i grossi calibri*** | ***Grosso c.***, (*fig.*) persona molto importante, pezzo grosso | (*fig.*) Importanza, portata: *un politicone di quel c.!* (MANZONI). *3* Strumento per misurare con precisione le dimensioni e la forma di pezzi meccanici e sim.: *c. a corsoio.*

Calicantàcee [vc. dotta, comp. di *calicant(o)* e *-acee*; 1865] **s. f. pl.** (sing. *-a*) ● Nella tassonomia vegetale, famiglia di piante policarpiche arbustive delle Dicotiledoni con corteccia aromatica, foglie opposte, semplici, e fiori aciclici (*Calycanthaceae*). ➡ ILL. **piante**/3.

calicànto [comp. del gr. *kálix*, genit. *kálikos* 'involucro di un fiore, calice' e *ánthos* 'fiore'; 1820] **s. m.** ● Genere di piante delle Calicantacee con foglie odorose e frutti ad achenio, cui appartengono due sole specie (*Calycanthus*) | ***C. d'estate***, a foglie grandi, ovali e fiori di color rosso bruno usati per infusi medicinali (*Calycanthus floridus*) | ***C. d'inverno***, con foglie lanceolate e fiori a forma di stella che compaiono in inverno, gialli a punta rossastra (*Chimonanthus precox*). ➡ ILL. **piante**/3.

càlice (1) [vc. dotta, lat. *călice(m)*, di orig. indeur.; 1304] **s. m.** *1* Bicchiere che dalla bocca va restringendosi verso il fondo, sostenuto da un piede a base rotonda | ***A c.***, in forma di calice | ***Gonna a c.***, svasata in fondo | ***Colletto a c.***, svasato. *2* (*lett., gener.*) Bicchiere: *al levarsi dei calici* | ***Levare i calici***, brindare | (*fig., lett.*) ***Bere al c. dell'amarezza, del piacere***, provare, sperimentare quel sentimento o quella sensazione | ***Bere il c. fino alla feccia***, (*fig., lett.*) provare tutte le amarezze possibili. *3* Vaso sacro, di metallo prezioso, che il sacerdote adopera per consacrare e bere il vino nella messa. *4* (*anat.*) ***C. renale***, ciascuno dei tre condotti a forma di imbuto che portano l'urina dalle papille renali al bacinetto. ➡ ILL. p. 2125 ANATOMIA UMANA. || **calicétto, dim.** (V.) | **calicino, dim.** | **calicióne, accr.**

càlice (2) [vc. dotta, lat. *călyce(m)*, nom. *călix*, dal gr. *kálix*, di etim. incerta; 1585] **s. m.** ● (*bot.*) Involucro esterno del fiore costituito da sepali liberi o saldati tra loro. || **calicétto, dim.** (V.).

calicétto (1) **s. m.** ● Dim. di *calice* (*1*) | Piccolo calice di vino: *bersi un c.* | Bicchierino di liquore.

calicétto (2) [1820] **s. m.** *1* Dim. di *calice* (*2*). *2* (*bot.*) Complesso di brattee posto esternamente al calice.

calicifórme [comp. di *calice* (*1*) e *-forme*; 1962] **agg.** ● Che ha forma di calice: *cellula c.*

calicino [da *calice*; 1962] **agg.** ● (*bot.*) Relativo al calice del fiore.

calicò [1790] **s. m.** ● Adattamento di *calicot* (V.).

calicòsi [dal gr. *chálix*, genit. *chálikos* 'ciottolo, selce', di orig. indeur., col suff. *-osi*; 1930] **s. f. inv.** ● (*med.*) Alterazione dei polmoni dovuta a prolungata inalazione di polvere di pietra.

calicot /fr. kali'ko/ [dal n. della città di *Calicut* (India), nota per i suoi tessuti; 1881] **s. m. inv.** ● Specie di tessuto di cotone stampato.

calidàrio [vc. dotta, lat. *calidăriu(m)*, da *călidus* 'caldo'; av. 1798] **s. m.** *1* Nelle antiche terme, stanza per i bagni d'acqua calda o di vapor acqueo. *2* Serra.

†**calidità** [vc. dotta, lat. tardo *caliditāte(m)*, nom. *calĭditas*, da *călidus* 'caldo'; av. 1327] **s. f.** ● (*lett.*) Calore.

†**càlido** [vc. dotta, lat. *călidu(m)* 'caldo'; av. 1332] **agg.**; anche **s. m.** ● Caldo.

califfàto [av. 1367] **s. m.** *1* Autorità e titolo di califfo. *2* Territorio sottoposto alla signoria di un califfo.

califfo [ar. *ḫalīfa* 'successore, sostituto', deriv. del v. *ḫalafa* 'seguire'; 1264] **s. m.** *1* Capo supremo dell'Islam, con poteri di monarca assoluto e difensore della fede | Titolo dei sultani ottomani dal 1517 al 1924. *2* (f. *-a*) (*fig., spreg.*) Persona dispotica, autoritaria. *3* (*scherz.*) Uomo che ha relazioni amorose con più donne contemporaneamente.

californiàno [1860] **A agg.** *1* Della California: *clima c.* *2* (*est., sport*) Detto di stile di scalata in cui l'arrampicata libera è compiuta sfruttando al massimo le risorse naturali offerte dalla roccia prima di ricorrere all'uso di mezzi artificiali. **B s. m.** (f. *-a*) ● Abitante della California.

califòrnio [dalla *California*, dove fu scoperto nel 1950; 1962] **s. m.** ● Elemento chimico, metallo artificiale transuranico, di numero atomico 98, appartenente al gruppo degli attinidi, ottenuto bombardando il curio con particelle alfa. SIMB. Cf.

càliga [vc. dotta, lat. *căliga(m)* 'scarpa dei soldati', forse prestito da una lingua straniera; sec. XIV] s. f. ● Tipo di scarpa dei soldati romani con una suola di cuoio, chiodi di ferro e strisce che la legavano al piede e alla tibia.

†**caligàio** [lat. tardo *caligāriu(m)*, da *căliga* 'caliga'; 1585] s. m. ● Calzolaio.

†**caligaménto** [av. 1694] s. m. ● (*lett.*) Oscuramento.

†**caligàre** [vc. dotta, lat. *caligāre*, da *calīgo* 'caligine'; 1321] v. intr. ● (*lett.*) Oscurarsi per vapori di nebbia o altro.

caligarìsmo [dal film *Il gabinetto del dott. Caligari*, diretto nel 1919 da R. Wiene; 1950] s. m. ● Tendenza stilistica cinematografica influenzata dai film espressionisti.

calìgine [vc. dotta, lat. *calīgine(m)*, di etim. incerta; av. 1306] s. f. *1* Sospensione nell'aria di particelle materiali secche microscopiche che conferiscono al paesaggio un aspetto opalescente | (*gener.*) Nebbia, vapore, fumo: *le ciminiere della fabbrica provocavano una densa c.* *2* †*C. della vista*, cateratta. *3* †Fuliggine. *4* (*fig.*, *raro*) Ottenebramento intellettuale. *5* (*fig.*, *lett.*) Stato di colpa, peccato, decadenza: *purgando la c. del mondo* (DANTE *Purg.* XI, 30).

caliginóso [vc. dotta, lat. *caliginōsu(m)*, da *calīgo*, genit. *calīginis* 'caligine'; av. 1306] agg. *1* Offuscato da caligine: *aria caliginosa.* *2* (*est.*, *lett.*) Oscuro, buio.

caligo [vc. dotta, lat. *calīgo*, nom. di etim. incerta; av. 1332] s. m. o f. solo sing. ● (*lett.*) Caligine.

calióma o **calórna** [fr. *caliorne*, dal provz. mod. *caliourno*, deriv. forse dal gr. *kálōs* 'gomena', di orig. sconosciuta; 1846] s. f. ● (*mar.*) Paranco con un bozzello doppio e uno triplo, usato per sollevare grossi pesi.

calipso [1970] s. m. ● Adattamento di *calypso* (V.).

caliptra o **calittra** [vc. dotta, lat. tardo *calyptra(m)*, nom. *calyptra*, dal gr. *kalýptra* 'copertura della testa delle donne', da *kalýptein* 'nascondere'; 1820] s. f. *1* Velo usato dalle donne dell'antica Grecia per coprirsi il capo o il volto in alcune cerimonie. *2* (*bot.*) Rivestimento che racchiude l'urna contenente le spore nelle Briofite | Tessuto parenchimatico che riveste e protegge l'apice radicale.

†**calisse** [sp. *cadiz*, dalla città di *Cádiz* 'Cadice', dove quel panno entrava dalla Francia; av. 1530] s. m. ● Pannolano di poco pregio.

calìttra ● V. *caliptra.*

call /kɔl, kol, *ingl.* kɔːl/ [vc. ingl. 'chiamata'; 1985] s. m. inv. ● In borsa, dont.

càlla (*1*) [lat. tardo *călla(m)*, per il classico *călle(m)* 'calle'; 1319] s. f. *1* †Apertura, varco, via: *la c. onde saline / lo duca mio* (DANTE *Purg.* IV, 22-23). *2* In un corso d'acqua, apertura munita di cateratta per regolare il flusso delle acque. || **callóne**, accr. m. (V.).

càlla (*2*) [errore di lettura del lat. *calsa*, n. di pianta registrata da Plinio, già *calla* in codici umanistici e nella traduzione pliniana di Cristoforo Landino (sec. XV); 1820] s. f. ● Pianta delle Aracee con rizoma strisciante o galleggiante, foglie alterne cuoriformi e infiorescenza a spadice avvolta da una spata verdastra (*Calla palustris*) | Correntemente, pianta delle Aracee con grosso rizoma, foglie lucide di color verde scuro e spadice giallo avvolto da una spata bianca (*Zantedeschia aethiopica*). ➡ ILL. **piante**/10.

callàia [da *calla* (*1*); 1319] s. f. *1* Apertura che si fa nelle siepi per poter entrare nei campi | (*est.*) Viottolo di campagna | †Via di città. *2* (*raro*, *lett.*) Valico, stretto passaggio. *3* †Cateratta. *4* †Steccaia, pescaia da mulino. || **callaiétta**, dim. | **callaiòla**, †**callaiuòla**, dim. (V.).

callaiòla o †**callaiuòla** [da *callaia*, nel sign. 2; sec. XIV] s. f. *1* Dim. di *callaia.* *2* Rete a due staggi, per prendere lepri ai passi obbligati.

call center /kol'sεnter, *ingl.* 'kɔːl,sεntə/ [loc. ingl., comp. di *call* 'chiamata, telefonata' e *center* 'centro'; 1997] loc. sost. m. inv. (pl. ingl. *call centers*) ● Azienda specializzata nella fornitura di servizi di varia natura tramite telefono (per es. telemarketing, vendita, informazioni).

càlle [lat. *călle(m)*, di etim. incerta; av. 1294] **A** s. m. e †f. ● (*poet.*) Sentiero campestre o strada stretta | (*est.*) Cammino: *per calli sconosciuti / declinandoli ei venne* (MANZONI). **B** s. f. *1* Strada di Venezia, *2* (*est.*, *region.*) Strada stretta. || **callétta**, dim.

call girl /kol'gεrl, *ingl.* 'kɔːl,gɜːl/ [ingl., 'ragazza squillo', comp. di *to call* 'chiamare, telefonare' (vc. germ.) e *girl* 'ragazza'; 1953] loc. sost. f. inv. (pl. ingl. *call girls*) ● Ragazza squillo.

càlli- o **càllo-**, **càlo-** [dal gr. *kállos* 'bellezza', prob. di orig. indeur.] primo elemento ● In parole composte dotte significa 'bello': *calligramma.*

callicreina [dal gr. *kallikréas* 'pancreas'] s. f. ● (*chim.*) Enzima proteolitico presente nel plasma ematico, nel succo pancreatico, nella saliva e nell'urina; determina la formazione della bradichinina a partire da un precursore inattivo.

callidità [vc. dotta, lat. *calliditāte(m)*, da *căllidus* 'callido'; 1441] s. f. ● (*lett.*) Astuzia, furberia.

càllido [vc. dotta, lat. *căllidu(m)*, da *callēre* 'aver fatto il callo', quindi 'essere pratico, astuto'; av. 1294] agg. ● (*lett.*) Astuto, accorto. || **callidaménte**, avv. (*lett.*) In modo callido, astuto.

Callifòridi [comp. di *calli-* e *-foro*: chiamati così per la loro bellezza; 1930] s. m. pl. (sing. *-e*) ● Nella tassonomia animale, famiglia di Ditteri cui appartengono mosconi dai vivaci colori metallici che depongono le uova su animali vivi o morti (*Calliphoridae*).

callifugo, (*evit.*) **callifùgo** [comp. di *callo* e *-fugo*, sul modello di *febbrifugo*; 1886] **A** s. m. (pl. *-ghi*) ● Rimedio contro i calli dei piedi. **B** anche agg.: *pomata callifuga.*

calligrafia [vc. dotta, gr. *kalligraphía*, comp. di *kállos* 'bellezza' e *-graphía* '-grafia'; 1737] s. f. *1* Esecuzione accurata dei modelli grafici: *insegnare, imparare c.* CONTR. Cacografia. *2* (*est.*) Scrittura: *avere una c. bella, brutta, illeggibile, infantile.*

calligràfico [vc. dotta, gr. tardo *kalligraphikós*, da *kalligraphía* 'calligrafia'; 1839] agg. (pl. m. *-ci*) *1* Di calligrafia: *tecnica calligrafica* | *Carattere c.*, carattere tipografico che riproduce una calligrafia. *2* Che si riferisce alla scrittura: *esame c.* *3* (*fig.*) Di artista o di opera d'arte che cura eccessivamente la forma. || **calligraficaménte**, avv.

calligrafìsmo [da *calligrafia*; 1932] s. m. ● Tendenza artistica caratterizzata da eccessiva preoccupazione formale: *un libro, un film che pecca di c.*

callìgrafo [vc. dotta, gr. tardo *kalligráphos*, da *kalligraphía* 'calligrafia'; 1726] s. m. (f. *-a*) *1* Chi esercita o insegna l'arte della calligrafia | *Perito c.*, chi giudica sull'autenticità di una scrittura. *2* (*lett.*, *raro*) Chi ha una bella scrittura. *3* (*fig.*) Artista che cura eccessivamente la forma.

calligràmma [fr. *Calligrammes*, titolo di una raccolta di poesie di G. Apollinaire: comp. di *calli-* 'calli-' e *-gramme* '-gramma'; 1963] s. m. (pl. *-i*) ● Carme figurato.

callìonimo [lat. *calliōnymu(m)*, nom. *calliōnymus*, dal gr. *kalliṓnymos*, propr. 'dal bel nome', comp. di *kállos* 'bellezza' (V. *calligrafia*) e *ónyma*, var. di *ònoma* 'nome' (V. *onomastico*); av. 1564] s. m. ● Genere di Pesci dei Teleostei dai colori vivaci, con muso aguzzo e grandi occhi (*Callionymus*).

callìope [dal n. della musa *Calliope*; 1930] s. f. ● Piccolo uccello dei Passeriformi simile all'usignolo (*Luscinia calliope*).

callipigia o (*raro*) **callipige** [vc. dotta, lat. tardo *callipўge(m)*, nom. *callipўgis*, dal gr. *kallípygos* 'dalle belle natiche', comp. di *kállos* 'bellezza' (V. *calli-*) e *pygḗ* 'natiche'; av. 1796] **A** agg. f. (m. raro *-gio*, pl. f. raro *-gie*) ● Dalle belle natiche, detto di Venere. **B** s. f. solo sing. ● (*per anton.*) Venere.

callìsta [da *callo*; 1797] s. m. e f. (pl. m. *-i*) ● Chi cura o estirpa i calli.

callistenìa [ingl. *callisthenics*, comp. del gr. *kállos* 'bellezza' (V. *calli-*) e *sthénos* 'forza' (di etim. incerta); 1950] s. f. ● Complesso delle tecniche, degli esercizi e sim. atti a sviluppare forza e bellezza nel corpo umano.

callistènico [ingl. *callisthenic*; V. *callistenia* e *sthénos* 'forza' (d'etim. incerta)] agg. (pl. m. *-ci*) ● Relativo alla callistenia.

càllo [lat. *căllu(m)*, di etim. incerta; 1313] s. m. *1* (*med.*) Ispessimento superficiale e circoscritto della cute, spec. delle mani e dei piedi | *Fare il c. a qlco.*, (*fig.*) abituarvisi: *Due mesi di osservazione! Gli parvero eterni. Ma ci fece il c.* (GADDA) | *Pestare i calli a qlcu.*, (*fig.*) causargli grave molestia, disturbo e sim. *2* (*med.*) *C. osseo*, tessuto di cicatrice tra i monconi di frattura di un osso, che si trasforma in tessuto osseo. *3* Protuberanza callosa delle gambe del cavallo, presso le articolazioni. *4* (*bot.*) Neoformazione di tessuti che suberificano alla superficie di una ferita sul tronco o sui rami di un vegetale. || **callétto**, dim. | **callóne**, accr.

càllo- [dal gr. *kállos* 'bellezza', prob. di orig. indeur.] primo elemento ● In parole composte della lingua dotta e della terminologia scientifica significa 'bello': *callorinco.*

callóne [1618] s. m. *1* Accr. di *calla* (*1*). *2* Apertura che si lascia nelle pescaie dei fiumi per permettere il passaggio alle barche.

callorìnco [comp. di *callo-* e *-rinco*; 1962] s. m. (pl. *-chi*) ● Genere di Pesci degli Olocefali, viventi spec. nei mari freddi, caratterizzati da una sporgenza sul muso terminante con un lobo cutaneo volto all'indietro (*Callorhynchus*).

callorino [comp. di *callo-* e *-rino*; 1965] s. m. ● (*zool.*) *C. dell'Alasca*, mammifero acquatico degli Otaridi, simile alla foca, dalla pregiata pelliccia grigio-argentea (*Callorhinus alascanus*). SIN. Foca orsina.

callosità [vc. dotta, lat. tardo *callositāte(m)*, da *căllum* 'callo'; sec. XIII] s. f. *1* Formazione callosa. *2* Caratteristica o aspetto di ciò che è calloso: *c. di una superficie, della pianta di un piede.*

callóso [vc. dotta, lat. *callōsu(m)*, da *căllum* 'callo'; 1314] agg. *1* Pieno di calli: *mani callose.* *2* (*est.*) Indurito: *viso c.* | (*fig.*) †*Coscienza callosa*, che non prova rimorsi. *3* (*anat.*) *Corpo c.*, lamina di sostanza bianca tra i due emisferi cerebrali.

callotipia [vc. dotta, comp. di *callo-* e *-tipia*; 1955] s. f. ● Antico sistema di stampa fotografica ai sali d'argento.

callotipo [1983] s. m. ● Fotografia eseguita con il sistema della callotipia.

†**callùto** [da *callo*; sec. XIV] agg. ● Calloso | Bernoccoluto.

♦**càlma** [lat. tardo *cāuma(m)*, dal gr. *kâuma* 'ardore, vampa', da *káiō* 'io brucio'; 1435] s. f. *1* Mancanza di vento | *C. equatoriale*, bonaccia di vento che regna nella fascia di convergenza dei due alisei | *C. tropicale*, zona di calma o di venti deboli che si estende sugli oceani intorno a 35 gradi di latitudine nord e sud. *2* (*est.*) Silenzio, tranquillità: *la c. dei pomeriggi festivi*; *amare, cercare la c.* SIN. Pace, quiete. *3* (*fig.*) Stato di serenità, di tranquillità psichica e nervosa: *dopo il lavoro e le fatiche è necessaria la c.*; *esaminare con c. qlco.*; *conservare, non perdere la c.* | *Prendersela con c.*, non agitarsi, non preoccuparsi di fronte a difficoltà, impicci e sim. | *C. e sangue freddo!*, esortazione a non lasciarsi turbare o sconvolgere in situazioni difficili e sim. | (*fam.*) *C. e gesso!*, invito alla riflessione, ad agire con cautela (dall'uso dei giocatori di biliardo di passare il gesso sulla punta della stecca prima di un tiro). SIN. Quiete, tranquillità. CONTR. Agitazione. *4* (*est.*) Flemma, lentezza: *lavorare, agire con c.*; *Lei venga dietro con c.* (BUZZATI). CONTR. Fretta.

calmànte [1830] **A** part. pres. di *calmare*; anche agg. ● Nei sign. del v. **B** s. m. ● Farmaco che calma il dolore o placa la tensione nervosa: *prendere un c.* || **calmantino**, dim. | **calmantùccio**, dim.

♦**calmàre** [av. 1294] **A** v. tr. *1* Ridurre alla calma: *c. l'ira.* SIN. Placare. *2* Ridurre o eliminare una sofferenza fisica: *c. il mal di testa, uno spasmo.* SIN. Alleviare, lenire. **B** v. intr. pron. *1* Diventare calmo: *il mare si è calmato.* SIN. Placarsi | Ritrovare la calma, tranquillizzarsi: *su, calmati e cerca di ragionare!* *2* Diminuire d'intensità o cessare totalmente: *il mal di stomaco si è calmato.* SIN. Attutirsi, sopirsi.

calmàta [da *calmare*] s. f. *1* (*mar.*) Periodo di tranquillità temporanea che segue a una tempesta. *2* (*fam.*) *Darsi una c.*, calmarsi, detto di chi è troppo agitato e ha perso il controllo di sé.

†**calmerìa** [av. 1588] s. f. ● Costante stato di calma del mare.

calmieraménto [1970] s. m. ● Provvedimento o insieme di provvedimenti atti a calmierare.

calmieràre [1923] v. tr. (*io calmièro*) ● Sottoporre a calmiere: *c. le aree fabbricabili.*

calmieratóre [1957] agg. (f. *-trice*) ● (*raro*) Che funge da calmiere.

calmière [vc. di area sett., di etim. incerta; sec. XVIII] s. m. ● Il prezzo più alto stabilito dall'autorità, per il commercio, spec. al minuto, di determinate merci, spec. derrate alimentari, al fine d'impedirne il rincaro per manovre speculatorie.

♦**càlmo** (1) [part. apocopato di *calmare*; av. 1568] agg. *1* Che si trova in uno stato di calma: *mare c.*; *giornata calma*. SIN. Pacifico. CONTR. Agitato. *2* (*est., fig.*) Quieto, tranquillo, non agitato, come condizione abituale o momentanea: *carattere, temperamento c.*; *è un tipo c.*; *oggi finalmente tuo padre è c.*; *parleremo quando sarai più calma*.

càlmo (2) [lat. *călamu(m)*. V. *calamo*; av. 1547] s. m. ● (*region.*) Pollone, tralcio.

calmùcco [russo *Kalmyki*, da una vc. mongolica; 1819] **A** agg. (pl. m. *-chi*) *1* Che si riferisce a una popolazione mongolica nomade delle steppe dell'Asia centrale. *2* Che, per i tratti somatici, ricorda la fisionomia di un calmucco: *profilo, viso c.* **B** s. m. *1* (f. *-a*) Appartenente alla popolazione calmucca. *2* Specie di panno a pelo lungo.

càlo [da *calare*; 1321] s. m. *1* Calata, discesa, abbassamento. *2* (*est.*) Diminuzione: *c. dell'inflazione*; *la disoccupazione è in c.*; *c. della vista*; *c. d'interesse* | (*fig.*) Perdita di potenza, prestigio e sim.: *e 'l regno degli Assiri fe' tal c.* (SACCHETTI). *3* Diminuzione di altezza, peso, prezzo, volume e sim. di merce, spec. per cause naturali.

càlo- [dal gr. *kalós* 'bello', di orig. sconosciuta] primo elemento ● In parole composte dotte o scientifiche significa 'bello': *calosoma, calomelano*.

calòcchia [V. *conocchia*; av. 1523] s. f. ● Bastone del correggiato, antico strumento per la battitura dei cereali. SIN. Vetta.

†**calógna** e *deriv.* ● V. *calunnia* e *deriv.*

calomelàno o (*raro*) **calomèlano** [fr. *calomélas*, comp. del gr. *kalós* 'bello' e *mélas* 'nero', detto così perché a contatto con gli alcali puri prende un colorito nero; 1820] s. m. ● Composto bianco, polverulento, usato in medicina con azione purgativa e vermifuga e nella fabbricazione di elettrodi di riferimento per misuratori di pH. SIN. Cloruro mercuroso.

†**calònaco** e *deriv.* ● V. *canonico* e *deriv.*

†**calònico** e *deriv.* ● V. *canonico* e *deriv.*

†**calónnia** e *deriv.* ● V. *calunnia* e *deriv.*

Calopterìgidi [comp. di *calo-* e del gr. *ptéryx*, genit. *ptérygos* 'ala' (V. *ptero-*); 1955] s. m. pl. (sing. *-e*) ● Nella tassonomia animale, famiglia di Insetti degli Odonati con maschi dalle ali vivacemente colorate (*Calopterygidae*).

♦**calóre** [lat. *calōre(m)*, da *calēre* 'aver caldo', di orig. indeur.; av. 1250] s. m. *1* (*fis.*) Energia della materia dipendente dall'energia cinetica del moto disordinato delle particelle che costituiscono la materia stessa: *c. solare, terrestre*; *c. molare, specifico*. CFR. piro-, -termia, termo-, -termo | ***Calor rosso***, temperatura a cui un corpo appare rosso quando è sottoposto a riscaldamento, attorno ai 500 °C | ***Calor bianco***, temperatura a cui un corpo appare bianco quando è sottoposto a riscaldamento, attorno ai 2000 °C; (*fig.*) momento, stadio di massima tensione: *la crisi è giunta al calor bianco*. *2* Sensazione prodotta dall'energia termica insita in un corpo: *il benefico c. della fiamma*. *3* Canicola, calura: *il c. estivo*. *4* (*fig.*) Intensa partecipazione emotiva ed affettiva: *sono persone prive di c. umano* | Fervore, entusiasmo: *parlare con c.*; *approvare con c. un progetto, una proposta*. SIN. Ardore. CONTR. Freddezza. *5* (*med., pop.*) Aumento della temperatura locale per processo infiammatorio | ***Colpo di c.***, V. *colpo*. *6* Estro: *andare in c.* || **calorétto**, dim. | **calorino**, dim. | **caloròccio**, dim.

caloria [fr. *calorie*, dal lat. *călor* 'calore'; 1865] s. f. *1* (*fis.*) Unità di misura della quantità di calore pari all'energia necessaria per portare un grammo di acqua distillata da 14,5 °C a 15,5 °C alla pressione di un'atmosfera; una caloria è pari a 4,1855 joule. SIMB. cal | ***Grande c.*** o (*ellitt.*) ***Caloria***, erroneamente usate per kilocaloria | ***Piccola c.***, erroneamente usata per caloria. *2* (*biol., med.*) Unità usata per indicare il contenuto energetico dei vari alimenti e il fabbisogno energetico dell'organismo umano per mantenere il suo bilancio organico: *i dolci sono ricchi di calorie* | Nell'uso comune si confonde con la kilocaloria: *un atleta necessita di 4000 calorie giornaliere*. *3* Fertilità residua lasciata nel terreno da colture miglioratrici o da abbondanti concimazioni organiche o minerali.

calòrico [fr. *calorique*. V. *calore*; 1795] **A** agg. (pl. m. *-ci*) ● Che si riferisce al calore o alle calorie: *fabbisogno c.* **B** s. m. ● Ipotetico fluido con cui nel XVIII sec. si spiegavano i fenomeni di trasferimento del calore: *teoria del c.*

calorìfero [comp. di *calore* e *-fero*; 1839] s. m. ● Impianto ad aria calda a circolazione naturale | (*gener.*) Qualunque impianto centralizzato di riscaldamento dei locali.

calorìfico [vc. dotta, lat. tardo *calorĭficu(m)*, comp. di *călor*, genit. *calōris* 'calore' e *făcere* 'fare, produrre'; av. 1642] agg. (pl. m. *-ci*) ● Che produce calore | ***Potere c. di un combustibile***, quantità di calore sviluppata nella combustione della sua unità di massa.

calorìgeno [comp. di *calore* e *-geno*; 1955] agg. ● Calorifico.

calorimetrìa [fr. *calorimétrie*. V. *calore* e *-metria*; 1865] s. f. ● Parte della fisica che si occupa della misura delle quantità di calore.

calorimètrico [1955] agg. (pl. m. *-ci*) ● Di calorimetria.

calorìmetro [fr. *calorimètre*. V. *calore* e *-metro*; 1795] s. m. ● Strumento per la determinazione di varie grandezze calorimetriche come il calore specifico, la capacità termica, il calore di fusione o di vaporizzazione.

calorizzazióne [da *calorizzare*, in ingl. *to calorize*; 1987] s. f. ● (*metall.*) Trattamento a caldo per deporre su un acciaio uno strato anticorrosivo di ferro-alluminio.

calórna ● V. *caliorna*.

calorosità [av. 1704] s. f. ● Caratteristica di caloroso.

caloróso [da *calore*; av. 1519] agg. *1* (*raro*) Che produce calore: *fuoco c.* | Che riscalda: *è una stufa molto calorosa*; *il pepe e il chiodo di garofano sono spezie calorose*. *2* Detto di persona, che non soffre il freddo: *è c., sta sempre con le finestre aperte*. CONTR. Freddoloso. *3* (*fig.*) Fatto con entusiasmo e calore: *ci riservarono un'accoglienza calorosa*; *furono accolti da un c. applauso*. SIN. Cordiale. CONTR. Freddo. || **calorosaménte**, avv. Con calore, con fervore; con cordialità.

calòscia o **galòscia** [fr. *galoche*, di etim. incerta; 1771] s. f. (pl. *-sce*) ● (*spec. al pl.*) Calzatura impermeabile indossata sopra la scarpa per proteggerla spec. dall'acqua.

calosòma [comp. di *calo-* e *-soma*; 1830] s. m. (pl. *-i*) ● Insetto coleottero dei Carabidi (*Calosoma*).

calòstra ● V. *colostra*.

calotipìa [comp. di *calo-* e *-tipia*] s. f. ● Processo di stampa fotografica che utilizza sali d'argento, inventato nel 1835 dall'inglese W. N. Fox Talbot.

calòtipo [comp. del gr. *kalós* 'bello' e *-tipo*; 1983] s. m. ● (*fot.*) Stampa ottenuta mediante calotipia.

calòtta [fr. *calotte*, di etim. incerta; 1643] s. f. *1* (*mat.*) Ciascuna delle due parti di una superficie sferica tagliata da un piano secante. *2* (*est.*) Parte, struttura od oggetto di forma analoga a quella di una calotta sferica: *le calotte polari*; *la c. artica, antartica* | ***La c. del paracadute***, la parte che si apre a ombrello | Coperchio convesso di metallo, plastica e sim. che ricopre un meccanismo: *la c. dell'orologio, dell'autoclave, dello spinterogeno*. *3* (*arch.*) In una cupola, parte sferica sovrapposta al tamburo o ai pennacchi | Parte superiore delle gallerie. *4* (*anat.*) Insieme delle ossa che formano la volta cranica. *5* Cupola del cappello maschile o femminile | Berretto privo di tesa aderente al capo | Zucchetto, papalina | Reticella per i capelli | Cuffia di gomma, con i colori della squadra di appartenenza, che i giocatori di pallanuoto portano assicurata sotto il mento. *6* Cima di monte ghiacciata o a forma sferica. *7* (*mil., gerg.*) Lega degli ufficiali subalterni di un reparto. || **calottina**, dim.

calpàcco [turco *kalpak*; 1865] s. m. (pl. *-chi*) ● Berretto tondo, alto, senza tesa, dei sacerdoti bizantini e ortodossi.

calpestaménto [av. 1698] s. m. ● (*raro*) Il calpestare.

♦**calpestàre** [dal sovrapporsi di *pestare* a *calcare*; 1264] v. tr. (*io calpésto*) *1* Pestare forte e ripetutamente coi piedi, spesso in segno d'ira, rabbia o sim.: *c. il tappeto*; *gettò per terra la lettera e la calpestò*. *2* (*fig.*) Disprezzare, offendere, conculcare: *c. i diritti, la dignità, l'onore, gli affetti di qlcu.* SIN. Violare.

calpestatóre [1686] s. m. (f. *-trice*) ● (*raro*) Chi calpesta.

calpestatùra [1581] s. f. ● (*raro*) Calpestamento.

calpestìo [1353] s. m. ● Il calpestare prolungato | Rumore prodotto dal passaggio di molte persone o animali: *il c. durò tutta la notte*.

†**calpésto** [av. 1400] part. pass. di *calpestare*; anche agg. ● Calpestato: *l'arenoso sentier c. e trito* (TASSO).

†**calpicciàre** ● V. *scalpicciare*.

†**calpitàre** ● V. *scalpitare*.

càlta [vc. dotta, lat. *căltha(m)*, forse di orig. preindeur.; av. 1498] s. f. ● Pianta erbacea perenne delle Ranuncolacee con fusto aereo spugnoso, glabro, fiori larghi con calice petaloideo (*Caltha palustris*).

†**calterìre** [lat. tardo *cauterire*, dal gr. *kautēriázō* 'io brucio con ferro rovente', da *káiō* 'io brucio'; 1340 ca.] v. tr. ● Scalfire | Guastare.

calùgine o (*raro*) **calùggine** [lat. parl. **calūgine(m)*, per il classico *calīgine(m)*. V. *caligine*; av. 1294] s. f. *1* La prima peluria degli uccelli e (*est.*) degli adolescenti. *2* Lanugine che riveste foglie e frutti.

calumàre [etim. incerta; 1532] **A** v. tr. (*io calùmo*) ● (*mar.*) Calare cavi, catene e sim., spec. fuori bordo. **B** v. rifl. ● Lasciarsi calare adagio con una imbragatura lungo un albero o fuori bordo.

calumet /fr. kaly'mɛ/ [forma normanno-piccarda, corrispondente al fr. *chalumeau* 'cannello (di paglia)', dal lat. *călamus*. V. *calamo*; 1786] s. m. inv. ● Pipa sacra degli indiani d'America | ***Fumare il c. della pace***, (*fig.*) rappacificarsi con qlcu.

calùmo [da *calumare*; 1865] s. m. ● (*mar.*) Parte di cavo o di catena che si trova fuori dalla nave mentre è ormeggiata, al traino o all'ancora: *c. dell'ancora*.

calùnnia o †**calógna**, †**calónnia** [vc. dotta, lat. *calŭmnia(m)*, da *călvi* 'ingannare'; 1308] s. f. *1* (*dir.*) Reato commesso da chi denuncia come colpevole qlcu. che egli sa innocente, o simula a suo carico indizi di colpevolezza. *2* (*est.*) Accusa inventata per diffamare o screditare qlcu.: *spargere, fabbricare calunnie*; *difendersi da una c.* SIN. Denigrazione, diffamazione | (*scherz.*) Bugia, falsità: *non sono stato io, è una c.*

calunniàbile [1962] agg. ● Che si può calunniare.

calunniaménto [av. 1311] s. m. ● (*raro*) Il calunniare.

calunniàre o †**calognàre**, (*lett.*) †**calonniàre** [vc. dotta, lat. *calumniāri*, da *calŭmnia* 'calunnia'; 1308] v. tr. (*io calùnnio*) ● Accusare falsamente: *c. un innocente*; *è stato ingiustamente calunniato dai colleghi*. SIN. Denigrare, diffamare, screditare.

calunniatóre o †**calognatóre**, †**calonniatóre** [vc. dotta, lat. *calumniatōre(m)*, da *calŭmnia* 'calunnia'; 1308] agg.; anche s. m. (f. *-trice*) ● Che (o Chi) sparge calunnie: *discorso c.*; *odiare i calunniatori*. SIN. Denigratore, diffamatore, maldicente.

calunnióso [vc. dotta, lat. tardo *calumniōsu(m)*, da *calŭmnia* 'calunnia'; av. 1364] agg. ● Che ha carattere o scopo di calunnia: *spargere voci calunniose sul conto di qlcu.* SIN. Denigratorio, diffamatorio, maligno. || **calunniosaménte**, avv.

calùra [lat. parl. **calūra(m)*, da *calēre* 'aver caldo'; sec. XIII] s. f. ● Caldo intenso e afoso.

calutróne [ingl. *calutron*, da *Cal(ifornia) U(niversity) (Cyclo)tron*; 1955] s. m. ● (*fis. nucl.*) Apparecchiatura elettromagnetica utilizzata per separare isotopi in base alla differenza delle loro masse.

calvados /fr. kalva'dɔs/ [fr., perché prodotto nel dipartimento di *Calvados*, in Normandia; 1955] s. m. inv. ● Acquavite di mele.

†**calvàre** [da *calvo*; av. 1306] v. tr. ● Rendere calvo.

†**calvària** [vc. dotta, lat. *calvāria(m)*, da *călva* 'cranio'; 1585] s. f. ● Cranio, teschio.

calvàrio [vc. dotta, lat. eccl. *Calvāriu(m)*, luogo ove Gesù fu crocifisso, da *calvāria* 'teschio'; calco sull'aramaico *Gylgalthā* 'luogo del teschio'; 1614] s. m. *1* Tipica scultura popolare bretone, collocata, dal Medioevo in poi, presso chiese o cimiteri e raffigurante, oltre al Crocefisso, simboli e personaggi della Passione. *2* ***Stazioni del c.***, edicole o quadretti che rappresentano le varie fasi della passione di Cristo. *3* (*fig.*) Patimento e dolore prolungato: *quella disgrazia è stata il c. della sua vita*; *tutti abbiamo il nostro c.*

†**calvézza** [lat. tardo *calvĭtie(m)*, da *călvus* 'calvo'; sec. XIV] s. f. ● Calvizie.

calvilla [dal fr. *calville*, da *Calleville*, in Normandia; 1962] s. f. ● (*bot.*) Varietà di mela con sapore simile a quello della fragola o del lampone.

calviniàno [av. 1694] A s. m. ● Calvinista. B agg. ● Calvinistico.

calvinìṣmo [1594] s. m. *1* Dottrina religiosa di G. Calvino (1509-1564) e della Chiesa cristiana riformata da lui fondata a Ginevra. *2* (*fig.*) Intransigenza morale.

calvinìsta [1580] A s. m. e f. (pl. m. *-i*) ● Chi segue la dottrina di Calvino. B agg. ● Calvinistico.

calvinìstico [av. 1636] agg. (pl. m. *-ci*) ● Di Calvino, del calvinismo.

calvìzie [vc. dotta, lat. tardo *calvĭtie(m)*, da *călvus* 'calvo'; 1509] s. f. inv. ● Perdita progressiva e definitiva dei capelli: *c. precoce, incipiente* | Mancanza totale o parziale dei capelli.

†**calvìzio** [vc. dotta, lat. *calvĭtiu(m)*, da *călvus* 'calvo'; sec. XIV] s. m. ● Calvizie.

càlvo [lat. *călvu(m)*, di orig. indeur.; 1319] A agg. *1* Privo di capelli: *cranio c.*; *testa calva*; *un uomo c.* SIN. Pelato. *2* (*raro, fig.*) Privo di vegetazione: *la cima calva di un monte.* B s. m. *1* (f. *-a*) Chi è affetto da calvizie. *2* †Calvizie.

calỳpso /ka'lipso, *ingl.* kə'lɪpsəʊ/ [dal n. della ninfa ricordata nell'Odissea (?); 1958] s. m. inv. (pl. ingl. *calypsos*) ● Ballo o ritmo moderno originario delle Antille.

♦**càlza** [lat. mediev. *călcea(m)*, dal lat. *călceus* 'scarpa, stivaletto'. V. *calceo*; sec. XIII] s. f. *1* Indumento a maglia che riveste il piede e parte della gamba: *c. da uomo, da donna*; *c. di lana, di seta, di cotone, di nailon*; *calze velate, con cucitura, senza cucitura* | *C. a staffa*, con passante al posto del pedule | *C. elastica*, in maglia elastica ben sostenuta usata per contenere le vene varicose | *C. maglia*, V. *calzamaglia* | *Ferri da c.*, atti a eseguire a mano lavori a maglia | *Fare la c.*, lavorare ai ferri, con filati vari, calze, golf, guanti e sim. | *La c. della Befana*, quella che i bambini appendono al camino nella notte dell'Epifania, perché la Befana vi ponga i doni da essi desiderati. *2* Rivestimento in maglia metallica che costituisce la schermatura di fili flessibili. *3* (*al pl.*) †Calzoni, calzabraca. *4* (*raro*) Lucignolo nei lumi a petrolio, a olio o a benzina: *ritornò nel mezzo della cucina ad alzare la c. della lampada* (STUPARICH). *5* †Sacchetto di tela per filtrare il vino o altro. ‖ **calzàccia**, pegg. | **calzétta**, dim. (V.) | **calzétto**, dim. m. (V.) | **calzìna**, dim. | **calzìno**, dim. m. (V.).

calzabràca [comp. di *calza* e *braca*; av. 1557] s. f. (pl. *calzebràche*) ● Calzamaglia, nel sign. 2.

†**calzaiòlo** o †**calzaiuòlo** [av. 1348] s. m. ● Calzettaio.

calzamàglia o **càlza màglia** [da *calza a maglia*; 1955] s. f. (pl. *calzemàglie* o *calzamàglie*) *1* Indumento di maglia di lana, cotone o fibra sintetica che fascia tutta la persona dal collo fino ai piedi o, a volte, solo dalla vita in giù. *2* Nel Medioevo italiano, calzoni molto aderenti del costume maschile.

†**calzaménto** [lat. *calceamĕntu(m)*, da *călceus* 'calceo'; av. 1306] s. m. ● Tutto ciò che copre il piede e la gamba | Calzatura.

calzànte [sec. XIV] A part. pres. di *calzare*; anche agg. *1* Nei sign. del v. *2* (*fig.*) Che si adatta bene, che cade a proposito: *esempio, dimostrazione c.* B s. m. ● Calzatoio.

♦**calzàre** (1) [lat. *calceāre*, da *călceus* 'calceo'; sec. XIII] A v. tr. *1* Introdurre il piede, la gamba, la mano o altra parte del corpo in un indumento particolarmente aderente: *c. stivali, guanti, cappelli* | (*lett.*) *C. il socco, il coturno*, (*fig.*) scrivere, recitare commedie, tragedie | (*est.*) Avere, portare indosso: *calzava guanti e scarpe di camoscio.* *2* Fornire di calzature: *quel negozio calza una clientela scelta* | Far indossare le scarpe: *lo vestirono e lo calzarono.* *3* (*lett.*) Puntellare botti, mobili e sim. con cunei o zeppe *4* †Rincalzare. B v. intr. (aus. *avere* nel sign. proprio, *essere* nel sign. fig.) ● Essere bene aderente, adatto: *queste scarpe calzano benissimo* | (*fig.*) Essere opportuno, appropriato: *il tuo esempio calza a pennello.*

calzàre (2) [dal lat. *călceus* 'calceo'; av. 1306] s. m. ● (*spec. al pl., lett.*) Calzatura | *Andare coi calzari di piombo*, agire con molta circospezione e riflessione. ‖ **calzarétto**, dim. | †**calzarìno**, dim.

calzascàrpe [comp. di *calza(re)* (*1*) e il pl. di *scarpa*; 1950] s. m. inv. ● Calzatoio.

calzàta [1970] s. f. ● Misura che, nella scarpa, esprime la larghezza della forma in corrispondenza alla misura delle dita del piede.

calzàto [sec. XIII] part. pass. di *calzare* (*1*); anche agg. *1* Nei sign. del v. *2* (*lett.*) Nella loc.: *c. e vestito*, tutto intero, completamente | (*fig.*) *Asino c. e vestito*, persona ignorante e grossolana. *3* (*arald.*) Detto di scudo caricato da una pezza a forma di triangolo isoscele col vertice nella punta e la base nel capo.

calzatòia [da *calzare* (*1*); 1681] s. f. *1* Cuneo che, posto a ridosso delle ruote, serve a bloccare un veicolo fermo su una strada in pendenza. *2* Sgabello su cui si appoggia il piede quando si puliscono o si infilano le scarpe. *3* (*raro*) Calzatoio.

calzatóio [da *calzare* (*1*); 1565] s. m. ● Piccolo oggetto di corno, di metallo o di materiale plastico, che aiuta a calzare le scarpe. SIN. Calzascarpe, corno.

calzatùra [av. 1698] s. f. ● Ogni tipo o forma di scarpa: *c. da passeggio, elegante, da sera.*

CALZATURE
nomenclatura

calzatura = scarpa

● *caratteristiche*: imbullettata, sformata, sfondata, risuolata, scalcagnata, rappezzata; da camera, da passeggio, da sera, da ginnastica, da ballo, da sport; di vitello, di capretto, di cuoio grasso, di tela, di corda, di raso, con i tacchi, di vernice, di coppale, di camoscio, di seta; larga ⇔ stretta, su misura, anatomica, ortopedica, correttiva, foderata ⇔ sfoderata, bassa ⇔ alta, scollata ⇔ accollata, morbida ⇔ rigida, nuova ⇔ vecchia; scarpe che fanno male ⇔ comode;

● *tipi di calzatura*: pantofole, ciabatte, babbucce, pianelle, scalferotti; espadrilles, ballerine, paperine, scarpette; sandali, infradito = giapponesi; mocassini; gambali, stivali (da caccia, da palude, alla scudiera, alla ussara, a fisarmonica, all'inglese, da cavallo), stivaletti, polacchine; scarponi; zoccoli, zatteroni, sabot; doposcì, moon boot, ciocie, calosce, ghette, soprascarpe; décolleté, scarpetta, scarpino;

● *parti*: tacco (basso ⇔ a spillo = alto; a rocchetto), soprattacco, zeppa, fiosso, calcagno, quartiere, toppone, bocca, suola (di cuoio, di gomma, di para, chiodata), tramezza, tomaia, lunetta, soletta, sugherato, sottopiede, soprassuola, linguetta, lacci = stringhe, mascherina, occhiello, gambaletto, tirante, sperone, punta, salvapunta; alzo.

calzaturière [1950] s. m. ● (f. *-a*) Industriale della calzatura.

calzaturièro [1963] A agg. ● Concernente le calzature: *mercato c.*; *industria calzaturiera.* B s. m. (f. *-a*) ● Operaio di un calzaturificio.

calzaturifìcio [comp. di *calzatura* e *-ficio*; 1905] s. m. ● Fabbrica di calzature.

calzerótto [da *calzare* (*2*); 1400 ca.] s. m. ● Calza corta, spec. da uomo o da bambino, di lana o di cotone, che si arresta poco sopra la caviglia o sale fin sopra il polpaccio.

calzétta [av. 1370] s. f. *1* Dim. di *calza*. *2* Calzino. *3* Calza fine, di seta | *Mezza c.*, (*fig.*) persona mediocre, di scarse capacità. ‖ **calzettìna**, dim.

calzettàio [1526] s. m. (f. *-a*) *1* Fabbricante o venditore di calze. *2* Operaio in un calzificio.

calzetterìa [1970] s. f. *1* Fabbrica di calze | Negozio in cui si vendono calze. *2* Insieme di calze e articoli affini: *esportazione di c.*

calzétto [1881] s. m. *1* Dim. di *calza*. *2* Calzetta. ‖ **calzettóne**, accr. (V.) | **calzettìno**, dim.

calzettóne [av. 1566] s. m. *1* Accr. di *calzetto*. *2* (*spec. al pl.*) Calze spesse, per lo più di lana, lunghe fin sotto il ginocchio: *calzettoni da uomo, da ragazzo.* *3* (*al pl.*) Stivaloni a coscia, di gomma o tela gommata usati dai cacciatori di palude.

calzifìcio [comp. di *calza* e *-ficio*; 1962] s. m. ● Fabbrica di calze.

♦**calzìno** [1513] s. m. *1* Dim. di *calza*. *2* Calzerotto.

†**càlzo** [da *calzare* (V.); sec. XV] s. m. *1* Calzare, scarpa. *2* Zeppa, bietta.

calzolàio o (*region.*) †**calzolàro** [lat. *calceolāriu(m)*, da *călceus* 'calceo'; sec. XIII] s. m. (f. *-a*) ● Artigiano che fa o aggiusta scarpe e calzature in genere.

calzolerìa [da *calzolaio*; 1338] s. f. *1* Bottega del calzolaio | Negozio di calzature. *2* (*raro*) Arte del calzolaio.

♦**calzoncìni** [av. 1646] s. m. pl. *1* Dim. di *calzoni*. *2* Calzoni corti: *c. da bambino, da bagno*; *c. da donna.* *3* Mutande femminili molto corte.

♦**calzóne** [da *calza*; 1525] s. m. *1* (*spec. al pl.*) Indumento, spec. maschile, che veste la persona dalla vita alle caviglie e copre ogni gamba separatamente: *calzoni lunghi, corti, con risvolto*; *un c. elegante, ben tagliato* | *Calzoni a coscia*, molto aderenti | *Calzoni a campana, a zampa d'elefante*, che si allargano verso il basso | *Calzoni a staffa*, con una striscia che passa sotto i piedi | *Mettersi i calzoni lunghi*, (*fig.*) passare dall'adolescenza all'età adulta | (*fam.*) *Farsela nei calzoni*, avere molta paura. SIN. Brache, pantaloni. *2* Ognuna delle due parti dei calzoni, che ricoprono le gambe: *c. destro, sinistro.* *3* Disco di pasta da pizza, farcito con mozzarella, prosciutto, pomodoro e ingredienti diversi secondo le regioni, ripiegato a metà e cotto al forno oppure fritto. ‖ **calzonàccio**, pegg. | **calzoncìni**, dim. pl. (V.) | **calzoncióne**, accr. | **calzonùccio**, pegg.

calzuòlo [da *calzo*; 1846] s. m. *1* Zeppa o cuneo infilata sotto un mobile, affinché non traballi. *2* Puntale metallico di bastone o di ombrello. *3* †Calcio delle armi da fuoco.

camàglio [ant. fr. *camail*, dal provz. *capmalh*, da **capmalhar* 'rivestire la testa di un'armatura analoga alla cotta di maglia'; 1336 ca.] s. m. *1* Antica armatura a difesa del collo, di maglia di ferro più fitta di quella della cotta. *2* (*lett.*) Passamontagna.

camaldolése [dall'eremo o dalla contrada di *Camaldoli*; 1550] A agg. ● Che si riferisce all'ordine dei benedettini eremiti fondato in Camaldoli da S. Romualdo: *regola c.*; *monaco c.* B s. m. ● Monaco di tale ordine.

camaleónte [vc. dotta, lat. *chamaeleōnte(m)*, nom. *chamaeleon*, dal gr. *chamailéōn*, propr. 'leone che striscia a terra', comp. di *chamái* 'a terra' e *léōn*, genit. *léontos* 'leone'; av. 1327] s. m. (f. †*-éssa*) *1* Rettile dei Sauri simile a una lucertola, ma più corto e tozzo, con tronco compresso, coda prensile, estremità a dita opponibili a tenaglia, occhi grandi e sporgenti, lingua protrattile, capace di variare il colore della pelle (*Chamaeleo chamaeleo*). ➡ ILL. **animali**/5. *2* (*fig.*) Persona volubile e opportunista che cambia spesso opinione. *3* (*chim.*) *C. verde*, manganato di potassio | *C. minerale, c. violetto*, permanganato di potassio.

camaleóntico [1858] agg. (pl. m. *-ci*) ● Di camaleonte | *Istinto, contegno c.*, (*fig.*) di chi cambia spesso opinione. ‖ **camaleonticaménte**, avv.

camaleontìṣmo [da *camaleonte*; 1915] s. m. ● Atteggiamento o comportamento di chi muta spesso opinione, partito politico e sim. per opportunismo o tornaconto personale.

camàllo o **camàlo** [ar. *ḥammāl* 'portatore'; sec. XV] s. m. ● (*sett.*) Scaricatore di porto, spec. nel porto di Genova.

†**camamìlla** ● V. *camomilla.*

†**camangiàre** [comp. di *capo* e *mangiare* (?); sec. XIII] s. m. *1* Verdura commestibile. *2* (*est.*) Companatico | Viveri.

camarìlla [sp. *camarilla* 'cameretta, gabinetto privato del re', dim. di *cámara* 'camera'; 1833] s. f. *1* (*st.*) Consiglio privato della corona, nelle monarchie spagnole. *2* (*est.*) Consorteria, combriccola che ordisce inganni, intrighi e sim., favorendo il proprio tornaconto.

†**camarléngo** o **camarlèngo**, **camarlìngo** ● V. *camerlengo.*

†**camàto** e *deriv.* ● V. *scamato* e *deriv.*

camàuro [lat. mediev. *camauru(m)*, di orig. sconosciuta; 1476] s. m. *1* Berretto caratteristico del Papa, in velluto o raso rosso, orlato di pelo bianco, a forma di cuffia, che scende fin sotto gli orecchi. *2* (*est., lett.*) Casco di aviatori.

†**cambellòtto** ● V. *cammellotto.*

càmber /'kamber, *ingl.* 'kʰæmbəɹ/ [vc. ingl., da *to camber* 'incurvare', dal fr. *cambrer* 'piegare', deriv. di *cambre* 'piegato', che è il lat. *cămuru(m)*, forse di orig. etrusca; 1883] s. m. inv. ● (*autom.*) Inclinazione delle ruote di un autoveicolo rispetto al terreno | *Angolo di c.*, campanatura.

cambiàbile [1865] agg. ● Che si può cambiare. SIN. Commutabile, permutabile.

cambiadischi [comp. di *cambia(re)* e il pl. di *disco*; 1955] s. m. inv. ● Nei giradischi e nei jukebox, dispositivo che consente il cambio automatico dei dischi.

cambiàle (1) [da *cambio*, nei sign. 5 e 6; 1723] agg. ● (*anat., bot.*) Relativo al cambio: *strato c.; zona c.*

cambiàle (2) [(*lettera*) *cambiale*, da *lettera di cambio*; 1723] s. f. *1* Titolo di credito all'ordine contenente la promessa o l'ordine di pagare al beneficiario una determinata somma di denaro a una scadenza stabilita o a vista: *firmare, emettere, girare una c.; c. in bianco; protesto di una c.* SIN. Effetto (1), farfalla | ***C. a certo tempo data***, che scade dopo un certo periodo dalla data dell'emissione | ***C. a certo tempo vista***, che scade dopo un certo periodo dalla data di accettazione | ***C. all'incasso***, consegnata a una banca per l'incasso | ***C. a vista***, pagabile all'atto della presentazione | ***C. finanziaria***, quella emessa dalle imprese come strumento di finanziamento alternativo all'obbligazione, rispetto alla quale ha scadenza più breve e richiede minori adempimenti normativi | ***C. tratta, c. pagherò***, V. *tratta* e *pagherò* | ***C. ipotecaria***, garantita da ipoteca | ***C. commerciale***, a regolamento di operazioni commerciali | ***C. di comodo, di favore***, quella emessa in assenza di un reale rapporto di debito con lo scopo di far ottenere al beneficiario un finanziamento altrimenti non ottenibile | ***C. agraria***, quella garantita da privilegio legale su prodotti agricoli | ***C. pesca***, quella garantita da privilegio legale sul pescato | ***Firmare, rilasciare una c. in bianco***, (*fig.*) prendersi un impegno verso qlcu. concedendogli la massima fiducia. *2* (*fig., lett.*) Promessa: *la c. di matrimonio.* ‖ **cambialàccia**, pegg. | **cambialétta**, dim. | **cambialina**, dim. | **cambialóna**, accr. | **cambialùccia**, dim.

♦**cambiaménto** [1352] s. m. ● Il cambiare, il cambiarsi | Mutamento, trasformazione: *c. di opinione, di stagione, di posto, di abito* | ***C. di scena***, (*fig.*) improvviso mutare di una situazione.

cambiamonéte [comp. di *cambia(re)* e il pl. di *moneta*; 1825] s. m. e f. inv. ● Cambiavalute.

♦**cambiàre** [lat. tardo *cambiāre*, di orig. gallica; 1255] **A** v. tr. (*io càmbio*) *1* Mettere una persona, una cosa e sim. al posto di un'altra dello stesso tipo: *c. i fiori nel vaso; c. idea, parere, discorso; c. casa, parrucchiere, vestito* | ***C. strada***, (*fig.*) comportarsi diversamente | ***C. aria***, cercare un clima diverso per ragioni di salute; (*fig.*) trasferirsi in un luogo meno pericoloso | ***C. un bambino***, mutargli l'abito | ***La cosa cambia aspetto***, è diversa | ***C. le carte in tavola***, (*fig.*) cercare di fare apparire diversa una situazione o di cambiare i termini di una questione a proprio favore | ***C. colore, espressione, sguardo***, alterarsi in viso per un'improvvisa emozione | ***C. vita***, passare da uno stile di vita a un altro, spec. in senso morale e con un'idea di miglioramento | ***C. treno***, per prendere un'altra linea. SIN. Mutare. *2* Scambiare, permutare, barattare: *c. un orologio con una collana; queste sei candele le cambierò collo speziale in tanto zucchero* (GOLDONI). SIN. Convertire | †Trasferire | †Contraccambiare. *3* (qlco.; qlco. + *in*) Dare l'equivalente di una determinata moneta in moneta di altra specie: *c. gli euro in dollari* | (*est.*) Spicciolare: *può cambiarmi un biglietto da cento euro?* *4* Manovrare il cambio di velocità per passare da una marcia all'altra negli autoveicoli (*anche assol.*): *c. la marcia; c. in curva.* *5* Trasformare: *la vita militare lo ha cambiato; l'industrializzazione ha cambiato l'aspetto di questa regione.* SIN. Mutare. **B** v. intr. (aus. *essere*) *1* Diventare diverso, mutare: *il tempo cambia; le mie idee col tempo sono cambiate* | (*fam.*) ***C. di posto, di camera, di opinione***, cambiare posto, camera, opinione. SIN. Variare. *2* (+ *a*) Avere una determinata quotazione sul mercato dei cambi: *nel secondo dopoguerra la lira cambiava a 625 lire sul dollaro.* **C** v. rifl. ● Mutarsi d'abito o di biancheria: *cambiarsi per la cena; cambiarsi dopo il bagno.* **D** v. intr. pron. (+ *in*) ● Diventare diverso, trasformarsi: *la pioggia si cambiò in grandine; spesso la gioia si cambia in dolore.* SIN. Convertirsi.

cambiàrio [da *cambio*; av. 1742] agg. ● Relativo a cambiale, nel sign. di *cambiale* (2).

cambiatensióne [comp. di *cambia(re)* e *tensione* nel sign. 5; 1963] s. m. inv. ● In apparecchi elettrici, dispositivo che serve a cambiare la tensione di funzionamento relativamente al valore della tensione della rete di distribuzione dell'energia elettrica.

†**cambiatóre** [sec. XIII] s. m. (f. *-trice*) ● Cambiamonete, cambiavalute | Banchiere.

cambiavalùte [comp. di *cambia(re)* e il pl. di *valuta*; 1760] s. m. e f. inv. ● Persona o ente che esercita professionalmente l'attività di compera e vendita delle monete estere.

♦**càmbio** [da *cambiare*; sec. XII] s. m. *1* Il cambiare | Sostituzione di qlcu. o qlco. con altro dello stesso tipo: *effettuare un c.; un c. d'abito, di casa* | ***C. della guardia***, avvicendamento delle sentinelle al termine del turno di guardia; (*fig.*) avvicendamento in un incarico | ***Dare il c. a qlcu.***, sostituirlo | ***Rendere a qlcu. il c.***, contraccambiare ciò che si è ricevuto | ***In c. di***, al posto di; invece di; in sostituzione di | ***Fare a c.***, barattare, scambiare qlco. con qlcu. SIN. Cambiamento. *2* (*econ.*) Operazione di scambio di una moneta con un'altra o di un titolo con un altro | ***C. a consegna***, che assicura contro l'alea delle variazioni dei corsi dei cambi per operazioni in valuta estera a scadenza | ***C. alla pari***, parità dei cambi, riferimento di una moneta a un'altra presa come punto di riferimento | (*est.*) Valore di una moneta espresso in moneta diversa, di altro Stato: *listino dei cambi.* *3* (*dir.*) ***Lettera di c.***, documento contenente l'ordine dell'emittente a un corrispondente di pagare a un terzo. *4* (*mecc.*) Dispositivo atto a cambiare i rapporti di trasmissione tra due organi rotanti: *c. di velocità; il c. della bicicletta; c. a mano, automatico, sincronizzato; la leva del c.; c. a cloche, al volante.* ➡ ILL. p. 2161, 2162, 2163, 2166 TRASPORTI. *5* (*bot.*) Strato di cellule meristematiche che si produce nella radice e nel fusto della maggior parte delle piante, formando esternamente il libro e internamente il legno. *6* (*anat.*) Strato del periostio sede delle cellule formatrici del tessuto osseo. *7* Gioco enigmistico in cui, sostituendo una vocale, una consonante o una sillaba di una parola con un'altra, si ottiene una parola di diverso significato, di diverso numero o di diverso genere (ad es. *casa-cosa, fama-fame, pizzo-pizza*).

cambìsta [da *cambio*; 1723] s. m. e f. (pl. m. *-i*) *1* Cambiavalute. *2* (*gerg.*) Chi presta denaro con alti tassi di interesse ai giocatori che frequentano i casinò.

cambogiàno [1860] **A** agg. ● Della Cambogia: *Stato c.* **B** s. m. (f. *-a*) ● Abitante, nativo della Cambogia. **C** s. m. solo sing. ● Lingua della famiglia austro-asiatica, parlata in Cambogia.

càmbra [fr. *cambre* 'curvatura', vc. piccarda o normanna, dal lat. *cămur* 'piegato verso l'interno', vc. di orig. straniera; 1955] s. f. ● Grappa a due punte, usata per fissare elementi lignei da costruzione | (*tecnol.*) Cavallotto. ‖ **cambrétta**, dim. (V.).

cambrétta [1908] s. f. *1* Dim. di *cambra*. *2* Chiodo a due punte, a forma di U, usato per fissare fili, cordoni, piante rampicanti e sim.

cambrì [da *Cambric*, forma ingl. della città fr. di Cambrai, dove si fabbricava questo tessuto; 1573] s. m. inv. ● Tela di cotone finissima, per biancheria, analoga alla batista.

cambriàno [da *Cambria*, n. latinizzato del Galles; 1892] s. m.; anche agg. ● (*geol.*) Cambrico.

càmbrico [stessa etim. di *cambriano*; 1875] **A** s. m. (pl. *-ci*) ● (*geol.*) Primo periodo dell'era paleozoica. **B** anche agg.: *periodo c.*

cambriglióne [fr. *cambrillon*, da *cambrer* 'curvare', cfr. *cambra*; 1865] s. m. ● Nella scarpa, rinforzo che si applica nella parte stretta del sottopiede fra tacco e pianta.

cambùṣa [genov. *cambūsa*, dal fr. *cambuse*, dall'ol. *kabuis, kombuis* 'cucina sulla nave'; 1908] s. f. ● Nelle navi e negli aeroplani, deposito dei viveri.

cambuṣière [fr. *cambusier*. V. *cambusa*; 1908] s. m. (f. *-a*) ● Chi è addetto alla custodia e alla distribuzione dei viveri sulle navi.

camciadàle **A** agg. ● Della penisola di Camciatca, nella parte nordorientale della Russia. **B** s. m. e f. ● Abitante della penisola di Camciatca. **C** s. m. solo sing. ● Lingua indigena della famiglia paleoasiatica parlata in Camciatca.

camcorder /ingl. ˈkhæm,kɔːɹdəɹ/ [vc. ingl., comp. di *cam* (accorc. di *camera* 'telecamera') e *corder* (accorc. di *recorder* 'registratore'); 1989] s. m. inv. ● Particolare tipo di telecamera portatile con videoregistratore incorporato.

camecèraṣo [vc. dotta, lat. *chamaecĕrasu(m)*, nom. *chamaecĕrasus*, dal gr. *chamaikérasos*, comp. di *chamái* 'a terra' e *kérasos* 'ciliegio'; av. 1498] s. m. ● Pianta erbacea delle Caprifogliacee con foglie acute e rugose, fiori rosei profumati e frutti a bacca di color giallo-arancio (*Lonicera alpigena*). SIN. Ciliegio di montagna.

camèdrio [vc. dotta, lat. *chamaedry(m)*, nom. *chamaedrys*, dal gr. *chamáidrys*, comp. di *chamái* 'a terra' e *drŷs* 'quercia'; av. 1498] s. m. ● Pianta erbacea delle Labiate con fusti inferiormente legnosi, foglie a margine lobato e fiori rosei (*Teucrium chamaedrys*) | ***C. alpino***, driade. SIN. Querciola.

camèlia [n. dato da Linneo in onore del gesuita G. J. Kamel (1661-1706), che importò questa pianta in Europa dal Giappone; 1843] s. f. ● Albero delle Teacee con foglie lucide e coriacee, fiori doppi dai colori variabili dal bianco al rosso (*Camellia japonica*). ➡ ILL. **piante**/4.

Camèlidi [comp. del lat. *camēlus* 'cammello' e di *-idi*; 1950] s. m. pl. (sing. *-e*) ● Nella tassonomia animale, famiglia di Mammiferi ruminanti degli Artiodattili, privi di corna, con due dita a ogni arto (*Camelidae*).

camelìna o **camellìna** [comp. del gr. *chamái* 'a terra', di orig. indeur., e di *línon* 'lino'; 1865] s. f. ● Pianta erbacea delle Crocifere con fusto molto ramificato, foglie lanceolate e grappoli di fiori gialli (*Chamaelina sativa*).

camèllo ● V. *cammello*.

†**camèlo** [ol. *kameel* 'cammello'] s. m. *1* (*mar.*) Gomena maggiore nell'attrezzatura di una nave. *2* V. *cammello*.

†**camelopàrdo** [lat. tardo *camelopărdu(m)*, dal gr. *kamēlopárdalis*, comp. di *kámēlos* 'cammello' e *párdalis* 'pantera'; 1476] s. m. ● (*raro*) Giraffa.

camembert /fr. kamɑ̃ˈbɛːʀ/ [fr., n. di un villaggio fr. in cui veniva prodotto all'inizio; 1965] s. m. inv. ● Formaggio francese di latte vaccino a pasta molle, di forma rotonda, con lievi muffe superficiali.

camèna [vc. dotta, lat. *Camēna(m)*, prob. di orig. etrusca; sec. XIV] s. f. ● (*lett., spec. al pl.*) Musa, simbolo dell'ispirazione poetica.

camèo ● V. *cammeo*.

camepìzio [vc. dotta, lat. *chamaepity(m)*, nom. *chamaepitys*, dal gr. *chamáipitys* 'pino nano', comp. di *chamái* 'a terra' e *pítys* 'pino'; av. 1498] s. m. ● Pianta erbacea annua medicinale delle Labiate con foglie tripartite e fiori gialli con striature rossastre sul labbro inferiore (*Ajuga chamaepitys*).

♦**càmera** (1) [lat. *cămera(m)*, nom. *cămera*, dal gr. *kamára* 'volta di una stanza, camera a volta'; sec. XII] s. f. (spesso scritto con la maiuscola nei sign. 6, 7 e 8) *1* Locale d'abitazione in un edificio, in un appartamento: *c. da pranzo, da letto; c. di soggiorno; la c. dei giochi, degli ospiti; appartamento di quattro camere* | ***Musica da c.***, V. *musica*. SIN. Stanza | †Ricovero, dimora (*anche fig.*). *2* (*per anton.*) Camera da letto: *è restato in c. sua per tutto il giorno; affittare una c.* | ***C. ammobiliata***, che si prende o si dà in affitto completa di mobili | ***Fare la c.***, metterla in ordine | ***Veste da c.***, vestaglia | ***Maestro di c.***, addetto al servizio personale di principi, prelati e sim. | ***Valletto di c.***, paggio. *3* (*est.*) Il complesso dei mobili che costituiscono l'arredamento di un dato locale d'abitazione: *una c. da pranzo in stile impero; la sua c. è in noce.* *4* (*est.*) Locale chiuso adibito a usi diversi | ***C. a gas***, nei lager nazisti, luogo ove venivano sterminati i prigionieri mediante l'immissione di gas tossici; nei penitenziari di alcuni Stati degli USA, quello ove si eseguono le condanne a morte | ***C. ardente***, quella, adorna di candele e parata a lutto, ove si espone al pubblico omaggio la salma di un defunto | ***C. blindata***, quella, opportunamente attrezzata con pareti d'acciaio contro furti, calamità naturali e sim., in cui vengono depositati i valori | ***C. di consiglio***, in cui il giudice o il collegio giudicante si ritira per deliberare | ***C. di punizione***, in cui i soldati scontano la punizione loro inflitta | ***C. di sicurezza***, ove si rinchiudono individui sospetti di reato, in commissariati e questure | ***C. oscura***, quella dove si manipola il materiale sensibile fotografico; V. anche sign. 5 | ***C. sterile***, negli ospedali, locale mantenuto asettico, usato spec. nel corso del trattamento delle leucemie e linfopatie. *5* In varie tecnologie, spazio cavo destinato a usi diversi e opportunamente attrezzato | ***C. a bolle***, tipo di camera a nebbia in cui una particella ionizzata lascia una scia di bolle in un liquido trasparente surriscaldato | ***C. a eco***, ambiente chiuso studiato per produrre artificialmente effetti d'eco | ***C. a nebbia***, apparato per lo studio del comportamento delle particelle ionizzate mediante il quale vengono fotografate le scie di vapori formati da esse per condensazione in un vapore sovrassaturo | ***C. d'aria***, intercapedine lasciata nelle murature delle costruzioni a scopo di isolamento termico e acustico o di alleggerimento; involucro di gomma che si riempie d'aria, costituente la parte interna dei palloni o degli pneumatici | ***C. da mina***, allargamento predisposto nella roccia, in fondo a un cunicolo, destinato a contenere l'esplosivo nelle mine a fornello | ***C. della morte***, parte della tonnara dove avviene l'uccisione dei tonni | ***C. di caricamento***, nelle bocche da fuoco, parte posteriore organizzata per contenere la carica di lancio o il bossolo e il proiettile | ***C. di combustione, di scoppio***, situata alla sommità del cilindro sopra lo stantuffo, ove avviene la compressione e la combustione della miscela nei motori a combustione interna | ***C. di decompressione***, V. *decompressione* | ***C. oscura***, nell'interno della macchina fotografica, vano con pareti annerite ove il materiale sensibile è collocato sulla parete opposta a quella dell'obiettivo; V. anche sign. 4. ***6*** Organo legislativo in uno Stato a sistema rappresentativo: *la c. dei deputati* | ***Le Camere***, quella dei deputati e il Senato, che insieme formano il Parlamento | ***C. alta, bassa***, nel sistema bicamerale inglese, rispettivamente quella dei Lord (o dei Pari) e quella dei Comuni | ***La Camera***, (*per anton.*) quella dei deputati | ***C. dei rappresentanti***, organo legislativo che assieme al Senato forma il Congresso (cioè il Parlamento) degli Stati Uniti | †Cancelleria; corte del Sovrano. ***7*** (*est.*) Ente che tutela particolari interessi e diritti | ***C. del lavoro***, associazione territoriale di lavoratori | ***C. di commercio, industria e agricoltura***, ente ufficiale istituito per coordinare e promuovere le attività economiche di una zona territorialmente definita, o per favorire l'interscambio tra due Paesi | ***C. arbitrale***, avente lo scopo di esaminare controversie e decidere su di esse. ***8*** Organo, ufficio finanziario | ***C. apostolica***, quella che nella Curia Romana è preposta alla cura dei beni e dei diritti temporali della Santa Sede | ***Chierico di c.***, titolo di dignità in curia | †Erario, tesoro. ***9*** Tribunale, magistratura, organo giudiziario, in antichi Stati. ***10*** (*anat.*) Cavità contenente umor acqueo, nell'occhio: *c. anteriore*; *camere posteriori*. ***11*** (*fis.*) ***C. a scintille***, rivelatore di particelle cariche, costituito da una serie di spinterometri piani paralleli in cui il passaggio delle particelle innesca scintille elettriche rendendo visibili le traiettorie. || **cameràccia**, **pegg.** | **camerèlla**, **dim.** (V.) | **camerétta**, **dim.** (V.) | **camerìna**, **dim.** | **camerino**, **dim. m.** (V.) | **cameróna**, **accr.** | **cameróne**, **accr. m.** | **camerùccia**, **camerùzza**, **dim.**

càmera (2) [dall'ingl. *camera* della stessa orig. di *camera* (*1*); 1942] **s. f.** ● Macchina da presa fotografica, cinematografica o televisiva.

camera caritatis, in ● V. *in camera caritatis*.

cameràle [da *camera* (*1*); 1314] **agg.** ***1*** (*raro*) Da camera: *canto c.* ***2*** (*st.*) Che riguarda l'amministrazione e l'erario dello Stato: *beni camerali*. ***3*** (*dir.*) Attinente alla Camera: *riunione, deliberazione c.* | ***Procedimento c.***, che si svolge in camera di consiglio | ***Imposta c.***, pagata dagli iscritti alla Camera di Commercio.

cameralìṣmo [dal ted. *Kameralismus*; 1955] **s. m.** ***1*** Insieme delle dottrine, dette anche *scienze camerali*, formulate nei sec. XVII e XVIII spec. in Germania, aventi come interessi principali l'amministrazione statale e il benessere delle popolazioni. ***2*** Teoria economica che pone particolare enfasi sulle entrate dello Stato come fattore di benessere sociale.

càmeraman /'kameramen, *ingl.* 'kʰæmɹəmən, -,mæn/ [vc. ingl., comp. di *camera* 'camera (2)' e *man* 'uomo' (di orig. germ.); 1965] **s. m. inv.** (**pl. ingl.** *cameramen*) ● Operatore televisivo incaricato della messa a punto e della manovra delle telecamere.

cameràrio [lat. tardo *camerāriu(m)*, da *cămera* 'camera (1)'; av. 1484] **s. m.** ● Nel Medioevo, custode e amministratore dei beni del sovrano, di una comunità religiosa o civile e sim.

camerata (1) [da *camera* (*1*); av. 1584] **s. f.** ***1*** Stanza di vaste dimensioni che funge da dormitorio in collegi, caserme, ospedali e sim. ***2*** Compagnia di collegiali o di militari che dormono nella stessa stanza: *la c. dei più piccoli era la meno rumorosa*. ***3*** Gruppo, sodalizio di persone che si riuniscono periodicamente e perseguono fini culturali: *c. dei Bardi, dei poeti*. **SIN.** Circolo.

cameràta (2) [sp. *camarada*, prob. attrav. il fr. dal lat. *cămera* 'camera (1)'; av. 1665] **s. m. e f.** (**pl. m.** *-i*; in testi arcaici la forma **f. pl.** *-e* è usata anche in riferimento a maschi) ***1*** Compagno d'armi, commilitone | Compagno di collegio | Amico, compagno di fiducia: *un contadino di nome Tonio, buon c., allegro* (MANZONI). ***2*** Nome con cui si chiamavano tra loro gli iscritti al partito fascista: *c. Richard, benvenuto*. ***3*** †Gentiluomo che accompagnava gli ambasciatori e i principi, spec. durante i loro viaggi.

cameratésco [da *camerata* (*2*); 1941] **agg.** (**pl. m.** *-schi*) ● Da camerata: *tono, saluto c.* **SIN.** Solidale. || **cameratescaménte**, **avv.**

cameratìṣmo [da *camerata* (*2*); 1908] **s. m.** ● Spirito amichevole che improntа i rapporti tra compagni d'arme, di studi, di fede politica e sim. **SIN.** Solidarietà.

camerèlla [1625] **s. f.** ***1*** Dim. di *camera* (*1*). ***2*** Spazio che le cortine racchiudono intorno al letto a baldacchino.

camerétta [av. 1374] **s. f.** ***1*** Dim. di *camera* (*1*) | Nel linguaggio commerciale, complesso dei mobili che costituiscono l'arredamento di una camera per bambini o ragazzi. ***2*** Apertura fissa praticata su piani stradali per accedere alle tubazioni sotterranee dei servizi pubblici, quali telefono, acqua, gas, elettricità e sim.

camerièra [sec. XIII] **s. f.** ***1*** Domestica che serve in tavola | (*gener.*) Persona di servizio: *avere, non avere la c.*; *restare senza c.* ***2*** Negli alberghi, donna addetta al riordino e alla pulizia dei vari locali e ad altre mansioni eventuali: *c. ai piani* | Donna che serve cibi e bevande ai clienti di un ristorante. || **camerieràccia**, **pegg.** | **camerierina**, **dim.** | **camerieróna**, **accr.** | **camerierùccia**, **camerierùzza**, **dim.**

◆**camerière** [provz. *camarier*, dal lat. tardo *camerāriu(m)*. V. *camerario*; av. 1292] **s. m.** (**f.** *-a* (V.) nei sign. 1 e 2) ***1*** Domestico che serve in tavola | (*gener.*) Persona di servizio. **SIN.** Servitore. ***2*** In ristoranti, bar e sim., chi serve i clienti al tavolo | Negli alberghi, chi è addetto al servizio nelle camere o al tavolo. ***3*** Titolo dato al gentiluomo di corte addetto alle stanze del sovrano | ***Gran c.***, capo dei camerieri, dei gentiluomini e dei paggi di corte | Un tempo, dignitario laico o ecclesiastico addetto alla famiglia pontificia: *c. segreto partecipante*. || **camerierino**, **dim.** | **camerieróne**, **accr.**

camerinista [1987] **s. m. e f.** (**pl. m.** *-i*) ● Chi svolge servizio di assistenza agli attori nei camerini.

camerino [av. 1494] **s. m.** ***1*** Dim. di *camera* (*1*). ***2*** Piccola stanza adibita al trucco o al riposo dell'attore (o del cantante, del direttore d'orchestra ecc.) durante le rappresentazioni teatrali, le riprese cinematografiche e televisive e sim. ***3*** (*disus.*) Luogo di decenza. **SIN.** Cesso, latrina. ***4*** Nelle navi da guerra, stanzetta riservata a ufficiali e sottufficiali.

camerista [sp. *camarista*, da *cámara* 'camera (1)'; 1678] **A s. f.** ● Cameriera di corte o di famiglie signorili | (*lett.*) Cameriera: *la voce della vecchia c. squillò alta* (SAVINIO). **B s. m.** (**pl.** *-i*) ● Camerario.

camerìstica [f. sost. di *cameristico*] **s. f.** ● Musica da camera.

camerìstico [1941] **agg.** (**pl. m.** *-ci*) ● Relativo alla musica da camera: *società cameristica di Lugano*.

camerléngo o **camerlèngo**, †**camarlèngo**, †**camarlingo**, **camerlingo** [germ. *kamarling* 'addetto alla camera del re', dal lat. *cămera* 'camera (1)'; 1219] **s. m.** (**pl.** *-ghi*) ● Titolo del cardinale che amministra la Camera apostolica e che rappresenta la S. Sede nella vacanza conseguente a morte del pontefice | Amministratore del collegio dei Cardinali e redattore degli atti concistoriali | Titolo onorifico del clero romano che presiede le conferenze del clero romano.

camerunéṣe [1987] **A agg.** ● Del Camerun. **B s. m. e f.** ● Abitante, nativo del Camerun.

càmice [da avvicinare a *camicia*; 1353] **s. m.** ***1*** Lunga casacca spec. bianca usata dal personale sanitario e da alcune categorie di tecnici | ***Camici bianchi***, (*per anton.*) medici; (*raro*) tecnici, ricercatori. ***2*** Veste di lino bianco o di tela portata dai sacerdoti, dai diaconi e dai suddiaconi sotto i paramenti, nella celebrazione degli uffici divini. **SIN.** Alba (2). ***3*** Veste con cui un tempo si avvolgevano i morti.

camiceria [fr. *chemiserie*, da *chemise* 'camicia'; 1905] **s. f.** ***1*** Fabbrica di camicie | Negozio in cui si vendono camicie. ***2*** Insieme di camicie e generi affini: *c. per uomo, per donna*.

camicétta [1866] **s. f.** ***1*** Dim. di *camicia*. ***2*** Indumento femminile di foggia, tessuto e colori vari, da portarsi dentro o fuori dalla gonna o dai pantaloni. **SIN.** Blusa.

◆**camìcia** [lat. tardo *camīsia(m)*, di etim. incerta; sec. XIII] **s. f.** (**pl.** *-cie*) ***1*** Indumento maschile e femminile, di stoffa generalmente leggera, con maniche lunghe o corte e abbottonatura sul davanti, che copre la parte superiore del corpo: *c. di cotone, di lana, di lino, di seta, di flanella, di nailon*; *c. a righe, a scacchi* | ***C. alla Robespierre***, con ampio colletto rovesciato, che lascia scoperto il collo | ***C. da notte***, indumento spec. femminile che si indossa andando a letto | ***C. di forza***, specie di corpetto di tela molto robusta con maniche chiuse, che si allaccia dietro, usato spec. in passato per immobilizzare i malati di mente più agitati; (*fig.*) coercizione, costrizione, imposizione | ***In maniche di c., in c.***, senza giacca | ***Rimanere, ridursi in c.***, (*fig.*) diventare povero | ***Darebbe la c.***, (*fig.*) di persona caritatevole, generosa | ***Sudare sette camicie***, (*fig.*) faticare molto | ***Giocarsi la c.***, (*fig.*) perdere tutto al gioco | (*fig.*) ***Uova in c.***, sgusciate e cotte in acqua che bolle. ***2*** Simbolo esteriore delle organizzazioni paramilitari di un movimento, di un partito e sim.: *indossare la c. nera, rossa* | (*est.*) L'insieme dei membri di tali organizzazioni | ***C. rossa***, volontario di Garibaldi | ***C. nera***, aderente al movimento fascista e, più tardi, membro della Milizia Volontaria per la Sicurezza Nazionale | ***C. bruna***, aderente al partito nazionalsocialista tedesco | ***C. azzurra***, membro di una organizzazione paramilitare dei nazionalisti italiani, dopo la prima guerra mondiale | ***C. verde***, militante della Lega Nord. ***3*** (*mar.*) Camisaccio. ***4*** Involucro che fodera o ricopre strutture, recipienti e strumenti a scopo protettivo o di rivestimento oppure per creare un'intercapedine in cui far scorrere fluidi: *la c. della caldaia, dei cilindri*; *rivestire un terrapieno con una c. di mattoni*; *c. di un proiettile*. ***5*** (*mil.*) Blindatura. ***6*** (*bur.*) Foglio di cartoncino piegato in due per contenere documenti. ***7*** †Placenta | ***Nato con la c.***, detto di chi è spesso fortunato (nel Medioevo si riteneva che nascere con la placenta intatta fosse segno di buon auspicio). || **camiciàccia**, **pegg.** | **camicétta**, **dim.** (V.) | **camicina**, **dim.** | **camicino**, **dim. m.** (V.) | **camiciòla**, **camiciuòla**, **dim.** (V.) | **camicióna**, **accr.** | **camicióne**, **accr. m.** | **camiciòtto**, **accr. m.** (V.) | **camiciùccia**, **dim. pegg.**

camicìaia **s. f.** ● Lavorante addetta alla confezione di camicie spec. da uomo | Negoziante di camicie.

camicìaio [1739] **s. m.** (**f.** *-a* (V.)) ● Fabbricante o negoziante di camicie.

camiciàta [da *camicia*, perché la sudata inzuppa tale indumento; 1865] **s. f.** ● (*raro, tosc.*) Sudata abbondantissima.

camiciàto [1970] **agg.** ● Detto di proiettile conico rivestito di una blindatura di metallo duro.

camicino [1846] **s. m.** ***1*** Dim. di *camicia* | Piccola camicia per neonati. ***2*** Davantino femminile di tela fine che un tempo si metteva sotto il vestito e copriva le spalle e il petto. ***3*** Corpetto maschile di raso, usato un tempo.

camiciòla o (*lett.*) **camiciuòla** [av. 1665] **s. f.** ***1*** Dim. di *camicia*. ***2*** (*tosc.*) Indumento di maglia che si porta sulla pelle. ***3*** Camicetta estiva con maniche corte e aperta al collo: *c. da uomo, da donna*. || **camiciolina**, **dim.** | **camiciolino**, **dim. m.**

camicióne [1353] **s. m.** ***1*** Accr. di *camicia*. ***2*** Casacca ampia e lunga da indossare sopra la gonna o i pantaloni | Largo abito femminile: *c. pré-maman*.

camiciòtto [1353] **s. m.** ***1*** Accr. di *camicia*. ***2*** Camicia di tela, con collo aperto e tasche, da indossare sopra i pantaloni. ***3*** Blusa di tela resistente, per operai | Blusa da lavoro per marinai e portuali.

camiciuòla ● V. *camiciola*.

camillino o **camilliàno** [dal n. del fondatore, *Camillo* de Lellis (1550-1614); 1931] s. m. (f. *-a*) ● Religioso dell'ordine dei chierici regolari ministri degli infermi. SIN. (*pop.*) Crocifero, padre del bel morire.

†**caminàre** ● V. *camminare*.

†**caminàta** (1) o †**camminàta** (2) [vc. dotta, lat. mediev. *camināta(m)* 'stanza fornita di camino', da *camīnus* 'camino (1)'; 1313] s. f. **1** (*lett.*) Stanza con camino | Sala: *Non era c. di palagio / là 'v' eravam* (DANTE *Inf.* XXXIV, 97-98). **2** (*raro, est.*) Corridoio, loggia.

†**caminàta** (2) ● V. *camminata* (*1*).

†**caminatóre** ● V. *camminatore*.

caminétto o (*tosc.*) **camminétto** [1550] s. m. **1** Dim. di *camino* (*1*). **2** Piccolo camino, usato nelle abitazioni anche a scopo decorativo: *sedere accanto al c.*; *raccogliersi attorno, davanti al c.* **3** (*raro*) Nell'alpinismo, spaccatura verticale nella roccia più piccola del camino.

caminièra [da *camino* (*1*); 1846] s. f. **1** Parafuoco metallico posto davanti al caminetto. **2** Cassa elegante usata per la legna da ardere che nella parte superiore presenta talora uno scaffaletto per libri. **3** Specchio sopra il caminetto a scopo ornamentale. **4** Mensola che sporge superiormente al caminetto.

♦**camino** (1) o (*tosc.*) **cammino** (2) [lat. *camīnu(m)*, nom. *camīnus* 'focolare', dal gr. *káminos* 'forno, fucina', prestito di orig. incerta; sec. XIII] s. m. **1** Impianto domestico dove si accende il fuoco, per cucinare o riscaldare, ricavato nello spessore del muro o posto a ridosso del muro stesso, costituito da un ripiano di pietra o mattoni e sovrastato dalla cappa: *accendere il c.*; *radunarsi attorno al c.* | ***Cappa del c.***, specie di volta sovrastante il camino, collegata alla canna fumaria | ***Gola del c.***, canna fumaria o fumaiolo, che dalla cappa del camino arriva al tetto, per far uscire il fumo. **2** (*est.*) Canna fumaria. **3** Condotto verticale destinato a disperdere nell'atmosfera, a conveniente altezza dal suolo, i gas provenienti da un focolare o da apparecchi industriali o l'aria estratta da ambienti ventilati, e a produrre o favorirne il movimento | ***Fumare come un c.***, (*fig.*) con riferimento a chi fuma molto, e continuamente. **4** Nell'alpinismo, solco fra due pareti rocciose di larghezza tale da consentire all'arrampicatore di penetrarvi con tutto il corpo: *salire per un c.* **5** (*geol.*) Condotto naturale di un vulcano a forma di pozzo che mette in comunicazione il focolaio col cratere. ➡ ILL. p. 2131 SCIENZE DELLA TERRA ED ENERGIA. || **caminétto**, dim. (V.).

†**camino** (2) ● V. *cammino* (*1*).

♦**càmion** [fr. *camion*, di etim. incerta; 1875] s. m. inv. ● Autocarro. || **camioncino**, dim. (V.).

camionàbile [1926] **A** agg. ● Di strada che può essere percorsa da camion. **B** s. f. ● Strada camionabile.

camionàle [1932] **A** agg. ● Detto di strada adatta al transito di mezzi pesanti. **B** s. f. ● Strada camionale: *il traffico sulla c. era intenso*.

camionàta [1959] s. f. ● Il complesso delle merci e sim. che costituiscono il carico di un camion.

♦**camioncino** [1938] s. m. **1** Dim. di *camion*. **2** Piccolo autocarro per trasportare merci su brevi percorsi. ➡ ILL. **autoveicoli**.

camionétta [fr. *camionnette*, da *camion*; 1942] s. f. ● Piccolo autocarro veloce, spec. in dotazione alle forze armate e di polizia.

camionista [1935] s. m. e f. (pl. m. *-i*) ● Guidatore di camion.

camionìstico [1956] agg. (pl. m. *-ci*) ● Relativo ai camion o ai camionisti.

camisàccio [da *camisa*, forma dial. di *camicia*; 1935] s. m. ● Casacca corta usata dai marinai militari.

camita [da *Cam*, figlio di Noè; 1843] s. m. e f. (pl. m. *-i*) ● Chi appartiene alla razza camitica.

camìtico [1843] agg. (pl. m. *-ci*) ● Dei Camiti | ***Razza camitica***, che comprende popolazioni non negridi stanziate nell'Africa nord-orientale | ***Gruppo c.***, famiglia di lingue di alcune popolazioni egiziane ed etiopiche.

camito-semìtico **A** s. m. solo sing. ● (*ling.*) Gruppo linguistico comprendente le lingue camitiche e semitiche. **B** anche agg. (pl. m. *camito-semìtici*): *gruppo camito-semitico*.

càmma [fr. *came*, dall'ol. *kamm* 'pettine'; 1905] s. f. ● (*mecc.*) Pezzo metallico di forma arrotondata variabile, che si monta sugli assi rotanti di certe macchine per trasformare il moto rotatorio uniforme in moto rettilineo alternativo, spec. usato per il comando delle valvole nei motori a combustione interna. SIN. Eccentrico.

†**cammeista** [da *cammeo*; 1753] s. m. e f. (pl. m. *-i*) ● Incisore di cammei.

cammellàto [1942] agg. ● Trasportato su cammelli: *truppe cammellate*.

cammellière [av. 1405] s. m. ● Conduttore di cammelli.

cammèllo o (*raro*) **camèllo**, †**camèlo** [lat. *camēlu(m)*, nom. *camēlus*, dal gr. *kámēlos*, di orig. semitica; av. 1292] **A** s. m. **1** Genere di Mammiferi ruminanti dei Camelidi comprendente due specie (il *dromedario* (V.) e il *cammello* vero e proprio), dotate rispettivamente di una e di due gobbe dorsali (*Camelus*) | (*per anton.*) Mammifero ruminante con due gobbe dorsali, pelame abbondante e testa piccola (*Camelus bactrianus*). ➡ ILL. **animali**/12. **2** Tessuto morbido di lana un tempo lavorato con pelo di cammello, oggi con pelo di capre pregiate: *un cappotto, una giacca di c.* **B** in funzione di agg. inv. ● (posposto a un s.) Che ha il colore nocciola, scuro e caldo, caratteristico dell'animale omonimo: *un cappotto c.*

cammellòtto o †**cambellòtto**, †**ciambellòtto** [fr. *camelot*. V. *cammello*; av. 1348] s. m. ● Tessuto di pelo di capra o di cammello | Indumento confezionato con questo tessuto.

cammèo o (*raro*) **camèo** [etim. incerta; 1527] s. m. **1** Prodotto della lavorazione in rilievo di alcune pietre dure (agata, diaspro, sardonica e sim.) spec. con strati di colorazione diversa tali da ottenere figure chiare su sfondi scuri | Conchiglia tenera a due colori simile alla corniola che, intagliata, imita il cammeo in pietra dura. **2** (*est.*) Oggetto ottenuto con tale lavorazione, usato come ornamento | (*fig.*) ***Avere un profilo da c.***, dai lineamenti perfetti. **3** Nel linguaggio cinematografico, ruolo di non primaria importanza a cui le doti dell'interprete conferiscono particolare rilievo.

camminaménto [fr. *cheminement*, da *cheminer* 'camminare'; 1917] s. m. **1** (*mil.*) Passaggio scavato che immette nelle trincee al riparo dalle offese nemiche. **2** Passaggio mascherato per accostare la selvaggina, nella caccia.

camminànte [1353] **A** part. pres. di *camminare*; anche agg. ● Nei sign. del v. **B** s. m. e f. ● †Viandante.

♦**camminàre** o †**caminàre** [da *cammino* (*1*); av. 1294] **A** v. intr. (aus. *avere*, †*essere*) **1** Spostarsi a piedi: *c. adagio, in fretta, a fatica, piano*. CFR. -grado | ***C. molto, poco***, fare molto, poco moto | ***Cammina, cammina***, dopo aver camminato a lungo, espressione ricorrente spec. nelle fiabe | (*fig., fam.*) ***C. sulle uova***, camminare con passi cauti; (*est., fig.*) comportarsi con grande prudenza | ***C. sui calli a qlcu.***, (*fig.*) nuocergli | ***C. sul sicuro***, (*fig.*) comportarsi in modo da evitare delusioni | ***C. diritto***, (*fig.*) comportarsi onestamente | ***Pare un morto che cammina***, di chi è malandato in salute. **2** (*est.*) Muoversi, di veicoli e sim.: *la mia auto non cammina più* | Funzionare, di meccanismi, congegni e sim.: *dopo la caduta l'orologio non camminava più*. **3** (*fig.*) Svilupparsi nel tempo, progredire: *la scienza cammina*; *le cose, gli affari camminano* | Svolgersi ordinatamente: *un discorso che cammina*; *lo stile cammina ben più naturale e più piano* (MANZONI). **B** v. tr. ● (*raro, lett.*) Percorrere: *tu cammini la terra* (FOSCOLO).

♦**camminàta** (1) o †**caminàta** (2) [da *camminare*; av. 1388] s. f. **1** Passeggiata, spec. prolungata: *fare, farsi una c.*; *dopo una lunga c. arrivammo a casa* | (*est., raro*) Prova sportiva non competitiva ad ampia partecipazione, consistente nel percorrere a passo di marcia o di corsa un tracciato prestabilito. **2** Modo di camminare: *riconoscere qlcu. dalla c.*; *ha una c. inconfondibile*. SIN. Andatura. || **camminatàccia**, pegg. | **camminatina**, dim. | **camminatóna**, accr.

†**camminàta** (2) ● V. †*caminata* (*1*).

camminatóre o †**caminatóre** [1308] s. m. (f. *-trice*) **1** Chi cammina molto e volentieri a piedi. **2** (*bur.*) Nei ministeri, commesso che trasporta le pratiche da un reparto all'altro.

camminatùra [1865] s. f. ● Modo di camminare.

camminétto ● V. *caminetto*.

♦**cammino** (1) o †**camino** (2) [lat. tardo **cammīnu(m)*, di orig. gallica; av. 1292] s. m. **1** Spostamento a piedi da un luogo all'altro: *mettersi in c.*; *riprendere il c.*; *due ore di c.* | ***Essere in c.***, in viaggio | ***Cammin facendo***, lungo la strada. **2** Luogo per dove si cammina, direzione: *indicare, chiedere il c.*; *un c. accidentato* | ***C. battuto***, frequentato; (*fig.*) facile | †***Essere fuori di c.***, (*fig.*) lontano dall'argomento | ***Aprirsi il c.***, (*fig.*) progredire superando le difficoltà | (*est.*) Luogo in cui si cammina | ***C. coperto***, camminamento coperto | ***C. di ronda***, stretto passaggio posto internamente ai muri perimetrali e alla sommità di fortezze, bastioni e sim. percorso dalle sentinelle. SIN. Percorso, strada, tragitto. **3** (*est.*) Moto degli astri: *il c. della luna, dei pianeti* | Corso di un fiume: *il c. del Po* | Rotta: *il transatlantico allungò il c.* | (*fig.*) Corso della vita umana: *tutto ciò che si lascia o si perde lungo il c. della vita* (PIRANDELLO). **4** (*fig.*) Modo di comportarsi, condotta morale: *il c. della virtù, del vizio, della gloria*; *il retto c.* | Sviluppo, progresso: *far molto c.* **5** (*mat.*) In un grafo, percorso nel quale nessuno spigolo sia ripetuto più volte | Curva. **6** (*fis.*) ***C. libero medio***, percorso medio di una particella tra due successive collisioni in un mezzo.

cammino (2) ● V. *camino* (*1*).

cammuccà o **cammoccà**, **camuccà** [persiano *hāmhā*; sec. XIV] s. m. ● Antica stoffa pregiata, d'origine orientale.

†**càmo** [lat. tardo *cāmu(m)*, nom. *cāmus* 'museruola', dal gr. *kamós*, di etim. incerta; sec. XIII] s. m. ● (*lett.*) Morso, briglia | (*fig.*) Freno morale.

càmola [etim. discussa; lat. *cămura(m)*, f. dell'agg. *cămur*, 'ricurvo' (?); 1565] s. f. **1** (*region.*) Tarlo, tarma. **2** (*region.*) Larva di insetto.

camolàto [1830] agg. ● (*region.*) Tarmato.

camomilla o †**camamilla** [lat. tardo *camomīlla(m)*, nom. *camomīlla*, dal gr. *chamáimēlon*, propr. 'melo terrestre', comp. di *chamái* 'a terra' e *mêlon* 'melo'; 1310] s. f. **1** Pianta erbacea medicinale delle Composite con foglie finemente lobate e capolini a fiori gialli al centro e bianchi nei raggi (*Matricaria chamomilla*). ➡ ILL. **piante**/9. **2** Infuso di fiori di camomilla, dotato di azione calmante: *bere una tazza di c., una c.* | (*fig.*) ***Alla c.***, soporifero, noioso: *un film alla c.*

camomillièra [1970] s. f. ● Recipiente in cui si prepara l'infuso di camomilla.

camòra ● V. *gamurra*.

camòrra (1) ● V. *gamurra*.

camòrra (2) [vc. nap., di orig. dubbia; 1861] s. f. **1** Associazione della malavita napoletana, nata sotto gli Spagnoli e affermatasi nell'Ottocento, molto potente e organizzata secondo rigorose leggi e gerarchie | Organizzazione di tipo mafioso attiva nel Napoletano. **2** (*est.*) Associazione di persone disoneste, unite per ottenere illeciti guadagni e favori, anche con la violenza, a danno di altri | ***Fare c.***, unirsi per danneggiare qlcu. SIN. Camarilla.

camorrìsmo [av. 1927] s. m. ● (*raro*) Atteggiamento da camorrista.

camorrista [1861] s. m. e f. (pl. m. *-i*) **1** Chi fa parte della camorra. **2** (*est.*) Chi agevola amici o cerca di raggiungere illecitamente guadagni o cariche, mediante favoritismi | (*est.*) Persona prepotente e rissosa.

camorrìstico [av. 1927] agg. (pl. m. *-ci*) ● Proprio della camorra | Da camorrista. || **camorristicaménte**, avv.

camosciàre [da *camoscio*; sec. XV] v. tr. (*io camòscio* o *camóscio*; fut. *io camoscerò*) ● (*raro*) Scamosciare.

camosciatùra [sec. XIV] s. f. ● (*raro*) Scamosciatura.

camòscio (1) o **camóscio**, †**scamòscio** (2) [lat. tardo *camōce(m)*, parola di orig. alpina; 1483] s. m. **1** Mammifero ruminante artiodattilo della famiglia dei Bovidi, agilissimo, con corna brevi, erette e ricurve a uncino e pelo fitto bruno o grigio (*Rupicapra rupicapra*). ➡ ILL. **animali**/13. **2** Pelle dell'animale omonimo, che una concia particolare rende morbida e liscia: *guanti, giacca, borsa di c.*

†**camòscio** (2) o **camóscio** [da *camuzo*, accostato per etim. pop. a *camoscio* (*1*); av. 1400] agg. ● Camuso: *il naso c., le labbra tumide* (LEOPARDI).

camòzza o **camózza** [veneto *camozza*. V. *camoscio* (*1*); sec. XIII-XIV] s. f. **1** (*sett.*) La femmina del camoscio. **2** (*fig.*) †Donna sguaiata e sudicia.

camp /kɛmp, *ingl.* kʰæmp/ [vc. di slang ingl. di orig. sconosciuta; 1965] **agg. inv.** ● Affettato, artificioso, manierato: *persona c.*; *linguaggio c.*

campàgna [lat. tardo *campānia(m)*, da *cămpus* 'campo'; sec. XIII] **s. f.** **1** Ampia distesa di terreno aperto e pianeggiante, coltivato o coltivabile, lontano dai grossi centri abitati: *amare la c.*; *la quiete, il silenzio della c.*; *una c. verde, ubertosa, arida* | ***Buttarsi alla c.***, a fare il bandito o alla latitanza, darsi alla macchia | ***Battere la c.***, (*fig.*) compiere azioni di scorreria, polizia, guerra o guerriglia, fuori dai centri abitati | Zona coltivata, con piccoli paesi, abitati spec. da popolazioni agricole, e case sparse: *vivere, trasferirsi, villeggiare in c.*; *si è fatto la villa in c.* | ***Gente di c.***, contadini. CFR. agri-, agro-. **2** (*est.*) Stagione, periodo in cui si svolge un'attività agricola: *la c. delle barbabietole*. **3** Terreno adatto alla rapida manovra delle truppe, a battaglie campali e sim.: *artiglieria da c.*; *la solitudine di queste campagne è piena di cadaveri* (CARDUCCI). **4** Ciclo d'operazioni militari caratterizzato da compiutezza d'insieme nel tempo e nello spazio: *le campagne d'Africa* | ***C. di guerra***, periodo passato sotto le armi in zona di guerra, durante una campagna, presso enti mobilitati. **5** (*fig.*, *scherz.*) Esperienza amorosa: *in gioventù ha fatto le sue campagne*; *ha fatto più campagne di Garibaldi*. **6** (*mar.*) Navigazione in mare aperto, lontano dal porto e dal proprio paese. **7** (*est.*) Complesso di iniziative di varia natura, prolungate nel tempo, intese al raggiungimento di un particolare scopo: *c. elettorale* | ***C. pubblicitaria***, finalizzata al lancio o al rafforzamento di un prodotto sul mercato | ***C. di stampa***, serie di articoli o servizi giornalistici pubblicati per sensibilizzare l'opinione pubblica a un dato problema | ***C. fotografica***, viaggio compiuto da un fotografo spec. professionista in una certa regione per ritrarne organicamente tutti gli aspetti più interessanti; anche la serie delle fotografie risultanti | ***C. dividendi***, ***c. assembleare***, in borsa, l'insieme dei rialzi o gener. movimenti delle quotazioni azionarie durante il periodo in cui le assemblee delle società per azioni decidono l'entità dei dividendi da pagare agli azionisti | ***C. acquisti***, nel calcio, complesso delle trattative che si svolgono tra le varie società, in un periodo stabilito, per l'ingaggio, la vendita e lo scambio dei giocatori. **8** (*arald.*) Fascia che copre il terzo inferiore dello scudo. || **campagnétta**, **dim.**

campagnòla® [marchio registrato; 1955] **s. f.** ● (*autom.*) Tipo di autovettura fuoristrada fabbricata dalla FIAT dal 1951 al 1987.

campagnòlo o (*lett.*) **campagnuòlo** [1663] **A agg.** ● Di campagna: *gente campagnola*. SIN. Agreste, rustico. **B s. m.** (**f.** *-a*) ● Chi vive in campagna, o lavora la terra.

campàgo ● V. *compago*.

campàio ● V. *camparo*.

campàle [lat. mediev. *campale(m)*, da *cămpus* 'campo'; 1336 ca.] **agg.** **1** Che avviene o si svolge in campo aperto: *battaglia, scontro c.* **2** Relativo al campo di battaglia | ***Fortificazione c.***, complesso di opere provvisorie costruite sul campo di battaglia | ***Artiglieria c.***, artiglieria da campagna | ***Giornata c.***, la giornata dello scontro decisivo; (*fig.*) giornata molto impegnativa, faticosa.

campaménto [da *campare* (*1*); av. 1292] **s. m.** **1** (*raro*) Quanto occorre per campare. **2** †Scampo.

campàna [lat. tardo *campāna(m)*, da (*vāsa*) *campāna* 'vasi di bronzo della Campania'; av. 1294] **s. f.** **1** Strumento gener. di bronzo, di varie dimensioni, a forma di bicchiere rovesciato, che viene suonato mediante percussione di un battaglio appeso all'interno o di un martello esterno: *il suono, il rintocco delle campane*; *le campane della chiesa, del duomo*; *campane a festa*; *campane a morto*; *la c. dell'Ave Maria, del vespro, di Mezzogiorno* | ***Concerto di campane***, scampanio in accordo melodico | ***Suonare le campane a martello***, a rintocchi, come percosse da un martello, per annunciare un pericolo | ***Legare le campane***, non suonarle, in segno di lutto, dal Giovedì al Sabato Santo | ***Sciogliere***, ***slegare le campane***, riprendere a suonarle, dopo la Resurrezione, in segno di gioia | ***Sentire tutte e due le campane***, (*fig.*) ascoltare le ragioni di tutte e due le parti | ***Sordo come una c.***, completamente sordo | (*fig.*) ***Stare in c.***, stare in guardia, all'erta | ***A c.***, scampanato: *gonna a c.* **2** Vaso o calotta spec. in vetro, a forma di campana, utilizzata per vari scopi: *proteggere con una c. le colture ortive premature*; *conservare un prodotto chimico sotto una c.*; *la c. del lume a petrolio*; *la c. del pasticciere* | ***C. di vetro***, (*per anton.*) quella usata per custodire soprammobili o altri oggetti delicati: *i frutti di marmo protetti dalle campane di vetro* (GOZZANO) | ***Tenere qlco. sotto una c. di vetro***, (*fig.*) custodirla con grande cura | (*fig.*) ***Vivere sotto una c. di vetro***, avere eccessiva cura della propria salute | ***C. pneumatica***, parte superiore dell'impianto per fondazioni subacquee, atto a immettere nel cassone affondato l'aria compressa, gli operai e i materiali, necessari a eseguire i lavori | ***C. da palombaro***, apparato a forma di campana calato sott'acqua per consentire lavori sul fondo, mantenuto vuoto da aria compressa. **3** (*arch.*) Parte interna del capitello corinzio, avvolta dalla foglia di acanto o da altri motivi ornamentali. **4** Gioco infantile consistente nello spostare, saltellando su un solo piede, un sassolino, che va depositato in appositi scompartimenti disegnati sul suolo; SIN. Settimana. **5** (*mus.*) Negli strumenti a fiato, padiglione | ***Campane tubolari***, strumento a percussione formato da una serie di tubi in acciaio accordati. ➡ ILL. **musica**. || **campanàzza**, **pegg.** | **campanèlla**, **dim.** (V.) | **campanétta**, **dim.** | **campanina**, **dim.** | **campanóna**, **accr.** | **campanóne**, **accr. m.** (V.) | **campanùccia**, **campanùzza**, **pegg.** | **campanùzzo**, **pegg. m.**

campanàccio [1548] **s. m.** **1** Pegg. di *campano* (*2*). **2** Campana appesa al collo dei bovini al pascolo per evitare la dispersione della mandria e facilitarne il ritrovamento. SIN. Bronza. **3** Campana di terracotta per richiamare le api.

campanàio ● V. *campanaro*.

campanàrio [1537] **agg.** ● Della campana, delle campane | ***Torre campanaria***, campanile | ***Cella campanaria***, parte del campanile in cui si trovano le campane.

campanàro o (*tosc.*) **campanàio** [lat. mediev. *campanāriu(m)*, da *campāna* 'campana'; av. 1348] **s. m.** (**f.** *-a*) **1** Chi ha il compito di suonare le campane. **2** †Fonditore di campane.

campanatùra [1955] **s. f.** **1** (*autom.*) Angolo caratteristico delle ruote di un autoveicolo rispetto al suolo. SIN. Camber. **2** Conformazione a campana più o meno accentuata, di un fiore, una scodella, un paralume e sim. | (*aer.*) ***C. di un'elica***, incurvamento delle pale che trasforma il disco dell'elica in un cono molto aperto e può essere causato dalle forze aerodinamiche, oppure previsto in sede di progetto.

campanèlla [sec. XIV] **s. f.** **1** Dim. di *campana*. **2** Campanello: *suonare la c.*; *la c. della scuola*. **3** Anello di ottone o di ferro appeso al portone per bussare, oppure infisso nei muri di palazzi antichi, rimesse, stalle e sim. per attaccarvi i cavalli | Cerchietto di ferro posto tra le narici dei bovini, per guidarli | Ognuno dei due cerchietti di metallo posti all'estremità inferiore del morso del cavallo a cui si attaccano le redini. **4** Ciascuno degli anelli metallici cuciti alle tende e infilati in un ferro orizzontale, per farle scorrere | Anello che si fissa al fodero della sciabola per agganciarla al cinturino. **5** Ognuno dei due cerchietti d'oro o d'argento che si portavano agli orecchi per ornamento. **6** Pianta erbacea delle Campanulacee con foglie basali cuoriformi e lanceolate sul caule e fiori a grappolo di color azzurro-violetto (*Campanula persicaefolia*). || **campanellina**, **dim.**

♦**campanèllo** (*1*) [da *campana*; av. 1370] **s. m.** **1** Oggetto, a forma di piccola campana, che si suona agitandolo per il manico o, se sospeso, tirando il cordone: *il c. della porta* | ***C. a scatto***, che si suona tirando una maniglia o premendo un pulsante. **2** ***C. elettrico***, o (*assol.*) ***campanello***, strumento per la trasmissione di segnali acustici mediante correnti elettriche | ***C. d'allarme***, dispositivo per segnalare tentativi di effrazione, furto e sim.; (*fig.*) segnale anticipatore di avvenimenti negativi. **3** (*mus.*) (*spec. al pl.*) Strumento a percussione costituito originariamente da una serie di piccole campane, più tardi da sbarrette d'acciaio. || **campanellàccio**, **pegg.** | **campanellétto**, **dim.** | **campanellino**, **dim.** | **campanellùccio**, **campanellùzzo**, **pegg.**

campanèllo (*2*) [dal precedente, con evoluzione semantica non chiara] **s. m.** ● Taglio di carne bovina, magro, ricavato dal quarto posteriore.

campanifórme [comp. di *campana* e *-forme*; 1865] **agg.** ● Che ha forma di campana: *fiore c.*

♦**campanìle** [lat. mediev. *campanīle*, da *campāna* 'campana'; av. 1348] **s. m.** **1** Costruzione a torre, attigua alla chiesa o facente corpo con essa, destinata a contenere nella sua parte terminale le campane: *c. romanico, gotico*; *il c. di Giotto a Firenze* | ***Alto come un c.***, detto spec. di persona molto alta | ***A c.***, che si innalza in linea verticale: *volo a c.* | ***Tiro a c.***, nel calcio, quello con parabola alta e verticale. **2** (*fig.*) Paese natio | ***Amore di c.***, del proprio paese o della città natale | ***Questioni di c.***, (*fig.*) grette, meschine. **3** Nell'alpinismo, caratteristica formazione dolomitica di forma snella con pareti verticali e punta aguzza. || **campanilétto**, **dim.** | **campanilóne**, **accr.** | **campanilùccio**, **campanilùzzo**, **pegg.**

campanilismo [da *campanile*; 1891] **s. m.** ● Eccessivo attaccamento al proprio paese o alla propria città natale.

campanilista [1883] **s. m. e f.** (**pl. m.** *-i*) ● Chi dà prova di campanilismo.

campanilìstico [1890] **agg.** (**pl. m.** *-ci*) ● Di campanilismo o campanilista. || **campanilisticaménte**, **avv.** Con spirito campanilistico.

campanino [da *campana*, perché risuona; 1550] **s. m.** ● Tipo di marmo toscano.

campàno (*1*) [vc. dotta, lat. *campānu(m)*, da *Campānia* 'Campania'; 1520] **A agg.** ● Della Campania: *dialetto c.* **B s. m.** (**f.** *-a*) ● Abitante della Campania: *gli antichi campani*. **C s. m.** solo **sing.** ● Dialetto italiano meridionale, parlato in Campania.

campàno (*2*) [da *campana*; 1803] **s. m.** ● Campana appesa al collo degli animali al pascolo. || **campanàccio**, **pegg.** (V.).

campanóne [av. 1646] **s. m.** **1** Accr. di *campana*. **2** (*per anton.*) Campana principale di una chiesa: *il c. di S. Pietro*. **3** (*mil.*) Specie di antico mortaio con bocca campaniforme.

campànula [dim. del lat. *campāna* 'campana'; 1499] **s. f.** ● Genere di piante erbacee delle Campanulacee, cui appartengono molte specie, con fiori in spighe o in racemi di colore blu, bianco o purpureo (*Campanula*) | (*per anton.*) Pianta erbacea delle Campanulacee a fiori penduli di color violetto riuniti in grappoli (*Campanula medium*). ➡ ILL. **piante**/9.

Campanulàcee [vc. dotta, comp. di *campanul(a)* e *-acee*; 1865] **s. f. pl.** (**sing.** *-a*) ● Nella tassonomia vegetale, famiglia comprendente piante erbacee annuali, biennali e perenni con fiori vistosi, ermafroditi, con corolla campanulata gamopetala (*Campanulaceae*). ➡ ILL. **piante**/9.

campanulàto [1797] **agg.** ● (*bot.*) Che ha forma di campana: *fiore c.*; *corolla campanulata*.

campàre (*1*) [V. *scampare*; av. 1250] **A v. intr.** (aus. *essere*) **1** (assol.; + *di*; + *con*; + *su*) Provvedere alla propria esistenza: *E come avete fatto a c.?* (COLLODI); *c. di rendita, del proprio lavoro, campano con la pensione minima*; *era un povero diavolo che campava su di quel po' di mandra* (VERGA) | (*pop.*) Vivere, sia pur con sforzo e difficoltà | ***C. d'aria***, (*fig.*) non avere mezzi per vivere; mangiare pochissimo | ***Si campa***, si tira avanti, si riesce a vivere alla meglio: *tra il mestiere di mio marito, e qualcosa che abbiamo al sole, si campa* (MANZONI) | ***Tirare a c.***, badare a vivere senza impegnarsi troppo e senza assumersi grandi responsabilità. **2** (+ *da*) (*lett.*) Sfuggire, scampare a una situazione pericolosa: *c. dalla prigionia, dalla morte*; *campar dalle fiere* (VICO). **B v. tr.** **1** (*lett.*) Liberare, salvare da un pericolo: *Fui mandato ad esso / per lui c.* (DANTE *Purg.* I, 61-62). **2** (*fam.*) Provvedere al mantenimento, sostentare: *i genitori l'hanno campato fino a 30 anni*. **3** †Sfuggire, schivare, scampare: *c. la morte, il pericolo*. || PROV. Campa cavallo che l'erba cresce.

campàre (*2*) [da *campo*; 1550] **v. tr.** ● Far risaltare: *c. una figura sullo sfondo*.

campàro o **campàio** [da *campo*; sec. XVI] **s. m.** ● (*region.*) Guardia campestre.

campàta [da *campo* 'porzione di spazio'; 1905] **s. f.** ● (*arch.*, *edil.*) Parte di costruzione compresa tra due sostegni o piedritti consecutivi | (*sport*) In ginnastica, elemento unitario della spalliera.

†**campàtico** [da *campo*; av. 1756] **s. m.** (**pl.** *-ci*) ● Imposta sui redditi agrari.

campato

campàto [1550] part. pass. di *campare* (2); anche agg. **1** Nei sign. del v. **2** *C. in aria*, infondato.
campéccio ● V. *campeggio* (2).
campeggiaménto [av. 1675] s. m. ● (*mil.*) Il campeggiare | Campagna militare | Accampamento.
♦**campeggiàre** [da *campo*; 1336 ca.] **A** v. intr. (*io campéggio*; aus. *avere*) **1** (*mil.*) Anticamente, stare in campo con l'esercito cambiando spesso alloggiamento, senza attaccare direttamente il nemico, così da indurlo a muoversi | Fronteggiare il nemico in campo o dal campo | Accamparsi. **2** Stare in un campeggio, attendarsi all'aria aperta: *campeggiarono sul Garda.* **3** Risaltare su uno sfondo: *nell'affresco campeggiano due sole figure* | (*fig.*) Avere un particolare risalto: *in tutto il romanzo campeggia la figura del padre.* **B** v. tr. **1** †Assediare. **2** †Campire: *c. un dipinto.*
campeggiatóre [1942] s. m. (f. *-trice*) ● Chi pratica il campeggio. ➡ ILL. **campeggiatore**.
♦**campéggio** (**1**) [da *campeggiare*; 1924] s. m. ● Forma di turismo all'aria aperta che consiste nel vivere in una tenda, in una roulotte e sim. | Terreno custodito e dotato di attrezzature igieniche, ove si può soggiornare in tenda, roulotte e sim. SIN. Camping.
campéggio (**2**) o **campéccio** [dal n. dello stato del Messico *Campeche*; 1758] s. m. **1** Albero delle Papilionacee con tronco spinoso sempreverde, foglie persistenti composte, fiori piccoli gialli in grappoli e legno molto duro (*Haematoxylon campechianum*). **2** Legno del campeggio, di color rosso brunastro.
campeggista [da *campeggio* (1); 1934] s. m. e f. (pl. m. *-i*) ● Campeggiatore.
campeggistico [da *campeggio* (1); 1959] agg. (pl. m. *-ci*) ● Relativo al campeggio.
càmper /'kamper, ingl. 'khæmpəɹ/ [vc. ingl., propr. 'campeggiatore', da *to camp* 'accamparsi'; 1978] s. m. inv. ● Furgone o pulmino la cui parte interna è stata attrezzata in modo da essere abitabile. CFR. Autoroulotte. ➡ ILL. **campeggiatore**.
†**camperéccia** [sec. XVIII] s. f. (pl. *-ce*) ● Terreno da coltivare.
camperéccio [da *campo*; av. 1313] agg. (pl. f. *-ce*) **1** (*raro*) Campestre: *mi seguiva volentieri nelle mie scorrerie camperecce* (NIEVO) | *Fosso c.*, scolina. **2** Terragnolo: *uccello c.*
camperista [1981] s. m. e f. (pl. m. *-i*) ● Chi viaggia o campeggia in camper.
campesino /kampe'zino, sp. kampe'sino/ [vc. sp., da *campo* 'campo'; 1954] s. m. (f. *-a*; pl. m. *-i*, *-os*; pl. f. *-e*, sp. *-as*) ● Contadino dell'America centro-meridionale.
campèstre [vc. dotta, lat. *campĕstre(m)*, da *cămpus* 'campo'; av. 1348] agg. ● Dei campi | Della campagna: *vita, festa c.*; *fiori campestri* | *Guardia c.*, addetta alla sorveglianza dei campi | *Corsa c.*, (*ellitt.*) *campestre*, in vari sport, gara o corsa

che si svolge su un terreno accidentato di campagna. SIN. Campagnolo.
campétto s. m. **1** Dim. di *campo*. **2** Campo sportivo più piccolo e dotato di minori strutture rispetto a quello regolamentare. || **campettino**, dim.
campicchiàre [da *campare* (1) col suff. *-icchiare*; 1865] v. intr. (*io campìcchio*; aus. *essere*) ● Campare alla meglio, stentatamente. SIN. Vivacchiare.
campidàno [deriv. dal lat. *cămpus* 'campo'; 1838] s. m. ● In Sardegna, zona pianeggiante: *il c. di Cagliari*.
campièllo [lat. parl. *campitĕllu(m)*, dim. di *cămpus* 'campo'; 1756] s. m. ● A Venezia, piazzetta in cui sboccano le calli.
campière o **campièro** [da *campo*; 1889] s. m. ● In Sicilia, guardia campestre privata: *i volti barbuti dei 'campieri' che stazionavano armati* (TOMASI DI LAMPEDUSA).
campigiàna [da *Campi*, paese vicino a Firenze; 1881] s. f. ● Tipo di mattone di spessore ridotto usato spec. per pavimentare terrazzi.
campimetrìa [comp. di *camp(o)* e *-metria*; 1962] s. f. ● (*med.*) Indagine per valutare l'estensione del campo visivo.
camping /kɛmpin(g), ingl. 'khæmpɪŋ/ [vc. ingl., propr. 'attività di campeggio' dal v. *to camp* 'campeggiare', dal fr. *camper*, denom. di *camp* 'campo'; 1911] s. m. inv. ● Campeggio, nel sign. di *campeggio* (1).
campionaménto [1955] s. m. ● Il campionare.
campionàre [1853] v. tr. (*io campióno*) ● Scegliere, prelevare campioni, spec. da un insieme di merci o materiali geologici | (*stat.*) Compiere un numero limitato di osservazioni su una variabile statistica | (*elettron.*) Eseguire una sequenza di misura di un segnale elettrico con cadenza prefissata.
campionàrio [1876] **A** s. m. ● Raccolta di campioni, spec. per saggio di merci. **B** agg. ● Formato, costituito da campioni, spec. nella loc. *fiera campionaria*, esposizione di merci e prodotti tipici di una nazione o di un ramo dell'industria, a scopo commerciale.
campionarìsta [1932] s. m. e f. (pl. m. *-i*) ● Chi è addetto alla scelta dei campioni e alla preparazione dei campionari di vendita | Chi mostra i campionari alla clientela.
♦**campionàto** [fr. *championnat* 'prova sportiva in cui il vincitore riceve il titolo di campione'; 1886] s. m. ● Gara periodica, unica o in più prove, per l'assegnazione del titolo di campione a un atleta o a una squadra: *c. di calcio, di ciclismo, di automobilismo*; *c. italiano, del mondo*; *c. maschile, femminile*.
campionatóre [1955] s. m. **1** (f. *-trice*) ● Chi è addetto alla campionatura. **2** (*tecnol.*) Dispositivo per effettuare campionamenti.
campionatùra [1955] s. f. ● Operazione del campionare.

campioncìno [1955] s. m. **1** Dim. di *campione*. **2** Confezione di dimensioni ridotte di un prodotto: *un c. di profumo*. **3** (f. *-a*) (*fam.*) Chi ha le qualità per diventare un campione.
♦**campióne** [lat. tardo *campiōne(m)*, dal franc. *kampio*, a sua volta dal lat. *cămpus* 'campo di battaglia'; av. 1294] **A** s. m. **1** (f. *-éssa*) Nel Medioevo, chi scendeva in campo e combatteva in duello per sostenere le ragioni di un terzo | (*fig.*) Chi difende una causa, un'ideologia: *c. della libertà, della fede, del progresso*. SIN. Difensore, paladino. **2** (f. *-essa*) Atleta o squadra che ha vinto un campionato o un torneo: *c. del mondo*; *c. iridato*; *c. in carica* | *C. assoluto*, il vincitore di un campionato cui sono ammesse tutte le categorie o il vincitore della massima categoria | (*est.*) Atleta eccellente, di grande classe: *un c. del pedale* | (*fig.*) Chi eccelle in un'attività particolare: *è un c. della matematica*; *in fisica è un vero c.* **3** Piccolo saggio tratto da un insieme, atto a indicarne le caratteristiche e le qualità: *un c. di stoffa, di vino*; *prelevare un c. da un giacimento minerario* | *Vendita su c.*, in cui la merce deve essere conforme al campione da essa tratto | *C. senza valore*, inviato per posta in involucro non sigillato, a tariffa ridotta | (*iron.*) *Un bel c.!*, persona di scarse qualità. **4** (*fis.*) Prototipo di riferimento delle unità di misura fondamentali: *il c. internazionale del metro, del kilogrammo*; *c. primario di frequenza*. **5** (*stat.*) Parte di una totalità di unità che compongono il fenomeno collettivo: *c. rappresentativo*; *c. a scelta casuale, ragionata* | *Metodo del c.*, tecnica di rilevazione statistica con cui si rileva solo una parte dei casi che compongono il fenomeno collettivo. **6** †Libro, registro del catasto, dei conti, della dogana. **B** in funzione di agg. inv. (posposto a un s.) **1** Vittorioso in un campionato, in un torneo sportivo, spec. nella loc. *squadra c.* **2** Relativo a una parte rappresentativa di un tutto: *analisi c.*; *indagine c.* | Idoneo come copia, misura, riscontro e sim.: *metro c.* || **campioncino**, dim. (V.).
campionése A agg. ● Di Campione d'Italia, in provincia di Como | *Maestri campionesi*, gruppo di scultori, lapicidi e architetti originari per lo più della zona di Campione, attivi in varie regioni d'Italia tra la seconda metà del sec. XII e la fine del sec. XIV. **B** s. m. e f. ● Abitante, nativo di Campione.
campionìssimo [da *campione*, col suff. *-issimo* dei superl.; 1931] s. m. (f. *-a*) ● Atleta che si è particolarmente distinto per numero di vittorie nella sua specialità | (*per anton.*) Il corridore ciclista F. Coppi (1919-1960).
campionista [da *campione*; 1983] s. m. e f. (pl. m. *-i*) ● Nell'industria, chi è addetto allo studio e all'esecuzione di campioni o modelli di prodotti tecnici.

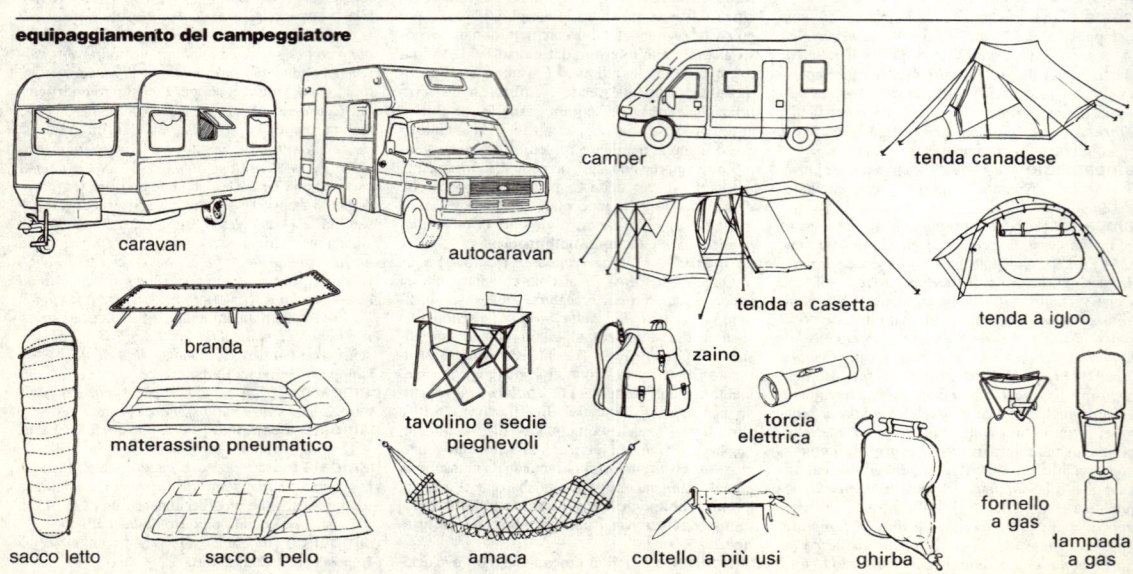

equipaggiamento del campeggiatore

caravan — autocaravan — camper — tenda canadese — branda — tenda a casetta — tenda a igloo — materassino pneumatico — tavolino e sedie pieghevoli — zaino — torcia elettrica — fornello a gas — sacco letto — sacco a pelo — amaca — coltello a più usi — ghirba — lampada a gas

campire [da *campo*; 1550] v. tr. (*io campisco, tu campisci*) ● In pittura, dipingere il campo o fondo | Stendere il colore in maniera uniforme in una zona nettamente delimitata | *C. le lacune*, nella tecnica del restauro, ricoprire le zone di colore perduto con tinte locali o neutre, senza far uso di disegno o di chiaroscuro.

campitùra [1970] s. f. ● Il campire | In una superficie pittorica, zona campita.

càmpo [lat. *cămpu(m)*, di etim. incerta, forse di orig. italica; sec. XIII] s. m. (pl. *càmpi* m., †*càmpora* f.). **I** Porzione delimitata di terreno o di territorio. **1** Superficie agraria coltivata o coltivabile, compresa entro limiti ben definiti: *un c. di grano, di patate, d'insalata; arare, coltivare, seminare un c.; c. coltivato a maggese; una distesa di campi arati, seminati, brulli, irrigui* | (*est., spec. al pl.*) Campagna: *scegliere, preferire la vita dei campi; la pace, il silenzio dei campi*. ➡ ILL. **agricoltura e giardinaggio**. **2** Area opportunamente delimitata e adattata per usi particolari: *c. da, di tennis, sci, golf* | ***C. di gioco, c. di gara***, su cui si svolge una competizione sportiva | ***Fondo c.***, V. *fondocampo* | ***C. neutro***, V. *neutro* nel sign. A 1 | ***C. giochi***, zona verde urbana, attrezzata per lo svago dei bambini | ***C. solare***, centro di educazione e ricreazione urbano, frequentato durante l'estate da alunni di scuola materna ed elementare | ***C. d'aviazione***, apprestato per il decollo e l'atterraggio di velivoli spec. leggeri | ***C. scuola***, impianto destinato all'insegnamento di una pratica sportiva; soggiorno organizzato per gruppi di persone in una determinata località, finalizzato all'insegnamento o alla pratica di attività culturali e sportive | ***C. di fortuna***, sommariamente apprestato per l'atterraggio ed eventualmente il decollo di piccoli velivoli costretti ad atterrare per avaria o altre cause | ***C. di tiro***, in cui si esercita il tiro a volo | ***A tutto c.***, nel linguaggio sportivo, detto del modo di giocare di una squadra o di un singolo giocatore sull'intero campo di gioco; (*est.*) detto di iniziativa a vasto raggio, senza limiti prefissati: *colloqui a tutto c.* **3** Accampamento: *mettere, piantare il c.; levare, muovere il c.; vita al c.; ospedale da c.* | ***C. di Agramante***, (*fig.*) gruppo di persone discordi e litigiose fra loro | Nell'alpinismo, base attrezzata sulla montagna da scalare | ***C. base***, la base logistica della spedizione | ***Campi alti***, quelli posti sui fianchi della montagna per portarvisi e ridurre il cammino verso la vetta | Vasta area destinata ad accogliere un ingente numero di persone, per varie ragioni lontane dai luoghi abituali di residenza: *c. di raccolta per gli alluvionati, i terremotati; campi internazionali di lavoro e vacanza; campi di lavoro coatto; c. profughi; c. di prigionia* | ***C. di concentramento***, per prigionieri di guerra o internati civili | ***C. di annientamento, di eliminazione, di sterminio***, quelli attrezzati dai nazisti per la soppressione in massa dei loro avversari politici e razziali. **4** Luogo dove si combatte, si compiono esercizi militari o si organizzano e attuano piani militari, strategici, di sicurezza e sim.: *c. di battaglia* | ***Scendere in c.***, combattere, accettare una sfida; (*fig.*) impegnarsi in una discussione o in una competizione per sostenere un'idea, un piano, un progetto | ***Abbandonare il c.***, ritirarsi (*anche fig.*) | ***Rimanere padrone del c.***, vincere (*anche fig.*) | ***Mettere in c.***, schierare in combattimento; (*fig.*), addurre, presentare | ***Tenere il c.***, (*fig.*) mantenere con decisione le proprie posizioni in una disputa, contesa e sim. | ***Scelta di c.***, (*fig.*) presa di posizione, spec. su avvenimenti politici o sociali | ***C. minato***, cosparso di mine anticarro, antiuomo e miste | ***C. di tiro***, zona che può essere battuta dal tiro di un'arma | ***C. di Marte***, piazza d'armi | ***Promozione sul c.***, quella che si ottiene per il coraggio e l'abilità dimostrati in combattimento, quando questo ancora dura o è appena cessato | (*st.*) ***C. di marzo, di maggio***, l'assemblea dei liberi in armi, che si riuniva all'inizio di ogni primavera intorno ai re merovingi e carolingi. **5** (*fig.*) Agio, opportunità d'azione: *aver c. di riflettere su un problema; aver c. libero; lasciare libero il c.* **6** Spazio di terreno aperto allo stato naturale: *c. di neve* | ***Sul c.***, detto di ricerca, indagine, osservazione e sim., realizzata nello stesso ambiente in cui avviene il fenomeno oggetto di studio. **7** A Venezia, piazza. **II** Porzione di spazio. **1** (*fis.*) Regione dello spazio in ogni punto della quale è definita una grandezza fisica misurabile | ***C. scalare***, a ogni punto del quale è associato un solo valore numerico | ***C. di Higgs***, ipotetico campo, costante in tutto lo spazio, tramite il quale le particelle elementari acquisiscono massa | ***C. vettoriale***, in ogni punto del quale è definito un vettore | ***C. di forze***, campo vettoriale in cui il vettore è una forza | ***C. elettrico***, campo di forze circostante un corpo elettrizzato o un magnete in movimento | ***C. magnetico***, campo di forze circostante un magnete o un conduttore percorso da corrente | ***C. elettromagnetico***, regione di spazio in cui esistono forze elettriche e magnetiche | ***C. stellare***, zona della sfera celeste ove si trovano molti astri | ***C. gravitazionale***, regione di spazio in cui viene esercitata una forza gravitazionale | ***C. visivo, di visione***, tratto d'orizzonte abbracciato dall'occhio immobile | ***C. ottico, di strumento ottico***, angolo solido entro cui può essere posto un oggetto, continuando l'obiettivo a formarne l'immagine. **2** (*cine, tv*) ***C. d'immagine***, spazio abbracciato dall'obiettivo e riprodotto sulla pellicola o sul monitor | ***C. lungo***, comprendente figure distanti oltre 30 metri dalla macchina da presa, ma bene individuabili | ***C. medio***, comprendente uno spazio abbastanza vasto, con figure umane a distanza inferiore a 30 metri | ***C. lunghissimo***, ripreso da una camera in distanza, senza alcun oggetto in primo piano. **3** (*elab.*) In un data base, ogni porzione di un record contenente un'unica informazione e identificata da un nome comune a tutti i record. **III** Porzione esterna di un oggetto. **1** Superficie sulla quale sono distribuite le immagini di un dipinto o di un rilievo. SIN. Sfondo. **2** (*numism.*) Superficie del dritto o del rovescio nella moneta o nella medaglia. ➡ ILL. **moneta**. **3** (*arald.*) Superficie dello scudo: *gigli d'oro in c. azzurro*. **IV** Parte o settore, variamente delimitato. **1** Settore specifico di attività culturale, indagine scientifica, studio, discussione e sim.: *restiamo sul c. della matematica; il diritto è il c. di sua competenza*. SIN. Ambito, ramo. **2** (*ling.*) ***C. semantico***, settore del lessico i cui elementi sono tra loro legati per rapporti di significato. **3** (*mat.*) Corpo nel quale la moltiplicazione è commutativa | ***C. di razionalità***, insieme dei numeri che si possono ottenere dai numeri dati con le operazioni razionali | ***C. di definizione***, dominio. || **camperèllo**, dim. | **campétto**, dim. (V.) | **campicciòlo**, dim. | **campicèllo**, dim. | **campùccio**, pegg.

campobassàno **A** agg. ● Di Campobasso. **B** s. m. (f. *-a*) ● Abitante, nativo di Campobasso.

camporèlla [da *campora*, ant. pl. di *campo*; 1959] s. f. ● (*sett., scherz.*) Campicello, spec. nella loc. ***andare in c.***, amoreggiare in luoghi appartati di campagna.

campos /*port.* 'kãmpuʃ, 'kɜmpus/ [stessa etim. dell'it. *campo*; 1955] s. m. pl. ● Savane situate a sud delle foreste del bacino del Rio delle Amazzoni.

camposànto o **càmpo sànto** [comp. di *campo* e *santo*; sec. XIV] s. m. (pl. *campisànti* o *camposànti*) ● Cimitero | ***Andare al c.***, (*fig.*) morire.

campus /'kampus, *ingl.* 'kʰæmpəs/ [vc. ingl., lat. *cămpus*, nom., 'campo'; 1959] s. m. inv. (pl. ingl. *campuses*) ● Insieme dei terreni e degli edifici che fanno parte di un'università, spec. negli Stati Uniti | (*est.*) L'università stessa.

camuccà ● V. *cammuccà*.

camuffaménto [1930] s. m. ● Mascheramento, travestimento (*anche fig.*).

camuffàre [prob. dall'ant. *camuffo* 'cappuccio che copre il volto'; poi 'ladro, tagliaborse'; av. 1342] **A** v. tr. **1** Vestire in maniera da far assumere un aspetto diverso: *lo camuffarono da brigante, ma fu riconosciuto* | (*fig.*) ***C. le proprie aspirazioni***, nasconderle. SIN. Mascherare, travestire. **2** †Ingannare. **B** v. rifl. ● Travestirsi, mascherarsi: *camuffarsi da mendicante*.

camùno [vc. dotta, lat. *Camūni*, nom. pl., n. di un popolo retico o euganeo; 1764] **A** agg. ● Della Val Camonica: *preistoria camuna*. **B** s. m. (f. *-a*) ● Abitante della Val Camonica.

camùrra ● V. *gamurra*.

camùso [forse da *muso*, con un pref. *ca-* pegg.; 1342] agg. ● Di naso, schiacciato, piatto | (*est.*) Di persona, che ha il naso piatto e schiacciato: *individuo c.; Or qual convìensi / al c. Etiope il naso* (PARINI).

can [1542] s. m. ● Adattamento di *khan* (V.).

Canadair® /*fr.* kana'dɛːr/ [dal n. della ditta canadese che lo produce; 1985] s. m. inv. ● (*aer.*) Anfibio impiegato contro gli incendi.

canadése [1860] **A** agg. ● Del Canada: *parlamento c.* | ***Bottiglia c.***, tipo di bottiglia usata dall'esercito canadese nella seconda guerra mondiale, e attualmente da alcune fabbriche di birra | ***Tenda c.***, tipo di tenda da campeggio a struttura triangolare, costituita da semplici teli di copertura sorretti da due paletti. **B** s. m. e f. ● Abitante, nativo del Canada. **C** s. m. ● (*med.*) In ortopedia, bastone metallico a semi-bracciale usato per appoggiarsi camminando. **D** s. f. ● (*ellitt.*) Bottiglia canadese | Tenda canadese.

canàglia [da *cane*; av. 1338] **A** s. f. solo sing. ● (*lett., spreg.*) Marmaglia: *Bisognava veder che c., che facce* (MANZONI). **B** s. f. ● Persona malvagia, spregevole, disonesta: *non ti fidare: è una c.* SIN. Birbante. || **canagliàccia**, pegg. | **canagliétta**, dim. | **canagliòne**, accr. m.

canagliàta [1865] s. f. ● Azione da canaglia.

canagliésco [1765 ca.] agg. (pl. m. *-schi*) ● Da canaglia. || **canagliescaménte**, avv.

canagliùme [av. 1704] s. m. ● Insieme di canaglie.

canàio o (*region.*) **canàro** [lat. *canāriu(m)*, da *cănis* 'cane'; 1865] s. m. (f. *-a* nei sign. 1 e 2) **1** Chi alleva o custodisce cani. **2** Latrato di molti cani | (*est.*) Chiasso, confusione.

canaiòla [sec. XIV] s. f. ● Canaiolo.

canaiòlo o †**canaiuòlo** [da *cane*, cui quest'uva piace; 1820] s. m. ● Vitigno toscano da vino rosso usato nella preparazione del Chianti.

canalàre [da *canale* in senso anatomico] agg. ● (*med.*) Detto di tipo di terapia odontoiatrica della polpa dentale.

♦**canàle** [lat. *canāle(m)* 'canale, condotto d'acqua, tubo', da *cănna* 'canna'; 1219] s. m. **1** Corso d'acqua che scorre in un alveo costruito artificialmente: *c. di bonifica, di irrigazione, di scolo, di drenaggio; un c. navigabile* | ***Canal Grande***, (*per anton.*) la più vasta e importante via d'acqua interna, a Venezia. **2** In alpinismo, solco erosivo su pendii rocciosi. **3** (*est.*) Tubo, condutture per liquidi | Condotta per cui il metallo fuso passa nella forma. **4** (*geogr.*) Tratto di mare, più vasto di uno stretto, compreso fra due terre: *c. d'Otranto*. **5** (*anat.*) Formazione tubolare allungata, delimitata da pareti proprie: *c. uretrale; c. vertebrale*. SIN. Dotto (2). **6** (*elettr.*) Unità elementare di apparecchiatura in alta o bassa frequenza, utilizzata come mezzo di trasmissione di segnali telefonici o telegrafici | ***C. televisivo***, gamma di frequenza delle onde radioelettriche utilizzata da un impianto trasmittente televisivo; (*est.*) programma televisivo: *primo, secondo c.* **7** (*fig.*) Via, tramite, mezzo di comunicazione, di collegamento, di diffusione: *c. gerarchico, burocratico, diplomatico* | ***Canali di distribuzione***, organizzazioni intermediarie attraverso le quali avviene il trasferimento dei beni dai produttori ai consumatori. **8** (*elab.*) Organo che permette il trasferimento o la trasmissione di informazioni, spec. fra unità centrale e unità periferiche | ***C. d'entrata, di uscita***, connettore a più vie che assicura il flusso dei dati e dei segnali di controllo fra unità centrale e unità periferiche. || **canalàccio**, **canalàzzo**, pegg. | **canalétta**, dim. f. (V.) | **canalétto**, dim. | **canalìno**, dim. (V.) | **canalóne**, accr. (V.) | **canalùccio**, dim.

canalétta [1830] s. f. **1** Dim. di *canale*. **2** Manufatto per portare e distribuire nei campi l'acqua di irrigazione. **3** Negli edifici industriali, passaggio protetto ricavato solitamente sotto il livello del pavimento per cavi o altre condutture. **4** (*mar.*) Incavo ricavato nel profilo di alberi e stralli metallici della moderna attrezzatura a vela destinato ad accogliere l'inferitura delle vele.

canalicolàre [1875] agg. ● Che ha forma di canalicolo.

canalìcolo [vc. dotta, lat. *canalīculu(m)*, dim. di *canālis* 'canale'; 1875] s. m. ● (*bot.*) Sottile canale che si forma nelle pareti delle cellule e le fa comunicare fra loro.

canalìno [1820] s. m. **1** Dim. di *canale*. **2** In alpinismo, stretto e breve solco erosivo nelle pareti di una montagna.

canalìsta [da *canale*] s. m. e f. (pl. m. *-i*) ● Operaio specializzato nella costruzione di canali.

canalizzàre [fr. *canaliser*, da *canal* 'canale'; 1881] v. tr. **1** Solcare un terreno, una regione e sim. con una rete di canali per la bonifica, l'irrigazione, la navigazione e sim.: *c. una zona palu-*

dosa; *c. una pianura povera d'acqua* | *C. le acque*, regolarne il deflusso e la distribuzione mediante canali o condutture. *2* (*fig.*) Rivolgere verso una determinata direzione: *c. i reclami all'ufficio competente* | Convogliare, incanalare: *c. il traffico*. *3* (*chir.*) Creare chirurgicamente una via di deflusso per il drenaggio di umori stagnanti.

canalizzàto [1881] part. pass. di *canalizzare*; anche agg. *1* Nei sign. del v. *2 Traffico c.*, flusso di veicoli che, mediante apposite corsie, viene smistato in varie direzioni.

canalizzazióne [1857] s. f. *1* Il canalizzare. *2* Insieme dei canali e delle condutture di un determinato comprensorio. *3* (*est.*) Rete di condutture per distribuire acqua, gas, energia elettrica e sim. *4* (*med.*) Formazione naturale o patologica di canali | Creazione chirurgica di canali per drenare umori stagnanti.

canalóne [av. 1927] s. m. *1* Accr. di *canale*. *2* Profondo solco di erosione in una parete rocciosa di montagna, spesso coperto di elementi detritici.

cananàico [1987] s. m. solo sing. ● (*ling.*) Uno dei due sottogruppi, insieme all'aramaico, della famiglia semitica nord-occidentale.

cananèo [vc. dotta, lat. *Chananǣu(m)*, nom. *Chananǣus*, dal gr. *Chananâios* 'abitante della terra di *Chanáan*' (ebr. *Kéna'an*)'; av. 1557] **A** agg. ● Della regione di Canaan, antica denominazione della Palestina. **B** s. m. (f. *-a*) ● Chi appartiene alle stirpi pre-israelitiche stanziatesi nella regione di Canaan.

cànapa [lat. *cănnabe(m)*, nom. *cănnabis*, dal gr. *kánnabis*, di orig. orient.; 1340 ca.] s. f. *1* Pianta erbacea annuale delle Cannabacee con radice a fittone, fusto diritto e ricoperto di peli, foglie palmato-lanceolate, fiori maschili separati in pannocchia terminale, e femminili portati da individui diversi (*Cannabis sativa*). ➡ ILL. **piante**/2. *2* Fibra tessile tratta dal fusto della pianta omonima | *C. greggia*, ottenuta con la semplice separazione dei canapuli dalle fibre di canapa | *C. di Manila*, abacà | *C. di Calcutta*, iuta. *3* Tessuto ruvido ottenuto con la fibra omonima. *4* Corda o spago di canapa. *5 C. indiana*, pianta erbacea delle Cannabacee, ricca di sostanze resinose, dalla quale si estrae la droga omonima usata come analgesico, narcotico e stupefacente (*Cannabis indica*). ‖ **canapétta**, dim. | **canapétto**, dim. m. | **canapóne**, accr. m. (V.) | **canapùccia**, dim. (V.).

canapacciàia [1955] s. f. ● Coltura di canapacci per la produzione del seme della canapa.

canapàccio [1865] s. m. ● Pianta femminile della canapa. SIN. Canapone.

canapàia [1772] s. f. ● Campo coltivato a canapa.

canapàio o (*raro*) **canapàro** [1322] s. m. *1* Canapaia. *2* (f. *-a*) Chi raccoglie, lavora o vende la canapa.

canapè [fr. *canapé*, dal lat. *canapēu(m)*, dal gr. *kōnōpêion* 'zanzariera', da *kṓnōps* 'zanzara'; 1563] s. m. inv. *1* Divanetto imbottito e fornito di spalliera e braccioli. *2* Fetta di pane spec. in cassetta, tagliata in forme diverse, spalmata o guarnita con composti vari e servita gener. come antipasto.

canapìcolo [comp. di *canapa* e *-colo*; 1941] agg. ● Relativo alla coltivazione della canapa.

canapicoltóre [comp. di *canapa* e *-coltore*; 1955] s. m. (f. *-trice*) ● Coltivatore di canapa.

canapicoltùra [comp. di *canapa* e *coltura*; 1920] s. f. ● Coltivazione della canapa.

canapièro [da *canapa*; 1962] agg. ● Relativo alla lavorazione della canapa: *industria canapiera*.

canapifìcio [comp. di *canapa* e *-ficio*; 1905] s. m. ● Stabilimento per la lavorazione della canapa.

canapìglia [da *canapa*, per il colore delle penne; 1830] s. f. ● Uccello degli Anseriformi di color bruno con frange nere e arancioni, abile volatore (*Anas strepera*).

canapìna [1865] s. f. ● Tela greggia che i sarti mettono per rinforzo sotto i davanti delle giacche.

canapìno (1) [da *canapa*; 1663] **A** agg. *1* Di canapa: *panno c.*; *tela canapina*. *2* Che ha un colore biondo molto chiaro simile a quello della canapa: *capelli canapini*. **B** s. m. *1* (f. *-a*) Chi lavora la canapa. *2* Canapina.

canapìno (2) [dal precedente, per il colore; 1622] s. m. ● Piccolo uccello canoro dei Passeriformi, insettivoro, di colore giallastro (*Hippolais polyglotta*).

cànapo [da *canapa*; sec. XII] s. m. ● Grossa fune fatta di canapa. ‖ **canapétto**, dim.

canapóne [1797] s. m. *1* Accr. di *canapa*. *2* Canapaccio. *3* Canapa grossa per far cavi.

canapùccia [1622] s. f. (pl. *-ce*) *1* Dim. di *canapa*. *2* Seme di canapa.

canapùle, (*evit.*) **canapùlo** [da *canapa*; 1652] s. m. ● Fusto legnoso della canapa, spogliata delle sue fibre, usato come combustibile | Frammento del fusto della canapa privato del tiglio.

canard /fr. ka'naːʀ/ [vc. fr., propr. 'anitra', da *cane*, deformazione di *ane*, dal lat. *ănate(m)* 'anitra', con evoluzione semantica non chiara; 1862] s. m. inv. *1* Notizia, informazione giornalistica falsa o montata per determinati scopi. *2* (*aer.*) Velivolo con gli impennaggi posti nella parte anteriore della fusoliera.

canaricoltùra [comp. di *canari(no)* e *coltura*; 1987] s. f. ● Allevamento dei canarini.

♦**canarìno** o (*dial.*) **canerino** [dalle isole *Canarie*, da cui proviene; 1663] **A** s. m. (f. *-a*) *1* Uccello dei Passeriformi con piumaggio verde screziato di grigio e giallo chiaro, e interamente giallo in talune specie di allevamento (*Serinus canarius*). CFR. Gorgheggiare, trillare. ➡ ILL. **animali**/10 | *Mangiare come un c.*, (*fig.*) mangiare pochissimo. *2* (*fig.*) Persona dall'aspetto fragile e delicato. *3* (*fig.*, *gerg.*) Informatore della polizia. **B** in funzione di agg. inv. ● (posposto a un s.) Di colore giallo chiaro: *sciarpa c.*; *guanti c.*

canàrio [sp. *canario* 'delle isole Canarie'; 1601] s. m. *1* (*merid.*) Canarino. *2* Danza pantomimica spagnola di corteggiamento fiorita dal XV al XVII sec.

canàro ● V. *canaio*.

canàsta [sp. *canasta* 'canestro'; 1949] s. f. *1* Gioco di carte affine al ramino, di origine sudamericana, che si gioca con tre mazzi di 52 carte ognuno. *2* Gruppo di sette o più carte dello stesso valore, che costituisce la serie tipica di questo gioco: *una c. di sette, di re*. ‖ **canastóne**, accr. m. (V.).

canastóne [1963] s. m. *1* Accr. di *canasta*. *2* Gioco di carte simile alla canasta.

canàto ● V. *khanato*.

canattière [da *can(e)* con il doppio suff. di mestiere *-att(o)* e *-iere*; av. 1492] s. m. (f. *-a*) ● (*lett.*) Custode di cani, spec. da caccia: *i canattieri corrono … appare un uomo che agita il collare e il guinzaglio di Timbra* (D'ANNUNZIO).

†**canavàccio** ● V. *canovaccio*.

cancàn (1) /kaŋ'kan, *fr.* kɑ̃'kɑ̃/ [deformazione infant. di *canard* 'anitra' (V. *canard*); la danza sarebbe detta così perché i movimenti ricordano lo sculettare dell'anitra; 1865] s. m. inv. ● Vivace danza francese da caffè concerto in auge nella seconda metà dell'Ottocento.

cancàn (2) /kaŋ'kan, *fr.* kɑ̃'kɑ̃/ [dal lat. *quămquam* 'benché', secondo la pronuncia fr.; il termine avrebbe indicato dapprima le dissertazioni in latino degli scolari, in cui questa parola ricorreva spesso; 1905] s. m. ● Chiasso, confusione: *non fate tanto c.* | (*fig.*) Scandalo: *che c. per una cosa da nulla!*

cancaneggiàre [da *cancan* (2); 1901] v. intr. (*io cancanéggio*; aus. *avere*) ● (*lett.*) Fare uno scandalo clamoroso.

cancellàbile o (*pop.*) **scancellàbile** [1745] agg. ● Che si può cancellare.

cancellaménto [av. 1694] s. m. ● (*raro*) Cancellazione.

♦**cancellàre** o (*lett.*) **scancellàre** [lat. *cancellāre* 'ingraticolare', poi 'cancellare uno scritto', dal fatto che per annullare uno scritto vi si facevano sopra dei segni a mo' di cancelli; 1280] **A** v. tr. (*io cancèllo*) *1* Fare segni o freghi su ciò che è scritto o disegnato per renderlo illeggibile, annullarlo e sim.: *c. una frase, una parola, un disegno*; *c. con la gomma, con un tratto di penna* | (*est.*) Eliminare, far scomparire del tutto scritti o disegni, spec. sulla lavagna. *2* (*fig.*) Annullare: *ha cancellato tutti i suoi appuntamenti*; *c. una sentenza* | (*fig.*) Far sparire: *c. un'impressione sbagliata*; *così mai scancellata la memoria fia di te, madre* (POLIZIANO). *3* †Chiudere con un cancello (*anche fig.*). **B** v. intr. pron. ● Scomparire, dileguarsi (*anche fig.*): *un ricordo destinato a non cancellarsi*.

†**cancellarìa** ● V. *cancelleria*.

†**cancellàrio** [1499] s. m. ● Cancelliere.

cancellàta [da *cancello*; sec. XIV] s. f. ● Chiusura o recinzione, spec. di palazzi e giardini o parchi, costituita da una serie di sbarre e gener. elementi, in metallo o altro materiale, debitamente distanziati fra loro: *la c. dei giardini pubblici*. ‖ **cancellatina**, dim.

cancellatóre [av. 1938] agg.; anche s. m. (f. *-trice*) ● (*raro*) Che (o Chi) cancella.

cancellatùra o (*pop.*) **scancellatùra** [da *cancellare*; av. 1430] s. f. ● Segno fatto per cancellare o tracce di tale segno. ‖ **cancellaturina**, dim.

cancellazióne o (*raro*) **scancellazióne** [1356 ca.] s. f. ● Il cancellare, il venire cancellato | (*fig.*) Annullamento, eliminazione: *c. di un volo*.

cancellerésca [f. sost. di *cancelleresco*; detta così perché usata nelle cancellerie; 1549] s. f. ● Scrittura artificiosamente elaborata, per dare ad atti solenni carattere di inconfondibilità e di autenticità, in uso spec. presso le cancellerie imperiali, reali e pontificia.

cancellerésco [1549] agg. (pl. m. *-schi*) ● Che si riferisce alla cancelleria o ai cancellieri: *carattere c.*; *scrittura cancelleresca* | *Stile c.*, burocratico e pedante.

cancellerìa o †**cancellarìa** [fr. *chancellerie*, da *chancelier* 'cancelliere'; av. 1405] s. f. *1* Sede del cancelliere presso un organo giudiziario: *depositare un atto in c.* | Cancellierato: *aiutante di c.*; *funzione di c.* *2* Ufficio competente alla preparazione, redazione, autenticazione, registrazione e spedizione degli atti e documenti di pubbliche autorità: *c. apostolica* | Amministrazione degli affari esteri in vari Stati: *la cancelleria di Bonn* | (*elvet.*) Segreteria: *c. comunale*. *3* L'insieme dei materiali che servono per scrivere, come penne, matite, carte, inchiostri, gomme e sim.: *articoli, oggetti, di c.*; *hai provveduto alla c.?*

cancellétto [1902] s. m. *1* Dim. di *cancello*. *2* (*sport*) *C. di partenza*, nelle gare di sci, coppia di paletti verticali, attraverso i quali il concorrente, partendo, deve passare muovendo una barretta orizzontale che attiva i cronometri di gara. *3* Nome del carattere # | Tasto corrispondente a tale carattere nelle tastiere di computer e telefoni.

cancellieràto [av. 1704] s. m. *1* La carica, l'ufficio di cancelliere | Periodo di durata in carica del cancelliere. *2* Sistema politico-costituzionale, tipico di Austria e Germania, in cui il cancelliere, capo del Governo, è nominato dal parlamento. CFR. Premierato.

cancellière [lat. tardo *cancellāriu(m)* 'usciere che stava presso i *cancelli* che separavano il pubblico dal luogo dove sedevano i principi o i giudici', attrav. il fr. *chancelier*; 1312] s. m. (f. *-a* nei sign. 1, 2 e 3) *1* Capo dell'ufficio della cancelleria. *2* Pubblico ufficiale che svolge attività spec. accessorie rispetto a quelle proprie dell'ufficio giudicante, ma necessarie all'organizzazione e al funzionamento del meccanismo processuale. *3* Ministro della giustizia | In Germania e in Austria, primo ministro | *C. dello Scacchiere*, in Inghilterra, ministro delle finanze e del tesoro. *4* (*st.*) Titolo dato al più alto ufficiale della giustizia nell'impero bizantino e nelle corti europee.

cancellìno [da *cancellare*; 1962] s. m. ● Girella di cimosa, per cancellare gli scritti sulla lavagna. SIN. Cassino (2).

♦**cancèllo** [lat. *cancĕlli*, nom. pl. 'cancellata', dim. di *căncri* 'graticci'; sec. XIII] s. m. *1* Chiusura di porta o ingresso, in ferro o legno, costituita da barre verticali variamente distanziate e tenute ferme tra loro da traverse | (*est.*) Apertura chiusa da un cancello: *fermarsi a parlare sul c.* | Grata. *2* Punto di passaggio in un casello di autostrada. *3* In equitazione, tipo di ostacolo usato nei concorsi ippici: *c. arcuato, diritto*. ➡ ILL. p. 2152 SPORT. *4* (*dir.*) *Vendere a c. chiuso*, vendere un podere con tutto ciò che vi è diretto ad asportabile. ‖ **cancellàccio**, pegg. | **cancellétto**, dim. (V.) | **cancellìno**, dim. | **cancellóne**, accr. | **cancellùccio**, dim.

cancerìgno [1941] agg. ● Che costituisce un cancro: *tessuto c.*; *formazione cancerigna*.

cancerizzàrsi [dal lat. *căncer* 'cancro'; 1963] v. intr. pron. ● Trasformarsi in cancro: *la ferita si cancerizza*.

cancerizzazióne [dal lat. *căncer* 'cancro'; 1955] s. f. ● (*med.*) Trasformazione in cancro di un processo proliferativo.

cancerogènesi [comp. del lat. *căncer* 'cancro' e

genesi] s. f. inv. ● (*med.*) Processo di formazione e sviluppo di un cancro. CFR. Oncogenesi.

cancerogenicità [da *cancerogeno*; 1985] s. f. ● (*med.*) Capacità che presentano alcuni agenti fisici, chimici e biologici di indurre la formazione di un cancro.

cancerògeno [comp. del lat. *cǎncer* 'cancro' e di *-geno*; 1937] **A** agg. ● Che è capace di provocare l'insorgenza del cancro: *agente c.*; *sostanza cancerogena.* **B** s. m. ● Sostanza cancerogena: *il benzopirene è un c.*

cancerologia [comp. del lat. *cǎncer* 'cancro' e di *-logia*; 1950] s. f. ● Scienza che studia le neoplasie maligne e i relativi metodi di cura.

canceròlogo [comp. del lat. *cǎncer* 'cancro' e di *-logo*; 1962] s. m. (f. *-a*; pl. m. *-gi*) ● Studioso di cancerologia.

canceróso o (*pop.*) **cancheróso** [vc. dotta, lat. tardo *cancerōsu(m)*, da *cǎncer* 'granchio', poi 'cancro'; 1539] **A** agg. ● Di cancro, che ha natura di cancro: *processo c.*; *formazione cancerosa.* **B** s. m.; anche agg. (f. *-a*) ● Chi (o Che) è affetto da cancro.

cànchero [sec. XIV] **A** s. m. **1** V. *cancro* (2). **2** (*pop.*) Malattia, malanno. **3** (*pop.*, *fig.*) Persona molesta e importuna. **B** in funzione di inter. ● Esprime ira, rabbia, meraviglia, impazienza. || **cancheràccio**, pegg. | **cancherìno**, dim. | **cancheróne**, accr. | **cancherùccio**, dim.

cancheróso ● V. *canceroso.*

cancrèna o †**cangrèna**, **gangrèna** [sec. XIV] s. f. **1** (*med.*) Necrosi massiva di un organo o tessuto. **2** (*fig.*) Vizio insanabile, incallito | Corruzione che guasta gli animi, la società e sim.: *la c. della corruzione.*

cancrenàre o **gangrenàre** [1767] **A** v. intr. e intr. pron. (*io cancrèno*; aus. *essere*) **1** V. *gangrenare.* **2** (*fig.*, *raro*) Corrompersi moralmente. **B** v. tr. ● (*fig.*, *raro*) Guastare, corrompere.

cancrenóso ● V. *gangrenoso.*

càncro (**1**) [vc. dotta, lat. *cǎncru(m)*, di orig. indeur.; 1282] s. m. ● Granchio.

càncro (**2**) o (*pop.*) **cànchero** [dal precedente, perché le ramificazioni del tumore ricordano le zampe del granchio; av. 1315] s. m. **1** (*med.*) Proliferazione incontrollata, irreversibile e progressiva di cellule anormali e irregolari, che distrugge e invade i tessuti adiacenti, metastatizza e risulta letale se non curata; forme di cancro sono quelle tumorali maligne (carcinoma, sarcoma) e non tumorali (leucemia, linfoma). CFR. Tumore, neoplasia, carcino-. **2** (*est.*, *fig.*) Male incurabile, insanabile: *c. morale*; *il c. della società*; *un c. che distrugge le nostre istituzioni.* **3** (*fig.*) Corrosione, logorio: *il c. del sospetto, del dubbio* | Idea fissa e tormentosa: *il c. della gelosia, della paura.* **4** (*bot.*) Malattia fungina di organi periferici legnosi ed erbacei delle piante che si manifesta spec. sotto forma di piaga necrotizzata o di iperplasia irregolare | Escrescenza formata in seguito alla presenza di batteri in piante legnose ed erbacee con formazione di metastasi.

Càncro (**3**) [V. *cancro* (*1*)] **A** s. m. **1** (*astron.*) Costellazione dello zodiaco, che si trova fra quella dei Gemelli e quella del Leone. **2** (*astrol.*) Quarto segno dello zodiaco, compreso fra 90 e 120 gradi dell'anello zodiacale, che domina il periodo tra il 22 giugno e il 22 luglio. ➡ ILL. **zodiaco.** **B** s. m. e f. inv. ● Persona nata sotto il segno del Cancro.

candeggiànte [1962] **A** part. pres. di *candeggiare*; anche agg. ● Nei sign. del v. **B** s. m. ● Sostanza idonea ad aumentare il grado di bianco di fibre, filati, tessuti, carte e sim.

candeggiàre [lat. parl. **candidiāre*, da *candĭdus*, compar. nt. di *cāndidus* 'bianco'. Nel lat. tardo esiste *candidāre* 'rendere bianco'. V. *candido*; 1930] v. tr. (*io candéggio*) ● Sottoporre a candeggio tessuti, filati, carta e sim. prima di tingerli o per metterli in commercio allo stato bianco.

candeggiatóre [1955] s. m. (f. *-trice*) ● Addetto a operazioni di candeggio.

candeggìna [1942] s. f. ● Soluzione diluita di ipoclorito sodico, usata nel candeggio domestico. SIN. Varecchina.

candéggio [da *candeggiare*; 1905] s. m. **1** Operazione di decolorazione cui vengono sottoposti spec. i filati o i tessuti. SIN. Sbianca | Imbianchimento: *il c. della carta.* **2** Nel bucato domestico, eliminazione del colore giallognolo e di macchie residue dalla biancheria mediante l'uso di candeggianti.

♦**candéla** [lat. *candēla(m)*, da *candēre* 'risplendere, brillare'; sec. XII] s. f. **1** Cilindro di cera, stearina, sego e sim. munito, lungo l'asse verticale, di stoppino, che si accende per illuminare: *accendere, spegnere una c.*; *cenare, leggere a lume di c.* | *C. vergine*, mai accesa | ***Struggersi come una c.***, dimagrire per malattia e sim. | ***Accendere una c. a un santo***, per ringraziamento di una grazia ricevuta | ***Accendere una c. a qlcu.***, (*fig.*) essergli infinitamente grato | ***Reggere la c.***, (*fig.*) favorire una relazione amorosa con la propria presenza | (*fig.*) ***Non valere la c.***, non valer la pena: *il gioco non vale la c.* | (*fam.*) ***Avere la c. al naso***, avere il naso sporco di moccio. SIN. Cera, moccolo. **2** (*fis.*) Unità di misura dell'intensità luminosa nel Sistema Internazionale, definita come l'intensità luminosa in una data direzione di una sorgente che emette una radiazione monocromatica di frequenza 540 · 10^{12} hertz e la cui intensità energetica in tale direzione è pari a 1/683 watt/steradiante: *lampadina da 60 candele.* SIMB. cd. **3** (*mecc.*) Organo, a forma cilindrica, avvitato nella parete della camera di combustione dei motori a scoppio, in cui scoccano le scintille per l'accensione della miscela d'aria e carburante. **4** (*sport*) *A c.*, a perpendicolo: *calciare, mandare, tirare la palla a c.*; *sparare a c.* | ***Tuffo a c.***, entrata in acqua con i piedi, in posizione perfettamente verticale | In ginnastica, posizione verticale rovesciata in appoggio su spalle e collo. || **candelétta**, dim. (V.) | **candelìna**, dim. (V.) | **candelìno**, dim. m. | **candelóna**, accr. | **candelóne**, accr. m. | **candelòtto**, accr. m. (V.) | **candelùccia**, **candelùzza**, dim.

candelàbra [1900] s. f. ● Composizione ornamentale, a rilievo o dipinta, che richiama la forma di un candelabro stilizzato, usata nell'arte classica e rinascimentale per decorare spec. pilastri, stipiti, lesene e sim. SIN. Candeliera.

candelàbro [vc. dotta, lat. *candelābru(m)*, da *candēla* 'candela'; 1319] s. m. **1** Anticamente, sostegno di forma diversa atto a reggere una candela, una fiaccola, un lume a olio e sim. | Grande candeliere ornamentale a due o più bracci. **2** (*agr.*) *A c.*, detto di forma obbligata di allevamento di alcune piante da frutto.

candelàggio [1962] s. m. ● (*fis.*) Misura, in candele, dell'intensità luminosa di una lampada.

†**candelàio** [1584] s. m. **1** (f. *-a*) Chi fabbrica o vende candele. **2** Candeliere.

candelétta [av. 1400 ca.] s. f. **1** Dim. di *candela.* **2** *C. medicata*, (*ellitt.*) ***candeletta***, cilindretto di glicerina solidificata o di burro di cacao fusibili alla temperatura del corpo, contenente sostanze medicamentose, per applicazioni uretrali o vaginali. **3** (*mar.*) Candelizza, frascone.

candelièra [1930] s. f. ● Candelabra.

candelière [ant. fr. *chandelier*. V. *candela*; 1271] s. m. **1** Fusto di legno, metallo, vetro o ceramica, con piede, usato per reggere una o più candele: *c. di chiesa, per altare, da pianoforte* | ***Mettere qlcu. sul c.***, (*fig.*) tenerlo in grande stima | ***Reggere il c.***, (*fig.*) assistere agli amori altrui favorendoli o a qualche fatto con indifferenza. **2** (*mar.*) Asta metallica verticale per sostenere le draglie della battagliola o i tendalini. || **candelierìno**, dim. | **candelieróne**, accr. | **candelierùccio**, dim.

candelìna [av. 1936] s. f. **1** Dim. di *candela.* **2** Ciascuna delle piccole candele che si mettono su una torta per festeggiare un compleanno e che vengono spente con un soffio da chi compie gli anni: *spegnere le candeline.*

candelìzza [sp. *candeliza*, dim. di *candela* nel sign. 1; 1820] s. f. ● (*mar.*) Paranco di grande potenza per sollevare carichi pesanti. SIN. Candeletta.

†**candélo** [sec. XIII] s. m. ● Candela.

Candelòra [lat. mediev. *festum Candelārum* 'festa delle candele'; 1290] s. f. ● Festa della Purificazione della Madonna che ricorre il 2 febbraio, nella quale si benedicono le candele.

candelòtto [sec. XIV] s. m. **1** Accr. di *candela.* **2** Candela piuttosto corta e grossa per lumiere, candelabri e sim. | Candela per le processioni. **3** *C. fumogeno*, cilindro contenente sostanze che producono grandi quantità di nebbia artificiale | *C. lacrimogeno*, cilindro contenente sostanze che sprigionano gas lacrimogeni. **4** (*spec. al pl.*) Specie di cannelloni.

†**candènte** [vc. dotta, lat. *candĕnte(m)*, part. pres. di *candēre* 'essere bianco, abbagliante, incandescente'; 1321] agg. ● (*lett.*) Rilucente, abbagliante: *su' ghiacciai candenti* (CARDUCCI).

càndida [dal lat. *cāndidu(m)* 'splendente'] s. f. ● Genere di Funghi imperfetti (*Candida*) simili a lieviti di cui alcune specie sono ospiti abituali delle mucose e della cute degli animali e dell'uomo.

candidàre [ricavato da *candidato*; 1972] **A** v. tr. (*io càndido*) (qlcu. + *a*, + *come*) ● Presentare, proporre come candidato a una carica o a un ufficio, spec. elettivi, sia pubblici che privati: *la coalizione l'ha candidato alla presidenza*; *il partito la candida come capolista.* **B** v. rifl. (+ *a*; + *come*; + *per*) ● Presentarsi come candidato a una carica o a un ufficio, spec. elettivi, sia pubblici che privati: *si è candidata a sindaco*; *la città si è candidata come sede del convegno*; *non intendo candidarmi per il vostro partito* | (*est.*) Dimostrare concrete possibilità di raggiungere un dato obiettivo: *con questo successo il Milan si è candidato alla vittoria finale.*

♦**candidàto** [vc. dotta, lat. *candidātu(m)* 'vestito di bianco', da *cāndidus* 'bianco', detto così perché, nell'antica Roma, chi poneva la propria candidatura a una carica pubblica indossava una toga bianchissima; 1342] s. m. (f. *-a*) (+ *a*, anche seguito da inf.; + *per*) **1** Persona che ha posto, o di cui è stata posta, la candidatura a una carica o a un ufficio: *i candidati alle elezioni politiche*; *ci sono tre candidati alla carica di amministratore delegato*; *le candidate a miss Italia*; *i due candidati a sindaco*; *i primi candidati a ricevere un organo trapiantato*; *il c. per la circoscrizione.* **2** Chi si presenta a un concorso o a sostenere un esame: *i candidati all'esame di maturità*; *le candidate a un concorso di bellezza* | (*est.*) Chi ha buone possibilità di successo: *la squadra della capitale è la principale candidata al titolo di campione d'Italia.*

candidatùra [1848] s. f. ● Proposta, presentazione di una persona, fatta da lei stessa o da altri, perché sia scelta a coprire una carica o un ufficio, spec. elettivi, sia pubblici che privati: *avanzare, sostenere, ritirare una c.*

candid camera /'kandid 'kamera, *ingl.* 'khændɪd 'khæmərə/ [vc. ingl. comp. di *candid* 'spontaneo' e *camera* 'cinepresa, telecamera'; 1966] loc. sost. f. inv. ● Genere di spettacolo televisivo e cinematografico realizzato mediante la ripresa di fatti ed episodi della vita quotidiana all'insaputa delle persone che ne sono oggetto, determinando particolari effetti di comica imprevedibilità.

candidézza [sec. XV] s. f. **1** Caratteristica, proprietà di ciò che è candido: *la c. dei lenzuoli lavati.* SIN. Candore. **2** (*raro*, *fig.*) Semplicità, purezza: *il cui stile ha … una semplicità e una c. sua propria* (LEOPARDI). **3** (*fig.*) Innocenza. SIN. Candore.

candidìasi s. f. inv. ● (*med.*) Candidosi.

♦**càndido** [vc. dotta, lat. *cāndidu(m)*, da *candēre* 'risplendere, brillare'; av. 1292] **A** agg. **1** Che ha un colore bianco puro e luminoso: *mostravano ignude le candidissime braccia* (SANNAZARO). SIN. Immacolato. **2** (*poet.*) Lucente, splendente: *candidi soli e riso di tramonti* (CARDUCCI). **3** (*fig.*) Innocente, sincero: *cuore c.*; *anima, coscienza candida*; *candide parole* | Che ha un animo puro, semplice, ingenuo: *ragazzo, uomo c.* || **candidaménte**, avv. In modo candido; (*fig.*) con sincerità, con ingenua schiettezza: *rispondere, osservare, confessare candidamente.* **B** s. m. ● (*raro*, *lett.*) Candore. || **candidétto**, dim.

candidòsi [comp. di *candida* e del suff. *-osi*] s. f. inv. ● (*med.*) Infezione della pelle e delle mucose caratterizzata da macchie biancastre causata da Funghi del genere *Candida.* SIN. Candidiasi, moniliasi.

candiòtto o **candiòta** o **candiòto** [av. 1557] **A** agg. ● Della città greca di Candia. **B** s. m. (f. *-a*) ● Abitante, nativo di Candia.

candire (**1**) [vc. dotta, lat. *candēre*. Cfr. *candido*; 1340] v. tr. (*io candìsco, tu candìsci*) ● (*raro*, *lett.*) Imbiancare: *Il lampo che candisce / alberi e muri* (MONTALE).

candire (**2**) [ar. *qandī* 'succo di canna da zucchero condensato'; av. 1698] v. tr. (*io candìsco, tu candìsci*) **1** Immergere e far bollire ripetutamente la frutta in successivi sciroppi concentrati in modo da permearla e rivestirla di zucchero. SIN. Confettare. *2* Fare cristallizzare lo zucchero estraendolo mediante evaporazione da sciroppi zuccherini.

candito [1481] **A** part. pass. di *candire* (*2*); anche agg. ● Nel sign. del v. **B** s. m. ● Frutto sottoposto a canditura: *guarnire un dolce coi canditi.*

canditóre s. m. ● Apparecchio per candire la frutta.

canditùra [1955] s. f. ● Operazione del candire.

candóre [vc. dotta, lat. *candōre(m)*, da *candēre*. Cfr. *candido*; av. 1306] s. m. *1* Bianchezza intensa e splendente: *il c. di un abito nuziale*; *il c. delle divine membra* (FOSCOLO). SIN. Biancore. *2* (*fig.*) Innocenza, semplicità, ingenuità: *il c. dei suoi sentimenti.* SIN. Purezza. *3* Purezza e proprietà di stile: *un c. che rasenta il calligrafismo.*

♦**càne** (**1**) [lat. *cāne(m)*, di orig. indeur.; sec. XIII] **A** s. m. (f. *cagna* (V.), fam. *-a*) *1* Mammifero domestico dei Carnivori, onnivoro, con odorato eccellente, pelame folto di vario colore, pupilla rotonda, dimensioni, forma del muso e attitudini variabili secondo la razza (*Canis canis*): *c. da guardia, da caccia, da gregge, da ferma, da riporto, da corsa, da combattimento, da compagnia, da soccorso, da difesa, da tana.* CFR. Abbaiare, uggiolare, guaire, guaiolare, mugolare, ustolare, gagnolare, schiattire, latrare, ringhiare, ululare, cino- (1). ➡ ILL. **animali**/13 | *C. lupo*, pastore tedesco | ***C. guida***, addestrato per l'accompagnamento dei ciechi | ***C. poliziotto***, addestrato per coadiuvare i reparti di polizia nella ricerca, l'inseguimento e l'immobilizzazione di malfattori | ***C. delle praterie***, cinomio | ***C. da pagliaio***, V. *pagliaio* | ***Menar il can per l'aia***, (*fig.*) tirare in lungo qlco. per guadagnare tempo | ***Stare come c. e gatto***, (*fig.*) sempre in disaccordo | ***Trattare qlcu. come un c.***, in modo brutale | ***Mangiare, dormire da cani***, molto male | ***Lavorare da c.***, (*fig.*) duramente | ***Vita da cani***, (*fig.*) insopportabile | ***Stare come il c. alla catena***, (*fig.*) sentirsi costretto | ***Tempo da cani***, molto cattivo | ***Cose da cani, fatte da c.***, di cattiva qualità o fatte male | ***Non trovare un c.***, nessuno | ***Sentirsi come un c. bastonato***, avvilito, umiliato | ***Voler drizzare le gambe ai cani***, (*fig.*) tentare l'impossibile | ***Solo come un c., morire solo come un c.***, completamente solo, e in circostanze tristi | ***C. sciolto***, (*fig.*) chi opera politicamente svincolato da qualsiasi organizzazione | (*fig., spreg.*) ***Cani e porci***, chiunque, qualunque tipo di persona: *ha invitato cani e porci* | (*fig.*) ***Colore di can che fugge***, incerto, sbiadito. *2* (*fig.*) Persona crudele, iraconda, avara: *si è comportato da c.* | ***Fare il c.***, dimostrarsi spietato | (*lett.*) ***C. grosso***, personaggio potente. *3* (*fig.*) Persona assolutamente incapace nel proprio lavoro, spec. attore, cantante e sim.: *quel tenore è un c.!* *4* (*fig., spreg.*) Persona vile, abbietta, spec. in loc. inter.: ***ah, c.!***; ***tacete, cani!***; ***figlio di c.!*** | †Designazione ingiuriosa di persona professante un'altra religione, spec. fra cristiani, ebrei e musulmani: *c. d'infedele.* *5* Parte del meccanismo di un'arma da fuoco che, scattando, provoca l'accensione della carica di lancio. *6* (*falegnameria*) Blocchetto di legno duro o metallo che, nelle mortase del banco da falegname, serve da appoggio e impedisce lo spostamento orizzontale del pezzo in lavorazione. **B** in funzione di agg. inv. (posposto a un s.) *1* Cattivo, infame, spec. in loc. inter.: ***mondo c.!*** *2* Forte, intenso, nelle loc. ***freddo, fame c.*** e sim. || PROV. Can che abbaia non morde; cane non mangia cane; il cane scottato dall'acqua calda ha paura della fredda. || **cagnàccio**, **cagnàzzo**, pegg. (V.) | **cagnettàccio**, dim. | **cagnettino**, dim. | **cagnétto**, dim. (V.) | **cagnino**, dim. | **cagnolétto**, dim. | **cagnolinétto**, dim. | **cagnolino**, dim. | **cagnòlo**, **cagnuòlo**, dim. | **cagnolóne**, dim. | **cagnóne**, accr. | **cagnòtto**, dim. (V.) | **cagnùccio**, **cagnùzzo**, dim. | **cagnucciòlo**, dim. | **canino**, dim. | **canóne**, accr.

càne (**2**) [sec. XIV] s. m. ● Adattamento di *khan* (V.).

canèa [da *cane* (*1*); 1865] s. f. *1* (*lett.*) Urlo rabbioso e insistente dei cani che inseguono il selvatico in fuga | (*est.*) Muta di cani | (*est.*) Gruppo di persone che gridano, schiamazzano e sim.: *la c. degli inseguitori.* *2* (*est.*) Schiamazzo | (*fig.*) Clamore rabbioso di critiche maligne: *la c. dei critici e dei giornalisti e dei professori* (CARDUCCI).

canèderlo o (*raro*) **canèdolo** [dal ted. *Knödel* 'gnocco' (di orig. germ.); 1942] s. m. ● (*spec. al pl.*) Preparazione gastronomica consistente in una specie di grossi gnocchi di forma rotonda, fatti di pane e carne e cotti nel brodo, specialità del Trentino e dell'Alto Adige.

canèfora [vc. dotta, lat. *canēphora(m)*, nom. *canēphora*, dal gr. *kanēphóros*, comp. di *káneon* 'cestello' e *-foro*; 1741] s. f. *1* Fanciulla che, in alcune cerimonie religiose della Grecia antica, portava sulla testa un canestro con offerte e oggetti rituali. *2* (*archeol.*) Cariatide che reca un cesto sul capo.

canerino ● V. *canarino.*

canésca o **cagnésca** [vc. di orig. dial. (nap.), comp. di *cane* (*1*) col suff. dim. di orig. gr. *-isco* al f.; 1950] s. f. ● Squalo lungo da uno a due metri, col dorso grigio e il ventre bianco, comune lungo le coste anche del Mediterraneo (*Galeo canis*). SIN. Galeo.

canèstra [da *canestro* (*1*); sec. XIV] s. f. ● Paniere di vimini con sponde basse, di solito a due manici. || **canestràccia**, pegg. | **canestrèlla**, dim. | **canestrina**, dim.

canestràio [1585] s. m. (f. *-a*) ● Chi fa o vende canestri.

canestràta [1865] s. f. ● Quantità di roba che può essere contenuta in un canestro.

canestràto [sicil. *ncannistratu*, da *cannistru* 'canestro', perché viene riposto in cestelle di vimini; 1955] s. m. ● Formaggio duro, piccante, simile al pecorino, tipico della Sicilia.

canestrèllo [vc. genov. che significa 'radancia' e 'ciambella'; 1889] s. m. *1* (*mar.*) Anello di metallo, legno o cima, che serve a collegare un oggetto o una manovra | Dispositivo che scorre all'interno della canaletta di inferitura per collegare la vela all'antenna. *2* Dolce in forma di disco o di piccola ciambella, tipico di alcune regioni italiane. *3* (*zool.*) Nome di alcuni Molluschi marini dei Lamellibranchi. CFR. Pettine.

♦**canèstro** (**1**) [lat. *canĭstru(m)*, dal gr. *kánastron*, prob. da *kánna* 'canna'; sec. XIII] s. m. *1* Recipiente con o senza manico, realizzato con listelli di legno sfogliato, vimini intrecciati, fili o nastri di materia plastica, impiegato nel confezionamento di fiori, primizie, piccole piante ornamentali | Il contenuto di tale recipiente: *un c. di frutta.* SIN. Cesta, paniere. *2* Nella pallacanestro, cerchio di ferro con reticella tronco-conica fissato a un tabellone, attraverso cui si deve far passare la palla per segnare un punto | (*est.*) Punto segnato in tale modo: *realizzare un c.*; *fare un c.*; *andare a c.* SIN. Cesto. || **canestràccio**, pegg. | **canestrèllo**, dim. | **canestrétto**, dim. | **canestrino**, dim. | **canestrùccio**, dim.

canèstro (**2**) [ted. *Kanister*, dal lat. *canĭstru(m)* 'canestro (1)'] s. m. ● Adattamento di *canister* (V.).

càneva ● V. *canova.*

†**canevàccio** ● V. *canovaccio.*

cànfora [ar. *kāfūr*; av. 1350] s. f. ● (*chim.*) Chetone bianco translucido di odore penetrante, ottenuto per distillazione del legno del canforo, ma soprattutto per sintesi, usato in medicina, come plastificante e come antitarmico | Ciascuno dei vari composti ossigenati derivati dagli idrocarburi terpenici simili, per proprietà, alla canfora.

canforàceo [1983] agg. ● Di odore simile a quello della canfora.

canforàre [1897] v. tr. (*io cànforo*) ● Trattare con, o impregnare di, canfora.

canforàto [1499] **A** s. m. ● Sale o estere dell'acido canforico. **B** agg. ● Che contiene canfora | ***Olio, spirito c.***, mescolato con canfora, impiegato per uso esterno come antisettico, rubefacente e analgesico.

canfòrico [1865] agg. (pl. m. *-ci*) ● Derivato dalla canfora: *acido c.* | Contenente canfora.

cànforo [1933] s. m. ● Grande albero sempreverde delle Lauracee con foglie ovali odorose, fiori piccoli gialli in pannocchie ascellari e frutto a drupa (*Cinnamomum camphora*) ➡ ILL. **piante**/3.

cànga (**1**) o **càngia** [ar. *qanğa*; 1910] s. f. ● Barca leggera a vela e a remi, in uso sul Nilo.

cànga (**2**) [port. *canga*, d'orig. orientale; 1923] s. f. ● Anticamente, tavola quadrata che, nei Paesi orientali, veniva fissata al collo del condannato e non gli permetteva di nutrirsi da solo né di riposare.

cangévole [da *cangiare*; 1548] agg. ● (*lett.*) Che cambia, mutevole.

cangiàbile [av. 1729] agg. ● (*lett.*) Che cambia facilmente | Che può cambiare.

cangiaménto [1584] s. m. ● (*lett.*) Cambiamento.

cangiànte [sec. XV] **A** part. pres. di *cangiare*; anche agg. *1* Nei sign. del v. *2* Di ciò che cambia colore a seconda dell'angolo da cui è osservato: *tessuto, seta c.* **B** s. m. ● Colore cangiante | Tessuto di colore cangiante.

cangiàre [ant. fr. *changer*, dal lat. tardo *cambiāre* 'cambiare'; av. 1250] **A** v. tr. (*io càngio*) ● (*lett.*) Cambiare: *chi ha cangiata mia dolcezza in tòsco?* (ARIOSTO). **B** v. intr. (aus. *avere* e *essere*) ● (*lett.*) Mutare | ***C. di colore***, (*fig.*) impallidire. **C** v. intr. pron. ● (*lett.*) Trasformarsi.

†**càngio** [da *cangiare*; av. 1349] s. m. *1* Colore cangiante. *2* Cambio.

†**cangrèna** ● V. *cancrena.*

cangùro [australiano *känguru* 'quadrupede', prob. attrav. il fr. o l'ingl.; 1784] s. m. *1* Mammifero australiano dei Marsupiali con arti posteriori sviluppatissimi atti al salto e coda robusta, la cui femmina è dotata di un marsupio ventrale a borsa in cui la prole completa il suo sviluppo (*Macropus*). ➡ ILL. **animali**/10. *2* Nel linguaggio giornalistico, appartenente a una squadra sportiva australiana: *i canguri del rugby battono la Francia.*

canìccio ● V. *cannìccio.*

canìcola [vc. dotta, lat. *canīcula(m)* 'cagnolino', dim. di *cānis* 'cane (1)', che anticamente designava Sirio, la stella più brillante della costellazione del Cane, che in agosto sorge assieme al Sole; 1340 ca.] s. f. ● Periodo più caldo dell'estate | (*est.*) Grande caldo: *la c. estiva.*

canicolàre o (*lett.*) **caniculàre** [1313] agg. ● Di canicola: *giornata c.* | (*est.*) Estremamente caldo: *agosto c.*

Cànidi [vc. dotta, comp. di *cane* (*1*) e *-idi*; 1955] s. m. pl. (sing. *-e*) ● Nella tassonomia animale, famiglia di Mammiferi carnivori, con zampe fornite di unghie non retrattili, testa allungata, udito e olfatto molto acuti (*Canidae*).

canile [lat. parl. **canile*, da *cānis* 'cane (1)'; sec. XV] s. m. *1* Casotto con cuccia per cani. *2* Luogo dove si custodiscono o allevano cani. *3* (*fig.*) Stanza o letto sporco e miserabile.

canino [lat. *canīnu(m)*, da *cānis* 'cane (1)'; 1313] **A** agg. ● Di cane, di cani, da cane: *mostra canina* | ***Fame, rabbia canina***, (*fig.*) molto forte | ***Mosca canina***, molesta | (*pop.*) ***Tosse canina***, pertosse | (*bot.*) ***Rosa canina***, rosa di bosco | (*anat.*) ***Dente c.***, terzo dente superiore e inferiore, subito a lato degli incisivi. || **caninaménte**, avv. Alla maniera dei cani. **B** s. m. ● Dente canino: *gli hanno estratto un c.* ➡ ILL. p. 2127 ANATOMIA UMANA.

canister /*ingl.* 'kʰænɪstə/ [vc. ingl., stessa etim. dell'it. *canestro* (*2*); 1955] s. m. inv. ● Piccolo bidone, spec. di plastica, usato per contenere benzina o altri liquidi.

canìzie [vc. dotta, lat. *canĭtie(m)*, da *cānus* 'bianco, canuto'. V. †*cano*; sec. XIV] s. f. inv. *1* Progressivo scolorimento dei capelli e dei peli per scomparsa del pigmento melanico, che si verifica con l'invecchiamento: *in attesa che la c. venisse a imbiancare le loro barbe bionde* (CALVINO) | Imbiancamento dei capelli. *2* (*est., lett.*) Chioma bianca. *3* (*fig., lett.*) Età avanzata e degna di rispetto: *adorna la c. / di liete voglie sante* (MANZONI). SIN. Vecchiaia.

canìzza [da *cane* (*1*); 1825] s. f. *1* L'abbaiare rabbioso di una muta di cani che insegue la preda. SIN. Canea. *2* (*fig.*) Gazzarra, chiasso, cagnara: *La vil c. gazzettante* (D'ANNUNZIO).

♦**cànna** [lat. *cănna(m)*, nom. *cănna*, dal gr. *kánna*, di orig. assiro-babilonese; av. 1266] s. f. *1* Pianta erbacea perenne delle Graminacee con fusto alto, sottile ed elastico, cavo negli internodi, e infiorescenza a pannocchia (*Arundo donax*) | ***C. di palude***, pianta erbacea delle Graminacee, con fiori in pannocchie scure (*Phragmites communis*). SIN. Cannuccia | ***C. d'India***, pianta della famiglia delle palme, i cui fusti lunghi e sottili servono per produrre stuoie, intrecci, bastoni da passeggio e sim. (*Calamus rotang*) | ***C. di bambù***, il fusto cavo dei bambù, usato per fare bastoni, mobili ecc. | ***C. indica***, pianta erbacea ornamentale delle Cannacee, con foglie lunghe (*Canna indica*) | ***C. da zucchero***, pianta erbacea delle Graminacee con rizoma perenne e fusto interamente ripieno di un tessuto zuccherino (*Saccharum officinarum*) |

(*est.*) Il fusto della canna | ***Essere come una c. al vento***, essere di carattere debole e influenzabile | ***Tremare come una c.***, violentemente | (*fig.*) ***Povero in c.***, molto povero. ➡ ILL. **piante**/10. ***2*** (*est.*) Bastone, pertica, fatta di canna o sim., che serve a vari usi: *c. da passeggio* | ***C. da pesca***, attrezzo di vari materiali flessibili, composto in genere da elementi smontabili o riducibili, usato per lanciare e controllare la lenza. ***3*** (*per anton.*) Canna da pesca | (*est., fig.*) Pescatore: *lassù si sono radunate tutte le canne della regione*. ➡ ILL. **pesca**. ***4*** (*est., fig.*) Strumento, oggetto, organo e sim. che per la forma assomiglia a una canna | Nel telaio della bicicletta da uomo, tubo che va dalla sella al manubrio: *portare qlcu. in c.* | ***C. metrica***, asta graduata intera o scomponibile, per misurare piccole distanze | ***C. da vetraio***, bacchetta di ferro, forata, usata per soffiare il vetro attinto dal crogiolo | †***C. del polmone***, trachea | †Gola, esofago | (*fam.*) ***Bere a c.***, direttamente dalla bottiglia, dal fiasco. ***5*** Antica misura di lunghezza, con valore compreso tra i due e i tre metri: *c. lineare, metrica, quadra*. ***6*** Parte essenziale delle armi da fuoco, costituita da un tubo di metallo chiuso a una estremità, ove è posta la carica per lanciare il proiettile nella direzione voluta | ***Baionetta in c.***, inastata. ***7*** (*mus.*) Tubo che contiene la colonna d'aria negli strumenti a fiato e negli organi | (*fig., poet.*) Zampogna: *dando spirto alle sonore canne / chiamò il suo gregge* (ARIOSTO). ***8*** ***C. fumaria***, tratto verticale del camino in cui sono convogliati i fumi derivanti da combustione: *c. fumaria ramificata*. ***9*** (*gerg.*) Sigaretta di marijuana o hascisc: *farsi una c.* SIN. Spinello. || **cannèlla**, **dim.** (V.) | **cannèllo**, **dim. m.** (V.) | **cannétta**, **dim.** (V.) | **cannùccia**, **cannùzza**, **dim.** (V.).

Cannabàcee [vc. dotta, comp. del gr. *kánnabis* 'canapa' e di *-acee*; 1962] **s. f. pl.** (**sing.** *-a*) ● Nella tassonomia vegetale, famiglia di piante delle Dicotiledoni comprendente specie con fiori dioici e frutto ad achenio, cui appartengono la canapa e il luppolo (*Cannabaceae*). ➡ ILL. **piante**/2.

cannabina [dal gr. *kánnabis* 'canapa' (vc. di orig. orient.); 1887] **s. f.** ● (*chim.*) Alcaloide derivato dalla canapa indiana usato come ipnotico o sedativo.

cannabinòlo [comp. di *cannabin(a)* e *-olo* (*2*); 1955] **s. m.** ● (*chim.*) Olio incolore, che costituisce una delle sostanze stupefacenti presenti nei derivati della canapa indiana come la marijuana e l'hascisc.

cànnabis [dal lat. scient. *Cannabis* (*Indica*) 'canapa (indiana)'; 1985] **s. f. inv.** ● (*bot.*) Genere delle Cannabacee, comprendente una sola specie, nota come canapa indiana (*Cannabis*).

cannabiṣmo [dal gr. *kánnabis* 'canapa'; 1908] **s. m.** ● (*med.*) Intossicazione cronica da canapa indiana.

Cannàcee [comp. di *canna* e *-acee*; 1892] **s. f. pl.** (**sing.** *-a*) ● Nella tassonomia vegetale, famiglia di piante erbacee delle Scitaminee con foglie lunghe e fiori in racemi o in pannocchie terminali (*Cannaceae*). ➡ ILL. **piante**/10.

cannàio [lat. **cannāriu(m)*, da *cănna* 'canna'; 1830] **s. m.** ***1*** Ampio graticcio sul quale si secca la frutta | Cesto. ***2*** Specie di panca, con apposito spazio in cui gli orditori mettono i gomitoli. ***3*** Strumento per catturare i pesci. ***4*** Chiusa di canne nei fiumi.

cannaiòla [da *cannaio* nel sign. 4; av. 1729] **s. f.** ● Uccello dei Passeriformi dal piumaggio bruno olivastro superiormente e bianco inferiormente, che nidifica nei canneti (*Acrocephalus scirpaceus*).

cannalàdra [comp. di *canna* e il f. di *ladro*; 1965] **s. f.** ● Pertica con cesoie a un'estremità, per potare alberi o cogliere frutta.

cannamèle [lat. **cănna(m) mĕllis* 'canna del miele'; av. 1313] **s. f.** ● (*lett.*) Canna da zucchero.

cannàre [etim. incerta; 1973] **A v. tr.** ● (*gerg.*) Sbagliare grossolanamente, fallire: *ho cannato il compito in classe* | Respingere, bocciare: *all'esame lo hanno cannato*. **B v. intr.** (aus. *avere*) ● (*gerg.*) Non riuscire in una prova, fallire.

cannàta (**1**) [av. 1636] **s. f.** ***1*** (*raro*) Colpo dato con una canna. ***2*** Graticcio di canne.

cannàta (**2**) [dal v. *cannare* 'sbagliare grossolanamente', di orig. sconosciuta; 1990] **s. f.** ● (*gerg.*) Errore madornale.

canneggiàre [1868] **A v. intr.** (*io cannéggio*) ● †Giostrare con aste, con picche. **B v. tr.** ● Misurare il terreno con la canna metrica.

canneggiatóre [da *canneggiare*; 1868] **s. m.** (f. *-trice*) ● Tecnico addetto alla misurazione di terreni, tracciati stradali e sim.

cannéggio [1955] **s. m.** ● Misurazione eseguita con la canna usata come unità di misura.

cannèlla (**1**) [sec. XIII] **s. f.** ***1*** Dim. di *canna*. ***2*** Parte finale di una conduttura d'acqua a cui spesso è collegato un rubinetto. ***3*** Corto tubo di legno con o senza rubinetto, che si innesta nel foro della botte per spillare il vino: *mettere la c. alla botte*. ➡ ILL. **vino**. || **cannellétta**, **dim.** | **cannellina**, **dim.**

cannèlla (**2**) [dal precedente, per la forma; av. 1292] **A s. f.** ***1*** Albero delle Lauracee con foglie persistenti coriacee glabre, fiori piccoli bianco-giallastri in pannocchie, frutto a drupa e corteccia aromatica (*Cinnamomum zeylanicum*). ➡ ILL. **piante**/3; **spezie**. ***2*** Scorza interna, assai aromatica, della pianta omonima, usata come droga in cucina. **B** in funzione di **agg. inv.** ● (posposto a un s.) Che ha il colore giallo bruno molto caldo caratteristico della corteccia omonima: *un vestito c.*; *una stoffa color c.*

cannellàto [da *cannello*, per l'aspetto; 1670] **A s. m.** ● Tessuto a coste piuttosto distanziate e vistose. **B** anche **agg.**: *tessuto c.*

cannellétto **s. m.** ***1*** Dim. di *cannello*. ***2*** Beccuccio di vaso a forma di cannello.

cannellino [etim. incerta: forse dal gusto che ricorda quello della *cannella*; 1986] **s. m.** ***1*** Vino bianco dolce dei Castelli Romani. ***2*** (*al pl.*) Tipo di fagioli bianchi e piccoli.

cannèllo [sec. XIV] **s. m.** ***1*** Dim. di *canna*. ***2*** Pezzo di canna aperto ai due lati e tagliato fra un nodo e l'altro | Fusto della canapa. ***3*** (*est.*) Cilindretto forato di vario materiale e per vari usi: *c. di vetro*; *il c. della pipa* | Asticciola della penna da scrivere | †Parte vuota della penna d'oca. ***4*** (*tecnol.*) Dispositivo costituito da un beccuccio in cui un gas combustibile viene miscelato a ossigeno e bruciato generando una fiamma ad alta temperatura, usato per il taglio e la saldatura dei metalli: *c. ossidrico, ossiacetilenico* | ***C. per saldare***, piccolo tubo ricurvo da un lato, usato per mandare col soffio la fiamma su ciò che si vuole saldare. ***5*** Frammento di materiale, di forma cilindrica e non forato: *un c. di ceralacca*. ***6*** Nei cannoni ad avancarica, tubetto contenente la miscela per accendere la carica. ***7*** (*tess.*) Rocchetto messo nella spola dopo avervi avvolto una certa quantità di filo della trama. ***8*** (*zool., region.*) Cappalunga. ***9*** Asticciola della chiave che reca a un estremo la mappa. || **cannellétto**, **dim.** (V.) | **cannellino**, **dim.** (V.) | **cannellóne**, **accr.** (V.).

cannellóne [1851] **s. m.** ***1*** Accr. di *cannello*. ***2*** (*spec. al pl.*) Involto cilindrico di pasta all'uovo farcito con un ripieno e cotto al forno.

canneté /kanne'te*, *fr.* kan'te/ [dal fr. *canne* 'canna', per la forma (è un falso francesismo); 1965] **A s. m. inv.** ● Tessuto con sottili coste in rilievo. **B** anche **agg.**: *nastro c.*

cannéto [lat. tardo *cannētu(m)*, da *cănna* 'canna'; 1336 ca.] **s. m.** ● Terreno in cui crescono vari tipi di canne | Terreno piantato con canna comune | (*fig.*) †***Fare il diavolo nel c.***, fare fracasso.

cannétta [1887] **s. f.** ***1*** Dim. di *canna*. ***2*** (*sett.*) Asticciola della penna. ***3*** Bastoncino elegante da passeggio. ***4*** Nei tessuti, sottile costa in rilievo.

cannettàto [italianizzazione di *canneté* (V.); 1955] **s. m.**; anche **agg.** ● Canneté.

cannibale [sp. *caníbal*, alterazione di *caribal*, a sua volta da *caribe*, parola della lingua dei *Caraibi* (o *Caribi*), che significa 'ardito' e passa poi a denominare il popolo stesso; 1494] **A s. m. e f.** ***1*** Antropofago. ***2*** (*fig.*) Uomo crudele e spietato. **B agg.** ● Detto di scrittore italiano contemporaneo che si ispira al genere pulp.

cannibalésco [1890] **agg.** (**pl. m.** *-schi*) ● Proprio dei cannibali (*anche fig.*): *usanze cannibalesche*; *crudeltà cannibalesca*. || **cannibalescaménte**, **avv.**

cannibàlico [1963] **agg.** (**pl. m.** *-ci*) ● (*raro*) Cannibalesco.

cannibaliṣmo [fr. *cannibalisme*, da *cannibale* 'cannibale'; 1881] **s. m.** ***1*** Antropofagia. ***2*** (*fig.*) Crudeltà disumana. SIN. Barbarie. ***3*** (*biol.*) Assimilazione e distruzione di una cellula a opera di un'altra.

cannibaliẓẓàre [ingl. *to cannibalize*: deriv. di *cannibal* 'cannibale', in uso scherz. (?); 1985] **v. tr.** ***1*** Prelevare elementi da un impianto, una macchina, un apparecchio e sim. per usarli come pezzi di ricambio: *c. un aereo*; *c. un elaboratore*. ***2*** (*econ.*) Conquistare con un nuovo prodotto quote di mercato, togliendole a prodotti analoghi commercializzati dalla stessa organizzazione.

cannibaliẓẓazióne [1985] **s. f.** ● Il cannibalizzare.

canniccìaia [1754] **s. f.** ● Stuoia di cannucce per seccare castagne, fichi e sim.

canniccìata [1865] **s. f.** ● Palizzata di cannicci usata come difesa dal vento in orti e giardini.

cannìccio o **canìccio** [lat. tardo *cannīciu(m)*, da *cănna* 'canna'; sec. XIV] **s. m.** ***1*** Stuoia di canne palustri usata per proteggere colture dalle avversità atmosferiche o come riparo in genere: *chiudere la finestra con cannicci*. ***2*** Graticcio su cui si allevano i bachi da seta o si secca la frutta. ***3*** Decorazione simile a un graticcio, caratteristica di mobili di stile neoclassico.

cannista [1963] **s. m. e f.** (**pl. m.** *-i*) ● Chi esercita la pesca spec. sportiva con la canna.

cannòcchia ● V. *canocchia* (*2*).

cannocchiàle o (*pop.*) **canocchiàle** [comp. di *canna* e *occhiale*; 1611] **s. m.** ● Strumento ottico, composto essenzialmente da un obiettivo e da un oculare, che serve per osservare oggetti lontani e per vederli ingranditi | ***Fucile a c.***, con un cannocchiale montato sulla canna per tiri di precisione | ***C. astronomico***, correntemente, telescopio rifrattore | (*est.*) ***A c.***, detto di strumento costituito da tubi rientranti uno nell'altro. || **cannocchialétto**, **dim.** | **cannocchialino**, **dim.**

cannòcchio o **canòcchio** [da *canna*; 1830] **s. m.** ***1*** Barbocchio. ***2*** Tutolo della pannocchia.

cannolìcchio [da *canna*; 1830] **s. m.** ***1*** (*zool., region.*) Cappalunga. ***2*** (*spec. al pl.*) Pasta da minestra, corta e forata.

cannòlo [siciliano *cannolu*, da *canna*; 1918] **s. m.** ***1*** Pasta dolce a forma cilindrica cotta al forno e farcita con un composto di ricotta, zucchero, dadini di frutti canditi, cioccolato e pistacchi, specialità siciliana. ***2*** Pasta sfoglia a forma cilindrica, cotta al forno e farcita di crema o panna. SIN. Cannoncino.

cannonàta [da *cannone*; 1526] **s. f.** ***1*** Colpo di cannone | (*est.*) Rimbombo dello sparo di cannone | ***Non lo svegliano neanche le cannonate***, di chi ha il sonno durissimo. ***2*** (*fig., lett.*) Fandonia, vanteria esagerata. ***3*** (*fig.*) Avvenimento o spettacolo eccezionale: *quel film è una c.* ***4*** (*fig.*) Nel calcio, forte tiro in porta con traiettoria tesa.

cannonàu ● V. *canonau*.

cannoncino [1729] **s. m.** ***1*** Dim. di *cannone*. ***2*** Cannone leggero, di piccolo calibro, gener. montato su veicoli, mezzi corazzati e sim. ***3*** Piccola piega rigonfia in vestiti femminili o infantili. ***4*** Cannolo nel sign. 2.

♦**cannóne** [accr. di *canna*; 1350 ca.] **A s. m.** ***1*** Pezzo di artiglieria con canna di lunghezza superiore a 23 calibri e calibro superiore a 20 mm per il lancio di proiettili a lunga distanza con traiettoria tesa: *c. di piccolo, medio, grosso calibro*; *c. anticarro, senza rinculo, navale, antiaereo, atomico* | (*fig., fam.*) ***Essere un c.***, essere molto abile in qualche attività, essere un asso | ***Carne da c.***, la massa dei soldati in quanto manovrati dall'alto ed esposti cinicamente alla morte | (*est.*) Spingarda da caccia | ***C. ad acqua***, idrante impiegato in operazioni di ordine pubblico per disperdere i manifestanti. ➡ ILL. p. 2121 ARCHITETTURA; **armi**. ***2*** Parte posteriore delle antiche bombarde, che contiene la carica di lancio ed è avvitata o incastrata alla tromba. ***3*** Nell'armatura antica, ciascuno dei due pezzi tubolari del bracciale a difesa del braccio e dell'avambraccio. ***4*** (*tosc.*) Pezzo di canna grossa, attorno al quale si avvolge il filo per tessere. ***5*** Grosso tubo: *c. dell'acquaio, della stufa*; *circondando poi tal cilindro e corda con un c. pur di legno* (GALILEI). ***6*** Doppia piega che può essere stirata o fissata solo in alto e lasciata sciolta. ***7*** Stinco degli equini. ***8*** ***C. elettronico***, struttura meccanica, costituente la parte essenziale di molti dispositivi elettronici, che produce un fascio di elettroni e può defletterlo, metterlo a fuoco e controllarne la posizione e l'intensità. ***9*** ***C. sparaneve***, ***c. d'innevamento***, V. *sparaneve*. ***10*** Nei finimenti del cavallo, parte trasversale dell'imboccatura che entra nella bocca del cavallo. **B** in funzione di **agg. inv.** ● (posposto a un s.) Abnormemente, enormemente grasso, spec. nella loc. ***donna c.*** ‖ **cannoncèllo**, **dim.** | **cannoncino**, **dim.** (V.).

cannoneggiaménto [1853] **s. m.** ● Tiro regolare e prolungato con cannoni o gener. con pezzi d'artiglieria. **SIN.** Bombardamento.

cannoneggiàre [1771] **A v. tr.** (*io cannonéggio*) ● Colpire con regolarità e a lungo col fuoco dell'artiglieria: *c. le postazioni nemiche.* **SIN.** Bombardare. **B v. intr.** (aus. *avere*) ● Sparare col cannone.

cannonièra [da *cannone*; 1540] **s. f.** ***1*** Apertura praticata nei parapetti o nei muri delle opere di fortificazione, per farvi passare la bocca da fuoco dei pezzi d'artiglieria | Portello quadrato o rettangolare aperto sui fianchi delle antiche navi da guerra per il tiro delle artiglierie. ➡ **ILL.** p. 2121 ARCHITETTURA. ***2*** Nave da guerra di piccolo tonnellaggio, armata con cannoni di piccolo calibro, caratterizzata dal modesto pescaggio | (*fig.*) ***Politica delle cannoniere***, quella di intimidazione usata dalle grandi potenze nei confronti dei Paesi più deboli.

cannonière [1598] **s. m.** ***1*** Marinaio addetto ai cannoni di bordo | Artigliere. ***2*** (**f.** *-a*) (*fig.*) Nel calcio, attaccante che segna molti gol: *classifica dei cannonieri.*

cannóso [vc. dotta, lat. tardo *cannōsu(m)*, da *cănna* 'canna'; sec. XIV] **agg.** ● (*raro*) Di terreno coperto di canne.

cannotiglia ● V. *canutiglia.*

cannòtto [da *canna*; 1962] **s. m.** ● Elemento di tubo metallico usato in particolari applicazioni.

cannùccia [1319] **s. f.** (**pl.** *-ce*) ***1*** Dim. di *canna.* ***2*** Tubicino in paglia, plastica o vetro per sorbire bibite | Asticella forata: *c. della pipa.* ***3*** (*bot.*) Canna di palude. ‖ **cannuccina**, **dim.**

cànnula [vc. dotta, lat. tardo *cànnula(m)*, dim. di *cănna* 'canna'; 1892] **s. f.** ● Strumento allungato, tubolare, usato in medicina per vari scopi.

cannutiglia ● V. *canutiglia.*

†**càno** [vc. dotta, lat. *cānu(m)*, di orig. indeur.; av. 1349] **agg.** ● Canuto.

canoa [sp. *canoa*, dal caraibico *canaua*; 1493] **s. f.** ***1*** Imbarcazione sottile e leggera, gener. scavata in un tronco o costruita con scorza d'albero, sostenuta da traversini, in uso presso diversi popoli primitivi. ***2*** Imbarcazione leggera aperta, anfidroma, di forma allungata, mossa per mezzo di pagaie | (*est.*) ***Sport della c.***, quello praticato con tale imbarcazione condotta da uno, due o quattro atleti. ‖ **canoìno**, **dim. m.** (V.).

canòcchia (1) ● V. *conocchia.*

canòcchia (2) o (*raro*) **cannòcchia** [da *canna*, per la forma allungata; 1829] **s. f.** ● Piccolo crostaceo marino commestibile, di forma allungata e un po' appiattita, di colore roseo e con due macchie violacee all'estremità posteriore del corpo (*Squilla mantis*). **SIN.** Cicala di mare, pannocchia. ➡ **ILL.** **animali**/3.

canocchiàle ● V. *cannocchiale.*

canòcchio ● V. *cannocchio.*

canoìno [1942] **s. m.** ***1*** Dim. di *canoa.* ***2*** Tipo di canoa di dimensioni ridotte e molto leggera | Sandolino.

canoìsmo [1970] **s. m.** ● Sport della canoa.

canoista [1938] **s. m. e f.** (**pl. m.** *-i*) ● Chi pratica lo sport della canoa.

canoìstico [1988] **agg.** (**pl. m.** *-ci*) ● Della canoa, dei canoisti: *raduno c.*

cañón /*sp.* ka'ɲon/ [vc. sp., 'canale', da *caño* 'tubo', dal lat. *cănna(m)* 'canna'; 1892] **s. m. inv.** (**pl.** sp. *cañones*) ● Canyon.

canonàu o **cannonàu**, **canonào** [etim. incerta; 1896] **s. m.** ***1*** Principale vitigno rosso della Sardegna, da cui si ottengono vini secchi o amabili. ***2*** Vino rosso asciutto prodotto spec. nel Campidano dal vitigno omonimo; ha profumo vinoso e sapore vellutato e armonico su leggero retrogusto amarognolo.

cànone [vc. dotta, lat. *cănone(m)*, nom. *cănon*, dal gr. *kanṓn* 'fusto, bastone dritto e lungo', poi 'regola, norma', da *kánna* 'canna'; av. 1405] **s. m.** ***1*** Criterio normativo per un qualsiasi campo di conoscenze o di azioni: *i canoni della ricerca scientifica, della pittura astratta; comportarsi secondo i canoni della buona educazione.* **SIN.** Norma. ***2*** (*dir.*) Controprestazione in denaro o in altre forme che viene pagata periodicamente: *c. d'abbonamento*; *c. mensile, annuo*; *c. d'affitto, di locazione*; *c. enfiteutico* | ***Equo c.***, canone d'affitto stabilito da una apposita legge che disciplina le locazioni degli immobili urbani. ***3*** Norma giuridica posta o fatta valere dalla Chiesa. ***4*** Ogni singola disposizione del codice di diritto canonico contrassegnata da un numero progressivo: *commentare il c. dieci.* ***5*** Catalogo dei libri che, in alcune religioni, sono riconosciuti rivelati, sacri o autentici: *c. buddistico, ebraico, cristiano.* ***6*** (*relig.*) Nella liturgia cattolica, parte della celebrazione della messa, dal prefazio alla comunione, ora denominata prece eucaristica. ***7*** Elenco di autori e di opere considerati come modelli da un periodo culturale, una scuola, un genere letterario e sim. ***8*** (*mus.*) Forma polifonica in cui l'intera linea melodica e ritmica viene ripetuta da due o più voci oltre la voce principale: *c. semplice, c. diretto, c. chiuso* | Composizione a sé stante, o parte di altre composizioni, come nella fuga.

canònica o †**calònaca**, †**calònica** [da *canonico*; 1274] **s. f.** ● Abitazione del parroco, gener. attigua alla chiesa.

canonicàle [1585] **agg.** ***1*** Di canonico, da canonico: *abito c.* | Dei canonici: *capitolo c.* ***2*** (*fig.*) Tranquillo, privo di preoccupazioni: *vita c.* ‖ **canonicalménte**, **avv.**

canonicàto o †**calonacàto**, †**calonicàto** [av. 1492] **s. m.** ***1*** Ufficio di canonico, con annessa prebenda. ***2*** (*fig., scherz.*) Ufficio in cui si lavora poco e si guadagna molto. **SIN.** Sinecura.

canonicità [1772] **s. f.** ● Caratteristica di ciò che è canonico.

canònico o †**calònaco**, †**calònico** [vc. dotta, lat. tardo *canŏnicu(m)*, nom. *canŏnicus*, dal gr. *kanonikós*, 'conforme alla regola' (detto quindi anche di chi appartiene al clero regolare), da *kanṓn* 'canone'; sec. XII] **A agg.** (**pl. m.** *-ci*) ***1*** Che è conforme a un canone prestabilito: *stile c.* | (*est.*) Valido, regolare: *procedimento c.* ***2*** Attinente o conforme alle leggi della Chiesa: *atto, impedimento, matrimonio c.* | ***Diritto c.***, complesso delle norme giuridiche poste e fatte valere dalla Chiesa nel governo dei fedeli e (*est.*) disciplina che studia tali norme | ***Ore canoniche***, le ore stabilite per la recita delle varie parti del breviario; le parti stesse del breviario | ***Ora canonica***, (*fig., scherz.*) il momento più opportuno per fare qlco.: *è l'ora canonica della sua passeggiata.* ***3*** Appartenente al canone delle Sacre Scritture: *libri canonici.* ‖ **canonicaménte**, **avv.** ***1*** Secondo le dovute regole. ***2*** Secondo i canoni della Chiesa; regolarmente. **B s. m.** (**f.** *canonichéssa*, †*-a*) ***1*** Chierico che fa parte di un capitolo regolare o secolare. ***2*** (*spec. al pl.*) Regolari, monaci viventi in comunità secondo le regole agostiniane. ***3*** (*fig.*) Chi ama fare una vita tranquilla.

canonista [da *canone*; av. 1375] **s. m. e f.** (**pl. m.** *-i*) ● Esperto o scrittore di questioni attinenti al diritto canonico.

canonizzàre o †**calonizzàre** [vc. dotta, lat. tardo *canonizāre* 'mettere nel numero dei libri canonici', dal gr. *kanonízein*, da *kanṓn* 'canone'; av. 1306] **v. tr.** ***1*** Includere un beato nel catalogo dei santi. ***2*** (*fig.*) Indicare come norma e modello, spec. in campo culturale: *c. l'uso di un neologismo.* ***3*** Nel diritto canonico, recepire una norma tratta da altro ordinamento giuridico.

canonizzazióne [da *canonizzare*; sec. XIV] **s. f.** ***1*** Solenne cerimonia religiosa con cui il Papa dichiara santo un beato. ***2*** (*fig.*) Legittimazione, riconoscimento ufficiale di validità.

canòpico [1584] **agg.** (**pl. m.** *-ci*) ● Che si riferisce al canopo.

canòpo [dalla città egiziana di *Canopo*, dove particolarmente si trovavano urne di questo tipo; 1786] **A s. m.** ● Vaso funerario in uso nell'antico Egitto e in Etruria, raffigurante nella parte superiore una testa umana, spesso destinato a contenere i visceri del defunto. **B** anche **agg.**: *vaso c.*

canorità [1865] **s. f.** ● Caratteristica di chi (o di ciò che) è canoro.

canòro [vc. dotta, lat. *canōru(m)*, da *cănor* 'melodia', da *cănere* 'cantare'; av. 1382] **agg.** ***1*** Che canta bene o spesso: *uccelli canori* | (*est.*) Che diffonde suoni, spec. gradevoli, detto di esseri animati o inanimati: *gola canora*; *canore corde* (TASSO). **SIN.** Canterino, melodioso. ***2*** (*lett., est.*) Che è caratterizzato da suoni, spec. melodiosi | (*est., lett.*) Armonioso, dolce e sim.: *l'onda canora de' sentimenti* (DE SANCTIS) | (*est., lett., spreg.*) Vuoto, superficialmente retorico: *canore ciance* (MONTI). ‖ **canoraménte**, **avv.**

†**canóscere** e *deriv.* ● V. *conoscere* e *deriv.*

Canòssa [dal n. del castello di *Canossa*, presso Reggio Emilia, dove nel 1077 l'imperatore Enrico IV si umiliò di fronte a papa Gregorio VII] **s. f.** ● Solo nella loc. ***andare a C.***, umiliarsi, ritrattando e riconoscendo il proprio errore.

canossiàna [1940] **A s. f.** (**m.** *-o*) ● Religiosa della congregazione fondata dalla santa Maddalena di Canossa al principio del XIX sec. **B** anche **agg.**: *monaca c.*

canòtta [1985] **s. f.** ● Canottiera nel sign. 1.

canottàggio [fr. *canotage*, da *canot* 'canotto'; 1896] **s. m.** ● Attività sportiva del remare, praticata in gare di velocità su imbarcazioni leggere condotte da singoli atleti o da equipaggi, con o senza timoniere.

CANOTTAGGIO
nomenclatura

canottaggio
● *caratteristiche*: da gara, da diporto, a remi, a pagaia; remata = vogata (di punta, di coppia; corta ⇔ lunga), palata, remo (attacco, passata in acqua, estrazione, ripresa, manico, impugnatura, guarnizione, stroppo, attacco della pala), scalmo, scalmiera, pagaia (semplice ⇔ doppia); canotto, fuori scalmo, remo, palella (di punta, di coppia; singolo di coppia, due senza, doppio di coppia, due con, quattro senza, quattro di coppia, quattro con, otto; singolo = skiff; con (timone) ⇔ senza (timone)), canotto pneumatico, rafting, acque bianche; battuta, levata, arrancata, abbordaggio, montacasa, abbrivio, partenza volante; arranca!, inguala;
● *azioni*: remigare, remeggiare, pagaiare, vogare in piedi, alla veneziana, a larga e tira = largatira, passavogare, brattare, sciare, filare i remi, arrancare, agguantare, spalare;
● *persone*: canottiere = vogatore = voga, prodiere, timoniere, giudice arbitro, commissario di boa e di percorso, allineatore;
● *tipi di canoa*: kayak, canadese (da velocità, da maratona, da slalom, da rapide), K1, K2, K3, K4, C1, C2, pagaia a doppia pala, a pala singola; outrigger, fuoriscalmo.

canottièra [fr. *canotière*, chiamata così perché adoperata dai canottieri; 1936] **s. f.** ***1*** Maglietta di lana, cotone o altre fibre, scollata e senza maniche, simile a quella portata dai canottieri. ***2*** Cappello maschile o femminile, di paglia pesante e rigida a cupola bassa e piatta, con nastro annodato da un lato, simile a quello portato un tempo dai canottieri.

canottière [fr. *canotier*, da *canot* 'canotto'; 1838] **s. m.** (**f.** *-a*) ***1*** Chi pratica lo sport del canottaggio. ***2*** Guidatore o rematore di canotto.

canottièro [fr. *canotier*, da *canot* 'canotto'; 1941] **agg.** ● Relativo al canottaggio.

♦**canòtto** [fr. *canot*. V. *canoa*; av. 1769] **s. m.** ● Piccola imbarcazione | ***C. pneumatico***, in materiale sintetico, gonfiabile e smontabile, a remi, a vela o con motore fuoribordo, adatto al salvataggio e al diporto | Sulle navi, la minore imbarcazione disponibile: *c. di salvataggio.*

cànova o (*dial.*) **càneva** [lat. tardo *cānaba(m)* 'baracca', poi 'cantina', di etim. discussa; dal gr. *kánnabos* 'carcassa di legno' (?); av. 1348] **s. f.** ***1*** (*region.*) Bottega dove si vendono al minuto vino e altri generi alimentari. ***2*** †Magazzino di vettovaglie.

canovàccio o †**canavàccio**, †**canevàccio** [da *canapa*; sec. XIII] **s. m.** ***1*** Grossa tela di canapa usata di solito per strofinacci | (*est.*) Strofinaccio, spec. da cucina. ***2*** Tela rada di lino, di cotone o di canapa usata come sostegno di ricami. ***3*** (*fig.*) Traccia schematica dell'azione scenica, seguita dagli attori nella commedia dell'arte | (*est.*) Schema, abbozzo di un'opera letteraria: *E, in pratica, un c. sul quale dovrò improvvisare di volta in volta* (FO). ***4*** (*est., fig.*) Trama, intreccio: *il c. di una commedia.*

†**canovàio** o †**canovàro** [lat. tardo *canabāriu(m)*, da *cānaba*. V. *canova*; av. 1342] **s. m.** (**f.** *-a*) ***1*** Bettoliere, cantiniere. ***2*** Anticamente, addetto al ma-

gazzino dei viveri | Addetto alla dispensa nei conventi | †Rivenditore di sale.

†**canovière** [av. 1527] **s. m.** ● Canovaio.

†**cansàre** [lat. *campsāre* 'doppiare', termine marinaresco, dal gr. *kámptō* 'io piego'; 1550] **v. tr.** e **rifl.** ● Scansare | Evitare: *Io voglio cansar l'abisso / che mi sento ai piedi* (PASCOLI).

cantàbile [vc. dotta, lat. tardo *cantābile(m)*, da *cantāre* 'cantare (1)'; 1584] **A agg.** *1* Che si può cantare. *2* (*lett.*) Molto melodico, musicale, spec. di versi: *le ariette cantabili metastasiane.* *3* (*mus.*) Indicazione espressiva, spec. nella musica strumentale, che richiede esecuzione scorrevole, senza artifici | Unito ad altra indicazione, detto di titolo di brano musicale o di una parte di esso: *adagio molto e c. della IX Sinfonia di Beethoven.* **B s. m.** ● Melodia, composizione melodica.

cantabrigiàno [ingl. *cantabrigian*, da *Cantabrigia*, forma latineggiante di *Cambridge*] **A agg.** ● (*lett.*) Di Cambridge. **B s. m.** (f. *-a*) ● Abitante di Cambridge.

cantafàvola [comp. di *cantare* (*1*) e *favola*; sec. XIII] **s. f.** *1* Racconto lungo, inverosimile, pieno di noiose sciocchezze. **SIN.** Cantafera. *2* Racconto misto di prosa e versi, spesso in forma dialogata, di origine popolare.

cantafèra [da *tantafera* (di etim. incerta) con sovrapposizione di *cantare* (*1*); av. 1470] **s. f.** ● (*raro*) Cantilena, tiritera: *i libelli, i versacci, le cantafere che andarono attorno a quel tempo* (NIEVO).

cantaiòlo [da *cantare* (*1*); av. 1566] **agg.** ● (*raro*) Detto di animale, spec. uccello, che canta bene: *merlo, grillo c.*

cantalùpo [dal n. della località laziale *Cantalupo in Sabina, dove è stato prodotto per la prima volta*; *1986*] **s. m.** (pl. *-i* o **inv.**) ● (*bot.*) Varietà di melone a superficie verrucosa, profondamente divisa in spicchi.

cantambànco o **cantimbànco** [da *canta in banco* 'colui che canta sui banchi' (nelle fiere); 1536] **s. m.** (f. **inv.** o *-a*; pl. m. *-chi*) *1* Cantore popolare che, in epoca medievale, declamava storie sulle pubbliche piazze. *2* (*est.*) Cantastorie, imbonitore, ciarlatano.

cantànte [av. 1292] **A part. pres.** di *cantare* (*1*); anche **agg.** ● Nei sign. del v. **B s. m.** e **f.** ● Chi esercita l'arte del canto: *c. d'opera, di musica leggera.*

cantàre (**1**) [lat. *cantāre*, intens. di *cănere* 'cantare'; sec. XII] **A v. intr.** (aus. *avere*) *1* Modulare musicalmente la voce: *gli piace c.*; *su, cantiamo insieme* | ***Canta che ti passa***, (*scherz.*) invito a non preoccuparsi, a non dar troppo peso a fatti o avvenimenti spiacevoli, e sim. | ***C. a orecchio***, senza conoscere la musica | ***Lasciare c. qlcu.***, non dare peso alle sue parole. *2* (*est.*) Emettere, diffondere suoni, spec. con effetto gradevole, detto di esseri animati o inanimati: *i grilli, le cicale, gli uccelli, cantano*; *il vento faceva c. i rami degli alberi* | Funzionare regolarmente: *Finalmente il motore cantò* (PAVESE). *3* Fare il cantante, come professione: *canta alla radio*; *c. da tenore, da soprano.* *4* (*fig.*) Manifestare sentimenti di gioia e sim.: *l'inno della vittoria gli cantava nel cuore* (NIEVO). *5* (*fig.*) Confessare, fare la spia, riferire segreti: *dopo tre giorni di interrogatori ha cantato.* **SIN.** Soffiare, spiattellare, spifferare. **B v. tr.** *1* Esprimere con il canto: *c. una canzone, un'aria, una romanza*; *cantarono un vecchio motivo popolare* | ***C. messa***, celebrare la messa solenne, cantandone alcune parti secondo le prescrizioni liturgiche. *2* (*fig., lett.*) Attestare, enunciare con chiarezza: *Il vostro caso è serio ...*: *la grida canta chiaro* (MANZONI) | (*fig.*) ***C. vittoria***, esultare, rallegrarsi per un successo, anche prima di averlo ottenuto | (*fig., fam.*) ***C. la solfa a qlcu.***, rimproverarlo | (*fig.*) ***Cantarla chiara, cantarne quattro, a qlcu.***, esprimergli apertamente critiche, rimproveri e sim. *3* (*fig.*) Narrare, celebrare in opere letterarie, spec. in versi: *c. le imprese di qlcu.*; *Or quando tu cantasti le crude armi* (DANTE *Purg.* XXII, 55).

cantàre (**2**) [sostantivazione di *cantare* (*1*); av. 1249] **s. m.** *1* Nella letteratura italiana dei secc. XIV e XV, poemetto d'intonazione popolare, composto spec. in ottave, di materia epica e cavalleresca, recitato anche nelle piazze. *2* (*est.*) Storia in versi: *i cantari siciliani.*

cantarèlla (**1**) [da *cantare* (*1*); 1585] **s. f.** *1* Sottospecie di allodola (*Alauda arvensis canterella*). *2* (*region.*) Cicala. *3* Richiamo artificiale per attirare le starne. *4* Cantaro, nel sign. 3.

cantarèlla (**2**) ● V. *canterella.*

cantarellàre ● V. *canterellare.*

cantarèllo [da *cantaro* (*1*), per la forma del cappello; 1820] **s. m.** ● (*bot.*) Gallinaccio (2).

cantàride [vc. dotta, lat. *canthăride(m)*, nom. *cănthăris*, dal gr. *kantharís*, dim. di *kántharos* 'scarabeo'; av. 1498] **s. f.** *1* Coleottero di color verde metallico dall'odore sgradevole (*Lytta vesicatoria*). *2* Droga ricavata dall'insetto omonimo, con proprietà revulsive, vescicatorie e afrodisiache.

cantaridina [fr. *cantharidine*. V. *cantaride*; 1825] **s. f.** ● Principio attivo della droga cantaride.

cànt aro (**1**) [vc. dotta, lat. *cănthăru(m)*, nom. *cănthărus*, dal gr. *kántharos* 'tazza', di etim. incerta; av. 1494] **s. m.** *1* Vaso greco con corpo a calice su alto piede e due anse alte verticali a nastro. *2* Nelle basiliche paleocristiane, vasca per le abluzioni, situata nell'atrio. *3* Pesce teleosteo commestibile con corpo ovale, allungato, argenteo con riflessi violetti sul dorso (*Spondyliosoma cantharus*). **SIN.** Cantarella. *4* V. *cantero.*

cantàro (**2**) [ar. *qinṭār*, sec. XIII] **s. m.** ● Antica misura di peso, variabile dai 50 agli 80 kilogrammi.

cantastòrie [comp. di *cantare* (*1*) e il pl. di *storia*; av. 1850] **s. m.** e **f. inv.** *1* Chi, spec. in occasione di feste o mercati, canta sulle piazze storie in versi. *2* (*spreg.*) Ciarlatano, saltimbanco.

cantàta [1612] **s. f.** *1* Canto prolungato, eseguito a scopo di svago. *2* (*mus.*) Composizione sacra o profana, per voci e orchestra, che combina recitativo e aria. || **cantatàccia**, **pegg.** | **cantatina**, **dim.**

cantàto [av. 1530] **part. pass.** di *cantare* (*1*); anche **agg.** ● Nei sign. del v.

cantatóre [vc. dotta, lat. *cantatōre(m)*, da *cantāre* 'cantare (1)'; av. 1306] **s. m.**; anche **agg.** (f. *-trice*, pop. disus. *-tora*) ● (*raro*) Chi (o Che) canta | Cantante.

cantautoràle o **cantautoriàle** [1985] **agg.** ● Relativo a un cantautore o alla sua produzione.

cantautóre [comp. di *cant(ante)* e *autore*; 1961] **s. m.** (f. *-trice*) ● Cantante che interpreta canzoni scritte o musicate da lui stesso.

cante hondo /sp. ˌkante'ɔndo/ o **cante jondo** /sp. ˌkante'xondo, -'ho-/ [loc. sp., propr. 'canto profondo', sia in senso proprio ('che viene dal profondo degli organi fonatori'), sia in senso fig. ('che proviene dal fondo del cuore')] **loc. sost. m. inv.** (pl. sp. *cantes hondos*) ● (*mus.*) Canto popolare andaluso con elementi arabi, ebraici, andalusi.

†**cantèo** [lat. *canthēriu(m)* 'cavallo castrato, travicello', dal gr. *kanthḗlios* 'asino', vc. di orig. straniera; sec. XIV] **s. m.** ● (*tosc.*) Travicello posto attraverso le pietiche del cavalletto per appoggiarvi la trave che si vuole segare.

canter /ingl. 'kʰæntəɹ/ [ingl., abbr. di *Canterbury gallop* 'galoppo di Canterbury', dall'andatura lenta dei cavalli dei pellegrini che andavano a S. Tommaso di Canterbury; 1905] **s. m. inv.** ● Nell'ippica, corsa di preparazione, breve e a moderata velocità, che si fa compiere ai cavalli poco prima della partenza di una gara.

cànt era [etim. incerta; 1790] **s. f.** ● (*tosc.*) Cassetto del canterano.

canteràle [av. 1873] **s. m.** ● Canterano.

canteràno [etim. incerta: prob. da avvicinare a *canto* (*2*) 'angolo'; av. 1767] **s. m.** ● Cassettone a quattro o più cassetti sovrapposti.

canterèlla o **cantarèlla** (**2**) [dal lat. *canthăride(m)*, nom. *canthăris*, di orig. gr., col suff. dim. *-ella*; av. 1400] **s. f.** ● (*zool.*) Cantaride.

canterellàre o **cantarellàre** [da *cantare* (*1*); sec. XIV] **v. tr.** e **intr.** (*io canterèllo*; aus. *avere*) ● Cantare sommessamente, distrattamente, spec. di tanto in tanto: *canterellava una canzone*; *lavora canterellando.* **SIN.** Canticchiare.

canterellio [1865] **s. m.** ● Un canterellare continuo.

canterìno [1484] **A agg.** ● Che canta bene o a lungo: *grillo c.* **B s. m.** (f. *-a*) *1* Chi canta volentieri e spesso. *2* Chi recitava cantari nel XIV e XV sec. *3* †Cantante. **C s. m.** ● (*spec. al pl.*) Un tempo, in alcune regioni, cantori stipendiati per esibirsi durante feste solenni.

cànt ero o (*region.*) **cànt aro** (**1**) [V. *cantaro* (*1*); 1688] **s. m.** *1* (*region.*) Vaso da notte, recipiente per bisogni corporali. *2* †Coppa, vaso da bere. ||

canterèllo, **dim.** | **canteróne**, **accr.**

càntica [vc. dotta, lat. *căntica*, nt. pl. di *cănticum* 'cantico'; 1319] **s. f.** ● Componimento narrativo o religioso in più canti in terza rima | (*per anton.*) Ciascuna delle tre parti della Divina Commedia.

canticchiàre [dal lat. *cantĭculu(m)*, dim. di *cănticum* 'cantico' col suff. *-icchiare*; 1531] **v. tr.** e **intr.** (*io canticchio*; aus. *avere*) ● Canterellare.

canticchiatóre **s. m.** (f. *-trice*) ● Chi canticchia.

càntico [vc. dotta, lat. *cănticu(m)*, da *căntus* 'canto (1)'; av. 1342] **s. m.** (pl. *-ci*) *1* Componimento poetico lirico di contenuto religioso o civile | ***Cantico dei Cantici***, uno dei libri poetici dell'Antico Testamento, attribuito a Salomone. *2* Monologo cantato nella commedia latina. *3* (*poet.*) Inno.

♦**cantière** [lat. *canthēriu(m)* 'cavallo castrato', poi 'travicello', dal gr. *kanthḗlios* 'asino', vc. di orig. straniera; av. 1764] **s. m.** *1* Complesso di impianti, strumenti e sim. per eseguire lavori di costruzione o riparazione | ***C. navale***, arsenale | ***C. aeronautico***, quello in cui vengono eseguite costruzioni aeronautiche | ***C. edile***, quello, allestito nel luogo stesso in cui la costruzione verrà eseguita, in cui si preparano e lavorano i materiali per la costruzione di edifici, ponti, strade | ***Avere qlco. in c.***, (*fig.*) avere qlco. in preparazione. *2* ***C. scuola, di lavoro***, impresa organizzata dall'autorità pubblica al fine di consentire l'avviamento a un lavoro dei disoccupati. *3* ***C. di abbattimento, di coltivazione***, il settore della miniera o della cava in cui si effettua l'asportazione del materiale utile. || **cantierétto**, **dim.** | **cantierino**, **dim.** | **cantierùccio**, **dim.**

cantieristica [f. sost. di *cantieristico*; 1983] **s. f.** ● Insieme delle attività relative alla costruzione di navi e imbarcazioni.

cantieristico [1947] **agg.** (pl. m. *-ci*) ● Del cantiere | Relativo ai cantieri, spec. navali: *industria cantieristica.*

cantierizzazióne [da *cantiere*] **s. f.** ● Approntamento del cantiere, spec. nell'esecuzione di grandi opere civili.

cantiga /port. kã'tiga/ [vc. sp. e port., propr. 'cantica'; 1929] **s. f. inv.** (pl. port. *cantigas*) ● Componimento lirico medioevale in lingua gallego-portoghese.

cantilèna [vc. dotta, lat. *cantilēna(m)*, da *căntus* 'canto (1)'; 1321] **s. f.** *1* (*mus.*) Composizione semplice, dal ritmo uniforme. *2* (*lett.*) Canto epico-lirico. *3* (*est.*) Filastrocca, ninna nanna: *la c. della balia* | Canto che produce un'impressione di monotonia | (*est.*) Tono della voce che produce un'impressione di monotonia: *parla con quella sua c.* *4* (*fig.*) Discorso noioso, lungo, lamentoso: *è sempre la solita c.* *5* (*lett.*) Canto religioso. **SIN.** Salmodia. || **cantilenàccia**, **pegg.**

cantilenàre [av. 1803] **v. tr.** e **intr.** (*io cantilèno*; aus. *avere*) ● Cantare con voce lenta e noiosa: *c. una filastrocca*; *quando parla sembra che cantileni.*

cantilever /ingl. 'kʰæntɪˌliːvəɹ/ [vc. ingl., propr. 'mensola'] **s. m. inv.** *1* Trave con parti sporgenti a mensola. *2* Tipo di ponte in cui le travature principali poggiano su mensole.

cantillazióne [vc. dotta, dal lat. *cantilāre*, da *cantilēna* 'cantilena'; 1962] **s. f.** ● (*relig.*) Recitazione modulata melodicamente e fatta con voce nasale, usata dagli Ebrei nella lettura dei brani in prosa della Bibbia e dai cristiani orientali nella lettura dei testi liturgici.

cantimbànco ● V. *cantambanco.*

†**cantimplòra** [comp. di *cantāre* 'cantare (1)' e *plorāre* 'piangere', dal rumore del liquido versato; av. 1698] **s. f.** ● (*tosc.*) Recipiente usato un tempo per rinfrescare il vino mediante ghiaccio o neve posti in un vano interno. **SIN.** Rinfrescatoio.

♦**cantina** [prob. da *canto* (*2*), nel senso di 'luogo appartato, ripostiglio'; sec. XIII] **s. f.** *1* Locale fresco, interrato o seminterrato, adibito alla produzione e conservazione familiare del vino | (*est.*) Ripostiglio o locale interrato o seminterrato di un edificio: *conservare in c. le vecchie cose* | ***Andare in c.***, (*fig., teat.*) calare di tono mentre si recita o si canta. *2* (*fig.*) Luogo umido e oscuro: *quell'appartamento è una c.* *3* (*enol.*) Insieme dei locali per la preparazione e conservazione industriale del vino | ***C. sociale***, dove i produttori associati conferiscono l'uva. *4* Osteria. *5* (*disus.*) Spaccio di una caserma. *6* (*min.*) Fossa profonda un paio di metri, dal fondo della quale si inizia la perforazione dei sondaggi profondi. || **cantinàccia**, pegg. | **cantinétta**, dim. (V.) | **cantinina**, dim. | **cantinóna**, accr. | **cantinóne**, accr. m. | **cantinùccia**, dim.

cantinàto [1942] s. m. ● Scantinato.

cantinèlla [da avvicinare a *canto* (2) nel sign. 1; 1585] s. f. *1* Lista di legno lunga e sottile impiegata per vari usi. *2* Lunga lista di legno per sostenere gli elementi di scena | Fila verticale di lampade posta dietro la quinta.

cantinétta [dim. di *cantina*; 1820] s. f. ● Specie di ripiano in legno, plastica e sim. costruito in modo da potervi collocare, inclinate, le bottiglie di vino.

cantinière [da *cantina*; 1618] s. m. (f. *-a*) *1* Chi ha cura della cantina | Addetto alla vinificazione delle uve. *2* Oste, taverniere, vinaio. *3* (*disus.*) Gestore di spaccio militare.

cantino [da *canto* (*1*); av. 1722] s. m. ● (*mus.*) Corda più sottile e acuta degli strumenti ad arco e a corda.

♦**cànto** (1) [lat. *căntu(m)*, da *cănere* 'cantare'; 1282] s. m. *1* (*mus.*) Uso della voce umana seguendo una linea melodica e un andamento ritmico, con o senza parole, con o senza accompagnamento strumentale | *C. ambrosiano*, *anglicano*, *bizantino*, *gregoriano*, stili con ritmi e misure fissati da liturgia e tradizione | *C. fermo* (in lat. *cantus firmus*), nella polifonia, la melodia che si svolge per l'intera composizione ed è la base del contrappunto delle altre voci; nei secc. XVII-XX, soggetto o canto dato contrappuntistico | *C. fratto* (in lat. *cantus fractus*), musica organizzata secondo unità ritmiche | *C. piano* (in lat. *cantus planus*), musica ritmicamente libera, senza misure, come nel canto gregoriano e sim. | (*est.*) Composizione musicale solo vocale | In una composizione vocale-strumentale, la parte vocale | In una composizione strumentale, la parte cui è affidata la melodia | CFR. melo-. *2* Arte, stile e tecnica del cantare: *lezione di c.* | *Bel c.*, V. *belcanto*. *3* Emissione di voce degli uccelli, spec. se melodiosa o comunque gradevole: *il c. dell'usignolo* | *Il c. del cigno*, quello melodioso che, secondo la leggenda, emette il cigno morente; (*fig.*) l'ultima opera pregevole di un artista; (*est.*) l'ultima impresa di qlcu. *4* Suono di uno strumento musicale: *il c. di un violino, di un pianoforte*. *5* (*est., fig.*) Suono emesso da oggetti inanimati, spec. con effetto gradevole: *il c. della trebbia, / il c. delle sartie al vento* (D'ANNUNZIO). *6* Componimento lirico: *i canti del Leopardi*; *canti popolari* | Ognuna delle parti in cui è diviso un poema: *i canti dell'Orlando Furioso, della Gerusalemme Liberata* | (*lett.*) Poesia: *tu non altro che il c. avrai del figlio* (FOSCOLO).

♦**cànto** (2) [lat. tardo *cănthu(m)*, nom. *cănthus*, dal gr. *kanthós* 'angolo dell'occhio', di orig. celtica; av. 1294] s. m. (pl. †*càntora*) *1* Angolo esterno o interno formato da due muri che si incontrano: *il c. della strada*; *il c. della stanza*; *nel c. il più lontano dall'uscio* (MANZONI). *2* Parte, lato, banda | (*lett.*) *A c.*, V. *accanto* | *In un c.*, *da c.*, (*fig.*) in disparte | *D'altro c.*, d'altronde | *Da un c. e dall'altro*, da un certo punto di vista e da un altro | *Dal c. mio*, *suo*, ecc., per quanto mi riguarda, lo riguarda, ecc. | *Per ogni c.*, dovunque | †*Per c.*, di traverso | †*Su tutti i canti*, ovunque. || **cantùccio**, dim. (V.).

cantonàle (1) [fr. *cantonal*, da *canton* 'cantone (2)'; 1801] agg. ● Che è proprio di singoli cantoni svizzeri.

cantonàle (2) [da *cantone* (*1*); 1863] s. m. *1* Armadietto di forma triangolare, destinato a occupare l'angolo di una stanza | Cantoniera (2). *2* Ferro profilato per uso murario ottenuto per laminazione, costituito da due ali o lati perpendicolari uguali o disuguali. SIN. Angolare. *3* Elemento a sezione triangolare applicato all'interno degli angoli di una cassa, allo scopo di rinforzare l'unione delle testate con le fiancate.

cantonàta [da *cantone* (*1*); 1550] s. f. *1* Angolo o spigolo di un edificio che coincide con l'angolo di una strada. *2* (*fig.*) Errore, equivoco, sbaglio | *Prendere una c.*, prendere un grosso abbaglio.

cantóne (1) [da *canto* (*2*); sec. XIV] s. m. *1* Angolo, canto: *a un c. della strada* | *In un c.*, in disparte | *Gioco dei quattro cantoni*, gioco da ragazzi eseguito in cinque: quattro si dispongono negli angoli di un quadrato, e mentre essi correndo si scambiano il posto, il quinto, partendo dal centro, tenta di occupare un cantone libero. *2* Tratto di strada o di ferrovia affidato alla cura di un cantoniere. *3* (*arald.*) Pezza quadrata posta in angolo nello scudo. *4* Ogni striscia di vario colore in cui può essere suddivisa una bandiera. *5* Ciascuno dei due denti posti alle estremità dell'arcata degli incisivi dei Bovini e degli Equini. || **cantoncino**, dim.

cantóne (2) [fr. *canton*. V. *cantone* (*1*); av. 1527] s. m. *1* In vari Stati, regione, distretto. *2* Ognuna delle unità politico-amministrative di cui è formata la Svizzera.

cantóne (3) [di orig. preindeur. (?); 1607] s. m. ● Grossa pietra utilizzata come spigolo di muro.

cantonése A agg. ● Di Canton, città della Cina meridionale | *Riso c.*, *alla c.*, riso prima bollito e poi fritto, mescolato con piselli, carote, pezzetti di prosciutto cotto e di frittata. B s. m. e f. ● Abitante, nativo di Canton. C s. m. solo sing. ● Dialetto cinese parlato a Canton.

cantonièra (1) [da *cantoniere*; av. 1873] A agg. solo f. ● Nella loc. *casa c.*, nella quale abita il cantoniere stradale o ferroviario. B s. f. ● Casa cantoniera. SIN. Casello.

cantonièra (2) [sp. *cantonera*, da *cantón* 'angolo'; 1525] s. f. *1* Mobile a ripiani digradanti destinato a occupare l'angolo di una stanza | Cantonale, angoliera. *2* †Meretrice.

cantonière [fr. *cantonnier*. V. *cantone* (*1*); 1875] s. m. (f. *-a*) ● Chi sta a guardia e ha cura d'un tratto di strada o di ferrovia.

cantóre [lat. *cantōre(m)*, da *cănere* 'cantare (1)'; 1321] A s. m. (f. *-tora*) *1* Chi canta nel coro di una chiesa. *2* (*raro*) Cantante | Corista. *3* (*fig., lett.*) Poeta, aedo: *la libera creazione ritmica del c.* (D'ANNUNZIO). B agg. *1* Che dirige il coro dei canonici: *canonico c.* *2* *Maestri cantori*, fino all'Ottocento, in Germania, componenti di corporazioni artigiane di musicisti e poeti. || **cantorino**, dim. | **cantorùccio**, **cantorùzzo**, dim.

cantorìa [1773] s. f. *1* Scuola corale al servizio di corti e chiese. *2* Parte della chiesa in cui stanno i cantori. *3* Complesso dei cantori.

cantorino [da *cantore*; 1797] s. m. *1* Titolo di libro liturgico coi canti sillabici della messa. *2* Libro di canti liturgici cattolici per il coro.

càntra [fr. *cantre*, di etim. incerta; 1940] s. f. ● (*tess.*) Parte dell'orditoio che accoglie i rocchetti dei vari fili.

cantùccio [av. 1342] s. m. *1* Dim. di *canto* (*2*). *2* Angolo interno di una stanza, di un mobile e sim.: *cercare in tutti i cantucci* | (*est.*) Luogo appartato, nascondiglio: *cercare un c. caldo e tranquillo per dormire* | *Stare in un c.*, (*fig.*) stare da parte, in disparte. *3* Cantonata. *4* Pezzetto di pane e sim. con molta crosta | (*spec. al pl.*) Piccoli biscotti secchi insaporiti con mandorle, pinoli e semi di anice, tipici della Toscana. || **cantuccino**, dim.

†**canutézza** [da *canuto*; sec. XIV] s. f. ● Canizie.

canutìglia o **cannotiglia**, **cannutiglia** [sp. *canutillo*, da *cana* 'canna'; 1577] s. f. *1* Ricamo a fili d'oro o d'argento, usato spec. per paramenti e vesti liturgiche. *2* Strisciolina attorcigliata d'oro o d'argento per ricamo. *3* Cannellino di vetro colorato per ornare cappelli e vestiti. *4* Trafilato di piombo usato per le lastre delle vetrate.

†**canutìre** [da *canuto*; 1865] v. intr. ● Incanutire.

canùto [lat. *canūtu(m)*, da *cānus* 'cano'; av. 1292] agg. *1* Bianco, detto di capelli, barba, baffi e sim. *2* Di persona, che ha capelli, barba, baffi e sim. bianchi: *un vecchio c.* | (*est.*) Vecchio | (*lett.*) *Età, stagione canuta*, la vecchiaia. *3* (*fig., lett.*) Che ha la saggezza e l'assennatezza tipiche della vecchiaia: *sotto biondi capei canuta mente* (PETRARCA). *4* (*est., lett.*) Biancheggiante, detto di cose: *schiume, onde canute* | (*poet.*) Ammantato di neve: *or, che l'alpi canute ... / rende ... il pigro verno* (TASSO).

canùtola [da *canuto*; sec. XIV] s. f. ● (*bot.*) Polio.

canyon /'kɛnjon, *ingl.* 'khænjən/ [adattamento angloamericano di *cañón* (V.); 1963] s. m. inv. ● Valle stretta e profonda originata dall'erosione fluviale su rocce relativamente tenere in regioni aride. ➡ ILL. p. 2133 SCIENZE DELLA TERRA ED ENERGIA.

canyoning /'kɛnjonin(g), *ingl.* 'kænjənɪŋ/ [vc. ingl., da *canyon*] s. m. inv. ● (*sport*) Torrentismo.

†**canzóna** ● V. *canzone*.

canzonàre [da *canzone*; av. 1492] A v. tr. (*io canzóno*) *1* Burlare, deridere, prendere in giro: *tutti lo canzonano per la sua pronuncia*. SIN. Beffare. *2* †Cantare, celebrare. B v. intr. (aus. *avere*) *1* (*lett.*) Parlare e agire per scherzo: *credono ch'io canzoni*; *ma l'è proprio così* (MANZONI). *2* †Comporre canzoni.

canzonatóre [1846] A s. m. (f. *-trice*; pop. disus. *-tora*) ● Chi ha l'abitudine di canzonare gli altri. B agg. ● (*lett.*) Canzonatorio: *prese anche lui un'aria canzonatrice* (DELEDDA).

canzonatòrio [1750] agg. ● Di chi canzona | Che deride e prende in giro: *tono, sguardo c.*; *con una serietà mezzo canzonatoria* (MANZONI). SIN. Beffardo, derisorio. || **canzonatoriaménte**, avv. (*raro*) In modo canzonatorio.

canzonatùra [1798] s. f. ● Presa in giro, derisione: *lo guarda con un sorrisetto di canzonatura* (MORANTE). SIN. Beffa.

♦**canzóne** o †**canzóna** [lat. *cantiōne(m)*, da *cāntus* 'canto (1)'; av. 1250] s. f. *1* (*letter.*) Componimento lirico sorto in rapporto con la musica, formato da più stanze che in origine si corrispondevano per numero, disposizione dei versi (prevalentemente endecasillabi e settenari) e intreccio di rime, ed erano seguite da un commiato: *c. dantesca*, *petrarchesca* | *C. libera*, *leopardiana*, nella quale la divisione in stanze non è più vincolata da schemi precisi | *C. pindarica*, che nella divisione in strofe, antistrofe, epodo, si ricollega a esemplari classici | *C. a ballo*, ballata | *C. di gesta*, poema epico medievale che canta le imprese dei cavalieri. *2* (*mus.*) Composizione per canto e strumenti, orecchiabile, solitamente con ritornello: *il festival della c.* *3* (*fig.*) Ciò che si ripete con frequenza, producendo un effetto di monotonia: *in ufficio è sempre la stessa c.* || **canzonàccia**, pegg. | **canzoncina**, dim. | **canzonèlla**, dim. (V.) | **canzonétta**, dim. (V.) | **canzonettàccia**, pegg. | **canzonettina**, dim. | **canzonina**, dim. | **canzonùccia**, dim. | **canzonucciàccia**, dim.

canzonèlla [1803] s. f. *1* Dim. di *canzone*. *2* (*raro*) Burla, scherno | *Mettere in c.*, deridere.

canzonétta [sec. XIII] s. f. *1* Dim. di *canzone*. *2* Canzone tenue o leggera o popolare composta da versi brevi e strofe | *C. anacreontica*, *arcadica*, elegante, leziosa, melodica, in uso presso gli Arcadi. SIN. Arietta. *3* (*mus.*) Breve composizione per canto e strumenti facilmente orecchiabile e di soggetto leggero.

canzonettista [1903] s. f. e m. (pl. m. *-i*) ● Cantante di canzonette, di musica leggera.

canzonettìstico agg. (pl. m. *-ci*) ● (*raro*) Relativo a canzonetta.

canzonière (1) [da *canzone*; av. 1584] s. m. *1* Raccolta di poesie liriche di uno o più autori. *2* Raccolta di canzoni o canzonette musicali.

canzonière (2) [fr. *chansonnier*, da *chanson* 'canzone'; 1962] s. m. ● Compositore o versificatore di canzonette.

caolinite [comp. di *caolino* e *-ite* (*2*); 1913] s. f. ● (*miner.*) Silicato di alluminio idrato con struttura a strati, in cristalli lamellari molto fini.

caolinizzazióne [1956] s. f. ● Trasformazione dei feldspati in caolinite e altri silicati per alterazione da parte di acque superficiali e idrotermali.

caolìno [dalla località di *Kaoling* in Cina dove fu trovato per la prima volta; 1817] s. m. ● (*geol.*) Roccia argillosa di solito bianca costituita in prevalenza da caolinite, usata spec. nella fabbricazione della porcellana.

caorlìna [dal n. del centro di *Càorle*, in provincia di Venezia] s. f. ● Veloce barca da pesca diffusa nella laguna veneta, con scafo lungo e affusolato, provvisto alle estremità di un ferro a rostro.

càos o †**caòsse** [lat. *chăos*, dal gr. *cháos* 'fenditura', poi 'caos', da *cháinō* 'mi apro, mi spalanco'; 1313] s. m. *1* (*filos.*) Originario stato di disordine della materia nel periodo antecedente alla formazione del mondo. *2* (*fig.*) Grande confusione, disordine: *questa stanza è un c.*; *l'attentato gettò il paese nel c.*; *cacciò le mani in quel c. di carte* (MANZONI). *3* (*fis.*) Caratteristica di sistemi dinamici in cui variazioni anche minime nelle condizioni iniziali provocano grandi differenze nell'evoluzione successiva, che perciò non può essere prevista nel suo comportamento dettagliato.

caòtico [1870] agg. (pl. m. *-ci*) ● Del caos | (*fig.*) Disordinato, confuso: *traffico c.*; *idee caotiche*; *un c. ammasso di rottami*. || **caoticaménte**, avv.

cap (*1*) /*ingl.* kʰæp/ [vc. ingl., orig. 'cappa', dal lat. *căppa*(*m*) 'mantello con cappuccio', poi genericamente 'copricapo'] **s. m. inv.** ● In equitazione, particolare copricapo protettivo indossato dai cavalieri.

Cap (*2*) /kap/ **s. m. inv.** ● Sigla di codice di avviamento postale. (V. *codice*).

càpa [lat. *căput* 'capo'; 1953] **s. f.** ● (*merid.*) Testa, capo.

capàce [vc. dotta, lat. *capāce*(*m*), da *căpere* 'prendere, comprendere, capire'; av. 1306] **agg.** (assol.; + *di*; lett. + *a*) **1** Che può contenere una data quantità di persone o cose: *disegnarono nella chiesa cattedrale il luogo della sessione c. di quattrocento persone* (SARPI) | (*est.*) Spazioso, ampio: *salone molto c.*; *una borsa c.*, *poco c.* **2** Che è in grado di fare qlco.: *ormai è c. di leggere*; *consideravano il re essere poco c. a sostenere da sé solo un pondo sì grave* (GUICCIARDINI) | (*est.*) Che è particolarmente abile in una data attività: *è un disegnatore c.* **SIN.** Abile, esperto. **3** (*est.*) Intelligente, dotato: *un giovane serio e c.* **4** (*dir.*) Dotato di capacità | ***Essere c. di testare***, di stare in giudizio. **5** (*fam.*) Che è disposto a fare qlco.: *non è mai c. di sgridarlo*; *se non lo fermi è c. di partire subito* | ***È c. di tutto***, (*fig.*) non ha freni | (*fam.*) ***È c. che***, è possibile, probabile, che. **6** (*fam.*) Persuaso, capacitato, nella loc. ***fare, farsi, rimanere c. di qlco.*** || **capacino**, **dim.**

capacìmetro [comp. di *capacità* e *-metro*; 1963] **s. m.** ● Strumento per misurare capacità elettriche.

capacità [vc. dotta, lat. *capacitāte*(*m*), da *căpax*, genit. *capācis* 'capace'; 1294] **s. f.** (assol.; + *di*; raro + *a*) **1** Attitudine a contenere: *una botte di grande c.*; *lo stadio ha una c. di centomila persone* | ***C. di un recipiente***, volume di sostanze liquide o polverizzate che esso può contenere. **SIN.** Capienza. **2** Abilità, idoneità a fare, ad agire, a comportarsi in un dato modo: *ha la c. di organizzare bene il lavoro*; *la sua vera c. è comprendere gli altri*; *manca di c. critica*; *persona di grandi c.*, *di c. limitate*, *priva di c.* **3** (*dir.*) ***C. giuridica***, attitudine alla titolarità di rapporti giuridici | ***C. d'agire***, idoneità a compiere atti giuridici relativi ai propri interessi | ***C. a delinquere***, naturale inclinazione a commettere fatti previsti come reati | ***C. d'intendere e di volere***, attitudine a valutare il valore sociale dei propri atti e ad autodeterminarsi. **4** (*econ.*) ***C. produttiva***, complesso di risorse produttive disponibili in un'impresa o in un sistema economico; quantità di lavoro che un impianto è in grado di svolgere | (*econ.*) ***C. contributiva***, possibilità di corrispondere un determinato volume di imposte in base all'ammontare del reddito. **5** (*fis.*) ***C. elettrica***, quantità di elettricità presente in un conduttore riferita al potenziale al quale esso si eleva | ***C. dell'accumulatore***, quantità di elettricità che esso è capace di erogare prima che la tensione ai morsetti scenda sotto un valore minimo prefissato | ***C. termica***, quantità di calore necessaria ad elevare di 1 °C la temperatura di un corpo | (*est.*) Condensatore. **6** (*med.*) ***C. vitale***, volume massimo d'aria che i polmoni possono contenere dopo un'inspirazione profonda. **7** (*sport*) ***C. fisiche***, quelle relative a forza, velocità, resistenza, mobilità articolare e coordinazione. **SIN.** Qualità fisiche.

capacitànte [av. 1704] **part. pres.** di *capacitare*; anche **agg.** ● (*lett.*) Convincente.

capacitànza [da *capacitante*; 1931] **s. f.** ● (*fis.*) Reattanza capacitiva.

capacitàre [da *capacità*; 1690] **A v. tr.** (*io capàcito*) ● Convincere, persuadere: *questa scusa non mi capacita.* **B v. intr. pron.** ● Rendersi conto, rimanere persuaso e convinto: *non mi capacito di tanto disastro*; *non si capacitava che Amelia … passasse i pomeriggi da sola* (PAVESE).

capacitività [1956] **s. f.** ● (*fis.*) Capacità elettrostatica dell'unità di volume.

capacitivo [1956] **agg.** ● (*fis.*) Che si riferisce alla capacità elettrica, o che la possiede.

capacitóre [1987] **s. m.** ● (*raro*) Condensatore elettrico.

capàle [da *capo*; 1527] **s. m.** ● Elmo.

capànna [lat. tardo *capănna*(*m*), di etim. incerta; 1282] **s. f.** **1** Piccolo ricovero o costruzione, spec. di frasche, paglia, legno e sim.: *c. di pastori* | (*est.*) Casa misera, tugurio | (*fig.*) ***Due cuori e una c.***, espressione che simboleggia l'amore contrapposto agli agi materiali | (*fig.*, *scherz.*) ***Pancia mia fatti c.***, esclamazione di chi si accinge a mangiare abbondantemente | ***A c.***, di tetto a due falde | ***Facciata a c.***, a due spioventi che abbracciano in un unico profilo triangolare le navate interne di diversa altezza. **2** Stanza rustica per attrezzi o prodotti campestri. **3** Rifugio alpino. || **capannàccia**, **pegg.** | **capannèlla**, **dim.** | **capannètta**, **dim.** | **capannina**, **dim.** (V.) | **capannòla**, **capannuòla**, **dim.** | **capannóna**, **accr.** | **capannùccia**, **dim.** (V.).

capannèlla [av. 1569] **s. f.** **1** Dim. di *capanna.* **2** †Capannello.

capannèllo [sec. XV] **s. m.** **1** Dim. di *capanno.* **2** Gruppo di persone che in strada si riuniscono per discutere o commentare avvenimenti: *nei capannelli si commentava il risultato delle elezioni*; *cianciano le comari in c.* (PASCOLI). **SIN.** Crocchio. **3** †Catasta di legno o altro, spec. quella su cui venivano bruciati i condannati al rogo.

capannina [1865] **s. f.** **1** Dim. di *capanna.* **2** ***C. meteorologica***, piccola costruzione, con pareti fatte a persiana per la libera circolazione dell'aria, ove vengono posti strumenti meteorologici per proteggerli da tutte le radiazioni dirette e indirette.

capannista [1955] **s. m. e f.** (**pl. m.** *-i*) ● Chi caccia in capanno terrestre o palustre.

capànno [da *capanna*; 1481] **s. m.** **1** Piccola capanna dove si apposta il cacciatore o per vari usi agricoli. **2** Pergolato a forma di cupola per terrazze, giardini e sim. **3** Piccola costruzione, gener. di legno, adibita a spogliatoio sulle spiagge. || **capannèllo**, **dim.** (V.) | **capannino**, **dim.** | **capannóne**, **accr.** (V.) | **capannòtto**, **accr.** | **capannùccio**, **dim.**

◆**capannóne** [1607] **s. m.** **1** Accr. di *capanno.* **2** Vasta costruzione rustica utilizzata come fienile, magazzino, stalla. **3** Fabbricato industriale a un solo piano fuori terra, destinato a magazzino, laboratorio, officina e sim.

capannùccia [av. 1587] **s. f.** (**pl.** *-ce*) **1** Dim. di *capanna.* **2** (*est.*, *tosc.*) Piccolo presepe natalizio.

caparbiàggine [av. 1938] **s. f.** ● (*raro*) Caparbieria.

caparbieria [1585] **s. f.** **1** (*raro*, *lett.*) Caparbietà. **2** (*raro*) Azione da persona caparbia.

caparbietà o †**caparbietàde**, †**caparbietàte** [av. 1472] **s. f.** ● Testardaggine, ostinazione. **SIN.** Cocciutaggine. **CONTR.** Arrendevolezza.

capàrbio [da *capo* (?); 1441] **agg.** ● Che agisce di testa propria senza tener conto di pareri, critiche, difficoltà. **SIN.** Cocciuto. **CONTR.** Arrendevole. || **caparbiaménte**, **avv.**

capàre [da *capo*; av. 1476] **v. tr.** ● (*region.*) Scegliere | Mondare: *c. la cicoria.*

capàrra [comp. di *capo* e *arra*; av. 1342] **s. f.** **1** Somma di denaro o altro bene fungibile che una parte dà all'altra come anticipo a garanzia dell'adempimento di un contratto: *versare*, *rendere la c.*; *c. confirmatoria*; *c. penitenziale.* **SIN.** Arra. **2** (*fig.*, *lett.*) Garanzia, anticipazione: *c. di felicità*, *di sventura.*

caparràre [1534] **v. tr.** ● (*raro*) Accaparrare.

capasànta o **càpa sànta**, **cappasànta**, **càppa sànta** [comp. di *capa*, forma veneta per *cappa* (*2*), e *santa*, perché portata con sé dai pellegrini diretti a Santiago de Compostela in Spagna; 1858] **s. f.** (**pl.** *capesànte*) ● (*ven.*) Mollusco dei Lamellibranchi commestibile con conchiglia a grosse coste radiali e formata da valve disuguali (*Pecten jacobaeus*).

capàta [da *capo*; 1618] **s. f.** **1** (*region.*) Colpo dato con la testa: *dare una c. nel muro* | ***Dare, fare una c. in un luogo***, farvi un'apparizione fugace. **2** †Cenno del capo. || **capatina**, **dim.** (V.).

capataz /*sp.* kapa'taθ, -as/ [vc. sp., propr. 'capo-operaio, caposquadra', dal lat. *căput* 'capo', di formazione poco chiara; sec. XVII] **s. m. inv.** ● (*scherz.*) Capo, dirigente | Chi esercita con una certa ostentazione la propria autorità.

capatina [1855] **s. f.** **1** Dim. di *capata.* **2** Brevissima visita, apparizione fugace, spec. nelle loc. ***dare, fare una c. in un luogo.***

capécchio [lat. *capĭtulu*(*m*) 'parte superiore degli alberi', da *căput*, genit. *căpitis* 'capo'; 1353] **s. m.** **1** Materia grezza e ruvida, tratta dalla prima pettinatura del lino e della canapa, utilizzata come imbottitura. **2** (*bot.*) Scotano.

capeggiaménto [1965] **s. m.** ● (*raro*) Direzione, guida.

capeggiàre [da *capo*; 1866] **v. tr.** (*io capéggio*) ● Essere a capo di qlco.: *c. una fazione politica.*

capeggiatóre [1919] **s. m.** (**f.** *-trice*) ● Chi capeggia.

†**capellaménto** o †**capillaménto** [lat. *capillaméntu*(*m*), da *capĭllus* 'capello'; sec. XIV] **s. m.** **1** (*raro*) Capigliatura. **2** (*bot.*) Apparato radicale di una pianta.

capellatura [lat. tardo *capillatūra*(*m*), da *capĭllus* 'capello'; 1353] **s. f.** **1** (*lett.*) Capigliatura | (*fig.*) Insieme delle fronde di un albero: *scarse capellature / di tamerici pallide* (MONTALE). **2** †Irradiazione.

capellièra [da *capello*; av. 1584] **s. f.** ● (*raro*, *lett.*) Capigliatura: *la bruna c. / il lato collo e l'ampie spalle inonda* (CARDUCCI). || **capellieràccia**, **pegg.**

capellino (*1*) [1846] **s. m.** **1** Dim. di *capello.* **2** (*spec. al pl.*) Tipo di pasta alimentare lunga e molto sottile. **SIN.** Capelli d'angelo.

†**capellino** (*2*) [detto così perché ricorda il colore dei *capelli*; av. 1673] **agg.** ● Di colore castano.

†**capellìzio** ● V. *capillizio.*

◆**capéllo** o †**cavèllo** [lat. *capĭllu*(*m*), di etim. incerta; av. 1250] **s. m.** (**pl.** poet. †*capégli*, †*cavégli*, *capéi*) **1** Ciascuno dei peli del cuoio capelluto: *capelli biondi*, *rossi*, *castani*, *radi*, *folti*, *canuti*, *ricciuti*, *morbidi*; *erano i capei d'oro a l'aura sparsi* (PETRARCA). **CFR.** trico-, -trico | ***Perdere i capelli***, diventare calvo | (*fig.*) ***Avere un diavolo per c.***, essere molto irritato | ***Essere sospeso a un c.***, (*fig.*) in continuo pericolo | ***Essere a un c. da qlco.***, vicinissimo | ***Al c.***, in modo estremamente esatto | ***Tirare qlcu. per i capelli***, (*fig.*) costringerlo | ***Spaccare un c. in quattro***, (*fig.*) fare un'analisi molto sottile | ***Un c.***, (*fig.*) nulla: *non rischiare un c.*; *non spostarsi di un c.* | ***Non torcere un c.***, non fare alcun male | ***Mettersi le mani nei capelli***, (*fig.*) essere disperato, adirato e sim. | ***Averne fin sopra i capelli***, essere stanco di qlco. | ***Sentirsi rizzare i capelli***, (*fig.*) sentire paura, ribrezzo e sim. | ***Prendersi per i capelli***, (*fig.*) litigare | ***Fino alla punta dei capelli***, (*fig.*) dalla testa ai piedi | ***Avere più guai che capelli***, (*fig.*) essere molto sfortunato | ***Fare i capelli bianchi***, (*fig.*) invecchiare, spec. fra esperienze faticose e dolorose | (*fig.*) ***C. d'angelo***, speciale tipo di lima al titanio, sottilissima e flessibile | ***Capelli d'angelo***, capellini. **2** (*fam.* o *lett.*) Chioma, capigliatura: *lozione per irrobustire il c.*; *capel bruno*: *alta fronte*: *occhio loquace* (MANZONI). **3** (*bot.*) ***C. di Venere***, capelvenere. || **capellàccio**, **pegg.** | **capellino**, **dim.** (V.) | **capellùzzo**, **dim.**

capellóne [1927] **A s. m.** **1** (**f.** *-a*) Chi ha molti o lunghi capelli. **2** (**f.** *-a*) Spec. negli anni '60 del Novecento, chi portava i capelli molto lunghi come segno di protesta e di anticonformismo. **3** Moneta d'argento settecentesca di Modena coniata dal duca Francesco III che vi figurava effigiato con lunghi capelli. **B agg.** **1** Che ha molti o lunghi capelli. **2** Pertinente ai capelloni: *moda capellona.*

capellùto [av. 1348] **agg.** **1** Che ha molti capelli. **SIN.** Chiomato, zazzeruto | ***Cuoio c.***, V. *cuoio*, sign. 2. **2** Detto di radice di piante con fitte barbe. **3** (*lett.*) Detto di cometa fornita di chioma: *la capelluta cometa estravagante* (CARDUCCI).

capelvènere [vc. dotta, lat. tardo *capĭllu*(*m*) *Vĕneris* 'capello di Venere'; av. 1348] **s. m.** ● Felce delle Polipodiacee con grandi foglie composte dal lungo picciolo sottile e foglioline a ventaglio (*Adiantum capillus Veneris*) | ***C. doppio***, cedracca. **SIN.** Adianto. ➡ **ILL. piante**/1.

†**càpere** (*1*) [lat. *căpere* 'prendere', da una radice **kēp*, **kōp*; 1319] **v. tr.** (**part. pass.** *càtto*) ● Prendere, catturare: *veggio in Alagna intrar lo fiordaliso, / e nel vicario suo Cristo esser catto* (DANTE *Purg.* XX, 86-87).

†**capére** (*2*) [V. precedente; av. 1294] **v. tr. e intr.** (difett. usato solo nelle terze **pers.** sing e **pl.** di alcuni tempi semplici: **pres. indic.** *càpe*, *càpono*; **imperf.** *capéva*, *capévano*; **condiz. pres.** *caperèbbe* (o *-ébbe*) raro) ● Capire | ***Non mi cape***, non mi persuade, non mi convince (oggi usato in tono scherz.).

capestreria [1536] **s. f.** **1** (*lett.*, *raro*) *Azione da scapestrato* | (*lett.*) Bizzarria, capriccio. **2** (*lett.*) Gioco di parole.

capèstro o **capéstro** [lat. *capĭstru*(*m*) 'corda, capestro', di etim. incerta; av. 1276] **A s. m.** **1** Fune dotata di cappio scorsoio usata per impiccare | (*est.*) Forca | ***Mandare qlcu. al c.***, condannare all'impiccagione | ***Persona da c.***, (*fig.*) delinquente. *2* Fune o cavezza con cui si legano le bestie | ***Mettere il c. a qlcu.***, (*fig.*) piegarlo, sottometterlo. *3* Specie di laccio di spago, che si mette al collo delle anatre da richiamo nelle tese palustri e che si ancora al fondo. *4* Cordone dei frati francescani: *quel c. / che solea far i suoi cinti più macri* (DANTE *Inf.* XXVII, 92-93). || **capestrèllo**, **dim.** | †**capestrùzzo**, **dim.** **B** in funzione di **agg. inv.** (posposto al s.) ● Che impone clausole, condizioni durissime: *contratto c.*

capetingio [av. 1740] **agg.** (**pl. f.** *-ge* o *-gie*) ● Che si riferisce alla dinastia reale iniziata da Ugo Capeto (987) e succeduta in Francia ai Carolingi.

capétto [dim. di *capo* nel sign. A3; 1865] **s. m.** (**f.** *-a*) ● (*spec. spreg.*) Chi ha limitate funzioni di comando ma le esercita con una certa protervia.

capézza ● V. *cavezza.*

capezzàgna o **cavedàgna** [V. *capitagna*; 1777] **s. f.** ● Strada di accesso in terra battuta lungo le testate dei campi. ➡ **ILL. agricoltura e giardinaggio.**

capezzàle o †**cavezzàle** [lat. parl. **capitiāle*, da *căput* 'capo'; av. 1306] **s. m.** *1* Stretto guanciale della larghezza del materasso che viene posto sotto il lenzuolo inferiore a capo del letto per rialzare il cuscino | (*est.*) Letto, spec. di malato o moribondo: *accorrere, stare al c. di qlcu.* *2* Ridosso staccato dalle rive e coperto nelle piene dei fiumi. *3* †Colletto di un vestito: *donne col c. … aperto* (SACCHETTI).

†**capezzàta** [dal lat. *capĭtu(m)* 'cosa che riguarda il capo'; 1688] **s. f.** ● Corona o cappello con cui termina la sommità di un'opera muraria.

capezzièra o **cavezzièra** [V. *capezzale*; 1887] **s. f.** *1* Poggiatesta ricamato per poltrone. *2* Ciascuno dei due fasci di cordicelle con cui si sospende la branda o l'amaca.

capezzolàre [1956] **agg.** ● (*anat.*) Del capezzolo.

capézzolo [dim. del lat. *capĭtiu(m)*, a sua volta dim. di *căput* 'capo'; 1541] **s. m.** ● (*anat.*) Parte centrale, pigmentata, a forma di sferula, della mammella.

capibàra o **capivàra** [vc. portoghese di orig. tupi; 1803] **s. m. inv.** ● Mammifero dei Roditori simile a una cavia, con corpo tozzo, privo di coda, piedi atti al nuoto, diffuso in America del Sud (*Hydrochoerus hydrochoeris*).

capicòllo ● V. *capocollo.*

capidòglio ● V. *capodoglio.*

capiènte [vc. dotta, lat. *capiĕnte(m)*, part. pres. di *căpere* 'prendere'; 1855] **agg.** ● Che ha capacità di contenere: *serbatoio c.*

capiènza [vc. dotta, lat. *capiĕntia*, part. nt. pl. di *căpere* 'prendere'; 1848] **s. f.** ● Capacità di contenere: *un teatro della c. di mille persone.*

capifòsso ● V. *capofosso.*

capifuòco [comp. di *capo* e *fuoco*; av. 1539] **s. m.** (**pl.** *-chi*) ● (*raro*) Alare.

capigliatùra [lat. tardo *capillatūra(m)*, con l'influenza di *capegli*, pl. ant. di *capello*; 1483] **s. f.** ● Massa dei capelli, chioma: *folta, ricca c.*

†**capiglièra** [da *capegli*, pl. ant. di *capello*; av. 1431] **s. f.** ● (*lett.*) Capigliatura.

†**capillamènto** ● V. †*capellamento.*

capillàre [vc. dotta, lat. tardo *capillāre(m)* 'che riguarda i capelli'; sec. XIV] **A agg.** *1* Sottile come un capello | (*anat.*) ***Vaso c.***, di calibro ridottissimo e a pareti sottili, formate dal solo endotelio. *2* (*fig.*) Diffuso dappertutto: *organizzazione, propaganda* | (*fig.*) Estremamente minuzioso e particolareggiato: *analisi c.* || **capillarménte**, **avv.** **B s. m.** *1* Vaso capillare | Parte estrema, sottilissima, della ramificazione dei vasi sanguigni e linfatici: *c. arterioso, venoso, linfatico.* ➡ **ILL.** p. 2126 ANATOMIA UMANA. *2* (*bot.*) Canaletto sottile nel quale scorre la linfa delle piante. *3* (*fis.*) Tubo, con diametro interno non superiore a 1-2 mm, nel quale sono sensibili i fenomeni di capillarità.

capillarità [1862] **s. f.** *1* Caratteristica di ciò che è capillare (*anche fig.*): *la c. dei tubi delle provette*; *la c. della propaganda politica.* *2* (*fis.*) Insieme dei fenomeni, dovuti alle interazioni fra le molecole di un liquido e di un solido sulla loro superficie di separazione, per cui, nei tubi capillari, i liquidi che bagnano le pareti subiscono un'ascensione capillare, mentre i liquidi che non bagnano le pareti subiscono una depressione capillare.

capillarizzàre [da *capillare*; 1948] **v. tr.** e **rifl.** ● Rendere capillare | Diffondere, suddividere in modo capillare.

capillarizzazióne [1983] **s. f.** ● Diffusione capillare.

capillìfero [comp. del lat. *capĭllus* 'capello' e *-fero*; 1886] **agg.** ● (*anat.*) Che genera o sostiene il capello.

capillìzio o †**capellìzio** [vc. dotta, lat. *capillĭtiu(m)*, da *capĭllus* 'capello'; 1632] **s. m.** *1* Parte del cuoio capelluto che è ricoperta di capelli. *2* (*bot.*) Trama di filamenti presente in organi di Funghi (corpi fruttiferi dei Gasteromiceti e sporangi dei Mixomiceti). *3* (*bot.*) ***C. radicale***, ultima e più fine ramificazione delle radici, che si identifica con la zona assorbente. *4* †Irradiazione di luce che appare attorno ai corpi luminosi: *quel capillizio che ci par di vedere intorno alla fiammella di una candela* (GALILEI).

capinéra [detta così dal *capo nero*; av. 1400] **s. f.** ● Piccolo uccello canoro dei Passeriformi con zampette esili, capo nerissimo nel maschio e color ruggine nella femmina (*Sylvia atricapilla*). **CFR.** Cinguettare, ciangottare. ➡ **ILL. animali**/9.

capintèsta [da *capo in testa*; 1927] **s. m.** e **f. inv.** *1* (*sport*; *raro*) Chi guida la classifica di una corsa o la graduatoria di una competizione o occupa il primo posto in un campionato a squadre. *2* (*spreg.* o *scherz.*) Chi guida un gruppo di persone, o dirige un'impresa. **SIN.** Caporione.

♦**capìre** [lat. *căpere*. V. *capere* (2); av. 1294] **A v. tr.** (*io capisco, tu capisci*; V. anche †*capére* (2) per le forme *càpe, càpono* e sim.) *1* Intendere, afferrare, comprendere con la mente: *non capisco cosa vuole da me*; *non ho capito una parola di questo libro* | (*fig.*) ***C. l'antifona***, intendere il senso nascosto di qlco. | ***C. a*** (o ***al***) ***volo***, subito | ***C. fischi per fiaschi***, una cosa per un'altra | ***C. la musica***, ***la poesia***, sentirle profondamente, comprenderne i significati | ***C. una persona***, penetrarne il carattere | ***Non volerla c.***, (*fig.*) non volere persuadersi di qlco., non voler accettare una situazione. **SIN.** Comprendere | (*fig.*, *intens.*) ***Non c. un fico secco***, ***un accidente***, ***un tubo***, non capire niente | (*fam.*) ***Capirci***, ***non capirci***, riuscire, non riuscire a comprendere qlco.: *non ci capisco proprio più niente*; *io ci capisco poco in questa faccenda* | ***Capirai!***, escl. gener. intens. o, a volte, ironica, di compatimento e sim.: *Capirai! bella fatica! non ha mai lavorato in vita sua!* | ***Si capisce***, certamente: *verrai domani? Sì, si capisce.* *2* Considerare con simpatia o indulgenza, scusare, giustificare, anche assol.: *c. i giovani*; *c. i casi della vita*; *solo tu mi puoi c.*; *bisogna capirlo.* *3* †Contenere, accogliere. **B v. intr.** (aus. *avere* nel sign. 1, *essere* nel sign. 2) *1* Essere intelligente: *un ragazzo che capisce poco.* *2* (*lett.*) Entrare, essere contenuto, trovare posto | (*fig.*) ***Non c. in sé dalla gioia***, non stare in sé dalla gioia: *che non posson c. in cor terreni* (STAMPA). **C v. rifl. rec.** ● Intendersi, trovarsi d'accordo: *ci siamo subito capiti* | ***Ci siamo capiti***, formula escl. o interr., con cui si concludono discorsi perentori: *e che non ne senta più parlare*; *ci siamo capiti?*

capiróssо o **caporósso** [detto così dal *capo rosso*; 1830] **s. m.** ● (*zool.*, *pop.*) Cardellino | (*centr.*, *sett.*) Fischione | (*centr.*) Moriglione.

†**capistèo** o †**capistèio**, †**capistèrio**, †**capistèro** [lat. *capistĕriu(m)*, dal gr. *skaphistḗrion*; av. 1342] **s. m.** ● Specie di conca rettangolare di legno, adibita a vari usi.

capitàgna [lat. tardo *capitāneu(m)*, da *căput* 'capo', perché è quella parte di terra che sta in capo a un campo; 1777] **s. f.** ● Testata del campo adiacente alla capezzagna che si ara trasversalmente.

♦**capitàle** (1) [lat. *capitāle(m)* 'che riguarda il capo', poi 'principale, essenziale', da *căput*, genit. *căpitis* 'capo'; 1353] **agg.** *1* Mortale: *pena, sentenza, condanna, supplizio c.* | ***Peccato c.***, che comporta la morte spirituale | ***Vizio c.***, la ripetizione di un peccato mortale | (*est.*) Spietato, inesorabile: *odio, nemico c.* *2* Che ha estrema importanza: *punto, argomento, importanza c.* **SIN.** Principale. *3* ***Scrittura c.***, antica scrittura latina, tracciata entro un sistema bilineare e geometrizzata nelle forme, così detta perché in seguito fu usata solo per le iniziali | ***Lettera c.***, tipica di tale scrittura. *4* ***Bene c.***, bene impiegato nella produzione di beni di consumo. || **capitalménte**, **avv.** In modo capitale; †mortalmente.

♦**capitàle** (2) [da *capitale* (1); av. 1595] **s. f.** *1* Città principale di uno Stato, in cui hanno sede il capo dello Stato e gli organi centrali del governo: *Roma è la c. d'Italia* | (*est.*) Città che costituisce il centro vitale o fondamentale di svariate attività: *Torino è la c. dell'automobile.* *2* Scrittura o lettera capitale: *c. rustica, quadrata.*

♦**capitàle** (3) [da *capitale* (1); 1211] **s. m.** *1* Somma da cui frutta un reddito: *c. investito in titoli.* *2* Parte della ricchezza prodotta in epoca anteriore, e impiegata nella produzione di nuovi beni | ***C. fisso***, complesso dei beni utilizzati in più cicli produttivi | ***C. circolante***, complesso di beni che si consumano in un solo ciclo produttivo | ***C. netto***, somma algebrica dei valori attivi e passivi del capitale | ***C. sociale versato***, ***c. sociale***, complesso dei conferimenti, valutati in denaro, versati dai soci | ***C. sociale nominale***, ***c. nominale***, l'ammontare dei conferimenti in società, interamente versati o no, come risultano dall'iscrizione nel registro delle imprese. *3* Valore in denaro dei beni posseduti: *calcolare il c. di un commerciante* | (*est.*) Ricchezza, patrimonio individuale: *ha un c. di gioielli* | (*est.*) Somma enorme, fortuna: *quella pelliccia mi è costata un c.* | ***Accumulare un c.***, arricchire | (*fig.*) ***Avere un c. di cognizioni***, essere ricco di sapere, di saggezza | †***Tenere***, ***avere qlcu.***, ***qlco. in c.***, tenerne gran conto, averne stima, vantaggio. *4* (*fig.*) La classe dei proprietari dei mezzi di produzione | ***Lotta tra c. e lavoro***, fra classe padronale e classe lavoratrice. *5* (*fig.*, *scherz.*) Birba, briccone, nelle loc. ***bel***, ***buon c.*** || **capitalàccio**, **pegg.** | **capitalétto**, **dim.** | **capitalìno**, **dim.** | **capitalùccio**, **dim.**

capital gain /'kapital 'gein, *ingl.* 'kʰæpɪtḷ 'geɪn/ [loc. ingl., propr. 'incremento di capitale'; 1985] **loc. sost. m. inv.** (**pl.** ingl. *capital gains*) ● (*econ.*) Plusvalenza.

capitalìsmo [da *capitale* (3), prob. attrav. il fr. *capitalisme*; 1889] **s. m.** ● Sistema economico-sociale la cui caratteristica principale risiede nella proprietà privata dei mezzi di produzione, e nella conseguente separazione tra classe dei capitalisti e classe dei lavoratori | ***C. di Stato***, sistema economico-sociale in cui l'ente pubblico statale avoca a sé la proprietà dei mezzi di produzione.

capitalista [da *capitale* (3), prob. attrav. il fr. *capitaliste*; 1762] **A s. m.** e **f.** (**pl. m.** *-i*) *1* Possessore di capitali. *2* (*est.*, *fam.*) Persona molto ricca. **B agg.** ● Capitalistico: *società c.*

capitalìstico [1897] **agg.** (**pl. m.** *-ci*) ● Pertinente al capitalismo o ai capitalisti: *sistema c.*; *In Italia l'urbanesimo non è solo …un fenomeno di sviluppo c.* (GRAMSCI). || **capitalisticaménte**, **avv.** Secondo le teorie del capitalismo.

capitalizzàre [fr. *capitaliser*. V. *capitalismo*; 1829] **v. tr.** *1* Mettere a frutto interessi o redditi trasformandoli in capitale: *c. i dividendi* | (*fig.*) Sfruttare, far rendere: *c. in termini elettorali la propria popolarità.* *2* Determinare il capitale che, in base a un certo tasso, ha fruttato un determinato reddito: *c. un vitalizio.*

capitalizzazióne [1855] **s. f.** *1* Trasformazione in capitale | ***C. degli interessi***, anatocismo | ***C. dell'imposta***, calcolo della quota ideale di capitale sottratta al contribuente mediante l'imposta stessa. *2* ***C. di Borsa***, valore di mercato di una società quotata, ottenuto moltiplicando il numero di azioni emesse per il loro valore.

capitàna [1282] **A s. f.** *1* (*scherz.*) La moglie del capitano | Donna che ha una posizione di comando. *2* Un tempo, nave che portava lo stendardo sotto il quale andavano le altre della stessa squadra (denominata oggi ammiraglia). **B** in funzione di **agg.** solo **f.**: *nave c.*

capitanàre [da *capitano*; av. 1348] **v. tr.** *1* (*raro*) Comandare un esercito come capitano. *2* (*est.*) Reggere, dirigere come capo: *c. un movimento politico*; *c. la sommossa, l'insurrezione.* **SIN.** Comandare, guidare.

capitanàto o †**capitaneàto** [av. 1348] **A part. pass.** di *capitanare*; anche **agg.** ● Nei sign. del v. **B s. m.** ● (*st.*) Dignità e ufficio di capitano d'eserciti | Distretto e durata della giurisdizione e dell'autorità del capitano | Edificio ove risiedeva il capitano.

†**capitaneggiàre** [av. 1292] **v. tr.** ● Capitanare.

capitanerìa o †**capitanìa** [av. 1348] **s. f.** *1* †Capitanato. *2* Compartimento del litorale su cui ha giurisdizione un'autorità amministrativa marittima | ***C. di porto***, ufficio nel quale risiede l'autorità amministrativa marittima che ha giurisdizione in quella zona.

capitanéssa [sec. XIV] s. f. ● (*scherz.*) Capitana.

capitanìa ● V. *capitaneria.*

capitàno o †**cattàneo** [lat. parl. *capitānu(m), da *căput*, genit. *căpitis* 'capo'; 1279] s. m. (f. *-a* (V.), *-éssa* (V.)) **1** (*st.*) Titolo dato in passato ai vassalli di importanti località rurali | *C. del popolo*, nell'ordinamento comunale, magistrato di parte popolare che, di fronte al comune dominato dai magnati, aveva la rappresentanza politica degli esclusi dal potere | *C. generale*, nell'ordinamento comunale, signore della città con poteri sia civili sia militari | *Capitani reggenti*, i due capi dello Stato della Repubblica di S. Marino. **2** Grado della gerarchia militare, corrispondente al comando di una compagnia di fanteria o di uno squadrone di cavalleria o di una batteria di artiglieria | (*st.*) *C. di ventura*, comandante, condottiero di una compagnia di ventura | †Capo, comandante supremo, condottiero: *canto l'armi gloriose e il c.* (TASSO). **3** Nella marina militare, grado degli ufficiali superiori | *C. di vascello*, equivalente al grado di colonnello nell'esercito | *C. di fregata*, equivalente al grado di tenente colonnello nell'esercito | *C. di corvetta*, equivalente al grado di maggiore nell'esercito | *C. di porto*, comandante della capitaneria di porto. **4** (*mar.*) Chi ha il comando di una nave o, anticamente, di una flotta | *C. marittimo*, nella marina mercantile, qualifica professionale degli ufficiali di coperta e di macchina | *C. di lungo corso*, capitano marittimo abilitato al comando di una nave di qualsiasi tonnellaggio senza limiti geografici | *C. di armamento*, chi è responsabile dell'armamento e del rifornimento di una flotta mercantile. **5** Comandante di una squadriglia di aerei. **6** (*est.*) Chi occupa una posizione di comando e di prestigio: *il c. dei rivoltosi, dei congiurati* | *C. d'industria*, grande industriale. SIN. Capo. **7** Nel calcio e sim., il giocatore responsabile della disciplina dei compagni in campo e autorizzato a parlare con l'arbitro | Nel ciclismo, caposquadra. **8** Maschera della Commedia dell'arte che tratteggiava comicamente la figura del guerriero.

capitàre [lat. parl. *capitāre 'far capo', da *căput*, genit. *căpitis* 'capo'; sec. XIII] **A** v. intr. (*io càpito*; aus. *essere*) **1** Arrivare, giungere casualmente e improvvisamente: *siamo capitati in piazza proprio nel giorno di mercato*; *leggeva quanti libri gli capitavano* (FOSCOLO) | *C. bene, male*, venirsi a trovare in una buona, cattiva situazione. **2** (assol.; + *di*) Accadere, presentarsi, verificarsi: *son cose che capitano*; *me ne sono capitate di tutti i colori*; *gli capita raramente di arrivare in ritardo* | *C. tra capo e collo*, all'improvviso. **3** (*raro, lett.*) Andare a finire, sboccare, far capo: *ogni diversità di riti nella religione ... in fine capitano a scisma* (SARPI). **B** v. intr. impers. (+ *di* seguito da inf.; + *che* seguito da congv.) ● Succedere, accadere: *talvolta capita di sbagliare per eccesso di zelo*; *capita spesso che ci si veda in città* | Darsi il caso che: *capita che io suoni il piano piuttosto bene* | Ricorrere, cadere: *quest'anno l'Epifania capita di lunedì.* SIN. Avvenire. **C** v. tr. ● †Concludere.

capitàrio [dal lat. *căput*, genit. *căpitis* 'capo'; 1970] agg. ● A testa, pro capite: *quota capitaria.*

capitàto [vc. dotta, lat. *capitātu(m)*, da *căput*, genit. *căpitis* 'capo'; 1830] agg. **1** (*bot.*) Detto di organo vegetale sottile la cui parte apicale è rotondeggiante. **2** (*anat.*) *Osso c.*, il più voluminoso delle ossa del carpo posto in posizione centrale.

capitazióne [vc. dotta, lat. tardo *capitatiōne(m)*, da *căput*, genit. *căpitis* 'capo'; av. 1750] s. f. **1** Imposta personale applicata dalla Roma imperiale sugli abitanti delle province. **2** (*raro*) Imposizione fiscale per cui i contribuenti sono tenuti a pagare tutti una stessa somma.

capitecènso [av. 1580] s. m. ● Adattamento di *capite census* (V.).

càpite cènsus [vc. dotta, lat. *capite cēnsi*, comp. di *căpite* (abl. di *căput* 'testa') e *cēnsus* (part. pass. di *censēre* 'tassare') 'coloro che erano iscritti solo per la persona (senza patrimonio)'] loc. sost. m. inv. (pl. lat. *capite censi*) ● Nell'antica Roma, chi, non possedendo beni, era censito solo per la sua presenza fisica e non era quindi tenuto a pagare tributi.

capitèllo [lat. *capitĕllu(m)*, dim. di *capĭtulum*, a sua volta dim. di *căput* 'capo'; 1336 ca.] s. m. **1** (*arch.*) Parte superiore, con funzione decorativa, della colonna, o del pilastro, su cui posa l'architrave o l'arco: *c. dorico, ionico, corinzio, composito, rinascimentale.* ➡ ILL. p. 2117 ARCHITETTURA. **2** (*anat.*) Prominenza arrotondata, sferoidale di un osso: *c. del perone, del radio.* **3** (*edit.*) Bordatura in tessuto o in pelle applicata in testa e al piede del dorso d'un volume rilegato. **4** Sommità dell'alambicco. SIN. Duomo, elmo.

capitolàrdo [fr. *capitulard*, da *capituler* 'capitolare (1)', col suff. spreg. di *couard* 'codardo'] s. m. anche agg. (f. *-a*) ● (*spreg.*) Pronto a capitolare, vigliacco | Disfattista.

capitolàre (1) [lat. tardo *capitulāre*, da *capĭtulum* 'capitolo (1)'; av. 1432] **A** v. intr. (*io capìtolo*; aus. *avere*) **1** Stabilire la convenzione militare che sanziona la resa di un corpo di truppe al nemico | Stabilire i capitoli del trattato di resa. **2** (*est.*) Cedere, arrendersi: *ha insistito tanto che ho capitolato.* **B** v. tr. ● †Dividere in capitoli.

capitolàre (2) [lat. tardo *capitulāre(m)*, agg. di *capĭtulum* 'capitolo (1)'; av. 1600] agg. **1** Relativo a un capitolo di canonici o di religiosi: *archivio c.*; *biblioteca, sala c.* | *Vicario c.*, che funge da vescovo in sede vacante. **2** Pertinente alle capitolazioni: *regime c.*

capitolàre (3) [da *capitolo* (*1*); av. 1750] s. m. **1** Nel diritto franco, testo di legge promulgato dal re e diviso in capitoli. **2** Raccolta delle deliberazioni di un'adunanza ecclesiastica o civile.

capitolàto (1) [da *capitolare* (*3*); 1691] s. m. ● (*dir.*) Complesso delle condizioni e modalità relative all'esercizio di una concessione fatta dalla Pubblica Amministrazione a un privato o alla esecuzione di un contratto, spec. d'appalto | *C. di prova*, indicazione specifica, distinta in vari articoli o capitoli, dei fatti che una parte vuole provare in giudizio e delle persone che su di essi possono essere interrogate.

capitolàto (2) [da *capitolo* (*1*); av. 1342] agg. **1** Scritto a capitoli. **2** Patteggiato.

capitolazióne [vc. dotta, lat. tardo *capitulatiōne(m)*. V. *capitolare* (*1*); av. 1540] s. f. **1** Accordo tra belligeranti con il quale si stipula la resa a condizioni specificamente pattuite di un'entità militare | Complesso dei patti in cui l'accordo tra le parti si è concretizzato: *firmare la c.* **2** (*est.*) Resa, caduta, cedimento. **3** (*spec. al pl.*) Accordo internazionale per cui ai cittadini di uno Stato europeo spettavano, in altro Stato non cristiano del Levante e dell'Estremo Oriente, particolari privilegi: *regime delle capitolazioni.*

capitolèssa [da *capitolo* (*1*); av. 1573] s. f. ● Componimento faceto in terza rima.

capitolino [vc. dotta, lat. *capitolīnu(m)*, agg. di *Capitōlium* 'Campidoglio'; sec. XIV] agg. **1** Del Campidoglio: *colle, monte, archivio, museo c.* | *Oche capitoline*, quelle che, starnazzando, avvertirono i Romani dell'assalto notturno dei Galli al Campidoglio. **2** (*est.*) Romano.

♦**capìtolo** (1) o †**capìtulo** [vc. dotta, lat. *capĭtulu(m)*, dim. di *căput* 'capo'; 1282] s. m. **1** Suddivisione del testo di un'opera, avente importanza immediatamente inferiore alla parte: *il romanzo è diviso in dieci capitoli.* **2** (*dir.*) Parte di un capitolato di prova. **3** (*letter.*) Componimento giocoso in terza rima: *i capitoli del Berni* | Saggio, capriccio tipico della prosa d'arte novecentesca. **4** (*al pl.*) Patti stabiliti in un trattato. ‖ **capitolàccio**, pegg. | **capitolétto**, dim. | **capitolino**, dim. | **capitolùccio**, **capitolùzzo**, dim.

capìtolo (2) [dal lat. eccl. *īre ăd capĭtulum* 'andare alla lettura di un capitolo delle Scritture'; sec. XIII] s. m. **1** Corpo e adunanza dei canonici di una cattedrale o di una collegiata | *Aver voce in c.*, (*fig.*) godere di notevole autorità, prestigio e sim. **2** Assemblea periodica o straordinaria che riunisce i rappresentanti degli appartenenti a un ordine o congregazione, con potere deliberante o elettivo | (*est.*) Luogo in cui si riunisce tale assemblea.

capitombolàre [da *capitombolo*; 1698] v. intr. (*io capitómbolo*; aus. *essere*) ● Ruzzolare: *c. per le scale.* SIN. Cadere.

capitómbolo [comp. di *capo* e *tombolo* (*1*); av. 1546] s. m. **1** Caduta col capo all'ingiù: *ha fatto un terribile c. sulla strada ghiacciata* | (*est.*) Caduta, ruzzolone. **2** (*fig.*) Improvviso e violento rovescio di fortuna negli affari, nella politica e sim.

capitombolóni [1865] avv. ● (*raro*) A capitomboli: *ha fatto tutta la scala c.*

capitóne [lat. *capitōne(m)* 'che ha la testa grossa', da *căput*, genit. *căpitis* 'capo'; 1550] s. m. **1** Grossa anguilla con carni assai pregiate, piatto tradizionale delle feste natalizie. **2** †Filo di seta grossa e disuguale. **3** (*region.*) Alare del camino.

capitonné /fr. kapitɔ'ne/ [vc. fr., part. pass. di *capitonner* 'coprirsi il capo', poi 'imbottire', da *capiton* 'borra di seta', dall'it. *capitone*, che anticam. aveva anche questo sign.; 1950] s. m. inv. ● Imbottitura di mobili, trapunta a losanghe.

†**capitóso** [da *capo*; av. 1527] agg. ● Testardo, caparbio.

capitózza [forse comp. di *capo* e *tozzo* (*1*); av. 1597] s. f. ● (*agr.*) Forma di potatura di alcuni alberi ottenuta con il taglio del tronco a diversa altezza, per favorire l'emissione di nuovi rami | Forma di trattamento del ceduo semplice.

capitozzàre [av. 1597] v. tr. (*io capitózzo*) ● (*agr.*) Potare a capitozza.

capitozzatùra [1955] s. f. ● (*agr.*) Potatura a capitozza.

†**capìtulo** ● V. *capitolo* (*1*).

capivàra ● V. *capibara.*

†**capivòlgere** e *deriv.* ● V. *capovolgere* e *deriv.*

†**capivoltàre** ● V. *capovoltare.*

capnomanzìa [comp. del gr. *kapnós* 'fumo', di orig. indeur., e di *-manzia*; 1610] s. f. ● Antica forma di divinazione compiuta osservando la direzione e il colore del fumo.

capnometrìa [comp. del gr. *kapnós* 'fumo' e *-metria*; 1962] s. f. ● Misurazione dell'opacità dei fumi emessi dagli impianti industriali.

♦**càpo** [lat. *căput*, da avvicinare a forme analoghe di altre lingue indeur.; 1282] **A** s. m. (pl. *càpi*, m., †*càpita*, f.) **I** Con riferimento a esseri umani. **1** Parte superiore del corpo umano, congiunta al tronco per mezzo del collo, sede degli organi che regolano la vita sensitiva e intellettuale: *c. canuto, biondo, calvo*; *tenere il cappello in c.*; *scoprirsi il c. in segno di rispetto*; *avere mal di c.* CFR. -cefalia, cefalo-, -cefalo. SIN. Testa | *Battere il c. contro il muro*, (*fig.*) intraprendere un'impresa disperata | *Non sapere dove battere il c.*, (*fig.*) non sapere dove andare o a chi rivolgersi | *Chinare, abbassare, piegare il c.*, (*fig.*) obbedire, rassegnarsi | (*lett.*) *Alzare il c.*, (*fig.*) ribellarsi | *Scuotere il c.*, in segno di scontento, incredulità, disprezzo | *Grattarsi il c.*, in segno di perplessità, imbarazzo e sim. | *Fra c. e collo*, (*fig.*) di cosa spiacevole che accade all'improvviso | *Prendere una lavata di c.*, un rimprovero | *Non avere né c. né coda*, di cosa disordinata e inconcludente | *Dar di c.*, (*fig.*) imbattersi | †*La pena del c.*, della decapitazione. **2** (*fig.*) Intelletto, mente: *c. ameno, sventato* | *Rompersi il c.*, scervellarsi, lambiccarsi il cervello | *Mettersi in c. qlco.*, convincersi di un'idea e mantenerla ostinatamente | *Passare per il c.*, di idee che vengono all'improvviso in mente | *C. scarico*, V. *caposcarico.* **3** Persona investita di specifiche funzioni di comando: *il c. della famiglia, di un'impresa, di un reparto*; *qui il c. sono io!* CFR. -arca | *Ehi c.!*, (*pop.*) apostrofe per richiamare l'attenzione di qlcu. | *C. dello Stato*, chi ricopre la più alta carica dello Stato, come il Presidente della Repubblica in Italia | *C. del Governo*, il Presidente del Consiglio dei ministri | *C. di Stato Maggiore*, ufficiale di stato maggiore che dirige l'attività di tutti gli ufficiali componenti lo Stato Maggiore di una grande unità o di un alto comando territoriale | *Essere a c., di qlco.*, comandare, dirigere qlco. | *In c.*, di chi è al di sopra di tutti per autorità e potere: *comandante in c.* **4** (f. inv. o *-a*) (*est.*) Chi comanda, dirige, guida, senza disporre di particolari titoli o cariche: *il c. dei rivoltosi, degli scioperanti*; *è il c. riconosciuto della mafia locale* | (*est.*) Chi sa organizzare imprese e comandare uomini o mostra spiccate attitudini in questo senso: *è un c., un vero c.* | *C. storico*, ispiratore o fondatore di movimenti spec. politici. **5** In un'azienda, chi svolge mansioni direttive intermedie. SIN. Quadro. **6** Nella marina militare, denominazione generica dei sottufficiali: *c. cannoniere*; *c. di prima, di seconda, di terza classe* | *Secondo c.*, sergente maggiore. **II** Con riferimento ad animali. **1** (*raro*) Testa degli animali. **2** (*est., spec. al pl.*) Individuo di una determinata specie animale: *capi di bestiame*; *una mandria, un branco di 500 capi*; *selezionare i capi da ri-*

produzione. **III** Con riferimento a oggetti inanimati. **1** Parte più alta di qlco.: *il c. della scala, di una colonna* | ***In c. a***, sopra | ***A c. di***, nella, vicino alla parte superiore di qlco.: *a c. del letto* | (*est.*) Parte estrema, iniziale o finale di qlco.: *prendere il c. di una corda, di un filo*; *corse fino all'altro c. del paese*; *un colpo esplose … in capo alla strada* (PAVESE) | ***C. di un circuito elettrico***, terminale | ***C. grosso***, punto in cui convergono più linee da parti diverse | ***Far c.***, andare a finire, sboccare, terminare: *la via fa c. nella piazza* | ***Far c. a qlcu.***, ricorrere, fare riferimento a qlcu., spec. per consigli | (*fig.*) ***In c. al mondo***, in un luogo molto lontano. SIN. Estremità, fine, inizio. **2** (*fig.*) Principio: *cominciare, ricominciare da c.* | ***Andare a c.***, riprendere a scrivere dal principio della riga seguente | (*fig.*) Fine, conclusione | ***In c. a un mese, a un anno***, tra un mese, tra un anno | ***Venire a c. di qlco.***, concluderla, risolverla | V. anche *accapo, capodanno, daccapo.* **3** Uno dei fili che, ritorti insieme, costituiscono i filati semplici | (*est.*) Canapo, corda. **4** Parte di un corpo, di uno strumento, di un vegetale e sim. che si allarga quasi simulando una testa: *c. di un chiodo, di uno spillo*; *il c. dell'aglio, della cipolla* | (*est.*) Estremità dello stelo, dove si apre il fiore. **5** Singolo oggetto di una serie: *c. di biancheria, di vestiario* | ***Scegliere c. per c.***, dettagliatamente | (*fig.*) Sezione, parte di un testo; capitolo: *altri due capi della legge Publilia* (VICO) | ***Riferire qlco. per sommi capi***, sommariamente | (*dir.*) ***C. d'accusa***, imputazione | ***C. primo …, c. secondo …***, formula per introdurre un'enumerazione. **6** (*geogr.*) Sporgenza di una costa in mare | Estremità di una penisola o di un continente | Promontorio. **7** (*arald.*) Fascia che occupa il terzo superiore dello scudo **8** (*anat.*) Parte terminale di una formazione anatomica, di solito in rapporto con altre strutture | ***C. articolare di un osso***, estremità di un segmento scheletrico in contatto con un altro osso. **B** in funzione di **agg. inv.** ● (posposto a un s.) Che dirige, comanda: *commissario c.*; *redattore c.*; *ingegnere c. del Genio Civile.* || PROV. Cosa fatta capo ha; meglio essere capo che coda. || **capàccio**, **pegg.** | **capétto**, **dim.** (V.) | **capino**, **dim.** | **capolino**, **dim.** (V.) | **capóne**, **accr.** (V.) | **capùccio**, **dim. pegg.**

càpo- [V. *capo*] primo elemento ● In parole composte significa 'che è a capo', 'dirigente' (*capostazione*) o indica eccellenza o preminenza (*capolavoro*) o inizio di qualche cosa (*capofila*).

capoàrea [comp. di *capo-* e *area*; 1983] **s. m. e f.** (**pl. m.** *capiàrea*; **pl. f. inv.**) ● (*org. az.*) Responsabile del coordinamento e del controllo di gruppi di venditori in una data area geografica, spec. nel settore dei beni di largo consumo. SIN. Area manager.

capoàrma [comp. di *capo-* e *arma*; 1955] **s. m.** (**pl.** *capiàrma*) ● Nella squadra di mitraglieri, il soldato che cura la manutenzione e la postazione dell'arma.

capobànda [comp. di *capo-* e *banda*; 1824] **s. m. e f.** (**pl. m.** *capibànda*, **pl. f. inv.**, evit. *capobànde*) **1** Chi dirige una banda musicale. **2** Capo di una banda di malviventi | (*scherz.*) Chi comanda una brigata di buontemponi.

capobandito [comp. di *capo* e *bandito*; av. 1665] **s. m.** (**pl.** *capibanditi*) ● Chi comanda banditi organizzati in banda.

capobàrca [comp. di *capo-* e *barca*; 1937] **s. m.** (**pl.** *capibàrca*) ● Chi comanda una barca da pesca o da trasporto.

capobastóne [comp. di *capo-* e *bastone*; 1983] **s. m.** (**pl.** *capibastóne*) ● Nella gerarchia mafiosa, chi, nei limiti delle proprie competenze circoscrizionali, detiene il potere decisionale e mantiene i collegamenti con gli altri capi.

capobrànco [comp. di *capo* e *branco*; 1960] **s. m. e f.** (**pl. m.** *capibrànco*; **pl. f. inv.**) **1** Animale che guida il branco. **2** Nell'associazione dei giovani esploratori, chi comanda un gruppo di lupetti.

capobrigànte [comp. di *capo* e *brigante*; 1875] **s. m.** (**pl.** *capibrigànti*) ● Capo di una banda di briganti.

capòc /ka'pɔk/ ● V. *kapok.*

capocàccia [comp. di *capo-* e *caccia* (*1*); av. 1543] **s. m.** (**pl.** *capicàccia*) ● Il cacciatore che dirige una battuta di caccia, in cacce al seguito, battute a grossa selvaggina e sim.

capocannonière [comp. di *capo-* e *cannoniere*; 1916] **s. m.** (**f.** *-a* nel sign. 2; **pl. m.** *capicannonièri*; **pl. f. inv.**) **1** Il sottufficiale più anziano su una nave da guerra. **2** Il calciatore che è in testa alla classifica dei cannonieri.

capocantière [comp. di *capo-* e *cantiere*] **s. m. e f.** (**pl. m.** *capicantière*; **pl. f. inv.**) ● Chi organizza e dirige il lavoro degli operai di un cantiere.

capocarcerière [comp. di *capo-* e *carceriere*; 1832] **s. m.** (**f.** *-a*; **pl. m.** *capicarcerièri*) ● Carceriere che sovraintende agli altri agenti di custodia in un carcere.

capocàrico [comp. di *capo-* e *carico*; 1955] **s. m.** (**pl.** *capicàrichi*) ● Sottufficiale che in consegna le armi, le munizioni e i materiali relativi, su una nave da guerra.

capocàrro [comp. di *capo-* e *carro*; 1983] **s. m.** (**pl.** *capicàrro*) ● Sottufficiale o graduato che comanda l'equipaggio di un carro armato | Ufficiale che comanda una sezione o una compagnia di carri armati.

capòcchia [da *capo*; av. 1519] **s. f.** **1** Estremità arrotondata di spilli, fiammiferi, chiodi, viti e sim., più grossa del fusto. **2** (*scherz.*, *pop.*) Testa | (*fig.*) ***Fare, dire qlco. a c.***, agire, parlare a vanvera. || **capocchiétta**, **dim.** | **capocchina**, **dim.**

capocchierìa [da *capocchio*; 1858] **s. f.** ● (*raro*) Bizzarria, balordaggine: *come vi veggo ora rider tutti della mia c.!* (NIEVO).

†**capòcchio** [da *capo*; 1481] **agg.** ● (*lett.*) Bizzarro, balordo.

capocchiùto [av. 1597] **agg.** ● Fornito di capocchia | ***Aglio c.***, con bulbo molto sviluppato.

capòccia o (*raro*) **capòccio** nel sign. A [da *capo*; 1534] **A s. m.** (**pl.** *capòccia* o *capòcci*) **1** Capo della famiglia colonica: *il c. ha dato ordine di iniziare la vendemmia.* SIN. Reggitore, vergaio. **2** Chi sorveglia una squadra di lavoranti, di pastori o di vaccari. **3** (*spreg.*) Caporione: *il c. di una banda di ladri.* **B s. f.** (**pl.** *-ce*) ● (*rom.*) Testa, capo: *Il maestro … riabbassò la c. sulla cattedra* (PASOLINI). || **capoccétta**, **dim.** | **capocciòna**, **accr.** | **capocciòne**, **accr. m.** (V.).

capocciàta [1970] **s. f.** ● (*rom.*) Colpo dato con la testa: *una c. nel muro.*

capòccio ● V. *capoccia.*

capoccióne [1799] **s. m.** **1** (*rom.*) Accr. di *capoccia* nel sign. B2. **2** (**f.** *-a*) (*rom.*, *est.*) Persona con la testa grossa | (*fig.*, *scherz.*) Persona di grande intelligenza. **3** (**f.** *-a*) (*rom.*, *spreg.*) Persona che ricopre una carica importante, personaggio influente, pezzo grosso: *i capoccioni cittadini.*

capocèllula [comp. di *capo-* e *cellula*; 1959] **s. m. e f.** (**pl. m.** *capicèllula*, **pl. f. inv.**, evit. *capocèllule*) ● Chi dirige una cellula.

capocèntro (o *-é-*) [comp. di *capo-* e *centro*; 1970] **s. m. e f.** (**pl. m.** *capicèntro*; **pl. f. inv.**) ● Persona che dirige un centro meccanografico o elettronico.

capocièlo [comp. di *capo-* e *cielo*; sec. XV] **s. m.** ● Baldacchino sospeso alla volta sopra l'altare maggiore.

capoclàn [comp. di *capo* e *clan*; 1985] **s. m. e f.** (**pl. m.** *capiclan*; **pl. f. inv.**) ● Capo di un clan.

capoclaque /kapo'klak/ [comp. di *capo-* e *claque*; 1884] **s. m. e f. inv.** ● Chi dirige e coordina l'attività di una claque.

capoclàsse [comp. di *capo-* e *classe*; 1925] **s. m. e f.** (**pl. m.** *capiclàsse*; **pl. f. inv.**) ● Alunno incaricato di particolari funzioni, d'ordine e di organizzazione.

capoclassifica [comp. di *capo* e *classifica*; 1985] **s. m. e f.** (**pl. m.** *capiclassifica*; **pl. f. inv.**) ● Atleta o squadra al primo posto in classifica.

capocòffa [comp. di *capo-* e *coffa*; 1865] **s. m.** (**pl.** *capicòffa*) ● (*mar.*) Primo gabbiere che dalla coffa dirige i marinai in una manovra.

capocòllo o **capicòllo** [comp. di *capo* e *collo* (*1*); sec. XVI] **s. m.** (**pl.** *capicòlli*) **1** Parte carnosa intorno al collo di bestia da macello. **2** Nell'Italia centrale, coppa (2) nel sign. 3.

capocomicàto [1947] **s. m.** ● Carica di capocomico.

capocòmico [comp. di *capo-* e *comico*; av. 1798] **s. m.** (**f.** *-a*; **pl. m.** *capocòmici* o *capicòmici*; **pl. f.** *capocòmiche*) ● Un tempo, chi era a capo di una compagnia teatrale e scritturava gli attori.

capocomitiva [comp. di *capo* e *comitiva*] **s. m. e f.** (**pl. m.** *capicomitiva*; **pl. f. inv.**) ● Chi guida una comitiva.

capocommèssa [comp. di *capo-* e *commessa*; 1983] **s. m. e f.** (**pl. m.** *capicommèssa*; **pl. f. inv.**) **1** (*org. az.*) Responsabile del coordinamento e della predisposizione delle offerte alla clientela dei prodotti di un'industria. **2** Azienda che, avendo ottenuto una commessa, subappalta alcune lavorazioni a terzi mantenendo la direzione del progetto e la responsabilità del rispetto di tempi e qualità.

capoconvòglio [comp. di *capo-* e *convoglio*; 1962] **s. m. o f.** (**pl. m.** *capiconvòglio*) ● Nave che guida un convoglio.

capocòrda [comp. di *capo-* e *corda*; 1955] **A s. m.** (**pl.** *capicòrda*) ● (*elettr.*) Elemento terminale di un conduttore elettrico, atto a collegarlo con altri conduttori. **B s. m. e f.** (**pl. f. inv.**) ● Nell'alpinismo, capocordata.

capocordàta [comp. di *capo-* e *cordata*; 1934] **s. m. e f.** (**pl. m.** *capicordàta*; **pl. f. inv.**) **1** Chi guida la cordata durante un'ascensione alpinistica. SIN. Capocorda. **2** (*econ.*) Chi è a capo di una cordata.

capocorrènte [comp. di *capo-* e *corrente* (*2*) nel sign. 5; 1983] **s. m. e f.** (**pl. m.** *capicorrènte*; **pl. f. inv.**) ● (*polit.*) Chi è a capo di una corrente di partito.

capocrònaca [comp. di *capo-* e *cronaca*; 1887] **s. m.** (**pl.** *capicrònaca*) ● In un giornale, articolo dedicato ad avvenimenti o problemi di rilevante interesse locale, che apre la pagina dedicata alla cronaca cittadina.

capocronista [comp. di *capo-* e *cronista*; 1918] **s. m. e f.** (**pl. m.** *capicronisti*, **pl. f.** *capocroniste*) ● Redattore che presiede ai servizi di cronaca di un giornale.

capocuòco [comp. di *capo-* e *cuoco*; 1716] **s. m.** (**f.** *-a*); (**pl. m.** *capocuòchi* o *capicuòchi*; **pl. f.** *capocuòche*) ● Cuoco che, nella cucina di un grande albergo o di un ristorante, dirige il servizio di cucina e l'attività di altri cuochi. SIN. Primo cuoco.

capodànno o **càpo d'anno** / [da *capo d'anno*; 1297] **s. m.** (**pl.**, raro, *capodànni* o *càpi d'ànno*) ● Primo giorno dell'anno.

capodibànda [comp. di *capo-* e *banda*] **s. m.** (**pl.** *capidibànda*) ● (*mar.*) Bordo d'una barca | Orlo superiore dell'opera morta degli scafi in legno.

capodimónte A agg. inv. ● Detto di porcellana fabbricata a Capodimonte, presso Napoli | Di oggetto realizzato con tale porcellana: *vassoio, piatto c.* **B s. m. inv.** ● Oggetto di porcellana capodimonte.

capodipartiménto [comp. di *capo-* e *dipartimento*; 1962] **s. m. e f.** (**pl. m.** *capidipartiménto*; **pl. f. inv.**) ● Chi dirige un dipartimento amministrativo, tecnico e sim.

capodivisióne [comp. di *capo-* e *divisione*; av. 1829] **s. m. e f.** (**pl. m.** *capidivisióne*; **pl. f. inv.**) ● Chi dirige una divisione della Pubblica Amministrazione: *c. del Ministero della Sanità.*

capodòglio o **capidòglio** [da *capo d'olio* per la grande quantità di liquido oleoso che si estrae dal capo di questo animale; sec. XIV] **s. m.** ● Grosso mammifero acquatico dei Cetacei, tozzo, con capo enorme (*Physeter macrocephalus*). ➡ ILL. **animali**/11.

capodòpera o **càpo d'òpera** [fr. *chef-d'œuvre*, V. *capo-* e *opera*; 1685] **s. m.** (**pl.** *càpi d'òpera*, raro *capidòpera*) ● (*raro*) Capolavoro.

capofàbbrica [comp. di *capo-* e *fabbrica*; 1846] **s. m. e f.** (**pl. m.** *capifàbbrica*; **pl. f. inv.**) ● Chi, in una fabbrica, sovrintende ai lavori.

capofabbricàto [comp. di *capo-* e *fabbricato*; 1942] **s. m. e f.** (**pl. m.** *capifabbricàto*; **pl. f. inv.**) ● Durante la seconda guerra mondiale, l'inquilino incaricato di far osservare nel proprio caseggiato le prescritte misure di sicurezza.

capofamìglia [comp. di *capo-* e *famiglia*; 1855] **s. m. e f.** (**pl. m.** *capifamìglia*, **pl. f. inv.**) ● Chi ha la responsabilità giuridica della famiglia, solitamente individuabile in chi ne costituisce la principale fonte di sostentamento.

capofficina o **capoofficina** [comp. di *capo-* e *officina*; 1941] **s. m. e f.** (**pl. m.** *capiofficina*, **pl. f. inv.**) ● Chi sovrintende ai lavori di un'officina.

capofila [comp. di *capo-* e *fila*; av. 1680] **s. m. e f.** (**pl. m.** *capifila*, **pl. f. inv.**, evit. *capofile*) **1** Chi è primo in una fila di persone, animali, veicoli, navi: *seguire il c.* **2** Testa di una fila | ***In c.***, al primo posto. **3** (*fig.*) Principale esponente di una corrente politica, letteraria e sim.: *il c. di un movimento di avanguardia.*

capofitto [comp. di *capo* e *fitto* (*1*); av. 1400] **agg.** **1** (*raro*, *lett.*) Col capo all'ingiù: *cadere capofitti.* **2** Nella loc. avv. ***a c.***: ***lanciarsi a c. nell'acqua***

| (*fig.*) ***Buttarsi, gettarsi a c. in un'impresa, in un lavoro e sim.***, di slancio, con impeto.

capofòsso o **capifòsso** [comp. di *capo-* e *fosso*; 1801] **s. m.** (**pl.** *capifòsso*) ● Canale di scolo posto ai bordi di ciascun appezzamento di terreno che raccoglie l'acqua dalle fosse campestri.

capogabbière [comp. di *capo-* e *gabbiere*; 1937] **s. m.** (**pl.** *capigabbièri*) ● (*mar.*) Gabbiere esperto che dirige altri gabbieri nella manovra delle vele. **SIN.** Capomanovra.

capogabinétto [comp. di *capo-* e *gabinetto* nel sign. 7; 1928] **s. m. e f.** (**pl. m.** *capigabinétto*; **pl. f. inv.**) ● Chi è a capo del gabinetto di un ministro.

capogàtto [etim. incerta; av. 1597] **s. m.** (**pl.** *capogàtti* o *capigàtti*) ***1*** (*raro*) Capogiro, vertigine. ***2*** (*veter.*) Capostorno. ***3*** (*agr.*) Tipo di propaggine consistente nel piegare ad arco il ramo per interrarne l'estremità affinché emetta radici. ➡ **ILL. agricoltura e giardinaggio.**

capogìro o †**capogirlo**, †**capogirolo** [comp. di *capo* e *giro*; av. 1363] **s. m.** (**pl.** *capogìri*) ***1*** Vertigine | ***Da c.***, (*fig.*) esorbitante, sbalorditivo: *prezzi da c.* ***2*** †Ghiribizzo.

capogrùppo [comp. di *capo-* e *gruppo*; 1886] **A s. m. e f.** (**pl. m.** *capigrùppo*; **pl. f. inv.**) ● Chi dirige, coordina, guida un gruppo di persone, come lavoratori, ricercatori scientifici, parlamentari, turisti. **B s. f. inv.** ● Società che ha una partecipazione di maggioranza in altre società.

capoguàrdia [comp. di *capo-* e *guardia*; 1953] **s. m.** anche **f.** nel sign. 1 (**pl. m.** *capiguàrdia*; **pl. f. inv.**) ***1*** Capo delle guardie municipali o carcerarie. ***2*** Sottufficiale che presiede ai marinai di guardia.

capòk ● V. *kapok*.

capolavóro [comp. di *capo-* e *lavoro*; av. 1729] **s. m.** (**pl.** *capolavóri* o raro *capilavóri*) ***1*** La migliore opera di un artista, di una scuola, di una corrente letteraria e sim.: *è il c. di Giotto* | (*est.*) Opera eccellente nel suo genere: *quel quadro è un c.*; *come autostrada è un vero c.* | (*antifr.*) L'opera e l'azione peggiore: *questo compito è un c. d'ignoranza.* ***2*** Manufatto od opera eseguita da un operaio o da un artigiano per dimostrare il grado di abilità raggiunto, a conclusione di un periodo di istruzione professionale e prima di essere definitivamente assunto.

capolèga [comp. di *capo-* e *lega* (*1*); av. 1930] **s. m.** (**pl.** *capilèga*) ***1*** Chi è a capo di una lega. ***2*** In epoca anteriore al fascismo, segretario di una lega di braccianti nella bassa padana.

capolèpre [detto così dal *capo* che ricorda quello di una *lepre*; 1955] **s. m.** ● (*zool.*) Pesce palla.

capolèttera o **capolèttera** [comp. di *capo-* e *lettera*; 1956] **s. m.** (**pl.** *capilèttera* o *capilèttera*) ***1*** Emblema usato, dopo la Rivoluzione francese, come intestazione nei documenti di Stato e in seguito adottato anche nella corrispondenza privata. ***2*** Lettera più grande delle altre usata per cominciare un articolo giornalistico, un capitolo di libro e sim.

capolètto [comp. di *capo-* e *letto*; 1353] **s. m.** (**pl.** *capolètti*) ● Drappo che si appendeva in capo al letto | Arazzo: *è meravigliosa cosa vedere i capoletti intorno alla sala dove mangiamo* (BOCCACCIO).

capolìnea [comp. di *capo-* e *linea*; 1929] **s. m.** (**pl. inv.** o *capilìnea*) ● Stazione iniziale o terminale di una linea di trasporto pubblico; **CFR.** Terminal | ***Essere, arrivare al c.***, (*fig.*) giungere al termine, alla conclusione.

capolino [dim. di *capo*; 1340 ca.] **s. m.** ***1*** Dim. di *capo* | ***Far c.***, sporgere il capo da un riparo parzialmente, cautamente, furtivamente | (*est.*) Detto di cose, apparire fugacemente, spuntare: *Due lagrimone ... fecero c. dalle palpebre* (NIEVO). ***2*** (*bot.*) Infiorescenza di fiori piccoli, sessili, impiantati sul ricettacolo, distinti in fiori periferici e interni, e tanto fitti da simulare un fiore unico.

capolìsta [comp. di *capo-* e *lista*; 1865] **A s. m. e f.** (**pl. m.** *capilìsta*; **pl. f. inv.**) ***1*** Chi, in una lista, è segnato per primo: *c. in una circoscrizione elettorale* | (*est.*) Chi ha ottenuto il maggior numero di voti in una competizione elettorale | (*fig.*, *raro*) Capofila: *il c. del cubismo.* ***2*** Inizio di una lista: *essere in, a c.* **B s. f.** ● Nel calcio e sim., la squadra che nel corso del campionato è in testa alla classifica. **C** in funzione di **agg. inv.** ● (posposto a un s.) Che sta al primo posto in una lista o graduatoria: *candidato c.*; *squadra c.*

capoluògo [fr. *chef-lieu*. V. *capo-* e *luogo*; 1771] **A s. m.** (**pl.** *capoluòghi* o *capiluòghi*) ● Località principale di un territorio sede dell'autorità preposta all'amministrazione dello stesso: *Bologna è il c. dell'Emilia-Romagna.* **B** anche in funzione di **agg. inv.** ● (posposto al s.): *le città c. di provincia.*

capomacchinista [comp. di *capo-* e *macchinista*; 1962] **s. m. e f.** (**pl. m.** *capomacchinisti*, **pl. f.** *capomacchiniste*) ***1*** Capo dei macchinisti. ***2*** (*mar.*) Direttore di macchina.

capomaèstro o **capomaèstro** ● V. *capomastro.*

capomàfia [comp. di *capo-* e *mafia*; 1956] **s. m. e f.** (**pl. m.** *capimàfia*; **pl. f. inv.**) ● Capo di un gruppo mafioso.

capomanìpolo [comp. di *capo-* e *manipolo*; 1949] **s. m.** (**pl.** *capimanìpolo*) ● Nella milizia fascista, comandante di un manipolo.

capomanòvra [comp. di *capo-* e *manovra*; 1937] **s. m.** (**pl.** *capimanòvra*) ● (*mar.*) Capogabbiere.

capomàstro o **capomaèstro** [comp. di *capo-* e *mastro*; av. 1400] **s. m.** (**pl.** *capomàstri* o *capimàstri*) ● Muratore al quale è affidata la sorveglianza tecnica e disciplinare di un gruppo di muratori | (*est.*) Piccolo imprenditore edile che sorveglia direttamente il lavoro.

capomènsa [comp. di *capo-* e *mensa*; 1983] **s. m. e f.** (**pl. m.** *capimènsa*; **pl. f. inv.**) ● Responsabile della conduzione e dell'organizzazione di una mensa, spec. aziendale.

capomissióne [comp. di *capo-* e *missione*; av. 1910] **s. m. e f.** (**pl. m.** *capimissióne*; **pl. f. inv.**) ● Chi dirige una missione diplomatica.

†**capomòrto** [comp. di *capo* e *morto*; 1680] **s. m.** (**pl.** *capimòrti* o *capomòrti*) ● Residuo, scoria (*anche fig.*).

capomoviménto [comp. di *capo-* e *movimento*; 1940] **s. m. e f.** (**pl. m.** *capimoviménto*, **pl. f. inv.**) ● Dirigente responsabile della circolazione dei treni.

capomùsica [comp. di *capo-* e *musica*; 1887] **s. m.** (**pl.** *capimùsica*) ● Chi dirige il corpo musicale di un reggimento.

caponaggine [da *capone* (*1*); av. 1742] **s. f.** ● (*raro*) Testardaggine.

caponàre ● V. *capponare* (*2*).

caponàta o **capponàta** (**2**) [sp. *caponada* (V. *cappone* (*1*)), forse per la forma o per ironia; 1937] **s. f.** ***1*** Galletta inzuppata in acqua, ben premuta e condita con olio, olive, capperi e acciughe. ***2*** Pietanza siciliana a base di melanzane fritte, capperi, olive e sedano, condita in agrodolce.

capóne (**1**) [da *capo*; 1585] **s. m.**; anche **agg.** (**f.** *-a*) ● (*tosc.*) Chi (o Che) ha la testa molto grossa | (*fig.*) Chi (o Che) è ostinato e caparbio.

†**capóne** (**2**) ● V. *cappone* (*1*).

capóne (**3**) o **cappóne** (**2**) [etim. incerta; 1846] **s. m.** ● (*mar.*; *disus.*) Paranco sospeso fuoribordo e munito di grosso gancio usato per sollevare l'ancora a ceppo dall'acqua.

caponeria [da *capone* (*1*); av. 1665] **s. f.** ● (*raro*) Ostinazione, testardaggine.

caponièra o **capponièra** [per la forma che ricorda quella di una *capponaia*; av. 1680] **s. f.** ● Opera di fortificazione costruita nel fondo del fossato per impedirne il passaggio al nemico. ➡ **ILL.** p. 2121 ARCHITETTURA.

capoofficina ● V. *capofficina.*

capopàgina [comp. di *capo-* e *pagina*; 1765] **s. m.** (**pl.** *capipàgina*) ***1*** Fregio a stampa posto in cima alle pagine con cui iniziano le principali divisioni di un'opera. **SIN.** Frontone, testata. ***2*** Inizio di una pagina: *andare a c.*

capopàrte [comp. di *capo-* e *parte*; av. 1566] **s. m. e f.** (**pl. m.** *capipàrte*, **pl. f. inv.**) ● Chi capeggia una fazione politica: *c. di plebe* (VICO); *c. dei guelfi.*

capopàrto [comp. di *capo-* e *parto*; 1830] **s. m.** (**pl.** *capipàrto*) ● Prima mestruazione dopo il parto.

capopattùglia [comp. di *capo-* e *pattuglia*; 1953] **s. m. e f.** (**pl. m.** *capipattùglia*; **pl. f. inv.**) ● (*mil.*) Comandante di una pattuglia.

capopésca [comp. di *capo* e *pesca* (*2*); 1959] **s. m.** (**pl.** *capipésca*) ● Chi, su un peschereccio, dirige le operazioni di pesca.

capopèzzo [comp. di *capo-* e *pezzo*; av. 1930] **s. m.** (**pl.** *capipèzzo*) ● Comandante la squadra dei serventi di un pezzo di artiglieria.

capopòpolo [comp. di *capo-* e *popolo*; 1386] **s. m. e f.** (**pl. m.** *capipòpolo*, **pl. f. inv.**) ● Chi dirige e guida il popolo, spec. in rivolte o sommosse.

capopósto [comp. di *capo-* e *posto*; 1865] **s. m.** (**pl.** *capipósto*) ● (*disus.*) Graduato di truppa comandante di un posto di guardia.

caporalàto [da *caporale*, nel sign. A4; av. 1850] **s. m.** ● Sistema illecito di reclutamento di manodopera mediante caporali (V. *caporale* nel sign. A 4).

♦**caporàle** [lat. mediev. *caporale*(*m*), da *capora*, pl. ant. di *capo*; 1312] **A s. m.** ***1*** Primo graduato della gerarchia militare, comandante una squadra | ***C. di giornata, di settimana***, comandato, per i periodi relativi, a sovrintendere alle pulizie e all'assetto dei locali di uso generale della compagnia, squadrone o batteria | ***C. maggiore***, V. *caporalmaggiore.* ***2*** (**f.** *-a*, *scherz.*) (*est.*) Persona autoritaria e sgarbata. (V. nota d'uso STEREOTIPO) ***3*** (*pop.*) Capo di una squadra di operai | Salariato fisso di azienda agricola. ***4*** Nel Mezzogiorno d'Italia, chi recluta abusivamente operai agricoli scavalcando gli uffici di collocamento e ignorando le leggi sul lavoro e le normative sindacali. ***5*** Segnale antinebbia a forma di 'V' rovesciata ripetuto sull'asfalto delle autostrade per consentire una marcia più sicura agli automezzi. ***6*** †Capo di una famiglia, di una fazione | †Comandante. **B agg.** ● †Principale. ‖ **caporalàccio**, **pegg.** | **caporalétto**, **dim.** | **caporalino**, **dim.** | **caporalóne**, **accr.** | **caporalùccio**, **pegg.**

caporalésco [1892] **agg.** (**pl. m.** *-schi*) ● Rude, sgarbato, autoritario: *cipiglio c.*; *modi caporaleschi.*

caporalìsmo [1914] **s. m.** ● (*spreg.*) Autorità esercitata con imperiosità militaresca.

caporalmaggióre o **caporàl maggióre** [da *caporal*(*e*) e *maggiore*; 1892] **s. m.** ● Graduato immediatamente superiore al caporale.

caporchèstra [comp. di *capo-* e *orchestra*; 1989] **s. m. e f.** (**pl. m.** *capiorchèstra*, **pl. f. inv.**) ● Chi è a capo di una orchestra jazz.

caporedattóre [comp. di *capo-* e *redattore*; 1962] **s. m.** (**f.** *caporedattrice*; **pl. m.** *capiredattóri*; **pl. f.** *caporedattrici*) ● Chi è a capo di una redazione, redattore capo.

caporepàrto o **càpo repàrto** [comp. di *capo-* e *reparto*; 1908] **s. m. e f.** (**pl. m.** *capirepàrto*; **pl. f. inv.**) ● Chi è a capo di un settore aziendale, di un reparto amministrativo, sanitario e sim.

caporétto [dalla località di *Caporetto*, dove, durante la prima guerra mondiale, l'esercito italiano subì una grave sconfitta; 1959] **s. f. inv.** ● Grave sconfitta, disfatta.

†**caporiccio** [comp. di *capo* e *riccio*, con allusione ai capelli irti per lo spavento o la sorpresa; av. 1406] **s. m.** ***1*** Raccapriccio. ***2*** Capriccio.

caporióne (o **-riò-**) [comp. di *capo-* e *rione*; av. 1380] **s. m.** (**pl.** *caporióni*; **pl.** *capirióni* nel sign. 2) ***1*** (**f.** *-a*) Chi è a capo di un gruppo di persone disoneste, facinorose e sim. | †Capo, guida. **SIN.** Capoccia. ***2*** †Capo di un rione.

caporivèrso [comp. di *capo* e *riverso*; av. 1665] **avv.** ● (*raro*) Caporovescio.

caporónda [comp. di *capo-* e *ronda*; 1962] **s. m.** (**pl.** *capirónda*) ● Graduato o sottufficiale che comanda una ronda.

caporósso ● V. *capirosso.*

caporovèscio [comp. di *capo* e *rovescio*; av. 1665] **avv.** ● (*raro*) A testa in giù: *cadere c.* | Anche nella loc. avv. ***a c.***

caposàla [comp. di *capo-* e *sala*; 1923] **s. m. e f.** (**pl. m.** *capisàla*; **pl. f. inv.**) ● Persona addetta alla sorveglianza del personale di una sala o di un reparto in uffici pubblici, stazioni ferroviarie, ospedali e sim.

caposàldo [comp. di *capo* e *saldo*; 1797] **s. m.** (**pl.** *capisàldi*) ***1*** Punto stabile, facilmente individuabile sul terreno, del quale è nota la posizione planimetrica e altimetrica, usato nelle livellazioni. ***2*** (*mil.*) Opera fortificata destinata ad assicurare il possesso di una posizione di importanza strategica. ***3*** (*fig.*) Elemento, punto o principio essenziale, fondamentale: *questi sono i capisaldi del vivere civile.* **SIN.** Base, fondamento, principio.

caposcàla [comp. di *capo-* e *scala*; 1354] **A s. m.** (**pl.** *capiscàla*) ● Pianerottolo in cima a una scala. **B s. m. e f.** (**pl. f. inv.**) ● In un condominio con più scale d'accesso, rappresentante dei condòmini di ogni scala.

caposcàlo [comp. di *capo* e *scalo*; 1942] **s. m. e f.** (**pl. m.** *capiscàlo*; **pl. f. inv.**) ● In un aeroporto, chi è preposto dall'esercente di una linea aerea alla direzione dei vari servizi.

caposcàrico o **càpo scàrico** [comp. di *capo* e *scarico* 'scaricato', cioè 'libero, vuoto'; 1842] s. m. e f. (pl. m. *capiscàrichi* o *càpi scàrichi*; pl. f. inv.) ● Buontempone.

caposcuòla [comp. di *capo-* e *scuola*; av. 1755] s. m. e f. (pl. m. *capiscuòla*; pl. f. inv.) ● Chi, nelle arti, nelle lettere e nella scienza, è a capo di una nuova scuola, corrente e sim.

caposervìzio [comp. di *capo-* e *servizio*; 1918] s. m. e f. (pl. m. *capiservìzio*; pl. f. inv.) **1** In imprese pubbliche o private, funzionario preposto a un settore organizzativo. **2** Redattore preposto a un particolare servizio o sezione di un giornale, quale esteri, interni, sport e sim.: *c. esteri, interni.*

caposèsto [comp. di *capo-* e *sesto* 'garbo'; 1889] s. m. inv. ● Nelle imbarcazioni in legno, le due ultime coste a prua e a poppa.

caposettóre [comp. di *capo* e *settore*] **A** agg. inv. ● Detto di azienda che svolge una funzione di guida in un determinato settore produttivo. **B** s. m. e f. (pl. m. *capisettóre*; pl. f. inv.) ● Chi è a capo di un settore di un'azienda pubblica o privata.

caposezióne [comp. di *capo-* e *sezione*; 1799] s. m. e f. (pl. m. *capisezióne*; pl. f. inv.) **1** Chi, in un ufficio pubblico, è preposto a una sezione. **2** Nell'equitazione, cavaliere che sta in testa durante gli esercizi al maneggio.

†**caposòldo** [comp. di *capo* e *soldo*; av. 1363] s. m. ● Soprassoldo.

capospàlla [comp. di *capo* e *spalla*] s. m. (pl. *capispàlla*) ● Capo d'abbigliamento fornito di spalle, come cappotti e giacche, per la cui confezione è richiesta particolare cura e competenza.

caposquàdra [comp. di *capo-* e *squadra*; 1550] s. m. (anche f. nel sign. 1; pl. m. *capisquàdra*; pl. f. inv., evit. *caposquàdre*) **1** Chi dirige e coordina una squadra di persone come lavoratori, atleti, alunni ecc. **2** Sottufficiale o graduato comandante di squadra di fanteria.

caposquadrìglia [comp. di *capo-* e *squadriglia*; 1941] s. m. (pl. *capisquadrìglia*) ● Chi comanda una squadriglia di navi siluranti o di aereomobili | Chi comanda una squadriglia di giovani esploratori.

capostànza [comp. di *capo-* e *stanza*; 1914] s. m. e f. (pl. m. *capistànza*; pl. f. inv.) ● (*disus.*) Impiegato con funzioni di sorveglianza sui colleghi che lavorano nella stessa stanza.

capostazióne [comp. di *capo-* e *stazione*; 1866] s. m. e f. (pl. m. *capistazióne*; pl. f. inv.) ● Dirigente di una stazione ferroviaria.

capostìpite [comp. di *capo-* e *stipite*; 1819] s. m. (anche f. nei sign. 1 e 2; pl. *capostìpiti*) **1** Il primo antenato di una progenie o famiglia. **2** (*est.*) Il primo esemplare di una serie di cose più o meno simili. **3** In filologia, archetipo.

capostòrno [comp. di *capo* e *stornare*; 1598] s. m. ● Malattia degli erbivori, caratterizzata da vertigini e mancanza di coordinazione nei movimenti, prodotta da un parassita (cenuro) che determina la formazione di una cisti nel cervello. SIN. Capogatto, cenurosi.

capostruttùra [comp. di *capo* e *struttura*; 1985] s. m. e f. (pl. m. *capistruttùra*; pl. f. inv.) ● Nell'ambito di un'azienda, chi è a capo di un insieme di settori collegati: *c. televisivo.*

capotambùro [comp. di *capo-* e *tamburo*; 1865] s. m. (pl. *capotambùri* o *capitambùri*) ● Nel vecchio esercito piemontese, sottufficiale che comandava i tamburini. SIN. Tamburo maggiore.

capotàre e *deriv.* ● V. *cappottare* e *deriv.*

capotàsto [comp. di *capo-* e *tasto*; av. 1647] s. m. (pl. *capotàsti*) ● (*mus.*) Pezzetto di ebano o avorio posto a capo della tastiera degli strumenti a corde, che le tiene sollevate per farle vibrare | Nella chitarra e strumenti affini, sbarretta mobile che accorcia simultaneamente la lunghezza di tutte le corde, modificandone così l'accordo, usata per facilitare l'esecuzione qualora la tonalità implichi problemi di diteggiatura. CONTR. Barré.

capotàvola [comp. di *capo-* e *tavola*; 1525] **A** s. m. e f. (pl. m. *capitàvola*; pl. f. inv.) ● Chi siede a tavola al posto d'onore. **B** s. m. inv. ● Il posto stesso: *sedere, mettersi, stare a c.*

capote /fr. ka'pɔt/ [fr. da *cape* 'cappa'; 1901] s. f. inv. **1** Tettuccio apribile, spec. di tela impermeabile, delle automobili e delle carrozze. CFR. Capotta, cappotta (1). **2** (*aer.*) Copertura in materiale flessibile per proteggere qlco.

capotècnico [comp. di *capo-* e *tecnico*; av. 1938] s. m. (f. *-a*; pl. m. *capitècnici* o *capotècnici*; pl. f. *capotècniche*) ● Responsabile tecnico che dirige una squadra di operai.

capotèsta [comp. di *capo-* e *testa*; 1937] s. m. (pl. *capitèsta*) ● (*mar.*; *disus.*) Maglia di catena all'ancora, senza traversino, posta in testa a ogni lunghezza di catena.

capotoràce [comp. di *capo* e *torace*; 1962] s. m. ● (*zool.*) Cefalotorace.

capotòrto [comp. di *capo* e *torto* (part. pass. di *torcere*); 1887] s. m. inv. ● (*zool.*) Torcicollo.

capotrèno [comp. di *capo-* e *treno*; av. 1886] s. m. e f. (pl. m. *capitrèno* o *capotrèni*, pl. f. inv.) ● Capo del personale di servizio di un treno.

capotribù [comp. di *capo-* e *tribù*; 1832] s. m. e f. (pl. m. *capitribù*; pl. f. inv.) ● Capo di una tribù.

capòtta [1935] s. f. ● Adattamento di *capote* (V.).

capottàre e *deriv.* ● V. *cappottare* e *deriv.*

capotùrno o **càpo tùrno** [comp. di *capo-* e *turno*; 1886] s. m. e f. (pl. m. *capitùrno*; pl. f. inv.) ● Responsabile di un gruppo di lavoro che esegue turni lavorativi.

capoufficio o **càpo ufficio**, **capufficio** [comp. di *capo-* e *ufficio*; 1908] s. m. e f. (pl. m. *càpi ufficio*, raro *capiufficio*; pl. f. inv.) ● Chi dirige un ufficio.

capovaccàio [comp. di *capo* e *vaccaio*; 1910] s. m. (pl. *capivaccài*) ● Grosso uccello rapace dei Falconiformi, simile all'avvoltoio, con piumaggio bianco e remiganti nere (*Neophron percnopterus*).

capoverdiàno agg. ● Delle isole di Capo Verde, nell'Oceano Atlantico, o dell'omonimo Stato dell'Africa occidentale, a ovest della costa del Senegal.

capovèrso [comp. di *capo-* e *verso* (3); sec. XIII-XIV] s. m. (pl. *capovèrsi*) **1** Principio di verso o di periodo | Rientranza della prima linea di un paragrafo | *A c.*, a capo | (*est.*) Parte di scritto compresa fra due capoversi. **2** (*dir.*) Comma di un articolo di provvedimento normativo, successivo alla prima parte: *il secondo c. di un articolo corrisponde al terzo comma dello stesso.*

capovóga (o -ò-) [comp. di *capo-* e *voga*; 1925] s. m. (pl. *capivóga*) ● Marinaio o canottiere al remo che dirige la vogata in una imbarcazione.

capovòlgere o †**capivòlgere** [comp. di *capo* e *volgere*; av. 1597] **A** v. tr. (coniug. come *volgere*) **1** Voltare di sotto in su: *c. un bicchiere.* **2** (*fig.*) Mutare completamente: *c. la situazione.* SIN. Rovesciare. **B** v. intr. pron. ● Rovesciarsi: *la barca si capovolse improvvisamente* | (*fig.*) Cambiare radicalmente: *la graduatoria si è capovolta.*

capovolgiménto [1939] s. m. ● Il capovolgere, il capovolgersi | (*fig.*) Cambiamento radicale | (*fig.*) *C. di fronte*, nel calcio, repentino cambio della direzione dell'azione di gioco | Nella vela, scuffia. SIN. Ribaltamento, rovesciamento.

capovòlta [da *capovolto*; 1940] s. f. **1** Capovolgimento | *Salto con c.*, salto mortale. **2** Nel nuoto, virata con capriola effettuata dai dorsisti | In ginnastica, rotazione del corpo di 180° intorno all'asse trasversale.

capovoltàre o †**capivoltàre** [comp. di *capo* e *voltare*; av. 1673] v. tr. (*io capovòlto*) ● (*raro*) Capovolgere.

capovòlto o †**capivòlto**, [av. 1565] part. pass. di *capovolgere*; anche agg. ● Nei sign. del v.

càppa (1) [lat. tardo *cāppa(m)* 'cappuccio', poi 'mantello', forse da *căput* 'capo'; 1313] s. f. **1** Un tempo, mantello corto con cappuccio usato da gentiluomini e cavalieri | Oggi, mantello di varia lunghezza e foggia con o senza cappuccio: *la c. dei dignitari ecclesiastici, dei frati*; *una c. da sera, in velluto* | (*fig.*) *C. di piombo*, oppressione, peso morale; calura soffocante | *C. magna*, V. *cappamagna* | †*Cavarne c. o mantello*, venire a una risoluzione | *Film, racconti di c. e spada*, che rappresentano avventure amorose e guerresche in epoca medievale o rinascimentale. **2** Padiglione murato sul focolare o fissato al di sopra di un fornello, per raccogliere fumi e vapori e convogliarli nella canna fumaria | (*fig.*) *La c. del cielo*, la volta del cielo. **3** (*mar.*) Copertura di tela con la quale si proteggono molti oggetti di bordo dalle intemperie | Andatura che una nave è costretta a prendere per affrontare con il minimo danno una tempesta: *navigare alla c.* | *Vele di c.*, le vele più piccole e pesanti, adatte per affrontare una tempesta. **4** (*mar.*) *Diritto di c.*, premio speciale spettante al comandante della nave per la diligente esecuzione del carico o accessorio del nolo spettante all'armatore per le piccole avarie. || **cappàccia**, pegg. | **capparèlla**, dim. | **cappétta**, dim. | **cappina**, dim. | **cappino**, dim. m.

càppa (2) [dalla forma di *cappa* 'mantello'; av. 1464] s. f. ● Correntemente, ogni mollusco commestibile con conchiglia a due valve | *C. santa*, V. *capasanta.*

càppa (3) [lat. tardo *căppa(m)*, nom. *căppa*, dal gr. *káppa*, di orig. fenicia; av. 1729] s. m. o f. inv. **1** Nome della lettera *k*. **2** Nome della sedicesima lettera dell'alfabeto greco.

cappalùnga [comp. di *cappa* (2) e *lunga*; 1894] s. f. (pl. *cappelùnghe*) ● (*zool.*) Nome di alcune specie di Molluschi dei Lamellibranchi con conchiglia a forma di tubetto allungato; vivono infossati nella sabbia e hanno carni saporite. SIN. Cannello, cannolicchio.

cappamàgna o **càppa màgna** [lat. eccl. *căppa(m) măgna(m)* 'cappa grande'; 1673] s. f. (pl. *cappemàgne*) ● Cappa solenne, indossata da alti prelati e da professori universitari in certe cerimonie | *Vestirsi, mettersi in c.*, (*fig.*) con grande sfarzo.

Capparidàcee [vc. dotta, comp. del lat. *căpparis* 'cappero' e di *-acee*; 1913] s. f. pl. (sing. *-a*) ● Nella tassonomia vegetale, famiglia di piante erbacee o arbustive con foglie semplici o composte e fiori riuniti in racemi (*Capparidaceae*). ➡ ILL. piante/4.

cappasànta o **càppa sànta** ● V. *capasanta.*

cappàto [da *cappa* (1); av. 1676] agg. **1** †Vestito con cappa | Insigne, illustre. **2** (*arald.*) Di scudo diviso da due linee curve che partono dal centro del capo e arrivano alla metà dei fianchi.

cappeggiàre [da *cappa* (1) nel sign. 3; 1582] v. intr. (*io cappéggio*) ● (*mar.*) Navigare alla cappa.

cappéggio [da *cappeggiare*; 1889] s. m. ● (*mar.*) Navigazione alla cappa.

cappèlla (1) [dal luogo ove era venerata la *cappa* di S. Martino di Tours; 1312] s. f. **1** Piccola chiesa, sia isolata, sia adiacente, sia incorporata in altro edificio di maggiori dimensioni come un palazzo, un cimitero o una chiesa | Edicola con altare, posta lateralmente nelle navate delle chiese | *C. gentilizia*, costruita a spese di una famiglia | *C. palatina*, di un palazzo reale | *C. mortuaria*, nei cimiteri, per esporvi i morti e celebrare gli uffici funebri. ➡ ILL. p. 2118, 2119 ARCHITETTURA. **2** *C. papale*, solenne officiatura divina celebrata alla presenza del Papa | *Tener c.*, si dice del Papa che assiste alle cerimonie di culto celebrate in sua presenza. **3** Tabernacolo con immagine sacra, eretto per lo più a scopo votivo o commemorativo. **4** Corpo di musici e cantori addetti a una chiesa | *Maestro di c.*, direttore di tale corpo | (*mus.*) *A c.*, denominazione, usata a partire dal XVIII sec., della musica vocale polifonica senza accompagnamento di strumenti. || **cappellétta**, dim. | **cappellina**, dim. | **cappellùccia**, vezz.

cappèlla (2) [da *cappello*; av. 1850] s. f. **1** Grossa capocchia di chiodi, funghi e sim. **2** (*fig.*, *scherz.*) Nel gergo militare, giovane recluta. **3** (*volg.*) Glande | (*est.*, *pop.*) Errore grossolano: *fare, prendere una c.*

cappellàccia [da *cappello*; av. 1912] s. f. (pl. *-ce*) ● Piccolo uccello simile all'allodola, di colore grigio-bruno, che vive e fa il nido a terra (*Galerida cristata*).

cappellàccio [1483] s. m. **1** Pegg. di *cappello*. **2** (*fig.*) †Rabbuffo: *fare, dare un c. a qlcu.* **3** (*min.*) Coltre di minerale alterato che sovrasta i giacimenti poco profondi. SIN. Brucione.

cappellàio [av. 1421] s. m. (f. *-a*) **1** Fabbricante o venditore di cappelli da uomo. **2** †Falconiere che metteva e levava il cappuccio ai falconi.

cappellanàto [sec. XIII] s. m. ● (*raro*) Ufficio di cappellano.

cappellanìa [da *cappellano*; av. 1566] s. f. ● Ente ecclesiastico costituito per testamento o donazione da parte di un fedele per un fine di culto, spec. per la celebrazione di messe.

cappellàno [da *cappella*; sec. XIII] s. m. **1** (*gener.*) Sacerdote cui è affidata l'ufficiatura di una cappella o di un oratorio, senza cura d'anime. **2** Titolare di una cappellania | Sacerdote addetto al servizio religioso presso enti determinati: *c. militare*; *il c. dell'ospedale.*

cappellàta (*1*) [da *cappello*; 1865] **s. f.** *1* Colpo dato col cappello. *2* Quantità di roba che sta in un cappello: *c. di frutta* | ***A cappellate***, in gran quantità.

cappellàta (*2*) [da *cappella* (*2*)] **s. f.** ● (*pop.*) Errore grossolano: *fare, prendere una c.*

cappellerìa [1925] **s. f.** ● Negozio dove si vendono cappelli maschili.

cappellétto [1370 ca.] **s. m.** *1* Dim. di *cappello*. *2* Difesa del capo, in acciaio o cuoio, senza visiera, anticamente usata come casco, spec. in Oriente | (*st.*) Cavalleggero dalmata o albanese al servizio della Repubblica di Venezia, che indossava un copricapo di questo tipo. *3* Negli ombrelli, cerchietto di tela impermeabile collocato nel punto in cui convergono le stecche. *4* Rinforzo sulla punta della calza. *5* (*veter.*) Tumefazione molle, deformante ma non dolorosa al tarso del cavallo. **SIN.** Igroma calcareo | ***C. rovesciato***, situato all'articolazione del carpo. **SIN.** Igroma carpico. *6* Salume simile allo zampone, a forma di tricorno, che si mangia bollito. *7* (*spec. al pl.*) Involucro circolare di pasta all'uovo con ripieno, caratteristico della cucina emiliana.

cappellièra [1691] **s. f.** *1* Custodia di cartone, cuoio, tela e sim., per riporre e trasportare cappelli. *2* Negli aerei, piccolo vano sopra i sedili usato per riporre indumenti e il bagaglio a mano.

cappellifìcio [1942] **s. m.** ● Fabbrica di cappelli.

cappellìna [da *cappello*; av. 1388] **s. f.** *1* Cappello estivo di paglia leggera ad ala ampia e ricadente. *2* †Specie di berretto da uomo o da donna | †Berretta da notte. *3* †Cervelliera.

cappellìno [1618] **s. m.** *1* Dim. di *cappello*. *2* Cappello femminile.

cappèllo [lat. parl. **cappĕllu(m)*, da *căppa* 'copricapo', passato poi a significare vari oggetti, o parte di oggetti che coprono, che stanno sopra ad altri; 1233] **s. m.** *1* Copricapo maschile o femminile, con tesa più o meno larga, di materiale vario e foggia diversa secondo la moda: *c. di feltro, di pelliccia, di tessuto, di paglia* | ***C. a cilindro***, tuba | ***C. a lucerna***, a due punte, con la tesa riunita da due lati sul cocuzzolo, come quello dei carabinieri | ***C. cardinalizio***, quello di color rosso dei cardinali; (*fig.*) la dignità stessa di cardinale | ***Tenere il c. sulle ventitré***, inclinato su un orecchio | ***Far di c.***, salutare togliendosi il cappello | (*fig.*) ***Cavarsi il c., fare tanto di c.***, riconoscere il merito e l'abilità di qlcu. | ***Prender c.***, (*fig.*) impermalirsi. *2* (*est.*) Oggetto, struttura, formazione e sim. che per forma, funzione o posizione ricorda un cappello: *il c. di un chiodo, del comignolo, dell'alambicco*; *un c. di nubi copriva la cima* | ***C. del lume***, paralume che para la luce da ogni parte | ***C. da prete***, insaccato suino, di forma triangolare, costituito da un involucro di cotica ripieno di carni, grassi e cotiche macinate, salate e drogate, da mangiarsi cotto | Massa di raspi e vinacce galleggiante sul mosto in fermentazione. *3* (*bot.*) Parte superiore del corpo fruttifero di molti Funghi, recante sulla parte inferiore lamelle o tuboli rivestiti dall'imenio. *4* (*fig.*) Breve introduzione a uno scritto, spec. a un articolo di giornale. *5* Simbolo a forma di cappello da cuoco usato in guide turistiche per classificare un ristorante secondo il livello del servizio reso: *un ristorante degno dei quattro cappelli*. *6* †Corona, ghirlanda, elmo e sim. || **cappellàccio**, **pegg.** (V.) | **cappellétto**, **dim.** (V.) | **cappellìno**, **dim.** (V.) | **cappellóne**, **accr.** (V.) | **cappellùccio**, **dim.**

CAPPELLO
nomenclatura

cappello

● *caratteristiche*: alto ⇔ basso, duro ⇔ molle, nuovo ⇔ usato, rigido ⇔ floscio, stirato ⇔ sgualcito, sbertucciato; di feltro, di paglia, di seta, di panno; a cupola, a punta, a lobbia, a staio, a cencio, alla bersagliera, alla tirolese, alla moschettiera, alla marinara, alla raffaella, alla calabrese, alla sbarazzina; da alpino, da bersagliere;

● *tipi di cappello*: copricapo, berretto, borsalino, panama, paiolino, floscio, monachina, morione, toque, cloche, pamela, cappellina, cuffia, tuba, cilindro, gibus, bombetta = tubino = mezza tuba, paglietta = magiostrina, turbante, cappuccio, tòcco, berretto goliardico; berretto da notte; tricorno, galero, papalina, nicchio, triregno, tricorno, zucchetto, mitra, tiara, camauro; colbacco, di pelliccia, passamontagna = mefisto, paraorecchie, feluca, chepì, zucchetto, fez, kefiah, kippah, sombrero, casco, elmo, elmetto, lucerna, bustina, nordovest, basco, petaso, purillo, coppola; frigio; lucernone;

● *persone*: modista = crestaia = cappellaia = cappellinaia; cappellaio;

● *parti del cappello maschile*: cocuzzolo, fascia, nastro, orlo, piega, calotta, tesa, ala, visiera, falda, sottofalda;

● *parti del cappello femminile*: carcassa, cupola, balza, merletto, nastro, fiori, guarnizione, veletta, aigrette, asprì.

cappellóna [1923] **A s. f.** ● (*fam.*) Monaca dell'Ordine delle Figlie della Carità, dalla caratteristica grande cuffia. **B** anche **agg. f.**: *suora c.*

cappellóne [av. 1584] **s. m.** (f. *-a* (V.)) *1* Accr. di *cappello*. *2* (*est.*) Chi porta grandi cappelli. *3* Nel gergo cinematografico, cowboy dei film western. *4* (*scherz.*) Coscritto, recluta.

cappellòtto o **cappellòzzo** [1940] **s. m.** *1* Rinforzo che si applica alla punta della calzatura. *2* Specie di tappo impiegato per la protezione del collo della damigiana. *3* Capsula di ottone o rame con sostanza detonante per innescare le armi da fuoco a percussione.

†**capperéto** [av. 1597] **s. m.** ● Luogo ove crescono o si coltivano capperi.

càpperi [pl. di *cappero*, usato per evitare di completare la parola *cazzo*; av. 1556] **inter.** ● (*eufem.*) Esprime meraviglia, sorpresa, ammirazione e sim.: *c., che forza!*

càppero [lat. *căppare(m)*, nom. *căpparis*, dal gr. *kápparis*, di orig. preindeur. (?); 1340 ca.] **s. m.** *1* Pianta arbustiva delle Capparidacee con foglie ovali semplici, fiori grandi di color bianco o rosa e frutto a bacca (*Capparis spinosa*) | Boccio fiorale di tale pianta consumato in salamoia, come condimento. ➡ **ILL. piante**/4. *2* (*fig., volg.*) †Pene.

capperóne [da *cappa* (*1*) nel sign. 1; av. 1312] **s. m.** ● Tipo di cappuccio che copriva il cappello e si abbottonava sul mantello.

capperùccia [da *cappa* (*1*) nel sign. 1; av. 1449] **s. f.** (pl. *-ce*) ● †Cappuccio | Cuffia monacale | (*fig.*) Bigotto.

càppio [lat. tardo *căpulu(m)* 'cappio', da *căpere* 'prendere'; 1304] **s. m.** *1* Nodo fatto in modo da sciogliersi se tirato per uno dei due capi | (*est.*) Nastro ornamentale annodato in tale maniera. *2* Capestro | ***Avere il c. al collo***, (*fig.*) non essere libero. || **cappiétto**, **dim.**

cappóna [f. di *cappone* (*1*); 1869] **s. f.** ● Pollastra privata delle ovaie e ingrassata.

capponàia [da *cappone* (*1*); av. 1566] **s. f.** *1* Gabbia dove si tengono i capponi per farli ingrassare. *2* (*gerg.*) Prigione.

capponàre (*1*) [da *cappone* (*1*); av. 1400] **v. tr. e intr. pron.** (*io cappóno*) ● (*raro*) Accapponare.

capponàre (*2*) o **accapponàre** (*2*), o **caponàre** [da *cappone* (*2*); 1830] **v. tr.** ● (*mar.*; *disus.*) Incocciare l'ancora a ceppo col gancio del capone per issarla sulla coperta.

capponàta (*1*) [da *cappone* (*1*); 1879] **s. f.** ● Scorpacciata di capponi. **SIN.** Scapponata.

capponàta (*2*) ● V. *caponata*.

capponatùra [da *capponare* (*1*); 1887] **s. f.** ● (*raro*) Accapponatura.

cappóne (*1*) o †**capóne** (*2*) [lat. parl. **cappō-ne(m)*, per il classico *cāpōne(m)*, da avvicinare al gr. *kóptō* 'io taglio'; sec. XIII] **s. m.** *1* Gallo castrato da giovane, quindi particolarmente tenero e grasso: *c. lesso, arrosto, in umido, ripieno* | (*fig.*) ***Far la pelle di c.***, rabbrividire. *2* ***C. di galera***, piatto marinaresco a base di mollica di pane, carne di vari pesci e altri ingredienti mescolati in un impasto a forma di cappone | (*cuc.*) ***C. magro***, piatto ligure a base di verdure, pesce e crostacei lessati, con uova sode, alici, olive e salsa verde. *3* (*zool.*) Denominazione di varie specie di Pesci dell'ordine degli Scorpeniformi. || **capponàccio**, **pegg.** | **capponcèllo**, **dim.** | **capponcétto**, **dim.** | **capponcìno**, **dim.** | **capponùccio**, **dim.**

cappóne (*2*) ● V. *capone* (*3*).

capponéssa [f. di *cappone* (*1*); 1542] **s. f.** ● Cappona.

capponièra ● V. *caponiera*.

cappòtta (*1*) [1935] **s. f.** ● Adattamento di *capote* (V.). || **cappottìna**, **dim.**

cappòtta (*2*) [da *cappa* (*1*); 1865] **s. f.** ● Un tempo, cappello femminile a forma di cuffietta che si annodava con dei nastri.

cappottaménto o **capotaménto**, **capottaménto** [1955] **s. m.** ● (*raro*) Cappottata.

cappottàre o **capotàre**, **capottàre** [fr. *capoter*, dall'espressione *faire capot*, originariamente termine di gioco 'far cappotto'; 1919] **v. intr.** (*io cappòtto*; aus. *avere*) ● Detto di aereo, capovolgersi mentre sta correndo al suolo, dopo aver puntato il muso a terra: *c. all'atterraggio, in decollo* | Detto di autoveicolo, ribaltarsi, capovolgersi: *c. in curva*.

cappottàta o **capotàta**, **capottàta** **s. f.** ● Capovolgimento di aereo che corre al suolo o di autoveicolo.

cappottatùra [da *cappotta* (*1*); 1962] **s. f.** ● Copertura aerodinamica degli organi esterni di un aeromobile.

cappottìno [av. 1936] **s. m.** *1* Dim. di *cappotto* (*1*). *2* Uniforme lunga a doppio petto con galloni e bottoni dorati, degli ufficiali di marina.

♦**cappòtto** (*1*) [da *cappa* (*1*); av. 1566] **s. m.** ● Pesante soprabito invernale da uomo o da donna | ***C. alla Bismarck***, di taglio militaresco. || **cappottìno**, **dim.** (V.) | **cappottóne**, **accr.**

cappòtto (*2*) [dal fr. *faire capot*, di etim. incerta; 1797] **s. m.** ● Spec. nella loc. ***fare, dare c.***, in alcuni giochi e sport, concludere una partita senza che l'avversario abbia realizzato nemmeno un punto | ***Fare c.***, nella caccia, tornare senza preda | ***Fare c.***, capovolgersi, detto di imbarcazione. **SIN.** Scuffia.

cappucciàto [da *cappuccio* (*1*); 1793] **agg.** ● (*raro*) Detto di petalo o foglia che ha forma di cappuccio.

cappuccìna [da *cappuccio* (*1*), per la forma del fiore; av. 1597] **s. f.** *1* Varietà di lattuga a foglie larghe, tondeggianti, riunite a cespo (*Lactuca sativa capitata*). *2* Pianta erbacea delle Tropeolacee con foglie rotonde, peltate e fiori speronati, di colore giallo-aranciato o rosso (*Tropaeolum maius*). **SIN.** Nasturzio indiano | (*pop.*) Nasturzio. ➡ **ILL. piante**/4.

cappuccinésco [da *cappuccino* (*1*); 1772] **agg.** (pl. m. *-schi*) ● (*raro, lett.*) Proprio o caratteristico dei frati cappuccini.

cappuccìno (*1*) [dal *cappuccio* portato da questi frati; av. 1587] **A s. m.** (f. *-a*) ● Frate della famiglia autonoma dei Minori Francescani, fondata da Matteo da Bascio nel XVI sec. | ***Vita da c.***, ritirata | ***Pazienza da c.***, inesauribile. **B** anche **agg.**: *frate c.*

cappuccìno (*2*) [dal colore analogo a quello dell'abito dei *cappuccini*; 1905] **s. m.** ● Bevanda di caffè con l'aggiunta di latte.

cappuccìno (*3*) [dal *cappuccio* 'ciuffo' che ha sul capo] **s. m.** ● Falco di palude | Colombo che ha le penne del collo rovesciate a guisa di cappuccio.

cappùccio (*1*) [da *cappa* (*1*); av. 1276] **s. m.** *1* Copricapo a forma spec. conica, fissato al bavero del cappotto, del mantello o dell'impermeabile. *2* (*est.*) Copricapo per cavalli, contro la pioggia o il sole. *3* (*est.*) Nome di vari rivestimenti a forma conica o piramidale: *il c. della biro*; *il c. di stagnola di una bottiglia*. *4* Rivestimento d'acciaio saldato alla punta d'un proiettile perforante. *5* (*edil.*) Coronamento superiore in pietra da taglio del rostro del piedritto di un ponte. || **cappuccétto**, **dim.**

cappùccio (*2*) [etim. discussa: forse dalla forma ant. *cambugio*, con accostamento a *cappuccio* per etim. pop. (?); 1550] **agg.** (pl. f. *-ce*) ● Detto di varietà di cavolo con le foglie avvolte strettamente in modo da assumere l'aspetto di una palla: *cavolo c.*

cappùccio (*3*) [da *cappuccino* (*2*)] **s. m.** ● (*fam.*) Cappuccino: *bersi un c.*

♦**capra** (*1*) [lat. *căpra(m)*, f. di *căper* 'capro'; av. 1292] **s. f.** *1* Mammifero ruminante domestico degli Artiodattili, con gambe brevi e robuste, orecchie corte, testa corta e larga alla fronte, corna falciformi curvate all'indietro e pelo liscio e lungo (*Capra hircus*). **CFR.** Belare. ➡ **ILL. animali**/13 | ***Luogo, sentiero da capre***, scosceso | ***Salvare c. e cavoli***, (*fig.*) risolvere vantaggiosamente insieme due opposte esigenze (con riferimento a un contadino che traghettò al di là di un fiume una capra, un cavolo e un lupo senza che il lupo mangiasse la capra e la capra mangiasse il cavolo) | †***Cavalcare la c.***, (*fig.*) avere torto. *2* Pelle conciata o grezza dell'omonimo animale. || **caprétta**, dim. (V.) | **caprettina**, dim.| **caprétto**, dim. m. (V.) | **caprina**, dim.

càpra (2) [dalla forma di *capra*; 1550] s. f. *1* Cavalletto di legno a tre gambe, con carrucola e fune, atto a sollevare grandi pesi o magli, oppure a quattro gambe, per altri usi. *2* (*mar.*) Su grandi imbarcazioni a vela, sostegno mobile che regge il peso del boma all'ormeggio | Macchina per alberare. SIN. Forchetta. *3* Struttura che collega la fusoliera di un aereo a una o più ali sovrastanti. || **caprétta**, dim. (V.).

capràggine [lat. tardo *caprāgine(m)*, da *căpra* 'capra (1)', perché viene data da mangiare alle capre; 1759] s. f. ● (*bot.*) Galega.

capràio o (*dial.*) †**capràro** [lat. *caprāriu(m)*, da *căpra* 'capra (1)'; 1504] s. m. (f. *-a*) ● Guardiano, custode di capre.

capraréccia [1803] s. f. (pl. *-ce*) ● Stalla invernale per le capre.

†**capràro** ● V. *capraio*.

capreolàto [1499] agg. ● Decorato con capreoli: *capitello c.*

caprèolo o **capriòlo** (2) [dalla forma, come di corna di *capriolo*; 1499] s. m. *1* (*raro, lett.*) Cirro, viticcio. *2* (*lett.*) Ornamento architettonico a forma di viticcio.

caprése [1860] **A** agg. ● Dell'isola di Capri. **B** s. m. e f. ● Abitante, nativo di Capri. **C** s. f. ● Tipo di insalata a base di pomodori, mozzarella e olive.

caprétta [av. 1313] s. f. *1* Dim. di *capra*. *2* Utensile dell'incisore in legno.

†**caprettàto** agg. ● A macchie nere su fondo bianco.

caprétto o †**cavrétto** [sec. XIV] s. m. *1* Dim. di *capra* (*1*). *2* Il nato della capra, di età inferiore a un anno. *3* Pelle grezza o conciata di capra giovane: *scarpe, guanti di c.* || **caprettino**, dim.

capriàta [da *capra* (*2*); 1908] s. f. ● (*edil.*) Struttura triangolare di sostegno per tetti a spioventi, costituita da travi in legno, ferro o cemento armato: *soffitto a capriate*.

♦**capriccio** [etim. incerta; av. 1292] s. m. *1* Desiderio, idea o progetto improvvisi e bizzarri: *avere più capricci che capelli in testa*; *cavarsi, levarsi, togliersi un c.* SIN. Ghiribizzo, grillo | Azione o discorso bizzarri e inattesi: *ben presto tornarono in campo i soliti dispetti e i soliti capricci* (MANZONI). SIN. Bizzarria, stramberia | ***Fare i capricci***, detto spec. di bambini, lamentarsi, agitarsi, comportarsi in modo bizzarro; (*est.*) detto di cose, essere difettoso: *oggi il televisore fa i capricci*. SIN. Bizza | ***Agire a c.***, in modo improvvisato e leggero. *2* (*est.*) Infatuazione amorosa, superficiale e passeggera: *è uno dei suoi tanti capricci*. *3* Avvenimento o fenomeno strano, incomprensibile: *un c. della sorte*; *i capricci della natura*. *4* †Bizzarria: *alcune medagliette d'oro, che ogni signore e gentiluomo li piaceva far scolpire in esse un suo c. o impresa* (CELLINI). *5* (*mus.*) Composizione strumentale di schema libero e di carattere estroso. *6* Nelle arti figurative, stampa o piccolo dipinto che compone dati reali in una figura, scena o veduta fantastica, talora estrosa e bizzarra: *un c. del Guardi*. *7* Mantovana drappeggiata. *8* †Ribrezzo, raccapriccio. || **capricciàccio**, pegg. | **capriccétto**, dim.

capricciosità [1966] s. f. ● Caratteristica di chi è capriccioso.

capriccióso [1550] agg. *1* Pieno di capricci, che fa capricci: *è un bambino molto c.*; *sei una ragazza troppo capricciosa*. SIN. Bizzoso. *2* Estroso, originale: *un abitino c.* | Bizzarro, stravagante: *ha dipinto la casa con colori capricciosi*; *la mia chiacchiera capricciosa fece divertire tutti* (SVEVO). SIN. Singolare, strano | ***Pizza, insalata capricciosa***, fatte con l'aggiunta di ingredienti vari. *3* Mutevole, instabile: *stagione capricciosa*. || **capricciosàccio**, pegg. | **capricciosétto**, dim. | **capricciosino**, pegg. || **capricciosaménte**, avv.

càprico [fr. *caprique*, dal lat. *căpra* 'capra (1)'; 1865] agg. (pl. m. *-ci*) ● (*chim., raro*) Caprinico.

capricòrno (1) [vc. dotta, lat. *capricŏrnu(m)*, comp. di *căper* 'capro' e *cŏrnu* 'corno'; 1282] s. m. ● Mammifero ruminante degli Artiodattili simile alla capra, con corna leggermente incurvate (*Capricornis*).

Capricòrno (2) [V. *capricorno* (*1*)] **A** s. m. *1* (*astron.*) Costellazione dello zodiaco. *2* (*astrol.*) Decimo segno dello zodiaco, compreso fra 270 e 300 gradi dell'anello zodiacale, che domina il periodo compreso tra il 22 dicembre e il 20 gennaio. ➡ ILL. **zodiaco**. **B** s. m. e f. inv. ● Persona nata sotto il segno del Capricorno.

caprificàre [vc. dotta, lat. *caprificāre*. V. *caprifico*; 1340 ca.] v. tr. (*io caprifico, tu caprifichi*) ● Favorire la fecondazione dei fiori del fico domestico, sospendendo ai rami le infiorescenze del caprifico.

caprificazióne [da *caprificare*; av. 1566] s. f. ● (*bot.*) Impollinazione e fecondazione dei fiori femminili del fico domestico mediante il polline dei fiori maschili del fico selvatico o caprifico.

caprifico [lat. *caprificu(m)*, comp. di *căper* 'capro' e *fīcus* 'fico'; 1340 ca.] s. m. (pl. *-chi*) ● Fico selvatico.

Caprifogliàcee [vc. dotta, comp. di *caprifoglio* e *-acee*; 1830] s. f. pl. (sing. *-a*) ● Nella tassonomia vegetale, famiglia di piante erbacee, arbustive o lianose con foglie opposte, fiori in infiorescenze cimose e frutto a bacca (*Caprifoliaceae*). ➡ ILL. **piante**/9.

caprifòglio [lat. tardo *caprifŏliu(m)*, comp. di *căper* 'capro' e *fŏlium* 'foglia'; sec. XIV] s. m. ● Arbusto rampicante delle Caprifogliacee con foglie opposte e fiori profumati tubolosi di color bianco o porpora (*Lonicera caprifolium*). SIN. Abbracciabosco, madreselva, vincibosco. ➡ ILL. **piante**/9.

caprigno [1532] agg. ● (*lett.*) Caprino.

†**caprile** [lat. *caprīle*, da *căper* 'capro'; 1325 ca.] s. m. ● Stalla per capre.

Caprimulgifórmi [comp. di *caprimulgo* e il pl. di *-forme*; 1965] s. m. pl. (sing. *-e*) ● Nella tassonomia animale, ordine di Uccelli con becco corto, piumaggio morbido e zampe brevi (*Caprimulgiformes*).

caprimùlgo [vc. dotta, lat. *caprimŭlgu(m)*, comp. di *căpra* 'capra (1)' e *mulgēre* 'mungere'; 1481] s. m. (pl. *-gi*) ● Genere di Uccelli dei Caprimulgiformi con ali lunghe e appuntite, cui appartiene il succiacapre (*Caprimulgus*).

Caprìni [da *capra* (*1*); 1881] s. m. pl. (sing. *-o*) ● Nella tassonomia animale, sottofamiglia di Mammiferi artiodattili dei Bovidi con corna di forma e dimensioni diverse, presenti in entrambi i sessi, e un ciuffo di peli sotto il mento (*Caprinae*).

caprìnico [V. *caprico*; 1933] agg. (pl. m. *-ci*) ● Detto di acido che si trova nel latte e nel burro di capra e di composti di analoga origine o da esso derivati. SIN. Caprico.

caprìno [lat. *caprīnu(m)*, da *căpra* 'capra (1)'; 1282] **A** agg. ● Proprio della capra e dei caprini in genere: *corna caprine*; *lana caprina* | (*fig.*) ***Questione di lana caprina***, inutile, senza valore né importanza (da un'Epistola di Orazio, con riferimento allo scarso valore della lana di capra). **B** s. m. *1* Puzzo di capra. *2* Sterco di capra usato come concime. *3* Formaggio di latte di capra.

capriòla (1) o (*lett.*) †**cavriòla**, †**cavriuòla** [f. di *capriolo* (*1*); 1353] s. f. ● Femmina del capriolo.

♦**capriòla** (2) o †**capriuòla**, †**cavriòla**, †**cavriuòla** [etim. discussa: per traslato da *capriola* (*1*)?; 1536] s. f. *1* Salto che si fa appoggiando le mani o il capo a terra e lanciando le gambe in aria per voltarsi sul dorso. *2* (*est.*) Ogni altro salto: *fare le capriole per la gioia* | (*scherz.*) Caduta, capitombolo | ***Far una c.***, (*fig.*) subire un rovescio di fortuna; mutare idee, spec. politiche | ***Fare le capriole***, (*fig.*) fare l'impossibile, fare i salti mortali. *3* Salto dei ballerini, eseguito sollevandosi da terra e scambiando la posizione dei piedi. *4* Nell'equitazione, figura delle arie alte, nella quale il cavallo, sollevandosi con un salto da terra con le quattro zampe alla stessa altezza, piega le anteriori e protende insieme all'indietro le posteriori come sferrando un calcio. || **capriolétta**, dim.

capriolàre [av. 1764] v. tr. (*io capriòlo*; aus. *avere*) ● (*raro, lett.*) Far capriole: *i delfini a coppie / capriolano coi figli* (MONTALE).

capriòlo (1) o (*raro*) **capriuòlo**, †**cavriòlo**, †**cavriuòlo** [lat. *caprĕolu(m)*, da *caprea* 'capra selvatica'; sec. XIII] s. m. (f. *-a* (V.)) *1* Mammifero ruminante degli Artiodattili di statura breve, con zampe lunghe e portamento elegante, pelame bruno rossiccio e, nei soli maschi, con brevi palchi solitamente a tre rami (*Capreolus capreolus*). ➡ ILL. **animali**/12. *2* ***C. corrente***, nel tiro a segno, sagoma mobile dell'animale che corre su un binario orizzontale. || **capriolétto**, dim. | **capriolino**, dim.

capriòlo (2) ● V. *capreolo*.

capripede [vc. dotta, lat. *caprĭpede(m)*, comp. di *căper* 'capro' e *pēs*, genit. *pĕdis* 'piede'; av. 1729] agg. ● (*lett.*) Che ha i piedi di capra: *il c. e cornigero Pan* (PASCOLI).

†**capriuòla** ● V. *capriola* (*2*).

capriuòlo ● V. *capriolo* (*1*).

càpro [vc. dotta, lat. *căpru(m)*, di etim. incerta; 1441] s. m. ● Maschio della capra | (*fig.*) ***C. espiatorio***, persona che sconta le pene altrui. || **caproncino**, dim. | **capróne**, accr. (V.).

capròico [da *capra* (*1*); 1865] agg. (pl. m. *-ci*) ● (*chim.*) Detto di acido che si trova nel latte di capra e di vacca, e di composti di analoga origine o da esso derivati.

caproìna [comp. di *capro(ico)* e *-ina*] s. f. ● Gliceride dell'acido caproico contenuto nel burro di capra.

caprolattàme [comp. di *capro(ico)* e *lattame*; 1987] s. m. ● Sostanza organica eterociclica che costituisce il prodotto di partenza per fabbricazione di alcune fibre poliammidiche.

capróne [lat. parl. **caprōne(m)*, da *căper*. V. *capro*; 1536] s. m. *1* Accr. di *capro*. *2* Maschio della capra. *3* (*fig., spreg.*) Persona rozza, grossolana, dall'aspetto incolto: *Non sa una parola d'italiano quel c.!* (MONTALE). || **caproncino**, dim.

caprònico [1955] agg. (pl. m. *-ci*) ● (*chim.*) Caproico.

caprùggine [etim. incerta; sec. XIV] s. f. ● Intaccatura delle doghe, nella quale si incastrano i fondi della botte.

capsèlla [vc. dotta, lat. *capsĕlla(m)* 'piccola (*-ĕlla*) cassa (*căpsa*)'; 1499] s. f. *1* Cassetta, gener. di materiale pregiato, utilizzata anticamente per contenere reliquie o particole. *2* (*bot.*) Genere di piante erbacee delle Crocifere.

càpsico [vc. dotta, gr. *kapsikós*, da *kápsa*, a sua volta dal lat. *căpsa* 'cassetta'; 1830] s. m. (pl. *-ci*) *1* Genere delle Solanacee comprendente piante erbacee o suffruticose con foglie semplici e alterne, fiori bianchi, frutto a bacca di sapore piccante (*Capsicum*). *2* Componente di preparazioni farmaceutiche ottenute dal frutto di una specie di capsico.

càpside [dal lat. *căpsa* 'cassa'; 1983] s. m. ● (*biol.*) In virologia, involucro proteico di una particella virale o virione.

capsòmero [comp. di *caps(ula)* e *-mero*; 1974] s. m. ● (*biol.*) Unità proteica componente del capside.

càpsula o (*raro*) **càssula** [vc. dotta, dal lat. *căpsula(m)*, dim. di *căpsa* 'cassa'; sec. XV] s. f. *1* (*bot.*) Frutto secco deiscente che si divide in valve nelle quali sono inseriti i semi. *2* (*anat.*) Involucro per lo più di tessuto connettivo con funzioni di copertura o di contenzione: *c. articolare* | ***C. surrenale***, ghiandola surrenale | (*biol.*) Involucro esterno alla parete batterica, costituito da polisaccaridi complessi secreti dal batterio, che svolge funzione protettiva ed è dotato di potere antigene. *3* Piccolo rivestimento metallico contenente miscela fulminante o detonante che provoca l'accensione della polvere da sparo in cartucce o mine. *4* (*farm.*) Involucro solubile di cheratina, gelatina e sim. usato per racchiudere medicamenti sgradevoli o che debbano passare inalterati dallo stomaco all'intestino | La confezione così ottenuta: *inghiottire una c.* *5* Recipiente di porcellana a forma semisferica usato spec. nei laboratori e nelle industrie chimiche. *6* (*aer.*) Contenitore per strumenti, esseri viventi e sim., trasportato da un missile nello spazio: *c. orbitale, spaziale* | ***C. di rientro***, destinata a rientrare integra nell'atmosfera e a posarsi indenne. *7* (*tel.*) Accessorio del microtelefono costituito essenzialmente da una membrana sensibile alle onde sonore | ***C. ricevente***, che trasforma le onde elettriche in onde acustiche | ***C. trasmittente***, che trasforma le onde acustiche in onde elettriche. *8* Tipo di chiusura in metallo o plastica applicabile esternamente sul collo o sulla apertura di un contenitore | Cappuccio di stagnola applicato al collo delle bottiglie di vini pregiati. *9* (*med.*) In odontoiatria, involucro, metallico o ceramico, che ricopre la corona di un dente per protezione o per sostenere una protesi. *10* In biblioteconomia, classificatore, raccoglitore di estratti, opuscoli e sim. || **capsulétta**, dim. | **capsulina**, dim. | **capsulóna**, accr.

capsulàre [1967] agg. ● (*anat.*) Relativo a una

capsula: *tessuto c.*

capsulatrice [1955] **s. f.** ● Macchina per applicare le capsule a contenitori, bottiglie e sim.

capsulatùra [1955] **s. f.** ● Applicazione di una capsula a contenitori, bottiglie e sim.

capsulìsmo [da *capsula*, con *-ismo*; 1930] **s. m.** ● Meccanismo a elementi rotanti ad alta velocità che serve per l'aspirazione di un liquido o di un gas.

captàre [vc. dotta, lat. *captāre*, intens. di *căpere* 'prendere'; 1499] **v. tr.** *1* (*raro*) Cercare di ottenere: *c. l'appoggio di qlcu.* **SIN.** Cattivarsi, procurarsi. *2* Riuscire a prendere, a raccogliere: *c. l'acqua piovana per utilizzarla.* *3* Ricevere, intercettare, per mezzo di apposite apparecchiature, trasmissioni telegrafiche, radiofoniche, televisive e sim.: *c. un programma musicale* | *C. una radio*, una stazione. *4* (*fig.*) Cogliere al volo, intendere per intuito: *sei riuscito a c. le sue intenzioni?* **SIN.** Intuire.

captàtio benevolèntiae /lat. kap'tatstsjo benevo'lɛntsje/ [loc. lat., propr. 'conquista (dal v. *captare* 'riuscire a prendere') della benevolenza'; 1973] **loc. sost. f. inv.** (**pl.** lat. *captationes benevolentiae*) ● Espediente per assicurarsi la benevolenza o il consenso di chi legge o ascolta.

captatività **s. f.** ● (*psicol.*) L'essere captativo.

captatìvo [fr. *captatif*, da *capter* 'captare'] **agg.** ● (*psicol.*) Relativo alla captazione | Caratterizzato da captazione: *comportamento c.*

captatóre [1970] **s. m.** ● Apparecchio usato per la captazione, nel sign. 3.

captatòrio [1673] **agg.** ● (*dir.*) Compiuto da captatore o con captazione: *atteggiamento c.*

captazióne [vc. dotta, lat. *captatiōne(m)*. V. *captare*; 1887] **s. f.** *1* (*raro*) Il captare: *c. di onde radiofoniche*; *c. di acque sorgive.* *2* (*dir.*) Raggiro colpevole posto in essere per indurre qlcu. a disporre per testamento in proprio favore. *3* Operazione che consiste nell'allontanare o precipitare minuscole particelle, contenute spec. nei fluidi industriali, a scopo di depurazione o di recupero. *4* (*psicol.*) Tendenza ad accentrare e conservare in maniera esclusiva per sé gli affetti del proprio ambiente, spec. familiare. **SIN.** Possessivo.

captivàre ● V. *cattivare.*

captività ● V. *cattività.*

captìvo o †**cattìvo** [dal lat. *captīvu(m)*, 'prigioniero' da *căpere* 'prendere'; av. 1306] **A** **agg.** *1* (*lett.*) Prigioniero. *2* **Stilo, proiettile c.**, in vari apparecchi per macellare animali, punta metallica che viene sparata ma non espulsa totalmente dall'apparecchio stesso. **B** **s. m.** (**f.** *-a*) ● (*lett.*) Chi è prigioniero: *concedanmi gli Achivi altra captiva* (MONTI).

capufficio ● V. *capoufficio.*

capùt [1955] **agg. inv.**; anche **avv.** ● Adattamento di *kaputt* (V.).

capziosità [1921] **s. f.** ● Caratteristica di ciò che è capzioso. **SIN.** Cavillosità, sofisticheria.

capzióso [vc. dotta, lat. *captiōsu(m)*, da *căptio* 'frode, danno', da *căpere* 'prendere'; 1584] **agg.** ● Insidioso, ingannevole, cavilloso: *ragionamento c.*; *hanno dato una risposta vana, capziosa, piena d'inganni* (SARPI). || **capziosaménte**, **avv.**

CAR [sigla di *C(entro) A(ddestramento) R(eclute)*; 1955] **s. m. inv.** ● Istituzione militare che si occupa dell'addestramento di base delle reclute | (*est.*) L'addestramento stesso.

càra (*1*) [provz. *cara*, dal gr. *kára* 'testa, capo', di orig. indeur.; sec. XIII] **s. f.** ● (*raro*, *lett.*) Viso, volto, aspetto.

càra (*2*) [V. *carezza*] **s. f.** ● (*infant.*, *fam.*) Carezza | **Fare c. c.**, accarezzare.

càra (*3*) [vc. dotta, lat. *chăra(m)*, di orig. straniera; 1865] **s. f.** ● Genere della famiglia delle Caracee comprendente alghe caratterizzate dalla presenza, nel fusticino, di numerosi verticilli di raggi; vivono sul fondo di acque stagnanti (*Chara*). **SIN.** Putera.

carabàttola o †**garabàttola**, (*pop.*) **scarabàttola** (*2*) [dal lat. *grabātum* 'lettuccio', dal gr. *krábatos*, di orig. sconosciuta; 1566] **s. f.** *1* Masserizia, oggetto di poco pregio: *prendi le tue carabattole e vattene!* *2* (*fig.*, *lett.*) Bazzecola, bagattella.

caràbba o **caràmba** [da *carab(inieri)*, deformato secondo il cognome *Carabba*; 1905] **s. m. inv.** ● (*pop.*, *gerg.*) Carabiniere (*spec. spreg.*): *sti caramba dell'ostrega... fin dentro la chiesa mi vengono a tampinare* (FO).

Caràbidi [comp. di *carab(o)* e *-idi*; 1887] **s. m. pl.** (**sing.** *-e*) ● Nella tassonomia animale, famiglia di Insetti dei Coleotteri carnivori e predatori, che emettono un liquido di odore acre e sgradevole come difesa (*Carabidae*).

carabìna [fr. *carabine*, da *carabin* 'soldato della cavalleria leggera', di etim. incerta; 1614] **s. f.** ● Fucile di precisione a una canna, ad anima rigata, per caccia e tiro | **C. automatica**, il cui ricaricamento avviene per la forza di rinculo | **C. ad aria compressa**, che usa, come propulsore, l'aria compressa da apposita leva o stantuffo anziché l'esplosivo.

carabinàta [1910] **s. f.** ● Colpo di carabina.

♦**carabinière** [fr. *carabinier*, da *carabine* 'carabina'; 1660] **s. m.** *1* Un tempo, soldato a piedi o a cavallo, armato di carabina. *2* (**f.** *-a*) Appartenente all'Arma dei Carabinieri che svolge compiti di polizia civile, militare e giudiziaria: *c. a piedi, a cavallo* | **Fare il c.**, **essere un c.**, (*fig.*) comportarsi in modo particolarmente severo e autoritario.

càrabo [lat. *cārabu(m)*, nom. *cārabus*, dal gr. *kárabos*, di etim. incerta; 1829] **s. m.** *1* Genere di Insetti dei Carabidi, dai colori metallici e brillanti, divoratore di insetti nocivi (*Carabus*). *2* Barca a vela in uso nel Medioevo | Barca a remi greco-romana.

carabottìno [etim. incerta; 1869] **s. m.** ● (*mar.*) Graticolato posto sul fondo delle imbarcazioni o dei locali delle navi dove ristagna acqua | Chiusura graticolata, a riparo di boccaporti e sim.

caracàl [dal turco *karakulak* 'che ha l'orecchio (*kulak*) nero (*kara*)'; 1986] **s. m. inv.** ● (*zool.*) Nome comune della lince africana (*Lynx caracal*).

caracàlla [vc. dotta, lat. tardo *caracălla(m)*, di orig. gallica; 1734] **s. f.** ● Veste che dal collo scendeva fino al tallone, usata nella Gallia in epoca romana.

caràcca [ar. *ḥarrāqa* 'brulotto'; sec. XIV] **s. f.** ● Grossa nave mercantile e da guerra di alto bordo, con due castelli, in uso spec. presso i Genovesi e i Portoghesi dal XIV al XVII sec.

Caràcee [comp. di *cara* (*3*) e *-acee*; 1887] **s. f. pl.** (**sing.** *-a*) ● Nella tassonomia vegetale, famiglia di alghe verdi di acqua dolce o salmastra con asse calcificato (*Characeae*).

carachìri [1918] **s. m. inv.** ● Adattamento di *harakiri* (V.).

Caracìnidi [dal gr. *chárax*, n. d'un pesce, da *charássein* 'rendere aguzzo', d'etim. incerta; 1962] **s. m. pl.** (**sing.** *-e*) ● Nella tassonomia animale, famiglia di Pesci dei Cipriniformi sudamericani e africani con corpo alto e compresso, a volte feroci predatori, come i piranha (*Characinidae*).

caracollàre o †**garagollàre** [sp. *caracolear* 'volteggiare il cavallo', da *caracol* 'chiocciola'; 1618] **v. intr.** (*io caracòllo*; aus. *avere*) *1* Nell'equitazione, volteggiare a destra e a sinistra, a piccoli salti, cambiando di mano (detto del cavallo o del cavaliere). *2* (*mil.*) Eseguire il caracollo. *3* (*fam.*) Trotterellare: *il piccino caracollava allegramente sul prato.*

caracòllo [sp. *caracol* 'chiocciola'; 1573] **s. m.** *1* Movimento del cavallo in tondo o mezzo tondo a piccoli salti. *2* (*mil.*) Evoluzione particolare dell'antica cavalleria in combattimento, consistente nell'assalire il nemico in linee successive, ciascuna delle quali scaricava contemporaneamente le pistole e si ritirava in coda per lasciare il posto alla linea susseguente. **SIN.** Chiocciola.

caracùl o **caràcul** [1940] **s. m. inv.** ● Adattamento di *karakul* (V.).

Caradrifórmi [comp. di *caradrio* e il pl. di *-forme*; 1930] **s. m. pl.** (**sing.** *-e*) ● Nella tassonomia animale, ordine di Uccelli tipici delle zone umide cui appartengono i trampolieri (*Charadriformes*).

caràdrio [vc. dotta, lat. tardo *charădriu(m)*, nom. *charădrius*, dal gr. *charadriós*, forse da *charádra* 'torrente, gola, burrone'; 1830] **s. m.** ● Uccello dei Caradriformi, slanciato, elegante, con zampe alte e sottili, ali lunghe e appuntite (*Charadrius*).

caràffa [ar. *ġarrāfa*, prob. attrav. lo sp.; 1524] **s. f.** *1* Recipiente per liquidi, di vetro o altro materiale, panciuto, con collo stretto e una larga bocca, provvisto di manico: *una c. di cristallo* | Quantità di liquido contenuto in una caraffa: *una c. d'acqua, di vino.* *2* Antica misura napoletana per liquidi. || **caraffètta**, **dim.** | **caraffìna**, **dim.** | **caraffìno**, **dim. m.** | **caraffóna**, **accr.** | **caraffóne**, **accr. m.**

caraìbico o **caràibico** ● V. *caribico.*

caraìbo ● V. *caribo* (*1*).

caràmba ● V. *carabba.*

caràmbola (*1*) [sp. *carambola*, dal malese *karambil* 'noce di cocco'; 1708] **s. f.** ● Alberetto delle Oxalidacee con foglie caduche, fiori in grappoli di colore da bianco rosato a rosso intenso, e frutti commestibili gialli, carnosi e aciduli (*Averrhoa carambola*) | Il frutto di tale pianta.

caràmbola (*2*) [sp. *carambola* 'palla rossa del biliardo'; 1846] **s. f.** *1* Nel gioco del biliardo, colpo con cui si manda la propria palla a colpire quella dell'avversario e il pallino | Gioco del biliardo basato su tale colpo. *2* Nel calcio, tiro del pallone che, dopo essere rimbalzato su uno o più giocatori, assume una traiettoria deviata. *3* (*fig.*) Urto, spinta, scontro di due o più automobili: *la nebbia ha provocato una c. mortale.*

carambolàre [sp. *carambolar*, da *carambola* 'carambola (2)'; 1865] **v. intr.** (*io caràmbolo*; aus. *avere*) ● Far carambola.

†**caramèle** ● V. *caramello.*

♦**caramèlla** [V. *caramello*; 1754] **A** **s. f.** *1* Piccolo dolce di zucchero cotto, variamente aromatizzato e colorato, gener. a pasta dura, a volte ripieno di gelatina di frutta, liquore e sim.: *c. di menta, di anice*; *c. al liquore, al caffè, alla frutta*; *c. ripiena.* *2* (*fig.*, *fam.*) Monocolo: *si toglieva la c., ripulendola in un fazzoletto bianchissimo* (GINZBURG). **B** in funzione di **agg. inv.** ● (posposto al s.) Nella loc. **rosa c.**, tonalità di rosa intenso, tipico delle caramelle al lampone o alla fragola. || **caramellìna**, **dim.** | **caramellóna**, **accr.** | **caramellóne**, **accr. m.**

caramellàio [1875] **s. m.** (**f.** *-a*) ● Fabbricante o venditore di caramelle.

caramellàre [1875] **v. tr.** (*io caramèllo*) *1* Portare lo zucchero allo stato di caramello. *2* Ricoprire di caramello: *c. un dolce.* *3* Colorare in bruno bevande col caramello.

caramellàto [1919] **part. pass.** di *caramellare*; anche **agg.** ● Nei sign. del v.

caramellìsta [1938] **s. m.** e **f.** (**pl. m.** *-i*) ● Chi è addetto alla lavorazione delle caramelle.

caramèllo o †**caramèle** [sp. *caramel*, dal lat. **cănna(m) mĕllis*. V. *cannamele*; 1925] **A** **s. m.** *1* Massa brunastra, ottenuta dallo zucchero per forte riscaldamento, che, a freddo, si rapprende formando una lastra vetrosa; si usa in pasticceria e per colorare vini e sim. *2* (*est.*) Colore tipico dello zucchero caramellato: *una tinta che sta fra il giallo e il c.* **B** in funzione di **agg. inv.** ● (posposto a un s.) Che ha il colore fulvo dello zucchero bruciato: *tessuto c.*; *feltro color c.*

caramellóso [1962] **agg.** *1* Che ha le caratteristiche della caramella. *2* (*fig.*) Sdolcinato, lezioso: *discorso c.*

†**caramògio** [persiano *ḫarmūš* 'grosso topo'; av. 1676] **s. m.** *1* Statuetta, spec. di porcellana, raffigurante un personaggio grottesco e deforme. *2* Persona piccola e deforme.

carampàna [vc. venez., dalla contrada veneziana delle *Carampane* (da *Cà* 'casa' *Rampani*, n. di una famiglia), abitata da prostitute; 1908] **s. f.** *1* Donna sguaiata e volgare. *2* Donna brutta e trasandata.

caramusàle o **caramussàle** [turco *qarâmussal*, prob. attrav. il gr. moderno; 1614] **s. m.** ● Antico vascello mercantile turco da carico con poppa assai alta.

carantàno [da *Carantana*, n. ant. della Carinzia; av. 1589] **s. m.** ● (*numism.*) Nome dato al grosso tirolino d'argento quando i conti del Tirolo divennero duchi di Carinzia.

carapàce [fr. *carapace*, dallo sp. *carapacho* 'guscio dei granchi e di altri crostacei', di etim. incerta; 1827] **s. m.** *1* (*zool.*) Scudo formato dall'esoscheletro che riveste il cefalotorace di molti Crostacei | Scudo dorsale dei Cheloni. *2* (*geol.*) Parte superiore esterna, arcuata verso l'alto, di una coltre di ricoprimento.

caràssio [slavo *karas*; 1903] **s. m.** ● Genere di Pesci dei Teleostei della famiglia dei Ciprinidi, propri delle acque dolci (*Carassius*) | **C. comune**, di color bruno giallastro (*Carassius vulgaris*) | **C. dorato**, di colorazione varia, molto ricercato a scopo ornamentale (*Carassius auratus*). **SIN.** Pesce rosso.

caratàre [da *carato*; av. 1519] **v. tr.** *1* Pesare a carati: *c. un metallo prezioso, una gemma.* *2* †Valutare, vagliare, stimare.

caratèllo o †**carratèllo** [da *carro*, perché era una botte che era trasportava con carri; sec. XIV] **s. m.** ● Botticella affusolata per vini pregiati e liquori | Quantità di liquido in esso contenuta.

caratista [da *carato* nel sign. 4; 1870] **s. m. e f.** (pl. m. *-i*) **1** Chi ha la proprietà di una caratura di nave. **2** (*econ.*) Chi partecipa a una società il cui capitale è suddiviso in quote.

caràto [ar. *qīrāṭ* 'ventiquattresima parte di un denaro', dal gr. *kerátion* 'carruba', il cui seme si adoperava per pesare; 1313] **s. m.** **1** Antico valore ponderale coniato come moneta d'argento all'epoca di Costantino. **2** Unità di misura del titolo dell'oro, equivalente alla ventiquattresima parte di contenuto in oro puro. SIMB. ct | ***Oro a 24 carati***, purissimo. **3** Unità di peso usata per le pietre preziose e le perle, equivalente a quattro grani o a un quinto di grammo. SIMB. ct. **4** Ognuna delle 24 quote in cui è divisa la proprietà di una nave mercantile, secondo una tradizione internazionale | (*est.*) Quota di partecipazione in una società.

carateràccio [pegg. di *carattere*; 1926] **s. m.** ● Pessimo carattere: *con il c. che si ritrova; che c.!*

♦**caràttere** [vc. dotta, lat. *charactēre(m)*, nom. *charăcter*, dal gr. *charaktḗr*, 'impronta', da *charássō* 'io incido'; av. 1327] **s. m.** **1** Segno tracciato a cui si dia un significato: *caratteri scritti dalla Sibilla sopra le foglie* (BARTOLI) | Ciascuna delle rappresentazioni grafiche delle lettere di un alfabeto o dei segni di una scrittura: *caratteri alfabetici, ideografici*; *caratteri ebraici, greci, latini*; *c. maiuscolo, minuscolo* | (*est.*) Modo di scrivere di una persona, grafia: *io vagheggio il suo c. e la diligenza de l'ortografia* (TASSO). **2** (*tipogr.*) ***C. mobile***, nella composizione tipografica, piccolo parallelepipedo in lega tipografica, legno o plastica recante sulla parte superiore una lettera o segno incisa a rovescio per la stampa | Segno stampato secondo caratteristiche formali, stilistiche e storiche (anche nella videoscrittura e nella fotocomposizione): *c. tondo, corsivo*; *c. Garamond, Granion*; *caratteri veneziani, antico stile, transizionali, moderni, bastoni, fantasie* | ***C. di fonderia***, quello componibile a mano | ***C. chiaro, neretto*** o ***grassetto, nero, nerissimo***, secondo lo spessore delle aste | ***C. di testo***, quello che per la sua leggibilità viene usato per libri, periodici e in genere per scritti molto lunghi. **3** (*psicol.*) Insieme dei tratti psichici, morali e comportamentali di una persona, che la distingue dalle altre | Correntemente, indole, modo di essere: *avere un buon, un ottimo, un pessimo, un cattivo c.*; *essere di c. forte, debole, aggressivo, pacifico* e sim. | Personalità forte, decisa, volitiva: *un uomo di c.*; *non avere c.*; *essere senza c.*; *essere privo di c.* SIN. Temperamento. **4** (*est.*) Caratteristica: *tutte le lingue hanno i loro propri e distinti caratteri* (LEOPARDI); *notare, rilevare, sottolineare i caratteri salienti di qlco.* | ***Essere in c.***, in armonia con qlco.: *l'abito era in c. con la cerimonia* | (*biol.*) ***C. dominante***, che compare in tutti i discendenti della prima generazione in un incrocio | ***C. recessivo***, che non compare nei discendenti della prima generazione. **5** Insieme delle caratteristiche essenziali di un personaggio trasferite realisticamente nella recitazione di un attore. **6** (*relig.*) Qualità indelebile impressa dai sacramenti del battesimo, cresima e ordine: *c. sacramentale*. **7** (*stat.*) Singolo aspetto sotto cui un fenomeno collettivo viene considerato: *c. qualitativo, quantitativo*. **8** (*elab.*) Nei sistemi di trattamento automatico delle informazioni, quantità d'informazione formata da un numero di bit sufficiente a rappresentare, con le loro combinazioni, una cifra decimale, una lettera dell'alfabeto, ed eventuali altri segni | ***C. ottico***, carattere specialmente disegnato per la stampa di documenti destinati alla lettura ottica, ma perfettamente leggibili anche dall'occhio umano | ***C. jolly***, che può assumere diversi valori. || **carateràccio**, pegg. (V.) | **caratterino**, dim. (V.) | **carateróne**, accr. | **caratterùccio**, **caratterùzzo**, dim.

caratteriàle [fr. *caractériel*, da *caractère* 'carattere'; 1963] **A** **agg.** **1** Relativo al carattere: *indagine c.* **2** Di bambino o adolescente affetto da disturbi del comportamento, quali l'impulsività e l'aggressività. || **caratterialménte**, avv. **B** **s. m. e f.** ● Bambino o adolescente caratteriale: *scuola per caratteriali*.

caratterino [sec. XVII] **s. m.** **1** Dim. di *carattere*. **2** (*iron.*) Indole difficile, scontrosa o aggressiva: *ha un c. poco simpatico* | Persona che ha tale indole.

caratterista [da *carattere*; 1818] **s. m. e f.** (pl. m. *-i*) ● Attore non protagonista che impersona con vivacità realistica e spesso con arguzia un tipo umano esemplare.

♦**caratterìstica** [fr. *caractéristique*, da *caractère* 'carattere'; 1639] **s. f.** **1** Speciale e peculiare qualità che serve a determinare il tipo di una cosa o di una persona e a distinguerla da qualunque altra: *questo bracciale ha tutte le caratteristiche di un gioiello di gran classe*; *è una c. dei bugiardi*. SIN. Carattere. **2** (*mat.*) ***C. d'un logaritmo***, parte intera del logaritmo | ***C. d'una matrice*** o ***di un determinante***, massimo fra gli ordini dei minori non nulli che si possono estrarre dalla matrice. **3** Rappresentazione grafica in un sistema di coordinate dell'andamento di un fenomeno fisico in funzione di uno o più parametri. **4** Nel teatro drammatico dell'Ottocento, attrice con ruolo di caratterista.

♦**caratterìstico** [fr. *caractéristique*. V. *caratteristica*; 1553] **agg.** (pl. m. *-ci*) **1** Che costituisce un carattere peculiare, tipico, distintivo di qlco. o di qlcu.: *segno c.*; *note caratteristiche*; *elementi caratteristici*. **2** (*mus.*) ***Nota caratteristica***, il terzo grado della scala, che ne caratterizza il modo maggiore o minore. || **caratteristicaménte**, avv.

caratterizzàre [fr. *caractériser*, da *caractère* 'carattere'; 1648] **v. tr.** **1** Costituire la caratteristica specifica di una persona o di una cosa: *questi sono gli elementi che caratterizzano i contrasti*. SIN. Distinguere, qualificare. **2** Rappresentare con acutezza, descrivere secondo i caratteri peculiari: *c. una persona, una situazione, un'epoca*.

caratterizzazióne [av. 1909] **s. f.** ● Il fatto di caratterizzare, di venire caratterizzato.

caratterologia [comp. di *carattere* e *-logia*; 1929] **s. f.** ● (*psicol.*) Studio e classificazione dei caratteri.

caratterològico [1955] **agg.** (pl. m. *-ci*) ● Relativo alla caratterologia. || **caratterologicaménte**, avv. Dal punto di vista caratterologico.

caratteropatia [comp. di *carattere* e *-patia*; 1987] **s. f.** ● (*psicol.*) Alterazione del comportamento capace di disturbare più o meno gravemente e diffusamente il carattere di un individuo.

caratteropàtico [1990] **A** **agg.** (pl. m. *-ci*) ● Di, relativo a caratteropatia. **B** **agg.**; anche **s. m.** (f. *-a*) ● Che (o Chi) è affetto da caratteropatia.

caratùra [da *carato*; 1881] **s. f.** **1** Misurazione di un prezioso in carati: *c. dell'oro, dei diamanti* | (*fig.*) Valore, rilievo: *un atleta di c. mondiale*. **2** Porzione di proprietà di una nave espressa in carati | (*est.*) Quota di partecipazione in una società o in un affare.

caravaggésco [1928] **agg.** (pl. m. *-schi*) ● Relativo al pittore Caravaggio (1573-1610): *quadro, stile c.*; *scuola caravaggesca*.

càravan /'karavan, *ingl.* 'kʰæɹəˌvæn/ [ingl., 'carovana, carrozzone', poi 'roulotte'; stessa etim. dell'it. *carovana*; 1970] **s. m. inv.** ● Rimorchio attrezzato per un soggiorno più o meno prolungato. SIN. Roulotte. ➡ ILL. **campeggiatore.**

†**caravàna** ● V. *carovana*.

caravanista [1970] **s. m. e f.** (pl. m. *-i*) ● Chi pratica il caravanning. SIN. Roulottista.

caravanning /*ingl.* 'kʰæɹəˌvænɪŋ/ [1935] **s. m. inv.** ● Forma di turismo praticata utilizzando il caravan.

caravanserràglio [persiano *kārwān-sārāi* 'albergo per carovane'; 1542] **s. m.** **1** Nel mondo islamico e nell'Asia occidentale, luogo recintato e talvolta protetto da tettoie dove si ricoverano le carovane per la notte o il riposo. **2** (*fig.*) Luogo pieno di chiasso, confusione e disordine: *nei giorni di mercato la piazza è un vero c.*

caravèlla (**1**) [port. *caravela*, da *caravo* 'nave asiatica a vele latine', dal lat. tardo *cārabu(m)* 'granchio', poi 'piccolo battello', dal gr. *kárabos* 'granchio marino', poi 'battello'; av. 1336] **s. f.** ● Nave a vela veloce e leggera a un solo ponte con tre o quattro alberi usata spec. da Portoghesi e Spagnoli nel XV-XVI sec.

caravèlla (**2**) [detta così perché adoperata per gli assiti delle *caravelle*; sec. XIV] **A** **s. f.** ● Colla forte da falegname. **B** anche **agg.** solo f.: *colla c.*

caravèlla (**3**) [deform. del fr. *calville*, dal n. di un villaggio fr.; av. 1566] **s. f.** ● Varietà di mela o di pera con buccia rugginosa.

carbammàto [fr. *carbamate*. V. *carbammico*; 1865] **s. m.** ● (*chim.*) Sale o estere dell'acido carbammico. SIN. Uretano.

carbàmmico [fr. *carbamique*. V. *carbone* e *amido*; 1865] **agg.** (pl. m. *-ci*) ● (*chim.*) Detto di acido che si ottiene dalla reazione tra ammoniaca e acido carbonico, e di composti da esso derivati.

carbammide [fr. *carbamide*. V. *carbone* e *ammide*; 1955] **s. f.** ● (*chim.*) Urea.

†**càrbaso** [vc. dotta, lat. *cărbasu(m)*, nom. *cărbasus*, dal gr. *kárpasos*, dal sanscrito *karpāsah* 'cotone'; sec. XIV] **s. m.** **1** Veste sottile di lino finissimo | Manto di tela di lino. **2** Vela nobile, ricca, dipinta.

carbinòlo [ted. *Karbinol*, da *carbo-*; 1940] **s. m.** ● (*chim.*, *raro*) Metanolo.

càrbo- [dal lat. *carbo*, genit. *carbōnis* 'carbone', di etim. incerta] primo elemento ● In parole composte della terminologia chimica indica la presenza di carbonio o carbone: *carboidrato*, *carbolico*.

carbochìmica [comp. di *carbo-* e *chimica*; 1978] **s. f.** ● La parte della chimica che studia i composti del carbonio. SIN. Chimica organica.

carbocianìna [comp. di *carbo-* e *cianina*; 1986] **s. f.** ● (*chim.*) Sostanza colorante del gruppo delle cianine; viene impiegata come sensibilizzatore in campo fotografico.

carboidràsi [comp. di *carboidr(ato)* e del suff. *-asi*; 1962] **s. f. inv.** ● (*chim.*) Ogni enzima che provoca la scissione idrolitica dei glucidi in composti più semplici.

carboidràto [comp. di *carbo-* e *idrato*; 1913] **s. m.** ● (*chim.*) Glicide.

carbòlico [comp. di *carbo-* e *-olo* (*1*), con suff. agg.; 1955] **agg.** (pl. m. *-ci*) ● (*chim.*, *raro*) Fenico: *acido c.*

carbonàdo [port., propr. 'carbonato'; 1892] **s. m.** ● (*miner.*) Varietà nera durissima di diamante.

carbonàia [lat. *carbonāria(m)* 'donna che vende il carbone', poi 'fornace per il carbone', da *carbo*, genit. *carbōnis* 'carbone'; 1297] **A** **s. f.** **1** Catasta conica di legna coperta di terra battuta che, per lenta combustione, si trasforma in carbone. **2** Luogo dove si conserva il carbone | (*mar.*, *raro*) Carbonile. **3** (*fig.*) Luogo sudicio e buio. **B** **agg.** solo f. ● Di nave attrezzata per il trasporto del carbone.

carbonàio o (*dial.*) **carbonàro** [lat. *carbonāriu(m)*, da *cārbo*, genit. *carbōnis* 'carbone'; 1354] **s. m.** (f. *-a*) **1** Chi prepara la carbonaia e ne sorveglia la combustione. **2** Venditore al minuto di carbone, legna e sim.

carbonaménto [1937] **s. m.** ● Rifornimento di carbone su una nave a vapore.

carbonàre [1937] **v. intr.** (*io carbóno*) ● Imbarcare il carbone per la navigazione.

carbonàro [av. 1557] **A** **s. m.** **1** Membro della carboneria. **2** V. *carbonaio*. **B** **agg.** ● Dei carbonari, della carboneria: *moti carbonari* | ***Alla carbonara***, (*ellitt.*) ***carbonara***, detto di pasta condita con guanciale soffritto, uova sbattute, abbondante formaggio grattugiato e pepe nero: *spaghetti alla carbonara*.

carbonàta [av. 1349] **s. f.** **1** Mucchio di carbone. **2** Carne di maiale salata, arrostita sul carbone o cotta in padella.

carbonatazióne [da *carbonato*; 1956] **s. f.** ● (*chim.*) Processo in cui si aggiunge anidride carbonica a una sostanza o a un miscuglio.

carbonàto [fr. *carbonate*; 1795] **A** **s. m.** ● (*chim.*) Sale o estere dell'acido carbonico | ***C. acido***, bicarbonato | ***C. di calcio***, ***calcico***, sale bianco, diffuso in natura, usato nell'industria cartaria, vetraria, della gomma e in cosmetica | ***C. di potassio***, ***potassico***, sale bianco preparato per carbonizzazione della potassa caustica, usato nella lavorazione dei saponi e dei vetri, in tintoria e in conceria. SIN. Potassa | ***C. di sodio***, ***sodico***, sale bianco, prodotto dal cloruro di sodio mediante processo Solvay, usato nella produzione dei saponi, dei vetri, dei detersivi, della carta. SIN. Soda. **B** anche **agg.**: (*chim.*) *gruppo c.*

carbonatùra [da *carbone*, per il colore; 1962] **s. f.** **1** Insieme di chiazze nere sul mantello dei cavalli. **2** Procedimento per rendere copiativo il retro delle prime copie di un modulo a più copie.

carboncèllo [av. 1306] **s. m.** **1** Dim. di *carbone*. **2** Pustola del carbonchio. **3** Rubino.

carbónchio (o *-ò-*) [lat. *carbŭnculu(m)*, dim. di *cārbo*, genit. *carbōnis* 'carbone'; av. 1250] **s. m.**

1 (*agr.*) Malattia del grano dovuta a un fungo che attacca la spiga ricoprendola di spore simili a una polvere nerastra. *2* (*med.*) Malattia infettiva degli erbivori a carattere setticemico, contagiosa e trasmissibile all'uomo, caratterizzata dalla formazione di vescicole ad alone bruno-nerastro sulla pelle. SIN. Antrace. *3* †Foruncolo. *4* †Rubino.

carbonchióso [av. 1320] agg. e s. m. (f. *-a*) ● Che (o Chi) è affetto da carbonchio.

carboncino [sec. XIV] s. m. *1* Dim. di *carbone*. *2* Bastoncino di carbone morbido usato per disegnare | (*est.*) Disegno eseguito con tale bastoncino.

carbóncolo ● V. *†carbuncolo*.

carbon copy /karbon'kɔpi, *ingl.* 'kha:ɹbən 'khɒpi/ [loc. ingl., propr. 'copia (*copy*) carbone (*carbon*)'] loc. sost. f. inv. (pl. ingl. *carbon copies*) ● (*elab.*) Nella posta elettronica, copia di un messaggio inviata per conoscenza a terzi; in sigla cc.

carbónculo ● V. *†carbuncolo*.

carbóne [lat. *carbōne(m)*, di etim. incerta; 1288] A s. m. *1* Sostanza solida, nera, costituita principalmente di carbonio, prodotta per riscaldamento, fuori del contatto con l'aria, di sostanze organiche o vegetali. CFR. antraco-, carbo- | *C. animale*, *d'ossa*, ottenuto da ossa sgrassate, molto poroso usato come decolorante, adsorbente, deodorante. SIN. Nero animale, nero d'ossa | ***C. vegetale***, ottenuto da segatura, gusci di mandorle, noci, molto poroso, usato come adsorbente e anti-putrido | ***C. attivo***, indica il carbone animale o d'ossa e il carbone vegetale | ***C. di legna***, ottenuto da legno, usato come combustibile, adsorbente, anti-putrido | ***C. di storta***, duro, compatto, lucente, ottenuto come residuo nella parte alta delle storte in cui si fa la distillazione del litantrace, dotato di alta conducibilità elettrica, usato per elettrodi | ***C. dolce***, di legno leggero | ***C. forte***, di legno compatto | ***C. fossile***, che si origina per complesse decomposizioni e trasformazioni di resti vegetali nel sottosuolo, usato come combustibile e per ottenerne numerosi prodotti mediante distillazione | (*fig.*) ***C. bianco***, l'insieme delle riserve idriche utilizzate per produrre energia elettrica; (*est.*) l'energia elettrica stessa | ***Nero come il c.***, molto nero | (*fig.*) ***Un'anima nera come il c.***, malvagia | ***C. spento***, (*fig.*, *lett.*) ciò che vale poco; persona apatica. *2* Pezzo di carbone acceso, di brace: *avere gli occhi brillanti come carboni* | ***Essere***, ***stare***, ***trovarsi sui carboni accesi***, (*fig.*) provare un acuto disagio, imbarazzo e sim.; essere agitato, in ansia. *3* (*raro*, *est.*) Colore nero intenso: *il c. dei capelli*. *4* (*bot.*) Malattia fungina di diverse piante che si manifesta con la comparsa sulle parti colpite di una polvere nera, simile a quella del carbone, e con grosse ipertrofie del fusto e delle infiorescenze. SIN. Golpe (2). *5* (*fis.*) Nelle lampade ad arco, ognuno degli elettrodi. *6* †Carbonchio. *7* †Pustola. *8* †Rubino. B in funzione di agg. inv. ● (posposto a un s.) Che ha il colore nero intenso, caratteristico del carbone: *occhi color c.* | ***Carta c.***, V. *cartacarbone*. || **carboncèllo**, dim. (V.) | **carboncino**, dim. (V.) | **carbonèlla**, dim. f. (V.) | †**carbonétto**, dim. (V.).

carbonèlla [1663] s. f. *1* Dim. di *carbone*. *2* Carbone di legna minuta.

carbonèra [detta così perché, trovandosi sopra il fumaiolo, si anneriva facilmente; 1869] s. f. ● (*mar.*) Vela di strallo.

carbonerìa [detta così perché gli affiliati fingevano di essere *carbonai*; 1820] s. f. ● Setta segreta, con rituale di derivazione massonica, sorta a Napoli all'inizio del XIX sec. e di lì diffusasi nel resto d'Italia, in Francia e Spagna, caratterizzata da un programma di opposizione ai governi assoluti.

carbonétto [av. 1764] s. m. *1* †Dim. di *carbone*. *2* (*raro*) Varietà di corallo di color rosso cupo.

carbonicazióne [da *carbonico*; 1955] s. f. ● Immissione di anidride carbonica nei vini, per renderli artificialmente frizzanti o spumanti.

carboniccio [av. 1524] agg. (pl. f. *-ce*) ● (*raro*) Che ha un colore nerastro simile a quello del carbone.

carbònico [fr. *carbonique*. V. *carbone*; 1795] A agg. (pl. m. *-ci*) ● Detto di composto del carbonio tetravalente | ***Acido c.***, acido inorganico, bibasico, conosciuto solo in soluzione acquosa | ***Anidride carbonica***, V. *anidride*. B agg.; anche s. m. ● (*geol.*) Carbonifero.

carbonièra [da *carbone*; av. 1539] s. f. *1* Carbonaia. *2* Nave carbonaia. *3* (*raro*) Tender.

carbonière [1956] s. m. *1* (f. *-a*) Industriale del carbone | Commerciante in carbone. *2* Minatore che lavora nelle miniere di carbone fossile.

carbonièro [1962] agg. ● Del carbon fossile: *industria carboniera*.

carbonìfero [comp. di *carbone* e *-fero*; 1865] A agg. ● Che è ricco di carbon fossile: *terreno, bacino c.*; *zona carbonifera*. B agg.; anche s. m. ● (*geol.*) Quinto periodo del Paleozoico, suddiviso in due parti e cinque piani, cui appartengono numerose fasi dell'orogenesi ercinica.

carbonile (1) [da *carbone*; 1868] A s. m. ● Locale destinato sulle navi all'immagazzinamento del carbone. SIN. Carbonaia. B agg. ● Di zona destinata a deposito di carbone: *area c.*

carbonile (2) [comp. di *carbonio* e *-ile* (2); 1956] A s. m. ● (*chim.*) Gruppo funzionale bivalente =CO, caratteristico di aldeidi e chetoni | Composto dell'ossido di carbonio con uno o più atomi di un metallo. B anche agg.: *metallo c.*

carbonìlico [da *carbonile* (2); 1955] agg. (pl. m. *-ci*) ● (*chim.*) Relativo a carbonile | ***Gruppo c.***, carbonile.

carbònio [fr. *carbone*; 1795] s. m. *1* Elemento chimico non metallo, insapore, inodore, solubile solo nei metalli fusi, diffuso in natura sia allo stato libero, come diamante e grafite, sia come composto, principale costituente delle sostanze organiche, usato come adsorbente e riducente. SIMB. C. CFR. carbo- | ***C. 14***, isotopo radioattivo del carbonio, avente numero di massa 14, usato spec. per la datazione di materiali archeologici. *2* (*astron.*) ***Ciclo del c.***, reazione termonucleare che si suppone avvenga all'interno delle stelle per la continua produzione di energia mediante trasformazione di idrogeno in elio.

carbonióso [1865] agg. ● Che contiene carbone.

carbonite [comp. di *carbo-* e *-ite* (2); 1956] s. f. ● Esplosivo di sicurezza costituito generalmente da nitroglicerina e da nitrati, usato nelle miniere di carbone.

carbonizzàre [fr. *carboniser*; 1816] A v. tr. *1* Trasformare in tutto o in parte una sostanza organica in carbone, spec. per forte riscaldamento. *2* Bruciare qualunque cosa, rendendola simile al carbone. B v. intr. pron. ● Ridursi in carbone.

carbonizzatùra s. f. ● (*tess.*) Carbonizzazione.

carbonizzazióne [fr. *carbonisation*; 1795] s. f. *1* Trasformazione di una sostanza organica in carbone. *2* (*tess.*) Trattamento chimico con sostanze acide cui si sottopone la lana per sbarazzarla dalle impurità vegetali che l'accompagnano. SIN. Carbonizzatura, carbonizzo. *3* Processo di riduzione delle sostanze organiche, tendente a conservare solo il carbonio.

carbonizzo [1962] s. m. ● (*tess.*) Carbonizzazione | Forno in cui si compie la carbonizzazione.

carbon tax /karbon'taks, *ingl.* 'kha:ɹbən 'thæks/ [loc. ingl., propr. 'imposta (*tax*) sul carbone (*carbon*)'; 1992] loc. sost. f. inv. (pl. ingl. *carbon taxes*) ● Imposizione fiscale sui prodotti energetici calcolata in base alla quantità di sostanze inquinanti generate dalla loro combustione.

carborùndo [1913] s. m. ● Adattamento di *carborundum* (V.).

carborùndum® [ingl. *carborundum*, comp. di *carbo(n)* 'carbonio' e (*co*)*rundum* 'corindone'; 1929] s. m. inv. ● Carburo di silicio ottenuto trattando in forno elettrico silice e carbone, usato, per la sua durezza, per fabbricare mole e smerigli.

carbosiderùrgico [comp. di *carbo(ne)* e *siderurgico*; 1962] agg. (pl. m. *-ci*) ● Che concerne l'industria siderurgica e quella del carbone: *stabilimento c.*

carbossiemoglobina [comp. di *carbo-*, del gr. *oxýs* 'acuto' (V. *ossalico*) e di *emoglobina*; 1901] s. f. ● Composto stabile, derivante dalla combinazione dell'emoglobina con l'ossido di carbonio, che determina la morte per asfissia.

carbossilàre [1970] v. tr. ● Introdurre uno o più carbossili in un composto.

carbossilàsi [comp. di *carbossil(are)* e *-asi*; 1962] s. f. inv. ● (*chim.*) Qualsiasi enzima che catalizza una reazione di carbossilazione a carico di una molecola organica.

carbossilazióne [1955] s. f. ● Introduzione di uno o più carbossili in un composto.

carbossile [comp. di *carbo-* e del gr. *oxýs* 'acuto' (V. *ossalico*), col suff. *-ile*; 1919] A s. m. ● Gruppo funzionale, monovalente, –COOH, caratteristico degli acidi organici. B anche agg.: *gruppo c.*

carbossìlico [1929] agg. (pl. m. *-ci*) ● Relativo al carbossile | Che contiene uno o più gruppi carbossili.

†**carbùncolo** o †**carbóncolo**, †**carbónculo**, o †**carbùnculo** [vc dotta, lat. *carbŭnculu(m)*, dim. di *cārbo*, genit. *carbōnis* 'carbone'; sec. XIII] s. m. ● Rubino.

carburànte [fr. *carburant*, da *carbure* 'carburo'; 1931] s. m. ● Ogni combustibile capace di formare con un gas comburente una miscela esplosiva | Qualsiasi combustibile capace di bruciare in un motore a combustione interna | Gas o liquido volatilizzabile che nei motori a scoppio forma con l'aria la miscela esplosiva necessaria al loro funzionamento.

carburàre [fr. *carburer*, 1865] A v. tr. ● Sottoporre a carburazione. B v. intr. (aus. *avere*) *1* Compiere il processo di carburazione: *un motore che non carbura*. *2* (*fig.*, *gerg.*) Essere energico e dinamico, essere in forma: *oggi non carburo*.

carburatóre [fr. *carburateur*, 1908] s. m. ● Dispositivo in cui si forma la miscela d'aria e carburante per l'alimentazione dei motori a scoppio | ***C. a doppio corpo***, usato nelle autovetture veloci, composto di due carburatori uniti insieme, di cui uno entra in funzione soltanto alle alte velocità.

carburatorista s. m. e f. (pl. m. *-i*) ● Meccanico specializzato nella riparazione dei carburatori.

carburazióne [fr. *carburation*; 1865] s. f. *1* Formazione nel carburatore di una miscela di vapori di carburante con la quantità di aria sufficiente per la combustione prima della fase di aspirazione nei cilindri del motore a scoppio. *2* Reazione del carbonio o di suoi composti con metalli per formare carburi. *3* (*metall.*) Trattamento termico di una lega in modo da facilitare la diffusione di carbonio nel suo strato superficiale per aumentarne la durezza | Cementazione carburante. *4* Processo di arricchimento di un gas combustibile mediante vapori di idrocarburi liquidi per aumentarne il potere calorifico. *5* (*fig.*) Stato di forma, di efficienza fisica e mentale.

carbùro [fr. *carbure*, da *carbone* 'carbonio'; 1795] s. m. *1* Composto del carbonio con un elemento più elettropositivo | ***C. di calcio***, composto cristallino, grigio, duro, prodotto trattando in forno elettrico calce viva e carbone, usato per la fabbricazione dell'acetilene. *2* (*per anton.*) Carburo di calcio.

†**càrca** ● V. *carica*.

carcadè o **karkadè** [vc. di orig. eritrea; 1939] s. m. *1* Pianta erbacea delle Malvacee dell'Africa tropicale con fiori gialli dal calice rosso carnoso, e frutti a capsula (*Hibiscus sabdariffa*). *2* Bevanda di colore rosso lievemente acidula, ottenuta per infusione dei petali e dei sepali della pianta omonima.

carcàme (1) [etim. discussa: da avvicinare ad *arcame* (?); av. 1348] s. m. ● (*lett.*) Carcassa nel sign. 1 | (*lett.*) Corpo umano (contrapposto allo spirito).

†**carcàme** (2) [fr. *carcan*, di etim. incerta; av. 1543] s. m. ● Collana, diadema, monile.

†**carcàre** e *deriv.* ● V. *caricare* e *deriv.*

Carcàridi [vc. dotta, comp. del gr. *karkharías* 'pescecane' e di *-idi*; 1887] s. m. pl. (sing. *-e*) ● Nella tassonomia animale, famiglia di squali con muso conico, cinque fessure branchiali, denti presenti sia sulla mascella sia sulla mandibola (*Carcharidae*).

carcarodónte [vc. dotta, gr. *karcharódōn*, genit. *karcharódontos* 'dai denti acuti', comp. di *kárcharos* 'acuto' e *odoús*, genit. *odóntos* 'dente'; 1820] s. m. ● Grosso e vorace squalo lungo fino a dieci metri, bianco nella parte ventrale e grigio scuro dorsalmente, con la prima pinna dorsale molto alta e appuntita (*Carcharodon carcharias*). SIN. Squalo bianco.

carcàssa [etim. incerta; av. 1558] s. f. *1* Complesso delle ossa che racchiudono la cavità toracica di un animale | (*est.*) Scheletro di un animale morto: *la c. di un bue*. SIN. Carcame. *2* Animale macellato, scuoiato ed eviscerato | Insieme delle due mezzene. *3* (*fig.*) Corpo umano malridotto, emaciato: *quelle povere carcasse umane* (D'ANNUNZIO). *4* Ossatura di una nave | (*est.*) Struttura portante di vari oggetti, macchinari e sim. | ***C. del***

fucile, parte centrale metallica | Negli pneumatici, ossatura costituita da più tele gommate, composte di fibre tessili e, a volte, di fili d'acciaio. *5* Involucro fisso di una macchina elettrica | Scatola molto robusta che racchiude gli organi rotanti di alcune macchine e ne costituisce il supporto. *6* Residuo della struttura di un mobile, di una costruzione, di una macchina e sim. | (*fig.*) Veicolo o imbarcazione vecchi e sconquassati.

†**carceraménto** [1858] **s. m.** ● Carcerazione.

carceràre [lat. tardo *carcerāre*, da *cărcer*, genit. *cărceris* 'carcere'; av. 1306] **v. tr.** (*io càrcero*) ● Mettere in carcere. **SIN.** Imprigionare.

carceràrio [vc. dotta, lat. *carcerāriu(m)*, da *cărcer*, genit. *cărceris* 'carcere'; 1499] **agg.** ● Relativo alle carceri: *ordinamento c.*; *guardia carceraria*.

carceràto [sec. XIV] **A part. pass.** di *carcerare*; anche **agg.** ● Nei sign. del v. **B s. m.** (f. *-a*) ● Detenuto: *visitare i carcerati* | ***Far vita da c.***, vivere in forzato isolamento.

carcerazióne [av. 1363] **s. f.** *1* Provvedimento di arresto e di reclusione in carcere | ***C. preventiva***, custodia cautelare. *2* Prigionia, permanenza in carcere: *la c. lo fa molto soffrire*. **SIN.** Detenzione.

♦**càrcere** [lat. *cărcere(m)* 'recinto', poi 'prigione', da una radice raddoppiata di orig. incerta; av. 1292] **s. m.** e (*lett.*) **f.** (**pl.** *càrceri* **f.**, †*càrcere*) *1* Stabilimento in cui vengono scontate le pene detentive: *entrare in c.*; *evadere dal c.* | ***C. giudiziario***, quello istituito in ogni città che sia sede di tribunale | ***C. mandamentale***, quello istituito in ogni sede di pretura | ***C. di massima sicurezza***, quello per detenuti di particolare pericolosità sociale, nel quale sono minime le possibilità di fuga. **SIN.** Prigione. *2* Correntemente, carcerazione: *scontare tre anni di c.* | ***C. preventivo***, carcerazione preventiva. *3* (*est.*) Luogo chiuso, in cui si gode scarsissima libertà: *questa casa per me è un vero c.* *4* Nei circhi romani, il recinto dove stavano cavalli e bighe prima della corsa.

carcerière [1587] **s. m.** (f. *-a*, spec. nel sign. fig.) *1* Custode del carcere. **SIN.** Secondino. *2* (*fig.*, *spreg.*) Chi esercita con eccessivo rigore funzioni di sorveglianza e sim.

càrcino- [dal gr. *karkínos* 'granchio', poi 'cancro', di orig. indeur.] primo elemento ● In parole composte della terminologia scientifica significa 'granchio, crostaceo' e anche, nella terminologia medica, 'tumore, cancro': *carcinologia*, *carcinogenesi*.

carcinogènesi [comp. di *carcino-* e *genesi*; 1986] **s. f. inv.** ● (*med.*) Processo di formazione e sviluppo di un carcinoma.

carcinògeno [comp. di *carcino-* e *-geno*] **agg.**; anche **s. m.** ● Detto di sostanza o agente in grado di determinare un carcinoma | (*est.*) Detto di sostanza o agente che causa cancro.

carcinologìa [comp. di *carcino-* e *-logia*; 1962] **s. f.** ● Parte della zoologia riguardante i Crostacei.

carcinòma [fr. *carcinome*, dal lat. *carcinōma*, a sua volta dal gr. *karkínōma*, da *karkínos* 'granchio'; av. 1498] **s. m.** (pl. *-i*) ● Tumore maligno di origine epiteliale.

carcinomatóso [fr. *carcinomateux*; 1865] **agg.** *1* Di carcinoma, che ha natura di carcinoma. *2* Che è affetto da carcinoma.

carcinòsi [vc. dotta, gr. *karkínōsis*, da *karkínos* 'granchio, cancro'. V. *carcinoma*; 1875] **s. f. inv.** ● Cancro diffuso.

carciofàia [1759] **s. f.** ● Terreno coltivato a carciofi. **SIN.** Carciofeto.

carciofàio [1865] **A agg.** ● Che produce carciofi. **B s. m.** *1* (*raro*) Carciofaia. *2* (f. *-a*) Chi coltiva o vende carciofi.

carcioféto [av. 1597] **s. m.** ● Carciofaia.

carciofìno [av. 1950] **s. m.** *1* Dim. di *carciofo*. *2* Parte più tenera del carciofo, conservata sott'olio o sott'aceto.

carciòfo, (*evit.*) **carciòffo** [ar. *ḫaršūf* 'cardo spinoso'; av. 1535] **s. m.** *1* Pianta erbacea perenne coltivata delle Composite, con foglie oblunghe, fiori azzurri tubulosi e capolini commestibili avvolti da grosse brattee di color verde-violaceo (*Cynara cardunculus scolymus*) | Il capolino fiorale commestibile di tale pianta: *carciofi lessi*, *fritti*; *carciofi alla romana*, *alla giudia*. ➡ **ILL. piante**/9. *2* ***C. selvatico***, pianta erbacea spontanea delle Composite a foglie con spine marginali gialle e capolini piccoli (*Cynara cardunculus silvestris*). **SIN.** Caglio. *3* (*fig.*) Uomo sciocco, incapace: *sei un gran c.!* || **carciofétto**, **dim.** | **carciofino**, **dim.** (V.) | **carciofóne**, **accr.** | **carciofùccio**, **dim.**

†**carciòfola** [av. 1533] **s. f.** ● Carciofo.

†**càrco** ● V. *carico*.

card /kard, *ingl.* kɑːd/ [vc. ingl., propr. 'carta'; 1985] **s. f. inv.** *1* Tessera nominativa che permette al titolare di usufruire di alcuni servizi. *2* Accorc. di *credit card*.

càrda [da *cardare*; 1892] **s. f.** ● (*tess.*) Macchina per la cardatura, formata da un insieme di cilindri rotanti coperti di punte metalliche più o meno grosse dette scardassi o guarnizioni. || **cardina**, **dim.**

cardàio [da *cardo* (*1*); av. 1859] **s. m.** (f. *-a*) ● Chi fabbrica o vende strumenti per cardare.

cardaiòlo o †**cardaiuòlo** [sec. XIV] **s. m.** ● Cardatore.

cardàmine [vc. dotta, dal gr. *kardaminē* di prob. orig. straniera; 1972] **s. f.** ● (*bot.*) Genere delle Crocifere comprendente specie erbacee annue o bienni dei Paesi a clima temperato (*Cardamine*).

cardamòmo o †**cardamóne** [vc. dotta, lat. *cardamōmu(m)*, dal gr. *kardámōmon*, comp. di *kárdamon* 'crescione' e *ámōmon* 'amomo'; av. 1294] **s. m.** ● Pianta erbacea perenne delle Zingiberacee con lungo rizoma, foglie lanceolate alterne, infiorescenza composta (*Elettaria cardamomum*) | Il frutto di tale pianta, usato in medicina e in profumeria e nella preparazione del curry.

cardànico [dal n. del matematico G. *Cardano* (1501-1576); 1913] **agg.** (pl. m. *-ci*) ● (*mecc.*) Detto di giunto che permette di trasmettere il moto rotatorio fra due alberi anche con assi geometrici non coincidenti | Detto di sospensione che permette di sorreggere un corpo lasciandone libero l'orientamento.

cardàno [da *cardanico*; 1918] **s. m.** ● Giunto cardanico.

cardàre [da *cardo* (*1*); sec. XIV] **v. tr.** ● Sottoporre a cardatura.

cardàta [sec. XV] **s. f.** *1* Operazione del cardare. *2* (*est.*) La quantità di lana, canapa, lino che si carda in una sola volta.

cardàto [av. 1565] **A part. pass.** di *cardare*; anche **agg.** ● Nei sign. del v. **B s. m.** ● Tessuto di lana cardata.

cardatóre [sec. XV] **s. m.** (f. *-trice* (V.)) ● Chi carda lana, canapa, lino.

cardatrice [1962] **s. f.** *1* Operaia addetta alla cardatura. *2* Carda.

cardatùra [1309] **s. f.** ● (*tess.*) Operazione che ha per scopo di trasformare in velo continuo la fibra in fiocco, eliminando contemporaneamente le materie eterogenee.

cardellino o (*tosc.*) **calderino** [dim. di *cardello*; 1481] **s. m.** ● Piccolo uccello canoro dei Passeriformi, dal piumaggio variamente colorato in nero, giallo, rosso e bianco (*Carduelis carduelis*). **SIN.** Capirosso. ➡ **ILL. animali**/10.

cardèllo [lat. tardo *cardĕllu(m)*, in luogo del classico *carduēle(m)*, da *cărduus* 'cardo (1)', pianta frequentata da quest'uccello; 1622] **s. m.** ● (*raro*) Cardellino.

cardènia ● V. *gardenia*.

carderìa [da *cardare*; 1955] **s. f.** ● Reparto di uno stabilimento tessile ove si cardano le fibre.

cardéto [lat. tardo *carduētu(m)*, da *cărduus* 'cardo (1)'; 1340] **s. m.** ● Campo piantato a cardi.

càrdia ● V. *cardias*.

-cardìa [V. *cardia*] secondo elemento ● In parole composte della terminologia medica significa 'cuore', o indica relazione con il cuore: *bradicardia*, *tachicardia*.

cardìaco o †**cordìaco** [vc. dotta, lat. *cardĭacu(m)*, nom. *cardĭacus*, dal gr. *kardiakós*, da *kardía*. V. *cardia*; av. 1698] **A agg.** (pl. m. *-ci*) ● Del cuore: *collasso c.* **B s. m.** (f. *-a*); anche **agg.** ● (*raro*) Cardiopatico.

cardiàle [1955] **agg.** ● Del cardias.

cardialgìa [vc. dotta, gr. *kardialgía*, comp. di *kardía* 'cuore' e *álgos* 'dolore'; 1699] **s. f.** ● (*med.*) Dolore a livello del cardias o (*est.*) della regione gastrica | (*med.*) Dolore di origine cardiaca.

càrdias o **càrdia** [gr. *kardía* 'cuore, estremità cardiaca dello stomaco'; av. 1730] **s. m. inv.** ● (*anat.*) Orifizio superiore dello stomaco, dove sbocca l'esofago.

càrdigan /'kardigan, *ingl.* 'kɑːdɪgən/ [ingl., dai n. del generale J. Th. Brudenell, conte di *Cardigan* (1797-1868); 1962] **s. m. inv.** ● Giacca di maglia senza collo né risvolti.

Cardìidi [comp. di *cardi(o)* e *-idi*; 1962] **s. m. pl.** (sing. *-e*) ● Nella tassonomia animale, famiglia di Lamellibranchi la cui conchiglia, vista di profilo, somiglia a un cuore (*Cardiidae*).

cardinalàto [av. 1348] **s. m.** ● Ufficio e dignità di cardinale | Durata di tale ufficio.

cardinàle (**1**) [vc. dotta, lat. tardo *cardinăle(m)*, da *cărdo*, genit. *cărdinis* 'pernio, cardine'; sec. XIII] **A agg.** *1* Basilare, fondamentale: *i principi cardinali di una dottrina*, *di una scienza* | ***Virtù cardinali***, nella dottrina cattolica, fortezza, giustizia, prudenza, temperanza, che sono il fondamento di tutte le altre | ***Vocale c.***, fondamentale, la cui articolazione è ben definita | ***Numero c.***, che indica una quantità numerica in senso assoluto (p.e. 1, 2, 3 ecc.) | ***Punti cardinali***, che indicano i punti principali dell'orizzonte, dividendolo in quattro quadranti, cioè est, sud, ovest e nord | ***Venti cardinali***, che spirano dai quattro punti cardinali. *2* (*astrol.*) Detto dei segni zodiacali dell'Ariete, Cancro, Bilancia e Capricorno che coincidono con i solstizi e gli equinozi. **B s. m.** *1* Principe della Chiesa, nominato dal Papa, suo collaboratore e avente diritto di eleggere il nuovo papa: *collegio dei cardinali* | ***C. prete***, ***vescovo***, ***diacono***, avente corrispondente titolo di una delle chiese romane | ***C. prefetto***, che è a capo di una congregazione ecclesiastica | (*fig.*, *fam.*) ***Boccone***, ***cibo da c.***, vivanda prelibata. *2* †Architrave | †Cardine. *3* †Ognuno dei mattoni lunghi che reggevano il cielo del forno. **C** in funzione di **agg. inv.** ● (posposto a un s.) Che ha il colore rosso porpora caratteristico delle vesti cardinalizie: *rosso c.*

cardinàle (**2**) [per il colore rosso, come il manto di un cardinale; 1932] **s. m.** ● Uccello canoro dei Passeriformi di color rosso vivo con ciuffo di piume erette sul capo (*Richmondena cardinalis*).

cardinalésco [sec. XIV] **agg.** (pl. m. *-schi*) *1* Cardinalizio (*spec. spreg.*): *atteggiamento*, *lusso c.* *2* †Rosso vivo, come le insegne cardinalizie, detto di colore. || **cardinalescaménte**, **avv.**

cardinalità [ingl. *cardinality*, da *cardinal* 'cardinale (1)'; 1959] **s. f.** ● (*mat.*) Classe di equivalenza d'insiemi definita dalla relazione di corrispondenza biunivoca | Correntemente, numero di elementi di un insieme.

cardinalìzio [da *cardinale* (*1*); av. 1606] **agg.** ● Che è proprio dei cardinali: *titolo c.* | ***Cappello c.***, insegna della dignità di cardinale.

càrdine [lat. *cărdine(m)* 'cardine', di etim. incerta; 1319] **s. m.** *1* Ferro su cui si inseriscono e girano i battenti delle porte, le imposte delle finestre e sim. | ***C. del timone***, agugliotto. *2* (*fig.*) Fondamento, sostegno di una dottrina, di un sistema e sim. **SIN.** Base, principio. *3* †Punto cardinale. *4* †Cardo (*2*).

càrdio [dal gr. *kardía* 'cuore', per la forma; 1962] **s. m.** ● Genere di Molluschi bivalvi frequenti nel Mediterraneo (*Cardium*).

càrdio-, **-càrdio** [dal gr. *kardía* 'cuore'] primo o secondo elemento ● In parole composte della terminologia scientifica, spec. medica, significa 'cuore' o indica relazione col cuore: *cardiogramma*, *cardiologia*, *miocardio*.

cardioattìvo [comp. di *cardio-* e *attivo*] **A s. m.** ● Farmaco che agisce sul cuore migliorandone la funzionalità. **B** anche **agg.**: *farmaco c.*

cardiocentèsi o **cardiocentèsi** [comp. di *cardio-* e del gr. *kéntēsis* 'puntura' (V. *paracentesi*); 1962] **s. f. inv.** ● (*chir.*) Puntura delle cavità cardiache a scopo diagnostico o terapeutico.

cardiochirurgìa [comp. di *cardio-* e *chirurgia*; 1970] **s. f.** ● (*chir.*) Branca della chirurgia che si interessa del cuore e dei grossi vasi sanguigni intratoracici.

cardiochirùrgico [1985] **agg.** (pl. m. *-ci*) ● Di cardiochirurgia.

cardiochirùrgo [comp. di *cardio-* e *chirurgo*; 1985] **s. m.** (pl. *-ghi* o *-gi*) ● Chirurgo che opera sul cuore.

cardiocinètico [comp. di *cardio-* e del gr. *kinētikós* 'che muove', agg. di *kínēsis* 'movimento'; 1913] **A s. m.** (pl. *-ci*) ● Farmaco che stimola il lavoro e il rendimento del muscolo cardiaco aumentandone la forza delle contrazioni. **B** anche **agg.**: *farmaco c.* **SIN.** Cardiostimolante.

cardiocircolatòrio [comp. di *cardio-* e *circolatorio*; 1967] **agg.** ● Che si riferisce al cuore e ai vasi sanguigni: *apparato c.*

cardiodilatazióne [comp. di *cardio-* e *dilatazione*; 1930] **s. f.** ● Anomalo dilatamento delle cavità cardiache.

cardiofrequenzìmetro [comp. di *cardio-* e *frequenzimetro*; 1986] **s. m.** ● (*fisiol.*) Apparecchio elettronico impiegato per la misura della frequenza cardiaca.

cardiogènico [comp. di *cardio-* e *-genico*] **agg.** (**pl. m.** *-ci*) ● Che trae origine dal cuore.

cardiografìa [comp. di *cardio-* e *-grafia*; 1865] **s. f.** ● Tecnica di registrazione grafica dei movimenti cardiaci.

cardiògrafo [comp. di *cardio-* e *-grafo*; 1875] **s. m.** ● Apparecchio per la cardiografia.

cardiogràmma [comp. di *cardio-* e *-gramma*; 1929] **s. m.** (**pl.** *-i*) ● Tracciato ottenuto con il cardiografo.

cardiòide [vc. dotta, gr. *kardioeidḗs* 'a forma di cuore'. V. *cardio-* e *-oide*; 1865] **s. f.** ● (*mat.*) Curva a forma di cuore, tracciata da un punto fissato sulla circonferenza di un cerchio, quando questo rotola attorno a un altro di ugual raggio.

cardioipertrofìa [comp. di *cardio-* e *ipertrofia*; 1962] **s. f.** ● (*med.*) Aumento di volume e di peso del cuore per ipertrofia del tessuto muscolare.

cardiologìa [comp. di *cardio-* e *-logia*; 1865] **s. f.** ● Scienza che studia la struttura, la funzione, le patologie del cuore.

cardiològico [1957] **agg.** (**pl. m.** *-ci*) ● Della cardiologia, attinente alla cardiologia.

cardiòlogo [comp. di *cardio-* e *-logo*; 1965] **s. m.** (**f.** *-a*; **pl. m.** *-gi*) ● Medico specializzato in cardiologia.

cardiomegalìa [comp. di *cardio-* e *-megalia*] **s. f.** ● (*med.*) Aumento di volume, congenito o acquisito, del cuore, causato da ipertrofia o da dilatazione delle cavità.

cardionevròṣi [comp. di *cardio-* e *nevrosi*; 1962] **s. f. inv.** ● (*med.*) Disturbo funzionale del sistema cardiocircolatorio causato spec. da uno stato d'ansia e caratterizzato da astenia, tachicardia e dolore precordiale.

cardiopàlmo o **cardiopàlma** [comp. di *cardio-* e del gr. *palmós* 'palpito, vibrazione'; 1828] **s. m.** (**pl.** *-i*) ● Palpitazione cardiaca che si può manifestare sia in malattie organiche che in molte forme nervose o per intensa emotività | (*fig.*) ***Al c., da c.***, di ciò che provoca grande agitazione, intensa emozione e sim.: *il finale del film è da c.*

cardiopatìa [comp. di *cardio-* e *-patia*, prob. attrav. il fr. *cardiopathie*; 1865] **s. f.** ● (*gener.*) Malattia di cuore: *c. congenita*; *c. acquisita.*

cardiopàtico [1888] **agg.**; anche **s. m.** (**f.** *-a*; **pl. m.** *-ci*) ● Che (o Chi) è affetto da cardiopatia.

cardioplegìa [comp. di *cardio-* e *-plegia*; 1962] **s. f.** ● Paralisi cardiaca spesso indotta artificialmente per eseguire interventi di cardiochirurgia.

cardiopolmonàre [comp. di *cardio-* e *polmonare*; 1962] **agg.** ● (*anat.*) Pertinente al cuore e ai polmoni.

cardioreumàtico [comp. di *cardio-* e *reumatico*] **agg.**; anche **s. m.** (**f.** *-a*; **pl. m.** *-ci*) ● Che (o Chi) è affetto da reumatismo cardiaco.

cardioscleròṣi o **cardiosclèroṣi** [comp. di *cardio-* e *sclerosi*; 1962] **s. f. inv.** ● Sclerosi del cuore.

cardiospàṣmo [comp. di *cardio-* (con riferimento al *cardias*) e *spasmo*; 1962] **s. m.** ● Malattia dell'esofago, congenita o acquisita, che provoca disturbi nel transito del cibo e allungamento dell'esofago.

cardiostenòṣi [comp. di *cardio-* e *stenosi*; 1841] **s. f. inv.** ● Stenosi cardiaca.

cardiostimolànte [comp. di *cardio-* e *stimolante*; 1955] **agg.**; anche **s. m.** ● Cardiocinetico.

cardiotelèfono [comp. di *cardio-* e *telefono*; 1983] **s. m.** ● (*med.*) Apparecchiatura telefonica che consente al medico, spec. di un centro ospedaliero, l'auscultazione a distanza dei battiti e, gener., dei suoni cardiaci di un paziente. ➡ **ILL. telematica.**

cardiotocografìa [comp. di *cardio-*, del gr. *tókos* 'parto' e *-grafia*] **s. f.** ● (*med.*) Tecnica diagnostica usata per monitorare il battito cardiaco fetale e le contrazioni uterine spec. durante il parto.

cardiotocògrafo [comp. di *cardio-*, del gr. *tókos* 'parto' e *-grafo*] **s. m.** ● (*med.*) Apparecchio per cardiotocografia.

cardiotònico [comp. di *cardio-* e *tonico*; 1930] **A s. m.** (**pl.** *-ci*) ● Farmaco che aumenta le contrazioni del cuore. **B** anche **agg.**: *farmaco c.*

cardiovascolàre [comp. di *cardio-* e *vascolare*; 1913] **agg.** ● Del cuore e dei vasi sanguigni: *sistema c.*; *malattia c.*

cardioversióne [comp. di *cardio-* e dell'ingl. *version*, che nella terminologia medica indica 'rovesciamento' (cfr. *versione*); 1987] **s. f.** ● (*med.*) Tecnica consistente in uno shock elettrico al cuore per la terapia di alcune aritmie cardiache.

cardìte [dal gr. *kardía* 'cuore'; 1830] **s. f.** ● Infiammazione del cuore.

càrdo (1) [lat. *cărduu(m)*, di etim. incerta; av. 1294] **s. m.** **1** Pianta erbacea perenne, orticola, delle Composite, con foglie biancastre lunghe e carnose dai peduncoli commestibili (*Cynara cardunculus altilis*). **SIN.** Cardone | ***C. dei lanaioli***, pianta erbacea delle Dipsacacee con capolini terminali che, seccati, vengono usati per cardare la lana (*Dipsacus fullonum*) | ***C. della Madonna***, pianta erbacea delle Composite con foglie spinose macchiate di bianco lungo le nervature e fiori tubulosi in capolini, di color porpora (*Silybum marianum*) | ***C. santo, benedetto***, pianta erbacea delle Composite con fusto peloso, foglie spinose e fiori tubulosi, giallognoli, in capolini (*Cnicus benedictus*). ➡ **ILL. piante**/9. **2** (*tosc.*) Riccio della castagna. **3** Strumento per cardare, costituito da due assicelle in cui sono impiantati filari di denti curvi. **SIN.** Scardasso. || **cardìno**, **dim.** | **cardùccio**, **dim.**

càrdo (2) [lat. *cărdo*, nom. V. *cardine*; 1939] **s. m.** (**pl.** lat. *cardines*) ● (*st.*) Via principale da Nord a Sud, nel campo militare romano.

cardóne [vc. dotta, lat. tardo *cardōne(m)*, per il classico *cărduu(m)* 'cardo (1)'; 1536] **s. m.** ● (*bot.*) Cardo | Germoglio del cardo e del carciofo. || **cardoncèllo**, **dim.** | **cardoncìno**, **dim.** | **cardonétto**, **dim.** (V.).

cardonétto [1973] **s. m.** **1** Dim. di *cardone.* **2** (*region.*) Bietola.

carduccianéṣimo [1973] **s. m.** ● Gusto letterario e, in passato, stile di vita ispirati all'opera di G. Carducci.

carducciàno [1965] **A agg.** ● Che è proprio del poeta G. Carducci (1835-1907). **B s. m.** (**f.** *-a*) ● Studioso, seguace, imitatore del Carducci.

career woman /*ingl.* kə'ɹɪəɹˌwʊmən/ [loc. ingl., comp. di *career* 'carriera' e *woman* 'donna'; 1989] **loc. sost. f. inv.** (**pl.** ingl. *career women*) ● Donna che aspira a fare carriera nella propria professione e si impegna con grande energia per ottenere promozioni e avanzamenti.

†**careggiàre** e *deriv.* ● V. *carezzare* e *deriv.*

careliàno A agg. ● Della Carelia, regione dell'Europa settentrionale a est della Finlandia. **B s. m.** solo **sing.** ● Lingua del gruppo ugro-finnico parlata in questa regione.

carèlla [dal lat. tardo *quădru(m)* 'quadrato'; 1970] **s. f.** ● Rete da pesca a sacco per la cattura delle anguille.

†**carèllo** o **carièllo** nel sign. 2 [ant. fr. *carrel*, dal lat. parl. **quadrĕllu(m)*, da *quădrus* 'quadrato, quadro'; 1353] **s. m.** **1** Cuscino. **2** Coperchio di latrina.

carèma [da *Carema*, località nei pressi di Ivrea, ove viene prodotto; 1907] **s. m. inv.** ● Vino rosso secco, dal sapore morbido, vellutato, prodotto in Piemonte con uva del vitigno Nebbiolo.

carèna (o **-é-**) [lat. *carīna(m)*, attrav. il genov. o il venez.; av. 1375] **s. f.** **1** Parte inferiore dello scafo che rimane immersa nell'acqua. **SIN.** Opera viva. **2** (*anat.*) Formazione, organo e sim. di forma sporgente. **3** (*zool.*) Lamina ossea prominente dello sterno degli Uccelli volatori. **4** (*bot.*) L'insieme dei due petali inferiori del fiore delle Papilionacee saldati fra loro | Sporgenza lineare su organi vegetali. **5** Superficie esterna del dirigibile.

carenàggio [fr. *carénage*; 1771] **s. m.** ● Lavoro del carenare | ***Bacino di c.***, dove si porta la nave a secco per eseguire lavori di riparazione.

carenàre [fr. *caréner*; av. 1764] **v. tr.** (*io carèno*) **1** Scoprire la carena di una nave per pulirla o eseguire lavori di riparazione. **2** Fornire di carenatura: *c. un veicolo, un aereo.*

Carenàti [1931] **s. m. pl.** (**sing.** *-o*) ● Nella tassonomia animale, gruppo di Uccelli muniti di sterno carenato, buoni volatori (*Carinatae*).

carenàto [lat. *carinātu(m)* 'a forma di carena'; 1797] **part. pass.** di *carenare*; anche **agg.** **1** Nei sign. del v. **2** Detto di organo animale o vegetale dotato di carena, in particolare dello sterno degli Uccelli in grado di volare e, impropriamente, di quello umano prominente a causa di malformazioni o di patologie. **3** (*arch.*) Detto di arco formato da due curve che hanno ciascuna un punto di flesso | ***Soffitto c.***, ligneo, a forma di carena di nave.

carenatùra [da *carenare*; 1936] **s. f.** **1** Profilatura sovrapposta a organi di un veicolo per ridurre la resistenza all'avanzamento o per proteggerli. **2** (*aer.*) Rivestimento rigido di elementi esposti a una corrente per diminuirne la resistenza aerodinamica.

†**carèno** [vc. dotta, lat. tardo *caroenu(m)*, dal gr. *károinon*, prob. di orig. preindeur.; 1340 ca.] **s. m.** ● Tipo di mosto cotto.

carènte [vc. dotta, lat. *carĕnte(m)*, part. pres. di *carēre* 'essere privo'; 1314] **agg.** ● Mancante di alcuni elementi che sarebbero necessari: *questo discorso è c. di logica*; *alimentazione c. di ferro.*

carènza [vc. dotta, lat. tardo *carĕntia(m)*, da *căens*, genit. *carĕntis*, part. pres. di *carēre* 'essere privo'; av. 1406] **s. f.** **1** Mancanza, insufficienza di elementi necessari (*anche fig.* e *assol.*): *c. di cibo, di grano, di medicinali*; *c'è molta c. d'idee in quel libro*; *il bambino mostra gravi carenze affettive*; *uno studente con molte carenze* | ***C. legislativa***, mancanza di una regolamentazione giuridica relativa a determinate materie | ***C. di potere***, deficienza di autorità in organi pubblici. **SIN.** Assenza, insufficienza. **CFR.** -penia. **2** (*med.*) Mancanza di un elemento indispensabile negli alimenti: *malattia da c.*; *c. vitaminica.*

carenzàto [1955] **agg.** ● (*med.*) Di carenza, spec. nella loc. ***dieta carenzata***, mancante di un dato fattore alimentare.

carenziàle [1974] **agg.** ● (*med.*) Caratterizzato o causato da carenza vitaminica: *malattia c.*

carestìa [etim. incerta; sec. XIII] **s. f.** **1** Grande scarsezza di generi di prima necessità e spec. di viveri, dovuta a cause naturali o a guerre, crisi economiche e sim.: *quella fu un'annata di c. e di pestilenza.* **2** (*est.*) Penuria, mancanza: *c. di viveri, di denaro, di mezzi di trasporto.* **3** †Avarizia.

carestóṣo o †**carestïóṣo** (o **-stiò-**) [av. 1573] **agg.** **1** (*lett.*) Misero, scarso | †Afflitto da carestia: *anno c.* | †Sterile: *terreno c.* **2** (*region.*) Che vende a prezzi troppo alti (come quelli che si praticano in tempo di carestia): *negoziante c.*

carétta [fr. *caret*, dal malese *kārēt* 'guscio di tartaruga'; 1931] **s. f.** ● Tartaruga marina con scudo a grandi placche, comune nel Mediterraneo (*Caretta caretta*).

carétto [lat. *carĕctu(m)*, da *cārex*, genit. *cāricis* 'carice'; sec. XIV] **s. m.** ● (*bot.*, *tosc.*) Carice.

carézza (1) [da *caro* (*1*); av. 1744] **s. f.** ● (*raro*) Caratteristica di ciò che è caro.

♦**carézza** (2) [dal lat. *cārus* 'caro (1)'; 1310] **s. f.** **1** Dimostrazione di affetto, amicizia, benevolenza fatta sfiorando o toccando leggermente con la mano il volto o un'altra parte del corpo: *fare, ricevere carezze*; *essere prodigo di carezze*; *dopo la battaglia esse donne e fanciulli fanno carezze alli guerrieri* (CAMPANELLA) | (*iron.*) ***Le carezze del bastone***, bastonate. **SIN.** Moina, vezzo. **2** (*est.*) Tocco leggero che sfiora appena: *la c. del vento, del sole.* **3** (*fig.*) †Lusinga. **4** (*raro, lett.*) Cura, premura, sollecitudine. || **carezzìna**, **dim.** | **carezzòccia**, **dim.** | **carezzuòla**, **dim.**

†**carezzaménto** o †**careggiaménto** [av. 1600] **s. m.** ● Il carezzare.

carezzàre o (*lett.*) †**careggiàre** [av. 1363] **v. tr.** (*io carézzo*) **1** Accarezzare | (*lett.*) Contemplare, vagheggiare: *Carezzò con gli occhi … quel corpo fiorente* (PIRANDELLO). **2** (*fig.*, *lett.*) Trattare con eccessiva condiscendenza.

carezzévole [1585] **agg.** ● Che accarezza | Amorevole: *gesto c.*; *tono di voce c.* **SIN.** Affettuoso, dolce, soave. || **carezzevolménte**, **avv.**

carezzóṣo [1869] **agg.** ● (*lett.*) Carezzevole.

càrfano [prob. lat. *fărfarum* 'farfaro'; 1962] **s. m.** ● (*bot.*, *tosc.*) Ninfea.

carfologìa [vc. dotta, lat. tardo *carphològia(m)*, nom. *carphològia* dal gr. *karphología*, comp. di *kárphos* 'pagliuzza' e *légō* 'io raccolgo'; 1830] **s. f.** ● (*med.*) Movimento delle mani come per afferrare fili, fiocchi o altro, tipico di gravi stati febbrili. **SIN.** Crocidismo.

†**càrgo** (1) ● V. *carico.*

càrgo (2) /'kargo, *ingl.* 'kɑːɡoʊ/ [ingl., da *cargo-boat* 'battello da carico', comp. dello sp. *cargo* 'carico' e dell'ingl. *boat* 'nave'; 1942] **s. m.** (**pl.** *-go* o

-ghi, pl. ingl. *cargoes* o *cargos*) *1* Nave da carico. *2* Aereo da carico.

cària [vc. dotta, dal gr. *karýa* 'noce'; 1986] s. f. ● (*bot.*) Genere di piante arboree delle Iuglandacee, originarie dell'America settentrionale (*Carya*).

cariàggio ● V. *carriaggio*.

cariàre [fr. *carier*. V. *carie*; 1770] **A** v. tr. (*io càrio*) ● Produrre la carie: *i dolci cariano i denti* | (*est.*) Corrodere: *il tempo caria le più solide costruzioni*. **B** v. intr. pron. ● Essere attaccato dalla carie: *i denti si cariano lentamente*.

cariàtide [vc. dotta, lat. tardo *caryātide(m)*, nom. *caryātis*, dal gr. *karyâtis*, 'donna di Caria', perché a sostenere gli architravi vennero raffigurate le donne di Caria fatte prigioniere dagli Ateniesi; av. 1617] s. f. *1* Statua femminile usata in funzione di elemento architettonico portante per sostenere trabeazioni, mensole, cornicioni, balconi, logge e sim. | Correntemente, ogni statua femminile, o anche maschile, che assolve tale funzione. ➡ ILL. p. 2116 ARCHITETTURA. *2* (*est.*) Persona che sta immobile e in silenzio | (*fig.*) Fautore di istituzioni passate: *è una c. del vecchio regime* | Persona vecchia e brutta: *una c. rinsecchita*.

cariàto [av. 1758] part. pass. di *cariare*; anche agg. *1* Colpito dalla carie: *dente c.* *2* (*est.*, *raro*) Corroso.

caribico o **caraibico**, **caràibico** [1931] agg. (pl. m. *-ci*) *1* Relativo ai caribi e alle regioni da essi abitate. *2* Del mare delle Antille: *fauna caribica*.

caribo (**1**) o **caraibo** [sp. *caribe*, dal caraibico *karaiba* 'ardito'; av. 1557] agg.; anche s. m. (f. *-a*) ● Che (o Chi) appartiene a una popolazione indigena dell'America meridionale diffusa nelle Antille e in alcune zone del Rio delle Amazzoni.

†caribo (**2**) o **†garibo** [provz. *garip*, forse dall'ar. *qaṣīb*; sec. XIII] s. m. ● Canzone a ballo: *danzando al loro angelico c.* (DANTE *Purg.* XXXI, 132).

caribù [fr. *caribou*, dall'algonchino *kalibū*; 1802] s. m. ● Mammifero ruminante degli Artiodattili, delle regioni artiche, simile alla renna ma più robusto, con corna brevi e massicce (*Rangifer caribou*). ➡ ILL. **animali**/12.

♦**càrica** o †**càrca** [da *caricare*; av. 1292] **A** s. f. *1* (*raro*) Caricamento | †Peso, carico. *2* Mansione, ufficio di un certo rilievo, spec. pubblico e conferito in modo ufficiale: *c. di sindaco, ministro, assessore*; *rivestire una c. importante* | ***Le più alte cariche***, le persone che occupano i più alti uffici | ***Essere in c.***, nell'esercizio di qualche funzione | (*est.*) ***Il campione in c.***, quello che detiene un titolo. *3* Congegno o quantità di energia atta a far funzionare un meccanismo | ***C. di un accumulatore***, accumulazione di energia elettrica in un accumulatore alimentato a corrente continua | ***Dare la c.***, caricare. *4* (*chim.*) Materiale inerte che non modifica la qualità di un prodotto ma ne aumenta il peso o il volume | Sostanza aggiunta a un prodotto per conferirgli nuove proprietà | ***Dare la c.***, trattare un prodotto industriale con tali sostanze. *5* (*fis.*) ***C. elettrica***, proprietà fondamentale della materia che dà luogo a forze di attrazione o repulsione fra corpi | ***C. elementare***, unità di misura della carica elettrica uguale alla carica del protone e pari a 1,602 $\cdot 10^{-19}$ coulomb. *6* Quantità di esplosivo contenuta nei bossoli delle armi da fuoco, nell'ogiva di proiettili e bombe, nella camera di scoppio delle mine | ***C. di lancio***, per lanciare proiettili | ***C. di scoppio***, per farli esplodere | (*est.*) Insieme degli elementi che compongono una cartuccia da caccia, cioè polvere, cartoncini, borre e pallini. *7* (*fig.*) Cumulo di energie fisiologiche o psicologiche in una persona: *c. affettiva, psichica, erotica*; *dare una c. di fiducia*; *avere una forte c. di simpatia* | Forza, tensione di natura emozionale, affettiva e sim. contenute in un'idea, un'azione, un'opera artistica e sim.: *la c. poetica della parola*; *la c. drammatica di una rappresentazione*. *8* (*mil.*) Assalto decisivo | ***C. di cavalleria***, urto portato dalla cavalleria sul nemico, per colpirlo con l'arma bianca e travolgerlo | ***C. alla baionetta***, assalto di truppe di fanteria | ***Tornare alla c.***, (*fig.*) insistere in qualche richiesta | ***Passo di c.***, molto svelto e deciso | Segnale di tromba o rullo di tamburo per dare l'ordine dell'azione alla cavalleria o alle truppe | (*est.*) Assalto di reparti militari o paramilitari: *una c. della polizia contro i dimostranti*. *9* Nel calcio e sim., azione del giocatore che contrasta con la spalla l'avversario in possesso del pallone: *c. irregolare* | Nell'hockey su ghiaccio, azione con cui si tenta di ostacolare l'avversario colpendo il suo bastone con il proprio. **B** in funzione di inter. ● Si usa come comando a voce per ordinare la carica di un reparto di cavalleria.

caricabàlle [comp. di *caricare* e il pl. di *balla*; 1970] s. m. inv. ● Macchina per raccogliere balle di fieno e collocarle sul rimorchio.

caricabatteria [comp. di *carica(re)* e *batteria*; 1974] s. m. inv. ● Alimentatore elettrico per caricare accumulatori spec. di automobili.

caricabbàsso o **caricabàsso** [comp. di *caricare* nel sign. A6, e *abbasso*; 1889] s. m. inv. ● (*mar.*) Manovra che trattiene verso il basso parte dell'attrezzatura, in particolare il tangone e il boma | ***C. del boma***, vang | Qualsiasi cima impiegata per ammainare aste, pennoni, vele o bandiere. ➡ ILL. p. 2155 SPORT.

caricabolina [comp. di *caricare* nel sign. A6, e *bolina*] s. f. ● (*mar.*) Manovra che serve a chiudere parte della vela quadra, facendo forza sulla ralinga di caduta. SIN. Serrapennone.

Caricàcee [vc. dotta, comp. del lat. *cārica* 'fico della Caria', f. sost. di *Cāricus*, dal gr. *Karikós* 'della Caria', e di *-acee*; 1935] s. f. pl. (sing. *-a*) ● Nella tassonomia vegetale, famiglia di piante arboree o arbustive con foglie grandi, lobate, fiori riuniti in racemi e frutto a bacca (*Caricaceae*). ➡ ILL. **piante**/3.

caricafièno [comp. di *carica(re)* e *fieno*; 1956] s. m. inv. ● Macchina per raccogliere e caricare il fieno disposto in andane.

†caricàggio [1337] s. m. ● Spesa occorrente per caricare delle merci.

caricaletàme [comp. di *carica(re)* e *letame*; 1970] s. m. inv. ● Attrezzatura con benna o gru per il carico del letame sui carri o sullo spandiletame.

caricaménto [av. 1292] s. m. *1* Operazione del caricare: *procedere al c. di un'arma da fuoco, di una cartuccia, di una cinepresa* | Operazione del caricare merci su un mezzo di trasporto. *2* (*elab.*) ***C. dei dati o dei programmi***, trasferimento di dati o programmi nella memoria di un calcolatore elettronico, preliminare all'elaborazione. *3* Azione di preparazione a un balzo o salto, effettuata piegando gli arti inferiori e flettendo il busto. *4* ***C. del premio***, differenza fra il premio effettivamente pagato dall'assicurato e quello che egli matematicamente dovrebbe pagare per il rischio contro il quale si assicura (costituisce la parte destinata a coprire le spese dell'impresa assicuratrice).

♦**caricàre** o †**carcàre** [lat. parl. **carricāre*, da *cărrus* 'carro'; av. 1294] **A** v. tr. (*io càrico, tu càrichi*) *1* Porre qlcu. o qlco. sopra un sostegno o un mezzo di trasporto: *c. i bagagli sul treno, i passeggeri sul battello*; *c. il grano, il bestiame, su un carro*. *2* Aggravare con un peso eccessivo (*anche fig.*): *c. la nave oltre la sua portata*; *c. qlcu. di debiti, tasse, commissioni, botte, offese* | ***C. lo stomaco***, riempirlo troppo di cibo. SIN. Appesantire. *3* (*fig.*) Esagerare: *c. le dosi* | ***C. la mano***, eccedere in violenza | ***C. le tinte***, dare eccessivo risalto a un colore; (*fig.*) esagerare i particolari nella descrizione di qlco. | †Mormorare malignamente. *4* Disporre qlco. a funzionare: *c. la molla di un orologio, la stufa, una batteria* | ***C. la macchina fotografica***, introdurvi la pellicola | ***C. la pipa***, riempirla di tabacco. *5* Predisporre allo sparo un'arma da fuoco, introducendovi l'apposito proiettile: *c. un fucile, il cannone* | ***C. una cartuccia, una mina e sim.***, mettere insieme nell'apposito involucro i vari elementi della carica. *6* (*mar.*) Mettere in forza una manovra o una vela. *7* (*mil.*) Attaccare con impeto il nemico | (*est.*) Effettuare una carica: *la polizia ha caricato i dimostranti*. *8* Nel calcio, nell'hockey su ghiaccio, e in altri sport, effettuare una carica su un avversario | ***C. uno sci***, portarvi sopra il peso del corpo. *9* Dare la carica a un prodotto industriale quale tessuto, carta o gomma. *10* Collegare a un generatore di energia elettrica, a un motore e sim., il suo carico. *11* (*elab.*) Effettuare il caricamento di dati o programmi. *12* Nel gioco della briscola, giocare un carico. **B** v. rifl. *1* (+ *di*) Gravarsi eccessivamente di qlco.: *caricarsi di abiti, di cibo, di attività*; *caricarsi di debiti* | (*fig.*) †***Caricarsi di sdegno, di stupore***, irritarsi o stupirsi fortemente. *2* (*fig.*) Cumulare in sé stesso le energie psicofisiche in vista di un impegno: *caricarsi prima di un esame, per la gara*.

caricàto o †**carcàto** [sec. XIII] part. pass. di *caricare*; anche agg. *1* Nei sign. del v. | (*fig.*) Concentrato, pieno di energie psicofisiche: *essere c. in vista dell'esame*. *2* (*fig.*) Affettato, artificioso, esagerato: *maniere caricate*; *la premura ch'egli ha di veder Giacinta, pare un po' caricata* (GOLDONI). *3* (*arald.*) Detto del campo e delle figure di uno scudo che ne hanno altre sovrapposte. *4* Messo in caricatura. || **caricataménte**, avv.

†caricatòio [av. 1530] **A** agg. ● Da carico. **B** s. m. ● Scalo.

caricatóre [sec. XIV] **A** s. m. *1* (f. *-trice*) Chi carica | Facchino, manovale che carica e scarica le merci | Operaio che carica i forni siderurgici. *2* Servente di artiglieria che introduce il proiettile e il bossolo nella culatta della bocca da fuoco per caricare il pezzo. *3* (f. *-trice*) Chi richiede il trasporto marittimo e consegna le merci da trasportare. *4* Serbatoio, nastro, piastrina, gener. metallici, contenenti un certo numero di cartucce per alimentare il fuoco delle armi a ripetizione | ***Vuotare il c. addosso a qlcu.***, tempestarlo di proiettili | Congegno che introduce più cartucce simultaneamente nel serbatoio delle armi da fuoco a ripetizione. *5* Attrezzatura atta al carico e allo scarico di vari materiali. *6* (*fot.*, *cine*) Scatola a tenuta di luce per il materiale sensibile negativo o la pellicola cinematografica vergine. *7* Parte del proiettore per diapositive destinata ad accogliere le diapositive stesse. *8* (*elab.*) Programma, gener. integrato nel sistema operativo, che trasferisce nella memoria centrale di un elaboratore file in formato eseguibile, compiendo tutte le operazioni necessarie alla sua esecuzione. SIN. Loader. **B** agg. ● Che carica: *ponte c.* | ***Piano c.***, banchina sopraelevata per facilitare le operazioni di carico e scarico delle merci dai veicoli ordinari e ferroviari.

caricatùra [da *caricare*, nel sign. A3; sec. XV] s. f. *1* Ritratto o scritto che, con intenti comici o satirici, accentua fino alla deformazione i tratti caratteristici del soggetto: *fare la c. di una personalità politica* | ***Mettere in c.***, ridicolizzare | (*est.*) Imitazione maldestra di qlcu. o qlco., tale da suscitare il riso: *quel ragazzo è la c. di un divo del cinema*; *quello non è un vestito, è solo la sua c.* | Esagerazione: *quell'inaugurazione è stata una vera c.* | (*est.*) Persona ridicola. *2* ***C. fotografica***, deformazione di un'immagine ottenuta, prevalentemente con mezzi ottici, al momento della presa o della stampa. *3* †Caricamento. || **caricaturina**, dim.

caricaturàle [1926] agg. ● Di caricatura, che ottiene l'effetto di una caricatura: *interpretazione c.* | (*spreg.*) Da caricatura. || **caricaturalménte**, avv.

caricaturàre [da *caricatura*; 1973] v. tr. (*io caricàturo*) ● (*raro*) Porre, mettere in caricatura | Ridicolizzare.

caricaturista [1866] s. m. e f. (pl. m. *-i*) ● Chi fa caricature.

caricazióne [da *caricare*; 1937] s. f. ● Operazione del caricare, spec. merci su una nave.

càrice [lat. *cārice(m)*, da avvicinarsi a *cārere* 'cardare'; 1340] s. f. ● Genere delle Ciperacee cui appartengono piante erbacee perenni, cespitose, con foglie strette verde-pallido e fiori in spighe (*Carex*).

carichino [da *caricare*; 1955] s. m. ● Operaio addetto al caricamento delle mine.

♦**càrico** o †**càrco**, †**càrgo** (**1**) [da *caricare*; sec. XIII] **A** s. m. (pl. *-chi*) *1* Operazione del caricare: *sbrigare in poco tempo il c. della merce*; *bolla, polizza di c.* *2* Ciò che si carica addosso a una persona o a un animale, o sopra un mezzo di trasporto: *il c. dei manovali*; *l'asino procedeva con difficoltà per l'eccessivo c.*; *aumentare il c. della nave*; *viaggiare a pieno c.* | ***C. utile***, portata di un mezzo di trasporto. *3* (*est.*) Entrata di merci in magazzino: *libro di c.* *4* Aggravio, onere, peso (*anche fig.*): *c. di coscienza*; *c. di lavoro*; *il c. della responsabilità, dei doveri sociali* | ***C. fiscale, tributario***, complesso, espresso in cifre, dei tributi gravanti su determinate persone o collettività | ***Persona a c.***, che si provvede a mantenere | ***Avere qlcu. a c.***, provvedere al suo mantenimento | ***A c. di***, relativo a qlco., che riguarda qlco.: *un'infezione a c. del fegato* | (*est.*, *lett.*) Preoccupazione, molestia, tormento: *el carco della infirmità* (ALBERTI) | ***Farsi c. di qlco.***, assumersene l'onere, la responsabilità | (*est.*) Accusa, colpa: *fare c. di qlco. a qlcu.*; *segnare qlco. a c. di qlcu.* | ***Depor-***

re a c. di qlcu., contro qlcu. | ***Certificato dei carichi pendenti***, rilasciato da pubblico ufficiale competente e relativo all'esistenza o meno di procedimenti penali in corso a carico di date persone. ***5*** (*fig.*) †Incarico | Carica, autorità, dignità. ***6*** (*fig.*) †Danno. ***7*** In varie tecnologie, forza che sollecita una qualsiasi struttura: *c. permanente, statico, dinamico.* ***8*** Nelle macchine elettriche, potenza attiva o apparente erogata, trasformata o assorbita. ***9*** Grandezza che esprime l'energia idraulica per unità di massa. ***10*** Nel gioco della briscola, l'asso e il tre. ***11*** (*med.*) ***Prova di c.***, procedimento con cui si valuta la capacità funzionale di un organo, somministrando una sostanza e osservando la funzionalità metabolica dell'organo in esame. ***12*** (*sport*) ***C. di lavoro***, l'insieme degli allenamenti di un determinato periodo; quantità e intensità di un singolo allenamento. **B agg.** ***1*** Che porta un peso: *un carro c. di sassi* | Sovraccarico, troppo gravato: *un vestito c. di ornamenti* | (*fig.*) Oppresso, gravato: *c. di tasse, di debiti* | ***Cielo, tempo c.***, (*fig.*) coperto di nuvole. ***2*** (*fig.*) Colmo, ricco: *c. di onori.* ***3*** Intenso: *colore c.* | (*est.*) Denso, concentrato, forte: *tè, caffè c.* ***4*** Pronto, atto a funzionare: *orologio c.* | ***Fucile c.***, fornito di carica. ***5*** (*fis.*) Dotato di carica elettrica.

càrie [vc. dotta, lat. *cărie(m)* 'corrosione', da una radice indeur. che indica 'rompere, rovinare'; av. 1698] **s. f. inv.** ***1*** (*med.*) Processo distruttivo della sostanza ossea | ***C. dentaria***, che colpisce lo smalto e la dentina, con formazione di cavità nei denti. ***2*** (*bot.*) ***C. del frumento***, malattia dovuta a un fungo delle Ustilaginacee che colpisce le cariossidi del grano trasformandone l'interno in una massa bruna e maleodorante | ***C. dell'ulivo***, malattia dovuta a varie specie di Funghi che colpisce il tronco e i rami grossi dell'albero. ***3*** Erosione nell'interno delle canne di un fucile, prodotta dagli esplosivi.

carièllo ● V. †*carello.*

cariglióne [1846] **s. m.** ● (*raro*) Adattamento di *carillon* (V.).

carillon /fr. kaRi'jõ/ [vc. fr., dal lat. *quaterniō-ne(m)* 'gruppo di quattro cose', qui 'di quattro campane'; 1593] **s. m. inv.** ● Serie di campane graduate e accordate, che, suonate da uno speciale meccanismo, producono semplici melodie. **SIN.** Concerto di campane | Congegno applicato spec. a orologi pubblici che segnala con diversi suoni di campane lo scoccare delle ore e delle loro frazioni | Congegno in soprammobili e sim. che produce, mediante vibrazione di lamelle metalliche toccate da un cilindro che ruota, noti motivi musicali.

carinerìa [da *carino*; 1966] **s. f.** ● Caratteristica di chi è carino | (*est.*) Atto, comportamento e sim. gentile e garbato: *le sue carinerie mi hanno conquistata.*

•**carìno** [1761] **agg.** ***1*** Dim. di *caro* (*1*). ***2*** Leggiadro, grazioso: *una ragazza molto carina* | (*fam.*) Piacevole, divertente: *uno spettacolo c.*; *una barzelletta proprio carina* | (*est.*) Gentile, garbato, disponibile: *cerca di essere più carina con lui.* || **carinissimo**, **superl.**

càrio- [dal gr. *káryon* 'noce, nucleo', di orig. sconosciuta] **primo elemento** ● In parole composte della terminologia scientifica significa 'nucleo', 'seme': *cariocinesi.*

carióca [vc. port. di origine tupi comp. di *cari* 'bianco' e *oca* 'casa'; 1939] **A s. f. inv.** ● Danza popolare sud-americana. **B s. m. e f. inv.**; anche **agg. inv.** ● Abitante di Rio de Janeiro | (*est.*) Brasiliano.

cariocinèsi o **cariocinesi** [comp. di *cario-* e *-cinesi*; 1889] **s. f. inv.** ● (*biol.*) L'insieme delle trasformazioni nucleari che, nel corso della moltiplicazione cellulare, consente di mantenere costante il numero dei cromosomi nelle cellule figlie. **SIN.** Mitosi.

cariocinètico [1965] **agg.** (**pl. m.** *-ci*) ● Della cariocinesi.

Cariofillàcee [vc. dotta, comp. del lat. *caryophÿllon* (V. *garofano*) e di *-acee*; 1809] **s. f. pl.** (**sing.** *-a*) ● Nella tassonomia vegetale, famiglia di piante erbacee con fusto articolato, foglie opposte e fiori gener. a cinque petali (*Caryophyllaceae*). ➡ **ILL. piante**/3.

cariofillàta [stessa etim. di *cariofillacee* (V.); 1865] **s. f.** ● Pianta erbacea perenne delle Rosacee, comune nei luoghi ombrosi, con grosso rizoma, foglie pennatosette e piccoli fiori gialli (*Geum urbanum*).

cariogamìa [comp. di *cario-* e *-gamia*; 1962] **s. f.** ● (*biol.*) Processo di fusione di due nuclei, spec. di quelli dei gameti, in seguito alla fecondazione.

cariogènesi [comp. di *cario-* e *genesi*; 1983] **s. f. inv.** ● (*biol.*) Formazione di un nucleo cellulare.

cariogenètico [da *cariogenesi*] **agg.** (**pl. m.** *-ci*) ● (*biol.*) Relativo alla cariogenesi.

carìogeno [comp. di *carie* e *-geno*; 1987] **agg.** ● (*med.*) Che è in grado di generare la carie.

carióla ● V. *carriola.*

cariolànte ● V. *carriolante.*

cariologìa [comp. di *cario-* e *-logia*; 1956] **s. f.** ● (*biol.*) Ramo della citologia che tratta il nucleo e i processi a esso correlati.

carioplàsma [comp. di *cario-* e del gr. *plásma* 'forma' (da *plássō* 'io formo'); 1913] **s. m.** (**pl.** *-i*) ● (*biol.*) Parte del protoplasma contenuto nel nucleo delle cellule. **SIN.** Nucleoplasma.

carióso [vc. dotta, lat. *cariōsu(m)*, da *căries* 'carie'; 1499] **agg.** ● (*raro*) Guastato dalla carie.

cariòsside [comp. di *cario-* e del gr. *ópsis*, genit. *ópseōs* 'aspetto'; 1820] **s. f.** ● (*bot.*) Frutto secco indeiscente con un unico seme che aderisce al pericarpo.

cariotìpico [da *cariotipo*; 1983] **agg.** (**pl. m.** *-ci*) ● (*biol.*) Relativo al cariotipo.

cariòtipo [comp. di *cario-* e *-tipo*; 1955] **s. m.** ● (*biol.*) Assetto cromosomico tipico di una specie o di un individuo, definito sia nel numero che nella morfologia dei cromosomi.

carìsma [vc. dotta, lat. tardo *charĭsma*, dal gr. *chárisma* 'dono, grazia', da *cháris* 'grazia'; av. 1342] **s. m.** (**pl.** *-i*) ***1*** Dono dello Spirito Santo | Grazia concessa in forma e con effetti soprannaturali. ***2*** (*fig.*) Prestigio personale derivante da innate capacità di comando, da forza di persuasione e sim.: *un leader politico dotato di c.*

carismàtico [1931] **agg.** (**pl. m.** *-ci*) ***1*** Che è proprio del carisma: *dono c.* ***2*** (*fig.*) Che fonda la legittimità del suo potere su un'innata capacità di comando: *capo, leader c.* ***3*** Appartenente a una corrente interna alla chiesa cattolica e alle denominazioni protestanti che ricerca la manifestazione dei doni dello Spirito Santo (per es. guarigioni, profezia, glossolalia): *movimento c.* || **carismaticaménte**, **avv.**

carìssimo **agg.** ***1*** Sup. di *caro* (*1*). ***2*** Formula di cortesia spec. nelle intestazioni o nei saluti epistolari: *c. amico.*

♦**carità** o †**caritàde**, †**caritàte** [lat. *caritāte(m)* 'benevolenza, amore', da *cārus* 'caro (1)'; sec. XII] **s. f.** ***1*** Amore di Dio e del prossimo, una delle tre virtù teologali. ***2*** Disponibilità a comprendere e ad aiutare ogni persona: *animo pieno di c.* | (*est.*) Compassione, pietà. ***3*** Beneficenza, elemosina: *chiedere, fare, ricevere la c.*; *vivere di c.* | (*fig.*) ***C. pelosa***, non disinteressata | Attività organizzata di assistenza gratuita a persone bisognose svolta da gruppi religiosi o laici. ***4*** (*est.*) Cortesia, favore: *usami la c. di andartene*; *come se la sconglurasse di non dire di più, di tacere, per c.* (BUZZATI) | ***Per c.!***, esclamazione che rafforza un rifiuto o una raccomandazione, esprime sdegno o impazienza o ha il valore di 'beninteso, s'intende' spec. in frasi negative: *per c., non voglio incontrarlo!*; *per c., non pretendo di convincerla!* ***5*** (*lett.*) Affetto, amore vivo e disinteressato: *c. di patria*; *c. fraterna*; *la c. del natio loco / mi strinse* (DANTE *Inf.* XIV, 1-2).

caritatévole o †**caritévole** [av. 1315] **agg.** ● Che ha o dimostra amore per gli altri: *atto, azione c.* | Pietoso: *uomo c.*; *parole caritatevoli.* || **caritatevolménte**, **avv.**

caritatìvo [1308] **agg.** ● Ispirato a fini caritatevoli: *istituto c.* | (*raro*) Benevolo: *avea trovato padri caritativi* (GALILEI). || **caritativaménte**, **avv.**

carité **s. m.** ● (*bot.*) Adattamento di *karité* (V.).

†**caritévole** ● V. *caritatevole.*

†**càriti** [vc. dotta, lat. *Chārites*, dal gr. *Chárites*, propr. pl. di *cháris* 'grazia' (V. *carisma*)] **s. f. pl.** ● Le tre Grazie.

†**cariuòla** ● V. *carriola.*

†**carìzia** [V. *carenza*; av. 1294] **s. f.** ● Privazione, mancanza.

carlìna [etim. incerta; av. 1326] **s. f.** ● Genere di piante erbacee delle Composite con foglie grandi, spinose e fiori tubulosi avvolti da brattee (*Carlina*) | (*per anton.*) Pianta erbacea perenne delle Composite con il capolino molto sviluppato e brattee bianche e lucenti disposte a raggiera (*Carlina acaulis*).

carlìnga [fr. *carlingue*, dall'ant. scandinavo *kerling*; 1913] **s. f.** ***1*** (*aer.*) Parte di un aereo destinata ad alloggiare il motore, o anche l'equipaggio e il carico | Fusoliera. ***2*** (*mar.*) †Scassa.

carlìno (**1**) [da *Carlo I* d'Angiò che per primo la fece coniare nel 1278; 1296] **s. m.** ● Antica moneta del Regno di Napoli, d'oro o d'argento, coniata poi anche in altri Stati d'Italia, con tipi e valori diversi fino al sec. XIX | ***C. d'oro***, moneta da 10 scudi coniata a Torino nel XVIII sec. | ***Il resto del c.***, (*fig., disus.*) l'ultimo di una serie di guai; originariamente, quando il carlino valeva 10 centesimi, il giornaletto che, a Bologna, veniva dato di resto a chi comprava un sigaro toscano che costava 8 centesimi. ➡ **ILL. moneta.**

carlìno (**2**) [fr. *carlin*, dal n. dell'attore it. Carlo Bertinazzi (1710-1783), detto *Carlino*, che interpretava a Parigi la parte di Arlecchino, con una maschera nera; 1955] **s. m.** ● Cane da compagnia con corpo robusto, pelo corto, bruno e lucente, orecchie piccole, testa rotonda e massiccia con maschera nera sul muso.

carlìsta [av. 1850] **A s. m. e f.** (**pl. m.** *-i*) ***1*** Nell'Ottocento, fautore di Don Carlos di Spagna o dello spodestato Carlo X di Francia. ***2*** Seguace della famiglia Borbone-Parma pretendente al trono spagnolo. ***3*** (*raro*) Legittimista, reazionario. **B agg.** ● Relativo ai carlisti.

carlóna [da *Carlo* Magno, rappresentato come un bonaccione nei poemi cavallereschi più tardi; 1527] **vc.** ● Solo nella loc. avv. ***alla c.***, alla buona, in fretta, con trascuratezza e in modo grossolano: *fare le cose alla c.*; *tirar giù un lavoro alla c.*

carlòtta **s. f.** ● Adattamento di *charlotte* (V.).

carmagnòla [dalla località piemontese di *Carmagnola*; 1802] **s. f.** ***1*** Giubba a corte falde indossata dai popolani durante la Rivoluzione francese. ***2*** Canto e ballo in voga durante la Rivoluzione Francese.

càrme [vc. dotta, lat. *cărmen*, da *cănere* 'cantare'; 1319] **s. m.** ***1*** Nella poesia greca e latina, componimento poetico lirico: *i carmi di Orazio* | ***C. elegiaco***, elegia | ***C. bucolico***, egloga | ***C. ascreo***, didascalico e cosmogonico | ***Carmi trionfali***, cantati dai soldati romani nei trionfi | ***C. figurato***, i cui versi suggeriscono, con la disposizione grafica, immagini. ***2*** Componimento lirico, tipico della letteratura italiana, di argomento elevato e tono solenne | (*lett.*) Poesia, canto. ***3*** †Vaticinio, profezia. ***4*** †Incantesimo. ***5*** †Suono, squillo: *Grida la tromba in bellicosi carmi* (MARINO).

carmelìta [1585] **agg.**; anche **s. m.** (**pl. m.** *-i*) ● Carmelitano.

carmelitàno [sec. XIV] **A agg.** ● Che appartiene all'ordine eremitico fondato nel XII sec. sul Monte Carmelo. **B s. m.** (**f.** *-a*) ● Religioso di tale ordine | ***Carmelitani scalzi***, ***carmelitane scalze***, della famiglia carmelitana riformata da S. Teresa d'Avila (1515-1582).

†**carminàre** (**1**) [lat. *carmināre* 'cardare', da *cărmen*, genit. *carminis* 'pettine da cardare la lana' (attestato però solo molto tardi) da accostarsi a *cărere* 'cardare'; av. 1311] **v. tr.** (*io càrmino*) ***1*** Pettinare, cardare la lana. ***2*** (*fig.*) Vagliare punto per punto: *carminandosi la questione per tutte le congiunture* (SACCHETTI). ***3*** (*fig.*) Bastonare.

carminàre (**2**) [vc. dotta, lat. *carmināre* 'fare incantesimi', da *cărmen* 'carme', perché si credeva che gli incantesimi fossero efficaci contro i dolori; sec. XIV] **v. tr.** (*io càrmino*) ● (*med.*) Eliminare i gas dello stomaco o dell'intestino.

carminatìvo [dal lat. *carmināre* 'carminare (2)' (V.); sec. XIV] **A s. m.** ● Medicamento atto a far eliminare dall'intestino i gas sviluppatisi in modo eccessivo. **B** anche **agg.**: *farmaco c.*

carminazióne [1983] **s. f.** ● Espulsione di gas intestinali.

carmìnico [1955] **agg.** (**pl. m.** *-ci*) ● Detto dell'acido che costituisce il carminio | ***Acido c.***, colorante antrachinonico rosso cristallino.

carmìnio o (*lett.*) **carmìno** [lat. mediev. *carminiu(m)*, nato prob. dall'incontro tra l'ar. *qirmiz* 'colore scarlatto' (V. *alchermes*) e il lat. *mĭnium* 'minio'; 1754] **A s. m.** ***1*** Sostanza rossa, estratta dalla cocciniglia, costituita essenzialmente di acido carminico, usata nella fabbricazione di colori per pittura, cosmetici, dolci e sim. | ***C. di robbia***, estratto dalla robbia | ***C. d'indaco***, indigotina. ***2*** Colore rosso vivo: *un fiore sfumato di c.*; *labbra di c.* **B** in funzione di **agg. inv.** ● (posposto al s.): *rosso c.*

†**carnàggio** [ant. fr. *charnage*, dal lat. parl. **carnāticu(m)*, da *căro*, genit. *cărnis* 'carne'; av. 1363] **s. m.** *1* Ogni specie di carne commestibile | Vivanda di carne | ***Fare c.***, fare provvista di carne. *2* (*est.*) Carneficina, strage, macello. *3* Parte del canone per esercitare il diritto di pascolo su un fondo, pagata in natura: *avevano portato i 'carnaggi', quella parte del canone che si pagava in natura* (TOMASI DI LAMPEDUSA).

♦**carnagióne** [lat. tardo *carnatiōne(m)*, da *căro*, genit. *cărnis* 'carne'; av. 1370] **s. f.** ● Aspetto, colorito della pelle umana, spec. del volto: *c. rosea, bruna, delicata, olivastra.* SIN. Cera, incarnato.

carnàio [lat. *carnāriu(m)*, da *căro*, genit. *cărnis* 'carne'; av. 1300] **s. m.** *1* Luogo di sepoltura comune: *gli parve di sentirsi afferrare pe' panni dal becchino e buttar giù nel c.* (CAPUANA). *2* Ammasso di cadaveri | (*est.*) Strage: *fare un c. dei soldati nemici.* SIN. Massacro. *3* (*spreg.*) Affollamento di persone siminude | (*est.*) Il luogo in cui vi è tale affollamento: *la spiaggia era un vero c.* *4* Luogo ove si conserva la carne macellata.

†**carnaiòlo** o †**carnaiuòlo** [sec. XIV] **s. m.** *1* Carniere: *ha pieno il carnaiuol di starne* (L. DE' MEDICI) | Bisaccia, tasca. *2* (*raro*) Macellaio | (*fig.*) Carnefice.

carnàle [lat. tardo *carnāle(m)*, da *căro*, genit. *cărnis* 'carne'; av. 1294] **agg.** *1* (*raro, lett.*) Relativo alla carne: *i timidi bucaneve d'un pallore c.* (BACCHELLI). *2* (*lett.*) Che riguarda il corpo umano, l'esperienza sensibile, la materia, spec. in contrapposizione allo spirito: *la materia c. ed il peso e la crassa sustanza* (BRUNO). *3* Lussurioso, sensuale: *amore, appetito, peccato c.* | ***Violenza c.***, reato di chi impone ad altri un rapporto sessuale con la violenza | (*dir.*) ***Congiunzione c.***, coito, accoppiamento sessuale. *4* Congiunto strettamente da parentela | ***Fratello c.***, figlio degli stessi genitori | ***Cugini carnali***, figli di fratelli o sorelle. SIN. Consanguineo. *5* †Affettuoso, tenero. || †**carnalàccio**, **pegg.** | **carnalóne**, **accr.** || †**carnalemènte**, **carnalménte**, **avv.** *1* In modo sensuale, lussurioso: *peccare carnalmente*; ***conoscere***, ***giacere***, ***unirsi carnalmente***, avere rapporti sessuali. *2* Per stretta parentela: *essere cugini carnalmente.* *3* †Affettuosamente.

carnalità o †**carnalitàde**, †**carnalitàte** [lat. tardo *carnalitāte(m)*, da *căro*, genit. *cărnis* 'carne'; 1306] **s. f.** *1* Caratteristica di ciò che è carnale. *2* Sensualità. *3* †Affetto, tenerezza.

carnallite [chiamata così in onore di R. von *Carnall*, direttore di miniere in Prussia; 1962] **s. f.** ● (*miner.*) Cloruro doppio di potassio e magnesio in masse compatte di aspetto salino.

carnàme [da *carne*; av. 1300] **s. m.** *1* Massa di carne putrefatta o in putrefazione. *2* (*est., spreg.*) Affollamento di persone.

carnàrio **agg.** *1* (*raro*) Relativo a cadavere: *fossa carnaria.* *2* (*zool.*) ***Mosca carnaria***, V. *mosca.*

†**carnascìale** o †**carnesciàle** [comp. di *carne* e *lasciare*. V. *carnevale*; av. 1363] **s. m.** ● Carnevale.

carnascialésco [da *carnasciale*; av. 1587] **agg.** (pl. m. *-schi*) ● (*lett.*) Carnevalesco | ***Canto c.***, poesia che si cantava a Firenze nelle mascherate di carnevale.

carnàto [vc. dotta, lat. tardo *carnātu(m)*, da *căro*, genit. *cărnis* 'carne'; sec. XIII] **A s. m.** ● (*tosc.*) Incarnato: *una ragazza dal c. fresco.* **B agg.** *1* (*raro*) Che ha un colore simile a quello della carne. *2* †Incarnato | (*fig.*) †Congenito.

carnaùba [dal guaranì, attrav. il fr. *carnauba*; 1892] **s. f.** ● Sostanza cerosa che essuda dalle foglie di una palma brasiliana, usata spec. per le creme da calzature e per la cera da pavimenti.

♦**càrne** [lat. *căne(m)*, che aveva anticamente il sign. di 'parte'; 1264] **s. f.** *1* Insieme dei tessuti molli dell'uomo e degli animali vertebrati, formati prevalentemente dai muscoli scheletrici. CFR. sarco- | ***Avere molta, poca c. addosso***, essere grasso, magro | ***Essere bene in c.***, essere florido, in buone condizioni fisiche | ***In c. e ossa***, in persona | ***C. viva***, i tessuti non cutanei | ***Color c.***, colore rosa pallido caratteristico della carne umana | ***Color c. viva***, rosso intenso. *2* (*est.*) Il corpo dell'uomo, spec. in contrapposizione a spirito: *mortificazione della c.*; *le tentazioni della c.* | La sensualità: *i piaceri della c.* | (*fig.*) ***Essere di c. debole***, soggetto a peccare | (*fig.*) Uomo in senso generico o collettivo | ***Trafficante di c. umana***, di schiavi | ***C. da macello, da cannone***, la massa dei soldati in quanto manovrati dall'alto ed esposti cinicamente alla morte | (*fig.*; *disus.*) ***C. battezzata***, cristiano | ***Resurrezione della c.***, in teologia, ricostituzione dei corpi dopo il giudizio universale | Consanguineo, spec. figlio o figlia: *è c. della mia c.* *3* Parte degli animali destinati all'alimentazione, costituita prevalentemente dal tessuto muscolare e adiposo e da quantità variabile di tendini: *c. bovina, ovina, suina, equina*; *c. in conserva, in scatola, congelata, affumicata* | ***C. secca***, ***salata***, ***insaccata***, di maiale, conservata col sale | ***C. bianca***, di pollo o vitello | ***C. rossa***, di manzo, cavallo, maiale | (*fig., disus.*) ***La c. dei poveri***, i fagioli | ***Mettere molta c. al fuoco***, (*fig.*) cominciare più cose contemporaneamente | (*fig.*) ***Non essere né c. né pesce***, essere privo di caratteristiche definite. *4* (*est.*) Polpa dei frutti: *pesche ricche di c.* *5* (*spec. al pl.*) Costituzione fisica: *essere di carni sode, fresche, bianche, sane* | Carnagione: *carni rosee, olivastre, abbronzate.* *6* La parte dei pellami che era aderente all'animale. || **carnàccia**, **pegg.** | **carnicina**, **dim.** | **carnòccia**, **dim.** | **carnòna**, **accr.**

carnè **s. m. inv.** ● Adattamento di *carnet* (V.).

Carneade [da *Carneade* (214 a.C.-129), filosofo gr. di Cirene che risultava sconosciuto a don Abbondio, nei Promessi Sposi ('Carneade! Chi era costui?', cap. VIII); 1905] **s. m.** e (*raro*) **f.** ● Persona poco conosciuta o ignota.

carnéfice [lat. *carnifice(m)*, comp. di *căro*, genit. *cărnis* 'carne' e *făcere* 'fare'; av. 1306] **s. m.** e **f.** *1* Uomo incaricato di eseguire le sentenze di morte. SIN. Boia, giustiziere. *2* (*fig., lett.*) Tormentatore, tiranno: *è il c. di sé stesso e di chi gli sta accanto.*

carneficina o (*raro*) **carnificina** [vc. dotta, lat. *carnificīna(m)*, da *cārnifex* 'carnefice'; 1499] **s. f.** *1* Uccisione crudele di molte persone: *i soldati fecero una terribile c.* | (*est.*) Strage, massacro (*anche fig.*): *all'esame c'è stata una vera c.* *2* (*fig., lett.*) Strazio, tormento.

càrneo [vc. dotta, lat. tardo *cārneu(m)*, agg. di *căro*, genit. *cărnis* 'carne'; av. 1406] **agg.** *1* (*lett.*) Di carne: *massa carnea.* *2* Composto di carne, detto di cibo e sim.: *vitto c.*; *alimentazione carnea.* *3* (*lett.*) Che ha la freschezza, la consistenza o il colore della carne umana: *fiori carnei.*

Carnèra [dal n. di P. *Carnera* (1906-1967), robustissimo pugile italiano; 1942] **s. m. inv.** ● (*fam.*) Persona straordinariamente grande e forte.

†**carnesciàle** ● V. †*carnasciale.*

carnesécca [comp. di *carne* e *secco*; sec. XIV] **s. f.** (pl. *-che*) ● (*tosc.*) Carne suina salata.

carnet /fr. kar'nɛ/ [fr., dal lat. *quatĕrni*, distributivo di *quăttuor* 'foglio piegato in quattro'; 1892] **s. m. inv.** *1* Libretto: *c. d'assegni bancari* | ***C. d'assegni***, ***d'ordini***, l'insieme delle commesse da eseguire, in una azienda | Taccuino | ***C. di ballo***, su cui le dame annotavano il nome dei cavalieri che si prenotavano per ballare. *2* (*autom.*) Libretto contenente i dati di un veicolo, che era richiesto dalle dogane di certi Paesi per consentirne l'ingresso temporaneo.

carnevalàre o (*tosc.*) †**carnovalàre** [1865] **v. intr.** (aus. *avere*) ● (*raro*) Divertirsi durante il carnevale | (*fig.*) Fare baldoria.

carnevalàta o (*tosc.*) †**carnovalàta** [1886] **s. f.** *1* Divertimento di carnevale | Mascherata. *2* (*est., fig.*) Gesto poco serio | Buffonata, pagliacciata.

♦**carnevàle** o (*tosc.*) †**carnovàle** [comp. di *carne* e *levare*, perché dopo il carnevale inizia la proibizione di mangiare carne; sec. XIII] **s. m.** *1* Periodo dell'anno che precede la Quaresima e culmina nei balli e nelle mascherate dell'ultima settimana | (*est.*) Insieme di festeggiamenti e di manifestazioni che si tengono durante tale periodo: *il c. di Viareggio, di Venezia.* *2* (*fig.*) Tempo di baldorie, godimenti, spensieratezze | ***Fare c.***, (*fig.*) divertirsi | Baraonda, chiasso, gran confusione. *3* (*fig., spreg.*) Pagliacciata, carnevalata. *4* Fantoccio raffigurante il carnevale, arso in piazza l'ultima sera del carnevale stesso | ***Bruciare il c.***, (*fig.*) festeggiarne la fine. || PROV. Di carnevale ogni scherzo vale. || **carnevalétto**, **dim.** | **carnevalino**, **dim.** (V.) | **carnevalóne**, **accr.** (V.).

carnevalésco o (*tosc.*) †**carnovalésco** [1587] **agg.** (pl. m. *-schi*) *1* Di carnevale: *ballo, trattenimento c.* *2* (*fig.*) Privo di ritegno e serietà.

carnevalino [1940] **s. m.** *1* Dim. di *carnevale.* *2* La prima domenica di Quaresima.

carnevalóne [av. 1566] **s. m.** *1* Accr. di *carnevale.* *2* Nella diocesi milanese, prolungamento del carnevale per tutta la settimana delle Ceneri, per privilegio della Chiesa ambrosiana.

carnezzerìa [dal sicil. *carnizzeria*, deriv. di *carnizzeri* 'macellaio', a sua volta deriv. dallo sp. *carnicero*, da *carniza* 'carne macellata'; 1987] **s. f.** ● (*sicil.*) Macelleria.

carnìccio o †**carnézzo**, †**carnìzzo** [av. 1537] **s. m.** *1* (*conciar.*) Insieme dei brandelli di carne che restano attaccati alla pelle degli animali scuoiati e che vengono eliminati con la scarnatura. *2* (*est.*) Avanzo, rimasuglio di carne di cattiva qualità.

carnicino [da *carne*, per il colore; 1499] **A agg.** ● Che ha un colore rosa sano e fresco, simile a quello della carnagione umana: *un mazzo di rose carnicine.* **B s. m.** ● Il colore carnicino.

càrnico [1941] **agg.** (pl. m. *-ci*) ● Della Carnia.

carnièllo **s. m.** (f. *-a*) ● Abitante, nativo della Carnia.

carnièra [da *carne*; av. 1675] **s. f.** *1* Tascone posteriore di giacchette da caccia, per riporvi la preda | Giubba da caccia con tale tascone. *2* (*raro*) Carniere. || **carnieràccia**, **pegg.** | **carnierina**, **dim.**

carnière [provz. *carnier*, dal lat. *carnāriu(m)*. V. *carnaio*; sec. XIII] **s. m.** *1* Borsa con lunga tracolla in cui il cacciatore mette la selvaggina. *2* (*est.*) Insieme delle prede uccise in una partita di caccia: *un buon c.* || **carnierino**, **dim.**

carnificazióne [fr. *carnification*, comp. del lat. *căro*, genit. *cărnis* 'carne' e *făcere* 'fare'; 1830] **s. f.** ● (*med.*) Indurimento di un tessuto fino ad assumere consistenza carnea | ***C. polmonare***, evoluzione grave della polmonite, con indurimento del polmone.

carnificina ● V. *carneficina.*

carnitina [da *carne*; 1962] **s. f.** ● (*chim.*) Composto azotato non proteico, mediatore del metabolismo energetico cellulare, presente spec. nel tessuto muscolare, estratto da carne animale, usato nella patologia cardiaca e nelle miopatie.

Carnivori [av. 1730] **s. m. pl.** (sing. *-o*) ● Nella tassonomia animale, ordine di Mammiferi le cui specie hanno dentatura completa con grandi canini atti a lacerare e molari cuspidati e taglienti (*Carnivora*). ➡ ILL. **animali**/13-14.

carnìvoro [vc. dotta, lat. *carnivoru(m)*, comp. di *căro*, genit. *cărnis* 'carne' e *vorāre* 'divorare'; 1499] **agg.** *1* Che si alimenta di carne: *animale c.* | Che mangia molta carne. *2* ***Pianta carnivora***, pianta, appartenente spec. alle Angiosperme, che cattura insetti e altri piccoli animali per nutrirsene.

†**carnìzzo** ● V. *carniccio.*

carnosità [vc. dotta, lat. tardo *carnositāte(m)*, da *căro*, genit. *cărnis* 'carne'; av. 1519] **s. f.** *1* Caratteristica di ciò che è carnoso. *2* (*est., fig.*) Pienezza di un frutto | Morbidezza delle linee di un disegno. *3* Escrescenza carnosa.

♦**carnóso** [vc. dotta, lat. *carnōsu(m)*, da *căro*, genit. *cărnis* 'carne'; 1350 ca.] **agg.** *1* Che è bene in carne: *corpo c. e sodo* | ***Labbra carnose***, tumide. *2* Carneo. *3* (*est.*) Che ha colore, spessore, morbidezza di carne, detto spec. di vegetali: *i petali carnosi dei fiori* | ***Frutta carnosa***, ricca di polpa.

carnotite [dal n. del chimico e mineralogista fr. M.-A. *Carnot* (1839-1920); 1931] **s. f.** ● (*miner.*) Vanadato idrato di potassio e uranile, in cristalli lamellari di colore giallo brillante.

†**carnovàle** e *deriv.* ● V. *carnevale* e *deriv.*

carnùme [da *carne*; 1601] **s. m.** *1* Escrescenza di carne. *2* (*region.*) Uovo di mare.

carnùta o **cornùta** [da *cornuta*, con accostamento a *carne*; av. 1675] **s. f.** ● Cassa o cesta in cui si portano le vivande ai cardinali in conclave.

♦**càro** (1) [lat. *cāru(m)*, di orig. indeur.; av. 1250] **A agg.** *1* Che suscita sentimenti di affetto: *persone care*; *avere cara la patria, la famiglia*; *ci siete più cari degli occhi* | ***Cara***, ***mio c.***, modo confidenziale di rivolgere la parola a qlcu. o di cominciare una lettera | ***Cari saluti***, ***tanti cari saluti***, formula di cortesia usata per concludere una lettera | ***Cara te***, ***c. lei***, ***c. signore!***, escl. iron. o di impazienza | ***Il c. estinto***, la persona defunta, spec. nei confronti dei familiari | Gradevole, gradito, simpatico: *è proprio una cara donna* | ***Ma che c.!***, ***quant'è c.!***, (*antifr.*) escl. di insofferenza, fastidio e sim. nei confronti di persone che riescono irritanti. SIN. Amato. *2* Che è pregiato, importante, prezioso: *la vostra salute ci è particolarmente cara* | ***Tenersi c. qlcu.***, conservare la sua amicizia | ***Avere c.***, ***avere a c.***, gradire, stimare | ***Mi è c. ricordare***, ricordo con piacere | ***Tenere c.***, conservare, custodire con cura affettuosa. *3* Che costa molto: *vitto, alloggio, oggetto c.*; *questa pelliccia è troppo cara* | ***Vendere la pelle a c. prezzo***, ***vendere cara la pelle***, ***la vita***, difendersi con tutti i mezzi prima di soccombere | ***Pagarla cara***, scontare duramente qlco. | Che vende a caro prezzo: *il macellaio sta diventando c.* SIN. Costoso, dispendioso. || **carissimo**, **superl.** (V.). **B** in funzione di **avv.** ● A prezzo elevato, spec. nelle loc. ***vendere***, ***pagare***, ***costare***, ***comprare c.***: *il lusso costa c.* | ***Costare c.***, (*fig.*) riuscire penoso, di sacrificio. **C s. m.** (**f.** *-a*) ● Persona per cui si prova affetto | ***I miei***, ***i tuoi cari***, genitori, parenti, familiari. || **carétto**, **dim.** | **carino**, **dim.** (V.) | **carùccio**, **dim.** || **caraménte**, **avv.** *1* Affettuosamente: *Tu lascerai ogne cosa diletta / più caramente* (DANTE *Par.* XVII, 55-56). *2* (*raro*) A caro prezzo.

càro (2) [sost. del precedente; av. 1600] **s. m.** *1* (*lett.*) Rialzo dei prezzi di beni o servizi di prima necessità: *scioperi e agitazioni per il c. dei viveri e per la disoccupazione* (BACCHELLI). *2* †Scarsità, carestia.

càro- primo elemento ● In parole composte formate modernamente, significa 'alto prezzo', 'alto costo': *carodenaro, caropane, carovita.*

carodenàro [comp. di *caro-* e *denaro*] **s. m. inv.** ● Elevato costo del denaro.

Caroficee [dal genere *chara* che vi appartiene, col suff. *-ficee*; 1962] **s. f. pl.** (**sing.** *-a*) ● (*bot.*) Nella tassonomia vegetale, classe di alghe verdi pluricellulari con talli macroscopici ramificati a candelabro (*Charophyceae*).

carógna [lat. parl. *carōnia, da *căro*, genit. *cărnis* 'carne'; 1225 ca.] **s. f.** *1* Corpo di animale morto, spec. in decomposizione: *alcuni animali si cibano di carogne* | †Cadavere umano. *2* (*fig.*, *raro*) Animale malandato o denutrito. *3* (*fig.*, *spreg.*) Persona malvagia, perfida: *si comporta da c. con tutti.* || **carognàccia**, **pegg.** | **carognétta**, **pegg.** | **carognina**, **dim.** | **carognóne**, **accr. m.** | **carognùccia**, **dim.** | **carognuòla**, **dim.**

carognàta [da *carogna* nel sign. 3; 1911] **s. f.** ● (*fam.*) Azione meschina, malvagia, perfida: *fare una c. a qlcu.*; *andarsene così è stata proprio una c.*

carognésco [1985] **agg.** (**pl. m.** *-schi*) ● (*spreg.*) Da carogna: *atteggiamento c.* SIN. Malvagio, perfido. || **carognescaménte**, **avv.**

carol /ingl. 'kʰæɹəl/ [vc. ingl., propr. 'ballata', cfr. *carola*] **s. f. inv.** ● In Inghilterra, canto del XIV-XVI sec. simile alle laudi spirituali italiane.

caròla [ant. fr. *carole*, dal lat. *chorăule(m)*, nom. *choraules* 'flautista del coro', dal gr. *choraúlēs*, comp. di *chorós* 'coro' e *auléō* 'io suono il flauto'; 1321] **s. f.** *1* Antica danza eseguita da più persone in cerchio, solitamente accompagnata dal canto. *2* Canto che accompagnava tale ballo. *3* (*lett.*) †Canzone: *diversi uccelli cantan lor carole* (BOCCACCIO).

carolàre [fr. *caroler*; 1353] **v. intr.** ● Danzare carole | (*est.*) Ballare, girare attorno (*anche fig.*): *ore … carolando intorno / all'aura mattutina, / … l'umana vita prolungate, e 'l giorno* (TASSO).

carolina (1) [da *carambola* (?); 1869] **s. f.** ● Gioco di biliardo, con cinque palle di colori diversi, senza birilli né pallino.

carolina (2) [dagli Stati della *Carolina* (U.S.A.), ove viene prodotta; 1955] **s. f.** ● Tessuto di cotone per grembiuli, a disegni minuti, a righe o a riquadri.

carolingio [da *Carŏlus*, n. lat. di Carlo Magno (742-814); av. 1869] **agg.** (**pl. f.** *-ge* o *-gie*) ● Che si riferisce a Carlo Magno, ai suoi successori e ai loro tempi: *arte carolingia* | ***Ciclo c.***, ciclo di poemi cavallereschi sulle gesta di Carlo Magno e i suoi paladini, in antica lingua francese.

carolino [da *Carŏlus*, n. lat. di Carlo Magno; av. 1750] **agg.** ● Di Carlo Magno e del suo tempo | ***Scrittura carolina***, scrittura sviluppatasi con la rinascita culturale promossa da Carlo Magno, caratterizzata dalla chiarezza di esecuzione, dall'uniformità delle lettere, dalla rotondità e dall'assenza quasi completa di abbreviazioni.

caròlo [dal lat. tardo *cărius* 'tarlo', da avvicinare a *căries*. V. *carie*; 1830] **s. m.** *1* (*veter.*) Micosi dello zoccolo degli equini. *2* (*bot.*) Brusone del riso.

caróncola ● V. *caruncola.*

caropàne [comp. di *caro-* e *pane*, sul modello di *carovita*; 1958] **s. m.** solo **sing.** ● Alto prezzo del pane | ***Indennità di c.***, concessa nel secondo dopoguerra ai dipendenti dello Stato e degli enti pubblici, sostituita dalla indennità di carovita, poi dall'indennità di contingenza.

carosèllo o †**garosèllo** [nap. *carusiello* 'palla di creta' (dalla forma come la testa di un *caruso* 'ragazzo'), perché i giocatori si lanciavano reciprocamente palle di creta; 1551] **s. m.** *1* (*st.*) Torneo spettacolare di cavalieri, con esercizi di bravura, evoluzioni e sim. *2* (*sport*) Evoluzione in ordine composto di un gruppo di cavalieri. *3* (*est.*) Movimento rapido e circolare spec. di autoveicoli: *un c. di jeep della polizia* | (*fig.*) Massa confusa: *nella sua mente si agitava un c. d'idee.* *4* Giostra per i bambini | (*est.*) Trasmissione serale costituita da sketch pubblicitari, un tempo diffusa dalla televisione italiana.

♦**caròta** [vc. dotta, lat. tardo *carōta(m)*, dal gr. *karōtón*, forse da *kára* 'testa'; av. 1400] **A s. f.** *1* Pianta erbacea delle Ombrellifere con fiori composti bianchi e violetti, foglie pennatosette, frutto a diachenio, e grossa radice carnosa commestibile (*Daucus carota*) | La radice commestibile di tale pianta, di colore rosso-aranciato: *carote al burro*; *arrosto con contorno di carote* | ***Usare il bastone e la c.***, (*fig.*) V. *bastone* | (*fig.*) ***Pel di c.***, persona dai capelli rossi. ➡ ILL. **piante**/7. *2* (*fam.*, *tosc.*) Panzana, menzogna | ***Piantare***, ***vendere carote***, raccontar bugie. *3* (*min.*, *geol.*, *agr.*) Campione cilindrico di terreno prelevato con apposito attrezzo durante il sondaggio, per studiare la costituzione del sottosuolo. SIN. Nucleo, testimone. **B** in funzione di **agg. inv.** ● (posposto a un s.) Che ha il colore rosso arancio molto vivo caratteristico della radice omonima: *abito color c.*; *un uomo dai capelli c.* || **carotàccia**, **pegg.** | **carotina**, **dim.** | **carotóna**, **accr.** | **carotóne**, **accr. m.** | **carotùccia**, **dim.**

carotàggio [da *carota* nel sign. A 3; 1935] **s. m.** ● (*min.*) Prelievo di un campione di terreno per lo studio del sottosuolo.

carotàio [1618] **s. m.** (**f.** *-a*) ● Chi vende carote | (*fig.*, *tosc.*) Chi racconta frottole.

carotàre [1965] **v. tr.** (*io caròto*) ● (*min.*, *geol.*, *agr.*) Sottoporre a carotaggio.

carotatrice [1983] **s. f.** ● (*min.*, *geol.*, *agr.*) Utensile adoperato per il carotaggio.

carotène [dalla *carota*, che contiene questa sostanza; 1942] **s. m.** ● Idrocarburo giallo, noto in diverse forme isomere, contenuto spec. nelle carote, che viene trasformato dal fegato in vitamina A.

carotenòide [comp. di *caroten(e)* e del suff. *-oide*] **s. m.** ● (*chim.*) Gruppo di sostanze colorate dal giallo al violetto, contenenti quaranta atomi di carbonio, diffuse nei fiori (ad es. dalia), nei frutti (ad es. pesca, albicocca), nelle radici (ad es. carota) e in molti tessuti animali (ad es. l'epidermide dei pesci).

caròtide [fr. *carotide*, dal gr. *karōtídes*, pl., prob. da *káros* 'sopore', perché comprimendo questa arteria si provoca sonno; av. 1673] **s. f.** ● (*anat.*) Ognuna delle due arterie che passano per il collo e portano il sangue al capo: *c. destra, sinistra.* ➡ ILL. p. 2123 ANATOMIA UMANA.

carotidèo [1820] **agg.** ● Della carotide.

carotière [da *carota* nel sign. 3; 1955] **s. m.** ● (*min.*, *geol.*, *agr.*) Organo della sonda che effettua il prelievo di campioni cilindrici, o carote, dal sottosuolo.

carovàna o †**caravàna**, †**cherovàna** [persiano *kārwān* 'compagnia di mercanti che fanno viaggio insieme'; 1353] **s. f.** *1* Gruppo di persone che attraversano insieme, con carri e bestie da soma, luoghi deserti o pericolosi: *una c. di mercanti, di beduini, di pellegrini* | ***Far c.***, unirsi ad altre persone per compiere un viaggio. *2* Complesso di persone e veicoli incolonnati: *la c. del circo avanzava lentamente* | Convoglio di navi che procedono insieme per maggior sicurezza | (*est.*) Gruppo numeroso e chiassoso di persone: *siamo andati a fare una gita con una c. di amici.* SIN. Brigata, comitiva, compagnia. *3* (*sport*) Complesso dei concorrenti e del seguito di una corsa ciclistica, spec. a tappe: *la c. del giro d'Italia.* *4* (*lett.* o *disus.*) Tirocinio, noviziato, pratica: *fare la c.*

carovanièra [av. 1918] **s. f.** ● Pista per carovane.

carovanière [1908] **s. m.** ● Chi guida gli animali di una carovana.

carovanièro [1889] **agg.** ● Di carovana: *strada, pista carovaniera.*

carovita [comp. di *caro-* e *vita*, sul modello del fr. *vie chère*; av. 1941] **s. m.** solo **sing.** ● Forte rialzo dei prezzi, spec. dei generi di prima necessità | ***Indennità di c.***, aggiunta allo stipendio di operai e impiegati in periodi di prezzi crescenti, oggi sostituita dall'indennità di contingenza.

caroviveri [comp. di *caro-* e *viveri*, sul modello di *carovita*; 1912] **s. m.** solo **sing.** ● Carovita.

càrpa [lat. tardo *cărpa(m)*, di orig. germ. (?); 1663] **s. f.** ● Pesce commestibile d'acqua dolce dei Ciprinidi diffuso in molte varietà, con quattro barbigli e il primo raggio della pinna dorsale spiniforme (*Cyprinus carpio*) | ***C. a specchi***, varietà con scaglie molto sviluppate. ➡ ILL. **animali**/6.

carpàccio [denominato così da G. Cipriani, fondatore e titolare, a Venezia, dell'Harry's Bar, perché il piatto fu inventato in occasione della mostra del pittore V. *Carpaccio* (1465-1526); 1963] **s. m.** ● Vivanda consistente in carne, gener. filetto, affettata molto sottile, condita con olio e formaggio parmigiano in scaglie e consumata cruda | (*est.*) Preparazione simile a base di pesce: *c. di salmone crudo*; *c. di pesce spada.*

carpàle [da *carpo*; 1955] **agg.** ● (*anat.*) Del carpo: *osso c.*

†**carpàre** [lat. *cărpere* 'cogliere, staccare'; 1319] **A v. tr.** ● Carpire, afferrare. **B v. intr.** ● Andare carponi: *i' mi sforzai carpando appresso lui* (DANTE *Purg.* IV, 50).

carpàtico [1931] **agg.** (**pl. m.** *-ci*) ● Dei Carpazi.

càrpe diem [loc. lat., propr. 'cogli il giorno', massima di Orazio (Odi I, 11, 8)] **loc. sost. m. inv.** ● Invito a cogliere i doni e i piaceri del momento, senza fare troppo assegnamento su ciò che la vita potrà offrire in futuro.

carpellàre [1955] **agg.** ● Relativo al carpello.

carpèllo [fr. *carpelle*, dal gr. *karpós* 'frutto' (V. *carpo-*); 1875] **s. m.** ● (*bot.*) Foglia modificata che partecipa alla formazione del pistillo.

carpenteria [1908] **s. f.** *1* Tecnica di costruzione di strutture portanti in legno o in metallo. *2* Struttura definitiva o provvisoria di legno o ferro risultante dal lavoro di carpenteria. *3* Reparto di un cantiere riservato ai carpentieri e ai loro attrezzi.

carpentière [provz. *carpentier*, dal lat. tardo *carpentāriu(m)*, da *carpĕntum* 'carro'; av. 1363] **s. m.** (**f.** *-a*) *1* Operaio che esegue lavori di carpenteria. *2* Marinaio addetto ai lavori in legno e in ferro.

carpènto [vc. dotta, lat. *carpĕntu(m)*, di orig. gallica; 1499] **s. m.** *1* Antico carro romano, a due ruote. *2* †Quanto può portare un carro.

carpétta [sp. *carpeta*, dal fr. *carpette*, a sua volta dall'it. ant. *carpita* 'coperta', che risale al lat. *cărpere* 'cardare la lana'; 1963] **s. f.** ● (*bur.*) Cartella per documenti.

carpiàto [da *carpio*; 1962] **agg.** ● Di salto o tuffo eseguito con il corpo in posizione di carpio: *tuffo c.*

carpìgna [etim. incerta; 1881] **s. f.** ● (*bot.*) Acetosella.

càrpine o **càrpino** [lat. *cărpinu(m)*, di orig. preindeur. (?); 1340 ca.] **s. m.** ● Albero delle Betulacee con corteccia liscia e grigia e foglie doppiamente seghettate (*Carpinus betulus*).

carpinèlla [da *carpine*; 1865] **s. f.** ● Albero delle Betulacee con scorza bruno-rossastra, foglie ovate leggermente pubescenti, legno rosso molto duro (*Ostrya carpinifolia*). SIN. Carpino nero.

carpinéta [av. 1911] **s. f.** ● Terreno coltivato a carpini.

carpinéto [1905] **s. m.** ● Carpineta.

càrpino ● V. *carpine* | ***C. nero***, carpinella.

càrpio [V. *carpione*; 1663] **s. m.** *1* (*zool.*) Carpione. *2* Nei tuffi e in ginnastica, posizione del corpo a squadra, con un angolo almeno di 90°, a gambe tese, unite o divaricate: *tuffo, salto con c.*

carpionàre [1585] **v. tr.** (*io carpióno*) ● Conservare un pesce fritto in una marinata di aceto e aromi.

carpióne [da *carpa*; av. 1367] **s. m.** *1* Pesce di lago, commestibile, dei Salmonidi, argenteo con dorso bruno-rossastro, vorace predatore (*Salmo carpio*). *2* Nella loc. agg. e avv. ***in c.***, modo di cucinare i pesci, spec. il carpione, o le verdure che consiste nel friggerli e nel metterli poi sotto aceto con cipolle e aromi: *trota, anguilla, zucchine in c.*

carpire [lat. *cărpere* 'cogliere, staccare', di orig. indeur.; 1321] **v. tr.** (*io carpisco, tu carpisci*) **1** Riuscire a ottenere, a strappare e sim. con violenza o astuzia: *c. un segreto a qlcu.*; *c. il consenso con la menzogna* | ***C. denaro a qlcu.***, estorcerlo. **2** †Sorprendere.

†**carpita** [lat. mediev. *carpīta(m vestem)*, dal classico *cărpere* 'prendere, smembrare' (quindi 'scardassare'). V. *carpire*; sec. XIII] **s. f.** ● Panno peloso con cui si facevano coperte da letto.

càrpo [vc. dotta, lat. tardo *cărpu(m)*, nom. *cărpus*, dal gr. *karpós* 'giuntura, polso', di orig. indeur. (?); 1551] **s. m.** **1** (*anat.*) Parte ossea compresa fra avambraccio e metacarpo, a formare il polso. ➡ **ILL.** p. 2122 ANATOMIA UMANA. **2** (*zool.*) Regione compresa fra l'avambraccio e lo stinco.

càrpo-, -càrpo [dal gr. *karpós* 'frutto', di orig. indeur.] primo o secondo elemento ● In parole composte della terminologia scientifica significa 'frutto': *carpologia, endocarpo*.

carpocàpsa [comp. di *carpo-* e prob. del gr. *kápsis* 'inghiottimento'; 1955] **s. f.** ● Piccola farfalla che allo stadio larvale danneggia piante e frutti (*Carpocapsa pomonella*).

carpologìa [comp. di *carpo-* e *-logia*; 1820] **s. f.** ● Branca della botanica che studia scientificamente i frutti.

carpóni o (*raro*) **carpóne** [da *carpare*; 1312] **avv.** ● Nella posizione di chi sta o procede con le ginocchia e le mani a terra: *stare, camminare, trascinarsi c.*; *strisciare c. sul pavimento* | Con valore raff.: ***carpon c.***, quando il movimento si prolunga o è fatto con pena e fatica o con circospezione | Anche nella loc. avv. ***a c.***

car pool /*ingl.* 'kʰɑːɹ͵puːɫ/ [loc. ingl., propr. 'consorzio (*pool*) riguardante l'autovettura (*car*)'] **loc. sost. m. inv.** (pl. ingl. *car pools*) ● Gruppo di persone che compiono abitualmente un tragitto analogo e si accordano per l'uso di una sola automobile.

carràbile [da *carro*; 1942] **agg.** ● Che è percorribile con carri e (*est.*) con autoveicoli: *strada c.* | ***Passo c.***, tratto di marciapiede antistante un ingresso, inclinato sul bordo per facilitare il passaggio dei veicoli.

carradóre o (*raro*) **carratóre** [da *carro*; av. 1332] **s. m.** **1** Artigiano che costruisce o ripara carri, barocci e sim. **2** (*region.*) Carrettiere.

carrageen /*ingl.* 'kʰæɹə͵giːn/ [da *Carragheen*, n. di una località dell'Irlanda; 1931] **s. m. inv.** ● Alga delle Rodoficee, tipica delle coste atlantiche, con tallo carnoso e appiattito dal quale si estrae la carragenina (*Chondrus crispus*).

carragenina [con iperb. di *carrage(e)n* e *-ina*; 1983] **s. f.** ● Sostanza gelatinosa che si ottiene, per bollitura, dal tallo del carrageen, largamente usata nell'industria farmaceutica e alimentare.

carràia [lat. **vĭa(m) carrārĭa(m)* 'strada per carri', da *cărrus* 'carro'; av. 1589] **s. f.** **1** Strada carrabile: *Il giorno schietto / d'inverno inasprisce le carraie* (LUZI). **2** Porta dei palazzi riservata all'entrata e all'uscita dei carri.

carràio o †**carràro** [1561] **A agg.** ● Che consente il transito di carri, autoveicoli e sim.: *passo c.*; *porta carraia*. **B s. m.** **1** Costruttore di carri. **2** †Carrettiere.

carrarèccia [da *carro*; 1561] **s. f.** (pl. *-ce*) **1** Strada di campagna percorribile dai carri e, con difficoltà, dalle automobili. **2** Carreggiata, nei sign. 3 e 4.

carrarése [1313] **A agg.** ● Di Carrara. **B s. m. e f.** ● Abitante, nativo di Carrara.

carrarmàto **s. m.** **1** Carro armato (V. *carro* nel sign. 4). **2** Pesante suola di gomma provvista di rilievi e scanalature.

†**carràro** ● V. *carraio*.

carràta [da *carro*; av. 1388] **s. f.** ● Quantità di materiale che si può portare in un carro: *una c. di pietre* | ***A carrate***, (*fig.*) in grande quantità.

†**carratèllo** ● V. *caratello*.

carratóre ● V. *carradore*.

carré /*fr.* ka'ʀe/ [fr., 'quadrato', dal lat. *quadrātu(m)* 'quadrato'; 1839] **A s. m. inv.** **1** (*abbigl.*) Sprone. **2** Lombata di maiale. **3** Nel gioco della roulette, combinazione di quattro numeri riuniti su cui si può puntare. **4** Pietra preziosa di forma quadrata | Tipo di taglio di pietra preziosa. **5** Tipo di taglio in cui i capelli vengono nettamente pareggiati. **B** in funzione di **agg. inv.** ● Nella loc. ***pan c.***, pane in cassetta.

†**carrèga** ● V. *cadrega*.

carreggiàbile [1750] **A agg.** ● Carrabile, carrozzabile. **B** anche **s. f.**: *una c. ampia e comoda*.

carreggiaménto [da *carreggiare*; 1881] **s. m.** ● (*geol.*) Traslazione, spec. orizzontale, di vaste zone rocciose sopra ad altri terreni per distanze di molti kilometri.

carreggiàre [da *carro*; 1291] **A v. tr.** (*io carréggio*) ● Trasportare con il carro: *c. merci varie*; *c. pietre e sassi* | (*est., lett.*) Portare con sé | †Percorrere col carro. **B v. intr.** (aus. *avere*) ● (*lett.*) Fare trasporti col carro | †Viaggiare su un carro.

carreggiàta [da *carreggiare*; sec. XIV] **s. f.** **1** Parte della strada percorribile dai veicoli: *la c. sud, nord, dell'autostrada*. **2** (*fig.*) Retta via, giusto cammino | ***Stare, mantenersi in c.***, seguire la via giusta; (*est.*) restare in argomento | ***Uscire di c.***, deviare dalla retta via; (*est.*) cambiare bruscamente argomento | ***Rimettersi in c.***, ritornare sulla retta via, colmare uno svantaggio; (*est.*) rientrare in argomento. **3** Distanza fra le ruote di un veicolo situate sullo stesso asse. **4** Traccia delle ruote dei veicoli sulla strada | Strada battuta dai carri.

carréggio [da *carreggiare*; av. 1347] **s. m.** **1** Trasporto di cose con il carro | Trasporto su vagonetti del minerale estratto nelle miniere: *galleria di c.* **2** (*raro*) Transito intenso di veicoli. **3** Gran numero di carri | Complesso dei veicoli al seguito delle truppe per il trasporto dei materiali di reparto. **4** Nel Medioevo, obbligo di porre gratuitamente i carri a disposizione di un pubblico servizio | Imposta sui carri che entravano in città.

carrellàbile [da *carrello*; 1987] **agg.** ● Che può essere trasportato su carrello, detto spec. di natante.

carrellàre [1965] **v. intr.** (*io carrèllo*; aus. *avere*) ● Riprendere una scena mediante carrellata.

carrellàta [da *carrello*; 1941] **s. f.** **1** Spostamento sul piano orizzontale della cinepresa o della telecamera in qualsiasi direzione | ***C. a seguire***, (*gerg.*) effettuata per seguire un attore in movimento. **2** (*fig.*) Rapida scorsa, esposizione sommaria. **CFR.** Panoramica.

carrellàto [1955] **agg.** ● Montato su carrello | Trasportato con carrello | ***Artiglierie carrellate***, scomponibili e trainabili in montagna per mezzo di appositi carrelli.

carrellista [1955] **s. m. e f.** (pl. m. *-i*) **1** Chi, nelle stazioni ferroviarie, vende cibi e bevande, o giornali e altri oggetti esposti su appositi carrelli. **2** Operaio addetto agli spostamenti del carrello cinematografico | Operaio addetto agli spostamenti delle giraffe nello studio televisivo.

♦**carrèllo** [da *carro*; 1908] **s. m.** **1** Telaio metallico montato su ruote con forma e disposizione varia a seconda dell'uso e del carico: *c. portabagagli*; *c. tenda* | ***C. per veicoli ferroviari***, montato su due o più assi a piccolo interasse, provvisto di dispositivi su cui appoggia il telaio principale del veicolo | ***C. da teleferica***, sospeso a due o più ruote che scorrono su di una fune metallica. ➡ **ILL.** p. 2169 TRASPORTI. **2** Mezzo di trasporto interno ausiliario per le lavorazioni di produzione: *c. trasportatore, elevatore*. **3** (*aer.*) Complesso delle ruote e loro supporti in un aereo terrestre per il decollo, l'atterraggio e le manovre al suolo | (*est.*) Complesso di pattini, sci, slitte, galleggianti e sim., e loro supporti in un aereo non munito di ruote. ➡ **ILL.** p. 2174, 2175 TRASPORTI. **4** Piattaforma scorrente talvolta su rotaie, sulla quale viene montata la cinepresa per riprese in movimento | ***C. aereo***, fissato al soffitto del teatro di posa, per effettuare carrellate dall'alto. **5** Nelle imbarcazioni da canottaggio, il sedile scorrevole su rotelle che permette al vogatore di sfruttare anche la spinta delle gambe e, di conseguenza, di aumentare l'ampiezza della palata. **6** Specie di tavolino montato su quattro rotelle, solitamente a due ripiani, usato per trasportare e servire cibi e bevande. **7** Nelle macchine per scrivere, organo mobile o fisso, sul quale vengono montati i fogli di carta. **8** (*mar.*) ***C. di randa***, guida trasversale che, nelle imbarcazioni a vela, consente la regolazione laterale del punto di scotta della randa. **CFR.** Trasto. || **carrellino**, **dim.**

carrétta [sec. XIII] **s. f.** **1** Dim. di *carro*. **2** Piccolo carro a due ruote e con sponde alte per il trasporto di roba | ***Tirare la c.***, (*fig.*) fare lavori faticosi, addossarsi il maggior peso di un'attività, tirare avanti stentatamente. ➡ **ILL.** **carro e carrozza**. **3** (*spreg.*) Piroscafo da carico non di linea | (*est.*) Veicolo vecchio e malridotto: *la mia automobile è una c.* || **carrettèlla**, **dim.** (V.) | **carrettina**, **dim.** | **carrettùccia**, **dim.**

carrettàio [av. 1573] **s. m.** (f. *-a*) **1** Chi guida la carretta. **2** Fabbricante o noleggiatore di carrette.

carrettàta [1481] **s. f.** ● Quanta roba si può trasportare su una carretta o su un carretto | ***A carrettate***, (*fig.*) in grande quantità.

carrettèlla [av. 1828] **s. f.** **1** Dim. di *carretta*. **2** Carrozzino per due persone. **3** (*fig., gerg.*) Artificioso rallentamento o sottolineatura di una parte della battuta con cui l'attore cerca di provocare l'applauso. **SIN.** Padovanella. || **carrettellina**, **dim.**

carrettière o †**carrettièro** [provz. *carratier*, dal lat. *cărrus* 'carro'; sec. XIV] **s. m.** (f. *-a*) **1** Chi guida la carretta o il carro | ***Alla carrettiera***, (*ellitt.*) alla maniera dei carrettieri | ***Spaghetti alla carrettiera***, con sugo piccante a base di pomodoro e, secondo le regioni, carne o tonno o funghi. **2** (*fig.*) Uomo volgare e sboccato. **3** †Cocchiere.

carrettinista [1962] **s. m. e f.** (pl. m. *-i*) ● Chi espone o vende libri usati o altra merce su un carrettino.

carrétto [av. 1442] **s. m.** **1** Dim. di *carro* | ***C. siciliano***, a due ruote, con le fiancate e la cassa decorate con arabeschi e figure folcloristiche. **2** Armatura per sostenere e cambiare le quinte nei teatri. || **carrettàccio**, **pegg.** | **carrettino**, **dim.** | **carrettóne**, **accr.** (V.) | **carrettùccio**, **dim.**

carrettonàio [1887] **s. m.** (f. *-a*) ● (*tosc.*) Chi guida o trasporta materiale col carrettone.

carrettonàta [1887] **s. f.** ● (*raro*) Carico trasportato su un carrettone.

carrettóne [1385] **s. m.** **1** Accr. di *carretto*. **2** Grosso carro a sponde alte, di cui quella posteriore abbassabile, usato per trasportare calcinacci, letame e sim. | Carro a quattro ruote col quale si esercitano i cavalli al traino. **3** (*region.*) Carro funebre | Cellulare. **4** †Carrettiere.

carriàggio o **cariàggio** [fr. *chariage*, dal lat. *cărrus* 'carro'; av. 1363] **s. m.** **1** Carro robusto e pesante, a quattro ruote, impiegato un tempo per il trasporto dei bagagli e dei materiali vari al seguito delle truppe. ➡ **ILL.** **carro e carrozza**. **2** (*spec. al pl.*) Insieme dei trasporti a ruote e del relativo materiale caricato di un esercito.

♦**carrièra** [provz. *carreira*, V. *carraia*; av. 1294] **s. f.** **1** La via scelta negli studi, nella professione, nel lavoro: *la c. militare, forense, medica* | Successione di promozioni, incarichi e sim. all'interno di una data professione: *possibilità di c.*; *prospettive di c.* | ***Far c.***, procedere bene nella professione prescelta, ottenendo promozioni e avanzamenti e raggiungendo i livelli più alti | ***In c.***, detto di chi sta impegnandosi per far carriera: *donne in c.* **2** Andatura naturale più veloce del cavallo che procede a grandi balzi accentuando i movimenti del galoppo. **3** (*est.*) Corsa: *andare di c., di gran c.* **4** †Spazio assegnato alla corsa dei carri o dei cavalli. || **carrierétta**, **dim.** | **carrierina**, **dim.** | **carrieróna**, **accr.**

carrierìsmo [1918] **s. m.** ● Grande ambizione di fare carriera.

carrierista [da *carriera*; 1918] **s. m. e f.** (pl. m. *-i*) ● Chi cerca con ogni mezzo di far carriera.

carrieristico [av. 1937] **agg.** (pl. m. *-ci*) ● Del carrierismo | Proprio dei carrieristi. || **carrieristicaménte**, **avv.**

♦**carriòla** o (*pop.*) **cariòla**, †**cariuòla** [da *carro*; av. 1400] **s. f.** **1** Piccola carretta a mano, con una ruota e due stanghe, per trasportare materiali a breve distanza. **2** Quantità di materiale che può entrare in una carriola. **3** Carretto a una ruota degli arrotini ambulanti.

carriolànte o (*pop.*) **cariolànte** [av. 1936] **s. m.** **1** Manovale addetto al trasporto con carriola del materiale di sterro. **2** Operaio agricolo addetto ai trasporti con carri a traino animale.

carrista [da *carro*; 1938] **A s. m.** (pl. *-i*) ● Soldato appartenente alla specialità di fanteria montata su carri armati. **B agg.** ● Detto di specialità della fanteria che combatte su carri armati: *fanteria, arma c.*

♦**càrro** [lat. *cărru(m)* 'carro a quattro ruote', di orig. gallica, della stessa orig. del lat. *curru(m)* 'carro a due ruote', da avvicinare a *cŭrrere* 'correre'; 1308] **s. m.** (pl. *càrri* **m.**, †*càrra* **f.** spec. nel sign. 2) (*Càrro* nel sign. 6) **1** Veicolo a trazione animale o meccanica, usato per il trasporto di materiali da costruzione o

carta

di merci in genere | *Mettere il c. davanti ai buoi*, (*fig.*) parlare, agire, fare proposte e sim., in modo prematuro | *L'ultima ruota del c.*, chi conta meno di tutti | *C. funebre*, per il trasporto dei cadaveri | *C. botte*, cisterna per spargere liquidi o per trattamenti antiparassitari | *C. frigorifero*, per trasportare e conservare merci deperibili | *C. riparazioni, c. a torre*, munito di una torretta estensibile sormontata da una piattaforma, usato per riparare linee elettriche, tranviarie e sim. | *C. serbatoio*, autobotte | *C. rifiuti*, attrezzato per la raccolta dei rifiuti | *C. pompa*, autopompa | *C. attrezzi, c. di soccorso*, automezzo appositamente attrezzato per soccorrere e rimorchiare veicoli in avaria | *C. marsupio*, veicolo a due piani per il trasporto di autoveicoli su lunghe distanze | *C. falcato*, antico carro da guerra, armato lateralmente di falci taglienti | *C. ferroviario*, adibito in ferrovia al trasporto delle merci, del bestiame o per usi speciali: *c. merci, c. bestiame* | *Saltare sul c. del vincitore*, (*fig.*) schierarsi opportunisticamente dalla parte di chi ha vinto. ➡ ILL. **carro e carrozza**. **2** Quantità di materiale contenuto in un carro: *un c. di lega, di ghiaia* | Antica misura di volume: *due carri di legna*. **3** *C. di Tespi*, teatro ambulante. **4** *C. armato*, autoveicolo da combattimento, interamente chiuso, corazzato, mosso da cingoli e armato di cannone e di mitragliatrici di vario calibro; (*fig.*) persona che agisce con grande determinazione, superando ostacoli e impedimenti. **5** Parte inferiore di carrozze, calessi e sim. **6** (*astron., pop.*) Denominazione delle costellazioni dell'Orsa maggiore e dell'Orsa minore | *Gran c.*, l'Orsa maggiore | *Piccolo c.*, l'Orsa minore. **7** Una delle figure nel gioco dei tarocchi. **8** †Cocchio. || **carretta**, dim. (V.) | **carretto**, dim. (V.) | **carricello**, dim. | **carruccio**, dim.

carròbbio (1) [vc. dell'Italia sett., lat. *quadrŭviu*(*m*), comp. di *quăttuor* 'quattro' e *vĭa* 'via'; 1842] s. m. ● Quadrivio.

carròbbio (2) ● V. *carrubo*.

carròccio [da *carro*; av. 1250] **s. m.** ● Carro di guerra degli antichi comuni italiani, di cui simboleggiava la libertà, a quattro ruote, trainato da buoi, pavesato con insegne e stendardi, con un altare e una campana, sempre difeso da milizie sceltissime | (*polit.*) Nel linguaggio giornalistico, il movimento politico Lega Nord.

carronàta [fr. *caronade*, dall'ingl. *carronade*, dal paese di *Carron* in Scozia, dove fu fabbricata; 1790] s. f. ● Cannone usato fino al 1800 su vascelli, fregate e corvette a vela per il tiro con palla piena o con mitraglia.

carropónte [comp. di *carro* e *ponte*; 1942] **s. m.** (**pl.** *carripónte*) ● Apparecchio di sollevamento costituito da una trave orizzontale metallica, mobile su due rotaie, su cui scorre un carrello-argano.

carropontista [1955] **s. m.** e **f.** (**pl.** *m.* -*i*) ● Operaio addetto al carroponte.

carròzza [da *carro*; 1575] **s. f. 1** Vettura per il trasporto di persone, a quattro ruote, con o senza mantice, trainata da cavalli | (*fig.*) *Andare in paradiso in c.*, pretendere di avere qlco. di molto ambito senza fatica né sacrifici. ➡ ILL. **carro e carrozza**. **2** Veicolo ferroviario destinato al trasporto di persone: *c. di 1ª, di 2ª classe; c. salone, letti, ristorante; signori, in c.!* **3** *Mozzarella in c.*, preparazione gastronomica tipica della cucina napoletana, consistente in due fette di pan carré (o, tradizionalmente, di pane campano raffermo) con in mezzo mozzarella e filetti d'acciuga, imbevute d'uovo e fatte friggere. || **carrozzàccia**, pegg. | **carrozzèlla**, dim. (V.) | **carrozzétta**, dim. (V.) | **carrozzìna**, dim. (V.) | **carrozzétta**, dim. m. (V.) | **carrozzóna**, accr. | **carrozzóne**, accr. m. (V.).

carrozzàbile [1688] **A agg.** ● Di strada percorribile dalle carrozze e (*est.*) dagli autoveicoli. **B s. f.** ● Strada carrozzabile.

carrozzàio [av. 1673] **s. m.** (**f.** -*a*) **1** Chi fabbrica o ripara carrozze. **2** (*region.*) Meccanico che ripara carrozzerie.

carrozzàre [da *carrozza*; 1942] **v. tr.** (*io carròzzo*) ● Fornire, provvedere un veicolo di carrozzeria.

carrozzàta [1668] **s. f.** ● Quantità di persone che stanno in una carrozza.

carrozzàto [1934] **part. pass.** di *carrozzare*; anche **agg. 1** Nei sign. del v. **2** (*pop., scherz.*) *Ben carrozzata*, detto di donna di forme belle e procaci.

carrozzèlla [av. 1886] **s. f. 1** Dim. di *carrozza*. **2** Vettura pubblica a cavalli, a Roma e a Napoli. ➡ ILL. **carro e carrozza**. **3** Piccolo veicolo per invalidi, mosso a mano o da un motore. **4** Carrozzina, nel sign. 2.

carrozzerìa [1908] **s. f. 1** Parte dell'autoveicolo destinata a ospitare i passeggeri o le merci | *C. portante*, che costituisce un'intelaiatura rigida per cui non necessita di un telaio e porta essa stessa il motore e gli altri organi meccanici (*est.*) Azienda od officina che costruisce o ripara carrozzerie. **2** (*pop., scherz.*) Forme femminili piene e procaci: *hai visto che c.?*

carrozzétta [av. 1642] **s. f. 1** Dim. di *carrozza*. **2** Carrozzina, nel sign. 2. **3** Carrozzino, nel sign. 3.

carrozzière [1615] **s. m. 1** †Carrozzaio, nel sign. 1. **2** Meccanico che ripara carrozzerie. (*raro*) Chi progetta e costruisce carrozzerie. **3** Chi, un tempo, dava carrozze a nolo | († o *region.*) Cocchiere: *Il vecchio c. … s'era svegliato dall'alto della cassetta* (CALVINO).

carrozzìna [1887] **s. f. 1** Dim. di *carrozza*. **2** Specie di lettino, montato su ruote e spinto a mano, per portare a passeggio i neonati.

carrozzìno [av. 1642] **s. m. 1** Dim. di *carrozza*. **2** Piccola carrozza elegante, comunemente a due posti, trainata da un solo cavallo. **3** Piccolo veicolo a una ruota fissato a lato di una motocicletta. SIN. Sidecar. **4** Carrozzina, nel sign. 2.

carrozzóne [1865] **s. m. 1** Accr. di *carrozza*. **2** Mezzo di trasporto abituale dei circhi nomadi. **3** (*region.*) Carro funebre. SIN. Carrettone. **4** (*raro*) Cellulare della polizia, per il trasporto dei detenuti. **5** (*fig., gerg.*) Ente od organismo, spec. pubblico, pletorico e inefficiente | *C. legislativo*, complesso confuso e disorganico di leggi o provvedimenti governativi.

carrùba, (*evit.*) **carùba** [1340 ca.] **s. f.** ● Frutto del carrubo, consistente in un legume di forma piatta con esocarpo coriaceo di color violetto e grosso mesocarpo con polpa biancastra e dolce.

†**carrùbbio** ● V. *carrubo*.

carrubéto [1962] **s. m.** ● Terreno coltivato a carrubi.

carrùbo o †**carròbbio** (2), †**carrùbbio**, (*evit.*) **carùbo** [ar. *ḫarrūb*; 1483] **s. m.** ● Albero sempreverde delle Papilionacee con foglioline larghe, coriacee, di color verde scuro, fiori senza corolla in grappoli rossastri e frutto commestibile (*Ceratonia siliqua*): *dove il c. trema nel fumo delle stoppie* (QUASIMODO). ➡ ILL. **piante**/7.

carrùcola [dal lat. *carrūca*(*m*) 'carro a quattro ruote', di orig. gallica, come *carro*; 1306] **s. f.** ● Macchina semplice per sollevare pesi, costituita da un disco con una scanalatura (o gola) nella quale scorre una fune: *c. fissa, mobile*. || **carrucolàccia**, pegg. | **carrucolétta**, dim. | **carrucolìna**, dim.

carrucolàre [1547] **v. tr.** (*io carrùcolo*) **1** (*raro*) Sollevare qlco. con la carrucola | (*est., lett.*) Trascinare. **2** (*fig.*) †Abbindolare.

carrùga [lombardo *carùga*, comp. del lat. *erūca* 'bruco' e forse *caries* (V. *carie*); 1950] **s. f.** ● Insetto dei Coleotteri simile al maggiolino, ma più tozzo, con livrea dai riflessi metallici, divoratore delle foglie della vite (*Anomala vitis*).

carrùggio o **carrùgio**, **carùggio** [vc. genov., lat. *quadrŭviu*(*m*). V. *carrobbio*; 1939] **s. m.** ● (*dial.*) Strada stretta, tipica delle città liguri.

càrsico [1889] **agg.** (**pl. m.** -*ci*) **1** Del Carso: *regione carsica*. **2** Relativo al carsismo: *fenomeno c.* | *Detto di rilievo calcareo solcato da fenditure tali da permettere un rapido assorbimento delle acque e uno sviluppo della loro circolazione sotterranea*. **3** (*fig.*) Che riemerge dopo un periodo di latenza.

carsìsmo [da *Carso*; 1942] **s. m.** ● Complesso dei fenomeni dovuti all'azione chimica delle acque meteoriche su rocce calcaree fessurate, tipici della regione del Carso.

carsolìno [1912] **A agg.** ● Del Carso: *Amo queste donne carsoline* (SLATAPER). **B s. m.** (**f.** -*a*) ● Abitante, nativo del Carso.

♦**càrta** [lat. *chărta*(*m*), nom. *chărta*, dal gr. *chártēs*, di etim. incerta; 1219] **s. f. 1** Prodotto ottenuto per feltrazione di fibre cellulosiche e ridotto, per disidratazione ed essiccamento, a falde sottili: *c. di legno, di seta; c. a mano, di Fabriano, di Oxford; c. da lettere, da imballaggio, da pacchi, da disegno, da musica; c. vetrata, oleata, moschicida, smerigliata, vergata, velina* | *C. assorbente*, per asciugare l'inchiostro subito dopo avere scritto | *C. abrasiva*, cosparsa di granuli di pomice, silice, vetro e sim., usata spec. per la levigatura | *C. crespata*, che reca in superficie grinze ravvicinate e continue | *C. filigranata*, che porta nella pasta una filigrana di vario tipo | *C. igienica*, sottile, per l'igiene intima del corpo | *C. kraft*, carta da pacco |

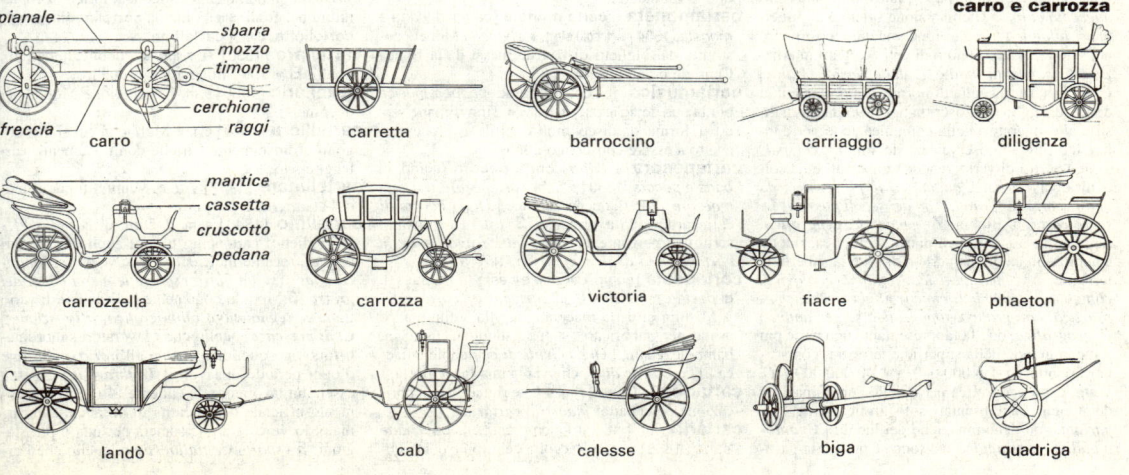

carro e carrozza

pianale — sbarra, mozzo, timone, cerchione, raggi, freccia — carro | carretta | barroccino | carriaggio | diligenza

mantice, cassetta, cruscotto, pedana — carrozzella | carrozza | victoria | fiacre | phaeton

landò | cab | calesse | biga | quadriga

C. patinata, levigata e resistente, ricoperta da una patina che la rende adatta alla stampa di illustrazioni | ***C. pergamena***, di aspetto pellicolare e trasparente | ***C. reattiva***, che col cambiamento di colore rivela la reazione della sostanza con cui viene a contatto | ***C. da parati***, patinata e successivamente stampata, anche lavabile, usata per tappezzerie | ***C. da zucchero***, V. *zucchero* | V. anche *cartacarbone*, *cartamoneta*, *cartapecora*, *cartapesta*, *cartastraccia*. **2** (*est.*) Foglio, pagina | ***Affidare alla c.***, ***mettere su c.***, ***prendere c. e penna***, scrivere | ***Sulla c.***, in teoria: *sulla c. la nostra squadra è più forte* | ***Restare sulla c.***, non venire realizzato: *progetti che resteranno sulla c.* | (*fig.*) ***Mandare***, ***andare a carte quarantotto***, mandare, andare all'aria, a catafascio | ***Dare c. bianca***, (*fig.*) dare piena libertà di agire | ***C. bollata***, ***da bollo***, ***legale***, foglio richiesto per il compimento di alcuni atti, gravato da bollo ordinario | ***C. libera***, semplice, non bollata | ***C. protocollo***, rigata e con margine per scritture cui si vuol dare ordine o solennità | (*raro*) Lettera, biglietto | ***C. da visita***, biglietto da visita. **3** (*est.*) Lista delle vivande e dei vini | ***Mangiare alla c.***, secondo la lista delle vivande, non a prezzo fisso. **4** Documento: *c. notarile* | ***C. d'identità***, documento personale di riconoscimento rilasciato dal comune di residenza | (*pop.*) ***C. annonaria***, tessera annonaria | (*banca*) ***C. di credito***, documento emesso da una banca o altro istituto che, garantendo il credito ai fornitori, autorizza l'intestatario a fruire di beni e servizi senza esborso di contanti | (*banca*) ***C. assegni***, rilasciata da una banca, garantisce il pagamento da parte della banca stessa degli assegni emessi dal titolare fino a un importo massimo stabilito | (*banca*) ***C. di addebito*** o ***di debito***, tessera magnetica che abilita il titolare a pagare mediante giroconto immediato, con addebito sul proprio conto corrente, i beni e servizi acquistati presso dei punti vendita collegati a una rete di trasmissione elettronica dei dati | ***C. telefonica prepagata***, V. *scheda telefonica* | ***C. di credito telefonica***, tessera magnetica che permette di effettuare, tramite apparecchi abilitati, chiamate da addebitarsi in bolletta | ***C. SIM***, V. *SIM* | ***C. d'argento***, tessera personale rilasciata da vari enti, come le Ferrovie dello Stato, alle persone che abbiano compiuto 60 anni di età; consente di usufruire di sconti e agevolazioni per viaggi, spettacoli e sim. | ***C. verde***, documento di colore verde attestante che un autoveicolo è assicurato contro i danni ai terzi, anche nei Paesi stranieri; documento rilasciato dalle Ferrovie dello Stato ai giovani dai 12 ai 26 anni di età, che consente di usufruire di riduzioni sul prezzo dei biglietti | ***Mettere sulla c.***, stendere per iscritto dichiarazioni, impegni contrattuali e sim. | ***Pezzo di c.***, V. *pezzo* | ***C. di autodeterminazione***, documento in cui una persona dà disposizioni anticipate sulle cure che intenderebbe ricevere o rifiutare nel caso in cui non fosse più in grado di esprimere la propria volontà | ***Avere le carte in regola***, disporre dei documenti richiesti; (*fig.*) essere qualificato per svolgere determinate attività | ***Fare carte false***, (*fig.*) fare di tutto per riuscire in qlco. | ***Carte di bordo***, documenti che i comandanti di navi debbono tenere a bordo | (*pop.*) Banconota: *una c. da duecento euro*. **5** Dichiarazione solenne di principi: *c. atlantica* | Legge fondamentale, costituzione, statuto di uno Stato o di enti o organi internazionali: *c. costituzionale*; *c. delle Nazioni Unite* | ***C. di Treviso***, raccolta di norme comportamentali di autodisciplina sottoscritta nel 1995 da giornalisti e altri operatori della comunicazione per tutelare il diritto alla riservatezza dei minori. **6** (*spec. al pl.*) Scritti di vario genere, conservati e raccolti in archivi e sim.: *quante carte polverose!*; *da queste carte riaffiora la vita dei secoli passati* | ***Le sacre carte***, la Bibbia. **7** (*gener.*) ***C. geografica***, rappresentazione grafica piana, simbolica, ridotta e approssimata di una parte o di tutta la superficie terrestre: *c. generale*, *fisica*, *politica*, *geologica*, *climatica*, *economica*, *etnica*, *linguistica*, *meteorologica*, *corografica*, *topografica* | (*per anton.*) ***C. geografica***, quella rappresentante una parte più o meno grande della superficie terrestre, con scala variabile da 1:5 000 000 a 1:40 000 000 | ***C. muta***, carta geografica priva delle denominazioni dei luoghi, rappresentati solo graficamente | ***C. parlata***, con denominazione dei luoghi | ***C. automobilistica***, ***stradale***, ove sono segnate con particolare rilievo le strade ed eventualmente la loro condizione | ***C. celeste***, rappresentazione piana della sfera celeste o di singole parti di essa | ***C. nautica***, impiegata nella navigazione marittima, dove sono segnate la profondità del mare, le correnti, gli ancoraggi, i fari e sim. **8** (*spec. al pl.*) Cartoncini figurati riuniti in mazzo, per vari giochi di abilità o di azzardo | ***Carte francesi***, aventi per semi cuori, quadri, fiori, picche | ***Carte italiane***, aventi per semi spade, bastoni, denari e coppe | ***Fare le carte***, mescolarle e distribuirle prima di un gioco | ***Calare le carte***, metterle sul tavolo | ***Cambiare le carte in tavola***, (*fig.*) esprimersi o agire in modo intenzionalmente ingannevole | ***Mettere le carte in tavola***, (*fig.*) esprimersi o agire con franchezza | ***Giocare l'ultima c.***, (*fig.*) fare l'estremo tentativo | ***Avere buone carte in mano***, (*fig.*) disporre di elementi favorevoli al successo | ***Imbrogliare le carte***, (*fig.*) creare confusione | ***A carte scoperte***, (*fig.*) senza nascondere nulla | ***Leggere le carte***, ***fare le carte***, predire il futuro per mezzo delle carte | ***Farsi fare le carte***, farsi predire il futuro da una cartomante. **9** L'insieme delle cambiali che costituiscono il portafoglio di una banca | ***C. commerciale***, cambiale finanziaria. **10** (*fig.*) Nella loc. ***di c.***, detto di cosa fragile, poco robusta: *stomaco*, *nervi di c.* | ***Tigre di c.***, chi lancia minacce senza poi saperle o poterle attuare per intrinseca debolezza. || **cartàccia**, pegg. (V.) | **cartina**, dim. (V.) | †**cartùccia**, dim. (V.).

cartacarbóne o **càrta carbóne** [comp. di *carta* e *carbone*; 1913] s. f. (pl. *cartecarbóne*) ● Carta leggera con patina colorata o nera a base di cera, oli vegetali e colori all'anilina che si interpone tra fogli per ottenere più copie di uno scritto.

cartàccia [av. 1535] s. f. (pl. *-ce*) **1** Pegg. di *carta* | Carta che si butta. SIN. Cartastraccia. **2** Complesso di carte e cartoni usati, sottoposti al macero per la rigenerazione della pasta. **3** Nel gioco, carta di poco valore. **4** (*spreg.*) Carta stampata di nessun pregio o valore: *bruciate quella c.!*

cartàceo [vc. dotta, lat. tardo *chartāceu(m)*, agg. di *chărta* 'carta'; av. 1730] agg. ● Di carta | (*est.*) Simile alla carta | (*fig.*, *scherz.*) ***Ludi cartacei***, polemiche giornalistiche.

cartaginése [vc. dotta, lat. *Carthaginiēnse(m)*, da *Carthāgo*, genit. *Carthāginis* 'Cartagine'; 1308] **A** agg. ● Dell'antica Cartagine. **B** s. m. e f. ● Abitante dell'antica Cartagine.

cartaglòria [carta su cui è scritto il *Gloria in excelsis*; 1797] s. f. (pl. *carteglòrie* o *cartaglòrie* o *carteglòria*) ● Ciascuna delle tabelle che si ponevano al centro dell'altare e ai due lati, portanti scritti testi della liturgia della messa.

cartàio [da *carta*; 1585] s. m. (f. *-a*) **1** Chi fabbrica o vende carta o carte da gioco. **2** Operaio dell'industria cartaria. **3** Artigiano che mette la carta da parati. **4** Chi distribuisce le carte giocando.

càrtamo [ar. *qurțum*; sec. XIV] s. m. ● Pianta erbacea delle Composite con foglie a margine spinoso e fiori gialli in capolini (*Carthamus tinctorius*). SIN. Zafferano falso, zafferanone.

cartamodèllo [comp. di *carta* e *modello*; 1963] s. m. ● Modello tagliato in carta, per l'esecuzione di un indumento.

cartamonéta o **càrta monéta** [comp. di *carta* e *moneta*; 1834] s. f. solo sing. ● (*banca*) Moneta costituita dai biglietti di banca emessi dalla Banca Centrale o dal Tesoro.

cartamùsica [calco sul sardo *papparemùsica* per la sua sottigliezza] s. f. inv. ● Tipo di pane sardo a forma di disco molto sottile e croccante, adatto a essere conservato a lungo.

cartapècora o (*raro*) **càrta pècora** [comp. di *carta* e *pecora*; 1353] s. f. (pl. *cartapècore*, raro *cartepècore*) **1** Pergamena animale | (*fig.*) ***Faccia di c.***, incartapecorita, grinzosa. **2** (*est.*) Documento, scritto su pergamena: *mia madre fruga / tutte le cartapecore / degli scaffali* (D'ANNUNZIO).

cartapésta [comp. di *carta* e *pesta* (part. pass. f. di *pestare*); 1618] s. f. (pl. *cartapéste* o *cartepéste*) ● Mistura di carta macerata, argilla, colla e altro usata per fabbricare statue, statuine, fantocci, bambole, e sim. | (*fig.*) ***Gente di c.***, debole e fiacca | (*fig.*) ***Eroe di c.***, che vanta una falsa gloria.

cartàrio (1) [1962] agg. ● Che riguarda la fabbricazione della carta: *industria cartaria*.

cartàrio (2) [lat. tardo *chartāriu(m)*, da *chărta* 'carta'; 1838] s. m. ● Raccolta dei titoli e dei documenti relativi a un ente, a un'istituzione, a una persona.

cartastràccia o **càrta stràccia** [comp. di *carta* e il f. di *straccio* (*1*); av. 1535] s. f. (pl. *cartestràcce*) **1** Carta già usata. **2** Carta scadente adatta a fare pacchi. **3** (*fig.*) Scritto o cartamoneta di nessun valore.

cartasùga [comp. di *carta* (*a*)*s*(*ci*)*uga*(*nte*); 1920] s. f. (pl. *cartesùghe*) ● (*raro*) Carta asciugante.

cartàta [1855] s. f. ● Quanto si può avvolgere in un foglio di carta: *una c. di biscotti*. SIN. Cartoccio.

cartavetràre [da *carta vetra*(*ta*), con suff. verbale; 1973] v. tr. (*io cartavétro*) ● Rendere liscia una superficie, passandovi sopra la carta vetrata, spec. nelle tecnologie dei carrozzieri automobilistici, falegnami e mobilieri.

carteggiàre [da *carta*; 1536] **A** v. intr. (*io cartéggio*; aus. *avere*) **1** In marina e aeronautica, effettuare il carteggio. **2** (*lett.*) Corrispondere con qlcu. mediante lettere. **B** v. tr. **1** Lisciare una superficie passandovi sopra la carta vetrata, spec. nelle tecnologie dei carrozzieri automobilistici, falegnami e dei mobilieri. **2** †Sfogliare un libro.

cartéggio [da *carteggiare*; 1742] s. m. **1** Corrispondenza epistolare: *s'avviò tra le due parti un c. ... continuato* (MANZONI). **2** (*est.*) Raccolta delle lettere scambiate con altri da un personaggio: *il c. Cavour-Nigra*. **3** Complesso di operazioni grafiche e di calcolo, effettuate dal navigatore sulle carte nautiche e aeronautiche per preparare e controllare la navigazione marittima e aerea.

cartel /fr. kaʀ'tɛl/ [vc. fr., dall'it. *cartello* (*1*); 1983] s. m. inv. ● Orologio a pendolo da muro.

♦**cartèlla** [dim. di *carta*; 1553] s. f. **1** Foglio recante scritte, spec. a stampa, con indicazioni varie | ***C. della lotteria***, biglietto numerato di una lotteria | ***C. della tombola***, cartoncino recante una serie di numeri per il gioco della tombola | ***C. clinica***, negli ospedali e nelle cliniche, scheda personale su cui vengono annotati tutti i dati (anamnesi, analisi, diagnosi, terapia, decorso della malattia e sim.) relativi a un ricoverato. **2** Foglio dattiloscritto su una sola facciata, di circa 30 righe di 60 battute ognuna, da mandare in tipografia per la composizione: *limitare il numero delle cartelle*. **3** Documento, certificato di credito: *c. fondiaria*, *esattoriale* | ***C. di rendita***, titolo rappresentativo di una obbligazione dello Stato. **4** Tabella variamente incorniciata, inserita in un'opera di architettura, scultura o pittura come motivo puramente ornamentale o per contenere iscrizioni. **5** Custodia di vario materiale per fogli, libri, fascicoli e sim.: *la c. dell'avvocato*; *ogni studente ha la sua c.* **6** Ciascuna delle due piastre parallele, per lo più di ottone, in cui sono incastrati il castello e gli assi delle ruote di un orologio. **7** Piastra su cui è sistemato il meccanismo d'accensione delle antiche armi da fuoco, alla cui cassa è fissata con viti | In molte armi moderne a ripetizione e automatiche, copertura del meccanismo di caricamento e sparo. **8** (*elab.*) Nei sistemi operativi a interfaccia grafica, rappresentazione di una directory, contraddistinta da un nome e da un'icona a forma di contenitore per fogli. SIN. Folder. || **cartellàccia**, pegg. | **cartellètta**, dim. | **cartellina**, dim.

†**cartellàre** [1830] **A** v. intr. ● Pubblicare cartelli, libelli. **B** v. tr. ● Sfidare qlcu. a duello.

†**cartellàrio** [1950] s. m. **1** Archivio. **2** Mobile per documenti.

cartellièra [1940] s. f. ● Mobile in cui si dispongono ordinatamente cartelle con documenti, carteggi e sim.

cartellinàre [1957] v. tr. ● Munire di cartellino: *c. le bottiglie*.

cartellino [1846] s. m. **1** Dim. di *cartello* (*1*). **2** Foglietto, cartoncino e sim. applicato su vari oggetti, recante indicazioni relative a essi: *applicare un c. su un libro*; *esporre le merci col c. del prezzo*. **3** Modulo contenente indicazioni di vario tipo: *c. segnaletico*, *bibliografico*, *d'iscrizione* | ***C. di presenza***, quello che i lavoratori subordinati timbrano quotidianamente all'inizio e alla fine d'ogni periodo di lavoro | ***Timbrare il c.***, (*est.*) essere un lavoratore dipendente. **4** (*sport*) Documento ufficiale dell'identità di un atleta che, firmato, lo vincola a una società per una o più stagioni. **5** (*sport*) ***C. giallo***, ***rosso***, quello che l'arbitro di calcio mostra al giocatore per segnalargli rispettivamente l'ammonizione o l'espulsione.

cartellista [da *cartello* (2); 1934] **A** s. m. e f. (pl. m. *-i*) ● Chi appartiene a un cartello economico o politico. **B** agg. ● Cartellistico.

cartellistico [1933] agg. (pl. m. *-ci*) ● Che si riferisce ai cartelli economici o politici.

♦**cartello** (1) [da *carta*; 1526] s. m. *1* Avviso, scritto o stampato su vari materiali, spec. per comunicazioni pubbliche: *c. pubblicitario*; *c. indicatore, stradale* | ***C. di riserva***, indica proibizione riservata di caccia | ***C. di bandita***, indica un luogo dove si alleva e si protegge la selvaggina e dove la caccia è vietata a tutti | ***C. di sfida***, biglietto recante la sfida a un duello | ***Artista di c.***, molto noto, famoso | (*est.*) Tavoletta di legno o cartone affissa a un'asta e contenente scritte varie che i dimostranti inalberano nei cortei, nelle riunioni e sim. *2* Insegna di un negozio. *3* Iscrizione sul dorso del libro. *4* †Libello diffamatorio | †Scritto infamante appeso al collo dei condannati. *5* †Piccola targa con stemma. || **cartellàccio**, pegg. | **cartellètto**, dim. | **cartellino**, dim. (V.) | **cartellóne**, accr. (V.).

cartèllo (2) [ted. *Kartell*, in orig. 'cartello di sfida'; 1892] s. m. *1* (*econ.*) Accordo tra imprese concorrenti diretto a disciplinare la concorrenza: *c. di prezzi, di divisione di zona* | ***C. bancario, interbancario***, accordo tra le varie banche riguardante spec. le condizioni da concedere ai clienti in vigore prima dell'emanazione delle norme per la tutela della concorrenza | ***C. doganale***, accordo di cooperazione tra più Stati per prevenire e reprimere il contrabbando. *2* (*est.*) Alleanza tra forze o gruppi che perseguono scopi comuni: *c. delle sinistre*.

♦**cartellóne** [1661] s. m. *1* Accr. di *cartello* (*1*). *2* Grande e vistoso manifesto pubblicitario. *3* Tabella coi 90 numeri del gioco della tombola, per riscontro dei numeri usciti. *4* Nel calcio e sim., programma delle partite di una giornata di campionato | In altri sport, elenco degli iscritti a una competizione. *5* Programma di una stagione teatrale, musicale o cinematografica | ***Tenere il c.***, (*fig.*) detto di spettacolo che esercita un forte richiamo sul pubblico e che si rappresenta da tempo.

cartellonista [1910] s. m. e f. (pl. m. *-i*) ● Chi si dedica alla realizzazione dei cartelloni pubblicitari.

cartellonistica [1935] s. f. ● Arte e tecnica del cartellonista.

càrter /'karter, *ingl.* 'kʰɑːɹ̥tə˞/ [dal n. dell'inventore J. H. *Carter*, 1905] s. m. inv. *1* Involucro metallico che protegge gli ingranaggi e la catena nelle motociclette e biciclette. SIN. Copricatena. *2* Parte che chiude inferiormente il basamento di un motore a scoppio, costituendone anche il serbatoio dell'olio lubrificante.

cartesianismo [av. 1764] s. m. ● Movimento filosofico dei secoli XVII e XVIII che si ispira alla filosofia razionalistica di Cartesio.

cartesiàno [fr. *cartésien*, da *Cartesius*, forma latinizzata di R. *Descartes* (1596-1650); 1711] **A** agg. *1* Di Cartesio: *razionalismo c.* *2* (*fig.*) Caratterizzato da razionalità, chiarezza e sim.: *ragionamento c.*; *ha una mente cartesiana*. *3* (*mat.*) ***Assi cartesiani***, sistema di assi di riferimento, in genere ortogonali, per il tracciamento di diagrammi. || **cartesianaménte**, avv. **B** s. m. (f. *-a*) ● Seguace della filosofia di Cartesio.

cartevalóri o **càrte valóri** [comp. del pl. di *carta* e del pl. di *valore*; 1910] s. f. pl. ● (*gener.*) Documenti cartacei aventi valore negli scambi, quali cartamoneta, titoli azionari, cedole di Stato, assegni, francobolli e sim.

carticìno [da *carta*; 1868] s. m. *1* Foglio di quattro pagine intercalato in un normale foglio di stampa. *2* Foglio di quattro pagine incorporato in un libro per specificare eventuali errata-corrige.

cartièra [1607] s. f. *1* Stabilimento dove si fabbrica la carta. *2* (*iron., econ.*) Società che emette e incassa fatture false, stornando parte del ricavato al cliente. || **cartierétta**, dim. | **cartierùccia**, dim.

cartifìcio [1970] s. m. ● (*raro*) Cartiera.

cartiglia [sp. *cartilla*, dim. di *carta* 'carta'; 1940] s. f. *1* Nel gioco delle carte, carta di poco valore | Nel gioco del terziglio o della calabresella, gruppo di carte dello stesso seme. *2* †Foglietto.

cartìglio [V. *cartiglia*; 1550] s. m. *1* Motivo ornamentale raffigurante un rotolo di carta in parte svolto, spesso sorretto da una figura e contenente il più delle volte un'iscrizione sacra, dedicatoria, esplicativa | Nelle iscrizioni egiziane, figura di forma ovale recante i nomi dei faraoni. *2* (*raro*) Striscia di carta.

cartilàgine [vc. dotta, lat. *cartilāgine(m)*, di etim. incerta; sec. XIV] s. f. ● (*anat.*) Particolare forma di tessuto connettivale, di consistenza fibrosa o elastica: *c. articolare*. CFR. condro-.

cartilagìneo [vc. dotta, lat. *cartilagĭneu(m)*, da *cartilāgo*, genit. *cartilāginis* 'cartilagine'; 1684] agg. ● Di cartilagine, relativo a cartilagine.

cartilaginóso [vc. dotta, lat. *cartilaginōsu(m)*, da *cartilāgo*, genit. *cartilāginis* 'cartilagine'; sec. XIV] agg. ● Che ha aspetto o natura di cartilagine.

♦**cartìna** [av. 1696] s. f. *1* Dim. di *carta*. *2* Foglietto di carta per arrotolare sigarette. *3* Piccola busta che può contenere vari oggetti: *c. per aghi, automatici, ganci* | (*est.*) Ciò che è contenuto in tale piccola busta. *4* Involtino di carta preparato in farmacia contenente sostanze medicinali in polvere | Quantità di medicamento in essa contenuto. *5* Piccola carta geografica; pianta: *una c. di Venezia*. *6* (*chim.*) ***C. al, di, tornasole***, imbevuta di soluzione acquosa di tale sostanza, usata come indicatore nell'analisi chimica, poiché diventa rossa in ambiente acido e azzurra in ambiente alcalino; (*fig.*) ciò che serve a mettere qlco. in chiara evidenza. *7* Nel gioco delle carte, carta di poco valore.

cartismo [ingl. *chartism*, dalla *people's charter*, propr. 'carta del popolo', n. del documento programmatico di una associazione di lavoratori, diffuso nel 1838; 1881] s. m. ● Movimento politico-sociale che, nella prima metà del sec. XIX, convogliava le aspirazioni dei lavoratori inglesi verso una maggiore democrazia politica.

cartista [1851] **A** s. m. e f. (pl. m. *-i*) ● Seguace del cartismo. **B** anche agg.: *movimento c.*

cartocciàta [1865] s. f. ● Quanto è contenuto in un cartoccio: *una c. di castagne*.

cartòccio [da *carta*; 1481] s. m. *1* Foglio di carta ravvolta per mettervi dentro qlco.: *riponete quei chiodi in un c.* | (*est.*) Ciò che è contenuto in un cartoccio: *un c. di castagne, di caffè, di viti*. *2* (*cuc.*) Foglio di carta oleata o di alluminio molto sottile con il quale si avvolge il cibo da cuocere al forno: *pesce, pollo al c.* *3* Carica di lancio per artiglieria, confezionata opportunamente per essere allogata nell'apposita camera a polvere | ***C. proietto***, quando il bossolo contenente la carica fa corpo unico col proietto. *4* Complesso delle brattee che avvolgono la pannocchia di granturco. *5* Motivo ornamentale caratteristico dell'arte barocca che raffigura un rotolo cartaceo dai lembi arrotolati in fantasiose volute. *6* Tubetto di vetro dei lumi a petrolio. *7* Nella scherma, colpo di attacco o di risposta al fianco dell'avversario con il pugno portato con le unghie rivolte in basso: *battuta di terza e c.* || **cartoccétto**, dim. | **cartoccino**, dim. | **cartoccióne**, accr.

cartòffia ● V. *scartoffia*.

cartòfilo [comp. di *carto(lina)* e *-filo*; 1990] s. m. (f. *-a*) ● Collezionista di cartoline illustrate.

cartografia [comp. di *carta* e *-grafia*; 1858] s. f. ● Parte della geografia che si occupa della costruzione di carte geografiche, corografiche e topografiche.

cartogràfico [1876] agg. (pl. m. *-ci*) ● Che si riferisce alla cartografia. || **cartograficaménte**, avv. Per mezzo della cartografia.

cartògrafo [comp. di *carta* e *-grafo*; 1877] s. m. (f. *-a*) ● Chi è esperto in cartografia.

cartogràmma [comp. di *carta* e *-gramma*; 1942] s. m. (pl. *-i*) ● (*stat.*) Rappresentazione cartografica che, con opportuni simboli, mette in evidenza la distribuzione di un dato fenomeno, preso a oggetto di studio. ➡ ILL. **diagramma**.

cartolàio o (*region.*) **cartolàro** (1) [lat. tardo *chartulāriu(m)* 'archivista', da *chărtula*, dim. di *chărta* 'carta'; av. 1387] s. m. (f. *-a*) ● Chi vende quaderni, penne e oggetti di cancelleria in genere | †Libraio.

cartolàre (1) o †**cartolàro** (2) [dal lat. *chărtula* 'documento' nel quale è incorporata l'obbligazione detta appunto *cartolare*; 1406] **A** s. m. *1* (*tosc.*) Cartella per fogli, disegni e sim. *2* †Diario, registro. **B** agg. ● (*dir.*) Relativo a un diritto incorporato in un documento così da non poter essere esercitato senza la presentazione di questo: *ogni diritto relativo all'assegno bancario è c.*

cartolàre (2) o **cartulàre** [V. vc. precedente; sec. XVIII] v. tr. (*io càrtolo*) ● Numerare le pagine di un manoscritto o di un codice.

cartolàrio ● V. *cartulario* (*1*) e (*2*).

cartolarizzàre [prob. da *cartolare* 'dare un numero alle pagine di un manoscritto'; 1997] v. tr. ● (*econ.*) Trasformare crediti di banche, aziende ed enti pubblici in titoli negoziabili sul mercato. SIN. Titolarizzare.

cartolàro (1) ● V. *cartolaio*.

†**cartolàro** (2) ● V. *cartolare* (*1*).

♦**cartolerìa** [1846] s. f. ● Negozio del cartolaio.

cartolibràio [comp. di *carto(laio)* e *libraio*; 1941] s. m. (f. *-a*) ● Gestore di una cartolibreria | Venditore nel settore cartolibrario.

cartolibràrio [da *cartolibreria*; 1942] agg. ● Relativo al commercio dei libri e degli oggetti da cancelleria.

cartolibrerìa [comp. di *carto(leria)* e *libreria*; 1939] s. f. ● Cartoleria che vende anche testi scolastici e libri in genere.

♦**cartolìna** [dim. del lat. *chărtula*, a sua volta dim. di *chărta* 'carta'; 1476] s. f. *1* Cartoncino di forma rettangolare su cui si scrive, che si invia per posta non chiuso in busta: *c. con risposta pagata* | ***C. doppia, c. postale***, che l'amministrazione postale pone in vendita già affrancata | ***C. illustrata***, che reca su una faccia disegni, fotografie e sim. | ***C. in franchigia***, esente da affrancatura, distribuita ai soldati durante la prima e la seconda guerra mondiale | ***C. precetto***, documento contenente l'ordine individuale di chiamata alle armi delle reclute o di richiamo dei militari in congedo da mobilitare | (*pop.*) ***C. rosa***, cartolina precetto, un tempo di colore rosa. *2* †Foglietto, biglietto. *3* Tipo di passamaneria, costituita da una striscia di pergamena avvolta a spirale da una fibra tessile. *4* †Cartina nel sign. 4.

cartolinésco [1985] agg. (pl. m. *-schi*) ● (*raro*) Falso e manierato come se fosse riprodotto da una cartolina illustrata: *quadro c.*

cartomànte [da *cartomanzia*; 1926] s. m. e f. ● Chi pratica la cartomanzia.

cartomanzìa [fr. *cartomancie*, comp. del lat. *chărta* 'carta' e del gr. *mantéia* 'divinazione'; 1830] s. f. ● Divinazione del futuro per mezzo delle carte.

cartonàggio [fr. *cartonnage*, da *cartonner* 'legare libri in cartone'; 1890] s. m. *1* Tecnica della utilizzazione e della lavorazione del cartone. *2* Imballaggio di cartone o cartoncino predisposto per l'utilizzazione.

cartonàre [1965] v. tr. (*io cartóno*) *1* Incollare su cartone. *2* Rinforzare o rilegare con cartone.

cartonàro [1990] s. m. (f. *-a*) ● (*pop.*) Chi raccoglie cartoni per poi rivenderli.

cartonàto [1945] part. pass. di *cartonare*; anche agg. *1* Nei sign. del v. *2* Di cartone, rivestito di cartone: *copertina cartonata*.

cartonatùra s. f. ● In legatoria, il rinforzare la copertina di un libro con cartone rivestito di carta stampata, pelle, tessuto o altro materiale.

cartoncìno [av. 1764] s. m. *1* Dim. di *cartone*. *2* Tipo di carta, la cui grammatura supera i 200 grammi per m^2, fabbricata normalmente a un foglio: *c. Bristol*. *3* Biglietto in cartoncino, usato per biglietti da visita, partecipazioni e sim. *4* (*tipogr.*) Foglietto di 2, 4, 8 pagine, che serve a completare un volume o a sostituire pagine con errori.

♦**cartóne** [da *carta*; 1508] s. m. *1* Carta molto spessa e resistente, con grammatura da 400 grammi per m^2 in su: *c. ondulato, catramato* | ***C. pressspan***, molto duro, perfettamente lucidato, privo di acidi e di alcali, largamente impiegato nell'industria elettrotecnica | ***Di c.***, (*fig.*) finto | ***Uomo di c.***, (*fig.*) senza forza. *2* Disegno preparatorio per dipinti, vetrate, mosaici, arazzi, eseguito su carta pesante, nelle stesse dimensioni dell'opera definitiva, in modo da poter essere riportato sulla superficie da decorare. *3* ***C. animato***, film in cui il movimento dell'immagine viene analizzato in singole fasi, di cui ognuna deve essere disegnata, dipinta e fotografata singolarmente. *4* Custodia per raccogliere opuscoli, disegni e sim. *5* Scatolone, imballaggio di cartone; ciò che vi è contenuto: *un c. di vino*. || **cartoncìno**, dim. (V.) | **cartonétto**, dim. | **cartonùccio**, dim.

cartonféltro [comp. di *carton(e)* e *feltro*] s. m. (pl. *cartonféltri*) ● Materiale costituito da un impasto di carta con fibre tessili naturali, impregnato di bitume, usato per impermeabilizzazioni.

cartongèsso [comp. di *carton(e)* e *gesso*; 1985] s. m. (pl. *cartongèssi*) ● Materiale termoisolante costituito da uno strato di gesso ricoperto da fogli di cartone, usato per rivestire pareti interne o per fare controsoffitti.

cartonificio [1983] s. m. ● Stabilimento dove si fabbrica cartone.

cartonista [da *cartoni* (*animati*), sul modello dell'ingl. *cartoonist*; 1963] s. m. e f. (pl. m. *-i*) ● (*cine*) Realizzatore di cartoni animati.

cartoon /kar'tun, *ingl.* kɑːɹ̣'tḥʊun/ [vc. ingl., 'cartone, vignetta' (dal fr. *carton*: stessa etim. dell'it. *cartone*); 1957] s. m. inv. ● (*cine*) Cartone animato.

cartoonist /*ingl.* kɑːɹ̣'tḥʊunɨst/ [vc. ingl., da *cartoon*; 1966] s. m. e f. inv. ● Cartonista.

cartotèca [comp. di *carta* e *-teca*; 1950] s. f. *1* Raccolta di carte geografiche conservate in apposita custodia. *2* Schedario.

cartotècnica [comp. di *carta* e *tecnica*; 1962] s. f. ● Industria che lavora carta e la trasforma in manufatti.

cartotècnico [comp. di *carta* e *tecnico*; 1962] **A** agg. (pl. m. *-ci*) ● Relativo alla cartotecnica. **B** s. m. (f. *-a*) ● Chi lavora nell'industria cartotecnica.

cartuccèra ● V. *cartucciera*.

cartùccia (*1*) [fr. *cartouche*, a sua volta dall'it. *cartuccia* 'pezzo di carta (nella quale era involta la carica per un'arma da fuoco)'; 1824] s. f. (pl. *-ce*) *1* Insieme composto da bossolo di metallo o carta, carica di lancio, pallottola o pallini e capsula | Involucro di carta contenente la polvere da sparo e la palla introdotto nelle antiche armi da fuoco | ***Sparare l'ultima c.***, (*fig.*) fare un ultimo sforzo o tentativo | ***Mezza c.***, (*fig.*) persona da poco. *2* Filtro sostituibile, di carta pieghettata o altro, usato ad es. nelle prese d'aria dei carburatori. *3* Piccolo contenitore di inchiostro che si inserisce in alcuni tipi di penne stilografiche per alimentarle. *4* Involucro di plastica che contiene una pellicola cinematografica e che viene inserito in un apposito proiettore, semplificandone così il caricamento.

cartùccia (*2*) [av. 1396] s. f. (pl. *-ce*) *1* †Dim. di *carta*. *2* Carta da gioco di valore scarso o nullo.

cartuccièra o **cartuccèra** [da *cartuccia* (*1*); 1780] s. f. ● Cintura o gilet con piccole tasche cilindriche per cartucce da caccia.

cartulàre ● V. *cartolare* (*2*).

cartulàrio (*1*) o **cartolàrio** [lat. mediev. *chartulāriu(m)*, dal gr. biz. *cartoulariós*; 1727] s. m. ● Nel Basso Impero e in epoca medievale, funzionario addetto all'amministrazione dell'erario.

cartulàrio (*2*) o **cartolàrio** [lat. mediev. *chartulāriu(m)*, da *chărtula*, dim. di *chărta* 'carta'; 1727] s. m. ● Raccolta di documenti relativi a un istituto, a una città, a un argomento e sim.

carùba ● V. *carruba*.

carùbo ● V. *carrubo*.

carùggio ● V. *carruggio*.

carùncola o **caróncola** [fr. *caroncule*, dal lat. *carūncula(m)*, dim. di *căro*, genit. *cărnis* 'carne'; 1491] s. f. *1* (*anat.*) Escrescenza carnosa | ***C. lacrimale***, piccolo rilievo carnoso all'interno dell'occhio. *2* (*zool.*) Rilievo carnoso sul capo degli uccelli. *3* (*bot.*) Piccolo rigonfiamento che si forma sulla superficie di alcuni semi. || **caruncolétta**, dim.

carùso [lat. *cariōsu(m)* 'tarlato', poi 'calvo, tosato'. V. *carioso*; 1894] s. m. ● (*dial.*) Ragazzo | Garzone nelle miniere di zolfo in Sicilia.

càrvi [lat. mediev. *carvi*, dall'ar. *karawiyā'*, a sua volta dal gr. *cáron*; sec. XIV] s. m. inv. ● (*bot.*) Cumino dei prati: *essenza di c.*

carving /*ingl.* 'kḥɑːɹ̣vɪŋ/ [vc. ingl. da *to carve* 'intagliare, incidere'; 1996] s. m. inv. ● Attività sciistica praticata con un tipo di sci da discesa più corto del normale e notevolmente sciancrato | (*est.*) Tale tipo di sci.

♦**càsa** [lat. *căsa(m)* 'capanna', di etim. incerta; 1233] s. f. **I** Edificio di uso privato. *1* Costruzione adibita ad abitazione per una o più famiglie: *c. di campagna, di città, rurale, colonica, rustica, operaia, signorile*; *una c. di pietra, in legno*; *case prefabbricate*; *avere una c. al mare, in montagna*. CFR. eco- | ***Prima c.***, quella dove si vive e dove di solito è anche la residenza anagrafica | ***Seconda c.***, diversa da quella dove si risiede e gener. situata in una località di villeggiatura | ***Case popolari***, la cui costruzione avviene a opera o con agevolazioni dello Stato, per particolari categorie di cittadini meno abbienti | ***La C. Bianca***, la residenza del presidente degli Stati Uniti d'America; (*est.*) il governo americano | (*fam.*) ***Il padrone di c.***, il locatore rispetto all'inquilino | (*fig.*) ***Grande come una c.***, di ciò che ha dimensioni enormi. *2* Appartamento o sim. che rappresenta il luogo in cui una persona o una famiglia vive abitualmente: *cercare, trovare c.*; *il problema della c.*; *tornare, andare a c.*; *uscire di c.*; *stare spesso in c.*; *fare vita di c.*; *avere una bella c.*, *una c. modesta, accogliente*; *arredare la c.*; *rassettare la c.*; *faccende, lavori di c.* | ***Cambiare c.***, traslocare | ***Chiudere c.***, prepararsi a un'assenza piuttosto lunga | ***Aprire, riaprire c.***, renderla abitabile dopo un'assenza | ***Stare di c. in un posto***, abitarvi | ***Stare in, a c. di qlcu.***, abitare presso qlcu. | ***Donna di c.***, casalinga | ***Vestito da c.***, piuttosto dimesso | ***Fatto in c.***, di produzione casalinga: *dolci fatti in c.* | ***C. del diavolo***, l'inferno: *mandare qlcu. a c. del diavolo* | (*fig.*) ***Abitare a c. del diavolo***, in un luogo fuorimano, difficile da raggiungere | ***A c. mia***, (*fig.*) a mio parere (spec. con un tono lievemente polemico) | ***Riportare la pelle a c.***, (*fig.*) salvarsi, detto spec. di chi torna da impresa bellica o comunque molto rischiosa | ***Tieni le mani a c.!***, (*fig.*) brusco invito a non essere manesco, a non allungare le mani | ***Essere, sentirsi a c. propria***, (*fig.*) sentirsi a proprio agio | ***Non sapere dove stia di c.***, (*fig.*) non conoscerla minimamente: *tu non sai dove sta di c. la gratitudine*. *3* (*est.*) Tana, nido e sim. di animali, spec. in favole o racconti per fanciulli: *la c. dei tre porcellini*. *4* (*fig.*) L'insieme delle persone che costituiscono uno stesso nucleo familiare: *quando sono fuori penso sempre a c.*; *ricordati di scrivere a c.* | ***Mandare, tirare avanti la c.***, la famiglia | ***Il padrone di c.***, il capofamiglia | ***C. Rossi***, la famiglia Rossi | ***Essere di c.***, frequentare assiduamente una famiglia | ***Essere tutto c. e famiglia***, molto attaccato alla vita familiare | ***Essere c. e chiesa***, molto religioso e affezionato alla famiglia | ***Fare gli onori di c.***, accogliere gli ospiti | ***Mettere su c.***, (*fig.*) sposarsi, formare una famiglia. *5* (*est.*) Casato, stirpe: *essere di c. nobile, patrizia* | Dinastia: *C. Savoia* | ***C. reale***, i principi regnanti e la loro corte | ***Maestro di c.***, maggiordomo. *6* (*fig.*) Patria: *avere gli stranieri in c.* **II** Edificio di uso pubblico o aperto al pubblico. *1* Edificio destinato a una collettività o a una pluralità di persone: *c. comunale* | ***C. di Dio***, chiesa, tempio | ***C. di ricovero, di riposo***, che alloggia e dà assistenza agli anziani | ***C. famiglia***, struttura in cui sono ospitati minori in attesa di affidamento, disabili, malati di mente o ex tossicodipendenti | ***C. albergo***, residence | ***C. di pena***, prigione | ***C. di cura***, clinica privata | ***C. del popolo***, dove spec. un tempo avevano sede partiti o associazioni popolari, di lavoratori | ***C. dello studente***, pensionato o collegio spec. universitario | ***C. da gioco***, in cui si pratica il gioco d'azzardo; SIN. Casinò. *2* Convento, monastero: *c. religiosa* | ***C. madre***, il primo in ordine di tempo dei conventi e dei monasteri di un ordine religioso; (*fig.*) sede principale di aziende, istituzioni e sim. *3* (*dir.*) Istituto di prevenzione e pena: *c. di correzione, di lavoro*; *c. di cura e di custodia*. *4* Ditta, azienda, società: *c. editrice*; *c. di spedizioni* | ***C. di moda***, dove si confezionano, presentano e vendono modelli esclusivi di abiti | ***C. di pegno***, agenzia di prestiti su pegno | ***C. di vetro***, (*fig.*) gestione, condotta d'affari pubblici e privati irreprensibile sotto l'aspetto della morale finanziaria | (*est.*) Negozio specializzato nella vendita di una sola merce nei suoi tipi più vari: *c. del caffè, del formaggio, del giocattolo*. *5* (*eufem.*) Luogo in cui si pratica la prostituzione (autorizzato un tempo in Italia): *c. di tolleranza*, *c. chiusa* | (*eufem.*) Locale in cui hanno luogo incontri amorosi di tipo mercenario, nelle loc. ***c. equivoca***, ***c. di appuntamenti***, ***c. squillo***. **III** Porzione di spazio variamente delimitata. *1* Nel calcio e sim., il campo della propria sede: *giocare in c.*, *fuori c.* | ***I padroni di c.***, la squadra ospitante | ***C. base***, nel baseball, l'angolo del diamante ove ha inizio il gioco e prendono posto il ricevitore e l'arbitro. *2* Casella, riquadro in giochi a scacchiera: *la c. degli scacchi, della dama*; *le case del gioco dell'oca*. *3* ***C. astrologica***, una delle dodici zone d'influenza in cui è ripartito lo zodiaco, coincidente con un segno zodiacale. *4* (*astron.*) †Un dodicesimo della sfera celeste. || PROV. Casa mia, casa mia, per piccina che tu sia, tu mi sembri una badia; è meglio essere il primo in casa propria che il secondo in casa altrui. || **casàccia**, pegg. | **caserèlla**, dim. | **caserellina**, dim. | **casétta**, dim. (V.) | **casettina**, dim. | **casettino**, dim. m. | **casettùccia**, dim. | **casina**, dim. | **casóna**, accr. | **casóne**, accr. m. (V.) | **casùccia**, dim. | **casùpola**, dim. (V.).

CASA
nomenclatura

casa

● *caratteristiche*: nuova ⇔ vecchia, d'epoca, sfarzosa = lussuosa = sontuosa, accogliente = ospitale ⇔ inospitale, ridente = allegra, ariosa = arieggiata, ventilata, soleggiata, luminosa ⇔ buia = soffocata = angusta, tetra, triste, fresca ⇔ calda = afosa, umida = malsana, piccola ⇔ grande = spaziosa, solida ⇔ cadente, pericolante; signorile ⇔ popolare, di ringhiera, pulita ⇔ imbrattata; abitabile ⇔ inabitabile; arredata = ammobiliata ⇔ vuota;

● *tipi di casa*: abitazione, dimora, domicilio, residenza; di città, di montagna, di campagna = rurale, rustica, al mare; casa albergo; di cura, di ricovero, di riposo; di pena, di correzione; chiusa = da tè = di tolleranza = di malaffare = di appuntamenti = equivoca = squillo; da gioco; operaia, del popolo, dello studente, del soldato, della giovane; casupola = abituro, bicocca, baracca, catapecchia, stamberga, tugurio, topaia, basso = sottano; edificio, palazzo, palazzina; condominio, caseggiato, casamento, casermone; grattacielo; casa prefabbricata; castello, villa, villetta a schiera, villino; appartamento = alloggio, miniappartamento = monolocale, bilocale, trilocale, attico, superattico, mansarda, abbaino, pied-à-terre, garçonnière, foresteria, loft; open space, prima, seconda casa; casa cantoniera, casa colonica, casale, cascina = masseria, fattoria, rustico, trullo, nuraghe, malga, maso, torre, torrino, faro; baita, cottage, chalet, bungalow; capanna, tenda, igloo, isba, dacia, tucul, tepee, wigwam, iurta; kibbutz;

● *parti della casa*: facciata = prospetto; cantonata, fiancata, parete, clinker, curtain wall; zoccolo, pavimento; muro (principale = maestro = di sostegno = portante, perimetrale, divisorio, tavolato, di spina, di testa, d'ala, d'ambito, di risvolto, tagliafuoco, tramezzo; cieco, grezzo, a cortina, a bugnato, a bozza, a tenuta, a secco, a contrafforti esterni, al rustico, a una testa, a due, a tre, a quattro teste); finestra (cfr.), balcone; androne = atrio (portone, passatoia, guida, zerbino = stuoino, portineria, cassetta delle lettere), ascensore (pozzo = vano, cabina, guide, pattini di guida, cavo elettrico, fune di sospensione, contrappeso); scala (cfr.); pianerottolo; porta (cfr.), scantinato, cantina, seminterrato, ammezzato = mezzanino, piano terra, nobile, rialzato; primo, secondo, terzo, attico, mansarda, solaio = soffitta, soffitto, terrazza, abbaino, lucernario; tetto (cfr.);

● *azioni*: costruire = edificare = fabbricare, sbancare, gettare le fondamenta, armare, centinare, impalcare, elevare = alzare = innalzare = erigere; prefabbricare ricostruire; restaurare = riattare = ristrutturare = ammodernare, sopraelevare = sopraedificare, ampliare; rivestire = impiallacciare, isolare = coibentare, piastrellare, pavimentare, ripulire, rinfrescare, abbellire = ornare = decorare, tinteggiare, imbiancare, intonacare; demolire, spianare, livellare, smantellare, puntellare; sporcare = deturpare = imbrattare; appaltare subappaltare; abitare = alloggiare; vendere ⇔ comprare, affittare, subaffittare, sfrattare; trasferirsi = traslocare; uscire ⇔ entrare, rincasare, accasarsi = metter su casa, ammobiliare, mobiliare, arredare; rassettare, pulire;

● *persone*: portiere = portinaio, custode; domestico; casalingo, casalinga = massaia; inquilino, coinquilino, condomino, vicino ⇔ dirimpettaio; amministratore, intestatario, locatore, proprietario = padrone, comproprietario, intermediario = mediatore, agente immobiliare, notaio; abusivo, senzatetto, sfrattato, baraccato, sfollato, profugo.

casàcca [da (*veste*) *cosacca* 'veste dei cosacchi'; 1480] s. f. *1* Lunga giacca chiusa fino al collo in certe uniformi militari | (*fig.*) ***Voltare, mutare c.***, cambiare idee politiche e sim. *2* Specie di giacca di taglio diritto e piuttosto ampia. *3* Nell'ippica, giubba indossata dai fantini e dai guidatori di trotto | Maglia dei giocatori di calcio, dei corridori ciclisti e sim. quale simbolo di appartenenza a una squadra. || **casacchètta**, dim. | **casacchina**, dim. | **casacchino**, dim. m. | **casaccóne**, accr. m. | **casaccùccia**, dim.

casàccio [1541] s. m. *1* Pegg. di *caso*. *2* Nella loc. avv. ***a c.***, senza ordine, senza riflettere, senza meta: *agire, parlare, girare a c.*

casàle [lat. tardo *casāle(m)*, agg. di *căsa* 'casa'; av. 1342] s. m. *1* Gruppetto di case nella campagna: *un c. si intravedeva da lontano*. *2* (*centr.*) Casa di campagna. || †**casalino**, dim. | **casalóne**, accr.

casalése [1847] **A** agg. ● Di Casale Monferrato o di una località di nome Casale. **B** s. m. e f. ● Abitante, nativo di Casale Monferrato o di una località di nome Casale.

casalina [detta così perché di stoffa rozza, fatta in *casa*; 1950] s. f. ● Tessuto rigato di cotone, usato soprattutto per grembiuli da massaia.

♦**casalinga** [av. 1895] s. f. (m. *-o*, raro scherz.) ● Donna di casa, che si dedica ai lavori della propria casa | ***C. di Voghera*** (*per anton.*), prototipo dello spettatore medio della televisione e del cinema: *ci rivolgiamo anche alle casalinghe di Voghera*.

casalingo [1351] **A** agg. (pl. m. *-ghi*) *1* Che riguarda la casa | ***Pane c.***, fatto in casa | ***Alla casalinga***, (*ellitt.*) di pietanza alla buona, genuina e saporita | (*est.*) Che è semplice, discreto, intimo: *un'atmosfera quieta e casalinga*. *2* Che sta molto o volentieri in casa, e se ne prende cura: *un uomo, un tipo c.* *3* (*sport*) ***Incontro c.***, disputato sul proprio campo | ***Vittoria, sconfitta casalinga***, conquistata, subita sul proprio campo. **B** s. m. ● (*al pl.*) Oggetti di uso domestico: *negozio di casalinghi*.

casamàtta [etim. discussa: da *casa matta* 'casa falsa' (?); 1520] s. f. (pl. *casemàtte*) *1* (*mil.*) Opera di fortificazione, chiusa, con volta protetta, fornita di una o più cannoniere per il tiro delle artiglierie sistemate all'interno. *2* (*mar.*) Alloggiamento, spec. corazzato e girevole, dei cannoni.

casaménto [lat. mediev. *casamentu(m)*, da *căsa* 'casa'; 1312] s. m. ● Grande casa popolare, composta di numerosi appartamenti | (*est.*) Le persone che vi abitano: *tutto il c. è in agitazione*.

casamòbile [comp. di *casa* e *mobile* 'che si può muovere'; 1974] s. f. ● Tipo di grossa roulotte non rimorchiabile da un'automobile che, per gli spostamenti, deve essere trainata da veicoli speciali, come trattori e autocarri.

casanòva [dal n. di G. *Casanova* (1725-1798), famoso avventuriero veneziano; 1935] s. m. inv. ● (*per anton.*) Grande seduttore (*anche scherz.*).

casaréccio ● V. *casereccio*.

casàro o (*tosc.*) **caciàio** [lat. *caseāriu(m)* 'relativo al formaggio', da *cāseus* 'formaggio'; 1687] s. m. (f. *-a*) ● Addetto alla trasformazione del latte in burro e formaggi.

casàta [da *casa*; av. 1306] s. f. ● L'insieme delle famiglie discendenti, spec. per la linea maschile, dallo stesso stipite | (*est.*) Stirpe, lignaggio.

casàtico [lat. mediev. *casaticu(m)*, da *căsa* 'casa'; av. 1321] s. m. (pl. *-ci*) ● Antica imposta sulle case | †Magazzinaggio.

casàto [da *casa*; av. 1300] s. m. *1* (*disus.*) Cognome di una famiglia o di una persona. *2* Famiglia, lignaggio: *è l'ultimo discendente d'un nobile c.* SIN. Stirpe.

casatórre [comp. di *casa* e *torre*; 1955] s. f. (pl. *casetórri*) ● Casa medievale con notevole sviluppo in altezza.

càsba o **càsbah**, **qàsba**, **kàsba**, **kàsbah** [ar. *qaṣaba* 'fortezza'; 1875] s. f. *1* Vecchio quartiere arabo nelle città dell'Africa settentrionale o della Spagna moresca. *2* (*est.*) Quartiere malfamato di una città.

cascàggine [dal lat. *căscu(m)* 'antico, vecchio'; av. 1673] s. f. ● (*raro*) Fiacchezza, sonnolenza | (*lett.*) Debolezza (*anche fig.*): *tribolazioni che sempre paiono soverchie alla smoderatezza e c. umana* (NIEVO).

cascàme [da *cascare*; 1865] s. m. spec. al pl. *1* Residuo, scarto o sottoprodotto della lavorazione di vari prodotti industriali, spec. di fibre tessili: *cascami di seta, di lana, di cotone*. *2* (*fig.*) Aspetto o propaggine di scarso valore in un fenomeno culturale, un'ideologia e sim.: *i cascami della pittura astrattista*.

cascamòrto [comp. di *cascare* e *morto*; 1716] s. m. (f. *-a*, raro) ● Chi ostenta svenevolmente una passione amorosa: *tutti mi fanno i cascamorti* (GOLDONI).

cascànte [av. 1332] part. pres. di *cascare*; anche agg. *1* Nei sign. del v. *2* Flaccido: *seno c.* | (*fig., lett.*) Languido, svenevole: *coll'andatura c. che le sembrava molto sentimentale* (VERGA) | (*fig.*) Fiacco.

càscara sagràda [sp. *cáscara sagrada*, 'corteccia santa', da *casca* 'corteccia'; 1892] s. f. inv. *1* Arbusto delle Ramnacee con foglie seghettate e piccoli fiori bianchi (*Rhamnus purshiana*). *2* Estratto della corteccia della pianta omonima con azione purgativa.

♦**cascàre** [lat. parl. **casicāre*, da *cāsus* 'caduta'; sec. XIII] v. intr. (*io càsco, tu càschi*; aus. *essere*) *1* (*fam.*) Cadere, spec. all'improvviso: *c. dal letto; cascar morto* | ***C. dal sonno, dalla fame, dalla stanchezza***, (*fig.*) non reggersi più dal sonno, fame, ecc. | ***C. male, bene***, (*fig.*) venire a trovarsi in una cattiva o in una buona situazione. SIN. Capitare | (*fig.*) ***Far c. le braccia***, deprimere, scoraggiare | ***C. dalle nuvole***, (*fig.*) cadere dalle nuvole | ***Qui casca l'asino!***, qui viene il difficile | ***Non casca il mondo!***, non è una cosa tanto grave | ***Cascarci***, finire in un tranello, restare vittima di uno scherzo | ***C. addosso***, (*fig.*) capitare, spec. detto di disgrazia | ***C. di dosso***, (*fig.*) detto di abiti larghi. *2* (*lett.*) Scorrere impetuosamente in basso | †Calare verso il basso: *Come casca dal ciel falcon maniero* (ARIOSTO). || PROV. Quando la pera è matura casca da sé; l'asino dove è cascato una volta non ci casca più.

♦**cascàta** [da *cascare*; av. 1494] s. f. *1* (*fam.*) Caduta: *ha fatto una terribile c.* SIN. Capitombolo. *2* Salto che fa l'acqua corrente per un'improvvisa depressione, naturale o artificiale, del suo letto | ***A c.***, (*fig.*) detto di eventi che si susseguono connessi l'uno all'altro | ***Piovere a cascate***, (*iperb.*) a dirotto: *sotto la pioggia che veniva giù a cascate* (PASOLINI). ➡ ILL. p. 2132 SCIENZE DELLA TERRA ED ENERGIA. *3* Ornamento, acconciatura, gioiello di foggia morbida o ricadente | ***C. di perle***, collana lunga da girarsi due o tre volte attorno al collo. *4* (*tecnol.*) Nella loc. ***in c.***, detto di più sistemi collegati l'uno a valle dell'altro (*anche fig.*) || **cascatàccia**, pegg. | **cascatèlla**, dim. | **cascatina**, dim. | **cascatóne**, accr. m.

cascatìccio [da *cascato*; av. 1320] agg. (pl. f. *-ce*) *1* Che cade facilmente dall'albero: *frutti cascaticci*. *2* (*fig., raro*) Debole.

cascàto [1313] part. pass. di *cascare*; anche agg. ● Nei sign. del v.

†**cascatóio** [av. 1588] agg. ● Debole, cadente.

cascatóre [1970] s. m. (f. *-trice*) ● Controfigura che, durante le lavorazioni di un film, sostituisce l'attore nelle azioni rischiose come salti dall'auto in corsa, tuffi nel vuoto e sim. SIN. Stuntman.

cascatùra [1945] s. f. *1* (*raro*) Ciò che cade nel vagliare grano o cereali. *2* Massa di capelli utilizzati per la fabbricazione delle parrucche.

cascèr agg. ● Adattamento di *kasher* (V.).

cascherino [etim. incerta; 1884] s. m. ● (*rom.*) Garzone del fornaio che porta il pane nelle case.

caschétto [1670] s. m. *1* Dim. di *casco* (*1*). *2* Cervelliera. *3* Tipo di pettinatura, spec. femminile, con i capelli corti e compatti che incorniciano il viso | (*est.*) I capelli stessi così pettinati: *un c. biondo*.

caschimpètto [comp. di *casca(re)* e *in petto*; 1918] s. m. ● Un tempo, gioiello appeso a una catenella o a un nastro ricascante sul petto, spesso custodia di foto e sim.

cascimir s. m. inv. ● Adattamento di *cachemire* (V.).

cascimirra s. f. ● Adattamento di *cachemire* (V.).

♦**cascina** (*1*) [vc. di area sett., prob. dal lat. parl. **căpsia(m)*, per il classico *căpsa(m)* 'cassa, recipiente' (?); av. 1604] s. f. ● Casa colonica o parte di essa destinata al ricovero degli animali di allevamento, al deposito di mangime e attrezzi, con locali in cui si producono burro e formaggio | (*sett.*) Azienda agricola a prevalente indirizzo zootecnico per la produzione del latte | (*sett.*) Fattoria, casolare. || **cascinétta**, dim. | **cascinòtto**, dim. m.

cascina (*2*) [dal lat. *căpsa* 'cassa, recipiente' (?); 1759] s. f. *1* (*tosc.*) Sottile cerchio di legno di faggio, entro cui si preme il latte rappreso per fare il cacio. *2* (*tosc.*) Assicella di legno di faggio per fabbricare cassette: *legno di c.*

cascinàio [da *cascina* (*1*); 1773] s. m. (f. *-a*) *1* Proprietario o sovrintendente di cascina. *2* Casaro.

cascinàle [da *cascina* (*1*); 1886] s. m. *1* Gruppo di case coloniche: *i cascinali della Valle Padana*. *2* Cascina: *abbiamo un bel c.*

cascino [da *cascina* (*2*); 1781] s. m. ● (*tosc.*) Forma di legno per fare il cacio.

càscio o **càsso** (*4*) [dal lat. *căpsa* 'cassa, recipiente' (?); 1868] s. m. ● Nella lavorazione della carta a mano, cornice in legno che si applicava sulla forma per impedire alla pasta di debordare.

casciù ● V. *catecù*.

♦**càsco** (*1*) [fr. *casque*, dallo sp. *casco*, di etim. discussa; 1772] s. m. (pl. *-schi*) *1* Copricapo difensivo o protettivo di metallo o altro materiale resistente, usato da militari, sportivi e sim.: *i caschi delle antiche armature*; *il c. dei paracadutisti, dei motociclisti* | ***C. coloniale***, copricapo in tela e sughero, atto a riparare dal sole, usato spec. nelle zone tropicali | ***C. blu***, tipico dei reparti internazionali dell'ONU; (*est.*) militare di detti reparti | ***C. iridato***, campione del mondo di motociclismo | Nel pugilato, protezione in cuoio della zona sopracciliare e della nuca | ***C. giallo***, tipico degli operai del settore siderurgico; (*est.*) operaio siderurgico. ➡ ILL. p. 2153, 2157, 2160 SPORT; p. 2162 TRASPORTI. *2* Apparecchio elettrico ad aria calda usato dai parrucchieri per asciugare i capelli. *3* (*raro*) Caschetto nel sign. 3. || **caschétto**, dim. (V.).

càsco (*2*) [metafora del precedente (?); 1942] s. m. (pl. *-schi*) ● Infruttescenza del banano.

càsco (*3*) [da *cascare*] s. m. (pl. *-schi*) ● (*raro, region.*) Caduta | ***Frutti di c.***, quelli che vengono lasciati cadere dalla pianta e si raccolgono al suolo (p.e. le castagne).

càsco (*4*) ● V. *kasko*.

càscola [da *cascolare*; 1765] s. f. ● Caduta anticipata di gemme, fiori e frutti.

cascolàre [intens. di *cascare*; 1955] v. intr. (*io càscolo*) *1* (*merid.*) Aprirsi e cadere, detto delle castagne quando sono mature. *2* (*merid., fig.*) Perdere le forze, deperire.

càscolo [da *cascolare*] s. m. ● Grappolo d'uva stentato, misero.

caseàrio [vc. dotta, lat. tardo *caseāriu(m)*, da *cāseus* 'cacio'; 1896] agg. ● Relativo alla produzione e lavorazione dei latticini: *industria casearia*; *prodotti caseari*.

caseggiàto [da *casa*; 1795] s. m. *1* Luogo occupato prevalentemente da case. *2* Gruppo di case: *le costruzioni di quel c. sono contigue*. *3* Casamento di grandi proporzioni: *caseggiati popolari*.

caseificazióne [comp. del lat. *cāseus* 'cacio' e di *-ficazione*; 1931] s. f. *1* Coagulazione della caseina del latte a opera del caglio, fase iniziale della fabbricazione del formaggio | (*est.*) Insieme delle operazioni per preparare i formaggi. *2* (*med.*) Processo necrobiotico, tipico della tubercolosi, in cui il tessuto acquista colore e consistenza simile al formaggio fresco.

caseificio [comp. del lat. *cāseus* 'cacio' e di *-ficio*; 1886] s. m. ● Stabilimento per la produzione di burro e formaggio.

caseifórme [comp. del lat. *cāseus* 'cacio' e di *-forme*; 1987] agg. ● Che ha l'aspetto del formaggio.

caseina [fr. *caséine*, dal lat. *cāseus* 'formaggio'; 1865] s. f. ● (*chim.*) Gruppo eterogeneo di proteine acide contenenti fosfato, presenti nel latte, precipitabili per acidificazione, per aggiunta di ioni di calcio o di enzimi proteolitici; si usa spec. nell'industria casearia, della carta e delle resine sintetiche.

caseinico [1987] agg. (pl. m. *-ci*) ● Relativo alla caseina | Che contiene caseina o deriva dalla caseina: *fibre caseiniche*.

♦**casèlla** [lat. tardo *casĕlla(m)*, dim. di *căsa* 'casa'; sec. XV] s. f. *1* †Piccola casa | Celletta di vespe, api e sim. *2* Scompartimento di un mobile destinato a raccogliere carte, documenti e sim. | Ognuno degli scompartimenti della cassetta del tipografo compositore | *C. postale*, compartimento numerato ove è direttamente deposta la corrispondenza in arrivo, affittato a privati presso l'Ufficio Postale | (*elab.*) *C. di posta elettronica*, zona di memoria nella quale vengono conservati i messaggi destinati a un abbonato a un servizio di posta elettronica | (*elab.*) *C. vocale*, zona di memoria nella quale vengono conservati i messaggi vocali destinati a un abbonato a un servizio di telefonia o di posta elettronica. **3** Spazio segnato, sulla carta, da linee orizzontali e verticali intersecantisi. SIN. Quadretto. **4** *C. salante, evaporante*, divisione del terreno in una salina, ove avvengono l'evaporazione dell'acqua marina e il deposito del sale. **5** Contenitore di refrattario per materiali che, nei forni, non devono avere contatti con la fiamma. **6** (*ling.*) Posto che un fonema occupa nel sistema. || **casellina**, dim. | **casellino**, dim. m.

casellante [1888] s. m. e f. **1** Sorvegliante di ferrovia o strada, che abita nel casello. SIN. Cantoniere. **2** Addetto a un casello autostradale.

casellàrio [da *casella*; 1874] s. m. **1** Mobile suddiviso in tante caselle mediante divisori interni | *C. postale*, ove sono riunite le caselle postali in un Ufficio Postale. **2** *C. giudiziale*, registro esistente presso ogni Tribunale, in cui sono annotati i provvedimenti in materia penale, civile o amministrativa emanati a carico delle persone nate nel circondario | Correntemente, l'ufficio in cui è conservato tale registro.

casellista [1962] s. m. e f. (pl. m. *-i*) ● Chi tiene in affitto una casella postale.

casèllo [da *casella*; 1890] s. m. **1** Casa cantoniera posta lungo una ferrovia o una strada statale. **2** Stazione di accesso o di uscita da una autostrada, attrezzata per il pagamento del pedaggio.

casentinése [1962] **A** agg. ● Del Casentino, subregione della Toscana comprendente l'alta valle dell'Arno, a nord di Arezzo. **B** s. m. e f. ● Abitante, nativo del Casentino. **C** s. m. solo sing. ● Dialetto del gruppo toscano, parlato nel Casentino.

casentino [dal *Casentino*, zona della Toscana ove si fabbrica questo tessuto; av. 1936] s. m. **1** Tessuto di lana ruvida e pesante color arancione, tinto anche in altri colori. **2** Cappotto confezionato con tale tessuto, guarnito di un collo di pelliccia, spec. volpe.

càseo [vc. dotta, lat. *cāseu(m)* 'formaggio'. V. *cacio*; 1830] s. m. ● Coagulo del latte.

caseóso [da *caseo*; 1868] agg. **1** Di relativo a caseificazione | Colpito da caseificazione. **2** Simile al caseo.

casèra [lat. tardo *caseāria(m)* 'luogo dove si fa il cacio', da *cāseus* 'formaggio'; 1877] s. f. **1** (*sett.*) Casa di montagna dove, durante l'alpeggio, si lavora il latte: *come gli altri, aveva l'innamorata, giù alle casere di San Nicola* (BUZZATI). **2** (*sett.*) Magazzino del caseificio adibito alla stagionatura dei formaggi.

caserèccio o **casarèccio** [da *casa*; av. 1400] agg. (pl. f. *-ce*) ● Casalingo: *pane c.*; *cucina casereccia* | (*est.*) Grezzo, rozzo, non raffinato: *ironia casareccia*.

casèrma [fr. *caserne*, dal provz. *cazerna* 'casotto destinato a quattro soldati', dal lat. *quatĕrnu(m)* 'a quattro a quattro'; 1647] s. f. **1** Complesso di edifici, di terreni liberi e relativi servizi e infrastrutture dove alloggiano i militari o gli appartenenti a organizzazioni civili analoghe, come i vigili del fuoco | (*spreg.*) *Modi, linguaggio da c.*, volgari, rozzi. ➡ ILL. p. 2120 ARCHITETTURA. **2** (*fig.*, *spreg.*) Ambiente o Paese regolato da un ferreo militarismo. || **casermàccia**, pegg. | **casermétta**, dim. (V.) | **casermóna**, accr. | **casermóne**, accr. m. (V.).

casermàggio [1853] s. m. ● Tutto il materiale mobile occorrente per l'arredo di caserme, uffici, alloggi militari.

casermerìa [1955] s. f. ● (*raro*) Posto di guardia in una caserma.

caserméscо [1945] agg. (pl. m. *-schi*) ● (*spreg.*) Da caserma.

casermétta [1959] s. f. **1** Dim. di *caserma*. **2** Edificio adibito all'alloggiamento di un singolo reparto minore nell'ambito di una caserma.

casermìstico [1936] agg. (pl. m. *-ci*) ● Che ricorda gli usi e la disciplina di una caserma: *ambiente c.*

casermóne [av. 1911] s. m. **1** Accr. di *caserma*. **2** (*fig.*) Edificio grande e disadorno, spec. per abitazione popolare: *i casermoni della periferia*.

casertàno [1847] **A** agg. ● Di Caserta. **B** s. m. (f. *-a*) ● Abitante, nativo di Caserta.

casétta s. f. **1** Dim. di *casa*. **2** Tipo di tenda da campeggio spec. stabile, costituita da due o più ambienti separati fra loro, dotati di porte e finestre, sorretti da una struttura metallica.

cash /kɛʃ*, *ingl.* kʰæʃ/ [vc. ingl., propr. 'cassa, denaro liquido'; 1985] **A** s. m. inv. ● Pagamento in contanti | (*est.*) Denaro liquido. **B** avv. ● In contanti: *pagare c.*

cash-and-carry /kaʃʃən'kɛrri, *ingl.* 'kʰæʃŋ 'kʰæɹi/ [loc. ingl., propr. 'paga e porta via', da *to cash* 'incassare' (dal fr. ant. *casse* 'cassa') e *to carry* 'portare' (dal lat. parl. **carricāre* 'caricare', attrav. il fr. ant.)] loc. sost. m. inv. ● Sistema di vendita secondo cui i dettaglianti acquistano gli articoli in magazzini di grandissime dimensioni, pagando in contanti e assicurandone il trasporto con i propri mezzi | (*est.*) Il magazzino ove si effettua questo tipo di vendita.

cash dispenser /*ingl.* 'kʰæʃ dɪs'pɛnsəɹ/ [loc. ingl., comp. di *cash* (V.) e *dispenser* 'distributore'; 1987] loc. sost. m. inv. (pl. ingl. *cash dispensers*) ● Distributore automatico di denaro contante, prelevabile da un correntista bancario mediante una tessera magnetica personale.

cash flow /*ingl.* 'kʰæʃ,flәʊ/ [vc. ingl., propr. 'flusso di cassa', comp. di *cash* 'cassa' (dal fr. ant. *casse* 'cassa') e *flow* 'flusso' (d'orig. germ.); 1966] loc. sost. m. inv. ● (*econ.*) Ammontare delle disponibilità finanziarie generate da un'azienda in un dato periodo; è dato dall'utile netto non distribuito più gli accantonamenti a fronte di ammortamento delle attività fisse. SIN. Autofinanziamento.

cashmere /'kaʃmir, *ingl.* kæʃ'mɪəɹ/ [1961] s. m. inv. ● Cachemire.

casière [lat. tardo *casāriu(m)*, da *căsa* 'casa'; av. 1400] s. m. (f. *-a*) ● (*tosc.*) Chi custodisce una casa o una villa, spec. di campagna.

casigliàno [da *casa*; 1536] s. m. (f. *-a*) ● (*region.*) Coinquilino.

casìmir [1797] s. m. inv. ● Adattamento di *cachemire* (V.).

casìmira s. f. ● Adattamento di *cachemire* (V.).

casìmiro s. m. ● Adattamento di *cachemire* (V.).

casìmirra s. f. ● Adattamento di *cachemire* (V.).

casinàro [da *casino*, nel sign. 6; 1977] s. m. (f. *-a*) ● (*rom.*) Casinista.

casinista [da *casino*, nel sign. 6; 1967] s. m. e f. (pl. m. *-i*) ● (*fam.*) Pasticcione, confusionario.

casino [propr. dim. m. di *casa*; 1584] s. m. **1** †Piccola casa. **2** Residenza signorile rustica: *c. di campagna, di caccia*. **3** Un tempo, luogo di riunioni per lettura, gioco, conversazione. SIN. Circolo, club. **4** (*raro*) Casinò: *passava la sera al C. da gioco* (PAVESE). **5** (*pop.*) Casa di prostituzione. SIN. Bordello. **6** (*fig.*, *fam.*) Baccano, confusione, disordine: *fare c.*; *che c. in questa stanza!* | (*est.*) Scenata: *piantare un c.* | (*est.*) Pasticcio, faccenda intricata e disordinata, e sim.: *combinare un c.*; *ti prego di non farmi casini nel lavoro*; *qui è successo un c.* | (*est.*) Grande quantità: *ci ha rimesso un c. di soldi* | (*fam.*) *Un c.*, molto, moltissimo: *mi piace un c.*

casinò [fr. *casino*, a sua volta dall'it. *casino*; 1933] s. m. ● Casa da gioco.

casìpola ● V. *casupola*.

†casìpula ● V. *casupola*.

casista o **casuista** nel sign. 1 [sp. *casuista*, dal lat. *cāsus* 'caso'; 1618] s. m. e f. (pl. m. *-i*) ● Scrittore o studioso di casistica.

casìstica [da *caso*; 1819] s. f. **1** Nella teologia cattolica, esame metodico dei comportamenti umani, anche ipotetici, per definire la norma di morale speculativa applicabile a ciascuno di essi. **2** (*med.*) Elenco di esempi o casi pratici: *una malattia molto rara, priva di c.* **3** Formulazione ed elencazione di una pluralità di casi specifici, per derivarne un principio generale o per applicare a essi una norma o un principio già formulato: *una c. relativa agli incidenti stradali*.

♦**càso** [vc. dotta, lat. *cāsu(m)*, da *cădere* 'cadere'; 1308] s. m. **1** Avvenimento imprevisto, circostanza fortuita: *il vederti oggi è stato un c.* | *Parlare, agire a c.*, a vanvera, inconsideratamente | *A c.*, in modo non consapevole, per combinazione: *scegliere qlco. a c.* | *Non a c.*, intenzionalmente, di proposito | *Per c., per puro c.*, accidentalmente | *Fare c. a qlco.*, farvi attenzione; dare importanza a qlco.: *non farci c.* | *Si dà il c. che*, accade, succede | *Guarda c.*, in modo fortuito, casuale (*spec. iron.*) | (*dir.*) *C. fortuito*, evento indipendente dalla volontà umana e imprevedibile per chi abbia adottato precauzioni ordinarie. **2** Causa misteriosa e remota degli avvenimenti umani: *il c. ci ha fatto incontrare*; *non bisogna attribuire tutto al c.*; *affidarsi al c.* SIN. Fatalità, sorte. **3** Fatto, situazione, vicenda, spec. dolorosa o problematica o che ha vasta risonanza: *c. brutto, disperato, imbarazzante*; *il c. Dreyfus*; *degli ultimi casi di Romagna*; *c. giudiziario* | Vicenda privata: *mi ha parlato dei casi suoi* | *C. di Stato*, (*fig.*) di grande importanza | *C. limite*, quello che si riferisce ad affezioni psicopatologiche diagnosticabili tra nevrosi e psicosi; (*fig.*) situazione che presenta certe caratteristiche accentuate in modo estremo | *C. da manuale*, da prendersi a esempio | *C. di coscienza*, quello per il quale è dubbio se si accordi o meno con la morale cristiana; (*est.*) quello che pone un problema di rapporto fra una situazione o esperienza individuale e regole morali generali. SIN. Circostanza, contingenza, evento. **4** (*med.*) Stato patologico considerato come argomento di indagine o di controllo: *i medici stanno ancora studiando il c.* | Ogni manifestazione di una malattia spec. infettiva o epidemica; (*est.*) ogni individuo che ne è affetto: *un c. di colera* | *C. clinico*, ogni individuo sottoposto a indagini cliniche; (*fig.*) persona o cosa fuori del normale | *C. patologico*, soggetto sottoposto a indagini cliniche e portatore di affezioni morbose; (*fig.*, *iron.*) persona che manifesta tendenze, sentimenti e sim. eccessivi o anormali. **5** Ipotesi, possibilità: *nel primo c. è necessario cedere, nel secondo essere severi*; *in c. di pioggia, di nebbia*; *in c. di necessità* | *In ogni c.*, *in tutti i casi*, comunque, sempre | *In nessun c.*, mai | *Nel c.* (*che*), qualora (introduce una prop. condiz. con il v. al congv.): *nel c.* (*che*) *tu decida di partire, telefonami* | *Non c'è c.*, non esiste possibilità | *In c. contrario*, altrimenti | *Porre il c. che*, presumere, supporre | *C. mai*, V. *casomai*. SIN. Evenienza, eventualità, probabilità. **6** Opportunità: *regolati secondo il c.* | *Fare al c.*, essere opportuno | *È il c. che, di*, è necessario (che) | *Non è il c.*, non conviene: *non so se sia il c. di parlarne* | *Al c.*, se venisse l'opportunità. **7** †Caduta: *ne la mia mente fé sùbito c. / questo ch'io dico* (DANTE *Par.* XIV, 4-5). **8** (*ling.*) Aspetto assunto da una parola flessa, in relazione a una determinata funzione grammaticale: *c. genitivo, dativo*. || **casàccio**, pegg. (V.) | **casettino**, dim. | **casétto**, dim.

casoàrio ● V. *casuario*.

casoàro ● V. *casuario*.

casolàre [lat. mediev. *casulare*, dal lat. tardo *căsula*, dim. di *căsa* 'capanna'; 1273] s. m. ● Casa di campagna, piccola e isolata.

casomài o **càso mài** [1533] **A** cong. ● Eventualmente, nel caso che (introduce una prop. condiz. con il v. al congv.): *c. venisse, salutamelo*; *risponderò io, c. telefonasse*. **B** avv. ● Semmai, eventualmente: *ora non posso, c. domani*; *c. sono io che dovrei lamentarmi*.

casóne (1) [1551] s. m. **1** Accr. di *casa*. **2** Grande fabbricato, spec. popolare, con molti appartamenti. **3** Abitazione rustica del Veneto, a pianta rettangolare e tetto spiovente di paglia | Costruzione rurale di zone vallive o di recente bonifica | *Cason di valle*, grosso capanno per cacciatori e pescatori, col tetto di paglia e un vasto camino al centro.

casóne (2) [dal lat. *cāseus* 'cacio'; 1844] s. m. ● (*lomb.*) Caseificio.

†casóso [da *caso*; av. 1565] agg. ● Puntiglioso, meticoloso.

casòtto [da *casa*; av. 1565] s. m. **1** Costruzione posticcia di piccole dimensioni, per lo più a un solo vano, in legno, adibita a vari usi: *il c. della sentinella, del custode, del cacciatore, del giornalaio, dei burattini, del cane*. SIN. Baracca | *C. da spiaggia*, capanno, cabina balneare | (*raro*) Casello ferroviario. **2** (*mar.*; *disus.*) Camera sul ponte di comando. **3** (*pop.*) Casa di prostituzione. SIN. Bordello. **4** (*fig.*, *pop.*) Baccano, confusione, chiasso: *fare, piantare c.*

càspa [etim. incerta; 1865] s. f. ● Ceppaia.

càspita [eufem. per *cazzo*; 1790] inter. ● (*eufem.*) Esprime meraviglia, impazienza, contrarietà e sim. || **caspiterétta**, dim. | **caspiterina**, dim. | **caspitina**, dim.

casqué /kas'ke*, -ɛ*/ [dal fr. *casquer* 'cascare' (falso francesismo (?)); 1963] **s. m. inv.** ● Figura del tango in cui il cavaliere si china sulla dama facendola piegare con la schiena all'indietro: *ballare il tango col c.*

casquette /*fr.* kas'kɛt/ [vc. fr., propr. dim. di *casque* 'casco'; 1931] **s. f. inv.** ● Berretto con visiera, spec. da uomo.

♦**càssa** [lat. *căpsa(m)*, di etim. incerta; 1275] **s. f.** **I** Recipiente per materiali solidi. **1** Recipiente parallelepipedo, realizzato in vario materiale, impiegato per la spedizione e il trasporto di oggetti vari: *c. di legno, metallo, cartone* | **C. mobile**, container | **C. da morto**, feretro, bara. **2** Mobile di forma squadrata, con coperchio e serrature, usato per riporvi roba: *conservare in una c. gli abiti pesanti* | Madia, arca. **3** (*est.*) Quantità di roba contenuta in una cassa: *una c. di frutta, di biancheria, di vasellame.* **4** Mobile a più scomparti per conservare denaro e preziosi: *una c. di monete* | (*est.*) Dispositivo elettrico o a mano, atto a registrare i pagamenti effettuati e a contenere le somme relative: *la c. di un bar; stare alla c.; ritirare lo scontrino alla c.* **5** (*est.*) Sportello di una banca o settore di un pubblico esercizio dove si eseguono o si ricevono i pagamenti: *passare alla c.; presentare un assegno, un mandato alla c.; c. cambiali, titoli, cedole; buono di c.* | **Tenere la c.**, ricevere ed effettuare i pagamenti | **C. continua**, specie di cassaforte collocata nell'interno della banca, collegata con l'esterno per mezzo di un sistema simile alla posta pneumatica, grazie al quale i clienti, mediante l'introduzione di bossoli, possono effettuare operazioni di versamento anche dopo l'ora di chiusura | (*fig., fam.*) **Battere c.**, chiedere denari. **6** (*est.*) Somma di denaro contenuta in una cassa: *scappare, fuggire con la c.* | **Ammanco di c.**, sottrazione fraudolenta di denaro da tale somma | **Fondo di c.**, quantità di denaro che deve trovarsi in cassa per servire alle normali operazioni di scambio | **Piccola c.**, fondo di cassa dal quale viene prelevato il denaro necessario per le spese di ammontare limitato | **Libro di c.**, in cui vengono annotate le entrate e le uscite di denaro | (*fig.*) **A pronta c.**, in contanti: *pagare a pronta c.* | (*est.*) Ufficio preposto alla conservazione e all'amministrazione di denaro per conto di un'organizzazione: *la c. di un partito, di un'associazione.* **7** (*dir.*) Istituzione con fini spec. previdenziali: *c. depositi e prestiti; c. per gli assegni familiari* | **C. per il Mezzogiorno**, ente di diritto pubblico, istituito per il progresso economico e sociale dell'Italia meridionale; posto in liquidazione negli anni intorno al 1985, le sue funzioni sono ora svolte dal Ministro per gli interventi straordinari nel Mezzogiorno | **C. integrazione salari, c. integrazione**, organismo facente parte dell'INPS (Istituto Nazionale di Previdenza Sociale) che, in caso di riduzione o sospensione temporanea del lavoro in un'azienda, fornisce ai dipendenti, tramite l'azienda stessa, una parte di salario | Istituto bancario: *C. rurale* | **C. di risparmio**, istituto di credito destinato a favorire la formazione e la raccolta del risparmio | **C. peota**, associazione tradizionale veneta che organizzava la raccolta di piccoli risparmi tra gli associati per concedere prestiti di importo limitato. **II** Oggetto, organo o struttura cava di varia natura e utilizzazione. **1** Involucro che serve a proteggere il movimento dell'orologio. **2** (*tipogr.*) Cassetto del banco di composizione suddiviso in vari scomparti contenenti ognuno un certo numero di caratteri tipografici uguali. **3** Affusto di legno della balestra e delle antiche artiglierie, sagomato in modo da agevolarne il maneggio. **SIN.** Ceppo, letto, teniere | Nel fucile da caccia, parte in legno comprendente impugnatura e calcio. **4** (*mar.*) **C. d'acqua**, serbatoio per l'acqua, sulle navi | **Casse d'aria**, compartimenti stagni nelle lance di salvataggio | **C. d'assetto, d'immersione, di emersione**, serbatoi che, vuotandosi o empiendosi, consentono l'equilibrio, la discesa e l'ascesa dei sommergibili. **5** (*anat.*) Formazione cava, delimitata da pareti ossee o osteo-muscolari | **C. toracica**, scheletro e parti molli che delimitano il torace | **C. del timpano**, cavità dell'orecchio medio. **6** (*mus.*) **C. armonica, di risonanza**, corpo cavo sonoro di alcuni strumenti, quali gli archi, le chitarre e sim., avente lo scopo di amplificare e migliorare i suoni emessi | **C. di risonanza**, (*fig.*) tutto ciò che dà maggior risalto a qlco., amplificandone l'importanza e la diffusione | **C. dell'organo**, somiere | **C. rullante**, tamburo di forma cilindrica allungata e con cassa di risonanza in legno | V. anche *grancassa*. ➡ **ILL. musica.** **7** (*mus.*) **C. acustica**, (*ellitt.*) *cassa*, di uno o più altoparlanti per impianti stereofonici. **8** (*edil.*) **Muro a c. vuota**, muro formato da due elementi di mattoni, pieni o forati, i quali formano un'intercapedine. || **cassàccia, pegg.** | **cassétta, dim.** (V.) | **cassétto, dim. m.** (V.) | **cassóne, accr. m.** (V.).

cassafórma [comp. di *cassa* e *forma*; 1942] **s. f.** (**pl.** *casseförme*) ● (*edil.*) Forma di legno o di metallo in cui viene effettuato un getto di calcestruzzo e che viene rimossa dopo l'indurimento.

cassafòrte [comp. di *cassa* e *forte*, calco sul fr. *coffre-fort*; 1866] **s. f.** (**pl.** *casseförti*) ● Cassetta murata in una parete o armadio metallico, spec. in acciaio, chiusi con serrature di sicurezza per custodire denaro, preziosi e altro.

cassaintegràto o **cassintegràto** [comp. di *cassa* (nel sign. 7) e di *integrato*, part. pass. di *integrare*, con riferimento all'*integrazione* dei salari di cui si fruisce; 1981] **s. m.** (**f.** *-a*); anche **agg.** ● Lavoratore dipendente di un'azienda posto in cassa integrazione.

cassàio [lat. tardo *capsāru(m)*, da *căpsa* 'cassa'; 1830] **s. m.** (**f.** *-a*) **1** Chi fabbrica, vende o ripara casse. **2** Artigiano che fabbrica casse armoniche per strumenti musicali.

cassamàdia [comp. di *cassa* e *madia*; av. 1449] **s. f.** (**pl.** *cassemàdie*) ● Specie di cassa usata come madia. **SIN.** Arcile.

cassaménto [da *cassare*; sec. XIV] **s. m.** ● (*raro*) Cassatura.

cassàndra [dal n. della figlia del re Priamo, la quale, non creduta, prediceva la distruzione di Troia; 1865] **s. f.** ● Persona che è solita fare previsioni catastrofiche, senza che nessuno le presti fede.

cassapànca [comp. di *cassa* e *panca*; av. 1388] **s. f.** (**pl.** *cassapànche* o *cassepànche*) ● Mobile rinascimentale italiano costituito da un cassone munito di dorsale e talvolta di braccioli, usato come sedile e come ripostiglio.

cassàre o (*raro, pop.* o *lett.*) **scassàre (3)** nei sign. 1 e 2 [vc. dotta, lat. tardo *cassāre*, da *căssus* 'vuoto'; sec. XIII] **v. tr.** **1** (*lett.*) Cancellare da un foglio di carta, da una lavagna o sim. ciò che vi è scritto o disegnato: *Scrissi, riscrissi, cassai* (FOSCOLO). **2** Radiare qlcu. da un ruolo | (*raro*) Destituire, licenziare. **3** (*dir.*) Annullare un provvedimento giudiziario, una legge e sim.: *c. una sentenza* | **C. un debito**, estinguerlo.

†**càssaro** ● V. *cassero.*

cassàta [etim. incerta; 1905] **s. f.** **1** Torta tipica della Sicilia, fatta con ricotta e guarnita di dadini di cioccolato e di frutta candita. **2** Gelato di panna con frutta candita.

cassatóio [da *cassare*; 1869] **s. m.** ● Coltellino per raschiare uno scritto.

cassatùra [1564] **s. f.** ● (*raro*) Cancellazione | Cancellatura.

cassàva [sp. *cazabe*, dall'haitiano *cazabi* 'torta di manioca'] **s. f.** **1** (*bot.*) Manioca. **2** (*bot.*) Galletta di tapioca.

cassazióne (1) [dal ted. *Gasse* 'strada' (di orig. germ.), perché in orig. era eseguita all'aria aperta (?); 1826] **s. f.** ● (*mus.*) Composizione strumentale dei secc. XVII e XVIII affine alla serenata.

cassazióne (2) [da *cassare* nel sign. 3; 1355] **s. f.** ● (*dir.*) Annullamento di un provvedimento giurisdizionale: *c. di una sentenza; ricorso per c.* | **Corte di c.**, il supremo organo giurisdizionale | (*ellitt.*) Corte di cassazione: *una sentenza della Cassazione.*

cassazionìsta [da *cassazione (2)*; 1962] **s. m. e f.** (**pl. m.** *-i*) ● Avvocato iscritto nell'albo dei patrocinanti davanti alla Corte di cassazione.

casse /*fr.* kas/ [vc. fr., propr. 'rottura', da *casser* 'rompere', dal lat. *quassāre* 'scuotere' (V. *squassare*)] **s. f. inv.** ● Intorbidimento e alterazione del vino dovuti a modificazioni delle sostanze coloranti per fenomeni di natura fisico-chimica od enzimatica.

casserétto [dim. di *cassero*; 1869] **s. m.** ● Sulle navi mercantili con cassero centrale, cassero di poppa generalmente destinato ad alloggi per il personale di bordo.

càssero o †**càssaro** [ar. *qaṣr* 'castello', dal biz. *kástron*, a sua volta dal lat. *căstrum* 'castello, fortezza'; av. 1300] **s. m.** **1** (*mar.*) Nelle navi mercantili, sovrastruttura che ospita alloggiamenti e sale | **C. di prua**, castello. ➡ **ILL.** p. 2172 TRASPORTI. **2** Cassaforma. **3** (*edil.*) Costruzione in legno o ferro o cemento armato per costruire fondazioni in presenza d'acqua. **4** †Parte più alta e più fortificata di una fortezza. || **casserétto, dim.** (V.).

casseruòla o **casseròla** [fr. *casserole*, dal lat. mediev. *cattia* 'tazza', di etim. incerta; 1771] **s. f.** ● Recipiente di metallo o altro materiale, più fondo del tegame, usato per cucinare. || **casseruolina, dim.**

♦**cassétta** [sec. XIII] **s. f.** **1** Dim. di *cassa*: *una c. di frutta; la c. degli arnesi* | **C. per le api**, arnia | **C. per le lettere**, sistemata lungo le strade e fornita di una fessura in cui si introducono le lettere da impostare, o nell'ingresso di case, per ricevere le lettere in arrivo | **C. delle elemosine**, recipiente chiuso che, nelle chiese, serve per raccogliere oblazioni ed elemosine | **C. da fiori**, fioriera | **Muro a c.**, muro di ripieno, cioè con le pareti tirate a mattoni e stipato nel mezzo di pietra e calcinacci | **Pane a, in c.**, qualità di pane a forma di parallelepipedo usato spec. per toast e tramezzini | **C. di sicurezza**, forziere metallico installato nei locali di una banca, per la custodia di cose e valori, e messo a disposizione dei clienti, dietro pagamento di un canone | **Titolo di c.**, titolo azionario di largo mercato soggetto a rialzi o ribassi relativamente modesti, perciò acquistabile come sicuro investimento a lungo termine. **2** Recipiente aperto su un lato, posto sotto la tramoggia per regolare la caduta del grano nella macina. **3** Congegno o apparecchio simile a una piccola cassa | **C. di derivazione**, di distribuzione dell'energia elettrica | **C. di resistenza**, contenente campioni tarati di resistenza, usata per le misure di resistenze elettriche | **C. di distribuzione**, in telefonia, organo che provvede al collegamento tra i cavi secondari e le linee di abbonato che raggiungono direttamente l'apparecchio da servire | **C. di manovra**, contenente le leve di comando degli aghi di uno scambio ferroviario. **4** Nei banchi dei negozi, piccolo vano o cassetto per gli incassi giornalieri | (*fig.*) **Far buona c.**, guadagnare bene | (*est.*) Incasso di un negozio, e sim. | (*fig.*) Nel gergo teatrale e cinematografico, l'incasso complessivo di un'opera rappresentata o proiettata | (*fig.*) **Spettacolo, film di c.**, con finalità commerciali e non artistiche. **5** Cavità, incavo | (*mus.*) **C. armonica**, carillon. **6** Sedile per il cocchiere, nella parte anteriore della carrozza: *sedere a c.; montare, prendere posto a c.* **7** (*tosc.*) Cassetto. **8** Caricatore per registrazioni di suoni e immagini. || **cassettàccia, pegg.** | **cassettina, dim.**

cassettàta [av. 1921] **s. f.** ● Quantità di roba che può essere contenuta in una cassetta o in un cassetto.

cassettièra [1965] **s. f.** ● Mobile costituito da più cassetti sovrapposti | Scomparto di mobile costituito da una serie di cassetti sovrapposti: *armadio con c.*

cassettìsta [1942] **s. m. e f.** (**pl. m.** *-i*) **1** Chi ha in affitto presso la banca una cassetta di sicurezza. **2** (*borsa*) Chi investe in titoli azionari con l'intenzione di conservarli a tempo indeterminato.

♦**cassétto** [1503] **s. m.** **1** Dim. di *cassa*. **2** Cassetta quadrata o rettangolare con o senza coperchio, fornita di maniglia e incastrata in un mobile ove scorre orizzontalmente | **Manoscritto, libro, romanzo nel c.**, scritto e non pubblicato | (*fig.*) **Sogni nel c.**, aspirazioni segrete, intime. **SIN.** Tiretto. **3** **C. di distribuzione**, organo di forma simile a quella di un cassetto, caratteristico di un tipo di distribuzione nelle motrici a vapore alternative. || **cassettino, dim.**

cassettóne [da *cassetto*; 1536] **s. m.** **1** Mobile a cassetti di forma abitualmente quadrangolare | Canterano | Comò. **2** Motivo di decorazione architettonica consistente in un riquadro incavato, usato per rivestire soffitti piani, volte o cupole: *soffitto a cassettoni.* **SIN.** Lacunare. || **cassettoncino, dim.**

càssia [vc. dotta, lat. *căsia(m)*, nom. *căsia*, dal gr. *kasía*, di orig. orient.; av. 1333] **s. f.** ● Genere delle Papilionacee comprendente piante non spinose erbacee, arbustive o arboree, con foglie alterne composte e fiori gialli in grappoli (*Cassia*) | **C. fistula**, albero delle Papilionacee i cui frutti hanno una polpa scura usata come lassativo | **C. romana**, gaggia.

càsside [vc. dotta, lat. *càsside(m)* 'elmo di metallo', di orig. etrusca (?); 1340] **s. f.** *1* Copricapo difensivo con visiera abbassabile, usato dai Romani. *2* Genere di Molluschi dei Gasteropodi le cui conchiglie sono usate spec. per la fabbricazione di cammei (*Cassis*).

cassìdico o **chassìdico** o **hasìdico** [1933] **A agg.** (pl. m. *-ci*) ● Del cassidismo. **B s. m.** (f. *-ca*) ● Seguace del cassidismo.

cassidìșmo o **chassidìșmo** o **hasidìșmo** [dall'ebr. *hăsîdh* 'pio'; 1932] **s. m.** ● Movimento mistico popolare ebraico, caratterizzato da un intransigente rigore morale, diffuso dalla seconda metà del Settecento fra i ghetti dell'Europa orientale, dove si espresse anche con una ricca fioritura letteraria di canti e racconti.

cassière [fr. *caissier*, da *caisse* 'cassa'; 1383] **s. m.** (f. *-a*) ● Chi, in un negozio, in una banca e sim., è addetto all'incasso e al pagamento di somme e ha la responsabilità delle operazioni effettuate.

cassinèșe [da *(Monte)cassino*; sec. XVI] **A agg.** *1* Dell'Abbazia di Montecassino. *2* Dell'ordine benedettino di Montecassino: *monaco c.* **B s. m.** ● Monaco benedettino della congregazione che ha la sua sede abbaziale a Montecassino.

cassino (1) [dal lat. *capsu(m)* 'cassa della carrozza'; 1781] **s. m.** *1* Un tempo, carretto usato dall'accalappiacani o per portare via la spazzatura. *2* Ciascuna delle assi che vengono aggiunte verticalmente alle sponde del carro per trattenere un carico (terra, letame, ecc.) che può cadere. *3* Cassa da calessi, barroccini e sim.

cassino (2) [da *cassare*, nel sign. 1; 1942] **s. m.** ● Cancellino.

cassintegràto ● V. *cassaintegrato*.

càssio [da *cassia* (?); 1887] **s. m.** ● Colore rosso intenso, ottenuto aggiungendo alcune gocce di soluzione di cloruro d'oro a una soluzione di cloruro stannoso: *porpora di c.*

cassiopèo o **cassiopèio** [dal n. mitico di *Cassiopea*, eroina della mitologia greca; 1955] **s. m.** ● (*chim., raro*) Lutezio.

cassis /fr. ka'sis/ [vc. fr., prob. dal lat. *càsia(m)* 'cassia' per le affini proprietà terapeutiche] **s. m. inv.** (pl. fr. inv.) ● (*bot.*) Ribes nero | Liquore che si ottiene dalla macerazione alcolica delle bacche di ribes nero.

cassiterite [fr. *cassitérite*, dal gr. *kassíteros* 'stagno', di etim. incerta; 1940] **s. f.** ● (*miner.*) Diossido di stagno, in cristalli pesanti, grigi, spesso geminati.

†**càsso** (1) [lat. *cǎssu(m)* 'vuoto', di etim. incerta; av. 1294] **agg.** *1* Inutile, vano. *2* Sfornito, vuoto.

†**càsso** (2) [1313] **part. pass.** di *cassare*; anche **agg.** ● Nei sign. del v. | Cancellato | Rimosso.

†**càsso** (3) [lat. *capsu(m)* 'cassa della carrozza, gabbia'. V. *cassa*; av. 1292] **s. m.** ● (*lett.*) Cassa toracica, busto.

càsso (4) ● V. *cascio*.

cassòla [dial. lomb. *cassoela*, propr. 'casseruola'] **s. f.** ● (*cuc.*) Tipico piatto lombardo a base di carne suina, cucinata in poco brodo con verza, altre verdure e spezie.

cassóne [1353] **s. m.** *1* Accr. di *cassa*. *2* Mobile a forma di cassa spesso riccamente decorato, assai diffuso nel Medioevo e nel Rinascimento e usato inizialmente come baule, armadio, cassaforte, sedile, letto. *3* Telaio in legno o muratura per semenzai o letti caldi. *4* Particolare cassaforma, costruita fuori acqua e gener. senza fondo, impiegata nella costruzione di fondazioni subacquee o in terreni acquitrinosi. *5* Carro per trasporto delle munizioni di artiglieria. *6* Vano aperto dell'autocarro, destinato al carico: *c. ribaltabile*. ➡ **ILL.** p. 2113 AGRICOLTURA. *7* Intercapedine tra i due teli della vela del parapendio che, durante il volo, si gonfia d'aria. *8* (*mar.*) *Cassoni di galleggiamento*, camere a tenuta stagna, ricavate nello scafo di una deriva, che assicurano la galleggiabilità all'imbarcazione anche in caso di rovesciamento. *9* (*med.*) ***Malattia dei cassoni***. V. *malattia*. *10* †Arca, sarcofago. ‖ **cassonàccio**, **pegg.** | **cassoncèllo**, **dim.** | **cassoncino**, **dim.** | **cassonètto**, **dim.** (V.).

cassonètto [av. 1571] **s. m.** *1* Dim. di *cassone*. *2* Scatola parallelepipeda, sotto l'architrave delle finestre, per contenere le persiane avvolgibili o celare il meccanismo di scorrimento di una tenda. *3* Contenitore mobile di grande capienza, collocato nelle strade per la raccolta dei rifiuti.

càssula ● V. *capsula*.

cast /kast, *ingl.* khæ'st/ [ingl., da *to cast* 'assegnare le parti agli attori', di etim. incerta; 1942] **s. m. inv.** ● Complesso degli attori partecipanti a un film o a uno spettacolo.

càsta [port. *casta* 'razza pura', dal lat. *cǎstu(m)* 'casto'; 1583] **s. f.** *1* Ciascuno dei gruppi sociali che, rigidamente separati tra loro in base a leggi religiose o civili, inquadrano in un sistema sociale fisso i vari strati della popolazione: *la c. dei bramini*. *2* (*est., spreg.*) Gruppo di persone che, caratterizzate da elementi comuni, hanno o pretendono il godimento esclusivo di determinati diritti o privilegi: *quel Paese è dominato da una c. di militari*. *3* (*zool.*) Tra gli Insetti sociali, gruppo di individui diversi per morfologia e fisiologia che coabitano e collaborano tra loro.

♦**castàgna** [lat. *castănea(m)*, dal gr. *kástanon*, prob. di orig. preindeur.; 1313] **s. f.** *1* Frutto del castagno, costituito da un pericarpo coriaceo di color bruno lucente contenente una polpa bianca e farinosa: *andare nel bosco a raccogliere le castagne*; *cuocere le castagne*; *farina di castagne* | ***Castagne lesse***, ballotte | ***Castagne arrostite***, caldarroste | ***Castrare le castagne***, fenderne il guscio perché non scoppino mentre cuociono | †***A scorza di c.***, colore bruno rossiccio come la buccia della castagna | (*fig.*) ***Prendere qlcu. in c.***, coglierlo in fallo | (*fig.*) ***Cavar, togliere le castagne dal fuoco per qlcu.***, liberarlo da un pericolo, un impaccio e sim. a proprio rischio | (*raro, fig.*) ***Cavar la c. dal fuoco con le zampe del gatto***, fare qlco. a proprio vantaggio lasciando i pericoli agli altri. *2* (*bot.*) ***C. d'acqua***, pianta acquatica delle Enoteracee con foglie sommerse opposte, fiori ascellari bianchi, frutto coriaceo e spinoso commestibile (*Trapa natans*). **SIN.** Trapa | ***C. di terra***, bulbocastano | ***C. d'India***, frutto amaro dell'ippocastano. *3* ***C. dell'argano***, dente che gli impedisce di sfuggire indietro. *4* Nel pugilato, pugno di notevole potenza | Nel calcio, tiro secco e violento in porta. *5* (*zool.*) Produzione cornea rugosa irregolarmente ovale, vestigia del primo dito, che si trova nella faccia mediale delle gambe del cavallo, subito sopra le ginocchia e sotto i garretti. **SIN.** Castagnetta. *6* †***Far le castagne***, fare schiocchi con le dita; porre il pollice tra l'indice e il medio in segno di scherno. *7* (*fig.*) †Cosa di poco o di nessun valore | ***Meno che una c.***, nulla. ‖ **castagnàccia**, **pegg.** | **castagnètta**, **dim.** (V.) | **castagnòla**, **castagnuòla**, **dim.** (V.) | **castagnùzza**, **dim.**

castagnacciàio [av. 1936] **s. m.** (f. *-a*) ● (*tosc.*) Chi fa e vende castagnacci.

castagnàccio [av. 1449] **s. m.** ● Schiacciata di farina di castagne al forno, spesso con zibibbo, semi di finocchio, pinoli, mandorle. **SIN.** Migliaccio, pattona.

castagnàio [1803] **s. m.** (f. *-a*) *1* Chi coltiva un castagneto. *2* Raccoglitore di castagne. *3* Chi vende castagne.

castagnatùra [1908] **s. f.** ● Raccolta delle castagne | (*est.*) L'epoca di tale raccolta.

castagnéto [lat. *castanētu(m)*, da *castănea* 'castagna', rifatto sull'it. *castagna*; 1340] **s. m.** ● Luogo piantato a castagni | Bosco di castagni.

castagnétta (1) [1941] **s. f.** *1* Dim. di *castagna*. *2* Castagnola, petardo. *3* (*zool.*) Castagna.

castagnétta (2) [sp. *castañeta*, dim. di *castaña* 'castagna', dallo scoppio che fanno le castagne nella brace; 1623] **s. f.** *1* (*spec. al pl.*) Nacchera. *2* (*spec. al pl.*) Schiocco prodotto strisciando con forza il dito pollice contro il medio.

†**castagnìccio** [av. 1349] **agg.** ● Che tende al castano, detto di colore.

castagnino [av. 1569] **agg.** *1* (*raro*) Castano. *2* Detto di terreno che si presta alla coltivazione del castagno.

castàgno (1) ● V. *castano*.

castàgno (2) [da *castagna*; 1353] **s. m.** *1* Albero delle Fagacee con scorza scura, foglie caduche, picciolate, lanceolate, frutti commestibili contenuti in numero di due o tre entro un involucro spinoso detto riccio (*Castanea sativa*) | ***C. d'India***, ippocastano. ➡ **ILL.** **piante**/2. *2* Legno dell'albero omonimo, molto duro, usato per travi, pali e come combustibile.

castagnòla o **castagnuòla** [1863] **A s. f.** *1* (*raro*) Dim. di *castagna*. *2* Petardo di carta con polvere pirica, per fuochi artificiali. **SIN.** Castagnetta. *3* Frittella dolce, la cui forma ricorda vagamente quella delle castagne, tipica della Romagna. *4* Pesce osseo dei Perciformi, ovale, bruno, con riflessi argentei o dorati (*Helisates chromis*). **B s. f. al pl.** ● Nacchere, castagnette.

castagnoléta [1803] **s. f.** ● Bosco di castagnoli.

castagnòlo o (*lett.*) **castagnuòlo** [av. 1363] **s. m.** *1* Castagno giovane. *2* Bastone di castagno.

castagnuòla ● V. *castagnola*.

castagnuòlo ● V. *castagnolo*.

castàlda [1761] **s. f.** ● Moglie del castaldo.

castalderìa [av. 1698] **s. f.** ● Carica, ufficio e abitazione del castaldo | Fattoria.

†**castaldìa** [1557] **s. f.** ● Castalderia.

castàldo o **gastàldo** [longob. *gastald* 'fattore'; sec. XIII] **s. m.** (f. *-a* (V.)) *1* In epoca longobarda, dignitario con funzioni di amministratore per conto del re. *2* In epoca medievale, capo di un'arte. *3* Un tempo, amministratore dei beni di una famiglia o di un monastero. *4* Fattore | (*region.*) Lavoratore agricolo. ‖ **castaldùccio**, **dim.**

castàle [da *casta*; 1843] **agg.** ● Relativo a una casta: *privilegi castali*.

castàlio [vc. dotta, lat. *castàliu(m)*; 1340] **agg.** ● (*lett.*) Della fonte Castalia | (*est.*) Pertinente alle Muse, ad Apollo e, in generale, alla poesia: *le sue dolci rime, / tutte c. nettare stillanti* (PINDEMONTE).

castàneo ● V. *castano*.

castanìcolo [comp. del lat. *castănea* 'castagna' e di *-colo*; 1955] **agg.** ● Che si riferisce alla coltivazione del castagno.

castanicoltùra [comp. del lat. *castănea* 'castagna' e di *coltura*; 1962] **s. f.** ● Coltivazione del castagno.

♦**castàno** o (*raro*) **castàgno** (1), (*lett.*) **castàneo** [dal lat. *castănea(m)* 'castagna'; av. 1595] **A agg.** ● Che ha un colore marrone rossiccio simile a quello della buccia della castagna matura: *capelli castani*. **B s. m.** ● Il colore castano: *il castaneo cupo della capellatura* (GOZZANO).

castellàna [av. 1400] **s. f.** ● Moglie del castellano | Signora del castello.

†**castellanìa** [av. 1547] **s. f.** ● Dignità, governo del castellano | Territorio posto sotto la giurisdizione di un castellano.

castellàno (1) [lat. *castellānu(m)*, agg., 'del castello'; sec. XIII] **A s. m.** (f. *-a* (V.)) *1* Nell'ordinamento feudale e comunale, responsabile della custodia di un castello, signore del castello. *2* Feudatario. *3* (*raro*) Abitante di un castello. **B agg.** ● Che si riferisce al castello.

castellàno (2) **A agg.** ● Di Città di Castello, in Umbria | Di ogni località in cui compaia il nome Castello. **B s. m.** (f. *-a*) ● Abitante, nativo di Città di Castello.

castellàno (3) o **castigliàno** [dallo sp. *castellano* 'della Castiglia'] **s. m.** ● Moneta d'oro medievale della Castiglia.

castellànza [av. 1750] **s. f.** ● (*raro*) Castellania.

castellàre (1) [av. 1348] **s. m.** *1* (*st.*) Territorio sottoposto a un castello. *2* Castello in rovina.

†**castellàre** (2) [sec. XIV] **A v. tr.** ● Costruire un castello | Fornire le navi dei casseri. **B v. intr.** ● Accamparsi.

castellatùra [da *castello*; 1965] **s. f.** ● Ossatura in legno posta a rinforzo dei mobili.

castellétto [sec. XIII] **s. m.** *1* Dim. di *castello*. *2* Torre, per lo più in traliccio di profilati metallici, eretta alla bocca dei pozzi di miniera per sorreggere i rinvii delle funi di estrazione. *3* Impalcatura di legno o di metallo usata dai muratori per lavorare a una certa altezza. *4* (*tipogr.*) Nella composizione in piombo, blocchetto a vite che scorre lungo il compositoio e segna la giustezza della riga tipografica. *5* (*banca*) Registro o schedario in cui le banche iscrivono l'ammontare del fido concesso per sconto di cambiali, a ogni cliente | Ammontare del fido concesso da una banca a un cliente, utilizzabile spec. per sconto di cambiali: *cifra di c.* *6* Nell'amministrazione del gioco del lotto, registro in cui sono riportate le somme giocate e le vincite presunte.

castellière [da *castello*; 1877] **s. m.** ● Villaggio preistorico, fortificato, costruito in luogo elevato.

castellina [av. 1802] **s. f.** *1* Dim. di *castello*. *2* Mucchio di quattro noci o nocciole nel gioco del nocino.

♦**castèllo** [lat. *castěllu(m)*, dim. di *cǎstrum* 'fortezza'; sec. XIII] **s. m.** (pl. *castèlli* **m.**, †*castèlla* **f.**)

1 Costruzione medievale adibita a residenza abituale del signore, munita di torri e mura a scopo difensivo. SIN. Maniero. ▸ ILL. **castello medievale**. **2** (est.) Dimora signorile che imita nella struttura il castello medievale, ma senza funzione difensiva, eretta spec. fuori dai centri urbani | (fig.) *Castelli in aria*, progetti fantastici e irrealizzabili | *C. di carte*, fatto con carte da gioco, per divertimento | *Crollare, cadere come un c. di carte*, (fig.) come costruzione fragile, priva di fondamenta | (fig.) Concatenazione di diversi elementi: *un c. di bugie*; *demolire il c. accusatorio*. **3** Fortezza posta in luogo dominante a difesa di una posizione. **4** Paese, borgo in origine circondato da mura e fortificazioni (anche nei toponimi): *Castello di Fiemme; Castelnuovo*. **5** (mar.) Parte più elevata della nave verso prua. **6** Antica macchina da assedio in legno, a forma di torre che, carica di armati, veniva accostata alle mura per abbatterle o superarle. **7** In varie tecnologie, struttura, impalcatura od ossatura in legno o metallo adibita ai più diversi usi: *il c. di un maglio, di una gru* | *C. di estrazione*, castelletto | *C. motore*, struttura di un aereo che sostiene uno o più motori propulsori | *C. dei bachi da seta*, telaio per il loro allevamento | *Letto a c.*, a due o più lettiere sovrapposte | *Colonna idraulica a c.*, serbatoio d'acqua sopraelevato per rifornitura delle caldaie. **8** Impalcatura che sostiene i trampolini e le piattaforme per i tuffi e in ginnastica gli anelli: *c. degli anelli* | Impalcatura di tubi metallici, posta spec. nei parchi, su cui i bambini possono arrampicarsi. **9** (sport) Nel biliardo, complesso dei birilli dislocati al centro del tavolo in alcuni giochi di origine italiana: *abbattere tutto il c.* ‖ **castellàccio**, pegg. | **castellàzzo**, pegg. | **castellétto**, dim. (V.) | **castellìna**, dim. f. (V.) | **castellìno**, dim. | **castellòtto**, accr. | **castellùccio**, **castellùzzo**, dim.

castellologìa [comp. di *castello* e *-logia*] s. f. ● Branca della storia dell'architettura che studia i castelli e le opere fortificate in genere.

castelmàgno [da *Castelmagno*, comune in provincia di Cuneo, luogo di produzione] s. m. inv. ● (cuc.) Formaggio di latte vaccino a pasta semidura e cruda, tipico della provincia di Cuneo.

castigàbile [vc. dotta, lat. *castigābile(m)* 'che merita un castigo', da *castigāre* 'castigare'; 1925] agg. ● Che si può castigare.

castigamàtti o (tosc.) **gastigamàtti** [comp. di *castigare* e il pl. di *matto*; 1514] **s. m. inv.** (anche f. nel sign. 2) **1** Bastone con cui, anticamente, si tenevano a bada i pazzi nei manicomi. **2** (fig., lett.) Mezzo o rimedio per punire chi si ribella alla ragione | (scherz.) Persona capace di ridurre alla ragione gli individui più turbolenti: *se non la smettete, chiamo il c.!*

castigàre o (tosc.) **gastigàre** [lat. *castigāre*, all'orig. 'rendere puro, casto qualcuno', da *cāstus* 'casto'; sec. XIII] **A v. tr.** (io *castigo, tu castìghi*) **1** Infliggere una punizione a scopo disciplinare | †Criticare, rimproverare, ammaestrare | (lett.) Mortificare, reprimere: *sono esortati gli spettatori a c. la carne e a pensare alla vita eterna* (DE SANCTIS). SIN. Punire. **2** (lett.) Emendare, perfezionare: *c. il proprio stile, le proprie rime*. **3** (raro) Potare, sfrondare: *c. i pioppi, le viti*. **4** †Vincere in durezza un metallo, lavorarlo. **B v. rifl.** ● †Emendarsi.

castigatézza o †**gastigatézza** [da *castigato*; 1794] **s. f.** ● Irreprensibilità e sobrietà di vita, costumi, comportamento. SIN. Moderazione, temperanza. CONTR. Licenziosità.

castigàto [av. 1347] **part. pass.** di *castigare*; anche agg. **1** Nei sign. del v. **2** (fig.) Irreprensibile, morigerato: *è una fanciulla di costumi castigati* | Corretto, sobrio: *stile c., una prosa castigata*. ‖ **castigataménte**, avv.

castigatóre o (tosc.) **gastigatóre** [vc. dotta, lat. *castigatōre(m)*, da *castigāre* 'castigare'; 1336 ca.] agg.; anche **s. m.** (f. *-trice*) ● Che (o Chi) castiga.

†**castigazióne** o †**gastigazióne** [vc. dotta, lat. *castigatiōne(m)*, da *castigāre* 'castigare'; av. 1294] s. f. ● Castigo | Correzione.

castigliàno [1476] **A** agg. ● Della regione spagnola della Castiglia | *La lingua castigliana*, (per anton.) lo spagnolo. **B s. m. 1** (f. *-a*) Abitante della Castiglia. **2** V. *castellano* (2). **C s. m.** solo sing. ● Dialetto originariamente parlato in Castiglia, divenuto poi lingua ufficiale della Spagna.

†**castiglióne** [lat. mediev. *castellione(m)*, da *castēllum* 'castello'; 1618] **s. m.** ● Grosso paese o castello cinto da mura.

castìgo o (tosc.) **gastìgo** [da *castigare*; 1476] **s. m.** (pl. *-ghi*) ● Punizione inflitta a scopo correttivo: *dare un c.*; *subire il meritato c.* | (fam.) *Mettere in c.*, sottoporre a una punizione | *Essere, stare in c.*, subire una punizione. SIN. Lezione, penitenza | *C. di Dio*, grave calamità. | (fam., scherz.) persona molesta: *quel bambino è un vero c. di Dio*.

castimònia [vc. dotta, lat. *castimōnia(m)*, da *cāstus* 'casto'; 1499] **s. f.** ● (lett.) Astinenza, castità.

†**castimoniàle** [vc. dotta, lat. tardo *castimoniāle(m)*, da *castimōnia*. V. *castimonia*; 1340 ca.] agg. ● Che preserva la castità.

castìna [fr. *castine*, dal ted. *Kalstein*, propr. 'pietra (Stein) di calce (Kalk)'; 1962] **s. f.** ● (metall.) Fondente calcareo per altoforno.

casting /ingl. ˈkɑːstɪŋ/ [vc. ingl., da *to cast* 'assegnare le parti agli attori'; nel sign. 2, accorc. di *casting director* 'distributore delle parti'; 1980] **s. m. inv.** (anche f. nel sign. 2) **1** Distribuzione delle parti di un film, di una rappresentazione teatrale o di uno spettacolo televisivo. **2** Chi è incaricato di tale distribuzione; in particolare, chi ha il compito di scegliere gli attori comprimari e generici.

castità o †**castitàde**, †**castitàte** [lat. *castitā-te(m)*, da *cāstus* 'casto'; av. 1292] **s. f. 1** Caratteristica di chi (o di ciò che) si mantiene casto: *c. di vita, di pensieri* | *Voto di c.*, uno dei voti richiesti ai sacerdoti secolari e regolari e alle monache, consistente nella rinunzia a ogni piacere sessuale. SIN. Purezza. CONTR. Lussuria. **2** (lett., fig.) Purezza di lingua, di stile.

càsto [lat. *cāstu(m)*, di orig. indeur.; av. 1226] agg. **1** Puro, continente, sobrio, spec. in senso sessuale: *la casta sposa; affetti casti*; *'l saggio e c. Iosef* (PETRARCA) | *Orecchie caste, occhi casti*, che non sopportano spettacoli sconvenienti | *La casta Susanna*, (scherz.) donna che ostenta la sua castità (dal nome del personaggio biblico falsamente accusato di adulterio) | (iron.) *Fare il c. Giuseppe, la casta Susanna*, fingersi virtuosi. CONTR. Lussurioso. **2** (lett.) Semplice, castigato: *stile, arredamento c.* ‖ **castaménte**, avv.

castóne [ant. fr. *caston*, dal germ. *kasto* 'scatola'; av. 1406] **s. m. 1** Sede per pietra preziosa costituita da una incavatura e da un contorno di metallo da addossarsi, mediante l'incastonatura, sulla pietra per fermarla. **2** In orologeria, anello metallico in cui è incastonato un rubino con funzione di cuscinetto.

castòreo o **castòrio**, **castòrio** [lat. *castōreu(m)*, dal gr. *kastóreion*; av. 1320] **s. m.** ● Sostanza, un tempo usata in medicina e oggi in profumeria, secreta da ghiandole situate presso i genitali del castoro.

castorìno [da *castoro*; 1830] **s. m. 1** Nutria. **2** Pelliccia fornita da questo animale. **3** Tipo di tessuto misto scadente e di basso prezzo, che ha in genere ordito di cotone e trama di lana meccanica. **4** Tessuto di lana morbido e rasato, a imitazione della pelliccia. SIN. Pannino.

castòrio ● V. *castoreo*.

castòro [lat. *castōre(m)*, nom. *cāstor*, dal gr. *kástōr*, forse di orig. preindeur.; sec. XIII] **s. m. 1** Genere di Mammiferi dei Roditori con folto pelame bruno, coda piatta squamosa e zampe posteriori palmate (*Castor*). ▸ ILL. **animali**/11. **2** Pelliccia fitta e morbida, di colore scuro, fornita dall'animale omonimo. **3** Pelo di castoro, utilizzato per feltri: *cappello di c.* **4** V. *castoreo*.

castracàni [comp. di *castra(re)* e il pl. di *cane*; av. 1568] **s. m. e f. inv. 1** (disus.) Chi castra i cani e gli altri animali. **2** (spreg.) Cattivo chirurgo.

castrametazióne [dal lat. tardo *castrametāri* 'porre l'accampamento', comp. di *cāstra* 'accampamento' e *metāri* 'delimitare'; av. 1588] **s. f.** ● Anticamente, arte di disporre accampamenti militari.

castrànte [1977] **part. pres.** di *castrare*; anche agg. **1** Nei sign. del v. **2** (fig.) Che blocca psicologicamente, che impedisce l'esplicazione di un'attività, di una funzione e sim.: *un'esperienza c.*

castrapòrci [comp. di *castra(re)* e il pl. di *porco*; av. 1556] **s. m. e f. inv. 1** Chi esercita il mestiere di castrare i maiali. **2** (spreg.) Chirurgo inesperto.

castràre [lat. *castrāre*, di orig. incerta; av. 1348] **v. tr. 1** Rendere un animale o un essere umano incapace di riprodursi asportando le ghiandole genitali o rendendole atrofiche. **2** *C. le castagne*, inciderle prima di arrostirle perché non scoppino. **3** (fig.) Togliere vitalità, originalità a qlcu. o qlco.: *non lasciarsi snervare … c. dalla felicità, o rammollire dalle delizie* (BARTOLI). **4** (fig., lett.) Censurare.

castràto [av. 1313] **A part. pass.** di *castrare*; anche agg. **1** Nei sign. del v. **2** (fig.) Di carattere debole o effeminato. **3** (fig.) Inibito, frustrato. **B s. m. 1** Animale o persona incapace di riprodursi perché privo di ghiandole genitali funzionanti. **2** Agnello castrato, spec. macellato: *coscio di c.* | (est.) Carne di agnello castrato: *c. in umido*. **3** Cantante evirato, presente sulle scene fino al sec. XVIII per interpretare ruoli femminili. ‖ †**castratóccio**, pegg. | †**castratèllo**, dim. | †**castratìno**, dim.

castratóio [lat. tardo *castratōriu(m)*, agg. 'che serve alla castrazione', da *castrāre* 'castrare'; 1340 ca.] **s. m.** ● Coltello per castrare gli animali.

castratóre [vc. dotta, lat. tardo *castratōre(m)*, da *castrāre* 'castrare'; av. 1484] **s. m.** (f. *-trice*) **1** Chi castra animali. **2** (fig.) Censore.

castratùra [vc. dotta, lat. tardo *castratūra(m)*, da *castrāre* 'castrare'; 1340 ca.] **s. f.** ● Il castrare, il

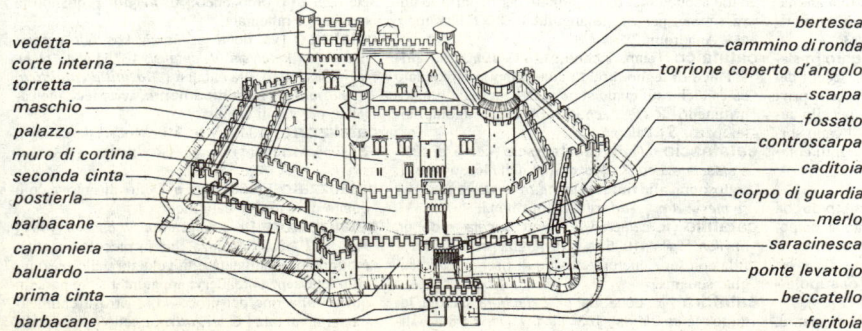

castello medievale

- vedetta
- corte interna
- torretta
- maschio
- palazzo
- muro di cortina
- seconda cinta
- postierla
- barbacane
- cannoniera
- baluardo
- prima cinta
- barbacane
- bertesca
- cammino di ronda
- torrione coperto d'angolo
- scarpa
- fossato
- controscarpa
- caditoia
- corpo di guardia
- merlo
- saracinesca
- ponte levatoio
- beccatello
- feritoia

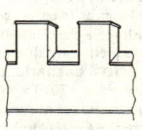

merlo guelfo

merlo ghibellino

venire castrato (*anche in senso fig.*).

castrazióne [vc. dotta, lat. *castratiōne(m)*, da *castrāre* 'castrare'; 1550] s. f. *1* Operazione del castrare. *2* (*bot.*) Asportazione degli stami dai fiori o della gemma terminale dai germogli. *3* (*psicoan.*) ***Complesso di c.***, complesso collegato a quello di Edipo, che accompagna la scoperta delle differenze anatomiche fra i sessi, per cui il bambino teme di venire castrato dal padre per il suo amore verso la madre e la bambina vive l'assenza del pene come una menomazione. *4* (*fig.*, *gener.*) Inibizione, frustrazione.

castrènse [vc. dotta, lat. *castrēnse(m)*, da *căstra* 'accampamento'; av. 1292] agg. ● Che si riferisce al campo militare e all'esercito | ***Vescovo c.***, che ha giurisdizione sui cappellani militari | ***Corona c.***, in premio ai soldati che per primi entravano nel campo nemico.

castrino [da *castrare*; 1869] s. m. *1* (*tosc.*) Piccolo coltello per castrare le castagne | (*est.*) Coltello di cattivo taglio. *2* Capretto, agnello o puledro castrato. *3* Chi per mestiere castra gli animali.

castrismo [dal n. dell'uomo politico cubano F. *Castro* (1927); 1963] s. m. ● Ideologia e prassi politica, di tipo comunista, che si ispira alla rivoluzione cubana di F. Castro.

castrista [1963] **A** agg. (pl. m. *-i*) ● Che si riferisce al castrismo. **B** s. m. e f. (pl. m. *-i*) ● Fautore del castrismo.

càstro [vc. dotta, lat. *căstru(m)* 'castello, fortezza' (V. *castrametazione*); av. 1367] s. m. ● (*raro*) Accampamento militare romano.

castronàggine [da *castrone*; 1526] s. f. ● (*pop.*) Balordaggine.

castróne [da *castrare*; 1292] s. m. *1* Agnello o puledro castrato. *2* Cavallo evirato per adattarlo meglio a certi tipi di corse, spec. allo steeple-chase. *3* (*fig.*, *pop.*) Persona sciocca, ignorante. || **castronàccio**, pegg. | **castroncèllo**, dim. | **castroncino**, dim.

castroneria [da *castrone*; 1513] s. f. ● (*pop.*) Balordaggine, sciocchezza: *dire, fare una c.* | Sproposito, sbaglio grossolano.

casual /ˈkɛʒwal, *ingl.* ˈkhæʒuəl/ [vc. ingl., propr. 'casuale', quindi 'trascurato, alla buona'; 1978] **A** agg. inv. ● Detto di un genere di abbigliamento libero e disinvolto, di taglio e tono giovanile e piuttosto sportivo: *moda, abbigliamento c.*; *maglieria, pantaloni c.* **B** s. m. inv. ● Genere di abbigliamento casual: *salone, mercato del c.* | (*est.*) Capo di abbigliamento casual: *un c. di pelle, di velluto.* **C** in funzione di avv. ● In modo casual: *abitualmente veste c.*

casuàle [vc. dotta, lat. tardo *casuāle(m)*, da *căsus* 'caso'; 1321] agg. ● Dovuto al caso: *incontro c.* | (*dir.*) ***Condizione c.***, in cui il verificarsi dell'evento dipende dal caso o dalla volontà di un terzo estraneo al negozio giuridico cui la condizione è apposta. SIN. Accidentale, fortuito, occasionale. || **casualménte**, avv. Per caso.

casualismo [1892] s. m. ● Concezione filosofica secondo cui l'organizzazione e l'ordinamento della materia sono dovuti al fortuito incontro di forze naturali.

casualità [av. 1565] s. f. *1* Caratteristica di ciò che è casuale: *la c. dei vari fatti concomitanti.* SIN. Accidentalità, contingenza. *2* Caso: *accadere, verificarsi per c.*

casualizzàre [1986] v. tr. ● Rendere casuale | Randomizzare | Considerare qlco. come dovuto esclusivamente al caso.

Casuarifórmi [comp. di *casuario* e *-forme*; 1965] s. m. pl. (sing. *-e*) ● Nella tassonomia animale, ordine di Uccelli non volatori con ali molto ridotte e piedi a tre dita (*Casuariformes*).

casuàrio o **casoàrio**, **casoàro**, **casuàro** [malese *kasuwārī*; 1797] s. m. ● Genere di Uccelli dei Casuariformi, corridori, inetti al volo perché privi di carena (*Casuarius*) | ***C. dall'elmo***, uccello australiano dei Casuariformi, nero, con il capo sormontato da una sporgenza a elmo e bargigli colorati (*Casuarius casuarius*).

casuista ● V. *casista*.

càsula [vc. dotta, lat. tardo *căsula(m)*, prob. da *căsa* 'capanna', perché protegge tutto il corpo; 1793] s. f. ● Pianeta del sacerdote.

casùpola o **casìpola**, †**casìpula** [da *casa*; av. 1342] s. f. ● Casa piccola e modesta. || **casupolétta**, dim. | **casupolina**, dim.

càsus bèlli [loc. lat., propr. 'occasione di guerra'; 1892] loc. sost. m. inv. (pl. lat. inv.) *1* Atto o evento in grado di provocare l'inizio di una guerra fra due Stati. *2* (*fig.*, *scherz.*) Motivo di attrito, contrasto, litigio | ***Fare di qlco. un casus belli***, drammatizzare, ingigantire una questione da poco.

càta- [dal gr. *katá* 'giù'] primo elemento ● In parole composte dotte o scientifiche significa 'verso il basso', 'giù' o 'conforme a', 'relativo a': *catadiottro, catafascio, catatonia.*

catàbasi [vc. dotta, lat. tardo *catăbasi(m)*, nom. *catăbasis*, dal gr. *katábasis*, comp. di *katá* 'giù' e *básis* 'cammino'; av. 1939] s. f. inv. *1* Presso gli antichi greci, discesa dell'anima agl'Inferi. *2* (*lett.*) Ritirata.

catabàtico [1956] agg. (pl. m. *-ci*) ● (*geogr.*) Detto di vento locale provocato dalla discesa, per gravità lungo i pendii montuosi, di masse d'aria fredda. CONTR. Anabatico.

catabòlico [dal gr. *katabolḗ* 'il gettare in basso', da *katabállō* 'io getto giù'; 1956] agg. (pl. m. *-ci*) ● Relativo a catabolismo: *fase catabolica.*

catabolismo [dal gr. *katabállein* 'gettare giù'. V. *catabolico*; 1908] s. m. ● (*biol.*) Complesso dei fenomeni attraverso i quali gli organismi degradano i materiali cellulari in sostanze più semplici che vengono espulse. SIN. Disassimilazione.

catabòlito o **catabolìta** [da *catabolismo*; 1956] s. m. ● (*biol.*) Prodotto del catabolismo, come l'anidride carbonica, l'urea, l'acido urico, l'ammoniaca e sim.

catàclasi [fr. *cataclase*, dal gr. *katáklasis* 'deviazione', da *kláō* 'io rompo'; 1820] s. f. inv. ● (*geol.*) Intensa azione di frantumazione di rocce.

cataclìsma o †**cataclismo** [lat. *catăclysmu(m)*, nom. *catăclysmus*, dal gr. *kataklysmós* 'inondazione', da *kataklýzō* 'io inondo'; 1584] s. m. (pl. *-i*) *1* Inondazione, diluvio | (*est.*) Catastrofe naturale. *2* (*fig.*) Grave sconvolgimento: *un c. sociale, economico, politico, familiare* | (*fig.*) Disastro, rovina: *i cataclismi della guerra.*

catacómba [lat. tardo *catacŭmba(m)*, comp. del gr. *katá* 'sotto' e del lat. *cŭmba* 'cavità'; av. 1580] s. f. *1* Complesso cimiteriale sotterraneo dei primi cristiani che, oltre a seppellirvi i morti, vi celebravano il loro culto durante le persecuzioni. *2* (*fig.*) Luogo chiuso e cupo.

catacombàle [1965] agg. ● Di catacomba: *cunicolo c.* | (*fig.*) Da catacomba.

catacrèsi o **catàcresi** [fr. *catachrèse*, dal lat. tardo *catachrēsis*, dal gr. *katáchrēsis* 'abuso', da *katachráomai* 'io adopero'; 1540] s. f. inv. ● (*ling.*) Particolare forma di traslato di uso comune che serve per designare un'idea o un oggetto per i quali la lingua non possiede un termine proprio: *il collo della bottiglia.* SIN. Abusione.

catadiòttrica [fr. *catadioptrique*, comp. di *cata-* e del gr. *dioptrikḗ* 'arte di misurare le altezze e le distanze'; 1830] s. f. ● Parte dell'ottica che ha per oggetto la luce riflessa e rifratta.

catadiòttrico [1820] agg. (pl. m. *-ci*) ● Che appartiene alla catadiottrica o alla diottrica | ***Obiettivo c.***, sistema ottico nel quale l'immagine viene formata dalla convergenza dei raggi riflessi dalla superficie concava di uno specchio.

catadiòttro [comp. di *cata-* e del gr. *dióptron* 'specchio', comp. a sua volta di *diá* 'attraverso' (V. *diafano*) e *ṓps*, genit. *ōpós* 'occhio' (V. *-opia*); 1956] s. m. *1* Dispositivo a lente o a prisma, atto a rinviare verso la sorgente la luce ricevuta. *2* Catarifrangente.

catàdromo [comp. di *cata-* e del gr. *drómos* 'corsa' (V. *-dromo*); 1956] agg. ● Detto di pesce che dalle acque dolci torna in mare per deporvi le uova (come, per es., le anguille). SIN. Talassatoco. CFR. Anadromo.

catafàlco [etim. incerta; 1483] s. m. (pl. *-chi*) *1* Palco di legno, ornato con drappi e circondato da candele, sul quale si pone la bara nelle funzioni funebri. *2* (*fig.*, *scherz.*) Struttura ingombrante, tozza. *3* †Palco.

catafàscio o (*pop.*) **scatafàscio** [comp. di *cata-* e *sfasciare*; sec. XV] vc. ● Solo nella loc. avv. ***a c.***, sottosopra, alla rinfusa: *mandare, buttare a c.*; *cose messe a c.* | ***Andare a c.***, in rovina.

catafillo [fr. *cataphylles*, comp. di *cata-* e del gr. *phýllon* 'foglia'; 1906] s. m. ● Foglia priva di clorofilla con funzione protettiva o di riserva. SIN. Scaglia, squama.

catàfora [vc. dotta, dal gr. *kataphorá* 'caduta, letargo'. V. *cataforesi*; 1830] s. f. *1* (*med.*) Stato discontinuo di letargia. *2* (*ling.*) Procedimento linguistico mediante il quale un termine rimanda a una parola, a un gruppo di parole o a una frase che compaiono più avanti nello stesso contesto: *lo so che domani partirai* (*lo* è catafora di *che domani partirai*). CONTR. Anafora.

cataforèsi [dal gr. *kataphoréō* 'conduco giù', comp di *katá* 'giù' (V. *cata-*) e *phérō* 'io porto'; 1956] s. f. inv. *1* Elettrolisi effettuata su particelle colloidali. SIN. Elettroforesi. *2* Ionoforesi.

catafràtta [vc. dotta, lat. *cataphrăcte(n)*, nom. *cataphrăctes* 'armatura di maglie di ferro', dal gr. *kataphráktēs*, deriv. di *kataphrássō* 'io chiudo, munisco'; av. 1252] s. f. ● Armatura pesante e completa che proteggeva sia il cavaliere che il cavallo.

catafràtto [vc. dotta, lat. *cataphrăctu(m)*, nom. *cataphrăctus*, dal gr. *katáphraktos* 'coperto di armatura'. V. precedente; 1520] **A** agg. *1* Difeso da armatura pesante e completa. *2* (*fig.*, *lett.*) Protetto, ben difeso. **B** s. m. ● Guerriero antico coperto d'armatura intera, montato su cavallo anch'esso protetto da corazza.

cataglòsso [vc. dotta, comp. di *cata-* e *glossa* (2) 'lingua'; 1962] s. m. ● (*med.*) Abbassalingua.

catalanésco agg. (pl. m. *-schi*) ● (*raro*) Catalano.

catalàno [lat. mediev. *Catalanu(m)*, agg. della *Catalogna*; 1312] **A** agg. ● Della regione spagnola della Catalogna: *lingua catalana.* **B** s. m. (f. *-a*) ● Abitante della Catalogna. **C** s. m. solo sing. ● Lingua del gruppo romanzo, parlata in Catalogna, Andorra, nelle isole Baleari, in alcune zone della Francia e nella città di Alghero.

catalèssi (1) [vc. dotta, lat. tardo *catalēxi(m)*, nom. *catalēxis*, dal gr. *katálēxis* 'cessazione, chiusura', da *katalḗgō* 'io finisco, cesso'; 1892] s. f. inv. ● (*ling.*) Mancanza della sillaba finale di verso greco o latino.

catalèssi (2) ● V. *catalessia*.

catalessìa o **catalèssi** (2) [vc. dotta, lat. tardo *catalēpsi(m)*, *catalēpsia(m)*, nom. *catalēpsis*, *catalēpsia*, dal gr. *katálēpsis* 'il prendere', da *katalambánō* 'io prendo'; 1750] s. f. ● (*med.*) Stato di rigidità dei muscoli senza possibilità di movimento attivo frequente nell'isteria, epilessia e schizofrenia.

catalèttico (1) [lat. tardo *catalēmpticu(m)*, nom. *catalēmpticus*, dal gr. *katalēptikós*. V. *catalessia*; av. 1730] agg. (pl. m. *-ci*) *1* (*med.*) Di catalessia | Che provoca la catalessia. *2* ***Rappresentazione catalettica***, nella filosofia stoica, quella che si impone con la forza della sua evidenza.

catalèttico (2) [vc. dotta, lat. tardo *catalēcticu(m)*, nom. *catalēcticus*, dal gr. *katalēktikós*. V. *catalessi* (1); sec. XVI] agg. (pl. m. *-ci*) ● (*ling.*) Detto di verso greco o latino che manca di qualche sillaba nell'ultimo metro o piede | ***C. in disyllabum***, se del piede incompleto restano due sillabe | ***C. in syllabam***, se ne resta una sola.

catalètto [lat. parl. **catalĕctu(m)*, comp. di *căta* (V. *cata-*) e *lĕctus* 'letto (2)'; sec. XIV] s. m. *1* Feretro, bara. *2* (*tosc.*) Barella per trasportare malati o feriti: *portare il c. al campo della zuffa* (MURATORI). *3* †Lettiga.

catàlisi [vc. dotta, lat. tardo *catălysi(m)*, nom. *catălysis* 'cessazione', dal gr. *katálysis* 'scioglimento', comp. di *katá* 'giù' (V. *cata-*) e *lýsis* 'scioglimento'; 1875] s. f. inv. ● (*chim.*) Fenomeno in cui si aumenta la velocità di reazione chimica mediante l'azione di un catalizzatore | ***C. eterogenea, omogenea***, quando le sostanze che intervengono nella reazione formano, rispettivamente, un miscuglio eterogeneo o omogeneo | ***C. negativa***, quando la reazione è rallentata.

catalìtico [vc. dotta, gr. *katalytikós* 'atto a sciogliere', da *katálysis*. V. *catalisi*; 1875] agg. (pl. m. *-ci*) ● Relativo alla catalisi | ***Marmitta catalitica***, V. *marmitta.* || **cataliticaménte**, avv. Mediante catalisi, per via di catalisi.

catalizzàre [1942] v. tr. *1* Provocare la catalisi. *2* (*fig.*) Affrettare un processo, attrarre: *c. l'attenzione.*

catalizzàto [1988] agg. ● Detto di autoveicolo dotato di marmitta catalitica.

catalizzatóre [fr. *catalysateur*. V. *catalisi*; 1901] **A** s. m. *1* (*fis.*) Sostanza che, in piccole quantità, è in grado di aumentare la velocità delle reazioni chimiche senza prendervi apparentemente parte in quanto alla fine del processo si ritrova chimicamente inalterata | ***C. negativo***, quello che impedisce o rallenta una reazione | *C. positivo*, quello che aumenta la velocità di una reazione. SIN. (*raro*) Accelerante. *2* (*fig.*) Idea o avvenimento capaci di produrre mutamenti e reazioni dell'opinione pubblica. *3* (*autom.*) Marmitta catalitica. **B** anche agg. (f. *-trice*): *minerale c.*; *slogan c.*

catalizzazióne [1940] s. f. • (*raro*) Catalisi.

Catalloy® /katal'lɔi/ [marchio registrato Himont] s. m. inv. • (*chim.*) Nome commerciale di catalizzatore composito ottenuto da composti del titanio, alluminio, magnesio e sostanze organiche varie, utilizzato per la polimerizzazione del polipropilene o di altre poliolefine.

catalogàbile [1922] agg. • Che si può catalogare.

catalogàre [da *catalogo*; 1663] v. tr. (*io catàlogo, tu catàloghi*) *1* Registrare in un catalogo: *c. i libri, le riviste* | (*est.*) Inserire in una data categoria: *quell'allenatore rifiuta di essere catalogato tra i difensivisti*. *2* (*est.*) Elencare, enumerare: *c. i pregi e i difetti dei conoscenti*.

catalogatóre [av. 1941] s. m.; anche agg. (f. *-trice*) • Chi (o Che) cataloga.

catalogazióne [1940] s. f. • Operazione del catalogare.

cataloghìsta [1765] s. m. e f. (pl. m. *-i*) • Chi compila cataloghi.

catalògico [1956] agg. (pl. m. *-ci*) • Proprio di un catalogo: *poesia catalogica*.

catalógna [dalla *Catalogna*, regione della Spagna da cui proviene; 1953] s. f. *1* (*lomb.*) Varietà di cicoria dalle foglie molto sviluppate. *2* Tipo di coperta di lana.

catalógno [dalla *Catalogna*, regione di provenienza; av. 1912] s. m. • Pianta arbustiva delle Oleacee con foglie composte lanceolate e fiori bianchi solitari molto profumati, usati in profumeria (*Jasminum grandiflorum*). SIN. Gelsomino di Spagna.

catàlogo [vc. dotta, lat. tardo *catălogu(m)*, nom. *catălogus*, dal gr. *katálogos* 'enumerazione, lista', da *katalégō* 'io scelgo'; av. 1292] s. m. (pl. *-ghi*) *1* Elenco ordinato di oggetti dello stesso genere, talvolta accompagnato da una breve descrizione: *il c. dei quadri di una mostra*; *c. alfabetico, metodico, per autori, per oggetti* | (*est.*) Volume, fascicolo e sim. costituente un catalogo: *consultare il c. di una biblioteca* | ***C. filatelico***, pubblicazione periodica spec. annuale con descrizione, riproduzione e quotazione commerciale di ogni francobollo | ***C. stellare***, elencazione di stelle con le relative coordinate e caratteristiche fisiche. *2* (*fig.*) Lunga enumerazione: *fare il c. delle proprie virtù e difetti*. SIN. Elencazione. *3* Nei poemi epici e cavallereschi, elenco di eroi, imprese e sim. || **cataloghìno**, dim. | **catalogóne**, accr.

catalogràfico [comp. di *catalo(go)* e *-grafico*; 1990] agg. (pl. m. *-ci*) • Che concerne la compilazione di cataloghi.

†**catalóne** • V. †*catellone*.

catàlpa [da un dialetto indiano d'America, attrav. lo sp.; 1830] s. f. • Genere di piante arboree delle Bignoniacee a foglie opposte e fiori bianchi, rosei o anche gialli in pannocchie terminali (*Catalpa*).

catamaràno o **catamaràn** [tamil *kattumaran* 'legno legato'; 1930] s. m. *1* Zattera in uso sulle coste sudorientali dell'India, costituita da più tronchi legati fra loro e di cui il centrale sporge a guisa di prua | Imbarcazione tipica dell'Oceania, a remi o a vela, formata da due canoe collegate da traverse. *2* Imbarcazione a vela o a motore, formata da due scafi uguali e paralleli collegati da traverse o da un ampio ponte.

catameniàle [da *catamèni* 'mestruazioni', dal gr. *kataménia*, nt. pl. sost. di *kataménios* 'mensile', comp. di *katá* con senso distributivo e *mén*, genit. *mēnós* 'mese'; 1945] agg. • Mestruale.

catamnèṣi o **catàmneṣi** [comp. di *cata-* e del gr. *-mnēsis*, che si ricava da *anámnēsis* (V. *anamnesi*); 1962] s. f. inv. • (*med.*) Raccolta dei dati clinici dell'ammalato nel periodo successivo alla diagnosi e alla terapia. CFR. Anamnesi.

catàna (1) [etim. incerta; 1906] s. f. • (*region.*) Carniera.

catàna (2) [dalla famiglia *Catani* che la fabbricava; 1956] s. f. • Tipo di pistola a canna corta usata in Corsica.

catàna (3) [it. *katàna* (V.); av. 1636] s. f. • Adattamento di *katana* (V.).

catanéṣe [1476] **A** agg. • Di Catania. **B** s. m. e f. • Abitante, nativo di Catania. **C** s. m. solo sing. • Dialetto parlato a Catania.

catanzaréṣe (o *-z-*) [1848] **A** agg. • Di Catanzaro. **B** s. m. e f. • Abitante, nativo di Catanzaro.

catapàno [lat. mediev. *catapanu(m)*, nom. *catapanus*, dal biz. *katapános* 'colui che sta sopra'; 1476] s. m. • (*st.*) Governatore di territori sottoposti all'impero di Bisanzio.

catapècchia [etim. incerta; 1532] s. f. *1* Casa estremamente misera e cadente: *vive in una c.* *2* †Luogo selvaggio e disabitato.

cataplaṣma o (*pop.*) **cataplàsmo** [vc. dotta, lat. tardo *cataplăsma*, dal gr. *katáplasma*, da *kataplássō* 'io spalmo', prob. attrav. il fr. *cataplasme*; 1499] s. m. (pl. *-i*) *1* Medicamento pastoso da applicarsi sulla superficie corporea con azione emolliente o revulsiva. SIN. Impiastro. *2* (*fig.*) Persona noiosa e molesta | (*fig.*) Persona piena di malanni. SIN. Catorcio, impiastro.

cataplessìa [lat. *cataplēxi(n)*, nom. *cataplēxis* 'sbalordimento, stupore, spavento', da *kataplḗssō* 'io stordisco', comp. di *katá* 'giù' (V. *cata-*) e *plḗssō* 'io percuoto'; 1820] s. f. • (*med.*) Improvviso e breve arresto dei movimenti muscolari senza perdita della coscienza.

cataplèttico [1956] **A** agg. (pl. m. *-ci*) • Di cataplessia. **B** s. m.; anche agg. • Chi (o Che) è affetto da cataplessia.

cataptòṣi [fr. *cataptose*, dal gr. *katáptōsis* 'caduta', da *katapíptō* 'io cado giù', comp. di *katá* 'giù' (V. *cata-*) e *píptō* 'io cado'; 1830] s. f. inv. • (*med.*) Improvvisa caduta per attacco epilettico o apoplettico.

catapùlta [vc. dotta, lat. *catapŭlta(m)*, nom. *catapŭlta*, dal gr. *katapéltēs*, comp. di *katá* 'giù' (V. *cata-*) e *pállō* 'io scuoto, palleggio'; 1481] s. f. *1* Antica macchina da guerra per lanciare grosse pietre e sim. *2* Dispositivo per imprimere a un aereo o sim. la velocità occorrente alla partenza: *c. a vapore*; *c. di portaerei*.

catapultàbile [1970] agg. • Che può essere catapultato.

catapultaménto [1935] s. m. • Il catapultare, il venire catapultato.

catapultàre [1935] **A** v. tr. *1* Lanciare con la catapulta. *2* (*est.*) Spingere, mandare con forza, con vigore (*anche fig.*): *fu catapultato dalla vettura*; *il successo lo ha catapultato nel mondo del cinema*. **B** v. rifl. • Buttarsi, lanciarsi con impeto: *si catapultò fuori di casa*.

cataràffio [etim. incerta; 1865] s. m. • Strumento del calafato a forma di accetta, per cacciare le stoppe nelle commessure.

cataràtta • V. *cateratta*.

catàrda [gr. *katartía* 'sartia', da *katartân* 'appendere, sospendere', comp. di *katá* 'giù' (V. *cata-*) e *artân* 'appendere', da *aéirein* 'appendere', di orig. indeur.; 1889] s. f. • (*mar.*; *disus.*) Manovra realizzata legando una cima all'estremità di un pennone in modo da disporlo verticalmente.

catarifrangènte [comp. di *cata-* e *rifrangente*, part. pres. di *rifrangere*; 1939] **A** agg. • Che produce catarifrangenza: *gemma c.* **B** s. m. • Placca di vetro o plastica che, al buio, riflette la luce ricevuta verso la sorgente; si usa per segnalazioni di ostacoli e per delimitare la sagoma dei veicoli. ➡ ILL. p. 2161 TRASPORTI.

catarifrangènza [da *catarifrangente*; 1941] s. f. • Fenomeno per cui un raggio luminoso, colpendo attraverso una lente prismatica una superficie speculare, viene riflesso da questa e rifratto da quella.

catariṣmo [da *cataro*; 1931] s. m. • Dottrina eretica di origine manichea, che predicava l'opposizione dualistica fra il bene e il male e la rigida pratica ascetica e che si diffuse in Europa, in forme ecclesiastiche organizzate, dal sec. XI in poi.

càtaro [gr. *katharós* 'puro', di etim. incerta; av. 1750] **A** agg. • Che si riferisce al catarismo. **B** s. m. (f. *-a*) • Eretico seguace del catarismo.

catarràle [da *catarro*; 1615] agg. • Di catarro, relativo a catarro: *febbre c.*

Catarrìne [vc. dotta, gr. *katárrin*, genit. *katárrinos* 'che ha il naso all'ingiù', comp. di *katá* 'giù' e *rís*, genit. *rinós* 'naso'; 1820] s. f. pl. (sing. *-a*) • Nella tassonomia animale, sottordine di Mammiferi dei Primati a cui appartengono le scimmie asiatiche e africane con setto nasale stretto, prive di coda prensile e bocca con trentadue denti (*Catarrhina*).

catàrro [vc. dotta, lat. tardo *catărrhu(m)*, nom. *catărrhus*, dal gr. *katárrous* 'che scorre giù', da *katarréō* 'io scorro giù', comp. di *katá* 'giù' e *réō* 'io scorro'; sec. XIV] s. m. • Prodotto di secrezione di una mucosa infiammata o congestionata: *c. nasale, bronchiale, gastrico*. || **catarróne**, accr.

catarróṣo [vc. dotta, lat. tardo *catarrhōsu(m)*, da *catărrhus* 'catarro'; av. 1406] **A** agg. • Che è affetto da catarro, che è pieno di catarro: *sputo c.* || **catarroṣaménte**, avv. **B** s. m. (f. *-a*) • Chi è affetto da catarro.

catàrsi [vc. dotta, gr. *kátharsis* 'purificazione, espiazione', da *kathaírō* 'io pulisco, purifico', da *katharós* 'puro' (V. *cataro*); 1586] s. f. inv. *1* Nella religione e in alcune filosofie della Grecia antica, purificazione del corpo o dell'animo | Secondo l'estetica di Aristotele, purificazione o rasserenamento delle passioni prodotto dalla tragedia | (*est.*) Azione purificatrice e liberatrice della poesia e dell'arte. *2* Nella psicoanalisi, rilassamento della tensione e dell'ansia, ottenuto rivivendo gli eventi del passato, spec. quelli repressi, e affrontando la causa dei disturbi attuali. *3* (*fig.*) Processo di radicale rinnovamento: *c. morale*.

catàrtico [vc. dotta, lat. tardo *cathărticu(m)*, nom. *cathărticus*, dal gr. *kathartikós* 'atto a purificare', da *kátharsis* 'catarsi'; sec. XIV] **A** agg. (pl. m. *-ci*) *1* Della catarsi | Che opera la catarsi. *2* (*psicoan.*) Detto di terapia o metodo terapeutico fondato sulla catarsi. *3* †Che ha proprietà purgative. || **catarticaménte**, avv. **B** s. m. • †Medicamento purgativo.

catàsta [lat. *catăsta(m)*, forse dal gr. *katástasis* 'collocazione'; 1300] s. f. *1* Mucchio di oggetti posti l'uno sull'altro alla rinfusa: *una c. di tronchi, di libri, di legna da ardere* | ***A cataste***, in grande quantità. *2* Antica misura di legna da bruciare. *3* (*lett.*) Rogo su cui si bruciavano i cadaveri | †Graticola per torturare col fuoco o bruciare vivi i condannati. || **catastina**, dim.

catastàle [da *catasto*; 1847] agg. • Relativo al catasto: *ufficio, estimo c.*; *rendita, imposta, mappa, particella c.* | ***Partita c.***, numero attribuito a ciascuna unità immobiliare di un singolo proprietario.

catastàre (1) [da *catasta*; 1600] v. tr. • (*raro*) Accatastare, accumulare.

catastàre (2) [da *catasto*; av. 1606] v. tr. • Mettere a catasto.

catàstaṣi [vc. dotta, gr. *katástasis* 'posizione, posto'. V. *catasta*; 1561] s. f. inv. *1* (*ling.*) Prima fase dell'articolazione delle consonanti, corrispondente al predisporsi degli organi fonatori per l'atto vocale. *2* Parte della tragedia classica in cui l'azione si svolge e muove verso la catastrofe. *3* Parte dell'orazione forense classica in cui si dichiarano i punti da trattare.

catasteriṣmo [vc. dotta, gr. *katasterismós*, da *katasterízein* 'collocare fra gli astri', comp. di *katá* 'su' e *astḗr* 'astro'; 1962] s. m. • Nella mitologia greco-romana, trasformazione di esseri viventi in astri.

catàsto [gr. tardo *katástichon*, da *katá stíchon* 'riga per riga' (*stíchos* 'riga'); 1342] s. m. • Complesso delle operazioni dirette a stabilire la consistenza e la rendita dei beni immobili al fine di applicarvi la relativa imposta | Insieme di atti e registri contenenti i risultati di tali operazioni: *c. terreni*; *c. fabbricati* | Sede in cui si compiono tali attività e si conservano detti documenti.

catastrofàle [1983] agg. • Di catastrofe | Conseguente a una catastrofe: *danni catastrofali*.

catàstrofe [vc. dotta, lat. tardo *catăstrophe(m)*, nom. *catăstrophe*, dal gr. *katastrophḗ* 'rivolgimento, soluzione, catastrofe', da *katastréphō* 'io rivolto, rovescio', comp. di *katá* 'giù' e *stréphō* 'io volto'; 1543] s. f. *1* Parte della tragedia classica in cui avviene lo scioglimento dell'intreccio. *2* Sciagura gravissima, evento disastroso: *lo scontro provocò una c.*; *la morte di mio padre fu una vera, grande c.* (SVEVO). SIN. Calamità. *3* (*mat.*) Discontinuità | ***Teoria delle catastrofi***, classificazione delle discontinuità matematiche in base alle loro caratteristiche topologiche.

catastròfico [da *catastrofe*; 1905] agg. (pl. m. *-ci*) *1* Che costituisce o provoca una catastrofe: *avvenimento c.*; *inondazione, eruzione, guerra catastrofica* | (*est.*) Disastroso. *2* Che annuncia catastrofi: *notizie, previsioni catastrofiche* | (*est., fig.*) Che prevede sempre il peggio: *individuo c.* ||

catastroficaménte, avv.

catastrofismo [da *catastrofe*; 1899] s. m. *1* Teoria secondo la quale i maggiori cambiamenti geologici furono causati da improvvise catastrofi naturali. *2* Tendenza a fare previsioni catastrofiche. *3* Genere di produzione cinematografica basata sulla descrizione di eventi catastrofici e calamità naturali.

catastrofista [1792] **A** s. m. e f. (pl. m. *-i*) ● Chi fa previsioni catastrofiche, chi dà prova di eccessivo pessimismo. **B** agg. *1* Incline al catastrofismo: *non essere c.* *2* Improntato a catastrofismo: *considerazioni catastrofiste.*

catastrofistico [1986] agg. (pl. m. *-ci*) ● Da catastrofista: *previsioni catastrofistiche.*

catatonia [ted. *Katatonie*, dal gr. *katátonos* 'che tende in giù', da *katatéinein* 'tendere in giù', comp. di *katá* 'giù' e *téinein* 'tendere'; 1892] s. f. ● (*med.*) Stato patologico, associato alla schizofrenia, caratterizzato spec. da alterazioni del tono muscolare o della reattività motoria.

catatònico [1900] **A** agg. (pl. m. *-ci*) ● Di catatonia. **B** s. m.; anche agg. (f. *-a*; pl. m. *-ci*) ● Chi (o Che) è affetto da catatonia.

†**cataùno** ● V. *cadauno.*

catboat /*ingl.* 'kʰæt,bəʊt/ [vc. ingl. d'America] s. m. inv. ● (*mar.*) Imbarcazione da pesca e da diporto, originaria delle coste del New England, molto larga e attrezzata con grande randa aurica su un albero posto all'estrema prua.

catch /kɛtʃ, *ingl.* kʰætʃ/ [vc. ingl., abbr. di *catch as catch can* 'afferra come puoi afferrare'; *catch* è dall'ant. fr. *chacier* 'cacciare', dal lat. parl. **captiāre* 'cacciare' (V.); 1935] s. m. inv. ● Variante americana della lotta libera, nella quale sono ammessi tutti i colpi possibili.

catcher /*ingl.* 'kʰætʃə/ [vc. ingl. 'che prende', da *to catch* 'prendere', dal lat. parl. **captiāre*, per il classico *captāre* 'cercar di prendere' (V. *captare*); 1964] s. m. inv. ● Nel baseball, ricevitore.

catechèsi [vc. dotta, lat. tardo *catechēsi(n)*, nom. *catechēsis*, dal gr. *katḗchēsis* 'istruzione a viva voce', da *katēchéō* 'io istruisco a viva voce'; 1619] s. f. inv. ● Istruzione nelle dottrine elementari del Cristianesimo.

catechèta [vc. dotta, gr. *katēchētḗs*. V. *catechesi*; 1830] s. m. e f. (pl. m. *-i*) ● Chi insegna la dottrina cristiana.

catechètica [vc. dotta, gr. *katēchētikḗ* (sottinteso *téchnē*) 'arte dell'istruzione', da *katḗchēsis* 'catechesi'; 1865] s. f. ● Ramo della teologia cattolica che si occupa della catechesi. SIN. Catechistica.

catechètico [1956] agg. (pl. m. *-ci*) ● Relativo alla catechesi.

catechina [da *catecù*; 1956] s. f. *1* Composto chimico presente nel catecù. *2* Composto organico diffuso nel regno vegetale, noto in diverse forme isomere da cui derivano molti concianti naturali.

♦**catechismo** [vc. dotta, lat. tardo *catechīsmu(m)*, nom. *catechīsmus*, dal gr. *katēchismós*, da *katḗchēsis* 'catechesi'; av. 1396] s. m. *1* Esposizione dei principi fondamentali della dottrina cristiana in forma di domande e risposte | Libretto che contiene tale esposizione. *2* (*est.*) L'insieme degli elementi fondamentali di una dottrina, spec. politica.

catechista [vc. dotta, lat. tardo *catechīsta(m)*, nom. *catechīsta*, dal gr. *katēchistḗs*, da *katḗchēsis* 'catechesi'; av. 1603] s. m. e f. (pl. m. *-i*) ● Chi insegna il catechismo.

catechistica [da *catechistico*; 1840] s. f. ● Catechetica.

catechistico [vc. dotta, gr. *katēchistikós*, da *katēchistḗs* 'catechista'; av. 1729] agg. (pl. m. *-ci*) *1* Che riguarda il catechismo. *2* (*est.*) Di insegnamento o ammaestramento che si impernia su formule fisse: *metodo c.* | *Sistema c.*, a domanda e risposta. || **catechisticaménte**, avv. In modo conforme al catechismo.

catechizzare [vc. dotta, lat. tardo *catechizāre*, dal gr. *katēkízō*, da *katēchistḗs* 'catechista'; av. 1484] v. tr. *1* Istruire nel catechismo: *c. i pagani.* *2* (*est.*) Cercare di fare accettare un'opinione: *c. qlcu. in una dottrina politica* | Persuadere con ragionamenti, fare opera di convincimento: *mi vuole c. per bene, ma non ci riuscirà.*

catechizzatóre [1857] s. m. (f. *-trice*) ● Chi catechizza.

catecolamina o **catecolammina** [comp. di *catecol(o)* (a sua volta deriv. da *catecù*) e *amina*] s. f. ● (*chim.*) Composto appartenente a una classe di sostanze organiche azotate caratterizzate dalla presenza nella molecola di un gruppo derivato della catechina.

catecù o **casciù** [fr. *catechu*, variante di *caoutchouc* 'caucciù'; av. 1730] s. m. *1* Albero delle Mimosacee a fiori giallognoli riuniti in spighe (*Acacia catechu*). *2* Sostanza estratta dalla pianta omonima, costituita da una miscela igroscopica di solfuri organici e di composti solforati del sodio, usata in medicina e in tintoria.

catecumenàle agg. ● Che concerne i catecumeni.

catecumenàto [1830] s. m. ● Condizione e preparazione del catecumeno.

catecùmeno [vc. dotta, lat. tardo *catechūmenu(m)*, nom. *catechūmenus*, dal gr. *katēchoúmenos*, part. pass. di *katēchéō*. V. *catechesi*; sec. XIV] s. m. (f. *-a*) ● Chi sta ricevendo l'istruzione nella dottrina cristiana fondamentale, per essere ammesso al battesimo | ***Messa dei catecumeni***, la parte della Messa che precede il Credo, alla quale, nell'antica Chiesa, erano ammessi ad assistere anche i catecumeni.

†**càtedra** e *deriv.* ● V. *cattedra* e *deriv.*

categorèma [vc. dotta, gr. *katēgórēma* 'accusa', da *katēgoréō* 'io parlo contro uno', comp. di *katá* 'contro' e *agoréuō* 'io parlo'; av. 1623] s. m. (pl. *-i*) ● (*filos.*) Ciò che è predicabile di un soggetto.

categoremàtico [da *categorema*; 1768] agg. (pl. m. *-ci*) ● Nella grammatica e nella logica medievale, detto di ogni parte del discorso che ha un significato di per sé stessa. CONTR. Sincategorematico.

♦**categorìa** [vc. dotta, lat. *categŏria(m)*, nom. *categŏria* 'accusa, categoria logica', dal gr. *katēgoría* 'accusa, imputazione, predicato', da *katēgoréō* 'io accuso, mostro, indico'. V. *categorema*; 1584] s. f. *1* (*filos.*) Concetto che indica le diverse relazioni che si possono stabilire tra le idee | Nella filosofia di Kant, ciascuno dei concetti puri a priori della conoscenza. *2* (*est.*) Complesso di cose o persone raggruppate in base a caratteristiche o condizioni comuni: *appartiene alla c. dei ricchi, degli ingenui* | Tipo, classe: *cose della stessa c.* | ***Categorie grammaticali***, classi in cui si ripartiscono gli elementi del discorso | ***C. professionale***, complesso di lavoratori considerati dalla legge unitariamente in base al lavoro al quale si dedicano | (*dir.*) ***C. protetta***, che comprende lavoratori, aventi specifiche caratteristiche, particolarmente tutelati dalla legge. *3* (*sport*) Suddivisione in base alla quale atleti, squadre o mezzi vengono distinti secondo criteri di abilità, peso, età, potenza, lunghezza e sim. e come tali ammessi a competere in determinate gare e campionati: *c. assoluti, allievi, juniores.* *4* (*mat.*) Struttura algebrica individuata da una legge di composizione tale che: se uno dei prodotti $a(bc)$, $(ab)c$ è definito, lo è anche l'altro, e sono uguali; se ab e bc sono definiti, lo è pure $a(bc)$; per ogni elemento v'è un elemento neutro componibile con esso a destra, ed uno componibile a sinistra | Insieme dotato della struttura di categoria.

categoriàle [1956] agg. *1* (*filos.*) Che concerne le categorie. *2* (*est.*) Che riguarda una determinata categoria di persone: *interessi categoriali.*

categoricità [1958] s. f. ● Caratteristica di categorico: *la c. di un sistema, di un'affermazione.*

categòrico [vc. dotta, lat. tardo *categŏricu(m)*, nom. *categŏricus*, dal gr. *katēgorikós*, da *katēgoría* 'categoria'; av. 1505] agg. (pl. m. *-ci*) *1* (*filos.*) Di proposizione o ragionamento non condizionato da altro | ***Giudizio c.***, quello in cui tra soggetto e predicato si stabilisce un rapporto assoluto e incondizionato | ***Imperativo c.***, nella morale kantiana, l'imperativo che prescrive in modo assoluto e senza condizioni | ***Sillogismo c.***, quello costituito esclusivamente da proposizioni categoriche. CONTR. Ipotetico. *2* (*est.*) Che non lascia dubbi e non ammette discussioni: *tono, discorso c.*; *risposta categorica.* SIN. Netto, reciso. *3* Che si riferisce a una determinata categoria di cose o di persone. || **categoricaménte**, avv.

categorizzare [1983] v. tr. ● Disporre secondo categorie, classi, ordini.

categorizzazióne [1969] s. f. ● Disposizione secondo categorie.

categorùmeno [vc. dotta, part. del gr. *katēgoréō*. V. *categorema*; 1940] s. m. ● (*filos.*) Categorema.

catèllo [lat. *catĕllu(m)*, dim. di *cătulus* 'il piccolo di ogni quadrupede', poi 'cagnolino'; av. 1257] s. m. ● (*lett.*) Cagnolino | (*est.*) Cucciolo di altri animali. || **catellino**, dim.

†**catellóne** o †**catalóne**, †**catellóni** [da *catello*, perché il cane si accosta pian piano alla preda] avv. ● Nelle loc. avv. ***catellon c.***, ***catellon catelloni***, quatto quatto, piano piano, di soppiatto.

♦**caténa** [lat. *catēna(m)*, prob. di orig. etrusca; sec. XIII] s. f. *1* Serie di elementi, spec. anulari e metallici, connessi l'uno nell'altro e mobili, usata per legare persone o cose, per ornamento e, in varie tecnologie, per sollevamento di pesi o trasmissione del moto: *legare gli schiavi con le catene*; *portare una c. d'oro al collo*; *la c. dell'orologio*; *la c. del cane, dell'ancora*; *la c. della bicicletta* | ***La c. della porta***, che va da un battente all'altro per tenerlo socchiuso | ***La c. del camino, del pozzo***, per appendervi il paiolo, il secchio | ***Catene da neve***, ***antineve***, che si montano attorno agli pneumatici degli autoveicoli per la marcia su strade innevate | ***C. di distribuzione***, che trasmette il moto dell'albero a gomito all'albero a camme nei motori a scoppio. ➡ ILL. p. 2114 AGRICOLTURA; p. 2161 TRASPORTI. *2* (*fig.*) Legame, vincolo: *le catene dell'amore, dell'odio* | (*est.*) Stato di servitù o soggezione, impedimento, ostacolo | ***Essere in catene***, (*fig.*) privo di libertà | ***Ridurre, tenere qlcu. in catene***, (*fig.*) in completa schiavitù e sottomissione | ***Spezzare le catene***, (*fig.*) riacquistare, spec. con la forza, la libertà | ***Avere la c. al collo***, (*fig.*) essere privo di libertà | ***Rodere, mordere la c.***, (*fig., lett.*) consumarsi di rabbia per la mancanza di libertà. SIN. Oppressione. *3* (*lett.*) Collana, monile: *toglievi di fronte una c. / vaga di perle* (FOSCOLO) | (*lett.*) Corona, ghirlanda. *4* Serie, successione (*anche fig.*): *una c. di sventure ha funestato la sua vita* | ***Fare la c.***, detto di persone, mettersi in fila tenendosi per mano e sim., o mettersi in fila e passarsi oggetti l'un l'altro | ***C. di montagne, montuosa***, successione continua di montagne più o meno allineate tra loro | ***C. parlata***, successione continua di elementi nel linguaggio articolato | ***C. di montaggio, di lavorazione***, in varie tecnologie, linea di avanzamento meccanizzato, da un posto di lavoro al successivo, dei pezzi da montare o trasformare | Concatenazione: *c. di interessi, di affari* | ***A c.***, detto di eventi, fenomeni e sim., che si susseguono ininterrottamente, spesso l'uno provocato dall'altro | ***Reazione a c.***, V. *reazione* nei sign. 5 e 6 | ***C. di sonetti***, collana di sonetti con un certo legame tra l'ultimo verso del precedente e il primo del seguente | ***C. di S. Antonio, della fortuna***, (*est.*) serie di lettere anonime, spedite a più persone contemporaneamente, che invitano a versare una somma che si recupererà maggiorata spedendo la stessa lettera ad altre persone | ***C. di distribuzione***, insieme dei rapporti di collaborazione spec. tra dettaglianti o tra grossisti, per ottenere migliori condizioni di approvvigionamento e più razionali forme di distribuzione dei prodotti | ***C. del freddo***, continuità di impiego delle basse temperature nella congelazione e conservazione a – 18 °C dei surgelati, fino al momento del consumo | ***C. di giornali, di negozi e sim.***, che dipendono da uno stesso proprietario | (*biol.*) ***C. alimentare***, serie di organismi ciascuno dei quali si nutre a spese del precedente e costituisce a sua volta alimento del successivo. *5* (*tess.*) Ordito. *6* (*chim.*) Insieme di atomi legati l'un l'altro. *7* (*mil.*) Ordine rado di combattimento: *stendersi in c.* *8* (*arch.*) Membratura tesa in ossature reticolari di acciaio, cemento armato, legno | Asta tesa destinata a sopportare la spinta orizzontale dell'arco. SIN. Tirante. *9* (*mus.*) Negli strumenti ad arco, assicella d'abete incollata nel piano armonico per equilibrare le vibrazioni; nel clavicembalo, insieme di listelli di legno sotto la tavola armonica per irrigidirla, con funzione acustica; nel pianoforte, insieme di fasce d'abete di sostegno della tavola armonica. *10* Antica misura di lunghezza e di superficie, spec. agraria. || **catenàccia**, pegg. | **catenèlla**, dim. (V.) | **catenèllo**, dim. m. (V.) | **catenétta**, dim. | **catenina**, dim. (V.) | **catenóna**, accr. | **catenóne**, accr. m. | **catenùccia**, **catenùzza**, dim.

catenàccio [detto così perché le porte si chiudevano con catene; sec. XIV] **A** s. m. *1* Sbarra di ferro che scorre in anelli o tra due guide infisse nei battenti della porta, per chiuderla: *mettere il c.*; *chiudere con il c.* SIN. Chiavistello, paletto | Parte del congegno di una serratura. **2** Nel calcio, tattica rigidamente difensiva: *adottare il c.* **3** (*fig.*, *scherz.*) Automobile vecchia e malandata | (*spreg.*) Vecchio fucile in cattivo stato | Oggetto in pessime condizioni. **4** Nel gergo giornalistico, dicitura che, posta per ultima dopo l'occhiello, il titolo e il sommario, contribuisce con nuovi particolari all'efficace presentazione del pezzo. **5** †Grande cicatrice sul viso. **B** in funzione di agg. inv. ● (posposto al s.) Che blocca, chiude, impedisce | ***Decreto c.***, quello relativo a materie fiscali o economiche che, per impedire evasioni fiscali o incetta di merci, entra in vigore appena emanato | ***Esame c.***, nel linguaggio studentesco, ogni esame che, se non superato, preclude uno o più esami successivi. || **catenaccètto**, dim.

†catenàre [lat. *catenāre*, da *catēna* 'catena'; av. 1306] v. tr. ● Incatenare.

catenària [dall'agg. lat. *catenārius*, da *catēna* 'catena'; 1748] s. f. ● (*fis.*) Curva secondo la quale si dispone un filo fissato alle estremità, per effetto della forza di gravità.

catenèlla [1321] s. f. **1** Dim. di *catena* | Catena sottile di metallo prezioso usata come ornamento, per l'orologio da tasca e sim. **2** ***Punto a c.***, punto di ricamo che imita il disegno della catena. **3** Cucitura della scarpa intorno al tacco. **4** †Collana.

catenèllo [1957] s. m. **1** Dim. di *catena*. **2** Ognuno dei travicelli che collegano i pali di una palizzata o di un cancello.

catenina [av. 1547] s. f. **1** Dim. di *catena*. **2** Piccola e sottile catena d'oro o d'altro metallo prezioso che si porta come ornamento al collo o anche al polso o alla caviglia.

catenòide [comp. di *caten(a)* e *-oide*; 1956] s. f. ● (*mat.*) Superficie descritta dalla rotazione della catenaria attorno al proprio asse.

càtera [riduzione pop. di *Cater(in)a*, inteso come dim., così detta perché si mangia per la festa di S. Caterina, alla fine di aprile; 1986] s. f. ● (*agr.*; *merid.*) Mandorla ancora immatura, con l'endocarpo molle. CFR. Mollesco.

cateràtta o **cataràtta** [lat. *catarăcta(m)*, nom. *catarăcta*, dal gr. *katarrháktēs* 'che precipita', da *katarrássō* 'getto giù'; av. 1292] s. f. **1** Serie di piccole cascate che si succedono lungo il corso di un fiume: *le cateratte del Nilo.* **2** Chiusura a saracinesca in canali, serbatoi e sim., per regolare il decorso delle acque: *aprire, chiudere le cateratte* | ***A cateratte***, con eccessiva abbondanza: *piove a cateratte* | ***Si aprono le cateratte del cielo***, comincia una pioggia a dirotto. **3** (*med.*; più comune *cataratta*) Perdita di trasparenza del cristallino: *c. congenita, senile.* **4** †Saracinesca all'ingresso di castelli, fortezze e sim. **5** †Botola.

caterinétta [fr. *catherinette*, dal n. di S. *Caterina* d'Alessandria (X sec.), patrona delle sarte; 1931] s. f. ● Sartina o modista molto giovane.

càtering /'katerin(g)/, *ingl.* 'kheɪtəɹɪŋ, -tɹɪŋ/ [vc ingl., da *to cater* 'provvedere, organizzare' propr. 'accattare'; 1971] s. m. inv. ● Il complesso delle operazioni di rifornimento di cibi, bevande e sim. effettuato da apposite organizzazioni per aerei, treni o ristoranti, alberghi, collegi, ospedali e sim. CFR. Banqueting.

caterpillar® /kater'pillar/, *ingl.* 'khætəɹ,pɪləɹ/ [vc. ingl., propr. 'bruco'; 1936] s. m. inv. ● Veicolo cingolato impiegato su terreni accidentati e per lavori stradali ed edilizi.

catèrva [vc. dotta, lat. *catĕrva(m)* 'moltitudine, turba', di etim. incerta; av. 1292] s. f. ● Moltitudine di persone o animali: *ridurre questa c. di scellerati a' termini debiti* (GUICCIARDINI) | Quantità disordinata di cose (*anche fig.*): *c. di libri, di mobili*; *una c. di errori.*

catetère o, più diffuso ma meno corretto, **catètere** [fr. *cathéter*, dal lat. tardo *cathetēra*, nom. *cătheter*, a sua volta dal gr. *kathetḗr*, genit. *kathetēros*, da *kathiēmi* 'io mando dentro'; 1771] s. m. ● Cannula di gomma o altro materiale che si introduce in una cavità del corpo per favorire lo scolo del contenuto, per introdurre sostanze medicamentose o a scopo diagnostico: *c. vescicale, uretrale.*

cateterismo [fr. *cathétérisme*, dal lat. tardo *catheterĭsmu(m)*, nom. *catheterĭsmus*, a sua volta dal gr. *kathetērismós*, da *kathetḗr* 'catetere'; 1771] s. m. ● Introduzione del catetere in un organo: *c. cardiaco*; *c. vescicale.*

cateterizzàre [1970] v. tr. ● Trattare con il catetere.

catèto [vc. dotta, lat. tardo *căthetu(m)*, nom. *căthetus* 'linea perpendicolare', dal gr. *káthetos*, da *kathíēmi* 'io mando giù'; 1755] s. m. ● (*mat.*) In un triangolo rettangolo, ciascuno dei lati adiacenti all'angolo retto.

catetòmetro [fr. *cathétomètre*, comp. del gr. *káthetos* 'linea perpendicolare' (V. *cateto*) e di *-metro*; 1887] s. m. ● (*fis.*) Strumento di misurazione dei dislivelli dei manometri ad aria libera e dei dislivelli barometrici.

catgut /*ingl.* 'khæt,gʌt/ [ingl., propr. 'budello di gatto', comp. di *cat* 'gatto' e *gut* 'budello', di orig. germ.; 1890] s. m. inv. ● Filo per suture fatto con budello di gatto o di pecora, caratterizzato dalla capacità di riassorbirsi in breve tempo.

catilinària [vc. dotta, lat. *Catilināria(m)* 'di Catilina'; 1744] s. f. **1** Ciascuna delle quattro orazioni scritte da Cicerone contro Catilina. **2** (*est.*) Discorso veemente, invettiva contro qlcu. SIN. Filippica.

♦**catinèlla** [1297] s. f. **1** Dim. di *catino* | ***A catinelle***, (*fig.*, *lett.*) in abbondanza | ***Piovere a catinelle***, diluviare. **2** (*est.*) Catinellata: *una c. d'acqua.* || PROV. Cielo a pecorelle acqua a catinelle. || **catinellétta**, dim. | **catinellina**, dim. | **catinellùccia**, **catinellùzza**, dim.

catinellàta [1883] s. f. ● Quantità di liquido che può stare in una catinella.

catino (1) [lat. *catīnu(m)*, di etim. incerta; av. 1306] s. m. **1** Recipiente rotondo e concavo di metallo, ceramica, plastica e sim., per uso domestico. SIN. Bacile | (*est.*) Quantità di materiale, spec. liquido, contenuto in un catino. **2** Conca alla bocca della fornace per raccogliere il metallo fuso. **3** (*geogr.*) Luogo concavo a forma circolare circondato da alture. SIN. Bacino, conca. **4** (*arch.*) Semicalotta che termina superiormente un'abside o una nicchia semicircolare. **5** (*fig.*) Lo stadio di gioco, visto dall'interno e dall'alto: *i giocatori sono entrati nel grande c.* **6** (*lett.* o *raro*) Vassoio, scodella: *La vecchia porta sulla tavola un c. d'insalata* (PAVESE). || **catinàccio**, pegg. | **catinèlla**, dim. f. (V.) | **catinétto**, dim. | **catinùccio**, pegg.

†**catino** (2) [vc. dotta, lat. tardo *cattīnu(m)* 'da gatto' (detto degli occhi), da *cāttus* 'gatto'; av. 1729] agg. ● (*lett.*) Ceruleo: *colore c.*

catióne [comp. di *cat(odo)* e *ione*; 1892] s. m. ● (*fis.*) Ione positivo che per elettrolisi si dirige al catodo.

catiùscia ● V. *katiuscia.*

catlèia ● V. *cattleya.*

catoblèpa o **catòblepa** [vc. dotta, lat. *catōblepa(m)*, comp. del gr. *kátō* 'in giù' e *blépō* 'io vedo'; av. 1367] s. m. (pl. *-i*) ● Nell'antica zoologia greca e romana, specie di serpente o di rettile non individuata che si distingueva per la posizione della testa, volta verso il basso.

catòcala [comp. del gr. *kátō* 'giù' e di *kalós* 'bello'; 1956] s. f. ● Genere di farfalle notturne con ali anteriori grigiastre o brune che in posizione di riposo coprono quelle posteriori vivacemente colorate (*Catocala*).

catòdico [1905] agg. (pl. m. *-ci*) ● Del catodo, relativo al catodo, emesso dal catodo: *tubo c.* | ***Raggi catodici***, formati dagli elettroni emessi dal catodo in un tubo a bassa pressione.

càtodo, (*evit.*) **catòdo** [vc. dotta, gr. *káthodos* 'discesa', comp. di *katá* 'giù' e *hodós* 'strada'; 1875] s. m. ● (*fis.*) Elettrodo collegato al polo negativo di una sorgente di corrente; CONTR. Anodo | ***C. attivizzato***, catodo di tubo elettronico ricoperto di ossido di torio o di metalli alcalino-ferrosi.

†**catòllo** [etim. incerta; av. 1566] s. m. ● Scheggia, frammento.

catóne [da *Catone* il Censore (234-149 a.C.) e *Catone* l'Uticense (95-46 a.C.), famosi per la loro severità e austerità; 1580] s. m. ● Persona dotata di rigido senso morale (*anche iron.*): *fare il c.*; *atteggiarsi a c.* || **catoncèllo**, dim.

catoneggiàre [da *Catone*; av. 1494] v. intr. (*io catonéggio*; aus. *avere*) ● Atteggiarsi a rigido moralizzatore.

catoniàno [vc. dotta, lat. *Catoniānu(m)*, agg. 'di Catone'; 1528] agg. **1** Di Catone, da Catone | (*est.*, *lett.*) Intransigente, rigidamente moralistico (*anche iron.*): *severità catoniana.* **2** ***Regola catoniana***, nel diritto romano, principio secondo cui un legato invalido al momento della confezione del testamento non può essere convalidato successivamente.

catòptrica ● V. *catottrica.*

catòptrico ● V. *catottrico.*

catòrbia [incrocio del nap. *catoio* 'stanza a pian terreno' e *orba* 'cieca'; 1748] s. f. ● (*gerg.*) Prigione, gattabuia.

catòrchio ● V. *catorzo.*

catòrcio o **scatòrcio** nel sign. 2 [V. *catorzo*; av. 1557] s. m. **1** (*raro*, *tosc.*) Chiavistello. **2** (*fig.*, *fam.*) Oggetto vecchio e sconquassato: *quel c. della tua macchina* | Persona malandata in salute: *è diventata proprio un c.!* SIN. Cataplasma, impiastro. **3** V. *catorzo.*

catòrzo o **catòrchio**, **catòrcio** [gr. tardo *katóchion* 'chiavistello della porta', da *katéchō* 'io tengo, trattengo'; av. 1597] s. m. ● Tralcio secco delle viti | Prominenza nodosa su una superficie legnosa.

catòrzolo [1876] s. m. ● Catorzo.

catorzolùto [av. 1597] agg. **1** Che ha molti catorzoli: *albero c.* **2** Secco: *ramo c.*

catòttrica o **catòptrica** [da *catottrico*; av. 1730] s. f. ● Parte dell'ottica che si occupa della riflessione della luce.

catòttrico o **catòptrico** [dal gr. *katoptrikós* 'dello specchio', da *kátoptron* 'specchio'; 1679] agg. (pl. m. *-ci*) ● Detto di sistema ottico che utilizzi solo superfici riflettenti.

catottromanzia [comp. del gr. *kátoptron* 'specchio' e *mantéia* 'divinazione'; 1962] s. f. ● Antica arte divinatoria che pretendeva di prevedere il futuro mediante le immagini riflesse in uno specchio.

†**catrafòsso** [comp. di *catra-* (nato dalla sovrapposizione di *tra-* a *cata-*) e *fosso*; av. 1566] s. m. ● Fosso profondissimo | Precipizio: *i ... catrafossi dentro i quali ... gemevano le anime dei dannati* (SAVINIO).

catramàre [da *catrame*; av. 1636] v. tr. ● Spruzzare o spalmare di catrame una massicciata stradale, un foglio di carta e sim., per consolidamento e impermeabilizzazione.

catramatóre [1956] s. m. (f. *-trice*) ● Operaio addetto alla catramatura.

catramatrice [1965] s. f. ● Macchina per liquefare il catrame e stenderlo sulla strada.

catramatùra [1913] s. f. **1** Operazione del catramare. **2** Strato di catrame spalmato su una superficie.

catràme [ar. *qaṭrān*; sec. XIV] s. m. ● Sostanza nera, vischiosa, prodotta nella distillazione secca dei carboni fossili o del legno, di composizione variabile a seconda della materia prima di partenza o delle condizioni in cui avviene la distillazione; viene usato come impermeabilizzante, nella preparazione di vernici ecc., e se ne ricava una vasta gamma di prodotti: *c. di lignite, di litantrace, di torba* | ***C. vegetale***, tratto dal legno.

catramina® [marchio registrato; 1885] s. f. ● Denominazione di alcuni prodotti farmaceutici contenenti catrame vegetale, usati nelle affezioni bronchiali.

catramista [1962] s. m. e f. (pl. m. *-i*) ● Catramatore.

catramóso [1941] agg. ● Che contiene catrame | Che è simile al catrame.

catriòsso [etim. incerta; 1481] s. m. **1** Carcassa di uccelli. **2** (*fig.*, *scherz.*) †Persona magrissima e denutrita.

càtta [vc. dotta, lat. *cătta(m)* 'gatta', f. di *cāttus* 'gatto'; 1956] s. f. ● Lemure del Madagascar con muso appuntito e lunga coda ad anelli bianchi e neri (*Lemur catta*).

cattàneo o **cattàno** [da *capitano* o dal provz. *captan* 'capo'; sec. XIII] s. m. **1** (*lett.*) Signore di un castello, piccolo vassallo: *venne in Versilia a gastigare i cattani discordanti* (PASCOLI). **2** †V. *capitano.*

†**cattàre** [lat. *captāre*, intens. di *căpere* 'prendere'; 1351] v. tr. ● Procacciarsi, acquistare | Prendere, catturare.

♦**càttedra** o (*lett.*) †**catèdra** [vc. dotta, lat. *căthedra(m)*, nom. *căthedra*, dal gr. *kathédra*, comp. di *katá* e *hédra* 'sedia'; av. 1292] s. f. **1** Antico sedile destinato a personaggi importanti. **2** Complesso di sedile e di tavolo, spesso sopraelevati, dove siede l'insegnante, nelle aule scolastiche | (*fig.*, *scherz.*) **Stare, montare, parlare in c.**, atteggiarsi a persona autorevole. **3** (*est.*) Il ruolo di un professore, spec. universitario: *chiamata a c.*; *bandire un concorso a c.* | (*est.*) Disciplina, campo d'insegnamento ufficialmente riconosciuto, spec. in un'università: *c. di diritto romano, di storia economica* | **C. ambulante**, insegnamento, spec. di materia agraria, impartito da una persona che si spostava da un luogo all'altro, trasformata poi in ispettorato agrario provinciale | (*est.*) **Trattamento di c.**, retribuzione che viene corrisposta agli insegnanti non di ruolo degli istituti di istruzione secondaria o artistica. **4** Trono coperto da baldacchino, occupato dal pontefice o dal vescovo durante le funzioni | **C. di San Pietro**, dignità e autorità del papato | **C. vescovile**, dignità di vescovo.

cattedràle [vc. dotta, lat. tardo *cathedrāle(m)* 'che riguarda la cattedra', detta così perché in essa c'è il seggio (*cattedra*) del vescovo; 1336 ca.] **A** agg. **1** Che si riferisce a una sede vescovile: *capitolo c.*; *canonici cattedrali*. **2** Che è sede di una cattedra vescovile: *chiesa c.* **B** s. f. ● Chiesa principale di una diocesi in cui ha sede la cattedra vescovile e dove il vescovo solitamente presiede le celebrazioni liturgiche | (*fig.*) **C. nel deserto**, costruzione, impianto e sim. di grande imponenza e perfezione tecnologica, ma inutile o inutilizzato in un determinato contesto. ➡ ILL. p. 2118-2119 ARCHITETTURA.

cattedrànte o †**catedrànte** [1483] s. m. e f. ● (*raro*) Professore che ha una cattedra | (*est.*, *spreg.*) Professore pedante.

cattedràtico o (*lett.*) †**catedràtico** [vc. dotta, lat. tardo *cathedrātĭcu(m)*, agg. di *căthedra* 'cattedra'; av. 1686] **A** agg. (pl. m. *-ci*) **1** Relativo a cattedra, a chi occupa una cattedra: *disciplina cattedratica*; *insegnamento c.* **2** (*spreg.*) Saccente, sussiegoso, pedantesco: *Rispondeva … con una certa sufficienza cattedratica* (CALVINO). || **cattedraticaménte**, avv. **B** s. m. (f. *-a*) ● Professore universitario titolare di una cattedra.

†**cattivànza** [sec. XIII] s. f. **1** Prigionia, schiavitù, anche morale. **2** Azione malvagia.

cattivàre o (*lett.*) †**captivàre** [lat. tardo *captivāre* 'fare prigioniero', da *captīvus* 'prigioniero', da *căpere* 'prendere'; sec. XIII] **A** v. tr. **1** †Prendere prigioniero. **2** Acquistarsi l'amicizia, la benevolenza e sim. di qlcu.: *ha saputo cattivarsi la nostra stima*. SIN. Accattivarsi. **B** v. intr. (aus. *avere*) ● †Vivere in una condizione di schiavitù.

cattivèllo [sec. XIII] **A** agg.; anche s. m. (f. *-a*) **1** Dim. di *cattivo*. **2** (*scherz.*) Che (o Chi) è piuttosto cattivo: *sei un ragazzo proprio c.* **3** †Misero, infelice. **B** s. m. ● Cerchio di ferro cui è appeso il battaglio della campana. || **cattivellàccio**, pegg. | **cattivellino**, dim. | **cattivellùccio**, dim.

cattivèria o †**cattiveria** [av. 1400] s. f. **1** Caratteristica di chi è cattivo, disposizione al male: *persona piena di c.*; *ha agito con incredibile c.* CONTR. Bontà. **2** Azione cattiva: *fare cattiverie*; *la tua è una vera c.* | Frase, insinuazione maligna. **3** (*est.*, *sport*) Nel linguaggio giornalistico, combattività, determinazione, capacità di iniziativa nel corso di una competizione.

cattivézza [sec. XIV] s. f. ● †Cattiveria.

cattività o (*lett.*) **captività** [lat. *captivitāte(m)* 'prigionia', da *captīvus* 'prigioniero'. V. *cattivare*; av. 1348] s. f. **1** (*lett.*) Schiavitù, prigionia: *restarono per lunghi anni in c.*; *la c. babilonese*; *qui trovarrete a l'animo ceppi, legami, catene, c.* (BRUNO). **2** Condizione degli animali non domestici che sono tenuti in gabbie o che, comunque, non vivono più allo stato libero. **3** †Cattiveria, ribalderia. **4** Furberia. **5** †Calunnia.

♦**cattivo** [lat. *captīvu(m)* 'prigioniero', da *căpere* 'prendere', attrav. il lat. crist. *captīvu(m) diăboli* 'prigioniero del diavolo'; 1294] **A** agg. (compar. di maggioranza *più cattivo* o *peggióre* (V.); superl. *cattivissimo* o *pèssimo* (V.)) **1** Che si considera contrario a principi morali: *uomo c.*; *persona cattiva*; *consigli cattivi*; *azioni, letture, compagnie cattive* | **C. soggetto**, persona di costumi riprovevoli | **Cattiva fama**, disonorevole | †Depravato, turpe. SIN. Malvagio, perfido, perverso, scellerato. CONTR. Buono. **2** Inquieto, turbolento, sgarbato: *bambino c.*; *cattive maniere* | **Mare c.**, burrascoso | **Tempo c.**, brutto tempo | **Essere di c. umore**, essere nervoso, arrabbiato | **Con le cattive**, (*ellitt.*) con modi bruschi e minacciosi. CONTR. Buono. **3** Che non è abile e idoneo ad adempiere la propria funzione: *c. metodo*; *strada, memoria, medicina cattiva*; *c. impiegato, operaio, professionista* | **Essere in c. stato**, mal conservato | Che è di qualità scadente: *legname, vetro, macchinario c.* | Negativo, sfavorevole: *notizia, situazione cattiva*; *affari cattivi*; *idee cattive*; *cattiva salute* | **Cattiva cera**, aspetto che indica salute malandata | (*fig.*) **Nascere sotto cattiva stella**, in condizioni sfavorevoli, sfortunate | **Essere, navigare, trovarsi in cattive acque**, (*fig.*) attraversare momenti difficili, spec. economicamente. SIN. Inabile, incapace, inefficiente, mediocre. CONTR. Bravo, buono. **4** Nocivo, pericoloso: *animale c.*; *febbre, ferita cattiva* | **C. augurio**, malaugurio. **5** Brutto, non pregevole esteticamente o tecnicamente: *un c. libro*; *l'attore ha dato una cattiva interpretazione del suo personaggio*. CONTR. Bello, buono. **6** Sgradevole, spiacevole: *odore, sapore c.* | Guasto: *una mela cattiva* | (*fig.*) **Farsi il sangue c.**, accorarsi, arrabbiarsi. CFR. caco-. SIN. Disgustoso. CONTR. Buono. **7** †Infelice, triste | †**Me c.!, c. a me!**, disgraziato, povero me! | †**Dir c.**, essere una sfortuna. **8** (*lett.*) Prigioniero | V. *captivo*. || **cattivaménte**, avv. Malamente; †sgradevolmente. **B** s. m. **1** (f. *-a*) Persona cattiva: *su, non fare il c.*; *sperare nella punizione dei cattivi*. **2** (f. *-a*) (*lett.*) Prigioniero. **3** Parte guasta di qlco. | Odore o sapore sgradevole: *questo frutto sa di c.* **4** Brutto tempo: *la giornata si mette al c.* || **cattivàccio**, pegg. | **cattivèllo**, dim. (V.) | **cattivétto**, dim. | **cattivóne**, accr. | **cattivùccio**, **cattivùzzo**, dim.

cattlèya /kat'tlɛja/ o **catlèia** [dal n. del botanico W. *Cattley*] s. f. inv. ● Genere di piante tropicali delle Orchidacee, con fiori vistosi caratterizzati dal labello più sviluppato degli altri sepali (*Cattleya*).

†**càtto** (**1**) [lat. *căptu(m)*, part. pass. di *căpere* 'prendere'. V. *capere* (*1*); 1319] part. pass. di †*capere* (*1*); anche agg. ● Catturato, fatto prigioniero.

†**càtto** (**2**) ● V. *gatto*.

càtto- primo elemento ● In parole composte formate modernamente, significa 'cattolico': *cattocomunista*.

cattocomunista [comp. di *catto-* e *comunista*; 1979] **A** agg. (pl. m. *-i*) ● (*spreg.*) Che sostiene la possibilità di conciliare gli ideali del cattolicesimo con quelli del comunismo: *la sinistra c.* **B** s. m. e f. ● (*spreg.*) Cattolico che aderisce a partiti o movimenti comunisti.

cattolicèṣimo o **cattoliciṣmo** [1607] s. m. **1** Religione e dottrina cattolica | **C. liberale**, insieme delle correnti del mondo cattolico che, nel sec. XIX, in Europa, cercarono di conciliare la fede cattolica con l'accettazione delle idee e delle istituzioni liberali. **2** Mondo cattolico, insieme di cattolici: *il c. militante*.

cattolicissimo [1847] agg. **1** Sup. di *cattolico*. **2** Titolo attribuito ai re d'Austria: *c. principe*.

cattolicità [1771] s. f. **1** Condizione, caratteristica di chi (o di ciò che) è cattolico. **2** Aderenza e conformità alla dottrina della Chiesa cattolica. **3** Complesso dei cattolici: *fare appello alla c.*

cattolicizzàre [comp. di *cattolic(o)* e *-izzare*; 1918] v. tr. ● Rendere cattolico.

♦**cattòlico** [vc. dotta, lat. tardo *cathŏlicu(m)*, nom. *cathŏlicus*, dal gr. *katholikós* 'universale', dall'avv. *kathólou* 'universalmente', da *hólos* 'tutto'; 1308] **A** agg. (pl. m. *-ci*) **1** Universale, con riferimento alla Chiesa cristiana di Roma, in quanto aperta a ogni uomo: *la Chiesa cattolica*. **2** Che è proprio della Chiesa di Roma: *dottrina cattolica*; *dogma c.*; *fede cattolica*. **3** Che si ispira ai principi religiosi, morali e sociali propugnati dalla Chiesa cattolica: *partito c.*; *filosofo c.*; *azione cattolica*. **4** Che professa la religione cattolica: *clero c.*; *associazione di lavoratori cattolici*. **B** s. m. **1** (f. *-a*) Chi professa la religione cattolica. **2** Titolo del vescovo supremo di alcune Chiese orientali. **C** agg.; anche s. m. ● Titolo attribuito in passato ai re di Spagna: *il re Cattolico*; *Ferdinando il Cattolico*. || **cattolicissimo**, superl. (V.). || **cattolicaménte**, avv. Secondo la religione cattolica.

cattùra [lat. *captūra(m)*, da *căpere* 'prendere'; av. 1400] s. f. **1** Il fatto di catturare, di venire catturato: *la c. di un evaso, di un cinghiale* | (*pesca*, *sport*) L'insieme dei pesci o la singola preda ittica di buone dimensioni catturata nel corso di una uscita. **2** (*dir.*) Restrizione della libertà personale introduttiva della custodia cautelare, avente carattere non provvisorio: *mandato, ordine di c.* **3** (*geogr.*) **C. fluviale**, fenomeno per cui un fiume accresce il proprio bacino idrografico catturando, a causa dell'erosione regressiva, parte del bacino di un altro corso d'acqua. **4** (*fis.*) Processo di collisione in cui un sistema atomico o nucleare acquisisce una particella addizionale: *c. elettronica*.

catturàbile [1881] agg. ● Che può essere catturato.

♦**catturàre** [da *cattura*; 1615] v. tr. **1** Far prigioniero: *c. i nemici dispersi, un animale* | Sequestrare: *c. merce di contrabbando*. **2** (*geogr.*) Accrescere il proprio bacino erodendone un altro, detto di fiume.

catulliàno [vc. dotta, lat. *catulliānu(m)*, da *Catŭllus* 'G. V. Catullo' (84-54 a.C.); 1528] agg. ● Proprio del poeta latino Catullo: *stile c.*

†**catùno** ● V. *cadauno*.

caucàṣico [1860] **A** agg. (pl. m. *-ci*) ● Del Caucaso o della Caucasia: *monte c.*; *razza caucasica* | **Lingue caucasiche**, famiglia di lingue parlate nel Caucaso e nelle regioni vicine. **B** s. m. (f. *-a*) ● Chi appartiene a una popolazione autoctona del Caucaso.

caucaṣòide [da *Caucaso*; 1936] s. m. e f. ● Europoide.

caucciù o †**causciù** [fr. *caoutchouc*, dal caraibico *kahuchu*; 1828] s. m. inv. **1** Idrocarburo, polimero dell'isoprene, contenuto allo stato colloidale nel latice di piante equatoriali, usato nell'industria per le sue proprietà elastiche che vengono migliorate mediante vulcanizzazione. SIN. Gomma naturale. **2** (*gerg.*) Nella macchina da stampa offset, tessuto gommato usato per trasferire l'immagine dalla matrice alla carta.

cauchemar /fr. koʃ'maʀ/ [vc. fr., comp. di una vc. del v. *caucher* 'premere' e del neerl. *mare* 'fantasma'; 1832] s. m. inv. ● Incubo, sensazione di angoscia, ossessione.

caucus /ingl. 'kɔːkəs/ [vc. ingl., proveniente dal New England, di orig. oscura] s. m. inv. (pl. ingl. *caucuses*) ● Negli Stati Uniti, riunione politica ristretta nel corso della quale i rappresentanti di un partito scelgono i loro candidati a una carica pubblica.

caudàle [dal lat. *cāuda* 'coda'; 1879] agg. **1** Della coda, relativo alla coda: *vertebra c.* **2** (*anat.*) Disposto verso l'estremità opposta a quella del cranio.

caudatàrio [lat. mediev. *caudatariu(m)*, da *cāuda* 'coda'; 1584] s. m. **1** Chi regge lo strascico delle vesti prelatizie nelle cerimonie. **2** (*fig.*, *scherz.*) Chi è al seguito di un alto personaggio e si comporta con servilismo nei suoi riguardi.

Caudàti [1956] s. m. pl. (sing. *-o*) ● (*zool.*) Urodeli.

caudàto [lat. mediev. *caudatu(m)*, da *cāuda* 'coda'; 1527] agg. ● Fornito di coda | **Stella caudata**, cometa | **Sonetto c.**, con versi aggiunti ai tradizionali quattordici, per lo più un settenario e due endecasillabi.

caudifórme [comp. del lat. *cāuda* 'coda' e *-forme*; 1987] agg. ● (*raro*) Che ha forma di coda: *appendice c.*

caudilliṣmo /sp. kauði'ʎizmo, -i'jiz-/ [vc. sp., da *caudillo*] s. m. ● Sistema politico in cui il potere assoluto è assunto da un capo militare.

caudillo /sp. kau'ðiʎo, -ijo/ [vc. sp., propr. 'piccolo capo', dal lat. tardo *capitĕllum*, dim. di *căput* 'capo, testa'; 1942] s. m. (pl. sp. *caudillos*) ● Titolo attribuito a capi politici e militari con poteri dittatoriali in Spagna e nell'America latina | (*per anton.*) Il generale Francisco Franco, al quale il titolo fu attribuito nel 1938.

caudino [1521] agg. ● Relativo alla valle di Caudio, antica città del Sannio (oggi Montesarchio) | **Forche Caudine**, località in cui gli antichi Romani, vinti dai Sanniti, subirono l'onta di passare sotto una specie di giogo; (*fig.*) momento o situazione in cui si deve sottostare a una grave umiliazione.

càule [vc. dotta, lat. *caule(m)* 'gambo, fusto', di etim. incerta; 1441] s. m. ● (*bot.*) Fusto.

caulèrpa [comp. del gr. *kaylós* 'stelo, fusto', di orig. indeur., ed *hérpein* 'strisciare', di orig. indeur.; 1830] s. f. ● Genere di alghe verdi delle Caulerpacee, unicellulari, con una parte strisciante e una frondosa (*Caulerpa*).

Caulerpàcee [comp. di *caulerpa* e *-acee*; 1931] s. f. pl. (sing. *-a*) ● Nella tassonomia vegetale, famiglia di alghe verdi frondose cui appartiene il genere Caulerpa (*Caulerpaceae*).

caulinàre [1830] agg. ● Che si riferisce al caule.

†**càulo** ● V. *cavolo*.

càuri [indost. *kaurī*; 1586] s. m. inv. ● Conchiglia del genere Ciprea, usata come moneta e anche come ornamento da alcune popolazioni africane.

†**càuro** ● V. *coro* (2).

♦**càuṣa** [vc. dotta, lat. *cāusa(m)*, forse di orig. straniera; 1261] s. f. **1** (*filos.*) L'antecedente invariabile di un fenomeno: *risalire dagli effetti alle cause* | ***C. prima***, nel pensiero cristiano, Dio. CFR. ezio-. **2** Correntemente, ciò che è origine, motivo, ragione determinante di qlco.: *la superbia è c. di molti mali*; *arricchimento senza c.*; *il moto è c. d'ogni vita* (LEONARDO) | ***Per c. mia, tua*** ecc., per colpa mia, tua ecc.: *ha sofferto molto per c. sua* | Nella loc. prep. ***a c., per c. di***, (*ellitt.*) ***causa*** (***qlco.***), a motivo di, in conseguenza di: *i raccolti sono compromessi a c. della siccità*; *c. la forte nevicata, la strada è stata interrotta* | ***C. di forza maggiore***, evento che non dipende e non può essere controllato dalla volontà umana | (*dir.*) ***Giusta c.***, fatto che, verificatosi, non consente neppure in via provvisoria la prosecuzione del rapporto di lavoro | ***C. del negozio giuridico***, funzione economico-sociale del negozio, tipica dello stesso | ***Avente c., dante c.***, titolare di un diritto da altri acquistato o ad altri trasferito | (*ling.*) ***Complemento di c.***, complemento che indica il motivo per cui qlco. avviene o si fa | (*ling.*) ***Complemento di c. efficiente***, in una frase passiva, quello che indica il fatto che ha provocato l'azione subita dal soggetto | (*est.*) Pretesto: *appigliarsi a ogni c.* SIN. Fonte, occasione, principio, radice. **3** (*dir.*) Materia sostanziale del contendere, e quindi materia del provvedere per il giudice: *c. del processo*; *discussione, esame della c.* | (*est.*) Processo: *c. civile, penale, in tribunale*; *chiamare qlcu. in c.*; *concorso di cause* | ***Fare, muovere c.***, compiere le attività necessarie a instaurare un processo | ***Essere parte in c.***, (*fig.*) essere direttamente interessato a qlco. | ***Chiamare in c. qlcu.***, (*fig.*) coinvolgerlo | ***Dar c. vinta***, cessare la lite; (*fig.*) cessare una polemica, una discussione | ***Avvocato delle cause perse***, (*fig.*) chi si impegna in questioni e problemi irresolubili, in difese impossibili e sim. | ***Con cognizione di c.***, (*fig.*) conoscendo bene tutti gli elementi di qlco. | (*fig., lett.*) Questione, disputa. **4** Complesso di aspirazioni, rivendicazioni, ideali e sim. spec. connessi all'azione sistematica di un'organizzazione o gruppo sociale: *c. buona, cattiva, bella, dubbia, persa, sballata*; *la c. della giustizia, della libertà*; *la c. dei lavoratori, degli oppressi, dei poveri, del popolo* | ***Abbracciare, sposare una c.***, dedicarsi completamente a essa | ***Tradire una c.***, abbandonarla | ***Fare c. comune con qlcu.***, mettere in comune con qlcu. progetti e attività. || PROV. Chi è causa del suo mal pianga sé stesso. || **cauṣàccia**, pegg. | **cauṣétta**, dim. | **cauṣìna**, dim. | **cauṣóna**, accr. | **cauṣùccia**, dim.

cauṣàle [vc. dotta, lat. tardo *causāle(m)*, da *causa* 'causa'; sec. XIV] **A** agg. **1** Che deriva da una causa, che ha forza di causa: *principio c.* **2** Che indica la causa: *proposizione, complemento, congiunzione c.* **3** Che costituisce la causa di qlco. o che ad essa si riferisce: *elemento c.* | ***Titolo c.***, titolo di credito in cui è menzionato il rapporto giuridico che ne ha determinato l'emissione | ***Negozio giuridico c.***, negozio patrimoniale caratterizzato dalla presenza di una giustificazione legale degli effetti posti in essere mediante lo stesso | ***Nesso c.***, rapporto di causalità | ***Terapia c.***, quella diretta contro la causa di una malattia; CFR. Nosotropico. || **cauṣalménte**, avv. In conseguenza di una causa. **B** s. f. **1** (*ling.*) Proposizione subordinata indicante la causa per la quale si compie l'azione espressa dalla reggente. **2** (*bur.*) Motivo, movente: *la c. di un pagamento, di un delitto*.

cauṣalgìa [vc. dotta, comp. del gr. *kâusis* 'bruciore, calore', da *káiō* 'io brucio' e *-algia*; 1962] s. f. ● (*med.*) Sindrome da lesione parziale di un nervo periferico caratterizzata da dolore, sensazione di bruciore e alterazioni del trofismo cutaneo. SIN. Termalgia.

cauṣalità o †**cauṣalitàde**, †**cauṣalitàte** [da *causale*; av. 1396] s. f. ● Rapporto di causa ed effetto | (*filos.*) ***Principio di c.***, quello in base al quale è necessario che ogni effetto abbia una sua causa.

♦**cauṣàre** [vc. dotta, lat. *causāri*, da *causa* 'causa'; 1308] v. tr. ● Essere l'origine, la causa che determina l'insorgenza di qlco.: *c. danni, dolori, gioia*. SIN. Arrecare, cagionare, procurare, provocare.

cauṣatìvo [vc. dotta, lat. tardo *causatīvu(m)*, da *causa* 'causa'; av. 1375] agg. **1** (*lett.*) Atto a causare qlco.: *si può comprendere la tristizia essere causativa dell'ira* (BOCCACCIO). **2** (*ling.*) Di forma verbale che enuncia una azione fatta eseguire dal soggetto, e non direttamente compiuta da questo (p.e. *far vergognare qlcu.*; *far ridere*).

†**causciù** ● V. *caucciù*.

causeur /fr. ko'zœːʀ/ [vc. fr., da *causer* 'discorrere, parlare'; 1918] s. m. inv. (f. fr. *causeuse*; pl. m. *causeurs*; pl. f. *causeuses*) ● Conversatore brillante, raffinato.

causeuse /fr. ko'zøːz/ [vc. fr., dal v. *causer* 'parlare, conversare', perché adatta a due persone che si siedano ad intrattenersi familiarmente; 1918] s. f. inv. ● Divanetto francese imbottito, a due posti. SIN. Amorino.

cauṣìdico [vc. dotta, lat. *causĭdicu(m)*, comp. di *causa* 'causa' e *dīcere* 'dire, pronunciare'; 1483] s. m. (pl. *-ci*) ● Anticamente, chi agiva in giudizio in rappresentanza di un litigante senza essere avvocato | (*spreg.*) Avvocato di poco valore. SIN. Azzeccagarbugli, cavalocchio, leguleio.

càustica [da *caustico*; 1712] s. f. ● (*fis.*) Superficie formata dalla intersezione dei raggi riflessi da uno specchio curvo di grande apertura o rifratti da una lente convergente di grande apertura che partono da uno stesso punto luminoso.

causticazióne [da *caustico*; 1872] s. f. **1** (*med.*) Distruzione di porri, verruche, condilomi e sim. per mezzo di sostanze caustiche. **2** Lesione in tessuti dell'organismo provocata dall'azione di caustici.

causticità [1766] s. f. ● Proprietà, caratteristica di chi (o di ciò che) è caustico (*anche fig.*): *la sua c. è proverbiale*.

càustico [vc. dotta, lat. *cāusticu(m)*, nom. *causticus*, dal gr. *kaustikós*, da *káiō* 'io brucio'; 1499] **A** agg. (pl. m. *-ci*) **1** Detto di composto, spec. di idrossido alcalino, altamente corrosivo per i tessuti organici: *soda, potassa caustica*. **2** (*fig.*) Aspro e mordace: *discorso, tono c.* SIN. Corrosivo. || **causticaménte**, avv. **B** s. m. ● Composto o sostanza caustica.

caustificàre [comp. del gr. *kaustós* 'bruciato' (V. *caustico*) e di *-ficare*; 1962] v. tr. (*io caustìfico*) ● (*chim.*) Trasformare un carbonato alcalino nell'idrossido corrispondente.

cautèla [vc. dotta, lat. *cautēla(m)*, da *cāutus* 'cauto'; 1308] s. f. **1** Nel diritto romano, consiglio o collaborazione del giurista al componimento di atti e negozi giuridici conformi al diritto. **2** Prudenza e accortezza che mira a evitare danni a sé e agli altri: *parlare, agire con c.* SIN. Circospezione | (*est.*) Accorgimento, precauzione: *ho preso le dovute cautele*. SIN. Avvertenza. **3** †Astuzia, inganno.

cautelàre (1) [da *cautela*; 1962] agg. ● Che tende a evitare un danno | ***Procedimento c.***, procedimento speciale tendente alla emanazione di un provvedimento giurisdizionale cautelare | (*dir.*) ***Provvedimento c.***, emanato dal giudice al fine di evitare che un diritto subisca un pregiudizio irreparabile nel tempo necessario a concludere il giudizio | ***Giurisprudenza c.***, complesso delle opere dei giureconsulti romani dell'età repubblicana relative alla loro attività di collaborazione all'attività giuridica pratica | ***Custodia c.***, V. *custodia*. || **cautelarménte**, avv. A scopo cautelare.

cautelàre (2) [1527] **A** v. tr. (*io cautèlo*) ● Assicurare prendendo la dovuta cautela: *c. i propri interessi*. SIN. Difendere. **B** v. rifl. ● Difendersi da qlco. premunendosi: *cautelarsi dal freddo, dalla mala fede*.

cautelatìvo [1879] agg. ● Che tende a cautelare: *misura cautelativa*. || **cautelativaménte**, avv.

cautelóṣo [av. 1938] agg. ● (*raro*) Pieno di cautela.

cautèrio o **cautère** [vc. dotta, lat. tardo *cautēriu(m)*, dal gr. *kautḗrion*, da *káiō* 'io brucio'; sec. XIV] s. m. ● Strumento chirurgico usato per la bruciatura terapeutica di verruche, nei, piccoli tumori superficiali della pelle e sim. | V. anche *criocauterio* e *termocauterio*.

cauterizzàre [vc. dotta, lat. tardo *cauterizāre*, dal gr. *kauteriázō*, da *kautḗrion* 'cauterio'; sec. XIV] v. tr. ● Bruciare con il cauterio: *c. un porro, un neo*.

cauterizzazióne [1300 ca.] s. f. ● Operazione di piccola chirurgia eseguita mediante il cauterio.

cautézza [da *cauto*; 1476] s. f. ● (*raro*) Accortezza, prudenza.

càuto [vc. dotta, lat. *cāutu(m)*, da *cavēre* 'guardarsi'; 1313] agg. **1** Che agisce con cautela: *è un affarista molto c.* | ***Far c.***, mettere sull'avviso | ***Andar c.***, agire con circospezione | ***Mal c.***, V. *malcauto* | Che mostra cautela: *discorso, tono c.* SIN. Accorto, avveduto, circospetto, prudente. **2** †Furtivo, segreto: *il giovane per via assai cauta … se ne venne* (BOCCACCIO). || **cautaménte**, avv. In modo cauto, prudente.

cauzionàle [vc. dotta, lat. tardo *cautionāle(m)*, da *cautio*, genit. *cautiōnis* 'cauzione'; 1781] agg. ● (*dir.*) Relativo a cauzione: *attività c.* | ***Deposito c.***, di somma o titoli a garanzia del buon fine di lavoro da eseguirsi.

cauzionàre [1700] v. tr. (*io cauzióno*) ● Garantire con cauzione: *c. un proprio futuro comportamento*.

cauzióne [vc. dotta, lat. *cautiōne(m)*, da *cavēre* 'guardarsi'; 1349] s. f. **1** (*dir.*) Deposito di una somma di denaro, di titoli di credito e sim. effettuato a garanzia di un determinato comportamento: *dare, richiedere una c.* | (*est.*) La somma di denaro, di titoli di credito e sim. così depositata: *perdere, restituire la c.* **2** †Cautela: *gli uomini nelle opere loro procedono alcuni con impeto, alcuni con rispetto e con c.* (MACHIAVELLI). || **cauzioncèlla**, dim.

càva [lat. *căva(m)*, f. dell'agg. *căvus* 'cavo'; sec. XIII] s. f. **1** †Luogo cavo o scavato, cavità | Fossa, buca | (*est.*) Tana, canile. **2** (*geol.*) Scavo a cielo aperto o raggiungibile in galleria, da cui si estraggono minerali, rocce o torba: *c. di marmo, di zolfo, di gesso* | (*est.*) Il materiale estraibile | (*est.*) Il luogo dello scavo. **3** (*fig.*) †Grande quantità: *una c. di denari*; SIN. Miniera. **4** (*elettr.*) Intaglio entro cui si pongono organi o strumenti atti a realizzare collegamenti o registrazioni.

cavabórra [comp. di *cava(re)* e *borra*; 1846] s. m. inv. **1** Strumento a forma di succhiello per estrarre la borra dalle armi da fuoco ad avancarica. **2** Strumento a forma di lungo uncino con il quale si toglieva l'imbottitura da selle o altri finimenti imbottiti.

cavachiòdi [comp. di *cava(re)* e il pl. di *chiodo*] s. m. inv. ● Ferro speciale per togliere i chiodi nel montaggio di una tomaia.

cavadènti [comp. di *cava(re)* e il pl. di *dente*; sec. XV] s. m. inv. (anche f. nel sign. 2) **1** Chi un tempo esercitava il mestiere di estrarre o curare i denti, spec. come girovago e all'aperto. **2** (*spreg.*) Dentista di scarso o nullo valore professionale.

cavafàngo [comp. di *cava(re)* e *fango*; 1865] s. m. inv. ● Draga impiegata per rimuovere melma e fanghiglia dal fondo di porti e canali. SIN. Cavafondo.

cavàgna [1948] s. f. ● (*raro, dial.*) Cavagno.

cavàgno o †**gavàgno** [etim. incerta; av. 1556] s. m. ● (*dial.*) Cesto, paniere. || **cavagnino**, dim. | **cavagnòlo**, dim.

cavagnòla [da *cavagno*, il 'cesto' sul quale orig. si ponevano le poste; av. 1799] s. f. ● Antico gioco d'azzardo basato su un tabellone suddiviso in caselle sulle quali venivano disposte le puntate.

cavaiòlo o †**cavaiuòlo** [da *cava*; 1881] s. m. ● (*tosc.*) Operaio delle cave di marmo o di pietra.

cavalcàbile [av. 1723] agg. ● (*raro*) Che si può cavalcare: *cavallo difficilmente c.* | Che si può percorrere a cavallo: *sentiero, ponte c.*

†**cavalcadùra** ● V. *cavalcatura*.

cavalcànte [av. 1363] **A** part. pres. di *cavalcare*; anche agg. ● Nei sign. del v. **B** s. m. ● †Chi cavalca | †Soldato a cavallo | †Domestico che a cavallo seguiva il padrone | †Chi, stando a cavallo, guidava la prima coppia delle mute di una carrozza.

♦**cavalcàre** [lat. tardo *caballicāre*, da *cabăllus* 'cavallo'; av. 1267] **A** v. tr. (*io cavàlco, tu cavàlchi*) **1** Montare un cavallo o altro animale: *c. un puledro, un purosangue*; *c. un mulo, un asino* | ***C. la tigre***, (*fig.*) tentare di controllare una situazione disperata | (*est., fig.*) ***C. una situazione, una protesta***, cercare di trarne vantaggio | (*est.*) Stare a cavalcioni di qlcu. o qlco.: *c. un ramo, un muretto*. **2** Passar sopra ad avvallamenti, strade, corsi d'acqua e sim., detto di arcate, ponti e sim.: *il via-*

dotto cavalca l'intera valle. **3** †Percorrere con la cavalleria un paese nemico per devastarlo. **4** †Percorrere una via e sim. **B** v. intr. (aus. *avere*) ● Andare a cavallo: *imparare, insegnare a c.*; *mi piace molto c.* | *C. all'amazzone*, con tutte e due le gambe da un lato della sella | *C. a bisdosso, a bardosso, a ridosso*, senza sella | Viaggiare a cavallo: *cavalcarono tutta la notte.*

cavalcàta [da *cavalcare*; sec. XIV] s. f. **1** Passeggiata, viaggio a cavallo (*anche fig.*): *fare una c. nella prateria*; *una c. attraverso la letteratura americana.* **2** Gruppo, corteo di persone a cavallo: *una gran c. di nobili*; *la c. sarda a Sassari fa sfilare i sessanta diversi costumi regionali.* **3** †Scontro o scorreria di uomini armati a cavallo: *attendevano con correrie e cavalcate grosse a predare i bestiami* (GUICCIARDINI).

cavalcatóre [1308] **A** s. m.; anche agg. (f. *-trice*) ● Chi (o Che) cavalca, spec. con abilità: *ottimo c.*, *vestiva per vezzo da domatore di puledri* (BACCHELLI). **B** s. m. ● †Soldato a cavallo.

cavalcatùra o †**cavalcadùra** [sec. XIII] s. f. **1** Bestia che si cavalca: *avere una buona, una cattiva c.* **2** (*raro*) Somma pagata per il nolo di un cavallo.

cavalcavia [comp. di *cavalca(re)* e *via*; av. 1696] s. m. inv. ● Ponte che passa al di sopra di una via attraversandola | Ponte di passaggio fra due edifici o parti di uno stesso edificio.

†**cavalcherésco** agg. ● Adatto per cavalcare: *abito c.*

cavalciòni o (*raro*) **cavalcióne** [ant. fr. *chevauchions*, da *chevauchier* 'cavalcare'; 1353] avv. **1** Nella posizione di chi va a cavallo, con una gamba da una parte e una dall'altra di qlco., spec. nella loc. avv. *a c.*: *stare, mettersi a c. di una panca, di un muretto.* **2** Stando seduto con una gamba accavallata sull'altra | Anche nella loc. avv. *a c.*: *due uomini, seduti … il più giovane con le mani in tasca, una gamba a c. dell'altra* (FOGAZZARO). **3** A cavalluccio: *portava c. sopra le spalle un bimbo.*

cavalieràto [1532] s. m. ● Grado iniziale di ordini cavallereschi, militari, ospitalieri.

♦**cavalière** o †**cavalièro** [provz. *cavalier*, dal lat. tardo *caballāriu(m)* 'palafreniere'; sec. XII] s. m. (f. †*-a*, †*-éssa*) **1** Chi va a cavallo: *c. abile, provetto, esperto*; *un c. improvvisato, da strapazzo* | (*est.*) Chi partecipa a gare di equitazione. ➡ ILL. p. 2152 SPORT. **2** Soldato a cavallo | (*gener.*) Soldato dell'arma di cavalleria. **3** Membro della cavalleria medievale: *diventare c.*; *un c. nobile, famoso, ardito, leggendario*; *c. senza macchia e senza paura*; i cavalieri della Tavola rotonda | †*C. bagnato*, per la cerimonia del bagno usata, durante l'investitura, come simbolo di purificazione | *Fare, creare, armare qlcu. c.*, con la cerimonia dell'investitura | *C. errante, di ventura*, che andava per il mondo affrontando cimenti in difesa degli oppressi | *Il c. dalla triste figura*, Don Chisciotte | (*est.*) Guerriero, eroe: *le donne, i cavallier, l'arme, gli amori / … io canto* (ARIOSTO) | (*fig., lett.*) Campione, difensore | (*raro, scherz.*) *C. d'industria*, chi maschera con un'apparenza di perbenismo la sua natura di avventuriero | (*econ.*) *C. bianco*, finanziere che interviene in soccorso di una società minacciata da una scalata ostile (calco sull'ingl. *White Knight*). **4** (*est.*) L'uomo che accompagna una donna, spec. a manifestazioni mondane, divertimenti e sim. | (*est.*) L'uomo che si comporta abitualmente con raffinata cortesia, spec. nei confronti delle donne: *è un perfetto c.* | L'uomo che guida e accompagna la dama nel ballo: *è il mio c. fisso.* **5** †Gentiluomo dedito al servizio di una dama | *Cavalier servente*, secondo l'uso del XVIII sec., corteggiatore, cicisbeo. **6** Chi è stato decorato di un'insegna cavalleresca: *c. al merito della Repubblica*; *c. di Malta, della SS. Annunziata*; *c. di Vittorio Veneto* | *C. del lavoro*, chi è insignito dell'ordine al merito del lavoro per particolari benemerenze nei vari settori dell'economia nazionale. **7** Nella Roma antica, membro dell'ordine equestre | Nell'età comunale, ufficiale del podestà. **8** Elemento dell'antica fortificazione, costituito da una sopraelevazione di terra o di muro, per dare alla difesa maggiore dominio di vista e di tiro | *A c.*, in posizione sopraelevata, dominante | (*fig.*) *A c. di due secoli*, tra due secoli. ➡ ILL. p. 2120 ARCHITETTURA. **9** †Nel gioco degli scacchi, il cavallo. **10** Cavalierino, nel sign. 2. **11** Cartoncino posto all'interno della custodia trasparente di una cassetta magnetica che reca l'intestazione e i titoli. **12** (*zool., region.*) Baco da seta | *C. d'Italia*, uccello dei Caradriformi con lungo becco sottile e diritto, zampe lunghissime ed esili e livrea bianca e nera (*Himantopus himantopus*). || **cavalieràzzo**, pegg. | **cavalierìno**, dim. (V.) | **cavalieròtto**, accr. | **cavalierùccio**, dim.

cavalierino [1956] s. m. **1** Dim. di *cavaliere*. **2** Piccolo peso, a forma di U capovolta, che permette di eseguire rapidamente pesate di precisione. **3** Targhetta fissata ai bordi delle schede di uno schedario, per evidenziare determinate informazioni e facilitare la consultazione: *c. segnaletico.*

†**cavalièro** ● V. *cavaliere.*

cavàlla [lat. *cabălla(m)*. V. *cavallo*; 1340] s. f. **1** Femmina del cavallo. **2** Traliccio verticale di legno o metallo, per divisione o sostegno, in scaffalature e strutture varie. **3** (*mar.*) Carbonera. || **cavallàccia**, pegg. | **cavallina**, dim. (V.) | **cavallóna**, accr. (V.).

cavallàio o (*region.*) **cavallàro** [lat. tardo *caballāriu(m)* 'palafreniere', da *cabăllus* 'cavallo'; av. 1400] s. m. (f. *-a*) **1** Guardiano di un branco di cavalli. SIN. Buttero | Chi guida cavalli da tiro. **2** Chi commercia in cavalli. **3** †Corriere, guida, messo.

cavallànte [1858] **A** part. pres. di *cavallare* ● Nel sign. del v. **B** s. m. ● Custode di cavalli | (*region.*) Chi esegue trasporti con carri trainati da cavalli.

†**cavallàre** [sec. XIV] v. tr. ● Montare a cavallo.

cavallàro ● V. *cavallaio.*

cavallàta [1312] s. f. **1** †Scorreria a cavallo | †Soldato a cavallo. **2** (*st.*) Nei Comuni medievali, milizia arruolata in caso di guerra e formata da cittadini che avevano l'obbligo di fornire e mantenere il cavallo | *Imposta di c.* o (*ellitt.*) *cavallata*, l'obbligo di fornire un uomo e un cavallo per la milizia o di sostenerne le spese.

cavalleggèro o **cavalleggère**, **cavalleggière**, **cavalleggièro** [fr. *chevau-léger* 'soldato a cavallo armato alla leggera'; av. 1547] s. m. **1** Anticamente, soldato a cavallo armato alla leggera. **2** Negli eserciti attuali, soldato di cavalleria.

cavallerésco [1338 ca.] agg. (pl. m. *-schi*) **1** Che si riferisce alla cavalleria medievale | *Letteratura, poesia cavalleresca*, il complesso dei poemi e dei romanzi ispirati alla cavalleria e ai suoi eroi. **2** Da cavaliere, proprio dei cavalieri: *contegno c.*; *insegne cavalleresche*; *codice c.* **3** (*est.*) Nobile, ardito, generoso: *animo, gesto c.* SIN. Cortese, leale. || **cavallerescaménte**, avv. In modo cavalleresco, nobile; †con franchezza, con semplicità.

cavalleria [da *cavaliere*; sec. XIII] s. f. **1** Milizia a cavallo | *C. grossa o grave, leggera*, secondo il tipo di armatura e di armamento del cavaliere | *Passare in c.*, (*fig.*) detto di cosa prestata e non più resa o di cosa a suo tempo convenuta e non realizzata (dal gergo militare; la cavalleria era considerata la più prestigiosa delle armi) | (*lett.*) Folto gruppo di cavalieri: *la contessa … con molta c. gli andò incontro* (VILLANI) | †Milizia. **2** Una delle Armi costitutive dell'attuale esercito italiano, non più montata su cavalli ma su mezzi corazzati: *c. blindata.* **3** Istituzione militare e religiosa sorta tra la nobiltà feudale, che si prefiggeva la lotta in difesa dei deboli, della donna e della Chiesa cristiana | (*est.*) Insieme dei cavalieri e delle imprese da essi compiute | *Libri, poesia, poeti di c.*, che trattano o cantano i fatti d'arme e d'amore compiuti dagli eroi della cavalleria. **4** (*est.*) Complesso di norme morali che costituivano il fondamento della cavalleria feudale | (*est.*) Lealtà, generosità: *trattare con c. il nemico vinto*; *c. rusticana* | Comportamento maschile caratterizzato da raffinata cortesia e signorilità: *comportarsi con c.*; *usare c. con le signore.* **5** †Valore militare | †Ardire, coraggio.

cavallerìzza [sp. *caballeriza* 'scuderia', da *caballero* 'cavaliere'; av. 1431] s. f. ● Maneggio | Equitazione.

cavallerìzzo [sp. *caballerizo*. V. *cavallerizza*; 1563] s. m. **1** (f. *-a*) Chi cavalca con abilità: *un c. spericolato* | *Alla cavallerizza*, secondo l'uso dei cavallerizzi, detto spec. di alcune fogge d'abito e in particolare di calzoni larghi dalla coscia al ginocchio e stretti nella gamba. **2** (f. *-a*) Chi ammaestra i cavalli e insegna a cavalcare. **3** (f. *-a*) Chi presenta i cavalli ammaestrati in un circo e si esibisce dando mostra di grande abilità nel montarli. **4** *C. maggiore*, titolo del sovrintendente alle scuderie in alcune antiche corti.

♦**cavallétta** (**1**) [da *cavallo*, per i salti che fa (?); sec. XIV] s. f. **1** Correntemente, insetto ortottero degli Acridoidei e Locustoidei, spesso dannoso alle colture. CFR. Stridere. ➡ ILL. **animali**/2. **2** (*fig.*) Persona avida e vorace | *Essere come le cavallette, peggio delle cavallette*, di persona estremamente fastidiosa e invadente.

cavallétta (**2**) [dim. di *cavalla* nel sign. 3; 1556] s. f. ● (*mar.*) Mezzanella.

cavallétto [av. 1431] s. m. **1** Dim. di *cavallo.* **2** Supporto di legno o metallo, costituito da due elementi a forma di V rovesciata, per sostenere tavoli e sim. **3** Supporto a tre piedi, di legno o metallo, per sostenere oggetti o strumenti: *il c. del cannocchiale, della lavagna, della macchina fotografica, da pittore* | *C. dendrometrico*, strumento per misurare il diametro degli alberi. **4** Antico strumento di tortura. SIN. Eculeo. **5** Struttura di notevole altezza, in ferro o in legno o in cemento armato, atta a reggere carichi quali gru, teleferiche e sim. **6** (*mil.*) Supporto in funzione di affusto per le antiche armi da getto e da fuoco | Treppiede su cui si fissano alcune armi da fuoco moderne quali mitragliatrici e sim. | *C. di puntamento*, treppiede su cui si appoggia il fucile per addestrare le reclute al puntamento. **7** *Sistemazione a c.*, coltura tipica dei terreni argillosi di pianura del Bolognese e di altre zone emiliane caratterizzata dalla creazione di strisce di terra a schiena d'asino (*cavalletti*) tra campo e campo, su cui viene coltivata la vite.

cavallina [1855] s. f. **1** Dim. di *cavalla.* **2** (*fig.*) *Correre la c.*, condurre una vita sbrigliata, disordinata, ricca di divertimenti, spec. in campo amoroso. **3** Nella ginnastica, attrezzo per esercizi di salto-volteggio di dimensioni minori del cavallo. **4** Gioco infantile consistente nel saltare un ragazzo chinato.

cavallino (**1**) [lat. *caballīnu(m)*, da *cabăllus* 'cavallo'; 1306] agg. **1** (*raro*) Equino: *genere c.* | Da cavallo: *muso c.* | *Mosca cavallina*, che punge cavalli e buoi per succhiarne il sangue; (*fig.*) persona oltremodo molesta. **2** (*pop.*) *Tosse cavallina*, pertosse.

cavallino (**2**) [av. 1494] s. m. **1** Dim. di *cavallo* | *Fare il c.*, dondolare il bambino sulle ginocchia, cantandogli una cantilena. **2** Pelle di puledro conciata e usata in pellicceria: *una giacca di c.* **3** *Cavallini di Sardegna*, bolli a inchiostro o a secco di vario valore, raffiguranti un genietto a cavallo, impressi sulle carte postali bollate del Regno di Sardegna in funzione di tassa postale. **4** (*mar.*) Concavità longitudinale del ponte di coperta. **5** (*mecc.*) Pompa a vapore a stantuffo, che alimenta l'acqua alle caldaie.

♦**cavàllo** [lat. *cabăllu(m)* 'cavallo castrato', prob. di orig. preindeur.; sec. XII] s. m. **1** (f. *-a*) Mammifero domestico degli Equini, erbivoro, con collo eretto ornato di criniera, piede fornito di un solo dito protetto dallo zoccolo, variamente denominato a seconda del colore del mantello (*Equus caballus*): *c. baio, bianco, morello, sauro*; *c. da corsa, da tiro, da sella.* CFR. Nitrire, ippo-. ➡ ILL. p. 2152, 2153 SPORT; **animali**/12 | *C. da monta*, stallone | *C. da posta*, usato un tempo per lunghi viaggi, che veniva cambiato a ogni stazione di posta | *C. sottomano*, nelle pariglie, quello non montato, che il conducente del cavallo montato guidava con le sole redini | *C. a dondolo*, giocattolo di legno, cartapesta e sim., riproducente un piccolo cavallo montato su due assicelle ricurve che gli permettono di dondolare | *A c.!, Tutti a c.!*, ordine o segnale impartito ai soldati di cavalleria perché montino in sella | *Stare a c. di qlco.*, a cavalcioni | *C. di razza*, (*fig.*) persona dotata di grandi qualità, di prestigio, carisma e sim. | *A ferro di c.*, V. *ferro* | *A c. di due secoli*, (*fig.*) nel periodo comprendente la fine di un secolo e l'inizio di quello successivo | *Medicina, cura da c.*, (*fig.*) fortissima | *Dose da c.*, molto abbondante | *Febbre da c.*, (*fig.*) molto alta | *Essere a c.*, (*fig.*) in posizione o situazione nettamente favorevole | *C. di battaglia*, quello che gli antichi condottieri riservavano al combattimento; (*fig.*) commedia o scena in cui un attore mostra le sue migliori qualità; (*est.*) attività in cui una persona si sente più sicura di sé, della propria riuscita | *C. di San Francesco*, (*fig.*) il bastone (unico compagno di viaggio del Santo di Assisi) | (*fig.*) ***Andare col c. di S. Francesco***, a piedi | ***C. di Troia***, cavallo di legno con cui i Greci penetrarono nascostamente nella città; (*fig.*) tranello, inganno | ***C. di ritorno***, (*fig.*) notizia che torna come di rimbalzo, dopo un lungo giro, al punto di origine. SIN. Cavalcatura, corsiero, destriero, giumento. **2** (*per anton.*) Cavallo vapore: *potenza di quindici cavalli*; *motore da venti cavalli*. **3** ***C. di Frisia***, ostacolo mobile della fortificazione campale, costituito da un telaio di materiale e di forma diversi, armato di filo spinato, per sbarrare strade, passaggi obbligati, varchi dei reticolati. **4** Nella ginnastica, attrezzo per esercizi di volteggio, composto da un telaio di legno o metallo, retto da due o quattro sostegni, imbottito e ricoperto di cuoio | ***C. con maniglie***, con due appoggi che il ginnasta impugna per compiere particolari evoluzioni; (*est.*) specialità della ginnastica artistica maschile. **5** Pezzo del gioco degli scacchi, a forma di testa di cavallo | Figura delle carte da gioco italiane. **6** Nel gioco della roulette, combinazione di due numeri vicini su cui si può puntare. **7** Inforcatura dei pantaloni o delle mutande. **8** (*gerg.*) Piccolo spacciatore di droga. **9** †Soldato a cavallo. **10** †Flutto, cavallone. || PROV. A caval donato non si guarda in bocca. || **cavallàccio**, pegg. | **cavallétto**, dim. (V.) | **cavallino**, dim. (V.) | **cavallóne**, accr. (V.) | **cavallòtto**, accr. (V.) | **cavallùccio**, dim. (V.).

cavallóna [1908] s. f. **1** Accr. di *cavalla*. **2** (*fig.*, *scherz.*) Donna alta, robusta e priva di grazia.

cavallóne [av. 1342] s. m. **1** (f. *-a* (V.)) Accr. di *cavallo* | (*fig.*) Persona dinamica e scomposta nei movimenti. **2** Grande ondata marina: *un c. rovesciò il battello*; *la furia dei cavalloni era terribile*.

cavallottino [1983] s. m. **1** Dim. di *cavallotto*. **2** Chiodo a due punte usato per fissare cordoni, grossi fili e sim.

cavallòtto [av. 1631] s. m. **1** Accr. di *cavallo*. **2** (*elettr.*) Ponticello. **3** (*tecnol.*) Elemento metallico piegato a forma di U, spesso filettato alle due estremità e munito di dadi, utilizzato per bloccare tubi o serrare insieme funi | Chiodo ricurvo a due punte. SIN. Cambretta | Denominazione delle staffe che mantengono unite le foglie sovrapposte delle molle a balestra. **4** Moneta d'argento, poi di mistura, coniata nell'Italia settentrionale nel XVI e XVII sec., con la figura di un cavaliere sul rovescio. || **cavallottino**, dim. (V.).

cavàllo vapóre [fr. *cheval-vapeur*, dall'ingl. *horse-power* 'potenza di un cavallo'; av. 1869] loc. sost. m. (pl. *cavàlli vapóre*) ● (*ing.*) Unità di misura della potenza nel sistema tecnico, pari a 735,499 watt. SIMB. CV | ***Cavallo vapore fiscale***, unità di misura della potenza fiscale dei motori a scoppio.

cavallùccio [1558] s. m. **1** Dim. di *cavallo*. **2** (*lett.*, *spreg.*) Cavallo magro e malandato. **3** Posizione di chi sta seduto sulle spalle di un altro, con le gambe appoggiate una sulla sua spalla destra e una sulla sinistra, spec. nella loc. ***a c.***: *portar un bimbo a c.* **4** ***C. marino***, (*pop.*) ippocampo. **5** (*bur.*) Foglio ripiegato sul dorso di un fascicolo, contenente indicazioni sommarie sul suo contenuto. **6** Pasticcino duro, ovale e leggermente schiacciato, con miele, specialità di Siena.

cavalòcchio o (*raro*) **cavalòcchi** [comp. di *cava(re)* e *occhio*; av. 1400] s. m. **1** (*tosc.*) Libellula. **2** Chi faceva il legale in piccole cause senza essere addottorato | Avvocato disonesto. SIN. Azzeccagarbugli, leguleio. **3** †Esattore esoso.

cavaménto [av. 1519] s. m. ● (*raro*) Scavo.

cavàna [lat. *capànna(m)*] s. f. ● (*region.*) Nelle valli da pesca venete, rimessa per le imbarcazioni, costituita da una tettoia chiusa su tre lati.

cavapiètre [comp. di *cava(re)* e il pl. di *pietra*; 1941] s. m. e f. inv. ● Operaio scavatore delle cave di pietra.

♦**cavàre** [lat. *cavāre* 'incavare, render cavo', da *căvus* 'cavo'; sec. XIII] **A** v. tr. **1** †Scavare, incavare. **2** (qlco. + *da*, + *di*) Estrarre, tirare fuori in modo più o meno rapido e violento (*anche fig.*): *c. marmi, pietre preziose dalle miniere*; *c. le parole di bocca a qlcu.* | ***C. sangue***, salassare | (*fig.*) ***C. sangue da una rapa, da un sasso***, pretendere l'impossibile | ***Non c. un ragno dal buco***, non raggiungere alcun risultato | ***C. gli occhi a qlcu.***, accecarlo | ***Cavarsi gli occhi***, detto di due o più persone che litigano furiosamente | ***Cavarsi gli occhi sui libri***, leggere molto. SIN. Estrarre. **3** Togliere (*anche fig.*): *c. la giacca, le scarpe*; *c. un vizio, un difetto* | ***C. le macchie***, smacchiare | ***C., cavarsi la fame, la sete, una voglia***, soddisfarle | ***Cavarsela***, uscire più o meno bene da una situazione difficile, pericolosa e sim.: *anche questa volta se la caverà*; *se l'è cavata per miracolo*. **4** Ricavare, ottenere, dedurre | ***C. i numeri del lotto***, indovinarli deducendo da sogni e sim. | Guadagnare: *Di Sicilia non cava molto* (GUICCIARDINI). **5** †Liberare. **6** (*fig.*) †Escludere. **B** v. intr. (aus. *avere*) ● Nella scherma, eseguire una cavazione. **C** v. rifl. ● Togliersi: *cavarsi dai pasticci*; *il Boccaccio se n'è accortamente cavato* (CARDUCCI).

cavastivàli [comp. di *cava(re)* e il pl. di *stivale*; 1781] s. m. inv. ● Arnese di legno in cui si conficca il tacco in modo da facilitare l'estrazione dello stivale.

cavastràcci [comp. di *cava(re)* e il pl. di *straccio*; av. 1675] s. m. inv. ● Specie di succhiello applicato alla bacchetta per cavare la borra e togliere la carica o per avvolgervi stoppe per pulire la canna delle armi da fuoco ad avancarica portatili.

cavàta [1347] s. f. **1** (*raro*) Estrazione | ***C. di sangue***, salasso (*anche fig.*). **2** (*mus.*) Qualità e quantità di suono che si trae da uno strumento, spec. ad arco, variabile da esecutore a esecutore | Nella musica vocale, arioso che si conclude con un recitativo. **3** ***C. dei fuochi***, il periodo annuale di sospensione del lavoro nelle vetrerie muranesi. || **cavatina**, dim. (V.).

cavatàppi [comp. di *cava(re)* e il pl. di *tappo*; 1846] s. m. inv. ● Strumento metallico con asta a succhiello per sturare bottiglie. SIN. Cavaturaccioli.

cavaticcio [av. 1566] agg.; anche s. m. (pl. f. *-ce*) ● (*raro*) Detto di terra scavata: *terra cavaticcia*; *il c. s'ammucchia ai bordi dello scavo*.

cavatina [1788] s. f. **1** Dim. di *cavata*. **2** (*mus.*) Aria d'opera che spesso introduce un nuovo personaggio delineandone il carattere: *la c. di Norma* | Nella musica strumentale, brano lirico senza sviluppo. **3** (*fig.*, *raro*) Espediente ingegnoso.

cavatóia [da *cavare*; 1889] s. f. ● (*mar.*; *disus.*) Fenditura in alberi, pennoni di navi, bracci di gru e sim., nella quale sta la puleggia e passa la corda.

cavatóre [lat. *cavatōre(m)* 'che scava', da *cavāre*. V. *cavare*; av. 1292] s. m. (f. *-trice*) **1** Chi è addetto a lavori di scavo: *c. in una miniera di zolfo*; *c. di trincee*. **2** Ricercatore di tartufi, tartufaio.

cavatrice [1956] s. f. ● Macchina per eseguire scanalature o mortase nel legno. SIN. Mortasatrice.

cavatùberi [comp. di *cava(re)* e il pl. di *tubero*; 1956] s. m. inv. ● Macchina per estrarre tuberi, spec. patate, dal terreno.

cavatùra [vc. dotta, lat. tardo *cavatūra(m)* 'cavità', da *cavāre* 'cavare'; 1284] s. f. **1** (*raro*) Operazione dello scavare. **2** (*est.*) Scavo.

cavaturàccioli [comp. di *cava(re)* e il pl. di *turacciolo*; 1831] s. m. inv. ● Cavatappi.

cavazióne [vc. dotta, lat. *cavatiōne(m)* 'cavità, concavità', da *cavāre* 'rendere cavo'. V. *cavare*; 1550] s. f. ● Nella scherma, azione eseguita per movimento di polso che serve a svincolare la lama del proprio ferro da un legamento dell'avversario.

cave /fr. ka:v/ [fr. 'cantina', dal lat. *căva(m)* 'cava'; 1905] s. f. inv. ● Scantinato, spec. parigino, adibito a locale notturno in cui si svolgono spettacoli musicali o di cabaret.

càvea [lat. *căvea(m)*, di etim. incerta; 1499] s. f. ● Nei teatri e anfiteatri antichi, l'insieme delle gradinate riservate agli spettatori.

caveau /fr. ka'vo/ [fr., dim. di *cave* 'cantina'. V. *cave*; 1942] s. m. inv. (pl. fr. *caveaux*) ● Luogo in cui la banca custodisce valori. SIN. Tesoro.

cavedàgna ● V. *capezzagna*.

cavédano o †**cavédine** [lombardo *cavéden*, dal lat. **capitine(m)*, da *căput*, genit. *căpitis* 'testa'. V. *capitone*; sec. XIV] s. m. ● Pesce dei Ciprinidi, commestibile, di acqua dolce, privo di barbigli, con squame voluminose verdastre e argentee (*Leuciscus cephalus*).

cavèdio [vc. dotta, lat. *cavăediu(m)*, da *căvum ăedium* 'il vuoto della casa' (*aedes* 'casa'); 1565] s. m. **1** Cortile scoperto della casa romana con loggie | Atrio. **2** Cortile piccolo, atto a dare aria e luce a locali secondari, come scale, corridoi, servizi igienici.

†**cavèlle** [lat. *quăm vĕlles* 'quanto tu voglia'; av. 1306] pron. indef. **1** Qualche cosa, un nonnulla: *se tu vuo' ch'io te comperi c.* (L. DE' MEDICI). **2** Niente, nulla, preceduto da negazione: *non mi dee dare c.* (SACCHETTI).

†**cavèllo** ● V. *capello*.

cavèola [vc. dotta, dal lat. *căvea(m)*, interpretata come 'cavità', col suff. dim. *-ola*] s. f. ● (*biol.*) Ognuna delle minute cavità presenti sulla superficie di alcuni tipi cellulari specializzati, formate dall'invaginazione del plasmalemma e aperte sull'ambiente esterno.

♦**cavèrna** [vc. dotta, lat. *cavĕrna(m)*, da *căvus* 'cavo'; av. 1292] s. f. **1** Cavità sotterranea, più ampia che lunga, formatasi per l'azione solvente delle acque minerali nel gesso e nel calcare: *una c. sotterranea*; *esplorare una c.* SIN. Antro, spelonca. CFR. Grotta, speleo- | ***Uomo delle caverne***, uomo preistorico; (*fig.*) persona rozza. **2** (*fig.*) Casa sudicia, buia e malsana: *abitare in una c.* **3** Grotta artificiale | ***Postazione in c.***, per le artiglierie. **4** (*med.*) Cavità formata in un organo da un processo morboso | ***C. polmonare***, formata dalla fusione di focolai tubercolari nel polmone. || **cavernàccia**, pegg. | **cavernèlla**, dim. | **cavernétta**, dim. | **cavernùzza**, dim.

cavernìcolo o †**cavernìcola** [comp. di *caverna* e *-colo*; 1499] **A** s. m. (f. *-a*) **1** Abitante delle caverne: *i cavernicoli dell'età della pietra*. SIN. Troglodita. **2** (*est.*) Chi vive in catapecchie sudicie e buie: *vita da c.* **3** (*fig.*, *scherz.*) Persona rozza e intrattabile | Selvaggio: *urlare come un c.* **B** agg. ● Che abita nelle caverne: *uomo c.*; *fauna cavernicola*.

cavernosità [av. 1588] s. f. **1** (*raro*) Caratteristica di ciò che è cavernoso | (*est.*) Parte cavernosa di qlco. **2** (*med.*) Vuoto formatosi per processo patologico.

cavernóso [vc. dotta, lat. *cavernōsu(m)*, da *cavĕrna* 'caverna'; sec. XIV] agg. **1** Pieno di caverne: *luogo c.* **2** (*anat.*) Riferito a, o contenente, spazi cavi o caverne | ***Corpo c.***, proprio del pene e del clitoride | ***Seno c.***, uno dei seni della duramadre. **3** Fatto a, simile a, caverna: *una buca cavernosa*. **4** (*fig.*) Cupo, roco, profondo: *che voce cavernosa!* || **cavernosaménte**, avv.

cavetterìa [da *cavetto (1)*; 1990] s. f. ● Insieme di cavi e cavetti per impianti elettrici e telefonici.

cavétto (1) [1962] s. m. **1** Dim. di *cavo (2)*. **2** Insieme di due fili metallici protetti e isolati tra loro, per il trasporto di energia o segnali elettrici.

cavétto (2) [1550] s. m. **1** Dim. di *cavo (1)*. **2** (*arch.*) Modanatura ricurva a profilo concavo, caratteristica dell'architettura dorica e assai usata anche in età barocca. SIN. Guscio.

cavézza o (*raro*) **capézza** [lat. *capĭtia*, nt. pl. di *capĭtium* 'apertura superiore della tunica per cui passa il collo' (da *căput*, genit. *căpitis* 'capo'); 1353] s. f. **1** Finimento di corda o cuoio per la testa degli equini e dei bovini, per condurli a mano o tenerli legati alla greppia | ***Prendere qlcu. per la c.***, (*fig.*) costringerlo a qlco. **2** Laccio che si mette al collo delle anatre di richiamo per fermarle al fondo. SIN. Capestro. **3** (*lett.*, *fig.*) Freno | ***Togliere a qlcu. la c.***, (*fig.*) liberarlo. **4** †Fune per impiccare. **5** (*fig.*) †Furfante, canaglia. || †**cavezzàccia**, pegg. | **cavezzina**, dim. | **cavezzóne**, accr. m. | **cavezzuòla**, dim. | †**cavezzuòlo**, dim. m.

cavezzàle [V. *capezzale*; av. 1348] s. m. **1** In Emilia, striscia di terreno incolto alla testata di un campo. **2** †V. *capezzale*.

cavezzièra ● V. *capezziera*.

càvia [lat. scient. *cavia*, dal port. brasiliano *cavia* 'topo', vc. della lingua tupi; 1875] **A** s. f. **1** Genere di Roditori con testa tondeggiante, piccolo muso allungato, coda ridotta e arti brevi (*Cavia*) | ***C. comune***, roditore americano con orecchie brevi, privo di coda, usato per esperimenti nei laboratori scientifici (*Cavia cobaya*). SIN. Porcellino d'India. ➡ ILL. **animali**/11. **2** (*fig.*) Ogni animale o persona sottoposta a esperimenti scientifici, indagini sociologiche e sim.: *c. umana* | (*est.*) Chi si presta a compiere per primo un'impresa rischiosa: *fare da c.* **B** in funzione di agg. inv. ● (posposto a un s.) Sperimentale, sottoposto a esperimenti, prove, verifiche e sim.: *città c.*; *uomo c.*

caviàle o †**caviàre** [turco *hawjar*; av. 1347] s. m. ● Alimento pregiato prodotto spec. in Russia e in Iran, costituito da uova di storione sottoposte a particolare lavorazione: *tartine al c.*

cavicchia [lat. tardo *cavĭcla(m)*, per il classico *clavĭcula(m)*, dim. di *clāvis* 'chiave'; 1481] s. f.

1 Chiavarda. *2* Grosso cavicchio.

cavìcchio [av. 1537] **s. m.** *1* Pezzo di legno appuntito, talvolta privo di manico, usato per fare buchi in terra per semine o trapianti. SIN. Foraterra. *2* Piolo delle scale di legno. *3* Legnetto appuntito, da piantarsi nel terreno per sostenere le corde delle reti da uccelli | Legno per turare fori in mura, scafi e sim. *4* (*pop.*) Protuberanza ossea frontale su cui si sviluppa il corno dei Cavicorni. || **cavicchiuòlo**, **dim.**

†**cavicciòlo** o †**cavicciùle**, †**cavicciùlo** [lat. *capĭtulu(m)* 'piccolo capo', dim. di *căput* 'capo' (?)] **s. m.** • Capestro | Cavezza.

Cavicòrni [comp. del pl. di *cavo* (*1*) e del pl. di *corno*; 1875] **A s. m. pl.** (**sing.** *-e*) • Mammiferi dei Ruminanti con corna costituite da un rivestimento corneo che copre come un astuccio le protuberanze dell'osso frontale. **B** anche **agg.**: *Mammiferi cavicorni.*

♦**caviglia** [provz. *cavilha*, dal lat. tardo *cavĭcla(m)*. V. *cavicchia*; av. 1294] **s. f.** *1* Regione compresa tra gamba e piede, corrispondente all'articolazione tibio-tarsica: *c. grossa, sottile*; *frattura alla c.*; *abito che arriva alla c.* *2* (*mar.*) Elemento fusiforme in legno o metallo con un'estremità di sezione maggiore dell'altra, adibito a svariati usi | Ognuno dei prolungamenti dei raggi della ruota del timone usati per manovrarla. *3* Grossa vite a legno che serve a fissare le rotaie alle traverse | (*raro, mus.*) Bischero. *4* †Cavigliatoio.

cavigliatóio [1868] **s. m.** • (*tosc.*) Strumento usato dai setaioli per torcere la seta.

caviglièra [av. 1557] **s. f.** *1* Fascia elastica protettiva delle caviglie | Striscia imbottita di sabbia o sim. da applicare alle caviglie o ai polsi per aumentare lo sforzo durante gli esercizi ginnici. *2* Monile (cerchietto, catenella e sim.) che si porta attorno alla caviglia a scopo ornamentale. *3* (*mar.*) Rastrelliera di caviglie posta ai piedi degli alberi, lungo le murate e nelle coffe, su cui si dà volta alle manovre correnti.

caviglière [da *caviglia*, nel sign. 3; 1965] **s. m.** • Estremità superiore degli strumenti ad arco con i bischeri che tendono le corde.

†**caviglio** [sec. XIV] **s. m.** • Cavicchio. || **cavigliòtto**, **accr.**

†**cavigliòlo** o †**cavigliuòlo** [1353] **s. m.** • Cavicchio, piolo.

cavillaménto [1955] **s. m.** • Cavillatura.

cavillàre o †**gavillàre** [vc. dotta, lat. *cavillāri*. V. *cavillo*; 1308] **A v. intr.** (aus. *avere*) *1* Sottilizzare con argomentazioni speciose e complicate: *c. su ogni cosa per spirito polemico.* SIN. Arzigogolare, polemizzare, sofisticare. *2* Detto di maioliche, dar luogo a cavillatura. **B v. tr.** • †Criticare con cavilli.

cavillatóre [vc. dotta, lat. *cavillatōre(m)*. V. *cavillo*; 1766] **s. m.**; anche **agg.** (**f.** *-trice*) • Chi (o Che) è solito cavillare.

cavillatùra [da *cavillare*; 1970] **s. f.** • Screpolatura o rete di screpolature nella vernice o nello smalto di un oggetto in ceramica dovuto al tempo, al variare della temperatura di cottura o al naturale essiccamento. SIN. Cavillamento, craquelure, cretto.

cavillazióne o †**gavillazióne** [vc. dotta, lat. *cavillatiōne(m)*. V. *cavillo*; av. 1348] **s. f.** • (*lett.*) Discussione condotta con cavilli.

cavillo [lat. tardo *cavĭllu(m)* 'motteggio, scherzo pungente', di etim. incerta; 1570] **s. m.** *1* Argomento sottile, formalmente valido ma pretestuoso, che ha soltanto lo scopo di trarre in inganno, creare ostacoli o perdite di tempo e sim.: *senza cavilli e trappole per pigliare gli incauti* (SARPI). SIN. Sofisma, sottigliezza. *2* Cavillatura.

cavillosità [1865] **s. f.** • Caratteristica di cavilloso: *la c. di una persona, di un ragionamento.* SIN. Capziosità, sofisticheria.

cavillóso o †**gavillóso** [vc. dotta, lat. tardo *cavillōsu(m)*. V. *cavillo*; sec. XIV] **agg.** • Che usa cavilli: *individuo c. e pedante* | Che contiene o si fonda su cavilli: *discussione cavillosa.* SIN. Capzioso, sofistico. || **cavillosaménte**, **avv.**

♦**cavità** [vc. dotta, lat. tardo *cavitāte(m)*, da *căvus* 'cavo'; 1584] **s. f.** *1* Parte incavata di qlco.: *tronco pieno di piccole c.* | Grotta, caverna: *si rifugiarono in una c. della roccia.* SIN. Buca, cavo, vuoto. *2* (*anat.*) Spazio cavo all'interno del corpo o di un suo organo: *c. orale, gastrica, uterina.* *3* (*elettron.*) Buco.

cavitàre [1913] **v. intr.** (*io càvito*; aus. *avere*) • (*fis., tecnol.*) Essere soggetto a cavitazione, detto spec. di eliche di nave.

cavitàrio [comp. di *cavità* col suff. *-ario*; 1941] **agg.** • (*biol.*) Riferito a organo o a organulo caratterizzato da una o più cavità.

cavitazióne [da *cavità*; 1908] **s. f.** *1* (*fis.*) All'interno di una corrente liquida, formazione, per cause idrodinamiche, di bolle di vapore o gassose con conseguente corrosione dei materiali a contatto dei quali si produce. *2* (*med.*) Formazione di una o più cavità in un organo o in un tessuto, spec. come conseguenza di una malattia.

♦**càvo** (**1**) [lat. *căvu(m)*, di etim. incerta; av. 1292] **A agg.** *1* Incavato, vuoto: *un albero c.* | Infossato (*anche fig.*): *Ne li occhi era ciascuna oscura e cava* (DANTE *Purg.* XXIII, 22) | Profondo. *2* (*anat.*) ***Vena cava***, che porta il sangue all'atrio destro del cuore: *vena cava superiore, inferiore.* *3* (*mil.*) ***Carica cava***, carica di esplosivo nella cui massa è praticata una cavità in corrispondenza della quale si producono particolari effetti distruttivi e di perforazione. **B s. m.** *1* Incavatura, concavità: *c. della mano.* *2* Cavità anatomica: *c. orale.* *3* †Scavo, fossato. || **cavétto**, **dim.** (V.).

♦**càvo** (**2**) [etim. discussa: sp. *cabo* (dal lat. *căpulu(m)* 'manico, impugnatura') o genov. *cavo* 'capo'; av. 1470] **s. m.** *1* Grossa fune costituita da più fili di vari materiali | (*mar.*) Grossa corda, canapo grosso che si adopera sulle navi | (*aer.*) ***C. guida***, ***c. moderatore***, ***c. stabilizzatore***, cavo pesante e lungo fino al suolo, trascinato da un aerostato per moderare la velocità e stabilizzarsi a una certa quota rispetto al suolo. *2* Conduttore per il trasporto dell'energia elettrica, per comunicazioni telefoniche, telegrafiche e sim.: *c. unipolare, multipolare*; *c. coassiale*; *trasmissione via c.* || **cavétto**, **dim.** (V.).

cavobuòno [comp. di *cavo* (*2*) e *buono*; 1889] **s. m.** (**pl.** *cavibuòni*) • (*mar.*) Ciascuno dei cavi che servono per ghindare o sghindare gli alberi di gabbia e gli alberetti.

cavolàia (**1**) [da *cavolo*; 1803] **s. f.** • Luogo piantato a cavoli | Quantità di cavoli.

cavolàia (**2**) [da *cavolo*, perché in esso vivono i bruchi di questa farfalla; 1875] **s. f.** • Farfalla con corpo esile e ali bianche macchiate di nero le cui larve divorano le foglie dei cavoli (*Pieris brassicae*) | ***C. minore***, rapaiola. ➡ ILL. **animali**/2.

cavolàio [1887] **s. m.** • Terreno piantato a cavoli.

cavolàta [av. 1336] **s. f.** *1* Scorpacciata di cavoli. *2* Minestra a base di cavoli con aggiunta di pasta. *3* (*fig., eufem., fam.*) Balordaggine, sciocchezza: *fare, dire una c.*

cavolétto [1955] **s. m.** *1* Dim. di *cavolo*. *2* ***Cavoletti di Bruxelles***, i piccoli germogli commestibili, di forma rotonda, del cavolo di Bruxelles.

cavolfióre o **càvolo fióre** [comp. di *cavolo* e *fiore*; av. 1597] **s. m.** *1* Varietà coltivata di cavolo a fusto eretto, foglie con grossa nervatura mediana bianca, infiorescenza compatta, grossa, globosa di color bianco crema (*Brassica oleracea botrytis*). *2* ***Nube a c.***, nube di ceneri vulcaniche a volute arrotondate, simile al cumulo.

cavolino [1353] **s. m.** *1* Dim. di *cavolo*. *2* Cavolo novello | Piccola pianta di cavolo da trapiantare | ***Cavolini di Bruxelles***, cavoletti di Bruxelles.

càvolo o †**càulo** [gr. *kaulós*, di etim. incerta. Cfr. *caule*; sec. XIII] **A s. m.** *1* Pianta erbacea spontanea delle Crocifere con fusto eretto, foglie glauche lobate e fiori gialli riuniti in grappoli (*Brassica oleracea*) | ***C. broccolo***, varietà coltivata di cavolo simile al cavolfiore ma con foglie più piccole e più strette di color verde-scuro (*Brassica oleracea botrytis*). SIN. Broccolo | ***C. cappuccio***, varietà coltivata di cavolo le cui foglie si avvolgono strettamente in modo da renderlo simile a una palla (*Brassica oleracea capitata*) | ***C. di Bruxelles***, varietà coltivata di cavolo a fusto alto su cui si sviluppano germogli simili a piccole palle, commestibili (*Brassica oleracea gemmifera*) | ***C. fiore***, V. *cavolfiore* | ***C. rapa***, varietà coltivata di cavolo con il caule ingrossato alla base (*Brassica oleracea gongylodes*) | ***C. verde***, varietà coltivata di cavolo con fusto alto e foglie aperte (*Brassica oleracea acephala*) | ***C. nero***, varietà coltivata di cavolo a foglie aperte, diffusa spec. in Toscana (*Brassica oleracea viridis*) | ***C. verzotto***, ***c. verza***, varietà coltivata di cavolo a foglie grinzose (*Brassica oleracea sabauda*) | ***C. palmizio***, l'apice vegetativo commestibile della palma *Oreodoxa oleracea* | ***C. marittimo***, pianta erbacea perenne delle Crocifere le cui foglie somigliano a quelle del cavolo (*Crambe maritima*) | ***Andare a ingrassare i cavoli***, (*fig.*) morire | ***Entrarci come i cavoli a merenda***, di cosa o discorso inopportuno, non appropriato o pertinente | ***Salvare capra e cavoli***, V. *capra* | ***Cavoli riscaldati***, (*fig.*) cosa stantia che si vuol far credere nuova. ➡ ILL. **piante**/4. *2* (*fig., eufem., pop.*) ***Testa***, (*lett.*) ***torso di c.***, persona stupida, inabile, sprovveduta: *io restavo come un torso di c.* (FOGAZZARO). *3* (*fig., eufem., pop.*) Niente, con valore raff., nelle loc. negative ***non capire***, ***non dire***, ***non fare***, ***non importare***, ***non sapere***, ***non sentire***, ***non valere***, ***non vedere un c.*** e sim. | ***Col c.!***, ***un c.!***, nient'affatto | ***Del c.***, di nessun valore o importanza: *un libro, un film del c.* | ***Grazie al c.!***, per sottolineare l'ovvietà di una risposta, proposta e sim. | (*pleon.*) ***Ma che c. fai?***; ***dove c. stai andando?*** *4* (*al pl.*; *fig., eufem., volg.*) Affari, fatti, nella loc. ***fare***, ***farsi***, ***i cavoli propri*** e sim. | ***Cavoli amari***, ***acidi***, (*fig., eufem., volg.*) pasticci, guai. **B** in funzione di **inter.** • (*eufem., pop.*) Esprime ira, stupore e sim. o energica affermazione. || **cavolàccio**, **pegg.** | **cavolétto**, **dim.** (V.) | **cavolino**, **dim.** (V.) | **cavolóne**, **accr.** | **cavolùccio**, **dim.**

cavouriàno /kavu'rjano/ o **cavourriàno** /kavur'rjano/, **cavuriàno**, **cavurriàno** **agg.** • Relativo allo statista Camillo Benso conte di Cavour (1810-1861): *politica cavouriana.*

†**cavrétto** • V. *capretto.*

†**cavriòla** • V. *capriola* (*1*) e (*2*).

†**cavriòlo** • V. *capriolo* (*1*).

†**cavriuòla** • V. *capriola* (*1*) e (*2*).

†**cavriuòlo** • V. *capriolo* (*1*).

cavuriàno • V. *cavouriano.*

cavurriàno • V. *cavouriano.*

cavurrino [dal n. di C. Benso di *Cavour*; av. 1873] **s. m.** *1* Tipo di sigaro messo in vendita al tempo di Cavour. *2* Banconota da due lire, che raffigurava Cavour.

cayàk /ka'jak/ • V. *kayak.*

càzza [lat. mediev. *catia(m)*. V. *casseruola*; sec. XIV] **s. f.** *1* Recipiente nel quale si fondono i metalli. *2* Mestolo di metallo. || **cazzétta**, **dim.**

cazzàme [da *cazzare*; 1937] **s. m.** • (*mar.*; *disus.*) Bordame.

cazzàre [sp. *cazar*, propr. 'cacciare'; 1607] **v. tr.** • (*mar.*) Tesare, tendere un cavo di manovra, spec. la scotta di una vela. CONTR. Lascare.

cazzaròla o **cazzeruòla** [var. ritenute meno francesizzanti di *casseruola*; 1818] **A s. f.** • Casseruola. **B** in funzione di **inter.** • (*volg., eufem.*) Esprime sorpresa, contrarietà o decisa affermazione.

cazzascòtte [comp. di *cazza(re)* e il pl. di *scotta*; 1846] **s. f.** • (*mar.*; *disus.*) Puleggia incassata nel bordo di un veliero, per tesare le scotte.

cazzàta o (*eufem.*) **cacchiàta** [da *cazzo*; 1964] **s. f.** *1* (*volg.*) Balordaggine, stupidaggine: *smettila di dire cazzate!* | (*volg.*) Errore grossolano: *ha fatto una vera c.* SIN. Sciocchezza. *2* (*volg.*) Inezia, cosa da poco: *hanno litigato per una c.* | (*volg.*) Prodotto molto scadente: *quello spettacolo è un'autentica c.*

cazzeggiàre [comp. di *cazz(o)* e *-eggiare*; 1980] **v. intr.** (*io cazzéggio*; aus. *avere*) *1* (*volg.*) Dire o fare cose sciocche, frivole. *2* Parlare a vanvera o non seriamente.

cazzéggio [comp. di *cazz(o)* e del suff. *-eggio*; 1989] **s. m.** • (*volg.*) Il cazzeggiare | Discorso o atteggiamento di chi cazzeggia.

cazzeruòla • V. *cazzarola.*

cazziàta [vc. nap., da *cazzià* 'sgridare' (deriv. di *cazzo*); 1982] **s. f.** • (*merid.*) Duro rimprovero, lavata di testa, sgridata. || **cazziatóne** **accr. m.**

cazzimpèrio [var. merid. di *cacimperio*] **s. m.** • (*dial.*) Pinzimonio.

càzzo o (*eufem.*) **càcchio** (**1**) [etim. incerta; av. 1310] **A s. m.** *1* (*volg.*) Pene. *2* Per gli usi fig. V. *cavolo*, che spesso lo sostituisce per eufemismo nei sign. A 2, 3, 4 | ***Un c. di***, (*fig., volg.*) nessuno (con valore rafforzativo in frasi negative): *Sono guarito e sano … in grazia dell'aver fatto a modo mio, cioè non aver usato un c. di medicamenti* (LEOPARDI) | ***Stare sul c. a qlcu.***, (*fig., volg.*) essere molto antipatico, sgradito ecc.. **B** in funzione di **inter.** • (*volg.*) Esprime ira, stupore e sim. o energica affermazione. SIN. (*eufem.*) Capperi, caspita, cavolo. || **cazzàccio**, **pegg.** | **cazzétto**, **dim.** | **cazzóne**, **accr.** (V.).

cazzòla • V. *cazzuola*.

cazzóne [1972] s. m. *1* Accr. di *cazzo*. *2* (f. *-a*) (*fig.*, *volg.*) Persona molto sciocca, stupida.

cazzottàre [da *cazzotto*; 1772] **A** v. tr. (*io cazzòtto*) • (*pop.*) Colpire con pugni. **B** v. rifl. rec. • Azzuffarsi, prendersi a pugni: *si sono cazzottati ben bene*.

cazzottàta [1915] s. f. • (*pop.*) Cazzottatura.

cazzottatùra [1908] s. f. • (*pop.*) Violento scambio di pugni: *una solenne c.*

cazzòtto [da *cazzo* (?); av. 1625] s. m. *1* (*pop.*) Forte pugno: *prendere qlcu. a cazzotti*. *2* Tipo di tabacco aromatico, da masticare. || **cazzottóne**, accr.

cazzuòla o **cazzòla** [da *cazza*; 1340 ca.] s. f. *1* Attrezzo del muratore, di forma triangolare, per distribuire la calcina | *Maestro di c.*, muratore. *2* †Girino della rana. *3* (*fig.*) †Chiacchiera vana. || **cazzuolétta**, dim.

cazzùto [da *cazzo*; 1991] agg. • (*volg.*) Furbo, bravo, in gamba: *una persona cazzuta* | Grintoso, aggressivo.

Cct /ʧiʧʧit'ti*/ [sigla di *C(ertificato di) c(redito del) t(esoro)*; 1985] s. m. inv. • (*econ.*) Titolo del debito pubblico di durata almeno biennale, con cedola semestrale o annuale a interesse variabile in base al rendimento dei Bot.

♦**cd** /ʧid'di*, *ingl.* ˌsiː'diː/ [sigla ingl. di *C(ompact) D(isc)*; 1985] s. m. inv. (pl. ingl. *cds*) • Compact disc.

♦**cd-rom** /ʧidi'rɔm, ʧiddi'rɔm, *ingl.* 'siːˌdiː 'ɹɒm/ [sigla ingl. di *c(ompact) d(isc) r(ead) o(nly) m(emory)* 'memoria a sola lettura su compact disc'; 1986] s. m. inv. (pl. ingl. *cd-roms*) • (*elab.*) Compact disc per applicazioni informatiche.

♦**ce** (1) /ʧe/ [1312] **A** pron. pers. atono di prima pers. pl. (forma che il pron. e avv. *ci* assume davanti ai pron. atoni *la*, *le*, *li*, *lo* e alla particella *ne*) *1* A noi (come compl. di termine): *ce ne ha parlato a lungo*; *non ce l'ha voluto prestare*; *ce li ha fatti solamente vedere* | Anche enclitico: *non puoi impedircelo*; *raccontacelo subito*. *2* (*poet.*) Noi (come compl. ogg.): *La concreata e perpetua sete / del deiforme regno cen portava* (DANTE *Par.* II, 19-20). *3* Con uso pleon.: *andate dalla zia? salutatecela tanto*. **B** pron. dimostr. • Su ciò, intorno a questa cosa, sull'argomento: *ce ne sarebbe ancora da dire*. **C** avv. *1* Qui, in questo luogo, in quel luogo e sim. (con verbi di stato e di moto): *ce l'ho mandato io*; *ce li abbiamo messi noi*; *sono andato, ma non ce l'ho trovato*. *2* Con valore indet. di tempo e di luogo (*anche pleon.*): *ce l'hai un libro da prestarmi?*; *ce ne hai messo del tempo!*

†**ce** (2) /ʧe*/ • V. *ci* (2).

cèbo [vc. dotta, gr. *kêbos* 'scimmia', di etim. incerta; 1820] s. m. • Genere di scimmie comprendente varie specie diffuse nell'America centrale e meridionale (*Cebus*) | *C. cappuccino*, scimmia americana grossa come un gatto, bruna, con una caratteristica macchia nera sul capo e coda prensile (*Cebus capucinus*).

cèca o **cièca** [lat. *caeca(m)* 'cieca'. V. *cieco*; av. 1729] s. f. *1* Giovane anguilla di aspetto filiforme e trasparente. *2* Incavo fatto per adattarvi il capo di un chiodo o d'una vite, in modo che non sporga.

cecàggine [da *cieco*; sec. XIV] s. f. *1* Abbassamento della vista | (*est.*) Pesantezza delle palpebre dovuta al sonno. *2* (*fig.*) Mancanza di discernimento.

cecàle o **ciecàle** [1830] agg. • (*anat.*) Relativo all'intestino cieco: *appendice c.*

cecàre o **ciecàre** [av. 1306] v. tr. (*io cièco* o *cèco, tu cièchi* o *cèchi*; la *e* di regola si muta in *ie* solo se tonica) • (†o *region.*) Accecare | Oggi spec. in tono scherz.: *mi possano c. se non è vero*.

cecarèlla [da *cecare*, perché può portare alla cecità; 1929] s. f. • (*med.*, *pop.*) Agalassia.

cécca (1) [da *Cecca*, forma pop. di 'Francesca'; 1830] s. f. *1* (*pop.*, *tosc.*) Gazza. *2* (*fig.*, *tosc.*) Donna volgare e chiacchierona.

cécca (2) [V. *cecca* (1); av. 1907] s. f. *1* Stecca. *2* Nella loc. *far c.*, far cilecca, di arma da fuoco che scatta senza far partire il colpo; (*fig.*) fallire in qlco.: *pareva godesse soltanto nel sapere che altri, come lui, aveva fatto c. in qualche impresa* (PIRANDELLO).

cecchinàggio [da *cecchino*; 1981] s. m. *1* (*raro*) Azione del cecchino. *2* (*gerg.*) Azione di disturbo compiuta da un parlamentare, consistente nel votare, nel segreto dell'urna, contro il governo sostenuto dal proprio partito.

cecchìno [da *Cecco* (*Beppe*), n. pop. dell'imperatore d'Austria, Francesco Giuseppe (1830-1916); 1918] s. m. *1* Tiratore scelto che, appostato, spara di sorpresa. *2* (*fig.*, *gerg.*) Parlamentare che, nel segreto dell'urna, vota contro il governo sostenuto dal proprio partito.

ceccóna • V. *ciaccona*.

cèce o (*tosc.*) **cécio** [lat. *cĭcer*, forse prestito da una lingua straniera; 1340 ca.] s. m. *1* Pianta erbacea delle Papilionacee con fusto peloso, foglie composte da foglioline dentate, fiori solitari ascellari, bianchi, rosei o rossi, e semi commestibili (*Cicer arietinum*) | Il seme di tale pianta, usato nell'alimentazione umana: *pasta e ceci*; *ceci lessati* | *Ceci maritati*, minestra di pasta e ceci | (*fig.*) *Avere il c. nell'orecchio*, essere sordo. ➡ ILL. piante/7. *2* (*fig.*, *scherz.*) Birba, piccolo impertinente | Vanesio, damerino | *Un bel c.*, un bel tipo. *3* (*fig.*) Piccola escrescenza carnosa di forma rotonda: *avere un c. sulla guancia, sul naso*. || **cecìno**, dim. (V.).

cecèno [dal russo *chechenets*, ant. *chechén*] s. m. (f. *-a*); anche agg. *1* Appartenente a una popolazione di religione islamica stanziata prevalentemente nel Caucaso. *2* (*est.*) Abitante, nativo della repubblica autonoma russa della Ceceno-Inguscezia.

†**cécero** o †**cécino** (2) [lat. parl. **cycinu(m)*, per il classico *cy̆cnu(m)* 'cigno'; sec. XIII] s. m. • Cigno.

†**cechézza** [sec. XIV] s. f. • Cecità (*anche fig.*).

†**cechità** • V. *cecità*.

†**cechitàde** • V. *cecità*.

†**cechitàte** • V. *cecità*.

cecìdio [gr. *kēkídion*, dim. di *kēkís*, genit. *kēkídos* 'umore, succo, noce di galla', di orig. sconosciuta; 1892] s. m. • (*bot.*) Formazione abnorme che si sviluppa sul fusto, sulle radici o sulle foglie delle piante come reazione alla puntura di insetti o parassiti vegetali. SIN. Galla.

cecidiologìa o **cecidologìa** [vc. dotta, comp. di *cecidio* e *-logia*; 1955] s. f. • Branca della botanica che studia i cecidi.

cecidomìa [comp. del gr. *kēkís*, genit. *kēkídos* 'noce di galla' e *my̆ia* 'mosca'; 1865] s. f. • Genere di Insetti dei Ditteri dannosi alle colture (*Cecidomyia*) | *C. del grano*, simile a una zanzara le cui larve danneggiano le coltivazioni (*Mayeticola destructor*).

cecìlia [vc. dotta, lat. *caecĭlia(m)*, da *caecus* 'cieco'; av. 1577] s. f. • Anfibio degli Apodi con corpo serpentiforme diviso in segmenti che vive nelle zone umide dell'America (*Coecilia*).

cecìno (1) [av. 1749] s. m. (f. *-a*) *1* Dim. di *cece*. *2* Fanciullo grazioso. *3* (*iron.*) Birbante.

†**cécino** (2) • V. †*cecero*.

cécio • V. *cece*.

cecità o †**cechità**, †**cechitàde**, †**cechitàte**, †**cecitàde**, †**cecitàte** [vc. dotta, lat. *caecitāte(m)*, da *caecus* 'cieco'; av. 1306] s. f. *1* (*med.*) Perdita completa della capacità visiva: *c. congenita*, *acquisita* | *C. relativa*, ambliopia | *C. assoluta*, amaurosi | *C. cromatica parziale*, daltonismo. *2* (*fig.*) Ignoranza o incapacità di comprendere e giudicare: *la c. degli uomini*.

cèco (1) • V. *cieco*.

cèco (2) o (*raro*) **cèko**, **czèco** [ceco *čech*; av. 1557] **A** agg. (pl. m. *-chi*) • Appartenente alle popolazioni slave che abitano la Boemia e la Moravia: *lingua ceca*; *popolo c.* **B** s. m. (f. *-a*) *1* Abitante di stirpe slava della Boemia e della Moravia. *2* Abitante della Repubblica Ceca. **C** s. m. solo sing. • Lingua parlata in Boemia e Moravia.

cecogràfico [comp. di *ceco* (*1*) e *-grafico*; 1970] agg. (pl. m. *-ci*) • Relativo a cecogramma.

cecogràmma [comp. di *ceco* (*1*) e *-gramma*; 1970] s. m. (pl. *-i*) • Testo, comunicazione privata o altro documento scritto in Braille e spedito per posta.

cecomegalìa [comp. di *ceco* (*1*) e *-megalia*; 1990] s. f. • (*med.*) Malformazione consistente in un'abnorme grandezza dell'intestino cieco.

cecoslovàcco [comp. di *ceco* (*2*) e *slovacco*; 1918] **A** agg. (pl. m. *-chi*) • Della ex Repubblica di Cecoslovacchia: *territorio cecoslovacco*. **B** s. m. (f. *-a*) • Abitante, nativo della ex Repubblica di Cecoslovacchia.

cecoviàno agg. • Che è proprio dello scrittore russo A. Cechov (1860-1904).

cecròpio [vc. dotta, lat. *cecrŏpiu(m)*, nom. *cecrŏpius*, dal gr. *kekrópios*, da *Kékrops*, genit. *Kékropos* 'Cecrope' re dell'Attica, fondatore della rocca di Atene; 1504] agg. • (*lett.*) Ateniese.

cècubo [vc. dotta, lat. *Căecubu(m)*, da *Căecubum*, pianura del Lazio famosa per i suoi vini; 1788] s. m. • Vino rosso da pasto, di colore rubino intenso, dal profumo delicato e asciutto, prodotto in provincia di Latina con uve locali.

cedènte [sec. XIV] **A** part. pres. di *cedere*; anche agg. *1* Nei sign. del v. *2* (*raro*, *fig.*) Arrendevole, obbediente: *si professa vinta, ma non c.* (LEOPARDI). **B** s. m. (anche f. nei sign. 1 e 2) *1* (*dir.*) Chi trasferisce un diritto mediante cessione. *2* Chi dà effetti o altri titoli di credito all'incasso. *3* (*mecc.*) Organo condotto. CONTR. Movente.

cedènza [av. 1642] s. f. *1* †Cedimento | Scarsa resistenza a pressioni, sforzi e sim.: *mezzi … di diversa cedenza, quali per esempio son l'acqua e l'aria* (GALILEI). *2* (*spec. al pl.*) Perdita, diminuzione di valore dei titoli azionari e obbligazionari: *generali cedenze alla borsa di Londra*.

♦**cèdere** [vc. dotta, lat. *cēdere* 'andare, ritirarsi', di etim. incerta; av. 1306] **A** v. intr. (pass. rem. *io cedéi* o *cedètti* (o *-étti-*), †*cèssi*, *tu cedésti*; part. pass. *ceduto*, †*cèsso*; aus. *avere*) *1* (+ *a*; + *di fronte a*; + *davanti a*; + *su*) Arretrare, non resistere, non opporsi (*anche fig.*): *c. all'impeto dell'offensiva nemica* | (*est.*) Rassegnarsi, darsi per vinto, soccombere: *c. al destino avverso, alla malattia, allo sconforto*; *c. di fronte alle ragioni di qlcu.*; *è stato costretto a c. davanti alle pressioni*; *Comprese bene ch'egli non avrebbe mai ceduto su quel punto* (PIRANDELLO) | Concedersi alle offerte amorose (detto spec. di una donna): *pensava … prima di respingere Leo e poi di cedergli* (MORAVIA) | *Non c. a nessuno per intelligenza*, essere più intelligente di tutti | *Non cederla a qlcu.*, non dimostrarsi inferiore. SIN. Arrendersi, capitolare, piegarsi. CONTR. Resistere. *2* (assol.; + *a*; + *sotto*) Abbassarsi, per assestamenti del terreno o collasso degli elementi costruttivi sottostanti, detto di fondazioni, pilastri o parti di costruzioni in genere: *la pavimentazione ha ceduto*; *il terrapieno cedette sotto il peso*; *l'argine ha ceduto alla pressione delle acque* | (*est.*) Non resistere a una pressione, rompersi, piegarsi ecc.: *È chiusa: il battente non cede* (D'ANNUNZIO) | (*est.*) Sformarsi: *l'abito ha ceduto*. *3* (+ *a*) (*fig.*, *lett.*) Dare luogo, lasciare il posto: *il dolore cede alla rassegnazione*; *questo giorno ch'omai cede alla sera* (LEOPARDI). **B** v. tr. (qlco.; qlco. + *a* qlcu.) *1* Mettere, lasciare qlco. a disposizione di qlcu.: *se la tua automobile è rotta, ti cedo la mia*; *c. il turno, il posto* | *C. terreno*, indietreggiare | *C. il passo*, dare la precedenza; (*fig.*) farsi da parte per far posto ad altri | *C. la mano, la destra*, lasciar libero il lato destro della strada | *C. le armi*, (*fig.*) arrendersi. SIN. Concedere, dare. *2* Trasferire a qlcu. diritti, azioni, titoli e sim. mediante negozi giuridici: *c. la proprietà, un credito, un pacchetto azionario*; *gli ha ceduto il biglietto della lotteria*. SIN. Vendere.

cedévole [av. 1738] agg. *1* Che cede facilmente, che è pronto a cedere | *Terreno c.*, molle. SIN. Duttile, malleabile, pieghevole. *2* (*fig.*) Arrendevole, docile: *carattere c.* SIN. Docile. || **cedevolménte**, avv.

cedevolézza [av. 1729] s. f. *1* Proprietà, caratteristica di ciò che è cedevole: *la c. femminea del rame* (LEVI). SIN. Duttilità, malleabilità. *2* (*fig.*) Docilità.

cèdi [vc. di orig. afric.; 1987] s. m. inv. • Unità monetaria del Ghana.

cedìbile [da *cedere*; 1951] agg. • Che si può cedere: *diritto, bene c.*

cedibilità [1909] s. f. • Condizione di ciò che è cedibile.

cedìglia o †**zedìglia** [fr. *cédille*, dallo sp. *cedilla*, dim. di *zeda* 'zeta'; 1569] s. f. • Segno grafico (̧) che in alcune lingue si pone sotto la lettera *c* (o più di rado sotto *s*, *t*) per indicarne una pronuncia alterata: *curaçao*.

cediménto [da *cedere*; 1667] s. m. • Crollo, rottura per peso eccessivo, spinta, trazione o sim.: *c. del fondo stradale*; SIN. Avvallamento, franamento | (*fig.*) Capitolazione, ritiro, rinuncia: *un c. della volontà*.

ceditóre [1865] s. m. (f. *-trice*) • Chi cede.

cèdola o †**cèdula** [lat. tardo *schĕdula(m)*, dim. di *schĕda* 'scheda'; 1260] s. f. *1* Appendice di alcuni titoli di credito, separabile per l'esercizio di diritti: *c. azionaria* | ***C. di interessi***, che dà diritto alla riscossione degli interessi obbligazionari | ***C. di dividendo***, che accorda al titolare di azioni di società il diritto alla distribuzione dei dividendi | ***C. chiavistello***, cedola di obbligazioni a tasso variabile il cui rendimento non può scendere al di sotto di un livello minimo concordato | ***Obbligazioni a c. zero***, titoli a reddito fisso detti a interesse implicito perché prevedono una remunerazione non tramite stacchi di cedola, bensì tramite un costo di acquisto scontato e il rimborso di un capitale a scadenza pari al nominale | ***Ex c.***, detto di un titolo venduto privo della cedola di prossima scadenza. **2** †Biglietto, foglietto, breve testo scritto. || **cedolétta**, dim. | **cedolina**, dim. | **cedolino**, dim. m. | **cedolóne**, accr. m. | **cedolòtto**, accr. m.

cedolàre [1962] **A** agg. ● Relativo a una cedola: *diritto c.* | ***Imposta c.***, imposta che colpisce i dividendi, e gener. gli utili, dei titoli. **B** s. f. ● Imposta cedolare.

cedràcca [persiano *shītarak*; sec. XIV] s. f. ● Piccola felce con foglie coperte di peli color ruggine nella pagina inferiore, usata, spec. in passato, come astringente e diuretico (*Ceterach officinarum*). SIN. Capelvenere doppio, erba ruggine.

cedràia [da *cedro* (*1*); av. 1727] s. f. ● Tipo di pergolato usato per proteggere d'inverno gli agrumi, nelle zone del Garda.

cedràngolo ● V. *cetrangolo*.

cedràre [da *cedro* (*1*); av. 1698] v. tr. (*io cédro*) ● Trattare con succo di cedro.

cedràta [sec. XIII] s. f. **1** Bibita dissetante a base di sciroppo di cedro. **2** Dolce a base di scorza di cedro, miele e zucchero, specialità siciliana.

cedràto [av. 1698] agg. ● Che ha odore e sapore di cedro.

cedréto [1951] s. m. **1** Cedriera. **2** Bosco di cedri del Libano.

cedrièra [da *cedro* (*1*) e (*2*); 1970] s. f. ● Terreno piantato a cedri.

cedrina o (*raro*) **cetrina** [da *cedro* (*1*); 1546] s. f. ● Arbusto delle Verbenacee con foglie lanceolate e fiori azzurri riuniti in pannocchie (*Lippia citriodora*): *davanzali coperti di vasi e cassette pieni di garofani e c.* (ORTESE).

cedrino (**1**) [da *cedro* (*1*); av. 1590] **A** agg. ● V. *citrino*. **B** s. m. ● Varietà di cedro dalla scorza dei cui frutti si estrae un'essenza.

cedrino (**2**) [vc. dotta, lat. *cĕdrinu(m)*, da *cĕdrus* 'cedro (2)'; sec. XIV] agg. ● Che si riferisce al cedro del Libano: *legno c.*

†**cedriòlo** ● V. *cetriolo*.

†**cedriuòlo** ● V. *cetriolo*.

cédro (**1**) [lat. *cĭtru(m)*, forse da una lingua preindeur.; 1340] **A** s. m. **1** Alberetto sempreverde delle Rutacee con foglie persistenti semplici, fiori bianchi e frutto tondeggiante di colore giallo (*Citrus medica*). ➡ ILL. **piante**/5. **2** Il frutto della pianta omonima, grosso, verrucoso, con buccia bitorzoluta, è usato in pasticceria, liquoreria e farmacia. **B** in funzione di agg. inv. ● (*raro*) Che ha il colore giallo verdastro, brillante, caratteristico del frutto omonimo.

cèdro (**2**) o **cédro** [lat. *cĕdru(m)*, nom. *cĕdrus*, dal gr. *kédros*, di orig. preindeur.; sec. XIII] s. m. ● Genere delle Pinacee comprendente piante arboree sempreverdi, con scorza bruna, foglie aghiformi, strobili eretti, cono con squame persistenti (*Cedrus*) | ***C. del Libano***, conifera delle Pinacee con chioma larghissima e legno pregiato (*Cedrus libani*) | Legno del cedro. ➡ ILL. **piante**/1.

cedróne [da *cedro* (*1*); av. 1939] **A** s. m. ● †Frutto del cedro. **B** in funzione di agg. ● Nella loc. ***gallo c.***, urogallo.

cedronèlla (**1**) [da *cedro* (*1*); av. 1556] s. f. ● (*bot., pop.*) Melissa.

cedronèlla (**2**) [da *cedrone*, per il colore simile a quello del cedro] s. f. ● Farfalla dei Pieridi con ali gialle nei maschi e bianchicce nelle femmine (*Gonepteryx rhamni*).

ceduazióne [da *ceduo*; 1962] s. f. ● Taglio degli alberi del bosco ceduo | Epoca in cui tale taglio viene effettuato.

†**cèdula** ● V. *cedola*.

cèduo [vc. dotta, lat. *cāeduu(m)* 'ceduo', 'che si può tagliare', da *cāedere* 'tagliare'; 1587] **A** agg. ● Detto di bosco, albero, macchia e sim. che si tagliano periodicamente. **B** s. m. ● Bosco ceduo | ***C. semplice***, forma di rigenerazione per via organica dalle ceppaie | ***C. composto***, forma di rigenerazione per via organica dalle ceppaie e per via sessuale dalle matricine.

cedùta [da *cedere*; 1965] s. f. ● Nella scherma, movimento difensivo che si esegue assecondando il ferro avversario.

cefalalgìa o **cefalgìa** [vc. dotta, lat. tardo *cephalălgia(m)*, nom. *cephalălgia*, dal gr. *kephalalgía*, comp. di *kephalḗ* 'testa' e *álgos* 'dolore'; sec. XIV] s. f. ● Cefalea.

cefalàlgico [vc. dotta, lat. tardo *cephalălgicu(m)*, nom. *cephalălgicus*, dal gr. *kephalalgikós*, da *kephalalgía* 'cefalalgia'; 1887] **A** agg. (pl. m. *-ci*) **1** Relativo a cefalalgia: *dolore c.* **2** Che soffre di cefalalgia. **B** s. m. (f. *-a*) ● (*raro*) Chi è affetto da cefalalgia.

cefalèa [vc. dotta, lat. *cephalāea(m)*, nom. *cephalea*, dal gr. *kephaláia*, da *kephalḗ* 'testa'; 1585] s. f. ● Mal di capo. SIN. Cefalalgia.

cefalgìa ● V. *cefalalgia*.

-cefalìa [dal gr. *kephalḗ* 'testa', di orig. indeur.] secondo elemento ● In parole composte della terminologia scientifica, spec. medica, fa riferimento al capo, alla testa: *brachicefalia, microcefalia*.

cefàlico [vc. dotta, lat. tardo *cephălicu(m)*, nom. *cephălicus*, dal gr. *kephalikós*, da *kephalḗ* 'testa'; sec. XIV] agg. (pl. m. *-ci*) ● (*anat.*) Relativo al capo | ***Polo c.***, vertice superiore del corpo | ***Vena cefalica***, del braccio, sul margine esterno | ***Indice c.***, rapporto centesimale fra larghezza e lunghezza massima del cranio.

cefalina [da *cefalo-*, perché si ricava dal cervello; 1951] s. f. ● Fosfolipide presente nei tessuti degli organismi vegetali e animali, abbondante nel cervello, probabile fattore coagulante del sangue.

cefalizzazióne [da *cefalo-*; 1956] s. f. ● (*zool.*) Il differenziamento del capo nella parte anteriore del corpo di un animale.

cèfalo [lat. tardo *cĕphalu(m)*, nom. *cĕphalus*, dal gr. *képhalos*, da *kephalḗ* 'testa', detto così per la testa grossa; 1534] s. m. ● Pesce teleosteo commestibile dei Mugiliformi, con grosso corpo rivestito da grandi squame argentee e occhio protetto da una palpebra adiposa (*Mugil cephalus*). SIN. Muggine. ➡ ILL. **animali**/6.

cèfalo-, -cèfalo [dal gr. *kephalḗ* 'testa'. V. *-cefalia*] primo o secondo elemento ● In parole composte della terminologia scientifica significa 'testa' o 'capo': *cefaloplegia, microcefalo*.

Cefalocordàti [comp. di *cefalo-* e *cordati*; 1951] s. m. pl. (sing. *-o*) ● Nella tassonomia animale, sottotipo dei Cordati con corpo fusiforme e corda dorsale lunga quanto il corpo (*Cephalochordata*). SIN. Acrani.

cefaloematòma [comp. di *cefalo-* ed *ematoma*; 1962] s. m. (pl. *-i*) ● (*med.*) Ematoma esterno del cranio del neonato, dovuto a emorragia durante il travaglio del parto.

cefalòide [fr. *céphaloïde*, dal gr. *kephaloeidḗs*. V. *cefal(o)-* e *-oide*] agg. ● Che ha forma simile a una testa.

cefalometrìa [fr. *céphalométrie*. V. *cefalo-* e *-metria*; 1956] s. f. ● Craniometria.

cefalòmetro [fr. *céphalomètre*. V. *cefalo-* e *-metro*; 1830] s. m. ● Strumento per la cefalometria.

cefaloplegìa [comp. di *cefalo-* e del gr. *plēgḗ* 'colpo, percossa'; 1654] s. f. ● (*med.*) Paralisi dei movimenti del capo.

Cefalòpodi [comp. di *cefalo-* e del gr. *póus*, genit. *podós* 'piede'; 1820] s. m. pl. (sing. *-e*) ● Nella tassonomia animale, classe di Molluschi marini con tentacoli muniti di ventose che circondano il capo e corpo simmetrico foggiato a sacco, cui appartengono il polpo e la seppia (*Cephalopoda*). ➡ ILL. **animali**/4.

cefalorachidèo [comp. di *cefalo-* e del gr. *ráchis* 'spina dorsale'; 1913] agg. ● (*anat.*) Cefalorachidiano.

cefalorachidiàno [comp. di *cefalo-* e *rachide*, con suff. aggettivale; 1875] agg. ● (*anat.*) Relativo al capo e alla colonna vertebrale | ***Liquido c.***, V. *liquido*.

cefalosporina [ingl. *cephalosporin*, dal n. del genere *Cephalosporium*, comp. di *cephalo-* 'cefalo-' e *-sporium* (dal gr. *sporá* 'seme': V. *sporo-*); 1975] s. f. ● (*farm.*) Ognuno degli appartenenti a una classe di antibiotici semisintetici, battericidi, con struttura e modalità d'azione simile alla penicillina, ma attivi sui microrganismi resistenti alla penicillina.

cefalotìna [dal n. della pianta appartenente al genere *Cephalotus*, che è il gr. *kephalōtós* 'provvisto di testa' (da *kephalḗ* 'testa': V. *cefalo-*)] s. f. ● (*med.*) Cefalosporina ad assorbimento parenterale.

cefalotòrace [comp. di *cefalo-* e *torace*; 1875] s. m. ● Parte anteriore del corpo di alcuni Artropodi formata dal capo e dal torace.

cefalòttera [comp. di *cefalo-* e *-ptero*; 1820] s. f. ● Grosso pesce cartilaginoso dei Selaci con corpo depresso a forma di rombo (*Cephaloptera giornai*). SIN. Diavolo di mare.

cefèide [dal n. della costellazione di Cefeo, in cui si trova il prototipo della classe (*Delta Cephei*); 1930] s. f. ● Appartenente a una classe di stelle dalla luminosità variabile regolarmente, per le quali esiste una relazione nota tra il periodo della variazione e la luminosità assoluta.

†**ceffàta** [da *ceffo*; av. 1400] s. f. ● Colpo dato a mano aperta sul viso: *io non so a ch'io mi tengo ch'io non ti dia una gran c.* (SACCHETTI). || **ceffatìna**, dim. | **ceffatóne**, accr. m.

†**ceffaùtte** [etim. discussa: turco *čifut*, dall'ar. *gehud*, termine spregiativo per gli Ebrei (?)] s. m. ● (*lett.*) Figura deforme.

cèffo (o **-é-**) [fr. *chef* 'testa', dal lat. *căput* 'capo'; 1313] s. m. **1** †Muso d'animale: *non altrimenti fan di state i cani / or col c., or col piè* (DANTE *Inf.* XVII, 49-50). **2** (*est., spreg.*) Volto umano brutto e deforme | (*raro, lett.*) ***Guardare a c. torto***, guardare ostilmente, in cagnesco, fare il broncio. SIN. Grugno, muso. **3** (*est.*) Persona dall'espressione sinistra: *un brutto c.*; *un c. da galera*. || **ceffàccio**, pegg.

ceffóne [da *ceffo*; av. 1646] s. m. ● Colpo violento dato a mano aperta sul viso: *dare, mollare un c. a qlcu.*; *prendere qlcu. a ceffoni*. SIN. Schiaffo.

cèfo [vc. dotta, lat. *cēphu(m)*, nom. *cēphus* 'scimmia', dal gr. *kêpos*, variante di *kêbos*. V. *cebo*; av. 1367] s. m. ● Scimmia del genere cercopiteco, originaria dell'Africa occidentale (*Cercopithecus cephus*).

cèiba [sp. *ceiba*, vc. dell'America centro-meridionale; av. 1557] s. f. ● Albero delle Bombacacee di notevole altezza, con foglie palmate mucronate, fiori solitari bianchi o rosa, frutto a capsula contenente numerosi semi (*Ceiba casearia*); dai peli lanuginosi che rivestono la parte interna del frutto di alcune specie si ricava il kapok.

cèko ● V. *ceco* (*2*).

cèla [indostano *celā*] s. m. inv. ● In India, novizio che viene iniziato alle dottrine buddiste.

†**cèlabro** ● V. †*cerebro*.

Celacantifórmi [comp. del n. del genere *Coelacanthus* (comp. del gr. *kôilos* 'cavo' (V. *celiaco*) e *ákantha* 'spina' (V. *acanto*)), e il pl. di *-forme*; 1965] s. m. pl. (sing. *-e*) ● Nella tassonomia animale, ordine di Pesci ossei comprendente molte forme estinte e una sola vivente, la latimeria (*Coelacanthiformes*).

celamèlla ● V. *cennamella*.

celàre [vc. dotta, lat. *celāre* 'nascondere', da una radice **kel* 'nascondere'; av. 1257] **A** v. tr. (*io cèlo*) ● (*lett.*) Nascondere, occultare, sottrarre alla vista: *celando li occhi, a me sì dolci e rei* (PETRARCA) | Tenere segreto: *c. la verità al malato*. SIN. Coprire, nascondere, velare. **B** v. rifl. ● Nascondersi.

Celastràcee [comp. di *celastr(o)* e *-acee*; 1913] s. f. pl. (sing. *-a*) ● Nella tassonomia vegetale, famiglia di piante delle Dicotiledoni comprendente alberi e arbusti spesso spinosi (*Celastraceae*). ➡ ILL. **piante**/5.

celàstro [gr. *kélastros*, di orig. incerta, forse preindeur.; 1881] s. m. ● Pianta delle Celastracee con rami volubili e semi che, in autunno, sono avvolti da un involucro rosso aranciato (*Celastrus scandens*).

celàta (**1**) [etim. discussa: da *celare* 'nascondere', o da *celare* 'cesellare' (elmo cesellato); 1448] s. f. **1** Parte dell'armatura che protegge il capo, meno pesante dell'elmo e priva di cimiero e cresta, di forme varie, introdotta nel XV sec. e in uso fin verso la fine del sec. XVII | ***C. di plastica***, usata attualmente nei caschi di protezione di cui fa uso la polizia durante manifestazioni, disordini e sim. **2** (*est.*) †Uomo d'arme che porta la celata. || **celatina**, dim. | **celatóne**, accr. m.

†**celàta** (**2**) [da *celare*; sec. XIV] s. f. ● Imboscata.

celàto [sec. XIII] part. pass. di *celare*; anche agg.

1 Nei sign. del v. *2* †*Alla celata*, (*ellitt.*) di nascosto. || **celatamente**, **avv.** Nascostamente.

-cele [dal gr. *kélē* 'tumore'] secondo elemento ● In parole composte della terminologia medica indica tumefazioni non neoplastiche: *meningocele*, *varicocele*.

celèbe o **chelèbe** [vc. dotta, gr. *kelébē*, di orig. semitica (?)] **s. m.** ● Vaso greco panciuto a larga bocca.

celebèrrimo [vc. dotta, lat. *celebĕrrimu(m)*, superl. di *cĕleber* 'celebre'; av. 1405] **agg.** (**superl.** di *celebre*) ● Universalmente noto.

celebràbile [vc. dotta, lat. tardo *celebrābile(m)*, da *celebrāre* 'celebrare'; av. 1729] **agg.** ● Che si può celebrare | Degno di essere celebrato.

†**celebràndo** [vc. dotta, lat. *celebrāndu(m)*, gerundivo di *celebrāre* 'celebrare'; sec. XV] **agg.** ● Degno di essere celebrato.

celebrànte [av. 1419] **A part. pres.** di *celebrare*; anche **agg.** ● Nei sign. del v. **B s. m.** ● Sacerdote che celebra la Messa o altra funzione sacra.

♦**celebràre** [vc. dotta, lat. *celebrāre*, da *cĕleber*, genit. *cĕlebris* 'celebre'; 1297] **v. tr.** (*io cèlebro*) *1* (*lett.*) Esaltare, lodare pubblicamente con parole o scritti: *gli uomini … incominciaron a c. la libertà dell'umano arbitrio* (VICO). *2* Festeggiare con solennità anniversari, ricorrenze civili, religiose e sim.: *c. l'onomastico* | *C. le feste*, nel linguaggio ecclesiastico, astenersi dal lavoro e assistere alle cerimonie religiose | †*C. le ferie*, osservare il divieto di amministrare la giustizia in giorni particolari. *3* Eseguire una funzione sacra conformemente alla liturgia: *c. la Messa*. *4* Compiere un atto o svolgere un procedimento secondo le regole di rito: *c. un contratto*; *c. il matrimonio*; *c. un processo*.

celebrativo [1903] **agg.** *1* Che serve o tende a celebrare: *apparato c.* *2* Detto di francobollo emesso nel giorno della celebrazione di un avvenimento.

celebràto [av. 1405] **part. pass.** di *celebrare*; anche **agg.** *1* Nei sign. del v. *2* Illustre, famoso: *attore*, *scrittore c.*

celebratóre [vc. dotta, lat. *celebratōre(m)*, da *celebrāre* 'celebrare'; av. 1595] **s. m.**; anche **agg.** (**f.** *-trice*) ● Chi (o Che) celebra.

celebrazióne [vc. dotta, lat. *celebratiōne(m)*, da *celebrāre* 'celebrare'; sec. XIV] **s. f.** *1* (*lett.*) Lode, esaltazione pubblica. *2* Solenne festeggiamento di una ricorrenza: *la c. della nascita di Dante* | Svolgimento di una funzione sacra, di un procedimento e sim.: *la c. di un matrimonio*, *di un processo*; *assistere alla c. della Messa* | (*est.*) Pubblica solennità: *c. nazionale*.

♦**cèlebre** [vc. dotta, lat. *cĕlebre(m)*, di etim. incerta; 1308] **agg.** (**superl.** *celebèrrimo* (V.)) ● Che è molto conosciuto, rinomato: *un c. artista*, *attore*, *scienziato*, *scrittore*, *uomo politico*; *monumento*, *quadro c.* | (*spreg.*) Famigerato: *un c. bandito*. **SIN.** Autorevole, famoso, illustre. || **celebreménte**, **avv.** (*raro*) Famosamente.

cèlebret [lat. 'che egli celebri', 3ª pers. sing. congv. pres. di *celebrāre* 'celebrare'; 1950] **s. m. inv.** ● Autorizzazione concessa dal vescovo a un sacerdote perché celebri la Messa in altra diocesi | Documento che contiene tale autorizzazione.

†**celebrévole** [av. 1292] **agg.** ● Degno di essere celebrato.

celebrità o †**celebritàde**, †**celebritàte** [vc. dotta, lat. *celebritāte(m)*, da *cĕleber*, genit. *cĕlebris* 'celebre'; 1258] **s. f.** *1* Fama, rinomanza: *raggiungere grande c. nel campo della medicina*; *da tante cose dipende la c. dei libri* (MANZONI) | †Pompa, solennità. *2* †Affluenza di cose o persone. *3* Persona celebre: *è una c. nel suo settore*.

Celenteràti [comp. del gr. *kôilos* 'concavo' (di orig. indeur.) ed *énteron* 'intestino'; 1875] **s. m. pl.** (**sing.** *-o*) ● Nella tassonomia animale, invertebrati acquatici, quasi tutti marini, a simmetria raggiata, con corpo gelatinoso provvisto di tentacoli con cellule urticanti, cui appartengono le meduse e i coralli (*Coelenterata*). ➡ **ILL. animali / 1**; **zoologia generale.**

celeràre [vc. dotta, lat. *celerāre*, da *cĕler* 'celere'; 1483] **v. tr.** ● (*lett.*, *raro*) Accelerare.

cèlere [vc. dotta, lat. *cĕlere(m)*, da avvicinarsi al gr. *kélēs* 'cavallo da corsa'; 1476] **A agg.** (**superl.** *celerissimo* o **lett.** *celèrrimo*) *1* Rapido, svelto, pronto, veloce, immediato: *comunicazioni celeri*; *un mezzo*, *una spedizione c.*; *reparti celeri di polizia*. **CONTR.** Lento. *2* Che ha breve durata: *corsi celeri di istruzione*. || †**celereménte**, **celerménte**, **avv.** Con celerità. **B s. f.** solo **sing.** ● (*disus.*) Nome dei reparti celeri autotrasportati del corpo degli agenti della polizia di Stato impiegati in interventi di ordine pubblico: *Chiamate le guardie! La C.!* (CALVINO).

celerimensùra [comp. del lat. *cĕler* 'celere' e *mensūra* 'misura'; 1862] **s. f.** ● Tacheometria.

celerimètrico [da *celerimetro*; 1990] **agg.** (**pl. m.** *-ci*) ● Che si riferisce alla celerimensura.

celerimetro [fr. *célérimètre*. V. *celere* e *-metro*; 1875] **s. m.** ● Tacheometro.

celerino [1948] **s. m.** (**f.** *-a*) ● (*pop.*) Agente della Celere.

celerità [vc. dotta, lat. *celeritāte(m)*, da *cĕler* 'celere'; sec. XIV] **s. f.** *1* Caratteristica di chi (o di ciò che) è celere. **CONTR.** Lentezza. *2* (*med.*) Ritmo con cui un'arteria si dilata e si restringe. *3 C. di tiro*, frequenza con cui si succedono i colpi di armi da fuoco automatiche.

celèrrimo [dal lat. *celerrĭmu(m)*, superl. di *cĕler* 'celere'; 1632] **agg.** (**superl.** di *celere*) ● (*lett.*) Velocissimo.

celèsta o **celèste** (2) [vc. dotta, prob. da *celeste* (*1*), per il timbro del suono; 1927] **s. f.** ● (*mus.*) Strumento a tastiera del XIX sec. costituito da lamine d'acciaio fatte vibrare da martelletti, usato spec. in orchestra. **SIN.** Tipofono. ➡ **ILL. musica.**

♦**celèste** (1) o †**celèsto**, †**celèstre**, †**celèstro**, (*raro*, *lett.*) **cilèstre**, (*lett.*) **cilèstro** [vc. dotta, lat. *caelēste(m)*, da *caelum* 'cielo'; sec. XIII] **A agg.** *1* Relativo al cielo come entità naturale: *volta*, *arco c.*; *fenomeni celesti*. *2* Relativo al cielo considerato come sede di esseri soprannaturali: *misericordia*, *punizione*, *grazia c.* | *Mensa c.*, Eucaristia | *Corte c.*, gli angeli e i santi | (*est.*) Solenne, sublime, divino, soprannaturale: *armonia c.*; *uno spirto c.*, *un vivo sole / fu quel ch'io vidi* (PETRARCA) | *C. Impero*, nome che indicava la Cina imperiale. **SIN.** Divino. *3* (*est.*) Che ha il colore del cielo sgombro dalle nuvole: *vestito c.*; *occhi celesti*. **SIN.** Azzurro, ceruleo. *4* (*mus.*) *Registro*, *voce c.*, nell'organo, registro producente un suono tremulo. || †**celesteménte**, **avv.** In modo adatto al cielo, con serena beatitudine. **B s. m.** *1* Il colore celeste. *2* (*spec. al pl.*) Spiriti che abitano il cielo. || **celestino**, **dim.**

celèste (2) ● V. *celesta*.

celestiàle o †**celestriàle**, †**cilestriàle** [da *celeste* (*1*); av. 1294] **A agg.** *1* (*raro*, *lett.*) Del cielo, quale sede del Paradiso: *anime celestiali*. *2* Degno del cielo | Sovrumano, ineffabile: *musica*, *voce c.*; *le celestiali bellezze di madonna Lisetta* (BOCCACCIO). **SIN.** Divino, paradisiaco. || **celestialménte**, **avv.** **B s. m.** ● (*spec. al pl.*) †Gli angeli, i beati che abitano il Paradiso.

celestina [da *celeste* (*1*); 1830] **s. f.** ● (*miner.*) Solfato di stronzio in cristalli prismatici celesti o biancastri.

celestino (1) o †**celestrino** [lat. tardo *caelestīnu(m)*, da *caelēstis* 'celeste (1)'; sec. XIV] **A agg.** ● Che ha un colore celeste tenue. **B s. m.** ● Il colore celestino.

celestino (2) [1585] **s. m.** ● Monaco benedettino della regola di Pietro di Isernia, cioè papa Celestino V (1215-1296).

celestino (3) [da *celeste* (*2*)] **s. m.** ● (*mus.*) Celesta.

†**celèsto** ● V. *celeste* (*1*).

†**celèstre** e *deriv.* ● V. *celeste* (*1*) e *deriv.*

†**celèstro** ● V. *celeste* (*1*).

celètto [deriv. di *cielo*; 1965] **s. m.** ● Elemento di scena che fa le veci del soffitto, nel palcoscenico di un teatro.

cèlia [etim. discussa: da *Celia*, n. di una commediante che faceva la parte della serva (?); av. 1665] **s. f.** ● (*lett.* o *tosc.*) Scherzo, spec. verbale | *Per c.*, per scherzo | *Mettere qlcu. in c.*, canzonare | *Reggere alla c.*, stare allo scherzo | (*raro*) *Fare c.*, scherzare. **SIN.** Beffa. || **celiàccia**, **pegg.**

celiachia [da *celiaco*; 1962] **s. f.** ● Sindrome da malassorbimento indotta dall'ingestione di cibi contenenti glutine, in individui privi degli enzimi per la digestione di tale complesso proteico; è caratterizzata da diarrea con feci grasse; causata da una intolleranza alle proteine del glutine, provoca scadimento delle condizioni generali e ridotto accrescimento.

celiaco [vc. dotta, lat. *coelĭacu(m)*, nom. *coelĭacus*, dal gr. *koiliakós*, da *koilía* 'cavità, ventre', da *kôilos* 'cavo'; av. 1698] **A agg.** (**pl. m.** *-ci*) ● (*anat.*) Relativo all'intestino | *Arteria celiaca*, una delle tre arterie dell'apparato digerente. **B s. m.** (**f.** *-a*) ● (*med.*) Chi soffre di celiachia.

celiàre [da *celia*; av. 1704] **v. intr.** (*io cèlio*; aus. *avere*) ● (*lett.* o *tosc.*) Scherzare, spec. con parole: *smettila di c. su questo argomento*.

celiatóre [1846] **s. m.** (**f.** *-trice*) ● (*lett.* o *tosc.*) Chi ama scherzare.

celibatàrio [fr. *célibataire*, da *célibat* 'celibato'; av. 1797] **s. m.** ● (*disus.*) Individuo celibe, spec. di età piuttosto avanzata.

celibàto [vc. dotta, lat. *caelibātu(m)*, da *caelebs*, genit. *caelibis* 'celibe'; 1584] **s. m.** ● Stato, condizione dell'uomo celibe: *c. religioso*, *ecclesiastico*; *li cattolici propongono un casto matrimonio ad un c. contaminato* (SARPI).

♦**cèlibe** [vc. dotta, lat. *caelibe(m)*, di etim. incerta; 1340] **s. m.** **lett. f.**; anche **agg.** ● Chi (o Che) non è congiunto in matrimonio, detto di uomini: *un vecchio c.*; *è ancora c.* **SIN.** Scapolo | (*lett.*) Chi (o Che) non è congiunto in matrimonio, detto di donne: *rimanendo c. per aver rifiutati tutti i partiti che le si erano offerti* (MANZONI). **SIN.** Nubile.

celicola o †**celìcolo** [vc. dotta, lat. *caelĭcola(m)*, comp. di *caelum* 'cielo' e *cŏlere* 'abitare'; 1529] **s. m.** (**pl.** *-i*) ● Abitatore del cielo, detto, nella mitologia classica, degli dei che hanno sede nell'Olimpo.

celidònia o **chelidònia** [vc. dotta, lat. *chelidōnia(m)*, dal gr. *chelidónion*, da *chelidṓn* 'rondine', perché si credeva che le rondini curassero con essa gli occhi malati dei rondinini; av. 1292] **s. f.** ● Pianta erbacea perenne delle Papaveracee con fiori gialli in ombrelle e frutto allungato a capsula (*Chelidonium maius*). **SIN.** Erba da porri.

celioscopia [vc. dotta, comp. del gr. *koilía* 'cavità' e di *-scopia*; 1956] **s. f.** ● (*med.*) Esame ottico diretto della cavità peritoneale. **SIN.** Laparoscopia.

celioscòpio [comp. del gr. *koilía* 'cavità' e di *-scopio*; 1956] **s. m.** ● Apparecchio usato per eseguire la celioscopia. **SIN.** Laparoscopio.

celite [vc. di formazione incerta] **s. f.** ● (*ing.*) Alluminato di calcio e ferro, importante costituente dei cementi.

♦**cèlla** (1) [vc. dotta, lat. *cĕlla(m)*, da avvicinare a *celāre* 'celare'; sec. XIII] **s. f.** *1* Camera dei frati o delle suore in un convento. *2* Stanza di segregazione in stabilimenti di pena, collegi, accademie militari e sim.: *c. di rigore*, *di punizione*. *3* (*archeol.*) Parte interna e centrale del tempio antico col simulacro del dio. *4* Vano ristretto e di piccole dimensioni adibito a usi particolari | *C. frigorifera*, ambiente mantenuto a temperatura sufficientemente bassa per conservarvi alimenti e prodotti deperibili; (*raro*) freezer | *C. calda*, ambiente schermato in cui possono essere manipolati materiali radioattivi | *C. campanaria*, abitacolo delle campane, alla sommità del campanile. *5* †Dispensa, cantina: *Cercando ogni c.*, / *non vi trovava da mangiar niente* (PULCI). *6* Nell'alveare, ognuno dei piccoli buchi dove le api depongono il miele. *7* (*miner.*) *C. elementare*, minima porzione di volume che contiene tutti gli elementi caratteristici di un reticolo cristallino. *8 C. elettrolitica*, recipiente contenente l'elettrolito e i due elettrodi. *9* (*elab.*) *C. di memoria*, il più piccolo elemento fisico componente una memoria; (*est.*) la più piccola suddivisione di una memoria, cioè quella parte che può contenere un'unità elementare d'informazione singolarmente indirizzabile e trattabile, per es. un carattere o una parola. *10 C. solare*, *fotovoltaica*, dispositivo semiconduttore per la conversione diretta della luce in energia elettrica. ➡ **ILL.** p. 2140 SCIENZE DELLA TERRA ED ENERGIA. || **cellétta**, **dim.** (V.) | **cellina**, **dim.** | **cellolina**, **dim.** | **cellùzza**, **dim.**

cèlla (2) [lat. tardo *aucĕlla(m)* 'uccellino' (V. *uccello*), dall'aquila che vi era incisa; 1452] **s. f.** ● Piccola moneta d'argento coniata nel XV sec. in alcune zecche del regno di Napoli.

†**cellàio** (1) o †**cellàrio** [lat. tardo *cellāriu(m)*, originariamente agg. di *cĕlla* 'cella': *lŏcu(m) cellāriu(m)*; sec. XIV] **s. m.** ● Cantina, dispensa. **SIN.** Celliere.

cellàio (2) o †**cellàrio** [lat. *cellāriu(m)*, da *cĕlla* 'cella' col suff. di mestiere *-āriu(m)*] **s. m.** (**f.** *-a*) ● Dispensiere, cantiniere: *del … c. salito … a recarmi quel delicato umor di vigna* (SAVINIO).

celleràio o **cellerário** [lat. tardo *cellarāriu(m)*, da *cellāriu(m)* 'cellaio (1)'; 1353] **s. m.** (**f.** *-a*) ● Monaco che, nei conventi, cura la dispensa e gli interessi temporali della comunità. **SIN.** Credenziere, dispensiere.

cellétta [1505] **s. f.** ● Dim. di *cella* (*1*) | Piccola cella d'alveare.

†**cellière** o †**cellièro** [ant. fr. *cellier*, dal lat. tardo *cellāriu(m)*. V. *cellaio* (*1*); av. 1292] **s. m. 1** Credenza, dispensa. **2** Cantina dove si conserva il vino. **SIN.** Cellaio (1).

cellista [da *cella* (*1*), nel sign. 4] **s. m. e f.** (**pl. m.** *-i*) ● Nelle industrie di conservazione degli alimenti, chi è addetto alle celle frigorifere.

cèllo [1956] **s. m.** ● (*mus.*) Violoncello.

cellobiòsio [comp. di *cell(ulosa)*, *bi-* e *(gluc)osio*; 1956] **s. m.** ● (*chim.*) Disaccaride formato da due molecole di glucosio; si ottiene per idrolisi della cellulosa.

cèllofan o **cellofàn**, **cellofàne** [1935] **s. m.** (**pl.** *-i*) ● Adattamento di *cellophane* (V.).

cellofanàre [av. 1963] **v. tr.** (*io cellòfano*) ● Avvolgere in una pellicola di cellofan: *c. un libro*.

cellofanatrice [1983] **s. f.** ● Macchina che avvolge prodotti e oggetti vari in una pellicola di cellofan, spec. a scopo igienico.

cellofanatùra [1983] **s. f.** ● Operazione consistente nell'avvolgere un prodotto nel cellofan.

cèllophane® /'tʃellofan, *fr.* selɔ'fan/ [vc. fr., marchio registrato; 1939] **s. m.** ● Materiale incolore o colorato, trasparente, ottenuto per laminazione dalla viscosa, usato per involucri o per la formazione di fibre artificiali.

♦**cèllula** [vc. dotta, lat. *cĕllula(m)*, dim. di *cĕlla* 'cella (1)'; av. 1406] **s. f. 1** †Piccola cavità di corpi, sostanze minerali e sim. **2** (*biol.*) Unità fondamentale degli organismi viventi capace di vita autonoma, che consta di una membrana cellulare contenente il citoplasma e il nucleo | ***C. atipica***, che ha perso i normali caratteri morfologici e di riproduzione, propria dei tumori maligni. | ***C. uovo***, gamete femminile | ***C. madre***, quella che si divide per formare cellule figlie | ***C. figlia***, cellula prodotta dalla mitosi o dalla meiosi. **CFR.** blasto-, -blasto, cito, -cito, -gonio. **3** ***C. fotoelettrica***, apparecchio che sfrutta l'effetto fotoelettrico. **4** Spec. in passato, elemento di base dell'organizzazione di un partito comunista. **5** (*aer.*) L'intera struttura di un aeromobile, esclusi i mezzi di propulsione. **6** (*meteor.*) ***C. ciclonica***, ***anticiclonica***, area di bassa o di alta pressione atmosferica.

♦**cellulàre** [fr. *cellulaire*, da *cellule* 'cellula'; av. 1730] **A agg. 1** (*biol.*) Formato da cellule: *tessuto c.* | Che riguarda le cellule: *patologia c.* | ***Divisione c.***, citocinesi. **2** Diviso in celle: *carcere c.* | ***Furgone c.***, furgone appositamente attrezzato per il trasporto dei detenuti | ***Sistema di segregazione c.***, sistema punitivo per cui i carcerati vengono tenuti segregati in piccole celle. **B s. m. 1** (*ellitt.*) Furgone o vettura cellulare. **2** Tessuto a trama larga, utilizzato spec. per biancheria estiva. **3** Telefono cellulare (V. *telefono*): *chiamare qlcu. sul (o al) c.* **SIN.** Telefonino.

†**cellulàto** [av. 1730] **agg.** ● Fatto a cellule.

cellulite (**1**) [comp. di *cellul(a)* e *-ite* (*1*); 1875] **s. f.** ● (*med.*) Infiammazione del tessuto cellulare lasso sottocutaneo | Correntemente, deposito di adipe dovuto spec. a disfunzioni endocrine.

cellulite (**2**) [comp. di *cellul(a)* e *-ite* (*2*); 1956] **s. f.** ● (*edil.*) Calcestruzzo leggero e poroso ottenuto impastando schiume speciali con malta di cemento.

cellulitico [da *cellulite* (*1*); 1987] **agg.** (**pl. m.** *-ci*) ● (*med.*) Caratterizzato da cellulite.

cellulòide [ingl. *celluloid*, da *cellul(osa)* con il suff. *-oide*; 1892] **s. f. 1** Materia plastica incolore, trasparente, infiammabile, ottenuta gelatinizzando nitrocellulosa con alcol e canfora, usata per pellicole fotografiche e per svariati oggetti di uso comune. **2** (*est.*, *fig.*) Il cinema, nelle loc. ***il mondo***, ***i divi della c.*** e sim.

cellulósa [fr. *cellulose*, detta così perché è il principale componente della membrana *cellulare* di tutte le piante; 1875] **s. f.** ● Polisaccaride bianco, fibroso, componente della parte cellulare dei vegetali, usato per fabbricare carta, fibre artificiali, pellicole, vernici, esplosivi.

cellulòsico [1939] **agg.** (**pl. m.** *-ci*) ● Pertinente alla cellulosa.

cellulòsio [1865] **s. m.** ● Cellulosa.

cellulóso [da *cellula*; 1750] **agg.** ● Formato di cellule, spugnoso: *quarzo c.*; *tufo c.*

celòma [vc. dotta, gr. *kóilōma*, da *kôilos* 'cavo'; 1931] **s. m.** (**pl.** *-i*) ● (*biol.*) Cavità generale del corpo, delimitata dal mesoderma; nei Mammiferi è ripartito in un compartimento pericardico, in uno pleurale e in uno peritoneale.

Celomàti [1931] **s. m. pl.** (**sing.** *-o*) ● Gruppo di Metazoi provvisti di celoma (*Coelomata*).

celomàtico [1956] **agg.** (**pl. m.** *-ci*) ● (*zool.*) Che si riferisce al celoma: *cavità celomatica*.

celòsia [da *gelosia* (*1*), pop. 'amaranto'; 1865] **s. f.** ● Genere delle Amarantacee comprendente piante annuali a fusto eretto con foglie alterne, fiori piccoli e privi di corolla, con brattee colorate in dense spighe (*Celosia*).

celòstata o **celòstato** [comp. del lat. *cāelum* 'cielo' e di *-stato*; 1950] **s. m.** (**pl.** *-i*) ● (*astron.*) Sistema di due specchi piani, di cui uno mobile, utilizzato per riflettere sempre in una stessa direzione la luce proveniente dagli astri.

cèlotex® o **celotèx** [marchio registrato; 1956] **s. m. inv.** ● Materiale composto da fibre vegetali impastate e compresse, con agglomeranti, usato in edilizia quale coibente e isolante acustico.

celotomìa [dal gr. *kēlotomía*, comp. di *kḗlē* 'ernia', e *tomḗ* 'taglio'; 1820] **s. f.** ● (*chir.*) Resezione del sacco dell'ernia.

Cèlsius [dal n. dell'astronomo svedese A. *Celsius* (1701-1744)] **agg. inv.** ● (*fis.*) Detto di scala termometrica che attribuisce valore 0 alla temperatura del ghiaccio fondente e valore 100 a quella dell'acqua bollente alla pressione di 1 atmosfera | ***Grado C.***, grado relativo a detta scala. **SIMB.** °C | ***Termometro C.***, quello con scala Celsius. **CFR.** Scala.

cèlta [vc. dotta, lat. *Cĕltae*, nom. pl.; av. 1540] **s. m. e f.** (**pl. m.** *-i*) ● Ogni appartenente a popolazioni indoeuropee originarie della Francia orientale e dei territori del Danubio superiore, stanziatesi in seguito a successive migrazioni in gran parte dell'Europa centro-occidentale e nelle isole britanniche.

celtibèro o **celtibèrico** [1532] **agg.** ● Che appartiene o si riferisce all'antico popolo dei Celtiberi, stanziati nella Spagna centrale.

cèltico [vc. dotta, lat. *Cĕlticu(m)*, da *Cĕltae* 'Celti'. Le *malattie celtiche* sono dette così perché ritenute di orig. francese (cfr. *mal francese*); av. 1729] **A agg.** (**pl. m.** *-ci*) **1** Relativo ai Celti: *lingua celtica*; *popolo c.* **2** Venereo: *malattie celtiche* | ***Morbo c.***, sifilide, mal francese. **B s. m.** solo **sing.** ● Gruppo di lingue della famiglia indoeuropea, normalmente suddiviso nei sottogruppi gaelico (V.) e britannico (V.).

cèltio o **cèlzio** [dal n. lat. dei Celti (*Cĕltae*) col suff. di elem. dim. *-io*; 1951] **s. m.** ● (*chim.*, *raro*) Arnio.

celtìsmo [1956] **s. m.** ● Elemento linguistico celtico sopravvissuto in lingue dell'Europa centro-occidentale.

celtista [1956] **s. m. e f.** (**pl. m.** *-i*) ● Chi studia le lingue e la civiltà dei Celti.

cèlzio ● V. *celtio*.

cembalàio [sec. XVII] **s. m.** (**f.** *-a*) ● Fabbricante di clavicembali e sim.

cembalista [vc. dotta, lat. *cymbalĭsta(m)*, nom. *cymbalĭsta*, dal gr. *kymbalistḗs*, da *kýmbalon* 'cembalo'; 1887] **s. m. e f.** (**pl. m.** *-i*) ● Suonatore di cembalo | Compositore di musica per cembalo.

cembalìstico [1956] **agg.** (**pl. m.** *-ci*) ● Che si riferisce al cembalo e al clavicembalo: *musica cembalistica*.

cèmbalo (o **-è-**) o †**cèmbolo** (o †**-è-**), **cimbalo**, †**ciómbalo** [lat. *cȳmbalu(m)*, dal gr. *kýmbalon*, da *kýmbē* 'bacino, ciotola', forse di orig. straniera; 1353] **s. m. 1** Strumento a tasti simile al pianoforte. **SIN.** Clavicembalo, spinetta. **2** (*spec. al pl.*) Antico strumento a percussione, composto da due piccoli piatti cavi da battere insieme | Antico tamburello a un fondo, piatto, con sonagli. || **cembalétto**, **dim.** | **cembalino**, **dim.** | **cembalóne**, **accr.**

cembanèlla o †**cemmamèlla**, †**cemmanèlla**, **cimbanèlla** [da *cembalo*, con dissimilazione; av. 1484] **s. f. 1** Antico strumento musicale simile al timpano. **2** (*spec. al pl.*) Strumento simile ai piatti.

cèmbia ● V. *cembra*.

†**cèmbolo** ● V. *cembalo*.

cèmbra o **cèmbia**, **cimbia**, **cimbra** [sp. *cimbra*, da *cimbrar* 'curvare', dal lat. parl. **cincturāre* 'centinare', da *cinctūra* 'cintura'; av. 1798] **s. f.** ● (*arch.*) Modanatura a profilo concavo posta alle due estremità del fusto della colonna | Corrispondente modanatura di pilastri e sim.

cèmbro o (*dial.*) **zèmbro** [etim. incerta; 1550] **s. m.** ● Albero delle Pinacee con foglie aciculari riunite in fascetti e strobili di forma ovale (*Pinus cembra*).

cementànte [1956] **A part. pres.** di *cementare*; anche **agg.** ● Nei sign. del v. **B s. m.** ● (*edil.*) Qualsiasi materiale che serve a cementare.

cementàre [1499] **A v. tr.** (*io ceménto*) **1** (*edil.*) Unire saldamente con cemento | Rivestire di cemento: *c. una parete*. **2** (*min.*) Consolidare o impermeabilizzare mediante iniezioni di malta di cemento: *c. uno scavo*. **3** (*fig.*) Consolidare, rinforzare, rinsaldare: *il mutuo rispetto cementa l'amore*; *unire … e cementar col sangue le due Italie* (PASCOLI). **4** (*metall.*) Sottoporre a cementazione. **B v. intr. pron. 1** Fissarsi saldamente per mezzo del cemento. **2** (*fig.*) Consolidarsi, rinsaldarsi: *la loro amicizia si è cementata nelle tragedie della guerra*.

cementàrio [vc. dotta, lat. *caementāriu(m)* s. m.; 1585] **agg.** ● Che concerne la fabbricazione e la lavorazione del cemento.

cementazióne [1795] **s. f. 1** Operazione del cementare | Il cementarsi, il venire cementato. **2** (*chim.*) Processo di precipitazione di un elemento a opera di un altro che lo precede nella serie elettrochimica degli elementi. **3** (*metall.*) Diffusione di un metallo o di un non metallo in un prodotto metallurgico con lo scopo di conferirgli particolari proprietà superficiali, spec. di durezza | ***C.*** (***carburante***), diffusione di carbonio in una lega ferrosa con formazione di carburo di ferro e conseguente indurimento dello strato superficiale: *c. dell'acciaio*.

cement gun /*ingl.* sɪ'mɛnt,gʌn/ [loc. ingl., propr. 'cannone da cemento', comp. di *cement* 'cemento' e *gun* 'cannone', di etim. incerta; 1956] **loc. sost. m. inv.** (**pl.** ingl. *cement-guns*) ● Apparecchio ad aria compressa usato per spruzzare una miscela di cemento, sabbia e acqua, allo scopo di formare intonaci impermeabili.

cementière [1952] **s. m.** (**f.** *-a*) ● Industriale del cemento.

cementièro [1942] **A agg.** ● Che si riferisce al cemento, che è proprio del cemento: *industria cementiera*. **B s. m.** (**f.** *-a*) ● Operaio addetto alla produzione del cemento.

cementifero [comp. di *cemento* e *-fero*; 1970] **agg.** ● Che dà o produce cemento: *zona*, *industria cementifera*.

cementificàre [comp. di *cemento* e *-ficare*; 1985] **v. tr. e intr.** (*io cementifico, tu cementifichi*; aus. intr. *avere*) ● Costruire edifici in modo indiscriminato, spesso deturpando il paesaggio.

cementificazióne [1984] **s. f.** ● Il cementificare, il venire cementificato.

cementificio [1930] **s. m.** ● Fabbrica di cemento.

cementista [1931] **s. m. e f.** (**pl. m.** *-i*) ● Operaio che costruisce particolari architettonici prefabbricati di cemento, come cornicioni o altro.

cementite [da *cemento*; 1929] **s. f. 1** Carburo di ferro durissimo e fragile, presente nelle ferroleghe e spec. nelle ghise bianche. **2** Vernice opaca, a forte pigmentazione, adatta per muri, legno, metalli.

cementìzio [1957] **agg. 1** Del cemento, concernente il cemento: *industria cementizia*. **SIN.** Cementiero. **2** Detto di materiale costituito da cemento o contenente cemento.

♦**ceménto** [vc. dotta, lat. *caemĕntu(m)* 'pietra rozza da tagliare', da *cāedere* 'tagliare'; sec. XIV] **s. m. 1** Polvere grigia ottenuta per cottura, in speciali forni, di miscele naturali o artificiali di calcare e argille, che, bagnata, fa presa sia all'aria che in acqua | ***C. naturale***, ottenuto cuocendo e quindi macinando marne aventi opportuna dosatura di calcare e argilla | ***C. artificiale***, ottenuto portando ad alta temperatura una miscela perfettamente omogeneizzata di calcare e argilla | ***C. idraulico***, che fa presa e indurisce anche sott'acqua | ***C. amianto***, materiale edilizio di cemento impastato con fibre di amianto, con il quale si fanno tubi, lastre ondulate e piane, tegole e sim. **SIN.** Fibrocemento | ***C. armato***, struttura mista, costituita da calcestruzzo di cemento e da barre di ferro o di acciaio in esso incorporate, disposte in maniera da resistere agli sforzi di trazione | *C. ferrico*, ottenuto dalla cottura di una miscela di calcare, argilla e pirite ricca di ferro. **2** (*fig.*) Ciò che consolida un vincolo, rafforza un'unione e sim.: *la stima è il c. dell'amore.* **3** (*anat.*) Tessuto duro, che riveste la radice e il colletto del dente, esternamente alla dentina. ➡ ILL. p. 2127 ANATOMIA UMANA. **4** (*med.*) Sostanza impiegata in odontoiatria per le otturazioni dentarie.

†**cemetèrio** e *deriv.* ● V. *cimitero* e *deriv.*

†**cemmamèlla** ● V. *cembanella.*

†**cemmanèlla** ● V. *cembanella.*

♦**céna** [lat. *cēna(m)*, forse da **kert-snā* 'porzione' (?); sec. XII] **s. f.** **1** Pasto che si fa la sera, ultimo pasto della giornata: *andare, essere invitato, a c.*; *andare fuori a c.*; *è ora di c.* | (*est.*) Cibo consumato durante questo pasto: *una c. lauta, frugale, parca, sostanziosa* | ***Non riuscire a mettere assieme il pranzo con la c.***, (*fig.*) guadagnare molto poco | (*est.*) Momento della giornata in cui si consuma abitualmente questo pasto: *incontrarsi prima di c.*; *vieni a trovarmi dopo c.?* **2** Ultima cena consumata da Gesù con gli Apostoli, durante la quale Egli istituì l'Eucaristia: *la Cena*; *l'ultima c.* | ***C. eucaristica***, la Comunione | ***Sacra c.***, consumazione del pane e del vino in alcune comunità protestanti | (*est.*) Quadro che rappresenta l'ultima cena di Gesù. || **cenerèlla**, **dim.** | **cenétta**, **dim.** (V.) | **cenina**, **dim.** | **cenino**, **dim. m.** | **cenóna**, **accr.** | **cenóne**, **accr. m.** (V.) | **cenùccia**, **dim.**

cenàcolo [vc. dotta, lat. *cenāculu(m)*, da *cēna* 'cena'; av. 1342] **s. m.** **1** Anticamente, sala in cui si cenava | (*per anton.*) Luogo nel quale Gesù e gli Apostoli consumarono l'ultima cena. **2** Dipinto che rappresenta l'ultima cena di Gesù con gli Apostoli, e che spesso decora una parete del refettorio di un convento: *il c. di Leonardo.* **3** (*fig., lett.*) Luogo di riunione di artisti e letterati | (*est.*) Circolo ristretto di amici e artisti, pensatori, letterati di un dato indirizzo culturale: *Ci mancavi. Mancavi ai nostri cenacoli* (LUZI). **SIN.** Accolta, gruppo.

♦**cenàre** [lat. *cenāre*, da *cēna* 'cena'; sec. XIII] **A v. intr.** (*io céno*; aus. *avere*) ● Consumare la cena: *c. fuori, in casa, da amici*; *c. con verdura e formaggio.* **B v. tr.** ● †Mangiare a cena: *egli et ella cenarono un poco di carne salata* (BOCCACCIO).

cenàta [av. 1729] **s. f.** ● (*raro*) Abbondante e buona cena.

cenciàia [av. 1936] **s. f.** **1** (*tosc.*) Mucchio o deposito di cenci. **2** (*fig.*) †Sciocchezza, bazzecola.

cenciàio [1797] **s. m.** (**f.** *-a*) ● (*tosc.*) Chi compra o rivende cenci, spec. per le cartiere.

cenciaiòlo o (*lett.*) **cenciaiuòlo** [sec. XV] **s. m.** (**f.** *-a*) ● (*region.*) Cenciaio, rivenditore di stracci | Operaio classificatore di stracci.

cenciàme [av. 1704] **s. m.** ● (*tosc.*) Insieme di stracci.

cenciàta [1902] **s. f.** ● (*raro, tosc.*) Colpo dato con un cencio | (*est.*) Pulizia fatta in fretta con un cencio.

céncio [etim. incerta; av. 1292] **s. m.** **1** Pezzo di stoffa logora, spec. usato per lavori domestici: *c. da spolverare* | ***Bianco come un c. lavato***, (*fig.*) pallidissimo | ***Crollare come un c.***, (*fig.*) svenire | †***Dare fuoco al c.***, (*fig.*) aiutare | †***Dare in cenci***, fallire | (*est.*) Brandello di vestito | (*est.*) Vestito logoro o molto scadente: *coperto di cenci*; *non aver neppure un c. da mettersi*; *si accasciò in terra … nel mucchio largo dei suoi cenci* (MORAVIA). **SIN.** Straccio. **2** ***Cappello a c.***, di feltro morbido o di tessuto, quindi floscio. **3** (*al pl.*) Materia prima per la produzione della mezzapasta nella fabbricazione della carta. **4** (*tosc., fig.*) Cosa di poco valore | ***Stare, essere nei propri cenci***, (*fig.*) accontentarsi della condizione in cui ci si trova | ***Uscire dai cenci***, (*fig.*) uscire dalla miseria | (*est.*) Chi è in uno stato di grande debolezza fisica o psicologica: *le fatiche lo riducono un c.* **SIN.** Straccio. **5** (*med.*) Parte centrale, necrotica del favo o del foruncolo. **6** (*spec. al pl.; cuc.*) Dolci di pasta all'uovo, tagliati a cerchi, rettangoli o strisce e fritti, tipici del carnevale. **CFR.** Bugia, chiacchiera, crostolo, frappà, galano. || **PROV.** I cenci e gli stracci vanno all'aria. || **cenciàccio**, **pegg.** | **cencerèllo**, **dim.** | **cencétto**, **dim.** | **cencino**, **dim.** | **cenciolino**, **dim.** | **cencióne**, **accr.** | **cenciùccio**, **dim.**

cencióso [da *cencio*; av. 1566] **A agg.** **1** Rattoppato, lacero, a brandelli: *vestito c.* **2** Di persona, che indossa vesti logore, stracciate: *una vecchia cenciosa*; *monello c.* || **cenciosaménte**, **avv.** **B s. m.** (**f.** *-a*) ● Persona miserabile e mendica.

†**cenciùme** [1855] **s. m.** ● Insieme di cenci sudici e disordinati.

cèncro [lat. *cĕnchride(m)*, dal gr. *kénchros* 'serpente dalla pelle picchiettata', da *kénchros* 'miglio'; 1313] **s. m.** ● (*lett.*) Favoloso serpente velenoso dal ventre screziato: *Più non si vanti Libia con sua rena; / ché se chelidri, iaculi e faree / produce, e cencri con anfisibena* (DANTE *Inf.* XXIV, 85-87).

-cène [dal gr. *kainós* 'nuovo', attrav. il fr. *-cène*] secondo elemento ● In parole composte della terminologia cronologica geologica significa 'recente': *eocene, oligocene.*

cenèma [dal gr. *kenós* 'vuoto', col suff. *-ema* di *fonema, morfema* ecc.; 1970] **s. m.** (**pl.** *-i*) ● (*ling.*) Entità linguistica che non contiene un significato.

ceneràccio o **ceneràcciolo** [1347] **s. m.** **1** Cenere per il bucato, sulla quale si versava il ranno | Grosso canovaccio che si poneva sopra i panni sporchi in modo che trattenesse i residi del ramo bollente versato sulla biancheria posta nella conca del bucato. **2** Recipiente messo sotto il fornello per raccogliere la cenere.

ceneràio [1853] **s. m.** **1** (**f.** *-a*) (*tosc.*) Chi, un tempo, comprava o vendeva cenere. **2** Nelle navi di un tempo, tubo che scaricava in mare rifiuti di cucina e immondizie. **3** Ceneratoio.

ceneràrio ● V. *cinerario.*

ceneràta [av. 1571] **s. f.** ● Cenere mescolata e bollita con acqua, per usi vari.

ceneratóio [av. 1910] **s. m.** ● Nel focolare delle caldaie, vano sottostante alla griglia, in cui si raccoglie la cenere.

♦**cénere** [lat. *cĭnere(m)*, da avvicinare al gr. *kónis* 'polvere'; av. 1294] **A s. f.** **1** Residuo fisso della combustione di una sostanza | Correntemente, residuo polveroso, grigio, della combustione di legna e carbone | ***C. vulcanica***, minutissimi granuli piroclastici emessi da un vulcano | ***Andare, ridursi in c.***, bruciare, restare completamente distrutto; (*fig.*) svanire | ***Ridurre qlco. in c.***, distruggerla | ***Covare sotto la c.***, (*fig.*) detto di sentimento o passione che non si manifesta apertamente. **2** (*al pl.*) Residui dell'ulivo benedetto arso che il sacerdote pone in segno di penitenza sulla testa dei fedeli nel primo giorno di Quaresima | ***Le Ceneri***, festa liturgica che dà inizio alla Quaresima: *mercoledì delle Ceneri* | ***Cospargersi il capo di c.***, (*fig.*) umiliarsi, manifestare pentimento o contrizione (con riferimento al rito cattolico del mercoledì delle Ceneri). **3** (*spec. al pl.*) Polvere a cui si riducono i cadaveri, spec. quelli un tempo arsi sul rogo | ***Ridurre qlcu. in c.***, (*fig.*) farlo morire | ***Risorgere dalle ceneri***, risuscitare. **4** (*fig., lett.*) Simbolo della morte e della fine di ogni cosa umana: *ov'è 'l valore, ov' è l'antica gloria? / … oimè son c.* (SANNAZARO). **B** in funzione di **agg. inv.** ● (posposto a un s.) Che ha il colore grigio chiaro e smorto caratteristico della cenere: *calze, capelli c.* | ***Biondo c.***, tonalità di biondo molto pallido. **C s. m.** solo **sing.** **1** Color cenere: *alberi dalle fronde di un c. spento.* **2** (*poet.*) Resti mortali: *la madre or sol, … / parla di me col tuo c. muto* (FOSCOLO). || **PROV.** Bacco, tabacco e Venere riducono l'uomo in cenere; a can che lecca cenere non gli fidar farina. || **cenerina**, **dim.** (V.).

cenerèntola [da *cenere* (*del focolare*); 1870] **s. f.** (**m.** *-o*, **scherz.**) ● Ragazza ingiustamente maltrattata e umiliata | (*est.*) Persona o cosa a torto trascurata, non tenuta nella debita considerazione: *per molto tempo quel paese fu la c. dell'Europa.*

cenericcio o (*lett.*) **cinericcio**, (*lett.*) **cinerizio** [lat. tardo *cinerĭciu(m)*, da *cĭnis*, genit. *cĭneris* 'cenere'; av. 1438] **agg.** (**pl. f.** *-ce*) ● Che ha un colore cenerino smorto.

cenerièra [dal fr. *cendrier*, da *cendre* 'cenere'; 1918] **s. f.** ● (*raro*) Posacenere.

cenerina [1865] **s. f.** **1** Dim. di *cenere.* **2** Cenere non spenta del tutto. **3** (*region.*) Razza di gallina dal piumaggio grigio chiaro. **4** La seconda dormita dei bachi da seta. **SIN.** Biancolina.

cenerino o (*lett.*) **cinerino**, †**cinerigno** [da *cinereo*; 1681] **A agg.** ● Che ha un colore grigio chiaro simile a quello della cenere: *nebbia cenerina.* **SIN.** Bigio. **B s. m.** ● Il colore cenerino.

cenerógnola (o *-ò-*) [1835] **s. f.** ● Prima dormita dei bachi da seta. **SIN.** Bianca.

cenerógnolo (o *-ò-*) o **cinerógnolo** (o *-ò-*) [av. 1363] **A agg.** ● Che ha un colore cenerino non puro, con sfumature giallastre: *nubi cenerognole.* **B s. m.** ● Il colore cenerognolo.

ceneróne [da *cenere*; av. 1597] **s. m.** **1** Mescolanza di cenere e letame, usata in passato per concimare alcune piante. **2** Ceneraccio.

ceneróso [vc. dotta, lat. tardo *cinerōsu(m)*, da *cĭnis*, genit. *cĭneris* 'cenere'; av. 1342] **agg.** ● (*raro*) Cosparso, sporco di cenere.

cenerùme [da *cenere*; av. 1735] **s. m.** ● Residui di materiale combusto.

cenestèsi o **cenestesìa** [comp. di *ceno-* (*3*) e *-estesia*; 1935] **s. f. inv.** ● Complesso delle sensazioni che nascono dal funzionamento del corpo umano, e che si concreta in un senso di benessere o di malessere.

cenestèsico [av. 1916] **agg.** (**pl. m.** *-ci*) ● Che si riferisce alla cenestesi.

cenestopatia [comp. di *cenest(esi)* e *-patia*; 1962] **s. f.** ● (*med.*) Sensazione di sofferenza riferita erroneamente dal soggetto a un organo o a una funzione organica, che si manifesta in varie condizioni patologiche.

cenétta [sec. XIII] **s. f.** **1** Dim. di *cena.* **2** Cena semplice e appetitosa | Cena intima e raffinata: *una c. a lume di candela.*

cèngia o **céngia** [lat. *cĭngula(m)* 'cintura'. V. *cinghia*; 1908] **s. f.** (**pl.** *-ge*) ● Risalto con andamento quasi orizzontale, su una parete di roccia | Terreno montano pianeggiante circondato da dirupi.

céngio [lat. *cĭngulu(m)* 'cintura'. V. *cinghio*] **s. m.** ● (*raro*) Cengia.

cennamèlla o **celamèlla**, **ceramèlla**, **ciaramèlla**, **ciramèlla** [fr. ant. *chalemelle*, dal lat. tardo *calamĕllu(m)*, dim. di *călamus* 'canna'. V. *calamo*; sec. XIII] **s. f.** ● Antico strumento popolare italiano a fiato, simile all'oboe, diffuso oggi in Abruzzo. **SIN.** Oboe degli Abruzzi.

†**cennàre** [da *cenno*; sec. XIV] **v. intr.** ● Accennare: *indi a suo banditor cenna dal palco, / che dia la voce* (MARINO).

cénno [lat. *cĭnnu(m)*, di etim. incerta; sec. XIII] **s. m.** **1** Segno che si fa con gli occhi, la mano, il capo per fare intendere, indicare o comandare qlco.: *fare c. di fermarsi*; *gli fece c. che aveva capito* | ***Fare c.***, accennare: *fece c. di sì, di no* | ***Comunicare a cenni***, senza parlare. **SIN.** Accenno, gesto. **2** (*lett.*) Gesto, atto, comportamento: *piace una signorile persona, ma uno disonesto c. … la rende vilissima* (ALBERTI). **3** Traccia, spiegazione sommaria: *mi ha dato qualche c. del tema che tratterà* | Breve e succinta notizia: *il giornale dà solo un c. dell'accaduto* | ***Fare c. a qlco.***, fare un accenno, un riferimento a qlco.: *non fece c. all'accaduto.* **4** (*est., fig.*) Indizio, avviso, manifestazione: *il ponte dà cenni di cedimento*; *reagire ai primi cenni di stanchezza.* **5** †Segnalazione fatta in guerra per mezzo di fuochi, spari e sim.: *con tamburi e con cenni di castella* (DANTE *Inf.* XXII, 8). || **cennùccio**, **dim.**

cèno- (**1**) [dal gr. *kainós* 'recente'] primo elemento ● In parole composte dotte significa 'recente': *cenozoico.*

cèno- (**2**) [dal gr. *kenós* 'vuoto'] primo elemento ● In parole composte dotte significa 'vuoto': *cenotafio.*

cèno- (**3**) [dal gr. *koinós* 'comune'] primo elemento ● In parole composte dotte significa 'comune': *cenobio.*

cenobiàrca [fr. *cénobiarque*, comp. del gr. *koinóbion* (V. *cenobio*) e *archós* 'guida, capo'; 1894] **s. m.** (**pl.** *-chi*) ● Superiore, abate dei cenobiti.

cenòbio [vc. dotta, lat. tardo *coenŏbiu(m)*, dal gr. *koinóbion* 'vita comune', comp. di *koinós* 'comune' e *bíos* 'vita'; sec. XIV] **s. m.** **1** (*biol.*) Riunione in colonie di organismi vegetali o animali unicellulari con perdita della libertà di ogni individuo. **2** Comunità di religiosi, convento di monaci.

cenobita [vc. dotta, lat. tardo *coenobīta(m)*, da *coenŏbium* 'cenobio'; av. 1342] **s. m.** (**pl.** *-i*) **1** Monaco che vive in una comunità religiosa riconosciuta dalla Chiesa e retta da proprie regole, per raggiungere la perfezione cristiana in isolamento non eremitico. **2** (*fig.*) Persona che vive isolata da tutti, dedicandosi allo studio e alla meditazione: *fare il c.*

cenobìtico [1766] agg. (pl. m. *-ci*) *1* Che si riferisce al cenobio o al cenobita. *2* (*fig.*) Austero, appartato: *vita cenobitica.* || **cenobiticaménte**, avv. (*raro*) Da cenobita.

cenobitìșmo [1931] s. m. ● Tipo di vita monastica proprio dei cenobiti.

cenóne [1865] s. m. *1* Accr. di *cena.* *2* Ricca cena, spec. quella della vigilia di Natale o della notte di Capodanno.

cenòși [vc. dotta, lat. tardo *cenōsis*, dal gr. *koinōsis* 'unione'; 1930] s. f. inv. ● (*biol.*) Biocenosi.

cenotàfio [vc. dotta, lat. tardo *cenotăphiu(m)*, dal gr. *kenotáphion*, comp. di *kenós* 'vuoto' e *táphos* 'tomba'; 1698] s. m. ● Monumento funerario a ricordo di un personaggio sepolto altrove.

cenozòico (*Cenozoico* come s. m.) [comp. di *ceno-* (*1*) e *-zoico*; 1892] **A** s. m. (pl. *-ci*) ● Era geologica caratterizzata da un grande sviluppo dei Mammiferi e dal declino dei Rettili. **B** agg. ● Che appartiene all'era omonima: *fossile c.* SIN. Terziario.

censiménto [da *censire*; 1749] s. m. ● Operazione statistica di rilevazione simultanea, intesa ad accertare in un dato momento lo stato di un fatto collettivo: *c. della popolazione, delle aziende industriali e commerciali, delle aziende agricole.*

censire [lat. *censēre*, dalla radice **kens* 'dichiarare'; 1797] v. tr. (*io censisco, tu censisci*) ● Sottoporre a censimento: *c. la popolazione, i fabbricati* | Iscrivere nei registri del censo.

censito [sec. XIV] part. pass. di *censire*; anche agg. ● Nei sign. del v.

cènso [vc. dotta, lat. *cēnsu(m)*, da *censēre* 'valutare, controllare'; av. 1292] s. m. *1* Nell'antica Roma, elenco dei cittadini e dei loro averi. *2* Nel Medioevo, canone in denaro, derrate o prestazioni, che i contadini dovevano al signore in riconoscimento del suo diritto di proprietà | †Catasto. *3* Patrimonio del cittadino che può essere sottoposto a tributi | (*est.*) Ricchezza, grosso patrimonio. *4* (*mat.*) †Seconda potenza di un'incognita | †*C. di c.*, quarta potenza d'un'incognita.

censoràto [av. 1698] s. m. ● Ufficio e carica di censore in collegi, accademie e sim.

censóre [vc. dotta, lat. *censōre(m)*, da *censēre* 'censire'; av. 1292] s. m. *1* Nella Roma antica, magistrato preposto all'ufficio della censura. *2* Chi, per incarico dell'autorità, accerta che le opere da pubblicare o da rappresentare non offendano lo Stato, la religione, la morale. *3* Nei convitti, sorvegliante della disciplina dei convittori. *4* Revisore di componimenti letterari in alcune accademie. *5* (f. *-a*) (*fig.*) Critico abituale e severo dell'attività e del comportamento altrui (*spec. iron.*): *si erge sempre a c.*; *rigido c. degli uomini che non si regolavan come lui* (MANZONI).

censoriàle [1962] agg. ● (*raro*) Censorio.

censòrio [vc. dotta, lat. *censōriu(m)*, da *cēnsor*, genit. *censōris* 'censore'; sec. XIV] agg. ● Di censore, da censore: *atteggiamento, spirito c.*

censuàle [vc. dotta, lat. tardo *censuāle(m)*, da *cēnsus* 'censo'; 1745] agg. ● Che riguarda il censo, di un tributo.

censuàrio [dal lat. *cēnsus* 'censo'; av. 1363] **A** agg. ● Del censo, relativo al censo. **B** s. m. (f. *-a*) ● Persona gravata della corresponsione di un censo.

censùra [vc. dotta, lat. *censūra(m)*, da *cēnsus* 'censo'; 1505] s. f. *1* Nella Roma antica, magistratura non permanente con funzioni di censimento, di amministrazione finanziaria e, in seguito, di vigilanza sulla condotta morale e civile dei cittadini. *2* Controllo compiuto dall'autorità su opere da pubblicare o da rappresentare per accertare che non offendano lo Stato, la religione, la morale: *incorrere nei rigori della c.* | Correntemente, l'ufficio che compie detto controllo | Controllo esercitato dal vescovo e da altra autorità ecclesiastica a ciò delegata sulle opere a stampa pubblicate da ecclesiastici o da cattolici che chiedono l'accertamento della loro conformità alle dottrine della Chiesa. *3* Sanzione disciplinare consistente in un formale rimprovero, prevista spec. per i pubblici impiegati | In diritto canonico, pena stabilita dai canoni, come la scomunica, l'interdizione, la sospensione. *4* (*est., fig.*) Critica severa, biasimo, riprensione: *mozione di c.* *5* Nella psicoanalisi, insieme di fattori che regolano l'emergenza di idee o desideri nella coscienza e mantengono la repressione di altre.

censuràbile [1745] agg. ● Che merita di essere censurato: *un comportamento c.* SIN. Biasimevole, criticabile.

censuràre [1565] v. tr. *1* Sottoporre a censura: *c. un libro, un film, una trasmissione televisiva.* *2* (*fig.*) Biasimare, criticare: *c. l'operato di qlcu.*

censuratóre [1726] agg.; anche s. m. (f. *-trice*) ● (*raro*) Che (o Chi) censura.

cent /*ingl.* sent/ [ingl., dal lat. *cĕntu(m)* 'cento'; 1818] s. m. inv. *1* Moneta equivalente alla centesima parte del dollaro e di altre unità monetarie. *2* (*mus.*) Unità di misura dell'intervallo musicale risultante dalla divisione dell'ottava in 1200 parti.

†cénta ● V. *cinta.*

centaurèa o **centàurea** [vc. dotta, lat. tardo *centauria(m)*, dal gr. *kentáureion*, dal centauro Chirone, esperto dell'arte medica; av. 1320] s. f. ● Genere delle Composite comprendente piante erbacee, annuali o perenni, con foglie alterne, capolini con involucro globoso formato da brattee, fiori sia ligulati che tubulosi (*Centaurea*) | *C. maggiore*, con rizoma e fusti aerei modificati, foglie lanceolate, capolini di fiori azzurri o gialli (*Centaurea centaurium*) | *C. minore*, pianta erbacea delle Genzianacee con foglie basali ellittiche e piccoli fiori riuniti in infiorescenze cimose di color porpora (*Erythraea centaurium*). SIN. Biondella, cacciafebbre.

centàurico [vc. dotta, lat. *centauricu(m)*, nom. *centauricus*, dal gr. *kentaurikós*, da *kéntauros* 'centauro'; 1779] agg. (pl. m. *-ci*) ● Che si riferisce ai centauri.

centàuro [vc. dotta, lat. *centăuru(m)*, nom. *centăurus*, dal gr. *kéntauros*, di orig. incerta; 1313] s. m. (f. *-a*, *-éssa*, raro lett. nel sign. 1) *1* Mostro mitologico con testa e busto umani e con corpo di cavallo. *2* (*astron.*) *Centauro*, costellazione dell'emisfero australe. *3* (*fig.*) Corridore motociclista. || **centaurino**, dim.

centavo /*port.* sẽn'tavu, *sp.* θen'taβo, sen-/ [sp., da *ciento* 'cento'; 1956] s. m. inv. (pl. port. e sp. *centavos*) ● Moneta divisionale di varie monete sudamericane.

centellàre [da *centello*; av. 1400] v. tr. (*io centèllo*) ● (*raro*) Centellinare.

centellinàre [da *centellino*; 1846] v. tr. (*io centellìno*, (*evit.*) *centèllino*) *1* Bere a piccoli sorsi, degustando: *c. un vino, un liquore.* *2* (*fig.*) Gustare qlco. con intenzionale lentezza, traendone il massimo piacere: *centellinava quelle parole tanto attese.*

centellino o (*tosc.*) **ciantellino**, **†cintellino** [da *cento* 'centesima parte'; av. 1449] s. m. ● Piccolo sorso di una bevanda | *A centellini*, (*fig.*) a poco a poco.

centèllo [V. *centellino*; sec. XIV] s. m. ● Centellino.

centèna [lat. *centēnu(m)* 'a cento a cento', da *cĕntum* 'cento'; 1940] s. f. *1* (*st.*) Presso gli antichi germani, antica suddivisione della popolazione, costituita forse da cento famiglie. *2* (*st.*) Nell'ordinamento franco, circoscrizione territoriale su cui aveva giurisdizione l'ufficiale pubblico detto centenario.

centenàrio (*1*) [vc. dotta, lat. *centenāriu(m)*, da *cĕntum* 'cento'; sec. XIV] **A** agg. *1* Che ha cento anni, detto di cosa e di persona: *querce centenarie*; *nonno c.* *2* Che ricorre ogni cento anni. **B** s. m. *1* (f. *-a*) Chi ha cento anni. *2* Centesimo anniversario di un avvenimento memorabile: *il settimo c. della nascita di Dante* | (*est.*) Cerimonia che si celebra in tale occasione.

centenàrio (*2*) [lat. tardo *centenāriu(m)* 'centurione'] s. m. ● Nell'antico ordinamento franco, ufficiale pubblico con funzioni di amministrazione della giustizia.

centennàle [da *centenne*; 1900] **A** agg. *1* Che dura cento anni | (*est.*) Secolare. *2* Che ricorre ogni cento anni. **B** s. m. ● (*raro*) Centesimo anniversario. SIN. Centenario.

centènne [lat. tardo *centĕnne(m)*, comp. di *cĕntum* 'cento' e *ănnus* 'anno'; 1865] **A** agg. *1* (*raro*) Che ha cento anni. *2* Che dura da cento anni | (*est.*) Secolare: *ingiustizia c.* **B** s. m. e f. ● (*raro*) Persona che ha cento anni.

centènnio [da *centenne*, sul modello di *biennio* ecc.; av. 1869] s. m. ● Periodo di tempo di cento anni.

centèrbe [comp. di *cento* e il pl. di *erba*; 1863] s. m. inv. ● Liquore distillato da varie erbe aromatiche, specialità abruzzese.

centèșima o **†centèșma** [lat. *centēsima(m)* (sottinteso *pārtem*) 'centesima parte', f. di *centēsimus* 'centesimo'; 1321] s. f. *1* †La centesima parte di qlco. *2* Antica imposta basata sull'esazione della centesima parte del prodotto o della vendita. *3* Differenza di 11 minuti esistente tra l'anno solare e l'anno computato secondo il calendario giuliano.

centeșimàle [sec. XIV] agg. *1* Che costituisce la centesima parte. *2* Che è diviso in cento parti.

centèșimo (o *-é-*) o **†centèșmo** [vc. dotta, lat. *centēsimu(m)*, da *cĕntum* 'cento'; 1321] **A** agg. num. ord. *1* Corrispondente al numero cento in una pluralità, in una successione (rappresentato da C nella numerazione romana, da 100° in quella araba): *si è classificato c.*; *ne ho pagata la centesima parte*; (*ellitt.*) *due alla centesima* | Con valore iperb.: *te lo ripeto per la centesima volta*; *non vale la centesima parte di quanto vali tu.* *2* In composizione con altri numerali, semplici o composti, forma gli ordinali superiori: *centesimoprimo*; *millecentesimo*; *milletrecentesimo.* **B** s. m. *1* Ciascuna delle cento parti uguali di una stessa quantità: *quest'oggetto vale un c. di quello che l'hai pagato*; *calcolare i tre centesimi di un numero.* *2* Moneta che vale la centesima parte dell'euro o di altra unità monetaria. *3* Un tempo, moneta equivalente alla centesima parte della lira: *Luca andava a lavorare … per cinquanta centesimi al giorno* (VERGA) | (*est.*) Nulla, quasi nulla (in espressioni negative): *non avere un c. in tasca*; *non avere l'ombra di un c.*; *non guadagnare un c.*; *non valere un c. bucato* | (*est.*) Denaro, spec. in minima quantità | ***Contare, lesinare il c.***, spendere con parsimonia | ***Pagare al c.***, pagare scrupolosamente | ***Spendere sino all'ultimo c.***, tutto quanto si possiede. *4* †Secolo. || **centeșimino**, dim. | **centeșimùccio**, dim.

†centèșma ● V. *†centesima.*

†centèșmo ● V. *centesimo.*

cènti- [da un tipo già diffuso in lat. (da *cĕntum* 'cento'), che spesso riproduce analoghi modelli greci con *hekato-* (da *hekatón* 'cento')] primo elemento ● In parole composte dotte o dell'uso corrente significa 'cento' o 'che ha cento': *centimano*; o, anteposto a un'unità di misura, la divide per cento, cioè la moltiplica per 10^{-2}: *centigrammo, centilitro.* SIMB. c.

centiàra [fr. *centiare*. V. *centi-* e *ara* 'unità di misura'; 1859] s. f. ● Centesima parte dell'ara, pari a 1 m^2.

centigrado [comp. di *centi-* e *grado*; 1839] agg. ● Diviso in cento gradi, detto spec. del termometro Celsius, dove lo zero corrisponde alla temperatura del ghiaccio fondente e il 100 a quella dell'acqua pura bollente alla pressione normale di 76 cm di mercurio | ***Scala centigrada***, scala graduata in gradi Celsius; CFR. Scala | ***Grado c.***, grado Celsius. SIMB. °C.

centigràmmo [fr. *centigramme*. V. *centi-* e *grammo*; 1802] s. m. ● Unità di misura di massa, equivalente a un centesimo di grammo. SIMB. cg.

centile [da (*per*)*centile* (V.); 1887] s. m. ● (*stat.*) Percentile.

centilitro [fr. *centilitre*. V. *centi-* e *litro*; 1820] s. m. ● Unità di misura di volume equivalente a un centesimo di litro. SIMB. cl.

centilòquio [comp. di *cento* e del lat. *lŏqui* 'parlare'; av. 1388] s. m. ● (*lett.*) Opera letteraria divisa in cento parti, capitoli e sim.

centìmano [vc. dotta, lat. *centĭmanu(m)*, comp. di *cĕntum* 'cento' e *mănus* 'mano'; 1561] agg. ● (*lett.*) Che ha cento mani, detto spec. di mostri e di giganti della mitologia classica.

centimetràre [da *centimetro*; 1956] v. tr. (*io centìmetro*) ● Suddividere in centimetri.

centimetràto [1942] part. pass. di *centimetrare*; anche agg. ● Nel sign. del v.

◆**centìmetro** [fr. *centimètre*. V. *centi-* e *metro*; 1799] s. m. ● Unità di misura di lunghezza corrispondente alla centesima parte del metro. SIMB. cm.

cèntina [etim. discussa: lat. *cĭnctum* 'cintura' (?); 1550] s. f. *1* (*arch.*) Ossatura resistente provvisoria, di legno o acciaio, destinata a dare forma e sostegno all'arco della volta della cupola durante la costruzione. *2* (*edil.*) Struttura metallica permanente che sostiene la copertura di tettoie, stazioni ferroviarie, capannoni e sim. *3* Elemento di una struttura aeronautica con funzioni di forma e di forza: *c. alare*; *c. di fusoliera*. ➡ ILL. p. 2174 TRASPORTI. *4* Leggera piegatura data a un legno o a un ferro | ***A c.***, di cornice o spalliera ricurva di mobile. *5* Disegno di una smerlatura | ***Punto a c.***, a smerlo, a festone. || **centinóne**, accr. m.

♦**centinàio** o †**centinàro** [lat. *centenāriu(m)*. V. *centenario*; 1232] s. m. (pl. *centinàia*, f.) *1* Complesso, serie di cento, o circa cento, unità: *dieci centinaia di unità equivalgono a un migliaio*; *era presente un c. di persone* | ***Centinaia e centinaia***, moltissimi: *l'ho ripetuto centinaia e centinaia di volte* | ***A centinaia***, in gran numero: *c'erano libri a centinaia*. *2* †Secolo.

centinaménto [av. 1764] s. m. ● Operazione del centinare.

centinàre [V. *cembra*; av. 1696] v. tr. (*io cèntino*) *1* Armare o sostenere con centine: *c. una volta*. *2* Piegare o sagomare ad arco: *c. una sbarra*. *3* Ricamare con punto a centina.

†**centinàro** ● V. *centinaio*.

centinatùra [da *centinare*; av. 1696] s. f. *1* Operazione del centinare. *2* Struttura provvisoria di centine. *3* Curvatura data a ferri profilati per ottenere le sagome richieste e la traccia di montaggio | Profilo di un arco o di un oggetto centinato: *c. ogivale*.

centinòdia [vc. dotta, lat. tardo (*hērbam*) *centenōdia(m)* 'erba a cento nodi', comp. di *cĕntum* 'cento' e *nōdus* 'nodo'; 1550] s. f. ● Pianta erbacea delle Poligonacee con foglie lineari, fiori molto piccoli bianco-verdastri, frutto ad achenio (*Polygonum aviculare*). SIN. Correggiola.

centinòdio s. m. ● (*bot.*) Centinodia.

centista [1942] s. m. e f. (pl. m. *-i*) ● Centometrista.

♦**cènto** [lat. *cĕntu(m)*, di orig. indeur.; 1211] agg. num. card. inv.; anche s. m. inv. (pl. †*cènti* nel sign. II, 3) (si elide davanti ad 'anni': *cent'anni*) ● Dieci volte dieci, dieci decine, rappresentato da 100 nella numerazione araba, da C in quella romana. **I** Come agg. ricorre nei seguenti usi. *1* Rispondendo o sottintendendo la domanda 'quanti?' indica la quantità numerica di cento unità (spec. preposto a un s.): *c. kilogrammi equivalgono a un quintale*; *la guerra dei Cent'anni*; *costa c. euro*; *correre i c. metri*; *i Cento giorni di Napoleone*; *le c. novelle*; *scommettere c. contro uno*; *elevare c. alla terza* | ***A c. a c., di c. in c.***, cento per volta | ***Una volta su c.***, (*est.*) raramente | ***Al c. per c.***, completamente | ***Novantanove volte su c.***, quasi sempre | ***Avere novantanove probabilità su c. di riuscire***, averne molte. CFR. centi-, etto-. *2* (*est.*) Molti, parecchi (con valore indet.): *avere c. idee per la testa*; *trovare c. scuse per non fare qlco.*; *essere in c. contro uno*; *te l'ho ripetuto c. volte!*; *ho non una ma c. ragioni* | ***C. di questi giorni!***, espressione d'augurio spec. in occasione di compleanni | Con valore approssimativo, anche preceduto dall'art. indef. 'un': *ci saranno stati c. bambini*; *è lontano un c. kilometri*. *3* (posposto a un s.) Rispondendo o sottintendendo la domanda 'quale?', identifica qlco. in una pluralità, in una successione, in una sequenza: *anno c. a.C.*; *leggere a pagina c.*, *il paragrafo c.* *4* Nelle loc. ***uno, due, tre, dieci, venti per c.*** e sim., nel rapporto di uno, due, tre, dieci, venti, ogni cento unità (rappresentato da %): *pagare un interesse del tre per c.*; *avere uno sconto, un aumento del dieci per c.* | ***Rendere, guadagnare il c. per cento***, il doppio; (*est.*) moltissimo | (*fig.*) ***Essere sicuro al c. per c.***, in massimo grado, assolutamente | V. anche *percento* e *percentuale*. *5* In composizione con altri numeri semplici o composti, forma i numeri superiori: *centouno*; *centoventotto*; *duecento*; *dodicimilacento*. **II** Come s. ricorre nei seguenti usi. *1* Il numero cento (per ellissi di un s.): *il c. nel mille ci sta dieci volte*; *il Consiglio dei C.*; *il cento d.C.* *2* Il segno che rappresenta il numero cento. *3* †Centinaio. *4* (*sport, ellitt., al pl.*) Nell'atletica e nel nuoto, distanza di cento metri su cui si sviluppa la classica gara di velocità | (*est.*) La gara stessa: *vincere i c.*; *esordire nei c.* || PROV. Una ne paga cento.

centòcchi o **centòcchio** [1622] s. m. inv. ● (*bot., pop.*) Centonchio.

centocinquànta [comp. di *cento* e *cinquanta*] agg. num. card. inv.; anche s. m. e f. inv. ● Quindici volte dieci, quindici decine, rappresentato da 150 nella numerazione araba, da CL in quella romana. **I** Come agg. ricorre nei seguenti usi ● Rispondendo o sottintendendo la domanda 'quanti?', indica la quantità numerica di centocinquanta unità: *costa c. euro* | (*per anton.*) ***Le c. ore***, corsi sperimentali di scuola media istituiti appositamente per i lavoratori. **II** Come s. ricorre nei seguenti usi. *1* Il numero centocinquanta (per ellissi di un s.). *2* Il segno che rappresenta il numero centocinquanta.

centodièci [comp. di *cento* e *dieci*] agg. num. card. inv.; anche s. m. inv. *1* Undici volte dieci o dieci decine più dieci unità, rappresentato da 110 nella numerazione araba, da CX in quella romana. *2* Il voto massimo nella valutazione dell'esame di laurea nella maggior parte dei corsi di laurea italiani: *prendere*, *ottenere*, *conseguire c.*; *c. e lode*. *3* (*sport, ellitt., al pl.*) Nell'atletica, distanza di centodieci metri a ostacoli su cui si sviluppa una gara | (*est.*) La gara stessa: *correre i c.*

centodódici o **112** [comp. di *cento* e *dodici*] s. m. inv. ● Numero telefonico che si compone per mettersi in contatto con la squadra di pronto intervento dei carabinieri | (*est.*) La squadra stessa: *chiamare il c.*; *è arrivato il c.*

centofòglie [lat. *centifŏliu(m)*, comp. di *cĕntum* 'cento' e *fŏlium* 'foglia'; 1865] s. m. inv. ● (*bot., pop.*) Achillea.

centogàmbe [comp. di *cento* e il pl. di *gamba*; 1585] s. m. ● (*zool.*) Centopiedi.

centokilòmetri o **cènto kilòmetri** [comp. di *cento* e il pl. di *kilometro*] s. f. inv. ● Classica corsa ciclistica su strada non più presente nel programma gare.

centometrista [da (*corsa sui*) *cento metri*; 1942] s. m. e f. (pl. m. *-i*) ● Atleta specialista della corsa dei cento metri piani | Nuotatore dei cento metri stile libero. SIN. Centista.

centomila [vc. dotta, lat. *cĕntu(m) mīlia*; 1336 ca.] agg. num. card. inv.; anche s. m. e f. inv. ● Cento volte mille, cento migliaia, rappresentato da 100 000 nella numerazione araba, da $\overline{C}$ in quella romana. **I** Come agg. ricorre nei seguenti usi. *1* Rispondendo o sottintendendo la domanda 'quanti?', indica la quantità numerica di centomila unità (spec. preposto a un s.): *abbiamo versato c. euro per il nuovo appartamento*; *un esercito di c. uomini*; *un'automobile che ha percorso oltre c. kilometri*; *uno, nessuno e c.* *2* (*est.*) Molti, parecchi (con valore indet. o iperbolico): *l'ho già detto e ripetuto c. volte*; *trovano sempre c. scuse*. *3* Rispondendo o sottintendendo la domanda 'quale?', identifica qlco. in una pluralità, in una successione, in una sequenza (posposto a un s.): *l'auto con targa c.* **II** Come s. ricorre nei seguenti usi. *1* Il numero centomila (per ellissi di un s.): *il c. in un milione ci sta dieci volte*. *2* Il segno che rappresenta il numero centomila. *3* (*pop.*) Banconota da centomila lire: *mi presti un c.?*

centomillèsimo (o -é-) **A** agg. num. ord. ● Corrispondente al numero centomila in una pluralità, in una successione (rappresentato da $\overline{C}$ nella numerazione romana, da 100 000° in quella araba): *dieci è la centomillesima parte di un milione*. **B** in funzione di s. m. ● Ciascuna delle centomila parti uguali di una stessa quantità.

centonàrio agg. ● Relativo al centone: *poesia centonaria* | Di centoni: *poeta c.*

centónchio [lat. *centŭnculu(m)*, dim. di *cĕnto*, genit. *centōnis* (V. *centone*), per l'aspetto; av. 1449] s. m. ● Pianta erbacea delle Cariofillacee con fusti sdraiati, foglie ovate e piccoli fiori bianchi (*Stellaria media*).

centóne (1) [vc. dotta, lat. *centōne(m)* 'panno composto di pezzi di stoffa differenti, cuciti insieme', di etim. incerta; av. 1292] s. m. *1* Spec. nella tarda classicità, componimento letterario composto di brani presi da vari autori. *2* (*est., spreg.*) Scritto, discorso privo di idee originali. *3* Composizione musicale e rapsodica formata di brani di diversi autori. *4* (*ant.*) Veste confezionata con più pezzi di vario colore, schiavina | Coperta o drappo formato da vari pezzi di tessuto. *5* (*bot., region.*) Centonchio.

centóne (2) [da *cento*; 1962] s. m. ● (*pop.*) Banconota da centomila lire.

centonèrvia [comp. di *cento* e del pl. di *nervo* con la terminazione f. *-a*, cosiddetta per le numerose nervature; 1894] s. f. ● (*bot.*) Piantaggine.

centonovèlle [comp. di *cento* e il pl. di *novella*; 1534] s. m. inv. ● Libro di cento novelle, come il Novellino o il Decamerone.

centopèlle o **centopèlli** [lat. *centipelliōne(m)*, comp. di *cĕntum* 'cento' e *pellis* 'pelle'; 1886] s. m. inv. ● (*zool.*) Omaso.

centopièdi [lat. *centĭpede(m)*, comp. di *cĕntum* 'cento' e *pēs*, genit. *pĕdis* 'piede'; 1858] s. m. inv. ● (*zool.*) Individuo dei Chilopodi. SIN. Centogambe. ➡ ILL. animali/3.

centotrédici o **113** [comp. di *cento* e *tredici*] s. m. inv. ● Numero telefonico che si compone per mettersi in contatto con la squadra di polizia di pronto intervento | (*est.*) La squadra stessa: *chiamare il c.*; *è arrivato il c.*

centrafricàno o **centroafricàno** [1985] agg. ● Che si riferisce all'Africa centrale o alla Repubblica Centrafricana.

centràggio [fr. *centrage*, da *centre* 'centro'; 1942] s. m. *1* (*mecc.*) Operazione con cui si dispone un pezzo cilindrico con l'asse di rotazione in una data posizione rispetto a un altro. *2* (*aer.*) Posizione del baricentro di un aereo rispetto ai riferimenti previsti.

♦**centràle** [vc. dotta, lat. *centrāle(m)*, agg. di *cĕntrum* 'centro'; av. 1406] **A** agg. *1* Del centro, che costituisce il centro, che sta nel centro (*anche fig.*): *punto c. di un territorio*; *strada c.*; *edificio c.*; *riscaldamento c.*; *sede*, *direzione*, *amministrazione c.*; *problema c.*; *nucleo c. del ragionamento* | (*arch.*) ***Pianta c.***, quella in cui gli elementi si dispongono simmetricamente rispetto a un centro, come nella pianta circolare, quadrata, poligonale o a croce greca. *2* Detto della parte mediana di un territorio: *Italia*, *Europa c.* *3* (*mus.*) Detto di una nota, o del registro di una voce o di uno strumento, intermedi fra i gravi e gli acuti. *4* (*ling.*) Detto di vocale che si può situare nella parte centrale della cavità orale. || **centralménte**, avv. (*raro*) Al centro; (*est.*) principalmente, fondamentalmente. **B** s. f. ● Centro direttoriale da cui dipendono organismi periferici: *la c. e le filiali*; *la c. di una banca*; *c. sindacale*; *c. di polizia*; *riferire alla c.* | ***C. di tiro***, su navi, casematte, fortini, per coordinare il fuoco delle armi offensive | Centro di produzione di beni e servizi che vengono distribuiti capillarmente: *c. del latte*; *c. elettrica*, *termica*, *telefonica*, *nucleare*. ➡ ILL. p. 2137, 2138 SCIENZE DELLA TERRA ED ENERGIA. **C** s. m. e f. ● (*sport*) In alcune discipline di squadra, ruolo ricoperto dal giocatore che sul terreno di gioco occupa prevalentemente una posizione centrale | Giocatore che ricopre tale ruolo.

centralìna [da *centrale*; 1977] s. f. *1* Centrale periferica, telefonica o elettrica, da cui dipende l'erogazione del servizio in uno o più quartieri di una città. *2* (*elettron.*) Circuito di controllo elettronico di un impianto: *c. di accensione*.

centralinista [1942] s. m. e f. (pl. m. *-i*) ● Chi è addetto a un centralino telefonico.

centralino [da *centrale*; 1917] s. m. ● Apparecchiatura installabile presso un abbonato per i collegamenti di telefoni derivati interni.

centralismo [fr. *centralisme*, da *central* 'centrale', col suff. *-isme* 'ismo'; 1870] s. m. ● Sistema di governo che tende all'accentramento dei poteri negli organi centrali dello Stato | ***C. democratico***, principio organizzativo dei partiti comunisti che doveva garantire sia la partecipazione democratica della base che il carattere unitario della linea politica e in realtà vincolava l'intero partito all'applicazione delle decisioni prese dagli organismi dirigenti.

centralista [fr. *centraliste*, da *central* 'centrale', col suff. *-iste* '-ista'; 1867] s. m. e f. (pl. m. *-i*) *1* (*polit.*) Sostenitore del centralismo. *2* Chi lavora in una centrale elettrica.

centralìstico [1910] agg. (pl. m. *-ci*) ● Che si basa sul centralismo: *sistema c.*

centralità [1843] s. f. *1* (*raro*) Caratteristica di ciò che è centrale | (*fig.*) Posizione fondamentale, preminente: *la c. di un problema*. *2* (*polit.*) Collocazione politica di centro, moderata.

centralizzàre [fr. *centraliser*, da *central* 'centrale'; 1797] v. tr. *1* Accentrare, spec. in un unico potere centrale: *la burocrazia ..., centralizzando gli affari, sopprimeva ogni libertà e movimento locale* (DE SANCTIS). CONTR. Decentrare. *2* Impostare le attività aziendali secondo un criterio di rapporto gerarchico rigidamente autoritario. *3* Rendere centrale, unificare in un unico centro o comando: *c. l'impianto di riscaldamento*.

centralizzàto [1846] part. pass. di *centralizzare*; anche agg. *1* Nei sign. del v. *2* Detto di impianto unificato, di cui usufruiscono tutti gli appartamenti di un edificio: *riscaldamento c.*; *antenna centralizzata* | Detto di impianto manovrato da un unico organo di comando: *chiusura delle porte centralizzata*.

centralizzatóre [fr. *centralisateur*, da *centraliser* 'centralizzare'; 1881] agg.; anche s. m. (f. *-trice*) ● Che (o Chi) centralizza.

centralizzazióne [fr. *centralisation*, da *centraliser* 'centralizzare'; 1802] s. f. ● Il centralizzare. SIN. Accentramento. CONTR. Decentramento.

centraménto [da *centrare*; 1956] s. m. *1* Centratura. *2* (*aer.*) Predisposizione e distribuzione di pesi e carichi in modo che la posizione del baricentro risulti entro i limiti previsti per la sicurezza dell'aereo: *c. facile, difficoltoso*.

centramericàno o **centroamericàno** [1984] agg. ● Dell'America centrale.

centrànto [comp. del gr. *kéntron* 'pungiglione' e *ánthos* 'fiore'; 1865] s. m. ● Genere di piante erbacee o perenni suffruticose delle Valerianacee cui appartiene la valeriana rossa (*Centranthus*).

centràre [da *centro*; 1797] **A** v. tr. (*io cèntro* (o *-é-*)) *1* Colpire nel centro, colpire in pieno: *c. il bersaglio* | *C. il canestro*, nel basket, realizzare il punto | (*fig.*) *C. il personaggio*, di attore che interpreta bene una parte | (*fig.*) Mettere a fuoco con sicurezza il nucleo di un problema, di una questione. *2* Fissare nel centro, equilibrare: *c. l'asse dell'elica*. **B** v. intr. (aus. *avere*) ● Nel calcio crossare.

centrasiàtico o **centroasiàtico** agg. (pl. m. *-ci*) ● Dell'Asia centrale.

centràta [da *centrare*; 1913] s. f. ● (*raro*) Nel calcio, traversone.

centràto [av. 1928] part. pass. di *centrare*; anche agg. *1* Nel sign. del v. *2* (*fis.*) Detto di sistema ottico in cui le superfici componenti sono sferiche e i loro centri stanno tutti su una retta | *Lente centrata*, lente sferica di forma circolare il cui centro ottico coincide col centro geometrico del contorno. *3* Di colpo, tiro e sim. assestato con precisione nel punto giusto: *pugno c.* | (*fig.*) Azzeccato, indovinato: *un intervento c.* *4* (*arald.*) Detto di qualsiasi pezza piegata ad arco.

centratóre [1962] s. m. *1* Strumento, dispositivo e sim. usato in operazioni di centratura. *2* Strumento di misura, del tipo del minimetro, che si può sostituire all'utensile tagliente di un tornio per ottenere la centratura di un pezzo cilindrico da riprendere o da rifinire.

centrattàcco o **centroattàcco** [comp. di *centro* e *attacco*; calco sull'ingl. *centre forward*; 1916] s. m. e f. (pl. m. *-chi*; pl. f. inv.) ● Nel calcio, il giocatore al centro della linea degli avanti. SIN. Centravanti.

centratùra [da *centrare*; 1962] s. f. *1* Operazione con la quale, nel piazzamento del pezzo cilindrico da lavorare, si fa coincidere il suo asse con l'asse della macchina utensile, spec. tornio. *2* Operazione che consiste nel montare le lenti di un obiettivo in modo che i centri di tutte le loro superfici siano allineati su una retta, che è l'asse ottico dell'obiettivo. *3* Operazione con la quale, in fase di stampa fotografica, si dispone al centro la parte più interessante di un'immagine. *4* Posizione della vignetta del francobollo rispetto ai bordi dentellati o ai margini se si tratta di esemplare emesso non dentellato.

centravànti o **centroavànti** [comp. di *centro* e *avanti*; calco sull'ingl. *centre forward*; 1912] s. m. e f. inv. ● Nel calcio, centrattacco.

centreuropèo ● V. *centroeuropeo*.

cèntrica [f. sost. di *centrico*] s. f. ● (*ottica*) Figura di diffrazione che si forma al centro di un'onda sferica.

cèntrico [vc. dotta, gr. *kentrikós*, da *kéntron* 'centro'; 1499] agg. (pl. m. *-ci*) ● Che è posto simmetricamente rispetto al centro: *struttura centrica*.

centrìfuga [f. sost. di *centrifugo*; 1913] s. f. ● (*mecc.*) Macchina costituita principalmente da un organo in rapida rotazione per produrre azioni centrifughe in genere superiori a quella di gravità; si usa in varie tecnologie e lavorazioni: *separare particelle solide da un liquido con la c.*; *asciugare la biancheria con la c.* | *C. umana*, grossa centrifuga che può alloggiare un uomo, fornita di speciali attrezzature per studiare le reazioni umane rispetto alle azioni prodotte.

centrifugàre [1913] v. tr. (*io centrìfugo, tu centrìfughi*) ● Sottoporre all'azione di una centrifuga: *c. una sospensione*; *c. il burro*.

centrifugàto [1962] **A** part. pass. di *centrifugare*; anche agg. ● Nel sign. del v. **B** s. m. ● Bibita ottenuta centrifugando verdura o frutta: *c. di carota*; *c. di mela*.

centrifugazióne [1905] s. f. ● Operazione del centrifugare.

centrìfugo [comp. di *centro* e del lat. *fŭgere* 'fuggire', prob. attrav. il fr. *centrifuge*; av. 1730] agg. (pl. m. *-ghi*) *1* Diretto radialmente verso l'esterno. CONTR. Centripeto | *Forza centrifuga*, in un sistema in moto rotatorio, quella che tende ad allontanare le singole parti dal centro | *Estrattore c.*, per trarre l'olio direttamente dalle paste d'oliva | *Chiarificatore c.*, per liberare i vini dalle impurità. *2* (*fig.*) Che tende ad allontanarsi da regole, principi, istituzioni e sim., spec. per assumere una posizione autonoma: *tendenze centrifughe*.

centrina [vc. dotta, gr. *kentrínēs*, da *kéntron* 'pungiglione'; 1684] s. f. ● Squalo tozzo, rivestito di placchette, con bocca fornita di zanne inferiori triangolari (*Oxynotus centrina*). SIN. Pesce porco.

centrino [dim. di *centro*; av. 1936] s. m. ● Tessuto ricamato, di varia forma, che si pone su mobili per appoggiarvi vasi o soprammobili.

centriolo [ingl. *centriole*, dal lat. *cĕntrum* 'centro'; 1931] s. m. ● (*biol.*) Organulo al centro dell'apparato della sfera nelle cellule animali.

centripeto [comp. di *centro* e del lat. *pĕtere* 'tendere verso', prob. attrav. il fr. *centripète*; 1731] agg. ● Diretto verso il centro. CONTR. Centrifugo | *Forza centripeta*, in un sistema in moto rotatorio, quella che tende ad avvicinare le singole parti al centro.

centrismo [1923] s. m. ● (*polit.*) Tendenza di gruppi politici a formare una coalizione di centro dalla quale siano escluse le destre e le sinistre.

centrista [1923] **A** agg. ● Ispirato o caratterizzato da centrismo: *governo, politica c.* **B** agg.; anche s. m. e f. (pl. m. *-i*) ● Che (o Chi) appartiene al centro in senso politico.

centritaliàno ● V. *centroitaliano*.

♦**cèntro** (o *-é-*) [vc. dotta, lat. *cĕntru(m)*, dal gr. *kéntron* 'pungiglione, perno', poi 'punto centrale'; av. 1294] s. m. **I** Elemento, dato o concetto statico in rapporto allo spazio circostante. *1* (*mat.*) Centro di simmetria d'una figura | *C. di simmetria*, in una figura piana (o in un solido) punto tale che ogni retta che passi per esso incontra vertici, spigoli o facce che si corrispondono | *C. di cristallizzazione*, punto geometrico attorno al quale si riuniscono particelle materiali a formare un cristallo. *2* Punto, area, zona centrale, in modo più o meno convenzionale o approssimativo, come il punto mediano o più interno di qlco. (*anche fig.*): *il c. della terra*; *il c. di una piazza* | *C. ottico*, punto di una lente da cui i raggi che lo attraversano emergono parallelamente alla direzione di incidenza | *Fare c.*, colpire esattamente un bersaglio; (*fig.*) indovinare o risolvere qlco. | *Essere al c. dei desideri, dell'attenzione* e sim. *di qlcu.*, costituirne l'oggetto principale | (*est.*) Zona interna di una città, dove sono concentrati edifici storici e amministrativi e numerose attività culturali e commerciali: *il c. di Roma, di Milano*; *le vie del c.* CONTR. Periferia | *C. storico*, nucleo di città o paese formatosi prima dell'età industriale, gener. circoscritto in passato da una cerchia di mura, dove si possono riconoscere i valori monumentali, edilizi e ambientali tradizionali. *3* (*est.*) Settore di mezzo in un emiciclo assembleare: *sedere al c.* | (*est., fig.*) Raggruppamento politico di tendenza moderata, sia di uno schieramento di partiti che all'interno di un partito: *partiti di c.*; *deputati del c.* *4* (*fig.*) Punto fondamentale, principale: *il c. di un problema, di una questione, di un ragionamento* | *C. d'interesse*, parte di un'immagine fotografica che richiama per prima l'attenzione di chi la osserva; in didattica, argomento principale che serve da filo conduttore a tutta una serie di lezioni o di ricerche. *5* Nel calcio, punto centrale del campo di gioco, segnato da un disco bianco sul terreno | *Rimettere la palla al c.*, per riprendere il gioco dopo la realizzazione di un gol. **II** Elemento o complesso dinamico, in rapporto allo spazio o all'ambiente circostante. *1* (*fis.*) *C. di gravità*, baricentro | *C. delle forze parallele*, punto d'applicazione della risultante di un sistema di forze parallele applicate ai vari punti | (*mar.*) *C. di carena*, baricentro del volume immerso di un galleggiante | (*mar.*) *C. velico*, punto di applicazione della risultante dell'azione del vento sulle vele. *2* (*anat.*) Organo o parte di organo che svolge una specifica funzione: *c. del linguaggio, del respiro* | *C. nervoso*, nucleo di cellule nervose che presiede a determinate funzioni dell'organismo. *3* (*anat.*) Corpo vertebrale. *4* Polo che attrae o punto dal quale si irradiano attività, iniziative e sim. (*anche fig.*): *c. d'attrazione, d'influenza* | *C. sismico*, punto di origine di un terremoto. SIN. Ipocentro | *C. di fuoco*, elemento difensivo costituito da una o più armi in postazione | *Centri di potere*, strutture politiche, istituzionali, economiche e sim. in grado di influire sulle decisioni relative alla vita pubblica o a una data attività. *5* Nucleo urbanistico autonomo: *un grosso centro abitato*; *i prosperosi centri della provincia*. SIN. Città, paese | Complesso edilizio destinato a determinate attività: *c. industriale, commerciale, direzionale* | *C. fieristico*, destinato a ospitare una fiera | *C. sociale*, complesso di strutture organizzate e gestite in proprio o da istituzioni, in cui si svolgono attività culturali, assistenziali, ricreative: *c. sociale giovanile autogestito*; *c. sociale per anziani*. *6* Istituzione, organo direttoriale da cui dipendono organismi periferici | (*est.*) Istituzione che organizza e promuove una determinata attività: *c. didattico*; *c. raccolta profughi*; *c. per lo studio del cancro*; *c. addestramento reclute*. *7* Complesso organizzato di uomini e mezzi, per la produzione e la distribuzione di beni o di servizi: *c. trasmittente, elettronico, meccanografico, meteorologico* | *C. di produzione*, complesso di studi, sale di sincronizzazione e sim. utilizzato per la produzione dei programmi televisivi e radiofonici | *C. di costo*, settore aziendale isolato e definito per l'imputazione delle spese | *C. media*, azienda che seleziona, programma e segue per conto dei clienti, la diffusione di messaggi pubblicitari su diversi mezzi di comunicazione. *8* Nel calcio e in altri giochi di squadra, giocatore o gruppo di giocatori che si trova nella posizione centrale | (*est.*) Traversone, cross. *9* Nella pallacanestro, pivot. || **centrino**, dim. (V.).

cèntro- [da *centro*] primo elemento ● In parole composte significa 'centrale': *centrocampista, centroeuropeo*.

centroafricàno ● V. *centrafricano*.

centroamericàno ● V. *centramericano*.

centroasiàtico ● V. *centrasiatico*.

centroattàcco ● V. *centrattacco*.

centroavànti ● V. *centravanti*.

centrobòa [comp. di *centro-* e *boa* (*2*)] s. m. e f. inv. ● Nella pallanuoto, il giocatore più avanzato in attacco.

centrocampista [1960] s. m. e f. (pl. m. *-i*) ● Nel calcio, giocatore che svolge la sua azione nel centrocampo.

centrocàmpo [comp. di *centro* e *campo*; 1951] s. m. ● Nel calcio, zona centrale del campo: *dominare a c.* | (*est.*) Complesso dei centrocampisti.

centroclassifica [comp. di *centro* e *classifica*; 1985] s. m. inv. ● (*sport*) Insieme delle posizioni centrali di una classifica.

centrodèstra [comp. di *centro* e *destra*; 1967] s. m. inv. ● Alleanza politica tra partiti di centro e di destra.

centrodèstro [comp. di *centro* e *destro*; 1965] s. m. (f. *-a*) ● (*disus.*) Nel calcio, mezzala destra.

centroeuropèo o **centreuropèo** [comp. di *centro-* ed *europeo*; calco sul ted. *Mitteleuropäisch*, agg. di *Mitteleuropa* 'Europa centrale'; 1940] agg. ● Dell'Europa centrale.

centroitaliàno o **centritaliàno** [1987] agg. ● Dell'Italia centrale.

centrolecìtico [comp. di *centro* e *lecitico*, dal gr. *lékythos* 'tuorlo' col suff. *-ico*; 1962] agg. (pl. m. *-ci*) ● (*biol.*) Detto di gamete femminile contenente notevoli quantità di deutoplasma, totalmente o prevalentemente nelle porzioni centrali del citoplasma.

centromediàno [comp. di *centro* e *mediano*; 1925] s. m. ● (*disus.*) Nel calcio, giocatore schierato al centro della linea dei mediani con compiti prevalentemente difensivi. SIN. (*raro*) Centrosostegno.

centròmero [comp. di *centro* e *-mero*; 1948] s.

m. ● (*biol.*) Nella divisione cellulare, punto di attacco dei cromosomi alle fibrille del fuso acromatico.

centropàgina [comp. di *centro* e *pagina*; 1965] s. m. inv. ● Articolo o pezzo stampato nella parte centrale di una pagina.

centrosfèra [comp. di *centro* e *sfera*; 1962] s. f. ● (*biol.*) Parte esterna dell'apparato della sfera che, nella cellula, diviene evidente durante la divisione.

centrosinistra [1897] s. m. inv. ● Alleanza politica tra partiti di centro e di sinistra.

centrosinistro [comp. di *centro* e *sinistro*; 1965] s. m. (f. -*a*) ● (*disus.*) Nel calcio, mezzala sinistra.

centrosòma [comp. di *centro* e del gr. *sôma* 'corpo'; 1962] s. m. (pl. -*i*) ● (*biol.*) Parte centrale dell'apparato della sfera nelle cellule animali.

centrostégno [comp. di *centro* e *sostegno*; 1962] s. m. ● (*disus.*) Nel calcio, centromediano.

Centrospèrme [comp. di *centro-* e del gr. *spérma* 'seme'; 1929] s. f. pl. (sing. -*a*) ● Nella tassonomia vegetale, ordine di piante delle Dicotiledoni comprendente circa 3500 specie, quasi sempre erbacee, con foglie senza stipole, ovario supero, semi con abbondante involucro (*Centrospermae*).

centrotàvola [comp. di *centro* e *tavola*; 1970] s. m. (pl. *centritàvola*) ● Oggetto o composizione d'oggetti d'argento, cristallo, porcellana, collocato al centro di una tavola, spec. imbandita, con funzione decorativa.

cèntum o **kèntum** [dal lat. *cĕntum* 'cento'] agg. inv. ● (*ling.*) ***Lingue c.***, insieme di lingue indoeuropee (ad es. il latino e il greco) che hanno conservato la velare occlusiva sorda |k|, laddove le lingue satem l'hanno cambiata in sibilante.

centumviràle /tʃentumvi'rale/ [vc. dotta, lat. *centumvirāle(m)*, da *centŭmviri* 'centumviri'; av. 1580] agg. ● Dei centumviri.

centumviràto /tʃentumvi'rato/ [1875] s. m. ● Dignità, ufficio, collegio dei centumviri.

centùmviro /tʃen'tumviro/ [vc. dotta, lat. *centŭmviri*, nom. pl., comp. di *cĕntum* 'cento' e il pl. di *vĭr* 'uomo'; av. 1580] s. m. ● Nella Roma antica, membro di un collegio composto di cento magistrati.

centuplicàre [vc. dotta, lat. tardo *centuplicāre*, da *cĕntum* 'cento'; av. 1370] v. tr. (*io centùplico, tu centùplichi*) **1** Moltiplicare per cento, accrescere di cento volte: *c. la potenza di un motore.* **2** (*fig.*) Rendere molto più grande: *c. gli sforzi*. SIN. Accrescere, aumentare.

centùplice [vc. dotta, lat. *centŭplice(m)*, comp. di *cĕntum* 'cento' e il suff. *-plex* (V. *duplice*); 1956] agg. ● Che è composto di cento parti.

cèntuplo [vc. dotta, lat. tardo *cĕntuplu(m)*, da *cĕntum* 'cento'; av. 1342] **A** agg. ● Che è cento volte maggiore, relativamente ad altra cosa analoga: *rendimento c. rispetto a prima.* **B** s. m. ● Quantità, misura cento volte maggiore: *ricavare, rendere, guadagnare il c.*

†**centùra** e *deriv.* ● V. *cintura* e *deriv.*

centùria [vc. dotta, lat. *centŭria(m)*, da *cĕntum* 'cento'; av. 1292] s. f. **1** Nell'antica costituzione romana repubblicana, unità base del comizio centuriato. **2** In età romana, porzione rettangolare di terreno base per la centuriazione. **3** Unità della legione romana costituita da cento soldati | Compagnia di cento soldati a cavallo. **4** Nel periodo fascista, reparto in cui era divisa la milizia volontaria per la sicurezza nazionale. **5** Complesso, serie di cento unità | (*raro, est.*) Insieme di cento persone | (*est.*) Raccolta di cento componimenti poetici | †Periodo di cento anni.

centuriàre [vc. dotta, lat. *centuriāre*, da *centŭria* 'centuria'; 1830] v. tr. (*io centùrio*; raro fuorché nel part. pass. *centuriàto*) ● Nell'antica Roma, ordinare, dividere il popolo in centurie.

centuriàto [av. 1580] part. pass. di *centuriare*; anche agg. ● Nel sign. del v. | ***Comizio c.***, nella Roma antica, assemblea popolare con funzioni legislative, in cui il popolo votava per centurie.

centuriazióne [vc. dotta, lat. tardo *centuriatiōne(m)*, da *centuriātus*, part. pass. di *centuriāre*; 1934] s. f. ● Nella Roma antica, durante la fondazione di una colonia, divisione del terreno da assegnare in proprietà.

centurionàto [vc. dotta, lat. *centurionātu(m)*, da *centŭrio*, genit. *centuriōnis* 'centurione'; sec. XIV] s. m. ● Nell'esercito romano, grado e carica di centurione.

centurióne [vc. dotta, lat. *centuriōne(m)*, da *centŭria* 'centuria'; av. 1292] s. m. **1** Nell'esercito romano, comandante di una centuria. **2** Nel periodo fascista, comandante di una centuria.

cenùro [comp. del gr. *koinós* 'comune' e *ourá* 'coda'; 1830] s. m. ● Platelminta dei Cestodi che allo stato adulto vive parassita nell'intestino del cane e allo stato larvale nell'encefalo delle pecore (*Taenia coenurus*).

cenuròsi [comp. di *cenur(o)* e *-osi*; 1956] s. f. inv. ● (*veter.*) Capostorno.

cèpola [vc. dotta, lat. tardo *cēpula(m)* 'cipolla'; 1965] s. f. ● Genere de Pesci ossei dei Perciformi con corpo allungato e nastriforme (*Cepola*) | ***C. rosseggiante***, di color rosso violaceo (*Cepola rubescens*).

céppa [V. *ceppo*; 1841] s. f. **1** Parte interrata dell'albero da cui si dipartono le radici. **2** Cavità spontaneamente formatasi sul ceppo di un albero.

ceppàia [da *ceppo*; av. 1597] s. f. **1** Parte della pianta che rimane nel terreno dopo il taglio del tronco vicino a terra. ➡ ILL. **agricoltura e giardinaggio.** **2** (*spec. al pl.*) Alberi di un bosco ceduo tagliati alla base.

ceppàre [da *ceppo*; 1865] v. intr. (*io céppo*; aus. *avere*) ● (*raro*) Mettere le radici, detto di albero.

ceppàta [av. 1712] s. f. **1** Ceppaia. **2** Insieme di pali per ormeggio infissi sul fondo di acque spec. basse. || **ceppatèlla**, dim. (V.).

ceppatèlla [1942] s. f. **1** Dim. di *ceppata*. **2** Ramo d'albero che si può trapiantare.

ceppatèllo [1555] s. m. **1** Dim. di *ceppo*. **2** (*tosc.*) Fungo porcino.

céppo [lat. *cĭppu(m)* 'cippo, colonnetta', di etim. incerta; sec. XIII] s. m. **1** Parte inferiore di una pianta legnosa da cui si diramano le radici e si alza il tronco. **2** (*fig., lett.*) Capostipite di una famiglia, origine di una stirpe | ***Nascere dal medesimo c.***, avere antiche origini comuni. **3** (*est.*) Grosso pezzo di legno da ardere | (*est., tosc.*) Ciocco che si brucia la notte di Natale | (*est., tosc.*) Il Natale: *penso di starmi in Pavia le vacanze di c., di carnevale e di Pasqua* (FOSCOLO). **4** (*fig.*) †Uomo ignorante, balordo e testardo: *figurarsi s'io voglio star qui ... a giocare ... con questo c.* (GOLDONI). **5** Massiccio blocco di legno adatto a vari usi, spec. quello su cui si decapitavano i condannati a morte: *che mettessero il c. e la mannaia in piazza* (COMPAGNI). **6** (*est.*) Pesante parte di legno di certi congegni | ***C. dell'aratro***, organo di sostegno e di guida all'estremità posteriore della bure | ***C. dell'ancora***, trave di legno o metallo, perpendicolare al piano delle marre, fissata all'estremità superiore del fuso dell'ancora ammiragliato. **7** Affusto delle antiche artiglierie. **8** (*mecc.*) Elemento del freno a espansione, in ghisa o altro metallo, rivestito da una guarnizione d'attrito che, premuto contro un organo di rotazione, ne determina l'arresto. **9** Base della croce. **10** †Cassetta per raccogliere le elemosine. **11** (*al pl.*) Blocchi di legno per immobilizzare i piedi dei prigionieri | (*fig.*) Schiavitù, asservimento | ***Spezzare i ceppi***, (*fig.*) liberarsi. **12** (*al pl.*) Attrezzi ginnici analoghi agli appoggi, ma di forma tronco-piramidale. **13** ***Ceppi bloccaruota***, V. *bloccaruota*. **14** (*biol.*) Linea di discendenza di organismi di una specie o varietà che presentano in modo costante uno o più caratteri geneticamente determinati | In microbiologia, coltura pura di microrganismi costituita da discendenti di un unico isolamento microbico. || **ceppatèllo**, dim. (V.) | **cepperèllo**, dim.

céra (**1**) [lat. *cēra(m)*, di etim. incerta; av. 1290] s. f. **1** Miscela di esteri, associati ad acidi o alcali e talvolta a idrocarburi: *c. animale, vegetale, naturale, sintetica* | ***C. di Spagna***, ceralacca | ***C. carnauba***, carnauba | ***C. d'api***, quella secreta dalle ghiandole addominali delle api, che costituisce le celle esagonali dei favi degli alveari, usata spec. per candele e sim. | ***C. vergine***, ottenuta da quella d'api per fusione e separazione delle sostanze estranee | ***C. da scarpe***, lucido, crema per calzature | ***C. da pavimenti***, prodotto detersivo per lucidare i pavimenti | ***Essere di c.***, (*fig.*) molto delicato | ***Parere di c.***, essere molto pallido. **2** (*per anton.*) Cera d'api: *una candela di c.* | (*per anton.*) Cera da pavimenti: *dare la c.*; *scivolare sulla c.*; *tirare, lucidare a c.* **3** (*est.*) Candela | ***Fabbrica di c.***, di candele | (*est.*) Oggetto o statua di cera: *museo delle cere* | ***C. anatomica***, preparato in cera, o altro materiale malleabile, di parti anatomiche a scopo di studio. **4** ***C. perduta, c. persa***, metodo di fusione dei bronzi mediante la liquefazione di un modello in cera | ***C. molle***, tecnica d'incisione analoga all'acquaforte, in cui la vernice antiacido, pastosa, viene asportata indirettamente ricalcando il disegno. **5** †Tavoletta incerata usata come materiale scrittorio. **6** †Materia, corpo, in quanto soggetti a influenza plasmatrice del cielo. || **cerétta**, dim. (V.).

céra (**2**) o **cèra**, †**cièra** [ant. fr. *chiere* 'viso', dal gr. *kára* 'testa, faccia'; av. 1250] s. f. ● Aspetto o espressione del viso | ***Avere buona, cattiva c.***, apparire in buona, cattiva salute | ***Fare buona c.***, accogliere, ricevere cordialmente | (*lett.*) ***Aver c.***, aver l'impudenza, il coraggio: *Torna mo a dirmi di no, se hai c.!* (NIEVO) | (*lett.*) ***Aver c. di***, aver l'apparenza di: *La lettera ... m'ha c. di voler essere lunghissima* (LEOPARDI). SIN. Aria, aspetto. || **ceràccia**, pegg. | **ceróna**, accr. | **cerùccia**, dim.

ceràio [da *cera* (*1*); 1956] **A** s. m. (f. -*a*) ● Fabbricante o venditore di cera. **B** agg. ● Che produce cera: *ape ceraia.*

ceraiòlo o †**ceraiuòlo** [da *cera* (*1*); 1349] s. m. (f. -*a*) **1** Chi produce o vende candele, ceri e sim. **2** Modellatore in cera. **3** Portatore di cero in processioni, feste religiose e sim.

ceralàcca [comp. di *cera* (*1*) e *lacca*; 1667] s. f. (pl. *ceralàcche*) ● Miscuglio di resine, sostanze minerali di carica e coloranti, che, in presenza del calore, si rammollisce per poi nuovamente indurirsi; si usa per sigillare pacchi e sim.

ceràmbice [gr. *kerámbyx*, genit. *kerámbykos*, formazione pop. da avvicinare a *kéras* 'corno'; 1875] s. m. ● Denominazione di alcune specie della famiglia dei Cerambicidi (*Cerambyx*) | ***C. del ciliegio***, che colpisce il ciliegio | ***C. del nocciolo***, che fora la corteccia del nocciolo scavando gallerie nel midollo: *sono investito ... dall'odore terribile del c. muschiato* (GOZZANO).

Cerambìcidi [comp. di *cerambic(e)* e *-idi*; av. 1955] s. m. pl. (sing. -*e*) ● Nella tassonomia animale, grande famiglia di Coleotteri dal corpo allungato, con grandi zampe e lunghe antenne, fitofagi allo stato larvale (*Cerambycidae*).

ceramèlla ● V. *cennamella*.

ceràmica [fr. *céramique*, dal gr. *keramikós*, da *kéramos* 'argilla, terra da vasaio', di etim. incerta; 1865] s. f. **1** Impasto con acqua di sostanze plastiche minerali, in genere argilla, usato per la fabbricazione di terrecotte, refrattari, abrasivi, faenze, gres, terraglie. **2** Arte e tecnica di manipolare, formare e cuocere tale impasto | (*est.*) Ogni oggetto o prodotto ottenuto con tale tecnica: *una c. antica*; *le ceramiche di Faenza, di Urbino, di Vietri.*

ceràmico [1881] agg. (pl. m. -*ci*) ● Di ceramica, relativo alla ceramica: *prodotti ceramici*; *arte ceramica.*

ceramista [fr. *céramiste*. V. *ceramica*; 1892] s. m. e f. (pl. m. -*i*) ● Artigiano o artista che esegue lavori in ceramica.

ceramografia [comp. del gr. *kéramos* 'argilla' (V. *ceramica*) e *-grafia*; 1962] s. f. **1** Tecnica della pittura su ceramica. **2** (*raro*) Descrizione dei lavori dell'arte ceramica.

ceramògrafo [comp. del gr. *kéramos* 'argilla' (V. *ceramica*) e di *-grafo*; 1962] s. m. (f. -*a*) ● Artista che decora con pitture oggetti di ceramica.

ceramologia [comp. del gr. *kéramos* 'argilla' (V. *ceramica*) e di *-logia*; 1962] s. f. ● Studio dell'arte e della tecnica ceramica.

ceramòlogo [comp. del gr. *kéramos* (V. *ceramica*) e di *-logo*; 1962] s. m. (f. -*a*; pl. m. -*gi*) ● Studioso, esperto di ceramologia.

ceràre [lat. *cerāre*, da *cēra* 'cera (1)'; 1853] v. tr. (*io céro*) ● (*raro*) Spalmare o impregnare di cera.

ceràṣa o **ciràṣa** [lat. *ceràsia*, nt. pl. del tardo *cerăsum* 'ciliegia' con sovrapposizione del sin. *cĕrasum*, dal gr. *kérasos*, di prob. orig. asiatica; av. 1529] s. f. ● (*centr., merid.*) Ciliegia. || **ceraṣèlla**, dim. (V.).

ceraṣèlla [1942] s. f. **1** Dim. di *cerasa*. **2** Liquore di amarena e altri aromi di frutta, specialità dell'Abruzzo.

ceraṣéto [da *ceraso* (*1*); 1955] s. m. ● Terreno coltivato a ciliegi | Piantagione di ciliegi.

ceraṣicoltùra o **cerasicultùra** [comp. di *ceras(o)* (*1*) e *-coltura*] s. f. **1** Coltivazione del ciliegio. **2** Scienza che studia le tecniche e i sistemi di coltivazione del ciliegio.

ceràso (**1**) o **ciràso** [lat. *cĕrăseu(m)* 'di ciliegio'; V. *ciliegio*; av. 1646] **A** **s. m.** ● (*centr., merid.*) Ciliegio. **B** in funzione di **agg.** ● (*centr., merid.*) Che ha il colore della ciliegia.

cèraso (**2**) [vc. dotta, lat. *cĕrăsu(m)*; V. *ciliegio*] **s. m.** ● (*bot.*) Solo nella loc. ***lauro c.***, lauroceraso.

ceraṣòlo o **ceraṣuòlo** [da *cerasa*] **A** **agg.** ● Di colore rosso ciliegia. **B** **s. m.** ● Vino di colore rosa o rosso ciliegia prodotto in Abruzzo, Calabria e Sicilia con uve locali: *C. di Vittoria*.

ceràsta [1313] **s. f.** ● (*lett.*) Ceraste.

ceràste [vc. dotta, lat. *cerāste(n)*, nom. *cerāstes*, dal gr. *kerástēs* 'armato di corna', da *kéras* 'corno'; 1313] **s. m.** ● Rettile africano e asiatico degli Ofidi, velenoso, simile a una vipera, caratterizzato da due cornetti posti sopra gli occhi (*Aspis cerastes*).

ceraṣuòlo ● V. *cerasolo*.

ceràta [da *cerato*] **s. f.** ● Giaccone o lunga casacca, talora con pantaloni, in tessuto impermeabile, usata spec. da marinai e naviganti.

ceràto [sec. XIV] **A** **part. pass.** di *cerare*; anche **agg.** *1* Nei sign. del v. *2* ***Tela cerata***, impermeabile. **B** **s. m.** *1* Tessuto apprettato con sostanze cerose, che presenta una faccia moltò lucida e liscia. *2* Preparazione medicinale a base di cera per uso esterno.

cèrato- ● V. *cherato-*.

Ceratodifórmi [comp. del gr. *kéras* 'corno' (V. *cerambice*), *odóus* 'dente' (V. *odonto-*) e *-forme*; 1987] **s. m. pl.** (**sing.** *-e*) ● Nella tassonomia animale, ordine di Pesci ossei dei Dipnoi con quattro branchie e pinne pari molto sviluppate (*Ceratodiformes*).

ceratòpside [comp. di *cerato-* e del gr. *ópsis* 'occhio, faccia'; 1991] **s. m.** ● (*paleont.*) Rettile erbivoro dell'Era secondaria delle dimensioni del bue attuale e fornito di lunghe corna.

ceratosàuro [comp. del gr. *kéras*, genit. *kératos* 'corno' e *sâuros* 'lucertola'; 1905] **s. m.** ● Rettile fossile dei Dinosauri del Giurassico, provvisto di un corno sulle ossa nasali (*Ceratosaurus*).

ceratùra [da *cerare*; 1956] **s. f.** *1* Operazione del cerare. *2* Trattamento di finitura del legno lavorato, con cera disciolta in acquaragia ed eventuali sostanze coloranti.

ceràunio [vc. dotta, lat. *cerauniu(m)*, nom. *ceraunius*, dal gr. *keráunios*, agg. di *keraunós* 'fulmine'; av. 1327] **s. m.** ● Utensile preistorico in pietra, che si riteneva prodotto dalla caduta di fulmini.

ceraunògrafo [vc. dotta, comp. del gr. *keráunios* 'fulmine' e *-grafo*; 1865] **s. m.** ● (*geofis.*) Strumento per registrare scariche elettriche atmosferiche e ricavarne informazioni sul decorso dei temporali.

ceràzia [vc. dotta, lat. *cerātia(m)*, nom. *cerātias*, dal gr. *keratías* 'cornuto', da *kéras*, genit. *kératos* 'corno'; 1476] **s. m.** (**pl.** *-i*) ● Genere di Pesci ossei dei Lofiformi i cui maschi sono di dimensioni ridotte e vivono come parassiti delle femmine, che sono almeno dieci volte più grandi (*Caratias*).

ceràzio [vc. dotta, lat. *cerātiu(m)*, dal gr. *kerátion* 'cornetto', dim. di *kéras*, genit. *kératos* 'corno'; 1865] **s. m.** ● Genere di protozoi dei Dinoflagellati con guscio e prolungamenti a forma di corna (*Ceratium*).

cèrbero [vc. dotta, lat. *Cĕrberu(m)*, dal gr. *Kérberos*, n. di un mostro canino con tre teste, custode dell'ingresso dell'Ade; 1313] **s. m.** ● Custode, guardiano arcigno | Persona intrattabile e sgarbata.

cerbiàtta [av. 1530] **s. f.** *1* Femmina del cerbiatto. *2* (*fig.*) Giovane donna dal corpo agile e dalle gambe snelle o dagli occhi grandi, espressivi.

cerbiàtto o †**cerviàtto** [dal lat. tardo *cĕrvia* (f. di *cĕrvus* 'cervo'), con il suff. *-atto*, proprio dei piccoli animali; 1353] **s. m.** (**f.** *-a*) ● Giovane cervo. ‖ **cerbiattèllo**, **dim.** | **cerbiattino**, **dim.** | **cerbiattolino**, **dim.**

†**cèrbio** ● V. *cervo*.

cerbottàna [sp. *cerbotana*, dall'ar. *zarbaṭāna*; av. 1484] **s. f.** *1* Arma primitiva composta di un lungo tubo di bambù, legno o metallo, mediante il quale, soffiando, si possono lanciare piccole frecce | Giocattolo simile a tale arma primitiva per lanciare coni di carta. *2* Schioppo dalla lunga canna, usato nel XV sec. *3* †Cannuccia usata per parlare sottovoce con qlcu. o per comunicare a distanza | ***Parlare per c.***, in segreto o indirettamente. ‖ **cerbottanòtta**, **dim.**

cerbottanière **s. m.** ● Nel XV sec., soldato armato di cerbottana.

cérca [1321] **s. f.** *1* Attività diretta a trovare qlcu. o qlco.: *andare, mettersi, essere in c. di qlcu.* | †Perlustrazione. *2* Questua dei frati degli ordini mendicanti | ***Fare la c.***, ***andare alla c.***, questuare. *3* Azione del cane da caccia diretta a scovare la selvaggina. *4* †Giro sul carro che veniva fatto fare per la città ai condannati a morte.

cercàbile [sec. XIV] **agg.** ● Che si può cercare.

†**cercadóre** ● V. *cercatore*.

cercafàṣe [comp. di *cerca(re)* e *fase*; 1987] **s. m. inv.** ● (*elettr.*) Specie di cacciavite, fornito di un apposito congegno luminoso, che serve a individuare le fasi di un sistema elettrico polifase.

cercafùghe [comp. di *cerca(re)* e il pl. di *fuga*; 1987] **s. m. inv.** ● Apparecchio usato per rivelare eventuali fughe di gas.

†**cercaménto** [av. 1292] **s. m.** ● Il cercare | Ricerca.

cercametàlli [comp. di *cerca(re)* e il pl. di *metallo*; 1982] **s. m. inv.** ● Metaldetector.

cercamìne [comp. di *cerca(re)* e il pl. di *mina*; 1956] **s. m. inv.** ● Apparecchio a ricezione di onde cortissime usato per localizzare mine nascoste.

cercànte **part. pres.** di *cercare*; anche **agg.** *1* (*raro*) Nei sign. del v. *2* Questuante: *frate c.*

cercapersóne [comp. di *cerca(re)* e il pl. di *persona*; 1970] **A** **s. m. inv.** ● Dispositivo radio-telefonico collegato con un centralino telefonico, che consente di chiamare persone, all'interno di un edificio o in un'area urbana. **SIN.** Beeper. **B** anche **agg. inv.**: *dispositivo c.*; *impianti c.*

cercapòli [comp. di *cerca(re)* e il pl. di *polo* (elettrico); 1962] **s. m. inv.** ● Dispositivo per individuare il polo positivo e il polo negativo di due terminali in un sistema elettrico.

◆**cercàre** [lat. tardo *circāre* 'fare il giro di, andare intorno a', da *cĭrca* 'intorno'; av. 1250] **A** **v. tr.** (*io cérco, tu cérchi*; **part. pass.** *cercàto*, †*cérco*) *1* Impegnarsi, adoperarsi per trovare qlcu. o qlco.: *c. casa, lavoro*; *c. moglie, marito*; *c. un ristorante, un albergo*; *c. qlcu., qlco. con gli occhi*; *c. qlco. nelle tasche* | ***Ti cercano***, (*fam.*) ***cercano di te***, chiedono di te (al telefono, alla porta o sim.) | ***C. qlcu. per mare e per terra***, (*fig.*) dovunque | ***C. il pelo nell'uovo***, (*fig.*) essere pignolo. *2* Desiderare, sforzarsi di ottenere: *c. la gloria, la ricchezza* | ***C., cercarsi rogne***, procurarsi guai | (*fam.*) ***Cercarsela, cercarsele***, agire in modo da procurarsi guai, danni e sim.: *se l'è proprio cercata!*; *se l'è andata a cercare!* *3* (*raro, lett.*) Percorrere attentamente, perlustrare, frugare, perquisire: *c. il mondo, un paese*; *tutto dovunque va cerca col fiuto* (MARINO). **B** **v. intr.** (aus. *avere*) (+ *di* seguito da inf.; lett. + *che* seguito da congv.) ● Tentare, sforzarsi: *c. di fuggire, di farsi capire, di fare presto*; *cerca che nell'animo tuo stia niuna malinconia* (ALBERTI). ‖ **PROV.** Chi cerca trova.

cercària [vc. dotta, comp. del gr. *kérkos* 'corda' col suff. *-aria*; 1865] **s. f.** ● (*zool.*) Larva parassita di un gruppo di Trematodi, caratterizzata dalla forma a girino.

cercàta [av. 1484] **s. f.** ● Ricerca veloce e poco accurata. ‖ **cercatina**, **dim.**

cercatóre o †**cercadóre** [1336 ca.] **A** **agg.** ● Che cerca. **B** **s. m.** *1* (**f.** *-trice*, pop. disus. *-tora*) Chi va alla ricerca di qlco.: *c. d'oro, di antichità*. *2* Frate che fa la cerca. **SIN.** Questuante. *3* Piccolo cannocchiale a grande campo per la ricerca nel cielo degli oggetti da puntare con i grandi telescopi, ai quali è generalmente connesso.

†**cercatùra** [sec. XIV] **s. f.** ● Ricerca.

cèrchia [da *cerchio*; 1313] **s. f.** *1* Struttura di forma circolare, naturale o artificiale, spec. di notevoli dimensioni: *una c. di montagne, di colline*; *una c. di mura merlate* | (*geogr.*) ***C. morenica***, rilievo a forma di ferro di cavallo, deposto alla fronte di un ghiacciaio vallivo. *2* (*fig.*) Insieme di persone con le quali si stabiliscono relazioni sociali, culturali e sim.: *una ristretta c. di amici*; *la c. dei sostenitori, dei simpatizzanti*; *allargare la c. delle proprie conoscenze* | ***La c. familiare***, la famiglia. **SIN.** Ambito.

cerchiàggio [deriv. di *cerchiare*; 1956] **s. m.** *1* (*chir.*) Impiego di dispositivi circolari per cingere una struttura indebolita o un orifizio troppo largo: *c. dell'utero*. *2* (*chir.*) In ortopedia, applicazione a scopo contenitivo di fili o lamine metalliche per il fissaggio di frammenti di osso fratturato.

cerchiàia [av. 1930] **s. f.** ● Rete pendente da un cerchio, per pescare spec. nei fiumi.

cerchiàio [av. 1484] **s. m.** (**f.** *-a*) ● Chi fabbrica cerchi per botti.

cerchiaménto [av. 1698] **s. m.** ● (*raro*) Cerchiatura.

cerchiàre [lat. tardo *circulāre* 'disporre a cerchio', poi 'circondare, accerchiare', da *cīrculus* 'cerchio', dim. di *cīrcus* 'cerchio'; av. 1292] **A** **v. tr.** (*io cérchio*) *1* Stringere, serrare con uno o più cerchi: *c. una botte*. *2* Cingere, circondare: *c. la città di fortificazioni*. *3* †Percorrere in giro: *Chi è costui che 'l nostro monte cerchia …?* (DANTE *Purg.* XIV, 1). **B** **v. intr.** ● †Compiere una rotazione, girare: *la notte, che opposita a lui cerchia* (DANTE *Purg.* II, 4).

cerchiàta [av. 1783] **s. f.** ● Traliccio a forma di arco per sostenere piante nei giardini o terrazzi.

cerchiàto [1313] **part. pass.** di *cerchiare*; anche **agg.** *1* Nei sign. del v. *2* ***Occhi cerchiati***, con occhiaie | (*arald.*) Detto della botte che ha i cerchi di smalto diverso dalle doghe, e anche dell'aquila diademata.

cerchiatóre [1789] **s. m.** (**f.** *-trice*) ● Chi cerchia tini, botti, barili e sim.

cerchiatùra [sec. XVIII] **s. f.** *1* Il cerchiare | Applicazione di anelli metallici a corpi cilindrici o tronco-conici per aumentarne la resistenza. *2* Insieme dei cerchi di una botte. *3* (*veter.*) Difetto di accrescimento dell'unghia per cui lo zoccolo degli equini presenta dei rilievi circolari.

cerchièllo [sec. XIV] **s. m.** *1* Dim. di *cerchio*. *2* (*raro*) Orecchino ad anello | Anellino. *3* †Calibro per palle da cannone. ‖ **cerchiellino**, **dim.**

cerchiettàre [1879] **v. tr.** (*io cerchiétto*) ● Stringere, serrare con uno o più cerchietti.

cerchiettino **s. m.** *1* Dim. di *cerchietto*. *2* Cerchiello nel sign. 2.

cerchiétto [1313] **s. m.** *1* Dim. di *cerchio*. *2* Braccialetto, anello | ***C. d'oro***, fede nuziale | ***C. per capelli***, semicerchio di vario materiale, usato per tenere fermi i capelli. *3* Rete da pesca a sacco, usata in Lombardia, con cerchio di m 1,50 di diametro e maglie di mm 12. *4* Filo metallico semplice o multiplo racchiuso nel tallone dello pneumatico come rinforzo. *5* (*spec. al pl.*) Gioco infantile in cui si lancia e si riprende al volo, con due bacchette, un piccolo cerchio. ‖ **cerchiettino**, **dim.** (V.).

◆**cérchio** [lat. *cīrculu(m)*. V. *cerchiare*; sec. XIII] **s. m.** (**pl.** *cérchi* **m.**, †*cérchia* **f.**) *1* (*mat.*) Superficie piana racchiusa da una circonferenza. **CFR.** ciclo-, -ciclo | Circonferenza | ***C. massimo***, per una sfera, circonferenza avente lo stesso centro della sfera | ***C. osculatore***, circonferenza che oscula una curva data | ***Quadratura del c.***, uno dei problemi classici della geometria greca, insolubile con gli strumenti richiesti, cioè riga e compasso; (*fig.*) questione impossibile a risolversi. ➡ **ILL.** **geometria**. *2* Attrezzo, struttura, figura e sim. a forma di cerchio: *giocare col c.*; *compiere esercizi ginnici col c.* | ***C. della morte***, acrobazia spettacolare di motociclisti che percorrono una pista circolare elevata verticalmente; in aeronautica, gran volta | (*sport, est.*) Specialità della ginnastica ritmica sportiva. *3* (*est.*) Ciò che ha forma circolare, e cinge, circonda, attornia qlco.: *c. della botte* | ***C. d'oro***, orecchino, anello, diadema | ***Dare un colpo al c. e uno alla botte***, serrare fra loro le doghe (con riferimento al lavoro dei bottai); (*fig.*) destreggiarsi fra due posizioni in contrasto tra loro. *4* Cerchione, nel sign. 2. ➡ **ILL.** p. 2161, 2162 TRASPORTI. *5* (*est.*) Gruppo di cose o persone disposte in circolo: *valle chiusa da un c. di montagne*; *un c. di curiosi* | ***In c.***, in tondo | ***Fare, mettersi in c.***, formare un circolo | ***Fare c. attorno a qlcu.***, circondarlo. *6* (*poet.*) †Sfera celeste: *s'i trascorro il ciel di c. in c., / nessun pianeta a pianger mi condanna* (PETRARCA) | ***C. zodiacale***, zodiaco. *7* (*fig., lett.*) Periodo di tempo: *Nove anni, chiuso c.* (UNGARETTI). ‖ **cerchièllo**, **dim.** (V.) | **cerchiétto**, **dim.** (V.) | **cerchiolino**, **dim.** | **cerchióne**, **accr.** (V.).

cerchiobottiṣmo [comp. col suff. *-ismo* di *cerchio* e *botte*, s. tratto dalla loc. *dare un colpo al cerchio e uno alla botte*; 1996] **s. m.** ● Nel linguaggio giornalistico, atteggiamento di chi rivolge contemporaneamente apprezzamenti e critiche sia a una parte che a un'altra in contrasto con la prima.

cerchiobottista [1996] **A** **s. m. e f.** (**pl. m.** *-i*) ● Chi dà prova di cerchiobottismo. **B** anche **agg.**:

commentatore c.

cerchióne [1692] s. m. *1* Accr. di *cerchio*. *2* Cerchio metallico su cui si adatta lo pneumatico in biciclette, autoveicoli e motocicli. ➡ ILL. p. 2113 AGRICOLTURA; p. 2165 TRASPORTI. *3* (*ferr.*) Cerchio d'acciaio con bordino di guida montato sulla corona della ruota dei vagoni, delle carrozze e delle motrici.

cercinàre [1956] v. tr. (*io cércino*) ● (*bot.*) Sottoporre a cercinatura: *c. un ramo.*

†cercinàta [av. 1646] s. f. ● Lavoro fatto a cercine.

cercinatùra [da *cercine*, nel sign. 3; 1962] s. f. ● (*bot.*) Anellazione.

cércine (o -è-) o **†cércino** [lat. *cĭrcinu(m)*, nom. *cĭrcinus* 'compasso', dal gr. *kírkinos*, da *kírkos* 'anello'; av. 1400] s. m. *1* Involto di panno in forma di cerchio, usato da chi porta pesi sul capo | (*est.*) Acconciatura femminile, coi capelli avvolti a cercine. *2* (*arald.*) Rotolo di nastri dei colori dello scudo, attorcigliati in cerchio sull'elmo. *3* (*bot.*) Neoformazione di tessuti disposti ad anello a ricoprire lesioni sul fusto e sui rami | Rigonfiamento per cattiva circolazione della linfa nelle piante.

†cérco (*1*) [lat. *cĭrcu(m)* 'cerchio'. V. *cerchiare*; av. 1374] s. m. ● Cerchio.

cèrco (*2*) [vc. lat., dal gr. *kérkos* 'coda', di orig. sconosciuta; 1913] s. m. (pl. *-ci*) ● (*zool.*; *spec. al pl.*) Appendice presente talvolta nell'ultimo segmento addominale degli insetti.

†cérco (*3*) [sec. XIII] part. pass. di *cercare* ● Cercato: *Io me la ho cerca, la mi è tocca* (MACHIAVELLI).

cèrco-, -cèrco [dal gr. *kérkos* 'coda' (V. *cerco* (*2*))] primo o secondo elemento ● In parole composte della terminologia scientifica significa 'coda': *cercopiteco, cisticerco, eterocerco.*

†cercóne [etim. incerta; 1304 ca.] **A** s. m. ● Vino guasto. **B** anche agg.: *vino c.*

Cercòpidi [dal gr. *kerkṓpē*, n. di una cicala, di etim. incerta: prob. da avvicinare a *kérkos* 'coda'] s. m. pl. (sing. *-e*) ● Nella tassonomia animale, famiglia di Insetti degli Omotteri con ali anteriori coriacee, più grandi dell'addome, cui appartiene la sputacchina (*Cercopidae*).

Cercopitècidi [vc. dotta, comp. di *cercopitec(o)* e *-idi*; 1956] s. m. pl. (sing. *-e*) ● Nella tassonomia animale, famiglia di scimmie delle Catarrine comprendente molti generi, fra cui il macaco e il cercopiteco (*Cercopithecidae*).

cercopitèco [vc. dotta, lat. *cercopithēcu(m)*, nom. *cercopithēcus*, dal gr. *kerkopíthēkos*, comp. di *kérkos* 'coda' e *píthēkos* 'scimmia'; av. 1367] s. m. (pl. *-chi* o *-ci*) ● Genere di scimmie erbivore dei Cercopitecidi, grandi quanto un gatto, abili saltatrici, viventi sugli alberi dell'Africa tropicale ed equatoriale (*Cercopithecus*). ➡ ILL. **animali**/14.

cercòspora [comp. di *cerco-* e *spora*; 1931] s. f. ● Genere di Funghi dei Deuteromiceti, con circa 400 specie, prevalentemente parassite, molte delle quali sono dannose a varie colture (*Cercospora*).

cereàle [vc. dotta, lat. *cereāle(m)*, da *Cĕres*, dea della terra e dell'agricoltura; av. 1597] **A** s. m. ● (*spec. al pl.*) Denominazione delle varie piante erbacee delle Graminacee (come il grano, il riso, il granturco, l'orzo e sim.) e del grano saraceno (appartenente alle Poligonacee), che forniscono frutti e semi usati, spec. sotto forma di farina, nella alimentazione umana e animale | (*est.*) I frutti e i semi prodotti da tali piante: *produzione, commercio, macinatura di cereali.* **B** anche agg.: *piante cereali.*

cerealìcolo [comp. del pl. di *cereale* e di *-colo*; 1904] agg. ● Che si riferisce ai cereali e alla loro coltivazione.

cerealicoltóre o **cerealicultóre** [comp. del pl. di *cereale* e di *-coltore*; 1951] s. m. (f. *-trice*) ● Agricoltore specializzato nella coltivazione dei cereali.

cerealicoltùra o **cerealicultùra** [comp. del pl. di *cereale* e di *coltura*; 1870] s. f. ● Coltivazione dei cereali.

cerealicultóre ● V. *cerealicoltore.*

cerealicultùra ● V. *cerealicoltura.*

cerebellàre [da *cerebello*; 1892] agg. ● (*anat.*) Del cervelletto.

cerebellite [fr. *cérébellite*. V. *cerebello*; 1875] s. f. ● (*med.*) Infiammazione del cervelletto.

cerebèllo [vc. dotta, lat. *cerebĕllu(m)*, dim. di *cerĕbrum* 'cervello'; av. 1639] s. m. ● (*anat.*) Cervelletto.

cerebràle [da †*cerebro*; av. 1730] agg. *1* (*anat.*) Del cervello: *sostanza c.*; *emorragia c.*; *arteria c.* *2* (*fig.*) Di artista o opera in cui la razionalità prevale sul sentimento e sulla spontaneità: *poesia, scultore c.* ‖ **cerebralménte**, avv.

cerebralìṣmo [da *cerebrale*; 1903] s. m. ● Dominio, controllo eccessivo della ragione sul sentimento: *un romanzo, un autore che pecca di c.*

cerebralità [da *cerebrale*, sul modello del fr. *cérébralité*; 1900] s. f. ● Caratteristica di cerebrale | (*est., lett.*) Eccesso di intellettualismo: *disumana e ... inguaribile 'c.'* (PIRANDELLO).

cerebrazióne [da †*cerebro*; 1905] s. f. ● (*med.*) Attività cerebrale.

cerebrifórme [fr. *cérébriforme*. V. *cerebro-* e *-forme*; av. 1730] agg. ● Che ha forma o aspetto simile a quello del cervello.

cerebrite [da †*cerebro*, con il suff. *-ite* (*1*)] s. f. ● (*med.*) Infiammazione del cervello.

cèrebro o (*lett.*) **cerèbro**, **†cèlabro** [vc. dotta, lat. *cerĕbru(m)*, da una radice *keras* 'testa'; av. 1306] s. m. *1* (*lett.*) Cervello | (*lett.*) Ingegno. *2* (*zool.*, *raro*) Cervello, negli invertebrati.

cèrebro- [dal lat. *cerĕbru(m)* 'cervello'] primo elemento ● In parole composte della terminologia medica significa 'del cervello': *cerebropatia, cerebrospinale.*

cerebroléṣo [comp. di *cerebro* e *leso*; 1983] agg.; anche s. m. (f. *-a*) ● (*med.*) Che (o Chi) ha subito una lesione cerebrale da cui deriva gener. un'alterazione delle funzioni mentali e fisiche.

cerebropatia [comp. di *cerebro-* e *-patia*; 1899] s. f. ● Qualsiasi malattia cerebrale: *c. neoplastica.*

cerebropàtico [da *cerebropatia*; 1962] agg.; anche s. m. (f. *-a*; pl. m. *-ci*) ● Che (o Chi) è affetto da cerebropatia.

cerebroplegia [comp. di *cerebro-* e *-plegia*; 1962] s. f. ● (*med.*) Apoplessia cerebrale.

cerebrospinàle [fr. *cérébro-spinal*. V. *cerebro-* e *spinale*; 1875] agg. ● (*anat.*) Relativo al cervello e al midollo spinale: *meningite c.*

†ceremònia e *deriv.* ● V. *cerimonia* e *deriv.*

cèreo (*1*) [vc. dotta, lat. *cēreu(m)*, da *cēra* 'cera (1)'; 1499] **A** agg. *1* Di cera. *2* Che è pallido come la cera: *viso c.*; *mani, guance ceree.* *3* (*fig., lett.*) Plasmabile. **B** s. m. ● V. *cero.*

cèreo (*2*) [dal precedente, perché ha la forma di un *cero*] s. m. ● Genere delle Cactacee comprendente piante perenni, succulente, con fusti carnosi costolati e guarniti di aculei, e fiori notturni (*Cereus*).

cereria [da *cera* (*1*); 1754] s. f. ● Luogo dove si fabbricano e si vendono candele, cera lavorata e sim.

cereṣina [da *cera* (*1*)] s. f. ● Sostanza bianca o gialla, di aspetto ceroso e composizione simile a quella della paraffina, usata in varie preparazioni industriali.

cerétta [1830] s. f. *1* Dim. di *cera* (*1*). *2* Preparato adesivo per depilazione. *3* (*disus.*) Pomata per ungere o tingere capelli.

cerfìco [sta per (*a*)*cer*(*o*)*fico*, perché stilla un latice dolce, simile a quello del fico; 1965] s. m. (pl. *-chi*) ● Albero delle Aceracee con foglie ampie simili a quelle del platano ma più sottili, fiori giallo-verdastri in corimbi e frutto alato (*Acer platanoides*). SIN. Acero riccio.

cerfòglio o **†cerfùglio** [lat. *caerefŏliu(m)*, dal gr. *chairéphyllon*, da *phýllon* 'foglia', il sign. della prima parte della parola è incerto; 1340 ca.] s. m. ● Pianta erbacea aromatica delle Ombrellifere con fusto striato, ramoso, e fiori bianchi in ombrelle sessili (*Anthriscus cerefolium*). ➡ ILL. **piante**/7. ‖ **cerfoglióne**, accr.

cèrico [da *cerio*; 1887] agg. (pl. m. *-ci*) ● (*chim.*) Detto di composto del cerio tetravalente.

cerìfero [comp. di *cera* (*1*) e *-fero*; 1951] agg. ● Che produce cera.

cèrilo [dal gr. *kērýlos*; 1889] s. m. ● (*poet.*) Fiabesco uccello marino identificabile forse con l'alcione.

♦**cerimònia** o **†ceremònia**, **†cirimònia** [vc. dotta, lat. *caerimōnia(m)*, forse di orig. etrusca; 1342] s. f. *1* (*relig.*) Celebrazione rituale o solenne dei culti religiosi | Festa solenne di carattere sacro: *c. di iniziazione.* *2* Complesso di atti che si compiono per celebrare avvenimenti, ricorrenze e sim.: *la c. del giuramento, dell'inaugurazione* | ***Abito da c.***, abbigliamento che si indossa durante cerimonie | ***Maestro di c.***, cerimoniere. *3* (*al pl.*) Esagerato formalismo nei rapporti tra persone; convenevoli, complimenti: *lasciar da parte le cerimonie* | ***Senza cerimonie***, con semplicità | ***Senza tante cerimonie***, in modo brusco. ‖ **cerimoniàccia**, pegg.

cerimoniàle o **†ceremoniàle**, **†cirimoniàle** [vc. dotta, lat. tardo *caerimoniāle(m)*, da *caerimōnia* 'cerimonia'; 1499] **A** s. m. *1* Complesso e successione degli atti e delle regole prescritti per una particolare cerimonia: *c. di corte.* SIN. Rituale. *2* Libro che contiene tali regole. **B** agg. ● (*lett.*) Di cerimonia. ‖ **cerimonialménte**, avv. (*raro*) Secondo il cerimoniale.

cerimonialìṣmo s. m. ● Importanza attribuita alle cerimonie come mezzi di liberazione e salvezza in alcune religioni, spec. primitive.

cerimoniàre [da *cerimonia*; 1524] v. intr. (*io cerimònio*; aus. *avere*) ● (*raro*) Fare cerimonie, complimenti.

cerimonière o **†ceremonière** [1585] s. m. ● Chi ha la funzione di regolare le cerimonie ufficiali, sia religiose che civili.

cerimoniosità [1865] s. f. ● Caratteristica di chi (o di ciò che) è cerimonioso.

cerimonióṣo o **†cirimonióṣo** [vc. dotta, lat. tardo *caerimoniōsu(m)*, da *caerimōnia* 'cerimonia'; 1483] agg. ● Di persona troppo formalista e complimentosa: *non essere così c.!* | Di atto, comportamento o scritto manierato e affettato: *lettera cerimoniosa.* ‖ **cerimonioṣaménte**, avv.

cerinàio [av. 1936] s. m. (f. *-a*) *1* Operaio addetto alla fabbricazione dei cerini. *2* (*raro*) Un tempo, venditore ambulante di cerini.

cerino [1803] **A** s. m. *1* Dim. di *cero*. *2* Fiammifero con lo stelo intriso di cera | ***Passare il c. acceso***, (*fig.*) passare incarichi gravosi, responsabilità e compiti difficili ad altri, fare a scaricabarile. *3* Stoppino incerato per accendere candele, spec. in chiesa. *4* Un tempo, moccolino avvolto a gomitolo, da accendersi salendo le scale al buio. **B** agg. ● †Cereo.

cèrio [dal n. del planetoide *Cerere*; 1865] s. m. ● Elemento chimico, metallo, tenero, duttile, malleabile, grigio, appartenente al gruppo delle terre rare e il più abbondante tra queste, ottenuto per elettrolisi del cloruro, impiegato per leghe con altri metalli. SIMB. Ce.

cèrna (*1*) ● V. *cernia.*

†cèrna (*2*) [da *cernere*; 1321] s. f. *1* (*lett.*) Divisione | Cernita. *2* Corpo di fanteria reclutato nelle province o nel contado | (*est.*) Milizia. *3* Soldato inesperto e novellino.

cernécchio [lat. tardo *cernĭculu(m)* 'crivello, scriminatura', da *cĕrnere* 'scegliere, separare'; av. 1665] s. m. ● (*tosc.*) Ciocca di capelli arruffati o posticci: *cernecchi rossicci gli escivano di sotto il cappello* (D'ANNUNZIO).

cèrnere [vc. dotta, lat. *cĕrnere* 'vagliare, separare, setacciare', da una radice indeur. che significa 'vagliare'; sec. XIII] v. tr. (pres. *io cèrno*; pass. rem. *io cernéi* o *cernètti* (o *-étti*), *tu cernésti*; part. pass. raro *cernito* raro nei tempi composti) *1* (*lett.*) Scegliere, separare, vagliare: *c. i buoni dai cattivi.* *2* †Setacciare. *3* †Discernere, vedere | (*fig.*) Considerare, comprendere: *ma questo è quel ch'a cerner mi par forte, / perché predestinata fosti* (DANTE *Par.* XXI, 76-77).

cèrnia o **cèrna** (*1*) [lat. tardo *acĕrnia(m)*, per il classico *achărna(m)*, dal gr. *achárnas*, di etim. incerta; 1797] s. f. ● Nome di varie specie di Pesci dei Perciformi dalle carni pregiate, con mandibola prominente e lunga pinna dorsale sorretta da aculei (*Epinephelus*, *Polyprion*). ➡ ILL. **animali**/6.

cernièra [fr. *charnière*, dal lat. parl. **cardināria(m)*, da *cărdo*, genit. *cărdinis* 'cardine'; 1708] s. f. *1* Congegno che tiene uniti due elementi, di cui almeno uno è mobile, attorno a un asse | Sistema di snodo in vari oggetti. *2* Specie di serratura a incastro per porte, finestre, scatole, borse, portamonete | ***C. lampo***, dispositivo di chiusura per vestiti, borse e sim., consistente in una doppia fila di dentini in metallo o plastica che si incastrano azionando un cursore. *3* (*zool.*) Giunzione delle due valve della conchiglia dei Molluschi bivalvi. *4* (*geol.*) In una piega sinclinale o anticlinale, la zona di maggior curvatura. *5* (*mil.*) Punto del fronte ove si articolano due elementi di un sistema strategico. **6** (*fig.*) Elemento o punto di collegamento, di raccordo: *la musica di G. Mahler fa da c. tra Ottocento e Novecento.* **7** Gioco enigmistico consistente nel togliere la parte iniziale a una prima parola, l'uguale parte finale a una seconda e nel fondere le parti residue formando una terza parola (*roMANI, NEro = MANINE*). CFR. Lucchetto. ‖ **cernierina**, dim.

cernière [fr. *charnier*, dal lat. *carnāriu(m)* 'uncino da appendervi la carne', poi 'dispensa', da *căro*, genit. *cărnis* 'carne'; 1937] s. m. ● (*mar.*; *raro*) Serbatoio metallico con rubinetto per l'acqua potabile.

†**cernire** [sec. XIII] v. tr. ● Cernere.

cèrnita [vc. dotta, lat. tardo *cĕrnitu(m)*, part. pass. di *cĕrnere*. V. *cernere*; 1663] s. f. **1** Scelta, selezione effettuata in base a criteri stabiliti: *c. della frutta*; *c. degli scritti su un argomento*; *c. manuale* | *C. magnetica*, dei minerali magnetici, a mezzo di calamite | (*min.*) *C. di cantiere*, effettuata sul minerale appena abbattuto. **2** Gioco enigmistico consistente nell'eliminare a gruppi di due tutte le lettere uguali di una parola o di una frase e nel ricavare un'altra parola anagrammando le lettere restanti (ad es. in *MARMELLATA* si eliminano le due *M*, le due *A*, le due *L* e restano *R.E.T.A.* = *ARTE*).

cernitóre [av. 1347] s. m. **1** (f. *-trice*) Chi è addetto a operazioni di cernita | Chi abburatta la farina. **2** Apparecchio per separare materiali diversi quali semi, frutta, verdura e sim.

cernitùra [av. 1566] s. f. ● Cernita.

cernozëm /*russo* tʃjirna'zjɔm/ [russo 'terra nera', comp. di *cërnyj* 'nero' e *zemlja* 'terra'; 1931] s. m. inv. (pl. russo *cernozëmy*) ● Tipo di suolo nero e grasso comune nella Russia centromeridionale. SIN. Terra nera.

céro o (*poet.*) †**cèreo** (**1**) [da *cera* (*1*); sec. XIII] s. m. **1** Grossa candela di cera | Candela votiva | *C. pasquale*, benedetto il Sabato Santo e collocato accanto all'altare, si accende nelle funzioni fino all'Ascensione; anche il candelabro, spesso decorato, destinato a sostenerlo | *Dritto come un c.*, lungo e rigido nei movimenti | *Accendere un c. alla Madonna*, (*fig.*, *fam.*) rallegrarsi e ringraziare il cielo per essere uscito indenne da un pericolo, aver evitato un rischio, e sim. **2** Grande e pesante costruzione spec. in legno vagamente simile a una candela o a un candeliere, portata a spalla in processioni religiose. ‖ †**ceròtto**, dim.

-cero [dal gr. *kéras* 'corno'] secondo elemento ● In parole composte della terminologia zoologica indica 'corna' e più comunemente le 'antenne' degli insetti: *ropalocero*.

ceroferàrio [vc. dotta, lat. tardo *ceroferāriu(m)*, comp. di *cēra* 'cera (1)' e *fĕrre* 'portare'; 1622] s. m. ● Chi porta il cero nelle funzioni.

cerografìa [comp. di *cer(a)* e *-grafia*; 1962] s. f. ● Procedimento di incisione in cui il disegno viene tracciato su una lastra spalmata di cera poi immersa in un acido che incide solo il solco lasciato dal bulino.

ceròma [vc. dotta, lat. *cerōma*, dal gr. *kḗrōma*, da *keróō* 'io copro di cera'; av. 1798] s. m. (pl. *-i*) ● Unguento di cera e olio di cui si spalmavano gli antichi atleti.

ceróne [da *cera* (*1*); 1925] s. m. ● Pasta colorata usata nel trucco teatrale o cinematografico.

ceroplàsta [vc. dotta, lat. tardo *ceroplāsta(m)*, nom. *ceroplāstēs*, dal gr. *kēroplástēs*, comp. di *kērós* 'cera (1)' e *plássō* 'io plasmo'; av. 1612] s. m. e f. (pl. m. *-i*) ● Artista che modella la cera.

ceroplàstica [fr. *céroplastique*, dal gr. *kēroplastikḗ* (sottinteso *téchnē* 'arte'). V. *ceroplasta*; av. 1798] s. f. ● Arte del modellare la cera.

ceróso (**1**) [vc. dotta, lat. *cerōsu(m)*, da *cēra* 'cera (1)'; av. 1584] agg. ● Che contiene cera | Di aspetto simile alla cera.

ceróso (**2**) [fr. *céreux* 'del cerio' (V.); 1865] agg. ● (*chim.*) Detto di composto del cerio trivalente.

ceròtico [da *cera* (*1*); 1956] agg. (pl. m. *-ci*) ● Detto di composto estratto dalla cera | *Acido c.*, acido organico, saturo, monobasico, cristallino, presente, spesso sotto forma di estere, in molte cere.

cerottìno [da *cerott(o)* col suff. dim. *-ino*] s. m. **1** Dim. di *cerotto*. **2** *C. nasale*, supporto adesivo al quale sono fissate due alette di plastica rigida; posizionato al centro del naso, migliora la respirazione agendo meccanicamente sui tessuti nasali.

ceròtto [lat. *cerōtu(m)*, dal gr. *kērōtón* 'unguento di cera'; sec. XIV] s. m. **1** Medicamento a base di resine o corpi grassi a notevole potere adesivo, con incorporate sostanze medicinali, che spalmato su tela viene applicato sulla cute | *C. adesivo*, nastro di tela, seta e sim. ricoperto da un lato da uno strato di sostanza adesiva, impiegato nelle medicazioni, per fissare le bende o le garze | *C. transdermico*, V. *transdermico*. **2** (*fig.*) Persona malaticcia o molesta. **3** †Impiastro, unguento. ‖ **cerottàccio**, pegg. | **cerottìno**, dim. (V.) | **cerottóne**, accr.

†**ceròttolo** s. m. ● Cerotto.

cerpellìno ● V. *scerpellino*.

cerpellóne ● V. *scerpellone*.

†**cèrqua** [lat. parl. **cĕrqua(m)*, metatesi di *quĕrcus* 'quercia'] s. f. ● Quercia.

cerréta [da *cerro* (*2*); 1701] s. f. ● Cerreto.

cerretàno [dal paese di *Cerreto* (Umbria), da dove provenivano i primi ciarlatani; av. 1459] s. m. (f. *-a*) **1** (*lett.*) Venditore ambulante, medico girovago: *un certo c. … / promise al padre suo renderlo sano* (MACHIAVELLI). **2** (*lett.*) Ciarlatano, impostore.

cerréto [da *cerro* (*2*); 1336 ca.] s. m. ● Bosco di cerri.

†**cérro** (**1**) [lat. *cĭrru(m)* 'ciocca di capelli'. V. *cirro*; av. 1581] s. m. ● Ciocca di capelli | Frangia. ‖ †**cerrolìno**, dim. | †**cerróne**, accr.

cérro (**2**) [lat. *cerru(m)*, di orig. preindeur.; 1319] s. m. **1** Albero delle Cupulifere con foglie oblunghe, lobate e cupola a squame libere e lineari (*Quercus cerris*). **2** Il legno di tale albero. ‖ **cerràcchio**, accr. | **cerracchióne**, accr. | **cerracchiuòlo**, dim. | **cerrétto**, dim.

certaldése [1353] **A** agg. ● Di Certaldo, comune in provincia di Firenze. **B** s. m. e f. ● Abitante di Certaldo | *Il Certaldese*, (*per anton.*) il Boccaccio.

certàme o †**certàmine** [vc. dotta, lat. *certāme(n)*, da *certāre* 'combattere'. V. *certare*; 1441] s. m. **1** (*lett.*) Combattimento, contesa, duello: *eccovi i patti del c. e Giove / testimonio ne sia* (MONTI) | *Singolar c.*, duello. **2** (*lett.*) Gara letteraria e poetica | *C. coronario*, bandito nel XV sec. da L. B. Alberti per una composizione in volgare.

†**certàno** [provz. *certan*, dal lat. parl. **certānu(m)*, deriv. di *cĕrtus* 'certo'; av. 1294] **A** agg. ● Certo, sicuro: *lo crede c.* (BOIARDO). ‖ **certanaménte**, avv. In modo certo; certamente. **B** avv. ● Certamente, per certo, di certo: *libertà … in questo mondo c. è riputata la più cara cosa che sia* (VILLANI).

†**certànza** [provz. *certansa*; sec. XIII] s. f. ● Certezza, sicurezza: *e credolo 'n c.* (GUINIZZELLI).

†**certàre** [vc. dotta, lat. *certāre* 'combattere', intens. di *cĕrnere*. V. *cernere*; 1438] v. intr. ● Combattere, gareggiare.

certazióne [da *certo*; 1950] s. f. ● (*raro*) Accertamento, certificazione: *atto amministrativo di c.*

certézza [sec. XIII] s. f. (assol.; + *di*) **1** Condizione di ciò che è certo, sicuro, indubitabile: *nessuna c. è dove non si può applicare una delle scienze matematiche* (LEONARDO); *bisogna garantire la c. della pena* | †Prova, conferma: *Io ben d'esserle caro altra c. / veduta n'ho* (ARIOSTO) | (*lett.*) Sicurezza, garanzia: *Chi vuol esser lieto sia: / di doman non c'è c.* (L. DE' MEDICI). SIN. Verità. **2** Persuasione ferma e sicura: *acquistare c.*; *affermare con c.*; *con tutta c.*; *c. assoluta*; *la squadra ha ormai la c. matematica di vincere lo scudetto* | *C. morale*, ricavata da una persuasione interiore | (*al pl.*) Convinzioni: *non ha più le certezze di un tempo*.

certificàre [vc. dotta, lat. tardo *certificāre*, comp. di *cĕrtus* 'certo' e *făcere* 'fare'; 1306] **A** v. tr. (*io certìfico*, *tu certìfichi*) **1** Attestare, affermare, spec. in documenti pubblici: *io sottoscritto certifico che …* **2** †Assicurare, convincere. **B** v. rifl. ● (*raro*, *lett.*) Accertarsi: *indusse … li protestanti a certificarsi che …* (SARPI) | (*lett.*) Essere convinto.

♦**certificàto** [da *certificare*; 1677] s. m. ● Attestazione scritta, da parte di pubblico ufficiale competente, della sussistenza di date condizioni: *c. di nascita*; *c. di buona condotta*; *c. dei carichi pendenti* | *C. penale*, attestazione delle iscrizioni relative a condanne penali esistenti nel casellario giudiziale a carico di una persona | *C. di lavoro*, documento rilasciato dal datore di lavoro all'atto della cessazione del rapporto di dipendenza nel caso in cui non sia obbligatorio il libretto di lavoro | *C. di navigabilità*, attesta la navigabilità di un aereo o natante | *C. di deposito*, titolo emesso da una banca al cliente che deposita fondi per un periodo di tempo definito | *C. immobiliare*, titolo atipico comprovante la partecipazione a un affare immobiliare | *C. di origine*, emesso dalle competenti autorità, accompagna i documenti relativi a una spedizione di merci spec. per l'estero | *C. di origine* o *c. genealogico*, documento che attesta l'origine e la genealogia di un animale appartenente a una razza pura | *C. medico*, quello rilasciato dal medico sull'esistenza di una malattia o di una lesione o sullo stato di salute di una persona.

certificatóre **A** agg. (f. *-trice*) **1** (*econ.*) Detto di chi compie l'attività di certificazione di bilancio. **2** Di ente autorizzato a rilasciare le certificazioni di qualità. **B** s. m. (f. *-trice*) ● Chi certifica.

certificatòrio agg. ● Che costituisce o richiede una certificazione: *atto c.*

certificazióne [av. 1348] s. f. **1** Attestazione mediante un certificato | *C. di un documento*, sua autenticazione. **2** (*econ.*, *org. az.*) *C. di bilancio*, parere espresso da una società specializzata sull'attendibilità del bilancio di un'azienda in seguito a revisione contabile | *C. di qualità*, *c. accreditata di qualità*, attestazione che aziende, organizzazioni e sim. ottengono da appositi enti accreditati se soddisfano uno schema di norme standardizzato a livello internazionale.

†**certitùdine** [vc. dotta lat. tardo *certitūdine(m)*, da *cĕrtus* 'certo'; av. 1533] s. f. ● Certezza, sicurezza.

♦**cèrto** [lat. *cĕrtu(m)*, part. pass. di *cĕrnere* 'distinguere'; av. 1237] **A** agg. (assol.; + *di*; + *che* seguito da congv. o da indic.) **1** Che appare sicuro, indubitabile: *notizia certa*; *i valori più certi*; *tenere*, *ritenere per c.*; *il suo ritorno è dato per c.*; *c. di un tuo interessamento, ti saluto cordialmente*; *son c. di aver vinta la scommessa* (MANZONI); *non sono c. di riuscire ad arrivare in tempo*; *sono c. che sia già partito*; *è c. che arriverà domani*; *sono c. che è qui*; *non si sa ancora nulla di c.* | *Provvedimento*, *rimedio c.*, efficace. **2** Chiaro, evidente: *è un dato c. della malattia* | (*est.*, *lett.*) Vero, reale: *qual che tu sii, od ombra od omo c.!* (DANTE *Inf.* I, 66). **3** Che è fermamente persuaso, convinto di qlco.: *sono c. della sua venuta*; *essere certi dell'esistenza di Dio* | *Fare c. qlcu.*, assicurarlo. ‖ **certaménte**, avv. Con certezza; *no certamente*, *sì certamente*, indubbiamente no, sì; sicuramente: *è una faccenda certamente antipatica*. **B** s. m. solo sing. ● Ciò che è certo: *lasciare il c. per l'incerto*. **C** agg. indef. **1** Alcuno, qualche, alquanto (sempre preposto al s., indica una qualità o quantità indeterminata): *esco con certi amici miei*; *devo finire certi lavori* | Con valore det.: *le visite sono ammesse solo in certi giorni*; *certe sciocchezze sono inammissibili*; *sono stato da quella certa persona* | Con valore limitativo o attenuativo: *ha un c. ingegno* | Con valore accrescitivo, rafforzativo: *ha certi nervi oggi*; *ha certi piedi* | Con valore spregiativo: *certa gente bisogna proprio evitarla*; *si fanno certi discorsi in certi luoghi!*; *ha certe pretese!* **2** Indica qualcosa di indefinito e ha valore neutro nelle espressioni ***un c. non so che***, ***un c. che***, ***quel c. che***: ***sentire un c. che***; ***ha un c. non so che di attraente***. **3** Tale: *un c. Negri non meglio specificato*; *ha telefonato un c. signor Rossi* | Anche seguito da una prop. consec.: *ha certi dolori che non gli danno tregua*; *aveva certi occhi che mettevano paura*. **D** pron. indef. ● (*al pl.*) Alcuni, taluni, certuni: *certi dicono così*; *certi affermano il contrario* | Anche correl.: *certi sono del tuo parere, certi no*. **E** avv. ● Certamente, sicuramente, indubbiamente: *lo troverai c. a casa sua*; *la cosa non finisce c. qui* | In incisi, con valore raff.: *tu, c., non potevi averlo visto*; *c., lei è in buonafede* | Nelle risposte con valore affermativo è più forte del 'sì': *'verrai anche tu?' 'c.!'* | Con valore raff.: *Ma c.!*; *sì, c.!*; *c. che sì*; *c. che no*; *c. che sono d'accordo!* | Nella loc. avv. ***di c.***, ***per c.***, con certezza, con sicurezza, certamente: *'Ma tu lo sapevi?' 'No di c.!'*

certóṣa [fr. *chartreuse*, dal n. di una località nelle Alpi del Delfinato, dove S. Brunone fondò, nel 1084, il suo monastero; 1500] s. f. **1** Monastero di Certosini. **2** (*region.*) Cimitero, spec. nell'Italia sett.: *la c. di Bologna*. **3** (*raro*, *fig.*) Luogo silenzioso che invita al raccoglimento interiore. **4** Formaggio lombardo simile al certosino.

certoșino o †**certoșàno** [da *certosa*; 1483] **A agg.** *1* Che si riferisce all'ordine religioso fondato da S. Brunone: *monaco c.*; *regola certosina.* *2* (*fig.*) Detto di ciò che è caratterizzato da un regime di vita ritirata, solitaria, degna dei monaci dell'ordine omonimo: *pazienza certosina* | ***Alla certosina***, detto di decorazione a intarsio di disegno geometrico, ottenuta su una superficie di noce con pezzetti di osso o avorio. *3* Detto di gatto dal corpo grosso e pesante, con pelo morbido, spesso vellutato, di colore grigio-azzurro uniforme. **B s. m.** *1* Monaco certosino | (*est.*) Chi conduce una vita di solitudine e astinenza | ***Lavoro da c.***, che richiede molta pazienza e meticolosità. *2* Gatto certosino. *3* Chartreuse. *4* Dolce natalizio a base di miele, spezie e frutta candita, tipico di Bologna. **SIN.** Pan speziale. *5* Formaggio grasso e molle prodotto in Lombardia.

certùno [comp. di *certo* e *uno*; 1664] **A pron. indef.** ● (*spec. al pl.*) Alcuno, taluno, certe persone, spesso spreg.: *certuni si sono disimpegnati bene, cert'altri meno*; *non vorrai fare come certuni di mia conoscenza*; *certuni la coscienza l'hanno dietro le spalle, poveretti loro!* (VERGA). **B** (*spec. al* **pl.**) anche **agg. indef.**: *alla meditazione su certune poesie* (PAVESE).

cerùleo [vc. dotta, lat. *caerŭleu(m)*, V. *cerulo*; av. 1374] **A agg.** *1* (*lett.*) Di colore azzurro chiaro: *percorreva / … col c. sguardo / l'argivo campo* (FOSCOLO). *2* (*lett.*) Di persona, che ha gli occhi azzurri: *l'agonia / de' cerulei Germani* (CARDUCCI). **B s. m.** ● (*lett.*) Il colore ceruleo.

cèrulo [vc. dotta, lat. *caerulu(m)* 'color del cielo', da *caelum* 'cielo', con dissimilazione; 1810] **agg.** ● (*lett.*) Ceruleo.

cerùme [da *cera* (*1*); 1491] **s. m.** *1* Prodotto di secrezione delle ghiandole sebacee del condotto auditivo. *2* (*raro*) Colaticcio di cera.

ceruminóso [1820] **agg.** *1* Che secerne cerume: *ghiandole ceruminose.* *2* Simile a cerume: *liquido c.*

†**cerușia** o †**cirușia** [lat. *chirūrgia(m)*, nom. *chirūrgia*, dal gr. *cheirourgía* 'chirurgia'; sec. XIV] **s. f.** ● Chirurgia.

cerùșico o †**cirùșico** [lat. tardo *chirūrgicu(m)*, nom. *chirūrgicus*, dal gr. *cheirourgikós* 'chirurgo'; av. 1320] **A s. m.** (pl. *-ci*, †*-chi*) *1* †Chirurgo | Flebotomo, dentista. *2* (*spreg.*) Chirurgo da poco. **B** anche **agg.** ● Nella loc. †***arte cerusica***, cerusia, chirurgia. || **cerușicàccio**, **pegg.** | **cerușichèllo**, **dim.** | **cerușichètto**, **dim.**

cerùssa [lat. *cerŭssa(m)*, forse dal gr. *kērós* 'cera (1)'; av. 1320] **s. f.** ● (*raro*) Biacca di piombo | ***C. usta***, sostanza rossa, ossido salino di piombo.

cerussite [da *cerussa*; 1888] **s. f.** ● (*miner.*) Carbonato di piombo, in cristalli prismatici bianchi o incolori.

cervantino /servan'tino/ [dall'agg. sp. *cervantino*; 1970] **agg.** ● Che appartiene allo scrittore spagnolo Miguel de Cervantes (1547-1616).

cervàto [da *cervo*; 1561] **agg.** ● Detto del colore di mantello equino intermedio fra il rosso e il bianco simile a quello del pelame del cervo.

cervellàccio [av. 1584] **s. m.** *1* Pegg. di *cervello.* *2* (*lett.*) Mente rozza: *tumultuosi … pensieri … ribollivano in que' cervellacci* (MANZONI). *3* (*fig.*) Persona stravagante ma non priva di intelligenza.

†**cervellàggine** [da *cervello*; av. 1543] **s. f.** ● Capriccio, bizzarria.

cervellàta [av. 1535] **s. f.** ● Salsiccia fatta con carne, cervella e aromi.

cervellétto [1574] **s. m.** *1* Dim. di *cervello.* *2* (*anat.*) Porzione dell'encefalo caudale rispetto al mesencefalo, che nei Mammiferi è caratterizzata da due emisferi e controlla numerose funzioni nervose. ➡ **ILL.** p. 2124 ANATOMIA UMANA. *3* (*fig.*) †Indole bizzarra e stravagante. || **cervellettino**, **dim.**

cervellièra (**1**) [ant. fr. *cerveliere*. V. *cervello*; av. 1292] **s. f.** ● (*ant.*) Calotta leggera di acciaio liscio, aderente, a protezione del capo, senza visiera, indossata sotto l'elmo o il casco. **SIN.** Cappellina, caschetto.

cervellièra (**2**) [da *cervello*] **s. f.** ● (*ant.*) Calotta metallica che si poneva sotto l'elmo a difesa del capo.

†**cervellinàggine** [da *cervellino*, nel sign. 3; 1520] **s. f.** ● Leggerezza, sventatezza: *per c. della fanciulla, la si truova gravida di quattro mesi* (MACHIAVELLI).

cervellino [1441] **A s. m.** *1* Dim. di *cervello.* *2* Intelligenza limitata. *3* (**f.** *-a*) (*fig.*) Persona sventata, di poco senno. **B agg.** ● Spensierato, capriccioso, sventato: *eccoli ambidue, avventatelli e cervellini del pari* (NIEVO).

♦**cervèllo** [lat. *cerebĕllu(m)*, dim. di *cerĕbrum* 'cervello'. V. *cerebro*; av. 1292] **s. m.** (pl. *cervèlli* **m.** nei sign. fig., *cervèlla* **f.** e *cervèlle* **f.** nel sign. proprio di materia cerebrale) *1* (*anat.*) Parte principale dell'encefalo, posta nella cavità cranica e comprendente i due emisferi del telencefalo e, secondo alcuni, il diencefalo | ***Bruciarsi, farsi saltare le cervella***, uccidersi sparandosi alla testa. **CFR.** cerebro-. ➡ **ILL.** p. 2124 ANATOMIA UMANA. *2* (*est.*) Senno, intelletto, intelligenza: *avere molto, poco c.*; *giudicare col proprio c.*; *parendogli che Neri di Gino avesse più c. che alcuno altro cittadino in Firenze* (GUICCIARDINI); *persona senza c.*; *comportarsi con poco c.* | ***Avere il c. di una gallina, di una formica***, (*fig.*) avere poca intelligenza | ***Avere un gran c.***, (*fig.*) avere una grande intelligenza, un'intelligenza eccezionale | ***Avere il c. nelle nuvole***, (*fig.*) essere sventato | ***Essere in c.***, in senno | ***Gli ha dato di volta il c., è uscito di c.***, (*fig.*) è impazzito (*anche scherz.*) | ***Tornare in c.***, (*fig.*) rinsavire | ***Lambiccarsi, stillarsi il c.***, (*fig.*) studiare un problema con grande attenzione, aguzzare l'ingegno | ***Ti sei bevuto il c.?***, (*fig., fam.*) sei impazzito? *3* (*fig.*) Mente direttiva di un'organizzazione: *il c. del partito, della banda, del movimento* | Persona di eccezionali doti intellettuali, culturali e sim.: *fuga dei cervelli dall'Europa.* *4* L'uomo, in quanto essere ragionevole: *c. strambo, leggero, da poco, fino*; *è veramente un gran c.* *5* ***C. elettronico***, elaboratore elettronico. || **PROV.** Chi non ha cervello abbia gambe. || **cervellàccio**, **pegg.** (V.) | **cervellétto**, **dim.** (V.) | **cervellino**, **dim.** (V.) | **cervellóne**, **accr.** (V.) | **cervellùccio**, **cervellùzzo**, **dim.**

cervellóne [1605] **s. m.** *1* Accr. di *cervello.* *2* (**f.** *-a*) Persona di eccezionali doti intellettuali | (*iron., raro*) Persona rozza e poco intelligente. *3* (*scherz.*) Elaboratore elettronico.

cervellòtico [da *cervello*; av. 1729] **agg.** (pl. m. *-ci*) ● Bizzarro, strano, illogico: *idea cervellotica.* || **cervelloticaménte**, **avv.**

cervellùto [av. 1698] **agg.** ● (*scherz., raro*) Assennato.

†**cerviatto** ● V. *cerbiatto.*

cervicàle [fr. *cervical*. V. *cervice*; 1574] **A agg.** ● (*med.*) Relativo alla cervice: *plesso, vertebra c.*; *artrosi c.* | Relativo alla cervice uterina: *canale, muco c.* **B s. f.** ● (*fam., ellitt.*) Artrosi cervicale.

cervice [lat. *cervīce(m)*, dalla stessa radice da cui deriva anche *cerĕbrum*. V. *cerebro*; 1319] **s. f.** *1* (*lett.*) Parte posteriore del collo: *la sudata c. e il casto petto* (FOSCOLO) | ***Piegare la c.***, (*fig.*) sottomettersi | ***Di dura c.***, (*fig.*) caparbio | (*fig.*) ***C. altera***, persona superba. *2* (*anat.*) ***C. uterina***, collo dell'utero.

cervicite [comp. di *cervic(e)* e *-ite* (*1*)] **s. f.** ● (*med.*) Infiammazione del collo dell'utero.

Cèrvidi [dal lat. *cĕrvus* 'cervo', e *-idi*; 1956] **s. m. pl.** (sing. *-e*) ● Nella tassonomia animale, famiglia di Mammiferi degli Artiodattili i cui maschi posseggono corna ossee caduche, in genere ramificate (*Cervidae*).

†**cervière** [fr. *cervier*, dal lat. (*lŭpum*) *cervāriu(m)* 'lupo veloce come un cervo, che dà la caccia ai cervi'; av. 1292] **s. m.** ● Lince.

†**cervièro** [var. di †*cerviere*; av. 1292] **agg.** *1* Di lince | ***Lupo c.***, lince. *2* (*fig., poet.*) Acutissimo, detto di sguardo, occhio, vista: *chiara alma, pronta vista, occhio c.* (PETRARCA).

cervino [lat. *cervīnu(m)*, da *cĕrvus* 'cervo'; sec. XIV] **A agg.** *1* Del cervo: *odore c.* *2* Di colore simile a quello del mantello del cervo. **B s. m.** ● Pianta erbacea perenne delle Graminacee con foglie pungenti e fiori in sottili spighe (*Nardus stricta*). **SIN.** Nardo sottile.

cervióna ● V. *cervona.*

♦**cèrvo** o †**cèrbio**, †**cèrvio** [lat. *cĕrvu(m)*, dalla radice indeur. **ker* 'testa'; sec. X] **s. m.** *1* (**f.** *-a*) Mammifero ruminante degli Artiodattili con coda corta, pelame bruno rossiccio e, nei soli maschi, con palchi ramificati, destinati a cadere annualmente (*Cervus*). **CFR.** Bramire. ➡ **ILL.** **animali**/12. *2* ***C. volante***, insetto dei Coleotteri con testa quadrata e larga, munita nel maschio di grandi mandibole ramificate simili alle corna di un cervo (*Lucanus cervus*). ➡ **ILL.** **animali**/2. *3* (*fig.*) ***C. volante***, aquilone | Apparecchio per rilevazioni spec. meteorologiche simile a un aquilone. || **cervétto**, **dim.** | **cervino**, **dim.** | **cervóne**, **accr.** | †**cervòtto**, **accr.**

cervògia [ant. fr. *cervoise*, dal lat. *cervīsia(m)*, parola gallica; av. 1313] **s. f.** (pl. *-gie*) ● (*raro*) Specie di birra | (*lett.*) Birra.

cervóna o **cervióna** [da *cervo*; 1745] **agg.** solo **f.** ● ***Colla c.***, V. *colla* (*2*).

cervóne [da *cervo*, perché munito di cornetti; av. 1572] **s. m.** ● Rettile dei Colubridi di grandi dimensioni, ma innocuo, caratterizzato da quattro linee nere sul dorso (*Elaphe quatuorlineata*).

†**cerzioràre** [vc. dotta, lat. tardo *certiorāre*, da *cĕrtior*, compar. di *cĕrtus* 'certo'; 1565] **A v. tr.** (*io cerzióro* o *cerziòro*) ● Informare. **B v. rifl.** ● Accertarsi, assicurarsi.

césare o **cèsare** [vc. dotta, lat. *Cāesare(m)*, dal n. di C. Giulio Cesare (102 o 101 o 100-44 a.C.), per errata tradizione considerato il primo imperatore romano; av. 1292] **s. m.** *1* (*lett.*) Imperatore, sovrano: *per triunfare o c. o poeta* (DANTE *Par.* I, 29). *2* (*lett., fig.*) †Signore: *liberafarmi al mio c. parve* (PETRARCA).

cesàreo (**1**) [vc. dotta, lat. *caesăreu(m)*, da *Cāesar* 'Cesare, imperatore'; av. 1420] **agg.** *1* (*st.*) Di Cesare: *politica cesarea*; *scritti cesarei.* *2* (*est., lett.*) Dell'imperatore, imperiale | ***Poeta c.***, poeta di corte, spec. della corte imperiale di Vienna.

cesàreo (**2**) [lat. scient. *sectio caesarea*, dal n. *Cāesar*, che secondo Plinio significava *caeso matris utero* 'dall'utero tagliato della madre' (da *caedere* 'tagliare'); 1596] **agg.** ● (*med.*) Detto del parto che avviene mediante incisione dell'addome e dell'utero, e dell'incisione così praticata: *parto, taglio c.*

cesariàno [vc. dotta, lat. *Caesariānu(m)*, da *Cāesar* 'Cesare'; 1520] **A agg.** ● Di Giulio Cesare: *stile c.* **B s. m.** ● Partigiano o seguace di Giulio Cesare: *i cesariani e i pompeiani.*

†**cesàrie** [vc. dotta, lat. *caesārie(m)* 'capigliatura', di orig. indeur.; 1499] **s. f. inv.** ● (*lett.*) Chioma, capigliatura lunga e folta.

cesarișmo [fr. *césarisme*, dal lat. *Cāesar* 'Cesare'; 1866] **s. m.** ● Dittatura politica personale legittimata da un plebiscito e garantita dall'esercito.

cesarista [1875] **A s. m. e f.** (pl. m. *-i*) ● Seguace o fautore del cesarismo. **B agg.** ● Del cesarismo.

cesaropapișmo [comp. di *cesar(ismo)* e *papismo*; 1913] **s. m.** ● Sistema di relazioni fra potere politico e potere religioso nel quale il primo estende la sua giurisdizione anche su terreni tradizionalmente riservati al secondo.

cesaropapista [1970] **A s. m. e f.** (pl. m. *-i*) ● Seguace o fautore del cesaropapismo. **B agg.** ● Del cesaropapismo, relativo al cesaropapismo.

cesellaménto [1550] **s. m.** ● Il cesellare | Opera di cesello.

cesellàre [1550] **v. tr.** (*io cesèllo*) *1* Lavorare, con mazzetta e ceselli, oro, argento e altri metalli. *2* (*est., fig.*) Eseguire un'opera d'arte con cura minuziosa perseguendo intenti di estrema perfezione formale: *c. un ritratto, un sonetto.*

cesellàto [1566] **part. pass.** di *cesellare*; anche **agg.** ● Nei sign. del v.

cesellatóre [1797] **s. m.** (f. *-trice*) *1* Artista o artigiano che fa lavori di cesello. *2* (*est., fig.*) Chi esegue il proprio lavoro, spec. artistico, con minuziosa cura, tendendo a risultati di estrema perfezione: *un c. di versi, di note.*

cesellatùra [1599] **s. f.** *1* Lavoro eseguito col cesello | Arte e tecnica della lavorazione col cesello. *2* (*fig.*) Opera, spec. artistica, rifinita con estrema cura.

cesèllo o †**cișèllo** [lat. parl. **caesĕllu(m)*, da *caedere* 'tagliare', di etim. incerta; 1550] **s. m.** *1* Specie di punzone quadrangolare rastremato alle estremità, con la punta forgiata in varie forme, che serve a sbalzare o incidere metalli e si usa battendo sulla testa con un martelletto | ***Lavorare di c.***, cesellare (*anche fig.*). *2* Arte del rifinire, o impreziosire con i ceselli, figure e ornamentazioni modellate a sbalzo su lastre metalliche spec. preziose o ottenute per fusione. || **cesellétto**, **dim.** | **cesellino**, **dim.**

cesèna [etim. incerta; 1875] **s. f.** ● Uccello dei Passeriformi simile al tordo, con piumaggio grigio-blu nella parte superiore, giallo aranciato sulla gola (*Turdus pilaris*).

cèsio (*1*) [vc. dotta, lat. *cāesiu(m)* 'azzurro, verdastro', di orig. preindeur.; av. 1543] **A** agg. ● (*lett.*) Di colore celeste chiaro, detto spec. di occhi. **B** s. m. ● (*lett.*) Il colore cesio.

cèsio (*2*) [dal precedente: detto così dalle righe azzurre che caratterizzano il suo spettro; 1865] s. m. ● Elemento chimico, metallo alcalino, tenero, duttile, bianco-argenteo, ottenuto per riduzione dell'ossido, usato per formare leghe e per cellule fotoelettriche. SIMB. Cs.

cesioterapìa [comp. di *cesio* (*2*) e *terapia*; 1983] s. f. ● Impiego terapeutico del cesio e dei suoi composti.

cesóia o (*pop., tosc.*) **cisóia** [lat. parl. **caesōria*, nt. pl., da *cāedere* 'tagliare'; 1272] s. f. *1* (*spec. al pl.*) Grosse forbici da giardiniere o da sarto. *2* Utensile a due lame usato per tagliare lamiere, lastre di metallo e sim. || **cesoiétta**, dim. | **cesoina**, dim. | **cesoióna**, accr.

cesoiàta [1865] s. f. ● Taglio prodotto da una cesoia.

cesoiatóre [1956] s. m. (f. *-trice*) ● Operaio addetto alla cesoiatrice. SIN. Cesoista.

cesoiatrice [da *cesoia*; 1956] s. f. ● Macchina usata per tagliare lamiere, lastre metalliche, profilati e sim.

cesoista [1987] s. m. e f. (pl. m. *-i*) ● Cesoiatore.

†**cespitàre** o †**cespicare** [da *cespite*, nel sign. 2; sec. XIV] v. intr. ● Inciampare.

cèspite o **cèspite** [vc. dotta, lat. *cāespite(m)*, prob. di orig. preindeur.; 1342] s. m. *1* (*lett.*) Cespo: *sopra i nudi cespiti menare i lievi sonni* (BOCCACCIO). *2* Fonte di guadagno, di reddito: *ha vari cespiti* | In contabilità, bene strumentale per l'attività dell'impresa.

cèspo [lat. *cāespes*, nom., 'zolla erbosa' (V. *cespite*); av. 1374] s. m. ● Insieme di rami o foglie che si sviluppano dalla base di un fusto formando una specie di ciuffo.

cespugliàme [da *cespuglio*; 1983] s. m. ● Insieme di cespugli.

cespugliàto [da *cespuglio*; sec. XIV] agg. ● Che è ammassato in modo da formare un cespuglio | (*est.*) Che è coperto di cespugli.

♦**cespùglio** [da *cespo*; 1313] s. m. *1* Insieme dei rami che si dipartono da una sola radice in una pianta priva di fusto principale. *2* (*fig., scherz.*) Grosso ciuffo di capelli. *3* Nel linguaggio giornalistico, formazione politica di minore entità all'interno di un'alleanza: *i cespugli della Quercia, dell'Ulivo, del Polo*. *4* †Mucchio. || **cespugliétto**, dim. | **cespuglióne**, accr.

cespuglióso [sec. XIV] agg. *1* Pieno di cespugli, coperto di cespugli. *2* Che forma un cespuglio: *arbusto c.* *3* (*fig.*) A ciuffi molto folti: *barba cespugliosa*.

cèssa [da *cessare*; 1928] s. f. ● Striscia di terreno, priva di vegetazione, lasciata nel bosco per arginare gli incendi.

cessànte [av. 1311] **A** part. pres. di *cessare*; anche agg. *1* Nel sign. del v. | (*lett.*) Indolente, pavido. *2* ***Lucro c.***, danno che consiste in un mancato guadagno conseguente a un illecito altrui. **B** s. m. ● †Debitore insolvente.

♦**cessàre** [lat. *cessāre* 'indugiare, ritardare', intens. di *cēdere* 'cedere'; av. 1276] **A** v. intr. (*io cèsso*; aus. *essere* nel sign. 1, *avere* nei sign. 2, 3 e 4) *1* Avere fine, termine: *il brutto tempo è cessato*; *è un dolore che non cessa* | †***Cessi Dio che***, non avvenga che: *ma cessi Iddio che ... noi qua entro ricevere vi vogliamo* (BOCCACCIO). *2* Interrompere un'attività commerciale: *la società ha cessato*. *3* (+ *di*; lett. + *da*) Smettere, tralasciare di fare qlco.: *c. di parlare, di scrivere, di vivere*: *la Musica trae a sé li spiriti umani ... sì che quasi cessano da ogni operazione* (DANTE); *Bisognava ... c. dal frequentare quell'ufficio* (SVEVO) | (*lett.*) Ritirarsi, rinunciare a qlco.: *prega / che da l'impresa cessi* (TASSO). *4* †Ritirarsi | (*fig.*) †Rinunciare. *5* †Indugiare. **B** v. tr. *1* Porre fine, sospendere: *c. le ostilità*; *c. il fuoco*. *2* †Allontanare, scansare. **C** v. rifl. ● †Ritirarsi | †Astenersi.

cessàte il fuòco [1970] loc. sost. m. inv. ● Tregua, sospensione dei combattimenti: *rigoroso rispetto del cessate il fuoco*.

cessazióne [vc. dotta, lat. *cessatiōne(m)*, da *cessāre*. V. *cessare*; 1282] s. f. ● Il cessare. CFR. -pausa, -stasi | Interruzione di cosa incominciata: *la c. delle ostilità* | ***C. di esercizio***, chiusura di un negozio.

cessinàre [1955] v. tr. ● (*tosc.*) Concimare col cessino: *c. un campo*.

cessino [da *cesso* (*2*); 1768] s. m. ● Concime organico costituito dalle deiezioni umane accumulate nel pozzo nero. SIN. Bottino.

cessionàrio [vc dotta, lat. tardo *cessionāriu(m)*, da *cēdere* 'cedere'; 1723] **A** s. m. (f. *-a*) ● (*dir.*) Colui a favore del quale si compie una cessione: *il cedente e il c.*; *il c. di un effetto bancario*. **B** anche agg.: *creditore c.*; *istituto c.*

cessióne [vc. dotta, lat. *cessiōne(m)*, da *cēdere* 'cedere'; av. 1527] s. f. *1* Trasferimento di qlco. ad altri. *2* (*dir.*) Negozio giuridico di trasferimento ad altri di diritti, azioni e sim.: *c. dei crediti, del contratto, di azienda* | ***C. dei beni ai creditori***, contratto con cui il debitore incarica i creditori di liquidare tutto o parte del proprio patrimonio e di ripartire tra loro il ricavato | ***C. di territorio***, accordo con cui uno Stato cede ad altro la sovranità su una parte del proprio territorio | ***C. del quinto***, disposizione riguardante i dipendenti statali e gener. pubblici, e consistente in un mutuo che viene restituito a rate mensili versando al mutuante la quinta parte dello stipendio. *3* Cambiale ricevuta o ceduta per mezzo di girata.

†**cèsso** (*1*) part. pass. di *cedere* ● Nei sign. del v.

cèsso (*2*) [lat. *recēssu(m)*, da *recēdere* 'ritirarsi, retrocedere'. V. *recedere*; av. 1300] s. m. *1* (*pop.*) Gabinetto, latrina, ritirata. *2* (*est., volg.*) Luogo lurido, immondo: *quel vicolo era un c.* *3* (*fig., volg.*) Cosa o persona brutta, malfatta o di nessun pregio: *questo romanzo è proprio un c.* *4* †Luogo appartato, spec. nelle loc. avv. ***in c.***, ***da c.***, ***di c.***, in disparte, discosto, lontano: *Ma stien i Malebranche un poco in c.* (DANTE *Inf.* XXII, 100). || †**cessolino**, dim.

♦**césta** [lat. *cĭsta(m)*, nom. *cĭsta*, dal gr. *kístē*, di orig. preindeur.; av. 1193] s. f. *1* Tipo di canestro o paniere a sponde alte, intessuto di vimini, canne e sim.: *la c. per il pane*; *mettere il bucato in una c.* | ***A ceste***, (*fig.*) in grande quantità | (*est.*) Il contenuto di una cesta: *una c. di fichi, di noci*. *2* Specie di barroccio con il piano formato da una lunga cesta, usato un tempo in Toscana per trasportare fiaschi di vino. *3* Navicella di aerostato, spec. di vimini. *4* Nella pelota basca, attrezzo di vimini a forma di lungo cucchiaio, che, applicato a un guanto in cui si infila la mano, viene usato per raccogliere e gettare la palla. SIN. Chistera. *5* Corredo di scena di un attore. || **cestàccia**, pegg. | **cestèllo**, dim. m. (V.) | **cesterèlla**, dim. | **cestina**, dim. | **cestùccia**, dim.

cestàio [1585] s. m. (f. *-a*) *1* Chi fabbrica o vende ceste. *2* †Garzone di fornaio che portava il pane a domicilio con la cesta.

cestèlla [lat. *cistĕlla(m)*, dim. di *cĭsta* 'cesta'; sec. XIV] s. f. *1* Piccola cesta. *2* Cestola. *3* (*zool.*) Concavità delle zampe posteriori dell'ape operaia ove è raccolto il polline per portarlo all'alveare. || **cestellétta**, dim. | **cestellina**, dim.

cestèllo [av. 1342] s. m. *1* Dim. di *cesto* (*1*). *2* Contenitore di metallo, plastica e sim. per bottiglie di vino, birra, acqua minerale. *3* Nelle macchine lavabiancheria, parte metallica destinata a contenere la biancheria durante il lavaggio | Nelle lavastoviglie, ripiano mobile su cui si mettono le stoviglie da lavare | Recipiente metallico usato per sterilizzare materiale medico e chirurgico. *4* Piattaforma montata gener. su autocarro e mossa da un braccio telescopico e articolato, su cui si possono compiere lavori vari a notevole altezza dal suolo.

cesterìa [da *cesta*; 1963] s. f. ● (*raro*) Fabbrica, bottega di ceste o altri oggetti di vimini.

Cèstidi [comp. del lat. *cēstus* 'cintura' (V. *cestodi*) e di *-idi*] s. m. pl. (sing. *-e*) ● Nella tassonomia animale, famiglia di Ctenofori dal corpo nastriforme allungato, appiattito nel piano sagittale, cui appartiene il Cinto di Venere (*Cestidae*).

cestinàre [da *cestino*; 1886] v. tr. *1* Gettare nel cestino della carta straccia, detto spec. di corrispondenza, documenti e sim. che non interessano: *c. la corrispondenza evasa*. *2* (*fig.*) Non stampare, non pubblicare, detto di manoscritti, articoli e sim. inviati a un giornale o a una casa editrice | (*fig.*) Non tenere in considerazione lettere, documenti e sim.: *c. una domanda*.

♦**cestino** [sec. XVI] s. m. *1* Dim. di *cesto* (*1*): *il c. del pescatore* | ***C. da lavoro***, contenente tutto ciò che occorre per cucire o ricamare. *2* Contenitore per carta straccia e piccoli rifiuti | (*elab.*) Contenitore virtuale, rappresentato da un'icona a forma di cestino, in cui si raccolgono i file cancellati dall'utente. *3* Sacchetto di grossa carta, plastica o sim., contenente cibi e bevande per chi viaggia.

cestire [da *cesto* (*2*); av. 1375] v. intr. (*io cestìsco, tu cestìsci*; aus. *avere*) ● Detto di piante, accestire, far cesto.

cestismo [da *cesto* (*1*) nel sign. 2; 1964] s. m. ● (*raro*) Attività sportiva della pallacanestro.

cestista [da *cesto* (*1*) nel sign. 2; 1935] s. m. e f. (pl. m. *-i*) ● Giocatore di pallacanestro.

♦**césto** (*1*) [da *cesta*; 1481] s. m. *1* Cesta, paniere | (*est.*) Il contenuto di un cesto. *2* (*sport*) Canestro. || **cestèllo**, dim. (V.) | **cestino**, dim. (V.) | **cestóne**, accr.

cèsto (*2*) [lat. *cĭsthu(m)*, nom. *cĭsthos*, dal gr. *kísthos*, di orig. preindeur.; 1313] s. m. *1* (*bot.*) Insieme di fusticini e di foglie in una pianta erbacea | ***Far c.***, accestire | (*fig.*) †***Bel c.***, bellimbusto. *2* †Parte del ceppo con le barbe. || **cestùccio**, dim.

cèsto (*3*) [lat. *caestu(m)*, di etim. incerta; sec. XIV] s. m. ● Specie di armatura fatta di strisce di cuoio e di metallo che nell'antichità i pugilatori si avvolgevano attorno all'avambraccio e alla mano lasciando libere le dita | (*est.*) Gara tra pugili armati di cesto.

cèsto (*4*) [vc. dotta, lat. *cēstu(m)*, dall'agg. sost. gr. *kestós*, propr. 'trapunto, ricamato' riferito a *himás* 'cintura'; 1499] s. m. ● (*lett.*) Cinto portato dalle spose greche e romane il giorno delle nozze e ornamento di Venere: *Venere è certo / costei ch'io veggio / ... / Ma dov'è il c. / di cui si cinge?* (MARINO).

Cestòdi [dal lat. *cēstus* 'cintura', dal gr. *kestós* 'ricamato, trapunto', da *kentéō* 'io pungo'; 1892] s. m. pl. (sing. *-e*) ● Nella tassonomia animale, classe di Platelminti parassiti con corpo diviso o no in proglottidi e, di solito, organi adesivi anteriori (*Cestoda*).

céstola [lat. *cĭstula(m)*, da *cĭsta* 'cesta'; av. 1566] s. f. ● Tipo di trappola, proibita, per la cattura degli uccelli, costituita da una piccola cesta di vimini con apertura a scatto.

cestóso [da *cesto* (*2*); 1600] agg. ● Di pianta che ha un cesto rigoglioso.

cesùra [vc. dotta, lat. *caesūra(m)*, da *cāedere* 'tagliare'; av. 1565] s. f. *1* (*ling.*) Nella metrica classica, pausa ritmica all'interno di un verso e in fine di parola | Nella metrica latina si trova prevalentemente all'interno di un piede | ***C. maschile***, se si trova dopo il tempo forte | ***C. femminile***, se si trova dopo il tempo debole. *2* (*fig.*) Pausa, sospensione. *3* (*mus.*) Sosta lievissima indicante una suddivisione di una frase musicale o la sua fine.

cesuràle agg. ● Di cesura.

Cetàcei [dal lat. *cētus*, dal gr. *kêtos* 'mostro marino, balena', di etim. incerta; 1728] s. m. pl. (sing. *-o*) ● Nella tassonomia animale, ordine di Mammiferi acquatici con corpo pisciforme a pinna caudale orizzontale, pelle nuda, arti posteriori mancanti e arti anteriori trasformati in pinne (*Cetacea*). ➡ ILL. **animali**/11.

cetàno [da *cet(ina)*, col suff. *-ano*; 1956] s. m. ● Idrocarburo paraffinico con sedici atomi di carbonio, solido, madreperlaceo, facilmente liquefacibile, contenuto nel petrolio | ***Numero di c.***, indice dell'attitudine di un combustibile a essere impiegato in motori Diesel.

†**cètera** (*1*) [lat. *cētera*, nt. pl., 'le cose rimanenti', dalla radice del dimostr. indeur.; sec. XIII] **A** vc. ● Solo nelle loc. ***e c.***, ***et c.***, il rimanente; V. anche *eccetera*. **B** s. f. al pl. ● Discorsi noiosi, chiacchiere inutili.

†**cétera** (*2*) o **cètera** ● V. *cetra* (*1*).

†**ceteratóio** [da †*cetera* (*2*); 1353] s. m. ● Solo nella loc. ***andarsene col c.***, restare ingannato da discorsi inutili.

†**ceteratóre** [da †*cetera* (*2*); av. 1292] s. m. ● Suonatore di cetra.

cèteris pàribus [loc. lat., comp. dell'abl. di *cēterus* 'rimanente, che resta' (V. *cetera* (*1*)) e di *pār*, genit. *păris* 'pari'] loc. avv. ● A parità delle altre condizioni, date le stesse circostanze e sim.

cetile o †**cètilo** [comp. di *cet(ina)* e *-ile* (*2*); 1865] s. m. ● Radicale monovalente, ottenuto dal cetano per perdita di un atomo di idrogeno.

cetìlico [da *cetile*; 1887] agg. (pl. m. *-ci*) ● Detto di composto chimico che contiene il radicale cetile.

cetina [da †*ceto* (2). V. *cetacei*; 1865] **s. f.** ● Sostanza solida cristallina, bianca, estere dell'acido palmitico con l'alcol cetilico, che si ottiene dall'olio di spermaceti | (*est.*) Spermaceti.

cètnico [dal serbocroato *četnik*, deriv. di *četa* 'banda'; 1986] **A s. m.** (f. *-a*; pl. m. *-ci*) ● Membro delle bande dei partigiani bulgari, serbi e greci che combatterono gli Ottomani nei Balcani durante il XIX secolo | A partire dal 1918, aderente al nazionalismo serbo; dopo la disgregazione della Iugoslavia (1991-'92), membro delle bande di combattenti serbi per la creazione di un proprio stato in regioni diverse dalla Serbia. **B** anche **agg.**: *guerriglieri cetnici.*

cèto (1) (o **-é-**) [lat. *coetu(m)*, da *coīre* 'riunirsi', comp. di *cŭm* 'con' e *īre* 'andare'; av. 1530] **s. m.** *1* Gruppo di persone caratterizzato dalle medesime condizioni economiche e sociali: *c. infimo, basso, medio, alto*; *il c. impiegatizio*; *voi che appellarvi osate il c. medio / proverò siete il c. de' più brutti* (ALFIERI). *2* †Gruppo, riunione.

†cèto (2) [V. *cetacei*; av. 1342] **s. m.** ● (*lett.*) Balena.

cetologia [comp. di †*ceto* (2) e *-logia*; 1820] **s. f.** ● Parte della zoologia che si occupa dello studio dei Cetacei.

cetònia [etim. discussa: da avvicinare al lat. *cetŏnides*, pl., n. di una pietra preziosa a noi sconosciuta (?); 1875] **s. f.** ● Genere di Insetti dei Coleotteri, comprendente varie specie di colore verde a riflessi metallici, comunissimi sui fiori dei giardini e dei prati (*Cetonia*). ➡ **ILL. animali**/2.

cetorino [comp. del gr. *kêtos* 'mostro marino, balena' (V. *cetaceo*) e di *-rino*; 1913] **s. m.** ● Grosso pesce cartilaginoso dei Selaci lungo fino a 15 metri, inoffensivo (*Cetorhinus maximus*). ➡ **ILL. animali**/6.

cétra (1) o **†cétera (2)**, **cètra**, (*lett.*) **†citara**, (*lett.*),**†citera** [lat. *cĭthara(m)*, nom. *cĭthara*, dal gr. *kithára*, di etim. incerta; sec. XII] **s. f.** *1* (*mus.*) Nome italiano di diversi strumenti a corde pizzicate con plettro o dita, ma anche ad arco, alcuni derivanti dall'antichità greca | *C. da tavolo*, Zither. ➡ **ILL. musica.** *2* (*fig., poet.*) Facoltà o ispirazione poetica: *secca è la vena de l'usato ingegno, / e la cetera una rivolta in pianto* (PETRARCA).

cètra (2) [vc. dotta, lat. *cētra(m)*, forse di orig. preindeur.] **s. f.** ● Piccolo scudo rotondo di cuoio, anticamente usato da varie popolazioni barbare.

cetràngolo o **cedràngolo** [etim. incerta; sec. XV] **s. m.** ● (*bot.*) Arancio amaro.

cetrina ● V. *cedrina.*

†cetrino ● V. *citrino.*

cetriòlo o **†cedriòlo**, **†cedriuòlo**, **†cetriuòlo**, **†citriòlo** [lat. tardo **citrĭolu(m)*, da *cĭtriu(m)* 'cetriolo', da *cĭtrus* 'cedro'; 1353] **s. m.** *1* Pianta erbacea delle Cucurbitacee con fusto sdraiato, peloso, foglie cuoriformi e ruvide e frutti oblunghi, gialli a maturità (*Cucumis sativus*) | Il frutto commestibile di tale pianta. ➡ **ILL. piante**/10. *2* (*zool.*) *C. di mare*, oloturia. *3* (*fig., lett.*) Giovane aitante, robusto: *vedeva che era un bel c.* (VERGA) | (*fig.*) †Uomo sciocco e senza senno. ‖ **cetriolino**, dim.

chablis /*fr.* ʃa'bli/ [vc. fr., dal n. della località ove viene prodotto (*Chablis*, in Borgogna); 1865] **s. m. inv.** ● Vino bianco secco della Borgogna, delicato e fragrante, prodotto con uve del vitigno Chardonnay.

cha cha cha /*sp.* tʃatʃa'tʃa/ [vc. sp., di orig. onomat.; 1955] **loc. sost. m. inv.** ● Ballo di origine cubana a ritmo molto veloce, derivato dal mambo.

chador /*iran.* tʃɒ:'dor/ [vc. persiana, propr. 'velo'; 1979] **s. m. inv.** ● Lungo velo nero che copre la testa e il volto, lasciando scoperti solo gli occhi, tradizionalmente indossato dalle donne di religione islamica | Ampio scialle che copre il capo e viene fermato o annodato al collo indossato dalle donne di religione islamica.

chairman /'tʃearmen, *ingl.* 'tʃɛəɹmən/ [vc. ingl., comp. di *chair* 'sedia, cattedra' e *man* 'uomo'; 1985] **s. m. inv.** (pl. ingl. *chairmen*) ● Presidente di una società | Chi presiede una riunione, un'assemblea, un congresso e sim.

chaise longue /*fr.* ˌʃɛz'lõ:g/ [vc. fr., propr. 'sedia lunga': *chaise* è dal lat. parl. **cathedra(m)*, per il classico *căthedra(m)* (V. *cattedra*) e *longue* è il f. di *long* 'lungo', dal lat. *lŏngu(m)* 'lungo'] **loc. sost. f. inv.** (pl. fr. *chaises longues*) ● Sedia o poltrona allungata, gener. imbottita.

chàkra /'tʃakra/ [sanscr. *cakrā́h* 'ruota, cerchio'; 1995] **s. m. inv.** (pl. hindi *chakro*) ● In alcune filosofie orientali, termine che indica i centri energetici che presiedono alle funzioni organiche, psichiche ed emotive.

chalet /*fr.* ʃa'lɛ/ [vc. fr., dal preindeur. **cala* 'rientranza, riparo'; 1864] **s. m. inv.** ● Piccola villa in legno o pietra, con tetto molto spiovente, caratteristica delle regioni montane.

challenge /*ingl.* 'tʃælɪndʒ/ [vc. ingl., propr. 'sfida', dall'ant. fr. *chalenge* 'calunnia, sfida', dal lat. *calŭmnia* 'calunnia'; 1907] **s. m. inv.** ● Gara sportiva con l'assegnazione di un titolo o di un trofeo che deve essere rimesso in palio dopo un certo periodo | Titolo o trofeo disputato in tale gara.

challenger /*ingl.* 'tʃælɪndʒəɹ/ [vc. ingl., da *challenge* (V.); 1905] **s. m. inv.** ● Sfidante del detentore di un titolo, concorrente di un challenge.

chambré /*fr.* ʃã'bʀe/ [vc. fr., propr. 'tenuto nella stanza' (*chambre*), dove il vino è servito; 1989] **agg. inv.** ● Detto di vino portato a temperatura ambiente prima di essere servito.

champagne /*ʃam'paɲ*, *fr.* ʃɑ̃'paɲ/ [vc. fr., dalla regione fr. della *Champagne* ove viene prodotto; 1747] **A s. m. inv.** ● Vino spumante bianco o rosé, prodotto nella omonima regione francese con uve Pinot e Chardonnay. **B** in funzione di **agg.** ● (posposto a un s.) Che ha il colore biondo spento tipico del vino omonimo: *capelli color c.*; *abito c.*

champenois /*fr.* ʃɑ̃pə'nwa/ [vc. fr., propr. 'della Champagne', regione della Francia nord-orientale; 1931] **agg.**; anche **s. m. inv.** ● Detto di metodo tradizionale di fermentazione naturale in bottiglia dello champagne, usato anche per altri vini spumanti. **CFR.** Charmat.

champignon /*ʃampiɲ'ɲon, *fr.* ʃɑ̃pi'ɲõ/ [vc. fr., propr. 'fungo', dal fr. ant. *champignuel* 'prodotto della campagna'] **s. m. inv.** ● Fungo prataiolo coltivato.

chance /*fr.* ʃɑ̃:s/ [vc. fr., dal lat. *cadĕntia*, part. pres. nt. pl. di *cădere* 'cadere' (in questo caso 'caduta dei dadi'); 1892] **s. f. inv.** *1* Probabilità di successo in una gara e sim. *2* (*est.*) Occasione favorevole: *è la mia ultima c.*

chanson de geste /*fr.* ʃɑ̃,sõd'ʒɛstə/ [loc. fr., propr. 'canzone di gesta'; 1989] **loc. sost. f. inv.** (pl. fr. *chansons de geste*) ● Poema epico o componimento musicale del Medioevo francese, di contenuto cavalleresco.

chansonnier /*fr.* ʃɑ̃sɔ'nje/ [vc. fr., da *chanson* 'canzone' (stessa etim. dell'it. *canzone*); 1933] **s. m. inv.** ● Interprete, spec. francese, di canzoni di cui spesso è anche l'autore.

chanteuse /*fr.* ʃɑ̃'tø:z/ [vc. fr., f. di *chanteur* 'cantore', dal lat. *cantōre(m)* 'cantore'; 1901] **s. f. inv.** ● Canzonettista di cabaret.

chantilly /*fr.* ʃɑ̃ti'ji/ [vc. fr., dal n. della città fr. di *Chantilly*; 1790] **A s. m. inv.** *1* Pregiato merletto francese a tombolo in seta bianca o nera. *2* Tipo di stivali di pelle lucida alti fino al ginocchio **B s. f. inv.** ● Preparazione a base di panna montata | Panna montata, zuccherata e profumata con vaniglia. **C** anche **agg.**: *crema c.*

chantoung /*ʃan'tun(g), *'ʃantun(g)/ ● V. *shantung.*

chapeau /*fr.* ʃa'po/ [vc. fr. propr. 'cappello' in uso assoluto tratto dalle loc. *tirer son chapeau* 'togliersi il cappello' e *chapeau bas* 'giù il cappello'; 1985] **inter.** ● Nel significato di 'tanto di cappello', esprime ammirazione per qlcu. o qlco.: *c.!, è un lavoro eccellente!*

chaperon /*fr.* ʃapə'ʀõ/ [vc. fr., propr. 'cappuccio', da *chape* 'cappa (1)'; 1881] **s. m. inv.** ● Donna anziana che, nelle famiglie aristocratiche e borghesi di un tempo, fungeva da accompagnatrice di giovinette e giovani donne in società | (*est., scherz.*) Chi introduce qlcu. in un ambiente sociale a lui nuovo.

chapiteau /*fr.* ʃapi'to/ [vc. fr., propr. 'capitello', poi 'coperchio'; 1985] **s. m. inv.** (pl. fr. *capiteaux*) ● Tendone circolare che sovrasta la pista di un circo ambulante | (*est.*) Il circo stesso.

chapliniàno /tʃapli'njano, tʃe-/ [1948] **agg.** ● Che è proprio dell'attore e regista cinematografico Charlie Chaplin (1889-1977).

charango /*sp.* tʃa'raŋgo/ [vc. sp., prob. di orig. peruviana; 1976] **s. m. inv.** (pl. sp. *charangos*) ● Strumento musicale sudamericano simile a una piccola chitarra, la cui cassa è ricavata dalla corazza di armadillo.

chardonnay /*fr.* ʃaʀdɔ'nɛ/ [vc. fr., propr. n. del villaggio di *Chardonnay* nei pressi di Mâcon; 1931] **s. m. inv.** *1* Vitigno originario delle regioni francesi di Borgogna e Champagne, ma coltivato diffusamente anche in Italia, da cui si ottengono pregiati vini bianchi, tra cui numerosi vini spumanti. *2* Denominazione di numerosi vini ottenuti da tale vitigno.

charity /'tʃarəti, *ingl.* 'tʃæɹəṭi/ [vc. ingl., propr. 'carità, elemosina, beneficenza'; 1992] **s. f. inv.** ● Spettacolo o evento mondano organizzati per raccogliere fondi da devolvere in beneficenza: *una c. per i malati di aids.*

chàrleston, /'tʃarleston, *ingl.* 'tʃɑ:ɹlstən/ [dalla città di *Charleston*, negli Stati Uniti; 1926] **s. m. inv.** ● Ballo d'origine nordamericana, del genere ragtime, a ritmo vivace.

charlotte /*fr.* ʃaʀ'lɔt/ [vc. fr., forse dal n. proprio *Charlotte* 'Carlotta'; 1854] **s. f. inv.** *1* Torta semifredda a base di latte, uova, panna, biscotti e frutta. *2* Cuffia femminile di batista con l'ala formata da un volant ricamato e ornata di nastri, in uso nel XIX secolo.

charm /tʃarm, *ingl.* tʃaɹm/ [vc. ingl., propr. 'fascino', n. di fantasia attribuito da due studiosi; 1986] **s. m. inv.** ● (*fis.*) Numero quantico corrispondente al quarto tipo (o sapore) di quark. **SIN.** Incanto (1).

charmant /*fr.* ʃaʀ'mɑ̃/ [vc. fr., part. pres. di *charmer* 'affascinare', da *charme* (V.); 1698] **agg. inv.** (f. fr. *charmante*; pl. m. *charmants*; pl. f. *charmantes*) ● Affascinante, attraente, seducente.

charmat /*fr.* ʃaʀ'ma/ [vc. fr., dal n. dell'ingegnere fr. E. *Charmat* che brevettò il metodo nel 1907] **agg.**; anche **s. m. inv.** ● Detto di metodo di spumantizzazione che prevede la rifermentazione del vino in un grande contenitore (autoclave); è un metodo più rapido ed economico dello champenois.

charme /*fr.* 'ʃaʀmə/ [vc. fr., dal lat. *cărme(n)* 'carme, formula magica, incantesimo'; 1822] **s. m. inv.** ● Grazia, fascino: *una donna di grandissimo c.*

charmeur /*fr.* ʃaʀ'mœʀ/ [vc. fr., dal v. *charm(er)* 'incantare, affascinare' con il suff. *-eur*, proprio dei nomi d'agente; 1918] **A s. m. inv.** (f. fr. *charmeuse* (V.); pl. m. *charmeurs*; pl. f. *charmeuses*) ● Persona di grande fascino. **B** anche **agg.**: *uno sguardo c.*

charmeuse /*fr.* ʃaʀ'mø:z/ [vc. fr., propr. f. di *charmeur* (V.); 1918] **s. f. inv.** ● Tessuto in raso di seta molto soffice e lucente.

chàrter /'tʃarter, *ingl.* 'tʃɑ:ɹṭəɹ/ [vc. ingl., propr. 'statuto, carta', dall'ant. fr. *chartre*, dal lat. *chărtula(m)*. V. *cartula*; 1970] **A s. m. inv.** *1* (*mar.*) Noleggio a tempo di una nave o di una imbarcazione. *2* (*aer.*) Aereo che non presta servizio regolare di linea, ma viene noleggiato per i percorsi desiderati: *noleggiare un c.*; *volare su un c.* **B** anche **agg.** nel sign. 2: *aereo, volo c.*

chartreuse /*fr.* ʃaʀ'tʀø:z/ [vc. fr., dall'abbazia detta *la Grande Chartreuse*, dal n. del luogo in cui S. Brunone fondò un monastero nel 1084; 1887] **s. f. inv.** ● Liquore di erbe aromatiche, fabbricato originariamente dai monaci certosini.

chassepot /*fr.* ʃas'po/ [vc. fr., dal n. dell'armaiolo A.-A. *Chassepot*, che lo costruì nel 1866] **s. m. inv.** ● Fucile a retrocarica calibro 11 in uso in Francia nel XIX secolo.

chassidico /kas'sidiko/ e *deriv.* ● V. *cassidico* e *deriv.*

châssis /*fr.* ʃa'si/ [vc. fr., da *châsse* 'cassa'; 1905] **s. m. inv.** (pl. fr. inv.) *1* Telaio per autoveicoli. **SIN.** Autotelaio | (*gener.*) Telaio di un'apparecchio. *2* (*fot.*) Contenitore per pellicole piane o lastre fotografiche.

chat /tʃat, *ingl.* 'tʃæt/ [vc. ingl., propr. 'chiacchierata'; 1995] **s. f. inv.** ● (*elab.*) Messaggio e sessione di scambio di messaggi effettuata su una chat line.

châtelaine /*fr.* ʃatə'lɛn/ [vc. fr., propr. 'castellana', orig. *chaine châtelaine* 'catena castellana', l'una e l'altra vc. di orig. lat.; 1970] **s. f. inv.** ● Tipo di ciondolo ornamentale che, attaccato all'orologio da taschino, pende fuori dalla tasca.

chat line o **chatline** /*ingl.* 'tʃæt,laen/ [loc. ingl., propr. 'linea telefonica (*line*) per (fare) quattro chiacchiere (*chat*)'] **s. f. inv.** ● (*elab.*) Sistema di posta elettronica che permette a più utenti di scambiarsi messaggi in tempo reale | Sito nel quale è possibile effettuare tali comunicazioni.

chattàre /tʃat'tare/ [adatt. del s. ingl. *chat* 'chiacchierata'; 1995] **v. intr.** (aus. *avere*) ● In Internet, conversare in tempo reale con uno scambio di messaggi scritti.

chauceriàno /tʃose'rjano/ **agg.** ● Relativo allo scrittore inglese G. Chaucer (1343-1400).

chauffeur /fr. ʃo'fœʀ/ [vc. fr., propr. 'che alimenta il fuoco', poi 'fuochista di una macchina a vapore' e 'autista': deriv. di *chauffer* 'riscaldare', dal lat. *calefăcere* (V. *calefazione*); 1905] **s. m. inv.** ● (*disus.*) Autista.

♦**che** (**1**) /ke*/ [lat. *quĭd*, nt. di *quĭs*; 960] **A pron. rel. m. e f. inv.** (si può elidere davanti a parola che comincia con vocale: *ch'io*, *ch'egli*; raro *c'hanno*, *c'altri*) **1** Il quale, la quale, i quali, le quali (con funzione di sogg. e compl. ogg.): *il libro che è sul tavolo è di Paolo*; *osservare le persone che passano*; *non dire a nessuno la cosa che ti ho confidato*; *è l'umidità che mi fa male*; *Luigi è di là che guarda la tv.* **2** (*lett.*) †Cui (nei casi obliqui, con o senza prep.): *i rai di che son pie le stelle* (FOSCOLO) | Oggi anche fam.: *le stoffe con che si foderano le poltrone.* **3** (*fam.*) In cui (con valore locativo o temporale): *paese che vai, usanza che trovi*; *il giorno che feci ritorno*; *l'anno che scoppiò la guerra.* **4** La qual cosa (con valore neutro, riferito a una intera prop., per lo più preceduto dall'art. o da una prep.): *tenterò di fargli altre raccomandazioni, che è del tutto inutile*; *ho provato a farlo ragionare, il che è come sbattere contro un muro*; *non ho accettato l'invito, del che ora mi pento*; *disse di non saperne nulla, al che mi misi a ridere*; *rimango ancora cinque minuti, dopo di che me ne vado* | (*lett.*) **Per lo che**, per la qual cosa | **Dal che**, dalla qual cosa. **B pron. interr.** ● Quale cosa (in prop. interr. dirette e indirette): *che ne dici?*; *che vuoi?*; *di che ti offendi?*; *a che stai pensando?*; *non sa che fare*; *non vedo di che tu possa lamentarti*; *non ho di che lagnarmi*; *'Grazie!' 'Non c'è di che'* | **E che, o che, ma che?**; domande che esprimono incredulità o stupore | **Che più**, non c'è altro da aggiungere | **A che?, a che pro?**, a quale scopo? | **Che è, che non è**, tutto a un tratto | **Non c'è che dire**, proprio così: *è un ottimo pianista, non c'è che dire.* **C agg. interr. m. e f. inv.** ● Quale, quali: *che ora è?*; *che intenzioni hai?*; *che cosa mi dici mai?*; *che tipo è?*; *ed alle genti svela di che lacrime grondi e di che sangue* (FOSCOLO) | **Non sapere che pesci pigliare**, (*fig.*) non sapere quale risoluzione prendere. **D pron. escl.** ● Quale cosa, quali cose (in frasi escl. esprimenti meraviglia, disappunto, rifiuto e sim.): *che vedo!*; *che sento!*; *ma che dite!* | Come inter.: *che! che!, questi sono capricci*; *che! non ci credo!* | **Ma che!**, per nulla, niente affatto, neanche per sogno (V. anche *macché*). **E agg. escl. m. e f. inv.** ● Quale, quali: *che bella idea!*; *che cielo limpido!*; *che uomo buono!*; *in che stato ti sei ridotto!*; *sciocchina che sei!*; *stupido che non sei altro!* | (*fam.*) Com'è, quant'è: *che bello!*; *che simpatico!*; *che tardi!* **F** in funzione di **pron. indef. m.** solo **sing.** ● Indica qualche cosa di indeterminato nelle loc.: **un che, un certo che, un non so che, un certo non so che**: *ha un che di strano nello sguardo*; *crede di avere chi sa che* | (*fam.*) **Gran che**, una persona o cosa di qualche importanza o valore: *si crede di essere un gran che*; *questo libro non è poi un gran che* (V. anche *granché*) | **Un minimo, ogni minimo che**, la più piccola cosa, un nonnulla: *spaventarsi per un minimo, per ogni minimo che* (V. nota d'uso ACCENTO).

♦**che** (**2**) /ke*/ [lat. *quĭa*, nt. pl. arc. di *quī* 'il quale'; av. 1250] **cong.** **I** Introduce varie specie di proposizioni subordinate. **1** Prop. dichiarativa (soggettiva o oggettiva) con il v. al congv. o all'indic.: *è possibile che arrivi in ritardo*; *spero che tu venga* | In taluni casi viene omesso quando il v. è al congv.: *temo (che) sia malato*; *speriamo (che) non sia in ritardo* | In usi enfatici (con ellissi di un sost., di un agg. o del v.): *è che ti vengono troppe idee!*; *non è che non sia intelligente, ma studia poco*; *non che se ne approfitti, anzi, è scrupolosissimo.* **2** Prop. causale con il v. al modo congv.: *sono contento che tu abbia vinto.* **3** Prop. consecutiva con il v. all'indic. o al congv. (generalmente in correl. con agg. o avv. come 'così', 'tale', 'tanto' e sim.): *parla forte che ti senta*; *è bianco che pare uno straccio lavato*; *era tanto spaventato che non capiva più niente* | Anche nelle loc. cong. **in modo che, al punto che, a tal segno che** e sim. **4** Prop. finale con il v. al congv.: *fatelo entrare che si riscaldi un poco*; *guarda che non faccia sciocchezze* | Anche ellitt.: *che non combini qualche guaio!* **5** Prop. temporale con il v. all'indic. (con il sign. di 'quando', 'da quando', 'dopo che'): *arrivai che era ancora presto*; *saranno anni che non lo vedo* | (*lett.*) Con ellissi di 'dopo' e posposto a un part. pass.: *giunto che fu*; *mangiato che ebbe.* **6** Prop. imperativa o ottativa con il v. al congv. (gener. con ellissi del verbo reggente): *che passi!*; *che entrino!*; *che sia benedetto!* **7** Prop. condizionale con il v. al congv.: *nel caso che*; *posto che*; *a patto che*; *ammesso che tu lo desideri*; *posto che te lo domandino.* **8** Prop. con valore limitativo, con il v. al congv. (con il sign. di 'per quanto'): *che io sappia non è successo niente*; *non ti rivedrò, ch'io creda, / un'altra volta* (LEOPARDI). **9** Prop. comparativa: *preferisco andare di persona che scrivere*; *è stato più veloce che non credessi.* **10** Prop. eccettuativa (in espressioni negative spec. in correl. con 'altro', 'altrimenti' e sim.): *non fa che parlare*; *non desidero che accontentarti* | Anche nelle loc. cong. **senza che, tranne che, salvo che** e sim.: *non farei nulla senza che tu me lo dica.* **II** Ricorre con diverso valore in molte espressioni. **1** Con valore compar. introduce il secondo termine di paragone ed è di rigore quando il paragone viene fatto tra due agg., o part., o inf., o s. e pron. preceduti da prep.: *corre più veloce che il vento*; *vado più volentieri in montagna che al mare*; *starai meglio con lui che con noi*; *è più furbo che intelligente* | In correl. con 'tanto': *vale tanto questo che quello*; *sono buoni tanto l'uno che l'altro* | In espressioni che hanno quasi valore superlativo: *è più bella che mai*; *è più che naturale.* **2** Con valore eccettuativo: *non pensa che a sé, ad altro che a sé*; *non c'è che lui per lavori di questo genere*; *non sa agire che così.* **3** Con valore coordinativo in espressioni correl.: *sia che sia che, o che o che* e sim.: *sia che tu lo voglia, sia che tu non lo voglia.* **III** Ricorre nella formazione di molte cong. composte e loc. cong.: *allorché*; *affinché*; *acché*; *benché*; *poiché*; *perché*; *giacché*; *appena che*; *in modo che*; *sempre che*; *nonostante che*; *secondo che*; *tranne che*; *senza che*; *a meno che*; *dopo che*; *prima che* e sim (V. nota d'uso ACCENTO).

ché /ke*/ [aferesi di *perché*; av. 1250] **cong.** ● (*lett.*) Perché (introduce una prop. caus. o interr. con il v. all'indic., o una prop. finale con il v. al congv.): *vieni vicino, ché voglio vederti meglio*; *Padre mio, ché non m'aiuti?* (DANTE *Inf.* XXXIII, 69). (V. nota d'uso ACCENTO).

cheap /tʃip, ingl. tʃhiːp/ [vc. ingl., di orig. germ.; 1924] **agg. inv.** ● Di poco valore, di qualità inferiore | (*est.*) Privo di classe, meschino, mediocre: *gente c.*; *in quell'ambiente è tutto molto c.*

chécca [vezzeggiativo, d'orig. region., del n. proprio *Francesca*; 1977] **s. f.** ● Omosessuale maschile.

checché o **che che** [lat. *quĭd quĭd*; av. 1306] **pron. rel. indef.** ● (*spec. lett. o scherz.*) Qualunque cosa (come sogg. e compl. ogg. con valore neutro e il v. sempre al congv.): *c. avvenga, ho deciso di andarmene*; *farò così, c. tu ne pensi.*

checchessia o **checché sia**, **che che sia** [comp. di *checché* e *sia* (congv. pres. di *essere*); 1525] **pron. indef.** solo **sing.** **1** (*lett.*) Qualsiasi cosa, qualunque cosa: *c. facciate a lui va sempre bene*; *compra e vende c.* **2** (*lett.*) Nulla, niente, alcuna cosa (in frasi negative): *non posso accettare c.*

che che /kek'ke*/ ● V. *checché.*

che che sia /kekkes'sia/ ● V. *checchessia.*

check-in /ingl. 'tʃhɛk,ɪn/ [vc. ingl., da *to check* 'controllare', di orig. indeur.; 1974] **s. m. inv.** ● Operazione preliminare dei viaggi aerei, che si svolge a terra e consiste nel controllo del biglietto e nel ritiro del bagaglio dei passeggeri | (*est.*) Procedura di registrazione degli ospiti in un albergo e sim.

check list /tʃɛk list, ingl. 'tʃhɛk,lɪst/ [vc. ingl., propr. 'lista di controllo'; 1993] **loc. sost. f. inv.** (pl. ingl. *check lists*) ● (*org. az.*) In attività complesse, elenco ragionato di compiti da svolgere o controlli da effettuare nell'ordine stabilito.

check panel /ingl. 'tʃhɛk,pænl/ [loc. ingl., propr. 'pannello di controllo'; 1987] **loc. sost. m. inv.** (pl. ingl. *check panels*) ● (*autom.*) Quadro di controllo installato nel cruscotto di una vettura, che segnala una serie di dati relativi al funzionamento del veicolo (stato del motore, usura dei freni, consumi ecc.).

check-up /tʃɛ'kap, ingl. 'tʃhɛk,ʌp/ [vc. ingl., propr. 'controllo'; 1970] **s. m. inv.** **1** Serie di analisi ed esami clinici miranti a dare un quadro completo delle condizioni di salute di una persona (spec. a scopo preventivo). **2** (*est.*) Revisione generale cui vengono periodicamente sottoposti apparecchi, meccanismi, impianti e sim.

cheddite /ked'dite, *ʃed-/ [fr. *cheddite*, dalla località di *Chedde*, nell'Alta Savoia, dove fu fabbricata; 1931] **s. f.** ● Esplosivo per mine o bombe, di composizione variabile, costituito generalmente da una miscela formata da un clorato o perclorato, da un nitrocomposto aromatico e da una sostanza grassa.

chedivè ● V. *kedivè.*

cheek to cheek /tʃittu'tʃik, ingl. 'tʃhiːk tə-'tʃhiːk/ [loc. ingl. 'guancia a guancia' (*cheek* 'guancia' è vc. d'orig. germ.); 1966] **loc. avv.** ● Guancia a guancia: *ballare cheek to cheek.*

cheeseburger /tʃiz'burger, ingl. 'tʃhiːz,bɜːɡə/ [vc. ingl., comp. di *cheese* 'formaggio' e (*ham*)*burger*; 1986] **s. m. inv.** ● Panino imbottito con hamburger e formaggio.

chef /fr. ʃɛf/ [vc. fr., 'capo', dal lat. *căput* 'capo'; 1894] **s. m. inv.** ● Capocuoco.

che fàre **loc. sost. m. inv.** ● Decisione da prendere | Attività da svolgere.

chèfir o **chefir**, **kèfir** [russo *kefir*, vc. del Caucaso; 1905] **s. m. inv.** ● Bevanda acidula ottenuta per fermentazione del latte, tipica del Caucaso e dell'Asia centrale.

cheilite [comp. di *cheil*(*o*)- e *-ite* (*1*); 1963] **s. f.** ● (*med.*) Infiammazione delle labbra.

chèilo- o **chilo-** (**2**) [dal gr. *chéilos* 'labbro'] primo elemento ● In parole composte della terminologia medica significa 'labbro': *cheilodieresi*, *cheiloschisi.*

cheilodièreṣi [comp. di *cheilo-* e del gr. *diáiresis* 'separazione'; 1964] **s. f. inv.** ● (*med.*) Labbro leporino.

cheilofagìa [comp. di *cheilo-* e *-fagia*; 1940] **s. f.** ● Tendenza nevrotica a mordersi continuamente le labbra.

cheiloschìṣi [comp. di *cheilo-* e del gr. *schísis* 'separazione' (da *schízō* 'io spacco'); 1931] **s. f. inv.** ● (*med.*) Labbro leporino.

chèiro- ● V. *chiro-*

cheironomìa ● V. *chironomia.*

cheirospàṣmo o **chirospàṣmo** [comp. di *cheiro-* e *spasmo*; 1908] **s. m.** ● Grafospasmo. SIN. Crampo degli scrivani.

chèla o **chèle** [lat. tardo *chēlae*, nom. pl., dal gr. *chēlḗ* 'unghia biforcuta, forbice'; 1584] **s. f.** ● (*zool., spec. al pl.*) Appendice foggiata a pinza di molti Crostacei ed Aracnidi.

chelàto [da *chela* per la forma; 1951] **A agg.** **1** (*zool.*) Dotato di chele: *arti chelati.* **2** (*chim.*) Detto di composto complesso a struttura ciclica contenente legami coordinati. **B** anche **s. m.** nel sign. 2.

chelaziòne [comp. di *chela* (per la forma della molecola legante) e del suff. *-zione*; 1964] **s. f.** ● (*chim.*) Formazione di un complesso costituito da un atomo o ione metallico legato mediante almeno due legami con una molecola organica neutra o dotata di cariche negative.

chèle ● V. *chela.*

chelèbe ● V. *celebe.*

chèli [vc. dotta, lat. *chĕly*(*m*), nom. *chĕlys*, dal gr. *chélys* 'testuggine': di orig. indeur. (?). Il sign. di 'lira' deriva dal fatto che la lira fu costruita la prima volta da Mercurio col guscio di una testuggine; av. 1729] **s. f. inv.** ● (*lett.*) Mitica lira di Mercurio e di Apollo | (*est.*) Cetra.

Cheliceràti [da *cheliceri*; 1956] **s. m. pl.** (**sing.** *-o*) ● Nella tassonomia animale, sottotipo di Artropodi con il corpo diviso in due parti e sei paia di appendici articolate (*Chelicerata*).

cheliceri [comp. del gr. *chēlḗ* 'chela' (V. *chela*) e *kéras* 'corno' (V. *cerambice*); 1865] **s. m. pl.** (**sing.** *-o*) ● (*zool.*) Il primo paio di arti della testa degli Aracnidi e dei Merostomi, preorali nell'adulto (*Chelicera*).

chelidònia ● V. *celidonia.*

chelidra [vc. dotta, lat. *chelȳdru*(*m*), nom. *chelȳdrus*, dal gr. *chélydros* 'testuggine acquatica', comp. di *chélys* 'testuggine' (V. *cheli*) e *hýdōr* 'acqua'; 1797] **s. f.** ● Testuggine americana che vive nei fiumi o nelle paludi (*Chelydra serpentina*).

chelidro [V. precedente; 1313] s. m. • Nome di un antico serpente anfibio non identificato.

chelleàno /*ʃelle'ano/ [dalla città fr. di *Chelles*; 1931] **A** agg. • Che si riferisce a una cultura preistorica di epoca paleolitica: *periodo c.*; *civiltà chelleana*. **B** s. m. • Periodo di tale cultura preistorica.

chellerina o (*raro*) **kellerina** [ted. *Kellnerin*, da *Keller* 'cantina'; 1884] s. f. • Cameriera di birreria o caffè, spec. nei Paesi tedeschi.

chelòide [fr. *chéloide*. V. *chela* e *-oide*; 1830] s. f. • Cicatrice cutanea fibrosa di formazione naturale o secondaria a fatti infiammatori, o anche, presso molti popoli primitivi, provocata da sostanze particolari come segno di distinzione o di iniziazione.

Chelòni [dal gr. *chelṓnē* 'tartaruga'; 1830] s. m. pl. (sing. *-e, io*) • Nella tassonomia animale, ordine di Rettili terrestri o acquatici con corpo depresso, protetto da una corazza in cui sono retraibili il capo, gli arti e la coda (*Chelonia*).

chemigrafia [comp. di *chemio-* e *-grafia*; 1965] s. f. • Riproduzione grafica dovuta ad azione chimica spec. su superfici metalliche.

chemiluminescènza [comp. di *chemio-* e *luminescenza*; 1956] s. f. • Luminescenza generata da reazioni chimiche.

chemin-de-fer /fr. ʃə̥mɛ̃t'fɛːʀ/ [vc. fr., propr. 'ferrovia, strada ferrata'; 1905] s. m. inv. • Gioco d'azzardo simile al baccarà.

chèmio s. f. inv. • (*med.*) Accorc. di *chemioterapia*.

chèmio- o **chèmo-** [dall'ingl. *chemio-*, *chemo-*, tratti da *chemical* 'chimico'] primo elemento • In parole composte della terminologia scientifica indica una relazione con la chimica o con un composto chimico: *chemiosintesi*, *chemioterapia*.

chemiocettóre o **chemocettóre** [comp. di *chemio-* e (*re*)*cettore*; 1964] s. m. • (*biol.*) Chemiorecettore.

chemioelettricità [comp. di *chemio-* ed *elettricità*; 1965] s. f. • Elettricità derivata da reazioni chimiche.

chemiogènesi [comp. di *chemio-* e *genesi*; 1965] s. f. inv. • Influenza di fattori chimici su processi di formazione della vita organica.

chemiorecettóre o **chemorecettóre** [comp. di *chemio-* e *recettore*; 1987] s. m. • (*biol.*) Struttura atta alla ricezione di stimoli di natura chimica, come, per es., i recettori dell'olfatto e del gusto.

chemiosintèsi o **chemosintèsi** [comp. di *chemio-* e *sintesi*; 1965] s. f. inv. • Sintesi di composti organici per mezzo di energia derivata da reazioni chimiche. CONTR. Fotosintesi.

chemiotàssi [ingl. *chemiotaxis*, comp. di *chemio-* e del gr. *táxis* 'ordine, disposizione'; 1964] s. f. inv. **1** Proprietà di certe sostanze solubili di promuovere o impedire la fuoriuscita di leucociti dai vasi sanguigni. **2** Chemiotattismo.

chemiotassia [1986] s. f. • (*biol.*) Chemiotattismo.

chemiotattìsmo [comp. di *chemio-* e *tattismo*; 1931] s. m. • Tattismo provocato da stimoli chimici: *c. dei leucociti*. SIN. Chemiotassia.

chemioterapia [comp. di *chemio-* e *terapia*; 1910] s. f. **1** Scienza che studia l'impiego di sostanze chimiche per scopi terapeutici. **2** (*est.*) Trattamento terapeutico, con sostanze chimiche, delle malattie infettive, causate da batteri, protozoi, virus, e delle malattie tumorali.

chemioteràpico [1956] **A** agg. (pl. m. *-ci*) • Della chemioterapia, relativo alla chemioterapia. **B** anche s. m. • Farmaco capace di ostacolare i processi vitali dei microrganismi patogeni o la moltiplicazione cellulare, con scarsi effetti lesivi sull'organismo del malato.

chemiotropìsmo o **chemotropìsmo** [comp. da *chemio-* e *tropismo*; 1940] s. m. • Tropismo provocato da stimoli chimici.

chemisier /fr. ʃəmi'zje/ [vc. fr., da *chemise* 'camicia'; 1963] s. m. inv. • Abito femminile d'un solo pezzo, semplice e sobriamente rifinito, che si ispira alle caratteristiche della camicia maschile.

chèmo- • V. *chemio-*.

chemocettóre • V. *chemiocettore*.

chemorecettóre • V. *chemiorecettore*.

chemosfèra [da *chemo-* (var. di *chemio-*), sul modello di *atmosfera*; 1983] s. f. • (*meteor.*) Regione dell'atmosfera terrestre compresa fra 20 e 110 km, caratterizzata dalla predominanza dell'attività chimica.

chemosintèsi • V. *chemiosintesi*.

chemotropìsmo • V. *chemiotropismo*.

Chenopodiàcee [comp. di *chenopodi*(*o*) e *-acee*; 1865] s. f. pl. (sing. *-a*) • Nella tassonomia vegetale, famiglia di piante erbacee con foglie semplici e fiori piccoli, in infiorescenze cimose (*Chenopodiaceae*). ➡ ILL. **piante**/3.

chenopòdio [comp. del gr. *chḗn*, genit. *chēnós* 'oca' e *poús*, genit. *podós* 'piede'; 1726 ca.] s. m. • Genere di piante erbacee o arbustive delle Chenopodiacee, con foglie alterne, fiori piccoli, sessili, frutti a capsula o a bacca, di cui alcune specie sono frequenti come malerbe (*Chenopodium*) | *C. buon-Enrico*, spinacio buon-Enrico.

†**chènte** [da *che*, con la finale degli avv. in *-mente*; av. 1292] **A** agg. e pron. m. e f. **1** Quale. **2** Quanto (gener. accompagnato da 'quale'): *chenti e quali li nostri ragionamenti sieno* (BOCCACCIO). **3** Qualunque (seguito da che): *le divine cose, chenti che elle si fossero … a denari e vendevano e comperavano* (BOCCACCIO). **B** avv. • Come: *c. v'è paruta questa vivanda?* (BOCCACCIO) | *C. che*, in qualunque modo, comunque.

chènzia • V. *kenzia*.

chepì o **cheppì** [1882] s. m. • Adattamento di *képi* (V.).

chéppia o **chièppa** [lat. tardo **clĭpea*(*m*), per il classico *clŭpea*(*m*), di etim. incerta; 1481] s. f. **1** (*zool.*) Alosa. **2** †Persona sciocca e balorda.

chèque /fr. ʃɛk/ [vc. fr., dall'ingl. *check*, dal v. *to check* 'controllare'; 1875] s. m. inv. • Assegno bancario: *emettere uno c.*

cheratina [dal gr. *kéras*, genit. *kératos* 'corno'; 1875] s. f. • Sostanza proteica, diffusa spec. nelle parti di rivestimento e di protezione degli animali e degli uomini, quali peli, unghie e sim. che, sciolta, serve in farmacia a cheratinizzare pillole.

cheratinizzàre [da *cheratina*; 1959] v. tr. • Sottoporre pillole, confetti medicamentosi e sim. a cheratinizzazione.

cheratinizzazióne [1956] s. f. **1** Trasformazione in cheratina delle sostanze componenti le cellule dello strato corneo dell'epidermide. **2** Rivestimento con cheratina di farmaci che debbano passare inalterati attraverso il succo gastrico e agire solo nell'intestino.

cheratite [comp. di *cherato-* e *-ite* (*1*); 1860] s. f. • (*med.*) Infiammazione della cornea durante un intervento per cataratta.

chèrato- o **cèrato-** [dal gr. *kéras*, genit. *kératos* 'corno'] primo elemento • In parole composte della terminologia scientifica significa 'corneo' o 'sostanza cornea' o 'strato corneo' o indica relazione con la cornea dell'occhio: *cheratite*, *cheratoplastica*.

cheratocòno [comp. di *cherato-* e *cono* (*1*); 1964] s. m. • (*med.*) Deformazione, a carattere evolutivo, della parte centrale della cornea che tende ad assumere una forma conica.

cheratodermia [comp. di *cherato-* e *-dermia*; 1930] s. f. • Malattia cutanea che provoca un ispessimento dello strato corneo dell'epidermide, spesso accompagnato da infiammazione.

cheratògeno [comp. di *cherato-* e *-geno*; 1956] agg. • Che genera sostanza cornea.

cheratolitico [comp. di *cherato-* e *-litico* (*2*); 1956] **A** s. m. (pl. *-ci*) • Farmaco capace di sciogliere lo strato corneo dell'epidermide. **B** anche agg.: *farmaco c.*

cheratòma [comp. di *cherat*(*o*)- e del suff. *-oma*; 1931] s. m. (pl. *-i*) • (*med.*) Alterazione benigna della cute caratterizzata da ispessimento dello strato corneo dell'epidermide. SIN. Cheratosi.

cheratoplàstica [comp. di *cherato-* e *plastica*; 1855] s. f. • (*chir.*) Trapianto corneale.

cheratòsi [comp. di *cherat*(*o*)- e del suff. *-osi*; 1956] s. f. inv. • (*med.*) Cheratoma.

cheratotomia [comp. di *cherato-* e *-tomia*; 1956] s. f. • (*chir.*) Incisione della cornea durante un intervento per cataratta.

†**chérca** • V. *chierica*.

†**chérco** • V. *chierico*.

†**chercùto** • V. †*chiercuto*.

†**chèrere** • V. *chiedere*.

†**chérica** • V. *chierica*.

†**chérico** • V. *chierico*.

cherigma [gr. *kḗrygma* 'predicazione', deriv. di *kērýssein* 'proclamare, bandire', prob. d'orig. indeur.; 1987] s. m. (pl. *-i*) • Nella teologia cristiana, l'annuncio o predicazione del Vangelo, in cui la verità viene presentata nel suo contenuto psicologico e storico.

cherigmàtico [1987] agg. (pl. m. *-ci*) • Relativo a cherigma.

chèripo [vc. di orig. indiana; av. 1704] s. m. • Ostrica madreperlacea.

chèrmes o †**chèrmesi**, **chèrmisi**, **chermisì**, †**chèrmosi**, **crèmisi**, **kèrmes** [sp. *quermes*, dall'ar. *qirmiz*; 1550] s. m. inv. **1** Insetto degli Omotteri (*Chermes*). **2** Colorante naturale rosso vivo, ricavato da cocciniglie, largamente usato, in passato, per tingere i tessuti, oggi solo per la colorazione di alcuni liquori come l'alchermes. **3** V. *cremisi*.

chèrmisi o **chermisì** • V. *cremisi*.

chermisìno • V. *cremisino*.

†**chèrmosi** • V. *chermes*.

cherosène o **kerosène** [dal gr. *kērós* 'cera', di etim. incerta, col suff. *-ene*; 1875] s. m. • Miscela di idrocarburi, ottenuta come frazione nella distillazione del petrolio, utilizzata per l'illuminazione, come carburante per motori a reazione e come combustibile.

†**cherovàna** • V. *carovana*.

cherry brandy /'ʧɛrri 'brendi, *ingl.* 'ʧɛɹi 'bɹændi/ [vc. ingl., comp. di *cherry* 'ciliegia' (stessa etim. dell'it. *ciliegia*) e *brandy* (V.)] s. m. inv. (pl. ingl. *cherry brandies*) • Acquavite di ciliegie.

cherùbico [da †*cherubo*; 1321] agg. (pl. m. *-ci*) • (*lett.*) Di cherubino, da cherubino.

cherubino [vc. dotta, lat. tardo *Chĕrubin*, dall'ebr. *kerûbhîm* (pl. di *kerûbh*) 'esseri sovrumani e spirituali'; av. 1306] s. m. **1** Nella tradizione biblica, angelo presente dinanzi alla gloria di Dio | Nella teologia cristiana, ciascuno degli angeli del secondo ordine o coro della prima gerarchia. **2** Immagine dipinta o scolpita raffigurante un angelo. **3** (*est.*) Persona, spec. bambino o fanciulla, di delicata bellezza | *Testa da c.*, dai capelli biondi e ricciuti.

†**cherùbo** o **chèrubo** [lat. tardo *Cherub*; 1321] s. m. • (*poet.*) Cherubino: *sono un caduto c.*, / *dannato a errar sul mondo* (BOITO).

†**chèsta** [lat. *quaesta*(*m*), f. di *quaestus* 'chiesto', da *quaerere* 'cercare'; av. 1294] s. f. • Ricerca, richiesta.

chetàre [da *cheto*; av. 1250] **A** v. tr. (*io chéto*) • (*tosc.* o *lett.*) Calmare, far stare tranquillo, far tacere: *c. un bambino*; *c. una persona chiassosa*, *un tumulto*, *una discussione*; *c. il cicalio poetico* (MANZONI) | *C. un creditore*, pagarlo. SIN. Placare, quietare, rabbonire. **B** v. intr. pron. • (*tosc.* o *lett.*) Mettersi zitto, calmo.

chetichèlla [da *cheto* 'quieto'; av. 1565] vc. • Solo nella loc. avv. ***alla c.***, di nascosto, furtivamente, zitto zitto e senza farsi vedere: *entrare*, *andarsene*, *uscire*, *svignarsela alla c.*; *fare qlco. alla c.*

chéto (o **-è-**) [V. *quieto*; av. 1250] **A** agg. **1** (*tosc.* o *lett.*) Silenzioso, quieto, tranquillo: *c. c.*; *zitto e c.*; *l'aria sta cheta ed ogni fronde salda* (L. DE' MEDICI) | ***Acqua cheta***, (*fig.*) persona solo apparentemente buona e tranquilla. **2** †Segreto, nascosto. **3** †Sommesso. || PROV. Le acque chete rovinano i ponti. || **chetaménte**, avv. In silenzio, senza rumore. **B** avv. • †Tranquillamente, senza far rumore: *diede la volta ritornando passo passo e c. verso l'albergo* (SACCHETTI) | Sommessamente: *parlar c.* || **chetóne**, accr.

chèto- (1) [dal gr. *cháitē* 'chioma'] primo elemento • In parole composte della terminologia scientifica significa 'avente peli' o 'avente setole' o 'fornito di appendici filiformi': *chetognati*.

chèto- (2) [da *cheto*(*ne*)] primo elemento • In parole composte della terminologia chimica è abbreviazione di 'chetone': *chetoacido*, *chetogeno*.

chetoàcido [comp. di *cheto-* (*2*) e *acido*; 1956] s. m. • Composto organico che contiene nella molecola tanto la funzione chetonica quanto quella acida.

chetògeno [comp. di *cheto-* (*2*) e *-geno*; 1956] agg. • Detto di composto che genera chetoni.

Chetognàti o (*raro*) **Chetògnati** [comp. di *cheto-* (*1*) e *-gnato*; 1951] s. m. pl. (sing. *-o*) • Nella tassonomia animale, gruppo di piccoli animali marini con corpo fusiforme, trasparente, terminante con una pinna caudale orizzontale (*Chaetognatha*).

chetóne [ingl. *ketone*, dal ted. *keton*, variante di *Aceton* 'acetone'; 1892] s. m. • (*chim.*) Composto organico contenente uno o più gruppi carbonilici in ciascuno dei quali le due valenze libere sono saturate da radicali idrocarburici | *C. alifatico*, se i radicali sono entrambi alifatici | *C. aromatico*, se i radicali sono entrambi aromatici | *C. misto*, se i radicali sono diversi | *C. semplice*, se i radicali sono uguali.

chetonemìa [comp. di *cheton(e)* ed *-emia*; 1964] s. f. ● (*med.*) Acetonemia.

chetònico [1956] agg. (pl. m. *-ci*) ● Di chetone, relativo a un chetone | Che possiede la funzione chetonica | *Corpi chetonici*, sostanze chimiche presenti nel sangue e nelle urine, negli stati di acidosi diabetica.

chetóso [comp. di *cheto-* (*2*) e del suff. *-oso* (*2*)] s. m. ● (*chim.*) Monosaccaride che contiene nella molecola una funzione chetonica. CFR. Aldoso.

chetosteròide [comp. di *cheto-* (*2*) e *steroide*; 1964] s. m. ● (*chim.*) Composto organico con la struttura chimica di uno steroide che presenta una funzione chetonica.

†**cheùnque** ● V. *chiunque*.

cheviot /*ingl.* 'tʃɛviət/ [dai monti *Cheviot*, in Gran Bretagna, ove pascolano queste pecore; 1877] s. m. inv. *1* Pregevole razza ovina inglese. *2* Tessuto di lana, spesso e ruvido, ottenuto dal vello di ovini della razza omonima, impiegato per confezionare cappotti e giacche.

chevreau /*fr.* ʃə'vʀo/ [vc. fr., 'capretto', V. *capra*; 1956] s. m. inv. ● Pelle di capretto conciata al cromo, lucidata, usata per guanti e calzature.

chewing-gum /'tʃuiŋgam, *ingl.* 'tʃhuːiŋ,gʌm/ [vc. amer., 'gomma (*gum*, stessa etim. dell'it.) da masticare (*chewing*, dall'ant. sassone *cēowan*)'; 1927] s. m. inv. ● Gomma da masticare, in tavolette o palline. SIN. Gomma americana.

♦**chi** (**1**) /ki*/ [lat. *quī*, nom. sing.; av. 1250] **A** pron. rel. m. e f. *1* (*al sing.*) Colui il quale, colei la quale (con funzione di sogg. e di compl.): *chi studia è promosso*; *ammiro chi è generoso*; *dillo a chi vuoi*; *esci con chi ti pare*; *non mi fido di chi già mi ha ingannato* | **Chi di dovere**, la persona che svolge una data funzione: *mi rivolgerò a chi di dovere* | **Chi per lui**, persona che può sostituire qlcu.: *devi chiedere al direttore o a chi per lui*. *2* (*al pl.*) †Coloro che. *3* (*lett.*) †Cui (preceduto da prep.): *proverai tua ventura / fra magnanimi pochi, a chi 'l ben piace* (PETRARCA). **B** pron. rel. indef. m. e f. sing. *1* Uno che, qualcuno che: *c'è chi la pensa in questo modo*; *è difficile trovare chi possa farlo*; *si salvi chi può!*; *non trovo chi mi aiuti* | Se qualcuno (con valore ipotetico anche in prop. incisive): *chi volesse provare, è libero di farlo*; *questo, chi avesse denaro liquido, sarebbe un vero affare*; *chi non lo sapesse*; *chi guardi attentamente, non è poi cosa tanto strana*. *2* Chiunque: *può entrare chi vuole*; *esco con chi mi pare*. **C** pron. indef. m. e f. sing. ● (con valore correl.) Qualcuno, qualcun altro; alcuni, altri: *c'era molta allegria: chi cantava, chi rideva*; *chi la pensa in un modo, chi nell'altro*; *fuggirono chi da una parte, chi dall'altra*. **D** pron. interr. m. e f. ● Quale persona, quali persone (in funzione di sogg. e di compl., riferito sia al sing. sia al pl., in prop. interr. dirette e indirette): *chi siete?*; *chi è venuto?*; *con chi te la prendi?*; *chi credi di essere?*; *non so con chi uscire*; *dimmi chi dei due preferisci* | **Chi mi dice che non sia proprio così?**, chi me lo assicura? | **Chi lo sa?**, esprime incertezza | **Chi va là?**, intimazione a farsi riconoscere | **Chi te lo fa fare?**, perché tanta fatica? ne vale la pena? | **Me l'ha riferito non so chi**, una persona sconosciuta o che non si vuole nominare | Con valore raff. con 'mai' e fam. con 'diavolo', 'cavolo' ecc.: *chi mai sarà?*; *chi diavolo sei?* | Anche in prop. esclamative: *chi si rivede!*; *a chi lo dici!* | V. anche *chi è?*

chi (**2**) /ki*/ [dal gr. *chi*; 1955] s. m. o f. inv. ● Nome della ventiduesima lettera dell'alfabeto greco.

chiàcchiera, (*evit.*) **chiàcchera** [vc. onomat.; 1520] s. f. *1* (*spec. al pl.*) Discorso, conversazione, spec. su argomenti di scarsa importanza, oppure futile, inconcludente: *perdersi in chiacchiere*; *non m'appagherò più di chiacchiere* (MANZONI) | **Fare due, quattro chiacchiere**, (*fig., fam.*) parlare del più e del meno | **A chiacchiere**, a parole, non coi fatti | **Poche chiacchiere, basta con le chiacchiere**, brusco invito a terminare discorsi inutili o prolissi, a concludere, passare all'azione e sim. *2* (*spec. al pl.*) Discorso privo di fondamento; invenzione maligna, notizia falsa o volontariamente distorta: *corrono chiacchiere sul suo conto* | **È tutta una c.!**, una cosa non vera. SIN. Diceria, mormorazione, pettegolezzo. *3* Loquacità, parlantina: *ha molta c.*; *con la sua c. persuade tutti*. *4* (*lett.*) †Chiacchierata. *5* (*spec. al pl.*; *cuc.*) Nome usato in Lombardia per i cenci. || PROV. Le chiacchiere non fanno farina. || **chiacchieràccia**, pegg. | **chiacchierèlla**, dim. | **chiacchierétta**, dim. | **chiacchierìna**, dim. | **chiacchierùccia**, dim.

♦**chiacchieràre** [vc. onomat.; 1542] v. intr. (*io chiàcchiero*; aus. *avere*) *1* Discorrere, parlare: *se continuate a c. non riesco a studiare!* | Conversare su argomenti di poca importanza, o in modo futile, inconcludente: *dopo cena siamo rimasti a c.* *2* Fare maldicenze, diffondere pettegolezzi: *c. sul conto di qlcu.* SIN. Malignare, spettegolare.

chiacchieràta [da *chiacchierare*; 1690] s. f. *1* Lunga conversazione amichevole: *una c. che mi ha fatto piacere*. *2* Discorso lungo e noioso: *una c. in fin dei conti inutile*. *3* (*lett.*) †Composizione lunga e inconcludente. SIN. Cicalata. || **chiacchieratìna**, dim.

chiacchieràto [1944] part. pass. di *chiacchierare*; anche agg. ● Detto di persona di cui si parla molto, che è oggetto di pettegolezzi: *ragazza frivola e chiacchierata*.

chiacchiericcio [1849] s. m. ● Chiacchierio, cicaleccio.

chiacchierino [av. 1565] **A** agg. *1* Che chiacchiera spesso e volentieri: *ragazza chiacchierina*. *2* (*tosc.*) **Briscola chiacchierina**, che si gioca interrogando il compagno. **B** s. m. *1* (f. *-a*) Persona che chiacchiera molto e volentieri. *2* Delicato merletto annodato eseguito con una piccola spola.

chiacchierìo [av. 1698] s. m. ● Il chiacchierare prolungato e confuso di più persone: *non si udiva che un continuo c. da un uscio all'altro* (VERGA). SIN. Chiacchiericcio, cicaleccio.

♦**chiacchieróne** [av. 1565] s. m.; anche agg. (f. *-a*) *1* Chi (o Che) chiacchiera molto e volentieri. SIN. Ciarliero, loquace, pettegolo. *2* Chi (o Che) non sa tenere un segreto: *non ci si può fidare di quel c.*

chiàgnere [var. merid. di *piangere*] v. intr. ● (*dial., merid.*) Piangere.

chiàma [da *chiamare*; 1661] s. f. ● Appello nominale, spec. in ordine alfabetico: *c. degli scolari, dei soldati, dei senatori e deputati*; *fare la c.*; *rispondere, mancare alla c.*

♦**chiamàre** o (*lett.*) †**clamàre** [lat. *clamāre*, dalla stessa radice di *calāre* 'chiamare, convocare'; 1219] **A** v. tr. *1* Rivolgersi a un essere animato mediante la parola o altri segnali per attirarne l'attenzione, ricevere una risposta o portarlo a compiere una data azione (*anche fig.*): *c. a voce, con un fischio*; *c. a raccolta*; *c. per nome*; *c. al telefono*; *c. da parte, in disparte*; *le campane chiamano i fedeli*; *pilota chiama torre di controllo*; *la patria ci chiama*; *c. il prete, la polizia, il medico, l'idraulico* | Convocare: *c. qlcu. a testimoniare* | **Mandare a c. qlcu.**, farlo venire | **Farsi c. presto**, farsi svegliare presto | **C. qlcu. a consiglio**, consigliarsi con qlcu. | **C. fuori, al proscenio**, applaudire un attore perché si presenti sul palcoscenico | **Dio l'ha chiamata a sé**, detto di persona defunta | (*fig.*) **Essere chiamato al disegno, alla pittura**, avere una particolare predisposizione per il disegno, la pittura | **C. alle armi, sotto le armi**, convocare la classe di leva o i congedati a compiere il servizio militare | (*ellitt.*) Chiamare al telefono: *ti chiamerò domani*; *chiamami appena arrivi*. *2* (*dir.*) **C. una causa**, aprire, da parte di un ufficiale giudiziario, l'udienza relativa a una data causa di cui sono annunciati i termini | **C. qlcu. in giudizio, in causa**, dare attuazione alla chiamata | (*est.*) **C. in causa qlcu.**, coinvolgerlo. *3* (qlcu. + *a*) Ispirare per forza soprannaturale e trarre alla vocazione: *c. i giovani al sacerdozio, alla vita religiosa*. *4* Mettere nome, soprannome: *chiameranno Maria la loro prima figlia*; *il suo nome è Giuseppe, ma tutti lo chiamano Pino* | Indicare con un nome o un simbolo: *chiamiamo a il lato più corto* | Definire, qualificare: *questo periodo si può c. romantico* | **C. le cose con il loro nome**, parlare francamente, senza finzioni | (*est.*) Designare, nominare | (*dir.*) **C. qlcu. alla successione**, istituirlo erede per testamento. *5* Invocare, sollecitare, richiedere: *c. Dio in testimonio*; *c. aiuto, giustizia* | **C. una carta**, calarne una del seme che si desidera sia successivamente giocato dal compagno | **C. la palla**, in vari sport, sollecitarne il passaggio | **C. la stoccata**, da parte dello schermidore che ritiene di aver portato a segno il colpo | Evocare: *c. l'anima, lo spirito di qlcu.* *6* (+ *a* qlco.; + *a* seguito da inf.) Eleggere, destinare, assegnare a un ufficio, a una carica: *è stato chiamato a un importante incarico pubblico*; *mi chiamarono, ancor molto giovine … a insegnare in una delle prime università* (CARDUCCI). *7* Tirare, trarre a sé, attirare (*anche fig.*): *la ricchezza chiama l'invidia, la povertà il disprezzo*; *vendetta chiama vendetta* | **Parole che chiamano disgrazia**, di cattivo augurio | **Un vento che chiama la pioggia**, che attira o precede la pioggia. SIN. Produrre, suscitare. *8* †Gridare, esclamare (*anche assol.*). **B** v. intr. pron. ● Aver nome, cognome, soprannome: *si chiama Giovanni*; *come si chiama il ristorante dove siamo andati ieri?* | (*enfat.*) **Questo si chiama parlar chiaro!**, questo è parlar chiaro! **C** v. rifl. ● (*lett.*) Dichiararsi, riconoscersi: *chiamarsi vinto, offeso*; *fatelo, che ve ne chiamerete contento* (GOLDONI) | **Chiamarsi fuori**, in alcuni giochi di carte, dichiarare di avere raggiunto il punteggio vincente durante una mano di gioco, interrompendola; (*est.*) ritirarsi da qlco., disinteressarsene | **Chiamarsi in colpa**, dichiararsi colpevole.

♦**chiamàta** [1294] s. f. *1* Il fatto di chiamare, di venire chiamato: *dare una c. a qlcu.*; *accorrere a una c.* | **C.** (*telefonica*), serie di squilli che annunciano una telefonata; richiesta di conversazione telefonica: *una c. interurbana*; *c'è una c. da Roma per te* | **C. luminosa, acustica**, in alberghi, collegi, ospedali e sim. segnale, spec. intermittente, con cui si richiede la presenza o l'intervento del personale addetto | Chiama, appello: *non rispondere alla c.* *2* Invito, richiesta, ordine, di presentarsi in un dato luogo, o di svolgere una data attività: *c. alla polizia*; *c. alle armi*; *il medico ha ricevuto una c. urgente* | (*dir.*) **C. in causa, in giudizio**, atto con cui una parte invita un terzo a intervenire in un processo | **C. di correo**, accusa rivolta a un terzo di aver concorso a commettere un reato, mossa da chi sia già imputato per il medesimo | **C. alla successione, all'eredità**, designazione a succedere fatta dalla legge o da un testamento. *3* Lungo applauso del pubblico, per chiamare un attore alla ribalta. *4* (*raro*) Elezione, nomina a un ufficio o a una carica | **C. a cattedra**, invito formale da parte di un consiglio di facoltà a ricoprire un posto di insegnante di ruolo. *5* Vocazione: *c. al sacerdozio*. *6* Nel gioco delle carte, invito fatto con segni opportuni al compagno affinché giochi la carta desiderata. *7* Il tirare la briglia perché il cavallo rallenti, volti o si fermi | (*est.*) Ciascuno dei due anelli a cui si attaccano le redini, ai lati del morso del cavallo. *8* In una scrittura, segno con cui si richiama l'attenzione su un'aggiunta, una correzione e sim. | Nota a uno scritto in margine o a lato di una pagina. || **chiamatìna**, dim.

chiamatóre [lat. *clamatōre(m)* 'strillone', da *clamāre* 'chiamare'; 1337] s. m. (f. *-trice*) *1* (*raro, lett.*) Chi chiama | Nelle aste, banditore. *2* Nel gioco del pallone a bracciale toscano e nel pallone elastico, l'incaricato di gridare i punti.

†**chiàmo** [da *chiamare*; av. 1348] s. m. ● Chiamata.

chiàna [vc. di orig. preindeur.; av. 1336] s. f. ● (*tosc.*) Pianura sulla quale stagnano le acque | Ristagno paludoso.

chianìno [1956] agg. ● Della Val di Chiana, in Toscana | **Razza chianina**, razza di Bovini pregiati, di mole notevole, con mantello bianco, allevati in Toscana e in Umbria.

chiànti [dalle colline del *Chianti*, in Toscana, ove questo vino si produce; 1666] s. m. inv. ● Vino rosso toscano, prodotto nella zona omonima con uve Sangiovese (75-100%) e, a volte, Canaiolo, Trebbiano o Malvasia; ha un colore rosso rubino tendente al granato con l'invecchiamento, un profumo intenso, spec. di mammola, un sapore asciutto, con retrogusto amarognolo.

chiantigiàna [1967] s. f. ● (*ellitt.*) Bottiglia chiantigiana.

chiantigiàno [da *Chianti*, sul modello di *alpigiano, valligiano*; av. 1816] **A** agg. ● Relativo al Chianti | **Bottiglia chiantigiana**, da vino, a base circolare schiacciata e collo sottile allungato, della capacità di circa 1 litro e 3/4. **B** s. m. (f. *-a*) ● Abitante del Chianti.

chiàppa (**1**) [etim. discussa: lat. *căpula(m)* 'copa', per la forma tondeggiante (?); 1481] **s. f.** ● *pop., spec. al pl.*) Natica.

iàppa (**2**) [da *chiappare*; 1313] **s. f.** ● (*fam.*, *osc.*) Presa, cattura | (*scherz., pop.*) Nel linguaggio venatorio, ricca preda: *fare una bella c.*

iàppa (**3**) [da una vc. preindeur. **klappa* 'roccia, sasso'; 1313] **s. f.** ● Spuntone di roccia o pietra: *montar di c. in c.* (DANTE *Inf.* XXIV, 33).

iappacàni [comp. di *chiappa(re)* e il pl. di *cane*; av. 1910] **s. m. e f. inv.** ● Accalappiacani.

iappamèrli [comp. di *chiappa(re)* e il pl. di *merlo*; 1865] **s. m. e f. inv.** ● Persona semplice.

iappamósche [comp. di *chiappa(re)* e il pl. di *mosca*; 1830] **s. m. inv.** (anche *f.* nel sign. 2) **1** Acchiappamosche. **2** (*fig.*) Persona incapace, da poco.

iappanùvole o **chiappanùvoli** [comp. di *chiappa(re)* e il pl. di *nuvola*; av. 1850] **s. m. e f. inv.** ● Persona che si perde in fantasticherie.

iappàre [lat. *capulāre* 'accalappiare', da *cāpulum* 'laccio'. V. *cappio*; sec. XIV] **v. tr.** **1** (*pop.*) Afferrare. **2** (*pop.*) Prendere alla sprovvista, cogliere in fallo. **3** (*pop.*) Carpire, rubare: *son chiacchiere per c. il soldo del giornale* (VERGA).

hiapparèllo o **chiapperèllo** [av. 1890] **s. m.** **1** (*tosc.*) Discorso traditore, a trabocchetto. **2** Gioco infantile consistente nel rincorrersi per acchiapparsi.

hiappino [da *chiappare*; 1920] **s. m.** **1** Oggetto che serve per prendere qlco., presa, molletta | Parte di un oggetto che serve ad afferrarlo. **2** Chiapparello nel sign. 2. **3** †Sbirro.

hiàppola [da †*chiappolare*, iter. di *chiappare*; 1481] **s. f.** ● Bagattella, inezia: *ognun ride a veder questa c.* (PULCI) | ***Non valere una c.***, non valer nulla.

hiappolerìa [da †*chiappola*; 1556] **s. f.** ● Cosa da nulla.

hiàra [lat. *clāra(m)*, f. di *clārus* 'chiaro'; sec. XIV] **s. f.** ● (*fam.*) Albume dell'uovo crudo.

hiarantàna o **chiarentàna**, **chiarenzàna**, **chiarintàna**, **chiarinzàna**, †**chirinzàna** [da *Chiarentana*, n. ant. della Carinzia; 1481] **s. f.** ● Ballo di origine popolare in voga già nel XV sec.

hiaràre [lat. *clarāre* 'rischiarare', da *clārus* 'chiaro'; av. 1348] **v. tr.** ● Rendere chiaro.

hiaràta [av. 1665] **s. f.** **1** Chiara sbattuta usata come medicamento da applicare su ferite e contusioni o come cosmetico. **2** (*disus.*) Chiarificante organico del vino.

hiarèa [ant. fr. *clarée*, part. dal lat. *clarāre*. V. *chiarare*; 1353] **s. f.** ● Bevanda medicinale di vino, acquavite, zucchero e spezie.

hiareggiàre [av. 1332] **A v. tr.** ● Rendere chiaro, intelligibile (*spec. fig.*). **B v. intr.** ● Farsi chiaro, più chiaro: *gli squilli chiareggiano* (PASCOLI).

hiarèlla [da *chiaro*; 1869] **s. f.** ● Tratto rado in un tessuto, per difetto di tessitura.

hiarèllo [da *chiaro*; sec. XIV] **s. m.** ● Vino chiaro, leggero | Vino annacquato.

hiarentàna ● V. *chiarantana*.

hiarenzàna ● V. *chiarantana*.

hiarétto [ant. fr. *claret*, dal lat. *clāru(m)* 'chiaro'; 1585] **A agg.** ● Detto di vino di colore tra il rosso e il rosato. **B s. m.** ● Vino rosato leggero, di fresco bouquet, secco, prodotto spec. nella zona del lago d'Iseo con varie uve locali.

hiarézza o †**clarézza** [1306] **s. f.** **1** Caratteristica di ciò che è chiaro, limpido, splendente: *la c. del cielo*; *c. cristallina dell'acqua*. **SIN.** Limpidezza | (*fig.*) Lucidità della mente: *la sua c. intellettuale … è in visibile contrasto con quei giri avviluppati e affannosi del suo periodo* (DE SANCTIS). **2** (*fig.*) Caratteristica di ciò che viene compreso facilmente e in modo certo, preciso, privo di ambiguità: *la c. è l'unico pregio del libro* | Modo di esprimersi semplice e chiaro: *parlare, scrivere, spiegare con c.* **SIN.** Comprensibilità, perspicuità. **3** †Lustro, decoro, fama | Nobiltà.

hiaria [1924] **s. f.** **1** (*raro, poet.*) Chiarore, luminosità | Schiarita. **2** Radura in zona boschiva: *per sentieri di chiarìe salivo* (CAMPANA).

hiarificànte [1889] **A part. pres.** di *chiarificare*; anche **agg.** ● Nei sign. del v. **B s. m.** ● Sostanza organica o minerale per chiarificare il vino.

hiarificàre o †**clarificàre** [lat. tardo *clarificāre* 'illustrare, glorificare', comp. di *clārus* 'illustre' e *făcere* 'fare'; av. 1320] **v. tr.** (*io chiarìfico, tu chiarìfichi*) **1** Rendere chiaro, limpido, spec. un liquido. **2** (*fig.*) Chiarire, spiegare: *note che chiarificano a sufficienza.* **3** (*fig.*) †Esaltare, glorificare, celebrare.

chiarificatóre [1865] **A agg.**; anche **s. m.** (**f.** *-trice*) ● Che (o Chi) chiarifica: *un discorso c.* **B s. m.** ● Strumento per la chiarificazione di liquidi.

chiarificazióne o †**clarificazióne** [lat. tardo *clarificatiōne(m)* 'glorificazione'. V. *chiarificare*; 1370] **s. f.** **1** Operazione del chiarificare: *procedere alla c. dei vini.* **2** (*fig.*) Chiarimento, spiegazione: *la c. di un concetto, di un problema.* **3** †Dichiarazione.

chiariménto [1336 ca.] **s. m.** **1** (*raro*) Il chiarire. **2** Spiegazione: *chiedere un c.*

chiarina o **clarina** [V. *clarino*; av. 1543] **s. f.** ● Piccola tromba dal suono acuto. ➡ **ILL. musica.**

chiarino **s. m.** ● Chiarina.

chiarintàna ● V. *chiarantana*.

chiarinzàna ● V. *chiarantana*.

chiarire o †**clarire** [lat. *clarēre*, da *clārus* 'splendente'; av. 1294] **A v. tr.** (*io chiarisco, tu chiarisci*) **1** (*raro*) Rendere chiaro, limpido: *c. lo zucchero.* **2** (*fig.*) Rendere intelligibile, spiegare: *c. un concetto, una questione controversa*; *chiarirsi le idee* | Appurare, risolvere, mettere in chiaro: *vorrei, … che voi mi chiariste un dubbio ch'io ho nella mente* (CASTIGLIONE). **3** (*lett.*) Informare, rendere certo. **4** †Denunciare. **B v. intr. e intr. pron.** (aus. *essere*) ● Diventare chiaro, limpido (*anche fig.*): *il tempo non è ancora chiarito*; *la situazione non si è ancora chiarita.* **C v. rifl.** ● Acquistare certezza, venire in chiaro: *chiarirsi di qlco.* **SIN.** Certificarsi, informarsi.

chiarismo [da *chiaro*] **s. m.** ● Movimento pittorico italiano sorto intorno al 1930, caratterizzato dall'uso di toni chiari e luminosi.

chiarissimo [sec. XIII] **agg.** **1** Sup. di *chiaro.* **2** Titolo dato nel Medioevo e nell'età moderna alle persone nobili, attualmente ai docenti universitari.

chiarità o †**chiaritàde**, †**chiaritàte** (*lett.*) †**clarità**, †**claritàde**, †**claritàte** [lat. *claritāte(m)*, da *clārus* 'chiaro'; 1321] **s. f.** **1** (*lett.*) Chiarezza, limpidezza, purezza. **2** (*poet.*) Splendore, luminosità (*anche fig.*): *la c. del tuo viso passa la luce d'Apollo* (BOCCACCIO). **3** (*fig.*) †Chiarezza di mente. **4** †Fama, celebrità.

chiarito [sec. XIII] **part. pass.** di *chiarire*; anche **agg.** ● Nei sign. del v. || **chiaritaménte**, **avv.** Apertamente, chiaramente.

chiaritóio [da *chiarire*; 1865] **s. m.** **1** Filtro per chiarificare l'olio di oliva. **2** Locale dell'oleificio dove l'olio, lasciato in riposo, si libera delle sostanze estranee.

†**chiaritóre** [av. 1827] **s. m.**; anche **agg.** (**f.** *-trice*) ● (*lett.*) Chi (o Che) chiarisce, spiega: *Eurimedonte, chiaritor di sogni* (FOSCOLO).

†**chiaritùdine** o †**claritùdine** [lat. *claritūdine(m)*, da *clārus* 'chiaro, famoso'; av. 1332] **s. f.** **1** Splendore. **2** (*fig.*) Fama, rinomanza.

chiaritùra [av. 1698] **s. f.** ● Operazione del chiarire: *la c. dei liquidi, dello zucchero.*

♦**chiàro** o (*lett.*) †**clàro** [lat. *clāru(m)* 'chiaro' (dalla stessa radice di *clamāre* 'chiamare'), prima adoperato per la voce, poi per la vista; av. 1257] **A agg.** **1** Pieno di luminosità: *tempo c.*; *la giornata è chiara* | ***Giorno c.***, mattino avanzato | ***Un locale c.***, ben illuminato. **2** Pallido, tenue, poco intenso, detto di colore: *blu, rosso c.*; *il rosa e l'azzurro sono colori chiari* | Che ha un colore tenue e pallido, detto di cosa: *vestito c.*; *mobili chiari.* **CFR.** leuco-. **CONTR.** Scuro. **3** Che ha una certa trasparenza: *un'acqua chiara* | ***Liquido c.***, limpido | ***Cristallo c.***, puro. **4** (*fig.*) Onesto, sincero, schietto: *sguardo c.*; *propositi chiari.* **5** Che si percepisce, si ode, si vede distintamente: *voce, immagine chiara* | (*fig.*) ***A chiare note***, apertamente, esplicitamente | (*fig.*) Netto, deciso: *un c. rifiuto*; *un no c. e tondo.* **6** (*fig.*) Facilmente comprensibile: *un linguaggio c.* | ***Essere c.***, farsi intendere | ***Cantarla, dirla chiara***, esprimere idee, opinioni, critiche e sim. senza mezzi termini, senza peli sulla lingua | ***È c.?***, domanda fatta allo scopo di accertarsi della comprensione di qlco. o per ribadire un concetto, spec. in modo perentorio (*anche ellitt.*): *il sillogismo parte da una premessa, è c.?*; *non intendo accettare*, (*è*) *c.?*; *non rientrare più a quest'ora, c.?* | ***C. come la luce del sole***, chiarissimo | ***A chiare lettere***, chiaramente, apertamente | ***Avere le idee chiare***, decise su ciò che si vuole | (*raro, lett.*) ***Fare c. qlcu.***, informarlo. **7** Evidente: *è c. che è già partito*; (*ellitt.*) *c. che non voglia compromettersi* | (*ling.*) Anteriore: *vocale chiara.* **8** Detto di carattere tipografico la cui asta ha spessore molto piccolo. **9** (*lett.*) Illustre, insigne: *quei che Fama meritaron chiara* (PETRARCA); *uno studioso di chiara fama.* **10** †Lieto, allegro. **11** †Forte, gagliardo, valoroso. || **chiarissimo**, **superl.** (V.). || **chiaraménte**, **avv.** **1** In modo chiaro; apertamente: *me l'ha detto chiaramente.* **2** (*fam.*) Manifestamente, evidentemente: *chiaramente, non vuoi seguire il mio consiglio.* **B s. m.** **1** Chiarezza, luminosità: *far c. con una torcia*; *c. di luna* | ***Far c.***, (*fig.*) far chiarezza | ***Con questi chiari di luna***, (*fig.*) con riferimento a periodo o situazione fortunosa, incerta o economicamente travagliata | ***Mettere in c.***, (*mar.*) liberare da intralci o da nodi, detto di cavo; (*fig.*) definire qlco. con maggior precisione, chiarire | (*radio, tel.*) ***In c.***, detto di comunicazione scritta o trasmessa che non sia in codice. **2** Colore chiaro: *preferire il c. allo scuro* | Abito di colore chiaro: *vestire di c.* **CONTR.** Scuro. **3** Parte di paludi, stagni e sim. in cui non si trovano canneti e piante acquatiche. **4** (*spec. al pl.*) Parte in luce, in disegni, quadri o incisioni. **CONTR.** Scuro. **C** in funzione di **avv.** ● Chiaramente, apertamente, francamente, senza reticenze: *parlar c.*; *parliamoci c.* | Con valore raff.: *parlare c. e tondo*; *dire c. e netto* | (*fig.*) ***Non vederci c. in qlco.***, sospettare che vi siano degli imbrogli. || **PROV.** Chi vuol dell'acqua chiara vada alla fonte. || **chiarétto**, **dim.**

chiaróre o †**claróre** [da *chiaro*; av. 1257] **s. m.** **1** Luce più o meno viva che appare nel buio | Luminosità diffusa nell'aria. **SIN.** Biancore. **2** †Nobiltà. **3** (*lett., fig.*) Fulgore.

chiaroscuràle [1941] **agg.** ● Che è ottenuto per mezzo del chiaroscuro: *gradazioni chiaroscurali*; *modellato c.*

chiaroscuràre [sec. XVII] **v. tr. e intr.** (aus. intr. *avere*) ● Disegnare, dipingere e sim. a chiaroscuro: *c. un'incisione.*

chiaroscùro [comp. di *chiaro* e *scuro*; av. 1519] **s. m.** (pl. *chiaroscùri*) **1** Procedimento pittorico che, usando il bianco, il nero e le gradazioni intermedie, serve a trasmettere il passaggio graduale dalla luce all'ombra, in modo da suggerire la terza dimensione, determinando così il modellato | ***Effetti di c.***, in scultura e in architettura, quando il passaggio dai piani avanzati a quelli arretrati o dai pieni ai vuoti è graduato e non brusco. **2** (*est.*) Alternanza di luci e di ombre: *si cominciavano a vedere fra il c. della sera le prime case* (NIEVO). **3** (*fig.*) Alternanza, contrasto, di eventi lieti e dolorosi: *i chiaroscuri della vita* | Variazione di tono, alternanza di motivi o di accenti, spec. in una creazione o un'interpretazione artistica.

chiarosonànte [comp. di *chiaro* e *sonante*; av. 1907] **agg.** ● (*lett.*) Che ha suono chiaro e limpido.

chiaroveggènte [comp. di *chiaro* e *veggente*, calcato sul fr. *clairvoyant*; 1709] **agg.**; anche **s. m. e f.** (pl. *chiaroveggènti*) ● Che (o Chi) ha chiaroveggenza.

chiaroveggènza [comp. di *chiaro* e *veggenza*; calco sul fr. *clairvoyance*; av. 1729] **s. f.** **1** Capacità di prevedere il futuro o di vedere, con facoltà intellettive, ciò che gli altri non vedono. **2** (*fig.*) Grande perspicacia. **SIN.** Lungimiranza.

chiàsma (o **chià-**) [V. *chiasmo*] **s. m.** (pl. *-i*) **1** (*raro, ling.*) Chiasmo. **2** (*anat.*) Punto ove le fibre dei due nervi ottici s'incontrano nella cavità cranica. ➡ **ILL.** p. 2124 ANATOMIA UMANA. **3** (*biol.*) Rapporto di connessione tra i cromatidi di due cromosomi omologhi nel corso della meiosi.

chiasmàtico [1964] **agg.** (pl. m. *-ci*) ● (*anat.*) Relativo al chiasmo.

chiàsmo (o **chià-**) o **chiàsma** [vc. dotta, lat. tardo *chiăsmu(m)*, nom. *chiăsmus*, dal gr. *chiasmós* dalla forma della lettera chi (χ); 1820] **s. m.** **1** (*ling.*) Figura retorica che consiste nella disposizione in modo incrociato e speculare dei membri corrispondenti di una o più frasi: *rotto dagli anni, et dal camino stanco* (PETRARCA). **2** (*anat., biol.*) Chiasma.

Chiasmodòntidi [comp. di *chiasmo* 'incrocio' e *odonto-*: detti così dalla forma dei denti] **s. m. pl.** (sing. *-e*) ● Nella tassonomia animale, famiglia di Pesci ossei abissali con bocca grandissima munita di lunghi denti, in grado di ingoiare prede più grandi di loro (*Chiasmodontidae*).

chiassaiòla o †**chiassaiuòla** [da *chiasso* (*2*); av. 1597] **s. f.** ● Canale di scolo per l'acqua piovana, nei campi in pendio.

chiassàre [da *chiasso* (*1*); 1865] **v. intr.** (aus. *avere*) ● (*lett.*) Fare chiasso, giocare rumorosamente.

chiassàta [da *chiasso* (*1*); 1798] **s. f.** *1* Strepito, divertimento rumoroso: *sono chiassate da ragazzi.* *2* Lite rumorosa: *una volgare c.* **SIN.** Scenata. *3* Azione clamorosa e violenta: *Era un giovane pacifico e alieno da ogni sorta di chiassate* (BACCHELLI). *4* †Frotta, moltitudine.

chiassile [dal fr. *châssis* 'telaio', da *châsse* 'cassa' (stessa etim. dell'it. *cassa*); 1956] **s. m.** ● Telaio in legno o metallo inserito nel vano della finestra per sorreggere il serramento.

♦**chiàsso** (**1**) [etim. incerta; 1572] **s. m.** *1* Forte rumore prodotto da cose o persone: *ho sentito un c. terribile.* **SIN.** Bailamme, frastuono, strepito. *2* (*est.*) Manifestazione di allegria rumorosa, spec. in connessione con giochi infantili: *i ragazzi fanno c. in cortile* | (*tosc.*) ***Per c.***, per burla, per scherzo. **SIN.** Cagnara. *3* (*est.*) Scandalo, scalpore: *uomo comodo e nemico dei chiassi* (BACCHELLI) | ***Far c.***, (*fig.*) suscitare commenti e discussioni, far parlare di sé: *Fa c. il vostro matrimonio, don Gesualdo!* (VERGA). **SIN.** Clamore, scalpore. || †**chiassatèllo**, **dim.** | **chiasserèllo**, **dim.** | **chiassettino**, **dim.** | **chiassètto**, **dim.** | **chiassino**, **dim.**

chiàsso (**2**) [lat. *clāsse(m)* 'classe, categoria', forse di orig. etrusca; 1273] **s. m.** *1* Viuzza stretta: *seguivo un carro entro l'oscuro c.* (SABA). *2* †Postribolo. || **chiassàccio**, **pegg.** | **chiassatèllo**, **dim.** | **chiasserèllo**, **dim.** | **chiassètto**, **dim.** | **chiassòlo**, **chiassuòlo**, **dim.**

chiassóne [da *chiasso* (*1*); 1840] **agg.**; anche **s. m.** (f. *-a*) ● Che (o Chi) è solito far molto chiasso. || **chiassonàccio**, **pegg.**

chiassosità [1941] **s. f.** ● Caratteristica di chi (o di ciò che) è chiassoso.

chiassóso [da *chiasso* (*1*); 1858] **agg.** *1* Rumoroso, pieno di chiasso: *piazza chiassosa* | Che fa chiasso o ama l'allegria rumorosa: *gente, comitiva chiassosa.* *2* (*fig.*) Che attira l'attenzione per la vivacità della forma, dei colori e sim.: *un abito c.*; *quella cravatta è troppo chiassosa.* **SIN.** Sgargiante, vistoso. || **chiassosaménte**, **avv.**

chiàstico (o **chià-**) [da *chiasmo*; 1956] **agg.** (pl. m. *-ci*) ● (*ling.*) Che è proprio del chiasmo.

chiàtta [da *chiatto*; 1766] **s. f.** ● Grossa barca a fondo piatto, usata in porti, canali o fiumi, o come traghetto su brevi distanze | ***Ponte di chiatte***, sostenuto da chiatte allineate e legate fra loro. **SIN.** Barcone.

chiàtto [stessa orig. di *piatto*, ma venuto attrav. un dialetto merid.; 1865] **A agg.** *1* Piatto, schiacciato | ***Battello c.***, a fondo piatto. *2* (*merid.*) Grasso, detto di persona. **B s. m.** ● †Trave di forma larga e piana.

chiavàccio [dal lat. *clāvis* 'chiave, catenaccio'. V. *chiave*; sec. XIV] **s. m.** ● Grosso chiavistello: *chiudere, serrare a c.*

†**chiavacuòre** [comp. di *chiavare* (*1*) e *cuore*; sec. XV] **s. m.** ● Fermaglio, fibbia, cintura, d'oro o d'argento, per donne | Pittura o lavoro d'oreficeria raffigurante un cuore trafitto.

chiavàio o (*region.*) †**chiavàro** [lat. tardo *clavārĭu(m)*, da *clāvus* 'chiodo'; 1280] **s. m.** (f. *-a*) *1* Chi fabbrica chiavi, serrature e sim. **SIN.** Magnano. *2* †Chi aveva in custodia le chiavi.

chiavaiòlo o †**chiavaiuòlo** [sec. XIII] **s. m.** ● Chiavaio.

chiavàrda [da *chiave*; av. 1571] **s. f.** *1* (*mecc.*) Tipo particolare di bullone costituito da una lunga barra con testa ingrossata ed estremità filettata per l'applicazione dei dadi di fissaggio. *2* Nelle costruzioni, tirante posto a contenere la spinta di un arco o di un tetto o a rinforzare due muri opposti di un edificio. *3* †Grosso chiodo per le ruote dei carri. || **chiavardétta**, **dim.**

chiavardàre [1550] **v. tr.** ● Inchiavardare.

†**chiavàre** (**1**) [da *chiave*; 1313] **v. tr.** ● Serrare, chiudere a chiave: *e io senti' chiavar l'uscio di sotto / a l'orribile torre* (DANTE *Inf.* XXXIII, 46-47) | (*est.*) Sbarrare | (*fig.*) Imprigionare.

chiavàre (**2**) [lat. tardo *clāvare* 'inchiodare', da *clāvus* 'chiodo'; 1317] **v. tr.** *1* †Inchiodare, trafiggere con chiodi: *quei che lo chiavaro in croce* (ARIOSTO). *2* (*est.*, *fig.*) †Imprimere, fermare saldamente, detto di idee, impressioni e sim.: *cotesta cortese oppinione / ti fia chiavata in mezzo della testa* (DANTE *Purg.* VIII, 136-137). *3* (*volg.*) Possedere sessualmente | (*assol.*) Avere rapporti sessuali. *4* (*volg.*, *fig.*) Ingannare, imbrogliare.

†**chiavàro** ● V. *chiavaio.*

chiavàta [da *chiavare* (*2*); 1917] **s. f.** *1* (*volg.*) Coito. *2* (*volg.*, *fig.*) Inganno, truffa, fregatura. || **chiavatina**, **dim.**

†**chiavatùra** [da *chiavare* (*1*); sec. XIV] **s. f.** ● Serratura, chiavistello.

♦**chiàve** [lat. *clāve(m)* 'strumento per chiudere', da *claudere* 'chiudere'; 1262] **A s. f.** *1* Strumento metallico per aprire e chiudere serrature e lucchetti | ***C. maschio***, con il cannello pieno | ***C. femmina***, col cannello cavo | (*fam.*) ***Buco della c.***, foro opportunamente sagomato in cui si introduce la chiave: *spiare qlcu. dal buco della c.* | ***Chiudere a c.***, con la chiave | ***Tenere qlco. o qlcu. sotto c.***, (*fig.*) ben custodito | ***Avere le chiavi di qlco.***, (*fig.*) esserne il possessore, il padrone | ***Chiavi in mano***, si dice di prodotto o impianto consegnato già perfettamente in grado di funzionare: *ospedale, albergo chiavi in mano* | ***Prezzo chiavi in mano***, in cui è compresa ogni spesa accessoria (detto spec. di automobile) | ***Chiavi apostoliche***, ***chiavi di S. Pietro***, ***somme chiavi***, insegne della Chiesa, simbolo della sua autorità spirituale. *2* (*fig.*) Elemento, dato o persona di importanza vitale per comprendere, interpretare, risolvere qlco., per conseguire determinati fini e sim.: *la c. di un problema, di un ragionamento*; *quel personaggio è la c. di tutta la vicenda*; *un settore che è la c. dell'economia*; *avere in mano le chiavi del successo* | ***Avere la c. di un affare***, sapere come risolverlo | ***Avere le chiavi del cuore di qlcu.***, dominarne la volontà, i sentimenti e sim. | (*est.*) Punto strategico di vitale importanza: *il Bosforo è la c. del mar Nero.* *3* Numero, parola o serie di numeri o parole, indispensabile per decifrare uno scritto in codice | In enigmistica, fase intermedia del meccanismo per arrivare alla soluzione del gioco | (*fig.*) ***C. di lettura***, criterio interpretativo di una realtà culturale, psicologica o sociale. *4* In varie tecnologie, attrezzo metallico atto a provocare contatti, a mettere in moto meccanismi, ad allentare e stringere viti, dadi e sim. | ***C. d'accensione***, nell'autoveicolo, per manovrare l'interruttore generale dell'impianto d'accensione | ***C. fissa***, per serrare viti e dadi di un solo diametro | ***C. inglese***, adattabile alle viti e ai dadi di vari diametri | ***C. a stella***, chiave fissa con l'estremità esagonale che ricorda quella di una stella. *5* (*arch.*) ***C. di volta***, pietra a cuneo posta alla sommità di un arco o di una volta per completarne la struttura; (*fig.*) elemento centrale, perno: *i Promessi Sposi sono la c. di volta della prosa italiana moderna.* ➡ **ILL.** p. 2118 ARCHITETTURA. *6* (*mus.*) Segno che, posto all'inizio del rigo musicale, consente l'identificazione delle note musicali ivi comprese: *c. di violino, di basso* | ***Uscir di c.***, ***esser fuori c.***, stonare; (*fig.*) parlare a vanvera | ***Essere in c.***, (*fig.*) stare in argomento | Arnese per accordare strumenti a corde | Ciascuna delle mollette e valvole che in alcuni strumenti a fiato turano o aprono i fori. ➡ **ILL. musica.** *7* (*fig.*) Tono, carattere, punto di vista, angolazione, spec. nella loc. *in c.*: *trasposizione del mito di Edipo in c. moderna*; *commentare un avvenimento in c. politica.* *8* Nell'antica canzone italiana, rima che lega una parte di una stanza a un'altra. *9* (*sport*) Nella lotta libera, nello judo e sim., torsione di qualsiasi articolazione del corpo o forza applicata in senso contrario all'articolazione. *10* Piccola zeppa di legno che agisce sul telaio di un quadro per tenere tesa la tela. **B** in funzione di **agg. inv.** ● (posposto a un s.) Risolutivo, decisivo, determinante per i fini che si vogliono conseguire: *personaggio, teste c.*; *posizione, punto, settore c.*; *parola c.*; *idea c.* | (*elab.*) ***Carattere c.***, carattere speciale usato per delimitare su un supporto o in memoria un gruppo di caratteri costituente un record da indirizzare e trattare come un'unità di informazione. || **PROV.** Colle chiavi d'oro si apre ogni porta. || **chiavàccia**, **pegg.** | **chiavétta**, **dim.** (V.) | **chiavettina**, **dim.** | **chiavina**, **dim.** | **chiavóne**, **accr. m.**

†**chiavèllo** [lat. tardo *clavĕllu(m)*, dim. di *clāvus* 'chiodo'; av. 1294] **s. m.** ● Chiodo.

chiavétta [av. 1498] **s. f.** *1* Dim. di *chiave.* *2* Chiave d'accensione | Strumento simile a una chiave, per caricare orologi, giocattoli e sim. | Dispositivo girevole per aprire e chiudere conduttu-re di acqua, gas e sim. *3* (*mecc.*) Pezzo con due superfici leggermente inclinate, forzato in una intaccatura per unire due parti di una macchina.

chiàvica [lat. tardo *clāvica(m)*, per il class. *clŏaca(m)* (V. *cloaca*), con sovrapposizione di *chiudere*; sec. XIV] **s. f.** *1* Fogna, cloaca (*anche fig.*) Cateratta della fogna. *2* (*fig.*) Persona che mangia o beve smodatamente. *3* Opera in muratura per regolare il deflusso delle acque di una corrente, mediante paratoie e sim. || **chiavicàccia**, **pegg.** | **chiavichétta**, **dim.** | **chiavichina**, **dim.** | **chiavicóne**, **accr. m.**

†**chiavière** [da *chiave*] **s. m.** ● Chi porta le chiavi.

chiavistèllo [lat. parl. **claustĕllu(m)*, da *claustrum* 'chiusura' (V. *chiostro*), cui si è sovrapposto *chiave*; av. 1348] **s. m.** ● Sbarra di ferro che, mediante una maniglia, si fa scorrere negli anelli delle imposte di porte o finestre, per tenerle chiuse | ***Tirare il c.***, aprire | ***Mettere il c.***, chiudere | †***Baciare il c.***, (*fig.*) far proposito di non tornare più in una casa o in un luogo. **SIN.** Catenaccio, paletto. || **chiavistellino**, **dim.**

†**chiàvo** [lat. *clāvu(m)* 'chiodo', dalla stessa radice di *claudere* 'chiudere'; 1321] **s. m.** ● Chiodo.

chiàzza [etim. incerta; av. 1320] **s. f.** ● Larga macchia, spec. tondeggiante: *avere una c. vinosa sulle guance*; *c'è una c. d'olio sulla tovaglia* | Spazio vuoto tondeggiante lasciato dalla caduta di qlco.: *il cane perdeva il pelo a chiazze.*

chiazzàre [1353] **v. tr.** ● Spargere di chiazze.

chiazzàto [1353] **part. pass.** di *chiazzare*; anche **agg.** ● Cosparso di chiazze.

chiazzatùra [av. 1686] **s. f.** ● Il chiazzare | Insieme di chiazze.

chic /*fr.* ʃik/ [vc. fr., forse di orig. germ.; 1873] **A agg. inv.** ● Fine, elegante: *una ragazza c.* **B s. m. inv.** ● Raffinata eleganza: *ha uno c. inimitabile nel vestire.*

chicane /*fr.* ʃi'kan/ [vc. fr., propr. 'cavillo', 'difficoltà', deriv. di *chicaner* 'cavillare', di etim. incerta; 1905] **s. f. inv.** *1* (*sport*) Nell'automobilismo e nel motociclismo, serie di curve artificiali inserite allo scopo di costringere i piloti a moderare la velocità | Doppia curva di un circuito. *2* Nel bridge, mancanza di carte di un seme fra le 13 ricevute.

chicano /*sp.* ʧi'kano/ [vc. dello sp. del Messico, alterazione di *mejicano* 'messicano'; 1985] **A s. m.** (f. sp. *-a*; pl. m. *-os*; pl. f. *-as*) ● Persona di origine messicana che vive negli Stati Uniti. **B** anche **agg.**

chìcca [da *chicco*, per la forma; av. 1484] **s. f.** *1* (*infant.*, *fam.*) Confetto, caramella. *2* (*fig.*) Cosa squisita | Cosa rara e preziosa: *questo libro è una vera c. per i bibliofili.*

chicchera [sp. *chícara*, dal messicano *gicatli*; av. 1636] **s. f.** *1* Piccola tazza con manico laterale, per bevande calde: *una c. di porcellana, di ceramica* | (*disus.*) ***Mettersi in chicchere e piattini***, agghindarsi con gran cura. *2* Contenuto di una chicchera: *non si diede al malato se non qualche mezza c. di brodo* (PELLICO). || **chiccherétta**, **dim.** | **chiccherina**, **dim.** | **chiccheróna**, **accr.** | **chiccheróne**, **accr. m.** | **chiccherùccia**, **dim.**

chicchessìa o †**chicchesia** /kikke(s)'sia/, **chi che sia** [da *chi che sia*; 1400 ca.] **pron. indef. m. e f.** solo **sing.** *1* Chiunque, qualunque, qualsivoglia persona: *venga c., io non ho paura*; *sono in grado di sostenere le mie ragioni di fronte a c.* *2* Nessuno (in frasi negative): *non lasciar entrare c. fino al mio ritorno.*

chicchirìare [vc. onomat.; 1940] **v. intr.** (*io chicchirìo*; aus. *avere*) ● Emettere il caratteristico canto acuto, sonoro e prolungato, detto del gallo.

chicchirìàta [da *chicchiriare*; av. 1712] **s. f.** ● (*raro*) Lunga cantata di uno o più galli.

chicchirichì [vc. onomat.; 1427] **A inter.** ● Riproduce il canto del gallo. **B s. m.** *1* Il canto stesso: *alzarsi presto al c. del gallo.* *2* Crestina delle cameriere.

♦**chìcco** [vc. infant.; av. 1729] **s. m.** (pl. *-chi*) *1* Seme di cereale o di altra pianta: *c. di grano, di riso, di caffè* | ***C. d'uva***, acino. *2* (*est.*) Oggetto spec. sferico, di piccole dimensioni: *i chicchi della grandine*; *i chicchi del rosario.* || **chicchino**, **dim.** | **chiccolino**, **dim.**

chi che sia /ki(k)kes'sia/ ● V. *chicchessia.*

chicle /*sp.* 'ʧikle/ [vc. sp., dall'azteco *chictli* o *tzictli*; 1948] **s. m. inv.** (pl. sp. *chicles*) ● Sostanza vegetale che si ricava da una pianta dell'America centrale e si usa per preparare il chewing gum.

chi è? /ki'ɛ*/ [comp. di *chi*, pron. interr., e di *è*, terza pers. sing. dell'indic. pres. di *essere*, calco sulla loc. ingl. *Who's who*, titolo di un catalogo di personalità pubblicato nel mondo anglosassone; 1940] loc. sost. m. inv. ● Elenco, lista di persone importanti o celebri in un certo settore d'attività, delle quali spesso si forniscono notizie biografiche: *il chi è? della finanza europea, della moda italiana.*

chièdere o (*lett.*) †**chèrere**, (*lett.*) †**chièrere** [lat. *quaerĕre*, di etim. incerta, con dissimilazione; 1278] **A** v. tr. (pres. *io chièdo*, †*chèggio*, †*chièggio*, †*chièggo*; pass. rem. *io chièsi* o *chièsi*, †*chiedètti* (o †-*étti*), †*chiedéi*, *tu chiedésti*; congv. pres. *io chièda*, †*chèggia*, †*chiègga*, †*chièggia*; part. pass. *chièsto* (V.), †*chiedùto*) (qlco.; qlco. a qlcu.; + *di* seguito da inf.; + *che* seguito da congv.; + *se* seguito da congv. o indic.) **1** Esprimere il desiderio di ottenere qlco.: *c. qlco. in prestito, in regalo*; *c. una donna in moglie*, *in sposa*; *ti chiedo perdono*; *te lo chiedo per amore, per pietà*; *ti chiedo di venire il più presto possibile*; *E con gran voce e con minaccie chiede che portati gli sian* (ARIOSTO) | *C. scusa*, scusarsi | (*lett.*) *C. venia*, chiedere perdono | *C. la mano di una donna*, chiederla in moglie | *C. qlco. in giudizio*, chiedere all'autorità giudiziaria la tutela di un proprio diritto | Esigere la corresponsione di una determinata somma per qlco. che si vende: *per quel mobile antico mi ha chiesto una cifra spropositata*; *quanto chiede per quella lavatrice?* SIN. Domandare. **2** (*assol.*) Elemosinare: *non si vergogna di c.* **3** Domandare qlco. a qlcu. per sapere, per venire informato, per avere spiegazioni e sim.: *c. un'informazione*; *gli ho chiesto notizie della sua famiglia*; *mi chiedo se ciò sia possibile*; *mi chiedea / se stanco fossi* (LEOPARDI). **4** (*lett.*) Richiedere, esigere, con riferimento a cose: *è un'impresa che chiede molto tempo.* **5** †Chiamare, invitare. **B** v. intr. (aus. *avere*) (+ *di*) **1** Informarsi circa la salute, la situazione, le vicende e sim. di una o più persone: *mi ha chiesto ripetutamente di te*; *mi chiede sempre della tua famiglia.* **2** (*fam.*) Cercare qlcu. per parlargli o incontrarlo: *chiedono di lei al telefono*; *dabbasso chiedono di te.*

chiedìbile [1745] agg. ● Che si può chiedere.

chieditóre [1441] agg.; anche s. m. (f. -*trice*) ● (*raro*, *lett.*) Che (o Chi) chiede.

chièppa ● V. *cheppia.*

chièrca o **chièrca** ● V. *chierica.*

chièrco o **chièrco** ● V. *chierico.*

chiercùto o †**chercùto** [da *chierica*; 1313] **A** agg. ● Tonsurato. **B** s. m. ● (*spreg.*) Prete, frate: *questi chercuti a la sinistra nostra* (DANTE *Inf.* VII, 39).

chièrere ● V. *chiedere.*

chièrica o †**chèrca**, †**chèrica**, †**chièrca**, **chièrica** [lat. eccl. *clērica*(*m*) (sottinteso *tonsiōnem* 'tosatura'). V. *chierico*; av. 1342] s. f. **1** Rasatura a forma di piccolo cerchio sulla sommità del capo degli ecclesiastici. SIN. Tonsura. **2** (*est.*, *scherz.*) Inizio di calvizie: *nascondere la c.* **3** (*fig.*) Chi fa parte del clero | Sacerdozio. || **chierichètta**, dim. | **chierichìna**, dim. | **chiericóna**, accr.

chiericàle ● V. *clericale.*

chiericàto o **clericàto** [lat. tardo *clericātu*(*m*), da *clērus* 'clero'; av. 1294] s. m. **1** Stato o condizione di chierico. **2** L'insieme dei chierici: *il laicato e il c.* SIN. Clero.

chierichétto [1353] s. m. **1** Dim. di *chierico.* **2** (f. -*a*) Ragazzo che serve la messa.

chièrico o †**chèrco**, †**chèrico**, †**chièrco**, **chièrico**, †**clèrico** [lat. tardo *clēricu*(*m*), nom. *clēricus*, dal gr. *klērikós*. V. *clero*; sec. XIII] s. m. (pl. -*ci*) **1** (*relig.*) Chi ha ricevuto uno dei tre gradi del sacramento dell'ordine | *C. di camera*, titolo di dignitario della Curia | (*est.*) Giovane, che, avviato al sacerdozio, non ha ancora ricevuto gli ordini | (*est.*) Chi serve la messa e fa da sagrestano. **2** (*lett.*) Uomo dotto e istruito: *tutti fur cherci / e litterati grandi* (DANTE *Inf.* XV, 106-107) | Intellettuale, uomo di cultura. || **chiericàstro**, pegg. | **chierichétto**, dim. (V.) | **chierichino**, dim. | **chiericóne**, accr. | **chiericòtto**, dim. | **chiericùccio**, **chiericùzzo**, dim.

chièṣa o †**clèṣia**, †**gièṣia**, †**ecclèṣia** (2) [lat. *ecclēsia*(*m*), nom. *ecclēsia*, dal gr. *ekklēsía* 'assemblea, adunanza, riunione', da *ekkaléō* 'io chiamo'; av. 1294] s. f. **1** (gener. scritto con l'iniziale maiuscola) Comunità di cristiani appartenenti alla medesima confessione: *C. cattolica romana, greca, ortodossa, luterana, anglicana, calvinista, armena, etiopica*; *l'unione delle Chiese cristiane.* **2** *La Chiesa*, (*per anton.*) la Chiesa cattolica romana: *Eppure, C., ero venuto a te* (PASOLINI) | *Padri della C.*, scrittori ecclesiastici dei primi secoli che contribuirono alla formulazione della dottrina cristiana | *Dottori della C.*, titolo che la Chiesa cattolica attribuisce agli scrittori più autorevoli in materia sacra | L'insieme dei redenti come corpo mistico del Cristo | *C. militante*, costituita dai fedeli che combattono nella milizia del Cristo | *C. purgante*, le anime del Purgatorio | *C. trionfante*, i beati nel Paradiso | *C. del silenzio*, quella dei Paesi in cui manca la libertà religiosa | (*st.*) *Lo Stato della C.*, il dominio territoriale del Pontefice. **3** (*est.*) Edificio consacrato, dedicato all'esercizio pubblico di atti di culto religioso, spec. cristiano: *frequentare la c.* | *Essere di c.*, devoto | *Essere tutto casa e c.*, condurre una vita morigerata, essere molto religioso e legato alla famiglia. **4** Parrocchia: *i beni, le rendite della c.* **5** (*fig.*, *iron.*) Insieme di persone professanti una medesima ideologia o legate da interessi comuni: *la psicoanalisi è divisa in varie chiese.* SIN. Parrocchia. || **chieṣètta**, dim. | **chieṣettina**, dim. | **chieṣettùccia**, dim. | **chieṣina**, dim. | **chieṣóna**, accr. | **chieṣóne**, accr. m. | **chieṣùccia**, dim. | **chieṣuccina**, dim. | **chieṣùcola**, dim. | **chieṣuòla**, **chiesòla**, dim. (V.).

CHIESA
nomenclatura

chiesa (cfr. religione)

● *caratteristiche*: piccola, modesta, spoglia ⇔ imponente, maestosa, adornata, affrescata, dipinta; benedetta, consacrata ⇔ sconsacrata; affollata ⇔ deserta, abbandonata;

● *tipi di chiesa* = casa di Dio = casa del Signore = tempio; abbazia = badia, certosa, basilica, cattedrale = duomo = matrice, collegiata, parrocchia = pieve, santuario; cappella, cappelletta, oratorio, edicola; battistero; convento, monastero, chiostro, clausura, cella, cenobio, grangia, confortatorio; chiesa metropolitana, primaziale;

● *esterno della chiesa*: sagrato, portico, protiro, nartece, portale, porta, rosone, facciata, guglia, pinnacolo, campanile, cupola, abside, vetrata, canonica; pianta a croce latina, a croce greca, pianta cruciforme, pianta centrale; campanile = torre campanaria (girato, svettante, isolato, tozzo, massiccio, mutilato, smantellato; a vela; dritto ⇔ pendente, rotondo ⇔ quadrato);

● *interno della chiesa*: navata (centrale, laterale), formeret, transetto, iconostasi, balaustra, presbiterio, tribuna = abside, catino, semicatino, deambulatorio = ambulacro, arco trionfale, cantoria, coro, sagrestia, stallo, scanno, matroneo, cappella, cripta, sacello, sancta sanctorum, altare (mensa, reconditorio, predella = suppedaneo, dossale, paliotto, trittico, ciborio = tabernacolo, baldacchino, corno, capocielo), pila, acquasantiera, fonte battesimale, battistero, confessionale, pulpito = pergamo = ambone, cero pasquale, cassetta per elemosine, affresco, lunetta, quadro, statua, ex voto, banchi, inginocchiatoio; oratorio;

● *arredi sacri*: candeliere = candelabro, palmatoria, accenditoio, lumen Christi, cero = candela, candelotto, arundine; badalone, seggio, leggio = podio; ampolline, ampolliera, purificatoio, calice, pisside = ciborio, conopeo = copripisside, repositorio, vasello, lavabo, ostensorio, tovaglia di comunione; crocifisso, croce, astile, barella; navicella, turibolo = incensiere, secchiello = asperges = asperge; catafalco, reliquia, reliquiario, teca, stauroteca, lipsanoteca; stendardo;

● *persone*: fedeli; clero, officiante, sacerdote = prete, pastore, rabbino, pope; sagrestano, campanaro, caudatario, ceroferario, crocifero, corista, turiferario, scaccino, chierico, chierichetto;

● *azioni*: fondare, erigere, dedicare, benedire, consacrare ⇔ sconsacrare, profanare = violare, riconsacrare; parare, addobbare; aprire una chiesa al culto, officiare, amministrare i sacramenti, confessare, comunicare, predicare.

chieṣàstico [1855] agg. (pl. m. -*ci*) **1** Di chiesa. **2** (*est.*, *spreg.*) Pretesco: *tono c.*

chièsi ● V. *chiedere.*

chieṣòla ● V. *chiesuola.*

chièsta [da *chiesto*; av. 1292] s. f. **1** †Domanda, pretesa, supplica: *né mai feci c. nessuna di tale impiego* (ALFIERI) | †*Aver c.*, essere richiesto, detto di cose necessarie, rare e sim. **2** (*tosc.*) Richiesta di fanciulla in sposa: *fare la c.* | Richiesta di prezzo.

chièsto [av. 1294] part. pass. di *chiedere*; anche agg. ● Nei sign. del v.

chieṣuòla o (*pop.*) **chieṣòla**, †**gieṣiuòla** [sec. XIV] s. f. **1** Dim. di *chiesa.* **2** (*fig.*, *spreg.*) Gruppo ristretto di persone che professano le stesse idee. SIN. Conventicola. **3** (*mar.*) Custodia a forma di colonnina che contiene la bussola magnetica.

†**chietineria** [da *chietino*; av. 1566] s. f. ● Bigotteria, ipocrisia.

chietino [dall'ordine dei Teatini, fondato dal card. G. P. Carafa, arcivescovo di *Chieti*; 1524] agg.; anche s. m. (f. -*a*) **1** Teatino. **2** (*lett.*, *spreg.*) Bigotto, ipocrita: *i novatori scolastici che applaudirono, e i timidi chietini che si spaventarono* (NIEVO). (V. nota d'uso STEREOTIPO).

chifel [ted. *Kipfel*, propr. 'cornetto', dal lat. *cĭppum* V. *ceppo*; 1839] s. m. inv. ● Panino morbido a forma di mezzaluna | Piccolo dolce della stessa forma, spesso ricoperto di glassa.

chiffero [adattamento del dial. (lomb.) *chîfer* 'chifel' (V.); 1970] s. m. ● (*spec. al pl.*) Tipo di pasta di media pezzatura avente forma cilindrica ricurva. || **chifferino**, dim.

chiffon /fr. ʃiˈfɔ̃/ [vc. fr., propr. 'cencio, straccio', da *chiffe* 'pezzo di stoffa', di orig. germ.; 1875] s. m. inv. ● Tessuto leggerissimo e trasparente, di seta o di fibre sintetiche.

chiffonnier /fr. ʃifɔˈnje/ [da *chiffon* (V.); 1970] s. m. inv. ● Piccolo mobile a cinque e più cassetti usato soprattutto dalle signore per riporre biancheria e altri piccoli oggetti.

chiffonnière /fr. ʃifɔˈnjɛːʀ/ [da *chiffon* (V.); 1883] s. f. inv. ● (*raro*) Chiffonier.

chìglia [sp. *quilla*, dal fr. *quille*, dall'ol. *kiel*; 1602] s. f. ● Nelle imbarcazioni, elemento continuo che va da poppa a prua e collega le ossature trasversali dello scafo | Nelle navi in ferro, la lamiera centrale del fondo dello scafo.

chignon /fr. ʃiˈɲɔ̃/ [vc. fr., in orig. 'nuca', dal lat. parl. **catenióne*(*m*), da *catēna* (delle vertebre); 1747] s. m. inv. ● Crocchia di capelli raccolti e variamente annodati sul capo.

chihuahua /sp. tʃiˈwawa/ [da *Chihuahua*, n. di uno stato del Messico da cui proviene; 1956] s. m. inv. (pl. sp. *chihuahuas*) ● Cane da compagnia messicano di taglia piccolissima, con occhi grandi e larghe orecchie.

chili /sp. ˈtʃili/ [vc. dell'ingl. d'America, dallo sp. *chile* 'peperone', che riproduce il *chillī* della lingua nahuatl; 1986] s. m. inv. **1** (*bot.*) Nome messicano di una varietà di peperoncino con frutti piccanti originario dell'America centrale | Il frutto di tale pianta. **2** (*cuc.*) Condimento messicano in polvere o in pasta a base di una miscela di peperoni, peperoncini piccanti di varietà diverse e altre erbe o spezie | Salsa piccante a base di peperoncino.

chiliàrca [vc. dotta, lat. tardo *chiliărche*(*n*), nom. *chiliărches*, dal gr. *chiliárchēs* 'comandante di mille uomini', comp. di *chílioi* 'mille' e *archós* 'comandante'; sec. XIII] s. m. (pl. -*chi*) ● Condottiero di mille uomini della falange greca.

chiliàṣmo [vc. dotta, gr. *chiliasmós*, da *chílioi* 'mille'; 1931] s. m. ● Millenarismo.

chiliàsta [vc. dotta, gr. *chiliastái*, da *chílioi* 'mille'; 1830] s. m. e f. (pl. m. -*i*) ● Millenarista.

chiliàstico [da *chiliasta*; 1970] agg. (pl. m. -*ci*) ● Millenaristico.

chilìfero [fr. *chylifère*. V. *chilo* (*1*) e -*fero*; 1745] agg. ● (*fisiol.*) Che contiene il chilo: *vaso c.*

chilificàre [comp. di *chilo* (*1*) e -*ficare*; av. 1730] v. tr. e intr. (*io chilìfico*, *tu chilìfichi*; aus. intr. *avere*) ● (*fisiol.*) Trasformare in chilo.

chilificazióne [da *chilificare*; 1769] s. f. ● (*fisiol.*) Trasformazione degli alimenti in chilo. SIN. Chilosi.

chilo (1) [vc. dotta, lat. tardo *chȳlo*(*n*), nom. *chȳlos*, dal gr. *chylós* 'succo della digestione', da *chéō* 'io verso'; sec. XV] s. m. ● (*fisiol.*) Fluido lattiginoso formato dagli alimenti parzialmente digeriti nell'intestino tenue | (*fam.*) *Fare il c.*, riposare dopo aver mangiato.

♦**chilo** (2) [1859] s. m. ● Accorc. di *chilogrammo*: *un c. di farina.* || **chilétto**, dim.

chilo- (1) ● V. *kilo-*.

chilo- (2) ● V. *cheilo-*.
chilocaloria ● V. *kilocaloria*.
Chilognàti o (*raro*) **Chilògnati** [comp. di *chilo-* (2), var. di *cheilo-*, e del gr. *gnáthos* 'mascella' (V. *ganascia*); 1830] **s. m. pl.** (**sing.** *-o*) ● Nella tassonomia animale, sottordine di Diplopodi privi di setole e con esoscheletro rigido impregnato di sali calcarei (*Chilognatha*).
chilogràmmetro ● V. *kilogrammetro*.
chilogràmmo ● V. *kilogrammo*.
chilohèrtz /kilo'ɛrts, 'kilohɛrts/ ● V. *kilohertz*.
chilometràggio ● V. *kilometraggio*.
chilometràre ● V. *kilometrare*.
chilomètrico ● V. *kilometrico*.
chilòmetro ● V. *kilometro*.
chilomicróne [vc. dotta, comp. di *chilo-* (1) e del gr. *mikrón*, nt. dell'agg. *mikrós* 'piccolo'] **s. m.** ● (*biol.*) Lipoproteina di dimensioni elevate, ad alto contenuto di lipidi, di norma presente nel sangue solo dopo un pasto.
Chilòpodi [comp. di *chilo-* (1) e *-pode*; 1820] **s. m. pl.** (**sing.** *-e*) ● Nella tassonomia animale, classe di Artropodi con antenne lunghe, corpo depresso e un unico paio di zampe per ogni segmento (*Chilopodia*). ➡ **ILL. animali**/3.
chilòṣi [vc. dotta, gr. *chýlōsis*, da *chylóō* 'io riduco in succo'; 1840] **s. f. inv.** ● (*fisiol.*) Chilificazione.
chiloton ● V. *kiloton*.
chilovòlt ● V. *kilovolt*.
chilovoltampère /kilovoltam'pɛr/ ● V. *kilovoltampere*.
chilowatt /'kilovat/ ● V. *kilowatt*.
chilowattóra /kilovat'tora/ ● V. *kilowattora*.
chimàṣi [da *chimo*, col suff. *-asi*; 1930] **s. f. inv.** ● (*biol.*) Enzima della mucosa gastrica che determina la coagulazione del latte.
chimèra [vc. dotta, lat. *chimǎera(m)*, nom. *chimaera*, dal gr. *chímaira* 'capra'; 1353] **s. f.** (*Chimera* nel sign. 1) **1** Nella mitologia greco-romana, mostro con corpo e testa di leone, una seconda testa di capra sorgente dalla schiena e coda di serpente. **2** (*fig.*) Sogno vano, illusione, fantasticheria, utopia: *perdersi dietro assurde chimere*; *inseguire una c.* **3** (*zool.*) Genere di Pesci cartilaginei degli Olocefali, con coda filiforme, estremità cefalica compressa e bocca piccola (*Chimaera*) | ***C. mostruosa***, vivente nel Mediterraneo a profondità fra 200 e 1200 m (*Chimaera monstrosa*). **4** (*biol.*) Organismo i cui tessuti presentano diversi genomi, in quanto derivano da due o più zigoti, appartenenti alla stessa specie o a specie diverse. **CFR.** Mosaico | Animale da esperimento caratterizzato da tolleranza immunologica verso i tessuti di un esemplare con differente genoma, dopo che questi gli sono stati trapiantati in epoca embrionale | Ibrido d'innesto.
chimèrico [1554] **agg.** (**pl. m.** *-ci*) **1** Relativo alla Chimera. **2** (*fig.*) Fantastico, illusorio: *sono tutti discorsi chimerici*; *erano speranze chimeriche*. ‖ **chimericaménte**, **avv.**
Chimerifórmi [comp. di *chimera* e il pl. di *-forme*; 1964] **s. m. pl.** (**sing.** *-e*) ● Nella tassonomia animale, ordine di Pesci cartilaginei degli Olocefali cui appartiene la chimera mostruosa (*Chimaeriformes*).
chimeriṣmo [da *chimera* in senso biol. col suff. *-ismo*] **s. m.** ● (*biol.*) Condizione di un organismo che presenta due o più distinti tipi cellulari geneticamente differenti.
†**chimerizzàre** [1553] **v. tr.** e **intr.** ● Immaginare con fantasia | Fantasticare.
†**chimeróṣo** [av. 1572] **agg.** ● (*lett.*) Chimerico, fantastico: *una inattesa bellezza / balenar talora mi parve / nella chimerosa figura* (D'ANNUNZIO).
♦**chìmica** [fr. *chimie* (stessa etim. di *alchimia*); 1612] **s. f.** ● Scienza che studia le proprietà, la composizione, l'identificazione, la preparazione, la capacità e il modo di reagire delle sostanze naturali e artificiali del regno inorganico e di quello organico | ***C. organica***, che studia quasi tutti i composti del carbonio | ***C. inorganica***, che si occupa dello studio degli elementi e dei loro composti a eccezione della maggior parte di quelli del carbonio | ***C. generale***, riguardante le leggi che regolano i fenomeni chimici | ***C. fisica***, studia i problemi comuni a chimica e fisica | ***C. industriale***, che ha per oggetto lo studio delle condizioni migliori per la preparazione di prodotti chimici su larga scala | ***C. pura***, che ha per oggetto la pura ricerca scientifica | ***C. fine***, riguardante i composti prodotti con elevata purezza e in piccole quantità | Come materia d'insegnamento o corso universitario: *professore di c.*; *laurearsi in c.*

CHIMICA
nomenclatura

chimica
● *suddivisioni*: generale, organica ⇔ inorganica; agraria, analitica, applicata, atomica, biologica, cosmica, bromatologica, docimastica, elementare, clinica, farmaceutica, fisiologica, industriale, generale, minerale, fisica, sperimentale, patologica, pura, sintetica, nucleare; fitochimica, geochimica, elettrochimica, termochimica, gazochimica, stereochimica, zoochimica;
● *apparecchi*: alambicco, autoclave, becco Bunsen, bagno, bilancia, microscopio, buretta, cannello dardifiamma, colorimetro, cristallizzatore, coppella = crogiolo, durimetro, distillatore, essiccatoio, fornello, lampada Teclù, linguetta, mortaio di Abich, carta di tornasole, filtro, dializzatore, essiccatore, morsette, pallone di vetro = matraccio, oleometro, imbuto separatore, picnometro, becher, beuta, pipetta, provetta, pirometro, pompa a vuoto torricelliano, serpentina, saccarimetro, sifone, spatola, storta, spettrofotometro, spettrometro, centrifuga, viscosimetro, densimetro, dializzatore, termometro (a liquido, a mercurio), tubi, vaschetta;
● *operazioni*: sintesi, preparazione, azione, reazione, fusione = liquefazione, diluizione, solidificazione = coagulazione, rarefazione, condensazione, evaporazione, sublimazione, assorbimento, adsorbimento, volatilizzazione, fluidificazione, cristallizzazione, concentrazione, decantazione, idratazione, disidratazione, dissoluzione, dissecamento, ossidazione, disossidazione, dialisi, catalisi, distillazione, idrogenazione, defecazione, filtrazione, ebollizione, misurazione, dosaggio, levigazione, macerazione, mineralizzazione, precipitazione, riduzione, sintesi, combustione, combinazione, drogaggio; elemento chimico (cfr. sostanza), formula (bruta, di struttura), stechiometria, indice, coefficiente, simbolo, valenza, composto chimico (omopolare ⇔ eteropolare); acidità, basicità, solubilità, fusibilità, friabilità, odore, sapore, densità, temperatura di fusione, temperatura di ebollizione, riduzione, saturazione; analisi chimica (quantitativa, qualitativa, organica);
● *reazioni* (di sintesi, di analisi, di scambio doppio o semplice; termica ⇔ atermica, endotermica ⇔ esotermica, reversibile ⇔ irreversibile): contatto, calore, elettricità, luce, pressione, catalizzatore; alcali, allotropo, anfotero, colloide, calore latente, cartine indicatrici di pH, inibitore, isomero, miscela, molecola, reagente, soluzione;
● *soluzione*: empirica, titolata; satura, soprassatura, normale, molecolare; concentrata ⇔ diluita; soluto, solvente, concentrazione, dissociazione elettrolitica = ionizzazione;
● *elettrolisi*: polo (positivo = anodo ⇔ negativo = catodo); elettrolito; elettrolizzare;
● *persone*: chimico, preparatore, manipolatore, ricercatore, assistente, sperimentatore;
● *alchimia*: alchimista, alchimizzatore, adepto, soffiatore; quintessenza, arcano, pietra filosofale, elisir universale, panacea.

♦**chìmico** [fr. *chimique*, da *chimie* 'chimica'; 1584] **A agg.** (**pl. m.** *-ci*) ● Relativo alla chimica: *analisi*, *industria chimica* | Detto di sostanza ottenuta in laboratorio da altre sostanze: *prodotto c.* **CFR.** chemio-. ‖ **chimicaménte**, **avv.** Secondo le leggi o i procedimenti della chimica. **B s. m.** (**f.** *-a*) **1** Studioso di chimica | Professionista, laureato, tecnico che si dedica a ricerche o applicazioni in vari settori della chimica. **2** (*spec. al pl.*) Lavoratori dell'industria chimica: *lo sciopero dei chimici*.
chimificàre [comp. di *chimo* e *-ficare*; 1899] **v. tr.** (*io chimìfico, tu chimìfichi*) ● Trasformare gli alimenti in chimo.
chimificazióne [da *chimificare*; 1828] **s. f.** ● Trasformazione degli alimenti in chimo.
chimiṣmo [fr. *chimisme*, da *chimie* 'chimica'; 1863] **s. m.** **1** Insieme dei fenomeni prodotti da azioni chimiche, generalmente di natura organica | ***C. gastrico***, titolazione dell'acidità del succo gastrico. **2** Insieme delle caratteristiche chimiche delle rocce eruttive.
chimista [fr. *chimiste*, da *chimie* 'chimica'; 1584] **s. m. e f.** (**pl. m.** *-i*) ● (*disus.*) Chimico.
chimo [vc. dotta, gr. *chymós* 'succo', da *chéō* 'io verso'; sec. XIV] **s. m.** ● Materiale alimentare contenuto nello stomaco durante la digestione.
chimòno ● V. *kimono*.
chimòṣi [vc. dotta, gr. *chýmōsis*. V. *chimo*; 1820] **s. f. inv.** ● (*raro*) Chimificazione.
chimoṣina [dal gr. *chymós* 'succo'. V. *chimo*; 1913] **s. f.** ● Fermento digestivo gastrico di tipo proteolitico.
china (1) [da *chinare*; sec. XIV] **s. f.** ● Terreno scosceso | Pendio, declivio: *la c. del colle*; *scendere giù per la c.* | ***Essere, mettersi su una brutta c.***, (*fig.*) su una strada pericolosa | ***Essere sulla c. degli anni***, (*fig.*) nel declino degli anni.
china (2) o **chinachina** [fr. *quina*, dallo sp. *quinaquina*, da una lingua precolombiana del Perù; 1561] **s. f.** **1** (*bot.*) Genere comprendente piante arboree delle Rubiacee con foglie persistenti semplici, fiori profumati bianchi, gialli o violetti in pannocchie, frutto a capsula (*Cinchona*). **SIN.** Cincona. ➡ **ILL. piante**/9. **2** Corteccia della pianta omonima, contenente sostanze medicamentose ad azione antimalarica e antipiretica | Droga variamente usata tratta da questa corteccia. **3** Liquore preparato con alcol e corteccia di china: *elisir di c.*; *bere una c. calda*.
china (3) [da *China*, var. di *Cina*; av. 1696] **s. f.** ● (*ellitt.*) Inchiostro di china: *passare un disegno a c.*; *disegnare a c.* | (*est.*) Disegno ottenuto con tale inchiostro.
chinachina ● V. *china* (2).
♦**chinàre** [lat. **clināre* (attestato in lat. solo nei composti), dalla radice **klei-* 'inclinare'; 1264] **A v. tr.** ● Piegare in basso, verso terra | ***C. lo sguardo***, ***il capo***, ***il volto***, in segno di umiliazione, vergogna, imbarazzo: *a quel parlare / chinò ella il bel volto* (TASSO) | ***C. il capo***, in segno di saluto, riverenza e sim. | ***C. il capo***, ***la schiena***, (*fig.*) sottomettersi | ***C. le ginocchia***, inginocchiarsi. **SIN.** Abbassare. **B v. rifl.** ● Piegarsi in basso con tutta la persona: *chinarsi per raccogliere qlco.* **SIN.** Curvarsi.
†**chinàta** [av. 1292] **s. f.** ● Pendio, discesa.
chinàto (1) [av. 1292] **A part. pass.** di *chinare*; anche **agg.** ● Nei sign. del v. **B s. m.** ● †La parte inclinata di qlco.: *Qual pare a riguardar la Carisenda / sotto 'l c.* (DANTE *Inf.* XXXI, 136-137).
chinàto (2) [da *china* (2); 1879] **agg.** ● Che contiene china: *vermut c.*
Chinatown /tʃaina'taun, *ingl.* 'tʃaenə,thaon/ [vc. ingl., propr. 'città, quartiere (*town*) della Cina (*China*)'; 1985] **s. f. inv.** ● In grandi città, denominazione del quartiere abitato quasi esclusivamente da cinesi: *la C. di Milano*.
chinatùra [sec. XIV] **s. f.** **1** (*raro*) Il chinare, il chinarsi. **2** †Curvatura, convessità | Arco.
chincàglia [fr. *quincaille*, di orig. onomat.; 1679] **s. f.** ● (*spec. al pl.*) Chincaglierie.
chincaglière [fr. *quincaillier*, da *quincailles* 'chincaglie'; 1739] **s. m.** (**f.** *-a*) ● Venditore di chincaglie.
chincaglierìa [fr. *quincaillerie*, da *quincailles* 'chincaglie'; 1765] **s. f.** **1** (*spec. al pl.*) Oggetti minuti e di poco valore usati per ornamento personale o per l'abbellimento di mobili, stanze e sim.: *la sua camera è piena di chincaglierie*. **2** Negozio in cui si vendono tali oggetti.
chinchilla /*sp.* tʃin'tʃiʎa, -ija/ [vc. di orig. peruviana; 1836] **s. m.** (**pl.** sp. *chinchillas*) ● Genere di Mammiferi roditori rappresentato dalla sola specie *Chiuchilla laniger*, comunemente *cincillà*.
chiné /*fr.* ʃi'ne/ [fr., part. pass. di *chiner* 'dare colori differenti ai fili di un tessuto', da *Chine* 'Cina', dove venne elaborato il procedimento; 1885] **agg. inv.** ● Detto di tessuto screziato, marezzato.
chinèa o †**acchinèa** [fr. *haquenée*, di etim. incerta; av. 1492] **s. f.** **1** (*lett.*) Cavallo adatto spec. per lunghi percorsi. **2** (*st.*) Cavallo bianco che i re di Napoli offrivano ogni anno al Papa, come feudatari della Chiesa.
chinèṣe ● V. *cinese*.
chineṣerìa ● V. *cineseria*.
chinèṣi-, -chinèṣi ● V. *cinesi-, -cinesi*.
chineṣiologìa ● V. *cinesiologia*.
chineṣiterapìa ● V. *cinesiterapia*.
chineṣiteràpico ● V. *cinesiterapico*.
chineṣiterapista ● V. *cinesiterapista*.

chinetopatìa [comp. del gr. *kinētós* 'mobile' (V. *chinetosi*) e di *-patia*] s. f. ● Chinetosi.

chinetòṣi o **cinetòṣi** [dal gr. *kinētós* 'mobile', da *kinêin* 'porre in movimento' (V. *cinematica*); 1899] s. f. inv. ● (*med.*) Complesso di disturbi, quali nausea e vomito, di origine neurovegetativa, causati da un movimento non uniforme, spec. su mezzi di trasporto come automobile, barca, aeroplano, treno. SIN. Cinesia.

chinidina [da *chinina*; 1865] s. f. ● (*chim.*) Isomero ottico della chinina, usato come farmaco contro la fibrillazione cardiaca.

chinina [fr. *quinine*. V. *china* (2); 1850] s. f. ● Alcaloide della corteccia della china, usato sotto forma di sali come antipiretico e antimalarico.

chinino [da *chinina*; 1875] s. m. ● Sale acido o neutro di chinina, usato come antipiretico e antimalarico.

chino (1) [part. accorciato di *chinare*; 1313] agg. ● Chinato, inclinato, curvo, piegato | *Stare a, col, capo c.*, in segno di umiltà, vergogna, pentimento.

chino (2) [da *chinare*; sec. XIV] s. m. ● (*raro*) Pendio, declivio | *Andare al c.*, (*fig.*) cadere in miseria.

chinolina [comp. di *china* (2) e del lat. *ŏleum* 'olio'; 1865] s. f. ● (*chim.*) Composto eterociclico basico, liquido, incolore, formato dalla condensazione di un nucleo benzenico e di uno piridinico; si utilizza in sintesi organiche e in medicina. SIN. Benzopiridina.

chinolìnico [1987] agg. (pl. m. *-ci*) ● (*chim.*) Detto di derivato della chinolina | Detto di sostanza che contiene chinolina o derivati della chinolina: *colorante c.*

chinóne [da *china* (2); 1865] s. m. ● (*chim.*) Composto organico risultante dalla sostituzione di due atomi di idrogeno con due atomi di ossigeno nell'anello benzenico, diffuso come pigmento in molti vegetali e in organismi animali.

chinòtto [da *China*, antico n. della *Cina*; 1892] s. m. *1* Piccolo albero delle Rutacee con piccoli fiori bianchi molto profumati e frutti amari più piccoli dell'arancia (*Citrus bigaradia sinensis*) | Il frutto di tale albero. ➡ ILL. **piante**/5. *2* Bibita analcolica gassata, aromatizzata con estratto a base di chinotto.

chintz /ingl. tʃɪnts/ o **cintz**, **cinz** [ingl., dall'indostano *chhint* 'cotone variegato'; 1963] s. m. inv. ● Tessuto da arredamento stampato a vari colori o in tinta unita, reso lucido da uno speciale finissaggio.

chiòcca [V. *ciocca*; 1532] s. f. ● Ciocca | *In c.*, in grande quantità: *venga pur … / neve in c.* (REDI). || †**chiocchétta**, dim.

chioccàre [vc. onomat.; av. 1494] v. intr. ● Schioccare.

chioccàta [av. 1850] s. f. ● Schiocco.

chiocchiolio ● V. *chioccolio*.

chiòccia [da *chiocciare*; sec. XIII] s. f. (pl. *-ce*) ● Gallina che cova le uova o alleva i pulcini | (*est.*) *Fare la c.*, (*fig.*) accoccolarsi, stare rannicchiato | (*est.*) Donna dotata di un forte senso della maternità, e gelosamente protettiva.

chiocciàre [vc. onomat.; av. 1320] v. intr. (*io chiòccio*; aus. *avere*) *1* Emettere un verso rauco e stridulo, detto della chioccia quando cova e (*est.*) di altri uccelli. *2* (*raro*) Covare: *le galline chiocciarono, e venne marzo* (PASCOLI). *3* (*fig.*) †Stare rannicchiato, spec. al caldo, come una chioccia, detto di persona.

chiocciàta [da *chioccia*; av. 1749] s. f. ● Tutti i pulcini nati in una covata | (*fig.*, *fam.*) Figliolanza, prole.

chiòccio [1313] agg. (pl. f. *-ce*) *1* Che ha un suono rauco e stridulo, simile al verso della chioccia: *voce chioccia*. *2* (*est.*, *lett.*) Aspro, sgradevole.

chiòcciola [dim., con metatesi, del lat. *cŏchlea*, dal gr. *kochlías*, da *kóchlos* 'conchiglia'; av. 1400] s. f. *1* Nome di varie specie di Molluschi dei Gasteropodi polmonati terrestri con conchiglia globoide, spesso commestibili. ➡ ILL. **animali**/4; **zoologia generale**. *2 Scala a c.*, scala a forma elicoidale. *3* (*tecnol.*) Madrevite. *4* (*anat.*) Coclea. *5* (*mus.*) Estremità del manico del violino. SIN. Riccio. *6* Caracollo | *Fare c.*, caracollare. *7* Nome del carattere @, utilizzato spec. negli indirizzi di posta elettronica. SIN. At, A commerciale. || **chiocciolétta**, dim. | **chiocciolina**, dim. | **chiocciolino**, dim. m. | **chiocciolóna**, accr. | **chiocciolóne**, accr. m.

chiocciolàio [av. 1675] s. m. ● (*raro*) Chi cerca chiocciole per rivenderle.

chiòcco [da *chioccare*; av. 1850] s. m. (pl. *-chi*) ● Schiocco.

chioccolàre [vc. onomat.; 1808] v. intr. (*io chiòccolo*; aus. *avere*) *1* Emettere fischi brevi e leggeri, detto del fringuello, del merlo, del pettirosso e di altri uccelli. *2* Imitare il fischio del merlo, del fringuello ecc., spec. col chioccolo. *3* (*est.*) Gorgogliare dolcemente: *l'acqua chioccola nella fontana*.

chioccolatóre [1940] agg. (f. *-trice*); anche s. m. ● Che (o Chi) chioccola: *merlo c.*

chioccolio o **chiocchiolio** [1808] s. m. *1* Il chioccolare degli uccelli. *2* (*est.*) Gorgoglio continuo e sommesso di acque: *roco c. della vaschetta in mezzo al giardino* (PIRANDELLO).

chiòccolo [da *chioccolare*; 1808] s. m. *1* Richiamo caratteristico del merlo e del fringuello. *2* Fischio di ottone con cui si richiama il merlo o il fringuello: *caccia col c.* *3* (*est.*) Chioccolio.

chiodàia [da *chiodo*; sec. XVIII] s. f. *1* (*disus.*) In orologeria, punzone d'acciaio per ribadire le ruote sul loro pignone o il bilanciere sul suo asse. *2* Antico stampo per fare la capocchia ai chiodi.

chiodàio o (*region.*) **chiodàro** [av. 1936] s. m. (f. *-a*) ● Chi fabbrica chiodi.

chiodaiòlo o †**chiodaiuòlo** [1865] s. m. (f. *-a*) *1* Chiodaio. *2* (*fig.*, *scherz.*) Chi fa molti debiti.

chiodàme [1768] s. m. ● (*raro*) Insieme di chiodi di qualità e forme diverse.

chiodàre o †**chiovàre** [sec. XIV] v. tr. (*io chiòdo*) ● (*raro*) Inchiodare.

chiodàro ● V. *chiodaio*.

chiodàto [av. 1525] part. pass. di *chiodare*; anche agg. *1* Nei sign. del v. *2 Bastone c.*, che finisce con una punta metallica | *Scarpe chiodate*, con chiodi infissi nella suola, usate spec. un tempo per passeggiate ed escursioni in montagna | *Pneumatico c.*, fornito di punte metalliche per migliorarne la tenuta su strade ghiacciate.

chiodatrice [1941] s. f. *1* Inchiodatrice. *2* (*mecc.*) Macchina utensile per effettuare chiodature.

chiodatùra o †**chiovatùra** [av. 1320] s. f. *1* Operazione dell'inchiodare. *2* (*mecc.*) Tipo di giunzione fissa usata nel collegamento di lamiere, le quali vengono fissate tra loro mediante chiodi ribattuti. *3* Insieme di chiodi infissi in un oggetto: *la c. delle scarpe*.

chioderìa [1549] s. f. *1* Officina nella quale si fabbricano chiodi. *2* Assortimento di chiodi.

chiodétto [1578] s. m. *1* Dim. di *chiodo*. *2* Fungo delle Agaricacee con cappello di color rosso bruno viscido nella parte superiore (*Gomphidius glutinosus*).

chiodino [1865] s. m. *1* Dim. di *chiodo*. *2* Piccolo fungo mangereccio delle Agaricacee dal cappello giallastro con lamelle nella parte inferiore e anello persistente (*Armillaria mellea*). SIN. Famigliola buona | *C. matto*, piccolo fungo parassita di aspetto simile al chiodino ma velenoso (*Hypholoma fasciculare*). ➡ ILL. **fungo**.

♦**chiòdo** o (*dial.*) †**chiòvo** [lat. *clāvu(m)* 'chiodo' (prob. da una radice che significa 'battere'), cui si sovrappose *claudere* 'chiudere'; av. 1292] s. m. *1* Sottile asta metallica, appuntita a un'estremità e munita dall'altra di una capocchia, usata per unire tra loro due parti, per appendere oggetti alla parete o come elemento di rinforzo: *conficcare, piantare, togliere un c.* | *C. a diamante*, con la capocchia a piramide tronca | *C. a pantera*, adatto spec. per infissioni in pareti di cemento | *C. da piastra*, bullone che si ribadisce a caldo | *C. da staffa*, cilindrico | *C. barbone*, in acciaio con tacche a sega per inchiodare le artiglierie ad avancarica | *Ribadire il c.*, (*fig.*) insistere sullo stesso argomento | *Magro come un c.*, *essere un c.*, (*fig.*) di persona molto magra | *Attaccare la racchetta, i guantoni* e sim. *al c.*, ritirarsi da uno sport | *Roba da chiodi*, (*fig.*) azioni o parole biasimevoli, assurde e sim. | *Non battere c.*, (*fig.*) non ottenere risultati, non realizzare guadagni. *2* Nell'alpinismo, attrezzo in metallo che si infigge nella roccia o nel ghiaccio, con la testa munita di un occhio cui collegare, mediante anello o moschettone, corda e staffa per sicurezza e appiglio. ➡ ILL. p. 2160 SPORT. *3* Nel podismo, ciascuna delle speciali puntine metalliche applicate sotto le scarpe per meglio aderire al terreno della pista. *4* (*bot.*) *C. di garofano*, gemma florale di una pianta tropicale delle Mirtacee raccolta prima che si sviluppi il fiore ed essiccata; si usa come spezie. ➡ ILL. **piante**/5; **spezie**. *5* Fitta dolorosa | (*med.*) *C. isterico*, forma di cefalea che si accompagna a sensazioni di trafittura cranica | (*med.*) *C. solare*, cefalea localizzata sopra le orbite per insolazione o malattia, spec. malaria. *6* (*fig.*) Idea assillante, quasi ossessiva: *Questo dello stile … era un c. del Colonnello* (BACCHELLI); *avere un c. fisso*. *7* (*fig.*, *fam.*) Debito: *lasciare un c. in trattoria* | *Piantare, levare un c.*, fare, pagare un debito. || PROV. Chiodo scaccia chiodo. *8* (*gerg.*) Corto giubbotto imbottito, spec. di pelle nera. || **chiodàccio**, pegg. | **chiodarèllo**, **chioderèllo**, dim. | **chiodettino**, dim. | **chiodétto**, dim. (V.) | **chiodino**, dim. (V.) | **chiodóne**, accr.

chioggiòtto o †**chiozzòtto** [1858] **A** agg. ● Di Chioggia: *case chioggiotte*. **B** s. m. (f. *-a*) ● Abitante di Chioggia. **C** s. m. solo sing. ● Dialetto parlato a Chioggia.

chiòma [lat. *cŏmula(m)*, dim. di *cŏma* 'chioma', dal gr. *kómē*, con metatesi; 1313] s. f. *1* Capigliatura, spec. lunga e folta: *una lunga, folta c.*; *le tue chiome auliscono come / le chiare ginestre* (D'ANNUNZIO). *2* (*est.*, *lett.*) Criniera: *la c. del cavallo, del leone*. *3* (*fig.*) Insieme di rami, fronde e foglie che formano la parte superiore di un albero. *4* Estesa formazione di gas fluorescenti che avvolge il nucleo delle comete spec. quando si trovano in vicinanza del Sole. *5* †Pennacchio: *la c. dell'elmo* | †Pennacchio della rocca; SIN. Pennecchio.

chiomadòro [comp. di *chioma* e *oro*; 1900] agg. inv. ● (*poet.*) Dalla chioma bionda.

chiomànte [sec. XIII] agg. *1* (*lett.*) Chiomato. *2* (*raro*, *lett.*) Fornito di criniera | Che scuote la criniera. *3* (*poet.*) Frondeggiante, fronzuto: *sul poggio / c. di pini* (D'ANNUNZIO).

chiomàto [1623] agg. *1* (*lett.*) Che ha lunga e vistosa chioma: *vedea … / … / sulle sciolte redini / chino il c. sir* (MANZONI). *2* (*raro*, *lett.*) Che ha folta criniera: *cavallo, leone c.* *3* (*poet.*) Frondoso: *albero, bosco c.* *4* (*lett.*) Di cometa che ha lunga coda. *5* (*lett.*) Adorno di pennacchio: *elmo c.*

chiomazzùrro [comp. di *chioma* e *azzurro*; av. 1638] agg. ● (*poet.*) Dalla chioma azzurra: *il dio c.* (PASCOLI).

chiomóso [da *chioma*; av. 1565] agg. ● (*lett.*) Che ha lunghi e folti capelli: *col cenno del capo c.* (D'ANNUNZIO).

†**chiónzo** [etim. discussa: longob. *klunz* 'tardo, pesante' (?); av. 1698] agg. ● (*tosc.*) Tozzo.

chiòrba [lat. *cŏrbula(m)*, dim. di *cŏrbis* 'corba'; 1960] s. f. ● (*tosc.*) Testa.

chiòṣa (1) [da *chiosa* (2); av. 1921] s. f. *1* (*tosc.*) Macchia, chiazza. *2* †Piastrella di piombo usata per gioco dai ragazzi.

chiòṣa (2) [lat. tardo *glōsa(m)*, nom. *glōsa*, dal gr. *glôssa* 'lingua, parola antiquata o straniera'; 1308] s. f. *1* Spiegazione di una parola o di un passo di difficile significato, aggiunta a un testo da parte di chi legge o commenta il testo stesso: *alle leggi poi di Giustiniano fecero le chiose i primi interpreti* (MURATORI). SIN. Glossa, postilla. *2* (*fig.*, *lett.*) Commento malevolo, critico: *ognun fa sopra me sue belle chiose* (PULCI). || **chioṣèlla**, dim. | **chioṣerèlla**, dim. | **chioṣétta**, dim. | **chioṣùccia**, dim.

chioṣàre [da *chiosa* (2); av. 1303] v. tr. (*io chiòṣo*) *1* Interpretare ed esporre un testo o un passo difficile con chiose. *2* (*est.*, *lett.*) Commentare, spiegare, interpretare: *invece di Omero chioserò Crisippo* (LEOPARDI). *3* (*fig.*, *lett.*) Commentare in modo malevolo, criticare.

chioṣatóre [da *chiosare*; 1294] s. m.; anche agg. (f. *-trice*) ● (*raro*) Chi (o Che) fa chiose.

chiòsco [turco *kösk*, prob. attraverso il fr. *kiosque*; 1594] s. m. (pl. *-schi*) *1* Piccola costruzione in muratura o altro materiale, anche provvisoria, adibita a vari usi: *il c. del giornalaio, del gelataio, del fioraio*. *2* Piccolo padiglione a cupola in giardini, parchi e sim. *3* Capanno formato da alberi e rami intrecciati. || **chioschétto**, dim.

chiòstra [lat. *clāustra*, nt. pl. di *claustrum*. V. *chiostro*; 1313] s. f. *1* (*lett.*) Recinto, cerchia: *c. dei monti*; *c. dei denti*. *2* (*lett.*) Luogo chiuso e recintato | (*est.*) Zona, regione: *S'io son d'udir le tue parole degno, / dimmi se vien d'inferno, e di qual* *c.* (DANTE *Purg.* VII, 20-21). **3** †Convento, chiostro.

chiòstro o (*lett.*) **clàustro** [lat. *clāustru(m)*, da *clāudere* 'chiudere'; av. 1294] **s. m.** **1** Cortile di monastero, circondato da porticati, situato talora anche a fianco di cattedrali. **2** (*est.*) Convento: *correvano a … sacri chiostri per impiegar quivi il resto de lor giorni* (MURATORI) | (*fig.*) Vita monastica: *cercare la pace, la solitudine del c.* | Clausura. **3** (*lett.*) Luogo angusto | Luogo appartato, inaccessibile. || **chiostrétto**, **dim.** | **chiostricìno**, **dim.** | **chiostrìno**, **dim.** | **chiostrùccio**, **dim.**

chiòtto [etim. incerta; 1534] **agg.** ● Che sta quieto, silenzioso, ritirato, per prudenza, paura, circospezione e sim. (*spec. iter.*): *si allontanò chiotta chiotta*; *chiotti piuttostoché astuti* (GIUSTI).

†chiòva ● V. *†ghiova*.

chiovàrdo [dal lat. *clāvus* 'chiodo, tumore'; 1881] **s. m.** ● (*veter.*) Malattia del piede del cavallo caratterizzata da processi necrotici con suppurazione e formazione di fistole.

†chiovàre ● V. *chiodare*.

†chiovatùra ● V. *chiodatura*.

†chiovèllo [dalla sovrapposizione di *†chiovo* a *†chiavello*; av. 1357] **s. m.** ● Chiodo.

†chiòvo ● V. *chiodo*.

†chiòvola [lat. *clāvula(m)*, dim. di *clāva* 'clava, mazza, bastone'; 1536] **s. f.** **1** (*tosc.*) Chiodo. **2** (*raro*) Articolazione, giuntura.

chiòvolo [da *†chiovo*; 1865] **s. m.** **1** Anello di ferro, legno e sim. in cui s'infila la stanga dell'aratro o il timone del giogo. **2** (*veter.*) Rigonfiatura che si forma sulle zampe di civette o falchi e sim., a causa di legacci troppo stretti.

†chiòzzo (o **-zz-**) ● V. *ghiozzo* (*1*).

chiozzòtta [dalla forma dial. *ciozòta*, ora *ciosòta* 'di Chioggia'; 1887] **s. f.** ● Barcone a vela da trasporto in uso a Chioggia e nelle lagune venete.

†chiozzòtto ● V. *chioggiotto*.

chip /*ingl.* tʃɪp/ [vc. ingl. d'orig. germ. propr. 'scheggia'; 1966] **s. m. inv.** **1** (*elettron.*) Piastrina di semiconduttore, di pochi millimetri quadrati di superficie, sulla quale è realizzato un circuito integrato. **SIN.** Microchip. **2** Cip (2).

chippendale /*ingl.* 'tʃɪpən,deɪl/ [dal n. dell'ebanista Th. *Chippendale* (1718-1779); 1913] **A s. m. inv.** ● Stile di mobilia inglese costituito da elementi ripresi dagli stili gotico, rococò e orientale. **B** anche **agg. inv.**: *stile c.*; *mobili c.*

chips /tʃips, *ingl.* tʃɪps/ [vc. ingl., riduzione di *chip-potatoes* 'patate (*potatoes*) a fettine (*chips*)'; 1989] **s. f. pl.** ● Patatine fritte tagliate a fettine sottilissime o a bastoncini, gener. confezionate industrialmente.

†chiràgra [vc. dotta, lat. *chīragra(m)*, nom. *chīragra*, dal gr. *cheirágra*, comp. di *chéir*, genit. *cheirós* 'mano' e *ágra* 'caccia, preda'; av. 1320] **s. f.** ● Gotta delle mani.

†chiragróso [av. 1556] **agg.**; anche **s. m.** (f. *-a*) ● Che (o Chi) è affetto da chiragra.

chiràle [vc. dotta, comp. del gr. *chéir* 'mano' e del suff. agg. *-ale* (*1*); 1977] **agg.** ● (*chim.*) Detto di molecola priva di simmetria interna, non sovrapponibile alla propria immagine speculare, analogamente a quanto avviene tra la mano destra e la sinistra.

chirghìso ● V. *kirghiso*.

chiridòta [vc. dotta, lat. *chiridōta(m)*, nom. *chiridōta*, dal gr. *cheiridōtós* 'fornito di maniche' (sottinteso 'chitone'), da *cheirís*, genit. *cheirîdos* 'guanto, manica', da *chéir*, genit. *cheirós* 'mano'] **s. f.** ● Tunica con le maniche, usata dagli Asiatici.

chìrie **s. m. inv.** ● Adattamento di *kyrie* (V.).

chirielèison o **chirielèison**, **chirie eleison** [av. 1556] **s. m.** ● Adattamento di *kyrie eleison* (V.).

†chirinzàna ● V. *chiarantana*.

chiro- o **cheiro-** [dal gr. *chéir*, genit. *cheirós* 'mano', di orig. indeur.] primo elemento ● In parole composte dotte o scientifiche significa 'mano' e talvolta 'pinna': *chirografo*, *chiromanzia*, *chirotteri*.

chirognomìa [comp. di *chiro-* e un deriv. del gr. *gnṓmē* 'conoscenza' (V. *gnome*); 1951] **s. f.** ● Arte divinatoria che cerca di indovinare il carattere e il futuro di una persona dalla lettura della sua mano.

chirografàrio [vc. dotta, lat. tardo *chirographāriu(m)*, da *chirŏgraphum* 'chirografo'; 1673] **A agg.** **1** (*gener.*) Che si riferisce a un chirografo. **2** (*dir.*) Detto di debito o credito sfornito di privilegio o di ipoteca e basato su una semplice scrittura privata | Detto di creditore che vanta un documento firmato dal debitore. **B s. m.** (f. *-a*) ● (*dir.*) Creditore che vanta un documento firmato dal debitore.

chirògrafo [vc. dotta, lat. *chirŏgraphu(m)*, dal gr. *cheirógraphon* 'manoscritto', comp. di *chéir*, genit. *cheirós* 'mano' e *gráphō* 'io scrivo'; sec. XIV] **s. m.** (*dir.*) **1** (*gener.*, *raro*) Qualunque documento, spec. scritto di propria mano dal suo autore. **2** (*dir.*) Scrittura privata relativa a obbligazioni patrimoniali.

chirologìa [comp. di *chiro-* e *-logia*; 1830] **s. f.** ● Studio e lettura delle linee della mano a scopo divinatorio.

chiròlogo [da *chirologia*; 1983] **s. m.** (f. *-a*; pl. m. *-gi*) ● Chi pratica la chirologia.

chiromànte [vc. dotta, gr. *cheirómantis*, comp. di *chéir*, genit. *cheirós* 'mano' e *mántis* 'indovino'; av. 1294] **s. m. e f.** ● Chi esercita la chiromanzia | Indovino.

chiromàntico [1618] **agg.** (pl. m. *-ci*) ● Relativo alla chiromanzia.

chiromanzìa [vc. dotta, gr. tardo *cheiromantéia*, da *cheirómantis* 'chiromante'; sec. XIV] **s. f.** ● Arte divinatoria che cerca di presagire il futuro degli uomini e di interpretare il loro carattere mediante la lettura dei segni della mano.

chiromegalìa [comp. di *chiro-* e *-megalia*; 1964] **s. f.** ● (*med.*) Sviluppo esagerato di una o ambedue le mani.

chironomìa o **cheironomìa** [vc. dotta, lat. *chironŏmia(m)*, nom. *chironŏmia*, dal gr. *cheironomía*, comp. di *chéir*, genit. *cheirós* 'mano' e *nómos* 'legge'; av. 1707] **s. f.** **1** Arte del gestire recitando o parlando in pubblico. **2** Arte di dirigere spec. un coro con gesti della mano.

chiropràssi [comp. di *chiro-* e del gr. *prâxis* 'l'agire' (V. *prassi*); 1983] **s. f. inv.** ● Chiropratica.

chiropràtica [comp. di *chiro-* e *pratica*; 1965] **s. f.** ● Chiroterapia | (*gener.*) Ogni procedura di massaggio manuale.

chiropràtico [1983] **s. m.** (f. *-a*; pl. m. *-ci*) ● Chiroterapeuta.

chiroscopìa [comp. di *chiro-* e *-scopia*; 1951] **s. f.** ● Chiromanzia.

chirospàsmo ● V. *cheirospasmo*.

chirotèca [comp. del gr. *chéir*, genit. *cheirós* 'mano' e *thḗkē* 'scrigno, fodero'; 1499] **s. f.** ● Guanto usato dai vescovi nelle funzioni.

chiroterapèuta [comp. di *chiro-* e *terapeuta*; 1983] **s. m. e f.** (pl. m. *-i*) ● Chiroterapista.

chiroterapìa [comp. di *chiro-* e *terapia*; 1983] **s. f.** ● Terapia correttiva specifica, mediante trattamento manuale volto a eliminare le cause dei sintomi dolorosi a carico della colonna vertebrale e del bacino.

chiroteràpico [1987] **agg.** (pl. m. *-ci*) ● Di chiroterapia: *trattamento c.*

chiroterapista [comp. di *chiro-* e *terapista*] **s. m. e f.** (pl. m. *-i*) ● (*med.*) Chi pratica la chiroterapia.

chirotipìa [comp. di *chiro-* e *-tipia*; 1956] **s. f.** ● Riproduzione grafica ottenuta passando a mano pennelli o pennini su lastrine opportunamente traforate.

Chiròtteri [comp. del gr. *chéir*, genit. *cheirós* 'mano' e *pterón* 'ala'; 1820] **s. m. pl.** (sing. *-o*) ● Nella tassonomia animale, ordine di Mammiferi adatti al volo grazie alla membrana alare che unisce tra loro le lunghissime dita collegandosi ai fianchi e agli arti posteriori (*Chiroptera*).

chirurgìa [vc. dotta, lat. tardo *chirūrgia(m)*, nom. *chirūrgia*, dal gr. *cheirourgía* 'arte manuale', poi 'chirurgia', da *cheirourgós*. V. *chirurgo*; 1554] **s. f.** ● (*chir.*) Branca della medicina che utilizza atti operatori e si avvale di tecniche manuali e strumentali di intervento cruento per la terapia di malattie altrimenti non curabili | *C. plastica*, chirurgia a scopo ricostruttivo o riparativo dei difetti, congeniti o acquisiti, del corpo umano | *C. estetica*, branca della chirurgia plastica che si propone di correggere difetti corporei per motivi estetici | *C. del freddo*, criochirurgia.

chirùrgico [vc. dotta, lat. tardo *chirūrgicu(m)*, nom. *chirūrgicus*, dal gr. *cheirourgikós*, da *cheirourgós*. V. *chirurgo*; av. 1698] **agg.** (pl. m. *-ci*) ● Relativo alla chirurgia: *metodo c.* | Che è proprio della chirurgia: *tecnica chirurgica*; *intervento c.* | (*fig.*) Di precisione, mirato, detto di azione spec. militare: *attacco c. alla base nemica.* || **chirurgicaménte**, **avv.** Secondo i metodi, i principi della chirurgia; per mezzo della chirurgia: *intervenire chirurgicamente*.

♦**chirùrgo** [vc. dotta, lat. tardo *chirūrgu(m)*, nom. *chirūrgus*, dal gr. *cheirourgós* 'che opera con le proprie mani', comp. di *chéir*, genit. *cheirós* 'mano' ed *érgon* 'opera'; 1532] **s. m.** (f. *-a*; pl. m. *-ghi* o, raro, *-gi*; V. nota d'uso FEMMINILE) ● Medico che pratica la chirurgia | ***Medico c.***, un tempo, medico specializzato in chirurgia; oggi, titolo di chi è laureato in medicina e chirurgia ed è abilitato alla professione di medico.

chi sa /kis'sa*/ ● V. *chissà*.

chi si sia ● V. *chissisia*.

♦**chissà** o **chi sa** [da *chi sa*; av. 1375] **avv.** **1** Esprime dubbio, incertezza, perplessità: *c. chi ha suonato*; *ci rivedremo c. quando*; *c'è riuscito, c. come*; *saremo c. quanti*; *devo averlo perso, c. dove.* **2** Forse, può darsi (nelle risposte e in incisi): *'esci domani?' 'c.!'*; *era convinto, c., di fare una buona azione* | Anche nella loc. ***c. mai***: *potrebbe servirci, c. mai.* **3** Nella loc. pron. inv. ***c. chi***, una persona sconosciuta; (*iron.*) una persona molto importante: *quei soldi li avrà vinti c. chi*; *crede di essere c. chi* | Anche nella loc. ***c. che*** (***cosa***): *pensava di avere trovato c. che.* **4** Nelle loc. avv. ***c.*** (***mai***) ***se***, ***c.*** (***mai***) ***che*** (gener. per introdurre una prop. esclamativa che esprime incertezza o vaga speranza): *C. se poi questo lontano parente sia mai esistito!* (SVEVO); c. mai se un giorno potrò ritornare!; C. che non avesse a giovare! (VERGA); *c. mai che il tempo non migliori!* **5** Nella loc. agg. inv. ***c. che***, indica qlco. di generico, di indefinito o anche di esagerato: *pensavano a c. che peccatacci* (VERGA); *ora ci daranno c. che multa!*

chissisìa o **chi si sia** [da *chi si sia*; av. 1529] **pron. indef. m. e f.** (pl. *†chissisiano*) ● (*lett.*) Chicchessia.

chistera /*sp.* tʃis'tera/ [sp., 'cesta', di orig. basca; 1970] **s. f.** (pl. sp. *chisteras*) ● Cesta, nella pelota basca.

♦**chitàrra** [ar. *qītāra*, dal gr. *kithára*. V. *cetra*; 1306] **A s. f.** **1** (*mus.*) Strumento a sei corde pizzicate, con cassa armonica a forma di otto, che serve spec. da accompagnamento: *c. classica*, *elettrica*, *acustica* | ***C. hawaiana***, ukulele. ➡ **ILL. musica.** **2** Telaio di legno rettangolare sul quale sono tesi a piccoli intervalli e nel senso della lunghezza numerosi fili di acciaio; si usa in Abruzzo per tagliare la pasta all'uovo. **B** in funzione di **agg. inv.** ● (posposto al s.) Nella loc. ***Pesce*** (V.) ***c.*** || **chitarrìna**, **dim.** | **chitarrìno**, **dim. m.** | **chitarróna**, **accr.** | **chitarróne**, **accr. m.** (V.) | **chitarrùccia**, **chitarrùzza**, **dim.**

chitarràta [1916] **s. f.** ● Composizione o esecuzione musicale con una o più chitarre | (*spreg.*) Esecuzione musicale scadente.

chitarrista [av. 1600] **s. m. e f.** (pl. m. *-i*) ● Suonatore di chitarra.

chitarronàta [av. 1907] **s. f.** **1** (*raro*) Chitarrata. **2** (*fig.*, *spreg.*) Poesia mediocre: *non mai c. … mi uscì dalle mani tanto volgare* (CARDUCCI).

chitarróne [av. 1673] **s. m.** **1** Accr. di *chitarra*. **2** Varietà secentesca di liuto.

chitina [dal fr. *chitine*, a sua volta dal gr. *kýtos* 'vaso, corazza'; 1865] **s. f.** ● (*chim.*) Polisaccaride azotato, bianco, amorfo, costituente l'esoscheletro degli Artropodi e i rivestimenti di altri invertebrati, presente in molti funghi e licheni come sostituto della cellulosa | ***C. vegetale***, micosina.

chitinóso [1964] **agg.** ● Detto di organo animale costituito o rivestito di chitina.

chitóne [vc. dotta, gr. *chitṓn*, genit. *chitônos* 'tunica', di orig. semitica; 1892] **s. m.** ● Nell'antica Grecia, tunica stretta in vita da una cintola, e costituita da un telo di forma oblunga che si avvolgeva attorno al corpo in modo da lasciare un'apertura per il braccio mentre i due capi venivano fissati sulle spalle con fermaglio e bottone.

chiù /kju*/ [vc. onomat.; av. 1484] **A inter.** ● Riproduce il grido dell'assiolo: *veniva una voce dai campi: / 'c.'* (PASCOLI). **B s. m.** **1** (*tosc.*) Correntemente, assiolo. **2** Il grido stesso dell'assiolo.

chiudènda [da *chiudere*; 1342] **s. f.** **1** Recinzione spec. di fili di ferro o siepi, che ripara orti, campi e sim. **2** Serranda, saracinesca. **3** Terreno coltivato a ulivi, in colture specializzate.

♦**chiùdere** [lat. tardo *clūdere*, per il classico *claudere*, di orig. indeur.; sec. XIII] **A v. tr.** (**pass. rem.** *io chiusi*, *†chiudètti* (o *†-étti*), *tu chiudésti*; **part. pass.** *chiuso*) **1** Far combaciare due o più parti divise di qlco., o due o più cose divise, serrare insieme, congiungere: *c. la porta, l'ombrello, la valigia, il libro, la lettera, la bocca, gli occhi* | ***C. le mani***, congiungerle, spec. in atto di preghiera | ***C. le braccia***, accostarle o incrociarle e stringerle al petto | ***C. un occhio***, (*fig.*) lasciar correre, per indulgenza o complicità | ***Non c. occhio***, (*fig.*) non riuscire a dormire | ***C. gli occhi***, (*fig.*) morire | ***Chiudi quella bocca!***, stai zitto! | ***C. la bocca a qlcu.***, (*fig.*) impedirgli di parlare con minacce e violenze, vincerlo in uno scontro verbale | ***C. la porta in faccia a qlcu.***, (*fig.*) negargli ogni aiuto. CONTR. Aprire. **2** Serrare, restringere, costringere in uno spazio ristretto: *c. una vite in una morsa*; *c. l'esercito fra due montagne*; *c. pesci, uccelli nella rete* | ***C. la mano***, stringerla a pugno | ***C. le braccia attorno al collo di qlcu.***, abbracciarlo | ***C. una pagina del giornale***, finire di impaginarla | ***Il terrore lo chiuse in una morsa***, (*fig.*) gli impedì di comportarsi liberamente, di essere sereno. **3** Cingere intorno: *c. qlco. con un muro, un fosso, una siepe, uno steccato.* **4** Impedire un passaggio con ostacoli, sbarrare, ostruire (*anche fig.*): *c. la strada, il cammino a qlcu.*; *onde al dolore / chiuda ogni via* (ALFIERI) | ***C. al traffico una strada***, vietarvi il transito | ***C. un avversario***, imbottigliarlo | ***C. la luce, l'acqua, il gas***, interromperne il flusso, l'erogazione, la distribuzione | (*fam.*) Spegnere: *chiudi il computer* | (*fig.*) ***C. il cuore alla pietà, gli orecchi alle preghiere***, non lasciarsi commuovere. CONTR. Aprire. **5** Riporre, rinchiudere (*anche fig.*): *c. il denaro in cassaforte*; *c. qlcu., qlco., sotto chiave*; *c. qlcu. in galera*; *c. in petto l'ira, l'odio, l'amore, l'indignazione* | (*raro*) Racchiudere, contenere: *quello scrigno chiude molti gioielli.* **6** Terminare, ultimare, concludere qlco. (*anche fig.*): *c. le scuole, la conferenza*; *c. il discorso, l'argomento, la discussione* | ***C. negozio, bottega***, cessare la vendita; (*fig.*) porre termine a un'attività | ***C. un affare***, concluderlo, definire le pattuizioni | ***C. il bilancio***, eseguire le operazioni contabili connesse alla fine di un periodo di attività | ***C. casa***, (*fig.*) trasferirsi altrove | ***C. una lettera***, aggiungervi i saluti e la firma | (*fig.*) ***C. i giorni, l'esistenza***, morire | ***C. una schiera, una processione, un elenco***, venire per ultimi in una schiera e sim. | ***C. il conto***, pagarlo | ***C. il conto con qlcu.***, (*fig.*) vendicarsi, rendergli ciò che si merita | (*sport*) ***C. la partita***, vincerla o prendere un vantaggio incolmabile. **7** (*assol.*) In giochi di carte in cui la vittoria è di chi ha tutte le carte legate in combinazione, terminare vincendo. **B** v. intr. (aus. *avere*) **1** Combaciare: *la porta, lo sportello non chiude bene.* **2** (assol.; + *con*) Cessare definitivamente o interrompere l'attività: *il negozio ha chiuso per fallimento*; *le scuole chiudono nei giorni festivi* | ***C. con qlcu.***, cessare ogni rapporto: *con te ho chiuso!*; *hanno chiuso con quest'esperienza* | ***C. in bellezza***, concludere un'attività in modo positivo, con un successo. **C** v. intr. pron. **1** Serrarsi: *è un meccanismo che si chiude da solo* | Rimarginarsi: *la ferita non si è chiusa.* **2** Oscurarsi: *il cielo, il tempo si è chiuso.* **D** v. rifl. (+ *in*; + *dentro*) **1** Avvolgersi strettamente in qlco.: *chiudersi in un cappotto, in uno scialle.* **2** Nascondersi, ritirarsi: *chiudersi in un luogo isolato, in casa, in convento*; *salì nella cameretta di lei, si chiuse dentro* (VERGA) | (*fig.*) Raccogliersi: *chiudersi nei pensieri, negli affetti domestici, nel dolore* | (*fig.*) Trincerarsi: *chiudersi nel più assoluto mutismo, riserbo, silenzio.*

chiudètta [da *chiudere*; 1956] s. f. ● (*idraul.*) Incastro in muratura o in legname che, nei piccoli canali, regola la distribuzione dell'acqua nei campi.

chiudìbile [1957] agg. ● Che si può chiudere.

chiudilèttera o **chiudilèttera** [comp. di *chiudere* e *lettera*; 1970] **A** s. m. inv. ● Vignetta simile a un francobollo venduta per beneficenza o a scopo pubblicitario, usata per sigillare le buste. **B** anche agg. inv.: *francobolli c.*

chiudipòrta [comp. di *chiudere* e *porta*; 1973] s. m. inv. ● Dispositivo a molla applicato a una porta per garantirne la chiusura automatica.

♦**chiùnque** o †**cheùnque**, †**chiùnche**, †**chiùnqua** [comp. dal lat. *quī* 'chi' e *ŭnquam* 'talvolta'; av. 1250] **A** pron. indef. solo sing. **1** Qualunque persona: *sono disposto a discutere la questione con c.*; *c. al tuo posto avrebbe fatto altrettanto!* **2** Chicchessia, tutti: *non andarlo a raccontare a c.* **B** pron. rel. indef. solo sing. ● Qualunque persona che: *potrà assistere alla lezione c. lo voglia*; *c. affermi il contrario, sbaglia.*

chiurlàre [1618] v. intr. (aus. *avere*) ● Emettere un verso sonoro e inarticolato, detto del chiurlo, dell'assiolo e di altri uccelli notturni | Imitare il verso di tali uccelli.

chiùrlo [vc. onomat.; av. 1700] s. m. **1** Uccello dei Caradriformi con becco lunghissimo e sottile curvato in basso e zampe lunghe (*Numenius arquata*). CFR. Chiurlare. ➡ ILL. **animali**/8. **2** Verso di tale uccello. **3** (f. *-a*) (*fig.*, *tosc.*) Sempliciotto. || **chiurlétto**, dim.

chiùsa [f. di *chiuso*; sec. XIII] s. f. **1** Riparo posto attorno a qlco. | Terreno così circondato: *non possiede altro che quella c. grande quanto un fazzoletto da naso* (VERGA). **2** (*idraul.*) Opera di sbarramento di un corso d'acqua, realizzata in muratura o mediante sistemi di paratie o saracinesche | Sbarramento artificiale di un fiume al fine di deviarne le acque, spec. a scopo irriguo o per consentirne la navigazione a monte e sim. | ***C. leonardesca***, conca di navigazione. ➡ ILL. p. 2138 SCIENZE DELLA TERRA ED ENERGIA. **3** Complesso di terrapieni e arginelli ai quali si applicano le reti per la cattura delle anguille | Pescaia. **4** Restringimento di una valle fluviale, con avvicinamento dei fianchi vallivi: *le chiuse di Susa.* **5** Chiusatura. **6** Conclusione di un componimento letterario, di una lettera, di un discorso: *la c. di quella poesia è molto significativa.* **7** †Prigione. **8** †Barricata, fortificazione.

chiusatùra [da *chiuso*] s. f. ● (*caccia*) Sistema di segregazione al buio, per qualche tempo, degli uccelli da richiamo, per obbligarli a cantare il verso di primavera in autunno.

chiusètta [da *chiusa*, nel sign. 6; 1956] s. f. ● Nella commedia dell'arte, breve improvvisazione del comico.

chiusìno [da *chiuso*; av. 1519] s. m. ● Coperchio di pietra, ghisa e sim. per pozzetti, apertura di botole, fognature.

♦**chiùso** [1282] **A** part. pass. di *chiudere*; anche agg. **1** Nei sign. del v. **2** (assol.; + *a*) Sbarrato, ostruito, privo di via d'uscita: *passaggio c.*; *strada chiusa al traffico* | ***Ambiente, gruppo c.***, (*fig.*) persone generalmente legate da abitudini comuni e che non accettano nuovi elementi | ***Numero c.***, in alcune facoltà universitarie o scuole superiori, il limite massimo di studenti ai quali è consentita l'iscrizione | ***Dibattito, seduta, udienza a porte chiuse***, a cui non è ammesso il pubblico | ***Naso c.***, a causa del raffreddore | ***Lettera chiusa***, suggellata | ***Abito c.***, accollato | ***C. nelle armi***, tutto coperto dalle armi | ***Agire a occhi chiusi***, (*fig.*) con assoluta sicurezza; alla cieca, sbadatamente | ***Fidarsi di qlcu. a occhi chiusi***, (*fig.*) affidarsi totalmente a lui | ***Capitolo, affare, argomento c.***, concluso, esaurito, a proposito del quale non vi è più nulla da dire e da fare | ***C.!***, basta, non se ne parli più | ***Tempo, cielo c.***, coperto da nubi | (*fig.*) ***Mentalità chiusa***, gretta | (*fig.*) ***C. nei propri pensieri***, raccolto, meditabondo | (*fig.*) ***Essere di mente chiusa***, poco intelligente. CFR. cleisto-. CONTR. Aperto. **3** (*arald.*) Detto di edifici con le porte di smalto diverso da quello del muro e del campo. **4** (*mat.*) In una retta, detto di intervallo in cui sono compresi ambedue gli estremi | ***Insieme c.***, in uno spazio metrico, quello il cui complementare è un insieme aperto. **5** (*mat.*) Detto di sottoinsieme d'uno spazio il cui complementare è aperto | Detto di sottoinsieme che contiene tutti i suoi punti d'accumulazione. **6** (*mus.*) Detto di particolare emissione della voce | Nei corni, suono nasale ottenuto introducendo la mano nel padiglione. **7** (*ling.*) ***Sillaba chiusa***, che termina in consonante | ***Vocale chiusa***, articolata con un grado di apertura minore della vocale aperta. **8** (*fig.*, *lett.*) Poco comprensibile, difficile: *linguaggio c.* **9** (*fig.*) Poco espansivo, riservato, introverso: *un ragazzo, un temperamento c.* | ***Uomo c.***, che non espone le sue idee | ***Cuore c.***, impenetrabile agli affetti; *un c. cor profondo in suo secreto* (PETRARCA). CONTR. Aperto. || †**chiusaménte**, avv. Nascostamente; segretamente. **B** avv. **1** (*lett.*) In modo poco intelligibile: *parlar c.* **2** †Di nascosto. **C** s. m. **1** Luogo riparato, coperto. **2** Recinto per bestiame: *portare le pecore al c.* **3** Luogo, stanza in cui non circola l'aria: *stare troppo al c.* **4** (*mat.*) Insieme chiuso. || PROV. In bocca chiusa non entrò mai mosca.

♦**chiusùra** [lat. tardo *clausūra(m)*, da *claudere* 'chiudere'; 1312] s. f. **1** Il chiudere, il chiudersi, il venire chiuso: *la c. degli sportelli*; *la c. della fabbrica ha provocato disordini*; *c. di una strada al traffico* | Fine, cessazione di qlco.: *chiedere la c. della discussione*; *votare la c. del dibattito* | ***C. di caccia***, l'ultimo giorno dell'anno in cui è permessa la caccia | ***C. dei conti***, in un'azienda, insieme di operazioni con cui si procede alla determinazione del reddito d'esercizio e alla configurazione del capitale | ***C. di borsa***, rilevazione del prezzo ufficiale della giornata per merci, valute e titoli quotati in borsa | ***C. del giornale***, fine dell'impaginazione e passaggio alla stampa. **2** Ciò che si usa per chiudere, sistema di fissaggio: *c. automatica, a scatto* | ***C. di una porta***, serratura | ***C. di un abito***, abbottonatura | ***C. lampo***, cerniera lampo | ***C. del fucile***, insieme dei meccanismi che agganciano le canne alla bascula. **3** (*fig.*) Preclusione a ogni forma di accordo o di collaborazione con avversari ideologici e politici: *posizione di c.* | ***C. mentale***, atteggiamento di chi rifiuta ogni elemento nuovo e contrastante con le proprie convinzioni. CONTR. Apertura. **4** †Carcere. **5** †Chiuso, recinto | †Cerchia di mura: *dentro alla / c. di Fiesole* (BOCCACCIO). **6** †V. *clausura.*

chi va là [1950] **A** loc. inter. ● Si usa come intimazione a farsi riconoscere, spec. da parte di una sentinella o di una vedetta. **B** anche loc. sost. m. ● L'intimazione stessa | ***Dare il chi va là a qlcu.***, (*fig.*) invitarlo a desistere da qlco. | ***Mettere sul chi va là***, (*fig.*) mettere in guardia.

chi vìve [calco sul fr. *qui vive?* 'chi vive?'; 1950] loc. inter.; anche loc. sost. ● Chi va là | (*fig.*) ***Stare sul chi vive***, stare in guardia: *anche i reparti dell'esercito stavano sul chi vive* (BUZZATI).

choc /*fr.* ʃɔk/ [fr., da *choquer* 'urtare', forse vc. onomat.; 1892] s. m. inv. ● Shock.

choccàre /*ʃok'kare/ ● V. *scioccare.*

cholo /*sp.* 'ʧolo/ [dal distretto messicano *Chololán*, ora *Cholula*] agg. (f. sp. *-a*; pl. m. *-os*; pl. f. *-as*) ● Detto di individuo nato da un genitore bianco e da uno indio.

chope /*fr.* ʃɔp/ [ol. *schopen*; 1905] s. f. inv. ● Boccale da birra.

chopinià no /*ʃope'njano/ [1931] **A** agg. ● Relativo al compositore polacco F. Chopin (1810-1849), alla sua opera, al suo stile: *il pianismo c.* **B** s. m. (f. *-a*) ● Seguace, imitatore o appassionato di Chopin.

chòpper (**1**) /'ʧɔpper, *ingl.* 'ʧḥɒpəɹ/ [vc. ingl.: V. *chopper* (*2*)] s. m. inv. ● Circuito elettronico che, funzionando come un invertitore automatico di polarità, trasforma la tensione continua di alimentazione in tensione alternata.

chòpper (**2**) /'ʧɔpper, *ingl.* 'ʧḥɒpəɹ/ [vc. ingl., da *chop* 'colpo di scure, d'ascia ecc.', ma attestata anche in diversi significati metaforici (di orig. germ.); 1974] s. m. inv. **1** Tipo di bicicletta e di motocicletta con la forcella molto alta e la sella allungata. **2** Sasso appuntito usato nella preistoria per fabbricare utensili o rompere le ossa degli animali.

chou /*fr.* ʃu/ [fr., propr. 'cavolo', dal lat. *cāule(m)*. V. *caule*; 1905] s. m. inv. (pl. fr. *choux*) **1** In sartoria, nodo. **2** Piccolo bignè.

chow-chow /*ingl.* 'ʧao,ʧao/ [vc. ingl., di orig. cinese; 1951] s. m. inv. (pl. ingl. *chow-chows*) ● Cane da guardia di aspetto leonino con lingua violacea, di media mole e di pelame folto e ruvido.

christofle /*fr.* kʀis'tɔflə/ [dal n. dell'industriale fr. C. *Christofle* (1805-1863), perfezionatore della galvanoplastica; 1905] s. m. inv. ● Lega di rame, zinco e nichel, con forte argentatura galvanica.

chromakey /*ingl.* 'kḥɹəʊmə,kɪi/ [vc. ingl., propr. 'chiave (*key*) cromatica (*chroma* 'colore', di orig. gr.)'] s. m. inv. ● (*tv*) Dispositivo per la sovrapposizione elettronica di immagini.

chutney /'ʧatni, *ingl.* 'ʧʌtni/ [dall'hindi *catnī*, di orig. incerta] s. m. inv. (pl. ingl. *chutneys*) ● (*cuc.*) Condimento agrodolce a base di frutta o verdure cotte in uno sciroppo di aceto, zucchero e aromi; preparazione tipica della cucina inglese.

♦**ci** (**1**) /ʧi/ [lat. parl. **hīcce*, per il classico *hīc* 'qui'; sec. XII] **A** pron. pers. atono di prima pers. pl. (formando gruppo con altri pron. atoni si premette a *si* e a *se ne*: *con lui non ci si intende proprio*; *non ci se ne tira fuori.* Si pospone ai pron. *mi, ti, gli, le*: *gli ci raccomandammo.* Assume la forma *ce* (V.) davanti ai pron. atoni *lo*, *la, le, li* e alla particella *ne*; V. anche nota d'uso ELISIONE e TRONCAMENTO) *1* Noi (come compl. ogg. encl. e procl.): *ci hanno visto*; *lasciaci!* | Si usa, encl. e procl., nella coniugazione dei verbi rifl., intr. pron., rifl. rec. e nella forma impers.: *noi ci vestiamo*; *ci siamo annoiati*; *amiamoci l'un l'altro*; *ci si veste*; *noi ci vestiamo*; *ci si divertirà*; *ci divertiremo*. *2* A noi (come compl. di termine, encl. e procl.): *ci dia da bere*; *ci farebbe cosa gradita*; *fateci questo favore*; *se ne è andato dandoci ragione*; *non puoi darci una mano?* **B** in funzione di pron. dimostr. *1* Di ciò, in ciò, a ciò, su ciò e sim. (con valore neutro): *ci ho pensato io*; *non ci feci caso*; *ci piansi sopra*; *ci puoi contare* | Anche pleon.: *non ci capisco nulla in queste faccende*. *2* (*pleon.*) Riferito a persona: *tu non ci pensi a tuo figlio*; *da un tipo del genere non ci si può aspettare molto* | Con lui, con lei, con loro: *non ci vado d'accordo*; *non ci esco da un bel po'* | (*region., pop.*) A lui, a lei, a loro: *ci andai subito incontro e ci dissi tutto*. **C** avv. *1* Qui, in questo luogo, lì in quel luogo (con verbi di stato e di moto anche pleon.); *abito a Bologna e ci sto bene*; *ci siamo e ci resteremo*; *ci dovrò tornare perché in casa non c'era nessuno*; *c'è da mangiare per tutti qui!* | Con il v. 'essere': *c'è modo e modo*; *non c'è verso*, non è possibile; *c'è caso che*, può darsi; *c'era una volta* | ***Ci sei?***, sei arrivato?; sei pronto?; (*fig.*) hai capito? | (*encl.*) Con 'ecco': *eccoci pronti*. *2* Per questo, per quel luogo (con verbi di moto anche pleon.): *non ci passa quasi nessuno per questa strada*; *ci corre sopra un cavalcavia* | (*lett., raro*) Da questo, da quel luogo. *3* Con valore indet.: *mi ci vorrebbe del tempo* | ***Ci vuole altro!***, occorre ben altro | ***Ci corre, ce ne corre***, c'è differenza | ***Io ci sto***, (*fig.*) sono d'accordo | (*pleon.*) Con i verbi di percezione: *non ci vedo bene*; *non ci sente molto*.

ci (2) /tʃi*/ o (*dial.*) †**ce** (2) s. m. o f. inv. ● Nome della lettera *c*.

ciàba [da *ciaba(ttino)*; 1618] s. m. inv. ● (*fam., disus.*) Ciabattino.

ciabàtta o †**ciavàtta** [etim. incerta, prob. vc. di orig. orient.; av. 1400] s. f. *1* Pantofola, pianella | (*est.*) Calzatura vecchia e logora usata per casa | ***Portare le scarpe a c.***, con la parte posteriore ripiegata sotto il calcagno. *2* (*fig., est.*) Cosa logora e sciupata, di poco valore | (*fig.*) ***Stimare una c.***, poco o niente | (*est.*) Persona, spec. di sesso femminile, non più giovane, o malandata: *una vecchia c.* *3* (*sett.*) Tipo di pane croccante, di forma schiacciata e allungata. *4* (*elettr.*) Dispositivo di forma piatta e allungata con prese elettriche multiple. || **ciabattàccia**, pegg. | **ciabattìna**, dim. | **ciabattùccia**, dim.

ciabattàio [1508] s. m. (f. *-a*) ● Chi fabbrica o vende ciabatte.

ciabattàre [1853] v. intr. (aus. *avere*) *1* Fare rumore strascicando i piedi. *2* (*raro*) Acciabattare.

ciabattàta [1865] s. f. ● Colpo dato con una ciabatta.

ciabatterìa [da *ciabatta*, nel sign. 2; 1527] s. f. ● Cosa di nessun conto (*anche fig.*): *la vil c. della critica* (CARDUCCI). SIN. Ciarpame.

ciabattìno o †**ciavattìno** [av. 1400] s. m. (f. *-a*) *1* (*region.*) Calzolaio | †Chi fabbrica ciabatte. *2* (*fig., spreg.*) Chi esegue male il proprio lavoro, per incapacità o negligenza | Artista da strapazzo: *il rattoppare le statue, … è arte da certi ciabattini* (CELLINI). || **ciabattinùccio**, dim.

ciabattóne [av. 1571] s. m. (f. *-a*) *1* Chi cammina strascicando i piedi. *2* (*fig.*) Chi esegue il proprio lavoro in modo frettoloso, impreciso e disordinato. SIN. Pasticcione. *3* (*fig.*) Persona trasandata, sciatta: *lo sappiamo che sei bruttarella, una ciabattona* (MORANTE).

ciabùscolo ● V. *ciauscolo*.

ciàc o **ciàcch**, (*tosc.*) **ciàcche**, **ciàcchete**, **ciàck** o **ciàk**, spec. nei sign. A 3 e B [vc. onomat.; av. 1665] **A** inter. *1* Riproduce lo sciacquio delle onde del mare a riva, contro un'imbarcazione e sim. *2* Riproduce il suono che si determina schiacciando o battendo qlco. di molle. *3* (*cine*) Riproduce il secco rumore dell'assicella che batte contro la tavoletta per segnare l'inizio di una ripresa cinematografica: *motore! azione! c.! si gira!* **B** s. m. ● (*cine*) Tavoletta di legno munita inferiormente di un'asticciola battente, su cui sono segnati i dati relativi al film in lavorazione, che si fotografa all'inizio di ogni nuova ripresa per facilitare nel montaggio la sincronizzazione tra le immagini e il sonoro | (*est.*) Una singola ripresa cinematografica.

†**ciàcchero** [da †*ciacco* (?); av. 1850] s. m. (f. *-a*) ● Birbante, figuro. || †**ciaccherìno**, dim.

ciàcchete ● V. *ciac*.

ciacchìsta [da *ciac*; 1956] s. m. e f. (pl. m. *-i*) ● (*cine*) Tecnico incaricato di battere il ciac all'inizio di ogni scena.

†**ciàcco** [vc. onomat. (?); av. 1406] **A** s. m. (pl. *-chi*) ● Porco. **B** agg. ● Sporco, sudicio.

ciàccola e *deriv.* ● V. *ciacola* e *deriv.*

ciaccóna o **ceccóna** [sp. *chacona*, di etim. discussa (di orig. onomat. (?)); 1620] s. f. ● Danza di origine popolare spagnola, diffusa in Europa nei secc. XVII e XVIII, di carattere vivace, poi trasformata in austera danza di corte e di qui introdotta nella musica strumentale.

ciàck /tʃak/ ● V. *ciac*.

ciàcola o **ciàccola** [vc. onomat.; 1948] s. f. ● (*ven., spec. al pl.*) Chiacchiera.

ciacolàre o **ciaccolàre** [da *ciacola*] v. intr. (*io ciàcolo*; aus. *avere*) ● (*ven.*) Chiacchierare, ciarlare.

ciadiàno **A** agg. ● Del Ciad, Stato dell'Africa centro-settentrionale. **B** s. m. (f. *-a*) ● Abitante, nativo del Ciad.

ciàf o **ciàffete** [vc. onomat.; 1939] inter. ● Riproduce il suono o il rumore prodotto da uno schiaffo o da un oggetto che cade nell'acqua.

ciàk ● V. *ciac*.

ciàlda [ant. fr. *chalde* 'calda' (?); av. 1449] s. f. *1* Sottile pasta a base di fior di farina, burro e zucchero, cotta entro particolari stampi arroventati. *2* Cialdino. *3* Coccarda portata un tempo sul cappello dai servitori in livrea. || **cialdìna**, dim. | **cialdìno**, dim. m. (V.) | **cialdóne**, accr. m. (V.).

cialdìno [1945] s. m. *1* Dim. di *cialda*. *2* (*disus.*) Cachet.

cialdóne [av. 1492] s. m. ● Accr. di *cialda* | Cialda sottile e accartocciata, che si mangia farcita con panna.

cialtronàggine [da *cialtron(e)* col suff. negativo *-aggine*; 1985] s. f. ● Cialtroneria.

cialtronàglia [1865] s. f. ● Insieme di cialtroni.

cialtronàta [1925] s. f. ● Azione, comportamento da cialtrone.

cialtróne [etim. incerta; 1526] s. m. (f. *-a*) *1* Individuo spregevole, scorretto, privo di serietà, inaffidabile. *2* Persona sciatta, trasandata. || **cialtronàccio**, pegg. | **cialtroncèllo**, dim.

cialtronerìa [1875] s. f. ● Caratteristica di chi è cialtrone | Comportamento da cialtrone; SIN. Cialtronata.

cialtronésco [av. 1931] agg. (pl. m. *-schi*) ● Da cialtrone. || **cialtronescaménte**, avv.

cialtronìsmo [1992] s. m. ● Caratteristica di chi è cialtrone | Detto di ciò che rivela imprecisione, sciatteria, mancanza di correttezza: *il c. della stampa scandalistica*.

ciambèlla [vc. di orig. abruzzese, di etim. discussa: lat. *cy̆mbula(m)* 'barchetta' (?); 1501] s. f. *1* Pasta dolce fatta con farina, uova e zucchero, a forma di cerchio con un buco nel mezzo. *2* Oggetto a forma di ciambella | ***C. di salvataggio***, grosso anello galleggiante, di materiale vario, usato per mantenersi a galla | ***A c.***, a cerchio: *pane a c.* *3* Anello imbottito usato come cuscino che si pone sotto il corpo di un ammalato per prevenire o alleviare le piaghe da decubito. *4* Cerchietto gener. di gomma che si dà da mordere ai bambini durante la prima dentizione. *5* Cercine. *6* Ricciolo. *7* In varie tecnologie, contenitore di forma che ricorda una ciambella. *8* Nell'equitazione, figura delle arie basse, che consiste in un trotto cadenzato del cavallo con anche abbassate, la parte anteriore del corpo protesa, il collo inarcato e la testa piegata verso il basso. *9* (*mat.*) Toro (3). || PROV. Non tutte le ciambelle riescono col buco. || **ciambellétta**, dim. | **ciambellìna**, dim. | **ciambellìno**, dim. m. | **ciambellóna**, accr. | **ciambellóne**, accr. m. | **ciambellùccia**, pegg.

ciambellàio [1734] s. m. (f. *-a*) ● Chi fa o vende ciambelle.

ciambellàno o †**ciamberlàno** [fr. *chambellan*, dal germ. *kamarling*. V. *camarlingo*; sec. XIII] s. m. ● Ufficiale di corte, addetto agli appartamenti e al tesoro di un sovrano o di un principe | ***Gran c.***, capo dei ciambellani di una corte.

†**ciambellòtto** ● V. *cammellotto*.

†**ciamberlàno** ● V. *ciambellano*.

ciampanèlle [etim. discussa: ant. fr. *champenele* 'campanella' (?); av. 1686] s. f. pl. ● Nelle loc. ***andare, dare in c.***, vaneggiare, dire o fare stranezze o stravaganze.

†**ciampàre** [da *ciampa*, var. dial. di 'zampa'; av. 1294] v. intr. ● Inciampare.

ciampicàre [da †*ciampare*; 1729] v. intr. (*io ciàmpico, tu ciàmpichi*; aus. *avere*) *1* (*tosc.*) Camminare strascicando i piedi o come chi inciampa continuamente. *2* (*fig., tosc.*) Agire con lentezza.

ciampicóne [1808] s. m. (f. *-a*) ● (*tosc.*) Chi inciampa e barcolla | ***Fare un c.***, inciampare.

ciàna [abbr. di *Luciana*; dal n. della protagonista di un melodramma (del 1738) di A. Valle; 1808] s. f. (m. *-o*, pop. tosc.) ● (*tosc.*) Donna del popolo, sguaiata e ciarliera: *Dietro i vetri rilucenti / Stan le ciane commentando* (CAMPANA). || **cianàccia**, pegg. | **cianùccia**, dim.

cianammìde o **cianamìde**, **cianàmide** [comp. di *ciano-* e *am(m)ide*; 1865] s. f. ● (*chim.*) Ammide dell'acido cianico | ***C. di calcio***, calciocianammide.

cianàto [da *cianico* (acido); 1830] s. m. ● (*chim.*) Sale o estere dell'acido cianico.

ciànca [V. *zanca*; 1825] s. f. ● (*region.*) Gamba, spec. storta e difettosa | Zampa. || **ciancanèlla**, dim. | **cianchétta**, dim. (V.).

†**ciancerèllo** [da *ciancia*; av. 1851] s. m.; anche agg. (f. *-a*) ● Chiacchierino.

cianchétta [av. 1613] s. f. *1* Dim. di *cianca*. *2* ***Fare c. a qlcu.***, (*region.*) fargli lo sgambetto.

cianchettàre [av. 1907] v. intr. (*io cianchétto*; aus. *avere*) ● Camminare a fatica, strisciando i piedi.

ciància [vc. onomat.; av. 1292] s. f. (pl. *-ce*) *1* Discorso futile o sconclusionato, o non rispondente a verità: *raccontare, dire ciance*; *Di gente ce ne stava in giro, a lavorare o a far ciance* (FENOGLIO) | (*lett.*) ***Dar ciance***, far promesse vane | †***Uscire in ciance***, non riuscire in qlco. SIN. Chiacchiera, ciarla. *2* (*lett.*) Inezia | †Burla, scherzo | ***Prendere a c.***, prendere in giro. || **ciancerèlla**, dim. | **ciancètta**, dim. | **cianciolìna**, dim.

cianciafrùscola o †**ciancianfrùscola** [comp. di *ciancia* e *fruscolo* (?); sec. XIV] s. f. ● (*spec. al pl.*) Cosa di nessun valore, inezia, bagatella.

cianciaménto [sec. XIV] s. m. ● (*raro*) Il cianciare.

†**cianciànfera** [n. immaginario, da *cianciare*; 1353] s. f. ● (*scherz.*) Epiteto fantastico indicante un presunto titolo nobiliare: *la imperatrice d'Osbech, la c. di Norrueca* (BOCCACCIO).

†**ciancianfrùscola** ● V. *cianciafruscola*.

cianciàre [av. 1327] **A** v. intr. (*io ciàncio*; aus. *avere*) *1* Dire ciance, fare discorsi sciocchi o inutili | ***C. al vento***, a vuoto, dicendo sciocchezze. SIN. Blaterare. *2* †Scherzare, motteggiare. **B** v. tr. ● (*lett.*) Dire qlco. a vanvera, blaterare: *rideva e cianciava sciocchezze* (PAVESE).

cianciatóre [sec. XII] s. m.; anche agg. (f. *-trice*) ● (*raro*) Chiacchierone.

ciancicàre [da *cianciare*; av. 1700] **A** v. intr. (*io ciàncico, tu ciàncichi*; aus. *avere*) *1* Pronunciare male e stento le parole. *2* (*est.*) Mangiare lentamente e con difficoltà. *3* (*est.*) Procedere con lentezza e con impaccio nel compiere qlco.: *perde un sacco di tempo a c.* **B** v. tr. ● (*region.*) Gualcire, stropicciare, spiegazzare: *c. un foglietto*.

ciancicóne [da *ciancicare*; 1865] agg.; anche s. m. (f. *-a*) *1* Che (o Chi) ha l'abitudine di ciancicare. *2* (*est.*) Che (o Chi) è tardo, lento.

†**cianciére** [da *cianciare*; sec. XIV] s. m.; anche agg. (f. *-a*) ● Chi (o Che) ciancia, schiamazza: *vien qua, cianciera e temeraria femina* (ARIOSTO).

ciancìolo [vc. merid., d'etim. incerta] s. m. ● Rete da pesca simile alla lampara.

cianciόne [1353] s. m. (f. *-a*) ● Chi è un gran chiacchierone: *sei un c. inguaribile*.

†**cianciόso** [av. 1562] agg. *1* Chiacchierone. *2* Vezzoso, leggiadro: *i biondi capelli … più la fanno cianciosa* (BOCCACCIO). || **cianciosèllo**, dim. || **cianciosaménte**, avv. Con chiacchiere e inezie.

cianciugliàre [da *cianciare*; av. 1749] v. intr. e tr. (*io cianciùglio*; aus. *avere*) ● (*tosc.*) Parlare balbettando | (*est.*) Dire a sproposito: *cosa vai cianciugliando?*; *c. cose inventate*.

cianésco [da *ciana*; 1865] agg. (pl. m. *-schi*) ● (*tosc.*) Da ciana.

anfàrda [etim. incerta; av. 1400] s. f. ● (*raro*) Copricapo in uso nel Medioevo.

anfrinàre [fr. *chanfreiner*, da *chanfrein* 'smusatura', a sua volta da *chanfraindre* 'tagliare a sgnatura', comp. di *chant* 'canto, angolo' e *faindre* 'rompere' (dal lat. *frāngere*); 1905] v. tr. ● Ribattere i chiodi di una giunzione.

anfrinatòre [1964] s. m. (f. *-trice*) ● Operaio addetto alla cianfrinatura.

anfrinatùra [1905] s. f. ● Operazione del cianrinare.

anfrino [1943] s. m. ● Tipo di scalpello per eseguire la cianfrinatura.

anfrugliàre [da accostare a *cerfoglio* 'ciocca di capelli arruffati'; 1925] v. tr. e intr. (*io cianfrùglio*, aus. *avere*) ● Fare un lavoro in modo confuso e abborracciato | Fare discorsi senza senso.

anfruglióne [da *cianfrugliare*; 1865] s. m. (f. *-a*) ● Persona disordinata, sciatta, maldestra | Persona che fa discorsi senza senso.

anfrusàglia o **cianfruscàglia** [vc. di orig. prob. espressiva; sec. XVI] s. f. ● (*spec. al pl.*) Oggetto o insieme di oggetti di poco pregio: *una casa piena di cianfrusaglie*. SIN. Chincaglieria.

àngola [vc. onomat.; av. 1565] s. f. ● Ciarla, chiacchiera.

iangolàre [da *ciangola*; av. 1558] v. intr. (*io ciàngolo*; aus. *avere*) ● Cianciare, ciarlare.

angottàre o **cingottàre** [vc. onomat.; av. 1327] v. intr. (*io ciangòtto*; aus. *avere*) **1** Esprimersi in modo stentato, pronunciando male le parole, detto spec. dei bambini che cominciano a parlare. SIN. Balbettare. **2** (*est.*) Cinguettare. **3** (*est.*) Dett. di acqua corrente, produrre uno sciacquio lieve e discontinuo nello scorrere o nel battere contro qlco.: *l'acqua del lago ciangottava contro la riva*.

angottìo [1865] s. m. **1** Chiacchierio confuso: *il c. dei bambini*. SIN. Balbettio. **2** (*est.*) Sommesso canto di uccelli. **3** (*est.*) Mormorio lieve di acque.

angottóne [1865] s. m. (f. *-a*) ● Chi ciangotta.

iànico [da *cianidrico*; 1830] agg. (pl. m. *-ci*) ● Relativo al radicale cianogeno | Contenente il radicale cianogeno | *Acido c.*, acido inorganico, monobasico, liquido, incolore, velenoso, che a temperatura ordinaria tende a polimerizzarsi.

anidràto [1956] s. m. ● Composto di addizione fra un'aldeide e l'acido cianidrico.

anìdrico [comp. del gr. *kýanos* 'azzurro, lapislazzuli' e *hýdōr* 'acqua'; 1865] agg. (pl. m. *-ci*) ● Detto di acido la cui molecola è formata da un atomo di idrogeno e dal radicale cianogeno | *Acido c.*, acido inorganico, monobasico, liquido, incolore, con odore di mandorle amare, estremamente tossico, ottenuto dalla combustione di ammoniaca e metano, variamente usato. SIN. Acido prussico.

anìna [V. *cianidrico*; 1865] s. f. ● Glucoside presente come pigmento nelle rose rosse, nel fiordaliso e in altri fiori | Ogni composto di una classe di coloranti, azzurri, rossi, gialli, presenti in natura nei fiori, ottenuti anche sinteticamente, usati come sensibilizzatori in fotografia.

ianìte [V. *cianidrico*; 1820] s. f. ● (*miner.*) Silicato di alluminio in cristalli prismatici azzurrognoli di facile sfaldatura e durezza diversa nelle due direzioni ortogonali. SIN. Distene.

àno (1) [vc. dotta, lat. *cyănu(m)*, nom. *cyănus*, dal gr. *kýanos* 'azzurro'; 1476] s. m. **1** (*lett.*) Fiordaliso | *C. persico*, pianta erbacea delle Composite con fusto rampicante e fiori azzurri riuniti in capolini (*Centaurea moschata*). **2** Colore azzurro tendente al verde usato per la stampa in tricromia.

iàno (2) [dal gr. *kýanos* (V. *ciano* (1))] s. m.; anche agg. ● (*chim.*) Radicale chimico monovalente costituito da un atomo di carbonio e da uno di azoto uniti da tre legami covalenti: *gruppo c*.

iàno (3) s. f. inv. ● (*tipogr.*) Accorc. di *cianografica*.

iàno- [V. *ciano*] primo elemento ● In parole composte della terminologia scientifica significa 'azzurro' (*Cianoficee*) o indica la presenza di un gruppo ciano (*cianammide*).

ianobattèri [comp. di *ciano-* e del pl. di *batteri*] s. m. pl. (sing. *-io*) ● (*bot.*) Cianoficee.

ianocobalamìna [comp. di *ciano-*, *cobal(to)* e *-amina*; 1987] s. f. ● (*chim.*) Vitamina B_{12}.

ianofìcee [vc. dotta, comp. di *ciano-* e un deriv. del gr. *phýkos* 'alga', di orig. semitica; 1956] s. f. pl. (sing. *-a*) ● (*bot.*) Nella tassonomia vegetale, classe di organismi procarioti, simili ai batteri, di colore verde-azzurro, che vivono isolati o in colonie filamentose in ambienti acquatici o molto umidi (*Cyanophyceae*). SIN. Alghe azzurre, Cianobatteri, Schizoficee.

cianògeno [comp. di *ciano-* e *-geno*; 1820] **A** s. m. ● Gas incolore, velenoso, composto di carbonio e azoto, chimicamente simile agli alogeni, ottenuto industrialmente per ossidazione dell'acido cianidrico, usato nella produzione di sostanze organiche. **B** s. m. ● anche agg. ● Ciano (2).

cianografìa [comp. di *ciano-* e *-grafia*; 1964] s. f. ● Procedimento fotografico che impiega carte sensibili a base di sali di ferro. SIN. Cianotipia.

cianogràfica s. f. ● (*tipogr.*) Bozza cianografica (V. *cianografico*).

cianogràfico [1951] agg. (pl. m. *-ci*) ● Che si riferisce alla cianografia: *carta, tecnica cianografica* | *Copia cianografica*, cianotipo | (*tipogr.*) *Bozza cianografica*, (*ellitt.*) *cianografica*, quella eseguita con la tecnica della cianografia per controllare il montaggio delle pagine prima della stampa definitiva.

cianògrafo [comp. di *ciano-* e *-grafo*; 1951] s. m. (f. *-a*) ● Tecnico specializzato in riproduzioni mediante cianografia.

cianopatìa [comp. di *ciano-* e *-patia*; 1865] s. f. ● (*med.*) Cianosi.

cianòsi [gr. *kyánōsis* 'tinta cupa, cerulea', da *kýanos*. V. *ciano-*; 1830] s. f. inv. ● (*med.*) Diffusa colorazione bluastra della cute per aumento dell'emoglobina non ossigenata nelle venule cutanee.

cianòtico [1875] agg. (pl. m. *-ci*) **1** (*med.*) Di cianosi | Che presenta cianosi: *volto c*. **2** (*est.*) Bluastro, livido: *ha le labbra cianotiche dal freddo*.

cianotipìa [comp. di *ciano-* e *-tipia*; 1956] s. f. ● Cianografia.

cianotìpico [1964] agg. (pl. m. *-ci*) ● (*tipogr.*) Della cianotipia.

cianotìpo [comp. di *ciano-* e *-tipo*; 1887] s. m. ● Immagine ottenuta mediante il procedimento cianografico.

†**ciànta** [etim. incerta; 1808] s. f. ● Vecchia scarpa usata come ciabatta. || **ciantèlla**, dim. (V.).

ciantèlla [1841] s. f. **1** Dim. di *cianta*. **2** (*tosc.*) Ciabatta, pianella.

ciantellìno ● V. *centellino*.

ciàntro o **ciàntre** [ant. fr. *chantre*, dal lat. *cantor*, nom. 'cantore'; av. 1312] s. m. ● Cantore.

cianuràre v. tr. ● Trattare con cianuro.

cianurazióne [1935] s. f. **1** (*metall.*) Processo di estrazione, spec. dell'oro e dell'argento, dai loro minerali per mezzo di cianuri alcalini che formano i corrispondenti sali complessi con l'oro e l'argento separandoli così dalla ganga. **2** (*metall.*) Indurimento superficiale ottenuto normalmente con ferrocianuro di potassio, che genera uno strato vitreo superficiale tale da rendere il pezzo resistente al logorio e agli attriti.

cianùrico [1865] agg. (pl. m. *-ci*) ● (*chim.*) Detto di acido che si forma dal riscaldamento dell'urea, usato spec. per preparare acido cianico.

cianùro [V. *cianidrico*; 1820] s. m. ● Sale dell'acido cianidrico, di elevata tossicità: *c. di potassio* | Estere dell'acido cianidrico | *C. di vinile*, acrilonitrile.

†**ciànza** [fr. *chance* (V.); 1483] s. f. ● (*lett.*) Caso, sorte | *A c.*, per caso: *tanto questo danno più mi pesa, / quanto io l'ho recevuto come a c.* (BOIARDO).

◆**ciào** [dal venez. *s-ciàvo* 'schiavo', espressione di deferenza come 'servo suo' e sim.; 1875] inter. ● Si usa come saluto amichevole e confidenziale incontrando o lasciando qlcu.: *c.! come stai?*; *c.! Ci vediamo domani* | Anche nella chiusa di lettere tra amici: *c., a presto* | **E c.**, per indicare la conclusione di qlco. accolta con rassegnazione: *accetta la sua proposta, e c.!*

ciàppa [sp. *chapa* 'placca, lamina di metallo'; av. 1557] s. f. ● Ripiegatura di una cinghia e sim. per passarvi una fibbia o un anello.

ciàppola [etim. incerta; 1550] s. f. ● Piccolo strumento incisore simile al bulino, con la parte tagliente di forme diverse: *facendo sopra la detta piastra tante cavernelle con una c.* (CELLINI).

ciappolàre [1887] v. tr. (*io ciàppolo*) ● Incidere con la ciappola.

ciarafùglione [V. *cianfrugliare*] s. m. (f. *-a*) ● (*raro*) Abborraccione.

ciaramèlla ● V. *cennamella*.

ciaramellàre [da *ciaramella*; 1557] v. intr. (*io ciaramèllo*; aus. *avere*) ● (*lett.*) Cianciare: *non si perdeva a c. di donnicciuole o di tresche* (NIEVO) | (*est.*) Parlare per trarre in inganno.

ciàrda o **czàrda** [adattamento di *csardas* (V.); 1892] s. f. ● Danza popolare ungherese in cui a un ritmo lento iniziale ne segue uno vivace allegro.

ciàrla [vc. onomat.; 1536] s. f. **1** Notizia non vera, pettegolezzo: *si diceva che fosse ammalato, ma era solo una c.* **2** Chiacchiera, ciancia: *fare quattro ciarle in famiglia*. **3** (*fam., scherz.*) Loquacità, facondia | *Avere una gran, molta c.*, una gran facilità di parola.

†**ciarladóre** ● V. *ciarlatore*.

ciarlàre [vc. onomat.; 1338 ca.] v. intr. e †tr. (aus. *avere*) **1** Chiacchierare, cianciare: *qui si ciarla troppo e si lavora poco*; *senza saper che sia quel ch'ella ciarla* (BOCCACCIO). **2** Spargere pettegolezzi: *si faceva un gran c. di quello sposalizio* (PIRANDELLO).

ciarlàta [1585] s. f. ● Lunga chiacchierata senza importanza. || **ciarlatìna**, dim.

ciarlatanàta [1780] s. f. ● Azione, discorso da ciarlatano.

ciarlatanerìa [av. 1698] s. f. **1** Caratteristica di chi è ciarlatano. **2** Ciarlatanata.

ciarlatanésco [1765] agg. (pl. m. *-schi*) ● Proprio di un ciarlatano. || **ciarlatanescaménte**, avv.

ciarlatàno [da *cerretano*, cui si sovrappone *ciarla*; av. 1498] s. m. (f. *-a*) **1** Un tempo, venditore ambulante di merci varie, spec. in fiere di paese e sim. | (*est.*) Smerciatore di prodotti scadenti. SIN. Imbonitore. **2** (*est.*) Chi sfrutta la buona fede e la credulità altrui a proprio vantaggio | (*est.*) Chi vanta abilità che non possiede. SIN. Imbroglione, saltimbanco.

ciarlatóre o †**ciarladóre** [1312] agg.; anche s. m. (f. *-trice*) ● (*raro*) Chiacchierone.

†**ciarlerìa** [av. 1306] s. f. ● Discorso insulso.

ciarlièro o †**ciarlière** [av. 1492] agg. ● Di persona molto loquace o che chiacchiera volentieri. SIN. Chiacchierone. || **ciarlieraménte**, avv.

ciarlìo [av. 1850] s. m. ● (*raro*) Chiacchierio.

ciarlóne [1536] agg.; anche s. m. (f. *-a*) ● (*raro*) Chiacchierone | Pettegolo: *Non dica poi che son c.* (PELLICO).

ciarlòtta [1891] s. f. ● Adattamento di *charlotte* (V.).

ciarmòtta [etim. incerta; 1937] s. f. ● Barcone da carico usato un tempo sul Tevere, piatto con poppa e prua molto elevate.

ciàrpa [fr. *écharpe*, dal franco **skerpa* 'borsa da pellegrino'; av. 1400] s. f. **1** (*tosc.*) V. *sciarpa*. **2** (*spec. al pl.*) Oggetto vecchio, inutile e privo di ogni valore. SIN. Cianfrusaglia. **3** (*spec. al pl., fig.*) Ciance, parole vane. || **ciarpàccia**, pegg. | **ciarpétta**, dim. | **ciarpettìna**, dim. | **ciarpóne**, dim. m.

ciarpàme [da *ciarpa*; 1560] **A** s. m. ● Quantità di oggetti vecchi o inutili e privi di valore (*anche fig.*): *è meglio gettare tutto questo c.*; *questi articoli scandalistici sono solo c.* **B** in funzione di agg. ● (posposto al s.): *pubblicità c.*

†**ciarpàre** [av. 1400] v. tr. ● Acciarpare.

ciarpùme [1842] s. m. ● Ciarpame: *qualche po' di paglia pesta, trita e mista d'immondo c.* (MANZONI).

ciascheduno [lat. *quīsque et ūnus*, nom. sing.; av. 1292] **A** pron. indef. solo sing. ● (*raro*) Ciascuno, ognuno: *E non restò di ruinare a valle / fino a Minòs che c. afferra* (DANTE *Inf.* XX, 35-36). **B** agg. indef. ● (*lett.*) †Ogni: *ciaschedun compagno* (ARIOSTO); *fulgori di che ciascheduna stellina s'inghirlanda* (GALILEI).

◆**ciascùno** [lat. *quīsque ūnus*, nom. sing.; av. 1250] **A** agg. indef. solo sing. ● Troncato in *ciascun* davanti a s. m. che cominciano per vocale o consonante che non sia *s* impura, *gn*, *ps*, *sc*, *z*; si apostrofa davanti ai s. f. che cominciano per vocale (V. nota d'uso UNO) ● Ogni, ognuno (indica una totalità di persone o cose considerate però singolarmente; precede sempre il s.): *ciascun uomo*; *ciascuna donna*; *ciascuna proposta verrà esaminata*. **B** pron. indef. solo sing. ● Ogni persona, tutti: *c. avrà la sua parte*; *c. a suo modo* | Anche col v. al pl.: *saremo ricompensati c. secondo i propri meriti* | Seguito dal compl. partitivo: *c. di noi ha il diritto di pensare alla propria felicità*; *c. di voi provvederà alle sue cose* | Con valore distributivo: *sarà dato un foglio (per) c*.

ciatifórme [comp. di *ciato* e *-forme*; 1865] agg. ● (*zool.*) Che ha forma di coppa, detto spec. degli organi di senso del gusto diffusi sulla cute dei pesci.

ciato [vc. dotta, lat. *cy̆athu(m)*, nom. *cy̆athus*, dal gr. *kýathos*, forse di orig. preindeur.; sec. XIV] **s. m.** ***1*** Nell'antichità, specie di mestolo usato per attingere dai crateri | Bicchiere ansato. ***2*** Misura romana di capacità, equivalente a circa mezzo decilitro. ***3*** (*bot.*) Ciazio.

ciauciàu **s. m.** ● Adattamento di *chow chow* (V.).

ciaùscolo o **ciabùscolo** [etim. incerta; 1939] **s. m.** ● Insaccato molto morbido, fatto con grasso di maiale pregiato e carne macinata finissima, insaporito con aglio e spezie, leggermente affumicato; è caratteristico delle Marche.

†**ciavàtta** e *deriv.* ● V. *ciabatta* e *deriv.*

ciàzio [vc. dotta, gr. *kyáthion*, dim. di *kýathos* 'ciato'; 1865] **s. m.** ● (*bot.*) Infiorescenza tipica delle Euforbiacee che simula un fiore unico circondato da brattee talvolta colorate. **SIN.** Ciato.

†**cibàia** ● V. *cibaria*.

†**cibaménto** [av. 1320] **s. m.** ● Nutrimento | Alimento.

cibàre [vc. dotta, lat. *cibāre*, da *cībus* 'cibo'; av. 1306] **A v. tr.** ***1*** (*lett.*) Alimentare, nutrire, dare il cibo: *c. i neonati, i malati.* ***2*** (*lett.*) †Mangiare, gustare: *cibar le opime carni / di scannati giovenchi* (MONTI). **B v. rifl.** ● Nutrirsi (*anche fig.*): *cibarsi di carne, di verdure* | (*fig.*) ***Cibarsi d'aria***, alimentarsi troppo poco | (*fig.*) ***Cibarsi solo di scienza, di musica, di letteratura***, dedicarsi esclusivamente alla scienza, alla musica, ecc. | (*fig.*) ***Cibarsi di sogni, di illusioni, di speranze***, non essere molto realisti.

cibària o (*pop.*) †**cibàia** [vc. dotta, lat. *cibāria*, nt. pl. 'cibarie, vitto, alimenti', da *cībus* 'cibo'; 1803] **s. f.** ● (*spec. al pl.*) Insieme, provvista di generi commestibili.

cibàrio [vc. dotta, lat. *cibāriu(m)*, da *cībus* 'cibo'; av. 1519] **agg.** ***1*** (*raro*) Relativo al cibo. ***2*** (*raro*) Relativo al nutrimento | †***Canale c.***, l'intestino.

cibatùra [1970] **s. f.** ● Pasturazione, nella pesca.

ciber- [primo elemento tratto da *cibernetico*] primo elemento ● In parole composte della fantascienza e della tecnologia, significa artificiale, controllato dal computer, pertinente alla realtà virtuale: *ciberspazio*.

cibernàuta o **cybernàuta** /tʃiber'nauta, saiber-'nauta/ [comp. di *ciber-* e *-nauta*] **s. m. e f.** (**pl. m.** *-i*) ● (*elab.*) Chi naviga nel ciberspazio.

cibernètica [ingl. *cybernetics*, dal gr. *kybernētikḗ* (sottinteso *téchnē*) 'arte di pilotare', da *kybernáō* 'io governo una nave'; 1950] **s. f.** ● Disciplina che studia le analogie tra i sistemi di regolazione e comunicazione delle macchine e degli organismi viventi, e in particolare l'applicazione dei meccanismi di regolazione naturali alla tecnologia.

cibernètico [1962] **agg.** (**pl. m.** *-ci*) ● Relativo alla cibernetica: *analisi cibernetica*.

ciberspàzio o **cyberspàzio** /tʃiber'spatstsjo, saiber-/ [comp. di *ciber-* e *spazio* (tridimensionale della rete di computer di tutto il mondo); 1990] **s. m.** ***1*** Nella fantascienza, universo artificiale creato dalle reti globali di computer e a cui si accede collegando il cervello a un terminale. ***2*** (*elab.*) Realtà virtuale.

♦**cibo** [vc. dotta, lat. *cību(m)*, di etim. incerta; 1225 ca.] **s. m.** ***1*** Ciò che serve all'alimentazione umana e animale (*anche fig.*): *c. abbondante, scarso, nutriente, povero* | ***Non toccare c.***, digiunare | ***C. eucaristico***, l'Eucaristia | (*fig.*) ***La fisica è il suo c.***, il suo interesse, la sua passione dominante. **CFR.** sito-. **SIN.** Alimento. ***2*** Vivanda, pietanza. || **cibàccio**, **pegg.**

CIBO
nomenclatura

cibo

● *caratteristiche*: nutrimento = alimento = vitto = pasto = vivanda = sostentamento; vitaminico, proteico, dietetico, calorico, ipocalorico ⇔ ipercalorico; fresco ⇔ conservato (sterilizzato, inscatolato, congelato, surgelato, precotto, omogeneizzato, liofilizzato), sofisticato = adulterato; edule = mangereccio = commestibile ⇔ incommestibile, deteriorato, avariato ⇔ sano, delicato, delizioso, buono ⇔ cattivo, prelibato ⇔ comune, eccellente ⇔ pessimo, squisito ⇔ repellente, invitante, appetibile, appetitoso ⇔ ripugnante, gustoso ⇔ disgustoso, condito ⇔ scondito, unto, affumicato, saporito = saporoso = sapido ⇔ insipido = insulso = scipito; sostanzioso = nutriente ⇔ inconsistente, magro ⇔ grasso, fresco ⇔ stantio, rancido = marcio = irrancidito = andato a male, immangiabile ⇔ mangiabile; leggero ⇔ pesante = indigesto, indigeribile; cucinato ⇔ naturale; caldo ⇔ freddo; pastorizzato, sterilizzato, polverizzato; afrodisiaco;

● *dieta* (idrica, ipercalorica ⇔ ipocalorica, lattea, liquida, a punti, dissociata, ferrea): superalimentazione ⇔ sottoalimentazione, alimentazione (corretta = bilanciata = equilibrata, variata, nutriente = sostanziosa ⇔ povera, insufficiente, sana, naturale; carnea, lattea, vegetale, integrale, macrobiotica, vegetariana, tradizionale, calorica, proteica, vitaminica, artificiale), nutrizione, ristorazione; provviste, derrate, cibarie, viveri; vettovaglie, prodotti alimentari, generi di prima necessità, commestibili; calorie; proteine, grassi, idrati di carbonio, vitamine; conservanti; adulteranti; fame = appetito ⇔ inappetenza = disgusto, voracità = ingordigia = golosità ⇔ sobrietà; ghiottoneria ⇔ intruglio, leccornia ⇔ voltastomaco; anoressia ⇔ bulimia, dieta, gastronomia, arte culinaria;

● *preparazione del cibo*: cuocere (a pressione, alla brace, alla fiamma, alla graticola, alla griglia, al forno, allo spiedo, in padella, in casseruola, al cartoccio, in umido, a fuoco lento), cucinare, spignattare, apprestare, preparare; scaldare, brasare, stufare, stracuocere, arrostire, rosolare, dorare, colorire, scottare, saltare, tostare, far soffriggere, friggere, girare, rivoltare; far lessare = bollire; cuocere a bagnomaria, sbollentare, far sobbollire; battere, schiacciare, tritare, macinare, centrifugare, shakerare, snocciolare, macerare; salare, insaporire, condire, pepare, aromatizzare, imburrare, fondere, ungere, oliare, tartufare, marinare, gratinare, affogare, grattugiare = grattare; legare, mescolare, mantecare; impanare, infarinare; impastare, impazzire = aggrumarsi, intridere, spianare, stendere, tirare, lavorare la pasta, far lievitare, infornare, sfornare; rimestare, dimenare; guarnire, glassare, montare a neve, pralinare, candire, caramellare, sciroppare, decorare, spolverizzare, zuccherare, dolcificare, giulebbare, farcire, imbottire, lardellare; affettare, trinciare, incidere; colare, scolare, sgocciolare, scuocere; frullare; riscaldare; stemperare, schiumare; allestire un pranzo, ammannire; affumicare, congelare = surgelare.

cibòrio [vc. dotta, lat. *cibōriu(m)* 'coppa da bere', dal gr. *kibṓrion* 'fava egiziana', poi 'coppa a forma di quel frutto', di orig. egiz.; 1499] **s. m.** ● Nelle antiche chiese cristiane edicola di marmo, sostenuta da quattro colonne, contenente l'altare | (*est.*) Tabernacolo contenente la pisside con le ostie | (*est.*) Pisside.

cibrèo [etim. discussa: di orig. fr. (?); av. 1566] **s. m.** ***1*** Pietanza a base di tuorli d'uovo frullati e interiora di pollo, specialità della cucina toscana. ***2*** (*fig., tosc.*) Miscuglio di varie cose | Discorso sconclusionato. **SIN.** Guazzabuglio.

cica (**1**) [lat. *cīccu(m)*, di etim. incerta; 1869] **s. f.** ● (*bot.*) Sottile membrana giallastra che separa le logge in cui è diviso il frutto del melograno.

†**cica** (**2**) [vc. infant.; sec. XIII] **A s. f.** ● (*region.*) Nonnulla, cosa da nulla. **B** in funzione di **avv.** ● (*region.*) Nulla, niente, affatto (in frasi negative): *non sapere c.*; *non capire c.*

†**cicàda** [vc. dotta, lat. *cicāda(m)*. V. *cicala*; 1585] **s. f.** ● Cicala.

Cicadàcee [dal n. della classe, *Cicad(ine)* con il suff. *-acee*; 1972] **s. f. pl.** (**sing.** *-a*) ● (*bot.*) Nella tassonomia vegetale, famiglia delle Gimnosperme di origine mesozoica distribuita con alcune specie nelle regioni tropicali (*Cycadaceae*).

cicade [dal lat. scient. *cycas* 'cica'; 1986] **s. f.** ● (*bot.*) Cycas.

Cicàdidi [da *cicad(a)*, n. del genere, in lat. *cicāda(m)* 'cicala', con il suff. *-idi*; 1986] **s. m. pl.** (**sing.** *-e*) ● (*zool.*) Famiglia di Insetti degli Emitteri diffusi spec. nelle regioni calde, comprendente circa 1000 specie di taglia piccola o media, con maschi dotati di organi che producono stridio (*Cicadidae*).

Cicadine [comp. del n. del genere *cy̆cas*, genit. *cy̆cadis*, moderna latinizzazione del gr. *kýkas*, per *kóikas*, acc. pl. di *kóix* 'palma dum', vc. straniera di orig. incerta, col suff. di classe botanica *-ine*; 1956] **s. f. pl.** (**sing.** *-a*) ● Nella tassonomia vegetale, classe di piante dioiche legnose che, per il loro aspetto, ricordano le palme, in quanto presentano un fusto non ramificato che porta foglie grandi e frastagliate in un ciuffo terminale (*Cycadinae*).

♦**cicàla** [lat. parl. **cicāla(m)*, per il classico *cicāda(m)*, di orig. preindeur.; 1225 ca.] **s. f.** ***1*** Grosso insetto nero-giallastro degli Omotteri con capo grosso e largo, antenne brevissime, maschi dotati di uno speciale apparato sonoro grazie al quale friniscono (*Lyristes plebeius*). **CFR.** Frinire. ➡ **ILL. animali**/2 | ***Fare come la c.***, essere imprevidenti (in riferimento a una favola di La Fontaine; **CFR.** Formica) | †***Grattare la pancia, il corpo alla c.*** (*fig.*) stimolare qlcu. per farlo parlare. ***2*** ***C. di mare***, canocchia, scillaro. ***3*** (*fig.*) Persona chiacchierona e fastidiosa. ***4*** (*mar.*) Anello metallico in testa al fuso dell'ancora, sopra al ceppo, dove si collega la linea d'ancoraggio | Grosso anello d'ormeggio. ***5*** Cicalino, nel sign. 2. ***6*** Ornamento d'oro anticamente portato in capo dagli ateniesi ricchi. || **cicalàccia**, **pegg.** | **cicalétta**, **dim.** | **cicalina**, **dim.** | **cicalino**, **dim. m.** (V.) | **cicalóna**, **accr.**

cicalaménto [1536] **s. m.** ● (*raro*) Continuo e noioso cicalare | Lungo discorso frivolo.

cicalàre [da *cicala*; 1441] **A v. intr.** (**aus.** *avere*) ● Parlare troppo e di argomenti frivoli: *le giovinette ... cicalavano, ridevano, tra ombra e sole nel folgorio dei loro zendadi* (BACCHELLI). **SIN.** Blaterare. **B v. tr.** ● †Riferire senza discrezione cose udite.

cicalàta [av. 1571] **s. f.** ***1*** Discorso lungo, frivolo e inutile. ***2*** Discorso elegante sopra tema bizzarro e futile, che veniva letto in certe accademie letterarie italiane dal XVI al XVIII sec.

†**cicalatóre** [av. 1484] **s. m.**; anche **agg.** (**f.** *-trice*) ● Chi (o Che) è solito cicalare.

cicalèccio [sec. XVI] **s. m.** ***1*** Chiacchiericcio di più persone su argomenti futili | Chiacchierio: *il vuoto c. cui la signora ora s'abbandonava sulle mode femminili* (SVEVO). ***2*** (*est., raro*) Cinguettio prolungato: *il c. dei passeri sui rami*.

cicalino [1858] **s. m.** ***1*** (**f.** *-a*) Dim. di *cicala*. ***2*** Piccolo avvisatore acustico che emette un suono acuto simile a quello della cicala. ***3*** (**f.** *-a*) (*fig.*) †Chi parla troppo.

cicalìo [sec. XVI] **s. m.** ● Il chiacchierio prolungato e insistente di una o più persone: *il c. degli alunni prima delle lezioni*.

cicalóne [sec. XV] **s. m.** (**f.** *-a*) ● (*raro*) Chi parla troppo. **SIN.** Blaterone, chiacchierone.

cicatrice [lat. *cicatrīce(m)*, di etim. incerta; av. 1348] **s. f.** ***1*** (*med.*) Tessuto che si forma nel processo di riparazione di una ferita e che sostituisce quello danneggiato o asportato. ***2*** Correntemente, segno che rimane sulla pelle in seguito a una ferita: *una c. gli deturpa il volto*. ***3*** (*fig.*) Traccia lasciata nell'animo da un'esperienza dolorosa: *tutti abbiamo le nostre cicatrici*.

cicatrìcola [vc. dotta, lat. tardo *cicatrīcula(m)* 'piccola cicatrice', dim. di *cicātrix*, genit. *cicatrīcis* 'cicatrice'; av. 1704] **s. f.** ***1*** (*bot.*) Segno che rimane sul seme a indicare il punto di attacco al frutto. ***2*** (*biol.*) Macchia biancastra nel tuorlo dell'uovo, ove è il germe.

cicatriziàle [1941] **agg.** ● Di cicatrice, relativo a cicatrice: *tessuto c.*

cicatrizzànte [sec. XIV] **A part. pres.** di *cicatrizzare*; anche **agg.** ● Nei sign. del v. **B s. m.** ● Farmaco che per via locale o generale favorisce la rigenerazione o la riparazione di parti di tessuti distrutte da ferite, piaghe e altri processi morbosi.

cicatrizzàre [fr. *cicatriser*, dal lat. *cicātrix*, genit. *cicatrīcis* 'cicatrice'; 1583] **A v. tr.** ● Rimarginare formando cicatrice: *farmaco che cicatrizza le ferite*. **B v. intr. e intr. pron.** (**aus. intr.** *avere*) ● Formare cicatrice: *il taglio ha cicatrizzato bene*; *la lesione si è cicatrizzata bene*.

cicatrizzazióne [fr. *cicatrisation*, da *cicatriser* 'cicatrizzare'; 1300 ca.] **s. f.** ● Processo di formazione della cicatrice.

cicca (**1**) [ingl. d'America *chicle*, dall'azteco *chictli*; 1968] **s. f.** ● (*fam.*) Gomma da masticare.

cicca (**2**) [fr. *chique*, di etim. incerta (forse di orig. espressiva); 1858] **s. f.** ***1*** Ciò che rimane di un sigaro o di una sigaretta fumata, mozzicone: *spegnere una c.*; *raccogliere le cicche* | (*est., pop. disus.*) Sigaretta: *mi offri una c.?* ***2*** (*fig.*) ***Non valere una c.***, non valere nulla. || **cicchétta**, **dim.**

cicchettina, dim. | cicchina, dim.

ciccaiòlo o †**ciccaiuòlo**, (*centr.*) **ciccaròlo** [da *cicca* (*2*); 1858] s. m. (f. -*a*) ● Chi raccoglie cicche da terra per riutilizzare il tabacco.

ciccàre [fr. *chiquer*, da *chique* 'cicca (2)'; 1863] **A** v. intr. (*io cìcco, tu cìcchi*; aus. *avere*) **1** Masticare una cicca di sigaro, un trancio di tabacco, un chewing-gum e sim. **2** (*fig., sett.*) Stizzirsi (*spec. infant.*): *c. dalla rabbia; ho vinto ancora io, cicca cicca!* **B** v. tr. ● Nel gergo sportivo, mancare, fallire: *c. il pallone.*

ciccaròlo ● V. *ciccaiolo.*

cicchettàre [1905] **A** v. intr. (*io cicchétto*; aus. *avere*) ● Bere abitualmente uno o più cicchetti: *gli piace c.* **B** v. tr. ● (*fam., raro*) Rimproverare qlcu.

cicchétto [vc. piemontese, forse dal provz. *chiquet* 'bicchierino'; nel sign. di 'rimprovero' di ambiente militare, prob. dal fatto che un soldato redarguito dal superiore ritornava dicendo che gli era stato dato 'un cicchetto', cioè da bere; 1887] s. m. **1** (*sett.*) Bicchierino di liquore o vino comune: *bersi, farsi un c.* **2** (*disus.*) Piccola dose d'olio che si versava nel serbatoio della benzina per migliorare la lubrificazione dei motori | Piccola quantità di benzina che si versava nella presa d'aria del carburatore per facilitare l'avviamento. **3** (*fam.*) Rabbuffo, rimprovero: *fare un c. a qlcu.*; *ricevere un c. dal capoufficio.*

ciccia [vc. infant.; av. 1484] **A** s. f. (pl. -*ce*) ● (*fam.*) Carne commestibile: *ho comprato la c.* | (*scherz.*) Carne umana | ***Avere molta, poca c. addosso***, essere grasso, magro. **B** in funzione di inter. ● (*pop.*) Si usa come risposta negativa oppure come espressione di rammarico, spec. con tono polemico: *hai voluto fare tutto da solo, e adesso c.!* || **cicciaccia**, pegg. | **ciccina**, dim.

ciccino A agg. ● (*fam.*) Dim. di *ciccio.* **B** s. m. (f. -*a*) ● (*fam.*) Appellativo affettuoso rivolto a una persona, spec. giovane e graziosa: *ciao ciccina bella!*

ciccio [vc. espressiva; 1858] **A** agg. (pl. f. -*ce*) ● (*fam.*) Grasso, rotondetto: *un ragazzino un po' c.* **B** s. m. (f. -*a*) ● (*fam.*) Epiteto affettuoso rivolto a una persona: *ecco la mia ciccia.* || **ciccino**, dim. (V.) | **cicciólo**, dim. (V.) | **ciccióne**, accr. (V.) | **cicciòtto**, dim. (V.).

cicciobómba [comp. di *ciccio* e *bomba* per l'aspetto] s. m. e f. inv. ● (*scherz.*) Epiteto rivolto a una persona molto grassa.

cicciola [da *cicciolo*; av. 1729] s. f. ● (*tosc.*) Nome di alcuni Funghi mangerecci a forma di piccola scodella o di imbuto, come l'orecchio di Giuda.

cicciolo o **sicciolo** nel sign. 1 [av. 1597] s. m. **1** Dim. di *ciccio.* **2** (*spec. al pl.*) Residui abbrustoliti di carne di maiale, dopo che se ne è ricavato lo strutto; sono consumati direttamente o talvolta usati nella preparazione di torte salate, frittate ecc. **3** (*pop.*) Escrescenza carnosa cutanea. || **cicciolino**, dim.

ciccióne [1865] **A** agg. ● Accr. di *ciccio.* **B** s. m. (f. -*a*) ● (*fam.*) Persona molto grassa: *è diventato proprio un c.*

cicciòso [av. 1566] agg. ● (*raro*) Grassoccio: *Una donna … si netta la bocca con le dita cicciose* (SLATAPER). || **cicciosino**, dim.

cicciòtto [1858] **A** agg. **1** Dim. di *ciccio.* **2** Paffuto, grassottello: *che bel bambino c.!* **B** s. m. ● Escrescenza carnosa. || **cicciottèllo**, dim.

cicciùto [1855] agg. ● Di persona che ha molta ciccia. SIN. Grasso. || **cicciottino**, dim.

cicèrbita o **cicérbita** [lat. tardo *cicĭrbita(m)*, di orig. preindeur.; av. 1292] s. f. ● (*bot.*) Crespigno.

cicèrchia o **cicérchia** [lat. *cicĕrcula(m)*, dim. di *cĭcer* 'cece'; 1340 ca.] s. f. ● Pianta erbacea rampicante delle Papilionacee con fusto e piccioli alati, foglie composte, fiori rosei o rossi in racemi (*Lathyrus sativus*). ➡ ILL. **piante**/7 | Seme di tale pianta, usato un tempo nell'alimentazione umana e oggi spec. in quella animale.

cicerchiàta [da *cicerchia*] s. f. ● (*cuc.*) Dolce tipico delle regioni centro-meridionali italiane, a base di pasta dolce, fritta in palline di forma simile ai semi delle cicerchie, passate poi in miele aromatizzato.

cicerchióne [da *cicerchi(a)* con il suff. accr. -*one* (*1*); 1972] s. m. ● (*bot.*) Veccione.

cìcero [lat. *Cĭcero*, nom. 'Cicerone'; detto così perché usato la prima volta in una edizione delle opere di Cicerone nel 1498] s. m. ● Riga tipografica nel sistema Didot (V. *riga* nel sign. 9).

ciceróne [dal n. del famoso oratore latino M. Tullio *Cicerone* (106-43 a.C.); av. 1850] s. m. (f. -*a*) **1** Guida turistica | ***Fare da c. a qlcu.***, fargli da guida, spec. per amicizia: *se vieni a Lucca, ti farò da c.* **2** (f. -*a*) (*est., fam., scherz.*) Persona eloquente e saccente: *sei un c. da strapazzo.*

ciceronianèsimo o **ciceronianìsmo** [1745] s. m. ● Tendenza letteraria umanistica che propone la lingua e lo stile di Cicerone come modello esclusivo nella prosa latina | ***C. volgare***, scelta di un modello di stile esclusivo nella prosa italiana o nella poesia, tipica dei letterati del Cinquecento, che si rifacevano a Boccaccio e a Petrarca visti come incarnazione dell'eccellenza letteraria.

ciceroniàno [vc. dotta, lat. *Ciceroniānu(m)*, agg. di *Cĭcero*, genit. *Cicerōnis* 'Cicerone'; av. 1484] **A** agg. ● Di Cicerone: *stile c.*; *scritti ciceroniani* | Relativo a Cicerone: *critica ciceroniana.* **B** agg. e s. m. (f. -*a*) ● Detto di chi (o di ciò che) segue, sostiene e imita lo stile di Cicerone: *maniera ciceroniana.* || **ciceronianaménte**, avv. Alla maniera di Cicerone.

cicigna [lat. *caecĭlia(m)*, da *caecus* 'cieco', perché ritenuta cieca; av. 1400] s. f. **1** Luscengola. **2** (*fig.*) †Donna linguacciuta e mordace.

†**ciciliàno** ● V. *siciliano.*

cicindèla [vc. dotta, lat. *cicindēla(m)* 'lucciola', da avvicinare a *candēla* 'candela'; 1951] s. f. ● Genere di Insetti dei Cicindelidi (*Cicindela*).

Cicindèlidi [vc. dotta, comp. di *cicindel(a)* e -*idi*; 1931] s. m. pl. (sing. -*e*) ● Nella tassonomia animale, famiglia di Coleotteri con mandibole sviluppatissime, lunghe zampe, occhi prominenti e colori vivaci e metallici (*Cicindelidae*).

ciciniéllo [vc. dial. di orig. espressiva] s. m. ● (*nap.*; *spec. al pl.*) Latterini, bianchetti (sardine e acciughe neonate).

cicino [da un'onomat. infant.; 1858] s. m. ● (*sett.*) Porzione molto piccola di qualche cosa | (*anche fig.*): *con un c. di disinvoltura … finivamo col separarci ottimi amici* (NIEVO). || **cicinino**, dim.

†**cicisbèa** [av. 1712] s. f. ● Donna leziosa che ama sentirsi corteggiata.

†**cicisbeàre** [av. 1729] v. intr. (*io cicisbèo*; aus. *avere*) ● Comportarsi da cicisbeo.

cicisbeìsmo [1779] s. m. ● Usanza, costume proprio della società del sec. XVIII, che vincolava il cicisbeo all'osservanza di precise regole e norme di comportamento.

cicisbèo [di orig. imitativa (?); av. 1601] s. m. (f. †-*a* (V.)) **1** Nel sec. XVIII, cavalier servente di dama di alto lignaggio. **2** (*est.*) Uomo galante, ma lezioso: *quel vecchio popolo italiano di frati, briganti, ciceroni e cicisbei* (CARDUCCI). SIN. Damerino, vagheggino.

ciclàbile [da *ciclo* (*2*); 1908] agg. ● Percorribile dalle biciclette | ***Pista c.***, parte della strada riservata al transito delle biciclette. SIN. Ciclopista.

ciclàdico [1956] **A** agg. (pl. m. -*ci*) ● Delle isole Cicladi, arcipelago del Mar Egeo | ***Arte cicladica***, fiorita nelle isole Cicladi nel terzo millennio a.C., caratterizzata dalla produzione di vasi e statuette con motivi orientaleggianti. **B** s. m. (f. -*a*) ● Abitante, nativo delle Cicladi.

ciclàme ● V. *ciclamo.*

ciclamino [vc. dotta, lat. *cyclamīnu(m)*, nom. *cyclamīnos*, dal gr. *kykláminos*, forse da *kýklos* 'giro', perché si volge verso terra; av. 1498] **A** s. m. ● Pianta erbacea perenne delle Primulacee con foglie cuoriformi verdi nella pagina superiore e rosse in quella inferiore e fiori solitari di color rosa-violaceo (*Cyclamen europaeum*) | Il fiore di tale pianta: *un mazzo di ciclamini; raccogliere i ciclamini.* ➡ ILL. **piante**/8. **B** in funzione di agg. inv. ● (posposto a un s.) Che ha il colore tra il rosa e il lilla caratteristico del fiore omonimo: *un vestito color c.*

ciclammàto s. m. ● (*chim.*) Sale dell'acido ciclammico, usato come additivo alimentare: *c. di calcio, di sodio.*

ciclàmo o **ciclàme** [da *ciclamino*, inteso come dim.; 1869] s. m. ● (*lett.*) Ciclamino.

Ciclantàcee [dal lat. scient. *Cyclanthus*, comp. di *cyclus* 'ciclo-' e del grecismo *ant(hus)* 'fiore' con il suff. -*acee*; 1986] s. f. pl. (sing. -*a*) ● (*bot.*) Nella tassonomia vegetale, famiglia delle Monocotiledoni, originaria dell'America tropicale, comprendente piante perenni con rizomi o con un corto fusto che si sviluppa sopra il terreno e foglie simili a quelle delle palme (*Cyclanthaceae*).

ciclicità [1964] s. f. ● Caratteristica di ciò che si ripete con andamento ciclico: *la c. delle stagioni.*

cìclico [vc. dotta, lat. *cȳclicu(m)*, nom. *cȳclicus*, dal gr. *kyklikós* 'circolare', da *kýklos* 'cerchio'. V. *ciclo* (*1*); 1744] agg. (pl. m. -*ci*) **1** Detto di fenomeno che nel suo svolgimento compie uno o più cicli successivi: *andamento c.*; *fasi cicliche* | ***Fluttuazioni cicliche***, fasi componenti un ciclo economico completo. **2** (*letter.*) Pertinente a un ciclo letterario: *poema, romanzo c.* | ***Poeta c.***, autore di poema che appartiene ai cicli delle leggende eroiche dell'Ellade. **3** (*chim.*) Detto di composto contenente una catena chiusa di atomi. **4** (*mus.*) Di composizione in più movimenti nei quali ricompare lo stesso tema. || **ciclicaménte**, avv. In modo ciclico, a fasi alterne.

Cìclidi [dal gr. *kíchlē*, n. di pesce, d'etim. incerta, con il suff. -*idi*; 1931] s. m. pl. (sing. -*e*) ● Nella tassonomia animale, famiglia di Pesci dei Perciformi tropicali, d'acqua dolce o salmastra, le cui uova vengono incubate nella bocca del maschio o della femmina (*Cichlidae*).

ciclìsmo [fr. *cyclisme*, da *cycle*, V. *ciclo* (*2*); 1897] s. m. ● Sport delle corse praticate con la bicicletta: *c. su strada, su pista.*

CICLISMO
nomenclatura

ciclismo
● *caratteristiche*: individuale, a squadre, su pista, su strada, d'inseguimento, a cronometro; corsa di regolarità, record dell'ora, sei giorni, kilometro lanciato, maglia (rosa, gialla, iridata);
● *tecnica*: pedale, pigiare sui pedali, volare; arrancare; frenare, tirare; allungo, scatto, volata, rimonta, fuga, gruppo, sprint, surplace, tappa, bagarre, distacco, cotta, traguardo; moltiplica, rapporto; velodromo;
● *tipi di bicicletta*: da turismo, sportiva, da uomo, da donna, da bambino (rotella), da corsa, da montagna = mountain bike = rampichino; tandem = tripletta, biciclo = velocipede, monociclo, triciclo; risciò; bicicletta pieghevole;
● *persone*: ciclista dilettante, professionista, capitano, gregario, passista, velocista, pistard, sprinter, scalatore, grimpeur; patron;
● *competizioni*: gara, corsa, giro (tappa, maglia rosa), tour (maglia gialla), corsa a cronometro; ciclocross, corsa campestre, gara australiana, gara americana.

♦**ciclista** [fr. *cycliste*. V. *ciclismo*; 1894] **A** s. m. e f. (pl. m. -*i*) **1** Chi va in bicicletta: *una strada piena di ciclisti.* **2** Chi pratica lo sport della bicicletta. **3** (*region.*) Chi vende o ripara biciclette. **B** in funzione di agg. ● (posposto a un s.) Che va in bicicletta, che si sposta per mezzo della bicicletta: *donna c.*; *bersaglieri ciclisti.*

ciclìstico [1894] agg. (pl. m. -*ci*) ● Della bicicletta: *industria ciclistica* | Del ciclismo, dei ciclisti: *gara, corsa ciclistica.*

ciclite [comp. di *ciclo-* e -*ite* (*1*); 1956] s. f. ● (*med.*) Infiammazione del corpo ciliare dell'occhio.

ciclizzàto [da *ciclico*; 1987] agg. ● (*chim.*) Detto di molecola con struttura ciclica.

ciclizzazióne [ingl. *cyclization*, deriv. del v. *to cyclize* 'rendere ciclico' col suff. -*ation*; 1956] s. f. ● (*chim.*) Reazione chimica che dà luogo alla chiusura di un anello poliatomico nella struttura molecolare di una sostanza, gener. organica.

ciclo (**1**) [vc. dotta, lat. tardo *cȳclu(m)*, nom. *cȳclus*, dal gr. *kýklos* 'cerchio'; 1575] s. m. **1** Periodo di tempo alla fine del quale un fenomeno o una serie di fenomeni si riproducono nella stessa sequenza: *c. lunare, solare, pasquale*; *c. liturgico* | ***C. mestruale***, (*ellitt.*) **ciclo**, modificazione fisiologica mensile della mucosa uterina; (*est.*) mestruazione | ***C. storico***, periodo definibile per costanti politiche, economiche, sociali | ***C. economico***, susseguirsi delle fluttuazioni ricorrenti delle principali componenti di un sistema economico e il cui andamento dà luogo a due fasi di espansione o recessione | ***C. di rinnovamento del capitale***, tempo che decorre dal momento in cui si sostiene il costo al momento in cui si ottiene il ricavo. **2** Serie di fenomeni naturali, di atti o di operazioni che si ripetono secondo un ordine o uno schema immutabile, senza soluzione di continuità: *il c. del carbonio, dell'azoto; c. cardiaco; c. industriale, di lavoro, di lavorazione* | (*geol.*) ***C. sedimentario***, processo di sedimentazione che avviene in una regione nell'intervallo compreso fra una trasgressione e una regressione del mare | ***C. di una malattia***, il suo decorso | (*biol.*) ***C. cellulare***, serie ciclica di eventi biochimici e morfologici che si hanno nella vita delle cellule in coltura. **3** Ciascuna delle due fasi di sviluppo pedagogico, rispettivamente di due e tre anni, in cui si suddivide il quinquennio della scuola elementare. **4** (*fis.*) Insieme di trasformazioni che riportano un corpo allo stato iniziale, dopo averlo fatto passare per una determinata successione di stati fisici: *c. termodinamico* | ***C. dei motori a scoppio***, successione delle fasi. **5** (*fis.*) Nei fenomeni periodici, unità adimensionale usata per misurare il numero di oscillazioni complete | ***C. al secondo***, hertz. **6** (*letter.*) Serie di tradizioni, poemi, leggende che si riferiscono a un grande avvenimento o personaggio, a un'epoca e sim.: *c. classico, c. brettone, carolingio, cavalleresco.* **7** Serie di manifestazioni o attività realizzate intorno a un tema o a uno scopo unitario: *c. di conferenze, di lezioni, di concerti.* **8** (*elab.*) Tempo necessario per completare un dato insieme di operazioni | ***C. di memoria***, sequenza di operazioni elementari di macchina necessarie per introdurre (o estrarre) un'unità elementare di informazione nella (o dalla) memoria principale; (*est.*) tempo richiesto da tale sequenza. **9** (*mat.*) Curva chiusa.

ciclo (2) [dall'ingl. *cycle*, abbr. di *bicycle* 'bicicletta'; 1941] **s. m.** ● Bicicletta.

ciclo-, -ciclo [dal gr. *kýklos* 'cerchio'] primo o secondo elemento ● In parole composte della terminologia scientifica significa 'cerchio', 'giro', 'ruota' o 'che ha forma circolare o cilindrica': *ciclometria, kilociclo* | In chimica, indica disposizione ad anello degli atomi: *cicloesano.*

cicloamatóre [comp. di *ciclo* (2) e *amatore*; 1983] **s. m.** (f. *-trice*) ● (*sport*) Chi pratica il ciclismo come amatore.

cicloanalista [comp. di *ciclo* (1) e *analista*; 1991] **s. m. e f.** (pl. m. *-i*) ● (*org. az.*) Analista dei cicli di produzione industriale.

ciclocampèstre [comp. di *ciclo* (2) e *campestre*; 1954] **A agg.** ● Di gara ciclistica spec. invernale disputata quasi interamente su un percorso accidentato di campagna, in parte non percorribile restando in sella: *corsa c.* **B** anche **s. f.**: *disputare una c.* **SIN.** Ciclocross.

ciclocròss /ʧiklo'krɔs/ [comp. di *ciclo* (2) e dell'ingl. *to cross* 'attraversare', dal lat. *crŭce(m)* 'croce'; 1954] **s. m.** ● Ciclocampestre.

ciclocrossista [1954] **s. m. e f.** (pl. m. *-i*) ● Chi pratica il ciclocross.

ciclocrossìstico [1983] **agg.** (pl. m. *-ci*) ● Che si riferisce al ciclocross o ai ciclocrossisti: *attività, gara ciclocrossistica.*

cicloergòmetro [comp. di *ciclo-* ed *ergometro*; 1964] **s. m.** ● Apparecchio formato da un telaio di bicicletta impiegato per misurare il lavoro compiuto dai muscoli pedalando.

cicloesàno [comp. di *ciclo-* ed *esano*; 1956] **s. m.** ● Idrocarburo liquido, incolore, usato come solvente e per la produzione di nylon e di insetticidi.

ciclofurgóne [comp. di *ciclo* (2) e *furgone*; 1956] **s. m.** ● Veicolo a tre ruote, funzionante a pedali.

cicloidàle [1663] **agg.** ● Che ha forma di cicloide.

ciclòide [fr. *cycloïde*, dal gr. *kykloeidḗs*. V. *ciclo-* e *-oide*; 1674] **s. f.** ● (*mat.*) Curva piana descritta da un punto rigidamente collegato a un cerchio che rotola senza strisciare lungo una curva fissa, solitamente una retta.

ciclomanzìa [comp. del gr. *kýklos* 'cerchio', qui 'mondo circostante' (V. *ciclo* (1)), e *-manzia*; 1983] **s. f.** ● Facoltà paranormale di alcuni individui di esercitare un influsso sul mondo circostante, producendo quindi fenomeni quali far apparire oggetti nello spazio, leggere il pensiero, inviare messaggi senza parlare e sim.

ciclomerìa [comp. di *ciclo-* e *-meria*; 1964] **s. f.** ● (*biol.*) Ripetizione di parti del corpo di un animale attorno a un asse di simmetria.

ciclometrìa [comp. di *ciclo-* e *-metria*; 1771] **s. f.** ● Parte della geometria elementare che studia la circonferenza, il cerchio e le loro porzioni.

♦**ciclomotóre** [comp. di *ciclo* (2) e *motore*; 1953] **s. m.** ● Correntemente, bicicletta munita di un motorino a scoppio | Veicolo a due o tre ruote, con cilindrata fino a 50 cm^3, potenza non superiore a 1,5 CV, motore non più pesante di 16 kili e velocità massima fino a 40 kilometri all'ora. **SIN.** Motorino. ➡ **ILL.** p. 2162 TRASPORTI.

ciclomotorista [1950] **s. m. e f.** (pl. m. *-i*) ● Chi va in ciclomotore.

ciclomotorìstica [1981] **s. f.** ● Il complesso delle attività connesse alla progettazione, alla costruzione e all'utilizzo di ciclomotori.

ciclóne [fr. *cyclone*, dall'ingl. *cyclone*, dal gr. *kýklos* 'cerchio'. V. *ciclo* (1); 1873] **s. m.** **1** (*meteor.*) Complesso dei fenomeni atmosferici associati a una zona di bassa pressione | (*raro*) Depressione. **2** (*meteor.*) ***C. tropicale***, depressione profonda di limitata estensione con venti vorticosi violenti e piogge torrenziali, caratteristica degli oceani tropicali. **CFR.** Tifone, uragano | ***Occhio del c.***, nucleo centrale, di bassa pressione, all'interno del ciclone tropicale | (*fig.*) ***Essere, trovarsi nell'occhio del c.***, nel momento più critico di una situazione. **3** (*fig.*) Persona eccessivamente vivace o esuberante, che provoca disordine, scompiglio. **4** In varie tecnologie, apparecchio atto a separare particelle solide, disperse in un fluido, dal fluido stesso.

ciclònico [1918] **agg.** (pl. m. *-ci*) **1** Di ciclone | ***Area ciclonica***, area di bassa pressione. **2** (*fig.*) Detto di persona molto vivace o esuberante.

ciclonite [da *ciclone*, per la sua forza, e *-ite* (2); 1965] **s. f.** ● Potente esplosivo ottenuto per azione dell'acido nitrico sull'urotropina.

cicloparaffina [ingl. *cycloparaffin*, comp. di *cyclo-* 'ciclo-' e *paraffin* 'paraffina'] **s. f.** ● (*chim.*) Ognuno degli idrocarburi alifatici saturi la cui molecola contiene un anello di atomi di carbonio. **SIN.** Naftene.

ciclòpe o †**ciclòpo** [vc. dotta, lat. *Cyclōpe(m)*, nom. *Cȳclops*, dal gr. *kýklōps*, comp. di *kýklos* 'cerchio' e *ṓps*, genit. *ōpós* 'occhio'; av. 1333] **s. m.** **1** Nella mitologia greca e romana, mostro gigantesco con un solo occhio in mezzo alla fronte. **2** (*zool.*) Genere di piccoli crostacei dei Copepodi di acqua dolce dotati di un solo occhio mediano (*Cyclops*). **3** (*med.*) Chi è affetto da ciclopismo. **SIN.** Monoftalmo.

ciclopìa [da *ciclope*; 1887] **s. f.** ● (*med.*) Ciclopismo.

ciclòpico [av. 1642] **agg.** (pl. m. *-ci*) **1** Di ciclope, dei ciclopi: *caverna ciclopica* | ***Mura ciclopiche***, costruite con grossi massi sovrapposti senza lavori di squadratura o incastro. **2** (*est.*) Colossale, enorme: *sassi ciclopici; sforzo c.*

ciclòpio [vc. dotta, lat. *cyclōpiu(m)*, nom. *cyclōpius*, dal gr. *kyklṓpios* da *kýklōps* 'ciclope'] **agg.** ● (*lett.*) Ciclopico.

ciclopìsmo [1964] **s. m.** ● (*med.*) Anomalia congenita consistente nella presenza di un solo occhio in mezzo alla fronte. **SIN.** Monoftalmia.

ciclopista [comp. di *ciclo* (2) e *pista*; 1940] **s. f.** ● Pista ciclabile.

†**ciclòpo** ● V. *ciclope.*

ciclopropàno [comp. di *ciclo-* e *propano*; 1956] **s. m.** ● Composto chimico organico gassoso usato in medicina come anestetico e narcotico.

cicloradùno [comp. di *ciclo* (2) e *raduno*; 1991] **s. m.** ● Raduno di ciclisti a scopo turistico, sportivo e sim.

ciclosporina [comp. di *ciclo-*, *spor(a)* e del suff. *-ina*; 1985] **s. f.** ● (*farm.*) Peptide ciclico prodotto da alcuni miceti o per sintesi; ha attività immunosoppressiva ed è impiegato per contrastare il rigetto di organi trapiantati.

ciclostilàre [1950] **v. tr.** ● Riprodurre col ciclostile.

ciclostilàto [1961] **A part. pass.** di *ciclostilare*; anche **agg.** ● Nei sign. del v. **B s. m.** ● Foglio, opuscolo e sim. contenente scritti o illustrazioni riprodotti col ciclostile.

ciclostile [ingl. *cyclostyle*, comp. del gr. *kýklos* 'corpo circolare' e del lat. *stĭlus* 'stilo'; 1926] **s. m.** ● Macchina che serve a riprodurre in un certo numero di copie testi dattilografici e anche disegni preparati su particolari matrici di carta incerata.

Ciclòstomi [fr. *cyclostomes*, comp. del gr. *kýklos* 'cerchio' e *stóma* 'bocca'; 1820] **s. m. pl.** (sing. *-a*) ● Nella tassonomia animale, classe di Vertebrati acquatici con corpo anguilliforme e bocca circolare a ventosa con denti cornei (*Cyclostomata*). ➡ **ILL.** **animali**/5.

ciclotimìa [comp. del gr. *kýklos* 'cerchio' e *thymós* 'animo, sentimento', di orig. indeur.; 1899] **s. f.** ● (*psicol.*) Tipo di temperamento caratterizzato da periodi alterni di euforia e di tristezza, di attività e di inattività, di eccitamento e di depressione.

ciclotìmico [av. 1936] **agg.**; anche **s. m.** (f. *-a*; pl. m. *-ci*) ● Che (o Chi) presenta ciclotimia: *personalità ciclotimica; un disturbo caratteristico dei ciclotimici.*

ciclotomìa [comp. del gr. *kýklos* 'cerchio' e *tomḗ* 'taglio'; 1956] **s. f.** ● (*mat.*) Divisione della circonferenza in archi uguali.

ciclòtomo [comp. del gr. *kýklos* 'cerchio' (V. *ciclo*) e di *-tomo*; 1847] **s. m.** ● (*med.*) Strumento per l'operazione della cateratta.

ciclotróne [ingl. *cyclotron*. V. *ciclo-* ed (*elet*)*trone*; 1942] **s. m.** ● (*fis.*) Macchina acceleratrice di particelle cariche costituita da due camere semicircolari poste in un campo magnetico costante, in cui la velocità delle particelle viene gradatamente aumentata grazie a un campo elettrico alternato.

Ciclottèridi [comp. di *ciclo-* e *-ttero*, con il suff. *-idi*; 1983] **s. m. pl.** (sing. *-e*) ● Nella tassonomia animale, famiglia di Pesci degli Scorpeniformi dal corpo tozzo e massiccio le cui uova vengono usate come surrogato del caviale (*Cyclopteridae*).

cicloturìsmo [comp. di *ciclo* (2) e *turismo*; 1941] **s. m.** ● Turismo effettuato viaggiando in bicicletta.

cicloturista [1956] **s. m. e f.** (pl. m. *-i*) ● Chi pratica il cicloturismo.

cicloturìstico [1983] **agg.** (pl. m. *-ci*) ● Relativo al cicloturismo e ai cicloturisti.

cicógna [lat. *cicōnia(m)*, di etim. incerta; av. 1292] **s. f.** **1** Genere di Uccelli migratori dei Ciconiformi con lunghe zampe rosse e becco rosso (*Ciconia*) | ***C. bianca***, con penne bianche e grandi ali dalle estremità nere (*Ciconia ciconia*) | ***C. nera***, con piumaggio nero-verdastro sul dorso e bianco ventralmente (*Ciconia nigra*) | ***L'arrivo della c.***, (*fig.*) la nascita di un bambino (da una leggenda nordica secondo cui le cicogne portavano i neonati sulla terra). ➡ **ILL.** **animali**/7. **2** Tipo di velivolo monomotore ad ala alta, in grado di volare a velocità bassissime e di atterrare su terreni di estensione limitata, usato dalle forze armate tedesche nella seconda Guerra Mondiale, spec. per ricognizione. **3** Bisarca. **4** Traversa di legno che tiene in bilico la campana. **5** Antica macchina per attingere acqua dai pozzi. ‖ **cicognino**, **dim. m.** (V.).

cicognino [1319] **s. m.** **1** Dim. di *cicogna*. **2** Il piccolo della cicogna.

Ciconifórmi [comp. del lat. *cicōnia* 'cicogna' e del pl. di *-forme*; 1956] **s. m. pl.** (sing. *-e*) ● Nella tassonomia animale, ordine di Uccelli dalle lunghe zampe e dal collo slanciato, col becco robusto e lungo di forma varia (*Ciconiiformes*).

†**cicoràceo** ● V. *cicoriaceo.*

cicòria o †**cicòrea** [lat. *cichorēa*, pl. di *cichorēum*, dal gr. *kichórion*, di etim. incerta; sec. XIV] **s. f.** **1** Pianta erbacea perenne delle Composite con foglie lanceolate, commestibili e lunga radice amara (*Cichorium intybus*). ➡ **ILL.** **piante**/9. **2** Polvere bruna ottenuta facendo abbrustolire la radice di tale pianta, che si usa miscelata al caffè o come suo surrogato. ‖ **cicoriélla**, **dim.** | **cicoriétta**, **dim.**

cicoriàceo o †**cicoràceo** [1831] **agg.** ● Della cicoria.

cicùta [lat. *cicūta(m)*, di etim. incerta; 1336 ca.] **s. f.** **1** Genere di piante erbacee delle Ombrellifere comprendente alcune specie velenose (*Cicuta*) | ***C. acquatica***, con foglie grandi dall'odore forte e rizoma a forma di rapa, internamente cavo, contenente un latice giallo molto velenoso (*Cicuta virosa*) | ***C. maggiore, c. di Socrate***, con fusto alto e cavo, fiori bianchi e odore sgradevole, estremamente velenosa (*Conium maculatum*) | ***C. minore, c. aglina***, con foglie simili a quelle del prezzemolo, da cui si distingue per i fiori bianchi e per l'odore di aglio (*Aethusa cynapium*). **SIN.** Erba aglina. ➡ **ILL.** **piante**/7. **2** (*est.*) Bevanda velenosa che si ottiene da varie specie di cicuta, spec. dalla cicuta maggiore: *bere la c.; avvelenarsi con la c.*

cicutina [1830] **s. f.** ● Alcaloide che si estrae dai

frutti e dalle foglie della cicuta maggiore.

-cida [in vc. dotte, riprende il lat. *-cīda(m)*, da *-cīdere*, proprio dei composti di *cǎedere* 'tagliare, abbattere (tagliando)', antica vc. di orig. incerta] secondo elemento **1** In parole composte dotte significa 'uccisore': *omicida, tirannicida*. **2** In parole scientifiche composte significa 'che si apre, che si taglia': *poricida*.

-cìdio [lat. *-cīdiu(m)*, proprio dei s. nt. d'azione corrispondente ai s. in *-cīda*] secondo elemento ● In parole composte dotte significa 'uccisione': *genocidio, parricidio*.

cidònio [vc. dotta, lat. *Cydōniu(m)*, dal gr. *Kydṓnios*; av. 1828] **agg.** ● (*lett.*) Di Cidonia, antica città dell'isola di Creta: *barba violetta come / l'uva cidonia* (D'ANNUNZIO) | **Melo c.**, melo cotogno.

cièca ● V. *ceca*.

ciecàle ● V. *cecale*.

ciecàre ● V. †*cecare*.

cièco o (*raro*) **cèco** (**1**) [lat. *caecu(m)*, di etim. incerta; 1225 ca.] **A agg.** (**pl. m.** *-chi*) **1** Privo della vista: *essere, nascere, diventare c.* | **Essere c. come una talpa**, vederci pochissimo | (*fig.*) **La fortuna è cieca, il caso è c.**, imprevedibile, senza piani e motivi precisi | **Mosca cieca**, V. *moscacieca* | **Alla cieca**, senza vedere; (*fig.*) senza riflettere: *fare qlco. alla cieca; agire, decidere alla cieca*. **2** (*est.*) Che è privo di chiara consapevolezza, del lume della ragione: *c. d'odio, dall'ira* | Assoluto: *ubbidienza, sottomissione cieca* | Che rende privo del lume della ragione: *passione cieca; amore c.* **3** (*lett.*) Che non permette la visibilità: *prima arrivi, che la cieca notte / fatt'abbia oscuro il mondo in ogni canto* (ARIOSTO) | **Finestra cieca, arco c.**, profilati sul muro pieno, senza apertura | **Scala, camera cieca**, senza finestre | **Lanterna cieca**, che non illumina chi la porta | (*est.*) Privo di uscita, senza sbocco: *vicolo, canale, corridoio, foro c.* | **Essere, trovarsi in un vicolo c.**, (*fig.*) in una situazione senza vie d'uscita | (*lett., fig.*) **Carcere c.**, l'inferno | (*est.*) Che non è visibile: *scoglio c.; fossa, buca cieca* | **Volo c.**, V. *volo* nel sign. 2. **4** (*anat.*) **Intestino c.**, prima parte dell'intestino crasso. || **ciecaménte**, (*raro*) **cecaménte**, **avv.** **1** Alla cieca. **2** (*fig.*) Sconsideratamente; totalmente, incondizionatamente: *ti credo ciecamente*. **B s. m. 1** (**f.** *-a*) Chi è privo della vista: *c. nato; c. di guerra*. **SIN.** Non vedente. **CFR.** tiflo-. **2** (**f.** *-a*) (*fig.*) †Chi è privo della ragione, della verità. **3** (*anat., ellitt.*) Intestino cieco. ➡ **ILL.** p. 2125 ANATOMIA UMANA. || **PROV.** Nel regno dei ciechi anche il guercio (il monocolo) è re. || **cechino, ciechino, dim.** | **ciecolino, dim.** | **ciecóne, accr.**

ciellenista [1956] **s. m. e f.** (**pl. m.** *-i*) ● Membro del Comitato di Liberazione Nazionale (C.L.N.), durante la Resistenza.

ciellino [da CL, sigla di *Comunione e Liberazione*; 1977] **agg.**; anche **s. m.** (**f.** *-a*) ● Che (o Chi) fa parte del movimento di Comunione e Liberazione.

cièlo [lat. *cǎelu(m)*, di etim. incerta; sec. XII] **s. m.** **1** Alto spazio convesso sulla Terra, che appare turchino di giorno e scuro, punteggiato di stelle, di notte, quando non è ingombro di vapori e di nuvole: *c. nuvoloso, plumbeo, sereno, limpido, terso; un c. stellato*. **CFR.** urano- | **C. a pecorelle**, coperto da una larga distesa di cirrocumuli, che preannuncia un cambiamento del tempo | **Carta del c.**, carta su cui è rappresentata tutta o parte della sfera celeste | **Toccare il c. con un dito**, (*fig.*) essere estremamente felice | **Innalzare, portare qlcu. al c.**, (*fig.*) coprirlo di lodi | **Non stare né in c. né in terra**, (*fig.*) detto di ciò che è assurdo, impossibile | **Sotto la volta, la cappa del c.**, nel mondo, sulla terra | **Vivere sotto un altro c.**, (*fig.*) in un altro paese | (*fig.*) **L'altra metà del c.**, (*per anton.*) le donne | **Apriti c.!**, in riferimento a qlco. che provoca una forte reazione | **Caschi il c., cascasse il c.!**, qualunque cosa possa succedere, a qualunque costo: *cascasse il cielo, domani verrò da te!* | **A c. aperto**, allo scoperto: *dormire a c. aperto*; (*min.*) detto di lavori di scavo, estrazione e sim. che si svolgono sulla superficie terrestre. **2** (*est.*) Zona di volta celeste al di sopra di un dato luogo, con riferimento anche al clima: *il c. di Lombardia, di Napoli; il c. sano delle montagne* | Aria: *gli uccelli del c.* **3** (*est.*) Parte superiore interna di ambiente o recipiente chiuso: *c. del focolare, del forno, della camera, della carrozza; il c. della canna delle artiglierie; finita oramai la volta, cioè il c. di quella stanza* (VASARI). **4** (*est.*) In diverse religioni, sede di esseri divini, dimora ultraterrena e paradisiaca di esseri umani che hanno vissuto rettamente: *reggia, corte, porta del c.; come in c. così in terra; acquistare, meritare il c.* | **Salire al c.**, (*fig.*) morire | (*est.*) Essere, potenza divina: *la mano, i doni, la benedizione, il castigo, i voleri del c.; essere mandato dal c.; faccia, voglia il c. che* | **I messi del c.**, gli angeli e sim. | **Santo c.!, giusto c.!**, escl. di meraviglia, disappunto e sim. | **Cielo!**, esclamazione che esprime sorpresa, indignazione e sim.: *c., il duca è qui!; O ciel! che tenti?* (METASTASIO) | **Per amor del c.!**, escl. di preghiera, invocazione anche iron. e sim. | **Lo sa il c. se**, chi lo sa se. **5** Nel sistema tolemaico, ciascuna delle sette sfere celesti | **Il settimo c.**, quello più elevato | (*fig.*) **Essere al settimo c.**, al colmo della felicità | (*fig.*) **Portare qlcu. al settimo c.**, ricoprirlo di lodi. || **PROV.** Ragli di asini non arrivano al cielo.

†**cièra** ● V. *cera* (*2*).

†**cièsa** [lat. *caesa(m)*, f. di *caesus*, part. pass. di *cǎedere* 'tagliare'; av. 1572] **s. f.** ● Fratta, siepe.

Cif /tʃif/ [sigla di *cost, insurance, freight* 'costo, assicurazione, nolo' (compresi nel prezzo)] **agg. inv.** ● (*comm.*) In un contratto commerciale, detto di prezzo che include le spese di spedizione e i relativi rischi fino alla consegna della merce.

†**cifera** ● V. *cifra*.

cifòsi [vc. dotta, gr. *kýphōsis* 'gobba', da *kyphós* 'incurvato' (deriv. di *kýptein* 'pendere in avanti', forse di orig. indeur.); 1820] **s. f. inv.** ● (*med.*) Curvatura a concavità anteriore della colonna vertebrale, fisiologica entro certi limiti.

cifòtico [1887] **agg.** (**pl. m.** *-ci*) ● Che presenta cifosi.

♦**cifra** o †**cifera**, †**zifera**, †**zifra** [ar. *ṣifr* 'vuoto, zero', calco sul sanscrito *śunyá*, usato dai matematici indiani per 'zero'; av. 1306] **s. f.** **1** Uno dei segni combinando i quali si può scrivere qualsiasi numero naturale | **Cifre arabiche**, i segni 0, 1, 2, 3, 4, 5, 6, 7, 8, 9. **2** (*est., gener.*) Numero | **C. astronomica**, molto grande | **C. tonda**, senza frazioni o decimali | **Inflazione a due cifre**, V. *inflazione* | Somma di denaro: *per quel quadro ha sborsato una bella c.* | (*gerg.*) **Una c.**, una grande quantità, molto: *di questi articoli ne vendiamo una c.; ci divertiamo una c.* | (*banca*) **C. di castelletto**, limite oltre il quale la banca non può concedere credito alla stessa persona | (*tecnol.*) **C. di merito**, in varie tecnologie, indice numerico della qualità delle caratteristiche di funzionamento di uno strumento, di un apparecchio e sim. **3** Abbreviazione di un nome, costituita spec. dalle lettere iniziali, spesso unite o intrecciate: *un fazzoletto con le cifre ricamate*. **SIN.** Monogramma. **4** Codice segreto utilizzato per rendere un messaggio inintelligibile agli estranei | **Parlare in c.**, (*fig.*) oscuramente, in modo incomprensibile. **5** Elemento caratteristico dello stile di scrittori o artisti. || **cifrétta, dim.**

cifràre [1507] **v. tr.** **1** Ricamare in cifra: *c. le lenzuola*. **2** Trascrivere un testo, un messaggio e sim. secondo un codice: *c. un dispaccio*.

cifràrio [1874] **s. m.** ● Formulario per tradurre in chiaro una scrittura cifrata e viceversa.

cifràto [av. 1712] **part. pass.** di *cifrare*; anche **agg.** ● Nei sign. del v.: *fazzoletto c.; messaggio c.* | **Linguaggio c.**, (*fig.*) oscuro, poco comprensibile.

cifratùra [1956] **s. f.** ● Operazione del cifrare.

cifrista [1963] **s. m. e f.** (**pl. m.** *-i*) ● Chi trascrive in cifra messaggi e sim. | Chi studia e applica i cifrari.

cigàno [vc. d'orig. sp. (?)] **s. m.** ● Cittadino statunitense di origine messicana.

cigiellino [1979] **s. m.** (**f.** *-a*) ● Appartenente, iscritto, alla Confederazione Generale Italiana del Lavoro (CGIL).

cigiellista /tʃidʒielˈlista, tʃidʒdʒi-/ [1963] **s. m. e f.** (**pl. m.** *-i*) ● Cigiellino.

†**cigliàre** (**1**) [av. 1333] **s. m.** ● (*lett.*) Ciglione, argine, trincea.

cigliàre (**2**) ● V. *ciliare*.

cigliàto [av. 1941] **agg.** ● Fornito di ciglia: *palpebra cigliata; organo c.*

♦**ciglio** [lat. *cĭliu(m)* 'palpebra', di orig. indeur.; av. 1306] **s. m.** (**pl.** *cìgli*, **m.** nel sign. 4, pop. o lett. anche nei sign. 1, 2 e 3; **pl.** *cìglia*, **f.** nei sign. 1, 2, 3 e 5) **1** Pelo delle palpebre: *avere ciglia folte, lunghe, scure* | (*est.*) Orlo delle palpebre, provvisto di tali peli | **Non** (o **senza**) **batter c.**, (*fig.*) rimanere (o rimanendo) impassibile | **In un batter di c.**, in un attimo | **A c. asciutto**, (*fig.*) senza piangere. **2** (*est.*) Sopracciglio: *ciglia congiunte* | **Abbassare le ciglia**, in segno d'imbarazzo, pudore e sim. | **Aggrottare le ciglia**, incresparle in segno di perplessità, irritazione e sim. | **Alzare, inarcare le ciglia**, in segno di stupore, irritazione e sim. **3** (*poet.*) Occhio, sguardo: *veder nel suo tormento più di un c. lacrimar* (METASTASIO). **4** Margine, orlo, bordo: *il c. della strada, del fossato*. **5** (*biol., spec. al pl*) Ognuna delle finissime e brevi appendici vibratili presenti in cellule di Metazoi e sulla superficie del corpo di alcuni Protozoi. || **ciglióne, accr.** (V.).

ciglionaménto [da *ciglione*; 1990] **s. m.** ● (*agr.*) Tipo di terrazzamento in cui il ripiano coltivabile è sostenuto non da un muro ma da un terrapieno.

ciglióne [accr. di *ciglio*; av. 1364] **s. m.** ● Terreno rialzato ai margini di un fosso | Orlo di una strada, di un precipizio, di un terreno dirupato: *sporgersi da un c.*

cigliùto [av. 1566] **agg.** ● (*lett.*) Che ha le ciglia ispide e folte.

cigna e *deriv.* ● V. *cinghia* e *deriv.*

cignàle ● V. *cinghiale*.

†**cignere** ● V. *cingere*.

♦**cigno** [lat. *cȳcnu(m)*, nom. *cȳcnus*, dal gr. *kýknos*, di etim. incerta; 1319] **s. m.** **1** Genere di grandi Uccelli acquatici degli Anseriformi, caratterizzati dal collo lungo e flessuoso e dal piumaggio generalmente candido (*Cygnus*): *c. selvatico, reale* | **C. nero**, con piumaggio nero brunastro (*Chenopis atrata*). ➡ **ILL. animali**/7. **2** (*fig., lett.*) Poeta, musicista | **Il c. di Busseto**, (*per anton.*) Giuseppe Verdi | **Il canto del c.**, quello melodioso che, secondo la leggenda, emette il cigno morente; (*fig.*) l'ultima opera pregevole di un artista e (*est.*) di una persona di un certo rilievo.

cigolaménto [av. 1543] **s. m.** ● Il cigolare | Cigolio.

cigolàre [vc. onomat.; 1313] **v. intr.** (*io cìgolo*; aus. *avere*) **1** Scricchiolare, stridere, spec. detto di oggetti di ferro, legno e sim. sfregati insieme. **2** (*lett.*) Sibilare, stridere, detto di legna verde che arde, di materiale umido a contatto col fuoco, e sim.: *un groppo di radiche brucia e fuma cigolando* (D'ANNUNZIO). **3** (*lett.*) Emettere versi acuti e striduli, simili a fischi, detto di rondini, passeri e sim. || **PROV.** La peggior ruota è quella che cigola.

cigolio [1691] **s. m.** ● Cigolamento prolungato: *piange nel salir grondando / l'acqua tra l'aspro c. nel pozzo* (PASCOLI). **SIN.** Stridio.

cilècca o †**scilècca** [etim. sconosciuta; av. 1400] **s. f.** **1** (*tosc.*) Beffa, burla, promessa non mantenuta. **2** Nella loc. **fare c.**, detto di arma da fuoco quando la cartuccia non esplode: *il fucile ha fatto c.*; (*fig.*) fallire, non riuscire in qlco.: *all'esame ho fatto c.*

cilèno [1866] **A agg.** ● Del Cile: *territorio c.* **B s. m.** **1** (**f.** *-a*) Abitante, nativo del Cile. **2** Moneta d'oro cilena del valore di 1000 pesos.

cilèstre e *deriv.* ● V. *celeste* (*1*) e *deriv.*

cilestrino [da *cilestr(o)* col suff. attenuativo *-ino*; 1344] **agg.** ● (*lett.*) Di colore celeste pallido: *cercando l'isola rupestre / tra il c. tremolio del mare* (PASCOLI).

cilèstro ● V. *celeste* (*1*).

ciliàre o **cigliàre** (**2**) [dal lat. *cĭlium* 'ciglio'; av. 1730] **agg.** ● Che si riferisce al ciglio o al sopracciglio: *arco c.; arterie ciliari*.

Ciliàti [dal lat. *cĭlium* 'ciglio'; 1951] **s. m. pl.** (**sing.** *-o*) ● Nella tassonomia animale, classe di Protozoi caratterizzati da ciglia vibratili distribuite sulla superficie del corpo (*Ciliata*). **SIN.** Infusori.

cilicio o †**ciliccio**, **cilizio** [vc. dotta, lat. *cilĭciu(m)* 'coperta di pelo di capra', fabbricata in *Cilicia*; av. 1292] **s. m.** **1** Panno ruvido e grossolano di pelo di capra, usato dai Romani. **2** Cintura molto ruvida di setole annodate, portata sulla pelle nuda per penitenza. **3** (*fig., lett.*) Tormento fisico | Tortura, sofferenza morale: *sia il tuo cilizio, figliuolo, il pensiero di tuo padre* (PIRANDELLO). || †**cilicioletto, dim.** | †**ciliciòlo, dim.**

ciliegéto o †**ciriegéto** [1340 ca.] **s. m.** ● (*raro*) Luogo piantato a ciliegi.

♦**cilièġia** o (*tosc.*) †**ciriègia** [lat. parl. **cerēsea(m)*, da *cĕrasus* 'ciliegio'; sec. XIII] **A s. f.** (**pl.** *-gie* o *-ge*) ● Il frutto del ciliegio, costituito da una piccola drupa succosa di colore variabile dal rosa al rosso intenso: *una cesta di ciliegie*; *ciliegie sotto spirito*; *marmellata di ciliegie* | (*fig.*) ***Una c. tira l'altra***, di cose simili che si ripetono più volte | (*scherz.*) ***C. con l'amico***, col baco. || **ciliegiàccia**, pegg. | **ciliegétta**, dim. | **ciliegina**, dim. (V.) | **ciliegióna**, accr. | **ciliegiùccia**, dim. **B** in funzione di agg. inv. ● (posposto a un s.) Che ha il colore rosso vivo e brillante caratteristico del frutto omonimo: *un abito rosso c.*; *una cappa color c.*

ciliegina s. f. *1* Dim. di *ciliegia*. *2* Ciliegia candita: *una torta con le ciliegine*. *3* (*fig.*) ***La c. sulla torta***, il tocco finale che conclude una serie di avvenimenti piacevoli o (*iron.*) spiacevoli.

ciliegino [dal dim. di *ciliegia*, per la somiglianza nella forma e nel colore; 1997] s. m. ● (*bot.*) Pomodoro ibrido, con frutti piccoli e rotondi in grappolo, coltivato nelle regioni a clima mediterraneo | Il frutto di tale ibrido.

♦**cilìegio** o (*tosc.*) †**cirièggio** [lat. tardo **cerēsiu*(*m*), per il classico *cĕrasu*(*m*), nom. *cĕrasus*, dal gr. *kérasos*, di etim. incerta; sec. XIII] s. m. *1* Albero delle Rosacee con foglie ovali dentate, fiori bianchi in ombrelle o fascetti e frutti carnosi a drupa, commestibili (*Prunus avium*) | ***C. di montagna***, cameceraso. ➡ ILL. **piante**/6. *2* Legno dell'albero omonimo, di colore rossastro, usato per pipe, canne d'ombrello, lavori di ebanisteria e sim.

ciliegiòlo o (*lett.*) **ciliegiuòlo**, †**ciriegiuòlo** [av. 1597] **A** agg. ● Che ha un colore rosso vivo simile a quello della ciliegia: *vino c.* **B** s. m. *1* Vitigno toscano che dà vino rosso: *un filare di c.* *2* Liquore di ciliegie.

cilindràia [1956] s. f. ● Macchina per la triturazione di sostanze di grossa pezzatura, spec. minerali, costituita da due cilindri di acciaio rotanti l'uno contro l'altro, che schiacciano il materiale da triturare.

cilindràre [1356] v. tr. ● Sottoporre a cilindratura: *c. un tessuto, una lamiera*.

cilindràsse [comp. di *cilindr*(*o*) e *asse* (*2*); 1892] s. m. ● (*anat.*) Prolungamento della cellula nervosa che mantiene la sua individualità a grande distanza. SIN. Assone, neurite.

cilindràta [da *cilindro*; 1941] s. f. *1* (*mecc.*) In una macchina a stantuffo, volume generato dallo stantuffo nella sua corsa, pari al prodotto della sezione per la corsa | In macchine a più cilindri, somma dei volumi generati da ciascun cilindro: *autovetture di piccola, media, grossa c.* *2* (*est.*, *fam.*) Autovettura caratterizzata da una determinata cilindrata: *ama le grosse cilindrate*.

cilindratóio [1956] s. m. ● Macchina a rulli per spianare, laminare o lucidare metalli, materie plastiche e sim.

cilindratrìce [1956] s. f. *1* Macchina tessile usata per suddividere mediante pressione le fibre di canapa. *2* ***C. stradale***, compressore stradale.

cilindratùra [1808] s. f. *1* Tornitura cilindrica. *2* Operazione di finimento di tessuti, cuoi, carta e sim. per spianarli, stirarli e lucidarli. *3* Costipamento del terreno mediante uno o più passaggi con apposito rullo, così da renderne la superficie compatta e liscia: *c. di una via in costruzione*. SIN. Rullatura.

cilìndrico [1614] agg. (pl. m. *-ci*) *1* A forma di cilindro: *corpo c.* *2* ***Lente cilindrica***, lente avente una superficie cilindrica e l'altra piana o sferica, usata per la misura e la correzione dell'astigmatismo dell'occhio. *3* (*geogr.*) ***Proiezione cilindrica***, tipo di proiezione geografica ottenuta proiettando la superficie sferica della Terra su una superficie cilindrica e sviluppando poi il cilindro sul piano. || **cilindricaménte**, avv. In figura cilindrica.

cilindro [lat. *cylĭndru*(*m*), nom. *cylĭndrus*, dal gr. *kýlindros*, da *kylíndō* 'io voltolo, rotolo'; av. 1292] s. m. *1* (*mat.*) Superficie generata dalla rotazione di un rettangolo attorno a uno dei suoi lati | Solido limitato da tale superficie | (*est.*) Superficie formata da rette, dette generatrici, passanti per i punti di una curva assegnata e parallele a una direzione prefissata | ***C. circolare retto***, solido compreso fra un cilindro di rotazione e due piani perpendicolari alle generatrici | ***C. di rotazione***, quello le cui generatrici sono equidistanti da una retta fissa. ➡ ILL. **geometria**. *2* (*est.*) Ogni oggetto di forma cilindrica | Nelle macchine per scrivere, rullo gommato intorno al quale si avvolgono i fogli di carta | ***C. di pressione***, nelle macchine da stampa, quello che comprime la carta contro la matrice per far avvenire il trasferimento dell'inchiostro | Nella ginnastica, attrezzo cilindrico lungo circa un metro per esercizi di equilibrio, oramai in disuso. *3* Copricapo rigido da cerimonia a calotta alta, di forma cilindrica e con piccola tesa orlata | ***C. magico***, quello del prestigiatore | ***Estrarre dal c.***, detto di un prestigiatore, fare comparire oggetti o animali; (*fig.*) escogitare una soluzione brillante e sorprendente. SIN. Staio, tuba. *4* (*mecc.*) Cavità e involucro di forma cilindrica in cui scorre lo stantuffo di un motore o di una pompa | ***Cilindri opposti, contrapposti***, situati ai due lati dell'albero a gomito e i cui assi giacciono su uno stesso piano | ***Cilindri a V***, i cui assi convergono sull'albero a gomito, formando una V. *5* (*med.*, *spec. al pl.*) Formazioni microscopiche cilindriche derivate da necrosi dei tubuli renali. || **cilindrétto**, dim.

cilindròide [vc. dotta, lat. *cylindroīde*(*m*), nom. *cylindroīdes*, dal gr. *kylindroeidḗs*. V. *cilindro* e *-oide*; av. 1742] s. m. ● (*mat.*) Solido compreso fra un cilindro, un piano e una superficie qualsiasi.

cilìzio ● V. *cilicio*.

♦**cima** [lat. *cȳma*(*m*), nom. *cȳma*, dal gr. *kŷma*, forma secondaria di *kýēma*, da *kyéō* 'io concepisco, porto nel seno'; av. 1276] s. f. *1* Parte più alta, vertice, sommità di qlco.: *la c. di un campanile, di un albero, di un monte, di una torre* | ***In c.***, sopra, alla sommità: *in c. a una torre* | (*fig.*) ***Essere, trovarsi in c. ai pensieri di qlcu.***, occuparvi il posto più importante | ***Mettere in c.***, (*fig.*) anteporre. *2* Vetta, rilievo montuoso: *la c. del Monte Rosa*; *le cime pirenaiche*; *conquistare una c.* ➡ ILL. p. 2132 SCIENZE DELLA TERRA ED ENERGIA. *3* Estremità, parte terminale: *la c. di un'asta, di una corda*; *la c. dei capelli* | ***In c.***, all'orlo estremo | ***Da c. a fondo***, da un'estremità all'altra, da un capo all'altro; (*fig.*) interamente. *4* (*est.*, *lett.*) Il più alto grado, il culmine di qlco.: *la c. di un lavoro critico* (DE SANCTIS). *5* (*fam.*) Chi eccelle su tutti gli altri per capacità, intelligenza e sim.: *non sarà una c., ma è una brava persona*; *essere una c. in matematica, in letteratura*. *6* (*mar.*) Cavo in fibra vegetale o sintetica di sezione media. *7* (*bot.*) ***A c.***, cimoso: *ramificazione, infiorescenza a c.* | ***Cime di rapa***, V. *rapa*. *8* Specialità della cucina genovese consistente in un pezzo di petto di vitello variamente farcito e poi lessato. || **cimétta**, dim. | **cimettina**, dim. | **cimarèlla**, dim.

cimaiòlo o †**cimaiuòlo**, **cimaròlo** nel sign. A [1956] **A** agg. ● Che sta in cima, alla sommità: *ramo c.* | ***Carciofo c.***, il capolino terminale del carciofo coltivato, più grosso di quelli laterali. **B** s. m. ● †Comignolo.

cimàle [1983] s. m. ● Cima recisa di un albero, spec. di un cipresso.

cimanàliṣi o **cimoanàliṣi** [comp. del gr. *kŷma* 'onda' (V. *cimasa*) e di *analisi*; 1956] s. f. inv. ● (*stat.*) Studio di componenti sinusoidali, convenientemente scelte, la cui sovrapposizione approssimi, con un fissato grado di precisione in un certo intervallo di tempo, una curva oscillante.

cimàre [da *cima*; av. 1276] **A** v. tr. *1* Privare qlco. della cima, della punta | Recidere l'apice dei fusti o dei rami: *c. una piantina*. SIN. Spuntare, svettare. *2* (*tess.*) Radere allo stesso livello il pelo del panno garzato: *s'io cimo il panno, e tu vi freghi el cardo* (ANGIOLIERI). **B** v. intr. (aus. *avere*) ● Tenere alta la testa, detto del cavallo che trotta.

cimaròlo **A** agg. ● V. *cimaiolo*. **B** s. m. ● Carciofo cimaiolo.

cimàṣa [lat. tardo *cymătiu*(*m*), dal gr. *kymátion*, dim. di *kŷma* 'onda' (da *kyêin* 'portare in seno', prob. di orig. indeur.), attrav. il fr. *cimaise* o il lomb. *scimasa*; detta così per la forma ondulata; 1550] s. f. ● Complesso di modanature che serve di coronamento a un elemento architettonico | Cornice terminale di un mobile.

cimàta [sec. XVIII] s. f. ● Cimatura svelta o poco curata. || **cimatina**, dim.

cimatóre [av. 1370] s. m. *1* (f. *-trice*) Chi compie la cimatura delle piante. *2* (f. *-trice*) Operaio tessile addetto alla cimatura dei tessuti. *3* (*elettr.*) Detto di circuito che limita il valore massimo di un segnale sinusoidale.

cimatoria [1963] s. f. ● Reparto dello stabilimento tessile ove si cimano i tessuti. SIN. (*raro*) Cimeria.

cimatrìce [1956] s. f. ● Macchina tessile che livella il pelo dei tessuti rasati, mediante la rotazione di una lama elicoidale.

cimatùra [da *cimare*; sec. XV] s. f. *1* Operazione del cimare | Cima recisa di una pianta. *2* Peluria tolta al tessuto cimandolo, usata come imbottitura. *3* Nell'industria del petrolio, operazione con cui si separano dal petrolio greggio le frazioni più volatili. *4* (*elettr.*) Azione di un circuito cimatore.

†**cimàzio** [lat. tardo *cymătiu*(*m*), dal gr. *kymátion*, dim. di *kŷma* 'onda' (V. *cimasa*); 1340 ca.] s. m. ● Cimasa.

†**cimba** [vc. dotta, lat. *cȳmba*(*m*), nom. *cȳmba*, dal gr. *kýmbē* 'barchetta'; sec. XIV] s. f. ● Piccola barca, navicella.

cìmbalo o †**cìmberlo** nel sign. 4 [V. *cembalo*; sec. XIV] s. m. *1* V. *cembalo* nel sign. 1. *2* (*raro*) Piatto del gong. *3* (*spec. al pl.*) V. *cembalo* nel sign. 2. *4* (*al pl.*, *fig.*) Nelle loc. ***andare***, ***essere***, ***dare in cimbali***, essere smodatamente allegro; essere ubriaco.

cimbanèlla ● V. *cembanella*.

†**cìmberlo** ● V. *cimbalo*.

cìmbia ● V. *cembra*.

cimbifórme [comp. di †*cimba* e *-forme*; 1830] agg. ● (*bot.*) Detto di seme che ha forma simile a quella di una navicella.

†**cimbòtto** [vc. onomat. (?); av. 1400] s. m. ● (*tosc.*) Capitombolo.

cìmbra ● V. *cembra*.

cimbràccola o **cirimbràccola** [etim. incerta; 1881] s. f. ● (*pop.*, *tosc.*) Donna sciatta e volgare.

cìmbro [vc. dotta, lat. *Cĭmbru*(*m*); av. 1374] **A** s. m. (f. *-a*) *1* Ogni appartenente a un'antica popolazione germanica originaria dello Jutland. *2* Ogni appartenente a una popolazione di lingua tedesca insediata in alcune valli del Trentino, nell'altopiano di Asiago e in alcuni comuni del Veronese. **B** s. m. solo sing. ● Dialetto tedesco parlato in alcune zone del Veneto (altopiano di Asiago, Monti Lessini). **C** agg. *1* Dei Cimbri. *2* (*est.*, *lett.*) Germanico, tedesco (*anche iron.*).

cimèlio [vc. dotta, lat. tardo *cimēliu*(*m*), dal gr. *keimḗlion* 'oggetto prezioso', di etim. incerta; av. 1758] s. m. *1* Oggetto prezioso perché antico e strettamente connesso con un'epoca storica particolare, con un personaggio illustre e sim.: *i cimeli della Rivoluzione francese*; *un c. napoleonico*. *2* (*est.*) Oggetto prezioso tenuto come ricordo di una persona cara | (*est.*, *scherz.*) Oggetto vecchio e privo di valore | (*est.*, *scherz.*) Persona di idee e modi sorpassati.

cimentàre [da *cimento*; 1513] **A** v. tr. (*io ciménto*) *1* †Purificare o saggiare l'oro per mezzo del cimento (V. *cimento* nel sign. 2). *2* (*est.*, *lett.*) Mettere alla prova: *c. il coraggio, la pazienza di qlcu.* | Mettere a repentaglio: *c. la vita, l'onore di qlcu.* | Provocare, sfidare: *per non le avere a c., si volse agli inganni* (MACHIAVELLI) | †Provare, sperimentare: *oggi di Marte / cimenterem le sorti* (FOSCOLO). **B** v. rifl. *1* Esporsi a un pericolo, a un rischio: *cimentarsi in una impresa disperata*. SIN. Arrischiarsi, avventurarsi. *2* (*fig.*) Mettersi alla prova: *cimentarsi in un lavoro difficile* | Competere: *cimentarsi con qlcu.*

ciménto [lat. *caemĕntu*(*m*) (V. *cemento*); il primo sign. era quello di 'mistura di sali per saggiare metalli preziosi'; av. 1347] s. m. *1* †Operazione di purificare i metalli preziosi. *2* Mistura usata un tempo per saggiare o purificare metalli preziosi. *3* (*est.*, *lett.*) Verifica, prova: *sentiamo il rimanente delle ragioni favorevoli alla sua opinione, per venire poi al lor c.* (GALILEI). *4* (*fig.*, *lett.*) Rischio: *mettere a c. qlco. o qlcu.* | Prova difficile e pericolosa: *il c. delle armi*; *entrare in un c.*; *mettersi a c.* || **cimentàccio**, pegg.

cimentóṣo [av. 1704] agg. *1* (*raro*, *lett.*) Pericoloso, rischioso. *2* (*raro*, *lett.*) Che si espone ai pericoli.

cimerìa [da *cimare*; 1868] s. f. ● (*raro*) Cimatoria.

†**cimèro** ● V. *cimiero*.

cìmice [lat. *cīmice*(*m*), di etim. incerta; 1340 ca.] s. f. *1* (*gener.*) Insetto degli Emitteri (*Cimex*) | (*per anton.*) ***C. dei letti***, con piccolo corpo depresso di colore rossastro emanante odore sgradevole, parassita anche dell'uomo (*Cimex lectularius*) | ***C. delle piante***, delle zone temperate e calde, parassita di vegetali (*Pentatoma rufipes*). ➡ ILL. **animali**/2. *2* (*region.*) Piccolo chiodo dalla capocchia larga e piatta | Puntina da disegno. *3* (*spreg.*) Il distintivo fascista che veniva portato all'occhiello della giacca. *4* (*gerg.*) Microspia telefonica. || **cimiciàccia**, pegg. | **cimicétta**, dim. | **cimicina**, dim. | **cimiciòna**, accr.

cimiciàio [1797] s. m. ● Luogo pieno di cimici | (*fig.*) Casa estremamente sporca e disordinata.

cimicióso [av. 1940] agg. ● Pieno di cimici.

cimiciòtto [dall'odore, come quello di una *cimice*; 1830] s. m. ● Pianta erbacea perenne delle Labiate che emana un odore sgradevole (*Ballota nigra*). SIN. Ballota, marrubio nero.

cimièro o (*lett.*) †**cimèro**, †**cimière** [fr. *cimier*, da *cime* 'cima'; av. 1338] s. m. *1* Decorazione posta alla sommità dell'elmo a scopo distintivo od ornamentale | (*est.*, *lett.*) Elmo: *han carca la fronte de' pesti cimieri* (MANZONI). *2* (*arald.*) Complesso degli ornamenti posti sopra l'elmo. *3* Pettinatura alta, un tempo usata dalle donne. || **cimierino**, dim. | **cimieróne**, accr. | **cimierùccio**, pegg.

ciminièra o †**ciminèa** [fr. *cheminée*, dal lat. *camīnus* 'focolare, camino'; 1853] s. f. ● Alto fumaiolo, spec. di fabbriche, locomotive e navi: *il fumo delle ciminiere invade la città; rami di nuvole si muovevano sui fusti delle ciminiere* (CALVINO).

cimino (1) ● V. *cumino*.

cimino (2) [dim. di *cima*; 1965] s. m. ● Parte superiore della canna da pesca.

cimiteriàle o †**cemeteriàle** [1716] agg. *1* Di cimitero, dei cimiteri | *Arte c. cristiana*, l'arte delle catacombe. *2* (*fig.*) Tetro, lugubre: *atmosfera c.*

•**cimitèro** o †**cemetèrio**, (*poet.*) †**cimitèrio** [lat. tardo *cimitēriu(m)*, dal gr. *koimētḗrion* 'luogo dove si va a dormire', da *koimáō* 'io faccio addormentare'; 1313] s. m. *1* Area di terreno facente parte del demanio comunale, destinata a contenere i campi per la inumazione dei morti, i cinerari e gli ossari: *c. monumentale, della città; c. di guerra, degli inglesi; il vecchio c. / degli ebrei, così caro al mio pensiero* (SABA) | ***C. degli elefanti***, secondo la tradizione, il luogo ove gli elefanti si recano a morire | ***C. di automobili***, area adibita a deposito di autoveicoli destinati alla demolizione. SIN. Camposanto. *2* †Grotta o catacomba dei primi cristiani. *3* (*fig.*) Luogo eccessivamente silenzioso, deserto o disabitato: *questa città è un c.!* || **cimiterino**, dim.

cimmèrio o (*raro*) **cimmèrico** [vc. dotta, lat. *Cimmĕriu(m)*, nom. *Cimmĕrius*, dal gr. *Kimmérios*. I Cimmeri erano i favolosi abitanti di estreme terre occidentali non illuminate dal sole; av. 1478] agg. ● (*lett.*) Tenebroso, oscuro, caliginoso: *quel che riman della cimmeria nebbia* (PARINI).

cimoanàliṣi ● V. *cimanalisi*.

cimòfane [comp. del gr. *kŷma* 'onda' (V. *cimasa*) e un deriv. di *pháinesthai* 'apparire' (V. *fenomeno*); 1830] s. m. ● (*miner.*) Varietà di crisoberillo di colore giallo-verdastro dalla lucentezza sericea, usato come gemma.

cìmolo [vc. dotta, lat. tardo *cȳmula(m)*, da *cȳma* 'cima'; av. 1400] s. m. *1* Cima tenera delle verdure commestibili: *c. dei cavoli, dell'insalata.* *2* †Ciuffo: *tirargli un poco il c.* (SACCHETTI).

cimòmetro [comp. del gr. *kŷma* 'onda' (V. *cimasa*) e di *-metro*; 1940] s. m. ● (*fis.*) Strumento che serve a determinare la frequenza delle correnti elettriche alternate. SIN. Ondametro.

cimóṣa o **cimóssa** [lat. tardo *cimūssa(m)*, di etim. incerta; 1430] s. f. *1* Bordura laterale delle pezze di stoffa, di tessuto più fitto e resistente | ***C. parlante***, quella che reca il marchio di fabbrica o altra dicitura obbligatoria. SIN. Vivagno. *2* Girella di tessuto molto consistente per cancellare gli scritti sulla lavagna. SIN. Cancellino, cassino.

cimóṣo [da *cima*; 1830] agg. ● Detto di organo vegetale, spec. infiorescenza, in cui gli assi laterali sono più ramificati di quelli principali.

cimóssa ● V. *cimosa*.

cimotrichia [1964] s. f. ● Carattere morfologico dei capelli cimotrichi.

cimòtrico [comp. del gr. *kŷma* 'onda' (V. *cimasa*) e di *-trico*; 1956] agg. (pl. m. *-chi*) ● Detto di capelli ondulati con variazioni verso il ricciuto o il liscio, a sezione ovale, caratteristici delle razze europee e degli australiani. CFR. Lissotrico, ulotrico.

•**cimpanzé** o **cimpanzè** ● V. *scimpanzé*.

cimurro [ant. fr. *chamoire*, forse comp. del gr. *chainái* 'a terra' e *rhéō* 'io scorro'; sec. XIV] s. m. *1* Grave e frequente malattia infettiva e contagiosa dei cani, prodotta da virus. *2* (*raro*, *scherz.*) Forte raffreddore.

cin [vc. onomat.] inter. ● Riproduce un suono sonoro e metallico, in particolare quello dei piatti musicali (*spec. iter.*): *cin cin, bum bum.*

cinabréṣe [da *cinabro*; sec. XV] s. m. *1* Terra colorante rossa usata per tingere il legno, gli ammattonati e sim. *2* Tonalità di rosso.

cinàbro [vc. dotta, lat. *cinnăbari*, dal gr. *kinnábaris*, di orig. orient.; 1340] s. m. *1* (*miner.*) Solfuro di mercurio, per lo più in masse granulari di color rosso vermiglio. *2* Colore rosso brillante | (*est.*, *poet.*) Colore delle labbra: *il c. delle labbra; labbra di c.; va saltellando il riso / tra i muscoli del labro / ove riede il c.* (PARINI).

cìncia [vc. onomat.; 1797] s. f. (pl. *-ce*) ● Genere di piccoli Uccelli dei Passeracei, dotati di colori vivaci e canto poco piacevole (*Parus*) | ***C. grossa***, cinciallegra. || **cinciarèlla**, dim. (V.).

cinciallégra (o *-è-*) o **cingallégra** (o *-è-*) [comp. di *cincia* e il f. di *allegro*; 1481] s. f. ● Cincia con il petto giallo striato di nero e capo blu-nero (*Parus major*). ➡ ILL. **animali**/10.

cinciarèlla [av. 1912] s. f. *1* Dim. di *cincia*. *2* Uccello appartenente al genere cincia, con le piume del dorso azzurro-blu e quelle del ventre gialle.

†**cinciglio** [variante di †*cincinno*; av. 1400] s. m. ● Fronzolo delle divise militari.

cincillà o **cincilla** o **cinciglia** [sp. *chinchilla*, dim. di *chinche* 'puzzola del Brasile, cimice', per l'odore che emana; la forma *cincillà* rispecchia il fr. *chinchilla*; 1875] s. m. e f. inv. *1* Mammifero dei Roditori con testa grossa, lunghe vibrisse sul muso e splendido mantello grigio fitto e morbido, molto pregiato (*Chinchilla lanigera*). ➡ ILL. **animali**/11. *2* Pelliccia fornita dall'animale omonimo.

cincin o **cin cin** [ingl. *chin-chin*, dal cinese *ch'ing ch'ing* 'prego, prego'; 1930] inter. ● Si usa come espressione augurale nei brindisi mentre si accostano i bicchieri, con lo stesso sign. di 'alla salute'.

cincinnàto [dal n. del console romano Lucio Quinzio *Cincinnato* (sec. V a.C.); 1858] s. m. ● Chi, rifiutando qualsiasi onore derivante dalle importanti cariche pubbliche sostenute, si ritira a vita privata.

†**cincinno** [vc. dotta, lat. *cincĭnnu(m)*, nom. *cincĭnnus*, dal gr. *kíkinnos* 'ricciolo', di etim. incerta; av. 1406] s. m. ● (*lett.*) Ricciolo: *vaghi / ondeggianti cincinni* (MONTI).

cincischiaménto [1938] s. m. ● Il fatto di cincischiare (*anche in senso fig.*).

cincischiàre o †**incischiàre** [lat. parl. **incisulāre*, da *incīsus* 'tagliato'. V. *inciso*; 1481] **A** v. tr. (*io cincìschio*) *1* Tagliuzzare in modo irregolare: *c. un tessuto* | (*fig.*) ***C. le parole***, parlare in modo stentato e poco chiaro. *2* Sgualcire: *stava cincischiando il fazzoletto.* **B** v. intr. (aus. *avere*) ● Perdere il tempo senza concludere nulla | Lavorare in modo incerto e inefficiente. **C** v. intr. pron. ● Sgualcirsi, rovinarsi.

cincìschio (1) [da *cincischiare*; av. 1400] s. m. ● Taglio mal fatto, disuguale | Ritaglio.

cincischìo (2) [1951] s. m. ● Il cincischiare continuo | (*est.*) Lavoro eseguito svogliatamente.

cincischióne [da *cincischiare*; 1865] s. m. (f. *-a*) ● Persona lenta o inconcludente.

cincóna [dal n. della contessa di *Chincón*, viceregina del Perù, che ne scoprì le qualità febbrifughe; 1956] s. f. ● (*bot.*) China (2).

cinconina [1830] s. f. ● (*chim.*) Alcaloide contenuto nella corteccia di china.

cinconìṣmo [da *cincona*; 1956] s. m. ● (*med.*) Avvelenamento da cinconina, caratterizzato da eccitamento nervoso, profonda astenia, paralisi muscolari e del miocardio.

cine [1918] s. m. inv. ● (*pop.*) Accorc. di *cinematografo*.

cine- [tratto da *cinematografo*] primo elemento ● In parole composte è accorciamento di *cinematografo*: *cineamatore, cinecamera, cinelandia.*

cineamatóre [comp. di *cine-* e *amatore*; 1935] s. m. (f. *-trice*) ● Chi si dedica per divertimento alla realizzazione di opere cinematografiche.

cineamatoriàle [1983] agg. ● Relativo a cineamatore, ai cineamatori, alla loro attività.

cineamatorialità [1987] s. f. ● Attività del cineamatore.

cineàsta [fr. *cinéaste*. V. *cine*; 1930] s. m. e f. (pl. m. *-i*) ● Professionista del cinema.

cinecàmera [comp. di *cine-* e *camera* (*1*); 1956] s. f. ● Macchina da presa cinematografica.

Cinecittà [comp. di *cine-* e *città*; 1937] s. f. solo sing. ● Grande complesso per la produzione cinematografica su scala industriale, situato alla periferia di Roma.

cineclùb /ʧine'klɛb, -ab, -ub/ [comp. di *cine-* e *club*; 1927] s. m. inv. ● Associazione che promuove la diffusione della cultura cinematografica organizzando proiezioni di film, conferenze, dibattiti.

cinèdico [da *cinedo*; 1745] agg. (pl. m. *-ci*) *1* Di cinedo, da cinedo. *2* (*letter.*) Che si riferisce a un'antica farsa greca in dialetto ionico, intessuta di lazzi osceni: *farsa cinedica.*

cinedilettànte [comp. di *cine-* e *dilettante*; 1935] s. m. e f. ● Cineamatore.

cinedilettantìṣmo [1942] s. m. ● Attività dei cinedilettanti.

cinèdo [vc. dotta, lat. *cinaedu(m)*, nom. *cinaedus*, dal gr. *kínaidos*, di etim. incerta; av. 1498] s. m. ● (*lett.*) Giovane omosessuale maschile che si prostituisce | (*raro*, *lett.*) Giovinastro effeminato.

cinedràmma [comp. di *cine-* e *dramma*; 1912] s. m. (pl. *-i*) ● (*disus.*) Dramma scritto o ridotto per il cinema | (*raro*) Film di argomento drammatico.

cinefilia [comp. di *cine-* e *-filia*; 1980] s. f. ● Amore, passione per il cinema.

cinèfilo [comp. di *cine-* e *-filo*, sul modello del fr. *cinéphile*; 1936] s. m. (f. *-a*) ● Amatore di cinema.

cinefòrum [comp. di *cine-* e dell'ingl. *forum* 'pubblica discussione' (dal lat. *fŏrum* 'piazza'. V. *foro*); 1963] s. m. inv. ● Dibattito su un argomento cinematografico, di solito riguardante un film appositamente proiettato | (*est.*) Cineclub.

cinegèta [vc. dotta, gr. *kynēgétēs*: stessa etim. di *kynēgós* 'cacciatore'. V. *cinegetica*; 1951] s. m. (pl. *-i*) ● Anticamente, chi esercitava la caccia coi cani.

cinegètica [fr. *cynégétique*, dal gr. *kynēgetikḗ* (sottinteso *téchnē* 'arte'), f. dell'agg. *kynēgetikós*, da *kynēgós* 'cacciatore', comp. di *kýōn*, genit. *kynós* 'cane' e *ágō* 'io spingo, conduco'; 1876] s. f. ● Anticamente, l'arte di cacciare coi cani | (*raro*, *est.*) Caccia.

cinegètico [fr. *cynégétique*, dal gr. *kynēgetikós*. V. *cinegetica*; 1905] agg. (pl. m. *-ci*) ● Della cinegetica, dei cinegeti | (*est.*) Venatorio.

cinegiornàle [comp. di *cine-* e *giornale*; 1935] s. m. ● Breve serie di servizi filmati di attualità realizzati un tempo per la proiezione nelle sale cinematografiche.

cinelàndia [comp. di *cine-* e del ted. *Land* 'paese'; 1935] s. f. ● (*disus.* o *scherz.*) Il complesso delle persone, degli avvenimenti e degli interessi che ruotano attorno al cinema, considerato quasi come un mondo a sé stante: *le ultime indiscrezioni su c.*

†**cinèlli** [abbr. di *bacinelli*, dim. pl. di *bacino* (?)] s. m. pl. ● (*mus.*) Piatti.

♦**cìnema** [accorc. di *cinematografo*; 1918] s. m. inv. *1* Sistema di proiezione di immagini in movimento, inventato in Francia nel XIX sec. *2* Forma di spettacolo registrato su pellicola fotosensibile e consistente nella proiezione di immagini in movimento. *3* (*est.*) Arte e industria di tale tipo di spettacolo: *il mondo del c.* | Produzione cinematografica: *il c. neorealista; il c. americano, francese* | ***C. verità***, quello che aspira alla registrazione diretta della realtà. *4* (*est.*) Sala cinematografica: *un c. di prima, di seconda visione.* *5* (*fig.*) Cinematografo nel sign. 3. CFR. Dinamica, statica. || **cinemètto**, dim. | **cinemino**, dim.

CINEMA
nomenclatura

cinema

● *caratteristiche*: stereoscopico, tridimensionale; muto ⇔ sonoro = parlato, a colori ⇔ in bianco e nero;

● *tecniche e attrezzature cinematografiche*: cinematografia; technicolor, techniscope, stereoscopia, cinerama, circorama, cinemascope; cartoni animati, cinema d'animazione; ripresa cinematografica, blimp, inquadratura, quadro, fish eye, angolazione (orizzontale, obliqua, a piombo), azione, accelerazione, riflettori, padellone, gobbo, macchina da presa, carrello, ambientazione, scena, interni, esterni, ciack, scenario, flashback, background, effetti speciali, giraffa, dolly, passo

(ridotto, normale, a 8, 16, 35, 70 mm), primo piano, campo lungo, campo medio, campo americano, controcampo, panoramica, carrellata, sequenza, dissolvenza; adattamento; teatro di posa, studio, camerino; sceneggiatura, scrittura, soggetto, copione = script; Actors'Studio;
● *montaggio*: registrazione sonora, doppiaggio, commento, fuori campo, missaggio = mixage, playback, presa diretta, sviluppo, stampa, lavaggio, fissaggio, essiccamento, inversione, colonna sonora, colonna visiva, banco di montaggio, moviola, sincronizzazione, ingrandimento, sovrimpressione, truca;
● *azioni*: cinematografare, filmare, girare, realizzare, produrre; caricare, scaricare la pellicola, registrare, dirigere, riprendere, inquadrare; recitare, interpretare; zoomare, provare, impallare, montare, doppiare, sonorizzare, sincronizzare, tagliare;
● *cinematografo* = sala cinematografica = cinema: di prima visione, di seconda visione, di terza visione, d'essai, parrocchiale, rionale, cineclub, cineteca, cineforum, arena, drive-in; affollato ⇔ deserto, accogliente = moderno ⇔ antiquato;
● *film* = movie = pellicola: classico, innovatore, underground, brillante, sdolcinato, severo, naturalista ⇔ realistico, neorealista, espressionista, surrealistico, cinema verità = diretto = candid camera, spettacolare, audace, scandaloso, erotico, sexy, hard-core, a luci rosse, pornografico, western, western all'italiana, poliziesco, storico, passionale, rosa, romantico = sentimentale, avventuroso, fantastico, catastrofico, giallo, del terrore, di guerra, di spionaggio = spy-story, remake, colossal, dell'orrore = horror, del mistero, thrilling, violento = hard-boiled, d'arte; burlesque = comico ⇔ drammatico, pesante ⇔ leggero, commedia, commedia all'italiana, popolare ⇔ intellettuale, d'essai; documentario = documentaristico, scientifico; telefilm, cinegiornale, attualità, film pubblicitario = spot, cartoni animati, cortometraggio, lungometraggio, provino, comica; testate, didascalie, sottotitoli, prossimamente = provini = clip = programmazione = trailer, spezzone, pizza; rassegna cinematografica, festival cinematografico; oscar, leone d'oro, orso d'oro;
● *azioni*: distribuire, proiettare, programmare, presentare, dare in prima visione;
● *persone*: produttore, tycoon, cineasta (cineamatore = cinedilettante), cinematografaro, sceneggiatore, soggettista, documentarista, direttore di produzione, art director, segretaria di produzione, regista, aiuto regista, cast, troupe, attori, assistente alla regia, controfigura, cascatore = stuntman, sarta, costumista, trovarobe = art buyer, scenografo, architetto, attrezzista, operatore, direttore della fotografia, macchinista, direttore del dialogo, truccatore, tecnico del suono, rumorista, comparsa, caratterista; stella, divo; doppiatore; cassiera, maschera; titoli (di testa, di coda).

cinéma d'essai /*fr.* sine,made'sɛ/ [fr., propr. 'cinema di saggio'; 1966] **loc. sost. m. inv.** (**pl.** fr. *cinémas d'essai*) **1** Cinema sperimentale, che si prefigge ricerche formali e strutturali. **2** Locale cinematografico in cui si proiettano film di particolare valore artistico.

cinemascòpe® /ʧinemas'kɔp(e), *ingl.* 'sɪnɪmə,skoup/ [ingl., comp. di *cinema* 'cinematografo' e *-scope* '-scopio'; 1953] **s. m. inv.** ● Sistema di proiezione cinematografica fondato sull'uso di obiettivi anamorfici con effetti sonori stereofonici.

cinemateàtro [comp. di *cinema* e *teatro*; 1935] **s. m.** (**pl.** *cinemateàtri*) ● Locale pubblico adibito a spettacoli sia cinematografici che teatrali.

cinemàtica [fr. *cinématique*, dal gr. *kínēma*, genit. *kinḗmatos* 'movimento', da *kinéō* 'io pongo in movimento'; 1854] **s. f.** ● (*fis.*) Parte della meccanica che studia i moti nei corpi indipendentemente dalle cause che li producono. **CFR.** Dinamica, statica.

cinemàtico [fr. *cinématique*. V. *cinematica*; 1951] **agg.** (**pl. m.** *-ci*) ● Relativo alla cinematica | Che avviene secondo i principi della cinematica.

cinematịsmo [1964] **s. m.** ● (*fis.*) Qualsiasi complesso di leve, rotismi, manovelle e sim., impiegato nella trasmissione del moto.

cinematografàre [da *cinematografo*; 1908] **v. tr.** (*io cinematògrafo*) ● Riprendere con la macchina da presa. **SIN.** Filmare.

cinematografàro [da *cinematografo*; 1923] **s. m.** (**f.** *-a*) ● Chi si occupa professionalmente di cinema (*spec. iron.* o *spreg.*).

cinematografia [fr. *cinématographie*, da *cinématographe* 'cinematografo'; 1911] **s. f.** **1** Arte e tecnica del riprendere e proiettare, mediante appositi apparecchi, persone e cose in movimento: *c. muta, sonora, a colori* | ***C. stereoscopica***, ripresa e proiezione che dà la sensazione volumetrica degli oggetti. **2** Industria cinematografica | Produzione cinematografica: *la c. italiana, statunitense* | (*raro*) Insieme di film: *c. sportiva*.

cinematogràfico [fr. *cinématographique*, da *cinématographe* 'cinematografo'; 1907] **agg.** (**pl. m.** *-ci*) **1** Pertinente ai cinematografi; *circuito c.* | (*est.*) Pertinente alla cinematografia, all'ambiente del cinema e sim.: *nuove tecniche cinematografiche*; *industria cinematografica*. **2** (*est.*) Che è simile a un prodotto della cinematografia, per rapidità di svolgimento, vivacità di effetti e sim.: *questo romanzo ha un ritmo c.* | (*est.*) Strabiliante, inverosimile, fantastico: *un furto c.* || **cinematograficaménte**, **avv.** In modo conforme allo stile e ai canoni dell'arte cinematografica.

cinematògrafo [fr. *cinématographe*, comp. del gr. *kínēma*, genit. *kinḗmatos* 'movimento' (V. *cinematica*) e *-graphe* '-grafo'; 1898] **s. m.** **1** Cinema. **2** (*fig.*) Insieme di avvenimenti avventurosi in rapida successione, spec. con effetti di confusione, comicità, grottesco e sim.: *il suo viaggio è stato un vero c.* **3** (*fig., spec. iron.*) Situazione o persona fuori dal normale, bizzarra.

cinematoscòpio [comp. del gr. *kínēma*, genit. *kinḗmatos* 'movimento' (V. *cinematica*) e *-scopio*; 1951] **s. m.** ● Apparecchio ottico per mezzo del quale una serie di immagini di un corpo in movimento, ripresa con brevissimi intervalli, si fonde in una sola immagine che pare muoversi con perfetta naturalezza.

cinemitragliatrice [comp. di *cine-* e *mitragliatrice*; 1970] **s. f.** ● (*aer. mil.*) Cinepresa che, installata a bordo di un aeroplano militare, serve per registrare l'esito di una missione a fuoco.

cineoperatóre [comp. di *cine-* e *operatore*] **s. m.** (**f.** *-trice*) ● Operatore cinematografico.

cineparchéggio [comp. di *cine-* e *parcheggio*; 1963] **s. m.** ● (*raro*) Cineparco.

cinepàrco [comp. di *cine-* e *parco*; 1950] **s. m.** (**pl.** *-chi*) ● Cinematografo all'aperto per spettatori in automobile. **CFR.** Drive-in.

cineprḗsa [comp. di *cine-* e (*ri*)*presa*; 1961] **s. f.** ● Macchina per la ripresa di immagini cinematografiche.

cineràma [sovrapposizione di *panorama* a *cinema*; 1953] **s. m. inv.** ● Sistema di proiezione su schermo panoramico consistente nella triplice ripresa e triplice proiezione contemporanea di un film, per dare un effetto tridimensionale.

cineraria [f. dell'agg. lat. *cinerārius* (V. *cinerario*), per il colore delle foglie come di cenere; 1540] **s. f.** ● Pianta erbacea delle Composite con foglie grandi ricoperte di peluria cinerea nella pagina inferiore e fiori di color rosso o azzurro o viola (*Senecio cruentus*).

cineràrio o (*raro*) **ceneràrio** [vc. dotta, lat. *cinerāriu(m)*, che significava però 'lo schiavo che teneva nella cenere calda i ferri da arricciare i capelli', da *cĭnis*, genit. *cĭneris* 'cenere'; 1716] **A agg.** ● Di cenere | Che serve a raccogliere o contenere cenere | ***Urna cineraria***, in cui si chiudono i resti della cremazione di un cadavere. **B s. m.** **1** Parte di una caldaia ove si raccolgono le ceneri del materiale combusto. **2** Urna cineraria.

cineràstro [dal lat. *cĭnis*, genit. *cĭneris* 'cenere'; 1951] **agg.** ● Che ha un colore grigio sporco tendente alla tonalità cenere.

cinèreo [vc. dotta, lat. *cinĕreu(m)*, da *cĭnis*, genit. *cĭneris* 'cenere'; av. 1498] **agg.** **1** (*lett.*) Che ha un colore grigio simile a quello della cenere: *cielo c.* | (*est.*) Livido: *pallore, volto c.* **2** (*astron.*) ***Luce cinerea***, tenue grigiore visibile, a volte, sulla parte di disco lunare non illuminata dal sole alcuni giorni prima e dopo il novilunio. **3** (*fig., lett.*) Malinconico.

cinericcio ● V. *cenericcio*.

†**cinerigno** ● V. *cenerino*.

cinerino ● V. *cenerino*.

cinerite [comp. del lat. *cĭnis*, genit. *cĭneris* 'cenere', e di *-ite* (2); 1970] **s. f.** ● Sedimento o roccia sedimentaria formata in prevalenza da ceneri vulcaniche.

cinerizio ● V. *cenericcio*.

cinerògnolo (o *-ò-*) ● V. *cenerognolo*.

cineromànẓo [comp. di *cine-* e *romanzo*; 1923] **s. m.** ● Vicenda narrata su riviste, periodici e sim. mediante una serie di fotogrammi completati da fumetti e didascalie.

cinescòpio [comp. di *cine-* e *-scopio*; 1942] **s. m.** ● (*fis.*) Tubo a raggi catodici atto a ricevere immagini televisive, la cui parte anteriore forma lo schermo del televisore.

cinéṣe o (*raro*) **chinéṣe** [av. 1557] **A agg.** ● Della Cina: *arte, lingua, letteratura c.* | ***Alla c.***, (*ellitt.*) alla maniera dei cinesi | ***Padiglione alla c.***, chiosco | ***Ombre cinesi***, gioco d'ombre fatto atteggiando variamente le mani contro una parete. **CFR.** sino-. **B s. m. e f.** **1** Abitante, nativo della Cina. **2** Negli anni '70 e '80 del Novecento, sostenitore della politica ispirata alla teoria di Mao Zedong. **C s. m.** solo **sing.** ● Lingua della famiglia cino-tibetana, parlata dai cinesi. || **cineṣino**, **dim.**

cineṣeria o (*raro*) **chineṣeria** [fr. *chinoiserie*, da *chinois* 'cinese'; 1887] **s. f.** **1** (*spec. al pl.*) Qualsiasi oggetto o motivo ornamentale ispirato al gusto cinese: *cineserie settecentesche*. **2** (*spreg.*) Cianfrusaglia. **3** (*raro, fig.*) Inutile sottigliezza | Eccessiva cerimoniosità.

cinèṣi-, **-cinèṣi** o **chinèṣi-**, **-chinèṣi** [dal gr. *kínēsis* 'movimento' (V. *cinesica*)] primo o secondo elemento ● In parole composte significa 'movimento': *cinesiterapia, cariocinesi, psicocinesi, telecinesi*.

cineṣia [comp. di *cines(i)-* e del suff. *-ia*; 1847] **s. f.** **1** (*med.*) Chinetosi. **2** (*med.*) Insieme di rapidi movimenti volontari caratteristici di alcune patologie. **3** (*fisiol.*) Insieme dei normali movimenti muscolari.

cinèṣica [dal gr. *kínēsis* 'movimento', deriv. di *kinêin* 'muovere', di orig. indeur.; 1969] **s. f.** ● Studio delle comunicazioni mimiche che sottolineano o determinano un fatto linguistico.

cineṣino [propr., dim. di *cinese*; 1974] **s. m.** ● Cono di plastica a due colori, di cui uno sempre giallo, che, posto sulle sedi stradali per tratti più o meno lunghi, divide o delimita una corsia in occasione di interruzioni o deviazioni del traffico.

cineṣiologia o **chineṣiologia** [comp. di *cinesi-* e *-logia*; 1963] **s. f.** ● Disciplina che studia le attività muscolari umane: *c. correttiva*.

cineṣiterapia o **chineṣiterapia**, **kineṣiterapia** [comp. di *cinesi-* e *terapia*; 1875] **s. f.** ● (*med.*) Metodo di cura consistente nel movimento attivo e passivo dell'organismo.

cineṣiteràpico o **chineṣiteràpico** [1923] **agg.** (**pl. m.** *-ci*) ● Relativo a cinesiterapia: *metodo c.*

cineṣiterapista o **chineṣiterapista** [1989] **s. m. e f.** (**pl. m.** *-i*) ● (*med.*) Tecnico che pratica la cinesiterapia.

cineṣịzzàre [da *cinese*] **v. tr.** ● Portare a condizioni politiche e culturali simili a quelle dei cinesi.

cinesteṣia [comp. di *cin(esi)-* ed *-estesia*; 1970] **s. f.** ● (*med.*) Sensazione o percezione del movimento del proprio corpo o delle sue parti.

cinestètico o **cinestèṣico** [comp. del gr. *kinéō* 'io muovo' e *aisthētikós* 'capace di sentire'; 1940] **agg.** (**pl. m.** *-ci*) ● (*med.*) Relativo a sensazioni provocate dai movimenti dei muscoli nella normale attività motoria.

cinetèca [comp. di *cine-* e *teca*; 1931] **s. f.** ● Raccolta o collezione sistematica e organica di pellicole cinematografiche | Locale dove tale raccolta trova stabile sistemazione e dove spesso si effettuano proiezioni.

cinètica [f. sost. di *cinetico*; 1956] **s. f.** ● Studio del meccanismo e della velocità delle reazioni chimiche.

cinètico [vc. dotta, gr. *kinētikós* 'che muove, che si muove', da *kínēsis* 'movimento', da *kinéō* 'io muovo'; 1905] **agg.** (**pl. m.** *-ci*) **1** (*fis.*) Che riguarda il moto | ***Energia cinetica***, energia di un corpo in moto, uguale al semiprodotto della sua massa per il quadrato della sua velocità | ***Teoria cinetica***, teoria che spiega le proprietà fisiche di un gas considerandolo costituito da molecole in continuo movimento disordinato. **2** ***Arte cinetica***, quella le cui opere, prodotte da movimenti artistici degli anni 1960-1980, si fondano sul movimento ottenuto o con meccanismi inseriti nelle opere stesse • col soffio del vento o autonomamente.

inetoscòpio [ingl. *kinetoscope*. V. *cinemato-scopio*; 1896] **s. m.** • Specie di primitivo apparecchio per la visione individuale di pellicole cinematografiche.

inetòsi • V. *chinetosi*.

ingalése • V. *singalese*.

ingallégra (o -è-) • V. *cinciallegra*.

ingano o †**cingaro** [var. di *zingaro*] **s. m.** (f. *-a*) • Zingaro.

ingere o (*lett.*) †**cignere** [lat. *cĭngere*, da una radice indeur. **keng* che indica 'legare, cingere'; av. 1257] **A v. tr.** (pres. *io cingo, tu cingi*; pass. rem. *io cinsi, tu cingésti*; part. pass. *cinto*) (qlco. + *di*, + *con*) **1** Attorniare, circondare, stare o girare tutt'intorno: *c. una città di mura, di fortificazioni*; *c. l'orto con una siepe, con un fossato*; *più e più fossi cingon li castelli* (DANTE *Inf.* XVIII, 11) | **C.** *l'assedio*, (*fig.*) assediare. **2** (*lett.*) Avvolgere intorno al corpo, spec. intorno alla testa o alla vita: *c. la vita con un'ampia fascia* | ***C. la spada, le armi***, (*fig.*) armarsi | ***C. lo scudo***, imbracciarlo | ***C. la corona***, (*fig.*) diventare re | ***C. le braccia al collo di qlcu.***, abbracciarlo | †***C. la spada a qlcu.***, farlo cavaliere. **3** †Ferire con la spada: *et a chi cinge / la fronte, a chi la gola, a chi la guancia* (ARIOSTO) | (*fig.*) †***Cingerla a qlcu.***, fargliela, burlarlo, ingannarlo. **B v. rifl.** (+ *di*; + *con*) • (*raro, lett.*) Stringersi intorno al corpo, spec. intorno alla testa o alla vita: *cingersi col cordone francescano*; *cingersi della corona* | ***Cingersi d'alloro***, (*fig.*) raggiungere la gloria.

inghia o †**ginghia**, (*tosc.*) **cigna** [lat. *cĭngula(m)* 'cintura', da *cĭngere* 'cingere'; av. 1292] **s. f.** **1** Striscia o fascia lunga e sottile di pelle, corda o tessuto, usata per stringere, legare, sostenere e sim.: *c. dei calzoni, dello zaino, del fucile* | ***Tirare, stringere la c.***, (*fig.*) vivere tra le privazioni. **2** (*mecc.*) Nastro a sezione costante, di materiale resistente e flessibile, chiuso ad anello, usato per la trasmissione del moto da una puleggia all'altra | ***C. di trasmissione***, (*fig.*) organismo che segue le direttive di altro organismo verso il quale esiste un vincolo di dipendenza. || **cinghiétta**, dim. | **cinghiettina**, dim. | **cinghiòna**, accr.

inghiàle o (*tosc.*) **cignàle** [lat. (*pŏrcum*) *singulāre(m)* 'porco solitario', cui si è sovrapposta *cinghia*, la cinghia di setole bianco-giallognole intorno al collo; sec. XIII] **s. m.** (f. raro *-a*, raro *-essa*) **1** Mammifero dei Suidi con zanne formate dai canini inferiori che sporgono dalle labbra ripiegate verso l'alto, pelo ruvido, occhi piccoli, coda corta e atorcigliata (*Sus scropha*). CFR. Grugnire, ringhiare, rugliare. ➡ ILL. **animali**/12. **2** Pelle conciata dell'animale omonimo: *guanti, valigia di c.* | La carne di tale animale macellato: *c. con polenta*; *salamino di c.* || **cinghialàccio**, pegg. | **cinghialétto**, dim. | **cinghialino**, dim.

inghiàre o (*tosc.*) †**cignàre** [da *cinghia*; sec. XIII] **v. tr.** (*io cìnghio*) **1** (*raro*) Stringere con cinghia: *c. la sella*; *c. il cavallo*. **2** (*lett.*) Cingere: *Così discesi del cerchio primaio / giù nel secondo, che men loco cinghia* (DANTE *Inf.* V, 1-2). **3** (*fam.*) Colpire con la cinghia.

inghiàta o (*tosc.*) **cignàta** [da *cinghia*; 1772] **s. f.** • Colpo dato con una cinghia.

inghiatùra o (*tosc.*) †**cignatùra** [da *cinghiare*; sec. XIII-XIV] **s. f.** **1** Operazione dell'applicare le cinghie a un animale da tiro o da sella. **2** (*agr.*) Comparsa di uno strato sugheroso su alcuni frutti, spec. pere e mele, dovuta a freddi tardivi.

inghio [lat. *cĭngulu(m)*, da *cĭngere* 'cingere'; 1313] **s. m.** • Cerchio | Girone del Purgatorio dantesco | Voragine | Cornice di roccia.

ingolàto [da *cingolo*; 1942] **A agg.** • Detto di veicolo munito di cingoli al posto delle ruote: *trattore c.*; *i mezzi cingolati dell'esercito*. **B** anche **s. m.**: *c. per il trasporto tattico, campale*.

ingolétta [1950] **s. f.** • Automezzo militare leggero cingolato.

ingolo [vc. dotta, lat. *cĭngulu(m)*. V. *cinghio*; sec. XII] **s. m.** **1** (*lett.*) Cintura, cinto, fascia | Cintura militare degli antichi romani. **2** Cordiglio con cui il sacerdote, nelle funzioni religiose, si cinge il camice | Cordiglio di frate. **3** Nastro formato da segmenti collegati da ganci, che si applica sulle ruote di autoveicoli per aumentarne l'aderenza e facilitare la marcia su terreni difficili | Catena formata da un analogo nastro, nella quale si ingranano due o più ruote o rulli di veicoli pesanti, quali carri armati, trattori e sim.

cingottàre • V. *ciangottare*.

cinguettaménto [sec. XIV] **s. m.** • Cinguettio.

♦**cinguettàre** [vc. onomat.; sec. XIII] **v. intr.** (*io cinguétto*; aus. *avere*) **1** Emettere un canto lieve e ripetuto, detto dei passeri e di altri uccelli. **2** (*est.*) Parlare balbettando, detto spec. di bambini | (*est.*) Chiacchierare sommessamente e animatamente, spec. di argomenti futili, frivoli e sim.: *cinguettando e di gioielli, e di nastri e di vezzi e di cuffie, si rinfrancò* (FOSCOLO).

†**cinguettatóre** [av. 1375] **s. m.**; anche **agg.** • Chiacchierone.

†**cinguetterìa** [sec. XIV] **s. f.** • Chiacchiera, ciarla.

cinguettièrè o (*lett.*) †**cinguettièro** [1810] **agg.** • (*lett.*) Che cinguetta | (*raro, fig.*) Chiacchierone: *deiforme sei, / ma c.* (MONTI).

cinguettìo [1806] **s. m.** **1** Il cinguettare continuo: *il c. dei passeri*. **2** (*est.*) Chiacchierio sommesso e animato | Chiacchierio futile.

ciniatrìa [comp. del gr. *kýōn*, genit. *kynós* 'cane' (V. *cino-*) e *iatréia* 'cura'; 1956] **s. f.** • Branca della medicina veterinaria che tratta le malattie dei cani.

cinice • V. *cinigia*.

cìnico [vc. dotta, lat. *cўnicu(m)*, nom. *cўnicus*, dal gr. *kynikós* 'canino', da *kýōn*, genit. *kynós* 'cane', appellativo di Diogene, uno dei primi rappresentanti della scuola; av. 1374] **A agg.** (pl. m. *-ci*) **1** (*filos.*) Relativo alla corrente filosofica del cinismo. **2** (*fig.*) Che manifesta indifferenza e disprezzo nei confronti di qualsiasi ideale e sentimento umano: *comportamento c.*; *una risposta cinica*; *persona cinica e malvagia*; *ciniche risate*. || **cinicaménte**, avv. (*fig.*) In modo cinico, con cinismo. **B s. m.** **1** (*filos.*) Seguace della filosofia cinica. **2** (f. *-a*) (*fig.*) Persona cinica.

†**cìnifo** [vc. dotta, lat. *cīnўphiu(m)*, nom. *cīnўphius*, dal gr. *kinnýphios*, dal fiume *Cinifo*, sulle cui rive pascolavano capre dal pelo bellissimo; av. 1375] **s. m.** • (*zool.*) Becco selvatico.

cinìgia o **cìnice** [lat. tardo *cinīsia(m)*, da *cĭnis* 'cenere'; sec. XV] **s. f.** (pl. *-gie* o *-ge*) • Cenere calda mescolata con brace: *piglia la tua opera e mettila in su le cinigie* (CELLINI).

cinìglia [fr. *chenille* 'bruco', dal lat. *canīcula(m)* 'cagnolina'; 1771] **s. f.** **1** Filato costituito da un cordoncino vellutato e peloso, usato come trama per tessuti particolarmente morbidi. **2** Tessuto fabbricato con tale filato: *un accappatoio, una coperta di c.*

cinigliàto [1956] **agg.** • Fabbricato con ciniglia.

cìnipe [vc. dotta, lat. tardo *scĭniphe(n)*, nom. *scĭniphes*, dal gr. *sknîphes*, pl. di *sknîps*, genit. *sknipós* 'insetto roditore', da *sknîptō* 'io pungo' (di etim. incerta); 1892] **s. m.** • Genere di Insetti degli Imenotteri che introducono le uova nei tessuti vegetali determinando la formazione di galle (*Cynips*).

cìnira [vc. dotta, lat. tardo *cĭnyra(m)*, nom. *cĭnyra*, dal gr. *kínyra*, di orig. semitica; 1830] **s. f.** • Strumento musicale a corde anticamente molto diffuso presso i popoli orientali.

cinìsmo [vc. dotta, lat. tardo *cynĭsmu(m)*, nom. *cynĭsmus*, dal gr. *kynismós*, da *kynikós*. V. *cinico*; av. 1729] **s. m.** **1** La filosofia della scuola socratica fondata da Antistene ad Atene nel IV sec. a.C., affermatasi come disprezzo delle convenzioni sociali e austero esercizio della virtù. **2** (*fig.*) Modo di sentire, di comportarsi e sim. caratterizzato da indifferenza e disprezzo nei confronti di qualsiasi valore e sentimento umano: *dare prova di un c. urtante, rivoltante*; *il delitto fu compiuto con freddo c.*

†**cinna** [da *zinna*; av. 1508] **s. m.** • Mammella.

cinnàmico [da *cinnamomo*; 1865] **agg.** (pl. m. *-ci*) • (*chim.*) Detto di acido organico, monobasico, cristallino, incolore, ottenuto dallo storace per saponificazione con soda caustica, impiegato in medicina e in profumeria.

cinnamòmo [vc. dotta, lat. *cinnamōmu(m)*, dal gr. *kynnámōmon*, dall'ebr. *qinnāmōn*, di orig. ebr.; sec. XIV] **s. m.** • Genere di piante delle Lauracee cui appartengono specie che forniscono la cannella e la canfora (*Cinnamomum*).

cino- (**1**) [dal gr. *kýōn*, genit. *kynós* 'cane', di orig. indeur.] primo elemento • In parole composte dotte significa 'cane': *cinodromo*, *cinofilo*.

cino- (**2**) primo elemento • In parole composte, è accorciamento di *cinese*: *cino-giapponese*.

cinocèfalo [vc. dotta, lat. *cynocĕphalu(m)*, nom. *cynocĕphalus*, dal gr. *kynoképhalos*, comp. di *kýōn*, genit. *kynós* 'cane' e *kephalḗ* 'testa'; sec. XIV] **A agg.** • (*lett.*) Dalla testa di cane: *un idolo c.* **B s. m.** • Qualunque grossa scimmia con muso allungato simile a quello del cane.

cinòdromo, (*evit.*) **cinodròmo** [deriv. di *cino-* (*1*), sul modello di *ippodromo*; 1929] **s. m.** • Impianto per le gare di corsa dei cani.

cinofilìa [comp. di *cino-* (*1*) e *-filia*; 1908] **s. f.** • Amore per i cani e interesse per i problemi del loro allevamento.

cinòfilo [comp. di *cino-* (*1*) e *-filo*; 1908] **A s. m.** (f. *-a*) • Chi ama, cura e protegge i cani | Conoscitore, allevatore di razze canine. **B agg.** **1** Che è proprio della cinofilia e dei cinofili: *sentimento c.* **2** Che utilizza i cani: *pattuglie cinofile*.

cinofobìa [comp. di *cino-* (*1*) e *-fobia*; 1950] **s. f.** • (*psicol.*) Paura morbosa dei cani.

cinoglòssa [vc. dotta, lat. *cynoglŏssu(m)*, nom. *cynoglŏssos*, dal gr. *kynóglōsson* 'lingua di cane', comp. di *kýōn*, genit. *kynós* 'cane' e *glôssa* 'lingua'; av. 1498] **s. f.** • Pianta erbacea delle Borraginacee ricoperta di peli con fiori di color rosso o azzurro (*Cynoglossum officinale*). SIN. Erba vellutina, lingua di cane.

cinologìa [comp. di *cino-* (*1*) e *-logia*; 1803] **s. f.** • Ramo della veterinaria che si occupa dello studio dei cani.

cinòlogo [1830] **s. m.** (f. *-a*; pl. m. *-gi*) • Veterinario specializzato in cinologia.

cinòmio [vc. dotta, comp. del gr. *kýōn*, genit. *kynós* 'cane', latinizzato in *cyno-*, e *mŷs* 'topo'; 1964] **s. m.** • (*zool.*) Mammifero dei Roditori tipico degli Stati Uniti; vive in comunità complesse e costituite da numerosi individui (*Cynomis ludovicianus*). SIN. Cane delle praterie.

cinopitèco [comp. di *cino-* (*1*) e del gr. *pithēkē* 'scimmietta'; 1931] **s. m.** (pl. *-chi* o *-ci*) • Scimmia dei Cercopitecidi, originaria di Celebes, con muso allungato, corpo massiccio e coda rudimentale (*Cynopithecus niger*).

cinòrrodio • V. *cinorrodo*.

cinòrrodo o **cinòrrodio** [lat. *cynorrhŏdon*, dal gr. *kynoródon*, comp. di *kýōn*, genit. *kynós* 'cane' e *ródon* 'rosa'; 1865] **s. m.** • (*bot.*) Falso frutto delle rose selvatiche di forma ovale o rotondeggiante ricco di zuccheri e di vitamina C; si usa per tisane e marmellate. SIN. Cinorrodonte.

cinorrodónte **s. m.** • (*bot.*) Cinorrodo.

cinquadèa • V. *cinquedea*.

†**cinquàle** [da *cinque*; av. 1589] **s. m.** • Numero di cinque unità.

†**cinquannàggine** [comp. di *cinque* e *anno*; av. 1600] **s. f.** • Quinquennio.

♦**cinquànta** [lat. *quinquagĭnta*, con dissimilazione della *qu-* iniziale in *c-* e spostamento di accento sulla terzultima sillaba; 1211] **agg. num. card. inv.**; anche **s. m. inv.** (si elide davanti ad 'anni': *cinquant'anni*) • Cinque volte dieci, cinque decine, rappresentato da 50 nella numerazione araba, da L in quella romana. **I** Come agg. ricorre nei seguenti casi. **1** Rispondendo o sottintendendo la domanda 'quanti?', indica la quantità numerica di cinquanta unità (spec. preposto a un s.): *i c. figli di Priamo*; *le c. Danaidi*; *avere cinquant'anni*; *mi cambi c. euro?*; *ho c. probabilità su cento di riuscire* | Con valore indet.: *te l'ho detto e ripetuto c. volte*, parecchie volte. **2** Rispondendo o sottintendendo la domanda 'quale?', identifica qlco. in una pluralità, in una successione, in una sequenza (posposto a un s.): *leggete a pagina c., paragrafo c.*; *il cliente della camera c.*; *porta la taglia c.*; *aspettiamo l'autobus c.* | ***Gli anni C.***, in un secolo, spec. il XX, quelli compresi fra cinquanta e cinquantanove: *un mobile anni C.* **3** In composizione con altri numeri semplici o composti, forma i numeri superiori: *cinquantuno*; *cinquantadue*; *cinquantamila*; *duecentocinquanta*. **II** Come s. ricorre nei seguenti usi. **1** Il numero cinquanta (per ellissi di un s.): *il cinque nel c. ci sta dieci volte*; *ho uno sconto del c. per cento*; *era alla fermata del c.* | ***I c.***, i cinquant'anni nell'età di un uomo | ***Essere sui c.***, avere circa cinquant'anni. **2** Il segno che rappresenta il numero cinquanta.

cinquantamìla [comp. di *cinquanta* e *mila*; 1518] **agg. num. card. inv.**; anche **s. m.** e **f. inv.** • Cinquanta volte mille, cinquanta migliaia, rappresentato da 50 000 nella numerazione araba, da $\overline{\text{L}}$ in quella romana. **II** Come agg. ricorre nei seguenti usi. ***1*** Rispondendo o sottintendendo la domanda 'quanti?', indica la quantità numerica di cinquantamila unità (spec. preposto a un s.): *guadagnerà almeno c. euro all'anno*; *la mia macchina ha già fatto c. kilometri*; *una popolazione di c. abitanti*. ***2*** Rispondendo o sottintendendo la domanda 'quale?', identifica qlco. in una pluralità, in una successione, in una sequenza (posposto a un s.): *abbonamento numero c.* **III** Come s. ricorre nei seguenti usi. ***1*** Il numero cinquantamila (per ellissi di un s.): *il c. nel centocinquantamila sta tre volte*. ***2*** Il segno che rappresenta il numero cinquantamila.

cinquantenàrio [fr. *cinquantenaire*, da *cinquante* 'cinquanta', col suff. di *centenaire*; 1899] **A** agg. ***1*** (*raro*) Che ha cinquant'anni, detto di cosa o persona. ***2*** (*raro*) Che ricorre ogni cinquant'anni. **B** s. m. ● Ricorrenza del cinquantesimo anno da un avvenimento memorabile: *il c. della Repubblica italiana* | (*est.*) La cerimonia che si celebra in tale occasione.

cinquantennàle [1956] **A** agg. ***1*** Che dura cinquant'anni. ***2*** Che ricorre ogni cinquant'anni. **B** s. m. ● Ricorrenza del cinquantesimo anno da un avvenimento memorabile: *il c. della Repubblica* | (*est.*) La cerimonia che si celebra in tale occasione.

cinquantènne [comp. di *cinquanta* e del suff. *-enne*, ricavato da *decenne*; 1892] agg.; anche s. m. e f. ● Che (o Chi) ha cinquant'anni di età.

cinquantènnio [comp. di *cinquanta* e del suff. *-ennio*, ricavato da *biennio*, *decennio*, ecc.; 1898] s. m. ● Spazio di tempo di cinquant'anni.

cinquantèsimo (o *-è-*) [da *cinquanta*; 1351] **A** agg. num. ord. ***1*** Corrispondente al numero cinquanta in una pluralità, in una successione (rappresentato da L nella numerazione romana, da 50° in quella araba): *classificarsi c.*; *la cinquantesima parte*; *tre alla cinquantesima*, (*ellitt.*) SIN. (*lett.*) Quinquagesimo. ***2*** In composizione con altri numerali, semplici o composti, forma gli ordinali superiori: *cinquantesimoprimo*; *centocinquantesimo*; *milleduecentocinquantesimo*. **B** in funzione di s. m. ● Ciascuna delle cinquanta parti uguali di una stessa quantità: *un c. del totale*; *otto cinquantesimi*.

cinquantìna [1550] s. f. ***1*** Serie di cinquanta, o circa cinquanta, unità: *due cinquantine equivalgono a un centinaio*; *la città è distante una c. di kilometri*. ***2*** I cinquant'anni nell'età dell'uomo: *si avvicina alla c.*; *ha passato la c.*; *è sulla c.*

cinquantino [da *cinquanta*; 1944] **A** agg. ● Detto di piante coltivate a sviluppo molto rapido, di circa cinquanta giorni (in realtà, di più): *granoturco c.* **B** s. m. ***1*** Moneta d'argento spagnola del XVII sec. del valore di 50 reali. ***2*** Varietà precocissima di mais. ***3*** (*fam.*) Piccolo motorscooter con 50 cm^3 di cilindrata.

♦**cinque** [lat. *quīnque*, con dissimilazione della *qu* iniziale in *c-*; 1211] agg. num. card. inv.; anche s. m. e f. inv. (pl. pop. *cinqui*) ● Numero naturale successivo di quattro, rappresentato da 5 nella numerazione araba, da V in quella romana. **II** Come agg. ricorre nei seguenti usi. ***1*** Rispondendo o sottintendendo la domanda 'quanti?', indica la quantità numerica di cinque unità (spec. preposto a un s.): *le c. dita della mano*; *l'uomo ha c. sensi*; *costa c. euro*; *le c. giornate di Milano*; *è stato assente c. mesi*; *calcola i c. terzi di cento* | ***In c. minuti***, (*fig.*) prestissimo | ***Avere i*** (***propri***) ***c. minuti***, (*fam.*) essere, in un dato momento, molto nervoso, intrattabile ecc. | ***A c. a c.***, ***di c. in c.***, cinque per volta. CFR. penta-. ***2*** Rispondendo o sottintendendo la domanda 'quale?', identifica qlco. in una pluralità, in una successione, in una sequenza (posposto a un s.): *leggi al paragrafo c.*, *pagina c.*; *la fermata dell'autobus c.*; *il cliente della camera c.*; *abito in via Roma, numero c.* **III** Come s. ricorre nei seguenti usi. ***1*** Il numero cinque (per ellissi di un s.): *ho uno sconto del c. per cento*; *il c. nel dieci ci sta due volte*; *abita in via Mazzini c.*; *ho giocato il c. di fiori*; *è stato estratto il c.*; *è questa la fermata del c.?*; *il c. maggio* | ***Le c.***, la quinta ora del mattino: *domani devo svegliarmi alle c.*; le diciassette: *vieni da me alle c. per il tè* | Nella valutazione scolastica, il voto inferiore di un punto alla sufficienza: *ho meritato un c.* ***2*** Il segno che rappresenta il numero cinque: *scrivo il c. e riporto il tre*. ***3*** In composizione con altri numeri semplici o composti, forma i numeri superiori: *trentacinque*; *cinquecento*; *millecinquecentocinque*.

cinquecentésco [1758] agg. (pl. m. *-schi*) ● Del sedicesimo secolo: *arte cinquecentesca*.

cinquecentèsimo (o *-é-*) [1313] **A** agg. num. ord. ● Corrispondente al numero cinquecento in una pluralità, in una successione (rappresentato dalla D nella numerazione romana, da 500° in quella araba): *è c. nella graduatoria*; *due è la cinquecentesima parte di mille*. **B** in funzione di s. m. ● Ciascuna delle cinquecento parti uguali di una stessa quantità.

cinquecentìna [1970] s. f. ● Libro edito nel XVI sec.: *le cinquecentine della biblioteca Marciana*.

cinquecentìno agg. ● In biblioteconomia, cinquecentesco.

cinquecentìsta [1710] s. m. e f. (pl. m. *-i*) ● Scrittore o artista del sedicesimo secolo.

cinquecentìstico [1745] agg. (pl. m. *-ci*) ● Del Cinquecento o dei cinquecentisti.

cinquecènto [comp. di *cinque* e *cento*; 1308] **A** agg. num. card. inv.; anche s. m. e f. inv. ● Cinque volte cento, cinque centinaia, rappresentato da 500 nella numerazione araba, da D in quella romana. **II** Come agg. ricorre nei seguenti usi. ***1*** Rispondendo o sottintendendo la domanda 'quanti?', indica la quantità numerica di cinquecento unità (spec. preposto a un s.): *un viaggio di c. kilometri*; *devo ancora pagare c. euro*; *elevare c. al quadrato*; *c. centimetri cubi di cilindrata*. ***2*** Rispondendo o sottintendendo la domanda 'quale?', identifica qlco. in una pluralità, in una successione, in una sequenza (posposto a un s.): *leggere a pagina c.*; *l'anno c. d.C.* **III** Come s. ricorre nei seguenti usi. ***1*** Il numero cinquecento (per ellissi di un s.): *moltiplico il c. per tre*; *circa nel c. a.C.*; *Il Consiglio dei Cinquecento* | ***Il Cinquecento***, (*per anton.*) il secolo XVI: *l'arte del Cinquecento*; *nella prima metà del Cinquecento*. ***2*** Il segno che rappresenta il numero cinquecento. **B** in funzione di s. f. inv. ● Vettura utilitaria o motocicletta con circa 500 cm^3 di cilindrata.

cinquedèa o **cinquadèa** [vc. sett., propr. 'cinque dita'; av. 1665] s. f. ● Tipo di daga con lama assai robusta a forma triangolare, larga all'attaccatura, molto diffusa nel Rinascimento.

cinquefòglie o **cinquefòglio** [lat. *quinquefŏlĭu(m)*, ma rifatto con *cinque* e *foglia*; sec. XIV] s. m. inv. ***1*** Pianta erbacea perenne delle Rosacee con fiori solitari gialli e foglie composte da cinque foglioline (*Potentilla reptans*). ***2*** Decotto con azione astringente ricavato da tale pianta. ***3*** (*arald.*) Fiore a cinque petali forato al centro che lascia vedere lo smalto del campo. SIN. Pentafoglie.

cinquemila [lat. *quīnque mīlia*; av. 1324] agg. num. card. inv.; anche s. m. e f. inv. ● Cinque volte mille, cinque migliaia, rappresentato da 5000 nella numerazione araba, da V̄ in quella romana. **II** Come agg. ricorre nei seguenti usi. ***1*** Rispondendo o sottintendendo la domanda 'quanti?', indica la quantità numerica di cinquemila unità (spec. preposto a un s.): *costa c. euro*; *ha una biblioteca di c. volumi*; *c'è stato un lancio di c. paracadutisti*. ***2*** Rispondendo o sottintendendo la domanda 'quale?', identifica qlco. in una pluralità, in una successione, in una sequenza (posposto a un s.): *abbonamento numero c.* **III** Come s. ricorre nei seguenti usi. ***1*** Il numero cinquemila (per ellissi di un s.): *moltiplico il c. per dieci*. ***2*** Il segno che rappresenta il numero cinquemila. ***3*** (*sport*, *ellitt.*, *al pl.*) Nell'atletica, distanza di cinquemila metri piani su cui si sviluppa una gara di fondo | (*est.*) La gara stessa: *correre*, *vincere i c.*

cinquennàle ● V. *quinquennale*.

cinquènne o (*raro*) **quinquènne** [lat. *quinquĕnne(m)*, comp. di *quīnque* 'cinque' e *ănnus* 'anno'; 1810] **A** agg. ***1*** Che ha cinque anni, detto di cosa o persona. ***2*** Che dura da cinque anni. **B** anche s. m. e f.

cinquènnio ● V. *quinquennio*.

cinqueréme (o *-è-*) o **quinqueréme** [lat. *quinquērēme(m)*, comp. di *quīnque* 'cinque' e *rēmus* 'remo'; av. 1470] s. f. ● Antica imbarcazione a cinque ordini di remi sovrapposti.

cinquetèrre [da *Cinque Terre*, località ligure; 1905] s. m. inv. ● Vino giallo paglierino o dorato pallido, asciutto, leggermente aromatico, prodotto nella zona della Spezia da vigneti locali, tra cui il Vermentino; la sua versione amabile è lo sciacchetrà (V.).

cinquìna [da *cinque*; 1444] s. f. ***1*** (*raro*) Complesso, serie di cinque unità. ***2*** Cinque numeri estratti sulla stessa ruota nel gioco del lotto, sulla stessa fila nel gioco della tombola | Giocata di cinque numeri al lotto. ***3*** Forma di pagamento usata un tempo nelle compagnie teatrali italiane | Paga che si dava ai soldati ogni cinque giorni.

cinsi ● V. *cingere*.

cinta o †**cénta** [lat. *cīncta(m)*, part. pass. f. di *cingere* 'cingere'; av. 1348] s. f. ***1*** Cerchia di mura e sim. intorno a un centro abitato | ***C. di fortificazione***, insieme di opere fortificate costruite attorno a una fortezza o città a scopo di difesa | (*est.*) Recinto intorno ad abitazioni, giardini, appezzamenti di terreno e sim.: *muro di c.* | ***C. di giardino***, nell'equitazione, tipo di ostacolo dei concorsi ippici. ***2*** Linea perimetrale, spesso resa evidente da particolarità naturali del terreno o da manufatti, che delimita il territorio di una città e sim. | ***C. daziaria***, entro la quale si pagavano i dazi di consumo. ***3*** (*arch.*) Collarino delle colonne. ***4*** Cintola. ***5*** (*arald.*) Bordura diminuita della metà discosta dai lati dello scudo di uno spazio uguale alla sua larghezza. ***6*** †Grossa tavola che costituisce la parte più alta del fasciame esterno delle murate di una nave in legno.

cintàre [1855] v. tr. ● Chiudere intorno con una cinta: *c. un giardino*.

†**cintellino** ● V. *centellino*.

†**cintìglio** [sp. *cintillo*, da *cinta* 'nastro'. V. *cinta*; a. 1676] s. m. ● (*lett.*) Cintura elegante di tessuto di oro: *poscia i bei fianchi d'un c., a molte / frange ricinse* (MONTI).

cinto [1294] **A** part. pass. di *cingere*; anche agg. Nei sign. del v. | Circondato | Che indossa, che porta | Vestito (*anche fig.*): *la vita mia d'infamia cinta* (CARDUCCI). **B** s. m. ***1*** (*lett.*) Cintura, cintola | ***C. verginale***, fascia, cintura indossata dalle fanciulle greche, che veniva sciolta dallo sposo la sera delle nozze | (*med.*) ***C. erniario***, speciale cintura di tessuto elastico per contenere l'ernia. ***2*** †Cerchia di mura, fossi e sim., recinto, circuito | (*est.*) Giro, cerchio dell'orizzonte. ***3*** †Alone: *c. della luna*. ***4*** (*zool.*) ***C. di Venere***, animale marino dei Cestidi, con corpo trasparente di aspetto vitreo (*Cestus veneris*).

cintola [da *cinto*; 1313] s. f. ***1*** Cintura: *la c. dei calzoni* | ***Tenere qlco. alla c.***, appeso alla cintura | (*fig.*) ***Cucirsi***, ***tenersi qlcu. alla c.***, tenersi qlcu. sempre accanto. ***2*** Parte della vita dove solitamente si porta la cintura: *Vedi là Farinata che s'è dritto: / da la c. in su tutto 'l vedrai* (DANTE *Inf.* X, 32-33) | ***Stare con le mani alla c.***, (*fig.*) senza fare nulla. || **cintolétta**, dim. | **cintolina**, dim.

cintolo [da *cinto*; av. 1505] s. m. ***1*** (*tosc.*) Fascia o nastro per stringere qlco. ***2*** (*raro*, *tosc.*) Legaccio da scarpe, da calze. || †**cintolino**, dim. | **cintolóne**, accr.

♦**cintùra** o †**centùra** [lat. *cinctūra(m)*, da *cĭngere* 'cingere'; 1225 ca.] s. f. ***1*** Striscia spec. di cuoio o di tessuto, spesso rifinita da una fibbia o sim., che si porta per stringere alla vita pantaloni, gonne o abiti | (*est.*) Parte dei calzoni, della gonna o dell'abito intorno alla vita: *gonna stretta di c.* | ***Abito con la c. alta***, ***bassa***, posta più in alto o più in basso della vita. ***2*** (*est.*) Punto della vita in cui si è soliti stringere la cintura: *il nemico è nell'acqua insino alla c.* (CASTIGLIONE) | ***Essere stretti***, ***larghi di c.***, avere vita sottile, larga. ***3*** Nel judo e sim., fascia per tenere a posto il kimono e per indicare, a seconda del colore, il livello agonistico del judoka e sim.; (*est.*) l'atleta stesso: *essere una c. nera*, *verde*. ***4*** (*est.*) Oggetto di varia forma e dimensione, atto a cingere persone o cose, con funzioni di sostegno, protezione e sim. | ***C. di salvataggio***, tipo di salvagente in sughero o gomma gonfiabile, a forma di busto o giubbotto, da indossare sulla persona | ***C. reggicanne***, V. *reggicanne* | ***C. zavorrata***, munita di piombi, usata dai cacciatori subacquei per scendere in profondità | ***C. di sicurezza***, cinghia che assicura il passeggero al sedile negli aerei e nelle automobili per proteggerlo in caso d'incidente | (*st.*) ***C. di castità***, armatura metallica stretta attorno ai fianchi e al ventre dotata di una piccola serratura, con la quale nel Medioevo alcuni signori pretendevano assicurarsi la fedeltà delle loro donne. ***5*** (*fig.*) Fascia, zona dotata di particolari caratteristiche, che circonda spec. un centro abitato: *una c. di verde abbellisce* *la città*; *la c. industriale di Torino, di Milano* | Ciò che cinge, circonda qlco.: *nel pendio ripido fra una c. di mirti* (FOGAZZARO). **6** (*anat.*) Insieme delle ossa che uniscono un arto al tronco | ***C. addominale, pelvica***, quella alla quale si articola il femore | ***C. anteriore, scapolare, toracica***, quella alla quale si articola l'omero. **7** Nella lotta e sim., presa effettuata cingendo l'avversario con entrambe le braccia al busto o ai fianchi | Nel calcio e sim., azione irregolare con cui si ostacola l'avversario cingendolo con le braccia. || **cinturétta**, **dim.** | **cinturina**, **dim.** | **cinturino**, **dim. m.** (V.) | **cinturóna**, **accr.** | **cinturóne**, **accr. m.** (V.).

cinturàre [1956] **v. tr.** ● Nel calcio e sim., trattenere fallosamente un avversario cingendolo con le braccia | Nella lotta e sim., effettuare una cintura.

Cinturàto® [marchio registrato della Pirelli S.p.A.] **A s. m.** ● Nome commerciale di pneumatico radiale provvisto di una struttura anulare di rinforzo disposta sotto il battistrada, che conferisce alla carcassa una forma appiattita. **B** anche **agg.**: *pneumatico c.*

cinturino o †**centurino** [av. 1639] **s. m.** **1** Dim. di *cintura*. **2** Striscia di vari materiali che serve per trattenere, sostenere e allacciare diversi oggetti: *il c. dell'orologio, della borsetta, della sciabola, della scarpa*.

cinturóne [nel sign. 2 attraverso il fr. *ceinturon*, da *ceinture* 'cintura'; av. 1764] **s. m.** **1** Accr. di *cintura*. **2** Grossa cintura di cuoio o tela, con o senza spallacci, per appendervi la fondina con la pistola o le giberne, spec. nell'uniforme militare.

cintz /tʃints/ ● V. *chintz*.

cinz ● V. *chintz*.

cinzio [vc. dotta, lat. *Cȳnthiu(m)*, nom. *Cȳnthius*, dal gr. *Kýnthios*, detto così perché nato sul monte *Kýnthos*; av. 1535] **agg.** ● (*lett.*) Appellativo di Apollo e di Diana.

ciò /tʃɔ*/ [lat. *ĕcce hŏc* 'ecco questo'; av. 1249] **pron. dimostr. m. sing.** ● Questa cosa, codesta cosa, quella cosa: *ciò è vero*; *ciò è impossibile*; *su ciò non concordo*; *non me importa nulla di tutto ciò*; *ciò vuole dire che non hai capito* | Per lo più col pron. rel.: *ciò che dici è molto grave*; *chiedetemi ciò che volete* | ***A ciò***, a questo fine, a tal fine | (*lett.*) ***Da ciò, a ciò***, adatto, idoneo alla cosa di cui si parla: *non è un uomo da ciò* | Concl.: *con ciò ti saluto* | ***E con ciò?***, e allora? (domanda retorica, dal tono spec. polemico) | In composizione: *contuttociò, perciò, perciocché, ciononostante* e sim. | †Riferito al pl.: *vere sustanze son ciò che tu vedi* (DANTE *Par.* III, 29).

ciòcca (**1**) [etim. incerta; 1313] **s. f.** ● Ciuffo di capelli: *vedea ... biondeggiar le ciocche / de' capelli* (FOSCOLO) | (*tosc.*) Ciuffo di foglie, fiori o frutti, attaccati allo stesso ramo: *una c. di ciliegie* | ***Viola a c.***, violaciocca | ***A ciocche***, (*fig.*) in gran numero. || **ciocchétta**, **dim.** | **ciocchettina**, **dim.** | **cioccolina**, **dim.** | **cioccóna**, **accr.**

ciòcca (**2**) [etim. incerta] **s. f.** ● (*raro*) Ciocco nel sign. 1.

cioccàre [vc. di etim. incerta (onomat.?); 1959] **v. tr.** (*io ciòcco, tu ciòcchi*) **1** (*sett.*) Sgridare, rimproverare aspramente: *l'ho cioccato perbene, così non darà più fastidio*. **2** (*mar.*) ***C. un cavo***, lasciarlo scorrere lentamente intorno a un appiglio in modo che l'attrito lo freni.

ciocché [comp. di *ciò* e *che*; 1542] **pron. dimostr. rel.** ● Quello che, ciò che.

ciòccia [vc. onomat.; sec. XV] **s. f.** (**pl.** *-ce*) ● (*infant., tosc.*) Mammella, poppa.

ciocciàre **v. intr.** (*io ciòccio*; aus. *avere*) ● (*infant., tosc.*) Poppare.

ciòcco [etim. incerta; 1321] **s. m.** (**pl.** *-chi*) **1** Grosso pezzo di legno, ceppo da ardere | (*fig.*) ***Dormire come un c.***, dormire profondamente. **SIN.** (*raro*) Ciocca. **2** (*fig.*) Uomo balordo, stupido o insensibile. || **ciocchettino**, **dim.** | **ciocchétto**, **dim.** | **ciocchettóne**, **accr.**

cioccolàta [azteco *chocolatl*, attrav. lo sp. *chocolate*; 1606] **A s. f.** **1** Cioccolato: *una tavoletta, una stecca di c.* **2** Bevanda preparata con cacao bollito in acqua o latte: *una tazza di c.*; *c. in tazza*; *c. con la panna*. **B** in funzione di **agg. inv.** ● (posposto a un s.) Che ha il colore bruno scuro caratteristico della bevanda omonima: *una broda color c.*; *ha la pelle color c.* || **cioccolatina**, **dim.** | **cioccolatóna**, **accr.**

cioccolatàio [1941] **s. m.** (**f.** *-a*) ● Cioccolatiere | (*fig., scherz.*) ***Fare una figura da c.***, fare una brutta figura, rimanere scornato.

cioccolatièra [fr. *chocolatière*. V. *cioccolata*; av. 1698] **s. f.** ● Bricco in cui si prepara o con cui si serve la cioccolata.

cioccolatière [fr. *chocolatier*. V. *cioccolata*; 1765] **s. m.** (**f.** *-a*) ● Chi fabbrica o vende cioccolato. **SIN.** Cioccolataio.

♦**cioccolatino** [da *cioccolato*; 1876] **s. m.** ● Piccolo pezzo di cioccolato, spesso ripieno e avvolto in carta stagnola: *una scatola di cioccolatini*.

♦**cioccolàto** o †**cioccolàtte**, †**cioccolàtto**, †**ciocolàte** [azteco *chocolatl*, attrav. il fr. *chocolat*; 1766] **s. m.** ● Prodotto alimentare di elevato valore energetico a base di cacao, diverso per composizione, lavorazione e confezione | ***C. al latte***, con aggiunta di latte in polvere o condensato | ***C. fondente, c. amaro***, con punto di fusione più basso di quello del cioccolato al latte; è prodotto con cacao di alta qualità e aromatizzato | ***C. bianco***, a base di burro di cacao | ***C. gianduia***, con nocciole tostate e macinate.

ciòcia [lat. *sŏccu(m)* (?). V. *socco*; av. 1776] **s. f.** (**pl.** *-cie* o *-ce*) ● Calzatura tipica della Ciociaria, costituita da una suola e da un panno che copre il piede e la gamba sin quasi al ginocchio ed è tenuto fermo da due legacci intrecciati.

ciociàro [da *ciocia*; 1841] **A agg.** ● Della Ciociaria, regione del Lazio: *stornelli ciociari*; *dialetto c.* **B s. m.** (**f.** *-a*) ● Abitante, nativo della Ciociaria.

†**ciocolàte** ● V. *cioccolato*.

♦**cioè** /tʃo'ɛ*/ o †**ciò è** [comp. di *ciò* ed *è*; av. 1249] **cong.** **1** Intendo dire, vale a dire, in altre parole (con funzione dichiarativa ed esplicativa): *Antonio è mio cognato, c. ha sposato mia sorella*; *è un rodigino, c. abita a Rovigo*; *la fitologia, la scienza, c., che studia le piante*; *partiremo dopodomani, c. martedì*; (*enfat.*) *c. a dire, c. dire*. **2** Ossia, o meglio, piuttosto (con funzione correttiva): *vengo anch'io, c. no, preferisco restare* | Si usa interrogativamente per chiedere spiegazioni, chiarimenti, precisazioni: *'hai sbagliato!' 'c.?'*.

ciofèca ● V. *ciufeca*.

†**ciòfo** o †**ciòlfo** [etim. incerta; av. 1388] **s. m.** (**f.** *-a*) ● (*tosc.*) Uomo sciatto, trascurato o sciocco.

†**ciómbalo** ● V. *cembalo*.

ciómpo [etim. incerta; av. 1386] **s. m.** **1** Nella Firenze del sec. XIV, lavoratore salariato, sottoposto a un'arte, spec. quella della lana: *il tumulto dei ciompi* (*1378*). **2** (*fig., lett.*) Individuo di umile condizione.

†**cioncàre** (**1**) [da *cionco*; av. 1484] **v. tr.** e **intr. pron.** ● Troncare, troncarsi, spezzarsi: *la lancia del pagan par che si cionchi* (PULCI).

cioncàre (**2**) [etim. incerta; 1340] **v. tr.** e **intr.** (*io ciónco, tu ciónchi*; aus. *avere*) ● (*region.*) Bere smodatamente. **SIN.** Sbevazzare, tracannare, trincare.

ciónco [etim. incerta; 1313] **A agg.** (**pl. m.** *-chi*) **1** †Monco, tronco. **2** (*fam.*) Che ha aspetto cascante, per stanchezza o debolezza: *sentirsi le braccia cionche*. **B agg.** e **s. m.** (**f.** *-a*) ● (*region.*) Che (o Chi) è sciancato, storpio.

ciondolaménto [da *ciondolare*; sec. XIV] **s. m.** ● Il ciondolare.

ciondolàre [vc. onomat.; av. 1584] **A v. intr.** (*io ciòndolo*; aus. *avere*) **1** Penzolare oscillando: *i panni stesi ciondolavano dal filo*; *le orecchie pelose e stracche delle mule ... ciondolavano tra la folla* (VERGA). **SIN.** Dondolare. **2** Reggersi a mala pena sulle gambe: *l'ubriaco camminava ciondolando*. **3** (*est., fig.*) Perdere tempo, oziare, bighellonare: *ciondola tutto il giorno per casa*. **B v. tr.** ● Far penzolare e oscillare qlco.: *ciondolava le gambe, seduto sul muretto*.

ciondolìo [1938] **s. m.** ● Leggero e continuo ciondolamento.

ciòndolo [da *ciondolare*; av. 1665] **s. m.** ● Piccolo oggetto ornamentale d'oro, d'argento o corallo, spesso portafortuna, da appendere a una catenella, una collana, un braccialetto e sim. | La parte pendente di un gioiello. || **ciondolino**, **dim.**

ciondolóne [da *ciondolare*; av. 1543] **s. m.** (**f.** *-a*) **1** Persona che ciondola, che va bighellonando | Sfaccendato. **SIN.** Bighellone, fannullone, perdigiorno. **2** Individuo sciatto e trasandato.

ciondolóni o **ciondolóne** [da *ciondolare*; av. 1696] **avv.** ● Penzolante verso il basso: *si era abbandonato, rifinito, su una seggiola, con le braccia c.* (PIRANDELLO) | ***Andar c.***, bighellonare.

cionondiméno [comp. di *ciò* e *nondimeno*; 1898] **avv.** ● Ciononostante, malgrado ciò.

ciononostànte /tʃɔ(n)nonos'tante/ o (*raro*) **cionnonostànte**, **ciò nonostànte** [da *ciò non ostante* (part. pres. di *ostare*); 1782] **avv.** ● Malgrado ciò, tuttavia.

cióppa [dall'ant. ted. *Schope* (?); 1344] **s. f.** ● Lunga veste a foggia di gonnella indossata da uomini e donne nel Medioevo.

♦**ciòtola** [lat. *cŏtyla(m)*, dal gr. *kotýlē* 'ciotola', di etim. incerta; 1350 ca.] **s. f.** **1** Piccolo recipiente a forma di tazza senza manico, in legno, terracotta, plastica o metallo, destinato spec. a contenere liquidi: *che venga ella stessa a darmi il latte nella c.* (D'ANNUNZIO). **2** Ciò che è contenuto in tale recipiente: *una c. di latte, di minestra*. **3** †Acetabolo. || **ciotolétta**, **dim.** | **ciotolina**, **dim.** | **ciotolino**, **dim. m.** | **ciotolóna**, **accr.**

ciotolàta [da *ciotola*; 1879] **s. f.** **1** Colpo dato con una ciotola. **2** Quanto può essere contenuto in una ciotola.

†**ciottàre** [av. 1342] **v. tr.** ● Frustare, flagellare.

†**ciòtto** (**1**) [etim. discussa: di orig. espressiva (?); 1321] **agg.** ● Zoppo.

†**ciòtto** (**2**) [di orig. espressiva (?); 1306] **s. m.** ● Ciottolo: *io gli darei tale di questo c. nelle calcagna* (BOCCACCIO).

ciottolàre [da *ciottolo*; sec. XIV] **v. tr.** (*io ciòttolo*) **1** (*raro*) Selciare con ciottoli. **2** †Colpire con ciottoli.

ciottolàta [da *ciottolo*; 1711] **s. f.** ● Sassata.

ciottolàto [1605] **s. m.** ● Acciottolato.

♦**ciòttolo** [dim. di *ciotto* (*2*); 1336 ca.] **s. m.** **1** Piccolo sasso tondeggiante, liscio per l'azione levigatrice della corrente di fiumi o torrenti: *camminare sui ciottoli*; *lanciare un c.* | (*est.*) Sasso, spec. levigato. **2** (*geol.*) Frammento di roccia arrotondato di diametro superiore a 4 mm, costituente un conglomerato | ***C. imbricato***, disposto a embrice e inclinato sottocorrente | ***C. striato***, che presenta striature causate dall'azione erosiva del vento | ***C. triquetro***, la cui forma di tetraedro a spigoli arrotondati è dovuta all'azione erosiva del vento. **3** (*raro, tosc.*) Stoviglia. || **ciottolétto**, **dim.** | **ciottolino**, **dim.** | **ciottolóne**, **accr.**

ciottolóso [1865] **agg.** ● Pieno di ciottoli: *vicolo c.*

†**ciovétta** ● V. *civetta*.

cip (**1**) [vc. onomat.; 1899] **inter.** ● Riproduce il cinguettio del passero: *cip cip*.

cip (**2**) [ingl. *chip* 'frammento', poi 'gettone', da *to chip* 'tagliuzzare, scheggiare', di orig. germ.; 1931] **s. m. inv.** ● Nel gioco del poker, la puntata minima.

Ciperàcee [comp. di *cipero* e *-acee*; 1865] **s. f. pl.** (**sing.** *-a*) ● Nella tassonomia vegetale, famiglia di piante erbacee con fusto triangolare, fiori in spiga e frutto ad achenio (*Cyperaceae*). ➡ **ILL. piante**/11.

cipero [dal lat. *cypēru(m)*, nom. *cypēros*, dal gr. *kýpeiros*; sec. XIV] **s. m.** ● Genere di piante delle zone calde, comuni nei luoghi umidi, con molte specie, cui appartiene il papiro (*Cyperus*) | ***C. commestibile, c. dolce***, i cui tuberi forniscono il dolcichino.

cipiglio [etim. incerta: dall'incrocio di *ciglio* e *piglio* (?); av. 1600] **s. m.** ● Increspamento della fronte, con contrazione delle ciglia, come segno di turbamento, irritazione e sim.: *fare c.* | (*est.*) Espressione adirata, torva, arrogante e sim.: *guardare con c.* || **cipigliàccio**, **accr.**

cipiglióso [sec. XIV] **agg.** ● (*raro*) Facile allo sdegno: *un carattere c.* | Permaloso.

♦**cipólla** [lat. tardo *cepŭlla(m)*, dim. di *cēpa*, prestito da una lingua sconosciuta; 1233] **s. f.** **1** Pianta erbacea delle Liliacee con foglie cilindriche e bulbo formato da tuniche esterne sottili e tuniche interne carnose, dall'odore acuto (*Allium cepa*). ➡ **ILL. piante**/11. **2** (*est.*) Bulbo commestibile di tale pianta: *zuppa di cipolle* | ***Mangiare pane e c.***, (*fig.*) mangiare poco e male; (*est.*) essere molto povero | ***Buccia, velo di c.***, prima sfoglia sottilissima. **3** (*est.*) Bulbo di alcune piante, simile a quello della cipolla: *la c. dei giacinti, dei tulipani*. **4** Oggetto di forma tondeggiante, simile a una cipolla | ***La c. dell'annaffiatoio***, la palla schiacciata e bucherellata da cui esce l'acqua | ***La c. del lume a petrolio***, la palla di vetro in cui si mette il combustibile. **5** (*fig., scherz.*) Orologio da tasca, grosso e di foggia antiquata. || **cipollàccia**, **pegg.** | **cipollétta**, **dim.** | **cipollina**, **dim.** (V.) | **cipollino**, **dim. m.** | **cipollòtto**, **dim. m.** | **cipollóna**, **accr.** | **ci-**

pollóne, accr. m. (V.) | **cipollòtto**, accr. | **cipollùccia**, dim.

cipollàccio [da *cipolla*; 1865] s. m. ● (*bot.*) Lampascione.

cipollàio o (*dial.*) **cipollàro** nel sign. 2 [1865] s. m. *1* Luogo ove si piantano le cipolle. *2* (f. *-a*) Chi vende cipolle.

cipollàta [av. 1492] s. f. *1* Vivanda a base di cipolle tritate. *2* (*fig.*) Lavoro mal fatto | Sciocchezza.

cipollàto [detto così perché fatto a sfoglie come le cipolle; 1550] agg. *1* (*raro*) Fatto a sfoglie sottili, concentriche e tortuose: *agata cipollata*. *2* Detto di legno che presenta il difetto della cipollatura.

cipollatùra [da *cipolla*; 1870] s. f. ● Difetto del legname consistente nel distacco degli anelli di accrescimento. SIN. Accerchiatura.

cipollìna [1830] s. f. *1* Dim. di *cipolla*. *2* Varietà di cipolla con bulbo piccolo, che si mangia fresca, sott'aceto o gener. cotta. *3* Erba perenne delle Liliacee, con bulbo prolifero, fiori rosei in ombrelle, foglie sottili usate come condimento (*Allium schoenoprasum*). SIN. Erba cipollina.

cipollìno [da *cipolla*, per le venature che richiamano il bulbo omonimo; 1550] **A** s. m. ● (*geol.*) Calcare metamorfico a vene e bande verdastre, usato come pietra ornamentale. **B** anche agg.: *marmo c.*

cipollóne [1768] s. m. *1* Accr. di *cipolla*. *2* ***C. bianco***, pianta erbacea delle Liliacee con fiori in racemi (*Ornithogalum umbellatum*). *3* (*fig.*, *scherz.*) Orologio da tasca ingombrante e di poco valore.

cipollóso [1803] agg. ● Detto di legno soggetto a sfogliarsi.

cippo [vc. dotta, lat. *cĭppu(m)*. V. *ceppo*; av. 1400] s. m. *1* Tronco di colonna o di pilastro, eretto a scopo celebrativo: *un c. in memoria dei caduti*; *c. funerario*. *2* Pietra un tempo usata per segnare i confini: *c. terminale, di confine*.

Cipputi [dal n. di un personaggio creato nel 1976 dal disegnatore F. Tullio Altan; 1983] s. m. inv. ● Operaio, spec. metalmeccanico.

ciprèa [così detta in onore di Venere, regina di *Cipro*; 1820] s. f. ● Genere di Molluschi dei Gasteropodi marini con conchiglia ovoidale, lucida, ornata di disegni a colori diversi a seconda delle specie (*Cypraea*). ➡ ILL. **animali**/3.

cipressàia [1921] s. f. ● Cipresseto.

cipressèto [da *cipresso*, sul modello del lat. *cupressētum*, da *cuprĕssus* 'cipresso'; av. 1912] s. m. ● Luogo ricco di cipressi o piantato a cipressi.

cipressìna [da *cipresso*; 1865] s. f. ● Albero delle Tamaricacee con foglie squamiformi carnose e fiori molto piccoli di colore bianco rosato (*Tamarix gallica*) | Nel linguaggio dei giardinieri, pianta erbacea delle Chenopodiacee simile a un piccolo cipresso (*Kockia scoparia*).

cipressìno [da *cipresso*, sul modello del lat. *cupressĭnus*; av. 1912] agg. *1* Che ha forma di cipresso. *2* Detto di una varietà di pioppo molto ramoso e alto.

ciprèsso [vc. dotta, lat. *cyparĭssu(m)*, nom. *cyparĭssus*, dal gr. *kypárissos*, di orig. preindeur.; 1340] s. m. *1* Albero delle Cupressacee con foglie squamiformi sempreverdi, rami eretti, chioma disposta a piramide, strobili terminali sia maschili che femminili, e cono globoso (*Cupressus sempervirens*). ➡ ILL. **piante**/1. *2* Il legno di tale albero. ‖ **cipressétto**, dim. | **cipressìno**, dim. | **cipressóne**, accr.

cìpria [anticamente agg. del n. dell'isola di *Cipro*: *polvere di Cipro, polvere cipria*; sec. XV] s. f. ● Polvere finissima di riso e amido usata per la cosmesi della pelle: *c. in polvere, micronizzata* | ***C. compatta***, compressa sino ad apparire solida, in forma di disco | ***C. liquida, fluida***, mista a sostanze liquide, da stendere sulla pelle.

cìpride [vc. dotta, lat. *Cўprida*, nom. *Cўpris*, dal gr. *Kýpris*, attributo di Venere, regina di *Cipro*; av. 1907] s. f. ● Epiteto della dea Afrodite.

ciprièra [da *cipria*; 1963] s. f. ● (*raro*) Vasetto per tenervi la cipria.

cipri̇̀gno [da *Cipro*; 1321] agg. ● (*raro, lett.*) Di Cipro | ***La ciprigna dea***, (*per anton.*) Afrodite.

Ciprìnidi [dal lat. *cyprīnus* 'carpione', dal gr. *kyprînos*, da *kýpros*, n. di una pianta (di orig. semitica), cui somiglia per il colore, con il suff. *-idi*; 1931] s. m. pl. (sing. *-e*) ● Nella tassonomia animale, famiglia di Pesci ossei d'acqua dolce dei Cipriniformi cui appartengono la carpa, la tinca e il pesce rosso (*Cyprinidae*).

Ciprinifórmi [vc. dotta, comp. di *ciprino* e il pl. di *-forme*; 1965] s. m. pl. (sing. *-e*) ● Nella tassonomia animale, ordine di Pesci ossei, fisostomi, in genere di acqua dolce (*Cypriniformes*).

ciprìno [vc. dotta, lat. *cyprīnu(m)*, nom. *cyprīnus*, dal gr. *kyprînos*, da *kýpros* (V. *ciprinidi*); av. 1498] s. m. ● Genere di Pesci ossei dei Ciprinidi, ovipari, che si nutrono di vegetali in decomposizione (*Cyprinus*) | ***C. dorato***, carassio dorato.

Ciprinodontifórmi [vc. dotta, comp. di *ciprino*, del gr. *odóus*, genit. *odóntos* 'dente', e del pl. di *-forme*; 1987] s. m. pl. (sing. *-e*) ● Nella tassonomia animale, ordine di Pesci ossei di piccole dimensioni (*Cyprinodontiformes*).

cìprio [vc. dotta, lat. *Cўpriu(m)*, agg. dell'isola di Cipro (lat. *Cўpros*); 1585] agg. ● (*lett.*) Di Cipro: *vino, costume c.* | ***La cipria dea***, Venere.

ciprïòta [gr. moderno *Kypriótēs*, da *Kýpros* 'Cipro'; 1860] **A** agg. (pl. m. *-i*) ● Di Cipro: *arte c.*; *cittadino c.* **B** s. m. e f. ● Abitante, nativo di Cipro.

cipripèdio [comp. del lat. *Cўpria* 'Venere' e *pēs*, genit. *pĕdis* 'piede': 'piede di Venere'; 1865] s. m. ● Pianta erbacea delle Orchidacee il cui fiore ha il tepalo inferiore di colore verde-bruno di forma simile a quella di una piccola scarpa (*Cypripedium calceolus*). SIN. (*pop.*) Pianella della Madonna, scarpetta di Venere.

ciramèlla ● V. *cennamella*.

ciràṣa ● V. *cerasa*.

ciràṣo ● V. *ceraso* (*1*).

♦**circa** [vc. dotta, lat. *cĭrca*, da *cĭrcus* 'cerchio'; 1312] **A** prep. *1* A proposito di, intorno a, rispetto a, relativamente a, per quanto riguarda (reggendo il compl. d'argomento): *voglio discutere c. quell'affare*; *c. quanto mi chiedi*; *c. le origini del genere umano, niente si può dire* | (*raro*) Anche nella loc. prep. ***c. a***: *c. al resto ne parleremo poi*; *c. alla partenza decideremo domani*. *2* (*lett.*) †Intorno a, (di luogo): *così di quelle sempiterne rose / volgiensi c. noi le due ghirlande* (DANTE *Par.* XII, 19-20) | Intorno a, verso (di tempo): *c. la metà del secolo*. **B** avv. ● Quasi, pressappoco, su per giù, approssimativamente (preposto o posposto a un numero, indica una quantità approssimativa): *c. dieci minuti*; *c. cento kilometri*; *cinquant'anni c.*; *lungo venti metri c.* | (*raro*) Anche nelle loc. avv. ***in c.***; ***a un bel c.*** | V. anche *incirca*. **C** in funzione di agg. inv. ● Solo nella loc. ***clausola c.***, con cui nelle negoziazioni di merci o di titoli il compratore si obbliga a tollerare, nei limiti fissati dagli usi, lievi differenze nella quantità di merce che gli verrà consegnata o nella fissazione del prezzo della cosa negoziata. **D** s. m. inv. ● In borsa, clausola circa.

circadiàle [deformazione, secondo la desinenza *-ale*, dell'ingl. *circadian* (V. *circadiano*)] agg. ● (*biol.*) Detto di fenomeno che si ripete all'incirca ogni 24 ore.

circadiàno [ingl. *circadian*, comp. del lat. *cĭrca* 'intorno' e *dĭes* 'giorno'; 1979] agg. ● (*biol.*) Circadiale.

circàssa [fr. *circassienne* 'della Circassia'. V. *circasso*; 1865] s. f. ● Stoffa di lana e cotone a spine un tempo usata per vestiti da donna.

circàsso [dal n. etnico caucasico *Cerkes*; 1483] s. m. (f. *-a*); *anche* agg. ● Chi appartiene a una popolazione caucasica oggi stanziata prevalentemente in varie province della Russia.

circe [dal n. della famosa maga che coi suoi incantesimi trasformava gli uomini in bestie; 1755] s. f. ● Seduttrice, lusingatrice.

circènse [vc. dotta, lat. *circēnse(m)*, da *cĭrcus* 'circo'; av. 1580] **A** agg. *1* (*lett.*) Del circo romano antico: *ludi circensi*. *2* Del circo equestre. **B** s. m. al pl. ● Spettacoli pubblici dati nell'antico circo romano.

♦**circo** [vc. dotta, lat. *cĭrcu(m)* 'cerchio, anello', prob. di orig. gr.; av. 1519] s. m. (pl. *-chi*) *1* Edificio romano con due lati paralleli e due ricurvi destinato alle corse dei cocchi, alle lotte dei gladiatori e ad altri giochi pubblici. ➡ ILL. **archeologia**. *2* ***C. equestre***, (*ellitt.*) ***circo***, arena viaggiante, smontabile, ove si danno spettacoli con animali ammaestrati e giochi vari, per lo più acrobatici | Il complesso di persone e animali che lavorano in un circo: *è arrivato il c.* | (*est.*) L'insieme degli atleti, tecnici, accompagnatori ecc. che partecipano a una serie di competizioni sportive spostandosi nelle varie sedi: *il c. della Formula 1*; *il c. bianco* (nelle gare di sci alpino). *3* (*geogr.*) ***C. glaciale***, conca tondeggiante a fondo ampio e pareti ripide situata alla testata delle valli glaciali. ➡ ILL. p. 2132 SCIENZE DELLA TERRA ED ENERGIA. *4* (*astron.*) ***C. lunare***, formazione anulare osservabile sulla superficie della Luna, della quale i crateri costituiscono un tipo particolare.

circolànte [av. 1698] **A** part. pres. di *circolare*; anche agg. *1* Nei sign. del v. *2* ***Biblioteca c.***, che dà libri in prestito ai propri abbonati. *3* ***Capitale c.***, capitale di un'impresa investito in fattori produttivi che si consumano interamente in un solo atto di produzione | ***Capitale c. netto***, differenza tra l'attivo a breve termine ed il passivo a breve termine. **B** s. m. *1* Complesso dei mezzi di pagamento in circolazione in un dato momento in uno Stato. *2* (*ellitt.*) Capitale circolante.

circolàre (*1*) o †**circulàre** [vc. dotta, lat. tardo *circulāre* 'disporre a cerchio', lat. classico *circulāri* 'riunirsi in circolo, far circolo', da *cĭrculus* 'cerchio'; 1680] v. intr. (*io cìrcolo*; aus. *avere* e *essere*) *1* Muoversi attorno, andare in giro | (*est.*) Muoversi, spostarsi da un luogo all'altro, spec. nel traffico stradale: *nelle grandi città i veicoli circolano lentamente*. *2* (*gerg.*) Andare via, allontanarsi: *c. signori!*; *circolate e lasciate libero il passaggio!* *3* Fluire del sangue dal cuore nelle arterie e nelle vene. *4* (*est.*) Passare dall'una all'altra persona, di mano in mano, spec. di denaro, libri, scritti: *il volume circolò per tutta la classe*. *5* (*est.*) Diffondersi, propagarsi, detto di notizie, idee e sim.: *certe voci circolano molto rapidamente*.

circolàre (*2*) o †**circulàre** [vc. dotta, lat. tardo *circulāre(m)*, da *cĭrculus* 'circolo'; 1282] **A** agg. *1* Che ha la forma del cerchio, che è simile a un cerchio: *moto, movimento c.*; *il tracciato c. di una pista* | ***Viaggio c.***, in cui si torna al punto di partenza | (*fig.*) ***Ragionamento c.***, che dà come presupposto proprio ciò che deve essere dimostrato | (*fig.*) ***Definizione c.***, che rimanda proprio alla parola o all'espressione che devono essere definite. *2* (*mat.*) Che riguarda il cerchio: *segmento, settore c.* | Trigonometrico: *funzione c.* *3* Detto di titolo di credito atto alla circolazione: *assegno c.* | ***Lettera c.***, atto amministrativo con cui un ufficio gerarchicamente superiore impartisce istruzioni di servizio agli uffici dipendenti. ‖ **circolarménte**, avv. In circolo, a modo di circolo. **B** s. f. *1* Lettera circolare: *c. ministeriale*. *2* Linea di autobus con percorso ad anello: *c. interna, esterna*.

circolàre (*3*) [denom. di *circolo*] v. tr. ● Tracciare un cerchio o un ovale intorno a una o più parole di uno scritto, spec. per evidenziarle.

circolarità [da *circolare* (*2*); 1623] s. f. ● (*raro*) Forma circolare, andamento circolare | (*fig.*) Caratteristica di ragionamento o definizione circolare.

circolatòrio o †**circulatòrio** [vc. dotta, lat. *circulatōriu(m)*, da *circulāri*. V. *circolare* (*1*); av. 1730] agg. ● Che si riferisce alla circolazione, spec. del sangue: *apparato c.*; *disturbi circolatori*.

♦**circolazióne** o †**circulazióne** [vc. dotta, lat. tardo *circulatiōne(m)*, da *circulāri*. V. *circolare* (*1*); 1308] s. f. *1* Movimento spec. in senso circolare: *c. atmosferica* | Spostamento da un luogo all'altro | ***C. stradale***, complesso dei fenomeni relativi ai transiti e alle soste sulle vie e sulle altre aree pubbliche e all'impiego dei mezzi di trasporto | ***Tassa di c.***, quella dovuta dai proprietari di veicoli circolanti su strade o acque pubbliche, poi sostituita dalla tassa di possesso | ***Carta di c.***, documento che autorizza la circolazione di uno specifico veicolo a motore. *2* Movimento dei beni e dei mezzi monetari che avviene nelle diverse fasi dei processi economici, per effetto dello scambio: *c. fiduciaria, monetaria* | ***C. di un titolo di credito***, trasferimento di un diritto cartolare mediante il trasferimento, nelle forme di legge, del titolo che lo incorpora | ***C. cambiaria***, l'insieme degli effetti di un'azienda ceduti a terzi in pagamento o a banche per lo sconto | ***Mettere in c.***, dare corso legale alla moneta; (*fig.*) diffondere una notizia, un'idea e sim. | ***Togliere dalla c.***, togliere dal corso legale la moneta; (*fig.*) fare scomparire qlco. o qlcu. *3* (*biol.*) Flusso del sangue e della linfa nei vasi: *c. sanguigna, linfatica*. SIN. Circolo. ➡ ILL.

p. 2123 ANATOMIA UMANA. **4** †Rotazione di astri.

circolo o †**circulo** [vc. dotta, lat. *cīrculu(m)*. V. *cerchio*; 1308] **s. m.** **1** Cerchio, circonferenza: *tracciare, descrivere un c.* | *C. massimo*, luogo dei punti che dividono la sfera in due parti uguali | *C. minore*, parallelo a un circolo massimo. **2** (*geogr.*) Ciascuna delle linee derivanti dall'intersezione di un piano con la sfera celeste e il geoide terrestre | *C. massimo*, circolo generato quando il piano passa per il centro della sfera celeste o del geoide terrestre | *C. orario*, circolo massimo della sfera celeste passante per i poli | *C. verticale*, circolo massimo della sfera celeste passante per lo zenit e il nadir | *C. equinoziale*, equatore | *C. di illuminazione*, circolo massimo che separa l'emisfero terrestre illuminato dal sole da quello in ombra | *Circoli polari*, paralleli che limitano le due calotte polari. **3** †Orbita di corpi celesti: *il sole ... facendo più stretti circoli arriva alli tropici ed equinozi* (CAMPANELLA). **4** (*biol.*) Circolazione del sangue. **5** (*bur.*) Ufficio circoscrizionale: *c. di una corte d'assise*; *c. delle costruzioni telegrafiche e telefoniche* | *C. didattico*, nell'ordinamento amministrativo della scuola materna ed elementare, la circoscrizione di una direzione didattica | *Consiglio di c.*, organo collegiale di gestione scolastica formato dal direttore didattico e dai rappresentanti dei docenti e dei genitori degli alunni, nella scuola materna ed elementare. **6** (*filos.*) *C. vizioso*, tipo di ragionamento che consiste nel dimostrare un argomento con l'argomento stesso che deve essere dimostrato. SIN. Diallelo | *C. vizioso*, (*fig.*) situazione irresolubile | (*econ.*) *C. virtuoso*, processo che, partendo dal verificarsi di un evento favorevole, induce un miglioramento progressivo e a catena su tutti gli elementi di una situazione, compreso l'evento che ha dato origine a tale processo. **7** Associazione costituita con precisi scopi e luogo in cui essa ha sede: *c. di cultura, della caccia, della vela*; *c. ricreativo*. SIN. Cenacolo, sodalizio | (*est.*) Gruppo di persone, riunite spec. per conversare, dibattere e sim.: *c. politico, militare* | *C. di amici*, crocchio, gruppo | Riunione, ricevimento: *la contessa X tiene c. ogni giovedì pomeriggio.* **8** (*al pl.*) Ambiente di persone con caratteristiche o interessi comuni: *i circoli letterari della capitale*; *i circoli bene informati del Ministero degli Interni.* || **circolètto**, dim.

circom- ● V. *circum-*.

circompadàno ● V. *circumpadano*.

circon- ● V. *circum*.

circoncèntro (o **-é-**) [comp. del lat. *cīrcum* 'intorno' e *dicentro*; 1937] **s. m.** ● Il centro del cerchio circoscritto a un triangolo.

circoncìdere [vc. dotta, lat. *circumcīdere*, comp. di *cīrcum* 'intorno' e *caedere* 'tagliare'; av. 1292] **v. tr.** (coniug. come *incidere*) ● Sottoporre a circoncisione.

circoncìngere ● V. *circumcingere*.

circoncisióne [vc. dotta, lat. tardo *circumcisiōne(m)*, da *circumcīdere* 'circoncidere'; 1308] **s. f.** ● Ablazione totale o parziale dell'anello prepuziale allo scopo di scoprire il glande, come intervento chirurgico o come pratica rituale o iniziatica, spec. presso Israeliti, Musulmani e popoli allo stato di natura | *Festa della c.*, commemorazione liturgica della Circoncisione di Gesù, oggi intitolata a Maria Genitrice.

circoncìso [sec. XIV] **A part. pass.** di *circoncidere*; anche **agg.** ● Nel sign. del v. **B s. m.** ● Chi ha subito la circoncisione.

circondàbile [1865] **agg.** ● Che si può circondare: *piazzaforte c.*

circondaménto [av. 1566] **s. m.** ● (*lett.*) Accerchiamento.

circondànte [sec. XIV] **part. pres.** di *circondare*; anche **agg.** ● Nei sign. del v.

circondàre o †**circundàre** [lat. *circŭmdare*, comp. di *cīrcum* 'intorno' e *dăre* 'dare'; 1260 ca.] **A v. tr.** (*io circóndo*) **1** Cingere da ogni parte, chiudere tutt'intorno: *la fortezza fu prontamente circondata*; *circondò l'orto con uno steccato* | (*fig.*) Colmare, avvolgere: *era circondata dall'affetto e dalla stima di tutti*; *lo circondano di false premure.* **2** (*raro, lett.*) Cingere la vita o le spalle di qlcu.: *dovette circondarla con un braccio per sostenerla* (NIEVO). **B v. intr.** ● †Girare intorno, aggirarsi | †Scorrere intorno: *intorno al prato un bel fiume circonda* (BOIARDO). **C v. rifl.** ● Avere, mantenere intorno a sé: *circondarsi di amici, di cattive compagnie, di agi.* SIN. Attorniarsi.

circondariàle [1862] **agg.** ● (*bur.*) Relativo a un circondario, spec. giudiziario: *casa di pena c.*

circondàrio [da *circondare*; 1772] **s. m.** **1** (*gener.*) Circoscrizione amministrativa | (*dir., bur.*) Circoscrizione giudiziaria di un tribunale: *c. del tribunale di Firenze.* **2** (*est.*) Zona, territorio circostante qlco.: *dai paeselli montani, da tutto il c., era affluita gente* (PIRANDELLO).

circondùrre [lat. *circumdūcere*, comp. di *cīrcum* 'intorno' e *dūcere* 'condurre'; av. 1544] **v. tr.** (coniug. come *condurre*) **1** (*lett.*) Condurre, girare intorno. **2** (*fig., lett.*) Raggirare, circuire. **3** In ginnastica, effettuare una circonduzione: *c. le braccia.*

circonduzióne [vc. dotta, lat. *circumductiōne(m)* 'il condurre intorno', da *circumdūctus*, part. pass. di *circumdūcere* 'condurre intorno'. V. *circondurre*; 1560] **s. f.** ● Nella ginnastica, movimento circolare degli arti, del busto o del capo.

circonferènza [vc. dotta, lat. tardo *circumferĕntia(m)*, da *circŭmferens*, genit. *circumferĕntis*, part. pres. di *circumfĕrre* 'portare intorno'; 1321] **s. f.** **1** (*mat.*) Luogo dei punti del piano equidistanti da un punto fisso | *C. circoscritta a un poligono*, l'eventuale circonferenza passante per i vertici del poligono | *C. inscritta a un poligono*, l'eventuale circonferenza alla quale sono tangenti tutti i lati del poligono. **2** (*est.*) Linea che misura la dimensione di un corpo cilindrico o tondeggiante: *la c. di un tronco*; *la c. del torace, della vita* | Linea, anche non circolare, che delimita i confini di un luogo, di una superficie: *la c. delle aree fabbricabili* | (*est.*) Lo spazio compreso entro tale linea.

circonferenziàle [ingl. *circumferential*, da *circumference* 'circonferenza'; av. 1519] **agg.** ● (*mat.*) Relativo alla circonferenza.

circonflessióne [vc. dotta, lat. tardo *circumflexiōne(m)* 'deviazione', da *circumflĕctere*. V. *circonflettere*; av. 1375] **s. f.** ● Piegatura ad arco.

circonflèsso [av. 1375] **part. pass.** di *circonflettere*; anche **agg.** **1** Piegato ad arco. **2** *Accento c.*, segno grafico (ˆ) usato in francese per segnalare il grado di apertura o la lunghezza di alcune vocali e in italiano per indicare la contrazione di vocali; in greco (˜) per indicare l'originario tono delle vocali lunghe (V. nota d'uso ACCENTO).

circonflèttere [vc. dotta, lat. *circumflĕctere* 'descrivere intorno', comp. di *cīrcum* 'intorno' e *flĕctere* 'piegare'; av. 1543] **v. tr.** (coniug. come *flettere*) **1** Flettere a cerchio, piegare ad arco. **2** Munire di accento circonflesso.

circonflùire [vc. dotta, lat. *circumflŭere*, comp. di *cīrcum* 'intorno' e *flŭere* 'fluire'; av. 1907] **v. tr.** (*io circonfluìsco, tu circonfluìsci*) ● (*raro, lett.*) Circondare fluendo attorno.

circonfóndere [vc. dotta, lat. *circumfŭndere*, comp. di *cīrcum* 'intorno' e *fŭndere* 'spargere'; av. 1342] **v. tr.** (coniug. come *fondere*) ● (*lett.*) Circondare, pervadere d'aria, di luce e sim.: *il paese era circonfuso di nebbia / lo ricerco nel mistero della nube ignea che lo circonfonde* (D'ANNUNZIO).

circonfùlgere [vc. dotta, lat. *circumfulgēre* 'splendere intorno', comp. di *cīrcum* 'intorno' e *fulgēre* 'risplendere'; 1321] **v. tr.** (coniug. come *fulgere*) ● (*lett.*) Illuminare splendendo attorno.

circonfùso [av. 1547] **part. pass.** di *circonfondere*; anche **agg.** **1** Nel sign. del v. | (*lett.*) Diffuso, sparso. **2** Avvolto, circondato (*anche fig.*): *Ella si sentiva circonfusa di luce e d'amore* (D'ANNUNZIO).

circonlocuzióne [vc. dotta, lat. *circumlocutiōne(m)*, nom. *circumlocūtio*, comp. di *cīrcum* 'intorno' e *locūtio* 'espressione, locuzione'; av. 1396] **s. f.** ● (*ling.*) Giro di parole | Perifrasi.

†**circonnavigazióne** ● V. *circumnavigazione*.

†**circonscrìvere** e *deriv.* ● V. *circoscrivere* e *deriv.*

†**circonspètto** e *deriv.* ● V. *circospetto* e *deriv.*

†**circonstànte** e *deriv.* ● V. *circostante* e *deriv.*

†**circonvallàre** [vc. dotta, lat. *circumvallāre* 'chiudere con una trincea', comp. di *cīrcum* 'intorno' e *vāllum* 'trincea'; 1723] **v. tr.** ● Cingere un luogo con un sistema di trincee per fortificazione o assedio.

circonvallazióne [vc. dotta, lat. tardo *circumvallatiōne(m)*, da *circumvallāre* 'circonvallare'; av. 1647] **s. f.** **1** (*st.*) Linea continua di fortificazioni posta dagli assedianti intorno alla zona assediata. **2** Strada di scorrimento che gira attorno a una città | *Linea di c.*, linea di trasporti pubblici che percorre tale strada.

circonvenìre [fr. *circonvenir*, dal lat. *circumvenīre* 'venire intorno', poi 'circondare', comp. di *cīrcun* 'intorno' e *venīre* 'venire'; sec. XIV] **v. tr.** (coniug. come *venire*) ● Insidiare, raggirare.

circonvenzióne [vc. dotta, lat. tardo *circumventiōne(m)*, da *circumvenīre*. V. *circonvenire*; av. 1348] **s. f.** ● Insidia, raggiro | (*dir.*) *C. di incapace*, induzione di persona minore o inferma o psichicamente incapace, a compiere un atto giuridico dannoso per lei o altri al fine di trarne un profitto.

circonvicìno [comp. di *circon-* e *vicino*; 1308] **agg.** ● Che sta nelle vicinanze: *le nazioni circonvicine in un medesimo errore co' cittadini sono* (BOCCACCIO). SIN. Circostante, limitrofo, vicino. CONTR. Lontano.

†**circonvolùbile** [comp. di *circon-* e del lat. *volūbilis* 'volubile, girevole', da *vŏlvere* 'girare'; av. 1519] **agg.** ● Che si svolge in giro: *la c. onda* (LEONARDO).

circonvolùto [vc. dotta, lat. *circumvolūtu(m)*, part. pass. di *circumvŏlvere* 'girare attorno', comp. di *cīrcum* 'intorno' e *vŏlvere* 'girare'; av. 1642] **agg.** **1** †Condotto intorno. **2** (*lett., fig.*) Confuso, non chiaro, spec. di discorso, stile e sim.

circonvoluzióne [comp. del lat. *cīrcum* 'intorno' e *vŏlvere* 'girare'; av. 1375] **s. f.** **1** Avvolgimento attorno a un centro. **2** (*anat.*) Piega della corteccia cerebrale. **3** †Mulinello, vortice (*anche fig.*).

circoscrittìbile [1639] **agg.** ● (*raro*) Che si può circoscrivere.

circoscrìtto o (*lett.*) †**circonscrìtto** [1319] **part. pass.** di *circoscrivere*; anche **agg.** **1** Nei sign. del v. **2** Chiuso entro determinati limiti: *un incendio ormai c.*; *un contagio c.* | (*fig.*) Limitato, ridotto: *poteri circoscritti* | (*fig.*) Angusto, ristretto: *Tutte le idee erano o circoscritte, o false, o confuse* (ALFIERI).

circoscrìvere o (*lett.*) †**circonscrìvere** [lat. *circumscrībere*, comp. di *cīrcum* 'intorno' e *scrībere* 'scrivere'; 1319] **v. tr.** (coniug. come *scrivere*) **1** (*mat.*) Tracciare una figura geometrica, che, rispetto a un'altra data, la contenga toccandola: *c. una circonferenza a un poligono.* **2** (*est.*) Contenere entro determinati limiti: *c. un conflitto, un contagio, un incendio.* SIN. Delimitare. **3** Definire con precisione: *c. un'idea, un principio*; *sentir c. il telescopio da sé non ancor veduto* (GALILEI).

circoscrivìbile [1973] **agg.** ● Che può essere circoscritto.

circoscrizionàle [1970] **agg.** ● Pertinente a una circoscrizione.

circoscrizióne [vc. dotta, lat. *circumscriptiōne(m)*, da *circumscrībere* 'circoscrivere'; sec. XIV] **s. f.** **1** (*raro*) Il circoscrivere. **2** Ripartizione del territorio statale per fini amministrativi: *c. giudiziaria* | *C. elettorale*, ciascuna delle 26 porzioni di territorio per la ripartizione dei seggi per la Camera dei deputati attribuiti col sistema proporzionale | *C. di quartiere*, ripartizione del territorio comunale dotata di propri organi elettivi.

circospètto o (*lett.*) †**circonspètto** [vc. dotta, lat. *circumspēctu(m)*, part. pass. di *circumspĭcere* 'guardare intorno', comp. di *cīrcum* 'intorno' e *spĭcere* 'guardare'; av. 1342] **agg.** ● Che agisce con cautela e prudenza: *un uomo metodico e c.* | *Andar c.*, procedere con cautela | Che dimostra cautela, prudenza: *comportamento c.*; *parole circospette.* SIN. Cauto, guardingo. || **circospettaménte**, **avv.** (*raro*) In modo circospetto.

circospezióne o (*lett.*) †**circonspezióne** [vc. dotta, lat. *circumspectiōne(m)*, da *circumspēctus* 'circospetto'; 1300 ca.] **s. f.** ● Cautela, prudenza: *agire con grande c.*; *gli avvenimenti ci impongono la c.*

circostànte o (*lett.*) †**circonstànte** [vc. dotta, lat. *circumstānte(m)*, part. pres. di *circumstāre* 'stare intorno', comp. di *cīrcum* 'intorno' e *stāre* 'stare'; 1321] **A agg.** ● Che sta intorno, che è molto vicino: *paesi, colline, persone circostanti*; *la zona c. un porto*; *le colline circostanti alla città.* **B s. m.** al **pl.** ● Persone che stanno intorno. SIN. Astanti.

♦**circostànza** o (*lett.*) †**circonstànza** [vc. dotta, lat. *circumstāntia(m)* 'il circondare, lo stare intorno', poi 'circostanza', da *circumstāre*; 1306] **s. f.** **1** Ciascuna delle condizioni oggettive che concorrono a determinare azioni, situazioni, decisioni e sim.: *avrei voluto scriverti, ma le circostanze me* *lo hanno impedito; date le circostanze non posso uscire; per un complesso di circostanze siamo qui anche noi* | (*dir.*) ***C. del reato***, elemento eventuale del reato che aggrava o attenua la pena prevista dalla legge: *c. aggravante*; *c. attenuante*. SIN. Condizione, contingenza, congiuntura. *2* Congiuntura, occasione: *una c. favorevole*; *in simili circostanze non so come comportarmi* | ***Di c.***, convenzionale, formale: *il presidente ha pronunciato un breve discorso di c.* *3* (*raro, lett.*) Prossimità, vicinanza: *nelle circostanze d'Alessandria* (GUICCIARDINI).

circostanziàle [1951] **agg.** ● Relativo alle circostanze.

circostanziàre o (*lett.*) †**circonstanziàre** [fr. *circonstancier*. V. *circostanza*; 1745] **v. tr.** (*io circostànzio*) ● Riferire in modo particolareggiato tutte le circostanze di un fatto: *c. con precisione il delitto*.

circostanziàto o (*lett.*) †**circonstanziàto** [av. 1729] **part. pass.** di *circostanziare*; anche **agg.** ● Ricco di particolari, esauriente: *resoconto c.* || **circostanziataménte**, **avv.**

circuiménto [1847] **s. m.** ● (*raro*) Il circuire.

circuire [vc. dotta, lat. *circuīre*, comp. di *cīrcum* 'intorno' e *īre* 'andare'; 1308] **v. tr.** (*io circuìsco, tu circuìsci*) *1* (*lett.*) Girare intorno, girare in lungo e in largo: *in picciol tempo gran dottor si feo / tal che si mise a circuir la vigna* (DANTE *Par.* XII, 85-86). *2* (*lett.*) Circondare, accerchiare: *si trovò in orlo al boschetto che circuisce dai due lati la fontana* (NIEVO). *3* (*fig.*) Trarre in inganno qlcu. circondandolo di lusinghe, raggiri e sim.: *fu circuito da due abili malfattori*. SIN. Insidiare, raggirare.

†**circuità** [da *circuito* (*1*); av. 1400] **s. f.** ● Giro, circuito.

circuitàle [1980] **agg.** ● Relativo a circuito elettrico.

circuitazióne [da *circuito* (*1*); 1964] **s. f.** ● (*fis.*) Integrale di un vettore lungo un cammino chiuso.

circuiterìa [da *circuito* (*1*); 1970] **s. f.** ● (*elettr.*) Insieme di circuiti elettrici.

♦**circùito** (**1**), (*evit.*) **circuìto** [vc. dotta, lat. *circŭitu(m)*, da *circuīre* 'circuire'; 1319] **s. m.** *1* (*mat.*) Curva chiusa | In un grafo, arco che ritorna al punto di partenza. *2* Correntemente, tracciato o percorso che delimita uno spazio e nel quale il punto di partenza e il punto di arrivo coincidono: *c. di gara* | ***In c.***, tutt'attorno, in giro | ***C. di prova***, circuito stradale con tratti di diverse caratteristiche che si fa percorrere agli autoveicoli per collaudi, per dimostrazione | (*est.*) Gara che si svolge su tale tipo di percorso ripetuto più volte. *3* (*raro, lett.*) Spazio compreso in un perimetro limitato. *4* (*fig.*) Giro di parole: *lunghi circuiti di parole affettate* (CASTIGLIONE). *5* (*elettr.*) Sistema di conduttori e di apparecchi predisposto per essere percorso da corrente elettrica | ***Chiudere il c.***, far passare la corrente | ***Corto c.***, (*ellitt.*) **corto**, V. *cortocircuito* | ***C. magnetico***, via seguita dal flusso magnetico | ***C. stampato***, circuito elettrico o elemento circuitale nel quale i collegamenti e certi componenti fissi vengono stampati su un pannello di materiale isolante | ***C. integrato***, circuito elettronico ottenuto secondo le tecniche della microelettronica dalla lavorazione di un solo blocco di semiconduttori | ***C. chiuso***, qualsiasi percorso o anello lungo il quale la corrente può circolare senza interruzione; (*est.*) in varie tecnologie, processo o impianto senza soluzione di continuità: *impianto televisivo a c. chiuso*. *6* Complesso di strutture e di rapporti che permettono la circolazione di capitali o la commercializzazione di prodotti: *c. monetario*; *c. commerciale*; *c. di vendita*. *7* Gruppo di sale cinematografiche gestite da un medesimo proprietario o legate a un unico ente di distribuzione.

circuìto (**2**) [av. 1332] **part. pass.** di *circuire*; anche **agg.** ● Nei sign. del v. | (*fig.*) Raggirato.

circuizióne [sec. XIV] **s. f.** *1* (*raro*) Il circuire. *2* †Perifrasi, circonlocuzione.

†**cìrculo** e *deriv.* ● V. *circolo* e *deriv.*

circum- o **circom-**, **circon-** [dal lat. *cĭrcum* 'intorno'] **pref.** ● In parole composte significa 'intorno': *circumlunare, circumnavigazione, circumzenitale, circumvesuviano*.

circumcìngere o †**circoncìngere** [vc. dotta, lat. tardo *circumcĭngere*, comp. di *cĭrcum* 'intorno' e *cĭngere* 'cingere'; 1321] **v. tr.** (coniug. come *cingere*) ● (*lett.*) Cingere all'intorno, circondare.

†**circumcìrca** [vc. dotta, lat. *circumcĭrca*, comp. di *cĭrcum* 'intorno' e *cĭrca* 'intorno, pressappoco'; 1499] **avv.** ● Pressappoco, all'incirca.

circumetnèo [comp. di *circum-* ed *etneo*; 1987] **agg.** ● Che sta, che si snoda attorno all'Etna: *ferrovia circumetnea*.

circuminsessióne [comp. del lat. *cĭrcum* 'intorno', *ĭn* 'in' e *sedēre* 'sedere'] **s. f.** ● (*relig.*) Coesistenza necessaria del Padre, del Figlio e dello Spirito Santo nella Trinità.

circumlunàre [comp. di *circum-* e *luna*, con suff. aggettivale; 1987] **agg.** ● Che gira o sta intorno alla Luna.

circumnavigàre [vc. dotta, lat. tardo *circumnavigāre*. V. *circumnavigazione*; 1857] **v. tr.** (*io circumnàvigo, tu circumnàvighi*) ● Compiere il periplo di un continente, della Terra: *c. l'Africa*.

circumnavigatóre [1964] **s. m.** (**f.** *-trice*) ● Chi compie una circumnavigazione.

circumnavigazióne o †**circonnavigazióne** [fr. *circumnavigation*, dal lat. tardo *circumnavigāre* 'seguire navigando, costeggiare', comp. di *cĭrcum* 'intorno' e *navigāre* 'navigare'; 1857] **s. f.** ● Viaggio marittimo compiuto tutt'attorno a un continente o a un'isola.

circumpadàno o **circompadàno** [vc. dotta, lat. *circumpadānu(m)*, comp. di *cĭrcum* 'intorno' e *Pădus* 'Po', con suff. aggettivale; sec. XIV] **agg.** ● Relativo ai territori attraversati dal Po e alle popolazioni che li abitano.

circumpolàre [fr. *circumpolaire*, comp. del lat. *cĭrcum* 'intorno' e del fr. *polaire* 'polare'; 1771] **agg.** ● (*astron.*) Che sta intorno al polo artico o all'antartico | ***Stella c.***, astro la cui distanza angolare dal polo celeste visibile è pari o inferiore alla latitudine del luogo d'osservazione e che quindi non tramonta mai.

circumsolàre [comp. di *circum-* e *sole*, con suff. aggettivale] **agg.** ● Che gira o sta attorno al Sole.

circumterrèstre [comp. di *circum-* e *terra*, con suff. aggettivale; 1986] **agg.** ● Che gira o sta attorno alla Terra: *orbita c.*

circumvesuviàno /tʃirkumvezu'vjano/ [comp. di *circum-* e *Vesuvio*, con suff. aggettivale; 1938] **agg.** ● Che sta, che si snoda tutt'attorno al Vesuvio: *ferrovia circumvesuviana*.

circumzenitàle [comp. di *circum-* e *zenit*, col suff. aggettivale; 1956] **agg.** ● (*geogr.*) Che è molto prossimo allo zenit.

†**circundàre** ● V. *circondare*.

ciré /fr. si'ʀe/ [vc. fr., 'cerato', part. pass. di *cirer* 'incerare', dal lat. *cerāre* 'spalmare di cera'; 1965] **A s. m. inv.** ● Tessuto apprettato con sostanze cerose in modo da presentare una faccia molto lucida e liscia. **B** anche **agg.**: *tessuto c.*

cirenàico [vc. dotta, lat. *Cyrenăicu(m)*, nom. *Cyrenaĭcus*, dal gr. *Kyrēnaikós*, da *Kyrḗnē* 'Cirene', città della Libia; 1441] **A agg.** (**pl. m.** *-ci*) *1* Della Cirenaica (regione dell'Africa settentrionale) o di Cirene (città della Libia) | ***Scuola cirenaica***, fondata da Aristippo di Cirene | ***Filosofia cirenaica***, cirenaismo. *2* Che ha i caratteri della filosofia cirenaica o si ispira a essa. **B s. m.** *1* (**f.** *-a*) Abitante della Cirenaica o di Cirene. *2* Seguace della scuola cirenaica.

cirenaìsmo [da *Cirenaico*; 1970] **s. m.** ● Indirizzo filosofico della scuola socratica fondato da Aristippo di Cirene nel IV secolo a.C., e affermatosi come sensismo edonistico.

cirenèo [vc. dotta, lat. *Cyrenaeu(m)*, nom. *Cyrenaeus*, dal gr. *Kyrēnâios*. V. *cirenaico*; 1532] **s. m.** (**f.** *-a*) *1* Abitante di Cirene | ***Il Cireneo***, (*per anton.*) Simone da Cirene, che aiutò Cristo a portare la croce. *2* (*fig.*) Chi si assume un compito o un incarico particolarmente gravoso, che spetterebbe ad altri.

†**ciriègio** e *deriv.* ● V. *ciliegio* e *deriv.*

cirìllico [da S. *Cirillo* (sec. IX e X) che li usò nella traduzione della *Bibbia*; 1892] **A agg.** (**pl. m.** *-ci*) ● Detto dei caratteri di scrittura propri di alcune lingue slave (russo, ucraino, serbo, bulgaro, macedone): *alfabeto c.*; *caratteri cirillici*. **B s. m.** solo **sing.** ● Alfabeto cirillico.

cirimbràccola ● V. *cimbraccola*.

†**cirimònia** e *deriv.* ● V. *cerimonia* e *deriv.*

ciriòla o †**ciriuòla** [da *cero*, per la forma e il colore giallastro; av. 1449] **s. f.** *1* (*centr.*) Piccola anguilla sottile | (*fig.*) Persona infida e sfuggente. *2* A Roma, forma di pane affusolata.

ciriolàre [da *ciriola*; 1959] **v. intr.** (*io ciriòlo*; aus. *essere*) ● (*centr.*) Dimenarsi, sgusciare di mano: *continuava a dare calci e a c.* (PASOLINI).

ciripà [dal n. di una tribù di indios brasiliani per l'analoga foggia del loro perizoma; 1970] **s. m.** ● (*disus.*) Pezza di tessuto morbido a forma pressoché triangolare, che viene avvolta, ripiegata e annodata attorno ai fianchi di un neonato a scopo protettivo e assorbente.

cirìparo [dal fr. *ciripare*, comp. di *cire* 'cera' e *-pare* '-paro'; 1956] **agg.** ● (*zool.*) Detto di qualsiasi struttura o cellula che produce cera.

†**ciriuòla** ● V. *ciriola*.

cirmolo [etimo incerto] **s. m.** ● (*bot., sett.*) Cembro.

cirnèco [vc. sicil. di orig. discussa: lat. *Cyrenăicu(m)* '(cane) di Cirene' (?); 1942] **s. m.** (**pl.** *-chi*) ● Cane siciliano di piccola taglia, con pelo raso sulla testa e sugli arti, semilungo sul tronco e sulla coda; è forte e adatto alla caccia.

cirò [dal paese di *Cirò* (Catanzaro), ove viene prodotto; 1931] **s. m.** ● Vino calabrese di colore rosso rubino, di 14°-15°, prodotto nei vigneti collinari della costa ionica con uve locali; ha un profumo elegante, vinoso e un sapore armonico, vellutato; si produce anche nei tipi bianco e rosato.

†**cirràto** [vc. dotta, lat. *cirrātu(m)*, da *cĭrrus* 'cirro'; 1810] **agg.** ● Ricciuto: *le testine cirrate e incipriate dei cavalieri e delle dame del settecento* (CARDUCCI).

cirrifórme [comp. di *cirro* e *-forme*; 1865] **agg.** *1* (*meteor.*) Che ha forma di cirro: *nube c.* *2* (*bot.*) Che ha forma di viticcio.

Cirrìpedi [vc. dotta, comp. di *cirro* e del lat. *pēs*, genit. *pĕdis* 'piede'; 1951] **s. m. pl.** (**sing.** *-e*) ● Nella tassonomia animale, sottoclasse di Crostacei marini sessili ed ermafroditi, racchiusi in un guscio calcificato e con le zampe trasformate in sottili cirri (*Cirripedia*).

cirro [vc. dotta, lat. *cĭrru(m)* 'ricciolo', di etim. incerta; 1321] **s. m.** *1* (*meteor.*) Nube isolata a forma di filamenti, strisce o chiazze di colore bianco, d'aspetto fibroso e lucentezza serica, costituita di cristalli di ghiaccio. ➡ ILL. p. 2134 SCIENZE DELLA TERRA ED ENERGIA. *2* (*zool.*) Organo tattile e di movimento di varia natura e di varia forma presente nei Ciliati, negli Anellidi e nei Cirripedi. *3* Viticcio. ➡ ILL. **botanica generale.** *4* (*lett.*) Ricciolo.

cirrocùmulo o **cirrocùmolo** [comp. di *cirro* e *cumulo*; 1892] **s. m.** ● (*meteor.*) Nube stratificata composta di piccoli fiocchi bianchi o di piccolissimi globuli senza ombre proprie, disposti in gruppi o file, o formanti increspature. SIN. Cielo a pecorelle. ➡ ILL. p. 2134 SCIENZE DELLA TERRA ED ENERGIA.

cirròsi [fr. *cirrhose*, dal gr. *kirrós* 'giallastro' (di etim. incerta), dal colore dell'organo colpito; 1828] **s. f. inv.** ● (*med.*) Indurimento, sclerosi di un organo: *c. epatica*.

cirróso [da *cirro*; 1820] **agg.** *1* (*meteor.*) Detto di cielo in cui vi siano cirri. *2* (*bot.*) Detto di organo vegetale con le caratteristiche del cirro.

cirrostràto [comp. di *cirro* e *strato*; 1892] **s. m.** ● Nube stratificata costituita da cristalli di ghiaccio simile a velo sottile, biancastro, trasparente, fibroso che lascia vedere i contorni del Sole e della Luna e genera spesso il fenomeno dell'alone. SIN. Nube alta. ➡ ILL. p. 2134 SCIENZE DELLA TERRA ED ENERGIA.

cirròtico [da *cirrosi*; 1964] **agg.**; anche **s. m.** (**f.** *-a*; **pl. m.** *-ci*) ● (*med.*) Che (o Chi) è affetto da cirrosi.

†**cirusìa** ● V. *cerusia*.

†**cirùsico** ● V. *cerusico*.

cis- [dal lat. *cĭs* 'di qua da'] **pref.** ● In parole composte significa 'di qua da', indica o fa riferimento a posizione geografica o astronomica al di qua di un dato punto di riferimento: *cislunare, cismarino, cispadano*.

†**cisàle** [dal lat. parl. **cīsa* 'siepe tagliata', da *caedere* 'tagliare'; sec. XIV] **s. m.** ● Ciglione che spartisce o chiude i campi.

cisalpìno [vc. dotta, lat. *cisalpīnu(m)*, comp. di *cĭs* 'di qua da' e *Ălpes* 'Alpi'; 1483] **agg.** ● Situato al di qua delle Alpi, rispetto a Roma: *Gallia cisalpina*.

ciscrànna [dall'ant. (*ar*)*ciscranna*, comp. di *arca* e *scranna*; av. 1388] **s. f.** *1* †Cassapanca a schienale mobile su cui si sedeva da due parti | Seggiola con o senza braccioli. **2** †Sedia o mobile sgangherato. **3** (*fig., tosc.*) Donna vecchia e sfatta.

cisèllo ● V. *cesello*.

cìsio [vc. dotta, lat. *cĭsiu(m)*, di orig. gallica; av. 1675] **s. m.** ● Presso gli antichi Romani, leggero carro a due ruote.

cislino [dalla sigla *CISL* con il suff. aggettivale *-ino*; 1963] **s. m.** (**f.** *-a*) ● Appartenente, iscritto alla Confederazione Italiana Sindacato Lavoratori.

cislunàre [comp. di *cis-* e *luna*, con suff. aggettivale; 1965] **agg.** ● (*astron.*) Che sta al di qua della Luna rispetto alla Terra.

cismarino [comp. di *cis-* e *mare*, con suff. aggettivale; 1925] **agg.** ● Che sta al di qua del mare.

cismontàno [vc. dotta, lat. *cismontānu(m)*, comp. di *cĭs* 'di qua da' e *mōns*, genit. *mŏntis* 'monte'; 1705] **agg.** ● Che sta al di qua dei monti.

cisóia ● V. *cesoia*.

cispa [etim. sconosciuta; av. 1449] **s. f.** **1** Prodotto viscoso di secrezione delle ghiandole palpebrali, che si deposita fra le palpebre, spec. durante il sonno. **2** (*est., raro*) Occhio cisposo | (*pop., spreg.*) †Persona che ha gli occhi cisposi.

cispadàno [comp. di *cis-* e *padano*, sul modello di *cisalpino* e *transpadano*; av. 1556] **agg.** ● Che sta al di qua del Po, rispetto a Roma.

†**cispo** [av. 1348] **agg.** ● Cisposo.

cisposità [da *cisposo*; 1612] **s. f.** ● Caratteristica di chi (o di ciò che) è cisposo | (*est.*) Cispa.

cispóso [av. 1342] **agg.** ● Pieno di cispa: *occhi cisposi* | Che ha gli occhi pieni di cispa: *Essi sempre sempre più s'impigliano, come vecchie cispose, nei loro gomitoli* (D'ANNUNZIO).

cissòide [vc. dotta, gr. *kissoeidḗs* 'simile all'edera', comp. di *kissós* 'edera' e *-eidḗs* '-oide'; 1674] **s. f.** ● (*mat.*) Curva piana ottenuta fissando su una circonferenza un punto O e la tangente t nel punto diametralmente opposto, e riportando su ogni retta per O un segmento uguale a quello compreso fra la circonferenza e t.

cista (**1**) [vc. dotta, lat. *cĭsta(m)*. V. *cesta*; 1698] **s. f.** **1** Antico vaso con coperchio, munito di due manici, generalmente di forma cilindrica, usato per riporvi capi di biancheria o da toeletta. **2** Canestro con coperchio che si portava nei misteri dionisiaci di Demetra e d'Iside e conteneva gli oggetti e i simboli sacri che dovevano essere sottratti alla vista dei profani.

cista (**2**) [etim. incerta; 1905] **s. f.** ● Nel macao e in alcuni altri giochi di carte, la carta, come il 10 o la figura, che non vale nulla | Nel gioco del biliardo, ogni punto conseguito ma per qualunque ragione considerato nullo.

Cistàcee [vc. dotta, comp. di *cisto* e *-acee*; 1931] **s. f. pl.** (**sing.** *-a*) ● Nella tassonomia vegetale, famiglia di piante erbacee con foglie opposte, fiori pentameri in racemi e frutto a capsula (*Cistaceae*).

cistalgia [comp. di *cist(o)-* e *-algia*; 1830] **s. f.** ● (*med.*) Dolore localizzato alla vescica urinaria.

ciste ● V. *cisti*.

cistectomia [comp. da *cisti* e dal gr. *ektomḗ* 'taglio' (comp. di *ek* 'da' e *tomḗ* 'taglio'. V. *-tomia*); 1937] **s. f.** ● (*chir.*) Ablazione chirurgica della vescica urinaria.

cisteina [da *cisti*, perché fu isolata da calcoli urinari; 1964] **s. f.** ● (*chim.*) Amminoacido solforato presente nelle proteine; ne sono particolarmente ricche le proteine della cute e dei peli.

cìster [dal fr. *cistre*, ant. *citre* 'tipo di cetra (in lat. *cĭthera(m)*)', influenzato da *sistre* 'sistro'] **s. f. inv.** ● (*mus.*) Strumento a corde pizzicate affine al liuto, diffuso in Europa fino al sec. XIX.

cistercènse o **cisterciènse** [da *Cistercium*, forma latinizzata di *Cîteaux*, località della Borgogna ove fu fondato l'ordine; av. 1557] **A agg.** ● Dell'ordine fondato nel 1098 a Cîteaux da Roberto di Molesme: *monaco, convento c.* **B** anche **s. m. e f.**: *il convento dei cistercensi*.

cistèrna o †**citèrna** [lat. *cistĕrna(m)*, da *cĭsta* 'cesta', con suff. etrusco; av. 1292] **A s. f.** **1** Vasca gener. sotterranea in muratura, nella quale si raccoglie e conserva l'acqua piovana | (*est.*) Grande serbatoio per liquidi: *una c. di nafta* | Autocisterna. **2** (*anat.*) Formazione in cui confluiscono liquidi circolanti | *C. del Pecquet*, piccola dilatazione all'origine del dotto toracico | *C. subaracnoidale*, lacuna tra l'aracnoide e la pia madre, ove circola il liquido cefalo-rachidiano. **3** †Pozzo, cavità profonda | (*fig.*) †Fonte. **4** (*biol.*) Ognuno degli elementi cavitari che complessivamente costituiscono il reticolo endoplasmatico granulare. **B** in funzione di **agg. inv.** ● (posposto a un s.) Detto di mezzo adibito al trasporto di liquidi vari: *aereo, auto, carro, nave c.* ‖ **cisternétta**, **dim.** | **cisternina**, **dim.** | **cisternóne**, **accr. m.** | **cisternùccia**, **dim.**

cisternièro [1979] **agg.** ● Che si riferisce alle navi o ai camion cisterna: *trasporti cisternieri*; *flotta cisterniera*.

cisternista [1979] **s. m. e f.** (**pl. m.** *-i*) ● Chi, per mezzo di un'autocisterna, trasporta i prodotti petroliferi dalle raffinerie ai vari luoghi di consumo.

cisti o **ciste** [vc. dotta, lat. tardo *cўste(m)*, nom. *cўstis*, dal gr. *kýstis* 'vescica', di orig. indeur.; 1778] **s. f. inv.** **1** (*med.*) Formazione costituita da una cavità a pareti proprie contenente varie sostanze: *c. sierosa, ematica, linfatica* | *C. sebacea*, contenente sebo e cheratina; si forma per ostruzione del dotto secretore di una ghiandola sebacea | (*anat.*) *C. biliare*, cistifellea. **2** (*zool.*) Involucro di cui si circondano alcuni Protozoi per resistere a sfavorevoli condizioni ambientali.

cisti- ● V. *cisto-*.

cisticèrco [comp. di *cisti-* e di *-cerco*; 1820] **s. m.** (**pl.** *-chi*) ● (*biol.*) Stadio larvale di certi Platelminti dei Cestodi (es. *Taenia solium*) che attuano una fase di sviluppo in tessuti (fegato, muscoli) di Vertebrati; è caratterizzato da una cisti voluminosa contenente liquido e uno scolice invaginato.

cisticercòsi [fr. *cysticercose*. V. *cisticerco*; 1899] **s. f. inv.** ● (*med.*) Infestazione causata dall'ingestione di larve (*Cysticercus cellulosae*) di *Tenia solium* che, penetrando attraverso la parete intestinale, si diffondono nel circolo sanguigno e si localizzano in organi e tessuti formando cisti.

cìstico [da *cisti*; 1684] **agg.** (**pl. m.** *-ci*) ● Relativo a cisti: *liquido c.*; *parete cistica* | (*anat.*) *Dotto c.*, che unisce la cistifellea al coledoco.

cìstide [dal gr. *kýstis*, genit. *kýstidos* 'vescica' (V. *cisti*)] **s. f.** ● (*zool.*) Parte immobile del corpo dei Briozoi, rivestita da un involucro chitinoso o calcareo.

cistifèllea o **cistifèlia** [comp. di *cisti-* e del lat. *fĕlleus*, agg. di *fĕl*, genit. *fĕllis* 'fiele'; 1474] **s. f.** ● (*anat.*) Vescichetta a forma di pera piuttosto allungata situata sulla faccia inferiore del fegato, in cui si raccoglie la bile. **SIN.** Cisti biliare, vescichetta biliare, colecisti. ➡ **ILL.** p. 2125 ANATOMIA UMANA.

cistifèllico [1908] **agg.** (**pl. m.** *-ci*) **1** Relativo alla cistifellea. **2** (*fig., disus.*) Bilioso.

cistina [da *cisti*; 1865] **s. f.** ● (*chim.*) Amminoacido solforato costituente della maggior parte delle sostanze proteiche.

cistite [fr. *cystite*, dal gr. *kýstis* 'cisti'; 1820] **s. f.** ● (*med.*) Infiammazione della vescica urinaria.

cìsto [vc. dotta, lat. *cĭsthu(m)*, nom. *cĭsthos*, dal gr. *kísthos*, di orig. egea; av. 1498] **s. m.** ● Genere delle Cistacee comprendente specie arborescenti con fusto legnoso, foglie opposte, intere, persistenti, fiori larghi in cime, di colore variabile dal bianco al rosso (*Cistus*).

cisto- o **cisti-** [dal gr. *kýstis* 'vescica' (V. *cisti*)] primo elemento ● In parole composte della terminologia scientifica significa 'vescica': *cistoscopia, cistotomia*.

cistòforo [vc. dotta, lat. *cistŏphoru(m)*, nom. *cistŏphorus*, dal gr. *kistophóros* 'portatore di cesta'. V. *cesta* e *foro*; 1698] **s. m.** **1** (*ant.*) Portatore di cista nei misteri dionisiaci. **2** Moneta d'argento greca del II-I sec. a.C. del valore di tre dramme attiche, che sul dritto reca la cista mistica di Bacco.

cistografia [comp. di *cisto-* e *-grafia*; 1956] **s. f.** **1** (*med.*) Tecnica radiologica di visualizzazione della vescica urinaria mediante l'introduzione in essa di sostanze radiopache. **2** (*med.*) Cistogramma.

cistogràmma [comp. di *cisto-* e *-gramma*; 1964] **s. m.** (**pl.** *-i*) ● (*med.*) Immagine radiografica della vescica urinaria ottenuta con la cistografia.

Cistòidi [comp. di *cisto-* e *-idi*; 1951] **s. m. pl.** (**sing.** *-e*) ● Nella tassonomia animale, classe di Echinodermi fossili del Paleozoico, sessili, rotondeggianti, a placche per lo più irregolari (*Cystoidea*).

cistòma [comp. di *cisti-* e *-oma*; 1951] **s. m.** (**pl.** *-i*) ● (*med.*) Tumore cistico.

cistopielite [comp. di *cisto-* e del gr. *pýelos* 'bacino' (V. *pielite*) e *-ite* (*1*); 1964] **s. f.** ● (*med.*) Infiammazione della vescica e della pelvi renale.

cistoscopia [comp. di *cisto-* e *-scopia*; 1899] **s. f.** ● (*med.*) Esame ottico diretto della vescica urinaria mediante cistoscopio.

cistoscòpio [comp. di *cisto-* e *-scopio*; 1940] **s. m.** ● (*med.*) Endoscopio per effettuare la cistoscopia.

cistostomia [comp. di *cisto-* e *-stomia*; 1830] **s. f.** ● (*chir.*) Abboccamento della vescica urinaria all'esterno.

cistotomia [fr. *cystotomie*, comp. del gr. *kýstis* 'vescica' e *tomḗ* 'taglio'; 1865] **s. f.** ● (*chir.*) Incisione della vescica urinaria.

†**cìstula** [vc. dotta, lat. *cĭstula(m)*, dim. di *cĭsta* 'cesta'; 1504] **s. f.** ● (*lett.*) Cestello.

-cita ● V. *-cito*.

citàbile [da *citare*; av. 1729] **agg.** ● Che si può citare.

citànte [1865] **A** **part. pres.** di *citare*; anche **agg.** ● Nei sign. del v. **B** **s. m. e f.** ● (*dir.*) Chi cita: *costituzione in giudizio del c.*

†**citara** ● V. *cetra* (*1*).

♦**citàre** [vc. dotta, lat. *citāre* 'muovere, chiamare, chiamare in giudizio', iter. di *ciēre* 'porre in movimento'; 1280] **v. tr.** **1** (*dir.*) Chiamare, nelle forme previste dalla legge, un soggetto in giudizio affinché vi prenda parte o vi svolga determinate attività: *c. una persona in giudizio*; *c. un testimone a deporre*. **2** (*est.*) Riferire testualmente frasi o brani altrui a sostegno delle proprie ragioni, per fini esemplificativi e sim.: *c. un passo di Dante, un articolo del codice, il testo di una legge*. **SIN.** Riportare. **3** (*est.*) Indicare, richiamare: *c. a modello, a esempio*.

citarèdico [vc. dotta, lat. *citharoedicu(m)*, nom. *citharoedicus*, dal gr. *kitharōidikós*, agg. di *kitharōidós* 'citaredo'; av. 1647] **agg.** (**pl. m.** *-ci*) ● Pertinente al citaredo: *canto c.*

citarèdo [vc. dotta, lat. *citharoedu(m)*, nom. *citharoedus*, dal gr. *kitharōidós*, da *kithára*. V. *cetra* (*1*); sec. XIV] **s. m.** (**f.** *-a*) ● (*lett.*) Cantore che accompagnava il suo canto col suono della cetra: *Apollo c.*

citareggiàre [lat. tardo *citharidiāre*, per il classico *citharizāre*, dal gr. *kitharízō* 'io suono la cetra'; sec. XIV] **A v. intr.** (*io citaréggio*; aus. *avere*) **1** (*lett.*) Suonare la cetra | (*est., lett.*) Cantare. **2** †Poetare. **B v. tr.** ● (*lett.*) Celebrare.

citarista [vc. dotta, lat. *citharĭsta(m)*, nom. *citharĭsta*, dal gr. *kitharistḗs*, da *kithára* 'cetra (1)'; 1308] **s. m. e f.** (**pl. m.** *-i*) ● (*lett.*) Suonatore di cetra: *a buon cantor buon c. / fa seguitar lo guizzo de la corda* (DANTE *Par.* XX, 142-143).

citaristica [vc. dotta, gr. *kitharistikḗ*, f. sost. di *kitharistikós*, agg. di *kitharistḗs* 'citarista'; av. 1647] **s. f.** **1** Arte di suonare la cetra. **2** Musica per cetra o poesia cantabile con l'accompagnamento della cetra.

citaristico [vc. dotta, gr. *kitharistikós*. V. *citaristica*; av. 1647] **agg.** (**pl. m.** *-ci*) ● Citaredico.

citarodia [vc. dotta, gr. *kitharōidía*, comp. di *kithára* 'cetra (1)' e *ōidḗ* 'canto'; av. 1647] **s. f.** ● Nell'antica Grecia, canto accompagnato dalla cetra.

citàto [sec. XIV] **A** **part. pass.** di *citare*; anche **agg.** ● Nei sign. del v. **B** **s. m.** (**f.** *-a*) ● Autore da cui sono tratte citazioni: *indice dei citati*.

citatòrio [1520] **agg.** ● (*dir.*) Che serve a citare, spec. nella loc. ***lettera citatoria***, con cui si cita qlcu. in tribunale.

citazióne [vc. dotta, lat. tardo *citatiōne(m)* 'proclamazione, comando militare', da *citāre*. V. *citare*; 1313] **s. f.** **1** (*dir.*) Atto, attività processuale della parte o dell'Ufficio giudiziario, con cui si intima a qlcu. di presentarsi in giudizio a una determinata udienza: *mandare, ricevere una c.*; *decreto di c.* | ***C. introduttiva***, con cui un soggetto, dando origine a una causa civile, vi assume la posizione processuale di parte attrice | ***C. per pubblici proclami***, a un numero indeterminato di persone. **2** Riproduzione testuale più o meno lunga di parole altrui: *c. tra parentesi, in nota, a margine* | Riferimento o richiamo a documenti, testi e sim.: *una serie di citazioni molto ben documentate*. **3** Menzione di una persona per motivi particolari: *c. al merito* | ***C. all'ordine del giorno***, elogio a un reparto o a un singolo militare, inserito nell'ordine del giorno. ‖ **citazioncèlla**, **dim.**

citazionismo [da *citazione* con il suff. *-ismo*; 1985] **s. m.** ● Tendenza a inserire, spec. in opere artistiche o letterarie, elementi stilistici di altri autori o di altre epoche: *il c. dell'architettura postmoderna rivaluta il barocco*.

citèllo [etim. incerta; 1951] **s. m.** ● Genere di piccoli Mammiferi dei Roditori simili allo scoiattolo e alla marmotta, con coda corta e pelosa (*Citellus*).

†**citera** ● V. *cetra* (*1*).

citerèa [vc. dotta, lat. *Cytherēa(m)*, nom. *Cytherēa*, dal gr. *Kythéreia*, dall'isola di *Citera*, ove Venere sarebbe approdata dopo la nascita; 1319] **s. f.** ● Nella mitologia classica, appellativo di Afrodite.

citerèo [vc. dotta, lat. *Cytherēiu(m)*, dal gr. *Kytherêios*, dal n. dell'isola di *Citera*, per il culto che vi aveva Venere; 1342] **agg.** ● (*poet.*) Sacro a Venere.

citerióre [fr. *citérieur*, dal lat. *citeriōre(m)*, compar. di *cĭter* 'che è al di qua', da *cĭs* 'di qua da'; av. 1540] **agg.** ● Posto al di qua di un determinato limite o confine: *Spagna c.* CONTR. Ulteriore.

†**citèrna** ● V. *cisterna*.

citino [vc. dotta, lat. *cȳtinu(m)*, nom. *cȳtinus*, dal gr. *kýtinos* 'calice del fiore del melograno', forse di orig. preindeur.; 1865] **s. m.** ● Pianta delle Dicotiledoni, parassita, con foglie squamiformi rosse e carnose e fiori unisessuati giallognoli (*Cytinus hypocistis*).

citiṣo [vc. dotta, lat. *cȳtisu(m)*, nom. *cȳtisus*, dal gr. *kýtisos*, di orig. preindeur.; sec. XIV] **s. m.** ● Piccolo albero delle Papilionacee con fusto eretto e ramificato, foglie composte e fiori gialli in grappoli (*Cytisus laburnum*). SIN. Maggiociondolo.

citizens' band /ingl. 'sɪtɪzənz,bænd/ [loc. ingl., comp. di *citizen* 'cittadino' e *band* 'banda (2)'; 1989] **loc. sost. f. inv.** (pl. ingl. *citizens' bands*) ● Nel linguaggio dei radioamatori, banda cittadina.

cito-, -cito o **-cita** [dal gr. *kýtos* 'cavità', forse di orig. indeur.] primo o secondo elemento ● In parole composte della terminologia scientifica significa 'cellula' o indica relazione con le cellule: *citocromo, citoplasma; leucocita, linfocito*.

citoafèreṣi [comp. di *cito-* e del gr. *apháiresis* 'sottrazione' (V. *aferesi*)] **s. f. inv.** ● (*med.*) Tecnica di separazione delle cellule dal sangue di un donatore mediante centrifugazione, impiegata a scopi trasfusionali o eseguita a scopi terapeutici.

citochìmica [comp. di *cito-* e *chimica*; 1964] **s. f.** *1* (*biol.*) Parte della biologia cellulare che studia la sostanza vivente con analisi chimiche e fisico-chimiche. *2* (*biol.*) Insieme di tecniche della microscopia ottica e di quella elettronica che tendono a localizzare particolari sostanze in ambito cellulare. CFR. Istochimica.

citochina [comp. di *cito-* e del gr. *kínēsis* 'movimento' col suff. *-ina*] **s. f.** ● (*biol.*) Ciascuno dei polipeptidi (quali l'interleuchina, la monochina e la linfochina) mediatori dell'infiammazione prodotta da monociti, macrofagi e linfociti.

citocinèṣi [da *cito-*, sul modello di *cariocinesi*; 1956] **s. f. inv.** ● (*biol.*) Il complesso di cambiamenti che hanno luogo nel citoplasma durante la divisione cellulare.

citocròmo o **citòcromo** [comp. di *cito-* e *-cromo*; 1959] **s. m.** ● Composto di una serie di pigmenti rossi proteinici, contenenti ferro nella loro molecola, presenti in quasi tutte le cellule animali e vegetali, aventi un'azione importante nella respirazione e nelle ossidazioni intracellulari.

citodièreṣi [comp. di *cito-* e *dieresi*; 1964] **s. f. inv.** ● (*biol.*) Fase finale della citocinesi con divisione del citoplasma della cellula madre nelle due cellule figlie.

citofagia [comp. di *cito-* e *-fagia*; 1940] **s. f.** ● (*biol.*) Attività fagocitaria esercitata da macrofagi nei confronti di una cellula o di sue parti.

citofaringe [comp. di *cito-* e *faringe*] **s. f. o m.** ● (*biol.*) Struttura specializzata che in alcuni Protozoi connette il citostoma ai vacuoli con funzione alimentare.

citofonàre [da *citofono*; 1963] **A v. intr.** (*io citòfono*; aus. *avere*) ● Comunicare per mezzo del citofono: *quando arrivi, citofona*. **B anche v. tr.**: *il portiere ha citofonato l'arrivo dell'ospite; il portiere mi citofonò che una persona mi aspettava*.

citofònico [1986] **agg.** (pl. m. *-ci*) ● Di citofono: *impianto c.*

citofonièra [1983] **s. f.** ● Impianto di citofoni.

citòfono [comp. del lat. *cĭto* 'presto' e di *-fono*; 1942] **s. m.** ● Apparecchio telefonico interno, che collega zone lontane di un edificio o di un ufficio, o serve a mettere in comunicazione un appartamento con la porta d'ingresso sulla via.

citogèneṣi [comp. di *cito-* e *genesi*; 1899] **s. f. inv.** ● (*biol.*) L'origine e lo sviluppo della cellula.

citogenètica [comp. di *cito-* e *genetica*; 1959] **s. f.** ● Branca della genetica che studia i componenti cellulari dell'eredità, cioè i geni e i cromosomi.

citogenètico [1983] **agg.** (pl. m. *-ci*) ● Relativo alla citogenetica.

citologia [comp. di *cito-* e *-logia*; 1913] **s. f.** ● Branca della biologia che studia la struttura e le funzioni delle cellule.

citològico [1964] **agg.** (pl. m. *-ci*) ● Che si riferisce alla cellula | Che riguarda la citologia.

citòlogo [1964] **s. m.** (f. *-a*; pl. m. *-gi*) ● Studioso di citologia.

citometria [comp. di *cito-* e *-metria*; 1980] **s. f.** ● (*med.*) Caratterizzazione, per numero, dimensioni e morfologia, delle cellule di un campione di sangue, in particolare dei globuli rossi e dei globuli bianchi.

citòmetro [1988] **s. m.** ● (*med.*) Apparecchio utilizzato nelle tecniche automatizzate di citometria.

citopenia [comp. di *cito-* e di *-penia*; 1990] **s. f.** ● (*biol.*) Diminuzione del numero di cellule in un organismo.

citoplàṣma [comp. di *cito-* e del gr. *plásma* 'cosa plasmata'; 1895] **s. m.** (pl. *-i*) ● (*biol.*) Protoplasma contenuto nella cellula, escluso il nucleo.

citoplaṣmàtico [comp. di *cito-* e *plasmatico*; 1934] **agg.** (pl. m. *-ci*) ● (*biol.*) Relativo al citoplasma: *organulo c.*

citoschèletro [comp. di *cito-* e *scheletro*] **s. m.** ● (*biol.*) Complesso di microtubuli e di filamenti citoplasmatici che costituisce il sostegno interno della cellula.

citoṣina [comp. di *citos(ol)* (a sua volta dall'ingl. *cyto(plasm) sol(uble)* 'citoplasma solubile') e *(am)ina*; 1929] **s. f.** ● (*chim.*) Base azotata pirimidinica presente negli acidi nucleici che, nel DNA, si appaia specificamente con la guanina.

citosòma [comp. di *cito-* e del gr. *sôma* 'corpo'; 1987] **s. m.** (pl. *-i*) ● (*biol.*) Il corpo cellulare considerato indipendentemente dal suo nucleo.

citostàtico [comp. di *cito-* e *statico*; 1956] **A s. m.** (pl. *-ci*) ● Farmaco o altro agente che sopprime la crescita e la moltiplicazione cellulare. **B anche agg.**: *farmaco c.*

citostòma [comp. di *cito-* e del gr. *stóma* 'bocca'; 1940] **s. m.** (pl. *-i*) ● (*zool.*) Nei Protozoi Ciliati, apertura equivalente alla bocca.

citotòssico [comp. di *cito-* e *tossico* (*1*); 1964] **agg.** (pl. m. *-ci*) ● (*biol.*) Detto di agente chimico, fisico o biologico dannoso per le cellule.

citozòico [comp. di *cito-* e *-zoico*; 1964] **agg.** (pl. m. *-ci*) ● (*biol.*) Detto di animale che vive da parassita all'interno di cellule.

citramontàno [comp. del lat. *cĭtra* 'al di qua' (V. *citeriore*) e *montānus*, agg. di *mōns*, genit. *mŏntis* 'monte'; sec. XIV] **agg.** ● (*raro*) Cismontano.

citràto [fr. *citrate*, dal lat. *citrātu(m)* 'unto con olio di cedro', da *cĭtrus* 'cedro (1)'; 1795] **s. m.** *1* Sale o estere dell'acido citrico | ***C. di magnesia effervescente***, miscela purgativa formata usualmente da carbonato di magnesio, dagli acidi citrico e tartarico, da saccarosio e da oli essenziali | ***C. trisodico***, usato in medicina nel trattamento delle acidosi. *2* (*per anton.*) Correntemente, citrato di magnesia effervescente.

citrico [fr. *citrique*, dal lat. *cĭtrus* 'cedro (1)'; 1795] **agg.** (pl. m. *-ci*) ● Detto di composto ricavato spec. dal sugo degli agrumi | ***Acido c.***, ossiacido organico, tribasico, cristallino, incolore, prodotto spec. per via microbiologica, usato in medicina e nella preparazione di bibite | Che produce acido citrico: *fermentazione citrica*.

citrina [comp. del lat. *cĭtru(m)* 'cedro' col suff. chim. *-ina*; 1964] **s. f.** ● Miscela di sostanze contenute nella polpa degli agrumi che agisce sulla resistenza e permeabilità capillare. SIN. Vitamina P.

citrino o (*raro*) **cedrino** (**1**), †**cetrino** [dal lat. *cĭtrus* 'cedro (1)'; av. 1327] **A agg.** ● (*raro, lett.*) Che ha un colore giallo verdastro simile a quello del cedro. **B s. m.** *1* Il colore citrino. *2* (*miner.*) Varietà di quarzo di colore giallo.

†**citriòlo** ● V. *cetriolo*.

citronèlla [fr. *citronelle*, da *citron* 'limone', dal lat. *cĭtrus* (V. *cedro* (*1*)); 1951] **s. f.** *1* (*gener.*) Pianta da essenza delle Graminacee. *2* Pianta erbacea rizomatosa con cespi alti e foglie larghe, raramente fiorita (*Cymbopogon nardus*).

citrullàggine [da *citrullo*; 1845] **s. f.** *1* Stupidità. *2* Azione o discorso da citrullo.

citrullerìa [1865] **s. f.** ● Citrullaggine, balordaggine.

citrùllo [nap. *cĕtrùlo* 'cetriolo'; av. 1704] **agg.**; anche **s. m.** (f. *-a*) ● Sciocco, stupido: *sei stato proprio c. a lasciar perdere quel lavoro; non comportarti da c.* ‖ **citrullàccio**, pegg. | **citrullino**, dim. | **citrullóne**, accr.

♦**città** o (*lett.*) †**cittàde**, †**civita** [lat. *civitāte(m)*, da *cīvis* 'cittadino'. V. *cive*; sec. XII] **s. f.** *1* Centro abitato esteso territorialmente, notevole sia per il numero degli abitanti sia per la capacità di adempiere a molteplici funzioni economiche, politiche, culturali, religiose e sim.: *le porte, le mura, le strade, i monumenti della c.; il centro della c.; c. industriale, agricola; c. di mare; c. di provincia; abitare, vivere in c.; una c. sbiadita, senza carattere, messa lì come vien viene* (CALVINO). CFR. -poli | ***Vita, casa, gente di c.***, in contrapposizione a campagna e contado | ***C. capitale***, in cui ha sede il governo dello Stato | ***C. vescovile***, sede di un vescovado o di un arcivescovado | ***C. della Lanterna***, Genova | ***C. della Mole*** (***Antonelliana***), Torino | ***C. delle Cinque Giornate, della Madonnina***, Milano | ***C. del Santo***, Padova | ***C. dogale***, Venezia | ***C. delle Due Torri***, Bologna | ***C. del Fiore, del Giglio***, Firenze | ***C. dei Cesari, eterna, dei sette colli***, Roma | ***C. del Vespro, dei Vespri***, Palermo | ***C. d'arte***, di notevole interesse artistico per monumenti, gallerie, musei e sim. | ***C. aperta***, in un conflitto, quella, priva di fortificazioni e attrezzature militari, che i belligeranti convengono di mantenere indenne da azioni belliche | ***C. stato***, la polis greca | ***C. libera***, nell'Impero tedesco, quella che fruiva di particolari immunità, spec. finanziarie | ***C. santa***, contenente numerosi monumenti, luoghi di culto e sim., di una data religione | Anche come toponimo: *C. di Castello, Cittanova*. *2* Parte, quartiere di una città | ***C. vecchia, c. nuova***, la parte più antica e la più moderna | ***C. alta, c. bassa***, la parte costruita su un'altura e quella che sorge in piano | ***C. degli studi, universitaria***, l'insieme di edifici e attrezzature universitarie riuniti in un solo quartiere | ***C. giardino***, quartiere residenziale solitamente periferico in cui gli edifici sono circondati da giardini e viali alberati | ***C. satellite***, quartiere periferico residenziale | ***C. Leonina***, complesso degli edifici che a Roma sorgono entro la cinta delle mura Leonine e costituiscono oggi la città del Vaticano. *3* (*est.*) Gli abitanti della città, l'insieme dei cittadini: *tutta la c. è in lutto; una c. allegra*. SIN. Cittadinanza, popolazione. *4* Convivenza civile, collettività politica, comunità (*anche fig.*) | ***C. dei ragazzi***, istituzione assistenziale per giovani orfani o traviati, ispirata al principio dell'autogoverno | (*lett.*) ***C. di Dio, celeste***, la Chiesa o il Paradiso, spec. nella religione cristiana | (*lett.*) ***C. terrena***, il mondo, la vita terrena, spec. nella religione cristiana. *5* (*dir.*) Titolo concesso ai comuni insigni per ricordi storici, con popolazione non inferiore a diecimila abitanti. ‖ **cittadàccia**, pegg. | **cittadèlla**, dim. (V.) | **cittadètta**, dim. | **cittadina**, dim. | **cittadóna**, accr. | **cittadóne**, accr. m. | **cittadùccia**, **cittadùzza**, dim.

cittadèlla [av. 1363] **s. f.** *1* Dim. di *città*. *2* Fortezza dove si trovano le principali opere di difesa della città. *3* (*fig.*) Baluardo, difesa, sostegno: *un collegio elettorale che fu c. di famose candidature radicali* (BACCHELLI).

cittadinàme [1865] **s. m.** ● (*spreg.*) Il complesso dei cittadini.

♦**cittadinànza** [1321] **s. f.** *1* L'insieme degli abitanti di una città: *la c. è invitata alle celebrazioni dantesche*. *2* (*dir.*) Appartenenza del singolo a una società organizzata a Stato: *c. originaria; c. acquisita* | ***Doppia c.***, appartenenza di un singolo, in qualità di cittadino, a due Stati | ***C. onoraria***, quella conferita a personaggi illustri o benemeriti da una città o da uno Stato diversi da quelli di nascita o residenza | (*fig.*) Diritto di appartenenza: *sono parole che hanno ormai c. nella nostra lingua*.

cittadinésco [1312] **agg.** (pl. m. *-schi*) *1* (*lett.*) Che si riferisce alla vita e agli usi di città: *scenette meravigliose della vita cittadinesca* (PASCOLI). *2* (*raro, spreg.*) Da cittadino: *malizia cittadinesca*. CONTR. Campagnolo. *3* †Civile, intestino: *nacquero molti scandali e omicidi e battaglie cittadinesche* (COMPAGNI). ‖ **cittadinescaménte**,

avv.
cittadinizzàto [1826] agg. ● (*disus.*) Diventato cittadino, inurbato.
cittadino [dalla forma ant. *cittade*; 1266 ca.] **A** agg. **1** Di città, relativo a città: *gente cittadina*; *mura, vie cittadine*; *vita cittadina* | †Raffinato, educato: *la rozza voce e rustica in convenevole e cittadina ridusse* (BOCCACCIO). **2** (*lett.*) Civico: *virtù cittadine*. **3** †Interno, intestino, tra cittadini: *per via le discordie cittadine* (BOCCACCIO). **4** †Borghese, pertinente al ceto medio. **B** s. m. (f. -*a*) **1** Chi appartiene alla collettività di uno Stato e come tale è titolare dei diritti e soggetto ai doveri stabiliti dalla legge | *Privato c.*, il cittadino considerato nella sfera riservata della sua vita personale, al di fuori di tutti i rapporti pubblici | *C. del mondo*, chi nega ogni distinzione nazionale considerandosi appartenente a un'ideale comunità mondiale | *Essere libero c.*, (*fig.*, *scherz.*) di chi è privo di oneri e responsabilità, o di legami sociali e familiari. **2** Abitante di una città: *c. di Bologna*; *c. milanese*; *c. onorario* | *Primo c.*, il Presidente della Repubblica; in un comune, il Sindaco | Chi vive in città, in contrapposizione agli abitanti della campagna: *canterellando scendono i sentieri del borgo i cittadini* (SABA). **3** (*est.*, *lett.*, *gener.*) Abitante di un luogo: *Amor femmi un cittadin de' boschi* (PETRARCA) | (*fig.*) Membro, partecipe di una comunità, di una convivenza anche ideale: *il poeta si sente già c. del cielo* (DE SANCTIS). **4** (*raro*, *lett.*) Civile, borghese, in contrapposizione a militare o ecclesiastico: *militare e c. giovine o vecchio farà pietà sempre* (FOSCOLO). **5** Nell'età comunale, borghese, appartenente al ceto medio: *in odio parimente de' cittadini e del popolo minuto* (POLIZIANO). **6** †Concittadino: *Niccolò Cornacchini fu nostro c.* (BOCCACCIO). || **cittadinèllo**, dim. | **cittadinóne**, accr. | **cittadinùccio**, dim.
citto [vc. infant.; 1483] s. m. (f. -*a*) ● (*tosc.*) Ragazzo, fanciullo, bambino. || †**citèllo**, dim. | †**cittèllo**, dim. | †**cittino**, dim. | †**cittolèllo**, dim. | †**cittolo**, dim.
cittolésco [sec. XIV] agg. ● (*raro*) Fanciullesco.
cittolézza [sec. XIV] s. f. ● (*raro*) Fanciullezza.
city /ingl. 'sɪti/ [ingl. 'città', dal lat. *civitāte(m)* 'città'; 1749] s. f. inv. (pl. ingl. *cities*) ● Centro politico e finanziario di una metropoli.
city bike /ingl. 'sɪti 'baek/ [loc. ingl., comp. di *city* 'città' e *bike* 'bicicletta', sul modello di *mountain bike*; 1987] loc. sost. f. inv. (pl. ingl. *city bikes*) ● Bicicletta adatta per percorsi di città.
city car /ingl. 'sɪti 'kʰɑːɹ/ [vc. ingl., comp. di *city* 'città' e *car* 'autovettura'; 1992] loc. sost. f. inv. ● Autovettura di dimensioni ridotte progettata in particolare per muoversi agevolmente nel traffico cittadino. SIN. Minicar. ➡ ILL. p. 2167 TRASPORTI.
city manager /'siti 'manadʒer, *ingl.* 'sɪti 'mænɪdʒəɹ/ [loc. ingl., prop. 'gestore (*manager*) della città (*city*)'; 1992] loc. sost. m. e f. inv. (pl. ingl. *city managers*) ● Nelle amministrazioni comunali e provinciali, funzionario nominato dal sindaco o dal presidente della provincia, con l'incarico di guidare l'apparato amministrativo e seguire l'esecuzione delle decisioni politiche della giunta.
ciucàggine [da *ciuco*; 1847] s. f. ● (*tosc.*) Asinaggine.
ciucàio [1752] s. m. (f. -*a*) ● (*tosc.*) Asinaio.
ciucàta s. f. ● (*tosc.*) Bestialità, stupidaggine.
ciùcca [etim. incerta; av. 1327] s. f. ● (*region.*) Sbornia, ubriacatura.
ciùccia [V. *ciucciare*; 1964] s. f. (pl. -*ce*) ● (*fam.*, *infant.*) Mammella.
ciucciàre [vc. onomat.; av. 1557] v. tr. e intr. (*io ciùccio*; aus. *avere*) ● (*fam.*) Succhiare: *c. il latte*; *e un bambino che ciuccia ancora*.
ciucciàta s. f. ● (*fam.*) Succhiata, poppata.
ciùccio (1) [da *ciucciare*; 1957] s. m. ● (*fam.*) Tettarella di gomma per lattanti. SIN. Succhiotto. || **ciuccétto**, dim. | **ciucciòtto**, dim. (V.).
ciùccio (2) [vc. onomat. (?); 1758] s. m. ● (*merid.*) Asino, ciuco. || **ciucciarèllo**, **ciucciarièllo**, dim.
ciucciòtto [dim. di *ciuccio* (*1*)] s. m. ● (*fam.*) Tettarella di gomma per lattanti. SIN. Succhiotto.
ciùcco [da *ciucca*; 1930] agg. (pl. m. -*chi*) ● (*region.*) Ubriaco.
ciucherìa [1865] s. f. ● (*fig.*, *tosc.*) Asineria, ignoranza.
ciuchésco [1865] agg. (pl. m. -*schi*) ● (*raro*) Da ciuco.
ciùco [vc. onomat. (?); av. 1564] s. m. (f. -*a*; pl. m. -*chi*) **1** (*tosc.*) Asino: *cavalcare un c.* | *Lavorare come un c.*, duramente, senza sosta | *Carico come un c.*, oberato da pesi, da pacchi. **2** (*tosc.*, *fig.*) Persona ignorante o poco intelligente | Persona maleducata. || **ciucàccio**, pegg. | **ciucarèllo**, **ciucherèllo**, dim. | **ciucherellóne**, accr. | **ciuchettìno**, dim. | **ciuchétto**, dim. | **ciuchino**, dim. | **ciucóne**, accr.
ciùf o **ciùff**, **ciùffete** [vc. onomat.; 1970] inter. ● Riproduce il rumore di una locomotiva a vapore, spec. nei giochi di bambini: *ciuf, ciuf*.
ciufèca o **ciofèca**, **ciufèga**, **ciuffèca** [vc. rom. d'etim. incerta: forse dallo sp. *chufa* 'mandorla che serve per fare un'orzata' (vc. d'orig. non accertata); 1927] s. f. ● (*rom.*) Bevanda, spec. vino o caffè, di qualità scadente e cattivo sapore.
ciuffàre [da *ciuffo*; av. 1294] v. tr. ● (*lett.*) Acciuffare.
ciùffete ● V. *ciuf*.
♦**ciùffo** [vc. espressiva; 1313] s. m. **1** Ciocca di capelli: *portare il c. sulla fronte* | *Prender qlcu. per il c.*, afferrarlo per i capelli | (*fig.*) *Prendere la fortuna per il c.*, cogliere subito un'occasione favorevole | (*est.*) Ciocca di peli, penne e sim. che crescono sul capo di diversi animali: *alcune allodole hanno un c. di piume sul capo*. CFR. lofo-. **2** (*est.*) Cespuglio, gruppo di piante: *un c. d'erba* | (*est.*) Gruppo, mazzetto di oggetti vari, spec. con funzione ornamentale. **3** (*caccia*) Gruppo serrato di uccelli. || **ciuffettìno**, dim. | **ciuffétto**, dim. | **ciuffóne**, accr.
†**ciùffola** [variante di *zufolo* (?); av. 1357] s. f. ● (*spec. al pl.*) Bagattella, ciancia.
†**ciùffolo** [V. *ciuffo*; sec. XVIII] s. m. ● Ciuffo.
ciuffolòtto [da *ciufolo*, variante ant. di *zufolo*; 1663] s. m. ● Piccolo uccello dei Passeriformi dal piumaggio denso, soffice, rigonfio, variamente colorato (*Pyrrhula europaea*). ➡ ILL. animali/10.
†**ciùllo** [da (*fan*)*ciullo* (?); sec. XIV] **A** s. m. (f. -*a*) ● Fanciullo. **B** agg.; anche s. m. ● Inesperto, ignorante.
ciùnf o **ciùnfete** [vc. onomat.; 1990] inter. ● Riproduce il tonfo di un oggetto che cade nell'acqua.
ciurlàre [etim. incerta; 1498] v. intr. (aus. *avere*) **1** †Tentennare, vacillare. **2** *C. nel manico*, (*propr.*; *disus.*) detto di attrezzo, avere il manico poco saldo; (*fig.*) sfuggire, sottrarsi a un impegno o a una decisione con raggiri o rinvii.
ciùrma (1) o †**giùrma** [lat. *celēusma*, dal gr. *kéleusma* variante di *kéleuma* 'comando', ordine per dare la battuta ai rematori; av. 1348] s. f. **1** Insieme dei rematori delle antiche galee | *C. scapola*, rematori non legati alla catena | (*disus.* o *spreg.*) Basso personale di una nave. **2** Insieme delle persone addette ai lavori della tonnara. **3** (*fig.*) Marmaglia, gentaglia: *questa c. cerimoniosa e maligna* (FOSCOLO).
†**ciùrma (2)** [da *ciurmare*; av. 1563] s. f. ● Inganno. SIN. Ciurmeria.
†**ciurmadóre** ● V. †*ciurmatore*.
ciurmàglia [da *ciurma* (*1*); 1483] s. f. ● Massa di persone spregevoli. SIN. Canaglia, gentaglia, marmaglia.
ciurmàre [dal fr. *charmer*, a sua volta dal lat. *carmināre* 'fare incantesimi', da *cārmen* (V. *carme*), incontratosi con *ciurma* (*1*) per etim. pop.; 1353] **A** v. tr. **1** †Immunizzare con incantesimi. **2** (*raro*) Ingannare, raggirare. **B** v. rifl. **1** †Immunizzarsi con pozioni o sim. **2** †Ubriacarsi.
ciurmatóre o (*lett.*) †**ciurmadóre** [da *ciurmare*; av. 1400] s. m.; anche agg. (f. -*trice*) ● Ciarlatano, ingannatore, impostore.
ciurmerìa [1481] s. f. ● (*raro*, *lett.*) Inganno, raggiro.
civàda [da *civadiera*; 1561] s. f. ● (*mar.*) Piccola vela quadra che i grandi velieri avevano a prua sotto al bompresso.
civadièra [fr. *civadière*, dal provz. *civadiero* 'sacco d'avena', per la forma; 1561] s. f. ● (*mar.*) Civadiero.
civadièro s. m. ● (*mar.*) Pennone della civada.
civàia [lat. *cibāria*, nt. pl. dell'agg. *cibārius*, da *cĭbus* 'cibo'; 1342] s. f. **1** (*tosc.*, *spec. al pl.*) Ogni specie di legume secco commestibile: *sacco di civaie*. **2** †Voto, suffragio, un tempo espressi con fave e sim.
†**civànza** [ant. fr. *chevance*, da *chevir*, dal lat. *căpere* 'prendere'; 1353] s. f. ● Civanzo.
†**civanzaménto** [av. 1556] s. m. ● Guadagno.
†**civanzàre** [da *civanza*; av. 1348] v. tr. e rifl. ● Provvedere, provvedersi di qlco. | Trar profitto di qlco.
†**civànzo** [av. 1400] s. m. **1** Contratto usurario simile al barocchio. **2** Utile, guadagno, vantaggio: *penserei tutto il giorno a far qualche miserabile civanzo sull'entrata* (CATTANEO).
†**cive** [vc. dotta, lat. *cīve(m)*, da una radice **kei* 'insediarsi'; 1319] s. m. ● (*lett.*) Cittadino.
civet /fr. si'vɛ/ [vc. fr., propr. 'ragù preparato con cipolle', da *cive* 'cipolla' (lat. *cēpa(m)*); 1942] s. m. inv. ● Intingolo a base di vino, cipolla e spezie, legato con il sangue dell'animale, per selvaggina.
civétta o †**ciovétta** [vc. onomat.; sec. XIV] **A** s. f. **1** Uccello rapace notturno degli Strigiformi, con capo grosso e tondeggiante, becco grosso e adunco, occhi gialli, piumaggio morbido di color bruno-grigio macchiato di bianco, che si ammaestra e si usa come richiamo per attirare uccelli (*Carine noctua*). CFR. Stridere. ➡ ILL. animali/9 | *Andare, cacciare a c.*, usando come richiamo la civetta ammaestrata | *Naso a, di c.*, adunco | *Occhi di c.*, di colore giallo chiaro. **2** (*fig.*) Donna frivola che si mette in mostra per attrarre l'attenzione e l'interesse degli uomini: *fare la c.*; *comportarsi da c.*; *sei proprio una gran c.!* **3** Manifesto di formato ridotto che le edicole espongono per attirare l'attenzione su articoli e notizie di un giornale. SIN. Locandina. **4** Richiamo che i giornali pubblicano in prima pagina per attirare l'attenzione su particolari articoli pubblicati nelle pagine interne. **B** in funzione di agg. inv. ● (posposto a un s.) Detto di tutto ciò che serve da richiamo o esca: *prodotto c.*; *prezzo c.* | *Notizia c.*, pubblicata per sondare eventuali reazioni | *Auto c.*, V. *auto* (*1*) | *Nave c.*, V. *nave* | *Treno c.*, V. *treno* (*1*). || **civettàccia**, pegg. | **civettìna**, dim. | **civettìno**, dim. m. | **civettóna**, accr. | **civettóne**, accr. m. (V.).
civettàio s. m. ● Uomo che ammaestra e conduce la civetta da richiamo.
civettàre [1481] v. intr. (*io civétto*; aus. *avere*) **1** †Cacciare con la civetta. **2** (*fig.*) Attirare gli uomini facendo la civetta: *ha l'abitudine di c. con tutti* | (*est.*, *fig.*) Cercare di accattivarsi qlcu.
civetterìa [av. 1543] s. f. **1** Modo lezioso e accattivante di comportarsi per attrarre l'attenzione e l'ammirazione altrui: *una donna piena di c.*; *le civetterie di uno scrittore*. **2** Piccola mania vanitosa, vezzo: *il farfallino è la sua c.*
civettóne [av. 1494] s. m. **1** Accr. di *civetta*. **2** (f. -*a*) (*fig.*) Persona vanesia, che ama far civetterie.
civettuòlo [1797] agg. **1** Che manifesta civetteria. **2** Di chi (o di ciò che) è grazioso, originale, vezzoso: *un cappellino c.*; *una ragazza civettuola*.
cìvico [vc. dotta, lat. *cīvicu(m)*, da *cīvis*. V. *cive*; 1587] **A** agg. (pl. m. -*ci*) **1** Che appartiene alla città, alla cittadinanza: *banda civica*; *museo c.* | *Guardia civica*, vigile urbano | *Numero c.*, quello che nella toponomastica stradale, spec. urbana, identifica la porta di una casa. SIN. Cittadino, comunale, municipale, urbano. **2** Relativo al cittadino in quanto membro di uno Stato o gener. di una comunità politica, con particolare riferimento ai valori positivi della vita associata: *dovere, senso c.*; *virtù civiche* | *Educazione civica*, nella scuola media italiana, l'insegnamento volto alla formazione della personalità del cittadino come soggetto dei diritti e doveri fondamentali in tutti gli aspetti della vita sociale. || **civicaménte**, avv. In modo civico; con civismo. **B** s. m. **1** Numero civico, nella toponomastica stradale. **2** (*pop.*, *sett.*) Vigile urbano.
♦**civìle** [vc. dotta, lat. *civīle(m)*, da *cīvis*. V. *cive*; av. 1294] **A** agg. **1** Relativo al cittadino in quanto membro di uno Stato o gener. di una comunità politica: *istituzioni civili*; *libertà civili* | *Coraggio c.*, V. *coraggio* | *Società c.*, V. *società*, nel sign. 1 | *Vita c.*, *vivere c.*, *convivenza c.*, il complesso dei rapporti fra cittadini, e delle norme, consuetudini di correttezza e sim., che li regolano | *Letteratura, poesia c.*, che tratta temi politici e sociali | *Valore c.*, quello di cui si dà prova affrontando un grave pericolo per fini altruistici: *medaglia al valore c.* | *Diritto c.*, complesso degli atti legislativi disciplinanti lo stato delle persone e dei loro beni | *Diritti civili*, posti a tutela del cittadino in quanto tale | *Stato c.*, condizione personale del cittadino | *Ufficio di stato c.*, *stato c.*, *ufficio c.*, istitu-

to in ogni comune al fine di conservare i registri attestanti lo stato civile dei cittadini | ***Morte c.***, perdita della personalità giuridica o dei diritti civili, spec. conseguente a condanna all'ergastolo | ***Guerra c.***, tra cittadini, all'interno di uno stesso Stato. ***2*** In contrapposizione a ecclesiastico, militare, religioso: *autorità, ufficio, genio, ospedale, vita c.* | ***Abito c.***, borghese | ***Servizio c.***, V. *servizio* nel sign. 4 | ***Matrimonio, funerale, festa c.***, celebrati senza riti religiosi | ***Casa di c. abitazione***, ad uso dei privati cittadini. ***3*** Relativo al diritto civile: *sentenza c.*; *tribunale c.* ***4*** Che ha raggiunto un elevato grado di sviluppo sociale, politico, economico, tecnologico: *nazione, popolo c.*; *il fatto indignò tutto il mondo c.* ***5*** Che ha modi educati, cortesi: *famiglia c.*; *persona c.*; *questo non è ragionare da fanciulla propria, e c., come voi siete* (GOLDONI) | Amabile, piacevole: *ricevere un'accoglienza c.* | Decoroso, onorevole: *persona di nascita c.* | (*lett.*) Misurato, sobrio nell'eleganza, nel gusto e sim.: *ornamento, stile c.* || **civilménte**, avv. ***1*** In modo civile. ***2*** Secondo le norme del diritto civile. **B** s. m. (anche f. nel sign. 1) ***1*** Privato cittadino, borghese (in contrapposizione a militare): *il quartiere del porto è vietato ai civili.* ***2*** (*merid.*) Nobile, borghese ricco: *il circolo dei civili.* ***3*** †Abito borghese. ***4*** Abitazione padronale, o parte padronale di un'abitazione, in campagna. ***5*** (*raro, scherz.*) Sedere, deretano: *col c. all'aria* (PARINI). || **civilino**, dim.

civilista [da *civile*; 1673] s. m. e f. (pl. m. *-i*) ● Giurista che si occupa di diritto civile | Avvocato che si occupa di cause civili.

civilistico [1950] agg. (pl. m. *-ci*) ● Concernente il diritto civile: *norma civilistica.*

†**civilità** ● V. *civiltà.*

†**civilitàde** ● V. *civiltà.*

†**civilitàte** ● V. *civiltà.*

civilizzàre [fr. *civiliser*, da *civil* 'civile'; 1684] **A** v. tr. ***1*** Rendere civile: *c. un paese primitivo, una persona rozza.* ***2*** (*bur., raro*) Smilitarizzare, far dipendere dall'amministrazione civile. **B** v. rifl. ● Perdere rozzezza e rusticità.

civilizzatóre [fr. *civilisateur*, da *civiliser* 'civilizzare'; av. 1832] agg.; anche s. m. (f. *-trice*) ● Che (o Chi) civilizza: *popolo c.*; *gli antichi civilizzatori orientali.*

civilizzazióne [fr. *civilissation*, da *civiliser* 'civilizzare'; 1770] s. f. ***1*** Il civilizzare | Incivilimento: *i fondamenti d'una c. che diventerà europea* (MANZONI). ***2*** Civiltà | Costume, vita civile.

♦**civiltà** o †**civilità**, †**civilitàde**, †**civilitàte** [vc. dotta, lat. *civilitāte(m)*, da *cīvĭlis* 'civile'; 1308] s. f. ***1*** Il complesso delle strutture e degli sviluppi sociali, politici, economici, culturali che caratterizzano la società umana | Le strutture culturali che caratterizzano una data società o un dato periodo nella storia della società: *c. antica, medievale, moderna, contemporanea, atomica, egiziana, assira, romana, rinascimentale.* ***2*** Progresso: *il mondo moderno ha raggiunto un elevato grado di c.*; *portare, dare la c.* CONTR. Barbarie. ***3*** Gentilezza, buona educazione: *comportarsi con c.*; *far valere con c. le proprie ragioni.* ***4*** †Cittadinanza.

†**civire** [fr. *chevir*. V. *civanza*; av. 1310] v. tr. ● Provvedere.

civismo [fr. *civisme*, da *civil* 'civile'; 1796] s. m. ● Coscienza dei propri doveri civici da parte del cittadino, che lo porta a rispettare le regole della convivenza.

†**civita** ● V. *città.*

clacchista [da *claque*; 1963] s. m. e f. (pl. m. *-i*) ● Chi fa parte di una claque.

clàcson o **clàxon** [ingl. *klaxon*, in orig. marchio di fabbrica; 1923] s. m. inv. ● Avvisatore acustico usato sugli autoveicoli e motoveicoli. ➡ ILL. p. 2163 TRASPORTI.

clacsonàre [denom. di *clacson*; 1990] **A** v. intr. (*io clacsòno*; aus. *avere*) ● (*fam.*) Suonare il clacson. **B** in funzione di s. m.: *un insistente c.*

clàde [vc. dotta, lat. *clāde(m)*, da avvicinare a **cĕllere* 'percuotere' (V. *percuotere*); 1483] s. f. ● (*raro, lett.*) Carneficina, massacro, strage: *tra lor cominciar con fiera c. / a tirar archi, e a menar lancie e spade* (ARIOSTO).

cladismo [comp. di *clad(o)-* col suff. *-ismo*; 1991] s. m. ● (*biol.*) Tendenza del pensiero evoluzionista che interpreta la filogenesi degli organismi secondo i metodi della cladistica.

cladistica [comp. di *clad(o)-* col suff. *-istico*, sostantivato al f.; 1991] s. f. ● (*biol.*) Metodo sistematico che classifica gli organismi in base alla loro posizione in un tipico albero genealogico ramificato, piuttosto che secondo il grado di diversità morfologica.

clàdo- [dal gr. *klādos* 'ramo'] primo elemento ● In parole composte della terminologia scientifica significa 'ramo' o 'ramificazione': *Cladoceri, cladofora.*

Cladòceri [vc. dotta, comp. di *clado-* e del gr. *kéras* 'corno'; 1829] s. m. pl. (sing. *-o*) ● Nella tassonomia animale, ordine di piccoli Crostacei spec. d'acqua dolce, di piccole dimensioni (*Cladocera*).

cladòdio [dal gr. *klādos* 'ramo', da avvicinare a *klân* 'spezzare', di orig. indeur.; 1931] s. m. ● (*bot.*) Ramo o fusto appiattito e verde che assume la funzione delle foglie. SIN. Cladofillo, fillocladio. ➡ ILL. **botanica generale.**

cladofillo [comp. di *clado-* e del gr. *phýllon* 'foglia' (V. *clorofilla*); 1956] s. m. ● (*bot.*) Cladodio.

cladòfora [comp. di *clado-* e *-foro*; 1931] s. f. ● Genere di alghe verdi con talli filiformi, cellule plurinucleate, molto ramificate (*Cladophora*).

Cladoforàcee [dal lat. scient. *Cladophora*, comp. di *clado-* e *-for(o)* col suff. *-acee*; 1972] s. f. pl. (sing. *-a*) ● (*bot.*) Nella tassonomia vegetale, famiglia di alghe verdi con cellule plurinucleate, filiformi o ramificate per dicotomia (*Cladophoraceae*).

cladogènesi [comp. di *clado-* e *genesi*] s. f. inv. ● (*biol.*) Derivazione successiva di nuovi gruppi sistematici da una linea di organismi progenitori che si mantiene nel corso dell'evoluzione.

cladogràmma [comp. di *clado-* e *-gramma* 'grafico'; 1991] s. m. (pl. *-i*) ● (*biol.*) Rappresentazione grafica di un processo evolutivo secondo i criteri della cladistica.

cladomania [comp. di *clado-* e *-mania*; 1930] s. f. ● (*bot.*) Nei vegetali, alterazione dello sviluppo consistente in una disordinata produzione di gemme. CFR. Scopazzo.

cladònia [dal gr. *klādos* 'ramo', di orig. indeur.: detto così per le divisioni del tallo; 1830] s. f. ● Genere di licheni eteromeri, di colore rosso o bruno, diffusi in tutto il mondo, cui appartiene il lichene delle renne (*Cladonia*).

†**clamàre** ● V. *chiamare.*

†**clamazióne** [vc. dotta, lat. tardo *clamatiōne(m)* 'clamore, grido', da *clamāre*. V. *clamare*; av. 1306] s. f. ● Clamore.

clamidàto [vc. dotta, lat. *chlamydātu(m)*, da *chlămys*, genit. *chlămydis* 'clamide'; 1714] agg. ***1*** Che indossa la clamide. ***2*** (*bot.*) ***Fiore c.***, provvisto di perianzio.

clàmide [vc. dotta, lat. *chlămyde(m)*, nom. *chlămys*, dal gr. *chlamýs*, genit. *chlamýdos*, di etim. incerta; 1550] s. f. ***1*** Corto mantello spec. militare, affibbiato sulla spalla destra, usato dai Greci e dai Romani. ***2*** (*lett.*) Manto: *c. regale, imperiale*; *sopra la corazza ha una c. rossa* (VASARI). ***3*** (*bot.*) ***Fiore c.***, fiore clamidato.

clamidia [dal gr. *chlamydýon*, dim. di *chlamýs* (V. *clamide*); 1984] s. f. ● (*biol.*) Genere di batteri costituito da specie sferoidali piccole, gram-negative, parassite intracellulari, responsabili di infezioni veneree e urinarie (*Chlamydia*).

clamidospòra [vc. dotta, comp. di *clamide* e *spora*; 1956] s. f. ● (*bot.*) Spora avvolta da una grossa parete, in modo da resistere alle condizioni esterne sfavorevoli.

clamóre [vc. dotta, lat. *clamōre(m)*, da *clamāre*. V. *clamare*; av. 1306] s. m. ***1*** Forte rumore prodotto da più persone che parlano o gridano insieme: *i clamori della folla, del pubblico.* SIN. Frastuono, schiamazzo, vocio. ***2*** (*lett.*) Forte rumore prodotto da qlco.: *al sibilare del vento si univa imponente il c. del mare* (SVEVO). SIN. Frastuono, strepito. ***3*** (*est.*) Vivace interesse, diffusa curiosità: *avvenimento che desta, suscita c.* SIN. Chiasso, scalpore. ***4*** (*est.*) †Lamento, protesta. ***5*** (*est.*) †Preghiera, implorazione.

clamoróso [vc. dotta, lat. tardo *clamorōsu(m)*, da *clămor*. V. *clamore*; 1766] agg. ***1*** Fragoroso, rumoroso: *un alterco c.*; *applausi clamorosi.* SIN. Chiassoso. ***2*** (*fig.*) Che desta scalpore, che fa parlare molto di sé: *un avvenimento, un processo c.*; *sconfitta, vittoria clamorosa.* || **clamorosaménte**, avv.

clan /*ingl.* klæn/ [celt. *clan* 'famiglia'; 1788] s. m. inv. ***1*** Fra i popoli di lingua gaelica, raggruppa[mento] sociale su base gentilizia formato dai d[i]scendenti in linea maschile da un unico progen[i]tore: *c. scozzesi.* ***2*** (*antrop.*) Gruppo la cui paren[tela] o affinità deriva da discendenza comune, t[o]temica o gentilizia. ***3*** (*est.*) Gruppo chiuso e esclusivo di persone legate da interessi comuni (*spreg.*) Cricca, consorteria: *i clan mafios[i]* ***4*** Scuderia, squadra, società | (*gener.*) Ambien[te] sportivo.

clandestinità [1832] s. f. ● Condizione di chi (di ciò che) è clandestino.

clandestino [fr. *clandestin*, dal lat. *clandes[ti]nu(m)*, da *clăm* 'di nascosto'; 1476] **A** agg. ***1*** Ch[e] si fa in segreto, spec. in violazione di leggi, divi[e]ti e sim.: *contratto c.*; *matrimonio c.*; *pubblicazi[o]ne clandestina*; *bisca clandestina* | ***Movimento c***[.] gruppo di azione politica clandestino | ***Lotto c***[.] gioco del lotto tenuto da un privato, ma regolat[o] sul lotto pubblico | ***Coppia clandestina***, che si i[n]contra in segreto per nascondere ad altri una rela[zione] illecita. ***2*** Che vive o è temporaneamente i[n] clandestinità: *immigrato, lavoratore, combatten[te] c.* || **clandestinaménte**, avv. **B** s. m. (f. *-a*) ***1*** Pa[s]seggero imbarcato nascostamente su nave o a[e]reo: *c'è un c. a bordo* | (*est.*) Chi viaggia senz[a] pagare il biglietto. ***2*** Militante in un'organizzazi[o]ne politica clandestina. ***3*** Immigrato clandestin[o]

clang o **clànghete** [vc. onomat.; 1990] inter. ● R[i]produce il suono del gong, del campanaccio del[le] mucche e, gener., il suono di un oggetto metallic[o] percosso.

clàngere [vc. dotta, lat. *clăngere* 'gridare, risu[o]nare'. V. *clangore*; 1869] v. intr. (*io clàngo, tu clàn[gi]*; difett. del pass. rem., del part. pass. e dei tempi comp[o]sti) ● (*raro, lett.*) Squillare | (*est.*) Mandare u[n] suono metallico.

clànghete ● V. *clang.*

clangóre [vc. dotta, lat. *clangōre(m)*, da *clănge[re]* 'gridare', dalla stessa radice di *clamāre*. V. *chiam[a]re*; 1481] s. m. ● (*lett.*) Strepito, suono squillant[e] spec. di trombe: *risonava più d'una trombetta per Roncisvalle con certo c.* (PULCI).

clànico [da *clan*; 1987] agg. (pl. m. *-ci*) ● Di cla[n] relativo a clan: *usi clanici.*

clap /*ingl.* klæp/ [in ingl. è il suono acuto e rip[e]tuto prodotto dagli zoccoli dei cavalli, dai battima[ni] e sim.; 1985] inter. ● (*spec. iter.*) Riproduce il r[u]more del battimano.

claque /*fr.* klak/ [fr., da *claquer* 'battere le man[i]' di orig. onomat.; 1877] s. f. inv. ● In un teatro, gru[p]po di spettatori che applaudono a comando [in] cambio dell'ingresso gratuito | (*est.*) Gruppo [di] sostenitori, spec. di un uomo politico.

claquettes /*fr.* kla'kɛt/ [vc. fr., da *claquer* 'sco[p]piettare, schioccare', di orig. onomat.; 1965] s. f. p[l.] ● Particolari placchette metalliche applicate sot[to] le scarpe dei ballerini, spec. da tip tap, allo scop[o] di ritmare la danza con un caratteristico rumore.

claqueur /*fr.* kla'kœːʀ/ [1858] s. m. inv. ● Cla[c]chista.

clarina ● V. *chiarina.*

clarinettista [fr. *clarinettiste*, da *clarinette* 'cla[ri]netto'; 1865] s. m. e f. (pl. m. *-i*) ● Chi suona il cla[ri]netto.

clarinétto [fr. *clarinette*, da *clarine* 'sonaglio', d[al] lat. *clārus* 'chiaro, sonoro'; 1781] s. m. ● Strume[n]to a fiato costituito da un tubo cilindrico di legn[o] munito di un bocchino e di un barilotto nella pa[r]te superiore, e di una campana al termine del tu[]bo | ***C. in fa***, corno bassetto. ➡ ILL. **musica.**

clarinista [1970] s. m. e f. (pl. m. *-i*) ● Chi suon[a] il clarino.

clarino [fr. *clairon*, da *clair* 'chiaro', per la chiarez[]za del suono; nel sign. di 'clarino', da *clarinetto*; a[v.] 1647] s. m. ***1*** Tipo di tromba del XVII e XVI[II] sec. SIN. Clarone. ***2*** Correntemente, clarinett[o] ***3*** Chiarina, nel sign. 1.

clarissa [da *Clāra*, n. lat. di S. Chiara (119[4]-1253), fondatrice dell'ordine; 1786] s. f. ● Suo[ra] dell'ordine francescano di clausura.

†**clàro** e *deriv.* ● V. *chiaro* e *deriv.*

claróne [fr. *clairon*. V. *clarino*; 1722] s. m. ***1*** †Sp[e]cie di clarinetto in fa, attualmente sostituito d[al] clarinetto basso. ***2*** Clarino, nel sign. 1.

-clàsia ● V. *-clastia.*

classaménto [1956] s. m. ***1*** Operazione d[el] classare titoli. ***2*** Operazione di formazione del ca[]tasto, consistente nell'applicazione dell'estimo [a] ogni particella: *procedere al c. dei terreni.*

classàre [fr. *classer*. V. *classe*; 1790] **v. tr.** *1* Classificare. *2* Nel linguaggio di borsa, collocare titoli azionari e obbligazioni presso acquirenti che non intendono rimetterli subito in vendita.

classazióne [1858] **s. f.** ● (*stat.*) Raggruppamento in classi delle unità di un collettivo oggetto di studio statistico, basato sulla loro omogeneità rispetto a una o più variabili qualitative o quantitative.

clàsse [vc. dotta, lat. *clăsse(m)*, prob. di orig. etrusca; 1321] **s. f.** *1* Nell'antica Roma, ciascuna delle cinque categorie in cui erano distinti i cittadini in base al patrimonio fondiario. *2* Insieme di persone che hanno una stessa situazione economica e sociale: *c. capitalistica, borghese, feudale, operaia, proletaria*; *c. media* | ***Lotta di c.***, per il marxismo, il conflitto fra le classi sociali provocato da un radicale contrasto di interessi | (*est.*) Insieme di persone che esercitano la medesima professione: *la c. medica, degli artisti, dei commercianti* | ***C. dirigente***, l'insieme di coloro che occupano un posto preminente in ogni ambito della vita sociale, politica, economica e culturale | ***C. politica***, l'insieme delle persone che si dedicano professionalmente all'attività politica. *3* Gruppo di entità di varia natura identificato all'interno di uno schema di classificazione da un complesso di caratteristiche comuni: *la c. dei sostantivi irregolari in italiano* | ***Classi di lingue***, tipi in cui si distribuiscono le lingue in base ai tratti più caratteristici. *4* (*biol.*) Nei sistemi di classificazione, raggruppamento di ordini animali o vegetali affini: *la c. dei Vertebrati, delle Dicotiledoni*. *5* (*mat.*) Collezione o aggregato di enti. SIN. Insieme | ***C. di grandezze***, insieme di enti nel quale sia data una relazione d'equivalenza, una relazione d'ordine totale e un'operazione che goda delle proprietà formali dell'addizione fra segmenti | ***C. d'equivalenza***, uno dei sottoinsiemi formati da tutti gli elementi associati a un elemento dato in una relazione d'equivalenza. *6* (*miner.*) Insieme di tutti i minerali contraddistinti dalla stessa combinazione di elementi di simmetria e quindi tutti con le stesse forme cristalline potenziali. *7* Insieme dei soldati di una stessa leva: *chiamata, congedo di una c.*; *la c. del '99* | (*scherz.*) ***C. di ferro***, generazione dotata di particolari qualità | ***C. di leva***, insieme dei cittadini che a una certa età diventano soggetti agli obblighi militari. *8* (*est.*) Raggruppamento degli alunni di una scuola secondo il grado di studio o la materia: *essere promossi alla quinta c.*; *la c. di francese, di dattilografia* | (*est.*) Tutti gli alunni dello stesso corso: *c. maschile, femminile, mista*; *una c. difficile* | ***Primo della c.***, V. *primo* nel sign. C 1 | (*est.*) L'aula stessa in cui gli alunni ascoltano le lezioni: *uscire di, entrare in c.*; *compito in c.* | ***C. collaterale***, sezione collaterale. *9* (*dir.*) Insieme dei terreni o immobili urbani cui, nell'estimo catastale, è stato riconosciuto uno stesso grado di produttività o uno stesso valore di rendita. *10* (*est.*) Ripartizione fondata su differenze nelle attrezzature e nei servizi, valida sui mezzi di trasporto aerei, terrestri, marittimi, nelle stazioni, negli alberghi e sim.: *c. di lusso, turistica*; *albergo, carrozza di seconda c.* SIN. Categoria. *11* Suddivisione di imbarcazioni, automobili e motociclette appartenenti a una categoria secondo determinate caratteristiche di lunghezza, peso, potenza e sim. *12* (*fig.*) Ottima qualità, eccellenza di doti: *quel cavallo ha c.* | ***Di c., di gran c.***, di notevole pregio | ***Di prima c.***, eccellente | ***Fuori c.***, V. *fuoriclasse* | ***Atleta di c. internazionale***, degno di partecipare a competizioni internazionali | ***Persona di c.***, di modi e gusti signorili. *13* †Flotta | †Schiera, esercito. || **classàccia**, pegg. | **classétta**, dim. | **classettina**, dim.

classènse **agg.** ● Di Classe, in provincia di Ravenna | ***Biblioteca c.***, a Ravenna, raccoglie preziosi manoscritti e incunaboli.

classiàrio [vc. dotta, lat. *classiāriu(m)*, da *clăssis* 'flotta'. V. *classe*; 1585] **s. m.** ● Soldato della flotta romana.

clàssica [f. sost. di *classico*; 1986] **s. f.** *1* Gara sportiva annuale di prestigio e di lunga tradizione | Nell'ippica, corsa che si disputa tra cavalli della stessa età portanti un ugual peso | Nel calcio, incontro tra squadre che abbiano vinto almeno un campionato di serie A. *2* (*ellitt.*) Musica classica.

classicheggiànte [1957] **part. pres.** di *classicheggiare*; anche **agg.** ● Che imita i classici | Che tende allo stile classico: *secolo c.*

classicheggiàre [1913] **v. intr.** (*io classichéggio*; aus. *avere*) ● Imitare i classici in arte o in letteratura.

classicìsmo [1818] **s. m.** *1* Caratteristica di chi (o di ciò che) è classico: *il c. di Virgilio, del Partenone*. *2* Tendenza artistica che pone come regola fondamentale dell'arte l'imitazione dei classici, considerandoli modelli insuperabili: *il c. del Seicento francese*. *3* In musica, periodo che va dalla seconda metà del Settecento fino al 1830 circa, caratterizzato dall'espansione della musica strumentale e dalla codificazione della forma sonata.

classicista [1818] **s. m. e f.** (pl. m. *-i*) *1* Fautore, seguace del classicismo. *2* Studioso dell'antichità classica.

classicistico [1818] **agg.** (pl. m. *-ci*) ● Che è proprio del classicismo, dei classicisti: *l'ideale c. del Rinascimento*. || **classicisticaménte**, avv. Secondo le teorie del classicismo.

classicità [1892] **s. f.** *1* Canoni estetici o gusto artistico ispirati al mondo classico: *l'evidente c. dell'architettura del Settecento*; *la castità della forma, che si suole chiamare c.* (CROCE). *2* Il mondo dell'antichità greca e romana.

classicizzàre [1900] **A** **v. tr.** ● Conformare al gusto e allo stile classico. **B** **v. intr.** (aus. *avere*) ● (*raro*) Tendere allo stile classico.

♦**clàssico** [fr. *classique*, dal lat. *clăssicu(m)* 'cittadino della prima classe', poi 'di prim'ordine', da *clăssis* 'classe'; av. 1673] **A** **agg.** (pl. m. *-ci*) *1* Che è pertinente alla civiltà greca e latina: *scrittori, autori classici*; *studi classici*; *arte classica* | ***Liceo c.***, basato sullo studio delle materie umanistiche. *2* Che è considerato modello esemplare, detto di opera o di artista: *è un romanzo c. della letteratura contemporanea*. *3* (*fis.*) Non quantistico, non relativistico: *meccanica classica*. *4* (*mus.*) ***Musica classica***, in contrapposizione alla musica leggera, musica colta, spec. strumentale. *5* (*est.*) Esemplare, tipico, caratteristico: *è la classica buccia di banana*; *è il c. figlio di papà* | Tradizionale: *linea, moda classica*; *abito c.* | ***Tessuto, colore c.***, non soggetto agli effimeri dettami della moda | ***Gara, corsa classica***, V. *classica* | (*sport*) ***Tecnica classica***, quella che regola l'andatura di alcune competizioni sciistiche di fondo, basata essenzialmente sull'uso del passo alternato | ***Questa è classica!***, (*iron.*) escl. di commento a un'affermazione o situazione tipica, prevedibile. || **classicaménte**, avv. **B** **s. m.** *1* Opera o artista che, per l'alto valore dell'esperienza artistica e culturale che rappresenta, costituisce un modello esemplare: *i classici russi dell'Ottocento*; *quel film ormai è diventato un c.* *2* (*al pl.*, *per anton.*) Gli scrittori greci e latini.

♦**classìfica** [da *classificare*; 1855] **s. f.** *1* Graduatoria per ordine di merito dei partecipanti a una competizione, secondo particolari criteri o modalità: *c. generale, assoluta*; *c. per categorie*; *c. a punti* | ***C. dei cannonieri***, graduatoria dei calciatori che hanno segnato gol nel corso di un campionato o di un torneo | ***Atleta, squadra di c.***, che ha possibilità di vincere o di ottenere un buon piazzamento in gare o campionati. *2* Graduatoria di partecipanti a una gara o concorso, secondo l'esito: *la c. degli abilitati all'esame di stato*. *3* Classificazione.

classificàbile [1865] **agg.** ● Che si può classificare.

♦**classificàre** [comp. di *classe* e *-ficare*; sec. XIV] **A** **v. tr.** (*io classìfico, tu classìfichi*) *1* Ordinare per classi: *c. libri, documenti, piante, animali, idee*. *2* (*est.*) Valutare mediante l'assegnazione di un voto, un parere formale e sim., il merito di uno studente, di un candidato, di un compito e sim.: *lo hanno classificato piuttosto bene* | Nell'organizzazione aziendale, valutare un dipendente o una merce secondo standard definiti di qualità | (*est.*, *gener.*) Valutare, inquadrare: *non riesco a c. quell'individuo*. *3* (*chim.*) Separare manualmente o mediante vagli una sostanza che si presenta con dimensioni non omogenee in gruppi di dimensioni omogenee. **B** **v. rifl.** ● Ottenere un certo posto o grado in una classifica: *classificarsi fra i primi cinque*.

classificatóre [1865] **s. m.** *1* (f. *-trice*) Chi classifica. *2* Cartella per contenere documenti e sim. classificati | Mobile di varia forma e materia munito di cassetti per conservare in ordine lettere, documenti e sim. | Album con taschine trasparenti per collezioni varie: *c. di francobolli*. *3* (*tecnol.*) Macchina, apparecchio che separa e ordina, secondo vari criteri, materiali eterogenei.

classificatòrio [da *classificare*; 1913] **agg.** ● Che classifica | Relativo a classificazione.

classificazióne [da *classificare*; 1801] **s. f.** *1* Distribuzione, ordinamento in classi, gruppi, categorie e sim.: *c. per specie, per categoria*; *la c. botanica di Linneo*; *la c. periodica degli elementi chimici*; *c. statistica*; *c. di documenti* | ***C. decimale universale***, catalogazione sistematica spec. di materiale bibliografico d'archivio, di magazzino e sim., fondata sulla ripartizione degli elementi in dieci classi, ciascuna a sua volta suddivisa in dieci divisioni e così via. *2* (*est.*) Valutazione di persone o cose, mediante voti, pareri, giudizi e sim.: *c. di un alunno*; *metodo della c. del lavoro*.

classìsmo [da *classe* nel sign. 2; 1950] **s. m.** *1* Teoria secondo cui la storia delle civiltà appare come il risultato della lotta fra le classi sociali. *2* Difesa intransigente degli interessi della propria classe sociale.

classista [1923] **A** **agg.** (pl. m. *-i*) ● Basato sul classismo: *concezione, politica c.* | Classistico: *Ma l'immagine dell'insieme c. dei suoi figli / era … insopportabile* (PASOLINI) | ***Stato c.***, che ha come fine la cura del benessere di una sola classe di cittadini. **B** **s. m. e f.** (pl. m. *-i*) ● Chi accetta gli schemi del classismo.

classistico [1932] **agg.** (pl. m. *-ci*) ● Del classismo, dei classisti; conforme al classismo. || **classisticaménte**, avv.

-clastia o **-clasia** [dal gr. *klastós* 'spezzato', da *kláō* 'io rompo'] secondo elemento ● In parole composte dotte o scientifiche significa 'rottura', 'frantumazione': *iconoclastia*.

clàstico [dal gr. *klastós* 'spezzato', da *kláō* 'io rompo' (V. *-clastia*); 1913] **agg.** (pl. m. *-ci*) *1* (*geol.*) Detto di sedimento, di roccia sedimentaria e sim., che si è depositato come frammento di minerale o roccia preesistente. *2* (*psicol.*, *raro*) Tendente a distruggere, distruttivo.

clàudia [così detta in onore della regina *Claudia* (1515-1547), moglie di Francesco I di Francia; 1821] **agg.** solo f. inv. ● Detto di una varietà pregiata di susina europea di color giallo dorato, con polpa soda e profumata.

claudicànte [av. 1420] **part. pres.** di *claudicare*; anche **agg.** *1* (*lett.*) Zoppicante. *2* (*fig.*) Difettoso, imperfetto: *prosa c.*; *periodi claudicanti*; *negozio giuridico c.*

claudicàre [vc. dotta, lat. *claudicāre*, da *clāudus* 'zoppo', di etim. incerta; sec. XV] **v. intr.** (*io clàudico, tu clàudichi*; aus. *avere*) ● (*lett.*) Zoppicare: *traversò le stanze, claudicando* (D'ANNUNZIO) | (*fig.*) Titubare.

claudicazióne [vc. dotta, lat. *claudicatiōne(m)*, da *claudicāre* 'claudicare'; 1865] **s. f.** ● (*med.*) Andatura zoppicante.

claunésco ● V. *clownesco*.

clàusola o (*raro*) **clàusula** [vc. dotta, lat. *clāusula(m)*, da *clāudere* 'chiudere'; av. 1396] **s. f.** *1* (*dir.*) Disposizione o condizione di contenuto autonomo, inserita per volontà delle parti o della legge in un atto giuridico, spec. negoziale: *c. penale*; *c. compromissoria*; *c. arbitrale* | ***C. della nazione più favorita***, nei trattati commerciali internazionali, quella con cui ci si impegna a estendere all'accordo eventuali migliori condizioni che verranno sottoscritte in futuro con altre nazioni | ***C. di provvisoria esecuzione***, quella aggiunta a una pronuncia giurisdizionale al fine di imporne l'esecuzione immediata | ***C. di cancello***, per cui il noleggiatore ha facoltà di dichiarare nullo il contratto di noleggio se entro il termine pattuito la nave non è pronta per la caricazione | (*banca*) ***C. rossa, verde***, V. *rosso, verde* | ***C. di stile***, abitualmente inserita in un contratto al fine di renderne più completo e comprensibile il testo. *2* (*est.*) Ogni singola parte di un accordo: *stendere le clausole di un contratto*. *3* Spec. nella prosa classica, la parte finale di un periodo, regolata da determinati schemi ritmici; CFR. Cursus. *4* Conclusione di una frase musicale. || **clausolétta**, dim.

claustràle [vc. dotta, lat. tardo *claustrāle(m)*, da *clāustrum* 'chiostro'; av. 1292] **A** **agg.** ● Del chiostro: *vita c.* | (*raro*, *est.*) Monastico, religioso: *vocazione c.* **B** **s. m. e f.** ● (*spec. al pl.*, *raro*) Monaco o monaca di clausura.

claustrazióne [dal fr. *claustration*, deriv. del v. *se claustrer* 'chiudersi in convento' (*clāustru(m)* in lat.); av. 1927] **s. f.** *1* (*raro, lett.*) Clausura. *2* (*psicoan.*) Reclusione che alcuni soggetti si impongono per sottrarsi ai contatti e alle influenze del mondo esterno.

clàustro ● V. *chiostro*.

claustrofilia [comp. del lat. *clāustru(m)* 'chiostro' e di *-filia*; 1964] **s. f.** ● Tendenza morbosa a vivere appartati. CFR. Agorafobia.

claustrofobia [comp. del lat. *clāustru(m)* 'luogo chiuso' e di *-fobia*; 1898] **s. f.** ● (*psicol.*) Timore morboso degli spazi chiusi.

claustrofòbico [1985] **A agg.** (pl. m. *-ci*) ● Relativo alla claustrofobia: *manifestazione claustrofobica*. **B agg.**; anche **s. m.** (f. *-a*) ● Claustrofobo.

claustròfobo [comp. del lat. *clāustrum* 'chiostro' e di *-fobo*; 1970] **agg.**; anche **s. m.** (f. *-a*) ● Che (o Chi) soffre di claustrofobia.

clàusula ● V. *clausola*.

clausùra [vc. dotta, lat. tardo *clausūra(m)*, da *clāudere* 'chiudere'; 1306] **s. f.** *1* Regola che vieta a monaci e a monache di alcuni ordini di uscire dal convento | Divieto imposto agli uomini di entrare in monasteri femminili, e alle donne di entrare in conventi maschili | Parte del convento o del monastero sottoposta a tale divieto. *2* (*fig.*) Isolamento, solitudine. *3* †V. *chiusura*.

clàva [vc. dotta, lat. *clāva(m)*, di orig. indeur., dalla stessa radice di *percëllere* 'colpire'; 1478] **s. f.** *1* Bastone grosso e piuttosto corto, arrotondato a una delle estremità, usato come arma dai primitivi: *era a tener uso / la c. ponderosa* (POLIZIANO) | (*est.*) Grosso bastone. *2* Mazza di guerra con testa di ferro munita di borchie e di chiodi. *3* Nella ginnastica, attrezzo in legno la cui forma ricorda quella di una bottiglia. || **clavétta**, **dim.** (V.).

clavària [fr. *clavaire*, dal lat. *clāva* 'clava', per la forma; 1830] **s. f.** ● Genere di Funghi dei Basidiomiceti delle Clavariacee con corpo fruttifero di aspetto vario (*Clavaria*). SIN. (*pop.*) Ditola, manina. ➡ ILL. **fungo**.

Clavariàcee [vc. dotta, comp. di *clavaria* e *-acee*; 1965] **s. f. pl.** (sing. *-a*) ● Nella tassonomia vegetale, famiglia di Funghi il cui corpo fruttifero ha aspetto simile a una clava, o arborescente (*Clavariaceae*).

clavétta [1987] **s. f.** *1* Dim. di *clava*. *2* Nella ginnastica, attrezzo simile alla clava, di differente peso e bilanciamento | (*est., al pl.*) Specialità della ginnastica ritmico-sportiva.

clavicembalista [1931] **s. m. e f.** (pl. m. *-i*) *1* Chi suona il clavicembalo. *2* Compositore di musica per clavicembalo.

clavicembalistica [1964] **s. f.** ● Arte di suonare il clavicembalo o di comporre musiche per tale strumento.

clavicembalistico [1964] **agg.** (pl. m. *-ci*) ● (*mus.*) Che si riferisce al clavicembalo, alla musica per clavicembalo o ai clavicembalisti: *pagina clavicembalistica del 1700*.

clavicèmbalo (o *-è-*) [comp. del lat. *clāvis* 'chiave' e *cȳmbalum* 'cembalo'. *Chiavi* sono le verghette di legno con cui si percuotevano le corde dello strumento; 1548] **s. m.** ● Strumento a corde pizzicate con plettri azionati da una tastiera. ➡ ILL. **musica**.

clavìcola [vc. dotta, lat. *clavĭcula(m)* 'viticcio, piccola chiave', dim. di *clāvis* 'chiave', detta così per la forma; 1474] **s. f.** ● (*anat.*) Osso della cintura toracica che va dallo sterno alla scapola. ➡ ILL. p. 2122 ANATOMIA UMANA.

clavicolàre [1887] **agg.** ● Della clavicola.

clavicòrdo o **clavicòrdio** [comp. del lat. *clāvis* 'chiave' e *chŏrda* 'corda'. V. *clavicembalo*; av. 1547] **s. m.** ● Strumento a tastiera, a corde percosse, progenitore del pianoforte: *Ella passava, senza scomporsi, dal clavicordio ai fornelli* (DOSSI). SIN. Spinetta sorda. ➡ ILL. **musica**.

†**clavìgero** [vc. dotta, lat. *clavĭgeru(m)* 'portatore' (da *gĕrere* 'portare') di clava (lat. *clāva*)'; av. 1729] **agg.** ● (*lett.*) Portatore di clava: *a guisa di tanti Ercoli clavigeri* (MARINO).

clavioline /fr. klavjɔ'lin/ [comp. del lat. *clāvis* 'chiave' (V. *clavicembalo*), e di un secondo elemento di etim. incerta; 1970] **s. m.** o **f. inv.** ● Strumento elettronico a tastiera in grado di riprodurre il timbro di vari strumenti.

clàvo [vc. dotta, lat. *clāvu(m)*. V. *laticlavio*; av. 1569] **s. m.** *1* Nella Roma antica, balza di stoffa purpurea che, applicata alla tunica, indicava l'appartenenza all'ordine equestre | Orlo di lana purpurea, intessuto nella toga pretesta, come insegna dei ragazzi romani di età inferiore ai quindici anni. *2* (*raro, est.*) Ornamento applicato alle vesti usate nella liturgia delle Chiese cristiane.

clàxon /'klakson/ e *deriv.* ● V. *clacson* e *deriv.*

clearance /ingl. 'kḥlɪərəns/ [vc. ingl., propr. 'depurazione', da *to clear* 'schiarire, ripulire', da *clear* 'chiaro' (a sua volta dal fr. ant. *cler*); 1989] **s. f. inv.** ● (*med.*) Tecnica usata nello studio della funzionalità renale, consistente nella determinazione del volume di plasma (o di sangue) che il rene è in grado di depurare, nell'unità di tempo, da una sostanza normalmente presente o introdotta a scopo diagnostico.

clearing /ingl. 'kḥlɪərɪŋ/ [vc. ingl., da *to clear* 'operare uno storno'; 1857] **s. m. inv.** ● (*econ.*) Compensazione dei debiti coi crediti fra le varie banche | Compensazione dei debiti per le importazioni coi crediti per le esportazioni, pattuita fra due Stati, per evitare movimenti di valuta.

clèfta [gr. moderno *kléphtēs*, propr. 'ladro', offesa ai nemici; 1846] **s. m.** (pl. *-i*) ● Membro di bande di insorti greci che nei secc. XVIII-XIX si opposero con il brigantaggio e la guerriglia alla dominazione turca.

clèftico [gr. moderno *kléphtikos* 'proprio del clefta'; av. 1938] **agg.** (pl. m. *-ci*) ● Dei clefti, spec. riferito ai canti popolari che ne celebravano le imprese.

clèisto- [dal gr. *kleistós* 'chiuso', da *kléiein* 'chiudere', di orig. indeur.] primo elemento ● In parole composte della terminologia scientifica significa 'chiuso': *cleistogamia*.

cleistogamia [comp. di *cleisto-* e *-gamia*; 1931] **s. f.** ● (*bot.*) Presenza di fiori cleistogami.

cleistògamo [comp. di *cleisto-* e del gr. *gámos* 'nozze'; 1892] **agg.** ● (*bot.*) Detto di fiore che rimane chiuso e quindi si autofeconda.

clematìde o †**clematìte** [vc. dotta, lat. *clemăti-de(m)*, nom. *clēmatis*, dal gr. *klēmatis*, dim. di *klē-ma* 'tralcio di vite' (da avvicinare a *klân* 'rompere'); av. 1498] **s. f.** ● Genere di piante erbacee rampicanti delle Ranuncolacee con frutto ad achenio, foglie opposte e fiori formati da quattro sepali variamente colorati (*Clematis*).

clemènte [vc. dotta, lat. *clemĕnte(m)*, di etim. incerta; sec. XIV] **agg.** *1* Che perdona con facilità, che mostra indulgenza: *essere, dimostrarsi c. verso qlcu.*; *un giudice c.* | Generoso, pietoso: *divinità c.* *2* Mite, detto di stagione o di clima: *estate, inverno c.* || **clementeménte**, **avv.** (*raro*) In modo clemente.

clementina [dal n. del coltivatore, un certo padre *Clemente*, che riuscì a ottenerla; 1963] **s. f.** ● Mandarancio.

clementino [1894] **agg.** ● Di opere, decreti, costituzioni e sim. pubblicate da uno dei papi che portarono il nome di Clemente.

clemènza [vc. dotta, lat. *clemĕntia(m)*, da *clĕmens*, genit. *clemĕntis* 'clemente'; 1340] **s. f.** *1* Caratteristica di chi è clemente: *costei sosterrà scettro innocente, / pien di c. e privo di rigore* (MARINO) | Indulgenza, condiscendenza. *2* Mitezza della stagione, del tempo.

cleopàtra [dal n. della regina d'Egitto, arbitrariamente assegnato; 1987] **s. f.** ● (*zool.*) Genere di Molluschi dei Gasteropodi, abitatori delle acque dolci dell'Africa, del Madagascar e delle isole Seicelle (*Cleopatra*).

cleptocrazia [comp. del gr. *kléptēs* 'ladro' (di orig. indeur.) e *-crazia*; 1975] **s. f.** ● Nel linguaggio giornalistico, sistema di governo fondato sulla corruzione e sul peculato.

cleptòmane [fr. *kleptomane*, comp. del gr. *kléptēs* 'ladro' (di orig. indeur.), e di *-mane* '-mane'; 1900] **agg.**; anche **s. m. e f.** ● Che (o Chi) è affetto da cleptomania.

cleptomania [fr. *kleptomanie*, da *kleptomane* 'cleptomane'; 1889] **s. f.** ● Impulso ossessivo e irrefrenabile a rubare.

clèrgyman /'klɛrdʒimen, ingl. 'kḥlɜːdʒimən/ [ingl., propr. 'sacerdote, ecclesiastico', comp. di *clergy* 'clero', dal lat. tardo *clericātu(m)* 'clericato' e *man* 'uomo', di orig. germ.; 1950] **s. m. inv.** ● Abito sacerdotale composto di giacca e pantaloni di colore nero o grigio scuro con pettorina nera e collare bianco, indossato generalmente fuori della chiesa.

clericàle o †**chiericàle** [vc. dotta, lat. tardo *cleri-cāle(m)*, da *clĕricus* 'chierico'; av. 1396] **A agg.** ● Del clero: *privilegi clericali*; *abito c.* || **clericalménte**, **avv.** Da clericale. **B agg.**; anche **s. m. e f.** ● Seguace del clericalismo | Che (o Chi) è favorevole all'intervento diretto e indiretto del potere ecclesiastico nella vita politica.

clericaleggiànte **part. pres.** di *clericaleggiare*; anche **agg.** ● Favorevole al clericalismo

clericaleggiàre [da *clericale*; 1908] **v. intr.** (*io clericaléggio*; aus. *avere*) ● (*raro*) Avere, manifestare tendenze clericali.

clericalìsmo [fr. *cléricalisme*, da *clérical* 'clericale'; 1867] **s. m.** ● Atteggiamento, tendenza di coloro che, nella pratica politica, si propongono soprattutto la tutela dei diritti della Chiesa e l'applicazione dei suoi principi nell'ordine civile.

clericalizzazióne **s. f.** ● (*raro*) Assunzione di forme, modi, atteggiamenti e sim. tipici degli appartenenti al clero.

clericàto ● V. *chiericato*.

†**clèrico** ● V. *chierico*.

clèro [vc. dotta, lat. tardo *clēru(m)*, nom. *clērus*, dal gr. *klêros* 'sorte, eredità', poi 'parte scelta dei fedeli'; 1476] **s. m.** *1* L'insieme dei sacerdoti, cui, in una Chiesa, è affidato il culto divino. *2* Nella teologia cattolica, l'insieme dei membri della Chiesa cui è demandato, per divina investitura, l'ufficio di santificare e governare spiritualmente i fedeli | ***C. regolare***, religiosi di ordini e di congregazioni soggetti a regole | ***C. secolare***, i sacerdoti che vivono nel secolo, ossia nel mondo.

clerodèndro [comp. del gr. *klêros* 'sorte' e *-dendro*; 1865] **s. m.** ● Genere di piante arbustive o arboree delle Verbenacee, ornamentali, con fiori di vario colore e frutto a drupa (*Clerodendron*).

cleromanzìa [vc. dotta, comp. del gr. *klêros* 'sorte' e di *-manzia*; 1585] **s. f.** ● Divinazione basata su segni particolari o su elementi scelti a caso, quali il volo e il canto degli uccelli, taluni segni su carte e dadi, e sim.

†**clèsia** ● V. *chiesa*.

clèssidra [fr. *clepsydre*, dal lat. *clĕpsydra(m)*, nom. *clĕpsydra*, dal gr. *klepsýdra*, comp. del gr. *kléptō* 'io rubo' e *hýdōr* 'acqua'; 1550] **s. f.** ● Particolare orologio costituito da due piccoli recipienti di vetro sovrapposti, comunicanti tra loro mediante uno stretto passaggio attraverso il quale scorrono lentamente sabbia o acqua, dando così la misura del tempo trascorso.

clic o **clicchete**, **click** [vc. onomat.; 1958] **A inter.** ● Riproduce il secco rumore di un interruttore, di un grilletto e in genere di un congegno, spec. metallico, che scatta | ***Fare c.***, (*fam.*) fotografare; (*elab.*) cliccare, premere il pulsante del mouse. **B s. m.** *1* Il rumore di un congegno che scatta: *il c. dell'interruttore*. *2* Scatto fotografico | (*est.*) Fotografia: *un c. d'autore*. *3* (*ling.*) Suono linguistico pronunciato durante la fase di inspirazione; è proprio di talune lingue africane. *4* (*elab.*) Comando dato premendo il pulsante del mouse | ***Doppio c.***, rapida successione di due pressioni sul pulsante del mouse.

cliccàre [denom. di *clic* 'scatto' sull'es. dell'ingl. *to click*; 1992] **A v. intr.** (*io clìcco, tu clìcchi*; aus. *avere*) ● (*elab.*) Premere il pulsante del mouse o di un altro dispositivo analogo: *c. su un'icona*. **B v. tr.** ● Schiacciare un pulsante: *c. il mouse*; *c. il telecomando*.

clicchettìo [vc. onomat.; 1942] **s. m.** ● Serie di piccoli colpi secchi e metallici. SIN. Ticchettio.

cliché /fr. kli'ʃe/ [vc. fr., di orig. onomat. (?); 1837] **s. m. inv.** *1* Lastra metallica in zinco, rame o altro, incisa con processi fotochimici per la riproduzione tipografica di disegni e fotografie | ***C. a mezzatinta***, ***a retino***, quello in cui tutti i valori tonali dell'originale sono resi mediante punti uniformemente neri, di grossezza variabile | ***C. al tratto***, quello caratterizzato da superfici uniformemente nere o bianche e da chiaroscuri resi mediante tratti più o meno fini e distanziati. *2* (*fig.*) Modello convenzionale, stereotipato, luogo comune: *attenersi a un c.*; *è un c. ormai superato*; *il c. della perfetta padrona di casa*. *3* (*ling.*) Ogni espressione ricercata che costituisce uno scarto stilistico in rapporto alla norma, e che si trova banalizzata dall'uso troppo frequente che ne è stato fatto (ad es. *l'aurora dalle dita di rosa*).

click /ingl. kḥlɪk/ ● V. *clic*.

client /'klajent, *ingl.* k̥hlaeənt/ [vc. ingl., propr. 'cliente'; 1994] **s. m. inv.** ● (*elab.*) In una rete locale, ciascuno degli elaboratori che possono sfruttare le risorse del server.

cliènte [vc. dotta, lat. *cliĕnte(m)*, di etim. incerta; av. 1540] **s. m. e f.** *1* Chi compie i propri acquisti presso un determinato negozio, o frequenta abitualmente un bar, un ristorante, un albergo e sim.: *quel negozio ha molti, pochi clienti; servitelo bene, è un c.* | Chi si serve abitualmente dell'opera di un professionista: *i clienti del dentista, dell'avvocato.* *2* Nell'antica Roma, chi si poneva sotto la protezione di un patrono. *3* (*est., spreg.*) Chi è asservito, per interessi privati e sim., a un potente personaggio, spec. politico.

clientèla [vc. dotta, lat. *clientēla(m)*, da *clĭens*, genit. *cliĕntis* 'cliente'; av. 1540] **s. f.** *1* Complesso dei clienti di un negoziante, di un professionista e sim.: *avere una buona c.; una c. ricca, scelta.* *2* Nell'antica Roma, rapporto di protezione e soggezione volontaria a un patrono. *3* (*est., spreg.*) Insieme di coloro che sostengono un personaggio potente, ottenendone in cambio favori e protezione: *c. politica.*

clientelàre [1963] **agg.** ● Relativo a clientela, nel sign. 3: *favoritismo c.* || **clientelarménte**, **avv.**

clientelìsmo [1963] **s. m.** *1* Relazioni tra persone che sono legate da motivi di interesse o che cercano di ottenere favoritismi: *c. politico, industriale.* *2* (*spreg.*) Politica fondata su favoritismi personali.

clientelìstico [1964] **agg.** (pl. m. *-ci*) ● Relativo a clientelismo: *manovre clientelistiche.* || **clientelisticaménte**, **avv.**

clièntolo o (*lett.*) †**cliĕntulo** [vc. dotta, lat. *cliĕntulu(m)*, dim. di *clĭens*, genit. *cliĕntis* 'cliente'; av. 1406] **s. m.** (f. *-a*) *1* †Cliente. *2* (*raro, lett.*) Cliente da strapazzo.

clima o †**climate**, †**climato** [vc. dotta, lat. tardo *clĭma*, dal gr. *klíma* 'inclinazione', poi 'inclinazione della Terra dall'equatore ai poli', quindi 'zona geografica, latitudine', da *klínō* 'io piego', di orig. indeur.; 1282] **s. m.** (pl. *-i*) *1* Insieme delle condizioni atmosferiche che caratterizzano una regione | Andamento abituale del tempo in una regione: *c. freddo, caldo, secco, umido, temperato, marittimo, continentale.* *2* (*fig.*) Complesso di condizioni e situazioni politiche, culturali, psicologiche e sim. che caratterizzano un determinato ambiente o periodo storico: *il c. della Francia rivoluzionaria; il c. teso del dopoguerra.* *3* Ciascuna delle sette zone in cui i geografi antichi ripartivano la terra a nord dell'equatore. *4* (*lett.*) Regione, paese: *qual è c. sì inospito e remoto / alma qual è che non conosca amore?* (MARINO).

climatèrico [vc. dotta, lat. *climactĕricu(m)*, nom. *climactĕricus*, dal gr. *klimaktērikós*, da *klimaktḗr*, genit. *klimaktêros* 'climaterio'; 1608] **agg.** (pl. m. *-ci*) *1* (*med.*) Relativo al climaterio maschile o femminile. *2* Detto di ogni settimo anno della vita umana che, secondo gli antichi, compiva un ciclo, ed era reputato pericoloso. *3* (*fig., lett.*) Infausto, pericoloso: *periodo c.*

climatèrio [gr. *klimaktḗr*, genit. *klimaktêros* 'scalino, punto critico della vita', da *klîmax*, genit. *klímakos* 'scala', da *klínō* 'io piego'; 1892] **s. m.** ● (*fisiol.*) Periodo di involuzione con disturbi fisici e psichici derivati dall'esaurimento dell'attività delle ghiandole sessuali | *C. femminile*, menopausa | *C. maschile*, andropausa.

climàtico [fr. *climatique*, dal gr. *klimatikós*, da *klíma*. V. *clima*; 1884] **agg.** (pl. m. *-ci*) ● Relativo al clima: *variazioni climatiche* | ***Cura climatica***, praticata variando l'ambiente e il clima abituale | ***Stazione climatica***, luogo con clima adatto a cure particolari. || **climaticaménte**, **avv.** Dal punto di vista climatico.

climatizzàre [fr. *climatiser*, dal gr. *klíma*, genit. *klímatos* 'clima'; 1970] **v. tr.** ● Condizionare l'aria in locali chiusi.

climatizzàto [1966] **part. pass.** di *climatizzare*; anche **agg.** *1* Nel sign. del v. *2* Adatto a tutti i climi, a tutte le stagioni: *materasso c.*

climatizzatóre [da *climatizzare*; 1986] **s. m.** ● Impianto che mantiene a valori prefissati la temperatura e l'umidità dell'aria di un ambiente chiuso, alzandoli o abbassandoli rispetto ai valori esterni a seconda delle stagioni: *c. per automobile; appartamento con c.*

climatizzazióne [fr. *climatisation*, da *climatiser* 'climatizzare'; 1955] **s. f.** ● Il climatizzare, il venire climatizzato.

†**climato** ● V. *clima*.

climatogràmma [comp. del gr. *klíma*, genit. *klímatos* 'clima' e di *-gramma*; 1987] **s. m.** (pl. *-i*) ● Grafico che indica la piovosità e la temperatura relative a un dato periodo di tempo.

climatologìa [comp. del gr. *klíma*, genit. *klímatos* (V. *clima*) e di *-logia*; 1829] **s. f.** ● Studio generale del clima nei suoi aspetti statici e dinamici e nelle sue differenziazioni.

climatològico [1956] **agg.** (pl. m. *-ci*) ● Relativo alla climatologia.

climatòlogo [1956] **s. m.** (f. *-a*; pl. m. *-gi*) ● Studioso, esperto di climatologia.

climatoterapìa [comp. del gr. *klíma*, genit. *klímatos* 'clima' e di *terapia*; 1882] **s. f.** ● Terapia ottenuta sfruttando l'azione del clima più idoneo su date malattie.

climax o **klimax** [vc. dotta, gr. *klîmax* 'scala'. V. *climaterio*; 1892] **s. m.** o **f. inv.** *1* (*ling.*) Figura retorica che consiste nella gradazione ascendente per intensità e forza di una serie di concetti e di vocaboli: *per sdegno, per orgoglio, o per dispetto* (BOIARDO) | ***C. discendente***, anticlimax. *2* (*biol.*) Stato di equilibrio di una comunità di organismi vegetali o animali che resta stabile finché non si alterino in modo notevole le condizioni ambientali | (*est.*) La comunità stessa. *3* (*med.*) Acme. *4* (*biol.*) Orgasmo.

clinch /*ingl.* k̥hlɪntʃ/ [ingl., da *to clinch* 'afferrare strettamente', var. di *to clench*, di orig. germ.; 1910] **s. m. inv.** (pl. ingl. *clinches*) ● Nel pugilato, azione consistente nel tenere e immobilizzare l'avversario con le braccia, a contatto stretto, per impedirgli di colpire.

cline [dall'ingl. *cline*, deriv. del v. gr. *klínein* 'inclinare'; 1980] **s. m.** ● (*biol.*) Relazione tra due categorie sistematiche affini, che consiste in una variabilità continua di uno o più caratteri morfologici e fisiologici lungo una linea di transizione tra ambienti diversi.

♦**clìnica** [fr. *clinique*, dal lat. *clīnice(m)*, nom. *clīnice*, dal gr. *klinikḗ* (sottinteso *téchnē* 'arte'). V. *clinico*; av. 1564] **s. f.** *1* Parte della medicina che studia le manifestazioni morbose delle malattie, mediante l'osservazione diretta dei singoli pazienti: *c. medica, chirurgica, ostetrica.* *2* Settore ospedaliero diretto da un clinico: *c. ortopedica, otorinolaringoiatrica.* *3* Correntemente, casa di cura privata: *ricoverarsi, farsi operare, in una c.; pagare la retta della c.*

clìnico [fr. *clinique*, dal lat. tardo *clīnicu(m)*, nom. *clīnicus*, dal gr. *klinikós*, da *klínē* 'letto', di orig. indeur.; 1585] **A agg.** (pl. m. *-ci*) ● Relativo alla clinica: *studio c.; terapia clinica* | ***Caso c.***, V. *caso* nel sign. 4 | ***Occhio c.***, quello del medico capace di fare una buona diagnosi al solo esame visivo del paziente; (*fig.*) che sa riconoscere subito la natura o le cause di qlco. | ***Quadro c.***, complesso dei dati relativi all'andamento di una malattia | ***Cartella clinica***, V. *cartella* nel sign. 1. || **clinicaménte**, **avv.** Dal punto di vista clinico. **B s. m.** (f. *-a*) ● Medico che esercita attività clinica, medica o chirurgica | (*per anton.*) Docente universitario di clinica.

clinker /'kliŋker, *ingl.* 'k̥hlɪŋkəɹ/ o **klinker** [ingl., dall'ol. *klinken* 'risuonare', vc. di orig. onomat.; 1942] **s. m. inv.** *1* Prodotto della cottura di miscele di calcare e argille, che per macinazione e stagionatura dà il cemento. *2* Tipo di mattoni cotti ad altissima temperatura, usati per rivestimento. *3* (*mar.*) ***Fasciame a c.***, con corsi parzialmente sovrapposti.

clino-, **-clino** [dal gr. *klínein* 'piegare', di orig. indeur.] primo o secondo elemento ● In parole composte della terminologia scientifica significa 'inclinazione', 'pendenza': *clinometro, triclino.*

clinòmetro [comp. di *clino-* e *-metro*; 1841] **s. m.** ● Apparecchio munito di livella e di goniometro che serve a misurare l'inclinazione di un corpo rispetto al piano orizzontale.

clinoscopìa [comp. di *clino-* e *-scopia*; 1990] **s. f.** ● (*med.*) Esame radiologico del paziente in posizione sdraiata su un clinoscopio.

clinoscòpio [comp. di *clino-* e *-scopio*] **s. m.** ● (*med.*) Tavolo che può assumere varie inclinazioni in modo che si possa radiografare il paziente in posizione orizzontale, eretta o inclinata.

clinostatìsmo [comp. di *clino*, *stat(o)*- e del suff. *-ismo*] **s. m.** ● (*fisiol.*) Posizione orizzontale del corpo. CONTR. Ortostatismo.

clinto o **clinton**, **clintòn** [dal n. dello statista americano De Witt *Clinton*, al quale è stata intitolata la piccola città dello Stato americano dell'Iowa; 1992] **s. m. inv.** ● Denominazione di vini rossi del Veneto (il *clinto* o *clinton*) e del Friuli-Venezia Giulia (il *clintòn*), a bassa o media gradazione alcolica, di colore violaceo, dal profumo di fragola e dal sapore amabile su gradevole fondo aspringo; sono vini non commerciabili in quanto prodotti con varietà di uva americana che non appartengono alla specie ufficiale eurasiatica occidentale *Vitis vinifera*.

clip (1) /'klip, *ingl.* k̥hlɪp/ [vc. ingl., propr. 'graffa, fermaglio', da *to clip* 'abbrancare, fermare', di orig. germ.; 1935] **s. f. inv.** *1* Fermaglio, spec. per fogli di carta. SIN. Graffetta | Asticciola con cui si ferma la penna o la matita al taschino. *2* Fermaglio a molla che si applica agli orecchini, per tenerli stretti al lobo dell'orecchio, o ad altro gioiello in sostituzione dello spillo | (*est.*) Orecchino o spilla dotati di tale fermaglio: *una c. di brillanti.*

clip (2) /'klip, *ingl.* k̥hlɪp/ [vc. ingl., da una vc. scandinava d'orig. germ. che significa 'strappare'; 1980] **s. m. inv.** *1* Breve stralcio di filmato trasmesso spec. a scopi promozionali. *2* Accorc. di *video-clip*.

clip art /klip'art, *ingl.* 'k̥hlɪp,ɑːɹt/ [loc. ingl., propr. 'materiale illustrativo (*art*) da ritagliare (*clip*)'; 1996] **loc. sost. f. inv.** (pl. ingl. *clip arts*) ● (*elab.*) Immagine digitale, gener. non soggetta a copyright, che può essere trasferita elettronicamente per essere inserita in un documento.

clipeàto [vc. dotta, lat. *clipeātu(m)*, da *clĭpeus* 'clipeo'; 1585] **agg.** ● (*lett.*) Armato di clipeo.

clìpeo [vc. dotta, lat. *clĭpeu(m)*, forse di orig. etrusca; 1547] **s. m.** *1* Scudo di rame grande e rotondo usato dai soldati romani. *2* (*zool.*) Parte del capo degli Insetti inferiore alla fronte, su cui si articola il labbro.

clippàggio [da *clipper*] **s. m.** ● (*elettr., raro*) Cimatura.

clipper /'klipper, *ingl.* 'k̥hlɪpəɹ/ [vc. ingl., da *to clip* 'tagliare (le onde)'; 1857] **s. m. inv.** *1* Grande e veloce veliero, usato nell'Ottocento per trasporti transoceanici. *2* (*elettr.*) Dispositivo elettronico per limitare l'ampiezza di un'onda a un livello stabilito.

cliscè o **cliscé** **s. m.** ● (*raro*) Adattamento di *cliché* (V.).

clisìmetro [comp. del gr. *klísis* 'inclinazione', da *klínein* 'inclinare' (V. *clitoride*), e di *-metro*; 1956] **s. m.** ● Strumento topografico provvisto di cannocchiale collimatore, inclinabile mediante vite micrometrica, usato per misurare pendenze.

clìsma [vc. dotta, dal gr. *klýsma* 'lavanda, clistere', da *klýzein* 'bagnare, lavare' (V. *clistere*); 1830] **s. m.** (pl. *-i*) ● (*med.*) Clistere | ***C. opaco***, visualizzazione del colon mediante sostanza radiopaca appositamente introdotta per via rettale.

clistère o †**clistèro**, †**clistière**, †**cristère** [vc. dotta, lat. tardo *clystēre(m)*, nom. *clystēr*, dal gr. *klystḗr*, da *klýzō* 'io bagno, lavo'; sec. XIV] **s. m.** *1* (*med.*) Introduzione di liquidi medicamentosi nel retto a scopo evacuativo, nutritivo o disinfettante, mediante apposito apparecchio. SIN. Clisma, enteroclisma, lavativo, serviziale. *2* La soluzione di farmaci che viene così introdotta | (*est.*) L'apposito apparecchio per tale introduzione. || **clisterìno**, **dim.**

clistron [1964] **s. m. inv.** ● Adattamento di *klystron* (V.).

clìtico [gr. *klitikós*, da *klínein* 'inclinare, piegare'; 1974] **A s. m.** (pl. *-ci*) ● (*ling.*) Forma soggetta a enclisi o a proclisi. **B** anche **agg.**: *pronomi clitici.*

clitòride [fr. *clitoris*, dal gr. *kleitorís*, genit. *kleitorídos*, da **kléitōr* 'collina', da *klínein* 'inclinare'; 1684] **s. f.** o **m.** ● (*anat.*) Organo erettile dell'apparato genitale esterno femminile, situato alla giunzione delle piccole labbra. ➡ ILL. p. 2124 ANATOMIA UMANA.

clitoridectomìa [comp. di *clitorid(e)* ed *-ectomia*; 1931] **s. f.** ● Asportazione della clitoride, praticata a scopo rituale da alcuni popoli di religione musulmana.

clitorìdeo [1865] **agg.** ● Della clitoride, relativo alla clitoride.

clivàggio [fr. *clivage*, da *cliver* 'sfaldare', dall'ol. *klieven* 'fendere'; 1853] **s. m.** ● (*miner.*) Sfaldatura.

clìvia [chiamata così in onore della duchessa *Clive* di Northumberland; 1892] **s. f.** ● Genere di piante erbacee delle Amarillidacee con foglie verde-scuro e grandi fiori in ombrelle di color arancione (*Clivia*). ➡ ILL. **piante**/11.

clìvo [vc. dotta, lat. *clīvu(m)*, dalla radice indeur. **klei* 'inclinare, pendere'; 1321] **s. m.** *1* (*lett.*) Piccolo colle, pendio: *l'aura estiva del cadente rivo / e dei clivi odorosi* (PARINI). *2* (*anat.*) Superficie a gronda dell'osso occipitale alla base cranica.

clìzia o †**eclizia** [dal n. della ninfa *Clizia* che fu trasformata in girasole; 1478] **s. f.** ● (*raro, lett.*) Eliotropio, girasole: *in bianca veste e con purpureo lembo / si gira c. pallidetta al sole* (POLIZIANO).

cloàca [vc. dotta, lat. *cloāca(m)*, di etim. incerta; 1321] **s. f.** *1* Grande fogna o canale sotterraneo destinato a ricevere e scaricare altrove le acque luride di una città. *2* (*fig.*) Luogo, ambiente dove regnano la corruzione e il vizio: *il mondo gli appariva come una c. immensa* (D'ANNUNZIO). *3* (*zool.*) Cavità terminale dell'intestino degli Anfibi, dei Rettili, degli Uccelli, dei Monotremi, in cui sboccano i condotti degli apparati urinario e genitale.

cloacàle [1913] **agg.** ● Relativo alla cloaca.

cloàṣma [vc. dotta, gr. *chlóasma* 'colore verde-giallastro', da *chloázein* 'essere verde', da *chlóē* 'erba', di orig. indeur.; 1956] **s. m.** (**pl.** *-i*) ● (*med.*) Discromia della faccia | *C. gravidico*, comparsa di chiazze brunastre sulla faccia durante la gravidanza. **SIN.** Maschera gravidica.

clòcchete ● V. *clof.*

cloch /klɔk/ ● V. *clof.*

clochard /*fr.* klɔ'ʃaʀ/ [vc. fr., forse da *clocher* 'zoppicare', dal lat. parl. **cloppicāre*, deriv. di *clŏppus* 'zoppo', di etim. incerta; 1968] **s. m. inv.** ● Vagabondo senza un domicilio fisso, barbone.

cloche /*fr.* klɔʃ/ [vc. fr., propr. 'campana', dal lat. tardo *clŏcca(m)*, di orig. celtica; 1918] **s. f. inv.** *1* (*aer.*) Barra, leva con cui il pilota manovra l'aereo. ➡ ILL. p. 2157 SPORT. *2* (*autom.*) ***Cambio a c.***, la cui leva di comando è collocata sul pavimento. *3* Cappello a tesa più o meno ampia che scende attorno al volto.

clock /klɔk, *ingl.* klɔk/ [vc. ingl., propr. 'orologio'; 1989] **s. m. inv.** ● (*elettron.*) Parte del microprocessore che genera un segnale usato per la sincronizzazione dei componenti dei circuiti digitali collegati | Il segnale generato.

clòf o **clòcchete**, **cloch**, **clòffete**, **clop** (**1**), **clòppete** [vc. onomat.] **inter.** ● Riproduce il rumore di una goccia d'acqua che cade da un rubinetto e sim.

cloisonné /*fr.* klwazɔ'ne/ [vc. fr., 'separato, diviso'; 1936] **agg. inv.** (**f.** fr. *cloisonnée*; **pl. m.** fr. *cloisonnés*; **pl. f.** fr. *cloisonnées*) ● (*arte*) Detto di lavorazione dello smalto nella quale sulla superficie da decorare si delineano vari settori separati da strisce metalliche, all'interno dei quali si pone polvere di vetro colorato; dopo la vetrificazione le strisce metalliche appaiono come linee che separano i vari settori colorati.

clonàggio **s. m.** ● (*biol*). Clonazione nel sign.2.

clonàle [da *clone*; 1981] **agg.** ● (*biol.*) Del clone, relativo al clone, ai cloni | Relativo alla clonazione.

clonàre [1981] **v. tr.** (*io clóno*) *1* (*biol.*) Riprodurre mediante clonazione. *2* (*est., fig.*) Riprodurre in copia identica: *c. un personal computer* | Riprodurre il codice di un telefono cellulare, di una carta di credito o sim. in modo da poterli utilizzare abusivamente.

clonazióne [1974] **s. f.** *1* (*biol.*) Ottenimento di un clone mediante l'uso di tecniche diverse. *2* (*biol.*) Inserimento in laboratorio del nucleo di una cellula somatica in una cellula uovo, precedentemente fecondata, allo scopo di ottenere un embrione, e potenzialmente un individuo, con il medesimo patrimonio genetico del donatore della cellula somatica. **SIN.** Clonaggio. *3* (*est., fig.*) Riproduzione di una o più copie identiche.

clóne [dal gr. *klṓn* 'germoglio', da *klân* 'spezzare' (V. *cladodio*); 1970] **s. m.** *1* (*biol.*) L'insieme delle cellule o degli organismi geneticamente identici derivati per riproduzione agamica da una singola cellula o organismo. *2* (*est., fig.*) Copia identica di un determinato prodotto.

clònico [fr. *clonique*, dal gr. *klónos* 'movimento veemente, tumulto'; 1865] **agg.** (**pl. m.** *-ci*) ● (*med.*) Di clono, relativo a clono: *spasmo c.*

clòno [vc. dotta, gr. *klónos* 'movimento veemente, scompiglio', da *kélesthai* 'spingere', di orig. indeur.; 1910] **s. m.** ● (*med.*) Serie di rapide contrazioni e distensioni involontarie di un muscolo.

clop (**1**) /klɔp/ ● V. *clof.*

clop (**2**) /klɔp/ o **clòppete** [vc. onomat.] **inter.** ● Riproduce il rumore che fanno i cavalli trottando (*spec. iter.*).

clòppete ● V. *clof* e *clop* (*2*).

cloràcne [comp. di *clor(o)* e *acne*; 1951] **s. f.** ● Malattia della pelle che si manifesta con lesioni simili a quelle dell'acne, provocata dal contatto, diretto o indiretto, con la diossina.

cloràlio [fr. *chloral*, comp. di *chlor(e)* 'cloro' e *al(col)*; 1865] **s. m.** ● Aldeide liquida, oleosa, di odore pungente, prodotta per azione del cloro sull'alcol, usata in medicina come anestetico e per la fabbricazione del DDT.

cloraliṣmo [da *cloralio*; 1964] **s. m.** ● Malattia cronica causata da intossicazione da cloralio.

cloramfenicòlo /kloramfeni'kɔlo/ o **cloroamfenicòlo** [comp. di *cloro*, *am(mina)* e *fenico*, col suff. *-olo* (*1*); 1964] **s. m.** ● Antibiotico a largo spettro, batteriostatico e battericida, usato spec. contro febbri tifoidi, meningiti e altre infezioni.

clorargirite [comp. di *clor(uro)* e *argirite*] **s. f.** ● (*miner.*) Minerale d'argento dei cloruri, di splendore resinoso o adamantino.

cloràto [comp. di *cloro* e *-ato*; 1820] **A s. m.** ● Sale dell'acido clorico | *C. di potassio*, usato in soluzione per collutori e gargarismi. **B agg.** ● Detto di miscuglio contenente cloro libero.

cloratóre [1979] **s. m.** ● (*tecn.*) Apparecchio che sterilizza l'acqua immettendovi piccole quantità di cloro.

clorazióne [1965] **s. f.** ● Sterilizzazione di acqua mediante cloro o composti capaci di cedere cloro.

clorèlla [dal gr. *chlōrós* 'verde giallastro'. V. *cloro*; 1963] **s. f.** ● Genere di alghe verdi unicellulari delle Clorococcali diffuse nell'acqua e nei luoghi umidi (*Chlorella*).

cloremìa [comp. di *clor(o)* ed *-emia*; 1964] **s. f.** ● (*med.*) Tasso ematico di cloro presente in forma di cloruri. **SIN.** Cloruremia.

clòrico [fr. *chlorique*, da *chlore* 'cloro'; 1830] **agg.** (**pl. m.** *-ci*) ● Detto di composto del cloro pentavalente | ***Acido c.***, ossigenato, monobasico, ottenuto dai suoi sali, noto solo in soluzione; si usa, per le sue proprietà ossidanti, sotto forma di sale in medicina e per esplosivi.

cloridràto [da *cloridrico*; 1865] **s. m.** ● Prodotto di addizione dell'acido cloridrico a basi organiche.

cloridrico [comp. di *cloro* e *idr(ogeno)*; 1821] **agg.** (**pl. m.** *-ci*) ● (*chim.*) ***Acido c.***, composto da un atomo di cloro e uno di idrogeno; gassoso, di odore irritante, fortemente corrosivo, ottenuto per sintesi.

clorite [dal gr. *chlōrós* 'verde giallastro', e *-ite* (*2*); 1830] **s. f.** ● (*miner.*) Gruppo di silicati idrati di alluminio, magnesio e ferro in cristalli lamellari o in aggregati scagliosi di color verde, facilmente sfaldabili.

clorito [da *cloro*; 1865] **s. m.** ● Sale dell'acido cloroso.

cloritòide [vc. dotta, comp. di *clorit(e)* e *-oide*; 1964] **s. m.** ● (*miner.*) Gruppo di silicati idrati di alluminio con ferro, magnesio o manganese, in cristalli lamellari di colore verde, costituente caratteristico di molte rocce metamorfiche.

cloritoscisto [comp. di *clorit(e)* e *scisto*; 1964] **s. m.** ● (*geol.*) Roccia scistosa composta in prevalenza da clorite verde.

clòro [fr. *chlore*, dal gr. *chlōrós* 'verde giallastro', di orig. indeur.; 1820] **s. m.** ● Elemento chimico non metallo, alogeno gassoso giallo-verdastro, tossico, ottenuto per elettrolisi di cloruri fusi, che reagisce facilmente con molte sostanze; presente in natura spec. come cloruro, è usato per sbiancare fibre tessili vegetali e per la fabbricazione di solventi, insetticidi e prodotti farmaceutici. **SIMB.** Cl.

clòro- [dal gr. *chlōrós* 'verde'] primo elemento ● In parole composte della terminologia scientifica indica colorazione verde o presenza del cloro, oppure fa riferimento alla clorofilla o all'origine da piante: *cloroformio*, *cloroplasto*.

cloroamfenicòlo /klɔroamfeni'kɔlo/ ● V. *cloramfenicolo*.

cloroboràto [comp. di *cloro-* e *borato*] **s. m.** ● (*chim.*) Composto formato dal cloro e da un sale dell'acido borico.

Clorochìna® [comp. di *cloro-* e *chin(ol)ina*] **s. f.** ● (*chim.*) Sostanza impiegata nelle terapie farmacologiche contro la malaria e l'amebiasi; possiede anche proprietà antinfiammatorie e antistaminiche.

Clorococcàli [comp. di *cloro-* e del gr. *kókkos* (V. *cocco* (*4*))] **s. f. pl.** (**sing.** *-e*) ● Nella tassonomia vegetale, ordine di alghe verdi unicellulari cui appartiene la clorella (*Chlorococcales*).

Cloroficee [vc. dotta, comp. di *cloro-* e del gr. *phŷkos* 'alga' (V. *ficocianina*); 1913] **s. f. pl.** (**sing.** *-a*) ● (*bot.*) Nella tassonomia vegetale, classe di alghe unicellulari o pluricellulari, isolate o in colonie, di varia forma e dimensione, di colore verde, che vivono in ambienti acquatici (*Chlorophyceae*). **SIN.** Alghe verdi.

clorofilla [fr. *chlorophylle*, comp. del gr. *chlōrós* 'verde giallastro' e *phýllon* 'foglia'; 1820] **s. f.** ● (*bot.*) Pigmento verde contenuto nelle cellule vegetali, recettore dell'energia luminosa nella fotosintesi; si usa nell'industria spec. come colorante e deodorante.

clorofilliàno [fr. *chlorophyllien*, da *chlorophylle* 'clorofilla'; 1902] **agg.** ● Della clorofilla, relativo alla clorofilla | ***Fotosintesi clorofilliana***, processo chimico mediante il quale le piante verdi sintetizzano sostanze organiche (carboidrati) da anidride carbonica e acqua, grazie all'energia luminosa trasformata in energia chimica dalla clorofilla; **SIN.** Funzione clorofilliana.

Clorofite [vc. dotta, comp. di *cloro-* e del pl. f. di *-fito*] **s. f. pl.** (**sing.** *-a*) ● (*bot.*) Nella tassonomia vegetale, divisione che comprende tutte le alghe verdi (*Chlorophyta*).

clorofluorocarbùro [comp. di *cloro-*, *fluoro* e *carburo*; 1986] **s. m.** ● (*chim.*) Ognuno degli appartenenti a una classe di composti costituiti da atomi di carbonio, cloro e fluoro; alcuni di questi composti si presentano come fluidi molto volatili ed erano largamente usati nell'industria; a causa della loro capacità di dissociazione delle molecole d'ozono (V. *ozono*), ne è stato vietato l'impiego dal 31.12.1995.

clorofòrmio [fr. *chloroforme*. V. *cloro* e *formico*; 1853] **s. m.** ● Composto organico, liquido, incolore, di sapore dolciastro, ottenuto per azione dell'ipoclorito di sodio o di calcio su alcol etilico o acetone, usato come solvente, nella preparazione di liquidi frigoriferi e resine sintetiche e, spec. in passato, come anestetico. **SIN.** Triclorometano.

cloroformiẓẓàre [fr. *chloroformiser*, da *chloroforme* 'cloroformio'; 1875] **v. tr.** ● Narcotizzare con cloroformio | (*fig.*) Rendere insensibile, inerte e sim.

cloroformiẓẓazióne [1899] **s. f.** ● Il cloroformizzare, il venire cloroformizzato.

cloromicetina [ingl. *chloromycetin*, comp. del gr. *chlōrós* 'verde giallastro' (V. *cloro*) e *mýkēs*, genit. *mýkētos* 'fungo' (V. *micetologia*); 1950] **s. f.** ● (*chim.*) Cloramfenicolo.

cloroplàsto [comp. di *cloro-* e *-plasto*; 1906] **s. m.** ● (*bot., spec. al pl.*) Plastidi contenenti clorofilla presenti nelle parti del vegetale esposte alla luce.

cloròṣi [dal gr. *chlōrós* 'verde giallastro'; 1757] **s. f. inv.** *1* (*med.*) Particolare forma di anemia, con colorito verdastro della cute. *2* (*bot.*) Ingiallimento di organi verdi della pianta per scomparsa o non avvenuta formazione della clorofilla.

cloróṣo [da *cloro*; 1956] **agg.** ● (*chim.*) Detto di composto del cloro trivalente.

cloròtico [da *clorosi*; 1774] **agg.** (**pl. m.** *-ci*) *1* Relativo a clorosi: *aspetto c.* *2* Affetto da clorosi: *pianta clorotica*.

cloruràre [da *cloruro*; 1865] **v. tr.** ● (*chim.*) Sottoporre a clorurazione.

cloruràto [comp. di *clorur(o)* e *-ato* (*2*); 1865] **agg.** ● (*chim.*) Detto di composto contenente uno o più atomi di cloro.

clorurazióne [1865] **s. f.** ● (*chim.*) Introduzione in una molecola di uno o più atomi di cloro | Trattamento con cloro, spec. a scopo di sterilizzazione: *c. dell'acqua*.

cloruremìa [comp. di *clorur(o)* ed *-emia*; 1964] **s. f.** ● (*med.*) Cloremia.

cloruria [comp. di *clor(uro)* e *-uria*; 1964] **s. f.** ● (*med.*) Presenza di cloruri nell'urina.

clorùro [fr. *chlorure*, da *chlore* 'cloro'; 1830] **s. m.**

1 Sale dell'acido cloridrico | *C. di argento*, usato in fotografia | *C. di calce*, polvere bianca, granulosa, igroscopica, ottenuta dalla reazione tra calce spenta e cloro, usata come sbiancante, disinfettante, ossidante | *C. di calcio*, cristallino, bianco, inodore, usato come disidratante e in medicina, spec. come emostatico | *C. di sodio*, *sodico*, solido, cristallino, isometrico, incolore, inodore, solubile in acqua, largamente diffuso in natura, usato nella conservazione di sostanze alimentari, nell'industria chimica, in medicina. SIN. (*comm.*) Sale, sale da cucina | *C. mercurico*, bicloruro di mercurio | *C. mercuroso*, calomelano. *2* Estere dell'acido cloridrico | *C. di etile*, usato come anestetico | *C. di polivinile*, polivinilcloruro | *C. di vinile*, vinilcloruro.

close-up /kloz'ap, *ingl.* 'kḫləʊz,ʌp/ [loc. ingl., dal v. *to close up* 'avvicinare, restringere'; 1993] s. m. inv. ● (*fot.*, *cine*) Primo piano.

clostridio [dal lat scient. *clōstridium*, dal gr. *klōstḗr* 'fuso' col suff. *-idio*; 1964] s. m. ● (*biol.*) Ogni batterio gram-positivo, sporigeno, anaerobio, produttore di esotossina patogena, appartenente al genere *Clostridium* | *C. botulinum*, agente del botulismo | *C. tetani*, agente del tetano.

clotòide [vc. dotta, dal v. gr. *klṓth(ein)* 'allungarsi in forma di filo' e *-oide*; 1964] **A** s. f. ● (*mat.*) Curva piana non algebrica la cui curvatura è direttamente proporzionale alla lunghezza dell'arco. **B** anche agg.: *curva c.*

clou /*fr.* klu/ [vc. fr., propr. 'chiodo', dal lat. *clāvu(m)* 'chiodo' (V. *clavo*); 1897] **A** s. m. inv. *1* Ciò che attrae, attira l'attenzione: *il c. della serata.* *2* Gara di maggior interesse in una riunione sportiva. **B** anche agg. inv.: *il momento c. della serata.*

clown /*ingl.* kḫlaʊn/ [vc. ingl., in orig. 'contadino rozzo', dal lat. *colōnu(m)* 'colono'; 1828] s. m. e f. inv. ● Pagliaccio di circo equestre.

clownerie /*fr.* klonə'ʀi/ [vc. fr., comp. di *clown* e del suff. *-erie*, che indica comportamento; 1985] s. f. inv. ● Arte del clown | (*est.*) Capacità di divertire gli altri.

clownésco /klau'nesko/ o **claunésco** [da *clown*; 1901] agg. (pl. m. *-schi*) ● Che ricorda la mimica e l'arte di un clown: *espressione claunesca* | (*fig.*) Buffonesco. || **clownescaménte**, avv.

cloze /kloz, *ingl.* kḫləʊz/ [vc. ingl. sta per *closure*, propr. 'chiusura'; 1975] s. m. inv.; anche agg. inv. ● Testo contenente lacune da integrare in modo corretto, usato nella didattica delle lingue per valutare la capacità di comprensione e la competenza grammaticale o lessicale | L'esercizio che fa uso di tali testi | *C. test*, esercizio cloze.

club /klɛb, -ab, -ub, *ingl.* kḫlʌb/ [vc. ingl., propr. 'bastone' (di orig. germ.), dalla mazza che veniva spedita ai soci per la convocazione; 1763] s. m. inv. *1* Circolo, associazione di persone che perseguono scopi comuni: *c. sportivo*; *un c. culturale*; *c. del bridge*, *della caccia* | Sede di tale circolo: *trascorrere il pomeriggio al c.* | Spesso anche posposto a un s.: *sci c.* *2* Gruppo di enti, organizzazioni o Stati | *Il c. dei dieci*, l'insieme dei governatori delle banche centrali dei dieci Paesi più industrializzati dell'Occidente. || **clubbino**, dim.

clubhouse /*ingl.* 'kḫlʌb,haos/ [loc. ingl., propr. 'casa (*house*) di un *club*'] s. f. inv. (pl. ingl. *clubhouses*) ● All'interno di un club sportivo, edificio luogo di ritrovo dei soci, comprendente vari locali (ristorante, sala lettura, sala giochi e sim.). ➡ ILL. p. 2154 SPORT.

club-sandwich /*ingl.* 'kḫlʌb,sænwɪʤ/ [loc. dell'ingl. d'America, comp. di *club*, forse perché come un *club* è composto di diversi elementi, e *sandwich*] s. m. inv. (pl. ingl. *club-sandwiches*) ● Tipo di sandwich a più strati, più grande e più ricco del normale.

cluniacènse o (*raro*) **cluniacése** [av. 1557] **A** agg. ● Dell'abbazia benedettina di Cluny, in Francia, e dell'ordine in essa fondato nel 909 dall'abate Bernone: *monaco*, *ordine c.*; *regola c.* **B** anche s. m.

Clupèidi [vc. dotta, comp. del lat. *clŭpea* e di *-idi*. V. *cheppia*; 1931] s. m. pl. (sing. *-e*) ● Nella tassonomia animale, famiglia di Pesci ossei marini e di acqua dolce cui appartengono l'acciuga e la sardina (*Clupeidae*).

Clupeifórmi [vc. dotta, comp. del lat. *clŭpea* e del pl. di *-forme*; 1965] s. m. pl. (sing. *-e*) ● Nella tassonomia animale, ordine di Pesci ossei fisostomi con pinne a raggi molli (*Clupeiformes*).

cluster /'klaster, *ingl.* 'kḫlʌstəɹ/ [vc. ingl., propr. 'grappolo, gruppo', di area germ.; 1981] s. m. inv. *1* (*scient.*) Insieme di oggetti, di elementi tra loro collegati. *2* (*astron.*) Ammasso globulare.

Cnidàri [dal gr. *knídē* 'ortica', di orig. indeur.; 1951] s. m. pl. (sing. *-io*) ● Nella tassonomia animale, lo stesso che Celenterati (*Cnidaria*).

cnidio [vc. dotta, lat. *Cnĭdiu(m)*, dal gr. *Knídios*; 1847] agg. ● (*lett.*) Dell'antica città di Cnido, nell'Asia Minore | *Venere cnidia*, venerata nel santuario di Cnido.

cnidoblàsto [comp. del gr. *knídē* 'ortica' e *-blasto*; 1964] s. m. ● (*zool.*) Ognuna delle cellule urticanti degli Cnidari, dotata di una componente sensoriale e di una velenifera.

co' /ko/ [lat. *cŭ(m)*; sec. XI] prep. ● (*tosc.*, *lett.*) Forma tronca della prep. art. 'coi'.

†**co** (1) /kɔ/ [lat. *căput* 'capo'; 1313] s. m. inv. ● (*sett.*) Capo, estremità, foce: *Poscia passò di là dal co del ponte* (DANTE *Inf.* XXI, 64).

co (2) /kɔ*, kɔ/ [vc. onomat.] inter. ● (*spec. iter.*) Riproduce il verso della gallina e del gallo, ed è il modo usato per richiamarli.

co- (1) /ko/ ● V. *con-*.

co- (2) [dal lat. arc. *com* per *cum* 'con', usato in lat. class. solo in composizione] primo elemento ● In parole composte della terminologia matematica e astronomica, indica complementarità o reciprocità: *coseno*, *cotangente*, *colatitudine*.

coabitàre [vc. dotta, lat. tardo *cohabitāre*, comp. di *cŭm* 'con' e *habitāre* 'abitare'; 1585] v. intr. (*io coàbito*; aus. *avere*) ● Abitare nello stesso edificio | Condividere l'abitazione | Convivere, detto spec. di una coppia non sposata.

coabitatóre [vc. dotta, lat. tardo *cohabitatōre(m)*, da *cohabitāre* 'coabitare'; av. 1306] s. m. (f. *-trice*) ● Chi coabita con altri.

coabitazióne [vc. dotta, lat. tardo *cohabitatiōne(m)*, da *cohabitāre* 'coabitare'; av. 1342] s. f. *1* Il fatto di coabitare | Convivenza nel medesimo appartamento. *2* (*est.*, *polit.*) In un sistema di tipo semipresidenzialista, situazione per cui il presidente della Repubblica condivide il potere esecutivo con un primo ministro espressione di una maggioranza politica diversa.

coaccusàto [comp. di *co-* (*1*) e *accusato*; 1865] agg.; anche s. m. (f. *-a*) ● (*raro*) Che (o Chi) è accusato insieme con altri.

coacervàre [vc. dotta, lat. *coacervāre*, comp. di *cŭm* 'con' e *acervāre* 'ammucchiare', da *acĕrvus* 'mucchio'; sec. XVI] v. tr. (*io coacèrvo*) ● (*raro*) Ammassare, ammucchiare.

coacervàto [1964] s. m. ● (*biol.*) Aggregato di proteine o sostanze simili circondate da liquido che, secondo la teoria evolutiva, costituisce lo stadio primordiale di forme previventi immerse nei primitivi oceani.

coacervazióne [vc. dotta, lat. *coacervatiōne(m)*, da *coacervāre* 'coacervare'; 1623] s. f. *1* (*lett.*) Mescolanza, coacervo. *2* (*chim.*) Fenomeno per cui le particelle di un sol idrofilo formano un aggregato liquido anziché solido.

coacèrvo [da *coacervare*; 1925] s. m. *1* Accozzaglia, congerie, cumulo: *la filosofia … non è l'indigesto c. di astrattezze … che suole andare sotto questo nome* (CROCE). *2* (*bur.*) Accumulo di beni e di interessi.

coach /kɔʧ, *ingl.* kḫəʊʧ/ [vc. ingl., propr. 'carrozza'; 1951] s. m. inv. (pl. ingl. *coaches*) ● (*sport*) Allenatore, tecnico responsabile, spec. nelle attività sportive di origine americana.

coaderire [comp. di *co-* (*1*) e *aderire*; 1887] v. intr. (*io coaderìsco*, *tu coaderìsci*; aus. *avere*) ● (*raro*) Aderire insieme formando un tutto unico | (*raro*) Aderire insieme ad altri.

coadesióne [comp. di *co-* (*1*) e *adesione*; 1427] s. f. ● (*raro*) Il coaderire.

coadiutoràto [1887] s. m. ● Coadiutoria.

coadiutóre o †**coaiutóre** [vc. dotta, lat. tardo *coadiutōre(m)*, nom. *coadiūtor*, comp. di *cŭm* 'con' e *adiūtor*, da *adiuvāre* 'aiutare'; av. 1342] s. m. *1* (f. *-trice*) Chi aiuta qlcu. o ne fa le veci in una determinata attività o ufficio, spec. nell'insegnamento o altro ufficio pubblico. *2* Sacerdote che aiuta o supplisce il parroco o il vescovo.

coadiutoria [1619] s. f. ● (*raro*) Ufficio, carica del coadiutore.

coadiuvànte [1673] **A** part. pres. di *coadiuvare*; anche agg. *1* Nei sign. del v. *2 Farmaco c.*, detto di sostanza ad azione farmacologica che, associata a un farmaco di base, ne esalta o ne completa l'azione. **B** s. m. e f. ● Chi coadiuva. **C** s. m. *1* Farmaco coadiuvante. *2* Sostanza che facilita l'utilizzazione di un additivo alimentare.

coadiuvàre [vc. dotta, lat. tardo *coadiuvāre*, comp. di *cŭm* 'con' e *adiuvāre* 'aiutare'; 1619] v. tr. (*io coàdiuvo*) ● Prestare aiuto a qlcu., collaborare: *mi coadiuva nella revisione del lavoro.*

coadunàre [vc. dotta, lat. tardo *coadunāre*, comp. di *cŭm* 'con' e *adunāre* 'raccogliere'; av. 1406] v. tr. ● (*lett.*) Riunire insieme: *questo vostro c. ricchezze* (ALBERTI).

coagulàbile [av. 1730] agg. ● Che si può coagulare.

coagulabilità [1973] s. f. ● Proprietà, caratteristica di ciò che è coagulabile.

coagulaménto [1499] s. m. ● (*raro*) Coagulazione.

coagulànte [1733] **A** part. pres. di *coagulare*; anche agg. ● Nei sign. del v. **B** s. m. *1* Sostanza atta a coagulare il latte. *2* Fattore che produce o accelera la coagulazione del sangue.

coagulàre [vc. dotta, lat. *coagulāre*, da *coāgulum* 'coagulo'; 1319] **A** v. tr. (*io coàgulo*) *1* Fare assumere, spec. a una sostanza liquida, una consistenza gelatinosa o solida. SIN. Raggrumare, rapprendere. *2* Cagliare. **B** v. intr. e intr. pron. (aus. *essere*) *1* Rapprendersi: *se esposto all'aria questo liquido si coagula.* *2* Cagliarsi. *3* (*fig.*) Addensarsi: *Su ogni corpo coagula un sudicio buio* (PAVESE).

coagulativo [1680] agg. ● Relativo a coagulazione.

coagulazióne [vc. dotta, lat. *coagulatiōne(m)*, da *coagulāre* 'coagulare'; sec. XIV] s. f. *1* Il coagulare, il coagularsi | (*fisiol.*) *C. del sangue*, il precipitare della fibrina dal sangue o plasma a formare un coagulo. *2* Cagliatura.

coàgulo [vc. dotta, lat. *coāgulu(m)*, comp. di *cŭm* 'con' e un deriv. di *ăgere* 'spingere, riunire'; sec. XIII] s. m. *1* Coagulazione | Grumo solido o rappreso in un liquido coagulato: *un c. di sangue.* *2* Cagliata.

†**coaiutóre** ● V. *coadiutore*.

coàla ● V. *koala*.

coalescènza [vc. dotta, lat. *coalescĕntia*, part. nt. pl. di *coalēscere* 'unirsi insieme, congiungersi', comp. di *cŭm* 'con' e *alēscere* 'cominciare a crescere'; 1733] s. f. *1* (*fis.*) Fenomeno per cui le particelle disperse di una soluzione colloidale o le goccioline di una emulsione si uniscono tra loro diventando più grandi. *2* (*med.*) Riunione di margini, spec. quelli di una ferita | Sinfisi. *3* (*ling.*) Fusione di due vocali vicine in una vocale nuova.

coalizióne [fr. *coalition*, dal lat. *coălitus*, part. pass. di *coalēscere*. V. *coalescenza*; 1778] s. f. *1* Alleanza di persone, enti o partiti, per la realizzazione di scopi comuni: *c. contro la concorrenza*; *c. di destra*, *di sinistra* | *C. governativa*, alleanza dei partiti al governo. *2* (*econ.*) Regime di accordi tra imprese produttrici, che può assumere forma di cartello, trust, holding e sim. secondo le finalità e i mezzi adottati.

coalizzàre [fr. *coaliser*, da *coalition* 'coalizione'; 1796] **A** v. tr. ● Unire in una coalizione: *c. i partiti della sinistra*; *c. le forze.* **B** v. rifl. rec. ● Unirsi in una coalizione: *gli Stati europei si coalizzarono contro Napoleone.*

coàna [vc. dotta, gr. *choánē* 'imbuto', da *chéō* 'io verso'; 1892] s. f. ● (*anat.*) Ognuna delle due aperture interne della fossa nasale.

coanocita o **coanocito** [vc. dotta, comp. del gr. *choánē* 'imbuto' e di *-cito*] s. m. (pl. *-i*) ● (*zool.*) Cellula caratteristica delle Spugne con un flagello circondato alla base da un collaretto.

coartàre [vc. dotta, lat. *coartāre*, comp. di *cŭm* 'con' e *artāre* 'stringere'; 1321] v. tr. *1* (*lett.*) Restringere, ridurre: *se altri volesse limitare e c. la divina potenza e sapienza* (GALILEI). *2* Forzare qlcu. a operare contro la propria volontà: *c. un teste a deporre il falso.* SIN. Costringere.

coartàto [av. 1712] agg. *1* (*lett.*) Compresso, limitato | Costretto. *2* (*psicol.*) Detto di individuo che, in un test, non manifesta tendenza né all'introversione né all'estroversione. || **coartataménte**, avv.

coartazióne [vc. dotta, lat. *coartatiōne(m)*, da *coartāre* 'coartare'; av. 1342] s. f. *1* Costrizione. *2* (*med.*) Restringimento di un organo cavo: *c. aortica.* SIN. Arctazione.

coassiàle [comp. di *co-* (*1*) e *asse* (*2*), con suff.

aggettivale; 1950] **agg.** ● Che ha lo stesso asse di rotazione | ***Avvolgimento c.***, costituito da due conduttori inseriti l'uno nell'altro e avvolti attorno a una colonna del trasformatore | ***Cavo c.***, nella tecnica delle comunicazioni, linea di trasmissione formata da due conduttori cilindrici, il primo dei quali è nell'interno del secondo che ha forma di tubo.

coassicurazióne [comp. di *co-* (*1*) e *assicurazione*; 1911] **s. f.** ● Assicurazione ripartita tra più assicuratori, ciascuno dei quali, in caso di sinistro, è tenuto al pagamento dell'indennizzo soltanto in proporzione alla quota da lui sottoscritta.

coattazióne [vc. dotta, lat. tardo *coaptatiōne(m)* 'adattamento', da *coaptāre* 'adattare insieme', da *cŭm* 'con' e *aptāre* 'adattare'; 1830] **s. f.** ● (*med.*) Riadattamento di due ossa fratturate o lussate.

coattività [dal lat. *coāctus* 'coatto'; 1965] **s. f.** ● Carattere della legge la cui osservanza può essere imposta dallo Stato con la forza.

coattìvo [da *coatto*; av. 1498] **agg.** *1* Che obbliga, costringe con la forza: *mezzi coattivi.* *2* (*dir.*) Imposto per legge: *acquedotto c.*; *passaggio c.* || **coattivaménte**, **avv.** In modo coattivo, spec. imposto dalla legge.

coàtto [vc. dotta, lat. *coāctu(m)*, part. pass. di *cōgere* 'costringere', comp. di *cŭm* 'con' e *ăgere* 'spingere'; av. 1332] **A** **agg.** *1* Imposto d'autorità o per legge: *liquidazione coatta amministrativa* | (*dir.*) ***Domicilio c.***, un tempo, provvedimento di polizia consistente nell'obbligo di risiedere in un dato luogo; oggi è sostituito dall'*obbligo di soggiorno* (V. *soggiorno*); CFR. Confino. *2* (*psicoan.*) Che si riferisce ai pensieri e ai comportamenti che l'individuo si sente costretto a ripetere, anche se irrazionali e inappropriati: *Idee coatte cerchiavano quel cranio della loro corona di ferro* (GADDA). **B** **s. m.** (f. *-a*) *1* Chi era assegnato a un domicilio coatto. *2* (*est., region.*) Detenuto. *3* (*gerg.*) Giovane emarginato, spec. in una grande città | Persona rozza e volgare che, nel suo comportamento, riproduce passivamente gli aspetti più deteriori della moda e del costume.

coautóre [comp. di *co-* (*1*) e *autore*; 1892] **s. m.** (f. *-trice*) ● Chi è autore di qlco. insieme ad altri: *il c. di una biografia, di un'enciclopedia.*

coazióne [vc. dotta, lat. *coactiōne(m)*, da *coāctus* 'coatto'; av. 1342] **s. f.** *1* Violenza esercitata sulla volontà altrui: *c. fisica*; *c. morale* | (*dir.*) Mezzo coattivo attraverso il quale lo Stato ottiene il rispetto delle norme giuridiche: *Chiamiamo 'stato' questo qualcuno fornito del potere di c.* (EINAUDI). SIN. Coercizione, costrizione. *2* (*psicoan.*) Tendenza a ripetere un certo tipo di pensieri e comportamenti, anche se inappropriati e irrazionali, e incapacità di inibirli | ***C. a ripetere***, tendenza inconscia a porsi attivamente in situazioni penose, ripetendo esperienze passate; (*est., gener.*) tendenza a rifare qlco. di negativo. *3* (*mecc.*) Stato in cui si trova un solido, quando presenta delle tensioni interne indipendenti dalle sollecitazioni esterne.

cobàlto [ted. *Kobalt*, da *Kobold* 'coboldo' (V.), perché, secondo una leggenda, i minatori che cercavano l'argento, trovando al suo posto il cobalto, si credettero burlati da un folletto; 1765] **A** **s. m.** *1* Elemento chimico, metallo, ferromagnetico, bianco-argento, malleabile, ottenuto per arrostimento dei suoi minerali, impiegato nella fabbricazione di numerose leghe e per rivestimenti di altri metalli. SIMB. Co | (*med.*) ***Bomba al c.***, apparecchiatura contenente materiale radioattivo usata spec. nella terapia dei tumori. *2* Colore azzurro puro e intenso: *cielo, mare, occhi di c.* **B** in funzione di **agg. inv.** ● (posposto a un s.) Detto di una tonalità di azzurro particolarmente intensa: *azzurro c.*; *blu c.*

cobaltoterapìa [comp. di *cobalto* e *terapia*; 1970] **s. f.** ● Terapia di formazioni neoplasiche eseguita con bomba al cobalto.

Còbas /'kɔbas/ [sigla di *Co(mitato di) Bas(e)*; 1987] **A** **s. m. inv.** ● Organismo sindacale autonomo che difende gli interessi di singoli settori professionali, ritenuti non adeguatamente tutelati dai sindacati confederali e di categoria. **B** **s. m. e f. inv.**; anche **agg.** ● Chi (o Che) appartiene a tale organismo sindacale.

cobbler /ingl. 'kɔblə/ [vc. ingl., di etim. incerta] **s. m. inv.** ● Bevanda moderatamente alcolica costituita da una miscela di liquori con molta frutta fresca spremuta.

còbbola o **còbla**, **còbola** [provz. *cobla*, dal lat. *cōpula(m)* 'coppia, legame', prob. dai versi accoppiati; av. 1348] **s. f.** ● (*letter.*) Stanza di canzone | Breve componimento a forma di stanza di canzone destinato a essere musicato. || **cobbolétta**, **dim.**

cobèa [chiamata così in onore di Bernabé *Cobo*, gesuita spagnolo missionario nel Messico; 1830] **s. f.** ● Nel linguaggio dei giardinieri, pianta ornamentale con grandi fiori violacei (*Cobaea scandens*).

cobelligerànte [comp. di *co-* e *belligerante*; 1943] **A** **agg.** *1* Che combatte insieme con altri: *esercito c.* *2* Che è in stato di cobelligeranza: *nazioni cobelligeranti.* **B** anche **s. m.**: *accordo fra i cobelligeranti.*

cobelligerànza [1943] **s. f.** ● Condizione di Stato che partecipa a una guerra al fianco di uno o più altri senza essere vincolato da alcun patto: *entrare in c.*

cobìte [vc. dotta, gr. *kōbîtis*, da *kōbiós* 'ghiozzo', di orig. preindeur.; 1830] **s. m.** ● Pesce osseo di acqua dolce dei Cipriniformi con sei barbigli sul labbro superiore (*Cobitis taenia*).

còbla ● V. *cobbola.*

còbo [da una vc. senegalese; 1964] **s. m.** ● Genere di antilopi africane con pelo lungo e grandi corna che vivono vicino all'acqua (*Kobus*).

Cobol /'kɔbol, ingl. 'kḥoubɒl/ [sigla ingl. di *Co(mmon) B(usiness) O(riented) L(anguage)* 'linguaggio comune orientato per gli affari'; 1969] **s. m. inv.** ● (*elab.*) Linguaggio per la programmazione dei calcolatori elettronici, destinato ad applicazioni gestionali e contabili.

còbola ● V. *cobbola.*

cobóldo [ted. *Kobold*, parola che significava in orig. 'padrone della casa'; 1882] **s. m.** ● Nella mitologia germanica, spirito o genio della categoria degli elfi, che abita nella casa presso il focolare.

còbra [port. *cobra*, dal lat. *cōlubra(m)* 'femmina del serpente'. V. *colubro*; 1797] **s. m. inv.** ● Denominazione dei serpenti Colubridi appartenenti al genere Naia, caratterizzati dal veleno potentissimo | ***C. egiziano***, aspide di Cleopatra | ***C. indiano***, serpente dagli occhiali. ➡ ILL. **animali**/5.

coc /kɔk/ **s. m. inv.** ● Adattamento di *coke* (V.).

còca (**1**) [sp. *coca*, dal peruviano *koka* 'pianta'; 1560] **s. f.** ● Arbusto delle Eritroxilacee con fiori bianchi, frutto a drupa allungata, foglie alterne lanceolate ricche di alcaloidi fra cui la cocaina (*Erythroxylon coca*). ➡ ILL. **piante**/4.

còca (**2**) [1949] **s. f.** *1* Accorc. di *cocaina.* *2* Accorc. di *Coca-Cola.*

Còca-Còla® [marchio registrato; 1930] **s. f.** (pl. **inv.** o *Còca-Còle*) ● Bevanda preparata con acqua, zucchero, estratti di foglie di coca e di noce di cola.

cocaìna [fr. *cocaine*, da *coca* 'coca (1)'; 1875] **s. f.** ● Alcaloide contenuto nelle foglie di coca, usato come anestetico locale e come stupefacente: *fiutare la c.*; *spacciatore di c.*

cocaìnico [1956] **agg.** (pl. m. *-ci*) ● Relativo alla cocaina: *composto c.* | Determinato dalla cocaina: *delirio c.*

cocainìsmo [da *cocaina*; 1900] **s. m.** ● Intossicazione e assuefazione alla cocaina dovuta alla sua assunzione spec. come stupefacente. SIN. Cocainomania.

cocainizzàre [comp. di *cocain(a)* e *-izzare*; 1964] **v. tr.** ● (*med.*) Impiegare la cocaina per sopprimere la sensibilità di un organo.

cocainòmane [comp. di *cocaina* e *-mane*; 1921] **s. m. e f.**; anche **agg.** ● Chi (o Che) è affetto da cocainomania.

cocainomanìa [comp. di *cocaina* e *-mania*; 1908] **s. f.** ● Cocainismo.

cocarbossilàsi [comp. di *co(enzima)*, *carbossil(are)* e *-asi*; 1964] **s. f. inv.** ● (*chim.*) Termine desueto con cui veniva indicata la forma metabolicamente attiva della vitamina B_1.

còcca (**1**) [lat. tardo *caudica(m)* 'canotto', da *caudex*, genit. *caudicis* 'tronco di albero'; av. 1348] **s. f.** ● Nave mercantile di forma tondeggiante e di alto bordo, con alberi a vele quadre, in uso nel Medioevo | (*est.*) La vela quadra caratteristica di tale nave.

còcca (**2**) [vc. onomat.; 1887] **s. f.** ● (*fam.*) Gallina.

còcca (**3**) o **cócca** [etim. incerta; 1313] **s. f.** *1* Tacca della freccia in cui si adatta la corda dell'arco | (*lett.*) Parte della corda di un arco da cui scocca la freccia; ciascuna estremità di un arco | (*est.*) †Freccia: *Si dileguò come da corda c.* (DANTE *Inf.* XVII, 136). *2* Angolo di fazzoletto, grembiule, scialle e sim. | Nodo che si fa alle estremità di fazzoletti e sim. *3* Ingrossamento posto ai due capi del fuso per fermare il filo. *4* †Cima, sommità di un monte. || **cocchétta**, **dim.** | **cocchìna**, **dim.**

coccàrda [fr. *cocarde*, dall'ant. fr. *coquard* 'vanitoso', da *coq* 'gallo'; av. 1713] **s. f.** *1* Nastro increspato o pieghettato a forma di cerchio o di rosa, di uno o più colori, portato come emblema o distintivo di nazione, partito, squadra sportiva e sim. | ***C. tricolore***, coi colori nazionali intrecciati. *2* (*raro*) Nappa al cappello di cocchieri e servitori in livrea o alla briglia dei cavalli attaccati alla carrozza.

còcchia [adattamento del venez. *cocia*, dal lat. *cŏchlea(m)* 'chiocciola', per la forma; 1937] **s. f.** ● (*pesca*) Rete a strascico più grande della tartana, trainata da due barche.

†**cocchiàta** [da *cocchio*; av. 1587] **s. f.** ● (*tosc.*) Scarrozzata per la città d'un gruppo di persone che suonano e cantano | Serenata.

cocchière [da *cocchio*; 1582] **s. m.** (f. *-a*) ● Chi esercita il mestiere di guidatore di cocchio o di carrozze a cavalli | Vetturino, fiaccheraio.

còcchio [ungh. *kocsi*; 1546] **s. m.** *1* Carrozza signorile trainata da due o quattro cavalli: *un c. dorato*; *il c. di Cenerentola*; *già di cocchi frequente il corso splende* (PARINI). *2* Antico carro a due ruote.

†**cocchiumàre** [1723] **v. tr.** *1* Turare una botte col cocchiume. *2* (*fig.*) Beffeggiare.

cocchiumatóio [1868] **s. m.** ● Grossa sgorbia per fare il cocchiume alle botti.

cocchiùme o †**gucchiùme** [lat. tardo *caucus* 'tazza', dal gr. *káukē*, di etim. incerta; 1340 ca.] **s. m.** *1* Foro, apertura, della botte: *pel c. le botti assaggiava* (PULCI). *2* Tappo di legno o sughero.

còccia [lat. *cŏchlea(m)* 'chiocciola' (V.); 1340 ca.] **s. f.** (pl. *-ce*) *1* †Conchiglia, guscio di testaceo | ***C. marina***, ostrica. *2* (*est.*) Scorza, buccia, guscio. *3* †Carta, nel bozzolo del baco da seta. *4* Nelle tre armi della scherma, calotta di ferro o alluminio, che protegge la mano | Ornamento in metallo sul calcio della pistola. ➡ ILL. p. 2150 SPORT. *5* (*raro*) Fornello della pipa. *6* (*raro*) Gonfiore, protuberanza. *7* (*centr., merid.*) Testa, cranio: *avere la c. dura.* *8* Nell'armatura antica, parte dell'elmo che protegge la testa dalla fronte alla nuca. *9* Specie di cuffia usata dagli attori per fingere la calvizie. *10* (*mar.*) Radancia. || **cocciòla**, **cocciuòla** **dim.** (V.).

cocciàio [1779] **s. m.** (f. *-a*) ● (*raro*) Chi fa o vende stoviglie in coccio. SIN. Vasaio.

Coccidèi [dal genere *cocc(us)* col suff. *-ideo*, dal gr. *-ideus* con valore quasi patronimico] **s. m. pl.** (sing. *-o*) ● Nella tassonomia animale, ordine di Sporozoi che praticano il parassitismo, caratterizzato da spiccata oogamia (*Coccidia*).

Còccidi [vc. dotta, comp. del gr. *kókkos* 'granello' e di *-idi*; 1873] **s. m. pl.** (sing. *-e*) ● Nella tassonomia animale, famiglia di Insetti degli Omotteri con femmine attere, prive di occhi e di zampe, e maschi con corpo normale, ali e zampe sviluppate, cui appartengono numerose cocciniglie (*Coccidae*).

coccidiòsi [da *Coccidi*; 1931] **s. f. inv.** ● (*med.*) Parassitosi intestinale dell'uomo e degli animali causata da protozoi del genere *Isospora*; gener. asintomatica, può talvolta causare disturbi intestinali.

coccige o **còccige** [fr. *coccyx*, dal lat. *cŏccys*, nom., dal gr. *kókkyx* 'cuculo', poi 'coccige', perché quest'osso assomiglia al becco del cuculo; di orig. onomat.; av. 1673] **s. m.** ● (*anat.*) Piccolo osso formato da quattro vertebre saldate fra loro, che forma la parte terminale della colonna vertebrale. ➡ ILL. p. 2122 ANATOMIA UMANA.

coccigeo [1865] **agg.** ● (*anat.*) Del coccige.

♦**coccinèlla** (**1**) [lat. *cŏccinus* 'scarlatto', dal gr. *kókkinos* 'di colore scarlatto', da *kókkos* 'colore rosso', di etim. sconosciuta; 1828] **s. f.** *1* Insetto dei Coleotteri dal corpo emisferico con elitre rosse macchiate da sette punti neri (*Coccinella septempunctata*). ➡ ILL. **animali**/2. *2* In un'associazione femminile analoga a quella dei giovani esploratori, componente di età compresa tra i 7 e gli 11 anni. CFR. Lupetto.

coccinèlla (2) [dal precedente, per il colore; 1964] s. f. ● Tufo calcareo della Puglia usato come pietra da costruzione.

Coccinèllidi [comp. di *coccinella* (*1*) e *-idi*; 1951] s. m. pl. (sing. *-e*) ● Nella tassonomia animale, famiglia di Coleotteri dal corpo arrotondato, a elitre fortemente convesse, le cui larve predano specialmente afidi (*Coccinellidae*).

coccinèllo [etim. incerta; 1607] s. m. ● (*mar.*) Specie di caviglia o perno per tenere insieme corde o vele.

†**coccìneo** [vc. dotta, lat. tardo *coccīneu(m)*, da *cŏccum* 'nòcciolo', poi 'colore rosso'; 1669] **A** agg. ● Purpureo. **B** s. m. ● Panno rosso purpureo.

cocciniglia [sp. *cochinilla* 'porcellino di terra', dim. di *cochino* 'porco'; 1567] s. f. *1* Insetto della famiglia dei Coccidi, generalmente dannoso alle piante. ➡ ILL. animali/2. *2* (*lett.*) Colore rosso intenso, simile al carminio, ottenuto per essiccamento della femmina di una cocciniglia.

†**còccino** [vc. dotta, lat. *cŏccinu(m)*. V. *coccinella* (*1*); sec. XIV] s. m. ● Panno rosso scarlatto.

còccio [da *coccia*; 1536] s. m. *1* Terracotta di scarso valore: *tegame, pentola di c.* | (*est.*) Stoviglia di terracotta: *lavare i cocci* | Frammento di vaso od oggetto rotto: *una muraglia / che ha in cima cocci aguzzi di bottiglia* (MONTALE) | ***Pigliare i cocci***, (*fig.*) impermalirsi. *2* (*fig., fam.*) Persona malaticcia. *3* Guscio di chiocciola, di crostaceo e sim. *4* Involucro del seme. || **coccerèllo**, dim. | **coccètto**, dim. | **cocciàccio**, pegg. | **coccino**, dim. | **cocciòne**, accr.

cocciòla o (*lett.*) **cocciuòla** [av. 1492] s. f. *1* Dim. di *coccia*. *2* (*lett.*) Gonfiore prodotto da una puntura d'insetto o dall'ortica: *e fa come l'ortica: / cocciole rilevate e pizzicori* (L. DE' MEDICI).

cocciopésto [comp. di *coccio* e *pesto*] s. m. ● (*archeol., edil.*) Miscela di frammenti di cocci impastati con leganti (resine o, un tempo, calce grassa) usata nella pavimentazione o nel rivestimento spec. di vasche e terrazze.

cocciutàggine [da *cocciuto*; 1830] s. f. ● Caratteristica di chi è cocciuto: *la tua c. è proverbiale* | (*raro*) Azione da persona cocciuta. SIN. Caparbietà, ostinazione, pervicacia, testardaggine.

cocciùto [da *coccia* nel sign. 7; 1427] agg.: anche s. m. (f. *-a*) ● Che (o Chi) si ostina nell'agire, pensare, esprimersi a modo suo, senza tener conto di critiche e di consigli: *ragazzo c. come un mulo.* SIN. Caparbio, ostinato, pervicace, testardo. || **cocciutàccio**, pegg. | **cocciutèllo**, dim. | **cocciutino**, dim. | **cocciutóne**, accr. || **cocciutaménte**, avv.

♦**còcco** (1) [port. *coco* 'smorfia' e 'orco', per l'aspetto del frutto; 1514] s. m. (pl. *-chi*) ● Pianta tropicale delle Palme, molto alta, con un grosso ciuffo di foglie pennate all'apice, e frutto ovoidale contenente un grosso seme (*Cocos nucifera*) | ***Noce di c.***, frutto del cocco | ***Latte di c.***, liquido bianco e dolce contenuto nella noce di cocco | ***Olio di c.***, sostanza grassa ricavata dalla polpa essiccata della noce di cocco, usata nell'industria alimentare e in quella dei cosmetici | ***Fibra di c.***, fibra legnosa della noce di cocco, usata per spazzole, tappeti, cordami. ➡ ILL. piante/10.

còcco (2) [vc. onomat.; av. 1528] s. m. (pl. *-chi*) ● (*fam.*) Uovo di gallina.

còcco (3) [da *cocco* (*2*) 'uovo'; 1865] s. m. (pl. *-chi*) ● (*bot.*) Ovolo buono.

còcco (4) [vc. dotta, lat. *cŏccu(m)* 'nocciolo dei frutti', dal gr. *kókkos*, di etim. incerta; 1892] s. m. (pl. *-chi*) ● (*biol.*) Cellula batterica di forma sferica o sferoidale che, secondo il genere, può presentarsi singolarmente, in coppia (diplococco), in catenelle (streptococco) o in grappoli (stafilococco).

còcco (5) [vc. infant.; 1536] s. m. (f. *-a*; pl. m. *-chi*) ● (*fam.*) Persona prediletta, spec. bambino: *sei la mia cocca*; *è il c. della famiglia* | ***C. di mamma, di mamma sua***, ragazzo eccessivamente vezzeggiato e viziato | Appellativo vezzeggiativo rivolto a un adulto (*spec. iron.*): *povero c.!* || **cocchétto**, dim. | **cocchino**, dim.

†**còcco** (6) [vc. dotta, lat. *cŏccu(m)*, dal gr. *kókkos* 'nocciolo dei frutti' e 'grana colorante', di etim. incerta; 1319] s. m. *1* Colore rosso vivo usato dai tintori. *2* Stoffa di tale colore.

-còcco [da *cocco* (*4*)] secondo elemento ● In parole composte della terminologia scientifica significa 'batterio di forma rotondeggiante': *gonococco, stafilococco.*

coccodè [vc. onomat.; 1865] **A** inter. ● Riproduce il verso della gallina quando ha fatto l'uovo | ***La gallina ha fatto c.***, ha fatto l'uovo. **B** anche s. m.: *il pollaio risuonava di c.*; *Il bosco era tutto muggiti e belati e c.* (CALVINO).

♦**coccodrillo** o †**crocodilo** nel sign. 1 [lat. *crocodīlu(m)*, nom. *crocodīlus*, dal gr. *krokódeilos*, di etim. incerta; av. 1327] s. m. *1* Grosso rettile anfibio tropicale con corpo molto lungo e poderoso, coperto da una salda corazza di scudi ossei, fornito di coda lunga e robusta, testa appiattita e ampia bocca armata di numerosi denti (*Crocodilus vulgaris*) | ***Lacrime di c.***, (*fig.*) pentimento simulato o tardivo (secondo un'antica credenza, i coccodrilli piangerebbero dopo avere divorato una preda). ➡ ILL. animali/5. *2* Pelle conciata, molto pregiata, dell'animale omonimo: *una borsetta, un paio di scarpe, di c.* *3* Pinzetta per eseguire collegamenti elettrici provvisori. *4* Carrello stradale per trasporto di carri ferroviari. *5* (*gerg.*) Biografia di personaggio vivente, aggiornata di continuo e disponibile nell'archivio di un giornale per una tempestiva pubblicazione in caso di morte. *6* Nelle tecniche di lavorazione delle pietre, strumento per tagliare le pietre tenere.

coccoina® [marchio registrato; 1942] s. f. ● Tipo di colla bianca solida per ufficio.

còccola (1) [dal lat. *cŏccum* 'nocciolo dei frutti', dal gr. *kókkos*; sec. XIV] s. f. *1* Frutto del ginepro | (*est.*) Bacca | ***C. del Levante***, frutto velenoso di una pianta delle Menispermacee analogo al curaro. *2* (*est., spec. al pl.*) Cosa di poca importanza. SIN. Bagattella. *3* (*scherz.*) †Testa: *sicché cominciа a girar loro la c.* (PULCI). || **coccolétta**, dim.

còccola (2) [da *coccolare*; 1973] s. f. ● (*fam., spec. al pl.*) Tenerezza, dolce effusione, carezza affettuosa: *fare le coccole a qlcu.*

♦**coccolàre** [da *coccolo* (*1*); 1614] **A** v. tr. (*io còccolo*) ● Usare modi teneri e dolci effusioni nei confronti di qlcu.: *c. un bambino*; *le piace farsi c.* | (*est.*) Viziare, trattare con eccessivi riguardi: *è stato sempre coccolato dalla mamma.* **B** v. intr. pron. ● (*raro*) Crogiolarsi: *coccolarsi al calduccio, tra le coperte.*

còccolo (1) [vc. infant.; 1865] **A** s. m. *1* (*tosc., raro*) Diletto, piacere. *2* (f. *-a*) (*fam.*) Bambino paffuto | Cocco: *è il c. di suo padre.* **B** agg. ● (*fam.*) Grazioso, detto spec. di bambini. || **coccolino**, dim. | **coccolóne**, accr. (V.).

†**còccolo** (2) [vc. dotta, lat. *cŏchlu(m)*, nom. *cŏchlos*, dal gr. *kóchlos* 'conchiglia della porpora', da avvicinare a *kónchē* (V. *conca*); sec. XIV] s. m. ● Conchiglia.

coccolóne (1) [v. onomat. (?); 1964] s. m. (f. *-a*) *1* Accr. di *coccolo* (*1*). *2* Persona, spec. bambino, che ama farsi coccolare.

coccolóne (2) [da *coccola*; 1960] s. m. *1* (*pop.*) Colpo apoplettico | (*est.*) Grosso spavento, forte emozione: *appena l'ho visto, mi è venuto un c.* *2* Colpo di sonno.

coccolóni o **coccolóne** [da avvicinare ad *accoccolarsi*; av. 1405] avv. ● Seduto sui calcagni: *stare c.*; *starsene c. con le spalle appoggiate al muro.*

†**coccovéggia** o †**cuccuvéggia**, †**cuccuvéggia** [vc. onomat.; av. 1313] s. f. ● (*lett.*) Civetta.

†**coccoveggiàre** [da *coccoveggia*; av. 1873] **A** v. intr. *1* Detto della civetta, emettere il caratteristico verso. *2* Imitare il verso o i movimenti della civetta: *cominciava a rotare gli occhiacci ... coccoveggiando come fosse su la gruccia* (D'ANNUNZIO). *3* Di donna, civettare. **B** v. tr. ● (*fig., tosc.*) Beffare.

cocènte [av. 1292] part. pres. di *cuocere*; anche agg. *1* Nei sign. del v. *2* Molto caldo: *i cocenti raggi del sole* | (*fig., lett.*) Tormentoso, dolente: *di cocenti sospir l'aria accendea* (ARIOSTO) | ***Lacrime cocenti***, come espressione di un dolore intenso. *3* (*fig.*) Violento, veemente: *delusione, dolore c.*; *passione c.* SIN. Bruciante | (*fig.*) Pungente: *rimproveri, frasi cocenti.* || **cocenteménte**, avv. (*raro*) In modo molto doloroso, violento: *soffrire cocentemente.*

còcere ● V. *cuocere.*

còche s. m. inv. ● Adattamento di *coke* (V.).

cocherìa s. f. ● Adattamento di *cokeria* (V.).

†**cochìglia** [ant. fr. *coquille*, forma fr. dell'it. *conchiglia*] s. f. ● (*lett.*) Conchiglia.

cochon /fr. kɔ'ʃõ/ [vc. fr. 'maiale', di etim. oscura; forse di orig. onomat.; 1983] agg. inv. ● Sconcio, scurrile: *film, barzelletta c.*

cociàmo ● V. *cucere.*

†**cociménto** [da *c(u)ocere*; av. 1292] s. m. *1* Cottura. *2* Calore, calura | Bruciore (*anche fig.*).

cocincina [etim. incerta; 1965] s. f. ● Gioco di carte simile alla scopa, ma praticato con numero doppio di carte.

cocióre [da *c(u)ocere*; av. 1543] s. m. ● (*lett.*) Ardore, bruciore (*anche fig.*): *le sue povere labbra arse dal c. di tante febbri* (PIRANDELLO).

cocitóre o **cuocitóre** [1376] s. m. *1* (f. *-trice*) Chi cuoce. *2* (f. *-trice*) Operaio addetto alla cottura di minerali o altro. *3* Apparecchio per la cottura di prodotti alimentari.

cocitùra o **cuocitùra** [sec. XIV] s. f. ● (*raro*) Cottura: *c. di un dolce, del pane.*

†**cociùto** part. pass. di *cuocere*; anche agg. ● Nei sign. del v.

còcker /'kɔker, ingl. 'kɒkə*/ [vc. ingl., detto così perché usato nella caccia alla beccaccia (ingl. *woodcock*, comp. di *wood* 'foresta', di orig. germ., e *cock* 'gallo', di orig. onomat.); 1852] s. m. inv. ● Cane da cerca e da riporto di piccola taglia, forte, agile, vivace, con lunghe orecchie pendenti.

cockney /ingl. 'kɒkni/ [vc. ingl., dal medio-ingl. *cokeney*, propr. 'uovo di gallo'; 1951] **A** s. m. e f. inv. (pl. ingl. *cockneys*) *1* Nativo di Londra. *2* Popolano londinese. **B** s. m. solo sing. ● Dialetto londinese, spec. in senso spreg. con riferimento alla parlata e all'accento dei quartieri popolari. **C** agg. inv. ● Tipicamente londinese, proprio dei popolani di Londra: *accento c.*

còcktail /'kɔktel, ingl. 'kɒk,teɪl/ [vc. ingl. d'America, propr. 'coda di gallo', comp. di *cock* 'gallo' e *tail* 'coda'; 1896] s. m. inv. *1* Miscela di bevande a base alcolica: *preparare, servire un c.* *2* (*est.*) Preparazione gastronomica, spec. servita come antipasto, a base di vari ingredienti tagliati in piccoli pezzi e legati con maionese o altre salse: *servire un c. di scampi* | (*est.*) ***C. farmacologico***, miscela di farmaci spec. impiegata in anestesiologia. *3* (*fig.*) Miscuglio, insieme non sempre organico: *il film è un c. di passioni e violenza.* *4* Cocktail-party: *andare a un c.*; *dare un c.* | ***Abito da c.***, femminile da mezza sera.

còcktail-pàrty /'kɔktel 'parti, ingl. 'kɒkteɪl-,pɑ:ɹti/ [vc. ingl., comp. di *cocktail* e *party* 'ricevimento', dal fr. *partie* 'parte, gioco' (stessa etim. di *partita*); 1937] s. m. inv. (pl. ingl. *cocktail-parties*) ● Ricevimento che ha luogo spec. nel tardo pomeriggio, in cui si servono bevande alcoliche, spec. cocktail, sandwich e sim.

còclea [vc. dotta, lat. *cŏchlea(m)*. V. *chiocciola*; 1585] s. f. *1* Apparecchio trasportatore ed elevatore di acqua o materiali di piccola pezzatura, costituito da un cilindro in cui ruota una superficie elicoidale, usato anche come mescolatore. SIN. Vite di Archimede. *2* (*anat.*) Parte dell'orecchio interno, costituita da una componente ossea e da una membranosa e caratterizzata da un andamento spiralato. SIN. Chiocciola. ➡ ILL. p. 2126 ANATOMIA UMANA. *3* Porta da cui uscivano le fiere nell'anfiteatro o i cavalli nel circo. *4* (*disus.*) Scala a chiocciola.

cocleàre [1830] agg. ● (*med.*) Della coclea, relativo alla coclea: *canale c.*

cocleària [dal lat. tardo *cŏchlear*, genit. *cochleāris* 'cucchiaio', per la forma delle foglie; av. 1557] s. f. ● Pianta erbacea spontanea delle Crocifere, dalle proprietà medicinali, con foglie cuoriformi e fiori bianchi (*Cochlearia officinalis*).

cocleòide [comp. del lat. *cŏchlea* 'chiocciola' (V.) e di *-oide*; 1931] s. f. ● (*mat.*) Luogo degli estremi di archi uguali staccati, partendo da un punto, su circonferenze tangenti tra loro in quel punto.

còclide [vc. dotta, lat. tardo *cŏchlide(m)*, nom. *cŏchlis*, 'colonna con scala interna a chiocciola', dal gr. *kochlís*, dim. di *kóchlos* 'chiocciola' (V. *chiocciola*); 1931] agg. ● (*arch.*) Di colonna che ha all'interno una scala a chiocciola e che è decorata sulla superficie esterna da un rilievo disposto a spirale.

†**còco** ● V. *cuoco.*

cocòlla o **cocòlla**, †**cucùlla** [lat. tardo *cucŭlla(m)* 'cappuccio', prestito da una lingua straniera; 1321] s. f. ● Sopravveste con cappuccio che portano i monaci | (*est., spec. spreg.*) Frate.

cocomeràio [lat. tardo *cucumerāriu(m)* 'campo di cetrioli', da *cŭcumer* 'cocomero'; av. 1742] s. m.

1 (f. *-a*) Chi vende o coltiva cocomeri. *2* Campo coltivato a cocomeri.

cocomeràta [1951] s. f. ● Scorpacciata di cocomeri: *abbiamo fatto una bella c.*

cocòmero [lat. *cucŭmere(m)*, forse di orig. preindeur.; 1342] s. m. *1* Pianta erbacea delle Cucurbitacee con fusto sdraiato, foglie grandi e frutti commestibili, globosi, a polpa rossa con semi neri (*Citrullus vulgaris*). SIN. (*region.*) Anguria, melone d'acqua | *C. asinino*, pianta erbacea delle Cucurbitacee con frutti piccoli, ovoidali che, maturi, lanciano lontano i semi (*Ecballium elaterium*). SIN. Schizzetto, sputaveleno | *C. amaro*, coloquintide. ➡ ILL. **piante**/10. *2* Frutto della pianta omonima: *una fetta di c.* *3* (*sett.*) Cetriolo. *4* (*fig., region.*) Citrullo, sciocco: *Non son io un solenne c.* (REDI). || **cocomerèllo**, dim. | **cocomerino**, dim. | **cocomeróne**, accr. | **cocomerùzzo**, dim.

cocorita [deformazione dello sp. *cotorrita*, dim. di *cotorra* 'piccolo pappagallo', da *cotorrera* 'donna chiacchierona'; 1905] s. f. ● (*fam.*) Pappagallo addomesticato.

cocotte (1) /fr. kɔ'kɔt/ [vc. fr., etim. discussa: di lontana derivazione dal lat. *cŭccuma* (?); 1931] s. f. inv. ● Recipiente da cottura, in ghisa.

cocotte (2) /fr. kɔ'kɔt/ [vc. fr., 'gallina'; 1873] s. f. inv. ● Donna molto disponibile a relazioni amorose | (*eufem.*) Prostituta: *Saltella una c. ... / Da un marciapiede a un altro* (CAMPANA). || **cocottina**, dim.

cocùzza o **cucùzza** [lat. tardo *cucūtia(m)*, di etim. incerta; av. 1313] **A** s. f. *1* (*centr., merid.*) Zucca | (*fig., scherz.*) Testa. *2* (*spec. al pl., region.*) Denari, soldi: *quante cocuzze mi daresti?* **B** in funzione di inter. ● (*spec. al pl., eufem., region.*) Esprime meraviglia: *cocuzze!*

cocùzzo o **cucùzzo** s. m. ● (*raro*) Cocuzzolo.

cocùzzolo o **cucùzzolo** [lat. tardo *cucūtiu(m)* 'cappuccio', di etim. incerta; sec. XIV] s. m. *1* Parte più alta del capo | (*est.*) Parte più alta del cappello e sim.: *portava una piuma sul c. del berretto.* *2* (*est.*) Sommità di un monte, un edificio e sim.: *salire sul c. di una montagna.* || **cocuzzolétto**, dim. | **cocuzzolino**, dim.

♦**còda** [lat. *cōda(m)*, class. *cauda(m)*, di etim. incerta; av. 1292] s. f. *1* Prolungamento della colonna vertebrale, presente in numerosi animali, con conformazione e funzioni diverse: *la c. di un cane, di un cavallo, di un uccello.* CFR. cerco-, -cerco, uro- (2), -uro (2) | ***Andarsene con la c. tra le gambe***, (*fig.*) rimanere umiliato, deluso | (*fig.*) ***Avere la c. di paglia***, essere sospettoso e suscettibile non avendo la coscienza tranquilla | (*fig.*) ***Se il diavolo ci mette la c., il diavolo ci ha messo la c.***, se, quando una circostanza imprevista compromette il buon esito di qlco. | ***Colpo di c.***, (*fig.*) improvvisa reazione di chi è considerato ormai sconfitto; brusca ripresa di ciò che si pensava concluso: *i colpi di c. dell'inverno* | (*fig.*) ***Reggere la c. a qlcu.***, comportarsi in modo ossequioso e servile | (*anat.*) ***C. di cavallo***, fascio delle radici dei nervi spinali all'estremità del midollo | ***C. di cavallo***, (*fig.*) pettinatura in cui i capelli vengono legati alti sulla nuca e lasciati ricadere sciolti; CFR. Codino | Sottile prolungamento di organi vegetali: *c. dell'aglio, della cipolla* | ***C. di un grappolo d'uva***, picciuolo. *2* (*raro, est.*) Codino (1), nel sign. 2 | ***Avere la parrucca con la c.***, (*st., fig.*) essere un reazionario. *3* (*est.*) Parte posteriore o estremità terminale di qlco.: *la c. di un aereo, di un missile, di un siluro; la c. dello sci; la c. del martello, dell'incudine; la c. di una colonna in marcia, di una fila di corridori* | ***C. della cometa***, esteso pennacchio luminoso formato da gas fluorescenti di debolissima densità, che esce dalla chioma di una cometa, quando questa si trova in vicinanza del sole e gener. in direzione a esso opposta | ***In c.***, in fondo | ***Gruppo, reparto di c.***, che chiude una fila, che viene per ultimo | ***Vettura di c.***, l'ultima di un treno | ***Fanalino di c.***, V. *fanalino* | ***C. d'affusto***, estremità dell'affusto d'artiglieria | ***A c. tronca***, detto di autovetture il cui profilo posteriore è tronco, per realizzare un buon coefficiente aerodinamico | ***C. dell'occhio***, l'angolo esterno dell'occhio | ***Guardare con la c. dell'occhio***, sbirciare di traverso | (*fig.*) ***Non avere né capo né c.***, di ragionamento, discorso e sim., sconclusionato | ***C. di rospo***, (*fig., pop.*) parte posteriore commestibile della rana pescatrice | ***C. di topo***, lenza speciale usata nella pesca a mosca, a sezione scalare, più sottile a una o entrambe le estremità. *4* (*est.*) Appendice, prolungamento, parte aggiunta o conclusiva e sim.: *la c. della lettera p; la c. di un brano musicale* | (*fig.*) Seguito, strascico: *la conferenza stampa ha avuto una c. polemica* | ***Pianoforte a c.***, con cassa armonica allungata orizzontalmente | ***Sonetto con la c.***, caudato | ***Titoli di c.***, V. *titolo* nel sign. 1 | Strascico di abito o mantello femminile da sera o da sposa | ***A c. di rondine***, detto di opera, struttura e sim. che termina a trapezio o a divergenza: *incastro a c. di rondine; abito a c. di rondine.* *5* Allunga. *6* Fila ordinata di persone che aspettano il loro turno: *fare la c.; mettersi in c.* | ***Teoria delle code***, nella ricerca operativa, tecnica volta a risolvere i problemi di attesa che insorgono nello svolgimento di un servizio che può essere prestato a uno o a pochi richiedenti alla volta. *7* Nella distillazione alcolica, l'ultima parte del distillato che in genere si scarta perché impura. *8* (*gerg.*) Ultima cartella di un servizio giornalistico. *9* Nell'ambiente cinematografico, spezzone di pellicole cinematografiche utilizzato per necessità tecniche accessorie nel montaggio e nella proiezione | Nell'ambiente teatrale, persona scritturata al seguito di un attore importante. *10* (*bot.*) ***C. cavallina, c. di cavallo***, pianta erbacea delle Equisetacee dal fusto articolato con numerosi rametti sottili che la fanno somigliare alla coda di un cavallo (*Equisetum arvense*). SIN. Asperella, brusca | ***C. di pavone***, alga delle Feoficee caratteristica dei mari caldi | ***C. di topo***, pianta erbacea delle Graminacee con rizoma corto e infiorescenze in pannocchia (*Phleum pratense*). ➡ ILL. **alga**. || **codàccia**, **codàzza**, pegg. | **codétta**, dim. (V.) | **codina**, dim. | **codino**, dim. m. (V.) | **codóna**, accr. | **codóne**, accr. m. (V.) | **codùccia**, pegg.

codàle [av. 1729] agg. ● Della coda: *pinna c.*

codardìa [da *codardo*; av. 1294] s. f. ● (*lett.*) Carattere di chi (o di ciò che) è codardo: *chi farà mia scusa, / quando serò de c. appellato?* (BOIARDO) | (*est.*) Atto da codardo.

†**codardigia** [fr. *couardise* 'codardia', da *couard* 'codardo'; 1548] s. f. ● Codardia: *c. che volto ha di demenza* (MARINO).

codàrdo [fr. ant. *couard* 'con la coda bassa', da *cou*, forma ant. di 'coda'; av. 1292] **A** agg. *1* (*lett.*) Che si ritira, per pusillanimità, vigliaccheria e sim., di fronte a rischi, pericoli e doveri | Vile: *io so' de' paladini il più c.* (PULCI). SIN. Vigliacco. *2* (*est., lett.*) Che rivela, nasce da, codardia: *gesto c.; vergin di servo encomio / e di c. oltraggio* (MANZONI). || **codardaménte**, avv. **B** s. m. (f. *-a*) ● Persona codarda.

codàta [da *coda* col suff. *-ata*; 1768] s. f. ● Colpo di coda.

codàto [av. 1675] agg. ● (*raro*) Fornito di coda.

codàzzo [da *coda*; av. 1535] s. m. ● (*spreg.*) Corteo disordinato di persone: *un c. di ammiratori; gli amici gli facevano c.* (VERGA). SIN. Seguito.

codebitóre ● V. *condebitore*.

codeina [fr. *codéine*, dal gr. *kṓdeia* 'testa di papavero', di orig. sconosciuta; 1875] s. f. ● Uno degli alcaloidi contenuti nell'oppio, usato per via orale come calmante della tosse.

†**codèsti** o †**cotèsti** [lat. parl. **ĕccu(m) tĭbi ĭste* 'eccoti questo'; 1319] pron. dimostr. m. solo sing. ● Codesto uomo, codesta persona: *cotesti, ch'ancor vive e non si noma* (DANTE *Purg.* XI, 55).

codèsto o †**costétto**, **cotésto** [lat. parl. **ĕccu(m) tĭbi ĭstu(m)* 'eccoti questo'; sec. XIII] **A** agg. dimostr. ● (*tosc., lett.*) Indica persona o cosa vicina o relativa alla persona a cui ci si rivolge: *mostrami c. libro; levati subito c. maglione; non voglio sentire da te codeste espressioni; approvo codesta tua proposta* | Nelle lettere di carattere commerciale o burocratico, nelle domande, indica l'ufficio, l'ente, la società e sim. cui ci si rivolge: *c. istituto; codesta spettabile ditta; c. Ministero.* **B** pron. dimostr. *1* (*tosc., lett.*) Indica persona o cosa vicina o relativa alla persona a cui ci si rivolge: *Codesta è una scusa bella e buona; buona, bella codesta!; E tu che se' costì, anima viva, / pàrtiti da cotesti che son morti* (DANTE *Inf.* III, 88-89). *2* (*tosc., lett.*) Codesta cosa, ciò, con valore neutro: *c. che tu dici è sbagliato.*

†**codestùi** ● V. †*cotestui*.

codétta [av. 1424] s. f. *1* Dim. di *coda*. *2* Estremità della frusta, a cui si attacca lo sverzino. *3* Ciascuna delle due estremità inferiori della tomaia di una scarpa. *4* Corda che le imbarcazioni tengono fissata a poppa, per l'ormeggio. *5* Piccola appendice posta sotto la lettera *e*, nella grafia latina medievale per indicare il dittongo *ae*, in certe trascrizioni fonetiche per indicare suono aperto. *6* Indirizzo posto a sinistra, in alto, sulla prima facciata delle lettere d'ufficio. *7* Chicco di grano di qualità scadente per insufficiente grossezza. *8* Cilindretto di zucchero colorato o cioccolato usato in pasticceria per decorare dolci. || **codettina**, dim.

codiàre [da *coda*; av. 1406] v. tr. (*io códio*) ● (*lett.*) Pedinare, inseguire: *egli continuava a codiarmi* (NIEVO).

codibùgnolo [forse da *codi(lungo)* e *bugnolo* 'panierino', per la forma del nido; 1797] s. m. ● Agile uccello dei Passeriformi dal morbido piumaggio, simile alla cincia ma con lunga coda sottile (*Aegithalus caudatus*).

còdice [vc. dotta, lat. *cōdice(m)*, da *caudice(m)* 'tronco d'albero', poi 'tavoletta su cui si scriveva', di etim. incerta; sec. XIV] s. m. *1* Anticamente, libro formato da più tavolette unite insieme | Libro manoscritto: *c. adespoto, anonimo, mutilo; c. papiraceo, miniato.* *2* Corpo organico delle leggi fondamentali che disciplinano un dato ramo del diritto: *c. civile, penale, della navigazione* | Raccolta delle leggi relative a una data materia: *c. della strada; c. amministrativo* | (*fig.*) ***Inciampare nel c.***, commettere un'azione punibile a norma di legge | ***Sfiorare il c.***, (*fig.*) compiere qlco. che rasenta il reato | (*est.*) Insieme di norme accettate per consuetudine che regolano un comportamento o un'attività propri della convivenza umana: *c. di vita, c. morale* | ***C. sportivo***, insieme di tutte le norme che regolano l'attività agonistica | ***C. cavalleresco***, nel Medioevo, l'insieme delle norme di lealtà e cortesia che costituivano l'ideale del perfetto cavaliere medievale; più tardi, l'insieme delle norme relative alle vertenze d'onore. *3* Sistema di segnali o di segni o di simboli che per convenzione è destinato a rappresentare e trasmettere l'informazione tra la fonte (emittente) dei segnali e il punto di destinazione (ricevente): *comunicare in c.; decifrare il c. del nemico* | ***C. linguistico***, formato da suoni | ***C. grafico***, formato da segni scritti | (*ling., raro*) Sottocodice: *il c. burocratico* | ***C. fiscale***, combinazione di numeri e lettere assegnata a ogni contribuente, allo scopo di identificarlo nel sistema di codificazione dell'anagrafe tributaria | ***C. di avviamento postale***, codice numerico assegnato a ogni località italiana, che permette ai servizi postali l'inoltro automatico della corrispondenza | ***C. a barre***, combinazione di barre opportunamente stampate in diverso spessore e con diverso intervallo fra loro, interpretabile da un lettore ottico, usata per codificare e identificare prodotti di largo consumo e il loro prezzo | ***C. ecografico***, numero civico interno di una abitazione | (*biol.*) ***C. genetico***, sequenza di codoni contenenti le informazioni genetiche del gene e determinanti la sequenza degli aminoacidi che originano le proteine in base alla lettura dei codoni stessi; (*fig.*) DNA, nel sign. 2. *4* (*elab.*) Rappresentazione di dati o istruzioni in forma simbolica | ***C. alfabetico***, il cui set di caratteri contiene solo lettere alfabetiche | ***C. alfanumerico***, il cui set di caratteri contiene sia cifre che lettere alfabetiche | ***C. numerico***, il cui set di caratteri contiene solo cifre | ***C. istruzioni***, insieme di simboli e caratteri da usare per la redazione di istruzioni in un dato linguaggio di programmazione | ***C. di funzione***, parte di un'istruzione che specifica l'operazione da eseguire. || **codicétto**, dim.

codicillàre [vc. dotta, lat. tardo *codicillāre(m)*, agg. di *codicĭllus* 'codicillo'; 1673] agg. ● Relativo, inerente al codicillo | ***Clausola c.***, clausola diretta ad assicurare l'efficacia di codicillo a un testamento invalido.

codicillo [vc. dotta, lat. *codicĭllu(m)* 'tavoletta da scrivere', dim. di *cōdex*, genit. *cōdicis* 'codice'; 1250] s. m. *1* Nel diritto romano, disposizione di ultima volontà redatta per iscritto al di fuori del testamento. *2* Aggiunta che si fa a uno scritto, a un documento legale e sim.: *apporre un c. a una lettera* | Commento. SIN. Postilla.

codicologìa [comp. di *codice* e *-logia*; 1974] s. f. ● Scienza che studia il libro manoscritto in ogni suo aspetto.

codicològico [1987] agg. (pl. m. *-ci*) ● Relativo

alla codicologia: *mostra codicologica.*
codicòlogo [1987] s. m. (f. *-a*; pl. m. *-gi*) ● Studioso, esperto di codicologia.
codifica [1965] s. f. ● Codificazione, nel sign. 2.
codificàbile [1966] agg. ● Che può essere codificato.
codificàre [fr. *codifier*, comp. del lat. *cōdex* 'codice' e *făcere* 'fare'; 1870] v. tr. (*io codìfico, tu codìfichi*) **1** Raggruppare norme secondo un ordine sistematico: *c. il diritto penale* | (*est.*) Attribuire valore di legge: *c. una norma* | (*fig.*) Attribuire un valore generale, normativo: *c. un uso linguistico.* **2** Trascrivere o tradurre in codice: *c. un messaggio segreto*; *c. dati, informazioni.*
codificàto [1870] part. pass. di *codificare*; anche agg. **1** Nei sign. del v. (*anche fig.*) **2** *Diritto c.*, diritto positivo.
codificatóre [av. 1881] **A** s. m. **1** (f. *-trice*) *Chi codifica.* **2** (*elettron.*) Dispositivo che codifica un'informazione elementare in un segnale fisico allo scopo di trasmetterla ed elaborarla. **B** anche agg. nel sign. 1: *funzione codificatrice.*
codificazióne [fr. *codification*, da *codifier* 'codificare'; 1847] s. f. **1** Il codificare | Insieme di norme codificate: *la c. giustinianea.* **2** Applicazione di un codice a un complesso di informazioni | Insieme delle regole per raggruppare in modo sistematico i simboli di un codice.
codimòzzo [comp. di *coda* e *mozzo* 'mozzato'; av. 1400 ca.] agg. ● (*lett.*) Con la coda mozzata, detto spec. di cani.
codinìsmo [1865] s. m. ● (*raro*) Atteggiamento da retrogrado, da codino.
codino (1) [dim. di *coda*; av. 1704] s. m. **1** Piccola coda. **2** Treccia di capelli naturali o posticci, stretta da un nastro dietro la nuca, usata dai gentiluomini europei nel XVIII sec. e dai cinesi fino agli inizi del XX sec. **3** (*est.*) Piccola treccia di capelli: *farsi il c.*; *pettinarsi coi codini.*
codino (2) [dalla parrucca terminante in coda portata dai nobili prima della Rivoluzione francese, e dai reazionari durante la Restaurazione; 1845] agg.; anche s. m. (f. *-a*) ● Che (o Chi) si dimostra reazionario, retrogrado, spec. in campo politico e culturale: *mentalità codina*; *governo c.*; *era un c. marcio, un reazionario* (VERGA).
codinzolo o **codònzolo** [av. 1918] s. m. ● Coda piccola e sottile, spec. di cani | ***Dimenare il c.***, scodinzolare.
codióne (o **-dió-**) ● V. *codrione.*
codirezióne ● V. *condirezione.*
codiróssò [comp. di *coda* e *rosso*; 1481] s. m. ● Uccelletto canoro dei Passeriformi con dorso grigio, coda rossa, e gola nera nei maschi (*Phoenicurus phoenicurus*).
códolo [da *coda*; 1353] s. m. **1** Estremità assottigliata di lama, da inserire nel manico o nell'impugnatura: *c. del coltello, della spada* | ***C. del cucchiaio, della forchetta***, parte che si impugna | (*mecc.*) Parte terminale di un utensile che serve a fissarlo al mandrino della macchina operatrice. **2** Asta metallica usata per fare i ferri di cavallo. **3** †Sasso, ciottolo.
codominio [comp. di *co-* (*1*) e *dominio*; 1987] s. m. ● (*mat.*) Insieme descritto dal valore di una funzione quando questo valore descrive tutto il dominio di definizione.
codóne (1) [1797] s. m. **1** Accr. di *coda.* **2** Anatra selvatica con collo sottile e coda lunga, i cui maschi sono vivacemente colorati (*Dafila acuta*). **3** (*est.*) Parte estrema della culatta delle antiche artiglierie. **4** Parte della groppiera che passa sotto la coda di una cavalcatura.
codóne (2) [comp. di *cod-*, radice di *codice*, e *-one* (*2*); 1970] s. m. ● (*biol.*) Sequenza di tre nucleotidi adiacenti che codificano un aminoacido. SIN. Tripletta.
codònzolo ● V. *codinzolo.*
codrióne o **codióne**, (*raro*) **cotrióne** [da *coda*; 1525] s. m. **1** L'insieme delle ultime vertebre degli uccelli. **2** (*est., scherz.*) Coccige.
coeditàre [comp. di *co-* (*1*) e *editare*; 1989] v. tr. (*io coèdito*) ● Pubblicare insieme ad altro o ad altri editori.
coeditóre [comp. di *co-* (*1*) e *editore*; 1942] s. m. (f. *-trice*) ● Chi pubblica una o più opere in collaborazione con uno o più editori.
coedizióne [comp. di *co-* (*1*) ed *edizione*; 1956] s. f. ● Attività editoriale assunta da due o più coeditori | (*est.*) L'edizione così realizzata.
coeducazióne [comp. di *co-* e *educazione*; 1931] s. f. ● Educazione in comune di bambini o giovani dei due sessi.
coefficiènte [fr. *coefficient.* V. *co-* (*1*) e *efficiente*; 1712] s. m. **1** (*mat.*) Numero che moltiplica una quantità incognita o indeterminata. **2** (*fis.*) Quantità numerica che definisce proprietà e relazioni meccaniche, fisiche e sim. dei corpi o sistemi di corpi: *c. di attrito, di elasticità, di dilatazione, di autoinduzione.* **3** (*fig.*) Fattore che, insieme con altri, contribuisce al verificarsi di un effetto | ***C. di abilità***, nel pugilato, uno degli elementi sulla scorta dei quali viene assegnata la vittoria ai punti | ***C. di difficoltà***, nei tuffi, elemento numerico che proporziona la valutazione dei giudici alle difficoltà tecniche dell'esercizio.
coefficiènza [da *coefficiente*; 1697] s. f. ● Presenza simultanea di più cause nel verificarsi di un effetto.
coèfora [vc. dotta, gr. *choēphóros* 'portatore di libagioni', comp. di *choḗ* 'libagione' (da *chêin* 'versare', di orig. indeur.) e *-phóros* '-foro'; 1820] s. f. ● Nell'antica Grecia, donna che recava libagioni ai sepolcri.
coeguàle [lat. *coaequāle(m)*, comp. di *cŭm* 'con' e *aequālis* 'uguale'; sec. XIV] agg. ● Uguale a uno o più altri, detto spec. delle persone della Trinità.
coelètto [vc. dotta, lat. tardo *coelēctu(m)*, comp. di *cŭm* 'con' e *elēctus* 'eletto'; 1865] agg. ● Eletto insieme ad altri.
coenzima [comp. di *co-* (*1*) ed *enzima*; 1951] s. m. (pl. *-i*) ● (*chim.*) Composto organico non proteico indispensabile per il funzionamento di un enzima. SIN. Cofermento | ***Coenzima A***, composto implicato nel metabolismo degli acidi carbossilici.
coercìbile [fr. *coercible*, dal lat. *coërcēre.* V. *coercizione*; 1834] agg. **1** Che si può costringere, obbligare: *carattere difficilmente c.* **2** (*fis.*) Comprimibile, detto di aeriformi: *gas c.*
coercibilità [1886] s. f. ● Caratteristica, proprietà di coercibile.
coercitivo [fr. *coercitif*, dal lat. *coërcēre.* V. *coercizione*; av. 1691] agg. ● Che ha forza di costringere: *mezzi coercitivi.* || **coercitivaménte**, avv.
coercizióne [fr. *coercition*, dal lat. *coërcitiōne(m)*, da *coërcēre* 'reprimere, restringere', comp. di *cŭm* 'con' e *arcēre* 'rinchiudere, trattenere'; 1812] s. f. ● Il costringere una persona ad agire come non vorrebbe, usando le minacce, la forza e sim.: *ricorrere alla c.*; *fare uso della c.*; *c. morale* | (*dir.*) Mezzo con cui si ripristina l'ordine giuridico violato; SIN. Coazione.
coerède [vc. dotta, lat. *cohērede(m)*, nom. *cohēres*, comp. di *cŭm* 'con' e *hēres* 'erede'; av. 1292] s. m. e f. ● Chi è erede insieme con altri: *divisione dei beni tra coeredi.*
coerènte [vc. dotta, lat. *cohaerĕnte(m)*, part. pres. di *cohaerēre* 'essere unito, aver connessione', comp. di *cŭm* 'con' e *haerēre* 'essere attaccato'; 1584] agg. (assol.; + *con*) **1** Detto di sedimento o di roccia cementata e compatta. **2** Che è saldamente connesso in ogni sua parte: *materiale composito ma c.* **3** (*fig.*) Che è privo di contraddizioni, di squilibri: *discorso, idea, individuo c.*; *una scelta c. con le proprie idee* | ***Essere c. con sé stesso***, di chi agisce in modo conforme alle proprie idee. **4** (*fis.*) Detto di fenomeni periodici che hanno uguale frequenza, che mantengono nel tempo la loro differenza di fase. || **coerenteménte**, avv.
coerènza [vc. dotta, lat. *cohaerĕntia(m)*, da *cohaerens*, genit. *cohaerĕntis* 'coerente'; 1584] s. f. **1** Coesione: *la c. dei vari elementi è perfetta.* **2** Stretta connessione logica, assenza di contraddizioni: *la c. fra le premesse e le conclusioni di un ragionamento*; *la c. di un testo* | Conformità tra principi e comportamento: *una fede religiosa vissuta con c.* | Costanza di idee e propositi: *la vostra c. è ammirevole.* **3** (*fis.*) Caratteristica delle oscillazioni che avvengono con differenza di fase costante.
coesióne [fr. *cohésion*, dal lat. *cohaerēre.* V. *coerente*; 1743] s. f. **1** (*fis.*) Forza di attrazione fra le molecole di un corpo sia solido che liquido. **2** (*fig.*) Accordo, unione fra le parti costitutive di un'entità, di un insieme, di un gruppo e sim.: *questo libro manca di c.*; *la c. di una famiglia, di un partito*; *idee sciolte, senza virtù di c.* (DE SANCTIS).
coesistènte [1819] part. pres. di *coesistere*; anche agg. ● Nei sign. del v.
coesistènza [fr. *coexistence*, da *coexister* 'coesistere'; av. 1639] s. f. ● L'esistere insieme: *c. di idee, di partiti* | ***C. pacifica***, fra Stati con ideologie e regimi politici differenti.
coesìstere [fr. *coexister*, dal lat. tardo *coexsĭstere*, comp. di *cŭm* 'con' e *exsĭstere* 'esistere'; av. 1829] v. intr. (coniug. come *esistere*; aus. *essere*) ● Esistere contemporaneamente, detto di più cose: *in lui coesistono opposti sentimenti.*
coesivo [fr. *cohésif*, da *cohésion* 'coesione'; 1892] **A** agg. ● Che serve a tenere unite due o più cose: *liquido c.* **B** s. m. ● (*ling.*) Elemento che collega parti di un testo, rinviando ad altri elementi dello stesso testo.
coèso (o **-é-**) [da *coesione*; 1985] agg. ● Dotato di coesione, di compattezza: *gruppo c.*
coesóre [da *coesione*; 1964] s. m. ● (*elettr.*) Coherer.
coetàneo [vc. dotta, lat. tardo *coaetāneu(m)*, comp. di *cŭm* 'con' e *āetas*, genit. *aetātis* 'età'; 1342] agg.; anche s. m. (f. *-a*) ● Che (o Chi) ha la medesima età: *noi tre siamo coetanei* | (*est., raro*) Che (o Chi) appartiene allo stesso tempo, epoca e sim.: *i coetanei di Socrate.*
coetèrno [vc. dotta, lat. tardo *coaetĕrnu(m)*, comp. di *cŭm* 'con' e *aetĕrnus* 'eterno'; sec. XIV] agg. ● (*relig.*) Eterno nello stesso modo e solidalmente, detto delle tre persone della Trinità.
coèvo [vc. dotta, lat. tardo *coāevu(m)*, comp. di *cŭm* 'con' e *āevum* 'età'; 1693] agg. ● Della stessa epoca, secolo, periodo e sim.: *autori coevi*; *questa lotta tra la fede e la scienza ... è antica, coeva alle origini stesse della religione* (DE SANCTIS). SIN. Contemporaneo.
còfana [var. di *cofano*; 1961] s. f. **1** Recipiente metallico a due manici usato dai muratori per il trasporto della malta. **2** (*est., centr.*) Recipiente molto ampio e capace | (*est.*) Grande quantità: *una c. di pastasciutta.*
cofanétto [sec. XIV] s. m. **1** Dim. di *cofano.* **2** Cassetta in legno, avorio o argento spesso riccamente ornata, usata per custodire preziosi | Cassetta di vario materiale adibita a contenere cosmetici, dolciumi e sim. **3** (*edit.*) Custodia in cartone pesante, spesso ornato, contenente due o più volumi che compongono un'opera.
còfano o †**còfino** [lat. tardo *cŏphinu(m)*, nom. *cŏphinus*, dal gr. *kóphinos* 'cesta', di etim. incerta; 1263] s. m. **1** Antico mobile costituito da una cassa piuttosto grande, con coperchio spec. bombato, spesso decorata sui lati: *il c. del corredo nuziale.* **2** (*mil.*) Cassa | ***C. d'artiglieria***, cassa usata per il trasporto delle munizioni | ***C. della bandiera***, sulle navi, cassetta in cui si conserva la bandiera di combattimento. **3** Copertura di lamiera apribile che protegge il motore e altre parti di un autoveicolo: *aprire il c.* ➡ ILL. p. 2164 TRASPORTI. **4** †Cassa per oggetti domestici e sim. | †Forziere. **5** (*region.*) †Cesto, paniere. **6** †Opera di fortificazione simile alla caponiera. **7** Barca veneta per caccia palustre. || **cofanétto**, dim. (V.).
cofattóre [comp. di *co-* (*1*) e *fattore*; 1964] s. m. ● (*chim.*) Qualsiasi molecola, inorganica od organica ma non di natura proteica, che partecipa all'azione di un enzima.
coferménto [comp. di *co-* (*1*) e *fermento*; 1964] s. m. ● (*chim., raro*) Coenzima.
còffa [sp. *cofa*, dall'ar. *quffa* 'cesta'; 1475] s. f. **1** (*mar.*) Piattaforma semicircolare a mezz'altezza sugli alberi dei velieri per vedetta e manovra delle vele | Sulle navi a propulsione meccanica, posto di vedetta sull'alberatura. ➡ ILL. p. 2172 TRASPORTI. **2** †Paniere.
coffee break /ˈkɔffiˈbrɛk, *ingl.* ˈkɒfi,bɹeɪk/ [loc. ingl., comp. di *coffee* 'caffè' e *break* 'intervallo'; 1977] loc. sost. m. inv. (pl. ingl. *coffee breaks*) ● Pausa nel corso di un lavoro, di una riunione e sim. per prendere un caffè o altre bevande.
coffee grinder /*ingl.* ˈkɒfi ˈgɹaɪndəɹ/ [vc. ingl., propr. 'macinacaffè'] loc. sost. m. inv. (pl. ingl. *coffee grinders*) ● (*mar.*) Verricello a doppia manovella con cui, sulle grandi barche a vela da regata, si manovrano le scotte.
†**còfino** ● V. *cofano.*
cofirmatàrio [comp. di *co-* (*1*) e *firmatario*; 1963] agg.; anche s. m. (f. *-a*) ● Che (o Chi) firma qlco. insieme con altri.
cofondatóre [comp. di *co-* (*1*) e *fondatore*;

cofosi 388

1985] **s. m.** (f. *-trice*) ● Chi è fondatore di qlco. insieme con altri.
cofòsi [vc. dotta, gr. *kóphōsis* 'sordità', da *kōphós* 'sordo'; av. 1800] **s. f. inv.** ● (*med.*) Sordità totale.
còfto ● V. *copto*.
cogarànte [comp. di *co-* (*1*) e *garante*; 1956] **agg.**; anche **s. m. e f.** ● Che (o Chi) è garante insieme ad altri.
cogeneratóre [comp. di *co-* (*1*) e *generatore*; 1973] **s. m.** ● (*tecnol.*) Apparecchiatura per la cogenerazione.
cogenerazióne [comp. di *co-* (*1*) e *generazione*; 1982] **s. f.** ● (*fis.*) Produzione associata di energia elettrica e di calore in un impianto termoelettrico, con utilizzazione del calore per riscaldamento civile o per altre applicazioni.
cogènte [lat. *cogĕnte(m)*, part. pres. di *cogĕre* 'costringere'; 1951] **agg.** ● (*dir.*) Detto di norma che non può essere modificata da accordi privati. SIN. Inderogabile.
cogènza [da *cogente*, sul modello dell'ingl. *cogency* o *cogence*; 1979] **s. f.** ● Caratteristica di ciò che è costrittivo, obbligatorio: *la c. di una norma.* SIN. Imperatività, inderogabilità.
cogerènte [comp. di *co-* (*1*) e *gerente*; 1950] **s. m. e f.** ● Chi gestisce qlco. assieme ad altri.
cogestióne [comp. di *co-* (*1*) e *gestione*; 1963] **s. f.** ● Gestione in comune con altri | *C. aziendale*, partecipazione dei lavoratori con il datore di lavoro alla direzione dell'impresa.
cogestire [comp. di *co-* (*1*) e *gestire*; 1983] **v. tr.** (*io cogestisco, tu cogestisci*) ● Gestire insieme con altri.
cogitabóndo [vc. dotta, lat. tardo *cogitabŭndu(m)*, da *cogitāre* 'cogitare'; 1483] **agg.** ● (*lett.*) Pensieroso, meditabondo: *con la rugata fronte c.* (BRUNO).
cogitànte [av. 1499] **A** **part. pres.** di *cogitare*; anche **agg.** ● Nei sign. del v. **B** **s. m.** ● (*lett.*) Chi pensa.
cogitàre o †**coitàre** [vc. dotta, lat. *cogitāre*, comp. di *cŭm* 'con' e *agitāre*, intens. di *ăgere* 'spingere'; sec. XII] **v. tr. e intr.** (*io cògito*) ● (*lett.*) Pensare | Oggi in tono scherz.: *se ne stava tutto solo a c.*
cogitativo [vc. dotta, lat. tardo *cogitatīvu(m)*, da *cogitāre* 'cogitare'; av. 1375] **agg.** *1* (*lett.*) Atto a pensare | Relativo al pensare. *2* †Cogitabondo.
cogitazióne [vc. dotta, lat. *cogitatiōne(m)*, da *cogitāre* 'cogitare'; 1300 ca.] **s. f.** ● (*lett.*) Meditazione, pensiero: *in una fissa e lunga c. ... profondamente occupato* (SANNAZARO).
cògito [lat., 'io penso', prima pers. indic. pres. di *cogitāre* 'cogitare'; 1961] **s. m.** solo **sing.** ● Nella filosofia cartesiana, certezza prima e indubitabile che l'individuo, in quanto soggetto pensante, ha della sua esistenza.
†**cogitóso** [av. 1294] **agg.** ● Pensieroso.
cògli o **con gli** **prep. art. m. pl.** comp. di *con* e *gli* (*1*) ● V. *gli* (*1*) per gli usi ortografici.
†**cóglia** [lat. *cōlea, nt. pl. di *cōleum, per il classico *cōleus* 'testicolo', di etim. incerta; sec. XIV] **s. f.** *1* (*lett.*) Scroto. *2* (*fig., volg.*) Zerbinotto | (*fig., volg.*) Uomo stupido e insolente. || **cogliarèlla**, **dim.**
cogliàta [da *coglia*; av. 1850] **s. f.** ● (*lett., raro*) Smargiassata | Balordaggine.
♦**cògliere** o (*lett.*) **còrre** [lat. *collĭgere*, comp. di *cŭm* 'con' e *lĕgere* 'raccogliere'; av. 1292] **A** **v. tr.** (**pres.** *io cólgo, tu cógli*; **fut.** *io coglierò*, pop. e poet. *corrò*; **pass. rem.** *io cólsi, tu cogliésti*; **congv. pres.** *io cólga*; **part. pass.** *cólto*) *1* Prendere, staccare dal terreno o da una pianta: *c. un fiore, un frutto, un ramoscello* | (*est.*) Raccogliere (*anche fig.*): *c. l'acqua; c. il frutto delle proprie fatiche.* *2* Afferrare, prendere (*anche fig.*): *colsi al volo il libro perché non cadesse; c. il luogo, il tempo, il destro, il momento, l'occasione favorevole; a volte mi coglie una grande paura* | ***C. la palla al balzo***, (*fig.*) approfittare immediatamente di un'occasione buona | Prendere di sorpresa: *c. alla sprovvista, in flagrante, in fallo; la morte lo colse all'improvviso.* *3* (*mar.*) Raccogliere ordinatamente una cima, in modo che possa filare rapidamente in caso di necessità. *4* Colpire (*anche fig.*): *c. il bersaglio; c. qlcu. nel suo punto debole; c. in pieno; c. nel giusto.* *5* (*fig.*) Intendere, capire, indovinare: *c. il significato nascosto di una frase; c. l'importanza di qlco.; quella prontezza ... di c. i finissimi rapporti delle idee* (PARINI) | ***C. al volo***, comprendere immediatamente. *6* †Dedurre, argomentare. *7* †Riscuotere: *c. pedaggio.* **B** **v. intr.** (anche **impers.**; aus. *essere*) ● (*raro, lett.*) Avvenire, capitare, incogliere: *mal te ne colga* | †***S'ei coglie, colga; se co', colga***, se va, va.
coglionàggine [av. 1850] **s. f.** ● (*volg.*) Balordaggine.
coglionàre [da *coglione*; av. 1654] **v. tr.** (*io coglióno*) ● (*volg.*) Deridere, canzonare, spec. grossolanamente e con sguaiataggine.
coglionàta [1970] **s. f.** ● (*volg.*) Discorso o comportamento da coglione.
coglionatóre [1874] **s. m.**; anche **agg.** (f. *-trice*) ● (*volg.*) Chi (o Che) cogliona, canzona.
coglionatùra [da *coglionare*; av. 1704] **s. f.** ● (*volg.*) Derisione, canzonatura.
coglióne [lat. tardo *coleōne(m)*, per il classico *cōleu(m)*, di etim. incerta; av. 1292] **A** **s. m.** ● (*spec. al pl., volg.*) Testicolo | ***Rompere i coglioni a qlcu.***, (*fig.*) infastidirlo, annoiarlo | ***Avere i coglioni***, (*fig.*) detto di persona energica, volitiva, tenace | ***Avere i coglioni pieni di qlcu. o qlco.***, (*fig.*) averne abbastanza, esserne molto stanco, annoiato e sim. | ***Avere qlcu. sui coglioni***, (*fig.*) non poterlo soffrire | ***Stare sui coglioni***, (*fig.*) essere molto antipatico | ***Far girare i coglioni a qlcu.***, (*fig.*) seccarlo, irritarlo | ***Gli girano i coglioni***, (*fig.*) è incollerito, irritato | ***Levarsi dai coglioni***, (*fig.*) togliersi di torno, smettere di infastidire. **B** **s. m.** (f. *-a*); anche **agg.** ● (*fig., volg.*) Sciocco, minchione: *un cuore tanto c. che alla prima parola dolce si arrende* (MONTI). || **coglionàzzo**, **pegg.** | **coglioncèllo**, **dim.** | **coglioncino**, **dim.**
coglionèlla [da *coglione*; av. 1698] **s. f.** ● (*raro, volg.*) Canzonatura, burla | ***Mettere qlcu. in c.***, deriderlo | ***Pigliare, prendere qlco. in c.***, alla leggera.
coglioneria [da *coglione*; 1526] **s. f.** ● (*volg.*) Caratteristica di chi è coglione | Balordaggine, sciocchezza: *dire, fare una c.* | Sproposito, sbaglio grossolano.
coglitóre [da *cogliere*; 1297] **s. m.** (f. *-trice*, pop. disus. *-tora*) *1* Chi coglie: *c. di frutta.* *2* †Chi riscuote tasse, imposte e sim.
coglitùra [av. 1811] **s. f.** ● (*tosc.*) Raccolta: *il tempo della c.*
cognac /fr. kɔ'ɲak/ [dalla città di *Cognac*, ove si produce; 1875] **s. m. inv.** *1* Acquavite ottenuta distillando il vino della Charente, poi corretta e invecchiata in fusti di rovere. *2* Bicchiere di cognac: *bere un c.* || **cognacchino**, **dim.** nel sign. 2 (V.).
cognacchino [dim. di *cognac*; 1960] **s. m.** ● (*fam.*) Bicchierino di cognac.
♦**cognàta** [sec. XIII] **s. f.** ● Moglie del fratello | Sorella della moglie o del marito. || **cognatina**, **dim.**
♦**cognàto** [lat. *cognātu(m)* 'consanguineo', comp. di *cŭm* 'con' e *gnātus* 'nato'; 1243] **A** **s. m.** (f. *-a* (V.)) *1* Marito della sorella | Fratello della moglie o del marito. *2* (*lett.*) Congiunto di origine, di stirpe. **B** **agg.** *1* (*lett.*) Di chi appartiene alla medesima stirpe: *cognati petti il vincitor calpesta* (LEOPARDI). *2* (*lett.*) Simile, congenere.
cognazióne [vc. dotta, lat. *cognatiōne(m)*, da *cognātus*. V. *cognato*; 1321] **s. f.** *1* Nel diritto romano, parentela. *2* (*lett.*) Schiatta, stirpe. *3* (*fig.*) †Vincolo, relazione: *tra 'l fuoco e 'l ghiaccio fai c.* (L. DE' MEDICI).
cognitivismo [1967] **s. m.** ● (*psicol.*) Corrente di studi psicologici che si occupa di attività cognitive come percezione, intelligenza, linguaggio, pensiero.
cognitivista [da *cognitivismo*; 1989] **A** **agg.** (pl. m. *-i*) ● (*psicol.*) Che si riferisce al cognitivismo | ***Terapia c.***, tecnica psicoterapeutica elaborata da A. T. Beck, che cura le nevrosi promuovendo nel paziente un nuovo modo di pensare. **B** **s. m. e f.** ● Seguace del cognitivismo.
cognitivo [sec. XIV] **agg.** ● Conoscitivo | (*psicol.*) Che riguarda la cognizione: *funzione cognitiva, sviluppo c.*
cògnito [vc. dotta, lat. *cŏgnitu(m)*, part. pass. di *cognōscere* 'conoscere'; av. 1306] **agg.** ● (*lett.*) Conosciuto, noto: *appena gli furono cogniti i caratteri delle lettere* (GUICCIARDINI) | †***Essere c. di qlco.***, conoscerla bene.
†**cognitóre** [vc. dotta, lat. *cognitōre(m)*, da *cŏgnitus* 'cognito'; sec. XIV] **A** **agg.** (f. *-trice*) ● Che ha il compito di prendere cognizione di una causa. **B** **s. m.** ● Chi conosce.
cognitòrio [1964] **agg.** ● (*dir.*) Relativo a cognizione.
cognizióne [vc. dotta, lat. *cognitiōne(m)*, da *cŏgnitus* 'cognito'; av. 1306] **s. f.** *1* (*lett.*) Conoscenza: *c. sintetica, analitica, diretta, indiretta, distinta, confusa, piena, certa; avere, prendere c. di qlco.; essere, venire a c. di qlco.; fonte di c. del diritto* | Consapevolezza, senso: *perdere la c. del tempo.* *2* (*spec. al pl.*) Nozioni: *avere estese cognizioni scientifiche e tecniche* | (*est.*) Complesso di nozioni, scienza, dottrina: *un uomo di vaste cognizioni; non mancate di spirito e di cognizioni* (GOLDONI). *3* (*dir.*) Esame che un organo giudiziario compie dei problemi e dati che gli vengono sottoposti o che egli stesso acquisisce nel corso di una istruzione onde giungere all'emanazione di una pronuncia finale: *procedimento di c. civile, penale* | ***Con c. di causa***, dopo approfondito esame di tutti gli elementi (*anche fig.*): *giudicare con c. di causa; parlare con c. di causa* | Correntemente, competenza: *reato di c. della Corte d'assise; processo di c. del Tribunale di Bologna.* *4* (*psicol.*) Insieme delle funzioni che consentono di raccogliere ed elaborare le informazioni (in particolare l'attenzione, la percezione, la memoria, l'apprendimento, l'intelligenza, il linguaggio e il ragionamento).
cògno (*1*) o **cógno** [lat. *cōngiu(m)*, nom. *cōngius* 'barile', dal gr. *konchíon*, dim. di *kónchē* 'chiocciola' e 'misura per liquidi'. V. *conca*; av. 1313] **s. m.** (pl. *cògni* o *cógni*, †*cògna* o *cógna* f.) *1* Antica unità di misura di capacità per liquidi, pari a circa 450 litri. *2* Quantità d'olio che il contadino doveva al padrone per aver fatto uso del frantoio, o per altro obbligo relativo all'estrazione dell'olio.
†**cógno** (*2*) ● V. *cuneo*.
♦**cognóme** (o *-ò-*) [vc. dotta, lat. *cognōme(n)*, comp. di *cŭm* 'con' e (*g*)*nōmen* 'nome'; 1342] **s. m.** *1* Nome di famiglia: *dire il proprio nome e c.* SIN. Casato. *2* Nella Roma repubblicana, il terzo elemento del nome atto a designare i membri di una stessa famiglia, nell'ambito di una gente: *Cesare era il c. di Gaio Giulio.*
†**cognominàre** [vc. dotta, lat. *cognomināre*, da *cognōmen* 'cognome'; 1336 ca.] **A** **v. tr.** *1* Fornire di cognome. *2* Soprannominare: *Per la qual cosa ella il cognominò Silvio* (BOCCACCIO). **B** **v. intr. pron.** ● Chiamarsi.
†**cognóscere** e *deriv.* ● V. *conoscere* e *deriv.*
cogolària [dal lat. *cucŭllus* 'cappuccio'. V. *cocolla*; sec. XIV] **s. f.** ● Rete da pesca a sacco conico, con imboccatura di 3 m, per la pesca delle anguille.
cògolo [veneto *cogolo*, dal lat. parl. *cŏcula(m), da *cŏchlea* 'chiocciola'; 1779] **s. m.** ● (*sett.*) Ciottolo.
coguàro [fr. *couguar*, dal port. *cucuarana*, grafia errata per il guaraní *susuarana*; 1838] **s. m.** ● (*zool.*) Puma.
coherer /ingl. kou'hiərə/ [vc. ingl., dal lat. *cohaerēre*. V. *coerente*; 1903] **s. m. inv.** ● Apparecchio rilevatore di onde elettromagnetiche, usato nei primi apparecchi radiotelegrafici. SIN. Coesore.
cói o **con i** **prep. art. m. pl.** comp. di *con* e *i* (*2*) ● V. *i* (*2*) per gli usi ortografici.
coiàio ● V. *cuoiaio*.
coiàme ● V. *cuoiame*.
†**coiàro** ● V. *cuoiaio*.
coiàttolo ● V. *cuoiattolo*.
coibentàre [da *coibente*; 1987] **v. tr.** (*io coibènto*) ● Rivestire con materiale coibente: *c. un tetto.*
coibentatóre [1983] **s. m.** (f. *-trice*) ● Tecnico che esegue coibentazioni.
coibentazióne [1979] **s. f.** ● Rivestimento con materiale isolante.
coibènte [vc. dotta, lat. *cohibĕnte(m)*, part. pres. di *cohibēre* 'contenere, tenere insieme', comp. di *cŭm* 'insieme' e *habēre* 'avere'; 1818] **A** **s. m.** ● Materiale con proprietà di isolante termico, elettrico o acustico. **B** anche **agg.**: *materiale c.; sostanza c.*
coibènza [da *coibente*; 1865] **s. f.** ● Proprietà dei coibenti.
coieria ● V. *cuoieria*.
coiétto o **coréto**, **corétto** (*1*) [da *cuoio*; av. 1800] **s. m.** *1* Nelle antiche armi da fuoco, piccolo ritaglio di cuoio che teneva ferma la pietra focaia. *2* Indumento di cuoio che si portava per difesa del busto.
coiffeur /fr. kwa'fœːʀ/ [vc. fr., da *coiffer*, propr.

'coprire il capo con una *cuffia* (*coiffe*)'; 1883] s. m. inv. ● Parrucchiere per signora.

coiffeuse /fr. kwa'føːz/ [vc. fr., da *coiffer* 'pettinare', perché davanti a essa le donne si acconciano; 1956] s. f. inv. ● Tavolo da toeletta per signora, di stile impero. SIN. Pettiniera.

còil [vc. ingl., 'spira, rotolo'; 1989] s. m. ● (*tecnol.*) Bobina di lamiera o filo, gener. di acciaio.

coimputàto [comp. di *co-* e *imputato*; 1970] s. m.; anche agg. (f. *-a*) ● Chi (o Che) è imputato insieme ad altri.

♦**coincidènza** [fr. *coïncidence*, da *coïncider* 'coincidere'; sec. XIV] s. f. (assol.; *+ di*; *+ tra*; *+ con*) **1** Concomitanza spesso fortuita di due o più fatti: *ci siamo incontrati per una semplice c.*; *una fortunata c. di eventi*; *il convegno si terrà in c. con le vacanze pasquali*. **2** (*fig.*) Uguaglianza, consonanza, identità: *fra noi vi è perfetta c. di opinioni*; *non c'è c. automatica tra popolarità e consenso*. **3** (*mat.*) Il coincidere. **4** Nei servizi pubblici, ferroviari, automobilistici o aerei, ora di arrivo e di partenza di due o più mezzi di trasporto stabilita in modo da permettere ai viaggiatori provenienti con l'uno di passare all'altro | (*fam.*) Il mezzo che parte in coincidenza: *prendere*, *perdere la c.*

coincìdere [fr. *coïncider*, comp. del lat. *cŭm* 'insieme' e *incĭdere* 'cadere dentro'; 1584] v. intr. (coniug. come *incidere*; aus. *avere*) **1** Corrispondersi esattamente, collimare: *idee che coincidono*. **2** Accadere contemporaneamente: *la sua venuta coincise con la nostra partenza*. **3** (*mat.*) Essere identico: *le due soluzioni coincidono*.

coincìso part. pass. di *coincidere*. ● Nei sign. del v.

coinè ● V. *koinè*.

coinquilìno [vc. dotta, lat. tardo *coinquilīnu(m)*, comp. di *cŭm* e *inquilīnus* 'inquilino'; 1867] s. m. (f. *-a*) ● Ognuno degli inquilini di una casa nei confronti degli altri inquilini della stessa casa.

†**coinquinàre** [vc. dotta, lat. *coinquināre*, comp. di *cŭm* 'con' e *inquināre* 'inquinare'; av. 1342] v. tr. ● Macchiare | (*fig.*) Corrompere.

coinsième [comp. di *co-* (*1*) e *insieme*; 1987] s. m. ● (*mat.*) Insieme descritto dal valore di una funzione quando questo valore descrive tutto l'insieme di definizione.

cointeressàre [comp. di *co-* (*1*) e *interessare*; 1925] v. tr. (*io cointerèsso*) ● Fare partecipare qlcu. agli utili e alle perdite di un affare o di una impresa: *c. qlcu. in un'azienda*, *a un progetto*.

cointeressàto [1848] **A** part. pass. di *cointeressare*; anche agg. ● Nel sign. del v. **B** s. m. (f. *-a*) ● Chi partecipa agli utili e alle perdite di un affare o di un'impresa.

cointeressènza [da *cointeressare*; 1848] s. f. ● Partecipazione agli utili e alle perdite di un affare o di un'impresa: *concludere un contratto di c.* | *C. dei lavoratori*, sistema di retribuzione dei lavoratori implicante una loro partecipazione agli utili prodotti dall'impresa.

cointestàre [vc. dotta, comp. di *co-* (*1*) e *intestare*; 1986] v. tr. (*io cointèsto*) ● Intestare a due o più persone: *c. un conto corrente*.

cointestatàrio [vc. dotta, comp. di *co-* (*1*) e *intestatario*; 1985] s. m. (f. *-a*) ● Chi, insieme con altri, è intestatario di un atto, un contratto e sim.

coinvolgènte [1987] part. pres. di *coinvolgere*; anche agg. ● (*raro*) Che coinvolge | Che avvince, che attrae: *un film c.*

coinvòlgere [comp. di *co-* (*1*) e *involgere*; 1902] v. tr. (coniug. come *volgere*) **1** Implicare altri in una situazione ambigua, sgradevole o pericolosa: *c. qlcu. in una lite*, *in un processo*; *minacciava di coinvolgere tutta l'opposizione nel disgusto, nella nausea della pubblica opinione* (PIRANDELLO) | Interessare persone, enti, istituzioni: *ha coinvolto l'assessore nel progetto*. **2** Avvincere, attrarre (*anche assol.*): *uno spettacolo che coinvolge*.

coinvolgiménto [1970] s. m. ● Il fatto di coinvolgere o di venire coinvolto.

coinvòlto [1902] part. pass. di *coinvolgere*; anche agg. ● Nei sign. del v.: *un personaggio c. in uno scandalo*.

còio ● V. *cuoio*.

coiòte s. m. ● Adattamento di *coyote* (V.).

coìre [vc. dotta, lat. *coīre* 'riunirsi, congiungersi', comp. di *cŭm* 'con' e *īre* 'andare'; 1483] v. intr. (*io coìsco, tu coìsci*; aus. *avere*) ● (*lett.*) Accompagnarsi, concordare: *il relativo con l'antecedente deve c.* (BRUNO) | †Accoppiarsi sessualmente.

coitàle [da *coito*; 1967] agg. ● Del coito, relativo al coito.

†**coitàre** ● V. †*cogitare*.

còito [vc. dotta, lat. *cŏitu(m)*, da *coīre* 'coire'; 1282] s. m. ● Accoppiamento sessuale, spec. riferito alla specie umana. SIN. Copula | *C. orale*, fellatio, irrumazione | *C. interrotto*, V. *coitus interruptus*.

còitus interrùptus [loc. scient. lat., propr. 'coito (*cŏitu(m)*) interrotto (*interrŭptu(m)*)'; 1956] loc. sost. m. inv. ● Pratica anticoncezionale che consiste nella ritrazione del pene dalla vagina prima dell'eiaculazione.

còke /kɔk, *ingl.* kʰəʊk/ [vc. ingl., di etim. incerta; 1839] s. m. inv. ● Carbone poroso, grigio, privo di sostanze volatili, ottenuto come residuo nel fondo della storta in cui si fa la distillazione secca del litantrace; è usato per il riscaldamento domestico e in metallurgia | *C. da gas*, usato per ottenere gas illuminante | *C. di petrolio*, residuo carbonioso ottenuto da piroscissione di oli minerali | *C. metallurgico*, usato per scopi metallurgici.

cokefaziòne [1987] s. f. ● Cokificazione.

cokerìa [1942] s. f. ● Impianto o stabilimento per la produzione del carbone coke.

cokificàre v. tr. (*io cokìfico, tu cokìfichi*) ● Sottoporre un carbon fossile alla cokificazione.

cokificazióne [1987] s. f. ● Procedimento consistente nel sottoporre un carbon fossile a riscaldamento in camere o storte fuori del contatto con l'aria, in modo da ottenere coke. SIN. Cokefazione.

♦**col** (**1**) /kol/ o **cón il** prep. art. m. sing. comp. di *con* e *il* ● V. *il* per gli usi ortografici.

col (**2**) /'kɔl/ s. m. ● Forma tronca di *colle* (*1*), in toponimi: *Col di Tenda*.

col (**3**) /'kɔl/ s. m. ● Forma tronca di *colle* (*2*), in toponimi: *Col di Lana*.

còla (**1**) [da un dialetto del Sudan; 1584] s. f. ● Genere di piante arboree delle Sterculiacee con foglie oblunghe coriacee e frutti dotati di proprietà medicinale (*Cola*) | *Noci di c.*, i semi delle piante di cola.

còla (**2**) [lat. *cōlu(m)* 'colatoio'. V. *colo*; 1681] s. f. **1** Tipo di setaccio col quale si cola spec. la calcina spenta. **2** (*enol.*) Filtro di tela usato un tempo per colare il vino.

colà [lat. *ĕccu(m) illāc* 'ecco là'; 1308] avv. ● (*lett.*) Là, in quel luogo, laggiù (con riferimento a un luogo distante da chi parla e da chi ascolta): *vuolsi così c. dove si puote / ciò che si vuole* (DANTE *Inf.* III, 95-96) | *Così c.*, (*fam.*) così così: *'come stai?' 'così c.'*.

colabròdo o (*dial.*) **scolabròdo** [comp. di *colare* e *brodo*; 1846] s. m. inv. ● Utensile di cucina col fondo bucherellato, usato per filtrare spec. brodo, sughi e sim. | (*fig.*, *scherz.*) *Ridurre qlcu. come un c.*, crivellarlo di colpi d'arma da fuoco | *Una difesa c.*, (*gerg.*) nel calcio, una difesa che incassa molti gol.

colàggio [fr. *coulage*, da *couler* 'colare'; 1890] s. m. ● (*mar.*) Perdita di contenuto, in merci liquide, dovuto alla imperfetta chiusura dei recipienti.

colaggiù o †**colaggiùso** [comp. di *colà* e *giù*; sec. XIV] avv. ● (*lett.*) Laggiù: *per quante ha c. terre e contrade* (MARINO).

colagògo [vc. dotta, lat. tardo *cholagōgu(m)*, nom. *cholagōgus*, dal gr. *cholagōgós* 'che fa colare la bile', comp. di *cholḗ* 'bile' e *ágō* 'io trasporto'; 1493] **A** s. m. (pl. *-ghi*) ● Medicamento che eccita la secrezione biliare del fegato. **B** anche agg.: *farmaco c.*

colaménto [da *colare*; sec. XV] s. m. ● (*raro*) Gocciolamento.

colangiografìa [comp. del gr. *cholḗ* 'bile' (V. *cole-*), *angêion* 'vaso' (V. *angiocarpo*) e *-grafia*; 1956] s. f. ● Tecnica radiologica di visualizzazione delle vie biliari mediante introduzione in esse di sostanze radiopache | (*est.*) Lastra radiografica delle vie biliari.

colangìte [comp. del gr. *cholḗ* 'bile' (V. *cole-*) e *angêion* 'vaso' (V. *angiocarpo*), col suff. *-ite* (*1*); 1936] s. f. ● (*med.*) Infiammazione delle vie biliari. SIN. Angiocolite.

colapàsta o **scolapàsta** [comp. di *cola(re)* e *pasta*; 1952] s. m. inv. ● Utensile di cucina, bucherellato, per scolare l'acqua della pasta.

colàre [lat. *colāre* 'filtrare', da *cōlum* 'filtro'. V. *colo*; av. 1292] **A** v. tr. (*io cólo*) **1** Far passare un liquido, una sostanza fluida o sim. attraverso un filtro perché ne esca chiaro e privo di materie eterogenee: *c. il brodo, il vino, l'olio, il caffè* | *C. la calcina*, farla passare per la cola | (*est.*) Separare qlco. di solido dal liquido in cui è immerso, mediante un colo | *C. la pasta*, separarla dall'acqua di cottura, versandola nel colapasta. **2** Versare una sostanza fluida su una superficie o in una cavità: *c. il metallo fuso nelle forme* | Ridurre allo stato fluido o liquido: *c. il ferro, l'oro*. **3** *C. a fondo*, *a picco*, mandare a fondo, far affondare: *la tempesta colò a fondo la nave*. **B** v. intr. (aus. *essere* nei sign. 1, 3 e 4, *avere* nel sign. 2) **1** Cadere, fluire, gocciolare, filtrare e sim., detto spec. di liquidi: *il sudore gli colava dalla fronte*; *l'olio cola lentamente dalle fessure*. SIN. Scorrere, stillare. **2** Perdere liquido, avere una imperfetta tenuta: *questa botte cola*. **3** Sciogliersi per il calore: *la cera cola* | (*fig.*) †Venir meno. **4** *C. a fondo*, *a picco*, andare a fondo, affondare: *la nave sta colando a picco*.

colascionàta [da *colascione*; av. 1803] s. f. ● Composizione musicale per colascione | (*est.*, *lett.*) Musica rozza o componimento poetico sciatto.

colascióne o †**calascióne**, †**culassóne** [etim. incerta; 1612] s. m. ● Strumento a corde simile al liuto, molto popolare nell'Italia meridionale nei secc. XVII e XVIII.

colassù o †**colassùso** [comp. di *colà* e *su*; 1321] avv. ● (*lett.*) Lassù: *c. l'angue salito, / gl'implumi divorò* (MONTI).

colàta [da *colare*; av. 1597] s. f. **1** Versamento di un liquido, di una sostanza fluida e sim. **2** Flusso di lava che, emesso da un vulcano, si spande sul terreno circostante | Ciascuna delle emissioni di lava consolidata. **3** (*est.*) Smottamento o scivolamento di fango, pietre e sim. lungo un pendio. **4** In fonderia, massa di metallo fuso che esce dai forni fusori e che si getta nella forma.

colatìccio [da *colare*; av. 1597] **A** s. m. **1** Materia colata e raffreddata: *il c. di una candela*. **2** In fonderia, metallo fuso traboccato dalla forma. **3** Liquame che stilla dal letame posto in concimaia. **B** agg. (pl. f. *-ce*) ● (*raro*, *lett.*) Che cola, gocciola, scorre lentamente.

colatitùdine [comp. di *co-* (*1*) e *latitudine*; 1951] s. f. ● (*geogr.*) Angolo complementare della latitudine.

colàto [1956] **A** part. pass. di *colare*; anche agg. **1** Nei sign. del v. **2** Raffinato, purificato: *oro c.* | (*fig.*) *Prendere qlco., tutto, per oro c.*, credere a tutto con totale fiducia. **B** s. m. **1** (*chim.*) Sale o estere dell'acido colico. **2** †Colatura.

colatóio [da *colare*; sec. XIV] s. m. **1** Utensile col quale si cola un liquido | Colino. **2** †Vaso di terracotta forato in basso, pieno di cenere, per il bucato. **3** †Crogiolo. **4** Nell'alpinismo, ripido canalone svasato, percorso spesso da valanghe o scariche di sassi. SIN. Doccione.

colatóre [av. 1730] s. m. **1** (f. *-trice*) In fonderia, operaio addetto alla colata. **2** (*idraul.*) Canale di deflusso dell'acqua chiara dopo la sedimentazione | Fosso di scolo, in terreni irrigui.

colatùra [lat. tardo *colatūra(m)*, da *colāre* 'colare'; sec. XIV] s. f. **1** Operazione del colare un liquido attraverso un filtro | Materia colata o depositata | Colaticcio. **2** (*bot.*) Caduta anticipata di fiori e frutticini. **3** Fluidificazione della pasta dei formaggi molli per cattiva spurgatura.

♦**colazióne** [ant. fr. *colation*, dal lat. *collatiōne(m)*, propr. 'il portare insieme', da *collātum*, part. pass. di *confĕrre* 'portare insieme'; av. 1363] s. f. **1** Pasto leggero del mattino: *fare c. al bar* | (*est.*) Cibo consumato durante questo pasto: *c. a base di caffè e latte*; *c. leggera e nutriente* | (*est.*) Momento della giornata in cui si consuma abitualmente questo pasto: *leggere i giornali a c.* | *C. continentale*, con caffè, tè o latte, pane, burro, marmellata, biscotti | *C. all'inglese*, con pane tostato, burro, marmellata, salumi e uova | *Piccola colazione*, quella leggera del mattino. SIN. Prima colazione. **2** Pasto del mezzogiorno, secondo pasto della giornata: *invitare qlcu. a c.* | (*est.*) Cibo consumato durante questo pasto | (*est.*) Momento della giornata in cui si consuma abitualmente questo pasto | *C. al sacco*, consumata spec. all'aperto, con cibi portati con sé | *C. di lavoro*, generalmente rapida e leggera, durante la quale si continuano a discutere problemi di lavoro. SIN. Pranzo, seconda colazione. ‖ **colazionàccia**, pegg. | **colazioncìna**, dim. | **colazionùccia**, dim.

colbàcco o **colbàc**, **còlbac** [turco *kalpak* 'ber-

colcare 390

retto di pelo', attrav. il fr. *colback*; av. 1698] **s. m.** (pl. *-chi*) ● Copricapo di pelo caratteristico di Turchi, Armeni, Russi, adottato dagli eserciti di varie regioni europee, usato un tempo in Italia dai cavalleggeri | Voluminoso cappello di pelliccia.

†**colcàre** ● V. *coricare*.

colchicina [da *colchico*; 1865] **s. f.** ● Alcaloide velenosissimo contenuto nei semi e in altre parti del colchico, usato spec. sotto forma di tintura nelle forme acute di gotta.

còlchico [vc. dotta, lat. *cŏlchicu(m)*, dal gr. *kolchikón*, dalla regione della *Colchide*, sulla costa asiatica del Mar Nero, anticamente ritenuta il paese dei veleni; 1550] **s. m.** (pl. *-ci*) ● Pianta erbacea tuberosa delle Liliacee con foglie lineari e fiori rosa-lilla che fioriscono in autunno (*Colchicum autumnale*). SIN. Freddolina, zafferano bastardo. ➡ ILL. **piante**/11.

còlcos o **colcòs** [1935] **s. m. inv.** ● Adattamento di *kolchoz* (V.).

colcoṣiàno o (*raro*) **kolchoziàno** [1950] **A agg.** ● Concernente i kolchoz. **B s. m.** (f. *-a*) ● Lavoratore o membro di un kolchoz.

còle- [dal gr. *cholḗ* 'bile', di orig. indeur.] primo elemento ● In parole composte della terminologia medica significa 'bile' o 'biliare': *colecisti, colemia*.

colecistectomìa [comp. di *colecist(i)* ed *-ectomia*; 1964] **s. f.** ● (*chir.*) Asportazione chirurgica della colecisti.

colecìsti [comp. di *cole-* e del gr. *kýstis* 'vescica' (V. *cisti*); 1828] **s. f. inv.** ● (*anat.*) Cistifellea.

colecistìte [comp. di *colecist(i)* e *-ite* (*1*); 1830] **s. f.** ● (*med.*) Infiammazione della colecisti.

colecistografìa [comp. di *colecisti* e *-grafia*; 1951] **s. f.** ● Indagine radiologica della colecisti.

colectomìa [comp. di *col(on)* (*1*) ed *-ectomia*; 1964] **s. f.** ● (*chir.*) Asportazione chirurgica parziale o totale del colon.

coledocìte [comp. di *coledoco* e *-ite* (*1*); 1875] **s. f.** ● (*med.*) Infiammazione del coledoco.

colèdoco [vc. dotta, gr. *choledóchos*, comp. di *cholḗ* 'bile' e *déchomai* 'io ricevo'; av. 1758] **s. m.** (pl. *-chi*) ● (*anat.*) Tratto terminale delle vie biliari che penetra nel duodeno.

colèi [lat. parl. (*ĕc*)*cu(m)* **illaei* 'ecco a lei'; 1292] **pron. dimostr. f. sing.** ● Forma femminile sing. di *colui*.

colelitìaṣi [comp. di *cole-* e *litiasi*; 1828] **s. f. inv.** ● (*med.*) Calcolosi delle vie biliari.

colemìa [comp. di *cole-* e *-emia*; 1951] **s. f.** ● (*med.*) Presenza nel sangue di bile o di suoi componenti.

colendìssimo [1476] **agg.** ● Onorabilissimo, degno di molta riverenza, usato in passato come formula di cortesia spec. nello stile epistolare (oggi *scherz.*): *illustrissimo signore, signore padrone c.* (PARINI).

†**colèndo** [vc. dotta, lat. *colĕndu(m)*, gerundivo di *cŏlere*. V. *colere*; 1584] **agg.** ● (*raro*) Degno di riverenza. || **colendissimo**, **superl.** (V.).

còleo- [dal gr. *koleós* 'guaina'] primo elemento ● In parole composte della terminologia scientifica, significa 'guaina': *coleorriza*.

coleòptile o **coleòttile** [comp. di *coleo-* e del gr. *ptílon* 'penna leggera, piuma' (stessa etim. di *pterón*. V. *-ptero*); 1830] **s. m.** ● (*bot.*) Guaina membranosa che, nelle Graminacee, riveste l'apice del fusto nell'embrione.

coleorrìza o **coleorìza**, **coleorìzza** [comp. di *coleo-* e *-riza*; 1830] **s. f.** ● (*bot.*) Guaina membranosa che avvolge e protegge la radichetta nell'embrione delle Graminacee.

Coleòtteri [vc. dotta, gr. *koleópteros*, comp. di *coleo-* e *pterón* 'ala'; 1797] **s. m. pl.** (sing. *-o*) ● Nella tassonomia animale, ordine di Insetti col corpo rivestito da una spessa cuticola, quattro ali, di cui le due anteriori spesse e chitinose (*Coleoptera*).

coleòttile ● V. *coleoptile*.

colèra (**1**) [lat. *chŏlera(m)*, nom. *chŏlera*, dal gr. *choléra*, da *cholḗ* 'bile' (V. *cole-*); 1750] **s. m. inv.** *1* (*med.*) Grave infezione intestinale causata da un vibrione (*Vibrio cholerae*), caratterizzata da diarrea intensa, vomiti, crampi muscolari, collasso terminale: *c. asiatico*. *2* (*zoot.*) Malattia infettiva acuta prodotta da vari germi: *c. dei suini, dei polli*.

†**còlera** (**2**) ● V. *collera*.

†**còlere** [dal lat. *cŏlere* 'venerare', di orig. indeur.; av. 1327] **v. tr.** (oggi difett. usato solo nella prima e terza pers. sing. del **pres. indic.** *còlo, còle* e nel **part. pass.** †*cólto*) ● Ossequiare, onorare, venerare: *pien di duol sempre al loco torno, / che per te consecrato onoro e colo* (PETRARCA).

colerètico [comp. di *cole-* e del gr. *erethízein* 'eccitare', di etim. incerta; 1930] **A s. m.** (pl. *-ci*) ● Farmaco che aumenta la secrezione biliare. **B** anche **agg.**: *farmaco c.*

†**colèrico** (**1**) ● V. *collerico*.

colèrico (**2**) [vc. dotta, lat. *cholĕricu(m)*, nom. *cholĕricus*, dal gr. *cholerikós*, da *choléra* 'colera (1)'; 1828] **agg.** (pl. m. *-ci*) ● Di colera, relativo al colera: *epidemia colerica*.

colerina [fr. *cholérine*, dal gr. *choléra* 'colera (1)'; 1951] **s. f.** ● (*med.*) Enterite affine a quella colerica a decorso benigno.

coleróṣo [1835] **agg.**; anche **s. m.** (f. *-a*) ● Che (o Chi) è affetto da colera.

colèstaṣi o **colestàṣi** [comp. di *cole-* e *stasi*; 1986] **s. f. inv.** ● (*med.*) Ristagno del flusso biliare.

colesterina [fr. *cholestérine*, comp. di *cole-* e del gr. *stereós* 'solido', perché è una sostanza cristallizzabile; 1820] **s. f.** ● (*raro*) Colesterolo.

colesterìnico **agg.** (pl. m. *-ci*) ● Relativo a colesterina.

colesterolemìa [comp. di *colesterol(o)* e *-emia*; 1956] **s. f.** ● (*med.*) Quantità di colesterolo presente nel sangue.

colesteròlo [comp. di *cole-* e del gr. *stereós* 'rigido', di orig. indeur.; 1933] **s. m.** ● Alcol steroideo, monovalente, cristallino, presente in tutti gli organismi animali, spec. nei Vertebrati e, sotto forma di placche, nelle pareti dei vasi sanguigni in caso di arteriosclerosi. SIN. Colesterina.

colétto [1865] **s. m.** *1* Dim. di *colo*. *2* Specie di vaglio usato per separare il grano dalla pula.

còleus [dal gr. *koleón* 'guaina'; 1990] **s. m.** ● Genere di piante erbacee delle Labiate, con molte specie, caratterizzate da foglie acuminate e screziate, fiori piccoli, violacei nella specie più nota (*Coleus*).

còlf [da *col(laboratrice) f(amiliare)*; 1973] **s. f.** ● Collaboratrice familiare, lavoratrice addetta ai servizi domestici.

còlgo ● V. *cogliere*.

còlia [dal gr. *Kōliás*, epiteto di Afrodite, dal n. di un promontorio dell'Attica ove sorgeva un tempio a lei dedicato; il n. venne dato a questa farfalla per la sua bellezza; 1951] **s. f.** ● Farfalla diurna dei Pieridi, di color giallo vivo coi margini delle ali neri, comune nei prati e nei campi (*Colias croceus*).

coliàmbico [vc. dotta, gr. *chōliambikós*, da *chōlíambos* 'coliambo'; 1865] **agg.** (pl. m. *-ci*) ● Di coliambo.

coliàmbo [vc. dotta, lat. tardo *choliămbu(m)*, nom. *choliămbus*, dal gr. *chōlíambos* 'giambo zoppo', comp. di *chōlós* 'zoppo' e *íambos* 'giambo'; 1797] **s. m.** ● Verso della poesia greca e latina formato da un trimetro giambico con spondeo o trocheo nell'ultimo piede. SIN. Scazonte.

colibacìllo [comp. di *colon* e *bacillo*; 1905] **s. m.** ● (*biol.*) Batterio parassita dell'intestino degli individui a temperatura corporea costante, talvolta patogeno (*Escherichia coli*). SIN. Colibatterio.

colibacillòṣi [comp. di *colibacill(o)* e *-osi*; 1951] **s. f. inv.** ● (*med.*) Qualsiasi forma morbosa prodotta dal colibacillo.

colibattèrio [inversione del lat. scient. *Bacterium coli* 'batterio del colon'; 1985] **s. m.** ● (*biol.*) Colibacillo.

†**colibèto** [fr. *quolibet*, dal lat. *dē quōlibet* 'di qualsiasi argomento'; av. 1543] **s. m.** ● Filastrocca con giochi di parole.

Colibrì o (*raro*) **Còlibri** [sp. *colibrí*, dal caraibico; 1771] **s. m. pl.** (sing. inv.) ● Nella tassonomia animale, famiglia di Uccelli americani dei Macrochiri cui appartengono specie molto piccole, dallo splendido piumaggio variopinto e dal becco sottile con lingua adatta a suggere il nettare dai fiori (*Trochilidae*). SIN. Uccelli mosca. ➡ ILL. **animali**/9.

còlica [vc. dotta, lat. tardo *cōlice(m)*, nom. *cōlice*, dal gr. *kōlikḗ* (sottinteso *nósos*) 'malattia del *kôlon* (intestino crasso)'; sec. XIV] **s. f.** ● Dolore acuto, crampiforme, per contrazione di organi dotati di muscolatura liscia: *c. biliare, intestinale, renale*. || **colichétta**, dim.

còlico (**1**) [vc. dotta, lat. tardo *cōlicu(m)*, nom. *cōlicus*, dal gr. *kōlikós*. V. *colica*; av. 1327] **agg.** (pl. m. *-ci*) *1* (*med.*) Relativo a colica: *dolore c.* *2* (*anat.*) Relativo al colon: *disturbo c.*

còlico (**2**) [fr. *cholique*, dal gr. *cholikós* 'della bile', da *cholḗ* 'bile'; 1956] **agg.** (pl. m. *-ci*) ● (*chim.*) Detto di composto ricavato dalla bile dell'uomo o di animali | *Acido c.*, ossiacido, organico, monobasico, a struttura steroidea, cristallino, bianco, amaro, estraibile dalla bile sotto forma di sale, dotato di azione colagoga.

colifórme [comp. di *coli(bacillo)* e *-forme*; 1987] **agg.** ● (*biol.*) Che è simile al colibacillo.

Colifórmi [vc. dotta, comp. del gr. *koliós* 'picchio', di etim. incerta, e del pl. di *-forme*; 1965] **s. m. pl.** (sing. *-e*) ● Nella tassonomia animale, ordine di piccoli Uccelli arboricoli con becco corto conico, ali brevi e lunga coda (*Coliiformes*).

Colimbifórmi [vc. dotta, comp. di *colimbo* e il pl. di *-forme*; 1965] **s. m. pl.** (sing. *-e*) ● (*zool.*) Gaviformi.

colimbo [vc. dotta, gr. *kólymbos*, di etim. incerta; av. 1698] **s. m.** ● (*zool.*) Strolaga.

colimetrìa [comp. di *coli(bacillo)* e *-metria*; 1987] **s. f.** ● Misurazione del contenuto di colibacilli in una determinata quantità di acqua.

colina [comp. di *col(e)-* e *-ina*; 1892] **s. f.** ● Ammina terziaria dell'alcol etilico, presente nel regno animale e vegetale e spec. nelle lecitine, interessata a processi biologici come agente metilante, importante nel metabolismo dei lipidi e nella fisiologia del sistema nervoso.

colinèrgico [comp. di (*acetil*)*colin(a)* e un deriv. del gr. *érgon* 'lavoro, attività'; 1964] **s. m.**; anche **agg.** (pl. m. *-ci*) *1* (*farm.*) Detto di molecola con azione farmacologica simile a quella dell'acetilcolina: *farmaco c.* *2* (*fisiol.*) Che viene stimolato dall'acetilcolina o da sostanze con azione farmacologica simile | ***Recettore c.***, recettore del sistema nervoso autonomo e di altri tessuti specificamente stimolato dall'acetilcolina o da sostanze con azione farmacologica equivalente | ***Trasmissione colinergica***, trasmissione di impulsi nervosi mediata da recettori colinergici.

colino [da *colare*; 1846] **s. m.** ● Utensile di cucina, a buchi fitti, per colare brodo, camomilla, tè e sim.

colio [av. 1903] **s. m.** ● Un colare continuato.

colite [comp. di *col(on)* e *-ite* (*1*); 1828] **s. f.** ● (*med.*) Infiammazione del colon.

colitico [1959] **A agg.** (pl. m. *-ci*) ● Relativo alla colite. **B agg.**; anche **s. m.** (f. *-a*) ● Che (o Chi) è affetto da colite.

†**còlla** (**1**) [da *collare* (*2*); sec. XII] **s. f.** ● Fune per infliggere torture: *fattolo legare alla c., parecchie tratte ... gli fece dare* (BOCCACCIO) | (*est.*) La tortura stessa.

♦**còlla** (**2**) [lat. parl. **cŏlla(m)*, nom. *cŏlla*, dal gr. *kólla* 'colla, glutine', di etim. incerta; 1304] **s. f.** *1* Ogni sostanza dotata di forte potere adesivo | ***C. forte***, ***cervona***, ottenuta facendo bollire spec. ossa o ritagli di pelli di animali | ***C. di caseina***, †***di formaggio***, ottenuta da caseina, acqua e calcina, usata un tempo per ricomporre vasi rotti di maiolica | ***Colore a c.***, stemperato con la colla | ***C. di glutine***, ottenuta dal glutine della farina, usata per apparecchiare i tessuti | (*fig.*) ***Attaccarsi come la c.***, di persona importuna. *2* (*est.*) Materia attaccaticcia. *3* ***C. di pesce***, gelatina di pesce, ricavata spec. dalla vescica natatoria degli storioni, usata in farmacia come protettivo e nell'industria alimentare. SIN. Ittiocolla | ***Dar la c. al vino***, chiarificarlo con colla di pesce o gelatina.

♦**còlla** (**3**) o **con la** prep. art. f. sing. comp. di *con* e *la* (*1*) ● V. *la* (*1*) per gli usi ortografici.

collabènte [vc. dotta, lat. *collabĕnte(m)*, part. pres. di *collābi* 'crollare', comp. di *cŭm* 'con' e *lābi* 'scivolare', di orig. incerta] **agg.** *1* (*med.*) Detto di organo che si affloscia. *2* Detto di edifici cadenti, che stanno andando in rovina.

collabiménto [da *collabire*] **s. m.** ● (*anat.*) Contatto tra le pareti di un organo cavo nel corso di un processo fisiologico (come lo svuotamento) o patologico (come il collasso).

collabire [vc. dotta, dal lat. *collābi* 'cadere, scivolare (*lābi*) insieme (*con-, com-* = *cum* 'con')'; 1964] **v. intr.** (*io collabisco, tu collabisci*; aus. *avere*) ● (*anat.*) Aderire reciprocamente, come avviene tra le pareti di un organo cavo in seguito a svuotamento o a collasso.

còllabo [vc. dotta, gr. *kóllabos*, di etim. incerta; 1881] **s. m.** ● (*lett.*) Cavicchio per tirare e tenere tese le corde della lira e sim.

collaboràre [vc. dotta, lat. tardo *collaborāre* 'lavorare insieme', comp. di *cŭm* 'insieme' e *laborāre* 'lavorare', prob. attrav. il fr. *collaborer*; 1819] v. intr. (*io collàboro* o (*raro*) *collabóro*; aus. *avere*) **1** Lavorare insieme con altri: *c. alla riuscita di un'impresa.* **2** Dare un contributo di lavoro frequente o sistematico, spec. a un'attività culturale: *c. a un giornale, a un periodico scientifico* | ***C. con la giustizia***, riferire a magistrati o a forze dell'ordine notizie riguardanti fatti criminosi. **3** (*polit.*) Praticare il collaborazionismo.

collaborativo [1945] agg. ● Di collaborazione, impostato sulla collaborazione: *rapporto c.* | Aperto, disponibile alla collaborazione: *spirito, atteggiamento c.* || **collaborativamente**, avv. (*raro*) In collaborazione.

collaboratóre [fr. *collaborateur*, da *collaborer* 'collaborare'; 1813] s. m.; anche agg. (f. *-trice* (V.)) ● Chi (o Che) collabora: *egli dee entrare in comunione con la gioventù, e farla sua collaboratrice* (DE SANCTIS) | Chi collabora periodicamente a un giornale o a una rivista, trattando in genere argomenti della stessa materia | ***C. esterno***, chi collabora all'attività di una casa editrice, di un'agenzia pubblicitaria e sim., senza essere a esse legato da rapporti di dipendenza | ***C. scientifico***, informatore medico scientifico | ***C. linguistico***, chi, nell'università, svolge funzioni di insegnamento pratico di una lingua moderna. CFR. Lettore | ***C. familiare***, lavoratore addetto ai lavori domestici | ***C. di giustizia***, chi prende l'iniziativa di rivelare a magistrati o a forze dell'ordine ciò che sa su reati di varia natura, spec. dissociandosi da organizzazioni criminali, mafiose o terroristiche | ***C. di cancelleria***, pubblico impiegato addetto alla cancelleria di un ufficio giudiziario.

collaboratrice [1963] s. f. ● Donna che collabora | ***C. familiare, c. domestica***, donna che, regolarmente stipendiata, presta servizio domestico presso una o più famiglie; SIN. Colf.

collaborazióne [fr. *collaboration*, da *collaborer* 'collaborare'; 1865] s. f. ● Il collaborare; SIN. Cooperazione | Contributo, aiuto dato da chi collabora: *la sua c. è preziosa* | Lavoro sistematico spec. nell'ambito culturale: *c. fissa, periodica*; *c. giornalistica.*

collaborazionismo [da *collaborazione*; 1923] s. m. ● Qualunque forma attiva di collaborazione col nemico invasore, o di aiuto o assistenza prestata a esso, spec. con riferimento al periodo dell'occupazione nazista durante la seconda guerra mondiale.

collaborazionista [1915] agg.; anche s. m. e f. (pl. m. *-i*) ● Che (o Chi) è responsabile di collaborazionismo.

†**collacrimàre** [vc. dotta, lat. *collacrimāre* 'versare lacrime', comp. di *cŭm* 'con' e *lacrimāre* 'lacrimare'; av. 1530] v. tr. e intr. ● (*lett.*) Piangere insieme: *chi altro non può, meco collacrime* (SANNAZARO) | Compiangere.

collage /kol'laʒ, *fr.* kɔ'la:ʒ/ [vc. fr., propr. 'incollamento', da *colle* 'colla (2)'; 1951] s. m. inv. **1** Tecnica di composizione artistica consistente nell'incollare materiali diversi su un piano | (*est.*) La composizione così ottenuta. **2** (*fig.*) Mescolanza di elementi disparati: *un c. di idee.*

collàgene o **collàgeno** [comp. di *colla* (2) e *-geno*; la terminazione in *-e* è dovuta all'influenza del fr. *collagène*; 1985] **A** s. m. ● (*anat.*) Sostanza proteica costituente fondamentale della pelle, dei tendini, delle ossa e dei tessuti connettivi in genere. **B** agg. ● Relativo al collagene: *fibre collagene* | ***Tessuto connettivo c.***, tessuto di sostegno costituito in gran parte da fibre collagene.

collàggio [da *colla* (2); 1957] s. m. **1** Successione di operazioni atte a rendere la carta impermeabile ai liquidi e agli inchiostri. SIN. Collatura. **2** (*enol.*) Chiarificazione del vino con colla di pesce, gelatina o altre sostanze.

◆**collàna** [da *collo* (1); 1481] s. f. **1** Monile, ornamento da portarsi al collo: *una c. d'oro, di perle, di coralli* | (*est.*) Ghirlanda di fiori, conchiglie e sim. **2** Ornamento intorno agli stemmi dei cavalieri | Collare distintivo d'ordine cavalleresco. **3** Parte principale dei finimenti per attaccare i cavalli da tiro. **4** (*fig.*) Serie di opere aventi determinate caratteristiche comuni, pubblicate con la medesima veste tipografica dallo stesso editore: *una c. di romanzi, di saggi*; *c. filosofica*; *c. di poesia.* || **collanina**, dim. | **collanóna**, accr. | **collanóne**, accr. m.

collant /kol'lan, *evit.* -ant, *fr.* kɔ'lɑ̃/ [vc. fr., propr. part. pres. di *coller* 'incollare', da *colle* 'colla (2)'; 1846] **A** agg. inv. ● Detto di abito, manica e sim. attillato, aderente. **B** s. m. inv. ● Indumento femminile costituito da un unico pezzo formato da due calze tenute insieme da una mutandina dello stesso tessuto: *un c. di pizzo, di lana, di seta*; *un c. leggerissimo, trasparente*; *un c. pesante per l'inverno.*

collànte [da *colla* (2), sul modello del fr. *collant*, part. pres. di *coller* 'incollare' (V. precedente); 1950] **A** agg. ● Detto di sostanza usata per incollare materiali vari. **B** s. m. **1** Adesivo, spec. del legno. **2** Materia capace di rendere la carta idonea alla scrittura e alla stampa. **3** (*fig.*) Ciò che unisce, che tiene insieme: *l'occupazione del potere è l'unico c. di quella coalizione.*

collàre (1) [lat. *collāre*, da *cŏllum* 'collo (1)'; av. 1350] s. m. **1** (*zool.*) Anello di peli, di piume o di squame di colore diverso da quello del corpo, che si trova attorno al collo di alcuni animali. **2** Striscia di cuoio o d'altro materiale che si mette attorno al collo agli animali, spec. ai cani | Finimento al collo di cavalli e buoi. **3** Ornamento di stoffa o altro da portarsi attorno al collo, usato spec. in passato dalle signore. **4** (*relig.*) Striscia di stoffa, con ricami, per le funzioni | Striscia di cartoncino coperta di tela bianca inamidata, cui si adatta una specie di pettino nero, che i preti portano come colletto | ***Mettersi il c.***, farsi prete | ***Portare il c.***, essere prete | ***Gettare il c.***, spretarsi. **5** (*arald.*) Catena d'oro, d'argento o di smalto, variamente intrecciata, a cui si appende l'insegna di un ordine | ***C. dell'Annunziata***, insegna del supremo ordine cavalleresco dei reali di Savoia | ***Gran c.***, insegna del primo grado di un ordine | (*est.*) Persona che porta tale insegna | Ornamento esteriore dello scudo. **6** (*mecc.*) Manicotto metallico infilato su un albero di trasmissione | ***C. d'arresto***, quando è forzato sull'albero e può impedirne movimenti assiali o di altri organi montati su di esso | ***C. di manovra***, quando è libero di scorrere, e serve a muovere sull'albero altri organi. **7** (*mar.*) Anello, di ferro o corda. **8** Bordatura circolare di oggetti vari: *il c. dell'ombrello.* **9** (*pop.*) ***Biscia dal c.***, natrice. || **collarétto**, dim. (V.) | **collarino**, dim. (V.) | **collaróne**, accr. | **collarùccio**, dim.

†**collàre** (2) [etim. incerta; sec. XII] v. tr. **1** Calare o alzare qlcu. o qlco. mediante una fune: *deliberarono di legarlo alla fune e di collarlo nel pozzo* (BOCCACCIO). **2** Sottoporre alla tortura della colla.

collàre (3) [da *colla* (2)] v. tr. (*io cóllo*) ● Trattare qlco. con un collante.

collaréssa [da *collare* (1) *nel sign. 5*] s. f. ● (*raro*) Moglie di cavaliere insignito di collare.

collarétto [av. 1350] s. m. **1** Dim. di *collare* (1). **2** Parte di camicia o veste femminile che sta intorno al collo | Bavero del mantello. **3** Colletto di abito, spesso pieghettato, abbottonato dietro. **4** Scanalatura nella camera di una doppietta, ove alloggia il risalto del fondello. SIN. Collarino.

collarina [1865] s. f. ● Striscia di tela bianca inamidata che i sacerdoti tengono appuntata al collare.

collarino [1340 ca.] s. m. **1** Dim. di *collare* (1). **2** (*arch.*) Piccola modanatura, lievemente sporgente, di colonna a pilastro, interposta tra il fusto e il capitello | L'analoga modanatura terminale di balaustre e sim. ➡ ILL. p. 2117 ARCHITETTURA. **3** Orlo in rilievo del bossolo di una cartuccia | Collaretto, nel sign. 4.

collassàre [vc. ingl., *to collapse*, da *collapse* 'collasso'; 1956] **A** v. tr. **1** (*med.*) Provocare un collasso nell'organismo. **2** (*med.*) Provocare il collasso o l'afflosciamento di un polmone, chirurgicamente o mediante pneumotorace. **B** v. intr. (aus. *avere* o *essere*) **1** (*med.*) Avere un collasso | (*fig.*) Subire una grave crisi, essere nella paralisi: *una giovane democrazia che rischia di c.*; *il traffico nei centri storici sta collassando.* **2** (*astron.*) Subire un collasso gravitazionale.

collàsso [vc. dotta, lat. tardo *collāpsu(m)*, dal part. di *collābi* 'crollare' (V. *collabente*), prob. attrav. il fr. *collapsus* o l'ingl. *collapse*; 1892] s. m. **1** (*med.*) Stato morboso di diversa origine caratterizzato da abbassamento della pressione arteriosa: *c. cardiaco, nervoso.* **2** (*med.*) Afflosciamento, svuotamento di un organo: *c. polmonare.* **3** (*edil.*) Cedimento di una struttura sotto l'azione dei carichi. **4** (*astron.*) ***C. gravitazionale o stellare***, rapida contrazione di stelle o altri oggetti astronomici, dovuta al prevalere della forza di gravità sulle forze di pressione. **5** (*est.*, *fig.*) Improvviso cedimento, grave crisi: *l'economia rischia il c.*

†**collàta** [lat. mediev. *collata(m)*, dal lat. *cŏllum* 'collo (1)'; sec. XII] s. f. ● Accollata.

collaterale [comp. di *co(n)* e *laterale*; 1282] **A** agg. **1** Che sta a lato, vicino: *un edificio c. alla chiesa* | (*fig.*) Secondario, accessorio, indiretto, rispetto a un elemento principale: *affrontiamo ora alcune questioni collaterali* | ***Effetto c.***, (*farm.*) effetto secondario spec. dannoso che un farmaco determina sviluppando la sua azione terapeutica primaria: *un farmaco privo di effetti collaterali*; (*est.*) conseguenza dannosa indiretta, spec. in riferimento a operazioni militari (bombardamenti, ecc.). **2** (*dir.*) ***Linea c.***, rapporto genealogico che intercorre tra persone discendenti da un capostipite comune ma non l'una dall'altra | ***Parte c.***, accessoria | ***Giudice c.***, magistrato che fa parte insieme ad altri di un organo collegiale; nel mondo medievale, giudice delegato a coadiuvare altro magistrato nell'amministrare un comune. || **collateralmente**, avv. Di fianco; parallelamente. **B** agg.; anche s. m. e f. ● Che (o Chi) è parente in linea collaterale: *c. di secondo grado.* **C** s. m. **1** (*banca*) Azione, obbligazione, certificato di risparmio e sim. che il debitore deposita come garanzia per un prestito. **2** Anticamente, magistrato incaricato di provvedere alla buona amministrazione del denaro pubblico nelle paghe dei soldati.

collateralismo [1983] s. m. ● Azione concorde, rapporto di collaborazione, in campo politico e sindacale.

collativo [vc. dotta, lat. tardo *collatīvu(m)* 'contribuzione, tributo', da *collātus*, part. pass. di *confĕrre* 'portare insieme'; 1673] agg. ● (*dir.*) Che può essere soggetto a collazione.

collatùra (1) [dalla *colla* (*di pesce*) che si adopera per chiarificare i vini; 1970] s. f. ● (*enol.*, *raro*) Collaggio.

collatùra (2) [da *collare* (3); 1958] s. f. ● Collaggio, nel sign. 1.

collaudàre [vc. dotta, lat. *collaudāre* 'lodare, esaltare', comp. di *cŭm* 'con' e *laudāre* 'lodare'; sec. XIV] v. tr. (*io collàudo*) **1** Sottoporre a collaudo: *c. un aereo, un'automobile* | (*fig.*) Verificare, sperimentare, provare: *c. un'amicizia*; *c. un metodo.* **2** †Approvare.

collaudàto part. pass. di *collaudare*; anche agg. ● Nei sign. del v. (*anche fig.*): *un motore c.*; *una teoria collaudata.*

collaudatóre [da *collaudare*; 1848] agg.; anche s. m. (f. *-trice*) ● Che (o Chi) esegue, compie collaudi: *operaio c.*; *è un abile c. di aerei.*

collàudo [da *collaudare*; 1846] s. m. **1** Verifica sperimentale di un'opera, di una macchina, un materiale e sim. per stabilirne o accertarne l'idoneità e la conformità a determinate norme: *fare il c. di un ascensore, di una costruzione in muratura, di un aereo.* **2** (*dir.*) Riconoscimento del committente che l'opera è stata eseguita in conformità alla legge e al contratto di appalto: *diritto di c. del committente*; *procedere al c.* **3** Analisi selettiva sulla qualità dei singoli prodotti finiti o semilavorati.

collazionaménto [1945] s. m. **1** (*raro*) Collazione, nel sign. 1. **2** Correzione delle bozze di stampa per confronto con l'originale.

collazionàre [da *collazione*; av. 1694] v. tr. (*io collazióno*) ● Sottoporre a collazione: *c. testi, scritture, manoscritti antichi, bozze* | †Confrontare.

collazionatóre [1970] s. m. (f. *-trice*) ● Correttore di bozze addetto al collazionamento.

collazióne [vc. dotta, lat. *collatiōne(m)*, da *collātus*. V. *collativo*; av. 1363] s. f. **1** In filologia, confronto e riscontro compiuto fra le diverse copie di testi letterari, documenti e sim., o fra queste e il testo originale, per fornirne l'edizione critica. **2** Riscontro su un'unica copia fra le correzioni di bozze effettuate da più revisori. **3** (*dir.*) Conferimento al patrimonio ereditario, prima della divisione, delle donazioni fatte dall'ereditando ai discendenti e al coniuge. **4** (*relig.*) Conferimento di beneficio e di ufficio vacanti | Conferimento di ordini sacri. **5** †Confronto.

◆**cólle** (1) [da *collo* (1) nel sign. 9; 1834] s. m. (talora troncato in *col* davanti a toponimi inizianti per consonante) ● Valico in una catena montuosa, spec. dell'area alpina nord-occidentale: *Col di Tenda*; *Colle di Cadibona*. SIN. Passo.

♦**còlle** (**2**) [lat. *cŏlle(m)*, di orig. indeur.; 1256] **s. m.** ● Piccola elevazione di terreno, per lo più coperta di vegetazione: *un panorama di colli verdeggianti*; *i Colli Euganei* | ***La città dei sette colli***, (*per anton.*) Roma. | ***Il Colle***, (*per anton.*) il colle del Quirinale, a Roma, dove sorge l'omonimo palazzo residenza ufficiale del Presidente della Repubblica italiana; (*est.*; *polit.*) la presidenza della Repubblica. || **collétto**, **dim.** | **collicèllo**, **dim.**

còlle (**3**) o **cón le** **prep. art. f. pl.** comp. di *con* e *le* (*1*) ● V. *le* (*1*) per gli usi ortografici.

♦**collèga** [vc. dotta, lat. *collēga(m)*, comp. di *cŭm* 'con' e *legāre* 'incaricare, mandare'; 1321] **s. m. e f.** (**pl. m.** *-ghi*, †*-gi*) **1** Compagno di lavoro, spec. in attività impiegatizie o professionali, e allo stesso livello gerarchico. **2** Chi collabora con qlcu. o si trova nelle sue stesse condizioni sociali, lavorative e sim. | (*lett.*, *scherz.*) Complice: *suo c. di libertinaggio e di soperchieria* (MANZONI). SIN. Compagno.

collegàbile [1985] **agg.** ● Che si può collegare.

♦**collegaménto** [lat. tardo *colligamĕntu(m)*, da *colligāre* 'collegare'; 1550] **s. m.** **1** Congiunzione, comunicazione: *stabilire un c. fra due zone*; *c. aereo, navale*; *c. via radio, via satellite* | (*elab.*) ***C. in rete***, comunicazione tra uno o più elaboratori elettronici e dispositivi periferici | ***C. a Internet***, comunicazione tra un elaboratore elettronico e un provider. **2** (*fig.*) Connessione, rapporto: *scoprire il c. tra due fatti*; *due avvenimenti in stretto c.* **3** (*elettr.*) Congiunzione fra i vari apparati di un impianto, fra le parti di un apparato e sim. che permette il passaggio della corrente elettrica: *c. a stella, a triangolo* | ***C. in parallelo***, quello tra due o più elementi di circuito realizzato in modo che i capi di ogni elemento convergano in due unici punti | ***C. in serie***, collegamento degli elementi di un circuito in modo che la corrente li attraversi tutti uno dopo l'altro | ***C. a terra***, contatto con la terra, di un punto di un circuito elettrico. **4** (*mil.*) Contatto tra comandi, unità e reparti per la trasmissione di ordini o informazioni: *ufficiale di c.*

collegànza o (*lett.*) †**colligànza** [vc. dotta, lat. *colligāntia*, nt. pl. di *cŏlligans*, genit. *colligāntis*, part. pres. di *colligāre* 'legare insieme'. V. *collegare*; av. 1492] **s. f.** **1** (*lett.*) Stretta connessione fra due o più cose o persone: *l'acqua ha in sé tenacità e c. in fra le sue particule* (LEONARDO) | †Legame. **2** (*raro*) Rapporto tra colleghi. **3** †Lega, alleanza.

♦**collegàre** o †**colligàre** [lat. *colligāre* 'legare insieme', comp. di *cŭm* 'con' e *ligāre* 'legare'; 1312] **A** **v. tr.** (*io collégo* (o *-è-*), *tu colléghi* (o *-è-*)) **1** Mettere in contatto, congiungere, unire: *c. due fili* | Mettere in comunicazione: *c. due stanze, due valli isolate*. **2** (*fig.*) Porre in connessione: *c. idee, immagini, argomenti*. **B** **v. rifl.** (assol.; + *a*; + *con*) ● In varie tecnologie, mettersi in comunicazione: *collegarsi via satellite*; *collegarsi alla rete di telefonia fissa*; *ci colleghiamo con Parigi*. **C** **v. rifl. rec.** ● (*raro*) Far lega, unirsi con qlcu.: *volete … che i popoli si colleghino e l'umanità si unisca* (PASCOLI). **D** **v. intr. pron.** e (*raro*) **intr.** (aus. intr. *avere*) (+ *a*; + *con*) ● Essere connesso, essere in relazione: *Iacopone … si collega a tutta una letteratura latina popolare* (DE SANCTIS); *La felicità non si collega con la sventura* (FOSCOLO); *questi argomenti non si collegano*.

collegàta **s. f.** ● Consociata.

collegatàrio o **conlegatàrio** [vc. dotta, lat. tardo *collegatāriu(m)*, comp. di *co-* (*1*) e *legātum* 'legato (3), lascito'; 1865] **s. m.** (**f.** *-a*); *anche* **agg.** ● (*dir.*) Chi (o Che) riceve un legato congiuntamente ad altro legatario: *i collegatari di un immobile*.

collegàto o †**colligàto** [1395 ca.] **A** **part. pass.** di *collegare*; *anche* **agg.** ● Nei sign. del v. || **collegataménte**, **avv.** **B** **s. m.** **1** (*lett.*) Confederato, alleato: *Perugini e i loro collegati … erano partiti* (VILLANI). **2** (*ellitt.*) Disegno di legge connesso con una legge: *il c. fiscale alla legge finanziaria*.

collegazióne o †**colligazióne** nel sign. 2 [lat. *colligatiōne(m)*, da *colligāre* 'collegare'; av. 1519] **s. f.** **1** (*med.*) Reazione in cui si ha l'unione tra due radicali. CONTR. Omolisi. **2** (*lett.*) Lega, alleanza: *la c. perniciosissima di Cambrai* (GUICCIARDINI).

college /'kɔlleʤ, *ingl.* 'kɒlɪʤ/ [ingl., dal fr. *collège* (stessa etim. dell'it. *collegio*); 1892] **s. m. inv.** **1** In Inghilterra, scuola secondaria con internato o istituto d'istruzione superiore annesso all'Università | Negli Stati Uniti d'America, facoltà universitaria o istituto universitario con corsi gener. di quattro anni. **2** Edificio, o complesso di edifici, in cui ha sede tale scuola o istituto.

collegiàle [vc. dotta, lat. tardo *collegiāle(m)*, da *collēgiu(m)* 'collegio'; 1598] **A** **agg.** **1** Di un collegio, che si riferisce a un collegio nel sign. 1: *atto, organo c.* | Collettivo: *visita medica c.*; *allenamento c.* **2** Di un collegio, relativo a un collegio, nel sign. 4: *disciplina c.* || **collegialménte**, **avv.** **1** Col consenso e coll'intervento di tutto il collegio. **2** Insieme, in comune. **B** **s. m. e f.** **1** Allievo di un collegio. SIN. Convittore. **2** (*fig.*) Giovane inesperto, impacciato, ingenuo: *modi da c.*; *sogni da c.*

collegialità [1673] **s. f.** **1** Caratteristica di ciò che è collegiale, collettivo: *la c. di un provvedimento, di una decisione, di un organo*. **2** (*raro*) Insieme dei componenti di un collegio. **3** Carattere del governo della Chiesa cattolica, nel quale intervengono, con il Papa, i vescovi, secondo i principi del Concilio Vaticano II | Governo collegiale dei vescovi, dei pastori e dei fedeli, proprio di talune Chiese protestanti | Prerogativa che attribuisce a una Chiesa il titolo di collegiata.

collegiàta [av. 1566] **s. f.** ● (*ellitt.*) Chiesa collegiata.

collegiàto [vc. dotta, lat. tardo *collegiātu(m)*, da *collēgium* 'collegio'; sec. XIV] **agg.** **1** †Appartenente a un collegio di canonici. **2** ***Chiesa collegiata***, chiesa con capitolo di canonici ma senza vescovo.

collègio [vc. dotta, lat. *collēgium*. V. *collega*; 1308] **s. m.** **1** (*st.*) Insieme di persone con funzioni e interessi comuni: *c. degli arvali, degli auguri, degli auspici* | Nel Medioevo, corporazione. **2** Associazione di categoria professionale: *c. dei medici, degli avvocati, degli ingegneri* | ***C. cardinalizio***, l'insieme dei cardinali | Organo costituito da più persone, che esercita determinate funzioni consultive o deliberative, di gestione, di controllo e sim. | (*dir.*) ***C. di giudici***, insieme di più giudici componenti un medesimo organo giurisdizionale | ***C. arbitrale***, insieme di arbitri esplicanti collegialmente la propria funzione | ***C. dei docenti***, composto dal personale insegnante in servizio in un circolo di scuola primaria o in un istituto di scuola secondaria, con potere deliberante in tema di didattica. **3** ***C. elettorale***, (*ellitt.*) ***collegio***, nella legge elettorale italiana, ciascuna porzione di territorio (complessivamente 475 per la Camera, 232 per il Senato) per l'elezione di un parlamentare col sistema uninominale | (*est.*) L'insieme degli elettori in esso compresi. **4** Istituto di educazione e istruzione in cui gli allievi convivono sotto una disciplina comune: *c. maschile, femminile, laico*; *entrare in, uscire dal c.* | ***C. universitario***, specie di pensionato ove alloggiano studenti universitari | (*est.*) L'edificio ove ha sede un collegio: *il c. di via Marconi* | Gli alunni e gli insegnanti del collegio: *alla domenica tutto il c. esce per la passeggiata*. SIN. Convitto. || **collegiùccio**, **dim.**

Collèmboli [comp. del gr. *kólla* 'colla (2)' e *embállein* 'scagliare', di orig. indeur.; 1951] **s. m. pl.** (**sing.** *-o*) ● Nella tassonomia animale, ordine di piccoli Artropodi comunissimi nel terreno, capaci di saltare, di solito ascritti agli Insetti Apterigoti (*Collembola*).

collènchima [comp. del gr. *kólla* 'colla (2)' e (*pa*)*renchima*; 1875] **s. m.** (**pl.** *-i*) ● (*bot.*) Tessuto vegetale di sostegno che si trova negli organi in fase di accrescimento.

còllera o (*lett.*) †**còlera** (**2**), †**còllora** [lat. *chŏlera(m)*. V. *colera* (*1*); av. 1294] **s. f.** **1** Ira, rabbia, furore, spec. provocati da un sentimento di indignazione contro qlcu. o qlco.: *andare, montare in c.*; *essere in c. con qlcu.*; *una tremenda c. lo invase* | ***C. repressa***, rancore | (*est.*, *lett.*) Attività violenta di elementi naturali: *la c. del mare in tempesta*. SIN. Furia. **2** †Bile: *la còlera, il sangue, la flemma e la melancolia* (BRUNO).

collèrico o (*lett.*) †**colèrico** (**1**) [vc. dotta, lat. *cholĕricu(m)*, nom. *cholĕricus* 'bilioso', dal gr. *cholerikós*. Cfr. *collera*; 1308] **agg.** (**pl. m.** *-ci*) ● Detto di chi monta in collera facilmente: *persona collerica* | Bilioso, stizzoso: *comportamento c.*; *certi per complessione collerica sono ad ira disposti* (DANTE). SIN. Furioso, irascibile, iroso. || **collericaménte**, **avv.** Con collera, in modo adirato.

collètta (o *-é-*) [lat. *collēcta(m)*, part. pass. f. di *collĭgere* 'raccogliere'; av. 1375] **s. f.** **1** Raccolta di denari o altro fra più persone, spec. a scopo di beneficenza: *iniziare una c. in favore dei sinistrati*. **2** (*relig.*) Orazione che, nella Messa, precede l'Epistola | Ciascuna delle orazioni, per casi particolari e per invocare la grazia divina sulla comunità, che si trovano raccolte in fondo al Messale. **3** (*mar.*) ***Caricare a c.***, detto di mercantili che caricano in vari porti piccole partite di merci per varie destinazioni. **4** †Insieme, adunanza di persone. **5** †Aggravio, imposizione.

collettàme [da *colletta*; 1923] **s. m.** ● Insieme di colli e pacchi, di provenienza e destinazione varie, trasportato da un unico mezzo.

collettàneo [vc. dotta, lat. *collectāneu(m)*, da *collēctus*, part. pass. di *collĭgere* 'raccogliere' (V. *collezione*); 1589] **agg.** ● Miscellaneo: *volume c.*

†**collettàre** [da *colletta*; av. 1412] **A** **v. tr.** (*io collètto*) **1** Raccogliere per colletta | Sottoporre a colletta enti o persone. **2** Gravare d'imposta. **B** **v. rifl.** ● Partecipare a una colletta.

collettivìsmo [fr. *collectivisme*, da *collectif* 'collettivo'; 1877] **s. m.** ● Teoria e sistema economico fondati sull'attribuzione alla collettività della proprietà e dell'amministrazione dei beni di produzione.

collettivìsta [fr. *collectiviste*, da *collectif* 'collettivo'; 1880] **agg.**; *anche* **s. m. e f.** (**pl. m.** *-i*) ● Che (o Chi) sostiene il collettivismo.

collettivìstico [1919] **agg.** (**pl. m.** *-ci*) ● Relativo, conforme al collettivismo. || **collettivisticaménte**, **avv.**

collettività [fr. *collectivité*, da *collectif* 'collettivo'; 1892] **s. f.** ● Comunità sociale: *operare per il bene della c.*

collettivizzàre [fr. *collectiviser*, da *collectif* 'collettivo'; 1908] **v. tr.** ● Trasformare da proprietà privata a proprietà collettiva: *c. la terra, le industrie*.

collettivizzazióne [fr. *collectivisation*, da *collectif* 'collettivo'; 1905] **s. f.** ● Il collettivizzare, il venire collettivizzato.

collettìvo [vc. dotta, lat. tardo *collectīvu(m)*, da *collĭgere* 'raccogliere'; 1551] **A** **agg.** **1** Che è comune a un numero indeterminato di individui: *domanda, proposta, spesa collettiva*; *un provvedimento c. di clemenza*; *mostra collettiva*. CONTR. Individuale, singolo. **2** Di una collettività: *interesse professionale c.*; *contratto c. di lavoro* | ***Marchio c.***, che contraddistingue i prodotti di una categoria di imprese | ***Atto c.***, quello composto dalle manifestazioni di volontà di tutti o della maggioranza dei componenti una collettività | ***Società in nome c.***, ***società collettiva***, società commerciale i cui soci sono illimitatamente responsabili per le obbligazioni sociali. **3** (*ling.*) Detto di nome che indica un gruppo di esseri o di cose (ad es. *branco, folla, pentolame*). CONTR. Singolativo. || **collettivaménte**, **avv.** **B** **s. m.** **1** Insieme di persone aderenti a uno stesso organismo, spec. politico o sindacale, che si riuniscono per discutere argomenti e problemi di interesse comune: *c. autonomo, studentesco*; *il c. della facoltà di lettere* | Insieme organico dei componenti di un gruppo: *la squadra ha ottime individualità, ma manca il c.* **2** Nel jazz, improvvisazione collettiva di più strumenti.

collettìzio [vc. dotta, lat. *collectīciu(m)*, da *collĭgere* 'raccogliere'; av. 1527] **agg.** ● (*lett.*) Raccogliticcio: *esercito c.*; *fanteria tumultuaria e collettizia* (GUICCIARDINI).

collétto (**1**) [da *collo* (*1*); 1554] **s. m.** **1** Parte della camicia o dell'abito che sta attorno al collo: *c. rigido, floscio*; *c. aperto, chiuso*; *c. tondo, a punta* | ***C. bianco***, (*fig.*) impiegato | ***C. rosa***, (*fig.*, *raro*) impiegata | ***C. blu***, (*fig.*, *raro*) operaio; SIN. Tuta blu. **2** Anticamente, casacca di pelle senza maniche indossata dai soldati sotto l'armatura. **3** (*anat.*) Solco tra la corona e la radice del dente. ➡ ILL. p. 2127 ANATOMIA UMANA. **4** (*bot.*) Regione di passaggio fra radice e fusto. **5** Parte anteriore di una pelle di bovina adulta. SIN. Spalla. || **collettàccio**, **pegg.** | **collettino**, **dim.** | **collettóne**, **accr.**

collétto (**2**) [dim. di *colle* (*2*); 1940] **s. m.** ● Intaglio stretto e poco profondo su una cresta montuosa.

†**collètto** (**3**) [vc. dotta, lat. *collēctu(m)*, part. pass.

di *collìgere* 'raccogliere'; 1308] **agg.** ● Raccolto insieme.

collettóre [vc. dotta, lat. tardo *collectōre(m)*, da *collìgere* 'raccogliere'; av. 1348] **A agg.** ● Che raccoglie: *canale c.*; *bacino c.* **B s. m.** (f. *-trice*) **1** Chi raccoglie o riscuote denaro o altro | (*bur.*) Impiegato ausiliario, collaboratore subordinato, in alcune amministrazioni pubbliche destinate a esigere o ricevere qlco.: *c. delle imposte, del lotto, postale.* **SIN.** Esattore. **2** (f. *-trice*) (*lett.*) Collezionista: *c. di monete antiche.* **3** (*idraul.*) Fiume, torrente che raccoglie le acque da un bacino imbrifero | Canale che raccoglie le acque di bonifica da un gruppo di canali minori. **4** (*mecc.*) Condotto che serve a raccogliere e distribuire fluidi | ***C. di fango***, situato nella parte più bassa delle caldaie a tubi d'acqua, per raccogliere le sostanze solide in sospensione | ***C. di vapore***, situato nella parte più alta delle caldaie a tubi d'acqua, che si riempie di vapore e dal quale partono i tubi distributori del vapore | ***C. d'aspirazione, d'immissione***, tubazione ramificata che immette la miscela combustibile nei cilindri del motore a combustione interna | ***C. di scarico***, simile al precedente, ma che scarica nell'atmosfera i gas combusti. **5** (*elettr.*) Parte del rotore di una macchina elettrica su cui strisciano le spazzole di adduzione o prelievo della corrente. **6** (*elettron.*) Uno degli elettrodi del transistor. **7** ***C. solare***, apparecchiatura in grado di captare l'energia solare e trasformarla in calore. ➡ **ILL.** p. 2140 SCIENZE DELLA TERRA ED ENERGIA.

collettorìa [av. 1540] **s. f.** ● (*bur.*) Ufficio del collettore: *c. delle imposte, del lotto.*

collezionàbile [1993] **A agg.** ● Che può essere collezionato. **B s. m.** ● Prodotto editoriale, spec. sotto forma di dispense vendute in edicola, che può essere raccolto in una collezione.

collezionàre [1897] **v. tr.** (*io collezióno*) **1** Riunire vari oggetti in una collezione: *c. francobolli, cartoline.* **2** (*fig.*) Conseguire in grande numero (*anche iron.*): *c. lodi, premi, successi*; *c. sconfitte.*

♦**collezióne** [vc. dotta, lat. *collectiōne(m)*, da *collìgere* 'raccogliere'; sec. XIV] **s. f.** **1** Raccolta di oggetti della stessa specie, di valore, curiosi o comunque interessanti anche solo soggettivamente: *c. di monete rare, di quadri, di porcellane.* **2** Raccolta di opere diverse, pubblicate in veste tipografica uniforme sotto un titolo generale e spesso con un numero di serie. **SIN.** Collana. **3** L'insieme dei modelli presentati all'inizio di ogni stagione dalle grandi sartorie: *c. autunno-inverno*; *c. primavera-estate.* **4** †Riunione | †Accumulo: *la c. ... di materia nella parte convessa del fegato* (REDI). || **collezioncèlla**, **dim.** | **collezioncina**, **dim.**

collezionìsmo [1899] **s. m.** ● Tendenza a collezionare oggetti | (*est.*) L'insieme dei collezionisti.

collezionista [1889] **s. m. e f.** (pl. m. *-i*) ● Chi fa collezione di qlco.: *c. di autografi, di cartoline illustrate, di farfalle.*

collezionìstico [1975] **agg.** (pl. m. *-ci*) ● Che riguarda il collezionismo, i collezionisti o le collezioni: *interesse, mercato c.*

collider /ingl. kə'laedə/ [vc. ingl., da *to collide* 'collidere'; 1985] **s. m. inv.** ● (*fis.*) Collisore.

collìdere [lat. *collīdere*, comp. di *cŭm* 'con' e *laedere* 'ledere'; 1575] **A v. intr. e intr. pron.** (pass. rem. *io collìsi, tu collidésti*; part. pass. *collìso*; aus. intr. *avere*) **1** (*lett.*) Urtare contro qlco. | Scontrarsi con qlco. **2** (*fig.*) Essere o venire in contrasto: *interessi che collidono.* **B** †**v. tr.** ● (*ling.*) Elidere.

collie /'kɔlli, ingl. 'kɒli/ [vc. ingl., di orig. discussa: da *coal* 'carbone' per il colore della livrea (?); 1844] **s. m. inv.** ● Cane da pastore scozzese, dal portamento elegante, con pelo lungo variamente colorato e coda lunga.

collier /fr. kɔ'lje/ [vc. fr., dal lat. tardo *collāriu(m)* 'collare (1)'; 1884] **s. m. inv.** ● Collana.

†**colligàre** e *deriv.* ● V. *collegare* e *deriv.*

colligiàno [da *colle* (2); 1726] **A agg.** **1** Tipico, proprio dei colli: *produzione colligiana.* **2** Di Colle di Val d'Elsa, in Toscana, o di una località denominata 'Colle'. **B s. m.** (f. *-a*) ● Abitante dei colli | Nativo o abitante di Colle di Val d'Elsa, in Toscana, o di una località denominata 'Colle'.

collimànte **part. pres.** di *collimare*; anche **agg.** ● Coincidente (*anche fig.*).

collimàre [lat. degli astronomi *collimāre*, falsa lettura per *collineāre* 'dirigere qualcosa in linea retta, trovare la giusta direzione', comp. di *cŭm* 'con' e *līnea* 'linea'; 1499] **A v. tr.** ● Orientare uno strumento ottico in modo che la linea di mira passi per un punto prefissato. **B v. intr.** (aus. *avere*) **1** Coincidere, corrispondere: *i bordi delle due figure collimano.* **2** (*fig.*) Essere d'accordo: *le loro idee collimano sempre.*

collimatóre [da *collimare*, prob. attrav. il fr. *collimateur*; 1875] **A s. m.** **1** Strumento topografico, a traguardo o a cannocchiale, che possiede una linea di mira che permette di collimare un punto. **2** Dispositivo che, in alcuni strumenti ottici, trasforma i raggi provenienti da una sorgente in un fascio di raggi paralleli. **B** anche **agg.**: *lente collimatrice.*

collimazióne [da *collimare*, prob. attrav. il fr. *collimation*; 1865] **s. f.** ● Operazione del collimare; il fatto di collimare: *verificare la c.* | ***Asse, linea, di c.***, retta ideale che congiunge l'incrocio del reticolo col secondo punto nodale dell'obiettivo del cannocchiale o col forellino oculare del traguardo.

♦**collina** [lat. tardo *collīna(m)*, da *collīnus*, agg. di *cŏllis* 'colle (3)'; 1344] **s. f.** **1** Forma di rilievo più o meno tondeggiante che non supera i 600 m di altezza | ***Colline moreniche***, grandi accumuli di detriti di un ghiacciaio dell'età glaciale. ➡ **ILL.** p. 2132, 2133 SCIENZE DELLA TERRA ED ENERGIA. **2** (*est.*) Zona collinosa. || **collinétta**, **dim.**

collinàre [1950] **agg.** ● Di collina: *zone collinari.*

collino **s. m.** **1** Dim. di *collo* (*1*) | Collarino. **2** Sottile catena da portarsi al collo con appesa una medaglietta o una piccola croce.

collinóso [da *collina*; 1599] **agg.** ● Caratterizzato da colline, ricco di colline: *regione collinosa.*

colliquàre [comp. di *con* e del lat. *liquāre* 'rendere liquido'. V. *liquido*; 1767] **v. tr.** (*io cólliquo*) ● Far sciogliere, portare a colliquazione.

colliquativo [av. 1698] **agg.** ● (*raro*) Relativo a colliquazione.

colliquazióne [av. 1557] **s. f.** ● (*biol.*) Disfacimento delle cellule e dei tessuti.

collìrico [av. 1704] **agg.** (pl. m. *-ci*) ● Di collirio, relativo a collirio.

collirio [vc. dotta, lat. *collȳriu(m)*, dal gr. *kollýrion*, di etim. incerta; av. 1342] **s. m.** ● Liquido contenente sostanze medicamentose da instillare negli occhi.

collisióne [vc. dotta, lat. tardo *collisiōne(m)*, da *collīdere* 'collidere'; av. 1540] **s. f.** **1** Urto di due o più corpi solidi in movimento: *c. di due auto, di due navi*; *la nebbia ha provocato la c. dei due automezzi*; *entrare, venire a, in c.* | (*fis.*) Urto. **SIN.** Cozzo, scontro. **2** (*fig.*) Contrasto: *c. d'interessi*; *la tragica c. tra la passione e il fato* (DE SANCTIS). **3** (*ling.*) †Iato | †Elisione.

†**collisivo** [1588] **agg.** ● (*ling.*) Che serve a elidere | ***Accento c.***, apostrofo.

collìso [av. 1712] **part. pass.** di *collidere*; anche **agg.** ● Nei sign. del v.

collisóre [da *collidere*, sul modello di *collider* (V.); 1991] **s. m.** ● (*fis.*) Acceleratore di particelle in cui due fasci di particelle vengono fatti collidere frontalmente giungendo da direzioni opposte, in modo da ottenere la massima efficienza possibile nella trasformazione dell'energia delle particelle in energia di reazione. **SIN.** Collider.

♦**còllo** (**1**) [lat. *cŏllu(m)*, di orig. indeur.; 1282] **s. m.** **1** Parte del corpo che nell'uomo e in alcuni altri Vertebrati unisce il capo al torace: *avere il c. slanciato, corto, taurino*; *mettersi qlco. al c.*; *lavarsi il c.* | ***Gettare le braccia al c., cingere con le braccia il c.***, abbracciare | ***Avere un braccio al c.***, ingessato e collegato al collo mediante una fascia e sim. | ***Tirare il c. ai polli***, ucciderli | ***Torcere il c.***, uccidere | ***Essere con la corda al c.***, (*fig.*) in una situazione molto difficile | ***Prendere qlcu. per il c.***, (*fig.*) mettere qlcu. in una posizione svantaggiosa, spec. facendogli pagare qlco. troppo cara, costringendolo a vendere qlco. a prezzo troppo basso e sim. | ***Capitare, piombare tra capo e c.***, (*fig.*) all'improvviso | ***Allungare il c.***, (*fig.*) cercare di vedere qlco. | ***Fare allungare il c. a qlcu.***, (*fig.*) prolungare il suo desiderio senza soddisfarlo | ***Rompersi, fiaccarsi il c., l'osso del c.***, fare una caduta mortale, rovinosa | ***Rimetterci l'osso del c.***, (*fig.*) rovinarsi, danneggiarsi irreparabilmente | ***Rompere il c. a qlcu.***, (*fig.*) mandare in rovina | ***Correre a rotta di c.***, a precipizio; V. anche *fiaccacollo, rompicollo, scavezzacollo* | ***Mettere il piede sul c. a qlcu.***, (*fig.*) sopraffarlo | ***Piegare il c., piegare il c. sotto il giogo***, (*fig.*) sottomettersi, umiliarsi | ***Avere, tenere un bambino in c.***, in braccio | ***Essere indebitati fino al c., trovarsi nei guai fino al c.***, (*fig.*) fino al limite massimo di sopportabilità | ***Con la corda al c.***, (*fig.*) con aspetto umiliato e pentito. **2** (*est.*) Parte dell'abito che sta attorno al collo: *una camicia larga, stretta di c.* | (*est.*) Colletto: *il c. della pelliccia deve essere ripulito.* **3** (*est.*) Parte superiore assottigliata di bottiglie, anfore e sim.: *il c. del fiasco, del vaso* | ***Tirare il c. a una bottiglia, al fiasco***, (*fig.*) sturarli per berli | ***Bere a c.***, direttamente dalla bottiglia, senza bicchiere | ***C. della storta***, parte allungata e ristretta che si piega ad angolo | ***C. di bottiglia***, (*fig.*) strozzatura, rallentamento, impedimento di un flusso, di un processo di sviluppo o di espansione e sim. **4** (*anat.*) Parte assottigliata e ristretta di un organo: *c. osseo, della vescica* | ***C. dell'utero***, la parte inferiore | ***C. del piede***, parte superiore del piede, leggermente arcuata. **5** (*mus.*) Parte più alta di uno strumento | Manico della cetra. **6** (*mecc.*) ***C. d'oca***, albero a gomiti | Manovella intermedia o d'estremità. **7** (*mar.*) Giro completo di un cavo attorno a un oggetto o a sé stesso | ***Prendere a c.***, di una vela, prendere accollo. **8** Parte della barda per proteggere il cavallo dalle orecchie al garrese e dalla gola al petto. **9** †Valico: *Sperai e l'uno e l'altro c. / trascender di Parnaso* (BOCCACCIO). **CFR.** Colle (1). || **collicino**, **dim.** | **collino**, **dim.** (V.).

còllo (**2**) [da *collo* (*1*) per metonimia ('oggetto che si appoggia sul collo'); 1385] **s. m.** ● Balla, involto di merce, di grosse dimensioni: *porre i colli sul treno, sulla nave, sull'aereo.*

cóllo (**3**) o **cón lo** **prep. art. m. sing.** comp. di *con* e *lo* ● V. *lo* per gli usi ortografici.

collocàbile [1855] **agg.** ● Che si può collocare.

collocaménto [av. 1667] **s. m.** **1** Il collocare | Sistemazione in un dato luogo (*anche in senso fig.*): *c. a riposo di un impiegato*; *c. in aspettativa, in posizione ausiliaria*; *dare un giusto c. ai quadri in una parete*; *ogni opera è bene interpretata ... solo nel suo storico c.* (CROCE). **2** Impiego, occupazione | ***Agenzia di c.***, che procura impieghi, servizi e sim. | ***Ufficio di c.***, ufficio pubblico che esplica la funzione di intermediario tra persone che cercano un'occupazione e datori di lavoro. **3** Ridistribuzione ai privati risparmiatori di nuove azioni od obbligazioni di una società, da parte di un consorzio finanziario che le ha acquistate, in proprio e in blocco, all'atto dell'emissione. **4** (*lett.*) Matrimonio o monacazione di una ragazza: *potrebbero impedirle qualche buon c.* (GIACOSA).

collocàre [vc. dotta, lat. *collocāre*, comp. di *cŭm* 'con' e *lŏcus* 'luogo'; av. 1306] **A v. tr.** (*io còlloco, tu còllochi*) **1** Porre, situare qlco. in un dato luogo: *c. i mobili in una stanza* | Porre qlcu. o qlco. in modo adeguato, in un luogo opportuno, nella posizione che gli compete (*anche fig.*): *c. i libri in ordine sullo scaffale*; *è un giovane da c. tra i più promettenti.* **SIN.** Mettere, sistemare | (*fig.*) Inserire, inquadrare in un dato contesto: *c. un pittore nella corrente impressionista.* **2** (*est.*) Sistemare qlcu. in un ufficio, impiego o sim.: *c. un amico* | ***C. un impiegato a riposo***, mandarlo in pensione, per età, malattia e sim. | (*lett.*) Maritare: *c. bene una figlia.* **3** (*est.*) Vendere: *c. bene la propria merce, i propri prodotti*; *c. un'emissione azionaria.* **B v. rifl.** ● Occupare una data posizione | (*fig.*) Mettersi a posto, sistemarsi | (*lett.*) Maritarsi. **C v. intr. pron.** ● Situarsi, porsi: *uno scrittore che si colloca tra i maggiori del suo tempo.*

collocatóre [1942] **A agg.** ● Che colloca, sistema. **B s. m.** (f. *-trice*) **1** (*raro*) Chi colloca. **2** (*dir.*) Impiegato di un ufficio di collocamento | (*raro*) Chi, per incarico del ministero del Lavoro, svolge le funzioni proprie di un ufficio di collocamento in una località ove non vi è una sede dello stesso.

collocazióne [vc. dotta, lat. *collocatiōne(m)*, da *collocāre* 'collocare'; sec. XIV] **s. f.** **1** Il collocare: *la c. dei quadri* | Luogo in cui una cosa è collocata. **2** In una biblioteca, posto assegnato a ogni libro negli scaffali e l'insieme dei dati necessari a reperirlo: *indicare l'esatta c. dei volumi richiesti.* **3** Lavoro, occupazione: *ha una c. redditizia* | (*fig.*) Posizione politica o culturale | (*raro*) Matrimonio. **4** (*dir.*) Ordine secondo cui i creditori hanno diritto di soddisfarsi sul ricavato dell'espropriazione forzata: *c. nel piano di reparto.*

5 (*ling.*) In lessicografia, combinazione di due o più parole che, sebbene rimangano autonome tra loro dal punto di vista del senso e siano sostituibili, formano insieme un'espressione resa tipica dall'uso (per es. *scapolo impenitente*).

collocutóre [vc. dotta, lat. tardo *collocutōre(m)*, da *cōlloqui* 'parlare', comp. di *cŭm* 'con' e *lŏqui* 'parlare'; 1619] **s. m.** (**f.** *-trice*) ● (*lett.*) Chi interviene in un dialogo. **SIN.** Interlocutore.

collocutòrio [1821] **A agg.** ● (*raro*) Che ha forma di colloquio: *uno scambio di opinioni c.* **B s. m.** ● †Parlatorio di monastero.

collodiàre v. tr. (*io collòdio*) ● Trattare, ricoprire con collodio.

collòdio o †**collodióne** [fr. *collodion*, dal gr. *kollōdēs* 'glutinoso'. V. *colla* (*2*); 1849] **s. m.** ● (*chim.*) Soluzione, densa e vischiosa, di nitrocellulosa in alcol ed etere, usata come adesivo e nella preparazione di lacche, vernici, sete artificiali, pellicole, lastre sensibili e farmaci | ***Cotone c.***, V. *cotone*.

colloidàle [1913] **agg.** ● Di colloide, relativo a colloide: *stato c.*

collòide [comp. di *colla* (*2*) e *-oide*; 1875] **A s. m.** ● (*chim.*) Miscuglio, le cui particelle rimangono in sospensione, costituito da una sostanza solida, liquida o gassosa dispersa in un'altra sostanza anch'essa a sua volta solida, liquida o gassosa. **B** anche **agg.**: *sostanza c.*

colloquiàle [da *colloquio*, sul modello dell'ingl. *colloquial*; 1942] **agg.** ● Proprio del colloquio, della conversazione: *tono, linguaggio c.* **SIN.** Discorsivo | ***Stile c.***, familiare, non letterariamente ricercato. || **colloquialménte**, **avv.**

colloquialìsmo [ingl. *colloquialism*, da *colloquial* 'colloquiale', sul modello di *idiotism* 'idiotismo'; 1983] **s. m.** ● Espressione propria del linguaggio abituale.

colloquiàre [1633] **v. intr.** (*io collòquio*; aus. *avere*) *1* Essere, stare a colloquio con qlcu. *2* (*fig.*) Cercare un'intesa.

♦**collòquio** [vc. dotta, lat. *collŏquiu(m)*, da *cŏlloqui*. V. *collocutore*; 1308] **s. m.** *1* Abboccamento, conversazione fra due o più persone, spec. riguardante fatti di una certa importanza: *c. privato, segreto*; *essere, stare, venire a c.*; *chiedere un c.* | (*est.*) Dialogo per raggiungere un'intesa: *i colloqui di Parigi*. *2* Esame universitario preliminare, limitato ad alcune parti del programma di studio di una data materia: *c. di anatomia, di diritto civile*.

†**còllora** ● V. *collera*.

collorósso [comp. di *collo* (*1*) e *rosso*; 1938] **s. m.** (**pl.** *colliròssi*) ● (*zool.*, *sett.*) Moriglione.

collosità [1765] **s. f.** ● Proprietà, caratteristica di ciò che è colloso.

collóso [da *colla* (*2*); 1733] **agg.** ● Appiccicoso e viscoso come la colla: *liquido c.*

collotipìa [comp. di *coll(a)* e *-tipia*; 1956] **s. f.** ● (*tipogr.*) Procedimento di riproduzione tipografica mediante l'impiego di lastre ricoperte di colla e bicromato di potassio.

collotòrto o **còllo tòrto** [da *collo torto* 'collo piegato', perché gli ipocriti e i bacchettoni stanno col collo piegato per ostentare devozione; sec. XV] **s. m.** (**pl.** *collitòrti* o *còlli tòrti*) *1* Ipocrita, bacchettone, bigotto. *2* (*zool.*) Uccelletto dei Piciformi a zampe brevi e collo mobilissimo, divoratore di insetti (*Jynx torquilla*). **SIN.** Torcicollo.

collòttola [da *collo* (*1*); av. 1304] **s. f.** ● Parte posteriore del collo: *Allora lo prese per la c.* (COLLODI) | Nuca: *dare un colpo sulla c.* || **collottolóna**, **accr.** | **collottolóne**, **accr. m.**

collovérde [comp. di *collo* (*1*) e *verde*; 1887] **s. m.** (**pl.** *collivérdi*) ● (*zool.*) Maschio del germano reale.

collùdere [vc. dotta, lat. *collūdere* 'giocare insieme', poi 'intendersela con qualcuno', comp. di *cŭm* 'insieme' e *lūdere* 'giocare'; 1499] **v. intr.** (**pass. rem.** *io collùṣi, tu colludésti*; **part. pass.** *collùṣo*; aus. *avere*) ● (*dir.*, *raro*) Concludere un accordo collusivo | (*est.*, *raro*) Accordarsi spec. in modo non palese con qlcu. ai danni di altri.

collusióne [vc. dotta, lat. *collusiōne(m)*, da *collūdere* 'colludere'; av. 1600] **s. f.** *1* (*dir.*) Accordo fraudolento concluso tra due o più parti per un fine illecito: *c. tra le parti processuali per nascondere al giudice la verità*. **SIN.** Accordo collusivo. *2* (+ *con*; + *fra*) (*est.*) Intesa segreta: *è accusato di c. con i trafficanti di droga*; *c. fra la mafia e alcuni poteri locali* | (*polit.*) Accordo, spesso segreto, fra due partiti o due forze politiche in contrasto fra loro.

collusìvo [1673] **agg.** ● (*dir.*) Di collusione: *intesa collusiva* | ***Accordo c.***, collusione. || **collusivaménte**, **avv.** Con collusione.

collùṣo A part. pass. di *colludere*; anche **agg.** (assol.; + *con*) ● Che ha stretto accordi segreti e fraudolenti con esponenti della criminalità organizzata: *funzionario pubblico c.*; *politico c. con organizzazioni criminali*. **B** anche **s. m.** (**f.** *-a*): *i collusi con la mafia*.

collusóre [vc. dotta, lat. *collusōre(m)*, da *collūdere* 'colludere'; 1865] **s. m.** ● (*dir.*, *raro*) Chi collude.

collusòrio [1860] **agg.** ● (*dir.*, *raro*) Collusivo. || **collusoriaménte**, **avv.**

collutòrio, (*evit.*) **collùttorio** [dal lat. *collūtus*, part. pass. di *collŭere* 'sciacquare', comp. di *cŭm* 'con' e *lŭere* 'lavare'; 1830] **s. m.** ● Medicamento liquido per sciacqui curativi della bocca o per applicazioni su gengive, tonsille e pareti interne della bocca | (*est.*) Sciacquo o applicazione fatta con tale liquido.

colluttàre [vc. dotta, lat. *colluctāri* 'lottare', comp. di *cŭm* 'con' e *luctāri* 'lottare'; 1886] **v. intr.** e **intr. pron.** (aus. intr. *avere*) ● (*lett.*) Venire alle mani e combattere corpo a corpo.

colluttazióne [vc. dotta, lat. *colluctatiōne(m)*, da *colluctāri* 'colluttare'; 1848] **s. f.** ● Rissa violenta, lotta corpo a corpo: *vi fu una c. fra poliziotti e ladri*. **SIN.** Zuffa.

collùttorio ● V. *collutorio*.

colluviàle [da *colluvie*; 1964] **agg.** ● (*geol.*) Detto di deposito continentale rimaneggiato dalle acque dilavanti.

collùvie [vc. dotta, lat. *collŭvie(m)*, propr. 'acqua sporca', poi 'miscuglio, confusione', da *collŭere* 'lavare', comp. di *cŭm* 'con' e *lŭere* 'lavare'; 1631] **s. f. inv.** *1* (*lett.*) Afflusso, ammasso di materia putrida o immonda. **SIN.** Fogna. *2* (*fig.*, *spreg.*) Congerie di cose o persone: *una c. di tutti i boreali, Inglesi principalmente, Russi e Tedeschi* (ALFIERI).

cólma [da *colmare*; 1892] **s. f.** ● Livello massimo raggiunto dall'acqua durante l'alta marea.

colmàre [da *colmo* (*2*); sec. XIII] **A v. tr.** (*io cólmo*) *1* (qlco. + *di*) Riempire un recipiente fino all'orlo, in modo da farlo quasi traboccare: *c. un bicchiere di vino, un piatto di cibo* | ***C. la misura, il sacco***, (*fig.*) esagerare. *2* (qlcu. + *di*) (*fig.*) Dare in abbondanza: *c. qlcu. di favori, di rimproveri, di ricchezze* | (*fig.*) Riempire l'animo di un sentimento: *le tue parole mi colmano di gioia*. *3* Portare al livello voluto terreni, campagne e sim. sistemando opportunamente depositi alluvionali o materiali di riporto: *c. una strada* | ***C. una palude***, bonificarla per colmata | ***C. un porto***, detto di sabbia, detriti e sim. che, trasportati da correnti marine o fluviali, possono restringerlo od occluderlo | (*fig.*) ***C. un vuoto, una lacuna***, completare qlco., eliminare una carenza, detto spec. di attività culturali. *4* (*raro*) Completare. **B v. intr.** ● †Traboccare.

colmarèccio [da *colmo* (*2*); av. 1798] **s. m.** ● Trave di colmo del tetto.

colmàta [av. 1519] **s. f.** *1* Il colmare un terreno con depositi alluvionali o materiali di riporto | ***Cassa di c.***, superficie di terreno in corso di bonifica, circondata da argini | (*est.*) Terreno così bonificato. *2* Accumulo di sabbia trasportata dalle correnti nei letti dei fiumi e nei mari, che costituisce un ostacolo per la navigazione.

colmatóre [av. 1698] **s. m.** *1* (**f.** *-trice*) Chi colma. *2* (*idraul.*) Canale di derivazione per l'acqua torbida, utilizzato per eseguire le colmate di bonifica. *3* Speciale imbuto per riempire al giusto livello le botti.

colmatùra [1550] **s. f.** *1* Il colmare, il venire colmato | Riempimento. *2* Parte di contenuto che supera l'orlo di un recipiente colmo. *3* (*enol.*) Aggiunta di vino alle botti per integrarne la lieve perdita dovuta a evaporazione.

colmeggiàre [av. 1710] **v. intr.** (*io colméggio*; aus. *avere*) ● (*raro*) Elevarsi rispetto a un piano: *l'argine colmeggia sul fiume*.

†**colmìgno** [lat. parl. **culmĭneu(m)*, da *cŭlmen*. V. *culmine*; sec. XIV] **s. m.** ● (*tosc.*) Comignolo.

♦**cólmo** (**1**) [part. pass. contratto di *colmare*; 1304] **agg.** (assol.; + *di*) *1* Pieno, traboccante (*anche fig.*): *il recipiente è già c.*; *un piatto c. di leccornie*; *avere l'animo c. di amarezze*; *passa la nave mia colma d'oblio / per aspro mare* (PETRARCA) | (*fig.*) ***La misura è colma***, il limite della sopportazione è stato raggiunto: *tutto quello che poteva accadergli, ecco, gli era accaduto. La misura era colma* (PIRANDELLO). *2* (*lett.*) Convesso: *vetro, specchio c.* | Sodo, pieno: *seno c.* | Gonfio: *come i barchetti sul filo / del mare a vele colme* (MONTALE).

♦**cólmo** (**2**) [lat. *cŭlmen*, nom. sing. V. *culmine*; 1308] **s. m.** *1* Cima, sommità, culmine: *il c. di una collina* | Prominenza. *2* (*edil.*) Linea di sommità del tetto in cui si intersecano le falde opposte. *3* Valore massimo della portata di un corso d'acqua durante una piena. *4* (*fig.*) Apice, grado massimo di qlco.: *il c. della felicità, dei guai, dell'audacia*; *per c. di sfortuna sono rimasto senza benzina*; *la lirica si può chiamare la cima, il c., la sommità del discorso umano* (LEOPARDI); *essere nel c. della gioventù* | ***È il c.!***, è troppo, è una vergogna. *5* Gioco di parole basato sul doppio significato (ad es.: *Qual è il c. per un medico? Essere troppo… paziente*). || †**colmèllo**, **dim.**

cólo [lat. *cōlu(m)* 'filtro', di etim. incerta; 1779] **s. m.** ● (*raro*) Colatoio, setaccio, vaglio. || **colétto**, **dim.** (V.).

-colo [dal lat. *-cola*, da *colĕre* 'coltivare'] secondo elemento ● In parole composte dotte significa 'che abita' o 'relativo alla coltura di': *cavernicolo*; *cerealicolo*.

colòbio [vc. dotta, lat. tardo *colŏbiu(m)*, dal gr. *kolóbion*, da *kolobós* 'tagliato' (cfr. *colobo*); av. 1342] **s. m.** ● Lunga tunica senza maniche, o con maniche molto corte, che fu usata dagli eremiti cristiani orientali e dagli antichi romani.

còlobo [dal gr. *kolobós* 'mutilato' (perché hanno il pollice rudimentale), da *kólos* 'mozzato'; av. 1800] **s. m.** ● Genere di scimmie africane agilissime saltatrici, con folta pelliccia rossa o nera, coda lunghissima e pollice ridotto a un tubercolo privo di unghia (*Colobus*) | ***C. abissino***, guereza.

colocàṣia [vc. dotta, lat. *colocāsia(m)*, nom. *colocāsia*, dal gr. *kolokasía* di orig. orient. (?); 1481] **s. f.** ● Pianta erbacea delle Aracee con foglie ovate molto grandi e rizoma tuberoso (*Colocasia antiquorum*).

colofóne s. m. ● Adattamento di *colophon* (V.).

colofònia [vc. dotta, lat. *colophōnia(m)*, nom. *colophōnia* (sottinteso *rētīnē* 'resina'), dal gr. *kolophōnía* (sottinteso *rhētínē* 'resina'); sec. XIII] **s. f.** ● Residuo solido, giallastro, della distillazione delle oleoresine per la produzione di trementina, usato per vernici, mastici, lubrificanti, inchiostri e per facilitare l'attrito dell'arco sulle corde degli strumenti musicali. **SIN.** Pece greca.

cologaritmo [comp. di *co(mplemento)* e *logaritmo*; 1964] **s. m.** ● (*mat.*) Opposto del logaritmo.

†**colómba** (**1**) [etim. discussa: dal gr. *kolymbân* 'tuffarsi' (?); 1585] **s. f.** ● (*mar.*) Chiglia.

colómba (**2**) [lat. *colŭmba(m)*. V. *colombo* (*1*); nel sign. 6, calco sull'ingl. *dove*; av. 1294] **s. f.** *1* Femmina del colombo. *2* Dolce pasquale la cui forma ricorda quella di una colomba con le ali spiegate. *3* (*fig.*) Simbolo di innocenza e di pace. *4* Simbolo dello Spirito Santo. *5* (*fig.*) Persona, spec. donna, semplice, mite e pura | (*lett.*) Donna amata. *6* (*fig.*) Sostenitore di una linea moderata nelle controversie di politica internazionale o (*est.*) nello scontro politico. **CONTR.** Falco. || **colombèlla**, **dim.** (V.) | **colombìna**, **dim.** (V.).

colombàccio [da *colombo* (*1*); 1574] **s. m.** ● Grosso uccello commestibile dei Colombiformi, simile al colombo, ma più grosso (*Columba palumbus*).

colombàia o †**colombàra** [lat. *columbāriu(m)*, da *colŭmbus* 'colombo (1)'; av. 1400] **s. f.** ● Locale dove si allevano i colombi | ***Tirare sassi in c.***, (*fig.*) fare il danno proprio, dei propri amici o del proprio partito | ***Stare in c.***, (*fig.*) all'ultimo piano di una casa. **SIN.** Piccionaia.

colombàna [da S. *Colombano*, in provincia di Pavia, ove è coltivata; av. 1597] **A s. f.** ● (*sett.*) Uva dolce, da tavola, bianca e ad acini grossi. **B** anche **agg.** solo **f.**: *uva c.*

†**colombàra** ● V. *colombaia*.

colombàrio [V. *colombaia*; av. 1764] **s. m.** *1* (*raro*) Nicchia dove covano i piccioni. *2* Nei sepolcreti con nicchie dell'antica Roma, luogo ove si riponevano le urne con le ceneri. *3* Costruzione funeraria che comprende gruppi di loculi affiancati e sovrapposti nei quali si pongono le bare.

colombeggiàre [da *colombo* (*1*); 1623] **v. intr.** (*io colombèggio*) ● (*lett.*) Amoreggiare, tubare: *colombeggiando ... / si raccolser tra lor con baci e baci* (MARINO).

colombèlla (**1**) [av. 1564] **s. f.** **1** Dim. di *colomba* (*2*). **2** (*fig.*, anche *iron.*) Fanciulla ingenua e affettuosa. **3** Uccello selvatico dei Colombiformi con collo verde lucente (*Columba oenas*).

colombèlla (**2**) [detto così perché le palle lanciate in aria devono piombare rapidamente come una colomba; av. 1903] **s. f.** ● Nella loc. ***a c.***, a perpendicolo, detto di ciò che ricade verticalmente.

colombiàno (**1**) [1970] **agg.** ● Relativo a Cristoforo Colombo (1451-1506): *celebrazioni colombiane*.

colombiàno (**2**) [1970] **A agg.** ● Della Colombia. **B s. m.** (**f.** *-a*) ● Abitante, nativo della Colombia.

colombicoltóre [comp. del pl. di *colombo* (*1*) e di-*coltore*; 1864] **s. m.** (**f.** *-trice*) ● Allevatore di colombi.

colombicoltùra [comp. del pl. di *colombo* (*1*) e di-*coltura*; 1887] **s. f.** ● Allevamento dei colombi.

colombière [etim. discussa: catalano *colomer* 'colombaia, piccionaia' (?); 1869] **s. m.** ● (*mar.*) Nei velieri, parte superiore dell'albero maggiore.

Colombifórmi [vc. dotta, comp. del pl. di *colombo* (*1*) e del pl. di *-forme*; 1956] **s. m. pl.** (**sing.** *-e*) ● Nella tassonomia animale, ordine di Uccelli buoni volatori con ali di media lunghezza e zampe corte (*Columbiformes*).

colombìna (**1**) [av. 1400] **s. f.** **1** Dim. di *colomba* (*2*). **2** (*fig.*) Donna pura e innocente | La ragazza amata.

colombìna (**2**) [da *colombino* (*1*) per il colore] **s. f.** ● (*bot.*) Rossola.

colombìna (**3**) [lat. *columbīna(m)* 'di colombo' (sottinteso *mĕrda(m)* 'merda'), da *colŭmbus* 'colombo (1)'; 1340 ca.] **s. f.** ● Escrementi di piccione usati come concime.

colombìna (**4**) [dalla forma di *colomba* (*2*)] **s. f.** ● Razzo a forma di colomba che, scorrendo lungo un filo, va a incendiare i fuochi artificiali, spec. quello usato a Firenze il Sabato Santo.

†**colombìna** (**5**) ● V. *colubrina*.

colombìno (**1**) [lat. *columbīnu(m)*, da *colŭmbus* 'colombo (1)'; av. 1348] **agg.** **1** Proprio del colombo. **2** †Che ha un colore grigio-violetto, simile a quello delle penne del colombo: *un panno color c.*

colombìno (**2**) [da *colombino* (*1*) nel sign. 2 (?)] **s. m.** ● Cordone o cilindro di argilla plasmata che si sovrappone per decorazione al corpo dei vasi di terra.

colómbio ● V. *columbio*.

♦**colómbo** (**1**) [lat. *colŭmbu(m)*, da una radice indeur. che significa 'scuro'; av. 1292] **s. m.** (**f.** *-a* (V.)) **1** Denominazione di varie specie di Uccelli, buoni volatori, appartenenti all'ordine dei Colombiformi. **SIN.** Piccione. **CFR.** Tubare, grugare. ➡ **ILL. animali**/9 | ***C. torraiolo***, con piumaggio grigio-azzurro iridescente sul collo, due fasce nere sulle ali e una macchia bianca sulla parte posteriore del dorso (*Columba livia*) | ***C. viaggiatore***, dotato di particolare senso di orientamento e resistenza al volo. **2** (*al pl.*, *fig.*, *fam.*) Coppia di innamorati.

colómbo (**2**) [detta così perché ritenuta originaria di *Colombo* (Ceylon), oggi Sri Lanka; 1865] **s. m.** ● Pianta rampicante tropicale delle Menispermacee con fiori in pannocchia, frutto a drupa e radici dal sapore amarissimo (*Iatrorrhiza palmata*).

colombofilìa [comp. di *colombo* e *-filia*; 1964] **s. f.** ● Interesse per l'allevamento e l'addestramento dei colombi.

colombòfilo [comp. di *colombo* (*1*) e *-filo*; 1930] **s. m.**; anche **agg.** (**f.** *-a*) ● Chi (o Che) alleva colombi, spec. viaggiatori.

colón /*sp.* ko'lɔn/ [da (*Cristóbal*) *Colón*, nome sp. di (Cristoforo) Colombo; 1956] **s. m. inv.** (**pl.** sp. *colones*) ● Unità monetaria della Costarica e di El Salvador.

còlon (**1**) [vc. dotta, lat. *cōlo(n)*, dal gr. *kólon*, di etim. incerta; sec. XIV] **s. m.** ● (*anat.*) La parte più lunga dell'intestino crasso, che si estende dall'abboccamento dell'intestino tenue al retto: *c. ascendente*; *c. traverso*; *c. discendente*. ➡ **ILL.** p. 2125 ANATOMIA UMANA.

còlon (**2**) [dal gr. *kôlon* 'membro, periodo' perché serviva a separare i periodi; 1820] **s. m.** (**pl.** *còla*) **1** Nell'antica interpunzione, segno di pausa media, equivalente ai moderni punto e virgola o due punti. **2** Nella metrica latina e greca, serie di piedi facente parte di un verso | (*est.*) Nella prosa, parte di un periodo individuabile in base al ritmo o al senso.

colonàto [vc. dotta, lat. tardo *colonātu(m)*, da *colōnus* 'colono'; 1881] **s. m.** **1** Nel diritto romano e feudale, rapporto che vincola il colono alla terra. **2** Stato, condizione di colono.

♦**colònia** (**1**) [vc. dotta, lat. *colōnia(m)*, da *colōnus* 'colono'; sec. XIV] **s. f.** **1** Nell'antichità, comunità di cittadini lontana dalla madrepatria, con o senza vincoli di dipendenza rispetto alla stessa | Territorio distinto dalla madrepatria e alla stessa assoggettato da vincoli militari, politici, giuridici ed economici: *le colonie britanniche*; *emancipazione di una c.* **2** (*est.*) L'insieme delle persone di uno stesso Paese o regione stabilitesi lontano dalla madrepatria: *la c. italiana a Parigi, a Londra*; *la c. pugliese di Milano* | (*est.*, *scherz.*) Gruppo di villeggianti: *c. di bagnanti*. **3** (*est.*) Istituto che ospita ragazzi in un luogo di villeggiatura: *c. montana, marina, elioterapica* | (*est.*) Il luogo dove si trova questo istituto | (*est.*) L'insieme dei ragazzi membri della colonia. **4** ***C. penale***, misura di sicurezza applicabile, in alternativa con quella della casa di lavoro, principalmente ai delinquenti abituali, professionali o per tendenza; (*est.*) stabilimento penitenziario per l'esecuzione di detta misura di sicurezza. **5** (*biol.*) Insieme di individui animali o vegetali della medesima specie anatomicamente uniti a formare un'individualità di ordine superiore | ***C. microbica***, nucleo di batteri originatisi in un terreno colturale dalla riproduzione di un unico batterio.

colònia (**2**) [dalla città ted. di *Colonia* ove veniva prodotta in orig.; av. 1921] **s. f.** ● Acqua di colonia.

colonìa (**3**) [da *colono*; 1848] **s. f.** ● (*dir.*) Contratto agrario di tipo associativo, non più previsto dall'ordinamento giuridico e convertito per legge in contratto di affitto.

coloniàle [da *colonia* (*1*); 1819] **A agg.** **1** Di colonia, relativo a colonia: *possedimenti coloniali*; *commercio, stile c.*; *protettorato c.* | ***Truppe coloniali***, che provvedono alla difesa dei territori coloniali. **2** ***Diritto c.***, insieme di norme che trovavano la propria ragion d'essere esclusiva nel fenomeno dell'espansione coloniale degli Stati europei tra la metà del XIX e l'inizio del XX sec. **3** (*biol.*) Detto di organismo animale o vegetale che vive in colonia. **4** Detto di colore fra il marrone e il giallo sabbia, tipico spec. di articoli di pelletteria e calzaturieri. **B s. m. e f.** ● Chi abita una colonia. **C s. m.** ● (*al pl.*) Derrate e spezie, quali caffè, cacao, pepe, provenienti da Paesi extraeuropei, un tempo colonie: *il commercio dei coloniali è molto fiorente*.

colonialìsmo [da *coloniale*; 1950] **s. m.** **1** Politica che tende ad assicurare colonie a una nazione. **2** (*raro*) Parola o locuzione di origine coloniale.

colonialista [1917] **A s. m. e f.** (**pl. m.** *-i*) **1** Fautore, sostenitore del colonialismo. **2** (*raro*) Esperto in questioni coloniali. **B agg.** ● Colonialistico: *politica colonialista*.

colonialìstico [1951] **agg.** (**pl. m.** *-ci*) ● Pertinente al colonialismo: *regime c.*

colònico [vc. dotta, lat. *colōnicu(m)*, da *colōnus* 'colono'; av. 1498] **agg.** (**pl. m.** *-ci*) **1** Del colono: *casa colonica*. **2** †Coloniale.

colonizzàre [fr. *coloniser*, dall'ingl. *to colonize*; 1828] **v. tr.** **1** (*st.*) Popolare di colonie: *i Romani colonizzarono la Spagna*. **2** Ridurre a colonia: *i Francesi colonizzarono l'Algeria*. **3** Bonificare, mettere a coltivazione e sim. terre incolte da parte di enti pubblici o privati: *c. territori d'oltremare*; *c. le terre della Maremma*. **4** (*med.*) Detto di cellule, proliferare a livello di una metastasi | (*biol.*) Sviluppare colonie da parte di un microrganismo: *c. un terreno di coltura*.

colonizzatóre [fr. *colonisateur*, da *coloniser* 'colonizzare'; 1861] **agg.**; anche **s. m.** (**f.** *-trice*) ● Che (o Chi) colonizza.

colonizzazióne [fr. *colonisation*, dall'ingl. *colonization*; 1855] **s. f.** ● Il colonizzare, il venire colonizzato: *la c. del Nord-Africa, del delta padano*.

♦**colónna** (**1**) [lat. *colŭmna(m)*, di orig. indeur.; sec. XII] **s. f.** **1** Elemento architettonico verticale a sezione circolare, con funzione portante o, se addossata a un muro o a un pilastro, con funzione decorativa: *c. dorica, ionica, corinzia*; *c. coclide*. **CFR.** -stilo | (*st.*) ***C. d'infamia***, (*ellitt.*) ***colonna***, gogna, berlina per i condannati | (*est.*) Monumento onorario o commemorativo: *la c. traiana* | (*st.*) ***C. infame***, eretta per ricordare un fatto esecrabile, spec. quella menzionata da A. Manzoni in riferimento al processo agli untori del 1630 | (*est.*) Elemento caratterizzato da un notevole sviluppo verticale, avente funzioni di sostegno e sim. | ***C. d'ormeggio***, tronco di colonna sulle banchine dei porti per legarvi le gomene d'ormeggio delle navi | ***Colonne d'Ercole***, i promontori di Abila e Calpe, ai lati dello stretto di Gibilterra, dove secondo la leggenda si fermò Ercole; (*fig.*) limite invalicabile, estremo grado raggiungibile e sim. ➡ **ILL.** p. 2116, 2117 ARCHITETTURA. **2** (*fig.*) Appoggio, sostegno principale: *è una c. dell'azienda*; *le colonne della società, dell'università* | (*fig.*, *gerg.*) Studente universitario del terzo anno. **3** (*est.*) Quantità di materia fluida o gassosa disposta verticalmente, che si muove dal basso verso l'alto o viceversa: *una c. d'acqua, di mercurio, di fuoco* | ***Far c.***, detto dell'innalzarsi verticalmente in volo di un volatile. **4** Tubazione o insieme di tubazioni verticali usate per far passare, raccogliere o contenere materiali o fluidi vari: *c. idraulica* | Elemento d'impianto fatto a torre ove si operano distillazioni separando due o più liquidi: *c. di distillazione, di frazionamento* | (*est.*) La sostanza che attraversa tali tubazioni o che vi è contenuta. **5** (*elettr.*) Ciascuno dei tronchi del circuito magnetico di un trasformatore attorno ai quali si trovano gli avvolgimenti. **6** Serie di elementi disposti verticalmente, spec. ordinatamente l'uno sotto l'altro: *c. di numeri*; *c. di simboli*; *mettere in c. le cifre* | (*anat.*) ***C. vertebrale***, asse dello scheletro costituito dall'insieme delle vertebre | (*geol.*) ***C. stratigrafica***, schema che riproduce la successione stratigrafica, misurata o interpretata, delle rocce di una data località. **7** Suddivisione verticale, spec. della pagina di giornale o di un libro: *titolo a quattro, a cinque colonne*; *le colonne di un vocabolario*. **8** (*est.*) Insieme di cose o persone disposte l'una dietro l'altra: *una c. di auto, di dimostranti*; *mettersi, sfilare in c.* **9** (*mil.*) Formazione di manovra di attacco, di marcia, nella quale i reparti sono disposti uno dietro l'altro: *una c. di mezzi corazzati*; *c., in marcia!* | ***Quinta c.***, complesso di elementi che, in territorio tenuto da uno dei contendenti, operano attivamente e clandestinamente a favore dell'altro contendente; (*est.*) detto di chi, all'interno di un dato ambiente, opera segretamente a favore dell'avversario, del concorrente e sim. (così il generale franchista E. Mola nel corso della guerra civile spagnola denominò le persone su cui i falangisti potevano contare all'interno del fronte avversario in aggiunta alle quattro colonne armate che si dirigevano su Madrid). **10** (*raro*) Gruppo d'azione all'interno di organizzazioni terroristiche. **11** Nel gioco della roulette, combinazione, costituita da ognuna delle tre serie di numeri incolonnati verticalmente sul tavolo da gioco, su cui si può puntare. **12** (*cine*) ***C. sonora***, parte della pellicola cinematografica destinata alla registrazione dei suoni; (*est.*) l'insieme dei suoni stessi (dialoghi, musica, rumori); (*est.*) i brani musicali di un film | ***C. visiva***, parte della pellicola che contiene la successione dei fotogrammi. || **colonnàccia**, **pegg.** | **colonnèlla**, **dim.** | **colonnèllo**, **dim. m.** | **colonnétta**, **dim.** (V.) | **colonnìna**, **dim.** (V.) | **colonnìno**, **dim. m.** (V.) | **colonnùccia**, **dim.**

colónna (**2**) [detta così perché nel registro a bordo della nave, sotto il nome di ogni socio c'era la *colonna* delle cifre dei suoi importi (?)] **s. f.** ● (*mar.*; *raro*) Somma in consegna al comandante di una nave mercantile per le spese del viaggio.

colonnàre o †**colonnàle** [lat. tardo *columnāre(m)*, da *colŭmna* 'colonna (1)'; av. 1519] **agg.** **1** Che ha forma di colonna o è simile a una colonna. **2** (*geol.*) Detto di basalto fessurato da sistemi regolari di fratture che isolano colonne prismatiche.

colonnàto (**1**) [lat. *columnātu(m)*, aggettivo, da *colŭmna* 'colonna (1)'; 1532] **agg.** ● (*lett.*) Provvisto di colonne.

colonnàto (**2**) [lat. tardo *colomnātu(m)*, sostantivo, da *colŭmna* 'colonna (1)'; 1550] **s. m.** ● Serie di colonne collegate fra loro da architravi o da arcate.

colonnàto (**3**) [dalle Colonne d'Ercole che fiancheggiano lo stemma di Carlo V impresso sulla moneta; 1860] **s. m.** ● Moneta d'argento spagnola coniata dal XVI sec.

colonnèlla [da *colonnello*; av. 1708] **s. f.** ● (*scherz.*) Moglie del colonnello | (*est.*) Donna autoritaria.

colonnèllo [da *colonna* (di soldati) della quale il 'colonnello' era capo; av. 1764] **s. m.** *1* Massimo grado degli ufficiali superiori dell'esercito e dell'aeronautica | ***Tenente c.***, ufficiale di grado immediatamente superiore a quello di maggiore, del quale ha generalmente le stesse attribuzioni. *2* (*est.*) Nel linguaggio giornalistico, collaboratore di un leader politico.

colonnétta [av. 1465] **s. f.** *1* Dim. di *colonna* (*1*). *2* Cippo sepolcrale. *3* (*centr.*) Comodino di forma rotonda.

colonnina [1965] **s. f.** *1* Dim. di *colonna* (*1*) | ***C. di mercurio***, l'indicatore della temperatura; (*est.*) il termometro. *2* Distributore di carburante.

colonnino [1779] **s. m.** *1* Dim. di *colonna* (*1*). *2* Sostegno di ringhiera e sim. *3* In tipografia, parte di colonna di libro o giornale, con giustezza minore di questa, tale da permettere l'impaginazione di una illustrazione | Nel giornalismo, la colonna o parte di colonna che contiene articoli o notizie brevi.

colòno [vc. dotta, lat. *colōnu(m)*, da *cŏlere* 'coltivare'; sec. XIV] **s. m.** (f. *-a*) *1* Nel tardo diritto romano e nel mondo medievale, uomo libero obbligato per legge a lavorare in perpetuo il fondo a cui era stato assegnato. *2* Coltivatore del fondo che ha concluso con un concedente un contratto di colonia: *obblighi del c.* | (*est., lett.*) Contadino. *3* Abitante di una colonia, spec. antica.

colonscopia ● V. *coloscopia.*

colonscòpio ● V. *coloscopio.*

còlophon /'kɔlofon/ [lat. *colŏphon*, dal gr. *kolophṓn* 'cima, sommità', di etim. discussa: di orig. straniera (?); 1931] **s. m. inv.** *1* Nei manoscritti e incunaboli, annotazione terminale recante i nomi dell'autore, dell'amanuense o stampatore, il luogo e la data di pubblicazione. *2* Un tempo, in alcune edizioni, disposizione a forma di trapezio, con la base minore in basso, delle ultime righe di un testo | Nei libri moderni, la formula 'finito di stampare' con i dati d'obbligo quali data e luogo di stampa, nome dello stampatore e sim., posti alla fine o all'inizio dell'opera.

coloquintide [lat. *colocy̆nthide(m)*, nom. *colocy̆nthis*, dal gr. *kolokynthis*, di etim. incerta; sec. XIV] **s. f.** ● Pianta erbacea delle Cucurbitacee con fusti gracili e rampicanti e frutti glabri con polpa amara dotata di proprietà medicinali (*Citrullus colocynthis*) | Il frutto di tale pianta.

coloràbile [vc. dotta, lat. tardo *colorābile(m)*, da *colorāre* 'colorare'; 1865] **agg.** ● Che si può colorare.

coloraménto [1308] **s. m.** ● (*raro*) Colorazione | †Arrossamento.

coloránte [1745] **A** **part. pres.** di *colorare*; anche **agg.** ● Nei sign. del v. **B** **s. m.** ● Composto o preparato colorato capace di tingere un supporto, penetrando e fissandosi su di esso: *coloranti della carta, per fibre tessili*; *c. acido, azoico, allo zolfo* | ***Coloranti alimentari***, sostanze aggiunte a cibi o bevande per conferire loro aspetto gradevole all'occhio.

♦**coloràre** [lat. *colorāre*, da *cŏlor*, genit. *colōris* 'colore'; av. 1294] **A** **v. tr.** (*io colóro*) *1* Coprire, trattare con un colore: *c. le pareti di una stanza, un tessuto* | (*fig., lett.*) Abbellire, ornare: *con belle parole, le quali assai bene colorava* (COMPAGNI) | ***Colorarsi il viso***, imbellettarsi. **SIN.** Dipingere, tingere. *2* (*fig.*) Mascherare, camuffare: *c. il proprio egoismo con l'avvedutezza* | ***C. le bugie***, dar loro apparenza di verità. **B** **v. intr. pron.** *1* Tingersi: *al tramonto il cielo si colora di rosso* | Arrossire: *colorarsi in viso per la vergogna*. *2* (*fig.*) Camuffarsi, mascherarsi: *la sua avarizia si colora di parsimonia*.

coloràto [1308] **part. pass.** di *colorare*; anche **agg.** *1* Nei sign. del v. | Che ha uno o più colori, che non è bianco o nero: *matite colorate*; *biancheria colorata*; *vetri colorati* | (*fig.*) †Arrossito: *Risposе, colorata come foco* (DANTE, *Purg.* XXXIII, 9). *2* (*fig.*) Ornato, abbellito | (*fig.*) †Specioso, falso: *acciò che ... ella avesse onesta o colorata ragione* (BOCCACCIO).

coloratùra [vc. dotta, lat. tardo *coloratūra(m)*, da *colorāre* 'colorare'; 1499] **s. f.** *1* (*mus.*) Insieme di passaggi ornamentali e virtuosistici originario del belcanto: *aria di c.*; *soprano di c.* *2* (*raro*) Colorazione.

colorazióne [vc. dotta, lat. tardo *coloratiōne(m)*, da *colorāre* 'colorare'; av. 1406] **s. f.** ● Il colorare, il colorarsi: *procedere alla c. di un tessuto* | (*est.*) Colore. **CFR.** -cromia. **SIN.** Tinta.

♦**colóre** [lat. *colōre(m)*, dalla stessa radice di *celāre* 'celare, nascondere', perché nasconde le cose; 1282] **s. m.** *1* Sensazione che la luce, variamente riflessa dalla superficie dei corpi, produce sull'occhio, dipendente dalla lunghezza d'onda delle radiazioni elettromagnetiche emesse dal corpo colorato e ricevute dall'occhio: *c. rosa, caffè, oro*; *c. bianco, nero, rosso, verde*; *c. chiaro, scuro, acceso, spento*. **CFR.** cromato-, cromo-, -cromo | ***Colori dell'iride***, ciascuna delle sette bande colorate (rosso, arancio, giallo, verde, blu, indaco, violetto) in cui convenzionalmente si divide lo spettro della luce solare (per es. nell'arcobaleno) | ***C. puro***, corrispondente a radiazione luminosa di un'unica lunghezza d'onda | ***C. composto***, ottenuto sovrapponendo più colori puri | ***Colori fondamentali o primari***, nella proiezione di più luci su uno sfondo nero, i tre colori (verde, violetto e arancio) che, sovrapposti, danno luce bianca; in pittura e nella tricromia, i tre colori (giallo, rosso magenta e azzurro ciano) che, sovrapposti su uno sfondo bianco, danno il colore nero; in entrambi i casi si ottengono gli altri colori sovrapponendo con intensità variamente attenuata i tre colori primari | (*miner.*) ***C. d'interferenza***, falso colore assunto da un cristallo osservato tra polarizzatore e analizzatore per effetto dell'interferenza della luce al suo interno | ***Senza c.***, incolore, opaco; (*fig.*) impersonale e monotono: *voce senza c.* | ***A colori***, non in bianco e nero: *TV, foto a colori* | (*fig.*) ***Dirne di tutti i colori***, sfogarsi verbalmente in modo violento | (*fig.*) ***Farne di tutti i colori***, compiere varie azioni, passare attraverso varie esperienze, spec. considerate riprovevoli | (*fig.*) ***Non sapere di che c. sia una cosa***, non averla mai vista, non conoscerla affatto | ***Dipingere qlco. a vivaci colori***, con colori smaglianti; (*fig.*) descrivere, narrare qlco. con vivacità e in modo interessante | (*fig.*) ***Fare del c.***, abusare di espedienti retorici e di effetti facilmente pittoreschi, spec. nello scrivere | ***Pezzo di c.***, (*fig.*) articolo di giornale che completa e arricchisce i fatti con note caratteristiche di ambiente | (*fig.*) ***C. locale***, insieme delle caratteristiche più pittoresche di un dato ambiente geografico, culturale e sim. | (*fig.*) ***C. di can che fugge***, colore incerto o sbiadito. *2* Sostanza usata per dipingere, tingere, verniciare e sim.: *c. a olio, ad acqua, a tempera*; *colori naturali, artificiali*; *dare il c. a un tessuto*; *dare una mano di c. alle pareti, alla facciata* | (*raro, lett.*) Fiori, piume variamente colorate. *3* Colorazione della pelle | ***Gente, popoli di c.***, non appartenenti alla razza bianca | Colorazione del volto, colorito: *c. olivastro, roseo, livido, terreo, pallido*; *avere un bel c.* | ***Ha ripreso, ha riacquistato il c.***, sta meglio, ha ripreso vigore | (*fig.*) ***Farsi, diventare di tutti i colori***, mostrare, nell'espressione del viso, il turbamento dovuto a un'emozione improvvisa. *4* (*fig.*) Aspetto, carattere: *un discorso di c. oscuro* | (*lett.*) ***Sotto c. di***, coll'apparenza, col pretesto di. *5* Tinta, o complesso di tinte, distintivo di una bandiera, stemma e sim. | (*est., al pl.*) Bandiera, stemma e sim.: *i colori d'Italia*; *colori nazionali* | (*est., spec. al pl.*) Squadra, società sportiva, o azienda connessa a una società sportiva: *gioca, corre da molti anni per gli stessi colori* | (*fig.*) ***Colori di scuderia***, quelli che costituiscono l'insegna e il simbolo di ciascun allevamento e caratterizzano la divisa di fantini e guidatori. *6* Complesso di tendenze e opinioni, spec. politiche; dottrina religiosa, ideologia e sim.: *ha cambiato c. molte volte*; *di che c. sei?* *7* Ciascuno dei quattro semi delle carte da gioco | Combinazione del gioco del poker, consistente nell'avere tutte le cinque carte dello stesso seme: *fare c.*; *c. di fiori, di cuori*. *8* (*ling.*) Caratteristica acustica principale o secondaria che corrisponde a un tratto di altezza o di acutezza. *9* (*mus.*) Timbro. *10* (*fis.*) Numero quantico che definisce convenzionalmente la carica (di tre tipi diversi) associata alle interazioni forti e trasportata da quark e gluoni. **CFR.** Confinamento. || **coloràccio**, **pegg.** | **colorétto**, **dim.** | **colorino**, **dim.** | **coloróne**, **accr.** | **colorùccio**, **dim.**

COLORE
nomenclatura

colore (cfr. vista, occhio; Atlante dei colori)
● *rosso*: incarnato, carnicino, rosa; sanguigno, vermiglio, scarlatto, porpora, cremisi, magenta, amaranto; rosso fragola, corallo, geranio, ciclamino, rubino, carminio, minio, cardinale, sangue, vino, rame, mattone, granata, ruggine; arancione, tango;
● *giallo*: paglierino, banana, canarino, ambra, crema, limone, cromo, cadmio, uovo, topazio, ocra;
● *verde*: verde acqua, pisello, smeraldo, bandiera, mare, foglia morta, sottobosco, oliva, bottiglia;
● *blu*: glauco; celeste = ceruleo, azzurro, turchese, lapislazzuli, acquamarina, ultramarino, zaffiro, saraceno; turchino, blu cielo, cobalto, orizzonte, oltremare, elettrico, gendarme, pavone, notte; indaco;
● *violetto*: lilla, malva;
● *bianco* = albo: cereo, eburneo, lattiginoso, latteo, niveo, candido; bianco perla, panna, gesso, avorio, crema, latte, argento;
● *nero*, nero inchiostro;
● *grigio*: cenere, tortora, perla, fumo, antracite, piombo, ferro; grigioverde; grigio talpa, pulce, bigio;
● *marrone*: sabbia, avana, beige, nocciola, cammello, caffellatte; marrone bruciato, cioccolata, tabacco, caffè, testa di moro;
● *caratteristiche*: tono = tonalità, cromia, sfumatura = nuance, gamma = gradazione, intensità, mescolanza, impasto, mezzatinta; monocromatico, bicromatico = bicolore, tricolore, policromo = multicolore = variopinto; accordo = armonia ⇔ disaccordo = disarmonia = contrasto; scomposizione, trascolorazione, viraggio; fondamentale = semplice = dell'iride ⇔ complementare, primitivo ⇔ composto, naturale ⇔ artificiale; denso = pieno = pesante = compatto = corposo = unito ⇔ disteso = leggero = trasparente = diafano, carico = intenso ⇔ tenue, chiaro = luminoso ⇔ scuro = opaco; caldo ⇔ freddo, forte ⇔ debole, vivace = vivido = acceso = vistoso = chiassoso = sgargiante ⇔ scialbo = smorto = pallido = spento = sbiadito = smorzato, scolorito = stinto = slavato; neutro ⇔ brillante = splendente = rutilante = smagliante = scintillante = squillante = accecante ⇔ fosco = cupo = livido = tenebroso = tetro = sordo; aspro = duro = crudo ⇔ morbido = vellutato = pastello; cangiante = allocroico = gatteggiante, iridescente = iridato, opalescente; screziato = variegato = marezzato, maculato = chiazzato;
● *azioni*: colorare ⇔ decolorare, tingere ⇔ stingere = scolorire, colorire, schiarire = sbiadire, tinteggiare = imbiancare, dipingere, verniciare = pitturare; preparare, impastare, macinare; mescolare; spalmare, spargere, stendere; accordare, velare, sfumare = attenuare = affievolire = attutire, spegnere; trascolorare, virare.

colored /ingl. 'kʰʌlə̣d/ ● V. *coloured.*

coloreria [1963] **s. f.** ● (*raro*) Negozio di colori.

colorificio [comp. di *colore* e *-ficio*; 1956] **s. m.** ● Fabbrica di materie coloranti | Negozio di colori, vernici, carte da parati, e sim.

colorimetria [comp. di *colore* e *-metria*; 1956] **s. f.** ● (*fis.*) Analisi quantitativa delle sostanze in base all'intensità del colore delle loro soluzioni.

colorimètrico [1875] **agg.** (pl. m. *-ci*) ● Relativo alla colorimetria: *analisi colorimetrica.*

colorimetro [comp. di *colore* e *-metro*; 1875] **s. m.** ● Apparecchio atto a eseguire analisi colorimetriche.

colorire [da *colore*; 1304] **A** **v. tr.** (*io colorisco, tu colorisci*) *1* Colorare: *c. di rosso, di blu* | (*fig.*) Mascherare: *c. le proprie intenzioni disoneste* | Dipingere: *c. a olio, a tempera, a fresco* | (*raro, lett.*) ***C. un disegno, un progetto***, (*fig.*) attuarli. *2* (*fig.*) Descrivere, narrare con vivezza: *c. un racconto, un'avventura*. *3* (*mus.*) Realizzare un'esecuzione mediante il colorito. **B** **v. intr. pron.** ● Acquistare colore: *al tramonto il cielo si colorì di rosso*; *le guance le si colorirono per l'emozione* | (*cuc.*) Assumere un colore dorato nella parte esterna, detto di vivanda in cottura.

colorismo [1964] **s. m.** *1* In pittura, tendenza a

usare prevalentemente il colore come elemento di linguaggio formale: *il c. di Tiziano* | In scultura e in architettura, tendenza a trarre dai rapporti dei chiari e degli scuri, dei pieni e dei vuoti, effetti cromatici piuttosto che plastici: *il c. dell'architettura veneziana del Rinascimento.* ***2*** (*est.*) In musica e in letteratura, ricerca del colore.

colorista [fr. *coloriste*. V. *colore*; av. 1764] s. m. e f. (pl. m. *-i*) ***1*** Operaio addetto alla preparazione dei colori. ***2*** Pittore i cui modi di espressione si fondano essenzialmente sui valori cromatici e sui loro rapporti. ***3*** (*est.*) Scrittore o musicista dotato di stile particolarmente vivo ed espressivo. ***4*** Tecnico cinematografico addetto ai controlli cromatici durante lo sviluppo e la stampa di un film a colori.

coloristico [1903] agg. (pl. m. *-ci*) ● Che si riferisce al colorismo e ai coloristi: *sensibilità coloristica; effetti coloristici.* || **coloristicamente**, avv.

colorito [1224 ca.] **A** part. pass. di *colorire*; anche agg. ***1*** Nei sign. del v. ***2*** Ricco di colore: *un abito c.* | ***Viso c., guance colorite***, rosei | (*fig.*) Vivace, espressivo: *lo stile è più c. e animato* (DE SANCTIS) | (*est.*) Sboccato: *linguaggio c.* || **coloritamente**, avv. (*raro*) In modo colorito. **B** s. m. ***1*** Colore, tinta: *c. vivace, spento* | Carnagione: *c. roseo.* ***2*** Maniera di colorire, di dipingere: *un c. molto nuovo ed espressivo.* ***3*** In un dipinto, l'insieme dei colori, con particolare riferimento al modo in cui essi sono dati, alla loro qualità: *morbidezza di c.* ***4*** (*mus.*) Sfumatura di intensità o di fraseggio conferita all'esecuzione di un passaggio musicale. ***5*** (*fig.*) Vivace espressività del discorso, di uno scritto e sim.

coloritore [1550] agg.; anche s. m. (f. *-trice*) ● Che (o Chi) colorisce (*anche fig.*).

coloritura [1925] s. f. ***1*** Il colorire: *la c. di un quadro.* ***2*** Effetto estetico delle parti di un edificio dovuto al colore. ***3*** (*fig.*) Colore: *la c. politica di un discorso.*

colorizzare [comp. di *color(e)* e *-izzare*; 1986] v. tr. ● Sottoporre una pellicola in bianco e nero a un trattamento di colorazione in modo da ottenerne una nuova versione a colori.

colóro [lat. parl. **ĕccu(m) illōru(m)*; av. 1294] pron. dimostr. m. e f. pl. ● Forma pl. di *colui* e *colei.*

coloscopia o **colonscopia** [comp. di *colo(n)* (*1*) e *-scopia*; 1986] s. f. ● (*med.*) Esame ottico diretto della mucosa del colon mediante coloscopio.

coloscòpio o **colonscòpio** [comp. di *colo(n)* (*1*) e *-scopio*] s. m. ● (*med.*) Endoscopio a fibre ottiche flessibili che consente la visione diretta e la biopsia della mucosa del colon.

colòssal /ko'lɔssal, *ingl.* kə'lɒsl/ [vc. ingl., propr. 'colossale'; 1986] s. m. inv. ● Film di alto costo produttivo, di carattere spettacolare, con scene di particolare grandiosità e con molti attori famosi. SIN. Colosso.

colossale [fr. *colossal*, da *colosse* 'colosso'; av. 1764] agg. ● Simile a un colosso, degno di un colosso: *statura c.* | (*fig.*) Smisuratamente grande, enorme: *impresa c.; sproposito c.; è stato un fiasco c.* || **colossalmente**, avv. (*raro*) In modo colossale.

colòsso [vc. dotta, lat. *colŏssu(m)*, nom. *colŏssus*, dal gr. *kolossós*, prob. di orig. preindeur.; 1436] s. m. ***1*** Statua di dimensioni gigantesche | ***C. di Rodi***, statua rappresentante Apollo, anticamente posta all'ingresso del porto di Rodi. ***2*** (*est.*) Persona di statura e corporatura eccezionali | (*fig.*) Persona molto alta e robusta | (*est.*) Personalità eccezionale, di grande talento: *un c. della musica, della letteratura.* ***3*** (*est., fig.*) Ciò che supera le comuni dimensioni, spec. riferito a nazioni potenti | ***C. dai piedi di argilla***, potenza fittizia, dalle basi non molto solide. ***4*** (*disus.*) Colossal. || **colossóne**, accr.

colostomia [comp. di *colo(n)* (*1*) e *-stomia*; 1964] s. f. ● (*chir.*) Creazione di un ano artificiale nella parete addominale mediante abboccamento a questa del colon.

colostomizzato agg.; anche s. m. (f. *-a*) ● Che (o Chi) ha subìto un intervento di colostomia.

colòstra o **calòstra** s. f. ● Colostro.

colòstro [lat. *colŏstru(m)*, di etim. incerta; 1340 ca.] s. m. ● (*fisiol.*) Liquido secreto dalla mammella subito dopo il parto.

coloured /*ingl.* 'kʌləd/ o **colored** [vc. ingl., propr. 'colorato'; 1970] s. m. e f. inv. ● Persona di colore.

♦**cólpa** [lat. *cŭlpa(m)*, di etim. incerta; av. 1250] s. f. ***1*** (*dir.*) Imprudenza, negligenza, imperizia o inosservanza di leggi, regolamenti, ordini o discipline da cui discende la violazione di un dovere giuridico: *c. civile, contrattuale.* CFR. Dolo. ***2*** Azione od omissione che contravvengono alla norma etica e religiosa: *c. grave, tenue; cadere in c.* SIN. Errore, fallo, peccato. ***3*** Responsabilità conseguente a un'azione che contravviene a una norma morale o giuridica: *avere c.; non aver né c. né peccato; essere in c.; attribuire, imputare a c.; dare la c. a qlcu. di qlco.; aggravare, attenuare la c.; sentirsi in c. verso qlcu.; se degli epigrammi satirici, taglienti, e mordenti non avevamo nella nostra lingua, non era certo c. sua* (ALFIERI) | ***Senso di c.***, V. *senso* nel sign. 4 | (*raro, lett.*) ***Chiamarsi in c.***, dichiarare di essere colpevole: *Si vede averla offesa, e se ne chiama / in c.* (ARIOSTO). ***4*** †Errore, imperfezione: *c. di stampa.*

colpabilità [fr. *culpabilité*, dal lat. *culpābile(m)* 'colpevole'; av. 1866] s. f. ● (*lett.*) Colpevolezza.

colpàccio s. m. ***1*** Pegg. di *colpo.* ***2*** Impresa difficile che inaspettatamente viene portata a termine in modo favorevole: *la squadra ospite ha fatto il c.*

†**colpàre** [lat. *culpāre*, da *cŭlpa* 'colpa'; av. 1294] **A** v. tr. ● Incolpare: *cominciai con più saldo consiglio a c. me stesso* (SANNAZARO). **B** v. intr. ● Aver colpa.

colpeggiàre [da *colpo*; sec. XIV] v. intr. (*io colpéggio*; aus. *avere*) ***1*** (*lett.*) Dare colpi frequenti. ***2*** Dipingere a colpi decisi di pennello.

♦**colpévole** [lat. tardo *culpābile(m)*, da *culpāre* 'colpare'; sec. XIII] **A** agg. ***1*** Che è in colpa, che è responsabile di una colpa, di un reato: *essere, sentirsi c.; dichiararsi c. di qlco.; giudicare qlcu. c. di omicidio.* ***2*** Che costituisce una colpa: *azione, comportamento c.; è stata una c. disattenzione.* || **colpevolménte**, avv. **B** s. m. e f. ● Chi ha commesso una colpa, un reato: *il c. di un delitto; i colpevoli non furono individuati; le monache … solamente alla c. riguardavano* (BOCCACCIO).

colpevolézza [da *colpevole*; 1818] s. f. ● Condizione di chi è in colpa, di chi è colpevole.

colpevolismo [comp. di *colpevole* e *-ismo*; 1970] s. m. ● Atteggiamento di chi è colpevolista.

colpevolista [1947] s. m. e f. (pl. m. *-i*) ● Chi, riguardo a un processo, si schiera con i sostenitori della colpevolezza dell'imputato; è usato spec. in contrapposizione a *innocentista.*

colpevolistico [1983] agg. (pl. m. *-ci*) ● Di colpevolismo o di colpevolista.

colpevolizzàre [da *colpevole*; 1983] **A** v. tr. ● Far sentire qlcu. responsabile di colpe non sempre, o non soltanto, imputabili a lui: *la madre lo colpevolizza continuamente.* **B** v. rifl. ● Sentirsi colpevole, attribuirsi una colpa.

colpevolizzazióne [1978] s. f. ● Il colpevolizzare, il colpevolizzarsi, il venire colpevolizzato.

♦**colpire** [da *colpo*; sec. XIII] v. tr. (*io colpisco, tu colpisci*) ***1*** Assestare uno o più colpi, con le mani o con un oggetto: *lo schiaffo lo colpì in pieno viso; c. qlcu. con un pugno, con una sassata; lo colpì alla testa con un bastone* | ***C. il bersaglio***, centrarlo | Danneggiare o ferire con il colpo di un'arma da lancio o da fuoco: *la nave fu colpita dalla bomba; la freccia mi colpì alla gamba; ho sparato in aria per non c. nessuno* | ***C. nel segno***, (*fig.*) essere nel giusto, individuare esattamente qlco. | (*fig.*) ***C. qlcu. nel vivo***, toccarlo nella suscettibilità, rivelarne il punto debole. ***2*** (*fig.*) Provocare una profonda impressione: *quella scena mi ha molto colpito.* ***3*** (*est.*) Danneggiare con azioni violente, illegali e sim.: *un'ondata di rapine ha colpito tutta la zona* | (*est.*) Punire, sottomettere a provvedimenti disciplinari, aggravi finanziari e sim.: *il provvedimento colpirà i trafficanti* | (*est.*) Attaccare, criticare aspramente: *vuol c. la scienza ne' suoi ciarlatani* (DE SANCTIS).

colpite [comp. di *colp(o)-* e del suff. *-ite* (*1*); sec. XIX] s. f. ● (*med.*) Vaginite.

colpitóre [av. 1729] agg.; anche s. m. (f. *-trice*) ● Che (o Chi) colpisce.

♦**cólpo** [lat. mediev. *colpu(m)*, per il class. *cŏlaphus*, dal gr. *kólaphos* 'schiaffo', di etim. incerta; av. 1294] s. m. ***1*** Movimento rapido e violento per cui un corpo viene a contatto con un altro: *dare un c. in testa a qlcu.; uccidere qlcu. a colpi di bastone, di pugnale, di coltello, di spada; spaccò la porta con un c. d'ascia; dare un c. di frusta al cavallo* | ***Dare un c. al cerchio e uno alla botte***, (*fig.*) barcamenarsi, destreggiarsi fra due o più alternative diverse o contrarie | ***C. di spillo***, V. *spillo* | ***Rispondere, ribattere c. su c.***, (*fig.*) replicare prontamente ad attacchi avversari | Con riferimento ad armi da fuoco: *un c. di pistola, di fucile, di cannone; sparare, tirare un c.; un c. in aria* | ***C. di grazia***, colpo mortale, spec. di pistola, dato per abbreviare a qlcu. l'agonia; (*est.*) avvenimento che determina il crollo di una situazione già compromessa | ***Senza c. ferire***, senza combattere, o anche senza spargere sangue in un'azione di combattimento | ***A c. sicuro***, senza pericolo di sbagliare | (*mus., spec. al pl.*) ***C. d'arco***, modi diversi, spesso prescritti dal compositore, dell'uso dell'arco per rendere il fraseggio e a fini espressivi. ***2*** (*est.*) Rumore prodotto da un colpo o da uno sparo: *si udì un c. di grancassa; che cos'è stato questo c.?; ho sentito un c. alla porta; un c. di cannone annuncia il mezzogiorno* | ***Perdere colpi***, V. *perdere* nel sign. 6. ***3*** Pugno | ***Colpi d'assaggio***, nel pugilato, quelli tirati per studiare le reazioni e le capacità difensive dell'avversario | ***C. basso***, sferrato irregolarmente al di sotto della cintura; (*fig.*) azione disonesta, sleale | ***Accusare il c.***, V. *accusare* nel sign. 3 | Nel tennis, tiro: *c. passante* | Nella scherma, stoccata: *c. doppio, nullo; portare un c.* ***4*** Movimento o spostamento energico di congegni, attrezzi e sim.: *con due colpi di pedale lo raggiunse; con pochi colpi di forbice mi sistemò il vestito* | ***C. di remi***, palata | ***C. di telefono***, telefonata rapida | ***Dare un c. di spugna a qlco.***, (*fig.*) fare in modo di dimenticare qlco. di spiacevole o increscioso. ***5*** (*fig.*) Manifestazione improvvisa e violenta di determinati fatti o fenomeni | ***C. di mare***, ondata violenta | ***C. di vento***, rapido aumento della forza del vento | (*bot.*) ***C. di fuoco batterico***, nella patologia vegetale, necrosi dei rami dovuta al batterio *Erwinia amylovora* | (*idraul.*) ***C. d'ariete***, insieme dei fenomeni che si producono in una condotta forzata quando si verificano brusche variazioni nella velocità della corrente liquida. SIN. Urto idraulico | (*min.*) ***C. di tetto***, brusco aumento di carico sulle armature di gallerie di miniera o di cantieri sotterranei, che provoca frequentemente gravi crolli | ***C. di timone***, movimento improvviso della barra che spinge l'imbarcazione in altra direzione; (*fig.*) improvviso mutamento nella linea di condotta, spec. in campo politico | ***C. di coda***, V. *coda* | ***C. d'ala***, momento di alta ispirazione artistica; (*est.*) intuizione geniale | ***C. d'occhio***, vista d'insieme; (*est.*) capacità di capire le cose al primo sguardo | ***C. di fortuna***, avvenimento fortunato e inatteso | ***C. di fulmine***, (*fig.*) innamoramento a prima vista | ***C. di scena***, improvviso mutamento di situazione | ***C. di testa***, (*fig.*) decisione precipitosa e avventata | ***C. di vita***, (*fam.*) divertimento o sim. con il quale si vuole interrompere la monotonia della routine quotidiana | ***Colpi di luce, colpi di sole***, ciocche di capelli tinte di colore leggermente più chiaro di quello naturale | ***Di c.***, all'improvviso | ***Sul c.***, sull'istante | ***Tutto in un c., tutto d'un c.***, tutto a un tratto, improvvisamente. ***6*** Stato morboso improvviso, spesso caratterizzato da perdita di coscienza | ***C. apoplettico***, o (*assol.*) ***colpo***, apoplessia cerebrale | ***Ti venisse un c.!***, (*scherz.*) ti pigliasse un accidente | ***C. di calore***, stato di collasso dovuto a prolungata esposizione dell'organismo a elevata temperatura ambientale con forte umidità | ***C. di sole***, insolazione | ***C. d'aria***, leggera infreddatura causata da una corrente d'aria | ***C. di sonno***, improvvisa sonnolenza; SIN. (*region.*) Abbiocco | (*med.*) ***C. di frusta***, distorsione del tratto cervicale della colonna vertebrale causata da un contraccolpo | ***C. della strega***, dolore acuto nella zona lombare, per contrazione dei muscoli vicini alla colonna vertebrale, dovuto a sforzo, raffreddamento o discopatia | ***C. di tosse***, singolo accesso di tosse. ***7*** Impressione violenta, forte emozione causata da un evento grave e improvviso: *non mi aspettavo un simile c.; è stato un brutto c., un duro c., per tutti; non si riavrà più da questo c.; che c. queste notizie!* | ***Fare c.***, suscitare emozione, interesse, entusiasmo, ammirazione | (*est.*) ***C. giornalistico***, notizia di un fatto particolarmente rilevante per gravità o curiosità che un giornale da solo riesce ad avere e pubblicare per primo. ***8*** Azione improvvisa con scopi criminali: *organizzare un c.; un c. da professionista; fare,* *fallire il c.*; *sventare un c.* | Iniziativa rapida e fortunata: *ti sei procurato i biglietti per il concerto? bel c.!* | *C. di culo*, V. *culo* | ***C. di genio***, V. *genio* nel sign. 3 | ***C. mancino, gobbo, da maestro***, che si distingue per fortuna e abilità | ***C. di mano***, azione, spec. militare, che si svolge all'improvviso e cogliendo tutti di sorpresa | ***C. di Stato***, sovvertimento illegittimo dell'organizzazione costituzionale di uno Stato operato da un organismo dello Stato stesso. || **colpàccio**, pegg. (V.) | **colpettino**, dim. | **colpétto**, dim.

còlpo- [dal gr. *kólpos* 'seno, golfo', di orig. incerta] primo elemento ● In parole composte della terminologia medica significa 'vagina': *colporragia*, *colposcopia*.

colporragia [comp. di *colpo-* e *-ragia*; 1964] s. f. ● (*med.*) Emorragia che ha origine nella vagina.

colposcopia [comp. di *colpo-* e *-scopia*; 1956] s. f. ● (*med.*) Esame ottico diretto della vagina e del collo dell'utero.

colposcòpio [comp. di *colpo-* e *-scopio*; 1956] s. m. ● Strumento con cui si esegue la colposcopia.

colpóso [da *colpa*; 1723] agg. ● (*dir.*) Commesso per negligenza, imprudenza, imperizia, ma senza volontà di nuocere: *delitto c.*; *illecito c.* CFR. Doloso. || **colposaménte**, avv.

cólsi ● V. *cogliere*.

colt /kolt, *ingl.* khoult/ [dal n. dell'inventore, il colonnello statunitense S. *Colt* (1814-1862); 1951] s. f. inv. ● Tipo di pistola a tamburo rotante.

còlta [da *cogliere*; av. 1277] s. f. *1* (*mar.*; *disus.*) Operazione che consiste nel mettere in assetto cime, vele e sim. *2* (*raro*) Raccolta | (*lett.*) ***Di c., di prima c.***, all'istante, subito | †***Far c.***, colpire esattamente | †***In c.***, insieme. *3* †Colletta. *4* (*raro*) Stagione del raccolto. *5* (*st.*) Nel Medioevo, tributo, imposta.

coltèlla [da *coltello*; 1312] s. f. ● Grosso coltello a lama larga e fissa: *c. da cucina, da caccia, dei marinai, dei macellai*. || **coltellina**, dim. (V.).

coltellaccino [dim. di *coltellaccio*; 1830] s. m. ● (*mar.*) Vela supplementare, simile al coltellaccio, da aggiungersi al velaccio e al velaccino.

coltellàccio [sec. XIV] s. m. *1* Pegg. di *coltello*. *2* Grosso coltello o daga da punta e da taglio con lama corta e larga sempre a filo e costola | Specie di scimitarra | Pugnale. *3* †Roncola. *4* (*mar.*) Leggera vela accessoria più lunga che larga, che si può attrezzare a fianco delle vele quadre o sotto per aumentarne la superficie e pigliare più vento.

coltellàme [1503] s. m. ● Quantità di coltelli di più forme e grandezze.

coltellàta o (*dial.*) **cortellàta**, †**cultellàta** [1305] s. f. *1* Colpo, ferita di coltello: *lo uccisero con una c.* *2* (*fig.*) Impressione che provoca dolore, sofferenza e sim.: *la notizia è stata una c. per tutti*. *3* Muro divisorio costruito con mattoni disposti a coltello, cioè di taglio.

coltellàto [1881] agg. ● Detto di muro di mattoni a coltello.

coltellerìa [1819] s. f. *1* Assortimento, insieme di coltelli. *2* Fabbrica o negozio di coltelli.

coltellièra o †**cultellièra** [1761] s. f. ● Astuccio per coltelli da tavola.

coltellina [1887] s. f. *1* Dim. di *coltella*. *2* Coltella per dissosare la carne, tagliare fettine e sim.

coltellinàio [sec. XV] s. m. (f. *-a*) ● Chi fabbrica o vende coltelli, forbici, lame in genere.

coltellinàta [1951] s. f. ● (*raro*) Colpo di coltellino.

♦**coltèllo** o (*dial.*) **cortèllo**, (*pop.*) †**cultèllo** [lat. *cultĕllu(m)*, dim. di *cŭlter*. V. *coltro*; 1243] s. m. (pl. *coltèlli*, m., †*coltèlla*, f.) *1* Strumento per tagliare, con lama d'acciaio inserita in un manico, dritta o lunata, tagliente da una parte sola, spesso con la punta acuminata: *mettere mano, venire al c.*, *ai coltelli* | ***C. fermo***, a lama fissa | ***C. a serramanico***, in cui la lama si può far rientrare nel manico che fa da custodia | ***C. da tasca***, generalmente a serramanico che, per le sue ridotte dimensioni, può essere portato in tasca | ***C. da tavola***, solitamente con la punta tonda | ***C. a scrocco***, a serramanico, che si apre mediante una molla e in cui la lama viene bloccata in posizione aperta mediante un fermo di sicurezza | ***C. elettrico***, costituito da due lame affiancate a cui un motore elettrico imprime un rapido movimento alternato in sensi opposti | ***C. da lancio***, con lama molto spessa e a doppio tagliente all'estremità | ***C. a petto***, utensile per lavorare il legno costituito da una lama armata e molto affilata e da manici di legno, usato per rifinire doghe di botti e sim. | ***C. disopercolatore***, attrezzo costituito da una specie di cazzuola a bordi taglienti usato dagli apicoltori per togliere gli opercoli dalle celle dei favi prima della smielatura | ***C. a ruota***, utensile usato per tagliare gli ingranaggi nelle dentatrici e costituito da una ruota dentata con denti taglienti | ***C. da innesto***, di vario tipo, per le diverse forme di innesto | ***C. dell'aratro***, coltro | ***C. per scarnare***, a lama tagliente con due impugnature in legno, una volta usato per la scarnatura a mano | ***C. anatomico***, per sezionare cadaveri | ***C. chirurgico, c. operatorio***, bisturi | ***Prendere il c. per la lama***, (*fig.*) fare il proprio danno | ***Avere il c. per il manico***, (*fig.*) essere in posizione di vantaggio | ***Da tagliarsi col c.***, (*fig.*) detto di ciò che è molto denso, fitto, spec. nebbia, oscurità e sim. | ***Lotta a c.***, (*fig.*) accanita, furiosa | ***Notte dei lunghi coltelli***, V. *notte* | †***Servire di coppa e c.***, (*fig.*) servire a puntino | ***A c., in c., per c.***, detto di mattone messo di taglio, e di muro fatto con mattoni posti in tale modo | (*est.*) Legno tagliente nella gramola o maciulla della canapa. *2* †Mannaia. *3* (*fig.*, *lett.*) Dolore profondo, pena intensa: *come che queste parole fossero tutte coltella al cuor di Griselda* (BOCCACCIO) | (*raro*, *lett.*) ***Il c. del dolore***, la violenza crudele di un dolore | †***Il c. della parola***, la sua forza di persuasione su chi ascolta. *4* (*elettr.*) ***C. separatore***, dispositivo a forma di lama usato nei circuiti ad alta tensione come interruttore. *5* Prisma di acciaio attorno al cui asse oscilla il giogo della bilancia. *6* †Penna maestra delle ali degli uccelli. || PROV. Chi di coltello (spada) ferisce di coltello (spada) perisce. || **coltellàccio**, pegg. (V.) | **coltellétto**, dim. | **coltellino**, dim. | **coltellóne**, accr. (V.) | **coltellòtto**, accr. | **coltellùccio**, dim.

coltellóne [1825] s. m. *1* Accr. di *coltello*. *2* Grossa posata, di forma analoga a quella di un coltello, usata per tagliare e servire dolci.

coltivàbile [1614] agg. ● Che si può coltivare.

coltivabilità [1865] s. f. ● Caratteristica di ciò che è coltivabile.

†**coltivaménto** [av. 1363] s. m. ● Coltivazione | (*fig.*) Istruzione: *Gente … priva d'ogni c. di lettere* (BARTOLI).

♦**coltivàre** o †**cultivàre** [lat. mediev. *cultivare*, dal lat. *cŏlere* 'coltivare', di orig. indeur.; 1282] A v. tr. *1* Lavorare il terreno affinché produca piante, frutti: *c. la terra, le piante, i fiori, la vigna, il giardino, l'orto*; *c. un campo a grano, a prato, a orto, a vigna*. *2* Sfruttare un giacimento minerario: *c. a giorno, in sotterraneo* | ***C. a frana***, lasciando che i vuoti sotterranei siano invasi da materiale franato dopo la coltivazione | ***C. a ripiena***, colmando con materiale sterile i vuoti aperti dalla coltivazione | ***C. a rapina***, senza un razionale schema di lavoro. *3* (*fig.*) Esercitare, educare, rendere produttivo: *c. la mente, l'ingegno, gli studi, l'arte, le scienze* | ***C. i vizi***, alimentarli, soddisfarli | ***C. la superstizione, l'ignoranza***, contribuire al loro sviluppo | ***C. un'amicizia***, darsi cura di conservarla | ***C., coltivarsi qlcu.***, curare sistematicamente la sua amicizia, spec. per ottenere dei vantaggi. *4* Nutrire un pensiero, fomentare una passione e sim.: *c. una speranza*; *coltivava sentimenti di vendetta*. *5* (*dir.*) Tenere in vita un procedimento eseguendo tutte le formalità necessarie: *c. un appello*. *6* †Onorare, venerare. B v. rifl. ● (*raro*) Migliorarsi, istruirsi.

coltivàto o †**cultivàto** [sec. XIV] A part. pass. di *coltivare*; anche agg. *1* Nei sign. del v. | (*fig.*, *raro*, *lett.*) Colto, istruito. *2* Non spontaneo: *perle coltivate*. B s. m. ● Luogo a coltura.

♦**coltivatóre** [1282] A agg. (f. *-trice*) ● Che coltiva: *proprietà coltivatrice*. CFR. -coltore. B s. m. *1* (f. *-trice*) Chi coltiva | ***C. diretto***, imprenditore agricolo che impiega, nella coltivazione di un fondo in proprietà sua o d'altri, prevalentemente il lavoro proprio e dei familiari. SIN. Agricoltore, contadino. *2* Attrezzo per smuovere e sminuzzare lo strato superficiale del terreno. ➡ ILL. p. 2114 AGRICOLTURA. *3* (f. *-trice*) (*raro*) Cultore: *c. di memorie domestiche* (PASCOLI).

♦**coltivazióne** [1353] s. f. *1* Attività, lavoro del coltivare: *la c. dei campi*. *2* Coltura di piante erbacee e arboree: *c. di ortaggi, fiori, cereali, vite, ulivo* | (*spec. al pl.*) Terreno coltivato, piante coltivate: *il maltempo ha arrecato danni alle coltivazioni*. CFR. -coltura. *3* Il complesso dei lavori per la utilizzazione dei minerali e delle rocce, in cave e miniere | ***C. degli idrocarburi***, insieme di studi e processi industriali per l'utilizzazione degli idrocarburi del petrolio.

coltìvo [1282] A agg. ● Detto di terreno coltivato e coltivabile. B s. m. ● Terreno coltivato.

♦**cólto** (1) o (*lett.*) **cùlto** (2) [lat. *cŭltu(m)*, part. pass. di *cŏlere* 'coltivare'. V. *-cola*; av. 1294] A agg. *1* (*raro*, *lett.*) Coltivato: *un culto monticel dal manco lato* (ARIOSTO). *2* Che possiede e usa in modo sistematico un complesso organico di cognizioni: *è una donna molto colta* | Che denota cultura: *parola colta* | ***C. pubblico e inclita guarnigione***, antica formula introduttiva del discorso di presentazione di uno spettacolo | (*ellitt.*, *scherz.*) ***Il c. e l'inclita***, tutti, l'insieme degli spettatori, degli ascoltatori e sim. SIN. Istruito. B s. m. *1* †Terreno coltivato: *per li lieti / colti di fecondissime campagne* (TASSO). *2* (f. *-a*) Persona che possiede una buona cultura: *s'usa dire … anche fra i colti, ed anche scrivendo* (LEOPARDI).

†**cólto** (2) ● V. *culto* (*1*).

còlto (3) [av. 1292] part. pass. di *cogliere* ● Nei sign. del v.

-coltóre o (*raro*) **-cultóre** [dal lat. *cultōre(m)* 'coltivatore'] secondo elemento ● In parole composte significa 'coltivatore', o 'allevatore': *agricoltore, viticoltore, apicoltore*.

†**cóltra** ● V. *coltre*.

coltràre [da *coltro*; 1928] v. tr. (*io cóltro*) ● (*tosc.*) Lavorare la terra con il coltro.

coltratùra [1951] s. f. ● (*tosc.*) Tipo di aratura effettuata con il coltro.

cóltre o †**cóltra** [ant. fr. *coltre*, dal lat. *cŭlitra(m)*. V. *coltrice*; sec. XIII] s. f. *1* Coperta da letto, gener. imbottita: *macchinalmente … tirò fin sopra le orecchie le coltri in disordine* (MORAVIA). *2* Drappo nero con cui si usa coprire la bara o il catafalco. *3* (*est.*) Strato di materiale che copre una superficie (*anche fig.*): *una c. di neve, di nebbia*; *costringono i cavalli sotto coltri di stelle* (QUASIMODO). *4* (*geol.*) ***C. di ricoprimento***, falda di ricoprimento. *5* †Portiera nel sign. 2. || †**coltrétta**, dim. | **coltrina**, dim. | †**coltrinétta**, dim. | **coltrino**, dim. m. | **coltróne**, accr. m. (V.).

cóltrice [lat. tardo *cŭlcitra(m)*, di etim. incerta, con metatesi; 1304] s. f. ● (*lett.*) Materasso imbottito di lana o piume | (*est.*, *lett.*) Giaciglio: *sulla deserta c. / accanto a lui posò* (MANZONI).

cóltro o †**cùltro** [lat. *cŭltru(m)*, di orig. indeur.; av. 1603] s. m. *1* Nell'aratro, lama tagliente che sta davanti al vomere, e apre il solco verticalmente | Tipo d'aratro fornito di coltro. ➡ ILL. p. 2113 AGRICOLTURA. *2* (*mar.*) †Tramezzo a prua tra le due gru, nelle antiche navi. || **coltruòlo**, dim.

coltróne [accr. di *coltre*; 1483] s. m. *1* Coperta imbottita e trapuntata. *2* Tendone imbottito sul lato interno delle porte delle chiese e sim. per riparare dal freddo. || **coltronàccio**, pegg. | **coltroncino**, dim. | **coltroncióne**, accr.

coltùra o †**cultùra** [lat. *cultūra(m)*, da *cŏlere* 'coltivare'; sec. XIII] s. f. *1* Coltivazione del terreno agrario: *c. del terreno*; *c. della vite, dell'ulivo*; *c. intensiva, estensiva* | ***Mettere un terreno a c.***, coltivarlo per la prima volta | ***C. promiscua***, di seminativo associato a piante legnose | ***C. specializzata***, di singole colture. *2* Pianta coltivata: *danni alle colture*. *3* (*lett.*) Terreno coltivato. *4* Allevamento: *la c. del baco da seta, delle ostriche, delle api* | Allevamento di microrganismi in vitro a scopo scientifico | ***C. microbica***, procedimento di coltivazione in vitro di batteri o funghi in un terreno artificiale liquido o solido, o di virus su tessuti | ***C. in vitro***, metodo di riproduzione in recipiente di vetro di organismi o parti di un organo. *5* (*raro*, *lett.*) Cura. *6* †Cultura: *Proprio della c. è suscitare nuove idee* (DE SANCTIS).

-coltùra o (*raro*) **-cultùra** [dal lat. *cultūra(m)* 'coltivazione'] secondo elemento ● In parole composte significa 'coltivazione' o 'allevamento': *agricoltura, apicoltura*.

colturàle [1907] agg. ● Relativo a coltura.

colturaménto [da *coltura*; 1964] s. m. ● Complesso di lavori periodici a cui viene sottoposto il terreno agrario per conservarne le caratteristiche o per facilitare alcune colture.

Colùbridi [vc. dotta, comp. di *colubro* e *-idi*; 1931] s. m. pl. (sing. *-e*) ● Nella tassonomia animale, famiglia di Rettili caratterizzati dall'occhio con pupilla rotonda, cui appartengono specie sia velenose sia innocue (*Colubridae*).

colubrina o †**colombina** (5) [provz. *colobrina*, dal lat. *cŏluber* 'serpente', per la forma; 1532] **s. f.** ● Antica bocca da fuoco con forte portata e capacità di penetrazione. ‖ **colubrinétta**, **dim.**

colubrinàta **s. f.** ● Colpo di colubrina.

colùbro o (*raro*) **còlubro** [vc. dotta, lat. *cŏlubru(m)*, di etim. sconosciuta; 1321] **s. m.** *1* (*lett.*) Serpente. *2* ***C. di Esculapio***, grande serpente dei Colubridi, inoffensivo, un tempo allevato nei santuari di Esculapio, dio della medicina (*Elaphe longissima*). **SIN.** Saettone.

♦**colùi** [lat. parl. (*ĕc*)*cu*(*m*) **illūi* 'ecco a lui'; av. 1292] **pron. dimostr.** (**f.** *colèi*; **pl. m.** e **f.** *colóro*) *1* Quello, quegli (con funzione sia di sogg. sia di compl., per lo più seguito dal pron. rel.): *tu se' solo c. da cu' io tolsi / lo bello stilo che m'ha fatto onore* (DANTE *Inf.* I, 86-87) | (*assol.*, *spreg.*) Quel tale: *chi cerca c.?*; *non parlarmi di coloro*; *Un altro della setta, c.! un arruffapopolo* (VERGA). *2* (*lett.*) †Suo, di colui (con valore di compl. di specificazione ed ellissi della prep. 'di', posto tra l'art. e il s.): *per lo c. consiglio* (BOCCACCIO).

colùmbio o **colómbio** [da *Columbia*, n. antico o poet. dell'America (dallo scopritore Cristoforo Colombo); 1931] **s. m.** ● (*chim.*, *raro*) Niobio.

columbite [comp. di *columbi*(*o*) e *-ite* (*2*); 1964] **s. f.** ● (*miner.*) Nome collettivo di un gruppo di niobati contenenti ferro, magnesio o manganese, usati per l'estrazione del niobio.

columèlla [vc. dotta, lat. *columĕlla*(*m*), dim. di *colŭmna* 'colonna'; av. 1639] **s. f.** *1* (*anat.*) Staffa dell'orecchio medio di alcuni Tetrapodi, definita in tal modo per la sua forma cilindrica. *2* (*zool.*) Asse interno della conchiglia dei Molluschi gasteropodi. *3* (*anat.*) Modiolo. *4* (*zool.*) Osso pari del cranio di numerosi Rettili, che dal palato si innalza sino alle ossa parietali.

columnist /*ingl.* 'kɒləmnɪst/ [ingl., 'articolista', da *column* 'colonna (di giornale)'; 1954] **s. m.** e **f.** **inv.** ● Giornalista che cura una rubrica fissa gener. su argomenti di attualità, di lunghezza aggirantesi sulla colonna.

colùro [vc. dotta, lat. tardo *colūru*(*m*), nom. *colūrus*, dal gr. *kólouros* 'senza coda', comp. di *kólos* 'troncato' e *ourá* 'coda', perché i due cerchi erano considerati invisibili nella loro parte australe; av. 1327] **s. m.** ● (*astron.*) Ciascuno dei due meridiani celesti passanti rispettivamente per i punti equinoziali e solstiziali.

colùtea [vc. dotta, lat. *colūtea*, nt. pl., dal gr. *koloutéa*, d'orig. sconosciuta; av. 1577] **s. f.** ● Genere di piante delle Leguminose cui appartengono specie mediterranee e asiatiche (*Colutea*) | ***C. arborescente***, vescicaria.

còlza [fr. *colza*, dall'ol. *koolzaad* 'seme di cavolo', comp. di *kool* 'cavolo' e *zaad* 'seme'; 1770] **s. m.** o **f.** ● Pianta erbacea delle Crocifere con fiori gialli, frutto a siliqua con semi rotondi e nerastri dai quali si estrae un olio usato industrialmente (*Brassica napus arvensis*). ➡ **ILL. piante**/4.

†**com** /kom/ [av. 1250] **avv.** ● Forma tronca di *come*.

com- ● V. *con-*.

còma (**1**) [vc. dotta, gr. *kôma* 'sonno profondo', di etim. incerta; 1750] **s. m.** (**pl.** *-i* o **inv.**) *1* (*med.*) Condizione morbosa comune a più malattie, caratterizzata da perdita della sensibilità mentre sono conservate le attività circolatoria e respiratoria: *c. diabetico*, *uremico*, *cerebrale*; *entrare*, *essere in c.*; *uscire dal c.* | ***C. uno***, ***due***, ***tre***, ***quattro***, a seconda della gravità | ***C. profondo***, condizione caratterizzata da abolizione di tutti i riflessi e da gravi disturbi respiratori e circolatori | ***C. irreversibile***, condizione in cui si esclude una possibilità di recupero della coscienza. *2* (*est*, *scherz.*) Stato di grande stanchezza, di estremo affaticamento | (*est.*) Stato di profonda crisi: *la Borsa è in c.*

còma (**2**) [vc. dotta, lat. *cŏma*(*m*). V. *chioma*; sec. XIII] **s. f.** *1* (*lett.*) †Chioma. *2* (*ottica*) Aberrazione ottica dovuta ai raggi che incidono sulla lente non parallelamente all'asse ottico principale.

†**còma** (**3**) ● V. *comma*.

comacino o **comàcino** [dalla città di *Como*; 1948] **agg.** ● (*lett.*) Comasco | ***Maestri comacini***, gruppi di costruttori e scalpellini attivi nel Medioevo, in varie regioni d'Italia e d'Europa.

†**comàdre** ● V. *comare*.

comànda **s. f.** ● (*sett.*) Ordinazione del cliente in un ristorante.

comandaménto [da *comandare*; av. 1250] **s. m.** (**pl.** *comandaménti*, **m.**; †*comandaménta*, **f.**) *1* †Comando: *Segnor, che ivi adunati / sete venuti al mio c.* (BOIARDO) | †Regola, norma. *2* Precetto positivo o negativo imposto da Dio nella rivelazione e divenuto legge per i fedeli in alcune religioni | Ciascuno dei dieci precetti che Mosè ebbe da Dio sul Sinai.

♦**comandànte** [sec. XIV] **A** **part. pres.** di *comandare*; anche **agg.** ● Nei sign. del v. **CFR.** -arca. **B** **s. m.** e **f.** *1* Chi comanda. *2* (*gener.*) Chi regge un comando militare | ***Sotto c.***, ufficiale immediatamente sottoposto al comandante di batteria, addetto a dirigere l'esecuzione del fuoco presso la linea pezzi | ***C. in capo***, comandante supremo di tutte le unità operanti | ***C. supremo***, chi ha il comando e la responsabilità di tutto l'esercito. *3* Ufficiale superiore di vascello | Capitano d'un piroscafo | ***C. in seconda***, secondo | ***C. di porto***, ufficiale preposto alla capitaneria di porto.

♦**comandàre** [lat. tardo **commandāre*, per il classico *commendāre* 'affidare, consegnare', comp. di *cŭm* 'con' e *mandāre* 'affidare'; av. 1250] **A** **v. intr.** (aus. *avere*) ● Imporre autorevolmente la propria volontà, manifestarla affinché sia eseguita: *gli piace c.*; *Chi comanda in quella casa* (PAVESE) | ***C. a bacchetta***, in modo autoritario, senza ammettere discussioni | ***Come Dio comanda***, (*fam.*) detto di ciò che è fatto con cura, nel modo migliore. **SIN.** Ordinare. **B** **v. tr.** *1* Chiedere con autorità esigendo obbedienza (*anche fig.*): *vi comando il silenzio*; *gli comandarono di partire*; *al cuore non si comanda* | ***Comandi!***, formula di risposta alla chiamata di un superiore o (*ven.*, *fam.*) alla chiamata di qlcu.: *– Signor fratello, – Comandi* (GOLDONI) | ***C. un esercito***, ***una nave e sim.***, reggerne il comando. **SIN.** Ingiungere, intimare, ordinare. **CONTR.** Obbedire. *2* (*dir.*) Imporre ad altri dai doveri da parte di un'autorità costituita legislativa, amministrativa o giurisdizionale: *c. a qlcu. di dare*, *fare*, *non fare qlco.* *3* Chiedere, ordinare (*anche assol.*): *comandò un pranzo completo*; *il signore comanda?* | (*lett.*) Raccomandare, consigliare, prescrivere: *il medico gli ha comandato una cura particolare* | (*lett.*) Esigere, richiedere: *il suo stato di salute comanda prudenza*. *4* (*bur.*) Destinare un impiegato, un funzionario e sim. a un nuovo incarico, spec. diverso dal suo abituale, o in una località diversa da quella dove lavora abitualmente. *5* Determinare e controllare il funzionamento di una macchina o di un meccanismo con organi e dispositivi opportuni: *il pulsante che comanda la messa in moto*; *questa leva comanda l'arresto della macchina*. *6* (*lett.*) Dominare da una posizione elevata (*anche assol.*): *una piccola sommità, che comanda strada e guado* (BACCHELLI).

comandàta [da *comandare*; av. 1306] **s. f.** *1* †Prestazione di un dato servizio imposta dal signore di un feudo o da un comandante di truppe. *2* (*mil.*) In marina, corvè | Turno di guardia in porto su navi militari | ***Prima c.***, dalle 16 alle 24 | ***Seconda c.***, dalle 24 alle 4.

†**comandatàrio** [1951] **s. m.** ● Accomandatario.

comandàto [sec. XIII] **part. pass.** di *comandare*; anche **agg.** *1* Nei sign. del v. *2* ***Feste comandate***, nelle quali la Chiesa prescrive di astenersi dal lavoro e di assistere agli uffici divini. *3* Detto di militare destinato temporaneamente o definitivamente a prestare servizio fuori del corpo di appartenenza: *soldato c. di giornata*. *4* (*bur.*) Detto di impiegato o funzionario assegnato a impiego o ufficio diverso da quello abituale: *professore c. presso il Ministero*.

†**comandatóre** [av. 1292] **s. m.** (**f.** *-trice*) ● Chi comanda | Comandante di eserciti: *la inutilità di molti comandatori in un esercito* (MACHIAVELLI).

†**comandìgia** [ant. fr. *comandise*, da *comander* 'comandare'; 1263] **s. f.** *1* Raccomandazione. *2* Accomandita.

♦**comàndo** (**1**) [da *comandare*; sec. XII] **s. m.** *1* Imposizione autorevole, intimazione che esige obbedienza; le parole con cui si comanda: *un c. brusco*, *secco*, *che non ammette discussioni*; *azione di c.*; *c. di attenti*, *di riposo*; *ubbidire a un c.* | ***Essere***, ***stare al c.***, ***ai comandi***, ***sotto il c. di qlcu.***, essere ai suoi ordini, alle sue dipendenze; essere a sua disposizione | ***Ai suoi***, ***ai nostri comandi!***, come risposta alla richiesta di un superiore o (*region.*, *lett.*) di qlcu. | ***C. giuridico***, impartito dalla legge. **SIN.** Ingiunzione, ordine. *2* Autorità di comandare: *dare*, *prendere il c.*; *avere al proprio c.*; *il Presidente della Repubblica ha il c. delle forze armate*. **SIN.** Autorità, guida, potere. *3* Posizione di testa, primo posto, in gare sportive: *il c. della classifica*, *della gara*; *assumere*, *prendere*, *il c. della corsa*. *4* (*mil.*) Organo che esercita azione direttiva su una data unità o su un complesso d'unità: *c. di corpo d'armata*, *di divisione*, *di reggimento*, *c. supremo* | Insieme del comandante e dei suoi collaboratori nella sede dove hanno i rispettivi uffici e svolgono la propria attività. *5* (*bur.*) Provvedimento con cui gli organi competenti dispongono lo spostamento temporaneo di un impiegato o di un funzionario a un ufficio diverso da quello del suo ruolo o della sua sede. *6* (*mecc.*) Leva, trasmissione meccanica, elettrica, idraulica o pneumatica, che regola il funzionamento di un organo o di un meccanismo: *c. elettrico*, *meccanico*, *a distanza*, *automatico*; *azionare i comandi* | ***Doppio c.***, bicomando | (*est.*) Operazione con cui si determina il funzionamento di tali apparecchi. *7* (*elab.*) Istruzione fornita dall'utente a un elaboratore, gener. mediante tastiera.

comàndo (**2**) ● V. *commando* (*2*).

comàndolo [da *commando* (*2*); 1830] **s. m.** ● (*tess.*) Filo avvolto attorno a un rocchetto del telaio, che si usa per riannodare i fili strappati dall'ordito.

comàre o †**comàdre**, †**comàtre**, (*dial.*) †**commàdre**, (*dial.*) **commàre**, (*dial.*) †**commàtre** [lat. tardo *commātre*(*m*), nom. *commāter*, comp. di *cŭm* 'con' e *māter* 'madre', attrav. i dialetti sett.; sec. XIII] **s. f.** *1* (*region.*) Donna che tiene a battesimo o a cresima un bambino. **SIN.** Madrina, santola. *2* (*region.*) La madre del battezzato o del cresimato rispetto al padrino o alla madrina. *3* (*region.*) Donna che aiuta la sposa nella cerimonia nuziale. *4* (*est.*) Vecchia amica, spec. vicina di casa: *le allegre comari di Windsor* | ***Compare lupo e c. volpe***, designazione di animali personificati, protagonisti di fiabe infantili | (*spreg.*) Donna pettegola e chiacchierona: *pettegolezzi*, *chiacchiere*, *da comari*. *5* (*region.*) Levatrice. *6* (*pop.*, *eufem.*) La morte: *la c. secca*. | La febbre intermittente. ‖ **comarèlla**, **dim.** | **comarìna**, **dim.** | **comaròccia**, **comaròzza**, **dim.** | **comarùccia**, **comarùzza**, **dim.**

comàsco [1540] **A** **agg.** ● Di Como. **B** **s. m.** (**f.** *-a*; **pl. m.** *-schi*) ● Abitante, nativo di Como. **SIN.** (*lett.*) Comacino, comense.

†**comàto** [lat. *comātu*(*m*), da *cŏma* 'chioma' (V.); av. 1348] **agg.** ● (*lett.*) Chiomato.

comatóso [da *coma* (*1*), prob. attrav. il fr. *comateux*; 1676] **agg.** ● (*med.*) Di coma | ***Stato c.***, (*fig.*, *iperb.*) condizione di grande stanchezza; condizione di ciò che è in gravissima crisi | Che è in coma: *malato c.*

†**comàtre** ● V. *comare*.

comàtula [vc. dotta, lat. tardo *comātula*(*m*) 'con chioma abbondante', dim. di *comātus* 'chiomato'; 1887] **s. f.** ● Nella tassonomia animale, genere di Crinoidi dai colori vivaci che, allo stadio giovanile, vivono attaccati ai corpi sommersi grazie a sottili appendici, diventando poi liberi da adulti (*Comatula*).

cómba [lat. *cŭmba*(*m*) 'valle', di orig. gallica; 1931] **s. f.** ● Nell'alpinismo, valle lunga e stretta, circondata da catene montuose.

combaciaménto [av. 1597] **s. m.** ● Il combaciare | Punto dove due corpi combaciano.

combaciàre [comp. di *con-* e *baciare* (*1*); av. 1380] **A** **v. intr.** (*io combàcio*; aus. *avere*) ● Essere congiunto e aderire completamente: *i due fogli combaciano* | (*fig.*) Coincidere: *i nostri punti di vista combaciano*. **B** **v. intr. pron.** ● (*raro*) Congiungersi aderendo completamente: *le assi si combaciano*. **C** **v. tr.** ● †Congiungere bene.

combattènte [av. 1292] **A** **part. pres.** di *combattere*; anche **agg.** ● Nei sign. del v. **B** **s. m.** e **f.** ● Chi combatte o fa parte di truppe che combattono: *un valoroso c.* | ***Ex c.***, reduce | (*fig.*) Chi è animato da spirito combattivo, è aggressivo, e sim.: *quel pugile è un vero c.* **C** **s. m.** *1* Razza di galli da combattimento: *c. inglese*, *malese*. *2* Uccello di palude dei Caradriformi, il cui maschio ha un collare erettile e piume a pennacchio sul capo e lotta coi suoi simili per la conquista della femmina

(*Philomacus pugnax*). SIN. Gambetta. **D** agg.; anche s. m. ● (*arald.*) Attributo di ciascuno di due animali messi di fronte in atto di combattimento.

combattentìsmo [1924] s. m. *1* Tendenza alla guerra, al combattimento. *2* (*st.*) Nel primo dopoguerra, movimento nazionalistico di ex combattenti.

combattentìstico [1931] agg. (pl. m. *-ci*) ● Di combattenti o ex combattenti: *manifestazione, propaganda combattentistica* | Proprio del combattentismo.

♦**combàttere** [lat. parl. **combatt(ŭ)ere*. V. *con e battere*; av. 1292] **A** v. intr. (coniug. come *battere*; aus. *avere*) *1* Prendere parte a uno scontro spec. armato, a una battaglia, a operazioni di guerra: *c. accanitamente, eroicamente, strenuamente, fiaccamente*; *c. alla testa, alla coda dell'esercito*; *c. contro il nemico, contro l'invasore*; *c. per la patria, per la libertà* | **C. contro i mulini a vento**, V. *mulino* | (*fig.*) **C. contro il tempo**, intensificare il ritmo della propria attività per rispettare una scadenza. SIN. Battersi, guerreggiare. *2* (*fig.*) Opporsi attivamente, energicamente, contrastare: *c. contro la furia degli elementi*; *c. contro le difficoltà, la miseria, la fame, la malvagità umana*; *l'appetito concupiscibile combatte con l'animoso* (TASSO). SIN. Lottare. *3* (*fig.*) Lottare sistematicamente e con impegno per il raggiungimento o l'attuazione di qlco.: *c. per le proprie idee, per una giusta causa, per una società nuova*. SIN. Adoperarsi, battersi. *4* (*sport*) Gareggiare, disputare una competizione col massimo impegno. **B** v. tr. *1* Affrontare, attaccare in battaglia, cercare di abbattere, di sconfiggere: *c. l'esercito avversario*; *c. l'invasore*. *2* (*lett.*) Agitare, sconvolgere (*anche fig.*): *che mugghia come fa mar per tempesta, / se da contrari venti è combattuto* (DANTE *Inf.* V, 29-30). *3* (*fig.*) Contrastare, attaccare sistematicamente e con impegno: *c. un'opinione, una tesi*; *c. l'ignoranza, la corruzione, il malcostume* | (*est., sport*) Disputare: *il Napoli ha combattuto una bella partita*. **C** v. rifl. rec. ● Affrontarsi, scontrarsi, battersi: *i due avversari si combatterono a lungo*. **D** v. intr. e intr. pron. ● †Dibattersi: *essendosi combattuto Mino il terzo della notte … la donna s'andò al letto* (SACCHETTI).

♦**combattiménto** [1336 ca.] s. m. *1* Il combattere | Scontro violento (*anche fig.*): *c. improvviso, aspro, decisivo* | (*est., gener.*) Lotta: *cercare il c.*; *soccombere nel c.*; *c. di galli*. CFR. -machia. *2* (*mil.*) Nel quadro di una battaglia, azione limitata nel tempo, nello spazio e nell'entità delle forze contrapposte: *c. offensivo, difensivo, notturno*. *3* (*sport*) Incontro di pugilato, di lotta e sim. | **Mettere fuori c.**, mandare al tappeto l'avversario oltre i dieci secondi regolamentari; (*fig.*) indebolire, fiaccare, privare di ogni velleità | **Vincere per fuori c. tecnico**, quando l'arbitro dichiara che l'avversario non è più in grado di continuare l'incontro per le sue provate condizioni fisiche. *4* (*fig., lett.*) Conflitto interiore: *chi può immaginare i combattimenti di quell'animo …?* (MANZONI). *5* †Accesso di febbre, di malattia.

combattitóre [sec. XII] **A** s. m. (f. *-trice*, raro) ● (*lett.*) Chi combatte (*spec. fig.*): *c. della corruzione, dell'ignoranza, dei pregiudizi*. **B** agg. ● †Pugnace.

combattività [fr. *combativité*, da *combat* 'combattimento', da *combattre* 'combattere'; 1858] s. f. ● Caratteristica di chi (o di ciò che) è combattivo.

combattìvo [fr. *combatif*, da *combat* 'combattimento', da *combattre* 'combattere'; 1918] agg. ● Che è sempre pronto a lottare per le proprie idee, le proprie convinzioni e sim.: *carattere, spirito c.*; *individuo ostinato e c.* | Nello sport, aggressivo, grintoso: *un pugile c.* ‖ **combattivaménte**, avv.

combattùto [av. 1348] part. pass. di *combattere*; anche agg. *1* Nei sign. del v. | Accanito, contrastato: *un derby molto c.* *2* Confuso, tormentato, incerto fra due o più alternative: *nei riguardi di quella persona era c. fra la simpatia e la diffidenza*. *3* (*lett.*) Pieno di contrasti: *sono vecchio ormai … e pur giovine di cuore forse meglio che nol fossi nella combattuta giovinezza* (NIEVO). ‖ **combattutaménte**, avv.

†**combiatàre** e *deriv.* ● V. †*commiatare* e *deriv.*

combinàbile [1789] agg. ● Che si può combinare: *pareri difficilmente combinabili*; *sostanze chimiche combinabili*.

combinabilità [da *combinabile*; 1865] s. f. ● (*chim.*) Attitudine a combinarsi.

♦**combinàre** [vc. dotta, lat. tardo *combināre* 'unire a due a due', comp. di *cŭm* 'con' e *bīni* 'a due a due'; 1631] **A** v. tr. *1* Mettere insieme due o più cose fra loro simili: *c. bene i colori di un vestito* | **Non c. il pranzo con la cena**, condurre vita povera, stentata | (*est.*) Mettere d'accordo, far coincidere: *c. opinioni diverse*. *2* (*chim.*) Unire due o più sostanze fra loro in modo che reagiscano. *3* Organizzare e portare a compimento: *c. un buon affare, una riunione*; *si agita molto ma combina poco*; *lo combiniamo questo matrimonio, signora baronessa?* (VERGA) | **Non c. nulla**, perdere inutilmente il proprio tempo, non concludere ciò che si è intrapreso e sim. | (*assol.*) Accordarsi fissando una data, un appuntamento: *abbiamo combinato per domani sera*. *4* (*fam.*) Fare qlco. di negativo: *c. un guaio, un pasticcio*; *combinarne di tutti i colori*; *ne ha combinata una delle sue*; *questa volta l'hai combinata grossa*. **B** v. intr. (aus. *avere*) ● Corrispondere (*anche fig.*): *questa copia combina perfettamente con l'originale*; *le nostre idee non combinano affatto*. **C** v. intr. pron. *1* (*chim.*) Reagire insieme: *l'idrogeno e l'ossigeno si combinano*. *2* (*fam.*) Mettersi d'accordo: *combinarsi su alcuni particolari*. *3* (*fam.*) Venirsi a trovare in una data situazione: *si è combinato bene, male* | (*fam.*) Conciarsi, essere vestito male, essere malridotto: *come ti sei combinato?*

combinàta [f. sost. di *combinato*; 1942] s. f. ● (*sport*) Competizione che comprende l'accoppiamento di più prove o discipline | **C. alpina**, con gara di discesa libera e slalom speciale | Nello sci di fondo, competizione che comprende una prova disputata a tecnica classica e una a tecnica libera | **C. nordica**, con gare di fondo e di salto con gli sci | Nello sci acquatico, competizione che comprende le tre gare di figure, di salto e di slalom.

combinàtio /lat. kombi'natsìsjo/ [vc. lat. *combinātio* (V. *combinazione* (*1*))] s. f. inv. (pl. lat. *combinationes*) ● In filologia, confronto tra due o più varianti corrotte al fine di ricostruire un luogo dell'archetipo.

combinàto [1308] part. pass. di *combinare*; anche agg. *1* Nei sign. del v. | **Matrimonio c.**, organizzato dalle famiglie degli sposi | **C. disposto, disposto c.**, V. *disposto*. *2* Nella loc. **essere c. bene, male**, trovarsi in una situazione favorevole o, al contrario, negativa o difficoltosa. *3* Detto di incontro sportivo il cui risultato è stato illecitamente concordato in anticipo. *4* Detto di organizzazioni o attività militari interessanti due o più forze armate di due o più nazioni: *comando c.*; *operazioni combinate*. ‖ **combinataménte**, avv.

combinatóre [1745] **A** agg. ● Che combina: *disco c.* **B** s. m. *1* (f. *-trice*) Chi combina. *2* Apparecchio per mezzo del quale possono essere effettuati collegamenti di varie specie nel circuito di trazione di locomotive elettriche, tram e sim.: *c. di marcia*.

combinatòria [da *combinatorio*; 1928] s. f. ● (*raro*) Combinazione: *la c. degli interessi individuali o regionali o di gruppi* (CROCE).

combinatòrio [1939] agg. *1* Fondato sulla combinazione di vari elementi | (*mat.*) **Calcolo c.**, parte del calcolo che studia i possibili modi di combinazione di un insieme di enti. *2* (*ling.*) Di variante fonematica condizionata dalla vicinanza di altri suoni.

combinazióne (*1*) [vc. dotta, lat. tardo *combinatiōne(m)*, da *combināre* 'combinare'; 1308] s. f. *1* Il combinare | Accostamento, unione di cose diverse: *le più strane combinazioni di colori*. *2* Serie di numeri che, composta nel giusto ordine, comanda l'apertura di una serratura di sicurezza o di una cassaforte | *3* (*chim.*) Reazione, sintesi. *4* (*ling.*) Fenomeno per cui due suoni vicini si adattano reciprocamente | L'insieme dei vari elementi linguistici che formano un enunciato, un sintagma e sim. *5* (*mat.*) Nel calcolo combinatorio, numero dei raggruppamenti non ordinati che si possono formare con gli elementi di un insieme | **C. semplice**, quando in nessun raggruppamento lo stesso elemento può essere ripetuto | **C. con ripetizione**, quando uno stesso elemento può essere ripetuto più volte | **C. lineare**, funzione ottenuta da più funzioni moltiplicando ciascuna di esse per un numero e sommando. *6* Caso fortuito, incontro straordinario di fatti e di circostanze: *si incontrarono per c.*; *ma guarda che c.!* SIN. Accidente. *7* In filologia, combinatio. *8* (*miner.*) Tratto (*2*).

combinazióne (*2*) [dal precedente, ma attrav. il fr. *combinaison*, dall'anglo-amer. *combination*; 1918] s. f. *1* (*disus.*) Sottoveste femminile che ha sostituito i due capi, copribusto e gonna, in uso sino alla fine dell'Ottocento. *2* Tuta con chiusura lampo, indossata da aviatori e operai: *c. di volo* | **C. spaziale**, tuta indossata dagli astronauti.

combine /fr. kõ'bin/ [vc. fr., abbr. di *combinaison* 'combinazione', dal lat. tardo *combinātus* 'combinato'; 1930] s. f. inv. ● Accordo illecito con il quale viene stabilito in anticipo il risultato di un incontro sportivo | (*est.*) Accordo segreto, intrigo.

combìno [da *combinare*; 1965] s. m. ● (*fam., raro*) Accordo segreto, spec. relativo a un rapporto o a un incontro amoroso.

cómbo [ingl., da *comb(ination)* 'combinazione'; 1988] s. m. inv. *1* Tecnica giornalistica consistente nel riunire due o più singole fotografie di persone in una sola. *2* Complessino jazz. *3* (*elab.*) Nei programmi applicativi, componente di una finestra di dialogo che combina un elenco di scelte predefinite e una casella di testo nella quale l'utente può indicarne altre.

comboniàno agg.; anche s. m. ● Appartenente alla congregazione dei missionari comboniani del Sacro Cuore di Gesù, fondata dal beato D. Comboni (1831-1881).

combrìccola [da avvicinare a *briccone* (?); av. 1484] s. f. *1* Gruppo, compagnia di persone che si riuniscono per compiere azioni equivoche, illecite: *una c. di giovinastri, di ladri* | (*est.*) Cricca, congrega: *una c. di affaristi*; *la muffa dei piccoli cerchi, i pettegolezzi delle combriccole* (CARDUCCI). *2* (*fam.*) Gruppo di amici, spec. allegri e buontemponi. SIN. Banda, ghenga.

comburènte [vc. dotta, lat. *comburĕnte(m)*, part. pres. di *combūrere* 'comburere'; av. 1535] **A** s. m. ● (*chim.*) Sostanza che permette o mantiene la combustione. **B** anche agg.: *sostanza c.*

comburènza [1887] s. f. ● (*chim.*) Attitudine di un corpo a favorire o a mantenere la combustione.

combùrere [vc. dotta, lat. *combūrere* 'bruciare', da *ūrere* 'bruciare'; 1313] v. tr. (difett.: usato solo nella prima e terza persona sing. dell'indic. pres. *combùro, combùre* e del pass. rem. *combùssi, combùsse*, nei part. pres. *comburènte* e pass. *combùsto*) ● (*lett.*) Bruciare, ardere (*anche fig.*): *venne di Troia, / poi che 'l superbo Ilïón fu combusto* (DANTE *Inf.* I, 74-75).

combursvoro [comp. di *comburere* e *-voro*; 1983] agg. ● (*chim.*) **Potere c.**, la quantità di ossigeno richiesta teoricamente per la combustione completa dell'unità di massa di combustibile.

combustìbile [dal lat. *combūstus* (V. *combusto*), prob. attrav. il fr. *combustible*; av. 1537] **A** s. m. ● Sostanza che, in presenza di un comburente, può bruciare con sviluppo di calore e, spesso, di fiamme: *combustibili liquidi, solidi, gassosi* | (*nucl.*) **C. nucleare**, isotopo capace di reagire con neutroni e subire una reazione di fissione entro un reattore nucleare producendo energia termica; materiale contenente isotopi fissili e/o isotopi fertili. **B** anche agg.: *sostanza c.*

combustibilità [da *combustibile*; 1795] s. f. ● Attitudine di un corpo a bruciare.

combustióne [vc. dotta, lat. tardo *combustiōne(m)*, da *combūstus* 'combusto'; 1336 ca.] s. f. *1* Reazione chimica tra un combustibile e un comburente spesso accompagnata da sviluppo di calore e di luce | **C. viva**, in cui si verificano fenomeni termici o luminosi | **C. lenta**, in cui non si verificano fenomeni termici o luminosi | **C. spontanea**, sotto l'azione del calore fornito dai raggi solari | CFR. piro-. *2* (*raro, lett.*) Il bruciare | Incendio. *3* (*fig.*) †Agitazione, fermento | †**Mettere in c.**, mettere in agitazione.

†**combustìvo** agg. ● Che ha virtù di bruciare: *sostanza combustiva*.

combùsto [1282] part. pass. di *comburere*; anche agg. *1* Nei sign. del v. | (*lett.*) Bruciato | (*lett.*) Riarso, torrido. *2* **Gas combusti**, prodotti da combustione.

combustóre [dal lat. *combūstus* 'combusto'; 1964] s. m. ● (*aer.*) Vano dove avviene la combustione negli endoreattori | Complesso contenente il vano o i vani dove avviene la combustione nei turbomotori.

combùtta [da avvicinare a *buttare* (?); 1698] s. f. ● Gruppo, compagnia di persone aventi gli stessi scopi, spec. equivoci o illeciti: *una c. d'imbroglioni; fare c. con qlcu.; essere, mettersi, entrare in c. con qlcu.* SIN. Combriccola, cricca, ganga.

♦**cóme** /'kome* *nei sign. A e B*, 'kome *nel sign. C*/ o †**cómo** (**2**) [lat. *quōmodo et* 'in quel modo anche'; sec. XII] **A** avv. (davanti a vocale si elide in *com'*, †*com*, †*con'*, †*con* forme tronche usate anche davanti a consonante) **1** Alla maniera di, nel modo che (in una comparazione esprime somiglianza o identità): *coraggioso c. un leone; un uomo buono c. il pane; cammina c. un ubriaco; mi ha trattato c. un cane; com ferro che bogliente esce dal fuoco* (DANTE *Par.* I, 60) | Con i pronomi pers. usati nella forma tonica: *c. lui, c. lei; c. me; c. te; c. loro* | (*enfat.*) ***Io c. io***, per conto mio, per ciò che mi riguarda; *ora c. ora*, in questo preciso momento; *oggi c. oggi*, proprio attualmente | ***C. è vero Dio***, per rafforzare un'affermazione e sim. | ***C. Dio vuole***, alla meglio | Esprime uguaglianza in correl. con 'così', 'tale', 'tanto': *così nel bene c. nel male; tanto nella buona c. nella cattiva sorte; così voi c. noi* | ***È c.***, è lo stesso che: *è c. parlare al muro; è c. voler cavare un ragno da un buco*, riferendosi a cose impossibili | Quasi: *c. essere* | ***C.*** (***a***) ***dire***, cioè. **2** In quale modo (in prop. interr. dirette o indirette): *c. stai?; c. vai?; non so proprio c. fare* | Con valore raff. con 'mai': *c. avrà mai fatto a saperlo?; c. potrò mai dirglielo?* | ***Com'è che ...?***, per quale ragione? | ***C. sarebbe a dire?; c. avete detto?***, sollecitando qlcu. a dare una spiegazione o a ripetere qlco. | ***C. mai?***, perché? | ***Ma c.?!; c. si permette?!***, per esprimere sdegno o meraviglia | ***Com'è, c. non è***, all'improvviso | ***C. no?***, certamente | ***C. dire?***, frase incidentale che esprime un'incertezza o una cautela: *la trovo simpatica ma, come dire?, piuttosto insistente* | Il modo in cui (in prop. enunciative): *ecco c. è successo; attento a c. parli.* **3** In qualità di (introducendo un'apposizione o un compl. predicativo): *c. ministro; c. sindaco; ti parlo c. amico; è stato scelto c. rappresentante della sua città alle solenni celebrazioni.* **4** Quanto (in prop. interr. ed escl.): *c. è bello!; c. sei cresciuto!; c. sei buono!* | ***E c.!***, eccome! **5** (*fam.*) Per esempio: *mi piacciono i colori tenui, c. il rosa e il celeste.* **B** cong. **1** Che, in quale modo (introduce una prop. dichiarativa con il v. all'indic., al congv. o al condiz.): *mi stupì di vedere c. lei gli ubbidisse; ti ho raccontato c. la conobbi; vedo bene c. lo avete rovinato* | ***C. qualmente***, (*fam.*) come e in che modo: *mi ha detto c. qualmente se n'è andato* | Quanto: *tu sai c. sia permaloso.* **2** Introduce una prop. comparativa (spesso in correl. con 'così' e 'tanto'): *facemmo così c. avevamo già deciso; non è poi tanto bravo c. credevo; studia c. ha sempre fatto* | ***Di c.***, di quello che: *è molto meglio di c. mi aspettavo; è peggio di c. tu possa immaginare.* **3** Appena che, quando (introduce una prop. temp. con il v. all'indic.): *c. seppi che sarebbe venuto, incominciai i preparativi; c. venne la primavera, riprese ad uscire* | A mano a mano: *c. giungevano, venivano subito sistemati* | ***C. Dio volle***, finalmente. **4** Quasi, quasi che (introduce una prop. modale con il v. al congv.): *si comportavano con lei c. fosse una loro schiava; fai c. se fossi a casa tua* | ***C. non detto***, per ritirare una proposta o sim. che non ha incontrato il favore dell'interlocutore. **5** Introduce una prop. incidentale: *c. tu puoi constatare, sono proprio ridotti male; l'ho visto, c. tu sai, proprio quella sera.* **6** (*lett.*) Poiché, siccome (introduce una prop. causale con il v. all'indic.): *com'era di luglio, e faceva un gran caldo, si tolse anche il vestito, aspettando* (VERGA). **C** in funzione di s. m. inv. ● Il modo, la maniera, il mezzo: *il c. e il perché di qlco.; il c. e il quando; vorrei aiutarlo ma non trovo il c.* | ***Il che e il c.***, tutti i particolari, le ragioni | ***Spiegare il perché e il*** (***per***) ***c.***, (*fam.*) spiegare tutto dettagliatamente.

†**comecché** o †**cóme che** [av. 1294] cong. **1** (*lett.*) Benché, quantunque, sebbene (introduce una prop. concess. con il v. al congv.): *come che fosse crudele* (SACCHETTI). **2** Comunque, in qualunque modo (con valore rel. e il v. al congv.): *come che stia la cosa; come che suoni la sconcia novella* (DANTE *Inf.* XVIII, 57). **3** Dovunque, da qualsiasi parte (con valore rel. e il v. al congv.): *novi tormenti e novi tormentati / mi veggio intorno, come ch'io mi mova* (DANTE *Inf.* VI, 4-5).

comecchessia o **cóme che sia**, (*raro*) **comechessia** [1525] **A** avv. ● (*raro*) Comunque sia, in qualsiasi modo. **B** in funzione di agg. inv. ● (*raro*) Qualsiasi, purchessia.

†**cóme che** /komek'ke*, 'komekke*/ ● V. †*comecché*.

cóme che sìa /komekkes'sia/ ● V. *comecchessia*.

comechessia ● V. *comecchessia*.

†**comèdia** o †**comedìa** ● V. *commedia*.

comedian /ingl. kə'mi:diən/ [vc. ingl., da *comedy* 'commedia'; 1966] s. m. e f. inv. ● Attore comico, spec. di rivista o di varietà.

comedóne [fr. *comédon*, dal lat. *comedōne(m)*, da *comĕdere* 'mangiare'; av. 1730] s. m. ● (*med.*) Rilievo puntiforme nerastro che si forma sulla cute, spec. del viso, a causa dell'ostruzione dell'orifizio di una ghiandola sebacea.

cóme eravàmo [dal titolo del film americano, così tradotto, *The Way We Were* (1973) di S. Pollack, ripreso, a partire dal 1975, da diversi libri, specie illustrati, che tendono a rappresentare il mondo di ieri; 1987] loc. sost. m. inv. ● Rievocazione, più o meno nostalgica, di situazioni collettive appartenenti al passato.

comènse agg.; anche s. m. e f. ● (*lett.*) Comasco.

†**coménto** (**1**) e *deriv.* ● V. *commento* (*1*) e *deriv.*

coménto (**2**) o **comménto** (**2**) [lat. *convĕntu(m)* 'commessura'. V. *convento*; 1889] s. m. ● (*mar.*) Ognuno degli interstizi fra le tavole degli scafi in legno, resi stagni col calafataggio.

†**comenzàre** e *deriv.* ● V. *cominciare* e *deriv.*

†**cómere** [vc. dotta, lat. *cōmere* 'riunire, pettinare, adornare', comp. di *cŭm* 'con' e *ĕmere* 'prendere'; av. 1374] v. tr. (difett. usato solo nella prima e terza pers. sing. del pres. indic. *còmo, còme* poet.) ● (*lett.*) Adornare, abbellire: *ben m'affaticherei con tutta quella / arte che tanto il parlar orna e come* (ARIOSTO).

comèta (o -è-) [vc. dotta, lat. *comēte(m)*, nom. *comētes*, dal gr. *komḗtēs* 'chiomato', da *kómē* 'chioma'; 1321] s. f. **1** (*astron.*) Corpo del sistema solare che descrive orbite ellittiche di grande eccentricità, e attorno al quale, in vicinanza del Sole, si forma una vasta atmosfera fluorescente spesso prolungata in una o più code in direzione opposta al Sole. **2** (*lett., fig.*) Avvenimento sconvolgente, che si compie in breve tempo: *senza contar poi la coda di questa per me fatale e ad un tempo fausta c.* (ALFIERI). **3** (*region.*) Aquilone, cervo volante. || **cometàccia**, pegg.

cometàrio [1619] agg. ● (*astron.*) Attinente alle comete.

comfort /'kɔmfort, *ingl.* 'kʰʌmfəɹt/ o **confòrt** [vc. ingl., dal fr. *confort* 'conforto'; 1819] s. m. inv. ● L'insieme delle comodità che rendono confortevole un'abitazione, un mezzo di trasporto e sim.: *l'albergo dispone di tutti i comfort.*

†**comiatàre** e *deriv.* ● V. †*commiatare* e *deriv.*

comic /ingl. 'kʰɒmɪk/ [vc. ingl., accorc. di *comic strip* 'striscia comica'; 1956] s. m. inv. (pl. ingl. *comics*) ● Racconto a fumetti.

còmica [vc. dotta, gr. *kōmikḗ* (sottinteso *téchnē*) 'arte dei comici'. V. *comico*; 1688] s. f. **1** †L'arte di recitare o scrivere commedie. **2** Breve film di carattere comico o farsesco tipico del cinema muto: *le comiche di Charlot.* **3** (*fig.*) Situazione, scena e sim., farsesca e ridicola: *quella riunione è stata proprio una c.*

comicità [1889] s. f. ● Caratteristica di chi (o di ciò che) è comico.

comicizzàre [da *comico*; 1941] v. tr. ● Rendere comico: *c. una situazione.*

còmico [vc. dotta, lat. *cōmicu(m)*, nom. *cōmicus*, dal gr. *kōmikós*. V. *commedia*; 1321] **A** agg. (pl. m. *-ci*) **1** Che è proprio della commedia: *genere c.; attore, scrittore c.* | ***Stile c.***, secondo la poetica medievale, quello che è medio tra la tragedia e l'elegia. **2** Che provoca divertimento, ilarità: *situazione, scena comica; personaggio, tipo c.; film c.* SIN. Buffo, ridicolo. || **comicaménte**, avv. In modo comico: *gestire, parlare comicamente.* **B** s. m. **1** (f. *-a*) Attore interprete di ruoli della commedia | (*est.*) Interprete di parti comiche nel teatro, cinema e televisione | †Attore, spec. nel modo rinascimentale e barocco. **2** (*raro*) Scrittore di commedie. **3** (*solo sing.*) Comicità: *avere il gusto del c.* | Il genere della commedia.

comignolo [lat. parl. *culmĭneu(m), da *cŭlmen* 'sommità, comignolo'. V. *culmine*; sec. XIV] s. m. **1** Parte della canna fumaria che sporge dallo spiovente del tetto. SIN. Fumaiolo. **2** Linea più alta del tetto, spiovente da due o più parti | La trave che regge la spina del tetto | Embrice che copre la linea più alta del tetto.

cominciaménto [av. 1250] s. m. ● (*lett.*) Inizio, principio: *ogni cosa vuol c.*

♦**cominciàre** o †**comenzàre** [lat. parl. *comintiāre, comp. di *cŭm* 'con' e *initiare* 'iniziare'; 1294] **A** v. tr. (*io comìncio*) (q.c; + *a* seguito da inf.) ● Dare principio, iniziare, incominciare: *c. un lavoro, una lettera, una ricerca; c. a parlare, a scrivere; cominciò a irritarmi.* SIN. Intraprendere, principiare. **B** v. intr. (aus. *essere*; aus. *essere* o anche *avere* quando è usato con valore impers.) (assol.; + *con*, + *da*; + *a* seguito da inf.) ● Avere inizio: *la vicenda cominciò così; il libro comincia con una descrizione del paesaggio; una dieta sana comincia da una buona colazione; la conferenza comincia alle quattro; comincia a far buio, a far caldo; ha* (o *è*) *cominciato a piovere;* (*antifr.*) *cominciamo bene!* | (*lett.*) Prendere a dire: *egli allora cominciò così* | †(***Qui***) ***comincia***, formula ricorrente all'inizio di antiche opere letterarie o di parte di esse, poi usata in tono scherz.: *comincia il libro chiamato Decameron* (BOCCACCIO); *comincia il prologo, il primo libro; qui comincia l'avventura del Signor Bonaventura.* SIN. Iniziare, principiare. CONTR. Terminare. **C** in funzione di s. m. solo sing. ● (*raro, lett.*) Principio, inizio: *fino al c. del presente secolo* (NIEVO). || PROV. Chi ben comincia è alla metà dell'opera.

†**cominciàta** o †**comenzàta** [f. sost. di *cominciato*; av. 1277] s. f. ● Principio.

cominciàto o †**comenzàto** [sec. XIII] **A** part. pass. di *cominciare*; anche agg. ● Nei sign. del v. **B** s. m. ● †Principio.

cominciatóre o †**comenzatóre** [da *cominciato*; sec. XIII] s. m.; anche agg. (f. *-trice*) ● (*raro, lett.*) Chi (o Che) comincia | Fondatore.

cominciatùra [da *cominciato*; 1887] s. f. ● Inizio di radezza in un tessuto.

comincio [da *cominciare*; 1294] s. m. (pl. *-ci*) ● (*lett.* o *region.*) Principio, inizio: *al c. della Via del Seminario* (PASOLINI).

cominèlla [da *comin(o)*; 1986] s. f. ● (*bot.*) Pianta erbacea annuale delle Ranuncolacee, coltivata nelle regioni tropicali dell'Africa e dell'India per i semi aromatici usati nella preparazione del curry (*Nigella sativa*). SIN. Cumino nero.

cominformista [da *Cominform*, ufficio di informazione dei partiti comunisti europei sciolto nel 1956; 1956] **A** s. m. e f. (pl. m. *-i*) ● Membro del Cominform. **B** agg. (pl. m. *-i*) ● Cominformistico.

cominformìstico [1947] agg. (pl. m. *-ci*) ● Relativo al Cominform o ai cominformisti.

coming out /'kamin(g) aut, *ingl.* 'kʰʌmɪŋ 'aʊt/ [loc. ingl., propr. 'uscita (allo scoperto)'; 1994] s. m. inv. (pl. ingl. inv.) ● Dichiarazione pubblica volontaria della propria omosessualità. CFR. Outing.

cominiàno [dal n. del tipografo e libraio padovano G. *Comino* (sec. XVIII); 1766] agg. ● Detto di stampa o edizione di Giuseppe Comino, particolarmente stimata per veste tipografica e rigore filologico.

comino ● V. *cumino*.

-cómio [dal gr. *komêin* 'curare'] secondo elemento ● In parole composte, significa 'ospedale', 'casa di cura', 'ospizio': *manicomio, nosocomio.*

comitàle [lat. mediev. *comitāle(m)*, da *cŏmes*, genit. *cŏmitis*. V. *conte*; 1846] agg. ● Di conte: *feudo, corona c.* | Che si riferisce a conte: *stemma c.*

comitativo [ingl. *comitative*, dal lat. *comitātus* 'compagnia' (V. *comitato* (*2*)); 1983] **A** agg. ● (*ling.*) Relativo al complemento di compagnia | ***Caso c.***, caso che esprime l'accompagnamento, realizzato spesso con un sintagma preposizionale. **B** s. m. ● (*ling.*) Caso comitativo.

comitàto (**1**) [fr. *comité*, a sua volta dall'ingl. *committee*, dal lat. *committere* 'affidare'; 1749] s. m. ● Gruppo ristretto di persone organizzato per realizzare finalità comuni: *c. autonomo, elettivo, promotore; c. direttivo, paritetico; c. interministeriale; c. di salute pubblica; C. di Liberazione Nazionale; c. sportivo* | (*dir.*) ***C. dei creditori***, nel fallimento, organo con finalità di controllo nell'interesse di tutti i creditori del fallito | ***C. centrale***, organo deliberante di alcuni partiti politici responsabile dell'attuazione della linea politica stabilita dal congresso | (*spreg.*) ***C. d'affari***, organismo o gruppo che conclude affari vantaggiosi per i suoi membri. || **comitatino**, **dim.** | **comitatóne**, **accr.**

comitàto (2) [vc. dotta, lat. *comitātu(m)*, da *cŏmes*, genit. *cŏmitis*. V. *conte*; av. 1306] **s. m.** *1* †Compagnia, accompagnamento, seguito. *2* (*st.*) Feudo, territorio sotto la giurisdizione di un conte. *3* (*st.*) Privilegio che dava diritto alla riscossione dei tributi: *Alcuni vescovi ed abbati … avevano ottenuto il C. delle città* (MURATORI).

comitiva [vc. dotta, lat. tardo *comitīvu(m)*, agg. di *cŏmes*, genit. *cŏmitis* 'compagno'. V. *conte*; 1342] **s. f.** ● Gruppo di persone che si riuniscono per una festa, una gita, un viaggio e sim.: *una c. di turisti*; *la c. partì per un'escursione*; *stare, entrare in c.* **SIN.** Compagnia.

còmito [lat. *cŏmite(m)*. V. *conte*; av. 1348] **s. m.** ● Nell'antica marineria, soprintendente della ciurma e delle vele e direttore di stiva. **SIN.** Nostromo.

comiziàle (1) [vc. dotta, lat. *comitiāle(m)*, da *comĭtium* 'comizio'; sec. XIV] **agg.** ● (*lett.*) Di comizio, dei comizi: *giorni comiziali* | Da comizio: *eloquenza c.*

comiziàle (2) [detto così perché l'eventuale entrata in convulsioni epilettiche di un partecipante a un comizio era ritenuta di malaugurio e provocava lo scioglimento dell'adunanza] **agg.** ● Epilettico: *crisi c.* | ***Male, morbo c.***, epilessia.

comiziànte [da *comizio*; 1934] **s. m. e f.** *1* (*raro*) Chi pronuncia un discorso a un comizio | (*spreg.*) Oratore demagogico. *2* (*raro*) Chi partecipa a un comizio.

comiziàre [denom. di *comizio*; 1956] **v. intr.** (*io comìzio*; aus. *avere*) ● (*raro*) Tenere un comizio | (*est.*) Parlare con toni enfatici.

comìzio [vc. dotta, lat. *comĭtiu(m)*, comp. di *cŭm* 'insieme' e *īre* 'andare'; sec. XIV] **s. m.** *1* Nella Roma antica, assemblea popolare convocata dai supremi magistrati: *c. curiato, centuriato, tributo.* *2* Riunione pubblica, tenuta spec. all'aperto, durante la quale uno o più oratori espongono i programmi del proprio partito, sindacato e sim.: *indire un c.*; *partecipare a un c.*; *c. non autorizzato* | ***C. elettorale***, tenuto dai candidati alle elezioni politiche o amministrative | (*est.*, *spreg.*) Discorso propagandistico, demagogico: *ha trasformato il suo intervento alla cerimonia in un c.*

còmma o †**còma** (3) [vc. dotta, lat. *cŏmma*, dal gr. *kómma*, da *kóptō* 'io taglio'; av. 1604] **s. m.** (**pl.** *-i*, evit. *-a*) *1* (*dir.*) Ognuna delle parti di cui è composto un articolo di legge: talvolta è numerato ed è sempre contraddistinto da un a capo. *2* Parte di verso o di periodo | Capoverso. *3* (*mus.*) Piccolissimo intervallo in eccesso che si ottiene nella sovrapposizione pitagorica di dodici quinte naturali. *4* Nell'antica interpunzione, segno di pausa minima, equivalente pressappoco alla moderna virgola.

†**commàdre** ● V. *comare.*

commàndo (1) /kom'mando, *ingl.* kə'mæ:ndoʊ/ [vc. ingl., dal port. *commando* 'comando (1)'; 1900] **s. m. inv.** (**pl. ingl.** *commandos* o *commandoes*) *1* Reparto di pochi soldati incaricato di missioni speciali o pericolose in operazioni combinate per colpire obiettivi nemici con ardite incursioni di sorpresa. *2* (*est.*) Gruppo armato, composto di poche persone, che compie rapide azioni criminose, spec. terroristiche.

commàndo (2) o **comàndo** (2) [fr. *commande*, da *commander* 'comandare'; 1830] **s. m.** ● (*mar.*) Funicella catramata per fasciare cordami o per legature provvisorie.

commàre ● V. *comare.*

†**commàtre** ● V. *comare.*

♦**commèdia** o †**comèdia**, †**commedìa** †**comedìa** [vc. dotta, lat. *comoedia(m)*, nom. *comoedia*, dal gr. *kōmōidía*, di etim. incerta; 1308] **s. f.** *1* Composizione destinata alla rappresentazione scenica, di origine classica, in versi o in prosa, divisa in atti e in scene, che ritrae personaggi e fatti comuni, con svolgimento e finale solitamente lieti | ***C. togata***, commedia latina di ambiente romano popolare, contadinesco | ***C. palliata***, in latino, ma di tipo e su modello greco | ***C. dell'arte***, ***a soggetto***, ***di canovaccio***, sorta in Italia nella seconda metà del sec. XVI, con maschere e tipi fissi | ***C. di carattere***, che si propone la rappresentazione di un carattere e difetto umano | ***C. d'intreccio***, che ricerca l'effetto con la complicazione dell'azione scenica e psicologica | ***C. a tesi***, che si propone la dimostrazione di una tesi morale o sociale | ***C. lacrimosa***, spec. nel Settecento, commedia di contenuto patetico e commovente | ***C. musicale***, spettacolo brillante, misto di recitazione, canto e danza. **SIN.** Musical | ***C. all'italiana***, genere cinematografico brillante sorto negli anni 1950-60, animato anche da intenti satirici e critici. *2* (*est.*, *scherz.*) Finzione: *fare, recitare la c.* | (*est.*, *scherz.*) Situazione ridicola, buffonata: *quella cerimonia d'inaugurazione è stata una c.* | ***Personaggio da c.***, (*fig.*) persona buffa o bizzarra. *3* Opera poetica medievale di stile intermedio tra il tragico e l'elegiaco: *la Commedia di Dante.* || **commediàccia**, **pegg.** | **commediétta**, **dim.** | **commedina**, **dim.** | **commediòla**, **commediuòla**, **dim.** | **commedióna**, **accr.** | **commedióne**, **accr. m.** | **commediùccia**, **dim.**

commediànte [1585] **s. m. e f.** *1* Attore, attrice di commedie o di drammi (*spec. spreg.*). *2* (*fig.*) Persona ipocrita e simulatrice.

†**commediàre** [da *commedia*; 1728] **A v. tr.** ● Mettere in commedia. **B v. intr.** ● Fare commedie.

commediògrafo [vc. dotta, lat. *comoediŏgraphu(m)*, nom. *comoediŏgraphus*, dal gr. *kōmōidiográphos*, comp. di *kōmōidía* 'commedia' e *gráphō* 'io scrivo'; 1631] **s. m.** (**f.** *-a*) ● Scrittore di commedie.

comme il faut /*fr.* kɔmil'fo/ [loc. propr. fr. 'come si deve' (dal v. *falloir*); 1989] **A loc. agg. inv.** *1* Che rispetta le regole o le convenzioni sociali: *una ragazza comme il faut.* *2* Appropriato, corretto: *un abito comme il faut.* **B loc. avv.** ● Secondo le regole, come si deve, come si conviene.

Commelinàcee [vc. dotta, comp. del n. del genere *Commelina* (da K. *Commelyn* (1629-1692), botanico olandese) e di *-acee*; 1982] **s. f. pl.** (**sing.** *-a*) ● Nella tassonomia vegetale, famiglia di piante erbacee con fiori di colore bianco o azzurro in infiorescenze cimose (*Commelinaceae*). ➡ **ILL. piante**/10.

commemoràbile [vc. dotta, lat. *commemorābile(m)*, da *commemorāre* 'commemorare'; 1657] **agg.** ● Degno di commemorazione.

commemoràre [vc. dotta, lat. *commemorāre*, comp. di *cŭm* 'con' e *memorāre* 'memorare'; 1308] **v. tr.** (*io commèmoro*) ● Ricordare in pubblico e con solennità qlcu. o qlco.: *c. i caduti delle due guerre, l'anniversario della Liberazione, della Repubblica.*

commemorativo [1340] **agg.** ● Fatto per commemorare qlco. o qlcu.: *cerimonia commemorativa*; *medaglia commemorativa*; *francobollo c.*

commemorazióne [vc. dotta, lat. *commemoratiōne(m)*, da *commemorāre* 'commemorare'; sec. XIV] **s. f.** *1* Il commemorare | Cerimonia, con cui si commemora qlcu. o qlco.: *la c. di un illustre scomparso, di un anniversario.* *2* (*raro*) Discorso commemorativo: *tenere, fare una c.* *3* Orazione della Messa e dell'ufficio in onore di un santo o della Vergine.

commènda (1) [da *commendare*; av. 1498] **s. f.** *1* Donazione dell'uso di un beneficio ecclesiastico vacante a sacerdote o a laico, che non ne divengono titolari e lo conservano a vita | Assegnazione provvisoria di beneficio. *2* Titolo e insegna di commendatore: *aspirare alla c.*; *dare, conferire la c.* *3* Nel Medioevo, tipo di contratto commerciale.

commènda (2) o (*region.*) **cummènda** [1954] **s. m. inv.** ● (*sett.*, *scherz.*) Accorc. di *commendatore.*

commendàbile [vc. dotta, lat. *commendābile(m)*, da *commendāre* 'commendare'; av. 1342] **agg.** ● (*lett.*) Degno di lode: *dico io sommamente esser piacevole e c. l'ordine dato da voi* (BOCCACCIO).

commendàre [vc. dotta, lat. *commendāre* 'dare in custodia, raccomandare', comp. di *cŭm* 'con' e *mandāre* 'affidare'; av. 1294] **v. tr.** (*io commèndo*) *1* (*lett.*) Lodare, approvare. *2* †Affidare: *c. qlcu. a un tutore* | †Raccomandare.

commendatàrio [lat. mediev. *commendatariu(m)*, da *commendāre* 'commendare'; 1575] **s. m.** ● L'ecclesiastico o il laico cui è stata attribuita una commenda.

commendatìzia [f. sost. di *commendatizio*; sec. XVI] **s. f.** ● (*lett.*) Lettera di raccomandazione.

commendatìzio [vc. dotta, lat. *commendatīciu(m)*, da *commendāre* 'commendare'; sec. XVI] **agg.** ● (*lett.*) Detto di lettera o sim. scritta per raccomandare qlcu.

commendatóre [vc. dotta, lat. *commendatōre(m)* 'raccomandatore, protettore', da *commendāre* 'commendare'; av. 1557] **s. m.** (**f.** †*-trice*) *1* Titolo dato originariamente all'amministratore di un beneficio appartenente a un ordine religioso o militare | Grado degli ordini cavallereschi intermedio fra quello di ufficiale e quello di grand'ufficiale. *2* (*est.*) Persona insignita del titolo di commendatore: *il c. non è in casa.* *3* †Lodatore.

commendatòria [vc. dotta, f. dell'agg. lat. tardo *commendatōrius*, da *commendāre* 'commendare'; av. 1566] **s. f.** ● Fondo di una commenda ecclesiastica.

commendazióne [vc. dotta, lat. *commendatiōne(m)*, da *commendāre* 'commendare'; av. 1294] **s. f.** ● (*lett.*) Lode, onore: *quello che sa meglio fingere o dire le bugie, meriti più c.* (MACHIAVELLI).

commendévole [V. *commendabile*; 1353] **agg.** ● (*lett.*) Degno di lode. || **commendevolménte**, **avv.**

commensàle [lat. mediev. *commensale(m)*, comp. di *cŭm* 'con' e *mēnsa* 'mensa'; av. 1396] **A s. m. e f.** ● Chi siede con altri alla medesima tavola, spec. in occasione di banchetti, pranzi ufficiali e sim. **SIN.** Convitato, invitato. **B s. m.** ● (*biol.*) Organismo che partecipa a una relazione di commensalismo.

commensalìsmo [da *commensale*; 1931] **s. m.** ● (*biol.*) Associazione fra animali in cui uno ricava vantaggi mentre l'altro non è né danneggiato né avvantaggiato.

commensuràbile [vc. dotta, lat. tardo *commensurābile(m)*, da *commensurāre* 'commensurare'; av. 1535] **agg.** ● (*mat.*) Detto di due grandezze omogenee, tali che esista un sottomultiplo dell'una che sia sottomultiplo anche dell'altra.

commensurabilità [av. 1617] **s. f.** ● (*mat.*) Relazione d'equivalenza definita in una classe di grandezze che associa quelle fra loro commensurabili.

commensuràre [vc. dotta, lat. tardo *commensurāre*, comp. di *cŭm* 'con' e *mesurāre* 'misurare'; 1321] **v. tr.** ● (*lett.*) Commisurare, paragonare: *chi bene andrà commensurando tutte le … diversità, troverà il tutto rispondere … con la nostra ipotesi* (GALILEI).

†**commensurazióne** [vc. dotta, lat. tardo *commensuratiōne(m)*, da *commensurāre* 'commensurare'; sec. XIV] **s. f.** ● Misura.

commentàre o †**comentàre** [vc. dotta, lat. *commentāri*, freq. di *comminīsci* 'immaginare', dalla stessa radice di *mēns* 'mente, memoria'; 1308] **v. tr.** (*io comménto*) *1* Spiegare con commento: *c. un classico, la Bibbia, Dante.* **SIN.** Annotare, chiosare, postillare. *2* (*est.*) Esprimere giudizi, opinioni: *c. gli avvenimenti politici* | Fare osservazioni, spec. allusive o malevole, su cose e fatti altrui: *la sua decisione fu molto commentata.*

commentàrio o †**comentàrio** [vc. dotta, lat. *commentāriu(m)*, da *commentāri*. V. *commentare*; av. 1421] **s. m.** *1* In età romana, resoconto di atti o di decisioni. *2* Commento a opera letteraria, storica, filosofica o giudiridica: *c. al codice civile.* *3* Opera storica o letteraria scritta da persona che ebbe parte negli avvenimenti narrati. || **commentariétto**, **dim.** | **commentariòlo**, **commentariuòlo**, **dim.**

commentatóre o †**comentatóre** [vc. dotta, lat. tardo *commentatōre(m)*, da *commentāri*. V. *commentare*; 1308] **s. m.** (**f.** *-trice*) *1* Chi fa un commento a un testo letterario, filosofico e sim.: *c. di testi antichi*; *i commentatori di Dante*; *le varie ed opposte sentenze di tanti antichi commentatori* (MURATORI). **SIN.** Chiosatore, postillatore. *2* Chi commenta fatti d'attualità alla radio, alla televisione, nei documentari cinematografici e sim. *3* (*dir.*) ***Scuola dei commentatori***, scuola di giuristi del XIV e XV sec. la cui attività scientifica si manifestava attraverso il genere letterario del commento ai testi giuridici. *4* (*relig.*) Laico o chierico che con brevi parole spiega ai fedeli lo svolgimento del rito durante la celebrazione della messa.

comménto (1) o †**comménto** (1) [vc. dotta, lat. *commĕntu(m)*. V. *commentare*; av. 1294] **s. m.** *1* Esposizione riassuntiva, corredata di giudizi critici, di un avvenimento: *fare il c. a un discorso politico*; *il c. di una partita di calcio.* *2* L'insieme delle note esegetiche che spesso corredano per uso didattico i testi letterari o filosofici: *un c. ad Aristotele*; *il c. di Boccaccio a Dante.* **SIN.** Annotazione, chiosa, glossa. **3** (*dir.*) Metodo interpretativo tendente a mettere in luce il principio giuridico contenuto nel testo legislativo: *c. di un articolo di legge.* **4** Nota di lunghezza variabile nella quale un giornale esprime la propria opinione su certi fatti | (*est.*) Osservazione spec. allusiva su cose e fatti altrui: *... le vicende del giorno prima, diedero materia ai più strani commenti* (NIEVO) | (*est., spec. al pl.*) Opinioni malevole, pettegolezzi; osservazioni negative: *qui è meglio non fare commenti; andatevene senza commenti.* **5** ***C. musicale***, musica di accompagnamento in un film | ***C. parlato***, lettura di un testo di commento a un film documentario, eseguita da un attore fuori campo.

commènto (2) ● V. *comento (2).*

commerciàbile [1765] agg. ● Che si può commerciare: *prodotto, articolo c.*

commerciabilità [1848] s. f. ● Caratteristica di ciò che è commerciabile | ***Grado di c.***, maggiore o minore capacità di commercio di un bene.

commercial /ingl. kəˈmɜːʃl/ [vc. ingl., propr. 'commerciale'; 1983] s. m. inv. ● Annuncio, comunicato pubblicitario radiofonico o televisivo.

♦**commerciàle** [vc. dotta, lat. tardo *commerciāle(m)*, da *commĕrcium* 'commercio', prob. attrav. il fr. *commercial*; 1754] agg. **1** Che riguarda il commercio: *corrispondenza, lettera, azienda c.; diritto c.* | ***Costo c.***, di distribuzione. **2** Che si occupa delle attività di acquisto e di vendita, nell'ambito di un'azienda e sim.: *direzione, segreteria c.* **3** (*fig.*) Di qualità comune, ordinaria: *prodotto c.* | Detto di libro, film e sim. che mira solo a ottenere buoni incassi, senza finalità artistiche. || **commercialménte**, avv. In modo, in senso, commerciale.

commercialista [da *commerciale*; 1939] **A** s. m. e f. (pl. m. *-i*) **1** Dottore in economia e commercio | Diplomato in ragioneria o sim. abilitato alla libera professione, che si occupa spec. di rapporti commerciali, di questioni finanziarie e tributarie, e sim. **2** Avvocato specialista in diritto commerciale. **3** Docente universitario di diritto commerciale. **B** anche agg.: *dottore c.; avvocato c.*

commercialìstico [1964] agg. (pl. m. *-ci*) ● Relativo all'attività di commercialista: *studio c.*

commercialità [1985] s. f. ● Caratteristica di ciò che è commerciale.

commercializzàre [1950] v. tr. ● Rendere più facilmente vendibile una merce, anche rischiando di diminuirne il valore | (*fig.*) Fare oggetto di commercio: *c. l'arte.*

commercializzazióne [1965] s. f. ● Il commercializzare, il venire commercializzato.

commercial paper /ingl. kəˈmɜːʃl̩ˌpeɪpəɹ/ [loc. ingl., propr. 'carta (*paper*) commerciale (*commercial*)'; 1985] loc. sost. f. inv. (pl. ingl. *commercial papers*) ● (*econ.*) Cambiale finanziaria.

♦**commerciànte** [part. pres. di *commerciare*; 1751] s. m. e f. ● Chi professionalmente esercita il commercio: *c. di vini, di stoffe, di libri* | Esercente di un negozio; SIN. Negoziante.

commerciàre [vc. dotta, lat. tardo *commerciāri*, da *commĕrcium* 'commercio'; 1644] **A** v. intr. (*io commèrcio*; aus. *avere*) ● Esercitare il commercio: *c. in oggetti d'arte, in tessuti, in elettrodomestici.* **B** v. tr. ● (*raro*) Mettere in commercio: *c. olio, vini, liquori.*

♦**commèrcio** [vc. dotta, lat. *commĕrciu(m)*, comp. di *cŭm* 'con' e *mĕrx*, genit. *mĕrcis* 'merce'; av. 1484] s. m. **1** Attività economica fondata sullo scambio di merce con altra merce di valore equivalente o con denaro: *c. d'importazione, d'esportazione; darsi al c.; ritirarsi dal c.* | ***Essere nel c.***, in un'attività commerciale | ***Essere in c.***, detto di prodotto che è in vendita | ***Fuori c.***, detto di prodotto non destinato alla vendita o non più reperibile sul mercato | ***C. all'ingrosso***, tra il produttore e il commerciante | ***C. al minuto, al dettaglio***, fra il commerciante e l'acquirente | ***C. elettronico***, quello svolto attraverso Internet. SIN. E-commerce | ***C. equo e solidale***, quello svolto da organizzazioni non profit per la distribuzione nei paesi a economia avanzata di prodotti acquistati direttamente da piccoli produttori dei paesi in via di sviluppo così da assicurare ai produttori stessi un congruo reddito | ***Fare c. di qlcu.***, (*fig.*) trattarla, contrariamente alla sua natura, come merce, allo scopo di trarne vantaggi materiali: *fare c. del proprio corpo, delle proprie idee* | ***Essere materia di c.***, (*fig., spreg.*) essere trattato come merce: *noi siamo per questa gente materia di c., occasione di spaccio* (DE SANCTIS). **2** (*est., lett.*) Relazione, rapporto | ***Avere c. con qlcu.***, essere in corrispondenza continua | ***C. epistolare***, carteggio | ***C. carnale***, rapporto sessuale.

†**comméscere** [lat. *commiscēre* 'mescolare', comp. di *cŭm* 'con' e *miscēre* 'mescolare'. V. *mescere*] v. tr. ● Mescolare.

commèssa [lat. *commĭssa(m)*, part. pass. f. di *committere* 'affidare'; 1942] s. f. ● Commissione, ordinazione di merce | ***Produzione su c.***, produzione fatta direttamente su ordinazione dei clienti.

†**commessàrio** ● V. *commissario.*

†**commessióne** ● V. *commissione.*

commésso (1) [1306] part. pass. di *commettere* ● Nei sign. del v.

commésso (2) [propr., part. pass. di *commettere* 'affidare'; av. 1510] s. m. **1** (f. *-a*) Addetto alla vendita al pubblico, in un negozio | (*disus.*) ***C. viaggiatore***, chi porta a domicilio del cliente campioni o cataloghi di merci di un'azienda e provvede alle vendite o riceve le commissioni. **2** (f. *-a*) Impiegato subalterno di amministrazione pubblica o privata, spec. avente mansioni di fiducia: *c. di banca, del Senato* | †Sostituto, rappresentante. **3** (*mar.*) Sottufficiale consegnatario dei viveri per l'equipaggio. **4** (f. *-a*) (*dir.*) Aiutante ufficiale giudiziario: *c. di Tribunale, di Corte d'Appello.*

commésso (3) [propr., part. pass. di *commettere* 'congiungere, intarsiare'; av. 1566] s. m. **1** Tarsia in legno, marmo o pietre pregiate eseguita su pareti, pavimento, piani di tavoli e sim. **2** †Commessura.

commessùra [lat. *commissūra(m)* 'congiunzione'. V. *commettere*; sec. XIV] s. f. **1** Punto di unione di più parti: *la c. di due assi.* **2** (*anat.*) ***C. labiale***, ognuno dei due angoli formati dal labbro inferiore con quello superiore | ***C. palpebrale***, ognuno dei due angoli in cui le palpebre convergono.

commestìbile [vc. dotta, lat. tardo *commestĭbile(m)*, da *comēstus*, part. pass. di *comĕdere* 'mangiare'; av. 1597] **A** agg. ● Che si può mangiare: *cibo, genere c.; funghi commestibili.* SIN. Edibile, edule, mangereccio, mangiabile. **B** s. m. al pl. ● Generi alimentari: *negozio di commestibili.*

commestibilità [1983] s. f. ● Caratteristica di ciò che è commestibile.

♦**comméttere** [lat. *committere* 'mettere insieme, affidare, compiere', comp. di *cŭm* 'con' e *mĭttere* 'mandare'; av. 1294] **A** v. tr. (coniug. come *mettere*) **1** (*lett.*) Congiungere due o più cose, incastrarle insieme: *c. mattoni, pietre, tavole di legno, lastre* | †Intarsiare | Introdurre, insinuare, provocare: *aveva oltremodo piacere ... in c. tra amici e parenti e qualunque altra persona mali e inimicizie e scandali* (BOCCACCIO). **2** Compiere, spec. azioni considerate riprovevoli o negative: *c. imprudenze, colpe, errori, misfatti; hai commesso una cattiva azione.* **3** Delegare: *c. a un giurista il potere di rappresentanza e assistenza in giudizio* | (*raro, lett.*) Dare in balia, esporre. **4** Ordinare, richiedere per acquistare, dare in lavorazione: *c. una merce; co' librai che me ne hanno commesso le ho contrattate tre lire e mezzo di Milano* (FOSCOLO) | Dare incarico a un artista di eseguire un'opera. SIN. Commissionare. **5** †***C. battaglia***, attaccare battaglia. **B** v. intr. (aus. *avere*) ● Combaciare: *questa porta commette bene.* **C** v. rifl. ● (*lett.*) Affidarsi: *ma vuoi tu ch'io ... mi commetta a chi mi ha tradito?* (FOSCOLO) | Esporsi.

†**commettitóre** [1353] s. m.; anche agg. (f. *-trice*) **1** (*lett.*) Chi (o Che) commette qlco., spec. una cattiva azione: *e de' commettitori di così grande eccesso investigando* (BOCCACCIO). **2** Artista o artigiano che esegue mosaici.

commettitùra [sec. XIV] s. f. ● Il congiungere due o più cose | Punto di congiungimento.

†**commiatamènto** [av. 1547] s. m. ● Commiato.

commiatàre o †**combiatàre**, †**comiatàre** [da *commiato*; sec. XIV] v. tr. e rifl. ● (*lett.*) Accomiatare.

commiàto o †**combiàto**, †**comiàto** [lat. *commeātu(m)* 'l'andare e venire, congedo', poi 'carovana, approvvigionamento', da *commeāre* 'andare e venire, fare un viaggio', da *meāre* 'passare'; av. 1294] s. m. **1** Permesso di allontanarsi, di partire (*poet.*; *anche fig.*): *chiedere c.; prendere c. da qlcu.; dare c. a qlcu.; c. lacrimoso della primavera* (D'ANNUNZIO). SIN. Congedo, licenza | Partenza, separazione: *venne il momento del c.; il c. fu molto triste.* **2** (*letter.*) Parte della canzone nella quale il poeta presenta o manda il suo componimento. SIN. Congedo, licenza, tornata. **3** †Congedo militare.

commilitóne [vc. dotta, lat. *commilitōne(m)*, comp. di *cŭm* 'con' e *militāre* 'fare il soldato'; 1340] s. m. (f. *-a*) **1** Compagno d'armi. SIN. Camerata. **2** (*est.*) Compagno di lotta, di imprese difficili.

comminàre [vc. dotta, lat. *commināri* 'minacciare', comp. di *cŭm* 'con' e *mināri* 'minacciare'; sec. XVI] v. tr. (*io commìno* o *còmmino*) ● Nel linguaggio giuridico, stabilire una sanzione per i trasgressori di una legge: *c. l'ergastolo, una multa; c. il risarcimento dei danni.*

comminatòria [da *comminare*; 1594] s. f. ● Previsione sanzionatoria delle norme | Nel linguaggio forense, ingiunzione di un termine entro cui deve essere compiuto un dato atto.

comminatòrio [av. 1563] agg. ● (*dir.*) Che minaccia una pena: *ingiunzione comminatoria* | ***Termine c.***, entro cui deve essere compiuto un dato atto.

comminazióne [vc. dotta, lat. *comminatiōne(m)*, da *commināri* 'comminare'; av. 1364] s. f. ● (*dir.*) Applicazione di una sanzione.

†**comminùere** [vc. dotta, lat. *comminŭere*, comp. di *cŭm* 'con' e *minuĕre* 'sminuzzare, ridurre'] v. tr. ● (*raro*) Diminuire.

comminutìvo o **comminutivo** [1830] agg. ● (*med.*) Che riduce in frammenti: *trauma c.*

comminùto [vc. dotta, lat. *comminūtu(m)*, part. pass. di *comminŭere* 'comminuere'; 1865] agg. ● (*med.*) Detto di frattura con più di due frammenti ossei: *frattura comminuta.*

comminuzióne [vc. dotta, lat. tardo *comminutiōne(m)*, da *comminŭere* 'comminuere'; 1830] s. f. **1** (*med.*) Frattura di un osso in più frammenti. **2** (*min.*) Riduzione del minerale grezzo in piccoli frammenti: *impianto di c.*

commiseràbile [1481] agg. ● (*raro*) Che si può o si deve commiserare. || **commiserabilménte**, avv. (*raro*) In modo commiserabile.

commiseràndo [vc. dotta, lat. *commiserăndu(m)*, gerundivo di *commiserāri* 'commiserare'; av. 1673] agg. ● (*lett.*) Che merita commiserazione: *episodio c.*

commiseràre [vc. dotta, lat. *commiserāri*, comp. di *cŭm* 'con' e *miserāri* 'compiangere'; 1619] **A** v. tr. (*io commìsero*) **1** Sentire o manifestare compassione: *dal compiangere il delitto passa a c. colui che l'ha commesso* (PASCOLI). SIN. Compassionare, compiangere. **2** (*est.*) Considerare con disprezzo, con compatimento: *Non c'è altro che da c. la grossolanità della incoltura letteraria* (CARDUCCI). **B** v. rifl. ● Provare commiserazione per sé stessi.

commiseratóre [1772] s. m.; anche agg. (f. *-trice*) ● (*raro*) Chi (o Che) commisera.

commiserazióne [vc. dotta, lat. *commiseratiōne(m)*, da *commiserāri* 'commiserare'; av. 1406] s. f. ● Sentimento o atteggiamento di chi commisera. SIN. Compatimento, pietà.

commiserévole [1483] agg. ● (*lett.*) Commiserabile. || **commiserevolménte**, avv.

†**commissaria** [1530] s. f. ● Ufficio di commissario.

commissariàle [av. 1698] agg. ● Di commissario | Che è retto da un commissario: *gestione c.*

commissariaménto [1982] s. m. ● Il commissariare, il venire commissariato.

commissariàre [1983] v. tr. (*io commissàrio*) ● Nelle strutture organizzative spec. periferiche di un partito politico, sostituire gli organi eletti dagli iscritti con un commissario designato dalla direzione centrale: *è stata commissariata la federazione di Benevento; c. il movimento giovanile* | In un ente pubblico o in un'azienda privata, preporre all'amministrazione un commissario in luogo dei regolari organi direttivi: *c. una banca.*

commissariàto [av. 1547] s. m. **1** Ufficio, coscrizione e sede del commissario | (*per anton.*) La sede degli uffici dei commissari della polizia di Stato: *Dove sono quei commissariati nei quali ci si va a costituire?* (MORAVIA) | ***C. militare***, corpo che soprintende ai servizi di approvvigionamento dell'Esercito. **2** Complesso di commissari istituito per contingenze particolari con competenza limitata per materia: *c. per le calamità na-*

turali.

commissàrio o †**commessàrio** [lat. mediev. *commissariu(m)*, dal lat. classico *commīssus*. V. *commesso*; 1368] s. m. (f. *-a*) **1** Funzionario preposto, temporaneamente o permanentemente, a una branca speciale della Pubblica Amministrazione o alla gestione straordinaria di aziende private, enti e sim. | ***C. straordinario prefettizio***, funzionario di nomina prefettizia in casi eccezionali preposto all'amministrazione di un comune in sostituzione del Sindaco | ***C. dello Stato, del Governo***, rappresentante del governo presso le regioni a statuto autonomo | ***C. politico***, in formazioni militari, spec. di ispirazione comunista, chi affiancava i comandanti militari con compiti politici | ***C. del popolo***, nell'Unione Sovietica fino al 1946, il capo responsabile di un dicastero. **2** Nell'ordinamento della polizia di Stato, funzionario appartenente al ruolo direttivo comprendente le qualifiche di vice commissario, commissario, commissario capo e vice questore aggiunto, superiore a quello di ispettore | ***C. di pubblica sicurezza, di polizia***, (*ellitt.*) ***commissario***, nell'ordinamento della polizia di vari Stati, funzionario con ruolo direttivo. **3** (*est.*) Incaricato di specifiche funzioni | ***C. di bordo***, ufficiale incaricato dell'amministrazione e della contabilità del personale, dei viveri e del materiale di bordo | ***C. sportivo***, ufficiale di gara che ha il compito di controllare che siano osservate le norme di regolamento | ***C. tecnico, c. unico***, l'incaricato dagli organi federali di formare e dirigere una squadra rappresentativa nazionale per gli incontri internazionali. **4** (*gener.*) Un tempo, chiunque aveva il carico di una cura pubblica nell'amministrazione degli eserciti: *c. generale, delle bande, delle rassegne, dei viveri, di leva.* **5** Membro di una commissione: *c. d'esame.*

commissionàre [da *commissione*; 1812] v. tr. (*io commissióno*) ● Dare l'incarico di eseguire un lavoro, di fornire una merce; ordinare: *c. una partita di stoffe; commissionarono il quadro a un noto ritrattista.*

commissionàrio [1723] **A** s. m. (f. *-a*) **1** Chi riceve una commissione. **2** Chi non in nome proprio, ma per conto del committente, compie operazioni di acquisto o vendita di merci: *c. di borsa.* **B** agg. ● Che vende o acquista per conto del committente: *azienda commissionaria.*

♦**commissióne** o †**commessióne** [vc. dotta, lat. *commissiōne(m)*, che aveva però il sign. di 'inizio, unione'. V. *commettere*; 1306] s. f. **1** (*dir.*) Atto del committere: *la c. di un reato.* SIN. Compimento. **2** Incarico da svolgere per conto di terzi: *affidare a qlcu. una c.; eseguire, fare, sbrigare una c.* | ***Su c.***, dietro specifico ordine: *dipingere un quadro su c.; delitto su c.* | (*dir.*) ***Contratto di c.***, con cui si assume l'incarico di acquistare o vendere beni per conto del committente | (*est.*) Somma spettante a un intermediario per le sue prestazioni: *una c. del 20%.* **3** Ordinazione di merce: *ricevere, eseguire una c.; non si accettano più commissioni* | Foglio su cui è scritta tale ordinazione. **4** (*spec. al pl.*) Acquisti, incombenze varie, da eseguire personalmente: *uscire per commissioni; andò a fare delle commissioni in città.* **5** Gruppo di persone qualificate alle quali è affidato, spec. temporaneamente, un incarico pubblico: *eleggere, istituire, nominare, sciogliere una c.; c. esaminatrice, consultiva; c. d'inchiesta; c. parlamentare; c. edilizia, c. antimafia* | ***C. di conciliazione***, organo collegiale istituito presso le Direzioni Provinciali del Lavoro allo scopo di dar corso al tentativo di conciliazione obbligatorio nelle controversie di lavoro | ***C. di fabbrica, c. interna***, un tempo, organo collegiale eletto dai lavoratori dipendenti di un'impresa per la rappresentanza e tutela dei loro interessi nei confronti dell'imprenditore. || **commissioncèlla**, dim. | **commissionùccia**, dim.

commissìvo [av. 1589] agg. ● (*dir.*) Detto di dolo consistente in artifici e raggiri. CONTR. Omissivo.

commissòrio [vc. dotta, lat. tardo *commissōriu(m)*, da *commīssus*, part. pass. di *committere* 'commettere, affidare'; 1618] agg. ● (*dir.*) Detto del patto, vietato dalla legge, con cui si stabilisce che il creditore, in caso di inadempienza del debitore, divenga proprietario dei beni dati da quest'ultimo a garanzia del suo debito.

commissurotomìa [comp. del lat. *commissūra* 'congiunzione' (V. *commessura*) e di *-tomia*] s. f. ● (*chir.*) Incisione di una commessura: *c. mitrale, cerebrale.*

commistióne [vc. dotta, lat. tardo *commixtiōne(m)*, da *commiscēre* '†commescere'; av. 1375] s. f. **1** Mescolanza, unione: *terra grassa untuosa congiunta colla c. dell'acqua* (CELLINI) | (*fig.*) Fusione: *c. di lingue, di stili; una c. di sacro e profano.* **2** (*dir.*) Mescolanza di cose appartenenti a diversi proprietari in modo da formare un unico oggetto: *c. di cose separabili.*

commìsto [vc. dotta, lat. *commīstu(m)*, part. pass. di *commiscēre* '†commescere'; 1441] agg. ● (*lett.*) Misto, mescolato insieme: *dentro a una città c. / popolo alberga* (TASSO).

commistùra [1847] s. f. ● (*lett.*) Commistione.

commiṣuràre [V. †*commensurare*; 1308] v. tr. ● Misurare qlco. in base a un'altra: *c. la spesa all'utile; le pene sue con quelle di molte antiche donne commisurando* (BOCCACCIO). SIN. Adeguare, proporzionare.

commiṣurazióne [V. †*commensurazione*; av. 1465] s. f. ● Il commisurare | Adeguamento, proporzione.

committènte [vc. dotta, lat. *committĕnte(m)*, part. pres. di *committere* 'affidare'; av. 1600] **A** s. m. e f. **1** Chi commissiona o affida qlco. a qlcu. | Commissionario di un'opera d'arte. **2** Colui che incarica l'appaltatore di eseguire un'opera | Colui che incarica il commissionario di comprare o vendere. **B** anche agg.: *ditta c.*

committènza [1982] s. f. ● Ordinazione, commissione di un lavoro, una merce, una prestazione e sim. | (*est.*) Il committente, l'insieme dei committenti | (*est.*) Attività di enti o privati che commissionano, spec. opere artistiche.

còmmo o **commòs** [vc. dotta, gr. *kommós* 'colpo al petto', da *kóptō* 'io percuoto'; 1881] s. m. ● (*letter.*) Dialogo lirico fra coro e attori nella tragedia greca.

commodàre e *deriv.* ● V. *comodare* (*1*) e *deriv.*

commode /fr. kɔ'mɔd/ [vc. fr., sost. dell'agg. *commode* 'comodo'] s. f. inv. ● Canterano, cassettone, comò.

commodity /kom'mɔditi, *ingl.* kə'mɒdəti/ [vc. ingl., propr. 'comodità', 'cosa utile', poi, 'articolo commerciale', 'materia prima'; 1985] s. f. inv. (pl. ingl. *commodities*) ● (*econ.*) Bene primario, quale il petrolio, la lana, i cereali e sim.: *il mercato delle commodities.*

†**còmmodo** ● V. *comodo* (*1*) e (*2*).

commodòro [ingl. *commodore*, a sua volta dall'ol. *commandeur* 'comandante', di orig. fr.; 1749] s. m. ● (*mar.*) Nella marina militare britannica e in quella statunitense, grado militare temporaneo assegnato a un capitano di vascello con funzioni di comando di una squadra navale | Titolo onorifico conferito un tempo al capitano più anziano di una compagnia marittima o al presidente di un'associazione velica sportiva.

commoner /ingl. 'kɒmənə/ [vc. ingl., propr. 'appartenente alla comunità'; 1986] s. m. e f. inv. ● Nel Regno Unito, persona priva di titoli nobiliari.

common law /'komon'lɔ, *ingl.* 'kɒmən,lɔ:/ [loc. ingl., propr. 'legge (*law*) comune (*common*)'; 1956] loc. sost. f. inv. ● Nell'ordinamento giuridico inglese, l'insieme delle norme basate su sentenze della magistratura e non su leggi scritte.

common rail /'kɔmon reil, *ingl.* 'kɒmən 'reɪl/ [loc. ingl., prob. 'barra (*rail*) semplice (*common*)'; 1997] **A** loc. agg. inv. ● (*autom.*) In un motore diesel, detto di sistema di iniezione diretta nel quale un collettore distribuisce il carburante ad alta pressione a iniettori a controllo elettronico. **B** loc. sost. m. inv. (pl. ingl. *common rails*) **1** Sistema di iniezione common rail. **2** (*est.*) Motore diesel dotato di sistema common rail.

†**commorazióne** [vc. dotta, lat. *commoratiōne(m)*, da *commorāri* 'indugiare'] s. f. ● Artificio retorico consistente nell'indugiare prima di pronunciare una frase importante.

commoriènza [dal lat. *commŏriens*, genit. *commoriĕntis*, part. pres. di *cŏmmori* 'morire insieme', comp. di *co-* (*1*) e del lat. *mŏri* 'morire'; 1963] s. f. ● (*dir.*) Presunzione legislativa di morte contemporanea, in caso di incertezza circa la sopravvivenza di una persona a un'altra.

commòs ● V. *commo.*

♦**commòsso** [1321] part. pass. di *commuovere*; anche agg. **1** Preso da commozione: *essere, sentirsi, mostrarsi c.* | Che esprime commozione: *sguardo c.; voce commossa.* **2** (*raro, lett.*) Ribellato, sollevato, tumultuante: *popolo c.* | (*raro, lett.*) Agitato, mosso: *tratta dell'aria quieta e non agitata e commossa* (GALILEI). || **commossaménte**, avv.

commotìvo [dal lat. *commōtus*, part. pass. di *commovēre* 'commuovere'; sec. XIV] agg. **1** (*med.*) Proprio della commozione: *stato c.* **2** (*lett.*) Che suscita commozione.

commovènte [sec. XIII] part. pres. di *commuovere*; anche agg. ● Che commuove: *scena, spettacolo c.*

commòvere ● V. *commuovere.*

commovìbile [1865] agg. ● (*raro*) Che si commuove facilmente.

commovibilità [1884] s. f. ● (*raro*) Emotività.

commoviménto [dal lat. *commovēre* 'commuovere'; av. 1294] s. m. **1** (*lett.*) Movimento violento: *i commovimenti della terra.* **2** (*raro*) Commozione, turbamento: *il c. di ammirazione suscitato dalla Commedia* (CARDUCCI).

commozióne [vc. dotta, lat. *commotiōne(m)*, da *commōtus* 'commoto'; av. 1364] s. f. **1** Turbamento psicologico, spec. provocato da sentimenti di affetto, tenerezza, pietà, dolore e sim., o di agitazione, entusiasmo e sim.: *c. viva, dolce, profonda, superficiale; muovere, destare, suscitare c.; sentire c.; nascondere la c.* | (*est.*) Emozione: *gli animi sono … disposti alle commozioni mirabili di quell'arte* (LEOPARDI). **2** (*lett.*) Moto violento di elementi naturali | ***C. tellurica***, terremoto. **3** (*raro, lett.*) Sommossa, tumulto | Rivolgimento: *nelle grandi commozioni politiche* (MANZONI). **4** (*med.*) Perdita parziale o totale della funzionalità di un organo, o di un complesso di organi, spec. per cause esterne spesso di natura traumatica: *c. viscerale; c. spinale* | ***C. cerebrale***, con perdita della coscienza. || **commozioncèlla**, dim.

†**commùne** ● V. *comune* (*1*) e (*2*).

commùnio [lat. V. *comunione*] s. f. inv. ● (*relig.*) Antifona che si recita dopo la comunione e l'abluzione delle dita.

communìre [vc. dotta, lat. *communīre*, comp. di *cŭm* 'con' e *munīre* 'munire'; av. 1694] v. tr. (*io communisco, tu communisci*) ● (*raro, lett.*) Munire | Corroborare.

†**communità** ● V. *comunità.*

♦**commuòvere** o (*region.* o *lett.*) **commòvere** [lat. *commovēre*, comp. di *cŭm* 'con' e *movēre* 'muovere'; av. 1294] **A** v. tr. (coniug. come *muovere*) **1** Produrre sentimenti di affetto, tenerezza, pietà, dolore e sim., o di agitazione, entusiasmo e sim.: *il tuo gesto mi ha profondamente commosso.* **2** (*raro, lett.*) Scuotere, agitare, provocare un movimento più o meno violento: *il soffio del vento inclinò le fiammelle, commosse i fiori* (D'ANNUNZIO). **3** †Indurre a qlco. | †Incitare alla rivolta. **B** v. intr. pron. **1** (assol.; + *a*; + *in*; + *per*) Essere preso da commozione: *non v'era anima così dura che non sentisse commuoversi e intenerire* (BARTOLI); *commuoversi alla vista di grandiosi spettacoli naturali; commuoversi nel vedere un film; commuoversi per la sorte di molti esuli.* SIN. Intenerirsi, turbarsi | (*raro, lett.*) Scuotersi, agitarsi. **2** †Ribellarsi, sollevarsi.

commutàbile [vc. dotta, lat. *commutābile(m)*, da *commutāre* 'commutare'; av. 1342] agg. **1** Che si può commutare. **2** (*ling.*) Detto di parola in cui si può operare la commutazione. || **commutabilménte**, avv. (*raro*) In modo commutabile.

commutabilità [vc. dotta, lat. tardo *commutabilitāte(m)*, da *commutābilis* 'commutabile'; 1892] s. f. ● Caratteristica di ciò che si può commutare.

commutàre [vc. dotta, lat. *commutāre*, comp. di *cŭm* 'con' e *mutāre* 'mutare'; av. 1306] v. tr. **1** Scambiare una cosa con un'altra: *c. una pena.* **2** (*elettr.*) Cambiare il verso di una corrente elettrica | (*est., tel.*) Realizzare la comunicazione fra due utenti telefonici.

commutatività [1965] s. f. ● (*mat.*) Proprietà di un'operazione in cui il risultato resta invariato se si scambia l'ordine dei termini.

commutatìvo [av. 1342] agg. **1** Che serve a commutare | ***Giustizia commutativa***, che obbliga al contraccambio equivalente. **2** (*mat.*) Detto di una legge di composizione il cui risultato non dipende dall'ordine dei fattori.

commutatóre [da *commutātus*, part. pass. di *commutāre* 'commutare'; 1892] **A** agg. (f. *-trice*) ● (*lett.*) Che muta, trasforma. **B** s. m. **1** (*elettr.*) Dispositivo avente la funzione di cambiare, a mano o automaticamente, i collegamenti di due o più circuiti elettrici. *2* Nella tecnica di regia televisiva, apparecchio per il montaggio dei programmi. *3* (*ling.*) Parola il cui significato varia a seconda della situazione, in quanto rinvia a un referente che deve di volta in volta essere reso esplicito (per es. *io*, *qui*, *oggi*). CFR. Deittico.

commutatrice [1964] **s. f.** ● (*elettr.*) Convertitore elettrico rotante.

commutazióne [vc. dotta, lat. *commutatiōne(m)*, da *commutāre* 'commutare'; av. 1332] **s. f.** *1* Scambio, sostituzione: *c. di una pena.* *2* (*elettr.*) Operazione eseguita dal commutatore e manovra del commutatore | *Tempo di c.*, compreso tra l'istante in cui si agisce sull'organo elettrico, che effettua la commutazione, e quello in cui essa avviene | *C. telefonica*, insieme di operazioni atte a stabilire una comunicazione tra due utenti | (*tel.*) *Forcella di c.*, gancio. *3* Nella tecnica di regia televisiva, montaggio dei programmi mediante commutatore. *4* (*ling.*) Procedimento per il quale in una parola si sostituisce un suono o un fonema con un altro in modo da ottenere un'altra parola (ad es. *carta* e *carda*) | *C. di codice*, passaggio da un livello, da un registro, a un altro o, in soggetti bilingui, da una lingua a un'altra.

comò [fr. *commode*, propr. 'comodo'; 1781] **s. m.** ● Cassettone a due o tre cassetti sovrapposti, dei quali il primo in alto può essere suddiviso in due o più cassettini.

†**còmo** (**1**) [vc. dotta, gr. *kômos*, di etim. incerta; av. 1729] **s. m.** ● (*lett.*) Baldoria, gozzoviglia.

†**còmo** (**2**) ● V. *come.*

còmoda [fr. *commode*. V. *comodino* (*1*); 1959] **s. f.** ● Sedia o poltrona sanitaria fornita, sotto il sedile, di vaso estraibile per i bisogni corporali. SIN. Seggetta.

comodàccio [av. 1928] **s. m.** *1* Pegg. di *comodo*: *quell'amore dei propri comodacci di che l'egoista non si muove d'un millimetro* (GADDA). *2* (*spreg.*) Utile, tornaconto, vantaggio personale: *pensa solo al c. suo.*

comodànte [av. 1683] **A part. pres.** di *comodare* (*1*); anche **agg.** ● Nei sign. del v. **B s. m. e f.** ● (*dir.*) Chi dà un bene in comodato.

comodàre (**1**) o **commodàre** [vc. dotta, lat. *commodāre* 'prestare, accordare, concedere', da *cŏmmodus* 'comodo (1)'; 1502] **v. tr.** (*io còmodo*) ● Dare in comodato: *c. un bene mobile.*

comodàre (**2**) [da *comodo* (*2*); av. 1590] **v. intr.** (*io còmodo*; aus. *essere*) ● Fare comodo | (*fam.*) Fare piacere: *fate come vi comoda.*

comodatàrio o **commodatàrio** [av. 1683] **s. m.** (**f.** *-a*) ● (*dir.*) Chi riceve beni in comodato: *obbligazioni del c.*

comodàto o **commodàto** [vc. dotta, lat. tardo *commodātu(m)* 'prestito', da *commodāre*. V. *comodare* (*1*); av. 1396] **s. m.** ● (*dir.*) Contratto con cui una persona concede a un'altra l'uso gratuito di un bene per un periodo determinato: *contratto di c.* | *C. bancario*, consegna alla banca di titoli, con facoltà di usarli a favore d'altri.

†**comodézza** [da *comodo* (*2*); av. 1573] **s. f.** ● Comodità.

♦**comodino** (**1**) [fr. *commode* (V. *comò*), col suff. del dim.; 1825] **s. m.** ● Mobiletto a cassettini e talora munito di sportello che sta accanto al letto, diffusosi nel XVIII secolo | (*est.*) Ogni mobiletto che si tiene accanto al letto | (*region.*) Cantonale.

comodino (**2**) [da *comodo* (*2*); 1761] **s. m.** *1* (*gerg.*) Chi sostituisce un attore all'ultimo momento | (*est.*) Attore scadente | *Fare*, *servire da c. a qlcu.*, (*fig.*) fare i comodi altrui in modo umiliante. *2* Telone posto dietro il sipario, che un tempo aveva al centro una porticina per la quale gli attori uscivano a ringraziare il pubblico.

♦**comodità** o †**comoditàde**, †**comoditàte** [vc. dotta, lat. *commoditāte(m)*, da *cŏmmodus* 'comodo (1)'; av. 1405] **s. f.** *1* Caratteristica di ciò che è comodo: *la c. di un'abitazione, di un'automobile* | Agio, occasione favorevole: *ha la c. di lavorare proprio vicino a casa.* *2* Ciò che procura benessere, agio e sim.: *le c. della vita moderna.* *3* (*eufem.*) †Bisogno corporale.

♦**còmodo** (**1**) o †**cómmodo** [vc. dotta, lat. *cŏmmodu(m)*, agg., 'adeguato alla misura', comp. di *cŭm* 'con' e *mŏdus* 'misura'; 1353] **agg.** *1* Che dà agio, benessere: *fare una vita comoda*; *avere una casa comoda* | Confortevole: *poltrona comoda* | *Vestito c.*, in cui ci si muove liberamente | *Fare visita a un'ora comoda*, che non disturba | Che si fa senza sforzo, che non offre difficoltà: *strada*, *scala comoda* | (*iron.*) Facile: *troppo c. limitarsi a criticare!* | *Prendersela comoda*, fare qlco. con molta lentezza | Vantaggioso, conveniente, favorevole: *vieni pure quando ti torna c.*; *riserbandosi in più c. tempo le lusinghe* (BOCCACCIO). *2* Detto di persona, che si trova a suo completo agio in una determinata posizione o situazione: *stava c. in poltrona* | *State comodi*, restate seduti | Che non ama le fatiche: *è gente comoda.* *3* (*fig.*) Detto di chi non crea troppi problemi, è malleabile, facile da affrontare: *un avversario abbastanza c.* SIN. Scomodo. ‖ **comodaménte**, **avv.** *1* In modo comodo: *vivere comodamente*, con agiatezza. *2* Senza sforzo, agevolmente.

♦**còmodo** (**2**) o †**cómmodo** [vc. dotta, lat. *cŏmmodu(m)*, sost. Cfr. il precedente; 1300 ca.] **s. m.** *1* Ciò che dà agio, benessere: *i comodi della vita*; *amare il proprio c.* *2* Opportunità, vantaggio, utilità: *trovare il proprio c. in qlco.* | *Fare il proprio c.*, *i propri comodi*, fare ciò che è utile a sé stessi | *Fare c.*, riuscire utile o vantaggioso | *A*, *con c.*, *con tutto c.*, senza fretta, a tempo opportuno | *A suo c.*, a suo piacere | (*lett.*, *raro*) *Essere in c.*, essere disposto a fare qlco. | *Di c.*, detto di ciò che risulta vantaggioso, che torna utile, che si fa per convenienza: *soluzione di c.*; facile, fittizio: *avversario di c.* | *C. di cassa*, breve dilazione concessa al pagamento di merci vendute per contanti; in banca, apertura di credito di breve durata per soddisfare bisogni transitori o casi urgenti a favore di clienti di riguardo. *3* †Veicolo. ‖ **comodàccio**, **pegg.** (V.) | **comodùccio**, **comodùzzo**, **dim.**

comodóne [da *comodo* (*2*); 1865] **s. m.** (**f.** *-a*) ● Chi ama fare i propri comodi senza affannarsi.

compact /ˈkɔmpakt, *ingl.* kəmˈphækt/ [1984] **s. m. inv.** ● Accorc. di *compact disc.*

còmpact disc /ˈkɔmpakt ˈdisk, *ingl.* ˈkhɒmpækt͵dɪsk/ [vc. ingl., comp. di *compact* 'compatto' e *disc* 'disco'; 1983] **s. m. inv.** (**pl.** ingl. *compact discs*) ● Disco di materiale plastico rivestito di materiale riflettente, leggibile mediante dispositivi ottici (laser), usato per la registrazione di suoni, di immagini e di dati informatici.

†**compàdre** ● V. *compare.*

compadróne [comp. di *con-* e *padrone*; 1635] **s. m.** (**f.** *-a*) ● (*raro*) Chi è padrone di qlco. con altri: *c. di una casa, di un terreno.*

compaesàno [comp. di *con-* e *paese*, con suff. aggettivale; 1858] **s. m.** (**f.** *-a*) ● Chi è dello stesso paese o della stessa regione di altri.

†**compàge** [vc. dotta, lat. *compāge(m)*, da *pāngere* 'conficcare'; 1321] **s. f.** *1* Compagine. *2* (*lett.*) Coesione, densità: *che soperchia de l'aere ogne c.* (DANTE *Par.* XIII, 6).

compaginàre (**1**) [vc. dotta, lat. tardo *compagināre* 'mettere insieme', da *compāgo*, genit. *compāginis* 'compagine'; 1340 ca.] **v. tr.** (*io compàgino*) ● (*lett.*) Concatenare strettamente più parti formando un tutto unico.

compaginàre (**2**) [da *pagina*; 1865] **v. tr.** (*io compàgino*) ● (*raro*) Disporre in pagine.

compàgine [vc. dotta, lat. *compāgine(m)*, comp. di *cŭm* 'con' e *pāngere* 'conficcare'; sec. XIV] **s. f.** *1* Congiungimento di diverse parti strettamente connesse tra loro | Stretta unione: *la c. di un partito.* *2* (*est.*) Squadra di giocatori, di corridori, di ciclisti: *la c. milanista.*

compàgna (**1**) [V. *compagno*] **s. f.** *1* †V. *compagnia* nel sign. 2. *2* Nel mondo medievale, associazione volontaria dei cittadini di Genova con finalità di difesa e reciproca protezione.

†**compàgna** (**2**) [etim. incerta; 1607] **s. f.** ● (*mar.*) Locale che serviva da dispensa nelle galee.

†**compagnàre** [da *compagno*; av. 1328] **v. tr.** ● Accompagnare.

†**compagnésco** [sec. XIV] **agg.** ● Compagnevole.

†**compagnévole** [1308] **agg.** *1* Che sta volentieri in compagnia. *2* Amichevole. ‖ †**compagnevolménte**, **avv.** Da compagno.

♦**compagnìa** o †**compàgna** (**1**) [da *compagno*, prob. attrav. il fr. *compagnie*; 1219] **s. f.** *1* Lo stare abitualmente insieme con altri: *amare*, *cercare*, *evitare la c.*; *essere*, *stare in buona c.* | *Dama*, *damigella*, *di c.*, chi ha come impiego quello di tenere compagnia a una signora di famiglia nobile o benestante | *Fare*, *tenere c.*, accompagnare o stare insieme a qlcu. | *Essere in dolce c.*, stare insieme alla persona amata | †*Di c.*, insieme. *2* Gruppo di persone riunite insieme per divertirsi, conversare o per altre attività comuni: *una c. affiatata*; *frequentare le cattive compagnie*; *spargesi tutta la bella compagna* (POLIZIANO) | (*raro*) *In c.*, in comune, assieme | *... e c. bella*, e tutti gli altri; (*fig.*) eccetera, eccetera. SIN. Banda, brigata. *3* (*est.*, *per anton.*) Nel Medioevo, schiera di armati comandati da un capitano | *C. di ventura*, banda di soldati mercenari guidata da un condottiero, operante fra il XII e il XVI sec. in Europa | (*mil.*, *est.*) Reparto organico di truppa in cui si suddivide il battaglione, suddiviso a sua volta in plotoni | *C. di sbarco*, parte dell'equipaggio di una nave da guerra destinata a eventuali operazioni militari a terra | *Ufficio di c.*, fureria. *4* Società: *c. di assicurazione* | Impresa di trasporti, in forma di società, talvolta intitolata al socio principale: *c. di navigazione Rubattino* | *C. di bandiera*, società di navigazione marittima o aerea, sostenuta dallo Stato di cui batte bandiera per tutelare interessi nazionali. *5* Confraternita, congregazione di religiosi: *c. di S. Paolo* | *C. di Gesù*, ordine dei Gesuiti. *6* Complesso di attori e di tecnici teatrali scritturati per rappresentare spettacoli | *C. stabile*, che recita sempre nello stesso teatro | *C. di giro*, che recita in teatri di diverse città. *7* Nel mondo medievale, corporazione, consorteria. *8* †Consuetudine, comunanza di vita. *9* †Lega, alleanza politica: *i Bolognesi feciono c. co' Romagnuoli* (COMPAGNI).

♦**compàgno** o (*lett.*) **compagnóne** nel sign. A 1 [lat. mediev. *companiо* (nom.) 'che mangia lo stesso pane', comp. di *cŭm* 'con' e *pānis* 'pane (1)'; 1211] **A s. m.** (**f.** *-a*, †*-éssa*; **pl. f.** *-gne*) *1* Chi sta abitualmente insieme con altri, svolgendo un'attività comune, partecipando a divertimenti e sim.: *c. di giochi*, *di classe*, *di lavoro*, *di prigionia*; *è un buon c.* | Chi si trova insieme con altri in una determinata condizione o circostanza: *c. di viaggio*, *di avventura.* *2* Chi ha familiarità, dimestichezza, pratica di convivenza con qlcu.: *il c.*, *la compagna della vita* | La persona con la quale si convive, o alla quale si è unito da un rapporto amoroso, senza essere sposati: *il mio c.*; *la sua compagna.* *3* Appellativo degli aderenti a un partito della sinistra, spec. di ispirazione marxista, o ad alcune organizzazioni sindacali | *C. di strada*, in Italia, spec. nel secondo dopoguerra, chi, pur non aderendo pienamente al comunismo, ne fiancheggiava la politica. *4* (*sport*) Chi fa parte della stessa squadra | Colui col quale si gareggia in coppia o l'avversario in una gara a due. *5* (*al pl.*) Socio in un'azienda: *Società Neri e Compagni* | *... e compagni*, (*est.*, *spec. spreg.*) ... e altri individui simili: *non mi piace che tu continui a frequentare Attilio, Gigi e compagni.* *6* †Alleato, confederato. *7* (*astron.*) La componente meno luminosa di una stella binaria. ‖ **compagnàccio**, **pegg.** | **compagnétto**, **dim.** | **compagnino**, **dim.** | **compagnòtto**, **accr.** | **compagnùccio**, **compagnùzzo**, **dim.** **B agg.** ● (*fam.*) Simile, corrispondente: *un vestito c. a quello di suo fratello* | *Scarpe compagne*, appaiate.

compagnóne [lat. mediev. *companiōne(m)*. V. *compagno*; sec. XII] **A s. m.** (**f.** *-a*) *1* V. *compagno.* *2* Persona gioviale, piacevole, che sta volentieri in compagnia. SIN. Buontempone. *3* †Compagno di cattive imprese. *4* (*raro*, *scherz.*) †Uomo grande e grosso. **B agg.** ● (*raro*) Socievole.

cómpago o †**campàgo** [lat. tardo *cămpagu(m)*, prestito da una lingua sconosciuta; 1905] **s. m.** (**pl.** *-gi*) ● Calzare usato da imperatori romani e bizantini, da senatori romani, da pontefici e vescovi.

compàio ● V. *comparire.*

companàtico [lat. mediev. *companatiu(m)* 'ciò che si mangia insieme al pane', comp. di *cŭm* 'con' e *pānis* 'pane (1)'; av. 1315] **s. m.** (**pl.** *-ci*, raro) ● Ciò che si mangia insieme con il pane.

comparàbile [vc. dotta, lat. *comparābile(m)*, da *comparāre*. V. *comparare*; 1499] **agg.** ● Che si può comparare: *la sera è c. alla vecchiaia* (LEOPARDI). SIN. Confrontabile, paragonabile. ‖ **comparabilménte**, **avv.**

comparabilità [1865] **s. f.** ● (*raro*) Caratteristica di ciò che è comparabile.

comparàggio [stessa etim. di *comparatico*; sec. XV] **s. m.** *1* †Comparatico. *2* Illecito accordo fra medici, veterinari o farmacisti e aziende farmaceutiche per cui i primi si impegnano dietro compenso ad agevolare la diffusione dei medicinali da queste prodotti.

comparàre [vc. dotta, lat. *comparāre* 'accoppiare, mettere alla pari', comp. di *cŭm* 'con' e *păr* 'pari'; av. 1292] **v. tr.** (*io compàro* o *còmparo*) ● Mettere a paragone, confrontare: *io quello / infinito silenzio a questa voce / vo comparando* (LEOPARDI) | *C. lingue, letterature, istituzioni*, studiarle confrontandole.

comparàtico [da *compare*; 1353] **s. m.** (pl. *-ci*) ● (*region.*) Condizione di compare o di comare | Vincolo che intercorre fra il compare o la comare e il figlioccio o la figlioccia, oppure tra il compare d'anello e gli sposi | L'insieme dei compari e delle comari di una famiglia.

comparatista [av. 1915] **s. m. e f.** (pl. m. *-i*) ● Studioso di letterature comparate, di scienze comparative | Studioso di linguistica comparata. **SIN.** Comparativista.

comparatìstica **s. f.** ● Insieme di studi o ricerche fondati sul metodo comparativo.

comparativa [f. sost. di *comparativo*] **s. f.** ● (*ellitt.*) Proposizione comparativa.

comparativismo **s. m.** ● Applicazione del metodo comparativo nella ricerca storiografica, sociologica, linguistica, etnologica e sim.

comparativista **s. m. e f.** (pl. m. *-i*) ● Comparatista.

comparatìvo [vc. dotta, lat. *comparatīvu(m)*, da *comparāre* 'comparare'; av. 1406] **A agg.** **1** Che stabilisce una comparazione, che si basa su una comparazione: *studio c.* | ***Metodo c.***, basato sul raffronto di fenomeni appartenenti ad ambienti culturalmente, geograficamente o cronologicamente distinti | ***Scienze comparative***, quelle basate su un metodo comparativo. **2** (*ling.*) Che esprime comparazione: *grado c. dell'aggettivo, dell'avverbio* | ***C. assoluto***, V. *assoluto* | ***Proposizione comparativa***, proposizione subordinata indicante una comparazione con la reggente. || **comparativaménte**, **avv.** **B s. m.** ● (*ling.*) Grado dell'aggettivo e dell'avverbio che esprime il valore di una qualità rispetto a un termine di paragone: comparativo di uguaglianza (ad es.: *è alto come te*), di maggioranza (ad es.: *è più furbo di te*), di minoranza (ad es.: *il loro televisore è meno moderno del nostro*), a seconda che il rapporto di qualità fra i 2 termini di paragone sia pari, in favore del primo o in favore del secondo.

comparàto [1321] **part. pass.** di *comparare*; anche **agg.** **1** Nei sign. del v. **2** ***Letteratura comparata***, che studia rapporti di derivazione, imitazione e sim. tra le letterature di vari popoli | ***Grammatica comparata, linguistica comparata***, studio delle corrispondenze fra due o più lingue diverse. || **comparataménte**, **avv.** (*raro*) In modo comparato.

comparatóre [vc. dotta, lat. tardo *comparatō-re(m)*, da *comparāre*. V. *comparare*; 1892] **s. m.** ● In varie tecnologie, strumento atto a rilevare piccole variazioni di dimensioni rispetto a una dimensione prefissata, assunta come base.

comparazióne [vc. dotta, lat. *comparatiōne(m)*, da *comparāre*. V. *comparare*; av. 1294] **s. f.** **1** Paragone, raffronto: *un adatto termine di c.* **2** (*ling.*) Figura retorica che consiste nel paragonare tra loro cose, persone, entità astratte, che presentano in misura uguale, maggiore o minore le medesime caratteristiche (nel caso dell'uguaglianza si distingue generalmente dalla similitudine per la possibile reversibilità del paragone): *Elle son più belle che gli agnoli dipinti* (BOCCACCIO) | ***Gradi di c.***, indici della gradazione di una qualità espressa dall'aggettivo e dall'avverbio.

compàre o †**compàdre** [lat. tardo *cŏmpatre(m)*, poi accentato *compătre(m)*, comp. di *cŭm* 'con' e *păter* 'padre'; sec. XIII] **s. m.** **1** (*region.*) Colui che tiene a battesimo o a cresima un bambino. **SIN.** Padrino, santolo. **2** (*region.*) Il padre del battezzato o del cresimato rispetto al padrino o alla madrina | ***C. d'anello***, chi fa da testimone alle nozze, o porge le fedi nuziali agli sposi, o accompagna la sposa all'altare. **3** (*est.*) Compagno, amico: *c. d'osteria*; *raccomandommi a te … Tuo c. e servitor Luigi Pulci* (PULCI) | ***C. lupo e comare volpe***, designazione di animali personificati protagonisti di fiabe infantili. **4** (*spreg.*) Chi è complice di qlcu. in azioni disoneste o illecite: *un suo c. e confidente il tradì* (VILLANI). **SIN.** Complice. || **comparino**, **dim.** | **comparóne**, **accr.**

comparènte [1661] **A part. pres.** di *comparire*; anche **agg.** ● Nel sign. del v. **B s. m. e f.** ● (*dir.*) Parte che compare o è comparsa in giudizio: *eccezione sollevata dal c.*

†**comparènza** [1615] **s. f.** ● Evidenza, spicco.

♦**comparìre** [lat. *comparēre*, comp. di *cŭm* 'con' e *parēre* 'apparire'; sec. XIII] **v. intr.** (pres. *io compaìsco* o *compàio*, *tu comparìsci* o *compàri*; pass. rem. *io compàrvi* o *comparìi*, raro *compàrsi*, *tu comparìsti*; part. pass. *compàrso*, raro *comparìto*, †*comparùto*; aus. *essere*) **1** Mostrarsi, presentarsi, divenire visibile: *è comparso all'improvviso* | Farsi conoscere: *il finanziatore dell'iniziativa non vuole c.* | Figurare: *il suo romanzo non compare nella classifica dei libri più venduti.* **SIN.** Apparire. **2** (*dir.*) Presentarsi in giudizio come parte, imputato, consulente tecnico, testimone: *il teste si è rifiutato di c.* **3** Venir pubblicato, uscire: *questa rivista compare a intervalli irregolari.* **4** (*raro, lett.*) Sembrare, mostrarsi all'apparenza: *possono con poche ore di lettura c. dottissimi* (FOSCOLO). **5** Essere appariscente, far figura: *una persona che vuol c.* **6** †Rendere, dare risultati concreti.

compariscènte [1438] **agg.** ● (*disus.*) Appariscente.

comparita [av. 1642] **s. f.** **1** †Comparsa. **2** (*tosc.*) Bella figura, bella mostra, spec. nella loc. *fare c.* **3** †Festa pubblica.

comparizióne [1416] **s. f.** **1** (*raro*) Il comparire. **2** (*dir.*) Nel processo civile, atto del comparire: *udienza di prima c.* | Nel processo penale, presentazione dell'imputato o di altro soggetto davanti al giudice o al pubblico ministero, nel giorno e nell'ora dagli stessi indicati: *ordine, mandato di c.*

compàrsa [f. sost. di *comparso*, part. pass. di *comparire*; 1620] **s. f.** **1** L'apparire, il comparire: *fu una c. breve*; *la c. di un sintomo rivelatore* | ***Fare la propria c.***, apparire, presentarsi | ***Far c.***, presentarsi bene, far bella figura. **SIN.** Apparizione. **2** Persona che compare sulla scena teatrale o in un film senza pronunciare battute: *fare la c.*; *un film d'azione con molte comparse* | ***Fare da c.***, (*fig.*) intervenire in un luogo, in una situazione e sim., senza svolgere alcuna parte attiva | Anticamente, elemento di scena di una certa rilevanza. **3** (*dir.*) Nel processo civile, atto scritto di parte contenente l'esposizione di fatti, ragioni e conclusioni: *presentare una c.*; *c. di risposta, d'intervento, conclusionale.* **4** (*dir., raro*) Comparizione: *c. in giudizio.*

comparsàta [da *comparsa*; 1965] **s. f.** **1** Nel gergo cinematografico, parte di comparsa sostenuta occasionalmente. **2** (*est., scherz.*) Partecipazione dettata da motivazioni esibizionistiche: *ha fatto la sua c. al ricevimento.*

compàrso [av. 1527] **part. pass.** di *comparire*; anche **agg.** ● Nei sign. del v.

compartecipànte [1964] **s. m. e f.** ● Ciascuno dei componenti una compartecipazione agraria.

compartecipànza [1956] **s. f.** ● (*raro*) Compartecipazione.

compartecipàre o †**comparticipàre** [vc. dotta, lat. tardo *comparticipāri*, da *compărticeps*, genit. *compartĭcipis* 'compartecipe'; sec. XIV] **v. intr.** (*io compartécipo*; aus. *avere*) ● Partecipare insieme, prendere parte con altri.

compartecipazióne [vc. dotta, lat. tardo *comparticipatiōne(m)*, da *comparticipāri* 'compartecipare'; 1857] **s. f.** **1** Partecipazione insieme ad altri: *c. agli utili* | ***C. agraria***, associazione nell'esercizio dell'impresa agricola con partecipazione alla produzione. **2** Quota spettante a un compartecipante: *incassare la c.*

compartécipe [vc. dotta, lat. tardo *compartĭcipe(m)*, nom. *compărticipes*, comp. di *cŭm* 'con' e *părticeps* 'partecipe'; 1684] **agg.** ● Partecipe con altri: *essere c. di un fatto*; *c. agli utili*; *c. nel godimento* (BARTOLI).

†**comparticipàre** ● V. *compartecipare*.

compartimentàle [1848] **agg.** ● Relativo a un compartimento.

compartimentazióne [1964] **s. f.** ● Suddivisione in compartimenti: *c. dello scafo di un mercantile.*

compartiménto [av. 1348] **s. m.** **1** †Distribuzione, ripartizione: *Nel c. de' premi che fece Enea* (TASSO) | Suddivisione. **2** Ognuna delle parti in cui è diviso un locale, uno spazio e sim. | ***C. stagno***, porzione di una nave separata dalle altre mediante paratie allo scopo di impedire l'allagamento di tutta la nave, in caso di falla; (*fig.*) ambiente, attività, esperienza e sim., isolati e chiusi a influenze o contatti esterni. **3** Ognuna delle parti in cui è divisa una carrozza ferroviaria. **4** Circoscrizione in cui viene diviso il territorio di uno Stato per fini amministrativi o tecnici | ***C. marittimo***, ciascuna delle zone in cui è diviso il litorale dello Stato | ***C. venatorio***, ciascuna delle zone, con ufficio provinciale in ogni capoluogo, che si occupa di regolamenti di caccia.

compartìre [vc. dotta, lat. tardo *compartīri*, comp. di *cŭm* 'con' e *partīri* 'dividere' (da *pārs*, genit. *pārtis* 'parte'); sec. XIII] **A v. tr.** (*io compartisco* o *compàrto*, *tu compartìsci* o *compàrti*) **1** (*lett.*) Dividere, fare le parti di qlco., distribuire equamente: *compartendo tra lor gli ozii e gli studi* (ARIOSTO). **2** †Concedere, donare: *largo a me comparti il tuo favore* (TASSO). **B v. rifl.** ● †Spartirsi, dividersi.

†**compartitóre** [av. 1557] **s. m.** (f. *-trice*) ● Chi comparte, divide: *esattissimo c. in minute particelle del tempo è un pendolo* (GALILEI).

compartitùra [1858] **s. f.** ● (*raro*) Il compartire | Scomparto. **SIN.** Compartizione.

compartizióne [av. 1519] **s. f.** **1** Il compartire. **2** Suddivisione, ripartizione. **SIN.** Compartimento, compartitura, comparto.

compàrto [av. 1635] **s. m.** **1** Compartizione. **2** Settore circoscritto e specializzato di un'attività economica, industriale e sim.

compàscolo [lat. *compāscuu(m)* 'pertinente a pascolo comune', comp. di *cŭm* 'con' e *pāscus*, agg. di *pāscuum* 'pascolo'; 1931] **s. m.** ● Diritto di far pascolare il proprio bestiame nel fondo di un'altra persona riconoscendo a questa il diritto di fare altrettanto; *esercitare il c.*

compassàre [lat. parl. **compassāre* 'misurare a passi', comp. di *cŭm* 'con' e *păssus* 'passo'; av. 1310] **v. tr.** **1** †Misurare col compasso. **2** (*lett.*, fig.) Misurare con precisione.

compassàto [av. 1292] **part. pass.** di *compassare*; anche **agg.** **1** Nei sign. del v. **2** Di persona assai controllata nell'agire: *una ragazza compassata.* **SIN.** Misurato, sostenuto. || **compassataménte**, **avv.**

†**compassionàbile** [1499] **agg.** ● Compassionevole.

compassionàre [1476] **v. tr. e intr.** (*io compassióno*; aus. *avere*) ● Sentire o manifestare compassione: *tutti lo compassionavano*; *compassionando all'inutile fatica* (NIEVO). **SIN.** Commiserare, compatire, compiangere.

compassióne [vc. dotta, lat. tardo *compassiō-ne(m)*, da *compăssus*, part. pass. di *cŏmpati* 'patire insieme con'; 1294] **s. f.** (assol.; + *di*; + *per*; + *verso*) **1** Sentimento e atteggiamento di sofferta partecipazione ai mali e dolori altrui: *è una persona che non conosce la c.*; *Ho c. di questa casa…* (MANZONI); *Sentiva infinita c. per li peccatori* (LEOPARDI); *L'effetto estetico è la c. verso il padre e la figliuola* (DE SANCTIS) | ***Far c.***, destare pietà | ***Muoversi a c.***, impietosirsi | (*raro*) ***Avere a c.***, compassionare. **SIN.** Commiserazione, compatimento, pietà. **2** Sentimento e atteggiamento di insofferenza mista a disprezzo verso qlcu. o qlco. meschino, penosamente ridicolo, abietto, malriuscito e sim.: *con questi discorsi fai veramente c.*; *che c. quel libro!*

compassionévole [1353] **agg.** **1** Che sente, esprime compassione: *persona, carattere, sguardo, voce c.* **SIN.** Misericordioso, pietoso. **2** Che desta compassione: *condizione, stato c.* **SIN.** Commovente, miserevole, pietoso. || **compassionevolménte**, **avv.**

compàsso (**1**) [da *compassare*; av. 1292] **s. m.** **1** Strumento costituito da due aste collegate da uno snodo, una delle quali porta una punta mentre l'altra porta uno strumento tracciante, usato spec. per tracciare circonferenze, per riportare un dato segmento e sim.: *c. per disegnatori*; *c. per spessori* | ***C. a punte fisse***, con entrambe le aste che terminano a punta | ***C. di riduzione***, strumento costituito da due aste a punta collegate da una cerniera scorrevole, che consente di realizzare differenti rapporti fra i segmenti delimitati dalle due coppie di punte. **2** (*arch.*) ***Cornice a c.***, a profilo mistilineo, tipica dell'arte gotica. **3** (*mar.*) †Bussola magnetica navale. **4** (*raro, fig.*) Esattezza, ponderatezza, rigore, nel giudicare, nell'indagare e sim.: *io trovo in me più occhi e senso che c. e critica* (FOSCOLO) | (*spreg.*) Pedanteria. **5** †Carta nautica.

†**compàsso** (**2**) [metafora del precedente; av. 1375] **s. m.** ● Decorazione geometrica curvilinea per tappeti, drappi e sim.: *una coltre lavorata a certi compassi di perle grossissime* (BOCCACCIO).

compatìbile [1619] **agg.** **1** Che si può compatire, scusare, giustificare: *errore c.* | †Che si può sopportare. **2** (+ *con*) Che si può accompagnare ad altra cosa senza comportare effetti negativi: *il tuo lavoro è c. con altri interessi*; *non sempre lo studio è c. con lo svago.* **3** (*elab.*) Detto di elaboratore che rispetta le caratteristiche di uno standard industriale e che è quindi in grado di funzionare con unità periferiche e programmi realizzati secondo tale standard. || **compatibilménte**, **avv.** Per quanto si può conciliare con qlco.: *compatibilmente con le tue esigenze.*

compatibilità [1612] **s. f.** **1** (*raro*) Condizione di ciò che è compatibile, scusabile, giustificabile. **2** Possibilità di conciliare due o più cose fra loro. **3** (*elab.*) Situazione che sussiste quando due elaboratori elettronici accettano gli stessi supporti, e i programmi scritti per uno possono essere eseguiti dall'altro senza che occorra modificarli.

compatiménto [1691] **s. m.** **1** (*raro*) Compassione, pietà. **2** Indulgenza, spesso unita a sufficienza, a disprezzo; sopportazione, tolleranza: *lo ascoltava con un'aria di c.*

♦**compatìre** [vc. dotta, lat. tardo *cŏmpati* 'patire insieme con', comp. di *cŭm* 'con' e *păti* 'patire, sopportare'; 1319] **A** **v. tr.** (*io compatisco, tu compatìsci*) **1** Sentire o manifestare compassione: *lo compatisco per ciò che gli è accaduto.* **SIN.** Commiserare, compassionare, compiangere. **2** Considerare con indulgenza, scusare, perdonare: *è necessario c. la loro inesperienza.* **3** Considerare con superiorità, con disprezzo: *è solito c. tutti con altezzoso sussiego* | ***Farsi c.***, esporsi alle critiche o al sarcasmo altrui. **B** **v. intr.** (aus. *avere*) ● (*raro, lett.*) Provare compassione: *non dovete pensare che io non compatisca all'infelicità umana* (LEOPARDI). **C** **v. rifl. rec.** ● (*fam.*) Tollerarsi: *non possono compatirsi.* || **PROV.** Meglio essere invidiati che compatiti.

compatrióta o (*pop.*) †**compatrióto**, **compatrióotta**, (*pop.*) †**compatriótto** [vc. dotta, lat. tardo *compatriōta(m)* (V. *patriota*), calco sul gr. *sympatriōtēs*; 1300 ca.] **s. m.** e **f.** (**pl. m.** *-i*) ● Chi è della medesima patria. **SIN.** Compaesano, connazionale.

compatróno [lat. tardo *compatrōnu(m)*, comp. di *cŭm* 'con' e *patrōnus* 'patrono'; 1865] **s. m.** (**f.** *-a*) ● Santo patrono insieme con un altro | Patrono di beneficio ecclesiastico insieme con un altro.

compattàbile **agg.** ● Che può essere compattato: *involucro, confezione c.*

compattaménto [1985] **s. m.** ● Il compattare o il compattarsi (*anche fig.*).

compattàre [da *compatto*; av. 1963] **A** **v. tr.** **1** Rendere qlco. compatto o più compatto, in modo che possa occupare uno spazio minore: *compattare i rifiuti urbani* | In varie tecnologie, congiungere più strettamente nelle sue varie parti un insieme | (*elab.*) Comprimere, spec. dati. **2** (*fig.*) Unire, rendere solidale: *la vittoria ha compattato gli alleati.* **B** **v. intr. pron.** ● Consolidarsi, unirsi strettamente (*anche fig.*).

compattatóre [da *compattare*, sul modello dell'ingl. *compactor*; 1983] **s. m.** **1** Grossa macchina a piastra vibrante, per costipare terreni e ghiaia. **2** Dispositivo per compattare rifiuti solidi.

compattazióne [1985] **s. f.** ● Operazione del compattare.

compattézza [av. 1826] **s. f.** **1** Caratteristica di ciò che è compatto: *la c. di un terreno* | (*fig.*) Concordia di idee, di sentimenti e sim.: *la c. di un gruppo di amici.* **2** ***Grado di c.***, rapporto fra il peso specifico apparente di una roccia e il suo peso specifico reale.

compàtto [vc. dotta, lat. *compāctu(m)*, part. pass. di *compĭngere* 'unire strettamente', comp. di *cŭm* 'con' e *pāngere* 'conficcare, piantare'; sec. XIV] **A** **agg.** **1** Unito strettamente nelle sue parti (*anche fig.*): *legno c.*; *roccia compatta*; *folla, massa compatta*; *un gruppo c.* **SIN.** Denso, spesso | (*est.*) Detto di ciò che ha forma essenziale e dimensioni ridotte: *un personal computer c.* **2** (*fig.*) Concorde nelle idee, nei sentimenti, nell'azione e sim.: *votarono compatti a favore del programma.* **3** (*ling.*) Detto del suono che caratterizza la pronuncia delle vocali aperte e delle consonanti velari e palatali. || **compattaménte**, **avv.** **B** **s. m.** **1** (*metall.*) Agglomerato di polvere ottenuto per compressione. **2** (*elettron.*) Impianto per la riproduzione sonora costituito da diversi componenti, alloggiato in un unico contenitore gener. di dimensioni ridotte.

†**compaziènte** [vc. dotta, lat. tardo *compatiĕnte(m)*, part. pres. di *cŏmpati*. V. *compatire*; sec. XIV] **agg.** ● Misericordioso.

†**compedìto** [lat. *compedītu(m)* 'legato', part. pass. di *compedīre*, da *cŏmpedes* 'ceppi'; sec. XIV] **agg.** ● (*lett.*) Messo ai ceppi. **SIN.** Schiavo.

compendiàbile [1983] **agg.** ● Che si può compendiare, riassumere.

compendiàre [vc. dotta, lat. *compendiāre*, da *compĕndium* 'compendio'; 1613] **A** **v. tr.** (*io compèndio*) **1** Ridurre in compendio: *c. una storia letteraria, un sistema filosofico* | Riassumere (*anche fig.*): *quell'opera compendia* (*in sé*) *il lavoro di molti anni.* **2** Esporre succintamente. **B** **v. intr. pron.** ● Riassumersi (*spec. fig.*): *la vita della signora ... si compendiava fra la sua casa ... la chiesa ... e quella tomba* (SVEVO).

compendiàrio [vc. dotta, lat. *compendiāriu(m)*, da *compĕndium* 'compendio'; av. 1729] **agg.** **1** (*lett.* o *raro*) Che si presenta in forma riassuntiva: *esposizione compendiaria.* **2** Nella tecnica pittorica, detto di stile che consiste nel ridurre l'immagine ai suoi tratti essenziali, senza descriverne i particolari.

compendiatóre [1684] **s. m.** (**f.** *-trice*) ● Chi fa un compendio, spec. di un'opera letteraria.

compèndio [vc. dotta, lat. *compĕndiu(m)* 'risparmio, abbreviazione, via più breve', da *compĕndere* 'pesare assieme'; av. 1349] **s. m.** **1** Riduzione o trattazione sintetica del contenuto di un testo, di un argomento, di una materia e sim.: *un c. di letteratura latina* | ***In c.***, (*fig.*) in breve, in succinto, in sostanza. **SIN.** Riassunto, sommario. **2** In paleografia, scrittura di una parola per sintesi dei segni alfabetici più significativi di essa. **3** (*fig.*) Sintesi di elementi diversi: *la vita è un c. di miserie.* || **compendiàccio**, **pegg.** | **compendiétto**, **dim.** | **compendino**, **dim.** | **compendiòlo**, **compendiuòlo**, **dim.** | **compendiùccio**, **dim.**

compendiosità [1865] **s. f.** ● (*raro*) Caratteristica di ciò che è compendioso.

compendióso [vc. dotta, lat. *compendiōsu(m)*, da *compĕndium* 'compendio'; sec. XIV] **agg.** **1** (*raro*) Breve, ristretto, conciso: *scritto, discorso, trattato c.* **2** †Corto, breve, detto di strada e sim. || **compendiosaménte**, **avv.**

compenetràbile [1865] **agg.** ● Che si può compenetrare.

compenetrabilità [1865] **s. f.** ● Caratteristica di ciò che è compenetrabile.

compenetràre [comp. di *con-* e *penetrare*; 1769] **A** **v. tr.** (*io compènetro*) **1** Detto di una sostanza, penetrare profondamente in qlco. fino a fondersi e a formare un tutto unico. **2** (*fig.*) Pervadere, colmare, occupare: *l'amore compenetrava di gioia il suo animo.* **B** **v. intr. pron.** ● (*fig.*) Essere pervaso, occupato da un sentimento e sim.: *compenetrarsi di dolore.* **C** **v. rifl. rec.** ● Penetrarsi a vicenda: *sono due sostanze che non si compenetrano.*

compenetrazióne [1749] **s. f.** ● Il compenetrare, il compenetrarsi (*anche fig.*): *c. di stili diversi* | (*fis.*) Fenomeno per cui le particelle di due sostanze solide penetrano le une nelle altre producendo una saldatura: *due cristalli uniti per c.*

compensàbile [av. 1667] **agg.** ● Che si può compensare.

compensabilità [1940] **s. f.** ● Caratteristica di ciò che è compensabile.

compensàre [vc. dotta, lat. *compensāre* 'mettere in contrappeso, equilibrare', comp. di *cŭm* 'con' e *pensāre* 'pesare'; 1321] **A** **v. tr.** (*io compènso*) **1** Dare un compenso per un lavoro fatto, per un servizio reso, per un danno subito e sim.: *c. qlcu. per l'opera compiuta*; *c. qlcu. del favore reso, della perdita sofferta*; *c. qlcu. in denaro, con un regalo* | (*est.*) Risarcire, ripagare (*anche fig.*): *la tua gentilezza mi compensa di tante amarezze.* **2** Stabilire una situazione di equilibrio, spec. fra elementi contrastanti: *la distruzione è compensata continuamente dalla produzione* (LEOPARDI); *compensa il suo scarso talento con una grande forza di volontà.* **3** Nelle attività subacquee, eseguire una forte espirazione tenendo chiusi naso e bocca per bilanciare la pressione che l'acqua esercita sui timpani. **B** **v. rifl. rec.** ● Equilibrarsi, bilanciarsi (*anche fig.*): *nella vita, dolori e gioie si compensano.*

compensatìvo [vc. dotta, lat. tardo *compensatīvu(m)*, da *compensāre* 'compensare'; 1673] **agg.** ● Che serve a compensare | ***Riposo c.***, periodo di astensione dal lavoro concesso al dipendente che ha effettuato in precedenza lavoro straordinario o ha svolto attività di pubblico interesse.

compensàto [1723] **A** **part. pass.** di *compensare*; anche **agg.** ● Nei sign. del v. **B** **s. m.**; anche **agg.** ● Materiale da falegnameria costituito da fogli sottili di legno incollati sotto forte pressione con le fibre perpendicolari, per resistere all'umidità e alle variazioni di temperatura.

compensatóre [sec. XIV] **A** **agg.** (**f.** *-trice*) ● Che compensa: *azione compensatrice* | (*fot.*) ***Bagno c.***, bagno di sviluppo che uniforma i fotogrammi di una stessa pellicola differenti tra loro a causa di una diversa esposizione. **B** **s. m.** **1** (**f.** *-trice*) (*raro*) Chi compensa. **2** (*mecc.*) Congegno negli strumenti di misura a vite e nelle macchine utensili per compensare l'errore apportato dal passo della vite. **3** (*elettr.*) Condensatore variabile di piccola capacità, solitamente associato a un condensatore di grande capacità per affinare il valore di quest'ultimo. **4** (*aer.*) Organo generalmente aerodinamico col quale il pilota equilibra un governo e il relativo comando per un dato regime di volo. **SIN.** Aletta compensatrice. **5** (*fis.*) Dispositivo che annulla l'effetto di una grandezza fisica mediante una grandezza opposta. **6** Parte del cronometro in cui si trova il bilanciere.

compensatòrio [av. 1869] **agg.** ● Di compensazione, che serve a compensare: *meccanismo c.*

compensazióne [vc. dotta, lat. *compensatiōne(m)*, da *compensāre* 'compensare'; av. 1332] **s. f.** **1** Raggiungimento di una situazione di equilibrio, spec. tra elementi contrastanti (*anche fig.*). **2** (*dir.*) Estinzione di crediti e debiti reciproci: *c. giudiziale, legale, volontaria* | ***C. generale***, clearing. **3** Nelle immersioni subacquee, espirazione forzata con naso e glottide chiusi effettuata per equilibrare la pressione interna e quella esterna dell'acqua sul timpano.

♦**compènso** [da *compensare*; 1313] **s. m.** **1** Corrispettivo del lavoro svolto, dell'opera eseguita, del servizio reso e sim.: *c. in denaro, in natura*; *avere diritto a un c.*; *dare, ricevere il c. pattuito.* **SIN.** Mercede, retribuzione. **2** (*fig.*) Risarcimento, ammenda, riparazione: *La sua giovialità m'era largo c.* (FOSCOLO). **3** (*fig.*) Ciò che ristabilisce un equilibrio, bilancia una differenza e sim. | ***In, per c.***, d'altra parte, d'altro canto: *calvissimo, ma in c. enormemente barbuto* (PIRANDELLO).

cómpera o **cómpra** [da *comperare*; av. 1348] **s. f.** **1** Atto del comprare: *fare compere per la casa.* **SIN.** Acquisto. **CONTR.** Vendita. **2** La cosa comprata: *una c. inutile.* **SIN.** Acquisto.

comperàbile ● V. *comprabile.*

†**comperaménto** ● V. †*compramento.*

♦**comperàre** ● V. *comprare.*

†**comperatóre** ● V. *compratore.*

competènte [vc. dotta, lat. tardo *competĕnte(m)*, part. pres. di *compĕtere* 'concordare', poi 'addirsi'; 1342] **agg.** **1** (*dir.*) Che ha competenza: *giudice, tribunale, organo c.*; *autorità c.* **2** Che ha la capacità, la preparazione e l'esperienza per compiere una data attività, svolgere un dato compito: *non è uno studioso c. di storia moderna*; *sono uomini competenti nel loro mestiere*; *è una persona c. a svolgere questa ricerca.* **SIN.** Esperto. **3** (*raro, lett.*) Adeguato, adatto, proporzionato: *facoltà competenti a sentire ciò che vuole dipingere* (FOSCOLO) | ***Mancia c.***, adeguata. || **competenteménte**, **avv.** Con competenza.

competènza [fr. *compétence*, da *compétent* 'competente'; 1619] **s. f.** **1** Caratteristica di chi è competente, preparato, esperto: *ha molta c. in letteratura.* **SIN.** Cognizione, perizia. **2** (*dir.*) Potere di emanare atti giuridici | Ambito territoriale o qualitativo entro il quale può agire un organo giurisdizionale o amministrativo: *la c. del Tribunale, del Consiglio di Stato* | ***C. funzionale***, determinata in ragione delle varie fasi del processo | ***C. per materia***, determinata in ragione della controversia oggetto del giudizio civile o amministrativo, o in relazione al titolo del reato o alla misura della pena irrogata dalla legge per il reato medesimo | ***C. per valore***, nel processo civile, determinata in relazione alla rilevanza economica dei beni controversi | ***C. per territorio***, determinata in ragione del luogo di consumazione del reato o di situazione dell'oggetto o di una parte della controversia civile o amministrativa. **3** (*est.*) Attinenza, spettanza: *l'argomento è di sua c.* **4** (*spec. al pl.*) Compenso, onorario: *le competenze del medico, dell'avvocato; liquidare le competenze.* **5** (*ling.*) Sistema di regole interiorizzate dai parlanti, che costituisce il loro sapere grammaticale, grazie al quale essi sono in grado di formare e comprendere un'infinità di frasi anche nuove. **6** †Gara, competizione: *Se non sei più forte, ... non venire in c. nemmeno colle ranocchie* (LEOPARDI).

compètere [vc. dotta, lat. *compĕtere* 'incontrarsi, coincidere, spettare, competere', comp. di *cŭm* 'con' e *pĕtere* 'dirigersi verso, cercare'; av. 1535] **v. intr.** (difett. del **part. pass.** e dei tempi composti) **1** Gareggiare, misurarsi con qlcu.: *c. per la vittoria finale.* **SIN.** Concorrere, contendere | (*fig.*) Rivaleggiare, confrontarsi: *Avevo assunto quel vizio per c. con mio padre* (SVEVO). **2** Rientrare nella competenza: *la cognizione di questo reato compete alla Corte d'Assise* | (*est.*) Riguardare, spettare: *questo non ti compete.* **3** (*tosc.*) Questionare, litigare.

competitività [1963] **s. f.** ● Caratteristica di chi (o di ciò che) è competitivo | Spirito di competizione | (*est.*) Capacità di un'impresa o di un prodotto di competere con la concorrenza.

competitivo [1943] **agg.** **1** Che è proprio della competizione: *spirito c.* | Che è impostato, fondato sulla competizione: *società competitiva.* **2** Capace di competere con la concorrenza: *prezzo c.; una squadra competitiva.* **3** (*sport*) Detto di gara al termine della quale viene stilata una classifica ufficiale dei concorrenti in base all'ordine di arrivo. || **competitivaménte**, **avv.**

competitóre [vc. dotta, lat. *competitōre(m)*, da *compĕtere* 'competere'; 1441] **s. m.** (f. *-trice*) ● Chi compete con altri in una gara, un concorso e sim. | ***Non avere competitori***, essere il primo, il più valente e sim. **SIN.** Concorrente, rivale.

competizióne [vc. dotta, lat. tardo *competitiō-ne(m)*, da *compĕtere* 'competere', forse attrav. il fr. *compétition*; 1441] **s. f.** **1** Contesa, confronto, concorrenza: *c. economica.* **2** Gara, incontro: *c. sportiva.*

compiacènte [av. 1712] **part. pres.** di *compiacere*; anche **agg.** **1** Condiscendente, cortese. **2** Che accorda facilmente favori, servizi e sim. di carattere illecito o sconveniente: *albergatore, donna c.* || **compiacenteménte**, **avv.** Con, per compiacenza.

compiacènza o †**complacènzia** [da *compiacere*; av. 1306] **s. f.** **1** Soddisfazione, piacere, che si prova per qlco.: *provare c. dei risultati ottenuti, nel fare del bene.* **SIN.** Compiacimento. **2** Desiderio di fare cosa grata agli altri: *nei contatti col prossimo è solito usare molta c.* | Cortesia, degnazione: *fu ricevuto per pura c.; abbi la c. di parlare più lentamente.* **3** †Adulazione.

compiacére [lat. *complacēre*, comp. di *cŭm* 'con' e *placēre* 'piacere'; 1312] **A** **v. intr.** (coniug. come *piacere*; aus. *avere*) (+ *a*) **1** Fare piacere, fare cosa grata, rendere un servizio a qlcu., soddisfare i desideri di qlcu.: *spero che compiacerai ai tuoi amici almeno in questo.* **SIN.** Condiscendere. **2** (*lett.*) Concedersi a un uomo: *una giovane ciciliana ... disposta per piccol pregio a c. a qualunque uomo* (BOCCACCIO). **B** **v. intr. pron.** **1** (+ *di*; + *per*; lett. + *in*; + *con* qlcu.; + *che* seguito da indic. o da congv.) Provare soddisfazione, piacere, per qlco.: *compiacersi del proprio successo; c'è da compiacersi per il rispetto degli accordi; E si compiacque nel pensiero di giungere all'albergo* (D'ANNUNZIO) | Rallegrarsi, congratularsi con qlcu.: *mi sono compiaciuto con lui dello scampato pericolo; si compiacevano con il collega per la sua promozione; mi compiaccio che hai molto da fare* (SVEVO); *Così dovete dire, e mi compiaccio, che lo diciate* (GOLDONI). **2** (+ *di* seguito da inf.) Degnarsi: *si compiacque di rivolgermi la parola.* **C** **v. tr.** **1** Assecondare, accontentare: *c. le richieste di qlcu.; c. i genitori, la propria vanità.* **SIN.** Appagare, contentare. **2** †Permettere, concedere, donare.

compiaciménto [sec. XIV] **s. m.** **1** Il compiacersi | Soddisfazione, piacere: *fu evidente il suo c.* **2** Rallegramento, congratulazione: *esprimere il proprio c. a qlcu.* **3** (*lett.*) Consenso.

compiaciùto [av. 1828] **part. pass.** di *compiacere*; anche **agg.** **1** Che prova compiacimento, soddisfazione. **SIN.** Contento. **2** Che rivela autocompiacimento: *stile c.; formalismo c.* || **compiaciutaménte**, **avv.**

♦**compiàngere** o †**compiàgnere** [lat. parl. **complàngere*, comp. di *cŭm* 'con' e *plăngere* 'piangere'; av. 1250] **A** **v. tr.** (coniug. come *piangere*) **1** Sentire o manifestare compassione: *è da c. per ciò che gli è accaduto; misera madre! di quanto io la compiango!* (ALFIERI). **SIN.** Commiserare, compassionare, compatire. **2** Sentire o manifestare compassione mista a disprezzo: *ti compiango per il comportamento che hai adottato.* **SIN.** Compatire. **B** **v. rifl.** ● Compiangere sé stesso. **C** **v. intr. pron.** ● (*raro, lett.*) Rammaricarsi: *se ne compianse e se ne sdegnò* (CARDUCCI).

compiànto [av. 1292] **A** **part. pass.** di *compiangere*; anche **agg.** **1** Nei sign. del v. **2** Detto di persona defunta: *il mio c. maestro.* **B** **s. m.** **1** Dolore, cordoglio, spec. manifestato da più persone insieme: *il c. della cittadinanza, della nazione; il c. che la sua morte aveva raccolto in tutto il paese* (PIRANDELLO). **2** †Pianto: *quivi le strida, il c., il lamento* (DANTE *Inf.* V, 35). **3** (*letter.*) Componimento di vario metro in cui il poeta si lamenta per una sventura e invita gli ascoltatori a imitarlo.

compicciàre [etim. discussa: da avvicinare a *spicciare* (?); 1865] **v. tr.** (*io compiccio*) ● (*tosc.*) Riuscire a concludere alla meglio (spec. in frasi limitative o negative): *c. poco, nulla.*

compiegàre [comp. di *con-* e *piegare*; av. 1827] **v. tr.** (*io compiègo, tu compièghi*) ● (*bur.*) Accludere qlco. a una lettera: *compiegò nella busta un importante documento.*

♦**cómpiere** [lat. *complēre* 'riempire, colmare', da *plēnus* 'pieno'; av. 1250] **A** **v. tr.** (**pass. rem.** *io compiéi*, più com. *compìi* da *compire*; **ger.** *compièndo*; **part. pass.** *compiùto*; le altre forme sono dal v. *compire*) **1** Portare a termine, realizzare, concludere qlco.: *c. gli studi, l'opera, il lavoro; c. un proposito, un voto, un sacrificio* | ***C. gli anni***, arrivare al giorno anniversario della propria nascita. **SIN.** Compire, finire, terminare. **2** Fare, eseguire, adempiere: *c. una buona, una cattiva azione; c. il proprio dovere.* **SIN.** Assolvere, effettuare. **3** †Riempire. **B** **v. intr.** e **intr. pron.** (aus. *essere*) ● Realizzarsi, adempiersi, avverarsi: *tutte le tue previsioni si sono compiute.* **C** **v. intr.** (aus. *avere*) ● †Adempiere, soddisfare a un dovere e sim.

compièta (o *-é-*) [lat. mediev. (*hōram*) *complē-ta(m)* 'ora che compie, conclude la giornata'; av. 1306] **s. f.** **1** (*relig.*) Ultima delle ore canoniche dell'ufficio divino: *poi c. sto a vegghiare* (JACOPONE DA TODI) | (*lett.*) ***Dall'alba a c.***, tutto il giorno | ***Giungere, essere a c.***, (*fig.*) al termine di qlco.; (*est.*) alla fine della vita. **2** †Sera.

compilàre [vc. dotta, lat. *compilāre* 'saccheggiare, far bottino', comp. di *cŭm* 'con' e *pilāre* 'ammucchiare'; 1308] **v. tr.** (*io compìlo*) **1** Riempire utilizzando in sequenza una serie di dati ed elementi: *c. un modulo, una tabella, uno specchietto, un assegno* | Comporre uno scritto raccogliendo, ordinando ed elaborando materiale tratto da fonti diverse: *c. una cronaca, una biografia, un trattato, un vocabolario, una grammatica.* **SIN.** Redigere, stendere. **2** (*raro, lett.*) Scrivere, narrare. **3** (*elab.*) Ottenere un programma oggetto per mezzo di un compilatore. **4** †Avvolgere intorno alla conocchia.

compilation /kompi'leʃʃon, *ingl.* ˌkɒmpɪ'leɪʃn/ [vc. ingl., propr. 'compilazione, raccolta'; 1983] **s. f. inv.** ● Raccolta antologica, spec. di brani musicali di successo, in un unico disco o musicassetta.

compilativo [1847] **agg.** ● Che è frutto di un lavoro di compilazione o è realizzato con l'utilizzo di materiale non originale: *testo, volume c.*

compilatóre [vc. dotta, lat. tardo *compilatōre(m)* 'spogliatore', da *compilāre*. V. *compilare*; av. 1388] **A** **s. m.** (f. *-trice*) ● Chi compila. **B** **s. m.**; anche **agg.** ● (*elab.*) Programma che traduce in codice macchina le istruzioni scritte in un linguaggio simbolico, in modo che il programma oggetto risultante possa essere letto ed eseguito dall'elaboratore.

compilatòrio [1790] **agg.** ● Compilativo.

compilazióne [vc. dotta, lat. *compilatiōne(m)*, da *compilāre*. V. *compilare*; 1351] **s. f.** **1** Il compilare, il venire compilato: *la c. di un manuale; opera di c.* **2** Opera compilata: *una c. ben fatta.* || **compilazionàccia**, **pegg.** | **compilazioncèlla**, **dim.**

compiménto [da *compire*; 1211] **s. m.** **1** Adempimento: *è morto nel c. del dovere* | Realizzazione, conclusione: *il c. di un'opera* | ***Condurre, portare a c.***, condurre a termine. **SIN.** Fine. **2** (*raro, lett.*) Appagamento.

♦**compire** o †**complire** (2) [V. *compiere*; 1272] **v. tr.**, **intr.** e **intr. pron.** (*io compisco, tu compisci*; aus. intr. *essere*, †*avere*) ● Compiere.

compitàre [lat. *computāre* 'contare', comp. di *cŭm* 'con' e *putāre* 'calcolare, contare'; 1300 ca.] **v. tr.** (*io cómpito* (o *-ò-*)) **1** Pronunciare le parole lentamente, separando i singoli suoni o le sillabe. **SIN.** Sillabare | (*est.*) Leggere stentatamente e con frequenti errori. **2** †Contare, computare.

compitazióne [lat. *computatiōne(m)*, da *computāre* 'compitare'; av. 1729] **s. f.** ● Il compitare: *esercizi di c.; c. telefonica.* **SIN.** Spelling.

compitézza [da *compito* (2); av. 1642] **s. f.** **1** Cortesia, urbanità di modi: *trattare qlcu. con c.; mostrare c. verso qlcu.* **2** †Compiutezza.

♦**cómpito** (1) (o *-ò-*) [da *compitare*; 1566] **s. m.** **1** Lavoro da eseguire: *ha sbrigato il suo c. in un tempo inferiore a quello stabilito.* **2** Incarico, dovere, mansione: *avete il c. di resistere* | Funzione caratteristica di qlco.: *esso è il pensiero e ... sarebbe suo c. di manifestarsi* (SVEVO). **3** Esercizio scolastico, spec. scritto, da svolgere a casa o a scuola: *il c. di italiano, di matematica; c. in classe; compiti per casa; oggi ho pochi compiti; fare, finire i compiti.* **4** †Computo, calcolo. || **compitàccio**, **spreg.** | **compitino**, **dim.** (V. nota d'uso ACCENTO).

♦**compito** (2) [av. 1276] **part. pass.** di *compire*; anche **agg.** **1** Nei sign. del v. | (*lett.*) Compiuto. **2** Pieno di garbo, ben educato: *un ragazzo c.; maniere compite.* **3** (*lett.*) Intero, adeguato: *c. dolore.* || **compitaménte**, **avv.** **1** †Completamente. **2** Gentilmente: *salutare compitamente* (V. nota d'uso ACCENTO).

†**compitóre** [sec. XIV] **s. m.**; anche **agg.** ● Chi (o Che) compie.

compiutézza [av. 1915] **s. f.** ● Caratteristica di ciò che è compiuto. **SIN.** Completezza | Perfezione.

compiùto [av. 1250] **part. pass.** di *compiere*; anche **agg.** **1** Nei sign. del v. | ***Mettere qlcu. di fronte al fatto c.***, a un fatto definitivo, che non si può più modificare. **2** (*lett.*) Perfetto, completo. || **compiutaménte**, **avv.**

†**complacènzia** ● V. *compiacenza.*

complanàre [comp. di *con-* e del lat. *plānus* 'piano', con suff. agg.; 1950] **A** **agg.** **1** (*mat.*) Detto di figure geometriche giacenti su un medesimo piano. **2** Detto di strada di grande comunicazione che, costruita accanto a un'altra della stessa specie, ne segue lo stesso percorso con funzioni complementari di svincolo, raccordo e sim. **B** **s. f.** ● Strada complanare: *imboccare la c. della tangenziale di Bologna.*

complanarità [1956] **s. f.** ● (*mat.*) Proprietà di ciò che è complanare.

♦**compleànno** [sp. *cumpleaños*, comp. di *cumplir* 'compiere' e *año* 'anno'; 1740 ca.] **s. m.** ● Giorno anniversario della nascita: *il mio c. è il 23 febbraio; festeggiare il c. di qlcu.; fare a qlcu. gli auguri per il c.* **SIN.** Genetliaco, natalizio.

complementàre [1802] **agg.** **1** Che serve di complemento: *disposizione c.; nozioni complementari; corso universitario c.* **SIN.** Accessorio, secondario. **2** (*fis.*) ***Colori complementari***, due colori che, opportunamente miscelati, danno il bianco. **3** (*mat.*) ***Angoli complementari***, angoli la cui somma dà un angolo retto | ***Insieme c. d'un sottoinsieme***, rispetto a un insieme, collezione degli elementi che appartengono all'insieme, ma non al sottoinsieme. ➡ **ILL. geometria.** **4** (*econ.*) ***Beni complementari***, che si completano e vanno usati congiuntamente, per cui l'aumento nella domanda di uno si accompagna all'aumento nella domanda dell'altro, o degli altri. **5** Detto di francobollo emesso per completare il valore mancante in una serie. **6** ***Imposta c.***, imposta progressiva sul reddito introdotta nel 1927; nel 1974 sostituita dall'IRPEF. || **complementarménte**, **avv.**

complementarità, (*evit.*) **complementarietà** [1950] **s. f.** ● Caratteristica, proprietà di ciò che è complementare.

complementazióne [ingl. *complementation*, da *complement* 'complemento'] s. f. ● (*mat.*) Operazione consistente nel sostituire un insieme con il suo complemento.

compleménto [vc. dotta, lat. *complemĕntu(m)*, da *complēre* 'riempire'; 1619] s. m. **1** Elemento che, aggiunto ad altri, serve a rendere completo un tutto: *l'arte è il c. ... del vero* (NIEVO). **2** (*mat.*) Il complesso degli elementi di un insieme che non sono compresi in un suo dato sottoinsieme | Ciò che manca per avere il tutto | ***C. di un angolo***, angolo adiacente al dato e tale che la somma di esso e dell'angolo dato sia un angolo retto. **3** (*mil.*) Insieme dei militari che servono a completare le unità dell'esercito all'atto della mobilitazione e successivamente a rimpiazzare le perdite: *ufficiale, sottufficiale di c.* **4** (*ling.*) Parte della proposizione che completa il senso delle altre parti determinandone le relazioni: *c. di termine, d'agente.*

complessàre (**1**) [da *complesso* (*2*)] v. tr. (*io complèsso*) ● (*chim.*) Provocare la formazione di un complesso.

complessàre (**2**) [da *complesso* (*3*)] **A** v. tr. (*io complèsso*) ● (*psicol.*) Far nascere in qlcu. uno o più complessi. **B** v. intr. pron. ● (*fam.*) Crearsi un complesso o sentirsi eccessivamente imbarazzato.

complessàto [da *complesso* (*3*); 1963] agg.; anche s. m. (f. *-a*) ● (*psicol.*) Che (o Chi) è affetto da un complesso | (*est.*) Che (o Chi) è molto ansioso, introverso, turbato da complessi.

complessazióne [da *complesso* (*2*); 1983] s. f. ● (*chim.*) Reazione chimica in cui si forma un complesso da uno ione positivo metallico e da un certo numero di molecole neutre o di ioni negativi, detti leganti.

†**complessionàle** [sec. XIV] agg. ● Della complessione.

complessionàto [av. 1292] agg. **1** (*raro*) Che ha una data complessione | ***Bene c.***, robusto | ***Male c.***, debole. **2** †Disposto, formato: *parte di materia complessionata d'un'altra maniera* (BRUNO).

complessióne [vc. dotta, lat. *complexiōne(m)*, da *complĕcti* 'abbracciare, comprendere'; av. 1300] s. f. **1** Costituzione fisica: *essere di c. debole, robusta, gracile.* SIN. Corporatura. **2** (*lett.*) Carattere, indole. **3** †Essenza costitutiva, natura di una cosa. **4** (*ling.*) †Simploche. || **complessioncèlla**, dim. | **complessioncìna**, dim. | **complessionùccia**, dim.

complessità [fr. *complexité*, da *complexe* 'complesso (1)'; 1865] s. f. **1** Caratteristica di ciò che è complesso: *la c. di una questione.* **2** (*mat.*) Caratteristica di un sistema il cui comportamento globale non può essere determinato dalla somma dei comportamenti delle singole variabili, a causa del numero troppo elevato di queste, e il cui studio necessita di un modello semplificato.

complessìvo [vc. dotta, lat. tardo *complexī-vu(m)*, 'copulativo, complessivo', da *complĕcti* 'abbracciare'; 1673] agg. ● Che riguarda qlco. considerata nel suo insieme: *studio c. delle opere di un autore; visione complessiva della situazione politica; ha formulato un giudizio c. degli ultimi avvenimenti.* SIN. Generale, globale | Totale: *la spesa complessiva.* || **complessivaménte**, avv. Nell'insieme, in tutto.

♦**complèsso** (**1**) [vc. dotta, lat. *complĕxu(m)*, part. pass. di *complĕcti* 'abbracciare'; av. 1400] agg. **1** Che risulta dall'unione di varie parti o di diversi elementi: *organismo, reato, sistema c.*; *fattispecie complessa* | (*ling.*) ***Proposizione complessa***, non formata dai soli soggetto e predicato. **2** (*est.*) Che si manifesta sotto molteplici aspetti: *l'uomo è una creatura complessa* | (*est.*) Complicato, difficile da comprendere: *concetto, ragionamento c.*; *idee complesse.* CONTR. Semplice. **3** (*raro*) Robusto: *una donna di corporatura complessa.* **4** (*mat.*) Detto di ente matematico il cui campo di riferimento è quello dei numeri complessi | ***Piano c.***, rappresentazione dei numeri complessi in un piano cartesiano. || **complessaménte**, avv.

♦**complèsso** (**2**) [vc. dotta, lat. *complĕxu(m)* 'l'abbracciare, lo stringere'. V. precedente; av. 1533] s. m. **1** Insieme di più parti o elementi che costituiscono una totalità: *c. delle idee, delle manifestazioni, delle leggi, degli individui* | ***In, nel c.***, nell'insieme, in generale. **2** Insieme organico di edifici, impianti, servizi e sim. destinati ad una determinata funzione: *c. metallurgico*; *c. ospedaliero, scolastico*; *c. residenziale.* **3** Gruppo di cantanti o di musicisti: *c. corale, strumentale.* **4** (*chim.*) Composto, gruppo atomico, ione che contiene un atomo, gener. metallico, o uno ione, unito, mediante legami di coordinazione, con un numero definito di ioni, gruppi atomici o molecole in modo da formare un insieme di atomi o uno ione che mantiene la sua identità anche in soluzione | ***C. vitaminico***, gruppo di vitamine che hanno lo stesso principio attivo: *c. vitaminico B.* **5** (*mat.*) Insieme di simplessi che costituisce una generalizzazione del concetto di poliedro. **6** (*raro, lett.*) Amplesso: *gli avuti con Ruggier complessi / ... avrà ne l'alma eternamente impressi* (ARIOSTO). || **complessìno**, dim.

complèsso (**3**) [dal ted. (*psychischer*) *Komplex* 'complesso psichico'. V. precedente; 1910] s. m. **1** (*psicol.*) Insieme organizzato di rappresentazioni e ricordi, in parte o completamente inconsci, dotati di un'intensa carica affettiva, che possono determinare conflitti o disturbi: *c. di inferiorità, di colpa* | ***C. di Edipo***, la terza fase dello sviluppo psicosessuale, durante la quale i bambini nutrono amore per il genitore del sesso opposto e gelosia verso quello dello stesso sesso. **2** (*est.*) Correntemente, ossessione, idea fissa, motivo persistente di preoccupazione o molestia: *mio padre ha il c. della vecchiaia*; *Claudia ha il c. d'esser grassa* | ***Avere un c., avere dei complessi***, essere timido, timoroso degli altri, sentirsi inferiore | ***Senza complessi***, detto di chi si comporta con naturalezza, senza esitazioni.

completàbile [1905] agg. ● Che può essere completato.

completaménto [1812] s. m. ● Il completare, il venire completato | Ciò che rende completo: *il c. di un'opera divulgativa.*

♦**completàre** [fr. *compléter*, da *complet* 'completo'; 1798] v. tr. (*io complèto*) ● Aggiungere ciò che manca a qlco. per renderla completa; portare a termine: *c. una serie, un'opera, una costruzione* | ***C. l'opera***, (*iron.*) fare un ultimo danno in una situazione già compromessa.

completézza [1912] s. f. ● Caratteristica di ciò che è completo: *la c. di una raccolta, di una biblioteca* | ***C. sintattica***, in logica matematica, proprietà di un sistema formale in cui ogni formula del sistema è dimostrabile o confutabile al suo interno | ***C. semantica***, proprietà di un sistema formale in cui ogni formula valida è un teorema.

completìvo [vc. dotta, lat. tardo *completīvu(m)*, da *complētus* 'completo'; 1300 ca.] agg. ● (*raro*) Che serve a completare | (*gramm.*) ***Proposizione completiva***, proposizione oggettiva o soggettiva.

♦**complèto** [vc. dotta, lat. *complētu(m)*, part. pass. di *complēre* 'riempire'; av. 1306] **A** agg. **1** Compiuto in tutte le sue parti, che ha tutti gli elementi considerati necessari: *un trattato, un elenco c.*; *ti ho fatto un quadro c. della situazione* | Totale: *procedevamo nella più completa oscurità* | In logica matematica, che ha la proprietà della completezza. **2** Completamente occupato, che non dispone più di posti liberi: *teatro, stadio c.*; *autobus c.*; *vettura completa.* **3** Detto di chi è dotato di tutte le qualità necessarie per svolgere un'attività: *un ginnasta, un pianista, un attore c.* **4** Assoluto, totale: *ho completa fiducia in lui* | (*iron.*) Integrale, perfetto: *è un c. idiota.* || **completaménte**, avv. Compiutamente, in tutte le parti. **B** s. m. **1** Condizione di ciò che è occupato in ogni suo posto: *la commedia fa il c. ogni sera* | ***Al c., al gran c.***, con tutti i posti occupati, o con la presenza di tutti i partecipanti, membri e sim.: *l'albergo è al c.*; *l'assemblea è al c.*; *è arrivata tutta la famiglia, al gran c.* **2** Insieme di capi di vestiario coordinati | Abito maschile composto di tre pezzi, e cioè giacca, gilet e pantaloni | ***C.*** (***a giacca***), abito femminile composto da un abito e da una giacca: *c. estivo, primaverile* | Gruppo di indumenti usati per svolgere una particolare attività sportiva: *c. da sci, da tennis.* **3** Insieme di accessori studiati per un determinato abbigliamento | Insieme di oggetti per un uso determinato: *c. da toeletta.* **4** Concorso ippico comprendente dressage, cross e salto a ostacoli. || **completìno**, dim.

†**complèttere** [vc. dotta, lat. tardo *complĕctere*, per il classico *complĕcti* 'abbracciare', comp. di *cŭm* 'con' e *plĕctere* 'intrecciare'; av. 1527] v. tr. ● Comprendere, includere: *io completto ed ordino un paio di sillogismi in questa maniera* (BRUNO).

complicànza [av. 1850] s. f. ● (*med.*) Complicazione.

complicàre [vc. dotta, lat. *complicāre* 'piegare, avvolgere', comp. di *cŭm* 'con' e *plicāre* 'piegare'; 1584] **A** v. tr. (*io còmplico* o *cómplico, tu còmplichi* o *cómplichi*) **1** Rendere intricato, confuso, difficile da comprendere o da risolvere: *c. una situazione, un discorso*; *ha il vizio di c. sempre le cose.* CONTR. Semplificare. **2** †Unire insieme. **B** v. intr. pron. ● Divenire difficile e problematico: *il problema si è complicato.* CONTR. Semplificare.

complicatézza [1818] s. f. ● (*raro*) Complicazione.

♦**complicàto** [1499] part. pass. di *complicare*; anche agg. ● Difficile, intricato, confuso | ***Un individuo c.***, difficile da affrontare e da capire, che ha e pone continui problemi. CONTR. Semplice. || **complicataménte**, avv.

complicazióne [vc. dotta, lat. tardo *complicatiō-ne(m)*, da *complicāre*. V. *complicare*; 1614] s. f. **1** Il complicare | Difficoltà spec. imprevista che rende difficoltosa l'attuazione di qlco.: *creare complicazioni*; *se non ci saranno complicazioni partiremo domani.* **2** Caratteristica di ciò che è complicato | (*spec. al pl.*) Tormento, contrasto interiore: *è una ragazza semplice, senza tante complicazioni.* **3** (*med.*) Evento anomalo, aggravante di una malattia. SIN. Accidente, complicanza. **4** (*lett.*) Intrico, viluppo: *complicazioni di tende, di veli.*

còmplice o **cómplice** [vc. dotta, lat. tardo *cŏm-plice(m)*, dalla stessa radice di *plĕctere* 'intrecciare'; sec. XIV] **A** s. m. e f. **1** Chi prende parte con altri ad azioni disoneste o illecite: *il c. di un furto, di un delitto*; *i complici fuggirono lasciandolo solo.* SIN. Connivente, correo. **2** (*est.*) Compagno in una burla, in uno scherzo e sim. **3** (*fig.*) Persona o elemento determinante nel verificarsi di un evento: *c. nel loro incontro è stata la passione per l'arte.* **B** agg. **1** Che favorisce: *protesse delle sue complici ombre l'amore della vergine* (D'ANNUNZIO); *i ladri sono riusciti a fuggire, c. l'oscurità.* **2** Che rivela complicità: *gesto, sguardo c.*

complicità [fr. *complicité*, da *complice* 'complice'; 1619] s. f. ● Partecipazione, insieme ad altri, ad azioni disoneste o illecite: *la sua c. è dimostrata*; SIN. Connivenza, correità | (*fig.*) Aiuto, favore: *fuggirono con la c. delle tenebre.*

complimentàre [sp. *cumplimentar*, da *cumplir* 'compiere (voti e auguri)', dal lat. *complēre* 'compiere'; av. 1571] **A** v. tr. (*io compliménto*) ● Fare dei complimenti: *è stato molto complimentato per la sua impresa* | Ossequiare, riverire. **B** v. intr. pron. ● Congratularsi: *tutti si complimentano con i vincitori.*

♦**compliménto** [sp. *cumplimiento*. V. *complimentare*; 1547] **A** s. m. **1** Atto, parola, espressione di ammirazione, rispetto, congratulazione, cortesia e sim.: *fare un c. a qlcu.*; *ricevere un c.*; *farsi i complimenti*; *accogliere qlcu. con molti complimenti* | ***Per c.***, per pura cortesia | ***Visita di c.***, di cortesia | (*antifr.*) Atto, parola offensiva o poco cortese: *non gli ha certo fatto un c.*; *ma che bel c.!* **2** (*al pl.*) Espressioni o atti improntati a una cortesia spec. convenzionale o affettata | ***Fare complimenti***, fare cerimonie, usare molti riguardi; (*est.*) ostentare ritegno, timidezza e sim. | ***Senza complimenti, senza tanti complimenti***, in modo sbrigativo, senza troppi riguardi | ***Non fare complimenti***, comportarsi in modo piuttosto brusco, senza usare troppi riguardi. SIN. Cerimonia. **3** (*merid.*) Rinfresco. **4** (*teat.*) Breve saluto, in prosa o in versi, indirizzato un tempo al pubblico da uno degli attori. **B** al pl. in funzione di inter. **1** Si usa come formula di rispettoso e ossequioso omaggio. **2** Esprime compiacimento, ammirazione, apprezzamento e sim.: *complimenti! hai fatto una figurona!*; (*anche antifr.*): *guarda che pasticcio hai combinato: complimenti!* || **complimentàccio**, pegg. | **complimentìno**, dim. | **complimentùccio**, dim.

complimentóso [1680] agg. **1** Che fa molti complimenti: *l'amico giunse tutto allegro e c.* | Cerimonioso: *un uomo troppo c.* **2** Che si fa, si dice, per complimento: *parole complimentose.* SIN. Cerimonioso, ossequioso. || **complimentosaménte**, avv.

†**complìre** (**1**) [sp. *cumplir*. V. *complimentare*; av. 1566] v. intr. ● Fare complimenti.

†**complìre** (**2**) [V. *compiere*; 1618] **A** v. tr. e intr.

1 V. *compire.* *2* †Soddisfare, adempiere. **B** v. intr. impers. ● Essere utile, giovare.

complottàrdo [da *complotto*, col suff. *-ardo*; 1985] **A** s. m. (f. *-a*) *1* (*iron.*) Chi ordisce complotti, congiure, intrighi. *2* Chi tende a vedere ovunque dei complotti. **B** anche agg.

complottàre [fr. *comploter*, da *complot* 'complotto'; 1812] **A** v. intr. (*io complòtto*; aus. *avere*) *1* Fare un complotto: *c. contro qlcu.* SIN. Congiurare, cospirare. *2* (*est.*) Parlare a voce bassa, in segreto: *le due bambine complottavano tra loro.* **B** v. tr. ● Tramare, ordire: *c. una burla; che cosa state complottando?*

complottismo [da *complott(o)* con il suff. *-ismo*; 1986] s. m. *1* L'attività di chi organizza complotti, spec. politici. *2* Tendenza a immaginare complotti dietro ogni evento. CFR. Dietrologia.

complottìstico [1989] agg. (pl. m. *-ci*) ● (*raro*) Relativo a complotto o a complottismo.

complòtto [fr. *complot*, in orig. 'folla, riunione di persone', di etim. incerta; 1679] s. m. ● Congiura, intrigo, organizzati segretamente ai danni di qlcu.: *c. militare; c. contro lo Stato; organizzare, ordire, sventare un c.*

complùvio [vc. dotta, lat. *complŭviu(m)*, da *plŭvia* 'pioggia'; 1499] s. m. *1* (*edil.*) Linea di incontro di due falde del tetto, in cui confluiscono le acque piovane. SIN. Conversa (2). *2* (*archeol.*) Nella casa romana, apertura nel soffitto dell'atrio, attraverso cui entrava la luce e l'acqua piovana, che si raccoglieva nell'impluvio.

componèndo [gerundio di *comporre*; 1865] s. m. ● (*mat.*) Proprietà delle proporzioni, per cui la somma dei due primi termini sta al secondo come la somma degli ultimi due sta all'ultimo.

♦**componènte** [1308] **A** part. pres. di *comporre*; anche agg. *1* Nei sign. del v.: *i senatori componenti la commissione.* *2* (*est.*) Che fa parte di un insieme, che entra in un miscuglio. **B** s. f. ● Elemento che concorre alla formazione di un insieme o di una struttura astratta: *le componenti del pensiero di Hegel; il puntiglio è una c. del suo carattere.* **C** s. m. (anche f. nei sign. 1 e 2) *1* Chi fa parte di un gruppo specifico, di un organismo e sim.: *i componenti della giuria.* *2* Sostanza che entra a far parte di un miscuglio, di un composto e sim. SIN. Ingrediente. *3* (*mat.*) Sottoinsieme | ***C. di un vettore***, uno dei numeri o elementi che, moltiplicati per i rispettivi vettori della base e sommati, danno il vettore. *4* ***C. elettronico***, ogni realizzazione fisica di elementi tipici costituenti i circuiti elettronici. *5* (*autom.*) ***Componenti per auto***, tutto ciò che non viene fabbricato direttamente dal costruttore automobilistico (per es., gli articoli in gomma, le strumentazioni varie). *6* (*ling.*) Ciascuna delle parti costitutive di una grammatica: *c. semantico, c. sintattico.* *7* (*astron.*) Ciascuna delle due stelle che costituiscono una stella binaria.

componentìstica [1971] s. f. ● Il complesso delle attività e delle lavorazioni accessorie relative a una data attività industriale.

componentìstico [1983] agg. (pl. m. *-ci*) ● Della componentistica.

†**compónere** ● V. *comporre.*

compóngo ● V. *comporre.*

componìbile [dal lat. *compōnere* 'comporre'; 1584] **A** agg. *1* Che si può comporre | ***Mobile c.***, che si può unire o accostare a un altro così da ottenerne uno simile di dimensioni maggiori e spesso di uso molteplice. *2* (*mat.*) In algebra astratta, detto di elementi tali che esista il risultato d'una data operazione applicata a essi. **B** s. m. ● Mobile componibile: *acquistare i componibili per la cucina.*

componibilità [1971] s. f. ● Caratteristica di ciò che è componibile.

componiménto [dal lat. *compōnere* 'comporre'; av. 1294] s. m. *1* (*raro*) Il comporre | Costituzione. *2* (*raro*) Accordo tra due o più persone, tesi e sim. in contrasto fra loro: *è necessario un c. della disputa.* SIN. Composizione. *3* Lavoro letterario o (*raro*) musicale: *c. poetico, teatrale.* *4* Composizione scritta per esercizio scolastico: *un c. in classe.* SIN. Tema. *5* †Compostezza, moderazione.

componìstico [dal ted. *Komponist* 'compositore'; 1964] agg. (pl. m. *-ci*) ● Che si riferisce alla composizione musicale: *metodi componistici.*

componitóre [1322] s. m. (f. *-trice*) *1* (*lett.*) Chi compone | Autore, spec. di opera letteraria: *io, della presente opera c.* (BOCCACCIO). *2* (*raro*) Chi concilia, mette d'accordo.

♦**compórre** o †**compónere** [lat. *compōnere*, comp. di *cŭm* 'con' e *pōnere* 'porre'; av. 1294] **A** v. tr. (coniug. come *porre*) *1* Mettere insieme varie parti perché formino un tutto organico: *c. dei fiori in un vaso.* *2* (nella forma passiva, preferibilmente + *da*) Costituire: *il consiglio direttivo è composto da* (o *di*) *cinque persone.* *3* Produrre, realizzare un'opera, spec. di carattere letterario o musicale (*anche assol.*): *avrei composte molte poesie, se io avessi saputo scrivere o in rima o in prosa in una lingua qual che si fosse* (ALFIERI); *Rossini smise di c. molto presto; c. al piano.* SIN. Scrivere. *4* Mettere in ordine, disporre in modo da produrre un effetto esteticamente gradevole: *c. la persona, i capelli, l'abbigliamento* | ***C. una salma***, prepararla per le esequie. *5* (+ *a*) (*lett.*) Atteggiare: *c. il viso a un'espressione di meraviglia.* *6* Mettere d'accordo due o più persone, tesi e sim. in contrasto fra loro: *c. due litiganti; c. le discordie; c. una vertenza.* *7* (*dir.*) Conciliare: *c. le parti* | ***C. una lite***, fare terminare una controversia giuridica mediante conciliazione delle parti. *8* (*tipogr.*) Mettere insieme i caratteri tipografici, sì da formare parole e righe. *9* †Decidere di comune accordo: *Compose con lui che … egli venisse* (BOCCACCIO). **B** v. intr. pron. (+ *di*) ● Essere formato, costituito: *la mia famiglia si compone di cinque persone; l'opera si compone di tre volumi.* **C** v. rifl. ● (*raro*) Assumere un atteggiamento corretto o composto.

comportàbile [da *comportare*; 1441] agg. *1* (*raro, lett.*) Che si può sopportare. *2* †Adatto, conveniente. ‖ **comportabilménte**, avv. *1* In modo sopportabile. *2* A seconda.

comportamentàle [1970] agg. ● Che riguarda il comportamento | ***Psicologia c.***, comportamentismo.

comportamentismo [da *comportamento* col suff. *-ismo*; creato sul modello dell'ingl.-amer. *behaviourism*; 1950] s. m. ● (*psicol.*) Teoria relativa all'analisi del comportamento che si limita all'esame dei dati osservabili del comportamento esterno, scartando l'introspezione o qualunque ipotesi sui processi psicologici interni. SIN. Behaviorismo.

comportamentista [1966] s. m. e f. (pl. m. *-i*) ● Seguace del comportamentismo.

comportamentìstico [1966] agg. (pl. m. *-ci*) ● Relativo al comportamentismo. SIN. Behavioristico.

♦**comportaménto** [da *comportare*; 1812] s. m. *1* Modo di comportarsi: *c. riprovevole, ingiustificabile, reticente, cauto;* SIN. Condotta | Modo di agire di un organismo animale o vegetale; modo di reagire a determinate condizioni da parte di sostanze o cose inanimate: *il c. di un gas, della fauna marina, delle stelle.* *2* (*psicol.*) Insieme delle azioni e reazioni di un organismo alle stimolazioni esterne e interne | ***Terapia del c.***, forma di psicoterapia basata sui principi del comportamentismo, in cui il terapeuta fissa gli obiettivi e valuta oggettivamente i risultati. | ***Teoria del c.***, comportamentismo.

♦**comportàre** [lat. *comportāre*, comp. di *cŭm* 'con' e *portāre* 'portare'; av. 1250] **A** v. tr. (*io compòrto*) *1* (*lett.*) Sopportare, tollerare: *chi può più comportar tanta sciagura?* (CAMPANELLA). *2* (*lett.*) Consentire, permettere: *la poesia non comporta imitazione* (PASCOLI). *3* Portare con sé come conseguenza, implicare: *uno studio come questo comporta un lungo lavoro di ricerca bibliografica.* **B** v. intr. pron. ● Agire in un certo modo: *non si è comportato bene verso di me; si è comportato da sciocco.* SIN. Condursi.

comportévole [sec. XIV] agg. ● (*raro, lett.*) Confacente, conveniente: *avea pigliato, non dirò perfettamente, ma in c. guisa, il mio partito* (PELLICO). ‖ **comportevolménte**, avv. (*raro*) In modo comportevole.

compòrto [da *comportare*; 1729] s. m. *1* (*dir.*) Dilazione fissata dalla consuetudine o da convenzioni che il creditore tollera per il pagamento: *c. di pochi giorni* | ***Periodo di c.***, tempo durante il quale il lavoratore dipendente, assente per malattia o infortunio, ha diritto alla conservazione del posto di lavoro. *2* (*ferr.*) Periodo di tempo che un treno ha l'obbligo di rispettare per l'attesa di un treno coincidente.

compósi ● V. *comporre.*

Compòsite o **Compòste** [dal lat. *compŏsitus* 'composto'; 1865] s. f. pl. (sing. *-a*) ● Nella tassonomia vegetale, famiglia di piante erbacee con infiorescenza a capolino e frutto ad achenio (*Compositae*). SIN. Asteracee. ➡ ILL. piante/9.

compositìvo [vc. dotta, lat. tardo *compositīvu(m)* 'che serve a unire', da *compōnere* 'comporre'; av. 1565] agg. *1* Che è compreso nella composizione di qlco.: *elemento c.* *2* Relativo alla composizione: *dal punto di vista c.* *3* †Sintetico, induttivo.

compòsito [vc. dotta, lat. *compŏsitu(m)*, part. pass. di *compōnere* 'comporre'; sec. XIV] **A** agg. ● Composto di diversi elementi: *scopo, stile c.* | ***Ordine c.***, ordine architettonico romano, in cui il capitello unisce alle volute di quello ionico le foglie d'acanto del corinzio | (*chim.*) ***Materiale c.***, detto di materiale con elevatissime prestazioni meccaniche, costituito da una matrice gener. polimerica e una fase dispersa fibrosa o particellare, usato nell'industria aereospaziale, in campo sportivo e sim. **B** s. m. *1* (*chim.*) Materiale composito. *2* Aereo in cui coesistono caratteristiche strutturali o funzionali proprie di più specie e sottospecie di aerei.

compositóio [da *composito*; 1681] s. m. ● (*tipogr.*) Lamina metallica con sezione a L su cui il compositore allinea i caratteri per formare le linee | Dispositivo analogo montato sulle macchine per comporre.

compositóre [vc. dotta, lat. *compositōre(m)*, da *compŏsitus* 'composito'; av. 1292] s. m. (f. *-trice* (V.)) *1* Chi compone | Autore, spec. di opera musicale. *2* Operaio tipografico addetto alla composizione | †Compositoio.

compositrìce [1964] **A** s. f. ● (*tipogr.*) Macchina per eseguire automaticamente la composizione tipografica. **B** anche agg. f.: *macchina c.; monotype c.*

†**compositùra** [vc. dotta, lat. *compositūra(m)*, da *compŏsitus* 'composito'; 1549] s. f. ● Composizione.

composizióne [vc. dotta, lat. *compositiōne(m)*, da *compŏsitus* 'composito'; 1282] s. f. *1* Il comporre | Formazione, costituzione di un insieme organico | (*mus.*) Arte e tecnica del comporre | Pezzo di musica: *una c. moderna* | Nelle arti figurative, distribuzione degli elementi di un quadro, di una scultura, di un'architettura, in vista di un effetto d'insieme | (*ling.*) Formazione di un'unità semantica a partire da elementi lessicali suscettibili di avere di per sé un'autonomia nella lingua. *2* (*tipogr.*) Coordinamento dei vari componenti grafici di uno stampato | L'operazione di accostare lettere e segni per formare parole e linee | ***C. a caldo***, in cui viene impiegato piombo fuso | ***C. a freddo***, in cui vengono impiegati sistemi fotografici, come la fotocomposizione | ***C. elettronica***, sistema di fotocomposizione in cui l'immagine dei caratteri è formata da un fascio di elettroni o da un laser | ***C. a mano***, con i caratteri mobili contenuti nella cassa | (*est.*) Il risultato di tale operazione: *c. interlineata, sterlineata.* *3* Testo scritto, spec. di carattere letterario o artistico in generale. *4* Componimento letterario per esercizio scolastico. SIN. Tema. *5* Modo in cui è formata una determinata struttura, un organismo e sim.: *la c. del consiglio direttivo* | (*chim.*) Natura e quantità dei singoli componenti di un miscuglio o di un composto. *6* (*mat.*) ***C. d'un numero naturale***, sequenza di numeri naturali la cui somma è il numero dato. *7* (*fis.*) ***C. di vettori***, determinazione della loro risultante | ***C. delle forze***, riduzione di un sistema di forze ad una risultante esercitante sul corpo la stessa azione | ***C. dei movimenti***, determinazione del moto risultante che si ottiene dall'insieme di due o più moti che animano contemporaneamente o successivamente un punto mobile. *8* Accordo, conciliazione tra due o più persone, tesi e sim. in contrasto fra loro: *la c. della lite fu molto difficile.* SIN. Componimento. ‖ **composizioncèlla**, dim. | **composizioncina**, dim. | **composizionùccia**, dim.

compossessióne [vc. dotta, lat. tardo *compossessiōne(m)*, nom. *compossĕssio*, comp. di *cŭm* 'con' e *possĕssio* 'possessione'; 1951] s. f. ● Compossesso.

compossèsso [comp. di *con-* e *possesso*; 1892] s. m. ● (*dir.*) Possesso in comune di una cosa da parte di più persone: *c. di un fondo.*

compossessóre [vc. dotta, lat. *compossessōre(m)*, nom. *compossēssor*, comp. di *cŭm* 'con' e *possēssor* 'possessore'; 1865] **s. m.** (f. *compossedītrice*) ● (*dir.*) Chi possiede qlco. insieme ad altri.

†**compossìbile** [comp. di *con-* e *possibile*; av. 1694] **agg.** ● Che è conciliabile o compatibile con altri fatti anch'essi possibili.

còmpos sùi [lat., 'padrone di sé'] **loc. agg.** (pl. lat. *compotes sui*) ● (*dir.*) Detto di soggetto pienamente capace di intendere e di volere.

compost /*ingl.* 'kɒmpɒst, -oust/ [vc. ingl., propr. 'composta' (V.); 1987] **s. m. inv.** ● Sostanza fertilizzante ottenuta mediante compostaggio.

compósta [f. sost. di *composto*; sec. XIV] **s. f.** *1* Conserva o marmellata di frutta cotta, con zucchero. *2* Materiale fertilizzante formato da letame, residui organici e terra stratificata, con aggiunta o meno di concimi chimici e liquami. **SIN.** Terricciato.

compostàggio [1980] **s. m.** ● Trattamento dei rifiuti a prevalente contenuto organico che permette di ottenere, mediante decomposizione biochimica, sostanze usate come fertilizzanti e sim.

compostàre [adattamento dell'ingl. *to compost* 'ridurre in concime organico (*compost*, dal fr. medio)'] **v. tr.** (*io compòsto*) ● Effettuare il compostaggio.

Compóste ● V. *Composite*.

compostézza [av. 1685] **s. f.** *1* Atteggiamento composto: *stare seduto con c.* | Contegno pieno di grazia, dignità e correttezza: *il suo terrore non può … farla uscire dalla natural c.* (MONTI). *2* (*fig.*) Modestia, decoro: *c. di costumi, di vita, di pensieri* | Ordine: *la c. di un luogo, di una stanza*.

compostièra [da *composta*; 1846] **s. f.** ● Coppa in ceramica, vetro e sim. destinata a contenere composte o marmellate di frutta.

♦**compósto** [av. 1294] **A part. pass.** di *comporre*; anche **agg.** *1* (+ *di*; + *da*) Costituito da varie parti o elementi: *un mosaico c. di* (o *da*) *tasselli*; *aveva un abito nero, tutto c. di merletti in mezzo* (D'ANNUNZIO); *un appartamento c. da* (o *di*) *tre locali più servizi*. *2* (assol.; + *a*) Che ha un atteggiamento ordinato, corretto, esteticamente gradevole e sim.; **CONTR.** Scomposto | (*fig., lett.*) Atteggiato: *con la bocca composta all'alterigia e allo sprezzo* (MANZONI). *3* (*mat.*) Detto di un insieme in relazione a sue parti | Detto di numero che non è primo. *4* (*ling.*) Detto di parola (ad es. *portapacchi*) contenente due o più morfemi lessicali e corrispondente a un'unità significativa. *5* (*chim.*) ***Corpo c.***, composto. *6* (*dir.*) ***Cosa composta***, quella costituita dalla materiale incorporazione di una cosa in un'altra così da formare una nuova entità. *7* (*bot.*) ***Fiore c.***, infiorescenza delle Composite | ***Foglia composta***, formata da più foglioline riunite su un picciolo comune | ***Frutto c.***, infruttescenza. *8* †Finto, falso. ‖ **compostaménte**, **avv.** **B s. m.** *1* Ciò che risulta dall'unione di più elementi. *2* (*chim.*) Prodotto della combinazione di due o più elementi chimici, nel quale non sono più ravvisabili le proprietà di ciascuno di detti elementi: *c. di addizione*, *c. di coordinazione*. *3* Compost.

compound /*ingl.* 'kɒmpaond/ [vc. ingl., 'composto'; 1980] **agg. inv.** ● Detto di motore a pistoni in cui i gas di scarico azionano una turbina che incrementa la potenza del motore stesso | Detto di dinamo e motori a corrente continua in cui l'eccitazione è costituita da un avvolgimento in serie e da un derivato in parallelo | Detto di motore a vapore, in cui il vapore agisce a più livelli di espansione: *locomotiva c.*

cómpra ● V. *compera*.

compràbile o **comperàbile** [1728] **agg.** ● Che si può comprare.

†**compraménto** o †**comperaménto** [sec. XIV] **s. m.** ● Compra.

♦**compràre** o **comperàre** [lat. *comparāre* 'procurare, raccogliere', comp. di *cŭm* 'con' e *parāre* 'preparare'; 1221] **v. tr.** (*io cómpro* o *cómpero*) *1* Acquistare qlco. pagandone il prezzo: *c. una casa, un podere*; *c. stoffe, grano, libri, cibi*; *c. qlco. a buon mercato, in contanti, a credito, all'asta, all'incanto*; *c. di prima, di seconda mano*; *c. per cinquecento euro*; *si è comprato la moto* | ***Vendere qlco. come s'è comprata***, (*fig.*) dire una cosa come ci è stata riferita | ***C. un giocatore***, nel calcio, ingaggiarlo, acquistarlo da un'altra società. **CONTR.** Vendere. *2* (*est.*) Acquistare con denaro qlco. che, per sua natura, non sarebbe suscettibile di acquisto: *c. un titolo nobiliare, una testimonianza, un posto* | (*est.*) Acquistare un essere umano come se fosse una merce: *non di schiava comperata* (L. DE' MEDICI) | (*est.*) Corrompere, spec. con denaro: *ha comprato il giudice*. *3* (*lett.*) Cercare, procurarsi, spec. qlco. che è considerato negativo: *c. brighe, liti* | (*lett.*) Scontare, pagare a caro prezzo: *si comprano pur cari certi piaceri!* (FOSCOLO). ‖ **PROV.** Chi disprezza compra.

compratóre o †**comperatóre** [lat. tardo *comparatōre(m)*, da *comparāre*. V. *comprare*; sec. XIII] **s. m.** (f. *-trice*) *1* Chi compra. *2* (*org. az.*) Chi, per professione, si occupa dell'approvvigionamento di merci e prodotti, spec. nel settore dell'abbigliamento. **SIN.** Acquirente, cliente. **CONTR.** Venditore.

compravéndere [comp. di *compra* e *vendere*; 1942] **v. tr.** (coniug. come *vendere*) ● Trasferire mediante compravendita: *c. un fondo, una casa*.

compravéndita [comp. di *compra* e *vendita*; 1857] **s. f.** ● (*dir.*) Contratto con cui si trasferisce la proprietà di una cosa in cambio di una somma di denaro | ***C. a termine***, impegno di cedere o di acquistare determinati titoli azionari a condizioni prestabilite ed a epoca determinata.

♦**comprèndere** [lat. *comprehĕndere*, comp. di *cŭm* 'con' e *prehĕndere* 'prendere'; av. 1294] **v. tr.** (coniug. come *prendere*) *1* Contenere, racchiudere, includere: *la seconda edizione del libro comprende alcuni capitoli nuovi*; *nel prezzo non sono comprese le tasse*; *fra gli invitati sono compreso anch'io?* *2* Afferrare, penetrare con la mente, capire: *benché prestasse attenzione non comprese le sue parole*; *cerca di c. quello che sto per dirti*; *vincere la materia è comprenderla* (LEVI) | (*lett.*) Percepire, scorgere. *3* Considerare con simpatia o indulgenza, scusare, giustificare: *bisogna c. la sua inesperienza*; *non si sente compreso dai genitori*. **SIN.** Capire, perdonare. *4* (*lett.*) Sopraffare, invadere, con riferimento a particolari stati psichici: *quella visione lo comprese di orrore*. *5* †Colpire, prendere | †Cogliere, sorprendere.

comprendìbile [da *comprendere*, sul modello di *comprensibile*; av. 1729] **agg.** ● (*raro*) Comprensibile.

comprendiménto [1300 ca.] **s. m.** ● (*lett.*) Comprensione.

comprendònio [da *comprendere*; 1536] **s. m.** ● (*fam., scherz.*) Capacità di comprendere, intelligenza: *essere duro, privo, di c.*

comprensìbile [vc. dotta, lat. *comprehensĭbile(m)*, da *comprehēnsus* 'compreso'; 1585] **agg.** ● Che si può comprendere: *finalmente ha tenuto una lezione c.*; *date le circostanze il suo atteggiamento è c.*; *è c. che si sia offeso*. ‖ **comprensibilménte**, **avv.**

comprensibilità [vc. dotta, lat. tardo *comprehensibilitāte(m)*, da *comprehensĭbilis* 'comprensibile'; 1745] **s. f.** ● Caratteristica di ciò che è comprensibile.

♦**comprensióne** [vc. dotta, lat. *comprehensiōne(m)*, da *comprehēnsus* 'compreso'; av. 1420] **s. f.** *1* (*lett.*) Il comprendere, il racchiudere: *allontanandoci …, cresce sempre la c. dell'emisfero ed il lume* (BRUNO). *2* Capacità di intendere, di penetrare con la mente: *la c. di questi concetti è fondamentale per gli studi futuri*. **SIN.** Intelligenza. *3* Capacità di considerare con indulgenza o simpatia sentimenti, opinioni, azioni altrui: *una persona piena di c.*; *la vostra c. lo ha molto aiutato*; *con i giovani ci vuole molta c.* **SIN.** Condiscendenza, tolleranza. *4* (*filos.*) La totalità degli attributi che un'idea include in sé e che non possono essere eliminati senza che l'idea stessa venga distrutta.

comprensìva [f. sost. di *comprensivo*; av. 1712] **s. f.** ● (*raro, lett.*) Facoltà di comprendere.

comprensività [1903] **s. f.** ● (*raro*) Capacità di includere, comprendere più cose o elementi.

♦**comprensìvo** [vc. dotta, lat. tardo *comprehensīvu(m)*, da *comprehēnsus* 'compreso'; av. 1565] **agg.** *1* Che comprende, raccoglie in sé più cose: *prezzo c. del servizio*. *2* Che possiede, dimostra, comprensione, indulgenza, tolleranza: *è molto c. nel giudicare gli altri*. **SIN.** Indulgente, tollerante. ‖ **comprensivaménte**, **avv.**

comprensoriàle [1970] **agg.** ● Relativo a comprensorio.

comprensòrio [dal lat. *comprehēnsus*, part. pass. di *comprehĕndere* 'comprendere'; 1806] **s. m.** *1* Territorio soggetto a bonifica, a trasformazione fondiaria e sim. *2* (*est.*) Regione, zona, territorio: *il c. savonese*.

compresènte [comp. di *con-* e *presente*; 1932] **agg.** ● Che è presente con altri.

compresènza [comp. di *con-* e *presenza*; 1957] **s. f.** ● Il fatto, la condizione di essere presente con altri.

compréso o †**comprìso** [av. 1292] **A part. pass.** di *comprendere*; anche **agg.** *1* Contenuto, racchiuso, incluso: *accessori compresi nel prezzo*: *compresi i nonni, siamo in otto* | ***Tutto c.***, considerando tutto, nell'insieme. *2* Capito, inteso: *una frase non ben compresa* | (*lett.*) Visibile: *sotto l'incerta e mal compresa luna* (ARIOSTO). *3* (*fig.*) Compenetrato, intimamente preso: *c. di meraviglia*; *c. della propria dignità* | Concentrato, completamente assorbito: *c. nella sua missione* | Intento, occupato: *è c. nella lettura* | (*raro, lett.*) Colpito da una malattia: *trovandosi egli allora c. dalla podagra* (BARTOLI). **B s. m.** ● †Estensione.

comprèssa [fr. *compresse*; 1828] **s. f.** *1* Pezza di garza ripiegata, usata per ricoprire le ferite. *2* Pastiglia di medicamento polverizzato e pressato. ‖ **compressìna**, **dim.**

comprèssi ● V. *comprimere*.

compressìbile [av. 1647] **agg.** ● (*fis.*) Detto di corpo il cui volume varia al variare della pressione: *gas c.*

compressibilità [1795] **s. f.** ● Proprietà dei corpi compressibili.

compressióne [vc. dotta, lat. *compressiōne(m)*, da *comprēssus* 'compresso'; 1342] **s. f.** *1* Il comprimere, il venire compresso | (*med.*) ***C. emostatica***, per frenare una emorragia | (*med.*) ***C. cerebrale***, stato morboso cerebrale per aumento improvviso della pressione endocranica. *2* (*fis.*) Riduzione di dimensioni di un corpo sotto l'azione di forze applicate alla superficie: *c. lineare*; *c. di volume*. *3* (*elab.*) Riduzione delle dimensioni di un file di dati mediante apposite routine: *c. dati*. *4* (*mecc.*) Nei motori a combustione interna, la fase in cui lo stantuffo, risalendo nel cilindro, comprime la miscela d'aria e carburante | ***Rapporto di c.***, rapporto tra i volumi che si determinano all'inizio e alla fine della corsa dello stantuffo. ‖ **compressioncèlla**, **dim.**

compressìvo [sec. XIV] **agg.** ● Che serve a comprimere: *fasciatura compressiva*.

comprèsso [1313] **part. pass.** di *comprimere*; anche **agg.** *1* Sottoposto a pressione: *aria compressa* | (*fig., raro*) Represso. *2* (*mecc.*) Detto spec. di motore a scoppio i cui cilindri sono stati modificati per sopportare una pressione maggiore del normale.

compressóre [da *compresso*; cfr. il lat. tardo *comprēssor*, genit. *compressōris* 'stupratore'; 1713] **A agg.** (f. *comprimitrice*) ● Che comprime: *muscolo c.*; *rullo c.*; *cilindro c.* **B s. m.** *1* Macchina in grado di esercitare una pressione conveniente su fluidi gassosi | Nei motori alternativi a combustione interna, dispositivo che immette l'aria a pressione superiore a quella atmosferica. *2* ***C. stradale***, rullo pesante a trazione animale o automotore, avente la funzione di esercitare una notevole pressione su terra e pietrisco nella costruzione delle massicciate stradali. **SIN.** Cilindratrice.

compressorìsta [1964] **s. m. e f.** (pl. m. *-i*) ● Operaio addetto a un compressore.

comprimàrio [comp. di *con-* e *primario*; av. 1927] **A s. m.** (f. *-a*) *1* Medico primario insieme con un altro. *2* Atleta che in una gara svolge un ruolo rilevante ma non da protagonista. *3* Ruolo del teatro d'opera esteso anche al teatro di prosa comprendente le parti che vengono per importanza subito dopo quelle dei protagonisti | ***Svolge un ruolo da c.***, (*fig.*) avere un ruolo di secondo piano in qlco. **B** anche **agg.**: *medico, atleta, attore c.*

comprìmere [vc. dotta, lat. *comprĭmere*, comp. di *cŭm* 'con' e *prĕmere* 'premere'; sec. XIII] **v. tr.** (pass. rem. *io comprèssi, tu comprimésti*; part. pass. *comprèsso*) *1* Sottoporre a pressione: *si comprimeva la ferita con la mano*. **SIN.** Premere, schiacciare. *2* (*fis.*) Sottoporre a compressione: *c. un gas, un fluido*. *3* (*elab.*) Ridurre le dimensioni di un file di dati mediante apposite routine di codifica. *4* (*fig.*) Contenere, reprimere, raffrenare: *c. una passione, un desiderio*; *c. le spese superflue*. *5* †Chiudere | †Possedere una donna.

comprimibile [1956] **agg.** ● Che si può comprimere (*anche fig.*).

comprimibilità [1956] **s. f.** ● (*fis.*) Compressibilità.

comprimitrice [da *comprimere* con il suff. *-trice*] **A agg.** ● F. di *compressore*. **B s. f.** ● Apparecchio per la produzione di compresse.

†**comprișo** ● V. *compreso*.

†**cómpro** [av. 1565] **A part. pass.** di *comprare*; anche **agg.** ● Comprato (*anche fig.*): *S'esser compra a tal prezzo indegna sono* (TASSO); *i compri onori* (PARINI). **B s. m.** ● Compra.

†**comprobàre** e *deriv.* ● V. *comprovare* e *deriv.*

compromésso (**1**) [av. 1572] **part. pass.** di *compromettere*; anche **agg.** **1** Nei sign. del v. | Messo in pericolo, a rischio: *il suo futuro era c.* | (*est.*) Danneggiato, screditato. **2** Coinvolto, implicato: *dirigenti compromessi con il vecchio regime.*

compromésso (**2**) [lat. *comprimĭssu*(*m*), sost., 'promessa reciproca, compromesso'. V. precedente; 1312] **s. m.** **1** Accordo, accomodamento fra due o più persone, tesi e sim. in contrasto fra loro, in cui ciascuno dei partecipanti rinuncia a una parte delle sue richieste, rivendicazioni e sim.: *arrivare, venire, a un c.*; *soluzione di c.* | Fusione di due o più elementi diversi o contrastanti: *un c. tra il vecchio e il nuovo* (CARDUCCI) | (*polit.*) ***C. storico***, la collaborazione al governo in Italia tra le forze cattoliche e quelle comuniste, teorizzata negli anni 1970-80. **2** (*est., spreg.*) Cedimento rispetto ai propri princìpi: *costretti quasi a cotali compromessi* (NIEVO) | ***Vivere di compromessi***, vivere di espedienti equivoci. **3** (*dir.*) Negozio con cui le parti rimettono ad arbitri la decisione della controversia tra loro sorta | Correntemente, contratto preliminare, spec. di vendita: *concludere un c.*

comprometténte [1898] **part. pres.** di *compromettere*; anche **agg.** ● Che può compromettere: *una dichiarazione c.* || **comprometténtemente**, **avv.**

comprométtere [lat. *compromĭttere* 'obbligarsi scambievolmente a ricorrere al giudizio di un arbitro e ad accettarne la decisione', comp. di *cŭm* 'con' e *promĭttere* 'promettere'; sec. XIII] **A v. tr.** (coniug. come *mettere*) **1** Rischiare, mettere a repentaglio: *c. la reputazione, la libertà, l'avvenire, il patrimonio, la riuscita di un'impresa.* **2** Coinvolgere qlcu. in un'azione o situazione difficile o rischiosa, che può danneggiare la sua reputazione, il suo buon nome: *eleggendolo a quella carica lo hanno compromesso definitivamente*; *la relazione con quell'uomo l'ha compromessa.* **3** Rimettere al giudizio di arbitri, conferendo loro l'incarico di decidere: *c. una lite, una controversia.* **B v. rifl.** **1** Mettersi o essere coinvolto in un'azione o situazione difficile e rischiosa, che può danneggiare la propria reputazione, il proprio buon nome: *non vale la pena che tu ti comprometta per queste sciocchezze.* **2** Esporsi, prendere posizione: *esitava a parlare, proprio per paura di compromettersi* (SVEVO). **3** †Fidarsi: *io mi comprometto di voi* (GOLDONI).

compromissàrio [vc. dotta, lat. tardo *compromissāriu*(*m*) 'giudice'. V. *compromesso* (*2*); av. 1667] **s. m.** (**f.** *-a*) ● (*raro*) Arbitro: *nominare un c.*

compromissióne [dal fr. *compromission*, deriv. di *compromettre* 'compromettere'; 1858] **s. f.** **1** (*lett.*) Compromesso. **2** (*raro*) Il compromettere, il compromettersi | Coinvolgimento.

compromissòrio [vc. dotta, lat. tardo *compromissōriu*(*m*). V. *compromesso* (*2*); 1797] **agg.** ● Di compromesso, basato su compromesso: *pratiche compromissorie* | (*dir.*) Relativo a compromesso: *accordo c.* | ***Clausola compromissoria***, patto inserito in un contratto o in un trattato, o stabilito per iscritto in un atto successivo, in cui le parti stabiliscono di demandare ad arbitri la decisione di eventuali controversie che potranno sorgere sull'interpretazione o applicazione del contratto o del trattato stesso.

comproprietà [comp. di *con-* e *proprietà*; 1830] **s. f.** ● Proprietà di una cosa da parte di più soggetti: *c. di una nave, di un immobile.*

comproprietàrio [1771] **s. m.** (**f.** *-a*) ● Contitolare di un diritto di proprietà. **SIN.** Condomino.

comprotettóre [comp. di *con-* e *protettore*; av. 1800] **s. m.** (**f.** *-trice*) ● Protettore insieme con altri.

compròva o †**compruòva** [da *comprovare*; av. 1799] **s. f.** ● Ratifica, conferma, spec. nella loc. ***in c.***

comprovàbile [lat. tardo *comprobābile*(*m*), da *comprobāre* 'comprovare'; 1865] **agg.** ● Che si può comprovare.

†**comprovaménto** [1657] **s. m.** ● Conferma, ratifica, approvazione.

comprovàre o †**comprobàre** [lat. *comprobāre*, comp. di *cŭm* 'con' e *probāre* 'provare'; sec. XIV] **v. tr.** (*io compròvo*, †*compruòvo*) **1** Provare, confermare, ribadire chiaramente e con nuove argomentazioni: *i documenti comprovavano l'esistenza e la proprietà della merce.* **SIN.** Avvalorare, dimostrare, documentare. **2** †Approvare.

comprovazióne o †**comprobazióne** [lat. *comprobatiōne*(*m*), da *comprobāre* 'comprovare'; 1585] **s. f.** **1** Conferma, dimostrazione. **2** †Approvazione.

comprovinciàle [vc. dotta, lat. tardo *comprovinciāle*(*m*), comp. di *cŭm* 'con' e *provinciālis* 'provinciale'; 1834] **agg.** ● (*raro*) Che è della stessa provincia, spec. con riferimento a religiosi: *vescovi comprovinciali* | Interprovinciale: *istituto c.*

†**compruòva** ● V. *comprova.*

comptometer® /*ingl.* kɒmp'tḥɒmɨṭəɹ/ [marchio registrato; 1918] **s. m. inv.** ● Tipo di addizionatrice in cui, premendo i tasti, si agisce direttamente sul totalizzatore.

†**compùgnere** e *deriv.* ● V. *compungere* e *deriv.*

compulsàre (**1**) [vc. dotta, lat. tardo *compulsāre* 'spingere violentemente', intens. di *compĕllere* 'spingere'; 1861] **v. tr.** ● (*dir., raro*) Citare: *c. qlcu. in giudizio.*

compulsàre (**2**) [fr. *compulser*, dal lat. *compulsāre* (V. *compulsare* (*1*))] **v. tr.** ● Leggere, sfogliare, consultare con frequenza e accuratamente libri, documenti e sim., spec. a scopo di studio.

compulsióne [vc. dotta, dal lat. *compulsiōne*(*m*) da *compŭlsus* 'costretto'; 1813] **s. f.** ● Coazione, costrizione.

compulsivo [da *compulso*; 1858] **agg.** ● (*raro*) Costrittivo.

compùlso [vc. dotta, lat. *compulsu*(*m*), part. pass. di *compĕllere* 'spingere'; 1499] **agg.** ● (*lett.*) Costretto, obbligato, spinto: *di porta in porta ad accattar compulse* (MONTI).

compùngere o †**compùgnere** [vc. dotta, lat. *compŭngere*, comp. di *cŭm* 'con' e *pŭngere* 'pungere'; av. 1294] **A v. tr.** (coniug. come *pungere*) ● (*raro, lett.*) Turbare, affliggere, rattristare vivamente | (*raro, lett.*) Provocare sentimenti di riverenza, soggezione religiosa: *non mi compunse di divozione nessuna* (ALFIERI) | †Turbare, agitare, angustiare: *ch'i' non sia d'ira e di dolor compunto* (PETRARCA). **B v. intr. pron.** ● (*raro, lett.*) Sentire rimorso, pentirsi.

†**compungiménto** o †**compugniménto** [da *compungere*; av. 1292] **s. m.** ● Compunzione.

compùnto [1313] **part. pass.** di *compungere*; anche **agg.** ● Che prova, mostra, ostenta pentimento, umiltà o mortificazione, talvolta in modo ipocrita: *si rivolse al padre tutto c.*; *espressione compunta.* **SIN.** Contrito, mortificato, pentito | Che mostra compunzione (nel sign. 2). || **compuntaménte**, **avv.** Con compunzione.

compunzióne [vc. dotta, lat. tardo *compunctiōne*(*m*), da *compŭnctus*, part. pass. di *compŭngere*. V. *compungere*; av. 1292] **s. f.** **1** Atteggiamento di chi è compunto. **2** (*relig.*) Dolore e detestazione dei peccati commessi.

computàbile [vc. dotta, lat. *computābile*(*m*), da *computāre* 'computare'; av. 1755] **agg.** ● Che si può computare.

computabilità [da *computabile*; 1969] **s. f.** ● In logica matematica, possibilità di calcolare il risultato di un'operazione mediante un algoritmo finito.

computàre [V. *compitare*; sec. XII] **A v. tr.** (*io cómputo*) **1** Comprendere in un calcolo: *c. il tempo, una pena scontata in esilio* | (*dir.*) ***C. i termini***, calcolare i giorni o le ore entro cui deve o non deve essere compiuto un determinato atto processuale. **2** Mettere in conto: *c. l'importo di una spesa a qlcu.* **SIN.** Addebitare, ascrivere. **B v. intr.** (aus. *avere*) ● Far di conto.

computatóre [vc. dotta, lat. *computatōre*(*m*), da *computāre* 'computare'; av. 1758] **s. m.**; anche **agg.** (**f.** *-trice*) ● (*raro*) Chi (o Che) computa.

computazionàle [ingl. *computational*, da *to compute* 'calcolare' (V. *computer*); 1977] **agg.** ● Che si riferisce agli elaboratori elettronici | ***Linguistica c.***, che esamina i fatti linguistici in base ai risultati degli spogli elettronici.

computazióne [vc. dotta, lat. *computatiōne*(*m*), da *computāre* 'computare'; av. 1499] **s. f.** **1** (*raro*) Computo. **2** Elaborazione elettronica dei dati.

♦**computer** /kom'pjuter, *ingl.* kəm'pḥjuuṭəɹ/ [vc. ingl., 'calcolatore', da *to compute* 'calcolare', dal fr. *computer* 'computare'; 1966] **s. m. inv.** ● Elaboratore elettronico, calcolatore | (*autom.*) ***C. di bordo***, dispositivo destinato a fornire informazioni di supporto alla guida di un veicolo, attraverso la lettura e l'elaborazione di parametri diversi quali velocità, consumo, distanza percorsa | ***C. animation***, (*cine*) animazione realizzata con il computer | ***C. art***, creazione di opere artistiche con l'utilizzo di un computer o di materiali elaborati da un computer | ***C. crime***, reato commesso con l'utilizzo o la manomissione di un elaboratore elettronico | ***C. game***, videogioco che si esegue con il computer | ***C. graphics***, scienza e tecnica della produzione di immagini mediante sistemi automatici di trattamento dei dati | ***C. music***, musica prodotta con un elaboratore elettronico | ***C. palmare***, personal computer portatile di dimensioni tascabili.

COMPUTER
nomenclatura

computer (cfr. informatica)

● *unità centrale* = CPU; unità aritmetico-logica = ALU; unità di controllo, memoria centrale; microprogrammazione, firmware; segnale (alto, basso), accumulatore, registro, porta logica (AND, NAND, NOR, NOT, OR, XOR); canale di comunicazione = bus; scheda = adattatore, interfaccia, opzionale, di espansione; circuito integrato, componente, chip, microprocessore; contatore, cablaggio, alimentatore, connettore; memoria centrale = interna = principale ⇔ ausiliaria = esterna; di massa; riservata ⇔ condivisa; protetta; espansa; estesa; statica ⇔ dinamica; di lavoro; volatile ⇔ permanente; virtuale ⇔ reale; di transito = temporanea, buffer, cache; ad accesso casuale ⇔ sequenziale; magnetica = a nuclei di ferrite, a stato solido; a bolle, a linea di ritardo, olografica; di sola lettura (ROM), ad accesso casuale (RAM), programmabile di sola lettura (PROM), programmabile e cancellabile di sola lettura (EPROM, EEPROM, EAPROM); cella, indirizzo, locazione, offset (= spiazzamento); pagina, paginazione, segmento, blocco di memoria;

● *unità periferiche*: terminale (interattivo, intelligente, remoto); in linea = on line ⇔ fuori linea = off line;

● *unità di ingresso* (input): tastiera; lettore di schede (perforate, magnetiche); lettore di banda = nastro perforato, convertitore analogico-digitale; penna luminosa; tavoletta grafica; joystick; lettore ottico; scanner; digitalizzatore; dispositivo di puntamento = puntatore (mouse, trackball, trackpad); trasduttore, lettore di codici a barre;

● *unità di uscita* (output): video, monitor (CRT), cursore; visualizzatore = display (a cristalli liquidi, a diodi luminosi, a plasma); perforatore di schede; perforatore di banda = nastro; attuatore; sintetizzatore di voce;

● *stampante*: a impatto (di linea, a margherita, ad aghi), elettrostatica, termica, laser, a getto d'inchiostro; fotocompositrice; testina, ugello, nastro, cartuccia, tamburo fotosensibile, toner, tabulato, modulo continuo; registratore XY, plotter; convertitore digitale-analogico;

● *unità di ingresso e uscita* (input/output): console, videoterminale; telescrivente; modem; unità a nastro magnetico; unità a disco magnetico, a disco ottico, a disco magneto-ottico; disco rigido = disco fisso ⇔ disco rimovibile, drive; disco = floppy disk, dischetto, minidisco; copia di sicurezza = backup; formattazione, compressione dati; interfaccia seriale ⇔ parallela; sincrona ⇔ asincrona; standard;

● *azioni*: allocare, azzerare, cancellare, copiare, spostare, leggere, salvare, scrivere (in), trasferire (da);

● *calcolatrice*: scrivente ⇔ non scrivente (con visualizzazione a cristalli liquidi, a diodi luminosi); tascabile ⇔ da tavolo; scientifica, finanziaria; agenda elettronica; programmabile.

computerése [comp. di *computer* e *-ese* (*2*); 1983] **s. m.** ● Insieme di termini tecnici, di modi di dire specialistici, di calchi e prestiti dall'inglese relativi al computer.

computeriàle [1990] **agg.** ● (*raro*) Effettuato mediante l'uso del calcolatore: *valutazione c.*

computerìstico [1985] **agg.** (pl. m. *-ci*) ● Relativo al computer: *industria, tecnologia computeristica.*

computerizzàbile [1983] **agg.** ● Che si può computerizzare.

computerizzàre [da *computer*, 1983] **v. tr.** ● Effettuare mediante l'uso del computer: *c. le operazioni di banca.*

computerizzàto [1969] **part. pass.** di *computerizzare*; anche **agg.** ● Effettuato o gestito tramite computer.

computerizzazióne [1981] **s. f.** ● Il computerizzare, il venire computerizzato.

computista [vc. dotta, lat. tardo *computista(m)*, da *cŏmputus* 'computo'; 1494] **s. m.** e **f.** (pl. m. *-i*) ● Esperto in computisteria.

computisterìa [da *computista*, 1662] **s. f.** ● Applicazione dell'aritmetica a calcoli di natura commerciale.

computìstico [1873] **agg.** (pl. m. *-ci*) ● Proprio della computisteria e del computista.

còmputo [vc. dotta, lat. tardo *cŏmputu(m)*. V. *computare*; av. 1348] **s. m.** *1* Calcolo, conteggio, conto: *fare il c. delle spese; mettere in c.* *2* ***C. ecclesiastico***, calendario che regola le feste mobili.

†**comùna** ● V. *comune* (*3*).

♦**comunàle** (**1**) [vc. dotta, lat. tardo *communāle(m)*, da *commūnis* 'comune (1)'; 1797] **agg.** *1* Che si riferisce al comune, a un determinato comune: *strada, imposta, stadio c.* *2* (*st.*) Che si riferisce a un comune o ai comuni medievali, o a quel periodo storico: *mura comunali; le libertà comunali.*

†**comunàle** (**2**) [da *comune* (*1*); sec. XIII] **agg.** *1* Popolare, di tutti. *2* Ordinario, dozzinale, comune: *questo metodo di studi comunal* (VICO). ‖ †**comunalménte**, †**comunaleménte**, **avv.** In comune; generalmente.

comunànza [av. 1276] **s. f.** *1* (*lett.*) Condizione di ciò che è comune a più cose o persone; comunione: *c. di beni, intenti, stirpe, origine* | (*lett.*) Familiarità. *2* (*lett.*) Comunità: *c. civile, politica, religiosa; c. degli uomini* | †Comune.

comunàrdo [fr. *communard* 'della Comune rivoluzionaria di Parigi'; 1872] **s. m.** (f. *-a*); anche **agg.** *1* Chi (o Che) partecipò alla Comune di Parigi durante il Terrore o spec. nella rivolta del 1871. *2* (*est.*, *raro*) Rivoluzionario.

†**comùnche** ● V. *comunque.*

♦**comùne** (**1**) o †**commùne**, †**comùno** [lat. *commūne(m)* 'che compie il suo incarico (*mūnis*) insieme con (*cŭm*) altri'; sec. XII] **A agg.** *1* Che appartiene o è pertinente a due o più persone o cose: *c. a pochi, ad alcuni, a molti; un amico c.; casa, patrimonio, pascolo, stadio c.* | ***Far causa c. con qlcu.***, agire insieme, in accordo con qlcu., condividerne le idee e sim. | Pertinente a tutti o alla maggioranza dei componenti di un insieme di persone o cose: *c. a tutti; diritti, doveri, abitudini comuni; lingua c.* | ***Luogo c.***, cliché, stereotipo | Pertinente a una comunità umana specifica o a tutta l'umanità: *il bene c.* | (*relig.*) ***Salute c.***, redenzione operata dal Cristo. CFR. ceno- (3). *2* Che è usuale, molto diffuso, generalmente accettato, applicato, seguito e sim.: *c. consenso; opinione, uso c.; abitudini comuni* | ***Senza senso c.***, senza senso, sciocco, sconclusionato | Che non supera i limiti consueti, il livello medio, che è considerato normale: *ingegno, statura, capacità c.* | ***Non c.***, raro, straordinario, eccellente: *quel pianista è dotato di una non c. sensibilità, di una tecnica non c.* | Ordinario: *vino, sale c.* | Che è considerato volgare, non raffinato: *gente, roba c.* CONTR. Raro. *3* (*ling.*) ***Nome c.***, che indica persona, animale o cosa, in senso generico; CFR. Proprio, scientifico | ***Genere c.***, dei nomi che possono essere considerati maschili o femminili a seconda che designino maschi o femmine | ***Sillaba c.***, ancipite | ***Lingua c.***, lingua che si è estesa su un vasto territorio in sostituzione delle parlate locali; lingua corrente, non specialistica. *4* †Affabile | †Amante del bene pubblico: *la gente c. perde il vigore* (COMPAGNI). *5* †Neutrale. ‖ **comuneménte**, †**comunaménte**, **avv.** Generalmente, normalmente, di solito; †insieme, in comune. **B s. m.** *1* Ciò che è considerato medio, normale | ***Uscire dal c.***, distinguersi | ***Fuori del c.***, detto di persona o cosa eccezionale | ***In c.***, insieme con altri: *lavorare, mangiare in c.* | ***Non aver nulla in c. con gli altri***, non aver punti di contatto, di intesa | ***Mettere in c.***, accomunare | (*raro*, *lett.*) Complesso, comunità: *il c. degli uomini, dei lettori.* *2* Nella marina militare, militare non graduato di ogni categoria | ***C. di prima classe***, marinaio scelto | Nell'esercito, soldato semplice. **C s. f.** *1* (*raro*, *lett.*) Complesso, comunità: *la c. dei lettori, degli interpreti.* *2* (*teat.*) Porta che mette in comunicazione, con il presunto ingresso dell'appartamento, la stanza raffigurata nella scena del teatro borghese | ***Uscire dalla c.***, (*fig.*) andarsene. ‖ PROV. Mal comune mezzo gaudio.

♦**comùne** (**2**) o †**commùne**, †**comùno** [sost. di *comune* (*1*); 1219] **s. m.** *1* Ente autarchico territoriale, retto da un Sindaco eletto direttamente dal corpo elettorale e da una Giunta nominata dallo stesso Sindaco | (*est.*) Sede dell'amministrazione comunale. *2* Nel Medioevo spec. italiano, tipo di governo cittadino fondato sull'assunzione del potere da parte di un'associazione libera comprendente prima le famiglie maggiori e poi le corporazioni artigianali e le organizzazioni popolari | Ogni città retta con tale governo. *3* Nel Medioevo, il complesso degli artigiani di una corporazione o consorteria. *4* (*dir.*, *polit.*) ***Camera dei Comuni***, (*ellitt.*) ***I Comuni***, il ramo elettivo del parlamento inglese.

comùne (**3**) o †**comùna** [fr. *commune* 'comune'; 1881] **s. f.** *1* ***La Comune***, governo rivoluzionario instauratosi a Parigi durante il Terrore e nel 1871. *2* Ciascuna delle organizzazioni economico-amministrative di base della Repubblica Popolare Cinese, istituite nel 1958 e diffuse prevalentemente nel settore agricolo, su basi collettivistiche; a partire dagli anni '80, svolge limitate funzioni amministrative. *3* (*est.*) Gruppo di persone che accomunano, spec. su base egualitaria o pariteticа, abitazione e mezzi di sostentamento: *una c. evangelica; una c. di studentesse americane.*

comunèlla [da *comune* (*1*); 1542] **s. f.** *1* Accordo tra più persone per il raggiungimento di un fine comune, spec. equivoco o illecito | ***Far c.***, accordarsi spec. per fini poco onesti; (*est.*) far gruppo, riunirsi. *2* Chiave che apre tutte le camere di un albergo in dotazione al personale di servizio.

comunicàbile [vc. dotta, lat. tardo *communicābile(m)*, da *communicāre* 'comunicare'; sec. XIV] **agg.** *1* Che si può comunicare | *2* †Affabile.

comunicabilità [av. 1696] **s. f.** *1* Caratteristica di ciò che è comunicabile. *2* †Affabilità.

comunicàndo [gerundio di *comunicare*; 1884] **s. m.** (f. *-a*) ● Chi sta per ricevere il sacramento dell'Eucaristia.

comunicànte [sec. XIV] **A part. pres.** di *comunicare*; anche **agg.** ● Nei sign. del v. **B s. m.** ● Chi amministra il sacramento dell'Eucaristia. **C s. m.** e **f.** ● Chi si comunica.

♦**comunicàre** [vc. dotta, lat. *communicāre*, da *commūnis* 'comune'; nell'accezione religiosa vc. dotta, lat. eccl. *communicāre* 'avvicinarsi all'altare per prendere la comunione'; 1281] **A v. tr.** (*io comùnico, tu comùnichi*) *1* Far conoscere, far sapere: *c. un segreto; ha comunicato la data del suo arrivo* | Diffondere: *c. una notizia* | Rendere comune: *c. il proprio entusiasmo, la propria gioia; mi ha comunicato il suo nervosismo* | Trasfondere: *ha comunicato alla figlia la sua passione per la musica* | Trasmettere: *c. una malattia; c. l'energia, il moto* | †Mettere qlco. in comune. *2* Amministrare il sacramento dell'Eucaristia: *c. i fedeli.* *3* Collegare con una via sotterranea due punti di una miniera: *c. due livelli.* **B v. intr.** (aus. *avere*) *1* Essere in comunicazione: *queste due stanze comunicano; porta che comunica con l'esterno* | Essere in relazione con qlcu.: *comunicavano per lettera; comunica a segni al suo amico.* *2* Condividere o trasmettere pensieri, sentimenti e sim.: *Sentiva il bisogno di parlare, di esprimere, di c.* (CALVINO). **C v. intr. pron.** *1* Propagarsi, trasmettersi: *l'entusiasmo si comunicò ai presenti.* *2* Ricevere l'Eucaristia: *comunicarsi a Pasqua.*

comunicativa [f. sost. di *comunicativo*; 1729] **s. f.** ● Facilità di comunicare e di partecipare agli altri i propri sentimenti, le proprie idee e sim.: *avere, non avere c.*

comunicativo [vc. dotta, lat. tardo *communicatīvu(m)*, da *communicāre* 'comunicare'; av. 1406] **agg.** *1* Relativo alla comunicazione. *2* Contagioso (*spec. fig.*): *risata comunicativa.* *3* Che ha o dimostra comunicativa: *carattere, temperamento c.; persona comunicativa.* ‖ **comunicativaménte**, **avv.**

comunicàto [av. 1535] **A part. pass.** di *comunicare*; anche **agg.** ● Nei sign. del v. **B s. m.** *1* Comunicazione ufficiale di notizia e sim.: *c. di guerra; c. di stampa* | ***C. commerciale***, breve avviso pubblicitario fatto alla radio o alla TV. *2* (f. *-a*) Chi ha ricevuto l'Eucaristia.

comunicatóre [vc. dotta, lat. *communicatōre(m)*, da *communicāre* 'comunicare'; sec. XIV] **s. m.** (f. *-trice*) *1* Chi comunica | (*est.*) Chi sa usare i mezzi di comunicazione di massa per influenzare, persuadere, convincere chi lo ascolta: *il grande c.* *2* Chi invia regolarmente comunicazioni ai giornali.

comunicatòrio [da *comunicare*] **agg.** ● Che riguarda la comunicazione: *espediente di grande efficacia comunicatoria.*

comunicazionàle [1985] **agg.** ● Nel linguaggio della sociologia e della psicologia, relativo alla comunicazione: *sistema, canale c.*

♦**comunicazióne** [vc. dotta, lat. *communicatiōne(m)*, da *communicāre* 'comunicare'; sec. XIV] **s. f.** *1* (*raro*) Trasmissione: *c. di calore, di energia; c. del pensiero.* *2* Il portare qlco. a conoscenza di altri: *c. di idee, di notizie.* CFR. -gramma | ***Mezzi di c. di massa***, il complesso della stampa e dei mezzi audiovisivi impiegati per la diffusione delle notizie a tutti i livelli della società | ***Ministero delle Comunicazioni***, che presiede ai servizi postali, di bancoposta e delle telecomunicazioni | (*est.*) La cosa stessa che si porta a conoscenza: *fare una c.; c. orale, scritta* | Partecipazione: *ricevere la c. dell'avvenuto matrimonio.* *3* Relazione di argomento scientifico, letterario e sim. presentata a un'accademia, un congresso e sim. *4* Scambio di messaggi fra un emittente e un ricevente: *c. verbale, non verbale; la zoosemiotica studia i sistemi di c. fra gli animali* | (*gener.*) Contatto che ha lo scopo di comunicare con altri: *essere, mettersi, trovarsi in c. con qlcu. o qlco.* | Mezzo attraverso il quale persone e cose comunicano fra loro: *comunicazioni telefoniche, telegrafiche; chiedere la c. (telefonica); la c. è stata interrotta.* *5* (*elab.*) Processo mediante il quale l'informazione viene trasmessa, con appositi segnali, da un sistema all'altro. *6* Collegamento materiale, passaggio e sim.: *il canale mette in c. i due paesi; un'importante via di c.; le stanze sono in c. con il corridoio.* *7* (*spec. al pl.*) Collegamento attuato con mezzi di trasporto: *fra Europa e America esistono rapide comunicazioni; comunicazioni terrestri, marittime, aeree.* *8* (*lett.*) †Accomunamento. *9* †Comunione eucaristica.

♦**comunióne** [vc. dotta, lat. *communiōne(m)*, da *commūnis* 'comune'; 1281] **s. f.** *1* Comunanza: *c. di interessi, di idee, di sentimenti* | Stretta relazione psicologica, naturale e sim., fra persone, o fra persone e cose: *l'arcano parlare della natura, e delle anime viventi con essa in più stretta c.* (NIEVO). *2* L'insieme dei fedeli di una stessa Chiesa: *c. anglicana, luterana, presbiteriana* | ***C. dei fedeli***, unità spirituale dei credenti in Cristo, costituiti in corpo mistico | ***C. dei Santi***, nella teologia cattolica, intima unione in Cristo tra i fedeli vivi e defunti e mutua comunicazione tra essi di beni spirituali. *3* Sacramento dell'Eucaristia: *fare, ricevere la c.* | ***Prima c.***, sacramento impartito per la prima volta spec. ai bambini | ***C. spirituale***, partecipazione in spirito al sacramento eucaristico | Ostia per l'Eucaristia. *4* (*dir.*) Contitolarità di un diritto reale: *c. su un fondo; c. dei beni tra coniugi* | ***C. ereditaria***, conseguente alla successione di più eredi | ***C. tacita familiare***, associazione di tipo familiare per l'esercizio in comune di attività agricole.

comunìsmo [fr. *communisme*, da *commun* 'comune (1)'; 1846] **s. m.** *1* Concezione, movimento o sistema che tende a realizzare l'eguaglianza sociale attraverso la totale comunione delle risorse e dei beni: *il c. delle società primitive e il c. platonico; il c. dei movimenti pauperistici medievali.* *2* Dottrina politica, economica e sociale fondata da K. Marx e F. Engels verso la metà del XIX sec., che propugna l'abolizione della proprietà privata dei mezzi di produzione e la distribuzione sociale dei prodotti in base ai bisogni di ciascuno

| L'attuazione di tale dottrina; l'insieme degli Stati o dei partiti che ad essa si ispirano: *il c. sovietico*; *la storia del c. italiano*. CFR. Marxismo, socialismo.

♦**comunista** (*1*) [fr. *communiste*, da *commun* 'comune'; 1846] **A** agg. (pl. m. *-i*) ● Proprio del comunismo, relativo al comunismo. **B** agg.; anche s. m. e f. *1* Che (o Chi) segue e sostiene il comunismo. *2* Relativo o appartenente a un partito comunista.

comunista (*2*) [1779] s. m. e f. (pl. m. *-i*) ● (*dir.*) Chi ha un diritto in comunione con altri.

comunistico [1849] agg. (pl. m. *-ci*) ● (*raro*) Del comunismo, dei comunisti.

comunistizzàre [da *comunista* (*1*); 1950] v. tr. ● Rendere comunista.

comunistizzazióne s. f. ● Il comunistizzare, il venire comunistizzato.

comunistòide [1956] agg.; anche s. m. e f. ● (*spreg.*) Che (o Chi) mostra affinità o inclinazione al comunismo.

♦**comunità** o †**communità**, †**comunitàde**, **comunitàte** [vc. dotta, lat. *communitāte(m)*, da *commūnis* 'comune'; av. 1327] s. f. *1* Gruppo sociale che costituisce un'entità organica in base alle comuni origini, interessi pratici e idee dei componenti: *c. nazionale*, *etnica* | *C. linguistica*, i cui membri usano lo stesso sistema di segni linguistici. *2* (*est.*) Pluralità di persone unite da relazioni e vincoli comuni di varia natura | ***C. familiare***, la famiglia | (*est.*) Insieme di persone che vivono insieme accettando uno stesso sistema di vita: *vivere, stare in c.*; *c. religiosa* | (*est.*) Parrocchia | ***C. terapeutica***, (*ellitt.*) ***comunità***, associazione di volontariato che si dedica all'assistenza e al recupero di malati mentali, tossicodipendenti o disadattati, spec. attraverso attività lavorative comuni e terapie di gruppo. *3* (*dir.*) ***C. montana***, ente territoriale di diritto pubblico costituito da un gruppo di comuni montani e dotato di propri organi deliberativi ed esecutivi. *4* Insieme di soggetti di diritto internazionale uniti da particolari accordi o trattati: *Comunità europea, la Comunità Europea del Carbone e dell'Acciaio, Comunità Europea dell'Energia Atomica* | ***C. internazionale***, i soggetti di diritto internazionale, nei reciproci rapporti che tra loro intercorrono. *5* Comune, municipio | (*est.*) Abitanti del comune. *6* Comunanza: *c. d'interessi, di opinioni*.

comunitàrio [1956] agg. *1* Relativo a una comunità: *gli interessi comunitari*. *2* (*per anton.*) Relativo all'Unione europea | (*dir.*) ***Legge comunitaria***, legge italiana che recepisce una o più direttive dell'Unione europea.

†**comunitàte** ● V. *comunità*.

†**comùno** ● V. *comune* (*1*) e (*2*).

♦**comùnque** o †**comùnche** [comp. di *come* e del lat. *ŭmquam* 'mai', con sovrapposizione di *-cŭmque*, di *ubicŭmque* 'dappertutto', ecc.; av. 1292] **A** avv. ● In ogni modo, in ogni caso: *riuscirò a ottenerlo c.*; *è inutile che tu protesti: devi farlo c.* | In ogni caso, a ogni modo (con valore concl.): *c., è meglio così*; *c., ci penso io*. **B** cong. *1* In qualunque, in qualsiasi modo (introduce una prop. modale con valore rel. e il v. al congv.): *c. stiano le cose, è arrivato il momento di una spiegazione*; *c. sia*; *c. si sia*. *2* Tuttavia (con valore avvers.): *è stata una cosa improvvisa, c. potevi almeno avvisarmi*. *3* †Appena che (introduce una prop. temp. con il v. all'indic. o al congv.). *4* (*lett., raro*) Quantunque.

♦**con** (*1*) /kon/ [lat. *cŭm*, di orig. indeur.; av. 1226] prep. propria semplice. (Fondendosi con gli art. det., dà origine alle prep. art. m. sing. *col* (o *con il*), *collo* (o *con lo*); m. pl. *coi* (o *con i*), *cogli* (o *con gli*); f. sing. *colla* (o *con la*); f. pl. *colle* (o *con le*)) **I** Stabilisce diverse relazioni dando luogo a molti complementi. *1* Compl. di compagnia: *passeggiare con gli amici*; *con chi sei stato?*; *verrò con lei*; *è sempre fuori con il suo cane* | Rafforzato da 'insieme', 'assieme': *vive insieme con sua sorella* | (*sport*) Nel canottaggio si usa in alcune loc. sost. ellitt. come ***due con***, ***quattro con*** (V. *due* e *quattro*) | Compl. di unione: *uscire con l'ombrello*; *arrosto con patate*, *pasta coi piselli* | (*mat.*) Si usa per esprimere oralmente un indice apposto ad una lettera: *'a₂' si legge 'a con due'*. *2* Compl. di relazione: *corrisponde c n molti personaggi*; *è in ottimi rapporti con i superiori*; *è sposato con una svedese*; *ha litigato con suo padre* | Con il sign. di 'verso': *è buono con gli umili* | Con il sign. di 'contro': *combattere con i nemici*; *prendersela con qlcu.* *3* Compl. di mezzo o strumento: *rispose con una lettera*; *la città fu presa con l'inganno*; *afferrare qlco. con le mani*; *arrivare col treno*, *con la carrozza*; *pasta condita col burro*; *spremuta fatta con le arance*. *4* Compl. di modo o maniera: *con impegno*; *con tutto il cuore*; *riso col burro*; *minestra con la verdura*; *starsene con il cappello in testa* | Seguito da un s. ha anche valore avverbiale: *con garbo*, garbatamente. *5* Compl. di qualità: *un uomo con i baffi*; *una donna con i capelli tinti*; *un bambino con gli occhi azzurri*; *scarpe con tacco alto*; *casa con il giardino*; *villa con piscina*. *6* Compl. di limitazione in espressioni fam.: *come va con lo studio?*; *come stai con la tua gamba?*; *col lavoro sono rimasto un po' indietro*. *7* Compl. di causa: *con tale pioggia non si può uscire*; *con questo grande freddo gelerà tutto*. *8* Compl. di paragone: *non vorrai confrontare il tuo lavoro con il mio!* *9* Compl. di circostanza: *viaggiare col maltempo*; *essere a letto con la febbre*; *alzarsi col sole*; *con il passare del tempo*; *tutto si è risolto con il tuo arrivo*. **II** Ricorre con diverso valore in molte espressioni. *1* Con valore raff. seguito da un'altra prep. o da un avv., o da una loc. avv., specifica meglio, esprime con più forza il rapporto che si vuole indicare: *un armadio con dentro la biancheria*; *una casa con vicino un ponte*; *un giardino con davanti un cancello*; *un uomo con in mano una frusta*. *2* Con valore concessivo, limitativo, avversativo col sign. di 'malgrado', 'nonostante': *con tutti i suoi difetti, è una buona ragazza*; *con tanti bei posti che ci sono, proprio qui dovevamo venire*; *con tutto che è ammalato, vorrebbe uscire* | Concl.: *con questo, col che, e con questo ti saluto*; *col che ti lascio*. *3* Con valore di gerundio (quando è seguito dall'inf.): *col fargli continui dispetti finirai per farlo arrabbiare sul serio*. **III** Unito ai pronomi pers. forma i composti *meco* (V.); *teco* (V.); *seco* (V.); *nosco* (V.); *vosco* (V.).

†**con** (*2*) o **con'** /kon/ [av. 1250] avv. ● Forma tronca di *come*.

con- /kon/ [dalla prep. lat. *cŭm* 'con', di orig. indeur., già assunta ad analogo uso preverbale] (anche *co-*, eccetto che davanti ad *s impura*; anche *com-* davanti a *m*, *p* e *b*; anche *col-*, *cor-* davanti a *l* e *r* per assimilazione) pref. ● In parole composte indica 'unione', 'compagnia' e sim.: *conterraneo, connazionale, compatriota, compaesano, coabitazione, cobelligerante, cogestione, coscritto*.

conativo [1966] agg. ● (*ling.*) ***Funzione conativa***, funzione del linguaggio che tende a imporre al destinatario un determinato comportamento, esprimendo un comando, un'esortazione, una richiesta e sim.

conàto [vc. dotta, lat. *conātu(m)*, da *conāri* 'tentare'; av. 1420] s. m. *1* (*lett.*) Tentativo, sforzo, spec. velleitario e destinato all'insuccesso: *un'impetuoso c. al meglio* (SVEVO). *2* Impulso: *c. di vomito*. *3* (*psicol.*) Impulso che stimola sforzi di ogni genere, guidato dalla volontà e dai desideri.

conazióne [vc. dotta, lat. *conatiōne(m)*, dal v. *conāri* 'tentare'] s. f. ● (*psicol.*) Conato.

cónca [lat. *cŏncha(m)*, nom. *cŏncha*, dal gr. *kónchē*, di orig. indeur.; 1313] s. f. *1* Capace vaso di terracotta, dall'imboccatura larga, usato, spec. un tempo, per fare il bucato. *2* Anfora di rame a due manici, con una strozzatura verso la bocca, usata nell'Italia centro-meridionale per attingere acqua alla fontana. *3* (*est.*) Concata: *una c. d'acqua*. *4* (*anat.*) Formazione concava | ***Conche nasali***, turbinati | Cavità del padiglione auricolare. ➡ ILL. p. 2126 ANATOMIA UMANA. *5* Bacino, depressione fra i monti | ***C. di navigazione***, bacino in muratura nei canali o fiumi, delimitato da due porte, per far passare le navi da una sezione a un'altra di diversa altitudine. SIN. Chiusa. *6* (*arch., raro*) Catino: *c. absidale*. *7* (*lett.*) Conchiglia. || **concàccia**, pegg. | **conchétta**, dim. | **conchettina**, dim. | **conchina**, dim. | **concóna**, accr. | **concóne**, accr. m. | **concùccia**, dim.

concàle [da *conca* col suff. di aggettivo *-ale*; 1964] **A** agg. ● Della, relativo alla conca dell'orecchio. **B** s. f. ● (*mat.*) Luogo geometrico per cui il prodotto delle distanze da una retta e da un punto risulta costante.

concambiàre [vc. dotta, lat. mediev. *concambiāre* 'cambiare (*cambiāre*) con (*con-*) un'altra cosa'; 1880] v. tr. (*io concàmbio*) *1* Scambiare, permutare. *2* (*raro*) Contraccambiare, ricambiare.

concàmbio [lat. mediev. *concambiu(m)*. V. *concambiare*; 1819] s. m. ● (*lett.*) Contraccambio | (*econ.*) ***Rapporto di c.***, nelle fusioni di aziende per incorporazione, il rapporto fissato tra il valore di un'azione della società incorporante e quello di un'azione della società incorporata.

†**concameràre** [vc. dotta, lat. *concamerāre*, da *cămera* 'volta'; 1554] v. tr. ● Fabbricare a volta.

concameràto [da *concamerare*; 1499] agg. ● (*bot.*) Detto di organo suddiviso in più camere intercomunicanti.

concamerazióne [vc. dotta, lat. *concameratiōne(m)*, da *concamerāre* 'concamerare'; av. 1547] s. f. *1* †Costruzione a volta. *2* Cavità anatomica, meccanica e sim., a più scomparti comunicanti.

concàta [da *conca*; av. 1869] s. f. *1* Quantità di materiale, spec. liquido, che può essere contenuta in una conca. *2* Operazione di riempimento, e successivo svuotamento, di una conca di navigazione.

concatenaménto [av. 1464] s. m. ● (*raro*) Unione a catena | (*fig.*) Collegamento, connessione: *uno stretto c. di fatti* | (*sport*) Nell'alpinismo, ascensione consecutiva di due o più pareti.

concatenàre [vc. dotta, lat. tardo *concatenāre*, comp. di *cŭm* 'con' e *catēna* 'catena'; av. 1498] **A** v. tr. (*io concaténo*) *1* (*raro, lett.*) Unire, collegare strettamente, a catena. *2* (*fig.*) Collegare, secondo un certo ordine logico, fatti, idee o elementi diversi: *veder chiaramente con l'intelletto le idee che si vogliono esprimere, concatenarle conseguentemente col raziocinio* (FOSCOLO). **B** v. rifl. rec. ● Collegarsi, susseguirsi secondo un certo ordine: *i suoi ragionamenti si concatenano in modo persuasivo*.

concatenàto [av. 1306] part. pass. di *concatenare*; anche agg. *1* Nei sign. del v. *2* (*fis.*) ***Flusso c. con una linea chiusa***, se esso attraversa la superficie limitata da quella linea. *3* Detto della tensione elettrica esistente tra due fasi di un sistema polifase.

concatenatùra [da *concatenato*; av. 1675] s. f. *1* (*raro*) Concatenazione. *2* (*raro*) Punto di unione di due o più cose.

concatenazióne [vc. dotta, lat. tardo *concatenatiōne(m)*, da *concatenāre* 'concatenare'; av. 1565] s. f. ● Connessione, relazione che fatti, cose o pensieri hanno reciprocamente fra loro: *c. di eventi, di idee, di cause ed effetti*.

concattedràle [comp. di *con-* e *cattedrale*; 1779] s. f. ● Chiesa cattedrale insieme con altra, spec. chiesa vescovile di diocesi soppressa e aggregata ad altra diocesi.

concàusa [comp. di *con-* e *causa*; av. 1498] s. f. ● Causa che concorre con altre a produrre un dato effetto.

concausàle [1865] **A** agg. ● Relativo a concausa. **B** s. f. ● (*raro*) Concausa.

concausàre [da *concausa*; 1865] v. tr. ● (*raro*) Produrre insieme con altre cause un dato effetto.

concavità o †**concavitàde**, †**concavitàte** [vc. dotta, lat. tardo *concavitāte(m)*, da *cŏncavus* 'concavo'; 1282] s. f. *1* Parte concava di un corpo | Cavità. *2* (*raro*) Condizione, proprietà di ciò che è concavo. *3* (*mat.*) Per una curva priva di flessi, il lato che non contiene le tangenti.

cóncavo [vc. dotta, lat. *cŏncavu(m)*, comp. di *cŭm* 'con' e *căvus* 'cavo'; 1282] **A** agg. *1* Detto di superficie curva verso l'interno: *specchio c.*; *mura sinuose e concave* (MACHIAVELLI). CONTR. Convesso. CFR. scifo-. *2* (*mat.*) Attributo di figura piana o solida tale che l'intero segmento congiungente due suoi punti qualsiasi non appartiene alla figura | ***Lente concava***, lente avente due superfici concave o una superficie piana e una concava. ➡ ILL. **geometria**. **B** s. m. ● (*raro*) Superficie interna della cavità dei corpi concavi: *raccolse l'acqua nel c. della palma* (D'ANNUNZIO).

concedènte [1308] **A** part. pres. di *concedere*; anche agg. ● Nei sign. del v. **B** s. m. e f. ● (*dir.*) Chi è proprietario di un fondo o altro immobile su cui attribuisce ad altri un diritto reale o di obbligazione.

♦**concèdere** [vc. dotta, lat. *concēdere* 'ritirarsi, cedere', comp. di *cŭm* 'con' e *cēdere* 'ritirarsi'; sec. XIII] **A** v. tr. (pass. rem. *io concèssi* o *concedéi* o *concedètti*, *tu concedésti*; part. pass. *concèsso*, raro *concedùto*) *1* Dare, largire, spec. con degnazione indulgente: *c. grazia*; *c. requie*; *c. favori, beni, benefici, sussidi* | Accordare, consentire: *c. facoltà, potere, autorità*; *c. tempo, riposo*; *mi conceda un attimo di attenzione* | Permettere: *i suoi le hanno concesso di dormire fuori* | ***Non c. requie***, incalzare, perseguitare | ***Concedersi qlco.***, consentirsi, permettersi: *concedersi una vacanza, un po' di riposo*; *concedersi delle libertà*; *concedersi il lusso di una crociera*. **2** Ammettere, accettare per vero, giusto, esatto e sim. in una discussione: *questo non te lo concedo*. **B** v. rifl. **1** (*lett.*) Aprirsi, arrendersi a influenze culturali e psicologiche, richieste e sim.: *Beatrice raggia sì, che il poeta si concede vinto* (DE SANCTIS). **2** (*lett.*) Darsi, spec. detto di donna che accetta un rapporto sessuale: *quando la tentatrice ... era per concedersi e si negava* (D'ANNUNZIO).

concedibile [av. 1642] agg. ● Che si può concedere.

†**concediménto** [av. 1292] s. m. ● Concessione.

conceditóre [1336 ca.] s. m. (f. *-trice*) ● (*raro*) Concessore.

concedùto [1294] part. pass. di *concedere*; anche agg. ● (*raro*) Nei sign. del v.

concelebrànte [1970] **A** part. pres. di *concelebrare*; anche agg. ● Nei sign. del v. **B** s. m. ● Chi celebra con altri un rito religioso.

concelebràre [comp. di *con-* e *celebrare*; 1970] v. tr. (*io concèlebro*) ● Celebrare con altri: *c. la Messa*.

concelebrazióne [comp. di *con-* e *celebrazione*; 1931] s. f. ● (*relig.*) La celebrazione della Messa da parte di più sacerdoti riuniti insieme attorno a un solo altare.

concènto [vc. dotta, lat. *concĕntu(m)*, comp. di *cŭm* 'con' e *căntus* 'canto'; av. 1374] s. m. **1** (*lett.*) Armonia risultante dal concorde suono delle voci e degli strumenti: *dell'arpa diffuso erra il c. / per la nostra convalle* (FOSCOLO). **2** (*est., lett.*) Armonia: *l'universale c. del mondo* (MARINO). **3** (*raro, fig.*) Accordo.

concentràbile [1970] agg. ● Detto di sostanza o soluzione suscettibile di concentrazione.

concentraménto [1690] s. m. **1** Ammassamento, confluenza in un unico luogo: *c. di truppe* | ***C. di artiglieria***, forma di intervento per battere un obiettivo con una massa di fuoco concentrata nello spazio e nel tempo | ***Campo di c.***, residenza coatta, per prigionieri di guerra o internati civili. **2** (*econ.*) Concentrazione: *c. di capitali*.

♦**concentràre** [comp. parasintetico di *centro*; sec. XVI] **A** v. tr. (*io concèntro* (o *-é-*)) **1** Ammassare, raccogliere, in un unico luogo: *c. il fuoco, le truppe* | (*fig.*) Far convergere in un dato punto o verso un dato scopo: *c. i propri pensieri, i propri sforzi, le proprie energie*. **2** (*chim.*) Aumentare la quantità relativa di una o più sostanze in un miscuglio eliminando in parte o completamente gli altri componenti. SIN. Condensare. **B** v. rifl. **1** Riunirsi, radunarsi, raccogliersi: *i manifestanti si concentrarono nella piazza*. **2** Raccogliere la propria attenzione (*anche assol.*): *concentrarsi negli studi*; *si concentrò tutto su quel problema*; *stamattina non riesco a concentrarmi* | Dedicarsi, impegnarsi totalmente: *concentrarsi nello studio, nella lettura, nel lavoro*. **C** v. intr. pron. ● Ridursi di volume.

concentràto [av. 1597] **A** part. pass. di *concentrare*; anche agg. **1** Nei sign. del v. | (*fig.*) Assorto: *essere c. nello studio*. **2** (*est.*) Condensato, ristretto: *caffè, latte, brodo c.* | (*fig.*) Intenso e profondo: *passione, ira concentrata*. || **concentrataménte**, avv. **B** s. m. **1** (*chim.*) Prodotto di una concentrazione: *il c. di una soluzione*. **2** Conserva alimentare ottenuta per parziale eliminazione dell'acqua: *c. doppio, triplo di pomodoro*. **3** (*fig.*) Ciò che esprime e sintetizza i tratti essenziali di qlco.: *quel libro è un c. di banalità*: *il tuo discorso è un c. di sciocchezze*. SIN. Cumulo.

concentratóre [1956] s. m. **1** Apparecchio, spec. evaporatore, usato per concentrare sostanze, spec. nell'industria conserviera. **2** Sistema di lenti atto a concentrare il fascio luminoso in un proiettore cinematografico.

concentrazionàrio [1963] agg. ● Relativo ai campi di concentramento: *l'universo c. nazista, sovietico*.

concentrazióne [av. 1569] s. f. **1** (*raro*) Concentramento: *c. di truppe* | (*raro*) Raggruppamento, unione. **2** (*fig.*) Capacità di concentrarsi, di rivolgere l'attenzione verso un dato punto o scopo: *questo lavoro richiede molta c.*; *perdere la c.* **3** (*chim.*) Quantità relativa di una sostanza in un miscuglio | ***C. normale***, percentuale | ***C. molale***, molalità. **4** (*econ.*) Raggruppamento di imprese soprattutto industriali, allo scopo di ottenere un'organizzazione economica più efficiente | ***C. orizzontale***, fra più imprese che operano allo stesso stadio produttivo | ***C. verticale***, fra più imprese operanti ai diversi stadi produttivi.

concentrazionișmo [1956] s. m. ● Tendenza alla concentrazione delle aziende in grandi complessi industriali.

concentricità [1965] s. f. ● (*mat.*) Proprietà di ciò che è concentrico.

concèntrico [comp. parasintetico di *centro*; av. 1519] agg. (pl. m. *-ci*) ● (*mat.*) Che ha il medesimo centro | Detto di enti che girano intorno a un medesimo centro. || **concentricaménte**, avv.

†**concèpere** o †**concipere** [av. 1306] v. tr. ● Concepire.

concepibile [av. 1686] agg. ● Che si può immaginare, concepire. SIN. Immaginabile | Ammissibile: *non è c. un simile ritardo!*

concepibilità [1865] s. f. ● Possibilità di essere concepito con l'intelletto. CONTR. Inconcepibilità.

concepiménto [sec. XIV] s. m. **1** Il concepire | (*fig.*) Ideazione: *il c. di un piano astuto*. **2** (*biol.*) Unione dell'ovulo con lo spermatozoo, che dà origine all'embrione.

concepire [lat. *concĭpere*, comp. di *cŭm* 'con' e *căpere* 'prendere'; sec. XIII] v. tr. (pres. *io concepìsco, tu concepìsci*; part. pass. *concepito*, lett. *concètto*) **1** Determinare la formazione e lo sviluppo dell'embrione e portarlo dentro di sé, detto di donna o di femmina di animale (*anche assol.*): *ha concepito un figlio*; *una donna desidera di c.* (LEOPARDI). **2** (*est.*) †Accogliere, raccogliere, ricevere | (*est.*) †Assorbire, ricevere un impulso, una sostanza e sim.: *c. il fuoco, l'umidità*. **3** (*est.*) Cominciare a provare uno stato d'animo, un sentimento e sim.: *c. stima, affetto, avversione, odio, sospetto, gelosia per qlcu.* **4** (*est.*) †Generare: *Rabicano, il quale il vento e 'l fuoco / concetto avean* (ARIOSTO) | (*est.*) †Produrre, detto di terreno, vegetazione e sim. **5** (*fig., lett.*) Comprendere, capire | (*est.*) Immaginare, intendere: *non riesco a c. le ferie come semplice riposo*; *non sapeva c. e mantenere e rispettare superior forma di istituzioni e azioni di governo* (BACCHELLI) | Ideare: *c. un'idea, un progetto, un piano, un'opera scientifica, un poema*.

concepito [av. 1342] **A** part. pass. di *concepire*; anche agg. ● Nei sign. del v. | Redatto, formulato: *un avviso così c.* **B** s. m. **1** (f. *-a*) (*dir.*) Il frutto del concepimento: *i diritti del c.* **2** †Feto | †Figlio.

concept car /'kɔnsept kar, *ingl.* 'kɦɔnsept kɦɑːɹ/ [loc. ingl., propr. 'automobile (*car*) concettuale (*concept*)'; 1997] loc. sost. f. inv. (pl. ingl. *concept cars*) ● (*autom.*) Prototipo di autoveicolo con soluzioni tecniche o stilistiche innovative.

conceria [da *concia*; 1853] s. f. **1** Fabbrica dove si conciano le pelli. **2** Tecnica della concia.

concernènte [av. 1529] part. pres. di *concernere*; anche agg. ● Nei sign. del v.

concèrnere [vc. dotta, lat. tardo *concĕrnere* 'vagliare, mescolare insieme', comp. di *cŭm* 'con' e *cĕrnere* 'distinguere, guardare'; sec. XIV] v. tr. (pass. rem. raro *io concernéi* o *concernètti* (o *-étti*), *tu concernésti*; difett. del part. pass. e dei tempi composti) ● Essere attinente, pertinente a, relativo a: *è un lavoro che non ti concerne*; *per tutto ciò che concerne quell'argomento, sono d'accordo con te*. SIN. Riguardare.

concertànte [1797] part. pres. di *concertare*; anche agg. ● (*mus.*) ***Stile c.***, che implica dialogo fra uno o più solisti e l'insieme strumentale o vocale | ***Parte c.***, parte dei solisti in una composizione di stile concertante | ***Strumento c.***, cui è affidata la parte concertante | ***Sinfonia c.***, caratterizzata da parti concertanti.

concertàre [vc. dotta, lat. *concertāre* 'gareggiare, disputare', comp. di *cŭm* 'con' e *certāre* 'gareggiare, discutere, contendere'; 1441] **A** v. tr. (*io concèrto*) **1** (*mus.*) Unire, accordare insieme l'armonia delle voci e degli strumenti: *c. uno spartito* | Preparare collegialmente l'esecuzione di un pezzo musicale: *c. una sinfonia*. **2** Organizzare, predisporre, stabilire in accordo con altri, talvolta in segreto: *concertarono il testo di un intervento per l'assemblea*; *c. una truffa*; *concertavano un attacco notturno*. SIN. Ordire. **B** v. rifl. e rifl. rec. ● Accordarsi.

concertàto [1533] **A** part. pass. di *concertare*; anche agg. **1** (*mus.*) ***Musica concertata***, sacra, polifonica, in cui le voci sono accompagnate dall'orchestra, con l'organo o senza | ***Pezzo c.***, d'assieme, teatrale, nei finali degli atti. **2** Predisposto, stabilito in accordo con altri: *attuare il piano c.* || **concertataménte**, avv. **B** s. m. **1** Nel melodramma ottocentesco, pezzo d'assieme di voci soliste, orchestra e coro. **2** †Accordo.

concertatóre [1438] s. m.; anche agg. (f. *-trice*) **1** (*mus.*) Maestro che dirige le prove di un pezzo musicale: *maestro c. e direttore d'orchestra*. **2** (*raro*) Chi (o Che) trama, ordisce.

concertazióne [1441] s. f. **1** Preparazione di qlco. in accordo con altri | Metodo e prassi consistenti nel prendere decisioni spec. di carattere economico e sociale attraverso trattative e accordi fra governo e parti sociali. **2** Il concertare un pezzo musicale.

concertino [av. 1647] s. m. **1** Dim. di *concerto*. **2** (*mus.*) Piccolo pezzo concertato. **3** (*mus.*) Nel concerto grosso, gruppo di strumenti solisti contrapposto all'insieme strumentale. **4** A Napoli, piccolo gruppo di suonatori che in occasione di feste viene chiamato per eseguire musiche. **5** Esecuzione musicale dal vivo in locali o parchi pubblici | Il piccolo complesso degli esecutori.

concertișmo [1959] s. m. ● Insieme delle attività di elaborazione teorico-stilistica e di esecuzione di un concerto.

concertista [1865] s. m. e f. (pl. m. *-i*) ● Musicista o cantante di grande talento cui, nei concerti, sono affidate parti solistiche | Chi professionalmente suona in concerti.

concertistico [1941] agg. (pl. m. *-ci*) ● Relativo a concerto musicale: *attività concertistica* | Relativo a concertista: *abilità concertistica*.

♦**concèrto** [da *concertare*; av. 1566] s. m. **1** (*lett.*) Accordo, intesa | ***Di c.***, d'accordo: *agire di c.* | ***Andare di c.***, procedere insieme; (*fig.*) andare d'accordo: *il qual errore va di c. con quell'altro* (VICO). **2** (*bur.*) Collaborazione tra più organi pubblici per la soluzione di un problema comune: *c. tra Ministri*. **3** Trattenimento, un tempo privato, oggi spec. pubblico, consistente nell'esecuzione di brani musicali: *dare, tenere un c.*; *andare a un c.*; *ascoltare un c.* | ***In c.***, detto di cantante, complesso musicale e sim. che si esibisce in uno spettacolo a lui interamente dedicato, spec. a larga partecipazione popolare: *Lucio Dalla in c.* **4** (*mus.*) Composizione strumentale in più tempi | ***C. grosso***, composizione per orchestra, gener. in tre tempi, interrotta da passaggi eseguiti da un piccolo gruppo di strumentisti (detto *concertino*) in funzione di solisti | ***C. solistico***, in cui il contrasto si sviluppa fra la massa orchestrale e strumenti solisti: *c. per violino e orchestra*. **5** Complesso di suonatori e di cantanti per l'esecuzione di musiche | Orchestra | ***C. di campane***, carillon. **6** (*fig., scherz.*) Complesso di suoni disarmonici: *un c. di ragli, di grida*. || **concertino**, dim. (V.).

concèssi ● V. *concedere*.

concessionàrio [1673] s. m. (f. *-a*); anche agg. **1** Chi (o Che) è destinatario di un atto di concessione: *società privata concessionaria di un pubblico servizio*. **2** Chi (o Che) è autorizzato a svolgere un'attività di vendita per conto di una casa produttrice: *sede del c.*; *impresa, società concessionaria*.

concessióne [vc. dotta, lat. *concessiōne(m)*, da *concēdere* 'concedere'; 1353] s. f. **1** Atto con cui si accorda, si concede e sim.: *c. di un prestito, di un mutuo, di una pensione di guerra*. **2** (*dir.*) Dichiarazione unilaterale di volontà di un privato diretta a far sorgere un diritto in capo ad altri: *atto di c. di ipoteca* | ***C. edilizia***, provvedimento amministrativo con il quale la Pubblica Amministrazione consente la realizzazione di un progetto edilizio. **3** Provvedimento amministrativo che amplia la sfera giuridica dei privati conferendo loro vantaggi giuridici in modo diretto e immediato: *c. di un pubblico servizio*; *c. di una miniera* | ***Territorio in c.***, rispetto a cui vi è una limitazione all'esercizio effettivo della sovranità dello Stato a favore di altro Stato, in seguito ad accordo tra gli stessi; anche, territorio appartenente al demanio dello Stato ma concesso in uso a un privato per un determinato periodo e a determinate condizioni | ***Tassa sulle concessioni governative***, imposta fiscale su provvedimenti e atti amministrativi. *4* (*raro*) Ammissione, riconoscimento: *per sua stessa c. la mia ipotesi è esatta.* *5* (*ling.*) Figura retorica che consiste nell'ammettere provvisoriamente le ragioni dell'avversario, per poi ritorcerle: *Concedo che questo generalmente possa chiamarsi atto proditorio; ma appoggiar quattro bastonate a un mascalzone!* (MANZONI). || **concessioncèlla**, dim.

concessiva [f. sost. di *concessivo*] s. f. ● (*ling.*) Congiunzione concessiva | Proposizione concessiva.

concessivo [vc. dotta, lat. tardo *concessīvu(m)*, da *concēssus* 'concesso'; 1551] agg. ● Che esprime concessione | (*ling.*) ***Congiunzione concessiva***, che introduce una proposizione concessiva (ad es. *benché, sebbene, nonostante*) | ***Proposizione concessiva***, proposizione subordinata indicante una circostanza nonostante la quale ciò che è detto nella reggente conserva la sua validità.

concèsso [av. 1374] part. pass. di *concedere*; anche agg. *1* Nei sign. del v. *2* ***Dato*** (o ***ammesso***) ***e non c. che***, anche ammettendo per vero ciò che non è tale (allo scopo di confutare un argomento).

concessóre [1356] s. m. (f. *concceditrice*) ● (*raro*) Concedente.

†**concettàre** [av. 1625] v. intr. (aus. *avere*) ● (*lett.*) Formulare concetti ingegnosi.

concettismo [da *concetto* (*2*); 1899] s. m. *1* Tendenza artistica e dottrina estetica del Seicento, che predilige espressioni letterarie concettose, ingegnose, ricche di metafore ardite e stravaganti. *2* (*fig.*) Modo di scrivere elaborato e sentenzioso.

concettista [1951] s. m. e f. (pl. m. *-i*) ● Seguace del concettismo.

concettistico [1950] agg. (pl. m. *-ci*) ● Proprio del concettismo. || **concettisticaménte**, avv.

concettivo [cfr. lat. *conceptīvus* 'che viene dal di fuori'; 1832] agg. ● (*raro*) Che è in grado di intendere ed elaborare concetti.

concettizzàre [1655] v. intr. (aus. *avere*) ● (*raro*) Escogitare concetti arguti ed elaborati, spec. per ottenere effetti spiritosi, scherzosi.

concètto (**1**) [vc. dotta, lat. *concĕptu(m)*, part. pass. di *concĭpere* 'concepire'; 1338 ca.] agg. ● (*raro, lett.*) Concepito.

concètto (**2**) [vc. dotta, lat. *concĕptu(m)*, s. del precedente; av. 1306] s. m. *1* (*filos.*) Idea che la mente si forma di qlco., della sua natura, delle sue caratteristiche essenziali: *avere il c. di libertà, di giustizia; i concetti di bene e di male; il c. ch'io ho della vita* (D'ANNUNZIO). *2* (*est.*) Pensiero, idea, nozione: *esprimere, formulare, afferrare, spiegare, un c.; un'opera piena di nuovi concetti; sono le lingue ... ministre dell'uomo, affinché esso per mezzo loro spieghi gl'interni suoi concetti* (MURATORI) | (*letter.*) Nella letteratura barocca, immagine ricercata o affettata. *3* Opinione, giudizio: *formarsi, farsi, un c. di qlco.* | Stima: *avere un cattivo, un buon c. di qlcu., di qlco.* | (*lett.*) ***Essere in c. di***, avere fama di: *essere in c. di santità.* *4* (*bur.*) ***Impiegato di c.***, che ha maggiori responsabilità e perciò deve possedere buone capacità intellettuali, professionali e sim. *5* (*raro, lett.*) Proposito, proponimento: *fece il cuore c. di pregare gli occhi della donna mia* (L. DE' MEDICI). || **concettàccio**, pegg. | **concettino**, dim. | **concettóne**, accr. | **concettùccio**, **concettùzzo**, dim.

concettosità [1881] s. f. ● Caratteristica di ciò che è concettoso.

concettóso [da *concetto* (*2*); av. 1617] agg. ● Pieno, denso di concetti: *discorso c.* | (*est.*) Involuto, ricercato, difficile da comprendere: *stile c.* || **concettosaménte**, avv.

concettuàle [da *concetto* (*2*); 1843] agg. ● Relativo al concetto | ***Arte c.***, forma artistica contemporanea che trae ispirazione più dal concetto dell'oggetto rappresentato che dall'oggetto stesso. || **concettualménte**, avv. In modo concettuale, dal punto di vista concettuale.

concettualismo [da *concettuale*; 1865] s. m. ● (*filos.*) Nella filosofia scolastica, posizione intermedia, nella disputa degli universali, tra realismo e nominalismo, che considerava i concetti universali di genere e di specie come costruzioni dello spirito.

concettualista [1865] s. m. e f. (pl. m. *-i*) ● (*filos.*) Chi, nella disputa degli universali, condivideva le posizioni del concettualismo.

concettualizzàre [comp. di *concettual(e)* e *-izzare*; 1985] v. tr. ● Ridurre in concetti, rendere concettuale.

concettualizzazióne [1905] s. f. ● Il concettualizzare | Ciò che è stato concettualizzato.

concezionàle [vc. dotta, lat. tardo *conceptionāle(m)*, da *concĕptio*, genit. *conceptiōnis* 'concezione'; sec. XIV] agg. ● Relativo al concepimento.

concezióne [vc. dotta, lat. *conceptiōne(m)*, da *concĭpere* 'concepire'; av. 1306] s. f. *1* Elaborazione, ideazione intellettuale o fantastica: *c. di un piano, di un poema* | Modalità di tale ideazione: *una calzatura di nuova c.* *2* Complesso delle idee e delle teorie relative a un argomento: *la moderna c. del matrimonio* | Visione, modo di intendere: *hai una strana c. dell'amicizia; c. del mondo.* *3* (*raro*) Concepimento | ***C. di Maria Vergine, Immacolata C.***, quella della Madonna che fu concepita esente da peccato originale | Festa (che ricorre l'8 dicembre) in cui la Chiesa celebra tale evento.

Conchiferi s. m. pl. (sing. *-o*) ● Nella tassonomia animale, divisione dei Molluschi comprendente i Gasteropodi, i Lamellibranchi, i Cefalopodi e gli Scafopodi (*Conchifera*).

conchifero [comp. di *conca* nel sign. 7, e *-fero*; av. 1730] agg. ● Detto di animale provvisto di conchiglia.

♦**conchiglia** [vc. dotta, lat. *conchȳliu(m)*, dal gr. *konchýlion*, da *kónchē*. V. conca; av. 1332] s. f. *1* (*zool.*) Guscio protettivo che avvolge il corpo di alcuni Invertebrati, spec. Molluschi. *2* †Mollusco. *3* Motivo di ornato architettonico, a forma di conchiglia, usato spec. per decorare calotte di nicchie, targhe, stemmi e sim. *4* ***Punto a c.***, punto di ricamo traforato eseguito con due fili diversi | Punto della lavorazione a maglia. *5* Elemento di protezione degli organi genitali maschili, usato in alcune discipline sportive. *6* Nei fucili da caccia, nicchia ove alloggiano i percussori a cani esterni. *7* Forma di metallo o altra materia per fusioni in serie, composta generalmente di due pezzi apribili. *8* (*spec. al pl.*) Tipo di pasta corta da minestra. *9* Nei giradischi, parte terminale amovibile del braccio sulla quale è fissata la testina. || **conchigliètta**, dim. | **conchigliìna**, dim. | **conchiglióne**, accr. m. | **conchigliuòla**, dim. | **conchigliùzza**, dim.

conchiliàceo [dal lat. *conchȳlium* 'conchiglia'; 1835] agg. ● Che è formato da conchiglie.

conchilifero [comp. del gr. *konchýlē* 'conchiglia' e di *-fero*; 1887] agg. ● Detto di terreno ricco di conchiglie fossili.

conchilifórme [comp. del gr. *konchýlē* 'conchiglia' e di *-forme*; av. 1758] agg. ● Che ha forma di conchiglia.

conchiliologia [fr. *conchyliologie*. V. *conchiglia* e *-logia*; 1771] s. f. ● Ramo della zoologia che studia le conchiglie. SIN. Concologia.

conchino [fr. *conquin*, dallo sp. *con quien* 'con chi'; 1950] s. m. solo sing. ● Gioco di carte affine al ramino.

conchiolina [fr. *conchyoline*, forma errata per **conchylioline*, dal lat. *conchȳlium* 'conchiglia', col suff. *-ine* e la *-l-* eufonica; 1951] s. f. ● (*zool.*) Sostanza organica che riveste l'esterno della conchiglia dei Molluschi.

conchiùdere e *deriv.* ● V. *concludere e deriv.*

cóncia [da *conciare*; av. 1494] s. f. (pl. *-ce*) *1* Trasformazione della pelle in cuoio | ***C. in fossa***, concia lenta, fatta in passato impiegando legni e cortecce vegetali | ***C. al vegetale***, per mezzo di estratti tannici naturali | ***C. al cromo***, per mezzo di sali basici di cromo | ***C. all'allume*** o ***in alluda***, per mezzo di allume di rocca | ***C. all'olio***, per mezzo di olio di fegato di merluzzo; SIN. Scamosceria | ***Lana di c.***, quella ottenuta dalla pelle di ovini macellati. *2* Trattamento cui vengono sottoposti tabacco, olive ecc. per evitare l'alterazione e migliorarne la qualità | ***C. del vino***, nella preparazione del marsala, aggiunta di sifone e mosto al vino naturale. *3* (*agr.*) Trattamento delle sementi per prevenire infezioni fungine. *4* (*tess.*) Fase della preparazione delle fibre artificiali a base di caseina consistente in una stabilizzazione dei filamenti in bagno di formaldeide. *5* (*est.*) Sostanza con cui si concia | (*est.*) Conceria. *6* †Addomesticamento di uccelli da rapina.

conciabròcche [comp. di *concia(re)* e il pl. di *brocca* (*1*); av. 1645] s. m. e f. inv. ● Chi aggiustava brocche, pentole, vasi: *La giara si poteva sanare ... Un bravo c. l'avrebbe rimessa su* (PIRANDELLO). SIN. Ramaio.

conciàia [da *concio* (*4*); 1789] s. f. ● (*tosc.*) Fossa o luogo ove si tiene il concio.

†**conciàio** s. m. ● Conciaiolo.

conciaiòlo o **conciaiuòlo** [1865] s. m. (f. *-a*) ● (*tosc.*) Addetto alla concia delle pelli.

conciànte [1801] **A** part. pres. di *conciare*; anche agg. ● Nei sign. del v. **B** s. m. ● Sostanza naturale o artificiale usata per conciare le pelli degli animali. SIN. Concia.

conciapèlli [comp. di *concia(re)* e il pl. di *pelle*; 1857] s. m. e f. inv. ● (*raro*) Chi per mestiere concia le pelli.

conciàre [lat. parl. **comptiāre*, da *cōmptus* 'adorno'; 1298] **A** v. tr. (*io cóncio*) *1* Sottoporre a concia | ***C. le pelli***, trattare le pelli con sostanze che si fissano irreversibilmente alle medesime, impedendo la putrefazione senza alterarne la struttura, la morbidezza e la flessibilità | ***C. la seta***, con la cottura | ***C. il lino, la canapa***, renderli filabili | ***C. il tabacco***, preparare le foglie per farne sigari e sim. o polvere da fiuto | ***C. le sementi***, trattarle con polveri anticrittogamiche o insetticide. *2* (*raro, lett.*) Abbigliare, acconciare. *3* (*antifr.*) Ridurre in cattivo stato, sciupare: *come hai conciato questi poveri libri!* | Maltrattare: *lo hanno conciato proprio male* | ***C. qlcu. per le feste***, ridurlo in condizioni pessime. *4* Lavorare pietre da costruzione, squadrandole per ottenere conci | Lavorare o squadrare pietre preziose o marmi. *5* (*tess.*) Dare corpo al panno nella gualchiera. *6* (*region.*) Condire, spec. l'insalata. *7* †Concimare. *8* †Addomesticare uccelli da rapina. **B** v. rifl. *1* Ridursi male, insudiciandosi o altro: *guarda come ti sei conciato!* | Abbigliarsi male, senza gusto: *si concia in modo ridicolo.* *2* †Accordarsi.

conciàrio [1970] **A** agg. ● Relativo alla concia: *tecnologia conciaria.* **B** s. m. (f. *-a*) ● Tecnico specializzato nella concia delle pelli.

conciàto [av. 1292] part. pass. di *conciare*; anche agg. ● Nei sign. del v. | Malridotto: *come sei c.!*

conciatóre [1305] s. m. (f. *-trice*, pop. disus. *-tora*) ● Chi è addetto alla concia: *c. di pelli, di lino, di diamanti.*

conciatùra [sec. XII] s. f. *1* Operazione del conciare | Concia. *2* †Acconciatura.

concierge /kon'sjerʒ, *fr.* kɔ̃'sjɛʀʒə/ [vc. fr., prob. dal lat. volg. **consērviu(m)*, da *sērvus* 'schiavo', in orig. 'guardiano'; 1951] s. m. e f. inv. ● Portiere di un albergo o di un'abitazione lussuosa.

†**conciéro** [da *conciare* 'correggere'; av. 1556] s. m. ● Correzione di uno scritto, di un'opera letteraria.

conciliàbile [da *conciliare* (*1*); 1669] agg. ● Che si può conciliare: *teorie conciliabili fra loro; i miei interessi non sono conciliabili con i tuoi.* || **conciliabilménte**, avv. In modo da poter stabilire un accordo, un rapporto armonico.

conciliabilità [1790] s. f. ● Possibilità di raggiungere un accordo. SIN. Compatibilità.

conciliàbolo [vc. dotta, lat. *conciliābulu(m)*, da *conciliāre* 'unire'. V. *concilio*; sec. XIV] s. m. *1* Riunione o conversazione segreta o appartata, spec. per fini illeciti o misteriosi: *un c. di congiurati.* *2* (*st.*) Nell'Italia ai tempi di Roma, luogo di adunanza.

conciliànte [1872] part. pres. di *conciliare* (*1*); anche agg. ● Accomodante, accondiscendente, disposto a venire a un accordo: *mostrarsi, apparire c.* CONTR. Inflessibile, intransigente, rigido. || **conciliantemènte**, avv.

conciliàre (**1**) [vc. dotta, lat. *conciliāre* 'unire, legare, conciliare', da *concĭlium*. V. *concilio*; 1336 ca.] **A** v. tr. (*io concìlio*) *1* Mettere d'accordo: *c. due avversari, gli animi, le opinioni* | Armonizzare cose fra loro contrastanti: *c. il dovere con il piacere.* *2* (*dir.*) Far venire meno la materia di una controversia: *c. le parti processuali* | ***C. una contravvenzione***, tramutarla in illecito amministrativo mediante pagamento immediato dell'ammenda all'autorità competente. *3* Indurre, favorire, facilitare: *il vino concilia il sonno; il moto concilia l'appetito* | ***Conciliarsi qlco.***, procurarsi, ottenere qlco.: *conciliarsi la simpatia, l'affetto; si è conciliato la stima di tutti* | ***Conciliarsi qlcu.***, (*lett.*) conquistare il suo appoggio, la sua simpatia. **B** v. intr. pron. e rifl. rec. *1* Andare d'accordo: *umiltà e superbia non si conciliano.* *2* Trovare un accordo con qlcu.: *conciliarsi con gli antichi nemici* | (*est.*) Adattarsi.

conciliàre (2) [da *concilio*; av. 1540] **A** agg. ● Che si riferisce a un concilio: *sessione c.*; *padri conciliari.* || **conciliarménte**, avv. Per mezzo, per via di concilio. **B** s. m. ● Ciascuno dei partecipanti a un concilio: *riunione dei conciliari.*

conciliarìsmo [da *conciliare* (2); 1956] s. m. ● Dottrina che afferma la superiorità del concilio ecumenico sul Papa. SIN. Episcopalismo.

conciliativo [1673] agg. ● (*raro*) Che tende a conciliare: *si mise a sedere, con fare c., fra i due litiganti* (VERGA). || **conciliativaménte**, avv.

conciliatóre [vc. dotta, lat. *conciliatōre(m)*, da *conciliāre* 'conciliare (1)'; sec. XIV] **A** agg. (f. *-trice*) ● Che concilia: *intervento c.*; *arbitro, giudice c.*; *parole conciliatrici.* **B** s. m. *1* (f. *-trice*) Chi concilia: *ricorrere agli uffici di un c.* *2* (*dir.*) Magistrato esplicante funzioni sia di giudice istruttore sia di giudice decidente in cause varie di limitata entità economica; ora sostituito dal giudice di pace.

conciliatòrio [da *conciliare* (*1*); 1745] agg. ● Che tende a un accordo, a una pacificazione: *intervento c.*

conciliatorìsmo [da *conciliatore*; 1951] s. m. ● Tendenza a conciliare principi contrastanti: *è costretto, per concludere il discorso, a invocare ... il c.* (CROCE).

conciliazióne [vc. dotta, lat. *conciliatiōne(m)*, da *conciliāre* 'conciliare (1)'; 1559] s. f. *1* Accordo, armonizzazione: *raggiungere una c. tra le opposte tesi.* *2* (*dir.*) Componimento, composizione: *c. delle parti, di una contravvenzione* | ***Tentativo obbligatorio di c.***, a cui deve procedere il giudice nella prima udienza di trattazione della causa. *3* Accordo concluso nel 1929 tra la Chiesa cattolica e lo Stato italiano mediante la stipulazione dei Patti Lateranensi.

concilio [vc. dotta, lat. *concĭliu(m)* 'unione, adunanza, assemblea', comp. di *cŭm* 'con' e *calāre* 'chiamare' di orig. onomat. (?); 1313] s. m. *1* Assemblea dei vescovi per discutere e definire questioni in materia di fede, di costumi e di disciplina: *c. nazionale, provinciale, diocesano* | ***C. ecumenico*** o ***universale***, quello cui partecipano, con titolo di padri conciliari, tutti i vescovi della Chiesa per definire questioni fondamentali | ***Decreti, atti del c.***, deliberazioni prese nelle assemblee conciliari | ***Spirito del c.***, il nuovo atteggiamento assunto dalla Chiesa cattolica dopo il Concilio Vaticano II (1962-65). *2* (*est.*) Adunanza o riunione, anche segreta (*spec. scherz.*): *oggi gli inquilini si sono riuniti in c.* || **conciliétto**, dim.

concimàia [da *concime*; av. 1861] s. f. ● Costruzione rurale di deposito e trasformazione dello stallatico in letame maturo utilizzato come fertilizzante. SIN. Letamaio.

concimàre [sec. XVI] v. tr. ● Spargere il concime sul terreno per aumentarne o conservarne la fertilità. SIN. Fertilizzare.

concimatóre [av. 1729] agg.; anche s. m. (f. *-trice*) ● Che (o Chi) concima.

concimatùra [1803] s. f. ● (*raro*) Concimazione | L'epoca in cui ciò avviene.

concimazióne [1865] s. f. ● Distribuzione del concime | (*est.*) Modo, epoca in cui ciò avviene. SIN. Fertilizzazione.

concime [da *conciare*, nel sign. A 3; sec. XVI] s. m. ● Qualsiasi prodotto che, somministrato al terreno, ne aumenta la fertilità: *c. chimico, complesso, composto* | ***C. binario***, ***ternario***, formato rispettivamente da due o da tre elementi fertilizzanti | ***C. organico***, formato da letame, deiezioni, terricciati, sovescio, residui animali e vegetali.

concimière s. m. ● Attrezzo meccanico che ricicla i rifiuti organici trasformandoli in concime.

concinnità [vc. dotta, lat. *concinnitāte(m)*, da *concinnāre* 'preparare, disporre per bene', di etim. incerta; 1438] s. f. ● (*lett.*) Eleganza, simmetria, armonia del discorso o dello stile letterario.

concinno [lat. *concĭnnu(m)*. V. *concinnità*; 1441] agg. ● (*lett.*) Elegante, proporzionato, armonioso: *un c. cantico perpetuo* (PASCOLI).

cóncio (1) [part. pass. di *conciare*; av. 1292] agg. (pl. f. *-ce*) *1* Che è stato sottoposto a concia: *pelli conce*; *pietra concia.* *2* (*tosc.*, *lett.*) Conciato: *Vedete come è c.! va tutto a sangue* (MANZONI) | Accomodato | Lavorato | Cucinato o preparato con determinati ingredienti: *polenta concia*; *due piatti ... di cinghiaro, c. secondo il costume della mia patria* (TASSO) | ***Mal c.***, V. *malconcio.*

còncio (2) [da *conciare*, nel sign. A 4; sec. XIII] s. m. ● Pietra squadrata da costruzione, usata spec. nei paramenti esterni.

†**còncio** (3) [da *conciare*, nel sign. B 2; av. 1348] s. m. ● Accordo, pace | Ordine, assetto: *veggendo l'Angiulieri in c. di cavalcar* (BOCCACCIO) | ***Essere in c.***, essere in procinto | ***Mettere in c.***, preparare | Opportunità, vantaggio: *andavano brancolando per camera in busca d'alcuna cosa di lor c.* (BARTOLI) | ***Venir in c.***, cadere opportuno.

cóncio (4) [da *conciare*, nel sign. A 3; 1612] s. m. ● (*tosc.*) Letame.

†**conciofossechè** /kon,tʃɔ(f)fosse'ke*/ o †**con ciò fosse che** [sec. XIV] cong. ● (*lett.*) Conciofossecosaché.

†**conciofossecosaché** /kontʃɔ(f)fosse,kɔsa'ke*/ o †**con ciò fosse còsa che** [1294] cong. *1* (*lett.*) Poiché, dal momento che (introduce una prop. causale con il v. all'indic. o al congv.). *2* (*raro*, *lett.*) Benché, per quanto (con valore concess.).

concionàre [vc. dotta, lat. *contionāri*, da *cōntio*, genit. *contiōnis* 'concione'; 1499] v. intr. e tr. (*io concióno*; aus. *avere*) ● (*lett.*) Tenere una concione, arringare | (*iron.*) Fare discorsi ampollosi e retorici: *quelli che ... concionavano declamazioni* (CARDUCCI).

concionatóre [vc. dotta, lat. *concionatōre(m)*, da *cōntio*, genit. *contiōnis* 'concione'; 1551] s. m. (f. *-trice*) ● (*lett.*) Chi tiene concione.

concionatòrio [1865] agg. ● (*lett.*) Da concione: *tono c.*; *eloquenza concionatoria.*

concióne [vc. dotta, lat. *contiōne(m)*, da **conventiōne(m)*, comp. di *cŭm* 'con' e *venīre* 'venire'; av. 1498] s. f. *1* †Adunanza pubblica, assemblea. *2* (*lett.*) Discorso pubblico: *nelle concioni e ne' ragionamenti privati, così retti come obliqui* (MACHIAVELLI). *3* (*est.*, *iron.*) Discorso enfatico e pomposo: *egli concluse la sua c. ordinando: – Al lavoro!* (PIRANDELLO).

†**con ciò sia che** /kon,tʃɔssia'ke*/ ● V. †*conciossiaché.*

†**con ciò sia còsa che** /kontʃɔssia,kɔsa'ke*/ ● V. †*conciossiacosaché.*

†**conciossiaché** o †**con ciò sia che** [1282] cong. *1* (*lett.*) Poiché (introduce una prop. caus. con il v. all'indic. o al congv.) | Infatti (con valore concl.). *2* (*lett.*) Benché (introduce una prop. concess. con il v. al congv.). *3* (*raro*) Qualora, nel caso che (introduce una prop. condiz. con il v. al congv.).

†**conciossiacosaché** o †**con ciò sia còsa che** [av. 1292] cong. ● (*lett.*) Conciossiaché.

†**concìpere** ● V. †*concepere.*

†**concipiènte** [1585] **A** part. pres. di *concepire*; anche agg. ● Nei sign. del v. **B** s. m. e f. ● Chi concepisce.

concisióne [vc. dotta, lat. *concisiōne(m)* 'divisione, smembramento', da *concīdere* 'tagliare', prob. attrav. il fr. *concision*; 1603] s. f. ● Brevità ed essenzialità nel modo di esprimersi: *la c. dello stile.* SIN. Stringatezza. CONTR. Prolissità.

conciso [vc. dotta, lat. *concīsu(m)*, part. pass. di *concīdere* 'tagliare'; av. 1492] **A** agg. ● Stringato, essenziale: *stile c.*; *relazione c.* | Detto di chi si esprime con stringatezza ed efficacia: *autore c.*; *siate più concisi nello scrivere.* SIN. Breve. CONTR. Prolisso. || **concisaménte**, avv. **B** s. m. ● †Inciso: *lo sminuzzamento de' periodi, trinciati in piccolissimi concisi* (BARTOLI).

concistoriàle o †**consistoriàle** [av. 1498] agg. ● Del concistoro: *atto c.*; *avvocato c.* | ***Congregazione c.***, organo della Curia romana, presieduto dal Sommo Pontefice, dal quale dipendono gli affari pertinenti le diocesi.

concistòro o †**concistòrio** †**consistòrio**, †**consistòro** [vc. dotta, lat. tardo *consistōriu(m)* 'luogo di riunione', da *consĭstere* 'fermarsi'; sec. XIII] s. m. *1* Assemblea dei cardinali convocata dal Papa per definire questioni importanti o per dare solennità a una sua decisione: *c. pubblico*; *c. segreto*; *c. semipubblico* | (*est.*) Luogo in cui si tiene tale assemblea. *2* Assemblea di ministri e anziani in alcune Chiese evangeliche | Consiglio particolare dei vescovi della Chiesa ortodossa. *3* (*est.*, *lett.*) Riunione | (*scherz.*) Gruppo di persone che discutono.

concitaménto [vc. dotta, lat. *concitamĕntu(m)*, da *concitāre* 'concitare'; av. 1363] s. m. ● (*lett.*) Concitazione, eccitazione.

concitàre [vc. dotta, lat. *concitāre*, intens. di *concīre* 'eccitare, incitare'; av. 1342] v. tr. (*io cóncito*) *1* (*lett.*) Incitare, agitare, provocare: *c. e' principi alle guerre* (GUICCIARDINI). *2* (*fig.*, *lett.*) Suscitare, eccitare, stimolare, riferito a sentimenti, emozioni, sensazioni fisiche e sim.: *c. o raffrenare gli umori e le inclinazioni a l'ira o a la mansuetudine* (TASSO).

concitativo [1551] agg. ● (*raro*, *lett.*) Che provoca concitazione.

concitàto [av. 1342] part. pass. di *concitare*; anche agg. *1* Nei sign. del v. *2* Che manifesta eccitazione, emozione e sim.: *era tutto c.*; *un discorso c.* | (*lett.*) Frenetico, febbrile: *il c. imperio* (MANZONI). || **concitataménte**, avv.

concitatóre [vc. dotta, lat. *concitatōre(m)* e *concitatrīce(m)*, da *concitāre* 'concitare'; av. 1540] s. m.; anche agg. (f. *-trice*) ● (*raro*) Sobillatore.

concitazióne [vc. dotta, lat. *concitatiōne(m)*, da *concitāre* 'concitare'; 1582] s. f. ● Intensa agitazione dell'animo: *essere in uno stato di estrema c.*; *parlare con c.* | Impeto, foga: *c. di stile.*

concittadino [comp. di *con-* e *cittadino*; 1441] **A** s. m. (f. *-a*) ● Cittadino del medesimo Stato o della medesima città: *godere la stima dei propri concittadini.* **B** agg. ● (*lett.*) Della medesima città: *la schiera concittadina* (MONTI).

†**concive** [vc. dotta, lat. tardo *concīve(m)*, comp. di *cŭm* 'con' e *cīvis* 'cittadino'; av. 1405] s. m. ● Concittadino.

conclamàre [vc. dotta, lat. *conclamāre*, comp. di *cŭm* 'con' e *clamāre* 'gridare, affermare'; sec. XVI] v. tr. *1* (*lett.*) Gridare insieme, a gran voce | Proclamare. *2* †Chiamare, invocare.

conclamàto [1908] part. pass. di *conclamare*; anche agg. *1* Nei sign. del v. *2* Chiaro, evidente (spec. nel linguaggio medico): *sintomatologia conclamata*; *ha subito un torto c.*

conclamazióne [vc. dotta, lat. *conclamatiōne(m)*, da *conclamāre* 'conclamare'; 1825] s. f. ● (*lett.*) Acclamazione universale.

conclàve [vc. dotta, lat. *conclāve* 'camera (che si può chiudere con la chiave)', comp. di *cŭm* 'con' e *clāvis* 'chiave'; av. 1363] s. m. ● Luogo chiuso in cui si riuniscono i cardinali per eleggere il Papa: *entrare in c.* | Assemblea dei cardinali per l'elezione del Papa | (*est.*, *spec. scherz.*) Riunione ad alto livello: *banchieri riuniti in c.*

conclavista [av. 1527] s. m. (pl. *-i*) ● Prelato o laico al servizio del cardinale in conclave.

conclavìstico [1585] agg. (pl. m. *-ci*) ● Che si riferisce al conclave.

concludènte o †**conchiudènte** [1613] part. pres. di *concludere*; anche agg. *1* Nei sign. del v. *2* Convincente: *un'argomentazione c.* | (*raro*) Che riesce a realizzare quanto si era prefisso. *3* (*dir.*) ***Comportamento c.***, quello con il quale un soggetto dimostra implicitamente la propria volontà di concludere un contratto. || **concludenteménte**, avv.

♦**conclùdere** o (*raro*) **conchiùdere** [vc. dotta, lat. *conclūdere*, comp. di *cŭm* 'con' e *claudere* 'chiudere'; av. 1257] **A** v. tr. (pass. rem. *io conclùsi, tu concludésti*; part. pass. *conclùso*) *1* †Chiudere (un corteo o sim.) | †Racchiudere, contenere. *2* Mandare a effetto, portare a compimento (*anche assol.*): *c. un patto, un affare, un'alleanza*; *c. la pace*; *quando pensate voi di c. le nozze con mia sorella?* (GOLDONI); *non abbiamo concluso nulla*; *è una persona che non conclude.* *3* Finire, terminare: *c. un discorso, un'opera.* *4* (*dir.*, *raro*) Precisare le conclusioni: *c. una comparsa.* *5* Argomentare, dedurre come conclusione: *abbiamo concluso che non ne vale la pena*; *da ciò si conclude che avevo ragione io.* **B** v. intr. (aus. *avere*) ● Essere valido, utile, importante, convincente e sim.: *obiezioni che non concludono.* SIN. Convincere, persuadere. **C** v. intr. pron. ● Aver termine: *lo spettacolo si concluse con successo.* SIN. Finire.

conclusionàle [da *conclusione*; 1898] agg. ● (*dir.*) Nella loc. ***comparsa c.***, nel processo civile, atto con cui una parte conclude la propria difesa riassumendo le proprie precedenti comparse.

♦**conclusióne** o (*raro*) **conchiusióne** [vc. dotta, lat. *conclusiōne(m)*, da *conclūdere* 'concludere'; av. 1292] s. f. *1* Compimento, termine di ciò che è avviato o iniziato: *la c. del contratto è stata laboriosa; una dura condanna fu la c. del processo* | Parte finale di un testo o di un discorso; chiusa: *la c. del libro* | ***In c.***, per concludere; in sostanza, alla fin fine | †***Senza c.***, vanamente. SIN. Esito, fine. ***2*** Deduzione, conseguenza logica e sim.: *trarre, cavare una c.; venire alla c.* ***3*** (*filos.*) In logica, la terza proposizione di un sillogismo contenuta in modo implicito nelle prime due | †Tesi o disputa filosofica, teologica, scientifica. ***4*** (*dir., al pl.*) Formulazione sintetica dei provvedimenti che si chiedono al giudice, dopo aver esposto i fatti da cui ha origine la causa e le conseguenze di diritto: *le conclusioni del Pubblico Ministero, della difesa; precisare le conclusioni.* || **conclusionàccia**, **pegg.** | **conclusioncèlla**, **dim.** | **conclusionùccia**, **dim.** | **conclusionùcola**, **dim.**

conclusivo o †**conchiusivo** [vc. dotta, lat. tardo *conclusivu(m)*, da *conclūsus* 'concluso'; av. 1442] **agg.** ● Che conclude, che costituisce la conclusione: *il volume c. di una enciclopedia; la serata conclusiva di un festival* | Risolutivo, decisivo: *affermazione, opinione conclusiva* | (*ling.*) ***Congiunzione conclusiva***, che coordina esprimendo una conclusione (ad es. *dunque, ergo, sicché*). || **conclusivaménte**, **avv.**

conclùso o (*raro*) **conchiùso** [sec. XIV] **A part. pass.** di *concludere*; anche **agg.** ● Nei sign. del v. | (*lett.*) Chiuso in sè, racchiuso: *città soavi ... concluse nel lor silenzio* (D'ANNUNZIO) | Terminato, finito: *un episodio ormai c.* **B s. m.** ● †Conclusione.

concòide [vc. dotta, gr. *konchoeidḗs* 'simili a conchiglia', comp. di *kónchē* 'conchiglia' e *-oeidḗs* '-oide'; 1674] **A agg.** ● (*miner.*) Detto di frattura a forma di conchiglia o bulbo che si forma in un ciottolo o nucleo di selce (più raramente in un cristallo, come il quarzo) nel punto di percussione. **B s. f.** ● (*mat.*) ***C. d'una curva piana***, curva ottenuta riportando un segmento fisso su tutte le rette che escono da un punto fisso, da entrambe le parti d'ogni punto intersezione con la curva data.

còncola o †**còncula** [lat. *cŏnchula(m)*, dim. di *cŏncha* 'conchiglia, vasetto'; sec. XIV] **s. f.** ***1*** Nome di varie specie di Molluschi dei Bivalvi. ***2*** (*rom.*) Catino, catinella. || **concolina**, **dim.** | †**concolóna**, **accr.** | †**concolóne**, **accr. m.**

concologìa [dal lat. *cŏncha* 'conchiglia' (V. *conca*), col suff. *-logia*; 1931] **s. f.** ● Conchiliologia.

†**concolóre** [vc. dotta, lat. *concolōre(m)*, nom. *cŏncolor*, comp. di *cŭm* 'con' e *cŏlor* 'colore'; 1321] **agg.** ● (*lett.*) Dello stesso colore: *Come si volgon per tenera nube / due archi paralelli e concolori* (DANTE *Par.* XII, 10-11).

concomitànte [vc. dotta, lat. *concomitānte(m)*, part. pres. di *concomitāri* 'accompagnare', comp. di *cŭm* 'con' e *comitāri* 'accompagnare'; 1631] **agg.** ● Che accompagna qlco., che compare o accade insieme a qlco.: *causa, sintomo c.* | (*dir.*) ***Fatto c.***, che concorre a formare una prova. || **concomitanteménte**, **avv.** (*raro*) In concomitanza.

concomitànza [av. 1396] **s. f.** ***1*** Il fatto di essere concomitante: *c. di eventi* | ***In c. con*** (***o di***) ***qlco.***, di fatto, evento e sim. che avviene contemporaneamente o in coincidenza con un altro. SIN. Coincidenza, simultaneità. ***2*** (*relig.*) Unione del corpo e del sangue di Gesù nell'Eucaristia.

concordàbile [vc. dotta, lat. tardo *concordābile(m)*, da *concordāre* 'concordare'; av. 1617] **agg.** ● Che si può concordare. || **concordabilménte**, **avv.**

†**concordaménto** [av. 1472] **s. m.** ● Il concordare.

concordànte [sec. XIV] **part. pres.** di *concordare*; anche **agg.** ***1*** Nei sign. del v. CONTR. Discordante. ***2*** (*miner.*) Detto di rocce a giacitura parallela. || **concordanteménte**, **avv.** (*raro*) Concordemente.

concordànza [da *concordare*; av. 1306] **s. f.** ***1*** Relazione fra due fenomeni per cui al variare delle modalità dell'uno variano nello stesso senso le modalità dell'altro | (*est.*) Conformità, accordo, corrispondenza: *c. tra fatti e idee; c. di opinioni, di vedute, di punti di vista.* ***2*** (*ling.*) Accordo delle parti della proposizione in genere, numero, caso, persona. ***3*** (*geol.*) Successione regolare e parallela della giacitura di due unità di terreni o rocce diverse. ***4*** (*al pl.*) Elenco sistematico delle parole di un'opera letteraria e dei passi diversi in cui s'incontrano.

concordàre [vc. dotta, lat. *concordāre* 'essere d'accordo, in armonia', da *cŏncors*, genit. *concŏrdis* 'concorde'; av. 1294] **A v. tr.** (*io concòrdo*) ***1*** (*lett.*) Mettere d'accordo: *c. opinioni, parole, testimonianze; c. e pacificar la Grecia* (LEOPARDI). ***2*** Stabilire di comune accordo: *c. una tregua; concordarono il testo di una dichiarazione alla stampa.* ***3*** (*ling.*) Combinare le varie parti del discorso, rispettando le loro relazioni di genere, numero, caso e persona: *concordare l'articolo col nome.* ***4*** (*mus.*) †Accordare, armonizzare. **B v. intr.** (aus. *avere*) ***1*** Essere d'accordo, convenire: *concordo con quanto hai detto* | Corrispondere, accordarsi, essere conforme: *c. con qlcu. per carattere, opinioni; le sue idee non concordano con la sua condotta.* ***2*** (*ling.*) Corrispondere, detto delle parti della proposizione, nelle loro relazioni di genere, numero, caso e persona: *il sostantivo e l'aggettivo concordano.*

concordatàrio [1912] **agg.** ***1*** Che si riferisce a un concordato: *creditore c.* ***2*** Disciplinato dal concordato tra la S. Sede e l'Italia | ***Matrimonio c.***, quello religioso che ha anche effetti civili.

concordàto [av. 1294] **A part. pass.** di *concordare*; anche **agg.** ● Nei sign. del v. | Stabilito di comune accordo: *prezzo c.; ordine del giorno c.* || **concordataménte**, **avv.** Di comune accordo; (*lett.*) conformemente. **B s. m.** ***1*** Accordo, patto: *siamo giunti a un c. soddisfacente.* ***2*** (*dir.*) Accordo con cui le parti rinunciano a far valere un diritto: *c. amichevole, stragiudiziale* | ***C. preventivo***, procedimento concorsuale, realizzato prima della dichiarazione di fallimento, che consente al debitore di sanare la situazione patrimoniale dell'impresa | ***C. fallimentare***, procedimento concorsuale, fondato su un accordo fra creditori e debitore fallito, diretto a mettere fine al procedimento fallimentare | ***C. tributario, fiscale***, determinazione dell'imponibile effettuata d'accordo fra contribuenti e amministrazione finanziaria. ***3*** (*dir.*) Solenne convenzione con la quale la S. Sede e uno Stato si impegnano a un dato comportamento relativamente a materia di comune interesse | (*per anton.*) I Patti Lateranensi del 1929, rinnovati nel 1984.

concòrde (**1**) [vc. dotta, lat. *concŏrde(m)*, comp. di *cŭm* 'con' e *cŏr*, genit. *cŏrdis* 'cuore'; 1321] **agg.** ***1*** Che è in accordo, che concorda: *opinioni, animi concordi* | Che manifesta accordo: *la giuria fu c. nell'assolvere l'imputato; Le vicine erano concordi nel dire che quell'uomo si meritava il fatto suo* (CALVINO); SIN. Unanime. ***2*** Che è in armonia: *voci, suoni concordi.* ***3*** Simultaneo: *movimento c.* || **concordeménte**, †**concordiaménte**, **avv.**

Concorde (**2**) /fr. kɔ̃ˈkɔrd/ [vc. fr., propr. 'concordia', dal n. di un aereo supersonico di fabbricazione franco-inglese] **s. m. inv.** ● Aereo a velocità supersonica, impiegato per il trasporto passeggeri. ➡ ILL. p. 2174 TRASPORTI.

†**concordévole** [av. 1294] **agg.** ● Concorde, unanime | Conforme. || †**concordevolménte**, **avv.** In modo concorde.

concòrdia [lat. *concŏrdia(m)*, da *cŏncors*, genit. *concŏrdis* 'concorde'; 1282] **s. f.** ● Accordo, conformità: *c. di opinioni, di giudizi* | Armonia di idee, sentimenti e sim.: *vivere in c. con tutti; qui regna la c.*

concòrdia dìscors [loc. lat., propr. 'concordia discordante', tratta dalle *Epistole* (I, 12, 19) di Orazio] **loc. sost. f. inv.** (**pl.** lat. *concordiae discordes*) ● Concordanza, accordo fra due o più parti che restano dissenzienti su alcuni punti fondamentali.

†**concorporàle** [vc. dotta, lat. tardo *concorporāle(m)*, comp. di *cŭm* 'con' e *cŏrpus*, genit. *cŏrporis* 'corpo'; sec. XIV] **agg.** ● (*relig.*) Che forma un unico corpo mistico.

♦**concorrènte** [av. 1406] **A part. pres.** di *concorrere*; anche **agg.** ***1*** Nei sign. del v. | (*fig.*) Che determinano uno stesso effetto: *cause concorrenti.* ***2*** (*mat.*) ***Rette concorrenti***, che passano per un medesimo punto. **B s. m. e f.** ***1*** Chi partecipa a un concorso, a una gara: *per un posto ci sono dieci concorrenti.* ***2*** Operatore economico che agisce in una situazione di concorrenza.

concorrènza [da *concorrente*; av. 1498] **s. f.** ***1*** Gara, competizione fra persone che, aspirando a uno stesso scopo, cercano di superarsi a vicenda: *entrare in c. con qlcu.* | (*est.*) L'insieme delle persone in competizione: *due migliaia ... d'affamati più ... esperti a superar la c. ... avevano conquistato una minestra* (MANZONI). ***2*** (*econ.*) Condizione di mercato nella quale a ogni operatore economico sono consentite uguali possibilità nell'offerta di beni o servizi ai consumatori: *c. libera, imperfetta; divieto di c.; c. sleale* | Correntemente, situazione di competitività tra produttori di beni o servizi omogenei. ***3*** (*econ.*) L'insieme degli operatori economici che agiscono nello stesso settore produttivo di un altro operatore, considerati nei confronti di quest'ultimo: *battere la c.* ***4*** (*bur.*) Raggiungimento, spec. nella loc. ***sino alla c. di***: *versamenti rateali sino alla c. dell'intera somma pattuita.* ***5*** (*raro, lett.*) Affluenza di persone radunate in un solo punto: *una gran c. di uomini e di donne* | (*fig.*) Concorso: *c. di cause diverse.*

concorrenziàle [1942] **agg.** ● Proprio della concorrenza in senso economico: *regime c.* | (*est.*) Competitivo: *prezzi concorrenziali.*

concorrenzialità [1974] **s. f.** ● (*econ.*) Caratteristica di ciò che è concorrenziale.

concórrere [lat. *concŭrrere*, comp. di *cŭm* 'con' e *cŭrrere* 'correre'; 1308] **v. intr.** (coniug. come *correre*; aus. *avere*) ***1*** (*lett.*) Accorrere insieme, adunarsi, affluire in un solo punto (*anche fig.*): *gli dei d'Abisso in varie torme / concorron d'ogn'intorno a l'alte porte* (TASSO). ***2*** (*mat.*) Convergere, incontrarsi, detto di rette. ***3*** (+ *a* qlco.; + *con* qlco.; + *con* qlcu.) Cooperare, partecipare: *c. a una spesa, a un'impresa; c. a un investimento con una quota consistente* | (*lett.*) Collaborare: *però essortasse il re c. con lui a questa santa opera* (SARPI) | Contribuire: *c. alla guarigione, alla rovina di qlco.; ogni elemento concorre a dar ragione alla sua tesi.* ***4*** (+ *a* qlco.; + *con* qlcu.) Competere con altri: *c. a una cattedra, a un premio; non posso c. con voi.* ***5*** (+ *in*) (*lett.*) Convenire, trovarsi d'accordo: *c. in una opinione, in una sentenza; tutti, o la più parte, concorrono in quello ch'io dico* (LEOPARDI).

concorsista [1985] **s. m. e f.** (**pl. m.** *-i*) ● Chi partecipa a un concorso pubblico | Chi partecipa a un concorso a premio.

concórso (**1**) [av. 1556] **A part. pass.** di *concorrere*; anche **agg.** ● Nei sign. del v. **B s. m.** ● †Chi è accorso o intervenuto.

♦**concórso** (**2**) [lat. *concŭrsu(m)* 'il correre insieme, l'accorrere', da *concŭrrere* 'concorrere'; sec. XIV] **s. m.** ***1*** Affluenza di più persone in un solo punto: *c. di spettatori, di dimostranti* | (*fig.*) Intervento coincidente di fattori diversi: *c'è stato un c. di circostanze avverse;* SIN. Concomitanza. ***2*** (*dir.*) Partecipazione con altri | ***C. di creditori***, nell'espropriazione forzata, partecipazione a tale processo da parte degli aventi diritto, a parità di trattamento, salve le cause legittime di prelazione | ***C. di cause***, coesistenza di cause | ***C. di persone nel reato***, compartecipazione di più individui alla realizzazione del reato | ***C. di colpa***, si ha quando un evento dannoso è dovuto anche all'attività colposa di chi ha subito il danno. ***3*** Contributo, partecipazione: *il nostro c. alle spese è stato esiguo.* ***4*** Selezione indetta da enti pubblici o privati allo scopo di scegliere, fra più aspiranti, quello, o quelli, più idonei a vincere un determinato premio, a ricoprire un determinato ruolo e sim.: *bandire, aprire, chiudere, sospendere, annullare, vincere un c.; avviso di c.; c. di poesia, di pittura; c. cinematografico; c. di bellezza* | ***C. interno***, fra coloro che già occupano un posto in un ufficio, in un ruolo | ***C. a cattedra***, che ha come scopo l'assegnazione di una cattedra d'insegnamento | ***C. per titoli e per esami***, in cui la valutazione degli aspiranti avviene sia in base alle pubblicazioni scientifiche da loro prodotte, sia su esami ai quali essi vengono sottoposti al momento del concorso | ***C. a premi***, che ha come scopo l'assegnazione di premi vari | ***Fuori c.***, detto di opere che, pur presentate a un concorso, non mirano al conseguimento di un premio. ***5*** Competizione sportiva, propria di varie discipline, individuale o a squadre, con classifica in base a tempi, misure, punteggi e sim.: *c. ippico; c. di atletica leggera.* SIN. Gara | Nell'atletica leggera, insieme delle gare di salto e lancio in contrapposizione a quelle di corsa. || **concorsino**, **dim.** | **concorsóne**, **accr.**

concorsuàle [dal lat. *concŭrsus* 'concorso (2)'; 1950] **agg.** ***1*** (*dir.*) Di procedimento giudiziario che, in caso di dissesto dell'imprenditore commerciale, mira ad assicurare la parità di trattamento dei creditori. ***2*** (*bur.*) Che si riferisce a un concorso: *iter, esito c.*

†**concòtto** [sec. XIV] **part. pass.** di †*concuocere*; anche **agg.** *1* Digerito | (*fig.*) Assimilato. *2* Maturato.

concreàre [vc. dotta, lat. tardo *concreāre*, comp. di *cŭm* 'con' e *creāre* 'creare'; sec. XIII] **v. tr.** (*io concrèo*) ● (*raro, lett.*) Creare insieme | Originare.

concreàto [av. 1294] **part. pass.** di *concreare*; anche **agg.** *1* Nei sign. del v. *2* (*lett.*) Innato.

†**concrédere** [vc. dotta, lat. *concrēdere* 'affidare', comp. di *cŭm* 'con' e *crēdere* 'affidare, credere'; sec. XIV] **v. tr.** *1* Credere insieme | Credere, giudicare. *2* Fare affidamento.

concrescènza [vc. dotta, lat. *concrescĕntia*(*m*), da *concrēscere* 'condensarsi'; 1865] **s. f.** ● Il concrescere | (*biol.*) Unione o fusione di parti, in origine separate, per accrescimento | (*med.*) Concrezione.

concrèscere [lat. *concrēscere*, comp. di *cŭm* e *crescĕre*; 1499] **v. intr.** (coniug. come *crescere*) ● (*raro*) Crescere assieme.

concresciménto [1956] **s. m.** ● (*miner.*) Associazione di cristalli della stessa specie, o di specie diverse, talora compenetrati fra loro.

concretàre [da *concreto*; av. 1764] **A v. tr.** (*io concrèto*) *1* Concretizzare: *c. un'idea, un'immagine, un sogno*; *c. un progetto.* *2* Concludere (*anche assol.*): *una persona che concreta poco.* **B v. intr. pron.** ● Concretizzarsi: *il loro piano si sta concretando.*

concretézza [1843] **s. f.** ● Caratteristica di chi (o di ciò che) è concreto.

concretìsmo [1957] **s. m.** ● Arte concreta (V. *concreto* nel sign. A 3).

concretista [1987] **s. m. e f.** (pl. m. *-i*) ● Seguace del concretismo.

concretizzàre [da *concreto*, forse attrav. il fr. *concrétiser*; 1865] **A v. tr.** ● Rendere concreto, attuare, realizzare: *c. un piano, un accordo* | Precisare: *c. una proposta.* **B v. intr. pron.** ● Prendere consistenza, realizzarsi: *l'intesa si è concretizzata in un comunicato congiunto.*

concretizzazióne [1983] **s. f.** ● Il fatto di rendere o diventare concreto: *la c. di un concetto astratto* | Attuazione, realizzazione: *la c. di un accordo.*

concrèto [vc. dotta, lat. *concrētu*(*m*), part. pass. di *concrēscere* 'condensarsi, indurire, coagularsi'; av. 1330] **A agg.** *1* (*lett., raro*) Denso, compatto, solido, rappreso: *lo mescolerei co' sughi concreti di luppoli, e di cicoria* (REDI). *2* Che è individuabile mediante l'esperienza sensibile: *oggetti concreti*; **CONTR.** Astratto | Che ha uno stretto legame con la realtà: *passare dalle astrazioni ai fatti concreti* | Pratico: *esperienza concreta*; *è un uomo c.*; **CONTR.** Teorico | Preciso, chiaramente determinato: *progetto c.*; *idea concreta* | ***In c.***, (*ellitt.*) in modo concreto, da un punto di vista concreto | ***Nome c.***, nella grammatica, quello che indica cose reali o immaginate come tali; **CONTR.** Astratto. *3* ***Arte concreta***, indirizzo artistico nato all'interno dell'astrattismo, caratterizzato da un orientamento più razionalmente geometrizzante. **SIN.** Concretismo. *4* ***Musica concreta***, quella basata sull'impiego di rumori naturali che abbiano subito diverse manipolazioni elettroacustiche. || **concretaménte**, **avv.** In modo concreto, da un punto di vista concreto; in pratica. **B s. m.** ● Ciò che è concreto: *andare dall'astratto al c.*; *attenersi al c.*

concrezionàle [da *concrezione*; 1940] **agg.** ● Relativo a concrezione | Formato per concrezione: *strato c.*

concrezionàto [1956] **agg.** ● (*miner.*) Detto di minerale deposto da una soluzione e formante concrezione.

concrezióne [vc. dotta, lat. *concretiōne*(*m*), da *concrētus*. V. *concreto*; 1680] **s. f.** *1* (*med.*) Formazione organica o inorganica sorta per sedimentazioni successive. **SIN.** Concrescenza. *2* (*geol.*) Incrostazione minerale depositata da acque superficiali, marine, sotterranee o idrotermali a struttura raggiata o a zone concentriche. *3* (*ling.*) Agglutinazione.

concubina [vc. dotta, lat. *concubīna*(*m*), comp. di *cŭm* 'con, insieme' e *cubāre* 'giacere'; 1308] **s. f.** *1* Donna che vive in concubinato | (*est.*) Amante. *2* (*lett.*) †Sposa: *La c. di Titone antico* (DANTE *Purg.* IX, 1).

concubinàggio [1688] **s. m.** ● (*raro*) Concubinato.

concubinàrio [av. 1396] **agg.**; anche **s. m.** (f. *-a*) ● Che (o Chi) vive in concubinato.

concubinàto [vc. dotta, lat. *concubinātu*(*m*), da *concubīnus* 'concubino'; av. 1588] **s. m.** ● Condizione di convivenza tra un uomo e una donna non uniti in matrimonio tra loro.

concubino [vc. dotta, lat. *concubīnu*(*m*). V. *concubina*; 1308] **s. m.** ● Uomo che vive in concubinato | (*al pl.*) Coppia che vive in concubinato.

concùbito [vc. dotta, lat. *concŭbitu*(*m*), dal part. pass. di *concŭmbere* 'sdraiarsi insieme'; sec. XIV] **s. m.** ● (*raro, lett.*) Amplesso erotico | Coito.

†**cóncula** ● V. †*concola.*

conculcàbile [1664] **agg.** ● (*lett.*) Che si può conculcare.

conculcaménto [sec. XIV] **s. m.** ● (*raro*) Conculcazione.

conculcàre [vc. dotta, lat. *conculcāre*, comp. di *cŭm* 'con' e *calcāre* 'calpestare'; av. 1294] **v. tr.** (*io concùlco, tu concùlchi*) *1* (*raro, lett.*) Calpestare violentemente. *2* (*fig., lett.*) Opprimere: *nella nostra città … sono stati perseguitati e conculcati alcuni cittadini buoni* (GUICCIARDINI) | Violare, vilipendere: *c. i diritti, le leggi.*

conculcatóre [sec. XIV] **s. m.**; anche **agg.** (f. *-trice*) ● (*raro*) Chi (o Che) conculca.

conculcazióne [vc. dotta, lat. tardo *conculcatiōne*(*m*), da *conculcāre* 'conculcare'; 1584] **s. f.** ● (*raro, lett.*) Il conculcare | Oppressione, disprezzo.

†**concuòcere** [lat. *concŏquere*, comp. di *cŭm* 'con' e *cŏquere* 'cuocere'; sec. XIV] **v. tr.** ● Digerire | (*fig.*) Assimilare, elaborare.

concupire [vc. dotta, lat. tardo *concŭpere*, comp. di *cŭm* 'con' e *cŭpere* 'desiderare'; av. 1330] **v. tr.** (*io concupisco, tu concupisci*) ● (*lett.*) Desiderare ardentemente, bramare, spec. in senso erotico.

concupiscènte [part. pres. di †*concupiscere*; 1499] **agg.** ● (*lett.*) Che esprime concupiscenza: *sguardo c.*

concupiscènza o †**concupiscènzia** [vc. dotta, lat. tardo *concupiscĕntia*(*m*), da *concupīscere* 'concupiscere'; av. 1292] **s. f.** ● (*lett.*) Desiderio bramoso di piaceri sensuali | Nella morale cattolica, sensualità abituale e peccaminosa.

†**concupìscere** [vc. dotta, lat. *concupīscere* 'desiderare ardentemente, bramare', da *concŭpere* 'concupire'; av. 1396] **v. tr.** ● (*raro*) Concupire.

concupiscibile [vc. dotta, lat. tardo *concupīscibile*(*m*), da *concupīscere* 'concupiscere'; 1308] **agg.** *1* (*raro, lett.*) Che muove, eccita, il desiderio dei sensi: *cose, beni concupiscibili* | (*lett.*) Concupiscente: *ancor son giovane, e … piena di c. disidero* (BOCCACCIO). *2* (*raro, lett.*) Incline alla concupiscenza | ***Anima c.***, nella filosofia platonica, quella parte dell'anima che presiede agli impulsi corporei. || **concupiscibilménte**, **avv.** (*raro*) Con concupiscenza.

†**concussàre** [vc. dotta, lat. **concussāre*, intens. di *concŭtere* 'scuotere insieme', comp. di *cŭm* 'insieme' e *quătere* 'scuotere'; av. 1306] **v. tr.** ● Scuotere violentemente. **SIN.** Squassare.

concussionàrio [fr. *concussionaire*, da *concussion* 'concussione'; 1771] **s. m.** (f. *-a*) ● (*dir.*) Concussore.

concussióne [vc. dotta, lat. *concussiōne*(*m*), da *concŭtere*. V. †*concussare*; av. 1396] **s. f.** *1* (*dir.*) Abuso della propria posizione da parte di un pubblico ufficiale, o di un incaricato di pubblico servizio, per costringere o indurre qlcu. a dare o promettere a sé o ad altri denaro o altro vantaggio. **CFR.** Corruzione. *2* †Sbattimento, scuotimento.

concùsso [vc. dotta, lat. *concŭssu*(*m*), part. pass. di *concŭtere*. V. †*concussare*; av. 1306] **A agg.** *1* †Scosso: *l'autorità cesarea … resterà annichilata e … concussa* (SARPI). *2* (*raro, lett.*) Estorto, detto di denaro, beni e sim. **B agg.**; anche **s. m.** (f. *-a*) ● (*dir.*) Che (o Chi) subisce la concussione.

concussóre [dal lat. tardo *concussōre*(*m*) da *concŭssu*(*m*) 'concusso'; 1893] **s. m.** ● (*dir.*) Chi commette reato di concussione. **SIN.** Concussionario.

condànna [1602] **s. f.** *1* (*dir.*) Provvedimento con il quale il giudice infligge una pena o impone un obbligo: *emettere, pronunciare una c.* | (*est.*) La pena inflitta: *scontare una c.* *2* (*est.*) Disapprovazione, biasimo, spec. di carattere morale: *si è attirato la c. di tutti.* **SIN.** Riprovazione. *3* (*est.*) Dannazione, costrizione, tormento: *Quell'andare ogni quindici giorni a farsi pagar lo scotto di quel peso era divenuto per lui una vera c.* (PIRANDELLO).

condannàbile o †**condennàbile** [vc. dotta, lat. tardo *condemnābile*(*m*), da *condemnāre* 'condannare'; sec. XIV] **agg.** ● Che si può o si deve condannare: *intenzioni condannabili.* **SIN.** Biasimevole, riprensibile, riprovevole.

♦**condannàre** o †**condennàre** [lat. *condemnāre*, comp. di *cŭm* 'con' e *damnāre* 'condannare'; sec. XIII] **v. tr.** (qlcu. + *a* qlco.; + *per* qlco.) *1* (*dir.*) Comminare una pena all'imputato riconosciuto responsabile o imporre una prestazione a una delle parti di un processo civile da parte di una autorità giudiziaria: *c. qlcu. all'ergastolo, al risarcimento dei danni*; *c. per furto, per omicidio.* *2* (*est.*) Rivelare colpevole, indicare come colpevole: *il suo silenzio lo condanna.* *3* (*est.*) Disapprovare, biasimare: *tutti condannano il suo comportamento* | Criticare, riprovare ufficialmente, spec. una persona o uno scritto, per ragioni ideologiche e sim.: *l'autorità ecclesiastica ha condannato le sue opere.* *4* (*est.*) Costringere, obbligare: *la sorte lo condanna a vivere in miseria.* *5* (*est.*) Dichiarare inguaribile, detto di diagnosi o pareri di medici.

condannàto o †**condennàto** [1319] **A part. pass.** di *condannare*; anche **agg.** ● Nei sign. del v. **B s. m.** (f. *-a*) ● Chi ha subito una condanna: *il c. a morte*; *la vita dei condannati.*

condannatóre o †**condennatóre** [vc. dotta, lat. *condemnatōre*(*m*), da *condemnāre* 'condannare'; sec. XIV] **s. m.**; anche **agg.** (f. *-trice*) ● (*lett.*) Chi (o Che) condanna.

condannatòrio o †**condennatòrio** [1613] **agg.** ● (*raro*) Di condanna: *sentenza condannatoria.*

†**condannazióne** o †**condennazióne** [lat. tardo *condemnatiōne*(*m*), da *condemnāre* 'condannare'; sec. XIII] **s. f.** ● Condanna.

condannévole [av. 1292] **agg.** ● (*lett.*) Degno di condanna.

condebitóre o **codebitóre** [vc. dotta, lat. tardo *condebitōre*(*m*) nom. *condēbitor*, comp. di *cŭm* 'con' e *dēbitor* 'debitore'; 1723] **agg.**; anche **s. m.** (f. *-trice*) ● Che (o Chi) è debitore con altri.

†**condecènte** [vc. dotta, lat. tardo *condecĕnte*(*m*). V. *decente*; sec. XIV] **agg.** *1* (*lett.*) Conveniente | Decoroso, decente. *2* Opportuno: *una guarnigione de soldati … sarebbe stata … poco c. al luoco d'un concilio* (SARPI). || †**condecenteménte**, **avv.** In modo conveniente, decoroso, opportuno.

†**condecoràre** [vc. dotta, lat. *condecorāre*, comp. di *cŭm* 'con' e *decorāre* 'ornare'; 1716] **v. tr.** ● Decorare, ornare.

condegnità [da *condegno*; av. 1694] **s. f.** ● (*lett.*) Merito.

condégno [lat. *condĭgnu*(*m*), comp. di *cŭm* 'con' e *dĭgnus* 'degno'; av. 1342] **agg.** *1* (*lett.*) Degno, meritevole. *2* Proporzionato al merito o alla colpa | ***Merito c.***, secondo la giustizia divina. || **condegnaménte**, **avv.** In modo degno.

†**condennàre** e *deriv.* ● V. *condannare* e *deriv.*

condènsa [1970] **s. f.** ● Acqua di condensazione, in impianti termici o sui vetri delle finestre, su pareti e sim.

condensàbile [da *condensare*; av. 1519] **agg.** *1* Che si può condensare. *2* (*fig.*) Che si può riassumere: *è un'idea c. in poche parole.*

condensabilità [1795] **s. f.** ● Proprietà di ciò che è condensabile: *la c. di un vapore.*

condensaménto [1612] **s. m.** ● (*raro*) Condensazione.

condensànte [1628] **A part. pres.** di *condensare*; anche **agg.** ● Nei sign. del v. **B s. m.** ● (*chim.*) Catalizzatore che favorisce le reazioni di condensazione.

condensàre [lat. *condensāre*, comp. di *cŭm* 'con' e *dēnsus* 'denso'; av. 1327] **A v. tr.** (*io condènso*) *1* Costringere una sostanza in particolari condizioni, spec. di pressione o temperatura, in un luogo più ristretto: *c. un gas* | Abbassare la temperatura o aumentare la pressione in modo da portare i vapori di una sostanza allo stato liquido | Rendere più denso: *c. un sugo, una crema.* *2* (*ottica*) Concentrare. *3* (*fig.*) Sintetizzare, esprimere in forma più concisa: *c. i pensieri, le idee, la materia*; *condensò in poche parole il contenuto del libro.* **SIN.** Compendiare, riassumere. **B v. intr. pron.** ● Diventare denso | Passare dallo stato di vapore allo stato liquido: *i gas si condensano.*

condensàto [av. 1375] **A** part. pass. di *condensare*; anche agg. *1* Nei sign. del v. *2* Detto di latte particolarmente denso, ottenuto evaporando i due terzi di acqua: *latte c. zuccherato.* *3* (*chim.*) Detto di due o più anelli uniti tra loro lungo i lati dei poligoni che li costituiscono: *anelli condensati.* || **condensataménte**, avv. **B** s. m. *1* (*tecnol.*) Liquido ottenuto mediante condensazione di vapori. *2* Residuo catramoso della combustione di sigari e sigarette. *3* Compendio, riassunto (*spec. iron.*): *un c. di errori, di sciocchezze.*

condensatóre [1797] s. m. *1* Apparecchio connesso a una macchina a vapore, nel quale ha luogo la condensazione del vapore. *2* In varie tecnologie, apparecchio destinato a condensare sostanze, energie e sim. | *C. elettrico*, che accumula cariche elettriche di segno opposto e quindi energia elettrostatica. SIN. Capacitore | *C. variabile*, del quale si può far variare la capacità entro determinati valori | *C. rotante*, denominazione attribuita al motore sincrono quando si comporta, per il circuito, come un condensatore | *C. ottico*, lente o sistema di lenti che permette di concentrare i raggi emessi da una sorgente di luce.

condensazióne [vc. dotta, lat. tardo *condensatiōne(m)*, da *condensāre* 'condensare'; av. 1519] s. f. *1* Il condensare, il condensarsi | (*fis.*) Passaggio di una sostanza dallo stato aeriforme a quello liquido, per compressione o raffreddamento; CONTR. Evaporazione. *2* Reazione chimica di unione tra molecole uguali o diverse in cui spesso si ha eliminazione di molecole di acqua o, a seconda dei casi, di alcol, ammoniaca, acido cloridrico e sim. *3* (*psicoan.*) Rappresentazione psichica, tipica dei sogni, nella quale vengono assommate più rappresentazioni.

†**condénso** [vc. dotta, lat. *condēnsu(m)*, comp. di *cŭm* 'con' e *dēnsus* 'denso'; av. 1374] agg. *1* Denso, ristretto. *2* (*fig., poet.*) Ottenebrato: *tornò il lume a gli occhi miei / ch'eran d'atra caligine condensi* (TASSO).

†**condescéndere** o **condescèndere** e *deriv.* ● V. *condiscendere* e *deriv.*

condeterminàre [comp. di *con-* e *determinare*; 1964] v. tr. (*io condetèrmino*) ● (*raro*) Determinare qlco. insieme con altri fatti o cause.

†**condicere** [lat. *condecēre*, comp. di *cŭm* 'con' e *decēre* 'convenire'; av. 1449] v. intr. impers. ● Confarsi, convenire.

†**condicévole** [av. 1294] agg. ● Che si addice.

condicióne, sub ● V. *sub.*

condicio sine qua non [loc. lat., propr. 'condizione senza la quale non' è possibile arrivare ad una soluzione] loc. sost. f. inv. (pl. lat. *condiciones sine quibus non*) ● Condizione necessaria: *la maggiore età è una condicio sine qua non per l'esercizio del diritto di voto.*

còndilo [vc. dotta, lat. tardo *cŏndylu(m)*, nom. *cŏndylus*, dal gr. *kóndylos* 'giuntura, articolazione', di etim. incerta; 1659] s. m. ● (*anat.*) Capo articolare osseo, caratterizzato da una forma simile a una mezza sfera o a un mezzo ellissoide.

condilòide [1830] agg. ● Che ha forma di condilo.

condiloidèo [1830] agg. ● Di condilo, relativo a condilo.

condilòma [vc. dotta, lat. tardo *condylōma*, dal gr. *kondýlōma*, da *kóndylos* 'articolazione, nodo'; 1771] s. m. (pl. *-i*) ● (*med.*) Rilievo puntiforme e verrucoso della cute o delle mucose | *C. acuminato*, delle parti genitali.

condiménto [vc. dotta, lat. *condimĕntu(m)*, da *condīre* 'condire'; av. 1294] s. m. *1* Il condire. *2* Sostanza o insieme di sostanze alimentari usate per condire le vivande, come olio, aceto, sale, salsa, formaggio, spezie. *3* (*fig.*) Ciò che rende qlco. più piacevole, gradita, interessante e sim.: *il suono, il canto e il salto erano il c. de' più lieti conviti* (MARINO).

condìre [lat. *condīre*, di etim. incerta; av. 1342] v. tr. (*io condisco, tu condisci*) *1* Rendere più saporito un cibo con l'aggiunta di varie sostanze alimentari: *c. la pasta asciutta*; *c. l'insalata con olio e aceto.* *2* (*fig.*) Abbellire, rendere più accettabile, piacevole, interessante e sim.: *condiva le sue critiche con una bonaria ironia*; *ciò che l'arte condisce* (TASSO) | (*est.*) Fornire in abbondanza (*spec. antifr.*): *ha condito il suo libro di errori*; *continuò a darmi assiduamente delle lezioni ... e le condì spesso di urla e di insolenze* (SVEVO). *3* (*fig., fam.*) Ridurre in cattivo stato: *ora ti condisco io!* | (*tosc.*) Insudiciare.

condirettóre [comp. di *con-* e *direttore*; 1865] s. m. (f. *-trice*) ● Chi divide con altri la carica di direttore: *c. di una fabbrica, di un'azienda*; *il c. di un giornale è equiparato al direttore.*

condirezióne o **codirezióne** [comp. di *con-* e *direzione*; 1876] s. f. ● Direzione esercitata insieme ad altri | Grado del condirettore.

condiscendènte o †**condescendènte** [1427] part. pres. di *condiscendere*; anche agg. ● Che accondiscende. SIN. Conciliante. || **condiscendenteménte**, avv.

condiscendènza o †**condescendènza** [da *condiscendente*; 1673] s. f. ● Disposizione ad accondiscendere alla volontà, ai desideri, alle richieste altrui: *tratta i figli con eccessiva c.* SIN. Arrendevolezza, compiacenza, comprensione, indulgenza.

condiscéndere o **condiscèndere**, †**condescéndere** [lat. tardo *condescĕndere*, comp. di *cŭm* 'con' e *descĕndere* 'discendere'; 1312] v. intr. (coniug. come *scendere*; aus. *avere*) *1* Acconsentire, cedere, spec. dietro insistenze ma senza costrizioni, alla volontà, ai desideri, alle richieste e sim., altrui: *per farlo c. alle nozze del figliuolo* (PIRANDELLO). *2* (*raro, lett.*) Adattarsi, abbassarsi: *Per questo la Scrittura condescende / a vostra facultate, e piedi e mano / attribuisce a Dio* (DANTE *Par.* IV, 43-45).

†**condiscendiménto** o †**condescendiménto** [sec. XIV] s. m. ● Condiscendenza.

condiscépolo (o *-è-*) [vc. dotta, lat. *condiscĭpulu(m)*, comp. di *cŭm* 'insieme' e *discĭpulus* 'discepolo'; sec. XIV] s. m. (f. *-a*) ● Discepolo con altri dello stesso maestro | (*lett.*) Compagno di scuola.

†**còndito** (*1*) [vc. dotta, lat. *cŏnditu(m)*, part. pass. di *cŏndere* 'fondare', comp. di *cŭm* 'con' e *dăre* 'dare'; av. 1342] agg. ● (*lett.*) Creato, fabbricato.

condito (*2*) [1260 ca.] **A** part. pass. di *condire*; anche agg. ● Nei sign. del v. **B** s. m. ● (*raro*) Condimento.

†**conditóre** [vc. dotta, lat. *conditōre(m)*, da *cŏndere* 'fondare'; av. 1342] s. m. ● (*lett.*) Fondatore.

condivìdere [comp. di *con-* e *dividere*; av. 1420] v. tr. (coniug. come *dividere*) *1* †Spartire, suddividere. *2* Avere in comune con altri (*anche fig.*): *condividono lo stesso appartamento*; *condividiamo la passione per il bridge*; *condivido il tuo dolore.* *3* (*fig.*) Essere pienamente d'accordo con qlcu., appoggiare, approvare: *non condividiamo le sue opinioni.*

condivisìbile agg. ● (*raro*) Che si può condividere | (*fig.*) Accettabile: *una proposta, un'iniziativa c.*

condivisióne [da *condiviso*; 1985] s. f. *1* Il fatto o la condizione del condividere: *la c. di un'unica moneta*; *la c. di un appartamento* | (*fig.*) Accettazione, appoggio: *la c. di una proposta* | (*fig.*) Comune partecipazione a qlco.: *la c. di un rischio, di una sofferenza.* *2* (*elab.*) Utilizzo contemporaneo dell'unità centrale, di memorie, di periferiche e sim. da parte di più programmi o utenti.

condivìso [1876] part. pass. di *condividere*; anche agg. ● Nei sign. del v. | (*fig.*) Che è accettato in comune con altri: *una proposta largamente condivisa* | (*fig.*) Che è diviso, provato, vissuto insieme con altri: *un dolore c.*; *Far poesie è come far l'amore: non si saprà mai se la propria gioia è condivisa* (PAVESE).

condizionàle [vc. dotta, lat. tardo *condicionāle(m)*, da *condĭcio*, genit. *condiciōnis* 'condizione'; sec. XIV] **A** agg. *1* Che esprime una condizione | (*ling.*) *Congiunzione c.*, che introduce una proposizione condizionale (ad es. *purché, qualora, se*) | *Proposizione c.*, proposizione subordinata indicante una circostanza che condiziona l'azione espressa dalla reggente (ad es.: *se hai tempo, vieni anche tu*; *verrei, se lo potessi*) | *Modo c. del verbo*, V. sign. B. *2* Che dipende da una condizione: *liberazione c.* | (*dir.*) *Sospensione c. della pena*, beneficio per cui l'esecuzione della condanna inflitta per reati di lieve entità è sospesa per un certo periodo di tempo, trascorso il quale la condanna viene eseguita o si estingue a seconda che il colpevole abbia commesso un nuovo reato o no | *Condanna c.*, sospensione condizionale della pena | (*filos.*) *Sillogismo c.*, quello in cui la premessa maggiore presenta la conclusione come subordinata a una condizione. || **condizionalménte**, avv. (*lett.*) Condizionatamente. **B** s. m. ● (*ling.*) Modo finito del verbo che esprime un'azione condizionata: *c. presente* (ad es. *andrei, mangerei*), *c. passato* (ad es. *sarei andato, avrei mangiato*) | Modo del verbo usato per attenuare un'affermazione o con valore ipotetico, dubitativo e sim: *preferirei andarci da solo*; *pochi sarebbero i superstiti* | Modo del verbo che, nella sua forma al passato e in dipendenza di un verbo al passato, esprime l'idea del futuro: *pensavo che sarebbe partito.* **C** s. f. *1* (*ling.*) Proposizione condizionale. *2* (*dir.*) Sospensione condizionale della pena: *subire una condanna con la c.*; *beneficiare della c.* | (*sport*) ***Capacità condizionali***, quelle fisiche riferite a forza, velocità e resistenza.

condizionaménto [1881] s. m. *1* Operazione, procedimento del condizionare: *c. dell'aria*; *c. di merci*; *c. di fibre tessili.* *2* (*psicol.*) Processo psicofisiologico mediante il quale si instaura nell'organismo umano o animale un legame tra uno stimolo e una risposta che in precedenza non esisteva | *C. operante, strumentale*, quello in cui il comportamento è controllato manipolando sistematicamente le conseguenze del comportamento precedente. *3* (*est.*) Condizione che limita psicologicamente la libertà di una persona o che influisce sul suo comportamento e sulle sue scelte: *condizionamenti culturali, ambientali*; *agire liberi da condizionamenti.*

condizionàre [da *condizione*, forse attrav. il fr. *conditionner*, 1321] v. tr. (*io condizióno*) *1* Sottoporre all'azione di fattori che limitano, controllano e sim., determinare: *le necessità economiche che condizionarono la politica* (CROCE) | Subordinare qlco. al verificarsi di certi fatti o circostanze: *ha condizionato il suo assenso all'opinione di un suo amico* | (*est.*) Limitare, porre delle restrizioni in senso psicologico: *la sua presenza mi condiziona*; *nei suoi giudizi è molto condizionata dall'ambiente.* *2* In varie tecnologie, trattare una determinata sostanza in modo da conferirle talune proprietà per scopi igienici, sia per migliorare la qualità e la quantità del prodotto: *c. il grano* | *C. l'aria*, mantenere, in un locale o edificio, condizioni prestabilite e regolabili di stato igrometrico, temperatura e ricambio dell'aria | *C. una merce*, prepararla adeguatamente all'imballo e alla confezione | *C. le fibre tessili*, conferir loro un certo grado di umidità mediante il vapore. *3* †Rendere idoneo a un determinato fine.

condizionàto [av. 1306] part. pass. di *condizionare*; anche agg. *1* Nei sign. del v. | Subordinato a condizioni. *2* (*lett.*) Che si trova in una data condizione: *bene, male c.*; *lo troverai nel letto malissimo c.* (CELLINI). *3* Che è dovuto al processo psico-fisiologico del condizionamento: *stimolo, riflesso c.*; *risposta condizionata* | (*est.*) Che subisce condizionamenti. *4* (*ling.*) Detto di mutamento fonetico dipendente dall'influsso del contesto. *5* ***Aria condizionata***, V. *aria* (*1*) nel sign. A 1. || **condizionataménte**, avv. In modo condizionato; (*raro*) con riserva.

condizionatóre [1939] **A** s. m. ● Apparecchio o impianto per condizionare l'aria. **B** anche agg. (f. *-trice*): *apparecchio c.*

condizionatrice [1970] s. f. *1* Nella tecnica dell'imballaggio, macchina che esegue l'operazione di condizionamento. *2* Apparecchio, costituito essenzialmente da una stufa ad aria calda e da una bilancina, con cui si determina il peso condizionato delle fibre tessili. *3* Macchina a rulli lisci o scanalati per schiacciare il foraggio e favorirne l'essiccamento. SIN. Schiacciaforaggi.

condizionatùra [1797] s. f. *1* Preparazione, confezionamento di merci o prodotti da spedire o conservare: *c. di casse.* *2* Conferimento di un'umidità moderata alle pelli conciate ed essiccate, al fine di potere restituire loro morbidità. *3* Assunzione spontanea di umidità di fibre tessili, mantenute in un ambiente con grado di umidità e temperatura prestabilito. SIN. Stagionatura.

♦**condizióne** [vc. dotta, lat. *condiciōne(m)*, da *condīcere* 'convenire, stabilire di comune accordo', comp. di *cŭm* 'insieme' e *dīcere* 'dire'; av. 1276] s. f. *1* (*dir.*) Avvenimento futuro e incerto dal cui verificarsi dipendono gli effetti di un negozio giuridico: *c. sospensiva, risolutiva, propria, impropria, legale, illecita, impossibile* | *C. potestativa*, in cui il verificarsi dell'evento dipende dalla volontà dell'uomo | Elemento la cui sussistenza è necessaria per il promovimento o il proseguimento di un'azione penale o civile. *2* Fatto o circostanza cui è subordinato il verificarsi di un altro fatto o circostanza: *non sussistono le condizioni per uno sviluppo razionale della società* | Elemento di una pattuizione, limitazione, riserva: *mettere, porre, una c., delle condizioni; accettare, respingere le condizioni imposte; sotto c.; a nessuna c.; buone condizioni di vendita* | ***Condizioni di resa***, particolari che definiscono l'accordo tra chi impone e chi subisce la resa | ***A c. che***, a patto che, soltanto se (loc. cong. seguita dal v. al congv.): *disse che gli avrebbe fatto il favore richiesto a c. che non si facesse più vedere.* *3* Situazione psicologica, fisica e sim.: *oggi non sono in buone condizioni* | *Situazione, modo di essere*: *c. umana* | Situazione sociale: *occorre migliorare la c. di vita del popolo*; *c. operaia* | ***Mettere in c. di***, mettere in grado: *l'ho messo in c. di parlare* | (*est.*) Posizione economica o sociale: *gente di ogni c.*; *una famiglia di c. elevata* | Situazione, stato, aspetto: *condizioni del tempo*; *quel vestito è in pessime condizioni.* *4* Caratteristica o requisito necessari a un determinato scopo: *non ho le condizioni richieste per quell'ufficio.* || **condizioncèlla**, dim.

condogliànza o †**condogliènza**, †**condolènza** [fr. *condoléance*, dal lat. *condolēre* 'dolersi'; av. 1547] s. f. *1* (*spec. al pl.*) Espressione verbale di partecipazione al dolore altrui, spec. in occasione di un lutto: *fare le condoglianze*; *visita, lettera di c.* *2* †Lamento, compianto, lamentela: *gli ambasciatori protestanti fecero c.* (SARPI).

condolérsi [vc. dotta, lat. *condolēre*, comp. di *cŭm* 'con' e *dolēre* 'dolersi'; av. 1303] v. intr. pron. (coniug. come *dolersi*) *1* (*lett.*) Partecipare al dolore degli altri: *c. con qlcu. di* (raro *per*) *qlco.*: *le quali con lei de' figlioli così morti si condoleano* (BOCCACCIO). *2* (*lett.*) Sentire dolore, compassione, rammarico: *Clorinda intenerissi, e si condolse / d'ambeduo lor* (TASSO).

condolùto part. pass. di *condolersi* ● (*raro*) Nei sign. del v.

còndom [vc. fr., che pare derivata dal n. dell'inventore; av. 1910] s. m. inv. ● Preservativo nel sign. B 1.

condominiàle [1942] agg. ● Relativo a condominio: *spese condominiali.*

condomìnio [da *condomino*; 1745] s. m. *1* Comunione nella proprietà: *c. di un bene*; *avere in qlco. c. con altri* | ***C. di un edificio***, comproprietà per appartamenti di una casa | ***C. internazionale***, relazione tra due o più Stati in virtù della quale essi esercitano la sovranità sul medesimo territorio. *2* Immobile, spec. edificio, oggetto di un diritto di comproprietà: *abitare in un c.*; *l'amministratore del c.* | L'insieme dei comproprietari di un immobile, spec. di un edificio: *riunione di c.* (V. nota d'uso ACCENTO).

condòmino [lat. mediev. *condominu(m)*, comp. del lat. *cŭm* 'con' e *dŏminus* 'padrone'; 1777] s. m. (f. *-a*) ● Comproprietario di un condominio, spec. di un edificio (V. nota d'uso ACCENTO).

condonàbile [1686] agg. ● Che si può condonare.

condonàre [vc. dotta, lat. *condonāre*, comp. di *cŭm* 'con' e *donāre* 'donare'; sec. XIV] v. tr. (*io condóno*) *1* Nel linguaggio forense, liberare qlcu. dall'obbligo di scontare una pena o una parte di essa: *gli hanno condonato tre anni.* *2* (*lett.*) Perdonare: *gente inclinata a rinunziare, a dimenticare, a c., ad acconciarsi, a rassegnarsi* (D'ANNUNZIO) | †Concedere, consentire.

condonazióne [vc. dotta, lat. *condonatiōne(m)*, da *condonāre* 'condonare'; 1584] s. f. ● (*raro*) Condono.

condóno [da *condonare*; 1812] s. m. ● (*dir.*) Effetto dell'indulto, consistente nella liberazione dall'obbligo di scontare tutta o parte della pena | Provvedimento legislativo col quale si consente di sanare, pagando una somma di denaro, determinati illeciti o irregolarità | ***C. fiscale***, provvedimento che sana irregolarità o evasioni da parte di un contribuente, previo pagamento delle somme non versate più oneri accessori | ***C. edilizio***, provvedimento dello Stato teso a sanare fenomeni di abusivismo, previa autodenuncia e pagamento di un'ammenda | ***C. previdenziale***, definizione agevolata delle pendenze contributive.

còndor o (*raro, lett.*) **condòre** [sp. *condor*, di orig. amer.; 1553] s. m. inv. ● Grosso uccello rapace americano dei Falconiformi, nero con zone bianche sulle ali, con capo e collo nudi e rugosi e una cresta carnosa caratteristica sviluppata nel maschio (*Vultur gryphus*). ➡ ILL. animali/7.

♦**condótta** o †**condùtta** [da *condurre*; sec. XIII] s. f. *1* Modo di comportarsi, di vivere: *uomo di pessima c.*; *ha sempre avuto una chiara linea di c.* | Comportamento di un alunno durante le ore di scuola: *voto di c.* | ***Buona c.***, comportamento conforme alla legge, ai regolamenti (detto spec. di un detenuto). SIN. Contegno. *2* Modo di eseguire un lavoro o di svolgere un'attività | (*raro, lett.*) Modo di svolgere: *Del tuo sonetto … Piacemi il pensiero e la c., non lo stile* (FOSCOLO). *3* Conduzione di operazioni belliche | Anticamente, convenzione per la quale un condottiero a capo di truppe mercenarie si poneva al soldo di un principe o di uno Stato per un determinato periodo di tempo | (*est.*) Il corpo di truppe mercenarie così assoldate. *4* (*raro, lett.*) Governo, reggimento. *5* Un tempo, assunzione in pubblici uffici | Oggi, zona affidata alle cure di un sanitario nominato da un comune o da un consorzio di comuni | (*est.*) L'incarico che ne consegue: *concorrere a una c.*; *andare in c.*; *c. medica*; *c. veterinaria.* *6* Treno specializzato per trasporto merci: *c. derrate.* *7* †Trasporto di cose o persone | (*raro*) Prezzo del trasporto. *8* Complesso di tubi metallici usato per convogliare e trasportare fluidi: *c. forzata, in pressione*; *c. d'acqua*; *c. di petrolio.* *9* Corredo di scene, abiti e sim., che la compagnia teatrale porta con sé. *10* †Scorta, guida.

condottàre [da *condotto*; av. 1798] v. tr. (*io condótto*) ● In varie tecnologie, trasportare mediante condotte o condotti: *c. acqua, metano, petrolio.*

condottièro o †**condottière** [da *condotta* 'quantità di truppe che un capo conduceva agli altrui stipendi'; av. 1348] s. m. (f. *-a*) *1* (*lett.*) Chi conduce, guida: *tu maestra sagace e condottiera / il cammin gli segnasti* (MONTI). *2* †Capitano di ventura. *3* Capitano, comandante di gran fama | (*est.*) Capo di un popolo, una comunità e sim. *4* (*lett.*) Conducente, pilota. *5* †Consigliere.

condótto (1) o †**condùtto** [av. 1294] part. pass. di *condurre*; anche agg. *1* Nei sign. del v. | Passato, trascorso, vissuto: *la vita condotta fin allora era pericolosa e ingrata* (BACCHELLI). *2* Detto di sanitario di nomina e dipendenza comunale, cui è affidata la cura della popolazione di una condotta: *medico, veterinario c.* *3* †***Soldato c.***, soldato mercenario.

condótto (2) [lat. *condŭctu(m)*, da *condūcere* 'condurre'; 1282] s. m. *1* Conduttura, costituita di tubi spec. metallici, attraverso cui scorrono fluidi | ***C. vulcanico***, camino vulcanico. CFR. -dotto. *2* (*anat.*) Qualsiasi formazione canalicolare: *c. biliare, lacrimale.*

condràle [dal gr. *chóndros* 'cartilagine'; 1956] agg. ● (*anat.*) Cartilagineo.

condrìna [comp. di *condr(o)*- e *-ina*; 1865] s. f. ● (*biol.*) Sostanza fondamentale della cartilagine.

còndrio- ● V. *condro-*.

condriocónte [comp. del gr. *chóndros* 'cartilagine' (V. *condro-*) e *kontós* 'bastone' (della stessa famiglia di *kentêin* 'pungere', prob. d'orig. indeur.); 1964] s. m. ● (*biol., spec. al pl.*) Termine disusato che indica un mitocondrio in forma di piccolo bastoncino.

condriòma [comp. di *condro-* e *-oma*; 1914] s. m. (pl. *-i*) ● (*biol.*) Costituente cellulare formato dall'insieme dei mitocondri.

condriosòma [comp. di *condro-* e *soma* (2); 1931] s. m. (pl. *-i*) ● (*biol.*) Mitocondrio.

condrìte (1) [comp. di *condro-* e *-ite* (1); 1956] s. f. ● (*med.*) Infiammazione della cartilagine.

condrìte (2) [comp. di *condro-* e *-ite* (2); 1956] s. f. ● (*miner.*) Meteorite costituita essenzialmente di silicati e caratterizzata dalla presenza di condri.

còndro [dal gr. *chóndros* 'cartilagine' (V. *condro-*); 1971] s. m. ● (*miner.*) Piccola concrezione rotonda a struttura fibroso-raggiata caratteristica delle condriti. SIN. Condrula.

còndro- o **còndrio-** [dal gr. *chóndros* 'cartilagine'] primo elemento ● In parole composte della terminologia medica, significa 'cartilagine': *condrioma, condrologia.*

condrocìta o **condrocìto** [comp. di *condro-* e *-cita*] s. m. (pl. *-i*) ● (*biol.*) Elemento cellulare del tessuto cartilagineo, destinato a restare imprigionato nella sostanza extracellulare che esso stesso produce e deposita.

Condroìtti [comp. di *condro-* e del gr. *ichthýes* 'pesci'] s. m. pl. (sing. *-io*) ● (*zool.*) Classe di Vertebrati quasi esclusivamente marini, caratterizzati da scheletro interno cartilagineo, fessure branchiali palesi e pinna caudale asimmetrica (*Chondrichthyes*).

condrologìa [comp. di *condro-* e *-logia*; 1970] s. f. ● Studio delle cartilagini.

condròma [stessa etim. di *condrioma*; 1956] s. m. (pl. *-i*) ● (*med.*) Tumore benigno del tessuto cartilagineo.

condrosarcòma [comp. di *condro-* e *sarcoma*] s. m. (pl. *-i*) ● (*med.*) Tumore caratterizzato dalla produzione di cartilagine.

còndrula [vc. dotta, comp. di *condr(o)* e del suff. dim. lat. *-ŭla*] s. f. ● (*miner.*) Condro.

conducènte [1513] **A** part. pres. di *condurre*; anche agg. ● (*lett.*) Nei sign. del v. **B** s. m. e f. *1* Chi guida, manovra un veicolo, spec. pubblico. SIN. Autista, conduttore. *2* Chi guida animali da tiro o da soma. *3* Soldato addetto al servizio dei quadrupedi da soma e da tiro. *4* (*raro*) Chi prende in affitto o in appalto qlco.

†**condùcere** ● V. *condurre.*

†**conducévole** [lat. *conducĭbile(m)*, da *condūcere* 'condurre'; sec. XIV] agg. ● Idoneo | (*lett.*) Favorevole.

conducìbile [vc. dotta, lat. *conducĭbile(m)*, da *condūcere* 'condurre'; sec. XVI] agg. *1* Che si può condurre. *2* (*fis.*) Che presenta conducibilità. *3* †Adatto.

conducibilità [1851] s. f. ● (*fis.*) Attitudine di alcuni corpi a trasmettere il calore, l'elettricità: *c. elettrica, termica.* SIN. Conduttività.

♦**condùrre** o †**condùcere** [lat. *condūcere*, comp. di *cŭm* 'con' e *dūcere* 'condurre'; 1294] **A** v. tr. (pres. *io condùco, tu condùci*; imperf. *io conducévo*; pass. rem. *io condùssi, tu conducésti*; congv. pres. *io condùca*; imperat. *condùci*; ger. *conducèndo*; part. pres. *conducènte*; part. pass. *condótto*, †*condùtto*) *1* Portare avanti un'iniziativa: *c. la guerra con alterne vicende*; *c. un audace combattimento* | (*raro*) Dirigere: *c. un'azienda, un'impresa con mano ferrea* | (*est.*) Svolgere, realizzare: *c. una politica avanzata, progressista, conservatrice*; *l'intreccio del romanzo è condotto con grande abilità, con mano maestra* | (*raro*) Portare a termine: *c. un compito, l'incarico assegnato.* *2* Accompagnare, portare: *c. i bambini a scuola, le bestie al pascolo* | Guidare, pilotare: *c. la nave, l'automobile* | *Guidare, essere primo in una gara*: *c. la partita, la classifica*; *c. il plotone* | ***C. la nave, la barca in porto***, (*fig.*) far arrivare qlco. a buon fine | ***C. la nave, la barca in acque più tranquille***, (*fig.*) riuscire a superare intoppi e difficoltà | (*est., assol., tv*) Dirigere, animare una trasmissione cui partecipino più persone, come dibattiti, tavole rotonde, giochi a premio e sim.: *c. in studio.* *3* Trasportare, detto spec. di cavi, condutture e sim.: *c. l'acqua*; *il nuovo impianto conduce il gas in ogni casa* | ***C. il calore, l'elettricità***, di corpi o sostanze che hanno la capacità di trasmetterli. SIN. Portare. *4* (*fig.*) Ridurre in una determinata condizione: *c. qlcu. in miseria, alla rovina, alla disperazione* | Portare: *c. qlco. a fine, a termine, a compimento*; *c. un lavoro a buon fine* | (*lett.*) Indurre, costringere: *c. qlcu. alla ribellione.* *5* (*fig.*) Passare, trascorrere: *c. un'esistenza, grama, felice*; *conduce una vita agiata.* *6* (*mat.*) Tracciare: *c. la retta per due punti*; *c. la circonferenza per tre punti.* *7* (*ant.*) Assoldare, stipendiare: *c. milizie di ventura*; *c. medici.* *8* †Prendere in locazione: *c. una bottega, un podere.* **B** v. intr. (aus. *avere*) *1* (*sport*) Nelle corse, essere in testa, fare l'andatura | (*fig.*) Nel calcio e sim., essere in vantaggio sull'avversario: *c. per due reti a zero.* *2* (*fig.*) Mettere capo, terminare in un luogo, spec. con riferimento a vie e sim.: *questa strada conduce a Orvieto, in piazza.* **C** v. rifl. *1* Comportarsi: *condursi bene, male*: *giurò … che si sarebbe condotto sempre bene* (COLLODI). *2* (*lett.*) Ridursi: *si è condotto in estrema povertà* | (*raro, lett.*) Indursi a fare qlco.: *non sanza tema a dicer mi conduco* (DANTE *Inf.* XXXII, 6). **D** v. intr. pron. ● (*lett.*) Recarsi, andare: *Di quindi … si condusse infino a Trani* (BOCCACCIO) | (*raro*) Arrivare: *condursi fino alla vecchiaia.*

†**condùtta** ● V. *condotta.*

conduttànza [da †*condutto*; 1956] **s. f.** ● (*fis.*) In corrente continua, l'inverso della resistenza ohmica | In corrente alternata, la parte reale dell'ammettenza.

conduttibilità [da †*condutto*; 1830] **s. f.** ● (*fis.*) Conducibilità.

conduttività [da *conduttivo*; 1887] **s. f.** ● (*fis.*) Conducibilità | ***C. esterna***, adduzione.

conduttivo [1865] **agg.** ● Atto a condurre il calore, l'elettricità: *corpo c.*

†**conduttìzio** [vc. dotta, lat. *conductīciu(m)*, da *condūcere* 'prendere in affitto'; av. 1540] **agg.** ● Assoldato, mercenario: *soldati conduttizi.*

†**condùtto** ● V. *condotto* (*1*).

conduttometrìa [comp. del lat. *condūctus*, part. pass. di *condūcere* 'condurre', e di *-metria*; 1956] **s. f.** ● Analisi chimica basata su misure di conducibilità.

conduttomètrico [1956] **agg.** (pl. m. *-ci*) ● Relativo alla conduttometria: *analisi conduttometrica.*

conduttóre [vc. dotta, lat. *conductōre(m)*, da *condūcere* 'condurre, prendere in affitto'; sec. XIII] **A agg.** (f. *-trice*) ● Che conduce, dirige: *la giustizia conduttrice del coro delle virtù morali* (BARTOLI) | (*fig.*) ***Filo c.***, linea ideale che serve da guida in una ricerca, da elemento costante di coerenza nello sviluppo di un ragionamento e sim. **B s. m.** (f. *-trice*) **1** Conducente, guidatore | Nei trasporti ferroviari, personale addetto alla sorveglianza del servizio viaggiatori. **2** Corridore automobilista | ***Campionato mondiale conduttori***, distinto da quello stabilito per le marche delle automobili. **3** Chi conduce una trasmissione radiofonica o televisiva e ne dirige lo svolgimento. **4** (*dir.*) Affittuario, locatario: *c. di un fondo, di un appartamento* | ***C. d'opera***, anticamente, chi si avvantaggiava del lavoro altrui obbligandosi a dare un corrispettivo. **5** Chi dirige e controlla la gestione di un esercizio pubblico, un albergo, un ristorante. **6** Chi è addetto alla sorveglianza e alla manutenzione di caldaie, impianti, apparecchi. **7** †Condottiero | Capo di milizie. **C s. m.** ● (*fis.*) Corpo nel quale può aversi passaggio di calore, di elettricità: *c. elettrico*; *buon c.*; *cattivo c.* | (*est.*) Qualsiasi mezzo metallico usato per trasportare energia o segnali elettrici a distanza. **SIN.** Filo.

conduttùra [da †*condutto*; av. 1541] **s. f. 1** †Trasporto | Guida (di animali). **2** Complesso di condotti o tubi per il trasporto e la distribuzione di liquidi, gas o energia elettrica. **CFR.** -dotto.

conduzióne [vc. dotta, lat. *conductiōne(m)*, da *condūcere* 'condurre, prendere in affitto'; 1357] **s. f. 1** Il condurre | Guida, direzione, gestione: *la c. della guerra*; *la c. di un'azienda.* **2** (*fis.*) Propagazione del calore o dell'elettricità attraverso un corpo senza spostamento di materia: *c. termica, elettrica.* **3** Locazione: *dare, avere una casa in c.*

conestàbile o †**conestàbole**, †**conestàvole**, **connestàbile**, †**contestàbile** (**1**) [ant. fr. *conestable*, dal lat. mediev. *comes stabuli* 'conte preposto alle stalle imperiali'; sec. XIII] **s. m.** ● (*st.*) Gran scudiero di corte | Ufficiale della corona, con alto incarico militare o civile | ***Gran c.***, comandante supremo di un'armata.

confabulàre [vc. dotta, lat. *confabulāri*, comp. di *cŭm* 'con' e *fabulāri* 'chiacchierare'; av. 1342] **v. intr.** (*io confàbulo*; aus. *avere*) **1** †Chiacchierare, conversare: *confabulando con quelli che patiscono del medesimo male* (BRUNO) | (*raro*) Chiacchierare su argomenti di poca importanza. **2** Conversare, spec. a bassa voce, in disparte, e in un'atmosfera di segretezza: *di che cosa state confabulando, voi due?*

†**confabulatòrio** [av. 1729] **agg.** ● (*lett.*) Di confabulazione.

confabulazióne [vc. dotta, lat. tardo *confabulatiōne(m)*, da *confabulāri*. V. *confabulare*; av. 1375] **s. f. 1** Il confabulare. **2** Conversazione, colloquio, spec. a bassa voce e avvolti da un'atmosfera di segretezza. **3** (*med.*) Modo di esprimersi con invenzioni e creazioni fantastiche, tipico di malati la cui memoria è lesa.

confacènte o †**confaccènte** [1659] **part. pres.** di *confarsi*; anche **agg.** ● Adatto, appropriato: *questo studio non è c. alle mie aspirazioni.* || †**confacentemènte**, **avv.**

confacévole [1505] **agg.** ● (*lett., raro*) Confacente. || †**confacevolménte**, **avv.**

†**confalóne** e *deriv.* ● V. *gonfalone* e *deriv.*

confamiliàre [comp. di *con* e *familiare*] **agg.** ● (*biol.*) Detto di pianta o animale appartenente alla stessa famiglia di un altro.

confarreàre [vc. dotta, lat. *confarreāre*, comp. di *cŭm* 'con' e *făr*, genit. *fărris* 'farro'; dall'offerta agli dei di una focaccia di *farro* che si faceva durante la cerimonia; av. 1600] **v. tr.** (*io confàrreo*) ● Nel diritto romano, unire in matrimonio con il rito del farro che gli sposi assaggiavano insieme.

confarreazióne [vc. dotta, lat. *confarreatiōne(m)*, da *confarreāre* 'confarreare'; 1561] **s. f.** ● Nel diritto romano, rito con cui, in occasione del matrimonio, la donna passava sotto nuova potestà.

confàrsi [comp. di *con-* e *fare* (*1*); 1224 ca.] **v. intr. pron.** (coniug. come *fare*; usato soprattutto nelle terze persone dei tempi semplici; raro il **part. pass.** *confàtto*) **1** (*lett.*) Essere adatto, appropriato: *risposta che non si confà alla domanda*; *questi termini si confarebbero benissimo all'indole della lingua italiana* (LEOPARDI). **SIN.** Addirsi | Giovare: *l'aria del mare mi si confà.* **2** †Essere proporzionato.

conféci, mi ● V. *confarsi.*

confederàle [da *confederare*, sul modello di *federale*; 1950] **agg.** ● Proprio di una confederazione | ***Sindacati confederali***, sindacati riuniti in confederazione; (*per anton.*) in Italia, i sindacati CGIL-CISL-UIL.

confederaménto [sec. XIV] **s. m.** ● (*raro*) Confederazione.

confederàre [vc. dotta, lat. *confoederāre*, comp. di *cŭm* 'con' e *foederāre* 'unire con un patto'; av. 1540] **A v. tr.** (*io confèdero*) ● (*raro*) Unire in confederazione. **B v. rifl. 1** Unirsi in confederazione. **2** (*lett., fig.*) Allearsi in vista di uno scopo comune.

confederatìvo [1843] **agg.** ● Di confederazione.

confederàto [1476] **A part. pass.** di *confederare*; anche **agg.** ● Nei sign. del v. **B s. m.** (f. *-a*) ● Chi è unito da legame confederativo: *i Confederati della guerra di secessione americana.*

confederazióne [vc. dotta, lat. tardo *confoederatiōne(m)*, da *confoederāre* 'confederare'; sec. XIV] **s. f. 1** Unione tra più Stati che, pur mantenendo la propria individualità, si impegnano a perseguire scopi comuni attraverso l'attività di organi unitari | Stato federale: *la C. elvetica.* **2** Associazione tra più enti od organizzazioni | ***C. sindacale***, unione nazionale di sindacati di tutte le categorie. **SIN.** Federazione.

conferènte [av. 1363] **A part. pres.** di *conferire*; anche **agg.** ● Nei sign. del v. **B s. m.** e **f.** ● Chi apporta dati beni nello stesso luogo di altri: *i conferenti all'ammasso.*

conferènza [lat. *conferĕntia*, part. pres. nt. pl. di *confĕrre*. V. *conferire*; 1584] **s. f. 1** Riunione di più persone, per discutere problemi politici, culturali e sim., spec. con funzione consultiva: *c. internazionale*; *c. dei ministri degli esteri* | ***C. di S. Vincenzo***, pio sodalizio per l'assistenza alle persone bisognose. **2** Organo collegiale nazionale o internazionale: *c. episcopale italiana*; *c. internazionale del lavoro.* **3** Discorso tenuto in pubblico su argomenti scientifici, letterari e sim.: *andare a una c.*; *tenere, fare una c.* | ***C. stampa***, intervista concessa a un gruppo di giornalisti da persone molto note, spec. del mondo politico, dello spettacolo e dello sport | (*est.*) ***C. telefonica***, collegamento simultaneo fra tre o più utenti. **4** Consorzio tra armatori. **5** (*raro, lett.*) Paragone, confronto: *la c. dell'osservazioni* (GALILEI).

conferenzière [da *conferenza*, attrav. il fr. *conférencier*; 1883] **s. m.** (f. *-a*) ● Chi tiene una conferenza | Chi fa spesso conferenze. **SIN.** Oratore.

conferiménto [sec. XIV] **s. m. 1** Attribuzione, assegnazione: *c. di un premio, di una medaglia* | (*est.*) Consegna di ciò che deve essere conferito: *c. del grano all'ammasso.* **2** (*dir., econ.*) Contributo, in denaro o in beni, prestazioni e sim., che ogni socio apporta a una società all'atto della sua costituzione o nel momento in cui entra a farne parte.

conferìre [dal lat. *confĕrre* 'portare insieme, riunire', comp. di *cŭm* 'con' e *fĕrre* 'portare'; 1321] **A v. tr.** (*io conferìsco, tu conferìsci*) **1** †Mettere in comune, concentrare | (*raro, lett.*) Confrontare, collazionare: *c. codici, stampe.* **2** Portare dati beni nello stesso luogo o insieme ad altri: *c. una quota di grano all'ammasso.* **3** (*est.*) Aggiungere, infondere, contribuendo a un dato effetto: *il vestito nuovo gli conferiva un'aria elegante* | (*dir., econ.*) Apportare il proprio conferimento ad una società. **4** Accordare, attribuire, concedere: *c. un incarico, un onore, un titolo, una decorazione, un grado, un diploma, un beneficio.* **SIN.** Largire. **5** (*raro, lett.*) Riferire, comunicare, confidare: *di meco conferir non ti rincresca / il tuo dolore* (ARIOSTO). **B v. intr.** (aus. *avere*) **1** Avere un colloquio, spec. su argomenti di notevole importanza: *conferì con il capo della polizia.* **SIN.** Abboccarsi. **2** (*raro*) Essere adatto, giovare: *quella pettinatura le conferisce*; *c. alla salute, alla buona digestione.*

conférma [1525] **s. f. 1** Convalida, assicurazione: *chiedere, dare, ricevere c. di qlco.*; *c. verbale, telefonica*; *a, in c., di quanto ti ho detto* | Dichiarazione, verbale o scritta, in forma ufficiale, che ribadisce una concessione, deliberazione, nomina e sim. **2** Ciò che costituisce la prova della fondatezza di un'ipotesi, di una previsione e sim.: *i tuoi sospetti non trovano c. nella realtà*; *la c. dei nostri dubbi venne presto.* **SIN.** Dimostrazione. **CONTR.** Smentita.

†**confermagióne** ● V. *confermazione.*

†**confermaménto** [sec. XIV] **s. m.** ● Conferma: *mandò ... lettere a c. del matrimonio* (VILLANI).

♦**confermàre** o †**confirmàre** [lat. *confirmāre* 'dare stabilità, rafforzare', comp. di *cŭm* 'con' e *firmāre* 'rendere stabile', da *fĭrmus* 'stabile'; av. 1292] **A v. tr.** (*io confèrmo*) **1** Rinsaldare: *c. le speranze, le opinioni di qlcu.* **SIN.** Rafforzare | (*lett.*) Rinforzare: *la buona aere ... conferma molto la sanità* (ALBERTI). **2** Ribadire in forma esplicita o solenne: *c. il voto, la promessa, l'impegno* | Ribadire in forma ufficiale o semi-ufficiale: *c. una nomina, un contratto, una legge*; *gli confermò la carica di sottosegretario* | Mantenere, in una carica e sim.: *è stato confermato nel suo ufficio.* **3** Provare la fondatezza di un'ipotesi, di una previsione e sim.: *i fatti confermeranno quello che vi ho detto.* **SIN.** Convalidare, dimostrare. **CONTR.** Smentire. **4** Ripetere qlco. riconoscendone e dichiarandone la veridicità, l'esattezza: *ha confermato la sua testimonianza.* **SIN.** Ribadire. **5** (*relig.*) Cresimare. **6** Detto di banca, obbligarsi unitamente alla banca accreditante, a dare esecuzione alle clausole di pagamento o accettazione, in un'apertura di credito a favore di terzi. **B v. rifl. 1** Rafforzarsi, rendersi più fermo e sicuro in un dato atteggiamento, opinione e sim.: *si è confermato nei suoi sentimenti.* **SIN.** Consolidarsi | Dare conferma delle proprie capacità o caratteristiche: *si è confermato un eccellente pianista*; *si è confermato campione di slalom.* **2** (*disus.*) Dichiararsi, spec. nelle chiuse epistolari: *mi confermo suo rispettoso, devoto, obbligato.* **C v. intr. pron.** ● Acquistare credito: *un'opinione che si va confermando col passare del tempo.*

confermatìvo [lat. tardo *confirmatīvu(m)*, da *confirmāre* 'confermare'; 1551] **agg.** ● Che serve a confermare. || **confermativaménte**, **avv.** (*raro*) In modo confermativo.

†**confermatòrio** [av. 1694] **agg.** ● Che conferma.

confermazióne o †**confermagióne**, †**confirmazióne** [lat. *confirmatiōne(m)*, da *confirmāre* 'confermare'; av. 1292] **s. f.** (*Confermazione* nel sign. 2) **1** (*lett.*) Conferma. **2** Nella Chiesa cattolica, sacramento che impartisce ai battezzati lo Spirito Santo e li conferma nella fede. **SIN.** Cresima | Nelle Chiese luterana e anglicana, esame del giovane cristiano e rinnovamento della professione di fede battesimale. **3** †Parte dimostrativa di un'orazione, in cui si adducono gli argomenti a sostegno della propria tesi.

confèrva [vc. dotta, lat. *confĕrva(m)*, da avvicinare a *ferrūmen* 'saldatura' (di orig. indeur.), perché serviva a saldare le ferite; av. 1564] **s. f.** ● Alga gialla d'acqua dolce, con numerosi cloroplasti lungo la parete delle cellule dei filamenti (*Conferva bombicina*).

confessàbile [1876] **agg.** ● Che si può confessare: *peccato facilmente c.*

♦**confessàre** [lat. parl. **confessāre*, da *confĕssus*, part. pass. di *confitēri* 'confessare, ammettere', comp. di *cŭm* 'con' e *fatēri* 'confessare, ammettere'; sec. XIII] **A v. tr.** (*io confèsso*) (qlco. + *a* qlcu.; + *di* seguito da inf.; + *che* seguito da indic.; + *se* seguito da indic.) **1** Dichiarare apertamente azioni, comportamenti e sim. considerati moralmente negativi (*anche assol.*): *finalmente ha confessato*; *c. di aver* *sbagliato*; *c. al sacerdote i propri peccati*; *c. una colpa, un torto, un delitto*; *c. col silenzio, con lo sguardo, col pianto*. **2** Rivelare, spec. a una persona amica, segreti, problemi personali e intimi e sim.: *gli confessò tutte le sue aspirazioni, i suoi desideri, i suoi sogni*; *Vi confesso ch'io l'amo* (GOLDONI); *ti confesso di sentirmi in colpa*; *Domandai dunque a mia madre che ... mi confessasse se io non ero figliuola di monsignore* (NIEVO). **3** Ascoltare i peccati del penitente e amministrare il sacramento della confessione (*anche assol.*): *il parroco confessa*. **4** Ammettere, riconoscere: *ti confesso che me n'ero dimenticato*; *confesso la mia ignoranza*; *confessa il mal che ci fu dato in sorte / e il basso stato e frale* (LEOPARDI). **5** (*lett.*) Professare una fede, una religione, una dottrina: *bisognerebbe ... domandare agli spiriti se confessano Cristo* (FOGAZZARO). **B** v. rifl. **1** Rivelarsi o dichiararsi esplicitamente: *confessarsi colpevole*; *la passione ... aveva il buon senso di confessarsi cieca* (NIEVO). **2** Dichiarare i propri peccati, nel sacramento della confessione: *vado a confessarmi*. **3** (+ *con*; raro, lett. + *a*) (*est.*, *fig.*) Confidare i propri segreti a qlcu. (*anche scherz.*): *ha bisogno di confessarsi con qlcu.*; *li tre poi si confessano al Sole* (CAMPANELLA). || PROV. Peccato confessato è mezzo perdonato.

confessionàle [1505] **A** agg. **1** Che si riferisce alla confessione sacramentale: *segreto c.* **2** Che è proprio di una confessione religiosa o di una professione di fede: *scuola c.* | ***Stato c.***, che professa una religione riconoscendola nella sua costituzione. || **confessionalménte**, avv. **B** s. m. ● Piccola costruzione in legno nella quale il sacerdote, attraverso una grata, ascolta la confessione.

confessionalìşmo [da *confessionale*; 1956] s. m. ● Rigida adesione ideologica alle dottrine e alle norme di una confessione religiosa.

confessionalità [da *confessionale*; 1951] s. f. ● Appartenenza a una confessione religiosa.

confessionàrio [av. 1561] s. m. ● (*raro, lett.*) Confessionale.

♦**confessióne** [vc. dotta, lat. *confessiōne(m)*. V. *confessare*; av. 1306] s. f. **1** Riconoscimento di una colpa, di un errore e sim. | Rivelazione di un segreto, di un problema personale e sim. **2** (*dir.*) Dichiarazione che una parte fa della verità di fatti a sé sfavorevoli e favorevoli all'altra parte: *c. giudiziale*, *stragiudiziale* | Ammissione, da parte dell'imputato, della propria partecipazione al compimento di un reato. **3** In molte religioni, dichiarazione pubblica delle proprie azioni e omissioni contrastanti con la legge divina | Nella Chiesa cattolica, parte essenziale del sacramento della penitenza, consistente nell'accusare i propri peccati dinanzi al sacerdote | ***C. auricolare***, individuale, fatta in segreto all'orecchio del sacerdote | ***C. comunitaria***, che si fa collettivamente nel corso di un rito penitenziale | ***Sigillo, segreto della c.***, obbligo del confessore di non rivelare le colpe accusate dal penitente. **4** Dichiarazione solenne e pubblica della propria fede fatta dagli antichi cristiani. **5** Comunità di cristiani distinta da tutte le altre per il suo credo: *c. cattolica, protestante, evangelica, luterana, valdese*. **6** Luogo sottostante all'altare in cui si conservano le spoglie di un santo | (*est.*) Tomba di un santo. **7** (*al pl.*) Titolo di varie opere autobiografiche: *le Confessioni di S. Agostino, di Rousseau*. || **confessionàccia**, pegg. | **confessioncèlla**, dim. | **confessionùccia**, pegg.

confessionista [1619] **A** s. m. e f. (pl. m. *-i*) ● †Protestante: *i dogmi ... della Chiesa romana e gli abusi che i confessionisti reprobavano* (SARPI). **B** agg. ● (*raro*) Confessionale: *Stato c.*

confèsso [vc. dotta, lat. *confĕssu(m)* 'che ha confessato', part. pass. di *confitēri*. V. *confessare*; 1313] agg. ● Che riconosce e confessa i propri errori, peccati e sim.: *reo c.*

confessoràto [sec. XVIII] s. m. ● Facoltà e ministero di confessore.

confessóre [vc. dotta, lat. tardo *confessōre(m)* 'chi professa una fede, una dottrina'. V. *confessare*; av. 1306] s. m. **1** Sacerdote che ha facoltà di ascoltare la confessione e amministrare il sacramento della penitenza. **2** Cristiano che è santificato per la sua eroica professione di fede.

confessòrio [vc. dotta, lat. tardo *confessōriu(m)*. V. *confessare*; 1887] agg. **1** (*raro*) Di confessione. **2** (*dir.*) ***Azione confessoria***, spettante al titolare di una servitù per l'accertamento del proprio diritto e la cessazione delle turbative all'esercizio del medesimo.

confettàre [lat. parl. **confectāre*, da *confĕctus*. V. *confetto*; 1353] **A** v. tr. (*io confètto*) **1** Candire: *c. la frutta*. **2** (*farm.*) Rivestire con sostanze cheratinizzate pillole medicinali. **3** (*est.*) †Preparare. **4** (*fig.*) †Adulare. **5** (*fig.*) †Imbrogliare. **B** v. intr. (aus. *avere*) ● †Mangiare confetti.

confettàto part. pass. di *confettare*; anche agg. **1** Nei sign. del v. | †Preparato. **2** Confezionato in confetti: *chewing-gum c.*

confettatrice [da *confettare*; 1987] s. f. ● Macchina con cui si effettua la confettatura.

confettatùra [1956] s. f. **1** Nell'industria dolciaria e in gastronomia, operazione del confettare. **2** (*agr.*) Operazione di rivestimento dei semi con sostanze nutritive e antiparassitarie per facilitare la semina e lo sviluppo iniziale delle piante. **3** (*farm.*) Operazione di rivestimento di pillole medicinali con sostanze cheratinizzate.

confetteria [1877] s. f. **1** Laboratorio o negozio di confetti, di dolci. **2** Assortimento di confetti, di dolci.

confettièra [sec. XIV] s. f. ● Vaso, scatola o sim. in cui si tengono i confetti.

confettière [1618] **A** s. m. (f. *-a*) ● Chi fa o vende confetti, dolci e sim. **B** agg. ● Relativo alla confettatura | ***Operaio c.***, addetto alla confettatura, spec. nell'industria chimico-farmaceutica.

♦**confètto** [lat. *confĕctu(m)*, part. pass. di *conficere* 'preparare, eseguire, consumare', comp. di *cŭm* 'con' e *făcere* 'fare'; sec. XIII] s. m. **1** Piccolo dolce di zucchero cotto, gener. di forma ovale, per lo più contenente mandorle, pistacchi, nocciole e sim., tradizionalmente offerto in occasione di battesimi, cresime e matrimoni | ***Mangiare i confetti di qlcu.***, (*fig.*) festeggiarne le nozze | (*fig.*, *scherz.*) ***Confetti di piombo***, pallottole. **2** (*spec. al pl.*, *lett.*) Dolciumi: *con frutti e confetti e coppe d'oro / se rinfrescarno* (BOIARDO). **3** Preparato medicamentoso formato da una o più sostanze impastate o stratificate e rivestite di zucchero o altri materiali. || **confettàccio**, pegg. | **confettino**, dim. | **confettóne**, accr. | **confettùccio**, dim.

confettùra [lat. *confectūra(m)* 'preparazione', da *confĕctus* (V. *confetto*), prob. attrav. il fr. *confiture*; 1582] s. f. **1** (*raro*) Insieme di confetti. **2** Conserva di una o più specie di frutta lasciata cuocere, con aggiunta di zucchero, fino ad ottenere una buona consistenza: *c. di fragole*. CFR. Gelatina, marmellata.

confettureria [fr. *confiturerie*, da *confiture* 'confettura'; 1890] s. f. ● (*raro*) Bottega, negozio dove si preparano o si vendono confetti o gener. dolciumi.

confetturière [fr. *confiturier*, da *confiture* 'confettura'; 1881] s. m. (f. *-a*) ● (*raro*) Confettiere.

confetturièro [1987] agg. ● Relativo alla confettura o alle confetture: *industria confetturiera*.

confezionaménto [1985] s. m. ● Operazione del confezionare: *sistemi di c.*; *data di c. di un prodotto alimentare*.

♦**confezionàre** [fr. *confectionner*, da *confection* 'confezione (2)'; 1797] v. tr. (*io confezióno*) **1** Avvolgere in un involucro, imballare: *c. un pacco*. **2** Cucire, rifinire un abito o altro capo d'abbigliamento.

confezionatóre [1963] **A** s. m. (f. *-trice* (V.)) **1** Chi confeziona, prepara e sim. (*anche spreg.*): *un c. di film di cassetta*. **2** Chi confeziona scatole e pacchi. **3** (*raro*) Confezionista. **B** anche agg.: *ditta confezionatrice*.

confezionatrice [1970] s. f. ● Macchina che realizza confezioni pronte per la vendita.

confezióne (**1**) [lat. *confectiōne(m)*, da *confĕctus*. V. *confetto*; av. 1348] s. f. **1** Operazione del confezionare: *c. del prodotto*. **2** Involucro, imballaggio che avvolge un prodotto | (*est.*) Il prodotto stesso così preparato: *c. regalo* | (*est.*) Imballaggio di prodotti della stessa specie costituente un'unità di vendita: *una c. di liquori*. **3** †Preparato medicinale | Confettura, dolciume.

confezióne (**2**) [fr. *confection*. V. precedente; 1877] s. f. ● Produzione in serie di capi d'abbigliamento: *lavorare nel settore della c.* | (*spec. al pl.*) Indumenti per uomo, donna, bambino, che si acquistano già confezionati.

confezionista [da *confezione* (*2*); 1942] s. m. e f. (pl. m. *-i*) ● Chi confeziona in serie capi di abbigliamento.

conficcaménto [av. 1694] s. m. ● (*raro*) Il conficcare, il conficcarsi.

conficcàre [comp. di *con-* e *ficcare*; av. 1348] **A** v. tr. (*io conficco, tu conficchi*) **1** Ficcare, far entrare con forza, spec. oggetti aguzzi: *c. un palo nel terreno*; *conficcarsi un chiodo nella mano* | †Inchiodare. **2** (*fig.*) Imprimere profondamente: *c. nella mente, nella memoria, nella coscienza*. **B** v. intr. pron. ● Penetrare con forza (*anche fig.*).

†**confidaménto** [sec. XIV] s. m. ● Il confidare.

†**confidànza** [sec. XIII] s. f. ● Confidenza, fiducia.

♦**confidàre** [lat. parl. **confidāre*, per il classico *confīdere*, comp. di *con-* 'con' e *fīdere* (da *fīdus* 'fido'); sec. XIII] **A** v. intr. (aus. *avere*) (+ *in* seguito da sost. o pron.) ● Avere fiducia: *c. in Dio*; *confido nella tua discrezione*; *confido in voi, maestro* (D'ANNUNZIO). SIN. Contare, sperare. **B** v. intr. pron. **1** (*raro, lett.*) Appoggiarsi a qlcu., avere fiducia in qlcu. | ***Confidarsi in qlcu.***, mettersi nelle sue mani. **2** (+ *con*; lett. + *a*) Rendere qlcu. partecipe dei propri segreti, dei propri pensieri più intimi: *voglio confidarmi con te*; *avrebbe dovuto anche lui confidarsi a un segretario* (MANZONI). **C** v. tr. **1** (qlco. + *a*) Rivelare, in un'atmosfera di segretezza o discrezione: *mi ha confidato le sue speranze* | (*raro*) Affidare: *vuole confidarmi alcuni documenti*. **2** (+ *di* seguito da inf.; + *che* seguito da congv. o fut.) Sperare, presumere: *confido di arrivare in tempo*; *confido che verrà*; *altri ... non confidavano che avesse a passare* (GUICCIARDINI).

confidàto [1985] part. pass. di *confidare*; anche agg. ● Nei sign. del v. || †**confidataménte**, avv. Con fiducia.

confidènte [vc. dotta, lat. *confidĕnte(m)*, part. pres. di *confīdere* 'confidare'; av. 1348] **A** agg. **1** Che ha fiducia: *con animo c.* | (*lett.*) Sicuro di sé, baldanzoso: *tempra de' baldi giovani / il c. ingegno* (MANZONI). SIN. Fiducioso. **2** (*raro, lett.*) Che esprime fiducia: *su quella fronte c. e serena* (NIEVO). || **confidenteménte**, avv. **1** (*raro*) Con fiducia. **2** (*lett.*) Amichevolmente. **B** s. m. e f. **1** Persona amica a cui si possono rivelare notizie riservate, problemi personali e sim. **2** Spia, informatore, spec. della polizia. **3** Ruolo del teatro classico e rinascimentale comprendente parti di amico del protagonista, con la funzione di informare il pubblico sull'antefatto o su altri eventi che accadono fuori di scena.

confidènza o †**confidènzia** [vc. dotta, lat. *confidĕntia(m)*, da *confīdere* 'confidare'; av. 1342] s. f. **1** Familiarità, dimestichezza: *essere in c. con qlcu.*; *trattare con c.* | ***Dare c.***, trattare con familiarità | ***Prendere c.***, acquistare familiarità con qlcu. o qlco.: *prendere c. con il nuovo lavoro, con la tastiera del computer* | ***Prendersi, pigliarsi c., confidenze con qlcu.***, agire con esagerata familiarità, mancare di riguardo: *qual c. vi prendete voi con mia nipote?* (GOLDONI). **2** (*lett.*) Fiducia, sicurezza: *aver c. in sé stessi*. **3** Rivelazione di qlco. in un'atmosfera di segretezza o discrezione: *voglio farti una c.* | ***In c.***, segretamente | (*est.*) Notizia rivelata in un'atmosfera di segretezza o discrezione: *è una c. pericolosa*.

confidenziàle [av. 1712] agg. **1** Che dimostra confidenza, familiarità: *parole, contatti, confidenziali*; *inviato c.* SIN. Amichevole, intimo. **2** Cordiale, libero da formalismi: *saluto c.*; *maniere confidenziali*. **3** Detto o fatto in un'atmosfera di segretezza o discrezione: *notizia, informazione, domanda, lettera c.* | ***In via c.***, in confidenza. SIN. Riservato, segreto. || **confidenzialménte**, avv. In modo confidenziale; in segreto; con familiarità.

confidenzialità [1921] s. f. **1** Caratteristica di ciò che è confidenziale, riservato. **2** Modo di fare confidenziale.

configgere o †**configere** [vc. dotta, lat. *configere*, comp. di *cŭm* 'con' e *fīgere* 'fissare'; 1344] **A** v. tr. (coniug. come *figgere*) ● Conficcare, inchiodare (*anche fig.*): *gli confisse la spada nel cuore*; *configgersi un rimprovero nella mente*. **B** v. intr. pron. ● Infiggersi profondamente: *gli si è confitta una spina nella mano*.

configuràre [vc. dotta, lat. *configurāre*, comp. di *cŭm* 'con' e *figūra* 'figura, configurazione'; sec. XIII] **A** v. tr. **1** (*elab.*) Combinare gli elementi costitutivi di un sistema di elaborazione per adattarlo all'impiego cui è destinato. **2** Rappresentare qlco. in una data forma. SIN. Delineare. **B** v. intr. pron. ● Assumere una data forma, immagine e sim.: *procuriamo con una … lodevole imitazione … di configurarci a Cristo* (MARINO) | Assumere una precisa connotazione: *un delitto che si configura come una vendetta mafiosa* | Delinearsi, apparire, manifestarsi: *si va configurando un nuovo profilo di insegnante*.

configurazionàle [1991] **agg.** ● (*chim.*) Detto di ordine nella successione di configurazioni degli atomi di carbonio asimmetrici contenuti in una catena polimerica: *ordine c.*

configurazióne [vc. dotta, lat. tardo *configuratiōne(m)*, da *configurāre* 'configurare'; av. 1555] **s. f.** *1* Il configurare, il configurarsi | Aspetto, figura, forma: *la c. di un territorio*; *la c. del cranio*. *2* (*geogr.*) Aspetto morfologico di una porzione di superficie terrestre: *la c. della zona alpina*. *3* (*mat.*) Collezione di elementi e di sottoinsiemi d'un insieme dato, legati da particolari requisiti. *4* (*fis.*) Posizione di un sistema materiale, forma di questo e, a volte, l'atto di moto | (*astron.*) ***C. planetaria***, posizione di un pianeta o della Luna rispetto alla Terra e al Sole. *5* (*chim.*) Particolare disposizione spaziale di atomi o gruppi atomici legati ad un atomo asimmetrico o a un doppio legame che rende distinguibile una molecola da altre molecole contenenti gli stessi atomi: *c. cis*; *c. trans*. CFR. Stereoisomero. *6* (*elab.*) Combinazione degli elementi costitutivi di un sistema di elaborazione: *aggiornare la c. del sistema*.

configurazionismo [da *configurazione*; 1965] **s. m.** ● (*psicol.*) Gestaltismo.

confinaménto [sec. XVII] **s. m.** *1* (*raro*) Il confinare. *2* (*fis.*) Nella fisica del plasma, contenimento delle particelle cariche ad alta temperatura in una zona limitata di spazio per il tempo necessario a provocare e mantenere reazioni di fusione nucleare | ***C. della carica di colore***, in fisica delle particelle, principio per cui le particelle dotate di carica di colore (quark e gluoni) non appaiono mai isolate.

confinànte [1483] **part. pres.** di *confinare*; anche **agg.** e **s. m. e f.** ● Che (o Chi) confina.

confinàre [da *confine* (*1*); 1282] **A v. intr.** (aus. *avere*) ● Essere vicino, limitrofo, contiguo (*anche fig.*): *il suo podere confinava col mio*; *la cura scrupolosa delle robe proprie … nei costumi induce una tal quale occhiuta rigidezza che ben davvicino confina coll'avarizia e colla crudeltà* (NIEVO). **B v. tr.** *1* †Descrivere, stabilire i confini di un dato luogo. *2* Condannare al confino: *sotto il fascismo è stato confinato in un paesino di montagna*; *seguendo il suo crudel consiglio / bandisce altri fedeli, altri confina* (TASSO) | Relegare, trasferire: *o di posporre la salute al pudore, … o di c. nello stanzino la cameriera* (FOSCOLO) | (*est.*, *lett.*) Scacciare, bandire. *3* (*fig.*) Costringere a una vita ritirata: *il dispiacere lo ha confinato in casa*. **C v. rifl.** *1* Ritirarsi a vivere in un luogo isolato, appartarsi, segregarsi: *si è confinato in una casetta di campagna*. *2* (*raro*, *lett.*) Limitarsi: *confinarsi nell'ambito delle arti*.

confinàrio [da *confine* (*1*); av. 1680] **agg.** *1* Che riguarda il confine. *2* Che abita, che è situato, presso un confine: *popolo c.*; *città confinaria*. *3* Detto di corpo armato posto a presidio di confine: *milizia confinaria*.

confinàto [1312] **A part. pass.** di *confinare*; anche **agg.** ● Nei sign. del v. **B s. m.** (f. *-a*) ● Chi è stato condannato al confino: *i confinati politici*.

†**confinazióne** [da *confinare*; 1803] **s. f.** ● Delimitazione dei confini.

confindustriàle [1963] **agg.** ● Della Confederazione Generale dell'Industria Italiana (Confindustria).

♦**confine** (*1*) [vc. dotta, lat. *confīne*, nt. dell'agg. *confīnis* 'confinante', da *fīnis* 'confine, limite'; 1269] **s. m.** (pl. *confini*, †*confine*, **f.**) *1* Linea che circoscrive una proprietà immobiliare o il territorio di uno Stato o di una regione: *c. tra la Francia e l'Italia* | ***C. naturale***, quello che segue la linea di elementi geografici naturali | ***C. politico***, quello che segue una linea convenzionale | ***Azione di regolamento di confini***, spettante a un proprietario fondiario in caso di contestazione sui confini. *2* (*est.*) Termine, fine, limite (*anche fig.*): *i confini del mondo*; *i confini della mente umana*; *ai confini del lecito* | ***Senza confini***, illimitato | ***Oltre i confini naturali***, oltre quanto è concesso dalla natura | ***Passare i confini***, esagerare, passare i limiti. *3* Pietra, sbarra, cippo e sim. usati per segnare il confine di un luogo: *collocare, togliere i confini*. *4* †Paese, regione | †Spazio, lato | (*spec. al pl.*) †Confino: *andare, mandare, ai confini* | †***Avere i confini***, essere condannato al confino.

†**confine** (*2*) [lat. *confīne(m)*; sec. XIV] **agg.** ● Confinante.

†**confingere** [vc. dotta, lat. *confĭngere*, comp. di *cŭm* 'con' e *fĭngere* 'plasmare, fingere'; av. 1342] **v. tr.** ● Contraffare | Inventare, raffigurare.

confino [da *confinare*; 1797] **s. m.** ● Misura di polizia introdotta nel 1931 (in sostituzione del *domicilio coatto*), consistente nell'imporre al condannato di dimorare per un certo tempo in un luogo lontano dal proprio luogo di residenza o da quello del delitto o da quello della vittima; oggi è sostituito dall'*obbligo di soggiorno* (V. *soggiorno*).

†**confirmàre** e *deriv.* ● V. *confermare* e *deriv.*

confirmatòrio [da †*confirmare*; 1956] **agg.** ● (*dir.*) Solo nella loc. ***caparra confirmatoria***, somma di denaro che una parte consegna all'altra a titolo di garanzia per l'adempimento di un contratto.

confisca [da *confiscare*; 1764] **s. f.** *1* Misura di sicurezza consistente nell'espropriazione di cose usate per commettere un reato o provenienti dallo stesso. *2* (*raro*) Oggetto della confisca.

confiscàbile [1771] **agg.** ● Che si può confiscare: *bene c.*

confiscàre [vc. dotta, lat. *confiscāre*, comp. di *cŭm* 'con' e *fĭscus* 'cassa dello stato, fisco'; 1312] **v. tr.** (*io confisco, tu confischi*) ● Colpire un bene con confisca: *c. le merci di contrabbando* | (*impropr.*) Espropriare o requisire, da parte dello Stato o di altro ente pubblico, un bene senza indennizzo.

confiscatóre [1865] **s. m.**; anche **agg.** (f. *-trice*) ● Chi (o Che) confisca.

confissi ● V. *configgere*.

confisso [vc. dotta, lat. *confĭctu(m)* 'unito assieme, fissato'; 1988] **s. m.** ● (*ling.*) Elemento formativo iniziale o finale di una parola, derivato da una parola, per lo più greca o latina, avente significato compiuto (per es. *cardio-*, *tele-*, *-grafia*, *-fonia*); include i significati di *prefissoide* e *suffissoide*.

confitènte [vc. dotta, lat. *confitĕnte(m)*, part. pres. di *confitēri* 'confessare'; av. 1342] **s. m. e f.**; anche **agg.** ● Chi (o Che) si confessa | Chi (o Che) professa la propria fede.

confiteor [vc. lat., 'io confesso', prima pers. sing. indic. pres. di *confitēri* 'confessare'; 1534] **s. m. inv.** ● Formula liturgica di confessione generica, che si recita nella Messa e nella confessione | ***Dire, recitare il c.***, (*fig.*) riconoscere le proprie colpe.

confitto [1308] **part. pass.** di *configgere*; anche **agg.** ● Nei sign. del v.

confiture /fr. kõfi'ty:ʀ/ [vc. fr., deriv. di *confit*, part. pass. di *confire* 'candire', dal lat. *confĭcere* 'preparare'] **s. f. inv.** ● Confettura, marmellata.

conflagràre [vc. dotta, lat. *conflagrāre*, comp. di *cŭm* 'con' e *flagrāre* 'ardere'; 1499] **v. intr.** (aus. *essere*) *1* (*lett.*) Prendere fuoco all'improvviso: *le legna conflagravano e rendevano un subito bagliore* (D'ANNUNZIO). *2* (*fig.*) Scoppiare all'improvviso, detto di guerre e sim.

conflagrazióne [vc. dotta, lat. *conflagratiōne(m)*, da *conflagrāre* 'conflagrare'; 1745] **s. f.** *1* (*lett.*) Incendio improvviso. *2* (*fig.*) Improvviso scoppio di ostilità fra due o più Stati. *3* Nella filosofia stoica, catastrofe finale che ricondurrà al fuoco tutto ciò che dal fuoco si è generato e concluderà un ciclo dell'universo.

†**conflàre** [vc. dotta, lat. *conflāre*, comp. di *cŭm* 'con' e *flāre* 'soffiare'; 1499] **v. tr.** *1* Fondere, sciogliere, detto spec. di metalli. *2* (*fig.*, *lett.*) Provocare, suscitare.

†**conflàto** [1321] **A part. pass.** di †*conflare*; anche **agg.** *1* Nei sign. del v. *2* (*fig.*) Congiunto con altra cosa. **B s. m.** ● (*raro*, *lett.*) Unione intima.

confliggere [vc. dotta, lat. *conflīgere* 'battersi (*flīgere*) con (*cŭm*) qlcu.'; av. 1565] **v. intr.** (coniug. come *affliggere*; aus. *avere*) ● Essere in conflitto: *i nostri interessi confliggono con i vostri*.

conflitto [vc. dotta, lat. *conflīctu(m)*, da *conflīgere* 'combattere'; sec. XIV] **s. m.** *1* Scontro armato, combattimento: *c. a fuoco tra banditi e carabinieri* | Guerra: *secondo c. mondiale*. *2* Contrasto, scontro, urto, spec. aspro e prolungato di idee, opinioni e sim.: *c. di gusti, di sentimenti* | ***C. sociale***, contrasto generato da profonde differenze economiche e sociali | ***C. di diritti***, esistenza di diritti a favore di persone diverse il cui esercizio è reciprocamente incompatibile. *3* (*dir.*) Situazione di contrasto tra autorità giurisdizionali o amministrative o tra autorità giurisdizionali e amministrative | ***C. di competenza***, contrasto tra più organi giurisdizionali che affermano o negano contemporaneamente di avere competenza a decidere una stessa controversia | ***C. di interessi***, situazione in cui un soggetto è contemporaneamente titolare o contitolare di due posizioni giuridiche che perseguono interessi in contrasto fra loro. *4* (*psicol.*) Contrapposizione manifesta o latente di impulsi, desideri o tendenze opposte che si escludono a vicenda.

conflittuàle [da *conflitto*; 1965] **agg.** ● Di conflitto, caratterizzato da un conflitto: *situazione c.*; *rapporto c.* || **conflittualménte**, **avv.**

conflittualità [1971] **s. f.** ● Stato di agitazione e di contrasto spec. in campo sindacale | (*est.*) Situazione conflittuale.

confluènte [av. 1569] **A part. pres.** di *confluire*; anche **agg.** ● Nei sign. del v. **B s. m.** *1* (*raro*) Confluenza: *c. di fiumi, di strade*. *2* Affluente.

confluènza [vc. dotta, lat. tardo *confluĕntia(m)* 'afflusso di sangue, congestione', da *cōnfluens* 'confluente'; av. 1680] **s. f.** *1* Congiungimento, convergenza di corsi d'acqua o ghiacciai | Punto in cui due corsi d'acqua s'incontrano unendo le loro acque | (*est.*) Incrocio di strade o di valli. *2* (*fig.*) Convergenza, unificazione, fusione: *c. di forze, di idee, di tendenze*.

confluire [lat. *conflŭere*, comp. di *cŭm* 'con' e *flŭere* 'scorrere'; av. 1503] **v. intr.** (*io confluisco, tu confluisci*; aus. *essere* e *avere*) *1* Congiungersi, unirsi, detto di corsi d'acqua, valli, strade e sim.: *le due arterie confluiscono più a sud* | Versarsi: *nel lago confluiscono molti torrenti* | (*est.*) Entrare a far parte di un'organizzazione già esistente, detto spec. di gruppi politici o sindacali. *2* (*fig.*) Fondersi, convergere: *nell'opera di questo scrittore confluiscono diverse tradizioni di pensiero*.

confocàle [comp. di *con-* e *fuoco*, con suff. aggettivale; 1865] **agg.** ● (*fis.*) Che ha il medesimo fuoco o la medesima linea focale: *sistemi ottici confocali*.

♦**confóndere** [lat. *confŭndere*, comp. di *cŭm* 'insieme' e *fŭndere* 'versare'; av. 1250] **A v. tr.** (coniug. come *fondere*) *1* Mescolare senza distinzione e senza ordine: *ha confuso tutti i libri della biblioteca*; *i tuoi discorsi mi confondono le idee*. *2* (*est.*) Scambiare una persona o cosa per un'altra: *c. i colori, i concetti*; *ho confuso il tuo nome con quello di una mia amica*. *3* (*est.*) Turbare in modo da togliere la chiarezza del pensiero, il discernimento: *la sua presenza lo ha confuso* | (*est.*) Imbarazzare: *tutte queste attenzioni mi confondono* | (*est.*) Sbalordire: *la sua bravura ci confonde*. *4* (*est.*, *lett.*) Umiliare: *Iddio confonde l'orgoglio dei malvagi e dei superbi* | (*est.*, *raro*, *lett.*) Distruggere: *Perché non mi confonde tosto morte …?* (BOCCACCIO). *5* (*est.*) Abbagliare, offuscare: *questa luce violenta mi confonde la vista*. **B v. intr. pron.** *1* Mescolarsi: *appena arrivò sulla via principale si confuse tra la folla*. *2* Turbarsi gravemente: *si confusero udendo quelle parole* | Fare confusione, perdere il filo: *stava rispondendo, ma si è confuso*. SIN. Sbigottirsi, smarrirsi | Sbagliarsi: *mi sono confuso nel fare la divisione*. *3* Dissolversi, sfumare: *tutto biancheggia e si confonde* (FOSCOLO) | (*tosc.*) Darsi pena; occuparsi di ciò che si considera negativo: *confondersi con la politica*; *confondersi col gioco* | (*tosc.*) ***Non mi ci confondo***, non me ne occupo.

confondìbile [1745] **agg.** ● Che si può confondere.

conformàbile [1821] **agg.** ● Che si può conformare.

conformàre [vc. dotta, lat. *conformāre*, comp. di *cŭm* 'con' e *formāre* 'formare'; av. 1292] **A v. tr.** (*io confórmo*) *1* Dare una forma, una figura determinata. *2* (qlcu. o qlco. + *a*) Rendere conforme, uniformare, adeguare, adattare: *c. qlco. all'indole, alla capacità, ai bisogni*; *c. la propria vita a un ideale*. **B v. rifl.** (+ *a*) ● Agire in modo conforme a qlco.: *conformarsi alla legge, agli ordini*; *è questa una regola di fatto e di diritto … per conformarci ad essa di buon grado* (MANZONI) | Uniformarsi, adeguarsi, adattarsi: *conformarsi alle abi-*

tudini del luogo in cui si vive; *conformarsi alle idee dominanti*. **C** v. intr. pron. (+ *con*) ● Essere proporzionato: *la misura di questo oggetto si conforma con quella degli altri*.

conformatóre [vc. dotta, lat. tardo *conformatōre(m)* 'ordinatore', da *conformāre* 'conformare'; 1832] **A** agg. (f. *-trice*) ● Che conforma. **B** s. m. ● Apparecchio a pezzi mobili, col quale i cappellai determinano la forma della testa.

conformazionàle [1987] agg. ● (*chim.*) Che si riferisce alla conformazione delle molecole: *isomeria c.*

conformazióne [vc. dotta, lat. *conformatiōne(m)*, da *conformāre* 'conformare'; sec. XIV] s. f. *1* Figura, forma: *avere una bella c.*; *la c. del corpo* | Modo di strutturarsi di un organo o organismo: *vizi di c.* *2* (*raro, lett.*) Adattamento.

confórme [vc. dotta, lat. *confŏrme(m)*, comp. di *cŭm* 'con' e *fŏrma* 'forma'; 1321] **A** agg. (assol.; + *a*) *1* Simile per forma, indole, caratteristiche e sim.: *c. al modello*; *un carattere c. al mio*; *copia c.*; *due oggetti conformi*; *i governi debbon essere conformi alla natura degli uomini governati* (VICO) | Che corrisponde, che si accorda con qlco.: *c. all'esempio, al vero* | Regolare: *procedimento c.*; *prassi non c.* *2* (*mat.*) Detto di corrispondenza che conservi gli angoli fra curve, cioè fra le rispettive tangenti. || **conformeménte**, avv. In modo conforme, in conformità: *agire conformemente al regolamento*. **B** avv. ● In modo corrispondente: *c. a sua bontà* (DANTE *Par.* II, 148) | (*region., ellitt.*) Dipende, secondo il caso o le prospettive (nelle risposte): *'E quando non è irritato come ti tratta?' 'C.'* (SVEVO). **C** prep. ● †In conformità con qlco.: *c. lo stile di questa corte*. **D** cong. ● (*lett.* o *raro*) Come, secondo che (introduce una prop. modale con il v. all'indic.): *agisce c. gli passa per il capo*; *occorre operare c. dice la legge*; *c. si è sopra veduto* (VICO). **E** nella loc. cong. †*c. a che*, secondo che: *c. a che simili illusioni si veggono in cristalli e gemme di più sorte* (GALILEI).

conformìsmo [ingl. *conformism*, modellato col suff. *-ism* '-ismo' su *conformist* 'conformista'; 1940] s. m. ● Atteggiamento, linea di condotta e sim. tipici del conformista.

conformista [ingl. *conformist*, da *conform* 'conforme'; 1714] s. m. e f.; anche agg. (pl. m. *-i*) ● Chi (o Che) si uniforma passivamente alla mentalità, alle opinioni e ai modi di vita prevalenti in un determinato gruppo sociale, periodo storico e sim.

conformìstico [1946] agg. (pl. m. *-ci*) ● Tipico del conformismo o del conformista. || **conformisticaménte**, avv.

conformità [av. 1327] s. f. (+ *a*; + *con*) ● Condizione di ciò che è conforme: *c. di carattere*; *c. alle regole*; *la perfezione di un essere non è altro che l'intiera c. colla sua essenza primigenia* (LEOPARDI) | ***In c. a*** (o ***con*** o, *lett.*, ***di***), conformemente a: *misura presa in c. alla* (o *con la*) *prassi*; *in c. di ciò che sopra n'abbiamo detto* (VICO). SIN. Concordanza.

confòrt /kɔmˈfɔrt, *fr.* kõˈfɔːʀ/ ● V. *comfort*.

confortàbile [fr. *confortable*, dall'ingl. *confortable*; 1822] agg. *1* (*raro*) Che si può confortare. *2* (*lett.*) Confortevole. || **confortabilménte**, avv. In modo confortevole.

confortànte [1353] part. pres. di *confortare*; anche agg. ● Che dà conforto, coraggio: *una notizia c.*; *è c. sapere che la sua salute migliora*.

confortànza [sec. XIII] s. f. ● Conforto.

confortàre [lat. tardo *confortāre* 'rinforzare, consolare', comp. di *cŭm* 'con' e *fŏrtis* 'forte'; av. 1250] **A** v. tr. (*io confòrto*) *1* (*raro*) Ritemprare, dare ristoro (*anche assol.*): *c. lo stomaco*; *è una medicina che conforta* | (*lett.*) Confermare, sostenere, con argomentazioni e sim.: *c. una tesi, un assunto*; *ha confortato le sue affermazioni con molte citazioni*. *2* Dare conforto, appoggio, aiuto: *c. un malato, gli afflitti*; *mi ha confortata nel mio dolore* | (*est.*) Ricreare: *c. l'animo, lo spirito*. *3* Incoraggiare: *la notizia lo confortò a proseguire gli sforzi*. **B** v. intr. pron. ● (*raro*) Prendere forza | Provare sollievo, farsi animo e sim.: *alla lieta notizia si confortarono*. **C** v. rifl. rec. ● Consolarsi a vicenda.

confortativo [1336 ca.] agg. ● (*raro*) Che serve a confortare.

confortàto [sec. XIII] part. pass. di *confortare*; anche agg. ● Nei sign. del v.

confortatóre [vc. dotta, lat. tardo *confortatōre(m)*, da *confortāre* 'confortare'; 1336 ca.] agg.; anche s. m. (f. *-trice*) ● Che (o Chi) conforta.

confortatòrio [vc. dotta, lat. tardo *confortatōriu(m)*, da *confortāre* 'confortare'; av. 1363] **A** agg. ● Che reca conforto. **B** s. m. ● Cappella in cui i condannati a morte ricevevano gli ultimi conforti religiosi.

conforterìa [1865] s. f. ● (*raro*) Confortatorio.

confortévole [1336 ca.] agg. *1* (*lett.*) Che reca conforto: *parole confortevoli*. SIN. Consolante. *2* Che offre agi, comodità: *casa, automobile c.*; *albergo poco c.* || **confortevolménte**, avv.

confortino [sec. XV] s. m. *1* (*tosc.*) Pane condito con spezie e miele | Pasta dolce a forma di ciambella. *2* In pasticceria, lingua di gatto.

confòrto (1) [da *confortare*; av. 1250] s. m. *1* Consolazione, sollievo, aiuto morale: *dare, recare c. a qlcu.*; *essere di c. a, per, qlcu.*; *trovare c. in qlco.* | (*est.*) Chi (o ciò che) serve a confortare: *la musica è il mio unico c.* | ***Conforti religiosi, estremi conforti***, sacramenti e preghiere amministrati e pronunciati in punto di morte. *2* Sostegno, appoggio: *agendo così, ho avuto il c. della mia buona fede* | ***A c. di una tesi***, a sostegno. *3* (*raro*) Ristoro materiale: *viveri, generi di c.*

confòrto (2) [ingl. *comfort*; 1824] s. m. ● (*raro, spec. al pl.*) Agio, comodità: *questo studio è dotato di tutti i conforti moderni*. || **confortino**, dim.

†**confràte** [lat. mediev. *confrater*, nom., comp. di *cŭm* 'con' e *frāter* 'fratello'; sec. XIV] s. m. ● Confratello.

confratèllo [comp. di *con-* e *fratello*; 1721] s. m. *1* Frate dello stesso ordine religioso | Chi è ascritto con altri a una stessa confraternita. *2* (*est., lett.*) Collega: *Così è, cari confratelli in rimeria* (CARDUCCI).

confratèrnita [lat. mediev. *confraternitas*, nom., da *confrater* 'confrate'; av. 1540] s. f. *1* Associazione di laici non governata da una regola e riconosciuta dall'autorità ecclesiastica, avente per fine l'elevazione spirituale degli iscritti mediante pratiche di pietà, di carità e di culto. *2* Nell'Islam, raggruppamento, a base gerarchica e con proprio ordinamento amministrativo, di musulmani maschi che si riuniscono periodicamente per pratiche culturali o mistiche: *la c. dei Senussi, dei Dervisci*. *3* (*est.*) Compagnia, congrega (*spec. iron.*): *confraternite studentesche*.

†**confregàre** e *deriv.* ● V. *confricare* e *deriv.*

confricàre o †**confregàre** [vc. dotta, lat. *confricāre*, comp. di *cŭm*, 'con', e *fricāre* 'sfregare'; av. 1498] v. tr. (*io confrìco* o *cònfrico, tu confrìchi* o *cònfrichi*) ● (*lett.*) Strofinare con forza.

confricazióne o †**confregazióne** [vc. dotta, lat. tardo *confricatiōne(m)*, da *confricāre* 'confricare'; av. 1642] s. f. ● (*raro, lett.*) Strofinamento.

confrontàbile [1965] agg. ● Che si può confrontare. SIN. Paragonabile.

confrontabilità [da *confrontabil(e)* col suff. di qualità *-ità*; 1987] s. f. ● Condizione di ciò che è confrontabile.

♦**confrontàre** [fr. *confronter*, dal lat. mediev. *confrontare*, da *frōns*, genit. *frōntis* 'fronte'; sec. XIV] **A** v. tr. (*io confrónto*) *1* Considerare due o più cose insieme, valutandone le somiglianze e le differenze: *c. alcuni concetti* | Collazionare: *c. testimonianze, scritture, conti* | ***Confronta***, indicazione che, abbreviata in *cfr.* e seguita dall'indicazione del libro, della pagina, del paragrafo e sim., serve per rinviare il lettore di un testo ad altro luogo dello stesso o a un'opera in esso citata. SIN. Comparare, paragonare. *2* (*raro*) Consultare: *c. un'enciclopedia, un annuario*. **B** v. intr. (aus. *avere*) ● (*raro, lett.*) Concordare, corrispondere: *i calcoli di quest'autore son tali, che nessuno confronta con un altro* (GALILEI). **C** v. rifl. e rifl. rec. ● Misurarsi, discutere, contendere con qlcu.: *confrontarsi con i propri avversari politici*; *i partiti si sono confrontati sul nuovo disegno di legge*.

♦**confrónto** [da *confrontare*; av. 1675] s. m. *1* Il confrontare | Comparazione, raffronto: *fare il c. di due cose*; *mettere a c. una cosa con un'altra* | ***Senza c.***, incomparabilmente | ***Reggere il c. con qlco.***, essere pari a qlco., essere allo stesso livello | ***Reggere al c.***, essere all'altezza, alla pari | ***Non temere confronti***, essere superiore | ***In c. a*** (o ***di*** o ***con***), ***a c. di*** (o ***con***), a paragone di, rispetto a, relativamente a | ***Nei miei, tuoi confronti***, rispetto a me, a te | Riscontro, collazione: *c. di manoscritti*. *2* Discussione, contesa: *c. tra gli esponenti dei partiti sui risultati elettorali* | (*est.*) Incontro sportivo. *3* (*dir.*) Contraddittorio istituito in giudizio tra soggetti già esaminati o interrogati onde chiarire la verità delle divergenti dichiarazioni da loro rilasciate: *mettere a c. imputati, testimoni, parti* | ***C. all'americana***, quello in cui l'imputato o l'indiziato di un reato è presentato dalla polizia, a chi deve riconoscerlo, assieme ad altre persone a lui simili nell'aspetto fisico ed estranee al fatto criminoso.

confucianèṣimo [1951] s. m. ● Dottrina morale, politica e religiosa di Confucio (551-479 a.C.) e dei suoi maggiori discepoli, diffusa soprattutto in Cina.

confuciàno [av. 1722] **A** agg. ● Di Confucio, del confucianesimo. **B** s. m. (f. *-a*) ● Seguace del confucianesimo.

†**confùggere** [lat. *confŭgere*, comp. di *cŭm* 'con' e *fŭgere* 'fuggire'] v. intr. ● (*lett.*) Rifugiarsi.

confuṣionàle [1964] agg. ● (*med.*) Che denota confusione mentale: *stato c.*

confuṣionàrio [1896] agg.; anche s. m. (f. *-a*) ● Che (o Chi) fa confusione o ha la mente confusa.

♦**confuṣióne** [vc. dotta, lat. *confusiōne(m)*, da *confūsus*, part. pass. di *confŭndere* 'confondere'; av. 1306] s. f. *1* Coesistenza o mescolanza nello stesso luogo di più persone o cose senza distinzione e senza ordine (*anche fig.*): *fare c.*; *chi ha messo c. nei miei cassetti?*; *cos'è tutta questa c.?*; *nella stanza regnava una c. spaventosa*; *quel tipo ha una gran c. in testa* | (*est.*) Chiasso, baccano: *smettetela di fare c.!* SIN. Baraonda, bolgia, caos, disordine, pandemonio. *2* Scambio di una persona o di una cosa con un'altra: *c. di date, di cifre, di luoghi* | ***Fare c.***, fare errori, sbagliare, confondersi: *faccio sempre c. con gli anni*. *3* (*med.*) ***C. mentale***, stato mentale caratterizzato da smarrimento, disturbi emotivi, mancanza di chiarezza di pensiero e talvolta disorientamento percettivo. *4* (*est.*) Forte turbamento, agitazione che impedisce di essere lucidi: *la sua c. era palese* | (*est.*) Imbarazzo. *5* (*est., lett.*) Profonda umiliazione, vergogna: *per la c. di averla trattata ... con poco rispetto* (NIEVO) | ***A sua c.***, in modo che lui sia mortificato, svergognato. *6* (*dir.*) Modo di estinzione delle obbligazioni o del diritto di servitù che si attua quando le posizioni di creditore e debitore, o di titolare del fondo servente o del fondo servito, si riuniscono in un'unica persona.

confuṣionìṣmo [da *confusione*; 1884] s. m. ● Tendenza a creare uno stato di estrema confusione | (*lett.*) Gran confusione.

confuṣionista [1886] s. m. e f. (pl. m. *-i*) ● (*raro*) Confusionario.

confuṣivo [1977] agg. ● (*lett.*) Caratterizzato da confusione, da incertezza: *linguaggio c.*; *identità confusiva*.

♦**confùṣo** [vc. dotta, lat. *confūsu(m)*, part. pass. di *confŭndere* 'confondere'; sec. XIII] agg. *1* Mescolato, senza ordine: *un mucchio c. di carte* | Mescolato ad altri: *riuscì a entrare c. tra gli invitati*. *2* Che manca di chiarezza, precisione, lucidità e sim.: *fare un discorso c.*; *avere le idee confuse*; *mi sento la mente un po' confusa*. *3* Vago, indistinto: *un suono, un mormorio c.* *4* Turbato, imbarazzato, detto di persona: *sono c. per la vostra gentilezza*. || **confuṣétto**, dim. || **confuṣaménte**, avv. *1* In modo confuso, disordinatamente: *i ventagli si agitavano confusamente* (D'ANNUNZIO). *2* In modo poco chiaro, indistinto: *rispose confusamente*.

confutàbile [1673] agg. ● Che si può confutare. SIN. Oppugnabile.

confutàre [vc. dotta, lat. *confutāre* 'abbattere, reprimere', poi 'confutare', da avvicinare a *refutāre* 'respingere'; sec. XIV] v. tr. (*io cònfuto* o *confùto*) *1* Controbattere un'argomentazione dimostrandone l'erroneità o l'infondatezza: *c. un'opinione, una dottrina, una tesi*. SIN. Contraddire, oppugnare. *2* (*dir.*) Ribattere in giudizio gli argomenti sostenuti dalla controparte: *c. l'eccezione sollevata*.

confutativo [av. 1566] agg. ● Che vale a confutare.

confutatóre [vc. dotta, lat. tardo *confutatōre(m)*, da *confutāre* 'confutare'; 1664] s. m.; anche agg. (f. *-trice*) ● Chi (o Che) confuta.

confutatòrio [av. 1348] agg. ● Che ha lo scopo di confutare: *discorso c.* | Di confutazione.

confutazióne [vc. dotta, lat. *confutatiōne(m)*, da *confutāre* 'confutare'; av. 1557] s. f. *1* Argomentazione con la quale si confuta: *c. esauriente, strin-*

gente, fiacca. SIN. Oppugnazione. *2* Nella retorica classica, parte dell'orazione in cui si ribattono gli argomenti dell'avversario. ‖ **confutazioncèlla**, dim.

cònga [dal *Congo* (?); 1950] s. f. ● Danza cubana di origine africana | Tamburo di origine africana, usato spec. in Brasile e nelle Antille.

†**congaudère** [vc. dotta, lat. tardo *congaudēre*, comp. di *cŭm* 'con' e *gaudēre* 'godere'; av. 1294] v. intr. ● Rallegrarsi insieme: *Omai veggio … / … / … di che congaudete* (DANTE *Purg.* XXI, 76-78).

congedaménto [1956] s. m. ● (*mil.*) L'atto di mettere in congedo i soldati di leva o richiamati per fine servizio.

congedàndo [gerundio di *congedare*; 1970] **A** agg. ● Che deve essere congedato. **B** s. m. ● Soldato da congedare.

congedàre [da *congedo*; av. 1729] **A** v. tr. (*io congèdo*) *1* Dare congedo, invitare qlcu. ad andarsene, a partire: *ci congedò bruscamente* | Salutare qlcu. che sta partendo: *stava congedando i visitatori con frasi cordiali.* SIN. Accomiatare. *2* (*mil.*) Mettere in congedo i militari per fine servizio. **B** v. rifl. *1* Andarsene salutando: *si congedò nel bel mezzo della festa*; *mi congedai dal padrone di casa.* SIN. Accomiatarsi. *2* (*mil.*) Andare in congedo.

congedàto [av. 1799] part. pass. di *congedare*; anche agg. e s. m. ● Che (o Chi) ha ottenuto il congedo.

congèdo [ant. fr. *congiet*, dal lat. *commeātu(m)*. V. *commiato*; 1336 ca.] s. m. *1* Il congedare, il congedarsi: *non trascurai qualche visita di c.* (MONTALE) | Permesso, ordine, invito ad andarsene, a partire: *chiedere, dare, prendere c.* SIN. Commiato. *2* Saluto al pubblico che gli attori di una commedia o di una farsa fanno alla fine della rappresentazione | ***Recita di c.***, ultima rappresentazione eseguita da una compagnia in una determinata città. *3* (*mil.*) Cessazione del servizio militare | Stato del militare che ha cessato di prestare servizio | ***Foglio di c.***, documento rilasciato ai soldati ad attestazione legale del cessato servizio militare | ***C. provvisorio***, posizione particolare dell'ufficiale che cessa temporaneamente dal servizio effettivo | ***C. illimitato***, posizione dei militari in congedo per i quali permangono gli obblighi di servizio solo in caso di necessità | ***C. illimitato provvisorio***, posizione del cittadino, soggetto agli obblighi militari, nel periodo compreso tra l'arruolamento e la chiamata alle armi | ***C. assoluto***, posizione dei militari che cessano da qualunque obbligo di servizio | ***Ufficiali in c.***, costituiscono la riserva dell'esercito per il completamento numerico dei quadri in caso di mobilitazione. *4* Licenza ordinaria e straordinaria che si dà ai dipendenti pubblici | ***C. matrimoniale***, periodo di riposo retribuito spettante al lavoratore in occasione del matrimonio. *5* (*letter.*) Commiato, tornata. *6* (*relig.*) Nella liturgia cattolica, l'ultima parte dei riti di conclusione della messa, con la quale l'assemblea viene sciolta.

congegnaménto [av. 1712] s. m. ● (*raro, lett.*) Il congegnare | Connessione.

congegnàre [dalla sovrapposizione di *ingegnare* a *combinare*; av. 1327] v. tr. (*io congégno*) ● Adattare, mettere insieme con una certa abilità vari elementi per costruire una struttura complessa: *c. una casa, un motore, un'opera d'arte* | (*fig.*) Elaborare, ideare qlco. di complesso: *ha congegnato un piano infallibile.*

congegnatóre [av. 1827] s. m. (f. *-trice*) *1* (*raro*) Chi congegna. *2* Chi aggiusta congegni meccanici.

†**congegnatùra** [av. 1686] s. f. ● Modo in cui una cosa è congegnata.

congégno [da *congegnare*; 1818] s. m. ● (*mecc.*) Apparecchio, strumento formato di diverse parti messe insieme: *c. di manovra, di trasmissione, di scatto, di puntamento*; *un c. di grande precisione* | (*est.*) Meccanismo, struttura composita (*anche fig.*): *nel c. affaticato delle vene e dei nervi* (NIEVO); *il c. della passione va complicandosi* (VERGA). ‖ **congegnàccio**, pegg. | **congegnino**, dim. | **congegnùccio**, dim.

congelaménto [1666] s. m. *1* Il congelare, il congelarsi: *c. dell'acqua, dell'olio*; *temperatura di c.*; *c. della carne* | (*fig.*) Rinvio, sospensione: *c. dei crediti* | (*fig.*) Blocco, irrigidimento: *c. della situazione politica.* *2* (*med.*) Lesione causata dalle basse temperature sui tessuti dell'organismo: *c. alle mani, dei piedi*; *presentare sintomi di c.*

congelàre [vc. dotta, lat. *congelāre*, comp. di *cŭm* 'con' e *gelāre* 'far gelare'; 1319] **A** v. tr. (*io congèlo*) *1* Raffreddare un liquido fino a solidificarlo: *c. l'acqua.* *2* (*lett., fig.*) Irrigidire colpendo con una forte emozione e sim. SIN. Agghiacciare, raggelare | (*lett.*) Rendere freddo, insensibile. *3* Portare e mantenere derrate alimentari a temperature uguali o inferiori a −7 °C fino a −12 °C: *c. le carni, il pesce.* *4* (*fig.*) ***C. un credito***, sospenderlo temporaneamente. *5* (*fig.*) Rinviare o sospendere la soluzione di una questione, l'attuazione di un programma, e gener. il verificarsi di un evento. **B** v. intr. pron. *1* Subire l'effetto di temperature inferiori a 0 °C. *2* (*est.*) Soffrire per il freddo: *durante quella sosta ci siamo congelati.*

congelatóre [1925] **A** agg. (f. *-trice*) ● Che congela, che provoca congelamento. **B** s. m. ● Elettrodomestico autonomo per il rapido congelamento di alimenti freschi o per la conservazione di alimenti surgelati a temperature inferiori a −18 °C | Freezer.

congelazióne [vc. dotta, lat. *congelatiōne(m)*, da *congelāre* 'congelare'; sec. XIV] s. f. ● (*med.*) Congelamento.

†**congèneo** [vc. dotta, lat. tardo *congĕneu(m)*, comp. di *cŭm* 'con' e *gĕnus* 'genere'; 1584] agg. ● Congenere.

congènere [vc. dotta, lat. *congĕnere(m)*, comp. di *cŭm* 'con' e *gĕnus*, genit. *gĕneris* 'genere'; 1550] agg. *1* Che è dello stesso genere: *lavori, libri, articoli congeneri.* SIN. Consimile. *2* (*biol.*) Detto di pianta o animale appartenente allo stesso genere di un altro.

congènero [vc. dotta, lat. *congĕneru(m)*, comp. di *cŭm* 'con' e *gĕner* 'genero'] s. m. ● Chi è genero insieme con altri rispetto agli stessi suoceri o a uno di loro.

congeniàle [ingl. *congenial*; 1825] agg. ● Che è consono, che si accorda all'indole e alle preferenze di qlcu.: *un lavoro che non mi è c.* ‖ **congenialménte**, avv.

congenialità [1920] s. f. ● Caratteristica di ciò che è congeniale.

congènito [vc. dotta, lat. *congĕnitu(m)*, comp. di *cŭm* 'con' e *gĕnitus* 'generato'; av. 1563] agg. ● Che esiste già alla nascita: *vizio c.*; *malformazione, malattia congenita.* CONTR. Acquisito. ‖ **congenitaménte**, avv.

congèrie [vc. dotta, lat. *congĕrie(m)*, da *congĕrere* 'ammucchiare'; 1499] s. f. inv. ● Massa, insieme di cose confuse: *c. di errori, di libri, di fatti, di dottrine.* SIN. Accozzaglia, ammasso, guazzabuglio.

congestionàre [da *congestione*; 1915] **A** v. tr. (*io congestióno*) *1* (*med.*) Causare una congestione: *c. il fegato.* *2* (*fig.*) Ingombrare con eccessivo afflusso di cose o persone: *la chiusura di quella via congestiona il centro della città.* **B** v. intr. pron. *1* (*med.*) Subire una congestione: *il polmone si è congestionato.* *2* (*fig.*) Diventare caotico: *a quest'ora il traffico si congestiona.*

congestionàto [1902] part. pass. di *congestionare*; anche agg. *1* (*med.*) Colpito da congestione | (*est.*) Eccitato, arrossato: *volto c.* *2* (*fig.*) Eccessivamente affollato, caotico. ‖ **congestionataménte**, avv.

congestióne [vc. dotta, lat. *congestiōne(m)*, da *congĕstus*, part. pass. di *congĕrere* 'ammucchiare'; 1687] s. f. *1* (*med.*) Aumento patologico di sangue in un tessuto o in un organo: *c. attiva, passiva*; *c. polmonare, cerebrale.* *2* (*fig.*) Ingombro eccessivo causato dalla presenza contemporanea, nello stesso luogo, di veicoli e persone: *la c. del traffico stradale.*

congestìzio [av. 1910] agg. ● (*med.*) Di congestione, dovuto a congestione.

congèsto [vc. dotta, lat. *congĕstu(m)*, part. pass. di *congĕrere* 'ammucchiare'; sec. XIV] agg. *1* (*med.*) Colpito da congestione. *2* (*lett.*) Adunato, ammassato.

congettùra o †**conghiettùra**, †**conietttùra** [lat. *coniectūra(m)*, da *coniĕctus*, part. pass. di *conĭcere* 'gettar sopra, introdurre, interpretare'; 1364] s. f. *1* Ipotesi, giudizio e sim. fondato su indizi, apparenze, considerazioni personali e sim.: *cominciò una serie di congetture*; *chi fa questo giudicio, lo fa per conietture e non per certezza* (GUICCIARDINI). *2* (*mat.*) Proposizione non dimostrata ma di cui non si conoscono esempi che la contraddicono | ***C. di Goldbach***, in cui si afferma che qualsiasi numero pari è rappresentabile come somma di due numeri primi. *3* In filologia, lezione non attestata dalla tradizione, ma escogitata dall'editore nei luoghi in cui il testo letterario è lacunoso o non ha senso plausibile.

congetturàbile [1769] agg. ● Che si può congetturare.

congetturàle o †**conghietturàle**, †**conietturàle** [vc. dotta, lat. *coniecturāle(m)*, da *coniectūra* 'congettura'; sec. XIV] agg. ● Fondato su congetture: *un'affermazione c.*; *un'emendazione c. a un testo letterario.* SIN. Ipotetico, presumibile. ‖ **congetturalménte**, avv.

congetturàre o †**conghietturàre**, †**conietturàre** [vc. dotta, lat. tardo *coniecturāre*, da *coniectūra* 'congettura'; av. 1327] **A** v. tr. (*io congettùro*) ● Opinare, supporre fondandosi su indizi: *con tali dati di fatto non è possibile c. nulla di sicuro.* SIN. Ipotizzare. **B** v. intr. (aus. *avere*) ● Fare congetture: *perdere il proprio tempo a c.*

†**conghiettùra** e *deriv.* ● V. *congettura* e *deriv.*

congiàrio [vc. dotta, lat. *congiāriu(m)*, da *cŏngius* 'congio', misura romana di capacità; av. 1604] s. m. ● Dono fatto dagli imperatori romani agli amici o al popolo, e consistente nella distribuzione di grano, vino, olio e denaro.

cògio [lat. *congiu(m)*; V. *cogno*; 1340] s. m. ● Nell'antica Roma, misura di capacità corrispondente a circa tre litri.

congioire [comp. di *con-* e *gioire*; sec. XIV] v. intr. (*io congioisco, tu congioisci*; difett. del part. pres.; aus. *avere*) ● (*raro*) Gioire insieme con altri.

†**congiónto** ● V. *congiunto.*

†**congiugàre** e *deriv.* ● V. *coniugare* e *deriv.*

†**congiùgnere** e *deriv.* ● V. *congiungere* e *deriv.*

congiungènte **A** part. pres. di *congiungere*; anche agg. ● Nei sign. del v. **B** s. f. ● Linea che congiunge due punti.

congiùngere o †**congiùgnere**, †**coniùngere** [lat. *coniŭngere*, comp. di *cŭm* 'con' e *iŭngere* 'congiungere'; av. 1306] **A** v. tr. (coniug. come *giungere*) *1* Unire, mettere insieme, detto gener. di due o più cose (*anche fig.*): *c. le mani, le proprie forze* | ***C. qlcu. in matrimonio***, sposare | †Maritare | Porre in comunicazione: *c. due diversi punti della città, due linee ferroviarie*; *c. apparecchi telefonici.* *2* (*mat.*) ***C. due punti***, trovare la retta che contiene i due punti. **B** v. intr. pron. *1* Unirsi, legarsi (*anche fig.*): *congiungersi in amicizia, in matrimonio* | Confluire, mischiarsi (*anche fig.*): *i due corsi d'acqua si congiungono a valle.* *2* (*lett.*) Unirsi sessualmente. *3* Essere in congiunzione, detto di astri.

congiungiménto o †**congiugniménto** [av. 1292] s. m. *1* Il congiungere, il congiungersi: *quel che è … il tormento d'ogni intelligenza, l'arcano c. dello spirito e della materia* (CARDUCCI) | Congiunzione. *2* (*lett.*) Unione sessuale, accoppiamento | (*raro, lett.*) Unione matrimoniale.

congiuntiva [f. sost. di *congiuntivo*; sec. XIV] s. f. ● (*anat.*) Mucosa che riveste, congiungendole, la parte interna delle palpebre e la parte esterna della sclera. ➡ ILL. p. 2127 ANATOMIA UMANA.

congiuntivàle [1987] agg. ● (*anat.*) Della congiuntiva.

congiuntivite [comp. di *congiuntiv(a)* e *-ite* (*1*); 1852] s. f. ● (*med.*) Infiammazione della congiuntiva.

congiuntivo o †**coniuntivo** [lat. *coniunctīvu(m)*, da *coniūnctus*, part. pass. di *coniūngere* 'congiungere'; 1550] **A** agg. *1* Che congiunge, che esprime congiunzione: *c. sguardo* (D'ANNUNZIO) | ***Pronome c.***, (*raro*) relativo | ***Locuzione congiuntiva***, che svolge la funzione di congiunzione (ad es. *a meno che, nonostante che, prima di*). *2* (*dir.*) Detto di testamento con cui due o più persone dispongono insieme a favore di un terzo. **B** s. m.; anche agg. ● (*ling.*) Modo finito del verbo che presenta soggettivamente l'idea verbale esprimendo il dubbio (ad es.: *non so se ci sia*), la possibilità (*lo farei se ne fossi capace*), il desiderio (*voglia il cielo che …*), l'esortazione (*facciamo silenzio!*).

congiùnto o †**congiónto**, †**coniùnto** [1294] **A** part. pass. di *congiungere*; anche agg. *1* Nei sign. del v. | Unito: *mani congiunte* | Fatto in comune con altri, concordato: *comunicato c.*; *operazione* *congiunta di polizia e carabinieri.* **2** (*mus.*) Detto del grado di una scala immediatamente successivo a un altro. **3** (*lett.*) Legato da parentela, amicizia e sim. || **congiuntaménte**, avv. **B** s. m. (f. *-a*) ● Parente: *un c. molto caro*; *i prossimi congiunti.*

congiuntùra [da *congiungere*; sec. XIV] s. f. **1** Punto d'unione di due cose tra loro: *la c. delle travi* | **C. del vestito**, costura | Articolazione, giuntura. **2** Occasione, circostanza: *una c. favorevole, sfavorevole*; *una dolorosa c.* **3** Complesso degli elementi che, in un dato periodo, caratterizzano la situazione economica di uno o più Paesi | **C. alta, bassa**, la fase di espansione, la fase di depressione | Correntemente, bassa congiuntura e (*est.*) periodo critico, difficile: *a causa della c. i consumi si sono ridotti*; *essere in periodo, in fase di c.*; *superare la c.*

congiunturàle [1950] agg. ● Pertinente alla congiuntura economica: *crisi c.*

congiunzióne [lat. *coniunctiōne(m)*, da *coniūnctus*, part. pass. di *coniūngere* 'congiungere'; 1282] s. f. **1** Il congiungere, il congiungersi | Unione: *effettuare la c. di due linee ferroviarie*; *punto di c.*; *la c. dell'ideale e del reale* (CARDUCCI). **2** (*lett.*) Unione sessuale, accoppiamento | (*raro, lett.*) Unione matrimoniale | (*dir.*) **C. carnale**, V. *carnale*, sign. 3. **3** (*astron.*) Il trovarsi di due astri alla medesima longitudine. **4** (*astrol.*) Posizione di due pianeti che si trovano allo stesso grado nello stesso segno. **5** (*ling.*) Parte invariabile del discorso che serve a mettere in rapporto due parole o due gruppi di parole in una stessa proposizione, oppure due proposizioni | **C. coordinativa**, che unisce due parole o due proposizioni fra loro (ad es. *e, o*) | **C. subordinativa**, che istituisce un rapporto di dipendenza fra due proposizioni (ad es. *affinché, benché*). **6** In logica, legame formale che, da due proposizioni date, forma una proposizione congiunta, la quale è vera solo se lo sono le proposizioni di partenza. **7** †Affinità, parentela, intimità.

congiùra o †**coniùra** [da *congiurare*; 1312] s. f. **1** Accordo segreto diretto a sovvertire l'organizzazione politica dominante o a eliminarne i capi: *la c. di Catilina, dei Pazzi*; *ordire una c.*; *una c. contro il governo*; *scoprire, sventare una c.* **2** (*est.*) Complotto, macchinazione ai danni di una o più persone (*anche scherz.*): *mi trovo di fronte a una vera c.* | **C. del silenzio**, accordo teso a danneggiare qlcu. indirettamente, non menzionando la sua persona o la sua attività.

congiuràre o †**coniuràre** [lat. *coniurāre* 'giurare insieme', poi 'unirsi con giuramento', comp. di *cŭm* 'insieme' e *iurāre* 'giurare'; 1312] **A** v. tr. **1** †Evocare con formule magiche: *qua giù fui / congiurato da quella Eritón cruda* (DANTE *Inf.* IX, 22-23). **2** (*lett.*) Decidere in una congiura. **3** †Raccogliere in alleanza. **B** v. intr. (aus. *avere*) **1** †Giurare insieme. **2** Organizzare una congiura (*anche scherz.*): *c. contro il governo*; *c. ai danni di qlcu.* SIN. Complottare, cospirare. **3** (*est.*) Concorrere a creare una situazione negativa: *le circostanze, il caso, il tempo congiurano contro di noi.*

congiuràto [1312] **A** part. pass. di *congiurare*; anche agg. ● Nei sign. del v. **B** s. m. (f. *-a*) ● Chi partecipa a una congiura. SIN. Cospiratore.

congiuratóre [av. 1698] s. m. (f. *-trice*) ● Chi organizza una congiura o vi partecipa.

congiurazióne o †**coniurazióne** [lat. *coniuratiōne(m)*, da *coniurāre* 'congiurare'; sec. XIII] s. f. ● Congiura.

conglobaménto [1903] s. m. ● Il conglobare, il venire conglobato | Unificazione in un complesso unitario.

conglobàre [vc. dotta, lat. *conglobāre* 'aggomitolare, riunire a forma di globo', da *glŏbus* 'globo'; 1499] v. tr. (*io conglòbo* o *cònglobo*) **1** (*lett.*) Riunire, raccogliere. SIN. Conglomerare. **2** (*est.*) Computare insieme: *c. i debiti, i crediti* | Riunire, sommare, detto spec. delle diverse componenti retributive: *c. nello stipendio le indennità di trasferta.*

conglobazióne [vc. dotta, lat. *conglobatiōne(m)*, da *conglobāre* 'conglobare'; 1745] s. f. ● (*raro*) Conglobamento.

conglomeraménto [1954] s. m. ● (*raro*) Il conglomerare, il conglomerarsi.

conglomeràre [vc. dotta, lat. *conglomerāre*, comp. di *cŭm* 'con' e *glomerāre* 'aggomitolare', da *glŏmus*, genit. *glŏmeris* 'gomitolo'; av. 1710] **A** v. tr. (*io conglòmero*) ● Conglobare, riunire (*anche fig.*). **B** v. intr. pron. ● Riunirsi.

conglomeràta [f. sost. di *conglomerato*; 1987] s. f. ● (*econ.*) Grande impresa caratterizzata da attività di produzione o di prestazione di servizi tra loro diversificate. SIN. Kombinat.

conglomeràtico [1987] agg. (pl. m. *-ci*) ● (*geol.*) Di conglomerato.

conglomeràto [av. 1698] **A** part. pass. di *conglomerare*; anche agg. ● Nei sign. del v. **B** s. m. **1** Riunione di elementi eterogenei (*anche fig.*): *un c. di idee assurde.* **2** Aggregato di materiali lapidei cementati da sostanze diverse, che conferiscono compattezza all'insieme; si usa in edilizia | **C. cementizio**, calcestruzzo. **3** (*geol.*) Roccia formata da detriti arrotondati uniti da abbondante cemento.

conglomerazióne [vc. dotta, lat. *conglomeratiōne(m)*, da *conglomerāre* 'conglomerare'; 1865] s. f. ● (*raro*) Conglomeramento | Ammasso di elementi eterogenei.

conglutinaménto [av. 1646] s. m. ● Conglutinazione.

conglutinàre [vc. dotta, lat. *conglutināre*, comp. di *cŭm* 'con' e *glutināre* 'attaccare', da *glūten*, genit. *glūtinis* 'colla'; sec. XIV] **A** v. tr. (*io conglùtino*) ● Agglutinare | (*est.*) Unire strettamente insieme. **B** v. rifl. e rifl. rec. ● Fondersi insieme (*anche fig.*).

conglutinativo [sec. XIV] agg. ● (*raro*) Che serve a conglutinare.

conglutinazióne [vc. dotta, lat. *conglutinatiōne(m)*, da *conglutināre* 'conglutinare'; av. 1673] s. f. ● Il conglutinare, il conglutinarsi | Sostanza conglutinata.

congolése [1936] **A** agg. ● Del Congo: *dialetti congolesi.* **B** s. m. e f. ● Abitante, nativo del Congo.

congratulàre [vc. dotta, lat. *congratulāri*, comp. di *cŭm* 'con' e *gratulāri* 'rallegrarsi', da *grātus* 'gradito'; 1321] **A** v. intr. (*io congràtulo*) ● (*raro, lett.*) Mostrare gioia, piacere: *E come augelli surti di riviera, / quasi congratulando a lor pasture* (DANTE *Par.* XVIII, 73-74). **B** v. intr. pron. ● Manifestare la propria partecipazione alla gioia o alla soddisfazione di una persona per un avvenimento favorevole, un successo conseguito e sim.: *mi congratulo per la brillante promozione*; *si congratularono con lui per la sua vittoria alle elezioni.* SIN. Complimentarsi, felicitarsi, rallegrarsi.

congratulatòrio [1540] agg. ● (*raro*) Di congratulazione: *un discorso c.*

congratulazióne [vc. dotta, lat. *congratulatiōne(m)*, da *congratulāri* 'congratularsi'; av. 1527] **A** s. f. ● Il congratularsi | (*spec. al pl.*) Parole che si dicono o si scrivono per congratularsi: *fare, ricevere le congratulazioni.* SIN. Complimento, felicitazione, rallegramento. **B** al pl. in funzione di inter. ● Si usa per esprimere la propria partecipazione a un evento lieto: *bravo! congratulazioni!*

congrèga [da *congregare*; 1597] s. f. **1** Compagnia, congregazione o confraternita di religiosi o di secolari associati per esercizi religiosi. **2** (*spreg.*) Gruppo di persone riunito spec. per un fine considerato non positivo: *una c. di politicanti, di settari*; *una c. di ladri.* SIN. Combriccola, cricca. **3** †Accademia, associazione di letterati e sim.: *c. dei Rozzi.*

congregàbile [vc. dotta, lat. *congregābile(m)*, da *congregāre* 'congregare'; sec. XIV] agg. ● (*lett.*) Che si può riunire | (*fig.*) Socievole: *delle bestie altre sono … congregabili, altre solitarie ed erranti* (TASSO).

†**congregaménto** [da *congregare*; av. 1712] s. m. ● Raggruppamento.

congregàre [vc. dotta, lat. *congregāre*, propr. 'riunire in un gregge', comp. di *cŭm* 'con' e *grĕx*, genit. *grĕgis* 'gregge'; av. 1306] **A** v. tr. (*io congrègo* o *còngrego, tu congrèghi* o *còngreghi*) ● Adunare, riunire in gruppo per uno scopo determinato, spec. con riferimento a persone e per fini religiosi: *c. i fedeli, i sacerdoti, i religiosi.* SIN. Associare | †Accumulare, raccogliere. **B** v. intr. pron. ● Riunirsi in gruppo.

congregativo [vc. dotta, lat. tardo *congregatīvu(m)*, da *congregāre* 'congregare'; av. 1694] agg. ● Atto a congregare.

congregàto [av. 1294] **A** part. pass. di *congregare*; anche agg. ● Nei sign. del v. **B** s. m. (f. *-a*) ● Membro di una congregazione religiosa.

congregatóre [vc. dotta, lat. tardo *congregatōre(m)*, da *congregāre* 'congregare'; 1607] agg.; anche s. m. (f. *-trice*) ● (*raro, lett.*) Che (o Chi) congrega.

congregazionalismo [1931] s. m. ● Movimento protestante di tendenza calvinistica, sorto nel XVI sec., oggi diffuso in Inghilterra e negli Stati Uniti, che professa l'indipendenza di ogni congregazione di fedeli in materia di fede e di disciplina e la separazione dallo Stato.

congregazionalista agg.; anche s. m. e f. (pl. m. *-i*) ● Seguace del congregazionalismo: *Chiesa c.*; *dibattito fra congregazionalisti.*

congregazióne [vc. dotta, lat. *congregatiōne(m)*, da *congregāre* 'congregare'; av. 1363] s. f. **1** (*raro*) Riunione, adunanza, spec. per fini religiosi | (*est.*) Gruppo di persone congregate, comunità: *una c. d'uomini giusti* (CAMPANELLA). **2** Associazione di laici che si dedicano a opere religiose, canonicamente riconosciuta: *c. mariana.* SIN. Confraternita, congrega, pia unione | Società di sacerdoti o religiosi sottoposta a una regola comune, approvata dalla S. Sede | **Le congregazioni**, gli organi di governo della Chiesa con funzioni amministrative e legislative, costituiti da commissioni di cardinali e prelati: la *c. della dottrina della fede, la c. delle cause dei santi.* **3** In molte Chiese evangeliche protestanti, comunità dei fedeli. **4** †Agglomerazione.

congregazionista [1903] agg.; anche s. m. e f. (pl. m. *-i*) **1** Membro di una congregazione. **2** Congregazionalista.

congressista [1881] s. m. e f. (pl. m. *-i*) ● Chi partecipa a un congresso.

congressistico [1986] agg. (pl. m. *-ci*) ● Relativo ai congressi o ai congressisti: *stagione congressistica.*

♦**congrèsso** [lat. *congrĕssu(m)* 'abboccamento, convegno', da *congrĕdi* 'incontrarsi', comp. di *cŭm* 'con' e *grădi* 'camminare, avanzare'; 1499] s. m. **1** Solenne riunione di rappresentanti di più Stati per trattare e deliberare su rilevanti questioni internazionali: *c. di Vienna, di Parigi.* **2** Assemblea, convegno ufficiale di persone autorizzate a discutere problemi e questioni di interesse comune: *un c. di medici, di matematici*; *c. di filosofia, di oculistica* | Riunione ufficiale dei delegati di un partito o di un'organizzazione per eleggere gli organismi dirigenti e definire la linea politica | **C. Eucaristico**, convegno di sacerdoti e laici per glorificare in dibattiti e cerimonie liturgiche l'Eucaristia. **3** (*per anton.*) Il Parlamento, negli Stati Uniti e in altri Stati americani. **4** (*raro, lett.*) Colloquio privato riguardante importanti argomenti. **5** (*dir.*; *disus.*) **C. carnale**, congiunzione carnale. **6** †Combattimento: *specchiatevi ne' duelli e ne' congressi de' pochi, quanto gli Italiani sieno superiori* (MACHIAVELLI).

congressuàle [1950] agg. ● Di un congresso, relativo a un congresso: *atti, deliberazioni, comunicazioni congressuali.*

Cóngridi [comp. di *congr(o)* e *-idi*] s. m. pl. (sing. *-e*) ● Nella tassonomia animale, famiglia di Pesci degli Anguilliformi, marini, predatori, cui appartiene il grongo (*Congridae*).

cóngro ● V. *grongo.*

cóngrua [dal lat. eccl. *congrua portio*; 1673] s. f. ● Assegno che lo Stato versava ai beneficiari di un ufficio ecclesiastico a integrazione delle rendite ricavate dal beneficio stesso.

congruàto [da *congrua*; 1887] agg. ● Dotato, fornito di congrua: *parroco c.*

congruènte [vc. dotta, lat. *congruĕnte(m)*, part. pass. di *congrŭere* 'concorrere, coincidere', comp. di *cŭm* 'con' e *grŭere*, di etim. incerta; av. 1396] agg. **1** Che si accorda, che ha coerenza: *conclusione c. con le premesse.* **2** (*mat.*) Caratterizzato da congruenza. CONTR. Incongruente. || **congruenteménte**, avv.

congruènza [lat. tardo *congruĕntia(m)*, da *cŏngruens*, genit. *congruĕntis* 'congruente'; 1306] s. f. **1** Corrispondenza di una cosa con un'altra | Coerenza: *la c. di un'obiezione.* **2** (*mat.*) Proprietà di due figure geometriche che possono essere fatte coincidere a opera di uno spostamento rigido | Relazione d'equivalenza, nell'insieme dei numeri naturali, nella quale sono equivalenti due numeri congrui rispetto a un numero assegnato detto modulo | Biiezione fra piani o spazi tridimensionali, che conservi la distanza di due punti | Sistema di rette dello spazio, dipendente da due parametri.

congruità [vc. dotta, lat. tardo *congruitāte(m)*, da *cōngruus* 'congruo'; av. 1342] **s. f.** ● Il fatto di essere congruo: *la c. di una ricompensa.*

còngruo [vc. dotta, lat. *cōngruu(m)*. V. *congruente*; av. 1306] **agg.** ***1*** Conveniente, adeguato, proporzionato a determinati bisogni, esigenze e sim.: *abbiamo venduto l'immobile per un c. prezzo; la mancia non è congrua al favore reso.* ***2*** (*mat.*) Detto di ciascuno di quei numeri naturali che, divisi per un numero dato, danno il medesimo resto. || **congruaménte**, avv.

conguagliaménto [1881] **s. m.** ● (*raro*) Conguaglio.

conguagliàre [comp. di *con-* ed *(e)guagliare*; sec. XV] **v. tr.** (*io conguàglio*) ● Pareggiare due partite contabili mediante conguaglio.

conguàglio [da *conguagliare*; av. 1729] **s. m.** ● Procedimento contabile consistente nel calcolare la parte eccedente o mancante rispetto a una determinata somma dovuta | (*est.*) Somma di denaro versata o riscossa come conguaglio.

cònia [etim. incerta; av. 1587] **s. f.** ● (*tosc.*) Scherzo | Imbroglio.

†**coniàre** (**1**) [da *conia*; av. 1406] **v. tr.** ● (*raro*) Ingannare, raggirare.

coniàre (**2**) [da *conio* (*1*); 1313] **v. tr.** (*io cònio*) ***1*** Battere col conio per imprimere un determinato tipo su monete, medaglie e sim. ***2*** (*fig.*) Creare, spec. vocaboli, locuzioni e sim.: *c. una parola, una frase, una melodia.*

coniàto [sec. XIII] **A** **part. pass.** di *coniare* (*1*); anche **agg.** ● Nei sign. del v. **B** **s. m.** ● †Moneta, denaro.

coniatóre [av. 1537] **s. m.** (f. *-trice*) ***1*** Chi è addetto alla coniazione di monete, medaglie e sim. ***2*** (*raro, fig.*) Chi crea, inventa qlco. di nuovo, spec. parole.

coniatùra [1865] **s. f.** ● Coniazione.

coniazióne [da *coniare* (*2*); 1865] **s. f.** ***1*** Operazione del coniare monete e medaglie. **SIN.** Coniatura. ***2*** (*fig.*) Creazione, invenzione: *c. di vocaboli, locuzioni.*

cònica [f. sost. di *conico*; sec. XVII] **s. f.** ● (*mat.*) Curva piana ottenuta intersecando un cono circolare retto con un piano | ***C. degenere***, ottenuta con un piano passante per il vertice del cilindro, e costituita quindi solo da rette o da punti.

conicità [1865] **s. f.** ***1*** Proprietà di ciò che è conico | Forma conica. ***2*** (*mat.*) Rapporto fra la differenza di due diametri e la loro distanza assiale | ***Angolo di c.***, angolo di apertura di un cono o tronco di cono.

cònico [vc. dotta, gr. *kōnikós*, da *kônos* 'cono'; 1632] **agg.** (pl. m. *-ci*) ***1*** Di cono | Che ha forma di cono: *cappello c.; figura conica.* ***2*** (*geogr.*) ***Proiezione conica***, tipo di proiezione geografica ottenuta proiettando la superficie sferica della Terra su una superficie conica a essa tangente e avente il vertice sull'asse terrestre, e sviluppando poi il cono sul piano.

†**conicolo** ● V. *cunicolo* (*1*).

conidiàle [1956] **agg.** ● (*bot.*) Che si riferisce ai conidi.

conidio [dim. del gr. *kónis* 'polvere', da avvicinare al lat. *cĭnis* 'cenere'; 1829] **s. m.** ● (*bot.*) Elemento simile a una spora, ma prodotto per via agamica, che in molti Funghi costituisce l'organulo della riproduzione.

conidiòforo [comp. di *conidio* e *-foro*; 1931] **A** **s. m.** ● (*bot.*) Ifa più o meno modificata che, in alcuni Funghi, porta i conidi. **B** anche **agg.**: *ifa conidiofora.*

conidiospòra [comp. di *conidio* e *spora*; 1956] **s. f.** ● (*bot.*) Conidio.

†**coniettùra** e *deriv.* ● V. *congettura* e *deriv.*

Conifere [dal lat. *coniferu(m)* 'che produce (dal v. *fĕrre* 'portare', di orig. indeur.) strobili (*cōni*, dal gr. *kônoi*, di etim. incerta)', sul modello del corrispondente gr. *kōnóforos*; av. 1912] **s. f. pl.** (sing. *-a*) ● Nella tassonomia vegetale, ordine di Gimnosperme cui appartengono piante di notevoli dimensioni (ad es. il pino, l'abete e il larice) con fusto molto ramificato, foglie aghiformi o squamiformi e frutto a cono (*Coniferae*). ➡ **ILL. piante**/1.

conifero [1499] **agg.** ● Che produce frutti a forma di cono.

coniglia [fr. *conille*, da *cunīculus* 'cunicolo', cioè il corridoio coperto nelle galee; 1607] **s. f.** ● (*mar.*) Ultimo banco della galea alla prua, presso le rembate.

conigliàia [1960] **s. f.** ● (*raro*) Conigliera.

coniglicoltóre [comp. di *conigli(o)* e *-coltore*; 1956] **s. m.** (f. *-trice*) ● Cunicoltore.

coniglicoltùra [comp. di *conigli(o)* e *-coltura*; 1942] **s. f.** ● Cunicoltura.

coniglièra [av. 1400] **s. f.** ● Recinto o gabbia ove si allevano i conigli.

coniglierìa [da *coniglio*, nel sign. 2; 1933] **s. f.** ● (*raro*) Codardia, timidezza.

conigliésco [1951] **agg.** (pl. m. *-schi*) ***1*** Di coniglio, da coniglio. ***2*** (*fig.*) Pavido, vile. || **conigliescaménte**, avv.

conigliétta [dal copricapo, che ricorda la testa di un coniglio; 1976] **s. f.** ***1*** Dim. f. di *coniglio*. ***2*** Ragazza vestita in modo succinto, che, in alcuni club, serve i clienti.

◆**coniglio** [lat. *cunīculu(m)*, di orig. preindeur.; 1334] **s. m.** ***1*** (f. *-a*) Mammifero della famiglia dei Leporidi, con pelame di vario colore, lunghe orecchie, occhi grandi e sporgenti, labbro superiore fornito di baffi e incisivi ben sviluppati (*Oryctolagus cuniculus*). **CFR.** Squittire, zigare. ➡ **ILL. animali**/11. ***2*** Carne macellata dell'animale omonimo: *c. in salmì; pasticcio di c.* | Pelliccia conciata dell'animale omonimo: *un cappotto foderato di c.* ***3*** (*fig.*) Persona vile e paurosa. || **conigliàccio**, pegg. | **conigliétta**, dim. f. | **conigliétto**, dim. | **coniglino**, dim. | **conigliòlo**, **conigliuòlo**, dim. | **coniglióne**, accr. | **conigliùccio**, **conigliùzzo**, dim.

coniina ● V. *conina*.

conìna o **coniìna** [fr. *conine*, dal lat. tardo *conīu(m)*, dal gr. *kṓneion* 'cicuta'; 1887] **s. f.** ● Alcaloide che si estrae dai semi e dai frutti della cicuta maggiore; si usa in medicina.

cònio (**1**) [lat. *cŭneu(m)*. V. *cuneo*; 1313] **s. m.** ***1*** Operazione del coniare: *il c. di nuove medaglie* | (*fig.*) Creazione: *vocabolo di nuovo c.* ***2*** Stampo di acciaio su cui è inciso il tipo che si vuole riprodurre sulla moneta o medaglia. **SIN.** Punzone, torsello | Impronta fatta col conio | ***Fior di c.***, di moneta che non ha mai circolato | ***Nuovo di c.***, nuovissimo | ***Di basso c.***, di cattiva qualità, natura e sim. | ***Dello stesso c.***, (*spreg.*) uguale, dello stesso tipo. ***3*** (*lett.*) †Moneta, denaro | ***Femmina da c.***, prostituta: *Via, / ruffian! qui non son femmine da c.* (DANTE, *Inf.* XVIII, 65-66) con possibile ambiguità di significato. **CFR.** conio (2).

†**cònio** (**2**) [da *coniare* (*1*); sec. XIII] **s. m.** ● (*raro*) Inganno, frode, truffa.

Coniròstri [comp. del pl. di *cono* e del pl. di *rostro*; 1820] **s. m. pl.** (sing. *-o*) ● Nell'antica tassonomia animale, gruppo di piccoli Uccelli dal becco conico e non adunco, quali il passero, il canarino e sim.

coniugàbile [1745] **agg.** ● Che si può coniugare.

coniugàle o †**congiugàle** [lat. *coniugāle(m)*, da *cōniunx*, genit. *cōniugis* 'coniuge'; av. 1396] **agg.** ● Del coniuge, dei coniugi: *fede, debito, amore c.* | Matrimoniale: *impegno c.* || **coniugalménte**, avv. A modo di coniugi.

coniugàre o †**congiugàre** [vc. dotta, lat. *coniugāre* 'congiungere' comp. di *cŭm* 'con' e *iugāre* 'legare, unire'; 1499] **A** **v. tr.** (*io cònìugo, tu cònìughi*) ***1*** (*ling.*) Ordinare le voci del verbo secondo i modi, i tempi, le persone e i numeri. ***2*** (*raro*) Congiungere in matrimonio. ***3*** (*fig.*) Unire, far coesistere: *c. rigore ed equità.* **B** **v. intr. pron.** ***1*** (*ling.*) Avere una determinata flessione: *come si coniuga questo verbo?* ***2*** (*fig.*) Combinarsi, conciliarsi: *esigenze che non si coniugano.* **C** **v. rifl.** ● Unirsi in matrimonio. **SIN.** Sposarsi.

Coniugàte [f. pl. sost. di *coniugato*; 1964] **s. f. pl.** (sing. *-a*) ● Nella tassonomia vegetale, gruppo di alghe verdi d'acqua dolce costituite da cellule isolate riunite spesso in colonie filamentose (*Coniugatae*).

coniugàto o †**congiugàto** [av. 1306] **A** **part. pass.** di *coniugare*; anche **agg.** ***1*** Nei sign. del v. ***2*** (*fis.*) In un sistema ottico, detto di un punto-oggetto rispetto al punto-immagine, e viceversa, o di un raggio incidente rispetto al suo raggio emergente, e viceversa. ***3*** (*chim.*) Detto di proteina che contiene nella molecola oltre agli amminoacidi anche gruppi prostetici | Detto di legami doppi alternati con legami semplici. ***4*** (*mat.*) Detto di un numero complesso che ha la stessa parte reale del numero dato e coefficiente dell'immaginario opposto | Detto di un punto tale che la congiungente con il punto dato intersechi la conica in due punti che li separano armonicamente. **B** **s. m.** (f. *-a*) ● Chi è congiunto in matrimonio.

coniugazióne [vc. dotta, lat. tardo *coniugatiōne(m)*, da *coniugāre*. V. *coniugare*; av. 1588] **s. f.** ***1*** (*ling.*) Flessione del verbo, secondo i modi, i tempi, le persone e i numeri. ***2*** (*biol.*) Accoppiamento sessuale. ***3*** (*chim.*) Reazione per cui si ottengono proteine coniugate.

cònìuge [lat. *cōniuge(m)*, da *coniŭngere* 'congiungere'; av. 1332] **s. m. e f.** ● Ciascuna delle due persone unite in matrimonio: *rapporti patrimoniali e personali tra coniugi.* **SIN.** Consorte.

coniùgio [lat. *coniŭgiu(m)*. V. *coniuge*; sec. XIII] **s. m.** ● (*lett.*) Vincolo matrimoniale: *diritti e doveri derivanti dal c.* | Matrimonio: *ma la memoria del c. antico / è così ben nella mia mente impressa* (METASTASIO).

†**coniùngere** e *deriv.* ● V. *congiungere* e *deriv.*

†**coniuràre** e *deriv.* ● V. *congiurare* e *deriv.*

coniza o **conizza** [lat. *cōnyza(m)*, nom. *cōnyza*, dal gr. *kónyza*, di orig. preindeur.; 1340 ca.] **s. f.** ● (*bot.*) Baccherina.

conizzazióne [da *cono* (*1*)] **s. f.** ● (*chir.*) Asportazione chirurgica di una porzione di tessuto, a forma di cono, del collo uterino per la rimozione di formazioni precancerose.

conlegatàrio ● V. *collegatario*.

connaisseur /*fr.* kɔnɛ'sœːʀ/ [vc. fr., propr. 'conoscitore', da *connaître* 'conoscere'; 1985] **s. m. inv.** (f. fr. *connaisseuse*; pl. m. *connaisseurs*; pl. f. *connaisseuses*) ● Conoscitore, intenditore, esperto.

connàto [vc. dotta, lat. tardo *connātu(m)*, part. pass. di *connăsci* 'nascere insieme'; 1820] **agg.** ***1*** (*raro*) Nato insieme | (*fig.*) Congenito. ***2*** (*bot.*) Detto di foglia opposta e saldata alla base.

connaturàle [vc. dotta, lat. tardo *connaturāle(m)*, comp. di *cŭm* 'con' e *naturālis* 'naturale'; 1308] **agg.** ● Che è conforme alla natura di qlcu. o di qlco.: *comportamento c. all'uomo* | Connaturato, insito.

connaturalità [av. 1563] **s. f.** ● (*lett.*) Carattere connaturale.

connaturàre [vc. dotta, lat. tardo *connaturāri* 'connaturarsi, crescere insieme', comp. di *cŭm* 'con' e *natūra* 'natura'; sec. XIV] **A** **v. tr.** ● (*lett.*) Rendere di natura uguale o simile | Rendere qlco. naturale in qlcu.: *c. un vizio.* **B** **v. intr. pron.** ● Diventare parte integrante di qlco.: *le abitudini si connaturano nell'uomo.*

connaturàto [1308] **part. pass.** di *connaturare*; anche **agg.** ***1*** Nei sign. del v. | Divenuto parte integrante di qlco. ***2*** Congenito: *è un difetto c.* || **connaturataménte**, avv.

connazionàle [comp. di *con-* e *nazione*; 1669] **agg.**; anche **s. m. e f.** ● Che (o Chi) è della stessa nazione di altri.

connection /*ingl.* kə'nɛkʃn̩/ [vc. angloamer., propr. 'connessione'; 1981] **s. f. inv.** ***1*** Relazione criminale, traffico illecito, intesa segreta e disonesta, spesso di carattere internazionale | ***Pizza c.***, collegamento tra la malavita italiana e quella americana, spec. per il controllo del traffico della droga. ***2*** Canzone, generalmente di disco-music, composta di spezzoni di brani diversi legati da un filo conduttore.

connessióne [lat. *connexiōne(m)*, da *connĕxus* 'connesso'; 1572] **s. f.** ***1*** Il connettere | Unione stretta fra due o più cose | Attaccatura, giuntura. ***2*** (*dir.*) Relazione evidente tra più cause, civili o penali, tale per cui dalla decisione di una dipende quella delle altre o la decisione di tutte dipende dalla sussistenza e valutazione di dati fatti. ***3*** (*fig.*) Legame di interdipendenza tra fatti, concetti, idee e sim.: *non vedo nessuna c. tra i due fatti.* ***4*** In varie tecnologie, collegamento: *c. elettrica; c. a Internet.* ***5*** (*mat.*) Qualità o modo d'esser connesso.

connessionismo [da *connessione*; 1973] **s. m.** ● (*psicol.*) Teoria di E.L. Thorndike (1874-1949) secondo cui l'apprendimento è determinato dai legami, di intensità variabile, che si creano fra una situazione e la risposta che essa produce.

connessivo [lat. tardo *connexīvu(m)*, da *connĕxus* 'connesso'; 1830] **agg.** ● (*raro*) Atto a connettere. || **connessivaménte**, avv.

connèsso o **connésso** [1308] **A** **part. pass.** di *connettere*; anche **agg.** ***1*** Strettamente unito | (*fig.*) Collegato, in relazione stretta: *i problemi connessi con l'educazione dei figli.* ***2*** (*dir.*) Che è in rapporto di connessione: *cause connesse.* ***3*** (*mat.*)

Detto di un insieme di punti tale che sia sempre possibile congiungerne due con una linea interamente compresa nell'insieme stesso | ***Insieme c. per archi***, tale che ogni coppia di punti dell'insieme può essere collegata da una curva che appartiene interamente all'insieme | ***Grafo c.***, tale che ogni coppia di vertici è collegabile da una sequenza di lati. **B** s. m. pl. ● Solo nella loc. ***annessi e connessi***, tutto ciò che abitualmente accompagna qlco., le appartenenze, attinenze di qlco. | ***Con tutti gli annessi e connessi***, tutto compreso.

connessùra [1818] s. f. ● Punto in cui due cose si connettono.

connestàbile ● V. *conestabile*.

connèttere o **connéttere** [vc. dotta, lat. *connĕctere*, comp. di *cŭm* 'con' e *nĕctere* 'intrecciare'; av. 1499] **A** v. tr. (pass. rem. *io connettéi, tu connettésti*; part. pass. *connèsso* o *connésso*) ***1*** (qlco.; qlco. + *a*) Unire, collegare, mettere insieme (*anche fig.*): *c. due fili*; *c. fatti, idee, fenomeni*; *c. l'accaduto ad altri episodi precedenti* | (*lett.*) Intrecciare. ***2*** (+ *con*; + *a*) In varie tecnologie, collegare. ***3*** (*assol.*) Ordinare razionalmente i propri pensieri, i concetti che si vogliono esprimere e sim.: *è così emozionato che non riesce a c.* **B** v. rifl. e intr. pron. (assol.; + *con*; + *a*) ***1*** Collegarsi: *la strada si connette con la tangenziale.* ***2*** Ricollegarsi, essere in rapporto: *il nostro intervento si connette alla vostra richiesta*; *tanto questo ritorno quanto la venuta d'Aurelio Costa si connettevano con le notizie dei tumulti* (PIRANDELLO). **C** v. rifl. ● Collegarsi, mettersi in comunicazione: *connettersi a un sito Internet*.

connettivàle [1973] agg. ● (*anat.*) Che si riferisce al tessuto connettivo.

connettività [adattamento dell'ingl. *connectivity*, dal v. *to connect* 'connettere, collegare'; 1985] s. f. ● (*elab., tel.*) Capacità di programmi e dispositivi di collegarsi e scambiarsi informazioni.

connettivite [comp. di *connettiv(o)* e del suff. *-ite* (*1*); 1990] s. f. ● (*med.*) Processo infiammatorio del tessuto connettivo.

connettivo [fr. *connectif*, da *connecter* 'connettere'; 1830] **A** agg. ● Che serve a connettere, a unire: *l'ideologia come elemento c. di un regime* | (*anat.*) ***Tessuto c.***, denominazione di vari tessuti che adempiono funzioni trofiche e di sostegno, caratterizzati, dal punto di vista cellulare, dalla presenza di un'abbondante sostanza intercellulare; (*fig.*) l'insieme degli elementi portanti e fondamentali in un determinato contesto: *il tessuto c. di un dramma, di una società.* **B** s. m. ***1*** Elemento che serve a congiungere. ***2*** (*anat.*) Tessuto connettivo. ***3*** (*mat.*) ***C. logico***, simbolo che da una o più proposizioni ne costruisce un'altra. ***4*** (*ling.*) Elemento (congiunzione, pronome, avverbio, locuzione o altro elemento grammaticale) che collega parti di un testo, senza necessariamente rinviare ad altri elementi dello stesso testo. SIN. Connettore.

connettóre [da *connettere*; 1970] s. m. ***1*** (*elettr.*) Giunto per il collegamento di conduttori elettrici. ***2*** (*elab.*) Dispositivo di collegamento usato per realizzare la connessione tra più circuiti elettrici, o fra tratti dello stesso circuito. ***3*** (*ling.*) Connettivo.

connivènte [vc. dotta, lat. *conivĕnte(m)*, part. pres. di *conivēre* 'chiudere gli occhi', di orig. indeur.; av. 1712] **A** agg. ● Che dimostra connivenza: *essere c. con qlcu.*; *è stato c. nel reato.* || **conniventeménte**, avv. **B** anche s. m. e f.

connivènza [vc. dotta, lat. tardo *conivĕntia(m)*. V. *connivente*; 1619] s. f. ***1*** Il fatto di assistere passivamente alla perpetrazione di un reato o di un delitto che si avrebbe la possibilità di impedire. ***2*** Segreto accordo o consenso ad azioni considerate immorali, illegali e sim.: *ha agito con la tacita c. del suo amico.*

cónno [lat. *cŭnnu(m)*, di orig. indeur.; sec. XIV] s. m. ● Genitale esterno femminile.

connotàre [comp. di *con-* e *notare*; av. 1808] v. tr. (*io connòto*) ● (*filos., ling.*) Designare con una connotazione | (*est.*) Caratterizzare: *il realismo connota l'opera di Balzac.*

connotativo [da *connotato*; av. 1565] agg. ***1*** (*ling.*) Detto di segno linguistico portatore di valori attributivi. CONTR. Denotativo | (*est.*) Che caratterizza qlco.: *l'elemento c. del linguaggio.* ***2*** (*filos.*) Detto di termine indicante insieme un soggetto e un attributo, in logica. || **connotativaménte**, avv.

connotàto [propr., part. pass. di *connotare*; 1802] s. m. ● (*spec. al pl.*) Ciascuno dei segni esteriori caratteristici di una persona che permettono di riconoscerla: *nei documenti d'identità sono elencati i connotati e le generalità di una persona* | ***Cambiare i connotati a qlcu.***, (*scherz.*) percuoterlo fino a renderlo irriconoscibile.

connotazióne [da *connotato*; 1964] s. f. ***1*** (*filos.*) In logica, il complesso dei caratteri che appartengono a un dato concetto. ***2*** (*ling.*) Ciò che il significato di una parola o di una locuzione ha di particolare per un dato individuo o per un dato gruppo all'interno di una comunità linguistica (ad es. *micio*, rispetto a *gatto*, ha una connotazione familiare, affettuosa). CONTR. Denotazione.

connubiàle [vc. dotta, lat. *conubiāle(m)*, da *conūbium* 'connubio'; av. 1705] agg. ● (*raro, lett.*) Relativo a connubio | Matrimoniale.

connùbio [vc. dotta, lat. *conūbiu(m)*, comp. di *cŭm* 'con' e *nūbere* 'sposarsi'; 1485] s. m. ***1*** In diritto romano, capacità di contrarre nozze legittime. ***2*** (*lett.*) Matrimonio | (*lett.*) Amplesso. ***3*** (*fig.*) Accordo armonico: *c. di arte e di scienza* | (*spec. spreg.*) Alleanza politica.

connumerare [vc. dotta, lat. tardo *connumerāre*, comp. di *cŭm* 'con' e *numerāre* 'numerare'; sec. XIV] v. tr. (*io connùmero*) ● (*raro*) Mettere nel numero, annoverare: *La pittura non è connumerata nelle scienze* (LEONARDO).

♦**còno** (1) [vc. dotta, lat. *cōnu(m)*, nom. *cōnus*, dal gr. *kônos*, di orig. indeur.; 1496] s. m. ***1*** (*mat.*) In geometria elementare, solido formato dalla rotazione di un triangolo rettangolo attorno a un suo cateto | ***C. indefinito***, superficie formata da rette, dette generatrici, passanti per i punti di una curva assegnata, detta direttrice, e per un punto a essa esterno, detto vertice | ***C. di rotazione***, cono le cui generatrici formano un angolo costante con una retta fissa detta asse | ***C. circolare retto***, solido compreso fra un cono di rotazione, un piano perpendicolare all'asse e il vertice | Superficie luogo di semirette uscenti da un punto. ➡ ILL. **geometria.** ***2*** (*est.*) Qualsiasi oggetto che ha forma di cono | ***A c.***, conico | ***C. gelato***, gelato contenuto in una cialda di forma conica. ***3*** (*biol.*) Ciascuno degli apici, di forma ellissoidale tronca, caratteristici delle cellule recettrici della retina responsabili della visione cromatica. CFR. Bastoncello. ***4*** ***C. vulcanico***, apparato a forma conica, costituito da lave o da materiale piroclastico, costruito attorno al cratere e al camino vulcanico | ***C. avventizio***, o ***laterale***, cono vulcanico ausiliario formatosi sui fianchi di un cono maggiore | ***C. di deiezione***, conoide di deiezione | ***C. d'ombra***, zona d'ombra proiettata da un corpo del sistema solare in direzione opposta al Sole. ➡ ILL. p. 2131 SCIENZE DELLA TERRA ED ENERGIA. ***5*** (*bot.*) Strobilo, (*pop.*) pigna | ***C. vegetativo***, apice vegetativo.

còno (2) [dalla forma a *cono* della conchiglia] s. m. ● Genere di Molluschi dei Gasteropodi, carnivori con conchiglia conica ad apertura lunga e stretta (*Conus*). ➡ ILL. **animali**/3.

conòbbi ● V. *conoscere*.

conòcchia o (*tosc.*) **canòcchia** (1) [lat. parl. **conŭcula(m)*, dissimilata di **colŭcula(m)*, dim. di *cōlus* 'conocchia', di orig. indeur.; 1319] s. f. ● Quantità di canapa, lino, lana e sim. che si pone attorno alla parte superiore della rocca per filare | (*est.*) La rocca stessa | †***Trarre la c.***, filare.

conoidàle [1584] agg. ● (*mat.*) Di conoide | A forma di conoide.

conòide [vc. dotta, lat. tardo *conoīde(m)*, nom. *conoīdes*, dal gr. *kōnoeidḗs*, comp. di *kônos* 'cono' e *-eidḗs* '-oide'; 1499] s. m. ***1*** Solido simile al cono. ***2*** (*mat.*) Cono indefinito. ***3*** (*geol.*) ***C. di deiezione***, accumulo di depositi a forma conica, che si forma dove un corso d'acqua diminuisce rapidamente di pendenza.

conopèo [vc. dotta, lat. *conopēu(m)*, dal gr. *kōnōpêion*, da *kṓnōps* 'zanzara', detto così perché serviva a difendersi dalle zanzare; av. 1796] s. m. ***1*** Velo che copre il tabernacolo e la pisside. ***2*** †Velo | Zanzariera.

conoscènte o †**canoscènte**, †**cognoscènte** [sec. XIII] **A** part. pres. di *conoscere*; anche agg. ***1*** Nei sign. del v. | (*lett.*) Consapevole: *quantunque ben c. e persuasa della verità* (LEOPARDI). ***2*** †Conoscitore, esperto | †Grato, riconoscente. **B** s. m. e f. ***1*** (*filos.*) Il soggetto che conosce. ***2*** Persona con la quale si hanno rapporti improntati a una certa cordialità, ma non all'amicizia: *salutarono amici e conoscenti.*

♦**conoscènza** o †**canoscènza**, †**cognoscènza** [lat. tardo *cognoscĕntia(m)*, da *cognōscere* 'conoscere'; 1219] s. f. ***1*** Facoltà del conoscere | Acquisizione intellettuale o psicologica di qualunque aspetto della realtà. CFR. -gnosia | Cognizione, nozione: *ha un'ottima c. della matematica*; *non hai una c. sufficiente dei Paesi stranieri* | Il fatto di conoscere qlcu., di conoscersi: *la mia c. con lui è cominciata molto tempo fa* | ***Prender c.***, venire a sapere | ***Venire a c. di qlco.***, averne notizia, esserne messi al corrente | (*elab.*) ***Base di c.***, in un sistema esperto, insieme di dati e dei rapporti logici che li legano, relativi a un particolare dominio. ***2*** (*filos.*) Rapporto tra soggetto e oggetto, tra pensiero ed essere che si può configurare in vari modi. SIN. Gnoseologia. ***3*** Cultura, istruzione: *un uomo di grande c.* | Ciò che si conosce: *le loro conoscenze in campo tecnico sono superate.* ***4*** Controllo delle proprie facoltà sensoriali e intellettuali: *perdere la c., perdere c.*; *esser privo di c.*; *essere, rimanere senza c.*; *riprendere c.* SIN. Coscienza. ***5*** (*est.*) Persona conosciuta: *è una mia vecchia c.* | ***Vecchia c. del tribunale, della polizia***, persona che è stata arrestata o processata più volte | (*est., spec. al pl.*) Persone conosciute o relazioni personali: *ha molte conoscenze in città.* ***6*** †Rapporto sessuale: *Egli ebbe cognoscenza con una giovane di quello castello* (MACHIAVELLI).

♦**conóscere** o †**canóscere**, †**cognóscere** [lat. parl. **conōscere*, per il class. *cognōscere*, comp. di *cŭm* 'con' e *(g)nōscere*, di orig. indeur.; 1219] **A** v. tr. (pres. *io conósco, tu conósci*; pass. rem. *io conóbbi, tu conoscésti*; part. pass. *conosciùto*) ***1*** Acquisire la nozione di ogni aspetto della realtà (*anche assol.*): *tutti gli uomini desiderano c.* | ***Conosci te stesso***, massima socratica che esorta l'uomo a rientrare in sé per cogliere il suo vero essere | Sapere, spec. come risultato di una sistematica attività di apprendimento: *c. una lingua, una scienza* | Sapere, spec. come risultato di un'esperienza specifica e prolungata: *c. il bene, il male*; *c. il mondo, la vita*; *c. le sofferenze*; *c. le proprie debolezze*; *c. il valore dell'amicizia*; *conosco i segni de l'antica fiamma* (DANTE *Purg.* XXX, 48) | Riconoscere, comprendere, intuire: *solo ora conosco il mio errore* | (*lett.*) Scorgere, vedere: *sì che di lontano / conobbi il tremolar della marina* (DANTE *Purg.* I, 116-177). ***2*** Avere, o cominciare ad avere, rapporti di familiarità, di amicizia e sim., più o meno stretta con qlcu., o averne in mente la fisionomia, il carattere, il nome, l'attività e sim.: *c. qlcu. di vista, di persona, di fama*; *c. qlcu. personalmente, superficialmente*; *c. qlcu. da vicino, alla lontana, a fondo*; *c. molte persone influenti*; *mai visto né conosciuto* | ***C. i propri polli***, (*fig.*) sapere con chi si ha a che fare | ***Ma chi ti conosce!***, (*pop.*) detto a persona estranea che si intromette in ciò che non la riguarda | (*raro, lett.*) ***C.***, ***c. carnalmente***, avere rapporti sessuali | (*lett., est.*) Scoprire, cominciare a provare, un sentimento, un'emozione e sim.: *c. l'amicizia, l'odio, l'amore* | Riconoscere, ravvisare, con l'aiuto di uno o più elementi particolari: *c. qlcu. dalla voce, dal modo di camminare, di gestire.* ***3*** Esaminare, deliberare e decidere relativamente a date cause, detto di organi giudiziari, spec. nella loc. ***competenza a c.*** **B** v. rifl. ***1*** Avere coscienza del proprio carattere: *mi conosco, e so che reagirei male*; *non ti conosci proprio!* ***2*** (*lett.*) Considerarsi, dichiararsi: *conoscersi in torto, colpevole, da meno di qlcu.* **C** v. rifl. rec. ● Avere rapporti di familiarità, amicizia e sim. più o meno stretta con qlcu., o averne in mente la fisionomia, il carattere, il nome, l'attività e sim.: *si conoscono fin dalle elementari.* **D** v. intr. (aus. *avere*) ● (*dir.*) Esaminare, deliberare e decidere relativamente a date cause, detto di organi giudiziari: *c. di una controversia.* || PROV. Il più conosce il meno; nelle sventure si conoscono gli amici; è un gran medico chi conosce il suo male; l'asino non conosce la coda che quando l'ha perduta; dai calci si conosce il mulo.

conoscìbile o †**cognoscìbile** [lat. tardo *cognoscībile(m)*, da *cognōscere* 'conoscere'; sec. XIV] **A** agg. ***1*** Che si può conoscere: *segno, gesto c.* ***2*** (*filos., raro*) Intelligibile. **B** s. m. ● Ciò che si può conoscere.

conoscibilità o †**cognoscibilità** [sec. XIV] s. f.

● Possibilità di essere conosciuto: *l'oggettività del pensiero e la c. della realtà* (CROCE).

†conoscidóre ● V. *conoscitore*.

conosciménto o †**canosciménto**, †**cognosciménto** [av. 1292] s. m. *1* (*raro*) Il conoscere. *2* †Coscienza | Uso di ragione | Conoscenza: *essere privo di c.*

conoscitivo o †**cognoscitivo** [sec. XIV] agg. *1* Che ha lo scopo di conoscere: *procedimento c.* | ***Indagine conoscitiva***, istituto, previsto dai regolamenti parlamentari, cui si ricorre per acquisire dati, notizie e documentazioni su un determinato fatto; (*est.*) ricerca, studio dei problemi inerenti a qlco.: *svolgere un'indagine conoscitiva sulla situazione della scuola*. *2* Proprio del conoscere: *atto c.* | (*filos.*) Gnoseologico.

conoscitóre o †**cognoscidóre**, †**cognoscitóre**, †**conoscidóre** [av. 1294] s. m. (f. *-trice*) ● Chi conosce, ha esperienza di qlco.: *c. di musica, di pittura*. SIN. Esperto, intenditore.

♦**conosciùto** o †**canosciùto**, †**cognosciùto** [1294] **A** part. pass. di *conoscere*; anche agg. (assol.; + *da*) *1* Che si conosce | Noto: *un pianista c.*; *il suo valore è c. da tutti*. *2* Provato, sperimentato: *un uomo di c. valore*. || †**conosciutaménte**, avv. Notoriamente. **B** s. m. solo sing. ● Ciò che si conosce.

conoscopìa [vc. dotta, comp. di *cono* e *-scopia*] s. f. ● (*miner.*) Tecnica di osservazione al microscopio che si avvale di luce polarizzata che una lente fa convergere sul preparato in modo che i raggi formino un cono.

conquassaménto [av. 1311] s. m. ● (*raro*) Sconquasso, rovina.

conquassàre [vc. dotta, lat. *conquassāre*, comp. di *cŭm* 'con' e *quassāre*, intens. di *quătere* 'scuotere'; av. 1306] v. tr. *1* (*lett.*) Scuotere violentemente | Far urtare e sbattere una cosa contro un'altra in modo che si fracassi. *2* (*est.*) Devastare, rovinare: *la infermità che conquassava il corpo* (GUICCIARDINI).

conquassatóre [sec. XVI] s. m. (f. *-trice*) ● (*raro*) Chi conquassa.

conquàsso [av. 1535] s. m. ● (*lett.*) Sconquasso | ***Mettere in c.***, sottosopra, in rovina | ***Andare in c.***, a catafascio.

conquibus o **cumquibus** [dal lat. *cŭm quibus* (*nŭmmis*) 'con quali denari'; 1534] s. m. inv. ● (*scherz.*) Denaro: *Don Gesualdo ha il cuore più grande di questa chiesa! … e i c. anche!* (VERGA).

conquìdere [lat. *conquīrere* 'cercare, raccogliere', comp. di *cŭm* 'con' e *quaerere* 'cercare'; av. 1250] **A** v. tr. (pass. rem. *io conquìsi, tu conquidésti*; part. pass. *conquìso*) *1* (*lett.*) Abbattere, conquistare, vincere (*anche fig.*): *conquisi, / guerreggiando sul mar, dodici altere / cittadi* (MONTI). *2* (*lett., fig.*) Sopraffare, sedurre: *ché aperta è ben mia doglia / a quella fiera che 'l mio cor conquide* (BOIARDO). *3* (*raro, fig.*) Molestare, importunare. *4* †Guastare. **B** v. intr. pron. ● †Affannarsi, affliggersi.

conquìso [av. 1250] part. pass. di *conquidere*; anche agg. *1* Nei sign. del v. | (*lett.*) Sconfitto, vinto. *2* (*fig., lett.*) Soggiogato. *3* (*poet.*) Guastato, disfatto: *da le assidue vigilie occhio c.* (CARDUCCI).

conquista [av. 1304] s. f. *1* Il conquistare: *c. delle posizioni nemiche* | (*est.*) Conseguimento, raggiungimento: *la c. della libertà, del potere* | (*est.*) Territorio conquistato: *ecco le conquiste dell'Impero Romano* | ***Terra di c.***, territorio conquistato o da conquistare. *2* (*fig.*) Progresso, miglioramento, raggiunto attraverso lotte, sacrifici, difficoltà: *le conquiste della matematica, della biologia*; *la c. del diritto di sciopero*. *3* (*fig.*) Successo nei rapporti amorosi: *fare una c.*; *è un giovanotto a cui non mancano le conquiste* | (*est.*) Chi è considerato come oggetto di una conquista amorosa: *è la sua c. più recente*.

conquistàbile [1865] agg. ● Che si può conquistare.

conquistadór /koŋkwista'dor, *sp.* koŋkista'ðɔr/ [sp., 'conquistador', da *conquistar* 'conquistare'; 1892] s. m. (pl. sp. *conquistadores*) ● Ciascuno degli avventurieri che, dopo la scoperta del Nuovo mondo, ne intrapresero la conquista a capo di spedizioni finanziate dai sovrani spagnoli.

♦**conquistàre** [lat. parl. **conquistāre*, intens. di *conquīrere*. V. *conquidere*; av. 1292] v. tr. *1* Fare un territorio oggetto di appropriazione esclusiva da parte di uno Stato: *c. il paese nemico*. *2* Occupare con la forza, spec. con azioni militari: *c. una fortezza, un caposaldo*. *3* (*fig.*) Raggiungere con lotte, fatiche, sacrifici: *c. la ricchezza, l'indipendenza, la libertà*; *conquistarsi a caro prezzo la felicità*. SIN. Ottenere. *4* (*fig.*) Accattivarsi, guadagnarsi: *c.*, (*intens.*) *cattivarsi la simpatia, l'amore, l'amicizia di qlcu.*; *mi ha conquistato con la sua semplicità*; *si è conquistato la stima di tutti* | Fare innamorare, sedurre: *Fu preso da un intenso desiderio di c. quella donna* (SVEVO).

conquistàto [av. 1363] part. pass. di *conquistare*; anche agg. ● Nei sign. del v.

conquistatóre [1336 ca.] **A** agg. ● Che conquista: *stato, esercito c.*; *fascino c.* **B** s. m. (f. *-trice*) *1* Chi conquista, ottiene con la forza, spec. con azioni militari: *diritto del c.*; *fu un c. spietato e crudele*; *metter l'ordine e salvare la società dalle fazioni è antico pretesto di tutt'i conquistatori* (DE SANCTIS). *2* (*est.*) Chi fa conquiste amorose: *atteggiarsi a c.*

†**conquisto** [av. 1294] s. m. ● Conquista: *fece c. tra el Danubio e 'l Reno* (SACCHETTI).

consacraménto o †**consagraménto** [1534] s. m. ● (*raro*) Consacrazione.

consacrànte o †**consecrànte** [1622] **A** part. pres. di *consacrare*; anche agg. ● Nei sign. del v. **B** s. m. e f. ● Chi consacra.

consacràre o †**consagràre**, (*lett.*) **consecràre**, †**consegràre** [vc. dotta, lat. *consacrāre*, comp. di *cŭm* 'con' e *sacrāre* 'dedicare'; av. 1306] **A** v. tr. *1* Conferire gli ordini sacri: *c. un sacerdote*. *2* (*est.*) Riconoscere, confermare solennemente con riti religiosi: *c. re, imperatore* | (*est.*) Riconoscere in modo solenne e ufficiale: *fu consacrato poeta in Campidoglio* | (*est.*) Rendere valido, legittimo, autorevole; sancire: *la legge consacra i diritti*; *l'uso consacra molte parole*. *3* Rendere sacro con un solenne rito religioso: *c. una chiesa* | ***C. l'ostia***, convertire, nell'Eucaristia, le specie del pane e del vino nel corpo e nel sangue del Cristo. *4* Dedicare al culto religioso o alla memoria di eroi e sim.: *c. una cappella alla Vergine, un monumento ai caduti*. *5* (*est.*) Dedicare, destinare interamente e solennemente: *ha consacrato la sua vita alla causa degli oppressi, alla ricerca scientifica* | (*lett.*) Offrire a qlcu. come atto d'omaggio: *farò subito stampar l'opera, consacrandola al nome del mio … Principe* (GALILEI). *6* †Divinizzare. **B** v. rifl. ● Dedicarsi, votarsi a qlcu. o a qlco., con passione e dedizione: *consacrarsi a Dio, a una missione sociale, alla cura di un malato*.

consacràto part. pass. di *consacrare*; anche agg. ● Nei sign. del v. (*anche fig.*): *chiesa consacrata*; *un uomo c. al successo*.

consacratóre o †**consecratóre** [lat. tardo *consecratōre(m)*, *consecratrīce(m)*, da *consecrāre*, rifatti sull'it. *consacrare*; sec. XIV] agg.; anche s. m. (f. *-trice*) ● Che (o Chi) consacra.

consacrazióne o †**consagrazióne**, (*lett.*) **consecrazióne**, †**consegrazióne** [lat. *consecratiōne(m)*, da *consecrāre*, rifatto sull'it. *consacrare*; 1312] s. f. *1* L'atto del consacrare e le cerimonie proprie di tale atto | Presso gli antichi Romani, dedicazione di una persona agli dei, in particolare agli Inferi. *2* Parte principale della Messa, nella quale si consacrano le specie eucaristiche. *3* (*fig.*) Riconoscimento pubblico, conferma definitiva: *la c. artistica di un pianista*; *la c. di un campione sportivo*.

†**consagràre** e *deriv.* ● V. *consacrare* e *deriv.*

consanguineità [vc. dotta, lat. *consanguinitāte(m)*, da *consanguĭneus* 'consanguineo'; 1630] s. f. ● Legame naturale tra le persone di un medesimo sangue | Stretta parentela.

consanguìneo [vc. dotta, lat. *consanguĭneu(m)*, comp. di *cŭm* 'con' e *sănguis*, genit. *sănguinis* 'sangue'; av. 1294] **A** agg.; anche s. m. (f. *-a*) *1* Che (o Chi) è dello stesso sangue, della stessa stirpe. SIN. Congiunto, parente. *2* (*dir.*) Che è nato dallo stesso padre, ma da madre diversa: *fratello c.*; *sorella consanguinea*. **B** s. m. (f. *-a*) ● (*dir.*) Chi si trova con altre persone in un rapporto di parentela derivante da vincoli di sangue: *c. naturale, legittimo*; *c. in linea retta, in linea collaterale*.

consapévole [comp. parasintetico di *sapere*; av. 1332] **A** agg. *1* Che sa, che è informato di qlco.: *fu reso c. del tradimento che aveva subito*. SIN. Edotto. *2* Che è cosciente, che si rende conto di un fatto, di una situazione: *è c. della gravità del momento politico*; *siamo consapevoli del nostro errore*. SIN. Conscio. || **consapevolménte**, avv. **B** s. m. ● †Complice.

consapevolézza [av. 1698] s. f. ● Il fatto di essere consapevole: *la c. del male fatto*; SIN. Coscienza | Conoscenza.

consapevolizzàre [da *consapevole*; 1967] **A** v. tr. ● Rendere qlcu. consapevole di una determinata situazione: *c. qlcu. di qlco.* **B** v. intr. pron. ● Diventare consapevole di una determinata situazione.

consapevolizzazióne [1957] s. f. ● Il consapevolizzare, il consapevolizzarsi.

consapùto [comp. di *con-* e *saputo*; 1589] agg. ● (*lett.*) Ben conosciuto da più persone.

†**conscienza** ● V. *coscienza*.

†**consciènzia** ● V. *coscienza*.

cònscio [vc. dotta, lat. *cōnsciu(m)*, da *scīre* 'sapere'; av. 1306] **A** agg. (pl. f. *-sce* o lett. *-scie*) *1* Che ha coscienza o conoscenza di qlco.: *essere consci dei propri limiti*; *sono c. dell'importanza dell'incarico*; *E conscie fur le sibilanti selve* (LEOPARDI). SIN. Consapevole. *2* Presente alla coscienza: *contenuto mentale c.*; CONTR. Inconscio; CFR. Preconscio. || **consciaménte**, avv. **B** s. m. solo sing. ● (*psicoan.*) Livello della psiche che comprende quelle parti della vita mentale di cui la persona è momentaneamente consapevole.

consecràre e *deriv.* ● V. *consacrare* e *deriv.*

consecùtio tèmporum /lat. konse'kutstsjo 'tɛmporum/ [lat. 'dipendenza dei tempi'. V. *consecuzione*] loc. sost. f. solo sing. ● Nella sintassi latina, dipendenza del tempo del verbo nella proposizione subordinata rispetto a quello della principale.

consecutiva [f. sost. di *consecutivo*] s. f. ● (*ling.*) Congiunzione consecutiva | Proposizione consecutiva.

consecutivista s. m. e f. (pl. m. *-i*) ● Interprete specializzato in traduzioni consecutive.

consecutivo [dal lat. *consecūtus*, part. pass. di *cōnsequi* 'seguire'. V. *conseguire*; 1584] agg. *1* Che viene dopo, che segue: *il giorno c.*; *l'opera consecutiva*. SIN. Seguente, successivo | ***Traduzione consecutiva***, quella compiuta da chi traduce nella lingua richiesta quanto è stato appena detto dall'oratore; CFR. Simultaneo. *2* (*mat.*) Detto di ciascuno dei due angoli aventi in comune il vertice e un lato, e nessun altro punto al di fuori di quelli appartenenti al lato stesso | Detto di ciascuno dei due elementi d'un insieme ben ordinato tale che il secondo è il minore fra tutti quelli che seguono il primo | Detto di ciascuno dei due elementi d'una successione il primo dei quali precede immediatamente il secondo. ➡ ILL. **geometria**. *3* (*ling.*) ***Proposizione consecutiva***, proposizione subordinata indicante la conseguenza di ciò che è detto nella reggente (ad es.: *tanto tuonò che piovve*) | ***Congiunzione consecutiva***, che introduce una proposizione consecutiva (ad es. *cosicché, da*). || **consecutivaménte**, avv. In modo consecutivo; di seguito.

consecuzióne [vc. dotta, lat. *consecutiōne(m)*, da *consecūtus*. V. *consecutivo*; sec. XVI] s. f. *1* (*raro*) Conseguimento: *la c. di un fine desiderato*. *2* Successione di fatti, atti, eventi: *una c. logica di avvenimenti*.

conségna [sec. XVI] s. f. *1* Il consegnare | Affidamento di qlco. in custodia o in possesso: *c. del lavoro, della casa* | Custodia: *lasciare, prendere, ricevere qlco. in c.* | Conferimento: *c. del primo premio* | ***Avere qlco., qlcu. in c.***, dovere occuparsene, curarsene e sim. | ***Passare le consegne***, trasmettere ad altra persona, che succede nell'incarico, i documenti e le informazioni necessari allo svolgimento dell'incarico stesso. *2* (*dir.*) Trasferimento del possesso o della detenzione di una cosa da un soggetto a un altro: *buono di c.*; *c. a domicilio*; *prezzo pagabile alla c.* *3* (*mar.*) Ordine scritto per la condotta della navigazione o per il servizio interno. *4* (*mil.*) Prescrizione tassativa e vincolativa stabilita per i servizi di guardia e di sentinella: *osservare la c.*; *rompere la c.* | (*est., gener.*) Ordine: *c'è la c. di non parlare*. *5* (*mil.*) Punizione lieve per militari e graduati di truppa, consistente nella privazione della libera uscita: *c. in caserma*; *punire con dieci giorni di c.*

♦**consegnàre** o †**consignàre** [lat. *consignāre* 'sigillare, autenticare', comp. di *cŭm* 'con' e *signāre* 'contrassegnare', da *sĭgnum* 'segno, marchio';

1397] **A** v. tr. (*io conségno*) **1** Affidare, dare in custodia o in possesso, temporaneamente o stabilmente (*anche fig.*): *c. una lettera, un pacco*; *c. le chiavi di casa al portiere*; *c. un documento al notaio*; *c. il colpevole ai carabinieri*; *vi consegno la merce che avete acquistata* | (*lett.*) ***C. alla memoria, alla posterità***, affidare alla memoria, tramandare alla posterità. **2** (*mil.*) Punire con la consegna | Privare i militari della libera uscita, tenendoli in caserma pronti a ogni evenienza in occasione di disordini o calamità pubbliche. **B** v. rifl. ● Arrendersi, costituirsi: *c. al nemico, alle autorità giudiziarie.*

consegnatàrio [1855] s. m. (f. *-a*) ● Chi riceve qlco. in consegna.

consegnàto [sec. XIV] **A** part. pass. di *consegnare*; anche agg. ● Nei sign. del v. **B** s. m. ● Militare punito con la consegna: *l'elenco dei consegnati* | Militare tenuto in caserma pronto a ogni evenienza in occasione di calamità, disordini e sim.

†**consegràre** e *deriv.* ● V. *consacrare* e *deriv.*

conseguènte o (*raro, lett.*) **consequènte** [1308] **A** part. pres. di *conseguire*; anche agg. **1** Che segue, che deriva da qlco.: *i rischi di inflazione conseguenti a una errata politica economica.* **2** Coerente: *un ragionamento poco c.*; *Sii dunque c.! sii cristiano!* (PELLICO). **3** (*mat.*) Che deriva logicamente | †Successivo. || **conseguenteménte**, avv. **1** In modo conseguente; di conseguenza. **2** (*raro*) In seguito. **B** s. m. **1** (*filos., mat.*) Il secondo termine di una conseguenza. CONTR. Antecedente. **2** †Conseguenza | ***Per c., di c.***, di conseguenza.

♦**conseguènza** o †**consequènza**, †**consequènzia** [lat. *consequĕntia(m)*, da *cōnsequi* (V. *conseguire*), rifatto sull'it. *conseguire*; 1321] s. f. **1** (*filos., mat.*) Principio logico in base al quale, date due proposizioni in rapporto di antecedente-conseguente, è impossibile che, se è vera l'antecedente, risulti falsa la conseguente. **2** Ciò che deriva direttamente o indirettamente, che è ricavabile da certe premesse: *il tuo errore è la c. della tua ignoranza*; *ecco le conseguenze della vostra assenza* | ***In c. di, per c. di***, per effetto di e sim. | ***Di c.***, conseguentemente, perciò, quindi e sim. **3** Avvenimento, fatto, spec. negativo, che deriva o è causato da un altro: *le disastrose conseguenze dell'ultima guerra.* SIN. Effetto. **4** †Rilevanza, importanza: *altre mie opere … di non minor c.* (GALILEI).

conseguenziàle e *deriv.* ● V. *consequenziale* e *deriv.*

conseguenziàrio ● V. *consequenziario.*

conseguìbile [1680] agg. ● Che si può conseguire.

conseguiménto [av. 1617] s. m. ● Il conseguire: *il c. di un obiettivo, di un fine.* SIN. Ottenimento, raggiungimento.

conseguire [lat. *cōnsequi*, comp. di *cŭm* 'con' e *sĕqui* 'seguire', rifatto sull'it. *seguire*; sec. XIII] **A** v. tr. (*io conséguo o conseguisco*) ● Riuscire a ottenere, a raggiungere: *c. una vittoria, un onore, una promozione*; *c. uno scopo*; *la poetica … deve c. il suo fine del dilettare* (CAMPANELLA). **B** v. intr. (*io conséguo*; aus. *essere*) ● Venire dopo, come conseguenza, secondo un ordine logico o come avvenimento o fenomeno successivo: *da ciò consegue che tu sbagli*; *l'utilità che ne consegue è nulla.*

conseguitàre [comp. di *con* e *seguitare*; av. 1342] **A** v. tr. (*io conséguito*) ● †Ottenere, conseguire. **B** v. intr. (aus. *essere*) **1** (*lett.*) Derivare come conseguenza. **2** (*lett., raro*) Venire dopo, seguire.

conseguito [sec. XIV] part. pass. di *conseguire*; anche agg. ● Ottenuto, raggiunto.

consensivo [1942] agg. ● Che manifesta consenso | ***Freccia consensiva***, nei semafori, quella che accorda via libera ai veicoli nel senso indicato dalla freccia stessa.

consènso [vc. dotta, lat. *consēnsu(m)*, da *consentīre* 'consentire'; av. 1348] s. m. **1** Approvazione, appoggio, favore: *manifestare il proprio c.*; *il film ha ottenuto un grande c. di critica e pubblico*; *il c. del popolo a un programma politico* | ***C. elettorale***, espresso con il voto. **2** Concordia di volontà, giudizi, sentimenti e sim., o accordo su un punto specifico, fra due o più persone: *c. generale, comune*; *il venerato / c. d'ogni età* (METASTASIO) | ***Di c.***, d'accordo. **3** (*dir.*) Incontro di volontà: *il contratto si forma nel momento in cui si verifica il c.*; *vizi di c.* | ***C. matrimoniale***, reciproca dichiarazione dei nubendi di volere contrarre matrimonio | Approvazione al compimento di un atto: *c. dell'avente diritto*; *dare il proprio c. alle nozze* | ***C. informato***, (*ellitt.*) ***consenso***, accordo cosciente e volontario a una procedura diagnostica, terapeutica o sperimentale | (*gener.*) Assenso, benestare, permesso: *chiedere, ottenere il c.*; *dare, negare il proprio c.* **4** Imitazione che fa un cane da ferma vedendo un altro cane puntare: *puntare di c.*; *ferma di c.*

consensuàle [fr. *consensuel*, dal lat. *consēnsus* 'consenso'; 1931] agg. ● (*dir.*) Che si fa con il consenso delle parti: *separazione c.*; *contratto c.* || **consensualménte**, avv.

consensualità [1985] s. f. ● Caratteristica di ciò che è consensuale.

consentaneità [1798] s. f. ● (*raro*) Conformità, corrispondenza.

consentàneo [vc. dotta, lat. *consentāneu(m)*, da *consentīre* 'consentire'; 1300 ca.] agg. ● Che è conforme, corrispondente: *leggi consentanee ai bisogni.* || **consentaneaménte**, avv.

consentiménto [av. 1292] s. m. **1** (*lett.*) Consenso. **2** †Adesione | Conformità.

♦**consentire** [vc. dotta, lat. *consentīre*, comp. di *cŭm* 'con' e *sentīre* 'sentire, ritenere'; av. 1250] **A** v. intr. (pres. *io consènto*; part. pres. *consenziènte*; aus. *avere*) **1** (+ *con* qlcu. su qlco.; + *di* seguito da inf.; + *che* seguito da indic.) Concordare, essere d'accordo: *consento con te sulla necessità di un intervento* | Convenire: *consento di essermi sbagliato*; *consentirai che ho agito in buona fede.* SIN. Assentire. **2** (+ *a*) Accondiscendere, acconsentire: *c. alle richieste di qlcu.* | (*raro, lett.*) Cedere. **3** (*raro*) Adattarsi, piegarsi. **4** Imitare, da parte di un cane da ferma, il puntare di un altro cane. **B** v. tr. (qlco.; + *di* seguito da inf.; + *che* seguito da congv.) **1** Concedere, permettere, accordare: *un lavoro che non consente interruzioni*; *la salute precaria non gli consente di partire*; *il regolamento non consente di fare ricorso*; *la legge italiana non consente che i minori siano impiegati in attività di lavoro* | ***Mi consenta***, espressione di cortesia usata intervenendo in una discussione, per interrompere l'interlocutore e sim. **2** (*lett.*) Ammettere: *c. il proprio sbaglio.* **3** (*raro, lett.*) Provare insieme con altri: *Sento e consento il tuo dolore* (CARDUCCI).

consenziènte [sec. XIII] part. pres. di *consentire*; anche agg. **1** (*lett.*) Cedevole: *si rompono più tosto le dure quercie che le consenzienti canne* (BOCCACCIO) | (*lett.*) Conforme. **2** Che dà il proprio consenso (spec. in costruzioni assol.): *il padre non è c. al matrimonio*; *è partita, consenzienti i genitori.* || **consenzienteménte**, avv.

consepólto o †**consepùlto** [lat. tardo *consepŭltu(m)*, part. pass. di *consepelīre* 'seppellire insieme', comp. di *cŭm* 'insieme' e *sepelīre* 'seppellire'; av. 1342] agg. ● (*lett.*) Sepolto insieme con altri.

consequènte ● V. *conseguente.*

†**consequènza** ● V. *conseguenza.*

†**consequènzia** ● V. *conseguenza.*

consequenziàle o **conseguenziàle** [da *conseguenza*; 1852] agg. ● Che deriva per conseguenza: *la conclusione del discorso non è c. alle premesse* | (*raro*) Relativo alla conseguenza. || **consequenzialménte**, avv.

consequenzialità o **conseguenzialità** [1964] s. f. ● Caratteristica di ciò che è consequenziale.

consequenziàrio o **conseguenziàrio** [da *conseguenza*; 1845] agg. (f. *-a*) ● (*raro*) Che deduce dai principi con eccessiva rigidezza. || **consequenziariaménte**, avv.

consertàre [da *conserto*; 1476] v. tr. (*io consèrto*) ● (*lett.*) Intrecciare.

consèrto [vc. dotta, lat. *consĕrtu(m)*, part. pass. di *consĕrere*, comp. di *cŭm* 'con' e *sĕrere* 'intrecciare'; 1321] **A** agg. **1** (*raro, lett.*) Congiunto, intrecciato | ***Braccia conserte***, incrociate sul petto | (*lett.*) Riunito. **2** (*lett.*) Intricato, tortuoso | Fitto, denso: *e 'l montanaro all'ombra più conserta / destar la sua zampogna e 'l verso inculto* (POLIZIANO). **B** s. m. ● (*lett., raro*) Accordo, spec. nella loc. ***di c.***, insieme, d'accordo.

consèrva (**1**) [etim. discussa: da *conservo* (?); av. 1348] s. f. ● Un tempo, convoglio di navi che procedevano insieme per proteggersi a vicenda | ***Andare, procedere, agire di c.***, (*fig.*) insieme, di comune accordo.

consèrva (**2**) [da *conservare*; av. 1365] s. f. **1** Conservazione di prodotti alimentari: *carne, frutta in c.*; *tenere, mettere in c.* | Alimento preparato per essere conservato a lungo mantenendo inalterate le proprie caratteristiche: *c. di pomodoro*; *conserve alimentari* | (*assol.*) Conserva di pomodoro: *fare il sugo con la c.*; *ti sei macchiato di c.* | Specie di confettura di sostanze vegetali e zucchero: *c. di frutta*; *c. di rose.* **2** (*raro*) Vivaio, peschiera | (*raro*) Serbatoio: *c. d'acqua.* **3** †Riserva, provvista | ***Far c.***, conservare | ***Far c. di detti, parole*** e sim., farne tesoro.

conservàbile [vc. dotta, lat. tardo *conservābile(m)*, da *conservāre* 'conservare'; sec. XIV] agg. ● Che si può conservare.

conservabilità [1983] s. f. ● Proprietà, caratteristica di ciò che può essere conservato.

conservànte [1984] **A** part. pres. di *conservare*; anche agg. ● Nei sign. del v. **B** s. m. ● Additivo chimico che si aggiunge spec. agli alimenti perché conservino più a lungo le loro caratteristiche, evitandone l'alterazione.

♦**conservàre** [vc. dotta, lat. *conservāre*, comp. di *cŭm* 'con' e *servāre* 'conservare'; av. 1306] **A** v. tr. (*io consèrvo*) **1** Mantenere, spec. un alimento nello stato originario, evitando ogni alterazione o deterioramento: *c. con, sotto olio, sale*; *c. sotto, nello spirito*; *c. nella salamoia, nella calce, in ghiaccio*; *c. la carne in frigorifero, le cipolline sotto aceto, i pomodori in scatola.* **2** Custodire (*anche fig.*): *c. un documento, un oggetto prezioso*; *c. la fedeltà, l'onore.* **3** (*est.*) Mantenere, non aver perduto: *c. il potere* | Possedere ancora dopo un lungo periodo di tempo (*anche fig.*): *c. l'innocenza*; *c. un animo appassionato.* **4** (*lett., raro*) Preservare proteggendo: *per c. la città dalle guerre* (GUICCIARDINI). **B** v. intr. pron. **1** Rimanere nello stato originario, senza alterazioni o deterioramenti: *i cibi si conservano meglio al freddo.* **2** Mantenersi, rimanere anche dopo un lungo tempo, in un determinato stato: *conservarsi sano, forte, prestante, onesto*; *conservarsi amico, neutrale* | ***Si conservi!***, si mantenga così, in buona salute.

conservativo [vc. dotta, lat. tardo *conservatīvu(m)*, da *conservāre* 'conservare'; av. 1306] agg. **1** Che serve a conservare | In medicina, che tende alla conservazione e al ripristino di funzioni o parti lese. **2** (*dir.*) Detto di atto tendente ad assicurare il mantenimento e l'esercizio di un diritto | ***Sequestro c.***, sequestro atto a impedire che l'asserito debitore possa disperdere o sottrarre, in danno dell'asserito creditore, dati beni. **3** (*fis.*) Detto di campo vettoriale o di forza la cui circuitazione lungo qualunque linea chiusa è uguale a zero. CFR. Dissipativo. || **conservativaménte**, avv.

conservàto [av. 1306] part. pass. di *conservare*; anche agg. ● Nei sign. del v.: *carne conservata.*

conservatóre [vc. dotta, lat. *conservatōre(m)*, da *conservāre* 'conservare'; sec. XIII] **A** agg. ● Che conserva: *liquido c.* **B** agg.; anche s. m. (f. *-trice*) ● Che (o Chi), spec. in campo politico e sociale, è fortemente legato all'ordine costituito e alla tradizione, si oppone a tutti i mutamenti, accoglie con cautela, limitazioni e sim. ogni nuovo sviluppo: *partito c.*; *tendenze conservatrici*; *è un c. convinto.* CONTR. Progressista. **C** s. m. (f. *-trice*) ● Funzionario preposto ad archivi, musei, biblioteche e sim., allo scopo di curarne la conservazione e l'arricchimento: *c. dei registri immobiliari, dei monumenti.*

conservatoria [1355] s. f. ● (*raro*) Ufficio di conservatore | Sede ove il conservatore esercita la propria attività, spec. ufficio ove sono iscritte le ipoteche.

conservatòrio [dal sign. orig. di 'collegio', perché l'insegnamento organico della musica nacque negli istituti napoletani per l'assistenza all'infanzia; 1706] **A** agg. ● †Conservativo. **B** s. m. **1** Pubblico istituto ove si insegna la musica, l'arte di suonare gli strumenti e il canto | Liceo musicale. **2** (*disus.*) Collegio femminile, educandato. **3** †Casa di ricovero per poveri, bambini, vecchi e sim.

conservatorìsmo [1912] s. m. ● Atteggiamento conservatore, spec. in campo politico o culturale.

conservazióne [lat. *conservatiōne(m)*, da *conservāre* 'conservare'; 1308] s. f. **1** Mantenimento in un determinato stato: *c. di cibi, di generi alimentari*; *c. sott'olio, sott'aceto* | ***Essere in buono,***

in cattivo stato di c., essere conservato bene, male | ***Istinto di c.***, tendenza naturale a mantenere e proteggere la propria incolumità fisica e la propria esistenza | Manutenzione: *c. di monumenti, biblioteche.* ***2*** Complesso degli atteggiamenti, delle attività e sim. di conservatori, spec. in campo politico e sociale | (*est.*) Complesso dei conservatori, come entità politica e sociale: *le forze della c.* ***3*** ***C. dei beni culturali***, corso di laurea per la formazione di operatori specializzati nel campo della tutela e valorizzazione del patrimonio storico-artistico. ***4*** (*fis.*) Principio secondo cui un ente fisico si mantiene invariato nel tempo, indipendentemente da azioni, trasformazioni o reazioni: *c. della massa, c. dell'energia.*

conservazionismo [comp. da *conservazion(e)* e *-ismo*; calco sull'ingl. *conservationism*; 1989] **s. m.** • Tendenza a ridurre al minimo gli interventi su un ambiente naturale, nell'intento di conservare gli equilibri biologici esistenti.

conservière [da *conserva* (*2*) nel sign. 2; 1963] **s. m.** (f. *-a*) ***1*** Industriale che si dedica al settore delle conserve alimentari. ***2*** Lavoratore addetto alla produzione di conserve alimentari.

conservièro [da *conserva* (*2*) nel sign. 2; 1941] **A agg.** • Relativo alle conserve alimentari: *industria conserviera.* **B s. m.** (f. *-a*) • Conserviere.

conservificio [comp. di *conserva* (*2*) e *-ficio*; 1942] **s. m.** • Fabbrica di conserve alimentari.

consèrvo [vc. dotta, lat. *consĕrvu(m)*, comp. di *cŭm* 'insieme' e *sĕrvus* 'servo'; av. 1294] **s. m.** (f. *-a*) ***1*** (*raro, lett.*) Servo insieme con altri | (*lett.*) Chi è soggetto, insieme ad altri, alla medesima autorità. ***2*** Confratello nello stesso ordine religioso.

consèsso [vc. dotta, lat. *consēssu(m)*, da *consīdere* 'star seduto'; 1619] **s. m.** • Adunanza di persone autorevoli, ragguardevoli: *c. di senatori, di giudici, di avvocati* | (*est.*) Le persone così riunite.

consideràbile [av. 1540] **agg.** ***1*** Degno di considerazione: *piccoli principî e a pena considerabili sono spesso cagione di grandi ruine o di felicità* (GUICCIARDINI). ***2*** (*lett.*) Considerevole: *c. aumento* | Ingente, grande. || **considerabilménte**, **avv.** In modo considerabile; notevolmente.

considerabilità [av. 1704] **s. f.** • Caratteristica di ciò che è considerabile.

†**considerànza** [lat. tardo *considerantia(m)* 'considerazione'; sec. XIII] **s. f.** • Considerazione.

♦**consideràre** [vc. dotta, lat. *considerāre*, propr. 'osservare gli astri', comp. di *cŭm* 'con' e *sīdus*, genit. *sīderis* 'astro'; av. 1292] **A v. tr.** (*io considero*) ***1*** Esaminare attentamente in tutte le possibili relazioni e conseguenze: *bisogna c. tutte le probabilità; c. i pro e i contro, i vantaggi e gli svantaggi; la filosofia considera l'uomo quale dev'essere* (VICO). **SIN.** Analizzare, valutare. ***2*** (*lett.*) Guardare con attenzione: *Ella lo udì e lo considerò lungamente … Non lo riconobbe* (SVEVO). ***3*** Pensare, tenere presente: *considera che ciò avvenne in tempi molto lontani.* ***4*** (*dir.*) Contemplare, prevedere: *la legge non considera questo caso.* ***5*** Giudicare, reputare: *c. qlcu. bene, male; tutti lo considerano un vero amico; è considerato un ottimo tecnico.* ***6*** Stimare, apprezzare (*anche assol.*): *c. qlcu. molto, poco; in quell'ambiente non è considerato.* ***7*** (*assol., lett.*) Riflettere, meditare: *l'ardente spiro / … di Riccardo, / che a considerar fu più che viro* (DANTE *Par.* x, 130-132). **B v. rifl.** • Reputarsi, credersi: *si considera molto intelligente; puoi considerarti fortunato.*

consideratézza [1865] **s. f.** • Riflessione, ponderatezza, prudenza.

consideràto [1308] **part. pass.** di *considerare*; anche **agg.** ***1*** Nei sign. del v. | Stimato: *un avvocato molto c.* ***2*** Preso in considerazione | ***Tutto c.***, tutto sommato, in complesso | ***C. che***, tenuto conto che, stante che. ***3*** (*raro*) Prudente, avveduto: *un giovane c.* | †***Male c.***, imprudente, incauto. || **considerataménte**, **avv.** Con ponderazione; avvedutamente.

†**consideratóre** [vc. dotta, lat. tardo *consideratō-re(m)*, da *considerāre* 'considerare'; 1282] **s. m.**; anche **agg.** (f. *-trice*) • Chi (o Che) considera | Estimatore.

considerazióne [vc. dotta, lat. *consideratiō-ne(m)*, da *considerāre* 'considerare'; 1308] **s. f.** ***1*** Esame attento e accurato: *agire dopo attente considerazioni* | ***Degno di c.***, notevole, importante | ***Prendere in c.***, considerare, valutare con attenzione: *la tua domanda sarà senz'altro presa in c.* | ***In c. di***, tenendo presente, tenendo conto di: *non aveva voluto accettare il posto d'istitutrice, in c. della sua età, del suo stato* (PIRANDELLO). ***2*** Stima, buona reputazione: *godere di molta c.; godere la c. di tutti; non ho nessuna c. per lui* | ***Avere in c. qlcu.***, stimarlo. **SIN.** Credito. ***3*** Avvedutezza, cautela: *agire con grande c.* | ***Uomo senza c.***, sconsiderato, imprudente, leggero. ***4*** Osservazione, riflessione: *esponiamo alcune brevi considerazioni; fare una c.; alcune considerazioni sull'argomento.*

considerévole [1765] **agg.** • Rilevante, grande, notevole: *un uomo di c. importanza; un numero c. di spettatori.* || **considerevolménte**, **avv.**

consigliàbile [da *consigliare* (*1*); 1898] **agg.** • Che si può consigliare, suggerire: *non è c. uscire a quest'ora.* **SIN.** Opportuno.

♦**consigliàre** (**1**) [lat. *consiliāri*, da *consĭlium* 'consiglio'; 1219] **A v. tr.** (*io consìglio*) (+ *a* qlcu. + *di* seguito da inf.; + *a* qlcu. qlco.; raro + qlcu. + *a* seguito da inf.; raro + *che* seguito da congv.) ***1*** Dare suggerimenti, esortazioni, avvertimenti e sim. a qlcu. per aiutarlo in qlco.: *vi consiglio di non partire; gli ho consigliato un buon ristorante; poco è creduto chi consiglia quello che dispiace quasi a tutti* (GUICCIARDINI); *la pioggia ha consigliato molti a starsene a casa; intendo c. che s'introducano nell'italiano de' latinismi* (LEOPARDI). **SIN.** Proporre, suggerire. ***2*** Raccomandare, prescrivere: *ti consiglio la prudenza; il medico gli ha consigliato di non fumare; gli è stato consigliato un soggiorno al mare* | Ordinare, suggerire, con un tono di minaccia, di intimidazione: *ti consiglio di non muoverti; gli consigliò bruscamente di smetterla.* ***3*** (*raro*) Esortare, incitare: *non era … conveniente allo officio di uno pontefice … c. i prìncipi cristiani a fare guerra tra loro* (GUICCIARDINI); *lo re fu consigliato che convenia di necessità che tornasse a Brandizio* (VILLANI). **B v. intr. pron.** ***1*** (+ *con*) Chiedere suggerimenti, consultarsi: *prima di decidere si consigliò con l'avvocato* | (*fig.*) ***Consigliarsi con sé stesso, con la propria coscienza***, meditare nel proprio intimo. ***2*** (+ *di* seguito da inf.) (*raro, lett.*) Decidersi, risolversi: *di riposare alquanto si consiglia* (ARIOSTO). ***3*** †Deliberare.

consigliàre (**2**) • V. *consiliare.*

consigliàto [1353] **part. pass.** di *consigliare* (*1*); anche **agg.** ***1*** Nei sign. del v.: *la piena del popolo ignorante e mal c.* (VILLANI). ***2*** (*lett.*) Avveduto, accorto. || **consigliataménte**, **avv.** (*lett.*) Con prudenza e ponderatezza; †apposta, deliberatamente.

†**consigliatóre** [vc. dotta, lat. *consiliatōre(m)*, *consiliatrīce(m)*, da *consiliāri* 'consigliare (1)'; sec. XIII] **agg.**; anche **s. m.** (f. *-trice*) • Che (o Chi) consiglia.

♦**consiglière** o †**consiglièro** [ant. fr. *conseillier*, dal lat. *consiliāriu(m)*, da *consiliāri* 'consigliare (1)'; 1219] **s. m.** (f. *-a*) ***1*** Chi dà suggerimenti, avvertimenti e sim. (*anche fig.*): *dovresti cercare un buon c.; l'invidia è una cattiva consigliera.* ***2*** Membro di un consiglio: *c. comunale, regionale* | Titolo e grado di taluni uffici pubblici: *c. di cassazione, d'appello, di legazione* | ***C. d'amministrazione***, membro del consiglio d'amministrazione di una società | ***C. delegato***, consigliere d'amministrazione a cui sono delegate funzioni relative all'amministrazione della società | Qualifica spettante a funzionari della carriera direttiva statale. ***3*** †Aiutante del pilota di una nave.

♦**consiglio** [lat. *consĭliu(m)*, da *consŭlere* 'consultare'; av. 1250] **s. m.** ***1*** Suggerimento, esortazione, avvertimento e sim., che si dà a qlcu. per aiutarlo in qlco.: *c. buono, cattivo, savio, ragionevole; domandare, invocare, attendere, dare, prendere, seguire un c.* | ***Consigli evangelici***, ubbidienza, povertà, castità | Parere, consulenza: *sarà meglio chiedere il c. di un avvocato, di un medico.* ***2*** (*lett.*) Avvedutezza, senno: *scarsi di c. e tardi avvedutisi del loro errore* (MACHIAVELLI) | Uno dei sette doni dello Spirito Santo | (*est., raro, lett.*) Intenzione, proposito | †Rimedio, riparo: *si ponga a quel furor qualche c.* (ARIOSTO). ***3*** (*raro, lett.*) Decisione, risoluzione presa dopo attenta meditazione: *mutar c.* | ***Prender c.***, decidere | ***Ridurre a miglior c.***, far cambiare idea | ***Venire a più miti consigli***, ridurre le proprie pretese. ***4*** Riunione tra più persone per trattare determinate questioni: *chiamare a c.; andare, essere, sedere a c.; c. di famiglia* | ***Suonare a c.***, anticamente, chiamare a consiglio suonando un'apposita campana. ***5*** (*dir.*) Organo o ente collegiale interno o internazionale, con funzioni varie: *c. regionale; c. nazionale delle ricerche; c. nazionale dell'economia e del lavoro* | ***C. d'amministrazione***, organo amministrativo di una società, cui spettano le maggiori decisioni | ***C. di gestione***, organo ausiliario della direzione dell'impresa costituito da prestatori di lavoro e da rappresentanti dell'imprenditore | ***C. dei delegati di fabbrica, d'azienda***, organo sindacale, sostituito dal 1991 dalla rappresentanza sindacale unitaria | ***C. d'istituto, c. di circolo, c. di classe, c. di interclasse***, organi collegiali, composti di rappresentanti degli insegnanti, del personale non docente, degli allievi e dei genitori con funzioni deliberative e consultive | ***C. di facoltà***, nell'ordinamento universitario, organo collegiale che programma e coordina l'attività didattica della facoltà | ***C. degli studenti***, organo di rappresentanza studentesca istituito nelle università | ***C. di zona***, organo amministrativo decentrato nell'ambito del comune, cui sono attribuite particolari funzioni soprattutto in materia edilizia | ***C. di disciplina***, per l'irrogazione di sanzioni disciplinari a ufficiali, funzionari della Pubblica Amministrazione e sim. che abbiano commesso infrazioni di particolare gravità | ***Consiglio presbiterale***, commissione rappresentante il presbiterio che collabora col vescovo nel governo della diocesi | ***Consiglio pastorale***, a vari livelli organizzativi della Chiesa Cattolica, l'organizzazione costituita da sacerdoti e laici che, con funzioni consultive, coadiuva il vescovo o il parroco nel governo spirituale dei fedeli | ***Consiglio dei Ministri***, insieme di tutti i ministri costituenti il Governo | ***Consiglio di Stato***, organo dell'Amministrazione dello Stato con funzioni consultive e di giurisdizione amministrativa | ***Consiglio Superiore della Magistratura***, organo statale che sovraintende alla carriera dei magistrati e ai provvedimenti disciplinari che li riguardano (in sigla, CSM) | ***Consiglio di sicurezza***, organo delle Nazioni Unite cui è affidato il compito di vigilare sulla pace e la sicurezza internazionale | ***C. di guerra***, organismo composto dai più alti ufficiali di un esercito, in tempo di guerra, per discutere piani e misure militari di particolare rilievo, o far giudicare militari colpevoli di qualche reato | (*st.*) ***Gran C.***, nome di vari organi assembleari, fra cui il 'Gran C. della Repubblica cisalpina' o il 'Gran C. del Fascismo'; (*elvet.*) il parlamento dei Cantoni svizzeri. ***6*** †Consigliere: *per ch'io mi volsi al mio c. saggio* (DANTE *Purg.* XIII, 75). || **PROV.** Consiglio di volpi tribolo di galline; la notte porta consiglio. || **consigliàccio**, **pegg.** | **consigliétto**, **dim.** | **consiglióne**, **accr.**

consigliòri [adattamento sicil. dell'ingl. *counsellor* 'consigliere'; 1985] **s. m. inv.** • (*dial.*) In una organizzazione mafiosa, consigliere del padrino.

†**consignàre** • V. *consegnare.*

consiliàre o **consigliàre** (**2**) [vc. dotta, lat. tardo *consiliāre(m)*, da *consĭlium* 'consiglio'; av. 1292] **agg.** • Di consiglio (come organo collegiale): *deliberazione c.; sala c.*

†**consomigliàre** o †**consimigliàre** [comp. di *con-* e *simigliare*; 1308] **A v. tr.** • Fare simile. **B v. intr.** • Essere simile, somigliare.

consìmile [vc. dotta, lat. *consĭmile(m)*, comp. di *cŭm* 'con' e *sĭmilis* 'simile'; av. 1276] **agg.** • Simile, analogo: *penne, matite e oggetti consimili.* || **consimilménte**, **avv.** (*raro*) In modo simile.

†**consiróso** [provz. *consiros*; av. 1294] **agg.** • Preoccupato, pensieroso.

consistènte [1308] **part. pres.** di *consistere*; anche **agg.** ***1*** Che è basato su qlco.: *un lavoro c. nella rilettura delle bozze* | Che è formato, che è costituito da qlco.: *un altro tometto … c. in sonetti settanta* (ALFIERI); *un appartamento c. di tre camere e cucina.* ***2*** Solido, tenace, resistente: *un materiale c.* | (*fig.*) Che ha un valido fondamento: *una testimonianza c.* ***3*** Notevole, considerevole: *una somma c.; un successo c.* ***4*** Denso, ben amalgamato: *una salsa c.* ***5*** Che non è in contraddizione, coerente (calco sull'ingl. *consistent*): *un sistema c. di assiomi.* || **consistenteménte**, **avv.**

consistènza [vc. dotta, lat. tardo *consistĕntia(m)*, da *consĭstere* 'consistere'; av. 1406] **s. f.** ***1*** Caratteristica di ciò che è consistente: *valutare* *al tatto la c. di un tessuto; patrimonio di scarsa c.* SIN. Resistenza, solidità. *2* (*fig.*) Valore, fondatezza: *uno studio superficiale e privo di c.* | ***Prendere c.***, concretarsi. *3* (*filos.*) Coerenza all'interno di un sistema formale.

•**consistere** [vc. dotta, lat. *consĭstere*, comp. di *cŭm* 'con' e *sĭstere* 'collocare, fermarsi'; 1336 ca.] **v. intr.** (**pass. rem.** *io consistéi* o *consistètti* (o *-étti*), *tu consistésti*; **part. pass.** *consistito*; aus. *essere*) *1* (+ *in*) Avere il proprio fondamento in qlco.: *il nostro lavoro consiste nel progettare gli interni; l'intelletto dimostra apertamente come ne l'unità consista la sustanza delle cose* (BRUNO). *2* (+ *di*) Essere costituito, composto di qlco.: *l'opera consiste di quattro volumi.* *3* †Essere situato, trovarsi. *4* †Resistere, durare.

·**consistòrio** e *deriv.* ● V. *concistoro* e *deriv.*

·**consistòro** ● V. *concistoro.*

·**cònsito** [vc. dotta, lat. *cōnsitu(m)*, part. pass. di *consĕrere*, comp. di *cŭm* 'con' e *sĕrere* 'seminare, piantare'; sec. XIV] **agg.** ● Coltivato, seminato.

consobrino o †**consubrino** [vc. dotta. lat. *consobrīnu(m)*, comp. di *cŭm* 'con' e *sobrīnus* 'cugino', da *sŏror* 'sorella'; av. 1292] **s. m.** (**f.** *-a*) ● (*lett.*) Cugino da parte di madre.

consociàbile [vc. dotta, lat. tardo *consociābile(m)*, da *consociāre* 'consociare'; 1865] **agg.** ● Che si può consociare.

consociàre [vc. dotta, lat. *consociāre*, comp. di *cŭm* 'con' e *sociāre* 'unire', da *sŏcius* 'unito, partecipe'; 1816] **A v. tr.** (*io consòcio*) *1* Unire in società, associare. *2* (*agr.*) Coltivare piante diverse nello stesso terreno. **B v. rifl. rec.** ● Unirsi in società con uno o più soggetti: *le tre aziende si sono consociate.*

consociativismo [comp. di *consociativ(o)* e *-ismo*; 1988] **s. m.** ● (*polit.*) Tendenza a coinvolgere nella gestione del potere, mediante una serie di compromessi, anche forze politiche e sociali d'opposizione. SIN. Consociazionismo.

consociativo [1983] **agg.** *1* (*raro*) Associativo. *2* Basato sul consociativismo: *politica consociativa.*

consociàto [1499] **A part. pass.** di *consociare*; anche **agg.** *1* Nei sign. del v. *2* Appartenente allo stesso gruppo aziendale: *aziende consociate.* **B s. m.** (**f.** *-a*) ● Chi fa parte di una società, di un'associazione, e sim.

•**consociazióne** [vc. dotta, lat. *consociatiōne(m)*, da *consociāre* 'consociare'; 1745] **s. f.** *1* Unione in un'unica società. *2* Lega, unione, associazione. *3* (*agr.*) Coltivazione nello stesso terreno di più piante diverse.

•**consociazionismo** [comp. di *consociazion(e)* e *-ismo*; 1988] **s. m.** ● (*polit.*) Consociativismo.

•**consòcio** [vc. dotta, lat. tardo *consŏciu(m)*, comp. di *cŭm* 'con' e *sŏcius* 'socio, compagno'; 1723] **s. m.** (**f.** *-a*; **pl. f.** *-cie*) ● Chi è socio insieme con altri in una società e sim.

consodàle [comp. di *con-* e *sodale*; 1618] **s. m. e f.** ● (*lett.*) Compagno, collega.

•**consolàbile** [vc. dotta, lat. *consolābile(m)*, da *consolāri* 'consolare (1)'; 1499] **agg.** ● Che si può consolare.

•**consolànte** [av. 1364] **part. pres.** di *consolare (1)*; anche **agg.** ● Nei sign. del v. | Che dà sollievo, incoraggiamento: *una notizia c.; è c. sapere che qualcuno si cura di te.*

•**consolànza** [sec. XIII] **s. f.** ● Consolazione.

•**consolàre** (1) [lat. *consolāri*, comp. di *cŭm* 'con' e *solāri* 'confortare'; av. 1294] **A v. tr.** (*io consólo*) *1* Sollevare moralmente da uno stato di afflizione, confortare, incoraggiare: *le tue parole mi consolano.* *2* Rallegrare, allietare (*anche assol. e antifr.*): *una notizia che consola; mi consola sapere che sta meglio; ha una faccia da canaglia che consola.* *3* (*lett.*) Alleviare, rendere psicologicamente più sopportabile: *c. il dolore, il pianto di qlcu.* SIN. Lenire, mitigare. *4* (*lett.*) Ristorare, rinvigorire: *La stanca vecchierella ... / ... talora è consolata / d'alcun breve riposo* (PETRARCA). **B v. intr. pron.** *1* Darsi conforto, pace: *col tempo si consolò e riprese il lavoro.* SIN. Confortarsi | Trovar rimedio da una delusione: *acciò il povero Conte possa venir qui a consolarsi* (GOLDONI). *2* Rallegrarsi, allietarsi: *mi consolai appena seppi del suo arrivo* | (*raro, lett.*) Congratularsi.

•**consolàre** (2) [vc. dotta, lat. *consulāre(m)*, da *cōnsul* 'console'; 1520] **agg.** *1* Relativo al console dell'antica Roma: *fasti consolari; comizi consolari* | ***Vie consolari***, le grandi strade fatte costruire dai consoli (come la Salaria, la Cassia ecc.). *2* Relativo al funzionario che ha l'incarico di console: *carriera, ufficio, visto c.* | ***Agente c.***, chi ha mandato di esercitare alcune funzioni del consolato, gener. a titolo onorifico e in via provvisoria | ***Corpo c.***, complesso dei consoli di varie nazionalità esplicanti le loro funzioni in uno Stato.

†**consolativo** [vc. dotta, lat. tardo *consolatīvu(m)*, da *consolāri* 'consolare (1)'; sec. XIV] **agg.** ● Atto a consolare.

consolàto (1) [sec. XIII] **part. pass.** di *consolare (1)*; anche **agg.** *1* Nei sign. del v. *2* (*lett.*) Sereno, tranquillo: *potere aver vita assai consolata* (BOCCACCIO). ‖ **consolataménte**, **avv.** (*raro*) Con consolazione, conforto.

consolàto (2) [vc. dotta, lat. *consulātu(m)*, da *cōnsul* 'console'; 1337] **s. m.** *1* Carica, ufficio e dignità di console | Durata di tale carica | Sede del console. *2* (*st.*) ***C. del mare***, ufficio e dignità dei consoli del mare; anche, l'insieme di norme, vigenti tra le antiche repubbliche marinare italiane, che disciplinavano la navigazione.

consolatóre [lat. *consolatōre(m)* e lat. tardo *consolatrīce(m)*, da *consolāri* 'consolare (1)'; av. 1294] **agg.**; anche **s. m.** (**f.** *-trice*) ● Che (o Chi) consola | ***Spirito c.***, lo Spirito Santo.

consolatòrio [vc. dotta, lat. *consolatōriu(m)*, da *consolāri* 'consolare (1)'; sec. XIV] **agg.** ● Atto a consolare (talvolta con connotazione negativa): *favole consolatorie; lettera consolatoria; il finale del film risulta c.* ‖ †**consolatoriaménte**, **avv.**

consolazióne [vc. dotta, lat. *consolatiōne(m)*, da *consolāri* 'consolare (1)'; sec. XIII] **s. f.** *1* Il consolare | Sollievo, conforto: *dare, recare c.* | (*est.*) Persona o cosa che reca conforto: *il figlio è la sua unica c.; ha trovato c. nel lavoro* | ***Premio di c.***, quello che in una lotteria, un concorso e sim. viene assegnato a chi non ha vinto i premi maggiori. *2* (*letter.*) Discorso, ragionamento, opera letteraria composti a fine consolatorio. *3* (*est.*) Gioia, piacere: *che c. poter parlare con voi!*

cònsole (1) o †**cónsolo** (2) [vc. dotta, lat. *cōnsule(m)*, di etim. incerta; 1308] **s. m.** (V. nota d'uso FEMMINILE) *1* (*st.*) Nella Roma antica e imperiale, ciascuno dei due supremi magistrati con potere annuale. *2* (*st.*) Nei comuni medievali, nome dei sommi magistrati: *consoli dei placiti* | ***C. del mare***, ciascuno dei magistrati che nelle repubbliche marinare italiane avevano il compito di risolvere le controversie connesse alla navigazione e al commercio marittimo. *3* Funzionario cui uno Stato affida incarichi spec. di tipo amministrativo e commerciale da esplicare all'estero nei confronti dei cittadini del proprio Stato e di stranieri: *c. generale; c. di Francia a Milano.*

console (2) /fr. kõ'sɔl/ [vc. fr., di etim. incerta; 1832] **s. f. inv.** *1* Tavolo da parete retto anteriormente da gambe gener. lavorate. *2* Tastiera, quadro di comando di varie apparecchiature: *c. dell'organo musicale, dell'elaboratore elettronico.*

consòlida [vc. dotta, lat. tardo *consŏlida(m)*, da *consolidāre* 'rafforzare', per le sue proprietà astringenti; sec. XIV] **s. f.** ● Correntemente, nome di varie piante delle Borraginacee | ***C. maggiore***, pianta erbacea delle Borraginacee con foglie rugose e fiori giallognoli o violacei alla cui radice si attribuiva la proprietà di rafforzare gli organi indeboliti (*Symphytum officinale*).

consolidaménto [1819] **s. m.** *1* Il consolidare | Assodamento | Rinforzamento: *c. di un terreno franoso.* *2* (*fig.*) Rafforzamento: *il c. delle istituzioni.* *3* (*econ.*) Operazione finanziaria con cui un debito pubblico a breve scadenza viene convertito in un debito a lunga o indeterminata scadenza: *c. del debito pubblico.*

consolidàre [vc. dotta, lat. tardo *consolidāre*, comp. di *cŭm* 'con' e *solidāre* 'rendere solido', da *sŏlidus* 'solido'; av. 1364] **A v. tr.** (*io consòlido*) *1* Rendere saldo, compatto, stabile | (*mil.*) ***C. le posizioni***, rendere atte alla difesa le posizioni conquistate | ***C. la propria posizione***, (*fig.*) rafforzarla. *2* Migliorare le caratteristiche di solidità e compattezza di elementi naturali o di manufatti con iniezioni di cemento, opere di prosciugamento, sistemazione superficiale, rivestimento, sostegno e sim. *3* (*fig.*) Rafforzare, rinsaldare: *c. le istituzioni democratiche, lo Stato; c. le proprie conoscenze scientifiche; c. il patrimonio.* SIN. Fortificare, rinvigorire. *4* (*econ.*) Mutare da breve a lungo termine: *c. un debito.* *5* †Rimarginare: *c. una ferita.* **B v. intr. pron.** *1* Divenire saldo, compatto, consistente: *quel terreno non si è abbastanza consolidato per la semina.* *2* (*fig.*) Rafforzarsi, rinsaldarsi: *la sua autorità si è consolidata col tempo.* *3* (*dir.*) Estinguersi per consolidazione, detto di un diritto accessorio o derivato. **C v. rifl.** ● (*mil.*) Organizzarsi sulle posizioni conquistate per difendersi dalle reazioni del nemico.

consolidativo [sec. XIV] **agg.** ● (*raro*) Che serve a consolidare.

consolidàto [av. 1406] **A part. pass.** di *consolidare*; anche **agg.** *1* Nei sign. del v.: *terreno c.* | (*fig.*) Diventato solido, stabile: *una regola, una tradizione consolidata; un'azienda di consolidata esperienza.* *2* (*econ.*) ***Debito c.***, debito pubblico a lunga o indeterminata scadenza. *3* Che è ottenuto dalla fusione di più elementi | ***Bilancio c.***, relativo a più aziende dello stesso gruppo. **B s. m.** ● Debito consolidato: *c. redimibile, irredimibile.*

consolidatóre [vc. dotta, lat. tardo *consolidatōre(m)*, da *consolidāre* 'consolidare'; 1865] **agg.** (**f.** *-trice*) ● Che consolida.

consolidazióne [vc. dotta, lat. tardo *consolidatiōne(m)*, da *consolidāre* 'consolidare'; sec. XIV] **s. f.** *1* (*raro*) Consolidamento. *2* (*dir.*) Estinzione di un diritto accessorio o derivato per riunione con quello principale. *3* (*econ.*) Consolidamento nel sign. 3. *4* (*med.*) Riunione delle labbra di una ferita, dei frammenti di una frattura.

consolista o **consollista** [da *console (2)*; 1990] **s. m. e f.** (**pl. m.** *-i*) ● Tecnico addetto alla console di un'apparecchiatura tecnica, spec. di un elaboratore elettronico.

consòlle [1876] **s. f.** ● Adattamento di *console (2)* (V.).

consollista ● V. *consolista.*

consólo (1) [da *consolare (1)*; av. 1306] **s. m.** *1* †Consolazione, conforto. *2* (*lett.*) Bevanda alcolica fatta bere al condannato a morte per stordirlo: *che la madre / la tazza gli dia del c., / prima che ... lo gettino al fiume in dove fa gorgo* (D'ANNUNZIO). *3* (*merid.*) Banchetto che viene offerto da parenti e da amici alla famiglia di un defunto nei primi giorni di lutto.

†**cónsolo** (2) ● V. *console (1).*

†**consomigliàre** ● V. †*consimigliare.*

†**consommàre** ● V. *consumare (2).*

consommé /fr. kõsɔ'me/ [fr., 'consumato'; 1790] **s. m. inv.** ● Brodo ristretto di carne di manzo o di pollo.

consonànte [vc. dotta, lat. *consonānte(m)*, part. pres. di *consonāre* 'consonare'; sec. XIII] **A agg.** ● (*raro, lett.*) Che è in accordo, in armonia | Conforme, corrispondente. ‖ **consonanteménte**, **avv.** (*raro*) In modo consonante. **B s. f.** ● (*ling.*) Suono nella cui articolazione l'aria espirata incontra un ostacolo | Segno grafico corrispondente a tale suono.

consonàntico [1938] **agg.** (**pl. m.** *-ci*) ● (*ling.*) Di consonante, di consonanti: *valore c.; gruppo, sistema c.* | ***Scrittura consonantica***, quella che rappresenta con segni solo i suoni delle consonanti usate in una lingua.

consonantismo [1938] **s. m.** ● (*ling.*) Il sistema consonantico di una lingua.

consonantizzazióne [1970] **s. f.** ● (*ling.*) Trasformazione di una vocale in una semivocale o consonante.

consonànza [vc. dotta, lat. *consonăntia(m)*, da *consonāre* 'consonare'; sec. XIII] **s. f.** *1* (*mus.*) Combinazione gradevole all'orecchio di accordi e intervalli | ***Canto in c.***, contrappunto. *2* Armonia di voci, di suoni: *c. ... di diverse voci concordi* (L. DE' MEDICI). *3* (*fig.*) Conformità, corrispondenza: *c. di opinioni, di idee.* *4* (*ling.*) Uniformità, somiglianza nella terminazione di parole vicine | Uguaglianza delle consonanti nel suono finale (cioè dopo la vocale accentata compresa) di due parole o di due versi: *tra gli scogli parlotta la maretta* (MONTALE).

consonàre [vc. dotta, lat. *consonāre*, comp. di *cŭm* 'con' e *sonāre* 'suonare'; av. 1306] **v. intr.** (*io consuòno*; la *o* dittonga in *uo* se tonica; aus. *avere*) *1* †Suonare insieme, detto di voci, strumenti e sim. *2* (*mus., ling.*) Presentare consonanza. *3* (*fig., lett.*) Essere in accordo, in armonia.

cònsono [vc. dotta, lat. *cōnsonu(m)*. V. *consonare*; av. 1348] **agg.** ● Corrispondente, conforme, concordante: *risultato c. alle premesse; tenore di* *vita c. alla propria posizione.*

consorèlla [comp. di *con-* e *sorella*; 1688] **A** s. f. *1* (*relig.*) Donna appartenente allo stesso ordine religioso o confraternita, rispetto ad altra sorella. *2* Ciascuna filiale rispetto alle altre della medesima azienda | Ciascuna società rispetto alle altre del medesimo gruppo. **B** agg. solo f. ● (*fig.*) Affine per carattere, stirpe e sim.: *nazione c.* | (*est.*) Consociata: *società c.*

consòrte o †**consòrto** [vc. dotta, lat. *consŏrte(m)* 'che ha la stessa parte', comp. di *cŭm* 'con' e *sŏrs*, genit. *sŏrtis* 'sorte, parte'; 1290] **A** agg.; anche s. m. e f. *1* (*lett.*) Che (o Chi) divide con altri la stessa sorte, condizione, vita e sim.: *ei ne si fece nel dolor c.* (CARDUCCI). *2* (*lett.*) Che (o Chi) è unito ad altri da rapporti di amicizia, parentela, sangue, e sim.: *Non sono ancora al tutto spenti / i suoi consorti* (MACHIAVELLI). **B** s. m. e f. ● Coniuge (spec. nel linguaggio di tono elevato o ufficiale): *il presidente accompagnato dalla c.* | (*est.*) Ciascuno dei componenti di una coppia di fatto. **C** agg. ● ***Principe c.***, il marito della regina che non gode dei diritti sovrani; (*fig.*, *scherz.*) il marito di una donna famosa. **D** s. m. ● (*dir.*) In un processo civile, soggetto che si trova in una data posizione processuale insieme ad altri: *c. di lite, di causa.*

consorterìa [da *consorte*; av. 1348] s. f. *1* (*st.*) Nel mondo medievale, associazione, normalmente a base familiare, per la tutela di interessi comuni. *2* (*spreg.*) Gruppo di persone che, spec. in ambito politico o economico, agisce col fine esclusivo di favorire gli interessi dei propri aderenti. SIN. Camarilla, camorra. *3* †Compagnia. *4* †Cognome: *il nome proprio e la c.* (PULCI).

consortìle [1865] agg. ● Consorziale: *fondo c.*

†**consòrto** ● V. *consorte.*

consorziàle [av. 1646] agg. *1* Di consorzio: *interessi consorziali.* *2* †Che riguarda il consorte. || **consorzialménte**, avv. (*raro*) Tramite un consorzio.

consorziàre [1919] **A** v. tr. (*io consòrzio*) ● Raggruppare in consorzio: *c. gli imprenditori.* **B** v. rifl. ● Unirsi in consorzio: *le imprese del settore hanno deciso di consorziarsi.*

consorziàto [1957] part. pass. di *consorziare*; anche agg. ● Nei sign. del v.: *aziende consorziate.*

consòrzio [vc. dotta, lat. *consŏrtiu(m)*, da *cŏnsors*, genit. *consŏrtis*. V. *consorte*; 1313] s. m. *1* (*lett.*) Società: *c. civile, umano.* *2* (*dir.*) Accordo fra imprenditori che istituiscono un'organizzazione comune per la disciplina o per lo svolgimento di determinate fasi della loro attività economica | ***C. agrario***, ente costituito fra imprenditori agricoli al fine di contribuire all'incremento e al miglioramento della produzione. *3* (*lett.*) Compagnia: *c. di amici.*

consostanziàle e *deriv.* ● V. *consustanziale* e *deriv.*

consovranità [comp. di *con-* e *sovranità*; 1970] s. f. ● Sovranità esercitata da uno Stato assieme ad un altro.

†**conspàrgere** e *deriv.* ● V. *cospargere* e *deriv.*

conspecìfico [comp. di *con-* e *specifico*] agg. (pl. m. *-ci*) ● (*biol.*) Detto di pianta o animale appartenente alla stessa specie a cui appartiene un altro.

†**conspèrgere** e *deriv.* ● V. *cospergere* e *deriv.*

conspètto ● V. *cospetto.*

†**conspìcere** o †**cospìcere** [vc. dotta, lat. *conspĭcere*, comp. di *cŭm* 'con' e *spĕcere* 'guardare'; 1306] v. tr. e intr. (oggi difett. usato solo all'inf. pres.) ● (*raro, lett.*) Posare lo sguardo | Vedere.

†**conspìcuo** ● V. *cospicuo.*

†**conspiràre** e *deriv.* ● V. *cospirare* e *deriv.*

†**constànzia** ● V. *costanza.*

constàre [vc. dotta, lat. *constāre*, comp. di *cŭm* 'con' e *stāre* 'stare'; 1312] **A** v. intr. (*io cònsto*; aus. *essere*) ● Essere costituito, composto di qlco.: *l'opera consta di tre volumi.* **B** v. intr. impers. (aus. *essere*) ● Risultare, essere noto: *mi consta che si siano fatti rimproverare più volte*; *non mi consta* | (*dir.*) ***Non consta***, detto di fatto non dimostrato in modo convincente.

♦**constatàre** o (*raro*) **costatàre** [fr. *constater*, dal lat. *cōnstat*, terza pers. indic. pres. di *constāre* 'constare'; 1615] v. tr. (*io constàto* o *cònstato*) ● Accertare, appurare, verificare qlco. pesonalmente basandosi su prove, dimostrazioni, documenti e sim.: *c. un fatto*; *si è constatata la sua inadempienza contrattuale*; *constato che si è giù rimangiato la parola.* SIN. Assodare.

constatazióne o **costatazióne** [fr. *constatation*, da *constater* 'constatare'; av. 1886] s. f. ● Accertamento, verifica: *la c. della propria ignoranza*; *le constatazioni di legge* | Considerazione, rilievo che prende atto di qlco.: *la mia è una semplice c.* | ***C. amichevole*** (***di incidente***), denuncia di sinistro sottoscritta consensualmente dalle parti coinvolte in un incidente automobilistico su apposito modulo e che, grazie a una convenzione tra compagnie assicurative, permette di accelerare la procedura di risarcimento dei danni. CFR. Modulo blu; in sigla CAI, CID.

constellàre e *deriv.* ● V. *costellare* e *deriv.*

constituìre e *deriv.* ● V. *costituire* e *deriv.*

†**constrìngere** e *deriv.* ● V. *costringere* e *deriv.*

†**construìre** e *deriv.* ● V. *costruire* e *deriv.*

†**consubrìno** ● V. *consobrino.*

†**consuefàre** v. intr. ● Abituare.

consuèto [vc. dotta, lat. *consuētu(m)*, part. pass. di *consuēscere* 'abituarsi', comp. di *cŭm* 'con' e *suēscere* 'abituarsi', da una radice indeur. che significa 'esser caratteristico, esser solito'; 1336 ca.] **A** agg. *1* Solito, abituale, usuale: *lavoro c.*; *all'ora consueta*; *occupazioni consuete*; *agisce con la consueta freddezza.* *2* (*lett.*) Abituato: *persona consueta a qlco.* || **consuetaménte**, avv. Secondo un uso costante. **B** s. m. solo sing. ● Maniera solita: *secondo il c.*; *sono arrivato più tardi del c.* | ***Di c.***, (*lett.*) ***per c.***, abitualmente.

consuetudinàrio [vc. dotta, lat. *consuetudinārĭu(m)*, da *consuetūdo*, genit. *consuetūdinis* 'consuetudine'; 1308] **A** agg. *1* Che si attiene alla consuetudine: *linguaggio, temperamento c.* | Abitudinario: *un tipo c.* *2* Che si fonda sulla consuetudine e non sulla norma scritta: *diritto c.*; *norma consuetudinaria.* || **consuetudinariaménte**, avv. **B** s. m. (f. *-a*) ● Persona abitudinaria.

consuetùdine [vc. dotta, lat. *consuetūdine(m)*, da *consuētus* 'consueto'; 1294] s. f. *1* Abitudine, uso costante di fare qlco.: *è sua c. arrivare in anticipo*; *la buona c. a tempo vince ed emenda ogni appetito non ragionevole* (ALBERTI). *2* Usanza, costume: *secondo la c.*; *le antiche consuetudini del luogo.* *3* Rito consueto, tradizione propria di un ordine religioso o di una Chiesa. *4* (*dir.*) Fonte di diritto consistente nella ripetizione generale e costante di dati comportamenti col convincimento che essi rispondano a un obbligo giuridico. *5* (*lett.*) Dimestichezza: *avere c. coi classici*; *come ci fosse una c. tra lei e l'uomo di quel bar* (CALVINO).

consulènte [vc. dotta, lat. *consulĕnte(m)*, part. pres. di *consŭlere* 'riflettere, provvedere'. V. *consultare*; 1615] **A** agg. ● (*raro*) Che dà pareri, consigli: *avvocato c.* **B** s. m. e f. ● Professionista o persona di provata capacità tecnica a cui ci si rivolge per avere informazioni e consigli nella materia di sua competenza: *rivolgersi a un c. di questioni legali*; *c. tecnico, finanziario, tributario.*

consulènza [1921] s. f. ● Prestazione professionale di un consulente: *c. legale, medica, tecnica*; *chiedere una c.*; *ufficio di c.*

consùlta [da *consultare*; 1476] s. f. *1* Consiglio di persone riunite allo scopo di decidere su determinate questioni | ***La Consulta***, (*per anton.*) la Corte Costituzionale, così detta dal nome del palazzo romano (in piazza del Quirinale) che ne è la sede. *2* Assemblea popolare con funzioni legislative o consultive | ***C. nazionale italiana***, di tipo parlamentare, che ha svolto le proprie funzioni, meramente consultive, fra il 1945 e il 1946. *3* (*lett.*) Consultazione. *4* †Consulto medico.

consultàbile [da *consultare*; 1565] agg. ● Che può essere consultato, che è stato messo a disposizione di chi ha interesse alla consultazione: *repertorio, schedario c.*; *archivio storico non ancora c.*

♦**consultàre** [vc. dotta, lat. *consultāre*, da *consŭltus*. V. *consulto*; sec. XIV] **A** v. tr. *1* Interrogare per avere un consiglio, un parere, un'informazione e sim.: *c. un medico, un avvocato, una chiromante, un'assemblea.* *2* (*est.*) Esaminare con cura, spec. riferito a scritti: *c. un vocabolario, un catalogo, un orario ferroviario* | ***C. l'orologio***, guardare l'ora | (*est., raro, lett.*) Valutare: *eleggere un numero di gentiluomini … coi quali consultasse ogni cosa* (CASTIGLIONE). **B** v. intr. (aus. *avere*) *1* (*raro, lett.*) Chiedere consigli, informazioni e sim.: *c. con un medico.* *2* (*raro, lett.*) Esaminare, discutere: *fece convenire li teologi … per c. delli dogmi necessari alla fede cristiana* (SARPI). *3* (*lett.*) Deliberare, ponderare: *consultorono tutto uno giorno come la città … si potesse quietare* (MACHIAVELLI). **C** v. intr. pron. ● Chiedere consigli, informazioni, pareri e sim.: *consultarsi con un amico, con un esperto.* SIN. Consigliarsi. **D** v. rifl. rec. ● Comunicarsi, scambiarsi, consigli, informazioni e sim.: *prima del verdetto i giurati si consultarono a lungo.*

consultatóre [vc. dotta, lat. *consultatōre(m)*, da *consultāre* 'consultare'; 1834] s. m. (f. *-trice*) ● (*raro*) Chi consulta.

consultazióne [vc. dotta, lat. *consultatiōne(m)*, da *consultāre* 'consultare'; av. 1472] s. f. *1* Richiesta o scambio di consigli, pareri o informazioni, spec. su problemi importanti | ***C. popolare***, espressione della volontà popolare mediante una votazione. *2* (*spec. al pl.*) Colloqui tra personalità politiche di vari partiti e il Capo dello Stato o chi da lui incaricato di formare un nuovo Governo, al fine di risolvere una crisi governativa. *3* Visita al paziente effettuata nell'ambulatorio o nello studio di un medico. *4* Lettura, esame accurato di un testo | ***Opere di c.***, in una biblioteca, libri che possono essere consultati dal pubblico ma non essere presi in prestito | ***Sala di c.***, in una biblioteca, locale diviso dalla sala di lettura, dove sono poste le opere di consultazione.

consultìvo [dal lat. *consŭltus*, part. pass. di *consŭlere*. V. *consultare*; 1613] agg. ● Che esprime pareri, consigli e sim., ma non ha la facoltà di decidere: *organi consultivi.* CFR. Deliberativo.

consùlto [vc. dotta, lat. *consŭltu(m)*, da *consŭlere*. V. *consultare*; av. 1556] s. m. *1* Visita collegiale di più medici per definire la diagnosi e la terapia: *chiedere un c.*; *chiamare a c.*; *riunirsi a c.* | Dichiarazione scritta conseguente a tale visita. *2* (*raro*) Consulenza: *chiedere un c. a un avvocato.*

consultóre [vc. dotta, lat. *consultōre(m)*, da *consŭltum*. V. *consulto*; av. 1533] s. m. (f. *-trice*) *1* (*raro*) Consulente. *2* Chi fa parte di una consulta. *3* Esperto, anche laico, chiamato per dare pareri in materie specialistiche nelle Congregazioni della Curia Romana e nel Concilio.

consultòrio [1942] **A** agg. ● (*raro*) Di consultore, di consulto. **B** s. m. ● Ente, associazione, centro e sim. che fornisce consulenze tecniche su problemi medico-sociali: *c. antitubercolare, familiare* | (*est.*) Luogo in cui tale ente ha sede: *andare al c.*; *la riunione si terrà nei locali del c.*

consumàbile [vc. dotta, lat. *consummābile(m)* 'capace di compimento', da *consummāre*. V. *consumare* (*2*); 1308] agg. *1* Che si può consumare. *2* (*dir.*) Detto di cosa il cui uso normale determina la sua distruzione economica o fisica.

♦**consumàre (1)** [lat. *consūmere* (V. *consumere*), cui si sovrappose *consummāre* (V. *consumare* (*2*)); av. 1250] **A** v. tr. *1* Logorare con l'uso continuo: *c. gli abiti, le scarpe, i libri, gli strumenti* | (*fig.*) Distruggere, sciupare, sprecare: *c. la propria salute con una vita disordinata*; *c. il tempo inutilmente.* *2* Adoperare, usare un materiale, una sostanza, un bene, un oggetto e sim.: *c. l'acqua, la luce, il gas* | Impiegare, trascorrere: *ha consumato il pomeriggio in pratiche burocratiche*; *questa età giovenil … / tutta in diletto consumar si deve* (BOIARDO) | Richiedere una data quantità di energia, di carburante e sim. (*anche assol.*): *questa stufa elettrica consuma poca elettricità*; *quell'automobile consuma troppo* | Mangiare o bere (*anche assol.*): *c. i pasti in casa*; *non si può rimanere in questo locale senza c.* | ***C. il pane e il vino***, comunicarsi durante la Messa, detto spec. del celebrante. **B** v. intr. pron. e rifl. ● Esaurirsi: *la brace si consuma* | (*fig.*) Logorarsi, struggersi: *consumarsi di dolore, rabbia, amore per qlcu.*; *i famelici sguardi … / in lei pascendo, si consuma e strugge* (TASSO).

consumàre (2) o †**consommàre** [lat. *consummāre*, da *summa* 'punto supremo, somma (V.)'; 1294] v. tr. ● (*lett.*) Compiere, portare a fine: *c. un delitto*; *il sacrificio della patria nostra è consumato* (FOSCOLO) | ***C. il matrimonio***, nel diritto canonico, compiere per la prima volta l'atto sessuale, detto dei coniugi.

†**consumatìvo** [da *consumare* (*1*); av. 1306] agg. ● Atto a consumare.

consumàto (1) [1292] part. pass. di *consumare*

(*1*); anche **agg.** ● Nei sign. del v.

consumàto (2) [av. 1364] **part. pass.** di *consumare (2)*; anche **agg.** *1* Nei sign. del v. *2* Esperto, pratico: *un commerciante c. negli affari* | Eccellente in quanto frutto di una lunga esperienza: *un artigiano di consumata abilità.*

consumàto (3) [calco sul fr. *consommé* (V.); 1554] **s. m.** ● (*disus.*) Brodo ristretto.

consumatóre [1336 ca.] **A agg.** (**f.** *-trice*) ● (*raro*) Che consuma o distrugge: *fiamme consumatrici.* **B s. m.** ● Chi consuma, chi usufruisce di beni o servizi: *la categoria dei consumatori*; *unione consumatori* | Cliente di un ristorante, di un bar e sim.

consumazióne (1) [da *consumare (1)*, sul modello del fr. *consommation*; av. 1306] **s. f.** *1* Il consumare, il consumarsi | †Esaurimento, fine | (*raro*) ***La c. del mondo, dei secoli***, la fine del mondo. *2* Ciò che si mangia o si beve in un pubblico esercizio: *c. a prezzo fisso, alla carta*; *ordinare, pagare, offrire una c.* *3* (*relig.*) ***C. della Messa***, la comunione del sacerdote. *4* (*lett., raro*) Spesa, investimento.

consumazióne (2) [da *consumare (2)*; sec. XIII] **s. f.** *1* Compimento, esecuzione: *la c. di un sacrificio, di un reato.* *2* (*dir.*) Realizzazione completa di tutti gli elementi necessari per l'esistenza di un reato.

consumer /kon'sumər, *ingl.* kən'suuməɹ/ [vc. ingl., 'consumatore', dal v. ingl. *to consume* 'consumare'; 1985] **A s. m. e f. inv.** ● Consumatore | ***C. benefit***, nel marketing, insieme di requisiti vantaggiosi che un consumatore attribuisce a un determinato prodotto. **B agg. inv.** ● Destinato a un uso privato: *mercato c.*

consumer benefit /*ingl.* kən'suuməɹ 'bɛnəfɪt/ ● V. *consumer.*

consùmere [vc. dotta, lat. *consūmere*, comp. di *cŭm* 'con' e *sūmere* 'prendere, usare interamente'; 1313] **A v. tr.** (difett. usato solo nella prima e terza pers. sing. e nella terza pers. pl. del **pass. rem.** *consùnsi, consùnse, consùnsero*, nel **part. pass.** *consùnto* e nei tempi composti). ● (*raro, lett.*) Consumare, logorare (*anche fig.*): *a guisa del parlar di quella vaga / ch'amor consunse come sol vapori* (DANTE *Par.* XII, 14-15). **B v. intr. pron.** ● (*raro, lett.*) Consumarsi, logorarsi (*anche fig.*).

consumerìṣmo [dall'ingl. d'America *consumerism*, da *consumer* 'consumatore'; 1981] **s. m.** ● Tendenza dei consumatori a organizzarsi in associazioni allo scopo di difendere i propri diritti.

consumerìstico **agg.** (**pl. m.** *-ci*) ● Relativo al consumerismo.

consumìṣmo [da *consumo*; 1966] **s. m.** ● Tendenza, tipica delle economie caratterizzate da un alto livello di benessere, e rafforzata dalle tecniche pubblicitarie, a incentivare i consumi privati di beni anche non necessari.

consumista [1970] **A s. m. e f.** (**pl. m.** *-i*) ● Chi è incline al consumismo. **B agg.** ● Consumistico.

consumìstico [1964] **agg.** (**pl. m.** *-ci*) ● Del consumismo, dei consumisti. || **consumisticaménte**, **avv.**

consùmo [da *consumare (1)*; 1584] **s. m.** *1* Uso, utilizzo di qlco., spec. con riferimento ai bisogni ordinari della vita: *fare molto c. di zucchero, di carne, di legna* | *Quantità consumata*: *aumenta il c. di olio d'oliva* | ***Pagare a c.***, secondo quello che si è consumato | ***A uso e c. di qlcu.***, a favore di qlcu. *2* Destinazione finale, al termine del processo produttivo, di beni o servizi al soddisfacimento dei bisogni umani | (*al pl.*) Insieme dei beni e dei servizi che vengono consumati: *scendono i consumi interni* | ***Società dei consumi***, basata sul consumismo | ***Bene di c.***, atto a soddisfare un bisogno in modo diretto e immediato | ***Bene di c. durevole***, che non si esaurisce in una sola utilizzazione, come per es. indumenti, elettrodomestici e sim. | Nella loc. ***di c.***, detto di spettacolo, libro e sim. intesi a servire come mezzo di svago, senza proporsi fini artistici: *trasmissione, film, di c.* *3* Quantitativo di fluido motore che genera l'unità di potenza in una macchina termica | ***C. di un autoveicolo***, la quantità di carburante, in litri, che l'autoveicolo consuma per percorrere 100 km o il numero di km che percorre con 1 litro di carburante.

consùnsi ● V. *consumere.*

consuntivo [da *consunto*; nei sign. A2 e B, sul modello del fr. *consomptif*; 1350 ca.] **A agg.** *1* (*lett., raro*) Che consuma: *la febbre divorante e consuntiva* (LEOPARDI). *2* (*econ.*) Che si riferisce a cicli od operazioni già concluse: *bilancio, rendiconto c.* **B s. m.** ● Rendiconto di un'attività alla fine della stessa (*anche fig.*): *stendere il c.*; *fare il c. dei propri studi universitari.*

consùnto [av. 1342] **part. pass.** di *consumere*; anche **agg.** *1* Nei sign. del v. *2* Consumato, in cattive condizioni: *vestito ormai c.* | (*fig.*) Abusato, logoro: *uno stereotipo c.*; **SIN.** Frusto. || **consuntaménte**, **avv.**

consunzióne [vc. dotta, lat. *consumptiōne(m)*, da *consŭmptus*, part. pass. di *consūmere* 'consumare'; sec. XIV] **s. f.** *1* (*raro, lett.*) Consumazione, distruzione: *la c. serale / del cielo* (UNGARETTI). *2* (*med.*) Lento deperimento con affievolimento di tutte le funzioni organiche: *morire di c.*; *andare in c.*

consuòcero [lat. *consŏceru(m)*, nom. *cōnsocer*, comp. di *cŭm* 'con' e *sŏcer* 'suocero'; 1830] **s. m.** (**f.** *-a*) ● Genitore di uno dei coniugi rispetto a quello dell'altro coniuge.

†**consùrgere** [vc. dotta, lat. *consŭrgere*, comp. di *cŭm* 'con' e *sŭrgere* 'sorgere'; 1308] **v. intr.** ● (*lett.*) Sorgere, nascere: *lo più bello ramo che de la radice razionale consurga si è la discrezione* (DANTE).

consussistènte [comp. di *con-* e *sussistente*; av. 1729] **agg.** ● (*raro*) Che sussiste insieme con altri.

consustanziàle o (*raro*) **consostanziàle** [vc. dotta, lat. tardo *consubstantiāle(m)*, comp. di *cŭm* 'con' e *substāntia* 'sostanza'; av. 1342] **agg.** ● Che ha identica natura e sostanza, detto delle tre persone della Trinità.

consustanzialità o (*raro*) **consostanzialità** [vc. dotta, lat. tardo *consubstantialitāte(m)*, da *consubstantiālis* 'consostanziale'; av. 1600] **s. f.** ● Nella teologia cristiana antica, unità e identità della natura e della sostanza delle tre persone della Trinità, le quali si mantengono, tuttavia, sempre distinte.

consustanziazióne o **consostanziazióne** [vc. dotta, lat. eccl. *consubstantiatiōne(m)* 'che è con (*cŭm*: *con-* nei comp.) la sostanzia (*substāntia*)', contrapposto alla *transubstantiatiōne(m)* 'transustanziazione'; 1830] **s. f.** ● Dottrina della Chiesa luterana per cui, nell'Eucaristia, il pane e il vino non divengono sostanza del corpo e del sangue del Cristo, ma coesistono con essi senza mutare natura.

cónta [da *contare*; 1846] **s. f.** ● Conteggio per stabilire le varie parti o per assegnare i punti nei giochi dei bambini: *fare la c.* | (*gener.*) Conteggio: *c. dei voti.*

contabàlle [comp. di *conta(re)* e il pl. di *balla*; av. 1962] **s. m. e f. inv.** ● (*pop.*) Chi racconta abitualmente balle, bugie.

contàbile [fr. *comptable*, da *compter* 'contare'; 1858] **A agg.** *1* Che si riferisce alla contabilità: *dati, operazioni contabili* | Detto di lettera contenente accrediti o addebiti. *2* (*org. az.*) Detto di macchina, derivata dalle macchine da calcolo, che permette la meccanizzazione delle scritture contabili. || **contabilménte**, **avv.** ● In modo contabile, dal punto di vista contabile. **B s. m. e f.** ● Chi tiene i conti. **SIN.** Ragioniere. **C s. m.** ● Sottufficiale della marina militare consegnatario di determinato materiale.

contabilità [fr. *comptabilité*, da *compter* 'contare'; av. 1797] **s. f.** *1* Parte della ragioneria che si interessa della tenuta dei conti | ***C. nazionale***, rappresentazione schematica dell'insieme delle attività economiche di una nazione. *2* Insieme delle operazioni contabili riguardanti una determinata attività | ***C. a ricalco***, che, utilizzando sistemi di ricalcatura, consentiva un tempo di compiere più registrazioni simultaneamente | ***C. industriale***, complesso di rilevazioni compiute per la determinazione dei costi | ***C. nera, in nero***, non ufficiale, tenuta al di fuori della normativa vigente per eludere il fisco. *3* (*est.*) Insieme dei libri e dei documenti su cui vengono annotate le operazioni e i dati contabili | (*est.*) Ufficio che cura la tenuta dei conti.

contabilizzàre [da *contabile*; 1877] **v. tr.** ● Computare, conteggiare, registrare in apposite scritture contabili.

contabilizzazióne [1956] **s. f.** ● Operazione del contabilizzare.

contachilòmetri ● V. *contakilometri.*

contacòpie [comp. di *conta(re)* e il pl. di *copia (1)*; 1965] **s. m. inv.** ● Dispositivo del ciclostile e delle fotocopiatrici che consente di prefissare il numero di copie volute.

contadinàme [da *contadino*; 1765] **s. m.** ● (*spreg.*) Insieme di contadini.

†**contadinànza** [1558] **s. f.** ● Condizione, stato di contadino | Comunità di contadini.

contadinésco [sec. XIV] **agg.** (**pl. m.** *-schi*) *1* Da contadino, proprio dei contadini: *danze contadinesche.* *2* (*spreg.*) Grossolano, rozzo: *facezie contadinesche.* || **contadinescaménte**, **avv.** Alla maniera dei contadini.

♦**contadino** [da *contado*; sec. XIII] **A s. m.** (**f.** *-a*) *1* Lavoratore della terra: *gruppo di contadini al lavoro.* **SIN.** Agricoltore. *2* (*spreg.*) Persona dai modi rozzi, grossolani e villani. (V. nota d'uso STEREOTIPO) *3* †Abitante del contado. **CONTR.** Cittadino. **B agg.** *1* Che proviene dal contado o lavora la terra; relativo alla campagna: *avere un'origine contadina*; *famiglia contadina*; *civiltà contadina.* *2* (*spreg.*) Contadinesco: *maniere contadine*; *intendo raccontarvi un amorazzo c.* (BOCCACCIO). || **PROV.** Contadini, scarpe grosse e cervelli fini. || **contadinàccio**, **pegg.** | **contadinèllo**, **dim.** | **contadinétto**, **dim.** | **contadinóne**, **accr.** | **contadinòtto**, **dim.** | **contadinùccio**, **dim.**

contàdo [lat. *comitātu(m)* 'accompagnamento, scorta', poi nel lat. mediev. 'feudo di un conte' (V. *conte*); av. 1243] **s. m.** *1* (*st.*) Territorio sottoposto alla giurisdizione di un conte o di un comune medievale. *2* (*disus.*) Campagna circostante una città, compresi i poderi, i villaggi e sim. | Popolazione che vi abita.

contafili [comp. di *conta(re)* e il pl. di *filo*; 1925] **s. m. inv.** ● Strumento ottico usato spec. per contare i fili di un tessuto e, in tipografia o filatelia, per il controllo del retino delle illustrazioni.

contafotogràmmi [comp. di *conta(re)* e il pl. di *fotogramma*; 1973] **s. m. inv.** ● Nelle macchine fotografiche, dispositivo che indica il numero delle foto scattate.

contafròttole [comp. di *conta(re)* e il pl. di *frottola*; 1881] **s. m. e f. inv.** ● Contaballe.

contagiàre [1941] **A v. tr.** (*io contàgio*) *1* Infettare per contagio: *un solo alunno ha contagiato di morbillo tutta la classe.* *2* (*fig.*) Contaminare, corrompere: *c. un ragazzo con discorsi immorali* | Influenzare, suggestionare: *il suo nervosismo ha contagiato tutti.* **B v. intr. pron.** ● Prendere una malattia infettiva.

contàgio [vc. dotta, lat. *contăgiu(m)*, comp. di *cŭm* 'con' e un deriv. di *tăngere* 'toccare'; sec. XIV] **s. m.** *1* Trasmissione di malattia infettiva per contatto del malato o di suoi indumenti: *c. diretto*; *c. indiretto*; *prevenire, evitare il c.*; *pericolo di c.* *2* (*est.*) La stessa malattia infettiva | Epidemia, pestilenza. *3* (*fig.*) Influsso, spec. negativo.

†**contagióne** [vc. dotta, lat. *contagiōne(m)*, da *contāgium* 'contagio'; av. 1459] **s. f.** ● Contagio (*anche fig.*): *i semi di tanto pestifera c.* (GUICCIARDINI).

contagioṣità [da *contagioso*; 1956] **s. f.** ● Capacità di una malattia infettiva di trasmettersi.

contagióṣo [vc. dotta, lat. tardo *contagiōsu(m)*, da *contāgium* 'contagio'; av. 1348] **A agg.** *1* Che si trasmette per contagio: *malattia contagiosa.* **SIN.** Infettivo | Detto di chi è affetto da una malattia contagiosa. *2* (*fig.*) Che si trasmette facilmente agli altri: *risate prolungate e contagiose* (SVEVO). *3* Che produce contagio: *acqua contagiosa* | (*fig.*) Che esercita un influsso spec. negativo sugli altri: *un esempio che poteva divenire c.* || **contagioṣaménte**, **avv.** **B s. m.** (**f.** *-a*) ● Chi è affetto da malattia infettiva.

contagìri [calco sul fr. *comptetours*; 1926] **s. m. inv.** ● (*mecc.*) Strumento che registra il numero di giri compiuto da un organo rotante nell'unità di tempo.

contagócce [calco sul fr. *compte-gouttes*; 1892] **s. m. inv.** ● Dispositivo per somministrare medicamenti liquidi a gocce | ***Col c.***, (*fig.*) detto di ciò che si verifica o viene dato poco per volta, in quantità minime: *dare qlco. col c.*; *investimenti col c.*

container /kon'teiner, *ingl.* kən'theɪnəɹ/ [vc. ingl., da *to contain* 'contenere', dal fr. *contenir* (stessa etim. dell'it. *contenere*); 1935] **s. m. inv.** ● Grande cassone metallico di misure unificate, adatto al trasporto di merci in mezzi di trasporto terrestri, aerei e marittimi. SIN. Contenitore nel sign. B 2.

containerizzazióne /konteineridzdzats'tsjone/ [1980] s. f. ● Sistemazione in container di merci varie da trasportare.

contakilòmetri o **contachilòmetri** [calco sul fr. *compte-kilomètres*; 1926] s. m. inv. ● Congegno per indicare il numero dei kilometri percorsi da un veicolo | Impropriamente, tachimetro. ➡ ILL. p. 2166 TRASPORTI.

contamètri [comp. di *contare* e del pl. di *metro*] s. m. inv. ● In varie macchine avvolgitrici, bobinatrici ecc., dispositivo usato per misurare o indicare una lunghezza.

contaminàbile [vc. dotta, lat. tardo *contaminābile(m)*, da *contamināre* 'contaminare'; sec. XIV] agg. ● Che si può contaminare.

contaminànte [sec. XIV] part. pres. di *contaminare*; anche agg. *1* Nei sign. del v. *2* Detto di sostanza che, introdotta nell'acqua, nei cibi e sim., produce effetti nocivi.

contaminàre [vc. dotta, lat. *contamināre*, di etim. incerta; av. 1306] v. tr. (*io contàmino*) *1* (*lett.*) Lordare, rendere impuro: *Ah non voler nel sangue / di questo reo contaminar la mano* (METASTASIO). *2* Inquinare introducendo sostanze nocive: *c. con rifiuti le acque di un fiume*; *c. un locale con vapori tossici*. *3* Infettare (*anche fig.*): *c. una persona*; *tu di tristizia l'aër contamini* (CARDUCCI). *4* (*fig.*) Corrompere moralmente, guastare: *c. la mente di qlcu. con pensieri malvagi* | Disonorare, offendere, violare: *c. il buon nome di qlcu.* *5* (*letter.*) Compiere una contaminazione.

contaminatóre [vc. dotta, lat. tardo *contaminatōre(m)*, da *contamināre* 'contaminare'; av. 1380] s. m.; anche agg. (f. *-trice*) ● Chi (o Che) contamina.

contaminazióne [vc. dotta, lat. tardo *contaminatiōne(m)*, da *contamināre* 'contaminare'; 1353] s. f. *1* Il contaminare | Inquinamento: *c. dell'acqua di un pozzo* | ***C. radioattiva***, insieme degli effetti nocivi provocati dalla radioattività sugli esseri viventi. *2* (*fig.*) Corruzione, offesa: *la c. dell'innocenza altrui*. *3* (*letter.*) In un'opera letteraria o gener. artistica, fusione di elementi di varia provenienza. *4* (*ling.*) Azione di un elemento su un altro a cui si trova associato.

contaminùti [comp. di *conta(re)* e del pl. di *minuto* (*2*); 1981] s. m. inv. ● Dispositivo a orologeria per il conteggio dei minuti: è dotato di suoneria che entra in funzione al termine della carica prefissata.

contamonéte [comp. di *conta(re)* e il pl. di *moneta*] s. m. inv. ● Apparecchio per contare rapidamente le monete.

contànte [part. pres. di *contare* 'valere'; 1312] **A** agg. ● Detto di denaro in monete o biglietti bancari: *somma c.* | (*fig.*) ***Prendere qlco. per moneta c.***, accettarla subito per vera. **B** s. m. ● (*spec. al pl.*) Somma composta di monete o biglietti di banca: *non avere c. in tasca* | ***Acquistare in***, (*lett.*) ***a contanti***, con pagamento immediato | ***Per contanti***, (*borsa*) modalità di compravendita dei titoli che prevede il pagamento e la consegna entro tre giorni dalla stipulazione del contratto; (*gener., raro*) in contanti.

†**contànza** [da *contare* 'rendere noto' (*cognito, conto*)'; av. 1257] s. f. ● Conoscenza | Familiarità.

contapàssi [calco sul fr. *compte-pas*; 1830] s. m. inv. ● Pedometro.

♦**contàre** [lat. *computāre*, comp. di *cŭm* 'con' e *putāre* 'calcolare'; av. 1250] **A** v. tr. (*io cónto*; part. pass. *contàto*, †*cónto* (*2*)) *1* Numerare progressivamente gli elementi di un insieme per determinarne la quantità: *c. gli alunni presenti* | ***C. i giorni, le ore***, (*fig.*) attendere con impazienza | ***Non si contano***, sono innumerevoli: *gli abusi ora non si contano* (LEOPARDI) | ***Si contano sulle dita***, ***sulla punta delle dita***, (*fig.*) detto di persone o cose numericamente scarse | ***C. le pecore***; (*fig., scherz.*) metodo per vincere l'insonnia | ***C. un pugile***, sottoporlo a conteggio. *2* (*fig.*) Concedere o distribuire con eccessiva parsimonia: *c. il pane in bocca a qlcu.*; *c. i divertimenti*. *3* Mettere in conto, considerare: *sono già molti, senza c. quelli che debbono ancora arrivare*: *ed ecco sfumato subito metà del guadagno ... senza c. i rischi* (VERGA); *Senza c. che io ne morrò davvero* (NIEVO). *4* (+ *di* seguito da inf.; + *che* seguito da congv.) Riproporsi, prevedere: *contava di fare una lunga vacanza*; *conto di venire senz'altro*; *Contavo che ne volesse scegliere qualche altro* (PIRANDELLO). *5* Annoverare, avere: *un monumento che conta molti secoli*; *c. molti medici in famiglia*. *6* (*lett., fam.*) Raccontare, riferire: *ci ha contato una lunga storia*: *Contami di Roberto!* (GINZBURG) | (*fam.*) ***Contarle grosse***, dire bugie. *7* (*raro*) Reputare, stimare, valutare: *c. qlcu. una persona onesta*. *8* †Imputare: *c. qlco. a colpa, a peccato*. *9* †Descrivere: *c. un luogo*. **B** v. intr. (aus. *avere*) *1* Disporre i numeri in ordine progressivo, spec. costituendo serie brevi e semplici: *c. ancora sulle dita*; *c. fino a dieci* | Elencare una serie di numeri | (*raro*) Fare i conti. *2* (assol.; + *che* seguito da congv.) Valere, avere importanza: *c. più di tutti*; *ragioni che non contano nulla*; *alla prima del film c'era tutta la gente che conta*; *poco conta che abbia ammesso le sue colpe* | ***C. come il due di coppe***, non avere nessuna influenza o importanza. *3* (+ *su*) Fare assegnamento: *c. su qlcu. per un aiuto*; *c. sulla buona fede altrui*. **C** v. rifl. *1* Contare i membri del gruppo cui si appartiene: *contiamoci per vedere che non manchi qualcuno* | (*est.*) Valutare la consistenza del proprio gruppo: †*fare un'assemblea per contarsi*. *2* (*raro*) Ritenersi, valutarsi: *contarsi tra i migliori*.

contascàtti [comp. di *conta(re)* e del pl. di *scatto*; 1984] s. m. inv. ● Dispositivo installato a richiesta presso l'utente per la documentazione del traffico telefonico.

contasecóndi [comp. di *conta(re)* e il pl. di *secondo*; 1950] s. m. inv. ● Tipo di orologio destinato alla misurazione di intervalli di tempo anche molto piccoli.

contastòrie [comp. di *conta(re)* e il pl. di *storia*; 1867] s. m. e f. inv. ● Chi racconta abitualmente storie inventate, bugie.

contàta [1878] s. f. *1* Conteggio, spec. sbrigativo: *dare una rapida c. al denaro*. *2* †Racconto. || **contatina**, dim.

contàto [av. 1250] part. pass. di *contare*; anche agg. *1* Nei sign. del v. *2* Che è in quantità minima o in numero limitato: *viaggiare col denaro c.* | ***Avere i minuti contati***, ***le ore contate***, avere molta fretta | ***Avere le ore contate***, ***i giorni contati***, avere poco tempo da vivere. *3* †Menzionato, suddetto.

contatóre [da *contato*; calco sul fr. *compteur*; av. 1292] s. m. *1* (f. *-trice*) (*raro*) Chi conta. *2* Apparecchio atto a calcolare movimenti, consumi, quantità e sim.: *il c. della luce, del gas* | ***C. di Geiger e Müller***, V. *Geiger* | ***C. elettronico***, che conta impulsi elettrici ripetuti. *3* †Pagatore.

contatorista [1956] s. m. e f. (pl. m. *-i*) ● Chi cura la manutenzione e la riparazione di contatori.

contattàbile [1979] agg. ● Che si può contattare: *una persona facilmente, difficilmente c.*

contattàre [dal fr., dapprima solo parlato, *contacter*, denominale di *contact* 'contatto (3)'; 1959] v. tr. ● Prendere contatto con qlcu., spec. per motivi di lavoro o per affari.

♦**contàtto** [vc. dotta, lat. *contāctu(m)*, dal part. pass. di *contĭngere* 'toccare'; av. 1519] s. m. *1* Condizione o stato di due elementi, corpi e sim. che si toccano: *essere, venire a c. con qlco.*; *portare, mettere un foglio a c. con un altro*; *indossare una maglia a c. della pelle* | ***Lenti a c.***, V. *lente* | ***A c. di gomito***, molto vicino a qlcu. o qlco. (*anche fig.*): *lavorare a c. di gomito* | ***C. sessuale***, (*ellitt., lett.*) ***contatto***, rapporto sessuale | (*geol.*) Accostamento di due corpi geologici e unità stratigrafiche diverse: *c. normale, anomalo*. *2* (*mil.*) Situazione tattica che si verifica quando le forze nemiche iniziano i primi combattimenti | ***C. balistico***, quando due forze contrapposte si trovano a distanza tale da potersi colpire con il fuoco delle artiglierie. *3* (*fig.*) Relazione, rapporto: *prendere c. con qlcu.*; *mettere una persona in c. con un'altra*; *non desidero contatti con gente simile* | ***Tenersi in c.***, tenersi in comunicazione, in collegamento | ***Perdere il c.***, non avere più un collegamento (*anche fig.*): *un partito che ha perso il c. con la società* | ***Stare a c. con il pubblico***, trattare direttamente con la gente, per lavoro e sim. | ***Persona di non facile c.***, difficilmente avvicinabile | (*est.*) Rapporto con persone influenti e importanti, utile in campo politico, sociale e sim.: *è una persona che ha molti contatti*. *4* (*est.*) Persona tramite la quale si stabilisce un rapporto con un certo ambiente: *Mr. Reed è il nostro c. a Londra*. *5* (*elettr.*) Elemento conduttore che stabilisce o interrompe la continuità di un circuito elettrico | Continuità elettrica che si stabilisce alla riunione degli elementi conduttori: *aprire, chiudere il c.* | ***Mettere il c.***, chiudere il circuito dell'accensione dell'automobile per avviare il motore, spec. con l'apposita chiave.

contattologia [comp. dell'ingl. *contact* (*lens*) 'lenti a contatto' e di *-logia*; 1978] s. f. ● (*raro*) Branca dell'ottica che si occupa delle lenti a contatto.

contattòlogo [1973] s. m. (f. *-a*; pl. m. *-gi*) ● Specialista in contattologia.

contattóre [da *contatto* nel sign. 5; 1956] s. m. ● (*elettr.*) Interruttore a comando elettromagnetico, pneumatico o meccanico, la cui posizione di riposo corrisponde all'apertura del circuito, adatto spec. per effettuare un numero elevato di manovre all'ora.

♦**cónte** [ant. fr. *conte*, dal lat. *cŏmite(m)* 'compagno'; sec. XIII] s. m. (f. *contéssa*) *1* Anticamente, sovrano di una contea: *Amedeo IV, c. di Savoia*. *2* Persona insignita del grado di nobiltà inferiore, e un tempo pari, a quello di marchese: *Camillo Benso, c. di Cavour*. *3* ***C. Palatino***, alto dignitario alla corte degli antichi re dei Franchi. || **contino**, dim. (V.).

contèa [fr. *comté*: stessa etim. dell'it. *contado*; av. 1348] s. f. *1* Territorio sottoposto alla giurisdizione di un conte. *2* Titolo di conte. *3* Divisione amministrativa del territorio in Gran Bretagna, Stati Uniti e altri Paesi anglosassoni.

conteggiaménto [1673] s. m. ● (*raro*) Conteggio.

conteggiàre [da *conto* (*1*); av. 1676] **A** v. tr. (*io contéggio*) ● Calcolare in un conto: *c. le spese superflue* | (*lett.*) Valutare. **B** v. intr. (aus. *avere*) ● Fare di conto: *c. con difficoltà, con abilità*.

contéggio [da *conteggiare*; sec. XVII] s. m. *1* Computo, calcolo, conto, spec. per un fine determinato: *c. delle entrate e delle uscite* | ***Doppio c.***, errore statistico consistente nel conteggiare un dato già compreso in calcolo precedente | ***C. alla rovescia***, conto alla rovescia (V. *conto*). *2* Nella lotta e nel pugilato, controllo di dieci secondi fatto dall'arbitro nei confronti del pugile atterrato o stordito e del lottatore messo con le spalle a terra, trascorsi i quali, se l'atleta non si è rialzato, l'avversario è dichiarato vincitore.

contégno [da *contenere*; 1313] s. m. *1* Atteggiamento, modo di comportarsi: *c. serio, allegro, superficiale*. *2* (*est.*) Atteggiamento dignitoso, serio, severo: *dimostrare c.* | ***Assumere un c.***, (*fig.*) cercare di nascondere la timidezza o l'imbarazzo ostentando disinvoltura.

contegnóso [1353] agg. ● Che ha o mostra contegno: *atteggiamento c.*; *un'aria contegnosa, quasi superba* (CALVINO). || **contegnosètto**, dim. || **contegnosaménte**, avv.

†**contemnèndo** ● V. †*contennendo*.

†**contèmnere** ● V. †*contennere*.

contemperaménto [vc. dotta, lat. tardo *contemperamĕntu(m)*, da *contemperāre* 'contemperare'; 1554] s. m. ● Il contemperare | Conciliazione, armonizzazione: *c. di esigenze diverse*.

contemperànza [sec. XIV] s. f. ● (*lett.*) Contemperamento.

contemperàre o †**contempràre** [vc. dotta, lat. *contemperāre*, comp. di *cŭm* 'con' e *temperāre* 'temperare'; av. 1374] v. tr. (*io contèmpero* o *contémpero*) *1* Adattare, conformare: *c. il rimedio al danno* | Conciliare, armonizzare: *c. le garanzie individuali con il diritto all'informazione*. *2* Mitigare, moderare: *c. la durezza del proprio carattere*. *3* (*lett.*) Mescolare in proporzione equilibrata.

contemplàbile [vc. dotta, lat. tardo *contemplābile(m)* da *contemplāri* 'contemplare'; 1499] agg. ● Che si può contemplare.

contemplaménto [av. 1306] s. m. ● (*lett.*) Contemplazione.

contemplànte [1321] **A** part. pres. di *contemplare*; anche agg. ● Nei sign. del v. **B** s. m. e f. ● Chi contempla.

contemplàre [vc. dotta, lat. *contemplāri* 'trarre qualche cosa nel proprio orizzonte', da *tĕmplum* 'spazio o circolo di osservazione che l'augure descriveva col suo lituo per osservare nell'interno di esso il volo degli uccelli'; av. 1306] v. tr. (*io contèmplo* o *contémplo*) *1* Guardare a lungo con interesse e spec. con ammirazione, raccoglimento e sim.:

c. il panorama; *c. un quadro, una scultura.* SIN. Ammirare. *2* Considerare, prevedere, prendere in esame: *non abbiamo contemplato questo inconveniente*; *la legge non contempla questo caso.* *3* Meditare problemi, argomenti o questioni di natura filosofica o religiosa: *c. il mistero della Trinità, dell'Incarnazione.*

contemplativo [vc. dotta, lat. *contemplatīvu(m)*, da *contemplāri* 'contemplare'; av. 1292] **A** agg. *1* Di chi è dedito alla contemplazione religiosa, naturale o filosofica | Che si riferisce alla contemplazione come forma di esperienza religiosa | ***Vita contemplativa***, dei religiosi di alcuni ordini, in opposizione a quella attiva | (*filos.*) Teoretico; CONTR. Pratico. *2* (*est.*) Che rifugge dalla vita pratica: *individuo, spirito c.* || **contemplativamente**, avv. **B** s. m. (f. *-a*) ● Chi fa vita contemplativa.

contemplàto [av. 1492] part. pass. di *contemplare*; anche agg. *1* Nei sign. del v.: *quando al c. ben s'appressa* (L. DE' MEDICI). *2* Considerato, previsto: *Caso serio, figliuolo*; *c. contemplato* (MANZONI).

contemplatóre [vc. dotta, lat. *contemplatōre(m)*, da *contemplāri* 'contemplare'; av. 1364] agg.; anche s. m. (f. *-trice*) ● Che (o Chi) contempla: *filosofo c.*; *c. delle bellezze naturali.*

contemplazióne [vc. dotta, lat. *contemplatiōne(m)*, da *contemplāri* 'contemplare'; 1308] s. f. *1* Prolungata, attenta osservazione di qlco. o qlcu., spec. con ammirazione, raccoglimento e sim.: *stare in c. del tramonto.* SIN. Ammirazione, estasi. *2* (*raro, lett.*) Considerazione. *3* (*relig.*) Nel misticismo cristiano, la visione beatifica, immediata e soprarazionale di Dio e della verità.

contèmpo [comp. di *con-* e *tempo*; 1876] vc. ● Solo nelle loc. avv. ***nel c.***, intanto, frattanto: *telefonava e nel c. leggeva delle carte* | ***Al c., nel c.***, contemporaneamente: *un tessuto che assicura impermeabilità e, nel c., traspirazione*; *veste in modo al c. semplice ed elegante.*

contemporaneista [1985] s. m. e f. (pl. m. *-i*); anche agg. ● Chi (o Che) studia l'età contemporanea di una disciplina, spec. storica o letteraria.

contemporaneità [1819] s. f. ● Condizione, caratteristica di ciò che è contemporaneo: *c. di due avvenimenti* | L'epoca contemporanea: *la regia dell'opera teatrale contiene numerosi richiami alla c.*

contemporàneo [vc. dotta, lat. *contemporāneu(m)*, comp. di *cŭm* 'con' e *tĕmpus*, genit. *tĕmporis* 'tempo'; 1308] **A** agg. *1* Che si verifica nello stesso tempo: *due avvenimenti contemporanei*; *la mia partenza fu contemporanea al suo arrivo* | Che appartiene alla stessa epoca: *gli scrittori contemporanei di Dante.* *2* Che si riferisce, appartiene e sim. all'epoca attuale, al presente: *storia, letteratura contemporanea*; *mostra di pittori contemporanei.* || **contemporaneamente**, avv. Nel medesimo tempo; a un tempo. **B** s. m. (f. *-a*) ● Chi vive nella stessa epoca di altri: *Shakespeare e i suoi contemporanei* | Chi vive nell'epoca attuale: *i nostri contemporanei.*

†**contempràre** ● V. *contemperare.*

†**contèmpto** o †**contènto** (3) [vc. dotta, lat. *contĕmptu(m)*, dal part. pass. di *contĕmnere* 'disprezzare', comp. di *cŭm* 'con' e *tĕmnere* 'disprezzare'; 1499] s. m. ● Disprezzo.

contendènte [vc. dotta, lat. *contendĕnte(m)*, part. pres. di *contĕndere* 'contendere'; 1559] **A** s. m. e f. *1* Avversario in una contesa, una lotta, una gara e sim.: *mettere pace fra due contendenti.* SIN. Rivale. *2* (*dir.*) Chi chiede qlco. o si difende in una causa civile: *memoria, istanza di un c.* **B** anche agg.: *le parti contendenti.*

contèndere [vc. dotta, lat. *contĕndere*, comp. di *cŭm* 'con' e *tĕndere* 'tendere, dirigersi verso'; sec. XIII] **A** v. tr. (coniug. come *tendere*) *1* Cercare di ottenere qlco. competendo con altri: *contendere un primato a qlcu.*; *c. una posizione importante al nemico.* *2* (*raro, lett.*) Vietare, ostacolare | ***Contendersi qlco.***, (con valore rec.) disputarsi: *contendersi la vittoria*; *i nipoti si contendono la ricca eredità*; *si contendevano la terra e la preda* (FOSCOLO). **B** v. intr. (aus. *avere*) *1* Competere, gareggiare: *c. in abilità, velocità, con qlcu.* | Litigare: *c. per futili motivi con qlcu.* | (*dir.*) ***C. in giudizio***, essere parte di una causa civile. *2* †Sforzarsi, affaticarsi.

†**contendévole** [sec. XIV] agg. ● Litigioso. || †**contendevolménte**, avv. Adiratamente.

contendibilità [1997] s. f. ● (*econ.*) Possibilità, tutelata da un sistema di regole, di acquisire il controllo di una società quotata in borsa: *la nuova legge sull'Opa favorisce la c.*

contenditóre [av. 1292] s. m.; anche agg. (f. *-trice*) ● †Chi (o Che) contende, disputa.

contenènte (1) [sec. XIV] **A** part. pres. di *contenere*; anche agg. ● Nei sign. del v. **B** s. m. ● Ciò che contiene: *distinguere il c. dal contenuto.*

†**contenènte** (2) [da *contenenza*; sec. XIV] s. m. ● (*raro*) Contegno.

†**contenènte** (3) ● V. †*incontanente.*

†**contenènte** (4) ● V. *continente* (2).

contenènza [da *contenere*; av. 1292] s. f. *1* (*lett.*) Capacità di contenere: *c. di una bottiglia.* *2* †Contenuto, spec. di opera letteraria o sim. *3* †Contegno, comportamento: *fa' di serbare una c. grave* (LEOPARDI). *4* †Continenza nel sign. 1.

♦**contenére** [vc. dotta, lat. *continēre*, comp. di *cŭm* 'insieme' e *tenēre* 'tenere'; 960] **A** v. tr. (coniug. come *tenere*) *1* Racchiudere, accogliere, comprendere (*anche fig.*): *la stanza conteneva mobili di valore*; *una mente che contiene molte nozioni*; *quel che dite, contiene in sé gran persuasione* (BRUNO). *2* Reprimere, trattenere, frenare: *c. la violenza del proprio carattere*; *c. l'ira, lo sdegno*; *c. i propri desideri* | ***C. gli attacchi dell'avversario***, impedirne lo sviluppo, arrestarli | Limitare, controllare: *c. le uscite.* **B** v. rifl. ● Padroneggiarsi, dominarsi: *contenersi a stento*; *non sa contenersi.* **C** v. intr. pron. *1* (*raro*) Comportarsi: *contenersi da persona civile.* *2* †Stare, fermarsi: *sì che la gente in mezzo si contenne* (DANTE *Purg.* VIII, 33) | †Essere, consistere.

conteniménto [av. 1277] s. m. *1* Il contenere | Impedimento, freno | Limitazione: *c. della spesa pubblica.* *2* †Contegno. *3* †Astinenza.

contenitivo agg. ● Detto di indumento atto a contenere forme abbondanti facendo apparire più snella la persona: *guaina contenitiva.*

♦**contenitóre** [da *contenere*; nel sign. B, in particolare, sul modello dell'ingl. *container* (V.); 1505] **A** agg. ● (*raro*) Che contiene | ***Programma c.***, o (*assol.*) ***contenitore***, trasmissione televisiva di intrattenimento condotta gener. da un personaggio noto, nella quale sono inclusi numeri di varietà, telefilm, rubriche sportive, culturali e sim. **B** s. m. *1* Nell'imballaggio, recipiente usato per confezionare, rivestire e sim.: *c. per liquidi*; *c. in plastica* | (*gener.*) Recipiente. *2* Container. *3* (*urban.*) ***C. storico***, o (*assol.*) ***contenitore***, antico edificio (chiesa, monastero e sim.) o complesso edilizio in stato di completo abbandono, spesso ricco di storia e architettonicamente pregevole, destinato spec. a ospitare iniziative culturali.

†**contennèndo** o †**contemnèndo** [vc. dotta, lat. *contemnĕndu(m)*, gerundivo di *contĕmnere* 'contennere'; 1513] agg. ● Spregevole, vile: *lo essere disarmato, ti fa c.* (MACHIAVELLI).

†**contènnere** o †**contèmnere** [vc. dotta, lat. *contĕmnere* 'disprezzare'; 1499] v. tr. ● Disprezzare, vilipendere.

contentàbile [1834] agg. ● Che si può contentare: *carattere c. con poco.* CONTR. Incontentabile.

contentaménto [1308] s. m. *1* (*raro*) Appagamento | (*raro, lett.*) Piacere, soddisfazione: *avea collocato ogni sua compiacenza nei contentamenti della gola* (NIEVO). *2* †Consenso, beneplacito.

contentàre [lat. tardo *contentāre*, da *contĕntus* 'contento (1)'; 1308] **A** v. tr. (*io contènto*) *1* Rendere contento, soddisfacendo i desideri, le richieste e sim.: *c. i figli, i clienti*; *lo contentarono con un piccolo regalo*; *lo hanno sempre contentato in tutti i suoi desideri* | (*lett.*) Soddisfare, appagare. *2* †Pagare, ricompensare: *contentata secondo la promessa la femina, … si tornò a Parigi* (BOCCACCIO). **B** v. intr. pron. ● Essere, restare soddisfatto: *contentarsi di quel che si ha*; *contentarsi con poco* | Limitarsi nei desideri: *è un ragazzo che sa contentarsi.* SIN. Appagarsi. || PROV. Chi si contenta gode.

contentatùra [1541] s. f. ● Disposizione a contentarsi: *essere di facile, di difficile c.*

†**contentévole** [1312] agg. ● Soddisfacente. || †**contentevolménte**, avv.

contentézza [da *contento* (1); 1476] s. f. *1* Stato d'animo di chi è contento: *dimostrare, celare, la propria c.*; *a tutti nascea nell'animo una somma c.* (CASTIGLIONE). SIN. Felicità, gioia | (*est., lett.*) Ciò che rende contento | †***Mala c.***, scontento, malcontento. *2* ***C. d'amore***, antico ballo campagnolo.

contentìno [av. 1855] s. m. *1* Dim. di *contento* (2). *2* Ciò che si dà a qlcu. in aggiunta o al posto di quanto era stabilito o previsto, allo scopo di accontentarlo o ripagarlo di una delusione: *dare, meritare un c.*; *dare qlco. per c.*

contentivo [dal lat. *contĕntus*, part. pass. di *continēre* 'contenere'; av. 1342] **A** agg. *1* (*med.*) Detto di apparecchio usato per mantenere la corretta posizione di un organo. *2* †Che contiene. **B** s. m. ● (*med.*) Apparecchio contentivo: *c. erniario.*

♦**contènto** (1) [lat. *contĕntu(m)*, part. pass. di *continēre* 'contenere, trattenere entro certi limiti'; *contento* è chi si contiene entro limiti determinati senza volere di più; av. 1277] **A** agg. *1* Pago, soddisfatto nelle proprie necessità, nei propri desideri e sim.: *essere c. della propria situazione*; *fare c. qlcu.*; *e vissero felici e contenti.* *2* Lieto, allegro: *sono c. di vederti*; *avere un'espressione contenta* | ***C. come una Pasqua***, contentissimo | ***Cuor c.***, persona molto pacifica e ottimista. || PROV. Cuor contento il ciel l'aiuta. || †**contentaménte**, avv. Con animo contento. **B** s. m. ● †Contenuto. || **contentóne**, accr.

contènto (2) [da *contentare*; av. 1484] s. m. *1* (*lett.*) Soddisfazione, contentezza | (*lett.*) Piacere, divertimento: *Uomini affaccendati nella ricerca de' contenti mondani* (MANZONI). *2* †Conforto. || **contentino**, dim. (V.).

†**contènto** (3) ● V. †*contempto.*

contenutézza [av. 1939] s. f. ● (*lett.*) Comportamento contenuto, sobrio. SIN. Misura, riservatezza.

contenutismo [da *contenuto* (1) nel sign. 2; 1932] s. m. ● Teoria estetica che attribuisce grande importanza al contenuto dell'opera d'arte | Prevalenza, in un'opera d'arte, del contenuto rispetto ai valori formali.

contenutista [1935] s. m. e f.; anche agg. (pl. m. *-i*) ● Chi (o Che) segue i canoni del contenutismo.

contenutistico [1953] agg. (pl. m. *-ci*) ● Che si riferisce al contenuto | Del contenutismo, proprio del contenutismo. || **contenutisticaménte**, avv. Per quanto si riferisce al contenuto.

♦**contenùto** (1) [1321] **A** part. pass. di *contenere*; anche agg. ● Nei sign. del v. **B** s. m. *1* Ciò che si trova dentro qlco.: *il c. di un recipiente* | (*fig.*) Argomento: *il c. di una lettera.* *2* In un'opera d'arte, il tema, l'idea, la materia trattata, distinta dall'elaborazione formale. *3* (*ling.*) Elemento concettuale del segno linguistico. SIN. Significato.

♦**contenùto** (2) [propr., part. pass. di *contenersi*; av. 1700] agg. ● Controllato dal punto di vista emotivo, poco espansivo: *carattere c.*; *è molto c. nel parlare* | Sobrio, moderato: *stile c.*; *parole contenute.*

†**contenzióne** (1) [ant. fr. *contençon*, dal lat. *contentiōne(m)*, da *contĕndere* 'contendere'; av. 1292] s. f. *1* (*lett.*) Disputa, contrasto, contesa: *le contenzioni tra teologi nascevano … dall'affetto immoderato verso la propria setta* (SARPI) | Gara, competizione. *2* (*lett.*) Concentrazione, sforzo mentale.

contenzióne (2) [vc. dotta, lat. *contentiōne(m)*, da *continēre* 'trattenere, frenare'; 1870] s. f. ● (*med.*) Il contenere, il comprimere: *c. di una frattura, di un'ernia* | ***Mezzo di c.***, negli ospedali psichiatrici, qualunque mezzo usato per limitare i movimenti di persone agitate: *camicia di c.*

contenzióso [vc. dotta, lat. *contentiōsu(m)*, da *contĕntio* 'tensione'. V. *contenzione* (1); av. 1342] **A** agg. *1* (*dir.*) Che concerne una controversia giuridica: *procedimento c.* | ***Giurisdizione contenziosa***, funzione dell'autorità giudiziaria di dirimere controversie. *2* †Litigioso. || †**contenziosaménte**, avv. Litigiosamente. **B** s. m. *1* (*dir.*) Complesso di organi e procedimenti relativi a controversie giuridiche: *c. amministrativo, civile, tributario.* *2* Ufficio che si occupa delle cause giudiziarie interessanti l'ente o l'impresa presso cui è costituito. *3* (*gener.*) L'insieme delle controversie sussistenti fra due persone o gruppi di persone.

†**contèrere** [vc. dotta, lat. *contĕrere*, comp. di *cŭm* 'con' e *tĕrere* 'strofinare'; 1427] v. tr. (difett. usato solo nel gerundio *conterèndo*, nel part. pres. *conterènte*, nel part. pass. *contèrito*) ● Schiacciare, tritare.

conterie [da *conto* (4); 1612] s. f. pl. (sing. *-a*) ● Perle di vetro, di vari colori e grossezze, usate per corone del rosario, collane, ricami e altri ornamenti.

†**conterminàle** [av. 1519] agg. ● Confinante.

†**conterminàre** [vc. dotta, lat. tardo *conterminăre*. V. *contermine*; av. 1642] v. intr. (aus. *avere*) ● Essere contiguo.

contèrmine o **contèrmino** [vc. dotta, lat. *contĕrminu(m)*, aggettivo. V. *termine*; 1351] agg. ● (*lett.*) Confinante, contiguo: *la pianura c. alle lagune* (NIEVO).

conterràneo [vc. dotta. lat. *conterrāneu(m)*, comp. di *cŭm* 'con' e *tĕrra* 'terra'; 1483] agg.; anche s. m. (f. *-a*) ● Che (o Chi) è della stessa terra o regione, dello stesso paese.

contésa [f. sost. di *conteso*; sec. XIII] s. f. *1* Contrasto, controversia, polemica: *con lunghissime contese fa forza di dichiararmi pessimo logico* (GALILEI) | Alterco, lite | ***Essere, stare, venire, a, in c.***, litigare, sia con parole sia con fatti. *2* (*lett.*) Battaglia, scontro: *non si vedea lume, / quando s'incominciâr l'aspre contese* (ARIOSTO). *3* (*lett.*) Gara, prova di abilità: *una c. di dame del XIX secolo* (D'ANNUNZIO). *4* †Opposizione, resistenza, spec. nelle loc.: ***far c.***; ***trovare c.***; ***senza c.***

contéso [av. 1564] part. pass. di *contendere*; anche agg. ● Oggetto di una contesa: *premio c.* | Molto combattuto: *una vittoria contesa.*

contéssa [lat. mediev. *comitissa(m)*, f. di *comes* 'conte'; sec. XIII] s. f. *1* (*st.*) Signora di una contea. *2* Moglie di un conte | Figlia di un conte. *3* (*est., raro*) Nobildonna. || **contessina**, dim. (V.).

contèssere [vc. dotta, lat. *contĕxere*, comp. di *cŭm* 'con' e *tĕxere* 'intrecciare, tessere'; 1321] v. tr. (coniug. come *tessere*; part. pass. *contèsto*, raro *contessùto*) ● (*lett.*) Intrecciare, intessere: *con mille e mille simili avvolgimenti il grosso canapo contessono* (GALILEI) | (*fig.*) Congiungere, comporre con arte.

contessina [1745] s. f. *1* Dim. di *contessa*. *2* Figlia spec. giovane o nubile di un conte.

†**contestàbile** (1) ● V. *conestabile*.

contestàbile (2) [da *contestare*; av. 1861] agg. ● Che si può contestare: *prova c.*

contestàre [vc. dotta, lat. *contestāri* 'aprire un processo producendo i testimoni', comp. di *cŭm* 'con' e *tĕstis* 'testimonio'; sec. XIV] A v. tr. (*io contèsto*) *1* (*dir.*) Procedere alla comunicazione all'imputato di un fatto costituente reato: *c. l'accusa*; *c. una contravvenzione*. *2* (*fig.*) Negare, contrastare: *c. una prova, un diritto* | Mettere in dubbio, in discussione: *c. un'affermazione, una tesi* | Sottoporre a critica radicale gli esponenti, le istituzioni culturali e sociali di un dato sistema politico, sociale e sim.: *c. il rettore dell'università*; *c. le strutture sindacali*. *3* †Attestare. B v. intr. (aus. *avere*) *1* Fare opera di contestazione nel sign. 2. *2* †Fare opposizione, resistenza.

contestatario [1967] agg.; anche s. m. (f. *-a*) ● Contestatore: *ideologia, prassi contestataria*.

contestativo [1619] agg. *1* †Che attesta, che convalida. *2* Che concerne la contestazione.

contestatóre [av. 1829] s. m.; anche agg. (f. *-trice*) *1* (*raro*) Chi (o Che) contesta. *2* Chi (o Che) si oppone alle istituzioni o sim.

contestatòrio [vc. dotta, lat. *contestatōriu(m)*, da *contestāri*. V. *contestare*; 1969] agg. ● Contestativo.

contestazióne [vc. dotta, lat. *contestatiōne(m)*, da *contestāri*. V. *contestare*; 1309] s. f. *1* (*dir.*) Notifica formale di un fatto costituente reato: *c. dell'accusa* | ***C. suppletiva***, comunicazione all'imputato di fatti nuovi atti ad aggravare la sua situazione | ***C. della legittimità***, azione diretta a far cadere un apparente stato di figlio legittimo | †***C. di lite***, nel diritto romano e medievale, definizione ufficiale dei termini di una controversia davanti al magistrato. *2* Atteggiamento di critica e di protesta nei confronti di istituzioni, persone e sim.: *c. studentesca*; *la c. giovanile* | (*per anton.*) Movimento giovanile di protesta nei confronti delle strutture scolastiche sfociato in una radicale opposizione al sistema sociale, economico e politico; si è sviluppato in Europa e in America negli anni 1960-70: *c. globale*; *gli anni della c.* *3* (*est.*) Contrasto | Contesa, lite: *dopo tre ore di contestazioni la questione fu risolta.* *4* †Attestazione.

contèste [comp. di *con-* e *teste*; 1657] s. m. e f.; anche agg. ● Contestimone.

contestimóne [comp. di *con-* e *testimone*; av. 1742] s. m. e f. ● Chi testimonia con altri in tribunale.

contestimonianza [comp. di *con-* e *testimonianza*; 1881] s. f. ● Testimonianza resa da un contestimone.

contèsto [vc. dotta, lat. *contĕxtu(m)*, part. pass. di *contĕxere* 'contessere'; 1478] s. m. *1* (*lett.*) Tessitura, intreccio: *fanno intorno / le ragnatele un serico c.* (MARINO). *2* Il complesso delle idee e dei fatti contenuti in un testo o in un discorso, che consente di determinare il senso di un brano, una frase, una parola e sim., che in tale testo o discorso compaiono: *staccare, isolare una parola dal c.* | (*est.*) Il complesso delle circostanze in cui nasce e si sviluppa un determinato fatto: *c. familiare, sociale, culturale*; *la situazione va considerata nel suo c. originario*.

contestuale [da *contesto*; 1925] agg. *1* Che si riferisce al contesto. *2* (*ling.*) Detto di variante fonematica dipendente dal contesto. *3* (*bur.*) Di fatto che si verifica o si è verificato contemporaneamente a un altro: *firma c.*; *due avvenimenti contestuali*. || **contestualménte**, avv. Nello stesso momento, contemporaneamente: *un problema da risolvere contestualmente agli altri due*.

contestualità [1973] s. f. ● Caratteristica di ciò che è contestuale | Concomitanza.

contestualizzàre v. tr. ● Inserire in un contesto | Considerare qlco. all'interno di un contesto, spec. allo scopo di darne una adeguata valutazione.

contestùra [da *contessere*; 1614] s. f. ● (*raro*) Intrecciamento | Tessitura | †Contesto.

contézza [da *conto* (3); sec. XIII] s. f. *1* (*lett.*) Cognizione, notizia | ***Aver c.***, conoscere, essere informato di qlco. | ***Dar c.***, rendere noto | †Conoscenza. *2* †Familiarità, dimestichezza: *aveva c. con le donne de' cavalieri* (SACCHETTI).

†**contìgia** [ant. fr. *cointise*, da *cointe* 'adorno'. V. *conto* (2); sec. XIII] s. f. (pl. *-gie*, o *ge*) *1* Ornamento, ricamo. *2* (*spec. al pl.*) Calzature eleganti, in cuoio trapunto, usate in epoca medievale.

†**contigiàto** [da *contigia*; 1321] agg. ● Adorno di fregi, di ricami: *Non avea catenella, non corona, / non gonne contigiate, non cintura* (DANTE *Par.* XV, 100-101).

†**contiguàrsi** [vc. dotta, lat. tardo *contiguāre*, da *contĭguus* 'contiguo'; av. 1685] v. intr. pron. ● (*lett.*) Congiungersi.

contiguità [da *contiguo*; av. 1519] s. f. *1* Condizione di ciò che è contiguo | Contatto, vicinanza. *2* (*dir.*) Principio giuridico per cui lo Stato che esercita la sua autorità su un tratto di coste o su un'isola acquista la sovranità territoriale anche sulle isole adiacenti.

contìguo [vc. dotta, lat. *contĭguu(m)*, da *contĭngere* 'toccare, venire a contatto'. V. †*contingere*; 1336 ca.] agg. ● Che è adiacente, a contatto: *abitare nell'appartamento c.*; *stanze contigue*; *camera contigua al corridoio*. SIN. Attiguo, confinante. || **contiguaménte**, avv.

continentàle [da *continente* (1); 1806] A agg. *1* Del continente, che si riferisce al continente: *abitante, clima c.* | ***Colazione c.***, V. *colazione*. *2* Relativo al continente europeo: *primato, titolo, campione c.* B agg.; anche s. m. e f. ● Che (o Chi) abita il continente | Che (o Chi) abita la penisola italiana rispetto agli abitanti della Sardegna, della Sicilia o delle isole minori: *gli scrittori continentali*; *usanza ignorata dai continentali*.

continentalità [1940] s. f. ● Caratteristica di ciò che è continentale: *la c. del clima*.

♦**continènte** (1) [vc. dotta, lat. (*terram*) *continĕnte(m)* '(terra) unita, non interrotta', part. pres. di *continēre* 'contenere, trattenere'; 1590] s. m. *1* Grande estensione di terraferma | ***C. antico***, Asia, Africa ed Europa | ***C. nuovo***, America | ***C. nuovissimo***, Australia | ***C. nero***, l'Africa | ***C. recente***, l'Antartide. *2* Terraferma, in contrapposizione alle isole vicine: *andare, trasferirsi sul c.*

continènte (2) o †**contenènte** (4) [vc. dotta, lat. *continĕnte(m)*, part. pres. di *continēre* 'frenare, moderare'; 1336 ca.] agg. *1* Che sa moderare i propri desideri: *essere c. nel bere, nel mangiare*; *piaccia a' padri più tosto vedere e' figliuoli piangere e continenti, che ridere e viziosi* (ALBERTI). SIN. Morigerato, parco, temperante. *2* (*dir.*) Detto di causa la cui materia del contendere comprende quella di altra causa. *3* (*med.*) Che ha i caratteri della continenza. || **continenteménte**, avv. Con continenza, temperanza.

continènza o †**continènzia** [vc. dotta, lat. *continĕntia(m)*, da *continēre* 'tenere unito, trattenere'; av. 1292] s. f. *1* Moderazione dei desideri e dei piaceri: *Non bevve più vino, per dare esempio di c. alla moglie* (PIRANDELLO) | Astinenza, castità, temperanza. *2* (*dir.*) ***C. fra cause***, situazione per cui la materia di una causa comprende quella di un'altra causa. *3* (*fisiol.*) Capacità della vescica e del retto di controllare l'espulsione dell'urina e delle feci.

contingentaménto [fr. *contingentement*, da *contingenter* 'contingentare'; 1935] s. m. ● Fissazione di quantità o valore limite di merci ammesse all'importazione o all'esportazione. SIN. Contingentazione. | (*est.*) Limitazione posta al consumo di un prodotto o all'erogazione di un servizio: *c. della benzina*; *c. dell'acqua*.

contingentàre [fr. *contingenter*, da *contingent* 'contingente'; 1956] v. tr. (*io contingènto*) ● Sottoporre a contingentamento: *c. le importazioni, le esportazioni*.

contingènte [1321] A part. pres. di †*contingere*; anche agg. *1* †Nei sign. del v. | Tangente, contiguo | Spettante: *quella porzione che … lor fu c.* (BOCCACCIO). *2* (*filos.*) Accidentale, casuale. *3* (*est.*) Che è legato a un determinato momento o a una determinata situazione: *fattori contingenti*. SIN. Occasionale. || **contingenteménte**, avv. (*raro*) Casualmente. B s. m. *1* (*filos.*) Tutto ciò che può essere o non essere. SIN. Possibile. CONTR. Necessario. *2* Quantità limite di merce ammessa all'importazione o all'esportazione. *3* (*mil.*) Forza complessiva effettiva; insieme di uomini e mezzi | ***C. di leva***, insieme dei cittadini da chiamare alle armi per ciascuna classe o scaglione di classe.

contingentìsmo [1907] s. m. ● Dottrina filosofica secondo cui tra causa ed effetto non esiste un rapporto di rigida causalità ma di semplice contingenza.

contingènza [vc. dotta, lat. tardo *contingĕntia(m)*, da *contĭngere*. V. †*contingere*; 1321] s. f. *1* (*filos.*) Carattere di ciò che è contingente | Possibilità, accidentalità. *2* Circostanza, congiuntura, occasione: *essere, trovarsi in una dolorosa c.*; *le contingenze infelici della vita umana* (MANZONI). *3* ***Indennità di c.***, parte della retribuzione di un lavoratore dipendente il cui ammontare varia in proporzione al mutare del costo della vita | (*ellitt.*) Indennità di contingenza: *la c. è aumentata*; *questo mese la c. sarà del 5%*.

†**contìngere** [vc. dotta, lat. *contĭngere*, comp. di *cŭm* 'con' e *tăngere* 'toccare'; 1321] v. intr. ● Accadere, avvenire per caso.

†**contingìbile** [da †*contingere*; 1669] agg. ● Che può avvenire.

†**contingibilità** [av. 1712] s. f. ● Eventualità che qlco. avvenga.

contìno s. m. *1* Dim. di *conte*. *2* Figlio spec. giovane di un conte.

†**continovàre** e *deriv.* ● V. *continuare* e *deriv.*

contìnua [f. sost. di *continuo*; 1970] s. f. ● In varie tecnologie, macchina per la lavorazione a ciclo continuo di un prodotto: *c. da carta*.

continuàbile [1499] agg. ● Che si può continuare.

†**continuaménto** o †**continovaménto** [av. 1348] s. m. ● Continuazione.

♦**continuàre** o †**continovàre** [vc. dotta; lat. *continuāre*, da *contĭnuus* 'continuo'; av. 1292] A v. tr. (*io contìnuo*) *1* Andare avanti a fare qlco. senza interruzioni; riprendere a fare qlco. dopo un'interruzione: *c. il lavoro, l'opera, gli studi, il viaggio*; *il presidente ordinò di c. il processo a porte chiuse*. *2* †Congiungere. *3* †Frequentare spesso: *per questo incominciò a c. … la via davanti alla casa di questa donna* (BOCCACCIO). B v. intr. (aus. *avere*, riferito a persona; aus. *essere* o *avere* riferito a cosa) *1* (assol.; + *in*, + *con* qlco.) Procedere, proseguire, non cessare, riferito allo svolgimento di un'attività, all'esistenza di un fenomeno e sim.: *il bel tempo continua*; *le ostilità continuano*; *non potemmo c. per la pioggia*; *c. nell'impegno, con un programma*; *il romanzo continua nel prossimo numero* *2* (+ *a*, + *con* seguiti da inf; lett. + *di*, + *in* seguiti da inf.) Seguitare a fare qlco.: *si voltò dall'altra parte e continuò a dormire*; *continuo a pensare di aver agito correttamente*; *continuò col dire molte altre cose*; *continuò di passar per quella contrada* (BOCCACCIO); *se bene Cesare continuasse nel promettere di volere stare congiunto con lui*

(GUICCIARDINI). **C** anche **v. intr. impers.** (aus. *essere* e *avere*) (+ *a*) *continua a piovere, a nevicare.* **D v. intr. pron.** (assol.; + *con*, + *nel*) **1** (*lett.*) Continuare, durare: *quel lungo interrogatorio, che ... chi sa fin quando dovrà continuarsi?* (PELLICO). **2** (*anat.*) Prolungarsi: *l'aorta si continua con l'arteria iliaca.*

continuativo [vc. dotta, lat. tardo *continuatīvu(m)*, da *continuāre* 'continuare'; sec. XIV] **agg.** ● Che continua o è destinato a continuare: *impegno c.*; *spesa continuativa*; *sussidio a carattere c.* ‖ **continuativaménte**, **avv.** In modo continuativo, senza interruzione.

continuàto o †**continovàto** [1294] **part. pass.** di *continuare*; anche **agg.** ● Nei sign. del v. | *Orario c.*, che non prevede la chiusura meridiana | (*dir.*) *Reato c.*, molteplicità di violazioni della norma penale commesse in base a un medesimo disegno criminoso. ‖ **continuataménte**, **avv.** Senza interruzione.

continuatóre [da *continuare*; 1716] **s. m.** (f. *-trice*) ● Chi continua: *il c. di un'opera, di una tradizione.*

continuazióne o †**continovazióne** [vc. dotta, lat. *continuatiōne(m)*, da *continuāre* 'continuare'; sec. XIV] **s. f.** ● Il continuare, il venire continuato: *c. di un'opera, di una storia, di un romanzo, del cammino* | (*dir.*) *C. nel reato*, situazione che si verifica quando un soggetto commette un reato continuato | *In c.*, senza interruzione | (*est.*) Ciò che continua: *una siepe nascondeva la c. della strada.* **SIN.** Proseguimento, seguito.

continuìsmo [1966] **s. m.** **1** In politica, il continuare a insistere sulla stessa linea d'azione. **2** Tendenza a individuare una continuità, un legame tra eventi o fenomeni anche differenti e distanti.

continuìsta [1966] **s. m. e f.**; anche **agg.** (pl. m. *-i*) ● Chi (o Che) è fautore del continuismo.

continuità o †**continovità**, †**continuitàde**, †**continuitàte** [vc. dotta, lat. *continuitāte(m)*, da *contĭnuus* 'continuo'; 1308] **s. f.** **1** Caratteristica di ciò che si svolge o si ripete senza interruzione, nel tempo o nello spazio: *c. di un movimento, di un procedimento, di un'azione*; *susseguirsi con c.* | *Soluzione di c.*, separazione, interruzione, intervallo. **2** (*est.*, *raro*, *lett.*) Coesione, compattezza. **3** (*dir.*) Principio giuridico per cui lo Stato che occupa un tratto di costa o della foce di un fiume acquista la sovranità territoriale su tutto il retroterra sino allo spartiacque o su tutto il bacino idrografico.

♦**continuo** o †**continovo** [vc. dotta, lat. *contĭnuu(m)*, da *continēre* 'congiungere, essere unito insieme'; av. 1292] **A agg.** **1** Che si svolge o si ripete senza interruzione, nel tempo o nello spazio: *pioggia continua*; *molestie, preoccupazioni, spese continue*; *estensione, linea continua* | *Di c.*, †*al c.*, †*del c.*, *per c.*, continuamente, senza interruzione. **SIN.** Incessante. **2** (*raro*) Ininterrotto, perenne: *né spelunca o caverna è fra gli sassi, / che non rimbombe al mio c. pianto* (SANNAZARO) | †Abituale, assiduo. **3** (*mat.*) Detto di funzione i cui valori variano gradualmente al variare della variabile indipendente vicino a un punto dato. **4** (*ling.*) Detto delle consonanti la cui emissione è prolungabile. **SIN.** Costrittivo, fricativo, spirante. **5** (*elettr.*) Detto di corrente elettrica avente direzione e intensità costanti. **CONTR.** Alternato. ‖ **continuaménte**, **avv.** **1** In modo continuo: *ha lavorato continuamente tutta la giornata.* **2** Di frequente: *non disturbarmi continuamente.* **B avv.** ● (*lett.*) †Continuamente, ininterrottamente | Ripetutamente. **C s. m.** **1** Ciò che ha continuità e compattezza | (*fam.*) Serie prolungata: *è un c. di rivendicazioni e di richieste* | (*med.*) *Soluzione di c.*, interruzione della continuità di un tessuto per ferite o incisioni. **2** (*mat.*) Cardinalità di un insieme che sia in relazione biunivoca con i punti di una retta.

continuum [vc. lat., propr. 'continuo'; 1971] **s. m. inv.** (pl. lat. *continua*) **1** Ciò che ha continuità nel tempo o nello spazio. **SIN.** Continuo. **2** (*ling.*) Insieme di varietà linguistiche non separate da confini netti, con punti di contatto e di sovrapposizione che determinano il passaggio graduale dell'una nell'altra.

contitolàre [comp. di *con-* e *titolare*; 1797] **agg.**; anche **s. m. e f.** ● Che (o Chi) è titolare di qlco. insieme con altri | *Santo c.*, che ha il titolo, la dedicazione di una chiesa insieme con un altro | *Chiesa c.*, intitolata a più santi.

♦**cónto (1)** [lat. tardo *cŏmputu(m)*, da *computāre*. V. *contare*; av. 1294] **s. m.** **1** Il contare | Operazione aritmetica: *fare un c.*; *un c. semplice, complesso*; *sbagliare i conti*; *controllare il c.*, *i conti.* **SIN.** Calcolo, computo, conteggio | *Il c. torna*, *i conti tornano*, il calcolo è privo di errori; (*fig.*) la situazione è chiara | *Far di c.*, eseguire operazioni aritmetiche, spec. elementari | *C. alla rovescia*, procedura per l'avviamento di congegni complessi, spec. lancio di missili spaziali, nella quale si suole designare con tempo zero l'istante dell'avviamento stesso e con numeri negativi decrescenti la serie delle operazioni preparatorie e di controllo; (*fig.*) computo del tempo che manca a un avvenimento molto atteso. **2** (*ragion.*) Serie di dati riferentisi a un determinato oggetto, rappresentazione di una o più quantità che dimostra lo stato o il movimento di beni economici | *C. corrente*, contratto con cui due parti convengono di regolare i rapporti di debito e credito intercorrenti fra loro a una scadenza fissa: *c. corrente bancario, postale.* **3** Correntemente, partita di dare e di avere: *libro dei conti*; *dare qlco. in c.*; *avere il c. aperto presso un negoziante* | *Mettere in c.*, (*fig.*) calcolare, preventivare: *occorre mettere in c. qualche giorno di pioggia* | *Fare i conti*, calcolare ciò che si guadagna e si spende; (*fig.*) considerare, valutare qlco. di negativo o di limitativo: *bisogna fare i conti con la sua volubilità*; (*fig.*) arrivare a un aspro chiarimento: *con te faremo i conti più tardi* | *Resa dei conti*, V. *resa* | (*fig.*) *Fare i conti addosso a qlcu.*, cercare di sapere quello che guadagna e spende | *Saldare*, *chiudere il c.*, pagare ciò che si deve; (*fig.*) regolare le questioni ancora insolute | (*est.*) Lista, nota contenente indicazioni di somme di denaro da pagare: *il c. della sarta, dei fornitori*; *chiedere il c. al ristorante*; *cameriere, il c.!* **4** (*fig.*) Valutazione, previsione, proposito, analisi e sim.: *fare bene, male i propri conti* | *Far c. su qlcu. o qlco.*, fare assegnamento | *Far c. di*, contare, ripromettersi di: *faccio c. di terminare il lavoro domani* | *Far c. che*, *mettere c. che* (o *di*), supporre | *Tener conto che*, valutare, considerare che | *A conti fatti*, *in fin dei conti*, (*lett.*) *al far dei conti*, in conclusione | *Sapere il c. proprio*, essere sicuro di sé | *A buon c.*, *a ogni buon c.*, in ogni caso, a ogni modo. **5** (*fig.*) Questione: *questo è un altro c.*; *un c. è parlare, un c. è agire* | Spiegazione: *chiedere, domandare, dare c. di qlco.* | *Rendere c.*, rispondere delle proprie azioni, giustificarsi | *Non dover render c. a nessuno*, essere indipendente | *Rendersi c. di qlco.*, spiegarsela, capirla | *Dare a qlcu. il suo c.*, ciò che gli spetta | †*Rendere buon c.*, dare soddisfazione | *Fare i conti con qlcu.*, ottenere spiegazioni, riparazioni e sim. **6** (*fig.*) Considerazione, stima | *Tenere qlco. da c.*, conservarla con cura, darle importanza | *Persona da c.*, degna di stima | *Avere in buon*, *in gran c.*, stimare molto. **7** (*fig.*, *lett.*) Vantaggio, interesse, tornaconto: *noi ci troviamo il nostro c. a fare questo mestiere* (VERGA) | (*lett.*) *Tornare c.*, essere utile, conveniente | *Mette c.*, vale la pena | *Per c. di qlcu.*, da parte di qlcu. | *Per c. mio*, *suo*, per quel che riguarda me, lui. **8** (*lett.*) Racconto, notizia. ‖ **PROV.** Conti chiari, amici cari. ‖ **contarèllo**, **conterèllo**, **dim.** | **conticìno**, **dim.**

†**cónto (2)** [av. 1294] **part. pass.** di *contare*; anche **agg.** ● Nei sign. del v.

cónto (3) [ant. fr. *cointe*, dal lat. *cŏgnitu(m)*. V. *cognito*; sec. XIII] **agg.** ● Noto, conosciuto | Chiaro.

†**cónto (4)** [lat. *cŏmptu(m)*, part. pass. di *cŏmere* 'unire, ordinare'; av. 1294] **agg.** ● Aggraziato, grazioso, gentile: *leggiadra e bella e di maniere conte* (ARIOSTO). ‖ †**contaménte**, **avv.** Acconciamente, leggiadramente; cautamente.

contofóndo [apposizione di *conto* (*corrente*) e *fondo* (*di investimento*)] **s. m.** (pl. *contofondi* o *contifondi*) ● (*econ.*) Conto corrente abbinato a un fondo comune d'investimento, tramite il quale i risparmi eccedenti una determinata soglia vengono automaticamente investiti dalla banca nel fondo stesso.

contòide [ingl. *contoid*, comp. di *con(sonan)t* 'consonante' e *-oid* 'oide'; 1982] **s. m.** ● (*ling.*) In fonetica, suono nella cui articolazione l'aria emessa dai polmoni incontra un'ostruzione parziale o totale dell'apparato articolatorio. **CONTR.** Vocoide.

contòrcere [lat. *contorquēre*, comp. di *cŭm* 'con' e *torquēre* 'torcere'; av. 1374] **A v. tr.** (coniug. come *torcere*) **1** Torcere ripetutamente e con energia: *c. i panni bagnati.* **SIN.** Attorcere, attorcigliare. **2** (*raro*, *poet.*) Rivolgere: *l'amata spada in sé stessa contorse* (PETRARCA). **SIN.** Ritorcere. **B v. rifl.** ● Torcersi, ripiegarsi su sé stesso, per dolore, sforzo e sim.: *si contorceva tutto dalle risa* | Divincolarsi.

contorciménto [1673] **s. m.** **1** Il contorcere, il contorcersi. **2** (*fig.*) Pensiero o espressione tortuosi, complicati, poco chiari: *non ti seguo nei tuoi contorcimenti.*

contornaménto [av. 1704] **s. m.** ● (*raro*) Il contornare | Contorno.

contornàre [comp. di *con-* e *tornare*; 1550] **A v. tr.** (*io contórno*) **1** Circondare, cingere, spec. con ornamenti: *una palizzata contorna lo stagno.* **2** (*est.*) Stare attorno: *è sempre contornato da amici* | (*est.*) Guarnire, ornare tutt'intorno: *l'arrosto è contornato di patate.* **B v. rifl.** ● Avere, tenere attorno a sé: *contornarsi di amici, di ammiratori.*

contornàto [1550] **part. pass.** di *contornare*; anche **agg.** **1** Nei sign. del v. **2** *Carattere c.*, carattere tipografico in cui i tratti sono sostituiti da una linea che segue il profilo lasciando in bianco la parte interna della lettera.

♦**contórno** [da *contornare*; sec. XIII] **s. m.** **1** Linea che circoscrive esternamente una figura o un'immagine: *i contorni netti di un viso*; *disegno, pittura dai contorni precisi, nitidi, sfumati* | (*fig.*, *spec. al pl.*) Caratteristica, tratto distintivo: *una vicenda dai contorni misteriosi, inquietanti, oscuri.* **2** Ciò che sta o si mette attorno a qlcu. o a qlco., spec. come ornamento: *un quadro con un c. di cherubini*; *una massa di capelli le faceva c. al viso* | Gruppo di persone che sta attorno a qlcu. o a qlco.: *un c. di curiosi, di adulatori*; *le donne facevano c. alla riunione* | *Di c.*, (*fig.*) secondario, di secondo piano: *personaggi, figure di c.* **3** Ciò che guarnisce una vivanda di carne o di pesce: *arrosto con c. di patate*; *sogliola con insalata per c.* **4** (*numism.*) Leggenda o serie di segni impressa al margine di monete e sim. **5** (*lett.*, *spec. al pl.*) Dintorni, vicinanze: *i contorni del convento formicolavan di popolo curioso* (MANZONI). ‖ **contornìno**, **dim.** | **contornùccio**, **dim.**

contorsióne [lat. *contortiōne(m)*, da *contŏrtus* 'contorto'; sec. XIV] **s. f.** **1** Il contorcere | Torsione ripetuta | Movimento forzato e innaturale del corpo: *una danza fatta di contorsioni.* **2** (*fig.*) Tortuosità, arzigogolo nell'espressione, nello stile e sim.: *le contorsioni di un verso.*

contorsionìsmo [da *contorsione*; 1965] **s. m.** **1** Esercizio consistente nel fare movimenti forzati e contorti del busto e degli arti. **2** (*fig.*) Atteggiamento poco lineare di chi cerca di destreggiarsi fra opinioni diverse.

contorsionista [1941] **s. m. e f.** (pl. m. *-i*) **1** Artista di circo specializzato in contorsionismo. **2** (*fig.*) Chi dà prova di contorsionismo.

contorsionìstico **agg.** (pl. m. *-ci*) ● Del contorsionismo o dei contorsionisti.

Contòrte [f. sost. pl. di *contorto*; 1929] **s. f. pl.** (sing. *-a*) ● Nella tassonomia vegetale, ordine di piante delle Dicotiledoni con i lobi della corolla contorti nel boccio (*Contortae*).

contòrto [vc. dotta, lat. *contŏrtu(m)*, part. pass. di *contorquēre* 'torcere'; av. 1446] **part. pass.** di *contorcere*; anche **agg.** **1** Attorcigliato, storto: *ramo c.* | Piegato in modo innaturale: *Operai ... contorti dallo sforzo* (D'ANNUNZIO). **CFR.** strepto-. **2** (*fig.*) Complicato, privo di naturalezza: *stile c.* | Difficile da comprendere: *ragionamento c.*; *carattere c.* ‖ **contortaménte**, **avv.**

contoterzista [da (*per*) *conto terzi*; 1987] **s. m. e f.** (pl. m. *-i*) ● Chi svolge un compito, un incarico, un lavoro per conto di altre persone.

†**cóntra** /'kontra*, 'kontra/ ● V. *contro* (*1*).

cóntra- [dal lat. *cŏntra* 'contro'] **pref.** ● Ha i significati di *contro-* con cui si alterna nell'uso, ma a differenza del quale vuole gener. il raddoppiamento della consonante semplice iniziale del secondo componente: *contrabbando, contraccolpo, contraggenio.*

contrabàsso ● V. *contrabbasso.*

contrabbandàre [da *contrabbando*; 1877] **v. tr.** **1** Introdurre una merce di contrabbando: *c. siga-*

rette, orologi. **2** (*est., fig.*) Fare apparire qlcu. o qlco. diverso da quello che è realmente. SIN. Spacciare.

contrabbandière [1497] **A** s. m. (f. *-a*) ● Chi esercita il contrabbando. **B** agg. ● Di contrabbandieri: *organizzazione contrabbandiera* | ***Nave contrabbandiera***, con cui si esercita il contrabbando.

contrabbàndo [comp. di *contra-* e *bando*; 1291] s. m. ● Importazione o esportazione di merci fatte eludendo il pagamento dei tributi dovuti: *esercitare il c.* | ***Di c.***, mediante contrabbando; introdotto o procurato mediante contrabbando: *sigarette di c.*; (*fig.*) furtivamente, di nascosto: *entrare, uscire di c.*

contrabbassista [1830] s. m. e f. (pl. m. *-i*) ● Chi suona il contrabbasso.

contrabbassìstico agg. (pl. m. *-ci*) ● (*mus.*) Che si riferisce al contrabbasso, alla musica per contrabbasso o ai contrabbassisti.

contrabbàsso o (*raro*) **contràbasso** [comp. di *contra-* e *basso*; av. 1535] s. m. **1** Grande strumento musicale a quattro o cinque corde, il più grave della famiglia degli archi | ***Voce di c.***, molto bassa e roca | (*scherz.*) ***Fare il c.***, russare sonoramente. ➡ ILL. **musica**. **2** Registro dell'organo. **3** (*est.*) Contrabbassista: *il primo c. dell'orchestra.*

†contrabbatterìa ● V. *controbatteria.*

†contracambiàre e *deriv.* ● V. *contraccambiare e deriv.*

contracarèna (o *-é-*) ● V. *controcarena.*

contracàssa [comp. di *contra-* e *cassa*] s. f. ● Negli orologi a doppia cassa, la cassa interna.

†contracàva o **†controcàva** [comp. di *contra-* e *cava*; 1521] s. f. ● (*mil.*) Cunicolo sotterraneo degli assediati opposto alla cava degli assalitori.

contraccambiàre o **†contracambiàre** [comp. di *contra-* e *cambiare*; av. 1557] v. tr. (*io contraccàmbio*) **1** Dare, fare, rendere qlco. in cambio di un'altra ricevuta: *c. un favore, un dono, un sentimento, i saluti, gli auguri.* **2** Ricompensare: *volle c. l'ospitalità con un regalo.*

contraccàmbio o **†contracàmbio** [1483] s. m. ● Il contraccambiare | (*est.*) Ciò con cui si contraccambia | ***In c.***, per contraccambiare, per ricompensare: *bisogna fargli un regalo in c. del favore che ci ha reso* | ***Rendere il c.***, contraccambiare; (*est.*) vendicarsi adeguatamente di un'offesa ricevuta, rendere la pariglia.

contraccàrico [comp. di *contra-* e *carico*; 1830] s. m. (pl. *-chi*) ● Carico che serve di contrappeso.

contraccàssa ● V. *controcassa.*

contraccettivo, (*evit.*) **contracettivo** [calco sull'ingl. *contraceptive*, comp. di *contra-* e (*con*)*ceptive*, dal lat. *conceptīvus* (V. *concettivo*); 1963] s. m.; anche agg. ● Antifecondativo, anticoncezionale.

contraccezióne [ingl. *contraception*, comp. del lat. *cŏntra* 'contro' e di (*con*)*ception* 'concezione'; 1968] s. f. ● Il complesso delle tecniche e delle pratiche utili a evitare la procreazione.

contracchiàve ● V. *controchiave.*

contraccólpo [fr. *contre-coup*; 1621] s. m. **1** Urto, colpo di rimbalzo, conseguente a un altro urto o colpo: *colpì l'ostacolo e per il c. cadde a terra* | Rinculo di un'arma da fuoco. **2** (*fig.*) Ripercussione di un fatto, spec. importante e clamoroso: *il c. di un disastro finanziario, del blocco dei fitti.* SIN. Conseguenza.

†contraccòsta [comp. di *contra-* e *costa*; av. 1636] s. f. ● Costiera opposta a un'altra.

†contraccuòre [comp. di *contra-* e *cuore*; av. 1342] **A** s. m. ● Malincuore | Crepacuore. **B** agg. ● Doloroso.

contraccùsa ● V. *controaccusa.*

contracettivo ● V. *contraccettivo.*

contracièlo [comp. di *contra-* e *cielo*; av. 1938] agg. inv. ● (*raro, lett.*) Contraereo: *bossoli del tiro c.* (D'ANNUNZIO).

contràda [lat. parl. **contrāta(m)* '(regione) che sta di fronte', poi 'regione vicina', da *cŏntra* 'di fronte'; sec. XII] s. f. **1** (*region.*) Strada di luogo abitato: *il diavolo … è giù in fondo alla c.* (MANZONI). **2** Anticamente, rione, quartiere | Attualmente, a Siena, ognuno dei quartieri in cui si divide la città e che si disputano il Palio. **3** (*poet.*) Paese, regione: *or volge / omai 'l quint'anno ch'esule m'aggiro / per le greche contrade* (FOSCOLO). ‖ **contradàccia**, pegg.

contradaiòlo o **†contradaiuòlo** [1865] **A** s. m. (f. *-a*) ● (*region.*) Chi abita la medesima contrada di altri | A Siena, chi appartiene a ciascuna delle contrade. **B** anche agg.

contraddànza [fr. *contredanse*, dall'ingl. *country-dance* 'ballo di campagna'; 1669] s. f. ● Antico ballo figurato, danzato da coppie schierate su due file contrapposte.

contraddàta e *deriv.* ● V. *controdata e deriv.*

contraddènte [comp. di *contra-* e *dente*] s. m. ● Pezzo di costruzione con sporgenze e cavità per essere unito a un altro.

contraddétto o **†contradditto**, (*raro*) **contradétto** [sec. XIV] **A** part. pass. di *contraddire*; anche agg. ● Nei sign. del v. | Contrastato, confutato. **B** s. m. ● †Resistenza.

contraddicènte o **†contradicènte** [av. 1342] **A** part. pres. di *contraddire*; anche agg. **1** Nei sign. del v. | (*est., raro*) Avversario. **2** †Contrastante. **B** s. m. ● †Contraddittore: *il contradicente non potrà contradire a questi sermoni* (BRUNO).

†contraddìcere ● V. *contraddire.*

†contraddiciménto o **†contradiciménto** [av. 1292] s. m. ● Contraddizione | (*est.*) Contrasto.

†contraddicitóre [dal lat. *contradīcere* 'contraddire'; av. 1292] s. m.; anche agg. (f. *-trice*) ● (*raro*) Chi (o Che) contraddice.

contraddire o **†contraddicere**, **†contradicere**, (*lett.*) **contradire** [lat. *contradīcere* 'parlare contro', comp. di *cŏntra* 'contro' e *dīcere* 'dire'; 1282] **A** v. tr. e (*lett.*) intr. (imperat. *contraddici*; nelle altre forme coniug. come *dire*; aus. *avere*) **1** Dire il contrario di quello che dice un altro: *contraddice sempre tutto e tutti*; *contraddir voleva / … al moribondo* (LEOPARDI). SIN. Confutare, contestare. **2** Essere in contrasto, in opposizione, riferito spec. a opinioni, azioni, atteggiamenti e sim.: *lo sguardo contraddiceva le parole che stava pronunciando*; *il suo comportamento contraddice ai suoi principi* | ***C. sé stesso***, (*lett.*) ***a sé stesso***, contraddirsi. SIN. Contrastare. **B** v. tr. ● †Negare, rifiutare: *il Re li contradisse a moglie la Prenzessa della Morea* (VILLANI). **C** v. rifl. rec. ● Fare affermazioni contrastanti: *i due testimoni si contraddicono.* **D** v. rifl. ● Dire, fare il contrario di quanto precedentemente detto o fatto: *si contraddice spesso.*

contraddistìnguere [comp. di *contra-* e *distinguere*; 1587] **A** v. tr. (coniug. come *distinguere*) **1** Distinguere mediante un segno particolare: *contraddistinse il libro con le sue iniziali* | (*fig.*) Caratterizzare, contrassegnare: *è un atteggiamento che l'ha sempre contraddistinto*; *una notevole acutezza contraddistingue le vostre osservazioni.* **2** (*raro, lett.*) Distinguere. **B** v. intr. pron. ● Distinguersi, segnalarsi, caratterizzarsi: *un tratto autostradale che si contraddistingue per la sua pericolosità.*

†contraddìtto ● V. *contraddetto.*

contraddittóre o **†contraditóre**, **contraddittóre** [vc. dotta, lat. tardo *contradictōre(m)*, da *contradīcere* 'contraddire'; av. 1342] s. m. (f. *-trice*) **1** Chi contraddice | Chi partecipa a un contraddittorio. **2** (*dir.*) Chi è parte del contraddittorio: *comparsa, intervento in giudizio di un c.*

contraddittorietà [1951] s. f. ● Carattere contraddittorio.

contraddittòrio o (*raro* o *lett.*) **contradittòrio** [vc. dotta, lat. tardo *contradictōriu(m)*, da *contradīcere* 'contraddire'; av. 1342] **A** agg. **1** Di ciò che si trova in contraddizione con sé stesso o con altro: *affermazioni contraddittorie* | (*filos.*) ***Proposizioni contraddittorie***, sistema di due proposizioni di cui l'una nega ciò che l'altra afferma. **2** (*fig.*) Incerto, pieno di contrasti, ambiguo: *sentimento, carattere, personaggio c.* ‖ **contraddittoriaménte**, avv. **B** s. m. **1** Discussione tra due persone che sostengono opinioni contrarie: *un c. tra esperti* | (*lett.*) ***Stare a contraddittorio***, discutere, disputare: *l'orgoglio mio sdegnava di stare a contraddittorio con l'oste* (FOSCOLO). **2** (*dir.*) Confronto effettivo o virtuale tra le parti in causa: ***instaurare il c.***, mettere la controparte in grado di partecipare attivamente al processo.

contraddizióne o (*lett.*) **contradizióne** [vc. dotta, lat. *contradictiōne(m)*, da *contradīcere* 'contraddire'; 1308] s. f. **1** Contrasto logico, incoerenza: *essere, trovarsi, cadere in c.*; *cogliere qlcu. in c.* | ***Spirito di c.***, abitudine ostinata a contraddire sempre gli altri. **2** (*filos.*) Opposizione che di per sé esclude una via di mezzo | ***Principio di c.***, o ***principio di non c.***, principio logico in base al quale è impossibile che la stessa cosa sia e insieme non sia | ***C. in termini***, contraddizione che si manifesta nelle parole stesse usate enunciando un concetto (ad es. *un cerchio quadrato*). **3** (*fig.*) Condizione di contrasto continuo: *la sua vita è tutta una c.* | (*spec. al pl.*) Aspetto contrastante; incongruenza: *le contraddizioni del mondo contemporaneo.* **4** (*lett.*) Opposizione, resistenza: *senza romore o contradizione alcuna presa ne menò la Ninetta* (BOCCACCIO).

contraddòte ● V. *controdote.*

†contradiàre e *deriv.* ● V. *contrariare e deriv.*

†contradìcere e *deriv.* ● V. *contraddire e deriv.*

contradire e *deriv.* ● V. *contraddire e deriv.*

contraènte [sec. XIV] **A** part. pres. di *contrarre*; anche agg. ● Nei sign. del v. **B** s. m. e f. ● (*dir.*) Chi conclude o ha concluso un negozio giuridico, spec. un contratto.

†contraère ● V. *contrarre.*

contraèrea [f. sost. di *contraereo*; 1941] s. f. ● Artiglieria contraerea.

contraèreo [comp. di *contr(o)* e *aereo* (*2*); 1916] agg. ● Che serve attivamente a impedire o contrastare l'azione offensiva di aeromobili in volo: *tiro c.*; *difesa contraerea* | ***Artiglieria contraerea***, utilizzata contro gli attacchi aerei.

contrafagòtto ● V. *controfagotto.*

†contrafàre e *deriv.* ● V. *contraffare e deriv.*

†contraffàccia [comp. di *contra-* e *faccia*; av. 1642] s. f. ● Ciò che è posto di fronte a un'altra cosa.

contraffacènte o **†contrafacènte**, **†contrafaciènte** [av. 1580] part. pres. di *contraffare*; anche agg. e s. m. e f. ● Che (o Chi) contraffà: *i contrafacienti sottogiacciono alle pene statuite dalle leggi* (SARPI) | Falsario.

contraffaciménto o **†contrafaciménto** [av. 1406] s. m. ● (*raro*) Contraffazione | Imitazione.

†contraffacitóre o **†contrafacitóre** [av. 1566] s. m. (f. *-trice*) ● Contraffattore.

contraffàre o **†contrafàre** [comp. di *contra-* e *fare* (*1*); av. 1292] **A** v. tr. (*io contraffàccio* o *contraffò, tu contraffài, egli contraffà*; nelle altre forme, coniug. come *fare*) **1** (*raro*) Imitare qlcu., spec. con intenzioni scherzose o caricaturali: *Contraffaceva il volto di una monaca, l'andatura d'un'altra* (MANZONI) | (*gener.*) Imitare: *c. il canto del gallo, lo stile di un artista.* SIN. Scimmiottare | ***C. la voce***, alterarla per trarre in inganno: *gli telefonò contraffacendo la voce.* **2** Falsificare: *c. una firma, una scrittura, una merce, un quadro d'autore, un metallo, una moneta.* **3** †Ritrarre: *Lionardo … contraffece la voce, che un alcuni fiori dentro* (VASARI). **B** v. intr. ● †Disubbidire, contravvenire: *i Guelfi … cominciarono … a c. a' patti della pace* (COMPAGNI). **C** v. rifl. ● †Travestirsi, camuffarsi.

contraffàtto o **†contrafàtto** [av. 1348] part. pass. di *contraffare*; anche agg. **1** Nei sign. del v.: *firma contraffatta* | Sfigurato: *il volto … c. da un gonfiore* (D'ANNUNZIO) | Sconvolto, alterato: *voce contraffatta dall'ira.* **2** †Brutto, deforme: *uscinne un mostro c. e oscuro* (BOIARDO). **3** †Apocrifo.

contraffattóre o **†contrafattóre** [av. 1557] s. m. (f. *-trice*) ● Chi contraffà | Imitatore | Falsificatore.

†contraffattùra [av. 1712] s. f. ● Cosa contraffatta | Imitazione.

contraffazióne o **†contrafazióne** [1342] s. f. **1** Il contraffare | Imitazione, falsificazione: *c. di gesti, di voci, di quadri, di stampe, di scritture, di monete.* **2** †Violazione di ordini, leggi e sim. | †Rivolta.

contraffilàre [1887] v. tr. (*io contràffilo*) **1** Levare il contraffilo intorno alla suola della scarpa. **2** (*tess.*) Alternare i fili, grossi e sottili, scuri e chiari, nell'addoppiare la seta.

contraffilo [comp. di *contra-* e *filo*; 1887] s. m. ● Sottile striscia di suola sporgente intorno alla scarpa, da tagliar via col trincetto.

contraffórte [comp. di *contra-* e *forte*; av. 1465] s. m. **1** (*arch.*) Rinforzo in muratura decrescente verso l'alto costruito a sostegno di strutture sottoposte a notevoli spinte orizzontali. ➡ ILL. p. 2118 ARCHITETTURA; p. 2139 SCIENZE DELLA TERRA ED ENERGIA. **2** Ramificazione laterale di una catena montuosa. **3** Spranga di ferro per rinforzare la chiusura di porte o finestre. **4** Rinforzo di cuoio che si mette tra la fodera e il quartiere in pelle della scarpa.

contraffòsso ● V. *controfosso.*

contraggènio o (*lett.*) **controgènio** [comp. di *contra-* e *genio*; av. 1673] **s. m.** ● Avversione naturale, avversione verso qlcu. o qlco., spec. nelle loc. *di c.*, (*lett.*) *a controgenio*, malvolentieri, di malavoglia: *fare qlco. di c.*

contragguàrdia ● V. *controguardia.*

contràgo [comp. di *contr(o-)* e *ago*; 1956] **s. m.** (pl. *-ghi*) ● (*ferr.*) Rotaia laterale divergente di uno scambio contro la quale va ad accostarsi l'ago dello scambio stesso. ➡ ILL. p. 2168 TRASPORTI.

contraìbile [1584] **agg.** ● Che si può contrarre.

contràlbero [comp. di *contra-* e *albero*; 1940] **s. m.** ● (*mecc.*) Albero o asse sussidiario, che riceve il moto di rotazione generalmente dall'albero conduttore e lo trasmette all'albero condotto.

contraliseo ● V. *controaliseo.*

contraltàre [comp. di *contr(o-)* e *altare*; 1865] **s. m. 1** Altare eretto di fronte a un altro. **2** (*fig.*) Chi (o ciò che) serve a controbilanciare, a costituire un'alternativa rispetto ad altro o ad altri: *fare da c.*

contraltino [da *contralto*; 1865] **s. m.** ● (*mus.*) Tenore di mezzo carattere | Tenore molto acuto, adoperato nella parti amorose.

contraltista [da *contralto*; 1959] **s. m.** (pl. *-i*) ● Cantante di sesso maschile che sostiene parti di contralto con voce di falsetto (*c. artificiale*) o, fino al sec. XVIII, perché evirato (*c. naturale*).

contràlto o †**contr'àlto** [comp. di *contr(o-)* e *alto*; av. 1519] **A s. m.** ● (*mus.*) Voce femminile di registro più grave | Cantante dotata di tale voce. SIN. Alto. **B agg. inv.** ● (posposto al s.) (*mus.*) Detto di strumento musicale che, nella propria famiglia, ha funzione intermedia tra il soprano e il tenore: *sassofono, trombone c.*

contramandàre [comp. di *contra-* e *mandare*; av. 1348] **v. tr.** ● Dare un comando o un'ordine opposto o diverso da uno precedente.

contrammàrcia ● V. *contromarcia.*

contrammarèa [comp. di *contra-* e *marea*] **s. f.** ● Corrente marina opposta alla marea ordinaria.

contrammina ● V. *contromina.*

contramminàre ● V. *controminare.*

contrammiràglio [fr. *contre-amiral*; 1667] **s. m.** ● Primo grado della gerarchia degli ammiragli, corrispondente a quello di generale di brigata nell'esercito.

contrannaturàle ● V. *contronaturale.*

contrannitènte [vc. dotta, lat. tardo *contranitĕnte(m)*, part. pres. di *contranīti*, comp. di *cŏntra* 'contro' e *nīti* 'sforzarsi'; 1697] **agg.** ● Che fa forza contro un'altra forza.

contraparàre [comp. di *contra-* e *parare*; av. 1294] **v. intr.** ● Opporsi, controbattere.

contrapertùra [comp. di *contr(o-)* e *apertura*] **s. f.** ● Incisione che si pratica nella parte inferiore di una piaga per facilitarne lo scolo.

contrapesàre e *deriv.* ● V. *contrappesare* e *deriv.*

contraponiménto [sec. XIV] **s. m.** ● Contrapposizione.

contrapórre e *deriv.* ● V. *contrapporre* e *deriv.*

contrappassàre [comp. di *contra-* e *passare*; 1673] **v. intr. 1** Trasfondersi. **2** Trasgredire.

contrappàsso (1) [comp. di *contra-* e del lat. *păssus*, part. pass. di *păti* 'sopportare, soffrire'; 1313] **s. m. 1** Pena del taglione. **2** Nella Divina Commedia, corrispondenza, per contrasto o somiglianza, delle pene dei vari peccatori con le colpe commesse.

contrappàsso (2) [fr. *contre-pas*; av. 1494] **s. m.** ● Movimento di passo alternato nella danza del XV e XVI sec.

contrappèllo o **controappèllo** [fr. *contre-appel*; 1824] **s. m.** ● Secondo appello che si effettua per verificare l'esattezza di quello precedente | Controllo dei soldati presenti in caserma dopo il termine della libera uscita.

contrappèlo ● V. *contropelo.*

contrappesàre o (*lett.*) **contrapesàre** [comp. di *contra-* e *pesare*; av. 1294] **A v. tr.** (*io contrappéso*) **1** (*raro*) Bilanciare, equilibrare un peso con un altro | †Determinare il peso di qlcu. mediante una bilancia o soppesandola con le mani. **2** (*fig.*) Esaminare con cura una questione, una situazione e sim., valutandone vantaggi e svantaggi: *un nuovo impedimento, non che c. tutti quei vantaggi, li rendeva … inutili* (MANZONI). **B v. intr.** (aus. *essere* e *avere*) ● (*lett.*) Fare equilibrio, contrappeso (*anche fig.*): *il premio non contrappesa a il danno* (MACHIAVELLI). **C v. rifl. rec.** ● Equilibrarsi, pareggiarsi (*anche fig.*): *in questa scelta i vantaggi e gli svantaggi si contrappesano.*

contrappesàto o (*lett.*) **contrapesàto** [av. 1528] **part. pass.** di *contrappesare*; anche **agg.** ● Nei sign. del v. || **contrappesataménte**, **avv.** (*raro, fig.*) Ponderatamente, cautamente.

contrappéso o (*lett.*) **contrapéso** [comp. di *contra-* e *peso*; sec. XIV] **s. m. 1** In alcune macchine o costruzioni, carico cui si ricorre per controbilanciare l'azione delle forze. **2** (*fig.*) Chi (o ciò che) serve a bilanciare qualcos'altro: *la tua volontà fa da c. alla sua.*

contrapponìbile [dal lat. *contrapōnere* 'contrapporre'; 1865] **agg.** ● Che si può contrapporre.

contrappórre o †**contrapórre** [lat. *contrapōnere*, comp. di *cŏntra* 'contro' e *pōnere* 'porre'; av. 1333] **A v. tr.** (coniug. come *porre*) ● Mettere contro: *c. un ostacolo all'avanzata delle acque* | Opporre (*spec. fig.*): *c. la realtà ai sogni* | †Mettere a confronto: *c. città a città.* **B v. rifl.** ● Mettersi contro, in contrasto: *contrapporsi alla volontà di qlcu.* **C v. rifl. rec.** ● Essere in contrasto, in opposizione: *due punti di vista che si contrappongono.*

†**contrappòrta** ● V. *controporta.*

contrapposizióne [sec. XIV] **s. f. 1** Il contrapporre, il contrapporsi | Opposizione, contrasto. **2** (*filos.*) Conversione. **3** †Antitesi.

contrappósto o †**contrapósto** [sec. XIV] **A part. pass.** di *contrapporre*; anche **agg. 1** Nei sign. del v. **2** Contrastante, opposto: *argomenti, concetti contrapposti.* **B s. m.** ● (*raro*) Opposizione, contrasto: *fare da c. a qlcu. o qlco.*; *il c. di un'idea, di una parola.* SIN. Contrario.

†**contrappròccio** [fr. *contre-approche*; av. 1680] **s. m.** ● (*mil.*) Trincea difensiva per contrastare i lavori d'approccio dell'attaccante.

contrappuntàre o †**contrapuntàre** [1826] **v. tr.** ● (*mus.*) Scrivere o eseguire in contrappunto.

contrappunteggiàre [da *contrappunto*; 1614] **v. tr.** (*io contrappuntéggio*) ● (*mus.*) Comporre in contrappunto.

contrappuntista o †**contrapuntista** [1581] **s. m. e f.** (pl. m. *-i*) ● (*mus.*) Studioso, esperto di contrappunto.

contrappuntìstico [1884] **agg.** (pl. m. *-ci*) ● (*mus.*) Del contrappunto, basato sul contrappunto. || **contrappuntisticaménte**, **avv.** Secondo le regole del contrappunto.

contrappùnto o †**contrapùnto** [lat. mediev. (*ponere punctum*) *contra punctum* '(mettere nota) contro nota'; 1508] **s. m. 1** (*mus.*) Arte del comporre sovrapponendo più linee melodiche simultanee: *maestro di c.*; *il c. dello stile polifonico.* **2** (*est.*) Alternanza di temi, situazioni e motivi diversi in una sola e armonica composizione artistica: *c. filmistico* | (*fig.*) Contrasto. **3** (*fig.*) Accompagnamento | (*scherz.*) *Fare il c. a qlcu.*, scimmiottarlo. || **contrappuntino**, **dim.**

contrappunzonàre **v. tr.** (*io contrappunzóno*) ● Imprimere con il contrappunzone.

contrappunzóne [comp. di *contra-* e *punzone*] **s. m.** ● Blocchetto d'acciaio che porta alla sua estremità la figura incavata che il punzone corrispondente porta in rilievo.

†**contrapùnto** e *deriv.* ● V. *contrappunto* e *deriv.*

contràre (1) [dal fr. *contre*; 1956] **v. tr.** (*io cóntro*) ● Nel gioco del bridge, dichiarare il contre.

contràre (2) [dal fr. *contre*; 1982] **v. tr.** (*io cóntro*) ● Nel pugilato, colpire d'incontro | Nel calcio, contrastare l'azione offensiva dell'avversario.

contràrgine [comp. di *contr(o-)* e *argine*; av. 1644] **s. m.** ● Argine parallelo a un altro, di rinforzo all'argine principale.

contrària [f. sost. di *contrario*] **s. f.** ● Nella scherma, qualsiasi movimento che eluda le intenzioni difensive o offensive dell'avversario.

†**contrariaménto** o †**contradiaménto** [sec. XIV] **s. m.** ● Contrasto, resistenza.

contrariàre o †**contradiàre** [vc. dotta, lat. tardo *contrariāre*, da *contrārius* 'contrario'; sec. XIII] **A v. tr.** (*io contràrio*) **1** Contrastare, avversare, ostacolare: *c. i sentimenti, i propositi, i desideri di qlcu.* | (*est.*) Contraddire: *è inutile contrariarlo.* **2** Provocare fastidio, dispiacere, irritazione e sim.: *il suo comportamento mi ha molto contrariato.* SIN. Infastidire, irritare. **B v. intr.** (aus. *avere*) ● †Contrastare, opporsi a qlcu. | †*C. a qlco.*, confutarla. **C v. rifl. rec.** ● †Contraddirsi: *È impossibile che due verità si contrariino* (GALILEI).

contrariàto [1797] **part. pass.** di *contrariare*; anche **agg.** ● Nei sign. del v. | Irritato, seccato.

contrarietà [vc. dotta, lat. tardo *contrarietāte(m)*, da *contrārius* 'contrario'; 1304] **s. f. 1** (*lett.*) Opposizione: *la c. nasce dal contrasto* (CAMPANELLA). **2** (*raro*) Sfavore, avversità: *la c. delle stagioni, del tempo, del clima, della fortuna.* **3** (*spec. al pl.*) Impedimento, circostanza avversa: *superare ogni c.*; *le c. della vita* | Disgrazia, malasorte: *non lasciarsi abbattere dalle c.* **4** Sentimento di avversione: *prova una vera c. per questioni simili*; *ha manifestato la sua c. ai nostri progetti.*

♦**contràrio** o †**contràdio**, †**contràro** [vc. dotta, lat. *contrāriu(m)* 'che sta di fronte', da *cŏntra* 'contro'; sec. XII] **A agg. 1** Che è in opposizione, in contrasto: *pareri contrari*; *opinioni contrarie*; *idee contrarie al buon senso* | Che non è d'accordo, non è del parere di fare qlco.: *partito c. al referendum*; *sono c. a incontrarlo domani* | ***Bastian c.***, V. *bastian* | ***In caso c.***, altrimenti, nell'eventualità opposta. SIN. Contrapposto, opposto. **2** (*filos.*) ***Proposizioni contrarie***, in logica, sistema di due proposizioni universali uguali per il soggetto e il predicato di cui l'una è affermativa, l'altra negativa. **3** Che va in senso opposto: *movimento c.*; *vento, mare, c. alla navigazione*; *onda contraria*; *direzione contraria.* **4** Avverso, sfavorevole: *sorte, stagione contraria*; *i risultati gli sono stati contrari.* || **contrariaménte**, **avv.** In modo contrario: *contrariamente alle attese, alle previsioni*; *contrariamente a quanto mi aveva detto.* **B s. m. 1** Cosa contraria, opposta: *fa l'esatto c. di quello che dice* | ***Al c.***, †***per lo c.***, all'opposto, invece; tutt'altro, anzi (in formule di cortesia): *'Ti spiace se viene anche mia moglie?' 'Al c.!'* | ***Avere qlco. in c.***, avere delle obiezioni da muovere. **2** †Avversità, tribolazione, infortunio. **3** (*raro, lett.*) †Avversario. **C avv.** ● †Contrariamente.

†**contrariòso** o †**contradiòso** [av. 1294] **agg.** ● Contrario.

contrarmellino [calco sul fr. *contre-hermine*; 1887] **s. m.** ● (*arald.*) Pelliccia nera sparsa di macchie bianche.

†**contràro** ● V. *contrario.*

contràrre o †**contràere** [lat. *contrăhere*, comp. di *cŭm* 'con' e *trăhere* 'trarre'; av. 1306] **A v. tr.** (coniug. come *trarre*) **1** Restringere, raggrinzare, corrugare: *c. le sopracciglia, le labbra, il volto.* **2** Prendere: *c. un vizio, un'abitudine*; *c. una malattia* | Assumere: *c. un obbligo, un debito* | Stringere: *c. un'amicizia, una relazione*; *c. familiarità, intimità con qlcu.* **3** Stabilire concordemente: *c. un patto* | ***C. matrimonio***, sposarsi. **4** †Radunare, mettere insieme. **B v. intr. pron. 1** Rattrappirsi, raggrinzarsi, corrugarsi: *il viso gli si contrasse in una smorfia.* **2** (*ling.*) Fondersi insieme, di due o più suoni vocalici, in un'altra vocale o in un dittongo.

†**contràrte** [comp. di *contro-* e *arte*; 1661] **s. f.** ● Artificio che tende a vincere quello d'altri.

contras /sp. 'kontras/ [vc. sp., dal lat. *cŏntra* 'contro'; 1983] **A s. m. pl. 1** Guerriglieri del Nicaragua che, negli anni '80 del Novecento, combattevano il movimento rivoluzionario sandinista | (*est.*) In alcune regioni dell'America centrale, movimento antirivoluzionario di lotta armata. **2** (*est.*) Oppositori, dissidenti politici. **B** anche **agg.**: *guerriglieri c.*

contrasbarràto [comp. di *contra-* e *sbarrato*] **agg.** ● Detto di scudo diviso diagonalmente in due campi con sbarre contrapposte di due colori.

contrascàrpa ● V. *controscarpa.*

contrascritta ● V. *controscritta.*

†**contrasfòrzo** [comp. di *contra-* e *sforzo*] **s. m.** ● Sforzo esercitato in senso contrario a un altro.

contrassàlto [comp. di *contr(o-)* e *assalto*; 1914] **s. m.** ● (*mil.*) Reazione immediata svolta dai rincalzi per respingere l'assalitore penetrato in una posizione difensiva.

contrassegnàre [da *contrassegno* (*1*); 1520] **v. tr.** (*io contrasségno*) **1** Indicare, distinguere mediante contrassegno: *contrassegnò con un asterisco le note aggiunte allo scritto.* **2** (*fig.*) Caratterizzare, contraddistinguere: *quell'epoca fu contrassegnata da numerose guerre.*

contrassegnàto [1520] **part. pass.** di *contrassegnare*; anche **agg.** ● Nei sign. del v. | (*fig.*) Caratterizzato.

contrasségno (1) [comp. di *contra-* e *segno*;

av. 1348] s. m. *1* Segno particolare che serve per segnalare, riconoscere, distinguere una cosa o una persona: *portava un fiore rosso per c.*; *apporre, mettere un c. a qlco.* SIN. Distintivo. *2* (*fig.*) Attestato, testimonianza, prova: *c. di stima, di affetto.*

contrasségno (2) o **còntr'asségno** o **controassegno** [comp. di *contra-* (o *contro-*) e *assegno* nel sign. 4; 1950] loc. avv. ● Con pagamento all'atto del ritiro della merce: *ordinare, comprare, qlco. c.*; *spedire un libro c.*

contrassoggètto ● V. *controsoggetto.*

contrastàbile [da *contrastare*; av. 1729] agg. ● Che si può contrastare.

†**contrastaménto** [sec. XIV] s. m. ● Contrasto.

contrastàmpa e *deriv.* ● V. *controstampa* e *deriv.*

contrastànte [sec. XIV] **A** part. pres. di *contrastare*; anche agg. ● Che contrasta, che è in contrasto: *idee contrastanti* | Che fa contrasto: *colori contrastanti.* **B** s. m. e f. ● (*raro*) Oppositore.

contrastàre [lat. *cŏntra stāre* 'mettersi contro'; av. 1292] **A** v. tr. *1* Avversare, ostacolare, cercare di impedire la realizzazione o il raggiungimento di qlco.: *c. una vittoria, un successo, un premio, il passo, un amore* | Negare, contestare: *nessuno ti contrasta il diritto di uscire.* *2* (*raro, lett.*) Combattere, assalire (*anche fig.*): *i ghibellini ... andavano tutti ... a contrastare i guelfi* (VILLANI) | ***Contrastarsi qlco.***, (con valore reciproco) disputarsi, contendersi: *contrastarsi la vittoria, un premio*; *globi di fumo che si contrastavano l'atmosfera delle sale* (VERGA). **B** v. intr. (aus. *avere*) *1* (*lett.*) Opporsi, resistere, fare impedimento: *rade volte adiven ch'a l'alte imprese / fortuna ingiuriosa non contrasti* (PETRARCA). *2* Discutere, litigare: *contrastò a lungo col venditore.* *3* Essere in conflitto, in disaccordo: *i loro giudizi contrastano completamente*; *il suo comportamento contrasta con l'opinione che si ha di lui.* *4* (*lett.*) Combattere, lottare (*anche fig.*): *cavalier perfetto / da poter contrastar col Saracino* (ARIOSTO); *c. con la morte, col male.* **C** v. rifl. rec. ● Avversarsi l'un l'altro | Ostacolarsi, opporsi: *Freddo e freddo non si contrastano* (BARTOLI).

contrastàto [av. 1363] part. pass. di *contrastare*; anche agg. *1* Nei sign. del v. *2* Combattuto, ostacolato: *successo c.*; *amore c.* *3* Detto di fotografia in cui le luci e le ombre risultano nettamente. ‖ **contrastataménte**, avv.

contrastivo [ingl. *contrastive*, da *contrast* 'contrasto'; 1966] agg. ● (*ling.*) Distintivo, oppositivo: *la funzione contrastiva dell'accento italiano* (ad es. *pàrlo-parlò*) | ***Analisi contrastiva***, analisi comparativa di due lingue a vari livelli (fonologico, morfologico, sintattico e semantico), per metterne in evidenza le differenze e i contrasti.

contràsto [da *contrastare*; av. 1342] s. m. *1* Impedimento, ostacolo | Nel calcio e sim., intervento di un giocatore che mira a neutralizzare l'azione di un avversario. *2* Discordia, disaccordo: *venire in, a c. con qlcu.*; *mettere in c. due persone*; *i soliti contrasti familiari* | ***Senza c.***, senza resistenza, senza opposizione | (*est., lett.*) Lotta, battaglia. *3* (*fig.*) Conflitto interiore: *un'anima turbata da continui contrasti.* *4* Contrapposizione, disaccordo di cose diverse fra loro: *il c. delle luci e delle ombre*; *un c. di colori, di tinte*; *con la faccia squallida ... in c. col largo sorriso scemo, beato* (PIRANDELLO). *5* Proprietà di eliminare i toni grigi intermedi di una pellicola o in una carta fotosensibile: *pellicola, carta, stampa a c.* | Rapporto tra i valori di luminosità massima e minima di un'immagine fotografica e televisiva | (*fam.*) Nei televisori, comando che consente di aumentare o diminuire i toni grigi intermedi dell'immagine. *6* (*letter.*) Componimento poetico dialogato in cui è svolta una disputa tra persone od oggetti inanimati di valore simbolico. SIN. Altercazione. *7* (*med.*) ***Mezzo di c.***, sostanza dotata di trasparenza ai raggi X diversa da quella dei tessuti del corpo umano che, introdotta nelle cavità naturali di questo, rende visibili organi e apparati organici all'esame radiologico.

contrattàbile [da *contrattare*; 1584] agg. ● Che si può contrattare: *prezzo c.*

contrattaccàre [comp. di *contr(o-)* e *attaccare*; 1953] v. tr. (*io contrattàcco, tu contrattàcchi*) ● Rispondere a un attacco con un altro attacco (*anche assol. e fig.*): *c. il nemico*; *l'esercito contrattaccò su tutto il fronte*; *la giunta contrattacca sul piano regolatore.*

contrattàcco [fr. *contre-attaque*; 1824] s. m. (pl. *-chi*) *1* (*mil.*) Reazione offensiva per stroncare un attacco nemico. *2* In vari sport, azione di risposta a un attacco. *3* (*fig.*) In una polemica, una discussione e sim., vivace reazione fondata su nuovi elementi: *l'avversario è passato al c.* SIN. Replica.

†**contrattaménto** [av. 1311] s. m. ● Contrattazione.

contrattàre [da *contratto* (2); sec. XIV] v. tr. *1* Trattare insieme con qlcu. una vendita, un acquisto, uno scambio e sim.: *c. un terreno, un cavallo, una partita di canapa* | (*assol.*) Trattare, mercanteggiare: *è molto abile nel c.*; *accettò subito, senza stare a c.* *2* (*est.*) Discutere o pattuire mediante una trattativa: *I padri ... da sé contrattano i maritaggi* (BARTOLI).

contrattatóre [av. 1588] s. m. (f. *-trice*) ● (*raro*) Chi contratta.

contrattazióne [av. 1540] s. f. ● Operazione del contrattare | Trattativa | ***C. collettiva***, nel mondo del lavoro, quella che si svolge tra organizzazioni sindacali e Governo o Confindustria: *c. collettiva sul costo del lavoro* | (*borsa*) Compravendita: *c. di titoli.*

contrattèmpo [comp. di *contra-* e *tempo*; 1553] s. m. *1* Caso, circostanza e sim. che si verifica in un momento inopportuno impedendo la realizzazione o il normale svolgimento di qlco.: *a causa di un c. non gli è stato possibile partire.* SIN. Contrarietà, inconveniente. *2* (*mus.*) Controtempo.

contràttile [da *contratto* (1); av. 1704] agg. ● Che può contrarsi: *fibra c.*

contrattilità [1865] s. f. ● Capacità di alcuni elementi di ridurre, se stimolati, le proprie dimensioni.

contrattìsta [da *contratto* (2); 1956] s. m. e f. (pl. m. *-i*) ● Nel vecchio ordinamento universitario italiano, chi ricopriva, con contratto a termine, l'attuale ruolo di ricercatore scientifico.

contrattìstica [da *contratto* (2)] s. f. ● Attività di definizione e gestione di contratti di noleggio, spec. nelle agenzie marittime.

contràtto (1) [av. 1348] part. pass. di *contrarre*; anche agg. ● Nei sign. del v. | Teso, rattrappito: *volto c.*; *labbra contratte.* ‖ †**contrattaménte**, avv. Con contrazione.

♦**contràtto** (2) [vc. dotta, lat. tardo *contrăctu(m)*, sostantivo da *contrăhere* 'contrarre'; 1243] s. m. *1* (*dir.*) Accordo fra due o più persone per costituire, modificare, estinguere un rapporto giuridico patrimoniale: *c. aleatorio, associativo, reale, d'opera, di gioco, di agenzia*; *stipulare, sottoscrivere, concludere un c.* | (*est.*) Documento su cui è scritto tale accordo: *firmare il c.* | ***C. di formazione e lavoro***, contratto di lavoro subordinato caratterizzato dalla durata a termine e dalla funzione di favorire l'inserimento dei giovani nel mondo del lavoro e la loro formazione professionale | ***C. di solidarietà***, accordo sindacale mirante a evitare o limitare la riduzione di personale presso un'azienda o ad aumentarne l'organico | ***C. d'area***, accordo di pianificazione e realizzazione di interventi integrati nei settori dell'industria e dei servizi per la promozione dello sviluppo di un comprensorio omogeneo. CFR. Patto territoriale. *2* (*gener., est.*) Patto, accordo | ***C. collettivo di lavoro***, quello stipulato fra associazioni di lavoratori e datori di lavoro per disciplinare gli aspetti normativi ed economici dei rapporti individuali di lavoro. *3* (*filos.*) ***C. sociale***, secondo il contrattualismo, accordo in base al quale gli uomini hanno deciso di abbandonare lo stato di natura per dare vita alla società civile e allo Stato. *4* Nel gioco del bridge, l'impegno che una coppia di giocatori assume di realizzare un determinato numero di prese. ‖ **contrattino**, dim. | **contrattóne**, accr. | **contrattùccio**, dim.

contrattuàle [fr. *contractuel*, da *contrat* 'contratto (2)'; 1848] agg. ● Pertinente a un contratto o a una contrattazione: *clausola, responsabilità c.*; *potere, forza c.* | ***Autonomia c.***, libertà delle parti di determinare il contenuto del contratto nei limiti posti dalla legge | ***Danno c.***, conseguente all'inadempimento degli obblighi derivanti da un contratto. ‖ **contrattualménte**, avv. In seguito a contratto, per contratto.

contrattualìsmo [da *contrattuale*; 1940] s. m. ● Dottrina politica e giuridica dei secc. XVI-XVIII fondata sui principi del contratto sociale.

contrattualìstica [da *contrattuale*] s. f. ● Tecnica e normativa che riguarda la stesura dei contratti, spec. in campo commerciale internazionale.

contrattùra [vc. dotta, lat. *contractūra(m)*, da *contrăctus*, part. pass. di *contrăhere* 'contrarre'; 1570] s. f. ● (*med.*) Stato di contrazione involontaria, durevole, della muscolatura striata.

†**contrausànza** [comp. di *contra-* e *usanza*; sec. XIV] s. f. ● Scostumatezza.

contravàio [comp. di *contra-* e *vaio*; 1964] s. m. ● (*arald.*) Pelliccia nella quale i pezzi d'argento e d'azzurro, che la compongono, si oppongono punta a punta e base a base.

†**contravvalére** [comp. di *contra-* e *valere*; sec. XIV] v. tr. e intr. ● Essere equivalente: *una gemma tanto preziosa che contravalesse a tutto l'oro del mondo* (BRUNO).

contravvelèno o **controvelèno** [comp. di *contra-* e *veleno*; 1582] s. m. *1* Antidoto. *2* (*fig., lett.*) Rimedio: *la sua dolcissima vista ... c. all'asprezza della mia solitudine* (ALFIERI).

contravvenire [lat. mediev. *contravenire*, comp. di *cŏntra* 'contro' e *venīre* 'venire'; sec. XIII] v. intr. (coniug. come *venire*; aus. *avere*) (+ *a*) ● Disobbedire, trasgredire: *c. a un obbligo, a una regola, a un comando, a una legge* | Andare contro, disattendere: *continuavo a c. ai miei proponimenti e non me ne accorgevo* (SVEVO).

contravvènto ● V. *controvento.*

contravventóre [1781] s. m. (f. *-trice*) *1* (*dir.*) Chi ha commesso una o più contravvenzioni | ***C. abituale***, chi è particolarmente dedito alla commissione di contravvenzioni | ***C. professionale***, chi trae una fonte stabile di guadagno commettendo abitualmente reati di contravvenzione. *2* Correntemente, chi contravviene al disposto di una norma. SIN. Trasgressore.

contravvenùto part. pass. di *contravvenire* ● Nei sign. del v.

contravvenzióne [da *contravvenire*; av. 1540] s. f. *1* (*raro*) Il contravvenire | Trasgressione: *mille contravvenzioni alle antiche regole della sintassi* (LEOPARDI). *2* (*dir.*) Violazione della legge penale per cui sono previste le pene dell'arresto e dell'ammenda: *conciliare una c.* *3* Correntemente, la contestazione di una violazione della legge e il pagamento della somma che, in dati casi, consente di estinguere la violazione stessa: *fare, elevare una c.*; *pagare una c.* SIN. Multa.

contravvìso o **controavvìso** [comp. di *contr(o)-* e *avviso*; 1865] s. m. ● Contrordine.

contrazióne [lat. *contractiōne(m)*, da *contrăhere* 'contrarre'; sec. XIV] s. f. *1* Il contrarre, il contrarsi | Corrugamento, raggrinzamento: *c. del viso, della fronte* | (*med.*) ***C. muscolare***, capacità degli elementi muscolari di ridurre le proprie dimensioni sotto lo stimolo di agenti appropriati | ***Contrazioni uterine***, quelle che provocano l'espulsione del feto nel parto. *2* (*ling.*) Fusione di due vocali che si incontrano | ***C. delle parole***, per fusione delle vocali o per sincope. *3* (*fig.*) Diminuzione, calo: *la c. dei prezzi delle importazioni* | (*idraul.*) Riduzione della sezione della corrente fluida che fuoriesce da un'apertura praticata in un bacino. *4* (*raro*) Assunzione: *c. di un debito.*

contre /fr. 'kɔ̃:trə/ [vc. fr., 'contro'; 1940] s. m. inv. ● Nel gioco del bridge, parola con cui un giocatore comunica all'avversario che non ritiene mantenibile il contratto per cui l'avversario stesso si è impegnato.

contribuènte [av. 1729] **A** part. pres. di *contribuire* ● Nei sign. del v. **B** s. m. e f. ● Il cittadino, in quanto paga imposte e tasse: *obbligo del c.*; *ruolo dei contribuenti.*

†**contribuiménto** [av. 1646] s. m. ● Contribuzione.

♦**contribuìre** [lat. *contribuĕre*, comp. di *cŭm* 'con' e *tribuĕre* 'attribuire'; 1366] **A** v. intr. (*io contribuìsco, tu contribuìsci*; aus. *avere*) ● Cooperare, prendere parte: *c. a un'impresa, alle spese pubbliche, al progresso* | Concorrere: *l'attesa contribuisce ad accrescere l'ansia.* **B** v. tr. ● †Dare insieme con altri: *que' pochi che possono c. onori e denaro* (FOSCOLO).

contributivo [av. 1884] agg. ● Relativo a contributo, a contribuzione: *capacità contributiva.*

contribùto [lat. *contribūtu(m)*, part. pass. di *contribuĕre* 'contribuire'; 1673] s. m. *1* Ciò che ciascuno offre per il raggiungimento di un fine comune: *c. finanziario*; *c. in denaro, in lavoro*; *offrire un c.*

alle spese pubbliche; *recare il proprio c. a chi soffre.* **2** (*dir.*) Somma obbligatoriamente dovuta a un ente pubblico da chi si avvantaggia di un'attività di pubblica utilità dallo stesso ente compiuta: *c. per il recupero funzionale igienico-sanitario*; *c. per il recupero artistico* | **C. previdenziale**, nel rapporto di assicurazione sociale, somma trattenuta sulla retribuzione del lavoratore o addebitata al datore di lavoro e dovuta all'istituto assicuratore. **3** Saggio, ricerca o sim. che sviluppa o completa uno studio più ampio: *contributi all'antropologia*.

contributóre [av. 1667] **s. m.** (f. *-trice*) ● (*raro*) Chi contribuisce.

contribuzióne [vc. dotta, lat. tardo *contributiōne(m)*, da *contribūtum* 'contributo'; 1366] **s. f. 1** Il contribuire | Versamento di contributi, di imposte | Cooperazione, concorso. **2** (*raro*) Contributo, quota: *i parenti non andavano esenti da una c.* (MURATORI).

contrina [da *contro*; 1622] **s. f.** ● Ciascuna delle corde che tengono tesa una rete da uccelli.

contristaménto [av. 1292] **s. m.** ● (*raro*) Il contristare, il contristarsi | Afflizione.

contristàre [vc. dotta, lat. *contristāre*, comp. parasintetico di *trīstis* 'triste'; 1313] **A v. tr. 1** (*lett.*) Rendere triste, affliggere profondamente: *una grave sciagura contristò la sua vita*. **2** (*lett.*) †Molestare: *l'aura morta / che m'avea contristati li occhi e 'l petto* (DANTE *Purg.* I, 17-18). **B v. intr. pron.** ● (*lett.*) Diventare triste, malinconico: *contristarsi per una brutta notizia*.

contristatóre [av. 1311] **s. m.** (f. *-trice*) ● (*raro*) Chi contrista.

†**contristazióne** [vc. dotta, lat. tardo *contristatiōne(m)*, da *contristāre* 'contristare'; sec. XIV] **s. f.** ● Afflizione.

contrìto [vc. dotta, lat. *contrītu(m)*, part. pass. di *contĕrere*. V. *conterere*; av. 1306] **agg. 1** Profondamente pentito, mortificato | Che esprime pentimento: *atteggiamento c.* **2** (*lett.*) Affranto, oppresso: *il fare vacillante e c. d'un generale che capitola* (NIEVO). || **contritaménte**, **avv.** Con pentimento, contrizione.

contrizióne [vc. dotta, lat tardo *contritiōne(m)*, da *contrītus* 'contrito'; 1300 ca.] **s. f. 1** Sentimento di rimorso e di amaro pentimento per una colpa commessa: *in questo punto ricevo lettera ... tutta piena di c.* (MONTI). **2** Nel sacramento della penitenza, forma perfetta di pentimento, che consiste nel dolore dell'animo e nella detestazione del peccato commesso, con il proposito di non peccare più in avvenire. **3** (*lett.*) Umiltà, compunzione: *con umiltade e contrizion di cuore* (ARIOSTO).

•**cóntro** (**1**) o (*lett.*) †**cóntra** [lat. *cŏntra*, di orig. indeur.; sec. XIII] **A prep.** (unito ai pron. pers. atoni, si pospone al v.: *gli andò c.*) **1** Indica opposizione, contrasto, ostilità: *marciarono c. il nemico*; *ha agito c. il mio parere*; *la nostra squadra giocherà domani c. la vostra*; *è una cosa c. natura*; *scommettere dieci c. cento* | In relazione a sentimenti, esprime avversione: *odio c. qlcu.*; *essere, mettersi, andare c. qlcu.* | **C. voglia**, V. *controvoglia* | Nei confronti di: *tutelarsi c. i furti* | Regge il compl. di svantaggio: *s'era trovato costretto a ricorreggere e ripubblicare la solita grida c. i bravi* (MANZONI) | Anche nelle loc. prep. **c. di**, (*raro*) **c. a**: *c. di me*; *c. di lui*; *c. di voi*. **2** Indica movimento o azione diretti verso o addosso a qlcu. o qlco.: *iniziare l'attacco c. il nemico*; *ha battuto la testa c. lo stipite*; *la macchina è andata a schiantarsi c. il muro*; *puntò l'arma c. la belva e fece fuoco*; *mi venne c. con aria minacciosa* | Indica movimento in direzione contraria: *procedere c. vento* | **C. corrente**, V. *controcorrente* | **Parata di c.**, nella scherma, movimento circolare eseguito imprimendo un moto rotatorio alla punta dell'arma, in modo che il ferro dell'attaccante venga raccolto entro il giro del difensore. **3** Di fronte, davanti (indica un determinato stato o posizione): *teneva la faccia volta c. il muro*; *il profilo si disegnò netto c. lo sfondo della parete*; *gli si piantò c. a gambe larghe* | Indica contatto, appoggio: *spostò la poltrona c. il muro*. **4** In cambio di, dietro (in loc. proprie del linguaggio commerciale): *c. pagamento*, *c. ricevuta*, *c. assegno*. **B avv. 1** In modo contrario: *la proposta non mi soddisfa*: *parlerò, voterò c.* | In posizione ostile: *si accorse di avere tutti c.* | **Remare c.**, V. *remare*. **2** Nelle loc. avv. **di c.**, dirimpetto, di fronte: *la casa di c.* | In margine, di fianco, spec. nel linguaggio burocratico e commerciale: *annotare di c.* | **Per c.**, al contrario, all'opposto, invece: *uno acconsente, l'altro per c. rifiuta sistematicamente la sua approvazione*. **C** in funzione di **s. m. inv.** ● Nella loc. **il pro e il c.**, ciò che è in favore e ciò che è contrario: *valutare, pesare, considerare il pro e il c. di qlco.* **D** in funzione di **agg. inv.** ● (posposto a un s.) Che si dimostra fortemente contrario alle regole di un gruppo sociale, culturale, politico e sim. (dal film di F. Rosi *Uomini contro*, 1970): *uno scrittore c.*

cóntro (**2**) **s. m.** ● Adattamento di *contre* (V.).

cóntro- [dal lat. *cŏntra* 'contro'] **pref.** (*contr-* davanti a vocale) ● Indica: opposizione, reazione, replica (*controcorso*, *controffensiva*, *controquerela*, *controsenso*); movimento, azione, direzione contraria (*contropelo*, *controvento*); contrapposizione (*contrordine*); sovrapposizione, sostituzione (*controfigura*); controllo, riscontro, verifica (*contromarca*); rinforzo (*controtenore*).

controaccùṣa o **contraccùṣa** [comp. di *contro-* e *accusa*; 1551] **s. f.** ● Accusa mossa dall'accusato nei confronti dell'accusatore.

controalisèo o (*raro*) **contralisèo** [comp. di *contr(o-)* e *aliseo*; 1892] **A s. m.** ● Antialiseo. **B** anche **agg.**: *vento c.*

controappèllo ● V. *contrappello*.

controasségno ● V. *contrassegno* (*2*).

controavvìṣo ● V. *contravviso*.

controazióne [comp. di *contro-* e *azione*; 1922] **s. f. 1** Nella scherma, l'atto di portare un colpo sul finale di un'azione dell'avversario in modo da toccare senza essere toccato | (*est.*) Azione che mira a neutralizzare un'azione avversaria. **2** (*fig.*) Azione, iniziativa e sim., che si oppone subito a un'altra.

controbàttere [fr. *contre-battre*; 1941] **v. tr.** (coniug. come *battere*) **1** (*mil.*) Svolgere azione di controbatteria. **2** (*fig.*) Ribattere, replicare prontamente alle argomentazioni altrui: *c. le accuse dell'avversario*.

controbatterìa o †**contrabbatterìa** [fr. *contre-batterie*; 1582] **s. f.** ● (*mil.*) Azione dell'artiglieria diretta contro l'artiglieria del nemico.

controbattitóre [comp. di *contro-* e *battitore*; 1964] **s. m.** ● (*agr.*) Specie di griglia che col battitore costituisce l'organo operante della trebbiatrice.

controbattùta [comp. di *contro-* e *battuta*; av. 1950] **s. f.** ● Replica a una battuta altrui, spec. in un dialogo teatrale.

controbbilanciàre ● V. *controbilanciare*.

controbelvedére [comp. di *contro-* e *belvedere*; 1889] **s. m. inv.** ● (*mar.*) Piccola vela disposta sopra il belvedere. ➡ ILL. p. 2173 TRASPORTI.

controbilanciàre o (*lett.*) **contrabbilanciàre** [fr. *contre-balancer*, 1670] **A v. tr.** (*io controbilàncio*) **1** (*raro*) Equilibrare, contrappesare. **2** (*fig.*) Pareggiare, compensare: *lo svantaggio non controbilancia l'utile*. **B v. rifl. rec.** ● Bilanciarsi, pareggiarsi (*spec. fig.*): *due tentativi che si controbilanciano*.

controboccapòrto [comp. di *contro-* e *boccaporto*] **s. m.** ● (*mar.*) Pezzo di costruzione sul quale si sistemano i battenti del boccaporto.

controbóllo [comp. di *contro-* e *bollo*; sec. XVIII] **s. m.** ● (*raro*) Secondo bollo in riscontro al primo.

controbórdo [fr. *contre-bord*; 1887] **s. m.** ● (*mar.*) Posizione di navi che si incontrano seguendo rotte contrarie e parallele.

controbracciàre [da *controbraccio*; 1896] **v. tr.** (*io controbràccio*) ● (*mar.*) Orientare i pennoni in maniera opposta a quella precedente.

controbràccio [comp. di *contro-* e *braccio*; 1847] **s. m.** ● (*mar.*) Braccio di sopravvento nel pennone.

controbuffè **s. m.** ● Adattamento di *contro-buffet* (V.).

contro-buffet /kontroby'fɛ*/ [comp. di *contro-* e il fr. *buffet*; 1951] **s. m. inv.** ● Mobile posto dirimpetto al buffet, di cui ripete la forma, in dimensioni minori.

controcàmpo [comp. di *contro-* e *campo*, nel sign. cinematografico; 1942] **s. m. 1** (*cine*) Inquadratura ripresa da un punto di vista opposto a quello precedente. **2** (*fis.*) Campo elettrico che esercita un'azione di decelerazione sulle cariche elettriche che lo attraversano.

controcànto [comp. di *contro-* e *canto* (*1*); av. 1936] **s. m.** ● (*mus.*) Melodia secondaria che si sovrappone o sottopone al disegno melodico principale | **Fare il c.**, (*fig.*) alternarsi con qlcu. nel dire o fare qlco.: *mentre l'altro gli teneva bordone con un c. beffardo e pungente* (MONTALE).

controcarèna (o -é-) o **contracarèna** (o -é-) [comp. di *contro-* e *carena*; 1869] **s. f.** ● (*mar.*) Protezione subacquea delle grosse navi militari, costituita da cassoni stagni sporgenti dai fianchi della carena, per ridurre gli effetti di eventuali esplosioni subacquee di mine e siluri.

controcàrro o **controcàrri** [comp. di *contro-* e *carro*; 1956] **agg. inv.** ● Anticarro: *armi, mina c.*

controcartèlla [comp. di *contro-* e *cartella*; 1847] **s. f. 1** Cartella inferiore dell'orologio. **2** Nelle armi da fuoco portatili, piastra di metallo opposta alla cartella, per dare presa alle viti di questa.

controcàssa o **contraccàssa** [comp. di *contro-* e *cassa*; 1609] **s. f.** ● Seconda cassa, cassa che ne circonda un'altra per meglio assicurarne il contenuto.

controcaténa [comp. di *contro-* e *catena*; 1887] **s. f.** ● (*edil.*) Catena di rinforzo, nelle capriate.

†**controcàva** ● V. *contracava*.

controchiàma [comp. di *contro-* e *chiama*; 1865] **s. f.** ● Contrappello nel sign. 1.

controchiàve o **contracchiàve** [comp. di *contro-* e *chiave*; av. 1694] **s. f. 1** Seconda chiave di una stessa serratura | Chiave di una seconda serratura | Seconda mandata di una chiave. **2** Chiave falsa.

controchìglia [fr. *contre-quille*; 1865] **s. f.** ● Nelle navi in legno, elemento strutturale sovrapposto alla chiglia per aumentare la stabilità della nave e proteggere la chiglia.

controcommissióne [comp. di *contro-* e *commissione*] **s. f.** ● Commissione nominata per compiere un'inchiesta o una verifica sull'operato di un'altra.

controcopèrta [comp. di *contro-* e *coperta*; 1937] **s. f.** ● (*mar.*) Ponte completo sovrastante il ponte di coperta da poppa a prua.

controcorrènte o **cóntro corrènte**, nel sign. B [comp. di *contro-* e *corrente* (*2*); av. 1730] **A s. f.** ● Corrente che si muove in direzione opposta a un'altra vicina: *c. elettrica*; *controcorrenti marine*. **B avv.** ● In direzione contraria a quella di una corrente: *nuotare c.* | (*est.*) In senso contrario | **Andare c.**, (*fig.*) seguire opinioni o consuetudini contrarie a quelle comuni e generalmente diffuse.

controcrìtica [comp. di *contro-* e *critica*; av. 1729] **s. f.** ● (*lett.*, *raro*) Critica in risposta a un'altra.

controcultùra [comp. di *contro-* e *cultura*; 1971] **s. f.** ● Il complesso dei valori e delle manifestazioni culturali, tipici di settori giovanili o della contestazione, che si contrappongono alla cultura dominante.

controcùrva [comp. di *contro-* e *curva*; 1943] **s. f.** ● Curva che viene dopo un'altra curva e piega in senso opposto alla precedente.

controdàdo [comp. di *contro-* e *dado*; 1941] **s. m.** ● (*mecc.*) Dado sovrapposto a un altro per evitarne lo svitamento.

controdàta o (*raro*) **contraddàta** [fr. *contre-date*; 1865] **s. f. 1** Data aggiunta a uno scritto e posteriore alla prima data. **2** Data di registrazione o di arrivo di lettere, plichi e sim.

controdatàre o (*raro*) **contraddatàre** [1956] **v. tr.** ● Segnare una lettera con una controdata.

controdecréto [fr. *contre-décret*; 1865] **s. m.** ● Decreto che ne annulla o ne modifica uno precedente.

controdeduzióne [comp. di *contro-* e *deduzione*] **s. f.** ● In un giudizio, in un dibattito e sim., deduzione contraria a quella a cui è pervenuto l'avversario.

controdenùncia [comp. di *contro-* e *denuncia*] **s. f.** (pl. *-ce* o disus. *-cie*) ● (*dir.*) Denuncia presentata dal denunciato contro il denunciante.

controdichiarazióne [fr. *contre-déclaration*; 1887] **s. f. 1** Dichiarazione con cui le parti di un negozio giuridico riconoscono che questo è simulato. **2** Nel bridge, dichiarazione fatta in opposizione a quella di un avversario.

controdòte o **contraddòte** [comp. di *contro-* e *dote*; av. 1565] **s. f.** ● Un tempo, la dote costituita dal marito a favore della moglie.

controeccitàre [comp. di *contro-* ed *eccitare*] **v. tr.** (*io controèccito*) ● (*elettr.*) Eccitare in senso opposto: *c. un motore elettrico per invertirne il* *senso di marcia.*

controèlica [comp. di *contro-* ed *elica*; 1937] **s. f.** ● (*mar.*) Sistema di pinne collocate a proravia o a poppavia dell'elica per migliorarne il rendimento riducendo il moto rotazionale dell'acqua all'ingresso o all'uscita delle pale.

controeṣàme [comp. di *contro-* ed *esame*; 1988] **s. m.** ● (*dir.*) Nella fase dibattimentale del processo penale, interrogatorio di un imputato o di un testimone svolto da parte diversa da quella che ne aveva chiesto l'ammissione.

controeṣèmpio (o **-é-**) **s. m.** ● Caso, esempio contrario che smentisce un'affermazione o una regola.

controèṣodo [comp. di *contro-* e *esodo*; 1970] **s. m.** *1* Rientro in massa dai luoghi di villeggiatura. *2* (*est.*) Spostamento in massa in senso contrario a uno precedente: *il c. dei profughi.*

controfagòtto o **contrafagòtto** [comp. di *contro-* e *fagotto* (*2*); av. 1835] **s. m.** ● Strumento musicale a fiato con canna conica ripiegata e ancia doppia che suona un'ottava sotto il fagotto. ➡ ILL. **musica.**

controfàscia [comp. di *contro-* e *fascia*; 1865] **s. f.** (pl. *-sce*) ● (*mus.*) Parte degli strumenti ad arco che unisce il fondo al coperchio | Fascia di rinforzo.

controfasciàme [comp. di *contro-* e *fasciame*; 1889] **s. m.** ● (*mar.*) Rivestimento esterno del fasciame per dare maggiore robustezza e forme migliori allo scafo.

controfàṣe [comp. di *contro-* e *fase*; 1956] **A agg.** (pl. *-i* o **inv.**) ● (*fis.*) Di grandezze periodiche in opposizione di fase | Di circuito o dispositivo in cui agiscono tali grandezze. **B s. f.** ● (*fis.*) Opposizione di fase: *amplificatore in c.*

controfattuàle [vc. dotta, comp. di *contro-* e *fattuale*; 1968] **A agg.** ● (*filos.*) In logica e in filosofia del linguaggio, si dice di quegli enunciati ipotetici il cui antecedente esprime una condizione contraria all'effettiva realtà dei fatti: *se Hitler avesse vinto la 2ª guerra mondiale, oggi il mondo sarebbe diverso.* **B s. m.** ● Enunciato controfattuale: *semantica dei controfattuali.*

controffensiva [fr. *contre-offensive*; 1896] **s. f.** *1* (*mil.*) Azione offensiva susseguente a una situazione difensiva temporanea. *2* (*fig.*) Decisa, vigorosa reazione ad attacchi polemici: *iniziare la c.*; *passare alla c.* | Contrattacco: *la c. della Roma dopo aver subito un gol.*

controffensivo [1956] **agg.** ● Di controffensiva.

controffèrta [comp. di *contro-* e di *offerta*; 1963] **s. f.** ● In una trattativa spec. commerciale, offerta contrapposta a una precedente richiesta per ridurne o modificarne l'entità o le caratteristiche.

controfigùra [comp. di *contro-* e *figura*; 1942] **s. f.** ● Attore che, durante le riprese di un film, esegue scene acrobatiche, pericolose o scabrose in sostituzione di un attore principale | (*fig.*, *spreg.*) ***Essere la c. di qlcu.***, esserne il sostituto senza possederne però in egual misura le qualità.

controfilàre [comp. di *contro-* e *filare*; 1956] **s. m.** ● Nelle colture arboree consociate, filare di minore importanza e durata.

controfilètto [comp. di *contro-* e *filetto*; 1941] **s. m.** *1* Filetto disposto parallelamente a un altro, nei galloni, negli scudi araldici e in composizioni tipografiche. *2* Taglio di carne bovina tra il filetto e il girello.

controfilo [comp. di *contro-* e *filo*; 1956] **s. m.** ● Posizione trasversale di fibre, fili e sim. rispetto alla direzione del taglio.

controfinèstra [fr. *contre-fenêtre*; 1875] **s. f.** ● Intelaiatura a vetri sovrapposta alla finestra, per lo più dalla parte esterna, per meglio riparare dal freddo.

controfinta [comp. di *contro-* e *finta*; 1985] **s. f.** ● (*sport*) Finta opposta a una precedente | Finta con cui si risponde a una finta dell'avversario.

controfiòcco [comp. di *contro-* e *fiocco*; 1865] **s. m.** (pl. *-chi*) ● (*mar.*) Vela triangolare sul bompresso, più piccola del fiocco e più a proravia. ➡ ILL. p. 2173 TRASPORTI.

controfirma [comp. di *contro-* e *firma*; 1941] **s. f.** ● Seconda firma apposta su un documento a controllo o convalida della prima.

controfirmàre [1797] **v. tr.** ● Apporre una controfirma: *c. un documento, un atto.*

controfòdera [comp. di *contro-* e *fodera*; av. 1712] **s. f.** ● Tessuto che si mette fra tessuto e fodera per rinforzare spec. collo e risvolti in una giacca.

controfóndo [comp. di *contro-* e *fondo*; 1865] **s. m.** ● (*raro*) Doppiofondo.

controfòrza [comp. di *contro-* e *forza*; 1690] **s. f.** ● (*mecc.*) Forza che agisce in senso contrario a un'altra.

controfòsso o **contraffòsso** [comp. di *contro-* e *fosso*; av. 1574] **s. m.** *1* (*mil.*) Secondo fosso ai piedi dello spalto, per maggior difesa delle fortificazioni. *2* (*agr.*) Canaletto alla testata dell'appezzamento parallelo al fosso adacquatore.

controfùga [comp. di *contro-* e *fuga*; 1865] **s. f.** ● (*mus.*) Fuga nella quale il soggetto e la sua risposta si seguono per conto opposto. SIN. Fuga rovesciata.

controfùne [comp. di *contro-* e *fune*; 1973] **s. f.** ● Nelle funivie, corda d'acciaio che agisce in senso opposto alla fune traente.

controfuòco [comp. di *contro-* e *fuoco*; 1916] **s. m.** (pl. *-chi*) ● Incendio appiccato volontariamente e controllato per eliminare il materiale combustibile che alimenta un grave incendio spec. di boschi.

controgambétto [comp. di *contro-* e *gambetto*; 1954] **s. m.** ● Nel gioco degli scacchi, gambetto effettuato dal nero in risposta a un gambetto dell'avversario.

controgènio ● V. *contraggenio.*

controgirèllo [comp. di *contro-* e *girello*; 1956] **s. m.** ● Taglio di carne della coscia del bue. SIN. Scannello.

controgriffa [comp. di *contro-* e *griffa*; 1956] **s. f.** ● Nelle macchine da presa, dispositivo che blocca la pellicola durante il tempo di esposizione.

controguàrdia o nel sign. 1 **contragguàrdia** [fr. *contre-garde*; av. 1755] **s. f.** *1* Nelle antiche fortificazioni, opera di difesa, antistante alla cinta di una fortezza. *2* (*edit.*) Risguardo. ➡ ILL. p. 2120 ARCHITETTURA.

controguerriglia [comp. di *contro-* e *guerriglia*; 1970] **s. f.** ● Azione militare diretta alla repressione della guerriglia.

controinchièsta [comp. di *contro-* e *inchiesta*; 1983] **s. f.** ● Inchiesta, anche giornalistica, che si svolge parallelamente a un'altra, della quale vuole contestare i sistemi e i risultati.

controindicàre [comp. di *contro-* e *indicare*; 1925] **v. tr.** (*io controìndico, tu controìndichi*) ● Indicare come nocivo o pericoloso alla salute per il coincidere di determinati eventi: *i tuoi disturbi controindicano questa terapia.*

controindicàto [1908] **part. pass.** di *controindicare*; anche **agg.** ● Che comporta una controindicazione | Sconsigliabile, vietato: *l'alta montagna è controindicata ai cardiopatici*; *il sale è c. in caso di ipertensione.*

controindicazióne [comp. di *contro-* e *indicazione*; 1876] **s. f.** *1* Circostanza che sconsiglia una terapia o l'uso di un farmaco. *2* (*raro*) Indicazione opposta a una precedente.

controinformazióne [comp. di *contro-* e *informazione*; 1970] **s. f.** ● L'insieme dei mezzi di informazione che si contrappongono a quella fornita dai mezzi di comunicazione ufficiali | (*est.*) L'azione svolta da tali mezzi.

controinterrogatòrio [comp. di *contro-* e *interrogatorio*] **s. m.** ● (*dir.*) Interrogatorio della difesa o dell'accusa a un imputato o a un teste, in opposizione a quello già svolto dalla parte avversa.

controlateràle [comp. di *contro-* e *laterale*; 1964] **agg.** ● (*fisiol.*, *zool.*) Che concerne il lato opposto, con riferimento alla simmetria bilaterale dell'organismo animale e umano.

controllàbile [1914] **agg.** ● Che si può controllare: *notizia c.*; *territorio non c.*

controllabilità [da *controllabil(e)* col suff. di qualità *-ità*; 1985] **s. f.** ● Condizione di ciò che è controllabile: *la c. di un'affermazione, di un'emozione.*

♦**controllàre** [fr. *contrôler*, da *contrôle* 'controllo'; 1773] **A v. tr.** (*io contròllo*) *1* Esaminare accuratamente qlco. per verificarne l'esattezza, la validità, la regolarità, la rispondenza a determinati criteri, e sim.: *c. la data, l'ora, un documento*; *c. i tempi di lavorazione di un'industria*; *controlla che le luci siano spente.* SIN. Accertare, verificare. *2* Sottoporre a sorveglianza: *c. lo svolgimento di un servizio, l'ordine pubblico*; *c. gli spostamenti di una persona* | ***C. un avversario***, nel calcio e sim., marcarlo | ***C. la palla***, nel calcio, conservarne il possesso | Sindacare: *c. il comportamento, l'operato di qlcu.* *3* Tenere sotto il proprio dominio, la propria influenza: *c. un importante settore commerciale*; *c. l'accesso alle vie fluviali* | (*fig.*) Dominare: *c. i propri gesti, la propria voce* | ***C. i propri nervi***, sapersi mantenere calmo dominando e vincendo i propri impulsi. **B v. rifl.** ● (*fig.*) Dominare e vincere i propri impulsi, istinti e sim.: *è una persona che sa controllarsi.* SIN. Dominarsi, frenarsi. **C v. rifl. rec.** ● Tenersi d'occhio, sorvegliarsi a vicenda.

controllàta [da *controllare*; 1985] **s. f.** *1* Controllo rapido e sommario: *dare una c.* *2* Società controllata (V. *controllato*). || **controllatina**, dim.

controllàto [1909] **part. pass.** di *controllare*; anche **agg.** *1* Nei sign. del v. | Accertato, verificato: *denominazione di origine controllata* | Regolato: *sviluppo c.* *2* ***Amministrazione controllata***, gestione temporanea, sotto controllo dell'autorità giudiziaria, di un'impresa in caso di temporanea difficoltà dell'imprenditore ad adempiere. *3* ***Società controllata***, (*ellitt.*) ***controllata***, quella il cui pacchetto azionario di maggioranza appartiene a un'altra società.

contròller /kon'trɔller, *ingl.* kən'tɹəʊlə/ [vc. ingl., propr. 'che controlla', dal fr. *contrôleur* 'controllore'; 1965] **s. m. inv.** (anche **f.** nel sign. 2) *1* (*ferr.*) Dispositivo di comando a manovra manuale. *2* (*org. az.*) Chi controlla la gestione economica dell'impresa.

controllerìa [da *controllo*; 1858] **s. f.** ● Accertamento del possesso e della regolarità del biglietto da parte del viaggiatore: *personale di c.*

♦**contròllo** [fr. *contrôle*, dall'ant. *contre-rôle* 'contro registro', poi 'registro tenuto in doppia copia'; 1666] **s. m.** *1* Esame accurato, accertamento: *c. dell'ora, della validità di un documento*; *effettuare un c.*; *sottoporre qlco. a c.*; *sfuggire, eludere il c.* | ***C. del traffico aereo***, regolazione del movimento degli aeromobili attuata dai controllori di volo | Verifica: *c. di cassa* | ***C. di legittimità costituzionale***, esame di competenza della Corte Costituzionale di atti legislativi | ***C. budgettario***, riscontro sistematico dei risultati di gestione con le previsioni iscritte nel budget | ***C. di qualità***, complesso di operazioni di ispezione, verifica e collaudo tendenti a rilevare l'aderenza della produzione agli standard di lavorazione | Sorveglianza: *il c. dell'ordine pubblico* | ***C. delle nascite***, insieme delle misure adottate per regolamentare il numero delle nascite | ***Visita di c.***, V. *visita* nel sign. 2. *2* Persona o ufficio cui spetta l'incarico di verificare, sorvegliare e sim. un'attività: *c. sanitario*; *organo di c.* | Sede in cui avviene un controllo: *c. doganale.* *3* Potere, padronanza, dominio: *il c. delle vie marittime*; *il pilota ha perso il c. della vettura* | ***Avere il c. di una società***, mediante il possesso del pacchetto azionario di maggioranza | (*fig.*) Capacità di dominare e vincere i propri impulsi, istinti e sim.: *avere molto, poco c. di sé*; *conservare, perdere il c.* | (*fig.*) ***Sotto c.***, detto di situazione che si è in grado di padroneggiare: *stai tranquillo, è tutto sotto c.* *4* Ogni mezzo tecnico idoneo a verificare, comandare o regolare il funzionamento di un apparecchio, di un meccanismo e sim. | (*elab.*) ***C. numerico di macchine utensili***, comando di macchine, spec. di macchine utensili, per mezzo di istruzioni numeriche.

controllóre [fr. *contrôleur*, da *contrôler* 'controllare'; 1684] **s. m.** (f. raro *-a*) ● Chi controlla | Impiegato che verifica i biglietti sui veicoli di trasporto pubblico | ***C. ferroviario***, che controlla l'operato del personale dei treni, l'andamento del servizio nelle stazioni e sim. | (*aer.*) ***C. di volo***, ***del traffico aereo***, chi sorveglia e dirige il traffico aereo assicurando il corretto distanziamento degli aeromobili per evitare le collisioni.

controlùce o **cóntro lùce** nel sign. C [comp. di *contro-* e *luce*; 1865] **A s. f. inv.** ● Luce che, per contrasto, attenua o impedisce l'effetto di un'altra luce. **B s. m. inv.** ● In fotografia, cinematografia e sim., ripresa effettuata con la camera rivolta verso la sorgente luminosa. **C avv.** ● In posizione contraria a quella da cui proviene la luce: *con occhi sporgenti che contro luce riscintillavano* (D'ANNUNZIO) | ***Essere, trovarsi, porsi c.***, in posizione intermedia fra chi osserva e la fonte di luce | ***Guardare, osservare qlco. c.***, in trasparenza, ponendo l'oggetto tra sé e la fonte luminosa | ***Foto-***

grafia in c., fatta su un soggetto che si trovi fra la macchina fotografica e la sorgente di luce.

controlùme [comp. di *contro-* e *lume*; av. 1519] **A** s. m. ● †Controluce, spec. con riferimento a una sorgente di luce artificiale. **B** avv. ● (*lett.*) Controluce: *ne bevi tanto ... e te lo guardi c.* (PIRANDELLO).

contromanifestànte [comp. di *contro-* e *manifestante*] s. m. e f. (pl. m. *-i*) ● Chi prende parte a una contromanifestazione.

contromanifestazióne [comp. di *contro-* e *manifestazione*] s. f. ● Manifestazione che ne contesta un'altra, che in genere si svolge contemporaneamente.

contromàno o (*raro*) **cóntro màno** [comp. di *contro-* e *mano*; 1950] avv. ● In direzione opposta a quella normale o regolare per il traffico stradale: *andare, camminare, circolare c.*

contromanòvra [comp. di *contro-* e *manovra*; 1965] s. f. *1* (*mil.*) Manovra diretta a sventare una manovra nemica. *2* (*fig.*) Reazione a un atto ostile. *3* (*fig.*) Manovra economica alternativa.

contromàrca [fr. *contremarque*; 1853] s. f. *1* Gettone e sim. che serve come segno di riconoscimento, usato spec. nei locali pubblici per permettere il rientro di chi si sia temporaneamente allontanato o la restituzione di capi d'abbigliamento e altri oggetti depositati al guardaroba. *2* Segno o marchio impresso su una moneta, dopo l'emissione, spec. per modificarne il valore o il corso legale.

contromarcàto agg. ● (*numism.*) Che reca una contromarca che ne modifica il valore o le caratteristiche | ***Moneta contromarcata***, V. *moneta*.

contromàrcia o †**contrammàrcia** [fr. *contremarche*; av. 1680] **A** s. f. (pl. *-ce*) *1* (*mil.*) Evoluzione consistente nell'inversione dell'ordine iniziale d'incolonnamento dei reparti. *2* (*mar.*) Cambiamento di rotta di un convoglio di navi che viene effettuato mantenendo la stessa formazione. **B** in funzione di agg. inv. ● (posposto al s.) Detto di ciò che in un veicolo ha senso contrario a quello del moto: *sedile c.*

contromemoriàle [comp. di *contro-* e *memoriale*] s. m. ● Memoriale in risposta e opposizione a un altro.

contromezzàna [comp. di *contro-* e *mezzana*; 1561] s. f. ● (*mar.*) Vela corrispondente alla vela di gabbia volante, all'albero di mezzana.

contromìna o (*lett.*) **contrammìna** [fr. *contre-mine*; av. 1561] s. f. *1* †Mina preparata dal difensore di un'opera fortificata per impedire o sventare i lavori di mina dell'attaccante. *2* (*fig., lett.*) Progetto contrapposto a quello d'altri: *trova la contrammina già bell'e fatta dal conte duca* (MANZONI).

controminàre o (*lett.*) **contramminàre** [fr. *contre-miner*, 1540] v. tr. (*io contromìno*) *1* †Affrontare con contromine. *2* (*fig., lett.*) Tentare di sventare piani, progetti e sim. altrui.

contromisùra [comp. di *contro-* e *misura*; 1983] s. f. ● Provvedimento preso per contrastare un'iniziativa dannosa o una situazione negativa: *adottare delle contromisure* | ***Contromisure elettroniche***, dispositivi militari di difesa o di offesa mediante l'emissione di segnali che neutralizzano o disturbano l'efficacia degli equipaggiamenti radioelettrici dell'avversario.

contromòssa [comp. di *contro-* e *mossa*; 1956] s. f. ● Nel gioco degli scacchi, mossa fatta in opposizione ad altra dell'avversario: *fare una c.* | ***Giocare in c.***, avere i pezzi neri | (*est.*) Mossa di reazione ad attacchi, piani e sim. altrui: *prepararsi a una c.*

contromùro [fr. *contremur*, av. 1798] s. m. *1* Muro di rinforzo. *2* Muro sottile posto a breve distanza dal muro di un forno per impedire dispersione di calore.

contronaturàle o †**contrannaturàle** [sp. *contranatural*; av. 1565] agg. ● (*lett.*) Che è contrario alla natura.

contronóce [comp. di *contro-* e *noce* nel sign. 5] s. f. ● Parte della coscia del vitello macellato.

contronominàle [comp. di *contro-* e *nominale*; 1964] **A** agg. ● (*mat.*) Di proposizione la cui ipotesi è la negazione della tesi della proposizione originaria e la cui tesi è la negazione dell'ipotesi. **B** s. f. ● Proposizione contronominale.

contronòta [comp. di *contro-* e *nota*; 1865] s. f. ● Nota che ne modifica o ne annulla una precedente.

contronotàre [da *contronota*; 1956] v. tr. (*io contronòto*) ● Notare a margine di uno scritto.

contropalàta [comp. di *contro-* e *palata*; 1688] s. f. ● Palata data coi remi in senso contrario al moto di una imbarcazione, per frenarla o arrestarla.

contropàlo [comp. di *contro-* e *palo*; 1956] s. m. ● Palo usato come puntello di un altro palo di sostegno di linea elettrica o telefonica, per aumentare la resistenza al tiro dei conduttori.

†**contropappafìco** [comp. di *contro-* e *pappafico*; 1869] s. m. ● (*mar.*) Controvelaccino.

contropàràta [comp. di *contro-* e *parata*] s. f. ● Nella scherma, parata successiva a una parata e risposta dell'avversario.

contropàrola [comp. di *contro-* e *parola*; 1957] s. f. ● (*mil.*) Risposta alla parola d'ordine, che serve al reciproco riconoscimento tra due militari.

contropàrte [comp. di *contro-* e *parte*; 1802] s. f. *1* La parte avversaria in un giudizio civile o (*est.*), in una controversia, in una trattativa spec. sindacale e sim. *2* (*mus.*) Parte di un duetto rispetto all'altra. *3* Parte che un attore sostiene in riscontro o in opposizione a quella di un altro.

contropartita [fr. *contre-partie*; 1932] s. f. *1* Nella contabilità a partita doppia, partita segnata a riscontro di un'altra | Operazione finanziaria commerciale con cui se ne pareggia o compensa un'altra. *2* (*fig.*) Contraccambio: *gli ha chiesto un prestito come c. del favore reso.*

contropedàle [comp. di *contro-* e *pedale*; 1942] s. m. ● (*mecc.*) Congegno col quale, ruotando indietro i pedali, si frena la ruota posteriore della bicicletta.

contropélo o (*lett.*) **contrappélo** [comp. di *contro-* e *pelo*; 1585] **A** avv. ● Nel senso contrario a quello della piegatura del pelo: *spazzolare un panno, una stoffa c.* | (*fig.*) ***Prendere qlcu. c.***, non prenderlo per il suo verso, indisporlo, irritarlo. **B** s. m. ● Verso contrario alla piegatura del pelo: *dare, fare, radere il c.; si lavò, si rase accuratamente, pelo e c.* (MORAVIA) | ***Fare il pelo e il c.***, (*fig.*) criticare aspramente.

contropendènza [comp. di *contro-* e *pendenza*; 1887] s. f. ● Pendenza in senso opposto a un'altra, in una strada, tetto e sim. | Pendenza di una curva verso l'esterno invece che verso l'interno: *curva in c.*

contropèrizia [comp. di *contro-* e *perizia*; 1963] s. f. ● Perizia che ne contesta un'altra precedente.

contropèzza [comp. di *contro-* e *pezza*; 1937] s. f. ● Nelle costruzioni navali, elemento metallico di collegamento o striscia di rinforzo per alberi, pennoni e sim.

contropiàstra [comp. di *contro-* e *piastra*] s. f. *1* Nelle antiche armi da fuoco munite di piastra, seconda piastra che dà presa alle viti di cartella. *2* Nelle serrature, fascia metallica sagomata installata sullo stipite della porta nella quale si impegnano il chiavistello e lo scrocco. *3* In varie tecnologie, piastra di rinforzo.

contropiède [comp. di *contro-* e *piede*; 1942] s. m. ● Nel calcio, nel basket e sim., azione rapida di contrattacco che sorprende la squadra avversaria mentre avanza: *la tattica del c.; segnare un gol in c.* | Nel tennis, controtempo | ***Prendere, cogliere qlcu. in*** (o ***di***) ***c.***, (*fig.*) di sorpresa, alla sprovvista.

contropiéga [comp. di *contro-* e *piega*; 1865] s. f. ● Piega contraria o di riscontro ad altra piega.

contropiància [comp. di *contro-* e *plancia*; 1937] s. f. (pl. *-ce*) ● Nelle costruzioni navali, piano posto sopra la plancia.

contropòrta o †**contrappòrta** [fr. *contre-porte*; av. 1699] s. f. ● Seconda porta in aggiunta a un'altra per maggior sicurezza o riparo o per attutire i rumori dell'esterno.

contropotére [comp. di *contro-* e *potere*; 1963] s. m. ● Ogni forma di potere alternativo o antitetico a quella dominante in un dato ambiente o sistema politico, sociale, culturale e sim.

contropreparazióne [comp. di *contro-* e *preparazione*; 1956] s. f. ● (*mil.*) Attività, consistente spec. in tiri d'artiglieria, tendente a ostacolare i preparativi offensivi del nemico.

contropressióne [fr. *contre-pression*; 1964] s. f. ● Pressione che contrasta l'uscita di un fluido da una condutture o il movimento di un corpo a contatto con un fluido | Pressione che si oppone alla pressione normale.

contropréstazióne [comp. di *contro-* e *prestazione*; 1965] s. f. ● Equivalente in denaro o natura di altra prestazione: *pattuire la c.*

controproducènte [sp. *contraproducente*, dal lat. giuridico *cŏntra producĕnte(m)* 'contro colui che allega (prove)'; 1939] agg. ● Che produce un effetto contrario a quello voluto: *sistema, argomento, atteggiamento c.* SIN. Controindicato, dannoso.

controprogètto [fr. *contre-projet*; 1940] s. m. ● Progetto che intende modificarne o contrastarne un altro.

contropropórre [comp. di *contro-* e *proporre*] v. tr. (coniug. come *porre*) ● Proporre a propria volta, al fine di modificare o contrastare una precedente proposta altrui (*anche assol.*).

contropropósta [comp. di *contro-* e *proposta*; 1865] s. f. ● Proposta fatta per modificarne o contrastarne un'altra.

contropròva [fr. *contre-épreuve*; 1758] s. f. *1* (*dir.*) Prova dedotta in giudizio per dimostrare argomenti contrari alla prova fornita dalla controparte: *esperire una c.* *2* Prova fatta per verificarne una precedente: *fare la c. di un esperimento.* *3* Seconda votazione, intesa a verificare i risultati della prima, da cui si differenzia per i criteri con i quali è condotta.

contropùnta [comp. di *contro-* e *punta*; 1956] s. f. ● (*mecc.*) Punta posta di fronte al mandrino delle macchine utensili, impiegata nel centraggio e bloccaggio del pezzo da lavorare: *c. fissa, c. rotante.*

controquerèla [comp. di *contro-* e *querela*; 1748] s. f. ● (*dir.*) Querela data dal querelato al querelante.

controquerelàre [1956] v. tr. (*io controquerèlo*) ● (*dir.*) Dare controquerela.

contróra [comp. di *contro-* e *ora*; 1883] s. f. ● (*merid.*) Le prime ore pomeridiane della stagione estiva, gener. destinate al riposo | Ora entro cui i sorvegliati dalla polizia devono rientrare a casa.

controrànda [comp. di *contro-* e *randa*; 1865] s. f. ● (*mar.*) Piccola vela sopra la randa aurica. SIN. Freccia. ➡ ILL. p. 2173 TRASPORTI.

contrórdine [fr. *contre-ordre*; 1661] **A** s. m. ● Ordine o (*est.*) indicazione, direttiva e sim., che ne modifica o ne annulla uno precedente. **B** anche in funzione di inter.: *c.: si torna indietro!*

controreazióne [comp. di *contro-* e *reazione*; 1898] s. f. ● Reazione che si oppone a un'altra.

controrelatóre [comp. di *contro-* e *relatore*; 1970] s. m. (f. *-trice*) ● Professore che, durante la discussione di una tesi di laurea, partecipa al dibattito come correlatore.

controrelazióne [comp. di *contro-* e *relazione*; 1956] s. f. ● Relazione che ne modifica o ne annulla una precedente | Relazione presentata dalla minoranza di una commissione o da un solo dissidente contro la maggioranza.

controrèplica [comp. di *contro-* e *replica*; 1766] s. f. ● Replica che risponde a quella di un avversario, in una disputa, una polemica e sim.

controreplicàre [comp. di *contro-* e *replicare*; 1884] v. tr. e intr. (*io controrèplico, tu controrèplichi*; aus. *avere*) ● Ribattere alla replica di un avversario.

controricórso [comp. di *contro-* e *ricorso*; 1950] s. m. ● Atto contrario al ricorso presentato dalla parte avversaria.

controrifórma [comp. di *contro-* e *riforma*; 1903] s. f. *1* (*st.*) ***La C.***, movimento riformatore della vita religiosa e della disciplina ecclesiastica, con cui la Chiesa cattolica reagì, nel XVI e XVII sec., alla Riforma protestante. *2* (*fig.*) Restaurazione.

controriformista [da *controriforma*; 1941] **A** s. m. e f. (pl. m. *-i*) *1* Seguace, sostenitore della Controriforma. *2* (*fig.*) Reazionario, conservatore. **B** agg. ● Controriformistico.

controriformistico [1937] agg. (pl. m. *-ci*) ● Che si riferisce alla Controriforma cattolica | (*est.*) Conservatore, reazionario.

controripa ● V. *controriva*.

controrispóndere [comp. di *contro-* e *rispondere*] v. intr. (coniug. come *rispondere*; aus. *avere*) ● (*raro*) Replicare a una risposta.

controriva o **controripa** [comp. di *contro-* e *riva*; 1790] s. f. *1* Riva opposta a un'altra. *2* (*edil.*) ***Muro di c.***, (*ellitt.*) ***controriva***, muro di sostegno che si applica contro le due pareti di una scarpata.

controrivoluzionàrio [1793] **A** agg. ● Relativo a controrivoluzione: *tentativo c.* **B** s. m. (f. *-a*) ● Chi prende parte a una controrivoluzione o è accusato di farlo.

controrivoluzióne [fr. *contre-révolution*; 1790] s. f. ● Reazione politica, sociale e anche militare a una rivoluzione.

controrotàia [comp. di *contro-* e *rotaia*; 1925] s. f. ● Rotaia disposta nell'interno del binario, in curve a piccolo raggio, scambi e passaggi a livello, per rinforzare la massicciata della strada ordinaria. ➡ ILL. p. 2168 TRASPORTI.

controrotànte [comp. di *contro-* e *rotante*; 1986] agg. ● (*mecc.*) Detto di ciascuno di due organi meccanici che ruotano in verso opposto attorno allo stesso asse o ad assi paralleli.

controruòta [comp. di *contro-* e *ruota*; 1865] s. f. ● (*mar.*) Elemento di rinforzo alla ruota di prova.

controsàla [comp. di *contro-* e *sala*; 1987] s. f. ● Ambiente in secondo piano nella scena teatrale.

controscàrpa o †**contrascàrpa** [comp. di *contro-* e *scarpa* (*2*); 1572] s. f. *1* Controriva. *2* Parte interna dell'argine che chiude verso la campagna il fossato di una fortezza. ➡ ILL. p. 2120 ARCHITETTURA.

controscèna [fr. *contre-scène*; av. 1685] s. f. ● (*teat.*) Mimica con cui un attore accompagna l'azione scenica di un altro attore.

controscòtta [comp. di *contro-* e *scotta*; 1607] s. f. ● (*mar.*) Manovra che serve di rinforzo alla scotta.

controscritta o †**contrascritta** [comp. di *contro-* e *scritta*; 1353] s. f. ● Copia di un documento, spec. contrattuale, tenuta da una delle parti contraenti.

controsènso [fr. *contresens*; 1785] s. m. *1* Idea, affermazione e sim. contenente una contraddizione in sé stessa o col senso comune: *quello che sta dicendo è un c.*; *un rettangolo tondo è un c.* SIN. Assurdità. *2* (*lett.*) Interpretazione errata.

controserratùra [comp. di *contro-* e *serratura*] s. f. ● Seconda serratura che rinforza quella principale.

controsèsto [comp. di *contro-* e *sesto* (*3*); 1964] s. m. ● (*agr.*) Albero posto all'intersezione delle diagonali di piante in filare.

controsigillo [comp. di *contro-* e *sigillo*] s. m. ● Sigillo applicato sul retro di un documento in corrispondenza del sigillo vero e proprio | Sigillo apposto a garanzia dell'autenticità di un altro.

controsoffittàre [1987] v. tr. ● Dotare di controsoffitto: *c. una camera*.

controsoffittatùra [1984] s. f. *1* Operazione con cui si mette in opera un controsoffitto. *2* Controsoffitto.

controsoffitto [comp. di *contro-* e *soffitto*; 1970] s. m. ● Falso soffitto che ne maschera un altro per abbellimento o isolamento termoacustico.

controsoggètto o **contrassoggètto** [comp. di *contro-* e *soggetto*; 1774] s. m. ● (*mus.*) Disegno melodico che accompagna il soggetto di una fuga in tutte le sue entrate.

controsóle o **cóntro sóle** [comp. di *contro-* e *sole*; 1957] avv. ● Verso il sole, nella direzione del sole: *guardare qlco. c.* | ***Essere, stare, mettersi c.***, fra il sole e chi osserva.

controspallièra [fr. *contre-espalier*; av. 1811] s. f. ● (*agr.*) Filare di piante coltivate in forme obbligate senza protezione alcuna.

controspallina [comp. di *contro-* e *spallina*; 1939] s. f. ● Lista di stoffa, con applicati o ricamati i distintivi di grado, sovrapposta a ciascuna spalla dell'uniforme militare.

contrŏspinta [comp. di *contro-* e *spinta*; 1957] s. f. ● Reazione di un elemento architettonico a una spinta esercitata da un altro elemento.

controspionàggio [fr. *contre-espionnage*; 1918] s. m. ● Organizzazione segreta di cui uno Stato si avvale per scoprire e sventare l'azione spionistica di un altro Stato.

contròssido [comp. di *contro-* e *ossido*; 1956] s. m. ● Sostanza che nella smaltatura dei metalli si interpone, spesso, tra la superficie del metallo e lo strato di smalto.

controstallia [comp. di *contro-* e *stallia*; 1881] s. f. *1* (*mar.*, *spec. al pl.*) Tempo impiegato dal noleggiatore in più di quello concesso, per contratto (stallia), dall'armatore per le operazioni di carico o scarico di una nave. *2* (*est.*) Indennizzo dovuto dal noleggiatore all'armatore per i danni subiti in conseguenza di tale ritardo.

controstàmpa o **contrastàmpa** [comp. di *contro-* e *stampa*; 1771] s. f. *1* Macchia che una stampa fresca lascia sul retro del foglio seguente. *2* Nell'arte incisoria, l'impressione ottenuta su un foglio posto sotto la pressa a contatto con una stampa originale fresca.

controstampàre o **contrastampàre** [av. 1712] v. tr. ● Fare una controstampa.

controstàmpo [comp. di *contro-* e *stampo*; 1934] s. m. ● (*tecnol.*) Punzone opportunamente sagomato per modellare nello stampo il pezzo da formare.

controstécca [comp. di *contro-* e *stecca*; 1869] s. f. ● Ognuna delle piccole bacchette metalliche, più corte delle stecche, che permettono l'apertura e la chiusura di un ombrello.

controsterzàre [comp. di *contro-* e *sterzare* (*1*)] v. intr. (*io controstèrzo*) ● Manovrare lo sterzo di un autoveicolo in modo che le ruote anteriori vengano a orientarsi verso l'esterno della curva.

controsterzàta [1983] s. f. ● Manovra del controsterzare.

controstèrzo [1983] s. m. ● Controsterzata.

controstimolo [comp. di *contro-* e *stimolo*; 1818] s. m. ● Stimolo contrario a un altro.

controstòmaco o **cóntro stòmaco** [comp. di *contro-* e *stomaco*; 1585] **A** avv. ● (*raro*) Con ripugnanza, nausea: *mangiare, bere c.* | (*fig.*) Controvoglia: *fare qlco. c.* **B** s. m. (pl. *-chi*) ● (*disus.*) Voltastomaco.

controstràglio [comp. di *contro-* e *straglio*] s. m. ● (*mar.*) Controstrallo.

controstràllo [comp. di *contro-* e *strallo*] s. m. ● (*mar.*) Strallo di rinforzo.

controtagliàto [da *controtaglio*; 1889] agg. ● Detto di tessuto profilato o traforato secondo un certo disegno.

controtàglio [fr. *contretaille*; 1668] s. m. *1* Nella tecnica incisoria, taglio che incrocia un altro taglio tracciato in precedenza | ***Lavorare di c.***, tirare linee diagonali su altre linee, per rendere più cupi i toni scuri. *2* Nella lama delle sciabole, il bordo dalla parte opposta a quella del taglio.

controtagliòlo [comp. di *contro-* e *tagliolo*; 1973] s. m. ● Attrezzo del fabbro ferraio costituito da un tagliolo munito di codolo.

controtèmpo [comp. di *contro-* e *tempo*; 1940] s. m. *1* (*mus.*) Contrasto ritmico creato dall'emissione di suoni sui tempi deboli della battuta e di pause sui tempi forti. *2* Nella scherma, azione tendente a provocare un'uscita in tempo dell'avversario per parare e rispondere | Nel tennis, tiro a sorpresa nell'angolo da cui l'avversario si sta allontanando: *sorprendere con un rapido c.* | ***Prendere qlcu.*** (*in*) ***c.***, in contropiede (*anche fig.*).

controtendènza [comp. di *contro-* e *tendenza*; 1981] s. f. ● Tendenza che si oppone a quella dominante, spec. in campo economico o politico: *la borsa è in c.*

controtenóre [comp. di *contro-* 'rinforzo' e *tenore*; 1983] s. m. ● (*mus.*) Voce maschile, ottenuta spesso con emissione di testa, di registro acuto corrispondente a quello del mezzosoprano femminile; si usa in un repertorio che un tempo cantavano i castrati. CFR. Sopranista.

controterrorismo [comp. di *contro-* e *terrorismo*; 1973] s. m. ● (*raro*) Antiterrorismo.

controtèsta [comp. di *contro-* e *testa*] s. f. ● Parte mobile del tornio che si contrappone alla testa.

controtimóne [comp. di *contro-* e *timone*; 1937] s. m. ● (*mar.*) Pinna fissa posta a pruavia del timone per proteggerlo e rinforzarne l'azione idrodinamica. SIN. Skeg.

controtìpo [comp. di *contro-* e *tipo*; 1942] s. m. ● (*fot.*) Materiale sensibile con cui si può ricavare da una negativa direttamente un'altra negativa, o da una positiva una negativa o un'altra positiva | ***C. negativo***, copia negativa di un film ottenuta da una copia positiva.

controtrànsfert [comp. di *contro-* e *transfert*; 1968] s. m. inv. ● (*psicoan.*) Reazione inconscia dello psicoanalista al transfert del paziente.

†**controvallazióne** [fr. *contrevallation*, comp. di *contre* 'contro' e del lat. tardo *vallātio*, genit. *vallatiōnis* 'palizzata'; av. 1800] s. f. ● (*mil.*) Linea continua di fortificazione campale, costruita dall'assediante per garantirsi contro eventuali sortite dell'assediato.

controvalóre [comp. di *contro-* e *valore*; 1923] s. m. *1* Valore corrispondente; corrispettivo: *richiedere il c. delle fiches*. *2* Equivalenza di una somma di denaro in moneta estera.

controvapóre [fr. *contre-vapeur*, 1905] s. m. ● Invio del vapore nei cilindri della locomotiva in senso contrario a quello normale per esercitare un'azione frenante.

†**controvàre** [ant. fr. *controuver* 'immaginare', dal lat. tardo *contropāre* 'paragonare'. V. *trovare*; av. 1363] v. tr. ● Escogitare, inventare.

controvelaccino [comp. di *contro-* e *velaccino*; 1937] s. m. ● (*mar.*) La vela quadra più alta all'albero di trinchetto. ➡ ILL. p. 2172, 2173 TRASPORTI.

controvelàccio [comp. di *contro-* e *velaccio*; 1865] s. m. ● (*mar.*) La vela quadra più alta all'albero di maestra. ➡ ILL. p. 2173 TRASPORTI.

controveléno ● V. *contravveleno*.

controventaménto s. m. ● (*arch.*) Il controventare | Il complesso delle membrature che servono a controventare.

controventàre [da *controvento*; 1956] v. tr. (*io controvènto*) ● (*arch.*) Rafforzare con controventi.

controvènto o (*lett.*) **contravvènto**, **cóntro vènto** [comp. di *contro-* e *vento*; 1830] **A** s. m. *1* (*arch.*) Membratura che assicura la resistenza di una costruzione alla pressione del vento o ad altre forze non verticali. *2* (*mar.*) Cavo di manovra fissa, che rinforza l'albero, il bompresso e sim. **B** avv. ● In direzione contraria a quella verso cui spira il vento: *navigare c.* | ***Andare c.***, (*fig.*; *disus.*) andare controcorrente.

controvèrsia [vc. dotta, lat. *controvĕrsia(m)*, da *controvĕrsus* 'controverso'; 1300 ca.] s. f. *1* Discussione, disputa, lite e sim. causata da un contrasto di opinioni: *è sorta una c.*; *sostenere una c.*; *comporre, troncare una c.* *2* (*dir.*) Conflitto di pretese oggetto di un processo | (*est.*) Lite, giudizio: *c. in materia di lavoro* | Vertenza: *c. sindacale*. *3* (*letter.*) Genere retorico, vivo nella letteratura latina classica e cristiana e nei trattatisti della Controriforma, basato su disquisizioni declamatorie, apologetiche o polemiche di casistica etica.

controversista [av. 1667] s. m. e f. (pl. m. *-i*) *1* Chi esamina o discute controversie, spec. di diritto e teologia. *2* (*est., raro*) Polemista.

controvèrso [vc. dotta, lat. *controvĕrsu(m)*, comp. di *cŏntra* 'contro' e *vĕrsus*, part. pass. di *vĕrtere* 'volgere'; av. 1565] agg. ● Che è oggetto di controversia: *caso c.*; *causa controversa* | Che è soggetto a diverse interpretazioni, che è molto discusso, che viene valutato in modi contrastanti: *dottrina, opera controversa*; *brano, passo c.*; *un caso c.* ‖ **controversaménte**, avv.

controvèrtere [vc. dotta, lat. tardo *controvĕrtere*, comp. di *cŏntra* 'contro' e *vĕrtere* 'volgere'; av. 1647] **A** v. tr. (*io controvèrto*; difett. usato quasi esclusivamente all'inf. pres., all'indic. pres. e all'imperf. congv. per lo più sul modello di *convertire* secondo la 3ª coniug.) ● (*raro*) Mettere in dubbio, in discussione | (*est., raro*) Contendere, oppugnare. **B** v. intr. (aus. *avere*) ● Discutere spec. in un processo.

controvertìbile [av. 1704] agg. ● (*raro*) Che può essere oggetto di controversia, discussione, contrasto e sim.: *opinione, discorso c.* ‖ **controvertibilménte**, avv.

controvertibilità [1835] s. f. ● (*raro*) Caratteristica di ciò che è controvertibile.

controviàle [comp. di *contro-* e *viale*; 1958] s. m. ● Ognuno dei due viali più stretti che fiancheggiano un viale principale.

controvòglia o **cóntro vòglia** [comp. di *contro-* e *voglia*; av. 1332] avv. ● Contro la propria volontà, il proprio desiderio, di malavoglia: *mangiare c.*; *partire c.* SIN. Malvolentieri.

contubernàle [vc. dotta, lat. *contubernāle(m)*, da *contubĕrnium* 'contubernio'; av. 1292] s. m. *1* Presso gli antichi Romani, soldato che alloggiava con altri nella medesima tenda. *2* (*lett.*, *scherz.*) Commilitone | Compagno di stanza, di alloggio.

contubèrnio [vc. dotta, lat. *contubĕrniu(m)*, comp. di *cŭm* 'con' e *tabĕrna* 'capanna'. V. *taverna*; av. 1292] s. m. *1* Tenda dei soldati romani | Gruppo di dieci uomini in essa alloggiati. *2* Nel diritto romano, convivenza fra due schiavi o fra una persona libera e uno schiavo. *3* (*est., lett.*) Concubinato.

contumàce [vc. dotta, lat. *contumāce(m)*, di

etim. incerta; av. 1294] **A** agg. ● (*lett.*) Disobbediente, ribelle: *c. a' costumi e modi della patria* (ALBERTI) | (*lett.*) Ostinato, indocile. **B** s. m. e f.; anche agg. ● (*dir.*) Chi (o Che) è parte di un processo civile o imputato in stato di contumacia.

contumàcia [vc. dotta, lat. *contumăcia(m)*. V. *contumace*; av. 1292] s. f. (pl. *-cie*, raro) **1** (*dir.*) Situazione processuale di una parte di un processo civile non costituitasi in giudizio o dell'imputato non presentatosi al dibattimento senza addurre un legittimo impedimento: *dichiarazione di c.* **2** Disobbedienza, ribellione | Ostinazione | Superbia. **3** (*med.*) Segregazione di persone per sospetta infezione epidemica, per un tempo indeterminato.

contumaciàle [1673] agg. **1** (*dir.*) Di processo o giudizio che si svolge in contumacia di una parte o dell'imputato. **2** (*med.*) Di ospedale o campo in cui si ricoverano persone sospette di malattie contagiose.

contumèlia [vc. dotta, lat. *contumēlia(m)*, di etim. incerta; av. 1342] s. f. ● Ingiuria, villania: *coprire qlcu. di contumelie.*

contumelióso [vc. dotta, lat. *contumeliōsu(m)*, da *contumēlia* 'contumelia'; av. 1342] agg. ● (*lett.*) Ingiurioso, oltraggioso: *ragioni teologiche non meritevoli di censura così contumeliosa* (SARPI). || †**contumeliosaménte**, avv. Vergognosamente.

contundènte [1771] part. pres. di *contundere*; anche agg. **1** Nei sign. del v. | (*fig., lett.*) Che fa male: *Un dolore sordo, c.* (PIRANDELLO). **2** *Corpo c.*, qualunque mezzo usato per percuotere, che può produrre contusioni, lesioni.

contùndere [vc. dotta, lat. *contŭndere*, comp. di *cŭm* 'con' e *tŭndere* 'percuotere'; sec. XIV] v. tr. (pass. rem. *io contùsi, tu contundésti*; part. pass. *contùso*) ● Provocare contusioni: *si è contuso una spalla cadendo.*

†**conturbaménto** [1536] s. m. ● Grave turbamento.

conturbànte [1956] part. pres. di *conturbare*; anche agg. **1** Nei sign. del v. **2** Che turba profondamente | Che suscita turbamento e desiderio, spec. di tipo sensuale: *bellezza c.*; *sguardi conturbanti.*

conturbàre [vc. dotta, lat. *conturbāre*, comp. di *cŭm* 'con' e *turbāre* 'turbare'; av. 1292] **A** v. tr. **1** Turbare, alterare profondamente: *lettura, spettacolo, capace di c. l'animo.* **2** (*est., lett.*) Danneggiare | (*lett.*) Perturbare, sconvolgere: *quei che 'l mondo governa pur col ciglio, / che conturba et acqueta gli elementi* (PETRARCA). **B** v. intr. pron. **1** (*lett.*) Turbarsi, alterarsi: *gli animi delicati si conturbano per poco.* **2** (*lett.*) †Offuscarsi.

conturbàto [sec. XIV] part. pass. di *conturbare*; anche agg. ● Profondamente turbato. || **conturbataménte**, avv. (*raro*) In modo conturbato.

†**conturbatóre** [vc. dotta, lat. tardo *conturbatōre(m)*, da *conturbāre* 'conturbare'; 1547] s. m.; anche agg. (f. *-trice*) ● Chi (o Che) conturba.

†**conturbazióne** [vc. dotta, lat. *conturbatiōne(m)*, da *conturbāre* 'conturbare'; sec. XIV] s. f. ● Turbamento profondo.

contusióne [vc. dotta, lat. tardo *contusiōne(m)*, da *contūsus* 'contuso'; 1618] s. f. ● (*med.*) Lesione traumatica senza lacerazione dell'epidermide, con formazione di ecchimosi o di ematoma.

contùso [av. 1698] **A** part. pass. di *contundere*; anche agg. ● Nei sign. del v. **B** s. m. (f. *-a*) ● Chi ha subito una contusione.

contutóre [vc. dotta, lat. tardo *contutōre(m)*, nom. *contūtor*, comp. di *cŭm* 'con' e *tūtor* 'tutore'; 1858] s. m. (f. *-trice*) ● (*raro*) Chi esercita una tutela insieme con altri.

contuttoché o **con tùtto che** [comp. di *con, tutto* e *che* (2); sec. XIII] cong. ● Benché, sebbene, quantunque, per quanto (introduce una prop. concess. con il v. al congv. o all'indic.): *con tutto che fosse di rame, / pur el pareva dal dolor trafitto* (DANTE *Inf.* XXVII, 11-12); *con tutto che prima era in diverse parti ... abitata anticamente* (VILLANI).

contuttociò o **con tùtto ciò** [comp. di *con, tutto* e *ciò*; sec. XIV] cong. ● (con valore avvers.) Tuttavia, nondimeno, nonostante ciò.

conurbazióne [ingl. *conurbation*, comp. del lat. *cŭm* 'con' e *ŭrbs*, genit. *ŭrbis* 'città' (V. *urbe*); 1956] s. f. ● Agglomerazione urbana costituita da una grande città e da centri minori periferici prima autonomi poi assorbiti dalla città in espansione.

convalescènte [vc. dotta, lat. *convalescĕnte(m)*, part. pres. di *convalēscere* 'rinvigorire', comp. di *cŭm* 'con' e *valēscere* 'rinforzarsi'; 1615] agg.; anche s. m. e f. ● Che (o Chi) è in stato di convalescenza.

convalescènza [vc. dotta, lat. tardo *convalescĕntia(m)*, da *convalēscere*. V. *convalescente*; 1613] s. f. ● Stato di chi, guarito da una malattia, non è ancora tornato in perfetta salute | (*est.*) Periodo di tempo che si trascorre in tale stato: *c. lunga, breve*; *entrare in c.*; *trascorrere la c. in montagna*; *durante la c. lesse molto.*

convalescenziàrio [1942] s. m. ● Casa di riposo e cura per convalescenti.

convàlida [1938] s. f. **1** Atto del convalidare | (*bur.*) Stampigliatura, timbro che annulla un biglietto valido per un messo pubblico. **2** (*dir.*) Conferma, ratifica della validità di un atto, documento e sim.: *c. di un atto*; *procedimento di c. del sequestro* | *Procedimento per c. di sfratto*, destinato a soddisfare la pretesa del locatore tendente alla riconsegna dell'immobile | (*est.*) Riconferma, riprova.

convalidaménto [1647] s. m. ● (*bur.*) Convalida.

convalidàre [lat. mediev. *convalidāre*, comp. parasintetico di *vălidus* 'valido'; av. 1540] **A** v. tr. (*io convàlido*) **1** (*dir.*) Rendere definitivamente valido ed efficace da parte del soggetto competente: *c. un atto, un provvedimento amministrativo, un negozio giuridico* | *C. il sequestro*, rendere definitivo, da parte dell'autorità giudiziaria, il provvedimento di sequestro già emanato | *C. un gol, un punto*, confermarne la validità. **2** (*est.*) Confermare, avvalorare: *c. un dubbio, un sospetto.* **B** v. intr. pron. ● (*lett.*) Rafforzarsi | (*lett.*) Confermarsi.

convalidazióne [av. 1556] s. f. ● (*raro*) Convalida: *c. di un atto*; *procedimento di c.*

convallària [dal lat. tardo (*līlium*) *convăllium* 'giglio delle convalli'; 1865] s. f. ● (*bot.*) Mughetto | Nel linguaggio dei giardinieri, pianta ornamentale delle Liliacee (*Ophiapogon japonicus*).

convàlle [vc. dotta, lat. *convălle(m)*, comp. di *cŭm* 'con' e *vāllis* 'valle'; av. 1342] s. f. **1** (*geogr.*) Valle che sbocca in un'altra. **2** (*gener., poet.*) Valle, vallata.

†**convégna** [da *convegno*; sec. XIII] s. f. ● Accordo, patto.

†**convegnènza** ● V. *convenienza.*

convegnista [1942] s. m. e f. (pl. m. *-i*) ● Chi prende parte a un convegno.

convegnistica [1986] s. f. ● Insieme delle attività relative all'organizzazione dei convegni.

convégno [lat. parl. **convĕniu(m)*, da *convenīre*. V. *convenire*; av. 1250] s. m. **1** (*lett.* o *raro*) Incontro fra due o più persone a ora e in luogo stabiliti: *fissare un c.*; *mancare al c.*; *ella pensava ai prossimi convegni d'amore* (D'ANNUNZIO) | *Dare c. a qlcu.*, dargli appuntamento | *Darsi c.*, darsi appuntamento; (*est.*) riunirsi, incontrarsi. **2** Riunione appositamente fissata per discutere, fra esperti, problemi di carattere scientifico, tecnico, artistico e sim.: *un c. di stomatologia*; *un c. sulla letteratura del Settecento*; *organizzare un c.*; *intervenire a un c.* **3** (*raro, lett.*) Luogo in cui avviene un convegno: *quella libreria è un c. di intellettuali.* **4** †Accordo, patto.

convèllere [vc. dotta, lat. *convĕllere*, comp. di *cŭm* 'con' e *vĕllere* 'tirare'; av. 1698] **A** v. tr. (coniug. come *avellere*) ● (*lett.*) Torcere (*anche fig.*). **B** v. intr. pron. ● Torcersi, increspparsi (*anche fig.*).

†**convenènte** [av. 1250] **A** part. pres. di *convenire*; anche agg. ● V. *conveniente.* **B** s. m. **1** Circostanza, fatto. **2** Patto, condizione. **3** Ciò che è giusto, opportuno: *gli disse tutto il c. che si dee dire sopra sì fatta materia* (SACCHETTI).

†**convenènza** ● V. *convenienza.*

convenévole o †**convenévile** [da *convenire*; 1294] **A** agg. **1** (*lett.*) Conveniente, adeguato: *un matrimonio a lei c.* **2** (*raro, lett.*) Adatto, opportuno, giusto: *veramente ... bella e c. comparazione* (DANTE). || **convenevolménte**, avv. (*raro*) In modo convenevole. **B** s. m. solo sing. ● (*lett.*) Giustezza, convenienza, decoro | *Secondo il c.*, secondo le norme della buona educazione | *Oltre al, fuori del c.*, oltre misura, eccessivamente. **C** s. m. pl. ● Espressioni o atti convenzionali di cortesia, ossequio e sim.: *fare i convenevoli con, a, qlcu.*; *scambiarsi i convenevoli*; *tralasciare i convenevoli*; *perdersi in convenevoli.*

†**convenevolézza** [1353] s. f. **1** Ciò che è opportuno, giusto: *oltre a ogni c. volle usar la forza* | Decoro, compostezza. **2** Utilità, convenienza.

conveniènte o †**convenènte** [1308] part. pres. di *convenire*; anche agg. **1** Opportuno, adatto alle circostanze, appropriato: *comportarsi, parlare in modo c. alla situazione*; *veste in modo poco c. a una donna anziana.* **2** Che è vantaggioso dal punto di vista economico: *sistemazione c.*; *quell'affare non è c.* || **convenienteménte**, avv.

conveniènza o †**convegnènza**, †**convenènza** [vc. dotta, lat. *convenĕntia(m)*, da *convenīre* 'convenire'; av. 1306] s. f. **1** (*raro, lett.*) Corrispondenza di elementi, equilibrio, simmetria e sim.: *c. delle parti col tutto.* **2** Rispetto delle convenzioni sociali: *visita di c.* | (*spec. al pl.*) Regole, norme di comportamento sociale: *imparare, conoscere, sapere le convenienze.* **3** Utilità, tornaconto, spec. di natura economica: *non trovare la propria c. in un affare* | *Matrimonio di c.*, fatto solo per interesse. SIN. Comodo, utile. **4** †Accordo | †Patto.

♦**convenìre** [lat. *convenīre* 'incontrarsi, essere d'accordo, confarsi', comp. di *cŭm* 'con' e *venīre* 'venire'; av. 1292] **A** v. intr. (coniug. come *venire*; aus. *essere* nei sign. 1, 2, 4, 5; aus. *avere* nel sign. 3) **1** Riunirsi in uno stesso luogo provenendo da parti diverse: *i partecipanti al raduno convenivano da varie città.* **2** (*lett.*) Confluire, convergere, detto di fiumi, strade e sim. **3** (+ *con* qlcu. + *su* qlco.; + *di* seguito da inf.; + *che* seguito da indic. o congv.) Concordare, consentire: *c. con qlcu. sull'opportunità di un provvedimento*; *converrai che l'idea è veramente buona*; *convengo ... che sia più difficile oggidì lo scriver bene la nostra lingua che qualunque altra* (LEOPARDI) | Ammettere: *convengo di avere sbagliato* | *Ne convengo*, su ciò sono d'accordo, riconosco che ciò è esatto e sim. **4** (+ *a*) Essere appropriato: *atteggiamento che non conviene alla situazione*; *nulla disdire al vero amor conviensi* (L. DE' MEDICI). SIN. Addirsi, confarsi. **5** (+ *a*) Tornare utile, vantaggioso: *questo affare non mi conviene*; *ti conviene tacere.* **B** v. intr. impers. (aus. *essere*) ● Essere opportuno, necessario: *conviene andarsene.* **C** v. intr. pron. (+ *a*) ● Essere appropriato, adatto: *queste maniere non si convengono alle persone educate.* SIN. Addirsi, confarsi. **D** v. rifl. ● †Accordarsi: *con lei si convenne di doversi con lui di Roma fuggire* (BOCCACCIO). **E** v. tr. **1** Pattuire di comune accordo: *c. un prezzo.* SIN. Stabilire. **2** (*dir.*) Citare la controparte: *c. in giudizio un debitore moroso.*

†**conventàre** (**1**) [dal lat. *convĕntus* 'adunanza, convegno, comunità'. V. *convento* (*2*); av. 1294] v. tr. ● Promettere.

†**conventàre** (**2**) [da *convento* (*2*), nel senso di 'riunione, collegio'; quindi propr. 'aggregare al collegio dei dottori'; av. 1306] **A** v. tr. ● Conferire il titolo di dottore. **B** v. intr. e intr. pron. ● Addottorarsi.

conventìcola [lat. *conventĭculu(m)* 'riunione di persone', da *convenīre* 'convenire'; 1313] s. f. **1** (*lett.*) Riunione segreta di poche persone, spec. per fini disonesti: *c. di ladri, di truffatori.* **2** (*est., spreg.*) Ristretto gruppo di persone che perseguono interessi di parte: *c. di letterati*; *tendono a diventare ... conventicole di 'profeti disarmati'* (GRAMSCI); SIN. Chiesuola.

†**conventìcolo** [1619] s. m. ● Conventicola.

convèntio ad excludèndum /lat. kon'ventsjo adekskl u'dendum/ [loc. lat., propr. 'accordo per escludere'] loc. sost. f. inv. (pl. lat. *conventiones ad excludendum*) ● Accordo che tende a escludere un'organizzazione o una persona da organismi decisionali, formule di governo, ecc.

convention /ingl. kən'venʃn/ [vc. ingl., propr. 'convenzione'; 1982] s. f. inv. **1** Negli Stati Uniti, assemblea generale dei delegati di ciascun partito per eleggere il candidato alla presidenza. **2** Nel marketing, convegno di lavoro tra tutti gli addetti alla vendita, organizzato da un'azienda per il raggiungimento di determinati obiettivi di mercato. **3** (*est.*) Riunione, assemblea, convegno, incontro.

♦**convènto** (**1**) [lat. *convĕntu(m)* 'adunanza, convegno', da *convenīre* 'convenire'; sec. XII] s. m. **1** Edificio in cui vive una comunità di religiosi | (*est.*) Insieme di religiosi, frati o suore, soggetti alla medesima regola, che vivono nello stesso edificio | *Entrare, chiudersi in c.*, prendere gli ordini religiosi | (*fig., scherz.*) *Accontentarsi di quel che passa il c.*, accontentarsi di quel che c'è, spec. da mangiare. **2** †Adunanza, assemblea. || **conventàccio**, pegg. | **conventino**, dim.

†convènto (2) [lat. *convĕntu(m)*. V. *convento* (1); sec. XIII] s. m. ● Patto, convenzione.

†convènto (3) [vc. dotta, lat. *convĕntu(m)*. V. precedente; av. 1537] s. m. ● Commessura.

†convènto (4) ● V. *convenuto* nel sign. A.

conventuàle [da *convento* (1); 1353] **A** agg. **1** Di convento, appartenente a convento | ***Minore c.***, frate dell'Ordine dei francescani conventuali, che furono separati dagli Osservanti nel XVI sec. **2** (*est.*) Spoglio: *austerità c.* **B** s. m. ● (*raro*) Frate. **C** s. f. ● Suora.

convenùto o †**convènto** (4) [av. 1617] **A** part. pass. di *convenire*; anche agg. **1** Riunito in uno stesso luogo. **2** Concordato. **3** (*dir.*) Citato in giudizio. **B** s. m. **1** (*solo sing.*) Ciò che è stato stabilito di comune accordo: *giunse un'ora prima del c.* | ***Secondo il c.***, secondo i patti, gli accordi. **2** (f. *-a*) (*dir.*) Persona citata in giudizio: *l'attore e il c.* **3** (f. *-a*) (*spec. al pl.*) Chi partecipa a una riunione, un convegno e sim. insieme con altri: *l'oratore ringraziò i convenuti.*

convenzionàle [vc. dotta, lat. tardo *conventionāle(m)*, da *convĕntio*, genit. *conventiōnis* 'convenzione'; nel sign. B, dal fr. *conventionnel*; av. 1565] **A** agg. **1** Stabilito per accordo tra le parti: *anzianità c. del prestatore di lavoro*; *interessi convenzionali.* **2** Che è conforme a un'intesa specifica: *codice c.*; *saluto c.* | Che ha solo un significato pratico, contingente: *dare a un simbolo un valore c.* **3** (*spreg.*) Che segue passivamente e senza originalità gli usi più tradizionali o le idee più correnti: *discorso, atto c.*; *forma d'arte c.* SIN. Banale | Che è fatto per puro rispetto delle convenzioni formali: *un breve discorso di benvenuto del tutto c.* **4** Usuale, tradizionale: *armi convenzionali e armi atomiche.* || **convenzionalménte**, avv. **B** s. m. ● (*st.*) Membro della Convenzione nazionale francese.

convenzionalìsmo [1872] s. m. **1** Atteggiamento o complesso di atteggiamenti conformistici: *al di fuori del c. accademico* (CARDUCCI) | Opinione accolta in modo conformistico. **2** Dottrina filosofica che pone l'accento sulla natura convenzionale e non oggettiva di tutti i princìpi della scienza.

convenzionalìsta [1956] s. m. e f.; anche agg. (pl. m. *-i*) **1** (*raro*) Conformista. **2** (*filos.*) Seguace del convenzionalismo.

convenzionalità [1892] s. f. ● Caratteristica di chi (o di ciò che) è convenzionale.

convenzionàre [da *convenzione*; av. 1905] **A** v. tr. (*io convenzióno*) ● Stabilire, regolare qlco. mediante convenzione. **B** v. rifl. **1** Accordarsi mediante convenzione, spec. su prestazioni mediche, assistenziali e sim.: *la clinica si è convenzionata con il Servizio Sanitario Nazionale.* **2** †Accordarsi.

convenzionàto [1956] part. pass. di *convenzionare*; anche agg. ● Stabilito in base a una convenzione: *prezzo c.* | Che opera o fornisce un servizio sulla base di una convenzione: *medico c.*; *clinica convenzionata.*

convenzióne [vc. dotta, lat. *conventiōne(m)*, da *convenīre* 'convenire'; nel sign. 3, dall'ingl. *convention*, passato poi anche in fr.; 1342] s. f. **1** Contratto, accordo | ***†Essere in c.***, essere legato da un accordo e sim.: *con i quali io sono in c. su questa cosa* (MACHIAVELLI) | Nel diritto internazionale, accordo fra più Stati su questioni di comune interesse: *c. internazionale contro le scorie tossiche* | ***Convenzioni di Ginevra***, serie di accordi internazionali stipulati a Ginevra a partire dal 1864, riguardanti la difesa dei diritti umani, il trattamento dei prigionieri di guerra e altre questioni di diritto internazionale | Documento che sancisce tale accordo: *ratificare, firmare una c.* SIN. Patto, trattato. **2** Intesa generale per la quale, in casi di arbitrarietà, si stabilisce di attribuire a un dato fenomeno o complesso di fenomeni determinate caratteristiche: *fissare, stabilire, qlco. per c.*; *per c. si stabilisce il verso positivo della corrente elettrica.* **3** (*ant.*) Assemblea, spec. politica o legislativa: *nel cospetto de' re … nelle piazze, ne' templi, nelle convenzioni e adunanze de' popoli* (BOCCACCIO) | ***C. nazionale francese***, (*ellitt.*) ***la C.***, assemblea legislativa francese durata dal 1792 al 1795. **4** (*spec. al pl.*) Schemi, regole tradizionali, consuetudini, spesso intese come contrastanti con l'originalità individuale: *infrangere le convenzioni*; *essere schiavo delle convenzioni*; *opporsi alle convenzioni letterarie.*

convergènte [1679] part. pres. di *convergere*; anche agg. **1** Che converge | (*fig.*) Che tende a un medesimo fine: *critiche, interessi convergenti.* **2** (*mat.*) Detto di variabile ordinata che ammetta limite finito | (*biol.*) Detto di carattere anatomico risultante da un processo di convergenza.

convergènza [fr. *convergence*, da *convergent* 'convergente'; 1632] s. f. **1** Tendenza a dirigersi verso un unico punto o (*fig.*) verso un medesimo fine: *c. di linee*; *c. di propositi*; *c. politica.* **2** (*mat.*) Proprietà di ciò che converge. **3** (*autom.*) Assetto leggermente convergente delle ruote anteriori di un autoveicolo che ha lo scopo di compensare la tendenza alla divergenza delle ruote stesse durante la marcia. **4** (*geogr.*) Fenomeno che si presenta dove masse d'aria si incontrano | ***C. intertropicale***, zona di incontro fra correnti d'aria provenienti dai tropici | Zona ove vengono a contatto masse marine con origine e caratteristiche fisiche diverse. **5** (*geol.*) Avvicinamento reciproco di due zolle crostali. **6** (*fis.*) Inverso della distanza focale, in una lente: *rapporto di c.* **7** (*biol.*) Parallelismo morfologico.

convèrgere [vc. dotta, lat. tardo *convĕrgere*, comp. di *cŭm* 'con' e *vĕrgere* 'volgersi'; 1765] **A** v. intr. (pres. *io convèrgo, tu convèrgi*; pass. rem. *io convèrsi*, raro *convergéi, tu convergésti*; part. pass. *convèrso* (*1*), raro; raro nei tempi comp.; aus. *essere*) **1** Dirigersi insieme verso uno stesso punto, partendo da punti diversi: *le due strade convergono.* CONTR. Divergere. **2** (*mat.*) Approssimarsi d'una successione al limite | Dirigersi, di più rette o segmenti, a un punto. **3** (*fig.*) Tendere verso un medesimo fine: *le nostre idee convergono.* **B** v. tr. ● (*lett., spec. fig.*) Dirigere, indirizzare.

convèrsa (1) [f. di *converso* (*3*); av. 1342] s. f. ● Laica che provvede a servizi e lavori manuali in un convento, vestendo l'abito religioso senza aver preso i voti.

convèrsa (2) [da *convergere*; 1865] s. f. ● (*edil.*) Canale gener. in lamiera che, su una linea di compluvio del tetto, raccoglie l'acqua piovana portandola alle grondaie.

conversàre (1) [vc. dotta, lat. *conversāri* 'frequentare qualcuno', comp. di *cŭm* 'con' e *versāri* 'aggirarsi'; av. 1306] **A** v. intr. (*io convèrso*; aus. *avere*) **1** Trattenersi a discorrere con una o più persone, trattando argomenti vari, gener. in tono disteso e tranquillo: *c. di argomenti piacevoli*; *c. con qlcu.*; *una persona che sa c.* SIN. Chiacchierare, discorrere, parlare. **2** †Praticare, aver rapporti | †Vivere insieme. **B** v. tr. ● †Praticare, frequentare una persona o un luogo.

conversàre (2) [da *conversare* (*1*); av. 1380] s. m. ● (*lett.*; *spec. al pl.*) Conversazione: *intorno a quella fontana, le vaghe fanciulle … stanno a lungo … in conversari* (NIEVO).

conversatóre [sec. XIV] s. m. (f. *-trice*) ● Chi conversa, spec. in modo piacevole e garbato: *un brillante c.*; *un c. da salotto.*

conversazionàle [da *conversazione*, sul modello dell'ingl. *conversational*; av. 1963] agg. **1** Proprio della conversazione: *il linguaggio c.*; *conoscere una lingua straniera a livello c.* **2** (*elab.*) Detto di modo di funzionamento di un elaboratore in cui una sequenza di domande e di risposte alternate, che si svolgono fra un utente e l'elaboratore stesso, ha luogo in maniera simile a quella che si ha in un dialogo fra due persone. SIN. Interattivo.

♦**conversazióne** [vc. dotta, lat. *conversatiōne(m)*, da *conversāri*. V. *conversare* (*1*); av. 1292] s. f. **1** Colloquio, dialogo amichevole e dal tono disteso tra due o più persone: *amare la c.*; *partecipare alla c.*; *essere escluso dalla c.*; *c. brillante, monotona, noiosa, frivola*; *la c. langue* | SIN. Chiacchierata | Comunicazione telefonica: *c. urbana, interurbana.* **2** (*raro, lett.*) Compagnia, circolo di persone che si riuniscono abitualmente: *La sua c. favorita è composta di alcuni … buffoni* (LEOPARDI) | ***Tenere c.***, ricevere gente, tenere salotto. **3** Breve discorso di argomento scientifico, letterario o di attualità: *tenere una serie di conversazioni sulla poesia moderna.* **4** †Comportamento. **5** †Familiarità, dimestichezza. **6** †Comunità, regola monastica. || **conversazioncèlla**, dim. | **conversazioncìna**, dim.

conversévole [av. 1347] agg. **1** (*lett.*) Che ama conversare, stare in compagnia. **2** (*lett.*) Che ha uno stile piano, colloquiale: *un così poco oratorio e così c. poeta come fu Ludovico Ariosto* (CROCE). || **conversevolménte**, avv. (*lett.*) In modo conversevole.

convèrsi ● V. *convergere, convertire.*

conversióne [vc. dotta, lat. *conversiōne(m)*, da *convĕrtere* 'rivoltare, convertire'; av. 1294] s. f. **1** Trasformazione, cambiamento di stato: *c. di un decreto in legge*; *c. di una scuola privata in scuola pubblica*; *c. dell'energia elettrica* | ***C. boschiva***, trasformazione del ceduo in ceduo composto o di questo in fustaia | ***C. del debito pubblico***, operazione finanziaria di modifica delle caratteristiche di un debito pubblico | (*dir.*) ***C. di un decreto in legge***, approvazione del Parlamento dell'atto emanato dal Governo | ***C. del negozio giuridico***, il trarre da un negozio nullo, utilizzandone gli elementi rilevanti, un nuovo negozio valido, senza ulteriori manifestazioni di volontà | ***C. dell'atto pubblico***, possibilità di far valere come scrittura privata un atto pubblico invalido | ***C. del pignoramento***, sostituzione, stabilita dal giudice dell'esecuzione su istanza del debitore, delle cose pignorate con una somma di denaro | ***C. di obbligazioni***, sostituzione di obbligazioni emesse da una società con azioni della società stessa. **2** (*fig.*) Cambiamento radicale di idee, opinione politica o, spec., fede religiosa e sim.: *c. improvvisa, meditata*; *c. letteraria, politica, religiosa*; *c. al cattolicesimo*; *la c. di San Paolo*; *la c. dell'Innominato nei Promessi Sposi.* **3** (*filos.*) In logica, operazione che consente di ricavare da una proposizione un'altra proposizione mediante una semplice inversione dei termini. **4** (*psicoan.*) Processo per cui nel paziente al posto di un conflitto si genera un sintomo fisico. **5** Complesso dei calcoli e delle operazioni necessarie per passare da un sistema di riferimento a un altro | (*elab.*) Trasferimento di dati da un sistema, un linguaggio o un formato a un altro. **6** (*mar.*) Complesso dei calcoli necessari per convertire la prua vera in prua alla bussola. **7** Movimento che uno schieramento di soldati, atleti e sim. compie facendo perno su uno dei suoi estremi d'ala per cambiare fronte o direzione di marcia senza mutare formazione | ***C. a U***, inversione del senso di marcia compiuta alla guida di un autoveicolo. **8** (*astron.*) †Rotazione | †Rivoluzione.

†conversìvo [av. 1600] agg. ● Reciproco, equivalente.

convèrso (1) [av. 1374] part. pass. di *convergere*; anche agg. ● (*raro*) Nei sign. del v.

convèrso (2) [1319] part. pass. di *convertire*; anche agg. **1** (*lett., raro*) Rivolto: *et lei conversa indietro veggio* (PETRARCA). **2** (*lett.*) Mutato, trasformato. **3** †Opposto, contrario | ***Per c., di c.***, al contrario | ***E c.***, (*lett.*) viceversa.

convèrso (3) [così detto perché in orig. era un convertito; cfr. *converso* (*2*); 1313] s. m. (f. *-a* (V.)) ● Laico che provvede a servizi e lavori manuali in un convento, vestendo l'abito religioso senza avere preso i voti.

†convertènza [vc. dotta, lat. tardo *convertĕntia(m)*, da *convĕrtere* 'convertire'; av. 1565] s. f. ● (*ling.*) Correlazione.

†convèrtere [1525] v. tr., rifl. e intr. pron. ● Convertire.

convertìbile [vc. dotta, lat. tardo *convertĭbile(m)*, da *convĕrtere* 'convertire'; av. 1320] **A** agg. ● Che si può convertire: *energia c.* | ***Aereo c.***, che può acquisire caratteristiche architettoniche e funzionali proprie di altri aerei | ***Automobile c.***, munita di capote | (*econ.*) ***Obbligazione c.***, titolo obbligazionario che conferisce al possessore il diritto di convertirlo in un'azione della società emittente o di una sua controllata | ***Valuta c.***, valuta che in passato poteva liberamente convertirsi in metallo prezioso ma che oggi può convertirsi soltanto in altra valuta. || **convertibilménte**, avv. **B** s. f. ● Automobile convertibile. SIN. Cabriolet. **C** s. m. ● Aereo convertibile. SIN. Convertiplano.

convertibilità [vc. dotta, lat. tardo *convertibilitāte(m)*, da *convĕrtere* 'convertire'; 1745] s. f. **1** Caratteristica di ciò che è convertibile. **2** (*econ.*) Possibilità di convertire in oro i biglietti circolanti in un paese, secondo un determinato rapporto fissato per legge | Possibilità di trasformare liberamente una moneta in altra moneta.

convertiplàno [comp. di *converti(bile)* e *(aero)plano*; 1956] s. m. ● Velivolo in grado di decollare o atterrare verticalmente come un elicottero e di spostarsi in volo orizzontale alla velocità di un aeroplano.

convertire [lat. *convĕrtere* 'rivolgere, mutare', poi 'convertire', comp. di *cŭm* 'con' e *vĕrtere* 'volgere'; av. 1250] **A** v. tr. (pres. *io convèrto*, †*convertìsco*; pass. rem. *io convertìi* o lett. *convèrsi*; part. pass. *convertìto*, lett. *convèrso*) **1** (*raro*, *lett.*) Volgere, dirigere: *talor converse / la non cieca Fortuna a te il suo viso* (PARINI). **2** Trasformare, tramutare, far passare da uno stato a un altro (*anche fig.*): *c. un decreto in legge, il vapore in acqua*; *c. il pianto in riso*; *c. la cartamoneta in oro*; *c. energia idraulica in energia elettrica* | *C. una moneta*, scambiarla con altra estera, secondo il corso del cambio | *C. un'obbligazione*, mutarne la prestazione. **3** (*metall.*) Trasformare un prodotto metallurgico in un altro, mediante convertitori. **4** Effettuare la conversione di dati, misure e sim. in relazione al cambiamento del sistema di riferimento adottato: *c. piedi in metri* | (*mar.*) Effettuare una conversione. **5** (*fig.*) Convincere qlcu. a cambiare radicalmente idea, opinione politica, fede religiosa e sim.: *c. qlcu. al bene, al socialismo, al cristianesimo.* **6** †Indurre, persuadere. **B** v. rifl. **1** Passare da una religione a un'altra: *convertirsi al cristianesimo* | Abbracciare una fede religiosa | (*est.*) Cambiare idee, opinione politica e sim.: *convertirsi ai principi del liberalismo.* **2** †Volgersi, dirigersi. **C** v. intr. pron. ● Trasformarsi, passare da uno stato a un altro (*anche fig.*): *le nuvole si convertirono in pioggia*; *talvolta l'amore si converte in odio.*

convertito [1354] **A** part. pass. di *convertire*; anche agg. ● Nei sign. del v. **B** s. m. (f. *-a*) ● Chi ha cambiato idee, convinzioni politiche, fede religiosa, e sim.

convertitóre [1306] s. m. **1** (f. *-trice*) Chi converte. **2** (*tecnol.*) Ogni apparecchio in cui avvengono reazioni di conversione o trasformazioni di composti | (*metall.*) Grosso recipiente di lamiera rivestito internamente di refrattari, che converte la ghisa fusa, proveniente dall'altoforno, in acciaio | *C. Bessemer*, a rivestimento acido | *C. Thomas*, a rivestimento basico. **3** (*elettr.*) Dispositivo per la conversione di un segnale elettromagnetico: *c. di corrente alternata in corrente continua* | (*tv*) Dispositivo collegato all'illuminatore di una parabola che converte i segnali televisivi ad alta frequenza prima di inviarli al ricevitore. **4** (*elab.*) Macchina o dispositivo che permette la conversione dei supporti o dei codici | *C. analogico-digitale*, quello che in entrata e in uscita da un elaboratore elettronico traduce grandezze fisiche continue in grandezze numeriche, e viceversa | (*elab.*) *C. di codice*, transcodificatore. **5** (*mecc.*) *C. di coppia*, congegno idraulico, composto di una pompa rotativa e di una turbina, che in certi autoveicoli fa le veci della frizione e trasmette all'albero di trasmissione la potenza del motore.

convertitrice [1941] s. f. ● Macchina rotante che riceve corrente elettrica alternata, trasformandola in corrente elettrica continua.

convessità [vc. dotta, lat. *convexitāte(m)*, da *convĕxus* 'convesso'; av. 1519] s. f. ● Caratteristica di ciò che è convesso | Parte convessa.

convèsso [vc. dotta, lat. *convĕxu(m)*, di etim. incerta; 1340] **A** agg. **1** Che è piegato ad arco verso l'esterno, detto di linea, superficie, corpo e sim.: *specchio c.*; *fronte convessa.* CONTR. Concavo. **2** (*mat.*) Attributo di figura piana o solida tale che il segmento congiungente due suoi punti qualsiasi appartiene sempre interamente alla figura | Detto di un sottoinsieme d'uno spazio metrico che, per ogni coppia di suoi punti, contiene almeno un punto che si trova fra essi | Detto d'un angolo minore dell'angolo piatto. ➡ ILL. **geometria**. **B** s. m. ● (*raro*, *lett.*) Parte convessa.

convettivo [dal lat. *convĕctus*, part. pass. di *convĕhere* 'trasportare', comp. di *cŭm* 'con' e *vĕhere* 'portare' (V. *vettura*); 1956] agg. ● (*fis.*) Relativo alla convezione; *moto c.*; *correnti convettive.*

convettóre [dal lat. *convĕctus*. V. *convettivo*; 1950] s. m. ● Apparecchio per il riscaldamento ad aria calda, azionato spec. da energia elettrica.

convezióne [vc. dotta, lat. tardo *convectiōne(m)*, da *convĕhere* 'trasportare', comp. di *cŭm* 'con' e *vĕhere* 'portare'; 1889] s. f. ● (*fis.*) Modo di propagazione del calore nei fluidi per spostamento delle loro particelle.

convincènte [av. 1642] part. pres. di *convincere*; anche agg. ● Che convince, che riesce a convincere: *un argomento c.*; *una scusa non c.*; *un'esecuzione musicale, una vittoria c.* || **convincenteménte**, avv. (*raro*) In modo convincente.

♦**convìncere** [vc. dotta, lat. *convĭncere*, comp. di *cŭm* 'con' e *vĭncere* 'vincere'; 1308] **A** v. tr. (coniug. come *vincere*) (qlcu. + *di*, + *su* qlco.; + *a* seguito da inf.; + *che* seguito da indic. o congv.) **1** Indurre con la forza del ragionamento o la validità degli argomenti a riconoscere, accettare, ammettere e sim. qlco., eliminando ogni possibilità di dubbio (*anche assol.*): *c. qlcu. dei propri errori*; *mi ha convinto su un punto importante*; *lo convinse che non c'era più niente da fare*; *prove, dimostrazioni che convincono* | Persuadere a fare o a non fare qlco.: *l'ho convinto a rimandare la partenza*; *i cattivi compagni lo convinsero a rubare.* **2** (*lett.*) Dimostrare con prove inoppugnabili la colpevolezza di qlcu.: *fu convinto di tradimento.* **B** v. rifl. (+ *di*; + *a* seguito da inf.; + *che* seguito da indic. o congv.) ● Acquistare certezza, liberandosi da dubbi o da precedenti opinioni: *convincersi della sincerità di qlcu.*; *convincersi di aver torto*; *si convinse di essere stato ingannato*; *si convinsero a partire*; *ci siamo convinti che avete ragione.* SIN. Persuadersi.

convincìbile [vc. dotta, lat. tardo *convincĭbile(m)*, da *convĭncere* 'convincere'; 1865] agg. ● (*raro*) Che si può convincere.

convinciménto [av. 1729] s. m. **1** Il convincere | Persuasione: *fare opera di c.* **2** Convinzione, opinione accettata: *un fermo c.* | (*dir.*) *Principio del libero c. del giudice*, per cui l'organo giudiziario può liberamente valutare le prove assunte nel processo, eccettuate quelle legali.

♦**convinto** [1308] part. pass. di *convincere*; anche agg. **1** Che crede fermamente nelle sue idee: *è un c. rinnovatore.* **2** (*lett.*) *Reo c.*, la cui colpevolezza è stata dimostrata: *Agide è reo c. di maestade lesa* (ALFIERI). || **convintaménte**, avv.

convinzióne [vc. dotta, lat. tardo *convinctiōne(m)*, da *convĭncere* 'convincere'; av. 1578] s. f. **1** Il convincere, il convincersi: *avere una grande capacità di c.*; *fare opera di c. su qlcu.* SIN. Persuasione | Condizione di chi è convinto di qlco.: *ascoltare con c.*; *parlare, studiare senza c.* | Salda certezza: *questa è la mia precisa c.* **2** (*spec. al pl.*) Opinioni, principi e sim., acquisiti dopo maturo esame e di cui si è pienamente convinti: *convinzioni politiche, religiose, morali*; *alla politica senza idee, risponde la vita senza convinzioni* (CARDUCCI).

convissùto part. pass. di *convivere* ● Nei sign. del v.

†**convitàre** (**1**) [fr. *coveitier* (fr. moderno *convoiter*), dal lat. parl. **cupidietare*, da *cŭpidus* 'cupido'; av. 1348] v. tr. ● Desiderare.

convitàre (**2**) [lat. parl. **convitāre*, nato dalla sovrapposizione di *invitāre* 'invitare' a *convivium* 'convito'; sec. XII] **A** v. tr. ● (*lett.*) Chiamare a convito | (*est., lett.*) Invitare: *tutte le brigate pescaresi ... lo chiamavano e convitavano* (D'ANNUNZIO). **B** v. intr. ● †Banchettare.

convitàto [propr., part. pass. di *convitare* (*2*); 1308] s. m. (f. *-a*) ● Chi è invitato e interviene a un convito: *i convitati erano numerosi.* SIN. Commensale | (*fig.*) *C. di pietra*, presenza silenziosa e incombente, che evoca qualcuno o qualcosa che tutti conoscono ma di cui non si parla (con riferimento alla statua sepolcrale che compare come personaggio nel *Don Giovanni* di W. A. Mozart).

convito [da *convitare* (*2*); sec. XIII] s. m. ● (*lett.*) Pranzo solenne a cui sono invitate più persone: *partecipare a un c.*; *stare a c.*; *sala del c.* | (*lett.*) Insieme dei convitati.

convitto [vc. dotta, lat. *convīctu(m)*, da *convīvere* 'convivere'; 1542] s. m. **1** Istituto d'istruzione e di educazione per giovani in cui si provvede anche al loro mantenimento e alloggio: *c. maschile, femminile*; *stare in c.* | (*est.*) L'insieme dei convittori: *il c. uscì per la passeggiata.* SIN. Collegio. **2** †Convivenza | *C. umano*, la società umana.

convittóre [vc. dotta, lat. *convictōre(m)*, da *convīvere* 'convivere'; sec. XIV] s. m. (f. *-trice*) **1** Chi vive in un convitto. **2** †Chi vive insieme con altri.

conviva [vc. dotta, lat. *convīva(m)*, da *convīvere* 'convivere'; av. 1459] s. m. (pl. *-i*) ● (*lett.*) Convitato, commensale.

convivàle ● V. *conviviale.*

†**convivàre** [vc. dotta, lat. *convivāri*, da *convīva* 'conviva'; sec. XIII] v. intr. ● Banchettare.

conviènte [av. 1406] **A** part. pres. di *convivere*; anche agg. ● Nei sign. del v. **B** s. m. e f. ● Chi convive con altri.

convivènza [av. 1832] s. f. **1** Il fatto, la condizione di convivere in uno stesso luogo: *c. domestica, legittima, illecita*; *rapporti di c.* **2** Complesso di persone conviventi | *C. sociale, civile, umana*, la società umana. **3** (*fig.*) Coesistenza.

convivere [vc. dotta, lat. *convīvere*, comp. di *cŭm* 'con' e *vīvere* 'vivere'; 1308] v. intr. (coniug. come *vivere*; aus. *essere* e *avere*) **1** Vivere abitualmente insieme con altri: *i figli convivono con la famiglia* | Coabitare, far vita comune, detto spec. di una coppia non sposata. **2** (*fig.*) Coesistere: *una società in cui convivono diverse culture.*

convivìale o (*lett.*) **convivàle** [vc. dotta, lat. *conviviāle(m)*, da *convīvium* 'convivio'; 1520] agg. ● Proprio di un convito, di un banchetto: *allegria, discorso, canzone c.* | *Poesia c.*, cantata, recitata nei conviti o che a essi si ispira | (*est.*) Allegro, spensierato: *atmosfera c.* || **convivialménte**, avv.

convivialità [da conviviale; 1989] s. f. ● Disponibilità a dividere con altri il piacere della tavola.

convivio [vc. dotta, lat. *convīviu(m)*, da *convīva* 'conviva'; 1308] s. m. ● (*lett.*) Convito, banchetto (*anche fig.*): *ne' superbi / convivii ognaltro avanzerai per fama* (PARINI); *c. di scienza, di filosofia.*

†**convìzio** [vc. dotta, lat. *convīciu(m)* 'clamore, baccano' di etim. incerta; av. 1396] s. m. ● Ingiuria.

†**convocaménto** [av. 1667] s. m. ● Convocazione.

convocàre [vc. dotta, lat. *convocāre*, comp. di *cŭm* 'con' e *vocāre* 'chiamare'; 1300 ca.] v. tr. (*io cònvoco, tu cònvochi*) **1** Invitare a riunirsi gli appartenenti a un organo legislativo, politico, amministrativo e sim.: *c. il Parlamento, un'adunanza, un'assemblea.* SIN. Chiamare, radunare, riunire. **2** (*est.*) Invitare ufficialmente a presentarsi a un colloquio: *il giudice ha convocato le parti* | Chiamare a una riunione, a un raduno e sim.: *il professore convocò gli alunni*; *gli atleti furono convocati per l'allenamento.* **3** †Chiamare in aiuto, in soccorso.

convocàto [sec. XIV] **A** part. pass. di *convocare*; anche agg. ● Nei sign. del v. **B** s. m. (f. *-a*) ● Chi è stato oggetto di convocazione: *i convocati per la nazionale di calcio.*

convocatóre [vc. dotta, lat. tardo *convocatō-re(m)*, da *convocāre* 'convocare'; 1657] s. m.; anche agg. (f. *-trice*) ● Chi (o Che) convoca.

convocazióne [vc. dotta, lat. *convocatiōne(m)*, da *convocāre* 'convocare'; av. 1356] s. f. **1** Il convocare: *la c. di un'assemblea, dei professori* | Invito a una riunione: *accettare una c.*; *rispondere a una c.* | La riunione stessa: *la c. avrà luogo oggi.* **2** (*sport*) Invito a un atleta di presentarsi a un luogo di raduno. **3** Riunione dei componenti un organo collegiale, per deliberare su un ordine del giorno: *prima, seconda c.*

convogliàre o †**convoiàre** [fr. *convoyer*, dal lat. parl. **conviāre* 'fare la strada con qualcuno', comp. di *cŭm* 'con' e *vĭa* 'strada'; 1640] v. tr. (*io convò-glio*) **1** †Accompagnare a scopo protettivo o a titolo d'onore. SIN. Scortare. **2** Riunire e dirigere verso un dato luogo: *c. il traffico sulle tangenziali*; *c. i profughi verso i centri di accoglienza* | (*est., fig.*) Far convergere, concentrare: *c. le proprie energie, i propri sforzi verso un obiettivo.* **3** Trascinare, trasportare con sé: *il fiume convoglia nel mare gli scarichi urbani, industriali e agricoli.*

convogliatóre [1925] s. m. ● Meccanismo costituito da rulli ruotanti per il trasporto su piccole distanze di bagagli, casse, contenitori ecc.

convòglio o †**convòio** [fr. *convoi*, da *convoyer* 'convogliare'; 1604] s. m. **1** (*ant.*) Scorta. **2** Gruppo di veicoli, natanti o mezzi di trasporto in genere che procedono insieme, spec. incolonnati, verso lo stesso luogo: *un c. di automezzi militari, di navi mercantili*; *chiedere un c. di scorta* | (*lett.*) *C. funebre*, corteo funebre | (*est.*) Treno: *un c. di molti vagoni.* **3** (*est.*) Gruppo di persone che vengono condotte verso un dato luogo: *un c. di prigionieri.*

†**convoiàre** e *deriv.* ● V. *convogliare* e *deriv.*

convolàre [vc dotta, lat. *convolāre*, comp. di *cŭm* 'con' e *volāre* 'volare'; av. 1547] v. intr. (*io convólo*; aus. *essere*) **1** †Accorrere celermente insieme.

2 Nella loc. *c. a nozze*, *c. a giuste nozze*, sposarsi.

convòlgere o †**convòlvere** [comp. di *con-* e *volgere*; 1313] **A** v. tr. (coniug. come *volgere*) ● (*raro, lett.*) Avvolgere, avvoltolare: *convoltolo per lo fango, tutti i panni ... gli stracciò* (BOCCACCIO). **B** v. rifl. ● (*raro, lett.*) Avvoltolarsi, contorcersi.

†**convolùbile** [comp. di *con-* e *volubile*; av. 1642] agg. ● Che può girare su sé stesso.

convolùto [vc. dotta, lat. *convolūtu(m)*, part. pass. di *convŏlvere*, comp. di *cŭm* 'con' e *vŏlvere* 'volgere'; 1499] agg. ● Avvoltolato | Accartocciato.

†**convòlvere** ● V. *convolgere*.

convòlvolo [vc. dotta, lat. *convŏlvulu(m)*, da *convŏlvere* 'avvolgere'; 1499] s. m. ● Genere di piante erbacee rampicanti delle Convolvulacee comprendente molte specie caratterizzate da grandi fiori campanulati, di colore variabile (*Convolvulus*).

Convolvulàcee [vc. dotta, comp. del lat. *convŏlvulus* 'convolvolo' e di *-acee*; 1875] s. f. pl. (sing. *-a*) ● Nella tassonomia vegetale, famiglia di piante erbacee con fusti spesso rampicanti, foglie alterne e fiori solitari o in cime (*Convolvulaceae*). ➡ ILL. piante/8.

convulsionàrio [fr. *convulsionnaire*, da *convulsion* 'convulsione'; 1789] agg.; anche s. m. (f. *-a*) ● Che (o Chi) soffre di convulsioni.

convulsióne [vc. dotta, lat. tardo *convulsiōne(m)*, da *convĕllere* 'sconvolgere'. V. *convellere*; 1561] s. f. *1* (*med.*) Contrazione violenta, involontaria, dei muscoli scheletrici: *c. epilettica, infantile*; *soffrire di convulsioni*. *2* (*est.*) Scoppio irrefrenabile: *c. di riso, di pianto*. *3* (*raro, fig.*) Cataclisma violento e improvviso: *le convulsioni del cielo e del mare* (PASCOLI); *convulsioni telluriche* | (*lett., fig.*) Grande turbamento o agitazione: *convulsioni sociali*; *non posso pensare senza ... c. dell'animo mio* (LEOPARDI). || **convulsioncèlla**, dim.

convulsivànte [da *convulsivo*; 1939] agg. ● Che produce convulsioni: *farmaco c.*; *affezione morbosa c.*

convulsìvo [da *convulso*; 1667] agg. ● Di convulsione, caratterizzato da convulsione: *crisi convulsiva* | Che provoca convulsioni | ***Tosse convulsiva***, pertosse.

convùlso [vc. dotta, lat. *convŭlsu(m)*, part. pass. di *convĕllere* 'sconvolgere'. V. *convellere*; av. 1698] **A** agg. *1* Che si manifesta con convulsioni: *tremito, pianto, riso c.* | ***Tosse convulsa***, pertosse | Che è in preda a convulsioni. *2* (*raro*) Violentemente scosso, agitato, tremante: *mani convulse*; *Più baci e più ... / ... su le convulse labbra / del trepido ... amante impresse* (LEOPARDI). *3* (*fig.*) Che manifesta nervosismo, affanno, agitazione interiore: *movimento c.*; *parole convulse* | ***Stile c.***, disordinato, scomposto | Intenso, febbrile: *ritmo c. di lavoro*; *attività convulsa*; *maniera di vivere convulsa*. || **convulsaménte**, avv. In modo convulso, agitato. **B** s. m. *1* (*fam.*) Convulsione: *avere il c.* *2* (*est.*) Scoppio nervoso e prolungato: *un c. di riso, di pianto*.

coobàre [lat. mediev. *cohobāre*, dall'ar. *qohba* 'color bruno giallastro' (?); 1697] v. tr. (*io coòbo*) ● (*chim.*) Ridistillare un liquido allo scopo di ottenerne un estratto più ricco di principi attivi.

coobazióne [1865] s. f. ● Operazione del coobare.

coobbligàto [comp. di *co(n)-* e *obbligato*; 1881] agg.; anche s. m. (f. *-a*) ● (*dir.*) Che (o Chi) è tenuto insieme con altri all'adempimento di un'obbligazione: *c. in solido*; *costringere un c. all'adempimento*.

cookie /ˈkuki, *ingl.* ˈkʊki/ [vc. dell'ingl. d'America, propr. 'biscotto'; 1996] s. m. inv. ● (*elab.*) File che viene inviato da un sito Internet all'utente che vi accede per registrarne l'accesso e rendere più efficiente il servizio offerto.

cooler /ˈkuler, *ingl.* ˈkuːlə/ [vc. ingl., propr. 'refrigeratore'; 1985] s. m. inv. *1* In varie tecnologie, dispositivo di raffreddamento. *2* Accorc. di *wine cooler*.

coolie /*ingl.* ˈkuːli/ [vc. ingl., dall'indostano *kulī*: n. di una popolazione indiana (?); 1905] s. m. inv. ● Servitore, spec. portatore, indigeno nell'Estremo Oriente.

cool jazz /kulˈdʒɛts, *ingl.* ˈkuːl dʒæz/ [ingl., 'jazz fresco, moderno'. *Cool* è di orig. indeur.; 1951] loc. sost. m. inv. ● Moderna forma di jazz, meno istintiva del jazz iniziale e più ricercata dal punto di vista armonico e timbrico.

coonestaménto [av. 1712] s. m. ● (*lett.*) Il coonestare.

coonestàre [vc. dotta, lat. *cohonestāre*, comp. di *cŭm* 'con' e *honestāre* 'onorare', da *honĕstus* 'decoroso'; 1613] v. tr. (*io coonèsto*) ● (*lett.*) Fare apparire giusto e onesto ciò che in realtà non è tale: *tutti sotto nome di ben pubblico la propria privata ambizione coonestavano* (ALFIERI) | Giustificare: *c. un'ingiustizia*.

còop [1981] s. f. inv. ● Accorc. di *cooperativa*.

cooperàre [vc. dotta, lat. tardo *cooperāri*, comp. di *cŭm* 'con' e *operāri* 'operare'; av. 1294] v. intr. (*io coòpero*; aus. *avere*) ● Operare insieme con altri per il raggiungimento di un fine comune, collaborare: *c. alla buona riuscita di un'impresa*; *c. in un lavoro* | (*lett.*) Contribuire al prodursi di un effetto: *questa sconfitta ... non cooperò certo a fargli smettere la sua inimicizia* (NIEVO).

cooperativa [f. sost. di *cooperativo*; 1908] s. f. ● Impresa collettiva che svolge attività economica senza fine di lucro | ***C. di consumo***, che compra merci da rivendere ai cooperatori a prezzo di costo | ***C. edilizia***, che fabbrica case per distribuirne gli appartamenti ai propri soci a condizioni vantaggiose | ***C. di lavoro***, che assume appalti da terzi per impiegarvi i propri soci a condizioni migliori di quanto offrirebbe il mercato.

cooperativìsmo [1909] s. m. ● Movimento favorevole al cooperativismo, alla costituzione di cooperative.

cooperativìstico [1910] agg. (pl. m. *-ci*) ● Relativo al cooperativismo o alle cooperative.

cooperativo [vc. dotta, lat. tardo *cooperatīvu(m)* 'che coopera', da *cooperāri* 'cooperare'; 1859] agg. *1* Basato sulla cooperazione | Collaborativo: *atteggiamento c.* *2* Detto di società o impresa caratterizzata dal perseguimento di un fine mutualistico: *membro di una società cooperativa*.

cooperatóre [vc. dotta, lat. tardo *cooperatōre(m)*, da *cooperāri* 'cooperare'; av. 1342] agg.; anche s. m. (f. *-trice*) *1* Che (o Chi) coopera: *abbiamo avuto molti cooperatori* | ***Sacerdote c.***, quello che affianca il parroco per aiutarlo nel suo ufficio. *2* Che (o Chi) è socio di una cooperativa.

cooperazióne [vc. dotta, lat. tardo *cooperatiōne(m)*, da *cooperāri* 'cooperare'; 1406] s. f. *1* Collaborazione | (*dir.*) ***C. colposa***, compartecipazione di più persone nei delitti colposi. SIN. Concorso. *2* Movimento delle cooperative e, in particolare, movimento che riunisce le diverse cooperative di un settore, di una zona o di un intero Paese.

cooptàre [vc. dotta, lat. *cooptāre* 'eleggere un nuovo membro, aggregare', comp. di *cŭm* 'con' e *optāre* 'scegliere'; 1938] v. tr. (*io coòpto*) ● Chiamare qlcu. a far parte di un organo collegiale da parte degli stessi componenti il collegio.

cooptazióne [1950] s. f. ● Il cooptare, il venire cooptato.

coordinàbile agg. ● Che si può coordinare | Che si può abbinare, accostare: *capi di abbigliamento coordinabili*.

coordinaménto [1865] s. m. ● Collegamento, raccordo fra più elementi per raggiungere un dato scopo: *c. delle idee*; *c. delle forze di polizia* | ***Ufficio, centro di c.***, (*ellitt.*) ***coordinamento***, organismo che coordina.

coordinànte [1958] **A** part. pres. di *coordinare*; anche agg. ● Nei sign. del v. | (*ling.*) Coordinativo. **B** s. m. ● (*fis.*) Atomo o ione che unisce a sé un certo numero di atomi, gruppi atomici o ioni mediante legami di coordinazione.

coordinàre [lat. mediev. *coordinare*, dal lat. tardo *coordinātio* 'coordinazione'; 1745] v. tr. (*io coórdino*) *1* Disporre insieme vari elementi per raggiungere un determinato scopo: *c. le proprie idee*; *c. le indagini*; *un mezzo potente di c. l'insurrezione* (MANZONI) | (*sport*) ***C. i movimenti***, organizzarli, controllarli e regolarli. *2* (*ling.*) Collegare due o più proposizioni che sono in rapporto di reciproca autonomia. *3* (*chim.*) Unire per mezzo di uno o più legami di coordinazione.

coordinàta [f. sost. di *coordinato*; 1748] s. f. *1* (*mat., spec. al pl.*) Ognuno dei numeri che permettono di individuare la posizione di un punto rispetto a un sistema di riferimento, in una retta, nel piano o nello spazio | ***Coordinate cartesiane d'un punto nel piano***, misura, su ciascuno degli assi, del segmento staccato dalla retta passante per il punto e parallela all'altro asse; CFR. Ascissa, ordinata | ***Coordinate cartesiane d'un punto nello spazio***, misura, su ciascuno degli assi, del segmento staccato dal piano passante per il punto e parallelo agli altri due assi | (*est., scherz.*) L'insieme dei dati che servono a rintracciare una persona, quali indirizzo, numeri di telefono e simili: *dammi le tue coordinate*. *2* (*spec. al pl., geogr.*) Ciascuno dei numeri che serve a individuare un punto sulla superficie terrestre | ***Coordinate geografiche***, latitudine, longitudine e altitudine di un punto sulla superficie terrestre | (*astron.*) ***Coordinate celesti***, coppie di grandezze atte a determinare univocamente la posizione degli astri sulla sfera celeste o nello spazio | (*banca*) ***Coordinate bancarie***, caratteri alfanumerici che individuano univocamente un conto corrente | ***Coordinate sferiche***, individuate su una sfera da due classi di circonferenze (meridiani e paralleli) in ogni punto perpendicolari tra loro | ***Coordinate polari***, V. *polare*. *3* (*ling.*) Proposizione coordinata.

coordinativo [1941] agg. ● Che coordina | (*ling.*) ***Congiunzione coordinativa***, che stabilisce una coordinazione, una paratassi (ad es. *e*, *o*, *ma*).

coordinàto [1499] **A** part. pass. di *coordinare*; anche agg. *1* Nei sign. del v. *2* (*mat.*) ***Assi, piani coordinati***, gli assi cartesiani e i loro piani. *3* (*ling.*) Paratattico. || **coordinataménte**, avv. **B** s. m. *1* (*chim.*) Atomo, gruppo atomico o ione che è unito al coordinante di uno ione complesso. *2* Insieme di capi di vestiario, di biancheria personale e di uso domestico e sim., diversi tra loro per funzione ma legati tra loro dai medesimi disegni e colori: *coordinati per il tennis*, *per la tavola*, *per il bagno*.

coordinatóre [1745] s. m.; anche agg. (f. *-trice*) *1* Chi (o Che) coordina. *2* Insegnante che presiede il consiglio di classe in una scuola media: *nominare il c.*; *insegnante c.*

coordinazióne [vc. dotta, lat. tardo *coordinatiōne(m)*, nom. *coordinātio*, comp. di *cŭm* 'con' e *ordinātio* 'ordinamento'; 1576] s. f. *1* Il coordinare: *la c. delle idee*, *dei movimenti* | Ordine, armonia funzionale: *in questo ufficio c'è poca*, *scarsa c.* *2* (*chim.*) Reazione in cui si ha l'unione tra due ioni. *3* (*ling.*) Paratassi.

coòrte (o *-ó-*) [vc. dotta, lat. *cohŏrte(m)*, comp. di *cŭm* 'con' e *hŏrtus* 'orto, ripartimento'; sec. XIV] s. f. *1* Unità costitutiva della legione romana, diversa per numero e per composizione nei vari tempi | ***C. legionaria***, decima parte di una legione | ***C. ausiliaria***, composta di alleati | ***C. pretoria***, guardia del corpo dell'imperatore | ***C. urbana***, guarnigione di Roma. *2* (*est., lett.*) Schiera di armati | (*est.*) Moltitudine: *una c. di uomini*. *3* (*stat.*) Insieme d'individui che in uno stesso periodo hanno tutti vissuto un dato evento | Insieme di casi individuali considerati a partire da un certo punto comune, in funzione di una variabile.

copaìfera [comp. del caraibico *copau* 'copaive' e del lat. *-fer* '-fero'; 1865] s. f. ● Genere di piante delle Leguminose comprendente varie specie tropicali che forniscono il balsamo di copaive e il copale (*Copaifera*).

copàive o **copàiba**, **copàibe**, **coppàiba** [sp. *copaiba*, *copaiva*, dal caraibico *kopaiba*, comp. di *kopa*, n. della sostanza prodotta, e *iba* 'albero'; av. 1602] s. f. ● Denominazione di varie piante del genere copaifera | ***Balsamo di c.***, oleoresina estratta dal tronco di alcune copaifere, un tempo usata in medicina.

copàle o **coppàle** [fr. *copal*, dallo sp. *copal*, dall'azteco *copalle*; 1745] s. m. e f. *1* Resina esistente sia in piante esotiche sia allo stato fossile, colorata dal giallo al rossiccio, usata per vernici, lacche e per oggetti d'ornamento in sostituzione dell'ambra. *2* Pelle verniciata per scarpe o altri accessori | ***Scarpe di c.***, di pelle lucida, laccata con la copale. SIN. Vernice.

copàta [ar. *qubbayt*; 1751] s. f. ● Dolce tipico di Siena, costituito da un piccolo disco a base di croccante preparato con miele, noci, semi di anice tritati e racchiuso tra due ostie.

copèca [V. *copeco*] s. f. ● (*raro*) Copeco.

copèco [russo *kopejka*; 1657] s. m. (pl. *-chi*) ● Moneta russa corrispondente alla centesima parte del rublo.

Copèpodi [comp. del gr. *kṓpē* 'remo' e *poús*, genit. *podós* 'piede'; detti così perché hanno organi natatori in tutti o in parte degli arti; 1931] s. m. pl.

(sing. -e) ● Nella tassonomia animale, ordine di Crostacei acquatici con un solo occhio mediano, cinque paia di zampe e addome biforcato (*Copepoda*).

†**coperchiàre** o †**coverchiàre** [1313] v. tr. (*io copèrchio*) ● Chiudere con il coperchio | (*est.*) Sovrastare | Chiudere.

♦**copèrchio** o †**covèrchio** [lat. *coopĕrculu(m)*, da *cooperīre* 'coprire'; av. 1294] s. m. *1* Parte di un recipiente, talora incernierata, di materiale vario, che serve per chiuderne o coprirne l'apertura: *il c. di un vaso, di una pentola, di un tegame; il c. di una cassa, di uno scrigno.* *2* Disco superiore della macina con un foro attraverso il quale si introduce il grano. *3* (*est., lett.*) Ciò che copre, che sovrasta (*anche fig.*): *veggo le nubi ... / ... al mondo tutto / far di sopra un ferale atro c.* (MARINO) | †***Il c. degli occhi***, le palpebre. || PROV. Il diavolo insegna a fare la pentola ma non il coperchio. || **coperchiàccio**, pegg. | **coperchiétto**, dim. | **coperchìno**, dim. | **coperchióne**, accr.

copernicanèṣimo [1956] s. m. ● Complesso delle teorie e indirizzo scientifico basati sull'ipotesi eliocentrica dell'astronomo N. Copernico.

copernicàno [1632] agg. ● Relativo all'astronomo N. Copernico (1473-1543) e alle sue teorie | (*astron.*) ***Sistema c.***, sistema planetario che colloca il Sole al centro; CFR. Tolemaico | ***Rivoluzione copernicana***, (*fig.*) rivolgimento radicale di opinioni tradizionali.

♦**copèrta** o †**covèrta** [f. sost. di *coperto* (*1*); av. 1250] s. f. *1* Panno, drappo, che serve per coprire: *c. da cavallo, da viaggio* | (*per anton.*) Tessuto rettangolare che si pone sul letto sopra le lenzuola: *c. di lana, di cotone; c. imbottita* | ***Mettersi, ficcarsi, sotto le coperte***, coricarsi | ***Stare, restare sotto le coperte***, rimanere a poltrire nel letto. *2* Fodera con cui si copre un oggetto per preservarlo dalla polvere, dalla luce, dall'umidità e sim.: *la c. di un divano* | (*edit., raro*) Copertina nel sign. 2. *3* (*mar.*) Ponte che chiude e copre la parte superiore di una nave | ***Scendere sotto c.***, nella parte interna della nave | ***In, sopra c.***, sul palco o sui ponti della nave. *4* †Busta da lettera. *5* (*fig.*) †Finzione, apparenza, pretesto | †***Sotto c. di, sotto la c. di***, con la scusa di. *6* †Rivestimento, copertura. || **copertàccia**, pegg. | †**copertèlla**, dim. | **copertìna**, dim. (V.) | **copertìno**, dim. m. | **copertóne**, accr. m. (V.) | **copertùccia**, dim.

copertifìcio [comp. di *coperta* e *-ficio*; 1956] s. m. ● Fabbrica di coperte.

copertìna o †**covertìna** [1865] **A** s. f. *1* Dim. di *coperta*, nel sign. 1. *2* Involucro di carta o cartone leggero che ricopre quaderni e sim. | Involucro di cartone più o meno pesante, generalmente stampato con le indicazioni del titolo e dei nomi dell'autore e dell'editore, talvolta colorato o illustrato, che ricopre libri, riviste, opuscoli e sim. *3* (*edil.*) Parte superiore di un muro che lo rende impermeabile. *4* Taglio di carne bovina, sopra la lombata. **B** in funzione di agg. inv. ● (posposto al s.) Nella loc. ***ragazza c.***, che appare fotografata sulla copertina di rotocalchi, riviste d'attualità e sim.

copertinàto [da *copertina*; 1965] agg. ● Detto di libro o fascicolo fornito di copertina.

♦**copèrto** (**1**) o †**covèrto** [lat. *coopĕrtu(m)*, part. pass. di *cooperīre* 'coprire'; av. 1292] **A** part. pass. di *coprire*; anche agg. (assol.; + *di*; raro + *con*) *1* Chiuso, riparato, protetto, sormontato da un tetto, e sim.: *passaggio c.; piscina, palestra coperta* | ***Legno c.***, un tempo, carrozza chiusa. *2* Detto di persona, che indossa abiti adatti a riparare dal freddo: *essere ben c., troppo c.; c. di stracci; sta tutto c. con questa tunica ...* (PIRANDELLO). *3* Ricoperto, cosparso: *un divano c. di polvere; La faccia di mio padre coperta di sudore* (SVEVO) | ***Volto c.***; celato, nascosto | Oscuro, nuvoloso: *cielo, tempo c.* *4* (*fig.*) Ambiguo, nascosto, dissimulato: *mi fece delle coperte minacce; E quei che 'ntese il mio parlar coverto* (DANTE *Inf.* IV, 51) | †***Alla coperta***, di nascosto, in modo oscuro. *5* (*fig.*) Adeguatamente garantito: *rischio c.* | ***Assegno c.***, quando il conto corrente su cui è tratto presenta la disponibilità necessaria per il pagamento. || **copertaménte**, avv. *1* Di nascosto. *2* In modo poco chiaro. **B** avv. ● (*fig., lett.*) Copertamente, di nascosto, in segreto | ***Agire, parlare c.***, in modo non esplicito, velatamente. **C** s. m. *1* (*solo sing.*) Luogo protetto, riparato: *mettersi, stare, dormire al c.* | ***Essere al c.***, (*fig.*) essere al sicuro, essere protetto da possibili danni e sim. *2* (*ant.* o *region.*) Tetto.

♦**copèrto** (**2**) [fr. *couvert*, dal lat. *coopĕrtu(m)* 'coperto (1)', in quanto è ciò con cui si copre la tavola; 1701] s. m. ● Insieme di piatti, posate, bicchieri e sim. necessario per una persona a tavola | (*est.*) Posto a tavola: *riservare quattro coperti* | (*est.*) Quota fissa che si paga in un ristorante per ogni posto a tavola: *aggiungere al conto il c. e il servizio.*

copertóio o †**copertòrio**, †**covertòrio** [lat. tardo *coopertōriu(m)*, da *coopĕrtus* 'coperto (1)'; sec. XIII] s. m. *1* (*tosc.*) Coperchio di grandi dimensioni. *2* (*tosc.*) †Pesante coperta. *3* (*mil.*) †Tettoia mobile usata durante gli assalti.

copertóne [1797] s. m. *1* Accr. di *coperta*, nel sign. 2. *2* Ampio telo impermeabile che si stende su automezzi, baracche, merci e sim. per ripararli dalle intemperie. *3* Involucro di gomma rinforzata di tela, montato sul cerchio delle ruote degli autoveicoli, che racchiude la camera d'aria o che, in assenza di questa, contiene l'aria che lo gonfia.

†**copertòrio** ● V. *copertoio.*

copertùra o †**covertùra** [lat. *coopertūra(m)*, da *coopĕrtus* 'coperto (1)'; sec. XIII] s. f. *1* Il coprire. *2* Ciò che copre | Tetto, tettoia: *una c. di legno, di plastica* | Rivestimento | (*fig.*) Falsa apparenza: *il suo lavoro di impiegato è soltanto la c. di un'attività illegale.* *3* (*geol.*) Qualsiasi materiale o terreno che nasconde gli affioramenti rocciosi | Parte più superficiale o mobile della litosfera, costituita da sedimenti. *4* (*econ.*) Insieme di valori a garanzia dei rischi cui vanno incontro le operazioni finanziarie | ***C. aurea***, oro depositato presso le casse dello Stato a garanzia di moneta cartacea in circolazione | ***C. bancaria***, somma depositata in banca a garanzia di un assegno emesso o dell'importo di un debito per acquisto di merci | Operazione che elimina tali rischi | ***C. finanziaria***, insieme dei mezzi finanziari che ogni legge che comporti una spesa deve prevedere per farvi fronte. *5* (*mil.*) Complesso delle misure e delle attività predisposte per la sicurezza delle frontiere prima dell'inizio di operazioni su vasta scala | ***Unità di c.***, poste a difesa immediata delle frontiere | ***Fuoco di c.***, con il quale si proteggono le proprie unità in fase di attacco | Possibilità di mascheramento offerte dall'ambiente naturale. *6* (*sport*) Difesa: *fare un gioco di c.* | Nel pugilato, atteggiamento dell'atleta che si protegge con le braccia la testa e lo stomaco | Nel biliardo, impallatura. *7* Zona di ricezione di un segnale televisivo o radiotelefonico | Presenza di un avvenimento sui mass-media: *la c. televisiva di una regata.*

copèta [ar. *qubbayṭ*; 1830] s. f. ● Dolce croccante, confezionato a forma di sbarrette, fatto con zucchero o miele e mandorle o noccioline, simile alla copata senese, specialità della Puglia.

còpia (**1**) [vc. dotta, lat. *cōpia(m)* 'abbondanza', da *ŏps*, genit. *ŏpis* 'ricchezza'; av. 1292] s. f. *1* (*lett.*) Abbondanza, grande quantità: *vennero servitori, con gran c. di rinfreschi* (MANZONI) | ***In c., in gran c.***, in abbondanza. *2* †Agio, opportunità | †***Avere c. di qlcu., di qlco.***, potersene servire | †***Fare c. di qlco.***, concederla. *3* †Dimestichezza, familiarità | †***Fare, concedere c. di sé a qlcu.***, prodigarsi per qlcu.; (*est.*), offrirsi a un rapporto sessuale. *4* (*al pl.*) †Truppe, schiere: *il sito aspro non ti lascia distendere le tue copie* (MACHIAVELLI).

♦**còpia** (**2**) [dal precedente recepito nel senso di 'abbondanza di riproduzione'; 1313] s. f. *1* Trascrizione fedele di uno scritto originale: *la c. di una lettera, di un documento; c. esatta, scrupolosa; c. manoscritta, dattiloscritta* | ***Brutta c.***, la prima stesura di uno scritto; (*fig.*) versione mediocre, più scadente, di qlco.: *l'Inter di oggi era la brutta c. di quella vista domenica scorsa* | ***Bella c.***, la stesura finale | (*est.*) Riproduzione fedele di un atto giuridico: *c. di un contratto; c. conforme all'originale; c. legalizzata; c. notarile* | Duplicazione: *c. fotostatica; fare la c. di un dischetto, di un file.* *2* (*est.*) Esatta riproduzione: *i suoi movimenti son la c. dei tuoi* | (*est.*) Oggetto d'arte che ripete un originale fatto da un autore diverso: *la c. di una statua* | (*est.*) Persona che somiglia molto a un'altra: *quel bambino sembra la c. di suo padre.* *3* Esemplare di opera stampata: *ho avuto una c. del suo libro; questo quotidiano vende 200 000 copie al giorno* | ***C. a parte***, estratto di un articolo stampato su un giornale, una rivista e sim. | ***C. d'obbligo***, una di quelle che l'editore di un libro deve per legge consegnare alla prefettura e alla procura della Repubblica. *4* Riproduzione positiva di una fotografia o di un film. || **copiàccia**, pegg. | **copiétta**, dim. | **copióne**, accr. m. (V.).

copiacommissióne o **còpia commissióne** [comp. di *copia(re)* e *commissione*; 1970] **A** s. m. inv. ● (*comm.*) Blocchetto o libro che serve al rappresentante per annotare l'ordinazione del cliente all'atto dell'assunzione dell'ordine presso il cliente stesso. **B** s. f. (pl. *copiecommissióni* o *copiecommissióne*) ● (*comm.*) Il modulo d'ordine compilato dal rappresentante presso il cliente.

copiafattùre [comp. di *copia(re)* e il pl. di *fattura*; 1887] s. m. inv. ● Libro in cui si copiano le fatture.

copialèttere (o -é-) [comp. di *copia(re)* e il pl. di *lettera*; 1768] s. m. inv. *1* (*disus.*) Registro in cui si tenevano le copie delle lettere scritte: *Era andato in contabilità a cercarvi un c.* (SVEVO). *2* Torchietto a mano usato un tempo per ottenere copia su carta velina inumidita di lettere o documenti scritti con inchiostro copiativo.

♦**copiàre** [da *copia* (*2*); sec. XIII] v. tr. (*io còpio*) *1* Trascrivere fedelmente uno scritto: *c. un brano di prosa, una lettera; c. a mano, a macchina* | ***C. in bella***, trascrivere in bella copia. *2* Ritrarre, riprodurre fedelmente un modello, spec. un'opera d'arte: *c. una modella, un'antica pittura* | ***C. dal vero***, disegnare, dipingere e sim. con il modello davanti | (*est.*) Riprodurre, duplicare: *c. un dischetto, un file, una cassetta.* *3* (*est.*) Trascrivere illecitamente uno scritto altrui (*anche assol.*): *c. il compito da un compagno*; (*assol.*) *per favore, non copiate!* | Imitare: *mi hai copiato il modello del vestito; non fa che c. l'amica* | Ripetere i concetti, la maniera, lo stile e sim. di un autore facendoli propri: *quello scrittore copia il Manzoni.* *4* Nella fotomeccanica, trasferire sulla lastra le immagini contenute in una pellicola o in un montaggio.

copiatìvo [da *copiare*; 1887] agg. ● Che serve a copiare | ***Inchiostro c.***, usato un tempo per riprodurre lo scritto su altra carta col copialettere | ***Matita copiativa***, il cui segno non si cancella | ***Carta copiativa***, carta carbone.

copiatóre [av. 1580] s. m. (f. *-trice* (V.)) *1* Chi copia. *2* Chi imita gli atteggiamenti, le idee e sim. di altri. *3* †Amanuense.

copiatrìce [1970] s. f. ● Apparecchio per la riproduzione di documenti.

copiatùra [1812] s. f. ● Il copiare, il venire copiato; il modo di copiare: *la c. di un manoscritto, di un codice, di un documento, di una lettera; c. a mano, a macchina; lavoro di c.; per la c. sono occorse molte ore* | (*est.*) Brano, passo e sim. copiato: *quel compito è tutto una c.; nel romanzo ci sono frequenti copiature da altri autori.*

copìglia o **coppìglia** [fr. *goupille*, propr. 'volpe', dal lat. parl. **vulpīcula(m)*, per il classico *vulpēcula(m)*, dim. di *vŭlpes* 'volpe'; 1771] s. f. ● (*mecc.*) Asticciola metallica a forcella che si infila nel foro trasversale di una vite, dietro il dado, per impedire lo svitamento, o anche in un foro trasversale di un perno per impedirne lo sfilamento dal supporto.

copilòta [comp. di *co(n)-* e *pilota*; 1983] s. m. e f. (pl. m. *-i*) ● Chi, a bordo di un aeromobile, può compiere tutte le funzioni del pilota, eccettuate quelle di pilota comandante.

copióne (**1**) [1881] s. m. *1* Accr. di *copia* (*2*). *2* Fascicolo contenente il testo dello spettacolo da rappresentare o del film da realizzare, adoperato soprattutto dagli attori e dal regista per le prove | (*est.*) La trama dello spettacolo stesso | (*est., fig.*) ***Come da c.***, in modo prevedibile, scontato.

copióne (**2**) [da *copiare*; 1978] s. m. (f. *-a*) ● (*fam.*) Chi, per abitudine, copia i compiti scolastici e gener. gli atteggiamenti, i comportamenti e sim. di altri.

copioṣità o †**copioṣitàde** [vc. dotta, lat. *copiositāte(m)*, da *copiōsus* 'copioso'; 1306] s. f. ● (*lett.*) Abbondanza | †Ricchezza inventiva.

copióṣo [vc. dotta, lat. *copiōsu(m)*, da *cōpia* 'abbondanza'; av. 1306] agg. *1* Che è in grande quantità: *e di copiose lacrime lo bagna* (ARIOSTO). *2* †Ricco, largamente provvisto. *3* †Facondo: *stile, scrittore, oratore c.* || **copioṣaménte**, avv. *1* In abbondanza. *2* †Con facondia.

copista [da *copia* (*2*); av. 1566] s. m. e f. (pl. m. *-i*) *1* Amanuense. *2* (*est.*) Chi per mestiere copia documenti, scritture e sim. *3* Chi esegue copie di opere d'arte. || **copistàccio**, pegg. | **copistùccio**, **copistùzzo**, dim.

copisteria [da *copista*; av. 1727] s. f. ● Piccola impresa commerciale che esegue copie di testi vari per conto di terzi e fotocopie | Sede di tale attività.

copolimerizzazióne [comp. di *co-* e *polimerizzazione*; 1987] s. f. ● (*chim.*) Reazione chimica tra due o più monomeri da cui si originano copolimeri.

copolìmero [comp. di *co-* e *polimero*; 1956] s. m. ● (*chim.*) Polimero ottenuto per polimerizzazione di due o più monomeri di natura diversa.

♦**còppa** (*1*) (o *-ó-*) [lat. tardo *cŭppa(m)*, per il classico *cūpa(m)*, di orig. indeur.; sec. XII] s. f. *1* Piccolo recipiente di forma emisferica, solitamente largo e poco profondo, con piede a stelo, di materiale vario, usato spec. per bere: *una c. di cristallo, di bronzo, d'argento, d'oro*; *una c. artisticamente lavorata* | (*fig.*) †*C. d'oro*, persona di specchiata probità | (*est.*) Il contenuto di una coppa: *una c. di vino, di champagne, di gelato*. *2* (*est.*) Recipiente di forma più o meno concava e tondeggiante: *c. per macedonia*; *c. lavadita*; *c. per gelati* | Oggetto, elemento o contenitore di forma tondeggiante | (*autom.*) ***C. dell'olio***, vasca montata sotto il basamento dei motori a scoppio e sim., per raccogliere e contenere l'olio lubrificante | ***C. della ruota***, coprimozzo | ***Le coppe della bilancia***, i due piattelli. *3* Trofeo costituito da un vaso più o meno grande, spesso di metallo pregiato, dato come premio ai vincitori di competizioni sportive: *c. Davis*; *c. d'oro, d'argento* | (*est.*) La competizione stessa: *partecipare alla C. Italia*. *4* (*abbigl.*) Ognuna delle due parti concave del reggiseno. *5* Lettera dell'antico alfabeto greco, non conservata in quello classico; era usata per indicare il numero 90. *6* (*al pl.*) Uno dei quattro semi delle carte da gioco italiane e dei tarocchi | ***Contare come il due di coppe***, non valere nulla, non avere nessuna influenza o importanza. *7* (*biol., zool.*) Organismo, organo o abbozzo di organo con forma concava o convessa | ***C. di Nettuno***, spugna appartenente alla specie *Poterion Neptuni* | ***C. ottica***, porzione dell'abbozzo dell'occhio derivata dal diencefalo. || **coppèlla**, dim. (V.) | **coppétta**, dim. (V.) | **coppìna**, dim.

cóppa (*2*) o **còppa** [da *coppa* (*1*), per la forma; 1313] s. f. *1* (*lett.* o *region.*) Parte posteriore del capo: *Sovra le spalle, dietro da la c., / … li giacea un draco* (DANTE *Inf.* XXV, 22-23). *2* Taglio di carne bovina, dietro il collo. *3* (*sett.*) Taglio del muscolo dorsale del suino | Salume fatto con tale taglio salato, aromatizzato e insaccato. SIN. Capocollo. *4* (*sett., centr.*) ***C. di testa***, salume fatto con carne, grassi, cartilagini e cotiche ricavate dalla testa del maiale, bollite, tritate, salate e insaccate. || **coppóne**, accr. m.

coppàia (*1*) [da *coppo*; 1768] s. f. ● Cantina in cui si conservano gli orci (o coppi) da olio.

coppàia (*2*) [da *coppa* (*1*); 1692] s. f. ● Accessorio del tornio che serve per bloccare al fusto i pezzi da tornire a sbalzo.

coppàiba ● V. *copaive*.

coppàle ● V. *copale*.

copparòsa o †**cuperòsa** [fr. *couperose*, dal lat. mediev. *cŭpri rŏsa(m)* 'rosa di rame'; av. 1537] s. f. *1* †Solfato metallico. *2* Adattamento di *couperose* (V.).

coppatùra [nap. *'n coppa* 'in cima, sopra'; 1942] s. f. ● Trucco commerciale consistente nel coprire merce scadente con uno strato di merce buona.

coppèlla [av. 1347] s. f. *1* Dim. di *coppa* (*1*). *2* Anticamente, crogiolo poroso a forma di vaso o coppa usato per raffinare metalli preziosi | ***Argento, oro di c.***, fino, purissimo. *3* Vasca porosa dei forni in cui si esegue la coppellazione. *4* (*bot.*) Talamo di fiore a forma di coppa in cui sono impiantati perianzio, stami e pistilli. || **coppellétta**, dim.

coppellàre [1585] v. tr. (*io coppèllo*) *1* †Depurare l'oro e l'argento nella coppella | Affinare. *2* (*fig.*) †Saggiare, sperimentare. *3* (*metall.*) Sottoporre a coppellazione.

coppellazióne [1865] s. f. ● (*metall.*) Metodo per la separazione di due o più metalli liquefatti, che si basa sull'ossidazione dei metalli più reattivi: *c. del piombo argentifero*.

coppétta [sec. XIV] s. f. *1* Dim. di *coppa* (*1*). *2* (*med.*) Ventosa per il salasso. || **coppettìna**, dim.

♦**còppia** (o *-ó-*) [lat. *cōpula(m)*, comp. di *cŭm* 'con' e *ăpere* 'attaccare', di orig. indeur.; 1306] s. f. *1* Due elementi della stessa specie considerati nel loro complesso: *una c. di fratelli, di ballerini*; *una c. di cavalli, di galline, di uccelli*; *una c. di uova* | ***A, in, di c.***, a due a due, insieme | ***A c., a c. a c., di c. in c., a coppie***, a due a due. CFR. zigo-. *2* (*assol.*) Due persone unite fra loro da un rapporto matrimoniale o, gener., amoroso: *la c. andò ad abitare nella nuova casa*; *essere, fare, formare una bella c.*; *fare c. fissa* | ***C. di fatto***, unione di fatto. *3* Nel tennis, i due giocatori del doppio | ***Gara a coppie***, nel ciclismo su pista, quella che impegna alternativamente due corridori di una stessa formazione contro una analoga o, nel tandem, contemporaneamente | ***Due di c., quattro di c.***, nel canottaggio, equipaggi in cui ciascun vogatore impiega due remi | ***C. artistica, c. danza***, specialità del pattinaggio artistico e della danza. *4* In alcuni giochi di carte, due carte dello stesso valore: *c. d'assi, di re*; *doppia c. alla donna*. *5* (*mat.*) Insieme di due elementi | ***C. ordinata***, nella quale si distingue il primo dal secondo elemento | (*fis.*) Insieme di due vettori applicati aventi rette d'azione parallele e distinte, modulo uguale e versi opposti | ***C. di forze***, sistema di due forze di uguale intensità, con rette di azione parallele e distinte e versi opposti, che, applicato a un corpo, ne provoca la rotazione | ***C. motrice***, coppia di forze il cui lavoro fa compiere lo spostamento | (*autom.*) Nei motori a combustione interna, valore massimo del momento della coppia motrice a un determinato numero di giri: *il motore è in c., gira in c.* *6* (*ling.*) ***C. minima***, coppia di parole le quali differiscono per un solo fonema che si trova nella stessa posizione relativa (es. *pasta* e *casta*). || **coppiétta**, dim. (V.) | **coppiòla**, dim. (V.).

coppière o (*lett.*) †**coppièro** [da *coppa* (*1*); 1525] s. m. (f. *-a*) *1* (*st.*) Chi nelle antiche corti aveva il compito di servire il vino. *2* (*lett.*) Chi versa da bere ai commensali.

coppiétta [av. 1729] s. f. *1* Dim. di *coppia*. *2* Coppia di fidanzati, di innamorati.

coppìglia ● V. *copiglia*.

coppìno [da *coppa* (*2*); 1481] s. m. ● (*region.*) Nuca.

coppiòla [1865] s. f. *1* Dim. di *coppia*. *2* (*caccia*) Rapida successione di due colpi di fucile | (*est.*) Uccisione di due capi di selvaggina. SIN. Doppietta. *3* (*mil.*) Lancio contemporaneo di due siluri.

còppo (o *-ó-*) [da *coppa* (*1*); sec. XIII] s. m. *1* Grande recipiente panciuto di terracotta usato per contenere olio, vino e sim. SIN. Orcio. *2* Laterizio ricurvo usato per ricoprire tetti. SIN. Tegola curva. *3* Antica misura per aridi, con valori diversi da luogo a luogo. *4* Parte superiore di molte armature del capo, di metallo o cuoio, spesso sormontata dal pennacchio. *5* (*lett.*) †Cavità oculare: *le lagrime prime … / … / riempion sotto 'l ciglio tutto il c.* (DANTE *Inf.* XXXIII, 97-99). *6* †Cranio.

còppola [da *coppa* (*2*) (?); 1334] s. f. ● Berretto di panno con visiera usato spec. in Sicilia | ***C. storta***, (*gerg.*) mafioso.

còpra [port. *copra*, di orig. indostana; 1892] s. f. ● Albume essiccato della noce di cocco da cui si estrae un olio.

coprènte [1953] **A** part. pres. di *coprire*; anche agg. *1* Nei sign. del v. *2* Che non lascia trasparire la superficie sottostante: *colore, vernice c.* **B** s. m. ● Sostanza cosmetica che serve a coprire imperfezioni della pelle.

copresidènte [comp. di *co-* e *presidente*] s. m. e f. (f. anche *-éssa*) ● Chi divide con altri la carica di presidente.

copresidènza [comp. di *co-* e *presidenza*; 1978] s. f. ● Ufficio, carica di chi presiede insieme con altri un'assemblea, un ente, un organo collegiale e sim. | Durata di tale carica.

copribùsto [comp. di *copri(re)* e *busto*; 1925] s. m. inv. ● Corpetto guarnito di pizzi che le donne portavano sopra il busto. SIN. Vitina.

copricalcàgno [comp. di *copri(re)* e *calcagno*] s. m. (pl. inv. o *-i*) ● Elemento mobile degli attacchi dello sci d'acqua, per la tenuta della parte posteriore del piede all'attrezzo.

copricalorìfero [comp. di *copri(re)* e *calorifero*; 1985] s. m. ● Copritermosifone.

copricànna [comp. di *copri(re)* e *canna*; 1956] s. m. inv. ● Copertura parziale, di legno, della canna del fucile, atta a proteggere dagli urti o dal calore.

copricàpo [fr. *couvre-chef*; 1901] s. m. ● (*gener.*) Cappello, berretto o sim., con cui ci si ripara il capo.

copricaténa [comp. di *copri(re)* e *catena*; 1970] s. m. inv. ● Riparo di lamiera che copre una catena di trasmissione, spec. nelle biciclette e motociclette.

copricérchio [comp. di *copri(re)* e *cerchio*] s. m. ● Coppa metallica che negli autoveicoli ricopre i cerchioni a scopo protettivo ed estetico.

copricostùme [comp. di *copri(re)* e *costume*; 1970] s. m. (pl. inv. o *-i*) ● Indumento femminile più o meno corto che si indossa sopra il costume da bagno.

còpride [dal gr. *kópros* 'escrementi', di orig. indeur.; 1797] s. m. ● Genere di Insetti degli Scarabeidi, con rostro cefalico, che depongono le uova su sferette di sterco (*Copris*).

copridivàno [comp. di *copri(re)* e *divano*; 1997] s. m. ● Ampio telo o fodera sagomata con cui si protegge un divano dalle macchie e dall'usura.

coprifàsce [comp. di *copri(re)* e il pl. di *fascia*; 1965] s. m. inv. ● Camiciola che si metteva ai neonati sopra le fasce.

coprifiàmma [comp. di *copri(re)* e *fiamma*; 1964] s. m. inv. ● Specie d'imbuto d'acciaio applicato alle armi da fuoco allo scopo di proteggere dalla vampa dello sparo.

coprifilo [comp. di *copri(re)* e *filo*; 1987] s. m. ● Listello che, nelle costruzioni edilizie, serve a coprire le giunzioni tra due superfici.

coprifuòco o **coprifòco** [fr. *couvre-feu*; sec. XIV] s. m. (pl. *-chi*) *1* Anticamente, avviso che si dava la sera con una campana o una tromba perché si spegnessero i fuochi così da evitare incendi notturni | Il segnale relativo. *2* Divieto di circolazione per determinate ore del giorno, ordinato in situazioni eccezionali, di guerra o disordini: *imporre, ordinare il c.*

coprigiùnto [fr. *couvre-joint*; 1919] s. m. (pl. inv. o *-i*) ● (*mecc.*) Piastra che copre la giunzione di pezzi meccanici.

coprilètto [comp. di *copri(re)* e *letto*; 1663] s. m. (pl. inv. o *-i*) ● Sopraccoperta del letto, usata spec. a scopo ornamentale.

coprimàcchia [comp. di *copri(re)* e *macchia*; 1958] s. m. inv. ● Piccola tovaglia usata spec. nei ristoranti per coprire la tovaglia vera e propria e proteggerla dalle macchie.

coprimateràsso [comp. di *copri(re)* e *materasso*; 1988] s. m. ● Fodera usata per rivestire i materassi.

coprimisèrie [comp. di *copri(re)* e il pl. di *miseria*; 1808] s. m. inv. ● (*disus., scherz.*) Capo di vestiario indossato per nascondere abiti in cattivo stato.

coprimòzzo (o *-zz-*, *-mó-*) [comp. di *copri(re)* e *mozzo*; 1964] s. m. (pl. *-i* o inv.) ● Elemento in metallo o in plastica che copre il mozzo della ruota di un autoveicolo a scopo protettivo ed estetico. SIN. Copriruota.

copripiàtti [comp. di *copri(re)* e il pl. di *piatto*; 1887] s. m. inv. ● Copertura in rete metallica o in plastica traforata per riparare le vivande dalle mosche. SIN. Coprivivande.

copripièdi [fr. *couvre-pied*; 1887] s. m. inv. ● Cuscino o coperta imbottita che si mette sul letto per tenere caldi i piedi.

copripisside [comp. di *copri(re)* e *pisside*] s. m. ● Conopeo.

copripiumino [comp. di *copri(re)* e *piumino* nel sign. 2; 1988] s. m. ● Involucro a forma di sacco che avvolge il piumino da letto.

copripiumóne® [comp. di *copri(re)* e *piumone*; 1995] s. m. ● Fodera per il piumone da letto.

copriprésa [comp. di *copri(re)* e *presa*] s. m. inv. ● Sorta di coperchietto che si inserisce in una presa elettrica, spec. per evitare incidenti ai bambini.

copripudènde [comp. di *copri(re)* e *pudende*; 1964] s. m. inv. ● Indumento rudimentale che presso i popoli primitivi serve a coprire e proteggere gli organi genitali. SIN. Perizoma.

copripùnto [comp. di *copri(re)* e *punto*; 1940] s.

m. inv. ● Piccola striscia di tessuto o nastro usata per coprire una cucitura.

copriradiatóre [comp. di *copri(re)* e *radiatore*; 1970] **s. m.** *1* (*autom.*) Mascherina che si applica d'inverno sulla calandra per ridurre la quantità d'aria che passa attraverso il radiatore. *2* Copritermosifone.

♦**coprìre** o (*lett.*) **covrìre**, (*lett.*) †**cuoprìre** [lat. *cooperīre*, comp. di *cŭm* 'con' e *operīre* 'coprire', di etim. incerta; av. 1292] **A** **v. tr.** (**pres.** *io còpro*, †*cuòpro*; **pass. rem.** *io coprìi* o *copèrsi*, *tu copristi*; **part. pass.** *copèrto*) *1* (qlco. + *con*, + *di*) Mettere una cosa sopra, davanti o attorno a un'altra allo scopo di proteggere, nascondere, chiudere, ornare, riparare e sim.: *c. il tavolo con una tovaglia*; *c. il pavimento con un tappeto*, *i muri d'intonaco*, *le pareti di quadri*; *c. l'automobile con un telone*; *coprirsi il collo con una sciarpa* | ***C. una pentola***, ***un vaso***, mettervi sopra un coperchio | ***C. una casa***, costruire il tetto | ***Coprirsi gli occhi***, per non vedere, spec. schermandoli con una mano | ***Coprirsi il capo***, (*per anton.*) mettersi il cappello | (*est.*) Ammantare, avvolgere: *le colline erano coperte di neve*; *una densa caligine copriva la città*. *2* (*est.*, *fig.*) Proteggere, difendere: *c. qlcu. alle spalle*; *c. la ritirata col fuoco della mitragliatrice*. *3* (*fig.*) Occultare, dissimulare: *c. il male*, *un difetto*, *una cattiva azione*; *le nubi coprono il cielo* | (*fig.*, *lett.*) Offuscare: *come stella che 'l sol copre col raggio* (PETRARCA) | (*fig.*) Superare in intensità un suono, impedendo così che sia percepito: *il fragore della cascata copriva le nostre voci*. *4* (*fig.*) Soddisfare, recuperare, garantire: *c. un debito*, *le spese*. *5* (*fig.*) Occupare, tenere: *c. una carica*, *un posto*, *un impiego*. *6* (*fig.*) Percorrere, con riferimento al tempo impiegato: *c. un percorso*; *ha coperto l'intera distanza in un'ora*. *7* (qlco.; qlcu. + *di*) (*fig.*) Colmare, riempire: *c. un vuoto*; *c. qlcu. di baci*, *di carezze*, *di complimenti*; *c. di botte*. *8* Con riferimento ad animali, accoppiarsi con la femmina: *il toro copre la vacca*. **SIN.** Montare. *9* (*fig.*) Raggiungere una determinata area geografica, detto di sistemi di telecomunicazioni: *Raitré copre il 90% del territorio*; *Internet copre tutto il mondo*. **B** **v. rifl.** *1* (assol.; + *con*) Riparare il proprio corpo con indumenti, per proteggersi dal freddo o per rispetto di determinate convenzioni sociali: *coprirsi troppo*, *poco*; *fa freddo*: *copriti!*; *coprirsi con abiti di lana*; *si coprì in fretta e furia prima di uscire dalla stanza da bagno*. *2* (+ *da*) (*fig.*) Difendersi: *coprirsi dai colpi dell'avversario*. *3* (*fig.*) Premunirsi dai rischi connessi a operazioni bancarie. *4* (+ *di*) (*fig.*) Colmarsi, riempirsi: *si coprì di gloria sul campo di battaglia* | ***Coprirsi di rossore***, arrossire violentemente. **C** **v. intr. pron.** (assol.; + *di*) *1* Diventare pieno: *coprirsi di muffe*; *le vecchie mura si coprivano di crepe*. *2* Rannuvolarsi, oscurarsi: *il cielo si sta coprendo*. || **PROV.** Il gatto prima la fa e poi la copre.

coprirète [comp. di *copri(re)* e *rete*] **s. m. inv.** ● Telo usato per coprire la rete del letto.

copririsvòlto [comp. di *copri(re)* e *risvolto*; 1974] **s. m.** ● (*abbigl.*) Parte in vista del risvolto di giacche e sim.

copriruòta [comp. di *copri(re)* e *ruota*; 1994] **s. m. inv.** *1* Coprimozzo. *2* Copricerchio.

coprisedìle [comp. di *copri(re)* e *sedile*] **s. m.** ● Copertura in materiale vario che si mette sui sedili delle autovetture per proteggerli dall'usura o renderli più confortevoli in estate.

coprisèlla [comp. di *copri(re)* e *sella*] **s. m. inv.** ● Fodera che copre la sella di una bicicletta o motocicletta.

coprisèsso [comp. di *copri(re)* e di *sesso*] **s. m. inv.** ● Indumento molto ridotto, sia maschile che femminile, che copre appena gli organi genitali.

copritastièra [comp. di *copri(re)* e *tastiera*; 1953] **s. m.** (**pl. inv.** o *-e*) ● Striscia di panno usata per proteggere i tasti di un pianoforte | Sagoma rigida di materiale plastico usata per coprire la tastiera di un computer.

copritàvolo o **copritàvola** [comp. di *copri(re)* e *tavolo*; 1980] **s. m.** (**pl.** *-i* o **inv.**) ● Panno con cui si ricopre un tavolo a scopo protettivo o per abbellimento.

copriteièra [comp. di *copri(re)* e *teiera*; 1970] **s. m. inv.** ● Copertina di tessuto per tenere calda la teiera.

copritermosifóne [comp. di *copri(re)* e *termosifone*; 1983] **s. m.** ● Sovrastruttura in legno o metallo usata, nell'arredamento, per mascherare il radiatore dell'impianto di riscaldamento.

copritóre [1352] **A** **s. m.** (**f.** *-trice*) ● Chi esegue lavori di copertura. **B** **agg.** ● Che copre | ***Penne copritrici***, negli uccelli, le penne corte che nelle ali ricoprono le principali alla base.

copritovàglia [comp. di *copri(re)* e *tovaglia*; 1959] **s. m. inv.** ● Tela che copre la tovaglia dell'altare quando non si fanno sacre funzioni.

coprivivànde [comp. di *copri(re)* e il pl. di *vivanda*; 1940] **s. m. inv.** ● Copripiatti.

còpro- [dal gr. *kópros* 'sterco'. V. *copride*] primo elemento ● In parole composte dotte, significa 'feci' o 'relativo alle feci' o 'osceno': *coprofagia*, *coprolalia*.

coprocessóre [vc. dotta, comp. di *co-* (*2*) e *processore*; 1986] **s. m.** ● (*elab.*) Microprocessore dedicato all'esecuzione di particolari funzioni che affianca l'unità centrale e consente di sveltire complessivamente il sistema: *c. matematico*, *c. grafico*.

coprocoltùra [comp. di *copro-* e *coltura*; 1981] **s. f.** ● (*biol.*) Coltura batteriologica di materiale fecale.

coproduttóre [comp. di *co-* e *produttore*; 1974] **A** **s. m.** (**f.** *-trice*) ● Chi finanzia insieme con altri la produzione di un film, di un programma televisivo o di uno spettacolo teatrale. **B** anche **agg.**: *casa*, *società coproduttrice*.

coproduzióne [comp. di *co(n)-* e *produzione*; 1950] **s. f.** ● Produzione, spec. di un film, finanziata da due o più case cinematografiche, anche di nazionalità diversa | L'opera così prodotta.

coprofagìa [comp. di *copro-* e *-fagia*; 1892] **s. f.** ● (*psicol.*) Forma di alienazione mentale che induce alla manipolazione e alla ingestione di escrementi.

copròfago [1956] **agg.**; anche **s. m.** (**f.** *-a*; **pl. m.** *-gi*) ● Che (o Chi) è affetto da coprofagia.

coprofilìa [comp. di *copro-* e *-filia*; 1964] **s. f.** *1* (*biol.*) Tendenza di alcuni organismi a vivere fra gli escrementi, che vengono utilizzati come fonte di cibo o sede di deposizione delle uova. *2* (*psicol.*) Abnorme interesse e attrazione per le feci | Forma psicotica per cui gli escrementi rappresentano un elemento essenziale per ottenere una gratificazione sessuale.

coprolalìa [comp. di *copro-* e *-lalia*; 1890] **s. f.** ● (*psicol.*) Impulso morboso a usare espressioni oscene, spec. con riferimento a escrementi.

coprolàlico [1964] **agg.**; anche **s. m.** (**f.** *-a*; **pl. m.** *-ci*) ● (*psicol.*) Che (o Chi) soffre di coprolalia.

copròlito [comp. di *copro-* e *-lito* (*1*); 1881] **s. m.** *1* (*paleont.*) Escremento fossile, ricco spec. di fosfati. *2* (*med.*) Concrezione formata da feci dure e compatte.

coprologìa [comp. di *copro-* e *-logia*; 1964] **s. f.** ● (*med.*) Studio delle feci in condizioni fisiologiche e patologiche, spec. a fini diagnostici.

coprostàsi o **copròstasi** [comp. di *copro-* e *-stasi*; 1887] **s. f. inv.** ● (*med.*) Ritenzione delle feci nell'intestino per un tempo abnorme.

coprotagonista [comp. di *co-* e *protagonista*] **s. m. e f.** (**pl. m.** *-i*) ● Attore che interpreta insieme con altri il ruolo di protagonista.

còpto o (*raro*) **còfto** [ar. *qubṭ*, dal gr. *Aigýptios* 'egiziano'; av. 1652] **A** **s. m.** (**f.** *-a*) *1* Discendente degli antichi egiziani, dei quali ha conservato quasi intatti i caratteri somatici: *i copti dell'Alto Egitto*. *2* Cristiano monofisita dell'Egitto e dell'Etiopia | ***C. cattolico***, che segue il rito copto ed è unito alla Chiesa cattolica romana. **B** **s. m.** solo **sing.** ● Antica lingua egiziana, oggi usata nella liturgia dei Copti. **C** **agg.** ● Dei Copti.

còpula [vc. dotta, lat. *cōpula(m)*. V. *coppia*; av. 1375] **s. f.** *1* †Unione, congiunzione | (*lett.*) Coito, amplesso. *2* (*ling.*) Congiunzione copulativa | Legamento verbale del nome del predicato al soggetto.

copulànte [1956] **A** **part. pres.** di *copulare*; anche **agg.** *1* Nei sign. del v. *2* (*fot.*) Detto del viraggio di colore in cui l'intonazione cromatica si ottiene mediante copulanti cromogeni. **B** **s. m.** *1* (*chim.*) Ammina aromatica, fenolo o altro composto che, per reazione con i sali di diazonio, fornisce gli azocomposti. *2* (*fot.*) ***C. cromogeno***, prodotto chimico alla cui presenza alcuni rivelatori di colore reagiscono originando coloranti complementari rispetto al colore base, per cui ogni strato della pellicola risulta sensibilizzato.

copulàre [vc. dotta, lat. *copulāre*, da *cōpula* 'copula'; sec. XIII] **A** **v. tr.** (*io còpulo*) *1* †Accoppiare | Unire in matrimonio. *2* (*chim.*) Operare una copulazione. **B** **v. intr.** (**aus.** *avere*) ● (*lett.*) Accoppiarsi, fare l'amore. **C** **v. rifl.** ● (*lett.*) Congiungersi sessualmente | †Sposarsi.

copulativo [vc. dotta, lat. tardo *copulatīvu(m)*, da *cōpula* 'copula'; 1529] **agg.** ● (*ling.*) Che serve a congiungere | ***Congiunzioni copulative***, le congiunzioni (ad es. *e* o *né*) che coordinano due parole o frasi | ***Verbo c.***, che funge da copula (ad es. i verbi *essere*, *sembrare*, *diventare* ecc.). || **copulativaménte**, **avv.** †Congiuntamente.

copulatóre [1956] **agg.** (**f.** *-trice*) ● Che serve alla copulazione | (*zool.*) ***Apparato c.***, negli animali vivipari con fecondazione interna, quello che serve a portare il liquido seminale maschile nella femmina.

copulatòrio [vc. dotta, lat. tardo *copulatōriu(m)*, da *cōpula* 'copula'] **agg.** ● Relativo alla copulazione.

copulazióne [vc. dotta, lat. *copulatiōne(m)*, da *cōpula* 'copula'; av. 1535] **s. f.** *1* (*raro*, *lett.*) Unione, accoppiamento | (*lett.*) Accoppiamento sessuale. *2* (*chim.*) Reazione tra sali di diazonio e ammine aromatiche, fenoli o altri composti che conduce ad azocomposti.

copy /'kɔpi, *ingl.* 'kɔpi/ [vc. ingl., propr. 'copia'; 1986] **s. m. inv.** (anche **f. inv.** nel sign. 2) *1* Testo pubblicitario. *2* Accorc. di *copywriter*.

copyright /kopi'rait, *ingl.* 'kɔpiˌɹaɪt/ [vc. ingl., comp. di *copy* 'copia, riproduzione' e *right* 'diritto, proprietà'; 1892] **s. m. inv.** *1* Diritto d'autore su opere letterarie e artistiche | Menzione di tale diritto su dette opere. *2* (*fig.*) Paternità intellettuale: *molti rivendicano il c. del federalismo*.

copywriter /kopi'raiter, *ingl.* 'kɔpiˌɹaɪtə/ [vc. ingl., comp. di *copy* 'testo da stampare' e *writer* 'scrittore', da *to write* 'scrivere', vc. d'orig. germ.; 1963] **s. m. e f. inv.** ● Redattore di testi pubblicitari.

coque /*fr.* kɔk/ [vc. fr., propr. 'guscio d'uovo'; 1905] **s. f. inv.** ● Nella loc. ***à la c.***, ***alla c.***, V. *à la coque*.

coquette /*fr.* kɔ'kɛt/ [vc. fr., propr. f. dell'agg. *coquet* 'civettuolo, grazioso', da *coq* 'gallo'; 1813] **A** **s. f. inv.** ● Donna civettuola, fatua, frivola. **B** anche **agg.**

coquillage /*fr.* kɔki'jaːʒ/ [vc. fr., da *coquille* 'conchiglia'; 1989] **s. m. inv.** ● Motivo d'intaglio ornamentale diffuso nei mobili rococò.

còra o **còre** (*2*) **s. f.** ● (*archeol.*) Adattamento di *kore* (V.).

Coracifórmi [comp. del gr. *kórax*, genit. *kórakos* 'corvo' e del pl. di *-forme*; 1956] **s. m. pl.** (**sing.** *-e*) ● Nella tassonomia animale, ordine di Uccelli arrampicatori dal becco lungo e robusto, scarso piumaggio e zampe corte (*Coraciiformes*).

coracòide [vc. dotta, comp. del gr. *kórax*, genit. *kórakos* 'corvo' e *-oide* per la forma, che ricorda il becco del corvo; 1797] **s. m.** ● (*anat.*) Processo osseo della scapola dei Mammiferi, tipico degli Euteri e derivato da cartilagine.

coracoidèo [da *coracoide*; 1964] **agg.** ● (*anat.*) Relativo a coracoide.

♦**coràggio** [provz. *coratge*, dal lat. parl. **corāticu(m)*, da *cŏr* 'cuore'; av. 1250] **A** **s. m.** *1* Forza morale che mette in grado di affrontare difficoltà, sacrifici e pericoli: *uomo di grande c.*; *parlare*, *agire*, *lottare*, *combattere con c.*; *avere il c. di fare qlco.*; *mancare*, *perdersi di c.*; *ci vuol del c. per far questo*; *aver c. da vendere*; *scendi*, *se hai c.!* | ***C. civile***, quello che si dimostra nell'affrontare situazioni pericolose per il bene comune | ***C. da leone***, grande ardimento | ***C. della disperazione***, quello che si dimostra nel tentare con ogni mezzo di salvarsi da una situazione senza via d'uscita | ***Avere il c. delle proprie azioni***, ***delle proprie opinioni***, difenderle, sostenerle apertamente | (*lett.*, *raro*) ***Prendere c.***, osare | ***Prendere il c. a due mani***, decidere di fare qlco. dopo aver messo da parte esitazioni e timori | ***Fare***, ***dare c. a qlcu.***, aiutarlo, sostenerlo moralmente in una circostanza difficile o dolorosa | ***Farsi***, ***darsi c.***, cercare in sé la forza d'animo necessaria a superare una circostanza difficile e dolorosa. **SIN.** Animo, ardire, audacia, cuore. **CONTR.** Viltà. *2* Impudenza, sfacciataggine: *ci vuole un bel c. a trattarlo così male!* **SIN.** Iattanza, millanteria. *3* †Animo, intelletto | †Cuore. **B** in funzione di **inter.** ● Si usa come esortazione a non lasciarsi abbattere o ad affrontare qlco. con forza d'animo e decisione. SIN. Animo.

♦**coraggióso** [av. 1250] agg. *1* Che ha coraggio: *gente coraggiosa*; *mostrarsi c. di fronte al pericolo*. SIN. Audace, ardimentoso, valoroso. CONTR. Pavido. *2* Che dimostra coraggio: *discorso, atto c.*; *impresa coraggiosa*; *parole coraggiose*. SIN. Audace, ardito. || **coraggiosaménte**, avv. Con coraggio.

coràgo ● V. *corego*.

†**coràio** [da *core* (*1*); av. 1306] s. m. ● Animo, cuore.

coràle (1) [da *coro* (*1*); 1727] **A** agg. *1* Che si riferisce al coro, nel sign. di *coro* (*1*): *musica, canto, composizione c.*; *libro c.* | *Società c.*, compagnia di persone che si riuniscono per cantare in coro | *Lirica c.*, nella letteratura greca, poesia destinata a essere cantata a più voci. *2* (*est.*) Concorde, unanime: *consenso c.*; *protesta, approvazione c.* | Nel calcio e sim., di gioco o azione condotta con un'armonica collaborazione di tutti i giocatori. CONTR. Individuale. *3* (*fig.*) Detto di opera narrativa che rappresenta le vicende di una collettività o in cui i vari motivi ed elementi presentano un'armonica fusione; *dramma, film c.* || **coralménte**, avv. In modo corale, all'unanimità. **B** s. m. *1* (*mus.*) Composizione religiosa per coro a struttura strofica, di origine luterana | Componimento strumentale ispirato a tale composizione religiosa. *2* Libro liturgico contenente gli uffici del coro. **C** s. f. ● Coro, società corale: *c. polifonica*.

†**coràle** (2) [provz. *coral*, dal lat. *cŏr* 'cuore'; av. 1250] agg. ● Cordiale | Sincero | Profondo. || †**coralménte**, **coraleménte** avv.

coralità [da *corale* (*1*); 1942] s. f. ● Carattere corale, collettivo.

corallàio o (*region.*) **corallàro** [1697] s. m. (f. *-a*) *1* Artigiano che taglia e pulisce il corallo greggio. *2* Coralliere.

corallière [1970] s. m. ● Pescatore di corallo.

corallìfero [comp. di *corallo* e *-fero*; av. 1730] agg. ● Che è formato da coralli: *banco, bacino c.* | Che produce coralli.

corallifórme [comp. di *corallo* e *-forme*] agg. ● Che ha forma di corallo.

corallìna [da *corallo*; 1561] s. f. *1* Alga rossa con tallo breve e ramificato incrostato di calcare che forma fitti cespuglietti a fior d'acqua (*Corallina officinalis*). ➡ ILL. **alga**. *2* (*geol.*) Varietà di pietra dura. *3* Barca usata dai pescatori di corallo.

corallìno [av. 1503] **A** agg. *1* Di corallo: *formazione corallina* | ***Banco c.***, V. *banco* nel sign. 7 | ***Isola corallina***, V. *isola* nel sign. 1. *2* (*est.*) Che ha il colore del corallo: *labbra coralline*. **B** s. m. *1* Marmo rosso screziato. *2* (*spec. al pl.*) Tipo di pasta alimentare di piccola pezzatura avente forma cilindrica.

coràllo [lat. tardo *corăllu(m)*, per il classico *corălliu(m)*, dal gr. *korállion*, di etim. incerta; av. 1327] **A** s. m. *1* Denominazione di varie specie di Antozoi provvisti di uno scheletro calcareo che vivono in colonie ancorate alla rocce sottomarine (*Corallium*) | ***C. azzurro***, dell'Oceano Indiano (*Heliopora coerulea*) | ***C. rosso***, il cui colore deriva dalla presenza di sali di ferro nello scheletro (*Corallium rubrum*) | ***C. nero***, antipate. ➡ ILL. **zoologia generale**. *2* Lo scheletro ramificato di questi animali, duro, compatto, di colore rosso, rosato o bianco; si usa per fabbricare oggetti ornamentali: *una collana di c.* | ***C. pelle d'angelo***, varietà, piuttosto rara, di color rosa pallido. *3* (*fig., lett.*) Colore rosso acceso caratteristico della sostanza omonima: *labbra di c.* *4* (*bot.*) ***Albero del c.***, albero delle Papilionacee con foglie romboidali e fiori scarlatti (*Erythrina corallodendron*). **B** in funzione di agg. inv. ● Che ha il colore caratteristico del corallo rosso: *un rossetto color c.*; *un vestito rosso c.* || **coralletto**, dim. | **corallìno**, dim. | **corallóne**, accr.

coràme [lat. parl. **coriāme(n)*, da *cŏrium* 'cuoio'; 1338] s. m. *1* (*lett.*) Cuoio lavorato, spec. stampato a disegni. *2* (*region., gener.*) Cuoio.

coramèlla [da *corame*; 1905] s. f. ● Striscia di cuoio usata spec. un tempo dai barbieri per affilare i rasoi. SIN. Affilarasoio.

coramerìa s. f. ● (*region.*) Negozio in cui si vendono oggetti di cuoio | Pelletteria.

Coramìna® [marchio registrato; 1956] s. f. ● Farmaco stimolante del cuore e dei centri respiratori, derivato dalla nicotinammide.

còram pòpulo [lat. 'davanti al popolo'; 1536] loc. avv. ● Pubblicamente: *ammettere coram populo il proprio sbaglio*.

corànico [1907] agg. (pl. m. *-ci*) ● Del Corano: *versetto, precetto c.*; *religione coranica*.

Coràno [ar. *qur'ān* 'recitazione ad alta voce', da *qara'a* 'recitare, leggere'; av. 1367] s. m. solo sing. ● Libro sacro dei Musulmani, base della religione e del diritto islamico.

coràta o †**curàta** [lat. parl. **corāta*, nt. pl. di **corātum*, da *cŏr* 'cuore'; 1313] s. f. *1* Cuore, fegato, polmoni e milza di animali macellati | †Visceri umani. *2* †Cuore umano. *3* (*fig.*) †Animo: *parole d'adolorare, che passan le corate* (JACOPONE DA TODI).

coratèlla o †**curatèlla** [da *corata*; av. 1535] s. f. ● Corata di agnello, lepre o coniglio.

coràzza [lat. parl. *coriācea(m)* 'di cuoio', da *cŏrium* 'cuoio'; av. 1292] s. f. *1* Armatura del busto, in cuoio o metallo, composta di due pezzi, petto e schiena, integrati rispettivamente dalla panciera e dal guardareni | ***Mezza c.***, corsaletto | (*sport*) Protezione che gli atleti di alcuni sport indossano per riparare il torace. *2* (*est.*) Antico milite a cavallo, con armatura completa, detto più tardi corazziere. *3* (*zool.*) Rivestimento protettivo, calcareo, osseo, corneo, e sim. del corpo di molti animali. *4* (*mil.*) Rivestimento protettivo, blinda: *la c. di un carro armato* | Guscio protettivo: *c. di un bossolo, di un proiettile* | (*mar.*) Insieme di piastroni d'acciaio con cui si rivestono i fianchi e le altre parti vitali di una nave da guerra a scopo di difesa | (*idraul.*) Mantellata. *5* (*fig.*) Difesa, schermo protettivo: *l'indifferenza è la sua c.* || **corazzìna**, dim. | **corazzìno**, dim. m. (V.) | **corazzóne**, accr. m.

†**corazzàio** [1324] s. m. ● Fabbricante di corazze.

corazzàre [1797] **A** v. tr. *1* Armare di corazza: *c. una nave da guerra*. *2* (*fig.*) Difendere, proteggere. **B** v. rifl. *1* Munirsi di corazza. *2* (*fig.*) Difendersi, proteggersi: *corazzarsi contro le calunnie*.

corazzàta [fr. *cuirassé*, da *cuirasse* 'corazza', detta così perché protetta da una corazza di metallo; 1875] s. f. ● Grande nave da battaglia, fornita di spessa corazza e di potenti artiglierie.

corazzàto [sec. XVIII] part. pass. di *corazzare*; anche agg. *1* ***Reparti corazzati***, ***divisione corazzata***, che dispongono di mezzi corazzati | ***Vetro c.***, vetro blindato | ***Pennino c.***, coperto da uno speciale rivestimento protettivo. *2* (*fig.*) Protetto: *sono c. contro le calunnie*.

corazzatùra [da *corazzare*; 1865] s. f. *1* Il corazzare. *2* L'insieme dei materiali che corazzano una nave e sim.

corazzière [da *corazza*; 1604] s. m. *1* Anticamente, soldato a cavallo armato di corazza e di spadone, che faceva parte dei corpi di cavalleria pesante | Attualmente, in Italia, carabiniere guardia del Capo dello Stato scelto in base a particolari requisiti fisici e disciplinari. *2* (*fig.*) Persona molto alta e solenne.

corazzìno s. m. *1* Dim. di *corazza*. *2* (*sport*) Nella scherma, giubbetto.

còrba (1) [lat. *cŏrbe(m)*, di orig. preindeur.; 1325] s. f. *1* Grossa cesta alta e stretta, fatta di vimini o di sottili rami di castagno intrecciati, generalmente provvista di manici. *2* Antica misura bolognese per aridi e per liquidi, equivalente a circa 80 litri. || **corbèlla**, dim. | **corbètta**, dim.

còrba (2) [adattamento del fr. *courbe* 'curva'; sec. XIII] s. f. ● (*veter.*) Malformazione ossea al margine posteriore del garretto di Bovini ed Equini, formatasi in seguito a infiammazione o traumatismi.

còrba (3) [da *corba* (*1*)] s. f. ● (*mar.*) Ciascuna delle costole accoppiate che formano l'ossatura di uno scafo.

†**corbàcchio** ● V. *corbaccio*.

†**corbacchióne** o †**corvacchióne** [av. 1400] s. m. *1* Accr. di *corbaccio*. *2* (*fig.*) Uomo astuto e scaltro: *Orlando è corbacchion di campanile / e non si venne per questo mutando* (PULCI).

†**corbàccio** o †**corbàcchio** [accr. di *corbo*, var. di *corvo*; 1364] s. m. ● Grosso corvo: *– O piuttosto un corbacchio? – ribattè Alberto* (DOSSI). || **corbacchióne**, accr. (V.).

corbàme [dal lat. *cŭrvus* 'corvo' (?); 1556] s. m. ● (*mar.*; *disus.*) Insieme delle corbe (o costole) dello scafo di una nave.

corbeille /fr. kɔʀ'bɛjə/ [vc. fr., corda lat. tardo *corbĭcula(m)*, dim. di *cŏrbis* 'corba'; 1892] s. f. inv. *1* Cesto di fiori. *2* Nelle Borse valori, recinto dal quale gli agenti di cambio gridavano i prezzi con cui intendevano vendere o comprare i titoli.

†**corbellàggine** [da *corbello* (*2*); av. 1584] s. f. ● Balordaggine.

†**corbellàio** [da *corbello* (*1*); sec. XV] s. m. ● Fabbricante o venditore di corbelli.

corbellàre [da *corbello* (*2*); av. 1712] v. tr. (*io corbèllo*) *1* (*tosc.* o *lett.*) Canzonare, schernire: *lo corbella per la sua incapacità di parlare* | (*raro*) ***C. la fiera***, infischiarsene degli altri. *2* Ingannare, raggirare: *se avesse voluto corbellarmi non ero io l'uomo disposto a tollerarlo* (NIEVO).

corbellàta (1) [da *corbello* (*1*); 1554] s. f. ● Quanto può essere contenuto in un corbello.

corbellàta (2) [av. 1861] s. f. ● (*lett.*) Corbelleria.

corbellatóre [da *corbellare*; 1765] s. m.; anche agg. (f. *-trice*) ● (*tosc.*) Chi (o Che) corbella, canzona.

corbellatùra [da *corbellare*; av. 1716] s. f. ● (*tosc., lett.*) Derisione, canzonatura.

corbellerìa [da *corbello* (*2*); av. 1584] s. f. *1* Balordaggine, sciocchezza: *dire, fare una c.* | Sproposito, sbaglio grossolano. *2* (*lett.*) Inezia, cosa di poco conto: *gli fa spendere l'osso del collo in centomila corbellerie* (GOLDONI). *3* (*lett.*) Fandonia | Facezia: *tanto ben fornito di corbellerie, da farci tutti scompisciare* (NIEVO).

corbèlli [pl. di *corbello* (*2*)] inter. ● (*eufem., tosc.*; *disus.*) Esprime meraviglia, stupore, sorpresa.

corbèllo (1) [lat. parl. **corbĕllu(m)*, da *cŏrbis* 'corba'; sec. XII] s. m. ● Specie di corba di forma arrotondata, usata spec. per ortaggi o frutta | Ciò che è contenuto in un corbello: *un c. di pere*. || **corbellétto**, dim. | **corbellìno**, dim. | **corbellóne**, accr. | **corbellùccio**, dim.

corbèllo (2) [eufem. per *coglione*; 1734] s. m. *1* (*spec. al pl., eufem., tosc.*) Testicolo | ***Rompere i corbelli a qlcu.***, (*fig.*) infastidirlo, annoiarlo. *2* (f. *-a*) (*fig., tosc., lett.*) Persona sciocca: *sei stato proprio un c.!*; *e saremmo corbelli a non farcene il nostro pro'!* (NIEVO). || **corbellóne**, accr.

corbèzzola o †**corbèzza** [da *corbezzolo*; av. 1558] s. f. ● Frutto del corbezzolo.

corbèzzoli [pl. di *corbezzolo*; 1752] inter. ● (*scherz., disus.*) Esprime meraviglia, stupore, sorpresa o decisa affermazione.

corbèzzolo [etim. incerta; 1342] s. m. *1* Arbusto sempreverde delle Ericacee con frutto commestibile, rosso, simile a una ciliegia, ma con molti semi e fiori a calice (*Arbutus unedo*). ➡ ILL. **piante**/7. *2* (*region.*) Corbezzola.

†**còrbo** ● V. *corvo*.

corcàre ● V. *coricare*.

corcontènto ● V. *cuorcontento*.

còrcoro [vc. dotta, lat. *cŏrchoru(m)*, nom. *cŏrchorus*, dal gr. *kórchoros*, di etim. incerta; 1498] s. m. ● Genere di piante delle Tigliacee con fusto cilindrico sottile da cui si ricava la iuta (*Corchorus*). ➡ ILL. **piante**/4.

†**còrculo** [vc. dotta, lat. *cŏrculu(m)*, dim. di *cŏr* 'cuore'; 1499] s. m. ● Cuore.

♦**còrda** [lat. *chŏrda(m)*, nom. *chŏrda*, dal gr. *chordé*, di orig. indeur.; sec. XIII] s. f. *1* Treccia di fili attorcigliati, usata per legare, tirare, sostenere: *c. di canapa, di nailon, di acciaio*; *una c. grossa, sottile, resistente*; *scala, scarpe di c.* | ***Tirare*** (***troppo***) ***la c.***, (*fig.*) esagerare, rendere una situazione insostenibile | ***C. dei muratori***, filo a piombo | ***Salto della c.***, gioco da ragazzi, che consiste nel saltare ritmicamente una corda facendosela passare sopra la testa e sotto i piedi | ***Ballare, camminare sulla c.***, eseguire esercizi funamboleschi | ***Tenere qlcu. sulla c.***, (*fig.*) mantenerlo in uno stato di incertezza, ansietà, attesa e sim. | ***Dare c. a qlcu.***, (*fig.*) dargli retta, incoraggiarlo (dall'uso di legare gli animali con una corda per limitarne i movimenti) | ***Tagliare la c.***, (*fig.*) scappare | ***Parlare di c. in casa dell'impiccato***, (*fig.*) dire qlco. di imbarazzante, offensivo e sim. per chi ascolta | ***Essere con la c. al collo***, (*fig.*) in una situazione difficile, pericolosa | ***Mettere la c. al collo a qlcu.***, (*fig.*) imporgli qlco. a condizioni pesanti, umilianti e sim. | In alcuni orologi a muro, catena che sostiene i pesi | (*est.*) ***Dare la corda***, caricare un orologio, un meccanismo ecc. | (*fig.*) ***Essere giù di c.***, essere depresso, giù di morale, e sim. *2* (*sport*) Nell'alpinismo, fune per lo più in fibra sintetica usata nelle ascensioni: *disce-*

sa a c. doppia; *c. fissa* | Nella ginnastica, attrezzo terminante ai due capi con due prese | Nel pugilato, ciascuna delle funi tese tra i quattro pali posti agli angoli del quadrato | *Chiudere*, *mettere*, *stringere l'avversario alle corde*, imporgli la propria iniziativa; (*fig.*) mettere qlcu. alle strette, in difficoltà | Nell'atletica, e nel ciclismo, bordo che delimita la pista dalla parte interna | *Partenza alla c.*, dalla prima corsia interna | *Correre alla c.*, per compiere il percorso più breve | Nell'ippica, steccato. ➡ ILL. p. 2145, 2160 SPORT. **3** (*mus.*) Filo di minugia, metallo, nylon e sim. che, fatto opportunamente vibrare, produce un suono: *strumenti a c.*; *c. armonica*; *c. fasciata*; *corde picchiate*, *pizzicate*, *fregate* | *Mettere in c. uno strumento*, incordarlo o rincordarlo | *Alla c.*, colpo d'arco degli strumenti ad arco che articola con precisione i suoni: *suonare alla c.* | (*fig.*) *Essere teso come le corde del violino*, molto nervoso | *Toccare una c. sensibile*, (*fig.*) un argomento delicato | *La c. della vanità*, *dell'interesse e sim.*, (*fig.*) la parte del carattere più sensibile alla vanità, all'interesse e sim. | (*est.*) Suono, nota, tono, registro | (*est.*, *spec. al pl.*) Strumenti a corda. **4** *C. dell'arco*, per tendere e curvare l'arco e lanciare la freccia. ➡ ILL. p. 2151 SPORT. **5** (*anat.*) *C. del collo*, ciascuno dei due muscoli sternocleidomastoidei | *C. magna*, *d'Ippocrate*, tendine d'Achille | *Corde vocali*, formazioni della laringe dalla cui vibrazione si originano la voce e i suoni | (*anat.*, *zool.*) *C. dorsale*, struttura assile a funzione di sostegno, formata da tessuto di aspetto gelatinoso, caratteristica dei Cordati, destinata nei Vertebrati a essere rimpiazzata dalla colonna vertebrale; SIN. Notocorda. **6** Trama di un tessuto a coste rilevate: *l'abito*, *per l'uso*, *mostrava la c.* | *Mostrare la c.*, (*fig.*) dare segni di invecchiamento, di arretratezza: *argomenti abusati*, *che mostrano la c.* **7** Anticamente, tortura consistente nel tenere il torturato appeso a una corda che gli legava le mani dietro la schiena, talora lasciandolo poi cadere di colpo | *Dare la c.*, (*lett.*) punire o torturare con tale tormento. **8** (*mat.*) Segmento che ha per estremi due punti d'una data figura | (*arch.*) *C. di un arco*, distanza tra i suoi piedritti, calcolata alla base dell'arco stesso. SIN. Luce, portata | (*aer.*) *C. di profilo alare*, segmento che congiunge l'estremo anteriore con l'estremo posteriore del profilo. **9** †Unità di misura di lunghezza che, in Sicilia, equivaleva a circa 33 m. || **cordàccia**, pegg. | **cordélla**, dim. (V.) | **cordétta**, dim. | **cordettìna**, dim. | **cordicèlla**, dim. | **cordicìna**, dim. | **cordìna**, dim. | **cordìno**, dim. m. (V.) | **cordóne**, accr. m. (V.).
cordàce [vc. dotta, lat. *cordăce*(m), nom. *cŏrdax*, dal gr. *kórdax*, di etim. incerta; 1728] **s. m. 1** Danza sfrenata e burlesca dell'antica commedia greca. **2** (*letter.*) Trocheo.
cordàggio [1674] **s. m. 1** †Cordame. **2** (*spec. al pl.*) Le fibre grezze della canapa: *primi cordaggi*; *secondi cordaggi*.
cordàio o (*region.*) **cordàro** [1585] **s. m.** (f. *-a*) **1** Operaio addetto alla fabbricazione di corde. **2** Chi vende corde e sim.
cordàme [da *corda*; 1696] **s. m. 1** Quantità, assortimento di corde: *vendita*, *fabbrica di c.* **2** L'insieme delle corde di vari tipi e dimensioni che si conservano a bordo delle navi per vari usi | Sulle navi a vela, l'insieme delle manovre correnti.
cordàro ● V. *cordaio*.
cordàta [fr. *cordée*, da *corde* 'corda', detta così perché è l'insieme degli alpinisti uniti alla stessa corda; 1919] **s. f. 1** In alpinismo, il complesso degli alpinisti legati a una stessa corda durante una scalata. **2** (*fig.*) Gruppo di persone unite per raggiungere un determinato obiettivo, come l'acquisto o la gestione di un'azienda, la conquista di posizioni di potere politico e sim.
Cordàti [da *corda*, detti così perché provvisti di corda dorsale; 1913] **s. m. pl.** (*sing. -o*) ● Nella tassonomia animale, tipo di animali che presentano, almeno allo stadio embrionale, la corda dorsale (*Chordata*). ➡ ILL. **animali**/4.
cordàto (1) [da *corda*, con *-ato*] agg. **1** Fornito di corda | Che ha l'aspetto di una corda: *lava cordata*. **2** (*arald.*) In uno stemma, detto di liuto, arpa o sim. con corde di smalto diverso.
cordàto (2) [vc. dotta, lat. *cordātu*(m), da *cŏr*, genit. *cŏrdis* 'cuore'; 1830] agg. ● Cuoriforme: *foglia cordata*.

cordatrìce [da *corda*; 1956] **s. f.** ● Macchina per fabbricare corde e cavi.
cordatùra [1956] **s. f.** ● Operazione di fabbricazione di una corda o di un cavo | Avvolgimento di cavi elettrici o telefonici.
cordèlla [1352] **s. f. 1** Dim. di *corda*. **2** Stringa, nastrino per allacciare indumenti. || **cordellìna**, dim. (V.) | **cordellìno**, dim. m. (V.).
cordellièra [fr. *cordelière*, da *cordelle* 'cordella'] **s. f.** ● (*arald.*) Cordone movente dalla corona annodato in fiocco, nello scudo.
cordellìna [1940] **s. f. 1** Dim. di *cordella*. **2** Cordoncino di seta e di filo dorato che orna da un lato, scendendo dalla spallina, la giacca dell'alta uniforme militare. SIN. Aghetto.
cordellìno [1956] **s. m. 1** Dim. di *cordella*. **2** Tessuto a righe diagonali e rilevate.
cordellóne [da *cordella*; 1865] **s. m.** ● Tessuto di seta a corde rilevate, usato spec. per ricoprire poltrone.
cordería [da *corda*; 1765] **s. f. 1** Fabbrica di corde. **2** Nei cantieri e negli arsenali, officina per la fabbricazione di cavi e sim.
cordésco [lat. parl. *cordīscu*(m), da *cŏrdus* 'tardivo', di etim. incerta; av. 1449] **A** agg. (pl. m. *-schi*) ● (*tosc.*) Detto di agnello nato dalla seconda figliatura, fra gennaio e aprile. **B s. m.** ● (*tosc.*) Vitello di età non superiore a due anni sottoposto alla macellazione.
†cordìaco ● V. *cardiaco*.
cordiàle [dal lat. *cŏr*, genit. *cŏrdis* 'cuore'; 1312] **A** agg. **1** (*raro*, *lett.*) Del cuore: *la palpitazione c.* (D'ANNUNZIO). **2** (*raro*, *lett.*) Che fa bene al cuore; tonico, corroborante: *rimedio c.*; *una bevanda c. alla fatica e alla febbre* (D'ANNUNZIO). **3** Detto di sentimento che viene dal cuore, affettuoso, sincero, caldo: *augurio*, *affetto*, *saluto c.*; *cordiali rapporti di amicizia* | Detto di persona affabile, gentile, amichevole: *gli abitanti del paese sono molto cordiali*; (*antifr.*) *C. nemico*, nemico giurato. || **†cordialeménte**, **cordialménte**, avv. **1** In modo cordiale, anche nelle clausole epistolari di cortesia: *trattare cordialmente qlcu.*; *mi abbia cordialmente suo.* **2** Profondamente, con tutto il cuore: *odiare cordialmente qlcu.*; *mi è cordialmente antipatico*. **B s. m. 1** (*disus.*) Bevanda, liquore e sim. che corrobora e ristora: *prendere*, *somministrare un c.* **2** Brodo con uova stemperate e succo di limone. || **cordialìno**, dim. | **cordialóne**, accr. (V.).
cordialità [av. 1667] **s. f. 1** Caratteristica di chi (o di ciò che) è cordiale: *la sua c. è nota a tutti*; *la c. di un'accoglienza* | Atteggiamento, comportamento cordiale: *trattare*, *accogliere*, *ricevere*, *salutare qlcu. con c.* SIN. Affabilità, calore, cortesia. **2** (*spec. al pl.*) Saluto affettuoso, sincero, spec. nei saluti epistolari.
cordialóne [1865] **s. m.** (f. *-a*) **1** Accr. di *cordiale*. **2** (*fam.*) Chi è molto espansivo e alla buona.
cordièra [da *corda*; 1635] **s. f.** ● Stecca di legno, d'avorio sim. su cui si annodano le corde del violino e sim.
cordierìte [dal n. del geologo fr. L. *Cordier* (1777-1861); 1922] **s. f.** ● (*miner.*) Alluminosilicato di magnesio la cui varietà debolmente ferrifera (dicroite) ha colori diversi (grigio, azzurro o giallognolo) a seconda del punto di osservazione.
cordiglièra [sp. *cordillera*, da *cordilla* 'cordella'; 1555] **s. f.** | (*gener.*) Catena montuosa dell'America meridionale e quella centrale: *la c. delle Ande*. **2** (*geol.*) Fascia longitudinale poco profonda, che si solleva entro una geosinclinale dividendola longitudinalmente in più fosse.
cordiglière o **cordiglièro** [fr. *cordelier*, da *corde* 'corda', *cordiglio*; 1313] **s. m. 1** †Frate minore francescano. **2** (*st.*) Membro di un club rivoluzionario in Francia, fondato da Danton nel 1790, che aveva sede in un antico convento di cordiglieri.
cordìglio [da *corda*, sec. XIV] **s. m.** ● Cordone con nodi che i frati e le monache portano sopra l'abito | Cordicella con la quale il sacerdote si cinge il camice alla vita nelle sacre funzioni.
cordìno [1614] **s. m. 1** Dim. di *corda* | Corda sottile per usi diversi | *C. da valanga*, di colore rossastro, che agganciato alla vita di uno sciatore o alpinista, affiorando in superficie, ne facilita il ritrovamento in caso di valanga. **2** Segmento di corda di piccolo diametro di cui gli alpinisti si servono nella manovra su roccia o come fune supplementare o per formare anelli a cui fissare la corda nel-

la discesa. **3** Nel gioco del tamburello e nel pallone a bracciale, linea trasversale di metà campo.
cordìte (1) [da *corda*, perché è fabbricata in fili; 1940] **s. f.** ● Esplosivo da lancio costituito spec. da fulmicotone, nitroglicerina, vaselina.
cordìte (2) [da *cord*(*a vocale*) e *-ite* (1); 1899] **s. f.** ● (*med.*) Infiammazione delle corde vocali.
cordless /*ingl.* ˈkhɔːrdləs/ [vc. ingl., propr. 'senza filo'; 1988] **A** agg. inv. ● Detto di apparecchio che funziona senza fili, a batteria. **B s. m. inv.** ● Telefono senza fili.
†córdoba [V. *corda*; av. 1306] **s. m.** ● Corda.
córdoba /*sp.* ˈkɔrdoβa/ [da F. Fernández de *Córdoba* conquistatore del Nicaragua] **s. m. inv.** (pl. sp. *córdobas*) ● Unità monetaria del Nicaragua.
cordòfono [comp. di *corda* e *-fono*; 1956] **A s. m.** ● Ogni strumento musicale il cui suono è prodotto dalla vibrazione di una o più corde tese su una cassa armonica. CFR. Aerofono, idiofono. **B** anche agg.
†cordogliàre [av. 1250] **A v. tr.** ● Compassionare. **B v. intr.** e **intr. pron.** ● Dolersi.
cordòglio [lat. *cordŏliu*(m), comp. di *cŏr* 'cuore' e *dolēre* 'provar dolore'; av. 1250] **s. m. 1** Profondo dolore provato per un lutto: *manifestazione di c.*; *esprimere il proprio c. a qlcu.*; *tutta la città partecipò al suo c.*; *molto c. e pena smisurata / presi di questo la bella Tisbina* (BOIARDO). **2** †Lamento funebre spec. nella loc. *fare c.* | †Dolore, rammarico, rimpianto.
cordogliòso [av. 1250] agg. ● Pieno di cordoglio: *e così c. corsi divotamente alle sante orazioni* (CELLINI). || **†cordogliosaménte**, avv.
còrdolo [da *corda*; 1956] **s. m. 1** (*idraul.*) Strato di materiale che viene costipato negli argini in terra. **2** (*edil.*) Trave di bordo nei solai misti di laterizio e calcestruzzo, debolmente armata e poggiante sui muri perimetrali portanti, per la ripartizione dei carichi. **3** (*edil.*) Linea a rilievo che corre lungo l'edificio o la sola facciata, che serve a distinguere i vari piani: *c. marcapiano*. **4** Lieve rialzo del piano stradale in cemento o altro materiale che delimita il senso di marcia o le corsie preferenziali | (*sport*) Nei circuiti automobilistici, rialzo in cemento che delimita e protegge i bordi delle curve. **5** (*calz.*) Profilo di guarnizione posto nella scarpa all'unione tra tomaia e suola.
cordonàre [da *cordone*] **v. tr.** (*io cordóno*) **1** (*raro*) Cingere con un cordone, con una cordonata: *c. un'aiuola*. **2** Eseguire la cordonatura. **3** Circondare o presidiare con uno schieramento di forze di polizia: *c. una zona*, *un quartiere*.
cordonàta [da *cordone*; 1682] **s. f. 1** Bordo a cordone che cinge un'aiuola. **2** Sistemazione di pendii con pali infissi nel terreno e uniti con un intreccio di ramaglie per evitare erosioni e frane. **3** Rampa lastricata attraversata da cordoni di pietra o laterizio che formano ampi scalini a pedata inclinata e alzata piccolissima | *Volta a c.*, a nervature.
cordonàto [da *cordone*] agg. ● Detto di tessuto a coste rilevate.
cordonatrìce [da *cordonato*] **s. f.** ● Macchina che esegue la cordonatura.
cordonatùra [1951] **s. f. 1** (*raro*) Il cordonare | Cordone, cordolo. **2** (*gener.*) Leggero incavo praticato su supporti vari spec. in carta, cartone e sim. per rendere possibile la piegatura. **3** Decorazione a rilievo simile a una cordicella posta sui vasi spec. di ceramica. **4** (*bot.*) Malformazione per cui i tronchi di certi alberi presentano lungo il fusto un'escrescenza di forma elicoidale.
cordon-bleu /fr. kɔʀdõˈblø/ [loc. fr., propr. 'cordone blu', con riferimento al nastro azzurro portato orig. in Francia dai cavalieri di Santo Spirito, ritenuto simbolo di grande merito] **s. m.** e **f. inv.** (pl. fr. *cordons-bleus*) ● Chi eccelle nell'arte culinaria.
cordoncìno [av. 1556] **s. m. 1** Dim. di *cordone*. **2** Tipo di ricamo a punti fitti che formano un cordoncino: *eseguire un c.*; *punto a c.*
cordóne [av. 1350] **s. m. 1** Accr. di *corda*. **2** Corda di media grossezza e di materiale vario, destinata a usi diversi: *il c. della tenda*, *del campanello*; *legare il saio con un c.* | *C. del sacerdote*, cordiglio | (*est.*) Cavo: *c. elettrico*, *telefonico* | (*raro*) Miccia. **3** Collana o collare di ordine cavalleresco, quale supremo grado dell'ordine | (*est.*) Persona insignita di tale onorificenza. **4** (*anat.*) Qualsiasi organo o formazione che per struttura, flessibilità e sim. richiami l'immagine di un cor-

done: *c. ombelicale, spermatico* | ***Tagliare il c. ombelicale***, (*fig.*) diventare autonomo rispetto a qlcu. o a qlco. (V. anche *ombelicale*). ➡ ILL. p. 2124 ANATOMIA UMANA. *5* (*est.*) Struttura, linea e sim. in rilievo rispetto a una superficie | ***C. di saldatura***, tratto costituito da materiale di apporto lungo la linea di unione di due pezzi saldati per fusione | (*arch.*) Modanatura architettonica di forma cilindrica liscia o decorata | Bordo di pietre dure di forma parallelepipeda, disposte lungo il margine di marciapiedi o gradini. *6* Forma di potatura di alberi da frutto. ➡ ILL. **agricoltura e giardinaggio.** *7* (*geogr.*) ***C. litoraneo***, banco sabbioso di detriti fluviali parallelo a una costa e spesso delimitante una laguna | ***C. morenico***, rilievo formato per accumulo dei detriti di un ghiacciaio. *8* (*est.*) Linea di persone affiancate lungo una strada e sim. per misure di ordine pubblico, per servizio d'onore e sim.: *un c. di corazzieri*; *la folla ruppe, travolse, superò i cordoni della polizia* | Fila di partecipanti a un corteo | (*fig.*) ***C. sanitario***, sistema di sorveglianza inteso a circoscrivere e isolare una zona colpita da malattia infettiva. *9* (*spec. al pl., eufem., pop.*) Coglione, testicolo | ***Rompere i cordoni a qlcu.***, (*fig.*) importunarlo, infastidirlo. || **cordonàccio**, pegg. | †**cordoncèllo**, dim. | **cordoncino**, dim. (V.) | **cordonétto**, dim. (V.).

cordonétto [1940] s. m. *1* Dim. di *cordone*. *2* Filo di cotone o di lino con particolare effetto di torsione.

cordonifórme [comp. di *cordone* e *-forme*; 1990] agg. ● Che ha la forma o la struttura simile a quella di un cordone.

cordotomia [comp. di *corda* nel sign. 5 e *-tomia*; 1956] s. f. ● (*chir.*) Intervento chirurgico avente lo scopo di eliminare il dolore, che si opera a livello del midollo spinale.

†**cordovanière** [ant. fr. *cordoanier*, da *cordoan* 'cordovano'; sec. XIII] s. m. ● Artigiano conciatore o venditore di cordovano | Calzolaio.

cordovàno [sp. *cordoban* 'di Cordova'; av. 1363] **A** agg. ● Di Cordova, città dell'Andalusia, in Spagna: *usanze cordovane*; *cuoio c.* **B** s. m. *1* (f. *-a*) Abitante di Cordova. *2* Tipo di cuoio marocchino sul quale sono impresse decorazioni dorate o argentate.

còre (1) ● V. *cuore*.

còre (2) ● V. *cora*.

core (3) /kɔr, *ingl.* kʰɔːɹ/ [vc. ingl., propr. 'nucleo'] s. m. inv. ● Nucleo dei reattori nucleari.

corèa (1) o **còrea** [lat. *chorēa(m)*, nom. *chorēa*, dal gr. *choréia*, da *chorós* 'danza'. V. *coro* (*1*); av. 1375] s. f. *1* †Danza, ballo. *2* (*med.*) Malattia del sistema nervoso caratterizzata da contrazioni muscolari e movimenti involontari. SIN. (*pop.*) Ballo di S. Vito.

corèa (2) [dal n. della *Corea*, penisola asiatica sovrappopolata; 1963] s. f. ● (*disus.*) Quartiere popolare di una città, caratterizzato da una notevole densità di abitanti.

coreàno [1860] **A** agg. ● Della Corea: *lingua coreana* | ***Alla coreana***, (*ellitt.*) ***coreana***, detto di collo a fascetta, aperto davanti. **B** s. m. (f. *-a*) ● Abitante, nativo della Corea: *c. del Nord*, *sud-c.* **C** s. m. solo sing. ● Lingua parlata in Corea.

core business /*ingl.* 'kʰɔːɹ,bɪznəs/ [loc. ingl., propr. 'affari (*business*) del centro, del nucleo (*core*)'; 1994] s. m. inv. (pl. ingl. *core businesses*) ● (*econ.*) Attività tipica o principale di un'impresa.

coreferènte [comp. di *co-* e *referente*, in ingl. *co-referent*; 1979] s. m. ● (*ling.*) Parola o espressione che ha lo stesso referente di un'altra.

coreferènza [comp. di *co-* e *referenza*, in ingl. *co-reference*; 1979] s. f. ● (*ling.*) Fenomeno per cui due o più parole o espressioni rinviano a uno stesso referente (ad es. *re* e *che* nella frase *c'era un re che aveva due figlie*).

corèggia (1) e deriv. ● V. *correggia* (*1*) e *deriv.*

†**corèggia** (2) ● V. *scoreggia* (*1*).

coregia [vc. dotta, gr. *choregía*. V. *corego*; 1956] s. f. ● Liturgia dell'antica Atene, per cui un cittadino abbiente era chiamato dallo Stato a sostenere le spese di allestimento di un coro.

corègo o **coràgo** [vc. dotta, lat. *chorāgu(m)*, nom. *chorāgus*, dal gr. *choragós*, comp. di *chorós* 'coro' e *ágō* 'io conduco'; 1723] s. m. (pl. *-ghi*) *1* Nell'antica Atene, il cittadino cui era addossato l'onere di una coregia. *2* (*teat., lett.*) Chi ha la direzione o la regia del coro.

corègono o **coregóne** [etim. incerta; 1910] s. m. ● Pesce osseo dei Clupeiformi, lacustre, presente in Italia nei laghi alpini (*Coregonus lavaretus*). SIN. Lavarello.

corèico [dal gr. *chorós* 'danza' (V. *coro* (*1*)); av. 1952] agg. (pl. m. *-ci*) *1* (*lett.*) Relativo alla danza: *spettacolo c.* *2* (*med.*) Che si riferisce alla corea: *sindrome coreica*.

corèo [vc. dotta, lat. *chorēu(m)*, nom. *chorēus*, dal gr. *chorêios* 'proprio del coro, della danza'; av. 1675] s. m. ● (*ling.*) Nella metrica classica, trocheo.

coreografia [comp. del gr. *choréia* 'danza' (V. *corea* (*1*)) e di *-grafia*; av. 1764] s. f. *1* Arte di creare e comporre le figure di un balletto armonizzandole con la musica | (*est.*) Ideazione e direzione di un balletto | (*est.*) Insieme delle figure che costituiscono un balletto. *2* (*fig.*) Allestimento spettacolare, scenografico: *una c. di suoni ed effetti speciali*.

coreogràfico [1825] agg. (pl. m. *-ci*) *1* Di coreografia, che si riferisce alla coreografia. *2* (*fig.*) Che si svolge in modo particolarmente fastoso e appariscente: *matrimonio c.*; *cerimonia, manifestazione coreografica*. || **coreograficaménte**, avv. Per quanto riguarda la coreografia.

coreògrafo [da *coreografia*; 1855] s. m. (f. *-a*) ● Ideatore di coreografie | Direttore di balletto.

coréto ● V. *coietto*.

corétto (1) ● V. *coietto*.

corétto (2) ● V. *cuoretto*.

corétto (3) [1714] s. m. *1* Dim. di *coro* (*1*). *2* Stanza con finestrino munito di grata da cui si può assistere, non visti, alle funzioni in chiesa.

corettóre [comp. di *co-* e *rettore*] s. m. (f. *-trice*) ● Chi divide insieme con altri la carica di rettore.

corèuta [vc. dotta, gr. *choreutés*, da *choréuō* 'io danzo nel coro'. V. *coro* (*1*); 1892] s. m. e f. (pl. m. *-i*) *1* Ciascuno dei cantori e danzatori componenti l'antico coro greco. *2* (*lett.*) Corista.

corèutica [da *coreuta*; 1925] s. f. ● (*lett.*) Arte della danza.

corgnòlo ● V. *corniolo*.

coriàceo [vc. dotta, lat. tardo *coriāceu(m)*, da *cŏrium* 'cuoio'; 1582] agg. *1* Che ha la natura, l'aspetto o la durezza del cuoio: *sostanza coriacea*; *carne coriacea*. *2* (*fig.*) Detto di persona priva di sensibilità | Detto di avversario difficile da battere, resistente e sim.

coriàle [da *corion*; 1956] agg. ● (*anat., biol.*) Del corion, relativo al corion.

coriàmbico [vc. dotta, lat. tardo *choriămbicu(m)*, nom. *choriămbicus*, dal gr. *choriambikós*, da *choríambos* 'coriambo'; 1631] agg. (pl. m. *-ci*) ● Detto di verso greco e latino formato da coriambi.

coriàmbo [vc. dotta, lat. tardo *choriămbu(m)*, nom. *choriămbus*, dal gr. *choríambos*, comp. di *chórios* 'coreo' e *íambos* 'giambo'; 1585] s. m. ● (*ling.*) Piede metrico della poesia greca e latina formato da una sillaba lunga, da due sillabe brevi e da un'altra lunga.

♦**coriàndolo** o †**coriàndro** nel sign. 1 [lat. *coriandru(m)*, dal gr. *koríandron*, di orig. preindeur.; av. 1400] s. m. *1* Pianta erbacea delle Ombrellifere con fusto eretto, fiori piccoli e bianchi, frutti glabri con semi aromatici e medicinali (*Coriandrum sativum*) | Seme della pianta omonima, usato in cucina, pasticceria, liquoreria e farmacia. ➡ ILL. **spezie.** *2* Confetto che contiene un seme di coriandolo. *3* (*spec. al pl.*) Dischetti di carta variamente colorati che, in periodo di Carnevale, si usa gettare per gioco addosso alle persone.

coriària [lat. *coriāriu(m)* 'di cuoio', da *cŏrium* 'cuoio', detta così perché le foglie servivano a conciare le pelli; 1830] s. f. ● Pianta con petali carnosi che circondano il frutto e foglie velenose dalle quali si estraggono prodotti concianti (*Coriaria myrtifolia*).

coribànte [vc. dotta, lat. *Corybăntes*, nom. pl., dal gr. *Korýbantes*, di etim. incerta; av. 1574] s. m. ● Nell'antica Grecia, ciascuno dei sacerdoti di Cibele e di Attis, che ne celebravano il culto con danze orgiastiche | Ciascuna delle divinità minori del seguito di Cibele e Attis.

coribàntico [vc. dotta, gr. *korybantikós*, da *Korýbantes* 'Coribanti'; av. 1939] agg. (pl. m. *-ci*) *1* Dei coribanti: *feste coribantiche*. *2* (*lett., raro*) Sfrenato, orgiastico.

coricaménto [av. 1347] s. m. *1* Il coricare, il coricarsi. *2* †Tramonto.

♦**coricàre** o †**colcàre**, (*raro, lett.*) **corcàre** [lat. *collocāre*. V. *collocare*; 1292] **A** v. tr. (*io còrico, tu còrichi*) *1* Mettere nel letto: *c. i bambini*. *2* (*est.*) Adagiare, distendere, mettere giù: *c. una trave, un tronco, un palo*. **B** v. intr. pron. *1* Andare a letto, mettersi a dormire nel letto: *si corica sempre tardi*. *2* (*lett.*) Tramontare. *3* †Chinarsi, inginocchiarsi. *4* †Essere situato: *Oltre l'Irlanda una isola si corca* (ARIOSTO).

còrico [vc. dotta, lat. tardo *chŏricu(m)*, nom. *chŏricus*, dal gr. *chorikós*, da *chorós* 'coro (1)'; av. 1565] **A** agg. (pl. m. *-ci*) ● †Del coro, nel sign. di *coro* (*1*) | (*letter.*) ***Metro c.***, formato da due anapesti più una sillaba ancipite. **B** s. m. *1* †Corista. *2* †Composizione cantata dal coro.

còrifa [dal gr. *koryphḗ* 'cima', per il ciuffo di foglie che ha sullo stipite; 1830] s. f. ● Genere di palme con fusto molto alto e nudo con un gran ciuffo di foglie alla sommità (*Corypha*).

corifèna [vc. dotta, gr. *korýphaina*, da *koryphḗ* 'cima', per la forma; 1830] s. f. ● Pesce teleosteo dei Perciformi con corpo allungato e compresso, pinna dorsale lunga dal capo alla coda e dorso azzurrognolo dai riflessi dorati (*Coryphaena hippurus*).

corifèo [vc. dotta, lat. *coryphaeu(m)*, nom. *coryphaeus*, dal gr. *koryphâios*, 'che sta a capo' da *koryphḗ* 'cima'; 1582] s. m. *1* Capo dell'antico coro greco. *2* (f. *-a*) (*fig., iron.*) Capo, promotore, di un partito, di una corrente culturale, artistica e sim.

còrilo [lat. *cŏrulu(m)*, di orig. indeur.; av. 1375] s. m. ● (*lett.*) Nocciòlo.

corimbo [vc. dotta, lat. *corўmbu(m)*, nom. *corўmbus*, dal gr. *kórimbos* 'cima', dalla stessa radice di *koryphḗ* 'cima'. Cfr. *corifa*; av. 1557] s. m. *1* (*bot.*) Infiorescenza in cui i fiori sono allineati alla medesima altezza mentre i peduncoli partono dall'asse principale ad altezze diverse. *2* (*mar.*) Nell'antichità, l'ornamento saliente della poppa e della prua delle navi.

corimbo-tirso [1990] s. m. ● (*bot.*) Infiorescenza formata da un corimbo composto.

corindóne [fr. *corindon*, da una lingua dell'India; 1817] s. m. ● Ossido di alluminio in cristalli romboedrici estremamente duri di colore vario e lucentezza adamantina di cui si distinguono diverse varietà, alcune delle quali usate come gemme | ***C. sintetico***, che ha la stessa composizione del rubino naturale, usato in orologeria | ***C. stellato***, asteria.

corìnzio o **corintio** [vc. dotta, lat. *corĭnthiu(m)*, nom. *corĭnthius*, dal gr. *korínthios*, da *Kórinthos* 'Corinto'; av. 1452] **A** agg. *1* Di Corinto. *2* (*arch.*) ***Ordine c.***, ordine architettonico classico la cui colonna, scanalata e munita di base, ha capitello ornato di foglie d'acanto | Che è proprio di tale ordine: *colonna corinzia*; *capitello c.* ➡ ILL. p. 2117 ARCHITETTURA. **B** s. m. *1* (f. *-a*) Abitante di Corinto. *2* Stile architettonico dell'ordine corinzio.

†**còrio** (1) ● V. *cuoio*.

còrio (2) ● V. *corion*.

corioidèa ● V. *coroide*.

corioidèo ● V. *coroideo*.

còrion o **còrio** (2) [vc. dotta, gr. *chórion* 'placenta', di orig. indeur.; 1574] s. m. *1* (*biol.*) Annesso embrionale che costituisce il rivestimento dell'embrione in molti gruppi di Vertebrati superiori e che negli Euteri partecipa alla formazione della placenta. *2* (*biol.*) Rivestimento delle uova di diversi animali. *3* (*biol.*) Tessuto fibroso sottostante all'epidermide degli animali, costituente la parte della pelle che verrà trasformata in cuoio. SIN. Derma.

coripètalo [comp. del gr. *chōrís* 'separatamente', di orig. indeur., e di *petalo*; 1931] agg. ● (*bot.*) Dialipetalo.

corisèpalo [comp. del gr. *chōrís* 'separatamente' (V. *coripetalo*), e di *sepalo*; 1956] agg. ● (*bot.*) Dialisepalo.

corista [da *coro* (*1*); av. 1494] **A** s. m. (anche f. nel sign. 1; pl. m. *-i*) *1* Chi canta in un coro | Chi presiede al coro di una chiesa. *2* Diapason. **B** agg. ● †Detto di strumento idoneo al coro: *cembalo c.*

còriza o **corizza** [lat. tardo *cŏryza(m)*, nom. *cŏryza*, dal gr. *kóriza*, di etim. incerta; sec. XIV] s. f. *1* (*med.*) Raffreddore, rinite. *2* (*veter.*) Grave malattia epidemica del pollame.

còrmo [vc. dotta, gr. *kormós* 'tronco' da *kéirō* 'io taglio'; 1820] s. m. ● (*bot.*) Struttura tipica delle piante superiori distinta in radice, fusto e foglie.

cormòfita [comp. del gr. *kormós* 'tronco' (V. *cormo*) e *phytón* 'pianta'; 1865] **s. f.** ● Pianta fornita di cormo.

cormoràno [fr. *cormoran*, ant. fr. *cormareng*, comp. di *corp* 'corvo' e *mareng* 'marino'; 1875] **s. m.** ● Grosso uccello acquatico dei Pelecaniformi con corpo allungato, zampe piuttosto brevi e palmate, collo lungo, becco acuto, piumaggio bruno-verdastro con riflessi metallici (*Phalacrocorax carbo*). SIN. Marangone. ➡ ILL. **animali**/7.

còrnac [port. *cornaca*, dal singalese *kūruneka*; 1974] **s. m. inv.** ● Conducente e custode di elefanti, in India.

cornàcchia [lat. parl. **cornăcula(m)*, per il classico *cornīcula(m)*, dim. di *cŏrnix* 'cornacchia', di orig. onomat.; av. 1292] **s. f.** *1* Uccello dei Passeriformi simile al corvo ma con becco più grosso e più incurvato, coda arrotondata e piumaggio completamente nero (*Corvus corone*). CFR. Crocidare, gracchiare. ➡ ILL. **animali**/10 | *C. grigia*, uccello dei Passeriformi simile alla cornacchia nera, ma con piumaggio grigio e nero (*Corvus cornix*). *2* (*fig.*) Persona pettegola e importuna | Persona antipatica, che predice disgrazie: *fate tacere quella c.* *3* (*fig.*) †Prostituta. *4* †Maniglia di porta, simile al becco della cornacchia. || **cornacchina**, **dim.** | **cornacchino**, **dim. m.** | **cornacchióne**, **accr. m.** | **cornacchiòtto**, **dim. m.** | **cornacchiùccia**, **cornacchiùzza**, **dim.**

†**cornacchiàia** [av. 1573] **s. f.** *1* Gracchiare rumoroso di un branco di cornacchie | (*fig.*) Cicaleccio noioso. *2* (*scherz.*) Scampanio per un defunto.

Cornàcee [vc. dotta, comp. del lat. *cŏrnum* 'corniolo' (V.) e di *-acee*; 1956] **s. f. pl.** (**sing.** *-a*) ● Nella tassonomia vegetale, famiglia di piante con foglie intere, opposte e fiori riuniti in ombrelle o capolini (*Cornaceae*).

cornalina [fr. *cornaline*, V. *corniola*; 1795] **s. f.** ● (*miner.*) Varietà di agata traslucida di color rossastro. SIN. Corniola.

cornamùsa [fr. *cornemuse*, da *cornemuser* 'suonare la cornamusa', comp. di *corner* 'suonare il corno' e *muser* 'suonare la cornamusa'; 1353] **s. f.** ● Strumento a fiato composto da un otre nel quale imboccano tre o quattro canne, la prima per dargli fiato e le altre per suonare. SIN. Piva. ➡ ILL. **musica**. || **cornamusètta**, **dim.**

cornamusàro **s. m.** (**f.** *-a*) ● Suonatore di cornamusa.

†**cornàre** [da *corno*; sec. XIII] **v. intr.** *1* Suonare il corno. *2* Fischiare, sibilare, detto degli orecchi: *gli orecchi debbon cornarvi … spesso* (PULCI). *3* Cozzare, corneggiare.

cornàta [av. 1535] **s. f.** ● Colpo dato con le corna: *prendersi, evitare, schivare una c.*; *fare alle cornate*.

cornatùra [av. 1587] **s. f.** *1* Disposizione delle corna di un animale. *2* (*raro, fig.*) Indole, temperamento.

còrnea [da (*membrana*) *cornea*. V. *corneo*; sec. XIV] **s. f.** ● (*anat.*) Parte trasparente della sclera nella sezione anteriore dell'occhio. ➡ ILL. p. 2127 ANATOMIA UMANA.

corneàle [1941] **agg.** ● Di, relativo a, cornea: *epitelio c.* | **Lente c.**, lente a contatto consistente in un dischetto di plastica trasparente, assai sottile e di diametro poco inferiore a quello della cornea dell'occhio.

corneggiàre [da *corno*; av. 1406] **A v. intr.** (*io cornéggio*; aus. *avere*) *1* †Dare cornate. *2* (*raro, lett.*) Avere la forma falcata delle corna, detto della luna nuova: *sul tardi corneggia la luna* (MONTALE). **B v. tr.** ● †Colpire con le corna.

cornéggio [fr. *cornage*, da *corner* 'soffiare nel corno'; 1830] **s. m.** ● (*zoot.*) Rumore respiratorio dovuto alla presenza di ostacoli o a stenosi delle vie aeree superiori, che si riscontra negli equini quando sono in movimento.

corneificazióne [comp. di *corneo* e *-ficazione*; 1956] **s. f.** ● (*med.*) Modificazione dell'epitelio di rivestimento per deposizione di sostanza cornea nella cellula, tipica della cute ma possibile anche in altre sedi.

còrneo [vc. dotta, lat. *cŏrneu(m)*, agg. di *cŏrnu* 'corno'; sec. XIV] **agg.** *1* Che presenta natura, caratteristiche o aspetto di corno | **Strato c.**, superficiale della cute, costituito da cellule di particolare consistenza | **Tessuto c.**, che costituisce le unghie, i peli, i capelli | **Proliferazione cornea**, di consistenza simile alle corna degli animali. CFR. cherato-. *2* (*raro*) Di, relativo a, corno.

còrner /'kɔrner, *ingl.* 'kḫɔːɹnəɹ/ [ingl., propr. 'angolo', che risale al lat. *cŏrnu* 'corno'; 1909] **s. m. inv.** ● (*sport*) Calcio d'angolo | **Salvarsi in c.**, nel calcio, mandare il pallone oltre la propria linea di fondo, per risolvere una situazione pericolosa; (*fig.*) salvarsi per il rotto della cuffia, per un pelo.

cornétta (1) [fr. *cornette*; av. 1389] **A s. f.** *1* Piccola insegna quadrata, a due punte o corni, degli antichi reparti di cavalleria | (*est.*) Reparto di cavalleria che militava sotto tale insegna. *2* Cuffia inamidata delle suore di S. Vincenzo, in origine con larghe falde laterali. **B s. m. e f.** (**pl. m.** *-i*) ● Chi portava la cornetta.

cornétta (2) [da *corno*; sec. XIV] **s. f.** *1* Strumento d'ottone a fiato, di suono acuto da soprano. *2* (*sett., centr.*) Microtelefono.

cornettàre [da *cornetta* (2)] **v. intr.** (*io cornétto*; aus. *avere*) ● (*raro*) Suonare la cornetta.

cornettista [da *cornetta* (2); 1941] **s. m. e f.** (**pl. m.** *-i*) ● Suonatore di cornetta.

cornétto [sec. XIV] **s. m.** *1* Dim. di *corno*. *2* Amuleto a forma di piccolo corno. *3* Punta dell'incudine. *4* **C. acustico**, strumento per amplificare i suoni diretti all'orecchio | †Coppetta. *5* Tipo di strumento a fiato in legno del XVI sec. *6* Piccola forma di pane o di brioche, dolce o salata. SIN. Croissant. *7* Tralcio fruttifero della vite tagliato corto. SIN. Sperone. *8* (*anat.*) Turbinato. *9* (*sett., spec. al pl.*) Fagiolino verde. || **cornettìno**, **dim.**

cornflakes /korn'fleiks, *ingl.* 'kḫɔːɹn,fleɪks/ [vc. ingl., comp. di *corn* 'granturco' e il pl. di *flake* 'fiocco'; 1958] **s. m. pl.** ● Fiocchi di granturco che si mangiano spec. a colazione con latte e zucchero.

†**còrnia** [lat. *cŏrnea(m)* 'albero di corniolo', da *cŏrnum* 'corniolo'; av. 1336] **s. f.** ● (*bot.*) Corniola.

♦**cornìce** (1) [vc. dotta, lat. *cornīce(m)*, calco sul gr. *korṓnē* 'cornacchia' poi 'oggetto piegato', quindi anche 'cornicione', per la curvatura che ricorda il becco della cornacchia; 1319] **s. f.** *1* Telaio di legno o altro materiale, variamente sagomato e decorato, dove s'incastrano quadri, specchi e sim. | **Mettere qlco. in c.**, incorniciarla | In architettura, parte più alta della trabeazione degli ordini classici | Membratura aggettante che serve di coronamento a un edificio, a inquadrare finestre o porte, o anche a delimitare motivi ornamentali | (*est.*) Parte più alta della trabeazione di un mobile. ➡ ILL. p. 2116, 2117 ARCHITETTURA. *2* (*est.*) Ciò che delimita, abbellisce, mette in risalto o caratterizza qlco. (*anche fig.*): *i monti fanno da c. al lago*; *la c. dei capelli valorizza il suo viso*; *la premiazione si è svolta in una c. mondana* | **Vale più la c. del quadro**, (*fig.*) gli elementi secondari hanno più valore di quello principale. *3* Inquadratura di pagina o figura, con filetti o fregi. *4* Parte di un'opera letteraria che serve per inquadrare e collegare le altre. *5* Orlo di roccia o di neve sporgente da dirupi. || **cornicétta**, **dim.** | **cornicina**, **dim.** | **cornicióne**, **accr. m.** (V.).

cornìce (2) [lat. *cornīce(m)*. V. *cornacchia*; av. 1374] **s. f.** ● (*lett.*) Cornacchia.

corniciàio [da *cornice* (*1*); 1956] **s. m.** (**f.** *-a*) ● Chi fabbrica, monta o vende cornici.

corniciàme [av. 1574] **s. m.** *1* (*raro*) Assortimento di cornici. *2* (*raro*) Ornamento che serve da cornice.

†**corniciàre** [1865] **v. tr.** ● Incorniciare.

corniciatùra [1850] **s. f.** ● (*raro*) Incorniciatura.

cornicióne [av. 1465] **s. m.** *1* (*raro*) Accr. di *cornice* (*1*). *2* (*arch.*) Cornice fortemente aggettante usata a coronamento di un edificio, sia con scopi pratici di riparo, sia, spec. negli edifici rinascimentali, con intendimenti estetici.

còrnico [ingl. *Cornish* 'della Cornovaglia'; 1951] **A agg.** (**pl. m.** *-ci*) ● Della Cornovaglia: *paesaggio c.* **B s. m.** solo **sing.** ● Lingua del gruppo britannico, parlata nella Cornovaglia fino al XVIII sec.

†**cornicolàto** [vc. dotta, lat. *corniculātu(m)*, da *cŏrnu* 'corno'; sec. XIV] **agg.** ● Che ha le estremità a forma di corno.

†**cornìfero** [vc. dotta, lat. *cornĭferu(m)*, comp. di *cŏrnu* 'corno' e *fĕrre* 'portare'] **agg.** ● (*raro*) Che ha le corna.

cornificàre [comp. di *corno* e *-ficare*; 1941] **v. tr.** (*io cornìfico, tu cornìfichi*) ● (*scherz.*) Tradire il proprio coniuge, o comunque la persona cui si è legati da rapporti amorosi.

cornìgero [vc. dotta, lat. *cornĭgeru(m)*, comp. di *cŏrnu* 'corno' e *gĕrere* 'portare'; 1499] **agg.** ● (*lett.*) Fornito di corna.

còrniola (1) [da *corniolo*; sec. XIV] **s. f.** ● Frutto del corniolo.

corniòla (2) [lat. *cornĕolu(m)*, dim. di *cŏrneus*, agg. di *cŏrnum* 'corniolo'; av. 1327] **s. f.** *1* (*miner.*) Varietà di agata traslucida di colore rosso, usata per gemme incise e cammei. *2* (*est.*) Cammeo di fondo rosso con rilievo giallo-chiaro.

còrniolo o **corniòlo** o **corgnòlo** [lat. *cornĕolu(m)*, dim. di *cŏrneus*, agg. di *cŏrnum* 'corniolo'; av. 1498] **s. m.** ● Arbusto delle Cornacee con foglie ovali, legno durissimo, fiori piccoli e gialli e frutti a drupa rossi e commestibili (*Cornus mas*).

cornìpede [vc. dotta, lat. *cornĭpede(m)*, comp. di *cŏrnu* 'corno' e *pēs*, genit. *pĕdis* 'piede'; av. 1796] **A agg.** ● (*lett.*) Detto di animale che ha i piedi cornei. **B s. m.** ● (*raro, lett.*) Cavallo: *… senza indugio / … sospinse i generosi / cornipedi* (MONTI).

cornista [da *corno*; 1830] **s. m. e f.** (**pl. m.** *-i*) ● Suonatore di corno.

♦**còrno** [lat. *cŏrnu*, di orig. indeur.; av. 1292] **s. m.** (**pl.** *còrna*, **f.** nei sign. 1, 2, 3 e 4, *còrni*, **m.** nei sign. 5, 6, 7 e 8) *1* Caratteristica protuberanza del capo di molti Mammiferi, costituita da tessuto epidermico corneo: *le corna del bove*; *il c. del rinoceronte* | **Alzare le corna**, (*fig.*) insuperbirsi | (*fig.*) **Rompere, spezzare le corna a qlcu.**, picchiare o umiliare qlcu. | **Rompersi le corna**, (*fig.*) restare sconfitto | **Prendere il toro per le corna**, (*fig.*) affrontare decisamente qlcu., una situazione difficile e sim. | **Avere qlcu., qlco., sulle corna**, a noia | **Dire corna, dire peste e corna di qlcu.**, sparlarne | **Fare le corna**, compiere un gesto di scherno o di scongiuro, drizzando l'indice e il mignolo della mano chiusa. ➡ ILL. **zoologia generale** | CFR. -cero. *2* (*eufem., pop.*) Niente, nulla: *non me ne importa un c.* | (*pop.*) Si usa come esclamazione | **Un c.!**, nient'affatto, assolutamente no: *vero un c.!*; *è tuo? tuo un c.!* *3* (*iron., pop., spec. al pl.*) Simbolo dell'infedeltà in amore: *avere, portare le corna*; *fare le corna al marito, alla moglie*. *4* (*est.*) Ognuna delle escrescenze rigide situate sul capo di alcuni tipi di animali: *le corna delle lumache*; *un serpente con le corna* | (*fig., scherz.*) Bernoccolo provocato da una contusione: *farsi un c. sulla fronte*. *5* (*est.*) Sostanza che costituisce le corna dei Mammiferi, contenente prevalentemente cheratina, impiegata per fabbricare oggetti vari: *pettine, manico, bottone di c.* *6* (*est.*) Oggetto a forma di corno: *c. dogale*; *c. per la polvere da sparo* | **C. da scarpe**, calzatoio | **C. dell'abbondanza**, cornucopia | Ciondolo portafortuna, di metallo prezioso o di corallo | In una catena di monti, vetta di forma conica | †Punta di antenna, pennone, vela. *7* (*mus.*) Antico strumento a fiato ottenuto da un corno di bue opportunamente lavorato o foggiato secondo tale forma, usato da pastori, corrieri postiglioni e sim. | Oggi, strumento a fiato in ottone, rivoltato su sé stesso in due o tre giri circolari tra il bocchino e l'ampia campana, con ritorta d'accordi, fori laterali, chiavi e valvole: *c. naturale, da caccia, a pistoni*; *professore di c.* | **C. di bassetto**, clarinetto in fa | **C. inglese**, oboe basso. ➡ ILL. **musica**. *8* (*fig.*) Estremità, spec. appuntita, di qlco.: *c. polare*; *il c. dell'incudine*; *i corni della luna, di un golfo* | **I corni dell'altare**, gli angoli | **C. dell'epistola, del vangelo**, rispettivamente a destra e a sinistra del sacerdote | **I corni del dilemma**, le due possibili alternative | **C. d'Africa**, la zona situata nell'Africa centrale, fra il Mar Rosso, il golfo di Aden e l'Oceano Indiano, e l'insieme dei Paesi (Etiopia e Somalia) che la occupano. *9* †Ala di una schiera d'armati | †Nelle antiche fortificazioni, opera composta di due sole facce. *10* (*anat.*) Qualsiasi struttura o formazione che nel piano o nello spazio presenta una sagoma allungata e arcuata | **C. ventrale, c. dorsale**, ognuna delle quattro aree di sostanza grigia con valore motorio o, rispettivamente, sensoriale, caratteristiche del midollo spinale, in sezione trasversa. || **cornàccio**, **pegg.** | **cornétto**, **dim.** (V.) | **cornicciuòlo**, **dim.** | **cornicino**, **dim.**

cornòcchio [lat. parl. **cornŭculu(m)*, da *cŏrnu* 'corno'; av. 1936] **s. m.** ● (*region.*) Tutolo della pannocchia di granturco.

cornucòpia [lat. *cŏrnu cōpiae* 'corno dell'abbondanza'. V. *corno* e *copia* (*1*); 1527] **s. f.** ● Vaso a forma di corno, coronato d'erbe e di fiori e riempito di frutta, simbolo dell'abbondanza.

cornùnghia [comp. di *corno* e *unghia*] **s. f.** ● Concime organico composto dai residui, torrefatti e polverizzati, della lavorazione di corna e unghie.

cornùta ● V. *carnuta*.

†**cornutézza** [1628] **s. f.** ● L'essere cornuto.

cornùto [lat. *cornūtu(m)*, da *cŏrnu* 'corno'; sec. XIII] **A agg.** *1* Fornito di corna: *animale c.* *2* (*lett.*) Che termina a forma di corno: *al suon della cornuta cetra* (ARIOSTO) | †*Stella cornuta*, cometa. **B agg.**; anche **s. m.** (**f.** *-a*) ● (*pop.*) Che (o Chi) è tradito dal proprio coniuge: *marito c.*; *un povero c.* | (*est.*, *pop.*) Epiteto offensivo: *quel c. voleva imbrogliarmi!* || **cornutàccio**, **pegg.** | **cornutóne**, **accr.**

♦**còro** (**1**) [vc. dotta, lat. *chŏru(m)*, nom. *chŏrus*, dal gr. *chorós*, di orig. indeur.; av. 1306] **s. m.** *1* Nell'antico teatro greco, canto e danza con accompagnamento musicale che interrompeva l'azione tragica, commentandola | (*est.*) Gruppo degli attori che eseguivano il coro | (*est.*) Luogo del teatro dove veniva eseguito il coro. *2* (*mus.*) Canto eseguito da più persone, a diverse voci e all'unisono, con o senza accompagnamento musicale | ***C. battente***, particolare tipo di doppio coro | ***C. a cappella***, senza accompagnamento strumentale | (*est.*) Gruppo di persone che cantano insieme: *il c. della Scala*; *un c. di alpini, di studenti, di ubriachi*; *far parte di un c.*; *cantare in un c.* | (*est.*) Composizione musicale, canzone e sim. da cantarsi in coro: *il c. del Nabucco*; *un c. di montagna.* *3* (*arch.*) Nelle chiese cristiane, lo spazio, separato da recinzioni e provvisto di stalli, riservato ai cantori, situato nella parte terminale della navata centrale, prima del presbiterio, o dietro l'abside: *la cappella del c.* | L'insieme degli stalli per i cantori: *le tarsie di un c. ligneo.* ➡ ILL. p. 2118, 2119 ARCHITETTURA. *4* Insieme di parole, grida, lamenti e sim., emessi da più persone contemporaneamente: *un c. di pianti, di proteste, di elogi, di ingiurie, di fischi* | ***Fare c. a qlcu.***, condividerne le opinioni | (*est.*) Gruppo di persone che dicono o gridano qlco. contemporaneamente: *un c. di fanciulli urlanti, di donne in lacrime* | ***Tutti in c.***, tutti insieme, a una voce; (*est.*, *fig.*) all'unanimità | ***Uscire dal c.***, (*fig.*) manifestare una posizione diversa da quella della maggioranza. *5* (*est.*) Verso, canto di più animali raccolti insieme: *il c. dei grilli, delle cicale, dei ranocchi.* *6* (*lett.*) Accolta di persone o di cose: *io ... / come ardirò di penetrar fra i cori / de' semidei?* (PARINI). *7* Ordine di angeli o di beati. || **corétto**, **dim.**

còro (**2**) o †**càuro** [vc. dotta, lat. *cāuru(m)*, *cōru(m)*, di orig. indeur.; 1313] **s. m.** ● (*raro*, *lett.*) Vento di nord-ovest | La parte da cui tale vento spira: *cessato il soffiar d'austro e di c.* (TASSO).

coròbate [vc. dotta, lat. *chorŏbate(m)*, nom. *chorŏbates*, dal gr. *chōrobátēs*, comp. da *chôros* 'terreno' e *báinō* 'io vado'; 1758] **s. m.** ● Strumento di livellazione del terreno, degli antichi Greci.

†**corodìa** [vc. dotta, gr. *chorō(i)día*, comp. di *chorós* 'coro (1)' e *ō(i)dḗ* 'canto' (V. *ode*); 1635] **s. f.** ● Canto a coro, all'unisono o all'ottava.

corodidàscalo [vc. dotta, lat. tardo *chorodidāscalu(m)*, nom. *chorodidāscalus*, dal gr. *chorodidáskalos*, comp. di *chorós* 'coro (1)' e *didáskalos* 'maestro'] **s. m.** ● Nella Grecia antica, istruttore e preparatore del coro.

corografìa [vc. dotta, lat. *chorogrăphia(m)*, nom. *chorogrăphia*, dal gr. *chōrographía*, comp. di *chôros* 'terreno' e *gráphō* 'io scrivo'; 1525] **s. f.** *1* Descrizione di una regione nei suoi particolari fisici, storici e umani | L'opera in cui tale descrizione è contenuta. *2* Condizione di un territorio rispetto alla sua conformazione fisica.

corogràfico [vc. dotta, gr. *chorographikós*, da *chōrographía* 'corografia'; 1745] **agg.** (**pl. m.** *-ci*) ● (*geogr.*) Che si riferisce alla corografia: *dizionario c.*; *mappa, tavola corografica* | ***Carta corografica***, che rappresenta regioni abbastanza estese della superficie terrestre, in scala da 1:200 000 a 1:1 000 000.

coròografo [vc. dotta, lat. tardo *chorŏgraphu(m)*, nom. *chorŏgraphus*, dal gr. *chōrográphos*, comp. di *chôros* 'terreno' e *gráphō* 'io scrivo'; 1585] **s. m.** (**f.** *-a*) ● Geografo specializzato in corografie | Autore di mappe e di tavole corografiche.

coròide o **corioidèa**, **coroidèa** [vc. dotta, gr. *chorioeidḗs* 'simile a membrana', comp. di *chórion* 'membrana' e *-eidḗs* '-oide'; 1659] **s. f.** ● (*anat.*) Membrana vascolare dell'occhio, di colore nerastro, al di sotto della sclera, nella parte posteriore dell'occhio. ➡ ILL. p. 2127 ANATOMIA UMANA.

coroidèo o **corioidèo** [av. 1730] **agg.** ● (*anat.*) Della, relativo alla, coroide | ***Plesso c.***, formazione granulare rossastra presente nel terzo ventricolo e nei ventricoli laterali, che dà origine al liquido cefalorachidiano.

coroidite [comp. di *coroid(e)* e *-ite* (*1*); 1887] **s. f.** ● (*med.*) Infiammazione della coroide.

coròlla o **corólla** [vc. dotta, lat. *corŏlla(m)*, dim. di *corōna* 'corona'; 1499] **s. f.** ● (*bot.*) Parte del fiore interna al calice, costituita da uno o più verticilli di foglie modificate, destinata a esplicare una funzione di attrazione degli insetti che favoriscono l'impollinazione | (*est.*) ***A c.***, di ciò che ha forma svasata: *gonna a c.* ➡ ILL. **botanica generale**.

corollàrio [vc. dotta, lat. *corollāriu(m)*, da *corōlla* 'corolla'; 1319] **A s. m.** *1* (*mat.*, *filos.*) Proposizione che si deduce facilmente da un'altra già dimostrata. *2* Aggiunta, appendice: *c. del libro.* **B agg.** ● †Dedotto per corollario, per induzione.

♦**coróna** [lat. *corōna(m)*, nom. *corōna*, dal gr. *korṓnē*, di orig. indeur. In particolare, nel sign. 9, per la corona originariamente impressa sopra la moneta; nel sign. 10 per la forma a corona del segno; sec. XII] **A s. f.** *1* Ornamento del capo a forma di cerchio, costituito spec. di fiori, fronde e sim., portato anticamente in segno di letizia, onore o come premio per vincitori di gare: *c. di rose, di spighe, di coralli, di vetro* | ***C. di lauro, d'alloro***, simbolo di gloria poetica | ***C. di fiori d'arancio***, quella portata dalla sposa quale simbolo di purezza | ***C. di spine***, quella posta per scherno sul capo di Gesù | (*est.*) Nello sport, titolo di campione: *c. dei massimi*; *c. olimpica.* SIN. Diadema, ghirlanda, serto. *2* Cerchio di metallo prezioso, finemente lavorato e incastonato di gemme, simbolo di sovranità, signoria, dominio: *c. ducale, imperiale* | ***C. di ferro, ferrea***, degli antichi re d'Italia | Appellativo di vari ordini sovrani: *c. d'Italia* | (*fig.*) Autorità del sovrano: *avere, portare la c.*; *deporre, perdere, rifiutare la c.* | ***Cingere la c.***, (*fig.*) salire al trono | (*fig.*) ***La Corona***, la persona del sovrano o l'istituzione monarchica | ***Discorso della Corona***, quello letto dal sovrano nell'aprire una legislatura parlamentare, ma solitamente redatto dal governo che ne assume la responsabilità | ***Sacra, Santa Corona***, anticamente, appellativo equivalente a Sire, Maestà. ➡ ILL. **araldica**. *3* Cerchio di fiori o fronde, spesso con nastri, scritte e sim., da appendere o deporre davanti a edifici o monumenti, come simbolo di festività, di voti, come ricordo e sim. | ***C. funebre, mortuaria***, posta sui feretri o sulle tombe per onorare la memoria dei defunti | (*fig.*, *lett.*) Aureola: *o Musa ... / hai di stelle immortali aurea c.* (TASSO). SIN. Ghirlanda, serto. *4* (*est.*) Oggetto o struttura che per forma o funzione ricorda una corona: *tappo a c.* | ***C. della campana***, anello che la fissa nel mozzo | Anello che costituisce la parte periferica di un organo meccanico rotante: *c. dentata* | ***C. di carica***, rotellina zigrinata, all'esterno dell'orologio, che serve a caricare la molla | ***C. di forzamento***, anello di rame che fascia in prossimità del fondello i proiettili d'artiglieria | ***C. del brillante***, parte sfaccettata che circonda la tavola superiore | (*arch.*) Coronamento | (*astron.*) Parte più esterna dell'atmosfera di una stella: *c. solare* | Nelle antiche fortificazioni, opera esterna costituita da un bastione frontale e due mezzi bastioni laterali. ➡ ILL. p. 2144 SISTEMA SOLARE. *5* (*anat.*) Porzione superiore di una struttura anatomica, spesso di forma anulare o cilindrica | ***C. dentaria***, ***dentale***, parte visibile del dente che sporge dall'alveolo | In odontotecnica, capsula protettiva o sostitutiva della corona anatomica. ➡ ILL. p. 2127 ANATOMIA UMANA. *6* (*est.*) Serie di elementi disposti in cerchio: *una c. di capelli*; *una c. di monti, di mura* | ***A c.***, circolarmente | ***Volo a c.***, di uccelli che formano, volando in cielo, un cerchio | ***Far c. a qlcu.***, circondarlo, spec. con atteggiamento di deferente attenzione | Lampadario medievale costituito da uno o più cerchi metallici muniti di punte reggicandela o di coppette d'olio | (*med.*) ***C. di Venere***, papule o pustole sifilitiche sulla fronte | (*mat.*) ***C. circolare***, insieme dei punti compresi fra due circonferenze concentriche | (*bot.*) Insieme di appendici disposte in cerchio e sovrastanti un organo | ***La c. dell'albero***, la parte più alta, ove i rami si allargano. *7* (*est.*) Serie di oggetti attaccati l'uno all'altro, di parole o frasi dette o scritte di seguito, e sim.: *una c. di nocciole, di castagne secche*; *una c. di aggettivi*; *una c. di sonetti*; *la c. del rosario* | ***Dire la c.***, recitare il rosario | ***Sfilare la c.***, (*fig.*) dire una serie di ingiurie. *8* (*fig.*, *lett.*) Coronamento, compimento: *a vita lunga solita c.* (UNGARETTI). *9* (*numism.*) Nome di alcune monete d'oro e d'argento coniate in vari Stati e diverse epoche, recanti impressa la figura di una corona | Unità monetaria circolante in alcuni Paesi europei: *c. danese, estone, norvegese, svedese.* SIMB. Kr. *10* (*mus.*) Segno convenzionale che serve a prolungare la nota o la pausa su cui è posto, più anticamente a suggerire una cadenza o una breve improvvisazione. SIN. Punto coronato. *11* (*zool.*) Margine inferiore del pastorale del cavallo. *12* (*bot.*) ***C. imperiale***, pianta delle Liliacee con fusto coronato da un ciuffo di foglie da cui pendono i fiori rosso-giallastri o bruni (*Fritillaria imperialis*). *13* (*al pl.*) Fibre di scarto nella filatura della lana. **B** in funzione di **agg. inv.** ● Nella loc. (*fis.*) ***Effetto c.***, fenomeno di dispersione di energia elettrica che si manifesta sulla superficie dei conduttori elettrici ad alta tensione sotto forma di efflusio luminoso accompagnato da un caratteristico crepitio. || **coroncina**, **dim.** (V.) | **coroncióne**, **accr. m.** | **coronèlla**, **dim.** (V.) | **coronétta**, **dim.** | **coronùccia**, **dim.**

coronàle [vc. dotta, lat. tardo *coronāle(m)*, da *corōna* 'corona'; 1342] **agg.** *1* †Che ha forma di corona. *2* (*astron.*) Che appartiene o si riferisce alla corona di una stella. *3* (*anat.*) Situato relativamente vicino alla corona di un organo, in particolare di un dente | ***Osso c.***, osso frontale | ***Sutura c.***, che unisce l'osso frontale con le ossa parietali. *4* (*anat.*) Frontale (1). *5* (*ling.*) Detto di suono articolato per mezzo della corona della lingua.

coronaménto [vc. dotta, lat. tardo *coronamĕntu(m)*, da *corōna* 'corona'; sec. XIII] **s. m.** *1* †Incoronazione. *2* (*fig.*) Compimento, degna conclusione: *quest'opera è il c. della sua vita.* *3* (*edil.*) Struttura con cui termina superiormente una costruzione. *4* (*mar.*) Orlo superiore della poppa delle navi | ***Fanale di c.***, quello bianco mostrato dalle navi a poppa.

coronàre [vc. dotta, lat. *coronāre*, da *corōna* 'corona'; sec. XII] **A v. tr.** (*io coróno*) *1* Cingere di corona, di ghirlanda e sim.: *c. di fiori il capo di qlcu.* | (*lett.*) Incoronare. *2* (*est.*) Cingere, circondare: *la città era coronata da alte mura*; *le montagne coronano la regione.* *3* (*est.*, *fig.*) Premiare, dare un riconoscimento: *il successo ha coronato i suoi sforzi*; *io me n'andrei ... dove le ricchezze non coronano il delitto* (FOSCOLO). *4* (*fig.*) Concludere, portare a compimento: *un'opera che corona tutta la vita dell'autore*; *coronarono il loro amore con le nozze.* *5* (*raro*, *lett.*) Riempire fino all'orlo, detto di tazze, coppe e sim. **B v. rifl.** *1* Cingersi di corona, di ghirlanda e sim.: *coronarsi vincitore*; *coronarsi di fiori, di alloro.* *2* (*lett.*, *fig.*) Fregiarsi, adornarsi: *coronarsi di gloria, di onore.*

coronària [f. sost. di *coronario*; av. 1730] **s. f.** ● (*anat.*, *ellitt.*) Arteria coronaria.

coronàrico [1956] **agg.** (**pl. m.** *-ci*) ● (*med.*) Che si riferisce alle arterie e alle vene coronarie: *insufficienza coronarica* | ***Unità coronarica***, negli ospedali, speciale reparto di terapia intensiva per i malati di infarto miocardico.

coronàrio [vc. dotta, lat. *coronāriu(m)*, da *corōna* 'corona'; av. 1472] **agg.** *1* (*lett.*) Di corona | ***Certame c.***, gara poetica che aveva come premio una corona d'alloro lavorata in argento. *2* (*anat.*) Detto di formazione (vasi, legamenti, nervi e sim.) disposta come una corona attorno a un organo | ***Arterie coronarie***, (*ellitt.*) ***coronarie*** le arterie che nascono dall'aorta ascendente e servono alla nutrizione del cuore.

coronarite [comp. di *coronari(a)* e *-ite* (*1*); 1939] **s. f.** ● (*med.*) Alterazione di un'arteria coronaria cardiaca o di un ramo di questa.

coronarografìa [comp. di *coronaria* e *-grafia*; 1985] **s. f.** ● (*med.*) Indagine diagnostica dello stato delle coronarie mediante inoculazione di sostanze radiopache.

coronaropatìa [comp. di *coronaria* e *-patia*; 1964] **s. f.** ● (*med.*) Ogni affezione delle coronarie.

coronàto [1313] **A part. pass.** di *coronare*; anche **agg.** *1* Nei sign. del v. *2* ***Testa coronata***, (*per anton.*) sovrano, regnante. **B s. m.** *1* (f. *-a*) †Chi ha la dignità reale. *2* Moneta d'argento napoletana coniata da Ferdinando I d'Aragona e da Alfonso II nel XV sec. con scena di incoronazione sul rovescio.

coronazióne [vc. dotta, lat. tardo *coronatiōne(m)*, da *corōna* 'corona'; av. 1306] **s. f.** ● (*raro*) Incoronazione.

coroncìna [1541] **s. f.** *1* Dim. di *corona*. *2* Rosario.

coronèlla (**1**) [dim. di *corona*; 1764] **s. f.** *1* Argine costruito a valle di un altro che minaccia di rompersi | Argine a pianta semicircolare per circondare la bocca di un fontanazzo formatosi nell'argine principale. *2* (*mar.*; *disus.*) Cima che fa da sostegno ad altre manovre.

coronèlla (**2**) [detta così per la disposizione a *corona* delle scaglie del capo; 1905] **s. f.** ● Genere di serpenti dei Colubridi, piccoli e innocui, diffusi in Italia (*Coronella*).

coroner /ˈkɔroner, *ingl.* ˈkɒrənə/ [vc. ingl., dall'anglonormanno *corouner*, propr. 'custode dei placiti della corona'; 1769] **s. m. inv.** ● In vari Paesi anglosassoni, pubblico ufficiale incaricato di effettuare inchieste su ogni decesso non dovuto a cause naturali.

corònide [vc. dotta, lat. tardo *corōnide(m)*, nom. *corōnis*, dal gr. *korōnís*, genit. *korōnídos* 'linea curva, compimento', da avvicinare a *korṓnē* 'corona'; 1925] **s. f.** *1* Segno diacritico della crasi in greco (ʼ). *2* In manoscritti e codici greci, simbolo grafico di varia forma della partizione di capitolo, paragrafo e sim. | †***Per c.***, in aggiunta, in fine.

coronìlla [dalla forma a *corona* delle infiorescenze; 1830] **s. f.** ● Genere di piante erbacee delle Papilionacee con fiori di vario colore e frutto a legume (*Coronilla*).

corònio [dalla *corona* solare, in cui questo gas sarebbe presente] **s. m.** ● Ipotetico elemento chimico del quale si era supposta l'esistenza nella corona solare.

coronògrafo [comp. di *corona* e *-grafo*; 1956] **s. m.** ● Telescopio munito di dispositivi che permettono di fotografare la bassa corona solare senza attendere le eclissi totali.

coronòide [comp. dal gr. *korṓnē* 'cornacchia' e *-oide*, perché assomiglia al becco della cornacchia; 1830] **agg.** ● (*anat.*) Detto dell'apofisi anteriore, appuntita, della branca verticale della mandibola.

coroplàstica [comp. del gr. *chṓra* 'terra' e *plastica*; 1956] **s. f.** ● (*archeol.*) Tecnica della lavorazione della terracotta.

corȯzo /koˈrɔdzdzo, *sp.* koˈroθo, -so/ [sp. *corozo*, di orig. portoricana; 1942] **s. m.** (pl. *coròzi* o sp. *corozos*) ● Albume durissimo contenuto nei semi di alcune palme dell'America tropicale, usato per fabbricare bottoni.

corpacciàta [da *corpo*; 1364] **s. f.** ● (*raro*) Scorpacciata, pasto abbondante.

corpacciùto [da *corpaccio*, pegg. di *corpo*; av. 1292] **agg.** ● Grosso, corpulento.

corpètto [da *corpo*; 1536] **s. m.** *1* Nella marina militare, maglia di lana azzurra scura che i marinai portano sotto la casacca. *2* Camiciola per neonati e bimbi piccoli. *3* Panciotto, gilet. *4* Corpino.

corpìno [da *corpo*; 1963] **s. m.** ● Parte superiore dell'abito femminile.

♦**còrpo** [lat. *cŏrpus*, di etim. incerta; av. 1250] **s. m.** (pl. *còrpi*, m., lett. †*còrpora*, f.) *1* Parte di materia che occupa uno spazio e presenta una forma determinata: *c. liquido, solido, gassoso, rigido, elastico*; *corpi organici, inorganici* | ***I corpi celesti***, le stelle e i pianeti | ***Gravità dei corpi***, il loro peso | ***Impenetrabilità dei corpi***, l'impossibilità da parte di due corpi di occupare insieme lo stesso spazio | ***C. nero***, che assorbe totalmente qualsiasi onda elettromagnetica ed emette contemporaneamente radiazione termica a spese dell'energia interna | (*est.*) Oggetto: *lo ferì un c. contundente* | (*dir.*) ***C. del reato***, oggetto in stretta relazione con l'esecuzione di un reato | (*med.*) ***C. estraneo***, ogni frammento solido di varia natura penetrato in un organismo; (*fig.*) elemento estraneo | (*est.*) Ogni sostanza individuata da formula chimica e da proprietà fisiche caratteristiche | ***C. semplice***, la cui molecola è costituita da atomi di uno stesso elemento | ***C. composto***, la cui molecola è costituita da atomi di elementi diversi | ***C. allo stato colloidale***, colloide. *2* Complesso degli organi che costituiscono la parte materiale e organica dell'uomo e degli animali: *avere cura del proprio c.* CFR. somato-, -soma, -somia | Costituzione fisica: *avere un c. asciutto, slanciato, robusto, atletico* | ***I piaceri del c.***, dei sensi | ***Guardia del c.***, persona addetta al servizio e alla protezione di qlcu.; (*fig.*) aiutante, persona fidata | ***A c. a c.***, a stretto contatto, all'arma bianca (V. anche sign. B) | ***A c. morto***, pesantemente; (*fig.*) con impeto, con ardore | ***Anima e c.***, (*fig.*) completamente, totalmente | ***Avere qlco. in c.***, (*fig.*) essere ansioso, preoccupato | ***Avere il diavolo in c.***, essere inquieto, agitato | ***Ricacciare le parole in c. a qlcu.***, (*fig.*) farlo pentire di quello che ha detto | (*escl.*; *disus.*) ***C. di Bacco!***; ***c. di un cannone!***; ***c. di mille bombe!*** | (*est.*) Cadavere, salma: *il c. dell'impiccato*; *qui giacciono i corpi dei caduti in guerra*. *3* (*anat.*) Parte dell'organismo dotata di caratteristiche morfologiche e funzionali proprie | ***C. calloso***, connessione tra la neocorteccia dei due emisferi cerebrali | ***C. cavernoso***, struttura ricca di lacune sanguigne, in grado di aumentare di volume e di irrigidirsi | ***C. luteo***, effimero organo endocrino che si forma in corrispondenza del follicolo ovarico dopo l'ovulazione | ***C. vitreo***, voluminosa struttura trasparente e incolore dell'occhio, interposta tra cristallino e retina | ***C. uterino***, porzione dell'utero intermedia tra collo e ingresso degli ovidotti | ***C. vertebrale***, porzione cilindrica della vertebra sulla quale poggia il midollo spinale. ➡ ILL. p. 2124, 2127 ANATOMIA UMANA. *4* (*fam.*) Pancia, basso ventre: *avere dolori di c.* | ***Mettere in c.***, mangiare e bere | ***Andare di c.***, (*eufem.*) defecare. *5* La parte sostanziale e più consistente di qlco.: *il c. di un palazzo, di un motore* | ***C. di fabbrica***, organismo strutturale che, pur facendo parte di un più ampio complesso, è individuabile per caratteristiche formali e costruttive proprie | ***Il c. del discorso***, la parte centrale, tra l'esordio e la conclusione | Massa, volume: *il c. della costruzione era enorme* | ***Il c. di un vaso***, la sua capacità. *6* Consistenza, compattezza, solidità: *il c. del terreno* | (*enol.*) Insieme di elementi che compongono la struttura di un vino: *un vino ricco, povero di c.*; CFR. Corposo nel sign. 3 | ***Dare, prendere c.***, dare, assumere consistenza: *dare c. alle ombre*; *sta prendendo c. l'ipotesi di un attentato* | ***Aver c.***, avere forza, consistenza | ***Colore a c.***, in pittura, quello ottenuto con impasto di pigmenti assai ricco, poco diluito e che forma perciò uno strato alquanto consistente | ***Pittura a c.***, eseguita con colori a corpo. *7* Insieme di persone accomunate da una serie di caratteristiche, che costituiscono un gruppo: *c. consolare, insegnante, accademico, di ballo* | ***C. franco***, insieme di soldati irregolari che anticamente si reclutavano per fare scorrerie in un paese nemico | ***C. elettorale***, insieme di cittadini cui è attribuito il complesso dei diritti politici | ***C. diplomatico***, insieme dei capi delle missioni diplomatiche accreditate presso un determinato stato | ***C. mistico***, l'insieme di tutti i cristiani, la Chiesa come corpo invisibile del Cristo | ***Spirito di c.***, sentimento di solidarietà fra membri dello stesso corpo militare, della stessa categoria professionale e sim. | ***Corpi separati***, organismi facenti parte della struttura statale, ma dotati di larga autonomia che consente loro un uso di poteri diverso da quello stabilito dalla legge, o addirittura contrario. *8* Specialità militare: *c. degli alpini, dei lagunari* | Unità militare | ***C. di guardia***, insieme di soldati che partecipano allo stesso turno di vigilanza; (*est.*) locale che li accoglie durante il turno | ***C. d'armata***, grande unità composta da due o più divisioni. *9* Aggregato di cose più o meno simili che costituiscono una totalità omogenea: *il c. delle case, dei poderi, dei beni* | ***Vendita a c.***, in cui il prezzo è stabilito senza riferimento alla misura del bene oggetto della vendita | ***C. geologico***, insieme di rocce distinte dalle circostanti per caratteri comuni. *10* Raccolta completa e ordinata delle opere di un autore, di una scuola, delle opere pertinenti a una data materia di studio e sim.: *il c. delle opere di Dante* | Sistema di versi | (*raro*) Esemplare o copia di una medesima opera. *11* (*mar.*) Scafo, fusto della nave | ***C. delle vele***, nelle navi a vele quadre, le quattro vele principali, cioè maestra, trinchetto e le due gabbie. *12* (*mus.*) Cassa di strumenti a corda in cui si fa la risonanza | Mole esteriore degli strumenti a fiato, nella cui parte interna ricorre la canna dell'aria. *13* (*tipogr.*) Parte verticale del torchio da stampa, ove è inserita la vite che abbassa il piano di pressione | Grandezza del carattere misurata in punti tipografici. *14* †Globo dell'occhio. *15* (*mat.*) Anello i cui elementi non nulli formano gruppo rispetto alla moltiplicazione. *16* (*fis.*) ***C. nero***, corpo ideale, considerato in termodinamica, capace di assorbire ogni radiazione incidente. || **corpàccio**, pegg. | **corpiciàttolo**, dim., spreg. | **corpicciòlo**, **corpicciuòlo**, dim. | **corpicèllo**, dim. | **corpicìno**, dim. | **corpìno**, dim. (V.) | **corpóne**, accr. | **corpùccio**, **corpùzzo**, dim.

corpomòrto [comp. di *corpo* e *morto*; 1869] **s. m.** (pl. *corpimòrti*) *1* (*mar.*) Ormeggio fisso costituito da una grossa ancora, un blocco di cemento e sim. affondati, collegati alla superficie da una catena sostenuta da un gavitello. *2* Nell'alpinismo, piastra metallica da affondarsi nella neve per costituire un ancoraggio di assicurazione durante le ascensioni.

corporàle (**1**) [vc. dotta, lat. *corporāle(m)*, agg. di *cŏrpus*, genit. *cŏrporis* 'corpo'; sec. XIII] **A agg.** ● Pertinente al corpo umano: *esercizi, difetti, beni corporali*; *bisogno c.* | †***Battaglia c.***, a corpo a corpo: *Laudato si' … per sora nostra morte c.* (FRANCESCO D'ASSISI). || †**corporalemènte**, **corporalménte**, avv. Materialmente; con il corpo; †***toccare, giurare corporalemente***, imponendo la mano sopra un oggetto considerato sacro; nel corpo: *punire corporalemente*. **B s. m.** ● †Parte materiale.

corporàle (**2**) [lat. tardo *corporale*. V. precedente; sec. XII] **s. m.** ● Panno quadrato di lino bianco, sul quale il sacerdote, nella messa, depone il calice e l'ostia consacrata.

corporalità [vc. dotta, lat. tardo *corporalitāte(m)*, da *corporālis* 'corporale (1)'; sec. XIV] **s. f.** ● (*raro*) Natura o condizione corporea.

corporate governance /ˈkɔrporeit ˈgɔvernans, *ingl.* ˈkɔːɹprət ˈgʌvənəns/ [loc. ingl. propr. 'governo (*governance*) di un'azienda (*corporate*)'; 1997] **loc. sost. f. inv.** (pl. ingl. *corporate governances*) ● Insieme delle regole di controllo e di guida di una società per azioni.

corporate image /*ingl.* ˈkhɔːɹpəɹət ˈɪmɪdʒ/ [loc. ingl., propr. 'immagine aziendale'; 1987] **loc. sost. f. inv.** (pl. ingl. *corporate images*) ● Immagine che il pubblico si forma di un'impresa commerciale o industriale.

corporation /korpoˈreʃʃon, *ingl.* ˌkɔːɹpəˈɹeɪʃn/ [vc. ingl., propr. 'corporazione'; 1985] **s. f. inv.** ● Impresa, società di grandi dimensioni.

corporativìsmo [da *corporativo*; 1893] **s. m.** *1* Teoria e pratica politico-sociale che mira a superare i conflitti di classe tramite l'azione autoritaria dello Stato e la costituzione di corporazioni delle diverse categorie economiche. *2* Tendenza di un gruppo sociale o di una categoria a difendere i propri interessi particolari senza curarsi dell'interesse generale.

corporativìstico [1931] **agg.** (pl. m. *-ci*) ● Relativo o tendente al corporativismo, nel sign. 1. || **corporativisticaménte**, avv. In modo corporativo; con spirito corporativo.

corporativizzazióne [da *corporativo*; 1985] **s. f.** ● Tendenza, trasformazione in senso corporativo.

corporatìvo [vc. dotta, lat. tardo *corporatīvu(m)* 'che fa corpo', da *cŏrpus*, genit. *cŏrporis* 'corpo'; 1893] **agg.** *1* Di corporazione | Relativo alle corporazioni: *diritto, regime c.* *2* Relativo al corporativismo, nel sign. 2. || **corporativaménte**, avv.

corporàto [vc. dotta, lat. *corporātu(m)*, part. pass. di *corporāre* 'prendere corpo'; 1887] **A s. m.** (f. *-a*) ● (*st.*) Membro di una corporazione. **B** anche **agg.**: *interessi corporati*.

♦**corporatùra** [vc. dotta, lat. *corporatūra(m)*, da *cŏrpus*, genit. *cŏrporis* 'corpo'; av. 1555] **s. f.** ● Forma, aspetto, dimensione del corpo, spec. umano: *avere una c. agile, snella*; *essere di c. grossa, sottile* | †Corpo. SIN. Complessione, costituzione, figura.

corporazióne [lat. tardo *corporatiōne(m)*, che però significava 'corporalità, l'incorporarsi', da *corporāre* 'prendere corpo', prob. attrav. il fr. *corporation*; 1671] **s. f.** *1* Associazione professionale o di mestiere rivolta alla tutela degli interessi degli associati e alla regolamentazione della professione o del mestiere in tutti i suoi aspetti: *le corporazioni di arti e mestieri* | (*est., spreg.*) Categoria professionale arroccata a difesa di privilegi e interessi particolari: *la c. dei giornalisti, dei notai.* **2** Nel sistema sindacale fascista, organo dello Stato rappresentante contemporaneamente gli interessi contrapposti dei lavoratori e dei datori di lavoro: *Consiglio nazionale delle corporazioni.*

corporeità [av. 1535] **s. f.** ● Caratteristica di ciò che è corporeo.

corpòreo [vc. dotta, lat. *corpŏreu(m)*, da *cŏrpus*, genit. *cŏrporis* 'corpo'; 1282] **agg.** **1** Pertinente al corpo umano, corporale: *prediligere i piaceri corporei* | (*med.*) ***Temperatura corporea***, grado di intensità del calore del corpo, misurato col termometro. **2** Che ha corpo: *sostanze corporee e incorporee.* || **corporeaménte**, **avv.** Col corpo; corporalmente.

còrpore vili, in ● V. *in corpore vili.*

corporizzàre [fr. *corporiser*, dal lat. *cŏrpus*, genit. *cŏrporis* 'corpo'; av. 1907] **v. tr.** ● (*lett.*) Rendere corporeo, materializzare: *io non appartengo ai materialisti, i quali corporizzano lo spirito* (CARDUCCI).

corposità [av. 1964] **s. f.** ● Caratteristica di ciò che è corposo.

corpóso [da *corpo*; 1914] **agg.** **1** Denso, compatto, consistente | (*fig.*) Ricco di contenuti: *un saggio, un libro c.* **2** Che fa vedere il rilievo o il volume dei corpi, in pittura. **3** Detto di vino armonicamente ricco di alcol, materie estrattive, sapore, colore. || **corposaménte**, **avv.**

corpulènto [vc. dotta, lat. *corpulĕntu(m)*, da *cŏrpus*, genit. *cŏrporis* 'corpo'; av. 1375] **agg.** **1** Che ha corpo grande e robusto: *uomo c.* | Che ha un ventre molto grosso. **2** (*fig.*) Solido e piuttosto fertile, ma privo di finezza: *fantasia corpulenta.*

corpulènza [vc. dotta, lat. *corpulĕntia(m)*, da *corpulĕntus* 'corpulento'; av. 1375] **s. f.** ● Caratteristica di chi (o di ciò che) è corpulento.

còrpus [lat. 'corpo'; 1905] **s. m. inv.** (**pl. lat.** *corpora*) **1** Raccolta completa e ordinata di opere letterarie, giuridiche e sim.: *il c. delle epigrafi latine.* **2** (*ling.*) Campione rappresentativo di una lingua che il linguista prende in esame.

corpuscolàre o †**corpusculàre** [1699] **agg.** **1** (*fis.*) Relativo a, che riguarda i corpuscoli, le particelle: *moti corpuscolari.* **2** (*fis.*) Che è costituito da corpuscoli, da particelle: *radiazione c.* | (*fis.*) ***Teoria c.***, teoria sulla natura della luce che, in contrapposizione alla teoria ondulatoria, spiega i fenomeni ottici in base all'emissione e propagazione di corpuscoli, non di onde.

corpuscolàto [1987] **agg.** ● Che ha forma e dimensioni di corpuscolo: *elemento c.*

corpùscolo o †**corpùsculo** [vc. dotta, lat. *corpŭsculu(m)*, dim. di *cŏrpus* 'corpo'; 1499] **s. m.** **1** Corpo di piccolissime dimensioni. **2** Struttura anatomica al limite della visibilità o addirittura microscopica: *c. tattile* | ***C. del Malpighi***, componente iniziale del nefrone, nella quale viene filtrato il sangue. ➡ **ILL.** p. 2126 ANATOMIA UMANA. **3** (*fis.*) Ente, dotato di una sua individualità, macroscopicamente piccolo o di dimensioni microscopiche o submicroscopiche, costituito da una o più particelle.

†**corpusculàre** ● V. *corpuscolare.*

†**corpùsculo** ● V. *corpuscolo.*

Còrpus Dòmini o **Corpusdòmini** [lat. 'corpo del Signore'; av. 1492] **loc. sost. m.** ● Solennità che celebra la presenza del Corpo e Sangue di Cristo nel sacramento dell'Eucaristia e che ricorre tre settimane dopo l'Ascensione.

corradicàle [comp. di *con* e *radice*, con suff. agg.; 1956] **agg.** ● (*ling.*) Detto di vocabolo con radice uguale a quella di un altro.

corrasióne [lat. *corrāsus*, part. pass. di *corrādere* 'raschiar via', comp. di *cŭm* 'con' e *rādere* 'raschiare'; 1930] **s. f.** ● (*geol.*) Disgregazione ed erosione delle rocce, a opera del vento e dei materiali da esso trasportati.

còrre ● V. *cogliere.*

corredaménto [sec. XVIII] **s. m.** ● Il corredare | Corredo.

corredàre [da *arredare*, con cambio di pref.; av. 1294] **A** **v. tr.** (*io corrèdo*) **1** (qlco.; qlco. + *di*, raro + *con*) Fornire di tutto ciò che è necessario o utile: *correda il testo un cd-rom*; *c. un laboratorio di strumenti*; *c. una casa di mobili*; *c. un testo di note*; *il programma è corredato con audiovisivi* | (*disus.*) ***C. una sposa, una monaca***, fornirla di corredo. **SIN.** Dotare, munire, provvedere. **2** †Preparare | †Apparecchiare. **B** **v. rifl.** **1** (+ *di*) (*raro*) Rifornirsi, provvedersi: *corredarsi di acqua e di cibo per il viaggio.* **2** †Adornarsi.

corredentrice [comp. di *con* e *redentrice*, f. di *redentore*; av. 1729] **s. f.** ● Appellativo di Maria Vergine, in quanto coopera con il Cristo nella redenzione del genere umano.

corredino [av. 1890] **s. m.** **1** Dim. di *corredo.* **2** Complesso di biancheria e capi di vestiario per neonato.

corrèdo [da *corredare*; av. 1294] **s. m.** **1** Complesso di attrezzi, strumenti e sim. necessari per svolgere determinate attività: *c. di una casa*, *di un laboratorio*, *di una scuola*, *di una chiesa*, *di una nave*, *di un'automobile*; *c. per radiotecnico*; *un c. da falegname.* **2** L'insieme dei capi di vestiario e della biancheria personale e domestica che porta con sé una sposa (o anche una novizia, un collegiale, un soldato e sim.): *c. ricco*, *povero*; *fare il c. alla figlia*; *c. da sposa*; *c. nuziale* | Corredino: *c. per neonato.* **3** (*fig.*) Indicazioni di vario genere aggiunte a un testo: *c. di note, di citazioni, di illustrazioni.* **4** (*fig.*) Bagaglio di qualità, nozioni e sim.: *avere un buon c. di cognizioni*; *possedere un c. di erudizione.* **5** (*biol., anat.*) Complesso di organi e di strutture implicati in una determinata funzione | ***C. cromosomico***, insieme dei cromosomi di un cariotipo. **6** †Convito sontuoso. || **corredino**, **dim.** (V.).

♦**corrèggere** [lat. *corrĭgere*, comp. di *cŭm* 'con' e *rĕgere* 'dirigere' (V. *reggere*); av. 1306] **A** **v. tr.** (coniug. come *reggere*) **1** Eliminare imperfezioni, difetti, errori da qlco. in modo da migliorarla: *c. un compito scolastico, uno scritto, una legge*; *c. il corso di un fiume, il tracciato di una strada* | Mitigare, rettificare: *c. un'espressione troppo forte*; *c. un giudizio avventato*; *c. degli errori* | Curare, guarire: *c. un difetto fisico, lo strabismo, la balbuzie, la miopia* | Apportare delle variazioni a dati, valori e sim. perché si adattino all'utilizzo voluto: *c. la rotta.* **2** Ammonire, consigliare: *bisogna c. il comportamento di quel ragazzo*; *se sbaglio ti prego di correggermi* | (*est.*) Riprendere, rimproverare: *è una persona che va corretta spesso* | (*est.*) †Castigare, punire. **3** (*est.*) Aggiungere a bevande, carburante e sim. una sostanza tale da modificarne la concentrazione, il sapore o le proprietà: *c. il caffè con un liquore*; *c. la benzina con additivi.* **4** (*est., lett.*) Rimuovere, eliminare: *c. un torto.* **5** (*mar.*) Effettuare una correzione. **6** (*raro, lett.*) Governare, reggere: *tenne la terra che 'l Soldan corregge* (DANTE *Inf.* V, 60) | †Guidare un animale. **B** **v. intr. pron.** ● Emendarsi, liberarsi da un difetto e sim.: *dovrebbe correggersi dalla brutta abitudine di mentire* | Sostituire, mentre si parla, un'espressione errata con una corretta: *Israele è un Paese africano, mi correggo, asiatico.*

corréggia (**1**) o **coréggia** (**1**), †**scoréggia** (**2**) [lat. *corrĭgia(m)*, di orig. gallica (?); sec. XIII] **s. f.** (**pl.** *-ge*) **1** Striscia, cinghia di cuoio. **2** †Laccio delle scarpe. || **correggina**, **dim.** | **correggiòla**, **correggiuòla**, **dim.** (V.) | **correggiòlo**, **correggiuòlo**, **dim. m.** | **correggióne**, **accr. m.**

†**corréggia** (**2**) ● V. *scoreggia* (*1*).

†**correggiàio** o †**coreggiàio** [da *correggia* (*1*); 1324] **s. m.** ● Fabbricante di corregge.

correggiàme **s. m.** ● (*raro*) Insieme di finimenti del cavallo.

correggiàto o **coreggiàto** [dalla *correggia* che lega le due parti dello strumento; av. 1292] **s. m.** ● Antico attrezzo formato da due bastoni uniti da una striscia di cuoio usato per la battitura dei cereali.

correggìbile [da *correggere*; av. 1565] **agg.** ● Che si può correggere.

†**correggiménto** [av. 1349] **s. m.** **1** Correzione | Castigo. **2** Reggimento, governo.

correggiòla o **correggiuòla** [sec. XV] **s. f.** **1** Dim. di *correggia* (*1*) | Sottile legaccio di cuoio. **2** Cordoncino, rilievo sul dorso dei libri rilegati. **3** (*bot.*) Centinodia.

†**correggitóre** [da *correggere*; 1336 ca.] **s. m.** (**f.** *-trice*) **1** Chi corregge. **2** Reggitore, sovrano.

correggiuòla ● V. *correggiola.*

corregionàle [vc. dotta, lat. tardo *corregionāle(m)*, nom. *corregionālis*, comp. di *cŭm* 'con' e *regionālis* 'regionale'; 1865] **agg.**; anche **s. m. e f.** ● Che (o Chi) è della stessa regione di altri.

correità [da *correo*; 1865] **s. f.** ● Condizione di correo.

correlàre [da *correlazione*; 1963] **v. tr.** (*io corrèlo*) ● Mettere in correlazione.

correlativo [comp. di *con-* e *relativo*; 1478] **agg.** **1** Che è in correlazione: *idee correlative.* **2** (*ling.*) Detto di due termini che sono tra loro in un rapporto di dipendenza: *aggettivi, pronomi, congiunzioni, avverbi correlativi* | ***Coppia correlativa***, opposizione fonematica che partecipa a una correlazione. || **correlativaménte**, **avv.** Con, in, correlazione.

correlàto [1964] **part. pass.** di *correlare*; anche **agg.** ● Che è in correlazione. || **correlataménte**, **avv.**

correlatóre [comp. di *con-* e *relatore*; 1965] **s. m.** (**f.** *-trice*) **1** In discussioni o dibattiti di assemblee, congressi e sim., chi svolge una relazione assieme a un altro relatore | Nell'esame di laurea, docente che, avendo preso visione della tesi del laureando, la discute assieme al relatore. **2** (*elab.*) Elaboratore analogico per il calcolo dei coefficienti di correlazione tra grandezze.

correlazióne [comp. di *con-* e *relazione*; 1585] **s. f.** **1** Reciproca relazione esistente fra due o più elementi: *fra i due avvenimenti c'è una stretta c.*; *la c. delle parti col tutto.* **SIN.** Rapporto. **2** Nella filosofia di Aristotele, opposizione intercorrente tra due termini correlativi. **3** (*ling.*) Insieme di opposizioni fonematiche caratterizzate dalla stessa marca | ***C. dei tempi***, consecuzione. **4** (*mat.*) Biiezione fra forme di seconda o di terza specie fra loro duali che a forme di prima specie fa corrispondere forme di prima specie. **5** (*stat.*) Tendenza di due grandezze a variare in modo concomitante.

correligionàrio [comp. parasintetico di *religione*, con il pref. *con-*; av. 1712] **s. m.**; anche **agg.** (**f.** *-a*) ● Chi (o Che) professa la stessa religione o (*est., raro*) condivide con altri la stessa opinione politica.

♦**corrènte** (**1**) [lat. *currĕnte(m)*, part. pres. di *cŭrrere* 'correre'; av. 1250] **A** **part. pres.** di *correre*; anche **agg.** **1** Che scorre: *acqua c.* **2** (*fig.*) Fluente, sciolto, scorrevole: *stile c.* | (*fig.*) Che non ha intervalli o interruzioni: *bassorilievo c. lungo l'edificio*; *a posta c.* **3** Che è in uso, attuale | ***Moneta c.***, in corso | ***Prezzo c.***, di mercato | ***C. mese, anno***, che è in corso | (*fig.*) ***Prendere qlco. per moneta c.***, crederla vera. **4** Comune, molto diffuso: *è un modo di dire c.*; *il parlare c.* | ***Merce c.***, ordinaria | (*fig.; disus.*) ***Uomo c.***, accomodante, acquiescente. **5** (*mar.*) Detto di manovra che viene utilizzata per regolare vele e pennoni durante la navigazione a vela: *manovra c.* **CONTR.** Dormiente. || **correnteménte**, **avv.** Con scioltezza: *parlare correntemente una lingua*; normalmente, di solito: *parole correntemente usate.* **B** **avv.** ● †Speditamente. **C** **s. m.** solo **sing.** ● Spec. nella loc. ***al c.***: ***essere al c. di qlco.***, esserne informato | ***Mettere, tenere al c.***, tenere informato.

♦**corrènte** (**2**) [f. sost. di *corrente* (*1*); av. 1348] **s. f.** **1** Movimento di masse liquide o aeriformi in una data direzione | ***C. a getto***, zona ristretta di venti a fortissima velocità situata poco al di sotto della tropopausa | ***C. occidentale***, movimento generale dell'aria da ovest a est caratteristico delle medie latitudini | ***Correnti marine***, movimenti di una parte delle acque marine dovuti a varie cause di carattere fisico e geofisico | ***C. di torbidità***, flusso che trasporta fango e materiali solidi in sospensione scorrendo presso il fondo di un bacino verso le parti più profonde per la sua maggiore densità rispetto al mare | **CFR.** reo-. **2** Massa di materia in movimento: *una c. di lava*, *di materiale franoso* | ***C. stellare***, insieme di stelle che, nel loro moto, hanno una comune direzione preferenziale | (*est.*) Insieme di persone, veicoli, merci e sim. che si spostano in movimento unidirezionale (*anche fig.*): *le correnti del traffico cittadino*; *la c. di scambi commerciali tra Italia e Francia*; *una c. di migrazione.* **3** (*fis.*) Flusso ordinato di cariche elettriche: *c. pulsante, indotta*; *c. bifase, monofase* | ***C. alternata***, che inverte periodicamente la propria direzione di flusso e la cui intensità è funzione periodica del tempo | ***C. continua***, avente direzione e intensità costanti | ***C. di magnetizzazione***, che percorre un conduttore avvolto su di un nucleo ferromagnetico per magnetizzarlo |

Correntemente, energia delettrica: *manca la c.*; *presa di c.* | CFR. galvano-, reo-. **4** (*fig.*) Uso, moda e sim. generalmente diffusa: *andare secondo, contro c.* | ***Seguire la c.***, fare ciò che fanno gli altri, spec. in modo conformistico. **5** (*fig.*) Tendenza, movimento culturale, politico e sim.: *c. di pensiero*; *correnti artistiche, filosofiche, religiose* | (*est.*) Gruppo organizzato all'interno di un partito politico, che segue una linea non sempre coincidente con quella generale del partito stesso: *c. di destra, di sinistra.*

corrènte (**3**) [sost. di *corrente* (*1*); av. 1571] **s. m.** **1** Elemento quadrangolare di forma allungata impiegato nell'orditura dei tetti, per sostegno delle tegole e sim. | ***C. di nave***, rinforzo longitudinale dell'armatura di una nave. **2** Listello che corre lungo il fasciame di una struttura, ala, fusoliera, scafo e sim., per irrigidirla. **3** Nella ginnastica artistica, traversa cilindrica in acciaio che l'atleta impugna, sollevato da terra, per eseguire gli esercizi alla sbarra. || **correntino**, **dim.** (V.) | **correntóne**, **accr.**

corrènte (**4**) [fr. *courante* 'corrente'; 1585] **s. f.** ● Antica danza a ritmo vivace, affine all'allemanda.

correntézza [da *corrente* (*1*); 1865] **s. f.** **1** (*raro*) Caratteristica di ciò che è corrente. **SIN.** Scioltezza | Facilità, propensione a fare concessioni e sim. **SIN.** (*raro*) Condiscendenza. **2** (*comm.*) Serietà di intenti e rapidità di decisione nei rapporti con i clienti: *una ditta di grande c.*

correntìa [da *corrente* (*2*); sec. XIV] **s. f.** ● (*lett.*) Corso della corrente: *l'aria si animava solo a mezzo fiume, dove correva col fil della c.* (BACCHELLI).

correntìna [propr. dim. di *corrente* (*1*); 1865] **s. f.** ● Lenza a mano, avvolta su di un sughero e munita di un solo calamento piombato.

correntìno [1827] **s. m.** **1** Dim. di *corrente* (*3*). **2** (*arch.*) Listello facente parte della piccola orditura del tetto | ***Contare i correntini***, (*fig.*) stare a letto oziando. **3** Listello applicato a lamiere, compensati e sim., per irrigidirli.

correntìsmo [comp. di *corrent(e)* (*2*) e *-ismo*; 1964] **s. m.** ● Tendenza dei partiti politici a dividersi in correnti.

correntìsta [da (*conto*) *corrente*; 1861] **s. m.** e **f.** (**pl. m.** *-i*) ● Chi è parte di un contratto di conto corrente.

correntìzio [da *corrente* (*2*) nel sign. 5; 1976] **agg.** ● Relativo a una o più correnti di un partito politico: *lotta correntizia.*

correntocràtico [1971] **agg.** (**pl. m.** *-ci*) ● Di correntocrazia | Ispirato a correntocrazia.

correntocrazìa [comp. di *corrente* (*2*) nel sign. 5 e *-crazia*; 1964] **s. f.** ● Il potere esercitato dalle correnti in seno ai partiti politici.

còrreo o (*raro*) **corrèo** [vc. dotta, lat. tardo *cŏrreu(m)*, comp. di *cŭm* 'con' e *rĕus* 'reo'; av. 1667] **s. m.** (**f.** *-a*) ● (*dir.*) Chi è imputato di un reato insieme con altri | ***Chiamata di c.***, accusa di concorso in un reato.

♦**córrere** [lat. *cŭrrere*, di orig. indeur.; av. 1250] **A v. intr.** (**pass. rem.** *io córsi, tu corrésti*; **part. pass.** *córso*; aus. *essere* quando si esprime o sottintende una meta; aus. *avere* quando si esprime l'azione in sé e nel sign. di partecipare a una corsa) **1** Andare, muoversi velocemente, usando il proprio corpo oppure un mezzo di locomozione, riferito a esseri animati: *c. a gambe levate, a spron battuto, a precipizio*; *c. a rotta di collo*; *c. come il vento, come il fulmine*; *c. come una lepre, come un treno*; *c. a piedi*; *c. a cavallo*; *c. in automobile, in bicicletta*; *corri a chiamarlo*; *tutti corsero a vederli*; *è corso subito via* | ***C. dietro a qlcu.***, inseguirlo | ***C. avanti e indietro***, darsi da fare | ***C. dietro alle donne***, (*fig.*) corteggiarle | (*fig.*) ***C. incontro alla morte***, affrontare grandi rischi | (*fig.*) ***C. ai ripari***, cercare rimedi rapidi o immediati per situazioni pericolose, preoccupanti e sim. | Partecipare a gare sportive: *c. per una scuderia* | Navigare: *c. di bolina* | ***C. alla banda***, col vento al fianco, che fa sbandare | †Fare scorreria. **2** Muoversi velocemente, riferito a specifiche parti del corpo e anche a movimenti non fisiologici e a esseri inanimati: *i suoi occhi corsero subito alla fotografia*; *mi è corso il sangue alla testa*; *un brivido le corse per tutto il corpo*; *la mente mi corre sempre a quelle scene ormai lontane*; *le onde corrono alla riva* | ***Il sangue corre***, fuoriesce dal corpo in seguito a una ferita | ***Il denaro corre***, è speso rapidamente e con abbondanza. **3** (*fig.*) Aver fretta | Agire, decidere, pensare con precipitazione: *c. per finire un lavoro*; *non c. alle conclusioni*; *non corriamo tanto a biasimare gli altri.* **4** (*est.*) Muoversi in una dimensione temporale, trascorrere, passare: *il tempo corre*; *correva l'anno 1300*; *fra questi avvenimenti sono corsi due mesi*; *tempi avversi ... correvano* (GUICCIARDINI); *coi tempi che corrono, bisogna accontentarsi* | Decorrere: *lo stipendio corre da oggi.* **5** (*fig.*) Procedere, snodarsi: *attraverso quei monti corrono molti sentieri* | Frapporsi: *corrono cento metri fra le nostre case* | ***Ci corre!***, c'è differenza | Essere scorrevole: *il discorso corre.* **6** (*fig.*) Circolare, diffondersi: *la fama corre*; *corre la notizia che sei ricco*; *corre una cattiva voce su di lui*; *a Parigi il libro corre per le mani* (FOSCOLO) | Intercorrere: *sono corse parole grosse fra di loro* | ***Lasciar c.***, non intervenire, non prestare particolare attenzione, sorvolare | Essere in corso: *banconota che non corre più.* **7** (*raro*) Avvenire, capitare, occorrere: *corrono gravi fatti in questi giorni* | (*bur.*) ***Mi corre l'obbligo***, mi sento in dovere, sento l'obbligo: *mi corre l'obbligo di avvertirla...* **8** Concorrere: *c. per un seggio senatoriale.* **B v. tr.** **1** Percorrere: *un fregio corre l'edificio* | (*fig.*) ***C. un rischio***, ***un pericolo***, esporvisi | (*fig.*) ***C. un'avventura***, compiere un'esperienza avventurosa | (*fig.*) ***C. la cavallina***, condurre vita spensierata | (*ant.*) ***C. il mare***, fare scorrerie, atti di pirateria. **2** Disputare, con riferimento a una gara di velocità: *c. i cento metri* | †Cercare di ottenere, con riferimento al premio di una gara di velocità: *c. il palio, il drappo, la bandiera* | In ambiente medievale o rinascimentale, disputare, detto spec. di combattimenti con funzione spettacolare e tornei: *c. la giostra*; *c. la lancia, l'asta.* **3** (*raro*) Percorrere | †Far scorrerie con uomini armati, per compiere operazioni militari o a scopo di rapina.

†**corrèria** [da *correre*; av. 1348] **s. f.** ● Scorreria, incursione.

correspettivo e *deriv.* ● V. *corrispettivo* e *deriv.*

†**correspóndere** ● V. *corrispondere.*

corresponsàbile [comp. di *con-* e *responsabile*; 1893] **agg.**; anche **s. m.** e **f.** ● Che (o Chi) è responsabile insieme con altri: *essere c. di qlco.*

corresponsabilità [comp. di *con-* e *responsabilità*; 1911] **s. f.** ● Responsabilità condivisa con altri.

corresponsabilizzàre [1983] **v. tr.** ● Rendere corresponsabile.

corresponsabilizzazióne [1986] **s. f.** ● Il corresponsabilizzare, il venire corresponsabilizzato.

corresponsióne [da *corrispondere*; 1700] **s. f.** **1** Pagamento, versamento di una data somma: *c. dello stipendio, del canone d'affitto.* **2** (*fig.*, *raro*) Corrispondenza di affetti.

correttézza [1865] **s. f.** **1** Caratteristica di ciò che è corretto: *c. grammaticale.* **2** Urbanità, educazione: *in quell'occasione si comportò con molta c.* **3** Onestà, rettitudine: *c. commerciale*; *per c. di firma.*

correttìvo [da *corretto*; 1308] **A agg.** ● Che serve a temperare, a correggere, a modificare. **B s. m.** **1** Ciò che serve a correggere, temperare, modificare. **2** Sostanza introdotta nelle preparazioni farmaceutiche per correggerne e migliorarne il sapore. **3** (*agr.*) Composto chimico che si aggiunge al terreno spec. per correggerne e modificarne la reazione.

♦**corrètto** [av. 1306] **part. pass.** di *correggere*; anche **agg.** **1** Privo di errori, difetti, imperfezioni e sim.: *compito, ragionamento c.* CFR. orto-. **2** Conforme alle regole del vivere civile: *comportamento c.* | ***Politicamente c.***, non offensivo nei confronti di soggetti deboli o minoritari (trad. della loc. ingl. *Politically Correct*, movimento politico americano affermatosi alla fine degli anni '80 del Novecento, fautore di una maggiore giustizia sociale e di una effettiva uguaglianza per le minoranze, gli emarginati e sim.). **3** Che rispetta le norme morali, sociali, comportamentali e sim., proprie dell'ambiente di vita o di lavoro: *commerciante c.* **4** ***Caffè c.***, (*ellitt.*) ***corretto***, a cui si è aggiunta una piccola dose di liquore. || **correttaménte**, **avv.**

correttóre [vc. dotta, lat. *correctōre(m)* 'colui che corregge', da *corrēctus* 'corretto'; 1308] **s. m.** **1** (**f.** *-trice*, pop. disus. *-tora*) Chi corregge, modifica | ***C. di bozze***, chi legge le bozze di uno stampato per eliminare gli errori | ***C. di formaggi***, nell'industria casearia, l'addetto al trattamento delle impurità esterne dei formaggi, quali muffe, fenditure e sim., per conservarne l'integrità alimentare all'origine. **2** Ufficiale della cancelleria pontificia incaricato di raccogliere ed esaminare gli atti necessari per la trattazione degli affari. **3** (*raro, lett.*) Governatore, reggitore. **4** In varie tecnologie, dispositivo, tasto e sim. atto a correggere | ***C. di fase***, parte aggiuntiva in un circuito elettrico a corrente alternata, destinata a ottenere una particolare relazione di fase fra tensione e corrente | ***C. ortografico***, nei programmi, spec. di trattamento dei testi, funzione che è in grado di segnalare le parole che non rientrano in un dizionario di riferimento. **5** (*agr.*) Correttivo.

†**correttòrio** [da *corretto*; 1673] **agg.** ● Correttivo.

correzionàle [fr. *correctionnel*, dal lat. mediev. *correctionāle(m)*. V. *correzione*; 1797] **A s. m.** ● Riformatorio. **B agg.** ● (*dir.*) Detto di ciò che comporta correzione: *casa c.*

correzióne [vc. dotta, lat. *correctiōne(m)*, da *corrēctus* 'corretto'; av. 1294] **s. f.** **1** Attività del correggere: *eseguire la c. dei compiti* | ***C. in***, ***di bozze***, confronto della bozza con l'originale o con le bozze precedentemente corrette per eliminare gli errori | Segno grafico che indica un errore in uno scritto: *fare una c. a penna, a matita.* **2** Ammonimento, riprensione, rimprovero: *ricevere una c.*; *considerare le correzioni ricevute* | (*est.*) Punizione, castigo, pena: *abuso dei mezzi di c.*; *casa di c.* **3** Modifica, miglioramento: *c. di una strada, di un fiume, di un torrente* | ***C. del tiro***, variazione che si apporta nei dati di tiro di un pezzo d'artiglieria per portare la traiettoria sull'obiettivo | (*est.*, *pop.*) Aggiunta di liquore al caffè in tazza. **4** In ottica, compensazione delle ametropie dell'occhio, ottenuta mediante opportune lenti. **5** (*ling.*) Figura retorica che consiste nella ritrattazione più o meno sfumata di ciò che si è appena detto: *C'è qualcosa di nuovo oggi nel sole, / anzi d'antico ...* (PASCOLI). **6** (*mar.*) Complesso dei calcoli necessari per convertire la prua alla bussola in prua vera. **7** Correttezza, perfezione. || **correzioncèlla**, **dim.** | **correzioncina**, **dim.**

córri córri o **corricórri** [imperat. di *correre*, raddoppiato. Cfr. *fuggifuggi*; 1970] **s. m. inv.** ● Movimento veloce e caotico di più persone, veicoli e sim.: *il corri corri dei camerieri.*

corrìda [sp. *corrida* 'corsa', sottinteso *de toros* 'di tori'; 1873] **s. f.** ● Combattimento tra uomo e toro in un'arena.

corridiètro [comp. dell'imperat. di *correre* e di *dietro*; 1964] **s. m. inv.** ● (*arch.*, *pitt.*, *scult.*) Motivo ornamentale fatto di fregi a forma di S che si seguono l'un l'altro, talora intrecciandosi.

♦**corridóio** o †**corritóio** [da *correre*, perché è il luogo dove si corre; av. 1363] **s. m.** **1** In un edificio o un appartamento, ambiente di forma allungata che permette l'accesso indipendente alle varie camere o locali | Ballatoio | (*fig.*) ***Manovre***, ***voci di c.***, non ufficiali, dietro le quinte. **2** Nelle antiche fortificazioni, banchina per i difensori situata dietro il parapetto del terrapieno, che costituiva la cortina delle opere di fortificazione | †Andito sulle mura che univa le varie torri e permetteva il passaggio tra le varie batterie. **3** Passaggio centrale o laterale di una carrozza ferroviaria sul quale si affacciano i compartimenti | Spazio centrale di passaggio fra le file di sedili del tram, dell'autobus e sim. **4** (*mar.*) Ponte sotto coperta | ***Primo***, ***secondo c.***, per distinguerli a partire dall'alto | Nelle navi da guerra, il ponte sottostante al ponte di batteria. **5** Stretta porzione di territorio di uno Stato inclusa in un altro Stato: *c. polacco* | ***C. aereo***, passaggio aereo stabilito con particolari accordi per l'attraversamento di Stati, zone proibite, sistemi di difesa antiaerea e sim. **6** Nel tennis, ciascuno dei due spazi laterali del campo nel senso della lunghezza, utilizzati nelle partite di doppio | Nel calcio, settore del terreno non controllato dall'avversario, o varco tra i difensori antagonisti: *trovare un c.*; *aprirsi un c.* || **corridoino**, **dim.**

corridóre o †**corritóre** [da *correre*; sec. XII] **A agg.** (**f.** *-trice*, †*-dora*) ● Che è atto alla corsa: *cavallo, uccello c.*; *gambe corritrici.* **B s. m.** **1** Chi disputa, per diletto o per professione, gare di corsa: *c. ciclista, automobilista* | Nel baseball, giocatore all'attacco che corre verso una base, la occupa o ne ritorna. **2** Anticamente, chi prendeva parte alle corse nel circo. *3* †Esploratore. *4* Uccello incapace di volare, ma con robuste zampe atte alla corsa.

♦**corrièra** [da *corriere*; 1797] **s. f.** *1* Carrozza a cavalli che portava il corriere postale | Corsa ordinaria del corriere. *2* Autocorriera, autobus di linea. *3* (*caccia*) Fossetta in cui si tengono richiami liberi.

corrière o †**corrièri**, †**corrièro** [da *correre*; 1282] **s. m.** (f. raro *-a* nel sign. 1) *1* Incaricato del recapito di lettere, oggetti, dispacci, notizie e sim.: *un c. di guerra*; *attendere l'arrivo del c.*; *c. a cavallo*; *c. diplomatico*. *2* Chi esercita servizio regolare di trasporto per conto di terzi tra località diverse: *spedire mobili, merci per, col c.*; *c. aereo* | *C. espresso*, quello in grado di offrire un servizio di spedizione in tempi rapidi. *3* Servizio postale | Corrispondenza | ***A volta di c.***, subito: *rispondere a volta di c.* *4* Battello che fa il servizio di posta. *5* Titolo di vari quotidiani: *C. della sera*; *C. dello sport*. *6* (*zool.*) ***C. grosso***, uccello dei Caradriformi comune sulle rive del mare (*Charadrius hiaticula*) | ***C. piccolo***, simile al precedente, ma più comune lungo i fiumi (*Charadrius dubius*).

còrrige [vc. lat., propr. 'correggi', imperat. del v. *corrĭgere* 'correggere'] **s. m.** o raro **f. inv.** ● Postilla ai margini di un codice, di un documento e sim., indicante una correzione da apportare | La correzione stessa apportata. **CFR.** Errata corrige.

corrigèndo [vc. dotta, lat. *corrigĕndu(m)*, gerundivo di *corrigere* 'correggere'; 1876] **A agg.** ● (*raro*) Che è da correggere, emendare. **B s. m.** (f. *-a*) ● Minore affidato a un riformatorio giudiziario.

corrimàno [comp. di *correre* e *mano*, perché vi si fa scorrere la mano; 1935] **s. m.** ● Sbarra di metallo, legno o altro materiale infissa a lato di una scala o sul soffitto di un autobus, tram e sim., per appoggiarvisi o per sostenersi. **SIN.** Mancorrente.

corrióne [da *correre*; 1881] **s. m.** ● (*zool.*) ***C. biondo***, uccelletto dei Caradriformi delle zone desertiche con piumaggio fulvo e zampe alte e sottili sulle quali fugge velocemente se inseguito (*Cursorius cursor*).

corrispettività o (*raro*) **correspettività** [1673] **s. f.** ● Correlazione, proporzione.

corrispettivo o (*raro*) **correspettivo** [comp. di *con-* e *rispettivo*; av. 1464] **A agg.** *1* Che è in rapporto reciproco e proporzionale con qlco.: *doveri, obblighi corrispettivi*. *2* (*dir.*) Che si dà in cambio di ciò che si riceve. || **corrispettivaménte**, **avv.** In modo corrispondente. **B s. m.** ● Equivalente in denaro o natura di altra prestazione: *percepire il c.*

corrispondènte [1354] **A part. pres.** di *corrispondere*; anche **agg.** *1* Nei sign. del v. *2* ***Socio c.***, in un'accademia, socio onorario che può mandare comunicazioni e riceve gli atti, i rendiconti, le memorie | (*raro*) Relativo. || **corrispondenteménte**, **avv.** Con corrispondenza. **B s. m. e f.** *1* Chi è in corrispondenza epistolare con qlcu. | Chi è incaricato di sbrigare la corrispondenza di un'azienda con clienti e fornitori: *c. commerciale*. *2* Chi è incaricato da un giornale di mandare notizie e articoli concernenti la località e lo Stato in cui egli risiede: *dal nostro c.* | ***C. di guerra***, inviato speciale al fronte. *3* Banca o persona privata con cui un'azienda spec. di credito intrattiene usuali rapporti d'affari su piazze diverse: *c. estero*.

corrispondènza [da *corrispondente*; av. 1499] **s. f.** *1* Relazione di uguaglianza, somiglianza, proporzione, simmetria, equivalenza e sim. | ***In c. di, con***, in rapporto con, in relazione a, in posizione simmetrica rispetto a: *in c. della finestra c'è una porta*. *2* Scambio di lettere, spec. regolare e prolungato, epistolario, carteggio: *c. commerciale, amorosa*; *c. d'affari* | ***Essere in c. con qlcu.***, in rapporto epistolare | ***Scuola per c.***, in cui le lezioni scritte vengono inviate a domicilio per posta | Insieme di lettere e sim. ricevute o da spedire: *leggere, firmare, ordinare la c.*; *dove hai messo la mia c.?* *3* Scritto o servizio di un corrispondente o inviato speciale: *una c. dall'estero*. *4* Contraccambio, reciprocità, spec. riferito a sentimenti affettuosi e sim.: *c. d'amorosi sensi* (FOSCOLO). *5* (*raro, lett.*) Relazione, protezione autorevole | Rete di traffici, di contatti, commerciali, politici e sim. *6* (*ling.*) Relazione di somiglianza fra elementi di lingue diverse. *7* (*mat.*) Applicazione | Trasformazione | Relazione fra due spazi topologici tale che, se *a*, *a'* sono due punti associati, si può trovare un intorno *I* di *a* e un intorno *I'* di *a'* in modo che a ogni punto di *I* sia associato un solo punto di *I'* e viceversa | ***C. biunivoca***, esistente fra due insiemi di oggetti quando ciascun elemento dell'uno è il corrispondente di uno e un solo elemento dell'altro, e viceversa. *8* Coincidenza fra due mezzi di trasporto. *9* (*astrol.*) Legame tra un pianeta e il mondo animale, vegetale, minerale.

♦**corrispóndere** o †**correspóndere** [comp. di *con-* e *rispondere*; 1304] **A v. tr.** (coniug. come *rispondere*) *1* Contraccambiare, con riferimento a sentimenti affettuosi o amorosi: *lui l'ama, ma lei non lo corrisponde*; *le sue attenzioni non sono corrisposte*. *2* Pagare, versare una data somma: *c. uno stipendio, un'indennità*. **B v. intr.** (aus. *avere*) *1* (assol.; + *a*) Essere in una relazione di uguaglianza, somiglianza, proporzione, simmetria, equivalenza e sim.: *questi testi non corrispondono*; *un metro corrisponde a tre piedi circa*; *questa cifra corrisponde a un terzo del raccolto*. *2* (+ *a*) Essere all'altezza, degno di, adeguato a: *c. alle attese, alle speranze, ai desideri*. *3* (+ *su*) Essere in connessione con, vicino a, rispondere a | Di edifici e sim., dare, guardare su: *la facciata della villa corrisponde sul giardino* | ***Un dolore che corrisponde sulla schiena***, fa riscontro. *4* (+ *a*) Contraccambiare, spec. riferito a sentimenti affettuosi e sim.: *c. all'amore di qlcu.*; *c. a qlcu.*; *ha corrisposto al nostro affetto con il disinteresse*. *5* (+ *con*) Essere in rapporto epistolare: *c. con qlcu.*; *c. in francese, in inglese*. **C v. rifl. rec.** *1* Essere in rapporto di reciproca somiglianza, equivalenza, proporzione e sim.: *i due compiti si corrispondono perfettamente*. *2* Di edifici o parti di essi, essere dirimpetto: *le nostre finestre si corrispondono*.

corrispósta [f. sost. di *corrisposto*; 1828] **s. f.** ● (*raro*) Somma pagata in cambio di una prestazione.

corrispósto [1698] **part. pass.** di *corrispondere*; anche **agg.** ● Nei sign. del v.: *un amore non c.*

†**corritóio** ● V. *corridoio*.

†**corritóre** ● V. *corridore*.

†**corrivàre** [vc. dotta, lat. *corrivāre* 'raccogliere, far affluire in un solo alveo, in un medesimo luogo', comp. di *cŭm* 'con' e *rīvus* 'rivo'; 1600] **v. tr.** ● Raccogliere acque a scopo di irrigazione.

corrività [1823] **s. f.** ● (*raro, lett.*) Caratteristica di corrivo.

corrivo [da *correre*; av. 1519] **agg.** *1* †Che scorre. *2* (*raro*) Che agisce in modo avventato: *essere c. a credere, a biasimare*. *3* (*est.*) Eccessivamente condiscendente, tollerante. *4* (*dial.*) Adirato, stizzoso. || **corrivaménte**, **avv.**

corroboraménto [vc. dotta, lat. tardo *corroboraméntu(m)*, da *corroborare* 'corroborare'; av. 1673] **s. m.** ● (*raro*) Corroborazione.

corroborànte [av. 1698] **A part. pres.** di *corroborare*; anche **agg.** *1* Nei sign. del v. *2* ***Grazia c.***, che conforta l'uomo a proseguire nel bene. || **corroborantemènte**, **avv.** **B s. m.** *1* Sostanza che corrobora. *2* Liquore tonico.

corroboràre [vc. dotta, lat. *corroborāre*, comp. di *cŭm* 'con' e *roborāre* 'irrobustire', da *rōbur* 'forza'; 1342] **A v. tr.** (*io corròboro*) *1* Fortificare, rinvigorire, rinfrancare (*anche fig.*): *liquore che corrobora lo stomaco*; *lo studio corrobora lo spirito*. *2* (*fig.*) Avvalorare, convalidare, confermare: *argomento che corrobora un'ipotesi*. **B v. rifl.** ● Fortificarsi, ritemprarsi: *corroborarsi con una cura ricostituente*.

corroborativo [av. 1698] **A agg.** ● †Atto a corroborare. **B s. m.** ● Sostanza che corrobora l'organismo.

†**corroboratóre** [av. 1694] **s. m.**; anche **agg.** (f. *-trice*) ● Chi (o Che) corrobora.

corroborazióne [vc. dotta, lat. tardo *corroboratiōne(m)*, da *corroborare* 'corroborare'; 1502] **s. f.** *1* (*raro*) Rinvigorimento. *2* (*fig.*) Conferma, convalida: *una raccolta di fatti a c. di un sistema* (DE SANCTIS).

corródere [vc. dotta, lat. *corrōdere*, comp. di *cŭm* 'con' e *rōdere* 'rodere'; sec. XIV] **A v. tr.** (pass. rem. *io corròși* o *corrósi*; part. pass. *corròșo* o *corróso*) ● Consumare a poco a poco con azione incessante: *la carie corrode i denti* | (*fig.*) Rovinare, minare: *l'invidia corrode l'amicizia* | Sgretolare, scavare, erodere lentamente, detto dell'azione dell'acqua, degli agenti atmosferici e di alcune sostanze chimiche: *il vento e la pioggia corrodono le rocce*; *l'acido cloridrico corrode il ferro*. **B v. intr. pron.** ● Consumarsi, sgretolarsi poco a poco: *il marmo si corrode col tempo*.

corrodibilità [1970] **s. f.** *1* Proprietà di materiali o sostanze suscettibili di corrosione. *2* Capacità di una tinta di subire la corrosione.

corrodiménto [av. 1557] **s. m.** ● (*raro*) Corrosione.

corroditóre [av. 1799] **agg.**; anche **s. m.** (f. *-trice*) ● Chi (o Che) corrode.

†**corrogàre** [vc. dotta, lat. *corrogāre*, comp. di *cŭm* 'con' e *rogāre* 'cercare, pregare'] **v. tr.** ● (*raro*) Raccogliere, adunare con preghiere o incitamenti.

corrómpere o †**corrùmpere** [lat. *corrŭmpere*, comp. di *cŭm* 'con' e *rŭmpere* 'rompere'; 1282] **A v. tr.** (coniug. come *rompere*) *1* Esercitare un'azione di disfacimento, deterioramento e sim.: *la troppa umidità corrompe certe sostanze* | Ammorbare: *c. l'aria* | (*raro*) Inquinare: *hanno molti corrotte l'acque* (MACHIAVELLI). *2* (*fig.*) Rovinare, guastare moralmente: *queste abitudini corrompono la gioventù*. **SIN.** Pervertire. *3* (*fig.*) Indurre con denaro, doni, promesse e sim. a fare cosa contraria al dovere: *c. un guardiano, un giudice, un testimone*. **SIN.** Comprare. *4* †Falsare: *c. leggi, documenti, scritture*. *5* †Trasgredire, violare | †***C. la verginità***, violentare. **B v. intr. pron.** *1* Alterarsi, guastarsi: *col tempo i colori si sono corrotti*. *2* Putrefarsi, decomporsi: *il cadavere si sta corrompendo*. *3* (*fig.*) Rovinarsi, guastarsi moralmente. **SIN.** Depravarsi, viziarsi.

corrompibile [1832] **agg.** ● Che si può corrompere, alterare, guastare.

corrompiménto [av. 1292] **s. m.** ● (*raro*) Corruzione.

†**corrompitóre** [av. 1348] **s. m.**; anche **agg.** (f. *-trice*) ● Corruttore.

corrosióne [vc. dotta, lat. tardo *corrosiōne(m)*, da *corrōsus* 'corroso'; sec. XIV] **s. f.** *1* Il corrodersi | Lenta ma incessante distruzione, deterioramento e sim. (*anche fig.*). *2* Nella stampa dei tessuti, processo chimico che serve a eliminare o a modificare, in zone prestabilite di un tessuto colorato, la tinta preventivamente fissata.

corrosività [1970] **s. f.** ● Proprietà di materiale che subisce o produce la corrosione.

corrosivo [da *corroso*; 1584] **A agg.** *1* Che corrode: *liquido, veleno c.*; *sostanza corrosiva*. *2* (*fig.*) Caustico, mordace: *ingegno, spirito c.* | Che esercita un'azione demolitrice: *forza, critica corrosiva*. || **corrosivaménte**, **avv.** **B s. m.** ● Sostanza che corrode.

corróso [sec. XIII] **part. pass.** di *corrodere*; anche **agg.** ● Nei sign. del v.

†**corrottìbile** ● V. *corruttibile*.

†**corrottivo** ● V. *corruttivo*.

corrótto (1) o †**corrùtto** [av. 1292] **part. pass.** di *corrompere*; anche **agg.** *1* Deteriorato. *2* (*fig.*) Moralmente guasto | (*fig.*) Disonesto. || **corrottaménte**, **avv.**

†**corrótto** (2) o (*dial.*) †**corrùtto** [lat. *cŏr rŭptu(m)* 'cuore spezzato' (?); av. 1250] **s. m.** *1* Pianto che si fa ai morti: *mentre il c. grandissimo si facea* (BOCCACCIO). *2* (*est.*) Abito da lutto. *3* Dolore intenso, travaglio.

†**corrottóre** ● V. *corruttore*.

†**corrozióne** ● V. *corruzione*.

†**corruccévole** **agg.** ● Che si sdegna facilmente.

†**corrucciaménto** [sec. XIV] **s. m.** ● Corruccio.

corrucciàre [ant. fr. *se courroucier*, dal lat. parl. **corruptiāre*, forse da *cŏr rŭptum*. V. *corrotto* (2); av. 1257] **A v. tr.** (*io corrùccio*) ● (*raro*) Far adirare, contristare: *la notizia lo ha corrucciato*. **B v. intr. pron.** *1* Provare un sentimento di dolore misto a ira, pena, risentimento: *a quella vista si corrucciò tutto*; *si corrucciava per il cattivo esito dell'esame*. **SIN.** Crucciarsi. *2* Assumere un'espressione triste e risentita, detto dei lineamenti del viso: *la fronte della donna si corrucciò*. *3* (*lett.*) Oscurarsi: *il cielo si corrucciò*.

corrucciàto [av. 1294] **part. pass.** di *corrucciare*; anche **agg.** ● Risentito, rattristato | (*lett.*) Minaccioso: *mare c.* || **corrucciataménte**, **avv.** In modo adirato.

corrùccio [da *corrucciare*; sec. XIII] **s. m.** *1* Sentimento di dolore misto a sdegno, ira e sim.: *provare, sentire c.*; *dimostrare, nascondere il proprio c.* **SIN.** Cruccio. *2* †Afflizione, lutto. *3* †Rissa.

corrucciόso [da *corruccio*; av. 1250] **agg.** ● (*raro*) Pronto allo sdegno, al corruccio. || **corruccio-**

samente, avv. Con corruccio.

corrugaménto [1865] s. m. *1* Il corrugare, il corrugarsi. *2* (*geol.*) Complesso di fenomeni tettonici il cui effetto è la formazione di grandi pieghe degli strati della crosta terrestre: *catene montuose originate da c.*

corrugàre [vc. dotta, lat. *corrugāre*, comp. di *cŭm* 'con' e *rugāre* 'far pieghe', da *rūga* 'ruga'; av. 1698] **A** v. tr. (*io corrùgo, tu corrùghi*) *1* Increspare, aggrinzare la pelle in segno di sdegno, malumore, collera e sim.: *c. la fronte, le sopracciglia, le ciglia.* SIN. Aggrondare, aggrottare. *2* (*est., raro*) Contrarre, restringere. **B** v. intr. pron. *1* Incresparsi, aggrinzarsi in segno di sdegno, malumore, collera e sim.: *la fronte della donna si corrugò.* SIN. Aggrondarsi, aggrottarsi. *2* (*est., lett.*) Contrarsi, incresparsi: *la ... pianura lagunare che ... si corrugava al passaggio dell'aura* (D'ANNUNZIO).

corrugatóre [1830] agg. (f. *-trice*) ● Che corruga | (*anat.*) *Muscolo c.*, (*ellitt.*) *corrugatore*, situato lungo l'arco delle sopracciglia.

corrugazióne [sec. XIV] s. f. ● (*raro*) Corrugamento.

†**corrùmpere** ● V. *corrompere.*

corrùppi ● V. *corrompere.*

coruscàre o (*lett.*) **coruscàre** [vc. dotta, lat. *coruscāre* 'cozzare con le corna, muovere rapidamente, scintillare', di orig. indeur.; 1319] v. intr. (*io corrùsco, tu corrùschi*; raro nei tempi comp.; aus. *avere*) ● (*lett.*) Balenare, lampeggiare, risplendere vivamente: *le spade coruscano al sole.*

corruscazióne o (*raro*) **coruscazióne** [vc. dotta, lat. tardo *coruscatiōne(m)*, da *coruscāre* 'corruscare'; 1308] s. f. ● (*lett.*) Il corruscare | (*raro, lett.*) Lampo, bagliore: *terribilissimi tuoni e spaventevoli corruscazioni* (BOCCACCIO).

corrùsco o (*raro*) **corùsco** [vc. dotta, lat. *corŭscu(m)*, da *coruscāre* 'corruscare'; 1319] agg. (pl. m. *-schi*) *1* (*lett.*) Risplendente di luce vivissima e improvvisa | (*est.*) Rilucente, fiammeggiante: *ei ... / ... di corrusche armi splendente* (MONTI). *2* (*lett., fig.*) Splendente di bellezza. ‖ **corruscaménte**, avv.

corruttèla [vc. dotta, lat. *corruptēla(m)*, da *corrŭptus* 'corrotto (1)'; 1441] s. f. *1* (*raro*) Corruzione, corrompimento. *2* (*fig.*) Depravazione dei costumi, decadenza: *nato in tanta c. di secolo* (MACHIAVELLI). *3* †Lezione corrotta in codice di opera letteraria.

corruttìbile o †**corrottìbile** [vc. dotta, lat. tardo *corruptĭbile(m)*, da *corrŭptus* 'corrotto (1)'; 1308] **A** agg. *1* Che è facile a corrompersi o a essere corrotto (*anche fig.*): *cibo, alimento c.*; *testimone, giudice c.* *2* (*lett.*) Mortale, caduco: *l'uomo non è perfettibile ma corrottibile* (LEOPARDI). **B** s. m. ● †Ciò che soggiace a corruzione.

corruttibilità [vc. dotta, lat. tardo *corruptibilitāte(m)*, da *corruptĭbilis* 'corruttibile'; sec. XIV] s. f. ● Caratteristica di chi (o di ciò che) è corruttibile.

corruttìvo o †**corrottìvo** [vc. dotta, lat. tardo *corruptīvu(m)*, da *corrŭptus* 'corrotto (1)'; sec. XIV] agg. ● (*raro*) Atto a corrompere.

†**corrùtto** ● V. *corrotto (1)* e †*corrotto (2).*

corruttóre o †**corrottóre** [vc. dotta, lat. *corruptōre(m)*, *corruptrīce(m)*, da *corrŭptus* 'corrotto (1)'; av. 1292] s. m.; anche agg. (f. *-trice*) ● Chi (o Che) corrompe (*spec. fig.*): *un c. della gioventù*; *ambiente c.*

corruzióne o †**corrozióne** [vc. dotta, lat. *corruptiōne(m)*, da *corrŭptus* 'corrotto (1)'; av. 1292] s. f. *1* Decomposizione, alterazione materiale: *la c. di una sostanza, del corpo umano, dell'aria.* SIN. Putrefazione. *2* Deterioramento morale: *c. politica*; *la c. dei costumi, della società*; *la c. dei sentimenti, degli affetti.* SIN. Depravazione, dissolutezza, pervertimento | Attività illecita in vari tipi di reati: *c. di acque e sostanze destinate all'alimentazione*; *c. di minorenni* | Reato consistente nell'indurre qlcu. con denaro, promesse e sim. a venir meno al proprio dovere: *c. di un testimone*; *c. di pubblico ufficiale*; CFR. Concussione. *3* Alterazione, decadimento di lingua, stile e sim.: *la lingua latina s'è corrotta ..., e da quella c. son nate altre lingue* (CASTIGLIONE). *4* †Contagio, infezione. *5* †Disfacimento.

♦**córsa** [da *corso (2)*; av. 1313] s. f. *1* Il correre | Movimento, spostamento veloce di uomini, animali o veicoli: *andare di c.*; *ho fatto una c. in macchina, in bicicletta*; *c. di velocità, di resistenza* | ***A passo di c.***, con passi rapidi | ***A tutta c., di gran c.***, molto velocemente | ***Di c.***, prontamente, in fretta | ***Pigliare la c.***, mettersi a correre | ***Fare una c. in qualche luogo***, farvi una visita rapida e sim. | ***Essere in c. per qlco.***, (*fig.*) competere, gareggiare con altri aspirando a uno stesso scopo. *2* Sport del correre, gara di velocità tra uomini, animali o veicoli: *c. su strada, su pista, campestre*; *corse piane, a ostacoli*; *c. nel sacco*; *c. al trotto, al galoppo*; *corse di cani, di cavalli*; *corse ciclistiche, automobilistiche*; *c. in linea, a tappe, a cronometro, dietro motori.* *3* (*al pl., per anton.*) Corse di cavalli: *andare alle corse.* *4* (*fig.*) Tentativo frenetico di superare altri nell'acquisire qlco. e gener. nel conseguire un fine: *c. all'oro*; *c. agli armamenti.* *5* Ciascuno dei viaggi di un mezzo di trasporto pubblico fra due stazioni terminali: *quant'è il prezzo della c.?* *6* (*est.*) Tragitto percorso da un mezzo di locomozione pubblico o privato | (*aer.*) Spazio percorso al suolo o presso il suolo da un aereo per acquisire o smaltire la velocità necessaria alla sostentazione dinamica: *c. di atterraggio, di decollo.* *7* (*fis.*) Percorso ripetuto e uguale delle oscillazioni del pendolo, dello stantuffo, del bilanciere e di qualsiasi elemento a moto alterno. *8* (*st.*) Insieme di azioni belliche con navi intese a danneggiare il commercio dei nemici e a impedire quello dei neutrali: *guerra di c.*; *nave, legno da c.* ‖ **corsàccia**, pegg. | **corserèlla**, dim. | **corsétta**, dim. (V.) | **corsettina**, dim. | **corsina**, dim.

corsaiòlo [1985] agg. ● (*sport, raro*) Che si riferisce alle corse.

†**corsàle** (1) [lat. mediev. *cursāle(m)*. V. *corsaro*; 1264] s. m. ● Corsaro.

†**corsàle** (2) [ant. fr. *corsel*. V. *corsetto*] s. m. ● Petto, torace.

corsalétto [fr. *corselet*, dall'ant. fr. *cors* 'corpo'. Cfr. *corsetto*; 1520] s. m. *1* (*ant.*) Corazza composta del solo petto e dalla schiena in ferro, portata spec. dai picchieri | (*est.*) Milite armato di tale corazza. *2* Alta cintura a bustino, di pelle, velluto o altro tessuto. *3* (*zool.*) Primo segmento del torace di alcuni insetti.

†**corsàre** ● V. *corsaro.*

corsarésco [av. 1604] agg. (pl. m. *-schi*) ● Di, da corsaro.

♦**corsàro** o †**corsàre** [da *corsa*; 1319] **A** s. m. (f. raro *-a*) *1* Capitano di nave privata che veniva autorizzato dal proprio Stato a condurre la guerra di corsa. *2* Correntemente, pirata, filibustiere, bucaniere. **B** agg. ● Di corsaro: *nave, guerra corsara.*

corseggiàre [da *corsa*; av. 1348] v. tr. e intr. (*io corséggio*; aus. *avere*) *1* (*raro*) Esercitare la guerra di corsa. *2* (*ant.*) Fare scorrerie.

corsèllo [da *corso (2)* (cfr. *corsia*); 1865] s. m. ● (*raro*) Spazio vuoto tra file di letti, di banchi e sim.

corsésca [da *corso* 'di Corsica'; 1553] s. f. ● Arma in asta da lancio di media lunghezza con ferro a forma di spuntone con alla base due ali laterali taglienti e ricurve in basso, usata un tempo per sgarrettare i cavalli.

corsetterìa [1965] s. f. *1* Insieme dei capi e degli accessori relativi alla confezione di reggiseni, guaine, busti e sim. *2* (*est.*) Negozio o fabbrica di busti e sim.

corsétto [fr. *corset*, dall'ant. fr. *cors* 'corpo'; 1278] s. m. *1* Bustino di tessuto resistente, con parti elastiche e stecche | (*raro*) Liseuse. *2* Apparecchio di protesi ortopedica per la terapia o l'immobilizzazione postoperatoria della colonna vertebrale. *3* Corsaletto.

córsi ● V. *correre.*

corsìa o †**corsìva** [da *corsiva*, f. sost. di *corsivo*; av. 1492] s. f. *1* Corridoio o spazio vuoto che permette il passaggio tra le poltrone di un teatro o di un cinematografo, i letti di un ospedale e sim. *2* Tappeto lungo e stretto. SIN. Passatoia. *3* Grande stanza o largo corridoio d'ospedale, con più letti allineati su due pareti opposte: *ricoverato in c.* *4* Ciascuna delle zone longitudinali, delimitate da strisce bianche continue o tratteggiate, in cui è divisa una carreggiata stradale: *strada a tre, a quattro corsie*; *c. di accelerazione, decelerazione*; *c. d'emergenza*; *c. di scorrimento*; *c. di sorpasso*; *salto di c.* | ***C. preferenziale***, quella che nelle vie di un centro urbano è riservata ai soli mezzi di trasporto pubblici per accelerarne, facilitandola, la circolazione; (*fig., est.*) metodo, procedimento semplificato e sveltito nella realizzazione di qlco. | †Strada, via. *5* Settore di una pista, di una piscina, di un bacino delimitato da strisce bianche o da corde galleggianti e sim. entro cui ciascun concorrente, atleta o imbarcazione, deve procedere: *correre in prima c.*; *avere assegnata la quinta c.* *6* (*mar.*) Tratto del ponte per camminare da prua a poppa nelle galee | ***Cannone di c.***, il più grosso nel mezzo della prua. *7* †Corrente di un fiume | †Acqua corrente.

corsièro o †**corsière** [ant. fr. *coursier*, da *cours* 'corsa'; 1319] s. m. (f. *-a*) ● (*lett.*) Cavallo da corsa e da battaglia: *tre ... cavalieri / che vanno su grigi corsieri* (PASCOLI).

†**corsìo** [da *corsivo*] agg. *1* V. *corsivo.* *2* Di bilancia, che è facile a calare.

corsista [da *corso (2)* nel sign. 8; 1966] s. m. e f. (pl. m. *-i*) ● Chi frequenta un corso scolastico, universitario, professionale e sim.

corsìva [f. sost. di *corsivo*] s. f. ● †V. *corsia.*

corsivista [1939] s. m. e f. (pl. m. *-i*) ● Redattore, scrittore di un corsivo.

corsìvo o †**corsìo** nel sign. A 2 [lat. mediev. *cursīvu(m)*, da *cŭrrere* 'correre'; av. 1498] **A** agg. *1* Detto della scrittura a mano inclinata verso destra | (*tipogr.*) ***Carattere c.***, tipo di scrittura per stampa inclinata verso destra. *2* †Corrente, detto dell'acqua. *3* (*fig.*) †Corrivo: *carattere c.* *4* (*fig.*) †Ordinario, grossolano: *panno c.* | †***Moneta corsiva***, moneta corrente. **B** s. m. *1* Alfabeto latino la cui principale caratteristica sono le lettere inclinate normalmente verso destra rispetto all'allineamento | (*tipogr.*) Carattere corsivo. *2* Breve nota o commento, spesso di carattere polemico, che i giornali compongono in corsivo.

córso (1) [av. 1380] part. pass. di *correre*; anche agg. ● Nei sign. del v.

♦**córso** (2) [lat. *cŭrsu(m)*, da *cŭrrere* 'correre'; av. 1257] s. m. *1* †Corsa: *raffrena il tuo volante c.* (POLIZIANO) | ***Pigliar il c.***, mettersi a correre | ***Cavallo di c.***, molto veloce | †***Prender c.***, arretrare per prendere più impeto | (*fig.*) †***Di gran c.***, di gran lunga | (*lett.*) Cammino | ***Drizzare il c.***, dirigersi. *2* Flusso di acque in movimento: *il c. di un fiume* | ***Il c. del sangue***, circolazione sanguigna | ***C. d'acqua***, denominazione generica di fiume, torrente, ruscello, canale ecc. | (*est.*) Percorso e lunghezza di un fiume e sim.: *il c. del Po*; *seguire il c. di un torrente.* *3* Viaggio compiuto per mare | ***Capitano di lungo c.***, patentato per comandare mercantili di qualunque stazza per qualunque destinazione. *4* Moto reale o apparente degli astri: *molte e molte apparenze varie ... si scorgono di sera in sera in un c. lunare* (GALILEI). *5* (*raro*) Sfilata | ***C. mascherato***, sfilata di carri con persone in maschera per Carnevale | †***C. di gala***, corteo di carrozze con ricchi equipaggi, in occasione di feste e sim. | (*disus.*) Complesso di persone che passeggiano | †Concorso di gente. *6* (*est.*) Grande o importante strada cittadina: *c. Italia*; *c. Garibaldi*; *andare a passeggiare nel C.* *7* Svolgimento continuato e ordinato: *il c. della vita*; *mutamenti avvenuti nel c. dei secoli* | ***Nel c. della discussione, del viaggio***, durante la discussione, il viaggio | ***L'anno, il mese in c.***, che sta trascorrendo | ***La malattia fa il suo c.***, segue l'andamento previsto | ***Lavori in c.***, in svolgimento | ***Opera in c. di stampa o di pubblicazione***, che si sta stampando o pubblicando | ***Affari in c.***, già iniziati | ***Dare c. a qlco.***, iniziarla, farla procedere: *dare c. ai lavori, a una riforma* | ***Nuovo c.***, nuovo orientamento nei contenuti e nei metodi politici, culturali e sim.: *il nuovo c. della politica italiana.* *8* Ciclo di studi, lezioni, esercitazioni che si segue per apprendere una professione, un mestiere e sim., spec. con riferimento a scuole o istituti di istruzione superiore: *c. di filosofia*; *c. per meccanici*; *c. di specializzazione*; *c. biennale*; *frequentare i corsi di medicina* | Periodo in cui si svolge un ciclo di studi, lezioni, esercitazioni | ***Fuori c.***, di studente universitario che ha compiuto gli anni di studio previsti dalla facoltà in cui è iscritto, ma senza terminare tutti gli esami o laurearsi. *9* (*est.*) Anno di studio, spec. nel programma di studi di una facoltà universitaria | (*est.*) Complesso di classi considerate nella loro successione nel tempo, di anno scolastico in anno scolastico, spec. con riferimento a scuole o istituti di istruzione secondaria: *il c. B è composto di tre classi.* *10* (*fig.*) Trattato che descrive una specifica materia di studio: *c. di anatomia.* *11* Condizione di unità monetaria in rapporto al suo uso attuale | ***Fuori c.***, di moneta non più in uso | ***In c. legale***, quando sussista l'obbligo di accettare in pagamento i biglietti emessi dallo Stato, salvo restando il diritto di pretenderne dall'istituto di emissione la conversione in metallo pregiato | ***C. forzoso***, quando si esclude tale convertibilità. ***12*** Valore corrente, prezzo dei titoli: *si rafforzano i corsi alla borsa di New York.* ***13*** Strato, filo, filare, spec. riferito a mattoni costituenti una muratura. ***14*** (*mar.*) Serie di travi da poppa a prua sotto l'impalcatura dei ponti.

còrso (3) [lat. *cŏrsu(m)*, agg. etnico di *Cŏrsica* 'Corsica'; 1319] **A agg.** ● Della Corsica. **B s. m.** (f. *-a*) ● Abitante della Corsica | ***Il Corso***, (*per anton.*) Napoleone. **C s. m.** solo **sing.** ● La lingua parlata in Corsica.

corsòio [lat. tardo *cursōriu(m)* 'da corsa', da *cŭrrere* 'correre'; 1612] **A agg.** ● (*raro, lett.*) Scorsoio. **B s. m.** ***1*** Guida entro cui scorre un'asta o un organo dotato di moto alterno. ***2*** Nel regolo calcolatore, telaietto trasparente spostabile con una o tre linee di fede.

cortadèria [1986] **s. f.** ● (*bot.*) Ginerio.

♦**còrte** [lat. *cohŏrte(m)*. V. *coorte*; 1219] **s. f.** ***1*** Spazio scoperto circondato totalmente da un edificio | Spiazzo intorno alla casa colonica | ***Bassa c.***, area contigua a una casa colonica riservata all'allevamento degli animali da cortile. ***2*** Organizzazione tipica dell'età feudale, autosufficiente sul piano economico, sociale, giurisdizionale, formata dall'insieme degli edifici e dei territori sottoposti al signore feudale. ***3*** Reggia: *ballo a c.*; *dama, gentiluomo di c.*; *erano in c. tutti i paladini / per onorar quella festa gradita* (BOIARDO). ***4*** (*est.*) Insieme dei cortigiani: *la c. del Re Sole* | Insieme del sovrano, dei suoi ministri, del suo governo: *le trattative di Bonaparte con la c. di Vienna* | ***C. dei miracoli***, in Francia, fino al XVII sec., accolita di malandrini e mendicanti che praticavano l'accattonaggio in nome di pretese e vistose infermità; (*est.*) luogo in cui trovano rifugio persone malformate, mendicanti e sim. ***5*** (*est.*) Gruppo di persone che accompagna un personaggio importante o ricco per servirlo, rendergli omaggio e sim. | ***Fare la c. a qlcu.***, adularlo, lusingarlo per ottenere appoggi, favori e sim. | ***Fare la c. a una donna, a un uomo***, cercare di suscitare i suoi sentimenti affettuosi, il suo amore, con premure, attenzioni e sim.: *le ha fatto una c. spietata.* ***6*** Collegio di giudici: *C. marziale, militare*; *C. costituzionale*; *entra la C.!* | ***C. d'appello***, organo giudiziario che esplica prevalentemente la propria funzione di giudice di secondo grado in materia civile e penale, rispetto alle pronunce del Tribunale | ***C. d'assise***, collegio giudiziario investito della potestà di decidere sui delitti più gravi | ***C. di cassazione***, ***C. suprema***, organo giurisdizionale di ultima istanza in materia civile e penale | ***C. dei conti***, organo statale di amministrazione diretta esplicante funzione di controllo sulla gestione finanziaria statale e funzione giurisdizionale spec. in materia di responsabilità contabile dei funzionari governativi | ***C. di giustizia***, palazzo ove i magistrati esplicano normalmente la loro funzione | ***C. d'amore***, consesso di dame e gentiluomini che trattava e giudicava questioni galanti, in epoca medievale. || **corticèlla**, **dim.** | **corticina**, **dim.**

†**corteàre** [provz. *cortejar*, da *cort* 'corte'; sec. XIII] **v. intr.** ***1*** Fare corteo agli sposi. ***2*** (*raro*) Andare a corte.

♦**cortéccia** [lat. *cortĭcea(m)*, agg. f. di *cŏrtex*, genit. *cŏrticis* 'corteccia'. V. *cortice*; 1304] **s. f.** (pl. *-ce*) ***1*** Strato che nelle piante arboree forma la parte protettiva esterna della radice e del fusto | ***C. di mezzo***, alburno | (*raro*) Buccia dei frutti. ***2*** Parte esterna, rivestimento superficiale di qlco. | ***C. del pane***, ***del formaggio***, (*raro*) crosta | (*fig.*) Aspetto esteriore delle cose: *a volte la bontà si nasconde sotto una c. di indifferenza* | ***Fermarsi alla c.***, conoscere qlco. solo superficialmente. ***3*** (*anat.*) Parte esterna di un organo | ***C. cerebrale, cerebellare***, parte esterna del cervello e del cervelletto formata da sostanza grigia | ***C. parietale***, parte del cervello cui arrivano tutte le informazioni sensoriali relative al capo | ***C. surrenale***, parte periferica della ghiandola surrenale. ***4*** †Intonaco. ***5*** †Pelle umana. || **corteccina**, **dim.** | **corteccino**, **dim. m.** | **corteccìola**, **corteccïuòla**, **dim.** (V.).

corteccìola o **corteccïuòla** [sec. XIV] **s. f.** ***1*** Dim. di *corteccia*. ***2*** Corteccia di leccio, rovella o cerro, impiegata per conciare le pelli.

corteggiaménto [av. 1566] **s. m.** ***1*** Il corteggiare, il venir corteggiato: *riuscì a conquistare il suo amore dopo un lungo c.* **SIN.** Corte. ***2*** †Corteggio.

corteggiàre [da *corte*; sec. XIV] **v. tr.** (*io cortéggio*) ***1*** (*raro, lett.*) Accompagnare un personaggio potente e importante, dimostrandogli riverenza, rendendogli ossequi, servigi e sim. ***2*** Fare la corte, adulare e lusingare qlcu. per ottenerne favori, appoggi e sim. | Cercare di suscitare i sentimenti affettuosi, l'amore di qlcu. usando nei suoi confronti gentilezze, attenzioni, complimenti e sim. ***3*** (*lett.*) Accompagnare, seguire (*anche fig.*): *quando ti corteggian liete / le nubi estive e i zefiri sereni* (FOSCOLO).

corteggiatóre [av. 1519] **s. m.** (f. *-trice*) ● Chi corteggia: *i corteggiatori di un principe*; *quella ragazza ha molti corteggiatori.*

cortéggio [da *corteggiare*; av. 1617] **s. m.** ***1*** Seguito di persone che accompagnano qlcu. per cerimonie o per dimostrazione di onore, ossequio, stima: *amiche e comari venute a far c. a Lucia* (MANZONI); *c. di adulatori.* ***2*** (*raro*) Seguito di cose (*anche fig.*): *c. di carrozze.* ***3*** (*raro*) Corteggiamento di una donna: *nonostante il mio lungo c. e le tante spese … non ho potuto toccarle un dito* (GOLDONI).

†**cortegiàno** e *deriv.* ● V. *cortigiano* e *deriv.*

cortèllo e *deriv.* ● V. *coltello* e *deriv.*

cortèo [da *corteare*; av. 1449] **s. m.** ***1*** Seguito di persone che accompagna qlcu. per rendergli onore, ossequio e sim.: *c. nuziale, funebre* | (*fig.*) Ciò che accompagna o segue un evento, una circostanza: *l'incidente ha lasciato un c. di problemi.* ***2*** Gruppo di persone che sfilano incolonnate nel corso di una dimostrazione pubblica: *il c. degli scioperanti* | Fila di veicoli: *un c. di automobili.*

cortes /sp. 'kɔrtes/ [vc. sp., 'corti'; 1905] **s. f. pl.** ● Denominazione del Parlamento spagnolo | In passato, assemblea nazionale in Portogallo, in alcuni Paesi dell'America latina e in Sardegna durante la dominazione spagnola.

♦**cortése** [provz. *cortes* 'della corte'; av. 1250] **A agg.** ***1*** (*st.*) Che possiede le qualità di raffinatezza, moralità, cultura, eleganza di comportamento e sim. che nella cultura medievale e rinascimentale erano considerate tipiche della vita di corte: *donna c.*; *amore c.* | ***Armi cortesi***, nell'ambiente dei tornei medievali e rinascimentali, armi che non feriscono l'avversario. ***2*** Gentile, garbato in un modo simpaticamente discreto: *è persona assai c.* | Che manifesta cortesia: *un'accoglienza c.* **SIN.** Affabile, amabile, urbano. ***3*** (*lett.*) Generoso, prodigo: *essere c. di consigli* | †Virtuoso | ***Donna c.***, (*raro*) incline a facili amori | (*raro, scherz.*) ***Veste c.***, che mostra larga parte di chi la indossa. || **cortesemènte**, **avv.** **B s. m.** ● Vitigno tipico del Piemonte, della Lombardia (Oltrepò pavese) e della Liguria, da cui si ricava il vino bianco omonimo, di sapore fresco e lievemente acidulo.

†**corteseggiàre** [da *cortese*] **v. intr.** ● (*lett.*) Usare cortesie | Spendere largamente.

cortesìa [da *cortese*; av. 1250] **s. f.** ***1*** (*st.*) Insieme delle qualità di raffinatezza, generosità e nobiltà d'animo considerate tipiche delle corti medievali e rinascimentali: *fu maraviglioso in prodezza e senno e in c.* (VILLANI) | Gentilezza, affabilità di modi: *si è comportato con molta c.* | ***Mancare di c.***, essere scortese | ***Usar c.***, essere gentile | ***Per c.***, per favore. **SIN.** Amabilità, garbo. ***2*** Atto cortese: *fare una c. a qlcu.*; *usare cortesie a qlcu.*; *grazie della c.*; (*antifr.*) *fammi la c. di andartene.* **SIN.** Gentilezza | (*est.*) ***Di c.***, detto di bene mobile (automobile, telefono cellulare e sim.), dato in uso al cliente che lascia il proprio presso un'officina per operazioni di manutenzione. ***3*** †Parte di preda che si lasciava al falcone dopo la caccia. ***4*** †Liberalità, magnificenza | ***Fare la c. di qlco.***, donarla | Mancia. || **PROV.** Salutare è cortesia rispondere è dovere.

cortézza [da *corto*; 1308] **s. f.** ***1*** (*raro, lett.*) L'essere corto: *la c. del tempo.* ***2*** (*fig.*) Insufficienza, pochezza: *c. d'ingegno.*

corticàle [fr. *cortical*, agg. tratto dal lat. *cŏrtex*, genit. *cŏrticis* 'cortice'; 1710] **A agg.** ● (*bot., anat.*) Che forma la corteccia, che si riferisce alla corteccia | (*bot.*) ***Strato c.***, zona parenchimatica che circonda il cilindro centrale del fusto o della radice. **B s. f.** ● (*anat.*) Porzione esterna di un organo caratterizzato da una distinta componente interna: *c. della ghiandola surrenale.* **CONTR.** Midollare.

corticàto [da *cortice*; 1956] **agg.** ● (*bot.*) Che è provvisto di uno strato esterno molto più consistente di quello interno | ***Bacca corticata***, il frutto degli agrumi.

còrtice [vc. dotta, lat. *cŏrtice(m)* 'corteccia', dalla radice indeur. **kert-* 'tagliare'; 1499] **s. m.** ● (*lett.*) Corteccia: *il c. del cervello.*

corticìcolo [comp. del lat. *cŏrtex*, genit. *cŏrticis* 'corteccia' e di *-colo*; 1983] **agg.** ● (*zool.*) Detto di animale che vive sotto la corteccia degli alberi.

corticìna [fr. *corticine*, dal lat. *cŏrtex*, genit. *cŏrticis* 'cortice'; 1970] **s. f.** ● (*biol.*) Ormone isolato della porzione corticale delle capsule surrenali.

còrtico- [dal lat. *cŏrtex*, genit. *cŏrticis* 'corteccia'] primo elemento ● In parole composte della terminologia medica, significa 'corteccia, tessuto corticale': *corticosterone.*

corticòide [comp. di *cortico-* e di *-oide*; 1956] **s. m.** ● (*biol.*) Ogni ormone steroide della corteccia surrenale. **SIN.** Corticosteroide.

corticosteròide [comp. di *cortico-* e di *steroide*; 1970] **A agg.** ● (*biol.*) Detto di ormone chetosteroide che si forma nella corteccia del surrene. **B s. m.** ● Corticoide.

corticosteróne [comp. di *cortico-*, *ster(oide)* e *-one* (2); 1964] **s. m.** ● (*biol.*) Ormone secreto dalla sostanza corticale delle capsule surrenali, ad azione molteplice.

corticosurrenàle [comp. di *cortico-* e di *surrenale*; 1956] **agg.** ● (*anat.*) Di, relativo a corteccia surrenale: *ghiandola, ormone c.*

corticosurrène [comp. di *cortico-* e di *surrene*] **s. m.** ● (*anat.*) Ghiandola corticosurrenale.

corticotropìna [comp. di *cortico-* e di un deriv. del gr. *trépein* 'volgere' (V. *-tropo*); 1987] **s. f.** ● (*biol.*) Ormone prodotto dalla ipofisi anteriore, che stimola la secrezione di ormoni steroidei da parte della corteccia surrenale. **SIN.** Ormone adrenocorticotropo.

cortigiàna o †**cortegiàna** [f. di *cortigiano*; 1528] **s. f.** ***1*** Donna di corte. ***2*** (*fig.*) Prostituta. || **cortigianèlla**, **cortigianùzza**, **dim.**

cortigianàta **s. f.** ● (*spreg.*) Azione da cortigiano.

cortigianerìa o †**cortegianerìa** [1554] **s. f.** ● Comportamento o atteggiamento da cortigiano | (*est.*) Adulazione.

cortigianésco [1536] **agg.** (pl. m. *-schi*) ***1*** Di, da cortigiano: *libidine di applauso volgare e di onori cortigianeschi* (FOSCOLO). **SIN.** Adulatorio, servile. ***2*** (*est., spreg.*) Cerimonioso, simulato. || **cortigianescaménte**, **avv.**

†**cortigianìa** o **cortegianìa** [av. 1508] **s. f.** ***1*** Condizione di cortigiano. ***2*** (*est.*) Adulazione | Prostituzione.

cortigiàno o †**cortegiàno** [da *corte*; av. 1348] **A agg.** ● Pertinente alla corte: *linguaggio c.* | (*fig.*) Adulatorio: *animo, comportamento c.* || **cortigianaménte**, **avv.** Da cortigiano; †cortesemente. **B s. m.** (f. *-a* (V.)) ● Uomo di corte | (*est.*) Adulatore, piaggiatore. || **cortigianàccio**, **pegg.** | **cortigianèllo**, **dim.**

♦**cortìle** [da *corte*; 1312] **s. m.** ***1*** Area libera scoperta, interna a uno o più edifici, per illuminare e ventilare gli ambienti interni. ***2*** Corte della casa colonica | ***Animali da c.***, pollame e sim. ➡ ILL. p. 2113 AGRICOLTURA. || **cortilàccio**, **pegg.** | **cortilétto**, **dim.** | **cortilóne**, **accr.**

cortilìvo [da *cortile*] **agg.** ● (*bur., raro*) Del, relativo al cortile: *area cortiliva.*

cortìna (1) [lat. *cortīna(m)* 'caldaia', poi (lat. tardo) 'tenda', di orig. indeur.; 1352] **s. f.** ***1*** Tenda destinata a chiudere, proteggere tutto un ambiente, una parte di esso o anche un mobile | Ciascuna delle tende che cingevano il letto a baldacchino. ***2*** (*est.*) Tutto ciò che si frappone fra due elementi impedendo la vista, il contatto, la comunicazione e sim. (*anche fig.*): *una c. di polvere, di fumo, di nebbia* | ***C. di ferro***, (*fig.*) nell'Europa del secondo dopoguerra indicava la linea di separazione politica e militare fra i Paesi dell'Est, a regime comunista, e quelli dell'Ovest. ***3*** Nelle antiche fortificazioni, tratto di una cinta muraria, compreso fra le torri o i bastioni | Nell'organizzazione difensiva del campo di battaglia, spazio compreso fra due capisaldi | ***C. fumogena, nebbiogena***, (*fig.*)

schermo lineare di nebbia artificiale per mascherare movimenti propri o accecare osservatori nemici | †Trincea. ➡ ILL. p. 2120 ARCHITETTURA. *4* (*raro, lett.*) Sipario | †Tendina che copre le immagini sacre nelle chiese.

♦**cortina** (2) [vc. dotta, lat. *cortīna(m)*, di orig. indeur.; sec. XIV] **s. f.** ● (*lett.*) Tripode di Apollo | (*fig.*) Oracolo di Apollo.

cortinàggio [da *cortina* (*1*); 1534] **s. m.** ● Tendaggio | ***C. del letto***, insieme di tende e baldacchino che circondano e chiudono il letto | Baldacchino. **SIN.** Parato.

cortinàrio [da *cortina* (*1*) per l'aspetto dei filamenti che riuniscono il margine del cappello al gambo; 1964] **s. m.** ● Genere di Funghi dei Basidiomiceti delle Agaricacee caratterizzati dal fatto che il cappello ha il margine unito al gambo da una cortina a ragnatela (*Cortinarius*). ➡ **ILL. fungo.**

cortiṣòlo **s. m.** ● (*chim.*) Idrocortisone.

cortiṣóne [da *corticosterone*; 1950] **s. m.** ● Ormone della corteccia surrenale, ad azione sulla pressione arteriosa e sull'equilibrio glucidico dell'organismo.

cortiṣònico [1963] **A agg.** (**pl. m.** *-ci*) ● Del, relativo al cortisone. **B s. m.** ● (*farm.*) Preparato farmaceutico di sintesi, a struttura steroidea, dotato delle proprietà terapeutiche del cortisone.

cortiṣonoterapia [comp. di *cortisone* e *terapia*; 1987] **s. f.** ● Terapia effettuata mediante cortisone o farmaci cortisonici.

♦**córto** o †**cùrto** [lat. *cŭrtu(m)* 'accorciato, mozzo', di orig. indeur.; 1282] **A agg.** *1* Che ha scarsa lunghezza, o lunghezza considerata inferiore al normale o al necessario: *strada corta*; *gambe corte*; *ramo c.*; *collo c.* | ***Calzoni corti***, sino al ginocchio o a mezza gamba | Basso di statura | (*raro*) ***Vestire di c.***, con abiti corti. **CFR.** brachi-, brevi-. **CONTR.** Lungo. *2* Che ha breve durata: *è una commedia molto corta* | ***Settimana corta***, settimana lavorativa di cinque giorni | (*lett.*) Effimero, caduco: *volarono anni corti come giorni* (MONTALE). *3* (*fig.*) Scarso, insufficiente | ***C. di vista***, miope | ***C. di mente***, ottuso | ***Tenersi c. nelle spese***, risparmiare | ***Essere c. a quattrini***, averne pochi | (*raro*) ***Venir c.***, non riuscire, andare a vuoto | Nella loc. avv. ***a c. di***, in modo scarso, insufficiente: *essere a c. di quattrini*; *tenere qlcu. a c. di denaro*. *4* (*fig.*) Nelle loc. ***prendere la via corta***, scegliere la soluzione più sbrigativa | ***Alle corte***, (*ellitt.*) invito brusco a non tergiversare | ***Andare per le corte***, (*ellitt.*) essere sbrigativo | ***Per farla corta***, riassumendo, in conclusione | †***Di c.***, fra poco. *5* †Ristretto, detto di brodi, decotti e sim. || †**cortaménte**, **avv.** (*raro*) In breve; da poco tempo. **B s. m.** *1* Accorc. di *cortocircuito*. *2* Accorc. di *cortometraggio*. **C** in funzione di **avv.** *1* (*lett.*) In minor tempo, in fretta, rapidamente: *mostrate da qual mano inver' la scala / si va più c.* (DANTE *Purg.* XI, 40-41) | ***Tagliar c.***, concludere, troncare un discorso, porre fine a indugi o esitazioni. *2* †Poco, in modo insufficiente: *Però chi d'esso loco fa parole, / non dica Ascesi, ché direbbe c., / ma Oriente, se proprio dir vuole* (DANTE *Par.* XI, 52-54). || **cortétto**, **dim.** | **cortino**, **dim.**

cortocircuitàre [da *cortocircuito* con suff. verbale; 1983] **v. tr.** (*io cortocircùito*) ● Mettere in cortocircuito (*anche fig.*).

cortocircùito o **córto circùito** [comp. di *corto* e *circuito*; 1905] **s. m.** (**pl.** *cortocircùiti*) *1* (*elettr.*) Connessione a bassa resistenza, gener. accidentale, fra due elementi di un circuito elettrico, in genere accompagnato da anormale aumento della corrente. *2* (*fig.*) Interruzione nel funzionamento di qlco. | Stretto legame tra due fenomeni: *c. fra televisione e giornali* | (*fam.*) ***Andare in c.***, cedere all'improvviso, perdere il controllo.

cortometràggio [comp. di *corto* e *metraggio*; 1933] **s. m.** (**pl.** *cortometràggi*) ● Film di durata non superiore ai 15 minuti.

cortoràggio [comp. di *corto* e *raggio*; 1964] **s. m.** (**pl.** *cortoràggi*) ● (*sci*) Tecnica di esecuzione di curve a raggio ridotto per controllare la velocità in tratti di pista particolarmente ripidi.

coruscàre e *deriv.* ● V. *corruscare* e *deriv.*

†**corvacchióne** ● V. *corbacchione*.

corvàta **s. f.** ● (*ant.*) Adattamento di *corvée* nel sign. 1 (V.).

†**corvàtta** ● V. *cravatta*.

corvè **s. f. inv.** ● Adattamento di *corvée* (V.).

corvée /kɔr've/ [vc. fr. dal lat. *corrogāta(m)* '(opera) richiesta', part. pass. di *corrogāre* 'corrogare'; 1848] **s. f. inv.** *1* (*ant.*) Prestazione d'opera gratuita che i coltivatori dipendenti erano tenuti a compiere nella parte delle signorie fondiarie che il signore riservava a sé. *2* Lavoro di fatica assegnato a una squadra di soldati appositamente comandata. *3* (*fig.*) Lavoro ingrato e gravoso: *si è voluto a tutti i costi sobbarcare a questa c.*

corvétta (1) [fr. *corvette*, dall'ol. *korver* 'battello cacciatore'; 1561] **s. f.** ● Nei secc. XVIII e XIX, nave militare a vela, più piccola della fregata, con non più di trenta cannoni | Attualmente, nave da guerra di tonnellaggio non superiore alle 1000 tonnellate, per scorta ai convogli e caccia ai sommergibili | ***Capitano di c.***, il quarto grado degli ufficiali di vascello, corrispondente a maggiore.

corvétta (2) [fr. *corvette*, da *courbe* 'curvo'; 1770 ca.] **s. f.** ● Nell'equitazione, figura delle arie alte in cui il cavallo esegue una serie di piccoli salti di uguale cadenza, formando con la zampa anteriore un angolo acuto col terreno.

corvettàre [da *corvetta* (*2*); av. 1597] **v. intr.** (*io corvétto*; aus. *avere*) *1* Fare corvette, detto di cavalli. *2* (*est.*) †Saltare, balzare, detto spec. di persona.

Còrvidi [comp. di *corvo* (*1*) e *-idi*; 1887] **s. m. pl.** (**sing.** *-e*) ● Nella tassonomia animale, famiglia di Uccelli dei Passeriformi, comprendente animali onnivori e voraci tra i quali la cornacchia e il corvo (*Corvidae*).

corvìna (1) [dal lat. *corvīnus* 'corvino', per il colore del corpo; 1956] **s. f.** ● (*zool.*) ***C. di scoglio***, pesce osseo dei Perciformi, commestibile, dal corpo dorsalmente scuro (*Corvina nigra*). **SIN.** Corvo (2).

corvìna (2) [da *corvino*, per il colore; 1956] **s. f.** ● (*enol.*) Vitigno tipico del Veronese che dà un'uva di colore scuro | L'uva di tale vitigno, principale componente dei vini Valpolicella, Recioto e Bardolino.

corvìno [vc. dotta, lat. *corvīnu(m)*, da *cŏrvus* 'corvo (1)'; 1561] **agg.** *1* Che ha il colore nero lucido caratteristico delle penne del corvo: *chioma corvina*; *capelli corvini*. *2* Morello: *cavallo c.*

♦**córvo** (1) o (*dial.*) †**còrbo** [lat. *cŏrvu(m)*, di orig. onomat.; av. 1276] **s. m.** *1* Uccello dei Passeriformi simile alla cornacchia nera, con corpo massiccio, robuste zampe unghiute e piumaggio nero a riflessi violacei (*Corvus corax*). **CFR.** Crocidare, gracchiare. ➡ **ILL. animali**/10 | ***C. di notte***, nitticora | ***Nero come un c.***, nerissimo | ***C. del malaugurio***, (*fig.*) iettatore. *2* Nel linguaggio giornalistico, autore di lettere anonime. *3* Chi, protetto dall'anonimato, diffonde calunnie o insinuazioni, con lettere o altri mezzi. *4* Antica macchina da guerra, usata in terra e in mare, consistente in un grosso graffio per agganciare e immobilizzare macchine o navi avversarie. || †**corvàcchio**, **corvàccio**, **pegg.** | **corvétto**, **dim.** | †**corvicino**, **dim.**

còrvo (2) [così chiamato per il suo colore scuro, come quello dell'uccello omonimo; 1562] **s. m.** ● (*zool.*) Corvina di scoglio.

♦**còṣa** [lat. *causa(m)* 'causa', che, attrav. il senso di 'affare', sostituisce *rēs*; sec. XII] **s. f.** *1* Nome generico usato per indicare un'entità materiale o ideale, concreta o astratta: *le cose corporee, materiali, spirituali*; *cose da mangiare*; *la miglior c., la peggior c.*; *per nessuna c. al mondo* | ***Per prima c.***, prima di tutto | ***Sopra ogni c.***, più di tutto | ***Credersi qualche c., una gran c., chissà che c.***, darsi importanza | ***Non è c.***, (*merid.*) non è possibile, è assurdo | ***Avere qualche c. contro qlcu.***, nutrire rancore | ***Essere tutt'altra c.***, completamente diverso | ***Fra le altre cose***, oltre al resto | ***Le cose***, (*fam., eufem.*) le mestruazioni | ***La c. pubblica***, lo Stato | ***La c. familiare***, (*raro, lett.*) la famiglia | ***La somma delle cose***, (*lett.*) l'autorità suprema | †***Se c. fosse***, se avvenisse. *2* (*filos.*) La realtà oggettiva in quanto tale | ***C. in sé***, ciò che sussiste in sé al di fuori della nostra conoscenza. *3* (*dir.*) Parte separata della materia circostante avente rilevanza giuridica: *c. semplice, composta, fungibile, infungibile, consumabile, inconsumabile, mobile, immobile* | ***C. giudicata***, fatto giuridico reso certo da una pronuncia del giudice emanata nelle forme di una sentenza e divenuta incontrovertibile. **SIN.** Giudicato. *4* Oggetto materiale: *sono cose di notevole valore*; *riordinate le vostre cose*; *le buone cose di pessimo gusto*; *se sarai promosso ti regalerò una bella c.* | ***Le proprie cose***, le proprie masserizie, o anche i propri averi | ***Disporre di molte cose***, di molti beni, averi. *5* (*fam.*) Qualsiasi persona di sesso femminile di cui non si ricordi, non si sappia o non si voglia dire il nome: *ieri ho incontrato la c.* *6* Opera, o parte di opera: *sono le cose più belle della nostra letteratura*; *di quel trattato ho studiato le cose più interessanti*. *7* Situazione: *le cose si mettono bene*; *le cose si complicano*; *per necessità di cose* | ***Arrivare a cose fatte***, quando una situazione è già chiarita, un problema è già risolto e sim. | ***È c. fatta***, è concluso, è sistemato e sim. *8* Fatto, avvenimento, azione: *fate sempre troppe cose contemporaneamente*; *qui succedono cose molto strane*; *è accaduta una c. terribile*; *cose da matti, da pazzi, incredibili, dell'altro mondo*; *cose da niente, da nulla*; *cose, fatti, e non parole!* | ***Sono cose grosse***, di grande importanza | ***Fare le cose in grande stile***, senza risparmio di denaro e di energie | ***Sono cose che capitano***, escl. di rassegnazione e consolazione, di fronte a incidenti, insucessi e sim. | ***Da c. nasce c.***, da un primo evento, talora accidentale o non provocato, ne derivano spesso altri favorevoli o graditi. *9* Causa, motivo, scopo: *si agita per cose di nessun conto*; *risparmiate le vostre parole per cose più interessanti* | Uso: *è uno strumento che serve per molte cose*. *10* Parola, discorso, dichiarazione | ***Dire cose di fuoco***, fare dichiarazioni gravi, minacce e sim. | ***Buone cose!***, ***tante*** (***belle***) ***cose!***, tanti auguri, molti complimenti. *11* Problema, lavoro, affare e sim.: *interessarsi alle cose della politica, della scuola, della casa*; *essere addentro alle segrete cose*; *questa non è c. di mia competenza*; *queste non sono cose da ragazze* | ***Esaminare c. per c.***, minutamente. *12* In unione con agg. qualif. dimostr. indef., assume il valore del corrispondente sost. astratto e del pron. nella forma neutra: *una c. nuova*; *è una c. dura, malagevole*; *è una gran bella c.*; *è c. sicura, certa* | ***È una c. giusta***, né troppo né poco | ***È poca c.***, è poco | ***Questa, codesta, quella, la qual c.***, ciò | ***Nessuna c.***, nulla | ***Qualunque c.***, checché | ***Per la qual c.***, perciò | In funzione prolettica: *fai una c.*: *esci prima che entri lui* | Usato nelle interr. dirette o indirette e nelle escl. preceduto o no dall'agg. interr. *che*: *che c. credi?*; *c. fai?*; *a c. pensi?*; *c. mi dici!* | Con valore raff.: *c. diavolo hai combinato?* *13* ***C. Nostra***, organizzazione mafiosa attiva in Sicilia e negli Stati Uniti. *14* (*mat.*) †Incognita. || **PROV.** Cosa fatta capo ha; da cosa nasce cosa. || **coṣàccia**, **pegg.** | **coṣellina**, **dim.** | **coṣerèlla**, †**coṣarèlla**, **dim.** | **coṣerellina**, **dim.** | **coṣétta**, **dim.** | **coṣettina**, **dim.** | **coṣina**, **dim.** | **coṣùccia**, **dim.**

coṣà [da *così*, sul modello *lì-là*, *qui-qua*; av. 1712] **avv.** ● (*fam.*) Solo nella loc. avv. ***così e c.***, in questo preciso modo: *bisogna fare così e c.* | ***Né così né c.***, né in questo né in quell'altro modo | ***Così c.***, né bene né male, in modo mediocre: *si comporta così c.*; *lavoro fatto così c.*

coṣàcco [russo *kozak*, dal turco *qazaq* 'vagabondo'; 1571] **A s. m.** (**f.** *-a*; **pl. m.** *-chi*) ● Membro dell'antica popolazione di stirpe tartara stanziatasi nelle steppe della Russia meridionale | Soldato a piedi o a cavallo dell'esercito russo reclutato fra tale popolazione. **B agg.** ● Relativo alla popolazione cosacca | ***Danza cosacca***, danza di ritmo dapprima moderato, poi sempre più vivace | ***Alla cosacca***, (*ellitt.*) detto di un tipo di stivali alti fino al ginocchio.

coṣàre [da *cosa*; 1908] **v. tr. e intr.** (*io còṣo*; aus. *essere* o *avere*) ● (*fam.*) Sostituisce qualunque verbo di cui non si ricordi, non si sappia o non si voglia dire il vero termine.

còsca [etim. incerta; 1900] **s. f.** ● Nucleo di mafiosi.

♦**còscia** [lat. *cŏxa(m)*, di orig. indeur.; sec. XIII] **s. f.** (**pl.** *-sce*) *1* (*anat.*) Parte dell'arto inferiore compresa fra l'anca e la gamba, il cui scheletro è rappresentato dal femore: *stivali fino a mezza c.* | ***Calzoni a c.***, attillati alla coscia. *2* (*est., fam.*) Analoga parte del corpo di animali, spec. macellati: *una c. di pollo, di capretto* | ***Vitello della c.***, varietà bovina piemontese in cui le masse di carne che formano il treno posteriore e la groppa sono tipicamente abbondanti, sode e prive di grasso d'infiltrazione | Taglio di carne bovina ricavato dalla coscia dell'animale: *fettine di c.* *3* (*est.*) La parte dei calzoni che ricopre la coscia: *calzoni* *larghi di c.* **4** Ciascuno dei due pilastri che fanno da sostegno al torchio da stampa | Ganascia di morsa. **5** La parte di un ponte fondata sulla riva. **6** Ciascuna delle due parti sagomate costituenti un particolare tipo di affusto. SIN. Fiancata. ➡ ILL. p. 2121 ARCHITETTURA. **7** (*lett.*) †Sponda, spec. di carro: *ferma in su la detta c.* / *del carro stando* (DANTE *Purg.* XXX, 100-101). **8** (*pop.*) ***C. di donna***, varietà di pera | ***C. di monaca***, varietà di susina. || **coscétta**, dim. | **coscettina**, dim. | **coscina**, dim. | **cosciòna**, accr.

cosciale [lat. tardo *coxāle* 'vestito che copre le anche', da *cōxa* 'coscia'; 1297] s. m. **1** Indumento o parte di indumento che copre le cosce con funzioni protettive: *il c. dei cacciatori, dei giocatori di hockey.* **2** Antica armatura metallica a difesa delle cosce | Scarsellone. **3** (*med.*) Protesi che supplisce la coscia amputata | Parte del letto o del tavolo operatorio destinata a fissare le cosce del paziente. **4** Parte laterale di scala, gradinata e sim.

cosciènte [vc. dotta, lat. *consciĕnte(m)*, part. pres. di *conscīre* 'essere conscio', comp. di *cŭm* 'con' e *scīre* 'sapere'; 1884] agg. **1** Che ha coscienza e consapevolezza di sé e delle proprie azioni: *essere c. dei propri doveri*; *non è c. dei suoi limiti.* SIN. Consapevole, conscio | Scrupoloso, competente, responsabile: *è un insegnante molto c.* **2** Che è frutto di una decisione ponderata e responsabile: *una scelta c.* **3** (*med.*) Presente a sé stesso, lucido: *il paziente è ancora c.* || **coscientemènte**, avv. In modo cosciente, con piena coscienza.

♦**cosciènza** o (*lett.*) †**consciènza**, (*lett.*) †**conscïènza** [vc. dotta, lat. *consciĕntia(m)*, da *conscīre*. V. *cosciente*; av. 1292] s. f. **1** (*psicol.*) Modo particolare in cui le esperienze o i processi psichici, quali percezioni, ricordi, eventi intellettuali, sentimenti, desideri e atti della volontà, sono dati e conosciuti al soggetto. **2** Correntemente, consapevolezza, percezione che l'uomo ha di sé, del proprio corpo e delle proprie sensazioni, delle proprie idee, dei significati e dei fini delle proprie azioni: *hanno la piena c. di ciò che dicono e fanno*; *l'uomo giusto dovrebbe avere l'esatta c. dei propri diritti e dei propri doveri* | ***Perdere, riacquistare la c.***, i sensi | ***Perdita di c.***, lipotimia | ***Tornare a c.***, tornare in sé, riprendere i sensi e (*est.*) ravvedersi, pentirsi | ***Avere la vaga c. di qlco.***, percepire vagamente qlco. | ***Presa di c.***, raggiungimento di una piena consapevolezza di fatti personali o fenomeni generali. **3** Sistema dei valori morali di una persona, che le permette di approvare o disapprovare i propri atti, propositi e sim.: *c. morale*; *esame di c.*; *c. diritta, austera, rigida*; *c. fiacca, gretta*; *c. nera, sporca, macchiata, immacolata, netta, limpida*; *rimorso, scrupolo di c.* | ***Caso di c.***, problema la cui soluzione coinvolge la propria sensibilità morale | ***Contro c.***, contro le proprie convinzioni morali | ***Senza c.***, di persona priva di scrupoli | ***Avere qlco. sulla c., avere un peso sulla c., avere una cattiva c.***, sentirsi colpevole, avere rimorso di qlco. | (*fig.*) ***Ascoltare la voce della c.***, uniformarsi, nell'agire, ai propri principi morali | (*fig.*) ***Mettersi una mano sulla c.***, valutare le proprie responsabilità, le conseguenze delle proprie decisioni e sim. | ***Togliersi un peso dalla c.***, eliminare i rimorsi riparando al mal fatto | ***Mettersi la c. in pace***, far tacere i rimorsi, rassegnarsi | ***Avere, sentirsi la c. tranquilla, a posto***, essere convinto di essersi comportato secondo i propri principi morali. **4** Lealtà, onestà | ***Uomo di c.***, onesto | ***In c., in tutta c.***, onestamente. **5** Senso del dovere, della responsabilità professionale e sim.: *è una persona che ha c. del proprio lavoro* | ***Con c.***, con diligenza, responsabilità e sim. SIN. Scrupolo. **6** Sensibilità e interesse per un complesso di problemi: *avere una c. politica, civile, sociale.*

coscienziàle [1965] agg. ● (*psicol., lett.*) Relativo alla coscienza.

coscienzialiṣmo [da *coscienza*; 1951] s. m. ● Dottrina che pone la coscienza alla base della speculazione filosofica | Dottrina in base alla quale l'esistenza della realtà è condizionata al suo essere incluso nella coscienza del soggetto.

coscienziosità [1832] s. f. ● Caratteristica di chi (o di ciò che) è coscienzioso. SIN. Diligenza, scrupolosità.

coscienzióṣo [da *coscienza*; 1663] agg. **1** Che opera con consapevolezza dei propri doveri morali o professionali: *insegnante, giudice c.* SIN. Corretto, diligente, scrupoloso. **2** Che è fatto con diligenza, serietà, impegno: *hanno compiuto un lavoro c.* || **coscienziosaménte**, avv. Secondo coscienza.

còscio [da *coscia*; 1863] s. m. ● Coscia di bestia grossa macellata, quando è separata dal resto del corpo: *c. di abbacchio, di vitello*; *c. di capretto al forno.* || **coscétto**, dim. | **cosciòtto**, dim. (V.).

cosciòtto [1846] s. m. **1** Dim. di *coscio*. **2** Coscia di montone, agnello e sim. macellato.

coscrìtto [vc. dotta, lat. *conscrīptu(m)*, part. pass. di *conscrībere* 'coscrivere'; av. 1347] **A** agg. ● Nella loc. ***padri coscritti***, i senatori romani. **B** s. m. ● Soldato di leva appena arruolato. SIN. Recluta.

coscrìvere [vc. dotta, lat. *conscrībere*, comp. di *cŭm* 'con' e *scrībere* 'scrivere'; sec. XIV] v. tr. (coniug. come *scrivere*) ● Arruolare.

coscrivìbile [1942] agg. ● (*raro*) Che ha i requisiti per essere iscritto nelle liste di leva.

coscrizióne [vc. dotta, lat. *conscriptiōne(m)*, da *conscrīptus* 'coscritto'; 1798] s. f. ● Arruolamento: *c. volontaria, obbligatoria.*

cosecànte [lat. scient. *co(mplemēnti) secānte(m)* 'secante del complemento'; av. 1739] s. f. ● (*mat.*) Reciproco del seno.

cosegretàrio [comp. di *co-* e *segretario*] s. m. (f. *-a*) ● Chi divide con altri la carica di segretario.

coseità [1978] s. f. ● (*filos.*) Caratteristica essenziale della cosa in sé, dell'oggetto materiale.

coséno [lat. scient. *co(mplemēnti) sīnu(m)* 'seno del complemento'. V. *seno*; 1772] s. m. ● (*mat.*) Funzione trigonometrica | ***C. di un angolo***, funzione che associa a un angolo, formato da un segmento unitario e da una retta, la misura con segno della proiezione ortogonale del segmento sulla retta; in un triangolo rettangolo, misura con segno del rapporto tra il lato adiacente all'angolo dato e l'ipotenusa.

coṣentino [1766] **A** agg. ● Di Cosenza. **B** s. m. (f. *-a*) ● Abitante, nativo di Cosenza.

cosfì [da *cos(eno dell'angolo) fi*] s. m. ● (*fis.*) Fattore di potenza della corrente alternata, equivalente al coseno dell'angolo di sfasamento fra tensione e corrente.

cosfìmetro [comp. di *cos(eno dell'angolo) fi* e *-metro*; 1959] s. m. ● (*elettr.*) Fasometro.

♦**così** [lat. *ĕccu(m) sīc* 'ecco, così'; av. 1250] **A** avv. **1** In questo modo: *non devi comportarti c.*; *c. va il mondo!*; *c. facendo sembrerai colpevole*; *c. si dice*; *chi ti ha conciato c.?*; *è un pacco largo c. e lungo c.*, accompagnando la parola col gesto | Con valore raff. di 'pure', 'anche': *ti trovo molto cambiato e c. pure tua sorella* | Con valore raff. di un'affermazione o di una negazione: *sì, è c.*; *è proprio c.*; *non è c.*; *per c. dire* | ***E c.?*** e allora? | ***È c.?***; ***è c. o non è c.?***, per sollecitare una conferma o una risposta | ***E c. via***; ***e c. via dicendo***, eccetera | Con valore raff.: ***c. e c.***, (*scherz., fam.*) ***c. e cosà***, proprio in questo modo (alludendo a una serie di cose o argomenti già specificati o preparandosi a specificarli) | ***Né c. né cosà***, né in un modo né in un altro | ***Basta c.!***, è sufficiente, anche per esprimere sdegno | (*iter.*) ***Così così***, indica cosa, stato o persona mediocre (spesso accompagnato da un gesto ondulatorio della mano): *'come ti pare?' 'così così!'*; *'come stai?' 'così così'*; *'sei contento?' 'così così'* | Anche nelle loc. avv. ***di, per, da c.*** e sim.: *mettiti per c.*; *non posso fare diversamente da c.* **2** Talmente, tanto: *vai c. lontano?*; *sei ancora c. giovane!*; *è c. presto!*; *sono persone c. simpatiche!* | Tanto (in correl. con 'come', 'quanto'): *c. gli uni come gli altri*; *ha sbagliato c. l'uno quanto l'altro*; *è stato gentile c. con me, come con te.* **B** in funzione di agg. ● Tale, siffatto: *non avevo mai visto uno spettacolo c.*; *ho conosciuto una volta una persona c.* | ***Così fatto***, V. *cosiffatto*. **C** cong. **1** In correl. con 'come' introduce una prop. compar. o modale: *continua a fare c. come hai fatto fino ad ora*; *non è poi c. furbo come sembra*; *è proprio c. bravo come dicono?* **2** Perciò, pertanto (con valore concl. introduce una prop. coordinata): *il telefono era rotto e c. non ho potuto avvertirti*; *abitano lontano e c. si vedono raramente.* **3** Nonostante, sebbene (con valore avvers. o concess.): *c. povero, cerca di aiutare tutti*; *c. furbo com'è, si è fatto imbrogliare*; *sono uscito c. vestito com'ero.* **4** A tal punto (in correl. con 'che' introduce una prop. consec. esplicita con il v. all'indic., al condiz. o al congv.; in correl. con 'da' introduce una prop. consec. implicita con il v. all'inf.): *sono c. infreddolito che non riesco più a scaldarmi*; *spero che tu non sia stato c. sciocco da lasciarti sfuggire una tale occasione* | Anche nella loc. cong. ***c. che*** (V. *cosicché*). **5** Magari, volesse il cielo che (con valore ottativo o desiderativo e il v. al congv.): *c. fosse vero!*; *c. fosse tutto finito!*; *c. potessi anch'io riuscire!* | ***Così sia***, amen. **6** Indica successione immediata in correl. con 'come', 'appena che', dopo una prop. temp.: *come lo vide, c. si mise a correre via.* **7** Con valore raff., in correl. con 'poiché', 'siccome', dopo una prop. caus.: *siccome il compito era difficile, c. ho consegnato il foglio in bianco.*

coṣicché o **così che** /kosik'ke*, ko'sikke*/ [comp. di *così* e *che* (*2*); 1300 ca.] cong. **1** Di modo che, perciò, in conseguenza di ciò (introduce una prop. conclusiva o consecutiva con il v. all'indic., più raramente al condiz.): *ero impreparato, c. non risposi*; *sono stanco, c. desidererei riposare.* **2** Affinché (introduce una prop. finale con il v. al congv.): *verrò fra un'ora c. tu possa prepararti.* **3** (*assol.*) Allora, dunque (in espressioni interr. come invito o sollecitazione a concludere un discorso): *c.? come è finita la questione?*

coṣiddétto o **così détto**, (*raro*) **cosidétto** [comp. di *così* e *detto*; 1819] **A** agg. ● Detto, denominato comunemente in questo modo (*spesso spreg.*): *la cosiddetta letteratura d'avanguardia.* **B** s. m. (*al pl., volg.*) ● Testicoli.

coṣiffàtto o **così fatto**, (*raro*) **cosifàtto** [comp. di *così* e *fatto*; 1308] agg. ● Tale, simile (*spesso spreg.*): *uomini cosiffatti sono indegni di stima.*

coṣimo [da S. Cosma (pop. *Cosimo*), al tempo della cui festa (27 settembre) si maturano; av. 1597] agg. ● Detto di una varietà di pero dai grossi frutti giallo-rossastri | ***Pera cosima***, frutto di tale albero.

coṣino [av. 1850] s. m. (f. *-a*) **1** Dim. di *coso*. **2** (*fig., fam.*) Persona di bassa statura | Ragazzo piccolo e debole: *un c. da niente*; *un povero c.*

cosinusòide [comp. del lat. scient. *cosinus* 'coseno' e di *-oide*; 1892] s. f. ● (*mat.*) Curva rappresentativa della funzione trigonometrica coseno.

coṣmatésco [1923] agg. (pl. m. *-schi*) ● Dei Cosmati, marmorari, architetti, scultori e decoratori attivi nel Medioevo: *un pavimento, un chiostro c.* | ***Arte cosmatesca***, caratterizzata da una decorazione a motivi geometrici eseguita a mosaico o a intarsi di marmi policromi.

coṣmèṣi [vc. dotta, gr. *kósmēsis* 'l'adornare', da *kosméō* 'io adorno', a sua volta da *kósmos* 'ordine, ornamento'; 1918] s. f. inv. **1** Arte che cura la conservazione della freschezza della pelle e della bellezza in genere. SIN. Cosmetica. **2** (*fig.*) Rinnovamento di facciata, soltanto apparente | (*econ.*) ***C. di bilancio***, pratica di manipolare, nei limiti della legalità, i conti di un'impresa, con lo scopo di mostrare una situazione più favorevole di quella reale.

coṣmètica [vc. dotta, gr. *kosmētikḗ* '(arte) decorativa, dell'abbigliamento', da *kosméō* 'io adorno'; 1797] s. f. ● Cosmesi.

coṣmètico [vc. dotta, gr. *kosmētikós*, da *kósmēsis* 'cosmesi'; nel sign. B, prob. attrav. il fr. *cosmétique*; 1688] **A** agg. (pl. m. *-ci*) ● Che serve a conservare o ad accrescere la bellezza e la freschezza del corpo umano, spec. del volto: *prodotti cosmetici.* **B** s. m. ● (*gener.*) Qualsiasi prodotto cosmetico.

coṣmetista [1963] s. f. e m. (pl. m. *-i*) ● Chi lavora in un istituto di bellezza o presso un parrucchiere per signora come esperto di cosmetica.

coṣmetologia [comp. di *cosmet(ico)* e *-logia*; 1966] s. f. ● Settore della dermatologia che ha per oggetto i problemi estetici della pelle.

coṣmetològico [1986] agg. (pl. m. *-ci*) ● Relativo alla cosmetologia.

coṣmetòlogo [1965] s. m. (f. *-a*; pl. m. *-gi*) ● Studioso di cosmetologia.

coṣmicità [da *cosmico*; 1970] s. f. ● Caratteristica di ciò che è cosmico. SIN. Universalità | Secondo l'estetica crociana, la caratteristica della vera arte, di rappresentare cioè idee e sentimenti nella loro risonanza universale.

còṣmico [vc. dotta, lat. tardo *cōsmicu(m)*, nom. *cōsmicus*, dal gr. *kosmikós*, da *kósmos* 'cosmo'; av. 1764] agg. (pl. m. *-ci*) **1** Che si riferisce al cosmo:

fenomeni cosmici | ***Raggi cosmici***, insieme di particelle e di radiazioni molto energetiche provenienti spec. dagli spazi interstellari | ***Diritto c.***, insieme di principi e norme giuridiche che regolano lo sfruttamento dello spazio stratosferico da parte degli Stati. *2* (*est.*) Di tutti, universale: *dolore c.* || **cosmicaménte**, avv. In modo cosmico, in modo universale.

còsmo [vc. dotta, gr. *kósmos* 'ordine', poi 'mondo, universo', di etim. incerta; 1562] s. m. *1* L'insieme di tutti i corpi celesti fisicamente esistenti. *2* (*filos.*) Il mondo inteso come sistema ordinato in un certo modo.

còsmo-, -còsmo [dal gr. *kósmos* 'universo', di etim. incerta] primo o secondo elemento ● In parole composte dotte e della terminologia scientifica, significa 'mondo' o 'universo' o fa riferimento all'insieme degli astri, e più recentemente alla navigazione spaziale: *cosmologia, cosmonauta, cosmopolita;, microcosmo.*

cosmobiologia [comp. di *cosmo-* e *biologia*; 1974] s. f. ● Esobiologia.

cosmochimica [vc. dotta, comp. di *cosmo-* e *chimica*] s. f. ● Branca della scienza che studia la composizione chimica dell'universo.

cosmòdromo, (*evit.*) **cosmodròmo** [comp. di *cosmo-* e del gr. *drómos* 'corsa' (V. *aerodromo*); 1963] s. m. ● Base attrezzata per il lancio e l'assistenza tecnica di veicoli spaziali. SIN. Astroporto, celiporto.

cosmogonìa [vc. dotta, gr. *kosmogonía*. V. *cosmo-* e *-gonia*; 1771] s. f. *1* Complesso delle teorie scientifiche sull'origine dell'universo. *2* Dottrina filosofica che intende esporre l'origine e la formazione del mondo facendo ricorso più al mito che alla scienza.

cosmogònico [1819] agg. (pl. m. *-ci*) ● Attinente alla cosmogonia: *teoria cosmogonica.*

cosmografìa [vc. dotta, lat. tardo *cosmogrăphia(m)*, nom. *cosmogrăphia*, dal gr. *kosmographía*. V. *cosmo-* e *-grafia*; av. 1363] s. f. *1* Descrizione dell'universo. *2* Parte della geografia che considera la Terra come corpo celeste e la studia nelle sue relazioni con gli altri corpi del cosmo. SIN. Geografia astronomica.

cosmogràfico [av. 1647] agg. (pl. m. *-ci*) ● Che concerne la descrizione sistematica dell'universo: *scienza cosmografica.*

cosmògrafo [vc. dotta, lat. tardo *cosmŏgraphu(m)*, nom. *cosmŏgraphus*, dal gr. *kosmográphos*. V. *cosmografia*; sec. XV] s. m. (f. *-a*) ● Studioso di geografia, astronomica o terrestre.

cosmolàbio [comp. di *cosmo-* e *-labio*, ricavato da *astrolabio*; 1830] s. m. ● Antico strumento astronomico per misurare le distanze.

cosmologìa [comp. di *cosmo-* e *-logia*; 1585] s. f. *1* Complesso delle dottrine scientifiche o filosofiche che studiano l'ordine, i fenomeni, le leggi dell'universo. *2* Filosofia della natura.

cosmològico [1771] agg. (pl. m. *-ci*) *1* Attinente alla cosmologia. *2* Che concerne la filosofia della natura | ***Prova cosmologica***, quella che inferisce l'esistenza di Dio dall'esistenza del mondo.

cosmòlogo [comp. di *cosmo-* e *-logo*; 1865] s. m. (f. *-a*; pl. m. *-gi*) ● Studioso di cosmologia.

cosmonàuta [comp. di *cosmo-* e *nauta*; 1961] s. m. e f. (pl. m. *-i*) ● Navigatore spaziale, astronauta.

cosmonàutica [1964] s. f. ● Navigazione spaziale. SIN. Astronautica.

cosmonàutico [1964] agg. (pl. m. *-ci*) ● Relativo alla navigazione spaziale. SIN. Astronautico, spaziale.

cosmonàve [comp. di *cosmo-* e *nave*; 1961] s. f. ● Veicolo spaziale. SIN. Astronave.

cosmonavigazióne [comp. di *cosmo-* e *navigazione*] s. f. ● Navigazione spaziale.

cosmòpoli [comp. di *cosmo-* e *-poli*; 1765] s. f. inv. ● (*lett.*) Città avente caratteri universali: *in un romanzo francese Roma fu chiamata c.*

cosmopolìta, (*evit.*) **cosmopòlita** [fr. *cosmopolite*, dal gr. *kosmopolítēs*, comp. di *kósmos* 'mondo' e *polítēs* 'cittadino'; 1763] **A** s. m. e f. (pl. m. *-i*) ● Chi riconosce come propria patria il mondo | (*est.*) Chi ha viaggiato e soggiornato in molti Paesi, assimilandone abitudini, mentalità e cultura. **B** agg. *1* Detto di luogo, frequentato da gente d'ogni nazione e tipo: *Venezia è una città c.* | Internazionale: *folla c.* *2* (*est.*) Detto di persona, che considera e giudica secondo una prospettiva vasta e universale: *mentalità c.; abitudini cosmopolite.*

cosmopolìtico [1843] agg. (pl. m. *-ci*) ● Di cosmopolita: *abitudini, tendenze cosmopolitiche.*

cosmopolitìsmo [fr. *cosmopolitisme*, da *cosmopolite* 'cosmopolita'; 1825] s. m. ● Dottrina che respinge ogni distinzione di nazione e razza, considerando tutti gli uomini come cittadini di una sola patria | Carattere cosmopolita: *il c. di una grande città.*

cosmoràma [comp. di *cosmo-* e del gr. *kórama* 'veduta, vista', da *horáō* 'io vedo'; 1830] s. m. (pl. *-i*) ● Antico strumento per vedere, ingrandite e in rilievo, immagini panoramiche del mondo.

còso [da *cosa*; av. 1535] s. m. ● (*fam.*) Qualsiasi oggetto o individuo di cui non si ricordi, non si sappia o non si voglia dire il nome: *chiama quel brutto c. là; arrivò con uno strano c. in mano; il professore era un c. lungo e buffo.* || **cosàccio**, pegg. | **cosellìno**, dim. | **cosettàccio**, pegg. | **cosettìno**, dim. | **cosétto**, dim. | **cosìno**, dim. (V.).

cospàrgere o (*lett.*) †**conspàrgere** [vc. dotta, lat. *conspărgere*, comp. di *cŭm* 'con' e *spărgere* 'spargere'; av. 1374] v. tr. (coniug. come *spargere*) (qlco. + *di*, raro + *con*) ● Disseminare, spargere qua e là: *c. una lettera di scarabocchi; Il suolo d'intorno era tutto cosparso di zàgare* (D'ANNUNZIO); *c. con formaggio grattugiato.*

cospàrso o (*lett.*) †**conspàrto**, †**cospàrto** [av. 1374] part. pass. di *cospargere*; anche agg. ● Nei sign. del v.: *prati cosparsi di fiori.*

cospèrgere o (*lett.*) †**conspèrgere** [vc. dotta, lat. *conspĕrgere*, comp. di *cŭm* 'con' e *spărgere* 'spargere'; av. 1374] v. tr. (pres. *io cospèrgo, tu cospèrgi*; pass. rem. *io cospèrsi, tu cospergésti*; part. pass. *cospèrso*) *1* (*lett.*) Aspergere, bagnare. *2* (*lett.*) Cospargere, coprire.

cospèrso o (*lett.*) †**conspèrso** [1321] part. pass. di *cospergere*; anche agg. ● Nei sign. del v.

cospettàccio [da *cospetto*; av. 1716] in funzione di inter. ● (*disus., scherz.*) Esprime meraviglia, sorpresa, disappunto e sim.

cospètto o **conspètto** [lat. *conspĕctu(m)*, da *conspĭcere* 'guardare', comp. di *cŭm* 'con' e *spĕcere* 'guardare'; av. 1294] **A** s. m. *1* Presenza, vista: *togliti dal mio c.* | ***In, al c. di***, dinanzi a, alla presenza di: *presentarsi, giungere al c. di qlcu.; peccati che gridano vendetta al c. di Dio; lo giuro al c. di Dio.* *2* (*lett.*) Volto, aspetto: *è così raro oggimai il tuo c. quaggiù* (NIEVO). *3* (*lett., fig.*) Mente, pensiero, concetto, giudizio: *Tempo futuro m'è già nel c.* (DANTE *Purg.* XXIII, 98). **B** in funzione di inter. ● (*disus.*) Esprime meraviglia, sorpresa, disappunto, impazienza: *c.! dovevi dirmelo subito!; (scherz.) c. di Bacco!*

cospettóne [da *cospetto*; av. 1704] in funzione di inter. ● (*disus., scherz.*) Esprime sorpresa, disappunto e sim. || **cospettonàccio**, pegg.

†**cospìcere** ● V. †*conspicere.*

cospicuità [1682] s. f. ● L'essere cospicuo.

cospìcuo o (*lett.*) †**conspìcuo** [vc. dotta, lat. *conspĭcuu(m)* 'che cade sotto gli occhi, visibile, ragguardevole', da *conspĭcere* 'guardare'. V. *cospetto*; 1499] agg. *1* Che merita considerazione per le sue qualità: *la cospicua fama dei poeti italiani* | Ingente, considerevole: *rendita, ricchezza cospicua; c. patrimonio.* *2* (*lett.*) Visibile: *un luogo a tutti c.* | (*est.*) Manifesto, evidente. || **cospicuaménte**, avv.

cospiràre o (*lett.*) †**conspiràre** [vc. dotta, lat. *conspirāre* 'essere d'accordo, operare d'accordo, congiurare', comp. di *cŭm* 'con' e *spirāre* 'soffiare'; av. 1498] v. intr. (aus. *avere*) *1* Accordarsi segretamente e solennemente per conseguire un fine, spec. politico: *c. contro l'oppressore, contro il governo, contro lo Stato; un codino marcio ... che cospirava nel ritorno di Franceschello* (VERGA). SIN. Complottare, congiurare. *2* (*est.*) Tentare di nuocere a qlcu. o a qlco.: *tutto sembrava c. contro di lui; molte cose cospirano ai suoi danni.* *3* (*fig., raro*) Concorrere.

cospiratìvo [1937] agg. ● Di cospirazione.

cospiratóre [1630] s. m. (f. *-trice*) *1* Chi cospira, congiura. *2* (*est.*) Persona sospettosa: *volse in giro un'occhiata da c.* (VERGA).

cospiratòrio [da *cospirato*, part. pass. di *cospirare*; 1892] agg. ● Che appartiene a una cospirazione o tende alla cospirazione: *programmi, intenti cospiratori; logica cospiratoria.*

cospirazióne o †**conspirazióne** [vc. dotta, lat. *conspiratiōne(m)*, da *conspirāre* 'cospirare'; av. 1348] s. f. *1* Accordo di più persone civili o militari diretto a commettere delitti contro la personalità dello Stato. SIN. Complotto, congiura. *2* (*fig., raro*) Unione, concorso di più persone o elementi per il raggiungimento di un medesimo fine. || **cospirazioncèlla**, dim.

còssi ● V. *cuocere.*

còsso [vc. dotta, lat. *cŏssu(m)*, di etim. incerta; av. 1400] s. m. *1* Farfalla di grandi dimensioni, parassita spec. di piante da frutta (*Cossus cossus*). *2* (*scherz.*) †Ticchio, capriccio.

♦**còsta** [lat. *cŏsta(m)* 'costa, costola, fianco', di etim. incerta; av. 1287] s. f. *1* (*anat.*) Osso piatto, curvo, della cassa toracica | ***Coste fluttuanti***, V. *fluttuante.* SIN. Costola. *2* (*est., lett.*) Fianco, lato: *Ed ecco due da la sinistra c.* (DANTE *Inf.* XIII, 115) | ***Di c.***, di lato, di fianco | ***Di c. a***, di fianco a | ***Di c. da***, di lato a | (*fig., lett.*) ***Aiuto di c.***, aiuto inatteso; (*est.*) denaro che si dà oltre il convenuto. *3* (*mar.*) Costola. *4* Parte laterale, opposta al taglio, di un coltello, una spada e sim. | Dorso di un libro, di un pettine e sim. | ***C. del dente***, parte del profilo di una ruota dentata sporgente dalla circonferenza primitiva. *5* Elemento che sporge e forma un rilievo pronunciato su di una superficie | ***Velluto a coste***, velluto di cotone con righe salienti | ***Punto a c.***, lavorazione a maglia ottenuta alternando punti a rovescio a punti a diritto | Costura. *6* (*bot.*) Nervatura mediana di una foglia assai sviluppata. *7* Zona che costituisce il limite tra la terra e il mare: *c. alta, rocciosa, bassa, sabbiosa, frastagliata; la c. era popolata di pescatori.* ➡ ILL. p. 2133 SCIENZE DELLA TERRA ED ENERGIA. *8* Fianco di montagna | ***A mezza c.***, alla metà di una pendice montuosa. || **costarèlla**, dim. | **costìna**, dim. (V.) | **costóne**, accr. m. (V.).

COSTA
nomenclatura

costa
● *caratteristiche*: sabbiosa ⇔ rocciosa, unita ⇔ incisa = articolata, rettilinea ⇔ frastagliata, uniforme ⇔ irregolare, alta ⇔ bassa;
● *tipi di costa*: falesia = balza = ripa, finestra, arco, guglia, obelisco, faraglione, terrazzo litoraneo, cordone litoraneo = tombolo, barra, riviera, battigia, riva ⇔ alto mare, limite acque sicure, spiaggia (libera, privata), lido, litorale (ciottoloso, ghiaioso, sabbioso, roccioso), marina, laguna (viva ⇔ morta), lungomare, barriera, banco, secca, sirte, barra, scogliera, scoglio, atollo, isola, arcipelago, iceberg, istmo, bocche, penisola, pseudopenisola, punta, promontorio, capo, lingua, delta, estuario, bacino, insenatura, porto, ansa, golfo, baia, bocca, seno, rada, fiordo, cala, rias, braccio, canale, stretto.

costà [lat. *ĕccu(m) istāc* 'ecco costà'; 1313] avv. ● (*tosc.* o *lett.*) In codesto luogo (vicino cioè alla persona cui ci si rivolge): *non sederti c.; verrò presto c. a trovarvi* | ***Di, da, per c.***, di, da, per codesto luogo.

†**costàdo** ● V. *costato.*

costaggiù [comp. di *costà* e *giù*; 1542] avv. ● (*tosc., lett.*) In codesto luogo (posto cioè in basso, o anche più a sud, rispetto a chi parla): *che fate c.?; che cosa c'è di nuovo c. da voi?*

costàle [vc. dotta, lat. tardo *costāle(m)*, da *cŏsta* 'costa'; av. 1673] agg. ● (*anat.*) Di, relativo a costa: *arteria c.*

costantàna [da *costante* perché dotata di resistenza elettrica costante, indipendentemente dalla temperatura; 1951] s. f. ● Lega di rame e nichel, dotata di alta resistività, praticamente indipendente dalla temperatura e perciò usata per resistenze elettriche e reostati.

costànte [vc. dotta, lat. *constănte(m)*, part. pres. di *constāre* 'stare fermo'. V. *constare*; sec. XIII] **A** agg. *1* Che non subisce variazioni: *sentimento, desiderio, amore c.* | Durevole, stabile: *tempo, vento, temperatura c.* | (*ling.*) ***Opposizione c.***, che conserva il suo valore in tutte le posizioni. *2* (*mat.*) Detto di applicazione o funzione il cui valore sia sempre lo stesso. *3* Detto di persona, salda nel suo proposito, ferma, perseverante: *è un uomo c. negli affetti.* CONTR. Volubile. *4* †Certo, indubitato | †***Avere, tenere per c.***, tenere per certo. || **costanteménte**, avv. Con costanza. **B** s. f. *1* (*mat.*) Quantità non variabile: *la c. di un inte-*

grale. **2** (*fis.*) Numero puro o dimensionale che entra nelle relazioni tra grandezze fisiche ed è immutabile al variare delle grandezze stesse: *la c. dei gas, di Planck; costanti fisico-chimiche di un'acqua minerale.* **3** (*fig.*) Elemento inalterato e caratteristico nel pensiero o nell'azione di un individuo, un gruppo, un movimento culturale o politico e sim.: *la c. della filosofia kantiana.*

costantiniàno [1830] **agg.** **1** Dell'imperatore Costantino: *donazione costantiniana.* **2** (*est., fig.*) Detto di politica ecclesiastica che persegue preminenti interessi temporali.

costànza o †**constànzia** [vc. dotta, lat. *constăntia(m)*, da *constāre* 'stare fermo'. V. *constare*; av. 1327] **s. f.** **1** Caratteristica di chi (o di ciò che) è costante: *avere c. nello studio, negli affetti, nell'amicizia* | Forza d'animo, fermezza: *sopportare con c. le avversità.* **2** Nel linguaggio scientifico, invariabilità di una grandezza al variare dei parametri a essa relativi | ***C. delle leggi di natura***, per cui le stesse cause producono sempre gli stessi effetti naturali.

costardèlla [etim. incerta; 1956] **s. f.** ● Pesce osseo teleosteo con corpo allungato e mascelle appuntite (*Scomberesox saurus*).

♦**costàre** [lat. *constāre* 'stare fermo, costare, valere'. V. *constare*; av. 1236] **v. intr.** (*io còsto*; aus. *essere*) **1** Avere un determinato prezzo: *c. poco, molto, moltissimo; il libro costa cinquanta euro; quanto costa quel mobile?; quel quadro mi è costato molto* | (*fam.*) ***C. caro, salato, un occhio della testa, un sacco***, moltissimo | ***Costi quel che costi***, di cosa che si vuole avere a qualsiasi prezzo (*anche fig.*) | (*assol.*) Richiedere forti spese: *al giorno d'oggi tutto costa; è una città in cui la vita costa.* **2** (*fig.*) Esigere fatica, dolore, pena e sim.: *quel saggio gli è costato molti anni di studio; lavorare gli costa fatica; quel gesto gli costò la vita; non ti costa nulla essere gentile* | Portare gravi conseguenze: *ora conosce quanto caro costa / non seguir Cristo* (DANTE *Par.* XX, 46-47).

costaricàno [1965] **A agg.** ● Della Costa Rica: *repubblica costaricana.* **B s. m.** (f. *-a*) ● Abitante, nativo della Costa Rica.

costaricènse **agg.**; anche **s. m. e f.** ● (*raro*) Costaricano.

costassù [comp. di *costà* e *su*; 1353] **avv.** ● (*tosc., lett.*) In codesto luogo (posto in alto, o anche più a nord, rispetto a chi parla).

costàta [da *costato*; 1892] **s. f.** ● Taglio di carne bovina o suina prelevata fra le costole o le vertebre dorsali, adatta per bistecche | La bistecca ricavata da tale taglio: *c. ai ferri.* || **costatìna**, **dim.**

costatàre e *deriv.* ● V. *constatare* e *deriv.*

costàto o †**costàdo** [lat. parl. **costātu(m)*, da *cŏsta* 'costola'; sec. XIII] **s. m.** **1** Parete toracica: *il c. di Cristo.* **2** L'insieme delle costole di animali macellati. **3** †Costa, fianco, lato | †***Di c.***, di lato. **4** †L'insieme delle coste del bastimento.

costeggiàre [da *costa*; av. 1348] **v. tr.** (*io costéggio*) **1** Navigare senza allontanarsi dalle coste (*anche assol.*): *c. una spiaggia; la barca costeggiò fino a Ponza.* **2** (*est.*) Camminare lungo la riva di un fiume, il fianco di una montagna, il lato di una strada e sim.: *costeggiammo il corso del fiume.* **3** (*fig.*) Procedere lungo un dato luogo: *il sentiero costeggia il bosco; il ruscello era costeggiato da pioppi.* **4** (*agr.*) Ripassare con l'aratro gli spigoli esistenti fra un solco e l'altro.

costeggiatùra [1803] **s. f.** ● (*agr.*) Operazione del costeggiare il terreno.

costéggio [1865] **s. m.** **1** (*raro*) Navigazione lungo le coste. **2** Nell'equitazione, specie di trotto da maneggio.

costèi [lat. parl. **(ĕc)cu(m) istēi* 'ecco a lei'; 1294] **pron. dimostr. f. sing.** ● Forma femminile sing. di *costui.*

costèlla [detta così perché fatta a *coste*] **s. f.** ● Tessuto, solitamente di cotone, a coste leggere.

costellàre o (*lett.*) **constellàre** [da *costellato*; 1865] **v. tr.** (*io costèllo* o *costéllo*) **1** (*lett.*) Ornare di stelle. **2** (*est.*) Cospargere in modo vario e disuguale: *fiori costellano i prati.*

costellàto [vc. dotta, lat. tardo *constellātu(m)*, comp. di *cŭm* 'con' e *stellātus* 'stellato'; 1321] **agg.** **1** (*raro*) Cosparso di stelle. **2** (*est.*) Variamente sparso di punti luminosi, colorati o che si staccano comunque sul fondo uniforme: *prato c. di margherite; abito c. di macchie* | (*fig.*) Disseminato, pieno: *un esercizio c. di errori.*

costellazióne o (*lett.*) **constellazióne** [vc. dotta, lat. *constellatiōne(m)*. V. *costellato*; 1282] **s. f.** **1** (*astron.*) Insieme di stelle che occupano una medesima zona della sfera celeste: *costellazioni boreali, australi; le dodici costellazioni dello zodiaco* | (*est.*) Gruppo di cose sparse: *la costa dalmata è punteggiata da una c. di isole.* **2** (*fig.*) Insieme di persone famose: *la c. delle top model.*

†**costèra** ● V. *costiera.*

costeréccio [da *costa*; 1479] **s. m.** **1** Carne e costole del petto del maiale, conservate anche sotto sale. **2** (*scherz.*) †Costola umana.

costernàre [vc. dotta, lat. *consternāre*, intens. di *constĕrnere* 'coprire, spargere', comp. di *cŭm* 'con' e *stĕrnere* 'stendere'; 1723] **A v. tr.** (*io costèrno*) ● Avvilire, affliggere profondamente: *la sua freddezza mi costernò; le nostre parole lo hanno costernato.* **B v. intr. pron.** ● †Perdersi d'animo.

costernàto [1532] **part. pass.** di *costernare*; anche **agg.** **1** Avvilito, afflitto: *sono veramente c.* **2** Che manifesta costernazione: *sguardo c.*

costernazióne [vc. dotta, lat. *consternatiōne(m)*, da *consternāre* 'costernare'; 1540] **s. f.** ● Smarrimento, abbattimento dell'animo: *provocare la c. generale; essere in preda alla c.; gettare qlcu. nella c.* **SIN.** Disperazione, dolore.

†**costétto** ● V. *codesto.*

costì [lat. *ĕccu(m) istīc* 'ecco qui'; 1313] **avv.** ● (*tosc.* o *lett.*) In codesto luogo (vicino alla persona cui ci si rivolge): *E tu che se' c., anima viva, / pàrtiti da cotesti che son morti* (DANTE *Inf.* III, 88-89) | Qui: *che fai c.?* | ***Di c.***, da qui.

costièra o †**costèra** [da *costa*; sec. XIV] **s. f.** **1** Tratto di costa | Regione a esso contigua. **2** Pendio montano poco accidentato | (*raro*) Salita poco ripida: *a piè d'un monticello alla costera / vide un palagio a marmori intagliato* (BOIARDO). **3** Caldina. **4** (*mar.*; *disus.*) Ciascuno dei canapi ai due lati degli alberi latini piccoli | (*spec. al pl.*) Pezzi robusti di legname di costa agli alberi maggiori e minori.

costièro [1632] **agg.** **1** Di costa | Che si riferisce alla costa: *breve tratto c.* | ***Navigazione costiera***, che si svolge a poca distanza dalla costa | ***Traffico c.***, esercitato tra i porti di uno stesso Stato | ***Nave costiera***, attrezzata per la navigazione lungo la costa | ***Strada costiera***, (*ellitt.*) ***costiera***, strada che corre lungo la costa; **SIN.** Strada litoranea. **2** (*geol.*) Detto di ambiente di sedimentazione e di facies sedimentaria prossimi alla costa marina.

costina [1973] **s. f.** **1** Dim. di *costa.* **2** Taglio di carne suina costituito dalle coste e dalla carne che le circonda.

†**costinci** [lat. *ĕccu(m) *istĭnce* 'ecco di costì'; 1313] **avv.** ● Di costì, da codesto luogo: *Dite c.; che volete voi?* (DANTE *Purg.* IX, 85).

costing /ingl. 'kɒstɪŋ/ [vc. ingl., 'valutazione dei costi', da *cost* 'costo'; 1970] **s. m. inv.** ● Rilevazione e controllo dei costi aziendali.

costipaménto [sec. XIV] **s. m.** **1** Il costipare | Consolidamento, assestamento naturale di un terreno | ***C. del terreno***, operazione con cui si aumenta la resistenza di un terreno, comprimendolo mediante l'infissione di pali, la battitura meccanica o altro mezzo. **2** (*raro*) Costipazione intestinale.

costipànte [1765] **A part. pres.** di *costipare*; anche **agg.** ● Nei sign. del v. **B s. m.** ● Medicamento che rallenta o arresta la peristalsi dell'intestino.

costipàre [vc. dotta, lat. *constipāre* 'raccogliere insieme, ammassare, stipare', comp. di *cŭm* 'con' e *stipāre* 'stipare'; sec. XIV] **A v. tr.** (*io costipo*) **1** (*raro*) Ammassare, riunire in poco spazio. **2** Comprimere il terreno per renderlo compatto. **SIN.** Rullare (2). **3** Astringere, provocare costipazione, rendere stitico: *c. il ventre, il corpo.* **B v. intr. pron.** **1** Divenire stitico. **2** (*fam.*) Prendersi un forte raffreddore.

costipatìvo [sec. XIV] **A agg.** **1** †Atto a costipare. **2** Che provoca costipazione intestinale. **B s. m.** ● Medicamento astringente.

costipàto [av. 1642] **part. pass.** di *costipare*; anche **agg.** ● Nei sign. del v.

costipatóre [1940] **s. m.** ● Rullo per costipare il terreno.

costipazióne [vc. dotta, lat. tardo *constipatiōne(m)* 'affollamento, costipazione', da *constipāre* 'costipare'; sec. XIV] **s. f.** **1** Compressione naturale di un terreno. **2** (*med.*) Stipsi, stitichezza. **3** (*fam.*) Forte raffreddore: *c. di testa.* || **costipazionàccia**, **pegg.** | **costipazioncèlla**, **dim.** | **costipazionùccia**, **dim.**

costituèndo [vc. dotta, lat. *constituĕndu(m)*, gerundivo di *constitŭere* 'costituire'; av. 1936] **agg.** ● Che deve essere costituito.

costituènte o (*lett.*) †**constituènte** [1355] **A part. pres.** di *costituire*; anche **agg.** **1** Nei sign. del v. **2** ***Assemblea c.***, assemblea eletta dal popolo, col compito di preparare una nuova costituzione: *le deliberazioni dell'assemblea c.* **B s. m.** **1** (*chim.*) Elemento presente in un composto: *l'ossigeno è un c. dell'ossido di carbonio.* **2** (*ling.*) Detto di un morfema o sintagma che fa parte di una costruzione più ampia | ***Costituenti immediati***, nuclei in cui si scompone la frase. **3** Membro dell'assemblea costituente: *la maggioranza dei costituenti* | ***Il Costituente***, il legislatore della Costituzione. **C s. f.** ● Assemblea costituente: *eleggere la c.*

♦**costituìre** o (*raro, lett.*) **constituìre** [vc. dotta, lat. *constitŭere*, comp. di *cŭm* 'con' e *statŭere* 'statuire'; av. 1294] **A v. tr.** (*io costituìsco, tu costituìsci*) **1** Organizzare, fondare, creare: *c. un gruppo di ricercatori, un governo, una società.* **2** Mettere insieme, accumulare: *c. una raccolta di quadri.* **3** (nella forma passiva preferibilmente *+ da*) Comporre, contribuire alla formazione di qlco.: *la commissione è costituita da soli medici* | Dare luogo a qlco. di più vasto e complesso: *più province costituiscono una regione.* **4** Essere, rappresentare, avere determinate caratteristiche: *il lavoro costituisce la sua ragione di vita; il fatto non costituisce reato.* **5** (*dir.*) Dichiarare: *c. in mora qlcu.* **6** Eleggere, nominare: *c. qlcu. a proprio difensore; c. qlcu. erede.* **7** †Assegnare: *c. una dote, un premio.* **B v. rifl.** **1** Dichiararsi pubblicamente: *si è costituito vostro difensore.* **2** (*dir.*) Presentarsi spontaneamente al magistrato o alla polizia giudiziaria quando si è latitanti: *si è costituito ai carabinieri* | ***Costituirsi in giudizio***, nel processo civile, compiere le formalità legislativamente richieste per presentarsi ufficialmente alle altre parti e al giudice | ***Costituirsi parte civile***, intervenire, da parte della persona danneggiata da un reato, nel processo penale, per chiedere la restituzione e il risarcimento dei danni all'imputato o alla persona civilmente responsabile per il fatto di questi. **C v. intr. pron.** ● Formarsi, comporsi: *si sono costituite nuove abitudini* | ***Costituirsi in regione***, organizzarsi come regione.

costituìto o †**constituìto** [sec. XIII] **part. pass.** di *costituire*; anche **agg.** **1** (*+ di*; *+ da*) Formato, composto: *un appartamento c. da quattro locali; un recinto c. di (o da) pali e canne.* **2** Istituito per legge: *autorità costituita* | ***Governo c.***, quello definitivamente stabilito | ***C. a repubblica, a monarchia***, di Stato ordinato secondo una di tali forme.

costitutàrio [da *costituto*; av. 1309] **s. m.** (f. *-a*) ● Chi provvede alla costituzione di società o alle loro modifiche.

costitutìvo o †**constitutìvo** [vc. dotta, lat. tardo *constitutīvu(m)*, da *constitūtus* 'costituito'; av. 1565] **A agg.** **1** Che costituisce: *elemento c. di un progetto.* **2** (*dir.*) Di atto che crea o modifica rapporti giuridici: *atto c. di società* | ***Documentazione costitutiva***, che la legge o le parti richiedono per la perfezione di un negozio giuridico. **3** Detto di proprietà chimico-fisica che dipende dalla costituzione molecolare delle sostanze. **B s. m.** ● (*raro*) Ciò che costituisce.

costitùto o †**constitùto** [vc. dotta, lat. *constitūtu(m)*, part. pass. di *constitŭere* 'costituire'; av. 1324] **A agg.** **1** (*raro, lett.*) Costituito, stabilito. **2** (*raro, lett.*) Eletto, messo a capo. **B s. m.** **1** (*dir.*) Pattuizione, accordo: *c. possessorio; c. di Costantino.* **2** †Statuto, costituzione. **3** (*mar.*) Dichiarazione sullo stato sanitario della nave resa dal comandante all'ufficio di sanità del porto d'arrivo. **4** †Deposizione di un imputato davanti al giudice.

costitutóre o †**constitutóre** [vc. dotta, lat. *constitutōre(m)*, da *constitŭere* 'costituire'; av. 1361] **s. m.**; anche **agg.** (f. *-trice*) ● Chi (o Che) costituisce.

costituzionàle [fr. *constitutionnel*, dall'ingl. *constitutional*, da *constitution* 'costituzione'; 1768] **agg.** **1** Relativo alla Costituzione: *diritto c.* | ***Carta c.***, la Costituzione | ***Legge c.***, emanata in seguito allo speciale procedimento formativo proprio delle norme della Costituzione; legge non contrastante con alcuno dei principi informatori della Costituzione | *Stato c.*, che poggia tutta la sua organizzazione su una base giuridica. SIN. Stato di diritto | *Corte c.*, organo cui spetta di giudicare in unico grado sulla legittimità costituzionale di atti normativi, sui conflitti di competenza tra gli organi statuali e sulle accuse promosse contro il Presidente della Repubblica e i Ministri. **2** (*med.*) Della, relativo alla, costituzione fisica dell'individuo | *Malattia c.*, che dipende dalla costituzione individuale. || **costituzionalménte**, avv. **1** In modo costituzionale. **2** Dal punto di vista della costituzione fisica.

costituzionalismo [fr. *costitutionalisme*, dall'ingl. *constitutionalism*, da *constitutional* 'costituzionale'; 1872] s. m. **1** Insieme dei principi ispiratori dell'ordinamento supremo dello Stato costituzionale: *c. dello Stato italiano* | Costituzionalità: *c. di un atto normativo.* **2** Teoria medica che dà particolare importanza alla costituzione fisica nell'insorgenza delle malattie.

costituzionalista [1923] s. m. e f. (pl. m. *-i*) **1** Studioso di diritto costituzionale. **2** Medico seguace del costituzionalismo.

costituzionalistico [1942] agg. (pl. m. *-ci*) **1** Relativo al costituzionalismo. **2** *Medicina costituzionalistica*, che studia la costituzione individuale e le malattie a essa connesse.

costituzionalità [1900] s. f. ● Conformità alle norme della Costituzione: *c. di una legge, di un provvedimento, di un governo.*

♦**costituzióne** o †**constituzióne** [vc. dotta, lat. *constitutiōne(m)*, da *constitŭere* 'costituire'; 1280] s. f. **1** Fondazione, formazione: *c. di un sodalizio*; *c. di un governo*; *c. di una società sportiva* | Composizione: *contestare la c. di una giuria.* **2** Struttura, complesso delle caratteristiche formali e sostanziali di qlco.: *c. geologica del terreno*; *c. di un organismo vegetale* | Il complesso delle caratteristiche fisiche e funzionali dell'organismo umano: *individuo di buona, forte, gracile, debole c.*; *sana e robusta c.* **3** (spesso scritto con iniziale maiuscola) Complesso delle leggi che stanno a base dell'ordinamento giuridico di uno Stato: *c. monarchica, repubblicana, Costituzione della Repubblica Italiana*; *c. rigida, flessibile*; *c. formale, c. materiale.* **4** (*dir.*) Formalità con cui una persona si presenta in giudizio: *c. in giudizio dell'attore*; *c. della parte civile.* **5** †Fondazione: *c. di una colonia, di una città.* **6** †Sistema: *c. del mondo*; *c. naturale.*

♦**còsto** [da *costare*; sec. XIII] s. m. **1** Spesa che bisogna sostenere per ottenere qlco.: *pensò che ciò non si potea fare senza buon c.* (SACCHETTI) | (*fig.*) Rischio, fatica, sacrificio | *A c. di*, qualunque conseguenza comporti | *A ogni, a qualunque c., a tutti i costi*, in qualunque modo: *Volevano il corpo del loro figliolo ad ogni c.* (BUZZATI) | *A nessun c.*, in nessun modo. **2** (*econ.*) Onere economico sostenuto per la produzione di beni o servizi: *c. di produzione*; *c. fisso, variabile*; *c. industriale, diretto, indiretto*; *c. di distribuzione* | *C. standard*, valore scelto come rappresentativo del costo del prodotto | *Indice di c.*, rapporto fra le spese sostenute da un centro di costo in un certo periodo e la produzione relativa | *C. del lavoro*, insieme delle spese sostenute da un'azienda per i salari, comprensivi degli oneri sociali, dei propri dipendenti | *C. del denaro*, costo, comprensivo degli interessi e di altri oneri, che grava su chi ottiene in prestito una somma di denaro | (*econ.*) *Analisi costi-benefici*, valutazione dei costi e benefici di un progetto al fine di decidere se intraprenderlo | *A prezzo di c.*, senza guadagno | *Sotto c.*, a un prezzo inferiore al costo di produzione. **3** (*fam.*) Prezzo, valore: *il c. del vino, della villeggiatura* | *Il c. della vita*, l'insieme delle spese necessarie per vivere. **4** †Interesse, usura.

còstola [lat. tardo *cŏstula(m)*, da *cŏsta* 'costa, costola'; sec. XIV] s. f. **1** (*anat.*) Costa | *Mostra le costole, gli si vedono, gli si contano le costole*, è magrissimo, detto di persona o animale | *Essere, stare alle costole di qlcu.*, seguirlo da vicino | *Avere qlcu. alle costole*, (*fig.*) esserne seguito da vicino | *Rompere le costole a qlcu.*, (*fig.*) bastonarlo forte | *Essere della c. di Adamo*, di famiglia nobile o molto antica (*spec. iron.* o *scherz.*). ➡ ILL. p. 2122 ANATOMIA UMANA. **2** Dorso di un oggetto: *c. del pettine, di un libro* | (*raro*) Spigolo. **3** Parte di un coltello, di una spada e sim. opposta al taglio. **4** (*geogr.*) Diramazione di catena, contrafforte di monte. **5** (*mar.*) Ciascuno degli elementi trasversali che formano l'ossatura dello scafo. SIN. Costa. **6** Nervatura mediana di una foglia | Nervatura di rinforzo molto diffusa in costruzioni meccaniche | (*arch.*) *C. di una volta*, costolone. || **costolétta**, dim. (V.) | **costolina**, dim. | **costolóne**, accr. m. (V.).

costolàto [1779] **A** agg. ● Fatto a costole | Fornito di costole. **B** s. m. **1** Lombata. **2** (*mar.*) Corbame.

costolatùra [av. 1571] s. f. **1** Insieme e struttura delle costole. **2** (*arch.*) Complesso dei costoloni di una volta.

costolétta [1841] s. f. **1** Dim. di *costola.* **2** Fetta di carne di vitello, maiale o agnello tagliata nella lombata, comprendente l'osso: *costolette d'agnello alla griglia.* CFR. Cotoletta. || **costolettina**, dim.

costolóne [1682] **A** s. m. **1** Accr. di *costola.* **2** (*arch.*) Nervatura aggettante di cupole e volte spec. a crociera, con funzioni estetiche e costruttive di scarico del peso sulle strutture di sostegno. ➡ ILL. p. 2118 ARCHITETTURA. **B** s. m.; anche agg. (f. *-a*) ● (*pop., tosc.*) Chi (o Che) è grosso e tarchiato | (*spreg.*) Chi (o Che) è rozzo e grossolano.

costolùto [av. 1524] agg. **1** (*raro*) Che ha costole grosse e sporgenti. **2** (*bot.*) Detto di organo vegetale con costole molto sviluppate.

costóne [av. 1936] s. m. **1** Accr. di *costa.* **2** Cresta spigolosa frequente in montagna costituita da rocce dure | Prominenza morenica sulla superficie di un ghiacciaio.

costóro [lat. *ĕccu(m) istōru(m)* 'ecco di loro'; av. 1294] pron. dimostr. m. e f. pl. ● Forma pl. di *costui* e *costei.*

♦**costóso** [da *costo*; 1669] agg. **1** Che costa molto: *oggetto, viaggio c.*; *roba costosa.* SIN. Caro, dispendioso. **2** (*fig.*) Che richiede fatica, sforzo e sim.: *impegno c.* || **costosétto**, dim. | **costosino**, dim. || **costosaménte**, avv. Con molta spesa.

†**costrettivo** ● V. *costrittivo.*

costrétto o (*lett.*) †**constrétto** [av. 1313] part. pass. di *costringere*; anche agg. **1** Nei sign. del v. **2** †Condannato a una pena.

†**costrignere** e *deriv.* ● V. *costringere* e *deriv.*

♦**costringere** o †**constringere**, †**costrignere** [vc. dotta, lat. *constrĭngere*, comp. di *cŭm* 'con' e *strĭngere* 'stringere'; av. 1292] v. tr. (coniug. come *stringere*) **1** (+ *a*) Fare in modo, usando la forza fisica, le minacce o altri mezzi coercitivi, che qlcu. agisca come non vorrebbe: *c. qlcu. a dire la verità, a mentire*; *c. un esercito alla resa*; *la fame lo costrinse a fuggire*; *fu costretto ad abbandonare ogni speranza*; *è costretto a stare sempre in casa.* SIN. Forzare. **2** (*lett.*) Stringere, comprimere: *c. una ruota nel suo cerchio* | (*fig.*) Reprimere, frenare: *c. il pianto, il riso, le parole*; *c. il vizio.*

costringiménto o †**costrigniménto** [sec. XIV] s. m. ● (*lett.*) Costrizione.

†**costrinzióne** ● V. *costrizione.*

costrittiva [f. sost. di *costrittivo*; 1938] s. f. ● (*ling., ellitt.*) Consonante costrittiva.

costrittivo o (*raro*) **constrittivo**, (*lett.*) †**costrettivo** [vc. dotta, lat. tardo *constrictīvu(m)*, da *constrīctus* 'costretto'; sec. XIV] agg. **1** Che costringe: *potere c.*; *formula costrittiva.* SIN. Coercitivo. **2** (*raro*) Che tiene stretto, compresso | *Fasciatura costrittiva*, che comprime tessuti e vasi sanguigni | Astringente: *medicamento c.* **3** (*ling.*) *Consonante costrittiva*, consonante la cui articolazione comporta una ostruzione non completa del canale vocale. || **costrittivaménte**, avv.

costrittóre [dal lat. *constrīctus* 'costretto'; av. 1758] agg. ● (*anat.*) Detto di muscolo, che, contraendosi, diminuisce l'apertura di un orifizio: *muscolo c. faringeo.*

costrizióne o †**constrizióne**, †**costrinzióne** [vc. dotta, lat. tardo *constrictiōne(m)*, da *constrīctus* 'costretto'; sec. XIV] s. f. **1** Il costringere, il venire costretto | Limitazione forzata: *le costrizioni della povertà*; *essere in uno stato di c.* SIN. Coazione, coercizione. **2** †Restringimento.

costruìbile [av. 1754] agg. ● Che si può costruire.

♦**costruire** o †**construire** [lat. *construĕre*, comp. di *cŭm* 'con' e *strŭere* 'edificare'; 1313] v. tr. (pres. *io costruisco, tu costruisci*; pass. rem. *io costruìi* o raro *costrùssi, tu costruisti*; part. pass. *costruito*, raro *costrùtto*, †*construtto*) **1** Fabbricare, edificare: *c. un muro, una casa, una strada*; (*assol.*) *in quella strada si costruisce molto.* **2** Formare un insieme organico componendo opportunamente diversi elementi: *c. un motore, un mobile, un aereo* | (*fig.*) Congegnare, comporre, ordinare: *c. una teoria, un sistema* | *C. un inganno*, ordirlo | *C. qlco. sulla sabbia*, fare cosa effimera | *C. il gioco, un'azione*, nel calcio e sim., svolgere manovre offensive individuali o collettive. **3** (*ling.*) Ordinare secondo le dipendenze logiche o le concordanze grammaticali: *c. il periodo.* **4** (*mat.*) Eseguire una costruzione.

costruttivismo [1932] s. m. ● Movimento artistico di avanguardia, spec. in campo architettonico e pittorico, sviluppatosi in Unione Sovietica dopo il 1920.

costruttivo o †**construttivo** [vc. dotta, lat. tardo *constructīvu(m)* da *constrūctus*, part. pass. di *construĕre* 'costruire'; sec. XIV] agg. **1** Relativo alla costruzione: *scienza costruttiva.* **2** (*fig.*) Che mira a rendere positivo e operante qlco.: *proposito, piano, spirito c.* || **costruttivaménte**, avv.

costrùtto o (*lett.*) †**construtto** [av. 1306] **A** part. pass. di *costruire*; anche agg. ● (*lett.*) Formato. **B** s. m. **1** (*ling.*) Ordine e disposizione delle parole | Frase, proposizione, espressione | Unione delle parole che dà un senso logico. **2** (*est.*) Senso, significato: *parole, chiacchiere senza c.* | (*lett.*) †Frase, espressione. **3** (*fig.*) Risultato, profitto, utilità | *Lavoro, attività senza c.*, inutile | *Cavare, trarre c. da qlco.*, trarne vantaggio.

costruttóre o (*lett.*) †**construttóre** [vc. dotta, lat. tardo *constructōre(m)*, da *constrūctus* 'costrutto'; av. 1676] **A** s. m. (f. *-trice*) ● Chi costruisce o sovraintende a una costruzione: *c. di motori* | *C. edile*, imprenditore edile. **B** agg. ● Che costruisce | *Società costruttrice*, che ha in appalto la costruzione di edifici pubblici, strade, acquedotti e sim. | *C. navale*, progettista abilitato alla costruzione di navi fino a 300 tonnellate di stazza lorda senza propulsione e fino a 100 tonnellate con propulsori limitati a 100 cavalli per ogni asse.

♦**costruzióne** o (*lett.*) †**construzióne** [vc. dotta, lat. *constructiōne(m)*, da *constrūctus* 'costrutto'; 1308] s. f. **1** Attività del costruire: *c. di un ponte, di una strada, di un edificio*; *legname da c.* | *Opera in c., in via di c.*, che si sta costruendo | (*fig.*) Creazione, costituzione: *la c. di un fronte politico di opposizione.* SIN. Edificazione, fabbricazione. **2** Modo in cui una cosa è costruita: *c. delicata, fragile, robusta, solida* | *La c. dell'universo*, il suo ordinamento. **3** Opera costruita: *c. in pietra, in mattoni, in cemento armato, in ferro*; *c. meccanica, navale* | Edificio: *nuove costruzioni sorgono alla periferia della città* | (*fig.*) Opera, struttura: *una c. fantastica.* **4** (*ling.*) Costrutto. **5** (*mat.*) *C. geometrica*, sequenza di operazioni, consistenti nel tracciare con strumenti prestabiliti delle curve e nell'intersecarle, atta a condurre dai dati del problema alle sue soluzioni.

costudire ● V. *custodire.*

♦**costùi** [lat. parl. *(ĕc)cu(m) istūi* 'ecco a lui'; 1294] pron. dimostr. (f. *costèi*; pl. m. e f. *costóro*) **1** (*lett.*) Questa persona, codesta persona (vicina a chi parla o a chi ascolta, oppure da poco nominata con funzione di sogg. e compl., in genere con valore spreg.): *che cosa vuole c.?*; *chi ha detto a costei di venire?*; *che cosa interessa a costoro quel che io faccio?*; *tienti ben lontano da costoro!*; *'Carneade! Chi era c.?' ruminava tra sé don Abbondio* (MANZONI). **2** (*lett.*) Di costui, suo (con l'ellissi della prep. 'di', posto tra l'art. e il s.): *Amor, ch'a nullo amato amar perdona, / mi prese del c. piacer sì forte* (DANTE *Inf.* V, 103-104).

†**costùma** [ant. fr. *costume* 'costume'; 1313] s. f. ● (*lett.*) Usanza, tradizione: *la ria c. di sua terra espose* (ARIOSTO).

costumànza [da *costumare*; av. 1294] s. f. **1** (*raro*) Usanza, consuetudine tradizionale seguita da una persona, un gruppo familiare o sociale, un popolo e sim.: *tramandare, rispettare, osservare le costumanze.* **2** †Abitudine, comportamento. **3** †Buona creanza. **4** †Pratica, dimestichezza: *avere c. con qlcu.*

costumàre [da *costume*; av. 1250] **A** v. intr. (anche impers.; aus. *essere*) **1** (*lett.* o *raro*) Avere come abitudine, essere consueto, solito: *le donne anziane costumavano portare lunghe gonne*; *si costuma in molte città d'Italia, di poter d'ogni cosa parlare liberamente* (GALILEI). **2** †Avere rapporti d'amicizia con qlcu. **B** v. tr. ● †Avvezzare, assuefare: *c. qlcu. alla buona mensa* | †Educare.

costumatézza [da *costumato*; av. 1498] s. f. ● Caratteristica di chi è costumato | Compostezza, cortesia: *quel ragazzo è un vero esempio di c.*

costumàto [av. 1294] part. pass. di *costumare*; anche agg. *1* Nei sign. del v. *2* (*lett.* o *raro*) Cortese, ben educato, di buoni costumi: *giovane c.* || †**costumataménte**, avv.

♦**costùme** [lat. *consuetūdine(m)*. V. *consuetudine*; 1260 ca.] s. m. *1* Comportamento abituale di una persona: *è suo c. alzarsi presto* | **Avere per c.**, essere solito. SIN. Abitudine, consuetudine. *2* Consuetudine, usanza collettiva, spec. in quanto oggetto di attenzione critica, studio e sim.: *annotazioni di c.*; *critica di c.*; *fatto di c.*; *la gita di fine settimana è ormai entrata nel c.* | (*spec. al pl.*) Complesso delle usanze, credenze e sim. che caratterizzano la vita sociale e culturale di una collettività in una data epoca: *ha studiato a lungo i costumi di quelle tribù*; *degli uomini / vita e costumi in genere descrive* (PASCOLI). *3* Condotta morale: *donna di facili costumi*. CFR. Buoncostume, malcostume. *4* (*raro, lett.*) Proprietà, natura di un oggetto e sim.: *sustanze e accidenti e lor c.* (DANTE). *5* (*est.*) Abbigliamento proprio di una determinata località, epoca storica, gruppo sociale e sim.: *c. regionale, piemontese, siciliano*; *c. del primo Settecento*; *storia del c.*; *gli invitati vennero alla festa indossando i loro costumi nazionali* | **In c.**, a proposito di feste o spettacoli dove si indossano abiti storici o tradizionali: *ballo, processione in c.* *6* (*est.*) Indumento che si indossa per un determinato scopo o attività: *c. da carnevale, da sci* | **C. da bagno**, indumento costituito, per gli uomini, da un paio di calzoncini o slip e, per le donne, da una guaina intera | **C. a due pezzi**, (*ellitt.*) **due pezzi**, costume da bagno femminile, composto da reggiseno e mutandine o slip. || **costumino**, dim.

costumista [1939] s. m. e f. (pl. m. *-i*) ● Chi si occupa della manutenzione dei costumi teatrali, cinematografici o televisivi | Disegnatore di costumi di scena.

costùra [lat. parl. **consūra(m)*, da *consūere* 'cucire insieme', comp. di *cŭm* 'con' e *sūere* 'cucire'; 1310] s. f. *1* Cucitura che unisce due pezzi di stoffa, pelle e sim.: *c. dei pantaloni* | **C. aperta**, con i lembi allargati e pressati col ferro da stiro | **C. ribattuta**, ottenuta ripiegando una parte sull'altra | (*fig.*; *disus.*) **Scuotere, spianare le costure a qlcu.**, bastonarlo. *2* Cucitura posteriore delle calze a punti calati.

cosy /'kozi, *ingl.* 'kħouzi/ [vc. ingl. di prob. orig. scandinava; 1988] agg. inv. ● Confortevole, accogliente, intimo: *un salottino c.*

†**cóta** o **còta** ● V. *cote*.

cotalché [comp. di *cotal(e)* e *che* (2); av. 1584] cong. ● (*raro, lett.*) Cosicché, in modo che (introduce una prop. consec. con il v. di preferenza all'indic.).

cotàle [comp. dal lat. *ĕccu(m)* e *tāle(m)* 'ecco' e 'tale'; av. 1250] **A** agg. indef. ● (*lett.*) Tale, siffatto: *in c. luogo*; *c. maniera*; *c. stato*; *l'aguta punta mosse / di qua, di là, e poi diè cotal fiato* (DANTE *Inf.* XVII, 59-60). **B** pron. indef. ● (*lett.*) Un tale, una certa persona (*spec. iron.* o *spreg.*): *un c. non desidero neppure vederlo*; *questi cotali sono ingannati nel proprio diletto* (CATERINA DA SIENA). **C** avv. ● (*lett.*) Così, in tale modo (anche raff. di altri avv. e loc. avv.): *vid'io lo Minotauro far c.* (DANTE *Inf.* XII, 25). **D** s. m. ● (*scherz.*) †Membro virile.

cotangènte [lat. scient. *co(mplemēnti) tangènte(m)* 'tangente del complemento'; av. 1739] s. f. ● (*mat.*) Funzione trigonometrica reciproca della tangente.

cotangentòide [comp. di *cotangente* e *-oide*; 1956] s. f. ● (*mat.*) Curva che, in un diagramma cartesiano, rappresenta la cotangente in funzione dell'angolo.

cotànto [comp. del lat. *ĕccu(m)* e *tāntu(m)* 'ecco' e 'tanto'; av. 1250] **A** agg. indef. ● (*lett.*, *talora enfat.*) Tanto, così grande | In così gran numero: *veggendo sé tra nemici cotanti* (DANTE *Inf.* XXI, 96). **B** pron. indef. ● (*lett.*) Questa cosa soltanto, quel poco: *quel c. che la ragione umana … vede* (DANTE). **C** avv. ● (*lett.*) Tanto, talmente, per tanto tempo: *E questa sorte che par giù c., / però n'è data* (DANTE *Par.* III, 55-56); *questi / i diletti, l'amor, l'opre, gli eventi / onde c. ragionammo insieme?* (LEOPARDI) | Anche in correl. con 'che', 'quanto', 'come'.

còte o **cóte**, †**cóta** [lat. *cōte(m)*, da una radice indeur. che significa 'tagliare'; av. 1374] s. f. *1* Pietra dura di calcari siliceri per affilare ferri da taglio. ➡ ILL. **agricoltura e giardinaggio**. *2* (*lett.*, *fig.*) Stimolo, sprone: *de la virtù c. è lo sdegno* (TASSO).

côté /*fr.* ko'te/ [vc. fr., propr. 'lato, fianco'] s. m. inv. *1* Lato, aspetto (*spec. fig.*). *2* Insieme di circostanze che fanno da contorno a un fatto, un personaggio, una situazione.

cotechino [da *cotica*, attrav. i dialetti sett.; 1761] s. m. ● Specie di salame composto di cotenne e di carne di maiale pestate insieme e insaccate, da consumarsi lessato.

côtelé /*fr.* kotə'le/ [fr. 'costolato'] agg. inv. (f. fr. *côtelée*; pl. m. *côtelés*; pl. f. *côtelées*) ● A coste, detto di velluto.

cotènna [lat. parl. **cutĭnna(m)*, da *cŭtis* 'cute'; sec. XIII] s. f. *1* Pelle grossa e dura del maiale, del cinghiale e sim. *2* (*anat.*) Membrana di notevole spessore. *3* (*scherz.*, *spreg.*) Pelle dell'uomo | **Avere la c. dura, essere duro di c.**, (*fig.*) essere insensibile | **Avere la c. grossa**, (*fig.*) essere zotico, grossolano | **Avere cara la c.**, tenere alla propria vita | (*est.*, *scherz.*, *spreg.*) Testa dell'uomo: *il suo volto … pareva quasi una maschera sotto il bianco … della c. rasa* (PIRANDELLO). *4* (*est.*) Superficie, parte esterna, crosta: *c. erbosa*. *5* (*fig.*) †Persona avara. || **cotennina**, dim. | **cotennóne**, accr. m.

cotennóso [1757] agg. *1* Fornito di grossa cotenna. *2* (*med.*) Di, relativo a, cotenna | **Angina cotennosa**, angina difterica. *3* (*fig.*, *raro*) Incallito.

cotennòtto [da *cotenna*] s. m. ● Taglio di carne bovina, presso la spalla.

coterie /*fr.* kɔtə'ʀi/ [vc. fr., propr. 'consorteria'; 1924] s. f. inv. *1* (*spreg.*) Cricca, combriccola, congrega. *2* Compagnia, brigata di amici.

†**cotestèi** [sovrapposizione di *lei* a *cotesta*, f. di *cotesto*; 1342] pron. dimostr. ● Forma femminile sing. di †*cotestui*.

†**cotèsti** ● V. †*codesti*.

cotésto (1) ● V. *codesto*.

cotèsto (2) o **co-tèsto** [comp. di *co-* e *testo*, in ingl. *co-text*; 1977] s. m. ● (*ling.*) Ciò che precede e segue un enunciato, costituendo il suo contesto linguistico.

†**cotestóro** [sovrapposizione di *loro* a *cotesti*, pl. di *cotesto*; 1520] pron. dimostr. ● Forma pl. di †*cotestui* e †*cotestei*.

†**cotestùi** o †**codestùi** [sovrapposizione di *lui* a *cotesto*; sec. XIII] pron. dimostr. (f. *cotestèi*; pl. m. e f. *cotestóro*) ● (*lett.*) Costui: *se c. se ne fidava, ben me ne posso fidare io* (BOCCACCIO).

còtica [lat. parl. **cŭtica(m)*, da *cŭtis* 'cute'; sec. XIV] s. f. *1* Cotenna di maiale: *fagioli con le cotiche*. *2* Strato superficiale del terreno erboso fornito di radici. *3* (*scherz.*) †Pelle umana. || †**coticóne**, accr. m.

cotidàle [ingl. *cotidal*, comp. di *co-* 'con' e *tide* 'marea'; 1940] agg. ● In una rappresentazione cartografica, detto di linea che unisce tutti i punti in cui il massimo di marea avviene nello stesso istante.

cotidiàno e *deriv.* ● V. *quotidiano* e *deriv.*

còtile o **còtila** [vc. dotta, lat. *cŏtyla(m)*, nom. *cŏtyla*, 'vaso', dal gr. *kotýlē* 'cavità, ciotola' (V. *ciotola*); 1820] s. f. *1* (*anat.*) Cavità articolare emisferica di un osso | (*per anton.*) Acetabolo. SIN. Cotiloide. *2* Misura di capacità in uso nell'antica Grecia.

cotiledonàre [1830] agg. *1* (*bot.*) Che si riferisce al cotiledone. *2* (*biol.*) **Placenta c.**, placenta di alcuni Mammiferi in cui i villi coriali si riuniscono in numerosi gruppi fra loro distinti.

cotilèdone [vc. dotta, lat. *cotylēdone(m)*, nom. *cotylēdon*, dal gr. *kotylēdṓn*, da *kotýlē* 'cavità, ciotola', per la concavità delle foglie; 1773] s. m. *1* (*bot.*) Foglia embrionale che si trova nell'interno del seme per svolgere una funzione di riserva, di assorbimento, o di protezione. *2* (*zool.*) Gruppo di villi coriali della placenta dei Ruminanti.

cotillon /*fr.* kɔti'jɔ̃/ [vc. fr., da *cotte* 'sottana' (V. *cotta* (2)), poi 'danza con cotillon'; 1875] s. m. inv. *1* Regalo distribuito durante una festa da ballo o uno spettacolo. *2* In passato, ballo figurato, concluso da giochi e distribuzioni di regali.

cotilòide [vc. dotta, gr. *kotyloeidḗs* 'in forma di cavità'. V. *cotile* e *-oide*; 1797] s. f. ● (*anat.*) Cotile.

cotiloidèo [1830] agg. ● (*anat.*) Di, relativo a cotile o cotiloide: *margine c.*

cotissa [fr. *cotice*, da *cotte* 'cotta'; 1797] s. f. ● (*arald.*) Banda diminuita della metà della larghezza.

†**cóto** [da *coitare*, dal lat. *cogitāre*. V. *cogitare*; 1321] s. m. ● Pensiero, giudizio: *'Non ti maravigliar perch'io sorrida' / mi disse, 'appresso il tuo pueril c.'* (DANTE *Par.* III, 25-26).

cotógna [sec. XIV] **A** s. f. ● Frutto del cotogno. **B** in funzione di agg. solo f.: *mela, pera c.*

cotognàstro [da *cotogno*; 1956] s. m. ● Arbusto spontaneo delle Rosacee con foglie semplici, cotonose nella pagina inferiore, fiori rosa e frutti a drupa (*Cotoneaster integerrima*).

cotognàta [1340 ca.] s. f. ● Marmellata di mele o pere cotogne.

cotognino [1584] agg. ● Che ha colore, odore e sapore di cotogna.

cotógno [lat. *cotōneu(m)*, nom. *cotōneus*, dal gr. *kydṓnios* 'di Cidone' (Creta); 1340 ca.] **A** s. m. *1* Albero delle Rosacee, con fusto contorto e nodoso, foglie intere inferiormente cotonose e frutti commestibili aspri e profumati (*Cydonia vulgaris*). ➡ ILL. **piante**/6. *2* (*raro*) Cotogna. **B** in funzione di agg.: *melo c.*

♦**cotolétta** [fr. *côtelette* 'costoletta', da *côte* 'costa'; 1747] s. f. ● Costoletta | **C. alla milanese**, (*ellitt.*) **cotoletta**, fetta di carne di vitello passata nell'uovo, impanata e fritta | (*est.*) Preparazione simile, fatta con carne di maiale, tacchino o pesce.

cotonàceo [1830] agg. ● Simile a cotone.

cotonàre [1561] v. tr. (*io cotóno*) *1* Trattare un tessuto in modo da renderlo simile al cotone. *2* Eseguire la cotonatura ai capelli.

cotonària [da *cotone*; 1956] s. f. ● Pianta erbacea delle Cariofillacee biancastra e cotonosa con foglie ovali e fiori rosa (*Lychnis coronaria*).

cotonàta [da *cotone*] s. f. ● Tessuto di cotone stampato a colori vivaci su una sola faccia.

cotonàto [da *cotone*; av. 1566] s. m. ● Tessuto di cotone | Tessuto di cotone misto ad altre fibre.

cotonatùra [1963] s. f. ● Tecnica di acconciatura femminile consistente nell'increspare i capelli, pettinandone a rovescio le ciocche in modo da ottenere un insieme compatto e vaporoso.

♦**cotóne** [ar. *quṭun*; 1310] s. m. *1* Pianta annua o bienne delle Malvacee, con foglie lobate, fiori giallo-chiari e frutto a capsula che si apre liberando i semi avvolti da una peluria bianca e lucente impiegata come fibra tessile (*Gossypium herbaceum*). ➡ ILL. **piante**/4. *2* Tessuto di tale fibra: *vestito, camicie di c.* | **Mezzo c.**, tessuto di cotone misto con altro filato | Filo di cotone, usato per cucire, ricamare, rammendare. *3* Peli dei semi del cotone, trattati in modo particolare per essere impiegati spec. in medicazioni e fasciature: *c. grezzo*; *c. idrofilo, assorbente*; *c. emostatico* | **Avere il c. nelle orecchie**, (*fig.*, *pop.*) non ascoltare o non voler ascoltare | **Tenere qlcu. nel c.**, (*fig.*) allevarlo con eccessivi riguardi, viziarlo. *4* (*chim.*) **C. collodio**, estere nitrico della cellulosa, ottenuto in bioccoli per moderata nitrazione del cotone del quale conserva l'aspetto, usato per gelatine esplosive | **C. fulminante**, fulmicotone.

cotoneria [1819] s. f. ● (*spec. al pl.*) Quantità di tessuti, filati e sim., di cotone.

cotonicoltóre [comp. di *cotone* e *-coltore*; 1956] s. m. (f. *-trice*) ● Chi coltiva il cotone.

cotonicoltùra [comp. di *cotone* e *-coltura*; 1956] s. f. ● Coltivazione del cotone.

cotonière [1902] s. m. (f. *-a*) *1* Industriale del cotone. *2* Operaio di un cotonificio.

cotonièro [1901] agg. ● Del cotone: *operaio c.*; *industria cotoniera*.

cotonificio [comp. di *cotone* e *-ficio*; 1857] s. m. ● Fabbrica in cui si fila o tesse il cotone.

cotonina [da *cotone*; 1602] s. f. *1* Tela di cotone, leggera e lievemente pelosa, spesso a disegni stampati. *2* Tela grossolana per vele.

cotonizzàre [da *cotone*; 1942] v. tr. ● Ridurre simile a cotone altra materia tessile, spec. la canapa.

cotonóso [1865] agg. ● Che ha l'aspetto del cotone | Che è coperto di peluria come il cotone: *frutto c.* | Che contiene molto cotone.

†**cotornice** ● V. *coturnice*.

cotrióne ● V. *codrione*.

còtta (1) [f. sost. di *cotto*; 1366] s. f. **1** (*fam.*) Cottura: *dare una prima c. alla verdura* | ***Zucchero di tre, di sei cotte***, raffinato al massimo | (*fig.*) ***Furbo, furfante di tre cotte***, in sommo grado. **2** Quantità di roba che si cuoce in una volta: *una c. di castagne, di mattoni*. **3** Partita di manufatti tessili che è stata sottoposta alla tintura. **4** (*fig., pop.*) Ubriacatura, sbornia. **5** (*fig.*) Passione amorosa improvvisa e violenta: *prendere, prendersi una c. per qlcu.*; *avere una c. per qlcu.*; *gli è passata la c.* **6** (*fig.*) Stato di crisi fisica e psichica in cui cade un atleta nel corso di una gara per abuso di eccitanti o per eccessivo sforzo. || **cottarèlla**, **cotterèlla**, dim.

còtta (2) [fr. *cotte*, dal francone **cotta* 'tunica, veste'; sec. XIII] s. f. **1** Antica tunica: *una ricca c. aveva indosso / d'un drappo ricco all'usanza pagana* (PULCI) | ***C. d'arme***, sopraveste portata da araldi e cavalieri sopra l'armatura | ***C. di maglia***, armatura completa composta di anelli metallici ribaditi e concatenati tra loro | Casacca militare. **2** Indumento liturgico consistente in una tunica bianca, di cotone o di lino, scendente fino ai ginocchi, con maniche ampie, indossata dal sacerdote in tutte le funzioni, tranne la Messa. **3** †Tonaca per frati. || †**cottellina**, dim. | **cotticèlla**, dim.

còttabo [vc. dotta, lat. *cŏttabu(m)*, nom. *cŏttabus*, dal gr. *kóttabos* 'bacino', da avvicinare a *kotýlē*. V. *ciotola*; av. 1738] s. m. ● Gioco in uso presso Greci e Etruschi, consistente nel lanciare gocce di vino rimaste nel fondo di una tazza in modo da colpire un certo numero di vasi galleggianti in un recipiente pieno d'acqua.

cottage /ˈkɔtteʤ, *ingl.* ˈkhɒtɪʤ/ [vc. ingl., dal fr. *cotage*, dal germ. *kote* 'capanna'; 1749] s. m. inv. ● Casetta di campagna, villetta elegante, di stile rustico.

cottardita [fr. *cotte hardie*, comp. di *cotte* 'cotta (2)' e *hardie* di non chiaro sign.; av. 1313] s. f. ● Cotta araldica o d'arme, indossata sull'armatura con le insegne araldiche.

cotticcio [da *cotto*; av. 1558] **A** agg. (pl. f. *-ce*) **1** (*raro*) Alquanto cotto. **2** (*raro, fig.*) Avvinazzato, mezzo ubriaco. **3** (*raro, fig.*) Alquanto innamorato. **B** s. m. **1** Vetro fuso, estratto dal crogiolo in massa informe. **2** Piccola massa di ferraccio, gradualmente accumulatasi nel forno fusorio.

Còttidi [dal gr. *kóttos*, n. d'un pesce, prob. da *kottís* 'testa', di etim. incerta; 1931] s. m. pl. (sing. *-e*) ● Nella tassonomia animale, famiglia di Pesci degli Scorpeniformi marini o d'acqua dolce, con corpo allungato, spesso dotato di ghiandole velenose (*Cottidae*).

cottile [vc. dotta, lat. *cŏctile(m)* 'cotto', da *cŏctus* 'cotto'; 1916] agg. ● Di terracotta, di cotto.

cottimànte [1789] s. m. e f. ● (*disus.*) Cottimista.

cottimista [av. 1829] s. m. e f. (pl. m. *-i*) ● Lavoratore retribuito a cottimo.

còttimo [lat. *quŏtumu(m)* 'di che numero?'. V. *quoto*; 1342] s. m. ● Forma di retribuzione commisurata alla produzione realizzata, indipendentemente dalle ore di lavoro | ***Lavoro a c.***, retribuito a cottimo.

cottio [etim. incerta; 1963] s. m. ● A Roma, la vendita del pesce all'incanto ai mercati generali, che ha luogo la notte dell'antivigilia di Natale.

♦**còtto** [1290] **A** part. pass. di *cuocere*; anche agg. **1** Nei sign. del v. **2** ***Cadere come una pera cotta***, cadere pesantemente; (*fig.*) lasciarsi facilmente ingannare | ***Chi la vuol cotta e chi cruda***, (*fig.*) ognuno pensa a suo modo | (*fig.*) ***Farne di cotte e di crude***, farne di tutti i colori | ***Né c. né crudo***, (*fig.*) indeciso e irresoluto | ***Innamorato c.***, (*ellitt.*) ***cotto***, molto innamorato. **3** (*est.*) Danneggiato, corroso dal fuoco: *il fondo della pentola è c.* **4** (*fig.*) Detto di atleta, stremato dalla fatica e gener. di persona sfinita per la stanchezza. **B** s. m. **1** (*raro*) Cibo cotto. **2** Mattone, terracotta: *pavimento di c.*; *c. toscano*. **3** Concia di mosto cotto: *dare il c. al vino*. **4** †Scottatura, bruciatura della pelle.

cottóia [1536] s. f. **1** (*raro, tosc.*) Cottura, spec. nelle loc. ***essere di buona, di cattiva c.***, detto di legumi o sim. che cuociono più o meno rapidamente. **2** (*raro, fig.*) Natura, indole.

cottóio [da *cotto*; 1545] agg. ● (*tosc.*) Che cuoce rapidamente, detto spec. di legumi.

cottolèngo [dal n. di G. B. *Cottolengo* (1786-1842), il santo che nel 1832 fondò a Torino un famoso ospizio; 1951] s. m. (pl. *-ghi*) ● (*fam.*) Istituto per minorati fisici e psichici | (*est., scherz.*) Ambiente con persone non molto vivaci intellettualmente.

Còtton fiòc® [marchio registrato; 1983] loc. sost. m. inv. ● Bastoncino di plastica per uso igienico, rivestito di ovatta alle due estremità.

cottùra [lat. *coctūra(m)*, da *cŏctus* 'cotto'; 1353] s. f. **1** Esposizione spec. di un alimento all'azione di una fonte di calore; modalità e durata di tale esposizione: *la c. della polenta, della carne*; *c. a fuoco lento, debole, vivace, moderato*; *c. al forno, a bagnomaria* | ***Punto di c.***, momento ottimale di una preparazione gastronomica a mezzo del calore | ***Portare, venire a c.***, al giusto punto di cottura | ***Angolo c.***, V. *angolo* nel sign. 3. **2** Fase di trasformazione del legno sminuzzato in cellulosa greggia a mezzo di liscivia acida o alcalina sotto pressione. **3** †Materiale, cibo cotto. **4** †Scottatura | †Il segno lasciato sulla pelle da una scottatura.

coturnàta [f. sost. di *coturnato*; 1970] s. f. ● Tragedia romana di derivazione greca.

coturnàto [vc. dotta, lat. *cothurnātu(m)*, da *cothŭrnus* 'coturno'; 1623] agg. **1** (*lett.*) Calzato di coturni: *voi ben coturnati Achei* (FOSCOLO). **2** (*fig., lett.*) Detto di stile, grave e solenne, come quello della tragedia: *la coturnata … / tragedia innalza il doloroso accento* (PINDEMONTE).

coturnìce o †**cotornìce** [lat. *coturnīce(m)*, di orig. onomat. (?); av. 1292] s. f. ● Uccello dei Galliformi, simile alla pernice ma di dimensioni maggiori e con piumaggio policromo (*Alectoris graeca*).

cotùrno [vc. dotta, lat. *cothŭrnu(m)*, nom. *cothŭrnus*, dal gr. *kóthornos*, di orig. preindeur.; av. 1374] s. m. **1** Calzatura dalla suola assai alta, usata dagli attori tragici greci e latini | (*fig., lett.*) Tragedia, stile tragico | ***Calzare il c.***, scrivere tragedie. **2** Antico calzare femminile di origine orientale | Stivale usato dai Romani a caccia.

coulis /*fr.* kuˈli/ [vc. fr., deriv. del v. *couler* 'colare'; 1987] s. m. inv. (pl. fr. inv.) ● (*cuc.*) Sugo ottenuto dopo aver cotto e passato verdure, carni, pesce: *c. di pomodoro* | Purè di frutta con aggiunta di sciroppo: *c. di lamponi*.

coulisse /*fr.* kuˈlis/ [vc. fr., *coulisse*, da *couler* 'filtrare', dal lat. *colāre*. V. *colare*; 1877] s. f. inv. **1** Incastro, scanalatura | ***Porta a c.***, che scorre sopra una guida scanalata | In sartoria, guaina in cui far scorrere un elastico, un laccio e sim. **2** (*fig.*) Quinta di teatro, nella loc.: ***dietro le c.*** **3** (*mus.*) Sistema applicato ad alcuni strumenti a fiato per allungare il tubo, in modo da ottenere tutte le note della scala senza ricorrere ai cilindri. **4** Luogo in cui svolgono la loro attività i commissionari di borsa.

coulissier /*fr.* kuliˈsje/ [vc. fr., da *coulisse* 'mercato parallelo a quello ufficiale della borsa, dove vengono trattati valori mobiliari', precedentemente 'scenario laterale', da *couler* 'colare, scorrere' (stessa etim.. dell'it. *colare*); 1989] s. m. inv. ● Commissionario di borsa.

coulomb /ˈkulomb, *fr.* kuˈlõ/ [dal n. del fisico fr. Ch. A. *Coulomb* (1736-1806); 1892] s. m. inv. ● (*fis.*) Unità di carica elettrica nel Sistema Internazionale definita come quantità di elettricità convogliata al secondo dalla corrente di 1 ampere. SIMB. C.

coulombòmetro /kulomˈbɔmetro/, (*evit.*) **coulòmbmetro** /kuˈlɔm(b)metro/ [comp. di *coulomb* e *-metro*; 1987] s. m. ● Apparecchio misuratore di quantità di elettricità. CFR. Amperometro, voltametro.

counselling /*ingl.* ˈkhaonsəlɪŋ/ o **counseling** [vc. ingl., da *to counsel* 'consigliare'; 1990] s. m. inv. ● Attività di consulenza, spec. per l'orientamento professionale.

countdown /kauntˈdaun, *ingl.* ˈkhaontˌdaon/ [loc. ingl., propr. 'conto alla rovescia', comp. di *count* 'conto' e *down* 'giù, verso il basso', di orig. indeur.] s. m. inv. ● Conteggio, conto alla rovescia.

counterpurchase /*ingl.* ˈkhaontəɹˌpɜːʧəs/ [vc. ingl., comp. di *counter* 'contro' e *purchase* 'acquisto'] s. m. inv. ● (*econ.*) Accordo in base al quale un esportatore di beni si impegna ad acquistare o far acquistare da terzi beni che l'importatore desidera esportare.

countertrade /*ingl.* ˈkhaontəɹˌtɹeɪd/ [vc. ingl., comp. di *counter* 'contro' e *trade* 'scambio'; 1986] s. m. inv. ● (*econ.*) Scambio commerciale nel quale l'esportatore accetta in pagamento prodotti del Paese importatore, che poi provvederà a rivendere su altri mercati.

country /ˈkauntri, *ingl.* ˈkhʌntɹi/ [vc. ingl., propr. 'paese, campagna'; 1981] **A** s. m. inv. ● Genere musicale americano ispirato alle ballate popolari delle campagne occidentali degli Stati Uniti. **B** anche agg. inv.: *musica, genere c.*

coup de foudre /*fr.* ˌkutˈfudʀə/ [loc. fr., propr. 'colpo di fulmine'; 1900] loc. sost. m. inv. (pl. fr. *coups de foudre*) ● Colpo di fulmine.

coupé /*fr.* kuˈpe/ [vc. fr., da un precedente *carosse coupé*, propr. 'carrozza tagliata', perché aveva la forma di una berlina col compartimento anteriore mozzo; 1736] **A** s. m. inv. **1** Carrozza chiusa a quattro ruote, generalmente a due posti: *la luna splendeva diritto nei vetri innanzi al c.* (DOSSI). **2** Nella scherma, cavazione effettuata al di sopra del ferro avversario piegando e distendendo il gomito. **B** s. m. o f. inv. ● Automobile chiusa di tipo sportivo, a due porte e due o quattro posti. ➡ ILL. p. 2167 TRASPORTI. **C** anche agg. inv.: *la nuova Lancia c.*

couperose /*fr.* kupəˈʀoːz/ [vc. fr., da un precedente *goutte rose* 'goccia rosa', accostato per etim. pop. a *couperose* 'rosa di rame' (V. *copparosa*); 1970] s. f. inv. ● Insieme di macchie rossastre localizzate nelle zone zigomatiche e sul naso, dovute alla dilatazione o allo spezzamento dei capillari superficiali.

couplet /*fr.* kuˈplɛ/ [vc. fr., dim. di *couple* 'coppia'; 1862] s. m. inv. ● (*letter.*) Parte della strofa immediatamente precedente al ritornello.

coupon /*fr.* kuˈpõ/ [vc. fr., 'tagliando', da *couper* 'tagliare', propr. 'tagliare con un colpo', da *coup* 'colpo'; 1765] s. m. inv. **1** Tagliando, cedola, buono. **2** Voucher.

coupon stripping /kuˈpɔn ˈstripin(g), *ingl.* kuˈpɒnˌstɹɪpɪŋ/ loc. sost. m. inv. ● Nel linguaggio borsistico, operazione con cui si priva un titolo obbligazionario o sim. delle cedole future per negoziarle separatamente sul mercato.

coùso [comp. di *co(n)-* e *uso*; 1940] s. m. ● Diritto facoltativo di più soggetti di usare contemporaneamente di un bene o godere di un servizio: *c. di un bene demaniale*; *c. del pubblico servizio ferroviario*. SIN. (*raro*) Coutenza.

coutènte [comp. di *co(n)-* e *utente*; 1927] s. m. e f.; anche agg. ● Chi (o Che) ha diritto insieme ad altri di usare un bene e godere di un servizio | ***C. duplex***, ciascuno dei due utenti del collegamento telefonico duplex.

coutènza [da *coutente*; 1927] s. f. ● Uso di qlco. insieme con altri.

coutil /*fr.* kuˈti/ [vc. fr., da *coute*, forma ant. di *couette* 'letto di piume', dal lat. *cŭlcita(m)* 'materasso' (V. *coltrice*); 1905] s. m. inv. ● Tessuto robusto e a trama fitta, per busti. SIN. Traliccio.

couture /*fr.* kuˈtyːʀ/ [vc. fr., propr. 'cucitura', dal lat. parl. **cosutūra(m)*, da **cōsere*, per il classico *consŭere* 'cucire' (V.); 1935] s. f. inv. ● Alta moda femminile; V. anche *haute-couture*.

couturier /*fr.* kutyˈʀje/ [vc. fr., da *couture* (V.); 1905] s. m. inv. ● Sarto e creatore di moda femminile.

còva [da *covare*; 1438] s. f. **1** Il covare | Il periodo in cui gli uccelli covano le uova. **2** (*est., raro, lett.*) Covo, tana, nido.

covàccio [da *covo*; sec. XIV] s. m. ● Covacciolo.

covàcciolo [da *covo*; 1325 ca.] s. m. **1** (*tosc.*) Luogo dove dorme e si riposa l'animale, detto spec. di uccelli, topi, ghiri. **2** (*est., scherz.*) Letto, giaciglio dell'uomo.

covacènere [comp. di *covare* e *cenere*] s. m. e f. inv. ● (*raro, pop.*) Persona pigra che ama starsene in ozio accanto al fuoco.

covalènte [1956] agg. ● (*chim.*) Relativo alla covalenza: *legame chimico c.* SIN. Omeopolare.

covalènza [comp. di *co(n)-* e *valenza*; 1956] s. f. **1** (*chim.*) Legame chimico in cui atomi uguali o diversi mettono in comune uno o più elettroni tra ciascuno e in modo da formare una o più coppie comuni di elettroni. **2** Numero di legami covalenti, e quindi di coppie di elettroni, che un atomo può formare.

covàre [lat. *cubāre* 'essere disteso, coricato sopra un giaciglio', di etim. incerta; av. 1292] **A** v. tr. (*io cóvo*) **1** Detto di uccelli, stare sopra le uova per riscaldarle e permettere così lo sviluppo dell'embrione. **2** (*fig.*) Curare, custodire gelosamente:

l'avaro cova il suo denaro | ***C. qlcu. con gli occhi***, guardarlo fissamente, con amore o desiderio | ***C. qlco. con gli occhi***, guardarla con avidità | ***C. le lenzuola, le coltri***, poltrire nel letto. ***3*** (*fig.*) Nutrire in segreto dentro di sé, un pensiero, un sentimento e sim.: *c. un sospetto, un dubbio, un'amarezza, una speranza, un amore*; *c. odio, rancore, per, contro qlcu.* | ***C. una malattia***, averla in incubazione. ***4*** (*lett.*) †Difendere, proteggere. **B** v. intr. (aus. *avere*) ***1*** (*fig.*) Stare celato, dissimularsi, annidarsi: *sie cauto, o Pluton: qui cova inganno* (POLIZIANO) | ***Il fuoco cova sotto la cenere***, non è ancora spento, sebbene non mandi fiamme | ***La passione, l'ira, la vendetta***, e sim. ***covano sotto la cenere***, sono pronte a esplodere, pur senza manifestarsi | (*scherz.*) ***Qui gatta ci cova!***, qui c'è sotto un inganno | †Stare acquattato. ***2*** †Stagnare, detto di acqua ferma.

covariànte [comp. di *co(n)-* e *variante*; 1930] agg.; anche s. f. ● (*mat.*) Detto di espressione o grandezza che varia al variare di altre espressioni o grandezze, rimanendo con esse nella stessa relazione di partenza.

covàta [da *covare*; av. 1484] s. f. ***1*** Quantità di uova che un volatile cova in una volta | (*est.*) I pulcini che ne nascono. ***2*** (*fig.*, *scherz.*) Figliolanza numerosa: *hanno messo al mondo una bella c.* ***3*** In apicoltura, insieme di uova, larve e ninfe presenti nelle celle dei favi | ***Rosa di c.***, porzione del favo occupata dalla covata | ***C. a sacco***, malattia delle larve delle api. ***4*** (*antrop.*) Presso popoli allo stato di natura, partecipazione al parto del marito della partoriente che ne mima le fasi. SIN. Accubito. ***5*** (*fig.*) †Intrigo, raggiro. || **covatèlla**, dim. | **covatìna**, dim. | **covatóna**, accr. | **covatùccia**, dim.

covatìccio [av. 1292] agg. (pl. f. *-ce*) ● Che è pronto e disposto alla cova | ***Gallina covaticcia***, chioccia.

covatùra [1340 ca.] s. f. ● Cova.

†**covèlle** [lat. *quŏd vĕlles* 'quel che vorresti'; av. 1306] pron. indef. ● Cavelle.

coventrizzàre [dalla città di *Coventry* (Inghilterra) rasa al suolo durante la seconda guerra mondiale; 1942] v. tr. ● Distruggere completamente una città, spec. mediante bombardamento aereo.

cover /'kɔver, *ingl.* 'kʰʌvəɹ/ [vc. ingl., riduzione della loc. *cover version*, opposta a *original version*; 1973] s. f. inv. ● Riedizione di una canzone di successo non eseguita dall'interprete originale | Il disco o la cassetta che contengono una o più riedizioni: *una c. di Mina.*

†**covèrchio** e *deriv.* ● V. *coperchio* e *deriv.*

covered warrant /'kɔvərəd 'warant, *ingl.* 'kʰʌvəɹəd 'wɒrənt/ [loc. ingl., propr. 'warrant coperto'; 1998] loc. sost. m. inv. (pl. ingl. *covered warrants*) ● (*econ.*) Opzione negoziabile di acquisto o vendita di strumenti finanziari, quotata su mercati ufficiali, emessa dall'istituzione bancaria che possiede l'attività sottostante e garantisce l'operazione.

còver girl /'kɔver 'gerl, *ingl.* 'kʰʌvəɹ,gɜːɹl/ [vc. ingl., comp. di *cover* 'copertina' e *girl* 'ragazza'; 1954] loc. sost. f. inv. (pl. ingl. *cover girls*) ● Fotomodella la cui immagine compare sulla copertina di riviste o rotocalchi.

cover story /kɔvers'tɔri, *ingl.* 'kʰʌvəɹ,stɔːɹi/ [loc. ingl., comp. di *cover* 'copertina' e *story* 'racconto'; 1983] loc. sost. f. inv. (pl. ingl. *cover stories*) ● Articolo di rivista che tratta l'argomento annunciato sulla copertina.

†**covèrto** e *deriv.* ● V. *coperto* (*1*) e *deriv.*

covettóre [comp. di *co-* (*2*) e *vettore*] s. m. ● (*mat.*) Ogni applicazione lineare definita su uno spazio vettoriale, che forma uno spazio duale del primo.

†**covidigia** o †**cuvidigia** [provz. *cobeitiza*, da *cobeitar* 'bramare', dal lat. *cŭpidus* 'cupido'; av. 1348] s. f. ● Cupidigia.

†**covidóso** o †**cuvidóso** [provz. *cobeitos*; stessa etim. dell'ant. fr. *convoitous*, dal lat. *cŭpidus* 'cupido'; av. 1348] agg. ● Cupido, bramoso.

covìglio [dal lat. *cubīle* 'covile'; 1823] s. m. ● (*raro*, *lett.*) Covo, rifugio, nascondiglio.

covìle o †**cubìle** [lat. *cubīle*, da *cubāre*. V. *covare*; av. 1306] s. m. ***1*** (*raro*) Luogo dove si nascondono e riposano gli animali selvatici: *del suo covil si destava ogni fera* (POLIZIANO) | Cuccia del cane. SIN. Covo, tana. ***2*** (*fig.*) Stanza da letto miserabile | (*fig.*) Letto, giaciglio, povero e disordinato.

còvo [da *covare*; sec. XIV] s. m. ***1*** Tana di animali selvatici: *c. della lepre, della volpe* | ***Farsi il c.***, farsi il nido; (*fig.*) stanziarsi in qualche luogo; (*est.*) assicurarsi uno stato di benessere per la vita futura. ***2*** (*fig.*) Luogo segreto di riunione di persone che svolgono gener. attività illecite: *c. di anarchici, di cospiratori, di rivoluzionari*; *c. di terroristi*; *c. di ladri, di briganti, di pirati* | Rifugio, nascondiglio | ***Non uscire mai dal c., dal proprio c.***, stare sempre chiuso in casa.

còvola [etim. incerta; 1605] s. f. ● Canale che mette in comunicazione il lavoriero con la valle da pesca.

covolùme [comp. di *co(n)-* e *volume*; 1956] s. m. ● (*fis.*) Limite al quale tende il volume di un gas reale, al crescere indefinito della pressione.

covóne [accr. del lat. *cŏvus*, forma arc. di *căvus* 'quello che sta nel cavo della mano'; sec. XIV] s. m. ● Fascio di piante di cereali mietute e legate insieme: *un c. di grano*; *mettere i covoni sull'aia.* || **covoncèllo**, dim. | **covoncìno**, dim.

covrìre ● V. *coprire.*

cowboy /kau'bɔi, *ingl.* 'kʰao,bɔe/ [vc. ingl., comp. di *cow* 'vacca' e *boy* 'ragazzo'; 1890] s. m. inv. ● Mandriano delle praterie, nell'ovest degli Stati Uniti, attorno alla cui figura è stato creato, nel cinema, il filone western.

coxalgìa [comp. del lat. *cŏxa* 'coscia' e di *-algia*; 1830] s. f. ● (*med.*) Dolore dell'anca.

coxartròsi [vc. dotta, comp. del lat. *cŏxa* 'coscia' e *artrosi*; 1986] s. f. inv. ● (*med.*) Artrosi degenerativa dell'articolazione dell'anca.

coxìte [comp. del lat. *cŏxa* 'coscia' e di *-ite* (*1*); 1892] s. f. ● (*med.*) Infiammazione, spec. tubercolare, dell'articolazione dell'anca.

coxofemoràle [comp. del lat. *cŏxa* 'coscia' e di *femore*, con suff. aggettivale; 1830] agg. ● (*anat.*) Di, relativo a coscia e femore: *articolazione c.*

coyote /*sp.* ko'jote, -'jo-/ [vc. sp., dall'azteco *coyotl* 'sciacallo'; 1890] s. m. inv. (pl. sp. *coyotes*) ● Mammifero carnivoro americano simile al lupo, dal folto pelo grigio, che emette un caratteristico latrato lungo e lamentoso (*Canis latrans*). CFR. Latrare. ➡ ILL. **animali**/13.

†**cozióne** [vc. dotta, lat. tardo *coctiōne(m)*, da *cŏctus* 'cotto'; sec. XIV] s. f. ***1*** Cottura. ***2*** Digestione.

còzza o **còzzeca** [var. merid. di *coccia*; 1905] s. f. ***1*** (*merid.*) Mitilo. ***2*** (*dial.*) Ragazza brutta.

cozzàre [da *coccia* 'testa'; av. 1250] **A** v. intr. (*io còzzo*; aus. *avere*) ***1*** Colpire con le corna: *nel prato c'erano due capre che cozzavano.* ***2*** (*est.*) Urtare, percuotere con violenza: *la macchina cozzò contro il muro.* ***3*** (*fig.*) Mettersi in contrasto, in lite: *è inutile c. contro la sua volontà* | Essere in contraddizione: *i nostri giudizi cozzano fra loro*; *le sue idee cozzano con la realtà.* ***4*** †Incontrare, imbattersi. **B** v. tr. ● Battere, urtare con violenza (*anche fig.*): *ha cozzato la tua macchina* | ***C. il capo contro il muro***, ostinarsi a voler fare cose impossibili. **C** v. rifl. rec. ***1*** Urtarsi con violenza: *ci siamo cozzati al buio nel corridoio.* ***2*** (*fig.*) Contrastare, litigare.

cozzàta [da *cozzare*; 1565] s. f. ***1*** Colpo dato cozzando. ***2*** (*est.*) Urto, colpo violento. || **cozzatìna**, dim.

còzzeca ● V. *cozza.*

cozzicàro [da *cozzeca*] s. m. (f. *-a*) ● (*merid.*) Pescatore di cozze.

còzzo [da *cozzare*; 1313] s. m. ***1*** Colpo dato cozzando, spec. con le corna | ***Fare ai cozzi***, darsi cornate; (*fig.*) litigare con violenza. ***2*** (*est.*) Urto, colpo violento, scontro: *il c. fra i due automezzi fu violentissimo* | ***Dar di c.***, scontrarsi, urtare, colpire con violenza; (*est.*) imbattersi, incontrare. ***3*** (*fig.*) Contrasto | ***Mettere a c.***, mettere in contrasto | ***Dar di c.***, venire a contrasto: *la somma d'idee che il c. dei vari giudizi fa nascere* (ALERAMO).

cozzóne [lat. *coctiōne(m)*, di etim. incerta; 1335] s. m. ***1*** (*tosc.*) Sensale di cavalli: *un giovane, il cui nome era Andreuccio di Pietro, c. di cavalli* (BOCCACCIO). ***2*** (*volg.*) Chi combina matrimoni | Mezzano.

CQR /*ingl.* ˌsiːkjuː'ɑːɹ/ [sigla che in fr. si legge in modo simile alla vc. ingl. *secure* 'sicuro' (?)] agg. inv.; anche s. f. inv. ● Tipo di ancora, comune nelle imbarcazioni da diporto, con una grande patta a vomere direttamente incernierata al diamante.

cra /kra*, kra/ [vc. onomat.; 1325 ca.] inter. ● Riproduce il gracchiare del corvo e della cornacchia (*spec. iter.*).

cràbro [vc. dotta, lat. *crabrōne(m)*, nom. *crābro* 'calabrone', di orig. indeur.] s. m. ● Insetto imenottero simile a una vespa, di color nero variegato di giallo (*Crabro cribrarius*).

crac o **cràcchete** [vc. dello slang angloamericano, riproducente un suono inarticolato; 1874] **A** inter. ● Riproduce il rumore di una cosa che si sfascia, che si rompe, che crolla. **B** s. m. ***1*** Il rumore stesso: *il c. dei rami spezzati.* ***2*** (anche *crack*) (*fig.*) Rovina, fallimento, tracollo spec. improvviso: *il c. di una banca*; *un clamoroso c. finanziario.*

cràce [dal gr. *krázō* 'io gracido', di orig. onomat.] s. m. ● Uccello dei Galliformi con cresta erettile, becco giallo o arancione e piumaggio nero nel maschio e marrone nella femmina (*Crax globicera*).

crack /krak, *ingl.* kʰɹæk/ [vc. ingl., da *to crack* 'vantarsi', da una radice indeur. di orig. espressiva; av. 1963] s. m. inv. ***1*** Nell'ippica, cavallo di classe assolutamente superiore. ***2*** (*est.*) Giocatore formidabile al bridge, al poker e sim. ***3*** Droga da fumo, di basso costo, a base di cocaina, con aggiunta di bicarbonato di sodio o lievito di birra. ***4*** V. *crac* nel sign. B2.

cracker /'kreker, *ingl.* 'kʰɹækəɹ/ [vc. ingl., da *to crack* 'spaccarsi, fendersi' di orig. indeur.; 1956] s. m. inv. ***1*** Sottile galletta croccante, spesso salata. ***2*** Apparecchiatura chimica usata per effettuare il cracking. ***3*** (*elab.*, *gerg.*) Chi è in grado di superare le protezioni applicate a programmi o dati per farne copie o usi non autorizzati.

cràcking /'krakin(g), 'krekin(g), *ingl.* 'kʰɹækɪŋ/ [vc. ingl., 'fenditura, spezzatura', da *to crack* 'spezzare, rompere'; 1942] s. m. inv. ● Scissione dovuta al calore di sostanze organiche a lunga catena, operata su frazioni pesanti del petrolio per ottenerne benzine. SIN. Piroclasi.

cracoviàna [fr. *cracovienne* 'di Cracovia'; 1967] s. f. ● Danza popolare polacca di carattere allegro, in misura 2/4.

cracoviàno [1987] **A** agg. ● Di, relativo a, Cracovia, città della Polonia. **B** s. m. (f. *-a*) ● Abitante, nativo di Cracovia.

cràfen s. m. ● Adattamento di *krapfen* (V.).

†**crài** [lat. *crās* 'domani', di orig. indeur.; av. 1306] avv. ● Domani | ***C. e poscrai***, domani e dopodomani | (*dial.*) ***Vendere, dare, comprare a c.***, a credito.

cràmbe [vc. dotta, lat. *crămbe(m)*, nom. *crămbe*, dal gr. *krámbē* 'cavolo', da avvicinare a *krámbos* 'avvizzito, secco', di orig. indeur.; 1476] s. f. ● Genere di piante mediterranee delle Crocifere, cui appartiene il cavolo marittimo.

crampifórme [comp. di *crampo* e *-forme*; 1970] agg. ● (*med.*) Detto di dolore successivo al crampo o di quello che ne ha le caratteristiche.

cràmpo [fr. *crampe*, dal franc. **kramp* 'curvato'; 1858] s. m. ● (*med.*) Contrazione violenta, persistente, involontaria, di un muscolo o di un gruppo di muscoli, che procura sensazione dolorosa | ***C. degli scrivani***, grafospasmo.

crancelìno [ted. *Kränzlein* 'coroncina', dim. di *Kranz* 'corona', di orig. indeur.] s. m. ● (*arald.*) Mezza corona con foglie di ruta, poste in banda nello scudo.

craniàle [1942] agg. ● (*anat.*) Di, relativo al cranio | Relativo a quello, tra due punti, due organi e sim. del corpo, che è in posizione più vicina al cranio. CONTR. Caudale. || **cranialménte**, avv. In posizione craniale.

crànico [1830] agg. (pl. m. *-ci*) ● (*anat.*) Del, relativo al cranio: *scatola, base cranica* | ***Fossa cranica***, ciascuna delle cavità, anteriore, media e posteriore, in cui è suddivisa la base cranica.

♦**crànio** [vc. dotta, gr. *kranίon* 'teschio', da avvicinare a *kára* 'testa', di orig. indeur.; 1585] s. m. ***1*** (*anat.*) Scheletro della testa dell'uomo e degli animali vertebrati, formato dalle ossa della volta e della base cranica e da quelle della faccia. ➡ ILL. p. 2124 ANATOMIA UMANA. ***2*** (*fig.*, *fam.*) Testa, mente, cervello: *la matematica non vuole entrargli nel c.*; *avere il c. duro* | (*fam.*) ***A c.***, a testa, per ciascuno. ***3*** (*antrop.*) ***C. trofeo***, oggetto di culto o di magia presso alcuni popoli allo stato di natura, costituito dal cranio di un antenato o di un nemico variamente decorato o dipinto.

craniognòmica [comp. di *cranio* e del gr. *gnō-mikḗ*, agg. f. di *gnṓmē* 'conoscenza'] **s. f.** ● Studio della conformazione del cranio in rapporto alle facoltà mentali.

craniografia [comp. di *cranio* e *-grafia*; 1865] **s. f.** ● Studio della conformazione del cranio per indagini antropologiche.

craniolèso [comp. di *cranio* e *leso*; 1983] **agg.**; anche **s. m.** (f. *-a*) ● Che (o Chi) ha subito una o più lesioni al cranio.

craniologia [comp. di *cranio* e *-logia*; 1820] **s. f.** ● Branca dell'antropologia che si occupa spec. della craniografia.

craniològico [1865] **agg.** (pl. m. *-ci*) ● Che si riferisce alla craniologia.

craniòlogo [comp. di *cranio* e *-logo*; 1965] **s. m.** (f. *-a*; pl. m. *-gi*) ● Studioso di craniologia.

craniometria [comp. di *cranio* e *-metria*; 1829] **s. f.** ● Scienza che si occupa della misurazione del cranio in rapporto all'antropologia e all'anatomia comparata. SIN. Cefalometria.

craniomètrico [1945] **agg.** (pl. m. *-ci*) ● Di, relativo a, craniometria.

craniòmetro [comp. di *cranio* e *-metro*; 1887] **s. m.** ● Strumento per la craniometria.

craniòpago [comp. di *cranio* e del gr. *págos* 'qualcosa di fisso', da *pag-*, tema di *pḗgnȳnai* 'conficcare', sull'es. dell'ingl. *craniopagus*; 1985] **A s. m.** (f. *-a*; pl. m. *-gi* o *-ghi*) ● (*med.*) Gemello siamese unito per la testa. **B** anche **agg.**: *gemello c.*

cranioresezióne [comp. di *cranio* e *resezione*; 1964] **s. f.** ● (*chir.*) Asportazione chirurgica di sezioni più o meno estese del cranio.

cranioscopia [comp. di *cranio* e *-scopia*; 1820] **s. f.** ● Esame del cranio a scopo scientifico.

craniòstato [comp. di *cranio* e *-stato*; 1956] **s. m.** ● Apparecchio usato negli esami radiologici della testa.

craniostenòsi [comp. di *cranio* e *stenosi*; 1964] **s. f. inv.** ● (*med.*) Chiusura precoce delle suture craniche per cui si ha un cranio piccolo e deformato.

craniotomia [fr. *craniotomie*, comp. del gr. *kraníon* 'cranio' e *-tomía*, da *témnō* 'io taglio'; 1841] **s. f.** ● (*chir.*) Apertura chirurgica del cranio.

craniòtomo [fr. *craniotome*. V. *craniotomia*; 1865] **s. m.** ● Strumento per la craniotomia.

cràpa [vc. piemontese e lombarda da una base preromana; 1964] **s. f.** ● (*sett.*, *scherz.*) Testa.

†**cràpola** e *deriv.* ● V. *crapula* e *deriv.*

cràpula o †**cràpola** [vc. dotta, lat. *crāpula(m)*, nom. *crāpula*, dal gr. *kraipálē* 'ebbrezza, crapula', di etim. incerta; av. 1292] **s. f.** ● (*lett.*) Il fatto di mangiare e bere smodatamente e disordinatamente: *essere dedito*, *abbandonarsi alla c.* SIN. Bagordo, baldoria, gozzoviglia, stravizio.

crapulàre o †**crapolàre** [vc. dotta, lat. tardo *crapulāri*, da *crāpula* 'crapula'; 1584] **v. intr.** (*io cràpulo*; aus. *avere*) ● (*raro*, *lett.*) Darsi alla crapula, gozzovigliare.

crapulóne [1584] **s. m.** (f. *-a*) ● (*raro*) Chi si dà abitualmente alla crapula.

†**crapulóso** [vc. dotta, lat. tardo *crapulōsu(m)*, da *crāpula* 'crapula'; 1943] **agg.** ● Dedito alla crapula.

craquelé /fr. kʀaˈkle/ [vc. fr., part. pass. di *craqueler* 'screpolare', vc. di orig. onomat.] **A agg. inv.** ● Detto di oggetto, la cui vernice o smalto presenti screpolature. **B s. m.** ● Procedimento per ottenere cavillature su oggetti in ceramica a scopo ornamentale o per falsificazione.

craquelure /fr. kʀakəˈlyʀ/ [vc. fr., da *craquelé* (V.)] **s. f. inv.** ● Cavillatura, cavillo.

crash /krɛʃ*, -aʃ*, ingl. kħæʃ/ [vc. ingl., dal v. *to crash* 'crollare rumorosamente', di orig. onomat.; 1985] **A inter.** ● Riproduce il rumore di qlco. che si schianta, si fracassa, crolla. **B s. m. inv.** (pl. ingl. *crashes*) **1** Il rumore stesso. **2** Crollo in borsa. **3** (*elab.*) Blocco dell'attività di un sistema di elaborazione dati causato dal cattivo funzionamento di un componente delle apparecchiature o dei programmi.

crash test /kraʃˈtɛst, ingl. ˈkħæʃ,tɛst/ [loc. ingl. propr. 'prova (*test*) d'urto (*crash*)'; 1985] **loc. sost. m. inv.** (pl. ingl. *crash tests*) ● Incidente automobilistico simulato per testare la resistenza e la sicurezza di un veicolo.

cràsi [vc. dotta, lat. tardo *crāsi(m)*, nom. *crāsis*, dal gr. *krâsis* 'mescolanza', da *keránnymi* 'io mescolo'; av. 1729] **s. f. inv.** **1** (*ling.*) Fusione in un unico suono di vocale finale e iniziale di due parole contigue: *v'aggio proferto il cor*; *mâ voi non piace* (PETRARCA). **2** Nell'antica medicina, mescolanza di umori o di medicamenti | *C. sanguigna*, rapporto tra i vari elementi del sangue.

cràspedo [vc. dotta, dal gr. *kráspedon* 'frangia'; 1956] **s. m.** ● (*zool.*) Ripiegatura marginale che si trova sull'ombrella delle meduse craspedote. SIN. Velo.

craspedòta [da *craspedo*; 1931] **A s. f.** ● Medusa degli Idrozoi la cui ombrella è munita di craspedo. SIN. Idromedusa. **B** anche **agg.**: *medusa c.*

†**crassézza** [1585] **s. f.** ● Grossezza, corposità.

cràsso [lat. *crăssu(m)* 'grosso, grasso'. V. *grasso*; av. 1396] **A agg.** **1** (*lett.*) Fitto, denso: *fumo c.*; *aria crassa*. **2** (*fig.*) Grossolano: *ignoranza crassa*. **3** (*fig.*, *lett.*) Torpido, pesante: *ridestandomi dal mio lungo e c. letargo* (ALFIERI). **4** (*anat.*) *Intestino c.*, l'ultimo tratto del canale intestinale, comprendente il cieco, il colon e il retto. **B s. m.** ● (*anat.*, *ellitt.*) Intestino crasso.

cràssula [dim. del lat. *crăssus* (V. *crasso*), detta così dalle foglie carnose; 1499] **s. f.** ● Genere di piante ornamentali delle Crassulacee, con foglie ampie e carnose (*Crassula*).

Crassulàcee [vc. dotta, comp. di *crassul(a)* e *-acee*; 1865] **s. f. pl.** (sing. *-a*) ● Nella tassonomia vegetale, famiglia di piante erbacee con foglie carnose e fiori in infiorescenze cimose (*Crassulaceae*).

†**cràstino** [vc. dotta, lat. *crāstinu(m)*, da *crās* 'domani'. V. *crai*; 1321] **agg.** ● Di domani | *Far c. dell'oggi*, procrastinare.

-crate [gr. *-kratēs*, corrispondente, nei composti, a *krátos* 'potere, forza', con analogie indeur.] secondo elemento ● Si usa in nomi composti di persona, che corrispondono ai termini astratti in *-crazia*: *autocrate*, *burocrate*, *plutocrate*.

†**cratèra** **s. f.** ● Cratere.

cratère [vc. dotta, lat. *cratēra*, nom. *crāter*, dal gr. *kratḗr* 'grosso vaso in cui si mescolava vino e acqua, coppa', poi 'cratere di vulcano', da *keránnymi* 'io mescolo'; 1340] **s. m.** **1** (*archeol.*) Vaso con corpo a bicchiere, bocca larga, due anse orizzontali, in cui gli antichi mescolavano l'acqua e il vino. **2** (*geol.*) Orlo, generalmente circolare, che circonda il camino di un vulcano e dal quale escono i prodotti vulcanici | *C. avventizio*, situato sui fianchi del cono vulcanico. ➡ ILL. p. 2131 SCIENZE DELLA TERRA ED ENERGIA. **3** Cavità a forma di imbuto prodotta nel suolo dallo scoppio di una carica esplosiva. **4** (*astron.*) Caratteristica formazione montuosa di forma circolare e con un cono centrale, formatasi in seguito alla caduta di meteore.

cratèrico [1908] **agg.** (pl. m. *-ci*) ● Che si riferisce al cratere di un vulcano.

craterizzazióne **s. f.** ● Fenomeno riscontrabile su parti metalliche soggette a ricevere scintille elettriche e consistente nella formazione di piccoli incavi sulla superficie stessa.

†**craticcio** ● V. *graticcio*.

-cràtico [gr. *-kraticós*, da *-kratēs* '-crate' col suff. aggettivale *-ikós*] secondo elemento ● Si usa in aggettivi corrispondenti ai nomi in *-crazia*: *aristocratico*, *burocratico*.

†**cratìcola** ● V. *graticola*.

cratóne [dal gr. *krátos* 'forza, potenza' (V. *-crazia*), perché resiste ai corrugamenti; 1946] **s. m.** ● (*geol.*) Zolla o blocco rigido della crosta terrestre sottoposto a traslazioni orizzontali e verticali ma non a deformazioni.

cràuti [ted. *Sauerkraut* 'cavolo acido'; av. 1712] **s. m. pl.** ● Foglie di cavolo tagliate a liste sottili e fatte fermentare col sale.

♦**cravatta** o (*tosc.*) †**corvàtta**, †**crovàtta** [fr. *cravate*, dal croato *hrvat* 'croato', perché adoperata dai cavalieri croati; 1675] **s. f.** **1** Accessorio dell'abbigliamento maschile formato da una striscia di seta, lana o altri tessuti con lembi più o meno larghi, da annodare sotto il colletto della camicia. **2** (*est.*) Sciarpa, laccio, anello e sim. posto attorno al collo di persone o animali | *Fabbricare*, *vendere cravatte*, (*fig.*, *disus.*) praticare l'usura. **3** In varie tecnologie, dispositivo spec. a forma di anello, per il fissaggio di un elemento a un altro. **4** Nella pallanuoto e altri sport, presa al collo dell'avversario per fermarne o impedirne l'azione. **5** Apparecchio ortopedico con intelaiatura ad anello utilizzato per distribuire in modo equilibrato sul busto il peso del tratto cervicale della colonna vertebrale. || **cravattàccia**, pegg. | **cravattina**, dim. | **cravattino**, dim. m. (V.) | **cravattóna**, accr. | **cravattóne**, accr. m. | **cravattùccia**, dim.

cravattàio o (*centr.*) **cravattàro** [1893] **s. m.** (f. *-a*) **1** Fabbricante o venditore di cravatte. **2** (*fig.*; *disus.*) Usuraio, strozzino.

cravattificio [comp. di *cravatta* e *-ficio*] **s. m.** ● Fabbrica di cravatte.

cravattino [1853] **s. m.** **1** Dim. di *cravatta*. **2** Piccola cravatta a lembi corti annodata a farfalla.

crawl /krɔl, ingl. kħɔːl/ [vc. ingl., da *to crawl* 'avanzare strisciando'; 1921] **s. m. inv.** ● Stile di nuoto in posizione prona, con respirazione laterale, caratterizzato da circonduzioni delle braccia, portate alternativamente fuori e dentro l'acqua, e dal battito alternato delle gambe. SIN. Stile libero, freestyle. ➡ ILL. p. 2148 SPORT.

crawlista /kroˈlista/ [1905] **s. m. e f.** (pl. m. *-i*) ● Nuotatore specialista dello stile crawl.

cràzia [ted. *Kreutzer*, da *Kreuz* 'croce', che era raffigurata sulla moneta; av. 1527] **s. f.** **1** Moneta di argento misto a rame, del valore di 5 quattrini, coniata in Toscana da Cosimo I in poi. **2** (*est.*) Monetina di valore minimo.

-crazia [gr. *-kratía*, ampliamento col suff. *-ía*, proprio degli astr., di *-kratēs*, '-crate'] secondo elemento ● In parole composte d'origine dotta, significa 'potere', 'dominio': *burocrazia*, *democrazia*, *teocrazia*.

creàbile [vc. dotta, lat. tardo *creābile(m)*, da *creāre* 'creare'; 1614] **agg.** ● (*raro*) Che si può creare.

creànza o †**criànza** [sp. *crianza*, da *criar* 'allevar bene', dal lat. *creāre* 'creare'; 1526] **s. f.** **1** Buone maniere, comportamento educato: *avere c.*; *comportarsi con c.*; *mancare di c.*; *conoscere le regole della c.*; *chi ti ha insegnato la c.?* (GOLDONI) | *Senza c.*, maleducato | *Buona c.*, buona educazione | *Mala c.*, malgarbo, maleducazione. SIN. Educazione. **2** (*est.*) Cortesia, gentilezza: *rimanemmo con lui solo per c.*

creanzàto [1765] **agg.** ● (*raro*) Che ha buona creanza.

♦**creàre** o †**criàre** [lat. *creāre*, dalla stessa radice di *crēscere* 'crescere'; av. 1257] **A v. tr.** (*io crèo*) **1** Produrre dal nulla, spec. riferito a esseri divini: *Dio creò il mondo* | (*est.*) Far nascere qlco. di nuovo elaborando in modo originale elementi preesistenti; inventare, ideare: *c. una nuova teoria*; *c. una moda*; *la poesia crea … con la forma il contenuto* (CROCE) | *C. una parte*, detto di attore che rappresenta una parte per primo o ne dà una interpretazione originale | *C. un debito*, accenderlo, contrarlo. **2** Suscitare: *c. difficoltà*; *c. scandalo*; *c. imbarazzo*. **3** Eleggere, nominare: *c. qlcu. Papa*, *re*. **4** (*raro*) Procreare, generare | †Allevare, nutrire: *c. un giovane*. **B v. intr. pron.** ● Sorgere: *si è creato un equivoco*.

creatina [dal gr. *kréas*, genit. *kréatos* 'carne', perché si trova nel tessuto muscolare, sangue e nelle urine; 1865] **s. f.** ● (*biol.*) Amminoacido che si trova nel tessuto muscolare, nel sangue e spesso nell'urina.

creatinina [da *creatina*; 1964] **s. f.** ● (*biol.*) Composto chimico derivante dalla creatina dei muscoli, della quale costituisce l'anidride, che viene eliminata dall'organismo con l'urina.

creatinùria o **creatinuria** [comp. di *creatin(a)* e *-uria*; 1964] **s. f.** ● (*med.*) Quantità di creatina eliminata con le urine nelle 24 ore.

creatività [da *creativo*; 1951] **s. f.** **1** Capacità creativa, facoltà inventiva: *la c. dei bambini* | (*psicol.*) Capacità di produrre nuove idee, invenzioni, opere d'arte e sim. **2** (*ling.*) Capacità del parlante di capire e di emettere enunciati che prima non ha mai sentito.

creativo [av. 1406] **A agg.** **1** Pertinente alla creazione: *atto c.* | Relativo alla creazione di un'opera dell'ingegno: *processo c.* **2** Che ha o rivela capacità di creare, che è ricco di inventiva: *intelligenza creativa*; *un bambino c.* || **creativaménte**, avv. **B s. m.** (f. *-a*) **1** Nella pubblicità, chi propone le idee che porteranno alla realizzazione di una campagna pubblicitaria. **2** (*est.*) In senso generico, chi mostra particolari doti di inventiva e originalità.

creàto **1** o †**criàto** [lat. *creātu(m)*, part. pass. di *creāre* 'creare'; av. 1306] **A part. pass.** di *creare*; anche **agg.** *1* Nei sign. del v. *2* ***Ben c.***, ***mal c.***, (*disus.*) bene o male educato. **B s. m.** ● Insieme delle cose create da Dio: *l'armonia, le meraviglie del c.* **SIN.** Cosmo, mondo, universo.

creàto (2) [sp. *criado* 'allievo', poi 'valletto, servo', da *criar.* V. *creanza*; av. 1498] **s. m.** (**f.** *-a*) ● (*raro, lett.*) Persona allevata da una famiglia che la protegge | Protetto o familiare di un potente.

creatóre o †**criatóre** [vc. dotta, lat. *creatōre(m)*, da *creāre* 'creare'; sec. XIII] **A agg.** ● Che crea: *genio c.* **B s. m.** (**f.** *-trice*) ● Chi crea: *ecco il c. del capolavoro* | ***Il Creatore***, (*per anton.*) Dio | ***Andare, andarsene al Creatore***, morire | (*fam.*) ***Mandare qlcu. al Creatore***, ucciderlo. **SIN.** Artefice, autore.

♦**creatùra** o †**criatùra** [vc. dotta, lat. tardo *creatūra(m)*, da *creāre* 'creare'; 1224 ca.] **s. f.** *1* Ogni essere creato: *tutte le creature della terra*; *siamo tutti creature di Dio* | ***Prime creature***, gli angeli | ***Creature umane***, gli uomini: *Laudato sie, mi' Signore, cum tucte le tue creature* (FRANCESCO D'ASSISI). *2* Bambino, figlio: *la mia c.*; *una piccola e fragile c.* | Essere umano che susciti compassione o ammirazione: *povera c.!*; *è una c. eccezionale.* *3* Persona favorita e protetta, spec. da un personaggio influente: *è una c. del ministro.* || **creaturèlla**, **dim.** | **creaturìna**, **dim.** (V.) | **creaturóna**, **accr.**

creaturàle [1926] **agg.** ● (*lett.*) Detto del sentimento di amore, di venerazione, di rispetto che le creature provano nei confronti del loro creatore.

creaturìna [sec. XVI] **s. f.** *1* Dim. di *creatura* nel sign. 2. *2* Bambinello, esserino che ispira tenerezza o compassione: *una povera c. abbandonata.*

♦**creazióne** [vc. dotta, lat. tardo *creatiōne(m)*, da *creāre* 'creare'; 1308] **s. f.** *1* (*relig.*) Atto con cui Dio ha dato origine all'universo | Insieme delle cose create. **SIN.** Creato, mondo. *2* Invenzione: *c. dell'ingegno* | Realizzazione di un'opera artistica: *la c. di una sinfonia* | Fondazione, istituzione: *c. di un ufficio, di una banca, di una industria.* *3* Ciò che è stato prodotto, realizzato: *una superba c. architettonica*; *c. musicale, poetica* | Capo di vestiario, accessorio o guarnizione originale: *creazioni d'alta moda.* *4* (*fis.*) Formazione di particelle dovuta a trasformazione di energia in materia. *5* (*lett.*) Elevazione a una dignità. **SIN.** Elezione.

creazionìsmo [da *creazione*; 1940] **s. m.** *1* Ogni concezione filosofica che ponga l'origine della realtà in rapporto a un atto di creazione | Dottrina teologica cristiana secondo la quale le anime sono create direttamente da Dio. *2* Teoria biologica secondo cui tutti gli animali e le piante attualmente esistenti sarebbero stati creati così come sono, e come tali si sarebbero mantenuti invariati nel tempo. **CFR.** Fissismo. **CONTR.** Evoluzionismo.

creazionìsta [1964] **s. m. e f.**; anche **agg.** (**pl. m.** *-i*) ● Seguace del creazionismo.

creazionìstico [1987] **agg.** (**pl. m.** *-ci*) ● Relativo al creazionismo o ai creazionisti.

crébbi ● V. *crescere.*

†**crèbro** [vc. dotta, lat. *crēbru(m)*, dalla stessa radice di *crēscere* 'crescere'; 1321] **agg.** ● Frequente, ripetuto: *di che facei question cotanto crebra* (DANTE *Par.* XIX, 69).

crécchia o **grécchia** [etim. incerta; 1830] **s. f.** ● (*bot.*) Brugo.

credènte [av. 1292] **A part. pres.** di *credere*; anche **agg.** ● Nei sign. del v. **B s. m. e f.** ● Chi professa una religione, spec. quella cattolica: *la moltitudine dei credenti* | ***Il capo dei credenti***, nella religione cattolica, il Sommo Pontefice | (*est.*) Chi crede in un'idea, una dottrina e sim.

♦**credènza** (1) [da *credere* (*1*); av. 1250] **s. f.** *1* Il credere | Fede, spec. religiosa: *c. in Dio, nella vita eterna*; *le credenze degli antichi*; *le mitiche credenze dei primitivi* | Cosa in cui si crede: *è una c. assurda.* *2* Opinione, convinzione: *è mia, tua, generale c. che ...*; *c. popolare.* *3* (*raro*) Fiducia, attendibilità: *meritare, acquistare c.* | ***Lettera di c.***, credenziale. *4* (*disus.*) Nel linguaggio commerciale, credito, fido | ***Vendere a c.***, a credito. *5* †Segreto da non palesare | ***Tenere in c. qlco.***, tenerla segreta | ***Consiglio di c.***, nel Comune medievale, collegio di esperti destinato ad assistere i consoli nel disbrigo delle pratiche più delicate. *6* †Assaggio precauzionale di cibi e bevande, in uso un tempo prima di servirli a un personaggio importante, per assicurarlo che essi non contenessero veleno: *fare la c.* | ***Dare la c.***, fare assaggiare cibi e bevande.

♦**credènza** (2) [da *credenza* (*1*) nel sign. 6; 1525] **s. f.** *1* Anticamente, tavola apparecchiata con piatti e vivande da portare via via sulla mensa. *2* Mobile da cucina o da sala da pranzo, con alzata spesso a vetri, ove si ripongono i cibi, le stoviglie, gli arredi da tavola. || **credenzìna**, **dim.** | **credenzìno**, **dim. m.** | **credenzóna**, **accr.** | **credenzóne**, **accr. m.** | **credenzùccia**, **dim.**

credenziàle [da *credenza* (*1*); 1478] **A agg.** ● Che accredita | ***Lettere credenziali***, documenti necessari per l'accreditamento di un agente diplomatico. **B s. f.** *1* Ordine di pagamento a carico di una banca emesso da un istituto di credito a favore di un cliente. *2* (*spec. al pl.*) Lettere credenziali | ***Ritirare le credenziali***, rompere le relazioni con un Paese straniero.

credenziàrio [1555] **s. m.** ● Nel Comune medievale, membro del Consiglio di Credenza. **SIN.** Credenziere.

credenzièra [av. 1909] **s. f.** ● Credenza di parata, su cui durante i banchetti facevano bella mostra piatti e suppellettili pregiate.

credenzière [1503] **s. m.** (**f.** *-a*) *1* Chi ha la cura della credenza, del servizio della tavola. **SIN.** Dispensiere. *2* Anticamente, la persona addetta alla preparazione dei dolci nelle case signorili. *3* Credenziario. *4* (*fig.*) †Confidente.

♦**crédere** (1) [lat. *crēdere*, di orig. indeur.; av. 1250] **A v. tr.** (**pass. rem.** *io credéi* o *credètti* (o *-étti*), †*crési, tu credésti*) (q.c; + *di* seguito da inf.; + *che* seguito da congv.; oppure direttamente seguito da congv.) *1* Ritenere vero quanto è detto, affermato e sim. da altri: *non ho creduto una sola parola di quel racconto*; *posso crederlo* | ***Lo credo bene!***, escl. che esprime energica approvazione | ***Dare a c.***, (*fig.*) illudere | (*dir. comm.*) ***Star del c.***, V. *star del credere* | ***Credersela***, prestare fede a una fandonia. *2* Stimare, giudicare, reputare: *ti credo onesto, capace*; *non lo credevo giusto*; *ti credevo a Milano.* *3* Ritenere probabile o opportuno: *credo di conoscere la soluzione*; *credo che sia ora di decidere*; *credo sia prudente andarcene*; *Cecco, la pena tua credo sia molta* (ANGIOLIERI); *non credevo che fosse giunto a tanto*; *non credo di dovermi scusare* | ***Voglio c. che***, non mi permetto di dubitare di. **SIN.** Immaginare, presumere, supporre. *4* †Affidare: *credano il petto inerme / gli augelli al vento* (LEOPARDI). **B v. intr.** (aus. *avere*) (assol.; + *a*, + *in*) *1* Avere certezza dell'esistenza di qlcu. o qlco.: *c. in Dio, in un'altra vita, ai santi*; *c. nel diavolo, alle streghe* | Avere fede nella divinità: *da molto tempo non crediamo più.* *2* Prestar fede a qlcu. o qlco.: *c. ai propri sensi, agli occhi*; *ti prego di credermi* | ***Non credo ai miei occhi***, sono sbalordito | ***C. sulla parola***, senza bisogno di prove. **CONTR.** Dubitare. *3* Avere fiducia in qlcu. o in qlco.: *credo molto nella sua capacità lavorativa*; *c. nella medicina, nella giustizia, nel progresso*; *non c. in nulla* | ***Credo nella sua buona fede***, ne sono convinto. *4* †Ubbidire: *colpa di quella ch'al serpente crese* (DANTE *Purg.* XXXII, 32). **C v. rifl.** ● Pensare di essere, immaginarsi come: *credersi un grand'uomo, un ignorante, una persona seria.*

crédere (2) [da *credere* (*1*); 1336 ca.] **s. m.** solo **sing.** ● Opinione, convincimento | ***A mio c.***, secondo la mia opinione.

credìbile [vc. dotta, lat. *credĭbile(m)*, da *crēdere* 'credere'; 1336 ca.] **agg.** *1* Che si può credere: *notizie credibili.* **SIN.** Attendibile, plausibile. *2* (*est.*) Che è degno di fede, di fiducia: *ormai queste persone non sono più credibili.* *3* †Credulo. || **credibilménte**, **avv.**

credibilità [sec. XVI] **s. f.** ● Caratteristica di ciò che è credibile: *voleva ... dare al suo poema un aspetto di c. e di realtà* (DE SANCTIS) | (*est.*) Prestigio, credito: *il governo ha perso la sua c.*

credit card /*ingl.* 'kḥɹɛdɨtˌkɑːɹ̣d/ [loc. ingl., comp. di *credit* 'credito' e *card* 'carta'; 1986] **loc. sost. f. inv.** (**pl.** ingl. *credit cards*) ● Carta di credito.

creditìzio [1941] **agg.** ● Concernente il credito.

credit manager /*ingl.* 'kḥɹɛdɨt 'mænɨʤəɹ̣/ [loc. ingl., propr. 'direttore del credito'] **loc. sost. m. e f. inv.** (**pl.** ingl. *credit managers*) ● (*econ.*) Responsabile dell'ufficio che, in una impresa o in una banca, si occupa della concessione di credito ai clienti.

♦**crédito** [vc. dotta, lat. *crēditu(m)* 'cosa affidata', part. pass. di *crēdere* 'affidare, credere'; 1353] **s. m.** *1* Il credere, il fatto di essere creduto: *dare c. alla parola di qlcu.* | ***Avere, trovare c.***, essere creduto | ***Meritare c.***, meritare di essere creduto | ***Fare c. a qlcu.***, fidarsene | ***Negare c.***, non credere. **SIN.** Attendibilità. *2* Buona reputazione, pubblica stima e fiducia: *aver c.*; *godere di molto c.*; *millantato c.* | ***Dare c.***, dare fiducia | ***Perdere c.***, perdere la stima altrui | ***Persona di poco c.***, che non merita considerazione | ***C. scolastico***, punteggio attribuito dal consiglio di classe a un allievo degli ultimi tre anni della scuola secondaria superiore, che esprime la valutazione del grado di preparazione complessiva raggiunta e che viene sommato al punteggio riportato nell'esame di Stato (calco sull'ingl. *credit*) | ***C. formativo***, competenza in una determinata materia, acquisita dall'allievo all'interno o all'esterno della scuola e valutata dal consiglio di classe nell'attribuzione del credito scolastico. *3* (*dir.*) Diritto a una prestazione pecuniaria: *c. privilegiato, chirografario* | Diritto a ottenere l'adempimento di una prestazione: *avere un c. verso qlcu.*; *titoli di c.*; *lettere di c.* | ***Essere in c. verso qlcu.***, essere titolare di un diritto di credito | (*est.*) Somma di denaro alla quale si ha diritto: *annotare, incassare, riscuotere un c.* *4* (*econ.*) Scambio tra un bene disponibile nel presente con un bene disponibile in futuro, in genere di valore superiore | (*est.*) Fornitura di merci con dilazione di pagamento, spesso a prezzi superiori di quelli a contanti: *far c. a qlcu.*; *comprare, vendere a c.* | ***Carta di c.***, speciale tessera nominativa che permette al titolare di ottenere beni o servizi presso determinati esercizi pubblici, rinviandone il pagamento a fine mese. *5* Attività spec. bancaria consistente nel dare denaro a mutuo: *istituto di c.*; *c. agrario, fondiario, edilizio, immobiliare, industriale* | ***C. a medio termine***, quello concesso per un periodo non superiore a dieci anni | ***C. di corriere***, a brevissima scadenza fra banche corrispondenti. *6* Istituto bancario, banca: *Credito Italiano.*

credit officer /*ingl.* 'kḥɹɛdɨt 'ɒˑfɨsəɹ̣/ [loc. ingl., propr. 'funzionario del credito'] **loc. sost. m. e f. inv.** (**pl.** ingl. *credit officers*) ● (*econ.*) Funzionario dell'ufficio che, in una impresa o in una banca, si occupa della concessione di credito ai clienti.

creditóre [vc. dotta, lat. *creditōre(m)*, da *crēditum* 'credito'; sec. XIII] **A s. m.** (**f.** *-trice*) *1* Chi è titolare di un diritto di credito: *fuggo i creditori, perché ò gran debito e pochi danari* (MICHELANGELO). *2* (*est., fig.*) Chi aspetta qlco. che gli è dovuta: *c. di una risposta.* **B agg.** ● Che ha un diritto di credito: *società creditrice.*

creditòrio [da *creditore*; 1950] **agg.** *1* (*dir.*) Del credito | Del creditore: *posizione creditoria.* *2* †Credibile.

crèdo [vc. dotta, lat. *crēdo* 'io credo', prima pers. indic. pres. di *crēdere* 'credere', parola con cui inizia il Simbolo apostolico; av. 1342] **s. m.** (**pl.** *-i*) *1* Insieme delle dottrine fondamentali di una religione, spec. rivelata: *il c. islamico, ebraico, cristiano* | Formula nella quale sono fissati detti principi. *2* Simbolo apostolico che riassume le verità dogmatiche delle Chiese cristiane, con varianti da confessione a confessione: *il c. cattolico romano, ortodosso, evangelico* | Parte della Messa, dopo la lettura del Vangelo, nella quale si recita la formula lunga della professione di fede della Chiesa cattolica romana | (*fig.*) ***In un c.***, subito, nel tempo necessario a recitare un Credo. *3* (*fig.*) Complesso di idee, principi, convinzioni politiche, morali, artistiche e sim. di una persona o di un gruppo: *c. politico, estetico.*

credulità [vc. dotta, lat. *credulitāte(m)*, da *crēdulus* 'credulo'; av. 1400] **s. f.** ● Eccessiva facilità a credere agli altri. **SIN.** Dabbenaggine, ingenuità.

crèdulo [vc. dotta, lat. *crēdulu(m)*, da *crēdere* 'credere'; 1342] **agg.** ● Che crede a tutto e a tutti con facilità spesso eccessiva: *gente credula* | (*lett.*) Che crede: *pendono intorno in lungo ordine i voti / che vi portano i creduli devoti* (TASSO). **SIN.** Ingenuo, sempliciotto.

credulóne [da *credulo*; 1865] **agg.**; anche **s. m.** (**f.** *-a*) ● Che (o Chi) mostra un'eccessiva facilità a credere a tutto e a tutti. **SIN.** Ingenuo, sciocco, sempliciotto.

♦**crèma** [fr. *crème*, di etim. incerta; 1585] **A s. f.** *1* Grasso del latte che si addensa alla superficie in strato bianco-giallognolo. SIN. Panna | (*fig.*) Parte eletta, scelta, di un gruppo: *la c. dei cittadini, di un ambiente*. CONTR. Schiuma. **2** *C. pasticcera* o (*ellitt.*) *crema*, dolce a base di latte, tuorli d'uovo, farina e zucchero, sbattuti assieme e rappresi al fuoco | (*est.*) Dolce simile per consistenza alla crema: *c. di cacao, di cioccolata* | (*est.*) Cibo eccellente. **3** Passato di riso, verdure o altro, consumato come minestra: *c. di piselli*; *c. di pomodori*. **4** Liquore molto ricco di zucchero: *c. cacao*. **5** Composto denso, spesso untuoso, usato spec. come cosmetico: *c. per le mani, per il viso*; *c. nutriente, idratante*; *c. antirughe, depilatoria, dimagrante* | ***C. da barba***, quella saponosa che si spalma sul viso per facilitare la rasatura | ***C. per calzature***, speciale preparato per mantenere morbide e lucide le scarpe di pelle. **B** in funzione di **agg. inv.** ● (posposto a un s.) Che ha il colore bianco-giallognolo caratteristico della crema del latte: *abito c.*; *stoffa color c.* **C s. m. inv.** ● Colore crema: *una tinta che sta fra il c. e il giallo*. || **cremina**, **dim.**

cremaglièra [fr. *crémaillère* 'catena del camino', dal fr. antico *cramail*, dal lat. tardo *cremăculu(m)*, dal gr. *kremastḗr* 'colui che tiene sospeso', da *kremánnymi* 'io appendo' (di orig. sconosciuta); 1853] **s. f.** ● Ingranaggio con dentatura rettilinea che, accoppiandosi con una ruota dentata motrice ad asse di rotazione fisso, si muove con moto rettilineo | ***Ferrovia a c.***, usata su percorsi a forte pendenza. SIN. Dentiera nel sign. 2.

cremàre [vc. dotta, lat. *cremāre*, di orig. indeur.; 1499] **v. tr.** (*io crèmo*) ● Bruciare un cadavere.

crematìstica [V. *crematistico*; 1918] **s. f.** ● (*raro*) Scienza economica che tratta della ricchezza.

crematìstico [vc. dotta, gr. *chrēmatistikós*, da *chrēmatízō* 'io mi occupo di affari', da *chrḗmata* 'ricchezze, beni', da *chráomai* 'io adopero, posseggo'] **agg.** (**pl. m.** *-ci*) ● (*raro*) Relativo alla crematistica.

crematóio [da *cremare*; 1877] **s. m.** ● Parte del forno crematorio in cui si pone il cadavere da bruciare.

crematòrio [da *cremare*; 1885] **A agg.** ● Che si riferisce alla cremazione | ***Forno, altare c.***, dove vengono cremati i cadaveri. **B s. m.** ● Edificio destinato alla incinerazione dei cadaveri umani.

cremazióne [vc. dotta, lat. tardo *crematiōne(m)*, da *cremāre* 'cremare'; 1857] **s. f.** ● Procedimento, uso, rito consistente nel cremare un cadavere.

crème /fr. kʀɛm/ [fr. V. *crema*; 1848] **s. f. inv.** ● Crema (*spec. fig.*): *la c. della società locale*.

crème caramel /fr. ˌkʀɛmkaʀaˈmɛl/ [fr., propr. 'crema caramellata'. V. *crema* e *caramella*; 1936] **loc. sost. f.** o **m. inv.** (**pl.** fr. *crèmes caramel*) ● Dolce a base di uova e latte, cotto, gener. a bagnomaria, in uno stampo sul cui fondo si fa caramellare dello zucchero.

cremerìa [fr. *crémerie*, da *crème* 'crema'; 1918] **s. f.** ● (*region.*) Latteria in cui si vendono anche gelati, dolci e sim.

cremificàto [da *Crema*, cittadina della Lombardia; 1963] **agg.** ● Detto di formaggio di consistenza cremosa | Di formaggio cui è stata aggiunta crema di latte.

cremìno [da *crema*; 1956] **s. m.** **1** Cioccolatino o formaggio cremoso, che si fonde in bocca. **2** *Cremino*®, marchio registrato di un gelato cremoso. **3** Semolino dolce.

crèmiṣi o (*raro, lett.*) **chèrmiṣi**, **chermiṣì** [V. *chermes*; sec. XIV] **A s. m. inv.** **1** V. *chermes*. **2** Sfumatura di rosso molto acceso. **B agg. inv.** ● Di colore rosso vivo: *gli smisurati piloni ... eran da capo a fondo coperti di dammasco c.* (PARINI).

cremiṣìno o **chermiṣìno** [1483] **A agg.** ● Che ha colore cremisi: *damasco c.* **B s. m.** **1** Il colore cremisino. **2** (*est.*) Drappo di colore cremisi.

cremlinologìa [comp. di *Cremlino*, n. del palazzo degli zar poi sede del governo sovietico o, dal 1991, russo; 1968] **s. f.** ● Nel linguaggio giornalistico, analisi della politica dell'Unione Sovietica o, dopo il 1991, della Russia.

cremlinòlogo [comp. di *Cremlino* e *-logo*; 1964] **s. m.** (**f.** *-a*; **pl. m.** *-gi*) ● Esperto di cremlinologia.

cremnofobìa [comp. del gr. *krēmnós* 'precipizio' e di *-fobia*; 1951] **s. f.** ● (*psicol.*) Timore morboso dei precipizi.

cremolàto [da *crema*; 1970] **s. m.** ● A Roma, gelato molle che si serve in coppa.

cremonéṣe [1312] **A agg.** ● Di Cremona: *dialetto c.* **B s. m.** e **f.** ● Abitante o nativo di Cremona. **C s. f.** ● Mezzo di chiusura di battenti mobili negli infissi, formato da due aste verticali scorrenti entro anelli, i cui estremi si introducono in appositi fori nella parte fissa.

cremóre [vc. dotta, lat. *cremōre(m)*, da avvicinare a *cremāre* 'cremare' (?); av. 1698] **s. m.** ● La parte più densa, l'estratto di una sostanza | ***C. di tartaro***, bitartrato di potassio, bianco, cristallino, ricavato dalle fecce dei vini e dalla gruma di botte, usato in tintoria, per fare lieviti e polveri effervescenti e come diuretico e lassativo.

cremortàrtaro [comp. di *cremor(e)* (*di*) *tartaro*; 1892] **s. m.** ● Cremore di tartaro.

cremóṣo [da *crema*; 1941] **agg.** ● Ricco di crema: *latte c.* | Che ha l'aspetto, la consistenza della crema: *sostanza cremosa*.

crèn o (*raro*) **crènno** [dal ted. *Kren*, di orig. slava; av. 1712] **s. m.** **1** (*bot.*) Barbaforte. **2** Salsa piccante che si ricava macinando la radice della pianta omonima, con aggiunte di aceto e pangrattato.

crèna [vc. di orig. preindeur. (?); 1865] **s. f.** **1** †Fessura, tacca, spaccatura. **2** Zona del fondo marino al limite fra scoglio e sabbia.

crenàto (1) [da *crenico*; 1887] **s. m.** ● (*chim.*) Sale dell'acido crenico.

crenàto (2) [da *crena*; 1809] **agg.** ● (*bot.*) Detto di filloma o del suo margine quando presenta crenature.

crenatùra (1) [da *crenato* (*2*); 1956] **s. f.** ● (*bot.*) Dentellatura, ad apice arrotondato, dei margini di foglie, sepali o brattee.

crenatùra (2) [da *crenare*, adattamento del fr. *créner* 'intaccare' (di prob. orig. gallica] **s. f.** ● (*tipogr.*) Nella composizione tipografica, variazione dell'accostamento tra i singoli caratteri, a seconda del loro disegno.

crènico [dal gr. *krḗnē* 'sorgente', perché quest'acido si trova in certe sorgenti di acque ferruginose; 1964] **agg.** (**pl. m.** *-ci*) ● (*chim.*) Detto di acido estratto da acque sorgive e di composti da esso derivati | ***Acido c.***, acido organico, derivato dagli acidi urici, precipitato da acque sorgive ferruginose attraverso strati di vegetali in decomposizione.

crènno ● V. *cren*.

crenòbio [dal gr. *krḗnē* 'sorgente' (prob. di orig. indeur.) e *-bio*; 1987] **agg.** ● (*biol.*) Detto di organismo adattato alla vita nelle sorgenti.

crenologìa [vc. dotta, comp. del gr. *krḗnē* 'fonte' e di *-logia*; 1797] **s. f.** ● Scienza che studia le sorgenti delle acque minerali.

crenoterapìa [fr. *crénothérapie*, comp. del gr. *krḗnē* 'fonte' e del fr. *thérapie* 'terapia'; 1930] **s. f.** ● Cura mediante acque minerali termali, vapori, fanghi e sim.

Creodónti [comp. del gr. *kréas* 'carne', di orig. indeur. (perché carnivori), e *odonto-*; 1951] **s. m. pl.** (**sing.** *-e*) ● Ordine di Carnivori primitivi fossili del Terziario inferiore, forse acquatici, con denti ferini raramente differenziati (*Creodonti*).

creolìna [da *creolo*, per il colore scuro; 1888] **s. f.** ● Liquido saponoso, denso, di color bruno rossastro, derivato dal catrame di carbon fossile, ricco di cresoli e fenoli, usato in soluzione acquosa come disinfettante e deodorante di ambienti.

crèolo [fr. *créole*, dallo sp. *criollo* 'meticcio, servo nato in casa', da *criar* 'allevare'. V. *creato* (*2*); av. 1712] **A s. m.** **1** (**f.** *-a*) Individuo nato nell'America latina da genitori francesi, spagnoli e portoghesi | ***C. negro, di colore*** o (*ellitt.*) ***creolo***, nelle Antille e in alcune regioni dell'America centro-meridionale, meticcio nato da padre bianco e madre india o negro-americana. **2** Ciascuno dei dialetti creoli: *il c. di Haiti*. **B agg.** ● Proprio dei creoli | ***Dialetti creoli***, lingue miste derivanti dall'uso dei linguaggi europei fatto da popolazioni di colore.

creoṣòlo [da *creos*(*oto*) col suff. chim. di comp. *ol*(*eos*)*o*; 1956] **s. m.** ● (*chim.*) Etere metilico, liquido, oleoso, incolore, ottenuto dalla distillazione del legno di faggio, usato in medicina.

creoṣòto [fr. *créosote*, comp. del gr. *kréas* 'carne' e *sṓtēr* 'che salva', perché impedisce la putrefazione dei corpi; 1843] **s. m.** ● (*chim.*) Liquido oleoso, ottenuto per distillazione del legno di faggio, usato in medicina e nell'industria del legname.

crèpa [da *crepare*; 1681] **s. f.** **1** Fessura che si produce nell'intonaco di un muro, in un terreno, in un pavimento e sim.: *nel soffitto si aprivano lunghe crepe*. **2** (*fig.*) Guasto profondo nella continuità di un rapporto personale, nella stabilità di istituzioni e sim.: *la loro amicizia mostra qualche c.*; *in quel matrimonio ci sono le prime crepe*; *le crepe nella coalizione di governo* | Dissidio, contrasto. || **crepàccia**, **pegg.** | **crepàccio**, **accr. m.** (V.).

crepàccio [accr. di *crepa*; sec. XIV] **s. m.** **1** Profonda fenditura nei terreni o nelle rocce: *l'agave che s'abbarbica al c. / dello scoglio* (MONTALE). **2** (*geogr.*) Grande fenditura nei ghiacciai | ***C. longitudinale***, che si apre nel senso della lunghezza della lingua di ablazione | ***C. periferico***, che si forma attorno al bordo superiore di un ghiacciaio | ***C. radiale***, che si apre a ventaglio alla fronte del ghiacciaio dove la lingua di ablazione si allarga | ***C. trasversale***, che si forma quando la lingua glaciale è sottoposta a piegamenti nel superare un brusco dislivello. ➡ ILL. p. 2132 SCIENZE DELLA TERRA ED ENERGIA. || **crepacciòlo**, **†crepacciuòlo**, **dim.**

crepacóre ● V. *crepacuore*.

crepacuòre o (*pop.*) **crepacóre** [comp. di *crepa*(*re*) e *cuore*; av. 1342] **s. m.** ● Profondo dolore morale: *morire di c.*

crepapància [comp. di *crepa*(*re*) e *pancia*; av. 1613] **vc.** ● Solo nella loc. avv. ***a c.***, in maniera smodata, moltissimo: *ridere a c.* | ***Mangiare a c.***, in modo quasi da scoppiare.

crepapèlle [comp. di *crepa*(*re*) e *pelle*; 1623] **vc.** ● Solo nella loc. avv. ***a c.***, tanto da sentirsi quasi scoppiare, moltissimo, in maniera smodata: *mangiare, bere, ridere a c.*

crepàre [lat. *crepāre* 'strepitare', poi 'scoppiare', di orig. onomat.; 1225 ca.] **A v. intr.** e **intr. pron.** (*io crèpo*; aus. *essere*) ● Spaccarsi aprendosi in crepe: *la terra crepa per l'eccessiva siccità*; *il tubo si sta crepando* | Screpolarsi: *la pelle si crepa*. **B v. intr.** (aus. *essere*) **1** (*fig., fam.*) Essere pieno, essere al limite della resistenza; scoppiare: *mangiarono tanto da c.*; *c. dalle risa, dal ridere*; *c. di fatica*; *c. di sdegno, di dolore, di rabbia, di voglia, di invidia, di paura*; *qui dentro si crepa dal caldo* | (*antifr.*) ***C. di salute***, godere ottima salute. **2** (*est.*) Morire (*spec. spreg.*): *c. solo come un cane*; *il peccator tristo s'adira / dibatte i denti, e pur rabbioso crepa* (CAMPANELLA) | ***Crepa! crepi!***, escl. di cattivo augurio (*anche scherz.*) | ***Crepi! crepi il lupo!***, per rispondere all'augurio 'in bocca al lupo' prima di accingersi a una prova ardua | ***Crepi l'astrologo!***, per scongiurare cattive previsioni | ***Crepi l'avarizia!***, affrontando una spesa insolita o troppo gravosa.

crepàta [etim. incerta] **s. f.** ● Operazione abusiva per rinforzare il colore del vino, con l'aggiunta di un po' di vino rosso bollito.

crepàto [1319] **A part. pass.** di *crepare*; anche **agg.** ● Nei sign. del v. | Pieno di crepe: *un vaso c.* **B s. m.** ● †Crepatura.

crepatùra [lat. tardo *crepatūra(m)*, da *crepāre* 'crepare'; sec. XIII] **s. f.** **1** Crepa, fenditura, fessura. **2** Anomala presenza di screpolature nei formaggi a pasta cotta. **3** †Ernia.

crêpe /fr. kʀɛp/ [vc. fr., propr. 'crespo'; 1851] **A s. m. inv.** ● (*tess.*) Crespo | V. anche *crêpe de Chine*, *crêpe georgette*, *crêpe satin*. **B s. f. inv.** ● Specie di sottile frittata o frittella, dolce o salata: *c. con la marmellata*; *crêpe alla fiamma*; *crêpe ai funghi*.

crêpe de Chine /fr. ˌkʀɛpdəˈʃin/ [vc. fr., propr. 'crespo di Cina'; 1885] **loc. sost. m. inv.** (**pl.** fr. *crêpes de Chine*) ● Tipo di crespo di spessore consistente dal tipico aspetto ondulato.

crêpe georgette /fr. ˌkʀɛpʒɔʀˈʒɛt/ [vc. fr., propr. 'crespo Giorgetta', dal n. della sarta *Georgette de la Plante*] **loc. sost. m. inv.** (**pl.** fr. *crêpes georgette*) ● Tipo di crespo finissimo, quasi trasparente, rigido.

crepèlla [dal fr. *crêpe* (V.); 1942] **s. f.** ● Tessuto di lana, leggero e morbido, con lieve increspatura, per abiti femminili.

creperìa [dal fr. *crêperie*, comp. di *crêpe* e del suff. *-erie*, proprio di attività commerciali; 1992] **s. f.** ● Locale pubblico dove si preparano e si servono crêpe.

crêpe satin /fr. ˌkʀɛpsaˈtɛ̃/ [fr., 'crespo di raso'. V. *satin*; 1963] **loc. sost. m. inv.** (**pl.** fr. *crêpes satines*) ● Tipo di crespo di raso, col diritto leggermente lucido.

crèpida [vc. dotta, lat. *crĕpida(m)*, dal gr. *krēpîda*, acc. sing. di *krēpís*, di etim. incerta; sec. XIV] **s. f.** ● Calzatura greca e romana, di tomaia bassa, che o fasciava con una striscia di cuoio la parte inferiore del piede, oppure s'intrecciava con più striscette.

crepìdine [vc. dotta, lat. *crepīdine(m)*, dal gr. *krēpís*, genit. *krēpîdos* 'fondamento, basamento', di etim. incerta; 1499] **s. f. 1** (*arch.*) Zoccolo, gradino di un edificio, di una tomba, di un altare, di un marciapiede. **SIN.** Crepidoma. **2** †Sporgenza, riparo, greppo.

crepidòma [vc. dotta, gr. *krēpídōma* 'fondamenta', da *krēpís*, genit. *krepídos*, 'scarpa', 'sandalo' di orig. sconosciuta; 1934] **s. m.** (**pl.** *-i*) ● (*arch.*) Crepidine. ➡ **ILL.** p. 2116-2117 ARCHITETTURA.

crepitàcolo [vc. dotta, lat. *crepitāculu(m)*, da *crepitāre*. V. *crepitare*; 1589] **s. m. 1** (*relig.*) Strumento di legno atto a produrre un rumore crepitante, usato nella settimana santa. **SIN.** Battola, raganella. **2** (*mus.*) Nome generico per sonagli di vario tipo e per strumenti costituiti da recipienti che contengono oggetti che urtano fra loro e sulle pareti del recipiente.

crepitàre [vc. dotta, lat. *crepitāre*, intens. di *crepāre*. V. *crepare*; 1336 ca.] **v. intr.** (*io crèpito*; aus. *avere*) **1** Scoppiettare, fare un rumore secco e continuo, detto del fuoco, della pioggia, della grandine, delle foglie secche calpestate, degli spari ripetuti e sim. **2** (*lett.*) Frusciare, stormire, detto spec. delle foglie mosse dal vento.

crepitazióne [vc. dotta, lat. tardo *crepitatiōne(m)*, da *crepitāre* 'crepitare'; 1939] **s. f.** ● (*med.*) Rumore prodotto dalle ossa fratturate | Caratteristico insieme di rumori che si originano in particolari processi infiammatori dei polmoni e dei bronchi.

crepitìo [1889] **s. m. 1** Il crepitare frequente e continuo: *il c. del fuoco, della pioggia, dei ceppi*. **2** (*med.*) Sintomo di infiammazione polmonare, dovuto alla presenza di essudato nelle cavità alveolari. **3** (*med.*) Rumore stridente prodotto da superfici articolari irregolari che si muovono l'una sull'altra (*c. articolare*) o da frammenti di osso fratturato (*c. osseo*).

crèpito [vc. dotta, lat. *crĕpitu(m)*. V. *crepitare*; av. 1472] **s. m.** ● (*lett.*) Scoppiettio: *la lucerna era agli ultimi crepiti* (NIEVO).

crèpo [av. 1956] **s. m.** ● (*raro*) Crepa, fenditura.

crepolàre [da *crepare*; 1340 ca.] **A v. tr. e intr.** (*io crèpolo*; aus. intr. *essere*) ● (*raro*) Screpolare. **B v. intr.** ● †Trapelare, scaturire, detto di liquido.

crepolatùra s. f. ● (*raro*) Screpolatura.

crépon /fr. kre'pɔ̃/ [vc. fr., da *crêpe* 'crespo'; 1825] **s. m. inv.** ● Crespo pesante e rigido.

crepùnde [av. 1375] **s. f. pl.** ● Crepundi.

crepùndi [vc. dotta, lat. *crepŭndia*, nt. pl., da *crepāre*. V. *crepare*; av. 1375] **s. m. pl.** ● (*st.*) Piccoli giocattoli infantili | Gingilli, amuleti messi al collo come segno di riconoscimento ai neonati che venivano abbandonati.

crepuscolàre [vc. dotta, lat. tardo *crepusculāre(m)*, da *crepŭsculum* 'crepuscolo'; 1830] **A agg. 1** Proprio del crepuscolo: *luce, bagliore c.*; *l'aure son miti, son tranquilli i venti / crepuscolari* (SABA). **2** (*fig., lett.*) Vago, evanescente, privo di una forma definitiva: *sogni, sentimenti crepuscolari*. **3** Che si riferisce al, che è proprio del, crepuscolarismo: *poesia, poeta c.* **4** (*psicol.*) ***Stato c.***, temporaneo offuscamento della coscienza. **B s. m.** ● Poeta seguace del crepuscolarismo.

crepuscolarìṣmo [comp. di *crepuscolar(e)* e *-ismo*; 1958] **s. m.** ● Corrente poetica del primo Novecento italiano caratterizzata da una lirica di tono sommesso e di pacata e indefinita malinconia.

crepùscolo [vc. dotta, lat. *crepŭsculu(m)*, da *crĕper* 'oscuro', di etim. incerta; sec. XIV] **s. m. 1** Luce diffusa dalle particelle degli alti strati dell'atmosfera prima del sorgere e dopo il tramonto del sole | Intervallo di tempo durante il quale si verifica tale fenomeno. **2** (*per anton.*) Il tramonto del sole. **3** (*fig.*) Fase declinante, momento che precede la fine di qlco.: *il c. degli dei*; *essere al c. della vita*.

crescèndo [gerundio di *crescere*; 1825] **s. m. inv. 1** (*mus.*) Indicazione dinamica che richiede una intensificazione graduale del suono. **SIMB.** cresc. **CONTR.** Diminuendo. **2** (*fig.*) Aumento progressivo di forza, intensità e sim.: *un c. di fischi, di applausi*; *un c. di dolori, di delusioni*; *un c. di patriottismo ancestrale* (CALVINO).

crescènte [av. 1292] **A part. pres.** di *crescere*; anche **agg. 1** Che cresce, che aumenta: *luna c.*; *un c. malcontento*. **2** (*mat.*) Detto di un'applicazione *f* di variabile tale che se $a > b$, $f(a) > f(b)$. **3** (*mus.*) Detto di nota stonata in quanto emessa con frequenza più acuta di quella giusta. **CONTR.** Calante. || **crescenteménte**, **avv.** **B s. m.** ● (*lett.*) Falce di luna. **C s. f.** ● Tipo di focaccia fritta emiliana, impastata con farina, latte e strutto. || **crescentina**, **dim.**

crescènza (**1**) [vc. dotta, lat. *crescĕntia(m)*, da *crēscere* 'crescere'; av. 1294] **s. f. 1** (*raro*) Crescita: *una rapida c.* | ***Vestito a c., per la c.***, di misure più ampie del necessario, in previsione di una crescita | ***Febbri di c.***, che si accompagnano allo sviluppo di un bambino o di un adolescente. **SIN.** Crescita. **2** †Piena di un fiume. **3** (*region.*) Focaccia di pasta lievitata. **4** †Escrescenza carnosa.

crescènza (**2**) [milan. *carsenza*] **s. f.** ● Formaggio a pasta molle, butirroso, simile allo stracchino, tipico della Lombardia.

♦**créscere** [lat. *crēscere*, dalla stessa radice di *creāre* 'creare'; sec. XII] **A v. tr.** (**pres.** *io crésco, tu crésci*; **pass. rem.** *io crébbi, tu crescésti*; **part. pass.** *cresciùto*) **1** Accrescere, aumentare: *c. le spese, i prezzi, le tasse, lo stipendio* | Nei lavori a maglia e all'uncinetto, aumentare il numero delle maglie (*anche assol.*): *c. i punti*; *cominciare a c.* **2** Allevare, educare: *l'ha cresciuto come un figlio* | Coltivare: *ha cresciuto splendidi fiori*. **B v. intr.** (aus. *essere*) **1** Svilupparsi come organismo naturale, con un andamento progressivo: *è un ragazzo che cresce in fretta*; *quell'albero non cresce più* | (*est.*) Diventare adulto, maturarsi: *non è più un bambino, è già cresciuto* | (*est.*) Trascorrere il periodo dell'infanzia e dell'adolescenza; essere allevato: *è cresciuto nella casa dei nonni*. **2** Allignare: *in quel terreno non crescono più alberi*. **3** Aumentare di massa, volume, livello, forza, intensità, prezzo e sim.: *la popolazione è cresciuta*; *il caldo sta crescendo*; *siamo cresciuti di varie unità* | ***C. in famiglia***, si dice in occasione di nuove nascite | Con riferimento ad astri, aumentare quanto a luminosità o a fase: *la luna cresce*. **CONTR.** Calare. **4** Salire di grado, progredire, avanzare: *c. in fama, nella stima di qlcu.* **SIN.** Migliorare, prosperare. **5** Essere in più, sovrabbondare: *mi darete ciò che cresce* | Superare la lunghezza prevista, detto di articolo o notizia di giornale. **6** (*mus.*) Emettere un suono più acuto di quello giusto; stonare | Crescendo. **CONTR.** Diminuire. **7** (*poet.*) Avanzarsi, spingersi innanzi con la persona, in duelli e sim.

crescióne [ant. fr. *cresson*, dal francone **kresso*; sec. XIV] **s. m.** ● Pianta erbacea delle Crocifere dalle proprietà medicinali, con foglie commestibili profondamente divise e piccoli fiori bianchi (*Nasturtium officinale*). **SIN.** Crescione d'acqua | ***C. inglese*** o ***degli orti***, pianta erbacea delle Crocifere con foglie alternate e fiori piccoli e bianchi in racemi (*Lepidium sativum*). **SIN.** Agretto. ➡ **ILL. piante**/4.

créscita [da *crescere*; 1765] **s. f.** ● Sviluppo progressivo di un organismo naturale o di una sua parte: *la c. dei capelli, del bambino* | Aumento: *c. di capitale*.

cresciùta [da *cresciuto*; 1803] **s. f.** ● Effetto del crescere, spec. di piante.

cresciùto [1353] **part. pass.** di *crescere*; anche **agg.** ● Nei sign. del v. | Diventato grande, adulto: *un ragazzo già c.*

Crèṣima (o **-é-**) [lat. tardo *chrīsma* 'unzione', dal gr. *chrîsma*, da *chríein* 'ungere', di orig. indeur.; av. 1313] **s. f.** ● (*relig.*) Confermazione.

creṣimàndo [gerundio di *cresimare*; 1865] **agg.**; anche **s. m.** (**f.** *-a*) ● Che (o Chi) si appresta a ricevere la cresima.

creṣimànte [av. 1396] **A part. pres.** di *cresimare*; anche **agg.** ● Nei sign. del v. **B s. m.** ● Chi amministra il sacramento della cresima.

creṣimàre [lat. tardo *chrismāre* 'ungere', da *chrīsma*. V. *cresima*; av. 1292] **A v. tr.** (*io créṣimo* (o *-è-*)) **1** Amministrare il sacramento della confermazione. **2** †Consacrare un imperatore col crisma. **3** (*raro, scherz.*) Confermare. **B v. intr. pron.** ● Ricevere il sacramento della confermazione.

creṣimàto [av. 1311] **part. pass.** di *cresimare*; anche **agg. 1** Nei sign. del v. **2** (*raro, scherz.*) ***Unto e c.***, sudicio.

crèṣo (o **-é-**) [da *Creso* (sec. VI a.C.), re della Lidia, famoso per le sue ricchezze; 1584] **s. m.** ● Persona enormemente ricca.

creṣòlo [da *cre(o)s(otc)*; 1892] **s. m.** ● (*chim.*) Fenolo monovalente del toluolo, liquido, incolore, velenoso, ottenuto dal catrame di carbon fossile, noto in tre forme isomere che vengono usate nella fabbricazione di resine fenoliche, come disinfettanti e in sintesi organiche.

créspa [da *crespo*; av. 1332] **s. f. 1** Grinza, ruga della pelle. **2** Tipo di pieghettatura ottenuta tirando il filo di una filza. **SIN.** Increspatura | Piccola piega che si fa in un tessuto cucendolo. **3** Piccola ondulazione, provocata da un debole vento, sul mare, sulla neve, sulla sabbia. **4** (*raro, poet.*) †Onda dei capelli. || **crespèllo**, **dim. m.** | **crespolina**, **dim.**

crespàre [av. 1529] **v. tr. e intr. pron.** (*io créspo*) ● (*raro, lett.*) Increspare.

crespàto [1697] **part. pass.** di *crespare*; anche **agg. 1** Nei sign. del v. **2** ***Carta crespata***, a superficie con grinze ravvicinate e continue.

crespatùra [1965] **s. f.** ● Increspatura: *un abito pieno di crespature*.

crespèlla [da *crespo*, perché friggendo si raggrinza; 1983] **s. f.** ● Specie di sottile frittata o frittella, dolce o salata.

crespìgno [da *crespo*; 1759] **s. m.** ● Pianta erbacea delle Composite, con capolini di fiori gialli e foglie divise che si possono anche mangiare in insalata (*Sonchus oleraceus*). **SIN.** Cicerbita.

crespìno o **trespìno** [lat. parl. **acrispīnu(m)* 'dalle spine acute', comp. di *ācris* 'acuto' e *spīna* 'spina'; 1449] **s. m.** ● Arbusto delle Berberidacee con rami spinosi, foglie seghettate, fiori gialli in grappoli e frutti a bacca, rossi (*Berberis vulgaris*). ➡ **ILL. piante**/3.

créspo [lat. *crīspu(m)* 'arricciato', di orig. indeur.; av. 1327] **A agg. 1** Che presenta piccole e fitte ondulazioni: *barba crespa*; *capelli crespi*; *piante, foglie crespe*. **CONTR.** Liscio. **2** Ripreso in piccole pieghe: *tessuto, vestito c.* **SIN.** Increspato. **3** (*lett.*) Rugoso, grinzoso: *mostra al viso c., e al pelo bianco / età di settanta anni* (ARIOSTO) | †Corrugato. **4** (*raro, lett.*) Mosso da piccole onde, detto della superficie del mare, di un lago e sim. **B s. m.** ● Tessuto fino di seta, lana, cotone o nailon e sim. ondulato e granuloso, ottenuto con filato fortemente ritorto | (*est.*) Velo nero increspato, per lutto.

crespolìna [da *crespo*; 1830] **s. f.** ● (*bot.*) Santolina.

†**créspolo** [da *crespa*; av. 1698] **s. m.** ● Piccola crespa.

crespóne [da *crespo*; 1970] **s. m.** ● Tipo di salame lombardo con impasto macinato fine.

crespóṣo [av. 1581] **agg.** ● (*raro*) Grinzoso.

crespùto [av. 1865] **agg.** ● (*raro*) Crespo | (*lett.*) Increspato: *un mare pulsante, sbarrato da solchi, / c. e fioccoso di spume* (MONTALE).

crèst [vc. ingl., propr. 'cresta'] **s. m. inv.** ● (*mil.*) Scudetto decorativo che riporta le insegne di un reparto militare.

crésta (**1**) (o **-è-**) [lat. *crĭsta(m)*, dalla stessa radice di *crīnis* 'crine'; 1313] **s. f. 1** Escrescenza carnosa rossa e dentellata sul capo di polli e di altri uccelli | (*est.*) Ciuffo di piume sul capo degli uccelli | Qualunque formazione laminare sul capo e sul dorso di rettili e pesci. **2** (*est.*) Testa, capo | ***Alzare la c.***, mettere superbia | ***Abbassare la c.***, umiliarsi. **3** (*anat.*) Ogni sporgenza ossea stretta e allungata: *c. iliaca*; *c. tibiale*. **4** Rilievo sul casco medievale per rinforzo e ornamento. **5** Antica cuffia femminile con molte guarnizioni di trine e nastri | Cuffietta o piccola acconciatura di pizzo, spec. bianca, che completa l'uniforme delle cameriere. **6** (*geogr.*) Linea di congiungimento di due versanti montuosi opposti che si uniscono a tetto | ***C. di un'anticlinale***, la parte topograficamente più alta di un'anticlinale. ➡ **ILL.** p. 2132 SCIENZE DELLA TERRA ED ENERGIA. **7** (*est.*) Sommità, cima: *la c. di un muraglione, di un argine, di un'onda* | ***Essere sulla c. dell'onda***, (*fig.*) attraversare un momento eccezionalmente fortunato; riscuotere il favore di tutti. ➡ **ILL.** p. 2133 SCIENZE DELLA TERRA ED ENERGIA. **8** Parte esterna e inferiore del fodero di una sciabola. **9** (*bot.*) ***C. di gallo***, pianta erbacea delle Amarantacee con grosse infiorescenze di color rosso porpora (*Celosia cristata*). **10** (*med.*) *C. di gallo*, (*pop.*) condiloma acuminato. || **crestèlla**, dim. | **crestina**, dim. (V.) | **crestóne**, accr. m. (V.).

crésta (**2**) (o -è-) [prob. dalla loc. rom. *fare l'agresto*, rubare l'uva non matura; 1927] s. f. ● Solo nella loc. ***fare la c.*** (***sulla spesa***), rubare sulla spesa fatta per altri maggiorando, a proprio vantaggio, i prezzi d'acquisto.

crestàia [da *cresta* (*1*) nel sign. 5; 1755] s. f. ● (*tosc.*) Modista.

crestàto [lat. *cristātu(m)*, da *crīsta* 'cresta (1)'; sec. XIV] agg. **1** Che ha la cresta. **2** Guarnito di pennacchio: *elmo c.* **3** Dentato come una cresta: *linea crestata.*

crestèlla [da *cresta* (*1*); 1825] s. f. ● (*tess.*) Pezzo di canna che ricopre la saldatura dei denti nel pettine del telaio.

crestina [1943] s. f. **1** Dim. di *cresta* (*1*). **2** Ornamento bianco, di tela pieghettata o di pizzo, che le cameriere portano sul capo.

crestomazìa [vc. dotta, gr. *chrēstomátheia*, comp. di *chrēstós* 'utile' e *manthánō* 'io studio'; 1817] s. f. ● (*lett.*) Antologia.

crestóne [1949] s. m. **1** Accr. di *cresta* (*1*). **2** Grossa cresta di monte.

†crestóso [sec. XVI] agg. ● Fornito di cresta.

†crestùto [sec. XIV] agg. ● Fornito di cresta.

créta o **crèta** [lat. *crēta(m)*, di etim. incerta; 1340 ca.] s. f. **1** (*geol.*) Sedimento argilloso con elevata plasticità usata per modellare e fabbricare terracotte. **2** (*est.*) Qualsiasi oggetto fatto di creta: *una bella c. micenea* | (*fig.*, *poet.*) ***C. terrena, mortale, umana***, il corpo umano in quanto fragile e mortale. **3** (*cuc.*) ***Pollo alla c.***, chiuso in un involucro di creta e cotto. **4** (*geol.*) Nella zona senese, biancana.

cretàceo [vc. dotta, lat. *cretāceu(m)*, da *crēta* 'creta'; 1499] **A** agg. **1** Che ha la natura, l'aspetto e sim. della creta: *pietra cretacea* | Che è composto di creta: *terreno c.* **2** (*geol.*) Che si riferisce al Cretaceo: *fossile c.* **B** s. m. ● (*geol.*) Ultimo periodo e sistema dell'era mesozoica, caratterizzato dalla presenza di Molluschi e Rettili e, fra le piante, dalle Angiosperme.

cretàcico [da *cretaceo*; 1951] agg.; anche s. m. (pl. m. -*ci*) ● (*geol.*) Cretaceo.

cretése [1532] **A** agg. ● Dell'isola di Creta: *civiltà c.* **B** s. m. e f. ● Abitante dell'isola di Creta.

crètico [vc. dotta, lat. tardo *crēticu(m)*, nom. *crēticus*, dal gr. *krētikós* 'di Creta'; av. 1675] **A** s. m. (pl. -*ci*) ● (*ling.*) Piede metrico della poesia greca e latina formato da una sillaba lunga, una sillaba breve e un'altra lunga. SIN. Anfimacro. **B** anche agg.: *piede c.*

cretinàta [1964] s. f. **1** Azione o frase da cretino. **2** (*fam.*) Opera, prodotto di scarso valore: *quel film è una c.* | Inezia, cosa facilissima: *abbiamo speso una c.*; *vincere sarà una c.*

cretinerìa [1890] s. f. **1** Caratteristica di chi è cretino: *quel ragazzo è di una c. incredibile.* **2** Azione, discorso, da cretino: *le solite cretinerie.*

cretinètti [da *cretino*; n. del protagonista di alcuni film; 1909] s. m. e f. inv. ● Chi si comporta in maniera sciocca e ridicola.

cretinìsmo [fr. *crétinisme*, da *crétin* 'cretino'; 1789] s. m. **1** (*med.*) Ritardo dello sviluppo mentale e fisico con note di insufficienza tiroidea: *c. endemico.* **2** (*est.*) Imbecillità, balordaggine.

♦**cretino** [fr. *crétin* 'cristiano', nel senso di 'povero cristiano, pover'uomo'; 1789] agg.; anche s. m. (f. -*a*) **1** Che (o Chi) è affetto da cretinismo. **2** (*est.*) Che (o Chi) manifesta o rivela stupidità: *discorso c.*; *persona cretina*; *parole cretine*; *comportarsi da, come un c.* SIN. Imbecille, sciocco, stupido. || **cretinaménte**, avv.

cretinòide [comp. di *cretino* e -*oide*; 1940] s. m. e f. **1** Chi presenta sintomi analoghi al cretinismo. **2** Cretino, imbecille.

cretonne /fr. krəˈtɔn/ [da *Creton*, paese della Normandia famoso per le sue tele; 1765] s. m. o f. inv. ● Tessuto di cotone, stampato a colori vivaci, usato per tappezzerie, coperture di mobili e abiti estivi.

cretóso [vc. dotta, lat. *cretōsu(m)*, da *crēta* 'creta'; 1340 ca.] agg. ● Ricco di creta o simile alla creta: *terreno c.*

crettàre [lat. *crepitāre*. V. *crepitare*; av. 1903] v. intr. e intr. pron. (*io crètto*; aus. *essere*) ● (*tosc.*) Creparsi, fendersi, detto spec. di muri, pareti e sim. | Screpolarsi per il freddo e il vento, detto della pelle.

crètto [da *crettare*; 1663] s. m. **1** (*tosc.*) Crepatura non molto larga nei muri, nelle lamiere, e sim.: *nell'intonaco ci sono numerosi cretti* | ***C. da gelo***, negli alberi, crepatura con fuoriuscita di resina | (*raro*) Screpolatura della pelle. **2** Cavillatura. **3** Tecnica pittorica, introdotta da Alberto Burri negli anni Sessanta del XX sec., consistente nell'applicazione su un supporto di spessi strati di caolino, la cui superficie, essiccandosi forma un effetto di cavillatura | L'opera così realizzata.

cri /kri*, kri/ [vc. onomat.; av. 1400] **A** inter. ● Riproduce il verso del grillo e anche il rodere del tarlo (*spec. iter.*). **B** anche s. m. inv. ● Il canto stesso del grillo: *il cri cri notturno dei grilli.*

crìa (**1**) o **scrìa** [da *criare*; 1863] **A** s. f. ● (*tosc.*) Nidiata, cucciolata. **B** s. m. ● (*tosc.*) L'ultimo e più debole nato di una nidiata, di una cucciolata, di una famiglia.

crìa (**2**) [vc. dotta, lat. *chrīa(m)*, nom. *chrīa*, dal gr. *chréia* 'vantaggio, utilità', da *chrêsthai* 'usare'] s. f. ● Nella retorica classica, esercizio di amplificazione.

†criàre e *deriv.* ● V. *creare* e *deriv.*

cribbio [eufem. per *Cristo*; 1958] inter. ● (*eufem.*) Esprime meraviglia, sorpresa, ammirazione, dispetto, rabbia e sim.

cribèllo [vc. dotta, lat. tardo *cribĕllu(m)*: V. *crivello*; 1964] s. m. ● (*zool.*) Piastrina munita di ghiandole che secernono sericina, situata anteriormente alle filiere in alcune famiglie di ragni.

cribràre [vc. dotta, lat. *cribrāre*, da *crībrum* 'cribro'; av. 1374] v. tr. **1** (*lett.*) Passare al cribro | (*est.*) Vagliare, rendere puro. **2** (*fig.*, *lett.*) Esaminare con cura, ponderare. **3** (*raro*, *lett.*) Agitare.

cribro [vc. dotta, lat. *crībru(m)*, dalla stessa radice di *cĕrnere* 'separare'; av. 1374] s. m. **1** (*raro*, *lett.*) Vaglio, crivello: *con bianchi e sottilissimi cribri cernivano oro separandolo da le minute arene* (SANNAZARO) | †***Portar l'acqua nel c.***, tentare l'impossibile. **2** (*bot.*) Tubo cribroso.

cribróso [da *cribro*; av. 1712] agg. **1** Bucherellato come un crivello. **2** Nell'anatomia vegetale e animale, detto di formazioni attraversate da canalicoli.

cric (**1**) o **cricch**, **crich**, **cricche**, **cricchi** [vc. onomat.; 1313] **A** inter. **1** Riproduce lo scricchiolio del ghiaccio, del vetro o di altra sostanza dura e fragile che si rompe o si incrina. **2** Riproduce il rumore di un congegno metallico che scatta o di un'articolazione ossea che scricchiola. **B** in funzione di s. m. inv. ● Il rumore, lo scricchiolio stesso: *il c. del ghiaccio che si spezza* | ***Coltello a c.***, a serramanico.

cric (**2**) o (*disus.*) **cricco** [fr. *cric*, di orig. onomat.; av. 1537] s. m. ● Martinetto a vite, spec. quello in dotazione agli autoveicoli per effettuare, sollevandoli, il cambio di una ruota.

cricca (**1**) [fr. *clique*, di orig. onomat. (indica gente che chiacchiera); av. 1471] s. f. **1** Gruppo di persone che si favoriscono a vicenda a danno degli altri | †***In c.***, insieme, in compagnia | (*est.*, *fam.*) Gruppo di amici: *è sempre in giro con la sua c.* SIN. Banda, combriccola, ghenga. **2** Nel gioco delle carte, combinazione di tre figure di valore uguale.

cricca (**2**) [da *criccare*; 1956] s. f. ● (*metall.*) Piccolissima frattura superficiale visibile con strumenti speciali, in laminati o getti metallici.

criccàre [vc. onomat.; 1956] v. intr. (*io criccò, tu cricchi*; aus. *avere*) ● Fendersi, screpolarsi, detto di laminati o getti metallici.

cricch /krik/ ● V. *cric* (*1*).

cricche ● V. *cric* (*1*).

cricchete ● V. *cric* (*1*).

cricchétto [da *cricco*; 1879] s. m. ● (*mecc.*) Organo di arresto di una ruota dentata. SIN. Nottolino.

cricchi ● V. *cric* (*1*).

cricchiàre [vc. onomat.; av. 1573] v. intr. (*io cricchio*; aus. *avere*) ● Fare cric, scricchiolare: *le castagne cricchiano sul fuoco.*

crìcchio (**1**) [vc. onomat.; av. 1597] s. m. ● Rumore secco di cosa che si rompe, si incrina e sim.

†cricchio (**2**) [vc. espressiva; av. 1698] s. m. ● Ticchio, ghiribizzo.

cricco ● V. *cric* (*2*).

♦**cricèto** o **cricéto** [boemo *křeček*, attraverso il lat. scient.; 1836] s. m. ● Piccolo mammifero terricolo dei Roditori con corpo tozzo, coda breve, pelame di color rosso-giallastro e nero, comune nell'Europa centrale, di indole assai aggressiva (*Cricetus cricetus*). SIN. Hamster | ***C. dorato***, specie originaria del Vicino Oriente, più piccola e di indole mite, spesso allevata (*Mesocricetus auratus*). ➡ ILL. **animali**/11.

crich /krik/ ● V. *cric* (*1*).

crick ● V. *cric* (*1*).

cricket /ˈkriket, *ingl.* ˈkrɪkɪt/ [ingl., dall'ant. fr. *criquet* 'bastone di mira'; 1831] s. m. inv. ● Gioco di origine inglese praticato all'aria aperta da due squadre, ciascuna di undici giocatori, che si alternano all'attacco e che devono cercare di colpire la porta avversaria difesa da un battitore fornito di mazza.

cricòide [vc. dotta, gr. *krikoeidês* 'a forma di cerchio', comp. di *kríkos* 'cerchio' e -*eidēs* '-oide'; 1681] s. f. ● (*anat.*) Cartilagine laringea a forma di anello, al di sopra della trachea.

cri du chat /fr. ˌkʀidyˈʃa/ [loc. fr., propr. 'grido del gatto'] loc. sost. m. inv. ● (*med.*) Sindrome da difetto cromosomico, così chiamata dal caratteristico pianto dei bambini che ne sono affetti, simile al miagolio di un gatto.

†crìme ● V. *crimine.*

criminàle [vc. dotta, lat. tardo *crimināle(m)*, da *crīmen*, genit. *crīminis* 'accusa', poi 'delitto'; av. 1294] **A** agg. **1** Che riguarda il crimine: *indagine c.* **2** (*raro*) Penale: *diritto c.*; *antropologia c.* **3** Criminoso: *atto c.* || **criminalménte**, avv. **B** s. m. e f. ● Chi è colpevole di gravi delitti: *una banda di criminali* | ***C. di guerra***, chi si è macchiato di crimini di guerra | (*gener.*) Delinquente. **C** s. m. ● †Delitto.

criminalista [1615] s. m. e f.; anche agg. (pl. m. -*i*) ● (*raro*) Penalista.

criminalità [sec. XIV] s. f. **1** Carattere criminale di qlcu. o qlco.: *la c. di un'azione.* **2** Complesso delle attività e dei fatti criminali valutato come fenomeno sociale, politico, morale: *lotta contro la c.* SIN. Delinquenza.

criminalizzàre [da *criminale*, sul modello del fr. *criminaliser*; 1647] v. tr. ● Considerare criminale, trattare alla stregua di criminale, riferito spec. a problemi o comportamenti politicamente o socialmente rilevanti: *c. i drogati.*

criminalizzazióne [1977] s. f. ● Il criminalizzare, il venir criminalizzato.

criminalòide [comp. di *criminale* e -*oide*; 1900] agg.; anche s. m. e f. ● Che (o Chi) ha caratteristiche simili a quelle di un criminale.

†criminàre [vc. dotta, lat. *crimināri*, da *crīmen*, genit. *crīminis* 'accusa'; av. 1363] v. tr. ● Incriminare.

crimine o **†crime** [vc. dotta, lat. *crīmine*, abl. sing. di *crīmen* 'accusa', poi 'delitto', da avvicinare a *cĕrnere* 'distinguere'. V. *cernere*; av. 1306] s. m. **1** Illecito penale | (*est.*) Correntemente, delitto a cui si accompagna l'idea di particolare efferatezza e gravità | ***C. di guerra***, azione inumana compiuta da membri delle forze armate in contrasto con le norme di diritto internazionale disciplinanti la violenza bellica | ***C. internazionale***, atrocità compiuta da individui agenti come privati o come organi di uno Stato, a danno degli interessi della comunità internazionale | ***C. contro l'umanità***, atrocità riconosciuta dalla coscienza dei popoli come violazione dei più elementari esigenze umanitarie | (*iperb.*) Azione deprecabile, riprovevole: *è un c. sprecare tanto denaro!* **2** Criminalità nel sign. 2: *c. organizzato*; *lotta al c.* **3** (*lett.*) †Peccato.

criminògeno [comp. di *crimine* e -*geno*; 1898] agg. ● Che genera o favorisce attività criminali.

criminologìa [comp. di *crimine* e -*logia*; 1884] s. f. ● Scienza che ha per oggetto lo studio dei crimini e dei criminali.

criminòlogo [1941] s. m. (f. -*a*; pl. m. -*gi*) ● Studioso di criminologia.

criminosità [da *criminoso*; sec. XIV] s. f. ● Carattere criminoso di qlcu. o qlco.

criminóso [vc. dotta, lat. *criminōsu(m)*, da *crīmen*, genit. *crīminis*. V. *crimine*; 1582] agg. ● Che ha i caratteri di delitto: *fatto, proposito, tentativo c.*; *tanti criminosi vizii* (BRUNO). || **criminosa-**

crina

†**crina** [lat. *crīne(m)*. V. *crine*] s. f. ● Vetta, crinale, cresta.

crinàle (1) [vc. dotta, lat. *crināle*, da *crīnis* 'crine'; 1499] **A** agg. ● (*lett.*) Che riguarda i capelli: *bende crinali*. **B** s. m. ● Pettine o spillone d'oro o d'argento per capelli.

crinàle (2) [lat. *crināle* 'pettine', per la forma. V. precedente; 1847] s. m. ● (*geogr.*) Linea che si snoda sui punti culminanti di una catena montuosa.

crine o **crino** nel sign. 3 (raro negli altri) [lat. *crīne(m)*, da avvicinare a *crista* 'cresta (1)'; av. 1292] s. m. *1* Pelo della criniera e della coda di vari animali, spec. del cavallo. *2 C. vegetale*, fibra fornita dalle foglie di alcune piante. *3* Materiale formato da crini animali o vegetali, usata per imbottiture: *un materasso di c. 4* (*lett.*) *Capello: allor di quella bionda testa svelse / morte … un aureo c.* (PETRARCA) | (*est.*) Chioma, capigliatura. *5* (*poet.*) Raggio luminoso che emana dagli astri.

crinèlla (etim. incerta; av. 1912] s. f. ● (*tosc.*) Cesta di vimini usata per portare erba, fieno e sim.

♦**crinièra** [fr. *crinière*; da *crin* 'crine'; 1665] s. f. *1* Insieme dei crini ricadenti dalla parte superiore del collo del cavallo, del leone e sim. *2* (*est., scherz.*) Capigliatura umana ricca e folta: *una donna dalla c. bionda. 3* (*astron.*) *C. della cometa*, l'insieme della chioma e della coda. *4* Parte della barda, a difesa della parte superiore del collo del cavallo d'arme. *5* †Sommità, vetta.

crinito [vc. dotta, lat. *crinītu(m)*, da *crīnis* 'crine'; 1340] agg. *1* (*lett.*) Fornito di criniera. *2* (*lett.*) Fornito di folta capigliatura: *s'alza in piedi il bel c. Apolline* (BRUNO).

crino ● V. *crine*.

-crino [dal v. gr. *krínein* 'separare, secernere'] secondo elemento ● In parole composte della terminologia scientifica, indica secrezione: *endocrino*.

Crinòidi [vc. dotta, gr. *krinoeidés* 'simile al giglio', comp. di *krínon* 'giglio' e *-eidés* '-oide'; 1875] s. m. pl. (*sing. -e*) ● Nella tassonomia animale, classe di Echinodermi marini dal corpo a forma di calice delicatamente colorato e cinque braccia suddivise in due rami (*Crinoidea*).

crinolina [fr. *crinoline*, dall'it. *crinolino*; 1857] s. f. ● Sottogonna di tessuto resistente, tenuta allargata e rigida per mezzo di cerchi di acciaio, portata con le gonne degli abiti ottocenteschi.

crinolino [comp. di *crino* e *lino*; 1846] s. m. ● Tessuto per crinoline, con ordito di lino o cotone e trama di crine bianco.

†**crinùto** [da *crine*; 1483] agg. ● Crinito.

crio- [dal gr. *krýos* 'freddo, gelo'] primo elemento ● In parole composte della terminologia scientifica, significa 'freddo' o 'ghiaccio': *crioscopia, crioterapia*.

crioanestesìa [comp. di *crio-* e *anestesia*] s. f. ● (*med.*) Anestesia locale mediante raffreddamento della parte anatomica.

criobiologìa [vc. dotta, comp. di *crio-*, del gr. *bíos* 'vita' e *-logia*; 1971] s. f. ● Scienza che studia l'uso delle bassissime temperature per la conservazione delle cellule viventi.

criocautèrio o **criocautère** [comp. di *crio-* e *cauterio*] s. m. ● (*med.*) Apparecchio usato per l'applicazione della neve carbonica a fine terapeutico.

criòcera [comp. del gr. *kriós* 'ariete' e *kéras* 'corno'; 1830] s. f. ● (*zool.*) Genere di Insetti dei Coleotteri le cui larve sono parassite di foglie, gemme, fiori e sim. (*Crioceris*) | (*per anton.*) Insetto dei Coleotteri col capo blu-verdastro diffuso sugli asparagi (*Crioceris asparagi*).

criochirurgìa [comp. di *crio-* e *chirurgia*; 1979] s. f. ● Tecnica chirurgica che sfrutta l'azione delle basse o bassissime temperature per ottenere l'eliminazione di formazioni patologiche, oppure semplici effetti coagulativi.

crioelettrònica [comp. di *crio-* e *elettronica*; 1979] s. f. ● Insieme degli studi e delle tecniche relativi all'applicazione in campo elettronico di superconduttori a bassissime temperature.

crioelettrotècnica [comp. di *crio-* e *elettrotecnica*; 1979] s. f. ● Insieme degli studi e delle tecniche relativi all'applicazione in campo elettrotecnico di superconduttori a bassissime temperature.

crioessiccazióne [comp. di *crio-* ed *essiccazione*] s. f. ● (*raro*) Liofilizzazione.

criogenìa [comp. di *crio-* e *-genia*; 1970] s. f. ● Parte della fisica che si riferisce allo studio, alla produzione, agli impieghi delle temperature bassissime, anche prossime allo zero assoluto.

criogènico [ingl. *cryogenic*, da *cryogenics* 'criogenia'; 1979] agg. (pl. m. *-ci*) *1* Che concerne gli studi e le tecniche inerenti alla produzione delle bassissime temperature. *2* Criogeno.

criògeno [comp. di *crio-* e *-geno*; 1956] agg. ● (*fis.*) Che genera bassissime temperature. SIN. Criogenico, frigorifero.

crioidràto [comp. di *crio-* e *-idrato*; 1892] agg.; anche s. m. ● (*chim.*) Eutettico.

criolite [comp. di *crio-* e *-lite*, con riferimento al suo aspetto bianco ghiaccio e alla sua provenienza dalla Groenlandia; 1817] s. f. ● (*miner.*) Fluoruro di sodio e alluminio, usato come fondente della bauxite per l'estrazione dell'alluminio metallico.

criologìa [comp. di *crio-* e *-logia*; 1963] s. f. ● Criogenia.

criopatìa [comp. di *crio-* e *-patia*; 1990] s. f. ● (*med.*) Malattia causata dalle basse temperature.

criopatologìa [comp. di *crio-* e *patologia*] s. f. ● (*med.*) Branca della medicina che si occupa delle alterazioni strutturali e funzionali provocate nell'organismo dalle basse temperature.

crioscopìa [comp. di *crio-* e *-scopia*; 1901] s. f. ● (*chim.*) Determinazione della concentrazione di una soluzione mediante misura del suo punto di congelamento.

crioscòpico [1931] agg. (pl. m. *-ci*) ● Relativo alla crioscopia: *analisi crioscopica*.

crioscòpio [comp. di *crio-* e *-scopio*; 1939] s. m. ● Apparecchio per determinare i pesi molecolari mediante la misurazione dell'abbassamento del punto di congelamento delle soluzioni.

criosfèra [comp. di *crio-* e *sfera*] s. f. ● Massa totale dei ghiacciai e delle nevi perenni che ricoprono la superficie terrestre.

criosónda [comp. di *crio-* e *sonda*] s. f. ● Sonda usata nella criochirurgia.

criòstato [comp. di *crio-* e *-stato*; 1987] s. m. *1* (*fis.*) Unità refrigerante usata per la produzione di temperature prossime allo zero assoluto. *2* Termostato per basse temperature.

criotècnica [comp. di *crio-* e *tecnica*; 1979] s. f. ● Tecnica che sfrutta l'azione delle basse temperature per il raffreddamento di ambienti e per la liquefazione di gas.

crioterapìa [comp. di *crio-* e *terapia*; 1930] s. f. ● Procedimento terapeutico fondato sull'impiego delle bassissime temperature. SIN. Frigoterapia.

cripta o (*raro*) **critta** [vc. dotta, lat. *crýpta(m)*, nom. *crýpta*, dal gr. *krýptē* da *krýptō* 'io nascondo', da avvicinare a *kalýptō* 'io nascondo'; av. 1796] s. f. *1* Sotterraneo di una chiesa, spesso adibito a luogo di sepoltura, talora con funzione e aspetto architettonico di cappella. *2* (*anat.*) Piccola cavità di un organo.

criptàggio o **crittàggio** [da *criptare*; 1987] s. m. ● (*tv, elab.*) L'operazione di criptare un segnale o un insieme di dati.

criptàre o **crittàre** [ricavato, per opposizione, da *decriptare*, *decrittare*; 1964] v. tr. ● Cifrare, spec. un segnale o un insieme di dati, così da renderlo indecifrabile a chi non ne possiede i diritti d'accesso: *c. un messaggio, una trasmissione televisiva*.

criptàto o **crittàto** part. pass. di *criptare*; anche agg. ● Cifrato, codificato: *programma televisivo c.*

criptestesìa o **criptoestesìa** [comp. di *cript(o)-* ed *-estesia*; 1938] s. f. ● (*gener.*) Qualunque fenomeno di percezione extrasensoriale.

crìptico [1865] agg. (pl. m. *-ci*) *1* (*lett.*) Misterioso, enigmatico: *linguaggio, messaggio c.* *2* (*biol.*) Che rende o è indistinguibile | *Colorazione criptica*, quella che consente a un animale di mimetizzarsi | *Specie criptica*, quella irriconoscibile per i caratteri esterni da una specie affine. || **cripticaménte**, avv.

cripto o **cripton**, **crypton**, **kripto**, **krypton** [dal gr. *kryptós* 'nascosto', perché si trova in piccole quantità nei gas rari dell'aria. V. *cripta*; 1920] s. m. ● Elemento chimico, gas nobile, incolore, inodore, componente dell'aria da cui si ottiene per liquefazione, usato come atmosfera inerte nelle lampade a incandescenza. SIMB. Kr.

cripto- o **critto-** [dal gr. *kryptós* 'nascosto' (V. *cripta*)] primo elemento ● In parole composte dotte, del linguaggio politico e della terminologia scientifica, significa 'nascosto' o 'coperto', oppure 'simulato' e sim.: *criptocomunista*, *criptoportico*.

criptocomunista [comp. di *cripto-* e *comunista*; 1949] s. m. e f.; anche agg. (pl. m. *-i*) ● Chi (o Che) condivide l'ideologia comunista pur senza dichiararsi esplicitamente tale.

criptoestesìa ● V. *criptestesia*.

Criptofìcee [comp. di *cripto-* e del gr. *phýkos* 'alga' (V. *ficomiceti*); 1956] s. f. pl. (*sing. -a*) ● Nella tassonomia vegetale, classe di alghe unicellulari solitarie o in colonie (*Cryptophyceae*).

criptogenètico [comp. di *cripto-* e *genetico*; 1939] agg. (pl. m. *-ci*) *1* (*biol.*) Detto di organismi animali fossili la cui derivazione genealogica è ignota. *2* (*med.*) Detto di patologia di origine sconosciuta.

criptografìa e deriv. ● V. *crittografia* e deriv.

criptogràmma ● V. *crittogramma*.

criptolalìa [comp. di *cripto-* e *-lalia*; 1990] s. f. ● Uso abituale di espressioni di significato oscuro.

cripton ● V. *cripto*.

criptònimo [comp. di *cripto-* e del gr. *ónyma*, var. di *ónoma* 'nome' (V. *onomastico*); 1830] s. m. ● Nome assunto da autori che intendono rimanere sconosciuti.

criptopòrtico o **crittopòrtico** [vc. dotta, lat. *cryptopòrticu(m)* 'portico chiuso', comp. del gr. *kryptós* 'nascosto' e *pórticus* 'portico'; av. 1597] s. m. (pl. *-ci*) ● Portico semisotterraneo, illuminato da ampie finestre, che in età romana collegava due edifici o faceva parte di una villa.

criptòrchide [vc. dotta, comp. di *cripto-* e del gr. *órchis*, genit. *órcheos* 'testicolo'; 1956] s. m. ● (*med.*) Chi è affetto da criptorchidia.

criptorchidìa [1939] s. f. ● (*med.*) Malformazione congenita per cui uno o entrambi i testicoli non sono, come di norma, scesi nello scroto. SIN. Criptorchidismo.

criptorchidìsmo [comp. di *criptorchid(e)* e del suff. *-ismo*; 1956] s. m. e f. ● (*med.*) Criptorchidia.

crisaiòlo [da *crisi*; 1917] agg.; anche s. m. (f. *-a*) ● Che (o Chi) fomenta di continuo crisi politiche.

crisàlide [vc. dotta, lat. *chrysàlide(m)*, nom. *chrysàllis*, dal gr. *chrysallís*, de *chrysós* 'oro', per il colore come quello dell'oro; 1562] s. f. ● (*zool.*) Stadio di sviluppo delle farfalle intermedio fra il bruco e la forma adulta, determinato dal richiudersi della larva all'interno del bozzolo.

crisantèmo o †**grisantèmo** [vc. dotta, lat. *chrysánthemo(n)*, gr. *chrysánthemon*, propr. 'fiore d'oro', comp. di *chrysós* 'oro' e *ánthemon* 'fiore'; 1561] s. m. ● Genere di piante erbacee della Composite con fiori grandi in capolini o in corimbi di vario colore (*Chrysanthemum*) | *C. coreano*, varietà coltivata di crisantemo a fiore piccolo con colore variabile dal bianco al giallo al rosso (*Chrysanthemum koreanum*). ➡ ILL. *piante/9*.

criselefantìno o **criselefantìno** [vc. dotta, gr. *chryselephánthinos* 'd'oro e d'avorio', comp. di *chrysós* 'oro' ed *elephántinos* 'd'avorio' (da *eléphas* 'elefante, avorio'); 1877] agg. ● Composto d'oro e avorio: *statue criselefantine*.

♦**crìsi** [vc. dotta, lat. *crīsi(m)*, nom. *crīsis*, dal gr. *krísis* 'separazione, scelta, giudizio', da *krínō* 'io giudico'; sec. XIV] s. f. inv. *1* (*med.*) Rapido mutamento in meglio o in peggio nel corso di una malattia | *Accesso: c. epilettica; c. di nervi* | (*est.*) *Avere una c. di pianto, di riso e sim.*, scoppiare in un pianto, in un riso improvviso e violento | Periodo di tempo in cui si verifica una crisi. *2* Fase della vita individuale o collettiva particolarmente difficile da superare e suscettibile di sviluppi più o meno gravi: *c. morale, religiosa, c. dinastica, familiare; c. monetaria, agricola, commerciale*; *attraversare una c.* | *Essere in c.*, attraversare un periodo difficile, pieno di incertezze, essere depresso | *C. di coscienza*, profondo turbamento di natura spirituale, morale, religiosa e sim., che comporta scelte e decisioni spesso definitive | *C. economica*, rallentamento o arresto brusco nell'attività economica considerata nel suo complesso, che segue il passaggio dalla fase di espansione alla fase di depressione | (*per anton.*) *La c., la grande c.*, quella iniziatasi nel 1929 e durata per molta parte del successivo decennio | *C. energetica*, quella determinata da un aumento generalizzato dei prezzi dei prodotti petroliferi o dal calo delle risorse energetiche | *C. governativa, ministeriale, di gabinetto, di governo*, cambiamento nel governo di uno Stato, con le dimissioni del ministero in carica e le trattative per la composizione del nuovo: *apertura della c.* | *C. extraparlamentare*, crisi di governo non provocata da mozione di sfiducia del Parlamento | *C. al buio*, crisi di governo aperta senza che ci siano le premesse per costituire una nuova maggioranza | *Mettere in c.*, mettere in difficoltà, in stato di grave imbarazzo: *i recenti avvenimenti economici hanno messo in c. il governo.* || **crisètta**, dim.

crìsma [vc. dotta, lat. tardo *chrīsma*. V. *cresima*; sec. XII] s. m. (pl. *-i*) **1** Olio consacrato dal vescovo il Giovedì Santo che, con aggiunta di balsamo, serve alle unzioni nell'amministrare i sacramenti del battesimo, della cresima, dell'ordine e dell'estrema unzione. **2** Segno di invocazione monogrammatico, costituito dall'intreccio delle lettere greche X e P, iniziali del nome Christós, o di una J e di una C, iniziali di Jesus Christus, che si poneva all'inizio dei documenti medievali. **3** (*fig.*) Approvazione, convalida data da un superiore, da un'autorità, e sim. | *Con tutti i crismi*, in piena regola, con l'osservanza di tutte le norme richieste.

crismàle [1840] **A** agg. ● Relativo al crisma | *Messa c.*, in cui si consacrano gli oli destinati ai sacramenti. **B** s. m. ● Panno con il quale si copre la mensa degli altari consacrati con crisma | Benda che copre l'unzione del crisma | Vaso contenente il crisma.

criso- [dal gr. *chrysós* 'oro'] primo elemento ● In parole composte dotte o scientifiche, significa 'oro' o 'aureo' o indica relazione con l'oro, o colore simile a quello dell'oro: *crisopicrina, crisoficee.*

crisoberillo [vc. dotta, lat. *chrysoberȳllu(m)*, comp. dal gr. *chrysós* 'oro' e *bḗryllos* 'berillo'; av. 1498] s. m. ● (*miner.*) Ossido di berillio e alluminio, in cristalli limpidi di elevata durezza, usato come gemma se giallo. CFR. Cimofane, alessandrite.

crisocàlco [comp. del gr. *chrysós* 'oro' e *chalkós* 'bronzo'; 1820] s. m. (pl. *-chi*) ● Oricalco.

crisoelefantino ● V. *criselefantino.*

Crisoficee [comp. di *criso-* e del gr. *phŷkos* 'alga' (V. *ficomiceti*); 1956] s. f. pl. (sing. *-a*) ● Nella tassonomia vegetale, classe di alghe unicellulari di colore giallo-bruno (*Chrysophyceae*).

Crisòfite [comp. di *criso-* e *-fito*; 1956] s. f. pl. (sing. *-a*) ● Nella tassonomia vegetale, divisione di alghe comprendente le Crisoficee e le Xantoficee (*Chrysophita*).

crisografia [vc. dotta, gr. *chrysographía*, comp. di *chrysós* 'oro' e *gráphō* 'io scrivo'; 1887] s. f. ● Arte di disegnare e dorare le lettere dei frontespizi e quelle iniziali dei libri manoscritti.

crisòlito [vc. dotta, lat. *chrysŏlithu(m)*, nom. *chrysŏlithus*, dal gr. *chrysólithos*, comp. del gr. *chrysós* 'oro' e *líthos* 'pietra' (V. *-lito* (*1*)); sec. XIV] s. m. ● (*miner.*) Varietà di olivina in cristalli limpidi e di color verde, usata come pietra semipreziosa.

Crisomèlidi [dal gr. *chrysomēlo(lónthion)* 'scarabeo dorato', comp. di *chrysós* 'oro' e *mēlolónthion* 'scarabeo', comp. a sua volta di *mêlon* 'pomo' e *ólonthos* 'fico selvaggio'; detto così perché molti scarabei vivono da parassiti sui fichi e su altre piante; 1951] s. m. pl. (sing. *-e*) ● Nella tassonomia animale, famiglia di Insetti dei Coleotteri polifagi, fitofagi, nocivi tanto come larve che come adulti a molte piante utili, spesso con colori metallici e antenne filiformi (*Chrysomelidae*).

crisopàzio ● V. *crisoprasio.*

crisopicrina [comp. di *criso-* e *picrina*; 1956] s. f. ● Sostanza colorante, gialla, cristallina, contenuta in alcuni licheni.

crisopràsio o **crisòpraso**, **crisopàzio** [vc. dotta, lat. *chrysŏprasu(m)*, nom. *chrysŏprasus*, dal gr. *chrysóprasos*, comp. di *chrysós* 'oro' e *práson* 'porro', per il colore; sec. XIV] s. m. ● (*miner.*) Varietà di calcedonio di color verde.

crisòstomo o †**grisòstomo** [vc. dotta, gr. *Chrysóstomos*, propr. 'bocca d'oro', comp. di *chrysós* 'oro' e *stóma* 'bocca' (V. *stoma*); 1830] agg.; anche s. m. ● (*lett.*) Dalla bocca d'oro, spec. come appellativo di antichi oratori particolarmente eloquenti: *S. Giovanni Crisostomo.*

crisòtilo [comp. di *criso-* e del gr. *tíloi* 'peli delle sopracciglia', per l'aspetto del minerale; 1887] s. m. ● (*miner.*) Varietà fibrosa di serpentino costituente prevalente dell'amianto o asbesto.

crispino [1876] agg. ● Relativo a F. Crispi (1818-1901) e alla sua politica.

cristallàio o (*dial.*) **cristallàro** [da *cristallo*; 1869] s. m. (f. *-a*) ● Chi lavora o vende il cristallo.

cristallàme [1869] s. m. ● (*raro*) Assortimento di oggetti di cristallo da tavola.

cristallàre v. tr. ● (*lett.*) Rendere limpido come cristallo.

cristallàro ● V. *cristallaio.*

†**cristalleggiàre** [1611] v. intr. ● Somigliare al cristallo.

cristalleria [1865] s. f. **1** L'insieme degli oggetti di cristallo da tavola. **2** Fabbrica o negozio di cristalli.

cristallièra [1766] s. f. ● Mobile a più ripiani, con parte delle pareti in vetro o cristallo, usato per esporre oggetti vari. SIN. Vetriera.

cristallino o (*raro, nel solo sign.* B 1) **cristallìno** [vc. dotta, lat. *crystăllinu(m)*, nom. *crystăllinus*, dal gr. *krystállinos*, da *krýstallos* 'cristallo'; av. 1292] **A** agg. **1** Di cristallo: *vaso c.* **2** Che ha la luminosità, la limpidezza del cristallo: *sorgente, acqua cristallina*; *arie cristalline e dolci* (LEOPARDI). **3** (*fig.*) Limpido, puro, onesto: *carattere c.*; *coscienza cristallina* | *Voce cristallina*, chiara, sonora. **4** (*miner.*) Detto di minerale che si presenta sotto forma di cristalli | Di roccia che ha origine endogena | *Sistema c.*, ciascuno dei sette raggruppamenti in cui si classificano le forme cristalline possibili in natura, secondo il grado di simmetria. **5** (*bot.*) *Erba cristallina*, erba annua delle Centrosperme con grosse papille acquifere che la fanno sembrare incrostata di brina (*Mesembryanthemum cristallina*). || **cristallinaménte**, avv. **B** s. m. **1** (*anat.*) Struttura a forma di lente biconvessa nella parte anteriore dell'occhio, con funzioni di accomodamento dell'immagine. SIN. Lente. ➡ ILL. p. 2127 ANATOMIA UMANA. **2** Il cristallo di Venezia, nel XV sec. | Mezzo cristallo.

cristallizzàbile [1765] agg. ● Che si può cristallizzare.

cristallizzàre [vc. dotta, gr. *krystallízō*, da *krýstallos* 'cristallo'; 1670] **A** v. intr. e intr. pron. (aus. *essere*) **1** (*miner.*) Passare dallo stato liquido allo stato solido acquistando forma poliedrica. **2** (*fig.*) Rimanere rigidamente legato a determinate idee o formule, rifiutando qualsiasi progresso: *cristallizzarsi in un'idea politica* | Divenire fisso e immutabile: *forme di linguaggio che si cristallizzano.* **B** v. tr. ● Sottoporre a cristallizzazione: *c. un sale.*

cristallizzatóre [1931] s. m. **1** Apparecchio in cui si opera una cristallizzazione. **2** (f. *-trice*) Operaio addetto a tale apparecchio.

cristallizzazióne [1686] s. f. **1** Fenomeno chimico-fisico per cui una sostanza passa dallo stato fluido al solido, assumendo forma e struttura cristallina. **2** (*fig.*) Rigido immobilismo all'interno di determinate idee o formule: *la c. della cultura.* **3** (*ling.*) Trattamento per il quale un elemento linguistico cessa di avere un'evoluzione indipendente.

♦**cristàllo** [vc. dotta, lat. *crystăllu(m)*, dal gr. *krýstallos* 'ghiaccio, acqua gelata', da *krýos* 'gelo'; sec. XIII] s. m. **1** (*miner.*) Corpo solido omogeneo e anisotropo, di origine naturale delimitato, almeno in parte, da superfici o facce piane | *C. di rocca*, varietà di quarzo perfettamente incolore e trasparente | (*fis.*) *Cristalli liquidi*, liquidi non isotropi, la cui birifrangenza è eliminata dall'applicazione di un campo elettrico: *orologio, calcolatrice con visualizzatore a cristalli liquidi.* ➡ ILL. p. 2128 CRISTALLI. **2** Vetro trasparente, incolore, a elevata rifrangenza, usato nella vetreria di lusso e in applicazioni tecnico-scientifiche; è preparato con silice, ossido di piombo e carbonato potassico | Correntemente, qualità di vetro assai rinomata anche se priva di ossido di piombo: *c. di Boemia*; *c. di Baccarat* | (*est.*) Lastra di vetro di dimensioni varie adibita a usi diversi: *il c. della finestra, della vetrina, della porta, dell'orologio.* **3** (*raro, lett.*) Lente | Specchio | Bicchiere. **4** (*fig., poet.*) Pianeta, astro: *se 'l Cancro avesse un tal c., / l'inverno avrebbe un mese d'un sol dì* (DANTE *Par.* XXV, 101-102). **5** (*fig., poet.*) Acqua limpida e trasparente di sorgente, ruscello e sim.: *acque stagnanti, mobili cristalli* (TASSO).

cristalloblàstico [comp. di *cristallo* e *-blasto*, con suff. aggettivale; 1956] agg. (pl. m. *-ci*) ● Detto della struttura di una roccia i cui minerali sono cristallizzati contemporaneamente.

cristallochìmica [comp. di *cristallo* e *chimica*; 1956] s. f. ● (*miner.*) Branca della scienza che studia quale influenza abbiano i cambiamenti di composizione chimica sul reticolo cristallino.

cristalloclàstico [vc. dotta, comp. del gr. *krýstallos* 'cristallo' e *klastós* 'rotto'; 1964] agg. (pl. m. *-ci*) ● Detto di una roccia in cui ciascuno dei granuli costituenti è stato deformato fino a rompersi.

cristallofìsica [comp. di *cristallo* e *fisica*] s. f. ● Branca della scienza dei materiali che studie la relazioni esistenti tra proprietà strutturali e fisiche nelle sostanze cristalline.

cristallografia [comp. di *cristallo* e *-grafia*; 1729] s. f. ● (*miner.*) Branca della scienza che studia la distribuzione geometrica delle varie parti componenti dei cristalli | *C. morfologica*, studia la forma, cioè la distribuzione delle facce | *C. strutturale*, studia la distribuzione degli atomi all'interno dei cristalli.

cristallogràfico [1878] agg. (pl. m. *-ci*) ● Della, relativo alla cristallografia.

cristallògrafo [comp. di *cristallo* e *-grafo*; 1830] s. m. (f. *-a*) ● Studioso di cristallografia.

cristallòide [vc. dotta, lat. tardo *crystalloīde(m)*, nom. *crystalloīdes*, dal gr. *krystalloeidḗs* 'simile a ghiaccio, a cristallo', comp. di *krýstallos* (V. *cristallo*) e *-eidḗs* '-oide'; 1820] **A** agg.; anche s. m. ● Detto di sostanza che può assumere la struttura cristallina. **B** s. m. ● (*anat.*) Membrana della camera anteriore dell'occhio.

cristalloterapia [comp. di *cristallo* e *-terapia*; 1996] s. f. ● Trattamento terapeutico basato sull'uso di alcuni cristalli, pietre preziose o semipreziose, ritenuti in grado di agire su centri energetici del corpo umano eliminandone disarmonie e malesseri.

†**cristère** ● V. *clistere.*

cristianeggiàre [1847] v. intr. (*io cristianéggio*; aus. *avere*) ● (*lett.*) Ostentare sentimenti cristiani.

cristianèsimo [lat. tardo *christianĭsmu(m)*, nom. *christianĭsmus*, dal gr. *christianismós*, da *christianós* 'cristiano'; sec. XIII] s. m. ● Religione predicata da Gesù Cristo | Istituzioni e forme di civiltà che derivano dalla religione del Cristo | Complesso dei principi e delle dottrine fondamentali accettati dai membri di tutte le Chiese e confessioni cristiane, come punto di incontro di una comune fede.

cristiània [chiamato così perché introdotto dagli sciatori norvegesi di *Christiania* (oggi *Oslo*); 1924] s. m. inv. ● Nello sci, tecnica per effettuare un cambiamento di direzione, a sci uniti e paralleli, cui può seguire un arresto | (*est.*) Cambiamento di direzione o arresto così effettuati.

cristianismo [da *cristiano*; 1964] s. m. ● (*ling.*) Parola, locuzione o costrutto proprio della lingua tecnica dei cristiani e passato nella lingua comune.

cristianissimo [1847] agg. **1** Sup. di *cristiano.* **2** Titolo attribuito ai re di Francia.

cristianità [vc. dotta, lat. tardo *christianitāte(m)*, da *christiānus* 'cristiano'; sec. XIII] s. f. **1** Condizione di chi è cristiano | Religione cristiana. **2** Universalità dei cristiani | Insieme dei Paesi abitati dai cristiani.

cristianizzàre [vc. dotta, lat. tardo *christianizāre*, dal gr. *christianízō* 'io professo il cristianesimo', da *christianós* 'cristiano'; 1865] v. tr. ● Convertire al cristianesimo, fare cristiano.

cristianizzazióne [1983] s. f. ● Conversione al cristianesimo.

♦**cristiàno** [vc. dotta, lat. *christiānu(m)*, nom. *christiānus*, dal gr. *christianós*, da *Christós* 'Cristo' (propr. 'l'unto', da *chríō* 'io ungo'); av. 1276] **A** agg. **1** Relativo a Gesù Cristo: *fede, religione cristiana*; *Chiese cristiane* | *Era cristiana*, che inizia con la nascita di Cristo. **2** Che professa la religione cristiana: *paesi, popoli cristiani.* **3** Che appartiene, si riferisce, si ispira e sim. al cristianesimo: *arte, letteratura, civiltà cristiana*; *partito di ispirazione cristiana.* **4** (*fig.*) Buono, caritatevole, ispirato da amore verso il prossimo: *discorso c.*; *parole cristiane*; *carità cristiana* | (*est., fam.*) Conveniente, adeguato, decoroso: *finalmente hai comprato un vestito c.!*; *trattare qlcu., parlare, in modo c.* || **cristianàccio**, pegg. || **cristianissimo**, superl. (V.) | **cristianaménte**, avv. Da cristiano; *morire cristianamente*, coi conforti religiosi; (*fig.*) *trattare cristianamente i propri simili*, umanamente, cortesemente. **B** s. m. (f. *-a*) *1* Chi accetta la fede nel Cristo o segue la religione cristiana in una delle sue confessioni. *2* (*fam.*) Essere umano (spec. in contrapposizione a 'bestia'): *comportarsi da c.*; *maniere, parole da c.*; *queste non sono azioni da c.*

cristiàno-sociàle [1961] **A** agg. (pl. *cristiàno--sociàli*) ● In vari Paesi europei, detto di formazioni politiche che raggruppano cattolici e protestanti, sostenitori del messaggio sociale, oltre che etico e religioso, del Vangelo. **B** s. m. ● Membro di tali formazioni politiche.

♦**Cristo** [lat. *Chrīstu(m)*, dal gr. *Christós*, propr. 'l'unto', deriv. di *chríein* 'ungere'; av. 1250] **A** s. m. (*cristo* nei sign. A 3, B e C) *1* Appellativo di Gesù: *Cristo in croce, alla colonna*; *Cristo deriso, in agonia*; *la passione di Cristo*; *Cristo abbi pietà di noi*; *Cristo re* | ***Fratello in Cristo***, unito dal vincolo dell'amore cristiano | ***Avanti C.*** (*a.C.*), ***dopo C.*** (*d.C.*), prima o dopo la nascita di Cristo, nel sistema di datazione che prende tale evento come punto di riferimento | (*lett.*) ***Cavalieri di Cristo***, i crociati | ***Segnato da Cristo***, (*pop.*; *disus.*) che ha un difetto fisico grave e appariscente | ***Addormentarsi in Cristo***, morire serenamente | (*lett.*) ***Sposa di Cristo***, la Chiesa. *2* (*est.*) Immagine di Cristo, spec. crocifisso, dipinta o scolpita: *Cristo di Leonardo, di Michelangelo*; *Cristo di legno, d'avorio* | ***Cristo pantocratore***, in atteggiamento benedicente, assai diffuso nell'iconografia bizantina. *3* (f. *-a*) (*fam.*) Persona malridotta, maltrattata e sim.: *un povero c.* | ***Non c'è c., non ci sono cristi***, non c'è nessuna possibilità, riferito al raggiungimento di un dato scopo e sim. **B** in funzione di inter. ● (*volg.*) Esprime stupore, dispetto, rabbia e sim. SIN. (*eufem.*) Cribbio. **C** agg. ● †Che è stato unto, consacrato.

cristocèntrico [da *cristocentrismo*; 1956] agg. (pl. m. *-ci*) ● Relativo al cristocentrismo.

cristocentrìsmo [comp. di *Cristo*, *centro*, e *-ismo*; 1956] s. m. ● Corrente di pensiero religioso secondo la quale tutta la vita umana e la religione cristiana devono essere incentrate in Cristo.

cristolatrìa [comp. di *Cristo* e *-latria*; 1964] s. f. ● Culto di adorazione rivolto al Cristo.

cristologìa [comp. di *Cristo* e *-logia*; 1847] s. f. ● Parte della teologia che tratta la natura e gli attributi del Cristo | Scienza storica che riguarda la figura del Cristo.

cristològico [av. 1903] agg. (pl. m. *-ci*) ● Che si riferisce alla cristologia.

cristonàre [da *Cristo*] v. intr. (*io cristóno*; aus. *avere*) ● (*sett.*, *volg.*) Imprecare.

critèrio [vc. dotta, lat. tardo *critēriu(m)*, dal gr. *kritḗrion*, da *krínō* 'io distinguo'; 1631] s. m. *1* Norma, fondamento per giudicare, distinguere, valutare e sim.: *stabilire, scegliere, formarsi, seguire un c.*; *opere scelte secondo un valido c.* SIN. Principio, regola. *2* Facoltà di giudicare rettamente, discernimento: *persona di poco c.*; *mancare di c.* | Buon senso: *ebbe il c. di tacere.* SIN. Discernimento, senno. *3* (*sport*) Criterium.

criteriologìa [comp. di *criterio* e *-logia*; 1956] s. f. ● Settore della filosofia che studia la validità dei mezzi e dei metodi di conoscenza del pensiero umano.

critèrium [fr. *critérium*, dall'ingl. *criterion*. V. *criterio*; 1891] s. m. inv. ● Competizione sportiva riservata a determinate categorie di concorrenti: *c. ciclistico, ippico.*

crìtica [vc. dotta, gr. *kritikḗ* '(arte) del giudicare', f. di *kritikós*, da *krínō* 'io giudico, distinguo'; 1664] s. f. *1* Esame a cui la ragione sottopone fatti e teorie per determinare in modo rigoroso certe loro caratteristiche: *c. dell'economia politica*; *c. costruttiva, distruttiva.* *2* (*filos.*) Parte della logica che si occupa del giudizio | Nella filosofia kantiana, processo mediante il quale la ragione umana prende coscienza dei propri limiti e delle proprie possibilità. *3* Esame di opere artistiche, spec. a fini di valutazione estetica: *c. letteraria, figurativa, cinematografica*; *c. d'arte* | ***C. del testo, testuale***, analisi della tradizione di un testo al fine di realizzarne un'edizione critica. *4* Scritto, recensione, articolo contenente una valutazione estetica di un'opera letteraria, cinematografica, teatrale e sim.: *una c. favorevole, cattiva.* *5* L'insieme dei critici e dei loro scritti: *la c. non ha parlato di quel romanzo*; *la c. su Dante è molto vasta.* *6* (*fam.*) Giudizio negativo spec. di natura morale: *esporsi alla c.*; *tirarsi addosso le critiche* | Censura, biasimo. || **criticàccia**, pegg. | **criticùccia**, dim.

criticàbile [1865] agg. ● Che si può criticare: *discorso, atto, atteggiamento c.* SIN. Censurabile, discutibile.

criticàre [da *critica*; 1619] v. tr. (*io crìtico, tu crìtichi*) *1* Sottoporre a esame critico: *c. un'opera d'arte, un sistema filosofico.* *2* Giudicare biasimando e disapprovando: *c. i costumi di qlcu.*; *non dovresti c. gli amici*; *critica tutto e tutti*; *si fa c. per il suo comportamento.* SIN. Biasimare, disapprovare, riprendere.

criticàto [av. 1698] part. pass. di *criticare*; anche agg. ● Nei sign. del v.

criticìsmo [fr. *criticisme*. V. *critico*; 1853] s. m. *1* Qualsiasi dottrina filosofica che intenda mostrare i limiti e le possibilità della ragione. CONTR. Dogmatismo | (*per anton.*) La filosofia di E. Kant (1724-1804): *il c. kantiano.* *2* (*est.*, *raro*) Atteggiamento di critica costante.

criticità [da *critico*; 1965] s. f. *1* Carattere critico, di crisi: *la c. di una situazione.* *2* Nei fenomeni chimici, fisici e sim., condizione particolare e caratteristica, in cui al minimo variare dei parametri si producono effetti di grande entità.

♦**crìtico** [vc. dotta, lat. *crĭticu(m)*, nom. *crĭticus*, dal gr. *kritikós*, da *krínō* 'io giudico, distinguo'; 1588] **A** agg. (pl. m. *-ci*) *1* Che è pertinente alla critica: *esame c.*; *studio c.* | ***Analisi critica***, di opere letterarie o artistiche | ***Saggio c.***, monografia di argomento letterario, filosofico e sim. *2* Che giudica, biasima, condanna: *spirito c.*; *commenti critici.* *3* Che è proprio di una crisi: *circostanza critica* | ***Momento, punto c.***, difficile, pericoloso. *4* (*med.*) Che ha relazione con la crisi | ***Periodo c., fase critica***, in cui si decide l'esito della malattia | ***Età critica***, pubertà, menopausa, climaterio | ***Giorni critici***, (*eufem.*) periodo mestruale. *5* (*dir.*) ***Prova critica***, che consiste nel desumere il fatto da provare da uno o più altri fatti. *6* (*chim.*) Detto dello stato di un sistema, e delle variabili che in quello stato lo definiscono, quando esso mostri singolarità di comportamento o di proprietà | ***Temperatura critica di un gas***, la temperatura al di sopra della quale non è possibile liquefarlo. || **criticaménte**, avv. **B** s. m. (f. *-a*; V. nota d'uso FEMMINILE) *1* Chi esercita professionalmente la critica artistica: *c. musicale*; *c. d'arte* | ***C. letterario, teatrale, cinematografico*** e sim., il redattore o collaboratore di giornale incaricato di occuparsi di tali materie e di redigerne la relativa rubrica. *2* Chi biasima e condanna: *un c. feroce delle nostre strutture economiche.* || **critichétto**, dim. | **criticóne**, accr. (V.) | **criticònzolo**, pegg. | **criticùccio**, **criticùzzo**, dim.

criticóne [da *critico*; 1750] s. m. (f. *-a*) *1* Accr. di *critico.* *2* (*fam.*) Chi trova da ridire su tutti e su tutto.

criticùme [av. 1837] s. m. ● (*spreg.*) Insieme di critici incompetenti.

critta ● V. *cripta.*

crittàre e *deriv.* ● V. *criptare* e *deriv.*

critto- ● V. *cripto-.*

crittògama [comp. di *critto-*, var. di *cripto-*, e *-gamo*; 1797] **A** s. f. *1* Ogni pianta appartenente alla classe delle Crittogame. *2* Comunemente, fungo o batterio parassita delle piante utili | ***C. della vite***, fungo che si sviluppa sulle foglie e sugli acini della vite come una polvere bianco-grigiastra sotto la quale sono visibili dei piccoli punti bruni (*Oidium tuckeri*). **B** anche agg. nel sign. 1: *piante crittogame.*

Crittògame [1830] s. f. pl. ● Nell'antica tassonomia vegetale, classe di piante che non hanno organi di riproduzione visibili (*Cryptogamae*) | Correntemente, denominazione di tutte le piante non fanerogame.

crittogàmico [1820] agg. (pl. m. *-ci*) ● Relativo alle crittogame | ***Flora crittogamica***, il complesso delle crittogame che si trovano in un dato territorio | ***Malattie crittogamiche***, quelle provocate da funghi e batteri.

crittografìa o **criptografìa** [comp. di *critto-* e *-grafia*; 1797] s. f. *1* Sistema segreto di scrittura in cifra o codice. *2* Gioco enigmistico consistente in un rebus letterale da risolvere considerando nel loro insieme tutte le lettere e i segni grafici: . ... *S* .... = *S tra puntini, tra punti = strapuntini trapunti* | ***C. mnemonica***, in cui a una parola (o a una frase) corrisponde una definizione con doppio significato: *cucchiaino = mezzo minuto di raccoglimento.*

crittogràfico o **criptogràfico** [av. 1952] agg. (pl. m. *-ci*) *1* Di, relativo a, crittografie | Redatto in crittografia: *testo c.* *2* (*raro, fig.*) Oscuro, incomprensibile: *messaggio c.* || **crittograficaménte**, avv. In crittografia.

crittògrafo o **criptògrafo** [1911] s. m. *1* (f. *-a*) Esperto di crittografia. *2* Macchina che traduce un testo in chiaro in un testo cifrato e viceversa.

crittogràmma o **criptogràmma** [comp. di *critto-* e *-gramma*; 1941] s. m. (pl. *-i*) *1* Testo redatto in cifra. *2* In enigmistica, crittografia.

†**crittonomìa** [comp. di *critto-* e *-nomia*] s. f. ● Arte di nascondere il nome di frontespizi, iscrizioni, versi e sim.

crittopòrtico ● V. *criptoportico.*

crivellàre [lat. tardo *cribellāre*, da *cribĕllum* 'crivello'; sec. XIV] v. tr. (*io crivèllo*) *1* Bucare in più punti (spec. con colpi d'arma da fuoco), facendo quasi assomigliare a un crivello: *gli crivellarono il corpo di pallottole.* *2* Cernere i bozzoli dei bachi da seta in base alle dimensioni. *3* †Passare al crivello, vagliare. *4* †Agitare, dimenare. *5* (*fig.*) †Considerare, dibattere, censurare.

crivellatóre [av. 1642] s. m. (f. *-trice*) ● Operaio addetto alla crivellatura.

crivellatùra [sec. XV] s. f. ● Lavoro del crivellare | Ciò che resta nel crivello.

crivellazióne [1830] s. f. ● Crivellatura: *la c. delle sementi.*

crivèllo [lat. tardo *cribĕllu(m)*, dim. di *crībrum* 'cribro'; sec. XII] s. m. *1* Buratto, setaccio, vaglio. ➡ ILL. p. 2115 AGRICOLTURA. *2* ***C. di Eratostene***, metodo matematico per la rapida individuazione dei numeri primi inferiori a uno dato. || **crivellino**, dim. | **crivellóne**, accr. (V.).

crivellografìa [comp. di *crivello* e *-grafia*] s. f. ● Serigrafia.

crivellóne [1956] s. m. *1* Accr. di *crivello.* *2* Setaccio della trebbiatrice, cui viene impresso rapido moto oscillatorio. *3* †Specie di tela molto rada, usata per foderare.

croàto [serbo-croato *hrvat*; av. 1789] **A** agg. ● Della Croazia. **B** s. m. (f. *-a*) ● Abitante della Croazia. **C** s. m. solo sing. ● Lingua del gruppo slavo parlata dai croati.

croccànte [fr. *croquant*, part. pres. di *croquer* 'far scricchiolare sotto i denti', di orig. onomat.; 1773] **A** agg. ● Detto di pane, dolce e sim. ben cotto, che scricchiola sotto i denti: *biscotti croccanti*; *patatine croccanti.* **B** s. m. ● Dolce di mandorle tostate e zucchero cotto.

†**croccàre** [vc. onomat.; av. 1533] v. intr. ● Crocchiare.

crocchétta [fr. *croquette*, da *croquer*. V. *croccante*; 1741] s. f. ● Polpettina bislunga di riso, carne, patate o altro, passata nell'uovo e poi fritta. || **crocchettina**, dim.

cròcchia [lat. parl. *conrotulāre, comp. di *cŭm* 'con' e *rŏtula* 'rotella'; 1863] s. f. ● Acconciatura femminile dei capelli, raccolti a spirale o a cerchio e fermati sul capo o dietro la nuca; *i suoi capelli lisci dalla c. sbandata in disordine* (MORANTE).

crocchiàre [vc. onomat.; av. 1405] **A** v. intr. (*io cròcchio*; aus. *avere*) *1* (*raro*) Scricchiolare, cigolare: *la ghiaia crocchiava sotto i piedi.* *2* Produrre un suono sordo, detto di oggetti rotti o incrinati, spec. vasi di terracotta, o dei ferri di cavallo non fermati bene allo zoccolo. *3* Chiocciare, detto spec. della gallina, dell'anatra selvatica e sim. *4* †Conversare in crocchio. **B** v. tr. ● (*raro*, *region.*) Picchiare un oggetto di terracotta per sentire se non è rotto | (*est.*, *region.*) Percuotere.

cròcchio (1) [etim. incerta; av. 1665] s. m. ● Gruppo di persone che conversano o chiacchierano: *un c. di curiosi* | ***Far c.***, fare capannello | ***Andare, tenere, stare a c.***, conversare. || **crocchiétto**, dim.

cròcchio (2) [da *crocchiare*; 1539] s. m. ● (*raro*) Suono sordo che dà un oggetto rotto o incrinato quando viene percosso.

crocchiolàre [vc. onomat.; 1921] **v. intr.** (*io cròcchiolo*; aus. *avere*) ● Chiocciare a lungo e con insistenza, detto della gallina.

cròcco [fr. *croc*, dal norreno *krokr* 'uncino'; sec. XIII] **s. m.** (**pl.** *-chi*) **1** Uncino per afferrare e portare i tonni sul palischermo durante la mattanza. **2** †Gancio di balestra. ‖ **crocchétto**, **dim.**

croccolàre [vc. onomat.; av. 1912] **v. intr.** (*io cròccolo*; aus. *avere*) **1** (*raro*, *lett.*) Chiocciare, crocchiare, detto spec. della gallina. **2** (*raro*, *lett.*) Gorgogliare, detto di liquido.

croccolóne [da *croccolare*; av. 1871] **s. m.** ● Uccello commestibile dei Caradriformi con piumaggio variamente colorato (*Capella media*).

cróce [lat. *crŭce(m)*, di orig. preindeur.; av. 1292] **s. f.** **1** Antico strumento di tortura, composto da due tronchi o travi fissati trasversalmente, cui veniva inchiodato o legato il condannato e lasciato morire | (*est.*) Condanna a morte da eseguirsi con tale strumento: *condannare qlcu. alla c.*; *morire in c.* | ***Mettere in c.***, (*fig.*) tormentare, affliggere. **2** (*per anton.*) Patibolo di Gesù: *deposizione dalla c.*; *Cristo in c.* | Riproduzione della croce, in legno, metallo e sim. come simbolo del cristianesimo: *pregare, venerare la c.*; *c. astile*; *c. pettorale*; *c. stazionale* | ***Segno della c.***, gesto rituale che esprime i fondamenti della fede cristiana e santifica il fedele, consistente nel portare la mano destra alla fronte, al petto, alla spalla sinistra e alla spalla destra, mentre si pronuncia la formula: in nome del Padre, del Figlio e dello Spirito Santo | ***Abbracciare la c.***, (*fig.*) convertirsi alla religione cristiana. **CFR.** stauro-. **3** Oggetto, segno, simbolo a forma di croce: *una c. di legno, di marmo, di ferro, d'argento, di stoffa* | ***La c. degli analfabeti***, segno a forma di croce che sostituisce la firma | ***Punto a c.***, punto di ricamo con passate di filo disposte a croce obliqua | ***Fare a testa e c.***, ***fare a testa o c.***, ***fare testa e c.***, gettare una moneta in aria, tentando di indovinare, per scommessa, per determinare una decisione e sim., quale delle due facce, una volta ricaduta la moneta, resterà visibile | ***In c.***, riferito a due oggetti posti trasversalmente l'uno all'altro | ***Con le braccia in c.***, in atteggiamento umile, supplichevole | ***Tenere le braccia in c.***, ***stare con le braccia in c.***, (*fig.*) non fare nulla, stare con le mani in mano | ***A occhio e c.***, pressappoco, all'incirca | ***Quattro parole in c.***, V. *quattro* | ***Farci una c. sopra***, (*fig.*) non pensarci più | (*sport*) ***C. agli anelli***, in ginnastica artistica, classico esercizio di forza. **4** (*fig.*) Tormento, pena | ***Stare in c.***, in pena | ***Ognuno ha la sua c.***, le sue sofferenze, i suoi guai | ***Gettare***, ***mettere***, ***gridare la c. addosso a qlcu.***, biasimarlo, addossargli la responsabilità di qlco. | (*lett.*) ***C. e delizia***, riferito a qlcu. o qlco. che è nello stesso tempo fonte di sofferenza e di piacere. **5** Emblema e nome di vari enti per il soccorso urgente a malati e feriti: *C. Rossa*, *C. Verde*; *dama, ambulanza della C. Rossa* | ***Sparare sulla C. Rossa***, (*fig.*) maramaldeggiare, accanirsi contro chi non è in grado di difendersi | ***C. Rossa Internazionale***, organizzazione umanitaria per l'aiuto alle vittime della guerra e delle calamità pubbliche. **6** (*arald.*) Pezza risultante dalla fusione del palo con la fascia, che può assumere le forme più varie, aumentando anche il numero dei bracci: *c. ancorata, avellana, gigliata, greca, latina, papale, patente, pomettata, potenziata, semipotenziata, trifogliata* | ***C. biforcata*** o ***di Malta***, coi bracci patenti e terminanti in due punte aguzze | ***C. di Pisa***, coi bracci allargati a rombo e con tre globetti ad ogni estremità | ***C. di S. Andrea***, con i bracci incrociati diagonalmente in forma di X | ***C. doppia***, ***patriarcale***, ***di Lorena***, lunga con due traverse di cui la superiore più corta | ***C. latina***, o ***del Calvario***, con la verticale più lunga della traversa che è posta sopra la metà di quella | ***C. uncinata***, svastica | Fregio a forma di croce usato come insegna di un ordine cavalleresco o come decorazione | ***C. di guerra***, decorazione attribuita dallo Stato italiano ai combattenti delle due guerre mondiali distintisi per particolari atti di valore. ➡ **ILL. araldica**. **7** (*miner.*) ***C. assiale***, l'insieme degli assi coordinati che permettono di orientare i cristalli nello spazio e di assegnare gli indici alle loro facce. **8** †Estremità inferiore del fuso dell'ancora | Segno nelle antiche bussole per indicare Levante. ‖ **crocétta**, **dim.** (V.) | **crocettina**, **dim.** | **crocina**, **dim.** | **crocióne**, **accr. m.**

crocè [1930] **s. m.** ● Adattamento di *crochet* (V.).

crocefìggere e *deriv.* ● V. *crocifiggere* e *deriv.*

cròceo [vc. dotta, lat. *crŏceu(m)* 'color del croco', da *crŏcum* 'croco'; 1364] **agg.** ● (*lett.*) Che ha il colore giallo aranciato caratteristico dello zafferano: *velluto c.*

crocerista o **crocierista** [da *crociera*; 1934] **s. m. e f.** (**pl. m.** *-i*) ● Partecipante a una crociera.

crocerossìna [da *Croce Rossa*; 1918] **s. f.** ● Infermiera della Croce Rossa.

crocésco **agg.** (**pl. m.** *-schi*) ● (*raro*) Che è proprio dello scrittore G. C. Croce (1550-1609).

crocesegnàre o **crocesignàre** [lat. *crūce signāre* 'contrassegnare con una croce'; 1864] **v. tr.** (*io croceségno*) ● Sottoscrivere un documento o sim. con una croce.

croceségno [da *crocesegnare*; 1956] **s. m.** ● Segno grafico di croce, spec. quello usato dagli analfabeti.

crocesignàre ● V. *crocesegnare*.

crocétta [sec. XIV] **s. f.** **1** Dim. di *croce* | Segno grafico a forma di piccola croce: *riempire un questionario usando delle crocette*. **2** (*mar.*) Elemento di legno, metallo o composito, posto trasversalmente all'albero, per scostare il sartiame e conferirgli un angolo di tiro più efficace. **SIN.** Barra. ➡ **ILL.** p. 2155 SPORT. **3** (*bot.*) Lupinella.

crocevìa [comp. di *croce* e *via*; av. 1465] **s. m. inv.** ● Incrocio di più vie. **SIN.** Crocicchio.

crochet /fr. kRɔ'ʃɛ/ [fr., dim. di *croc* 'uncino', dal francone **krōk* 'gancio'; 1851] **s. m. inv.** **1** Uncinetto. **2** Nel pugilato, gancio.

crociàle [1906] **s. m.** ● (*raro*) Crocicchio.

crociàme [da *croce*; 1889] **s. m.** ● (*mar.*) Nei velieri, lunghezza dei pennoni maggiori | (*est.*) L'insieme dei pennoni.

crociaménto [da *crociare*; 1956] **s. m.** ● (*ferr.*) Parte del deviatoio in corrispondenza dell'intersezione di due rotaie.

crocianésimo [1950] **s. m.** ● Corrente di pensiero che si ispira ai capisaldi della filosofia di B. Croce.

crociàno [1909] **A** **agg.** ● Che è proprio del filosofo B. Croce (1866-1952). **B** **s. m.** (**f.** *-a*) ● Studioso, seguace del pensiero di B. Croce.

crociàre [da *croce*; av. 1348] **A** **v. tr.** (*io crócio*) **1** (*raro*, *lett.*) Conferire l'insegna di crociato. **2** (*raro*, *lett.*) Contrassegnare con una croce. **3** (*mar.*; *disus.*) Incrociare. **B** **v. intr. pron.** **1** (*ant.*) Farsi il segno della croce. **2** (*raro*, *lett.*) Partecipare a una crociata.

crociàta (**1**) [da *crociato*; av. 1313] **s. f.** **1** Ciascuna delle spedizioni militari che i Paesi cristiani effettuarono nei secc. XI-XIII in Palestina per liberare il Santo Sepolcro dai Musulmani | ***Ciclo delle crociate***, insieme di leggende epiche medievali francesi, relativo alle spedizioni in Terrasanta | (*est.*) Impresa guerresca bandita dalla Chiesa, spec. contro movimenti ereticali: *la c. contro gli Albigesi* | (*fig.*, *spreg.*) ***Spirito di c.***, atteggiamento intollerante. **2** (*fig.*) Campagna pubblica promossa per scopi sociali, politici, religiosi, morali e sim.: *c. contro l'analfabetismo, contro l'alcolismo, contro la droga*.

crociàta (**2**) [da *croce*; av. 1571] **s. f.** ● (*raro*) Crocicchio stradale: *una c. di strade le quali vanno in diversi luoghi* (CELLINI).

crociàto [av. 1348] **A** **part. pass.** di *crociare*; anche **agg.** **1** Nei sign. del v. **2** A forma di croce | ***Parole crociate***, cruciverba. **3** (*raro*, *scherz.*) Insignito di un'onorificenza. **B** **s. m.** **1** Soldato di una crociata. **2** (**f.** *-a*) (*fig.*, *raro*) Chi lotta per un ideale.

♦**crocìcchio** [da *croce*; 1312] **s. m.** ● Luogo in cui si incrociano più strade. **SIN.** Crocevia, incrocio.

crocidaménto [1865] **s. m.** ● (*lett.*, *raro*) Il crocidare.

crocidàre o (*lett.*) †**crocitàre** [lat. *crocitāre*, di orig. onomat.; av. 1342] **v. intr.** (*io cròcido*; aus. *avere*) ● (*lett.*) Emettere un verso rauco e breve, detto del corvo, della cornacchia e (*est.*) di altri animali.

crocìdio [av. 1886] **s. m.** ● (*lett.*, *raro*) Il crocidare prolungato e continuo.

crocidìsmo [vc. dotta, gr. *krokydismós* 'lo svellere bioccoli di lana', da *krokyolízein* 'svellere bioccoli di lana', da *krokýs*, genit. *krokýolos* 'bioccolo di lana', da *krókē* 'trama, tessuto, fibra', da *krékein* 'intessere, intrecciare', di orig. indeur.; 1956] **s. m.** ● (*med.*) Carfologia.

crocièra (**1**) [da *croce*; av. 1465] **s. f.** **1** Disposizione di linee, liste, barre e sim. che si intersecano a forma di croce | Il punto stesso di intersezione. **2** (*arch.*) Nelle chiese a pianta cruciforme, incrocio fra i due corpi di fabbrica ortogonali | ***Volta a c.***, formata da due volte a botte che si intersecano perpendicolarmente in modo da formare quattro unghie. ➡ **ILL.** p. 2119 ARCHITETTURA. **3** Stecche incrociate che compongono l'aspo e l'arcolaio.

crocièra (**2**) [fr. *croisière*, da *croiser* 'incrociare', in senso marittimo; 1715] **s. f.** **1** Navigazione lungo un tratto di mare determinato, incrociandolo per ogni verso, fatta da una o più navi a scopo di sorveglianza o ricerca, o per scopi bellici. **2** Volo a quota e velocità regolate per il miglior impiego dell'aereo | ***Velocità di c.***, la velocità a cui può viaggiare costantemente un mezzo di trasporto con sicurezza ed economia. **3** Viaggio per mare, spec. per diporto, con rotta prestabilita e soste intermedie in più località: *fare una c.*; *andare in c.*; *una c. nel Mediterraneo, alle Baleari*.

crocière [da *croce*, perché gli apici del becco si incrociano incurvandosi; 1830] **s. m.** ● Uccello dei Passeriformi con piumaggio rosso o verdastro e becco robusto con le estremità mascellari incrociate (*Loxia curvirostra*).

crocierista ● V. *crocerista*.

Crocifere o **Crucifere** [f. sost. di *crocifero*, per la disposizione a *croce* dei petali; 1797] **s. f. pl.** (**sing.** *-a*) ● Nella tassonomia vegetale, famiglia di piante erbacee con fiori la cui corolla è formata da quattro petali a croce e frutti a siliqua (*Cruciferae*). ➡ **ILL. piante**/4.

crocifero o (*raro*) **crucifero** [vc. dotta, lat. tardo *crucĭferu(m)*, comp. di *crŭx*, genit. *crŭcis* 'croce' e *fĕrre* 'portare'; sec. XIV] **A** **agg.** ● Che porta la croce | ***Asta crocifera***, munita di croce. **B** **s. m.** **1** Chi porta la croce in una processione o durante una funzione religiosa. **2** Membro di antichi ordini o congregazioni religiose, militari od ospedaliere che portavano una croce sull'abito | (*pop.*) Camillino.

crocifìggere o (*raro*) **crocefìggere**, †**crucifìggere** [lat. *crucifīgere* 'inchiodare alla croce', comp. di *crŭci* 'alla croce' e *fīgere* 'figgere'; sec. XIII] **A** **v. tr.** (coniug. come *figgere*; **part. pass.** *crocifisso*) **1** Sottoporre al supplizio della croce. **2** (*fig.*) Tormentare. **B** **v. rifl.** ● (*fig.*) Mortificarsi, tormentarsi.

crocifissióne o (*raro*) **crocefissióne** [lat. tardo *crucifixiōne(m)*, da *crucifīgere* 'crocifiggere'; sec. XIV] **s. f.** **1** La pena, il supplizio della croce: *condannare alla c.*; *la c. di Gesù*. **2** Rappresentazione pittorica o scultorea del supplizio di Gesù Cristo sulla croce: *la c. del Tintoretto*; *una c. di autore ignoto*.

crocifisso o (*raro*) **crocefisso**, (*dial.*) †**crucifisso** [av. 1292] **A** **part. pass.** di *crocifiggere*; anche **agg.** **1** Nei sign. del v. **2** †***C. al mondo***, ritirato dalle cose mondane. **B** **s. m.** **1** Gesù crocifisso. **2** Rappresentazione scolpita o dipinta di Gesù crocifisso: *c. d'argento, d'avorio*; *un c. affrescato, dipinto* | †***Stare***, ***vivere***, ***alle spalle del c.***, vivere a ufo. ‖ **crocifissino**, **dim.**

crocifissóre o †**crucifissóre** [lat. tardo *crucifixōre(m)*, da *crucifīgere* 'crocifiggere'; sec. XIII] **agg.**; anche **s. m.** (**f.** *-sora*) ● Che (o Chi) crocifigge: *mani crocifissore di Cristo* (BARTOLI).

crocifórme ● V. *cruciforme*.

crocìgero o †**crucìgero** [comp. di *croce* e *gĕrere* 'portare' (V. *gestione*); 1585] **agg.**; anche **s. m.** **1** (*raro*) Crocifero. **2** (*relig.*) Appartenente a ordini religiosi che si richiamano al culto della Croce.

crocina [da *croco*; 1956] **s. f.** ● (*chim.*) Glucoside contenuto nello zafferano del quale costituisce il principio colorante.

crocióne [V. *crociere*; 1865] **s. m.** ● (*zool.*) Crociere.

†**crocitàre** ● V. *crocidare*.

cròco [vc. dotta, lat. *crŏcu(m)*, dal gr. *krókos*, di etim. incerta; sec. XIII] **s. m.** (**pl.** *-chi*) **1** Genere di piante erbacee delle Iridacee, bulbose, con foglie lineari a ciuffo e fiori di vari colori (*Crocus*) | Zafferano. **2** (*lett.*) Colore giallo aranciato caratteristico dei pistilli dello zafferano: *son le ciglia sue d'oro e di c.* (MARINO).

†**crocodilo** ● V. *coccodrillo*.

crocoite [da *croco*, per il colore] **s. f.** ● (*miner.*) Cromato di piombo in cristalli di colore rosso aranciato.

cròda [vc. di orig. preindeur.; 1890] **s. f.** ● Tipica struttura rocciosa dolomitica con pareti nette e spigoli vivi.

crodaiòlo o †**crodaiuòlo** [da *croda*; 1932] **s. m.** (f. *-a*) ● (*raro*) Nell'alpinismo, arrampicatore che pratica spec. scalate sulle cime dolomitiche (*anche spreg.*).

crogiolàre o (*tosc.*) **grogiolàre** [da *crogiolo* (*1*); 1750] **A v. tr.** (*io crògiolo*) **1** Cuocere a fuoco lento. **2** Mettere oggetti di vetro appena lavorati e ancora caldi nella camera di ricottura per raffreddarli lentamente o mantenerli al caldo in attesa di finitura. **B v. intr. pron. 1** (*raro*) Cuocersi bene. **2** (*fig.*) Bearsi, compiacersi di una situazione, fisica o morale, particolarmente piacevole: *crogiolarsi a letto, al sole, vicino al fuoco; crogiolarsi nel ricordo, nella speranza.* **SIN.** Deliziarsi, dilettarsi.

crogiòlo (**1**) o (*lett.*) **crogiuòlo** [ant. fr. *croiseul* 'lampada a forma di croce', da *croix* 'croce'; av. 1537] **s. m. 1** Recipiente in maggior parte fatto di terra refrattaria dove si fondono i metalli | ***C. di alto forno***, parte cilindrica alla base, nella quale si raccoglie il metallo fuso. **2** (*fig.*) Ambiente, esperienza e sim. che permette la fusione di elementi diversi: *un c. di opinioni, di usanze, di razze.* || **crogiolétto**, **dim.** | **crogiolino**, **dim.**

crògiolo (**2**) [da *crogiolare*; 1688] **s. m. 1** Cottura lunga, che si dà alle vivande con fuoco moderato | (*fig.*) †***Prendere, pigliare il c.***, crogiolarsi. **2** Tempera che si dà ai vetri appena fatti, mettendoli nella camera di ricottura.

crogiuòlo ● V. *crogiolo* (*1*).

†**cròio** [provz. *croi*, di orig. gallica; av. 1250] **agg. 1** Duro: *col pugno li percosse l'epa croia* (DANTE *Inf.* XXX, 102). **2** (*fig.*) Crudele, malvagio | Rozzo.

croissant /fr. kʀwa'sɔ̃/ [fr., propr. 'crescente', cioè 'luna crescente', per la forma; calco sul ted. *Hörnchen*; i primi sarebbero stati fatti a Vienna nel 1689, dopo la fine dell'assedio dei Turchi, a ricordo della mezzaluna turca; 1942] **s. m. inv.** ● Mezzaluna di pasta sfoglia dolce o salata, cotta al forno. **SIN.** Cornetto.

crollaménto [av. 1363] **s. m.** ● (*raro*) Crollo.

crollànte [av. 1375] **part. pres.** di *crollare*; anche **agg. 1** (*raro*) Nei sign. del v. **2** Instabile, vacillante: *una vecchia costruzione c.*

♦**crollàre** o †**grollàre** [etim. incerta; 1304 ca.] **A v. tr.** (*io cròllo*) ● Muovere dimenando in qua e in là | Scuotere | ***C. il capo***, in segno di diniego, disapprovazione e sim. | ***C. le spalle***, in segno di indifferenza, rassegnazione e sim. **B v. intr.** (aus. *essere*) **1** Cadere, rovinare al suolo: *il ponte sta crollando; la vecchia quercia crollò.* **SIN.** Precipitare, schiantare. **2** (*est.*) Lasciarsi cadere di schianto, per improvviso dolore, prostrazione e sim.: *alla notizia crollò sulla sedia; gli è crollato sul petto singhiozzando.* **3** (*fig.*) Andare in rovina, venir meno, cadere definitivamente: *il grande impero crollò; tutti i sogni sono crollati* | Diminuire rapidamente di valore: *la Borsa è crollata.* **C v. intr. pron.** ● (*lett.*) Muoversi, agitarsi, piegarsi in qua e in là: *Lo maggior corno de la fiamma antica / cominciò a crollarsi mormorando* (DANTE *Inf.* XXVI, 85-86).

crollàta [1865] **s. f.** ● (*raro*) Effetto del crollare, scrollata. || **crollatina**, **dim.**

cròllo [da *crollare*; 1319] **s. m. 1** (*raro*) Scuotimento, forte scossa | Urto, colpo | ***Dare un c.***, scuotere. **2** Caduta improvvisa, rovina: *il c. di un ponte, di un edificio, di un tetto.* **3** (*fig.*) Caduta definitiva, disastro morale, economico e sim.: *il c. delle nostre speranze; il c. della fede nella giustizia* | ***C. in borsa, dei prezzi***, il loro improvviso e forte ribasso.

cròma [vc. dotta, lat. tardo *chrōma*, dal gr. *chrôma* 'colore, sfumatura'. V. *cromo*; 1561] **s. f.** ● (*mus.*) Figura di nota, il cui valore corrisponde a 1/8 di semibreve.

cromagnoniàno [V. *cromagnonoide*; 1987] **agg.** ● Che riguarda l'Uomo di Cro-Magnon.

cromagnonòide [dalla razza di *Cro-Magnon* (detta così dal n. della località fr. ove furono trovati resti scheletrici di questo tipo antropologico), col suff. *-oide*; 1987] **agg.**; anche **s. m. e f.** ● Che (o Chi) possiede caratteri antropologici simili a quelli dell'Uomo di Cro-Magnon.

cromalite [comp. del gr. *chrôma* 'colore' e di *-lite*] **s. f.** ● Maiolica con vernice non metallica.

cromàre [da *cromo*; 1942] **v. tr.** (*io cròmo*) ● Ricoprire un metallo con un leggero rivestimento di cromo per renderlo lucente e impedirne l'ossidazione.

cromaticità [1974] **s. f.** ● Proprietà, caratteristica di ciò che è cromatico.

cromàtico [vc. dotta, lat. tardo *chromăticu(m)*, nom. *chromăticus*, dal gr. *chrōmatikós*, da *chrôma* 'colore'; 1614] **A agg.** (pl. m. *-ci*) **1** Che concerne i colori | Detto di sistema ottico che, per la dispersione che accompagna la rifrazione, dà immagini di un oggetto scomposte secondo i colori. **2** (*mus.*) Che procede per semitoni | ***Intervallo c.***, di un semitono fra due note dello stesso nome | ***Scala cromatica***, successione dei dodici semitoni della scala temperata | ***Sistema c.***, fondato sull'uso organico di tutti i suoni della scala cromatica: *la dodecafonia è un tipo di sistema c.* || **cromaticaménte**, **avv.** (*mus.*) Secondo il genere cromatico che procede per semitoni. **B s. m.** ● Suono o canto cromatico.

cromatìdio [da *cromatina*; 1940] **s. m.** ● (*biol.*) Ognuno dei due filamenti che si presentano durante la metafase uniti al medesimo centromero, e che costituiranno i due cromosomi figli.

cromatina [dal gr. *chrōmátinos* 'colorato', da *chrôma* 'colore', perché si colora facilmente; 1912] **s. f.** ● (*biol.*) Sostanza presente nel nucleo delle cellule, composta di acido deossiribonucleico, che durante la divisione cellulare dà origine ai cromosomi.

cromatismo [vc. dotta, gr. *chrōmatismós*, da *chrôma* 'colore'; 1828] **s. m. 1** Fenomeno presentato da un sistema ottico cromatico. **2** In pittura, tendenza a usare i colori in base alle loro intrinseche qualità cromatiche, indipendentemente dai rapporti tonali. **3** (*mus.*) Procedimento musicale che dilata la struttura diatonica con l'uso costante degli intervalli cromatici: *il c. di Wagner.*

cromatizzàre [vc. dotta, gr. *chromatízō* 'io coloro', da *chrôma* 'colore'; 1640] **v. tr. 1** †Colorire. **2** (*mus.*) Rendere cromatico.

cromàto (**1**) [1935] **part. pass.** di *cromare*; anche **agg.** ● Nei sign. del v.

cromàto (**2**) [da *cromo*; 1820] **s. m.** ● (*chim.*) Sale o estere dell'acido cromico.

cròmato- [dal gr. *chrôma*, genit. *chrômatos* 'colore', di etim. incerta] primo elemento ● In parole composte della terminologia scientifica, significa 'colore' o 'colorazione': *cromatografia, cromatoscopio.*

cromatòforo [comp. di *cromato-* e *-foro*; 1940] **s. m.** ● (*biol.*) Nei vegetali, plastidio portatore di pigmenti di diverso colore | Negli animali, cellula connettivale contenente granuli di pigmento.

cromatografia [comp. di *cromato-* e *-grafia*; 1950] **s. f.** ● (*chim.*) Insieme di tecniche analitiche intese a separare i componenti di una soluzione liquida o gassosa, sfruttando la loro diversa ripartizione fra due fasi o la loro diversa attitudine a essere adsorbiti su un solido: *c. solido-liquido; c. liquido-liquido; c. solido-gas.*

cromatogràfico [1951] **agg.** (pl. m. *-ci*) ● (*chim.*) Relativo alla cromatografia: *colonna cromatografica.*

cromatògrafo [comp. di *cromato* e *-grafo*; 1987] **s. m.** ● Apparecchio per la cromatografia.

cromatóre [1956] **s. m.** (f. *-trice*) ● Chi esegue cromature.

cromatùra [1941] **s. f. 1** Operazione del cromare. **2** Superficie cromata: *le cromature di un'automobile.*

cromia [da *cromo-*; 1942] **s. f. 1** Nella moderna terminologia dei pittori, tonalità di un colore. **2** Nella fotomeccanica, correzione manuale delle selezioni fotografiche del colore.

-cromia [dal gr. *chrôma* 'colore' (V. *cromato-*)] secondo elemento ● In parole composte della terminologia scientifica, significa 'colorazione': *policromia, tricromia.*

cròmico (**1**) [da *cromo*; 1820] **agg.** (pl. m. *-ci*) ● (*chim.*) Detto di composto del cromo trivalente: *cloruro c.* | Detto di composto del cromo esavalente | ***Acido c.***, acido, inorganico, bibasico, non noto allo stato libero, derivante dall'anidride cromica, di uso industriale.

cròmico (**2**) [da *cromia*; 1970] **agg.** (pl. m. *-ci*) ● Che si riferisce alla cromia: *intensità cromica.*

crominànza [comp. di *crom(o)* e *(lum)inanza*; 1973] **s. f.** ● Nella tecnica televisiva, grandezza che rappresenta informazioni cromatiche.

cromismo [da *cromo*; 1939] **s. m.** ● Malattia professionale dovuta a intossicazione da cromo.

cromista [da *cromia*; 1990] **s. m. e f.** (pl. m. *-i*) ● Nella fotomeccanica, chi effettua il lavoro di cromia.

cromite [da *cromo*; 1892] **s. f.** ● (*miner.*) Spinello contenente cromo in masse metalliche di colore nerastro.

cromlech /ingl. 'kʰʌɒmlɛk/ [fr. *cromlech*, di orig. bretone, propr. 'pietra (*lech*) curva (*crom*)'; 1931] **s. m. inv.** (pl. ingl. *cromlechs*) ● Antica costruzione dei Paesi nordici formata da monoliti disposti in cerchio talvolta attorno a una pietra più grande.

cròmo [fr. *chrome*, dal gr. *chrôma* 'colore', perché i suoi composti sono intensamente colorati; 1817] **A s. m.** ● Elemento chimico, metallo, grigio-bianco, lucente, duro, fragile, usato per ricoprire e proteggere metalli ossidabili e nella produzione di numerose leghe. **SIMB.** Cr. **B** in funzione di **agg. inv.** ● (posposto al s.) Detto di ciascuno dei diversi pigmenti gialli, costituiti spec. da cromato di piombo, che hanno colori con sfumature che vanno dal giallo verdastro al giallo rossastro: *giallo c.*

cròmo-, -cromo, -cròmo [dal gr. *chrôma* 'colore' (V. *cromato-*)] primo o secondo elemento ● In parole composte di origine dotta e della terminologia scientifica, significa 'colore' o 'colorazione' o 'pigmento' o 'sostanza colorante': *cromofotografia, cromoplasto, cromosfera; policromo.*

cromòforo [ted. *Chromophor*, comp. di *Chromo-* 'cromo-' e *-phor* '-foro'; 1956] **s. m.** ● (*chim.*) Gruppo di atomi legati fra loro da legami doppi o tripli, alla cui presenza nella molecola si deve la colorazione di una specie chimica.

cromofotografia [comp. di *cromo-* e *fotografia*; 1892] **s. f.** ● (*raro*) Fotografia a colori.

cromògeno [comp. di *cromo-* e *-geno*; 1956] **agg.** ● Che genera colore, che provoca colorazione.

†**cromografia** [comp. di *cromo-* e *grafia*] **s. f.** ● (*raro*) Trattato sui colori.

cromolitografia [comp. di *cromo-* e *litografia*; 1839] **s. f.** ● Litografia a colori ottenuta stampando successivamente diverse pietre incise separatamente e colorate ciascuna con un colore diverso.

cromolitogràfico [1900] **agg.** (pl. m. *-ci*) ● Relativo alla cromolitografia.

cromòmero [comp. di *cromo-* e *-mero*; 1934] **s. m. 1** (*biol.*) Zona densa del cromosoma che si mette in evidenza nel corso della meiosi. **2** (*biol.*) Porzione centrale, intensamente colorabile, delle piastrine.

cromonèma [comp. di *cromo-* e del gr. *nêma* 'filo'; 1964] **s. m.** (pl. *-i*) ● (*biol.*) Sottile filamento osservabile nel cromosoma nel corso delle fasi terminali della mitosi.

cromoplàsto [comp. di *cromo-* e *-plasto*; 1906] **s. m.** ● (*bot.*) Plastidio granuloso, contenente pigmenti colorati di diversa natura, che si può trovare nel citoplasma vegetale.

cromoproteìna [comp. di *cromo-* e *proteina*; 1964] **s. f.** ● (*chim.*) Proteina coniugata il cui gruppo prostetico è colorato. **SIN.** Cromoprotide.

cromoprotide [comp. di *cromo-* e *protide*; 1956] **s. m.** ● (*chim.*) Cromoproteina.

cromòrno [fr. *cromorne*, dal ted. *Krummhorn* 'corno ricurvo', comp. di *krumm* 'curvo' e *Horn* 'corno'; 1826] **s. m.** ● Strumento a fiato in legno della famiglia dell'oboe con canna ricurva, in uso dal sec. XV al sec. XVIII. ➡ **ILL. musica.**

cromoscopia [comp. di *cromo-* e *-scopia*; 1956] **s. f.** ● (*med.*) Misurazione della percezione del colore.

cromoscòpio [comp. di *cromo-* e *-scopio*; 1970] **s. m. 1** Apparecchio per visionare le diapositive a colori ottenute col sistema tricromico. **2** Cinescopio per televisione a colori.

cromosfèra [comp. di *cromo-* e *sfera*; 1892] **s. f.** ● (*astron.*) La parte più bassa dell'atmosfera del Sole (e presumibilmente di altre stelle). ➡ **ILL.** p. 2144 SISTEMA SOLARE.

cromosfèrico [1963] **agg.** (pl. m. *-ci*) ● (*astron.*) Della cromosfera.

cromosòma [comp. di *cromo-* e del gr. *sôma* 'corpo'; 1906] **s. m.** (**pl.** *-i*) ● (*biol.*) Ciascuno degli organuli costituiti da DNA presenti nel nucleo delle cellule, in cui hanno sede i geni portatori dei caratteri ereditari | *C. sessuale*, legato alla determinazione del sesso | *Cromosomi omologhi*, che, aventi la stessa morfologia e contenenti geni che controllano gli stessi caratteri, si appaiano nella meiosi.

cromosòmico [1950] **agg.** (**pl. m.** *-ci*) ● Relativo ai cromosomi.

cromoterapìa [comp. di *cromo-* e *-terapia*; 1966] **s. f.** ● Trattamento di certe malattie con onde luminose diversamente colorate.

cromotipìa [comp. di *cromo-* e *-tipia*; 1913] **s. f.** ● Stampa a colori.

crònaca o †**crònica** [vc. dotta, lat. *chrŏnica*, nt. pl., dal gr. *chroniká* 'annali', nt. pl. di *chronikós*. V. *cronico*; sec. XIII] **s. f.** *1* Narrazione, per lo più con intento storico, di fatti registrati secondo l'ordine della loro successione | *C. monastica*, relativa alla storia di un'abbazia | *C. domestica*, ricordi di famiglie e di città, usata spec. a Firenze nei secc. XIV e XV | *C. rimata*, componimento narrativo, spec. in terzine, di contenuto storico. *2* Correntemente, resoconto, descrizione particolareggiata di fatti o avvenimenti: *ci ha fatto la c. della serata.* *3* Rubrica giornalistica sugli eventi nazionali e internazionali di maggior interesse: *c. teatrale*, *giudiziaria*, *parlamentare*, *politica* | *C. cittadina*, o (*assol.*) *cronaca*, resoconto degli avvenimenti d'interesse cittadino | *C. nera*, (*ellitt.*) *nera*, su delitti, sciagure e sim. | *C. rosa*, su avvenimenti sentimentali, fidanzamenti, matrimoni e sim. | *Piccola c.*, rubrica con annunci di riunioni, conferenze e sim. | *Fatto*, *episodio di c.*, rilevante, degno d'essere pubblicato per il suo interesse | (*fam.*) *Per la c.*, espressione usata per introdurre un'informazione che esprime spec. una puntigliosa precisazione: *per la c., le pulizie della casa le ho sempre fatte io.* || **cronacàccia**, **pegg.** | **cronachétta**, **dim.** | **cronacùccia**, **dim.**

cronachismo [av. 1952] **s. m.** ● Modo di narrare i fatti senza prospettiva e valutazione storica, tipico di molti scrittori di cronache.

cronachìsta [1865] **s. m. e f.** (**pl. m.** *-i*) ● Autore di cronache.

cronachìstica [da *cronaca*; 1956] **s. f.** *1* Studio delle cronache. *2* Il complesso delle cronache relative a un determinato periodo storico: *la c. del Medioevo.*

cronachìstico [1917] **agg.** (**pl. m.** *-ci*) ● Che ha i caratteri di una cronaca: *resoconto c.* || **cronachisticaménte**, **avv.**

crònica ● V. *cronaca.*

cronicàrio [da *cronico*; 1950] **s. m.** ● Ospedale o reparto per malati cronici.

cronicità [1887] **s. f.** ● Stato, condizione di ciò che è cronico.

cronicizzàre [1959] **A** **v. tr.** ● (*raro*) Rendere cronico. **B** **v. intr. pron.** ● Diventare cronico, assumere carattere di cronicità: *la bronchite si è cronicizzata.*

cronicizzazióne [1956] **s. f.** ● (*med.*) L'assumere il carattere di cronicità, con riferimento a malattie.

crònico [vc. dotta, lat. *chrŏnicu(m)*, nom. *chrŏnicus*, dal gr. *chronikós*, da *chrónos* 'tempo', di orig. indeur.; 1561] **A** **agg.** (**pl. m.** *-ci*) *1* Detto di malattia ad andamento prolungato, quindi con scarsa tendenza alla guarigione: *asma, bronchite cronica.* **CONTR.** Acuto. *2* (*fig.*) Persistente, radicato, non più eliminabile: *vizio c.*; *mania cronica.* || **cronicaménte**, **avv.** **B** **agg.**; anche **s. m.** (**f.** *-a*) ● Che (o Chi) è affetto da una malattia cronica.

cronista [da *cronaca*; av. 1557] **s. m. e f.** (**pl. m.** *-i*) *1* Antico scrittore di cronache. *2* Redattore addetto ai servizi di cronaca di un giornale.

cronistòria [comp. del gr. *chrónos* 'tempo' e del lat. *históriа* 'storia'; 1905] **s. f.** *1* Storia che segue strettamente il puro ordine cronologico. *2* (*est.*) Racconto particolareggiato di fatti e avvenimenti: *fare la c. di un evento.*

cróno [vc. dotta, dal gr. *chrónos* 'tempo'] **A** **s. m.** ● (*raro*) Tempo segnato dal cronometro in una competizione sportiva: *migliorare il proprio c.* **B** **s. f.** ● (*ellitt.*) Gara, corsa a cronometro.

cróno-, **-crono** /ˈkrɔno, krono/ [dal gr. *chrónos* 'tempo', di orig. indeur.] primo o secondo elemento ● In parole composte di origine dotta e della terminologia scientifica, significa 'tempo': *cronografia, cronologia, cronometro*; *sincrono.*

cronobiologìa [comp. di *crono-* e *biologia*; 1971] **s. f.** *1* Studio dell'attività biologica in funzione del tempo. *2* Studio della durata della vita e dei mezzi per prolungarla.

cronofotografìa [comp. di *crono-* e *fotografia*; 1951] **s. f.** ● Tecnica per ottenere una serie di fotografie a intervalli prestabiliti.

cronografìa (**1**) [vc. dotta, lat. tardo *chronogrăphia(m)*, nom. *chronogrăphia*, dal gr. *chronographía*, comp. di *chrónos* 'tempo' e *gráphō* 'io scrivo'; av. 1557] **s. f.** *1* Parte della cronologia che tratta l'esposizione sistematica degli avvenimenti storici e la compilazione di tabelle secondo i vari sistemi di datazione. *2* Descrizione storica che segue l'ordine cronologico.

cronografìa (**2**) [comp. di *crono(metro)* e *-grafia*; sec. XVIII] **s. f.** ● Controllo di cronometri.

cronogràfico [da *cronografia* (*2*); 1745] **agg.** (**pl. m.** *-ci*) *1* Relativo alla cronografia. *2* Del, relativo al, cronografo e alle relative misurazioni.

cronògrafo (**1**) [vc. dotta, lat. tardo *chronŏgraphu(m)*, nom. *chronŏgraphus*, dal gr. *chronográphos*. V. *cronografia* (*1*); av. 1555] **s. m.** (**f.** *-a*) ● Scrittore di cronografie, di cronache.

cronògrafo (**2**) [comp. del gr. *chrónos* 'tempo' (V. *cronico*) e di *-grafo*; 1875] **s. m.** ● Cronometro che, oltre a misurare intervalli di tempo con la necessaria precisione, permette di fermarne o registrarne variamente l'indicazione: *c. da polso*; *c. astronomico.*

cronogràmma [comp. di *crono-* e *-gramma*; 1797] **s. m.** (**pl.** *-i*) ● Data nascosta nelle lettere di una iscrizione.

cronòide [dal gr. *chrónos* 'tempo' (V. *crono-*); 1970] **A** **s. m.** ● Preparazione farmaceutica che consente un effetto ritardato del farmaco in essa contenuto. **B** anche **agg.**: *capsula, disco c.*

cronologìa [vc. dotta, gr. *chronología*, comp. di *chrónos* 'tempo' e *lógos* 'discorso'; av. 1557] **s. f.** *1* Ordinamento in successione nel tempo di determinati fatti: *sbagliare, rispettare la c.* *2* Scienza che studia l'esatta misurazione e determinazione del tempo | (*est.*) Libro, scritto di cronologia | *C. geologica*, geocronologia.

cronològico [vc. dotta, gr. *chronologikós*, da *chronología* 'cronologia'; 1613] **agg.** (**pl. m.** *-ci*) ● Che riguarda la cronologia | Che segue la successione temporale: *ordine c.* || **cronologicaménte**, **avv.** Secondo l'ordine cronologico.

cronologìsta [1627] **s. m. e f.** (**pl. m.** *-i*) ● Studioso di cronologia.

cronòlogo [vc. dotta, gr. *chronológos*, da *chronología* 'cronologia'; av. 1639] **s. m.** (**f.** *-a*; **pl. m.** *-gi*) ● Cronologista.

cronometràggio [fr. *chronométrage*, da *chronométrer* 'cronometrare'; 1951] **s. m.** ● Operazione e modalità del cronometrare.

cronometràre [fr. *chronométrer*, da *chronomètre* 'cronometro'; 1926] **v. tr.** (*io cronòmetro*) ● Misurare con precisione il tempo impiegato nello svolgimento di un'azione, una prova sportiva, una fase di fabbricazione e sim. | *C. i passaggi*, in una gara sportiva, rilevare i tempi intermedi di un concorrente o i distacchi di tempo tra i concorrenti.

cronometrìa [comp. del gr. *chrónos* 'tempo' e di *-metria*; 1885] **s. f.** ● Disciplina che si occupa della misura del tempo.

cronomètrico [1941] **agg.** (**pl. m.** *-ci*) *1* Relativo alla cronometria: *studi cronometrici.* *2* Relativo a un cronometro: *misurazione cronometrica.* *3* (*fig.*) Esatto, puntuale come un cronometro: *con precisione cronometrica.* || **cronometricaménte**, **avv.** Mediante il cronometro; con precisione cronometrica.

cronometrìsta [da *cronometro*; 1908] **s. m. e f.** (**pl. m.** *-i*) ● Persona incaricata di misurare i tempi, sia sul piano dell'organizzazione industriale sia sul piano sportivo | *C. industriale*, *c. analista*, cronotecnico.

cronòmetro [fr. *chronomètre*, comp. del gr. *chrónos* 'tempo' e *métron* 'misura'; 1771] **A** **s. m.** *1* Apparecchio per la misura del tempo | Orologio di alta precisione controllata e attestata su apposito certificato. *2* (*sport*) Cronografo, anche da polso, per allenamenti e gare | *Corsa, tappa a c.*, nel ciclismo, quella in cui i corridori gareggiano singolarmente (o talvolta a squadre), partendo a intervalli regolari, con classifica sulla base del tempo impiegato a compiere il percorso. **B** **s. f. inv.** ● Nel ciclismo, gara a cronometro. **SIN.** Crono.

cronopatologìa [comp. di *crono-* e *patologia*] **s. f.** ● Studio delle alterazioni dei caratteri biologici temporali in quanto determinanti o risultanti o concomitanti di stati morbosi.

cronoscalàta [comp. di *crono-* e *scalata*; 1983] **s. f.** ● (*sport*) Nel ciclismo, tappa a cronometro in salita.

cronoscòpio [comp. di *crono-* e *-scopio*; 1797] **s. m.** ● Strumento per la misura di brevi intervalli di tempo. **CFR.** Timer.

cronostratigrafìa [comp. di *crono-* e *stratigrafia*; 1970] **s. f.** ● Ramo della geologia che suddivide le rocce secondo l'ordine cronologico della loro formazione.

cronotachìgrafo [comp. di *crono-* e *tachigrafo*; 1986] **s. m.** ● Strumento installato su automezzi pesanti allo scopo di controllare la velocità tenuta dal veicolo e i tempi di guida e di riposo dell'autista.

cronotàppa [comp. di *crono(metro)* e *tappa*; 1965] **s. f.** ● Nel ciclismo, tappa a cronometro.

cronotècnica [comp. di *crono-* e *tecnica*; 1987] **s. f.** ● Tecnica di rilevazione dei tempi con cronometro e di elaborazione dei dati, per ottenere il valore del tempo normale di lavorazione.

cronotècnico [comp. di *crono-* e *tecnico*; 1983] **s. m.** (**f.** *-a*; **pl. m.** *-ci*) ● In un'azienda, chi rileva i tempi di lavorazione, spec. allo scopo di rendere più funzionale l'attività dell'azienda stessa.

cronoterapìa [comp. di *crono-* e *terapia*; 1983] **s. f.** ● (*med.*) Cura o prevenzione delle malattie con riguardo alle loro caratteristiche temporali.

cronotermòstato [comp. di *crono-* e *termostato*; 1986] **s. m.** ● In un impianto di riscaldamento, termostato programmabile per regolare la temperatura durante un periodo di tempo: *c. giornaliero, settimanale.*

cronòtopo [comp. di *crono-* e del gr. *tópos* 'luogo' (V. *topografia*); 1942] **s. m.** ● (*fis.*) Spazio-tempo, cioè l'insieme degli eventi considerati come una coppia costituita da un punto e da un istante.

cronòtropo [comp. di *crono-* e *-tropo*; 1964] **agg.** *1* Detto di fenomeno che si svolge mantenendo un ritmo regolare. *2* (*fisiol.*) Relativo a modifiche nella frequenza del ritmo cardiaco | *Effetto c. positivo*, quello provocato da sostanze in grado di accelerare il ritmo cardiaco | *Effetto c. negativo*, quello provocato da sostanze in grado di ritardare il ritmo cardiaco.

croquet /*ingl.* ˈkhɹəʊkeɪ/ [vc. ingl., dal fr. *crochet* 'bastone ricurvo'; 1892] **s. m. inv.** ● Gioco analogo al golf e all'antico pallamaglio, nel quale si fa passare una pallina sotto archetti, colpendola con un maglio.

croquette /*fr.* kʀɔˈkɛt/ [vc. fr., da *croquer* 'scricchiolare', di orig. onomat.; 1855] **s. f. inv.** ● Crocchetta.

croscè **s. m.** ● Adattamento di *crochet* (V.).

crosciàre [vc. onomat.; 1313] **A** **v. intr.** (*io cròscio*; fut. *io croscerò*; aus. *avere* e *essere*) *1* (*lett.*) Produrre un rumore forte e continuato cadendo con violenza, detto della pioggia improvvisa, dell'acqua e sim.: *udrò la guazza con vasto brusio / sulle acacie odorose crosciar* (PASCOLI) | †Gorgogliare, dell'acqua che bolle. *2* (*lett.*) Frusciare, detto delle foglie secche e sim.: *le foglie crosciano sotto i piedi* | †Scoppiettare, strepitare, della legna verde che brucia. *3* †Ridere smodatamente. **B** **v. tr.** ● †Colpire | †Scagliare qlco. con violenza.

cròscio [1549] **s. m.** ● (*lett.*) Il crosciare | †*C. di riso*, risata rumorosa.

cross (**1**) /krɔs, *ingl.* kɹɒs/ [vc. ingl., propr. 'croce', dal lat. *crŭce(m)* 'croce'; 1915] **s. m. inv.** (**pl.** ingl. *crosses*) *1* (*sport*) Nel calcio, traversone | Nel pugilato, gancio | Nel tennis, colpo diagonale. *2* (*sport*) Bastone da hockey su ghiaccio.

cross (**2**) /krɔs, *ingl.* kɹɒs/ [1918] **s. m. inv.** *1* Accorc. di *cross-country.* *2* Accorc. di *motocross* | (*est.*) La moto con cui si fa tale gara. *3* (*raro*) Accorc. di *ciclocross.*

crossàrco [comp. del gr. *krossós* 'orlo' e *archós* 'ano'; 1951] **s. m.** (**pl.** *-chi*) ● Genere di piccoli Mammiferi carnivori africani con pelame ispido, coda corta e muso aguzzo (*Crossarchus*).

crossàre [da *cross* (*1*); 1928] v. intr. (*io cròsso*; aus. *avere*) ● (*sport*) Nel calcio, passare il pallone dalle fasce laterali verso l'area di rigore con un tiro lungo. SIN. Centrare.

cross-country /*ingl.* 'kɹɒs,kʌntɹi/ [vc. ingl., propr. 'attraverso la campagna'. Per *cross*, V. *cross*, per *country*, V. *contraddanza*; 1918] loc. sost. m. inv. ● (*sport*) Nell'ippica, nel ciclismo, nel podismo e nel motociclismo, corsa o gara campestre.

cròssdromo /'krɔsdromo, 'krɔz-/, (*evit.*) **crosṣdròmo**, **crossòdromo** [comp. di *cross* (*country*) e *-dromo*, sul modello di *autodromo*, *ippodromo* e sim.; 1983] s. m. ● Circuito per gare di ciclocross o di motocross.

crossing over /*ingl.* 'kɹɒsiŋ 'ouvəɹ/ [loc. ingl., propr. 'incrocio (dal v. *to cross* 'incrociare', da *cross* 'croce', di orig. lat.) da uno sopra (*over*, di orig. indeur.) l'altro'; 1934] s. m. inv. ● (*biol.*) Scambio di materiale genetico fra cromosomi omologhi nella meiosi.

crossista [da *cross* (*2*); 1983] s. m. e f. (pl. m. *-i*) ● (*sport*) Chi pratica il cross.

crossòdromo ● V. *crossdromo*.

Crossopterigi [comp. del gr. *krossós* 'frangia', di orig. indeur., e *pterýgion* 'pinna', dim. di *ptéryx*, genit. *ptérygos* 'ala' (V. *-ttero*); 1930] s. m. pl. (sing. *-gio*) ● Nella tassonomia animale, sottoclasse di Pesci ossei rappresentata da un unico genere vivente, la latimeria (*Crossopterygii*).

crossover /*ingl.* 'krɔs-ouvə*/ [loc. ingl., propr. 'incrocio (da *to cross* 'incrociare', deriv. di *cross* 'croce', di orig. lat.) da uno sopra (*over*, di orig. indeur.) l'altro'] loc. sost. m. inv. ● (*fis.*) Filtro presente all'interno delle casse acustiche che divide la gamma di frequenze in modo da inviare a ciascun altoparlante solo il gruppo di frequenze che può produrre.

♦**cròsta** [lat. *crūsta(m)*, di orig. indeur.; nel sign. 7, calco sul fr. *croûte*; av. 1306] s. f. *1* Strato esterno indurito che ricopre la superficie di alcuni corpi, cibi e sim.: *una c. di ghiaccio sulla strada*; *la c. del pane* | (*est.*) Pezzo di pane duro. *2* (*fig.*) Apparenza, aspetto superficiale che nasconde la realtà: *la sua disinvoltura è solo una c.* *3* (*geol.*) Sedimento di origine chimica eluviale, duro, superficiale che si forma quando le acque del terreno abbondano di minerali disciolti | ***C. terrestre***, strato superficiale solido della Terra | ***In c.***, di terreno diventato compatto in superficie. ➡ ILL. p. 2130 SCIENZE DELLA TERRA ED ENERGIA. *4* (*med.*) Sangue e siero disseccato sopra una ferita: *la ferita ha fatto la c.* | ***C. lattea***, eczema sul capo e sul viso del lattante. SIN. Lattime. *5* (*zool.*) Guscio dei crostacei. *6* In conceria, la parte inferiore, meno pregiata, di una pelle conciata sottoposta a spaccatura | ***C. scamosciata***, lavorata in modo da imitare la pelle scamosciata. *7* ***C. di un dipinto***, squama di colore che si stacca da un dipinto antico | (*fig.*, *spreg.*) Dipinto, antico o anche recente, privo di valore artistico. *8* †Crostata. ‖ **crostàccia**, pegg. | **crostellino**, dim. m. | **crostèllo**, dim. m. | **crosterèlla**, dim. | **crosticina**, dim. | **crostina**, dim. | **crostóne**, accr. m.

Crostàcei [da *crosta*; av. 1605] s. m. pl. (sing. *-o*) ● Nella tassonomia animale, classe di Artropodi per lo più acquatici, con corpo suddiviso in capo, torace e addome (capo e torace spesso fusi nel cefalotorace), due paia di antenne, un paio di mandibole e due paia di mascelle (*Crustacea*). ➡ ILL. **animali**/3; **zoologia generale**.

crostàle [1983] agg. ● (*geol.*) Che si riferisce alla crosta terrestre | ***Zolla c.***, vasta porzione di superficie terrestre, comprendente mari e terre emerse, stabile al centro e mutevole ai margini.

crostàre [lat. *crustāre*, da *crūsta* 'crosta'; 1865] v. tr. (*io cròsto*) ● (*raro*) Far indurire al fuoco la superficie di alcune vivande, in modo che vi si formi una crosta.

crostàta [da *crosta*; sec. XIII] s. f. ● Dolce di pasta frolla cotta al forno e, di norma, ricoperta di marmellata. ‖ **crostatina**, dim.

crostino [da *crosta*; av. 1758] s. m. *1* Fetta di pane spalmata di composti saporiti e servita gener. come antipasto: *c. di fegato* | (*spec. al pl.*) Dadini di pane spec. in cassetta, abbrustoliti in forno o fritti nel burro, serviti con consommé, zuppe e sim. *2* (*fig.*, *tosc.*) Persona che cammina impettita | Persona noiosa e pedante.

cròstolo [dal lat. *crūstulu(m)* 'confetto, zuccherino' da *crūsta(m)* 'crosta'; 1950] s. m. ● (*spec. al pl.*; *cuc.*) Nome usato in Trentino per i cenci.

crostóne [da *crosta*; 1769] s. m. *1* (*geol.*) Formazione in prevalenza calcarea di differente spessore, che si oppone alla penetrazione delle radici nel terreno. *2* Grossa fetta di pane, che può essere tostata o fritta, su cui poggiano carni, spec. cacciagione.

crostóṣo [lat. *crustōsu(m)*, da *crūsta* 'crosta'; 1663] agg. ● Ricoperto di croste | Che ha forma di crosta.

†**crotafite** o †**crotafito** [gr. *krotaphîtēs*, da *krótaphos* 'tempia'] s. m. ● (*anat.*) Muscolo temporale.

crotalària [da *crotalo*; 1797] s. f. ● Pianta erbacea annuale delle Leguminose, coltivata spec. in Asia, che fornisce una fibra tessile (*Crotalaria iuncea*).

cròtalo [vc. dotta, lat. *crŏtalu(m)* 'nacchera', dal gr. *krótalon*, da *krótos* 'rumore'; il serpente è detto così dal rumore come di nacchere che producono gli anelli della sua coda; 1485] s. m. *1* Genere di Rettili cui appartengono numerose specie con apparato velenoso sviluppatissimo e l'estremità della coda munita di un sonaglio formato da anelli cornei articolati l'uno con l'altro (*Crotalus*) | Correntemente, serpente a sonagli. ➡ ILL. **animali**/5. *2* (*spec. al pl.*) Nacchere.

cròton o **crotóne** [vc. dotta, lat. *crotōne(m)*, nom. *crŏton*, dal gr. *krotṓn* 'zecca', poi 'ricino', per la somiglianza dei semi con l'insetto; 1820] s. m. ● Genere di piante erbacee o legnose delle Euforbiacee con fusto ricoperto di peli o squamoso (*Croton*) | Nel linguaggio dei giardinieri, pianta ornamentale delle Euforbiacee con foglie spesse, verdi, screziate di bianco o rosso (*Codiaeum variegatum*). ➡ ILL. **piante**/2.

crotonéṣe /kroto'nese/ **A** agg. ● Di Crotone. **B** s. m. e f. ● Abitante, nativo di Crotone.

cròtta [vc. dotta, lat. tardo *chrŏtta(m)*, di orig. celtica; 1940] s. f. ● Antico strumento di origine celtica, a corde, simile alla cetra. SIN. Rotta (3).

cròtto [vc. dial. sett., propr. 'grotta' (stessa etim. dell'it. *grotta*); 1942] s. m. ● (*sett.*) Cantina, osteria.

crouch /*ingl.* kɹaotʃ/ [vc. ingl., da *to crouch* 'accovacciarsi', sovrapposizione di *to cringe* 'acquattarsi' (di orig. germ.) a *to couch* 'adagiarsi' (dal fr. *coucher* che deriva dal lat. *collocāre*); 1951] s. m. inv. (pl. ingl. *crouches*) ● (*raro*) Nel pugilato, guardia bassa.

croupier /*fr.* kru'pje/ [vc. fr., propr. 'colui che è in groppa', poi 'colui che si associa a un altro giocatore', da *croupe* 'groppa', di orig. francone; 1807] s. m. inv. ● Nelle case da gioco, chi guida il gioco, manovra la roulette, raccoglie e paga le puntate.

†**crovàtta** ● V. *cravatta*.

crown /kraun, *ingl.* kɹaon/ [vc. ingl., da *to crown* 'coronare, compensare', dall'ant. fr. *coroner*, a sua volta dal lat. *coronāre* 'coronare'; 1970] s. m. inv. ● Varietà di vetro poco rifrangente e poco dispersivo, i cui componenti principali sono silice, calce e soda.

cru /*fr.* kry/ [vc. fr., propr. part. pass. di *croître* 'crescere'; 1905] s. m. inv. ● (*enol.*) Vigneto che produce vino pregiato | (*est.*) Il vino stesso prodotto.

†**cruccévole** [da *cruccio*; av. 1292] agg. ● Facile a corrucciarsi.

†**crùccia** ● V. *gruccia*.

†**crucciaménto** [da *crucciare*] s. m. ● Cruccio, preoccupazione.

crucciàre [V. *corrucciare*; av. 1250] **A** v. tr. (*io crùccio*) ● Tormentare, addolorare: *nascondere / non può la passion che dentro il cruccia* (ARIOSTO). **B** v. intr. pron. ● Darsi pena, affliggersi: *si crucciava al pensiero che gli amici lo tradissero*. SIN. Tormentarsi.

crucciàto [av. 1294] part. pass. di *crucciare*; anche agg. ● Nei sign. del v. ‖ **crucciataménte**, avv. (*raro*) In modo corrucciato.

crùccio [da *crucciare*; sec. XIII] s. m. *1* Tormento, afflizione; SIN. Corruccio | ***Darsi, prendersi c.***, tormentarsi, affliggersi | Briga, seccatura, fastidio: *avere molti crucci*. *2* †Gesto di sdegno, ira e sim.: *uomo di sangue e di crucci* (DANTE *Inf.* XXIV, 129).

crucciòṣo [da *cruccio*; 1294] agg. *1* (*raro*) Che si cruccia. *2* †Addolorato, afflitto: *di che ella fu crucciosa oltre modo* (BOCCACCIO). ‖ **crucciosaménte**, avv. (*raro*) Con cruccio; irosamente.

crùcco [croato *kruh* 'pane': il n. in orig. venne usato per gli abitanti della Iugoslavia meridionale; 1947] s. m. (f. *-a*; pl. m. *-chi*); anche agg. ● (*spreg.*) Tedesco.

cruciàle [ingl. *crucial*, dal lat. *crŭx*, genit. *crŭcis* 'croce'; *cruciale* è il punto o il momento in cui si deve fare una scelta ed è detto così dalle croci che indicano una direzione nei crocevia; 1919] agg. ● Decisivo, critico: *punto, momento c.*

†**cruciaménto** [vc. dotta, lat. *cruciamĕntu(m)*, da *cruciāre* 'cruciare'; av. 1446] s. m. ● Grave tormento.

†**cruciàre** [vc. dotta, lat. *cruciāre* 'mettere in croce', da *crŭx*, genit. *crŭcis* 'croce'; av. 1292] v. tr. ● Tormentare, angustiare: *non potranno fuggire che il desiderio di un'immensa felicità ... non li punga e cruci* (LEOPARDI).

†**cruciàto** [vc. dotta, lat. *cruciātu(m)* 'tormento', da *cruciāre* 'tormentare', da *crŭx*, genit. *crŭcis* 'croce'; av. 1294] s. m. ● Tormento, grande dolore: *chi è in delitto ha ... maggiore c. da se medesimo* (GUICCIARDINI).

Crucìfere ● V. *Crocifere*.

crucìfero ● V. *crocifero*.

crucìfige [vc. lat., seconda pers. imperat. pres. di *crucifīgere* 'crocifiggere'; av. 1306] s. m. inv. ● Grido di coloro che vollero il supplizio di Gesù | (*fig.*) Persecuzione cieca, condanna faziosa | ***Gridare il c.***, dare addosso a qlcu.

†**crucifìggere** e deriv. ● V. *crocifiggere* e *deriv.*

crucifórme o **crocifórme** [comp. del lat. *crŭx*, genit. *crŭcis* 'croce' e di *-forme*; 1745] agg. ● Fatto a forma di croce | (*arch.*) ***Pianta c.***, a croce latina o greca | ***Pilastro c.***, tipico dell'architettura romanica, quadrangolare con una semicolonna o una lesena addossata a ognuna delle facce.

†**crucìgero** ● V. *crocigero*.

cruciverba [forma corrispondente a 'parole crociate'®; comp. del lat. *crŭx*, genit. *crŭcis* 'croce' e *vĕrba*, nt. pl. di *vĕrbum* 'parola'; 1927] s. m. inv. ● Gioco enigmistico consistente nel trovare, in base alle definizioni date, parole le cui lettere si inseriscono in caselle disposte in colonne che si incrociano tra loro.

cruciverbista [1963] s. m. e f. (pl. m. *-i*) ● Autore di cruciverba | Chi risolve cruciverba.

♦**crudèle** [lat. *crudēle(m)*, da *crūdus* 'crudo, crudele'; av. 1292] agg. (f. †*-a*) *1* Di persona che non prova pietà o rimorso nel procurare sofferenza agli altri: *uomo, tiranno, principe c.*; *persona, donna c.* | (*est.*) Insensibile, senza pietà: *cuore, animo c.* SIN. Disumano, duro, spietato. *2* Che reca afflizione, dolore, sofferenza: *morte c.*; *tormento, supplizio c.*; *spasimi crudeli* | Infausto, avverso: *destino, fato, sorte c.*; *età, natura c.* SIN. Doloroso, penoso, tormentoso. ‖ **crudelàccio**, pegg. | †**crudelétto**, dim. ‖ †**crudeleménte**, **crudelménte**, avv. Con crudeltà.

crudeltà o †**crudelità**, †**crudelitàde**, †**crudelitàte**, †**crudeltàde**, †**crudeltàte** [lat. *crudelitāte(m)*, da *crudēlis* 'crudele'; sec. XIII] s. f. *1* Caratteristica di chi (o di ciò che) è crudele: *la c. di un tiranno*; *la c. di un delitto*; *punire, trattare con c.*; *c. mentale*. SIN. Brutalità, ferocia. *2* Atto crudele: *compiere, commettere una c.*; *è stata una c. trattarlo in quel modo*. SIN. Barbarie. *3* (*fig.*, *raro*) Crudezza: *la c. del clima*.

crudézza [av. 1374] s. f. *1* (*lett.*) Caratteristica di ciò che è crudo (*anche fig.*): *la c. di un cibo, dell'acqua, di un suono*. *2* Rigidezza, inclemenza del clima. *3* (*fig.*) Asprezza, durezza: *la c. di un rimprovero, di una richiesta, di una risposta* | Realismo eccessivo, mancanza di delicatezza: *la c. delle scene di un film*; *un linguaggio di grande c.* | (*fig.*) ***C. d'animo***, eccessiva severità.

crudiṣmo [comp. di *crud(o)* e *-ismo*; 1939] s. m. ● Alimentazione a base esclusivamente di cibi crudi. SIN. Crudivorismo.

crudista [1939] **A** s. m. e f. (pl. m. *-i*); anche agg. ● Chi (o Che) si nutre soltanto di cibi crudi. **B** agg. ● Che è costituito unicamente da cibi crudi: *alimentazione, dieta crudista*.

crudità [vc. dotta, lat. *cruditāte(m)*, da *crūdus* 'crudo'; av. 1342] s. f. *1* (*raro*, *lett.*) Crudezza: *c. di un cibo*. *2* (*raro*, *lett.*, *fig.*) Asprezza, durezza: *il tono nella sua c. è severo* (DE SANCTIS). *3* (*al pl.*) Verdure quali carote, sedani, finocchi, carciofi e alcuni tipi di insalate adatte a essere mangiate crude.

crudivorismo [comp. di *crudivor(o)* e *-ismo*; 1950] s. m. ● Crudismo.

crudivoro [da *crudo*, sul modello di *carnivoro*; av. 1729] agg. *1* (*raro*) Che divora carne cruda. *2* (*est., fig.*) †Feroce, crudele.

crùdo [vc. dotta, lat. *crūdu(m)* 'sanguinante', poi 'crudo, crudele', da *crūor* 'sangue'. V. *cruore*; av. 1294] agg. *1* Non sottoposto all'azione del fuoco o del calore: *verdura, carne cruda* | Non cotto a sufficienza: *minestra, pietanza cruda* | Acerbo, non maturo: *frutta cruda*; *nespole crude* | ***Vino c.***, vino ancora giovane, disarmonico, non affinato | ***Seta cruda***, non bollita e non atta quindi alla tintura | ***Mattoni crudi***, seccati al sole | ***Argilla cruda***, non cotta al fuoco | ***Ferro c.***, non del tutto raffinato, ferraccio | ***Filo metallico c.***, temprato e perciò non pieghevole | (*fig.*) ***Farne di cotte e di crude***, commetterne di tutti i colori | ***Non patire qlco. né cotta né cruda***, non poterla sopportare. CONTR. Cotto. *2* Rigido, inclemente: *clima, inverno c.*; *stagione cruda*. *3* Detto di acqua che contiene anidride carbonica o sostanze minerali e, fra queste, spec. sali di calcio e magnesio. *4* Spiacevole all'udito per asprezza, detto di suoni e sim. *5* (*fig.*) Brusco, reciso, aspro: *tono c.*; *risposta cruda*; *parole crude* | ***Nudo e c.***, (*fig.*) schietto, privo di abbellimenti: *questa è la verità nuda e cruda*; (*disus.*) privo di mezzi, poverissimo: *restò nudo e c.* | (*lett.*) Spietato, crudele, inumano: *una cruda condanna*; *sparve del c. Scita il fiero stuolo* (COLONNA). *6* (*poet., fig.*) Aspro, selvaggio, detto di luogo: *nel c. sasso intra Tevero e Arno* (DANTE *Par.* XI, 106) | (*raro, lett.*) Zotico, rustico. *7* (*fig.*) †Restio, indocile: *per essere al dover le genti crude* (DANTE *Par.* IX, 48). || **crudétto**, dim. || **crudaménte**, avv. Con crudezza.

cruentàre [vc. dotta, lat. *cruentāre*, da *cruēntus* 'cruento'; av. 1406] v. tr. (*io cruènto*) ● (*lett.*) Insanguinare.

cruènto [vc. dotta, lat. *cruēntu(m)*, da *crūor* 'sangue'. V. *cruore*; 1483] agg. *1* Che comporta spargimento di sangue: *battaglia cruenta*; *operazione chirurgica cruenta* | (*raro, lett.*) Insanguinato: *campo di battaglia c.* *2* (*lett., fig.*) Feroce, bellicoso.

cruise /kruiz, *ingl.* kɹuːz/ [vc. ingl., propr. 'crociera'; 1979] s. m. inv. ● (*mil.*) Missile mosso da un turboreattore a doppio flusso a velocità subsonica, fornito di un sistema di autoguida con volo preprogrammato, dotato di caratteristiche tecniche che gli consentono di raggiungere obiettivi terrestri e navali eludendo l'intercettazione da parte dei sistemi difensivi nemici.

cruiser /*ingl.* 'kɹuːzə/ [vc. ingl., da *to cruise* 'incrociare, navigare avanti e indietro mantenendosi nello stesso tratto di mare', dall'ol. *kruisen* 'incrociare', da *kruis* 'croce', dal lat. *crūce(m)* 'croce'; 1930] s. m. inv. ● Imbarcazione a motore da crociera dotata di sistemazioni interne per la vita a bordo di più persone.

crumiràggio [1904] s. m. ● Comportamento da crumiro.

crumiro [fr. *kroumir*, dal n. di un popolo della Tunisia, le cui ribellioni e scorrerie diedero alla Francia il pretesto di occupare quella regione; 1904] s. m. (f. *-a*) ● (*spreg.*) Lavoratore che rifiuta di scioperare o accetta di lavorare in luogo degli scioperanti.

crùna [lat. *corōna(m)* (?). V. *corona*; av. 1292] s. f. *1* Piccolo foro all'estremità di un ago da cucire, attraverso il quale si fa passare il filo. *2* (*fig., lett.*) Passaggio stretto e difficile.

cruóre [vc. dotta, lat. *cruōre(m)*, dalla radice indeur. **kreu* 'sangue'; av. 1420] s. m. ● (*lett.*) Sangue che sta per coagularsi | (*est., poet.*) Sangue.

cruoróso agg. ● Di cruore.

crup o **grup** o **gruppe** [dall'ingl. *croup*, di orig. onomat.; 1858] s. m. ● (*med.*) Tosse abbaiante, disfonia, dispnea da ostruzione acuta della laringe; comune nei bambini fra il primo e il terzo anno di vita, è causata da allergia, infezioni (difterite), corpi estranei e sim.

crupàle [1887] agg. ● (*med.*) Di, relativo a crup.

crurale [vc. dotta, lat. *crurāle(m)*, da *crūs*, genit. *crūris* 'gamba', di etim. incerta; av. 1673] agg. ● (*anat.*) Relativo alla gamba o alla coscia.

crùsca [germ. **krūsca*. L'Accademia fu detta così perché fondata con l'intento di separare le parole non buone da quelle di uso puro, come si cerne la farina dalla crusca; av. 1348] s. f. *1* Residuo della macinazione dei cereali costituito dagli strati più esterni dei semi separati da quasi tutta la farina | ***Vendere c. per farina***, (*fig.*) ingannare. *2* Titolo e sede dell'Accademia sorta a Firenze nel XVI sec. col proposito di salvaguardare la purezza della lingua, e tuttora esistente | ***Vocabolario della Crusca***, o (*assol.*) ***la Crusca***, vocabolario compilato dagli Accademici | ***Edizione di Crusca***, testo letterario accettato dall'Accademia come materiale di spoglio per il suo vocabolario. *3* (*pop.*) Lentiggini. *4* (*spec. al pl.*) Figure o lamine cesellate incise o smaltate poste su oggetti.

cruscaiòlo o †**cruscaiuòlo** [1879] s. m. (f. *-a*) *1* (*raro*) Chi vende crusca. *2* (*letter.*) Cruscante.

cruscànte [1602] **A** s. m. e f. ● Accademico della Crusca. **B** agg.; anche s. m. e f. *1* Che (o Chi) è ligio ai criteri puristici dell'Accademia della Crusca. *2* (*scherz.*) Linguista pedante e accademico.

cruscàta [1536] s. f. *1* Pastone di crusca. *2* Adunata dell'Accademia della Crusca.

cruscheggiàre [av. 1704] v. intr. (*io cruschéggio*; aus. *avere*) ● Parlare o scrivere con voci o modi linguistici approvati dalla Crusca.

cruschèllo [da *crusca*; 1634] s. m. ● Crusca più minuta e ricca di proteine che si dà come mangime ai vitelli, alle mucche, ai cavalli. SIN. Tritello.

cruscherèllo [da *crusca*; 1865] s. m. *1* Cruschello. *2* (*disus.*) Gioco infantile consistente nella ricerca di monete nascoste in alcuni mucchietti di crusca assegnati a sorte.

cruschésco [av. 1704] agg. (pl. m. *-schi*) ● Che è proprio della Crusca.

cruschévole [av. 1646] agg. ● (*iron.*) Che rispetta le norme di purezza linguistica dell'Accademia della Crusca. || **cruschevolménte**, avv. Alla maniera della Crusca.

cruscóne [da *crusca*; sec. XVI] s. m. *1* Crusca molto grossa, del tutto priva di farina. *2* (*scherz.*) Accademico della Crusca.

cruscóso [sec. XIV] agg. *1* Pieno di crusca. *2* (*fig., tosc.*) Lentigginoso.

cruscòtto [etim. incerta; in orig. 'riparo nel mulino per non ricevere addosso la crusca' (?); 1875] s. m. *1* Pannello recante gli strumenti di guida e di comando di un veicolo. ➡ ILL. p. 2166 TRASPORTI. *2* Nelle carrozze, luogo in cui i cocchieri poggiavano i piedi.

†**crùsta** [vc. dotta, lat. *crūsta* 'crosta'] s. f. ● Figura in bassorilievo su vasi antichi.

†**crustàrio** [vc. dotta, lat. *crustāriu(m)*, da *crūstae* 'cruste'] s. m. ● Chi modellava cruste.

cruzeiro /*port.* kru'zeiru, -eiru/ [port., da *cruz* 'croce'; 1950] s. m. inv. (pl. port. *cruzeiros*) ● (*econ.*) Vecchia unità monetaria del Brasile, sostituita dal real.

crỳpton /'kripton/ ● V. *cripto*.

csar e *deriv.* ● V. *zar* e *deriv.*

csárdás /*ungh.* 'tʃaːrdaːʃ/ [ungh. *csárdás* 'danza che si esegue in una osteria', da *csárda* 'osteria'; 1892] s. f. inv. ● Ciarda.

csi /ksi*/ ● V. *xi*.

ctenìdio [dal gr. *ktéis*, genit. *ktenós* 'pettine' (di orig. indeur.), col suff. dim. gr. *-idion*: detto così dalla forma a doppio pettine; 1956] s. m. ● (*zool.*) Branchia di molti Molluschi, a forma di penna o di pettine.

Ctenòfori [comp. del gr. *ktéis*, genit. *ktenós* 'pettine' e di *-foro*; 1820] s. m. pl. (sing. *-o*) ● Nella tassonomia animale, tipo di invertebrati marini ermafroditi con corpo globoso e gelatinoso e otto serie di lamelle il cui movimento ritmico permette la locomozione (*Ctenophora*).

ctònio [gr. *chthónios*, agg. di *chthṓn*, genit. *chthonós* 'terra' (di orig. indeur.); 1830] agg. ● (*lett.*) Sotterraneo, detto delle divinità della mitologia greca.

-ctono [dal gr. *chthṓn*, genit. *chthonós* 'terra'] secondo elemento ● In parole composte della terminologia dotta o scientifica, significa 'terra, luogo d'origine': *autoctono*.

cu /ku*/ s. m. o f. ● Nome della lettera *q*.

cuas /kwas/ s. m. ● Adattamento di *kvas* (V.).

cùba [ar. *qubba* 'volta, edificio a volta'; 1340 ca.] s. f. ● Cupola | Costruzione a forma di cupola.

†**cubàbile** [da *cubo*; av. 1703] agg. ● (*mat.*) Che si può cubare.

cubàita [ar. *qubbayt*, mandorlato; 1956] s. f. ● Croccante a base di miele e semi di sesamo, specialità siciliana di origine araba.

cuba libre /*sp.* 'kuβa 'liβre/ [loc. sp., propr. 'Cuba libera' (ma anche 'bevitore libero'); 1949] loc. sost. m. inv. ● Bevanda composta di rum e coca cola.

cubàno [1896] **A** agg. ● Di Cuba: *popolazione cubana*. **B** s. m. *1* (f. *-a*) Abitante, nativo di Cuba. *2* Sigaro confezionato con tabacco avana.

†**cubàre** (1) [vc. dotta, lat. *cubāre*. V. *covare*; 1321] v. intr. e intr. pron. (aus. *essere*) ● Giacere, riposare.

cubàre (2) [da *cubo*; 1778] v. tr. ● (*mat.*) Calcolare la terza potenza d'un numero | Calcolare il volume d'un solido.

cubatùra [da *cubare* (2); 1748] s. f. ● Misura e calcolo di un volume.

cubèbe [ar. *kabāba*, di provenienza cinese; 1334] s. m. *1* Arbusto rampicante delle Piperacee i cui frutti immaturi sono simili ai grani del pepe (*Piper cubeba*). *2* Frutto di tale arbusto.

cubettatrice [1987] s. f. ● Macchina per confezionare in forma di cubetti prodotti alimentari, mangimi e sim.

cubettista [1956] s. m. e f. (pl. m. *-i*) ● Operaio tagliatore che frantuma e riduce in cubetti granito, porfido e sim.

cubètto [1769] s. m. *1* Dim. di *cubo*, nel sign. 1. *2* Piccolo oggetto a forma di cubo: *un c. di ghiaccio, di marmo*.

cubia [etim. incerta; 1797] s. f. ● (*mar.*) Foro nella murata attraverso cui passano le cime d'ormeggio o la catena dell'ancora: *occhio di c.* ➡ ILL. p. 2172 TRASPORTI.

cùbica [f. sost. di *cubico*; 1970] s. f. ● (*mat.*) Curva algebrica del terzo ordine.

cubicità [1912] s. f. ● Forma cubica.

cùbico [vc. dotta, lat. tardo *cūbicu(m)*, nom. *cūbicus*, dal gr. *kybikós*, da *kýbos* 'cubo'; 1499] agg. (pl. m. *-ci*) *1* Che ha forma di cubo: *cassette cubiche*. *2* (*mat.*) Di terzo grado, relativo alla terza potenza: *equazione, radice cubica* | Detto di ente nel quale compaiono con particolare importanza delle terze potenze | Elevato alla terza potenza: *centimetro c.* *3* (*miner.*) ***Sistema c.***, sistema cristallino caratterizzato da tre assi cristallografici ortogonali tra loro con i tre parametri uguali.

cubicolàrio o **cubiculàrio** [vc. dotta, lat. *cubiculāriu(m)*, da *cubīculum* 'cubicolo'; av. 1342] s. m. *1* Nella Roma antica, schiavo addetto ai servizi della camera e dell'anticamera. *2* Anticamente, cameriere del Papa e di alti prelati.

cubìcolo o **cubìculo** [vc. dotta, lat. *cubīculu(m)*, da *cubāre*. V. *covare*; sec. XIV] s. m. *1* Nell'antica casa romana, stanza da letto | Nelle catacombe, vano rettangolare destinato ad uso sepolcrale. *2* Anticamente, cella che accoglieva gli ergastolani.

cubiculàrio ● V. *cubicolario*.

cubìculo ● V. *cubicolo*.

cubifórme [comp. di *cubo* e *-forme*; av. 1673] agg. ● A forma di cubo | (*anat.*) ***Osso c.***, cuboide.

†**cubile** ● V. *covile*.

cubilòtto [fr. *cubilot*, di etim. incerta; 1942] s. m. ● (*metall.*) Forno cilindrico, verticale, usato per fondere metalli, spec. ghisa, e in cui il calore viene fornito dalla combustione di coke sistemato a strati alternati con pezzi di metallo.

cubismo [fr. *cubisme*, da *cube* 'cubo', vc. coniata da Matisse davanti a un quadro di Braque che rappresentava alcune case a cubo; 1913] s. m. ● Movimento affermatosi nelle arti figurative all'inizio del XX sec., caratterizzato da un'esasperata scomposizione delle figure umane e degli oggetti in forme geometriche, secondo un canone di struttura spaziale che annulla le leggi della prospettiva classica.

cubista (1) [fr. *cubiste*, da *cubisme* 'cubismo'; 1912] **A** agg. (pl. m. *-i*) ● Del, relativo al, cubismo: *quadro, movimento c.* **B** s. m. e f. ● Artista che segue il cubismo.

cubista (2) [da *cubo*; 1995] s. m. e f. (pl. m. *-i*) ● Nelle discoteche, chi per professione balla su un cubo (V. *cubo* nel sign. 3).

cubìstico [da *cubista*; av. 1964] agg. (pl. m. *-ci*) ● Relativo al cubismo e ai cubisti.

cubitàle [vc. dotta, lat. *cubitāle(m)* 'alto un cubito', da *cūbitum* 'cubito'; 1499] agg. *1* (*anat.*) Del cubito. SIN. Ulnare. *2* (*est.*) Di grandi dimensioni, enorme: *titolo a lettere cubitali.*

cubitièra [da *cubito*; 1959] s. f. ● Parte dell'armatura che protegge il gomito, congiunta a snodo con i due cannoni del bracciale.

cubitière s. m. ● Cubitiera.

cùbito [vc. dotta, lat. *cŭbitu(m)* 'gomito', poi 'unità di misura', di orig. preindeur.; av. 1292] s. m. *1* (*lett.*) Gomito: *... insino al c., mostravano ignude le candidissime braccia* (SANNAZARO). *2* (*anat.*) Ulna. *3* Antica unità di misura di lunghezza.

cùbo [vc. dotta, lat. *cŭbu(m)*, nom. *cŭbus*, dal gr. *kýbos* 'dado', di orig. straniera (?); 1499] **A** s. m. *1* (*mat.*) Poliedro regolare con sei facce quadrate uguali. *2* (*est.*) Qualsiasi oggetto che ha tale forma: *un c. di granito* | ***C. magico***, ***c. di Rubik***, gioco costituito da un cubo di plastica, a sua volta formato da un insieme snodabile di cubi multicolori di minor dimensione, le cui facce, vanno ricomposte secondo modelli prestabiliti. *3* Nelle discoteche, struttura sopraelevata, generalmente cubica, sulla cui piattaforma balla chi desidera esibirsi o chi è ingaggiato per intrattenere il pubblico. *4* (*mat.*) Terza potenza: *elevare al c.*; *dieci al c.* | ***C. perfetto***, numero, o funzione razionale, che sia il cubo di un numero intero, di un'altra funzione razionale. **B** agg. ● Cubico: *metro c.* ‖ **cubétto**, dim. (V.) | **cubicino**, dim.

cubòide [vc. dotta, gr. *kyboeidḗs* 'simile a un cubo', comp. di *kýbos* 'dado' e *-eidḗs* '-oide'; av. 1673] **A** agg. ● Che ha pressappoco la forma di cubo. **B** s. m. ● (*anat.*) Osso del tarso.

cucaracha /sp. kuka'ratʃa/ [vc. sp., propr. 'scarafaggio' (poi 'plebe'), da *cuca* 'larva di farfalla', vc. di orig. espressiva; 1936] s. f. inv. (pl. sp. *cucarachas*) ● Danza messicana e musica che la accompagna.

cuccàgna [provz. *cocanha*, dal got. **kōka* 'torta'; sec. XV] s. f. *1* Paese favoloso in cui regnano delizie di ogni genere: *durava questa bella c. di baloccarsi e di divertirsi* (COLLODI) | (*est.*) Luogo in cui ognuno vive lietamente e senza pensieri. *2* Caso, evento fortunato, occasione favorevole e sim.: *che c.!*; *approfittare della c.* | Cibo delizioso, leccornia | ***Albero della c.***, nelle feste paesane, palo insaponato alla cui sommità sono appesi premi vari destinati a chi, arrampicandosi, riesce a impadronirsene. *3* Vita piacevole e allegra vissuta senza difficoltà: *trovare la c.*; *è finita la c.*

cuccàre [da *cucco* (*1*); 1799] v. tr. (*io cùcco, tu cùcchi*) *1* (*fam.*) Ingannare, abbindolare. *2* (*fam.*) Prendere, beccare: *si sono cuccati tutte le proteste*; *cuccarsi l'influenza* | (*antifr.*) Sopportare controvoglia: *è lei che si cucca sempre i nipoti.* *3* (*gerg.*, *spec. assol.*) Fare conquiste amorose, rimorchiare: *è uno che cucca.* *4* (*region.*, *fam.*) Portare via: *si è fatto c. il motorino* | Costringere a sborsare: *gli hanno cuccato i soldi della cena.*

cuccétta [1853] s. f. *1* Dim. di *cuccia* (*2*). *2* Lettino isolato, o sovrapposto a un altro uguale, nelle cabine delle navi, sui treni e sim. *3* (*zoot.*) Comparto per il riposo di un singolo bovino all'interno di una stalla in cui questo può entrare e uscire liberamente.

cuccettista [1980] s. m. e f. (pl. m. *-i*) ● Addetto ai servizi degli scompartimenti a cuccette sui treni delle FS.

cucchiàia o (*dial.*) **cucchiàra** [da *cucchiaio*; 1550] s. f. *1* Grosso cucchiaio usato di solito per schiumare olio, brodo, vino e sim. | Cazzuola da muratore. *2* Parte terminale della draga mossa da ruote e guide che morde il fondo rimuovendo fango e detriti | ***C. da pece***, grande ramaiuolo usato dai calafati. *3* Attrezzo con cui si estraggono i detriti di roccia dal fondo dei fori di sonda: *c. semplice*; *c. ad aspirazione.*

cucchiaiàta o (*dial.*) **cucchiaràta** [1612] s. f. ● Quantità di cibo o di liquido contenuta in un cucchiaio: *una c. di minestra, di gelato.*

cucchiaino [av. 1764] s. m. *1* Dim. di *cucchiaio*: *c. da caffè.* *2* Piccola cazzuola per stuccare o rifinire. *3* (*pesca*) Esca metallica, usata per la pesca al lancio, fornita di ami semplici o ancorette: *c. rotante, c. ondulante.* ➡ ILL. **pesca.**

♦**cucchiàio** o (*dial.*) **cucchiàro** [lat. *cochleāriu(m)*, da *cŏchlea* 'chiocciola', perché in orig. serviva per mangiare le chiocciole; av. 1315] s. m. *1* Posata, solitamente in metallo, formata da una paletta ovale e concava con manico, con cui si porta alla bocca il cibo più o meno liquido: *c. d'argento, di nichel, d'avorio, di legno* | ***Da raccattare, da raccogliere, col c.***, (*fig.*) di persona fisicamente distrutta. *2* Specie di cassa cubica aperta da un lato e munita nella parte inferiore di grosse e forti punte di acciaio, che le macchine escavatrici fanno penetrare nel terreno da rimuovere. *3* Cucchiaiata: *un c. di brodo.* *4* In varie tecnologie, utensile di dimensioni varie e di forma analoga a quella di un cucchiaio: *il c. della turbina.* ‖ **cucchiaiàccio**, pegg. | **cucchiaiétto**, dim. | **cucchiaino**, dim. (V.) | **cucchiaióne**, accr. (V.) | **cucchiaiùccio**, dim.

cucchiaióne [1588] s. m. *1* Accr. di *cucchiaio.* *2* Cucchiaio grande per versare la minestra dalla zuppiera nei piatti. *3* Utensile a forma di cucchiaio per schiumare l'olio appena centrifugato.

cucchiàro e *deriv.* ● V. *cucchiaio* e *deriv.*

cùccia (*1*) [f. di *cuccio* (*1*); 1765] s. f. (pl. *-ce*) ● (*lett.*) Cucciola, cagnolina: *vergine c., de le Grazie alunna* (PARINI).

♦**cùccia** (*2*) [fr. *couche*, da *coucher* 'cucciare'; sec. XIV] s. f. (pl. *-ce*) *1* Giaciglio del cane | ***A c.!***, ordine che si dà al cane perché vada o stia a cuccia o (*fig.*, *scherz.*) a persona perché non si muova, o taccia. *2* (*fig.*, *lett.*) Letto: *quando io sazio di riposo / di mia c. uscia* (MONTI) | (*fam.*) Letto, giaciglio | ***Andare, stare a c.***, a dormire. ‖ **cuccétta**, dim. (V.) | **cuccina**, dim.

cucciàre [fr. *coucher*, dal lat. *collocāre*. V. *coricare*; 1710] v. intr. e intr. pron. (*io cùccio*; aus. *essere*) ● Stare a cuccia, accucciarsi, detto di cane | ***Cuccia giù!***, ***cuccia lì!***, ***cuccia!***, ordini dati al cane perché vada, stia a cuccia, o non si muova.

†**cùccio** (*1*) [vc. onomat.; 1768] s. m. (f. *-a* (V.)) ● Cucciolo.

cùccio (*2*) [V. *accucciato*; 1933] agg. (pl. f. *-ce*) ● (*fam.*) Accucciato: *il cane cominciò a ringhiare. – C., Alí. –* (STUPARICH).

cucciolàta [da *cucciolo*; 1970] s. f. ● L'insieme dei cuccioli nati in un parto da un animale | (*fig.*, *fam.*) Figliolanza, prole.

♦**cùcciolo** [dim. di *cuccio* (*1*); sec. XIV] **A** s. m. (f. *-a*) *1* Cane piccolo, nato da poco | (*est.*, *gener.*) Piccolo di animale: *avido di affetto come un c.* (LEVI). *2* (*fig.*) Persona giovane, ingenua e inesperta. **B** in funzione di agg.: *cani cuccioli.* ‖ **cucciolino**, dim. | **cucciolétto**, dim. | **cucciolòtto**, accr. | **cucciolóne**, accr.

cùcco (*1*) [vc. onomat.; av. 1327] s. m. (pl. *-chi*) *1* Cuculo | ***Essere vecchio come il c.***, ***più vecchio del c.***, di persona molto anziana o di cosa, idea, e sim. antiquata e sorpassata. *2* Persona sciocca, rimbambita, spec. nella loc. ***vecchio c.***

cùcco (*2*) [vc. onomat.; 1483] s. m. (pl. *-chi*) *1* †Uovo. *2* (f. *-a*) (*fig.*) Persona prediletta in una famiglia, un gruppo e sim.: *il c. della mamma.* SIN. Beniamino, cocco.

†**cuccovéggia** ● V. †*coccoveggia.*

cuccù ● V. *cucù.*

cùccuma [lat. *cŭccuma(m)*, di etim. incerta; 1585] s. f. *1* Bricco. *2* †Rancore, collera, spec. nella loc. ***avere la c.*** (***in corpo***).

cuccurucù [vc. onomat.; av. 1400] **A** inter. ● (*raro*) Riproduce il canto del gallo. **B** s. m. ● (*raro*) Il canto stesso del gallo. **C** s. f. ● †Canzone in cui il canto del gallo veniva ripetuto più volte nel ritornello.

†**cuccuvéggia** ● V. *coccoveggia.*

cucicchiàre [da *cucire* col suff. *-icchiare*; 1865] v. tr. e intr. (*io cucicchio*; aus. intr. *avere*) ● Cucire di tanto in tanto, non bene.

♦**cucina** [lat. tardo *cocīna(m)*, per *coquīna(m)*, da *cŏquere* 'cuocere'; av. 1294] s. f. *1* Luogo, locale appositamente attrezzato per la preparazione e la cottura delle vivande: *la c. di un appartamento, di un albergo, di un ristorante, di un ospedale* | Complesso dei mobili e degli apparecchi con cui una cucina è arredata: *c. di legno, di formica*; *c. all'americana*; *cambiare, rinnovare la c.* *2* Attività del cucinare | ***Fare la, da c.***, cucinare | ***Bassa c.***, (*fig.*) lavoro umile | Il modo in cui le vivande vengono preparate: *c. bolognese, toscana, piemontese, francese*; *amare la buona c.* | ***C. di fusione***, V. *fusione.* *3* (*est.*) Le vivande stesse: *c. magra, salata*; *c. elaborata, semplice, casalinga* | †Cibo cucinato, minestra. *4* Apparecchio a fornelli per la cottura dei cibi: *c. a legna, a gas, elettrica* | ***C. economica***, quella a legna o carbone, contenente spesso un serbatoio d'acqua e un forno, nella quale il calore del fuoco si irradia anche nell'ambiente attraverso lo spesso piano metallico superiore | ***C. rotabile***, da campo, montata su carrello, per la confezione di un rancio completo di reparto. *5* (*tess.*) ***C. colori***, attrezzatura necessaria a preparare i bagni di tintura o le paste da stampa nelle tintorie. *6* (*giornalismo*, *gerg.*) Lavoro redazionale di preparazione del giornale | La redazione stessa. ‖ **cucinèlla**, dim. | **cucinétta**, dim. | **cucinina**, dim. | **cucinino**, dim. m. (V.) | **cucinóna**, accr. | **cucinóne**, accr. m. | **cucinòtto**, accr. m. (V.) | **cucinùccia**, **cucinùzza**, dim.

cucinàbile [sec. XVII] agg. ● Che si può cucinare.

♦**cucinàre** [lat. tardo *cocināre*, per il classico *coquināre*, da *coquīna* 'cucina'; av. 1294] v. tr. *1* Preparare, approntare, cuocere le vivande: *c. la carne, le uova*; *c. il pranzo, la cena* | (*assol.*) Fare da mangiare: *sapere, non sapere c.*; *c. bene, male.* *2* (*fig.*, *fam.*) Accomodare, assestare: *c. un compito, un articolo* | Preparare: *gli hanno cucinato una bella sorpresa* | (*scherz.*) Trattare in un dato modo | ***C. qlcu. per le feste***, ridurlo male.

cucinàrio [lat. *coquinārĭu(m)*, da *coquīna* 'cucina', rifatto su *cucina*; av. 1758] agg. ● (*raro*) Culinario.

cucinatóre [sec. XIV] s. m.; anche agg. (f. *-trice*, pop. disus. *-tora*) ● Chi (o Che) cucina.

cucinatùra [av. 1704] s. f. ● (*raro*) Cottura, preparazione dei cibi.

cucinière [fr. *cuisinier*, della stessa orig. di *cucinario*; av. 1306] s. m. *1* (f. *-a*) Chi fa da mangiare, spec. in una comunità. *2* Nelle corti medievali, dignitario sovrintendente alle cucine, alle dispense e alle cantine. *3* (*raro*, *tosc.*) Libro di cucina.

cucinino [1970] s. m. *1* Dim. di *cucina.* *2* Cucinotto nel sign. 2.

†**cucino** [da *cucinare*] s. m. ● Cucina | Vivanda.

cucinòtto [1970] s. m. *1* Dim. di *cucina.* *2* Piccolo vano adibito a cucina, comunicante direttamente col tinello o col soggiorno.

♦**cucire** [lat. parl. **cosīre*, per il classico *consŭere*, comp. di *cŭm* 'con' e *sŭere* 'cucire'. Cfr. *sutura*; av. 1350] v. tr. (*io cùcio*) *1* Congiungere due o più pezzi di tessuto, pelle, carta e sim. passando attraverso di essi un filo con l'ago | ***Macchina da*** o ***per c.***, apparecchio meccanico per la cucitura e sim. | ***C. a filo scempio***, facendo il nodo a uno solo dei due capi della gugliata | ***C. a filo doppio***, facendo il nodo a entrambi i capi della gugliata presi insieme | (*tosc.*, *fam.*) ***C. a refe doppio***, (*fig.*) impegnarsi a fondo nel fare qlco.; ingannare, fare il doppio gioco | (*tosc.*, *fam.*) †***C. a refe scempio***, (*fig.*) comportarsi con molta semplicità | (*fig.*) ***C. la bocca a qlcu.***, farlo tacere | (*fig.*) ***Cucirsi la bocca***, proporsi di tacere a ogni costo. *2* Confezionare un capo di abbigliamento, di biancheria e sim.: *c. un vestito, un lenzuolo, una tovaglia*; *si cuce i vestiti da sola.* *3* (*med.*) Suturare. *4* Unire l'una all'altra le segnature che compongono un volume, un fascicolo e sim. *5* (*fig.*) Mettere insieme, collegare idealmente: *c. frasi, parole, concetti.*

cucirino [da *cucire*; 1918] s. m. ● Filo di cotone o seta per cucire o ricamare.

cucita [1963] s. f. ● Cucitura rapida e improvvisata, spec. nella loc. ***dare una c.***

♦**cucito** [1342] **A** part. pass. di *cucire*; anche agg. *1* Nei sign. del v. *2* (*fig.*) ***Stare c. a qlcu.***, stargli sempre attorno | (*fig.*) ***Avere le labbra cucite***, tacere ostinatamente | (*fig.*) ***Avere gli occhi cuciti***, non vedere o non voler vedere | (*fam.*, *fig.*) ***Essere c. a filo doppio con qlcu.***, avere stretti legami di amicizia o d'interesse con qlcu. *3* (*arald.*) Detto dello scudo in cui un metallo è sovrapposto a un metallo, un colore a un colore, contro le regole blasoniche. **B** s. m. ● Arte, tecnica del cucire: *imparare il c.*; *maestra di c.* | Ciò che si deve cucire o che si sta cucendo.

cucitóio [da *cucito*; 1940] s. m. ● (*edit.*) Telaio del legatore per cucirvi i quinterni.

cucitóre [av. 1342] s. m. (f. *-trice* (V.), pop. disus. *-tora*) *1* Chi cuce. *2* †Sarto.

cucitrice o (*pop.*) **cucitóra** nel sign. B 1 [1840] **A** agg. solo f. ● Che cuce: *macchina c.* **B** s. f. *1* Donna che esegue lavori di cucito | ***C. di, in, bianco***, donna che cuce biancheria. *2* Apparecchio automatico o manuale impiegato per la cucitura in tipografia e legatoria o negli imballaggi. *3* Attrezzo usato negli uffici per unire insieme a fascicolo più fogli per mezzo di punti metallici. SIN. Graffatrice, pinzatrice, spillatrice. CFR. Levapunti.

cucitùra [sec. XIII] s. f. *1* Attività, modalità del cucire | Serie di punti usati per congiungere due pezzi di tessuto | Tratto in cui due lembi di tessuto o sim., sono cuciti: *la c. della tasca*; *un vestito con le cuciture in risalto*. *2* Nella legatoria, operazione con cui si uniscono saldamente l'una all'altra le varie segnature che compongono un volume o un fascicolo: *c. a filo rete*, *c. a punto metallico*. *3* Lato sinistro della pagina di un libro o giornale, dalla parte del dorso.

cucù o **cuccù**, **cu cu** [vc. onomat.; av. 1400] **A** s. m. *1* Cuculo. *2* Il canto del cuculo | ***Orologio a c.***, quello che suona le ore imitando il canto del cuculo | ***Fare c.***, nei giochi dei ragazzi, far capolino. **B** inter. *1* Riproduce il canto del cuculo. *2* Si usa come richiamo fra i bambini che giocano a nascondersi per sviare chi li sta cercando | Anche come richiamo affettuoso di chi si nasconde e poi si mostra ai bambini, celandosi nuovamente come fingendo paura. *3* (*scherz.*) Si usa spec. in risposta a una proposta assurda o svantaggiosa per indicare che non ci si lascia ingannare.

cuculiàre [da *cuculio*; av. 1652] **A** v. intr. (*io cucùlio*; aus. *avere*) ● (*raro*) Fare il verso del cuculo. **B** v. tr. ● (*raro*, *fig.*) Beffare, canzonare.

Cuculifórmi [comp. di *cuculo* e il pl. di *-forme*; 1970] s. m. pl. (sing. *-e*) ● Nella tassonomia animale, ordine di Uccelli arrampicatori con lungo becco, cui appartiene il cuculo (*Cuculiformes*).

cucùlio ● V. *cuculo*.

cucùlla ● V. *cocolla*.

cucùllo [vc. dotta, lat. *cucŭllu(m)*, di orig. gallica; 1504] s. m. *1* Antica veste con cappuccio. *2* Trappola fatta con una rete a forma di nassa, per catturare quaglie.

cucùlo o **cùculo**, †**cucùlio** [lat. *cucūlu(m)*, di orig. onomat.; av. 1292] s. m. ● Uccello dei Cuculiformi con coda lunga, piedi zigodattili e morbido piumaggio grigio sulle parti superiori e bianco striato di grigio su quelle inferiori (*Cuculus canorus*). ➡ ILL. **animali**/9.

cucùrbita [lat. *cucŭrbita(m)*, di orig. preindeur.; av. 1525] s. f. *1* (*lett.*) Zucca. *2* Caldaia dell'alambicco.

Cucurbitàcee [vc. dotta, comp. di *cucurbita* e *-acee*; 1745] s. f. pl. (sing. *-a*) ● Nella tassonomia vegetale, famiglia di piante erbacee o legnose con frutto a bacca dalla polpa acquosa in cui sono immersi i semi (*Cucurbitaceae*). ➡ ILL. **piante**/10.

cucùzza ● V. *cocuzza*.

cucùzzo ● V. *cocuzzo*.

cucùzzolo ● V. *cocuzzolo*.

cùddia [ar. *kudya* 'grossa collina'] s. f. ● Nell'isola di Pantelleria, piccolo cono craterico spento.

cudù [vc. bantu; 1875] s. m. ● Grossa antilope africana con lunghe corna elicoidali e pelo grigiastro con strie verticali bianche sui fianchi (*Strepsiceros strepsiceros*). ➡ ILL. **animali**/12.

cùffia o (*pop.*) **scùffia** [etim. discussa: lat. tardo *cūfia(m)*, di orig. straniera (?); av. 1300] s. f. *1* Copricapo leggero di lana, stoffa o tela aderente al capo che scende fino al collo e viene fermato sotto il mento, un tempo comune nell'abbigliamento femminile, oggi usato per i neonati | Leggero copricapo gener. bianco usato spec. da infermiere, cuoche o addette alla vendita di alimentari per igiene e per tenere a posto i capelli | ***C. da bagno***, calotta impermeabile che serve a non bagnarsi i capelli mentre si fa il bagno o la doccia. *2* (*fig.*) †Donna. *3* Nell'armatura antica, parte della cotta di maglia indossata sotto l'elmo o la cervelliera | Copricapo di cuoio o pelle imbottita indossata sotto la celata | ***Uscire per il rotto della c.***, (*fig.*) cavarsela alla meglio, a malapena (prob. perché nelle giostre medievali i colpi assestati sulla cuffia erano ritenuti validi). *4* (*est.*) Ogni accessorio per l'ascolto individuale del suono, costituito da una coppia di ricevitori o di auricolari adattabili alle orecchie e da un supporto che li collega passando sopra il capo: *c. telefonica*; *radio a c.*; *la c. per musicassette*. *5* In varie tecnologie, oggetto, apparecchio e sim. destinato a coprire qlco.: *la c. del fumaiolo d'una locomotiva* | ***C. del segnale luminoso***, in ferrovia, custodia nella quale sono sistemati gli organi costituenti il segnale | (*disus.*) ***C. del radiatore***, copriradiatore | Piccola cupola posta sopra la buca del suggeritore per impedirne la vista al pubblico. *6* (*bot.*) ***C. radicale***, caliptra. || **cuffiàccia**, pegg. | **cuffiétta**, dim. | **cuffiettìna**, dim. | **cuffìna**, dim. | **cuffióne**, accr. m. | **cuffiòtto**, accr. m.

cùfico [da *Cufa*, importante città della Mesopotamia; 1818] agg. (pl. m. *-ci*) ● Detto di carattere usato nella fase più antica della scrittura araba | ***Monete cufiche***, coniate dai Normanni nell'Italia merid. nei secc. XI e XII, con scritte in arabo a caratteri cufici.

cuginànza [1941] s. f. ● Rapporto di parentela fra cugini.

♦**cugìno** [ant. fr. *cosin*, dal lat. *consobrīnu(m)* 'cugino'. V. *consobrino*; 1312] s. m. (f. *-a*) *1* (*dir.*) Parente in linea collaterale: *c. di quarto grado*; *c. di sesto grado*. *2* Correntemente, figlio di uno zio o di una zia: *primo c.* | ***C. di secondo***, ***di terzo grado***, biscugino | ***C. nipote***, figlio del cugino. *3* Titolo dato dai re di Francia ai parenti, ai grandi feudatari, ai dignitari della corona e ai cardinali. || **cuginétto**, dim.

cùgna [da *cugno*, var. antica di 'cuneo'] s. f. ● Incisione praticata nella roccia per potervi conficcare un cuneo e distaccare un blocco.

†**cùgno** ● V. *cuneo*.

♦**cùi** [lat. *cui*, dativo di *qui* 'il quale'; av. 1250] **A** pron. rel. *1* Si usa nei compl. indiretti, accompagnato dalle varie prep. in luogo di 'il quale', 'la quale', 'i quali', 'le quali': *le ragazze di cui ti ho parlato*; *i libri a cui ha attinto*; *il quartiere in cui abito*; *l'amico con cui ti sei incontrato*; *il motivo per cui non ho insistito*; *il paese da cui proviene*. *2* Al quale, alla quale, ai quali, alle quali (come compl. di termine senza prep.): *l'amico cui mi sono rivolto*. *3* (*lett.*) Che (come compl. ogg.): *oh solitaria casa d'Aiaccio, / cui verdi e grandi le querce ombreggiano / e i poggi coronan sereni* (CARDUCCI). *4* Del quale, della quale, dei quali, delle quali (come compl. di specificazione, posto fra art. e s. con valore aggettivale): *un uomo il cui coraggio è noto*; *le persone alla cui generosità faccio appello*. *5* (*lett.*) †Con attrazione ed ellissi del sogg. o del compl.: *Amate da cui male aveste* (DANTE *Purg.* XIII, 36), colui dal quale; *a cui porge la man, più non fa pressa* (DANTE *Purg.* VI, 8). **B** nella loc. cong. ***per cui*** ● Perciò, per la qual cosa (con valore concl.): *queste cose non so giudicarle per cui preferisco tacere*. **C** pron. interr. ● †Chi (in prop. interr. dirette e indirette, nei casi obliqui): *guarda com'entri e di cui tu ti fide* (DANTE *Inf.* V, 19).

†**cùio** [vc. dotta, lat. *cūius*, genit. sing. di *quī* 'il quale'; av. 1705] s. m. ● (*raro*) Persona sciocca.

cui pròdest [loc. lat., propr. 'a chi giova', tratta dal passo della *Medea* di Seneca *cui prodest scelus, is fecit* 'il delitto l'ha commesso colui al quale esso giova' (atto III, vv. 500-501)] loc. interr. ● Domanda con cui ci si chiede a chi possa recare vantaggio un determinato fatto.

†**cuiùsso** [lat. *cūius*. V. *cuio*; 1539] s. m. ● (*raro*, *scherz.*) Sentenza latina affettata | ***Sputare cuiussi***, sputare sentenze.

culaccìno [da *culaccio*; 1797] s. m. *1* (*raro*) Il liquido che resta nel fondo di un bicchiere. *2* (*raro*) Segno che lascia un recipiente bagnato sul luogo dove è stato posato. *3* Parte terminale di un salume o sim.

culàccio [da *culo*; av. 1565] s. m. ● Taglio di carne dei bovini macellati.

culàco s. m. (f. *-a*; pl. *-chi*) ● Adattamento di *kulak* (V.).

culàia [da *culo*; 1797] s. f. *1* (*tosc.*) Ventre degli uccelli morti ingrossato per il calore degli intestini. *2* (*fig.*) Nella loc. tosc. ***a c.***, ***fare c.***, detto di pantaloni troppo larghi e rigonfi nella parte posteriore. *3* (*est.*, *fig.*, *tosc.*) Nelle loc. ***fare c.***, ***disporsi a c.***, detto di tempo che si annuvola e minaccia pioggia.

culàio [da *culo*; 1481] agg. ● (*tosc.*) Nella loc. ***mosca culaia***, mosca cavallina, che molesta la groppa dei cavalli; (*fig.*) persona fastidiosa.

†**culassóne** ● V. *colascione*.

culàta [da *culo*; sec. XV] s. f. ● (*pop.*) Colpo dato col culo, spec. cadendo in terra.

culatèllo [da *culo*; 1908] s. m. ● Salume fatto con coscia di maiale, sottoposta a particolare taglio, salatura, bagnatura con vino bianco e stagionatura | Salame fatto col gluteo più piccolo del maiale.

culàtta [da *culo*; av. 1537] s. f. *1* Parte posteriore estrema della bocca da fuoco che contiene la carica di lancio | ***C. mobile***, parte dell'arma portatile che porta il congegno di caricamento, otturazione e sparo. ➡ ILL. p. 2121 ARCHITETTURA. *2* Parte della pelle dei Bovini e degli Equini situata sulla groppa, vicino alla coda. *3* Rigonfio dei calzoni troppo larghi e cascanti sul dietro. *4* Culaccio.

†**culattàre** [da *culatta*; sec. XIV] v. tr. ● Acculattare | ***C. le panche***, stare ozioso, sedendo senza far nulla.

culattàta [da *culatta*; av. 1556] s. f. ● (*pop.*) Colpo dato col culo, cadendo.

culattóne [da *culatta* nel senso pop. di 'deretano'; 1961] s. m. ● (*region.*, *volg.*) Omosessuale passivo.

culbiànco [comp. di *cul(o)* e *bianco*; 1797] s. m. (pl. *-chi*) ● Uccelletto dei Passeriformi con dorso grigio, coda nera e zona bianca intermedia (*Oenanthe oenanthe*).

cul-de-sac /fr. ˌkyt'sak/ [vc. fr., propr. 'culo (fondo) di sacco'; 1905] s. m. inv. (pl. fr. *culs-de-sac*) ● Via senza uscita, vicolo cieco (*spec. fig.*): *essere*, *trovarsi in un cul-de-sac*.

culdisàcco o **cul di sàcco** [traduz. della loc. fr. *cul-de-sac*, propr. 'fondo di sacco'; 1883] s. m. inv. ● Cul-de-sac.

culdoscopìa [comp. di *cul-de-sac* (V.) e *-scopia*; 1956] s. f. ● (*med.*) Esplorazione endoscopica dell'apparato genitale femminile mediante una sonda ottica.

†**cùlice** [dal lat. *cŭlex*, genit. *cŭlicis* 'zanzara'; av. 1342] s. m. e f. ● (*lett.*) Zanzara.

culinària [da (*arte*) *culinaria*, f. di *culinario*; 1875] s. f. ● Arte della cucina. SIN. Gastronomia.

culinàrio [vc. dotta., lat. *culinăriu(m)*, da *culīna* 'cucina' e nel tardo lat. anche 'latrina', da avvicinare a *coquina* 'cucina' e a *cŏquere* 'cuocere', ma deformato per influsso di *cūlus* 'culo', prob. perché spesso le latrine erano vicino alla cucina; 1776] agg. ● Della culinaria: *regole culinarie*.

♦**cùlla** [lat. tardo *cūnula(m)*, dim. di *cūna* 'cuna'; av. 1277] s. f. *1* Lettino per neonati, di vimini, legno o altro materiale, generalmente costruito in modo da poter essere dondolato | ***C. termica***, ***termostatica***, tipo di culla riscaldata elettricamente in cui vengono messi bambini nati prematuri o particolarmente deboli | (*fig.*) ***Dalla c.***, dalla nascita | ***Dalla c. alla bara***, ***dalla c. alla tomba***, dalla nascita alla morte. *2* (*fig.*) Luogo di nascita | (*est.*) Luogo di origine e di sviluppo: *la c. della civiltà*, *dell'arte*. *3* (*mecc.*) Tipo di sostegno a semplice appoggio su guide, tale da permettere spostamenti. *4* (*mecc.*) Parte del telaio di una motocicletta che sostiene il motore: *telaio a doppia c.* *5* (*mil.*) Organo dell'affusto costituito da un grosso manicotto entro cui scorre la bocca da fuoco durante il rinculo. *6* Vaso di legno per pigiare l'uva. || **cullétta**, dim. | **cullettìna**, dim. | **cullìna**, dim.

cullàre [da *culla*; av. 1625] **A** v. tr. *1* Far dondolare un bambino nella culla oppure tenendolo fra le braccia o sulle ginocchia. SIN. Ninnare | (*est.*) Dondolare dolcemente: *il canotto era cullato dalle onde*. *2* (*lett.*, *fig.*) Accompagnare il sonno di qlcu. rendendolo più dolce, detto di musica, suono e sim.: *è romba d'ignote campane / che cullano il mondo che dorme* (PASCOLI). *3* (*fig.*) Custodire un sentimento nel proprio intimo: *c. le proprie speranze*, *i propri sogni*. *4* (*fig.*) Ingannare facendo credere possibile ciò che in realtà è vano e fallace: *c. qlcu. nella speranza di qlco.* **B** v. rifl. *1* Dondolarsi ritmicamente: *cullarsi nell'amaca*. *2* (*fig.*) Adagiarsi in speranze vane e illusorie, illudersi: *cullarsi nei sogni*, *nelle promesse*, *nelle illusioni* | Essere in uno stato di beatitudine interiore, di estatica contemplazione: *si cullava in un dolce ricordo*; *l'incanto del silenzio dove l'anima mia si cullava* (D'ANNUNZIO). SIN. Abbandonarsi.

cullàta [1887] s. f. ● Il cullare, movimento del cullare. || **cullatìna**, dim.

cùlleo [vc. dotta, lat. *cŭlleu(m)*, di orig. preindeur.; 1585] s. m. ● Nell'antica Roma, otre di cuoio per il trasporto di olio o vino; era utilizzato anche per il supplizio dei parricidi che venivano gettati in acqua e annegati.

culminàle [1956] agg. ● (*geogr.*) Relativo al

culmine, alla cima di un monte.
culminànte [1833] **part. pres.** di *culminare*; anche **agg.** *1* Che sta al culmine. *2* (*fig.*) Decisivo, cruciale: *punto, momento c.*
culminàre [vc. dotta, lat. tardo *culmināre*, da *cŭlmen*, genit. *cŭlminis* 'culmine'; 1772] **v. intr.** (*io cùlmino*; aus. *essere*) *1* Trovarsi in culminazione, detto di astro | (*est.*) Terminare in alto, raggiungere il punto più alto: *la montagna culmina in una croda aguzza.* *2* (*fig.*) Arrivare all'apice, al massimo grado: *il malcontento culminò in una protesta.*
culminazióne [da *culmine*; 1772] **s. f.** *1* (*astron.*) Transito di un astro al meridiano celeste del luogo di osservazione, che si verifica due volte al giorno | *C. superiore, inferiore*, a seconda che l'astro si trovi alla minima o alla massima distanza dallo zenit. *2* (*geol.*) Zona più elevata dell'asse di una piega.
cùlmine [vc. dotta, lat. *cŭlmine*, abl. sing. di *cŭlmen*, di orig. indeur.; av. 1484] **s. m.** *1* Sommità, cima: *il c. di un monte, di una torre.* *2* (*fig.*) Apice, grado massimo di una determinata condizione: *essere al c. della carriera*; *raggiungere, toccare il c. della felicità.* **SIN.** Vertice.
cùlmo [vc. dotta, lat. *cŭlmu(m)*, di orig. indeur.; 1499] **s. m.** ● (*bot.*) Fusto erbaceo o legnoso gener. cavo negli internodi, caratteristico delle Graminacee.
cùlo [lat. *cūlu(m)*, di orig. indeur.; sec. XIII] **s. m.** *1* (*pop.*) Sedere, deretano | ***Avere c., avere del c.***, (*fig.*) detto di chi ha una gran fortuna | ***Che c.!***, (*fig.*) che fortuna! | ***Colpo di c.***, (*fig.*) colpo di fortuna | ***Prendere, pigliare per il c.***, (*fig.*) prendere in giro, imbrogliare | ***Battere il c. in terra***, cadere pesantemente all'indietro; (*fig.*) fallire, sbagliare grossolanamente per sconsideratezza o ostinazione | ***Essere c. e camicia con qlcu.***, (*fig.*) in grande familiarità, o in perfetto accordo | ***Essere, avere, una faccia di, da c.***, detto di persona sfrontata | (*fig., scherz.*) ***C. di pietra***, chi lavora instancabilmente seduto a una scrivania. *2* (*est.*) Il fondo di un recipiente o di un oggetto: *il c. di una bottiglia, di una candela* | (*scherz.*) ***C. di bicchiere***, brillante falso | ***A cul di sacco***, a fondo chiuso, senza uscita (*anche fig.*). *3* (*volg.*) Ano | (*spreg., volg.*) ***C. rotto***, omosessuale maschile | ***Fare il c. a qlcu., metterlo nel c. a qlcu.***, (*fig., volg.*) recargli danno o imbrogliarlo, raggirarlo | ***Prenderlo in c., nel c.***, (*fig., volg.*) essere imbrogliato, fregato, sconfitto e sim. | ***Dare via il c.***, (*fig., volg.*) scendere a qualunque compromesso, anche il più umiliante, pur di ottenere qlco. | ***Mandare qlcu. a fare in c.***, (*fig., volg.*) mandarlo al diavolo | ***Farsi il c., farsi un c. così***, (*fig., volg.*) faticare molto. || **culàccio**, **pegg.** | **culétto**, **dim.** | **culino**, **dim.** | **culóne**, **accr.** (V.).
culóne [1912] **s. m.** *1* Accr. di *culo.* *2* (f. *-a*) (*pop.*) Persona con un grosso sedere.
culottes /fr. ky'lɔt/ [vc. fr., da *cul* 'culo'; 1793 ca.] **s. f. pl.** (**sing.** fr. *culotte*) ● Mutande corte da donna.
cult /kult, kalt, *ingl.* kʰʌlt/ [vc. ingl., propr. 'culto'; 1983] **A s. m. inv.** (**pl.** ingl. *cults*) *1* Accorc. di *cult book.* *2* Accorc. di *cult movie.* *3* (*est.*) Qualsiasi cosa fatta oggetto di culto. **B agg. inv.** ● Detto di chi (o di ciò che) è assurto a oggetto di culto: *un libro c.*
cult book /ingl. 'kʰʌlt,bʊk/ [vc. ingl., propr. 'libro oggetto di culto'; 1986] **loc. sost. m. inv.** (**pl.** ingl. *cult books*) ● Libro che è oggetto di culto e di venerazione da parte di un pubblico non necessariamente vasto, ma fedele e appassionato.
†**cultèllo** e *deriv.* ● V. *coltello* e *deriv.*
culteranèṣimo o **culteranìṣmo** [sp. *culteranismo*, da *culterano* 'persona di cultura raffinata', da *culto* 'colto'; 1936] **s. m.** ● Tendenza letteraria del Seicento in Spagna, che prediligeva parole preziose e difficili. **SIN.** Cultismo (1).
culteràno [1970] **s. m.** ● Seguace del culteranismo.
cultìṣmo (1) [fr. *cultisme*, da *culte* 'culto (1)', col suff. *-isme* '-ismo'; 1950] **s. m.** ● Culteranesimo.
cultìṣmo (2) [da *culto (2)* con il suff. *-ismo*; 1939] **s. m.** ● (*ling.*) Parola o espressione di tradizione colta.
cùltivar o **cultivàr** [dall'ingl. *cultivar*, da *culti(vated) var(iety)* 'varietà coltivata'; 1963] **s. f.** ● (*agr.*) Varietà di una pianta coltivata.
†**cultivàre** ● V. *coltivare.*
†**cultivàto** ● V. *coltivato.*
cult movie /ingl. 'kʰʌlt,muvi/ [loc. ingl., comp. di *cult* 'culto' e *movie* 'spettacolo cinematografico'; 1979] **loc. sost. m. inv.** (**pl.** ingl. *cult movies*) ● Film che ha un valore eccezionale per il pubblico degli spettatori appassionati.
cùlto (1) o †**cólto (2)** [vc. dotta, lat. *cŭltu(m)*, da *cŏlere* 'coltivare'; 1321] **s. m.** *1* Complesso delle usanze e degli atti per mezzo dei quali si esprime il sentimento religioso: *c. cattolico, protestante, ortodosso, musulmano*; *libertà di c.* **CFR.** -latria. **SIN.** Religione. *2* Nella teologia cattolica, complesso degli atti, dei riti e degli usi mediante i quali si rende onore a Dio e alle creature a Lui unite, nella Chiesa istituita da Gesù Cristo | ***C. interno***, consistente negli atti dell'intelligenza e della volontà | ***C. esterno***, consistente in manifestazioni sensibili quali riti, gesti, parole e sim., che integrano quello interno. *3* Religione o confessione religiosa come oggetto di legislazione e amministrazione pubblica: *affari del c.*; *spese del c.* | ***Ministri del c.***, nel linguaggio legislativo, ecclesiastici e, per i culti acattolici, le persone addette alla loro amministrazione. *4* (*fig.*) Rispetto quasi religioso per una persona, un sentimento, un ideale: *avere un c. per la propria madre*; *c. dell'amicizia, della patria* | ***C. della personalità***, (*spreg.*) cieco e servile obbedienza, esasperata venerazione nei confronti di un leader politico | (*fig.*) Cura eccessiva: *avere il c. della propria persona.* *5* (calco sull'ingl. *cult*) Nella loc. ***di c.***, detto di chi (o di ciò che) è molto apprezzato e amato da un pubblico di appassionati: *autore, film di c.* | Anche in funzione di agg. inv. (posposto al s.): *libro c.*
cùlto (2) ● V. *colto (1).*
cultóre [vc. dotta, lat. *cultōre(m)*, da *cŭltus* 'culto (1)'; av. 1294] **A s. m.** (f. *-trice*) *1* Chi coltiva una scienza o un'arte: *c. di archeologia.* **CFR.** -logo. *2* †Veneratore: *c. di Dio.* *3* †Abitatore. **B agg.** ● (*lett.*) Che coltiva (*anche fig.*): *a l'opra natural cultrice mano / ... aggiunse pregio* (MARINO).
-cultóre ● V. *-coltore.*
cultràrio [vc. dotta, lat. *cultrāriu(m)*, da *cŭlter*, genit. *cŭltri*. V. †*cultro*; 1830] **s. m.** ● Nell'antica Roma, sacerdote che uccideva la vittima dei sacrifici.
†**cùltro** [vc. dotta, lat. *cŭltru(m)*; av. 1566] **s. m.** *1* Coltello usato nei sacrifici. *2* V. *coltro.*
cultuàle [da *culto (1)*; 1908] **agg.** ● (*raro*) Concernente il culto.
♦**cultùra** o (*raro*) **coltùra** [vc. dotta, lat. *cultūra(m)*, da *cŭltus* 'culto (1)'; sec. XV] **s. f.** *1* Complesso di cognizioni, tradizioni, procedimenti tecnici, tipi di comportamento e sim., trasmessi e usati sistematicamente, caratteristico di un dato gruppo sociale, di un popolo, di un gruppo di popoli o dell'intera umanità: *si può descrivere una data c. da molti punti di vista diversi*; *i vari aspetti della c. moderna*; *la diffusione della c.* | ***C. materiale***, l'insieme delle realizzazioni e delle attività tecniche, pratiche e lavorative di un popolo o di un dato gruppo sociale | (*per anton.*) Il complesso delle tradizioni scientifiche, storiche, filosofiche, artistiche, letterarie di un dato popolo o gruppo di popoli: *la c. orientale, europea, francese.* **SIN.** Civiltà. *2* Patrimonio di conoscenze di chi è colto: *avere, non avere c.*; *una persona di modesta, di grande c.*; *farsi una c.*; *erudizione non è sinonimo di c.*; *proprio della c. è suscitare nuove idee e bisogni meno materiali, formare una classe di cittadini più educata e civile* (DE SANCTIS) | Insieme delle conoscenze relative a una determinata disciplina o a un ramo del sapere: *c. scientifica, umanistica*; *c. filosofica*; *c. storica, letteraria* | ***C. generale***, conoscenza generica di vari rami del sapere. *3* Spec. nel linguaggio giornalistico, concezione acquisita, presa di coscienza, mentalità: *la c. dell'ambiente*; *la c. della pace*; *un partito che dimostra una c. di governo.* *4* ***C. fisica***, pratica sistematica di esercizi a corpo libero e con sovraccarichi per migliorare l'efficienza fisica. *5* Insieme dei manufatti e tecniche propri di una particolare civiltà, anche scomparsa: *c. megalitica.* *6* †Culto religioso. *7* V. *coltura.*
-cultùra ● V. *-coltura.*
culturàle [da *cultura*; 1918] **agg.** *1* Pertinente alla cultura: *basso livello c.* *2* Che organizza o favorisce la diffusione della cultura: *attività, associazione, centro c.* || **culturalménte**, **avv.** Per quanto riguarda la cultura.
culturalìṣmo [1938] **s. m.** *1* Vacua ostentazione di cultura. *2* Tendenza ad attribuire un'eccessiva importanza ai fatti culturali.
culturalìstico [1937] **agg.** (**pl. m.** *-ci*) ● Pertinente al culturalismo.
culturàme [1949] **s. m.** ● (*spreg.*) Il complesso degli intellettuali.
culturìṣmo [1963] **s. m.** ● Pratica sistematica di esercizi con pesi per incrementare la massa muscolare, a fini estetici o atletici. **SIN.** Body building.
culturìsta [1963] **s. m. e f.** (**pl. m.** *-i*) ● Chi pratica il culturismo.
culturìstico [1964] **agg.** (**pl. m.** *-ci*) ● Relativo al culturismo o ai culturisti: *dieta culturistica.*
†**culùllo** [vc. dotta, lat. *culŭllu(m)*, forse di orig. etrusca] **s. m.** ● (*archeol.*) Bicchiere, vaso per sacrifici.
cumàno [dall'ungh. *hun*, membro di una popolazione nomade turca; 1336 ca.] **A agg.** ● Di Cuma, antica città della Campania: *la Sibilla cumana.* **B s. m.** (f. *-a*) ● Abitante, nativo di Cuma.
cumàrico [da *cumarina*] **agg.** (**pl. m.** *-ci*) ● (*chim.*) Detto di acido estratto dalla cumarina e di composti da esso derivati | ***Acido c.***, ossiacido, organico, monobasico, cristallino, ottenuto per condensazione di aldeide salicilica, di anidride acetica e acetato sodico, noto in tre forme isomere.
cumarìna [da *cumaruna*, vc. guaranì; 1865] **s. f.** ● (*chim.*) Anidride dell'acido cumarico, cristallina, incolore, presente nel trifoglio e nel meliloto, usata come correttivo di odori e come antielmintico | Derivato od omologo della cumarina.
cumaróne [da *cumar(ina)* col suff. *-one*; 1956] **s. m.** ● (*chim.*) Composto eterociclico, distillato dal catrame di carbon fossile sotto forma di liquido oleoso incolore, usato per la produzione di resine termoplastiche e come conservante degli agrumi.
cumarònico [1964] **agg.** (**pl. m.** *-ci*) ● (*chim.*) Relativo al cumarone | ***Resine cumaroniche***, materiale plastico di notevole inerzia chimica.
cumbia /sp. 'kumbja/ [come altre denominazioni di danze (*cumbiamba*, *cumbé*) è di prob. orig. indigena; 1986] **s. f. inv.** ● (*mus.*) Danza tipica di Ecuador, Colombia e Perù, accompagnata da ritmi di origine africana.
cumène [da *cuminico*; 1865] **s. m.** ● (*chim.*) Idrocarburo aromatico, liquido, incolore, presente in quantità variabile nei petroli, ottenuto industrialmente per azione del propilene sul benzolo, usato come additivo per benzine d'aereo.
cumenìle [comp. di *cumene* e *-ile (2)*; 1956] **s. m.** ● (*chim.*) Radicale monovalente che deriva dal cumene.
cum grano salis [loc. lat., 'con un pizzico di sale'] **loc. avv.** ● Con discernimento e avvedutezza: *quel che dice Alfredo va sempre preso cum grano salis.*
cuminaldèide [comp. di *cumin(o)* e *aldeide*; 1991] **s. f.** ● (*chim.*) Liquido incolore, dall'odore di cumino, del cui olio costituisce un componente essenziale, usato in profumeria.
cumìnico [da *cumino*; 1865] **agg.** (**pl. m.** *-ci*) ● (*chim.*) Detto di composto che contiene o che deriva dal radicale cumenile | ***Acido c.***, acido, organico, monobasico, cristallino, bianco, ottenuto per ossidazione del cuminolo | ***Aldeide cuminica***, cuminaldeide.
cumìno o **cimìno (1)**, **comìno** [vc. dotta, lat. *cymīnu(m)*, dal gr. *kýminon*, di orig. semitica; av. 1292] **s. m.** *1* Pianta erbacea delle Ombrellifere con fusto sottile e ramoso, fiori in ombrelle e frutto allungato dai semi aromatici usati in cucina, nella preparazione del kümmel e come medicinali (*Cuminum cyminum*). ➡ **ILL. piante**/7. *2* ***C. dei prati, c. tedesco***, pianta erbacea delle Ombrellifere con fiori di color bianco o rosa e frutto aromatico ad achenio (*Carum carvi*). **SIN.** Carvi. *3* ***C. nero***, cominella.
cuminòlo [da *cumino*; 1964] **s. m.** ● (*chim.*) Aldeide liquida, contenuta nell'olio essenziale di cumino, impiegata in profumeria.
cummènda ● V. *commenda (2).*
cùmolo ● V. *cumulo.*
cumquibus /kuŋ'kwibus, kum-/ ● V. *conquibus.*
cumulàbile [1975] **agg.** ● Che si può cumulare:

la pensione non è c. con lo stipendio.

cumulabilità [1985] s. f. • Condizione di ciò che è cumulabile.

cumulàre [vc. dotta, lat. *cumulāre*, da *cŭmulus* 'cumulo'; av. 1306] v. tr. (*io cùmulo*) • Mettere insieme, ammassare, ammucchiare (*anche fig.*): *c. gli interessi di una somma di denaro*; *c. gli impieghi, gli incarichi.*

cumulativo [da *cumulo*; 1673] agg. *1* Che cumula | ***Conto c.***, che riunisce più conti insieme | Collettivo: *trasporto, servizio c.* | ***Biglietto c.***, unico, per due o più persone. *2* (*dir.*) Che aggiunge al vecchio un nuovo debitore in solido: *accollo c.* | ***Obbligazione cumulativa***, in cui sono dovute due o più prestazioni. || **cumulativaménte**, avv. In modo cumulativo; *votare cumulativamente*, senza la distinzione delle varie parti di una proposta, di un ordine del giorno.

cumulatóre [vc. dotta, lat. tardo *cumulatōre(m)*, da *cumulāre* 'cumulare'; av. 1519] s. m.; anche agg. (f. *-trice*) • (*raro*) Chi (o Che) cumula.

cumulazióne [vc. dotta, lat. tardo *cumulatiōne(m)*, da *cumulāre* 'cumulare'; 1673] s. f. • (*raro*) Il cumulare | Cumulo.

cumulifórme [comp. di *cumulo* e *-forme*; 1958] agg. • A forma di cumulo: *nubi cumuliformi.*

cùmulo o **cùmolo** [vc. dotta, lat. *cŭmulu(m)* 'cumulo', di etim. incerta; 1483] s. m. *1* Insieme, mucchio di cose dello stesso tipo ammassate senza ordine (*anche fig.*): *un c. di giornali, di biancheria*; *dire un c. di bugie, di sciocchezze* | ***C. di cariche***, l'ammassarsi di più cariche in una sola persona | ***C. di cause***, riunione nello stesso processo di più cause connesse | ***C. di pene***, irrogazione di più pene alla stessa persona | ***C. dei redditi***, unione dei redditi dei coniugi ai fini della determinazione dell'imposta. *2* Nube isolata, densa, a contorni definiti, di notevole sviluppo verticale, con sommità a forma di cupola. ➡ ILL. p. 2134 SCIENZE DELLA TERRA ED ENERGIA.

cumulonémbo [comp. di *cumulo* e *nembo*; 1935] s. m. (pl. *cumulinémbi*) • Nube densa, scura, a forte sviluppo verticale, simile a montagna o a grande torre | Nube temporalesca che apporta pioggia violenta e talvolta grandine. ➡ ILL. p. 2134 SCIENZE DELLA TERRA ED ENERGIA.

cumulostràto [comp. di *cumulo* e *strato*; 1987] s. m. (pl. *cumulistràti*) • (*meteor.*) Stratocumulo.

cùna [vc. dotta, lat. *cūna(m)*, di etim. incerta; 1313] s. f. *1* (*lett.*) Culla: *nasce al bosco in rozza c. / un felice pastorello* (METASTASIO) | (*est., fig.*) Luogo natale: *la c. delle arti* | ***Dalla c.***, fin dall'infanzia. *2* (*raro*) Cunetta, canaletto. *3* †Cassa del carro: *Poscia vidi avventarsi ne la c. / del triunfal veiculo una volpe* (DANTE *Purg.* XXXII, 118-119). || **cunétta**, dim. (V.).

cuneàto [vc. dotta, lat. *cuneātu(m)*, deriv. di *cŭneus* 'cuneo'; av. 1557] agg. *1* Munito di cunei. *2* (*arald.*) Detto di pezze o figure delimitate da un linea di partizione a zigzag.

cuneése o **cuneénse A** agg. • Di Cuneo. **B** s. m. e f. • Abitante, nativo di Cuneo.

cuneifórme [comp. di *cuneo* e *-forme*; av. 1673] **A** agg. • Che ha forma di cuneo: *foglie cuneiformi* | (*anat.*) ***Ossa cuneiformi***, le tre ossa del tarso | ***Scrittura c.***, usata dai Sumeri, dagli Assiro-Babilonesi e da altri antichi popoli asiatici, costituita da caratteri cuneiformi | ***Caratteri cuneiformi***, formati da uno o più cunei tracciati da sinistra a destra. **B** s. m. • Scrittura cuneiforme.

cùneo o †**cùgno** [vc. dotta, lat. *cŭneu(m)*, di etim. incerta; av. 1292] s. m. *1* (*mat.*) Figura solida che ha la forma di un prisma a sezione di triangolo gener. isoscele. *2* Pezzo di legno o di ferro a forma di prisma triangolare con un angolo molto acuto che ne permette la penetrazione in un corpo da spaccare | (*falegnameria*) Pezzo di legno a sezione triangolare usato per consolidare i punti di giunzione. | (*est.*) Qualsiasi oggetto di tale forma. *3* (*fig.*) Ciò che penetra a fondo vincendo una resistenza o causando dolore: *l'angoscia è come un c. nel cuore.* *4* (*arch.*) Ciascuno dei blocchi di pietra a sezione trapezoidale che, disposti a raggiera in modo che le facce oblique dei blocchi contigui combacino, formano l'arco. *5* (*mil.*) Formazione di battaglia con i reparti disposti a triangolo | ***C. di mira***, rudimentale congegno di puntamento delle antiche artiglierie, da introdurre tra culatta e affusto per variare l'inclinazione della bocca da fuoco. ➡ ILL. p. 2121 ARCHITETTURA. *6* Porzione del teatro e dell'anfiteatro romano racchiusa fra due scale dipartentisi a raggiera dal basso verso l'alto. *7* (*raro*) Antico strumento di tortura.

cunétta [1609] s. f. *1* Dim. di *cuna*. *2* Canaletto di scolo per acque spec. piovane, o liquidi di rifiuto, posto ai lati delle strade, nelle fortificazioni, nelle stalle e altrove. *3* (*est.*) Avvallamento spec. del fondo stradale, indicato da apposito segnale di pericolo; CONTR. Dosso | Avvallamento, fondo irregolare, in una pista da sci.

cunìcolo (*1*) o †**conìcolo**, (*raro*) **cunìculo** [vc. dotta, lat. *cunīculu(m)*, di orig. preindeur.; av. 1292] s. m. • Stretta galleria sotterranea, di sezione variabile, diversamente utilizzata in fortificazioni, scavi di gallerie, collocazione di tubi, cavi e sim.

cunìcolo (*2*) [comp. del lat. *cunī(culus)* 'coniglio' e di *-colo*; 1942] agg. • Che si riferisce all'allevamento dei conigli.

cunicoltóre o **cunicultóre** [comp. del lat. *cunī(culus)* 'coniglio' e di *-coltore*, sul modello di *agricoltore*; 1956] s. m. (f. *-trice*) • Allevatore di conigli.

cunicoltùra o **cunicultùra** [comp. del lat. *cunī(culus)* 'coniglio' e di *-coltura*; 1956] s. f. • Allevamento dei conigli.

cunìculo • V. *cunicolo* (*1*).

cunicultóre • V. *cunicoltore*.

cunicultùra • V. *cunicoltura*.

cunnilincto [vc. dotta, lat. *cunnilīnctu(m)*, comp. di *cŭnnus* 'conno, vulva' e *līnctus* 'leccamento, lambimento', da *lingĕre* 'leccare'] s. m. • Cunnilingio.

cunnilingio [foggiato su *cunnilinguo*; 1918] s. m. • Pratica erotica consistente nello stimolare con la lingua i genitali esterni femminili. SIN. Cunnilincto.

cunnilinguo [vc. dotta, lat. *cunnilīngu(m)*, comp. di *cŭnnus* 'conno, vulva' e del tema di *līngere* 'leccare'; av. 1910] s. m. (f. *-a*) • Chi pratica il cunnilingio.

cunningham /ingl. 'kʰʌnɪŋəm, -ˌhæm/ [vc. ingl., prob. da un n. proprio] s. m. inv. • (*mar.*) Manovra corrente che nelle imbarcazioni a vela permette di rendere più piatta la vela, tirando verso il basso un'apposita bugna posta poco al di sopra del punto di mura.

†**cùnta** [dal lat. *cunctāri* 'indugiare', di orig. indeur.; 1319] s. f. • Indugio, dimora.

cùnzia [sp. *juncia*, dal lat. *iūncea(m)* 'simile al giunco', deriv. di *iūncus* 'giunco'; av. 1698] s. f. • Pianta delle Ciperacee dalla cui radice a tubero si distillano essenze profumate (*Cyperus rotundus*).

♦**cuòcere** o (*raro, pop.*) **còcere**, †**quòcere** [lat. parl. **cŏcere*, per il classico *cŏquere*, di orig. indeur.; av. 1250] **A** v. tr. (pres. *io cuòcio, noi cuociàmo* o *cociàmo*; pass. rem. *io còssi, tu cuocésti* o *cocésti*; congv. pres. *io* (*tu, egli*) *cuòcia, noi cuociàmo* o *cociàmo, voi cuociàte* o *cociàte, essi cuòciano*; congv. imperf. *io cuocéssi* o *cocéssi*; part. pres. *cuocénte* o *cocénte*; part. pass. *còtto*, raro *cociùto* spec. nei sign. A 3, B 3 e C 2; ger. *cuocèndo* o *cocèndo*; in tutta la coniug. di *cocere* la *o* dittonga in *uo* soprattutto se accentata; esistono forme come *cocevo, cocerò, cocessi* insieme alle più comuni *cuocevo, cuocerò, cuocessi*) *1* Sottoporre all'azione del fuoco o del calore: *c. mattoni, terra, calcina, metalli, colori* | Cucinare: *c. carne, pasta, verdura*; *c. arrosto, in umido*; *c. a fuoco vivo, a fuoco lento, a bagnomaria*; *c. in padella, sulla graticola, sotto la cenere, allo spiedo, al forno*; *c. a carbone, a legna, a gas* | (*est.*) Abbrustolire: *c. le castagne sulle braci.* *2* Bruciare, disseccare, inaridire: *il sole cuoce la terra, la pelle*; *Se 'l foco al tutto nuoce / Et me arde et non cuoce* (MICHELANGELO) | ***Il gelo cuoce l'erba***, la dissecca | ***Il sole cuoce la frutta***, la matura. *3* (*raro, fig.*) Fare innamorare. **B** v. intr. (aus. *essere*) *1* Essere sottoposto a cottura: *l'arrosto cuoce nel forno*; *i mattoni cuociono col calore* | (*fig.*) ***Lasciare c. qlcu. nel suo brodo***, disinteressarsi di lui. *2* Bruciare, inaridire: *la vegetazione cuoce col calore eccessivo.* *3* (*fig.*) Essere umiliante, offensivo: *è un affronto che cuoce.* **C** v. intr. pron. *1* Essere sottoposto al procedimento di cottura: *la pasta si sta cuocendo*; *il vaso si è cotto bene.* *2* Scottarsi: *cuocersi al sole* | (*fig., raro*) Innamorarsi. *3* (*fig.*) Affliggersi: *cuocersi per un'umiliazione.* *4* †Ubriacarsi.

cuocitóre • V. *cocitore*.

cuocitùra • V. *cocitura*.

♦**cuòco** o (*pop.*) †**còco**, †**quòco** [lat. *cŏcu(m)*, da *cŏquere* 'cuocere'; sec. XIII] s. m. (f. *-a*; pl. m. *-chi*) • Chi cucina: *complimenti alla cuoca!* | Chi per mestiere è addetto alla preparazione e cottura dei cibi in alberghi, ristoranti e sim. | ***Primo c.***, capocuoco | ***C. capopartita***, nella cucina di un grande albergo o ristorante, cuoco responsabile di un solo settore, per es. delle minestre o dei secondi piatti, subordinato al capocuoco.

cuoiàio o **coiàio**, †**coiàro**, †**quoiàio** [lat. *coriāriu(m)*, da *cŏrium* 'cuoio'; av. 1313] s. m. (f. *-a*) • Chi concia o vende il cuoio.

cuoiàme o **coiàme** [av. 1388] s. m. • Assortimento di oggetti di cuoio.

cuoiàttolo o **coiàttolo** [da *cuoio*; 1759] s. m. • Residuo della lavorazione di cuoio o pelli, utilizzato in alcune zone per concime.

cuoieria o **coieria** [1965] s. f. • Negozio di cuoi.

cuoietteria [da *cuoio*] s. f. • Lavorazione del cuoio vegetale per ottenere oggetti di pelletteria.

♦**cuòio** o (*tosc.*) **còio**, †**còrio** (*1*), †**quòglio**, †**quòio** [lat. *cŏriu(m)*, da una radice che indica un oggetto che si stacca e specialmente 'la pelle, la scorza'; av. 1306] s. m. (pl. m. *cuòi* nei sign. 1, 2 e 6, pl. f. *cuoia* nei sign. 3, 4 e 5) *1* Pelle degli animali resa inalterabile con la concia: *borsa, valigia, scarpe di c.* | ***C. al cromo***, conciato con solfato basico di cromo | ***C. al naturale***, cuoio conciato e non pigmentato | ***C. per tomaia***, adatto per confezione di calzature | ***C. bulgaro, russo***, che si otteneva conciando con scorza di salice e betulla | ***C. scamosciato***, ottenuto conciando con oli di animali marini croste di montone, pelli di daino, di capriolo e di camoscio | ***C. sintetico***, sostituto del cuoio naturale ottenuto per agglomerazione di residui fibrosi di cuoio a mezzo di dispersioni di resine sintetiche | ***C. d'oro***, cordovano | (*fig.*) ***Teste di c.***, V. *testa*. *2* (*anat.*) ***C. capelluto***, strato della cute, coperto da capelli, che riveste la volta cranica. *3* (*fig., scherz.*) Pelle del corpo umano | ***Avere le cuoia dure***, avere molta resistenza fisica | ***Distendere le cuoia***, le membra, stirandole | ***Tirare, stendere, lasciarci le cuoia***, morire. *4* (*est.*) †Cartapecora per scrivere: *in su le vecchie e 'n su le nuove cuoia* (DANTE *Par.* XXIV, 93). *5* †Pelle degli animali, spec. del serpente. *6* (*est.*) †Buccia della frutta. || **cuoiàccio**, pegg.

†**cuoprire** • V. *coprire*.

cuòra [lat. *cŏria*, pl. di *cŏrium* 'cuoio, crosta'; av. 1613] s. f. *1* Strato di terreno molle formato da residui di vegetazione palustre, rami secchi e sim. che galleggia nelle paludi. SIN. Aggallato. *2* Strato erboso che galleggia su laghi e sim.

cuorcontènto o **corcontènto** [comp. di *cuore* e *contento*; av. 1850] s. m. e f. inv. • Persona allegra e spensierata, priva di complicazioni o preoccupazioni: *una bella faccia da c.*

♦**cuòre** o (*dial., poet.*) **còre**, †**quòre** [lat. *cŏr*, di orig. indeur.; av. 1250] s. m. *1* (*anat.*) Muscolo cavo, contrattile, posto nel torace, centro della circolazione sanguigna. CFR. -cardia, cardio-, -cardio | ***C. destro***, insieme dell'atrio destro e del ventricolo destro, destinato a convogliare il sangue venoso dalla circolazione sistemica a quella polmonare | ***C. sinistro***, insieme dell'atrio sinistro e del ventricolo sinistro, destinato a convogliare il sangue arterioso dalla circolazione polmonare a quella sistemica | ***Malattie di c.***, cardiopatie | (*chir.*) ***A, su c. aperto***, detto di interventi di cardiochirurgia che, richiedendo la sospensione dell'attività cardiaca e polmonare; sono resi possibili dall'impiego di apposite attrezzature per la circolazione extracorporea | (*chir.*) ***Macchina c. polmone***, apparecchiatura per la circolazione extracorporea del sangue del paziente durante un intervento a cuore aperto. ➡ ILL. p. 2123, 2125 ANATOMIA UMANA; **medicina e chirurgia**. *2* (*fig.*) Sede dei sentimenti, delle emozioni, dei pensieri, dell'amore e sim.: *c. nobile, generoso, delicato, tenero, puro*; *l'intimo, il profondo, l'abisso del c.*; *i moti, la voce, i palpiti del c.* | ***Amico del c.***, amico prediletto | ***Donna del c.***, donna amata | (*raro, lett.*) ***Abbondanza del c.***, pienezza di affetti | ***Persona di buon c.***, generosa | ***Di buon c., di c., di tutto c., con tutto il c.***, volentieri, sinceramente, generosamente e sim. | ***In cuor suo***, dentro di sé | (*sett.*) ***Col c. in mano***, sinceramente | ***A c. aperto***, sinceramente |

Avere il c. di ferro, *di pietra*, *di ghiaccio*, essere spietato, insensibile | *Avere una spina nel c.*, avere una grave preoccupazione, un rimorso e sim. | *Avere il c. sulle labbra*, essere sincero | *Avere qlcu. nel c.*, amarlo | *Avere a c. qlco.*, averla molto cara | *Avere il c. libero*, non essere innamorato | *Avere in c. di fare*, avere l'intenzione | *Dar c.*, incoraggiare | *Dare*, *donare il c. a qlcu.*, offrirgli il proprio amore | *Rubare*, *prendere il c. a qlcu.*, conquistare il suo amore | (*raro*, *lett.*) *Dar nel c. a qlcu.*, affliggerlo | (*lett.*) *Essere nel c. a qlcu.*, essere molto amato | *Stare a c. a qlcu.*, premergli, importargli | *Sentirsi stringere il c.*, provare un dolore e sim. | *Sentirsi allargare il c.*, provare sollievo | *Col c. in gola*, con forte affanno; (*fig.*) con angoscia | *Sentirsi ridere il c.*, essere allegro, felice | *Sentire un tuffo al c.*, provare un'emozione improvvisa | *Ridere di c.*, *a c. aperto*, in modo particolarmente vivace e allegro | *Struggersi il c.*, soffrire, spec. per amore | *Mangiarsi*, *rodersi il c.*, consumarsi di rabbia | *Mettersi il c. in pace*, rassegnarsi | (*lett.*) *Mettersi*, *porsi in c. qlco.*, *fermare il c. in qlco.*, fare un fermo proponimento | *Mettersi una mano sul c.*, fare appello alla propria coscienza | *Prendersi a c. qlco.*, occuparsene, interessarsene con particolare zelo | *A cuor leggero*, senza aver meditato a sufficienza: *non è una decisione da prendersi a cuor leggero*; con tranquilla serenità: *ha affrontato il processo a c. leggero* | *Toccare il c. di qlcu.*, commuoverlo | *Arrivare al c. di qlcu.*, conoscerlo intimamente, e fare profonda impressione su di lui | (*raro*, *lett.*) *Cadere in c.*, venire in mente | *Leggere nel c. a qlcu.*, conoscere il suo carattere, prevedere le sue reazioni e sim. | *Aprire il proprio c.*, manifestare sinceramente i propri sentimenti, pensieri e sim. | *Spezzare*, *trafiggere*, *strappare*, *schiantare il c. a qlcu.*, farlo soffrire profondamente. ***3*** (*fig.*) Ardimento, coraggio: *prendere*, *dare c.* | *Di poco c.*, pusillanime | *Perdersi di c.*, smarrirsi, perdersi di coraggio | *Fare c. a qlcu.*, fargli coraggio | *Farsi c.*, *pigliar c.*, farsi coraggio | *Non gli regge*, *non gli basta il c.*, non ha il coraggio | *L'atleta*, *la squadra ha gareggiato col c.*, con grande slancio e tenacia. ***4*** (*est.*) La persona, considerata nei suoi sentimenti, nei suoi affetti: *un c. semplice*; *è un nobile c.* | *Cuor di leone*, persona coraggiosa | *Cuor di coniglio*, persona vile, paurosa | *C. solitario*, che soffre profondamente per la propria solitudine amorosa | *Cuor mio!*, amore mio, mio caro. ***5*** (*fig.*) Sentimenti, rapporti amorosi: *affari*, *pene di c.* ***6*** (*est.*) La zona del petto dove risiede il cuore: *si strinse il figlio al c.* ***7*** (*est.*) Oggetto a forma di cuore: *sopra l'altare c'è un c. d'argento.* ***8*** (*al pl.*) Uno dei quattro semi delle carte da gioco francesi. ***9*** Punto centrale di qlco.: *il c. della città* | *Nel c. della notte*, a notte alta | *Nel c. dell'estate*, in piena estate | *C. del legno*, durame | (*arald.*) Punto centrale dello scudo. ***10*** (*est.*) Parte più interna di qlco.: *il c. della pera* | Nella tecnica di distillazione alcolica, il prodotto più pregiato, ottenuto scartando la testa e la coda | (*agr.*) *Malattia del c.*, annerimento della parte centrale dei tuberi di patata. ***11*** (*zool.*) *C. di mare*, mollusco marino dei Lamellibranchi con conchiglia spessa e convessa, che vive su fondi fangosi (*Cardium edule*). ***12*** (*bot.*) *C. di Maria*, pianta ornamentale delle Papaveracee (*Dicentra spectabilis*). || PROV. Occhio non vede, cuore non duole; occhio che non vede, cuore che non desidera. || **cuoriciàttolo**, pegg. | **cuoricino**, dim.

cuorétto o **corétto** (2) [da *cuore*, perché si portava sul cuore] s. m. ● Strumento di penitenza che si portava sul cuore.

cuorifórme [comp. di *cuore* e *-forme*; 1887] agg. ● Che ha forma di cuore: *foglia c.*

cupé [1830] s. m. o f. ● Adattamento di *coupé* (V.).

†**cùpere** [vc. dotta, lat. *cŭpere*, di etim. incerta; 1321] v. tr. (oggi difett. usato solo per la terza pers. sing. dell'indic. pres. *cùpe* poet.) ● Desiderare ardentemente: *Imagini, chi bene intender cupe / quel ch'i' or vidi* (DANTE *Par.* XIII, 1-2).

cuperòsa ● V. *copparosa*.

cupézza [da *cupo*; sec. XIV] s. f. ● Caratteristica di ciò che è cupo (*anche fig.*): *la c. delle acque*; *la c. di uno sguardo*.

†**cupidézza** [av. 1294] s. f. ● Cupidigia.

cupidigia [da *cupido* (*1*); sec. XIII] s. f. (pl. *-gie*) ● (*lett.*) Sfrenato e intenso desiderio di beni e piaceri materiali: *c. di denaro*, *d'onori*, *di gloria* | Bramosa avidità: *Oh cieca c. e ira folle!* (DANTE *Inf.* XII, 49) | (*lett.*) Concupiscenza, lussuria.

†**cupìdine** (1) [vc. dotta, lat. *cupīdine(m)*, da *cŭpidus* 'cupido (1)'; av. 1405] s. f. ● (*lett.*) Cupidigia, desiderio.

†**cupìdine** (2) ● V. *cupido* (*2*).

cupidità o †**cupiditàde**, †**cupiditàte** [vc. dotta, lat. *cupiditāte(m)*, da *cŭpidus* 'cupido (1)'; av. 1292] s. f. ● (*raro*, *lett.*) Cupidigia | Caratteristica di chi è cupido.

cùpido (1) [vc. dotta, lat. *cŭpidu(m)*, da *cŭpere* 'bramare'. V. *cupere*; av. 1294] agg. ● (*lett.*) Desideroso, bramoso, fortemente avido: *c. di denaro*, *di ricchezze*; *c. di sapere*, *di apprendere* | Lascivo, concupiscente: *sguardo c.*; *occhi cupidi.* || **cupidaménte**, avv. (*lett.*) In modo cupido.

cupìdo (2) o (*lett.*) †**cupìdine** (2) [vc. dotta, lat. *Cupĭdo*, nom. sing., da *cupīdo* 'desiderio', da *cŭpidus* 'cupido'; 1313] s. m. ● Immagine dipinta o scolpita raffigurante Cupido, dio dell'amore: *cupidi alati*.

†**cupìle** o †**cùpilo** [dal lat. *cūpa* 'botte', di etim. incerta] s. m. ● Alveare.

cùpio dissòlvi [loc. lat., propr. 'desidero (dal v. *cŭpere*) dissolvermi'; 1991] loc. sost. m. inv. ● Desiderio di autodistruzione, rifiuto dell'esistenza (con riferimento al motto della patristica latina con il quale veniva espressa l'aspirazione ad annientarsi in Cristo): *abbandonarsi a un insensato cupio dissolvi*.

♦**cùpo** [da avvicinare al lat. *cūpa* 'botte'. V. *cupile*; 1282] **A** agg. ***1*** (*lett.*) Profondo: *abisso c.*; *nelle più cupe e cieche / viscere della terra* (METASTASIO) | (*region.*) Cavo: *tazza cupa* | *Piatto c.*, scodella. ***2*** Privo di luce, non illuminato: *selva*, *notte*, *penombra cupa*; *macchia cupa*. SIN. Buio, oscuro, scuro. ***3*** (*est.*) Di tonalità scura, detto di colore: *rosso*, *verde c.* | (*fig.*) *Descrivere qlco. a tinte cupe*, accentuarne i lati tragici. ***4*** Basso, indistinto, poco chiaro, detto di suono: *voce cupa*; *fragore c.* ***5*** (*fig.*) Pensieroso, taciturno: *carattere*, *atteggiamento c.* | Intenso, sofferto: *collera*, *ira cupa*; *c. dolore.* || **cupaménte**, avv. **B** s. m. ***1*** (*lett.*) †Profondità tenebrosa | †Inferno: *Non è sanza cagion l'andare al c.* (DANTE *Inf.* VII, 10). ***2*** Arnia o alveare rustico. SIN. Bugno.

cùpola [vc. dotta, lat. tardo *cūpula(m)*, da *cūpa* 'botte'. V. *cupile*; av. 1363] s. f. ***1*** (*arch.*) Volta generata dalla rotazione intorno a un asse verticale di una curva piana meridiana | Tipo di volta a pianta circolare, ellittica o poligonale, la cui struttura può essere, oltre che emisferica, depressa, rialzata od ogivale. ***2*** Tetto generalmente emisferico, girevole e apribile: *la c. di un osservatorio astronomico*; *c. delle casematte corazzate.* ***3*** Nel gergo teatrale, parte alta della sala teatrale. ***4*** (*est.*) Sommità convessa di vari oggetti: *la c. di un cappello*, *di un elmo.* ***5*** Ammasso di lava viscosa ristagnante sopra un condotto vulcanico. ***6*** (*fig.*) Struttura dirigente di un'organizzazione di tipo mafioso. ***7*** (*bot.*) Involucro coriaceo o legnoso che avvolge i frutti delle piante delle Cupulifere. ***8*** (*raro*) Volta di graticci nei giardini. SIN. Capanno. ***9*** (*raro*) La volta celeste. || **cupolétta**, dim. | **cupolétto**, dim. m. | **cupolina**, dim. | **cupolino**, dim. m. (V.) | **cupolóna**, accr. | **cupolóne**, accr. m. (V.) | **cupolòtto**, dim. m.

cupolifórme o **cupulifórme** [comp. di *cupola* (o, nella var., del lat. *cūpula*) e *-forme*] agg. ● A forma di cupola: *tetto c.*

cupolino [av. 1696] s. m. ***1*** Dim. di *cupola*. ***2*** Piccola copertura a cupola posta sopra la buca del suggeritore. ***3*** Calotta piccola e rotonda di certi cappelli femminili.

cupolóne [1865] s. m. ***1*** Accr. di *cupola*. ***2*** (*fam.*, *per anton.*) La cupola di S. Pietro a Roma e di S. Maria del Fiore a Firenze | *La città del c.*, (*per anton.*) Roma o Firenze | *All'ombra del c.*, (*per anton.*, *fig.*) a Roma o a Firenze.

cupóne [1881] s. m. ● Adattamento di *coupon* (V.).

cupralluminio o **cuproalluminio** [comp. di *cupro-* e *alluminio*; 1956] s. m. ● Lega del rame con alluminio | *C. normale*, quello col 10% di alluminio.

cuprammònio o **cuproammònio** [comp. di *cupro-* e *ammonio*; 1956] s. m. ● (*chim.*) Ione complesso, bivalente, positivo, costituito da un atomo di rame e da quattro molecole di ammoniaca.

cupràto s. m. ● (*chim.*) Sale dell'acido cuprico.

cuprène [da *cupro-*, perché si ottiene riscaldando l'acetilene in presenza di rame o ossido di rame; 1964] s. m. ● (*chim.*) Massa solida, giallastra, dall'aspetto di sughero, ottenuta dall'acetilene per riscaldamento in presenza di spugna di rame e impiegata come isolante termico.

cùpreo [vc. dotta, lat. *cŭpreu(m)*, da *cŭprum* 'rame'; 1797] agg. ● (*lett.*) Che ha il colore rossastro caratteristico del rame: *vasi cuprei*.

Cupressàcee [vc. dotta, dal lat. *cuprĕssus* 'cipresso' e *-acee*; 1951] s. f. pl. (sing. *-a*) ● Nella tassonomia vegetale, famiglia di alberi o arbusti delle Conifere con fusto molto ramificato, foglie aciculari o squamiformi e strobili legnosi o coriacei (*Cupressaceae*).

cùprico [dal lat. *cŭprum* 'rame' (V. *cupro-*); 1865] agg. (pl. m. *-ci*) ● Di, relativo al rame o ai suoi composti | Detto di sostanza che contiene rame o di composto del rame trivalente: *acido c.*

cuprifero [comp. del lat. *cŭprum* 'rame' e *-fero*; 1847] agg. ● Che contiene rame: *suolo c.*

cuprismo [dal lat. *cŭprum* 'rame' (V. *cupro-*); 1892] s. m. ● Intossicazione cronica da rame, caratterizzata da paralisi muscolare e formazione di caratteristico orletto verdastro alle gengive.

cuprite [comp. di *cupro-* e *-ite* (*2*); 1940] s. f. ● (*miner.*) Ossido di rame, minerale di alterazione nei giacimenti cupriferi.

cùpro- [vc. dotta, lat. *cŭpru(m)* 'rame', da (*āes*) *cy̆prium* 'bronzo di Cipro'] primo elemento ● In parole composte della terminologia scientifica, significa 'rame' o indica relazione con il rame: *cupralluminio*, *cuprolega*.

cuproalluminio ● V. *cupralluminio*.

cuproammònio ● V. *cuprammonio*.

cuprolèga [comp. di *cupro-* e *lega*; 1970] s. f. ● Lega in cui il componente principale è il rame.

Cupulifere [comp. del lat. tardo *cūpula* 'cupola' e di *-fero*; 1865] s. f. pl. (sing. *-a*) ● Nella tassonomia vegetale, famiglia di piante arboree delle Dicotiledoni con foglie intere e frutto a maturità chiuso, avvolto nella cupola e contenente un solo seme (*Cupuliferae*). SIN. Fagacee.

cupulifórme ● V. *cupoliforme*.

♦**cùra** [lat. *cūra(m)*, di etim. incerta; av. 1306] s. f. ***1*** Interessamento sollecito e costante per qlcu. o qlco.: *c. della famiglia*; *c. dell'educazione dei figli*; *c. del corpo*, *dell'abbigliamento* | Premura, sollecitudine | *Prendere*, *avere c. di qlcu.*, occuparsene | *Abbiti c.!*, cura la tua salute | Riguardo, attenzione: *maneggiare qlco. con c.* ***2*** Oggetto di costante interesse: *l'automobile è la sua unica c.* ***3*** (*lett.*) Preoccupazione, affanno, dolore: *vivrò fra i miei tormenti e le mie cure* (TASSO). ***4*** Accuratezza, diligenza nel fare qlco.: *lavoro eseguito con c.* | *A c. di*, per opera di, spec. in frontespizi di libri. SIN. Zelo. ***5*** Direzione, amministrazione, governo: *la c. della casa*, *del patrimonio*; *la c. della biblioteca* | (*raro*) Comando: *lasciò a Castruccio la c. dello esercito* (MACHIAVELLI). ***6*** Nel diritto romano, complesso delle funzioni amministrative attribuite ai singoli magistrati | †Curatela. ***7*** Ufficio e ministero del sacerdote cattolico | *C. delle anime*, amministrazione dei sacramenti e assistenza diretta dei fedeli. ***8*** Insieme delle terapie e dei medicamenti usati per il trattamento di una malattia: *c. termale*, *climatica*; *c. del sole*, *delle acque*; *c. dimagrante*, *ricostituente*, *preventiva* | *C. del sonno*, V. *sonno* | (*pop.*) Ciclo completo di trattamento con un particolare farmaco: *il medico gli ha prescritto una c. di calcio* | *C. dell'uva*, ampeloterapia | *C. di bellezza*, serie di trattamenti per migliorare l'aspetto fisico di una persona | (*est.*) L'opera del medico nei confronti di un ammalato: *affidarsi alle cure di un medico*; *avere in c. qlcu.*; *mettersi*, *essere in c. presso qlcu.*, clinica privata. CFR. -iatria, -terapia. ***9*** †Luogo dove si imbiancano i tessuti. ***10*** †Custodia. || **curétta**, dim. | **curettina**, dim.

curàbile [lat. *curābile(m)*, da *curāre* 'curare'; 1300 ca.] agg. ● Che si può curare. CONTR. Incurabile.

curabilità [1830] s. f. ● Caratteristica di curabile.

curaçao /kuras'so*, ky-, *ol.* kyra'sao, *fr.* kyra'so/ [fr., dal n. dell'isola di *Curaçao*, nelle Antille; av. 1873] s. m. inv. ● Liquore dolce a base di scorza di arancia amara, originario dell'isola di Curaçao.

curadènti [comp. di *curare* e il pl. di *dente*; 1964] s. m. inv. ● Stuzzicadenti.

curandàio [da *curare* i panni; av. 1294] s. m. (f. *-a*) *1* Operaio tessile addetto al candeggio. *2* †Lavandaio.

curànte [sec. XIV] part. pres. di *curare*; anche agg. *1* Nei sign. del v. *2* ***Medico c.***, cui è affidata la cura continuativa di un paziente.

curapìpe [comp. di *cura(re)* e il pl. di *pipa*; 1965] s. m. inv. ● Piccolo strumento metallico, costituito da più elementi, che serve a pulire il fornello della pipa e a comprimervi il tabacco.

curàre [lat. *curāre*, da *cūra* 'cura'; av. 1292] **A** v. tr. *1* Sottoporre un malato o un ferito ai trattamenti necessari per guarirlo: *c. un malato*; *c. bene, male* | Trattare una malattia, una ferita e sim. per guarirla. *2* Avere cura, fare oggetto di cura: *c. la propria cultura, la propria istruzione*; *c. la traduzione di un libro*; *c. gli interessi di qlcu.* | ***C. un avversario***, marcarlo | ***C. le anime***, esercitare il ministero sacerdotale | ***C. i propri difetti***, emendarsi. *3* Fare in modo, procurare: *tu cura che non se ne accorga.* SIN. Adoperarsi. *4* (*raro*) Avere a cuore, essere affezionato: *cura molto quel bambino* | Apprezzare, stimare: *c. il parere di qlcu.* *5* †Imbiancare i tessuti. **B** v. rifl. ● Prendersi cura della propria salute o farsi assistere da un medico: *con questi disturbi dovresti curarti di più.* **C** v. intr. pron. ● Badare a qlco., preoccuparsi di qlco.: *non curarsi delle voci maligne.*

curàrico [1956] **A** agg. (pl. m. *-ci*) ● Del, relativo al, curaro. **B** s. m. ● Farmaco derivato dal curaro o a questo affine, usato spec. in campo chirurgico per rilassare la muscolatura e abolire i movimenti volontari o riflessi.

curarina [da *curaro*; 1865] s. f. ● Principale alcaloide del curaro.

curàro [fr. *curare*, da una lingua indigena dei Caraibi; 1836] s. m. ● Sostanza velenosa estratta da alcune piante delle Loganiacee che esercita azione paralizzante sui centri respiratori, usata in medicina.

curasnétta [ant. fr. *roisnete*, dim. di *roisne*, dal lat. parl. **rūcina(m)*, per il classico *rūncina(m)* 'pialla', dal gr. *rykánē*, di etim. incerta; sec. XIV] s. f. ● (*veter.*) Ferro chirurgico usato in podologia.

curassò [av. 1921] s. m. ● Adattamento di *curaçao* (V.).

curàta e *deriv.* ● V. *corata* e *deriv.*

curatèla [da *curatore*, sul modello di *tutela*; 1758] s. f. ● (*dir.*) Ufficio, funzione del curatore: *esercitare la c.*

curatino [da *curare*] s. m. (f. *-a*) ● Operaio addetto alla fabbricazione di formaggi a pasta molle con latte di bufala.

curativo [sec. XIV] agg. ● Che ha la funzione di curare una malattia: *rimedio c.*; *soggiorno c. in montagna.* SIN. Terapeutico.

curàto (1) [av. 1292] part. pass. di *curare*; anche agg. ● Nei sign. del v.

curàto (2) [detto così perché ha cura delle anime; 1619] s. m. *1* Sacerdote che esercita la cura delle anime. SIN. Pievano, prevosto, parroco | In alcune regioni italiane, sacerdote che aiuta il parroco. *2* In diritto canonico, sacerdote che coadiuva il parroco, o sacerdote con poteri quasi parrocchiali. *3* (*agr.*) Varietà coltivata di pero a maturazione tardiva dal frutto piuttosto grosso.

curàtolo [sicil. *curatulu*, che risale, attrav. il biz., al lat. *curātor*, genit. *curatōris* 'curatore'; 1883] s. m. ● In Sicilia, sorvegliante di azienda agricola, a contratto annuo.

curatóre [vc. dotta, lat. *curatōre(m)*, da *curāre* 'curare'; 1308] s. m. (f. *-trice*) *1* (*dir.*) Persona incaricata dell'amministrazione degli interessi di chi non è in grado di provvedervi da sé: *c. del nascituro, dell'inabilitato, del minore* | ***C. del fallimento***, persona incaricata di amministrare il patrimonio di chi è stato dichiarato fallito. *2* Chi cura qlco.: *il c. di un'antologia.* *3* (*raro*) Guaritore.

curazìa [da *curato* (*1*), sul modello di *abbazia*; 1910] s. f. ● Chiesa e giurisdizione del curato.

curbasciàta [1919] s. f. ● Colpo di curbascio.

curbàscio [fr. *courbache*, dal turco *kirbaç*; 1895] s. m. ● Specie di frusta o scudiscio di pelle durissima, spec. di ippopotamo, un tempo in uso nelle galere a remi della marineria ottomana per incitare o punire i rematori | (*est.*) Staffile orientale per punizione.

cùrcas [vc. del Malabar; 1931] s. m. ● Piccolo albero tropicale delle Euforbiacee, dai cui semi, nerastri e opachi, si estrae un olio purgativo (*Jatropha curcas*).

curciatòvio ● V. *kurciatovio.*

curculióne [vc. dotta, lat. *curculiōne(m)*, di orig. onomat.; av. 1718] s. m. ● Denominazione di vari Insetti dei Coleotteri dannosi alle piante.

Curculiònidi [vc. dotta, comp. di *curculion(e)* e *-idi*; 1951] s. m. pl. (sing. *-e*) ● Nella tassonomia animale, famiglia di Insetti dei Coleotteri piccoli con corpo tozzo e capo prolungato in un rostro alla cui estremità si trovano le robuste mandibole (*Curculionidae*).

cùrcuma [ar. *kurkum* 'zafferano'; sec. XIV] s. f. ● Genere di piante erbacee aromatiche delle Zingiberacee con foglie grandi, ovali e fiori raccolti in spiga, variamente colorati (*Curcuma*).

curcumìna [da *curcuma*; 1865] s. f. ● Sostanza colorante gialla, in cristalli, estratta dai rizomi della curcuma.

cùrdo [ar. *kurd*; av. 1557] s. m. (f. *-a*); *anche* agg. ● Chi appartiene a una popolazione stanziata sul confine tra Irak e Turchia, con propaggini nell'Iran, nella Siria e nell'Armenia.

curetage /*fr.* kyʀ'taːʒ/ [vc. fr., dal v. *cureter* 'raschiare con il raschiatoio (*curette*)'] s. m. inv. ● Procedura chirurgica di raschiamento di una mucosa o di un tessuto in genere a scopo diagnostico o terapeutico.

cùria [vc. dotta, lat. *cūria(m)*, di etim. incerta; av. 1306] s. f. *1* Nel diritto romano, ripartizione territoriale e amministrativa della tribù | Luogo di riunione del senato e delle assemblee municipali | Assemblea nel suo insieme. *2* Nel mondo medievale, organo amministrativo con funzioni giudiziarie | Adunanza e assemblea popolare. *3* (*raro*) Luogo ove si discutono le cause e si rende giustizia | Complesso dei procuratori e avvocati di un luogo. *4* ***C. romana***, complesso dei dicasteri di cui si vale il Papa, in via ordinaria, per trattare gli affari che riguardano la Chiesa | ***C. vescovile, diocesana***, organo ausiliario del vescovo nel governo della diocesi che lo coadiuva nelle sue mansioni amministrative, disciplinari e contenziose. *5* †Corte.

curiàle [vc. dotta, lat. *curiāle(m)*, da *cūria* 'curia'; 1334] **A** agg. *1* (*raro*) Della, relativo alla, curia: *cariche curiali.* *2* (*est.*) Aulico, solenne: *linguaggio, stile c.* *3* (*lett.*) Cortigiano, nobile (*anche fig.*): *il nostro colloquio non è null'affatto c.* (NIEVO). *4* ***Scrittura c.***, scrittura corsiva cancelleresca della curia pontificia, con spiccato andamento verticale, accentuato prolungamento delle aste e perfetta rotondità degli occhielli. || **curialménte**, avv. **B** s. m. ● (*raro, lett.*) Chi fa parte della curia. **C** s. f. ● Scrittura curiale.

curialésco [1865] agg. (pl. m. *-schi*) ● Da curiale | (*spreg.*) Cavilloso, pedante: *discorso c.* || **curialescaménte**, avv.

curialista [1834] s. m. e f. (pl. m. *-i*) ● (*raro*) Sostenitore delle dottrine e degli interessi della Curia romana.

curiàto [vc. dotta, lat. *curiātu(m)*, da *cūria* 'curia'; sec. XIV] agg. ● Della curia della Roma antica | ***Comizio c.***, assemblea del popolo durante l'età più antica del diritto romano.

curie /ku'ri, *fr.* ky'ʀi/ [dal n. di M. *Curie*; 1935] s. m. inv. ● (*fis.*) Unità di misura dell'attività di una sostanza radioattiva pari a $3{,}7 \cdot 10^{10}$ disintegrazioni al secondo. SIMB. Ci.

cùrio [dal n. dei coniugi Pierre (1859-1906) e Marie Sklodowska *Curie* (1867-1934), fisici francesi; 1951] s. m. ● Elemento chimico, metallo, artificiale, transuranico, di numero atomico 96, appartenente al gruppo degli attinidi, ottenuto per bombardamento del plutonio con particelle alfa. SIMB. Cm.

curióne [vc. dotta, lat. *curiōne(m)*, da *cūria* 'curia'; sec. XIV] s. m. ● Nel diritto romano, capo della curia primitiva.

curiosàggine [1941] s. f. ● Curiosità abituale e fastidiosa.

curiosàre o (*fam.*) **scuriosàre** [1858] v. intr. (*io curióso*; aus. *avere*) ● Osservare, interessarsi per curiosità: *c. tra i vecchi giornali*; *c. in un dizionario* | Dimostrare una curiosità spesso indiscreta per cose e fatti altrui: *curiosava tra le mie carte*; *c. nella vita di qlcu.*

curioseggiàre v. intr. (*io curioséggio*; aus. *avere*) ● (*raro*) Curiosare.

♦**curiosità** [vc. dotta, lat. *curiositāte(m)*, da *curiōsus* 'curioso'; av. 1292] s. f. *1* Caratteristica di chi (o di ciò che) è curioso | Desiderio di sapere, indagare, conoscere: *la c. è la madre della scienza* | Desiderio di sapere i fatti altrui, per capriccio o indiscrezione: *mostra troppa c. per le mie faccende sentimentali.* *2* Cosa rara, insolita, originale: *negozio pieno di c.*; *c. letterarie.*

♦**curióso** [vc. dotta, lat. *curiōsu(m)* 'colui che si cura di qualche cosa', da *cūra* 'cura'; av. 1292] **A** agg. *1* Che vuole sapere, indagare, conoscere, che vuole istruirsi su qlco.: *c. di scienze naturali, di letteratura.* *2* Che si dimostra interessato ai fatti altrui per capriccio o indiscrezione: *siete troppo curiosi.* SIN. Ficcanaso, indiscreto. *3* Che suscita curiosità per la sua stranezza e singolarità: *un tipo c.*; *mi è successo un fatto proprio c.* | ***Una persona curiosa***, buffa, faceta | ***È curioso che ...*** è strano, è inconsueto il fatto che ... SIN. Bizzarro, strano. *4* (*raro, lett.*) Che è sollecito, diligente, accurato. || **curiosaménte**, avv. *1* In modo curioso. *2* In modo insolito e strano. *3* †Diligentemente. **B** s. m. (f. *-a*) ● Persona curiosa: *una folla di curiosi.* || **curiosàccio**, pegg. | **curiosétto**, dim. | **curiosóne**, accr.

curling /*ingl.* 'kɜːlɪŋ/ [ingl., da *to curl* 'arricciare, arrotolare', di orig. germ.; 1913] s. m. inv. ● Gioco simile a quello delle bocce, che si svolge sul ghiaccio tra due squadre di quattro giocatori, i quali fanno scivolare il più possibile vicino alla parte centrale del fondocampo dei dischi rotondi a fondo piatto muniti di impugnatura, per realizzare punti.

cùros s. m. inv. ● Adattamento di *kuros* (V.).

curricolàre o **curriculàre** [1975] agg. ● Di, relativo a curricolo, spec. scolastico: *programmazione c.*

currìcolo o **currìculo** [vc. dotta, lat. *currĭculu(m)*, da *cŭrrere* 'correre'; 1941] s. m. *1* Carriera scientifica, burocratica o accademica di una persona: *avere un brillante c.* | Resoconto sommario delle varie fasi della carriera di una persona, solitamente allegato a domande di concorso, assunzione e sim.: *inviare un dettagliato c.* | Insieme degli avvenimenti principali della vita di una persona. SIN. Curriculum vitae. *2* (*pedag.*) Attività degli operatori scolastici volta a conseguire gli obiettivi formativi di un processo educativo mediante l'integrazione continua e flessibile degli obiettivi cognitivi, dei contenuti culturali, dei metodi di apprendimento, delle tecniche di valutazione. *3* †Carretto.

curriculum [lat. V. *curricolo*; 1908] s. m. inv. (pl. lat. *curricula*) *1* Forma abbreviata di *curriculum vitae.* *2* Curricolo, nel sign. 1.

curriculum vitae /*lat.* kur'rikulum 'vite/ [vc. lat., propr. 'carriera della vita'; 1892] loc. sost. m. inv. (pl. lat. *curricula vitae*) ● Curricolo, nel sign. 1.

†**cùrro** [vc. dotta, lat. *cŭrru(m)* 'carro', da *cŭrrere* 'correre'; 1313] s. m. *1* †Carretto | †***Mettere qlcu. sul c.***, (*fig.*) spingerlo a fare qlco. | †Carro trionfale. *2* Cilindro o rullo, spec. di ferro, che, posto insieme con altri sotto oggetti pesanti, ne permette il trasporto.

curry /'kerri, 'ka-, *ingl.* 'kʌri, -ɜːri/ [ingl., dal tamil *kari* 'salsa'; 1817] s. m. inv. (pl. ingl. *curries*) ● Polvere piccante composta di varie spezie, usata per condimento, originaria dell'estremo Oriente.

cursóre [vc. dotta, lat. *cursōre(m)*, da *cŭrsus* 'corso'; av. 1374] s. m. *1* Nel diritto romano, funzionario impiegato come corriere dello Stato o di privati | Nel disusato linguaggio forense, ufficiale giudiziario addetto alla notifica di atti. *2* †Chi porta ambasciate. *3* (*elab.*) Segnale mobile che, sullo schermo di un terminale, indica il punto in cui verrà eseguita la prossima operazione da parte del sistema o dell'utente, come l'inserimento di un carattere battuto alla tastiera. *4* (*tess.*) Ring.

cursòrio [1983] agg. ● (*raro*) Che si fa rapidamente: *lettura cursoria.*

cùrsus [lat. 'corso'; 1938] s. m. inv. (pl. lat. inv.) ● Disposizione ritmica delle clausole di periodo nella prosa latina, secondo determinate leggi.

cùrsus honòrum /*lat.* 'kursus o'norum/ [vc. lat., propr. 'carriera degli onori'] loc. sost. m. inv. (pl.

lat. inv.) ● Nell'antica Roma, serie di cariche previste per i cittadini che intraprendevano la vita pubblica.

curtain wall /ingl. 'kʰɜːɹtn̩ˌwɔːɫ/ [loc. ingl., comp. di *curtain* 'cortina' (dal fr. *cortine, courtine*) e *wall* 'muro' (che risale al lat. *vāllum* 'vallo'); 1973] loc. sost. f. inv. (pl. ingl. *curtain walls*) ● (*arch.*) Negli edifici moderni, parete esterna parzialmente o totalmente vetrata, costituita da pannelli prefabbricati uniti e sostenuti da sottili intelaiature metalliche.

curtènse [vc. dotta, lat. mediev. *curtēnse(m)*, da *cŭrtis* 'corte'; 1898] agg. ● Detto del sistema economico medievale in cui il castello del feudatario e le terre circostanti costituivano l'unità economica fondamentale e autosufficiente.

cùrtis [vc. lat. mediev., dal lat. classico *cŏhors*, genit. *cohŏrtis* 'corte'] s. f. inv. (pl. lat. *curtes*) ● (*st.*) Corte nel sign. 2.

†**cùrto** ● V. *corto*.

curtòsi [gr. *kýrtōsis* 'incurvatura', da *kyrtós* 'incurvato', dalla stessa radice del lat. *cŭrvus* 'curvo'; 1987] s. f. inv. ● (*stat.*) Misura della concentrazione di una distribuzione statistica attorno al suo valore medio.

curùle [vc. dotta, lat. *curūle(m)*, da *cŭrrus* 'carro', perché in orig. era posata sopra un carro; 1321] agg. ● Detto del sedile d'avorio spettante di diritto ai magistrati romani di grado più elevato: *sedia c.*

♦**cùrva** [da *curvo*; 1631] s. f. *1* (*mat.*) Luogo geometrico delle posizioni successive assunte da un punto che si muove secondo una legge determinata | Immagine d'un intervallo reale per effetto d'una applicazione continua dell'intervallo in uno spazio topologico | Riunione di tali immagini | Correntemente, linea non retta | ***C. piana***, appartenente ad un piano | ***C. sghemba***, dello spazio ordinario, non piana | ***C. piana algebrica***, rappresentabile in coordinate cartesiane con un'equazione algebrica | ***C. algebrica dello spazio***, curva intersezione di superfici algebriche | ***C. chiusa***, priva di estremi. *2* Rappresentazione grafica di un fenomeno in un diagramma, costituita da una linea: *c. ipsografica* | ***C. batimetrica***, che unisce tutti i punti di un fondo marino o di un lago che si trovano alla stessa profondità. SIN. Isobata | ***C. di livello, altimetrica***, linea d'intersezione di un piano orizzontale con la superficie fisica terrestre, cioè il luogo di punti aventi la stessa altezza sul livello medio del mare. SIN. Isoipsa | ***C. caratteristica***, in fotografia, successione degli annerimenti di una superficie sensibile esposta a illuminazione di intensità progressiva | ***C. di magnetizzazione***, curva che esprime la dipendenza dell'induzione magnetica in un dato materiale dall'intensità del campo magnetico | ***C. di luce***, rappresentazione grafica delle variazioni della luminosità di una stella in funzione del tempo | ***C. della domanda***, in economia, quella che rappresenta la relazione fra prezzo e quantità domandata di un dato bene e quindi l'uniformità statistica per cui, al diminuire del prezzo, la quantità domandata aumenta. *3* (*spec. al pl., fig., fam.*) Rotondità accentuata del seno e dei fianchi, nel corpo femminile | ***Avere molte curve, essere tutta curve***, di donna formosa e ben fatta. *4* Punto, tratto in cui una cosa è curva o viene curvata | Tratto di strada non rettilineo, piegato ad arco: *attento alla c.!*; *c. a destra, a sinistra*; *rallentare in c.* | ***Prendere una c.***, imboccarla | Ognuno dei settori delle gradinate di uno stadio situati in corrispondenza dei lati più corti del rettangolo di gioco | (*est.*) I tifosi che occupano tali settori | (*per anton.*) ***C. sud***, la tifoseria più focosa. || **curvétta**, dim. | **curvettina**, dim. | **curvóna**, accr. | **curvóne**, accr. m.

curvàbile [vc. dotta, lat. tardo *curvābile(m)*, da *curvāre* 'curvare'; 1865] agg. ● Che si può curvare.

curvadòrsi o **curvadórsi** [comp. di *curva(re)* e il pl. di *dorso*; 1956] s. m. inv. ● Forma di legno o di lamiera metallica con cui si incurvano i dorsi delle rilegature.

curvaménto [1499] s. m. ● (*raro*) Il curvare | Curvatura.

curvàre [vc. dotta, lat. *curvāre*, da *cŭrvus* 'curvo'; 1342] **A** v. tr. ● Piegare ad arco: *c. una sbarra di ferro* | ***C. la fronte, il capo***, (*fig.*) ubbidire | ***C. la schiena***, (*fig.*) sottomettersi alla volontà di qlcu. **B** v. intr. (aus. *avere*) *1* Svoltare, girare, detto spec. di veicoli: *l'auto curvò di colpo.* *2* Formare una curva, detto spec. di strade: *la strada curvava a sinistra.* **C** v. rifl. *1* Piegarsi, flettersi: *si curvò per entrare.* *2* (*fig.*) Sottomettersi: *curvarsi davanti alla prepotenza.* **D** v. intr. pron. ● Diventare curvo: *si è curvato con la vecchiaia.*

curvatóre [1956] s. m. (f. *-trice* (V.)) ● In varie tecnologie, operaio addetto alle operazioni di curvatura.

curvatrice [1931] s. f. ● Macchina per curvare lamiere, tubi e sim.

curvatùra [vc. dotta, lat. *curvatūra(m)*, da *curvāre* 'curvare'; 1499] s. f. *1* Piegatura ad arco: *la c. del fasciame*; *una c. forte, leggera.* *2* Punto, tratto in cui una cosa è curva o viene curvata: *la c. della pista, del velodromo.* *3* (*mat.*) ***C. d'una curva piana in un punto***, grandezza che misura la rapidità con cui una curva si discosta dalla tangente; è l'inverso del raggio del cerchio che approssima la curva in quel punto | ***Raggio di c.***, raggio della circonferenza osculatrice. *4* (*anat.*) Ripiegamento formato da un organo o da una sua parte.

curvézza [sec. XIV] s. f. ● (*raro*) Caratteristica di chi è curvo.

curvilineo [comp. di *curvo* e *linea*; av. 1464] **A** agg. *1* Di figura costituita o delimitata da linee non rette: *triangolo c.* *2* Che segue un andamento a curva: *moto c.* CONTR. Rettilineo. **B** s. m. ● Strumento usato per disegnare le curve.

curvimetro [comp. di *curva* e *-metro*; 1913] s. m. ● Strumento atto a determinare la lunghezza dell'arco di curva.

curvinèrvio o **curvinèrvo** [comp. di *curvo* e *nervo*; 1887] agg. ● (*bot.*) Detto di foglia con nervature curve.

Curviròstri [comp. di *curvo* e il pl. di *rostro*; 1956] s. m. pl. (al sing. *-o*) ● Nell'antica tassonomia animale, denominazione di un gruppo di Uccelli con il becco sottile e curvato all'apice.

curvità o †**curvitàde**, †**curvitàte** [vc. dotta, lat. tardo *curvitāte(m)*, da *cŭrvus* 'curvo'; av. 1519] s. f. *1* (*lett.*) Caratteristica di ciò che è curvo | Curvatura. *2* (*raro*) Gibbosità.

cùrvo [vc. dotta, lat. *cŭrvu(m)*, di orig. indeur.; av. 1342] **A** agg. *1* Piegato ad arco, arcuato: *linea, traiettoria curva* | Piegato verso il basso, ingobbito: *capo c.*; *spalle curve*; *camminare, stare c.*; *essere c. per gli anni*; *albero c. sotto la pioggia.* *2* (*fig.*) †Malvagio, perverso. || **curvaménte**, avv. (*raro*) In figura, in posizione curva. **B** s. m. ● (*raro, lett.*) Parte curva.

curvóne [da *curv(a)* con il suff. *-one* (*1*)] s. m. ● In un tracciato stradale, curva ad ampio raggio.

cuscinàio [1963] s. m. ● (*disus.*) Noleggiatore di cuscini nelle stazioni ferroviarie.

cuscinàta [av. 1936] s. f. ● Colpo di cuscino.

cuscinétto [av. 1555] **A** s. m. *1* Dim. di *cuscino*. *2* Oggetto simile a un piccolo cuscino, o imbottito a un'estremità, adibito a vari usi: *c. per timbri.* *3* (*mecc.*) Organo meccanico sul quale trova appoggio ed entro il quale ruota un albero | ***C. a rotolamento***, caratterizzato dalla interposizione di rulli o sfere rotolanti fra due piste | ***C. a sfere***, cuscinetto a rotolamento, che contiene piccole sfere. *4* (*bot.*) Forma rotondeggiante caratteristica di alcune piante per il modo naturale di crescita dei loro rami: *pianta a c.* *5* (*fam.*) Deposito adiposo sottocutaneo. **B** in funzione di agg. inv. ● (posposto a un s., *fig.*) Intermedio, interposto fra due o più enti, persone, cose, per impedirne o mitigarne i contrasti: *Stato c.*; *zona c.*

♦**cuscino** [ant. fr. *coissin*, dal lat. *cōxa* 'coscia', quindi 'cuscino per sedersi'; sec. XIV] s. m. ● Sacchetto di stoffa o pelle, imbottito di piume, lana, crine, gommapiuma e sim. usato per appoggiarvi il capo, per sedervisi o anche come ornamento | (*est., fig.*) ***C. d'aria***, spazio tra due superfici solide in cui viene soffiata aria dai veicoli che si muovono con questo sistema. || **cuscinétto**, dim. (V.) | **cuscinóne**, accr.

cuscita [ebr. *Kūsh*, n. del primogenito di Cam; av. 1557] s. m. e f. (pl. m. *-i*) ● Membro di un antico popolo della Nubia.

cuscitico [1929] **A** agg. (pl. m. *-ci*) ● Dei Cusciti: *lingue cuscitiche.* **B** s. m. solo sing. ● Ogni lingua appartenente al sottogruppo meridionale della famiglia linguistica camitica.

cùsco [vc. malese; 1951] s. m. (pl. *-schi*) ● Genere di Mammiferi arboricoli dei Marsupiali simili al gatto, caratterizzati dalla coda prensile (*Cuscus*).

cuscùs o **cùscuṣo**, **cuscussù**, **cùscusu** nel sign. 2, **kuskùs** [ar. *kuskus*; av. 1557] s. m. inv. *1* Vivanda di origine araba a base di pallottoline di semola condite con salsa piccante, ragù di carni, umidi di pesce, stufati di verdure. *2* Vivanda tipica della cucina siciliana, analoga alla precedente, ma amalgamata con brodetto ristretto di pesce anziché con salsa piccante.

cùscuta o (*raro*) **cuscùta** [ar. *kašūt*; 1499] s. f. ● Pianta delle Cuscutacee, parassita, con fusto filiforme di color giallo pallido ricoperto da piccolissime brattee fogliari (*Cuscuta europaea*).

Cuscutàcee [vc. dotta, comp. di *cuscuta* e *-acee*] s. f. pl. (sing. *-a*) ● Nella tassonomia vegetale, famiglia di piante parassite prive di radici e di foglie, con caule volubile e filiforme e fiori piccoli bianchi o rosei (*Cuscutaceae*).

cuspidàle [1876] agg. ● Che ha forma di cuspide | Relativo, analogo a una cuspide.

cuspidàto [vc. dotta, lat. *cuspidātu(m)*, part. pass. di *cuspidāre* 'fare la punta', da *cŭspis*, genit. *cŭspidis* 'cuspide'; 1797] agg. *1* Che termina con cuspide. *2* (*bot.*) Detto di organo vegetale che termina con una punta lunga e rigida.

cùspide [vc. dotta, lat. *cŭspide(m)* 'punta della lancia', di orig. preindeur.; av. 1382] s. f. *1* Vertice, punta, spec. di una lancia, una freccia e sim. *2* (*mat.*) Singolarità di una curva in cui il punto mobile inverte bruscamente il suo cammino e in cui i valori delle tangenti da destra e da sinistra coincidono. *3* (*astrol.*) Linea di divisione tra due case astrologiche. *4* (*arch.*) Coronamento a forma triangolare di un edificio, o di parte di esso. *5* (*anat.*) Ognuno dei lembi delle valvole di comunicazione fra l'atrio e il ventricolo del cuore | Ognuno dei rilievi sulla superficie dei denti molari e premolari.

cussino [da *CUS*] s. m. (f. *-a*) ● Atleta iscritto a un Centro Universitario Sportivo (CUS).

cùsso [vc. abissina; 1887] s. m. *1* Pianta delle Rosacee con proprietà medicinali (*Hagenia abyssinica*). *2* Droga officinale che si ottiene dai fiori di tale pianta, usata come antielmintico.

cussòrgia [vc. sarda, lat. mediev. *cursōria*, nt. pl., 'porzione di pascolo', dal classico *cŭrrere* 'correre'; detti così perché erano i luoghi in cui le pecore potevano correre e muoversi liberamente; 1907] s. f. (pl. *-ge*) ● In Sardegna, concessione, da parte dell'autorità a pastori, di terre incolte destinate al pascolo: *terreno spettante in c.*

♦**custòde** [vc. dotta, lat. *custōde(m)*, di etim. incerta; av. 1342] **A** s. m. e f. ● Chi custodisce o sorveglia qlco. o qlcu. (*anche fig.*): *il c. del museo*; *i custodi della tradizione* | ***C. della scuola***, bidello | Chi ha compiti di custodia e sorveglianza in quanto organo ausiliare dell'autorità giudiziale. **B** in funzione di agg. ● (*lett.*) Che custodisce: *angelo c.*

custòdia [vc. dotta, lat. *custōdia(m)*, da *cŭstos*, genit. *custōdis* 'custode'; 1312] s. f. *1* Conservazione, cura, tutela: *avere la c. di qlco.*; *avere qlco. in c.*; *dare qlco. in c. a qlcu.*; *affidare qlco. alla c. di qlcu.* | Assistenza | Sorveglianza: *essere sotto la c. di qlcu.*; *istituto di c.* | ***Avere in c. un avversario***, nel calcio e sim., averlo in consegna, marcarlo strettamente | ***Agente di c.***, guardia carceraria | ***C. cautelare***, misura coercitiva che comporta la detenzione dell'imputato in un istituto di custodia prima della sentenza definitiva | ***Titoli a c.***, depositati presso una banca perché li amministri. *2* Astuccio usato per custodire vari oggetti: *una c. di pelle, di celluloide, di cuoio, di tela*; *la c. del violino, degli occhiali, del fucile.* CFR. -teca. *3* Ciborio. || **custodiétta**, dim.

custodiménto [1865] s. m. ● (*raro*) Custodia, cura.

♦**custodire** o (*pop.*) **custudire** [vc. dotta, lat. *custodīre*, da *cŭstos*, genit. *custōdis* 'custode'; 1321] **A** v. tr. (*io custodisco, tu custodisci*) *1* Svolgere attività di conservazione e talora di amministrazione di beni: *c. i beni sequestrati o pignorati.* *2* Conservare con cura preservando da pericoli e danni (*anche fig.*): *c. la casa in assenza del padrone*; *c. l'innocenza, l'onestà*; *ero consapevole di c. nello scrigno della memoria una folla di fantasmi* (MONTALE). SIN. Serbare, tutelare. *3* Assistere persone o animali provvedendo alle loro necessità: *c. un malato*; *c. un branco di pecore*. **4** Sorvegliare, tenere sotto controllo: *c. i prigionieri*. **B v. rifl.** ● Badare alla propria salute, riguardarsi.

custom /'kastom, *ingl.* 'kʰʌstəm/ [vc. ingl., accorc. di *custom-made*, *custom-built* 'fatto su misura'; 1985] **A agg. inv.** ● Fatto su misura, personalizzato. **B s. f. inv.** ● Tipo di motocicletta caratterizzata da ampio manubrio, piccolo serbatoio e finiture particolarmente vistose.

cutàneo [av. 1673] **agg.** ● (*anat.*) Della, relativo alla, cute: *annessi cutanei*; *superficie cutanea*.

cùte [vc. dotta, lat. *cŭte(m)*, di orig. indeur.; av. 1389] **s. f.** ● (*anat.*) Lamina epitelio-connettivale che riveste tutto il corpo dei Vertebrati | (*per anton.*) Pelle dell'uomo. **CFR.** dermato-, dermo-, derma-, -derma, -dermia | *C. anserina*, segnata da minuti rilievi alla base dei peli per contrattura del muscolo pilifero, tipica nelle reazioni da freddo; **SIN.** (*pop.*) Pelle d'oca. ➡ **ILL.** p. 2124, 2126 ANATOMIA UMANA; zoologia generale.

Cuterèbridi [etim. incerta: forse da un nome di persona] **s. m. pl.** (**sing.** *-e*) ● Nella tassonomia animale, famiglia di Ditteri americani le cui larve causano tumori cutanei in vari animali erbivori e nell'uomo (*Cuterebridae*).

cuticàgna [da *cotica*; 1313] **s. f.** ● (*scherz.*) Collottola, nuca | Pelle della nuca e cuoio capelluto: *Allor lo presi per la c.* (DANTE *Inf.* XXXII, 97).

cuticola [vc. dotta, lat. *cutícula(m)*, da *cŭtis* 'cute'; av. 1673] **s. f.** ● Strato ispessito di varie sostanze che riveste cellule od organi animali o vegetali: *c. del viso, delle unghie*.

cuticolàre [da *cuticola*; 1887] **agg.** ● Che appartiene agli strati più superficiali e sottili di rivestimento di un organo: *muscolo c.*

†**cuticùgno** [etim. incerta; av. 1749] **s. m. 1** Soprabito rozzo da campagnoli. **2** Veste da camera.

cutina [da *cute*; 1940] **s. f.** ● (*biol.*) Sostanza organica affine alla suberina secreta dai vegetali.

cutireazióne [comp. di *cute* e *reazione*; 1927] **s. f.** ● Prova biologica di reazione allergica controllata sulla cute.

cutrèttola o **cutrèttola**, †**cutrètta**, †**cutrètta** [lat. tardo *cauda(m) trĕpida(m)* 'coda tremula'; av. 1333] **s. f.** ● Uccello dei Passeriformi con corpo slanciato, zampe lunghe, coda mobilissima, becco sottile e acuto, piumaggio variopinto (*Motacilla flava*). **SIN.** Ballerina, batticoda, fratina (2). ➡ **ILL.** animali/9.

cutter /'katter, *ingl.* 'kʰʌtəɹ/ [ingl. 'tagliatore', da *to cut* 'tagliare'; 1779] **s. m. inv. 1** Imbarcazione a vela, da diporto e da regata, con un solo albero e dotata di randa e più fiocchi. **2** Piccolo attrezzo fornito di una sottile lama retrattile, usato per tagliare carta e sim. **3** Tagliasigari.

cutting /*ingl.* 'kʰʌtɪŋ/ [ingl., 'taglio, incisione, scavo, perforazione, da *to cut* 'tagliare', di orig. germ.; 1970] **s. m. inv.** ● (*min.*) Insieme dei frammenti di roccia che si formano nella perforazione dei pozzi petroliferi.

cuvée /*fr.* ky've/ [vc. fr., da *cuve* 'tino', perché si tratta di un raccolto d'uva posto in una volta nei tini di un viticoltore; 1985] **s. f. inv.** ● (*enol.*) Vino prodotto in una determinata zona vinicola o proveniente dallo stesso vigneto | (*enol.*) Selezione e mescolanza di diverse partite di vino per ottenere un prodotto migliore e di qualità costante.

†**cuvidigia** e *deriv.* ● V. †*covidigia* e *deriv.*

cx /tʃi iks/ [sigla di '*c*(*oefficiente*) *nella direzione x*'; 1985] **s. m. inv.** ● Simbolo del coefficiente di resistenza aerodinamica, che esprime le qualità aerodinamiche di un corpo.

cyber- /*ingl.* 'saebəɹ/ e *deriv.* ● V. *ciber-* e *deriv.*

cyberpunk /*ingl.* 'saebəɹˌpʌŋk/ [comp. del primo elemento ingl. *cyber-* 'cibernetico', ma nel senso più ristretto di *computer*, e *punk* 'cosa o situazione orribile'; 1989] **A s. m. inv.** ● Tendenza sorta all'interno del genere fantascientifico, anche con caratteristiche di movimento culturale alternativo, che, in una società integralmente cibernetica, individua attività autonome di critica e di ribellione spec. entro le comunità virtuali create dalle reti telematiche. **B s. m. e f. inv.**; anche **agg. inv.** ● Appartenente a tale tendenza o movimento.

cyborg /'saiborg, *ingl.* 'saeˌbɔːɹg/ [vc. ingl., da *cyb*(*ernetic*) *org*(*anism*) 'organismo cibernetico'; 1977] **s. m. inv. 1** Nella fantascienza, essere umano su cui sono stati innestati organi meccanici o elettronici. **2** Protesi elettronica dotata di capacità operativa, applicata in un corpo vivente per sostituire un organo mancante.

cycas /'tʃikas/ [vc. dotta, lat. scient. *cycas* dal gr. *kýkas*, var. di *koîkas*, acc. pl. di *koíx* 'specie di palma'; 1896] **s. f. inv.** ● (*bot.*) Genere delle Cicadacee comprendente Gimnosperme legnose simili a piccole palme coltivate a scopo ornamentale (*Cycas*). **SIN.** Cicade.

Cyclètte ® /si'klet/ [marchio registrato, ricavato dal fr. *bicyclette* 'bicicletta'; 1970] **s. f. inv.** ● Attrezzo simile alla bicicletta, ma privo di ruote, usato per esercizio fisico, terapeutico o per allenamento. ➡ **ILL.** p. 2145 SPORT.

czar /*tsar, *dzar, ktsar/ e *deriv.* ● V. *zar* e *deriv.*

czàrda /'tʃarda, k'tsarda/ ● V. *ciarda*.

czèco /'tʃɛko, k'tsɛko/ ● V. *ceco* (2).

d, D

Il suono rappresentato in italiano dalla lettera *D* è quello della consonante occlusiva dentale sonora /d/. Questa consonante può essere, secondo i casi, semplice (es. *càde* /'kade/, *màdia* /'madja/, *udrà* /u'dra*/, *méno dùro* /meno'duro/; *andrà* /an'dra*/, *dùro* /'duro/, *bèn dùro* /bɛn'duro/) oppure geminata (es. *càdde* /'kadde/, *addiètro* /ad'djetro/, *raddrizza* /rad'dritstsa/, *più dùro* /pjud'duro/).

d, (*maiusc.*) **D** [1321] **s. f.** o **m.** ● Quarta lettera dell'alfabeto italiano (nome per esteso *di*): *d minuscola, D maiuscolo* | Nella compitazione spec. telefonica it. *d come Domodossola*; in quella internazionale *d come delta* | ***Vitamina D***, V. *vitamina*.

◆**da** /da*, da/ [comp. delle due prep. lat. *dē* e *ăb* o *ăd*; 720] **prep.** propria semplice. (Fondendosi con gli **art. det.** dà origine alle **prep. art. m. sing.** *dal, dallo*; **m. pl.** *dai, dagli*; **f. sing.** *dalla*; **f. pl.** *dalle*. Subisce l'elisione solo nelle **loc.** *d'altro canto, d'altronde, d'ora in poi* e sim.; V. note d'uso ACCENTO ed ELISIONE e TRONCAMENTO) ▌ Stabilisce diverse relazioni dando luogo a molti complementi. **1** Compl. d'agente o di causa efficiente: *essere rimproverato dai genitori; essere lodato da tutti; albero abbattuto dal vento*. **2** Compl. di causa: *tremare dal freddo; saltare dalla gioia*. **3** Compl. di stato in luogo: *sono da Luigi; ti attendo dal libraio* | Col sign. di 'presso': *abito dagli zii; ha studiato dagli Scolopi* | Con generica indicazione del luogo: *abito anch'io da quelle parti; da noi c'è maggior tranquillità* | Con valore locativo, seguito da nome proprio o appellativo, in insegna di trattorie e ristoranti: *da Alfredo; da Orazio; dal Romagnolo*. **4** Compl. di moto da luogo (*anche fig.*): *arrivare da Milano, dalla Francia; partire da casa; uscire dalla scuola; scendere dal treno; riprendere dal principio* | Indica anche il luogo, il punto, la condizione da cui ha origine un movimento, un passaggio, uno spostamento, spec. in correl. con la prep. 'a': *andare, trasferirsi da Palermo a Torino; correre da un capo all'altro della città; essere promosso dalla prima alla seconda classe; contare da uno a cento; andare da un estremo all'altro; cadere dalla padella nella brace*. **5** Compl. di moto a luogo: *domani andrò da Carlo; sono andato dallo zio; scendo un attimo dal droghiere; verrò da te al più presto*. **6** Compl. di moto attraverso luogo: *non riuscire a passare dalla porta; fare passare dalla finestra*. **7** Compl. di origine o di provenienza: *discendere da famiglia nobile; il Po nasce dal Monviso; l'ho appreso dalla radio; ricevere una lettera da un amico; guarire da una malattia; Leonardo da Vinci*. **8** Compl. di separazione o di allontanamento: *levare un chiodo dal muro; guarire da una malattia; liberare dal carcere; staccarsi da qlcu.* **9** Compl. di distanza: *essere lontani mille kilometri da casa; distare due miglia dal nemico; essere a duecento metri dal traguardo; essere lontano dalla meta*. **10** Compl. di tempo (esprimendo durata, decorrenza): *abitare in una città da diversi anni; aspettare da molti giorni; dal mese scorso non ha più scritto; allora non l'ho più visto* | In correl. con la prep. 'a': *dalle nove alle dieci; dalla mattina alla sera; da Natale a Pasqua; rimandare dall'oggi al domani*. **11** Compl. di mezzo: *riconoscere qlcu. dal passo; giudicare dal comportamento, dalle azioni*. **12** Compl. di fine o scopo (esprimendo attitudine, capacità, uso, destinazione): *cavallo da corsa; cane da caccia; rete da pesca; abito da sera*; *veste da camera; cappello da prete; scarpe da passeggio; occhiali da sole; vino da pasto; sala da ballo* | ***Festa da ballo***, di ballo; ***biglietto da visita***, di visita; ***carta da bollo***, carta bollata; ***macchina da scrivere***, per scrivere. **13** Compl. di qualità: *una ragazza dagli occhi azzurri, dai capelli biondi; una villetta dalle persiane verdi; un ragazzo dalla volontà di ferro*. **14** Compl. di limitazione: *sordo da un orecchio; cieco da un occhio*. **15** Compl. di stima e di prezzo: *un quaderno da due euro; un oggetto da pochi soldi; una cosa da poco* | Col sign. di 'circa' (in correl. con la prep. 'a'): *avrà dai trentacinque ai quarant'anni; erano presenti duemila alle duemilacinquecento persone*. **16** Compl. predicativo: *da giovane, da studente; tuo zio, da bambino, ti assomigliava; mio padre, da vecchio, si è ritirato in campagna; fungere da presidente, da segretario; fare da padre*. **17** Compl. di modo o maniera: *agire, comportarsi da galantuomo; trattare da amico; tirare avanti da poveri vecchi* | Preceduto da un s. con il sign. di 'degno di', 'che si addice a': *atto da galantuomo; azione, gesto da villano; parole da ineducato; non è cosa da te!* | con valore raff.: *da me, da te, da solo: andrò da me; agiva da solo*. ▐▐▐ Introduce varie specie di proposizioni con il v. all'inf. **1** Prop. consecutiva: *c'era un tale baccano da non capire più nulla; ero così stanco da non poter stare in piedi; un discorso da meditare; un uomo da ammirare; casa da affittare; negozio da vendere; nulla da dire; niente da fare*. **2** Prop. finale: *dammi un giornale da sfogliare; macchina da scrivere; portami della carta da disegnare; dammi qlco. da mangiare*. ▐▐▐ Ricorre nella formazione di molte loc. **1** Loc. avv.: *da lontano; da vicino; da parte; da canto; da per tutto; da lato; da presso* e sim. **2** Loc. prep.: *di là da; di qua da; fuori da; fino da; eccetto da* e sim.

dà o **da'** ● V. *dare* (*1*).

da' /da/ **prep.** ● (*tosc., lett.*) Forma tronca della prep. art. *dai*.

dabbàsso o **da bàsso** [comp. di *da* e *basso*; av. 1537] **avv.** ● Giù, in basso (con v. di stato o di moto): *ti aspetto d.; scendi d.; andammo tutti d. a vedere*.

dabbenàggine [da *dabbene* col suff. *-aggine*; 1524] **s. f. 1** (*raro, lett.*) Caratteristica di chi è dabbene. **2** Balordaggine, semplicioneria: *essere, mostrarsi, di un'eccessiva d.; approfittare della d. di qlcu.* | Azione, comportamento da semplicione: *la sua è stata davvero un'incredibile d.*

dabbène [comp. di *da* e *bene*; av. 1348] **A agg. inv. 1** Probo, onesto: *uomo d.* | ***Dabben uomo***, semplicione, credulone. **2** †Agiato. **B s. m.** †Bontà, onestà, rettitudine. ‖ **dabbenàccio**, pegg.

da càpo ● V. *daccapo*.

daccànto ● (*lett.*) **d'accànto** [comp. di *da* e (*ac*)*canto*; av. 1388] **avv.** ● Presso, vicino, a fianco: *sedere d.; la scarna lunga testa era d. al dolce viso di mia madre* (PASCOLI) | ***Non riuscire a togliersi qlcu. d.***, dattorno.

daccàpo o **da càpo** [comp. di *da* e *capo*; 1304] **A avv.** ● Dal principio, di nuovo, un'altra volta: *bisogna ricominciare d.; dobbiamo riprendere il lavoro d.* | ***Essere d.***, alle solite: *eccoti d. con le tue lamentele!* | ***Punto e d., andare d.***, in uno scritto, continuare da una riga nuova. **B s. m.** ● (*mus.*) Didascalia che prescrive la ripetizione di un brano: *aria col d.*

dacché o **da che** [comp. di *da* e *che* (*2*); av. 1292] **cong. 1** Da quando (introduce una prop. temp. con il v. all'indic.): *d. è ritornato, non ha fatto che lamentarsi* | ***D. mondo è mondo***, da sempre. **2** (*lett.*) Poiché, giacché, dal momento che (introduce una prop. caus. con il v. all'indic.): *d. lo vuoi, andrò*.

dàcci ● V. *dare* (*1*).

dàcia [vc. russa, originariamente 'dono, regalo (del principe)', legata all'ant. v. slavo, che sign. 'dare'; 1892] **s. f.** (**pl.** *-cie* o *-ce*) ● Piccola villa russa di campagna.

dàcico [vc. dotta, lat. *Dācicu(m)* 'relativo alla Dacia (*Dācia(m)*)'; 1956] **agg.** (**pl. m.** *-ci*) ● Che riguarda l'antica Dacia, regione storica nel territorio dell'odierna Romania, o la popolazione dei Daci: *le spedizioni daciche di Traiano*.

dacite [comp. del n. dell'ant. *Dacia* e *-ite* (*2*)] **s. f.** ● (*geol.*) Roccia eruttiva effusiva, di tinta scura, composta in prevalenza da plagioclasio, biotite, orneblenda e quarzo.

dacnomanìa [comp. del gr. *dákno* 'mordo' e *-mania*] **s. f.** ● (*med.*) Impulso morboso a mordere.

dàco [vc. dotta, lat. *dācu(m)*, n. di un'antica popolazione danubiana; av. 1557] **s. m.** (**f.** *-a*; **pl. m.** *-ci*) ● Appartenente a un'antica popolazione che abitava la Dacia, regione corrispondente all'incirca all'odierna Romania.

dacoromèno [comp. di *daco* e *romeno*] **agg. e s. m.** ● Il principale dialetto della lingua romena.

dàcrio- [dal gr. *dákryon* 'lacrima'] primo elemento ● In parole composte della terminologia scientifica, spec. medica, significa 'lacrima' o indica relazione con le ghiandole lacrimali: *dacrioadenite, dacriocistite, dacrioma*.

dacrioadenìte [comp. di *dacrio-* e *adenite*; 1964] **s. f.** ● (*med.*) Infiammazione della ghiandola lacrimale.

dacriocìsti [comp. di *dacrio-* e *cisti*] **s. f. inv.** ● (*anat.*) Sacco lacrimale.

dacriocistìte [comp. di *dacriocist(i)* e *-ite* (*1*); 1964] **s. f.** ● (*med.*) Infiammazione del sacco lacrimale.

dacrìoma [comp. di *dacri(o)-* e *-oma*; 1835] **s. m.** (**pl.** *-i*) ● (*med.*) Tumore della ghiandola lacrimale | Cisti formatasi per l'otturazione di un dotto lacrimale.

Dàcron® [marchio registrato della DuPont de Nemours] **s. m. inv.** ● (*chim.*) Fibra tessile ottenuta dalla reazione fra acido tereftalico e glicole etilenico.

dada /fr. da'da/ [vc. fr., onomat. infant. per 'cavallo', con allusione al ritorno alle sensazioni primitive e agli atti irrazionali, sostenuto da questo movimento artistico; 1965] **A s. m. inv. 1** Dadaismo. **2** Chi segue in arte o letteratura i canoni del dadaismo. **B agg. inv.** ● Relativo al dadaismo e ai dadaisti: *movimento d.; pittori d.*

dadaìsmo [fr. *dadaïsme*, da *dada* (V.); 1923] **s. m.** ● Movimento artistico e letterario affermatosi dopo il 1916, per breve tempo, in Svizzera, Francia e Germania, che programmaticamente escludeva dal fatto artistico ogni razionalità in nome di un'espressione spontanea e incontrollata.

dadaìsta [1952] **A s. m. e f.** (**pl. m.** *-i*) ● Seguace del dadaismo. **B agg.** ● Proprio del dadaismo: *dipinto d.*

dàddolo [vc. infant.] **s. m.** ● (*tosc., spec. al pl.*) Moine, leziosaggini, smorfie leziose. **SIN.** Smanceria.

daddovéro [comp. di *da, di* e *vero*; 1308] **A avv.** ● (*lett.*) Davvero, sul serio: *credette esser casca-*

ta d. nell'arca di Noè (NIEVO). **B** in funzione di **agg. inv.** ● (*raro*) Effettivo, vero.

dàdo [etim. discussa: lat. *dătu(m)* 'cosa data, gettata' (?); av. 1294] **s. m.** *1* Piccolo cubo d'avorio, legno e sim. che reca impressi sulle sei facce i punti da uno a sei, usato fin dall'antichità per giochi d'azzardo | ***Il d. è tratto***, (*fig.*) la decisione è ormai presa. *2* Oggetto di forma cubica | ***A dadi***, a cubetti: *tagliare la carne, il pane a dadi*; (*est.*) a scacchi, a quadretti: *tessuto a dadi*. *3* Dado di estratto di carne, con sale e spezie, usato per brodi, minestre e sim.: *brodo di dadi*. *4* Nell'arrampicata su roccia, blocchetto di metallo munito di cordino che viene incastrato nelle fessure e utilizzato come ancoraggio nelle manovre di assicurazione. *5* (*arch.*) In un piedistallo di colonna, pilastro e sim., blocco quadrangolare compreso tra la base e la cimasa | Parallelepipedo talora sovrapposto a un capitello, a una certa distanza da esso. *6* (*mecc.*) Prisma solitamente esagonale con foro filettato che si avvita sulla estremità della vite serrandola a fondo per costituire un collegamento fisso. *7* Munizione cubica per antiche armi da fuoco. || **dadétto**, **dim.** | **dadino**, **dim.** | **dadolino**, **dim.** | **dadóne**, **accr.** | **dadùccio**, **dim.**

dadòforo [gr. *daidóphoros*, comp. di *daīs*, genit. *daīdos* 'torcia resinosa' e un deriv. del v. *phérein* 'portare'] **s. m.** ● Portatore di fiaccola.

dadolàta [da *dado*] **s. f.** ● In cucina, insieme di dadini di verdura, carni spec. insaccate, pane e altro, usato come guarnizione di minestre e pietanze.

dàere ● V. *dare*.

da fàrsi [sottinteso 'lavoro, cosa'] **loc. sost. m. inv.** ● Ciò che occorre fare: *stabilire il da farsi*; *essere incerto sul da farsi*.

daffàre o **da fàre** [comp. di *da* e *fare* (*1*); 1842] **s. m. inv.** ● Insieme di occupazioni varie che comporta un'attività costante e instancabile: *tra casa e ufficio ha il suo bel d.*; *con tutti quei figli ha il suo da fare*; **SIN.** Lavoro | ***Darsi un gran d.***, impegnarsi molto: *si è dato un gran d. per procurarsi i biglietti*.

dàfne [vc. dotta, lat. *dăphne(m)*, dal gr. *dáphnē* 'alloro'; 1342] **s. f.** ● Genere di piante arbustive velenose delle Timeleacee con fiori privi di corolla riuniti in spighe o in racemi (*Daphne*).

dàfnia [vc. dotta, lat. *dăphnia(m)*, da *dăphne* 'alloro': per l'aspetto delle antenne o della coda, che ricorda i rami o le foglie di questa pianta (?); 1830] **s. f.** ● Piccolo crostaceo d'acqua dolce dei Cladoceri con corpo ovale appuntito posteriormente (*Daphnia pulex*).

dàga [etim. incerta; av. 1400] **s. f.** ● Spada corta e larga, a due fili. || **daghétta**, **dim.**

dagherrotipìa [fr. *daguerréotypie*, da *daguerréotype* 'dagherrotipo'; 1840] **s. f.** *1* Sistema di presa fotografica, in uso nell'Ottocento, per ottenere un dagherrotipo. *2* Dagherrotipo nel sign. 3.

dagherròtipo [fr. *daguerréotype*, comp. del n. dell'inventore, L.-J. Mandé *Daguerre* (1787-1851), e del gr. *týpos* 'impronta, immagine'; 1839] **s. m.** *1* Piastra metallica di argento o argentata che porta un'immagine impressa dalla luce e rivelata dall'azione di sali di mercurio. *2* L'apparecchio usato nell'Ottocento per ottenere tale immagine. *3* L'immagine stessa.

dàgli (**1**) o (*poet.*) **da gli**, (*poet.*) **dàlli** **prep. art. m. pl.** comp. di *da* e *gli* (*1*) ● V. *gli* (*1*) per gli usi ortografici. Si può apostrofare solo davanti a parole che cominciano per *i*: *d. umili*; *d. psichiatri*; *d. spiriti*; *d. zii*; *d. dei*; *dagl'infelici*.

dàgli (**2**) o (*pop.*) **dàlli** [comp. dell'imperat. di *dare* (*1*) e il pron. pers. *gli* 'a lui'; 1827] **inter.** (talora si scrive con l'accento: *dàgli*, *dàlli*) ● Si usa per incitare, aizzare a rincorrere o assalire qlcu.: *d. al ladro!*; *l'untore! dagli! dagli! dagli all'untore* (MANZONI) | ***D. oggi, d. domani***, continuando a insistere | ***E d.!***, esprime impazienza, insofferenza, fastidio per l'insistenza di qlcu.: *E dàlli con la diffidenza!* (PIRANDELLO).

dài (**1**) o (*poet.*) **da i** **prep. art. m. pl.** comp. di *da* e *i* (*2*) ● V. *i* (*2*) per gli usi ortografici; (*tosc.*, *lett.*) troncato in *da'*.

dài (**2**) [imperat. di *dare* (*1*)] **inter.** ● Si usa per esortare, incitare e sim.: *dai, non prendertela*; *dai, smettila*. **SIN.** Suvvia | ***E dai!***, esprime impazienza e fastidio per l'insistenza di qlcu.

dàiere ● V. *dare*.

dàimio [giapp. *daimyō*, comp. cin. del pref. *dai-* 'grande' e *myō* 'nome'; 1889] **s. m. inv.** ● Titolo di personaggio della nobiltà dell'antico Giappone feudale.

dàino [fr. *daine*, ant. fr. *daim*, da una forma m. del lat. *dāma* 'daino'; av. 1321] **s. m.** *1* Mammifero ruminante dei Cervidi il cui maschio porta corna allargate e appiattite (*Dama dama*). ➡ **ILL. animali**/12. *2* Pelle dell'animale omonimo, generalmente conciata all'olio per farne scamosciato. **SIN.** Dante.

daiquiri /daiki'ri, -'kwi-, *sp.* °daiki'ri, *ingl.* 'daekɪəri/ [da *Daiquiri*, n. di una città cubana produttrice di rum; 1969] **s. m. inv.** ● Cocktail di rum, succo di limone e sciroppo di zucchero.

♦**dal** o (*poet.*) **da'l** **prep. art. m. sing.** comp. di *da* e *il* ● V. *il* per gli usi ortografici: *segue Zefiro, da'l collo / puro, da la rosea gota* (D'ANNUNZIO).

dalai-làma [comp. del mongolo *dalai* 'oceano (di sapienza)' e del tibetano *lama* 'maestro'; 1905] **s. m. inv.** ● Capo supremo del buddismo tibetano.

da làto ● V. *dallato*.

dalbèrgia [dal n. del medico e botanico sved. N. *Dalberg*] **s. f.** (**pl.** *-ge* o *-gie*) ● Genere di piante arboree o arbustive delle Papilionacee cui appartengono varie specie, una delle quali fornisce il palissandro (*Dalbergia*).

dàlia [dal nome del botanico sved. A. *Dahl* (1745-1804); 1830] **s. f.** ● Pianta erbacea perenne delle Composite con radice tuberosa, fusto ramificato, foglie opposte, capolini formati da fiori ligulati esterni e centrali tubulosi (*Dahlia variabilis*). ➡ **ILL. piante**/9.

dàlla o (*poet.*) **da la** **prep. art. f. sing.** comp. di *da* e *la* (*1*) ● V. *la* (*1*) per gli usi ortografici. Si usa davanti a parole f. sing. Si apostrofa davanti a parole che cominciano per vocale: *d. zia*; *dall'amica*.

dallàto o **da làto** [comp. di *da* e *lato*; 1304] **avv.** ● (*lett.* o *tosc.*) Da una parte, da un lato, di fianco: *mettersi, stare d.*; *venne nella casa della paglia ch'è qui d.* (BOCCACCIO).

dàlle o (*poet.*) **da le** **prep. art. f. pl.** comp. di *da* e *le* (*1*) ● V. *le* (*1*) per gli usi ortografici. Si usa davanti a parole f. pl.: *d. scritture*; *dalle enciclopedie*.

dàlli (**1**) ● V. *dagli* (*1*).

dàlli (**2**) ● V. *dagli* (*2*).

dàllo (**1**) o (*poet.*) **da lo** **prep. art. m. sing.** comp. di *da* e *lo* ● V. *lo* per gli usi ortografici. Si apostrofa davanti a parole che cominciano per vocale: *d. studioso*; *d. zio*; *dall'esempio*.

dàllo (**2**) ● V. *dare* (*1*).

dàlmata [vc. dotta, lat. *Dălmata(m)* 'abitante della *Dalmazia*'; av. 1557] **A agg.** ● Della Dalmazia: *isole dalmate* | ***Razza d.***, razza canina robusta, muscolosa, di grande resistenza, caratterizzata da pelame corto di colore bianco macchiato. **B s. m. e f.** (**pl. m.** *-i*) ● Abitante della Dalmazia. **C s. m.** ● Cane di razza dalmata.

dalmàtica [vc. dotta, lat. *Dalmătica(m)* 'tunica originaria dalla *Dalmazia*'; av. 1342] **s. f.** *1* Tunica bianca, corta e aperta ai lati portata dai Romani. *2* Indumento liturgico indossato dal diacono nella messa e nelle benedizioni, e dal vescovo nella messa solenne.

dalmàtico [vc. dotta, lat. *Dalmăticu(m)* 'proprio della *Dalmazia*'; av. 1828] **A agg.** (**pl. m.** *-ci*) ● Della Dalmazia | ***Lingua dalmatica***, lingua del gruppo romanzo, parlata un tempo in Dalmazia. **B s. m.** solo **sing.** ● Lingua dalmatica.

dàlton /'dalton/ [vc. ingl., dal n. del chimico ingl. J. *Dalton* (1766-1844)] **s. m. inv.** ● (*chim.*) Unità di misura delle masse atomiche, pari a $1{,}66 \cdot 10^{-24}$ grammi. **SIMB.** u.

daltònico [1907] **agg.**; anche **s. m.** (**f.** *-a*; **pl. m.** *-ci*) ● Che (o Chi) è affetto da daltonismo.

daltonìsmo [ingl. *daltonism*, dal n. del chimico J. *Dalton* (1766-1844), che per primo lo descrisse; 1875] **s. m.** ● (*med.*) Alterazione congenita della percezione visiva dei colori, in particolare del rosso e del verde, dovuta a difetti della pigmentazione dei recettori dell'occhio.

d'altrónde [comp. di *d(a)* e *altronde*] **avv.** ● D'altra parte; V. anche *altronde* nel sign. 2.

♦**dàma** (**1**) [fr. *dame*, dal lat. *dŏmina(m)* 'donna'; 1310] **s. f.** *1* Titolo accordato un tempo solo alle donne di altissimo rango, poi esteso a tutte le nobildonne | Donna di elevata condizione: *è una vera d.* | ***Fare la gran d., darsi arie da gran d.***, affettare atteggiamenti distinti e signorili che non corrispondono alla realtà | ***D. di compagnia***, donna, generalmente di buona famiglia, stipendiata per tenere compagnia a persone anziane benestanti, spec. di sesso femminile. *2* Nelle coppie di danza, la compagna del ballerino: *scegliere la propria d.* *3* (m. *-o* (V.)) (*fam.*, *tosc.*) Fidanzata | †Donna amata | †Moglie. *4* †Signora, padrona | †***Nostra Dama***, la Madonna. *5* (*raro*) Nel gioco delle carte, donna, regina. *6* (*al pl.*) Religiose di alcuni ordini cattolici dedite all'educazione delle giovani o alle opere di carità: *Dame della Carità*. || **damàzza**, **pegg.** (*spec. lomb.*; *scherz.*) | **damina**, **dim.** | **damùccia**, **dim.**

♦**dàma** (**2**) [fr. *jeu de dames*, cioè delle 'pedine doppie' (*dames*); 1598] **s. f.** *1* Gioco da tavolo nel quale due giocatori muovono a turno delle pedine su una scacchiera | ***D. italiana***, quella che si gioca su una scacchiera di 64 caselle con 12 pedine per giocatore | ***D. internazionale***, quella che si gioca su una scacchiera di 100 caselle con 20 pedine per giocatore. *2* La scacchiera su cui si gioca. *3* La pedina giunta all'ultima fila dello schieramento avversario, che, sovrapposta a un'altra, si sposta in entrambe le direzioni | ***Andare a d.***, ***far d.***, raggiungere tale posizione.

dàma (**3**) [da connettere a *dama* (*1*) o a *dama* (*2*), con processo semantico non chiaro] **s. f.** ● (*tecnol.*) Chiodaia.

†**dàma** (**4**) ● V. †*damma*.

damalisco [dal gr. *dámalis* 'giovenca', di orig. indeur., col suff. dim., pure di orig. gr., *-isco*] **s. m.** (**pl.** *-chi*) ● Genere di antilopi con muso corto e corna non molto sviluppate (*Damaliscus*).

damàre [da *dama* (*2*); sec. XIV] **v. tr.** ● Fare dama.

damascàre [da *damasco*; 1797] **v. tr.** (*io damàsco, tu damàschi*) *1* Lavorare un tessuto o un drappo a damasco. *2* (*raro*) Damaschinare.

damascàto **part. pass.** di *damascare*; anche **agg.** e **s. m.** ● Detto di drappo o tessuto lavorati a damasco.

damascatùra [1835] **s. f.** *1* Lavorazione a damasco. *2* Damaschinatura.

damascèno [vc. dotta, lat. *Damascēnu(m)* 'di *Damasco*'; 1340 ca.] **agg.** ● (*lett.*) Della città di Damasco | ***Rose damascene***, varietà di rose bianche molto profumate.

damaschinàre [1765] **v. tr.** ● Lavorare un pezzo di acciaio (spec. lame o sim.) con intarsi d'oro e d'argento, a scopo decorativo.

damaschinatóre **s. m.** (**f.** *-trice*) ● Chi esegue lavori di damaschinatura.

damaschinatùra [av. 1798] **s. f.** ● Operazione del damaschinare | Decorazione a intarsi d'oro e d'argento, spec. in lame e sim.

damaschìno [av. 1444] **A agg.** ● Di Damasco. **B s. m.** *1* Drappo damascato. *2* Intarsio d'oro o d'argento nell'acciaio, per effetto decorativo. *3* (*bot.*) Varietà di susino con rami e germogli pelosi originario della Siria.

damàsco [dal nome della capitale siriana, *Damasco*, ar. *Dimašq*; sec. XIV] **s. m.** (**pl. m.** *-schi*) ● Drappo di seta in un solo colore, lavorato solitamente a fiorami i quali risaltano sul fondo raso per contrasto di lucentezza: *Il letto era coperto di un d. di cotone rossastro* (MORANTE).

dameggiàre [da *dama* (*1*); 1718] **A v. intr.** (*io daméggio*; aus. *avere*) ● (*lett.*) Recarsi in luoghi frequentati da dame. **B v. tr.** ● (*raro*, *lett.*) Corteggiare una dama.

da méno ● V. *dammeno*.

†**damerìa** [fr. *damerie*, da *dame* 'dama (1)'; av. 1712] **s. f.** ● (*spreg.*) Ostentato contegno da gran dama.

damerino [dim. di *damo*, masch. di *dama* (*1*); av. 1492] **s. m.** *1* Chi fa il bellimbusto con le donne. *2* Chi è lezioso e ricercato nel vestire. **SIN.** Ganimede, zerbinotto. *3* (*tosc.*) †Innamorato, amante.

damier /*fr.* da'mje/ [vc. fr., propr. 'damiera, scacchiera', da *dame* 'dama (2)'; 1992] **s. m. inv.** ● Stoffa a scacchi.

damièra [da *dama* (*2*)] **s. f.** ● Damiere.

damière [fr. *damier*, da *dame* 'pedina'] **s. m.** ● Scacchiera per il gioco della dama.

damigèlla [ant. fr. *dameisele*, dal lat. *dominicĕlla*, dim. di *dŏmina* 'donna'; sec. XIII] **s. f.** *1* Titolo dato anticamente alle mogli dei baccellieri, degli ufficiali di toga e dei gentiluomini, poi a tutte le fanciulle nobili | Fanciulla di condizione elevata | ***D. d'onore***, colei che accompagna la sposa nel corteo nuziale | ***D. di compagnia***, dama di compagnia. *2* (*lett.*) Giovinetta, ragazza. *3* †Cameriera. *4* (*zool.*) ***D. di Numidia***, piccola gru con collo e piume del petto nere e due ciuffi di piume riunite sotto ciascun occhio (*Anthropoides virgo*).

†damigèllo [ant. fr. *dam(o)isel*, dal lat. *dominicĕllus*, dim. di *dŏminus* 'signore'; av. 1375] **s. m.** ● Giovane di nobile condizione non ancora armato cavaliere | Paggio.

damigiàna [fr. *dame-jeanne*, propr. 'signora Giovanna', di etim. incerta; 1760] **s. f.** ● Recipiente di vetro a forma di grosso fiasco, dotato di collo corto e largo, rivestito di vimini intrecciati o altro materiale, destinato a contenere e trasportare liquidi. ➡ ILL. **vino**. ‖ **damigianétta**, **dim.** | **damigianìna**, **dim.** | **damigianóna**, **accr.**

damista [da *dama* (*2*); 1935] **s. m. e f.** (**pl. m.** *-i*) ● Giocatore di dama.

†dàmma o **†dàma** (**4**) [vc. dotta, lat. *dămma(m)*, di orig. straniera e di etim. incerta; 1321] **s. f.** ● Daino.

†dammàggio [ant. fr. *damage*, da *dam* 'danno (1)'; 1340] **s. m.** ● (*raro*) Danno.

dammar [vc. ingl., prestito del malese *damar* 'resina'] **s. f. inv.** ● Resina gialla o incolore usata per vernici e in pittura.

damméno o **da méno** [comp. di *da* e *meno*; 1765] **agg. inv.** ● Inferiore: *non siamo d. di voi.*

dammùṣo [sicil. *dammusu* 'volta (2)' e anche 'prigione, segreta', dall'ar. *dāmūs* 'volta (2)'; 1958] **s. m.** ● Abitazione in pietra, con il tetto a volta, tipica dell'isola di Pantelleria.

damnàtio memòriae /lat. dam'natstsjo me'mɔrje/ [in lat., propr. 'condanna (*damnatio*) della memoria (*memoriae*)'] **loc. sost. f. inv.** (**pl.** lat. *damnationes memoriae*) ● (*st.*) Nell'antica Roma, condanna decretata contro personaggi dei quali si voleva cancellare ogni memoria (effigie, iscrizioni, ecc.) | (*est.*) Cancellazione totale del ricordo di un fatto o di una persona.

dàmo [da *dama* (*1*); av. 1431] **s. m.** ● (*fam.*, *tosc.*) Giovane amato | Fidanzato.

damping /ingl. 'dæmpɪŋ/ [vc. ingl., da *to damp* 'smorzare', 'attenuare'] **s. m. inv.** ● (*fis.*) Smorzamento, attenuazione.

dan [vc. onomat.; sec. XIV] **A inter.** ● Riproduce il suono di una campana (*spec. iter.*). **B** in funzione di **s. m.** ● Il suono di una o più campane, gener. in unione con *din e don*: *un ritmico dan*; *un festoso din don dan.*

†danàio ● V. *denaro*.

danàro ● V. *denaro*.

danaróṣo o (*raro*) **denaróṣo** [da *danaro*; 1511] **agg.** ● Che ha molto denaro. **SIN.** Facoltoso, ricco. ‖ **danaroṣaménte**, **avv.**

dàncalo [dall'ar. *danqalī*; 1958] **A agg.** ● Della Dancalia, regione dell'Africa orientale. **B s. m.** (**f.** *-a*) ● Abitante, nativo della Dancalia.

dance music /ingl. 'dæ:ns,mjouzɪk/ [loc. ingl., comp. di *dance* 'ballo, danza' e *music* 'musica'; 1982] **loc. sost. f. inv.** ● Musica adatta al ballo, spec. nelle discoteche.

dancing /'densin(g), ingl. 'dæ:nsɪŋ/ [vc. ingl., part. pres. di *to dance* 'danzare', di orig. fr. (sottinteso *room* 'locale'); 1905] **s. m. inv.** ● Sala da ballo.

dànda [vc. onomat.; 1846] **s. f.** ● Ciascuna delle due strisce, cinghie o sim. usate, spec. un tempo, per sorreggere i bambini quando imparano a camminare | ***Avere bisogno delle dande***, (*fig.*, *disus.*) del continuo aiuto degli altri.

dandiṣmo, (*evit.*) **dandỳṣmo** [fr. *dandysme*, da *dandy*; 1908] **s. m.** ● Ostentazione di eleganza e raffinatezza estetizzante.

dandìstico **agg.** (**pl. m.** *-ci*) ● Del, relativo al dandismo o a un dandy.

dàndo ● V. *dare* (*1*).

dandy /ingl. 'dændi/ [dal n. pr. *Dandy*, vezz. di *Andrew* 'Andrea' (?); 1817] **s. m. inv.** (**pl.** ingl. *dandies*) *1* Chi segue, nell'abbigliamento e negli atteggiamenti, i dettami della moda, con compiaciuta raffinatezza. *2* (*mar.*, *raro*) Imbarcazione a vela, a due alberi e bompresso, usata per diporto.

dandỳṣmo /dan'dizmo, den-/ ● V. *dandismo*.

daneṣe [ant. fr. *danois* 'danese', dal francone *danisk*; sec. XIV] **A agg.** ● Della Danimarca. **B s. m. e f.** ● Abitante della Danimarca. **C s. m.** ● (*zool.*) Alano tedesco. **D s. m.** solo **sing.** ● Lingua del gruppo germanico parlata in Danimarca.

Danforth /ingl. 'dænfəɹθ/ [vc. ingl., da un n. proprio] **agg. inv.**; anche **s. f. inv.** ● (*mar.*) Tipo di ancora, comune nelle imbarcazioni da diporto, con corta marra incernierata al diamante e due grandi patte piane.

dannàbile [vc. dotta, lat. *damnābile(m)*, da *dămnum* 'danno (1)'; 1342] **agg.** ● (*lett.*) Degno di riprovazione, di condanna: *l'ambizione non è d.* (GUICCIARDINI).

†dannàggio o **†dannàio** [ant. provz. *damnatge*, da *dam* 'danno, peccato'; av. 1250] **s. m.** *1* (*lett.*) Danno: *come tosto hai mutato viso a mio d.* (BOCCACCIO) | (*lett.*) Disgrazia. *2* Castigo, pena, condanna.

dannàre [lat. *damnāre*, da *dămnum* 'danno (1)'; sec. XIII] **A v. tr.** *1* (*lett.*) Condannare: *d. qlcu. a morte*, *a morire* | Condannare alle pene dell'inferno: *un simile peccato vi dannerebbe* | ***Fare d. qlcu.***, tormentarlo, farlo disperare | ***Dannarsi l'anima per qlco.***, volere qlco. a qualunque costo. *2* (*raro*, *lett.*) Riprovare, disapprovare: *ciascuno dannava l'ambizione e l'avarizia de' potenti* (MACHIAVELLI). *3* Dichiarare non conforme alle dottrine della Chiesa. *4* †Cancellare, annullare, spec. un debito, un conto e sim. **B v. rifl.** *1* Perdere l'anima: *dannarsi per i propri peccati.* *2* Tormentarsi senza tregua: *dannarsi tutto il giorno con preoccupazioni continue.* **SIN.** Crucciarsi.

dannàto [sec. XIII] **A part. pass.** di *dannare*; anche **agg.** *1* Condannato alle pene dell'inferno: *spiriti dannati.* *2* ***Anima dannata***, (*fig.*) persona malvagia | ***Gridare come un'anima dannata***, disperatamente | (*fig.*) ***Essere l'anima dannata di qlcu.***, l'istigatore o l'esecutore delle sue infamie | (*fam.*) Maledetto: *dov'è quella dannata chiave?*; *d. freddo!* | ***Nella dannata ipotesi***, nella peggiore eventualità, nel peggiore dei casi. ‖ **dannataménte**, **avv.** *1* (*raro*) In modo dannato. *2* Esageratamente: *è dannatamente sfortunato.* **B s. m.** (**f.** *a*) ● Chi è condannato alle pene dell'inferno | ***Il mondo dei dannati***, l'inferno | ***Soffrire***, ***faticare***, ***lavorare***, ***come un d.***, molto e senza possibilità di sollievo.

†dannatóre [lat. *damnatōre(m)*, da *dămnum* 'danno (1)'; 1336 ca.] **s. m.** (**f.** *-trice*) ● Chi condanna.

†dannatùra **s. f.** ● Cancellazione, annullamento, spec. di debito, conto e sim.

dannazióne [lat. *damnatiōne(m)*, da *dămnum* 'danno (1)'; av. 1292] **A s. f.** *1* Il dannare. **SIN.** Perdizione | Perdita dell'anima per il peccato e condanna alla pena infernale: *d. eterna.* *2* (*fig.*) Tormento, pena: *essere la d. di qlcu.* **B** in funzione di **inter.** ● Esprime disappunto, rabbia e sim.: *mi è andata male, d.!*

danneggiaménto [av. 1320] **s. m.** ● Il danneggiare | Danno.

♦**danneggiàre** [da *danno* (*1*); av. 1250] **A v. tr.** (*io dannéggio*) *1* Recare danno: *l'alluvione ha danneggiato molti paesi* | Sciupare, guastare: *il caldo danneggia certi cibi* | Menomare: *l'incidente gli ha danneggiato l'uso delle gambe.* *2* (*fig.*) Offendere, nuocere: *chiacchiere infondate danneggiano il suo nome.* **SIN.** Ledere. **B v. rifl.** ● Essere causa del proprio danno: *danneggiarsi con una condotta incosciente.* **C v. intr. pron.** ● Subire un danno, deteriorarsi: *l'auto si è danneggiata gravemente*; *non si danneggia con il calore.*

danneggiàto [av. 1250] **A part. pass.** di *danneggiare*; anche **agg.** ● Nei sign. del v. **B s. m.** (**f.** *-a*) ● Chi ha subito un danno: *i danneggiati di guerra.*

danneggiatóre [av. 1311] **agg.**; anche **s. m.** (**f.** *-trice*) ● (*raro*) Che (o Chi) danneggia.

†dannévole [av. 1342] **agg.** *1* Condannabile, riprovevole. *2* Nocivo, dannoso.

†dannificàre [av. 1342] **v. tr.** *1* Danneggiare. *2* (*raro*) Condannare | Proibire.

†dannità [sec. XIV] **s. f.** ● Danno.

♦**dànno** (**1**) [lat. *dămnum*, di etim. incerta; av. 1250] **s. m.** *1* Ogni fatto, circostanza, azione e sim. che nuoce a persone o cose sia materialmente sia moralmente: *d. rilevante*, *grave*, *incalcolabile*, *irreparabile*; *lieve d.*; *i danni del maltempo*; *procurare*, *subire*, *patire*, *soffrire un d.*; *fare*, *arrecare*, *causare*, *un d.*; *ricevere*, *risentire*, *un d.*; *facevano anche molti fuorusciti danni grandissimi in Basilicata* (GUICCIARDINI) | ***Chiedere i danni***, esigerne il risarcimento | ***Rifarsi dei danni***, farseli risarcire | (*scherz.*) ***Rimanere col d. e con le beffe***, essere non solo danneggiato ma anche schernito | ***Mio***, ***tuo***, ***nostro d.***, peggio per me, per te, per noi | Scapito, svantaggio: *a mio*, *tuo*, *nostro d.*; *tutto ciò si svolgerà in d. per loro.* *2* (*dir.*) ***D. ingiusto***, cagionato da un comportamento antigiuridico altrui | ***D. patrimoniale***, consistente in una perdita economica | ***D. biologico***, lesione dell'integrità psico-fisica di un soggetto | ***D. morale***, sofferenza psichica causata dal comportamento antigiuridico altrui; è valutato dal giudice e risarcito solo nei casi previsti dalla legge | ***D. criminale***, offesa di un interesse protetto da una norma penale | ***D. emergente***, reale diminuzione del patrimonio conseguente a un illecito altrui. *3* (*lett.*, *fig.*) Grave dispiacere, dolore: *la morte del figlio gli ha procurato un gran d.* | ***D. eterno***, dannazione. *4* (*med.*) Alterazione, lesione e sim. di un organo o di una sua parte: *d. epatico.*

dànno (**2**) ● V. *dare* (*1*).

dannoṣità [1832] **s. f.** ● Caratteristica di ciò che è dannoso.

♦**dannóṣo** [lat. *damnōsu(m)*, da *dămnum* 'danno (1)'; av. 1294] **agg.** ● Che apporta danno, nocivo: *la grandine è dannosa per i raccolti*; *è uno strapazzo d. al fisico*; *la dannosa colpa de la gola* (DANTE *Inf.* VI, 53) | ***Eredità dannosa***, in cui i debiti superano i crediti. ‖ **dannoṣaménte**, **avv.**

dannunzianèṣimo [1909] **s. m.** *1* Maniera tipica dell'arte dannunziana. *2* Movimento letterario e culturale, stile di vita che riconobbe in D'Annunzio la propria guida e modello.

dannunziàno [1896] **A agg.** ● Che si riferisce alla persona, al tempo, all'arte e allo stile di G. D'Annunzio (1863-1938): *poesia dannunziana*; *teatro d.*; *gusto d.* **B s. m.** (**f.** *-a*) ● Seguace, imitatore di D'Annunzio.

dannunzieggiàre [1939] **v. intr.** (*io dannunziéggio*; aus. *avere*) ● Imitare gli atteggiamenti e lo stile di D'Annunzio.

d'antan /fr. dɑ̃'tɑ̃/ [loc. fr., lat. parl. **ănt(e) ănu(m)* per il class. *ănte ănnu(m)* 'è un anno', 'l'anno prima', comp. di *ănte* 'prima' e *ănnus* 'anno'; 1986] **loc. agg. inv.** ● Di un tempo, di una volta: *la Parigi d'antan.*

dànte [sp. *dante*, per unione della prep. *de* al più frequente *ante* 'ruminante simile al cervo', dall'ar. *lamt*; 1534] **s. m.** ● (*raro*) Daino.

dànte càuṣa [propr. 'colui che dà (*dante*) motivo (*causa*) alla trasmissione del diritto'; 1923] **loc. sost. m. e f.** (**pl.** *dànti càuṣa*) ● (*dir.*) Precedente titolare di un diritto ad altri trasferito. **SIN.** Autore.

danteggiàre [1655] **v. intr.** (*io dantéggio*; aus. *avere*) ● (*lett.*) Imitare Dante.

dantésca [detta così perché ritenuta in uso ai tempi di *Dante*; 1966] **s. f.** ● Savonarola.

dantésco [av. 1565] **agg.** (**pl. m.** *-schi*) *1* Relativo a Dante Alighieri (1265-1321) e alla sua opera: *letteratura dantesca*; *il poema d.* *2* (*est.*) Energico, sublime: *una fantasia dantesca.* ‖ **dantescaménte**, **avv.** Secondo lo stile di Dante.

dantino [da *Dante* (Alighieri) col suff. *-ino*; 1858] **s. m.** ● Volume di formato e caratteri minuti, contenente il testo della Divina Commedia.

dantiṣmo [1950] **s. m.** *1* Studio, culto di Dante. *2* Parola o locuzione coniata da Dante.

dantista [1381] **s. m. e f.** (**pl. m.** *-i*) ● Studioso di Dante.

dantistica [1963] **s. f.** ● Studio di Dante e delle sue opere.

dantologia [comp. del n. di *Dante* e *-logia*; av. 1912] **s. f.** ● Studio delle opere di Dante | Insieme degli studi relativi alle opere di Dante.

danubiàno **agg.** ● Che riguarda il fiume Danubio o le terre da esso attraversate.

♦**dànza** [da *danzare*; av. 1237] **s. f.** *1* Complesso di movimenti ritmici del corpo, eseguiti da una o da più persone, per lo più in accordo con un accompagnamento musicale: *una d. guerriera*; *aprire le danze* | ***D. classica***, ***d. accademica***, quella di scuola, codificata nel sec. XVII sulla base di rigorose regole sulle posizioni e i movimenti dei ballerini | ***D. popolare***, sorta e organizzatasi all'interno del folklore di un paese | ***D. sacra***, ***rituale***, nelle civiltà primitive con significato religioso o d'iniziazione | Ballo: *aprire*, *guidare le danze*; *sala di danze* | (*est.*, *zool.*) ***D. delle api***, sequenza di movimenti, prevalentemente circolari, compiuti, volando, da un'ape bottinatrice per segnalare alle compagne l'orientamento e la distanza di una fonte di nettare o polline. *2* (*lett.*, *fig.*) Intrigo, imbroglio, impiccio: *poiché mi avete fatto entrare in cotesta d.*, *non ne voglio uscire con disonore* (GOLDONI) | ***Menare la d.***, (*fig.*) dirigere l'intrigo. *3* Musica scritta per essere danzata, o nata in rapporto a strutture ritmiche di danze popolari: *le danze un-*

gheresi di Brahms. || **danzétta**, dim.

danzànte [1690] part. pres. di *danzare*; anche agg. *1* Nei sign. del v. *2 Serata, festa d.*, durante la quale si balla | *Tè d.*, trattenimento pomeridiano con danze.

danzàre [fr. *danser*, di etim. incerta; sec. XIII] **A** v. intr. (aus. *avere*) *1* Muoversi seguendo un ritmo musicale: *la ballerina danzava nella sala vuota* | Ballare: *abbiamo danzato tutta la sera.* *2* (*fig.*) Agitarsi, volteggiare: *le ombre danzano sulla parete; una strana idea gli danzava nella mente* | Avvicendarsi, di giorni, ore e sim.: *lo stuol de l'ore danza / lontano omai da me* (CARDUCCI). **B** v. tr. ● Eseguire danzando: *d. il valzer, il tango.*

danzatóre [av. 1336] s. m. (f. *-trice*) ● Chi danza. SIN. Ballerino.

dàpe [vc. dotta, lat. pl. *dăpe(s)*, di orig. indeur.; 1321] s. f. (pl. *dàpi* o *dàpe*) ● (*lett.*) Banchetto, vivanda | (*fig.*) Nutrimento spirituale: *la mente mia ... tra quelle dape / fatta più grande* (DANTE *Par.* XXIII, 43-44).

dapertùtto ● V. *dappertutto.*

da piè ● V. *dappiè.*

da piède ● V. *dappiè.*

dapìfero [vc. dotta, lat. *dapĭferu(m)*, comp. di *dăps*, genit. *dăpis* 'banchetto' e *-fero*; sec. XIV] agg.; anche s. m. ● (*raro, lett.*) Portatore di vivande.

da più ● V. *dappiù.*

da pòco ● V. *dappoco.*

da pòi ● V. *†dappoi.*

da pòi che /dappɔi'ke*, dap'pɔike*/ ● V. *dappoiché.*

dappertùtto o **da per tutto**, (*evit.*) **dapertùtto** [comp. di *da*, *per* e *tutto*; sec. XV] avv. ● In ogni parte, in tutti i luoghi: *essere, andare d.*; *tutto il mondo è paese, e l'umanità è la medesima d.* (GOLDONI).

dappiè o **da piè**, **da piède**, **dappiède** [comp. di *da* e *piè(de)*; 1308] **A** avv. ● (*lett.*) Ai piedi, nella parte inferiore, in basso: *queste erbacee degli errori ... si tagliassero dappiede* (LEOPARDI). **B** nella loc. prep. *d. di* ● (*raro, lett.*) Sotto, nella parte inferiore, ai piedi: *da piè d'un monte* (SANNAZARO).

dappiù o **da più** [comp. di *da* e *più*; 1353] **A** avv. ● †Più, in maggior numero: *da più furono coloro a' quali ciò che io dirò avvenne* (BOCCACCIO). **B** in funzione di agg. e s. m. ● Che (o Chi) è migliore, superiore per grado o per capacità: *credersi, ritenersi d. di un altro, di tutti.*

dappocàggine [da *dappoco* col suff. *-aggine*; sec. XIV] s. f. ● Caratteristica di chi è dappoco: *è nota la sua d. nel ragionare.* SIN. Inettitudine.

dappochézza [1554] s. f. ● Dappocaggine.

dappòco o **da pòco** [comp. di *da* e *poco*; sec. XIV] agg. inv. *1* Che ha scarsa intelligenza, abilità, capacità e sim.: *è un professore d.*; *una scrivania scarsa denunzia inesorabilmente un occupante d.* (LEVI). SIN. Inetto. *2* Che ha poca importanza, scarso valore, rilievo e sim.: *questioni da poco; non preoccuparti, è una cosa da poco.* SIN. Irrilevante. || **dappocàccio**, pegg. | **dappocóne**, accr. || **†dappocaménte**, avv. Da uomo dappoco.

dappòi o **†da pòi** [comp. di *da* e *poi*; 1338 ca.] **A** avv. ● Dopo, più tardi, in seguito, successivamente: *Colei cui non osiam più madre / nomar d.* (ALFIERI). **B** prep. ● (*raro*) Dopo.

dappoiché o **†da pòi che** [comp. di *da*, *poi* e *che* (*2*); av. 1294] cong. *1* (*lett.*) Da quando, dopo che (introduce una prep. temp. con il v. all'indic.): *d. Romolo e Remo furono cresciuti in loro etade* (VILLANI). *2* (*lett.*) Dal momento che, poiché (introduce una prop. caus. con il v. all'indic.).

dapprèsso o **da prèsso** [comp. di *da* e *presso*; av. 1321] **A** avv. ● Vicino, accanto: *stagli d.* | Da vicino: *seguire d. qlcu.* **B** in funzione di agg. inv. ● (*raro*) Seguente, prossimo: *l'anno d.* **C** nella loc. prep. *d. a* ● (*lett.*) Vicino, accanto: *soffri / che l'alma io spiri a te d.* (ALFIERI).

dapprima o **da prima** [comp. di *da* e *prima*; 1284 ca.] avv. ● Prima, in un primo momento, in un primo tempo, sul principio: *d. non capivo*; *d. aveva un certo timore*; *parliamo d. dei sudditi* (ALFIERI).

dapprincipio [comp. di *da* e *principio*; av. 1540] avv. ● In principio, in origine: *d. non voleva sentire nulla* (VERGA).

da prèsso ● V. *dappresso.*

da prima ● V. *dapprima.*

dar ● V. *dare.*

dàra [etim. incerta] s. f. ● (*mar.*) Sui velieri, insieme dei pezzi di riserva per l'alberatura.

dardeggiàre [da *dardo*; 1504] **A** v. tr. (*io dardéggio*) ● (*lett.*) Colpire con dardi (*spec. fig.*): *d. il nemico; occhi minacciosi lo dardeggiavano; il sole dardeggia la pianura.* **B** v. intr. (aus. *avere*) ● (*lett.*) Lanciare dardi | (*fig.*) Lanciare occhiate ardenti: *gli occhi dardeggiano* | (*fig.*) Mandare raggi infuocati: *il sole dardeggia nel cielo d'agosto.*

†dardière [av. 1729] s. m. ● Chi è armato di dardo.

dàrdo [fr. *dard*, dal francone **darodh*; av. 1250] s. m. *1* Asta di legno con punta di ferro, da scagliare a mano | Freccia per arco o balestra. *2* (*fig., poet.*) Sguardo, gesto, parola e sim. che colpisce e accende una passione, spec. intensa e improvvisa: *cominciò cogli occhi a rimandare / ... gli ardenti dardi / ch'Amor sovente gli facea gittare* (PULCI). *3* (*spec. al pl., fig., lett.*) Fulmine, saetta: *i dardi di Giove* | Raggio infuocato: *i dardi del sole.* *4* La punta caldissima di una fiamma, spec. ossidrica o di acetilene. *5* (*bot.*) Rametto fruttifero delle Pomacee e delle Drupacee. || **dardétto**, dim.

♦**dàre** (*1*) o **†dàere**, **†dajere** [lat. *dăre*, di orig. indeur.; sec. XII] **A** v. tr. (talora troncato in *dar*; pres. *io do* /dɔ*/ o raro *dò*, *tu dài*, *egli dà* /da*/ (scritto sempre con l'accento), *noi diàmo*, *voi dàte*, *essi dànno*; imperf. *io dàvo* o *†dàva*; pass. rem. *io dièdi* o *dètti* (o *détti*), *tu désti*, *egli diède* o *dètte* (o *détte*) o (poet.) *diè* /djɛ*/, *noi démmo*, *voi déste*, *essi dièdero* o *dèttero* (o *dét-*); fut. *io darò*; congv. pres. *io dìa*, *noi diàmo*, *voi diàte*, *essi dìano*; congv. imperf. *io déssi*, *tu déssi*, *egli désse*, *noi déssimo*, *voi déste*, *essi déssero*; condiz. pres. *io darèi*; imperat. *dà* /da, da*/ o *da'* o *dài*; ger. *dàndo*; part. pres. *dànte*; part. pass. *dàto*) ATTENZIONE! *do*, *dai*, *danno* non richiedono l'accento; *dà* (terza pers. sing.) invece va sempre accentato (V. nota d'uso ACCENTO); *da'* (seconda pers. imperat.) vuole l'apostrofo (V. nota d'uso ELISIONE e TRONCAMENTO) La forma *dà* o *da'* dell'imperat. può assumere, in unione con particelle pron., le forme *dàmmi*, *dàgli*, *dàlle*, *dàcci*, *dànne*, *dàmmene*, *dàgliene*, *dàccene* ecc., spesso con raddoppiamento della consonante iniziale della particella pron. *Dàtti* è l'imperat. del rifl. *dàrsi* (es. *datti una regolata*); *dàttene* è l'imperat. della forma intensiva *dàrsene* (es. *dattene carico*); *dàttela* è l'imperat. della forma intens. *dàrsela* (es. *dàttela a gambe*) **I** Gener. indica trasferimento, in senso proprio o figurato, da una cosa o persona a un'altra. CONTR. Ricevere. *1* Passare una cosa o sim. ad altri: *d. una sigaretta, del denaro, il buon esempio* | *Offrire, regalare, largire*: *d. qlco. in regalo, in elemosina*; *d. la propria vita per un ideale* | ***D. a Cesare quel che è di Cesare***, a ciascuno il dovuto | Consegnare, affidare: *d. una lettera al fattorino*; *d. un incarico*; *d. le chiavi di una città*; *d. qlco. in custodia a qlcu.* | ***Darsi delle arie***, vantarsi | ***D. luogo a qlco.***, essere causa di qlco. | ***D. carta libera, carta bianca a qlcu.***, lasciarlo arbitro della situazione, concedergli piena autonomia. *2* Aggiudicare, attribuire, assegnare, conferire: *d. a qlcu. la croce al merito*; *d. eccessiva importanza a qlcu., a qlco.*; *d. un posto, un lavoro, un alloggio a qlcu.*; *d. qlco. al migliore offerente* | Fornire, procurare: *ti darò il denaro di cui hai bisogno*; *questa impresa gli ha dato onori e gloria.* *3* Impartire: *d. un ordine, una lezione* | Infliggere: *d. il carcere a vita*; *d. due anni di pena.* *4* Somministrare, prescrivere: *d. una medicina, l'estrema unzione, i sacramenti.* *5* Pagare, sborsare: *d. un forte compenso, una mancia generosa* | ***Dover d. qlco. a qlcu.***, essere debitore. *6* Cedere, concedere: *d. la via, il passo a qlcu.*; *d. i propri favori a qlcu.* | (*volg.*) ***Darla via, darla a qlcu.***, con riferimento a donna, intrattenere rapporti sessuali con qlcu. | (*fig.*) Consentire, accordare, permettere: *per quanto mi è dato sapere*; *Io credo che giammai mi fu dato di veder tanto chiaro in me* (SVEVO). *7* Dedicare: *d. tutto sé stesso agli studi*; *d. il meglio di sé stesso per la riuscita di qlco.* *8* Imprimere: *d. forza.* *9* Produrre, rendere, emettere: *d. un suono stridulo*; *d. un forte calore*; *d. molti frutti*; *d. cinquanta quintali di grano per ettaro* | Causare: *d. il vomito, la febbre, la morte.* *10* Comunicare: *d. una buona notizia.* *11* Offrire: *d. una festa, un ricevimento, un banchetto* | Eseguire: *d. un concerto.* *12* Augurare: *d. il benvenuto, il buon anno.* *13* (+ *del*, + *dello*, + *della*) Attribuire spec. pubblicamente una caratteristica offensiva, ingiuriosa: *d. a qlcu. del cretino, dell'asino, della bestia.* *14* Volgere: *d. le spalle a qlcu., a qlco.* *15* Attribuire, prevedere una quantità: *gli hanno dato sei mesi di vita*; *gli do cinquantamila euro di reddito.* **II** Spesso, quando precede un sostantivo, dà origine a una costruzione equivalente al verbo il cui sign. è rappresentato dal sostantivo stesso: ***d. consigli, spiegazioni, ammonimenti***, consigliare, spiegare, ammonire | ***D. agio, occasione, mezzo, luogo, tempo***, permettere di | ***D. un grido, una voce***, gridare, chiamare | ***D. la vernice, la tinta***, verniciare, tingere | ***D. animo, coraggio***, incoraggiare | ***D. fuoco***, incendiare | ***D. il lucido, il taglio, la curva***, lucidare, tagliare, curvare | ***D. gusto, sapore***, insaporire | ***D. grazia a qlco.***, abbellirla | ***D. un castigo, una punizione***, castigare, punire | ***D. uno schiaffo***, schiaffeggiare | ***D. la vita***, generare | ***D. inizio***, iniziare | ***D. fondo***, ancorarsi, far cadere l'ancora per ormeggiarsi | ***D. volta***, legare stabilmente una cima, un cavo attorno a una bitta, a una caviglia e sim. | ***Darsi pace***, rassegnarsi. **III** (+ *a*; + *da*; + *in*; + *per*) In alcune loc. particolari: ***d. a frutto***, prestare con interesse | ***D. un lavoro a cottimo***, assegnarlo | ***D. a credere, a intendere, a bere***, far credere qlco. di non vero: *Qualche vecchio del paese si compiace ancora di d. a credere che la ricchezza di mio padre ... avesse origini – diciamo così – misteriose* (PIRANDELLO) | ***D. a*** o ***da pensare, da fare***, procurare pensieri, fastidi | ***D. qlco. da mangiare, da bere*** e sim., offrire | ***D. in moglie, in sposa, in dono, in omaggio, in pegno, in prova***, offrire, assegnare in moglie, in sposa e sim. | ***D. per scontato, per certo, per buono, per morto***, dichiarare scontato, certo e sim. **B** v. intr. (aus. *avere*) *1* (+ *su*) Guardare: *il nostro balcone dà sul mare* | Volgere, tendere: *è una persona che dà sul pedante*; *è di un colore blu che dà sul verde* | Sboccare, detto di corsi d'acqua, strade e sim. *2* (+ *in*) Urtare, battere: *rialzandomi, ho dato con la testa nel muro.* *3* (+ *in*) Prorompere: *d. in un pianto dirotto, in lacrime, in escandescenze.* *4* In numerose locuzioni (seguito da varie prep.): ***d. nel segno***, (*fig.*) colpire giusto | ***D. alla testa***, stordire | ***D. di testa, d. nei matti***, ammattire | ***D. ai, sui nervi***, innervosire | ***D. nell'occhio***, attirare l'attenzione | ***D. di sprone***, spronare | ***D. contro qlcu.***, contraddirlo, attaccarlo | (*fig., fam.*) ***Darci dentro***, V. *dentro* nel sign. B1 | (*fig., fam.*) ***Darci sotto***, mettercela tutta, non demordere. **C** v. rifl. (+ *a*) ● Applicarsi, dedicarsi: *darsi all'arte, allo sport* | ***Darsi d'attorno***, brigare | ***Darsi all'ippica***, V. *ippica* | ***Darsi da fare***, impegnarsi attivamente, affaccendarsi | Abbandonarsi: *darsi al gioco, all'alcol* | ***Darsi a Dio***, consacrarsi | (*lett.*) Acconsentire a un'offerta amorosa, abbandonarsi alla persona amata: *fu allor ch'ella s'offerse, / e nuda in braccio a Endimion si diede* (ARIOSTO) | Sottomettersi, consegnarsi: *darsi al nemico*; *darsi prigioniero* | ***Darsi per vinto***, arrendersi (*anche fig.*) | ***Darsi (per) malato***, dichiararsi, farsi credere malato. **D** v. rifl. rec. ● Scambiarsi: *darsi un bacio* | ***Darsi il cambio***, sostituirsi l'uno all'altro a turno | ***Darsi dello stupido***, scambiarsi a vicenda un'offesa | ***Darsele***, picchiarsi: *se le sono date di santa ragione* | ***Darsi del tu, del lei***, rivolgersi l'uno all'altro usando il pronome 'tu' o 'lei': *diamoci del tu.* **E** v. intr. pron. (+ *a* seguito da inf.) ● Cominciare: *darsi a correre, a gridare*; *saltò nella strada e si dette a scappare* (COLLODI) | ***Darsela a gambe***, scappare. **F** v. intr. pron. impers. ● Avvenire, accadere: *si dà il caso che* | ***Può darsi***, forse: *Verrai? Può darsi*; *può darsi che se ne sia dimenticato* | (*lett.*) ***Si dà***, è possibile: *Giungere a terra che dall'acque è cinta, non si dà che per nave* (PASCOLI).

dàre (*2*) [da *dare* (*1*); 1308] s. m. solo sing. *1* Ciò che si deve o è dovuto. SIN. Debito. *2* (*ragion.*) Denominazione convenzionale della parte sinistra di un conto: *il d. e l'avere.* SIN. Debito.

dark /dark, *ingl.* daːk/ [vc. ingl., propr. 'scuro'; 1985] s. m. e f. inv.; anche agg. inv. ● Chi (o Che) appartiene a un movimento giovanile affermatosi negli anni '80 del Novecento, caratterizzato da una visione amara del mondo, da atteggiamenti mistico-religiosi e da un particolare tipo di abbigliamento di colore nero: *ragazza d.*

dark lady /dark'lɛdi, *ingl.* 'daːk'leɪdi/ [loc. ingl., propr. 'dama (*lady*) bruna (*dark*)', usata da W. Shakespeare nei suoi sonetti; 1985] loc. sost. f. inv. (pl. ingl. *dark ladies*) ● Donna fatale che esercita un potere distruttivo sugli uomini che seduce.

dàrsena [ar. *dār aṣ-ṣinā'a* 'arsenale', propr. 'casa di costruzione'; av. 1540] **s. f.** *1* Parte più interna del porto, cinta per lo più da costruzioni in muratura, nella quale stanno le navi disarmate: *d. esterna, interna, mercantile, privata* | ***D. naturale***, insenatura sicura alle navi di formazione naturale. *2* Arsenale marittimo per la costruzione e riparazione delle navi.

†**darsenàle** [ar. *dār aṣ-ṣinā'a* 'darsena', con suff. di adattamento] **s. m.** ● Darsena.

darts /darts, *ingl.* dɑːts/ [vc. ingl. pl. di *dart* 'dardo, freccia'; V. *dardo*] **s. m. inv.** ● Gioco consistente nel lancio manuale di piccole frecce contro un bersaglio circolare di sughero.

darvinismo e *deriv.* ● V. *darwinismo* e *deriv.*

darwiniàno o **darviniàno** /darvi'njano/ [1864] **A agg.** ● Che si riferisce a Darwin e alle sue teorie. **B s. m.** ● Darvinista.

darwinismo o **darvinismo** /darvi'nizmo/ [ingl. *darwinism*, dal nome del naturalista Ch. R. *Darwin* (1809-1882); 1871] **s. m.** ● Teoria evoluzionistica secondo cui le modificazioni delle specie avvengono per selezione naturale e concorrenza vitale.

darwinista o **darvinista** /darvi'nista/ [1864] **s. m. e f.** (**pl. m.** *-i*) ● Seguace del darvinismo.

dasiùro [vc. dotta, comp. del gr. *dasýs* 'rozzo, aspro' e *ourá* 'coda'; 1820] **s. m.** ● Mammifero marsupiale grande come un gatto, con corpo bruno macchiettato di bianco (*Dasyurus maculatus*).

d'assài o (*raro*) **dassài** [comp. di *d(a)* e *assai*] **A avv.** ● (*lett.*) Di gran lunga: *che 'l dir nostro e 'l penser vince d'assai* (PETRARCA). **B** in funzione di **agg.** ● (*lett.*) Di grande valore, superiore per grado o capacità.

†**dassaièzza** [av. 1311] **s. f.** ● Caratteristica di chi è d'assai.

†**dassèzzo** [comp. di *da* e †*sezzo*; av. 1292] **avv.** ● Da ultimo, infine: *in danno gli tornò d.* (MONTI).

♦**dàta** (**1**) [lat. *dăta(m)*, part. pass. del v. *dăre*, usata nel Medioevo nella espressione *lĭttera dăta*, cioè 'lettera consegnata (in quel giorno)'; av. 1556] **s. f.** *1* Indicazione del tempo (ed eventualmente del luogo) in cui fu scritta una lettera, redatto un documento, pubblicato un volume e sim.: *mettere, apporre la d.* (V. nota d'uso NUMERO). *2* Tempo in cui è accaduto o deve ancora accadere un determinato fatto: *d. di nascita, di morte; fissare la d. di un incontro; rimandare un incontro ad altra d., a d. da destinarsi* | ***Di antica d., di lunga, vecchia d.***, antico | ***A far d. da oggi***, a decorrere da oggi | ***Di fresca d.***, recente | ***A venti giorni d.***, che scade venti giorni dopo. *3* Nel linguaggio della Curia romana, facoltà di nomina alla titolarità di benefizi e conferimento di essi. *4* Nel gioco delle carte, atto del mescolare e dare le carte | Quante carte vengono distribuite in una girata a ogni giocatore | ***Aver la d.***, essere il primo a giocare, a calar la carta. *5* †Condizione, stato, spec. nella loc. ***essere in d. di fare qlco.***, essere disposto a farla. *6* †Atto del dare, del consegnare. *7* †Qualità, natura. *8* †Imposta, dazio.

data (**2**) /'data, 'de-, *ingl.* 'deɪtʌ/ [vc. ingl., pl. di *datum* 'dato' (come s. m.), dal lat. *dătum*, part. pass. neutro sost. del v. *dăre* 'dare'; 1985] **s. m. pl.** ● (*elab.*) Insieme di dati destinati a essere elaborati, per lo più elettronicamente; il termine è frequente in alcune espressioni, come *d. base, d. entry, d. processing*.

database /data'baze, -'beiz, *ingl.* 'deɪtəˌbeɪs/ [loc. ingl., comp. di *data (2)* e *base* 'base, supporto'; 1979] **s. m. inv.** ● (*elab.*) Insieme di informazioni tra loro omogenee strutturato logicamente, così da poter essere ordinato e consultato secondo criteri diversi | ***D. relazionale***, nel quale le informazioni sono conservate in tabelle distinte e vengono estratte in base a relazioni stabilite tra le tabelle.

datàbile [av. 1946] **agg.** ● Che si può datare: *l'opera non è d. con certezza.*

data entry /*ingl.* 'deɪtəˌentrɪ/ [loc. ingl., propr. 'entrata (*entry*) di dati (*data*)'] **loc. sost. m. inv.** ● (*elab.*) Inserimento di dati, gener. da tastiera, in un sistema di elaborazione.

†**datàle** **agg.** ● (*raro*) Di data.

data processing /*ingl.* 'deɪtəˌprəʊsesɪŋ/ [loc. ingl., propr. 'trattamento (*processing*) di dati (*data*)'; 1986] **loc. sost. m. inv.** ● (*elab.*) Elaborazione dati.

datàre [da *data*; 1640] **A v. tr.** *1* Corredare di data: *d. una lettera, un documento.* *2* Collocare un avvenimento nel tempo in cui si è verificato: *non è possibile d. con esattezza l'inizio della guerra* | Condizionare un fatto, uno scritto e sim. al momento storico a cui risale o a una determinata moda, rendendolo perciò superato: *l'uso di troppe metafore data irrimediabilmente il romanzo.* **B v. intr.** ● Avere inizio: *la nuova disposizione data dal mese scorso* | (*raro*) Risalire a un determinato periodo: *la lapide su quel muro data da molti secoli* | ***A d. da oggi***, a partire, a decorrere da oggi.

dataria [da *datario (1)*] **s. f.** *1* Ufficio della Curia romana che provvedeva al conferimento di dispense e di benefici. *2* Carica di datario.

datàrio (**1**) [vc. dotta, lat. *datāriu(m)*, da *dăta* 'data'; av. 1519] **A s. m.** ● Prelato che presiedeva alla dataria. **B** anche **agg.**: *cardinale d.*

datàrio (**2**) [da *data*; 1951] **s. m.** *1* Timbro composto da cilindri o anelli mobili in gomma o metallo, recanti in rilievo l'indicazione di giorni, mesi e anni, i quali, se fatti ruotare, consentono di imprimere la data voluta. *2* Indicatore di data, in un orologio.

datàto [1619] **part. pass.** di *datare*; anche **agg.** *1* Nei sign. del v. *2* Superato, non più attuale: *film, argomento d.*

datazióne [da *datare*; 1917] **s. f.** ● Il datare | Attribuzione di una data: *la d. di un testo* | Determinazione dell'età di un reperto archeologico: *metodi di d.*

dàte ● V. *dare (1)*.

datismo [gr. *datismós*, dal n. del generale persiano *Dati*, che affettava di parlare greco] **s. m.** ● Inutile ripetizione di sinonimi nel discorso | Errore compiuto da chi parla una lingua straniera senza conoscerla bene. **SIN.** Datità (1).

datità (**1**) [1965] **s. f.** ● Datismo.

datità (**2**) [da *dato*, part. pass. del v. *dare*, come trad. del ted. *Gegebenheit*] **s. f.** ● (*filos.*) Condizione di ciò che si rivela alla conoscenza | Ciò che è alla base dell'attività conoscitiva.

datìvo [vc. dotta, lat. *datīvu(m)* '(caso) datore', da *dăre*, sul modello del gr. *dotikós, hē dotikḗ* (*ptôsis*) 'il (caso) dativo'; av. 1364] **A s. m.** ● (*ling.*) Caso della declinazione indoeuropea indicante il termine a cui si rivolge l'azione verbale. **B** anche **agg.**: *caso d.*

♦**dàto** [av. 1250] **A part. pass.** di *dare*; anche **agg.** *1* Nei sign. del v. *2* Certo, determinato, stabilito: *in date occasioni.* *3* In espressioni assol. con valore ipotetico o causale: *d. lo stato in cui sei, ti consiglio di curarti; data la sua indifferenza lo lasciai; date le circostanze, ho accettato* | ***D. che***, poiché, dal momento che; (*raro*) ammesso, supposto che | ***D. e non concesso***, ammesso e non concesso. *4* (*raro*) Dedito, votato: *uomo d. al vizio, al gioco, al fumo.* **B s. m.** *1* Elemento o serie di elementi accertati e verificati che possono formare oggetto di indagini, ricerche, elaborazioni o che comunque consentono di giungere a determinate conclusioni: *un d. di fatto; dati statistici; i dati di un problema, di una questione; elaborazione elettronica dei dati* | (*dir.*) ***Dati sensibili***, quelli che riguardano condizioni o convinzioni personali di un soggetto e che possono essere archiviati o utilizzati solo con il suo consenso e nelle forme di legge. *2* †Ciò che si dà in dono.

datóre [vc. dotta, lat. *datōre(m)*, da *dăre* 'dare'; av. 1292] **s. m.** (**f.** *-trice*) ● Chi dà, concede, distribuisce | ***D. di lavoro***, chi ha alla propria dipendenza lavoratori retribuiti | ***D. di luci***, tecnico responsabile dell'illuminazione di uno studio televisivo o di una scena teatrale.

datoriàle [da *datore*] **agg.** ● Relativo al datore di lavoro.

dàttero o †**dàttilo** [lat. *dăctylu(m)*, dal gr. *dáktylos* 'dito', per la sua forma; 1313] **s. m.** *1* Frutto a bacca della palma da datteri, commestibile, con polpa zuccherina e seme di consistenza cornea | (*fig., raro, lett.*) †***Rendere, riprendere d. per fico***, scontare una pena ancora più grave del male che si è compiuto. ➡ **ILL. piante**/10. *2* (*zool.*) ***D. di mare***, mollusco con conchiglia oblunga color bruno e carni molto pregiate. **SIN.** Litofaga. ➡ **ILL. animali**/4.

dattìlico [vc. dotta, lat. *dactÿlicu(m)*, da *dăctylis* 'dattilo'; av. 1406] **agg.** (**pl. m.** *-ci*) ● Costituito di dattili: *metro, verso d.*

dattilìfero [vc. dotta, comp. del lat. *dăctylus* 'dattero' e di *-fero*] **agg.** ● Che produce datteri.

†**dattilioteca** [vc. dotta, lat. *dactyliothēca(m)*, comp. del gr. *daktýlios* 'anello' e *thḗkē* 'custodia'; 1562] **s. f.** ● Scrigno usato per riporvi le gemme | Collezione di gemme | Ripostiglio per anelli.

dàttilo [vc. dotta, lat. *dăctylu(m)*, dal gr. *dáktylos* 'dito', perché lo schema del piede ricorda le tre falangi, una più lunga, le altre due più corte, di un dito; 1551] **s. m.** *1* (*ling.*) Piede metrico della poesia greca e latina formato da una sillaba lunga e da due sillabe brevi. *2* †V. *dattero.*

dàttilo-, -dàttilo [dal gr. *dáktylos* 'dito', prob. di orig. indeur.] primo o secondo elemento ● In parole composte significa 'dito' (*dattiloscritto, dattilografo, dattiloscopia*) o fa riferimento alle dita (*perissodattilo*).

dattilografàre [1917] **v. tr.** (*io dattilògrafo*) ● Scrivere a macchina.

dattilografìa [1897] **s. f.** ● Ogni forma di scrittura per mezzo di macchina per scrivere. **SIN.** Dattiloscrittura.

dattilogràfico [1908] **agg.** (**pl. m.** *-ci*) ● Che si riferisce alla dattilografia. || **dattilograficaménte**, **avv.** Per mezzo della dattilografia.

dattilògrafo [fr. *dactylographe*, comp. di *dactylo-* 'dattilo-' e *-graphe* '-grafo'; 1908] **s. m.** (**f.** *-a*) ● Chi per professione scrive a macchina spec. negli uffici.

dattilogràmma [vc. dotta, comp. di *dattilo-* e *-gramma*] **s. m.** (**pl.** *-i*) ● Impronta digitale, registrata a fini giudiziari.

dattilologìa [vc. dotta, comp. di *dattilo-* e *-logia*] **s. f.** ● Modo di comunicare mediante segni con le dita.

dattilològico **agg.** (**pl. m.** *-ci*) ● Relativo alla dattilologia: *segni dattilologici.*

Dattilopterifórmi [comp. di *dattilo-*, del gr. *pterón* 'ala' e del pl. di *-forme*] **s. m. pl.** (**sing.** *-e*) ● Nella tassonomia animale, ordine di Pesci ossei con parte delle pinne pettorali espansa, a forma di ala, con cui si librano fuori dell'acqua (*Dactylopteriformes*).

dattiloscopìa [vc. dotta, comp. di *dattilo-* e *-scopia*; 1942] **s. f.** ● Esame e catalogazione delle impronte digitali ai fini giudiziari.

dattiloscòpico [av. 1936] **agg.** (**pl. m.** *-ci*) ● Relativo alla dattiloscopia.

dattiloscritto [vc. dotta, comp. di *dattilo-* e *scritto*, in sostituzione di *-grafato* del comp. *dattilografato*, sul modello di *manoscritto*; 1931] **A agg.** ● Che è scritto a macchina: *dispense dattiloscritte.* **B s. m.** ● Testo scritto a macchina: *il d. del libro, dell'articolo; un d. di cento pagine.*

dattiloscrittùra [comp. di *dattilo-* e *scrittura*] **s. f.** ● Dattilografia.

dattiloscrìvere [comp. di *dattilo-* e *scrivere*] **v. tr.** (coniug. come *scrivere*) ● Dattilografare.

dattilòttero [comp. di *dattilo-* (con allusione alle prime pinne pettorali lunghe come dita) e *-ttero*] **s. m.** ● Pesce degli Scorpeniformi con squame ruvide, due pinne dorsali e amplissime pinne pettorali che spesso raggiungono la coda (*Dactylopterus volitans*).

dattórno o †**da tórno** [comp. di *da* e *(at)torno*; sec. XIII] **A avv.** *1* Intorno, tutt'intorno, vicino: *sono stanco di averlo d.* | ***Andare d.***, andare in qua e in là, gironzolare, viaggiare | ***Darsi d.***, darsi da fare | ***Levarsi, togliersi qlcu. d.***, liberarsene. *2* †Circa. **B** nella **loc. prep.** *d. a* ● (*lett.*) Intorno a, vicino a: *un recinto corre d. alla casa* | ***Essere d. a qlco.***, occuparsene attivamente | ***Stare, essere, andare d. a qlcu.***, seguirlo con insistenza: *voi siete fatti come i cani, che vanno sempre d. a chi può meglio dare loro da mangiare* (MACHIAVELLI). **C** in funzione di **agg. inv.** ● Circonvicino, circostante: *nei paesi, nei luoghi d.*

datùra [indiano moderno *dhatūrā*, dal sanscrito *dhattūrah*, di etim. incerta; 1829] **s. f.** ● Genere di piante delle Solanacee con fiori grandi, solitari, eretti o penduli a corolla imbutiforme generalmente di color bianco e frutto a capsula spinosa (*Datura*); la specie più nota e comune è *Datura stramonium*, ricca di alcaloidi come iosciamina, atropina e scopolamina.

daturismo [da *datur(a)* con il suff. *-ismo*; 1987] **s. m.** ● (*med.*) Intossicazione umana e animale causata da piante del genere *Datura* che contengono alcaloidi delle Solanacee; comunemente, intossicazione da stramonio.

datzebào ● V. *dazebao.*

dàunio [vc. dotta, lat. *dāunum*, dal n. dell'eroe eponimo (*Daunus*)] **agg.** ● Relativo agli antichi abitanti della Puglia settentrionale | (*lett.*) ***Capoluogo d.***, Foggia | ***Provincia daunia***, la provincia di Foggia.

davànti o †**davànte** [comp. del lat. *de* 'di, da' e *ab ante* 'avanti'; 1249] **A** avv. ***1*** Di fronte: *sedere d.*; *trovarsi d.*; *or che mi trovo il mio signor davante* (STAMPA) | Nella, dalla parte anteriore: *una macchina danneggiata d.*; *gli antichi fucili si caricavano d.* CFR. protero-. SIN. Dinanzi. CONTR. Dietro. ***2*** †Prima, in precedenza: *vi narrai poco davante / come ... / ... / cadde in quel lago* (BOIARDO). **B** Nella loc. prep. *d. a*, †*d. da*, †*d. di.* ***1*** Di fronte a, dirimpetto a: *d. alla vetrina*; *tutte le mattine passo d. alla tua casa*; (*fig.*) *non ritirarsi d. alle difficoltà* | (*lett.*) †***D. la casa***; ***Davanti San Guido*** (CARDUCCI). ***2*** Alla presenza, al cospetto di: *non ha più il coraggio di comparirmi d.*; *d. agli estranei si comporta come se niente fosse*; *lo ha affermato d. ai giudici*; *compariremo un giorno d. a Dio* | (*fig.*) Nell'opinione, nel giudizio di: *d. a me giudice sono rei*; *ma d. a me uomo sono forsennati* (FOSCOLO). **C** nella loc. cong. ***d. che*** ● (*lett.*) Prima che (introduce una prop. temp. con il v. al congv.): *d. che bellezza mora* (SACCHETTI). **D** in funzione di agg. inv. ***1*** Anteriore: *dalla parte d.*; *le file d.*; *le zampe d.* ***2*** (*raro*) Precedente: *lo anno d. era stato consolo* (MACHIAVELLI). **E** in funzione di s. m. inv. ● La parte anteriore: *il d. della giacca*; *il d. dell'automobile* | ***Il d. della casa***, la facciata.

davantino [da *davanti* nel sign. E; 1942] s. m. ● Pettorina spec. di tela batista o picchè applicata su abiti femminili a scopo decorativo.

davanzàle [etim. discussa, legata, comunque, con *davanti*; av. 1400] s. m. ● Soglia della finestra, in pietra o muratura, su cui posano gli stipiti.

davànzo o **d'avànzo** [comp. di *d(i)* e *avanzo*; sec. XIV] avv. ● Più del necessario, molto: *ne abbiamo d.*

da véro ● V. *davvero*.

davìdico [vc. dotta, lat. eccl. *Davīdicu(m)* 'di David'; av. 1704] agg. (pl. m. *-ci*) ● Che si riferisce al re David: *salmi davidici*.

dàvo ● V. *dare* (*1*).

davvantàggio o †**d'avvantàggio** [comp. di *da* e *vantaggio* sul tipo del fr. *davantage*; av. 1535] avv. ● (*lett.*) Di più, maggiormente | Inoltre, ulteriormente, ancora.

davvéro o (*raro*) **da véro** [comp. di *da* e *vero*; 1308] avv. ***1*** In verità, effettivamente, proprio: *decise di mettersi d. a studiare*; *ho detto da burla ch'egli veniva, e il diavolo lo ha portato d.* (GOLDONI) | ***Dire***, ***fare d.***, parlare, agire sul serio: *dici proprio d.?*; *devi credermi, dico d.* | ***Per d.***, sul serio: *non minaccio per scherzo, ma per d.* ***2*** Molto, veramente (raff. di un agg.): *buono d.*; *è una cosa d. bella* | Anche iron.: *ti sei comportato bene d.*; *ciò è d. ben fatto!* ***3*** Con valore raff. di una negazione: *no d.!*; *non vengo d.*; *no, d. non posso!* | (*assol.*) Esprime incredulità, meraviglia, dubbio, stupore: *d.? me lo assicuri?*; *d.! l'hai proprio visto!* | (*assol.*) Con valore di decisa conferma: *d.! te lo prometto!*

davvicìno [comp. di *da* e *vicino*; av. 1794] avv. ● (*lett.*) Da una distanza ravvicinata: *lo fissava sempre più d.*

-day /*ingl.* deɪ/ [vc. ingl., propr. 'giorno'] secondo elemento ● In parole composte, indica il giorno in cui si verifica un avvenimento o se ne celebra la ricorrenza, oppure una giornata particolarmente importante per la persona o il personaggio designato dal primo elemento: *D-day*; *Columbus-day*.

day after /de'jafter, *ingl.* 'deɪ 'æ:ftəɹ/ [loc. ingl., propr. 'giorno (*day*) dopo (*after*)', dal titolo del film americano di N. Meyer *The day after* (1983), che mostra le terribili conseguenze di un'esplosione nucleare; 1984] loc. sost. m. inv. ***1*** Il giorno successivo alla catastrofe provocata da una guerra nucleare. ***2*** (*est.*) Il giorno successivo a un avvenimento importante, non necessariamente negativo.

day by day /'dei bai'dei, *ingl.* 'deɪbaɪ'deɪ/ [loc. ingl., propr. 'giorno per giorno'; 1987] **A** agg. inv. ● Detto di attività svolta quotidianamente. **B** s. m. inv. ● Nella gestione aziendale, il complesso delle attività giornaliere in contrapposizione a quelle di pianificazione a lungo termine.

day hospital /dei'ɔspital, *ingl.* 'deɪ,hɒspɪtl/ [loc. ingl., comp. di *day* 'giorno' (vc. germ. d'orig. indeur.) e *hospital* 'ospedale'; 1989] loc. sost. m. inv. (pl. ingl. *day hospitals*) ● (*med.*) Struttura sanitaria in cui si attuano forme di ospedalizzazione soltanto diurna, per terapie di durata limitata o per analisi.

daylight /dei'lait, *ingl.* 'deɪ,laet/ [vc. ingl., propr. 'luce (*light*) del giorno (*day*)'; 1989] agg. inv. ***1*** Detto di sistema di illuminazione che riproduce le caratteristiche cromatiche della luce diurna. ***2*** Detto di pellicola fotografica adatta alla ripresa in luce diurna.

†**dazaiuòlo** o †**dazzaiuòlo**, †**dazzaiòlo** [da *dazio*; 1280] s. m. ***1*** Anticamente, registro dei dazi da pagare e delle persone che li devono pagare. ***2*** †Guardia daziaria.

dazebào /tadzdze'bao, *cin.* 'ta'tsɯ'ˌpao/ o **datzebào**, **dazibào**, **tatze-bào**, **tazebào** [vc. cinese, 'manifesto a grandi caratteri'; 1971] s. m. inv. ● Manifesto murale di grandi dimensioni, scritto a mano e talvolta illustrato, nato nella Repubblica Popolare Cinese come mezzo di propaganda diretta, o anche di denuncia e critica nei confronti della classe dirigente, adottato poi nei Paesi occidentali dai movimenti studenteschi, extraparlamentari e sim.

daziàre [da *dazio*; av. 1540] v. tr. (*io dàzio*) ● Gravare di dazio: *d. una merce*.

daziàrio [av. 1557] **A** agg. ● Del, relativo al dazio: *cinta, guardia daziaria*; *ufficio d.* **B** s. m. ● †Daziere.

dazibào ● V. *dazebao*.

dazière [da *dazio*; av. 1433] s. m. ***1*** Guardia incaricata del controllo e della riscossione dei dazi. ***2*** †Appaltatore del dazio.

dàzio [vc. dotta, lat. *dătio* 'azione di dare, tributo'; 1306] s. m. ***1*** Somma dovuta allo Stato e, in passato, al comune per l'entrata o l'uscita di merce dal suo territorio: *d. doganale, esterno, fiscale, protettivo*; *d. di importazione, di esportazione*. ***2*** Luogo dove si paga il dazio | Ufficio daziario.

daziòne [vc. dotta, lat. *datiōne(m)* 'il dare'; av. 1348] s. f. ***1*** †Atto del dare | ***D. dell'anello***, cerimonia del matrimonio. ***2*** (*raro*) Consegna | (*dir.*) ***D. in pagamento***, soddisfacimento del credito mediante consegna, col consenso del creditore, di cosa diversa da quella dedotta in obbligazione | (*eufem.*) Compenso illecito, tangente.

†**dazzaiòlo** ● V. †*dazaiuolo*.

†**dazzaiuòlo** ● V. †*dazaiuolo*.

†**dazzìno** s. m. ● Daziere.

D-day /di'dei, *ingl.* 'diːˌdeɪ/ [vc. ingl., comp. di *D*, che sta per *day* 'giorno' e *day*, così come l''ora' dello sbarco era, in cifra, *H. hour*; 1987] s. m. inv. ***1*** Il giorno dello sbarco delle forze armate americane e britanniche in Normandia (6 giugno 1944). ***2*** (*est.*) Il giorno fissato per un'importante operazione militare | Il giorno stabilito per un'impresa, per un'iniziativa importante.

†**de** (**1**) /de*/ ● V. *di* (*2*).

de (**2**) /de/ [V. *di* (*1*)] prep. ● Forma che la prep. *di* assume seguita dagli art. det. nella formazione delle prep. articolate sia con grafia unita (*del, della, delle, degli, dello, dei, degli*) sia con grafia separata, dell'uso lett. e poet. (*de'l, de la, de le, de gli, de lo, de i*, o (*tosc.*) *de', de gli*) | Si usa talvolta anche nelle citazioni di titoli di opere che cominciano con l'articolo: *le descrizioni de 'I Promessi Sposi'* (ma anche: *le descrizioni dei 'Promessi Sposi'*).

de' /de/ prep. ● Forma tronca della prep. art. 'dei'.

de- /de/ [lat. *dē-*, che indicava separazione; cfr. *di-* (*1*)] pref. ***1*** Anteposto a verbi o sost., spec. di origine latina, indica allontanamento (*deviare, deportare*), abbassamento, movimento dall'alto in basso (*degradare, declinare*), privazione, sottrazione (*dedurre, desumere, decaffeinizzazione, decalcificare*), o derivazione (*deaggettivale, denominale, deonomastica, deverbale*). ***2*** Si usa inoltre per formare verbi tratti da sostantivi o aggettivi, oppure con valore intensivo: *decurtare, designare*. ***3*** Corrisponde a *dis-* o *s-* in verbi di formazione recente, spesso formati per analogia con voci francesi (*demoralizzare, denaturare*), o in voci che costituiscono doppioni (*demagliare - smagliare, defogliare - sfogliare*).

dèa /*dɛa, dɛa/ o †**dia** (**1**), †**iddèa**, †**iddia** [vc. dotta, lat. *dēa(m)*, della stessa orig. di †*deo*; sec. XIII] s. f. (pl. *dèe* /*dee, dee/) ***1*** Divinità femminile nelle religioni politeistiche. ***2*** (*fig.*) Donna molto bella | (*fig., lett.*) Donna molto amata.

deadline /*ingl.* 'dɛd,laen/ [vc. ingl., propr. 'linea (*line*) morta (*dead*)'; 1986] s. m. inv. ● Termine ultimo, data di scadenza.

deaeràre [comp. di *de-* e *aerare*] v. tr. (*io deàero*) ● (*tecnol.*) Privare un liquido dell'aria che contiene.

deaeraziòne [comp. di *de-* e *aerazione*] s. f. ● (*tecnol.*) Operazione consistente nel togliere a un liquido, spec. acqua, l'aria che esso contiene.

deafferentaziòne [da *afferente*, col pref. *de-*] s. f. ● (*med.*) Eliminazione o interruzione degli impulsi dei nervi afferenti.

deaggettivàle [comp. parasintetico di *aggettivale*, col pref. *de-*, secondo il modello dell'ingl. *de-adjectival*] **A** agg. ● (*ling.*) Detto di forma che deriva da un aggettivo: *sostantivo d.* (ad es. *grandezza*, da *grande*), *verbo d.* (ad es. *biancheggiare*, da *bianco*). **B** anche s. m.

dealbàto [vc. dotta, lat. *dealbātu(m)*, part. pass. di *dealbāre* 'imbiancare', da *ălbus* 'bianco'; av. 1939] agg. ***1*** (*lett.*) Imbiancato, bianco. ***2*** Nell'antica Roma, detto delle tavole che ogni anno il pontefice massimo esponeva nel Foro e sulle quali scriveva i nomi dei magistrati e gli avvenimenti più importanti.

dealbuminàto [da *albumina*, col pref. *de-*] agg. ● (*biol., farm.*) Privato dell'albumina, detto spec. di siero per vaccinazioni.

dealer /'diler, *ingl.* 'diːləɹ/ [vc. ingl., da *to deal* 'fare affari, trattare'; 1985] s. m. e f. inv. ***1*** Agente di borsa che acquista o vende titoli per proprio conto. ***2*** Rivenditore, grossista.

dealfabetizzaziòne [comp. di *de-* e *alfabetizzazione*; 1997] s. f. ● Perdita totale o parziale della capacità di leggere e scrivere, per mancanza di pratica. SIN. Analfabetismo di ritorno.

deamarizzàre [da *amaro*, col pref. *de-*] v. tr. ● Privare dell'amaro.

deambulànte [1946] part. pres. di *deambulare*; anche agg. ***1*** Nel sign. del v. ***2*** Che cammina, che ha la capacità di camminare, spec. nell'espressione *non deambulante*, riferita a individui con ridotte capacità motorie: *autobus con posti riservati a passeggeri non deambulanti*.

deambulàre [vc. dotta, lat. *deambulāre*, comp. di *dē-* e *ambulāre* 'camminare intorno'; av. 1342] v. intr. (*io deàmbulo*; aus. *avere*) ● (*lett.*) Camminare, passeggiare (*anche scherz.*).

deambulatóre [1308] s. m. ***1*** (f. *-trice*) †Chi cammina, passeggia. ***2*** Sostegno formato da tubi metallici e quattro ruote usato come appoggio per chi ha difficoltà di deambulazione.

deambulatòrio [vc. dotta, lat. *deambulatōriu(m)*, da *deambulāre* 'deambulare'; 1529] **A** agg. ● (*raro*) Che si riferisce alla deambulazione. **B** s. m. ● (*arch.*) Ambiente di passaggio che si affianca al vano principale di un edificio, per lo più parallelamente al suo perimetro | Corridoio che gira attorno all'abside in alcune chiese spec. gotiche. SIN. Ambulacro. ➡ ILL. p. 2119 ARCHITETTURA.

deambulaziòne [vc. dotta, lat. *deambulatiōne(m)*, da *deambulāre* 'deambulare'; sec. XIV] s. f. ***1*** Facoltà propria dell'uomo e degli animali vertebrati superiori di spostarsi da un luogo a un altro per mezzo delle gambe. ***2*** (*lett.*) Atto del camminare | †Passeggio.

deamicisiàno o **deamicisiàno** [1911] agg. ***1*** Che è proprio dello scrittore E. De Amicis (1846-1908). ***2*** (*fig.*) Che presenta caratteri di commosso sentimentalismo e di moralismo.

deamplificàre [comp. di *de-* e *amplificare*] v. tr. (*io deamplifico, tu deamplifichi*) ● (*tecnol.*) Ridurre il valore di una grandezza.

deamplificaziòne s. f. ● (*tecnol.*) Il deamplificare.

deasfaltizzaziòne [comp. di *de-* e un deriv. di *asfalto*] s. f. ● (*chim.*) Procedimento industriale che elimina l'asfalto dai residui della distillazione primaria del petrolio.

deaspiraziòne [comp. di *de-* e *aspirazione*] s. f. ● (*ling.*) Passaggio di suono da aspirato a non aspirato.

deb /dɛb/ [abbr. ingl. del fr. *débutante* 'debuttante'; 1986] **A** s. m. e f. inv. ● Artista, cantante, attore al debutto. **B** s. f. inv. ● Ragazza che fa il suo ingresso in società partecipando a uno sfarzoso ricevimento.

†**debaccàre** [vc. dotta, lat. *debacchāri*, comp. di *dē* rafforzativo e *bacchāri* 'andare smaniando'; 1584] v. intr. ● Correre, agitarsi sfrenatamente.

débâcle /*fr.* de'baklə/ [vc. fr., propr. 'disgelo', da *débâcler* 'rompere', precedentemente 'togliere il bastone di chiusura della porta', forse dal lat. parl.

*bacculare, da *bàcculu(m) 'bastone', var. di bàculum 'bastone'; 1840] s. f. inv. ● Sconfitta strepitosa e inaspettata. SIN. Batosta, insuccesso.

debbiàre [da *debbio*; sec. XVIII] v. tr. (*io débbio*) ● Trattare un terreno mediante il debbio.

debbiatùra [av. 1936] s. f. ● Lavoro del debbiare.

débbio [etim. incerta; 1701] s. m. ● Pratica agricola consistente nel bruciare le stoppie dei cereali dopo la mietitura o la cotica erbosa di prati e pascoli tagliata e posta in cumuli, allo scopo di migliorare un terreno agrario.

débbo ● V. *dovere (1)*.

debellaménto [vc. dotta, da *debellare*; av. 1952] s. m. ● (*lett.* o *raro*) Il debellare.

debellàre [vc. dotta, lat. *debellāre*, comp. di *dē-* e *bellāre* 'combattere'; sec. XIV] v. tr. (*io debèllo*) ● Vincere in modo decisivo, annientare (*spec. fig.*): *d. una malattia*; *d. il vizio*.

debellatóre [vc. dotta, lat. *debellatōre(m)*, da *debellāre* 'debellare'; 1476] agg.; anche s. m. (f. *-trice*) ● (*raro, lett.*) Che (o Chi) debella (*anche fig.*): *d. dei vizi*.

debellazióne [vc. dotta, lat. *debellatiōne(m)*, da *debellāre* 'debellare'; 1584] s. f. *1* (*raro, lett.*) Debellamento. *2* (*dir.*) Estinzione di uno Stato per completo annientamento della sua organizzazione conseguente a una guerra.

dèbile o **débile** [1321] agg. ● †(*gener.*) V. *debole* nei sign. 1-6.

†**debilézza** ● V. *debolezza*.

†**debiliménto** s. m. ● (*raro*) Indebolimento | Infermità parziale.

†**debilire** o †**debolire** [da *debile*] v. tr. ● (*raro*) Indebolire.

debilità o †**debilitàde**, †**debilitàte** [vc. dotta, lat. *debilitāte(m)*, da *dēbilis* 'debole'; av. 1292] s. f. *1* (*lett.*) Debolezza, fiacchezza | †Fragilità di carattere, energia morale e sim. *2* †Malattia, infermità. *3* (*psicol.*) Debolezza mentale.

debilitaménto [1668] s. m. ● Il debilitare | Condizione di chi è debilitato.

debilitànte [sec. XIV] part. pres. di *debilitare*; anche agg. ● Che debilita: *clima d.*

debilitàre o †**dibilitàre** [vc. dotta, lat. *debilitāre*, da *dēbilis* 'debole'; 1294] A v. tr. (*io debìlito*) *1* Indebolire, privare delle forze fisiche, mentali, morali: *il caldo mi debilita*. *2* †Evirare, castrare. B v. intr. pron. ● Diventare debole, indebolirsi.

†**debilitàte** ● V. *debilità*.

debilitazióne [vc. dotta, lat. *debilitatiōne(m)*, da *debilitāre* 'debilitare'; av. 1330] s. f. ● Il debilitare, il debilitarsi | Condizione di chi è debilitato: *essere, trovarsi, in uno stato di grave d.*

♦**débito (1)** [vc. dotta, lat. *dēbitu(m)*, agg., part. pass. di *debēre* 'dovere'; 1282] agg. *1* Che è dovuto, richiesto, imposto da particolari obblighi morali, dalle circostanze, dalle convenienze e sim.: *il d. amore*; *col d. rispetto*; *trattare qlcu. con le debite cure*; *agire con le debite forme*; *il popolo gli rese i debiti onori* | **A tempo d.**, al momento opportuno. SIN. Conveniente, doveroso. *2* (*est., lett.*) Giusto, meritato, proporzionato; *debita punizione*; *una pena debita al peccato*. *3* †Tenuto, obbligato. || **debitaménte**, avv. Nel modo dovuto.

♦**débito (2)** [vc. dotta, lat. *dēbitu(m)*, s. del part. pass. del v. *debēre* 'dovere, essere tenuto'; 1306] s. m. *1* (*dir.*) Ciò che è dovuto ad altri per adempiere a un'obbligazione avente per oggetto spec. denaro: *contrarre un d.*; *pagare un d.*; *d. pubblico, fluttuante, consolidato, redimibile, irredimibile*; *d. di gioco*; *essere oberato dai debiti*; *affogare nei debiti*; *essere nei debiti fino ai capelli* | (*fig.*) **Pagare il d. alla natura**, morire | **D. coniugale**, obbligo reciproco assunto dai coniugi con il matrimonio | **D. formativo**, nel curriculum scolastico, carenza nella preparazione di una determinata materia che deve essere colmata nel corso successivo degli studi. CONTR. Credito. *2* Dovere imposto da particolari obblighi morali, dalle circostanze, dalle convenienze e sim.: *d. di gratitudine, di coscienza*; *adempiere il proprio d. verso la società* | †**Di d.**, per dovere. *3* **D. di ossigeno**, quantità supplementare di ossigeno necessaria per normalizzare i processi clinici ed energetici dell'organismo dopo un lavoro muscolare intenso. || **debitàccio**, pegg. | **debitarèllo**, dim. | **debitòlo**, **debituòlo**, dim. | **debitùccio**, **debitùzzo**, dim. | **debitùcolo**, pegg.

debitóre [vc. dotta, lat. *debitōre(m)*, da *debēre* 'dovere, essere obbligato'; av. 1294] s. m. (f. *-trice*, pop. disus. *-tora*) *1* (*dir.*) Soggetto passivo del rapporto obbligatorio | Correntemente, chi deve denaro ad altri. *2* (*est.*) Chi è tenuto a fare o a dare qlco.: *mi sei d. di una spiegazione* | (*fig.*) Chi è moralmente obbligato verso qlcu.: *tutti gli uomini sono debitori a Dio della vita*. CONTR. Creditore.

debitòrio agg. ● (*dir.*) Di debito o debitore.

♦**débole** o (*dial.*) †**débile** [vc. dotta, lat. *dēbile(m)* 'debole'; av. 1292] A agg. *1* Che manca di forza, di energia fisica: *è d. a causa della malattia*; *è molto d. per la febbre* | Che non sopporta la fatica: *spesso la donna è più d. dell'uomo* | **Il sesso d.**, (*per anton.*) le donne | Scarso: *vista, udito d.* | **Essere d. di memoria**, **avere la memoria d.**, dimenticare facilmente | **Polso d.**, lento. CONTR. Forte. *2* Che manca di forza morale, decisione, coerenza interiore, autorità e sim.: *carattere, volontà d.*; *padre d.*; *essere d. nei rapporti con gli altri*; *animo vile e d.* | **Essere d. in qlco.**, mancare dell'attitudine e dell'abilità necessarie per fare qlco.: *il ragazzo è molto d. in matematica* | **Punto, lato d.**, quello che mostra i difetti, le lacune e sim. di qlcu. o di qlco. | Che non è in grado di resistere alle tentazioni: *la carne è d.* CONTR. Forte. *3* Che non convince, che ha scarso valore: *scuse deboli*; *argomento, giudizio, parere d.* | Che manca di valore artistico, capacità espressiva e sim.: *composizione, immagine, prosa d.*; *la traduzione del testo è piuttosto d.* *4* Che non ha la normale sonorità, intensità, potenza e sim.: *suono, luce, voce d.* SIN. Fievole, fioco. *5* Che manca di resistenza, di solidità: *sostegno, tavolo d.* CONTR. Robusto. *6* †Storpio, mutilato. || **debolménte**, avv. Con debolezza, senza energia. B s. m. e f. ● Chi manca di forza fisica o morale, autorità, potere e sim.: *opprimere i deboli*; *dedicarsi alla protezione dei deboli e degli oppressi*. CONTR. Forte. C s. m. *1* Argomento, materia e sim. in cui si è meno abili: *il suo d. è la matematica* | Il lato più suscettibile del carattere: *toccare, colpire, qlcu. nel suo d.* | (*raro*) La parte meno resistente di un oggetto: *il d. della lama è il centro*. *2* Inclinazione particolare: *avere un d. per qlcu. o qlco.* | Debolezza, vizio: *ha il d. del fumo*. || **debolétto**, dim. | **debolino**, dim. | **debolóne**, accr. | **debolòtto**, dim. | **debolùccio**, **debolùzzo**, dim.

debolézza o †**debilézza** [av. 1292] s. f. *1* Caratteristica, condizione di chi (o di ciò che) è debole: *la d. della natura umana*; *sentirsi addosso una gran d.* | **D. di stomaco**, languore | **D. mentale**, lieve ritardo dello sviluppo intellettivo che fa considerare chi ne è affetto legalmente capace, ma leggermente subnormale nell'intelligenza. CONTR. Forza. *2* Mancanza di solidità, di stabilità (*anche fig.*): *la d. di un edificio, del governo* | (*fig.*) Punto debole, difetto abituale: *avere molte debolezze* | **Avere una d. per qlcu. o per qlco.**, una particolare propensione o predilezione. *3* Azione da debole: *le sue debolezze non si contano* | Errore, sproposito: *è stata una d. imperdonabile*. || **debolezzàccia**, pegg.

†**debolire** ● V. †*debilire*.

†**debonàrio** e *deriv.* ● V. †*dibonario* e *deriv.*

debordàre [fr. *déborder* 'andar fuori (*dé-*) del bordo (*bord*)'; 1681] A v. intr. (*io debórdo*; aus. *avere*) ● Straripare, traboccare (*anche fig.*): *l'acqua deborda dal vaso*. B v. tr. ● (*mar.*) Allontanare qlco. dal bordo della nave | Privare la nave del fasciame.

debòscia [fr. *débauche*, da *débaucher*, di etim. incerta; 1679] s. f. (pl. *-sce*) ● (*raro*) Modo di vivere sregolato e corrotto | Orgia, crapula.

deboscìato [fr. *débauché*, da *débaucher*, di etim. incerta; 1747] agg.; anche s. m. (f. *-a*) ● Che (o Chi) è ridotto in uno stato di fiacchezza morale e fisica a causa del vizio e della sregolatezza dei costumi.

debragliàta o **debraiàta** [1966] s. f. ● Adattamento di *débrayage* (V.).

débrayage /fr. debʀɛ'jaːʒ/ [vc. fr., dal v. *débrayer*, comp. di *dé-* e *braie* 'braga' nel prob. senso tecnico di 'traversa di legno nei mulini a vento'; 1997] s. m. inv. ● Disinnesto della frizione nella guida di un veicolo a motore.

debugging /ingl. diː'bʌgɪŋ/ [vc. ingl., da *to debug*, propr. 'disinfestare', comp. di *de-* col senso di 'rimuovere, togliere' e *bug* 'cimice, insetto'; 1981] s. m. inv. ● (*elab.*) Operazione di ricerca e correzione degli errori in un programma di un elaboratore elettronico.

†**debùto** ● V. *dovuto*.

debuttànte [1831] A part. pres. di *debuttare*; anche agg. ● Nei sign. del v. B s. m. e f. ● Esordiente, principiante | **Ballo, festa delle debuttanti**, delle ragazze, spec. diciottenni, che vengono presentate in società.

debuttàre [fr. *débuter*, da *but* nel sign. di 'segno, bersaglio' attraverso l'ant. sign. usuale 'giocare un primo colpo'; 1831] v. intr. (aus. *avere*) ● Esordire sulle scene: *la nuova compagnia debutterà domani*; *debuttò con l'Amleto* | (*est.*) Iniziare un'attività, una professione e sim.: *debuttò come scrittore a soli venti anni* | **D. in società**, apparirvi per la prima volta.

debùtto [fr. *début*, da *débuter* 'debuttare'; 1831] s. m. ● Prima apparizione sulle scene di un artista o di una compagnia teatrale: *fece il suo d. nella Traviata*; *è stato un d. strepitoso* | (*est.*) Inizio di un'attività, una professione e sim.: *fare il proprio d. come medico*; *d. in società*. SIN. Esordio.

dèca [vc. dotta, lat. *dĕcas* 'decade'; sec. XIV] A s. f. *1* V. *decade*. *2* Gruppo di dieci libri nella Storia Romana di Livio. B s. m. inv. ● (*gerg.*) Banconota da diecimila lire: *allungami un d.*

dèca- [dal gr. *déka* 'dieci'] primo elemento ● In parole composte della terminologia scientifica, significa 'dieci', o anteposto a un'unità di misura la moltiplica per 10: *decalogo*, *decaedro*, *decagrammo*, *decalitro*. SIMB. da.

decabrista [russo *dekabrist*, da *dekábr'* 'dicembre'] A s. m. (pl. *-i*) ● (*st.*) Chi prese parte, nel dicembre del 1825, alla fallita rivolta contro il regime zarista. B agg. ● Dei decabristi: *l'insurrezione d.*

decacòrdo [vc. dotta, lat. *decac(h)ŏrdu(m)*, agg. comp. del gr. *déka* 'dieci' e *chordḗ* 'corda di uno strumento musicale'; sec. XIV] s. m. ● Arpa, salterio a dieci corde.

decadàle agg. ● Che dura dieci giorni: *orario d.* || **decadalménte**, avv. (*raro*) Ogni dieci giorni.

dècade o (*lett.*) **dèca** nei sign. 1 e 2 [vc. dotta, lat. *dĕcade(m)*, dal gr. *dekás* 'gruppo di dieci (*déka*) cose o persone'; av. 1712] s. f. *1* (*raro*) Complesso, serie di dieci unità | (*astrol.*) Decano. *2* Periodo di tempo di dieci giorni: *arriverò nella prima d. di febbraio*. *3* Paga che si corrispondeva al soldato ogni dieci giorni. *4* (*elettron., tecnol.*) Intervallo di valori assunti da una grandezza fisica, spec. una frequenza o una lunghezza d'onda, i cui estremi stanno tra loro nel rapporto di 1 a 10.

decadènte [part. pres. di *decadere*; nei sign. A2 e B, dal fr. *décadent*; 1659] A agg. *1* Che si trova in stato di decadenza: *civiltà, popolo d.* CFR. tardo-. *2* Relativo, appartenente al decadentismo: *gusto d.*; *scrittori decadenti*. B s. m. e f. ● Decadentista.

decadentìsmo [fr. *décadentisme*, da *décadent* 'decadente'; 1897] s. m. ● Corrente artistica europea della fine dell'Ottocento e dei primi decenni del Novecento, caratterizzata da un acuto senso dell'individuale, del subconscio e dell'ignoto, dalla diffidenza per il positivismo, il realismo e l'arte oratoria, e dall'esigenza di creazioni e linguaggio assolutamente nuovi e suggestivi.

decadentista [1967] s. m. e f. (pl. m. *-i*) ● Seguace del decadentismo.

decadentìstico [1922] agg. (pl. m. *-ci*) ● Proprio del decadentismo e dei decadentisti.

decadènza [fr. *décadence*, dal lat. mediev. *decadĕntia*, da *decadĕre* 'decadere'; 1618] s. f. *1* Declino, scadimento materiale o morale: *la d. di una civiltà, di una famiglia, di un artista*; *le nazioni ne' loro sorgimenti, progressi, stati, decadenze e fini* (VICO). *2* (*dir.*) Estinzione di un diritto per mancato esercizio dello stesso entro il termine stabilito dalla legge | Sanzione amministrativa che determina la risoluzione di un rapporto per inadempienza di una parte ai propri doveri | Scadenza: *d. dei termini per la presentazione di una domanda*.

decadére o †**dicadére** [vc. dotta, lat. parl. *decadĕre, comp. di *dē-* e del v. *cadĕre*, per *cădere* 'cadere'; sec. XIV] v. intr. (coniug. come *cadere*; aus. *essere*) *1* Passare da uno stato di prosperità, forza e sim. a uno di miseria, debolezza e sim.: *d. dall'antica grandezza*; *la loro religione decadde a superstizione*; *la sua salute decade di giorno in giorno* | Perdere importanza, valore e sim.: *è una teoria che va rapidamente decadendo*. *2* (*dir.*) Incorrere in decadenza: *d. da un diritto*.

decàdico [dal gr. *dekadikós* 'relativo a un gruppo

di dieci (*déka*)', probabile calco sull'ingl. *decadic*; 1926] agg. (pl. m. *-ci*) ● Che si riferisce a una decade | ***Media decadica della temperatura***, la media della temperatura nello spazio di dieci giorni.

decadiménto o †**dicadiménto** [av. 1673] s. m. *1* Decadenza. *2* (*fis. nucl.*) Disintegrazione radioattiva | ***D. alfa***, emissione di particelle alfa da parte di atomi radioattivi | ***D. beta***, trasformazione di un neutrone in protone, con emissione di un elettrone e di un neutrino, o di un protone in neutrone, con emissione di positrone e neutrino.

decadùto o †**dicadùto** [av. 1306] part. pass. di *decadere*; anche agg. *1* Nei sign. del v. *2* Che, da una condizione di prosperità o ricchezza, si ritrova impoverito: *nobili decaduti*.

decaèdrico agg. (pl. m. *-ci*) ● (*mat.*) A forma di decaedro, proprio d'un decaedro.

decaèdro [vc. dotta, comp. di *deca-* e *-edro*; 1797] s. m. ● (*mat.*) Poliedro con dieci facce.

decaffeinàre [fr. *décaféiner*, comp. parasintetico di *caféine* 'caffeina', col pref. *de-* privativo; 1963] v. tr. (*io decaffèino*) ● Eliminare totalmente o parzialmente la caffeina da caffè, tè e sim. per estrazione mediante procedimento chimico. SIN. Decaffeinizzare.

decaffeinàto [1963] **A** part. pass. di *decaffeinare*; anche agg. ● Privato della caffeina: *caffè d.* **B** s. m. ● Caffè decaffeinato.

decaffeinazióne [fr. *décaféination*, da *décaféiner* 'decaffeinare'; 1970] s. f. ● Operazione del decaffeinare. SIN. Decaffeinizzazione.

decaffeinizzàre [1963] v. tr. ● Decaffeinare.

decaffeinizzazióne [1966] s. f. ● Decaffeinazione.

decàgono [vc. dotta, gr. *dekágōnon*, comp. di *déka* 'dieci' e *-gōnos*, da *gōnía* 'angolo'; av. 1597] s. m. ● (*mat.*) Poligono con dieci vertici. ➡ ILL. **geometria**.

decagràmmo o †**decagràmma** [fr. *décagramme*, comp. di *déca-* 'deca-' e *gramme* 'grammo'; 1802] s. m. ● Unità di misura di massa, equivalente a 10 grammi. SIMB. dag.

décalage /fr. deka'la:ʒ/ [vc. fr., da *décaler* 'spostare'; 1983] s. m. inv. *1* Spostamento, scarto | (*fig.*) Scarto, discordanza, sfasatura fra due o più cose. *2* (*psicol.*) Scarto tra età mentale ed età cronologica di un bambino. *3* (*sport*) In alcune gare di atletica leggera su pista (come i 200 m e i 400 m), lo scarto che c'è alla partenza fra un concorrente e l'altro in base alla corsia in cui ciascuno di essi corre.

decalcàre [fr. *décalquer*, comp. di *dé-* e del v. *calquer* 'calcare'; 1758] v. tr. (*io decàlco, tu decàlchi*) ● Passare con una punta sui contorni di un disegno per lasciarne l'impronta su un foglio sottostante.

decalcificàre [fr. *décalcifier*, comp. di *dé-* e *calcium* 'calcio'; 1913] **A** v. tr. (*io decalcìfico, tu decalcìfichi*) ● (*chim., med.*) Privare del calcio, portare all'eliminazione del calcio. **B** v. intr. pron. ● (*chim., med.*) Perdere calcio.

decalcificazióne [fr. *décalcification*, da *décalcifier* 'decalcificare'; 1902] s. f. *1* (*geol.*) Dilavamento del calcio del terreno o delle rocce per l'azione di acque ricche di anidride carbonica. *2* (*med.*) Diminuzione del calcio nei vari organi del corpo, in particolare nelle ossa.

decàlco [da *decalcare*] s. m. (pl. *-chi*) ● Il decalcare.

decalcomanìa [fr. *décalcomanie*, comp. di *décalquer* 'decalcare' e *-manie* '-mania'; 1887] s. f. *1* Procedimento che consente di trasferire immagini colorate da un foglio di carta ad altro supporto. *2* (*est.*) Il foglio recante l'immagine da trasferire | (*est.*) L'immagine stessa. SIN. Calcomania.

decalibràto [comp. di *de-* e *calibro*, con suff. aggettivale] agg. ● Che ha calibro inferiore a quello normale: *proiettile d.*

decàlitro [fr. *décalitre*, comp. di *déca-* 'deca-' e *litre* 'litro'; 1802] s. m. ● Unità di misura di volume equivalente a 10 litri. SIMB. dal.

decàlogo [vc. dotta, lat. *decălogu(m)*, dal gr. *dekálogos*, comp. di *déka* 'dieci' e *lógos* 'parola, discorso'; 1354] s. m. (pl. *-ghi*) *1* L'insieme dei dieci comandamenti dati da Dio a Mosè sul monte Sinai. *2* (*est.*) Insieme delle norme fondamentali di una attività, professione e sim.: *il d. del perfetto turista*; *il d. dello studente*.

decalvànte [av. 1342] **A** part. pres. di *decalvare*; anche agg. ● Nel sign. del v. **B** s. m. ● (*med.*) Sostanza che provoca calvizie.

†**decalvàre** o †**dicalvàre** [vc. dotta, lat. *decalvāre*, comp. di *dē-* e *calvāre* 'rendere calvo'] v. tr. ● Rendere calvo radendo completamente i capelli.

decàmetro [fr. *décamètre*, comp. di *déca-* 'deca-' e *mètre* 'metro'; 1802] s. m. *1* Unità di misura di lunghezza equivalente a 10 metri. SIMB. dam. *2* Serie di dieci metri nella poesia classica.

decampaménto [1655] s. m. ● (*mil.*) Il decampare.

decampàre [fr. *décamper*, comp. di *de-* e *camper* 'accampare', da *camp* 'campo militare'; 1674] v. intr. (aus. *avere*) ● (*mil., raro*) Levare il campo, ritirarsi | (*fig.*) Recedere dalle proprie opinioni, da una posizione e sim.: *non decampa dai suoi diritti*.

decanàto [vc. dotta, lat. crist. *decanātu(m)*, da *decānus* 'decano'; av. 1547] s. m. *1* Grado, ufficio di decano. *2* Beneficio di decano.

decània o **degàgna** [lat. mediev. *decania(m)*, da 'decano'; av. 1750] s. f. ● (*st.*) Nel regno longobardo e nel periodo comunale, circoscrizione amministrativa costituita in origine da dieci famiglie.

decàno [vc. dotta, lat. tardo *decānu(m)*, da *dĕcem* 'dieci', perché originariamente 'capo di un gruppo di *dieci* uomini'; av. 1292] **A** s. m. *1* Titolo di dignità nelle chiese cattedrali o collegiate | Cardinale anziano con particolari funzioni nel Sacro Collegio: *cardinale d.* *2* (f. *-a*) Chi per età o anzianità occupa il primo posto tra coloro che esercitano certe professioni o ricoprono certe dignità: *il d. del corpo diplomatico, del corpo accademico* | La persona più anziana e autorevole di un gruppo: *il d. degli ex alunni*. *3* (*astrol.*) Ognuna delle tre divisioni di 10 gradi ciascuna in cui è ripartito ogni segno dello zodiaco. *4* Ufficiale romano che comandava dieci soldati. **B** anche agg. ● Nella loc. ***pera decana***, (*ellitt.*) ***decana***, V. *pera*.

decantàre (1) [vc. dotta, lat. *decantāre*, comp. di *dē-* e *cantāre* 'cantare (1)'; av. 1342] v. tr. ● Lodare, celebrare, esaltare, spesso in modo eccessivo: *d. le virtù di qlcu.*; *d. i pregi di un prodotto*.

decantàre (2) [vc. dotta, lat. mediev. *decanthāre*, comp. di *de-* e *cānthus* 'angolo', col senso di 'beccuccio di un recipiente'; av. 1537] **A** v. tr. *1* (*chim.*) Sottoporre a decantazione. *2* (*fig., lett.*) Rendere puro un sentimento, un'idea, uno stile e sim. liberandoli da ogni elemento spurio o eccessivo: *il tempo decanta le passioni*. **B** v. intr. (aus. *essere*) *1* (*chim.*) Subire la decantazione. *2* (*fig.*) Purificarsi, chiarirsi.

decantatóre [da *decantare* (2); 1966] s. m. ● Apparecchio, costituito spec. da vasche, ove si operano decantazioni.

decantazióne [da *decantare* (2); av. 1537] s. f. *1* (*chim.*) Sedimentazione e conseguente separazione di un solido da un liquido o di due liquidi in tutto o in parte non miscibili. *2* (*fig.*) Liberazione da sovrastrutture, da elementi estranei e sim.: *la d. di un sentimento, di una passione*.

decapàggio [fr. *décapage*, da *décaper* 'decapare'; 1931] s. m. ● Pulitura di superfici metalliche mediante immersione in soluzioni acide o basiche per eliminare incrostazioni e ossidazioni, usata spec. per effettuare successive saldature, verniciature e sim.

decapàre [fr. *décaper*, comp. parasintetico di *cape* 'cappa' qui in senso fig.; 1970] v. tr. ● Sottoporre a decapaggio.

decapatóre [1956] s. m. (f. *-trice*) ● Operaio addetto al decapaggio di superfici metalliche.

†**decapitaménto** o †**dicapitaménto** [av. 1667] s. m. ● Decapitazione.

decapitàre o †**dicapitàre** [vc. dotta, lat. tardo *decapitāre*, comp. parasintetico di *căput*, genit. *căpitis* 'capo'; 1282] v. tr. (*io decàpito*) *1* Uccidere tagliando la testa, spec. per condanna: *d. qlcu. con la ghigliottina* | (*est.*) Mozzare il capo: *decapitò l'avversario in duello*. *2* (*est.*) Con riferimento a cose, privare del capo, recidere alla sommità: *il popolo decapitò la statua del re*; *i contadini decapitano i tralci delle viti*. *3* (*fig.*) Privare un'organizzazione dei suoi dirigenti.

decapitazióne [vc. dotta, lat. tardo *decapitatiōne(m)*, da *decapitāre* 'decapitare'; av. 1540] s. f. *1* Uccisione mediante taglio della testa: *pena della d.* | Troncamento dell'estremità, della cima di qlco.: *d. dei tralci*. *2* Gioco enigmistico per cui, togliendo da una parola la sillaba o la lettera iniziale, ne risulta un'altra di significato diverso (ad. es. *aglio*, da *taglio*; o *naia*, da *mannaia*).

Decàpodi [vc. dotta, comp. di *deca-* e del gr. *póus*, genit. *podós* 'piede'; 1820] s. m. pl. (sing. *-e*) *1* Nella tassonomia animale, ordine di Crostacei marini o di acqua dolce con cinque paia di piedi toracici (*Decapoda*). *2* Nella tassonomia animale, ordine di Molluschi dei Cefalopodi con otto braccia uguali e due tentacoli provvisti di ventose (*Decapoda*).

decapottàre e *deriv.* ● V. *decappottare* e *deriv.*

decappottàbile o **decapottàbile** [1942] **A** agg. ● Che si può decappottare: *auto d.* **B** anche s. f.

decappottàre o **decapottàre** [fr. *décapoter*, comp. parasintetico di *capote* (V.); 1942] v. tr. (*io decappòtto*) ● Scoprire un'automobile, aprendo o togliendo la cappotta.

decapsulazióne [comp. di *de-* e *capsula*] s. f. ● (*med.*) Asportazione di una capsula.

decarbossilàre [comp. di *de-* e *carbossile*] v. tr. ● (*chim.*) Sottoporre a decarbossilazione.

decarbossilazióne s. f. ● (*chim.*) Eliminazione di uno o più gruppi carbossilici da un acido organico, sotto forma di anidride carbonica.

decarburàre [fr. *décarburer*, comp. di *dé-* e *carburer* 'carburare'; 1913] v. tr. ● Privare del carbonio, spec. la ghisa.

decarburazióne [fr. *décarburation*, da *décarburer* 'decarburare'; 1869] s. f. ● Procedimento del decarburare: *d. della ghisa*.

decartellizzazióne [comp. di *de-* e *cartello* (2)] s. f. ● Eliminazione dei cartelli industriali, in un Paese.

decasìllabo [vc. dotta, lat. *decasyllabu(m)*, dal gr. *dekasýllabos*, comp. di *déka* 'dieci' e *syllabé* 'sillaba'; 1745] **A** s. m. *1* Nella metrica italiana, verso la cui ultima sillaba accentata è la nona; è composto di dieci sillabe se termina con parola piana: *S'ode a destra uno squillo di tromba* (MANZONI) (V. nota d'uso ACCENTO). *2* Nella metrica classica, verso di dieci sillabe: *d. alcaico*. **B** anche agg.: *verso d.*

decàstico [vc. dotta, gr. *dekástichos*, comp. di *déka* 'dieci' e *stíchos* 'verso'; 1892] **A** s. m. (pl. *-ci*) ● Componimento di dieci versi. **B** anche agg.: *scrivere un componimento d.*

decàstilo [vc. dotta, gr. *dekástylos*, comp. di *déka* 'dieci' e *-stilo*; 1758] agg. ● (*arch.*) Detto di edificio classico con dieci colonne sulla facciata.

decathlèta ● V. *decatleta*.

dècathlon /'dekatlon/ o **dècatlon**, **dècatlo** [vc. dotta, comp. di *deca-* e del gr. *âthlon* 'lotta, gara'; 1935] s. m. ● Gara atletica maschile comprendente dieci prove (quattro di corsa, tre di salto e tre di lancio), che si svolge in due giornate.

decathlonèta /dekatlo'neta/ o **decatlonèta** s. m. ● Decatleta.

decatissàggio [fr. *décatissage*, da *décatir* 'decatizzare'; 1927] s. m. ● Trattamento dei tessuti mediante azione del vapore e talora sotto pressione che toglie loro il lustro e li rende irrestringibili.

decatizzàre [fr. *décatir*, propr. 'togliere (*dé-*) il lustro (*cati*)'; 1942] v. tr. ● Sottoporre un tessuto al decatissaggio. SIN. Dislustrare.

decatlèta o **decathlèta** [comp. di *decat(hlon)* e *atleta*; 1935] s. m. (pl. *-i*) ● Atleta specialista del decathlon.

dècatlo ● V. *decathlon*.

dècatlon ● V. *decathlon*.

decatlonèta ● V. *decathloneta*.

decauville /fr. dəko'vil/ [vc. fr., dal n. dell'inventore, l'ingegnere fr. P. *Decauville* (1846-1922); 1918] s. f. inv. ● Ferrovia a piccolo scartamento usata in miniere, cantieri e stabilimenti, caratterizzata dalla facile smontabilità, trasportabilità e leggerezza di tutti gli elementi che appoggiano direttamente sul terreno.

†**dècco** ● V. *ecco* (*1*).

†**dèce** ● V. *dieci*.

decèdere [vc. dotta, lat. *decēdere*, propr. 'allontanarsi (dalla vita)', comp. di *dē-* e *cēdere* 'andare'; 1831] v. intr. (coniug. come *cedere*; aus. *essere*) ● (*lett.*) Morire: *decedeva esattamente un anno fa*.

decedùto [1926] **A** part. pass. di *decedere*; anche agg. ● Nei sign. del v. **B** s. m. (f. *-a*) ● Morto.

deceleràre [da (*ac*)*celerare* con sostituzione del pref. *de-*; 1956] v. tr. e intr. (*io decèlero*; aus. *avere*) ● Diminuire la velocità.

deceleratóre [1956] agg. (f. *-trice*) ● Che produce decelerazione.

decelerazióne [1941] s. f. *1* Diminuzione della

velocità, detto spec. di veicoli terrestri e aerei. *2* (*fis.*) Accelerazione negativa.

decèmbre e *deriv.* ● V. *dicembre* e *deriv.*

decemviràle o **decenviràle** [vc. dotta, lat. *decemvirāle(m)*, da *dĕcemvir* 'decemviro'; av. 1540] agg. ● Proprio di, relativo a decemviro: *dignità d.*; *consiglio d.*

decemviràto o **decenviràto** [vc. dotta, lat. *decemvirātu(m)*, da *dĕcemvir* 'decemviro'; 1521] s. m. *1* Titolo, ufficio e dignità di decemviro | Durata di tale ufficio. *2* L'insieme dei decemviri.

decèmviro o **decènviro** [vc. dotta, lat. *decĕmviru(m)*, comp. di *dĕcem* 'dieci' e *vĭr* 'uomo'; sec. XIV] s. m. ● Nella Roma repubblicana, ognuno degli appartenenti a un collegio di magistrati composto di dieci membri.

†**decenàrio** o †**decennàrio** [sec. XIV] **A** agg. ● (*raro*) Di dieci unità. **B** s. m. *1* Il numero dieci. *2* (*raro*) Decennio.

decennàle [vc. dotta, lat. tardo *decennāle(m)*, da *decĕnnis* 'decenne'; 1819] **A** agg. *1* Che dura dieci anni: *accordo d.* *2* (*raro*) Che ha dieci anni, detto di cose: *una disputa d.* *3* Che ricorre ogni dieci anni: *celebrazione d.* **B** s. m. ● Decimo anniversario di un avvenimento memorabile: *il d. della Repubblica* | (*est.*) Cerimonia che si celebra in tale occasione.

†**decennàrio** ● V. †*decenario*.

decènne [vc. dotta, lat. *decĕnne(m)*, comp. di *dĕcem* 'dieci' e *ănnus* 'anno'; 1319] **A** agg. *1* Che ha dieci anni: *un ragazzo appena d.* *2* (*lett.*) Che dura da dieci anni. **B** s. m. e f. ● Chi ha dieci anni d'età.

decènnio [vc. dotta, lat. *decĕnniu(m)*, da *decĕnnis* 'decenne'; av. 1556] s. m. ● Periodo di dieci anni.

decènte [vc. dotta, lat. *decĕnte(m)*, part. pres. di *decēre* 'convenire'; 1338 ca.] agg. *1* Che è conforme a decoro, pudore, dignità, convenienza e sim.: *vivere in modo d.*; *abito d.*; *immagini, parole, poco decenti.* SIN. Conveniente, decoroso. *2* Che risponde alle necessità, adeguato: *stipendio appena d.*; *cercò un pretesto d. per andarsene* | (*lett.*) Che si addice, che conviene: *un atteggiamento più d. alla sua condizione.* || **decentemènte**, avv.

decentralizzàre [fr. *décentraliser*, comp. di *dé-* pref. d'allontanamento e *centraliser* 'centralizzare'] v. tr. ● Decentrare.

decentralizzazióne [1866] s. f. ● Decentramento.

decentraménto o (*raro*) **dicentraménto** [fr. *décentrement*, da *décentrer* 'decentrare'; 1862] s. m. *1* Allontanamento dal centro cittadino, dislocazione in zone periferiche: *d. dei servizi, degli uffici, dei negozi* | ***D. ottico***, spostamento verticale od orizzontale dell'obiettivo di un apparecchio fotografico. *2* Attribuzione di determinati poteri dello Stato a organi periferici o a enti locali: *d. amministrativo.*

decentràre o (*raro*) **dicentràre** [fr. *décentrer* 'allontanare (*dé-*) dal centro (*centre*)'; 1869] v. tr. (*io decèntro* (o *-é-*)) *1* Allontanare dal centro, dislocare in luoghi periferici servizi, impianti e sim. *2* Delegare a organi o uffici periferici compiti prima spettanti a organi centrali.

decentràto [av. 1955] part. pass. di *decentrare*; anche agg. ● Nei sign. del v.

decènviro e *deriv.* ● V. *decemviro* e *deriv.*

decènza [vc. dotta, lat. *decĕntia*, da *decēre* 'convenire'; av. 1348] s. f. *1* Caratteristica di chi (o di ciò che) è decente: *la d. di un abito, di un gesto.* SIN. Convenienza, decoro. *2* Rispetto delle norme di decoro, dignità, pudore e sim. richiesto dalle necessità del vivere civile: *parlare con d.*; *osservare le regole della d.*; *compiere atti contro la d.*; *offendere la d.*; *con d. parlando* | (*disus.*) Gabinetto, luogo di d., latrina.

†**deceottèṣimo** (o **-é-**) ● V. *diciottesimo*.

†**deceòtto** ● V. *diciotto*.

deceràto [da *cera* col pref. privativo *de-*; 1983] agg. ● Detto di caffè trattato con solventi che privano parzialmente i chicchi dei prodotti cerosi che li rivestono.

†**decére** o **dècere** [vc. dotta, lat. *decēre*, di etim. incerta; av. 1348] v. intr. (anche impers.; oggi difett. usato solo nella terza pers. sing. dell'indic. pres. e imperf. *dèce*, *decéva*) ● (*lett.*) Convenire, addirsi.

decerebellàre [comp. parasintetico di *cerebello*, col pref. *de-*] v. tr. (*io decerebèllo*) ● (*chir.*) Sottoporre a decerebellazione.

decerebellazióne s. f. ● (*chir.*) Asportazione del cervelletto.

decerebràre [comp. parasintetico di *cerebro*, col pref. *de-*] v. tr. (*io decèrebro*) ● (*chir.*) Sottoporre a decerebrazione.

decerebrazióne s. f. *1* (*med.*) Assenza della funzione cerebrale da lesioni al mesencefalo, caratterizzata da grave spasticità dei muscoli estensori delle estremità. *2* (*chir.*) Procedura sperimentale con cui si asporta o si esclude funzionalmente il cervello.

†**decèrnere** [vc. dotta, lat. *decĕrnere*, comp. di *dē-* e *cĕrnere* 'scegliere'; av. 1327] v. tr. *1* Scegliere. *2* Decretare, stabilire.

†**decerniménto** [sec. XIV] s. m. ● Il decernere.

decespugliatóre [comp. parasintetico di *cespuglio* col pref. *de-*] s. m. ● Attrezzo portatile a motore, costituito da un'asta che reca all'estremità un disco rotante, con cui si tagliano cespugli, roveti e sim.

decèsso [vc. dotta, lat. *decĕssu(m)*, propr. 'partenza', da *decēdere* 'decedere'; 1812] s. m. ● (*bur.*) Morte: *atto di d.*; *constatare il d.*

†**decessóre** [vc. dotta, lat. *decessōre(m)*, da *decēdere* nel sign. di 'lasciare una carica'; av. 1565] s. m. ● Predecessore.

†**decettivo** [lat. tardo *deceptīvu(m)*, da *decĭpere* 'ingannare'; sec. XIV] agg. ● Atto a ingannare.

†**decètto** [vc. dotta, lat. *decēptu(m)*, part. pass. di *decĭpere* 'ingannare', propr. 'portare (*căpere*) lontano (*dē-*)'; av. 1306] agg. ● (*lett.*) Ingannato.

†**decettòrio** [vc. dotta, lat. *deceptōriu(m)*, da *decĭpere* 'ingannare'; sec. XIV] agg. ● (*raro*) Ingannevole.

†**decévole** e *deriv.* ● V. †*dicevole* (*1*) e *deriv.*

†**decezióne** [vc. dotta, lat. *deceptiōne(m)*, da *decĭpere* 'ingannare'; av. 1342] s. f. ● Inganno: *infinite decezioni e tradimenti* (ALBERTI).

†**dechinàre** e *deriv.* ● V. *declinare* e *deriv.*

dèci- [fr. *déci-*, tratto dal lat. *dĕcimum* 'decimo'] primo elemento ● Anteposto a un'unità di misura, la divide per dieci, cioè la moltiplica per 10^{-1}: *decilitro, decimetro.* SIMB. d.

decibèl o **dècibel** [comp. di *deci-* e *bel*, dal n. di A. G. *Bell* (1847-1922), inventore del telefono; 1931] s. m. ● (*fis.*) Unità di misura del guadagno o dell'attenuazione di potenza pari a un decimo di bel. SIMB. dB | ***D. acustico***, unità logaritmica assoluta di intensità sonora per cui il livello di 0 decibel corrisponde a 10^{-12} watt/m^2.

♦**decìdere** [vc. dotta, lat. *decīdere*, propr. 'tagliare (*caedere*) via (*dē-*)'; 1319] **A** v. tr. (pass. rem. *io decìsi, tu decidésti*; part. pass. *decìṣo*) *1* (qlco.; + *di* seguito da inf. + *che* seguito da congv. o indic.) Pervenire a un giudizio definitivo ponendo fine a dubbi e incertezze preesistenti: (*anche assol.*) *ho deciso così, e basta!*; *decisi all'ultimo momento di venire io stesso* (PIRANDELLO); *ho deciso che tu venga con me*; *ho deciso che è meglio aspettare* | Stabilire dopo attenta analisi: *non ha ancora deciso che cosa farà* | (*est.*) Scegliere: *decidemmo insieme il modello dell'abito.* *2* (*dir.*) Emanare una sentenza, detto di organo giudicante: *d. una lite, una causa.* *3* Risolvere, definire, concludere: *d. una controversia, una questione* | Fissare: *hanno deciso la data del matrimonio*; *decidete l'ora della partenza.* *4* (qlcu. + *a*) (*raro*) Indurre, convincere: *l'ho deciso a comperare l'automobile.* *5* †Tagliare, separare. **B** v. tr. e intr. (aus. intr. *avere*) ● Avere valore determinante ai fini di qlco.: *quell'incontro decise il nostro destino*; *il suo intervento può d. della nostra vita.* **C** v. intr. (aus. *avere*) (+ *su*; + *se*) ● Giudicare, scegliere tra possibilità diverse: *tocca a te d. su questo punto*; *quanto voler d. se fu prima il giorno o la notte* (BRUNO); *sta a voi a d. se migliore o peggiore* (NIEVO). **D** v. intr. pron. (assol.; + *a* seguito da inf.) ● Prendere una risoluzione: *mi sono deciso a cambiar casa* | ***Non sapere decidersi, non decidersi mai*** e sim., essere irresoluto, indeciso. SIN. Risolversi.

decidìbile [da *decidere*] agg. ● In logica, detto di una proposizione di cui è possibile dimostrare la verità o la falsità all'interno del sistema formale a cui appartiene. CONTR. Indecidibile.

decidibilità [da *decidibile* col suff. di qualità *-ità*] s. f. ● Proprietà di ciò che è decidibile. CONTR. Indecidibilità.

†**decidiménto** [da *decidere*] s. m. ● Decisione.

decìdụa [f. sost. di *deciduo*; 1966] s. f. ● (*anat.*) Membrana proliferante della mucosa uterina, che si elimina con la mestruazione o concorre, in caso di fecondazione, a formare la placenta. SIN. Caduca.

deciduàle [1966] agg. ● (*anat.*) Relativo alla decidua.

decìdụo [vc. dotta, lat. *decīduu(m)*, dal v. *decīdere*, propr. 'cadere (*cădere*) giù (*dē-*)'; 1499] agg. ● Detto di organo animale o vegetale che è destinato a cadere: *foglie decidue* | (*impropr.*) Caducifoglio: *bosco d., pianta decidua* | ***Dente d.***, dente di latte.

†**deciferàre** e *deriv.* ● V. *decifrare* e *deriv.*

decifràbile [1869] agg. ● Che si può decifrare.

decifrabilità s. f. ● Caratteristica di ciò che è decifrabile.

deciframénto o †**deciferaménto** [av. 1683] s. m. ● Il decifrare | Decifrazione.

decifràre o †**deciferàre**, †**diciferàre** [comp. parasintetico di *cif(e)ra*, col pref. *de-*; 1433] v. tr. *1* Interpretare una scrittura in cifra: *d. un messaggio, un telegramma* | (*est.*) Riuscire a capire uno scritto oscuro: *d. un enigma, una scrittura antica, un manoscritto.* *2* (*fig.*) Interpretare ciò che è poco chiaro, difficile da capire, misterioso e sim.: *d. i pensieri, i sentimenti, le intenzioni, di qlcu.*; *il filosofo tenta invano di d. il mistero della vita.* *3* (*mus.*) Leggere un brano di musica a prima vista.

decifràto o †**deciferàto**, †**diciferàto** [av. 1527] **A** part. pass. di *decifrare*; anche agg. ● Nei sign. del v.: *nel guasto vento di marzo, / enumero i mali dei giorni decifrati* (QUASIMODO). **B** s. m. ● †Spiegazione di ciò che è scritto in cifra.

decifratóre o †**deciferatóre**, †**diciferatóre** [av. 1541] agg.; anche s. m. (f. *-trice*) ● Che (o Chi) decifra.

decifrazióne o †**deciferazióne** [av. 1642] s. f. ● Operazione del decifrare | (*raro*) Spiegazione.

decìgrado [comp. di *deci(mo)* e *grado*] s. m. ● Unità di misura equivalente a un decimo di grado.

decigràmmo o †**decigràmma** [fr. *décigramme*, comp. di *déci-* 'decima (parte)' e *gramme* 'grammo'; 1802] s. m. ● Unità di misura di massa, equivalente a un decimo di grammo. SIMB. dg.

decìle [dal lat. *decem* 'dieci', sul modello di *percentile, quantile*] s. m. ● (*stat.*) In un insieme di valori ordinati in senso non decrescente, ciascuno dei quantili che lo ripartiscono in dieci sottoinsiemi successivi, ciascuno contenente un ugual numero di dati.

decìlitro [fr. *décilitre*, comp. di *déci-* 'decima (parte)' e *litre* 'litro'; 1802] s. m. ● Unità di misura di volume corrispondente a un decimo di litro. SIMB. dl.

dècima [vc. dotta, lat. *dĕcima(m)*, sottinteso *părte(m)* 'la decima parte'; sec. XI] s. f. *1* Nell'antica legislazione ebraica, la decima parte del raccolto che, per comandamento divino, doveva essere data alla tribù dei Leviti | Decima parte del reddito che gli agricoltori dell'agro pubblico dovevano offrire a Roma | Decima parte delle rendite dovuta un tempo alla Chiesa in forma di imposta. *2* (*mus.*) Intervallo comprendente dieci gradi della scala musicale.

decimàle (1) [fr. *décimal*, dal lat. *dĕcimus* 'decimo'; av. 1580] **A** agg. ● (*mat.*) Che ha per base dieci, e quindi procede per decimi e per decupli: *frazione, cifra d.*; *sistema metrico d.* CFR. Binario, ottale, duocecimale, esadecimale. **B** s. m. ● Cifra che, in un numero decimale, è posta dopo la virgola: *calcolatrice con otto decimali.*

decimàle (2) [da *decima* nel sign. 1; av. 1580] agg. ● Di, relativo a, decima: *tributo d.*

decimalizzàre [fr. *décimaliser*, da *décimal* 'decimale (1)'] v. tr. ● (*mat.*) Convertire al sistema decimale, spec. unità di misura.

decimàre (1) [vc. dotta, lat. *decimāre*, da *dĕcimus* 'decimo'; 1499] v. tr. (*io dècimo*) *1* Punire un corpo di soldati con la decimazione. *2* (*fig.*) Ridurre grandemente di numero o quantità: *il colera decimava le popolazioni.*

†**decimàre** (2) [da *decima*; 1308] **A** v. tr. *1* Sottoporre a decima. *2* Pagare la decima. **B** v. intr. ● Riscuotere la decima.

†**decimàre** (3) [comp. parasintetico di *cima*, col pref. *de-*; av. 1597] v. tr. (*io decimo*) ● Privare della cima, svettare.

†**decimàrio** [da *decima*; av. 1936] s. m. ● Registro di beni soggetti alla decima.

†**decimatóre** [da *decimare* (2); 1673] agg.; anche

s. m. (f. *-trice*) ● Che (o Chi) riscuote le decime.

decimazióne [vc. dotta, lat. *decimatiōne(m)*, da *decimāre* 'decimare (1)'; 1589] s. f. *1* Grave punizione, spec. militare, consistente nel mandare a morte una persona ogni dieci, estraendola a sorte. *2* (*fig.*) Forte diminuzione, grave danno: *le decimazioni al raccolto operate dal maltempo*.

decimetro [fr. *décimètre*, comp. di *déci-* 'decima (parte)' e *mètre* 'metro'; 1802] s. m. ● Unità di misura di lunghezza corrispondente a un decimo di metro. SIMB. dm | ***Doppio d.***, asticciola graduata per 20 centimetri.

decimilionèṣimo (o *-é-*) ● V. *diecimilionesimo*.

decimillèṣimo (o *-é-*) o **diecimillèṣimo** [av. 1758] **A** agg. num. ord. ● Corrispondente al numero diecimila in una successione, in una sequenza (rappresentato da $\overline{X}$ nella numerazione romana, da 10 000° in quella araba). **B** s. m. ● Ciascuna delle diecimila parti uguali di una stessa quantità: *c'è l'errore di un d.*

decimilligràmmo [comp. di *deci-* e *milligrammo*] s. m. ● Unità di misura di massa, equivalente a un decimo di milligrammo.

decimillimetro [comp. di *deci-* e *millimetro*; 1830] s. m. ● Unità di misura di lunghezza equivalente a un decimo di millimetro.

dècimo (**1**) [vc. dotta, lat. *dĕcimu(m)*, da *dĕcem* 'dieci'; 1282] **A** agg. num. ord. *1* Corrispondente al numero dieci, in una sequenza, in una successione (rappresentato da X nella numerazione romana, da 10° in quella araba): *si è classificato d.*; *il d. anniversario della vittoria*; *due alla decima*, (*ellitt.*) | ***La decima musa***, la cinematografia. *2* (*lett.*) In composizione con altri numerali, semplici o composti, forma gli ordinali superiori: *decimoprimo, decimosecondo, decimoterzo, decimoquarto, decimoquinto, decimosesto, decimosettimo, decimottavo, decimonono*. **B** s. m. *1* Ciascuna delle dieci parti uguali di una stessa quantità: *un vantaggio di pochi decimi di secondo*; *ha ottenuto il d. di quello che gli spettava* | ***I nove decimi***, (*est.*) la quasi totalità: *i nove decimi degli intervenuti*. *2* Misura dell'acuità visiva, riferita convenzionalmente al visus unitario di dieci decimi, e in base alla quale sono calcolate le dimensioni dei caratteri delle tavole ottotipiche.

dècimo (**2**) [dal n. proprio (?); av. 1375] agg.; anche s. m. (f. *-a*) ● (*tosc.*) Sciocco, ottuso.

decimoprimo [comp. di *decimo* e *primo*] agg. num. ord. ● (*lett.*) Undicesimo: *Luigi d.*; *il secolo d.* SIN. Undecimo.

decina o **diecina** [da *dieci*; 1263] s. f. *1* Complesso, serie di dieci, o circa dieci, unità: *dieci decine di unità equivalgono a un centinaio*; *l'ho detto una d. di volte* | ***Decine e decine***, molti: *ho spedito decine e decine di inviti* | ***A decine***, in gran numero. *2* (*gerg.*) Gruppo di dieci membri di un'organizzazione mafiosa facente capo a una famiglia.

decipiènte [vc. dotta, lat. *decipiĕnte(m)*, part. pres. di *decĭpere* 'ingannare', propr. 'distrarre, togliere (*căpere*) via (*dē-*)'; sec. XIV] agg. ● (*raro*) Ingannatore.

decipula [vc. dotta, lat. *decĭpula(m)*, da *decĭpere*, nel sign. originario di 'prendere con l'inganno'; sec. XIV] s. f. *1* Laccio per prendere uccelli. *2* (*fig.*) Tranello, inganno.

deciṣionàle [da *decisione*; 1963] agg. ● Di decisione; che può decidere: *potere d.*; *centri decisionali*.

deciṣionalità [da *decisionale*] s. f. ● (*raro*) Carattere decisionale.

deciṣióne [vc. dotta, lat. *decisiōne(m)*, da *decīdere* 'decidere'; 1342] s. f. *1* Deliberazione, risoluzione, scelta: *prendere una d.*; *rimettersi alle decisioni di qlcu.*; *d. affrettata, drastica, disperata, spietata*. *2* (*dir.*) Determinazione di volontà giudiziaria che definisce totalmente o parzialmente la materia oggetto di un processo: *d. del tribunale*; *d. della Corte d'appello*. SIN. Pronuncia. *3* Risolutezza, energia: *agire, parlare, con d.*; *essere incapace di d.* *4* †Separazione, taglio.

deciṣionìṣmo [da *decisione*; 1973] s. m. ● Volontà e capacità di affrontare e risolvere rapidamente i problemi, spec. politici, assumendo personalmente la responsabilità delle decisioni prese.

deciṣionìsta [1984] **A** s. m. e f. (pl. m. *-i*) ● Chi pratica il decisionismo o ne è fautore. **B** agg. ● Che è proprio del decisionismo: *atteggiamento d.*

deciṣìvo [1619] agg. ● Che vale a decidere: *argomento d.*; *prova decisiva*. SIN. Determinante, risolutivo | Cruciale: *momento, punto d.* || **deciṣivaménte**, avv. In modo decisivo; francamente.

♦**deciṣo** [1319] part. pass. di *decidere*; anche agg. *1* Stabilito, definito: *una questione decisa da tempo*. *2* Risoluto, energico: *è un tipo d.*; *parlare con tono d.* | ***Essere d. a tutto***, pronto ad affrontare ogni pericolo, ogni sforzo e sim. pur di raggiungere un determinato scopo. *3* Pronunciato, netto: *un profilo, un colore d.* *4* †Distolto: *da quello odiare ogne effetto è d.* (DANTE *Purg.* XVII, 111). || **deciṣaménte**, avv. Con risolutezza; indubbiamente: *decisamente, hai ragione*.

deciṣóre [vc. dotta, lat. tardo *decisōre(m)* 'incisivo', da *decīdere* 'decidere'; sec. XIV] s. m. (f. *decitrice*) ● Chi decide.

deciṣòrio [1718] agg. ● (*dir.*) Conclusivo di una controversia | ***Giuramento d.***, quello deferito, in un processo civile, da una parte all'altra perché il giudice definisca sulla base di esso la controversia.

deck /ingl. dɛk/ [vc. ingl., propr. 'ponte di nave', d'orig. germ.; 1983] s. m. inv. ● (*mus.*) Nei sistemi di riproduzione stereofonica del suono, piastra di registrazione, registratore a cassette.

declamàre [vc. dotta, lat. *declāmare*, comp. di *dē-* e *clamāre* 'gridare'; 1441] **A** v. tr. ● Recitare con voce solenne, spesso accompagnata da gesti appropriati (*anche assol.*): *d. una poesia, un'orazione*; *d. in pubblico*. **B** v. intr. (aus. *avere*) *1* Parlare con affettazione ed enfasi: *quando telefona sembra che declami*. *2* (*est., raro*) Protestare, inveire.

declamàto [av. 1907] **A** part. pass. di *declamare*; anche agg. ● Nei sign. del v. **B** s. m. ● (*mus.*) Canto metricamente libero e sciolto usato soprattutto nel dramma musicale moderno.

declamatóre [vc. dotta, lat. *declamatōre(m)*, da *declamāre* 'declamare'; av. 1563] s. m. (f. *-trice*) *1* Chi declama | (*est.*) Chi parla in modo pomposo e retorico. *2* (*spec. al pl.*) Chi, nelle scuole dei retori, si esercitava nell'oratoria.

declamatòrio [vc. dotta, lat. *declamatōriu(m)*, da *declamātor* 'declamatore'; 1525] agg. ● Di, da declamazione: *tono d.* SIN. Enfatico.

declamazióne [vc. dotta, lat. *declamatiōne(m)*, da *declamāre* 'declamare'; sec. XIV] s. f. *1* Il declamare: *la d. di un sonetto*. *2* (*est.*) Discorso enfatico, altisonante e vuoto di significato. *3* Esercitazione oratoria, spec. nelle scuole di retorica dell'antichità.

†**declaràre** ● V. *dichiarare*.

†**declaratìvo** ● V. *dichiarativo*.

declaratòria [1619] s. f. ● (*dir.*) Provvedimento giurisdizionale avente carattere dichiarativo.

declaratòrio o †**dichiaratòrio** [av. 1540] agg. ● (*dir.*) Che dichiara, rendendo pubblico: *sentenza declaratoria*.

†**declarazióne** ● V. *dichiarazione*.

declassaménto [1938] s. m. ● Il declassare, il venire declassato.

declassàre [fr. *déclasser*, propr. 'passare (*de-*) ad altra classe (*classe*)'; 1935] v. tr. ● Far passare da una classe superiore a quella inferiore (*anche fig.*): *d. una vettura ferroviaria*; *lo hanno declassato a impiegato semplice*; SIN. Degradare.

declassificàre [comp. di *de-* e *classificare*, per calco sull'ingl. *to declassify*] v. tr. (*io declassìfico, tu declassìfichi*) ● Togliere dalla lista dei segreti di Stato; privare del carattere di segretezza, di riservatezza: *d. un documento*.

declinàbile [vc. dotta, lat. tardo *declinābile(m)*, da *declināre* 'declinare'; av. 1332] agg. *1* Detto di parola che si può declinare. *2* †Mutabile.

declinaménto o †**dechinaménto**, †**dichinaménto** [vc. dotta, lat. tardo *declinamĕntu(m)*, da *declināre* 'declinare'] s. m. ● (*raro*) Declino.

declinànte o (*lett.*) †**dechinànte** [av. 1348] part. pres. di *declinare*; anche agg. ● Nei sign. del v.

declinàre (**1**) o (*lett.*) †**dechinàre**, (*lett.*) †**dichinàre**, (*lett.*) †**diclinàre**, (*tosc.*) †**dicrinàre** [vc. dotta, lat. *declināre*, comp. di *dē-* e *clināre* 'piegare'; sec. XIII] **A** v. intr. (aus. *avere*) *1* Abbassarsi gradatamente: *il letto del fiume declina leggermente* | Volgere verso il basso: *il paese declina verso il mare* | Tramontare: *il sole declina all'orizzonte*. *2* (*fig.*) Volgere alla fine: *il giorno ormai declina* | Diminuire di intensità, potenza, valore e sim.: *la sua vitalità sta declinando*; *la febbre declina*; *a quell'epoca la fortuna di Napoleone già cominciava a d.*; *certe mode declinano presto*. *3* (*raro, lett.*) Discostarsi, deviare da una data direzione (*anche fig.*): *d. dalla propria dirittura di vita*. *4* †Scendere da un luogo elevato | †Cadere. **B** v. tr. *1* (*lett.*) Abbassare, piegare in giù: *d. il capo*; *declinò il ginocchio a terra*. *2* Rifiutare, evitare, eludere: *d. un onore, un invito*; *d. le attenzioni di qlcu.*; *la direzione declina ogni responsabilità* | (*dir.*) ***D. la competenza, la giurisdizione***; ***d. il foro***, eccepire a opera di una parte l'incompetenza territoriale del giudice. *3* (*bur.*) Dichiarare, rendere noto: *d. il proprio nome, le proprie generalità*. *4* (*ling.*) Flettere un sostantivo, un aggettivo o un pronome nelle forme proprie della declinazione.

declinàre (**2**) [da *declinare* (*1*); 1632] s. m. solo sing. ● Ultima fase di un fenomeno naturale, storico e sim.: *essere al, sul, d.*; *il d. del giorno, della notte, degli anni, dell'età*.

declinatòria [da (*eccezione*) *declinatoria*] s. f. ● (*dir.*) Eccezione di incompetenza o di difetto di giurisdizione.

declinatòrio [da *declinare* (*1*); 1632] agg. ● (*raro*) Che declina | (*dir.*) ***Pronuncia declinatoria***, decisione con cui il giudice nega di essere competente a emanare il provvedimento richiestogli | ***Eccezione declinatoria***, V. *declinatoria*.

declinazióne o (*lett.*) †**dechinazióne**, (*lett.*) †**dichinazióne** [vc. dotta, lat. *declinatiōne(m)*, da *declināre* 'declinare'; 1282] s. f. *1* (*raro*) Il declinare. *2* (*astron.*) Latitudine celeste | ***D. magnetica***, angolo che il meridiano magnetico fa con il meridiano terrestre per un dato punto della Terra. *3* (*ling.*) Flessione del sostantivo, dell'aggettivo o del pronome secondo il genere, il numero e il caso. *4* (*raro, lett.*) Abbassamento | (*raro, lett.*) Declivio, pendenza. *5* (*fig., raro, lett.*) Scadimento, declino, decadenza.

declino o (*lett.*) †**dechino**, (*lett.*) †**dichino** [da *declinare* (*1*); av. 1349] s. m. *1* (*lett.*) Pendenza, declivio: *il d. di un colle*. *2* (*fig.*) Decadenza: *mondo, società, civiltà in d.* | Fine, tramonto: *il d. della gioventù, della bellezza*; *è ormai in d.*

declinòmetro [vc. dotta, comp. di *declin(are)* (*1*) e *-metro*; 1909] s. m. ● (*fis.*) Strumento per la misura della declinazione magnetica.

declive o (*lett.*) †**declivo** [vc. dotta, lat. *declīve(m)*, comp. di *de-* e *clīvus* 'terreno in pendenza'; 1321] **A** agg. ● (*lett.*) Che è in pendio: *sentiero d.* **B** s. m. ● (*raro, lett.*) Declivio.

declìvio [vc. dotta, lat. tardo *declīviu(m)*, da *declīvis* 'declive'; 1609] s. m. ● Superficie, terreno, in pendio: *i tetti in d.*; *il dolce d. delle colline* | Pendenza del piano scenico accentuata progressivamente verso il fondo.

declività o †**declivitàde**, †**declivitàte** [vc. dotta, lat. *declivitāte(m)*, da *declīvis* 'declive'; 1632] s. f. ● (*lett.*) Caratteristica di ciò che è declive | Pendenza, inclinazione: *una delle cause di movimento è la d. del sito* (GALILEI).

†**declivo** ● V. *declive*.

decloràre [comp. di *de-* e di un deriv. di *cloro*; 1987] v. tr. (*io declòro*) ● Togliere cloro da un liquido | Eliminare l'eccesso di cloro dall'acqua potabile.

decloratóre [comp. di *de-* e *cloro*] s. m. ● Apparecchio usato per eliminare l'eccesso di cloro dalle acque potabili.

declorazióne [comp. di *de-* e di un deriv. di *cloro*] s. f. ● Eliminazione dell'eccesso di cloro dalle acque potabili.

declorurato [comp. di *de-* e *cloruro*, con suff. agg.] agg. ● Che è privo, o povero, di cloruri, spec. di cloruro di sodio.

declorurazióne [comp. di *de-* e *clorurazione*] s. f. ● (*chim.*) Processo di eliminazione del cloro da una sostanza per via chimica o biologica.

déco /fr. de'ko/ [fr., abbr. di *décoratif* 'decorativo', *décoration* 'decorazione'] **A** agg. inv. ● Detto di uno stile artistico sorto negli anni '20 del Novecento, che trova la sua espressione in oggetti e prodotti delle arti minori, della moda e dell'industrial design, caratterizzati da linea aerodinamica, elementi geometrici circolari o spezzettati, accostamenti anche violenti di colore. **B** s. m. inv. ● Lo stile stesso: *rivalutazione del d.*

decoder /ingl. di'khoudəɹ/ [vc. ingl., comp. di *de-* 'de-' e *coder* 'codificatore'; 1990] s. m. inv. ● Decodificatore.

decodìfica [deriv. di *decodificare*; 1980] **s. f.** ● (*ling.*) Decodificazione.
decodificàbile [1971] **agg.** ● Che può essere decodificato. SIN. Decifrabile.
decodificàre [comp. di *de* e *codificare*; 1962] **v. tr.** (*io decodìfico, tu decodìfichi*) **1** (*elab.*) Riottenere l'informazione originaria, partendo dal codice nel quale era stata trasformata. **2** (*est.*) Decifrare, interpretare messaggi, scritti e sim. secondo determinati schemi.
decodificatóre [1973] **s. m.** **1** (f. *-trice*) Chi decodifica un messaggio. **2** (*tecnol.*) Dispositivo o sistema che interpreta per mezzo di un codice dati o messaggi codificati.
decodificazióne [1966] **s. f.** **1** Operazione del decodificare. **2** (*ling.*) Processo di identificazione e interpretazione dei segnali da parte di chi riceve il messaggio emesso. SIN. Decodifica.
decollàggio [fr. *décollage*, da *décoller* 'decollare (2)'; 1925] **s. m.** ● (*raro*) Decollo.
decollàre (1) o †**dicollàre** [vc. dotta, lat. *decollāre*, comp. di *dē-* e *cŏllum* 'collo (1)'; sec. XIII] **v. tr.** (*io decòllo*) ● (*raro*) Decapitare.
decollàre (2) [fr. *décoller*, propr. scollare, togliere (*dé-*) la colla (*colle*); 1918] **v. intr.** (*io decòllo*; aus. *essere* o *avere*) **1** (*aer.*) Sollevarsi in volo, staccandosi dal suolo, da una superficie d'acqua, dal ponte di una portaerei e sim. **2** (*fig.*) Avviarsi verso un felice sviluppo, detto di un'azione, un progetto e sim.
decollàto [av. 1388] **part. pass.** di *decollare* (*1*); anche **agg.** ● Nei sign. del v.
decollazióne o †**dicollazióne** [vc. dotta, lat. *decollatiōne(m)*, da *decollāre* 'decollare (1)'; sec. XIV] **s. f.** ● Decapitazione.
décolleté /fr. dekɔl'te/ [vc. fr., da *décolleter* 'lasciare scoperto (*dé-*) il collo (*collet*)'; 1875] **A agg. inv.** ● Scollato: *abito, scarpa, d.* **B s. m. inv.** **1** Scollatura di abito femminile | Abito scollato. **2** La parte del corpo femminile che la scollatura lascia scoperta: *avere un bel d.* **3** Scarpa femminile senza lacci e che non copre il collo del piede.
decòllo [da *decollare (2)*; 1931] **s. m.** **1** (*aer.*) Atto o manovra del decollare. **2** (*fig.*) Fase di avvio di un processo di sviluppo industriale con passaggio da uno stato economico arretrato a una costante espansione produttiva.
decolonizzàre [fr. *décoloniser*, comp. di *dé-* e *coloniser* 'colonizzare'; 1963] **v. tr.** ● Rendere una colonia Stato sovrano | (*est.*) Liberare un Paese dall'influenza economica di un altro che, in passato, ne aveva anche il dominio coloniale.
decolonizzazióne [1963] **s. f.** ● Il decolonizzare, il venire decolonizzato.
decolorànte [1875] **A part. pres.** di *decolorare*; anche **agg.** ● Nel sign. del v. **B s. m.** ● Sostanza atta a decolorare.
decoloràre [vc. dotta, lat. *decolorāre*, comp. di *dē-* e *colorāre* 'tingere'; 1913] **v. tr.** (*io decolóro*) ● Privare del colore, scolorire: *d. un tessuto, i capelli.*
decolorazióne [vc. dotta, lat. *decoloratiōne(m)*, da *decolorāre* 'decolorare'; 1869] **s. f.** **1** Procedimento del decolorare: *d. dei capelli.* **2** In varie tecnologie, operazione atta a eliminare o ad attenuare il colore di determinate sostanze o materiali: *d. dei vini, degli oli, dei tessuti.*
decombènte [vc. dotta, lat. *decumbĕnte(m)*, part. pres. di *decŭmbere* 'cadere (*cŭmbere*) giù (*dē-*)'; 1830] **agg.** ● Che pende verso il basso: *rami decombenti.*
decommissioning /ingl. ˌdekə'mɪʃnɪŋ/ [vc. ingl., da *to decommission*, comp. di *de-* e *to commission* 'mettere in servizio, in funzione'; 1980] **s. m. inv.** ● Il processo di smantellamento e decontaminazione di una centrale nucleare alla fine del suo ciclo di vita.
decomponìbile [da *decomporre*; 1788] **agg.** ● Che si può decomporre.
decomponibilità **s. f.** ● Proprietà, caratteristica di ciò che è decomponibile.
decompórre [vc. dotta, comp. di *de-* e *comporre*; 1769] **A v. tr.** (coniug. come *porre*) **1** (*chim.*) Scindere un composto in altri più semplici o nei suoi elementi. SIN. Disgregare, scomporre. **2** (*mat.*) Scomporre, dividere in parti | ***D. un numero naturale***, trovare i suoi fattori primi. **3** Corrompere, putrefare: *d. la materia organica* | (*fig.*, *lett.*) Alterare profondamente: *l'emozione gli decomponeva i lineamenti.* **B v. intr. pron.** (aus. *essere*) **1** (*chim.*) Scindersi di un composto in altri più semplici o nei suoi elementi. **2** Corrompersi, putrefarsi: *la materia organica si decompone.*
decomposizióne [da *decomporre*; 1788] **s. f.** **1** Scissione, scomposizione. **2** (*biol.*) Processo di degradazione delle sostanze biologiche in altre meno nobili. CFR. sapro- | (*gener.*) Putrefazione, disfacimento: *cadavere in d.*
decompósto [1779] **part. pass.** di *decomporre*; anche **agg.** ● Nei sign. del v.
decompressìmetro [comp. di *decompressi(one)* e *-metro*; 1970] **s. m.** ● Apparecchio per il calcolo automatico dei dati di decompressione, usato nelle attività subacquee.
decompressióne [fr. *décompression*, comp. di *dé-* e *compression* 'compressione'; 1935] **s. f.** ● (*fis.*) Passaggio da uno stato di pressione atmosferica a uno minore | ***Camera di d.***, opportuno recipiente a pressione regolabile in cui viene accolto un sommozzatore riemerso troppo rapidamente in superficie | (*med.*) ***Malattia da d.***, V. *malattia*.
decomprìmere [fr. *décomprimer*, comp. di *dé-* privativo e *comprimer* 'comprimere'; 1970] **v. tr.** (coniug. come *comprimere*) ● Rendere meno compresso.
decomunistizzazióne [comp. di *de-* e *comunistizzazione*; 1989] **s. f.** ● Negli anni 1980-90 e spec. in alcuni Paesi dell'Europa orientale, progressivo allontanamento dalle teorie politiche, economiche e sociali del comunismo.
deconcentràre [comp. di *de-* e *concentrare*; 1969] **A v. tr.** (*io deconcèntro* (o *-é-*)) ● Fare uscire da uno stato di concentrazione psicofisica. **B v. intr. pron.** ● Perdere la concentrazione.
deconcentràto **part. pass.** di *deconcentrare*; anche **agg.** ● Privo della necessaria concentrazione: *un atleta, un portiere d.*
deconcentrazióne **s. f.** ● Mancanza di concentrazione mentale.
decondizionaménto **s. m.** ● Liberazione da una condizione di dipendenza.
decondizionàre [comp. di *de-* e *condizionare*] **A v. tr.** (*io decondizióno*) ● Liberare da, privare di un condizionamento qlcu. o qlco. **B v. rifl.** ● Cessare, smettere di essere condizionati.
decongelaménto [1970] **s. m.** ● Decongelazione.
decongelàre [fr. *décongeler*, comp. di *dé-* e *congeler* 'congelare'; 1942] **v. tr.** (*io decongèlo*) **1** Riportare lentamente un prodotto alimentare surgelato alla temperatura ambiente. **2** (*econ.*) Annullare con un nuovo provvedimento una precedente decisione di blocco di beni o crediti.
decongelazióne [1970] **s. f.** ● Il decongelare, il venire decongelato.
decongestionaménto [1926] **s. m.** ● Il decongestionare, il decongestionarsi, il venire decongestionato (*anche fig.*): *provvedere al d. del centro urbano.*
decongestionànte **A agg.** ● Detto di sostanza usata in cosmetica e farmacologia, che elimina o diminuisce uno stato di congestione. **B** anche **s. m.**
decongestionàre [comp di *de-* e *congestionare*, sul modello del fr. *décongestionner*; 1926] **v. tr.** (*io decongestióno*) **1** (*med.*) Eliminare o diminuire uno stato di congestione. **2** (*fig.*) Liberare da ingombri eccessivi, ingorghi e sim.: *d. il traffico cittadino, le strade.*
decongestióne [comp. di *de-* e *congestione*, sul modello del fr. *décongestion*; 1984] **s. f.** ● Decongestionamento.
decontaminàre [comp. di *de-* e *contaminare*; 1963] **v. tr.** (*io decontàmino*) **1** (*lett.*) Liberare, purificare. **2** Eliminare o diminuire la contaminazione radioattiva di qlco.
decontaminazióne **s. f.** ● Riduzione o eliminazione della contaminazione radioattiva.
decontestualizzàre [comp. di *de-* e *contestualizzare*; 1990] **v. tr.** ● Togliere, isolare da un dato contesto: *d. una parola, un'espressione.*
decontestualizzazióne [1978] **s. f.** ● Il decontestualizzare.
decontràrre [comp. di *de-* e *contrarre*] **A v. tr.** (coniug. come *trarre*) ● Provocare una decontrazione: *esercizi per d. i muscoli.* **B v. intr. pron.** ● Rilassarsi dopo una contrazione: *i muscoli hanno la capacità di contrarsi e decontrarsi.*
decontràtto [comp. di *de-* e *contratto* (*1*); 1983] **agg.** ● Che si trova in uno stato di calma e di rilassatezza.
decontratturànte [comp. di *de-* e *contrattura*, con suff. participiale] **agg.**; anche **s. m.** ● Miorilassante.
decontrazióne [comp. di *de-* e *contrazione*; 1983] **s. f.** ● Rilassamento dei muscoli: *esercizi di d.*
décor /fr. de'kɔːʀ/ [vc. fr., propr. 'scenario', dal senso generico di 'ciò che serve a ornare'; 1987] **s. m. inv.** **1** Allestimento scenico. **2** Arredamento.
decoramentàle **agg.** ● (*raro, lett.*) Decorativo (*spec. spreg.*): *mitologia d.* (CARDUCCI).
†**decoraménto** [vc. dotta, lat. tardo *decoramĕntu(m)*, da *decorāre* 'decorare'; 1499] **s. m.** ● Decorazione.
♦**decoràre** [vc. dotta, lat. *decorāre* 'ornare con decoro (*dĕcus* e *dĕcor*)'; av. 1306] **v. tr.** (*io decòro*) **1** Adornare, abbellire con elementi ornamentali: *decorarono l'abito con pizzi*; *hanno decorato con un fregio la facciata.* **2** Insignire di una decorazione, di una onorificenza: *è stato decorato della croce di guerra* | ***D. qlcu. al merito, al valor civile, al valor militare***, per imprese particolarmente meritevoli nell'ambito della vita civile o militare.
decorativìsmo [1914] **s. m.** ● Prevalenza, in un'opera d'arte, di motivi esclusivamente decorativi.
decorativo [1869] **agg.** **1** Che serve a decorare, che ha la funzione di decorare: *arte, pittura decorativa*; *elemento d.* | ***Arti decorative***, nella vecchia storiografia artistica, oreficeria, lavorazione del ferro, ebanisteria, ceramica, arte del vetro e sim.; oggi, arti applicate. **2** (*iron.*) Detto di persona, che, sebbene intrinsecamente priva di valore, possiede qualità esteriori tali da conferire lustro, importanza, prestigio, all'ambiente in cui si trova, alla carica che riveste, e sim.: *personaggio d.*; *una moglie decorativa.* || **decorativaménte**, **avv.**
decoràto [sec. XIV] **A part. pass.** di *decorare*; anche **agg.** **1** Nei sign. del v. **2** ***Stile d.***, stile architettonico gotico inglese del XIII e XIV secolo. **B s. m.** (f. *-a*) ● Chi ha ricevuto una decorazione: *i decorati della Grande Guerra.*
decoratóre [vc. dotta, lat. tardo *decoratōre(m)*, da *decorātus* 'decorato'; 1576] **s. m.** (f. *-trice*) **1** Chi esegue lavori di decorazione su disegno di altri o proprio: *i grandi decoratori del Barocco.* **2** Pittore addetto alle decorazioni di scena. **3** Chi per professione adorna e addobba sale, chiese, ecc.
decorazióne [vc. dotta, lat. tardo *decoratiōne(m)*, da *decorātus* 'decorato'; 1476] **s. f.** **1** Il decorare | Fregio, addobbo o altro elemento decorativo che serve ad abbellire un complesso architettonico: *decorazioni murali* | Tutto ciò che serve per decorare: *d. floreale, natalizia.* **2** Medaglia, croce: *gli è stata consegnata sul campo una d. al valor militare* | Onorificenza cavalleresca.
decornàre [comp. di *de-* e *corna*, pl. di *corno*] **v. tr.** (*io decòrno*) ● Privare delle corna i bovini giovani, asportandole o impedendone l'accrescimento.
decornazióne **s. f.** ● Operazione del decornare.
decòro [vc. dotta, lat. *decŏru(m)*, da *decēre* 'convenire'; 1427] **A s. m.** **1** Sentimento, coscienza della propria dignità, che si riflette nell'aspetto, negli atteggiamenti, nell'operato e sim.: *vestirsi, comportarsi, vivere con d.*; *ciò che il d. impone*; *discorso che offende il d.*; *essere privo di d.* SIN. Dignità. **2** Onore, prestigio: *il d. della magistratura, della famiglia*; *salvare, tutelare il d. della nazione.* **3** (*fig.*, *lett.*) Lustro, vanto: *essere il d. della patria* | (*lett.*) Gloria. **4** (*fig.*) Ornamento: *il giardino costituiva il solo d. della casa* | (*lett.*) ***D. di stile, di lingua***, forma conveniente, appropriata. **5** Motivo ornamentale in alcuni manufatti di ceramica, come piastrelle e stoviglie da tavola. **B agg.** ● †Decoroso.
decoróso [vc. dotta, lat. tardo *decorōsu(m)*, da *dĕcor* 'decoro'; 1499] **agg.** **1** Che manifesta o conferisce decoro, lustro, prestigio e sim.: *un matrimonio d.*; *una scelta poco decorosa.* SIN. Dignitoso. **2** Che è conforme alle circostanze, alle esigenze, alla posizione sociale e sim.: *abito, atteggiamento d.*; *stipendio d.*; *abitazione decorosa.* SIN. Dignitoso. || **decorosaménte**, **avv.**
decorrènza [da *decorrere*; 1812] **s. f.** ● Il decorrere | Termine da cui comincia ad avere effetto un impegno, un obbligo e sim.: *promozione con d. dal primo gennaio.*
decórrere o †**dicórrere** [vc. dotta, lat. *decŭrrere*

'scorrere in giù', comp. di *dē-* e *cŭrrere* 'correre'; av. 1750] **v. intr.** (coniug. come *correre*; aus. *essere*) **1** (*raro, lett.*) Correre in giù. **2** (*raro*) Trascorrere, detto di tempo: *è decorso un anno dalla sua morte.* **3** Cominciare ad avere effetto, detto di impegno, obbligo e sim.: *l'assicurazione decorre da domani* | Cominciare a essere calcolato, detto di interesse, rendita e sim.: *lo stipendio decorrerà dall'inizio del mese* | ***A d. da***, a partire da.

decórso (**1**) [1566] **part. pass.** di *decorrere*; anche **agg.** ● Nei sign. del v.

decórso (**2**) o †**dicórso** [vc. dotta, lat. *decŭrsu(m)* col sign. raff. (*de-*) di *cŭrsus* 'corso'; av. 1342] **s. m.** **1** †Deflusso delle acque. **2** Corso del tempo: *un lungo d. di tempo*; *il d. dei mesi, degli anni* | ***Nel d. di***, durante. **3** Svolgimento, evoluzione: *gli ultimi decorsi di un avvenimento*; *il d. della malattia è regolare.*

decorticàre [vc. dotta, lat. *decorticāre*, comp. di *dē-* e *corticātus* 'provvisto di corteccia'; 1858] **v. tr.** (*io decòrtico, tu decòrtichi*) **1** Privare della corteccia: *d. un tronco.* **2** Nell'industria alimentare, privare della buccia semi, cereali e sim.: *d. il riso, i semi di lino.*

decorticazióne [vc. dotta, lat. *decorticatiōne(m)*, da *decorticāre* 'decorticare'; 1858] **s. f.** ● Operazione del decorticare.

decostruire [comp. di *de-* e *costruire*, per retroformazione da *decostruzione*; 1989] **v. tr.** (coniug. come *costruire*) ● Interpretare un testo letterario secondo i metodi del decostruzionismo.

decostruttivo [fr. *déconstructif*, comp. di *dé-* e *constructif* 'costruttivo'] **agg.** ● Relativo al decostruzionismo.

decostruzióne [fr. *déconstruction*, comp. di *dé-* e *construction* 'costruzione'; 1969] **s. f.** **1** Scomposizione di una elaborazione concettuale in componenti che, analizzate comparativamente, contribuiscano a mostrarne la relatività storica. **2** Decostruzionismo.

decostruzionismo [fr. *déconstructionnisme*, da *déconstruction* 'decostruzione'; 1986] **s. m.** ● Indirizzo critico che, rifiutando ogni metodologia intesa a ricostruire il senso globale di un testo letterario, mira a metterne in luce le componenti formali (linguistiche, stilistiche, retoriche e sim.).

decòtto (**1**) [vc. dotta, lat. *decŏctu(m)*, part. pass. di *decŏquere* 'cuocere bene', comp. di *dē-* e *cŏquere* 'cuocere'; 1567] **s. m.** ● Preparato medicamentoso ottenuto facendo bollire per un certo tempo determinate sostanze nell'acqua e filtrandole poi dopo il raffreddamento.

decòtto (**2**) [av. 1320] **A part. pass.** di †*decuocere*; anche **agg.** **1** Nei sign. del v. **2** (*dir. econ.*) Che è in stato di decozione: *debitore, debito d.*; *azienda decotta.* **B s. m.** ● (*dir.*) Debitore insolvente.

†**decottóre** [vc. dotta, lat. *decoctōre(m)*, nel senso fig. dal senso proprio del v. *decŏquere* 'cuocere (*cŏquere*) fino in fondo (*de-*)', quindi 'consumare (le proprie sostanze)'; 1618] **s. m.** ● Fallito.

†**decottùra** [vc. dotta, lat. tardo *decoctūra(m)* 'decozione'] **s. f.** ● (*raro*) Decozione, decotto.

découpage /fr. deku'pa:ʒ/ [vc. fr., propr. 'taglio', da *découper* 'tagliare'; 1980] **s. m. inv.** ● (*cine*) Sceneggiatura definitiva di un film, con le scene suddivise in inquadrature e recanti tutte le indicazioni tecniche per il regista | Serie di immagini che si riferiscono a una stessa situazione, di cui sottolineano ciascuna un aspetto.

decozióne (**1**) o †**dicozióne** [vc. dotta, lat. *decoctiōne(m)*, della stessa orig. di *decotto* (*1*) (V.); av. 1306] **s. f.** **1** Preparazione di un decotto | (*raro*) Decotto. **2** †Cottura | †Maturazione.

decozióne (**2**) [da *decotto* (*2*); 1673] **s. f.** ● (*dir.*) Stato di insolvenza del debitore | (*econ.*) Condizione di dissesto di un'azienda.

decreménto [vc. dotta, lat. tardo *decremēntu(m)*, da *decrēscere* 'decrescere'; 1499] **s. m.** ● Diminuzione: *d. dei redditi.* **CONTR.** Incremento.

†**decrepità** [da *decrepito*; av. 1348] **s. f.** ● Decrepitezza.

decrepitàre [vc. dotta, comp. di *de-* e del lat. *crepitāre* 'scoppiettare' sul modello del fr. *décrépiter*] **v. intr.** (*io decrèpito*; aus. *avere*) ● Detto di un cristallo anidro, scindersi in minutissimi frammenti producendo un tipico crepitio.

decrepitazióne **s. f.** ● Fenomeno per cui i cristalli anidri, come ad es. il sale da cucina, si scindono in minutissimi frammenti, con tipico crepitio, per effetto di variazioni di temperatura.

decrepitézza [av. 1667] **s. f.** ● Condizione di chi (o di ciò che) è decrepito.

decrèpito [vc. dotta, lat. *decrĕpitu(m)*, comp. di *dē-* e *crĕpitus*, da *crepāre* 'fendersi', con un passaggio semantico poco chiaro; av. 1342] **agg.** **1** Che è nell'estrema vecchiaia: *età decrepita* | Con valore raff.: *vecchio d.*, vecchissimo. **2** (*fig.*) Che è ormai privo di vitalità e in condizioni di estrema decadenza: *cultura decrepita*; *idee decrepite.*

decrepitùdine [av. 1519] **s. f.** **1** (*raro*) Estrema vecchiaia. **2** (*raro, fig.*) Persona in età molto avanzata: *calvizie di una stanca d. incapace di morire* (BACCHELLI).

decrescèndo [comp. di *de-* e *crescendo*, in senso mus.; 1826] **s. m. inv.** ● (*mus.*) Diminuendo. **CONTR.** Crescendo.

decrescènte o †**dicrescènte** [av. 1595] **part. pres.** di *decrescere*; anche **agg.** **1** Nei sign. del v. **2** (*mat.*) Detto di funzione il cui valore diminuisce al crescere della variabile indipendente.

decrescènza o †**dicrescènza** [vc. dotta, lat. tardo *decrescĕntia*, da *decrēscere* 'decrescere'; 1865] **s. f.** ● Il fatto, il fenomeno del decrescere.

decréscere o (*lett.*) †**dicréscere** [vc. dotta, lat. *decrēscere*, comp. di *dē-* e *crēscere* 'crescere'; av. 1294] **v. intr.** (coniug. come *crescere*; aus. *essere*) ● Diminuire di massa, volume, quantità, forza, prezzo e sim.: *le acque cominciano a d.*; *i prezzi stanno decrescendo.* **SIN.** Calare | (*mus.*) Diminuendo.

decresciménto o †**dicresciménto** [av. 1342] **s. m.** ● (*raro*) Decrescenza.

decretàle [vc. dotta, lat. tardo *decretāle(m)*, da *decrētum* 'decreto'; av. 1294] **A agg.** ● Detto di costituzione pontificia redatta in forma di lettera: *lettere decretali.* **B s. f.**, †**m.** **1** Bolla o lettera papale concernente il governo della Chiesa. **2** (*spec. al pl.*) Costituzioni pontificie redatte in forma di lettera, che spesso contenevano norme cogenti di diritto, in parte passate nel Corpo del Diritto Canonico.

decretalista [da *decretale*] **s. m.** e **f.** (**pl. m.** *-i*) ● Studioso delle decretali.

decretàre [da *decreto*; 1321] **v. tr.** (*io decréto*) **1** Statuire con decreto. **2** (*est.*) Stabilire d'autorità: *gli hanno decretato solenni onoranze.* **SIN.** Deliberare, sancire.

decretazióne [1673] **s. f.** ● Il decretare | ***D. d'urgenza***, emanazione da parte dell'autorità governativa, in momenti eccezionali di emergenza, di atti normalmente propri degli organi legislativi.

†**decréto** (**1**) [vc. dotta, lat. *decrētu(m)*, part. pass. di *decĕrnere* 'risolvere, giudicare', comp. di *dē* e *cĕrnere* 'distinguere'; 1319] **agg.** ● Deciso, stabilito: *a che la mia risposta è già decreta!* (DANTE *Par.* XV, 69).

decréto (**2**) [vc. dotta, lat. *decrētu(m)*, sost. del part. pass. di *decĕrnere* 'risolvere, giudicare'. Cfr. *decreto* (*1*); sec. XIII] **s. m.** **1** (*dir.*) Provvedimento giurisdizionale, che gener. non contiene la motivazione: *d. di citazione*; *d. ingiuntivo*; *d. di condanna* | Atto amministrativo tipico del potere esecutivo: *d. ministeriale, prefettizio* | ***D. legge***, atto avente forza di legge emanato dal Governo senza previa delega del Parlamento | ***D. legislativo***, atto avente forza di legge emanato dal Governo previa delega del Parlamento | ***Decreti delegati***, (*per anton.*) quelli, emanati nel 1974, che riguardano spec. l'istituzione e l'ordinamento degli organi collegiali nella scuola. **2** (*fig., lett.*) Disposizione, deliberazione di una volontà divina: *gli imperscrutabili decreti della Provvidenza.* **3** †Imperio, dominio. || **decretino**, **dim.** | **decretóne**, **accr.** (V.).

decretóne [1971] **s. m.** **1** Accr. di *decreto* (*2*). **2** Decreto contenente un complesso di numerose disposizioni su varie materie, spec. economiche, finanziarie e fiscali.

†**decretòrio** [vc. dotta, lat. *decretōriu(m)*, da *decrētum* 'decisione, decreto'; 1585] **agg.** ● Definitivo, decisivo.

decriminalizzàre [comp. di *de-* e *criminalizzare*; 1977] **v. tr.** ● Togliere a un fatto o a un'azione il carattere di reato, di crimine: *d. l'uso delle droghe leggere.*

decriminalizzazióne [comp. di *de-* e *criminalizzazione*; 1986] **s. f.** ● Il decriminalizzare.

decriptàre o **decrittàre** [ingl. *to decrypt*, comp. di *de-* e *crypt(ogram)* 'crittogramma'; 1935] **v. tr.** ● Interpretare un testo segreto o cifrato | (*est.*) Decifrare, decodificare.

decriptatòrio o **decrittatòrio** [1983] **agg.** ● Che può decriptare, decifrare: *chiave decriptatoria.*

decriptazióne o **decrittazióne** [1985] **s. f.** ● Decifrazione.

decrittàre e *deriv.* ● V. *decriptare* e *deriv.*

decùbito [dal lat. *decŭmbere* 'coricarsi, mettersi a letto', comp. di *dē-* e *cŭmbere* 'giacere'; av. 1698] **s. m.** **1** Posizione assunta dal malato in letto | ***Piaga da d.***, quella che, durante una lunga degenza a letto, compare nelle parti della cute compresse contro il materasso. **2** In ginnastica, posizione del corpo in appoggio e parallelo al suolo: *d. prono, supino, laterale.*

de cùius [loc. lat., propr. 'della (*dē*) (eredità) del quale (*cūius*)', dalla formula *dē cūius hereditāte* (o *successiōne*) *agitur* ('si tratta'); 1905] **loc. sost. m.** e **f. inv.** ● Persona defunta della cui eredità si tratta: *successione legittima al de cuius.*

deculminazióne [comp. di *de-* e di un deriv. di *culmine*; 1966] **s. f.** ● (*geogr.*) Fenomeno per cui i rilievi orografici vanno diminuendo in altezza col passare del tempo in seguito all'azione erosiva degli agenti naturali.

decumàna [vc. dotta, lat. '(*pŏrta*) *decumāna*', cioè 'della decima (*dĕcuma*) coorte', che vi accampava] **s. f.** ● Porta fondamentale dell'accampamento e della città, presso gli antichi Romani, aperta all'estremità destra del decumano.

decumàno [vc. dotta, lat. *decumānu(m)*, parallelo di *decimānu(m)*, da *dĕcumus*, forma arc. di *dĕcimus* 'decimo (1)'; 1580] **A agg.** ● Decimo | (*lett.*) ***Onda decumana***, la decima, che sarebbe la più alta e violenta delle nove precedenti. **B s. m.** **1** Nell'ordinamento militare dell'antica Roma, ogni soldato della decima legione. **2** Persona incaricata di raccogliere le decime nell'antica Roma. **3** (*est.*) Ciascuna delle vie che attraversavano la città o l'accampamento dei Romani da oriente a occidente.

†**decuòcere** [dal lat. *decŏquere* 'cuocere (*cŏquere*) a fondo (*dē-*)'; sec. XIV] **v. tr.** ● (*raro*) Cuocere bene, a lungo.

decuplicàre [da *decuplo*; 1869] **A v. tr.** (*io decùplico, tu decùplichi*) ● Moltiplicare per dieci, accrescere di dieci volte: *d. i propri guadagni.* **B v. intr.** e **intr. pron.** (aus. *essere*) ● Aumentare, accrescersi di dieci volte: *il fenomeno negli ultimi anni si è decuplicato.*

dècuplo [vc. dotta, lat. *dĕcuplu(m)*, da *dĕcem* 'dieci' sovrapposto a *dŭplus* 'doppio'; av. 1519] **A agg.** ● Che è dieci volte maggiore, relativamente ad altra cosa analoga. **B s. m.** ● Quantità, misura dieci volte maggiore: *ricavare, rendere il d.*

decùria [vc. dotta, lat. *decŭria(m)*, da *dĕcures* 'decurioni', da *dĕcem* 'dieci'; sec. XIV] **s. f.** **1** Nell'antica Roma, ciascuna delle dieci divisioni della Curia o del Senato. **2** Squadra di dieci soldati di cavalleria. **3** (*raro, lett.*) Complesso, serie di dieci unità.

†**decùrio** [vc. dotta, lat. *decŭrio*, da *decŭria* 'decuria'; 1313] **s. m.** ● Decurione.

decurionàle [av. 1794] **agg.** ● Di decurione.

decurionàto [vc. dotta, lat. *decurionātu(m)*, da *decŭrio* '†decurio'; av. 1729] **s. m.** ● Grado, ufficio di decurione.

decurióne [vc. dotta, lat. *decuriōne(m)*, da *decŭria* 'decuria'; av. 1292] **s. m.** **1** Nell'antica Roma, capo di una decuria. **2** Membro dell'amministrazione comunale, spec. nell'Italia dominata dagli Spagnoli.

decurtàre [vc. dotta, lat. *decurtāre*, comp. di *dē-* e *curtāre*, da *cŭrtus* 'corto'; 1848] **v. tr.** (*io decùrto*) ● Ridurre, diminuire: *d. un debito pagandone la metà* | Detrarre una somma da un'altra maggiore: *d. una percentuale dello stipendio.*

decurtazióne [vc. dotta, lat. tardo *decurtatiōne(m)*, da *decurtāre* 'decurtare'; 1918] **s. f.** ● Il decurtare, il venire decurtato.

decuscutàre [comp. di *de-* e di un deriv. di *cuscuta*] **v. tr.** (*io decùscuto*) ● (*agr.*) Liberare le sementi di piante agrarie dai semi di cuscuta; liberare un terreno coltivato dalle cuscute.

decussàre [vc. dotta, lat. *decussāre*, da *decŭssis* 'decusse'; 1830] **v. tr.** ● Incrociare, intersecare a forma di X.

decussàto [vc. dotta, lat. *decussātu(m)* 'a forma di decusse', da *decŭssis* 'decusse'; av. 1597] **agg.** ● Fatto a decusse, disposto a forma di decusse | (*arald.*) ***Croce decussata***, croce di S. Andrea.

†**decussazióne** [vc. dotta, lat. tardo *decussatiōne(m)*, da *decussāre* 'disporre a modo di decusse'; 1830] **s. f.** ● Incrocio, intersezione a forma di decusse.

decùsse [vc. dotta, lat. *decŭsse(m)*, originariamente 'del valore di dieci (*dĕcem*, indicato con *X*) assi (*ăsses*)'; av. 1580] **s. f.** *1* Lettera X rappresentante il numero dieci. *2* Moneta romana repubblicana di bronzo del valore di dieci assi, segnata con un X. *3* (*arald.*) Croce di S. Andrea, risultante dalla fusione della banda con la sbarra.

dedàleo [vc. dotta, lat. *Daedălеu(m)*, dal gr. *daidáleos* 'relativo a *Dedalo*'; 1554] **agg.** *1* (*lett.*) Che si riferisce a Dedalo | Degno di Dedalo: *arte dedalea*. *2* (*fig., lett.*) Che è fatto con arte, ingegno, abilità: *fregi dedalei*.

dèdalo [fr. *dédale*, dal lat. *dāedalu(m)* 'artistico, ingegnoso', 'proprio di *Dedalo*, costruttore del labirinto di Creta'; 1808] **A s. m.** ● Labirinto, intrico di vie, passaggi e sim.: *si cacciò in un d. di vicoletti*; *il palazzo è un d. di sale e di corridoi*. **SIN.** Groviglio. **B agg.** ● (*poet.*) Abile, ingegnoso.

dedèndum [vc. ingl., da *addendum* (V.), con cambio di pref.] **s. m. inv.** ● (*mecc.*) Altezza della parte del dente di una ruota dentata più vicina alla corona.

dèdica [da *dedicare*; 1610] **s. f.** ● Il dedicare | Frase scritta con cui si offre o si destina espressamente a qlcu. un'opera, un ritratto, una fotografia e sim.: *d. autografa, manoscritta*; *fotografia con d.* || **dedicàccia**, **pegg.** | **dedichétta**, **dim.** | **dedicùccia**, **dim.**

dedicànte [1628] **A part. pres.** di *dedicare*; anche **agg.** ● Nei sign. del v. **B s. m. e f.** ● Chi dedica.

♦**dedicàre** [vc. dotta, lat. *dedicāre*, comp. di *dē-* e *dicāre* nel senso di 'dire solennemente, proclamare'; av. 1374] **A v. tr.** (*io dèdico, tu dèdichi*) *1* Attribuire a qlco. il nome di qlcu., in segno di onore, riconoscenza e sim.: *d. una scuola, una via, un monumento*; *la piazza del paese è dedicata ai caduti* | (*est.*) Donare, offrire a qlcu. il risultato della propria attività, spec. artistica o letteraria, in segno di omaggio, affetto, e sim.: *Virgilio dedicò la quarta bucolica a Pollione*. *2* Consacrare alla divinità un tempio, un altare, una chiesa e sim.: *d. una chiesa a Gesù*. *3* Volgere tutte le proprie cure, fatiche, e sim. verso un determinato fine: *ha dedicato tutta la sua vita alla scienza* | ***D. sé stesso a qlco., a qlcu.***, darvisi completamente. **SIN.** Consacrare. **B v. rifl.** ● Votarsi completamente: *dedicarsi alla famiglia, all'insegnamento, all'assistenza dei malati*. **SIN.** Consacrarsi, darsi.

dedicatàrio [da *dedicare*, sul modello di *destinatario*; 1865] **s. m.** (**f.** *-a*) ● Colui al quale è dedicato qlco.

dedicàto [1336 ca.] **part. pass.** di *dedicare*; anche **agg.** *1* Nei sign. del v. *2* (*tecnol.*) Di dispositivo destinato a svolgere un compito specifico.

†**dedicatóre** [vc. dotta, lat. tardo *dedicatōre(m)*, da *dedicāre* 'dedicare'; av. 1625] **s. m.** (**f.** *-trice*) ● Chi dedica.

dedicatòria [av. 1574] **s. f.** ● Lettera di dedica.

dedicatòrio [1591] **agg.** ● Detto di lettera o sim. scritta per dedicare qlco. a qlcu.

dedicazióne [vc. dotta, lat. *dedicatiōne(m)*, da *dedicāre* 'dedicare'; sec. XIV] **s. f.** *1* Atto e cerimonia con cui si consacra una chiesa o un altare, destinandoli al culto divino. **SIN.** Consacrazione. *2* Presso gli antichi Romani, consacrazione di persona o di cosa, spec. agli dei inferi. *3* Dedica.

deditìzio [vc. dotta, lat. *dedītīciu(m)*, da *dedītio* 'dedizione'] **s. m.** ● (*st.*) Uomo libero ma privo della cittadinanza romana | Barbaro sottomesso definitivamente accolto nell'impero romano.

dèdito [vc. dotta, lat. *dēditu(m)*, part. pass. di *dēdere* 'darsi (*dāre*) interamente (*dē-*)'; 1483] **agg.** *1* Che si dedica con cura costante a qlco.: *d. allo studio*; *d. ai divertimenti*. *2* (*raro, lett.*) Disposto, propenso | Affezionato, devoto. || **deditaménte**, **avv.** Con dedizione.

dedizióne [vc. dotta, lat. *deditiōne(m)*, da *dēdere* 'dare (*dāre*) completamente, una volta per tutte (*dē-*)'; sec. XIV] **s. f.** *1* Impegno di chi si dedica completamente e con passione a un'attività, un ideale, una persona: *d. al dovere*; *amare qlcu. con assoluta d.* **SIN.** Abnegazione. *2* †Resa: *gli assediati si appropinquavano alla necessità della d.* (GUICCIARDINI).

dedótto o †**dedùtto**, †**didótto** [av. 1527] **part. pass.** di *dedurre*; anche **agg.** ● Nei sign. del v.

†**dedùcere** ● V. *dedurre*.

deducìbile [da †*deducere*; 1745] **agg.** *1* Che si può dedurre: *verità d. da un assioma*. **SIN.** Desumibile. *2* Che può essere sottratto, in tutto o in parte, dal reddito: *onere d.* **CFR.** Detraibile. **CONTR.** Indeducibile.

deducibilità **s. f.** ● Condizione, caratteristica di ciò che è deducibile: *la d. degli interessi di un mutuo dalle imposte*.

dedùrre o †**dedùcere**, †**didùrre** [vc. dotta, lat. *dedūcere* con sovrapposizione della parte terminale di altri v. in *-durre*; av. 1306] **A v. tr.** (**pres.** *io dedùco, tu dedùci*; **pass. rem.** *io dedùssi, tu deducésti*; **fut.** *io dedurrò*; **condiz. pres.** *io dedurrèi, tu dedurrésti*; **part. pass.** *dedótto*: le altre forme dal tema di *dedùcere*) *1* (*filos.*) Pervenire mediante una inferenza da un principio generale a una conclusione particolare. *2* (*est.*) Ricavare razionalmente da fatti, indizi, fenomeni, sintomi e sim.: *dall'addensarsi delle nubi dedussi che il temporale si avvicinava*; *da quanto mi dici non deduco nulla di buono*. **SIN.** Argomentare, arguire, concludere, desumere. *3* Derivare, trarre: *d. la trama di un'opera da una leggenda popolare*. *4* Defalcare, detrarre: *d. le spese dagli incassi*. *5* †Trasportare, condurre da un luogo a un altro | ***D. una colonia***, nell'antica Roma portare i coloni da un luogo in un altro per abitarvi e coltivarlo. *6* (*dir.*) ***D. le proprie ragioni in giudizio***, rendere note al magistrato le proprie argomentazioni giuridiche | ***D. i mezzi di prova***, specificare gli estremi dei mezzi probatori di cui si chiede all'autorità giudiziaria l'ammissione in giudizio. **B v. intr.** (aus. *avere*) ● (*lett.*) †Procedere nel discorso.

deduttìvo [vc. dotta, lat. tardo *deductīvu(m)*, da *dedūctus* 'dedotto'; 1853] **agg.** ● (*filos.*) Di deduzione, basato su deduzione, che procede per deduzione: *metodo d.* | ***Ragionamento d.***, sillogismo. **CONTR.** Induttivo. || **deduttivaménte**, **avv.** Per via di deduzione.

†**dedùtto** ● V. *dedotto*.

deduttóre [vc. dotta, lat. *deductōre(m)*, da *dedūcere* 'accompagnare, guidare'] **agg.**; anche **s. m.** (**f.** *-trice*) ● (*raro*) Che (o Chi) deduce.

deduzióne [vc. dotta, lat. *deductiōne(m)*, da *dedūcere* 'dedurre'; av. 1406] **s. f.** *1* (*filos.*) Procedimento logico consistente nel derivare, da una o più premesse date, una conclusione che ne rappresenta la conseguenza logicamente necessaria. *2* (*est.*) Conclusione: *una d. inesatta, imprecisa, arbitraria*. **SIN.** Argomentazione. *3* Defalco, sottrazione dalla somma imponibile: *la d. dei contributi previdenziali obbligatori*. *4* (*dir.*) Presentazione, specificazione: *d. in giudizio di mezzi di prova*.

deejay /di'dʒei, *ingl.* ˌdiːˈdʒeɪ/ [vc. ingl., trascrizione delle due lettere di cui è formata la sigla *D. J.* di *disc jockey*; 1986] **s. m. e f. inv.** ● Disc jockey.

de-escalation /*ingl.* ˌdiːeskəˈleɪʃn/ [vc. ingl., comp. di *de-* e *escalation*; 1966] **s. f. inv.** ● Progressiva riduzione di un'azione bellica | (*est.*) Graduale attenuazione di un fenomeno.

deetimologizzazióne [comp. di *de-* e di un deriv. di *etimologia*, sul modello dell'ingl. *deetymologization*] **s. f.** ● (*ling.*) Demotivazione.

de fàcto [loc. lat., propr. 'secondo il fatto'; 1673] **loc. avv.** ● Di fatto, concretamente. **CFR.** De iure.

défaillance /*fr.* defa'jɔ̃ːs/ [vc. fr., da *défaillir*, propr. 'fare difetto, mancare, fallire (*faillir*) del tutto (*dé-*)'; 1909] **s. f. inv.** *1* Improvvisa debolezza, crisi, spec. nel linguaggio sportivo. *2* (*est.*) Cedimento, debolezza mentale e morale.

defalcaménto **s. m.** ● (*raro*) Il defalcare.

defalcàre o **difalcàre**, **diffalcàre** [lat. parl. **defalcāre*, propr. 'togliere, tagliare (*dē-*) con la falce (*fălx*)'; av. 1374] **v. tr.** (*io defàlco, tu defàlchi*) *1* Detrarre una somma da un'altra maggiore (*anche assol.*): *gli defalcarono cinquanta euro dalla spesa*; *d. da un debito, da un credito*. *2* (*lett., fig.*) Diminuire, togliere: *Adone il segue, e col parlar diffalca / la noia del cammin* (MARINO).

defalcazióne o **difalcazióne**, **diffalcazióne**, [1803] **s. f.** ● Defalco.

defàlco o **difàlco**, **diffàlco** [da *defalcare*; av. 1419] **s. m.** (**pl.** *-chi*) ● Detrazione, deduzione | (*est.*) Quantità defalcata: *un d. del dieci per cento*.

defascistizzàre [comp. parasintetico di *fascista*, col pref. *de-*] **v. tr.** ● Epurare dagli elementi fascisti.

defascistizzazióne [1957] **s. f.** ● Epurazione dagli elementi fascisti.

defaticaménto **s. m.** ● Il defaticarsi | Esercizio o serie di esercizi di breve durata compiuti per defaticarsi.

defaticànte o **defatigànte** [deriv. di *defaticarsi*] **agg.** ● Che produce defaticamento: *esercizi defaticanti*.

defaticàrsi [comp. parasintetico di *fatica*, col pref. *de-*; 1965] **v. rifl.** (*io mi defatìco, tu ti defatìchi*) ● Nello sport, compiere una serie di esercizi atti a eliminare l'eccesso di acido lattico formatosi nei muscoli in seguito a sforzi prolungati.

defatigànte [1973] **part. pres.** di *defatigare*; anche **agg.** *1* († o *lett.*) Nei significati del v. *2* V. *defaticante*.

defatigàre [vc. dotta, lat. *defatigāre*, comp. di *dē-* e *fatigāre* 'spossare'; 1632] **v. tr.** (*io defatìgo, tu defatìghi*) *1* (*lett.*) Affaticare, stancare. *2* †Infastidire, molestare.

defatigatòrio **agg.** ● (*dir.*) Che tende a protrarre la causa a scopo dilatorio o per stancare la parte avversa.

†**defatigazióne** [vc. dotta, lat. *defatigatiōne(m)*, da *defatigāre* 'defatigare'; av. 1712] **s. f.** ● Affaticamento, molestia.

default /de'fɔlt, -olt, *ingl.* dɪˈfɔːlt/ [vc. ingl., propr. 'mancanza, assenza', dal lat. parlato *defallīre* attrav. il fr. ant.; 1991] **s. m. inv.** ● (*elab.*) Condizione operativa che un dispositivo o un programma sceglie in assenza di specifiche istruzioni da parte dell'utente: *valore di d.*

defecàre [vc. dotta, lat. *defaecāre*, da *defaecātus* 'tolto (*dē-*) dalla feccia (*fāex*)'; 1797] **A v. intr.** (*io defèco, tu defèchi*; aus. *avere*) ● Espellere le feci. **B v. tr.** ● Purificare un liquido precipitandone le impurezze, spec. con aggiunta di reagenti chimici: *d. del mosto*.

defecazióne [vc. dotta, lat. tardo *defaecatiōne(m)*, da *defaecāre* 'defecare'; 1830] **s. f.** *1* Espulsione delle feci. *2* Purificazione di un liquido.

defedàto [comp. parasintetico, col pref. *de-*, del lat. *fōedus* 'brutto, deforme' (di orig. sconosciuta)] **agg.** ● (*med.*) Che è in stato di grave deperimento: *organismo, individuo d.*

defèndere e *deriv.* ● V. *difendere* e *deriv.*

defenestràre [fr. *défenestrer*, dal lat. *fenĕstra* 'finestra'; 1923] **v. tr.** (*io defenèstro*) *1* (*raro*) Gettare dalla finestra. *2* (*fig.*) Privare qlcu. di un ufficio, di una carica e sim., spec. in modo brusco e inatteso: *il ministro è stato defenestrato*.

defenestrazióne [fr. *défenestration*, da *défenestrer* (V. *defenestrare*); 1892] **s. f.** ● (*raro*) Il defenestrare, il venire defenestrato | (*st.*) ***D. di Praga***, nel 1618, quando i protestanti insorti gettarono dalla finestra del palazzo reale di Praga i rappresentanti dell'Impero asburgico.

†**defènsa** ● V. *difesa*.

†**defensàre** ● V. †*difensare*.

defensionàle o **difensionàle** [1852] **agg.** ● (*dir.*) Relativo alla difesa: *prova d.*; *memoria d.*

†**defensióne** ● V. †*difensione*.

defensiva ● V. *difensiva*.

†**defensìvo** ● V. *difensivo*.

†**defensóre** ● V. *difensore*.

†**defensòrio** [vc. dotta, lat. tardo *defensōriu(m)*, propr. 'relativo alla difesa (*defēnsa*)'] **s. m.** ● Opera scritta in propria difesa.

deferènte [sec. XV] **A part. pres.** di *deferire*; anche **agg.** *1* Nei sign. del v. *2* Che permette il deflusso di qlco.: *canale d.*; *dotto d.* *3* Pieno di rispetto, di ossequio, di riguardo: *essere molto, poco d.*; *il d. silenzio degli astanti*; *porgere un d. ossequio*; *mostrarsi d. verso qlcu.* **SIN.** Ossequioso, rispettoso. || **deferenteménte**, **avv.** Con deferenza. **B s. m.** ● (*anat.*) Formazione canalicolare che va dall'epididimo al dotto eiaculatore dell'uretra.

deferentìte [comp. di *deferent(e)* e *-ite* (*1*); 1966] **s. f.** ● (*med.*) Infiammazione del deferente.

deferènza [da *deferente*; 1667] **s. f.** ● Caratteristica, atteggiamento di chi è deferente: *la servile d. ai potenti*; *mostrare d. verso qlcu.*; *salutare con d.* **SIN.** Ossequio, rispetto.

deferiménto [1925] **s. m.** ● Il deferire, il venire deferito.

deferìre [vc. dotta, lat. *defĕrre* 'portare (*fĕrre*) giù (*dē-*)' con la desinenza dei v. in *-ire*; av. 1455] **A v. tr.** (*io deferìsco, tu deferìsci*) *1* (qlcu. + *a*) (*dir.*) Rimettere all'esame, al giudizio di altri: *d. una que-*

stione all'autorità giudiziaria | ***D. qlcu. all'autorità giudiziaria***, denunciarlo, accusarlo o citarlo in giudizio | ***D. il giuramento***, rimettere il giuramento decisorio a un'altra parte | ***D. l'interrogatorio***, chiedere all'autorità giudiziaria di interrogare su dati fatti una parte o un testimone. **2** (*est.*, *lett.*) Rimettere, consegnare: *vi sarà deferita copia del programma.* **B** v. intr. (aus. *avere*) (+ *a*) ● (*lett.*) Conformarsi, rimettersi al giudizio o alle opinioni altrui per stima, rispetto e sim.: *d. alle richieste del popolo.*

deferrizzazióne [comp. di *de-* e di un deriv. di *ferro*, sull'es. dell'ingl. *deferrization*; 1966] s. f. ● Eliminazione del ferro dalle acque.

defervescènza [dal lat. *defervēscere* 'cessare di bollire' (comp. di *dē-* e *fervēscere*: V. *effervescente*), sul modello di *effervescenza*] s. f. ● (*med.*) Diminuzione o cessazione della febbre.

defèsso [vc. dotta, lat. *defēssu(m)*, dal part. pass. di *defetīsci* 'spossarsi'; 1481] agg. ● (*lett.*) Affaticato.

defettìbile [vc. dotta, lat. *defectībile(m)* 'che vien meno (*dēficit*) facilmente'; sec. XIV] agg. ● (*lett.*) Che può mancare | Che può venir meno.

defètto e *deriv.* ● V. *difetto* e *deriv.*

defettologìa [comp. del lat. *defēctus* 'difetto' e di *-logia*] s. f. ● Scienza che si occupa dei minorati mentali e sensoriali.

defezionàre [da *defezione*; 1848] v. intr. (*io defezióno*; aus. *avere*) ● Compiere una defezione. SIN. Disertare, tradire.

defezióne [vc. dotta, lat. *defectiōne(m)*, da *defīcere* 'abbandonare', comp. di *dē-* e *fācere* 'fare'; 1342] s. f. **1** (*raro*) Il venir meno alla parola data o sim. | Abbandono di un'organizzazione, di un partito politico e sim.: *la d. da un gruppo*; *subire una d.* | Assenza. SIN. Diserzione. **2** †Mancanza, difetto.

defezionìsta s. m. e f.; anche agg. (pl. m. *-i*) ● (*raro*) Chi (o Che) compie una defezione.

defibrillatóre [da *defibrilla(zione)*; 1981] s. m. ● (*med.*) Apparecchio elettrico provvisto di due elettrodi, usato per eseguire la defibrillazione.

defibrillazióne [comp. di *de-* e *fibrillazione*] s. f. ● (*med.*) Arresto di una fibrillazione atriale o ventricolare.

defibrinazióne [comp. di *de-*, *fibrina* e *-zione*; 1966] s. f. ● (*med.*) Processo di rimozione della fibrina dal sangue.

deficàre e *deriv.* ● V. *edificare* e *deriv.*

deficiènte [vc. dotta, lat. *deficiĕnte(m)*, part. pres. di *defīcere* (V. *defezione*); 1300 ca.] **A** agg. **1** Mancante: *stanza d. di illuminazione* | Insufficiente: *scorte deficienti per una lunga permanenza.* **2** (*disus.*) Che ha una preparazione scolastica scarsa e lacunosa: *alunno d. nelle materie scientifiche.* **B** agg.; anche s. m. e f. **1** Individuo socialmente incapace, per le sue limitazioni mentali. SIN. Oligofrenico. **2** (*spreg.*) Cretino, imbecille: *non dargli retta, è un povero d.*; *che discorsi da d.!*

deficiènza [vc. dotta, lat. tardo *deficiĕntia(m)*, da *defīcere* (V. *defezione*); 1602] s. f. **1** Scarsezza, insufficienza: *d. di munizioni, di rifornimenti* | ***D. mentale***, oligofrenia. **2** Lacuna, mancanza: *ho notato qualche d. nella sua preparazione*; *ha delle gravi deficienze in matematica.*

dèficit [vc. lat., propr. '(esso) manca', terza pers. del pres. indic. di *defīcere* 'venir meno, mancare'; 1783] s. m. inv. **1** (*econ.*) In contabilità, eccedenza del passivo sull'attivo: *il d. della bilancia commerciale*; *chiudere il bilancio in d.* | (*gener.*) Disavanzo, ammanco, perdita: *il d. di quella banca, quando ne fu dichiarata l'insolvenza, risultò colossale.* **2** (*est.*) Carenza, insufficienza: *d. intellettuale, morale, culturale* | Lacuna: *d. scolastico.* **3** (*med.*) Condizione patologica di carenza funzionale o costituzionale di un organismo o di una sua parte: *d. visivo*; *d. acustico*; *d. psichico* | ***D. motorio***, diminuzione in vario grado della funzione di movimento attivo di un organo o un apparato (per esempio di un arto) | ***D. vitaminico***, condizione di carenza più o meno accentuata di una vitamina in un organismo, che si accompagna a sintomi di ipovitaminosi o di avitaminosi.

deficitàrio [fr. *déficitaire*, da *déficit* (V. *deficit*); 1935] agg. **1** Che è in perdita, in passivo: *un bilancio d.* **2** Insufficiente rispetto al necessario: *alimentazione deficitaria.*

defìggere [da *affiggere* con sostituzione di pref. opposto (*de-* ad *a-* (*2*)); 1950] v. tr. (pres. *io defìggo, tu defìggi*; pass. rem. *io defìssi, tu defiggésti*; part. pass. *defìsso*) ● Staccare ciò che è affisso: *d. un manifesto dal muro.* CONTR. Affiggere.

defilaménto s. m. **1** (*mil.*) Riparo dietro un ostacolo contro il tiro o l'osservazione del nemico. **2** (*mar.*) Manovra di parata per passare a pochi metri di poppa da una nave in navigazione, o a poca distanza da una nave ormeggiata, alla quale si rendono gli onori.

defilàre [fr. *défiler* 'marciare in *fila* (per un passaggio impervio)'; 1791] **A** v. tr. ● (*mil.*) Sottrarre al tiro o alla vista del nemico utilizzando un ostacolo frapposto. **B** v. intr. (aus. *avere*) ● (*mar.*) Effettuare un defilamento. **C** v. rifl. ● (*fig.*) Sottrarsi alla vista altrui, fare in modo di non esser visto: *volevo salutarlo, ma lui è riuscito a defilarsi* | (*est.*) Sottrarsi a un obbligo, a un impegno gravoso o sgradevole.

defilàto [1499] part. pass. di *defilare*; anche agg. **1** Nei sign. del v. **2** In disparte, appartato: *stare, mantenersi in una posizione defilata.*

défilé /fr. defi'le/ [vc. fr., part. pass. di *défiler* 'marciare in *fila* per un passaggio stretto e difficile'; 1858] s. m. inv. ● Sfilata di moda.

definìbile [1707] agg. ● Che si può definire. CONTR. Indefinibile.

♦**definìre** o †**difinìre** [vc. dotta, lat. *definīre* 'limitare (*finīre*) completamente (*dē-*)'; av. 1294] v. tr. (*io definìsco, tu definìsci*) **1** Precisare, fissare i limiti: *la Costituzione definisce il potere degli organi legislativi*; *formulare un problema è definirne i termini* (CROCE). **2** Determinare la natura di un concetto attraverso un'attenta analisi delle sue componenti e mediante la formulazione in termini appropriati: *i concetti si definiscono, gli oggetti si descrivono*; *è difficile d. che cosa è la bellezza*; *mi definisca il reato di furto*; *non riesce a d. il sentimento che prova*; *le parole definiscono le cose* (BACCHELLI) | Spiegare il significato di una parola: *d. un vocabolo* | ***D. una persona***, descriverne le qualità e i difetti. **3** Risolvere, terminare: *d. una lite, una questione.*

definitézza [1832 ca.] s. f. ● Caratteristica di ciò che è definito.

definitivìsta s. m. e f. (pl. m. *-i*) ● Tecnico pubblicitario che cura la disposizione e l'impaginazione degli annunci pubblicitari.

definitività [1903] s. f. ● Caratteristica di ciò che è definitivo.

definitìvo o †**difinitìvo** [vc. dotta, lat. *definitīvu(m)*, da *definītum* 'definito'; av. 1294] agg. **1** Che risolve, conclude, pone fine: *discussione, risoluzione, definitiva* | ***In definitiva***, (*ellitt.*) in conclusione, tutto sommato. SIN. Decisivo. **2** (*dir.*) Che pone termine a una causa: *sentenza definitiva* | ***Atto amministrativo d.***, non impugnabile con ricorso gerarchico. **3** Detto di francobollo adottato per la posta ordinaria dopo una fase di transizione gener. tra regimi politici diversi. **4** †Deciso, detto di persona. || **definitivaménte**, avv. In modo definitivo, per sempre.

definìto o †**difinìto** [1294 ca.] part. pass. di *definire*; anche agg. **1** Nei sign. del v. **2** Preciso: *assumere una posizione ben definita.* CONTR. Incerto, vago. || **definitaménte**, avv. In modo esattamente definito. CONTR. Indefinitamente.

definitóre o †**difinitóre** [vc. dotta, lat. *definitōre(m)*, da *definītus* 'definito'; 1282] agg.; anche s. m. (f. *-trice*) **1** Che (o Chi) definisce. **2** Assistente del padre generale o provinciale in alcuni ordini religiosi.

definitòrio [dal part. pass. di *definire*; av. 1952] agg. ● (*raro*) Di definizione | Atto a definire.

definizióne o †**difinizióne** [vc. dotta, lat. *definitiōne(m)*, da *definīre* 'definire'; 1308] s. f. **1** Il definire | Determinazione: *d. di un confine.* **2** Spiegazione del significato di un vocabolo | Formula con cui si definisce: *d. imprecisa, inesatta, incompleta, esauriente, chiara, oscura*; *dare una d.* **3** Risoluzione, decisione: *d. di una lite, di una disputa.* **4** (*fot.*, *cine*, *tv*) Precisione delle linee di un'immagine fotografica o televisiva. SIN. Risoluzione | ***Alta d.***, sistema di ripresa televisiva che permette di ottenere immagini con una risoluzione simile a quelle cinematografiche.

defiscalizzàre [comp. di *de-* e *fiscalizzare*] v. tr. ● Privare del carattere fiscale | (*econ.*) Annullare un precedente provvedimento di fiscalizzazione.

defiscalizzazióne s. f. ● Il defiscalizzare.

defissióne (**1**) [da *affissione*, con cambio di pref.] s. f. ● Atto dello staccare ciò che è affisso: *la d. dei manifesti dai muri.*

defissióne (**2**) [vc. dotta, lat. tardo *defixiōne(m)*, dal part. pass. (*defīxum*) di *defīgere* 'fissare (*fīgere*) fermamente (*de-*)'] s. f. ● Pratica magica consistente nel trafiggere con chiodi e spilloni il simulacro di un nemico o una tavoletta con inciso il suo nome per augurargli sventura e morte.

defìsso [sec. XIV] part. pass. di *defiggere*; anche agg. ● (*raro*) Nel sign. del v.

deflagrànte [1911] part. pres. di *deflagrare*; anche agg. ● Nei sign. del v.

deflagràre [vc. dotta, lat. *deflagrāre* 'abbruciare (*flagrāre*) completamente (*dē-*)'; 1869] v. intr. (aus. *avere*) **1** (*chim.*) Bruciare molto rapidamente, ma per gradi e con progressivo aumento di pressione, detto degli esplosivi da lancio. **2** (*geol.*) Disgregarsi in modo violento, detto di rocce dei climi desertici che subiscono bruschi sbalzi di temperatura dal giorno alla notte. **3** (*fig.*) Manifestarsi all'improvviso e con violenza: *il conflitto deflagrò nel giro di poche settimane.* SIN. Scoppiare.

deflagrazióne [vc. dotta, lat. *deflagratiōne(m)*, da *deflagrāre* 'deflagrare'; 1797] s. f. **1** Scoppio (*anche fig.*) **2** (*geol.*) Violenta disgregazione delle rocce per bruschi sbalzi di temperatura.

deflatìvo o **deflattìvo** [da *deflazione* (*1*); 1922] agg. ● Deflazionistico: *politica deflativa.*

deflatóre [1985] s. m. ● (*econ.*) Coefficiente per il quale vengono moltiplicati i prezzi di una data epoca al fine di privarli dell'effetto dell'inflazione e renderli comparabili con quelli di un'epoca precedente.

deflatòrio agg. ● Deflazionistico.

deflattìvo ● V. *deflativo.*

deflazionàre [da *deflazione* (*1*); 1938] v. tr. (*io deflazióno*) ● Provocare una condizione di deflazione economica.

deflazióne (**1**) [fr. *déflation*, dall'ingl. *deflation* 'sgonfiamento', contrapposto a *inflation* 'gonfiamento' (V. *inflazione*); 1931] s. f. ● (*econ.*) Condizione del sistema economico caratterizzata dalla riduzione della circolazione monetaria e conseguente diminuzione del livello generale dei prezzi. CONTR. Inflazione.

deflazióne (**2**) [dal lat. *deflāre* 'soffiare (*flāre*) via (*de-*)'; 1913] s. f. ● (*geol.*) Asportazione, da parte del vento, di granuli sabbiosi formatisi per disgregazione di rocce.

deflazionìsta [da *deflazione* (*1*); 1983] **A** s. m. e f. (pl. m. *-i*) ● Chi sostiene o promuove una politica di deflazione economica. **B** agg. ● Deflazionistico.

deflazionìstico [da *deflazione* (*1*); 1956] agg. (pl. m. *-ci*) ● Di deflazione, che tende a produrre deflazione economica. CONTR. Inflazionistico.

deflegmàre e *deriv.* ● V. *deflemmare* e *deriv.*

deflemmàre o **deflegmàre** [comp. parasintetico di *flemma*, col pref. *de-*; 1797] v. tr. (*io deflèmmo*) ● (*chim.*) Separare da un miscuglio una parte di acqua in esso contenuta.

deflemmatóre o **deflegmatóre** s. m. ● (*chim.*) Apparecchio in cui si deflemma un miscuglio.

deflemmazióne o **deflegmazióne** s. f. ● (*chim.*) Operazione del deflemmare.

deflessióne [1797] s. f. **1** Il deflettere | (*fig.*) Deviazione morale. **2** (*fis.*) Deviazione di un fascio di particelle o fotoni. **3** (*med.*) Movimento di estensione della testa del feto durante il parto.

deflèttere [vc. dotta, lat. *deflĕctere* 'piegare (*flĕctere*) in giù (*dē-*)'; 1630] v. intr. (pres. *io deflètto*; pass. rem. *io deflèssi* o *deflettéi, tu deflettésti*; part. pass. *deflèsso* o *deflettùto*; aus. *avere*) **1** Piegare da un lato | (*est.*) Deviare da una direzione. **2** (*fig.*) Deviare da propositi, opinioni, posizioni principi e sim.: *non d. dalla propria intransigenza.*

deflettóre [1913] s. m. **1** Organo che devia una corrente di gas o di liquido. **2** Parte orientabile del finestrino anteriore di un'autovettura.

deflogisticàto [fr. *déphlogistiqué*, comp. di *dé-* e *phlogistiqué* 'reso combustibile per mezzo del fluido calorico chiamato, con vc. presa dal gr. e significante 'infiammabile', *phlogiston*'; 1835] agg. ● In alchimia, detto di ogni corpo che si riteneva privo del flogisto.

defloraménto s. m. ● Deflorazione.

defloràre [vc. dotta, lat. tardo *deflorāre* 'cogliere, togliere (*dē-*) il fiore (*flōs*)'; av. 1400] v. tr. (*io deflòro*) ● (*lett.* o *disus.*) Privare della verginità.

defloratóre [vc. dotta, lat. tardo *defloratōre(m)*,

da *deflorāre* 'deflorare'; 1529] s. m. ● (*raro, disus.*) Chi deflora.

deflorazióne [vc. dotta, lat. tardo *defloratiōne(m)*, da *deflorāre* 'deflorare'; 1640] s. f. ● Atto del deflorare.

defluènza s. f. ● (*raro*) Deflusso.

defluìre [vc. dotta, lat. *deflŭere* 'scorrere (*flŭere*) giù (*dē-*)', rifatto su *fluire*; 1499] v. intr. (*io defluìsco, tu defluìsci*; aus. *essere*) **1** Scorrere in giù, detto di liquidi: *l'acqua defluisce dalle condutture*. **2** (*fig.*) Uscire in gran numero da un luogo (quasi come una corrente): *il pubblico defluisce dal teatro*.

dèfluo [vc. dotta, lat. *dĕfluu(m)*, da *defluĕre* 'scorrere'; 1499] agg. ● (*lett.*) Che scorre verso il basso.

deflùsso [vc. dotta, lat. tardo *deflŭxu(m)*, dal part. pass. di *deflŭere* 'defluire'; av. 1565] s. m. **1** Il defluire (*anche fig.*): *il d. della marea, della folla*. **2** Volume d'acqua passato in un certo intervallo di tempo attraverso una determinata sezione di un corso d'acqua. CONTR. Afflusso. **3** Il ritirarsi di un'onda dopo essersi infranta sulla battigia.

deflussóre [da *deflusso*] s. m. ● (*med.*) Dispositivo per fleboclisi costituito da un tubicino di plastica flessibile che, raccordando il flacone con l'ago, consente l'immissione lenta di liquidi in una vena a scopo terapeutico.

defogliànte o **defoliànte** [propr. part. pres. del v. *defogliare*, sul modello dell'ingl. *defoliant*; 1973] s. m. ● Sostanza, usata spec. come aggressivo chimico, che, sparsa sulla vegetazione, provoca la caduta definitiva delle foglie dagli alberi.

defogliàre o **defoliàre** [comp. parasintetico di *foglia*, con il pref. *de-*; 1499] v. tr. (*io defòglio*) ● (*raro*) Sfogliare, sfrondare.

defogliazióne o **defoliazióne** [da *defogliare*; 1973] s. f. ● Il defogliare | Caduta delle foglie di una pianta.

defoliàre e *deriv.* ● V. *defogliare* e *deriv.*

defonologizzazióne [comp. parasintetico di *fonologico*, col pref. *de-*] s. f. ● (*ling.*) Neutralizzazione di un elemento fonologico che, in un nuovo stadio linguistico, non è più pertinente.

†**defónto** ● V. *defunto*.

deforestaménto [comp. di *de-* e un deriv. di *foresta*, parallelo a *disboscamento*; 1970] s. m. ● (*raro*) Disboscamento, sfoltimento.

deforestàre [V. *deforestamento*; 1992] v. tr. (*io deforèsto*) ● Disboscare.

deforestazióne [comp. parasintetico di *foresta*, col pref. *de-*; 1956] s. f. ● Distruzione di foreste e boschi | Disboscamento.

deformàbile [1943] agg. ● Che si può deformare: *un oggetto facilmente d.*

deformabilità [1957] s. f. ● Proprietà, caratteristica di ciò che è deformabile.

deformaménto [1765] s. m. ● (*raro*) Deformazione.

deformànte [1882] part. pres. di *deformare*; anche agg. **1** Nei sign. del v. **2** *Artrite d.*, malattia degenerativa delle articolazioni con deformazione dei capi articolari.

deformàre [vc. dotta, lat. *deformāre* 'privare (*dē-*) della forma (*fōrma*)'; av. 1306] **A** v. tr. (*io defórmo*) **1** Alterare nella forma: *una malattia che deforma le ossa; gli stenti che deformano e induriscono il corpo, l'anima e l'intelligenza* (VERGA) | Rendere deforme, brutto: *un ghigno gli deforma la bocca* | Sciupare, sformare: *l'uso deforma gli abiti*. **2** (*fig.*) Alterare nel significato: *d. un concetto, il senso di una parola, il pensiero di qlcu.* **B** v. intr. pron. ● Alterarsi nella forma: *la plastica si deforma col calore*.

deformàto [av. 1306] part. pass. di *deformare*; anche agg. ● Nei sign. del v.

deformazióne [vc. dotta, lat. *deformatiōne(m)*, da *deformāre* 'deformare'; av. 1330] s. f. **1** Alterazione nella forma | (*fig.*) Travisamento, falsificazione | *D. professionale*, alterazione del proprio modo di fare, di agire, di pensare, acquisita per la costante ripetizione di gesti, atteggiamenti, pensieri e sim. ricorrenti nell'esercizio di un lavoro o professione. **2** (*mecc.*) Cambiamento di forma di un corpo per azione di forze esterne.

defórme [vc. dotta, lat. *defōrme(m)* 'privo (*dē-*) di forma (*fōrma*)'; 1340] **A** agg. **1** Che è diverso dalla sua forma naturale o normale, ed è perciò brutto e sgradevole a vedersi: *donna grassa e d.; mani, piedi, deformi; sotto d. aspetto, animo vile* (TASSO). **2** (*lett.*) Sgradevole, detto di voce, suono e sim. **3** (*fig., raro*) Corrotto, traviato. || **deformeménte**, avv. Con deformità. **B** s. m. solo sing. ● Ciò che è deforme: *avere il gusto del d.*

deformìsmo [1941] s. m. ● (*raro*) Gusto del deforme nelle arti figurative.

deformità [vc. dotta, lat. *deformitāte(m)*, da *defōrmis* 'deforme'; av. 1306] s. f. **1** Caratteristica, condizione di chi (o di ciò che) è deforme. **2** (*med.*) Anomalia, deformazione permanente.

defosforazióne [fr. *déphosphoration*, da *déphosphorer* 'eliminare (*dé-*) il fosforo (*phosphore*)'] s. f. ● (*metall.*) Eliminazione del fosforo da un metallo fuso e spec. dalla ghisa e dall'acciaio.

deframmentazióne [da *deframmentare*; 1996] s. f. ● (*elab.*) In un elaboratore elettronico, operazione di riorganizzazione dello spazio occupato su disco rigido.

defraudaménto s. m. ● Defraudazione.

defraudàre o †**defrodàre**, †**difraudàre**, †**difrodàre** [vc. dotta, lat. *defraudāre* 'frodare, ingannare (*fraudāre*) completamente (*dē-*)'; sec. XIV] v. tr. (*io defràudo*) **1** Privare qlcu. di ciò che gli spetta, spec. con inganno o frode: *d. un cittadino dei suoi diritti*. **2** †Venir meno, trasgredire: *d. un ordine*.

defraudatóre [vc. dotta, lat. tardo *defraudatōre(m)*, da *defraudāre* 'defraudare'; 1680] s. m.; anche agg. (f. *-trice*) ● Chi (o Che) defrauda.

defraudazióne [vc. dotta lat. tardo *defraudatiōne(m)*, da *defraudāre* 'defraudare'; av. 1794] s. f. ● Il defraudare | Inganno, frode.

†**defrescàre** [comp. di *de-* e †*frescare*] v. tr. ● Rinfrescare, ristorare | (*fig.*) Rinnovellare.

†**defrodàre** ● V. *defraudare*.

defùngere [vc. dotta, lat. *defŭngi* (V. *defunto*); av. 1388] v. intr. (*io defùngo, tu defùngi*; pass. rem. *io defùnsi, tu defungèsti*; part. pass. *defùnto*; aus. *essere*) ● (*raro, lett.*) Morire.

defùnto o †**defónto** [vc. dotta, lat. *defŭnctu(m)*, part. pass. di *defŭngi* 'compiere, terminare (sottinteso la vita)'; av. 1294] **A** agg. **1** Morto, deceduto: *ricordare i genitori defunti*. **2** (*fig., lett.*) Finito, scomparso, dimenticato: *amore d.; stagione defunta*. **B** s. m. (f. *-a*) ● Persona defunta: *pregare per i defunti; commemorare i defunti*.

dégagé /fr. dega'ʒe/ [vc. fr., part. pass. di *dégager* 'liberare', da *gage* 'pegno': orig., 'ritirare un pegno'; 1987] agg. inv. ● Sciolto, spigliato, disinvolto: *atteggiamento d.*

degàgna [prob. da *decania* (V.); av. 1869] s. f. **1** (*st.*) Decania. **2** (*elvet.*) Comunità che riunisce più patriziati.

degassaménto s. m. ● Eliminazione dei gas da liquidi o da recipienti.

degassàre [comp. parasintetico di *gas*, con il pref. *de-*] v. tr. ● Sottoporre sostanze liquide o solide a degassamento.

degassatóre s. m. ● Apparecchio usato per il degassamento dei liquidi, spec. dell'acqua.

degassificàre [comp. di *de-* e un deriv. di *gas*] v. tr. (*io degassìfico, tu degassìfichi*) ● Sottoporre a degassamento.

degaullista /degol'lista/ o **degollista** [dal nome del generale fr. Ch. *De Gaulle* (1890-1970); 1961] s. m. e f.; anche agg. (pl. m. *-i*) ● (*raro*) Gollista.

degeminazióne [comp. di *de-* e *geminazione*; 1991] s. f. ● (*ling.*) Scempiamento.

degeneràre o †**digeneràre** [vc. dotta, lat. *degenerāre*, comp. parasintetico di *gĕnus*, genit. *gĕneris*, con il pref. *dē-*; av. 1320] **A** v. intr. (*io degènero*; aus. *avere*) **1** Allontanarsi dalle qualità caratteristiche della propria famiglia o della propria stirpe: *ha degenerato dalla sua antica bontà; d. dalle virtù dei padri*. SIN. Dirazzare, tralignare. **2** Cambiare in peggio: *lo scherzo degenerò in rissa* | Detto di malattia, trasformarsi da benigna in maligna. **3** (*biol., med.*) Trasformarsi, perdere le caratteristiche originarie, con riferimento a individui, specie, organi e sim.: *le cellule vanno degenerando*. **B** v. tr. ● (*raro*) Rendere peggiore: *la ricchezza degenera i costumi*.

degenerativo [1898] agg. ● Relativo a degenerazione | Causato da degenerazione: *processo, fenomeno d.*

degeneràto [av. 1462] **A** part. pass. di *degenerare*; anche agg. ● Nei sign. del v. **B** s. m. (f. *-a*) **1** (*med.*) Chi è affetto da degenerazione. **2** Persona moralmente pervertita.

degenerazióne [vc. dotta, lat. *degeneratiōne(m)*, da *degenerāre* 'degenerare'; 1308] s. f. **1** Il degenerare | Decadenza, degradazione: *d. di una famiglia, di un popolo, di una tradizione*. **2** (*biol., med.*) Alterazione che colpisce l'individuo, l'organo, la cellula, rendendoli aberranti dalla norma e in condizioni di inferiorità: *d. cellulare, somatica, psichica*. **3** (*mat.*) Condizione in cui due o più funzioni, stati o grandezze, generalmente distinte, sono coincidenti.

degènere [vc. dotta, lat. *degĕnere(m)* 'che s'allontana (*dē-*) dalla propria stirpe (*gĕnus*)'; av. 1530] agg. **1** Che degenera, che ha perduto le qualità originarie | Pervertito, corrotto: *figlio, padre d.* **2** (*fis.*) Detto di sistema fisico che presenta una degenerazione; in particolare, in meccanica quantistica, riferito a stati distinti ma aventi la stessa energia.

degènte [vc. dotta, lat. *degĕnte(m)*, part. pres. di *dĕgere* 'continuare (*dē-*) a passare, condurre (*ăgere*) la propria vita'; 1893] agg.; anche s. m. e f. ● Che (o Chi) per malattia è costretto a letto spec. in un ospedale o una clinica.

degènza [da *degente*; 1925] s. f. ● Periodo di permanenza di un ammalato in letto | *D. ospedaliera*, periodo di ricovero in ospedale.

deglassàre [comp. di *de-* e *glassare*] v. tr. ● Diluire con acqua, brodo, vino, ecc. il sugo di carne che si è rappreso sul fondo di un recipiente da cucina.

dégli o (*poet.*) **de gli** prep. art. m. pl. comp. di *di* e *gli* (*1*) ● V. *gli* (*1*) per gli usi ortografici. Si può apostrofare solo davanti a parole che cominciano per *i*: *d. ospiti; d. spiriti; degl'innocenti* (V. nota d'uso ELISIONE e TRONCAMENTO).

deglutinazióne [da *agglutinazione* con sostituzione di pref. opposto (*de-* a *ad-*)] s. f. ● (*ling.*) Perdita del suono iniziale di una parola, perché sentito come articolo o preposizione (ad. es. *usignolo*, da *lusignolo*). SIN. Discrezione.

deglutìre [vc. dotta, lat. tardo *deglutīre* 'inghiottire (*glutīre*) completamente (*dē-*)'; av. 1498] v. tr. (*io deglutìsco, tu deglutìsci*) ● Far passare dalla bocca nell'esofago (*anche assol.*): *d. un boccone; d. la saliva; il paziente non deglutisce*. SIN. Inghiottire.

deglutizióne [vc. dotta, lat. *deglutitiōne(m)*, da *deglutīre* 'deglutire'; 1681] s. f. ● Atto fisiologico del deglutire.

†**degnaménto** s. m. ● (*raro*) Degnazione, favore.

degnàre o †**dignàre** [lat. parl. *dignāre* 'considerare degno (*dīgnus*)'; 1294] **A** v. tr. (*io dégno*) (qlcu. + *di*) ● Stimare degno: *d. qlcu. di una risposta; non d. qlcu. di uno sguardo*. **B** v. intr. pron. e (*ant., lett.*) intr. (aus. intr. *avere*) **1** (+ *di* seguito da inf.; lett. + inf.) Avere la compiacenza di compiere un atto, spec. ritenuto inferiore al proprio prestigio, alla propria dignità e sim.: *degnarsi di rispondere a qlcu.; non si è mai degnato di venire a trovarci; sapendo … chi entrava, non degnò voltarsi a guardare* (FOGAZZARO). **2** †Mostrarsi affabile, benevolo.

degnazióne o †**dignazióne** [lat. *dignatiōne(m)*, da *dīgnus* 'degno'; av. 1332] s. f. ● Atteggiamento di ostentata compiacenza verso chi è, o è ritenuto, inferiore: *non si era aspettato tanta d.*; (*iron.*) *troppa d.!, quanta d.!* | *Avere la d. di*, degnarsi, acconsentire. SIN. Condiscendenza.

degnévole [comp. di *degn(o)* ed *-evole*; av. 1587] agg. **1** (*lett.*) Che si degna | Benigno, affettuoso: *un pietoso e d. angelo custode* (NIEVO). **2** †Disposto ad accettare facilmente gli inviti. || †**degnevolménte**, avv.

†**degnézza** s. f. ● (*raro*) Caratteristica di ciò che è degno.

†**degnificàre** ● V. *dignificare*.

degnità [lat. *dignitāte(m)*, da *dīgnus* 'degno'] s. f. **1** †V. *dignità*. **2** (*filos.*) Assioma.

†**degnitóso** ● V. *dignitoso*.

♦**dégno** o †**digno** [lat. *dīgnu(m)*, da *dĕcet* 'che conviene, che merita'; 1224 ca.] agg. **1** Che ha le caratteristiche per meritare qlco. di positivo o di negativo: *mostrarsi d. di lode; quello scolaro è d. di un premio; la tua obiezione è degna di rilievo; non è d. di nota; non lo stimo d. di rispetto; è d. solo del nostro disprezzo* | *D. di fede*, cui si può credere pienamente; *testimone, documento d. di fede* | †*Avere qlcu. a d.*, stimarlo. **2** Che è adatto a un ufficio: *non è un uomo d. di governare uno Stato; nessuno dei principi era d. di essere nominato reggente*. **3** Che si addice, che è adeguato: *questo non è d. di te; è un pensiero d. di Platone;*

la vita che conduce non è degna del suo nome; (*iron.*, *spreg.*) *lo arrestarono col suo d. compare* | Conveniente: *si esprime con parole degne della sua cultura* | Proporzionato: *d. compenso*. **4** (*lett.*) Eccellente | ***Persona degna***, insigne, assai stimabile | Solenne, sfarzoso: *una bella e degna festa*. || **degnaménte**, avv.

degollista ● V. *degaullista*.

degradàbile [1973] agg. ● Detto di composto chimico che si decompone per mezzo di un determinato agente.

degradabilità s. f. ● Proprietà, caratteristica di ciò che è degradabile.

degradaménto [1680] s. m. ● (*raro*) Il degradare | (*raro*) Degrado.

degradànte [1594] part. pres. di *degradare*; anche agg. ● Nei sign. del v.

degradàre [vc. dotta, lat. tardo *degradāre*, per *dēgredi* 'scendere (*grădi*) giù (*dē-*)', attrav. il fr. *dégrader*; av. 1306] **A** v. tr. (*io degràdo*) **1** Punire con la degradazione: *d. un ufficiale, un ecclesiastico*. **2** (*fig.*) Privare della dignità, avvilire moralmente: *una vita che degrada la coscienza dell'uomo*. **3** (*fis.*, *chim.*) Sottoporre a degradazione. **B** v. rifl. ● Umiliarsi, avvilirsi: *non possono degradarsi a fare ciò*. SIN. Abbassarsi. **C** v. intr. e intr. pron. (aus. *essere*) **1** (*lett.*) Diminuire gradualmente di altezza. **2** Scadere, subire un degrado **3** (*fis.*, *chim.*) Compiere o subire una degradazione.

degradàto part. pass. di *degradare*; anche agg. ● Nei sign. del v. || **degradataménte**, avv. (*raro*) Diminuendo grado a grado.

degradazióne [fr. *dégradation*, dal lat. *degradatiōne(m)*, da *dēgredi* 'abbassare, degradare'; av. 1540] s. f. **1** Pena per ufficiali o sacerdoti consistente nella perdita ignominiosa del grado militare o dell'abito ecclesiastico. **2** Avvilimento morale, abiezione: *questo è il principio della d.* **3** (*geogr.*) ***D. meteorica***, lento processo di alterazione chimica delle rocce a opera dei gas atmosferici e dell'umidità. **4** (*fis.*) ***D. dell'energia***, nelle trasformazioni naturali irreversibili, tendenza delle forme di energia superiore, elettrica e sim., a trasformarsi in forme di energia inferiore. **5** (*chim.*) Reazione che permette di trasformare una molecola in altre a minor peso molecolare o nei suoi atomi. SIN. Demolizione.

degràdo [1858] s. m. ● Degradazione, deterioramento, scadimento, spec. con riferimento a fattori sociali, urbanistici, ecologici: *il d. urbano della città*; *la zona si avvia a un lento d.*

degrassàggio [adatt. del fr. *dégraissage*, da *dégraisser* 'sgrassare', comp. di *dé-* e *gras* 'grasso'] s. m. ● Sgrassatura | Lavaggio.

dègu o **degù** [da una lingua indigena amer.: *denú* 'topo di campo'(?)] s. m. ● Piccolo mammifero tropicale dei Roditori dalla pelliccia morbidissima (*Octodon degus*).

degusciàre [comp. di *de-* e *guscio*] v. tr. (*io degùscio*; fut. *io deguscerò*) ● Sgusciare.

degustàre [vc. dotta, lat. *degustāre* 'gustare (*gustāre*) appieno (*dē-*)'; 1499] v. tr. ● Assaggiare qlco., per riconoscerne la qualità o giudicarne il sapore: *d. un liquore, un caffè*.

degustatóre [1965] s. m. (f. *-trice*) ● Chi, per professione, assaggia i cibi, i vini, gli olii o altri prodotti per determinarne le caratteristiche organolettiche.

degustazióne [vc. dotta, lat. *degustatiōne(m)*, da *degustāre* 'degustare'; 1812] s. f. **1** Il degustare | Assaggio di cibi, olii o altri prodotti. **2** Pubblico esercizio con mescita spec. di vini e liquori pregiati.

deh /dɛ, dɛh, dɛʔ, de/ [vc. onomat.; 1294] inter. ● (*lett.*, *poet.*) Esprime desiderio, aspirazione, esortazione, preghiera, meraviglia, lode, rimprovero, sdegno e sim.: *deh, perché vai? deh, perché non t'arresti?* (DANTE *Purg.* V, 51); *deh! perché sdegni / udir quant'egli è pio ...?* (ALFIERI).

dehoniàno /deo'njano/ [dal n. del padre Fr. L. *Dehon*, fondatore della congregazione] s. m.; anche agg. ● Chi (o Che) appartiene alla congregazione dei Sacerdoti del Sacro Cuore, fondata da Léon Dehon.

dehors /fr. də'ɔːʀ/ [vc. fr., propr. 'fuori' (avv.); 1918] s. m. inv. ● La parte esterna di un edificio, di un locale pubblico.

déi o (*poet.*) **de i** prep. art. m. pl. comp. di *de* e *i* (2) ● V. *i* (2) per gli usi ortografici; (*tosc.*, *lett.*) troncato in *de'*: *dei consigli*; *dei semplici*; *la forza / de' bei giovenchi* (CARDUCCI).

deicìda [vc. dotta, lat. crist. *deicīda(m)*, comp. di *dĕi* 'di dio' e *-cīda* '-cida'; 1665] s. m. e f.; anche agg. (pl. m. *-i*) ● Chi (o Che) è colpevole di deicidio.

deicìdio [vc. dotta, lat. eccl. *deicīdiu(m)*, comp. di *dĕi* 'di dio' e *-cīdium* '-cidio'; sec. XIV] s. m. ● Uccisione di un dio, in particolare di Gesù come Uomo-Dio.

deidratàre [comp. di *de-* e *idratare*; 1966] v. tr. ● Disidratare.

deidratazióne [1966] s. f. ● Disidratazione.

deidrocongelazióne [comp. di *de-*, *idro-* e *congelazione*] s. f. ● Processo di conservazione di derrate alimentari mediante essiccazione parziale e congelamento.

deidrogenàre [comp. di *de-* e *idrogenare*, sul tipo del fr. *déhydrogéner*] v. tr. (*io deidrògeno*) ● (*chim.*) Sottrarre atomi di idrogeno alle molecole di una sostanza.

deidrogenàsi [comp. di *deidrogena(re)* e *-asi*; 1966] s. f. inv. ● (*chim.*) Qualsiasi enzima che catalizza una reazione reversibile di deidrogenazione a carico di un substrato.

deidrogenazióne [fr. *déhydrogénation*, comp. di *dé-* e *hydrogénation* 'idrogenazione'] s. f. ● (*chim.*) Reazione chimica consistente nell'allontanamento di uno o più atomi di idrogeno da una molecola.

†**deiettàre** [vc. dotta, lat. *deiectāre* 'gettare (*iactāre*) giù (*dē-*)'; sec. XIII] v. tr. **1** Scacciare, espellere. **2** (*fig.*) Abbassare, umiliare.

†**deiètto** [vc. dotta, lat. *deiĕctu(m)*, dal part. pass. di *deiectāre* 'deiettare'; av. 1342] agg.; anche s. m. ● (*lett.*) Umiliato.

deiezióne [vc. dotta, lat. tardo *deiectiōne(m)*, da *deiectāre* 'deiettare'; 1584] s. f. **1** (*geol.*) Deposito di materiali detritici originato dalle acque di una corrente per diminuita pendenza del terreno. **2** Periodo di attività vulcanica, di durata variabile. **3** (*med.*) Eliminazione dei rifiuti organici. **4** (*al pl.*) Escrementi, feci: *deiezioni umane, animali*.

†**deificaménto** [sec. XIV] s. m. ● Deificazione.

deificàre [vc. dotta, lat. eccl. *deificāre*, da *deĭficus* 'deifico'; 1336 ca.] **A** v. tr. (*io deìfico, tu deìfichi*) **1** Divinizzare. **2** (*fig.*) Esaltare, glorificare una persona in modo esagerato. **B** v. rifl. ● Connaturarsi a Dio | †Reputarsi simile a Dio.

deificazióne [vc. dotta, lat. eccl. *deificatiōne(m)*, da *deificāre* 'deificare'; av. 1406] s. f. **1** Divinizzazione. **2** (*fig.*) Glorificazione, apoteosi.

deìfico [vc. dotta, lat. eccl. *deĭficu(m)*, comp. di *dĕus* 'dio' e *-ficus*, da *făcere* 'fare'] agg. (pl. m. *-ci*) ● Che innalza alla condizione degli dei o alla perfezione di Dio.

deifórme [vc. dotta, lat. mediev. *deifōrme(m)* 'con la forma (*fōrma*) di Dio (*dĕi*)'; av. 1313] agg. **1** Simile a Dio o agli dei | Divino. **2** (*lett.*) Formato, costituito da Dio: *regno d.*

deindicizzàre [comp. di *de-* e *indicizzare*; 1985] v. tr. ● Svincolare dalle variazioni di un indice di riferimento (come il costo della vita, il tasso d'inflazione e sim.): *d. le retribuzioni*.

deindicizzazióne [1980] s. f. ● Operazione del deindicizzare.

deindustrializzàre [comp. di *de-* e *industrializzare*; 1977] v. tr. ● Ridurre l'apparato industriale di un Paese.

deindustrializzazióne [1980] s. f. ● Processo di riduzione dell'apparato industriale di un Paese.

deionizzàre [ingl. *deionize* 'privare di ioni'] v. tr. ● (*chim.*) Eliminare, con metodi diversi, gli ioni disciolti da un'acqua naturale.

deionizzazióne [ingl. *deionization*, dal v. *deionize* 'privare di ioni' col suff. *-ation*] s. f. ● (*chim.*) Operazione di purificazione delle acque naturali, consistente nell'eliminazione degli ioni disciolti.

deìpara [vc. dotta, lat. tardo *deĭpara(m)*, comp. di *dĕi* 'di dio' e *-para*, tratto da *părere* 'mettere al mondo'; av. 1603] **A** s. f. ● Colei che ha partorito un dio, in particolare, nel Cattolicesimo, la Vergine Maria. **B** anche agg. solo f.: *la vergine d.*

deiscènte [vc. dotta, lat. *dehiscĕnte(m)*, part. pres. di *dehĭscere* 'aprirsi, spalancarsi (*hĭscere*) del tutto (*dē-*)'; 1875] agg. ● (*bot.*) Detto di organo vegetale che a maturità si apre spontaneamente per lasciar uscire il contenuto: *frutto d.* CONTR. Indeiscente.

deiscènza [da *deiscente*; 1875] s. f. **1** (*bot.*) L'aprirsi spontaneo di certi organi vegetali per lasciar uscire il contenuto. **2** (*med.*) Apertura di una formazione anatomica per permettere la fuoriuscita del materiale contenuto | Riapertura di una ferita in parte guarita o di un'incisione chirurgica.

deìsmo [fr. *déisme*, dal lat. *dĕus* 'dio'; 1680] s. m. ● Concezione filosofico-religiosa di matrice razionalistica diffusasi nei secc. XVII e XVIII, che negava la validità della rivelazione storica e di qualsiasi altra forma di Provvidenza ma ammetteva l'esistenza di Dio come garante dell'ordine naturale.

dèissi o **deìssi** [ingl. *déixis*, dal gr. *déixis*, propr. 'esposizione, indicazione', deriv. di *deiknýnai* 'mostrare' (di orig. indeur.); 1971] s. f. inv. ● (*ling.*) Procedimento linguistico per cui un enunciato, per effetto della presenza di pronomi come *tu*, *lui*, *questo*, *quello* o di avverbi come *qui*, *lì*, *ieri*, *ora* ecc., rimanda in maniera non esplicita al contesto a cui si riferisce, e richiede pertanto da parte del destinatario una conoscenza preliminare della situazione comunicativa.

deìsta [fr. *déiste*, dal lat. *dĕus* 'dio'; 1669] s. m. e f. (pl. m. *-i*) ● Seguace, fautore del deismo.

deìstico [av. 1952] agg. (pl. m. *-ci*) ● Che concerne o interessa il deismo.

deità o †**deitàde**, †**deitàte**, †**iddeità** [vc. dotta, lat. eccl. *deitāte(m)*, da *dĕus* 'dio'; av. 1250] s. f. **1** Essenza, natura divina: *partecipate della d. eterna unita nell'umanità* (CATERINA DA SIENA). **2** Potenza divina. **3** (*lett.*) Dio: *troverà uniti gruppi d'Eroi, simulacri di d.* (FOSCOLO).

dèittico o **deìttico** [da *deissi*] agg. (pl. m. *-ci*) ● (*ling.*) Di deissi, relativo a deissi; in particolare, di elemento della frase (per es. i pronomi *tu*, *lui*, *questo*, *quello* o gli avverbi *qui*, *lì*, *ieri*, *ora* ecc.) che rimanda in maniera non esplicita al contesto di riferimento.

†**deiunàre** e *deriv.* ● V. *digiunare* e *deriv.*

de iùre [loc. lat., da intendersi 'secondo (*dē*) il diritto (*iūre*, abl. di *iūs*, V. *giure*)'; av. 1330] loc. avv. ● Secondo la legge, il diritto. CFR. De facto.

déjà vu /fr. deʒa'vy/ [loc. fr., propr. 'già visto'; 1982] **A** loc. agg. inv. (pl. fr. inv.) ● Detto di evento, fenomeno o prodotto spec. artistico ritenuto privo di originalità. **B** loc. sost. m. inv. ● (*psicol.*) Sensazione di aver vissuto precedentemente un avvenimento o una situazione che si sta verificando.

♦**del** /del/ o (*poet.*) **de 'l** prep. art. m. sing. comp. di *di* e *il* ● V. *il* per gli usi ortografici.

de la /'della, de(l)la/ ● V. *della*.

délabré /fr. dela'bʀe/ [vc. fr., part. pass. di *délabrer* 'rovinare'; 1985] agg. inv. ● Rovinato, deteriorato, scalcinato: *un edificio, un monumento d.*

delàto [vc. dotta, lat. *delātu(m)*, part. pass. di *defĕrre* 'portar (*fĕrre*) giù (*dē-*)'] agg. ● (*raro*) Denunciato, deferito.

delatóre [vc. dotta, lat. *delatōre(m)*, da *delātum* (V. *delato*); 1441] s. m. (f. *-trice*) ● Chi, per ragioni di interesse personale o per vendetta, denuncia segretamente qlcu. alle autorità. SIN. Spia.

delatòrio [1941] agg. ● Di delazione, da delatore: *lettere delatorie*.

delattosizzàto [comp. di *de-* e *lattosio*] agg. ● Detto di latte da cui, a scopo dietetico, è stato eliminato totalmente o parzialmente il lattosio.

délavé /fr. dela've/ [vc. fr., part. pass. di *délaver* 'dilavare'; 1987] agg. inv. ● Detto di tessuto o capo d'abbigliamento che è stato scolorito mediante lavaggi effettuati allo scopo di farli apparire usati.

delay /ingl. dɪ'leɪ/ [vc. ingl., propr. 'ritardo, indugio', dal fr. *délai* 'prolungamento' (deriv. di *délayer* 'differire', comp. di *dé-* e la forma ant. *laier* 'lasciare')] s. m. inv. ● (*mus.*) Riverbero, negli strumenti elettronici per l'amplificazione e la riproduzione del suono.

delazióne [vc. dotta, lat. *delatiōne(m)*, da *delātum* (V. *delato*); av. 1540] s. f. **1** Accusa, denuncia segreta. SIN. Soffiata, spiata. **2** (*dir.*) Deferimento: *d. di giuramento* | ***D. di un atto***, comunicazione o notificazione dello stesso | ***D. dell'eredità***, messa a disposizione dell'eredità a favore del chiamato.

de le /'delle, de(l)le/ ● V. *delle*.

delèbile [vc. dotta, lat. *delēbile(m)*, da *delēre* 'cancellare'; 1595] agg. ● Che si può cancellare (*anche fig.*): *inchiostro d.*; *sentimenti delebili*. CONTR. Indelebile.

dèlega [da *delegare*; 1877] s. f. ● Atto con cui si conferisce a un'altra persona la capacità di agire in vece propria: *d. verbale, scritta; se vuoi che ritiri il tuo stipendio devi farmi la d.* | ***Legge d.***, quella che il governo emana in base a delega del Parlamento.

delegànte A part. pres. di *delegare*; anche agg. ● Nei sign. del v. **B** s. m. e f. ● Chi rilascia una delega.

delegàre [vc. dotta, lat. *delegāre*, comp. di *de-* e *legāre* 'dare un incarico per mezzo di un patto o contratto (*lēx*)'; sec. XIV] v. tr. (*io dèlego, tu dèleghi*) ***1*** (*dir.*) Investire del potere di rappresentanza | (*est.*) Investire, da parte degli organi del potere legislativo, gli organi del potere esecutivo della facoltà di emanare provvedimenti aventi forza di legge. ***2*** (*dir.*) Compiere una delegazione | Conferire ad altri il potere di esplicare in nome proprio e per conto del delegante attività normalmente proprie di quest'ultimo. ***3*** (*est.*) Incaricare altri di compiere un atto in vece propria: *delegò la direzione dell'ufficio al suo sostituto; ha delegato l'amico a rappresentarlo nella riunione.*

delegatàrio [da *delegare*] s. m. (f. *-a*) ● (*dir.*) Nella delegazione, colui a favore del quale la prestazione dovrà essere eseguita.

delegatìzio agg. ● (*raro, lett.*) Di, relativo a, delegazione o delegato: *incarico d.; autorità delegatizia.*

♦**delegàto** [av. 1348] **A** part. pass. di *delegare*; anche agg. ***1*** Che rappresenta qlcu. o è incaricato di esplicare una determinata attività per conto di altri: *persona delegata a riscuotere una pensione* | ***Consigliere d.***, consigliere d'amministrazione d'una società cui è delegata la direzione dell'azienda. ***2*** Emanato per delega: *decreto d.* **B** s. m. (f. *-a*) ● Persona delegata a un ufficio | ***D. di Pubblica Sicurezza***, ufficiale subalterno del questore ora detto vicecommissario | ***D. apostolico***, rappresentante della S. Sede presso Stati che non hanno normali relazioni diplomatiche con essa.

delegazióne [vc. dotta, lat. *delegatiōne(m)*, da *delegāre* 'delegare'; av. 1540] s. f. ***1*** Il delegare. ***2*** (*dir.*) Istituto giuridico consistente nella trasmissione di un debito o di un credito mediante un ordine rivolto a una persona di eseguire o ricevere una prestazione a favore o da parte di un altro soggetto | ***D. legislativa***, concessione agli organi esecutivi, da parte degli organi legislativi, della facoltà di emanare provvedimenti aventi forza di legge. ***3*** Gruppo di persone incaricate di esplicare in modo permanente o temporaneo funzioni di rappresentanza: *inviare una d. all'estero; ricevere una d.* ***4*** Sede di un delegato e circoscrizione territoriale su cui lo stesso esplica i propri poteri: *d. apostolica.*

†**delèggere** [dal lat. *delĭgere* 'scegliere, staccare'. V. *eleggere*; av. 1597] v. tr. ● Eleggere, scegliere.

delegiferàre [comp. di *de-* e *legiferare*; 1980] v. intr. (*io delegìfero*; aus. *avere*) ● Tendere a ridurre il numero delle leggi emanate, spec. su materie di scarsa importanza.

delegificàre [comp. di *de-*, il lat. *lēx*, genit. *lēgis* 'legge' e *-ficare*; 1974] v. tr. (*io delegìfico, tu delegìfichi*) ● (*dir.*) Sottoporre a delegificazione.

delegificazióne [da *delegificare*; 1967] s. f. ● (*dir.*) Provvedimento con cui si sottrae una determinata materia alla disciplina della legge e si trasferisce alla Pubblica Amministrazione il compito di regolarla.

delegittimàre [comp. di *de-* e *legittimare*; 1983] v. tr. (*io delegìttimo*) ● Privare di legittimità, sottrarre la legittimazione a esercitare una funzione o un potere: *d. un organo politico* | (*est.*) Sottrarre autorità, potere, prestigio: *vicende che delegittimano le istituzioni.*

delegittimazióne [1980] s. f. ● Il delegittimare, il venire delegittimato.

†**delére** o **dèlere** [vc. dotta, lat. *delēre*, di etim. incerta; sec. XIV] v. tr. ● Distruggere, cancellare (*anche fig.*).

delessite [dal n. dell'ingegnere fr. A. *Delesse* (1817-1881), con *-ite* (*2*); 1966] s. f. ● Minerale appartenente al gruppo delle cloriti, di color verde scuro, silicato di magnesio, ferro e alluminio.

delete /di'lit, *ingl.* dɪ'liːt/ [vc. ingl., dal v. *to delete* 'cancellare'; 1991] s. m. inv. ● (*elab.*) Tasto che determina la cancellazione del carattere posto in corrispondenza del cursore o di tutto ciò che è evidenziato sullo schermo.

deletèrio [fr. *délétère*, dal gr. *dēlētḗrios*, dal v. di orig. indeur. *dēlêisthai* 'danneggiare, nuocere'; 1765] agg. ● Che è estremamente dannoso: *il fumo è d. per la salute; sono abitudini deleterie allo spirito.* || **deleteriaménte**, avv. (*raro*) In modo deleterio.

†**delettàre** e *deriv.* ● V. *dilettare* e *deriv.*

delezióne [ingl. *deletion*, vc. dotta, che si rifà al lat. *deletiōne(m)*, propr. 'distruzione', da *delēre* 'distruggere' (V. *delere*); 1524] s. f. ● (*biol.*) In genetica, mutazione che comporta la perdita di un segmento cromosomico.

dèlfico [vc. dotta, lat. *Dĕlphicu(m)*, dal gr. *Delphikós* 'di Delfi' (*Delphói*, legato a *delphýs* 'matrice': per l'aspetto del luogo (?)); 1321] agg. (pl. m. *-ci*) ***1*** Di, relativo a Delfi e al suo santuario: *sibilla delfica.* ***2*** (*est., lett.*) Profetico.

delfinàre [per il moto simile a quello del *delfino*] v. intr. (aus. *avere*) ● Detto di mezzi di navigazione sottomarina e aerea, seguire un moto irregolare con traiettoria oscillante verso l'alto e il basso.

delfinàrio [da *delfino* (*1*), sul modello di *acquario*] s. m. ● Grande vasca nella quale vivono delfini spec. ammaestrati.

delfinàttero [comp. di *delfino* (*1*) e *attero*; 1835] s. m. ● Genere di Cetacei simili ai delfini ma privi di pinna dorsale, con una serie di denti caduchi per ogni lato nella mandibola e nella mascella (*Delphinapterus*) | ***D. bianco***, beluga.

Delfìnidi [comp. di *delfino* (*1*) e *-idi*] s. m. pl. (sing. *-e*) ● Nella tassonomia animale, famiglia di Cetacei carnivori, agili nuotatori, cui appartengono il delfino e l'orca (*Delphinidae*).

delfinièra [da *delfino* (*1*)] s. f. ***1*** Grande rete a larga maglia posta a protezione del sacco della paranza, contro gli ostacoli del fondo e contro i delfini | Ferro a lancia con alette spesso snodate, applicato a un lungo bastone, per la cattura del pesce spada e di altri grossi pesci. ***2*** (*mar.*) Rete tesa sotto il bompresso, per impedire che i fiocchi ammainati vadano in mare.

delfìnio [gr. *delphínion*, di etim. incerta, per la forma delle foglie che ricorda un *delfino*; 1550] s. m. ● Genere di piante erbacee delle Ranuncolacee con fusto ramoso, foglie alterne, divise e fiori grandi in racemi o in pannocchie di colore blu, bianco o rosso (*Delphinium*).

delfinista [1964] s. m. e f. (pl. m. *-i*) ● Nuotatore specialista dello stile delfino.

♦**delfino** (**1**) [vc. dotta, lat. *delphīnu(m)*, dal gr. *delphís*, connesso con *delphýs* 'matrice'; sec. XIII] s. m. ***1*** Cetaceo con corpo pisciforme, muso che si prolunga in un rostro e un'unica pinna dorsale (*Delphinus delphis*). ➡ ILL. **animali**/11. ***2*** Stile di nuoto in posizione prona, con respirazione prevalentemente frontale, caratterizzato da azioni simultanee e coordinate delle braccia, che si muovono in modo circolare, e delle gambe che unite battono l'acqua con un movimento ondulatorio. ➡ ILL. p. 2148 SPORT. ***3*** (*mar.*) †Pesante massa di piombo o ferro, che veniva fatta cadere dalla punta delle antenne sulla nave nemica per danneggiarla | (*spec. al pl.*) Coppia di bracciòli ai lati del tagliamare a forma di delfini. ***4*** Nelle antiche artiglierie, nome dato alle maniglie della bocca da fuoco, foggiate a forma di delfino. ***5*** (*lett., scherz.*) †Gobbo. || **delfinétto**, dim.

delfino (**2**) [fr. *dauphin* 'titolo dei signori della regione fr. del Delfinato (*Dauphiné*), passata alla casa di Francia nel XIV sec.'; av. 1363] s. m. ***1*** Titolo dato al primogenito dei re di Francia. CFR. Ad usum Delphini. ***2*** (f. *-a*) (*est.*) Chi è considerato il probabile successore di un personaggio di rilievo, spec. politico.

delìaco [vc. dotta, lat. *Delĭacu(m)*, dal gr. *Dēliakós*] agg. (pl. m. *-ci*) ***1*** (*lett.*) Dell'isola greca di Delo, sede del culto di Apollo. SIN. Delio. ***2*** (*est.*) Di Apollo.

†**delibaménto** [vc. dotta, lat. *delibamĕntu(m)*, da *delibāre* (in orig. 'vino sparso per la libagione'); 1830] s. m. ● (*raro*) Il delibare.

delibàre [vc. dotta, lat. *delibāre*, comp. di *dē-* e *libāre* 'fare, offrire una libazione' e poi 'prendere una parte (da offrire agli dèi)'; av. 1374] v. tr. ***1*** (*lett.*) Prendere un piccolo assaggio di cibo o bevanda assaporandolo con gusto: *delibava lentamente un sorso di liquore* | (*fig.*) Gustare: *d. la dolcezza di un ricordo.* ***2*** (*lett.*) Esaminare un problema, una questione, e sim. in modo piuttosto superficiale. ***3*** (*dir.*) Riconoscere efficace in Italia un provvedimento giurisdizionale straniero: *d. una sentenza.*

delibazióne [vc. dotta, lat. tardo *delibatiōne(m)*, da *delibāre* nel senso di 'togliere una parte'; 1925] s. f. ***1*** (*lett.*) Assaggio. ***2*** (*dir.*) ***Giudizio di d.***, esame che l'autorità giudiziaria italiana compie di provvedimenti giurisdizionali stranieri al fine di accordarvi efficacia in Italia.

delìbera [da *deliberare*; 1783] s. f. ***1*** Deliberazione. ***2*** Aggiudicazione in una vendita all'asta.

†**deliberaménto** (**1**) o †**deliveraménto**, †**diliberaménto** [vc. dotta, lat. tardo *deliberamĕntu(m)*, da *deliberāre* 'deliberare (1)'; 1308] s. m. ● Deliberazione.

†**deliberaménto** (**2**) o †**diliberaménto**, †**diliveraménto** [da *deliberare* (*2*); av. 1349] s. m. ● Liberazione.

deliberànte [1836] part. pres. di *deliberare* (*1*); anche agg. ● Che delibera, che ha il potere di deliberare: *organo con potere d.* CFR. Consultivo.

deliberàre (**1**) o †**deliveràre**, †**diliberàre**, †**dilibràre**, †**diliveràre** [vc. dotta, lat. *deliberāre*, di etim. incerta; av. 1276] **A** v. tr. (*io delìbero*) ***1*** (*lett.*) Decidere: *deliberarono di partire* | Determinare, stabilire, dopo un ponderato esame, spec. da parte di più persone raccolte insieme o di organi collegiali (*anche assol.*): *i dirigenti deliberarono le soluzioni da adottare; il comitato deliberò di ridurre i prezzi; la Corte si è ritirata per d.* ***2*** (*lett.*) Riflettere, considerare attentamente: *deliberai a lungo prima di decidermi* | (*est.*) Discutere, dibattere. ***3*** Aggiudicare, in una vendita all'asta: *il quadro è deliberato al miglior offerente.* **B** v. intr. (aus. *avere*) ● Disporre, provvedere su qlco.: *la Corte di Cassazione ha deliberato sull'ammissibilità del ricorso.* **C** v. intr. pron. ● (*lett.*) †Decidersi, risolversi: *cominciò a sollecitare il Saladino che di ciò si deliberasse* (BOCCACCIO).

†**deliberàre** (**2**) o †**deliveràre**, †**delivràre**, †**diliberàre**, †**dilibràre**, †**diliveràre**, †**dilivràre** [vc. dotta, lat. *deliberāre*, di etim. discussa: da *liberāre* in senso traslato (?); sec. XIII] v. tr. ● Liberare (*anche fig.*).

deliberatàrio [da *deliberare* (*1*)] s. m. (f. *-a*) ● (*dir.*) Colui al quale, fra più concorrenti a una vendita giudiziale o a un'asta di appalto, è aggiudicato il bene o il lavoro.

deliberativa o †**diliberativa** [sec. XIV] s. f. ● (*raro*) Facoltà di prendere deliberazioni.

deliberativo o †**diliberativo** [vc. dotta, lat. *deliberatīvu(m)*, da *deliberāre* 'deliberare (1)'; av. 1294] agg. ***1*** Che ha facoltà di deliberare, che vale a deliberare: *potere d.; voto d.* CFR. Consultivo. ***2*** ***Genere d.***, nell'eloquenza antica, quello che mira a persuadere o dissuadere. ***3*** ***Modo, discorso d.***, in retorica, quelli propri del soggetto che pone a sé stesso domande sul comportamento da tenere (ad es.: *che mai posso fare?*).

deliberàto o †**diliberàto** [1306 ca.] **A** part. pass. di *deliberare* (*1*); anche agg. ***1*** Nei sign. del v. ***2*** (*est.*) Fermo, risoluto: *agire con d. proposito di nuocere.* ***3*** Intenzionale, fatto con volontà e determinazione: *è un'offesa deliberata.* || **deliberataménte**, avv. ***1*** Di proposito, intenzionalmente. ***2*** (*raro*) Risolutamente, intenzionalmente. **B** s. m. ● Decisione, deliberazione: *il d. dell'assemblea.*

deliberatóre [vc. dotta, lat. *deliberatōre(m)*, da *deliberātum* 'deliberato'; av. 1540] s. m.; anche agg. (f. *-trice*) ● (*raro*) Chi (o Che) delibera.

deliberazióne (**1**) o †**diliberazióne**, †**dilibrazióne** [vc. dotta, lat. *deliberatiōne(m)*, da *deliberāre* 'deliberare (1)'; av. 1294] s. f. ***1*** Decisione presa da persona od organismo competente: *prendere parte a una d.* | Il provvedimento deliberato: *le deliberazioni del Parlamento.* ***2*** (*lett.*) Fermo proposito, precisa intenzione: *la sua d. di morire* (LEOPARDI). SIN. Decisione, risoluzione. ***3*** (*psicol.*) Processo di valutazione comparata delle diverse alternative per arrivare alla scelta. ***4*** †Assemblea, riunione, adunanza.

†**deliberazióne** (**2**) o †**diliberazióne**, †**diliverazióne** [dal lat. tardo *deliberāre* 'liberare completamente'; av. 1348] s. f. ● Liberazione.

†**delicaménto** o †**dilicaménto** [av. 1292] s. m. ● Delicatezza, piacere.

†**delicànza** o †**dilicànza** [av. 1292] s. f. ***1*** Delicatezza, raffinatezza. ***2*** Agio, mollezza di vita.

delicatézza o †**dilicatézza** [sec. XIV] s. f. ***1*** Caratteristica di chi (o di ciò che) è delicato: *d. di un colore, di un sapore, di un gesto* | Fragilità: *la d. del cristallo* | Gracilità di costituzione. ***2*** Gentilezza di sentimenti, di maniere: *ha una grande d. d'animo* | Discrezione: *abbi la d. di non riferire quanto ti ho detto* | Riguardo, tatto: *è una faccenda da trattare con d.* | (*est.*) Atto gentile: *il non farmi sapere la brutta notizia è stata una d. da parte sua.* **3** Cibo delicato e squisito: *questo piatto è una vera d.* **4** (*lett., spec. al pl.*) Comodità: *vivere in mezzo alle delicatezze.*

delicàto o †**dilicàto** [vc. dotta, lat. *delicātu(m)*, di etim. incerta; av. 1294] **agg. 1** Che procura gradevoli sensazioni perché morbido, liscio, squisito, armonioso e sim.: *tessuto d.*; *pelle delicata*; *sapore, odore, profumo d.*; *suono d.*; *voce, musica delicata* | ***Tinta delicata***, non troppo carica | Gustoso, leggero, di facile digestione: *cibo, vino d.*; *pietanza delicata.* **2** Che è facile a guastarsi, a deteriorarsi, a rompersi e sim.: *gingillo, meccanismo, apparecchio d.* | (*est.*) Gracile, debole: *bambino d.*; *salute delicata*; *stomaco d.* | ***Nervi delicati***, facili a cedere | ***Palato d.***, ***bocca delicata***, esigenti e raffinati nello scegliere i cibi | (*iron.*) Difficile da contentare, suscettibile, schizzinoso: *come sei d.!* | ***Fare il d.***, atteggiarsi a persona schizzinosa. **3** (*fig.*) Che dev'essere trattato o affrontato con tatto e prudenza: *problema, argomento d.*; *faccenda, questione delicata* | ***Tasto d.***, (*fig.*) argomento scabroso, che richiede molto garbo | ***Momento d.***, particolarmente difficile da superare e suscettibile di sviluppi imprevisti. **4** (*fig.*) Che ha o denota sentimenti fini e gentili, nobiltà d'animo e sim.: *pensiero, atto d.*; *uomo d. nell'agire, nel parlare, nel trattare.* **5** (*lett.*) Di stile, opera d'arte e sim., raffinato, elegante: *ebbe in cotal sorte di pittura una maniera molto delicata* (VASARI). **6** (*lett.*) Molle, effeminato: *avvezza i tuoi soldati a spregiare il vivere d.* (MACHIAVELLI). **7** †Di luogo, ameno, delizioso: *culte pianure e delicati colli* (ARIOSTO). || †**delicatèllo**, **dim.** | **delicatino**, **dim.** | **delicatùccio**, **delicatùzzo**, **dim.** || **delicataménte**, **avv.**

delicatùra o †**dilicatùra** [1528] **s. f. 1** (*raro, lett.*) Delicatezza, squisitezza eccessiva | Cosa squisita, raffinata. **2** †Piacere, godimento.

delicious /de'liʃus, *ingl.* dɪ'lɪʃəs/ [vc. ingl. d'America, propr. 'delizioso' per il sapore di questo frutto, introdotto nel 1881 dal Perù] **s. f.**; anche **agg.** ● Varietà di mele con buccia lucida e polpa saporita e farinosa | ***Golden d.***, con buccia gialla | ***Stark d.***, con buccia rossa.

†**deligióne** ● V. *derisione.*

Delikatessen /*ted.* ˌdelikaˈtɛsn̩/ [vc. ted., dal fr. *délicatesse* 'delicatezza'] **s. f. pl.** (**sing.** ted. *Delikatesse*) ● Cibi prelibati, specialità alimentari, leccornie.

†**delimàre** [vc. dotta, lat. **delimāre*, fatto su *delimātus* 'limato (*limātus*) a fondo (*dē-*)'; av. 1400] **v. tr.** ● Limare | (*fig.*) Consumare, rodere.

delimitàre [vc. dotta, fr. *délimiter*, dal lat. tardo *delimitāre* 'stabilire un confine (*līmes*) con esattezza (*dē-*)'; av. 1872] **v. tr.** (*io delìmito*) **1** Segnare il limite, il confine, circoscrivere: *d. un terreno*; *il proprietario ha delimitato con reticolati il suo podere.* **2** (*fig.*) Definire: *d. la sfera d'azione dello Stato.*

delimitatìvo **agg.** ● Che delimita.

delimitazióne [vc. dotta, fr. *délimitation*, dal lat. tardo *delimitatiōne(m)*, da *delimitāre* 'delimitare'; 1848] **s. f.** ● Determinazione di un limite, di un confine | (*fig.*) Definizione di competenze, poteri, ambiti e sim.

delineaménto [1584] **s. m. 1** Il delineare, il delinearsi. **2** (*al pl.*) †Lineamenti.

delineàre [vc. dotta, lat. *delineāre*, comp. di *dē-* e *lineāre* 'tracciare una linea'; 1582] **A v. tr.** (*io delìneo*) **1** (*raro*) Rappresentare con tratti essenziali i contorni di qlco.: *d. il profilo delle montagne.* **SIN.** Abbozzare, schizzare. **2** (*fig.*) Descrivere per sommi capi: *d. la situazione politica.* **B v. intr. pron. 1** Essere visibile o percepibile nelle linee essenziali: *sotto la pelle del viso si delineano gli zigomi.* **2** (*fig.*) Presentarsi in forma ancora non ben definita: *gravi problemi vanno delineandosi.*

delineàto [av. 1519] **part. pass.** di *delineare*; anche **agg. 1** Nei sign. del v. **2** Che si è precisato negli elementi essenziali: *ha una personalità già delineata.*

delineatóre [1584] **s. m.**; anche **agg.** (**f.** *-trice*) ● (*raro*) Chi (o Che) delinea.

†**delineatùra** **s. f.** ● (*raro*) Delineamento.

delineazióne [vc. dotta, lat. *delineatiōne(m)*, da *delineāre* 'delineare'; 1659] **s. f.** ● (*lett.*) Delineamento.

♦**delinquènte** [sec. XIV] **A part. pres.** di *delinquere*; anche **agg. 1** (*raro*) Nei sign. del v. **2** (*lett., fig.*) Colpevole: *non sempre d. è un infelice* (METASTASIO). **B s. m. e f. 1** (*dir.*) Chi ha commesso uno o più delitti | ***D. abituale***, quando è particolarmente dedito al delitto | ***D. professionale***, quando vive dei proventi di delitti | ***D. nato***, in una superata teoria criminalistica, chi per tendenza congenita è portato a commettere reati. **2** Correntemente, chi ha commesso azioni illecite o malvagie | (*est.*) Persona capace di disonestà, abiezione e sim.: *faccia da d.*; *l'ignoranza suole scusare i delinquenti* (MARINO) | (*fig., scherz.*) Briccone, birbante: *guarda che cosa hai combinato, piccolo d.!*

delinquènza [vc. dotta, lat. tardo *delinquĕntia(m)*, da *delĭnquere* 'delinquere'; 1704] **s. f. 1** (*raro*) Il delinquere. **2** Criminalità: *relazione sulla d. minorile in Italia.*

delinquenziàle [1938] **agg.** ● Della delinquenza | Da delinquente.

delìnquere [vc. dotta, lat. *delĭnquere*, in orig. 'lasciare (*lĭnquere*) da parte (*dē-*), fare difetto', poi 'mancare al dovere, commettere un fallo'; 1319] **v. intr.** (**pass. rem.** *io delinquètti* (o *-étti*); **part. pass.** †*delinquìto*; aus. *avere*; raro nei tempi composti) **1** Commettere uno o più delitti: *associazione per, a d.*; *capacità a d.*; *istigazione a d.* **2** †Peccare.

†**delinquìre** [vc. dotta, lat. *delĭnquere* 'mancare, lasciare indietro' con mutamento di coniug.] **v. tr.** ● (*raro*) Consumare, logorare.

dèlio [vc. dotta, lat. *Dēliu(m)*, dal gr. *Délios*; av. 1566] **A agg.** ● Deliaco. **B s. m. 1** (*per anton.*) Apollo. **2** (*poet.*) Il sole, identificato con Apollo.

deliquescènte [vc. dotta, lat. *deliquescĕnte(m)*, part. pres. di *deliquēscere* 'diventare liquido (*liquēscere*) completamente (*dē-*)'; 1771] **agg. 1** (*chim.*) Detto di sostanza che presenta il fenomeno della deliquescenza. **2** (*fig., lett.*) Languido, molle: *una sensualità sospirosa e d.* (CROCE).

deliquescènza [da *deliquescente*; 1771] **s. f. 1** (*chim.*) Proprietà di certe sostanze, spec. di alcuni sali, di assorbire l'umidità dell'ambiente sciogliendosi in essa. **2** (*fig., lett.*) Languore, struggimento: *In un istante di particolare d.* (TOMASI DI LAMPEDUSA).

deliquio (**1**) [vc. dotta, lat. *delĭquiu(m)*, da *delĭnquere* 'mancare'; 1615] **s. m.** ● Svenimento: *avere un d.* | ***Cadere in d.***, svenire.

†**deliquio** (**2**) [vc. dotta, lat. tardo *delĭquiu(m)*, da *deliquāre* 'chiarificare (*liquāre*) completamente (*dē-*)'] **s. m.** ● Liquefazione.

†**deliraménto** [vc. dotta, lat. *deliramĕntu(m)*, da *delirāre* 'delirare'; 1957] **s. m.** ● Delirio.

delirànte [av. 1667] **A part. pres.** di *delirare*; anche **agg. 1** Che è in delirio. **2** Proprio del delirio: *idea d.* **3** (*est.*) Irragionevole, frenetico, esaltato: *passione, entusiasmo d.* | Assurdo: *affermazioni deliranti.* **B s. m. e f.** ● Chi delira.

deliràre [vc. dotta, lat. *delirāre*, originariamente 'uscire (*dē-*) dal solco (*līra*)', poi 'farneticare'; 1313] **v. intr.** (aus. *avere*) **1** (*med.*) Essere in stato di delirio: *d. per la febbre.* **2** (*est.*) Dire cose assurde, insensate: *d. d'amore, di passione* | Entusiasmarsi, esaltarsi: *le folle delirano per lui.* **3** (*lett., fig.*) Deviare, errare.

delirio o †**deliro** (**1**) [vc. dotta, lat. tardo *delīriu(m)*, da *delirāre* 'delirare'; 1584] **s. m. 1** (*med., psicol.*) Stato di alterazione e confusione mentale, con agitazione motoria e allucinazioni, dovuto ad accessi febbrili acuti, o ad alcolismo, malattie mentali e sim.: *d. febbrile*; *d. di grandezza, di persecuzione.* **2** (*est.*) Stato di profondo turbamento che induce a dire o a fare cose assurde e insensate: *essere in preda al d. della passione, dei sensi* | Discorso, atto insensato: *i deliri dell'umana debolezza.* **3** (*fig.*) Esaltazione della fantasia: *un vano d.*; *d. poetico, mistico* | Fanatico entusiasmo: *mandare in d.*; *andare in d.*; *essere in d.* **4** (*raro, fig.*) Frenetico desiderio: *il d. della ricchezza.*

delirium trèmens [loc. lat., propr. 'delirio (*delīrium*) tremante (*trĕmens*)', per il tremito che caratterizza gli alcolizzati cronici; 1853] **loc. sost. m. inv.** ● (*med.*) Crisi di agitazione psicomotoria negli alcolizzati cronici, con stato di confusione mentale, tremori e allucinazioni visive di animali o insetti.

†**deliro** (**1**) ● V. *delirio.*

deliro (**2**) [vc. dotta, lat. *delīru(m)*, da *delirāre* 'delirare'; 1321] **agg.** ● (*lett.*) Delirante, vaneggiante.

delitescènte [vc. dotta, lat. *delitescĕnte(m)*, part. pres. di *delitēscere* 'nascondersi (*latēscere* con *dē-* rafforzativo)'] **agg.** ● (*med.*) Latente: *tumore d.*

delitescènza [da *delitescente*; 1830] **s. f. 1** (*med.*) Latenza di una malattia. **2** (*chim.*) Proprietà di certi cristalli che si riducono a forma polverulenta, perdendo acqua di cristallizzazione o assorbendo vapor acqueo.

♦**delitto** [vc. dotta, lat. *delĭctu(m)*, dal part. pass. di *delĭnquere* 'delinquere'; av. 1348] **s. m.** (**pl.** *delitti*, †*delìtta*) **1** (*dir.*) Violazione della legge penale per la quale sono comminate le pene dell'ergastolo, della reclusione e della multa: *d. colposo*; *d. preterintenzionale.* **2** (*est., gener.*) Omicidio, assassinio: *fare, commettere, perpetrare un d.*; *macchiarsi di un feroce d.* | ***D. perfetto***, compiuto in modo da non lasciare tracce tali da consentire l'identificazione di chi lo ha commesso. **3** (*est.*) Misfatto, scelleratagine: *commettere delitti d'ogni sorta* | Colpa, errore, fallo (*anche scherz.*): *sarebbe un imperdonabile d. ripagare così la sua bontà*; *le sue rime sono delitti di lesa poesia*; *se si sposa è un vero d.*

delittuosità **s. f.** ● (*raro*) Caratteristica di ciò che è delittuoso.

delittuóso [da *delitto*, col suff. degli agg. in *-uoso*; 1768] **agg.** ● Che ha natura di delitto: *avvenimento d.* | Che tende al delitto: *intenzioni delittuose.* || **delittuosaménte**, **avv.**

†**deliveràre** e *deriv.* ● V. *deliberare* (*1*), †*deliberare* (*2*), e *deriv.*

delivery order /*ingl.* dɪ'lɪvəɹi 'ɔːɹdəɹ/ [ingl., propr. 'ordine (*order*, di orig. fr.) di svincolo (*delivery*, dall'ant. fr. *delivree*, propr. f. del part. pass. di *delivrer* '(de)liberare')'; 1930] **loc. sost. m. inv.** (**pl.** ingl. *delivery orders*) ● Nella pratica commerciale, ordine di consegna emesso dal vettore | Nel trasporto marittimo, titolo di credito trasferibile mediante girata, che legittima a ricevere la merce in consegna.

†**delivràre** ● V. †*deliberare* (*2*).

delìzia (**1**) o †**dilìzia** [vc. dotta, lat. tardo *delĭcia(m)*, dall'usuale pl. *delĭcia(s)*, da *deliciāre* 'deliziare'; av. 1294] **s. f. 1** Intenso piacere fisico o spirituale: *provare un'ineffabile d.*; *le delizie della musica* | ***Luogo di d.***, che offre ogni tipo di piaceri, svaghi e sim. | (*est.*) Persona o cosa che procura un grande piacere: *quel bambino è la mia d.*; *simili spettacoli sono un'autentica d. per gli occhi*; *questa torta è una d.!* | (*antifr.*) Cosa sgradevole: *è una vera d. uscire con questo tempaccio.* **SIN.** Gioia. **2** ***D. di Vaprio***, varietà di uva bianca da tavola.

delìzia (**2**) **s. f.** ● Adattamento di *delicious* (V.).

†**deliziàle** [av. 1712] **agg.** ● (*lett.*) Che procura delizia.

deliziàre [vc. dotta, lat. *deliciāre*, originariamente 'distogliere (*dē-*) con le seduzioni (*delĭciae*)', poi sin. di *delectāre* 'dilettare'; sec. XIV] **A v. tr.** (*io delìzio*) **1** Procurare delizia, colmare di delizia: *d. l'animo, i sensi*; *un libro che delizia i lettori* | (*antifr.*) Annoiare, molestare: *mi ha deliziato col racconto delle sue disgrazie.* **2** (*raro, lett.*) Rendere delizioso. **B v. intr. pron.** (aus. *avere*) ● Bearsi.

♦**delizióso** o †**dilezióso**, †**dilizióso** [vc. dotta, lat. tardo *diliciōsu(m)*, da *deliciāre* 'deliziare'; av. 1342] **agg. 1** Che arreca delizia; piacevole, bello: *un film, un localino d.* | Ricco di grazia e di attrattiva: *una ragazza deliziosa*; *che deliziosi bambini!* | Simpatico, gradevole, piacevole: *abbiamo trascorso una deliziosa serata*; *l'indugio era talmente d. che il sonno, deliziosamente, vi si insinuò* (SCIASCIA). **2** †Molle, voluttuoso. || **deliziosaménte**, **avv.**

dèlla o (*poet.*) **de la** **prep. art. f. sing.** comp. di *di* e *la* (*1*) ● V. *la* (*1*) per gli usi ortografici. Si usa davanti a parole f. sing. Si apostrofa davanti a parole che cominciano per vocale: *d. zia*; *dell'anima*; *noi pregheremmo lui de la tua pace* (DANTE *Inf.* V, 92).

dèlle o (*poet.*) **de le** **prep. art. f. pl.** comp. di *de* e *le* (*1*) ● V. *le* (*1*) per gli usi ortografici. Si usa davanti a parole f. pl.: *d. scarpe*; *d. esperienze.*

dèllo o (*poet.*) **de lo** /'dello, de(l)lo/ **prep. art. m. sing.** comp. di *di* e *lo* ● V. *lo* per gli usi ortografici. Si apostrofa solo davanti a parole che cominciano per vocale: *d. sport*; *d. zio*; *dell'amico.*

delocalizzàre [comp. di *de-* e *localizzare* sul modello dell'ingl. *to delocalize*; 1988] **v. tr.** ● Trasferire in altro luogo, spec. impianti e strutture industriali: *d. alcune produzioni nei Paesi del terzo mondo; d. una base militare, un insediamento.*

delocalizzazióne [comp. di *de-* e *localizzazione* sul modello dell'ingl. *delocalization*; 1985] **s. f.** ● Il delocalizzare.

delomòrfo [vc. dotta, comp. del gr. *dêlos* 'evidente, manifesto' e *-morfo*] **agg.** ● (*biol.*) Caratterizzato da confini e forma ben definiti: *cellule delomorfe delle ghiandole gastriche.* **CONTR.** Adelomorfo.

†**delongàre** e *deriv.* ● V. *dilungare* e *deriv.*

delottizzàre [comp. di *de-* e *lottizzare*; 1983] **v. tr.** ● Assegnare con nuovi criteri le cariche prima distribuite in base alla pratica politica della lottizzazione: *d. un ente pubblico.*

Delrin® /del'rin, *fr.* dɛl'rɛ̃/ [marchio registrato della DuPont de Nemours] **s. m. inv.** ● (*chim.*) Nome commerciale di materia plastica (resina acetalica) utilizzata per stampaggio a iniezione di articoli vari caratterizzati da elevata rigidità.

dèlta (**1**) [vc. dotta, lat. *dĕlta(m)*, dal gr. *délta*, che ripete l'ebr. *dāleth* 'porta'; 1584] **A s. m.** o **f. inv.** *1* Nome della quarta lettera dell'alfabeto greco. *2* (*aer.*) ***Ala a d.***, a pianta triangolare, adatta per velocità supersoniche. *3* (*mat.*) Variazione di una funzione o di una grandezza. **B** in funzione di **agg. inv.** ● (posposto al s., *fis.*) Nella loc. ***raggi d.***, elettroni o protoni emessi per urto da una particella alfa che attraversa la materia.

dèlta (**2**) [vc. dotta, lat. *Dĕlta* 'Basso Egitto', per la forma triangolare, simile quindi al delta greco maiuscolo, di questa e di analoghe foci; av. 1557] **s. m. inv.** ● Pianura approssimativamente triangolare formata dai materiali alluvionali deposti da un corso d'acqua alla sua foce. ➡ **ILL.** p. 2133 SCIENZE DELLA TERRA ED ENERGIA.

deltacìsmo [da *delta*, n. della *d* gr., sul modello di *iotacismo, rotacismo* e sim.] **s. m.** ● Difetto di pronuncia riguardante l'articolazione dei suoni dentali.

deltaplanista [1979] **s. m.** e **f.** (**pl. m.** *-i*) ● Chi pratica lo sport del deltaplano.

deltaplàno [comp. di *delta* (*1*), per la forma triangolare, e (*aero*)*plano*; 1977] **s. m.** ● Velivolo, la cui forma ricorda la lettera greca delta, costituito da un leggero telaio metallico su cui è tesa una velatura nervata, che, assicurato al corpo con un'imbracatura, permette di eseguire il volo planato. **SIN.** Aquilone (2). ➡ **ILL.** p. 2156 SPORT.

deltazióne [da *delta* (*2*); 1892] **s. f.** ● Processo di deposito di materiali, alla foce di un corso d'acqua, risultante dall'azione associata della corrente e del mare in cui questa si versa.

deltìzio [da *delta* (*2*)] **agg.** ● Di, relativo a delta fluviale.

deltòide [vc. dotta, gr. *deltoeidês* 'a forma (*éidos*) della lettera greca delta'; 1659] **A agg.** ● Che ha forma triangolare: *muscolo d.; foglia d.* **B s. m.** ● (*anat.*) Muscolo della spalla che riveste l'articolazione scapolo-omerale. ➡ **ILL.** p. 2122 ANATOMIA UMANA.

deltoidèo [da *deltoide*] **agg.** ● (*anat.*) Del, relativo al deltoide.

delùbro [vc. dotta, lat. *delūbru(m)*, di etim. discussa: dallo scorrere (*delŭere*) delle acque davanti al tempio (?); 1321] **s. m.** ● (*lett.*) Santuario, tempio: *fu serrato a Giano il suo d.* (DANTE *Par.* VI, 81).

delucidàre (**1**) o **dilucidàre** [vc. dotta, lat. tardo *dilucidāre*, comp. di *dis-* e *lucidāre* 'chiarire'; av. 1332] **v. tr.** (*io delùcido*) *1* Rendere chiaro, comprensibile, con opportune spiegazioni o illustrazioni: *d. un passo.* **SIN.** Chiarire. *2* (*raro*) Rendere lucido.

delucidàre (**2**) [comp. di *de-* e *lucidare*] **v. tr.** (*io delùcido*) ● Togliere il lucido ai tessuti mediante decatissaggio.

delucidazióne (**1**) o **dilucidazióne** [vc. dotta, lat. tardo *dilucidatiōne(m)*, da *dilucidāre* 'delucidare (1)'; 1484] **s. f.** ● Spiegazione, chiarimento: *fornire le delucidazioni richieste; per ulteriori delucidazioni rivolgetevi al nostro ufficio.*

delucidazióne (**2**) [da *delucidare* (*2*)] **s. f.** ● Operazione del togliere il lucido.

deludènte [1955] **part. pres.** di *deludere*; anche **agg.** ● Che delude, che tradisce le aspettative: *un film, un risultato d.*

♦**delùdere** [vc. dotta, lat. *delūdere* 'prendersi gioco', comp. di *dē-* e *lūdere* 'giocare', da *lūdus* 'gioco'; 1321] **v. tr.** (**pass. rem.** *io delùsi, tu deludésti*; **part. pass.** *delùso*, †*dilùso*) *1* Tradire nelle aspettative, nelle speranze e sim., suscitando un sentimento di sconforto, amarezza e sim.: *lo spettacolo ha deluso le speranze del pubblico; la realtà mi ha deluso.* **CONTR.** Illudere. *2* (*lett.*) Trarre in inganno: *quella … che delusa / fu da Demofoonte* (DANTE *Par.* IX, 100-101). *3* (*lett.*) Mandare a vuoto: *altri … delusero colla frode l'altrui violenza* (MURATORI) | (*raro*) ***D. la vigilanza***, riuscire a fuggire. *4* (*raro, lett.*) Illudere. *5* †Beffare, deridere, schernire.

†**deludiménto** [av. 1694] **s. m.** ● Delusione.

†**deluditóre** **s. m.**; anche **agg.** (**f.** *-trice*) ● Chi (o Che) delude.

♦**delusióne** [vc. dotta, lat. tardo *delusiōne(m)* 'beffeggiamento', dal part. pass. di *delūdere* 'deludere'; 1351] **s. f.** ● Perdita, vanificazione di speranze, aspettative e sim. e stato d'animo di sconforto e amarezza che ne deriva: *dare, subire, ricevere, una d.; provare una profonda d.* | Chi (o ciò che) delude: *il suo ultimo libro è stato proprio una d.* **CONTR.** Illusione.

delusìvo [av. 1952] **agg.** ● (*lett.*) Che provoca una certa delusione: *uno sbracato accento ligure, anch'esso così d.* (FENOGLIO). || **delusivaménte**, **avv.**

♦**delùso** o †**dilùso**, [av. 1416] **part. pass.** di *deludere*; anche **agg.** ● Che ha subito una delusione.

†**delusóre** [vc. dotta, lat. tardo *delusōre(m)*, dal part. pass. di *delūdere* 'deludere'; 1618] **agg.**; anche **s. m.** ● Che (o Chi) delude.

delusòrio [av. 1566] **agg.** ● (*lett.*) Atto a deludere | Ingannevole. || **delusoriaménte**, **avv.**

demagliàre [fr. *démailler*, comp. di *dé-* e *maille* 'maglia'] **v. tr.** (*io demàglio*) ● (*raro*) Smagliare, sfilare le maglie.

demagliazióne **s. f.** ● (*raro*) Smagliatura.

demagnetizzàre [fr. *démagnétiser*, comp. di *dé-* e *magnétiser* 'magnetizzare'; 1950] **v. tr.** ● Smagnetizzare.

demagogìa [vc. dotta, gr. *demagōgía*, da *dēmagōgós* 'demagogo'; 1851] **s. f.** *1* Degenerazione della democrazia, in cui i governanti, anche attraverso concessioni alle esigenze immediate delle masse popolari, tendono in realtà alla conservazione del proprio potere. *2* Pratica politica consistente nell'accattivarsi il favore popolare con promesse di miglioramenti economici e sociali difficilmente realizzabili | (*est.*) In una discussione, atteggiamento di chi cerca di accreditare le proprie tesi con affermazioni di facile presa, propagandistiche e sim.

demagògico [vc. dotta, gr. *dēmagōgikós*, da *dēmagōgós* 'demagogo'; 1819] **agg.** (**pl. m.** *-ci*) ● Proprio della demagogia, di demagogo. || **demagogicaménte**, **avv.**

demagògo [vc. dotta, gr. *dēmagōgós*, comp. di *dêmos* 'distretto, popolo' e *agōgós* 'conduttore'; av. 1573] **s. m.** (**f.** *-a*; **pl. m.** *-ghi*) *1* Anticamente, capopopolo. *2* (*est.*) Chi fa della demagogia.

demandàre [vc. dotta, lat. *demandāre*, comp. di *de-* e *mandāre* 'confidare'; av. 1306] **v. tr.** (*io demàndo*) ● Affidare, rimettere: *d. una controversia all'autorità giudiziaria.*

demaniàle [ricavato da *demanio* sul tipo del fr. *domanial*; 1364] **agg.** ● Del demanio: *beni demaniali.*

demanialità [1902] **s. f.** ● (*dir.*) Condizione di ciò che è demaniale.

demanializzàre **v. tr.** ● (*bur.*) Rendere demaniale | Sottoporre al regime giuridico del demanio.

demanializzazióne [1983] **s. f.** ● Il demanializzare, il venire demanializzato.

demànio [ant. fr. *demaine* 'terra di cui si ha il dominio', dal lat. *domĭnium* 'dominio'; 1416] **s. m.** ● (*dir.*) Complesso dei beni appartenenti allo Stato o ad altro ente pubblico territoriale, destinati alla esplicazione di una funzione pubblica | (*est.*) Amministrazione dei beni demaniali.

démaquillage /*fr.* demaki'jaːʒ/ [vc. fr., da *démaquiller* 'struccare'; 1989] **s. m. inv.** *1* Strucco, struccatura. *2* (*est.*) Pulizia, pulitura.

demarcàre [da *demarcazione* con influsso del fr. *démarquer*, di diverso sign.; 1800] **v. tr.** (*io demàrco, tu demàrchi*) ● Segnare, tracciare: *d. i confini.*

demarcatìvo **agg.** ● Che serve a demarcare | (*ling.*) ***Funzione demarcativa***, che isola i diversi elementi della catena parlata.

demarcazióne [fr. *démarcation*, dallo sp. *demarcación*, da *marca* '(linea di) frontiera'; 1798] **s. f.** ● Il demarcare | ***Linea di d.***, confine (*anche fig.*).

demarchìa [vc. dotta, gr. *dēmarchía* 'ufficio del demarco (*dêmarchos*)'] **s. f.** ● (*st.*) Ufficio e dignità di demarco.

demàrco [vc. dotta, lat. *demărchu(m)*, dal gr. *dêmarchos*, comp. di *dêmos* 'distretto' e *archós* 'capo'] **s. m.** (**pl.** *-chi*) ● (*st.*) Capo di un demo.

d'emblée /*fr.* dɑ̃'ble/ [fr., propr. part. pass. di *embler* 'impadronirsi, precipitarsi su', dal lat. *involāre* (V. *involare* (*1*))] **loc. avv.** ● Al primo colpo, al primo sforzo | (*est.*) All'improvviso.

demedicalizzàre [comp. di *de-* e *medicalizzare*; 1987] **v. tr.** ● Sottrarre alle competenze e alle attribuzioni proprie della medicina: *d. il parto.*

†**demembràre** ● V. †*dimembrare*.

†**demenomàre** [comp. di *de-* e *menomare*; 1282] **v. tr.** e **intr.** ● (*raro*) Diminuire.

†**dementàre** o †**dimentàre** [vc. dotta, lat. tardo *dementāre*, da *dēmens* 'demente'] **v. tr.** ● Far uscire di senno.

demènte [vc. dotta, lat. *demĕnte(m)*, comp. di *dē-* e *mēns*, genit. *mĕntis* 'mente'; 1308] **agg.**; anche **s. m.** e **f.** *1* Che (o Chi) è affetto da demenza. *2* Correntemente, stupido, idiota: *occhi dementi; comportarsi da, parlare come un d.*

demènza [vc. dotta, lat. *demĕntia(m)*, da *dēmens* 'demente'; 1300 ca.] **s. f.** *1* (*med.*) Deterioramento mentale permanente, spec. declino patologico delle capacità intellettuali e dell'adeguato controllo dell'emotività | ***D. precoce***, schizofrenia | ***D. senile***, perdita graduale delle capacità mentali, intellettuali ed emotive, che si verifica nella vecchiaia. *2* Correntemente, stoltezza, stupidità.

demenziàle [1911] **agg.** *1* Proprio della demenza, di demente. *2* Correntemente, detto di ciò che è particolarmente incoerente, sconsiderato, privo di logica: *discorso, atto d.* | (*est.*) Detto di ciò che è caratterizzato da un contenuto apparentemente sconnesso e insensato, di beffarda dissacrazione culturale: *rock d.; comicità d.* || **demenzialménte**, **avv.**

demenzialità [1985] **s. f.** ● Caratteristica di chi (o di ciò che) è demenziale.

†**demèrgere** o †**dimèrgere** [vc. dotta, lat. *demĕrgere* 'immergere (*mĕrgere*) giù (*dē-*)'; av. 1342] **v. tr.**, **intr.** e **intr. pron.** ● (*lett.*) Affondare, sommergere.

demeritàre o †**demertàre**, †**dimeritàre** [fr. *démériter*, da *démérite* 'demerito'; 1406] **A v. tr.** (*io demèrito*) ● (*lett.*) Non meritare più: *d. l'affetto, la stima di qlcu.* **B v. intr.** (aus. *avere*) ● Essere o rendersi indegno: *d. nella vita; d. della patria;* (*anche assol.*) *il giovane cantante non ha demeritato.*

demeritévole [av. 1694] **agg.** ● (*raro*) Che demerita.

demèrito o †**demèrto**, †**dimèrito** [fr. *démérite*, comp. di *dé-* e *mérite* 'merito'; av. 1342] **s. m.** ● Azione che merita biasimo, castigo e sim. | (*est.*) Biasimo: *ciò torna a tuo d.* | ***Nota di d.***, giudizio negativo sul comportamento spec. di uno studente.

†**demeritòrio** [fr. *déméritoire*, da *démériter* 'demeritare'; 1665] **agg.** ● Atto a causare demerito.

†**demersióne** [vc. dotta, lat. *demersiōne(m)*, da *demĕrsus* 'demerso'] **s. f.** ● Immersione, affondamento.

†**demèrso** [av. 1375] **part. pass.** di †*demergere*; anche **agg.** *1* Nei sign. del v. *2* Affondato, sommerso. *3* Sotterrato, detto di seme.

†**demertàre** e *deriv.* ● V. *demeritare* e *deriv.*

demielinizzànte [comp. di *de-* e *mielina*] **agg.** ● (*med.*) Detto di malattia e sim. che provoca demielinizzazione: *encefalite d.*

demielinizzazióne **s. f.** ● (*med.*) Distruzione della mielina che riveste le fibre nervose.

demilitarizzàre [fr. *démilitariser*, comp. di *dé-* e *militariser* 'militarizzare'; 1942] **v. tr.** ● Smilitarizzare.

demilitarizzazióne [fr. *démilitarisation*, da *démilitariser* 'demilitarizzare'; 1942] **s. f.** ● Smilitarizzazione.

demi-monde /*fr.* dəmi'mɔ̃:d/ [vc. fr., comp. di *demi* 'mezzo (2)' e *monde* 'mondo, società mondana', che ha avuto fortuna con la commedia di A. Dumas figlio, *Le demi-monde* (1855)] **s. m. inv.** ●

Ambiente elegante, ma equivoco, o di dubbi costumi.

demineralizzàre [fr. *déminéraliser*, comp. di *dé-* e *mineraliser* 'mineralizzare'; 1951] v. tr. ● Eliminare totalmente o parzialmente le sostanze minerali da un materiale, spec. liquido: *d. l'acqua.*

demineralizzazióne [1986] s. f. ● Operazione del demineralizzare.

deminùtio capìtis /lat. demi'nutstsjo 'kapitis/ [loc. lat., propr. 'diminuzione, perdita (*deminutio*) dell'autorità o del potere (*capitis*, propr. 'del capo')'] loc. sost. f. inv. (pl. lat. *deminutiones capitis*) ● Istituto del diritto romano che comportava per un individuo la privazione di alcuni o di tutti i diritti civili | (*est.*) Perdita di potere, di autorità o prestigio.

demi-sec /fr. dəmi'sɛk/ [vc. fr., comp. di *demi* 'mezzo' (dal lat. parl. **dimĕdiun*) e *sec* 'secco'; 1963] agg. inv. (pl. fr. *demi-secs*) ● Semisecco, detto di vino spec. spumante.

demistificànte part. pres. di *demistificare*; anche agg. ● Nel sign. del v.

demistificàre [fr. *démystifier*, comp. di *dé-* e *mystifier* 'mistificare'; 1964] v. tr. (*io demistìfico, tu demistìfichi*) ● Criticare radicalmente qlcu. o qlco. così come si presenta nelle sue apparenze o immagini ufficiali mettendone in evidenza le caratteristiche reali: *d. un personaggio storico, una politica* e sim. SIN. Demitizzare, dissacrare.

demistificatòrio [1965] agg. ● Che mira a demistificare: *critica demistificatoria.*

demistificazióne [1960] s. f. ● Il demistificare, il venire demistificato.

demitizzàre [comp. di *de-* e *mitizzare*; 1964] v. tr. ● (*raro*) Togliere il carattere mitico; smitizzare. SIN. Demistificare, dissacrare.

demitizzazióne [1965] s. f. ● (*raro*) Il demitizzare, il venire demitizzato.

demiùrgico (o **-miùr-**) [vc. dotta, gr. *dēmiourgikós*, da *dēmiourgós* 'demiurgo'; 1923] agg. (pl. m. *-ci*) **1** Che si riferisce al demiurgo. **2** (*fig., lett.*) Capace di produrre, di creare: *facoltà, funzione demiurgica.*

demiùrgo (o **-miùr-**) [vc. dotta, lat. *demiūrgu(m)*, dal gr. *dēmiourgós*, comp. di *dêmios* 'appartenente al popolo (*dêmos*)', e un deriv. di *érgon* 'opera, lavoro'; 1554] s. m. (pl. *-gi* o *-ghi*) **1** (*st.*) Nella Grecia antica, lavoratore libero | In alcune città greche, uno dei magistrati principali. **2** (*al pl.*) Nell'antica Atene, classe sociale costituita da operai e artigiani. **3** In molte religioni superiori e primitive, l'ordinatore, e talvolta il creatore, dell'universo. **4** Nella filosofia di Platone, l'artefice del mondo che ordina la materia informe a immagine e somiglianza della realtà ideale. **5** (*fig.*) Chi ha eccezionali capacità creatrici od organizzative: *è il d. della letteratura contemporanea* | (*iron.*) Capo, organizzatore supremo: *atteggiarsi a d.*

demi-vierge /fr. dəmi'vjɛrʒə/ [vc. fr., propr. 'semi-vergine', dal titolo di un romanzo di M. Prévost, *Les demi-vierges* (1894)] s. f. inv. (pl. fr. *demi-vierges*) ● Ragazza che si concede a pratiche erotiche, ma conserva intatta la verginità.

demi-volée /fr. dəmivɔ'le/ [vc. fr., comp. di *demi* 'mezzo (2)' e *volée*] s. f. inv. (pl. fr. *demi-volées*) ● Nel tennis, colpo eseguito colpendo la palla subito dopo il rimbalzo.

dèmmo ● V. *dare.*

dèmo (1) [vc. dotta, lat. *dēmo(m)*, dal gr. *dêmos* 'distretto, popolo', in orig. prob. 'ripartizione (del popolo)' da *dáiesthai* 'dividere, distribuire'; av. 1729] s. m. ● (*st.*) In epoca classica, la più piccola unità territoriale greca, su cui si imperniava l'ordinamento sociale: *i demi attici* | In epoca bizantina, unità fondamentale della suddivisione della popolazione di Costantinopoli.

dèmo (2) /'demo, ingl. 'deməʊ/ [accorc. ingl. di *demo(nstration)* 'dimostrazione'] s. m. o f. inv. ● (*elab.*) Versione dimostrativa di un programma che permette a un potenziale acquirente di valutarne le caratteristiche.

dèmo- (1) [dal gr. *dêmos* 'popolo', prob. da una radice indeur. che indica 'parte, sezione'] primo elemento ● In parole dotte composte, significa 'popolo' (*democrazia, demografia, demoscopia*), e anche 'folla' (*demofobia*).

dèmo- (2) [tratto da *democrazia*] primo elemento ● In parole composte della moderna terminologia politica, significa 'democratico': *democristiano, demoplutocrazia.*

democraticìsmo [da *democratico*] s. m. ● Democraticismo.

democraticità [1915] s. f. ● Caratteristica di chi (o di ciò che) è democratico.

democràtico [fr. *démocratique*, dal gr. *dēmokratikós* 'relativo alla democrazia (*dēmokratía*)'; av. 1673] **A** agg. (pl. m. *-ci*) **1** Della democrazia | Che professa i principi della democrazia o vi si ispira: *regime, governo, Stato d.*; *leggi democratiche.* CFR. demo- (2). **2** (*est.*) Che è affabile, alla mano e tratta senza superbia gli inferiori: *un professore piuttosto d.* | Semplice, alla buona: *maniere democratiche.* || **democraticaménte**, avv. **B** s. m. (f. *-a*) ● Chi ha idee democratiche o ispira la propria azione ai principi della democrazia | ***Democratici di sinistra***, formazione politica sorta nel 1998 dall'unione del Partito Democratico della Sinistra con altri gruppi minori di centrosinistra.

democratìsmo [1886] s. m. ● Comportamento di chi vuol sembrare democratico | Atteggiamento o concezione di chi si richiama in modo esagerato ai valori della democrazia diretta.

democratizzàre [fr. *démocratiser*, dal gr. *dēmokratízein* 'parteggiare per la *democrazia*'; 1797] **A** v. tr. ● Rendere democratico, trasformare in senso democratico: *d. l'organizzazione sociale.* SIN. Democraticizzare. **B** v. intr. (aus. *avere*) ● (*disus.*) Ostentare tendenze democratiche. **C** v. rifl. ● Diventare democratico.

democratizzazióne [1801] s. f. ● Il democratizzare, il democratizzarsi.

democrazìa [fr. *démocratie*, dal gr. *dēmokratía*, comp. di *dêmos* 'popolo' e *krátos* 'potere'; 1525] s. f. **1** Forma di governo in cui la sovranità risiede nel popolo che la esercita per mezzo delle persone e degli organi che elegge a rappresentarlo: *Stato retto a d.* | ***D. diretta***, quando il popolo esercita direttamente i suoi poteri sovrani | ***D. indiretta, rappresentativa, parlamentare***, quando il popolo esercita i suoi poteri sovrani attraverso rappresentanti | ***D. costituzionale***, quando è retta da una costituzione modificabile solo con particolari procedure. **2** (*est.*) Paese retto secondo tale forma di governo: *le democrazie europee* | ***Democrazie popolari***, denominazione dei Paesi dell'Europa orientale che costituivano il blocco a regime comunista. **3** ***Democrazia Cristiana***, partito politico italiano e d'altri Paesi, il cui programma si ispira al pensiero sociale cattolico; la Democrazia Cristiana italiana (fondata a Milano nel 1942) si è trasformata, nel 1994, in Partito Popolare Italiano. **4** (*est.*) Atteggiamento affabile e alla mano nei confronti dei propri subordinati: *mostra molta d. con i sottoposti, con la servitù.*

democristiàno [comp. di *demo-* (*2*) e *cristiano*; 1956] **A** agg. ● Della Democrazia Cristiana: *programma d.* **B** s. m. (f. *-a*) ● Iscritto, sostenitore della Democrazia Cristiana.

democritèo A agg. ● Che è proprio del filosofo greco Democrito (460 ca.-370 ca. a.C.). **B** s. m. ● Seguace della filosofia di Democrito.

democritìsmo [av. 1712] s. m. ● Il sistema filosofico di Democrito.

démodé /fr. demɔ'de/ [vc. fr., part. pass. di *démoder* 'mettere fuori (*dé-*) di moda (*mode*)'; 1903] agg. inv. ● Passato di moda, disusato.

demodèce o **demòdece** [vc. dotta, comp. del gr. *dēmós* 'grasso (di animali)' e *dêx* 'verme nel legno, tarlo'] s. m. ● Acaro di piccolissime dimensioni con lungo addome carnoso che vive nel follicolo dei peli di alcuni animali domestici e provoca la rogna (*Demodex folliculorum*).

demodossologìa o **demodossalogìa** [comp. di *demo-* (*1*), del gr. *dóxa* 'opinione' e di *-logia*; 1950] s. f. ● Disciplina che studia gli elementi psicologici, sociali e tecnici che intervengono nella formazione dell'opinione pubblica. SIN. Dossologia (2).

demodossòlogo o **demodossàlogo** s. m. (f. *-a*; pl. m. *-gi*) ● Studioso, esperto di demodossologia.

demodulàre [comp. di *de-* e *modulare* sul modello dell'ingl. *to demodulate*; 1985] v. tr. (*io demòdulo*) ● (*elettron.*) Compiere una demodulazione.

demodulatóre [da *modulare*, col pref. *de-*] **A** s. m. ● (*elettron.*) Dispositivo mediante cui si effettua la demodulazione. **B** anche agg. (f. *-trice*): *circuito d.*

demodulazióne [comp. di *de-* e *modulazione*; 1956] s. f. ● (*elettron.*) Nelle telecomunicazioni, processo per cui si ottiene dall'onda portante ad alta frequenza modulata il segnale originario modulante a bassa frequenza.

demoecologìa [comp. di *demo-* (*1*) ed *ecologia*] s. f. ● Branca dell'ecologia che studia la popolazione intesa come insieme di individui della stessa specie presenti in un dato luogo, valutandone i parametri di densità, natalità, mortalità, ecc.

demofobìa [comp. di *demo-* (*1*) e *-fobia*] s. f. ● (*psicol.*) Paura morbosa della folla.

demografìa [fr. *démographie*, comp. di *démo-* 'demo- (1)' e *-graphie* '-grafia'; 1881] s. f. ● Scienza che studia quantitativamente i fenomeni che concernono lo stato e il movimento della popolazione.

demogràfico [fr. *démographique*, da *démographie* 'demografia'; 1885] agg. (pl. m. *-ci*) ● Della, relativo alla, demografia | Relativo alla popolazione: *incremento d.* || **demograficaménte**, avv. Dal punto di vista demografico.

demògrafo [fr. *démographe*, da *démographie* 'demografia'; 1965] s. m. (f. *-a*) ● Studioso, esperto di demografia.

♦**demolìre** [vc. dotta, lat. *demolīri*, interpretabile tanto 'smuovere, abbattere (*molīri*) completamente (*dē-*)', quanto 'costruire (*molīri*)' con *dē-*; 1499] v. tr. (*io demolìsco, tu demolìsci*) **1** Abbattere un edificio, una costruzione e sim.: *d. le fortificazioni con l'artiglieria*; *presto demoliranno questi vecchi quartieri* | ***D. una nave, una macchina***, smantellarle. **2** (*fig.*) Confutare radicalmente, annientare: *hanno demolito le tue teorie con valide argomentazioni* | (*fig.*) Screditare, rovinare: *d. una persona*; *stanno demolendo la sua reputazione.*

demolitìvo [1870] agg. **1** (*raro*) Che tende a demolire (*anche fig.*). **2** (*med.*) Detto di intervento chirurgico che comporta l'asportazione di un organo o di una sua parte.

demolitóre [1758] **A** agg. ● Che demolisce (*anche fig.*): *martello d.*; *forze demolitrici della cultura.* **B** s. m. (f. *-trice*) **1** Chi demolisce (*anche fig.*). **2** Chi smantella autoveicoli o altre macchine fuori uso per rivenderne le parti ancora utilizzabili.

demolitòrio [da *demolizione*; 1985] agg. ● Che demolisce o tende a demolire (*spec. fig.*): *le tesi demolitorie dell'accusa.*

demolizióne [vc. dotta, lat. *demolitiōne(m)*, da *demolīri* 'demolire'; 1619] s. f. **1** Abbattimento, smantellamento: *nave in d.*; *andare in d.* | Distruzione, confutazione radicale: *opera di d.*; *la d. di una teoria, di una tesi.* **2** (*chim.*) Degradazione.

demologìa [vc. dotta, comp. di *demo-* (*1*) e *-logia*, come traduzione di *folklore*; 1892] s. f. ● Disciplina che studia le tradizioni folcloristiche.

demològico agg. (pl. m. *-ci*) ● Della, relativo alla, demologia: *ricerche demologiche.*

demòlogo [comp. di *demo-* (*1*) e *-logo*] s. m. (f. *-a*; pl. m. *-gi*) ● Studioso di demologia.

demoltìplica [deriv. di *demoltiplicare*] s. f. **1** Demoltiplicazione. **2** (*tecnol.*) ***Meccanismo di d.***, o (*ellitt.*) ***demoltiplica***, riduttore di velocità.

demoltiplicàre [comp. di *de-* e *moltiplicare*; 1956] v. tr. (*io demoltìplico, tu demoltìplichi*) ● In varie tecnologie, ridurre una grandezza secondo un determinato rapporto.

demoltiplicatóre [da *demoltiplicare*; 1929] s. m. **1** (*tecnol.*) ***Meccanismo d.***, o (*ellitt.*) ***demoltiplicatore***, riduttore di velocità. **2** (*elettron.*) Dispositivo usato per contare impulsi di tensione aventi una frequenza troppo elevata per azionare direttamente un numeratore | ***D. di frequenza***, divisore di frequenza.

demoltiplicazióne [1956] s. f. ● Operazione del demoltiplicare.

dèmone [vc. dotta, lat. *dáemone(m)*, dal gr. *dáimōn*: dal v. *dáiesthai* 'distribuire, ripartire'(?); av. 1306] s. m. **1** Nelle antiche religioni politeiste, genio o spirito, benefico o malefico, in forma umana, animale o mista, di natura quasi divina. **2** Nello stoicismo e nel neoplatonismo, essere razionale intermedio fra uomini e dei | Genio soprannaturale e personale ispiratore della coscienza: *il d. di Socrate.* **3** (*fig.*) Passione sfrenata: *il d. della discordia, del gioco, dell'invidia, della gelosia.* **4** (*lett.*) Demonio: *sugli occhi della donna lampeggiò un sorriso da d.* (VERGA).

demonetàre [1881] v. tr. (*io demonéto*) ● Demonetizzare.

demonetizzàre [fr. *démonétiser*, comp. di *dé-* e del lat. *monēta* 'moneta'; 1913] **v. tr.** ● Rendere privo di valore monetario, spec. un metallo.

demonetizzazióne [fr. *démonétisation*, da *démonétiser* 'demonetizzare'] **s. f.** ● Il demonetizzare.

demoniaco [vc. dotta, lat. tardo *daemonĭacu(m)*, dal gr. *daimoniakós* 'proprio del demonio (*daimónios*, agg. di *dáimōn*)'; sec. XIV] **A agg.** (**pl. m.** *-ci*) **1** Del demonio: *forze demoniache* | (*raro*) Demonico. **2** (*est.*) Diabolico, infernale: *un uomo di astuzia demoniaca*; *usare arti demoniache*. **B s. m.** ● †Chi è invasato dal demonio | Ossesso.

demònico [vc. dotta, lat. tardo *daemŏnicu(m)*, da *dāemon* 'demone'; 1441] **A agg.** (**pl. m.** *-ci*) **1** (*lett.*) Di demone, di demonio. **2** (*filos.*) Che si riferisce alla presenza del divino nell'uomo o nella natura. **B s. m.** (**pl.** *-ci*) **1** (*lett.*) Demonio. **2** (filos.) Avvertimento, manifestazione della presenza del divino nell'uomo o nella natura.

demònio o †**dimònio**, †**domònio** [vc. dotta, lat. tardo *daemŏniu(m)*, dal gr. *daimónion*, originariamente 'forza divina del demone (*dáimōn*)'; av. 1292] **s. m.** (**pl.** *demòni*, †*demònia*, **f.**) **1** Nelle religioni ebraica e cristiana, spirito maligno che incita l'uomo al male | ***Il d.***, (*per anton.*) il diavolo, Lucifero | ***Le arti del d.***, le tentazioni che inducono l'uomo a peccare | ***Avere il d. addosso***, (*fig.*) essere estremamente nervoso, irrequieto e sim. | (*fig.*) ***Essere brutto come il d.***, di persona estremamente brutta, deforme e sim. | (*fig.*) ***Essere astuto, furbo come il d.***, di persona incredibilmente astuta | (*est., lett.*) Demone: *il d. delle passioni*. **2** (*fig.*) Persona abbietta, capace d'ogni infamia: *solo un d. poteva escogitare un simile delitto* | Persona furente d'ira, d'odio e sim.: *gridare come un d.*; *occhi da d.* | ***Diventare un d.***, infuriarsi | ***Fare il d.***, combinare il finimondo, gridando e buttando all'aria ogni cosa. **3** (*fig.*) Ragazzo molto vivace: *ha portato con sé quel d. di suo figlio*. **4** (*fig.*) Persona attiva e infaticabile, di eccezionali qualità: *è un d. che riesce in tutto*. || **demoniàccio**, **pegg.** | **demoniétto**, **dim.** | **demonióne**, **accr.** | **demoniùccio**, **dim.**

demonişmo [1892] **s. m.** ● Tendenza di alcune religioni primitive e superiori a spiegare i fenomeni naturali come manifestazioni di forze demoniache buone e malvagie, spesso in opposizione fra loro.

demonizzànte **part. pres.** di *demonizzare*; anche **agg.** ● Che attribuisce a qlcu. o a qlco. caratteristiche del tutto negative: *visione d. di un avversario politico*.

demonizzàre [comp. di *demon(io)* e *-izzare*; 1919] **v. tr. 1** (*raro*) Rendere, far apparire demoniaco. **2** (*est.*) Considerare e fare apparire qlcu. o qlco. come perverso, diabolico, maligno: *d. un avversario politico*.

demonizzazióne [1979] **s. f.** ● Il demonizzare, il venire demonizzato.

demonofobia [comp. di *demone* e *-fobia*] **s. f.** ● (*psicol.*) Paura morbosa nei confronti di esseri diabolici.

demonolatria [vc. dotta, comp. di *demone* e *-latria*] **s. f.** ● Culto e adorazione dei dèmoni.

demonologìa [vc. dotta, comp. di *demone* e *-logia*; 1820] **s. f.** ● Studio delle credenze religiose sui demoni e sul demonio.

demonomania [vc. dotta, comp. di *demone* e *-mania*] **s. f.** ● Paura morbosa dei demoni e dell'inferno.

demonticàre [comp. di *de-* e *monticare*] **v. intr.** (*io demóntico, tu demóntichi*; aus. *essere*) ● (*sett.*) Scendere a valle, detto di greggi, mandrie e sim.

demoplutocrazia [comp. di *demo-* (*2*) e *plutocrazia*, sul tipo formativo di *democrazia*; 1938] **s. f.** ● Nella pubblicistica fascista, regime solo formalmente democratico, in cui in realtà il potere economico è nelle mani di pochi.

demoproletàrio [comp. di *demo-* (*2*) e *proletario*] **agg.**; anche **s. m.** (**f.** *-a*) ● Negli anni 1970-80, appartenente al raggruppamento politico di estrema sinistra Democrazia Proletaria.

demopsicologìa [comp. di *demo-* (*1*) e *psicologia*; 1879] **s. f.** ● Scienza che studia la psicologia di un popolo, spec. primitivo, attraverso le sue tradizioni, i suoi usi e sim.

demoralizzànte [1954] **part. pres.** di *demoralizzare*; anche **agg.** ● Scoraggiante: *una sconfitta d.*

demoralizzàre [fr. *démoraliser*, comp. di *dé-* e *moraliser* 'moralizzare'; 1802] **A v. tr.** ● Scoraggiare, privare della forza morale, dello spirito d'iniziativa e sim.: *le privazioni lo demoralizzano*. **SIN.** Avvilire. **B v. intr. pron.** (aus. *essere*) ● Avvilirsi, abbattersi: *non demoralizzarti per così poco*; *è un tipo che si demoralizza facilmente*. **SIN.** Scoraggiarsi.

demoralizzàto [av. 1803] **part. pass.** di *demoralizzare*; anche **agg.** ● Scoraggiato, avvilito.

demoralizzatóre [av. 1893] **agg.** (**f.** *-trice*) ● Che demoralizza: *l'azione demoralizzatrice dell'avversario*.

demoralizzazióne [fr. *démoralisation*, da *démoraliser* 'demoralizzare'; 1812] **s. f.** ● Il demoralizzare, il demoralizzarsi | Stato d'animo di chi è demoralizzato. **SIN.** Avvilimento, scoraggiamento.

†**demoràre** e *deriv.* ● V. *dimorare* e *deriv.*

demòrdere [vc. dotta, comp. di *de-* e *mordere*, sul modello del fr. *démordre*; 1890] **v. intr.** (coniug. come *mordere*; raro nei tempi composti; aus. *avere*) ● Desistere, rinunciare, cedere (quasi sempre preceduto dalla negazione): *sono persone che non demordono*.

demoscopia [comp. di *demo-* (*1*), nel sign. di 'comunità', e *-scopia*; 1963] **s. f.** ● Tecnica di indagine, rilevazione e studio degli orientamenti e dei pareri della pubblica opinione su date questioni.

demoscòpico **agg.** (**pl. m.** *-ci*) ● Della, relativo alla demoscopia | ***Indagine demoscopica***, rilevazione quantitativa delle opinioni favorevoli o sfavorevoli su un determinato problema. || **demoscopicaménte**, **avv.** Mediante la demoscopia.

demòscopo **s. m.** (**f.** *-a*) ● Studioso, esperto di demoscopia.

Demospònge o **Demospòngie** [comp. di *demo-* (*1*), nel sign. di 'moltitudine', e del lat. *spongia* 'spugna'] **s. f. pl.** (**sing.** *-gia*) ● Nella tassonomia animale, classe di Spugne a scheletro siliceo o di spongina che comprende le spugne più comuni (*Demospongiae*).

†**demostràre** e *deriv.* ● V. *dimostrare* e *deriv.*

demòtico [gr. *dēmotikós* 'relativo al popolo (*dêmos*)'; 1829] **A agg.** (**pl. m.** *-ci*) ● (*lett.*) Popolare | ***Greco d.***, nella Grecia moderna, linguaggio proprio delle classi popolari | ***Scrittura demotica***, antica scrittura egizia in uso dall'VIII sec. a.C. alla fine dell'Impero romano, così detta per distinguerla dalla scrittura ieratica propria della casta sacerdotale. **B s. m.** (solo **sing.** nel sign. 1) **1** Scrittura demotica. **2** (*lett.*) Etnico: *"romano" è il d. di Roma*.

demotişmo [dal gr. *dêmos* 'popolo', sul modello di *francesismo*, *neologismo* e sim.; av. 1963] **s. m.** ● Locuzione o parola popolare.

demotivàre [comp. di *de-* e *motivare*; 1983] **v. tr.** e **rifl.** ● Privare o privarsi di motivazione, di fattore emotivo e sim.

demotivàto [1984] **part. pass.** di *demotivare*; anche **agg. 1** Privo di motivazioni psicologiche, di interesse. **2** (*ling.*) Detto di segno linguistico la cui originaria motivazione non è più avvertibile da parte del parlante. **SIN.** Opaco. || **demotivataménte**, **avv.**

demotivazióne [1983] **s. f. 1** Mancanza di motivazioni psicologiche, di interesse. **2** (*ling.*) Processo per cui l'originaria motivazione di un segno non è più avvertibile da parte del parlante.

demulcènte o **demulgènte** [vc. dotta, lat. *demulcĕnte(m)*, part. pres. di *demulcēre* 'demulcere'; 1499] **agg.**; anche **s. m.** ● Emolliente, lenitivo.

†**demulcére** o **demùlcere** [vc. dotta, lat. *demulcēre*, comp. di *dē-* e *mulcēre* 'blandire, lisciare'; av. 1494] **v. tr.** ● Lisciare, accarezzare.

demulgènte ● V. *demulcente*.

demuscazióne [comp. parasintetico del lat. *mŭsca* 'mosca', col pref. *de-*; 1929] **s. f.** ● Disinfestazione dalle mosche, eseguita spec. con insetticidi.

†**denàio** ● V. *denaro*.

†**denarésco** [av. 1313] **agg.** ● (*lett.*) Che si riferisce al denaro.

♦**denàro** o (*tosc.*) †**danàio**, **danàro**, (*tosc.*) †**denàio**, †**denàrio**, †**dinàro** (**2**) [lat. *denāriu(m)* '(moneta) di dieci (*dēni*: sottinteso *āsses* 'assi')'; 1219] **s. m. 1** Unità monetaria d'argento romana, repubblicana e imperiale, del valore prima di 10 assi, poi di 16 | Moneta d'argento medievale posta da Carlo Magno a base del suo sistema monetale. ➡ **ILL. moneta. 2** Insieme di monete metalliche o cartacee: *d. spicciolo*; *d. contante*. **3** Soldi, quattrini, ricchezza: *essere ben provvisto di d.*; *non avere denari* | ***Avere il d. contato***, disporre del minimo indispensabile | (*fig.*) ***Buttare il d.***, spenderlo malamente | ***Contare i denari in tasca a qlcu.***, (*fig.*) calcolare la consistenza della sua ricchezza | ***Essere a corto di d., di denari***, averne poco | ***Far d., far denari a palate***, arricchire, accumulare ingenti ricchezze | ***Sciupare tempo e d.***, utilizzarli malamente, inutilmente | ***D. fresco***, nuovo apporto di capitale in un'azienda | ***D. sporco***, V. *sporco* | ***In d.***, nel linguaggio di Borsa, detto di titolo molto richiesto sul mercato. **4** (*al pl.*) Uno dei semi delle carte da gioco italiane e dei tarocchi | ***Chiamare, bussare a denari***, (*fig.*) chiedere quattrini. **5** (*tess.*) Misura di peso per la titolazione dei filati di seta e di altre fibre a bava continua. **6** In funzione appositiva: (*borsa*) ***Prezzo d.***, prezzo al quale un operatore è disposto a comperare titoli o divise estere | (*banca*) ***Tasso d.***, tasso di sconto o di interesse al quale una banca o altro operatore finanziario è disposto a remunerare i depositi. **CONTR.** Lettera, nel sign. II 4.

denaróso ● V. *danaroso*.

denasalizzàre [comp. di *de-* e *nasalizzare*] **A v. tr.** ● (*ling.*) Trasformare un suono nasale nel suono orale corrispondente. **B v. intr. pron.** ● (*ling.*) Perdere il carattere di nasale, detto di suono.

denasalizzazióne **s. f.** ● (*ling.*) Il denasalizzare | Perdita del carattere nasale di un suono.

denatalità [comp. di *de-* e *natalità*, prob. sul modello del fr. *dénatalité*; 1929] **s. f.** ● Diminuzione delle nascite in una popolazione.

denaturànte **A part. pres.** di *denaturare*; anche **agg.** ● Nei sign. del v. **B s. m.** ● Sostanza usata per denaturare.

denaturàre [fr. *dénaturer*, comp. parasintetico di *nature* 'natura'; 1892] **v. tr. 1** (*chim.*) Trattare sostanze, destinate a usi per i quali sono previsti sgravi fiscali, con speciali additivi che ne impediscono altri impieghi: *d. l'alcol*, *il cloruro di sodio*. **2** (*chim., biol.*) ***D. le proteine***, alterare la struttura tridimensionale delle sostanze proteiche con agenti vari, variandone le proprietà fisiche e chimiche e privandole di quelle biologiche.

denaturàto [1926] **part. pass.** di *denaturare*; anche **agg.** ● Sottoposto a denaturazione: *alcol d.*

denaturazióne **s. f.** ● Operazione del denaturare.

denazificàre [comp. di *de-* e un deriv. di *nazi-(sta)*] **v. tr.** (*io denazìfico, tu denazìfichi*) ● Epurare da elementi, ideologie o influenze naziste.

denazificazióne [1949] **s. f.** ● Il denazificare.

denazionalizzàre [fr. *dénationaliser*, comp. di *dé-* e *nationaliser* 'nazionalizzare'; 1812] **v. tr. 1** Restituire all'iniziativa privata industrie che erano state nazionalizzate. **2** Togliere le caratteristiche nazionali a un popolo, un gruppo etnico, un territorio ecc.

denazionalizzazióne [1898] **s. f.** ● Il denazionalizzare.

dendrite (**1**) [comp. di *dendro-* e *-ite* (*2*)] **s. m.** ● (*biol.*) Ognuno dei prolungamenti, tipicamente ramificati, che nelle cellule nervose sono responsabili della trasmissione dell'impulso verso il pirenoforo. ➡ **ILL.** p. 2124 ANATOMIA UMANA.

dendrìte (**2**) [vc. dotta, lat. *dentrīte(n)*, dal gr. *dendrítēs* 'appartenente o simile ad albero (*déndron*)'; av. 1730] **s. f.** ● (*miner.*) Aggregato di cristalli che si sviluppano seguendo la forma della ramificazione di un albero.

dendritico [da *dendrite* (*2*)] **agg.** (**pl. m.** *-ci*) ● (*miner.*) Ramificato, detto dei minerali e delle loro strutture.

dèndro-, **-dèndro** [dal gr. *déndron* 'albero', di orig. indeur.] primo elemento ● In parole composte della terminologia scientifica, significa 'albero', 'forma, aspetto arborescente': *dendrologia*, *dendrometria*.

dendroclimatologia [comp. di *dendro-* e *climatologia*] **s. f.** ● Studio del clima di una determinata zona in relazione agli alberi che la popolano.

dendrocronologìa [comp. di *dendro-* e *cronologia*; 1956] **s. f.** ● Metodo che, attraverso il conteggio e l'analisi degli anelli di accrescimento annuale di alberi fossili o plurisecolari, consente la datazione di fenomeni meteorologici, giacimenti archeologici e sim.

dendròide [vc. dotta, lat. *dendroīde(n)*, dal gr. *dendroeidēs* 'a forma (*êidos*) di albero (*déndron*)'; 1797] **agg.** ● (*raro*) Che è simile ad albero.

dendrologìa [comp. di *dendro-* e *-logia*; 1775] **s.**

f. • Parte della botanica che studia gli alberi dal punto di vista sistematico ed ecologico.

dendrològico agg. (pl. m. *-ci*) • Della, relativo alla, dendrologia.

dendrometrìa [comp. di *dendro-* e *-metria*] s. f. • Disciplina che studia i metodi di determinazione degli accrescimenti e del volume degli alberi e dei boschi.

dendromètrico agg. (pl. m. *-ci*) • Della, relativo alla, dendrometria.

†**denegaménto** s. m. • Denegazione.

denegàre o (*lett.*) †**dinegàre**, (*lett.*) †**diniegàre** [vc. dotta, lat. *denegāre*, comp. di *dē-* e *negāre* 'negare'; av. 1292] **A** v. tr. (*io denégo* o *denègo, dènego, tu deneghi* o *denèghi, dèneghi*) **1** (*lett.*) Negare risolutamente: *d. qlco. col capo, con le mani* | †Contraddire: *d. una verità.* **2** (*lett.*) Ricusare, non concedere: *d. la giustizia al popolo; denegò di dargli quanto aveva promesso.* **3** (*lett.*) Rifiutare, non ammettere: *d. la guerra.* **B** v. intr. pron. (aus. *avere*) • (*raro, lett.*) Rifiutarsi.

†**denegatóre** o †**dinegatóre** [av. 1380] agg.; anche s. m. (f. *-trice*) • Che (o Chi) denega.

denegazióne o (*lett.*) †**dinegazióne** [vc. dotta, lat. eccl. *denegatiōne(m)*, da *denegāre* 'denegare'; av. 1442] s. f. • (*raro, lett.*) Negazione | Rifiuto.

denervàre [comp. di *de-* e di un deriv. di *nervo*; 1987] v. tr. (*io denèrvo*) • (*med.*) Enervare.

dengue /*sp.* °'deŋge/ [vc. sp., propr. 'smorfia, noia', dal swahili *dinga* 'improvviso attacco di crampi'] s. f. inv. • Malattia tipica dei Paesi tropicali e mediterranei, causata da un virus presente nel sangue e trasmesso da una specie di zanzara.

denicotinizzàre [fr. *dénicotiniser*, comp. parasintetico di *nicotine* 'nicotina'; 1926] v. tr. • Sottrarre nicotina al tabacco per renderlo meno nocivo.

denicotinizzazióne [fr. *dénicotinisation*, da *dénicotiniser* 'denicotinizzare'] s. f. • Operazione del denicotinizzare.

denigràre o †**dinegràre** [vc. dotta, lat. tardo *denigrāre*, in orig. 'tingere di nero (*nigrāre*) completamente (*dē-*)', e quindi 'oscurare (una fama)'; av. 1306] v. tr. • Screditare qlcu. o qlco. offuscandone il valore, l'onore, il prestigio e sim.: *d. i propri avversari; tenta inutilmente di d. la tua reputazione.* SIN. Calunniare, diffamare.

denigratóre [da *denigrare*; 1835] agg.; anche s. m. (f. *-trice*) • Che (o Chi) denigra. SIN. Calunniatore, diffamatore.

denigratòrio [da *denigrare*; 1940] agg. • Che tende a denigrare: *frasi denigratorie.* SIN. Diffamatorio.

denigrazióne [vc. dotta, lat. *denigratiōne(m)*, da *denigrāre* 'denigrare'; 1745] s. f. • Il denigrare. SIN. Calunnia, diffamazione.

denim /*ingl.* 'denɪm/ [da *de Nîmes*, città della Francia ove si produceva] s. m. inv. • Tessuto molto robusto di cotone ritorto, generalmente blu, usato spec. per tute da lavoro, blue-jeans, uniformi e sim.

denitrificazióne [comp. di *de-* e *nitrificazione*; 1901] s. f. • Trasformazione batterica per cui i nitriti e i nitrati vengono ridotti a composti privi di azione fertilizzante.

denocciolàre [comp. parasintetico di *nocciolo* (*3*), con il pref. *de-*; 1965] v. tr. (*io denòcciolo*) • Nell'industria alimentare, privare la frutta del nocciolo.

denocciolatrìce s. f. • Macchina dell'industria alimentare usata per denocciolare. SIN. Disossatrice.

denominàle [comp. parasintetico di *nome*, con il pref. *de-*; 1951] **A** agg. • (*ling.*) Detto di aggettivo, verbo o sostantivo derivato dal radicale di un nome (ad es. *ideale* da *idea*, *attestare* da *testa*, *orologiaio* da *orologio*). SIN. Denominativo. **B** anche s. m.

†**denominànza** o †**dinominànza** [av. 1696] s. f. • Denominazione.

denominàre o †**dinominàre** [vc. dotta, lat. *denomināre* 'designare per nome (*nomināre*) chiaramente (*dē-*)'; 1308] **A** v. tr. (*io denòmino*) • Designare con un nome: *d. un oggetto; i geografi denominarono i corsi d'acqua della regione* | (*raro, lett.*) Indicare. **B** v. intr. pron. (aus. *essere*) • Prendere nome: *i Latini si denominarono dal Lazio* | Avere per nome: *la casa si denomina 'villa Serena'.*

denominativo [vc. dotta, lat. tardo *denominatīvu(m)*, da *denomināre* 'denominare'; av. 1565] agg. **1** Che serve a denominare: *termine d.* **2** (*ling.*) Denominale.

denominatóre [vc. dotta, lat. tardo *denominatōre(m)*, da *denomināre* 'denominare'; 1587] s. m. (f. *-trice*) **1** (*lett.*) Che denomina. **2** (*mat.*) Secondo termine della coppia di interi o di quantità, che definisce una frazione (V. nota d'uso FRAZIONE).

denominazióne o †**dinominazióne** [vc. dotta, lat. tardo *denominatiōne(m)*, da *denomināre* 'denominare'; sec. XIV] s. f. **1** Designazione per mezzo di un nome | (*est.*) Nome: *ignoro la d. botanica di questo fiore* | ***D. d'origine***, quella di prodotti alimentari ottenuti con determinate procedure in una limitata area di produzione | ***D. d'origine controllata***, V. *doc* | ***D. d'origine controllata e garantita***, quella di vini prodotti da specifici vitigni in aree geografiche limitate, rispettando caratteristiche e processi produttivi stabiliti in appositi disciplinari; in sigla docg, DOCG. **2** (*ling.*) ***Complemento di d.***, nome proprio che determina un nome di significato generico. **3** (*relig.*) Confessione religiosa, comunità di credenti. **4** (*dir.*) ***D. sociale***, nome delle società commerciali aventi personalità giuridica.

†**denonziàre** e *deriv.* • V. *denunciare* (*1*) e *deriv.*

denotàre o (*raro*) **dinotàre** [vc. dotta, lat. *denotāre* 'indicare (*notāre*) chiaramente (*dē-*)'; av. 1310] v. tr. (*io denòto* o *dènoto*, raro *dinòto*) **1** Indicare, manifestare: *queste parole denotano un animo nobile.* SIN. Denunciare. **2** (*lett.*) Simboleggiare | Designare. **3** †Bollare, contrassegnare.

denotativo [da *denotare*; av. 1712] agg. **1** (*raro, lett.*) Atto a denotare. **2** (*ling.*) Detto di segno linguistico non portatore di valori attributivi. CONTR. Connotativo.

denotàtum [lat., part. pass. di *denotāre* 'denotare', proprio dell'uso ingl.] s. m. inv. (pl. lat. *denotata*) • (*ling.*) L'oggetto extralinguistico designato per mezzo del linguaggio. SIN. Designatum, referente.

denotazióne o (*raro*) **dinotazióne** [vc. dotta, lat. *denotatiōne(m)*, da *denotāre* 'denotare'; 1731] s. f. **1** (*raro*) Indicazione | Indizio. **2** (*filos.*) In logica, il complesso dei caratteri comuni a tutti gli oggetti compresi nell'estensione di un concetto. **3** (*ling.*) Tutto ciò che, nel significato di un termine, è oggetto di un consenso nella comunità linguistica. CONTR. Connotazione.

†**densàre** [vc. dotta, lat. *densāre* 'rendere denso (*dēnsus*)'; sec. XIV] v. tr. • Condensare.

†**densazióne** [vc. dotta, lat. tardo *densatiōne(m)*, da *densāre* '†densare'; av. 1635] s. f. • Condensazione.

†**densézza** [av. 1597] s. f. • Densità.

densimètrico [da *densimetro*; 1966] agg. (pl. m. *-ci*) • Del, relativo al densimetro o a misure di densità.

densìmetro [vc. dotta, comp. di *denso* e *-metro*; 1869] s. m. • (*fis.*) Strumento per determinare la densità di gas e liquidi | ***D. aerostatico***, che misura la densità dei gas in base alla loro velocità di efflusso.

densità o †**densitàde**, †**densitàte** [vc. dotta, lat. *densitāte(m)*, da *densāre* '†densare'; sec. XIV] s. f. **1** Caratteristica di ciò che è denso (*anche fig.*): *d. della nebbia; d. di concetti* | †Compattezza. **2** (*fis.*) ***D. assoluta***, massa dell'unità di volume di una sostanza | ***D. relativa***, rapporto fra la massa di un dato corpo omogeneo e la massa di un uguale volume di una sostanza di riferimento | ***D. di corrente elettrica***, rapporto fra l'intensità di corrente e la sezione del conduttore da essa percorso | ***D. di superficie***, rapporto fra la carica elettrica distribuita su un elemento di superficie e la superficie stessa | ***D. elettrica di volume***, rapporto fra la carica elettrica contenuta in un elemento di volume e l'elemento stesso. CFR. picno-. **3** ***D. di popolazione***, rapporto fra il numero di abitanti e la superficie di un dato territorio.

densitometrìa [comp. di *densit(à)* e *-metria*; 1966] s. f. **1** Misurazione dei raggi trasmessi o riflessi impiegata per valutare la densità di un materiale. **2** In medicina nucleare, determinazione della densità ossea che avviene misurando l'assorbimento dei fotoni trasmessi attraverso l'osso da una sorgente radioattiva.

densitomètrico [da *densitometria*; 1966] agg. (pl. m. *-ci*) • Detto di misura o analisi condotta mediante densitometria.

densitòmetro [comp. di *densità* e *-metro*; 1966] s. m. • Strumento impiegato per indagini densitometriche.

♦**dènso** [vc. dotta, lat. *dēnsu(m)*, di orig. indeur.; 1321] **A** agg. **1** Che ha grande massa in piccolo volume: *una bottiglia di colla densa* | Fitto, spesso: *fumo d.; nebbia densa; vapori densi* | ***Nubi dense***, pregne di pioggia. **2** Cupo, oscuro: *buio d.; notte densa; ombre dense; dense tenebre.* **3** Ricco, pieno (*anche fig.*): *un cielo d. di stelle; un periodo d. di avvenimenti; un discorso d. di pensieri, di idee.* **4** (*lett.*) Folto: *il destrier ch'avea lasciato / tra le più dense frasche* (ARIOSTO) | Serrato, compatto: *una densa schiera d'armati.* || **densaménte**, avv. **B** s. m. • (*raro, lett.*) Corpo denso | Densità.

dentàle (**1**) [da *dente*; 1726] **A** agg. **1** (*anat.*) Dentario: *corona d.* **2** (*ling.*) Detto di suono nella cui articolazione la punta della lingua batte contro i denti: *la 't' è una consonante d.* **B** s. f. • (*ling.*) Consonante dentale.

dentàle (**2**) [vc. dotta, lat. tardo *dentāle*, perché incide il solco, come un *dente*; 1546] s. m. • Parte in legno dell'aratro antico, oggi solido e arcuato braccio metallico, cui è fissato il vomere. SIN. Ceppo.

dentàle (**3**) [lat. *dentāle* (nt.) con nuovo sign., per la sporgenza dei *denti* (*dĕntes*) di questo pesce; sec. XIII] s. m. • (*zool., centr.*) Dentice.

dentàlio [dal lat. *dentāliu(m)* 'che ha la forma di un *dente* (*dēns*, genit. *dĕntis*)'; 1499] s. m. • Mollusco marino, fornito di conchiglia dalla forma simile a una piccola zanna di elefante, che vive semiaffondato nel fango (*Dentalium entalis*).

†**dentàme** [comp. di *dent(e)* e *-ame*; sec. XIII] s. m. • Dentatura.

dentàre A v. tr. (*io dènto*) • (*raro*) Tagliare a denti, fornire di denti: *d. una sega.* **B** v. intr. (aus. *avere*) • (*disus.*) Mettere i denti.

dentària [vc. dotta, lat. *dentāria(m)* (sottinteso *hĕrba*) 'pianta efficace contro il male di denti'; av. 1577] s. f. • Pianta erbacea delle Crocifere con piccoli bulbi all'ascella delle foglie superiori, coi quali si propaga vegetativamente, e fiori rosei o gialli (*Dentaria bulbifera*).

dentàrio [vc. dotta, lat. *dentāriu(m)*, da *dēns* 'dente'; 1830] agg. • Che concerne i denti: *carie dentaria* | ***Capsula dentaria***, rivestimento metallico o di altra sostanza resistente, posto a protezione e rinforzo della corona dentaria | ***Protesi dentaria***, apparecchio sostitutivo dei denti.

dentaruòlo o **dentaròlo** [da *dente*; 1846] s. m. • Oggetto spec. di gomma che si dà da mordere ai bambini quando inizia la dentizione.

dentàta [da *dente*; av. 1574] s. f. • Colpo di dente | Segno che lascia il dente quando si morde qlco. SIN. Morso.

dentàto [vc. dotta, lat. *dentātu(m)*, da *dēns* 'dente'; av. 1375] agg. **1** Fornito di denti | (*est.*) Che ha punte o sporgenze a forma di dente | (*mecc.*) ***Ruota dentata***, organo di macchina, normalmente cilindrico o conico, con la periferia intagliata a denti che ingranano con quelli di altro organo, al fine di trasmettere sforzi tangenziali. SIN. Ingranaggio | (*mecc.*) ***Corona dentata***, collare con dentatura esterna o interna, sulla quale ingranano una o più altre ruote dentate. **2** (*anat.*) ***Muscolo grande d.***, quello che unisce la scapola alle prime costole | ***Muscolo piccolo d.***, ognuno dei muscoli che si inseriscono da un lato nei processi spinosi vertebrali, dall'altro nelle costole.

dentatóre s. m. (f. *-trice*) • (*mecc.*) Operaio addetto a una macchina dentatrice.

dentatrice [da *dente*; 1909] s. f. • Macchina che serve a fare i denti di una ruota dentata.

dentatùra [1499] s. f. **1** Insieme dei denti dell'uomo e degli animali: *d. forte, robusta, regolare, irregolare* | ***D. di latte, caduca***, che nell'uomo precede quella permanente, e comprende denti più piccoli e deboli di quelli definitivi | ***D. permanente***, comprendente, nell'uomo, 32 denti | (*fig.*) ***Di buona d.***, di buon appetito. ➡ ILL. p. 2127 ANATOMIA UMANA. **2** Complesso delle sporgenze di uno strumento dentato: *la d. di un pettine, di un ingranaggio, di una ruota.* **3** †Età della dentizione.

♦**dènte** [lat. *dĕnte(m)*, di orig. indeur.; sec. X] s. m. **1** (*anat.*) Ognuno degli organi ossei sporgenti nel cavo orale che, nell'uomo e nei Vertebrati degli Gnatostomi, sono destinati alla masticazione: *d. di latte, caduco, permanente, artificiale; denti superiori, inferiori; mettere, perdere i denti; rompersi un d.; lavarsi i denti; avere mal di denti; far-*

si togliere un d.; *farsi curare i denti*. CFR. odonto-, -odonte | ***D. del giudizio***, ciascuno dei quattro molari che possono o no svilupparsi negli adulti | ***Al d.***, detto di cibo moderatamente cotto in modo da conservare una gradevole consistenza: *gli spaghetti devono essere al d.* | (*fig.*) ***Avere il d. avvelenato contro qlcu.***, nutrire e mostrare astio, livore e sim., nei confronti di qlcu. | ***A denti asciutti, a denti secchi***, senza mangiare; (*fig.*) senza ottenere quel che si voleva, a bocca asciutta: *rimanere, restare a denti asciutti* | ***A denti stretti***, (*fig.*) controvoglia, con rabbia, astio e sim.; (*fig.*) col massimo impegno: *acconsentire, rispondere a denti stretti*; *lottare a denti stretti* | ***Fuori dai denti***, (*fig.*) con assoluta franchezza | ***Mettere qlco. sotto i denti***, mangiare | ***Non è pane per i tuoi denti***, è cosa superiore alle tue capacità o possibilità | ***Trovare pane per i propri denti***, V. *pane*, sign. 1 | ***Tirata coi denti***, di spiegazione, giustificazione e sim. che non convincono | ***Aguzzare, arrotare, digrignare i denti***, detto di animali, mettere in mostra le zanne con ferocia; (*est.*) detto dell'uomo, assumere un'espressione feroce e minacciosa | ***Battere i denti***, (*fig.*) tremare dal freddo o dalla paura | ***Difendere qlco. coi denti***, (*fig.*) strenuamente, con ogni mezzo a disposizione | (*fig.*) ***Essere armato fino ai denti***, essere armato di tutto punto | ***Mettere i denti***, di bambino al quale spuntano i primi denti; (*fig.*) di persona che acquista esperienza, accortezza, abilità: *il giovanotto ha messo i denti* | ***Mostrare i denti***, (*fig.*) assumere un'espressione minacciosa | ***Rompersi i denti***, (*fig.*) rimanere deluso, scornato | ***Stringere i denti***, irrigidirsi per sostenere uno sforzo violento; (*fig.*) dedicarsi a qlco. col massimo impegno | (*fig.*) ***Tenere il fiato, l'anima coi denti***, essere estremamente malandato in salute. ➡ ILL. p. 2127 ANATOMIA UMANA; **zoologia generale**. **2** (*fig.*) Assalto, morso: *il d. dell'invidia, della calunnia, della maldicenza*. **3** Sporgenza o risalto di varia forma e dimensione su ingranaggi, utensili e sim.: *i denti della cremagliera, della forchetta, del pettine* | ***D. dell'ancora***, marra | ***A denti***, dentato | ***D. di cane***, scalpello corto usato dagli scultori, con una tacca nel mezzo. ➡ ILL. p. 2114, 2115 AGRICOLTURA. **4** Intaccatura più o meno profonda in un tessuto o in un risvolto | ***D. di topo***, finitura a puntine minute che un tempo ornava in alto le calze di seta o di filo da donna. **5** (*geogr.*) Cima aguzza di un monte | ***D. del Gigante***, cima del gruppo del Monte Bianco. **6** Nelle antiche fortificazioni, opera formata da due facce congiunte a saliente verso il nemico | ***A denti***, forma data a varie opere delle antiche fortificazioni: *cortina a denti*. **7** (*bot.*) ***D. canino***, gramigna dei medici | ***D. di cane***, piccola pianta erbacea bulbosa delle Liliacee con foglie macchiate di rosso cupo e fiore solitario, pendente, di color rosa (*Erythronium dens-canis*) | ***D. di leone***, tarassaco. SIN. Pisciacane, piscialetto, soffione. ➡ ILL. **piante**/9, 11. || **dentàccio**, accr. | **dentèllo**, dim. (V.) | **denticèllo**, dim. | **dentino**, dim. | **dentóne**, accr. (V.) | **dentùccio**, dim.

dentecchiàre ● V. *denticchiare*.

dentellàre [da *dentello* (*1*); 1884] v. tr. (*io dentèllo*) ● Ritagliare, intagliare a dentelli, spec. ai margini: *d. una lama*.

dentellàto [av. 1465] part. pass. di *dentellare*; anche agg. **1** Nei sign. del v. **2** Detto di francobollo provvisto di dentellatura | ***Non d.***, detto di antichi francobolli che venivano staccati dal foglio con le forbici e di taluni moderni, gener. con vignette uguali a quelle di altri francobolli emessi contemporaneamente.

dentellatùra [1802] s. f. **1** Il dentellare. **2** Insieme, quantità di dentelli: *la d. della foglia* | Serie regolare di dentelli lungo i bordi del francobollo, la cui integrità riveste grande importanza filatelica. **3** (*arch.*) Motivo di decorazione architettonica costituito da una serie di dentelli in modanature, cornici, trabeazioni e sim.

dentelle /*fr.* dɑ̃ˈtɛl/ [vc. fr., propr. 'piccolo dente (*dent*)', per la forma dentata dell'orlo] s. f. inv. ● Trina, pizzo, merletto.

dentèllo (**1**) [1304] s. m. **1** Dim. di *dente*. **2** Ornamento a forma di dente posto sotto alla cornice dei mobili rinascimentali. **3** (*arch.*) Piccolo parallelepipedo sporgente che, ripetuto in serie, costituisce motivo di ornamento di modanature, cornici, trabeazioni e sim. ➡ ILL. p. 2117 ARCHITETTURA. **4** Ciascuna delle piccole e regolari sporgenze lungo i bordi del francobollo, provocata dal distacco dell'esemplare dal foglio lungo la perforazione. **5** †Brunitoio fatto con dente di animale o altra materia.

dentèllo (**2**) s. m. ● Adattamento di *dentelle* (V.).

dentellòmetro [comp. di *dentello* (*1*) e *-metro*; 1966] s. m. ● (*filat.*) Strumento per misurare la dentellatura di un francobollo.

denticchiàre o (*raro*, *dial.*) **dentecchiàre** [da *dente* col suff. *-icchiare*; av. 1292] v. tr. (*io dentìcchio*) **1** (*raro*, *lett.*) Rosicchiare, mangiucchiare, mordicchiare. **2** (*fig.*) †Rovinare, guastare. **3** (*raro*, *fig.*) Sparlare, criticare.

dèntice [vc. dotta, lat. tardo *dĕntice(m)*, per i caratteristici *denti* canini; sec. XIII] s. m. ● Pesce osseo carnivoro voracissimo dei Perciformi con denti robusti e acuti e carni pregiate (*Dentex dentex*). SIN. Dentale (3). ➡ ILL. **animali**/6.

denticolàto [vc. dotta, lat. tardo *denticulātu(m)*, da *dentĭculus* 'piccolo dente (*dēns*, genit. *dĕntis*)'] agg. ● (*raro*) Dentato.

dentièra [fr. *dentier*, attrav. il sign. di 'fila di denti'; 1797] s. f. **1** Protesi boccale con denti artificiali. **2** (*mecc.*) Cremagliera: *ferrovia, tranvia a d.*

dentifricio [fr. *dentifrice*, dal lat. *dentifrĭcium* 'che serve per sfregare (*fricāre*) i denti (*dĕntes*)'; 1797] **A** agg. ● Che serve a pulire i denti: *sostanza, pasta dentifricia*. **B** s. m. ● Preparato in polvere, in pasta o liquido, usato per la pulizia dei denti e del cavo orale.

dentina [1892] s. f. ● (*anat.*) Tessuto duro del dente sotto lo smalto e il cemento. ➡ ILL. p. 2127 ANATOMIA UMANA.

♦**dentista** [fr. *dentiste*, da *dent* 'dente'; 1760] s. m. e f. (pl. m. *-i*) **1** Medico specialista nella cura delle malattie dentarie. **2** Impropriamente, odontotecnico.

dentìstico [1901] agg. (pl. m. *-ci*) ● Di, relativo a, dentista: *gabinetto d.*

dentizióne [fr. *dentition*, dal lat. *dentĭtio*, da *dentīre* 'mettere i denti (*dĕntes*)'; av. 1797] s. f. ● Processo di eruzione dei denti | ***Prima d.***, dei denti di latte | ***Seconda d.***, della dentatura permanente | ***Età della d.***, periodo in cui spuntano i denti.

dentóne [1965] s. m. **1** Accr. di *dente*. **2** (f. *-a*) (*raro*, *scherz.*) Persona che ha denti grandi e lunghi.

♦**déntro** o (*dial.*) †**drénto** [lat. *dē* 'da' e *ĭntro* 'entro'; av. 1250] **A** avv. **1** Nell'interno, nella parte interna (con v. di stato e di moto): *stare d.*; *guardare d.*; *entrare, spingere d.*; *quando fummo d.* | ***Andare, mettere, essere d.***, (*fig.*) andare, mettere, essere in carcere | ***O d. o fuori***, (*fig.*) come invito a decidersi, a prendere una decisione | Rafforzato da altri avv. di luogo: *guarda lì, là d.*; *qui, qua d.* | †***Dentrovi***, ivi dentro | ***Da, di d.***, dalla parte interna: *passate da d.* | ***In d.***, verso la parte interna: *è piegato in d.* | (*raro*) ***Per d.***, attraverso. CFR. endo-, eso- (1). CONTR. Fuori. **2** (*fig.*) Interiormente, nell'intimo, nell'animo, nel cuore: *sentire, avere qlco. d.*; *fremere, rodersi d.* | ***Tenere tutto d.***, essere chiuso di carattere, non manifestare i propri sentimenti e le proprie emozioni. **B** prep. **1** In, nella parte interna (*anche fig.*): *vieni d. casa*; *il cortile d. il palazzo* | (*fig.*, *fam.*) ***Darci d.***, lavorare sodo, impegnarsi a fondo | Anche nelle loc. prep. ***d. a, d. in***; ***è d. al palazzo***; ***è d. nel cassetto***; ***essere d. a un affare***, esserne partecipe; ***essere d. nella politica***, occuparsene attivamente; ***essere d. nella parte***, interpretarla efficacemente: ***dare d. a qlco.***, urtarvi contro | Anche nella loc. prep. ***d. di*** (sempre seguita dai pron. pers.): *l'ho pensato d. di me*; *rimugina sempre d. di sé*. **2** (*disus.*) Entro, prima della fine di: *d. oggi*; *d. il mese*; *d. l'anno*. **C** in funzione di s. m. solo sing. ● La parte, il lato interno di qlco.; (*fig.*) l'intimo, l'anima, la coscienza | Anche *il di d.*

dentùto [da *dente*; av. 1729] agg. ● (*raro*) Dotato di denti grossi e forti.

denuclearizzàre [comp. di *de-* e un deriv. di (*arma*) *nucleare*; 1965] v. tr. ● Mettere al bando l'uso delle armi nucleari, spec. in un determinato settore geografico | (*est.*) Rifiutare l'installazione o l'esercizio di centrali nucleari per la produzione di energia.

denuclearizzàto [1963] part. pass. di *denuclearizzare*; anche agg. **1** Nel sign. del v. **2** Detto di territorio in cui, per delibera delle autorità locali, è stato deciso di opporsi a future installazioni di impianti nucleari: *comune d.*

denuclearizzazióne [1966] s. f. ● Il denuclearizzare, il venire denuclearizzato. SIN. Disatomizzazione.

denudaménto [1848] s. m. ● Il denudare, il denudarsi.

denudàre o †**dinudàre** [vc. dotta, lat. *denudāre* 'spogliare (*nudāre*) completamente (*dē-*)'; 1294] **A** v. tr. **1** Privare degli indumenti che ricoprono tutto il corpo o una parte di esso: *d. l'ammalato per una visita*; *si tolse il guanto denudando la mano* | (*est.*) Rendere nudo, spoglio: *l'autunno ha denudato la campagna*; *d. una chiesa degli arredi*. **2** (*fig.*, *lett.*) Palesare, rivelare: *acciò che meglio il vero io ti denudi* (ARIOSTO). **B** v. rifl. ● Togliersi di dosso tutte le vesti o una parte di esse: *denudarsi in pubblico*; *denudarsi un braccio*.

denudazióne [vc. dotta, lat. tardo *denudatiōne(m)*, da *denudāre* 'denudare'; 1750] s. f. **1** (*raro*) Denudamento | ***D. degli altari***, funzione del Giovedì Santo, consistente nello spogliare gli altari dai paramenti. **2** (*geol.*) Erosione meccanica o chimica della superficie terrestre dovuta ad agenti atmosferici.

denùncia (**1**) o **denùnzia** [da *denunciare* (*1*); 1289] s. f. (pl. *-ce* o *disus. -cie*) **1** (*dir.*) Dichiarazione richiesta o imposta dalla legge come onere o obbligo per la produzione di effetti vari: *d. del reddito, delle nascite, dei decessi* | ***D. di matrimonio***, pubblicazione. **2** (*dir.*) Notizia di reato fornita da un privato all'autorità giudiziaria o ad altra autorità competente. **3** (*est.*) Pubblica presa di posizione, con tono di accusa: *d. dei pericoli di guerra*.

denùncia (**2**) [da *denunciare* (*2*)] s. f. (pl. *-ce* o disus. *-cie*) ● (*dir.*) Disdetta | ***D. di un trattato***, dichiarazione di volontà con cui uno Stato recede da un trattato di cui era parte.

denunciaménto o **denunziaménto**, †**dinunziaménto** [da *denunciare* (*1*)] s. m. ● (*raro*) Denuncia.

denunciànte o **denunziànte** [1721] **A** part. pres. di *denunciare* (*1*); anche agg. ● Nei sign. del v. **B** s. m. e f. ● Chi presenta una denuncia.

♦**denunciàre** (**1**) o (*raro*) **denunziàre**, †**denonziàre**, †**dinonziàre**, †**dinunciàre**, †**dinunziàre** [vc. dotta, lat. *denuntiāre* 'dichiarare (*nuntiāre*) apertamente (*dē-*)'; 1289] v. tr. (*io denùncio*) **1** Dichiarare, riferire alle competente autorità: *d. un furto*; *d. la nascita di un figlio* | ***D. una persona***, accusarla di un reato presso l'autorità competente. **2** Rendere noto all'opinione pubblica: *quel quotidiano ha denunciato alcuni gravi scandali*. **3** Rendere noto, evidente: *è un atteggiamento che denuncia il suo malumore*. **4** †Annunciare, predire.

denunciàre (**2**) o (*raro*) **denunziàre** (**2**) [fr. *dénoncer*, dal lat. *denuntiāre* 'denunziare'; 1855] v. tr. (*io denùncio*) ● Disdire: *d. un'alleanza*.

denunciatóre o **denunziatóre**, †**dinunciatóre**, †**dinunziatóre** [da *denunciare* (*1*); sec. XIII-XIV] s. m.; anche agg. (f. *-trice*) ● Chi (o Che) denuncia.

†**denunciazióne** o †**denunziazióne**, †**dinunziazióne** [vc. dotta, lat. *denuntiatiōne(m)*, da *denuntiāre* 'denunziare'] s. f. ● Denuncia.

denunziàre e deriv. ● V. *denunciare* e *deriv.*

denutrito [ricavato da *denutrizione*, sul modello di *nutrito-nutrizione*; 1912] agg. ● Deperito per scarsa e insufficiente nutrizione: *avere un aspetto d.*; *bambini denutriti*.

denutrizióne [fr. *dénutrition*, comp. di *dé-* e *nutrition* 'nutrizione'; 1878] s. f. ● Nutrizione insufficiente | Deperimento organico provocato da prolungata carenza alimentare: *stato di d.*

†**Dèo** /ˈdɛo, ˈdeo/ ● V. *Dio* (*1*).

deodorànte [da *deodorare*; sul modello dell'ingl. *deodorant*, dal lat. *ŏdor* 'odore', nel sign. B; 1908] **A** part. pres. di *deodorare*; anche agg. ● Nei sign. del v. **B** s. m. ● Sostanza capace di correggere o eliminare odori non desiderati o sgradevoli sia sovrapponendo loro il proprio sia annullandoli per reazione chimica.

deodoràre [comp. di *de-* e *odorare*; 1942] v. tr. (*io deodóro*) ● Privare degli odori sgradevoli.

deodorazióne s. f. ● Il deodorare.

deodorizzàre [comp. di *de-*, *odor(e)* e *-izzare*, sul modello dell'ingl. *to deodorize*] v. tr. ● Sottoporre a deodorizzazione.

deodorizzazióne [da *deodorizzare*] s. f. ● Processo mediante il quale si elimina, si attenua o si modifica l'odore sgradevole di una sostanza.

Dèo gràtias /*lat.* deo'gratsjas/ [lat., propr. '(rendiamo) grazie a Dio'; av. 1375] **A** loc. inter. *1* Formula liturgica di ringraziamento ricorrente nella conclusione di alcune parti della Messa. *2* Correntemente, esclamazione di sollievo o di gioia. **B** in funzione di s. m. ● Spec. nella loc.: *essere al Deo gratias*, alla fine. *

deonomàstica [comp. di *de-* e *onomastica*] s. f. ● Studio dei vocaboli derivati da nomi propri.

deonomàstico A agg. (pl. m. *-ci*) ● Relativo alla deonomastica: *studi deonomastici*. **B** s. m. ● Vocabolo derivato da un nome proprio (ad es. *perpetua*).

deòntico [vc. dotta, dal gr. *déon*, genit. *déontos* 'il dovere' con il suff. *-ico*] agg. (pl. m. *-ci*) ● (*filos.*) Relativo al dovere o a ciò che è contraddistinto da obbligatorietà | ***Logica deontica***, settore della logica contemporanea che analizza gli enunciati normativi che esprimono l'obbligatorietà, la proibizione o il permesso di effettuare determinate azioni; applicata spec. nella filosofia del diritto.

deontologìa [vc. dotta, dal gr. *déontos*, genit. di *déon* 'dovere' e *-logia*; 1855] s. f. *1* Complesso dei doveri inerenti a particolari categorie spec. professionali di persone: *d. medica*. *2* (*filos.*) Nella filosofia di J. Bentham, concezione morale che si propone di ricercare il piacere e di fuggire il dolore.

deontològico [1844] agg. (pl. m. *-ci*) ● Relativo alla deontologia.

deorbitàre [comp. di *de-* e *orbitare*] **A** v. tr. (*io deòrbito*) ● (*astron.*) Far uscire un'astronave o un satellite artificiale dalla sua orbita. **B** v. intr. (aus. *essere*) ● Uscire dalla propria orbita.

deorbitazióne s. f. ● (*astron.*) Il deorbitare.

deospedalizzàre [comp. di *de-* e *ospedalizzare*] v. tr. *1* Dimettere, far uscire dall'ospedale. *2* Sottrarre al ricovero in ospedale: *d. i malati di mente*.

deospedalizzazióne s. f. ● Il deospedalizzare.

deòssi- o **desòssi-** [comp. di *de-* e *ossi(geno)*] primo elemento ● In parole composte della terminologia scientifica denota una molecola o un composto chimico in cui è avvenuta la sostituzione di un ossigeno, spec. di gruppo ossidrilico, con un altro atomo, gener. quello dell'idrogeno.

deossiribonuclèico o **desossiribonuclèico** [comp. di *deossi-* 'che contiene meno (*de-*) ossigeno (*ossi-*)', *ribo(sio)* e di un deriv., col suff. di acido (*-ico*), di *nucleo*] agg. (pl. m. *-ci*) ● (*biol.*) Detto di acido, chiamato comunemente DNA, che si trova quasi esclusivamente nel nucleo delle cellule ed è portatore dei fattori ereditari.

deossiribòsio o **deossiribòso**, **desossiribòsio**, **desossiribòso** [comp. di *deossi-* e *ribosio*; 1966] s. m. ● (*chim.*) Monosaccaride la cui molecola differisce da quella del ribosio per la mancanza di un atomo di ossigeno; è componente fondamentale del DNA.

deostruìre [comp. di *de-* e *ostruire*; av. 1698] v. tr. (*io deostruisco, tu deostruisci*) ● Liberare dalle ostruzioni: *d. una conduttura, un camino*.

†**departìre** ● V. *dipartire (1)*.

†**depàscere** o †**dipàscere** [vc. dotta, lat. *depāsci*, comp. di *dē-* e *pāscere* 'pascere'; av. 1604] v. tr. *1* (*raro*) Pascolare, brucare. *2* (*raro*) Spogliare dei pascoli.

†**depastióne** [vc. dotta, lat. *depastiōne(m)*, da *depāstum*, part. pass. di *depāsci* 'depascere'] s. f. ● (*raro*) Pastura, pascolo.

depauperaménto [1834] s. m. ● Impoverimento: *d. del sangue, del terreno*; *il d. dell'economia nazionale*. SIN. Depauperazione.

depauperàre [vc. dotta, lat. mediev. *depauperāre*, comp. di *dē-* e *pauperāre* 'impoverire'; 1766] v. tr. (*io depàupero*) ● Impoverire, stremare: *d. il pubblico erario*; *una coltivazione che depaupera il terreno* | (*est.*) Indebolire: *la scarsa alimentazione depaupera l'organismo*.

depauperàto [av. 1698] part. pass. di *depauperare*; anche agg. ● Nei sign. del v.

depauperazióne [1789] s. f. ● Depauperamento.

†**depèllere** [vc. dotta, lat. *depĕllere* 'spingere, cacciare (*pĕllere*) giù (*dē-*)'; av. 1390] v. tr. ● Cacciare, espellere.

depenalizzàre [comp. parasintetico di *penale*, col pref. *de-*; 1981] v. tr. ● Sottrarre alla sanzione penale un fatto precedentemente considerato reato.

depenalizzazióne s. f. ● Il depenalizzare, il venire depenalizzato.

dépendance /depan'dans, *fr.* depɑ̃'dɑ̃:s/ [vc. fr., dall'ant. *maison de despens* 'casa che serve di dipendenza a un'altra'; 1908] s. f. inv. ● Edificio secondario annesso a quello principale: *la d. di un albergo*.

†**depèndere** e *deriv.* ● V. *dipendere* e *deriv.*

depennaménto s. m. ● Il depennare | (*fig.*) Eliminazione.

depennàre o †**dipennàre** [comp. parasintetico di *penna*, con il pref. *de-*; 1494] v. tr. (*io depénno*) *1* Cancellare con un segno di penna: *d. una cifra da un conto* | (*fig.*) Eliminare, togliere: *d. un candidato dalla lista*. *2* †Annientare, abolire.

†**depénto** e *deriv.* ● V. *dipinto* e *deriv.*

deperìbile [1950] agg. ● Che si deteriora facilmente: *merci deperibili*.

deperibilità [1950] s. f. ● Proprietà, caratteristica di ciò che è deperibile.

deperiménto [1764] s. m. *1* Perdita di forza, energia, salute e sim.: *d. dovuto a denutrizione*. *2* Deterioramento di varie sostanze, spec. alimentari: *d. di una partita di frutta*.

deperìre [fr. *dépérir*, vc. dotta che si rifà al lat. *deperīre* 'andare in rovina (*perīre*) completamente (*dē-*)'; sec. XIV] v. intr. (*io deperisco, tu deperisci*; aus. *essere*) *1* Perdere forza, salute, bellezza e sim.: *d. per, in seguito a, una grave malattia*. *2* Deteriorarsi, guastarsi: *durante la navigazione la merce è deperita*.

deperìto [av. 1907] part. pass. di *deperire*; anche agg. *1* Debilitato, smagrito: *viso d.* *2* Deteriorato, guasto.

deperizióne s. f. ● (*raro*) Deperimento.

depersonalizzazióne [fr. *dépersonnalisation* 'privazione (*dé-*) della propria personalità (*personnalité*)'] s. f. ● (*psicol.*) Stato, caratteristico spec. di alcune malattie mentali, in cui si perde il senso della propria realtà, o si sente il proprio corpo come irreale.

depicciolàre [comp. parasintetico di *picciolo (2)*, con il pref. *de-*] v. tr. (*io depicciòlo*) ● Privare un frutto del picciolo.

depicciolatrìce s. f. ● Macchina dell'industria conserviera per depicciolare i frutti.

depigmentàto agg. ● Che ha subito depigmentazione.

depigmentazióne [comp. di *de-* e *pigmentazione*] s. f. ● Perdita della pigmentazione.

depilàre [vc. dotta, lat. *depilāre*, comp. parasintetico di *pĭlus* 'pelo', con il pref. *dē-*; av. 1294] **A** v. tr. *1* Privare dei peli: *d. le gambe* | ***D. le pelli***, in conceria, effettuarne, a mano o a macchina, la depilazione | ***D. le sopracciglia***, correggerne o modificarne la forma togliendone in parte i peli. *2* †Scottare in modo da portare via il pelo o la pelle. **B** v. rifl. ● Eliminare i peli superflui dal proprio corpo.

depilatóre [1861] **A** agg. ● Che depila: *rasoio d.* **B** s. m. *1* (f. *-trice*) In conceria, chi provvede alla depilazione. *2* Apparecchio o macchina per depilare.

depilatòrio [sec. XIV] **A** agg. ● Atto a depilare: *crema depilatoria*; *strumenti depilatori*. **B** s. m. ● Sostanza depilatoria.

depilatrìce s. f. ● Macchina impiegata per depilare le pelli.

depilazióne [1869] s. f. *1* Il depilare | In conceria, asportazione dei peli e dell'epidermide delle pelli con mezzi chimici o enzimatici. *2* Slanatura.

†**depìngere** e *deriv.* ● V. *dipingere* e *deriv.*

dépistage /*fr.* depis'ta:ʒ/ [vc. fr., da *dépister* 'depistare'] s. m. inv. ● (*stat.*) Ricerca ed evidenziazione di dati relativi a casi e fenomeni scientifici o sociali, condotta secondo determinati criteri su un gruppo di individui: *d. dei bambini handicappati*; *d. di una malattia professionale*.

depistàggio s. m. ● Sviamento dalla giusta pista: *il d. di un'indagine*.

depistaménto s. m. ● Depistaggio.

depistàre [fr. *dépister*, comp. parasintetico di *piste* 'pista'; 1938] v. tr. ● Portare su una falsa strada, agire in modo da confondere la situazione a proprio vantaggio: *d. i poliziotti, le indagini*.

de plàno [propr. 'in (*dē*) luogo piano (*plāno*)', cioè fuori del tribunale, proprio in contrapposizione a 'in tribunale'] loc. avv. ● (*dir.*) Amichevolmente | ***Risolvere una controversia de plano***, estragiudizialmente per accordo diretto fra le parti avverse.

deplètivo agg. ● Di, relativo a deplezione.

deplezióne [ingl. *depletion*, dal lat. *deplēre* 'vuotare' (contr. di *implēre* 'riempire')] s. f. ● (*med.*) Diminuzione della quantità di liquido o di un componente generale dell'organismo: *d. del potassio, del sodio*.

dépliant /depli'an, *evit.* -ant, *fr.* depli'jɑ̃/ [vc. fr., sostantivazione del part. pres. di *déplier*, propr. '(di)spiegare, svolgere'; 1933] s. m. inv. ● Pieghevole pubblicitario.

deploràbile [vc. dotta, lat. tardo *deplorābile(m)*, da *deplorāre* 'deplorare'; 1618] agg. *1* Degno d'essere deplorato. *2* (*lett.*) Lagrimevole: *sorte d.* ‖ **deplorabilménte**, avv.

†**deploraménto** [sec. XVI] s. m. ● Deplorazione.

deploràre [vc. dotta, lat. *deplorāre*, da *plorāre* 'piangere, lamentarsi' con *dē-* intens.; 1484] v. tr. (*io deplòro*) *1* (*lett.*) Lamentare qlco. di spiacevole: *d. un avvenimento luttuoso* | (*lett.*) Compiangere: *d. le disgrazie di qlcu.* | (*raro*) Compassionare. *2* Biasimare, condannare: *d. la condotta di qlcu.*

deploratóre agg.; anche s. m. (f. *-trice*) ● (*raro*) Che (o Chi) deplora.

deploratòria s. f. ● (*raro*) Elegia, compianto, discorso commemorativo.

deplorazióne [vc. dotta, lat. *deploratiōne(m)*, da *deplorāre* 'deplorare'; av. 1492] s. f. *1* Biasimo, riprovazione: *suscitare la d. generale*. *2* †Lamentazione, compianto.

deplorévole [1869] agg. *1* Da deplorare: *contegno d.* SIN. Biasimevole. *2* (*raro*) Che muove a pietà: *condizioni deplorevoli*. ‖ **deplorevolménte**, avv.

†**depodestàre** [forma parallela di *spodestare* con *de-*; 1853] v. tr. e rifl. ● (*raro, tosc.*) Spodestare.

depolarizzànte [1932] **A** part. pres. di *depolarizzare*; anche agg. ● Nel sign. del v. **B** s. m. ● (*elettr.*) Sostanza che si aggiunge a una pila o a una cella elettrolitica per eliminare o attenuare la polarizzazione a un elettrodo.

depolarizzàre [comp. di *de-* e *polarizzare*] v. tr. *1* (*elettr.*) Impedire o attenuare la polarizzazione di pile o di celle elettrolitiche. *2* Impedire o attenuare la polarizzazione di un fascio luminoso: *d. la luce*.

depolarizzatóre A agg. (f. *-trice*) *1* Depolarizzante. *2* Detto di apparecchio per depolarizzare la luce. **B** anche s. m.

depolarizzazióne [1917] s. f. *1* Procedimento per impedire o attenuare la polarizzazione a un elettrodo. *2* Perdita di polarizzazione da parte di un fascio luminoso.

depolimerizzàre [comp. di *de-* e *polimerizzare*, sul modello del fr. *dépolymériser*, 1970] v. tr. ● (*chim.*) Scindere polimeri mediante depolimerizzazione.

depolimerizzazióne [1949] s. f. ● (*chim.*) Scissione di un polimero in sostanze di peso molecolare inferiore.

depoliticizzàre [comp. di *de-* e *politica*, prob. sul modello dell'ingl. *to depoliticise*; 1950] v. tr. ● Spoliticizzare.

depoliticizzazióne s. f. ● Spoliticizzazione.

depolpàggio [comp. di *de-* e *polpa*] s. m. ● Operazione mediante la quale in varie industrie, spec. in quelle saccarifere e conserviere, si passa da un succo greggio a un succo raffinato per eliminazione della polpa.

depolpatóre s. m. ● Filtro o centrifuga per la separazione del succo vegetale dalla polpa usato in varie industrie, spec. in quelle saccarifere e conserviere.

depolverizzàre [comp. parasintetico di *polvere*, con il pref. *de-*] v. tr. ● Ridurre o eliminare le polveri trasportate da un gas, spec. per evitare l'inquinamento atmosferico.

depolverizzatóre s. m. ● Apparecchiatura per depolverizzare.

depolverizzazióne s. f. ● Procedimento del depolverizzare.

deponènte (1) [1673] **A** part. pres. di *deporre*; anche agg. *1* Nei sign. del v. *2* Che effettua un deposito: *proprietario, detentore d.* **B** s. m. e f. *1* (*raro*) Chi depone. *2* Chi effettua un deposito.

deponènte (2) [vc. dotta, lat. *depōnens*, genit. *deponentis* (sottinteso: *verbum* 'verbo'), perché il

v. ha *deposto* il sign. passivo o rifl. per assumere quello attivo; 1540] **A** agg. ● Detto di verbo latino che ha forma passiva e significato attivo. **B** s. m. **1** Verbo deponente. **2** In espressioni matematiche, formule chimiche e sim., numero, lettera o simbolo che viene aggiunto ad altra lettera in basso, gener. a destra e in corpo più piccolo. **3** (*tipogr.*) Segno, lettera, numero in corpo minore, sistemato un po' sotto la riga.

†depónere ● V. *deporre*.

†deponiménto o **†diponiménto** [av. 1667] s. m. ● Il deporre.

†depopolàre o **†depopulàre**, **†dipopolàre** [vc. dotta, lat. *depopulāre*, forse intens. (*dē-*) di *populāre* 'devastare, saccheggiare', di etim. incerta; av. 1342] v. tr. ● Devastare, depredare, saccheggiare.

†depopolazióne o **†depopulazióne**, **†dipopolazióne** [vc. dotta, lat. *depopulatiōne(m)*, da *depopulāre* 'depopolare'; av. 1484] s. f. ● Il depopolare.

†depopulàre e *deriv.* ● V. *†depopolare* e *deriv.*

♦**depórre** o **†depónere**, **†dipórre** [vc. dotta, lat. *depōnere* 'porre (*pōnere*) giù (*dē-*)'; 1313] **A** v. tr. (coniug. come *porre*) **1** Mettere giù: *d. un pacco, un peso; depose la valigia sul pavimento; il merlo ha deposto le uova nel nido* | (*est.*) Collocare, sistemare: *d. la biancheria in un cassetto* | Togliersi qlco. di dosso: *d. i guanti, il cappello; il guerriero depose l'armatura* | ***D. le armi***, (*est.*) cessare le ostilità. **2** (*fig.*) Rimuovere qlcu. da un ufficio, incarico e sim.: *lo deposero dalla carica di presidente; hanno deposto il re* | ***D. l'ufficio, la carica***, rinunciarvi, dimettersi. **3** Depositare: *il fiume ha deposto sabbia e detriti nella terra allagata.* **4** (*fig., lett.*) Lasciare, abbandonare: *d. l'ira, l'orgoglio* | ***D. un'idea***, non pensarci più | ***D. l'abito talare***, abbandonare il sacerdozio | ***D. la corona***, abdicare. **B** v. tr. e intr. (aus. *avere*) ● Testimoniare, emettere dichiarazioni in giudizio: *d. il vero, il falso; d. contro, a favore, dell'imputato; essere chiamato a d.* **C** v. intr. (aus. *avere*) ● Fornire elementi utili alla formazione di un giudizio, di un'opinione e sim.: *ciò depone a suo favore; simili atteggiamenti depongono male di voi.*

deportànte [comp. di *de-* e *portante* nel sign. A2] agg. **1** (*aer.*) Che produce deportanza. **2** (*autom.*) ***Effetto d.***, quello esplicato dallo o dagli spoiler di un'autovettura da corsa e destinato ad aumentare l'aderenza dell'autovettura stessa alla strada.

deportànza s. f. **1** (*aer.*) Diminuzione della portanza. **2** Portanza negativa, diretta verso il basso.

deportàre o **†diportàre** nel sign. 1 [vc. dotta, lat. *deportāre* 'portare (*portāre*) giù, via (*dē-*)', attrav. il fr. *déporter*; 1499] v. tr. (*io depòrto*) **1** †Portare via, trasportare. **2** Sottoporre a deportazione: *d. i condannati.*

deportàto [1499] **A** part. pass. di *deportare*; anche agg. ● Nei sign. del v. **B** s. m. (f. *-a*) ● Chi ha subito la deportazione: *i deportati nei lager.*

deportazióne [vc. dotta, lat. *deportatiōne(m)*, da *deportāre* 'deportare', attrav. il fr. *déportation*; 1745] s. f. ● Pena consistente nel trasferire qlcu. lontano dalla madrepatria per motivi politici, per i reati commessi o per altri motivi, dopo averlo privato dei diritti civili e politici: *colonie di d.*

depòrto [fr. *déport*, da *déporter*, in opposizione a *réport* 'riporto'] s. m. ● (*banca*) Nel contratto di riporto, differenza tra il prezzo ricevuto e quello rimborsato al riportato dal riportatore | (*est.*) Nel linguaggio di borsa, riporto in cui l'acquirente dovrà un prezzo minore.

depósi ● V. *deporre*.

depositànte [av. 1794] **A** part. pres. di *depositare*; anche agg. ● Nei sign. del v. **B** s. m. e f. ● Chi deposita | Chi dà qlco. in deposito.

♦**depositàre** o **†dipositàre** [da *deposito*; av. 1400] **A** v. tr. (*io depòsito*) **1** Affidare qlco. in deposito a una persona, a un ente e sim.: *d. in banca il proprio denaro; ha depositato presso di noi alcuni oggetti; depositeremo i bagagli in albergo* | Collocare in un luogo adibito a deposito: *d. le merci nei magazzini.* **2** (*raro*) Deporre: *depositò la valigia a terra.* **3** Lasciar cadere sul fondo i materiali solidi in sospensione, detto di liquidi, corsi d'acqua e sim. (*anche assol.*): *ogni anno il fiume deposita molto fango; l'aceto deposita in poco tempo.* **4** Consegnare un atto o un documento a un ufficio per farne constatare la natura, registrare l'esistenza o riconoscere la validità: *d. la propria firma; d. un marchio.* **B** v. intr. pron. ● Raccogliersi sul fondo, detto di sedimenti e sim.: *lo zucchero si deposita in fondo alla tazza.*

depositariàto o **†dipositariàto** s. m. ● Anticamente, ufficio di pubblico depositario.

depositàrio o **†dipositàrio** [vc. dotta, lat. tardo *depositāriu(m)*, da *depŏsitus* 'deposito'; av. 1444] **A** s. m. (f. *-a*) **1** Chi riceve una cosa in deposito. **2** (*fig.*) Persona che riceve e custodisce con riservatezza confessioni, confidenze e sim.: *sei l'unico d. dei miei segreti* | (*est.*) Custode, difensore: *i depositari delle nostre tradizioni nazionali.* **3** †Tesoriere. **B** anche agg.: *albergatore d.*

depositàto part. pass. di *depositare*; anche agg. ● Nei sign. del v.

†depositazióne [av. 1573] s. f. ● Deposito.

depositerìa o **†dipositerìa** [1550] s. f. **1** †Tesoreria. **2** †Ufficio di depositario. **3** †Amministrazione dell'erario. **4** Deposito: *d. di auto rimosse.*

♦**depòsito** o **†dipòsito** [vc. dotta, lat. *depŏsitu(m)*, part. pass. di *depōnere* 'deporre'; av. 1292] s. m. **1** Il depositare: *il d. di un pacco; provvedere al d. della merce in magazzino.* **2** (*dir.*) Contratto col quale una parte riceve dall'altra una cosa mobile con l'obbligo di custodirla e di restituirla a richiesta o nel termine convenuto: *d. fiduciario, cauzionale* | ***D. bancario***, affidamento a una banca di denaro o di titoli in amministrazione | Consegna a una pubblica autorità di documenti o altri beni, produttiva di vari effetti giuridici. **3** Oggetto o somma depositata: *ritirare un d.* **4** Quantità di oggetti o materiali dello stesso genere riuniti insieme: *un d. di bottiglie, di casse, di grano.* **5** (*est.*) Luogo adibito alla raccolta e alla conservazione di oggetti, merci e sim.: *d. pubblico, privato; un d. di pellami, di vini; il d. degli attrezzi* | ***D. bagagli***, nelle stazioni | Rimessa per autobus, tram, locomotive ferroviarie e sim.: *questo autobus va in d.* **6** (*mil.*) Ente dell'organizzazione territoriale con compiti di centro amministrativo, matricolare e di mobilitazione dei comandi e delle unità che ne costituiscono il carico di mobilitazione. **7** (*chim.*) Sedimento. **8** (*geol.*) Accumulo di materiale dovuto agli agenti esogeni (vento, pioggia ecc.). **9** (*anat.*) Accumulo | ***Organo di d.***, in cui si accumulano materiali di riserva | ***D. di grasso***, in cui vengono immagazzinate quantità di grassi, come il tessuto adiposo. **10** †Urna, sepolcro.

depositóre [vc. dotta, lat. tardo *depositōre(m)*, da *depŏsitus* 'deposito'; av. 1332] s. m.; anche agg. (f. *-trice*) ● (*raro*) Chi (o Che) deposita.

deposizióne o **†diposizióne** [vc. dotta, lat. *depositiōne(m)*, da *depŏsitus* 'deposito'; 1540] s. f. **1** Il deporre. **2** Rimozione dalla croce del corpo di Gesù, e rappresentazione iconografica di essa: *la d. del Caravaggio.* **3** (*fig.*) Rimozione di una persona da un ufficio, incarico e sim.: *la d. dal trono; la d. di un ministro.* **4** (*dir.*) Complesso delle dichiarazioni emesse da un testimone nel deporre: *d. falsa; d. reticente; ritrattare una d.* **5** (*raro*) Sedimento, deposito.

depósto o **†dipósto** [1521] **A** part. pass. di *deporre*; anche agg. ● Nei sign. del v. **B** s. m. ● (*raro, lett.*) Chi (o ciò che) è deposto.

depotenziaménto s. m. ● Riduzione di potenza, di potere | Indebolimento.

depotenziàre [comp. di *de-* e *potenziare*] v. tr. (*io potènzio*) ● Diminuire, ridurre di potenza, di forza, di potere | Indebolire.

depravàre o **†dipravàre** [vc. dotta, lat. *depravāre*, comp. parasintetico di *prāvus* 'storto, bieco'; av. 1342] v. tr. **1** (*raro*) Volgere al male, al vizio: *d. gli istinti* | Rendere degenere, perverso: *d. i costumi, i gusti.* SIN. Corrompere, pervertire. **2** †Vituperare, calunniare.

depravàto o **†dipravàto** [sec. XIV] **A** part. pass. di *depravare*; anche agg. ● Nei sign. del v. **B** s. m. (f. *-a*) ● Persona viziosa e corrotta.

depravatóre [vc. dotta, lat. eccl. *depravatōre(m)*, da *depravātus* 'depravato'] agg.; anche s. m. (f. *-trice*) **1** (*raro*) Che (o Chi) deprava. **2** †Detrattore.

depravazióne [vc. dotta, lat. *depravatiōne(m)*, da *depravātus* 'depravato'; av. 1406] s. f. ● Il depravare | Stato o condizione di chi (o di ciò che) è depravato. SIN. Corruzione.

deprecàbile [vc. dotta, lat. *deprecābile(m)*, da *deprecāri* 'deprecare'; 1869] agg. **1** (*lett.*) Che si può deprecare: *mali deprecabili* | Che si spera non avvenga: *nella d. ipotesi.* **2** Degno di biasimo, riprovazione e sim.: *un d. inganno.* SIN. Biasimevole. || **deprecabilménte**, avv.

deprecàre [vc. dotta, lat. *deprecāri* 'pregare (*precāri*) con insistenza (*dē-*)'; sec. XIV] v. tr. (*io deprèco, tu deprèchi*) **1** (*lett.*) Pregare che un male, un danno, un pericolo e sim. abbiano termine, siano allontanati o non si verifichino: *ognuno offriva / sacrifici al suo Nume, deprecando / dal proprio capo i perigli* (FOSCOLO). **2** Biasimare, disapprovare: *d. il peccato, la corruzione; d. un atto terroristico.*

deprecatìvo [vc. dotta, lat. tardo *deprecatīvu(m)*, da *deprecātus* 'deprecato'; av. 1563] agg. ● (*raro*) Che serve a deprecare | Che esprime deprecazione: *tono d.; esclamazione deprecativa.* || **deprecativaménte**, avv.

deprecàto part. pass. di *deprecare*; anche agg. **1** Non desiderato, non auspicato: *nella deprecata ipotesi di un insuccesso.* **2** Biasimato, censurato, disapprovato: *comportamento d. da tutti.*

deprecatòrio [vc. dotta, lat. tardo *deprecatōriu(m)*, da *deprecātus* 'deprecato'] agg. ● (*lett.*) Che ha forma di deprecazione, che tende a deprecare: *espressione deprecatoria.*

deprecazióne [vc. dotta, lat. *deprecatiōne(m)*, da *deprecāri* 'deprecare'; sec. XIV] s. f. **1** (*lett.*) Scongiuro solenne per allontanare un male | Preghiera, invocazione: *si udivano deprecazioni e lamenti.* **2** (*lett.*) Parte conclusiva di un'orazione con la quale si cerca di commuovere il destinatario: *Achille! / abbi ai numi rispetto, abbi pietade / di me: ricorda il padre tuo* (MONTI). **3** Biasimo, disapprovazione: *la d. del vizio; suscitare la generale d.*

depredaménto [1821] s. m. ● (*raro*) Depredazione.

depredàre o **†dipredàre** [vc. dotta, lat. tardo *depraedāri*, intens. (*dē-*) di *praedāri* 'predare'; sec. XIV] v. tr. (*io deprèdo*) **1** Mettere a sacco: *gli invasori depredarono la città conquistata.* **2** Sottrarre qlco. con la violenza o con l'inganno: *d. le altrui ricchezze* | Derubare: *d. i passanti; l'hanno depredato d'ogni suo avere.*

depredatóre [vc. dotta, lat. tardo *depraedatōre(m)*, da *depraedāri* 'depredare'; 1654] agg.; anche s. m. (f. *-trice*) ● (*lett.*) Che (o Chi) depreda.

depredazióne o **†dipredazióne** [vc. dotta, lat. *depraedatiōne(m)*, da *depraedāri* 'depredare'; sec. XIV] s. f. ● (*raro*) Il depredare | Devastazione, rovina.

†deprèmere ● V. *deprimere*.

†deprèndere [vc. dotta, lat. *depr(eh)ĕndere* 'portare (*prehĕndere*) via (*dē-*)'; sec. XIV] v. tr. ● (*raro*) Cogliere, sorprendere.

depressionàrio agg. ● (*meteor.*) Di depressione: *area depressionaria.*

depressióne [vc. dotta, lat. tardo *depressiōne(m)*, da *deprĕssus* 'depresso'; nel sign. 4, calco sull'ingl. *depression*; 1308] s. f. **1** (*geogr.*) Regione che ha altitudine minore delle regioni circostanti, o un livello inferiore a quello del mare | Condizione in cui viene a trovarsi tale area. **2** (*meteor.*) Area con pressione atmosferica inferiore a quella delle aree circostanti. **3** (*econ.*) Fase del ciclo economico caratterizzata da un sensibile rallentamento della produzione, riduzione del livello generale dei prezzi, aumento della disoccupazione | ***Grande d.***, (*per anton.*) quella verificatasi negli Stati Uniti negli anni 1929-33. **4** In psichiatria, sindrome caratterizzata dall'abbassamento del tono dell'umore, talvolta accompagnata da ansia, abulia, astenia, pensieri ossessivi non giustificati da validi motivi esterni | (*est.*) Stato d'animo caratterizzato da prostrazione e tristezza. **5** (*raro, lett., fig.*) Umiliazione. **6** (*mecc.*) Caduta di pressione che subisce la miscela aria-combustibile entrando nei cilindri dei motori a combustione interna a quattro tempi, attraverso orifizi ristretti.

depressìvo [1869] agg. **1** Che tende a deprimere: *sostanze ad azione depressiva.* **2** (*med.*) Di depressione: *stato d.; fase depressiva.*

deprèsso [av. 1342] **A** part. pass. di *deprimere*; anche agg. **1** Nei sign. del v. **2** Economicamente e socialmente arretrato: *area, zona depressa.* **3** (*anat., zool.*) Detto di struttura appiattita dal dorso al ventre. **4** (*fig.*) Avvilito, demoralizzato: *sentirsi d.; oggi sono piuttosto d.* SIN. Giù. **5** (*psicol.*) Che è affetto da depressione. **B** s. m. (f. *-a*) ● In psicologia, persona affetta da depressione | (*est.*) Persona prostrata, triste e sim.

depressóre [vc. dotta, tratto dal lat. *deprĕssus* 'depresso'; 1681] **A** agg. m. ● Che deprime | (*anat.*) ***Nervo d.***, sottile nervo, annesso al vago, la cui stimolazione determina abbassamento della pressione arteriosa | Detto di muscolo atto ad abbassare l'organo a cui è unito. **B** s. m. ● (*anat.*) Nervo o muscolo depressore.

depressurizzàre [ingl. *to depressurize*, comp. di *de-* e *to pressurize* 'pressurizzare'] v. tr. ● Eliminare o ridurre la pressione dell'aria in un ambiente.

depressurizzazióne s. f. ● Il depressurizzare, il venire depressurizzato | Il fatto di essere depressurizzato.

deprezzaménto [1846] s. m. ● Diminuzione di prezzo, di valore.

deprezzàre [vc. dotta, lat. tardo *depretiāre*, comp. di *dē-* e *pretiāre* 'apprezzare'; 1846] **A** v. tr. (*io deprèzzo*) **1** Far diminuire di prezzo, di valore: *d. una casa, un podere, una merce.* **2** (*fig.*, *raro*) Sminuire: *d. una persona.* **B** v. intr. pron. ● Diminuire di prezzo, di valore: *dopo la costruzione della nuova autostrada la villa si è molto deprezzata.*

depriménte [1848] part. pres. di *deprimere*; anche agg. **1** Nei sign. del v. **2** Detto di sostanza, medicamento e sim. che abbassa il tono psichico o nervoso. **3** (*fig.*) Detto di chi (o di ciò che) provoca sugli altri un effetto di avvilimento e di tristezza: *povera donna, quant'è d.!*; *una notizia d.*; *uno spettacolo d.*

deprìmere o †**deprèmere** [vc. dotta, lat. *deprĭmere* 'premere (*prĕmere*) giù (*dē-*)'; av. 1332] **A** v. tr. (pass. rem. *io deprèssi, tu deprimésti*; part. pass. *deprèsso*) **1** (*raro* o *lett.*) Spingere o schiacciare verso il basso: *il vento deprime le nubi*; *il terreno era stato fortemente depresso.* **2** (*fig.*, *lett.*) Degradare: *lo spirito ci solleva all'angelico, il corpo ci deprime all'animalesco* (BARTOLI) | Opprimere, umiliare. **3** (*med.*) Diminuire, ridurre un'attività: *d. la diuresi*; *d. la memoria.* **4** (*fig.*) Indebolire fisicamente o moralmente: *questo terribile caldo ci deprime*; *è una situazione grave, che mi deprime.* SIN. Abbattere, scoraggiare. **B** v. intr. pron. (aus. *essere*) **1** (*raro*) Abbassarsi: *l'avvallamento si è ulteriormente depresso.* **2** (*fig.*) Avvilirsi, rattristarsi: *deprimersi per una brutta notizia.*

deprimìbile agg. ● Che si può deprimere.

deprivàre [comp. di *de-* e *privare*, sul modello dell'ingl. *to deprive*; 1973] v. tr. ● Causare deprivazione | Privare qlcu. della soddisfazione di un bisogno ritenuto indispensabile, provocando quindi una situazione di disagio.

deprivazióne [ingl. *deprivation*, da *to deprive* 'deprivare'; 1973] s. f. **1** (*med.*) Perdita o carenza di sostanze o principi essenziali all'organismo: *nanismo da d.* **2** (*est.*) Privazione o carenza intesa come esclusione dal godimento di beni peculiari di realtà sociali, culturali e sim. più evolute o di più alto livello. **3** (*psicol.*) ***D. culturale***, ridotta abilità linguistica, o menomazione dell'abilità linguistica, dovuta a influenze ambientali negative.

de profùndis [lat., propr. 'dalle profondità (chiamai verso te, o Signore)'; 1353] loc. sost. m. inv. ● Salmo penitenziale che si recita per i defunti.

depsichiatrizzàre [comp. parasintetico di *psichiatr(ico)*, col pref. *de-*] v. tr. ● Sottrarre alla competenza psichiatrica: *d. i tossicomani.*

depsichiatrizzazióne s. f. ● Il depsichiatrizzare.

depuraménto [1858] s. m. ● (*raro*) Depurazione.

depuràre [vc. dotta, lat. tardo *depurāre* 'togliere (*dē-*) il *pūs* (genit. *pūris*)'; av. 1294] **A** v. tr. **1** Privare delle impurità: *d. un liquido filtrandolo*; *d. dalle scorie il metallo fuso*; *una medicina che depura il sangue.* **2** (*fig.*) Rendere puro, rimuovendo errori, imperfezioni, contaminazioni e sim.: *d. lo stile*; *d. la lingua dalle forme dialettali* | (*raro*, *est.*) Liberare da elementi corrotti, indegni e sim.: *d. un ambiente, la società.* **B** v. intr. pron. (aus. *essere*) ● Diventare puro.

depurativo [1830] **A** s. m. ● Medicamento atto a depurare. **B** anche agg.: *sostanza depurativa.*

depuratóre [1846] **A** agg. (f. *-trice*) ● Che depura: *filtro d.* **B** s. m. **1** (f. *-trice*) Chi depura | Operaio, tecnico addetto alla depurazione. **2** Apparecchio atto a eliminare le impurità da una sostanza o da una soluzione | ***D. del gas***, in cui si introduce il gas illuminante prima di inviarlo alla rete di distribuzione | ***D. dell'acqua***, che rende l'acqua potabile mediante sistemi meccanici (ad es. filtri), fisici (ad es. calore), chimici (ad es. l'aggiunta di cloro o di ozono). CFR. Addolcitore.

depuratòrio [1750] **A** agg. ● Atto a depurare: *procedimento d.* **B** s. m. ● Serbatoio dove si raccolgono le acque per depurarle | Depuratore.

depurazióne [1619] s. f. ● Operazione del depurare: *la d. delle acque non potabili.*

†**depùro** s. m. ● Sostanza depurata.

deputàre o †**diputàre** [vc. dotta, lat. *deputāre*, comp. di *dē-* e *putāre*, nel senso di 'valutare, pensare'; sec. XIII] v. tr. (*io dèputo*, †*dipùto*) **1** Scegliere e destinare qlcu. allo svolgimento di un compito: *d. i propri rappresentanti per un accordo commerciale*; *lo deputarono a rappresentare la cittadinanza.* **2** (*raro*, *lett.*) Assegnare, destinare: *d. una somma alla beneficenza.* **3** (*lett.*) †Stabilire, riservare spec. per uso pubblico.

♦**deputàto** (1) o †**diputàto** [av. 1292] part. pass. di *deputare*; anche agg. ● (*raro*) Assegnato, destinato a una determinata funzione.

♦**deputàto** (2) [fr. *député*, dal lat. *deputātus* 'deputato', nel senso specifico di 'inviato, delegato'; 1780] s. m. (f. *-a*, raro scherz. *-éssa*; V. nota d'uso FEMMINILE) **1** Chi è stato eletto dai cittadini a rappresentarli nel Parlamento. **2** Chi è stato scelto e destinato allo svolgimento di particolari compiti. **3** †Ambasciatore.

deputazióne o †**diputazióne** [vc. dotta, lat. tardo *deputatiōne(m)*, da *deputātus* 'deputato'; av. 1433] s. f. **1** (*lett.* o *raro*) Assegnazione a un incarico | Incarico di chi è scelto per svolgere missioni particolari: *accettare, rifiutare una d.* **2** Complesso di persone incaricate di svolgere temporaneamente funzioni proprie di un dato organo o ente, spec. come rappresentanti dello stesso: *una d. di cittadini fu ricevuta dal sindaco*; *la d. straniera ha chiesto udienza.*

dequalificàre [comp. di *de-* e *qualificare*; 1963] **A** v. tr. (*io dequalìfico, tu dequalìfichi*) ● Screditare, abbassare il valore, il prestigio e sim. di qlco.: *un'iniziativa che dequalifica l'associazione.* **B** v. intr. pron. ● Regredire, spec. professionalmente.

dequalificazióne s. f. ● Il dequalificare, il venire dequalificato | Il fatto di essere dequalificato, spec. sul piano professionale.

déraciné /fr. deʀasi'ne/ [vc. fr., propr. 'sradicato', dal part. pass. di *déraciner* 'strappare dalla (*dé-*) radice (*racine*)'; 1910] agg. inv. ● Detto di persona che, dopo aver lasciato il luogo e l'ambiente natale, non riesce ad inserirsi nella diversa sfera sociale in cui vive.

†**deradicàre** [comp. di *de-* e *radicare*] v. tr. ● Sradicare.

deragliaménto [fr. *déraillement*, da *dérailler* 'deragliare'; 1876] s. m. **1** Il deragliare. **2** (*fig.*, *letter.*) Sbandamento morale.

deragliàre [fr. *dérailler*, propr. 'uscire (*dé-*) dalla rotaia (*rail*, di orig. ingl.)'; 1876] v. intr. (aus. *essere* se si esprime una meta; aus. *avere* se si esprime l'azione in sé; pres. indic. *io deràglio*) ● Uscire dalle rotaie.

deragliatóre [da *deragliare*] s. m. ● (*mecc.*) Dispositivo che, nelle biciclette con cambio di velocità e doppia o tripla moltiplica, fa spostare la catena da una ruota dentata all'altra della moltiplica.

dérapage /fr. deʀa'paːʒ/ [vc. fr., da *déraper* 'derapare'; 1905] s. m. inv. ● Slittamento o deviazione laterale, spec. di aerei, veicoli, sciatori | ***D. controllato***, spostamento laterale della parte posteriore della vettura o della moto, verso l'esterno, compiuto di proposito dai corridori automobilisti o motociclisti e controllata col volante o col manubrio per prendere le curve più velocemente.

derapàggio s. m. ● Adattamento di *dérapage* (V.).

derapàre [fr. *déraper*, dal provz. *derapar*, comp. dell'ant. provz. *rapar* 'cogliere, afferrare' (dal germ. *rapôn*) e *de-*; 1931] v. intr. (aus. *avere*) ● Detto di aereo, spostarsi lateralmente per l'azione di un forte vento o per effetto della forza centrifuga durante una virata eseguita in modo non corretto | (*est.*) Slittare lateralmente eseguendo una curva, detto spec. di un veicolo o di uno sciatore.

derapàta [1942] s. f. ● Il derapare.

deratizzàre e deriv. ● V. *derattizzare* e deriv.

derattizzànte o **deratizzànte** **A** part. pres. di *derattizzare*; anche agg. ● Nei sign. del v. **B** s. m. ● Sostanza velenosa usata per distruggere i topi.

derattizzàre o **deratizzàre** [fr. *dératiser*, comp. parasintetico di *rat* 'topo, ratto'; 1931] v. tr. ● Liberare dai topi: *d. una nave.*

derattizzazióne o **deratizzazióne** [fr. *dératisation*, da *dératiser* 'derattizzare'; 1928] s. f. ● Operazione del derattizzare.

dèrby /'dɛrbi, *ingl.* 'dɑːɹbi, 'dɜːɹbi/ [dal nome del conte di *Derby* (contea ingl.), che la promosse; 1888] s. m. inv. (pl. ingl. *derbies*) **1** Corsa al galoppo riservata ai puledri di tre anni: *il d. di Epsom.* **2** (*est.*) Competizione tra due squadre di calcio, di basket e di altri giochi o sport della stessa città o regione, o tradizionalmente rivali: *il d. della Madonnina.*

derealizzazióne [comp. di *de-* e *reale* (*1*), sul modello del fr. *déréalisation* e dell'ingl. *derealization*; 1968] s. f. ● (*psicol.*) Alterazione nella percezione della realtà, che viene a perdere il proprio carattere di concretezza.

†**deredàre** ● V. †*diredare.*

deregolamentàre [comp. di *de-* e *regolamentare* (*2*), per calco sull'ingl. *to deregulate*; 1984] v. tr. (*io deregolaménto*) ● Sottoporre a deregolamentazione. SIN. Deregolare.

deregolamentazióne [da *deregolamentare*, per calco sull'ingl. *deregulation*; 1981] s. f. ● Eliminazione o semplificazione di leggi e regolamenti, spec. in campo economico.

deregolàre [comp. di *de-* e *regolare* (*1*), per calco sull'ingl. *to deregulate*; 1984] v. tr. (*io derègolo*) ● Deregolamentare.

deregulation /*ingl.* ˌdiːɹegjə'leɪʃn/ [vc. ingl., comp. di *de-* 'de-' e *regulation* 'norma, regola'; 1984] s. f. inv. ● Deregolamentazione | Liberalizzazione delle attività economiche attraverso l'eliminazione di norme o vincoli politici o amministrativi.

derelitto [vc. dotta, lat. *derelĭctu(m)*, dal part. pass. di *derelĭnquere* 'abbandonare (*relĭnquere*) completamente (*dē-*)'; av. 1306] **A** agg. **1** Che è lasciato in totale abbandono materiale e morale: *infanzia derelitta* | (*est.*) Che è disabitato e squallido: *casa derelitta*; *campi derelitti*; *un paese d. e miserabile.* **2** (*fig.*, *lett.*) Malinconico, triste: *il prato deserto aveva non so che derelitta dolcezza* (D'ANNUNZIO). **3** †Abbattuto, fiacco. **B** s. m. (f. *-a*) ● Chi, lasciato in totale abbandono, versa in uno stato di estrema miseria e solitudine: *aiutare i derelitti.*

derelizióne [vc. dotta, lat. *derelictiōne(m)*, da *derelĭctus* 'abbandonato, derelitto'; av. 1694] s. f. ● (*dir.*) Rinuncia al diritto di proprietà su cosa mobile mediante abbandono della stessa da parte del proprietario.

derequiṣire [comp. di *de-* e *requisire*; 1926] v. tr. (*io derequiṣìsco, tu derequiṣìsci*) ● Restituire al proprietario i beni requisiti.

derequiṣizióne [1926] s. f. ● Il derequisire.

deresponsabilizzàre [comp. di *de-* e *responsabilizzare*; 1980] **A** v. tr. ● Esimere da responsabilità. **B** v. intr. pron. ● Perdere il senso di responsabilità.

deresponsabilizzazióne [1977] s. f. ● Il deresponsabilizzare, il venire deresponsabilizzato.

deretàno o †**diretàno** [dal lat. tardo *derĕtro* 'dietro', col suff. *-ānus*; 1353] **A** agg. ● (*raro*, *lett.*) Posteriore | (*est.*) †Ultimo. **B** s. m. ● Il sedere, il posteriore.

†**deretàre** ● V. †*diredare.*

derìdere o †**dirìdere** [vc. dotta, lat. *deridēre*, comp. di *dē-* e *ridēre* 'ridere' col mutamento di accento subito da *ridere*; sec. XIII] **A** v. tr. (coniug. come *ridere*) ● Schernire, dileggiare: *d. qlcu. per i suoi difetti.* **B** v. intr. (aus. *avere*) ● †Ridere con scherno.

†**deriditóre** [av. 1311] s. m. (f. *-trice*) ● (*raro*) Derisore.

derìmere ● V. *dirimere.*

deriṣìbile [av. 1519] agg. ● (*raro*, *lett.*) Ridicolo.

deriṣióne o †**deligióne**, †**dilegióne**, †**diligióne**, †**diriṣióne** [vc. dotta, lat. tardo *derisiōne(m)*, da *derīsus* 'deriso'; sec. XIII] s. f. ● Il deridere | Beffa, scherno: *guardare qlcu. con aria di d.*; *parlano di lui con d.* SIN. Dileggio.

deriṣìvo [av. 1642] agg. ● (*raro*) Derisorio: *discorso, tono d.* || †**deriṣivaménte**, avv.

deriṣo (1) [av. 1342] part. pass. di *deridere*; anche agg. ● Nei sign. del v.

†**deriṣo** (2) [vc. dotta, lat. *derīsu(m)*, s. del part. pass. di *deridēre* 'deridere, schernire'; av. 1568] s. m. ● Riso, scherno | ***Mettere in d.***, beffare, scher-

nire.

derisóre [vc. dotta, lat. *derisōre(m)*, da *derīsus* 'deriso'; av. 1342] s. m.: anche agg. (f. *-sora*, raro) ● Chi (o Che) deride.

derisòrio [vc. dotta, lat. tardo *derisōriu(m)*, da *derīsus* 'deriso'; av. 1364] agg. ● Che è fatto per deridere, che esprime derisione: *discorso d.*; *gesto d. e villano*. || **derisoriaménte**, avv.

deriva [fr. *dérive*, da *dériver* 'derivare (2)'; 1771] s. f. *1* (*mar.*) Spostamento laterale di un natante per azione delle correnti marine | ***Angolo di d.***, quello formato dal vettore indicante rotta e velocità del natante con il vettore indicante direzione e velocità della corrente | (*est.*) Scarroccio | (*fig.*) Slittamento progressivo verso concezioni considerate negative: *d. conservatrice* | ***Andare alla d.***, essere trascinato dalle correnti e dai venti; (*fig.*) subire passivamente le difficoltà, le avversità, la sfortuna | ***Chiglia di d.***, ***pinna di d.***, (*ellitt.*) ***deriva***, piano longitudinale, fisso o mobile, che prolunga la chiglia di piccoli velieri per aumentare la stabilità orizzontale e ridurre lo scarroccio. ➡ ILL. p. 2155 SPORT. *2* (*mar.*) Piccola imbarcazione a vela con deriva mobile. ➡ ILL. p. 2155 SPORT. *3* (*aer.*) Moto laterale di aereo, rispetto alla rotta, causato dalla componente laterale di correnti dell'aria | ***Angolo di d.***, compreso fra la prua e la rotta | (*est.*) Parte fissa dell'impennaggio verticale a scopo stabilizzatore. ➡ ILL. p. 2175 TRASPORTI. *4* (*geol.*) ***D. dei continenti***, teoria secondo la quale i continenti sono migrati, durante le ere passate, spostandosi, analogamente a zattere galleggianti, sullo strato inferiore della crosta terrestre. *5* (*fis.*) Variazione graduale nel tempo del valore di una grandezza fisica. *6* (*biol.*) ***D. genetica***, variazione casuale nel genoma in una popolazione, spec. se numericamente ridotta, che si verifica con il procedere delle generazioni.

derivàbile [da *derivare* (*1*)] agg. ● Che si può derivare.

derivabilità [1831] s. f. *1* Caratteristica di ciò che è derivabile. *2* (*mat.*) Proprietà delle funzioni derivabili.

derivaménto [av. 1349] s. m. ● (*raro*) Derivazione.

derivànte o †**dirivànte** [av. 1588] part. pres. di *derivare*; anche agg. ● Che deriva: *un atteggiamento aggressivo d. da insicurezza*.

†**derivànza** [1614] s. f. ● Derivazione.

♦**derivàre** (1) o †**dirivàre** [vc. dotta, lat. *derivāre*, comp. di *dē-* e *rīvāre* 'far defluire le acque (originariamente del *rīvus* 'ruscello')'; av. 1292] **A** v. tr. *1* Prendere, ricavare mediante deviazioni, diramazioni e sim.: *d. da un lago le acque per l'irrigazione*. *2* (*fig.*) Trarre: *da pochi indizi discutibili non puoi d. alcuna certezza* | Dedurre: *da ciò derivo che hai torto*. *3* (*mat.*) Calcolare la derivata. **B** v. intr. (aus. *essere*) *1* Scaturire, sgorgare, detto di fiumi e sim.: *molti corsi d'acqua derivano dai ghiacciai alpini*. *2* (*fig.*) Avere o prendere origine: *molte parole italiane derivano dal greco*; *'rincasare' deriva da 'casa'*; *la sua scoperta deriva da lunghi studi*. *3* Essere causato o prodotto (*anche fig.*): *materiali sintetici che derivano dal carbone*; *i suoi difetti derivano dall'educazione che ha ricevuto* | Discendere logicamente: *è la conclusione che deriva dal tuo ragionamento*. *4* (*poet.*) †Muovere, dirigersi. *5* (*fig.*) Discendere: *d. da nobile stirpe, da illustre famiglia*. **C** v. intr. pron. ● (*poet.*) †Sgorgare.

derivàre (2) [fr. *dériver*, incrocio dell'ingl. *to drive* e del fr. *dériver* 'allontanare dall'acqua' (V. *derivare* (*1*)); 1771] v. intr. (aus. *essere*) ● (*mar.*, *aer.*) Subire il moto di deriva.

derivàta [f. sost. di *derivato*; 1869] s. f. ● (*mat.*) ***D. di una funzione in un punto***, limite del rapporto tra la variazione della funzione e l'incremento della variabile indipendente, quando questo tende a zero | (*est.*) Funzione che a ogni punto associa la derivata di una funzione data in quel punto | ***D. seconda***, derivata della derivata | ***D. terza***, derivata della derivata seconda | ***Derivate successive***, le derivate seconda, terza, ecc.

derivatìvo o †**dirivatìvo** [vc. dotta, lat. *derivatīvu(m)*, da *derivātus* 'derivato'; av. 1472] agg. *1* Derivato. *2* (*med.*) Detto di farmaco che produce derivazione. *3* (*ling.*) ***Affissi derivativi***, quelli che contribuiscono alla formazione dei derivati. *4* (*dir.*) ***Acquisto di un diritto a titolo d.***, quando un soggetto acquisisce un diritto da altri che ne erano titolari. CFR. Originario.

derivàto o †**dirivàto** [av. 1557] **A** part. pass. di *derivare* (*1*); anche agg. ● Nei sign. del v. | (*econ.*) ***Contratto d.***, caratterizzato dal fatto che il suo valore dipende direttamente da quello di un parametro economico di riferimento come il future, lo swap o l'opzione. **B** s. m. *1* Sostanza derivata da un'altra attraverso trasformazioni chimiche: *le materie plastiche sono derivati del petrolio* | (*chim.*) Sostanza ottenuta dal composto di partenza per sostituzione di un atomo o di un gruppo atomico | ***D. alogenato***, ottenuto dal composto di partenza sostituendo uno o più atomi o gruppi atomici con atomi di alogeni | ***D. arilico***, composto in cui uno o più atomi sono stati sostituiti da radicali arilici. *2* (*econ.*) Contratto derivato. *3* (*ling.*) Nome formato per derivazione: *cartella, cartolaio, incartare e tagliacarte sono derivati di 'carta'* | ***Falso d.***, in enigmistica, gioco basato su parole che derivano apparentemente una dall'altra ma hanno in realtà etimologia e significato del tutto autonomi (ad es. *matto-mattone, botte-bottone, burro-burrone, merlo-merluzzo*).

derivatóre [av. 1710] agg. (f. *-trice*) *1* Che deriva o serve a derivare | ***Canale d.***, per derivare le acque. *2* (*elettr.*) Dispositivo, spec. commutatore o interruttore, per porre un circuito in derivazione su un altro.

derivazionàle agg. ● (*ling.*) Di derivazione.

derivazióne o †**dirivazióne** [vc. dotta, lat. *derivatiōne(m)*, da *derivātus* 'derivato'; 1308] s. f. *1* Prelievo mediante deviazioni, diramazioni e sim.: *la d. delle acque* | ***Opera di d.***, complesso comprendente la diga e le varie opere di presa, per prelevare l'acqua da un fiume o torrente | (*raro, fig.*) Origine, provenienza: *persona, ricchezza di dubbia d.* *2* (*mat.*) L'operazione che associa a una funzione derivabile la sua derivata. *3* (*ling.*) Formazione di una parola nuova partendo da un elemento preesistente. *4* (*elettr.*) Collegamento fra due punti di un circuito elettrico chiuso, eseguito allo scopo di derivare parte della corrente che lo percorre | ***In d.***, in parallelo, detto di circuiti elettrici e sim. *5* Apparecchio telefonico derivato da altro principale o da un centralino interno. *6* (*med.*) Flussione di liquidi organici in un organo.

derivòmetro [comp. di *deriva* e *-metro*] s. m. ● (*aer.*) Strumento usato per misurare l'angolo di deriva.

dèrma [vc. dotta, gr. *dérma*, da *dérein* 'scorticare', di orig. indeur.; 1820] s. m. (pl. *-i*) ● (*anat.*) Strato di tessuto connettivo della cute, sotto l'epidermide. ➡ ILL. p. 2126 ANATOMIA UMANA.

dèrma-, **-dèrma** [dal gr. *dérma* 'pelle' (V. *derma*)] primo o secondo elemento ● In parole composte della terminologia scientifica, significa 'pelle', 'cute': *dermalgia, dermascheletro, pachiderma*.

dermalgìa o **dermatalgìa** [vc. dotta, comp. di *derm(a)-* e *-algia*; 1966] s. f. ● (*med.*) Dolore cutaneo o sensazione di fastidio sulla pelle non associati a lesioni strutturali apparenti.

dermaschèletro [vc. dotta, comp. di *derma-* e *scheletro*; 1875] s. m. ● (*zool.*) Scheletro ricoperto solamente dall'epidermide in quanto sviluppatosi nel derma sottostante, tipico degli Echinodermi e presente in alcuni Vertebrati come i Cheloni.

dermatalgìa ● V. *dermalgia*.

dermatìte [vc. dotta, comp. di *dermat(o)-* e *-ite* (*1*); 1830] s. f. ● (*med.*) Infiammazione della pelle.

dèrmato- [dal gr. *dérma*, genit. *dérmatos* 'pelle' (V. *derma*)] primo elemento ● In parole composte della terminologia scientifica, spec. medica, significa 'pelle', 'cute', 'relativo alla cute': *dermatologia, dermatosi*.

dermatofita [comp. di *dermato-* e *-fita*] s. m. (pl. *-i*) ● (*biol.*) Ciascun fungo saprofita o parassita della cute dell'uomo e dei Mammiferi, che infetta e degrada i tessuti cheratinizzati quali cute, capelli, unghie e sim.

dermatògeno [comp. di *dermato-* e *-geno*] s. m. ● (*bot.*) Tessuto meristematico che dà origine all'epidermide nelle piante superiori.

dermatoglifo [comp. di *dermato-* e *glifo*] s. m. ● (*anat.*) Linea rilevata della cute che disegna sui polpastrelli delle dita, sulla palma della mano e sulla pianta del piede figure di varia forma; l'esame di tali linee, attraverso le impronte digitali, è utilizzato per l'identificazione personale a fini giudiziari e, in genetica umana, per l'accertamento della paternità.

dermatologìa [vc. dotta, comp. di *dermato-* e *-logia*; 1865] s. f. ● Ramo della medicina che studia le malattie della pelle.

dermatològico [1931] agg. (pl. m. *-ci*) ● Di, relativo alla dermatologia. || **dermatologicaménte**, avv.

dermatòlogo [1921] s. m. (f. *-a*; pl. m. *-gi*) ● Specialista in dermatologia.

dermatomicòsi [comp. di *dermato-* e *micosi*] s. f. inv. ● (*med.*) Qualsiasi affezione micotica che interessa la cute.

dermàtomo [comp. di *derma* e *-tomo*; 1966] s. m. *1* (*med.*) Strumento chirurgico utilizzato nei prelievi cutanei o nella dermoabrasione. *2* (*anat.*) Porzione di un somite coinvolta nella formazione del derma. *3* (*fisiol.*) Area cutanea innervata da un singolo ramo sensoriale di un nervo spinale.

dermatoplàstica [vc. dotta, comp. di *dermato-* e *plastica*] s. f. ● (*chir.*) Intervento di chirurgia plastica della cute.

dermatòsi [vc. dotta, comp. di *dermato-* e *-osi*; 1850] s. f. inv. ● (*med.*) Affezione non infiammatoria della cute.

dermatozòo [vc. dotta, comp. di *dermato-* e *-zoo*] s. m. ● (*spec. al pl.*) Parassita animale della cute.

Dermàtteri [comp. di *derma-* e *-ttero*] s. m. pl. (sing. *-o*) ● Nella tassonomia animale, ordine di Insetti con ali ridotte o mancanti, antenne filiformi e cerci trasformati in pinze (*Dermaptera*).

dermèste [gr. *dermēstḗs* propr. 'mangiatore di pelle', comp. di *dérma* 'pelle' e del tema di *esthíein* 'mangiare'] s. m. ● Piccolo coleottero con corpo nero rettangolare e zampe gracili le cui larve divorano qualunque sostanza organica (*Dermestes lardarius*).

-dermìa [dal gr. *dérma* 'pelle' (V. *derma*)] secondo elemento ● In parole scientifiche composte, fa riferimento alla pelle: *cheratodermia, pachidermia*.

dèrmico [da *derma*; 1876] agg. (pl. m. *-ci*) ● Di, relativo al derma e (*est.*) alla pelle.

dermìte [comp. di *derm(a-)* e *-ite* (*1*)] s. f. ● (*med.*) Dermatite.

dèrmo- [dal gr. *dérma* 'pelle' (V. *derma*)] primo elemento ● In parole composte della terminologia scientifica, spec. medica, significa 'pelle', 'cute': *dermopatia, dermosifilopatia*.

dermoabrasióne [comp. di *dermo-* e *abrasione*] s. f. ● (*chir.*) Rimozione chirurgica mediante dermatotomo degli strati superficiali della cute allo scopo di eliminare anormalità, quali cicatrici o corpi estranei inclusi.

Dermochèlidi [comp. di *dermo-* e del gr. *chélys* 'tartaruga' (V. *cheli*): detti così perché ricoperti di pelle] s. f. pl. (sing. *-e*) ● Nella tassonomia animale, famiglia di testuggini marine con scudo formato da piccole piastre ossee e con creste longitudinali (*Dermochelydae*).

dermoesfoliazióne [vc. dotta, comp. di *dermo-* ed *esfoliazione*] s. f. ● (*med.*) Desquamazione lamellare della pelle.

dermòfito, (*evit.*) **dermòfita** [vc. dotta, comp. di *dermo-* e del gr. *phytón* 'pianta'] s. m. ● Parassita vegetale della pelle.

dermografìa [vc. dotta, comp. di *dermo-* e *-grafia*; 1950] s. f. ● (*med.*) Dermografismo.

dermografìsmo [1908] s. m. ● (*med.*) Particolare ed evidente reazione della cute a uno stimolo meccanico, con persistenza di segni rossi o bianchi nei punti di contatto: *d. bianco*; *d. rosso*.

dermòide [vc. dotta, comp. di *dermo-* e del gr. *êidos* 'forma'; 1820] **A** s. f. o m. ● Surrogato del cuoio, costituito da un supporto su cui si applicano materie plastiche, usato per valigie, coperture di poltrone, di libri e sim. **B** s. m. raro f. ● (*med.*) Tumore solido o cistico formato da tessuti di diversa origine embrionaria. **C** agg. ● (*med.*) Che ha l'aspetto della cute: *cisti d.*

dermopatìa [vc. dotta, comp. di *dermo-* e *-patia*; 1956] s. f. ● (*gener.*) Malattia della pelle.

dermopàtico agg. (pl. m. *-ci*) ● Relativo a dermopatia.

dermoprotettivo [1993] agg. ● (*farm.*) Detto di agente o trattamento con azione protettiva sulla pelle.

dermosifilòpata [1966] s. m. e f. (pl. m. *-i*) ● Specialista di dermosifilopatia.

dermosifilopatìa [comp. di *dermo-*, *sifili(de)* e

-*patia*; 1913] s. f. ● Ramo della medicina che studia le malattie della pelle e veneree.

dermosifilopàtico [1886] agg. (pl. m. *-ci*) ● Relativo alla dermosifilopatia.

Dermòtteri [comp. di *derma-* e del gr. *pterón* 'ala', con riferimento al loro caratteristico patagio] s. m. pl. (sing. *-o*) ● Nella tassonomia animale, ordine di Mammiferi arboricoli forniti di una membrana alare estesa tra collo, arti e coda (*Dermoptera*).

dernier /*fr.* dɛʀ'nje/ [vc. fr. 'ultimo' perché chi rimane con una sola carta in mano deve dichiararlo] s. m. inv. ● Gioco di carte nel quale ogni giocatore deve rispondere al seme o al valore della carta messa sul tavolo dal giocatore che lo precede.

dernier cri /*fr.* dɛʀˌnje'kʀi/ [loc. fr., propr. 'ultimo (*dernier*, tratto, col pref. *-er* di *premier*, da *der(e)rain*, che rappresenta il lat. parl. **deretrānus*) grido (*cri*, da *crier*, dal lat. parl. *critāre* 'gridare')'; 1905] **A** loc. sost. m. inv. ● Creazione recentissima dell'alta moda. **B** anche agg. inv.: *abito, modello, cappello dernier cri.*

dèrno [etim. incerta] vc. ● (*mar.*) Nella loc. avv. ***in d.***, modo speciale di issare la bandiera in cima all'albero, raccolta e annodata su sé stessa longitudinalmente, in segno di pericolo o per chiamare soccorso.

dèroga [da *derogare*; 1771] s. f. ● Il derogare | ***In d., a d.***, facendo un'eccezione rispetto a una regola stabilita: *in d. alla precedente nostra circolare; a parziale d. delle vigenti disposizioni* | ***Accordo, patto in d.***, stipula, prevista da apposita legge, di contratti di locazione di immobili urbani in deroga della normativa sull'equo canone.

derogàbile [1686] agg. ● Detto di norma, clausola e sim. che accordi privati possono non osservare.

derogàre o †**dirogàre** [vc. dotta, lat. *derogāre*, comp. di *dē-* e *rogāre* nel senso tecnico di 'proporre (una legge)'; 1308] **A** v. intr. (*io dèrogo, tu dèroghi*; aus. *avere*) (+ *a*; raro + *da*) **1** (*dir.*) Porre con un provvedimento legislativo un'eccezione rispetto alla regola contenuta in altra norma giuridica: *d. a una legge.* **2** (*fig., raro*) Venir meno, rinunciare: *d. all'integrità del proprio carattere* | Contravvenire: *d. a un patto; ha derogato ai vostri consigli* | Discostarsi: *Maller osservò che non usava d. dalle misure prese* (SVEVO). **B** v. tr. **1** (*raro*) Eludere, trasgredire: *d. gli ordini dell'autorità.* **2** †Pregiudicare, offendere: *d. l'onore di qlcu.*

derogatìvo [vc. dotta, lat. tardo *derogatīvu(m)*, da *derogātus* 'derogato'] agg. ● (*raro*) Derogatorio.

derogatòrio [vc. dotta, lat. tardo *derogatōriu(m)*, da *derogātus* 'derogato'; av. 1324] agg. **1** Che serve a derogare. **2** Che costituisce una deroga. **3** †Offensivo, pregiudizievole.

derogazióne [vc. dotta, lat. *derogatiōne(m)*, da *derogātus* 'derogato'; av. 1363] s. f. **1** Deroga. **2** †Diminuzione di merito, di prestigio e sim.

derràta [fr. *denrée*, dal lat. parl. **denariāta(m)* 'che ha il valore di un *denaro*', quindi 'piccola quantità (di merce)'; sec. XIII] s. f. **1** (*spec. al pl.*) Prodotto della terra spec. di uso alimentare, soggetto a contrattazioni commerciali: *scarsità, abbondanza di derrate* | (*est.*) Merce: *derrate deperibili.* **2** †Affare, negozio, guadagno | †***Aver buona d.***, ottenere un buon guadagno e (*fig.*) essere fortunato. **3** †Porzione, quantità di merce comprata. ‖ **derratàccia**, pegg.

derrick /*ingl.* 'dɛɹɪk/ [vc. ingl., verso il 1600 'forca, patibolo', dal n. originario cl. (*Dierryk*, equivalente a 'Teodorico') di un boia ingl.; 1935] s. m. inv. ● Torre per la trivellazione di pozzi petroliferi o per sondaggi geologico-minerari.

derubaménto o †**dirubaménto** [1554] s. m. ● (*raro*) Furto.

derubàre o †**dirubàre** [comp. di *de-* e *rubare*; av. 1276] v. tr. ● Privare qlcu. con la violenza o l'inganno di ciò che gli appartiene o gli spetta: *lo attirarono in un vicolo buio per derubarlo; è stato derubato del portafoglio.*

derubàto o †**dirubàto** [av. 1294] **A** part. pass. di *derubare*; anche agg. ● Nei sign. del v. **B** s. m. (f. *-a*) ● Persona derubata: *il d. tentò di inseguire il ladro.*

derubricàre [comp. parasintetico di *rubrica*, con il pref. *de-*; 1969] v. tr. (coniug. come *rubricare*) **1** (*dir.*) Nel processo penale, escludere un reato dalla rubrica in cui era stato incluso o includerlo in un'altra di minor gravità. **2** (*est., raro*) Diminuire, abbassare d'importanza.

derubricazióne [da *derubricare*] s. f. ● (*dir.*) Il derubricare, il venire derubricato.

†**derupàre** ● V. *dirupare.*

deruralizzazióne [comp. parasintetico di *rurale*, col pref. *de-*] s. f. ● Abbandono della campagna per la città.

derustizzazióne [dall'ingl. *to derust* 'togliere la ruggine', comp. con *rust* 'ruggine' (vc. di orig. germ.); 1956] s. f. ● (*tecnol.*) Trattamento avente lo scopo di eliminare la ruggine dagli oggetti che ne sono coperti.

dervìscio o **dervis**, **dèrvis** [persiano *darviš* 'povero', di etim. incerta; 1521] s. m. **1** Membro della confraternita musulmana sufica dei Dervisci, che si propongono l'unione mistica con Dio mediante l'ascesi e la danza. **2** (*spec. al pl.*) Mahdista.

desacralizzàre [comp. parasintetico di *sacrale*, sul tipo del fr. *désacraliser* (?); 1970] v. tr. ● Ridurre alla condizione profana, attraverso apposito rito; SIN. Sconsacrare | (*est., fig.*) Privare del carattere sacrale: *d. la società moderna*; SIN. Dissacrare.

desacralizzazióne [1970] s. f. ● Sconsacrazione | (*fig.*) Dissacrazione.

desalàre [comp. di *de-* e *sale*] v. tr. ● (*raro*) Dissalare.

desalatóre s. m. ● Dissalatore.

desalazióne s. f. ● (*raro*) Dissalazione.

desalinizzàre [comp. parasintetico di *salino* col pref. *de-*] v. tr. ● Dissalare.

desalinizzazióne s. f. ● Dissalazione.

desaparecido /*sp.* ˌdesapare'θiðo, -'si-/ [vc. sp., part. pass. di *desaparecer* 'scomparire', comp. di *des-* 'dis- (1)' e *aparecer* 'apparire'; 1978] agg. e s. m. (f. sp. *-a*; pl. m. *-os*; pl. f. *-as*) **1** Detto di oppositore politico fatto scomparire dalle autorità di un regime dittatoriale senza lasciare traccia (con riferimento alla situazione politica dell'Argentina negli anni 1970-80 e poi anche a quella di altri Paesi). **2** (*est.*) Nel linguaggio giornalistico, detto di persona fatta scomparire da organizzazioni criminali: *i desaparecidos della camorra.*

descamisàdo /*sp.* deskami'saðo/ [vc. sp., propr. 'scamiciato', 'senza (*des-*) camicia (*camisa*)'; 1989] s. m. (pl. sp. *descamisados*) **1** (*spec. al pl.*) In Spagna, difensore della costituzione di Cadice del 1812 | In Argentina, sostenitore di Juan Domingo Perón (1895-1974). **2** (*est.*) Rivoluzionario, estremista, sovversivo. CFR. Scamiciato (2).

†**descedàre** ● V. *destare.*

†**descéndere** o **descèndere** e *deriv.* ● V. *discendere e deriv.*

†**descensióne** [vc. dotta, lat. *descensiōne(m)*, da *descēnsus* 'descenso'] s. f. **1** V. †*discensione.* **2** L'avvicinarsi di una stella all'orizzonte, verso il tramonto.

†**descetàre** ● V. *destare.*

descherìa [da *desco*; av. 1421] s. f. **1** †Banco dei macellai. **2** Anticamente, dazio imposto ai macellai che vendevano al mercato.

deschétto o †**dischétto** (1) [1296] s. m. **1** (*lett.*) Dim. di *desco.* **2** Tavolino da lavoro di artigiani, spec. quello dei calzolai. **3** †Specchiera, toletta. ‖ †**deschettàccio**, pegg.

†**descitàre** ● V. *destare.*

désco [lat. *dĭscu(m)*, dal gr. *diskos*, 'piatto tondo', poi 'tavola'; sec. XIII] s. m. (pl. *-schi*) **1** (*lett.*) Tavola per mangiare: *il d. familiare* | ***Stare a d.***, a mensa. **2** (*raro*) Banco di vendita, spec. della macelleria. **3** Banco da lavoro. **4** †Banco presso cui sedevano magistrati, notai, pubblici ufficiali e sim. per esercitare le loro funzioni. **5** (*raro*) Sgabello. **6** †Disco. ‖ **descàccio**, pegg. | **deschétto**, dim. (V.).

descolarizzàre [1972] v. tr. ● (*pedag.*) Applicare la teoria della descolarizzazione in una comunità o sistema sociale in genere.

descolarizzazióne [comp. di *de-* e *scolarizzazione*; 1972] s. f. ● (*pedag.*) Teoria che sostiene la soppressione della scuola come istituzione educativa.

descrittìbile [1674] agg. ● (*raro*) Descrivibile.

descrittivìsmo [da *descrittivo*] s. m. ● Nelle arti figurative, tendenza a indulgere in particolari descrittivi.

descrittìvo o †**discrittìvo** [vc. dotta, lat. tardo *descriptīvu(m)*, da *descrīptus* 'descritto'; av. 1375] agg. **1** Che descrive: *un particolare d.* | ***Grammatica descrittiva***, descrizione del sistema di una lingua in una fase determinata, prescindendo dalla sua formazione storica. **2** Nelle arti figurative, detto di opera che raffigura il soggetto con analitica precisione, talora a scapito di più autentici valori formali. ‖ **descrittivaménte**, avv.

descrìtto o †**discrìtto** [av. 1348] part. pass. di *descrivere*; anche agg. ● Nei sign. del v.

descrittóre o †**discrittóre** [vc. dotta, lat. tardo *descriptōre(m)*, da *descrīptus* 'descritto'; 1525] s. m.; anche agg. (f. *-trice*) **1** Chi (o Che) descrive | †Scrivano. **2** (*elab.*) Elemento significativo di informazione usato per identificare un record.

♦**descrìvere** o †**discrìvere** [vc. dotta, lat. *descrībere* 'scrivere (*scrībere*) da (*dē*) un modello, trascrivere, copiare'; 1306] v. tr. (coniug. come *scrivere*) **1** Rappresentare cose o persone con parole o scritti, indicandone tutte le caratteristiche, in modo da darne un'idea precisa: *d. un paesaggio, un oggetto, i lineamenti di qlcu.* | (*est.*) Esporre o spiegare minutamente, con ricchezza di particolari: *d. un avvenimento; hai descritto perfettamente la scena.* **2** (*lett.*) Disegnare | (*est.*) Tracciare una determinata linea o figura, detto spec. di corpi in movimento: *la stella cadente descrisse nel cielo un arco luminoso; un punto che si muove descrive una retta.* **3** †Annotare su registri catastali, anagrafici e sim.

descrivìbile [1731] agg. ● Che si può descrivere. CONTR. Indescrivibile.

†**descriviménto** [sec. XIV] s. m. ● Descrizione.

♦**descrizióne** o †**discrizióne** [vc. dotta, lat. *descriptiōne(m)*, da *descrīptus* 'descritto'; av. 1306] s. f. **1** Rappresentazione o esposizione particolareggiata di qlcu. o qlco. mediante parole o scritti: *fammi una d. dell'incidente; crude e atroci descrizioni di battaglie e di morti* (VICO) | ***D. del libro***, enumerazione di tutti gli elementi atti a identificare un'opera bibliografica. **2** †Anagrafe. ‖ **descrizioncèlla**, dim. | **descrizioncìna**, dim.

†**desdecére** o **desdècere** [da *decere* col pref. neg. *des-* sul tipo del lat. *dedecēre* 'essere sconveniente'; av. 1348] v. intr. (anche impers., difett., usato solo nella terza pers. sing. del pres. indic. *desdèce*) ● Sconvenire, disdire.

†**deseccàre** ● V. †*desiccare.*

†**desedàre** ● V. *destare.*

desegregazióne [comp. di *de-* e *segregazione*] s. f. ● Soppressione di uno stato di segregazione; abolizione della segregazione razziale.

desegretàre [da *segretare* col pref. *de-*; 1990] v. tr. (*io desegréto*) ● (*dir.*) Revocare la segretazione su atti, documenti e sim.

desemantizzàre [comp. di *de-*, *semant(ico)* e *-izzare*; 1989] **A** v. tr. ● (*ling.*) Provocare una desemantizzazione. **B** v. intr. pron. ● (*ling.*) Subire una desemantizzazione.

desemantizzazióne [da *desemantizzare*] s. f. ● (*ling.*) Processo per cui una parola o un'espressione perde o attenua il proprio significato originario e ne acquisisce uno più vago e indefinito o assume una funzione grammaticale (per es. *durante*, che, da part. pres. del v. *durare*, ha assunto funzione di preposizione).

desensibilizzàre [comp. di *de-* e *sensibilizzare*; 1959] v. tr. ● Rendere totalmente o parzialmente privo di sensibilità (*anche fig.*).

desensibilizzatóre s. m. ● (*fot.*) Sostanza chimica che annulla la sensibilità alla luce di un negativo già esposto.

desensibilizzazióne s. f. **1** (*fot.*) Procedimento chimico per annullare la sensibilità alla luce di un negativo già esposto. **2** (*med.*) Metodo usato per prevenire o ridurre le reazioni allergiche consistente nella somministrazione di dosi graduali di allergene.

†**desertàre** e *deriv.* ● V. *disertare e deriv.*

desèrtico [fr. *désertique*, da *desert* (V. *deserto* (2)); 1919] agg. (pl. m. *-ci*) ● Che ha la natura del deserto: *paesaggio d.* | Che è tipico del deserto: *clima d.*

desertìcolo [comp. di *deserto* (2) e *-colo*; av. 1652] agg. ● Che vive nei deserti: *fauna, flora deserticola.*

desertificazióne [comp. di *deserto* (2) e *-ficazione*; 1982] s. f. ● Fenomeno per cui una vasta estensione di terreno, prima fertile e ricca di vegetazione, assume, in varie fasi e per varie ragioni, tutte le caratteristiche di un deserto.

♦**deṣèrto** (1) o †**diṣèrto** (1) [vc. dotta, lat. *desĕrtu(m)*, part. pass. di *desĕrere* 'abbandonare' (comp. di *dē* e *sĕrere* 'legare'); av. 1294] **agg.** *1* Vuoto di abitanti o di occupanti, disabitato, spopolato: *luogo d.*; *città deserta*; *cinema, teatro d.*; *oggi le strade sono deserte.* *2* (*dir.*) ***Causa deserta***, estinta per inattività delle parti durata un lasso di tempo stabilito dalla legge | ***Asta deserta***, nel corso della quale nessun offerente è stato dichiarato aggiudicatario. *3* (*est.*) Incolto o privo di vegetazione: *campi deserti.*

♦**deṣèrto** (2) o †**diṣèrto** (1) [vc. dotta, lat. tardo *desĕrtu(m)*, s. neutro del part. pass. di *desĕrere* (V. *deserto* (1)). Il lat. class. conosce *desĕrta*, nt. pl. 'luoghi deserti'; av. 1294] **s. m.** (**pl.** *deserti*, **m.**: †*desertora*, **f.**) *1* (*geogr.*) Vasto tratto di superficie terrestre con scarsissime precipitazioni, spoglia di vegetazione e disabitata | (*fig.*) ***Parlare, predicare al d.***, sprecare parole, consigli e sim., con chi non vuole ascoltare o intendere *2* (*est.*) Campo, terreno o regione sterile | (*fig.*) Luogo pressoché disabitato.

DESERTO
nomenclatura

deserto
● *caratteristiche*: sabbioso, ghiaioso = reg, ghiaioso e sabbioso = serir, dunoso = erg, roccioso = hamada; landa, steppa; duna, barcana, ghibli, simun; uadi (pl. uidian), sciott; desertificazione, deflazione, corrosione; xerosfera, xerofito, oasi, palmeto, miraggio = fata morgana; carovana, carovaniera, pista; cammello, dromedario; mehari; nomadismo;
● *persone*: tuareg = uomini blu, nomade; carovaniere, cammelliere; meharista;
● *azioni*: attraversare, esplorare, inoltrarsi, sostare, entrare; formare una carovana.

†**deservire** (1) [vc. dotta, lat. *deservīre* 'servire (*servīre*) completamente (*dē-*), con zelo'; sec. XIV] **v. intr.** ● (*raro*) Servire con zelo.

†**deservire** (2) ● V. *disservire.*

desessualizzàre [comp. di *de-*, *sessual(e)* e *-izzare*; 1955] **A v. tr.** ● Privare del carattere sessuale. **B v. intr. pron.** *1* Perdere il carattere sessuale. *2* (*psicoan.*) Subire un processo di desessualizzazione.

desessualizzazióne s. f. *1* (*raro*) Privazione, perdita del carattere sessuale. *2* (*psicoan.*) Superamento della fase libidica infantile attraverso la sublimazione delle pulsioni sessuali.

déshabillé /*fr.* dezabi'je/ [vc. fr., dal part. pass. di *déshabiller* 'svestire', comp. di *dés-* opposizione e *habiller* 'vestire'; av. 1847] **s. m. inv.** ● (*disus.*) Vestaglia da donna | ***Essere in d.***, essere in vestaglia, essere vestita in modo succinto.

†**deṣia** ● V. †*disia.*

deṣiàbile o (*raro, lett.*) **diṣiàbile** [1561] **agg.** ● (*lett.*) Desiderabile.

deṣiànza ● V. *disianza.*

deṣiàre o (*lett.*) **diṣiàre** [da *desio*; av. 1250] **v. tr.** (*io deṣìo*) ● (*lett.*) Desiderare: *con quella man che tanto desiai,* | *m'asciuga li occhi* (PETRARCA).

deṣiàto o **diṣiàto** [av. 1250] **A part. pass.** di *desiare*; anche **agg.** ● (*lett.*) Nei sign. del v. **B s. m.** ● (*lett.*) Cosa desiderata.

†**desiccàre** o †**deseccàre v. tr.** ● (*raro*) Disseccare.

deṣideràbile o †**diṣideràbile** [vc. dotta, lat. *desiderābile(m)*, da *desiderāre* 'desiderare'; sec. XIII] **A agg.** ● Che si può desiderare, che è degno d'essere desiderato: *un futuro d.* | ***È d. che***, è conveniente, opportuno che. || **deṣiderabilménte**, **avv.** In modo desiderabile, opportuno. **B s. m.** ● †Cosa o bene desiderabile.

deṣiderabilità [1821] **s. f.** ● Caratteristica di chi (o di ciò che) è desiderabile.

†**deṣideraménto** [av. 1342] **s. m.** ● Desiderio.

deṣiderànte o †**diṣiderànte** [av. 1348] **A part. pres.** di *desiderare*; anche **agg.** ● (*raro, lett.*) Nei sign. del v. **B s. m. e f.** ● (*raro, lett.*) Chi desidera.

♦**deṣideràre** o †**diṣideràre** [vc. dotta, lat. *desiderāre*, propr. 'cessare (*dē-*) di contemplare le stelle (*siderāre*, da *sīdus*, genit. *sīderis* 'stella') a scopo augurale', quindi 'bramare'; av. 1243] **v. tr.** (*io desìdero*) *1* Tendere, aspirare a ottenere o fare qlco. di cui si ha bisogno, si sente la mancanza e sim.: *d. la ricchezza, la fama*; *desiderano una casa*; *desideriamo la vostra amicizia*; *desidero partire subito* | ***D. una donna, un uomo***, esserne attratti fisicamente | ***Fare d. qlco.***, stentare a concederla | ***Farsi d.***, farsi vedere raramente; farsi aspettare | ***Lasciare a d.***, presentare difetti, manchevolezze e sim. | ***Si desidera***, occorre, è necessario. **SIN.** Ambire, bramare. *2* Volere, con valore attenuativo: *d. la pace*; *le grandi potenze non desideravano la guerra*; *desidero che chiariate la vostra posizione*; *il signore desidera?* *3* Richiedere: *i cittadini desiderano un'amministrazione più efficiente* | ***Lo desiderano al telefono***, è chiamato al telefono. *4* (*raro, lett.*) Provare rammarico, rimpiangere.

deṣideràta [pl. di *desiderātu(m)* '(oggetto) desiderato'; 1892] **s. m. pl.** (**sing.** lat. *desideratum*) ● Cose che si desiderano, si esigono e sim.: *esporre i propri d.*

deṣiderativo o †**diṣiderativo** [vc. dotta, lat. tardo *desiderātīvu(m)*, da *desiderātus* 'desiderato'; sec. XIV] **agg.** *1* Che manifesta o esprime desiderio | (*ling.*) Ottativo. *2* †Atto a desiderare | †Desideroso. || **deṣiderativaménte**, **avv.**

deṣideràto o †**diṣideràto** [av. 1292] **A part. pass.** di *desiderare*; anche **agg.** ● Nei sign. del v. || **deṣiderataménte**, **avv.** **B s. m.** ● (*spec. al pl., raro*) Ciò che si desidera, si esige e sim.: *esporre i propri desiderati.*

†**deṣideratóre** o †**diṣideratóre** [vc. dotta, lat. tardo *desideratōre(m)*, da *desiderātus* 'desiderato'; av. 1294] **s. m.**; anche **agg.** (**f.** *-trice*) ● Chi (o Che) desidera.

†**deṣiderazióne** o †**diṣiderazióne s. f.** ● Desiderio.

†**deṣiderévole** o †**diṣiderévole** [av. 1347] **agg.** ● Desiderabile.

♦**deṣidèrio** o †**deṣidèro**, †**diṣidèrio** [vc. dotta, lat. *desidĕriu(m)*, da *desiderāre* 'desiderare'; av. 1292] **s. m.** *1* Aspirazione verso ciò di cui si ha bisogno, si sente la mancanza e sim.: *d. legittimo, insaziabile, sfrenato*; *provare, sentire, soddisfare, frenare un d.*; *avere d. di qlco.* *2* (*lett.*) Avidità, cupidigia: *da questo d. di vendetta nasce il sangue e la morte degli uomini* (MACHIAVELLI) | Bramosia sessuale: *desideri inconfessabili*; *l'impeto del d.* *3* Senso di mancanza, di privazione, di bisogno: *un malinconico d. d'affetto* | Rimpianto: *rimanere solo col d.*; *lasciar d. di sé.* *4* Ciò che si desidera: *questo è il mio solo d.*; *finalmente realizzeremo i nostri desideri* | ***Pio d.***, oggetto di una speranza priva di fondamento | †Persona amata. *5* †Cura, sollecitudine.

deṣideróṣo o †**diṣideróṣo** [vc. dotta, lat. tardo *desiderōsu(m)*, da *desiderāre* 'desiderare'; 1294] **agg.** ● Che desidera | Che è pieno di desiderio: *un popolo d. di libertà* | Avido: *essere d. di piaceri.* **SIN.** Bramoso. || **deṣideroṣaménte**, **avv.**

†**deṣiévole** ● V. †*disievole.*

design /de'zain, *ingl.* dɪ'zaɪn/ [vc. ingl., deriv. dell'it. *disegno*; 1961] **s. m. inv.** *1* Attività di progettazione di un oggetto da fabbricare in serie: *il d. giapponese sta imponendosi nel mondo* | La linea, la forma di un oggetto industriale: *il d. di una sedia.* *2* Accorc. di *industrial design* e di *graphic design.*

deṣignàbile [av. 1712] **agg.** ● Che si può designare.

deṣignaménto [av. 1292] **s. m.** ● (*raro*) Designazione.

deṣignàre [vc. dotta, lat. *designāre* 'segnare (*signāre*), indicare esattamente (*dē-*)'; sec. XIV] **v. tr.** *1* Proporre o destinare qlcu. a un incarico, un ufficio e sim.: *lo ha designato come suo successore.* **SIN.** Additare, indicare. *2* Indicare con esattezza: *d. il giorno e l'ora dell'incontro* | ***D. il giudice***, indicare, da parte del capo di un ufficio giudiziario, il giudice competente per la trattazione di una causa. *3* Indicare, significare: *il termine 'bacino' designa diversi oggetti o elementi*; **SIN.** Denotare. *4* (*raro, lett.*) Raffigurare, simboleggiare. *5* †V. *disegnare.*

deṣignàto [sec. XIV] **A part. pass.** di *designare*; anche **agg.** ● Nei sign. del v. **B s. m.** (**f.** *-a*) ● (*raro*) Persona designata.

deṣignatóre [vc. dotta, lat. *designatōre(m)*, da *designātus* 'designato'; sec. XIV] **s. m.** (**f.** *-trice*) ● Chi designa: *il d. degli arbitri di calcio.*

designatum [vc. lat., part. pass. di *designāre* 'designare', proprio della terminologia ingl.] **s. m. inv.** (**pl.** lat. *designata*) ● (*ling.*) Denotatum.

deṣignazióne [vc. dotta, lat. *designatiōne(m)*, da *designātus* 'designato'; sec. XIV] **s. f.** *1* Destinazione di qlcu. a un incarico, ufficio e sim. *2* Indicazione, denotazione. *3* V. †*disegnazione.*

designer /de'zainer, *ingl.* dɪ'zaɪnə/ [vc. ingl., dal v. *to design* 'disegnare'; 1957] **s. m. e f. inv.** ● Chi si occupa professionalmente di design.

desilàre e *deriv.* ● V. *dessilare* e *deriv.*

deṣinàre (1) o †**diṣinàre** [ant. fr. *disner*, dal lat. parl. **disieiunāre*, originariamente 'rompere (*dis-*) il digiuno (*ieiūnus*)'; av. 1292] **v. intr.** (*io déṣino*; aus. *avere*) ● (*tosc.*) Fare il pasto più sostanzioso della giornata, a mezzogiorno o alla sera: *mi hanno invitato a d. con loro.*

deṣinàre (2) [da *desinare* (1); av. 1292] **s. m.** ● (*tosc.*) Pasto principale della giornata, spec. a mezzogiorno: *d. lauto, magro, povero*; *preparare il d.*; *fare da d.* | ***Dopo d.***, nelle prime ore del pomeriggio. || **deṣinaràccio**, **pegg.** | **deṣinarétto**, **dim.** | **deṣinarino**, **dim.** | **deṣinaróne**, **accr.** | **deṣinarùccio**, **dim.**

†**deṣinàta** [sec. XVII] **s. f.** ● Lauto desinare.

deṣinènte [vc. dotta, lat. *desinĕnte(m)*, da *desĭnere* 'terminare'] **agg.** ● Che ha una determinata desinenza o terminazione: *i verbi desinenti in -ire.*

deṣinènza [vc. dotta, lat. mediev. *desinĕntia(m)*, da *dēsinens*, genit. *desinĕntis*, part. pres. di *desĭnere* 'finire, terminare', comp. di *dē* e *sĭnere* 'lasciare', di etim. incerta; av. 1508] **s. f.** ● (*ling.*) Elemento che si presenta nella sede finale di un nome, un pronome, un aggettivo o un verbo, per formare con la radice una forma flessa.

deṣinenziàle [1834] **agg.** ● (*ling.*) Di, relativo a, desinenza.

†**deṣinóre** ● V. *disonore.*

deṣìo o **diṣìo** [lat. parl. **desĕdiu(m)*, originariamente 'desiderio erotico', forma neutra corrispondente al f. *desĭdia* 'indolenza, pigrizia', considerata incentivo alla lussuria; av. 1250] **s. m.** ● (*lett.*) Desiderio | (*est.*) Cosa o persona amata e desiderata: *ov'è 'l disio de li occhi miei?* (DANTE) | †***Andare a d.***, andare a divertirsi.

†**deṣióre** [av. 1306] **s. m.** ● (*raro*) Vivo desiderio.

deṣióṣo o **diṣióṣo** [av. 1250] **agg.** *1* (*lett.*) Desideroso. *2* †Desiderabile. || **deṣioṣaménte**, **avv.** (*lett.*) In modo desioso.

desipiènte [vc. dotta, lat. *desipiĕnte(m)*, part. pres. di *desĭpere*, comp. di *dē-* e *săpere* 'aver gusto, buon senso'; 1858] **agg.** ● (*raro, lett.*) Insipiente, vano, sciocco.

desipiènza [vc. dotta, lat. *desipiĕntia(m)*, da *dēsipiens* 'desipiente'; 1858] **s. f.** ● (*raro, lett.*) Caratteristica di chi è desipiente.

†**deṣira s. f.** ● (*raro, poet.*) Desiderio.

†**deṣiràre** o †**diṣiràre** [ant. fr. *désirer*, dal lat. *desiderāre* 'desiderare'; sec. XIII] **v. tr.** ● Desiderare.

†**deṣire** o †**deṣiro**, †**diṣire**, †**diṣiro** [ant. fr. *desir*, da *désirer*, dal lat. *desiderāre* 'desiderare'; av. 1294] **s. m.** ● (*lett.*) Desiderio: *desir immenso delle cose eterne* (CAMPANELLA) | ***Entrare in d.***, essere preso dal desiderio | (*est.*) Cosa o persona desiderata.

†**deṣiróṣo** ● V. *disiroso.*

deṣistènza [1983] **s. f.** ● (*raro*) Rinuncia, cessazione | (*dir.*) Volontaria interruzione dell'attività criminosa da parte del reo che comporta l'applicazione della pena solo per gli atti già compiuti, se questi costituiscono reato | (*polit.*) Rinuncia, da parte di una forza politica, a presentare in un collegio uninominale un proprio candidato a favore di una forza politica alleata che abbia maggiore probabilità di vittoria: *patto di d.*

deṣistere [vc. dotta lat. *desĭstere*, comp. di *dē-* e *sĭstere* 'fermare', di orig. indeur.; 1321] **v. intr.** (**pass. rem.** *io deṣistéi* o *deṣistètti* (o *-étti*), *tu deṣistésti*; **part. pass.** *deṣistito*; aus. *avere*) *1* (assol.; + *da*; lett. raro + *di*) Ritirarsi da un'attività, da un'impresa, da un'iniziativa e sim.: *d. da un tentativo*; *non desisterà dall'azione intrapresa*; *non desisteva di trattare e di dare speranza a ciascuno* (GUICCIARDINI) | Recedere da un proposito, da un'intenzione e sim.: *Nondimeno fermai di non d. sino al fine* (PELLICO). **CONTR.** Insistere | (*dir.*) ***D. dalla causa***, rinunciare agli atti del giudizio in corso, o non svolgere in esso alcuna attività, determinandone così l'estinzione | (*dir.*) ***D. dalla querela***, rimetterla. *2* (*lett.*) †Finire, terminare.

desk /*ingl.* desk/ [vc. ingl., propr. 'scrivania', poi 'reparto della redazione di un giornale'; 1991] **s. m. inv.** ● Reparto di un giornale addetto alla redazione centrale del giornale stesso: *il d. degli spetta-*

coli.

desktop /*ingl.* 'dɛsk,tɒp/ [1989] s. m. inv. • (*elab.*) In un sistema operativo a interfaccia grafica, rappresentazione delle risorse disponibili che compare sullo schermo all'avvio del computer. SIN. Scrivania.

desktop publishing /*ingl.* 'dɛsk,tɒp 'pʌblɪʃɪŋ/ [loc. ingl., propr. 'editoria da tavolo', comp. di *desktop* 'piano (*top*) della scrivania (*desk*)' e *publishing* 'editoria'; 1988] loc. sost. m. inv. • Sistema di scrittura, impaginazione e stampa basato su un personal computer.

dèsman [sved. *desman* 'muschio' (per il suo odore), da un lat. med. *bisamum*, di orig. or.] s. m. • Mammifero degli Insettivori con naso prolungato a proboscide, piedi posteriori palmati e ghiandole che emanano odore di muschio (*Desmana moschata*). SIN. Miogale.

dèsmo- [dal gr. *desmós* 'legame', dal v. *déein* 'legare', di orig. indeur.] primo elemento • In parole composte della terminologia scientifica, significa 'legame, legamento': *desmologia*.

desmologìa [vc. dotta, comp. di *desmo-* e *-logia*; 1797] s. f. *1* (*anat.*) Studio degli apparati legamentosi e tendinei. *2* (*chim.*) Studio dei legami atomici e molecolari.

desmològico [1966] agg. (pl. m. *-ci*) • Di, relativo a, desmologia.

desmopatìa [vc. dotta, comp. di *desmo-* e *-patia*; 1966] s. f. • (*med.*) Malattia dei tendini o dei legamenti.

†desnóre • V. *disonore*.

†desnudàre • V. *†disnudare*.

desolaménto o **†disolaménto** [av. 1292] s. m. • (*raro*) Desolazione.

desolànte [av. 1769] part. pres. di *desolare*; anche agg. *1* (*lett.*, *raro*) Nei sign. del v. | Sconfortante, deprimente: *una scena, uno spettacolo, uno squallore d.* *2* (*est.*, *lett.*) Brutto, disgustoso: *quei … desolanti interni orrendamente arredati* (UNGARETTI). || **desolanteménte**, avv.

desolàre o **†disolàre** (2) [vc. dotta, lat. *desolāre* 'lasciare (*dē-*) solo (*sōlus*)'; av. 1292] v. tr. (*io desòlo* o *dèsolo*) *1* (*lett.*) Devastare: *i barbari invasero e desolarono l'Italia.* *2* (*raro*, *lett.*) Abbandonare. *3* Colmare di dolore, sconforto e sim.: *la tua cattiva condotta mi ha desolata.* SIN. Affliggere.

desolàto o **†disolàto** [av. 1306] part. pass. di *desolare*; anche agg. *1* Afflitto, addolorato | Dispiaciuto, spiacente: *sono d. di essere arrivato in ritardo.* *2* Squallido, in uno stado di desolazione: *un paesaggio d.*; *una laguna desolata.* || **desolataménte**, avv.

desolatóre o **†disolatóre** [vc. dotta, lat. tardo *desolatōre(m)*, da *desolātus* 'desolato'; sec. XIV] agg.; anche s. m. (f. *-trice*) • (*raro*) Che (o Chi) porta desolazione.

desolazióne o **†disolazióne** [vc. dotta, lat. tardo *desolatiōne(m)*, da *desolātus* 'desolato'; 1336 ca.] s. f. *1* Devastazione, rovina: *la guerra recò lutti e desolazioni.* *2* Squallore, stato di estremo abbandono: *la d. dei campi incolti.* *3* Dolore angoscioso, sconsolato: *il suo viso era l'immagine della d.*

desolforàre [comp. parasintetico del lat. *sulphur* 'zolfo', con il pref. *de-*] v. tr. (*io desólforo*) • Asportare zolfo, o composti che lo contengono, da sostanze in cui la sua presenza costituisce una impurità dannosa: *d. il gas illuminante, la ghisa.*

desolforatóre s. m. • Apparecchio per desolforare.

desolforazióne s. f. • Operazione del desolforare.

desonorizzàre [comp. di *de-*, *sonor(o)* e *-izzare*] **A** v. tr. • (*ling.*) Provocare una desonorizzazione. **B** v. intr. pron. • (*ling.*) Subire una desonorizzazione.

desonorizzàto [comp. di *de-* e *sonorizzato*] agg. • (*ling.*) Detto di suono che ha perduto la sonorità.

desonorizzazióne [da *desonorizzare*] s. f. • (*ling.*) Fenomeno per cui un suono si trasforma da sonoro in sordo.

desorbiménto [da *adsorbimento* con sostituzione del pref. *ad-* con *de-*] s. m. • (*chim.*) Fenomeno inverso all'adsorbimento, consistente nella liberazione di una sostanza adsorbita da una superficie solida.

†desortazióne [comp. di *de-* ed (*e*)*sortazione*] s. f. • Atto di chi sconsiglia, dissuade.

desòssi- • V. *deossi-*.

desossidàre e *deriv.* • V. *disossidare* e *deriv.*

desossiribonuclèico • V. *deossiribonucleico*.

desossiribòsio • V. *deossiribosio*.

desossiribòso • V. *deossiribosio*.

desovranizzàre [comp. parasintetico di *sovrano*, col pref. *de-*] v. tr. • Eliminare la sovranità, il potere e sim. detenuti da una persona, un organo e sim.

†desperàre e *deriv.* • V. *disperare* e *deriv.*

†despètto • V. *dispetto* (*1*) e *†dispetto* (*2*).

†despezióne [vc. dotta, lat. *despectiōne(m)*, da *despĕctus* 'disdegno' (V. *dispetto*); sec. XIV] s. f. • Disprezzo.

†despitto • V. *†dispitto*.

†despogliàre • V. *dispogliare*.

†desponsàre e *deriv.* • V. *†disposare* e *deriv.*

dèspota o **†dèspoto** [vc. dotta, gr. *despótēs* 'signore, tiranno', originariamente 'padrone (**potis*) della casa (*dôma*)'; sec. XIII] s. m. e f. (pl. m. *-i*) *1* Sovrano assoluto, tiranno. *2* (*est.*) Chi esercita la propria autorità in modo arbitrario ed eccessivamente rigoroso.

despòtico • V. *dispotico*.

despotismo • V. *dispotismo*.

†dèspoto • V. *despota*.

†despregiàre e *deriv.* • V. *dispregiare* e *deriv.*

†desprezzàre e *deriv.* • V. *disprezzare* e *deriv.*

†despumàre [vc. dotta, lat. *despumāre* 'schiumare (*spumāre*) via (*dē-*)'; av. 1730] v. tr. • Schiumare.

†despumazióne [vc. dotta, lat. tardo *despumatiōne(m)*, da *despumātus* 'despumato'; 1830] s. f. • Il despumare.

desquamàre [vc. dotta, lat. *desquamāre* 'togliere le squame', comp. parasintetico di *squāma* 'squama'; 1955] **A** v. tr. • Causare la formazione e il successivo distacco di scaglie: *i detersivi desquamano la pelle.* **B** v. intr. pron. • Sfaldarsi in squame: *la pelle si desquama.*

desquamativo [1913] agg. • Che provoca desquamazione: *processo d.*

desquamazióne [1777] s. f. *1* Distacco in forma di squame delle parti superficiali di un organo: *d. cutanea.* *2* (*geol.*) Alterazione di superfici rocciose per dilatazione termica dovuta al calore solare, per cui parti della roccia si staccano in forma di squame. *3* (*bot.*) Asportazione delle tuniche a certe radici bulbose.

†dessedàre • V. *destare*.

dessert /*fr.* de'sɛːʀ/ [vc. fr., part. pass. di *desservir* 'togliere ciò che è stato servito, sparecchiare'; 1736] s. m. inv. • Ciò che viene offerto a fine pasto, spec. frutta e dolce | (*est.*) Ultima fase di un pranzo, di una cena.

déssi • V. *dare* (*1*).

dessilàre o **desilàre** [comp. di *de-* e *silo*] v. tr. • (*agr.*) Estrarre, trasportare o convogliare fuori da un silo.

dessilatóre o **desilatóre** **A** s. m. • Impianto, dispositivo per dessilare. **B** agg. (f. *-trice*) • Che dessila, atto a dessilare: *macchina dessilatrice.*

dessiocardìa [vc. dotta, comp. del gr. *dexiós* 'destro' (di orig. indeur.) e di *-cardia*; 1966] s. f. • (*med.*) Destrocardia.

dessiografìa [vc. dotta, comp. del gr. *dexiós* 'destro' (di orig. indeur.) e di *-grafia*; 1892] s. f. • Scrittura che procede da sinistra a destra.

†dessìssimo [superl. di *desso*] pron. dimostr. • (*raro*, *scherz.*) Proprio lui.

désso [lat. *ĭd ĭpsum* 'esso stesso'; av. 1292] **A** pron. dimostr. (f. *-a*) • (*lett.*) Quello stesso, proprio quello, proprio lui, la stessa persona: *è d.*; *non pare più d.* | Con valore raff., accompagnato da un altro pron. o da un s.: *i' grido: ell'è ben dessa; ancor è in vita* (PETRARCA) | (*scherz.*) *Sono io quel d.* **B** pron. pers. • (*lett.*) †Egli, colui: *era dessa la primogenita* (NIEVO). || **†dessìssimo**, superl. (V.).

dessous /*fr.* də'su/ [vc. fr., propr. 'di sotto', da *vêtements de dessous* 'sottovesti'; 1905] s. m. pl. • Capi di biancheria intima femminile.

dest /dɛst/ • V. *destr.*

destabilizzànte [1979] part. pres. di *destabilizzare*; anche agg. • Nei sign. del v.: *elemento, fattore, iniziativa d.*

destabilizzàre [comp. di *de-* e *stabilizzare*; 1977] v. tr. • Turbare, rendere instabile qlcu. o qlco. in un equilibrio, in un assetto costituito: *d. il mondo occidentale*; *campagna che tende a d. il sistema democratico.*

destabilizzatóre [1980] s. m.; anche agg. (f. *-trice*) • Chi (o Che) destabilizza.

destabilizzazióne [1978] s. f. • Il destabilizzare, il venire destabilizzato: *d. politica*; *fare opera di d.*

destagionalizzàre [comp. di *de-*, *stagional(e)* e *-izzare*; 1983] v. tr. • (*stat.*, *econ.*) Eliminare dai dati relativi all'andamento temporale di un fenomeno le variazioni dovute a fattori stagionali.

destagionalizzàto [1983] part. pass. di *destagionalizzare*; anche agg. • Nel sign. del v.: *indice, tasso, dato d.*

destagionalizzazióne [comp. di *de-* e un deriv. di *stagionale*; 1986] s. f. • (*stat.*) Modifica apportata ai dati di una serie temporale al fine di depurarli dalle influenze specifiche del periodo cui si riferiscono e di individuare le reali tendenze di fondo.

destalinizzàre [comp. di *de-* e *stalinizzare*; 1962] v. tr. • Sottoporre a destalinizzazione.

destalinizzazióne [1956] s. f. • Fase di revisione critica del regime, della politica e dei metodi staliniani attuata nell'Unione Sovietica e in altri Paesi dell'Europa orientale dopo la morte di Stalin (1953) e in particolare dopo il XX Congresso del PCUS (1956) | (*est.*) Revisione ideologica, politica e organizzativa attuata da vari partiti comunisti dopo il 1956.

†destaménto [av. 1363] s. m. • Risveglio.

destàre o (*dial.*) **†descedàre**, (*dial.*) **†descetàre**, (*dial.*) **†descitàre**, (*dial.*) **†desedàre**, (*dial.*) **†dessedàre** [lat. parl. **deexcitāre* 'chiamare (*citāre*) fuori (*ex-*), sottinteso dal sonno', con *dē-*; sec. XIII] **A** v. tr. (*io désto* (o *dèsto*)) *1* (*lett.*, *tosc.* o *raro*) Scuotere dal sonno (*anche fig.*): *d. chi dorme*; *d. qlcu. nel cuore della notte*; *il primo sole desta la campagna.* SIN. Svegliare | (*fig.*) Scuotere dall'inerzia, dal torpore: *d. la volontà dei propri allievi* | (*lett.*) Eccitare: *tutto mi senti' destar el core / di dolce voglia, e d'un piacer divino* (POLIZIANO). *2* (*fig.*) Suscitare sentimenti, sensazioni, memorie e sim.: *l'evento destò grande gioia in tutti noi*; *la scena destò la curiosità dei presenti*; *d. simpatia, scalpore.* **B** v. intr. pron. *1* Scuotersi dal sonno (*anche fig.*): *mi destai all'improvviso*; *la città si desta ai primi albori.* *2* (*fig.*, *lett.*) Scuotersi dall'inerzia, dal torpore e sim.: *la sua fantasia pareva destarsi a nuova vita.* *3* (*lett.*) Nascere: *nuovi ideali si destano in noi* | Cominciare a manifestarsi: *si destarono i primi moti di rivolta.*

destatizzazióne [comp. di *de-* e *statizzazione*] s. f. • (*econ.*) Privatizzazione.

†destatóre [1336 ca.] agg.; anche s. m. (f. *-trice*) • Che (o Chi) desta.

†desterità [vc. dotta, lat. *dexteritāte(m)*, da *dĕxter* 'destro'; av. 1504] s. f. • Destrezza | Sagacia.

désti • V. *dare* (*1*).

†destillàre e *deriv.* • V. *distillare* e *deriv.*

♦destinàre o **†distinàre** [vc. dotta, lat. *destināre*, comp. di *dē-* e *-stanāre*, da avvicinare a *stāre* 'fissare, fermare'; sec. XII] **A** v. tr. *1* Dare in sorte, stabilire in modo definitivo e irrevocabile (*anche assol.*): *Dio destina un fine a ogni creatura*; *gli esseri viventi sono destinati a morire*; *gli dei avevano destinato altrimenti* | (*est.*, *raro*) Decidere: *destinò di trascorrere le vacanze al mare* | Determinare il tempo o il luogo in cui qlco. dovrà accadere, realizzarsi, compiersi e sim.: *d. una data*; *rinviare un incontro a data da destinarsi.* *2* Assegnare qlcu. a una sede, a una carica, a un ufficio e sim.: *lo hanno destinato alla nuova filiale*; *ci destineranno a nuovi compiti* | (*est.*) Avviare qlcu. a una determinata attività, professione e sim.: *suo padre vuole destinarlo alla carriera militare.* *3* Devolvere una somma, un contributo e sim. a favore di qlcu. o di qlco.: *ha destinato una notevole cifra alla beneficenza*; *destinerò ogni mia risorsa alla realizzazione dell'opera* | (*est.*) Adibire a un particolare uso, fine e sim.: *il primo piano è destinato ai servizi.* *4* Indirizzare a un luogo o a una persona: *il pacco è destinato a Roma*; *il dono è destinato a te* | (*est.*) Rivolgere a qlcu. una frase, un motto e sim.: *la battuta era destinata a voi.* *5* †Proporsi: *abitarvi alcun tempo si destina* (ARIOSTO). **B** v. intr. (aus. *avere*) • Deliberare, far proposito.

destinatàrio [fr. *destinataire*, da *destiner* 'destinare'; 1812] s. m. (f. *-a*) ● Colui al quale si indirizza qlco.: *il d. di una lettera* | (*dir.*) ***D. del diritto***, colui cui spetta di osservare e di fare osservare il disposto della legge | (*ling.*) Colui al quale è destinato un messaggio linguistico.

destinàto o †**distinàto** [sec. XIII] part. pass. di *destinare*; anche agg. ● Nei sign. del v. | Che ha un determinato scopo, funzione e sim.: *edifici destinati ad abitazione*; *un vano d. all'equipaggio* | ***Essere d. a***, avere come esito irrevocabile: *tentativi destinati al fallimento*.

destinazióne o †**distinazióne** [vc. dotta, lat. *destinatiōne(m)*, da *destinātus* 'destinato'; 1305] s. f. **1** Il destinare | Assegnazione | †Deliberazione. **2** Residenza assegnata a funzionari e sim.: *raggiungere la propria d.* | Attività o ufficio cui una persona è destinata. **3** Uso o fine stabilito per una cosa: *ignoro la d. della somma*. **4** Meta di un viaggio: *giungere a d.*; *partire per d. ignota* | Il luogo a cui viene spedita una lettera, un pacco e sim.

♦**destìno** o †**distìno** [da *destinare*; 1313] s. m. **1** Il corso degli eventi considerato come predeterminato, immutabile e indipendente dalla volontà umana: *rassegnarsi al d.*; *subire il d.*; *seguire il proprio d.*; *il d. ha voluto così*; *credere, non credere, al d.*; *essere perseguitato dal d.*; *prendersela col d.*; *il bel cammino a me mio destin vieta* (L. DE' MEDICI) | ***È d. che***, è fatale che. SIN. Fato. **2** (*gener.*) Sorte: *predire, leggere, il d. a qlcu.* | ***Abbandonare qlcu. al proprio d.***, disinteressarsi di lui | (*spec. al pl.*) Vicende, sorti, di nazioni, popoli e sim.: *i destini della patria*; *è un popolo chiamato a grandi destini*. **3** (*raro*) Recapito, destinazione: *la lettera è giunta a d.*

destituìre [vc. dotta, fr. *destituer*, dal lat. *destitŭere*, comp. di *dē-* e *statŭere* 'mettere in piedi', 'statuire'; av. 1626] v. tr. (*io destituìsco, tu destituìsci*; part. pass. *destituìto*, †*destitùto*) **1** (qlcu. + *da*) Rimuovere da un incarico, da un ufficio e sim., spec. per punizione: *il presidente è stato destituito dalla carica*; *fu destituito dall'impiego*. **2** (+ *da*, + *di*) (*lett.*) Privare: *la vera solitudine è essere destituito da quelle cose che piacciono* (L. DE' MEDICI). **3** †Abbandonare, lasciare solo.

destituìto [sec. XIV] part. pass. di *destituire*; anche agg. **1** (+ *da*) Nei sign. del v.: *Anna, destituita da maestra, aveva … ottenuto una misera pensioncina* (PIRANDELLO). **2** (+ *di*; lett. + *da*) Mancante, privo: *notizie destituite di fondamento*; *una società destituita di ogni vita interiore* (DE SANCTIS); *Percosso nella fronte, d. dalla potenza di creare* (D'ANNUNZIO).

destituzióne [fr. *destitution*, dal lat. *destitūtio*, genit. *destitutiōnis*, da *destitūere* 'destituire'; 1584] s. f. ● Rimozione da un incarico, un ufficio e sim., anche come pena o sanzione disciplinare.

dèsto (o -é-) [da *dest(at)o*, part. pass. di *destare*; 1313] agg. **1** (*lett.*, *tosc.* o *raro*) Che non dorme, sveglio: *la preoccupazione lo tiene d.* | ***Sogno o son d.?***, domanda che esprime stupore, incredulità e sim. di fronte a un fatto straordinario, quasi incredibile | (*est.*, *lett.*) Vigilante, attento, cauto: *stare d. all'erta*. **2** (*lett.*, *fig.*) Attivo, pronto, vivace: *ingegno d.*; *mente, intelligenza desta* | Capace, svelto nell'agire.

destoricizzàre [comp. di *de-* e *storicizzare*] v. tr. ● Considerare qlcu. o qlco. al di fuori del suo contesto storico.

destorificazióne [comp. parasintetico di *storia*, col pref. *de-*] s. f. ● Il considerare un fatto, un'idea e sim. al di fuori del contesto storico e sociale in cui sono nati e si sono sviluppati.

dèstr o **dest** [1957] **A** inter. ● Si usa per indicare la parte destra nei comandi di esecuzione a militari e, un tempo, a ginnasti dopo un comando di avvertimento: *fronte d.!, d.!* **B** in funzione di s. f.: *attenti a d.!*; *squadra a d.!* e sim.

♦**dèstra** [vc. dotta, lat. *dĕxtera(m)* 'destra', sottinteso *mănu(m)*, di orig. indeur.; av. 1294] s. f. (troncato talvolta in *destr* (V.)) **1** Mano che è dalla parte del fegato e che, nella maggior parte degli esseri umani, è più agile e vigorosa dell'altra | ***Stringere, baciare la d.***, in segno di saluto, rispetto, congratulazione e sim. **2** Parte che è dalla mano destra: *alla mia d.*; *alla d. del Padre*; *a d. entrando*; *s'ode a d. uno squillo di tromba* (MANZONI) | ***Sulla, alla d. di qlcu.***, sulla parte destra di chi percorre una strada, un sentiero e sim., od osserva da un punto determinato | ***A d. e a sinistra***, da ogni parte, di qua e di là | ***Dare la d.***, far camminare qlcu. alla propria destra in segno di rispetto | ***Tenere la d.***, mantenersi sul lato destro di una strada, nella circolazione stradale | ***Attenti a d.***, ***fronte a d.***, ***squadra d.***, e sim., comandi di avvertimento a militari e ginnasti; V. anche *destr.* **3** Settore che, in un emiciclo assembleare, è posto alla destra del presidente | (*est.*) L'insieme dei parlamentari che, secondo la tradizione, rappresentano la tendenza conservatrice o moderata | (*est.*) La parte più conservatrice di un partito politico, di una corrente di pensiero e sim.: *la d. laburista*; *la d. hegeliana*. **4** (*arald.*) La parte dello scudo a sinistra di chi guarda. **5** Nel linguaggio dei cacciatori, la canna destra della doppietta: *tirare di d.*

†**destràle** [vc. dotta, lat. tardo *dextrāle*, da *dĕxtra* '(a mano) destra'; sec. XIV] s. m. ● Braccialetto portato al braccio destro. SIN. Destrocherio.

†**destràre** [da *destra*; av. 1348] v. tr. ● Accompagnare qlcu. tenendo il cavallo con la mano destra in segno di rispetto.

†**destràrre** ● V. *distrarre*.

destreggiaménto [1858] s. m. ● (*raro*) Il destreggiarsi.

destreggiàrsi [da *destro*; av. 1585] v. intr. pron. (*io mi destréggio*) **1** Procedere con accortezza, operare con prontezza e abilità in modo da superare situazioni difficili, evitare rischi, raggiungere i propri scopi e sim.: *sapersi destreggiare nella vita*; *d. con gli avversari politici*; *d. fra diverse opinioni*. SIN. Barcamenarsi. **2** Muoversi con cautela e prudenza: *d. nel traffico*.

destreggiatóre [1858] s. m.; anche agg. (f. *-trice*) ● (*raro*) Chi (o Che) si destreggia.

destrése [comp. di *destra* e *-ese* (2), sul modello di *sinistrese*; 1994] s. m. ● (*iron.*) Insieme delle parole e delle locuzioni che caratterizzano il linguaggio di chi fa parte dell'area politica della destra italiana.

destrézza [da *destro*; 1340] s. f. **1** Agilità, prontezza nell'operare: *d. di mano*; *uno sport che esige forza e d.*; *gioco di d.*; *furto con d.* | Abilità: *cavalcare, giocare con d.* **2** (*fig.*) Accortezza, sagacia: *comportarsi con d.* **3** †Attitudine, idoneità. **4** (*fig.*) †Espediente.

destrièro o (*poet.*) **destrière** [ant. fr. *destrier*, da *destre* 'destra', perché lo scudiero lo teneva con la mano destra; sec. XIII] s. m. (f. *-a*, raro) ● (*lett.*) Cavallo da battaglia | Cavallo da sella di buona qualità: *lieto spronò il destrier per lei seguire* (POLIZIANO) | (*lett.*, *scherz.*) ***D. di Sileno***, asino.

destrimano [comp. di *destro* e *mano*] s. m.; anche agg. ● (*fisiol.*) Chi (o Che) usa di preferenza la mano destra e gener. gli arti della parte destra del corpo.

destrina [fr. *dextrine*, da *dextre* 'destra', parte verso cui questa sostanza fa deviare la polarizzazione; 1865] s. f. ● (*chim.*) Sostanza bianca, amorfa, ottenuta per idrolisi dell'amido, usata in pasticceria, nella dieta dei lattanti, per l'appretto di tessuti, come collante e agglutinante.

destrìsmo [1896] s. m. **1** (*fisiol.*) Disposizione naturale ad usare di preferenza gli arti della parte destra del corpo. CONTR. Mancinismo. **2** L'avere posizioni politiche di destra.

♦**dèstro** [lat. *dĕxteru(m)*, di orig. indeur.; sec. XIII] **A** agg. **1** Che, in una persona, sta dalla parte del fegato: *fianco, braccio, piede d.*; *mano destra* | ***Braccio d.***, (*fig.*) collaboratore e sim. di cui non si può fare a meno. **2** Che è a destra rispetto a un punto di riferimento: *lato d.*; *parte destra*; *tasca destra* | ***Riva destra di un corso d'acqua***, quella a destra di chi guarda nella direzione della corrente. **3** (*fig.*) Attivo, lesto, abile: *d. di mano*; *d. in tutti gli esercizi* | (*lett.*) Adatto: *d. e cortese modo di negoziare* (TASSO). **4** (*fig.*) †Opportuno, propizio, favorevole. **5** (*fig.*) †Accorto, sagace. **6** †Diritto, retto: *per d. camino guidaci alla celeste patria* (MARINO) | (*fig.*) †Onesto, buono. || **destraménte**, avv. Con destrezza. **B** s. m. (f. *-a* nel sign. 3) **1** Opportunità, occasione favorevole: *avere, aspettare, cogliere il d.*; *offrire, presentare, porgere, fornire il d.* **2** Nel pugilato, colpo portato col pugno destro: *colpire di d.* **3** Chi è solito usare la mano destra anziché la sinistra. CONTR. Mancino. **4** †Latrina | †Seggetta.

destrocardìa [comp. di *destro* e *-cardia*] s. f. ● (*med.*) Posizione anomala del cuore nell'emitorace destro. SIN. Dessiocardia.

destrochèrio [vc. dotta, lat. tardo *dextrochē̆riu(m)*, comp del lat. *dĕxtrum* 'destro' e del gr. *chéir* 'mano'] s. m. **1** Destrale. **2** (*arald.*) Braccio destro uscente dal fianco sinistro dello scudo.

destrogiro [fr. *dextrogyre*, detto di sostanze che fanno girare (*-gyre*) a destra (*dextre*) la luce polarizzata; 1869] agg. **1** Destrorso. **2** Di sistema fisico o chimico capace di far ruotare a destra il piano di polarizzazione di un fascio di luce polarizzata che l'attraversa.

destròide agg.; anche s. m. e f. ● (*scherz.*) In politica, che (o chi) propende per la destra.

destròrso [vc. dotta, lat. *dextrōrsum*, avv. comp. di *dĕxtrum* 'destro' e dell'arc. *vōrsum* 'girato, volto'; 1830] **A** agg. **1** Che va o gira da sinistra verso destra. **2** Detto del verso di rotazione di eliche, viti e sim. che all'osservatore appare come orario, cioè concorde col verso del moto delle lancette dell'orologio. **3** (*fis.*) Destrogiro. **B** agg.; anche s. m. (f. *-a*) ● (*fig.*, *scherz.*) Che (o Chi) ha idee politiche di destra.

destròsio o (*raro*) **destròso** [fr. *dextrose*, da *dextre*, perché la luce polarizzata è deviata a destra, e la terminazione di (*gluc*)*ose* 'glucosio'; 1892] s. m. ● (*chim.*) Glucosio.

destruènte [av. 1535] agg. ● (*med.*) Detto di processo morboso a carattere distruttivo: *cancrena d.*

†**destrùere** e deriv. ● V. *distruggere* e *deriv.*

†**destrùggere** e deriv. ● V. *distruggere* e *deriv.*

†**destruìre** v. tr. ● (*raro*) Distruggere.

destrutturàre [comp. di *de-* e *strutturare*; 1985] **A** v. tr. ● Scomporre una struttura nei suoi elementi costitutivi, spesso per procedere a una ristrutturazione su nuove basi: *d. un'azienda*. **B** v. intr. pron. ● Perdere la propria organizzazione strutturale.

destrutturàto [1987] part. pass. di *destrutturare*; anche agg. **1** Nel sign. del v. **2** Privo di una struttura logica, di una coerenza interna: *un discorso totalmente d.* **3** Detto di capo d'abbigliamento dalla linea molto morbida: *giacca destrutturata*.

destrutturazióne [da *destrutturare*; 1965] s. f. ● Abbandono di istituzioni, tradizioni e sim. così come sono per riproporle su nuove basi: *d. del matrimonio, del rapporto fra i genitori e i figli*.

desuèto o **desuèto** [vc. dotta, lat. *desuētu(m)*, part. pass. di *desuēscere* 'non (*dē-*) aver più l'abitudine (*suēscere*)'; sec. XIV] agg. ● (*lett.*) Non più avvezzo | Disusato.

desuetùdine o **desuetùdine** [vc. dotta, lat. *desuetūdine(m)*, da *desuēscere*, comp. di *dē-* e *suēscere* 'abituarsi'; av. 1566] s. f. **1** (*lett.*) Mancanza di consuetudine | Disuso: *vocabolo caduto in d.* **2** (*dir.*) Cessazione di validità di una norma a causa della sua inosservanza prolungata nel tempo; non è ammessa dall'ordinamento giuridico italiano.

desultóre o **desultóre** [vc. dotta, lat. pl. *desultō-re(s)*, comp. di *dē-* e un deriv. di *saltāre* 'saltare'; 1499] s. m. ● Nell'antica Roma, cavaliere che durante la corsa saltava da un cavallo a un altro o, tenendo le briglie, correva insieme col cavallo.

desultòrio o **desultòrio** [vc. dotta, lat. *desultōriu(m)*, da *desultōres* 'desultori, saltatori'] agg. **1** (*raro*) Che si riferisce al desultore. **2** (*fig.*, *lett.*) Irregolare, discontinuo, incoerente: *stile d.* || **desultoriaménte**, avv.

desùmere [vc. dotta, lat. *desūmere*, in orig. 'scegliere per sé', comp. di *dē-* e *sūmere* 'assumere'; 1686] v. tr. (pass. rem. *io desùnsi, tu desumésti*; part. pass. *desùnto*) **1** Trarre, ricavare: *ho desunto la notizia dai giornali*. **2** Arguire, dedurre: *dal viso arrossato desumevo la sua eccitazione*; *d. da un fatto elementi di prova*.

desumìbile [1819] agg. ● Che si può desumere.

desùnsi ● V. *desumere*.

desùnto [av. 1794] part. pass. di *desumere*; anche agg. ● Nei sign. del v.

detartràggio [fr. *détartrage*, deriv. di *détartrer* 'togliere il tartaro', comp. parasintetico di *tartre* 'tartaro'] s. m. ● (*med.*) Eliminazione del tartaro dai denti. SIN. Detartrasi.

detartràsi [da *detartr(aggio)*] s. f. inv. ● (*med.*) Detartraggio.

detassàre [comp. di *de-* e *tassare*; 1985] v. tr. ● Liberare da un onere fiscale: *d. le retribuzioni*.

detassazióne [da *detassare*; 1963] s. f. ● Riduzione o eliminazione di una tassa.

detèctive /de'tɛktiv, *ingl.* dɪ'tɛktɪv/ [vc. ingl.,

accorc. di *detective policeman* 'poliziotto (*policeman*) che scopre (*detective*, comp. del lat. *detēctus*, part. pass. di *detĕgere* 'scoprire', e del suff. *-ive*)', sostantivato in *detective* e passato poi a designare anche l'investigatore privato (*private detective*); 1891] **s. m. e f. inv.** ● Investigatore, poliziotto privato.

detèctor /de'tɛktor, *ingl.* dɪ'tɛktəɹ/ [vc. ingl., dal lat. tardo *detēctor*, da *detēctus*, part. pass. di *detĕgere* 'scoprire'; 1905] **s. m. inv.** ● Strumento atto a rilevare varie grandezze. **CFR.** Lie detector, metaldetector, mine-detector.

deteinàto [da *teina*, col pref. *de-* priv., sul modello di *decaffeinato*; 1984] **agg.** ● Detto del tè parzialmente o totalmente privato di teina.

detenére o †**detinére**, †**ditenére** [vc. dotta, comp. di *de-* e *tenere*, sul tipo del lat. *detinēre* 'tenere (*tenēre*) saldamente (*dē-*)'; sec. XIII] **v. tr.** (coniug. come *tenere*) **1** Tenere in proprio possesso: *d. un primato, un titolo* | (*est.*) Possedere. **2** (*dir.*) Avere qlco. in detenzione: *d. un immobile*. **3** Tenere in prigione. **4** †Dominare, signoreggiare. **5** †Mantenere, conservare | †Arginare.

†**detenimènto** [sec. XIII] **s. m.** ● Detenzione | Arresto.

†**detenitóre** ● V. *detentore*.

détente /*fr.* de'tɑ̃:t/ [vc. fr., da *détendre* 'distendere'; 1953] **s. f. inv.** ● Nel linguaggio politico e diplomatico, allentamento di uno stato di tensione. **SIN.** Distensione.

detentìvo [1958] **agg.** ● Restrittivo della libertà personale: *pena detentiva*.

†**detènto** [vc. dotta, lat. *detēntu(m)*, part. pass. di *detinēre* 'detenere'; 1499] **agg.** ● (*raro*) Preso, impedito.

detentóre o †**detenitóre**, †**ditenitóre** [vc. dotta, lat. tardo *detentōre(m)*, da *detēntus* 'detento'; av. 1294] **agg.**; anche **s. m.** (f. *-trice*) ● Che (o Chi) detiene: *la squadra detentrice dello scudetto*; *il d. di un immobile*.

detenùto o †**ditenùto** [sec. XIV] **A part. pass.** di *detenere*; anche **agg.** ● Nei sign. del v. **B s. m.** (f. *-a*) ● Chi sconta una pena o una misura di sicurezza detentiva: *evasione di un d.*; *nei camerotti sordi … dei detenuti … devon arrivar i suoni della strada* (BACCHELLI).

detenzióne [vc. dotta, lat. tardo *detentiōne(m)*, da *detēntus* 'detento'; 1356] **s. f. 1** Il detenere: *la d. di un primato, di un titolo* | (dir.) Disponibilità materiale di una cosa: *la d. di un bene* | (*dir.*) Possesso illecito: *d. abusiva di materie esplosive*; *d. di armi, di stupefacenti*. **2** (*dir.*) Stato di chi è sottoposto all'esecuzione di una pena o di una misura di sicurezza detentiva.

detergènte [1671] **A part. pres.** di *detergere*; anche **agg. 1** Nei sign. del v. **2** ***Latte, crema d.***, prodotti cosmetici per la pulizia della pelle. **B s. m.** ● (*chim.*) Sostanza, spec. tensioattiva, in grado di asportare le impurità da superfici di vario genere | ***Detergenti fisici, chimici, meccanici***, secondo il tipo di azione che svolgono.

detergènza **s. f.** ● Proprietà di un detergente | (*est.*) Eliminazione di impurità, residui e sostanze inquinanti da una superficie, da un impianto e sim.

detèrgere [vc. dotta, lat. *detĕrgere*, comp. di *dē-* e *tĕrgere* 'asciugare'; 1483] **v. tr.** (coniug. come *tergere*) ● Pulire: *d. una piaga* | Asciugare, togliere: *detergersi il sudore*.

deterioràbile [1928] **agg.** ● Che si può deteriorare: *beni deteriorabili*.

deterioraménto [1618] **s. m.** ● Alterazione, guasto | (*fig.*) Peggioramento: *il d. della situazione politica*.

deterioràre [vc. dotta, lat. tardo *deteriorāre*, deriv. di *detĕrior* 'deteriore'; 1590] **A v. tr.** (*io deterióro*) ● Ridurre in cattivo stato: *la ruggine deteriora il ferro* | (*fig.*) Alterare, peggiorare. **B v. intr. pron.** ● Guastarsi, alterarsi | (*fig.*) Peggiorare, logorarsi.

deterioràto **part. pass.** di *deteriorare*; anche **agg. 1** Nei sign. del v. **2** Guastato, danneggiato.

deteriorazióne [vc. dotta, lat. tardo *deterioratiōne(m)*, da *deteriorāre* 'deteriorare'; 1619] **s. f.** ● (*raro*) Deterioramento.

deterióre [vc. dotta, lat. *deteriōre(m)*, compar. di un **dēter* non attestato (comp. di *dē-* e del suff. dei compar. *-ter*); 1619] **agg.** ● Peggiore: *l'elemento d. di un insieme* | Scadente: *merce, qualità, prodotto d.*

determinàbile [vc. dotta, lat. *determinābile(m)*, da *determināre* 'determinare'; 1712] **agg.** ● Che si può determinare: *prezzo esattamente d.*

determinabilità [1881] **s. f.** ● (*raro*) Caratteristica di ciò che è determinabile.

†**determinaménto** [sec. XIV] **s. m.** ● Determinazione.

determinànte [1735] **A part. pres.** di *determinare*; anche **agg. 1** Nei sign. del v. **2** ***Elemento d.***, decisivo | (*dir.*) ***Dolo d.***, quello che induce alla conclusione di un negozio giuridico. **B s. m. e f. 1** Elemento, fattore, decisivo e fondamentale. **2** (*mat.*) Valore numerico che, secondo un'opportuna regola, si associa a una matrice quadrata. **3** (*ling.*) Elemento linguistico che ne determina un altro. **4** (*biol.*) ***D. antigenico***, raggruppamento di atomi alla superficie di una molecola antigenica che induce un organismo a produrre anticorpi capaci di legarlo specificamente.

determinàre o †**diterminàre** [vc. dotta, lat. *determināre*, comp. di *dē-* e *termināre* 'porre i confini'; av. 1292] **A v. tr.** (*io detèrmino*) **1** Indicare con precisione i termini di qlco.: *d. i confini di un territorio*; *d. il significato di una parola*. **2** Stabilire, fissare: *d. il prezzo di una merce*; *d. la data della partenza*. **3** Produrre, come causa diretta e immediata, un determinato fenomeno: *la denutrizione determina un progressivo indebolimento*. **4** Indurre ad agire in un determinato modo: *la pioggia lo determinò a rimanere in casa*. **5** (*lett.*) Deliberare, decidere: *la commissione determinò di iniziare i lavori*; *non ha ancora determinato quello che deve fare* | (*raro, lett.*) Definire, risolvere: *d. una questione*. **6** †Affermare, dichiarare. **B v. intr. pron. 1** Risolversi, decidersi: *determinarsi ad accettare una proposta*. **2** Verificarsi, prodursi, manifestarsi: *si determinò una situazione preoccupante*.

determinatézza [av. 1704] **s. f.** ● Caratteristica di chi (o di ciò che) è determinato: *le sue idee mancano di d.* | ***D. di una misura***, esattezza, precisione.

determinatìvo [vc. dotta, lat. *determinatīvu(m)*, da *determinātus* 'determinato'; sec. XIV] **agg. 1** Che serve a determinare | ***Articolo d.***, che dà al nome una indicazione definita (ad es. *il cane*, *la sedia*, ecc.); **CONTR.** Indeterminativo | ***Aggettivi determinativi***, che esprimono una determinazione specifica (cioè tutti gli aggettivi tranne i qualificativi). **2** (*raro*) Determinante: *elemento, fattore d.*

♦**determinàto** o †**diterminàto** [1282] **A part. pass.** di *determinare*; anche **agg. 1** Stabilito, definito; **CONTR.** Indeterminato. **2** (*mat.*) ***Equazione determinata***, che ha un numero finito di soluzioni. **3** Deciso, risoluto: *essere d. nell'agire*. || **determinataménte**, **avv.** Con risolutezza. **B s. m.** solo **sing. 1** (*raro*) Ciò che è limitato entro precisi termini: *il concreto e il d.* **2** (*ling.*) Elemento linguistico che riceve la determinazione da un altro elemento.

determinatóre [vc. dotta, lat. tardo *determinatōre(m)*, da *determinātus* 'determinato'; 1632] **s. m.**; anche **agg.** (f. *-trice*) ● (*raro*) Chi (o Che) determina.

determinazióne o †**diterminagióne** [vc. dotta, lat. *determinatiōne(m)*, da *determinātus* 'determinato'; 1336 ca.] **s. f. 1** Esatta indicazione dei termini di qlco.: *d. dei limiti territoriali* | ***D. di un concetto***, definizione | ***D. di una lite***, sentenza. **2** Decisione, deliberazione: *prendere una d.*; *arrivare, venire, a una d.* | Volontà salda, risolutezza: *agire con d.*

determinìsmo [fr. *déterminisme*, dal ted. *Determinismus*, deriv. dotta da *determināre* 'determinare'; 1873] **s. m. 1** Dottrina filosofica secondo la quale tutti i fenomeni dell'universo sono il risultato necessario di condizioni antecedenti o concomitanti. **2** ***D. economico***, dottrina che considera i fatti economici come il fondamento di tutti gli aspetti della vita sociale.

determinìsta [1894] **s. m. e f.** (pl. m. *-i*) ● Chi segue o si ispira alla dottrina del determinismo.

deterministico **agg.** (pl. m. *-ci*) ● Che concerne o interessa il determinismo. || **deterministicaménte**, **avv.** Secondo le teorie del determinismo.

deterrènte [ingl. *deterrent*, dal lat. *deterrēnte(m)*, part. pres. di *deterrēre* 'distogliere incutendo timore'; 1955] **A s. m. 1** Ogni mezzo di offesa bellica, posseduto da uno Stato, così efficace da scoraggiare gli altri Stati da propositi o atti di aggressione | ***D. atomico, nucleare***, quello basato su armi atomiche o nucleari. **2** (*est., fig.*) Tutto ciò che dissuade dal mettere in atto intenzioni aggressive o comunque nocive: *d. psicologico*. **B** anche **agg.**: *armi deterrenti*; *manovra, mossa d.*

deterrènza [ingl. *deterrence*, da *deterrent* 'deterrente'; 1966] **s. f. 1** Azione, potere deterrente. **2** Complesso di mezzi deterrenti.

detersióne [vc. dotta, lat. *detersiōne(m)*, da *detĕrsus* 'deterso'] **s. f.** ● (*raro*) Il detergere, il venire deterso.

♦**detersìvo** [fr. *détersif*, dal lat. *detĕrsus* 'deterso'; 1737] **A agg.** ● (*lett.*) Atto a detergere: *acqua detersiva*. **B s. m.** ● Sostanza di natura organica o inorganica usata in luogo del sapone per pulire corpi solidi: *d. per i piatti, per la biancheria, per i pavimenti*.

detèrso [av. 1907] **part. pass.** di *detergere*; anche **agg. 1** Nei sign. del v. **2** (*lett.*) Puro.

detestàbile [vc. dotta, lat. *detestābile(m)*, da *detestāri* 'detestare'; av. 1342] **agg.** ● Degno d'essere detestato: *individuo, fatto d.* | (*est.*) Abominevole: *sapore, gusto d.*; *vita d.* || **detestabilménte**, **avv.**

†**detestaménto** [av. 1694] **s. m.** ● Avversione, orrore, odio.

♦**detestàre** [vc. dotta, lat. *detestāri*, in orig. 'respingere (*dē-*) una testimonianza (*testātio*)'; av. 1363] **A v. tr.** (*io detèsto*) **1** Avere in orrore, in odio, esecrare: *d. il male*; *detesto le persone disoneste*. **SIN.** Aborrire, odiare. **2** †Rimuovere, stornare, allontanare. **3** †Imprecare, maledire. **B v. rifl. rec.** ● Provare reciproca avversione: *quei due si detestano da sempre*.

detestazióne o †**ditestazióne** [vc. dotta, lat. *detestatiōne(m)*, da *detestāri* 'detestare'; av. 1342] **s. f.** ● (*lett.*) Il detestare.

†**detinére** ● V. *detenere*.

detonànte [1869] **A part. pres.** di *detonare*; anche **agg. 1** Nei sign. del v. **2** Detto di esplosivo nel quale la velocità di propagazione dell'esplosione è molto grande, ossia di qualche kilometro al secondo. **B s. m.** ● Esplosivo detonante.

detonàre [fr. *détoner*, vc. dotta che si rifà al lat. *detonāre*, comp. di *dē-* e *tonāre* 'tuonare'; 1688] **v. intr.** (*io detòno*; aus. *avere*) ● Esplodere fragorosamente: *le bombe detonano*.

detonatóre [fr. *détonateur*, da *détoner* 'detonare'; 1892] **s. m.** ● Dispositivo che serve a provocare lo scoppio di sostanze esplosive: *d. elettrico*; *d. a miccia*.

detonazióne [fr. *détonation*, da *détoner* 'detonare'; 1739] **s. f. 1** Esplosione fragorosa, scoppio: *si udì una violenta d.*; *la d. di un'arma da fuoco*. **2** (*mecc.*) Nei motori a scoppio rumore metallico dovuto a combustione anormalmente rapida della miscela.

detonòmetro [comp. di *deton(are)* e *-metro*] **s. m.** ● (*mecc.*) Strumento misuratore dell'intensità di detonazione nei motori alternativi ad accensione comandata, utilizzato spec. per valutare le caratteristiche antidetonanti, ossia il numero di ottano, dei carburanti.

†**detòrcere** [vc. dotta, comp. di *de-* e *torcere*, sul modello del lat. *detŏrquere*; av. 1799] **v. tr.** ● (*lett.*) Storcere, volgere con sforzo o violenza.

detorsióne [comp. di *de-* e *torsione*] **s. f.** ● (*med.*) Correzione di una torsione patologica o di una deformità.

detossicazióne [comp. di *de-* e *tossico*, come nell'ingl. *detoxication*] **s. f.** ● (*raro*) Disintossicazione.

detraènte [av. 1347] **part. pres.** di *detrarre*; anche **agg.** ● (*raro*) Nei sign. del v.

†**detràere** ● V. *detrarre*.

detraìbile [1956] **agg.** ● Che può essere sottratto, in tutto o in parte, dall'imposta dovuta: *onere d.* **CFR.** Deducibile. **CONTR.** Indetraibile.

detraibilità [da *detraibil(e)* col suff. di qualità *-ità*; 1986] **s. f.** ● Condizione di ciò che è detraibile: *la d. di una quota, di una spesa*.

†**detraiménto** o †**ditraiménto** [av. 1292] **s. m.** ● Detrazione.

detràrre o †**detràere**, †**ditràrre** [vc. dotta, lat. *detrăhere*, comp. di *dē-* e *trăhere* 'trarre'; 1300 ca.] **v. tr.** (coniug. come *trarre*) **1** Togliere via, levare, sottrarre (*anche fig.*): *d. le spese dall'incasso*; *d. valore a un'impresa*. **2** (*raro, lett.*) Nuocere al buon nome, alla reputazione di qlcu. o di qlco. sparlandone: *d. l'onore, la fama di qlcu.*; *per vaghezza di* *d. … al merito ed alla fama di quello scrittore* (PARINI).

†**detrattàre** o †**detrettàre** [vc. dotta, lat. *detractāre* 'togliere (*tractare*) via (*dē-*)'; av. 1527] **v. tr.** ● (*raro*) Rifiutare, ricusare.

detrattìvo [vc. dotta, lat. *detractīvu(m)*, da *detrăctus* 'detratto'] **agg.** ● Che detrae, che è atto a detrarre.

detràtto o †**ditràtto** [av. 1363] **part. pass.** di *detrarre* ● Nei sign. del v.

detrattóre o †**ditrattóre** [vc. dotta, lat. *detractōre(m)*, da *detrăctus* 'detratto'; 1306] **s. m.** (**f.** *-trice*) *1* Chi calunnia o denigra qlcu. per nuocere alla sua reputazione: *cinico d.*; *d. accanito dei meriti altrui.* SIN. Calunniatore, diffamatore. *2* †Chi sottrae, porta via.

†**detrattòrio** [vc. dotta, lat. *detractōriu(m)*, da *detrăctor* 'detrattore'] **agg.** ● Denigratorio, diffamatorio.

detrazióne o †**ditrazióne** [vc. dotta, lat. *detractiōne(m)*, da *detrăctus* 'detratto'; 1324] **s. f.** *1* Sottrazione | Importo che può essere scalato da quanto il contribuente sarebbe tenuto a versare: *d. dall'imposta.* *2* (*raro, lett.*) Maldicenza, diffamazione. *3* †Privazione di grado.

†**detrettàre** ● V. †*detrattare.*

detriménto [vc. dotta, lat. *detrimĕntu(m)*, da *detrītus* 'detrito'; 1308] **s. m.** ● Danno, perdita morale o materiale: *ricevere, apportare d.*; *tutto ciò va a suo d.*; *comportarsi a d. della propria reputazione*; *studia poco, con grande d. del suo avvenire.*

detrìtico [1871] **agg.** (**pl. m.** *-ci*) ● Di detrito.

detrìto [vc. dotta, lat. *detrītu(m)*, da *detĕrere* 'consumare con l'uso', quindi 'perdere', comp. di *dē-* e *tĕrere* 'consumare'; 1846] **s. m.** *1* (*geol.*) Materiale incoerente che si forma per il disfacimento delle rocce esposte agli agenti meteorici: *i fiumi portano al mare enormi quantità di detriti.* *2* (*est.*) Frammento | (*fig., raro*) Residuo.

detronizzàre [comp. parasintetico di *trono*, col pref. *de-*; 1745] **v. tr.** *1* Deporre dal trono: *d. un monarca* | Nel linguaggio sportivo, privare un campione del titolo, sconfiggendolo: *d. il campione dei pesi massimi.* *2* (*est.*) Privare di un ufficio, un incarico, una posizione di privilegio, e sim. (*anche fig.*): *il direttore è stato detronizzato*; *oggi … le scienze detronizzano la metafisica* (DE SANCTIS).

detronizzazióne [1799] **s. f.** ● Il detronizzare, il venire detronizzato.

†**detrùdere** [vc. dotta, lat. *detrūdere* 'spingere (*trūdere*) giù (*dē-*)'; 1321] **v. tr.** (oggi difett. usato solo nel **part. pass.** *detrùso*) ● Cacciare giù con violenza.

†**detruncàre** [vc. dotta, lat. *detruncāre* 'staccare (*dē-*) dal tronco (*trŭncus*)'] **v. tr.** ● Tagliare a pezzi.

detrùso [1321] **part. pass.** di †*detrudere* ● (*raro*) Nei sign. del v.

detrusóre [ingl. *detrusor*, dal lat. *detrūsus*, part. pass. di *detrūdere* 'detrudere'] **agg. m.** ● (*anat.*) Che ha funzione di espellere all'esterno: *muscolo d. della vescica.*

†**détta** (**1**) [lat. *dĭcta* 'cose dette', pl. di *dĭctum*, dal part. pass. di *dĭcere* 'dire'; 1618] **s. f.** *1* Nella loc. ***a d. di***, secondo quel che dice | ***A d. sua***, secondo ciò che egli dice | ***A d. di tutti***, secondo l'opinione generale. *2* †Detto.

détta (**2**) o †**ditta** (**2**) [lat. *dĭcta* (nt. pl.) 'le cose dette (dagli dei alla nascita dell'uomo sul suo destino)', parallelo di *fato*; av. 1348] **s. f.** ● Sorte, fortuna | ***Essere in d.***, avere fortuna al gioco e (*est.*) godere del favore di qlcu.

†**détta** (**3**) [ant. fr. *dette*, dal lat. *dēbita* 'cose dovute', pl. di *dēbitum*, dal part. pass. di *debēre* 'dovere'; 1311] **s. f.** ● Debito | ***Tagliare la d.***, cedere le pretensione dei crediti | ***Star della d.***, far malleveria | ***Pigliare una d.***, assumersi un incarico.

dettagliànte [fr. *détaillant*, da *détailler* 'dettagliare'; 1881] **s. m. e f.** ● Venditore che nel processo di distribuzione è a diretto contatto con il pubblico a cui vende al dettaglio i prodotti acquistati dai produttori o da altri intermediari. SIN. Minutante. CFR. Grossista.

dettagliàre [fr. *détailler*, dapprima 'tagliare (*tailler*) a pezzi (*dé-*)', poi 'vendere a piccole quantità'; 1781] **v. tr.** (*io dettàglio*) *1* Descrivere con abbondanza di particolari (*anche assol.*): *dettagliò minuziosamente la sua storia*; *lo pregarono di d. nel riferire l'accaduto.* *2* (*raro*) Vendere al minuto.

dettagliàto [1765] **part. pass.** di *dettagliare*; anche **agg.** ● Nei sign. del v. || **dettagliataménte**, **avv.** In modo dettagliato, con abbondanza di particolari.

♦**dettàglio** [fr. *détail*, da *détailler* 'dettagliare'; 1653] **s. m.** *1* Circostanza, elemento, dato, particolare: *esaminare i dettagli di una questione*; *trascurare, curare i dettagli*; *notare i dettagli di un quadro, di un ritratto* | ***Entrare nei dettagli***, nei minimi particolari | Nel linguaggio cinematografico, oggetto ripreso in primissimo piano. *2* Piccola quantità, spec. nella loc. ***al d.*** | ***Vendere, vendita al d.***, in piccola quantità, al minuto. *3* (*mar.*; *disus.*) Insieme dei servizi per la vita degli equipaggi e i lavori di bordo.

dettàme [lat. tardo *dictāmen*, da *dictāre* 'dettare'; 1569] **s. m.** *1* Precetto, norma, principio, universalmente riconosciuto e seguito: *seguire i dettami del cuore, della ragione, della coscienza, della morale* | Consiglio, suggerimento: *seguire i dettami della moda*; *agire secondo i dettami della propria utilità.* *2* †Opinione, avviso.

♦**dettàre** o †**dittàre** [lat. *dictāre*, iter. di *dīcere* 'dire'; av. 1292] **v. tr.** (*io détto* (o *dètto*)) *1* Dire parola per parola quello che un altro deve scrivere (*anche assol.*): *d. una lettera, un ordine, una lezione*; *era stanco di d.* *2* Prescrivere, imporre: *d. i patti della resa*; *d. le proprie condizioni* | ***D. legge, sentenze***, imporre la propria volontà. *3* Suggerire, consigliare: *ha scritto come il cuore gli dettava*; *il suo comportamento è dettato dall'esperienza.* *4* (*lett.*) Comporre (*anche assol.*): *d. prose, poesie*; *essere abile nel d.* *5* †Insegnare da una cattedra: *d. eloquenza, matematica, grammatica.*

dettàto (**1**) o †**dittàto** [av. 1257] **A** **part. pass.** di *dettare*; anche **agg.** ● Nei sign. del v. **B** **s. m.** *1* Testo scritto sotto dettatura: *correggere il d.* | Esercizio scolastico consistente nello scrivere sotto dettatura: *fare un d.* *2* (*lett.*) Modo di scrivere per quanto riguarda lingua e stile: *d. chiaro ed elegante.*

dettàto (**2**) [lat. *dictātu(m)*, part. pass. sostantivato di *dictāre* 'dettare'; 1427] **s. m.** *1* (*lett.*) Motto, sentenza, proverbio: *d. popolare*; *un antico d. dice 'aiutati che il ciel t'aiuta'.* *2* Contenuto, disposto spec. di norma giuridica: *attuare il d. della legge.*

dettatóre (**1**) o †**dittatóre** (**2**) [lat. *dictatōre(m)*, nel sign. originario, da *dictātus* 'dettato (1)'; av. 1294] **s. m.** (**f.** *-trice*) *1* Chi detta. *2* Nel Medioevo, autore di trattati sull'arte del comporre.

†**dettatóre** (**2**) ● V. *dittatore* (*1*).

dettatùra (**1**) [lat. *dictatūra(m)*, nel sign. originario, da *dictātus* 'dettato (1)'; av. 1589] **s. f.** ● Il dettare: *scrivere sotto d.* | ***D. fonica dei telegrammi***, servizio a disposizione degli abbonati al telefono per l'inoltro di un telegramma a mezzo telefono.

†**dettatùra** (**2**) ● V. *dittatura.*

†**dettazióne** [lat. tardo *dictatiōne(m)*, nel sign. proprio da *dictātus* 'dettato (2)'] **s. f.** ● Dettame.

détto o †**ditto** [av. 1292] **A** **part. pass.** di *dire*; anche **agg.** *1* Nei sign. del v. *2* ***È presto d.***, di cosa facile a dirsi ma difficile a farsi | ***Come non d.***, di ciò di cui non si deve tener conto, come se non fosse stato detto | ***D. fatto***, subito. *3* Soprannominato: *Michelangelo Merisi d. il Caravaggio.* *4* Fissato, stabilito: *nel d. giorno.* *5* Già nominato, suddetto: *il d. individuo* | Nelle didascalie teatrali, di personaggio già in scena che agirà anche nelle scene seguenti: *Amleto e detti.* **B** **s. m.** *1* Parola, discorso | ***Stando al suo d.***, a quanto egli dice. *2* Motto, sentenza: *nei classici vi sono molti detti famosi* | ***D. morale***, che contiene una norma di comportamento etico e sim. | Facezia, arguzia: *i detti del pievano Arlotto.* *3* Poemetto medievale a carattere allegorico.

detumescènza [vc. dotta, tratta dal v. lat. *detumēscere* 'cessare (*dē-*) di gonfiarsi (*tumēscere*)'; 1830] **s. f.** ● (*med.*) Scomparsa o diminuzione di una tumefazione.

deturpaménto **s. m.** ● (*raro*) Deturpazione.

deturpàre [vc. dotta, lat. *deturpāre*, comp. di *dē-* e *turpāre*, da *tŭrpis* 'turpe'; av. 1306] **v. tr.** *1* Rendere brutto, sfigurare: *una cicatrice le deturpa il viso.* *2* (*fig.*) Rovinare, corrompere: *la cattiva recitazione deturpa questi bei versi*; *quella grossa costruzione deturpa il paesaggio* | (*est., fig.*) Macchiare, insozzare: *il vizio deturpa l'animo.*

deturpatóre [1618] **s. m.**; anche **agg.** (**f.** *-trice*) ● Chi (o Che) deturpa.

deturpazióne [1619] **s. f.** ● Il deturpare, il venire deturpato | Ciò che deturpa.

deuce /ingl. djuːs/ [vc. ingl., dal fr. ant. *deus* (fr. moderno *deux*) 'due'; 1988] **s. m. inv.** ● Nel tennis, punteggio di parità che si raggiunge quando i due giocatori hanno ottenuto almeno tre punti ciascuno e devono conquistare altri due punti consecutivi per vincere il game.

deumidificàre [comp. di *de-* e *umidificare*] **v. tr.** (*io deumidìfico, tu deumidìfichi*) ● Ridurre o eliminare l'umidità dell'aria.

deumidificatóre [comp. di *de-* e *umidificatore*] **s. m.** ● Apparecchio usato per deumidificare l'aria.

deumidificazióne **s. f.** ● Il deumidificare, il venire deumidificato.

dèus ex màchina /lat. 'dεus εks'makina/ [lat., propr. 'il dio (che appare) dalla macchina'; av. 1883] **loc. sost. m. inv.** (**pl.** lat. *dei ex machina*) *1* Nel teatro antico, divinità che, scesa dall'alto mediante apposito meccanismo, scioglie l'intrico della trama. *2* (*fig.*) Persona in grado di risolvere situazioni difficili e complesse.

deuteragonìsta [vc. dotta, gr. *deuteragōnistês*, comp. di *déuteros* 'secondo' e *agōnistês* 'lottatore'; av. 1718] **s. m. e f.** (**pl. m.** *-i*) ● Nella tragedia antica, attore che ha il secondo ruolo.

deuteranopìa [comp. di *deuter(o)-*, *an-* e *-opia*; 1966] **s. f.** ● (*med.*) Anomalia congenita della visione caratterizzata da incapacità a percepire il colore verde. CFR. Tritanopia, protanopia, dicromatismo.

deuteràre [da *deuterio*] **v. tr.** (*io deutèro*) ● (*chim.*) Introdurre, in certe sostanze, atomi di deuterio al posto di quelli di idrogeno.

deutèrio [ingl. *deuterium*, dal gr. *déuteros* 'secondo'; 1934] **s. m.** ● (*chim.*) Isotopo dell'idrogeno, da cui è estratto, avente massa atomica doppia di quella dell'idrogeno comune | ***Ossido di d.***, acqua pesante.

dèutero- [dal gr. *déuteros* 'secondo'] primo elemento ● In parole composte della terminologia scientifica significa 'secondo': *deuteromiceti*, *deuteropatia.*

deuterocanònico [vc. dotta, comp. di *deutero-* e *canonico*] **agg.** (**pl. m.** *-ci*) ● Detto di ciascuno dei libri dell'Antico Testamento respinti come apocrifi dagli Ebrei e dai Riformati e accolti nel Canone della Bibbia cattolica.

Deuteromicèti [comp. di *deutero-* e *micete* (*1*)] **s. m. pl.** (**sing.** *-e*) ● Nella tassonomia vegetale, gruppo di Funghi, di cui non si conosce esattamente la forma di riproduzione, che rappresentano la fase conidiofora di Ascomiceti e Basidiomiceti, in gran parte saprofiti, ma anche parassiti di animali e piante (*Deuteromycetes*).

Deuteronòmio [vc. dotta, lat. eccl. *deuteronŏmiu(m)*, dal gr. *deuteronómion* 'seconda legge' (comp. di *déuteros* 'secondo' e *nómos* 'legge'), che pare fraintendimento del testo ebraico, il quale si riferiva a una 'copia di questa legge'; av. 1342] **s. m.** solo **sing.** ● L'ultimo dei cinque libri che costituiscono il Pentateuco.

deuteropatìa [comp. di *deutero-* e *-patia*; 1964] **s. f.** ● (*med.*) Malattia causata da un'altra malattia.

Deuteròstomi [comp. di *deutero-* e del gr. *stóma* 'bocca'] **s. m. pl.** (**sing.** *-a*) ● Metazoi nei quali l'apertura orale si forma indipendentemente dal blastoporo che dà eventualmente origine all'apertura anale.

deutóne [comp. di *deut(erio)* e del suff. proprio di questa serie *-one*; 1934] **s. m.** ● (*fis.*) Nucleo dell'atomo di deuterio, costituito da un neutrone e da un protone.

deutoplàsma [comp. di *deuto-*, abbr. di *deutero-*, e *plasma*, per accostamento a *protoplasma*] **s. m.** (**pl.** *-i*) ● (*biol.*) Materiale nutritizio accumulato nelle uova degli animali e destinato a venir utilizzato dall'embrione durante il suo sviluppo. SIN. Lecite, tuorlo, vitello (2).

deùtzia o **deùzia** [dal n. del botanico olandese del XVIII sec. J. *Deutz*; 1972] **s. f.** ● (*bot.*) Genere di arbusti delle Sassifragacee, originari della Cina e del Giappone, con alcune specie coltivate per ornamento (*Deutzia*).

dèva ● V. *dovere* (*1*).

devadàsi [ant. indiano *dēvadāsī*, comp. di *deváh* 'divino, della divinità' e *dāsī* 'schiava, serva'] **s. f. inv.** ● In India, giovane donna addetta al servizio del tempio.

devalutazióne [comp. di *de-* e *valutazione*, sul modello del fr. *dévaluation*; 1925] **s. f.** ● Riconoscimento ufficiale dell'avvenuta svalutazione di una moneta.

devanàgari [vc. sanscrita, propr. '(scrittura) della città divina'; 1832] **s. f. inv.** ● L'alfabeto più usato in India per l'antico e medio indiano e per l'hindi, che si compone di circa 50 segni e si scrive da sinistra a destra.

devanagàrico **agg.** (**pl. m.** *-ci*) ● Relativo alla devanagari.

devascolarizzazióne [comp. di *de-* e *vascolarizzazione*] **s. f.** ● (*med.*) Interruzione del circolo ematico di un organo o di un tessuto causata da distruzione od ostruzione dei vasi sanguigni che lo irrorano.

devastaménto [1765] **s. m.** ● (*raro*) Devastazione.

devastànte **part. pres.** di *devastare*; anche **agg.** ● Che devasta, sconvolge (*spec. fig.*): *dolore, crisi d.*

♦**devastàre** o †**divastàre** [vc. dotta, lat. *devastāre*, comp. di *dē-* e *vastāre* 'saccheggiare'; sec. XIII] **v. tr.** *1* Distruggere, rovinare, con azione selvaggia e violenta, arrecando lutti, danni e sim.: *l'esercito in fuga devastò interi paesi*; *il colera ha devastato la città.* *2* (*fig.*) Deturpare: *la malattia gli devasta il viso* | Sconvolgere: *il terrore lo devasta.*

devastàto o †**divastàto** **part. pass.** di *devastare*; anche **agg.** *1* Nei sign. del v. *2* Sconvolto, affranto: *giaceva … devastata, ignota a sé medesima* (BACCHELLI). *3* (*lett.*) Squallido, vuoto, detto di casa, stanza e sim.

devastatóre [vc. dotta, lat. tardo *devastatōre(m)*, da *devastātus* 'devastato'; 1710] **s. m.**; anche **agg.** (**f.** *-trice*) ● Chi (o Che) devasta: *esercito di devastatori*; *ciclone d.*

devastazióne o †**divastazióne** [vc. dotta, lat. tardo *devastatiōne(m)*, da *devastātus* 'devastato'; av. 1540] **s. f.** ● Distruzione, rovina: *l'uragano ha causato tremende devastazioni.*

†**devecchiàre** ● V. †*divecchiare.*

†**devengiaménto** **s. m.** ● (*raro*) Vendetta.

†**devengiànza** **s. f.** ● (*raro*) Vendetta.

†**devengiàre** [comp. di *de-* e †*vengiare*] **v. tr.** ● (*raro*) Vendicare.

†**devengiatóre** **s. m.** (**f.** *-trice*) ● (*raro*) Vendicatore.

†**devenìre** ● V. *divenire.*

†**deventàre** ● V. *diventare.*

deverbàle [comp. parasintetico di *verbo*; 1951] **A** **agg.** ● (*ling.*) Detto di nome che deriva da un verbo (ad es. *insegnante*, da *insegnare*; *distilleria*, da *distillare*). **B** anche **s. m.**

deverbativo **A** **agg.** ● (*ling.*) Deverbale, spec. quando si tratti di verbo che deriva da un altro verbo (ad es. *sottomettere*, da *mettere*). **B** anche **s. m.**

†**devére** e *deriv.* ● V. *dovere* e *deriv.*

†**devergináre** [vc. dotta, lat. *devirgināre* 'togliere (*dē-*) la verginità (*virgĭnitas*)'] **v. tr.** ● Sverginare.

†**devèrso** ● V. *diverso.*

†**devessità** [vc. dotta, lat. *devexitāte(m)*, da *devĕxus* 'devesso'; 1562] **s. f.** ● Pendio, declivio.

†**devèsso** [vc. dotta, lat. *devĕxu(m)*, dal part. pass. di *devĕhere* 'trasportare'; av. 1565] **A** **agg.** ● Che si volge verso il basso, declive. **B** **s. m.** ● Pendio, declivio.

devetrificazióne [comp. di *de-* e *vetrificazione*] **s. f.** ● Difetto dovuto a cristallizzazione parziale o totale del vetro, che si ha mantenendolo per un tempo sufficientemente lungo entro un intervallo di temperatura, spec. tra gli 800 e 1100 °C.

deviaménto o †**diviaménto** [1627] **s. m.** ● Il deviare.

deviànte [1968] **part. pres.** di *deviare*; anche **agg.** e **s. m.** e **f.** *1* Nei sign. del v. *2* Che (o Chi) non si adatta alle norme comportamentali ed etiche dell'ambiente in cui vive o del gruppo dominante: *comportamento d.* | (*est., eufem.*) Malato di mente.

deviànza [da *deviare*; 1973] **s. f.** ● Comportamento che si discosta dalla norma creando al soggetto difficoltà di inserimento nell'ambiente in cui vive o nel gruppo dominante.

deviàre o †**diviàre** [vc. dotta, lat. tardo *deviāre* 'allontanarsi (*dē-*) dalla *via*'; av. 1294] **A** **v. intr.** (*io devìo, evit. dèvio*; aus. *avere*) *1* Uscire dalla via diritta, dalla strada che si sta percorrendo, per dirigersi altrove: *il viottolo devia dalla strada principale*; *deviò fino al più vicino paese.* *2* (*fig.*) Allontanarsi, scostarsi, dalla norma, dal giusto, dal bene e sim.: *d. dal proprio dovere* | Divagare: *d. da un tema fissato*; *la conversazione deviò su nuovi argomenti.* **B** **v. tr.** *1* Rivolgere verso un'altra direzione: *d. un corso d'acqua*; *d. il traffico, la rotta.* *2* (*raro, fig.*) Allontanare dalla norma, dal giusto, dal bene e sim.: *d. qlcu. dalla retta via* | Distogliere: *d. i sospetti di qlcu.* | ***D. il discorso***, volgerlo ad altri argomenti.

deviàto **part. pass.** di *deviare*; anche **agg.** *1* Nei sign. del v. | (*fig.*) Che si è allontanato da una linea di condotta corretta, giusta o legale: *servizi segreti deviati.* *2* ***Treno d.***, quando viene instradato su di un tratto di linea che normalmente non interessa il suo percorso. ‖ **deviataménte**, **avv.**

deviatóio [dal part. pass. di *deviare*; 1912] **s. m.** ● Scambio ferroviario.

deviatóre [vc. dotta, lat. tardo *deviatōre(m)*, da *deviāre* 'deviare'; av. 1920] **s. m.** *1* (**f.** *-trice*) Ferroviere che manovra gli scambi e i segnali. *2* Interruttore elettrico che trasferisce la corrente da un conduttore a un altro.

deviazióne [vc. dotta, lat. tardo *deviatiōne(m)*, da *deviāre* 'deviare'; 1623] **s. f.** *1* Il deviare | Cambiamento di direzione: *d. del pendolo, della bussola.* *2* Spostamento di qlco. rispetto a una linea, a una traiettoria, a un valore preso come riferimento: *d. della colonna vertebrale*; *d. di una particella, di un fascio luminoso, della traiettoria di un proiettile* | (*fis.*) ***D. di raggio luminoso***, angolo che l'angolo incidente forma con l'angolo emergente di un sistema ottico, in particolare di un prisma | (*stat.*) ***D. standard***, scostamento quadratico medio dalla media aritmetica. *3* (*fig.*) Allontanamento dalla norma, dal giusto, dal bene: *d. da una fede religiosa* | (*fig.*) Comportamento anomalo: *d. sessuale.*

deviazionismo [1920] **s. m.** ● Tendenza ad allontanarsi dai principi e dalla linea politica di un determinato partito.

deviazionista [1950] **s. m.** e **f.** (**pl. m.** *-i*) ● Chi politicamente è su posizioni deviazionistiche.

deviazionìstico [1950] **agg.** (**pl. m.** *-ci*) ● Proprio del deviazionismo.

dèvio [vc. dotta, lat. *dēviu(m)*, comp. di *dē-* e *vĭa* 'strada'] **agg.** ● (*lett.*) Che devia: *cammino d.*

†**devisàre** ● V. †*divisare* (*2*).

devisceràre [comp. parasintetico di *viscere*, col pref. *de-*] **v. tr.** (*io devìscero*) ● Togliere le viscere agli animali macellati.

de visu [loc. del lat. mediev., propr. 'di veduta'] **loc. avv.** ● In modo diretto, con i propri occhi: *constatare, verificare de visu.*

devitalizzàre [fr. *dévitaliser*, comp. parasintetico di *vital* 'vitale'; 1942] **v. tr.** ● (*med.*) Togliere l'attività vitale di un organo e le funzioni a essa connesse: *d. un nervo* | In odontoiatria, distruggere, a scopo di terapia, la polpa dentaria: *d. un dente.*

devitalizzazióne [1938] **s. f.** ● (*med.*) Operazione del devitalizzare.

devitaminizzàre [comp. parasintetico di *vitamina*, con il pref. *de-*] **v. tr.** ● (*med.*) Sottrarre vitamine a un organismo.

devitaminizzàto [1966] **part. pass.** di *devitaminizzare*; anche **agg.** ● Nel sign. del v.

devitaminizzazióne [comp. di *de-* e *vitaminizzazione*] **s. f.** ● (*med.*) Condizione di un organismo o di un alimento impoverito di vitamine.

†**devitto** [vc. dotta, lat. *devĭctu(m)*, part. pass. di *devĭncere*, da *vĭncere* col pref. raff. *dē-*] **agg.** ● (*raro*) Vinto, battuto.

dèvo ● V. *dovere* (*1*).

devocalizzazióne [comp. di *de-* e un deriv. di *vocalico*, sul modello dell'ingl. *devocalisation*] **s. f.** ● (*ling.*) Passaggio di un suono sonoro al corrispondente suono sordo.

devoltàre [deriv. di *volt*, col pref. *de-*] **v. tr.** (**pres.** *io devòlto*) ● (*elettr.*) Alimentare un apparecchio o una macchina con corrente inferiore a quella nominale.

devoltàto [1966] **part. pres.** di *devoltare*; anche **agg.** ● Nel sign. del v.

devoltóre **s. m.** ● (*elettr.*) Macchina o dispositivo atto a convertire una corrente elettrica in un'altra simile ma a tensione minore.

devolution /devo'luʃʃon, *ingl.* ˌdiːvə'luːʃn/ [vc. ingl., propr. 'delegazione (di poteri)'; 1987] **s. f. inv.** ● Concessione di una forma avanzata di autonomia amministrativa a un'entità regionale all'interno di uno Stato (quale, ad es., quella della Scozia o del Galles nel Regno Unito).

devolutivo **agg.** ● (*dir.*) Che si riferisce alla, che è proprio della devoluzione: *effetto d.*

devoluzióne [vc. dotta, lat. mediev. *devolutiōne(m)*, da *devŏlvere* 'devolvere'; 1639] **s. f.** *1* Destinazione di una somma a un determinato uso. *2* (*dir.*) Trapasso di beni o diritti | ***D. all'eredità***, trapasso dei beni ereditari dal patrimonio del defunto a quello dei successori. *3* Trasferimento di competenze dallo Stato agli enti locali, spec. alle regioni | Devolution.

devòlvere [vc. dotta, lat. *devŏlvere*, propr. 'far rotolare (*vŏlvere*) giù (*dē-*)'; 1499] **A** **v. tr.** (**pass. rem.** *io devolvéi* o *devolvètti* (o *-étti*), *tu devolvésti*; **part. pass.** *devolùto*) *1* (*dir.*) Trasmettere a qlcu. un bene o un diritto: *d. una somma in beneficenza* | Demandare alla competenza di un organo giudiziario: *d. la controversia al tribunale del luogo.* *2* (*lett.*) Rovesciare, travolgere. **B** **v. intr. pron.** ● (*lett.*) Volgersi in giù | Riversarsi.

dèvon /*ingl.* 'devn/ [dal nome della contea di *Devon*, nell'Inghilterra sud occidentale] **s. m. inv.** ● (*pesca*) Esca artificiale metallica munita di palette elicoidali che le conferiscono un movimento rotatorio durante gli spostamenti in acqua.

devoniàno [ingl. *devonian*, dal n. della contea ingl. di *Devon*, dove si cominciarono a studiare i terreni di questo periodo; 1875] **A** **s. m.** ● (*geol.*) Quarto periodo e sistema del Paleozoico, caratterizzato da grande sviluppo dei pesci e dalla comparsa degli anfibi. **SIN.** Devonico. **B** anche **agg.**: *periodo d.*

devònico **agg.**; anche **s. m.** (**pl. m.** *-ci*) ● (*geol.*) Devoniano.

†**devoràre** e *deriv.* ● V. *divorare* e *deriv.*

♦**devòto** o †**divòto** (**1**) [vc. dotta, lat. *devōtu(m)*, dal part. pass. di *devovēre* 'fare un voto'; av. 1294] **A** **agg.** *1* (*lett.*) Offerto, consacrato: *de' corpi ch'alla Grecia eran devoti* (LEOPARDI). *2* (*lett.*) Che è interamente consacrato a un ideale, un principio e sim.: *d. alla patria, alla tradizione.* **SIN.** Votato. *3* Che mostra devozione: *è devota ai Santi e alla Madonna* | Che è fatto con devozione: *devote meditazioni* | Che ispira o incita a devozione: *luogo d.* | ***Libro d.***, che contiene preghiere. *4* Affezionato, sincero: *servitore, animo d.* | Fedele: *essere d. al proprio coniuge* | ***Devoti ossequi***, (*disus.*) nelle clausole epistolari di cortesia. *5* †Indebitato. ‖ **devotissimo**, **superl.** Molto devoto, spec. nei saluti epistolari: *Suo devotissimo.* ‖ **devotaménte**, **avv.** Con devozione, anche nelle clausole epistolari di cortesia: *devotamente Suo.* **B** **s. m.** *1* (**f.** *-a*) Chi ispira la sua vita a devozione religiosa | Chi pratica un culto particolare: *i devoti della Vergine* | (*est.*) Chi assiste con regolarità alle funzioni religiose: *i devoti si inginocchiarono*; *benedì la schiera dei devoti.* *2* (**f.** *-a*) Persona affezionata, fedele: *lo possiamo annoverare tra i nostri devoti.* *3* †Amante. ‖ **devotùccio**, **devotùzzo**, **dim.**

devozionàle **A** **agg.** ● Relativo alla devozione, in senso religioso. **B** **s. m.** ● Oggetto di devozione: *le immagini sacre sono dei devozionali.*

devozióne o †**divozióne** [vc. dotta, lat. *devotiōne(m)*, da *devovēre* 'fare un voto'; av. 1243] **s. f.** *1* Atteggiamento spirituale di reverenza e di dipendenza verso la divinità | Nel cattolicesimo, dedizione al culto della Vergine, di un particolare santo, di un mistero | Particolare voto, pratica religiosa. *2* Ossequio, affetto reverente: *d. a un benefattore* | Dedizione: *d. alle istituzioni patrie, alla famiglia* | (*lett.*) Sottomissione spontanea. *3* †Dipendenza. *4* †Santuario, luogo sacro. *5* (*al pl.*) Preghiere che si recitano al mattino e alla sera: *fare, dire le devozioni.*

dharma /*sanscrito* 'dharma/ [vc. sanscrita, da *dhárman* 'ciò che sta fermo, ciò che sostiene'] **s. m. inv.** *1* Nell'induismo, la legge religiosa e morale. *2* Nel buddismo, l'insegnamento predicato dal Buddha.

♦**di** (**1**) /di/ [lat. *dē*; sec. XII] **prep.** propria semplice. (Fondendosi con gli **art. det.** dà origine alle **prep. art. m. sing.** *del, dello*; **m. pl.** *dei, degli*; **f. sing.** *della*; **f. pl.** *delle*. Si elide davanti a parole che incominciano per vocale: *un giorno d'estate*; *un pezzo d'uomo*). ▮ Stabilisce diverse relazioni dando luogo a molti complementi. *1* Compl. di specificazione: *il diametro della Terra*; *i bottoni della giacca*; *il suono delle trombe*; *il presidente della nostra associazione*; *re dei romani*; *il padre di Luigi*; *i libri del nonno*; *i tesori dei Faraoni*; *i quadri di Raffaello* | Con valore di specificazione soggettiva: *amore del padre verso il figlio* | Con valore di specificazione oggettiva: *l'amore della gloria* | Nel linguaggio burocratico e commerciale, in quello pubblicitario e giornalistico, la prep. 'di' è spesso omessa, giustapponendo i sostantivi: *scalo merci*; *rivendita sali e tabacchi*; *giornale radio*; *vocabolario Zingarelli*. **2** Compl. partitivo: *alcuni di noi*; *un migliaio di uomini*; *c'è qlco. di vero in quello che dici*; *non c'è nulla di strano*; *non vedo niente di meglio* | Dopo un superlativo relativo: *il più diligente di tutti*; (col sign. di 'fra') *di tutte quelle che conosco, è la più carina* | In particolari espressioni superlative: *il Santo dei Santi*; *il Re dei re*; *il Cantico dei Cantici*; *il servo dei servi di Dio*. **3** Compl. di paragone: *Luigi è più forte di Carlo*; *la luce è più veloce del suono*; *io sono meno bravo di te*. **4** Compl. di moto da luogo (*anche fig.*): *partii di casa alle otto*; *sono già usciti di scuola*; *vai via di qui!* | †Nelle date: *di Roma, 25 ottobre* | Indica anche il luogo, il punto o la condizione da cui ha origine un movimento, un passaggio, uno spostamento, spec. in correl. con la prep. 'in': *andarono di città in città, di paese in paese*; *andiamo di bene in meglio!*; *vai di male in peggio*. **5** (*raro*) Compl. di moto attraverso luogo: *passiamo di qui*; *di valle in valle la strada giunge al confine*; *non posso passare di Toscana* (CARDUCCI). **6** (*raro*) Compl. di separazione e allontanamento: *si è allontanato momentaneamente di città* | (*fig.*) †***Trarsi di parlare***, astenersi dal parlare. **7** Compl. di origine o provenienza: *uomo di modeste origini, di umili natali*; *nativo della Campania*; *essere di Torino*; *vengo di lontano* | Indica, in particolare, la paternità onde la formazione di molti cognomi: *Carlo di Giuseppe*; *Di Bernardo*; *Di Stefano*. **8** Compl. di denominazione: *il nome di Maria*; *l'appellativo di temporeggiatore*; *il mese di gennaio*; *la città di Bologna*; *l'isola di Sicilia*; *la repubblica di Genova*. **9** Compl. di argomento: *un libro di storia*; *trattato di medicina*; *parlare di politica*; *discutere del tempo*; *dire bene, dire male, sparlare di qlcu.*; *parlare di tutto un po'* | In titoli di opere: *Dei Sepolcri*; *Dei delitti e delle pene*. **10** Compl. di abbondanza: *una botte piena di vino*; *una città dotata di tesori artistici*; *una regione che abbonda di coltivazioni*. **11** Compl. di privazione o difetto: *è una regione priva di acqua*; *fu derubato di tutto il denaro*; *mancanza di idee*; *un discorso scarso di argomenti*. **12** Compl. di mezzo o strumento: *lavorare di lima*; *spalmare di marmellata*; *lavorare di gomiti*; *dare di sprone*; *cingere di mura*. **13** Compl. di modo o maniera: *camminare di buon passo*; *partire di malavoglia*; *venire di corsa*; *fermarsi di botto*; *ridere di gusto*; *mangiare di magro*; *le spose vestono di bianco*. **14** Compl. di causa: *cantare, gridare di gioia*; *morire di stenti*; *urlare di dolore*. **15** Compl. di fine o scopo: *siepe di confine*; *cintura di salvataggio*; *teatro di prosa*; *soldati di riserva*; *essere d'aiuto*; *servire di passatempo*. **16** Compl. di tempo determinato: *di mattina*; *di sera*; *di notte*; *di dicembre fa freddo*; *d'autunno cadono le foglie* | Esprimendo durata: *una guerra di dieci anni*; *una civiltà di mille anni* | In correl. con la prep. 'in': *di giorno in giorno*; *di ora in ora*. **17** Compl. di colpa: *colpevole di furto*; *imputato d'omicidio*; *accusato di tradimento, di spionaggio*; *macchiarsi d'infamia*; *accusare di plagio*. **18** Compl. di pena: *è stato multato di cinquanta euro*. **19** Compl. di limitazione: *nemico superiore di numero, di forze*; *pronto d'ingegno*; *è malato di cuore*. **20** Compl. di materia: *una statua di marmo*; *un anello d'oro*; *un sacchetto di plastica* | †Con l'art.: *colonna del porfido, del marmo*. **21** Compl. di qualità: *un ragazzo di colorito pallido e di alta statura*; *una persona di grande bontà*; *un ragazzo di belle speranze*. **22** Compl. di età: *un bambino di quattro anni*; *un uomo di trent'anni*; *una bottiglia di vino di dieci anni*. **23** Compl. di peso o misura: *una trave di sei metri*; *un'autostrada di mille kilometri*; *un carico di due tonnellate*. **24** Compl. di stima o prezzo: *un vestito di poche lire*; *un oggetto di gran valore*. **25** Compl. distributivo: *di dieci in dieci*. **26** Compl. predicativo: †***Tenersi di beato***, ritenersi beato. **27** (*lett.*) †Compl. di causa efficiente: *noi fummo d'un romor sorpresi* (DANTE *Inf.* XIII, 111). **28** †Compl. di compagnia e d'unione: *Lunga la barba e di pel bianco mista / portava* (DANTE *Purg.* I, 34-35). **II** Introduce varie specie di proposizioni con il v. all'inf. **1** Prop. soggettiva: *mi sembra di aver fatto bene*; *capita di sbagliare* | Quando il v. ha valore di sostantivo la prep. 'di' viene di solito omessa: *è vietato (di) fumare*; *vietato entrare*; *è proibito calpestare le aiuole*. **2** Prop. oggettiva: *sostengo di aver detto la verità*; *ammetto di aver sbagliato*; *ho tentato di fuggire*; *mi auguro di tornare presto*. **3** Prop. finale: *procura di fare il tuo dovere*; *ti prego di dirmi la verità*. **4** Prop. consecutiva: *non sono degni di essere trattati altrimenti*; *l'attività di quel ragazzo è degna di essere riconosciuta*. **III** Ricorre con diverso valore e funzione in molte espressioni. **1** Con valore indef. o partitivo, sostituisce l'art. indet. o l'agg. indef., introducendo un sogg., un compl. ogg. o, preceduto da prep., qualsiasi compl. indiretto: *vennero degli amici*; *ho mangiato della carne*; *è un mobile che durerà per degli anni*; *ha degli occhi bellissimi*; (*tosc.*) *ha veramente dei gran bei bambini* | ***Avere del bugiardo, del cattivo, del gentile*** e sim., avere in sé qlco. del bugiardo, del cattivo, del gentile e sim. **2** Con valore attributivo in particolari espressioni enfatiche o esclamative: *quel birbante di Luigino*; *quel mascalzone di Carlo*; *quello screanzato del tuo amico*; *che splendore di bambino*; *che pezzo d'asino!*; *che razza d'asino!* **3** Con valore raff. in espressioni esclamative, per lo più pleon.: *ne ha dovuti sborsare di quattrini!*; *ne va della vita, del nostro onore!*; *Tu!, farmi di questi errori!*; *di queste parole, a me!*; *di queste frasi non voglio più sentirne* | (*pleon.*) ***Dire di sì, di no***. **IV** Ricorre nella formazione di molte loc. **1** Loc. prep.: *prima di*; *dopo di*; *fuori di*; *sotto di*; *a causa di*; *per mezzo di*; *a fianco di*; *in luogo di*; *al pari di*; *contro di*; *di là da*; *invece di* e sim. **2** Loc. avv.: *di qua*; *di là*; *di su*; *di giù*; *di sopra*; *di sotto*; *di fianco*; *di fronte*; *d'intorno*; *di fuori*; *di quando in quando*; *di volta in volta*; *di gran lunga* e sim. | Seguito da un agg. forma avv. di modo, tempo e sim.: *di nascosto*; *di nuovo*; *di recente* e sim. **3** Loc. cong.: *di modo che*; *dopo di che* e sim. (V. note d'uso ACCENTO ed ELISIONE e TRONCAMENTO).

di (**2**) /di*/ o †(*dial.*) **de** (**1**) [1741] **s. m.** o **f. inv.** ● Nome della lettera *d*.

♦**dì** /di*/ o †**die** [lat. *dīe(m)*, di orig. indeur.; 1211] **s. m.** **1** (*lett.* o *region.*) Giorno: *il dì di Pasqua, di San Giovanni*; *sul far del dì*; *innanzi dì* | (*lett.*) ***Dì per dì***, giornalmente, ogni giorno di più | ***Notte e dì***, notte e giorno, continuamente | †***Il dì fra i dì***, per tutti i giorni, da usarsi nei giorni non festivi, detto spec. di indumenti | ***Conciare qlcu. per il dì delle feste***, sistemarlo come merita, ridurlo in cattivo stato | †***Recare a un dì***, (*fig., scherz.*) consumare, dissipare | (*lett.*) ***Ai gran dì***, d'estate | (*raro*) ***Il dì d'oggi***, il tempo, l'epoca attuale | †***Rimettere nel buon dì***, condonare una prescrizione | †***A dì***, V. *addì* | ***Buon dì***, V. *buondì* | ***Mezzo dì***, V. *mezzodì* | †***Oggi dì***, V. *oggidì* | †***Tutto dì***, continuamente; V. anche *tuttodì*. **2** Periodo di illuminazione durante il giorno | (*raro, lett.*) Luce del giorno | †Luce, splendore.

di' ● V. *dire*.

di- (**1**) [forma pop. del pref. lat. *de-* (V. *de-*)] **pref.** ● In voci verbali di origine latina indica movimento dall'alto verso il basso (*discendere*) o ha valore negativo (*disperare*) o intensivo (*divorare*) | È usato inoltre per formare verbi derivati da aggettivi e sostantivi italiani: *dimagrire*, *divampare* | In alcuni verbi denominali indica privazione, sottrazione, separazione: *dibarbare*, *diboscare*, *diliscare*.

di- (**2**) [dal pref. gr. *di-*, da *dís* 'due volte'] **pref.** ● In parole composte dotte o scientifiche derivate dal greco o di formazione moderna significa 'due', 'doppio': *dimero*, *digramma*, *dimorfo* | In parole composte della moderna terminologia chimica indica la presenza, in un composto, di due atomi o di due molecole o di due radicali uguali: *dicloruro*, *disolfuro*.

dia (**1**) **s. f. inv.** ● Accorc. di *diapositiva*.

†**dia** (**2**) ● V. *dea*.

†**dia** (**3**) [lat. *dīe(m)* 'dì, giorno'; av. 1250] **s. f.** ● Giorno, dì.

dia (**4**) ● V. *dare* (*1*).

dia- [dalla prep. gr. *diá*, dalla base indeur. **dis-*, denotante separazione] **pref.** ● In parole dotte scientifiche significa 'attraverso', 'mediante', oppure indica differenza, separazione: *diacronia*, *diamagnetico*, *diascopia*, *diafonia*.

diabàse [fr. *diabase*, vc. considerata collegata al gr. *diábasis* 'passaggio'; 1817] **s. m.** ● (*geol.*) Roccia vulcanica di color verdastro costituita da plagioclasio e pirosseno.

diabàtico [gr. *diabatikós* 'capace di superare le altezze', deriv. di *diabáinein* 'attraversare', comp. di *diá* 'attraverso' e *báinein* 'passare' (di orig. indeur.)] **agg.** (**pl. m.** *-ci*) ● (*fis.*) Detto di trasformazione termodinamica in cui avvengono scambi di calore tra il sistema e l'esterno. CONTR. Adiabatico.

diabète [vc. dotta, gr. *diabḗtēs*, da *diabáinein* 'passare (*báinein*) attraverso (*diá*)' con allusione al frequente passaggio di urina provocato dalla malattia; av. 1492] **s. m.** ● (*med.*) ***D. mellito***, o (*ellitt.*) ***diabete***, malattia del ricambio glicidico causata da insufficiente secrezione di insulina da parte del pancreas che provoca un aumento di glucosio nel sangue e la perdita del medesimo attraverso l'urina | ***D. insipido***, da alterata filtrazione renale.

†**diabètica** [av. 1492] **s. f.** ● Diabete.

diabètico [da *diabete*; av. 1498] **A agg.** (**pl. m.** *-ci*) ● Che concerne il diabete. **B agg.**; anche **s. m.** (**f.** *-a*; **pl. m.** *-ci*) ● Che (o Chi) è affetto da diabete.

diabetògeno [comp. di *diabet(e)* e *-geno*] **agg.** ● (*med.*) Che può causare il diabete mellito: *farmaci diabetogeni*.

diabetologìa [comp. di *diabet(e)* e *-logia*; 1980] **s. f.** ● Studio del diabete, spec. il diabete mellito, e del suo trattamento terapeutico.

diabetòlogo [comp. di *diabet(e)* e *-logo*] **s. m.** (**f.** *-a*; **pl.** *-gi*) ● Medico specialista in diabetologia.

diabolicità [1930] **s. f.** ● Caratteristica di chi (o di ciò che) è diabolico (*solo in senso fig.*).

diabòlico [vc. dotta, lat. eccl. *diabŏlicu(m)* 'pertinente al *diavolo*'; sec. XIII] **agg.** (**pl. m.** *-ci*) **1** Di, da diavolo: *potenza diabolica* | Che viene dal diavolo: *evocazione*, *ispirazione diabolica*. **2** (*fig.*) Maligno, perverso, perfido: *animo d.*; *ghigno d.*; *arti diaboliche*. || **diabolicaménte**, **avv.**

†**diàbolo** (**1**) ● V. *diavolo*.

diàbolo (**2**) [fr. *diabolo*, dal lat. *diăbolus* con la terminazione propria di altri giocattoli] **s. m.** ● Giocattolo consistente in un rocchetto che si lancia in aria con una cordicella tesa tra due stecche, e che si cerca di ricevere sulla cordicella stessa al suo ricadere.

diacciàia ● V. *ghiacciaia*.

diacciàre ● V. *ghiacciare*.

diacciatùra ● V. *ghiacciatura*.

diàccio (**1**) ● V. *ghiaccio* (*1*).

diàccio (**2**) [1803] **s. m.** ● (*tosc.*) Addiaccio.

diacciòlo ● V. *ghiacciolo*.

†**diacciòre** **s. m.** ● Gelo.

diacciuòlo ● V. *ghiacciolo*.

diacère ● V. *giacere*.

diachènio [comp. di *di-* (*2*) e *achenio*; 1829] **s. m.** ● (*bot.*) Frutto a due carpelli che si apre in due acheni.

†**diàcine** [da *dia(volo)*, stornato nella seconda parte a fine eufemistico; av. 1520] **inter.** ● (*eufem.*) Diamine, diancine.

diàclasi [vc. dotta, gr. *diáklasis* 'fenditura', dal v. *klá(ei)n* 'rompere, spezzare', di orig. indeur.; 1925] **s. f. inv.** ● (*geol.*) Frattura che si produce nelle rocce senza spostamento delle due parti separate dalla frattura stessa.

diacòlor [comp. dell'ingl. *dia(positive)* 'diapositiva' e dell'ingl. amer. *color* 'colore'] **s. f. inv.** ● (*fot.*) Diapositiva a colori, spec. nel linguaggio pubblicitario.

diaconàle (o **dia-**) [vc. dotta, lat. tardo *diaconāle(m)*, da *diācon(us)* 'diacono'] **agg.** ● Di diacono.

diaconàto (o **dia-**) [vc. dotta, lat. eccl. *diaconātu(m)*, da *diācon(us)* 'diacono'; av. 1342] **s. m.** ● Ordine sacro di grado inferiore al presbiterato, conferito o transitoriamente in vista dell'ordinazione sacerdotale o permanentemente per servizio diretto della comunità cristiana; attribuisce la competenza di amministrare il Battesimo, distribuire l'Eucaristia, benedire il matrimonio, leggere le Sacre Scritture, presiedere a vari culti e riti.

diaconéssa (o **dia-**) [vc. dotta, lat. tardo *diaconīssa(m)*, f. di *diācon(us)* 'diacono', col suff. gr. *-issa*; av. 1342] **s. f.** **1** Nella Chiesa cristiana primitiva, vedova o vergine destinata a opere caritative o addetta a determinati riti sacri. **2** In varie Chiese protestanti, donna nubile cui sono affidate funzioni assistenziali, caritative e sim.

diaconia (o **dia-**) [vc. dotta, lat. eccl. *diacŏnia(m)*, da *diācon* 'diacono', con l'accento del modello gr. *diakonía*; sec. XVI] **s. f. 1** Ufficio di diacono, nelle comunità cristiane primitive. **2** Titolo di alcune Chiese cattoliche di Roma attribuito ai cardinali.

diacònico (o **dia-**) **s. m.** (pl. *-ci*) ● (*arch.*) Diaconio.

diacònio (o **dia-**) [vc. dotta, lat. *diacōniu(m)*, da *diācon(us)* 'diacono'] **s. m.** ● (*arch.*) Nelle prime basiliche cristiane, ognuna delle due absidi minori posta ai lati dell'abside principale che serviva da sacrestia, parlatorio e tesoreria.

diàcono (o **-dià-**) [vc. dotta, lat. tardo *diācŏnu(m)*, dal gr. *diákonos* 'servo', prob. da *kónein* 'affrettarsi'; sec. XIII] **s. m.** (f. *-éssa* nel sign. 3 (V.)) **1** (*relig.*) Persona di sesso maschile cui è stato conferito l'ordine sacro del diaconato in vista dell'ordinazione sacerdotale o per servizio diretto della comunità cristiana: *d. per il sacerdozio*; *d. per il ministero*. **2** (*relig.*) Nella liturgia cattolica anteriore al Concilio Ecumenico Vaticano Secondo, prete che assisteva il celebrante nella messa solenne. **3** (*relig.*) Nelle primitive comunità cristiane, fedele destinato a opere caritative o addetto a particolari riti sacri.

diàcope [vc. dotta, lat. *diăcope(n)*, dal gr. *diakopé*, comp. di *diá* 'attraverso' e *kopé* 'taglio'] **s. f. 1** (*med.*) Frattura longitudinale di un osso della volta cranica. **2** (*ling.*) Tmesi.

diacritico [dal gr. *diakritikós*, dal v. *diakrínein* 'separare (*krínein*) uno dall'altro (*diá*)'; 1913] **agg.** (pl. m. *-ci*) ● (*ling.*) Detto di segno grafico che modifica un altro segno, come la tilde in spagnolo e la cediglia in francese.

diacronia [fr. *diachronie*, comp. di *dia-* e un deriv. del gr. *chrónos* 'tempo'; 1919] **s. f.** ● Insieme di fatti o di elementi considerati dal punto di vista della loro evoluzione nel tempo. **CONTR.** Sincronia.

diacrònico [fr. *diachronique*, da *diachronie* 'diacronia'; 1919] **agg.** (pl. m. *-ci*) ● Di, relativo a, diacronia | ***Linguistica diacronica***, studio dei fenomeni linguistici nel loro evolversi nel tempo. **CONTR.** Sincronico. || **diacronicaménte**, **avv.** Dal punto di vista diacronico.

diade [vc. dotta, lat. tardo *dўade(m)*, nom. *dўas*, dal gr. *dyás*, da *dýo* 'due'] **s. f. 1** (*mat.*) Coppia di enti o di elementi. **2** (*biol.*) Figura citologica in cui è disposta ciascuna coppia di cromosomi durante la profase-metafase della meiosi. **3** (*filos.*) Nella filosofia pitagorica, il principio della diversità e della disuguaglianza. **4** (*psicoan.*) Termine usato da R. Spitz (1887-1974) per indicare il rapporto madre-bambino nei primi anni di vita.

diadèlfo [comp. di *di-* (*2*) e del gr. *adelphós* 'fratello'] **agg.** ● (*bot.*) Detto di stame avente tutti i filamenti concresciuti in due fasci.

diadèma [vc. dotta, lat. tardo *diadēma(m)*, dal gr. *diádēma*, dal v. *diadêin* 'legare (*dêin*) attraverso (*diá*)'; av. 1374] **s. m.** (pl. *-i*) **1** Anticamente, benda avvolta attorno al capo di divinità sacerdotali e sovrani asiatici | Cerchio metallico portato come corona dagli imperatori romani durante il basso impero. **2** Ricco ornamento del capo in oro, argento e pietre preziose | Corona reale | Aureola. **3** Decorazione di fiori o di perline nell'acconciatura da sposa.

diademàto [vc. dotta, lat. *diademātu(m)*, da *diadēma* 'diadema'; 1499] **agg.** ● (*lett.*) Cinto di diadema.

diàdico [da *diade*] **agg.** (pl. m. *-ci*) ● Relativo a una diade | (*mat.*) ***Numerazione diadica***, binaria.

diàdoco [vc. dotta, gr. *diádochos*, dal v. *diadéchesthai* 'ricevere (*déchesthai*) attraverso (*diá*) la successione'; 1828] **s. m.** (pl. *-chi*) **1** (*st.*) Ciascuno degli immediati successori di Alessandro Magno. **2** Nella Grecia moderna, fino alla caduta della monarchia, titolo del principe ereditario.

diadùmeno [vc. dotta, gr. *diadoúmenos* dal v. *diadêin* 'cingersi', 'legare'] **s. m.** ● (*archeol.*) Nell'arte greca, rappresentazione scultorea dell'atleta che si cinge la fronte con una benda, simbolo della vittoria: *il d. di Policleto*. **SIN.** Anadumeno.

diafanimetria [comp. di *diafan(o)* e *-metria*] **s. f.** ● (*meteor.*) Misurazione della trasparenza atmosferica.

diafanità, (*evit.*) **diafaneità** [av. 1320] **s. f.** ● Caratteristica di chi (o di ciò che) è diafano. **SIN.** Trasparenza.

diàfano [vc. dotta, lat. mediev. *diăphanu(m)*, dal gr. *diaphanés*, da *diaphaínein* 'mostrare (*phaínein*) attraverso (*diá*)'; 1308] **A agg. 1** (*lett.*) Che lascia passare la luce: *corpo, velo d.*; *aria diafana*; *Aveva ... orecchie appuntite e mobili, quasi diafane* (LEVI). **SIN.** Trasparente. **2** (*fig., lett.*) Delicato, esile, gracile: *mani diafane*; *aspetto d.* | Pallido: *fronte, pelle, diafana*. **B s. m. 1** †Diafanità. **2** †Corpo diafano.

diafanoscopia [comp. di *diafano* e *-scopia*] **s. f.** ● (*med.*) Esame di un organo per trasparenza mediante una forte sorgente luminosa.

diafanoscòpio [comp. di *diafano*, nel sign. di 'trasparente', e *-scopio*] **s. m.** ● (*med.*) Fonte luminosa per praticare la diafanoscopia.

diafaṣia [da *diafasico*; 1970] **s. f.** ● (*ling.*) Variazione del registro espressivo in relazione al mutare della situazione in cui il parlante si trova a comunicare (ambiente, circostanze, finalità, interlocutori diversi).

diafàṣico [comp. di *dia-* e di un deriv. del gr. *phásis* 'voce', sul modello del fr. *diaphasique*; 1973] **agg.** (pl. m. *-ci*) ● (*ling.*) Relativo a differenza linguistica connessa a variazioni di stile e di registro espressivo. || **diafaṣicaménte**, **avv.** Dal punto di vista diafasico.

diàfiṣi [vc. dotta, gr. *diáphysis*, dal v. *diaphýesthai* 'crescere (*phýein*) tra (*diá*) qualcosa'] **s. f. inv.** ● (*anat.*) Parte di un osso lungo compresa tra le due estremità.

†**diaflàmma** ● V. *diaframma*.

diafonia [vc. dotta, gr. *diaphōnía*, comp. di *diá* 'attraverso' e *phōnḗ* 'voce' (propr. 'voce che va traverso', cioè 'che stona, dissonante'); 1640] **s. f. 1** (*mus.*) Nella musica greca e medievale, dissonanza | Forma elementare della polifonia. **SIN.** Discanto. **2** (*elettr.*) Disturbo di natura elettrica che può verificarsi nelle conversazioni telefoniche o nelle trasmissioni radiofoniche.

diafònico **agg.** (pl. m. *-ci*) ● (*mus.*) Di, relativo a, diafonia.

diàfora [vc. dotta, gr. *diáphoros* 'diverso'] **s. f.** ● (*ling.*) Figura retorica che consiste nel ripetere con un significato diverso o comunque più ampio la medesima parola all'interno di una frase, spesso con tono enfatico: *quell'arte che sola fa parer uomini gli uomini* (LEOPARDI).

diaforèṣi [vc. dotta, lat. tardo *diaphorēsi(m)*, dal gr. *diaphórēsis*, da *diaphorêin*, comp. di *diá* 'attraverso' e *phorêin* 'portare', cioè disperdere (per evaporazione o traspirazione); av. 1320] **s. f. inv.** ● (*med.*) Sudorazione.

diaforètico [vc. dotta, lat. tardo *diaphorētĭcu(m)*, dal gr. *diaphorētikós*, da *diaphórēsis* 'diaforesi'; av. 1320] **A s. m.** (pl. *-ci*) ● Medicamento che provoca sudorazione. **B** anche **agg.**: *farmaco d.*

diafràmma o †**diaflàmma**, †**diafràgma** [vc. dotta, lat. tardo *diaphrăgma*, dal gr. *diáphragma*, da *diaphragmýnai*, comp. di *diá* 'attraverso' e *phragmýnai* 'ostruire, proteggere'; 1474] **s. m.** (pl. *-i*) **1** Elemento di separazione: *un d. divideva in due parti la cavità*; *un d. di roccia, d'acqua, di fuoco* | (*fig.*) Impedimento, barriera spirituale: *tra noi si è creato un d. di diffidenza*. **2** (*anat.*) Muscolo piatto, a funzione respiratoria, che separa la cavità toracica da quella addominale. ➡ **ILL.** p. 2125 ANATOMIA UMANA. **3** Dispositivo a chiusura progressiva per regolare il passaggio della luce attraverso una lente o un sistema ottico. **4** Calotta di materiale gommoso che si applica in corrispondenza del collo dell'utero a scopo contraccettivo. **5** Dispositivo che, vibrando, dà suono in un apparecchio acustico come, per es., un altoparlante.

diaframmàre [1938] **v. tr. 1** Regolare l'apertura del diaframma di una macchina fotografica o da presa. **2** (*tecnol.*) Munire di diaframma: *d. un condotto*.

diaframmàtico **agg.** (pl. m. *-ci*) ● (*anat.*) Relativo al diaframma. **SIN.** Frenico.

diagèneṣi [comp. di *dia-* e *genesi*; 1931] **s. f. inv.** ● (*geol.*) L'insieme dei processi che avvengono entro un sedimento e che lo trasformano in roccia sedimentaria compatta.

diaglìptica [comp. di *dia(fano)* e *gliptica*] **s. f.** ● Arte di incidere e lavorare in incavo figure e ornamenti.

diaglipto **s. m.** ● Lavoro inciso.

diagnoṣi [vc. dotta, gr. *diágnōsis*, comp. di *diá* 'attraverso (alcuni segni)' e *gnôsis* 'conoscenza'; 1745] **s. f. inv. 1** Definizione di una malattia attraverso l'anamnesi, i segni e i sintomi, gli esami di laboratorio e quelli strumentali: *d. precoce* | ***D. differenziale***, esame critico dei sintomi per distinguere malattie tra loro consimili | ***D. biologica di gravidanza***, accertamento dello stato di gravidanza con prove su animali | ***D. prenatale***, quella relativa al feto. **2** (*est.*) Valutazione di un fenomeno dopo averne considerato ogni aspetto: *fare la d. dei fatti, della situazione politica*. **3** (*elab.*) Analisi dello stato di funzionamento di un sistema con individuazione degli eventuali guasti.

diagnòsta [da *diagnostico*; cfr. gr. delle glosse *diagnṓstēs* 'giudice istruttore'] **s. m. e f.** (pl. m. *-i*) **1** Medico specialista in diagnosi. **SIN.** Diagnostico. **2** Tecnico che individua i guasti di impianti, apparecchiature e sim.

diagnòstica [da *diagnosticare*; 1764] **s. f.** ● Tecnica e metodo della diagnosi | (*bot.*) ***D. fogliare***, studio delle esigenze nutritive delle piante mediante l'analisi chimica delle foglie.

diagnosticàre [fr. *diagnostiquer*, da *diagnostic* 'diagnostico'; 1876] **v. tr.** (*io diagnòstico, tu diagnòstichi*) ● Riconoscere mediante diagnosi (*anche fig.*): *d. una malattia*; *d. i mali della società*.

diagnòstico [fr. *diagnostic*, dal gr. *diagnōstikós*, deriv. di *diágnōsis* 'diagnosi'; 1707] **A agg.** (pl. m. *-ci*) ● Relativo alla diagnosi: *segno, sintomo d.* || **diagnosticaménte**, **avv.** Per via di diagnosi. **B s. m.** (f. *-a*) ● Diagnosta.

diagonàle (o **dia-**) [vc. dotta, lat. *diagonāle(m)*, dal gr. *diagṓnios* 'attraverso (*diá*) gli angoli (*gōníes*)'; 1499] **A s. f.** ● (*mat.*) In un poligono semplice, il segmento o la retta congiungente due vertici non consecutivi | Correntemente, linea o direzione obliqua: *tracciare una d.*; *seguire la d.* | ***In d.***, trasversalmente. **B s. m. 1** Nel calcio e nel tennis, tiro con direzione obliqua rispetto ai lati del campo. **2** Stoffa caratterizzata da fitte linee a colori e a rilievo lungo le diagonali delle maglie formate dalla trama e dall'ordito. **C agg.** ● Obliquo, trasversale: *tiro, tessuto d.* || **diagonalménte**, **avv.** In senso diagonale, in senso trasversale.

diagràmma [vc. dotta, lat. *diagrămma(m)*, dal gr. *diágramma* '(di)segno (*grámma*) ottenuto per mezzo di (*diá*) linee'; 1797] **s. m.** (pl. *-i*) **1** (*mat.*) Rappresentazione grafica d'una funzione o d'un fenomeno. **2** (*stat.*) Rappresentazione grafica dell'andamento di un fenomeno | ***D. lineare***, quello in cui a ciascuna coppia di valori si fanno corrispondere dei punti nel piano, uniti con segmenti di retta formanti una linea spezzata. ➡ **ILL. diagramma. 3** Ogni rappresentazione grafica usata come mezzo per l'analisi e la risoluzione di un problema | ***D. ad albero***, rappresentazione grafica composta da punti (vertici o nodi) e da segmenti (rami) che li connettono, priva di circuiti | ***D. a blocchi***, rappresentazione grafica di un insieme di relazioni in cui le singole unità logiche sono disegnate sotto forma di caselle | ***D. di flusso***, rappresentazione grafica di una sequenza di eventi, con l'impiego di simboli convenzionali corrispondenti ai vari tipi di eventi e alle loro reciproche connessioni | (*elab.*) ***D. di programmazione***, rappresentazione grafica, per mezzo di un insieme convenzionale di simboli, dei vari passi logici che formano un programma. ➡ **ILL. diagramma. 4** (*ling.*) ***D. delle vocali***, rappresentazione geometrica di un insieme di vocali basata sui loro caratteri articolatori o acustici.

diagrammàre [1965] **v. tr.** ● Rappresentare mediante un diagramma | Costruire un diagramma.

diagrammàtico **agg.** (pl. m. *-ci*) ● Di diagramma.

diagrammatóre **s. m.** ● (*elab.*) Plotter.

diàle [vc. dotta, lat. *Diāle(m)*, originariamente agg. di *dīes* 'giorno', personificato come divinità luminosa] **A s. m.** ● (*st.*) Addetto al culto di Giove, nella Roma antica. **B** anche **agg.**: *flamine d.*

dialèfe [dal gr. *dialéipein* 'lasciare (*léipein*) un intervallo (*diá*)', sul modello di *sinalefe*; 1776] **s. f.** ● (*ling.*) In metrica, separazione di due sillabe distinte della vocale finale e della vocale iniziale di due parole contigue, usata come espediente per far tornare il conto delle sillabe o come mezzo espressivo; ad es. il verso *qua dentro è 'l secondo Federico* (DANTE *Inf.* X, 119) sottolinea una pausa. **CONTR.** Sinalefe.

dialettàle [da *dialetto*; 1875] **agg. 1** Che concerne i dialetti, che è caratteristico di un dialetto: *voce d.* **2** Che scrive in dialetto: *poeta d.* | Che è

dialettaleggiante

scritto o pronunciato in dialetto: *canzone, poesia d.; frase, espressione d.* || **dialettalmènte**, avv. Mediante il dialetto.

dialettaleggiànte [da *dialettale*] agg. ● Che presenta caratteri dialettali: *pronuncia d.* | Che contiene vocaboli o espressioni dialettali: *prosa d.*

dialettalìsmo [1942] s. m. ● (*ling.*) Vocabolo, forma o costrutto di derivazione dialettale, in una lingua nazionale o letteraria. SIN. Dialettismo.

dialettalità [da *dialettal(e)* col suff. di qualità *-ità*; 1970] s. f. ● Caratteristica di ciò che è dialettale: *la d. di un'espressione, di una pronuncia*.

dialettalizzàre [1966] A v. tr. ● Rendere dialettale. B v. intr. pron. ● Assumere caratteri dialettali.

dialettalizzazióne s. f. *1* Il dialettalizzare, il dialettalizzarsi. *2* Modo in cui i dialetti si presentano all'interno di un dato territorio linguistico.

dialèttica [vc. dotta, lat. *dialēctica(m)*, dal gr. *dialektikḗ* (*téchnē*) '(arte) della discussione (*diálektos*)'; av. 1292] s. f. *1* Arte del ragionare, dell'argomentare: *la d. socratica, dei sofisti* | Logica. *2* (*est.*) Che si manifesta o avviene in base al contrasto di elementi antitetici: *lo svolgersi del progresso umano è un processo d.* 2 Proprio di chi è capace di usare la logica per convincere gli altri: *potenza, abilità dialettica*. || **dialetticaménte**, avv. B s. m. (f. *-a*) ● Chi è abile nel discutere, nel ragionare.

dialettìsmo [1866] s. m. ● Dialettalismo.

dialettizzàre [da *dialett(o)* con il suff. *-izzare*, sul modello dell'ingl. *to dialectize*; 1965] v. tr. e intr. pron. ● (*raro*) Dialettalizzare.

dialètto [vc. dotta, lat. *dialēcto(n)*, dal gr. *diálektos* 'discussione' e poi 'particolarità linguistica', da *dialégein* 'parlare (*légein*) attraverso (*diá*)', 'discutere'; av. 1565] s. m. ● Sistema linguistico particolare usato in zone geograficamente limitate: *i dialetti della lingua italiana; parlare in d.* ➡ TAV. **dialetti d'Italia**.

dialettòfono [comp. di *dialetto* e *-fono*] s. m. (f. *-a*); anche agg. ● (*ling.*) Chi (o che) parla un dialetto.

dialettologìa [comp. di *dialetto* e *-logia*; 1824] s. f. ● Disciplina che si occupa della descrizione comparativa dei diversi dialetti nei quali si diversifica una lingua e di stabilire i loro limiti | *D. sociale*, studio delle variazioni sociali di una lingua; sociolinguistica.

dialettològico agg. (pl. m. *-ci*) ● Relativo alla dialettologia.

dialettòlogo [1874] s. m. (f. *-a*; pl. m. *-gi*) ● Studioso di dialettologia.

diàli- [tratto dal v. gr. *dialýein* 'sciogliere (*lýein*) attraverso (*diá*), separare'] primo elemento ● In parole composte della terminologia scientifica, indica separazione: *dialipetalo, dialisepalo*.

dialipètalo [vc. dotta, comp. di *diali-* e *petalo*; 1875] agg. ● (*bot.*) Detto di corolla i cui petali sono separati l'uno dall'altro. SIN. Coripetalo.

dialisèpalo [vc. dotta, comp. di *diali-* e *sepalo*] agg. ● (*bot.*) Detto di calice i cui sepali sono separati l'uno dall'altro. SIN. Corisepalo.

diàlisi [vc. dotta, lat. tardo *dialýsi(n)*, dal gr. *diálysis*, da *dialýein* 'sciogliere (*lýein*) in mezzo (*diá*)', 'separare'; av. 1604] s. f. inv. *1* (*chim.*) Separazione di sostanze da miscugli liquidi per mezzo di membrane semipermeabili, attraverso cui le molecole più piccole e gli ioni passano facilmente mentre le particelle colloidali e le molecole più grandi non passano o passano molto lentamente. *2* (*fisiol.*) Processo di depurazione del sangue dalle sue scorie e impurità | (*med.*) *D. artificiale*, depurazione sostitutiva in caso d'insufficienza degli organi emuntori, spec. rene e fegato; CFR. Emodialisi. *3* (*ling.*) Figura retorica per cui si interrompe l'ordine del discorso inserendovi un inciso: *Parte sen giva, e io retro li andava, / lo duca, già faccendo la risposta* (DANTE *Inf.* XXIX, 16-17).

dialìtico [vc. dotta, gr. *dialytikós*, da *dialytós* 'dialito'; 1828] agg. (pl. m. *-ci*) ● Relativo a dialisi.

dialìto [gr. *diálytos*, agg. v. di *dialýein* 'sciogliere (*lýein*) attraverso (*diá*) qualcosa'] agg. ● (*chim., raro*) Soluto, sciolto.

dializzàre [da *dialisi*; 1951] v. tr. ● (*chim., med.*) Sottoporre a dialisi.

dializzàto [1966] A part. pass. di *dializzare*; anche agg. ● Nel sign. del v. B s. m. (f. *-a*) ● Malato che viene sottoposto a dialisi.

dializzatóre [1892] A agg. (f. *-trice*) ● (*fisiol.*) Che compie o consente la dialisi: *membrana dializzatrice*. B s. m. ● (*med.*) Apparecchio con cui si compie la dialisi.

diàllage [vc. dotta, lat. *diăllage(n)*, dal gr. *diallagḗ*, da *diallássein* 'cambiare (*allássein*) attraverso (*diá*)'; 1820] s. f. ● (*ling.*) Figura retorica per cui molti argomenti convergono a una stessa conclusione | Accumulazione di parti del discorso che presenta almeno due sinonimi: *Or più non è quel che era, / ma spietata sdegnosa altera e dura, / stassi superba, e del mio mal non cura* (BOIARDO).

diallàgio [vc. dotta, gr. *diallagḗ*, da *diallássein* 'mutare', per l'irregolarità della sfaldatura; 1817] s. m. ● (*miner.*) Varietà di pirosseno di colore grigioverde caratterizzata da una spiccata sfaldatura lamellare molto lucente.

diallèlo o **diallèle** [gr. *diállēlos*, propr. '(ragionamento) attraverso (*diá*) l'un l'altro (*allḗlon*)'] s. m. ● (*filos.*) Circolo vizioso.

dialogàre (o *dia-*) [da *dialogo*; 1553] A v. tr. (*io diàlogo, tu diàloghi*) ● Scrivere, ridurre, in dialogo: *d. un dramma*. B v. intr. (aus. *avere*) *1* Aprire un dialogo: *d. con la parte avversa, con gli avversari*. *2* (*raro*) Conversare: *d. con qlcu*.

dialogàto (o *dia-*) A part. pass. di *dialogare*; anche agg. ● Nei sign. del v. B s. m. ● Parte di un testo narrativo, di un'opera teatrale, cinematografica e sim., che si svolge in forma di dialogo.

dialoghìsta (o *dia-*) ● V. *dialogista*.

†**dialoghizzàre** (o *dia-*) ● V. *dialogizzare*.

dialògico [vc. dotta, gr. *dialogikós* 'in forma di dialogo'; av. 1604] agg. (pl. m. *-ci*) ● Che si riferisce

---

diagramma

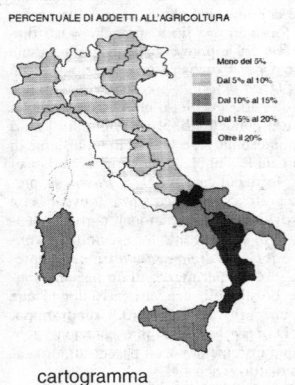

cartogramma

istogramma

areogramma

diagramma di flusso

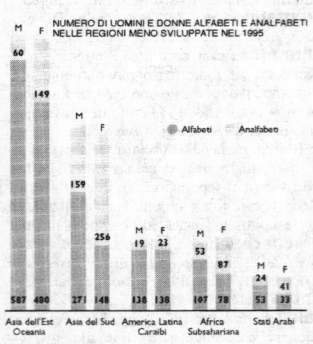

grafico a barre

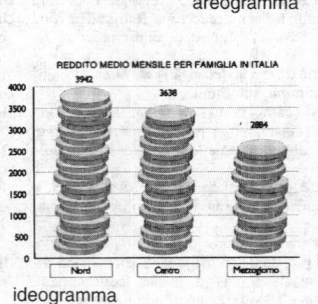

ideogramma

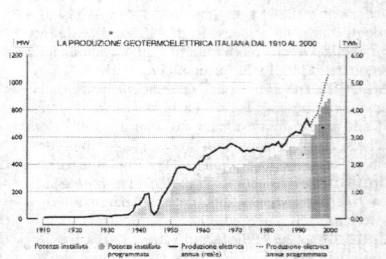

diagramma lineare

DIALETTI D'ITALIA

DIALETTI SETTENTRIONALI

GALLO-ITALICI

piemontese
lombardo
ligure
emiliano-romagnolo
marchigiano settentrionale
  (*dialetti metauro-pisaurini o gallo-piceni*)

VENETI

veneziano lagunare
veronese
vicentino-padovano-polesano
trevigiano
feltrino-bellunese
triestino e veneto-giuliano

DIALETTI CENTRO-MERIDIONALI

marchigiano centrale { anconitano / maceratese
umbro e viterbese
laziale centro-settentrionale e romanesco
reatino-aquilano
marchigiano meridionale-abruzzese
molisano
pugliese settentrionale
laziale meridionale e campano { napoletano / irpino / cilentano
lucano-calabrese settentrionale
salentino (o pugliese meridionale)
calabrese centro-meridionale

siciliano {
  messinese
  catanese-siracusano
  siciliano sud-orientale
  nisseno-ennese
  agrigentino
  palermitano
  trapanese
}

DIALETTI TOSCANI

fiorentino
senese
toscano occidentale { pisano-livornese-elbano / pistoiese / lucchese
aretino-chianaiolo
apuano

DIALETTI SARDI

logudorese
campidanese
gallurese
sassarese

DIALETTI LADINI

ladino dolomitico (Fassa, Gardena, Badia e Marebbe, Livinallongo, Ampezzo, Comelico)
friulano { centrale-orientale, / occidentale / carnico

PARLATE ALLOGLOTTE

PROVENZALE:
in prov. di Cuneo, di Torino, in valle Pellice, in valle Germanasca, in val Chisone; inoltre a Guardia Piemontese in prov. di Cosenza.

FRANCO-PROVENZALE:
in Val d'Aosta, val di Susa, valle dell'Orco, valli di Lanzo, val Soana; inoltre a Faeto e Colle San Vito in prov. di Foggia.

TEDESCO:
Alto Adige, prov. di Bolzano, in alcune zone della prov. di Trento, di Belluno, del veronese, del vicentino, dell'udinese.

ALEMANNO:
(varietà dialettale tedesco-svizzera): i Walser della Val d'Aosta e del Piemonte.

SLOVENO:
in prov. di Trieste, Gorizia, Udine.

SERBO-CROATO:
in Molise, prov. di Campobasso.

CATALANO:
in Sardegna ad Alghero.

ALBANESE:
in alcuni comuni della Campania, dell'Abruzzo, del Molise, della Basilicata, della Calabria, della Puglia, della Sicilia.

GRECO:
nel Salento, in prov. di Lecce e in Calabria.

ZINGARESCO:
gli zingari *rom* nel centro-meridione, come nella zona di Reggio Calabria, gli zingari *sinti* nomadi nel settentrione.

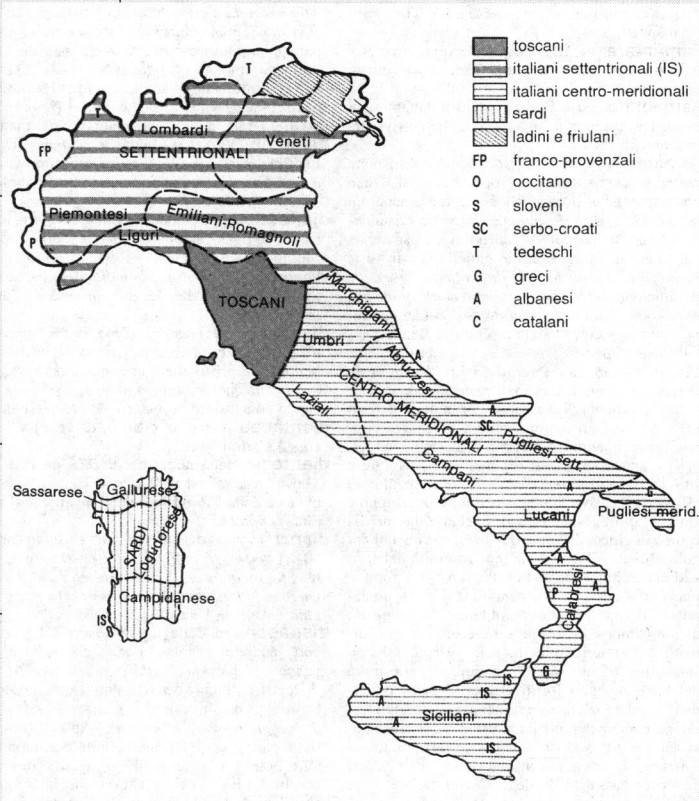

al dialogo | Che ha forma di dialogo: *poesia dialogica*. || **dialogicaménte**, avv. In forma di dialogo.

dialogismo (o **dia-**) [vc. dotta, lat. tardo *dialogīsmu(m)*, dal gr. *dialogismós*, da *dialogízesthai* 'dialoghizzare'; av. 1642] s. m. ● (*ling.*) Figura retorica che consiste nella finzione letteraria del dialogo tra due o più persone e anche con sé stessi: *Oh povero me! vedete se quelle due figuracce dovevan proprio piantarsi sulla mia strada, e prendersela con me! Che c'entro io?* (MANZONI).

dialogista (o **dia-**) o **dialoghista** [vc. dotta, lat. tardo *dialogīsta(m)*, da *diălogus* 'dialogo'; av. 1588] s. m. e f. (pl. m. *-i*) ● Chi scrive dialoghi.

dialogistico (o **dia-**) agg. (pl. m. *-ci*) ● Relativo al dialogismo o al dialogista.

dialogizzare (o **dia-**) o †**dialoghizzare** [vc. dotta, gr. *dialogízesthai* 'ragionare (*logízesthai*) a fondo (*diá*)'; 1627] **A** v. tr. ● Ridurre in forma di dialogo. **B** v. intr. (aus. *avere*) ● (*raro*) Conversare | Disputare dialogando: *d. con un avversario*.

dialogo (o **dia-**) [vc. dotta, lat. *diălogu(m)*, dal gr. *diálogos* 'discorso (*lógos*) tra (*diá*) persone'; av. 1304] s. m. (pl. *-ghi* o †*-gi*; solo sing. nel sign. 2) **1** Discorso fra due o più persone: *ascoltare, riferire un d.*; *avere un d. con qlcu.*; *prendere parte a un d.*; *udì alcune battute del d.* | Recitazione a battute alterne di un testo drammatico | (*spec. al pl.*) Insieme delle battute di un testo cinematografico. **2** (*est.*) Confronto basato sulla disponibilità al chiarimento, all'intesa: *d. tra forze politiche diverse* | Atteggiamento di reciproca comprensione basata sul desiderio di capire e di farsi capire: *il d. fra genitori e figli*; *fra noi non c'è più d.* **3** (*letter.*) Componimento dottrinale in cui la materia è esposta e discussa da due o più persone. **4** (*mus.*) Composizione vocale con testo dialogato. || **dialogàccio**, pegg. | **dialoghétto**, dim. | **dialoghino**, dim.

diamagnètico [vc. dotta, comp. di *dia-* e *magnetico*; 1869] agg. (pl. m. *-ci*) ● (*fis.*) Detto di corpo o sostanza con suscettività magnetica negativa come, per esempio, il bismuto, l'argento o i gas nobili.

diamagnetismo [vc. dotta, comp. di *dia-* e *magnetismo*; 1869] s. m. ● (*fis.*) Proprietà di alcune sostanze, con permeabilità magnetica inferiore a 1, di essere respinte dalle zone di più intenso campo magnetico.

diamantàre [av. 1861] v. tr. ● Decorare meccanicamente con incisione a taglio lucido oggetti di oreficeria.

diamantàto agg. ● Detto di utensili da taglio per materiali duri, con la superficie tagliente rivestita di diamanti.

♦**diamànte** [vc. dotta, lat. tardo *diamānte(m)*, nom. *diămans*, dal gr. *adámas*, propr. 'indomabile', con sovrapposizione di *diaphanḗs* 'diafano, trasparente'; av. 1250] s. m. **1** (*miner.*) Carbonio cristallizzato nel sistema cubico, durissimo, trasparente, per lo più incolore, usato in gioielleria e in varie lavorazioni industriali: *anello, collana, bracciale di diamanti*; *occhi che scintillano come diamanti*; *duro come il d.* | ***A d.***, ***a punta di d.***, in architettura, detto di pietra tagliata a piramide quadrangolare, usata spec. per rivestimenti esterni | (*fig.*) ***Carattere di d.***, saldo, fermo | (*fig.*) ***Nozze di d.***, sessantesimo anniversario di matrimonio. **2** Strumento con punta di diamante, per tagliare il vetro | (*est.*) In varie tecnologie, punta a forma di piramide spec. quadrangolare, con cui terminano scalpelli e gener. strumenti per incidere, perforare e sim. | ***Essere la punta di d.***, (*fig.*) l'elemento più efficace e incisivo di una squadra, di un gruppo e sim. **3** (*sport*) Nel baseball, tracciato interno del campo di gioco, di forma quadrata, che ha agli angoli le quattro basi. **4** (*mar.*) Estremità del fuso dell'ancora, opposta alla cicala, dove si aprono le marre. **5** (*edit.*) Antica denominazione di un carattere tipografico molto minuto | ***Edizione d.***, quella composta con tale carattere; (*est.*) di formato e caratteri molto piccoli. **6** (*mil.*) Fosso stretto e profondo scavato a ridosso delle mura delle antiche opere fortificate per renderne più ardua la scalata. **7** (*numism.*) Moneta d'argento ferrarese, coniata durante il Ducato degli Estensi, così detta per l'anello col diamante raffigurato sul rovescio. **8** (*zool.*) Nome attribuito a numerosi generi di Passeriformi degli Oscini caratterizzati da una livrea vivace ed elegante: *d. variopinto*, *d. dalla coda lunga*. || **diamantino**, dim. | **diamantóne**, accr. | **diamantùccio**, **diamantùzzo**, dim.

diamantìfero [comp. di *diamante* e *-fero*; 1941] agg. ● Di diamanti, che contiene diamanti: *giacimento d.*

diamantina s. f. ● Chiodo con capocchia sfaccettata.

diamantino [1476] agg. **1** (*raro*) Che si riferisce al diamante. **2** (*raro*, *est.*) Che è simile al diamante. **3** (*lett.*, *fig.*) Adamantino: *carattere d.*; *onestà diamantina*.

diamèsico [comp. di *dia-* e del gr. *mésos* 'mezzo (2)'] agg. (pl. m. *-ci*) ● (*ling.*) Relativo a differenza linguistica connessa all'uso di mezzi comunicativi diversi e in particolare alle variazioni tra lingua scritta e lingua parlata. || **diamesicaménte**, avv. Dal punto di vista diamesico.

diametràle [vc. dotta, lat. tardo *diametrāle(m)*, da *diămetros* 'diametro'; av. 1406] agg. ● (*mat.*) Che si riferisce a un diametro: *proprietà diametrali*. || **diametralménte**, avv. **1** Lungo il diametro. **2** (*fig.*) In totale opposizione: *concetti diametralmente opposti*.

diàmetro [lat. *diămetro(n)*, dal gr. *diámetros* 'misura (*métron*) trasversale (*diá*)'; 1304] s. m. ● (*mat.*) Segmento che unisce due punti di una circonferenza o di una sfera passando per il centro.

diamide ● V. *diammide*.

diamina ● V. *diammina*.

diàmine [sovrapposizione eufem. di *domine* (*domineddio*) a *diavolo*; 1612] inter. ● Esprime meraviglia, impazienza, disapprovazione e sim.: *che d. state combinando?* | Come risposta decisamente affermativa: *se ci credo?, d.!* SIN. Diacine, diancine, diavolo.

diammide o **diamide** [comp. di *di-* (2) e *am(m)ide*; 1966] s. f. ● Composto chimico contenente due volte il radicale tipico delle ammidi.

diammina o **diamina** [comp. di *di-* (2) e *ammina*; 1892] s. f. ● Composto chimico, aromatico o alifatico, contenente due gruppi amminici.

diàmo ● V. *dare* (*1*).

diàna (o **dià-**) [vc. dotta, lat. *Diāna(m)*, da un precedente *Diviāna(m)*, prob. 'appartenente a **Dīvia*' la 'dea che illumina'; av. 1276] s. f. **1** (*lett.*) La stella che appare in cielo all'alba: *la marina è chiara, e la d. / è già levata* (LEOPARDI) | (*raro*) ***Alla bella d.***, a cielo scoperto | †***Alla d.***, all'alba. **2** (*est.*) Segnale della sveglia in caserme, accampamenti militari e sim.: *battere, suonare la d.* | (*est.*) Squillo: *la d. della vittoria*. **3** (*fig.*, *lett.*) Ciò che ridesta negli animi sentimenti sopiti spec. di riscossa, rivendicazione e sim. **4** (*mar.*) Periodo di guardia, dalle quattro alle otto del mattino.

diàncine [V. *diamine*] inter. ● (*eufem.*, *scherz.*) Esprime meraviglia, impazienza, disapprovazione e sim. SIN. (*eufem.*) Diacine, diamine, diavolo.

diano ● V. *dare* (*1*).

dianoètico [gr. *dianoētikós* 'che concerne il pensiero che passa attraverso (*diá*) la mente (*nôus*)'] agg. (pl. m. *-ci*) ● (*filos.*) Relativo alla dianoia | Proprio dell'intelletto | ***Virtù dianoetiche***, nella filosofia di Aristotele, le virtù proprie dell'anima intellettiva.

diànoia [vc. gr., *diánoia*, comp. di *diá* 'attraverso' e *nóos* 'mente, riflessione'] s. f. ● Nella filosofia platonica e aristotelica, la conoscenza discorsiva distinta da quella intuitiva in quanto procede derivando conclusioni necessarie da premesse date.

diantàcee [comp. di *diant(o)* e *-acee*] s. f. pl. ● (*bot.*) Cariofillacee.

diànto [vc. dotta, comp. del gr. *Diós*, genit. di *Zéus* 'Giove', e *ánthos* 'fiore'] s. m. ● Genere di piante erbacee delle Cariofillacee cui appartiene il garofano (*Dianthus*).

diànzi [comp. del lat. *de* 'da' e *ăntea* 'prima'; 1313] avv. ● (*tosc.*, *lett.*) Or è poco tempo, poco fa: *l'ho incontrato d.*; *le considerazioni di d. non valgono più*; *torna a fiorir la rosa / che pur d. languia* (PARINI) | Una volta.

diapason [vc. dotta, lat. *diapăson*, dal gr. *diapasón* '(accordo ottenuto) per mezzo (*diá*) di tutte (*pasôn*, sottinteso *chordôn* 'corde')'; 1525] s. m. **1** Registro di una voce o di uno strumento | (*fig.*) Culmine, massimo grado: *giungere, arrivare, al d.*; *raggiungere il d.* **2** (*mus.*) Suono di altezza fissa, pari al la di 440 hertz, usato per intonare le altre note e accordare gli strumenti | Strumento acustico, di vario tipo, che emette la frequenza corrispondente alla nota la. SIN. Corista.

diapàusa [comp. di *dia-* e *pausa*] s. f. ● (*biol.*) Periodo di inattività più o meno completa nella vita di molti animali, gener. legato a fattori ambientali.

diapedèsi [vc. dotta, gr. *diapḗdesis*, dal v. *diapēdân* 'balzare (*pēdân*) attraverso (*diá*)'] s. f. inv. ● (*med.*) Nei focolai infiammatori, fuoriuscita dai capillari degli elementi corpuscolati del sangue.

diapènte [vc. dotta, lat. tardo *diapĕnte*, comp. del gr. *diá* 'attraverso' e *pénte* 'cinque'; 1614] s. m. ● (*mus.*) Nella teoria greca e medievale, intervallo di quinta giusta.

diapìrico [da *diapiro*; 1966] agg. (pl. m. *-ci*) ● (*geol.*) Relativo al diapirismo.

diapirismo s. m. ● (*geol.*) Processo di risalita di rocce leggere e plastiche attraverso gli strati sovrastanti.

diàpiro [gr. *diápyros* 'profondamente (*diá*) infiammato (da *pŷr*, genit. *pyrós* 'fuoco')' dagli effetti vulcanici] s. m. ● (*geol.*) Struttura a cupola, subcilindrica, formata da rocce leggere e plastiche, che risale attraverso gli strati sovrastanti perforandoli a causa di deformazioni della crosta terrestre o della pressione. SIN. Duomo salino.

diapnòico [dal gr. *diapnoḗ* 'tra- (*diá*) -spirazione (da *pnoḗ* 'respiro', dal v. di orig. onomat. *pnêin* 'respirare')'] agg. (pl. m. *-ci*) ● (*med.*) Diaforetico.

diàpo s. f. inv. ● Accorc. di *diapositiva*.

diapositiva [comp. di *dia-* e il f. di *positivo*; 1892] s. f. ● Immagine fotografica da guardare in trasparenza o da proiettare su schermo, ottenuta per stampa o per inversione su vetro o su pellicola.

diaproiettóre [comp. di *dia(positiva)* e *proiettore*] s. m. ● Proiettore per diapositive.

diapsìdeo [comp. di *di-* (2) e del gr. *hapsís*, genit. *hapsîdos* 'circonferenza, arco'] agg. ● (*zool.*) Detto di un tipo di volta cranica caratteristico dei coccodrilli e dei dinosauri, in cui esistono due fosse.

diarchìa [comp. di *di-* (2) e un deriv. del gr. *archḗ* 'comando', sul tipo di *monarchia*; 1672] s. f. ● Sistema di governo caratterizzato dalla divisione del potere fra due persone od organi politici.

diària [vc. dotta, lat. *diăria*, pl. di *diărium* 'razione giornaliera', da *dīes* 'giorno'; 1740 ca.] s. f. ● Somma spettante al prestatore di lavoro quale rimborso spese per ogni giorno di lavoro svolto fuori sede | ***D. parlamentare***, rimborso spese che spetta a deputati e senatori in proporzione alla loro partecipazione alle sedute.

†**diàrio** (**1**) [vc. dotta, lat. *diăriu(m)*, da *dīes* 'giorno'; av. 1730] agg. ● Che dura un giorno: *febbre diaria*. || †**diariaménte**, avv.

♦**diàrio** (**2**) [vc. dotta, lat. *diăriu(m)* nel sign. tardo di 'registro di annotazioni giorno (*dīes*) per giorno'; av. 1565] s. m. **1** Quaderno, taccuino e sim., in cui vengono annotati giorno per giorno avvenimenti considerati di rilievo, spec. vicende personali, ricordi, osservazioni, impressioni varie e sim.: *d. intimo*; *tenere un d.*; *scrivere qlco. nel d.*; *pubblicare il d. di un poeta scomparso*; *d. di viaggio*, *di guerra* | Opera narrativa o storica in cui si notano gli avvenimenti ordinandoli secondo la successione cronologica. **2** Registro giornaliero | ***D. di classe***, registro in cui gli insegnanti annotano giornalmente gli argomenti svolti durante le lezioni, i compiti assegnati agli alunni e sim. | ***D. scolastico***, quaderno, libretto o sim. in cui gli alunni annotano giornalmente i compiti loro assegnati | ***D. degli esami***, prospetto in cui sono indicati i giorni in cui avranno luogo le prove d'esame.

diarista [da *diario*; 1964] s. m. e f. (pl. m. *-i*) ● Chi scrive diari.

diarìstica [da *diario*; 1970] s. f. ● Genere letterario del diario | Insieme della produzione di diari di un autore, un gruppo sociale, un'epoca storica.

diarìstico agg. (pl. m. *-ci*) ● Che è proprio del diario: *stile d.* | Che riguarda il diario: *produzione diaristica*.

diarrèa [vc. dotta, lat. tardo *diarrhŏea(m)*, dal gr. *diárroia*, dal v. *diarrêin* 'scorrere (*rêin*) attraverso (*diá*)'; av. 1320] s. f. ● (*med.*) Emissione frequente di feci liquide o semiliquide.

diarròico [vc. dotta, lat. tardo *diarrhŏicu(m)*, dal gr. *diarroikós*, agg. di *diárroia* 'diarrea'; 1918] agg. (pl. m. *-ci*) ● (*med.*) Di diarrea: *scarica diarroica*.

diartròsi [vc. dotta, gr. *diárthrosis*, dal v. *diarthrôun* 'congiungere (*arthrôun*) attraverso (*diá*)'; 1771] s. f. inv. ● (*anat.*) Articolazione mobile tra due ossa.

diascolio [1865] s. m. ● (*tosc.*, *fam.*) Diavolo.

diàscolo [per *dia(volo)* con oscuramento eufemistico della seconda parte; av. 1633] **s. m.** ● (*tosc.*, *scherz.*) Diavolo. || **diascolétto**, **dim.**

diascopia [comp. di *dia-* e *-scopia*] **s. f.** *1* Osservazione al microscopio di oggetti illuminati per trasparenza | Proiezione di diapositive o di pellicole cinematografiche. *2* (*med.*) Esame della cute attraverso un vetro che la comprime.

diascòpio [comp. di *dia-* e *-scopio*; 1951] **s. m.** ● Apparecchio per la proiezione di immagini illuminate in trasparenza.

diasistèma [ingl. *diasystem*, comp. di *dia-* e *system* 'sistema'] **s. m.** (**pl.** *-i*) ● (*ling.*) Sistema linguistico di livello superiore, che comprende due o più sistemi aventi dei tratti in comune.

diàspora [vc. dotta, gr. *diasporá*, dal v. *diaspéirein* 'seminare (*spéirein*) qua e là (*diá*)'; 1913] **s. f.** ● Dispersione di un popolo che lascia la terra d'origine migrando in varie direzioni: *la d. ebraica* | (*est.*) Dispersione di un raggruppamento di persone prima unite da forti vincoli, spec. ideali.

diàsporo [dal gr. *diasporá* 'dispersione' (V. *diaspora*), perché, se esposto alla fiamma d'una candela, scoppia e si disperde in una quantità di pagliuzze lucenti] **s. m.** ● (*miner.*) Idrossido di alluminio diffuso in minutissime lamelle entro certe rocce argillose.

diaspràto **agg.** ● (*raro*, *poet.*) Che ha il colore del diaspro.

diasprino **agg.** ● (*raro*) Di diaspro | Che è simile al diaspro.

diàspro [vc. dotta, lat. mediev. *dīaspru(m)*, trascrizione inesatta del lat. *iăspis*, dal gr. *íaspis*, di orig. ebr.; 1282] **s. m.** *1* (*geol.*) Roccia silicea ricca in calcedonio, a colori molto vivaci usata come pietra dura. *2* (*fig.*, *raro*, *lett.*) Durezza, fermezza d'animo: *quel d. ond'ei l'alma ha sì dura* (TASSO).

diastaṣàto [da *diastasi*] **agg.** ● Di alimento che ha subito la trasformazione parziale o totale dell'amido in zucchero per effetto della diastasi.

diàstaṣi o **diastàṣi** [vc. dotta, gr. *diástasis* 'separazione', dal v. *diīstánai* 'porre (*istánai*) a parte (*diá*)'; 1805] **s. f. inv.** *1* (*med.*) Allontanamento di organi normalmente vicini: *d. articolare*, *muscolare*. *2* (*biol.*) Amilasi.

diastèma [vc. dotta, lat. tardo *diastēma*, dal gr. *diástēma*, dal v. *diīstánai* (V. *diastasi*)] **s. m.** (**pl.** *-i*) *1* (*zool.*) Spazio che taluni animali presentano fra un dente e l'altro per mancanza di intermedi. *2* (*geol.*) Superficie che separa due strati di una roccia sedimentaria, formata per un temporaneo arresto della sedimentazione.

diàstilo [vc. dotta, lat. tardo *diastylo(n)*, dal gr. *diástylos* 'dalle colonne (*stýloi*) separate (*diá*)'; 1819] **A** **s. m.** ● (*arch.*) Una delle misure dell'intercolunnio greco equivalente a tre diametri di una colonna. **B** **agg.** ● Detto di tempio greco e romano con intercolunnio equivalente a tre diametri di una colonna.

diastimomètrico [comp. del gr. *diástēma* 'intervallo, distanza' (da *diá* 'attraverso') e di *-metro*; 1966] **agg.** (**pl. m.** *-ci*) ● Distanziometrico.

diàstole [vc. dotta, lat. tardo *diăstole(n)*, dal gr. *diastolḗ*, dal v. *diastéllein* 'porre (*stéllein*) in mezzo (*diá*)'; 1574] **s. f.** *1* (*med.*) Fase di distensione della muscolatura cardiaca. **CFR.** Sistole. *2* (*ling.*) Nella metrica latina, allungamento di vocale normalmente breve | Nella metrica italiana, spostamento dell'accento per ragioni ritmiche verso la fine della parola: *e dopo i corsi clamorosi occùpa* (PARINI). **CFR.** Sistole.

diastòlico **agg.** (**pl. m.** *-ci*) ● (*med.*) Che concerne la diastole: *pausa diastolica*.

diastràtico [comp. di *dia-* e di un deriv. di *strato*, sul modello del fr. *diastratique*; 1973] **agg.** (**pl. m.** *-ci*) ● (*ling.*) Relativo a differenza linguistica connessa a variazioni di strato sociale. || **diastraticaménte**, **avv.** Dal punto di vista diastratico.

diastrofiṣmo [dal gr. *diastrophḗ* 'distorsione', da *diastréphein* 'volgere (*stréphein*) per traverso (*diá*)'] **s. m.** ● (*geol.*) Fenomeno di deformazione o di movimento della crosta terrestre.

diàte ● V. *dare* (*1*).

diatèca [comp. di *dia(positiva)* e *-teca*; 1988] **s. f.** ● Raccolta, collezione di diapositive | Archivio, locale dove tale raccolta trova stabile sistemazione.

diatermanità [1869] **s. f.** ● (*fis.*) Trasparenza alla radiazione termica.

diatermàno [vc. dotta, dal v. gr. *diathermáinein* 'scaldare (*thermáinein*) profondamente (*diá*)'; 1837] **agg.** ● (*fis.*) Detto di corpo trasparente alla radiazione termica.

diatermia [vc. dotta, dal gr. *diáthermos* 'che ha un calore (*thermós*) profondo (*diá*)'; 1913] **s. f.** ● (*med.*) Metodo di terapia praticato mediante l'uso di corrente elettrica ad alta frequenza, di ultrasuoni e onde elettromagnetiche, che sviluppano calore nell'interno dei tessuti.

diatèrmico [vc. dotta, dal gr. *diáthermos* 'calore (*thermós*) penetrante (*diá*)'] **agg.** (**pl. m.** *-ci*) ● Relativo alla diatermia: *trattamento d.*; *elettrodo d.*

diatermocoagulazióne [comp. di *diaterm(ia)* e *coagulazione*] **s. f.** ● (*chir.*) Diatermia impiegata in chirurgia per la coagulazione dei tessuti.

diàteṣi [vc. dotta, lat. tardo *diăthesi(n)*, dal gr. *diáthesis* 'azione di porre (*thésis*) qua e là (*diá*), ordinamento'; 1761] **s. f. inv.** *1* (*med.*) Predisposizione, di solito ereditaria, dell'organismo verso particolari malattie: *d. emorragica*, *essudativa*. *2* (*ling.*) Categoria grammaticale associata al verbo e al suo ausiliare, che indica la relazione grammaticale fra il verbo, il soggetto, o l'agente e l'oggetto: *d. attiva*, *passiva*, *media*.

diatèṣico o (*raro*) **diatètico** **agg.** (**pl. m.** *-ci*) ● (*med.*) Di diatesi.

Diatomèe [vc. dotta, gr. *diátomos*, da *diatémnein* 'tagliare (*témnein*) attraverso (*diá*)' per la disposizione a zig-zag delle loro cellule; 1865] **s. f. pl.** (**sing.** *-a*) ● Nella tassonomia vegetale, classe di alghe giallo-brune a cellule libere o in colonie con membrana silicizzata composta da due valve chiuse come una scatola (*Diatomeae*). **SIN.** Bacillariofite.

diatòmico [comp. di *di-* (*2*) e *atomico*, sul modello dell'ingl. *diatomic*; 1966] **agg.** (**pl. m.** *-ci*) ● Detto di molecola costituita da due atomi. **SIN.** Biatomico.

diatomite [comp. del lat. scient. *Diatoma* e *-ite* (*2*)] **s. f.** ● (*geol.*) Roccia sedimentaria silicea di origine organica, costituita da gusci di Diatomee, polverosa e finissima, usata nella preparazione della dinamite, per filtrare e chiarificare liquidi e sim. **SIN.** Farina fossile.

diatonia [da *diatonico*; 1951] **s. f.** ● (*mus.*) Passaggio del suono da un grado all'altro della scala senza alterazione di note.

diatònico [vc. dotta, lat. *diatŏnicu(m)*, dal gr. *diatonikós*, dal v. *diatéinein* 'tendere (*téinein*) da una parte all'altra (*diá*), distendere'; 1556] **agg.** (**pl. m.** *-ci*) ● (*mus.*) Che si riferisce alla diatonia | ***Scala diatonica***, formata dai cinque toni e due semitoni.

diatoniṣmo [da *diatonico*] **s. m.** ● (*mus.*) Sistema di composizione caratterizzato dalla disposizione delle note secondo la scala diatonica.

diatòpico [comp. di *dia-* e *topico* (V.), sul modello del fr. *diatopique*; 1973] **agg.** (**pl. m.** *-ci*) ● (*ling.*) Relativo a differenza linguistica connessa a variazioni geografiche. || **diatopicaménte**, **avv.** Dal punto di vista diatopico.

diàtriba o, più diffuso ma meno corretto, **diatriba** [vc. dotta, lat. *diătriba(m)*, dal gr. *diatribḗ*, 'consumo (*tribḗ*) continuo (*diá*) del tempo, occupazione'; av. 1676] **s. f.** *1* Nella Grecia classica, discussione pubblica su temi morali | †Dissertazione, discussione. *2* (*est.*) Discorso violento pieno di accuse, rimproveri, critiche e sim.: *una lunga d. contro il malcostume*. *3* (*raro*, *fam.*) Rabbuffo, strapazzata | Alterco.

†**diàulo** ● V. *diavolo*.

†**diàvilo** ● V. *diavolo*.

diavolàccio **s. m.** (**f.** *-a*; **pl. f.** *-ce*) *1* Pegg. di *diavolo* | (*antifr.*) ***Buon d.***, ***povero d.***, persona ingenua, bonaria, incapace di fare del male: *compatitelo, in fondo è un buon d.* *2* Congegno per la cattura notturna degli uccelli, costituito da un ombrello aperto, esternamente cosparso di una sostanza vischiosa e con un lume all'interno.

diavoleria [sec. XIV] **s. f.** *1* (*raro*) Azione diabolica, perfida. *2* (*est.*) Astuzia, accorgimento ingegnoso: *escogitare continue diavolerie* | Stranezza, stravaganza: *combina sempre nuove diavolerie*; *si tura la bocca per impedire che venga fuori chi sa che d.* (PIRANDELLO) | Cosa o invenzione strana, bizzarra.

diavolèrio [av. 1872] **s. m.** ● (*sett.*) Confusione, strepito: *cos'è questo d.?*

diavolésco [1544] **agg.** (**pl. m.** *-schi*) ● (*raro*, *scherz.*) Di diavolo.

diavolèssa **s. f.** *1* Moglie del diavolo | Creatura, essere infernale. *2* (*scherz.*) Donna brutta e perfida.

diavolèto [av. 1704] **s. m.** ● (*raro*) Fracasso, scompiglio: *Quella fanciulla studia ..., ma con l'attenzione del cuore segue il d. di fuori* (STUPARICH).

diavolétto [av. 1673] **s. m.** (**f.** *-a*) *1* Dim. di *diavolo*. *2* (*scherz.*) Fanciullo vispo e vivace. *3* Bigodino. *4* (*fis.*) ***D. di Cartesio***, ludione.

diavolillo [da *diavolo* col suff. dim. merid. *-illo* (dal lat. *-ĭllus*)] **s. m.** ● (*merid.*) Peperoncino rosso.

diavolino [av. 1625] **s. m.** *1* Dim. di *diavolo*. *2* (*scherz.*) Bambino vivace. *3* Bigodino.

diavolio [1825] **s. m.** ● Confusione, strepito, baccano: *un d. di grida e di bestemmie*.

♦**diàvolo** o †**diàbolo** (*1*), †**diàulo**, †**diàvilo**, (*tosc.*) †**ghiàvolo** [lat. crist. *diăbolu(m)*, dal gr. *diábolos*, propr. 'calunniatore', dal v. *diabállein* 'gettare (*bállein*) attraverso (*diá*)'; sec. XI] **A** **s. m.** (**f.** *-a*, *-éssa* (V.)) *1* Nelle religioni cristiana ed ebraica, spirito del male e causa del disordine morale e cosmico, personificato nell'angelo ribelle Lucifero, che guida le schiere delle potenze demoniache: *le tentazioni del d.*; *essere nero, brutto, come il d.*; *essere astuto, furbo, come il, più del d.* | ***Saperne una più del d.***, essere furbo, scaltro | ***Sapere dove il d. tiene la coda***, conoscere ogni tipo di inganno o malizia | ***Il d. ci ha messo la coda***, ***le corna***, di cosa che va male | ***Essere come il d. e l'acqua santa***, di persone o cose assolutamente inconciliabili tra loro | †***Avere il d. nell'ampolla***, di persona abile e scaltra che sa sempre cavarsi d'impaccio | ***Venire a patti col d.***, raggiungere uno scopo a forza di compromessi e umiliazioni | ***Avvocato del d.***, V. *avvocato* | ***Abitare a casa del d.***, in un luogo lontano e scomodo da raggiungere | ***Andare al d.***, andare in rovina, in malora; (*est.*) togliersi di torno: *ma perché non vai al d.?* | ***Mandare al d.***, inveire contro qlcu. spec. per levarselo di torno | ***Del d.***, di cosa molto forte, intensa, insopportabile: *fa un freddo, un caldo, del d.*; *avere una sete, una fame e sim., del d.*; *fare un chiasso del d.* *2* Si usa in escl. per esprimere meraviglia, impazienza, ira, dispetto e sim.: *corpo del d.!*; *corpo di mille diavoli!*; *sangue del d.!*; *per d.!*; *per mille diavoli! per tutti i diavoli!*; *che il d. vi porti!*; *al d.!*; *al d. tutti quanti!* *3* (*pleon.*) Si usa in frasi esclamative e interrogative: *che d. vuole costui?*; *cosa d. credi mai di fare?*; *come d. ha fatto a trovarmi?*; *dove d. ti eri cacciato?*; *per chi d. credete che l'abbia fatto?*; *perché d. dovrei andarci proprio io?*; *che d. ti prende?* *4* (*fig.*) Persona vivace e irrequieta: *quel ragazzo è un vero d.*; *è un d. scatenato*; *diavoli di bambini!* | ***Fare il d.***, (*fig.*) fare disordine, baccano, confusione | ***Fare il d. a quattro***, V. *quattro* nel sign. II 1 | ***Avere il d. addosso***, ***avere il d. in corpo***, essere molto agitato, in continuo movimento | ***Avere un d. per capello***, essere di pessimo umore. *5* (*fig.*, *antifr.*) Persona mite e bonaria: *è un buon d.* | ***Povero d.***, poveraccio: *quel povero d. se la passa proprio male*. *6* (*fig.*) Persona le cui qualità suscitano meraviglia, stupore, ammirazione e sim.: *quel d. di un uomo riesce in tutto*; *borbottava tra i denti: d. d'un frate (...) d. d'un frate!* (MANZONI). *7* Una delle figure nel gioco dei tarocchi. *8* (*zool.*) Cefalottera | ***D. di mare***, manta | ***D. orsino***, piccolo marsupiale predatore con largo muso, orecchie tonde e pelo nero (*Sarcophilus Harrisii*) | ***D. spinoso***, piccola lucertola con corpo ricoperto di scaglie e rilievi spinosi (*Moloch horridus*) | ***D. di notte***, squalo di color nero-violaceo, la cui pelle è usata come zigrino (*Scymnorhinus licha*). *9* (*meteor.*) ***D. del deserto***, vortice di polvere tipico delle regioni aride nei mesi caldi. **B** in funzione di **inter.** ● Esprime meraviglia, impazienza, disapprovazione, dispetto, ira e sim. o energica affermazione: *d.!, ma che avete combinato?*; *d., che confusione!*; *d., chi se lo sarebbe aspettato?*; *se ci sono stato? d.!*; *se ho avuto il coraggio di dirglielo? d.!, certamente!* **C** **agg.** *1* (*raro*, *lett.*) Diabolico | (*raro*, *fig.*) Perfido. *2* (*raro*, *fig.*) Vivace. **D** nella **loc. agg.** e **avv.** ***alla diavola***. *1* (*raro*) Alla peggio, alla disperata: *lavoro fatto alla diavola*. *2* Detto di vari piatti caratterizzati da condimenti piccanti: *fagioli alla diavola*, *pollo alla diavola* | ***Pollo alla diavola***, comunemente, detto di pollo aperto a metà, schiacciato e cotto sulla griglia a fuoco vivo. || PROV. Il diavolo fa la pentola ma non il coperchio; il diavolo non è brutto come lo si dipinge; la farina del diavolo va in crusca. || **diavolàccio**, pegg. (V.) | **diavolétto**, dim. (V.) | **diavolìno**, dim. (V.) | **diavolóne**, accr. (V.).

diavolóne [1476] s. m. *1* Accr. di *diavolo* | ***Santo d.!***, per esprimere stupore, stizza, ira e sim. *2* Grosso confetto che un tempo veniva lanciato durante i corsi mascherati di carnevale.

†**diavolóso** [lat. eccl. *diabolōsu(m)*, dal gr. *diábolos* 'diavolo'; 1483] agg. ● Diabolico.

diazo- [comp. di *di-* (*2*) e *azo-*] primo elemento ● In parole composte della terminologia chimica, indica la presenza nella molecola di un composto del gruppo –N=N–: *diazocomposto, diazometano.*

diazocompósto [comp. di *diazo-* e *composto*; 1966] s. m. ● Composto chimico alifatico o aromatico contenente un gruppo diazo-.

diazometàno [comp. di *diazo-* e *metano*] s. m. ● Gas giallo, inodore, molto velenoso, che, se riscaldato, esplode facilmente.

diazònio [comp. di *di-* (*2*) e *azonio*] s. m. ● Radicale di alcuni idrocarburi, contenente un atomo di azoto pentavalente e uno trivalente.

diazoreazióne [comp. di *diazo-* e *reazione*; 1966] s. f. ● (*chim.*) Reazione chimica impiegata per rilevare la bilirubina nei liquidi biologici.

diazotàre [comp. di *di-* (*2*) e *azoto*] v. tr. (*io diazòto*) ● (*chim.*) Sottoporre a diazotazione.

diazotatóre s. m. ● Apparecchio che lavora a temperature intorno a zero gradi centigradi, in cui si opera la diazotazione.

diazotazióne [comp. di *di-* (*2*) e un deriv. di *azoto* per la presenza nella reazione di due composti azotati] s. f. ● Reazione chimica fra un'ammina primaria aromatica, solubilizzata come sale, e l'acido nitroso, prodotto da nitrito sodico e acido minerale, a bassa temperatura, applicata spec. nell'industria dei coloranti.

diazotipìa [comp. di *diazo(composto)*, che permette il processo, e *-tipia*] s. f. ● Processo fotografico usato in fotomeccanica per ottenere immagini colorate.

†**dibarbaménto** s. m. ● Il dibarbare.

†**dibarbàre** [comp. di *di-* (*1*) e *barba* (*1*) 'radice'; 1319] v. tr. *1* †Sradicare, svellere dalle radici. *2* Cimare un tessuto.

†**dibarbicàre** [fatto su *abbarbicare* con sostituzione di suff. di sign. opposto; av. 1729] v. tr. ● Sradicare.

dibàsico [comp. di *di* (*2*) e *basico*, sul modello dell'ingl. *dibasic*; 1987] agg. (pl. m. *-ci*) ● Detto di composto chimico che ha due atomi di idrogeno sostituibili con atomi metallici. SIN. Bibasico.

†**dibassaménto** [av. 1294] s. m. ● Abbassamento.

†**dibassàre** [comp. di *di-* (*1*) e *bassare*; av. 1348] **A** v. tr. ● Abbassare | (*fig.*) Umiliare, mortificare. **B** v. intr. ● Diminuire di altezza, d'intensità, di potenza, e sim. **C** v. intr. pron. ● Abbattersi, umiliarsi.

dibàttere [lat. *debăttuere*, comp. di *dē-* e *băttuere* 'battere'; av. 1292] **A** v. tr. (coniug. come *battere*) *1* (*lett.*) Sbattere qua e là | Agitare velocemente: *l'uccello si levò in volo dibattendo le ali.* *2* (*fig.*) Discutere una questione, un problema e sim. vagliandone ogni aspetto: *il comitato dibatté a lungo la proposta* | Considerare nel proprio intimo: *dibatteva fra sé e sé l'opportunità di partire.* *3* (*raro, lett., fig.*) Travagliare, tormentare: *il sopraprese la febbre, e forte il dibatteva* (BARTOLI). *4* †Percuotere, battere. **B** v. rifl. ● Agitarsi fortemente per opporre resistenza, divincolarsi, liberarsi e sim. (*anche fig.*): *dibattersi nelle maglie di una rete, negli spasimi della morte*; *dibattersi nel dubbio, nell'incertezza.*

dibattimentàle [da *dibattimento*; 1950] agg. ● Di, relativo a, dibattimento.

dibattiménto [da *dibattere*; sec. XIII] s. m. *1* (*raro*) Discussione: *d. di una questione*; *le varie fasi di un d.* | (*raro*) Disputa, controversia. *2* (*dir.*) Fase del processo penale in cui si assumono e discutono le prove in presenza di tutti i soggetti del processo medesimo. *3* (*fig.*) †Travaglio, tormento.

dibàttito [da *dibattere*; sec. XIV] s. m. ● Discussione su un determinato argomento tra i partecipanti a una riunione, a un'assemblea, a una seduta, a una tavola rotonda e sim.: *partecipare a un d.*; *aprire, chiudere un d.*; *d. televisivo*; *d. parlamentare* | Disputa: *dibattiti intorno alla natura della storia* (CROCE).

†**dibattitóre** [av. 1952] s. m.; anche agg. (f. *-trice*) ● Chi (o Che) dibatte.

†**dibàtto** [av. 1600] s. m. ● Dibattito.

†**dibattùta** [av. 1276] s. f. *1* Scossa. *2* Disputa.

dibattùto [1320 ca.] part. pass. di *dibattere*; anche agg. *1* Discusso: *è stata una decisione molto dibattuta.* *2* (*fig., lett.*) Tormentato, travagliato.

†**dibilitàre** ● V. *debilitare.*

diblàstico [comp. di *di-* (*2*) e *-blasto*, con suff. agg.; 1966] agg. (pl. m. *-ci*) ● (*zool.*) Detto di metazoo avente due soli foglietti embrionali (ectoderma ed endoderma).

†**dibonàire** ● V. †*dibonario.*

†**dibonarietà** o †**debonarità** [fr. *débonnaireté*, da *débonnaire* 'dibonario'; av. 1294] s. f. ● Amorevolezza, gentilezza.

†**dibonàrio** o †**debonàrio**, †**dibonàire** [fr. *débonnaire* 'dibonaire' con adattamento del suff.; av. 1294] agg. ● Gentile, benigno, cortese. || **dibonariaménte**, avv. Amorevolmente, cortesemente.

diboscàre e *deriv.* ● V. *disboscare* e *deriv.*

†**dibottaménto** [sec. XIV] s. m. ● Scuotimento.

†**dibottàre** [comp. da *di-* (*1*) e *bottare*; sec. XIV] v. tr. ● Agitare, scuotere.

dibraco [vc. dotta, lat. *dĭbrachy(n)*, dal gr. *díbrachys* 'di due (*di-*) sillabe brevi' (*brachýs*: V. *brachi-*); 1655] s. m. (pl. *-chi*) ● Pirrichio.

†**dibrancàre** [comp. parasintetico di *branco*, con il pref. *di-* (*1*); 1308] **A** v. tr. ● Separare dal branco. **B** v. intr. pron. ● Separarsi, differenziarsi.

Dibranchiàti [comp. di *di-* (*2*) e *branchia*] s. m. pl. (sing. *-o*) ● Nella tassonomia animale, classe di Molluschi dei Cefalopodi dotati di due sole branchie e di quattro paia di braccia fornite di ventosa, cui appartengono i polpi, le seppie e i calamari (*Dibranchiata*).

dibrucàre [comp. di *di-* (*1*) e *brucare*] v. tr. (*io dibrùco, tu dibrùchi*) ● Mondare gli alberi dai ramoscelli inutili o il terreno dai residui della potatura. SIN. Dibruscare.

dibrucatùra s. f. ● Lavoro del dibrucare.

dibruscàre [comp. da *di-* (*1*) e *bruscare* (*1*)] v. tr. (*io dibrùsco, tu dibrùschi*) ● Dibrucare.

†**dibucciaménto** [sec. XIV] s. m. ● (*raro*) Il dibucciare.

†**dibucciàre** [comp. parasintetico di *buccia*, col pref. *di-* (*1*); sec. XIV] **A** v. tr. ● Sbucciare | Scortecciare. **B** v. intr. pron. ● (*fig.*) Arrovellarsi, indignarsi.

†**dibùccio** [av. 1400] s. m. ● (*raro*) Sbucciamento.

†**diburràre** [comp. parasintetico di *burro*, con il pref. *di-* (*1*)] v. tr. ● Privare il latte del burro.

dica ● V. *dire* (*1*).

dicàce [vc. dotta, lat. *dicāce(m)*, dal v. *dicāre*, durativo di *dīcere* 'dire'; 1441] agg. ● (*lett.*) Mordace, satirico.

dicacità [vc. dotta, lat. *dicacitāte(m)*, da *dīcax* 'dicace'; 1615] s. f. ● (*lett.*) Caratteristica di chi (o di ciò che) è dicace | Maldicenza.

†**dicadére** e *deriv.* ● V. *decadere* e *deriv.*

†**dicalvàre** ● V. *decalvare.*

†**dicapitàre** e *deriv.* ● V. *decapitare* e *deriv.*

dicarbossìlico [ingl. *dicarboxylic*, comp. del pref. *di-* 'di- (2)' e *carboxylic* 'carbossilico'] agg. (pl. m. *-ci*) ● (*chim.*) Detto di composto organico contenente nella struttura molecolare due gruppi carbossilici: *acido d.* SIN. Bicarbossilico.

†**dicàre** [lat. *dicāre* 'proclamare'. V. *dire* (*1*); 1499] v. tr. ● (*lett.*) Consacrare (*anche fig.*): *le avea persuaso tutto il resto / d. a Dio del suo vivere onesto* (ARIOSTO).

dicàsio [vc. dotta, dal gr. *dichasis* 'separazione per metà', dal v. *dicházein*, da *dichás* 'metà' connesso con *dís* 'due'; 1892] s. m. ● (*bot.*) Infiorescenza in cui al di sotto del fiore o dell'asse principale si formano due fiori o due rami fioriferi che sopravanzano l'asse disposti simmetricamente.

dicasteriàle [1766] agg. ● Di un dicastero: *circolare, bilancio d.*

dicastèro [ted. *Dikasterium*, dal gr. *dikastḗrion* 'l'ufficio del giudice (*dikastḗs*), tribunale', da *díkē* 'giustizia', di orig. indeur.; 1740 ca.] s. m. *1* Ministero: *d. dei Lavori Pubblici*; *d. della Difesa.* *2* Nella Curia romana, congregazione.

†**dicàstro** [da *castro* con pref. di etim. incerta; av. 1400] s. m. ● Fortezza, castello.

dicatalèttico [comp. di *di-* (*2*) e *catalettico* (*2*)] agg. (pl. m. *-ci*) ● Detto di verso composto di due *cola* (pl. di *colon* (*2*)) catalettici.

dicatalètto [gr. *dikatálēktos*, comp. di *dís* 'due volte' e il tema di *katalḗgein* 'finire, cessare'] agg. ● Dicatalettico.

dicàtti o **di càtti**, †**dicàtto**, †**di càtto** [da *catto* 'presa', dal lat. *căptum*, part. pass. di *căpere* 'prendere, pigliare'; 1734] avv. ● (*tosc.*) Nelle loc. ***avere d.***, (*raro*) ***avere un d.***, potersi chiamare fortunato, poter essere contento: *pensi di farcela subito, ma ne avrai d. se ti sbrigherai in tre giorni.*

dicco (**1**) [medio ol. *dijk*, di prob. orig. indeur.; 1892] s. m. (pl. *-chi*) ● (*geol.*) Corpo geologico intrusivo stratiforme discordante con le rocce in cui è iniettato.

dìcco (**2**) [ingl. *dyke*, propr. 'diga', di orig. indeur.; av. 1348] s. m. (pl. *-chi*) ● (*lett.*) Argine, diga.

dicèfalo [vc. dotta, gr. *diképhalos* 'che ha due (*dís*) teste (*kefalaí*)'] agg.; anche s. m. ● (*raro*) Che (o Chi) ha due teste.

♦**dicèmbre** o (*lett.*) **decèmbre** [lat. *decĕmbre(m)*, sottinteso *mēnse(m)*, da *dĕcem* 'dieci', perché originariamente *decimo* mese dell'anno, che iniziava da marzo; 1211] s. m. ● Dodicesimo e ultimo mese dell'anno nel calendario gregoriano, di 31 giorni.

dicembrìno o (*lett.*) **decembrìno** [1901] agg. ● Di dicembre: *feste dicembrine.*

†**dicennòve** ● V. *diciannove.*

dicènte [av. 1396] part. pres. di *dire*; anche agg. ● Nei sign. del v.

dicèntra [comp. di *di-* (*2*) e del gr. *kéntra*, pl. di *kéntron* 'sprone, punta'] s. f. ● Genere di piante erbacee ornamentali delle Papaveracee, con foglie composte e fiori penduli (*Dicentra*).

dicentràre e *deriv.* ● V. *decentrare* e *deriv.*

†**dìcere** ● V. *dire.*

dicerìa [iter. tratto dal v. †*dicere* 'dire', dal lat. *dīcere* (V. *dire*) (*1*); 1312] s. f. *1* Chiacchiera, voce priva di fondamento, spesso maligna, ingiuriosa o calunniosa: *le dicerie della gente*; *sul suo conto corrono certe dicerie …*; *mettere in giro delle dicerie.* *2* †Ragionamento lungo e noioso | †***Fare la d. ai porri***, parlare invano. *3* †Arringa, discorso solenne.

†**dicèrnere** [vc. dotta, lat. *decĕrnere*, comp. di *de-* e *cĕrnere* 'scorgere'] v. tr. ● Discernere.

†**dicertàre** [vc. dotta, lat. *decertāre*, comp. di *dē-* e *certāre* 'lottare'; sec. XIV] v. intr. ● (*raro*) Combattere.

dicervellàre [comp. parasintetico di *cervello*, con il pref. *di-* (*1*); sec. XIV] **A** v. tr. (*io dicervèllo*) *1* †Togliere il cervello. *2* (*fig.*) †Sbalordire, impressionare fortemente. **B** v. intr. pron. ● (*raro, tosc.*) Scervellarsi.

†**dicessàre** [comp. di *di-* (*1*) e *cessare*; av. 1347] v. intr. e intr. pron. ● Allontanarsi, scostarsi.

†**dicessètte** ● V. *diciassette.*

dicéssi ● V. *dire* (*1*).

†**dicèsso** o †**di cèsso** [da *dicessare*; av. 1342] avv. ● (*raro*) In disparte.

dicévo ● V. *dire* (*1*).

†**dicévole** (**1**) o †**decévole** [lat. tardo *decĭbile(m)*, da *decēre* 'convenire'; av. 1243] agg. ● Che si addice, che conviene: *mantenersi nello stato d. alla nascita* (DE SANCTIS). || **dicevolménte**, avv. In modo decoroso, conveniente.

†**dicévole** (**2**) [lat. tardo *dicĭbile(m)* 'che si può dire (*dīcere*)'; sec. XIV] agg. ● Dicibile.

†**dicevolézza** o †**decevolézza** [da *dicevole* (*1*); 1628] s. f. ● Convenienza, decoro.

†**dichiaragióne** ● V. *dichiarazione.*

dichiaraménto s. m. *1* (*raro*) Dichiarazione. *2* (*gerg., merid.*) Specie di duello con cui si pone fine a un litigio.

dichiarànte [1869] **A** part. pres. di *dichiarare*; anche agg. ● Nei sign. del v. **B** s. m. e f. ● Chi fa una dichiarazione.

♦**dichiaràre** o †**declaràre** [lat. *declarāre* 'chiarire apertamente', comp. di *dē-* e *clarāre* 'rischiarare, illuminare', deriv. di *clārus* 'chiaro'; av. 1276] **A** v. tr. *1* (*lett.*) Rendere chiaro ciò che è dubbio, oscuro e sim. | (*est., lett.*) Spiegare, interpretare: *d. un brano controverso.* *2* Rendere palese, manifesto: *d. le proprie intenzioni*; *le dichiarò il suo amore* | In alcuni giochi di carte, annunciare all'avversario le proprie combinazioni | Nel bridge, fare la dichiarazione. *3* Affermare con gravità, con solennità, spec. pubblicamente: *dichiarò di non aver mai visto l'accusato*; *ha sempre dichiarato la sua fede politica*; *io sottoscritto dichiaro che …* | Indire, fissare: *è stato dichiarato lo sciopero gene-*

rale | *D. guerra*, intimarla | (*fig.*) ***D. guerra a qlcu. o a qlco.***, annunciare una forte ostilità o una dura lotta: *d. guerra agli sprechi nella pubblica amministrazione* | ***D. il proprio reddito***, denunciarlo | ***D. qlcu. in arresto***, arrestarlo. **4** Sentenziare, giudicare: *fu dichiarato innocente*; *l'atto è stato dichiarato nullo* | Nominare: *lo dichiarò suo erede* | Proclamare: *lo hanno dichiarato vincitore*; *vi dichiaro marito e moglie.* **B** **v. rifl.** **1** Mostrarsi, affermare di essere: *puoi dichiararti fortunato*; *il nemico si dichiarò vinto*; *si dichiara favorevole all'iniziativa* | In formule epistolari di cortesia: *E. V., a cui mi dichiaro con piena osservanza devotissimo* (CARDUCCI). **2** Palesare, manifestare le proprie intenzioni, opinioni, tendenze e sim.: *tutti si dichiararono contro il tiranno*; *deciditi a dichiararti per l'uno o per l'altro.* **3** Confessare il proprio amore alla persona che ne è oggetto: *non ha il coraggio di dichiararsi.*

dichiarativo o †**declarativo** [lat. *declaratīvu(m)*, da *declarātus* 'dichiarato'; 1427] **agg.** **1** Che serve a dichiarare, a spiegare: *note dichiarative.* **2** (*ling.*) Detto di verbo che esprime comunicazione (per es. *dire, affermare, dichiarare, comunicare, narrare*). **3** (*ling.*) Detto di proposizione subordinata che serve a spiegare un pronome dimostrativo, completando il senso della principale (ad es. *su questo concordo, conta che lui sia in buona fede*) | (*gener.*) Detto di proposizione subordinata che costituisce l'enunciato di una comunicazione (ad es. *ti dico che non l'ho visto*). **4** (*ling.*) Detto di congiunzione coordinativa che introduce una proposizione con cui si spiega quanto è affermato nella frase precedente (per es. *cioè, infatti, invero*) | Detto di congiunzione subordinativa che introduce una dichiarazione, un'affermazione, un'enunciazione (per es. *che*). **5** (*dir.*) Detto di negozio o di provvedimento giurisdizionale o amministrativo che accerta rapporti o situazioni giuridiche preesistenti. || **dichiarativaménte**, **avv.**

dichiaràto [sec. XIII] **part. pass.** di *dichiarare*; anche **agg.** ● Nei sign. del v. | Manifesto, aperto: *nemico d.* || **dichiarataménte**, **avv.** In modo chiaro e manifesto.

dichiaratóre [lat. *declaratōre(m)*, da *declarātus* 'dichiarato'] **s. m.**; anche **agg.** (**f.** *-trice*) ● (*raro*) Chi (o Che) dichiara.

†**dichiaratòrio** ● V. *declaratorio.*

♦**dichiarazióne** o †**declarazióne**, †**dichiaragióne** [lat. *declaratiōne(m)*, da *declarātus* 'dichiarato'; 1338 ca.] **s. f.** **1** Affermazione gener. solenne, spesso fatta in forma ufficiale: *d. di principi*, *di diritti*; *rilasciare una d.*; *prestar fede alle dichiarazioni di qlcu.*; *d. d'amore, amorosa*; *d. di guerra* | ***Fare la d.***, (*disus.*) confessare il proprio amore alla persona amata | (*est.*) Testo, documento con cui si dichiara qlco.: *firmare una d.* **2** (*dir.*) Contenuto di un provvedimento dichiarativo; (*est.*) il provvedimento stesso: *d. giudiziale della paternità*; *d. di fallimento.* **3** †Spiegazione di ciò che è oscuro o incomprensibile. **4** Nel gioco del bridge, fase iniziale in cui ognuno dei partecipanti dichiara quante e quali prese ha intenzione di realizzare. || **dichiarazioncèlla**, **dim.**

†**dichinàre** e *deriv.* ● V. *declinare* e *deriv.*

dichiocciàrsi [comp. di *di-* (*1*) e *chioccia*] **v. rifl.** (*io mi dichiòccio*) ● (*tosc.*) Smettere di covare, detto della chioccia.

♦**diciannòve** o †**dicennòve**, †**diecinòve** [lat. *dĕcem ac nŏvem* 'dieci e nove'; 1211] **agg. num. card. inv.**; anche **s. m.** e **f. inv.** ● Numero naturale successivo di diciotto, rappresentato da *19* nella numerazione araba, da *XIX* in quella romana. **II** Come agg. ricorre nei seguenti usi. **1** Rispondendo o sottintendendo la domanda 'quanti?', indica la quantità numerica di diciannove unità (spec. preposto a un s.): *sono le ore otto e d. primi*; *mia figlia ha appena d. anni*; *ho moltiplicato il risultato per d. ventesimi*; *ha fatto un'assenza di d. giorni.* **2** Rispondendo o sottintendendo la domanda 'quale?', identifica qlco. in una pluralità, in una successione, in una sequenza (posposto a un s.): *l'ho incontrato alla fermata del tram d.*; *hai visto il cliente della camera d.?* **III** Come s. ricorre nei seguenti usi. **1** Il numero diciannove (per ellissi di un s.); *il d. nel centosettantuno sta esattamente nove volte*; *mia zia sta al d. di piazza Roma*; *è questa la fermata del d.?*; *conto di essere a Roma il d. di aprile*; *sono le d. in punto* | ***Le d.***, le ore sette pomeridiane. **2** Il segno che rappresenta il numero diciannove.

diciannovènne [comp. di *diciannove* e del lat. *-ennis*, da *ănnus* 'anno'; 1906] **agg.**; anche **s. m.** e **f.** ● Che (o Chi) ha diciannove anni di età.

diciannovèṣimo (o *-é-*) [av. 1388] **A** **agg. num. ord.** ● Corrispondente al numero diciannove in una sequenza, in una successione (rappresentato da *XIX* nella numerazione romana, da *19°* in quella araba): *si è classificato d.*; *sono già arrivato al d. capitolo*; (*ellitt.*) *tre alla diciannovesima* | ***Il secolo XIX***, gli anni dal 1801 al 1900. **SIN.** (*lett.*) Decimonono. **B** **s. m.** ● Ciascuna delle diciannove parti uguali di una stessa quantità: *calcolare i quattro diciannovesimi del numero*; *ha prelevato un d. della somma.*

diciannoviṣmo [da (*millenovecento*)*diciannove*, anno in cui fu fondato il partito fascista; av. 1945] **s. m.** ● Il complesso dei fenomeni che contraddistinsero la fase politica immediatamente successiva alla prima guerra mondiale.

diciannovista **agg.**; anche **s. m.** e **f.** (**pl. m.** *-i*) ● Che (o Chi) partecipò al movimento fascista fin dalla sua fondazione, avvenuta nel 1919.

♦**diciassètte** o †**dicessètte**, †**dicissètte**, †**diecisètte** [lat. *dĕcem ac sĕptem* 'dieci e sette'; 1259] **agg. num. card. inv.**; anche **s. m. inv.** ● Numero naturale successivo di sedici, rappresentato da *17* nella numerazione araba, da *XVII* in quella romana. **II** Come agg. ricorre nei seguenti usi. **1** Rispondendo o sottintendendo la domanda 'quanti?', indica la quantità numerica di diciassette unità (spec. preposto a un s.): *il treno parte alle ore cinque e d. minuti*; *mio fratello ha compiuto ieri d. anni.* **2** Rispondendo o sottintendendo la domanda 'quale?', identifica qlco. in una pluralità, in una successione, in una sequenza (posposto a un s.): *prendi l'autobus d.*; *abita al numero d. di via Roma* | ***Venerdì d.***, (*est.*, *scherz.*) giorno sfortunato. **III** Come s. ricorre nei seguenti usi. **1** Il numero diciassette (per ellissi di un s.): *il d. nel sessantotto ci sta esattamente quattro volte*; *è questa la fermata del d.?*; *ho incontrato il cliente del d.*; *penso di partire il d. maggio*; *ho l'appuntamento per le d.* | ***Le d.***, le cinque del pomeriggio | ***La rivoluzione russa del '17***, del 1917. **2** Il segno che rappresenta il numero diciassette.

diciassettènne [comp. di *diciassette* e del lat. *-ennis*, da *ănnus* 'anno'; 1942] **agg.**; anche **s. m.** e **f.** ● Che (o Chi) ha diciassette anni di età.

diciassettèṣimo (o *-é-*) [av. 1375] **A** **agg. num. ord.** ● Corrispondente al numero diciassette in una sequenza, in una successione (rappresentato da *XVII* nella numerazione romana, da *17°* in quella araba): *è al d. posto della graduatoria*; *il d. canto del Purgatorio*; *Luigi XVII, re titolare di Francia*; *tre alla diciassettesima*, (*ellitt.*) | ***Il secolo XVII***, gli anni dal 1601 al 1700. **SIN.** (*lett.*) Decimosettimo. **B** **s. m.** ● Ciascuna delle diciassette parti uguali di una stessa quantità: *calcolare i cinque diciassettesimi di una somma.*

dicìbile [vc. dotta, lat. *dicĭbile(m)*, da *dīcere* 'dire'; av. 1565] **agg.** ● (*raro*) Che si può dire. **CONTR.** Indicibile.

†**diciferàre** e *deriv.* ● V. *decifrare* e *deriv.*

†**diciménto** [da †*dicere* 'dire' (V. *dire* (*1*)); sec. XIV] **s. m.** ● Diceria, chiacchiera.

dicioccaménto **s. m.** ● (*agr.*) Diciocciatura.

diciocàre [comp. di *di-* (*1*) e *ciocca*] **v. tr.** (*io diciòcco, tu diciòcchi*) ● (*agr.*) Levare dal terreno le ceppaie degli alberi abbattuti | Estirpare cespugli dal terreno da rimboscare.

dicioccatùra **s. f.** ● (*agr.*) Lavoro del diciocare.

diciottènne [comp. di *diciotto* e del lat. *-ennis*, da *ănnus* 'anno'; 1869] **agg.**; anche **s. m.** e **f.** ● Che (o Chi) ha diciotto anni di età.

diciottèṣimo (o *-é-*) o †**deceottèṣimo** (o *-é-*) [1353] **A** **agg. num. ord.** ● Corrispondente al numero diciotto in una sequenza, in una successione (rappresentato da *XVIII* nella numerazione romana, da *18°* in quella araba): *si è classificato d.*; *per il d. compleanno ha dato un grande ballo*; *due alla diciottesima*, (*ellitt.*) | ***Il secolo XVIII***, gli anni dal 1701 al 1800. **SIN.** (*lett.*) Decimottavo. **B** **s. m.** ● Ciascuna delle diciotto parti uguali di una stessa quantità: *calcolare i cinque diciottesimi dell'altezza.*

♦**diciòtto** o †**deceòtto**, †**dieceòtto**, †**dieciotto** [lat. *dĕcem ŏcto* 'dieci (e) otto'; 1211] **agg. num. card. inv.**; anche **s. m.** e **f. inv.** ● Numero naturale successivo di diciassette, rappresentato da *18* nella numerazione araba, da *XVIII* in quella romana. **II** Come agg. ricorre nei seguenti usi. **1** Rispondendo o sottintendendo la domanda 'quanti?', indica la quantità numerica di diciotto unità (spec. preposto a un s.): *sono le ore sei e d. minuti*; *ha una figlia di d. anni*; *sottraete d. ventesimi dalla somma*; *è assente da d. giorni.* **2** Rispondendo o sottintendendo la domanda 'quale?', identifica qlco. in una pluralità, in una successione, in una sequenza (posposto a un s.): *prendere l'autobus d.*; *prima abitavo al numero d. di via Roma.* **III** Come s. ricorre nei seguenti usi. **1** Il numero diciotto (per ellissi di un s.): *d. per due*; *il d. sta nel novanta esattamente cinque volte*; *ti aspetto alla fermata del d.*; *dal d. giugno sarò in campagna*; *ti aspetto alle d. in punto* | ***Le d.***, le ore sei pomeridiane | Il voto equivalente alla sufficienza nella valutazione universitaria, espressa in trentesimi: *ha preso un d. in geografia* | †***Tenere l'invito del d.***, essere pronto, impaziente di agire | (*tosc.*) ***D. di vino!***, detto di persona cocciuta. **2** Il segno che rappresenta il numero diciotto.

†**dicissètte** ● V. *diciassette.*

dicitóre [dal lat. *dīcere* 'dire' (V. *dire* (*1*)); 1294] **s. m.** (**f.** *-trice*) **1** Nel vecchio teatro di varietà, interprete di canzonette recitate anziché cantate | Chi declama versi o prosa in pubblico: *buon d.*; *d. mediocre, mirabile* | ***Fine d.***, (*est.*, *iron.*) chi si compiace di virtuosismi oratori. **2** †Parlatore, oratore | ***D. in rima***, poeta, verseggiatore.

dicitùra [1585] **s. f.** **1** (*lett.*) Forma con cui è detta o scritta una frase: *una d. complicata, breve, chiara* | Maniera di esprimere un concetto. **2** Frase scritta breve e concisa, avente senso compiuto: *la bottiglia recava la d. 'agitare prima dell'uso'.*

†**diclinàre** ● V. *declinare.*

diclìno [comp. di *di-* (*2*) e del gr. *klínē* 'letto'] **agg.** ● Detto di fiore che possiede solo stami o solo carpelli. **SIN.** Unisessuale.

dico ● V. *dire* (*1*).

dico- [dal gr. *dicho-* 'in due', da *dichás* 'metà', da *dís* 'due'] **primo elemento** ● In parole composte della terminologia scientifica, significa 'in due, diviso a metà' e sim.: *dicocero*, *dicogamia.*

dicòcero [vc. dotta, comp. di *dico-* e del gr. *kéras* 'corno'; 1966] **s. m.** ● Genere di Uccelli dei Passeriformi caratterizzati da una grossa protuberanza sul becco (*Dichoceros*).

dicogamìa [vc. dotta, comp. di *dico-* e *-gamia*] **s. f.** ● (*bot.*) Maturazione del polline e degli ovuli in tempi successivi.

†**dicollàre** e *deriv.* ● V. *decollare* (*1*) e *deriv.*

†**dicolpàre** [ant. fr. *decolper*, da *colp* 'colpo', poi anche 'pezzo'] **A** **v. tr.** ● (*raro*) Tagliare a pezzi. **B** **v. rifl. rec.** ● (*raro*) Uccidersi, massacrarsi.

dicòrdo [vc. dotta, gr. *díchordos* 'a due (*di-*) corde (*chordaí*)'] **s. m.** ● (*mus.*) Antico strumento popolare a due corde. **SIN.** Tromba marina.

dicorèo [vc. dotta, lat. *dichorēu(m)*, dal gr. *dichóreios* (sottinteso *póus* 'piede') 'doppio (*di-*) corèo (*chorêios*)'; 1655] **s. m.** ● (*ling.*) Piede metrico della poesia greca e latina formato di due corei o trochei.

dicoriàle [comp. di *di-* (*2*) e un deriv. di *corion*] **agg.** ● (*biol.*) Detto di gravidanza gemellare in cui i gemelli hanno origine dalla fecondazione di due cellule uovo diverse da parte di due diversi spermatozoi.

†**dicòrrere** ● V. *decorrere.*

†**dicórso** ● V. *decorso* (*2*).

dicotermìa [comp. di *dico-* e *-termia*; 1966] **s. f.** ● (*geogr.*) Fenomeno, tipico dei mari freddi, per cui la temperatura delle acque del fondo è più elevata di quella delle acque di superficie.

dicotilèdone [vc. dotta, comp. di *di-* (*2*) e *cotiledone*] **agg.** ● Detto di pianta o dell'embrione con due cotiledoni.

Dicotilèdoni [1820] **s. f. pl.** (**sing.** *-e*) ● Nella tassonomia vegetale, classe di piante delle Angiosperme che hanno due cotiledoni nell'embrione. ➡ **ILL.** **piante**/2.

dicotomìa [vc. dotta, gr. *dichotomía*, comp. di *dicho-* 'in due' (V. *dico-*) e *tomḗ* 'taglio'; av. 1835] **s. f.** **1** Divisione in due parti | (*astron.*) ***D. lunare***, apparenza della Luna bipartita, alle fasi del primo e ultimo quarto, quando metà del disco lunare appare illuminato dal Sole. **2** (*filos.*) Divisione di un concetto in due concetti contrari che ne esaurisceno l'estensione | (*est.*) Contrapposizione, divaricazione tra due concetti e sim. **3** (*bot.*) Successiva biforcazione di un fusto in cui la gemma apicale si divide in due formando due rami equivalenti.

dicotòmico [1906] agg. (pl. m. *-ci*) ● Che si riferisce alla dicotomia | Che si basa su una dicotomia. || **dicotomicaménte**, avv. In modo dicotomico, per dicotomia.

dicòtomo [gr. *dichótomos* 'che è tagliato (dal v. *témnein*) in due (*dícha*)'; 1732] agg. ● Che si divide in due, che si biforca | ***Luna dicotoma***, al primo o all'ultimo quarto.

†**dicozióne** ● V. *decozione* (*1*).

†**dicréscere** e *deriv.* ● V. *decrescere* e *deriv.*

†**dicrinàre** ● V. *declinare.*

dicròico [vc. dotta, da *dicroismo*] agg. (pl. m. *-ci*) ● Di due colori | (*fis.*) Di sostanza che presenta dicroismo.

dicroìsmo [vc. dotta, dal gr. *díchroos* 'a doppio (*di-*) colore (*chrôs*)'; 1829] s. m. ● (*fis.*) Proprietà di alcuni cristalli di presentarsi in due colorazioni diverse a seconda della direzione di provenienza della luce incidente. CFR. Policroismo.

dicroìte [dal gr. *díchroos* (V. *dicroismo*), col suff. *-ite* (*2*)] s. f. ● (*miner.*) Vecchio nome della cordierite che ne evidenzia il caratteristico dicroismo | Nome usato per indicare la cordierite di qualità gemmologica.

†**dicrollaménto** [sec. XIV] s. m. ● Scuotimento.

†**dicrollàre** [comp. di *di-* (*1*) e *crollare*; av. 1332] v. tr. ● (*lett.*) Scuotere, agitare, vibrare: *sbattersi da lungi e d. / lor cime i monti* (LEOPARDI).

dicromàtico [vc. dotta, comp. di *di-* (*2*) e *cromatico*] agg. (pl. m. *-ci*) **1** Di due colori. **2** (*fis.*) Detto di luce composta da due componenti monocromatiche.

dicromatìsmo [comp. di *di-* (*2*) e *cromatismo*] s. m. ● (*med.*) Forma di discromatopsia congenita in cui manca la percezione visiva di uno dei tre colori fondamentali rosso, verde e blu. SIN. Dicromatopsia. CFR. Protanopia, deuteranopia, tritanopia.

dicromatopsìa [vc. dotta, comp. di *di-* (*2*), del gr. *chrôma*, genit. *chrômatos* 'colore' e *opsis* 'vista, apparenza'] s. f. ● (*med.*) Dicromatismo.

dicromìa [da *dicromo*] s. f. **1** Impiego di due colori in opere di pittura o nella decorazione di statue, edifici e sim. **2** Bicromia.

dicromìsmo [comp. di *di-* (*2*) e un deriv. del gr. *chrôma* 'colore'; 1958] s. m. **1** (*fis.*) Dicroismo. **2** (*zool.*) ***D. sessuale***, differenza di colore fra i due sessi in una specie animale.

dìcromo [gr. *díchrōmos*, comp. di *dís* 'due volte' e *chrôma* 'colore'] agg. ● Di due colori: *pittura, decorazione dicroma.*

dicrotìsmo [da *dicroto*] s. m. ● (*med.*) Presenza di due pulsazioni immediatamente succedentisi nel polso arterioso.

dìcroto [vc. dotta, lat. *dícrotu(m)*, dal gr. *díkrotos*, 'che ha una doppia (*di-*) battitura (*krótos*)'] agg. ● (*med.*) Caratterizzato da dicrotismo: *polso d.*; *onda dicrota.*

dictàfono ● V. *dittafono.*

dicumarìna [comp. di *di-* (*2*) e *cumarina*] s. f. ● (*chim.*) Composto organico ossigenato ad azione anticoagulante.

dicumaròlico [da *dicumarolo*] agg. (pl. m. *-ci*) ● Che contiene dicumarolo: *farmaci dicumarolici.*

dicumaròlo [da *dicumarina*, con cambio di suff.] s. m. ● (*chim.*) Dicumarina.

didascalìa [vc. dotta, gr. *didaskalía* 'istruzione, insegnamento', da *didáskalos* 'maestro', dal v. *didáskein* 'insegnare', di orig. indeur.; 1885] s. f. **1** Indicazione aggiunta al testo di un'opera teatrale per precisare i particolari della messinscena | Dicitura sovrapposta alle immagini di un film per tradurre il parlato in un'altra lingua o per chiarire l'azione. **2** Breve dicitura informativa che accompagna una illustrazione. **3** (*est.*) Avviso, indicazione.

didascàlico [vc. dotta, lat. tardo *didascálicu(m)*, dal gr. *didaskalikós*, agg. di *didáskalos* 'maestro' (V. *didascalia*); av. 1556] agg. (pl. m. *-ci*) ● Fatto per insegnare, per istruire: *scritti didascalici*; *poesia didascalica* | (*spreg.*) Pedante, saccente. || **didascalicaménte**, avv. (*raro*) In modo didascalico.

didàscalo [vc. dotta, gr. *didáskalos* 'maestro', dal v. *didáskein* 'insegnare'; 1585] s. m. ● Nel teatro greco antico, l'istruttore del coro.

didàtta [tratto da (*auto*)*didatta*; 1956] s. m. e f. (pl. m. *-i*) **1** Insegnante, docente, con particolare riferimento alle sue capacità e al suo metodo di insegnare. **2** (*psicoan.*) Analista che compie un trattamento analitico sui futuri analisti, a scopo didattico e di addestramento.

didàttica [da *didattico*; 1869] s. f. ● Settore della pedagogia che ha per oggetto lo studio dei metodi per l'insegnamento.

didàttico [vc. dotta, gr. *didaktikós*, da *didaktós*, part. pass. di *didáskein* 'insegnare', di orig. indeur.; 1853] agg. (pl. m. *-ci*) **1** Che concerne l'insegnamento: *metodo, criterio, programma d.* | ***Direttore d., circolo d.***, nelle scuole elementari. **2** (*est.*) Istruttivo, moraleggiante. || **didatticaménte**, avv. In modo conforme ai principi della didattica.

didattìsmo [comp. di *didatt(ica)* e *-ismo*] s. m. ● Eccessiva rigidezza nel seguire e applicare teorie e tecniche di insegnamento.

Didèlfidi [comp. di *di-* (*2*) e del gr. *delphýs* 'utero' (prob. di orig. indeur.)] s. m. pl. (sing. *-e*) ● Nella tassonomia animale, famiglia di Marsupiali americani arboricoli, con coda prensile, cui appartiene l'opossum (*Didelphidae*).

didéntro o **di déntro** [comp. di *di* e *dentro*; sec. XIV] **A** avv. ● Nell'interno, dalla parte interna; V. anche *dentro.* **B** in funzione di s. m. inv. ● (*fam.*) La parte interna: *il d. dell'automobile*; *una voce chiamava dal d. della casa.*

†**didiacciaménto** [parallelo di *dighiacciamento*, secondo la corrispondenza di *diaccio* e *ghiaccio*; av. 1712] s. m. ● (*raro, dial.*) Disgelo.

†**didiacciàre** ● V. *dighiacciare.*

didiètro o **di diètro**, nei sign. B e C [comp. di *di* e *dietro*; av. 1375] **A** avv. ● Dietro. **B** in funzione di agg. inv. ● Posteriore: *la ruota d. della bicicletta.* **C** in funzione di s. m. inv. **1** La parte posteriore: *il d. della casa.* **2** (*fam., scherz.*) Il sedere: *gli diede un calcio nel d.*

didìmio [vc. dotta, coniata dallo scopritore C. G. Mosander col gr. *dídymos* 'gemello', perché, pur ritenendo questo metallo un elemento, lo trovava sempre accompagnato con un altro elemento, il lantanio] s. m. ● (*chim.*) Miscuglio di neodimio e praseodimio un tempo erroneamente ritenuto un elemento chimico.

dìdimo (**1**) [vc. dotta, gr. *dídymos*, prob. reduplicazione di *dýo* 'due' col suff. *-mo*; 1830] agg. ● (*bot.*) Detto di organo vegetale composto di due metà rotondeggianti e unite per un certo tratto.

dìdimo (**2**) [gr. *dídymos* 'gemello', poi 'testicolo' (V. *didimo* (*1*)); 1585] s. m. ● (*lett., spec. al pl.*) Testicolo.

dido ● V. *dodo.*

didràmma [vc. dotta, lat. *didrăchma*, dal gr. *dídrachmon* 'doppia (*di-*) dramma (*drachmḗ*)'] s. m. (pl. *-i*) ● Antica moneta d'argento greca del valore di due dramme.

†**didùrre** e *deriv.* ● V. *dedurre* e *deriv.*

†**die** ● V. *dì.*

diebus illis, in ● V. *in diebus illis.*

†**dièce** ● V. *dieci.*

†**dieceòtto** ● V. *diciotto.*

♦**dièci** o †**dèce**, †**dièce** [lat. *dĕcem*, di orig. indeur.; av. 1292] agg. num. card. inv.; anche s. m. e f. inv. ● Numero naturale successivo di nove, rappresentato da *10* nella numerazione araba, da *X* in quella romana. **I** Come agg. ricorre nei seguenti usi. **1** Rispondendo o sottintendendo la domanda 'quanti?', indica la quantità numerica di dieci unità (spec. preposto a un s.): *contare sulle d. dita*; *le d. giornate di Brescia*; *i d. comandamenti*; *moltiplicare per d.*; *d. sedicesimi*; *sarò lì fra d. minuti*; *sarà distante d. kilometri.* CFR. deca-, deci-. **2** Rispondendo o sottintendendo la domanda 'quale?', identifica qlco. in una pluralità, in una successione, in una sequenza (posposto a un s.): *leggi al paragrafo d.*; *ho conosciuto la cliente della camera d.* **3** In composizione con altri numeri semplici o composti forma numeri superiori: *centodieci*; *milledueecentodieci*; *diecimila.* **II** Come s. ricorre nei seguenti usi. **1** Il numero dieci (per ellissi di un s.): *il cinque nel d. sta due volte*; *ho uno sconto del d. per cento*; *abito in Via Mazzini d.*; *è stato estratto il d.*; *ho giocato il d. di picche*; *ha preso d. nel tema*; *le d. di sera*; *il Consiglio dei Dieci*; *i Dieci di balìa strinsero lega co' fiorentini* (CARDUCCI) | ***Mangiare, lavorare per d.***, moltissimo | ***A d. a d., di d. in d.***, (*ellitt.*) dieci alla volta. **2** Il segno che rappresenta il numero dieci.

diecimìla [comp. di *dieci* e *-mila*; sec. XIII] agg. num. card. inv.; anche s. m. e f. inv. ● Dieci volte mille, dieci migliaia, rappresentato da *10 000* nella numerazione araba, da $\overline{X}$ in quella romana. **I** Come agg. ricorre nei seguenti usi. **1** Rispondendo o sottintendendo la domanda 'quanti?', indica la quantità numerica corrispondente a diecimila unità (spec. preposto a un s.): *un'auto da d. euro.* CFR. miria-. **2** (*est.*) Molti, parecchi (con valore indet. o iperbolico): *d. colonne scintillando / ricorrevan per l'alte moli a torno* (D'ANNUNZIO). **3** Rispondendo o sottintendendo la domanda 'quale?', identifica qlco. in una pluralità, in una successione, in una sequenza (posposto a un s.): *l'abbonato numero d.* **II** Come s. ricorre nei seguenti usi. **1** Il numero diecimila (per ellissi di un s.): *hanno partecipato in d.* **2** Il segno che rappresenta il numero diecimila. **3** (*sport, al pl.*) Distanza di diecimila metri piani, su pista, su cui si sviluppa una classica gara di fondo | (*est.*) La gara stessa: *correre, vincere i d.*

diecimilionèsimo (o **-é-**) o **decimilionèsimo** (o **-é-**) [comp. di *dieci* (o *deci-*) e *milionesimo*; 1632] **A** agg. num. ord. ● Corrispondente al numero dieci milioni in una successione, in una classificazione, in una serie (rappresentato da $\overline{XM}$ nella numerazione romana, da 10 000 000° in quella araba): *la diecimilionesima parte.* **B** s. m. ● Ciascuna dei dieci milioni di parti uguali in cui può essere divisa una quantità.

diecimillèsimo (o **-é-**) ● V. *decimillesimo.*

diecina ● V. *decina.*

†**diecinòve** ● V. *diciannove.*

†**diecìotto** /djeʧi'ɔtto, dje'ʧɔ-/ ● V. *diciotto.*

†**diecisètte** ● V. *diciassette.*

dièdi ● V. *dare* (*1*).

dìedro [vc. dotta, formata con il gr. *dís* 'due' e *hédra* 'base'; 1820] **A** s. m. **1** (*mat.*) Porzione di spazio compresa fra due semipiani aventi origine dalla stessa retta | ***D. acuto, ottuso, retto, piatto***, la cui sezione normale è, rispettivamente, un angolo acuto, ottuso, retto, piatto. ➡ ILL. **geometria.** **2** Nell'alpinismo, struttura rocciosa rientrante formata dalla convergenza di due superfici o pareti | ***D. aperto, chiuso***, se l'angolo tra le superfici o pareti è rispettivamente superiore o inferiore ai 90°. **3** (*aer.*) ***D. alare, trasversale***, angolo fra i piani di due semiali corrispondenti, nel velivolo | ***D. longitudinale***, angolo fra il piano medio alare e il piano medio dell'impennaggio orizzontale. **B** agg. ● (*mat.*) Detto di angolo compreso fra due semipiani aventi origine dalla stessa retta.

dieffenbàchia /diffem'bakja/ [dal n. del botanico ted. J. F. *Dieffenbach* (1811-1855)] s. f. ● (*bot.*) Genere di piante delle Aracee, spontanee nell'America tropicale, sempreverdi, con foglie lucide e screziate, usate come piante ornamentali (*Dieffenbachia*).

diegèsi [fr. *diégèse*, dal gr. *diḗgēsis* 'narrazione, racconto', da *diēgêisthai* 'raccontare', comp. di *diá* 'attraverso' e *hēgêisthai* 'condurre, guidare'] s. f. inv. ● Nella critica strutturalista, lo svolgimento narrativo di un'opera letteraria, teatrale, cinematografica e sim.

diegètico [fr. *diégétique*, dal gr. *diēgētikós* 'che ama raccontare'; V. *diegesi*; 1983] agg. (pl. m. *-ci*) ● In semiotica, proprio, peculiare del racconto svolto in un'opera letteraria, teatrale, cinematografica, e dei suoi elementi strutturali, come tempi, modi e sim. | ***Tempo d. di un film***, quello sul cui arco si svolgono i fatti in esso narrati, spec. in contrapposizione a quello reale della sua proiezione.

†**diel** [comp. di *Dio* e *il* 'lo'] vc. ● (*pop., tosc.*) Solo nelle loc. ***d. sa, d. voglia*** e sim., Dio lo voglia, Dio lo sa e sim.

dielettricità [1909] s. f. ● Caratteristica dei corpi dielettrici.

dielèttrico [ingl. *dielectric*, comp. di *dia-* e *elettrico*; 1869] agg.; anche s. m. (pl. m. *-ci*) ● (*elettr.*) Detto di materiale o corpo cattivi conduttori dell'elettricità: *sostanza dielettrica.*

diencefàlico agg. (pl. m. *-ci*) ● (*anat.*) Relativo al diencefalo.

diencèfalo [vc. dotta, comp. di *dia-* e *encefalo*; 1904] s. m. ● (*anat.*) Parte dell'encefalo posta tra telencefalo e mesencefalo, cui corrispondono importanti centri nervosi e l'ipofisi.

diène [comp. di *di-* (*2*) e del suff. proprio della serie *-ene*] s. m. ● (*chim.*) Idrocarburo la cui molecola contiene due legami doppi fra atomi di carbonio. SIN. Diolefina.

dièresi [vc. dotta, lat. tardo *diaeresi(n)*, dal gr. *diáiresis*, dal v. *diairein* 'togliere (*áirein*) separando (*diá-*)'; 1540] s. f. inv. *1* (*ling.*) In metrica, separazione di due vocali in due sillabe distinte all'interno di parola: *Forse perché della fatal quïete* (FOSCOLO) CONTR. Sineresi | Segno diacritico della dieresi (¨). *2* (*ling.*) Nella metrica classica, pausa ritmica che si trova in fine parola e in fine di piede. *3* (*med.*) Separazione fra tessuti che, normalmente, sono uniti | Sezione dei tessuti.

dierètico [1835] agg. (pl. m. *-ci*) ● (*ling.*) Relativo alla dieresi.

diergòlo [comp. di *di-* (*2*) ed *ergolo*] s. m. ● Bipropellente.

dieṣàre [da *diesis*] v. tr. (*io dièṣo*) ● (*mus.*) Apporre i diesis.

dieṣel /'dizel, *ted.* 'di:zl/ [dal n. dell'inventore, il ted. R. *Diesel* (1858-1913); 1931] **A** agg. inv. ● (*mecc.*) Detto di motore a combustione interna, a iniezione di nafta od olio pesante, la cui accensione è provocata dall'elevata compressione dell'aria nella camera di scoppio. **B** s. m. inv. *1* Motore diesel. *2* (*est.*) Autoveicolo fornito di motore diesel.

dies irae /*lat.* die'sire/ [lat., propr. 'il giorno dell'ira', dalle parole iniziali della sequenza; av. 1694] loc. sost. m. inv. (pl. *lat. inv.*) *1* (*relig.*) Sequenza latina cantata nell'ufficio funebre cattolico | (*est.*) Il giorno dell'ira di Dio e del Giudizio Universale. *2* (*est., fig.*) Momento della resa dei conti: *verrà il suo dies irae!*

dièṣis [vc. dotta, lat. *dièsi(n)*, dal gr. *diesis* 'intervallo', dal v. *diiénai* 'passare (*hiénai*) attraverso (*diá*)'; sec. XIV] s. m. ● (*mus.*) Alterazione che alza di un semitono la nota cui si riferisce, fissa se posta in chiave, temporanea se precede immediatamente la nota: *do d.*; *quattro d. in chiave*.

dieṣizzàre v. tr. ● (*mus.*) Diesare.

diessino [dalla lettura della sigla dei Democratici di sinistra: *di esse*; 1998] **A** agg. ● Appartenente o relativo ai Democratici di sinistra. **B** s. m. (f. *-a*) ● Esponente o sostenitore dei Democratici di sinistra.

♦**dièta** (**1**) [vc. dotta, lat. *diāeta(m)*, dal gr. *díaita*, forse originariamente 'decisione, ripartizione (della vita)'; av. 1306] s. f. *1* Regime alimentare, spec. a fini terapeutici o igienici: *d. lattea, proteica, liquida, per diabetici* | ***D. dissociata***, in cui a pasti ricchi di proteine si alternano pasti a base di farinacei | ***D. mediterranea***, basata in prevalenza su cereali, pane, pasta, grassi di origine vegetale come l'olio d'oliva, e ortaggi | ***D. bilanciata***, in cui l'apporto energetico è ripartito in modo equilibrato tra proteine, lipidi e glucidi. *2* (*est.*) Astinenza più o meno prolungata dal cibo o da certi cibi: *mettersi, stare a d.*; *fare d.*; *tenere qlcu. a d.* | ***Rompere la d.***, mangiare. SIN. Regime. *3* (*lett., scherz.*) Astinenza sessuale.

dièta (**2**) [vc. dotta, lat. mediev. *diēta(m)*, da *dīes* 'giorno', passato dal sign. originario di 'giorno stabilito (per l'adunanza)' a l''adunanza' stessa, sull'esempio del ted. *Tag* 'giorno' e 'assemblea'; 1498] s. f. *1* Assemblea del Sacro Romano Impero. *2* Assemblea politica o parlamentare, in alcuni Stati, spec. federativi. *3* (*est., lett.*) Adunanza, conferenza, consulta. *4* †Spazio di un giorno. *5* †Diaria.

†**dietàle** [av. 1680] agg. ● Che è proprio della dieta, nel sign. di *dieta* (*2*).

†**dietaménte** [etim. incerta; av. 1431] avv. ● Sollecitamente.

†**dietàre** [da *dieta* (*1*); av. 1353] v. tr. ● Tenere a dieta.

†**dietàrio** [vc. dotta, lat. tardo *diaetāriu(m)*, da *diāeta* col senso che aveva anche il gr. *díaita* di 'residenza, appartamento'] s. m. ● Cameriere.

dietètica (o **die-**) [vc. dotta, lat. *diaetētica(m)*, da *diāeta* 'dieta (1)', fatta sul gr. *diaitetikê* (sottinteso *téchnē* 'arte'); av. 1735] s. f. ● Settore della medicina che studia la composizione dei cibi in relazione a una razionale alimentazione.

dietètico (o **die-**) [vc. dotta, lat. *diaetēticu(m)*, da *diāeta* 'dieta (1)', rifatto sul gr. *diaitētikós*; av. 1698] agg. (pl. m. *-ci*) ● Che riguarda la dieta, nel sign. di *dieta* (*1*): *regime d.* | ***Prodotti dietetici***, prodotti alimentari adatti a una particolare dieta. || **dieteticamente**, avv. Dal punto di vista dietetico.

dietetista (o **die-**) [da *dietetica*] s. m. e f. (pl. m. *-i*) ● (*raro*) Dietista.

dìetim [vc. dotta, lat. mediev. *diētim* 'giorno per giorno', da *dīes* 'giorno'; 1908] s. m. inv. ● (*banca*) Rata giornaliera di interesse.

dìetimo s. m. ● Adattamento di *dietim* (V.).

dietista [da *dieta* (*1*); 1950] s. m. e f. (pl. m. *-i*) ● Persona diplomata in dietetica.

dietologia [1956] s. f. ● Dietetica.

dietòlogo [comp. di *dieta* (*1*) e *-logo*; 1950] s. m. (f. *-a*; pl. m. *-gi*) ● Medico specialista in dietetica.

dietoterapia [comp. di *dieta* (*1*) e *terapia*; 1920] s. f. ● Terapia basata su diete particolari.

†**dietreggiàre** [da *dietro*; av. 1311] v. intr. ● Indietreggiare, ritirarsi.

dietriṣmo [da *dietro*, col suff. *-ismo*; 1979] s. m. ● Tendenza a scorgere intrighi e manovre dietro gli avvenimenti politici.

dietrista [1980] s. m. e f.; anche agg. (pl. m. *-i*) ● Chi (o Che) dà prova di dietrismo.

♦**dìetro** o †**dirètro**, †**di rètro**, †**dirièto**, †**di rièto**, †**dirièrtro**, †**di rièto**, (*tosc.*) †**drèto**, †**drièto** [lat. tardo *dē rĕtro* 'di dietro'; av. 1292] **A** avv. ● Nella, dalla parte posteriore (con v. di stato e di moto): *mettiti d.*; *non guardare d.*; *non mi piace stare d.* | Al seguito, appresso (con v. di moto): *io mi muovo, e lui d.*; *e la morte vien d. a gran giornate* (PETRARCA) | (*fam.*) Con sé: *portati d. l'ombrello* | Con altri avv. di luogo: *è qua d.*; *l'abbiamo trovato lì d.* | Con valore raff. nella loc. avv. ***di d.***: *vieni avanti, non stare di d.*; *impugnava risolutamente una ronca appesagli per di d. alla cintura* (NIEVO) | V. anche *didietro*. CFR. opisto-. CONTR. Davanti. **B** prep. *1* Nella parte posteriore, nella parte retrostante: *tenere le mani d. la schiena*; *l'orto è d. la casa* | ***Stare d. le quinte***, (*fig.*) agire di nascosto | Anche nella loc. prep. ***d. a***: ***ti aspetto al bar d. alla stazione.*** *2* Di là da: *sta sempre d. il banco*; *era seduto d. il tavolo*; *osserva tutto da d. i vetri* | (*fig.*) ***Gettarsi d. le spalle i pensieri, le preoccupazioni e sim.***, liberarsene, non dar loro importanza | Anche nella loc. prep. ***d. a***: *d. alla scrivania*. *3* Al seguito, appresso (*anche fig.*): *marciare, camminare, procedere uno d. l'altro*; *portarsi, tirarsi d. qlcu., qlco.* | Anche nelle loc. prep. ***d. di, d. a***: *venite d. di me, di noi*; *vai d. a tuo padre* | ***Andare, tenere d. a qlcu.***, (*fig.*) seguirne l'esempio, imitarlo: *andare d. alla maggioranza, alla moda* | ***Stare d. a qlcu.***, (*fig.*) sorvegliarlo, insistere per ottenere qlco.; (*est.*) corteggiarlo | ***Essere d. a fare qlco.***, (*region.*) essere occupato a fare qlco. | ***Correre d. a qlco.***, (*fig.*) desiderarla molto | ***Farsi correre d.***, (*fig.*) farsi pregare, farsi desiderare | ***Lasciarsi d. qlcu.***, (*fig.*) superarlo in misura notevole | ***Nessuno ti tira d. niente***, (*fig.*) nessuno ti regala niente. *4* (*fig.*) Alle spalle: *tutti gli ridono d.*; *mi hanno parlato d.*; *gli gettò d. un'occhiata piena d'odio* | Anche nella loc. prep. ***d. di, d. a***: *ride d. di te*. *5* (*raro, lett.*) Conforme, secondo: *agite d. l'esempio dei padri*. *6* Dopo: *le disgrazie vengono sempre una d. l'altra* | (*bur.*) ***D. domanda***, in seguito a domanda; ***d. pagamento***, dopo il pagamento; ***d. versamento***, in seguito al versamento; ***d. consegna***, alla consegna; ***libertà d. cauzione***, mediante cauzione; ***consegna d. ricetta medica***, soltanto presentando una ricetta medica. **C** in funzione di agg. inv. *1* Posteriore: *la parte d.*; V. anche *didietro*. *2* (*raro*) Successivo, seguente: *niente vale il dì d. pentersi* (BOCCACCIO). **D** in funzione di s. m. ● La parte posteriore: *accendeva gli zolfanelli sul d. dei calzoni* (VERGA); V. anche *didietro*. **E** nella loc. avv. e agg. inv.: ***d. motori***, detto di gara consistente nel mantenere la ruota anteriore della bicicletta a contatto con un apposito rullo applicato dietro a una motocicletta che precede il ciclista.

dìetro frónt o **dietrofrónt**, (*raro*) **dìetro frónte**, (*raro*) **dietrofrónte** [comp. di *dietro* e *fronte* col troncamento proprio di altri comandi militari; 1894] **A** loc. inter. ● Si usa come comando di avvertimento a militari e, un tempo, a ginnasti perché si volgano, da fermi o in movimento, in direzione opposta. **B** in funzione di s. m. ● L'atto del dietro front: *fare dietro front* | (*fig.*) Cambiamento repentino, voltafaccia.

dietrologia [comp. di *dietro* e *-logia*; 1974] s. f. ● (*iron.*) Nel linguaggio politico e giornalistico, ricerca di supposte motivazioni nascoste che sarebbero all'origine di un avvenimento: *fare della d.*

dietrològico [1980] agg. (pl. m. *-ci*) ● Di, relativo a dietrologia: *interpretazioni dietrologiche*.

dietròlogo [comp. di *dietro* e *-logo*; 1978] s. m. (f. *-a*; pl. m. *-gi*) ● (*iron., spreg.*) Chi pratica la dietrologia.

difalcàre e *deriv.* ● V. *defalcare* e *deriv.*

†**difaldàre** ● V. †*diffaldare*.

†**difàlta** ● V. †*diffalta*.

♦**difàtti** o (*raro*) **di fàtti** [comp. di *di* e il pl. di *fatto*; 1789] cong. ● Infatti.

♦**difèndere** o †**defèndere**, †**diffèndere** [lat. *defĕndere*, comp. di *dē-* e *-fĕndere* 'colpire, urtare', di orig. indeur.; 1219] **A** v. tr. (pass. rem. *io diféṣi, tu difendésti*; part. pass. *diféṣo*) *1* Preservare persone o cose da pericoli, danni, violenze, molestie e sim.: *difesero la città dagli assalti del nemico*; *ci limitiamo a d. i nostri interessi*; *il popolo difese eroicamente la propria libertà*; *d. il buon nome di qlcu. dalle calunnie, dai diffamatori* | Proteggere, riparare: *lo difese dai colpi*; *si difese gli occhi dal fumo*. *2* Prendere le parti di qlcu.: *d. i deboli contro i soprusi* | ***D. qlcu. a spada tratta***, difenderlo a oltranza | (*est.*) Scusare, scagionare: *sua madre è sempre pronta a difenderlo*. *3* (*dir.*) Ribattere con prove e argomentazioni giuridiche le accuse o imputazioni: *d. in giudizio le proprie pretese* | ***D. un diritto***, affermarne l'esistenza e la titolarità | ***D. una parte in giudizio***, essere rappresentante tecnico processuale | ***D. una causa***, sostenere un processo in qualità di rappresentante tecnico processuale di una parte. *4* Sostenere: *difese con accanimento le sue ragioni*; *ha saputo d. la vostra teoria contro le obiezioni avversarie*. *5* (*raro, lett.*) Tenere lontano: *un paio d'uose, che difendea il freddo* (PASCOLI). *6* †Proibire, impedire, vietare: *io te 'l difenderò, colui rispose* (TASSO). *7* †Conservare. **B** v. rifl. *1* Proteggersi, ripararsi da un pericolo, un danno e sim.: *ha imparato a difendersi*; *difendersi dal nemico, dal freddo, dalla neve*. *2* Sostenere e far valere le proprie ragioni: *è troppo timido e non sa difendersi*; *difendersi contro tutti*; *si è difeso con grande coraggio* | (*dir.*) ***Difendersi in giudizio***, sostenere le proprie pretese ribattendo le accuse o imputazioni | Giustificarsi: *non può difendersi di fronte alle nostre contestazioni*. *3* Resistere: *difendersi dagli assalti delle passioni*. *4* (*fam.*) Arrangiarsi, cavarsela: *nelle materie scientifiche non è bravissimo ma si difende*. *5* (*poet.*) †Liberarsi.

†**difendévole** [av. 1348] agg. *1* Che protegge, difende. *2* Difendibile.

difendìbile [sec. XV] agg. ● Che si può difendere | Degno d'essere difeso.

difendibilità s. f. ● (*raro*) Condizione di chi (o di ciò che) è difendibile.

†**difendiménto** o †**defendiménto** [sec. XIII] s. m. ● Difesa.

†**difenditìvo** [av. 1729] agg. ● Atto a difendere.

†**difenditóre** o †**defenditóre** [av. 1294] s. m.; anche agg. (f. *-trice*) ● Difensore.

difenditrice ● V. *difensore*.

difenilchetóne [ingl. *diphenylketone*, comp. di *diphenyl* 'difenile' e *ketone* 'chetone'] s. m. ● (*chim.*) Nome scientifico del benzofenone.

difenile [comp. di *di-* (*2*) e *fenile*] s. m. ● (*chim.*) Idrocarburo aromatico usato nella preparazione di miscele fluide per il trasporto del calore.

difènsa [vc. dotta, lat. tardo *defĕnsa(m)*, da *defĕnsus*, part. pass. di *defĕndere* 'difendere'; av. 1294] s. f. *1* (*mar.; disus.*) Riparo per il personale disposto attorno a una macchina o a un congegno pericolosi. *2* †V. *difesa*.

†**difensàre** o †**defensàre** [vc. dotta, lat. *defensāre*, intens. di *defĕndere* 'difendere'; 1476] v. tr. ● Difendere.

†**difensìbile** [vc. dotta, lat. tardo *defensībile(m)*, da *defĕnsus*, part. pass. di *defĕndere* 'difendere'; sec. XV] agg. ● Difendibile.

†**difensiménto** s. m. ● Difesa.

difensionàle ● V. *defensionale*.

†**difensióne** o †**defensióne** [vc. dotta, lat. *defensiōne(m)*, da *defĕnsus*, part. pass. di *defĕndere* 'difendere'; av. 1292] s. f. ● Difesa, resistenza | Protezione, riparo.

difensiva o **defensiva** [f. sost. di *difensivo*; av. 1556] s. f. ● (*mil.*) Difesa | ***Stare, mantenersi, tenersi, sulla d.***, lasciare all'avversario l'iniziativa dell'attacco (*anche sport* o *fig.*).

difensiviṣmo [da *difensivo*; 1966] s. m. *1* Atteggiamento di difesa. *2* (*sport*) Tattica di gioco basata sulla difesa. CONTR. Offensivismo.

difensivista s. m. e f. (pl. m. *-i*); anche agg. *1* Chi (o Che) tende ad assumere atteggiamenti di difesa.

2 (*sport*) Fautore, sostenitore del difensivismo.
difensivistico agg. (pl. m. -*ci*) ● (*raro*) Difensivo | Basato sul difensivismo.
difensivo o †**defensivo**, †**diffensivo** [da *difensa*; 1521] agg. **1** (*mil.*) Atto a difendere: *guerra difensiva*; *armi difensive*; *sistema d.*; *alleanza difensiva* | ***Azione difensiva***, forma della lotta armata che mira ad annullare la capacità offensiva del nemico. **2** Di difesa: *atteggiamento d.* || †**difensivamente**, avv.
difensóre o †**defensóre** [vc. dotta, lat. *defensōre(m)*, da *defēnsus*, part. pass. di *defĕndere* 'difendere'; av. 1294] **A** s. m.; anche agg. (f. *difenditrice*, *difensóra*; V. nota d'uso FEMMINILE) ● Chi (o Che) difende: *essere il d. dei deboli*; *soldati difensori del campo*; *avvocato d.* **B** s. m. **1** (*dir.*) Rappresentante e assistente processuale di una parte che esplica in giudizio un'attività di contestazione e deduzione nell'interesse della stessa | ***D. di fiducia***, nominato dalla parte | ***D. d'ufficio***, nominato dal giudice in caso di mancata nomina di quello di fiducia | ***D. civico***, pubblico ufficiale che, di propria iniziativa o in seguito a reclami, procede a indagini sull'attività della Pubblica Amministrazione e riferisce le disfunzioni riscontrate proponendone i rimedi. **2** (*sport*) Nel calcio e sim., giocatore che ricopre un ruolo nella difesa.
♦**difésa** o †**defènsa**, †**difènsa**, †**difènza**, †**diffésa** [lat. tardo *defēnsa(m)* 'difesa', da *defēnsus*, part. pass. di *defĕndere* 'difendere'; 1294] s. f. **1** Il difendere, il difendersi | Protezione da pericoli, danni e sim.: *una d. efficace, coraggiosa*; *accingersi alla d. di qlcu., di qlco.*; *accorrere in d., a d., di qlcu.*; *meccanismi, mezzi di d.* | ***Prendere le difese di qlcu.***, difenderlo | (*est.*) Chi (o ciò che) difende: *sei la mia unica d.*; *essere privo di ogni d.*; *un'ottima d. contro il freddo, il vento* | ***D. delle sponde***, di un corso d'acqua, riparo consistente in rimboschimenti, palizzate, gabbioni e sim. **2** (*dir.*) Complesso degli atti processuali e delle argomentazioni giuridiche presentate o svolte in giudizio a favore dell'imputato o di una parte di un processo civile | ***D. personale***, autodifesa | ***D. tecnica***, attività difensiva esplicata in giudizio dal difensore o dal consulente tecnico | (*dir.*) ***Legittima difesa***, V. *legittimo* | (*dir.*) ***Eccesso di d.***, uso eccessivo, doloso o colposo, nell'esercizio della legittima difesa | (*est.*) Avvocato difensore: *la parola alla d.!* CONTR. Accusa. **3** (*mil.*) Opera di protezione e di fortificazione | Complesso di mezzi e di organi destinati a proteggere da particolari offese: *d. antiaerea, contro carri*; *d. aerea.* **4** (*mar.*) Ciò che serve a riparare dall'attrito, dall'urto e dalla corrosione cavi, manovre, bordi e sim. **5** (*sport*) Azione di contrasto contro gli attacchi avversari | Nel calcio e sim., il complesso dei giocatori cui spetta tale azione: *brillanti azioni della d.* **6** (*spec. al pl.*) Zanna: *le difese del cinghiale.* **7** (*biol.*) ***D. immunitaria***, risposta difensiva specifica del sistema immunitario, di tipo umorale (anticorpi) o cellulare, in grado di neutralizzare gli antigeni (microrganismi o loro prodotti, trapianti, ecc.) | (*biol.*) ***D. aspecifica***, resistenza naturale antimicrobica dell'organismo dovuta a barriere fisiche (cute e mucose integre), chimiche (pH, lisozima) e biologiche (infiammazione, febbre, fagocitosi). **8** (*psicoan.*) ***Meccanismi di d.***, processi in parte inconsci messi in atto dall'Io per proteggere la propria integrità. **9** †Opposizione, ostacolo.
diféso [sec. XIII] part. pass. di *difendere*; anche agg. **1** Protetto, riparato. **2** Fortificato: *linea difesa.*
difettàre o †**defettàre** [da *difetto*; sec. XIII] **A** v. intr. (*io difètto*; aus. *avere*) **1** (assol.; + *di*; raro + *in*) Mancare o scarseggiare di qlco.: *non gli difetta il temperamento*; *d. di vettovaglie, di munizioni*; *hai detto tu stesso che difetta di bocca la giara!* (PIRANDELLO); *d. in precisione.* **2** (+ *in*) Essere difettoso: *è una bella casa ma difetta nei particolari.* **B** v. tr. ● †Ritenere difettoso.
difettivo o †**defettivo** [vc. dotta, lat. tardo *defectīvu(m)*, da *defĕctus* 'difetto'; 1308] agg. **1** (*lett.*) Che difetta di qlco. o in qlco. **2** (*ling.*) Detto di parola che possiede flessioni nominali (casi) o verbali (tempo e persona), ma che non presenta il paradigma completo delle forme (ad es. *le esequie*, che manca del sing.; *urgere*, usato solo in alcune forme). || **difettivamente**, avv. (*raro*) In modo difettivo.
♦**difètto** o †**defètto** [vc. dotta, lat. *defĕctu(m)*, dal part. pass. di *deficere* 'venir meno'; av. 1243] s. m. **1** Mancanza, scarsità, insufficienza: *d. di mezzi*; *d. di memoria, di pratica*; *or d. di cibo, or camin duro / trovammo* (TASSO) | ***Far d.***, mancare: *non gli fa d. l'intelligenza* | †***Adempiere il d.***, supplire alla mancanza | †***Sostenere difetti***, soffrire o sopportare privazioni | ***Essere in d. di qlco.***, mancare di qlco. | ***In d.***, qualora manchi o venga meno qlco.: *vi preghiamo di intervenire immediatamente, in d. provvederemo noi* | (*mat.*) ***Per d.***, di approssimazione che si mantenga minore del numero da approssimare | (*fis.*) ***D. di massa***, differenza fra la massa del nucleo atomico e la massa totale delle particelle che lo compongono. **2** Imperfezione: *d. di struttura, di fabbricazione*; *l'opera presenta alcuni difetti*; *ha un grave d. di vista*; *correggere un d. fisico*; *d. d'appiombo negli arti degli animali* | ***D. di una pietra preziosa***, impurità costituita da ghiacciatura, inclusioni, errori di lavorazione e sim. **3** (*med.*) Minorazione che si verifica in una persona in seguito a una determinata malattia: *d. schizofrenico.* **4** Tendenza, abitudine sgradevole o riprovevole: *la pigrizia è un brutto d.*; *ha il d. di parlare troppo*; *un uomo pieno di difetti* | Debolezza, vizio: *cerca di perdere questo d.* **5** Colpa, peccato: *attribuire qlco. a d. di qlcu.*; *essere in d.* || **difettàccio**, pegg. | **difettino**, dim. | **difettòlo**, **difettuòlo** dim. | **difettùccio**, **difettùzzo**, dim.
difettosità o †**difettuosità** [av. 1729] s. f. ● Caratteristica di ciò che è difettoso.
difettóso o †**defettóso**, †**difettuóso** [1306] agg. **1** Che è manchevole, incompleto, insoddisfacente e sim.: *alimentazione difettosa di vitamine*; *film d. nella trama*; *una uniforme lingua latina, assai rozza per altro e difettosa* (MURATORI). **2** Che presenta difetti fisici: *udito d.* | †Cagionevole: *d. di gola, di petto* | †Malato. **3** Che presenta difetti di costituzione, che funziona in modo imperfetto e sim.: *edificio d.*; *motore d.* **4** †Vizioso, peccatore, colpevole | †Riprovevole | †Scandaloso. || **difettosaménte**, avv.
difettuale agg. ● (*med.*) Relativo a difetto | ***Guarigione d.***, quella da una malattia mentale in cui, nonostante la scomparsa dei sintomi acuti, rimangono nel soggetto alcune alterazioni del carattere. || **difettualménte**, avv.
†**difettuosità** ● V. †*difettosità.*
†**difettuóso** ● V. *difettoso.*
diffalcàre e *deriv.* ● V. *defalcare* e *deriv.*
†**diffaldàre** o †**difaldàre** [comp. di *di-* (*1*) e *falda*] **A** v. tr. ● Sfaldare, sfogliare. **B** v. intr. pron. ● Distruggersi a falda a falda | (*fig.*) Languire.
†**diffalta** o †**difàlta** [ant. fr. *defaute*, originariamente 'mancanza', da *defaillir*, intens. di *faillir*, dal lat. *fàllere* 'fallire'; av. 1292] s. f. **1** (*lett.*) Scarsezza, mancanza | Inadeguatezza. **2** (*lett.*) Errore, delitto, colpa: *Piangerà ... la difalta / de l'empio suo pastor* (DANTE *Par.* IX, 52-53). **3** Mancanza di parola, inadempimento di promessa e sim.
†**diffaltàre** [da *diffalta*] v. intr. ● Mancare, scemare.
†**diffamaménto** s. m. ● (*raro*) Diffamazione.
diffamàre [vc. dotta, lat. *diffamāre*, comp. di *dis-* (*1*) e *fāma* 'fama'; 1308] v. tr. **1** Nuocere alla reputazione di qlcu. diffondendo maldicenze sul suo conto. SIN. Denigrare, screditare. **2** (*dir.*) Fare qlcu. oggetto di diffamazione. **3** †Propalare, divulgare.
†**diffamativo** [sec. XIV] agg. ● Diffamatorio.
diffamàto [sec. XIII] part. pass. di *diffamare*; anche agg. **1** Nei sign. del v. **2** (*arald.*) Attributo del leone, del leopardo e dell'aquila, privi di coda.
diffamatóre [sec. XIV] s. m.; anche agg. (f. -*trice*) ● Chi (o Che) diffama. SIN. Denigratore.
diffamatòrio [av. 1462] agg. ● Che è atto a diffamare | Che diffama: *scritto d.*; *lettera diffamatoria.* SIN. Denigratorio.
diffamazióne [vc. dotta, lat. tardo *difamatiōne(m)*, da *diffamāre* 'diffamare'; sec. XIV] s. f. **1** Il diffamare | Calunnia, denigrazione. **2** (*dir.*) Reato consistente nell'offendere l'altrui reputazione comunicando con più persone in assenza dell'offeso: *promuovere querela per d.*
†**diffàmia** [vc. dotta, lat. tardo *diffàmia(m)*, fatto su *infāmia* 'infamia'] s. f. ● (*raro*) Diffamazione.
†**diffèndere** e *deriv.* ● V. *difendere* e *deriv.*
♦**differènte** [vc. dotta, lat. *differĕnte(m)*, part. pres. di *diffĕrre* (V. *differenza*); 1306] agg. (assol.; + *da*; + *di*; + *per*; + *in*; + *quanto a*; + *rispetto a*) ● Che ha caratteristiche diverse da quelle di altra persona o cosa con le quali si è stabilito un confronto: *visi, caratteri, gusti differenti*; *un uomo d. da tutti*; *tessuti differenti di qualità e di prezzo*; *differenti di nascita o di diritti dagli altri uomini* (LEOPARDI); *bottiglie differenti per la forma*; *diversi tratti di mari, differenti in grandezza ed in positura* (GALILEI). SIN. Diverso. CONTR. Uguale. || **differenteménte**, avv. In modo differente; altrimenti, in altro modo.
♦**differènza** o †**differènzia** [vc. dotta, lat. *differĕntia(m)*, da *diffĕrre* 'portare (*fĕrre*) da una parte all'altra (*dis-*)'; av. 1294] s. f. (assol.; + *da*; + *rispetto a*; + *di*; + *tra*) **1** Caratteristica di chi (o di ciò che) è differente | Elemento o insieme di elementi che differenziano qualitativamente o quantitativamente due o più persone o cose: *d. di stato, di condizione, di grado*; *rimarcare la propria d. dagli altri, rispetto al resto del gruppo*; *e notate in questo proposito la d. fra Omero e Virgilio* (LEOPARDI); *notare, rilevare, annullare la d.*; *d. specifica* | ***Una bella d.***, una notevole diversità | ***Non vederci, non trovarci alcuna d.***, considerare uguali due persone o cose | ***Fare d.***, trattare o considerare in modo diverso, porre su due piani diversi e sim. | ***Non fare differenze***, trattare nello stesso modo, considerare sullo stesso piano e sim.: *non faccio differenze fra te e lui* | ***Non fa d.***, è la stessa cosa: *per noi non fa d.* | ***Fare la d.***, costituire un fattore decisivo di vantaggio, di superiorità: *quel giocatore è un fuoriclasse, è uno che fa la d.* | ***A d. di***, diversamente da. SIN. Diversità. CONTR. Uguaglianza. **2** (*mat.*) Risultato della sottrazione | Quantità che aggiunta al sottraendo dà il minuendo | (*stat.*) ***D. media***, indice di variabilità ottenuta calcolando la media aritmetica delle differenze in valore assoluto fra i termini di una distribuzione | (*sport*) ***D. reti***, nel calcio e sim., quella tra gol realizzati e subiti, considerata per stabilire la priorità in classifica in caso di parità di punteggio. **3** (*lett.*) Controversia, discordia, lite: *appianare le differenze*; *intervengono spesso differenzie tra un gentilomo e l'altro, onde poi nasce il combattere* (CASTIGLIONE). || **differenzùccia**, †**differenziùccia**, dim.
differenziàbile [1956] agg. **1** Che si può differenziare. **2** (*mat.*) Che ammette il differenziale.
differenziabilità s. f. ● (*mat.*) L'essere differenziabile.
differenziàle [vc. dotta, comp. del lat. *differĕntia* e di *-ale* (*1*); sec. XV] **A** agg. **1** Che stabilisce una differenza: *analisi d.* | Che si fonda su una o più differenze | ***Classi differenziali***, nel passato ordinamento scolastico italiano, classi elementari o medie riservate ad alunni disadattati | (*med.*) ***Segno, sintomo d.***, che serve per contraddistinguere una malattia a confronto di altre | ***Tariffa d.***, tariffa dei mezzi di trasporto, spec. ferroviari, che con l'aumentare della distanza cresce in ragione sempre minore | ***Contratto d.***, contratto di borsa a termine con cui le parti non consegnano titoli, ma la differenza tra il prezzo pattuito e quello di mercato alla scadenza. **2** (*mat.*) Che si riferisce a differenziali, derivate e sim. | ***Calcolo d.***, studio dell'operazione di derivazione e delle sue applicazioni | ***Equazione d.***, equazione funzionale in cui la funzione incognita compare insieme alle sue derivate. **B** s. m. **1** (*mecc.*) Meccanismo applicato agli autoveicoli, che consente di differenziare la velocità di rotazione delle ruote motrici in curva. **2** (*mat.*) ***D. d'una funzione***, prodotto della derivata della funzione per l'incremento della variabile indipendente | ***D. d'una funzione di più variabili***, somma dei prodotti delle derivate parziali per gli incrementi delle rispettive variabili | (*est.*) Fattore di differenza, di divario: *d. di inflazione.*
differenziaménto [1906] s. m. **1** Differenziazione. **2** (*biol.*) Processo graduale per cui, nel corso dello sviluppo embrionale, cellule, tessuti, organi mutano nella struttura e nella funzione pervenendo da uno stato di organizzazione semplice a una specializzazione definitiva nell'organismo adulto.
differenziàre o †**disferenziare** [da *differenza*; 1441] **A** v. tr. (*io differènzio*) **1** (qlcu. o qlc.c + *da* qlcu. o qlco.) Rendere differente: *le sue idee lo differenziano da tutti gli altri.* SIN. Distinguere. **2** Rendere vario: *d. l'impiego dei propri risparmi.* SIN. Diversificare. **3** (*mat.*) Calcolare il differenziale. **4** †Far distinguere, porre in risalto. **B** v. intr. pron. (assol.; + *da*) ● Essere o diventare differente: *il suo carattere si differenzia dal tuo*; *le nostre idee si*

differenziano sempre più | Distinguersi: *si veste in modo originale per differenziarsi dai suoi compagni.*

differenziàto [1441] part. pass. di *differenziare*; anche agg. *1* Che ha assunto caratteristiche proprie, specifiche: *organi sessuali differenziati.* *2* Che si diversifica in base a delle distinzioni: *insegnamento d.*; *trattamento d.*; *raccolta differenziata dei rifiuti.* || **differenziataménte**, avv.

differenziatóre [av. 1964] **A** agg. (f. *-trice*) ● Che differenzia, che rende diverso: *l'elemento d. di due opere simili.* **B** s. m. ● Elemento che differenzia.

differenziazióne [da *differenziare*; 1748] s. f. *1* Distinzione, diversificazione | Progressiva manifestazione di differenze | (*gener.*) Differenza. *2* (*geol.*) *D. magmatica*, processo per cui un magma cambia composizione durante il suo consolidamento, dando origine a rocce intrusive diverse. *3* (*mat.*) L'operazione consistente nel calcolare il differenziale d'una funzione. *4* (*ling.*) Dissimilazione di due suoni contigui. *5* (*biol.*) Differenziamento.

differìbile [1869] agg. ● Che si può differire: *incontro non più d.* SIN. Rinviabile.

differiménto [1638] s. m. ● Aggiornamento, rinvio: *d. di un'udienza*; *chiedere, ottenere un d.*

differìre [vc. dotta, lat. tardo *diffĕrere*, var. di *diffĕrre* (V. *differenza*); 1321] **A** v. tr. (*io differìsco, tu differìsci*) *1* Rinviare qlco. a un tempo successivo: *d. la partenza, il pagamento*; *hanno differito di un mese le nozze* | Aggiornare, rinviare: *d. il giorno fissato per l'udienza.* *2* (*lett.*) †Impacciare, ostacolare. **B** v. intr. (aus. *avere, essere*) ● Essere diverso, distinguersi: *d. da qlcu., da qlco.*; *d. nelle opinioni, nei modi, nell'abito*; *d. per grandezza, peso, forma, colore*; *le nostre idee differiscono alquanto.* SIN. Diversificarsi.

differìta [f. sost. di *differito*] s. f. ● Trasmissione radiofonica o televisiva registrata e mandata in onda in un momento successivo (in contrapposizione a *diretta*) | Nella loc. avv. *in d.*, non dal vivo, con registrazione preventiva: *seguire in TV una partita di calcio in d.*

differìto [av. 1540] part. pass. di *differire*; anche agg. *1* Nei sign. del v. *2* ***Pagamento d.***, da effettuarsi un certo periodo di tempo dopo la consegna delle merci. *3* (*tv*) ***Trasmissione differita***, V. *differita.*

differitóre [av. 1729] s. m.; anche agg. (f. *-trice*) ● (*raro*) Chi (o Che) rinvia qlco. a un tempo successivo.

†**differmaménto** [av. 1292] s. m. ● Confutazione.

†**differmàre** [vc. dotta, opposto di *confermare*, con sostituzione di suff. di valore contrario; av. 1292] v. tr. ● Confutare.

♦**diffìcile** [vc. dotta, lat. *diffĭcile(m)*, comp. di *dis-* (*1*) e *făcilis* 'facile'; 1342] **A** agg. (superl. *difficilissimo*, †*difficillimo*) (assol.; + *a*, + *da*, seguiti da inf.) *1* Che non si può fare senza fatica o abilità: *lavoro d.*; *problema d. da risolvere*; *questione d. da districare*; *d. a dirsi*; *Un pretesto … non era d. a trovarsi* (MANZONI); *quella storia pareva … più d. da raccontarsi* (MANZONI) | (*est.*) Oscuro, arduo da capire, da spiegare e sim.: *passo, brano, musica, autore d.*; *versi difficili.* SIN. Astruso, complicato. CONTR. Facile, semplice. *2* Pieno di ostacoli, disagi, pericoli e sim., impervio: *cammino, viaggio d.*; *strada d. da percorrere.* SIN. Disagevole, pericoloso. CONTR. Facile. *3* Pieno di ansie, preoccupazioni, complicazioni e sim.: *momento d.*; *essere in una posizione d.*; *attraversare un periodo d.*; *ogni giorno la vita diventa più d.* | ***Tempi difficili***, penosi, a causa di guerre, crisi, malattie e sim. | ***Rendere la vita d. a qlcu.***, angustiarlo, tormentarlo. CONTR. Facile. *4* Sgradevole, scabroso: *colloquio d.*; *argomento d.* CONTR. Facile. *5* Detto di persona, intrattabile, bisbetico, permaloso: *uomo, donna d.*; *carattere d.* | (*est.*) Incontentabile, esigente: *pubblico d.*; *gusti difficili.* CONTR. Facile. *6* Poco probabile (con valore neutro): *è d. che sia in casa.* CONTR. Facile. || **difficilménte**, †**difficileménte**, avv. || **difficilétto**, dim. | **difficilìno**, dim. | **difficilòtto**, dim. | **difficilùccio**, dim. **B** s. m. e f. ● Persona intrattabile, incontentabile e sim.: *fare il d.* **C** s. m. solo sing. ● Tratto o momento difficile: *il d. ormai è superato.*

†**diffìcillimo** [vc. dotta, lat. *diffĭcillimu(m)*, superl. di *difficilis* 'difficile'; 1441] agg. (superl. di *difficile*) ● (*raro*) Difficilissimo.

♦**difficoltà** o †**difficultà** [vc. dotta, lat. *difficultāte(m)*, comp. di *dis-* (*1*) e *facŭltas* 'facoltà, facile capacità'; 1306] s. f. *1* Caratteristica di ciò che è difficile: *la d. di un problema.* SIN. Complessità. CONTR. Facilità. *2* Complicazione, disagio, ostacolo: *una grave d. da superare*; *affrontare con coraggio le d.*; *lottare contro le d. della vita.* SIN. Intoppo, intralcio. *3* Impedimento: *trovo una certa d. nel piegare il braccio* | ***Avere una d. di pronuncia***, un difetto di pronuncia. CONTR. Facilità. *4* Obiezione: *fare, mettere avanti delle difficoltà*; *non ho alcuna d. a uscire oggi* | ***Creare delle d.***, dei problemi. *5* Situazione difficile: *essere in d. con un esame*; *un atleta in d.* | (*spec. al pl.*) Penuria di mezzi, scarsità di denaro: *d. finanziarie*; *trovarsi in d.*

difficoltàre o †**difficultàre** [da *difficoltà*; av. 1527] v. tr. (*io difficólto*) ● (*raro*) Rendere difficile, ostacolare.

difficoltóso o †**difficultóso** [av. 1557] agg. *1* Pieno di difficoltà, arduo: *tema, compito d.*; *impresa difficoltosa.* SIN. Difficile. CONTR. Facile. *2* (*raro*) Scontroso, suscettibile e sim.: *un uomo d.* SIN. Difficile. CONTR. Facile. *3* †Cagionevole: *d. di stomaco.* || **difficoltosaménte**, avv.

†**difficultà** ● V. *difficoltà.*

diffìda [da *diffidare*; 1812] s. f. *1* (*dir.*) Atto stragiudiziale di intimazione a una persona affinché esegua una determinata attività o si astenga da un dato comportamento. *2* †Sfida.

diffidaménto [av. 1306] s. m. *1* (*raro*) Il diffidare. *2* †Diffidenza.

†**diffidànza** [sec. XIV] s. f. ● Diffidenza.

diffidàre o †**disfidàre** (*2*) [comp. di *dis-* (*1*) e *fidare* (contrario di *confidare*); av. 1250] **A** v. intr. e intr. pron. (aus. intr. *avere*) (+ *di*; lett. + *in*) *1* Non avere fiducia, non fidarsi: *d. dei discorsi di qlcu.*; *d. di tutti*; *diffidandosi di poterla espugnare* (GUICCIARDINI); *troppo a torto tanto si diffidò nel fido amico* (TASSO). SIN. Dubitare, sospettare. *2* (*lett.*) Disperare: *né di tagliare il ponte ancor diffida* (TASSO). **B** v. tr. *1* (qlcu. + *da*) (*dir.*) Intimare a qlcu. una diffida: *d. un dipendente dal tenere un dato comportamento.* *2* (qlcu. + *da*, raro + *a*, raro + *di*) (*est.*) Intimare a qlcu. di non fare qlco.: *l'altro nipote … lo diffidò dal farlo* (PIRANDELLO); *il circolo l'aveva diffidata a frequentare le sale* (PRATOLINI). *3* †Togliere a qlcu. sicurezza e speranza. *4* †Sfidare.

diffidàto part. pass. di *diffidare*; anche agg. e s. m. (f. *-a*) ● Che (o Chi) ha ricevuto una diffida | (*sport*) Nel calcio, detto di giocatore che ha già ricevuto un'ammonizione in una partita precedente (una nuova ammonizione fa scattare la squalifica nella gara successiva): *il terzino era già tra i diffidati.*

diffidènte [vc. dotta, lat. *diffidĕnte(m)*, part. pres. di *diffīdere* 'diffidare' (comp. di *dis-* (*1*) e *fīdere* 'confidare'); av. 1347] **A** agg. *1* Che non si fida: *è d. di tutti, verso tutti* | Che mostra sfiducia, sospetto e sim.: *occhi diffidenti.* SIN. Ombroso, sospettoso. *2* †Che non ispira fiducia. **B** s. m. e f. ● Chi non si fida, chi è sospettoso: *fare il d.* || **diffidenteménte**, avv.

diffidènza o †**diffidènzia** [vc. dotta, lat. *diffidĕntia(m)*, da *diffidĕnte(m)*, part. pres. di *diffīdere* 'diffidare'; av. 1306] s. f. ● Caratteristica, atteggiamento di chi è diffidente: *procedere con d.* SIN. Dubbio, sfiducia, sospetto.

†**diffiniménto** s. m. *1* Definizione. *2* (*raro*) Decisione.

†**diffinìre** [vc. dotta, lat. *diffinīre*, forma parallela di *definīre* 'definire' (V.); av. 1261] v. tr. ● Definire.

†**diffinitìvo** agg. ● (*lett.*) Definitivo. || †**diffinitivaménte**, avv. In modo definitivo.

†**diffinitóre** s. m.; anche agg. (f. *-trice*) ● (*raro*) Definitore.

†**diffinitòrio** agg. ● (*raro*) Che definisce.

†**diffinizióne** [vc. dotta, lat. *diffinitiōne(m)*, forma parallela di *definītio* 'definizione' (V.); 1481] s. f. ● Definizione.

difflüènte [vc. dotta, lat. *difflŭente(m)*, part. pres. di *difflŭere* 'scorrere (*flŭere*) di qua e di là (*dis-*)'; 1956] s. m. ● (*geogr.*) Corso d'acqua secondario che si stacca dal fiume principale e sbocca separatamente nel mare.

difflüènza [dal lat. *difflŭere* 'scorrere (*flŭere*) di qua e di là (*dis-*)'] s. f. ● (*geogr.*) Biforcazione di una lingua glaciale dove questa incontra un ostacolo roccioso o quando si affaccia su terreni aperti.

diffondènte part. pres. di *diffondere*; anche agg. *1* Nei sign. del v. *2* (*edil.*) ***Elementi diffondenti***, tutte le superfici non molto ampie e parallele che deviano i suoni.

♦**diffóndere** [vc. dotta, lat. *diffŭndere* 'spandere (*fŭndere*) da una parte e dall'altra (*dis-*)'; 1319] **A** v. tr. (coniug. come *fondere*) *1* Spandere intorno: *d. acqua, luce, tenebre, nebbia, gioia, dolore*; *il gelsomino diffonde un soave profumo.* *2* (*fig.*) Divulgare, far conoscere: *d. voci, scritti*; *d. notizie tendenziose* | Trasmettere (*anche assol.*): *d. un notiziario, un comunicato urgente*; *d. via satellite.* **B** v. intr. pron. *1* Spargersi intorno: *il calore si diffondeva gradatamente*; *il suono si diffondeva nell'aria* | (*fig., lett.*) Emanare: *una sottile malinconia si diffondeva dalle sue parole.* *2* (*fig.*) Propagarsi: *voci allarmanti si diffondevano*; *una moda che va diffondendosi.* *3* Dilungarsi a parlare o a scrivere: *diffondersi troppo su un argomento.* *4* (*lett.*) Cospargersi | †Bagnarsi.

†**diffondiménto** [1819] s. m. ● Diffusione.

diffonditóre s. m.; anche agg. (f. *-trice*) ● (*raro*) Chi (o Che) diffonde | (*fig.*) Propalatore.

†**difformàre** o †**diformàre** [da *deformare* con cambio di pref.] **A** v. tr. ● Sformare, deformare. **B** v. rifl. ● Farsi, rendersi diverso nella forma, nell'aspetto. **C** v. intr. pron. ● Cambiare forma, diventare diverso.

difformazióne o †**diformazióne** [1619] s. f. ● (*lett.*) Deformazione.

diffórme o †**difórme** [da *deforme* con cambio di pref. (*dis-* (*1*)); av. 1342] agg. *1* Differente, diverso, discordante: *copia d. dall'* (o lett. *all'*) *originale.* *2* (*lett.*) Deforme. || **difformeménte**, avv.

difformità o †**diformità** [da *difforme*; av. 1320] s. f. *1* Caratteristica di ciò che è difforme: *d. di idee, di opinioni, di vedute.* SIN. Diversità, dissomiglianza. *2* (*lett.*) Deformità.

diffràngersi [vc. dotta, lat. *diffrĭngere* 'spezzare (*frăngere*) in più direzioni (*dis-*)' con riporto del v. originario *frangere*; 1737] v. intr. pron. (coniug. come *frangere*) ● (*fis.*) Subire il fenomeno della diffrazione.

diffrattòmetro [comp. del lat. *diffrăctus*, part. pass. di *diffrĭngere* (V. *diffrangersi*), e *-metro*] s. m. ● (*fis.*) Apparecchio che consente di stabilire la struttura del reticolo cristallino mediante l'esame della diffrazione, in un cristallo, dei raggi X.

diffrazióne [lat. sc. *diffractiōne(m)*, comp. di *dis-* (*1*) e *frăctio* 'atto dello spezzare'; 1737] s. f. ● (*fis.*) Complesso dei fenomeni di propagazione per onde elastiche elettromagnetiche che non si accordano con la legge della propagazione rettilinea dei raggi nei mezzi omogenei, secondo l'ottica geometrica | ***D. della luce***, propagazione non rettilinea della luce passante attraverso sottili fenditure o incidente sul contorno degli oggetti | ***D. delle particelle***, deviazione secondo direzioni preferenziali di un fascio di particelle elementari passanti attraverso un sottile strato di materia a struttura cristallina | ***D. ottica***, fenomeno di flessione della luce che avviene con aperture di diaframma molto piccole.

diffusìbile [comp. di *diffuso* e *-ibile*; 1830] agg. ● Che si può facilmente diffondere.

diffusibilità [1861] s. f. ● Caratteristica, proprietà di ciò che è diffusibile.

diffusionàle [ingl. *diffusional*, da *diffusion* 'diffusione' col suff. aggettivale *-al* '-ale (1)'] agg. ● (*fis.*) Relativo al fenomeno della diffusione.

diffusióne [vc. dotta, lat. *diffusiōne(m)*, da *diffūsus* 'diffuso'; 1499] s. f. *1* Il diffondere | Fenomeno per cui qlco. si propaga all'intorno: *la d. del calore* | ***D. della luce***, fenomeno per cui un fascio luminoso giungendo a una superficie scabra, non trasparente né assorbente, viene rinviato in tutte le direzioni | ***D. atmosferica***, riflessione della luce degli astri nell'attraversare l'atmosfera di un pianeta. *2* (*fis.*) Compenetrazione reciproca di due sostanze a contatto, senza intervento di forze esterne. *3* (*fig.*) Propagazione, divulgazione: *la d. di un'idea, di una lingua*; *d. di notizie false* | ***Un giornale di grande, di scarsa d.***, molto o poco diffuso. *4* (*lett.*) Abbondanza di parole, prolissità. *5* †Dissipazione.

diffusionìsmo [ingl. *diffusionism*, da *diffusion* 'diffusione'] s. m. ● (*antrop.*) Teoria del primo Novecento secondo la quale lo sviluppo della civiltà e le affinità tra società diverse sono determinati da migrazioni, che hanno permesso il contatto con alcune culture, considerate centri di diffusione della cultura stessa.

diffuṣività [da *diffusione*] s. f. ● (*chim., fis.*) Attitudine a diffondersi: *la d. di un gas.*

diffuṣivo [av. 1406] agg. **1** Atto a diffondere o a diffondersi: *potere d. dei gas.* **2** Relativo alla diffusione: *fenomeno d. della luce.*

♦**diffùṣo** [1319] **A** part. pass. di *diffondere*; anche agg. **1** Sparso, propagato ampiamente | Frequente, comune: *un'usanza diffusa.* **2** (*fis.*) Detto di fascio i cui raggi si riflettono divergendo su una superficie non perfettamente speculare | ***Illuminazione diffusa***, in cui il flusso luminoso è distribuito da superfici diffondenti secondo un angolo molto ampio, così che non si formano ombre definite. **3** (*bot.*) Di pianta che allarga i suoi rami disordinatamente | ***Pannocchia diffusa***, con fiori alquanto allontanati. **4** (*fig.*) Prolisso: *stile, parlare d.* ‖ **diffuṣaménte**, avv. In modo diffuso; ampiamente: *trattare un argomento diffusamente.* **B** avv. ● Diffusamente: *del palazzo incantato era d. scritto nel libro* (ARIOSTO).

diffuṣóre [vc. dotta, da *diffuso*; 1892] **A** s. m. **1** (f. *diffonditrice*) Chi diffonde: *i diffusori della fede.* **2** Ogni apparecchio atto a propagare, distribuire energie e sim. nello spazio | In ottica, apparecchio che distribuisce con una certa uniformità la luce di una sorgente luminosa | In idraulica, organo fisso, costituito da uno o più condotti, che trasforma in energia di pressione parte dell'energia cinetica del fluido che lo percorre | In fisica atomica, strato di sostanze particolari, atte alla diffusione delle particelle che lo attraversano | In varie tecnologie, apparecchio in cui o da cui si compiono processi di diffusione: *d. di scena*; *il d. dei motori a getto* | ***D. sonoro***, qualunque apparecchio atto a convertire energia elettrica modulata ad alta frequenza acustica in energia sonora | (*per anton.*) L'apparecchiatura, di solito contenuta in una o più casse di legno, che, come componente di un sistema di riproduzione stereofonica del suono, lo irradia, amplificandolo, nell'ambiente circostante. **B** agg. ● Che diffonde: *elemento d.* | ***Schermo d.***, schermo che, posto dinanzi alla lampada di un corpo illuminante, ne allarga il fascio luminoso | ***Filtro d.***, in fotografia, vetro ottico con incisioni su una superficie che si antepone all'obiettivo per ottenere immagini sfumate.

diffuṣòrio agg. ● Che riguarda la diffusione.

†**dificàre** e *deriv.* ● V. *edificare* e *deriv.*

†**difìcio** (1) ● V. *edificio.*

†**difìcio** (2) [da *maleficio*, per accostamento pop. a (*e*)*dificio*; 1353] s. m. ● (*raro*) Solo nella loc. ***giudice del d.***, giudice del maleficio.

difilàre [da *fila*; 1481] **A** v. tr. ● (*lett., raro*) Dirigere rapidamente verso un punto o una persona. **B** v. intr. e intr. pron. (aus. *essere*) ● (*lett.*) Dirigersi velocemente, precipitarsi in una direzione: *piantò in asso la duchessa e difilò diritto a Milano* (CARDUCCI).

difilàto [part. pass. di *difilare*; 1481] **A** agg. ● Dritto, rapido: *se ne andò d. a casa*; *venivano difilati per la via più breve.* ‖ **difilataménte**, avv. (*raro*) In modo difilato. **B** in funzione di avv. ● Direttamente e rapidamente, celermente: *entrò d. nelle stalle* (PASCOLI) | Di seguito: *ha parlato per due ore d.*

†**difinàre** v. tr. ● Definire.

†**difinìre** e *deriv.* ● V. *definire* e *deriv.*

difiodónte [comp. del gr. *diphyos* 'duplice, di doppia natura' (comp. di *di-* (*2*) e *phýein* 'generare') e *-odonte*] agg. ● (*biol.*) Detto di mammifero che ha due dentizioni, una decidua e una permanente.

difiodontìa o **difiodonzìa** [da *difiodonte*] s. f. ● (*biol.*) Condizione per cui a una dentizione di latte ne segue una permanente, tipica della maggior parte dei Mammiferi.

difonìa [comp. di *di-* (*2*) e *-fonia*] s. f. ● (*med.*) Disturbo della fonazione dovuto a lesioni laringee e consistente nell'emissione contemporanea di due suoni di altezza diversa.

†**diforàno** [dall'ant. *difora*, lat. *dē fŏras* 'di fuori'] agg. ● (*lett.*) Che sta di fuori, che viene dal di fuori | ***Vento d.***, che viene dall'alto mare.

†**difformàre** e *deriv.* ● V. †*difformare* e *deriv.*

†**difraudàre** ● V. *defraudare.*

†**difrenàre** [vc. dotta, lat. *defrenāre*, comp. di *dē-* e *frenāre* 'frenare'] v. tr. **1** Togliere il freno. **2** Sciogliere, slegare.

†**difrodàre** ● V. *defraudare.*

difrónte o **di frónte** spec. nei sign. B e C [comp. di *di* e *fronte*; sec. XIV] **A** avv. ● Di faccia: *stammi d. quando parli*; *mi sono trovato d. una classe scatenata.* **B** in funzione di agg. inv. ● Che sta di contro: *abita nel palazzo d.*; *suonare alla porta d.* SIN. Dirimpetto. **C** nella loc. prep. ***di fronte a***, davanti a (*anche fig.*): *la fermata è di fronte al supermercato*; *mettere qlcu. di fronte alle sue responsabilità* | In presenza di: *scoraggiarsi di fronte a un risultato deludente*; *ho dovuto cedere di fronte alle sue insistenze* | In rapporto a: *Non contano nulla, oggi, le simpatie, rispose … Di fronte agl'interessi, nulla!* (PIRANDELLO).

diftèrico [fr. *diphtérique*, da *diphtérite* 'difterite'; 1863] agg. (pl. m. *-ci*) ● (*med.*) Della difterite: *batterio d.*; *tossina, membrana, angina difterica.*

difterìte [fr. *diphtérite*, dal gr. *diphthéra* 'membrana' (di etim. incerta), col suff. medico *-ite* (*1*); 1829] s. f. ● Malattia infettiva acuta causata da un bacillo che colpisce il tratto laringo-faringeo, provocando edema della laringe e pericolo di soffocamento.

difteròide [comp. di *difter*(*ite*) e *-oide*; 1970] agg. ● (*med.*) Che è simile alla difterite o ne presenta i caratteri: *sintomi difteroidi.*

†**diftòngo** ● V. *dittongo.*

difuòri o **di fuòri** [comp. di *di* e *fuori*; sec. XIII] **A** avv. ● Fuori. **B** in funzione di s. m. inv. ● La parte esterna di qlco.: *il d. di una casa* | ***Al d.***, all'esterno: *Al d. durava ancora il silenzio* (VERGA) | ***Dal d.***, (*lett.*) ***pel d.***, dall'esterno, dalla parte esterna: *le persiane erano chiuse pel d.* (VERGA) | V. anche *fuori.* **C** nella loc. prep. ***al d. di***, fuori da; oltre a; eccetto, tranne.

♦**dìga** [ol. *dijk*, di orig. indeur., prob. attrav. il fr. *digue*; 1628] s. f. **1** Costruzione in muratura, calcestruzzo o terra per sbarrare artificialmente corsi d'acqua allo scopo di creare un invaso, oppure per proteggere coste o porti. ➡ ILL. p. 2138, 2139 SCIENZE DELLA TERRA ED ENERGIA. **2** (*fig.*) Barriera, riparo: *una d. di sicurezza*; *opporre una d. alla criminalità.*

†**digamìa** [vc. dotta, lat. crist. *digamĭa*(*m*), da *dĭgamus* 'digamo'; sec. XIV] s. f. ● (*raro*) Bigamia.

digàmma [vc. dotta, lat. *digămma*, dal gr. *digamma* 'doppio (*dis*) gamma' per la forma di due gamma sovrapposti; av. 1543] s. m. (pl. *-i*) ● Lettera dell'alfabeto greco antico designante la semivocale *u.*

†**dìgamo** [vc. dotta, lat. crist. *dĭgamu*(*m*), dal gr. *dígamos* 'con doppio (*di-*) matrimonio (*gámos*)'] agg.; anche s. m. ● Bigamo.

digàstrico [vc. dotta, comp. di *di-* (*2*) e del gr. *gastḗr*, genit. *gastrós* 'ventre'] agg.; anche s. m. (pl. *-ci*) ● (*anat.*) Muscolo del collo formato da due parti carnose unite da un tendine.

Digènei [comp. di *di-* (*2*) e *-geno*] s. m. pl. (sing. *-o*) ● Nella tassonomia animale, sottoclasse di Trematodi con due sole ventose e con ciclo che comprende almeno due ospiti (*Digenea*).

†**digeneràre** ● V. *degenerare.*

digerènte [av. 1730] part. pres. di *digerire*; anche agg. **1** Nei sign. del v. **2** (*anat.*) ***Apparato d.***, insieme degli organi che concorrono alla digestione.

digerìbile [1765] agg. **1** Che si può digerire | Che si digerisce bene, con facilità: *cibo d.* **2** (*fig.*) Tollerabile: *simili insulti non sono digeribili* | (*fig.*, *scherz.*) Credibile: *un racconto poco d.*

digeribilità [1698] s. f. ● Proprietà, caratteristica di ciò che è digeribile.

♦**digerìre** [vc. dotta, lat. *digĕrere* 'portare (*gĕrere*) qua e là (*dis-*), distribuire (sottinteso: gli alimenti nell'organismo)'; 1282] v. tr. (*io digerisco, tu digerìsci*; part. pass. *digerito*, †*digèsto* (*1*)) **1** (*fisiol.*) Trasformare i cibi ingeriti in elementi assimilabili | ***D. anche i chiodi, i sassi e sim.***, (*fam.*) godere di un'ottima digestione. **2** (*fig.*) Riuscire a vincere, a dominare: *non ha ancora digerito la rabbia.* **3** (*fig.*) Tollerare, sopportare: *d. qlco. di sgradevole*; *non posso d. quell'uomo* | (*fig.*) Credere: *questa non la digerisco proprio.* **4** (*fig.*) Assimilare una materia, un concetto e sim.: *non ha digerito quello che ha studiato.* **5** (*chim.*) Sottoporre una sostanza a digestione. **6** (*fig.*) †Esaminare, discutere. **7** †Approntare, disporre, ordinare.

†**digeritóre** [1618] s. m.; anche agg. (f. *-trice*) ● Chi (o Che) digerisce.

†**digestìbile** [vc. dotta, lat. tardo *digestĭbile*(*m*), da *digĕstus*, part. pass. di *digĕrere* 'digerire'; sec. XIV] agg. ● Digeribile.

digestióne [vc. dotta, lat. *digestiōne*(*m*), da *digĕstus*, part. pass. di *digĕrere* 'digerire'; 1304] s. f. **1** (*fisiol.*) Processo di trasformazione degli alimenti in sostanze semplici, assimilabili, capaci di liberare l'energia necessaria all'organismo: *avere una d. buona, cattiva, lenta, facile, difficile*; *le bevande calde aiutano la d.* | ***Guastarsi la d.***, (*fig.*) arrabbiarsi | Assimilazione. **2** (*chim.*) Decomposizione, per mezzo di reattivi chimici, di certe sostanze: *d. delle proteine* | Trattamento di sostanze naturali con reattivi chimici o con mezzi fisici, spec. allo scopo di eliminare impurità: *d. del legno* | Estrazione, con opportuni solventi, di determinate sostanze da miscele di erbe, droghe e sim. **3** †Separazione nei suoi componenti di un miscuglio.

†**digestìre** [da *digesto* (*1*); 1441] v. tr. ● Digerire.

digestìvo [vc. dotta, lat. tardo *digestīvu*(*m*), da *digĕstus*, part. pass. di *digĕrere* 'digerire'; av. 1292] **A** agg. ● Che serve alla digestione: *apparato d.* | Che aiuta la digestione: *liquore d.* **B** s. m. ● Bevanda più o meno alcolica atta a stimolare i succhi gastrici al fine di aiutare la digestione.

†**digestizióne** [da *digestire*] s. f. ● (*raro*) Digestione.

†**digèsto** (**1**) [vc. dotta, lat. *digĕstu*(*m*), dal part. pass. di *digĕrere* 'digerire'; 1319] agg. **1** Digerito. **2** (*raro*) Di persona che ha smaltito l'eccesso di vino o di cibo. **3** (*fig.*) Ben considerato e assimilato, detto di concetti, nozioni e sim. **4** (*fig., raro*) Disposto, incline.

digèsto (**2**) [vc. dotta, lat. pl. *digĕsta*, dal part. pass. di *digĕrere* nel senso di 'distribuire, classificare' (propr. 'materie classificate'); 1308] s. m. **1** Raccolta ordinata di leggi, norme e sentenze. **2** (*per anton.*) Raccolta ordinata delle opere dei più autorevoli giureconsulti romani, compilata per ordine dell'imperatore Giustiniano nel 533.

digestóre [fr. *digesteur*, dal lat. *digĕstus* (V. *digesto* (*1*))] s. m. ● (*tecnol.*) Apparecchio usato per cuocere, ammorbidire, decomporre determinate sostanze, spec. ad alta temperatura.

dighiacciàre ● (*tosc.*) †**didiacciàre** [comp. di *di-* (*1*) e *ghiacciare*; av. 1712] v. intr. e intr. pron. (*io dighiàccio*; aus. *essere*; anche impers.) ● (*raro, lett.*) Sgelare.

digiàmbico agg. (pl. m. *-ci*) ● Di, relativo a, digiambo: *verso, metro d.*

digiàmbo [vc. dotta, lat. *diiămbu*(*m*), comp. di *di-* (*2*) e *iămbus* 'giambo'] s. m. ● Metro della poesia greca e latina formato da due giambi.

†**digiogàre** [vc. dotta, adattamento del lat. *deiugāre*, comp. di *dē-* e *iugāre* 'porre il giogo'] v. tr. ● Sciogliere dal giogo.

digitàle (**1**) [vc. dotta, lat. *digitāle*(*m*) 'relativo al dito (*dĭgitus*)'; 1575] agg. ● Proprio di un dito o delle dita: *impronta d.*; *arterie digitali.*

digitàle (**2**) [dal lat. *digitālis*, per la forma a dito (lat. *dĭgitus*) del fiore; av. 1577] s. f. ● Genere di piante erbacee delle Scrofulariacee, con fiori grandi e penduli simili a una campanula, riuniti in lunghe e fitte infiorescenze (*Digitalis*) | ***D. purpurea***, con fiori rossi molto grandi e foglie pelose dalle quali si estraggono la digitalina e la digitossina (*Digitalis purpurea*) | ***D. lanata***, dalle cui foglie si estrae la digossina (*Digitalis lanata*). ➡ ILL. piante/8.

digitàle (**3**) [ingl. *digital* 'relativo al calcolo con elementi numerali (*digits*, propr. 'cifre, unità numeriche', dal lat. *dĭgitus* 'dito (che serve per numerare)')'; 1961] **A** agg. ● Detto di sistema o dispositivo che utilizza dati rappresentati come segnali discreti: *calcolatore, immagine d.* | ***Orologio d.***, che rappresenta l'ora mediante cifre. SIN. Numerico. CFR. Analogico. **B** s. m. solo sing. ● Settore che produce e commercializza apparecchi elettronici: *la grande espansione del d.*

digitàlico [dall'ingl. *digitalic*, da *digital*(*is*) 'digitale' col suff. *-ic*] agg. (pl. m. *-ci*) ● Relativo alla digitale | ***Glicosidi digitalici***, glicosidi contenuti nella digitale, usati nella preparazione di farmaci per la terapia di affezioni cardiovascolari.

digitalìna [da *digitale* (*2*); 1825] s. f. ● (*bot.*) Miscela di sostanze estratte dalla digitale purpurea contenente i principi attivi e composti derivati.

digitalizzàre [da *digitale* (*3*); 1974] v. tr. ● (*elab.*) Nei sistemi per il trattamento automatico delle informazioni, convertire in forma digitale un segnale analogico continuo, per es. una tensione.

digitalizzàto [da *digitalizzare*, sul modello dell'ingl. *digitalized*] agg. ● (*elab.*) Che è stato convertito in forma digitale: *disegno d.*

digitalizzatóre [da *digitalizzare*; 1974] s. m. ● (*tecnol.*) Dispositivo che converte in forma digitale un segnale analogico.

digitalizzazióne [1974] s. f. ● Procedimento del digitalizzare.

digitàre [vc. dotta, lat. *digitāre* 'indicare col dito', da *dĭgitus* 'dito'; 1826] v. tr. e intr. (*io dìgito*; aus. intr. *avere*) ● (*mus.*) Diteggiare | (*org. az., elab.*) Scrivere caratteri o introdurre dati agendo con le dita sulla tastiera di una macchina per scrivere, una telescrivente, una calcolatrice, un elaboratore e sim.

digitàto [vc. dotta, lat. *digitātu(m)*, da *dĭgitus* 'dito'; av. 1725] agg. ● (*bot.*) Detto di organo vegetale disposto come le dita allargate di una mano: *infiorescenza, foglia digitata.*

digitatùra s. f. ● (*mus.*) Digitazione.

digitazióne [da *digitare*; 1830] s. f. *1* (*anat.*) Prolungamento terminale di un organo, spec. di un muscolo, avente forma simile a quella delle dita di una mano. *2* (*mus.*) Diteggiatura | Maniera di applicare le dita alla tastiera, e complesso di segni grafici che la indicano.

digitifórme [comp. del lat. *dĭgitus* 'dito' e *-forme*; 1779] agg. ● Detto di ciò che ha forma simile a un dito.

digitigrado [vc. dotta, comp. del lat. *dĭgitus* 'dito' e di *-grado*; 1830] agg. ● (*zool.*) Detto di animale che poggia sul suolo soltanto con le dita.

†**digito** [vc. dotta, lat. *dĭgitu(m)* 'dito' e 'misura di lunghezza pari a un *dito*', di etim. incerta] s. m. *1* (*astron.*) Un dodicesimo del disco di un astro, usato un tempo come unità di misura per la grandezza di un'eclisse. *2* V. *dito.*

digitoclașìa [vc. dotta, comp. del lat. *dĭgitus* 'dito' e *-clasia*] s. f. ● (*chir.*) Tecnica operatoria che si basa sull'uso delle dita, anziché del bisturi.

digitossìna [comp. di *digit(ale)* (*2*) e (*t*)*ossina*] s. f. ● Glucoside che si estrae dalle foglie della digitale purpurea e della digitale lanata, usato nella terapia delle malattie cardiache.

†**digiùgnere** ● V. †*digiungere.*

digiunàre o †**deiunàre** [lat. eccl. *ieiunāre*, da *ieiūnum* 'digiuno'; sec. XII] v. intr. (aus. *avere*) *1* Astenersi completamente dal cibo o da determinati cibi, per un limitato periodo di tempo, intenzionalmente, come pratica religiosa, come forma di protesta non violenta, per motivi di salute, ecc.: *imporsi di d. per penitenza*; *i quattro deputati digiunano per protesta contro l'approvazione della legge*; *il medico gli ha prescritto di digiunare per due giorni* | (*est.*) Mangiare meno di quanto si vorrebbe: *in questa casa ci fanno d.* *2* (*fig., raro*) Astenersi, privarsi di qlco. che sia necessaria o che si desideri.

digiunatóre [lat. eccl. *ieiunatōre(m)*, da *ieiunātus*, part. pass. di *ieiunāre* 'digiunare'; 1304] s. m.; anche agg. (f. *-trice*) ● Chi (o Che) digiuna, spec. a lungo.

†**digiùngere** o †**digiùgnere** [vc. dotta, lat. *deiŭngere*, comp. di *dē-* e *iŭngere* 'giungere, unire'] v. tr. ● (*raro*) Disgiungere.

digiùno (**1**) o †**deiùno** [da *digiunare*; av. 1243] s. m. (pl. *digiùni*; †*digiùna*, †*digiùne* f.) *1* Astensione dal cibo, intenzionale o per necessità: *osservare il d.*; *essere indebolito dai lunghi digiuni* | ***A d.***, senza aver mangiato nulla | ***Rompere il d.***, interrompere o concludere la totale o parziale astensione dal cibo. *2* (*fig.*) Privazione di qlco. che si desidera: *un lungo d. di informazioni* | (*fig., lett.*) Brama, desiderio ardente: *send'io tornato a solver il d. / di veder lei che sola al mondo curo* (PETRARCA).

digiùno (**2**) [lat. *ieiūnu(m)*, legato al v. *ieientāre* 'fare la prima colazione', e come quello di orig. pop. e di etim. incerta; 1260 ca.] A agg. *1* Che non ha preso cibo da tempo più o meno lungo: *essere d. da tre giorni*; *bere alcolici a stomaco d.* *2* (*fig.*) Privo: *essere d. di notizie* | ***Essere d. di matematica***, non avere cognizioni matematiche | (*raro, lett.*) Desideroso, bramoso. *3* (*anat.*) ***Intestino d.***, parte mediana dell'intestino tenue, tra duodeno e ileo. || †**digiunaménte**, avv. Scarsamente. B s. m. (*anat.*) ● Intestino digiuno. ➡ ILL. p. 2125 ANATOMIA UMANA.

digiùno-ileo [comp. di *digiuno* (*2*) e *ileo*] s. m. ● (*anat.*) Parte mobile dell'intestino tenue.

diglossìa [fr. *diglossie*, dal gr. *diglōssos* 'bilingue', comp. di *di-* 'di- (2)' e *glōssa* 'lingua' (V. *glossa* (*1*)); 1933] s. f. *1* (*ling.*) Forma particolare di bilinguismo in cui una delle due lingue rappresenta la condizione sociale e politica inferiore | (*est.*) Bilinguismo. *2* Attitudine di un individuo a servirsi anche di una lingua diversa da quella materna.

diglòssico agg. (pl. m. *-ci*) ● (*ling.*) Relativo a diglossia.

†**dignàre** ● V. *degnare.*

†**dignazióne** ● V. *degnazione.*

dignificàre o †**degnificàre** [vc. dotta, formata dal lat. *dĭgnus* 'degno' e *-ficāre* (per *fācere*); 1483] A v. tr. (*io dignìfico, tu dignìfichi*) ● (*raro, lett.*) Rendere, fare degno. B v. rifl. ● †Rendersi degno.

dignità o †**degnità**, †**dignitàde**, †**dignitàte** [vc. dotta, lat. *dignitāte(m)*, da *dĭgnus* 'degno'; sec. XII] s. f. *1* Stato o condizione di chi (o di ciò che) per qualità intrinseche o per meriti acquisiti, è o si rende meritevole del massimo rispetto: *la d. della persona umana*; *la d. del nome, dell'abito talare, della famiglia, della nazione*; *gli uomini nascono uguali in d. e diritti*; *è necessario tutelare la d. del lavoro.* *2* Rispetto di sé stessi: *un uomo pieno di d.*; *non ha più un briciolo di d.*; *si è comportato con grande d.*; *cerchiamo di conservare la calma e la d.* *3* Aspetto maestoso, autorevole e severo: *la d. del suo viso incute soggezione.* *4* Ogni carica che comporta onori, preminenze, autorità: *d. cavalleresca, senatoriale, papale* | Privilegio: *privare qlcu. di una d.* | (*est.*) Condizione sociale elevata, posizione di prestigio: *la sua d. è in pericolo.* *5* (*spec. al pl.*) Persona investita di una carica autorevole: *le più alte d. militari, civili, religiose.*

dignitàrio [adatt. del fr. *dignitaire*, da *dignité* 'dignità'; 1855] s. m. (f. *-a*) ● Chi è investito di una dignità laica o ecclesiastica: *i dignitari di corte*; *gli alti dignitari della Chiesa.*

†**dignitàte** ● V. *dignità.*

dignitóso o †**degnitóso** [vc. dotta, lat. *dignitōsu(m)*, da *dĭgnus* 'degno'; av. 1292] agg. *1* Che è pieno di dignità: *uomo, contegno d.*; *opporre un d. rifiuto*; *ha pronunciato parole nobili e dignitose.* *2* Adeguato, decoroso: *abito semplice ma d.*; *mantenere un atteggiamento d.*; *rispondere con tono e modi dignitosi.* *3* †Meritevole. *4* †Prezioso, pregevole. || **dignitosaménte**, avv. In modo dignitoso, con dignità.

†**digno** ● V. *degno.*

†**digocciàre** [comp. di *di-* (*1*) e *gocciare*; av. 1729] v. tr. ● Stillare goccia a goccia.

†**digocciolàre** [comp. di *di-* (*1*) e *gocciolare*; sec. XIV] A v. tr. ● Sgocciolare. B v. intr. ● Gocciolare.

digossìna [da *dig(it)ossina*] s. f. ● Glicoside estratto dalle foglie della digitale lanata, dotato di azione più rapida della digitossina.

†**digozzàre** [comp. di *di-* (*1*) e *gozzo*; av. 1400] A v. tr. ● Sgozzare. B v. rifl. ● Scoprirsi la gola.

digradaménto s. m. ● (*raro*) Digradazione.

digradànte part. pres. di *digradare*; anche agg. ● Che scende dolcemente: *alture digradanti verso il mare.*

†**digradànza** s. f. ● (*raro*) Sfumatura, spec. detto di colori.

digradàre [vc. dotta, lat. tardo *degradāre*, comp. di *dē-* e *grădus* 'passo'; 1304 ca.] A v. intr. (aus. *avere, essere*) *1* (*raro, lett.*) Scendere a poco a poco, da un grado superiore a uno inferiore | (*est.*) Abbassarsi gradatamente, essere in declivio: *la strada digradava a valle*; *verdi pendii che digradano verso la città.* *2* (*fig., lett.*) Diminuire d'intensità, valore, importanza e sim.: *note che digradano verso toni più bassi*; *una passione che digrada* | Sfumare: *un giallo che digrada nel bianco.* *3* (*lett.*) Farsi sempre più piccolo: *nel cielo di perla, dritti, uguali / ... / digradano in fuggente ordine i pali* (PASCOLI). B v. tr. *1* †Degradare. *2* †Dividere in gradi.

digradazióne [vc. dotta, lat. tardo *degradatiōne(m)*, da *degradātus* 'digradato'; av. 1406] s. f. *1* (*raro*) Abbassamento | (*fig.*) Graduale attenuazione. *2* (*geogr.*) Degradazione.

digràmma [vc. dotta, comp. di *di-* (*2*) e del gr. *grámma* 'lettera'; 1745] s. m. (pl. *-mi*) ● (*ling.*) Successione di due lettere indicanti un suono unico (per es. *sc, gn, gl*).

digrassàre [comp. parasintetico di *grasso* con il pref. *di-* (*1*); 1550] A v. tr. ● Privare del grasso: *d. il maiale macellato* | ***D. il brodo***, schiumarlo | (*raro*) ***D. un abito***, togliere le macchie di grasso. B v. intr. (aus. *essere*) ● (*raro*) Diventare meno grasso.

digrassatùra s. f. ● Operazione del digrassare: *la d. delle carni.*

digredìre o (*lett.*) †**dișgredìre** [vc. dotta, lat. *dīgredī*, comp. di *dis-* (*1*) e *grădi* 'avanzare', collocato sulla serie dei v. in *-ire*; 1321] v. intr. (*io digredìsco, tu digredìsci*; part. pass. *digredìto*, †*digrèsso*; aus. *avere*, †*essere*) *1* †Allontanarsi, deviare dal cammino intrapreso. *2* (*fig., lett.*) Fare una digressione: *d. dall'argomento fissato*; *Ma perché siam digressi assai* (DANTE *Par.* XXIX, 126).

digressióne o (*lett.*) **dișgressióne** [vc. dotta, lat. *digressiōne(m)*, da *digrĕssus* 'digresso'; 1308] s. f. *1* (*raro*) Deviazione dal proprio cammino: *fare, operare una d. sulla destra.* *2* (*fig.*) Deviazione dall'argomento principale o dall'ordine di un discorso. SIN. Divagazione. *3* (*astron.*) Distanza angolare di un pianeta dal Sole: *d. massima.* || **digressioncèlla**, dim.

digressìvo [vc. dotta, lat. *digressīvu(m)*, da *digrĕssus* 'digresso'; av. 1375] agg. ● Che costituisce una digressione: *argomento d.* | Pieno di digressioni: *discorso d.* || **digressivaménte**, avv. (*raro*) In modo digressivo; (*raro, est.*) incidentalmente.

†**digrèsso** [vc. dotta, lat. *digrĕssu(m)*, part. pass. sost. di *dīgredi* 'digredire'; av. 1505] s. m. ● Digressione.

digrignaménto s. m. ● Il digrignare i denti.

digrignàre o †**dișgrignàre** [dall'antico francone **grīnan* 'storcere la bocca'; 1313] v. tr. *1* Mostrare i denti facendoli stridere con ferocia, ringhiando e minacciando di mordere, detto dei cani (*anche assol.*): *d. i denti*; *il mastino digrignava* | (*est.*) Ritrarre le labbra scoprendo i denti in una smorfia feroce, detto dell'uomo (*anche assol.*): *d. i denti per il furore*; *d. per una contrazione nervosa.* *2* (*raro, fig.*) †Battere i denti, contrarsi per la fame o per il freddo (*anche assol.*).

digroppàre [comp. parasintetico di *groppo* con il pref. *di-* (*1*); 1319] v. tr. (*io digróppo* o *digròppo*) ● (*raro, lett.*) Sciogliere un nodo (*spec. fig.*).

digrossaménto [av. 1589] s. m. ● Operazione del digrossare | (*fig.*) Affinamento.

digrossàre [comp. parasintetico di *grosso* con il pref. *di-* (*1*); 1306] A v. tr. (*io digròsso*) *1* Rendere meno grosso | (*est.*) Sbozzare una pietra, abbozzare una scultura e sim.: *d. un diamante, una statua.* *2* (*fig.*) Cominciare ad ammaestrare, a istruire qlcu., fornendogli i primi rudimenti di un'arte, di una scienza e sim.: *d. un bambino in grammatica.* *3* (*fig.*) Cominciare ad affinare, a ingentilire e sim.: *d. la lingua*; *il viaggio all'estero l'ha un po' digrossato.* B v. rifl. ● Farsi meno rozzo, ingentilirsi, raffinarsi, perfezionarsi.

digrossatóre s. m. (f. *-trice*) ● (*raro*) Chi digrossa.

digrossatùra s. f. ● (*raro*) Digrossamento.

†**digròsso** [da separare *di grosso*, come opposto a 'sottile' e quindi a 'preciso'; av. 1348] avv. ● (*lett.*) Solo nelle loc. avv. ***in d., al d.***, all'incirca: *in d., si stimò che morissono in questo tempo più di quattro mila persone* (VILLANI) | Grandemente.

digrùma [da *digrumare*; av. 1930] s. f. ● (*raro, tosc.*) Voracità prodotta da facile digestione.

digrumàle s. m. ● (*pop.*) Rumine.

digrumàre [etim. incerta: lat. tardo *grūma* 'pelle, buccia', con sovrapp. del lat. tardo *rumigāre* 'ruminare'; 1585] v. tr. *1* (*raro, tosc.*) Ruminare | (*est., scherz.*) Mangiare molto, divorare avidamente. *2* (*fig., lett.*) Ripensare | Rimuginare.

digrumatóre [1618] s. m.; anche agg. (f. *-trice*, raro) ● (*raro*) Chi (o Che) digruma.

†**diguastàre** [comp. di *di-* (*1*) e *guastare*] v. tr. ● Guastare, dissipare, devastare (*anche fig.*).

diguazzaménto s. m. ● Il diguazzare.

diguazzàre [comp. parasintetico di *guazzo* col pref. *di-* (*1*); av. 1313] A v. tr. *1* (*raro*) Scuotere, agitare l'acqua o un altro liquido in un recipiente. *2* Agitare, dimenare (*anche fig.*). B v. intr. (aus. *avere*) ● Agitarsi nell'acqua, nel fango o sim.: *i bambini diguazzavano allegramente nel fiume.*

†**diguazzàta** [sec. XVI] s. f. ● (*raro*) Sbattimento.

†**diguișàre** [fr. *déguiser* 'uscire (*dé-*) dalla propria maniera' (*guise*: V. *guisa*); av. 1729] v. tr. ● Mascherare, travestire.

dik dik /dik'dik/ [vc. ingl. di orig. africana; 1891] s. m. o f. inv. ● Piccolissima antilope con minuscole corna, tipica dell'Africa tropicale (*Madoqua*).

diktat /ted. dik'ta:t/ [vc. ted. (propr. 'dettato'), nata in riferimento all'articolo di un giornale francese del 1919, che parlava di *pace di giustizia dettata*; 1942] **s. m. inv.** (pl. ted. *Diktate*) ***1*** Trattato di pace imposto a condizioni sfavorevoli e senza possibilità di negoziati. ***2*** (*est., fig.*) Ordine, condizione e sim. imposti ad altri in modo duro e perentorio: *subire un d.*

†**dilaccàrsi** [comp. di *di-* (*1*) e *lacca*; 1313] **v. rifl.** ● (*raro, lett.*) Lacerarsi, squarciarsi, dilaniarsi: *e con le man s'aperse il petto, / dicendo: 'Or vedi com'io mi dilacco!'* (DANTE *Inf.* XXVIII, 29-30).

dilaceraménto [1817] **s. m.** ● (*raro*) Dilacerazione.

dilaceràre [vc. dotta, lat. *dilacerāre*, comp. di *dis-* (*1*) e *lacerāre* 'lacerare'; 1313] **v. tr.** (*io dilàcero*) ***1*** (*lett.*) Lacerare con violenza | Sbranare, dilaniare. ***2*** (*lett., fig.*) Affliggere, tormentare.

dilacerazióne [vc. dotta, lat. tardo *dilaceratiōne(m)*, da *dilacerātus* 'dilacerato'; sec. XIV] **s. f.** ● (*lett.*) Lacerazione.

dilagànte **part. pres.** di *dilagare*; anche **agg.** ***1*** Nei sign. del v. ***2*** Che si diffonde rapidamente: *criminalità, vizio d.*

dilagàre [comp. parasintetico di *lago*, con il pref. *di-* (*1*); 1532] **A v. intr.** (*io dilàgo, tu dilàghi*; aus. *essere*) ***1*** Detto di acque, distendersi come un lago dopo aver superato argini, barriere e sim. (*anche fig.*): *il fiume dilagò per la campagna*; *i nemici dilagarono nella pianura.* ***2*** (*fig.*) Diffondersi rapidamente: *il mal costume, la corruzione dilagano*; *il contagio è pericolosamente dilagato in tutto il paese.* **B v. tr.** ● †Allagare, inondare.

dilagàto [av. 1400] **part. pass.** di *dilagare*; anche **agg.** ***1*** Nei sign. del v. ***2*** Nella loc. †***alla dilagata***, con furia scatenata e veemenza.

†**dilamàre** [comp. di *di-* (*1*) e *lama* (*2*); 1865] **A v. intr.** ● Smottare. **B v. intr. pron.** ● Formare una palude.

†**dilamazióne** **s. f.** ● Smottamento.

†**dilanguìre** [comp. di *di-* (*1*) e *languire*] **v. tr.** ● Distogliere, risollevare dal languore o dalla malinconia.

dilaniàre [vc. dotta, lat. *dilaniāre*, comp. di *dis-* e *laniāre* 'fare a pezzi'; 1300 ca.] **A v. tr.** (*io dilànio*) ***1*** Fare a pezzi, smembrare: *la belva dilaniò la preda con gli artigli*; *inciampò in una bomba che lo dilaniò orrendamente* (SVEVO) | (*est.*) Strappare: *d. le vesti, i capelli.* **SIN.** Sbranare. ***2*** (*fig., raro*) Demolire con feroce accanimento: *d. con la maldicenza il buon nome di qlcu.* ***3*** (*fig.*) Straziare, tormentare: *il rimorso dilania il suo cuore*; *era dilaniato dalla gelosia.* **B v. rifl.** ● (*lett.*) Straziarsi lacerando le proprie carni, strappandosi le vesti, i capelli e sim. **C v. rifl. rec.** ● Ferirsi, straziarsi, tormentarsi l'un l'altro.

dilaniatóre [1913] **s. m.**; anche **agg.** (f. *-trice*) ● (*lett.*) Che (o Chi) dilania.

dilapidaménto [1668] **s. m.** ● (*raro*) Dilapidazione.

dilapidàre [vc. dotta, lat. *dilapidāre*, originariamente 'gettar pietre (*lapidāre*) qua e là (*dis-*)'; 1615] **v. tr.** (*io dilàpido*) ● Sperperare le sostanze proprie o altrui: *d. il proprio patrimonio, i propri averi.* **SIN.** Dissipare, scialacquare.

dilapidatóre [av. 1712] **s. m.**; anche **agg.** (f. *-trice*) ● Chi (o Che) dilapida. **SIN.** Dissipatore, scialacquatore.

dilapidazióne [vc. dotta, lat. tardo *dilapidatiōne(m)*, da *dilapidātus* 'dilapidato'; 1607] **s. f.** ● Il dilapidare.

†**dilargaménto** [1725] **s. m.** ● Allargamento, dilatazione.

†**dilargàre** [comp. di *di-* (*1*) e *largare*; sec. XIV] **A v. tr.** ● (*lett.*) Allargare, dilatare (*anche fig.*). **B v. intr. pron.** ● (*lett.*) Allargarsi, diffondersi, espandersi (*anche fig.*).

†**dilassézza** [comp. di *di-* (*1*) e *lassezza*; av. 1311] **s. f.** ● Lassezza, debolezza.

†**dilàta** [da *dilatare* (*2*); 1858] **s. f.** ● Proroga, dilazione.

dilatàbile [da *dilatare* (*1*); av. 1519] **agg.** ● Che si può dilatare.

dilatabilità [1771] **s. f.** ● Proprietà di ciò che è dilatabile: *d. delle sostanze gassose.*

dilataménto [av. 1311] **s. m.** ● (*raro*) Dilatazione.

dilatànte **part. pres.** di *dilatare* (*1*); anche **agg.** ***1*** Nei sign. del v. ***2*** (*med.*) ***Periodo d.***, tempo in cui, durante il parto, si effettua la preparazione del canale del parto.

†**dilatànza** [sec. XIV] **s. f.** ● †Dilatazione.

dilatàre (**1**) [vc. dotta, lat. *dilatāre* 'allargare allontanando', comp. parasintetico di *lātus* 'largo', col pref. *dis-* (*1*); 1306] **A v. tr.** ***1*** Rendere più largo, aprire maggiormente: *d. una cavità, un'apertura, un passaggio*; *il cane dilatò le narici.* ***2*** (*fis.*) Aumentare il volume di un corpo: *d. un gas.* ***3*** Ampliare, ingrandire, estendere (*anche fig.*): *le bevande gassate dilatano lo stomaco*; *ha dilatato il volume dei propri affari* | †***D. qlcu., qlco. nella fama***, renderlo più rinomato, più famoso. ***4*** (*raro, fig.*) Diffondere, divulgare: *d. notizie, chiacchiere.* **B v. intr. pron.** ***1*** Diventare più largo: *la piaga si è dilatata*; *col calore le vene si dilatano* | Diventare più ampio: *man mano che salivano il panorama si dilatava alla vista.* ***2*** Aumentare di volume. ***3*** (*fig.*) Estendersi: *la fama di questo fatto si dilatò per Perugia* (SACCHETTI) | (*raro*) Spargersi: *gli invasori si dilatarono nelle pianure.*

†**dilatàre** (**2**) [allargamento di senso di *dilatare* (*1*) 'estendere (nel tempo)'; av. 1348] **v. tr.** ● Differire, rimandare.

dilatatóre [vc. dotta, lat. tardo *dilatatōre(m)*, da *dilatāre* 'dilatare (1)'] **A agg.** (f. *-trice*) ● Che dilata, dilatante: *muscolo d. della pupilla.* **B s. m.** ***1*** (*med.*) Strumento atto a dilatare. ***2*** (*lett., fig.*) Chi dilata, propaga idee e sim.

dilatatòrio [da *dilatare* (*1*); 1681] **agg.** ● Che serve a dilatare.

dilatazióne [vc. dotta, lat. tardo *dilatatiōne(m)*, da *dilatāre* 'dilatare (1)'; 1308] **s. f.** ● Aumento delle dimensioni di qlco.: *d. termica di un solido.*

†**dilàto** [vc. dotta, lat. *dilātu(m)*, part. pass. di *differre* 'portare (*fĕrre*) da una parte all'altra (*dis-*)'; av. 1342] **agg.** ● (*raro*) Differito.

dilatometrìa [vc. dotta, comp. di *dilat(are)* (*1*) e *-metria*] **s. f.** ● (*fis.*) Complesso dei metodi di determinazione del coefficiente di dilatazione termica dei corpi.

dilatòmetro [vc. dotta, comp. di *dilat(are)* (*1*) e *-metro*; 1892] **s. m.** ● (*fis.*) Strumento di misura del coefficiente di dilatazione termica dei liquidi e dei solidi.

dilatòrio [vc. dotta, lat. tardo *dilatōriu(m)*, da *dilātus* 'dilato' (V.); 1355] **agg.** ● Che tende a differire, a dilazionare. || **dilatoriaménte**, **avv.**

dilavaménto [av. 1320] **s. m.** ● (*geogr.*) Azione delle acque che scorrono sul terreno asportandone alcuni componenti.

dilavàre [vc. dotta, lat. tardo *delavāre*, comp. di *lavāre* col pref. *dē-*; 1282] **v. tr.** ***1*** (*geogr.*) Sottoporre a dilavamento: *d. il terreno.* ***2*** (*raro, est.*) Sbiadire, per effetto dell'acqua: *d. un tessuto con i ripetuti lavaggi.*

dilavàto [av. 1543] **part. pass.** di *dilavare*; anche **agg.** ***1*** Nei sign. del v. ***2*** Smorto: *viso d.* | (*fig., raro*) ***Discorso d.***, senza significato, scipito.

†**dilavazióne** [vc. dotta, lat. tardo *delavatiōne(m)*, da *delavātus* 'dilavato'; 1550] **s. f.** ● Dilavamento.

dilazionàbile [1887] **agg.** ● Che si può dilazionare.

dilazionàre [da *dilazione*; 1760] **v. tr.** (*io dilazióno*) ● (*bur.*) Rimandare, spostare nel tempo: *d. un pagamento* | Differire, procrastinare: *d. una decisione.*

dilazionatòrio [1963] **agg.** ● Che tende a dilazionare: *operazione dilazionatoria.*

dilazióne [vc. dotta, lat. *dilatiōne(m)*, da *dilātus* 'dilato'; 1353] **s. f.** ***1*** Differimento, proroga: *chiedere, concedere una d.*; *ottenere una d. per il pagamento di un debito* | ***Senza d.***, subito, senza proroghe o ritardi | Tempo, durata della dilazione: *esaurire la d.* | †***In d. di tempo***, col passare del tempo. ***2*** (*ling.*) Modificazione del timbro di un suono dovuta all'anticipazione di un altro suono non contiguo. || **dilazioncèlla**, **dim.** | **dilazioncina**, **dim.**

†**dilefiàre** [etim. incerta; 1612] **v. intr.** (difett. usato solo all'inf.) ● (*pop., tosc., scherz.*) Crepare, spec. in imprecazioni: *che tu possa d.!*

dileggiàbile [av. 1694] **agg.** ● (*lett.*) Degno di dileggio.

dileggiaménto [1827] **s. m.** ● (*raro*) Dileggio.

dileggiàre [etim. incerta; av. 1342] **v. tr.** (*io diléggio*) ● (*lett.*) Prendersi gioco di qlco. o di qlcu. con atti o parole beffarde, sprezzanti, oltraggiose: *d. la religione, le cose sacre*; *una folla urlante lo dileggiava.* **SIN.** Beffare, deridere.

†**dileggiatézza** [sec. XIV] **s. f.** ● (*raro*) Scostumatezza, sfacciataggine oltraggiosa.

dileggiàto (**1**) [av. 1519] **part. pass.** di *dileggiare*; anche **agg.** ● Nei sign. del v.

†**dileggiàto** (**2**) [comp. di *di-* (*1*) e un deriv. di *legge*; av. 1348] **agg.** ● Sfrenato, scatenato.

dileggiatóre [da *dileggiare*; sec. XIV] **s. m.**; anche **agg.** (f. *-trice*) ● Chi (o Che) dileggia.

†**dileggìno** [av. 1494] **s. m.** ***1*** Dileggiatore. ***2*** Finto innamorato.

diléggio [da *dileggiare*; av. 1530] **s. m.** ● Derisione sprezzante, scherno oltraggioso: *subire il d.*; *esporsi al d.*

†**dilègine** [etim. incerta; 1605] **agg.** ● Debole, fiacco, floscio.

†**dilegióne** ● V. *derisione.*

dileguaménto [av. 1557] **s. m.** ● (*raro, lett.*) Il dileguare | (*raro*) Il dileguarsi; **SIN.** Scomparsa, sparizione.

dileguàre [lat. *deliquāre* 'liquefare del tutto', comp. di *dē-* e *liquāre* 'liquefare'; 1313] **A v. tr.** (*io diléguo* (o *-è-*)) ● (*lett.*) Far scomparire, disperdere: *il sole dilegua la neve*; *il vento dileguò le nubi.* **B v. intr.** e **intr. pron.** (aus. *essere*) ***1*** Svanire, scomparire (*spec. fig.*): *la nebbia dileguò dalla valle*; *le tenebre si dileguano*; *quando l'uomo concepisce amore tutto il mondo si dilegua dagli occhi suoi* (LEOPARDI). ***2*** Disperdersi, allontanarsi: *i nemici si dileguarono nella notte.*

diléguo (o *-è-*) [da *dileguare*] **s. m.** ***1*** (*lett.*) Scomparsa, rovina, spec. nelle loc.: ***andare, mandare, in d.*** ***2*** (*ling.*) Caduta, scomparsa di un suono.

dilèmma [vc. dotta, lat. tardo *dilēmma*, dal gr. *dílēmma*, comp. di *di-* 'doppio' e *lêmma* 'assunto'; 1624] **s. m.** (pl. *-i*) ***1*** (*filos.*) Ragionamento ipotetico disgiuntivo tendente a dimostrare che i due membri di un'alternativa conducono alla stessa conclusione. ***2*** (*est.*) Difficile scelta fra due possibilità: *si trovava di fronte a un vero d.* ***3*** (*fig.*) Problema di difficile soluzione: *questo esercizio di matematica è un vero d.*

dilemmàtico **agg.** (pl. m. *-ci*) ● (*filos.*) Che concerne o interessa il dilemma | (*est.*) Che presenta un dilemma: *dibattito d.* || **dilemmaticaménte**, **avv.** (*raro*) In modo dilemmatico.

†**dilenquìre** [var. dissimilata di *delinquire*; av. 1292] **A v. tr.** ● (*raro*) Mandare in rovina. **B v. intr.** ● (*raro*) Venir meno al proprio dovere.

dilèssi ● V. *diligere.*

†**dileticàre** o †**diliticàre** [etim. discussa: lat. *titillicāre*, iter. di *titillāre* (?); 1353] **v. tr.** ● Solleticare, vellicare, titillare (*anche fig.*).

†**dilético** [1354] **s. m.** ● Solletico.

†**dilettàbile** o †**delettàbile** [lat. *delectābile(m)*, da *delectāre* 'dilettare'; av. 1294] **agg.** ● Dilettevole.

†**dilettabilità** o †**delettabilità**, †**dilettabilitàde**, †**dilettabilitàte** [av. 1406] **s. f.** ● (*raro*) Caratteristica di ciò che è dilettabile.

†**dilettaménto** o †**delettaménto** [lat. *delectamĕntu(m)*, da *delectāre* 'dilettare'; sec. XIII] **s. m.** ***1*** Il dilettare. ***2*** Godimento dei sensi o dello spirito.

♦**dilettànte** [part. pres. di *dilettare*; 1681] **agg.**; anche **s. m. e f.** ***1*** Che (o Chi) coltiva un'arte, una scienza o si dedica a un'attività sportiva non per lucro ma per pura passione: *chimico, ciclista d.*; *d. di musica, di pittura*; *compagnia teatrale di dilettanti*; *corsa per dilettanti.* ***2*** (*est.*) Che (o Chi) manca di esperienza, perizia e sim.: *filologo, lessicografo d.*; *al tuo confronto è solo un d.* | (*spreg.*) Che (o Chi) si occupa di qlco. con grande faciloneria, in modo superficiale e senza un'adeguata preparazione: *critico d.*; *fare il poliziotto d.*; *in politica è un d.*

dilettantésco [1904] **agg.** (pl. m. *-schi*) ● (*spreg.*) Dilettantistico: *regia dilettantesca.* || **dilettantescaménte**, **avv.** (*spreg.*) Da dilettante.

dilettantiṣmo [fr. *dilettantisme*, dall'italianismo *dilettante*; av. 1926] **s. m.** ***1*** Pratica dell'attività sportiva da dilettante. ***2*** Atteggiamento o comportamento da dilettante (*anche spreg.*).

dilettantìstico [1919] **agg.** (pl. m. *-ci*) ***1*** Praticato da dilettanti: *sport dilettantistici.* ***2*** (*spreg.*) Da dilettante: *preparazione, cultura dilettantistica.* || **dilettantisticaménte**, **avv.**

†**dilettànza** o †**delettànza** [av. 1250] **s. f.** ● Diletto, piacere.

dilettàre o †**delettàre** [lat. *delectāre*, originariamente 'attirare (*lactāre*, intens. di *lăcere*, di etim. incerta) completamente (*dē-*)', 'sedurre'; av. 1250]

A v. tr. (*io dilètto*) *1* (*lett.*) Dare piacere, diletto, divertimento e sim. (*anche assol.*): *d. i sensi, lo spirito; una visione che diletta gli occhi; è sol virtù quel che diletta e giova* (METASTASIO). SIN. Divertire. *2* †Amare, prediligere. **B** v. intr. (aus. *essere*) ● †Piacere, essere gradito. **C** v. intr. pron. *1* (+ *a* seguito da inf.; + *con*; raro, lett. + *in*) Provare piacere, diletto e sim., divertirsi: *si diletta a leggere storie avventurose; si dilettano con strani passatempi; e non si vuole d. in altro che negli obbrobri suoi* (CATERINA DA SIENA). *2* (+ *di*) Svolgere un'attività solo per trarne svago, piacere e sim.: *dilettarsi di pittura.*

†**dilettatóre** [sec. XIV] s. m.; anche agg. (f. *-trice*) ● Chi (o Che) diletta.

dilettazióne o †**delettazióne** [lat. *delectatiōne(m)*, da *delectātus* 'dilettato'; av. 1292] s. f. *1* (*raro, lett.*) Il dilettarsi. *2* (*lett.*) Diletto, piacere: *d. estetica; d. dello spirito, dei sensi; l'arte non è da scambiare con la mera d. sensuale* (CROCE) | Divertimento.

dilettévole o †**delettévole**, †**dilettévile** [av. 1243] **A** agg. ● Che diletta, che è atto a procurare diletto, piacere e soddisfazione: *libro, lettura d.; amicizie, occupazioni dilettevoli.* SIN. Piacevole. || **dilettevolménte**, avv. In modo dilettevole: *passare dilettevolmente una serata.* **B** s. m. solo sing. ● (*raro*) Ciò che procura piacere, diletto: *ricercare il d.* | ***Unire l'utile al d.***, fare qlco. di utile, vantaggioso e, al tempo stesso, piacevole.

†**dilettivo** [1340] agg. ● (*raro*) Amorevole.

dilètto (**1**) o †**delètto** [av. 1294] **A** part. pass. di *diligere*; anche agg. *1* Nei sign. del v. *2* (*lett.*) Che è particolarmente caro e teneramente amato: *amico d.; i nostri figli diletti; sposa diletta.* || **dilettaménte**, avv. (*lett.*) Con tenerezza, con affetto. **B** s. m. (f. *-a*) ● (*lett.*) Persona amata: *le prese il capo tra le braccia ... dicendo che ... era la sua diletta* (VERGA).

dilètto (**2**) o †**delètto** [da *dilettare*; av. 1250] s. m. *1* Sentimento o sensazione gradevole di gioia, di soddisfazione, di piacere: *d. materiale, spirituale; procurare d. al corpo, all'animo; provare d. nella musica, nella pittura; trarre d. dallo studio, dall'amore di qlcu.; prendere d. di qlcu., di qlco.* | (*lett.*) ***Prendere in, a d. qlcu.***, amarlo. SIN. Godimento, piacere. *2* Divertimento, distrazione, svago: *leggere, scrivere, viaggiare per d.; praticare uno sport per d.* | (*lett.*) ***A bel d.***, apposta | †***Fare della necessità d.***, adattarsi di buon grado a qlco. di spiacevole ma necessario. *3* (*lett.*) Cosa che appaga i sensi: *i molti diletti del mondo; un luogo pieno d'ogni d.* | Attività, occupazione e sim. che solleva e rallegra lo spirito: *la lettura è il suo unico d.*

dilettóso o †**delettóso** [da *diletto* (*2*); av. 1294] agg. *1* (*lett.*) Che dà diletto: *perché non sali il d. monte / ch'è principio e cagion di tutta gioia?* (DANTE *Inf.* I, 77-78). *2* †Diletto, amato. || **dilettosaménte**, avv.

dilezióne o †**delezióne** [vc. dotta, lat. crist. *dilectiōne(m)*, da *dilēctus* 'diletto (1)'; av. 1243] s. f. ● (*lett.*) Affetto per una persona della quale si apprezzano i meriti | (*lett.*) Amore costante per Dio e il prossimo: *come i giusti vissuti in carità, morendo in d. ... veggono il bene* (CATERINA DA SIENA).

†**dilezióso** ● V. *delizioso.*

†**diliberaménto** ● V. *deliberamento* (*1*) e †*deliberamento* (*2*).

†**diliberàre** ● V. *deliberare* (*1*) e †*deliberare* (*2*).

†**diliberativa** ● V. *deliberativa.*

†**diliberativo** ● V. *deliberativo.*

†**diliberàto** ● V. *deliberato.*

†**diliberazióne** ● V. *deliberazione* (*1*) e †*deliberazione* (*2*).

†**dilibero** o †**dilivero** [comp. di *di-* (*1*) e *libero*; 1525] agg. *1* Libero. *2* (*raro*) Liberale.

†**dilibràre** e *deriv.* ● V. *deliberare* (*1*), †*deliberare* (*2*) e *deriv.*

†**dilibràrsi** [comp. di *di-* (*1*) e *librare* 'equilibrare'] v. intr. pron. ● Tracollare, detto della bilancia.

†**dilicàto** e *deriv.* ● V. *delicato* e *deriv.*

♦**diligènte** [vc. dotta, lat. *diligĕnte(m)*, part. pres. di *dilĭgere* 'diligere'; av. 1292] **A** agg. *1* Che agisce od opera con cura attenta e scrupolosa: *professionista, impiegato, scolaro d.* | ***Farsi parte d.***, prendersi a cuore qlco. assumendosene la cura o l'organizzazione | (*spreg.*) Che fa qlco. con scrupolo e attenzione, ma senza originalità: *un d. versificatore; è solo un d. imitatore dei classici.* SIN. Attento, scrupoloso. CONTR. Negligente. *2* Che è fatto con scrupolosa attenzione e accuratezza: *un lavoro d.; una d. ricerca.* SIN. Accurato, preciso | (*spreg.*) Fatto con cura e precisione, ma senza originalità: *un'esecuzione d. di una sonata di Beethoven.* || **diligenteménte**, avv. Con diligenza. **B** avv. ● †Diligentemente.

diligènza (**1**) [vc. dotta, lat. *diligĕntia(m)*, da *dīligens*, genit. *diligĕntis*, 'diligente'; av. 1292] s. f. *1* Caratteristica di chi (o di ciò che) è diligente: *lavorare, studiare con d.; è abituato a porre la massima d. in ciò che fa* | (*lett.*) Sollecitudine | †***Fare d.***, affrettarsi | †***In d.***, sollecitamente. SIN. Precisione, scrupolosità. CONTR. Negligenza. *2* (*dir.*) Cura con cui il soggetto passivo dell'obbligazione deve svolgere la specifica attività alla quale è obbligato | ***D. del buon padre di famiglia***, quella che l'uomo medio di solito pone nell'assolvimento dei suoi impegni.

diligènza (**2**) [fr. *diligence*, in orig. *carrosse de diligence* 'vettura di fretta', secondo un ant. sign. assunto da *diligence* 'cura sollecita, solerzia'; 1698] s. f. ● Grande carrozza a più cavalli, che un tempo faceva regolare servizio di trasporto tra un luogo e un altro. ➡ ILL. **carro e carrozza.**

diligere [vc. dotta, lat. *dilĭgere*, comp. di *dis-* (*1*) e *lĕgere* 'scegliere', in opposizione a *neglĕgere*; sec. XIV] v. tr. (pres. *io dilìgo, tu dilìgi*; pass. rem. *io dilèssi, tu diligésti*; part. pass. *dilètto*) ● (*lett.*) Avere particolarmente caro, prediligere.

†**diligióne** ● V. *derisione.*

†**dilimàre** [vc. dotta, lat. **delimāre*, originariamente 'portar via (*dē-*) con la lima (*līma*)'; av. 1367] **A** v. intr. ● (*lett.*) Scendere, scorrere in basso, spec. di corso d'acqua. **B** v. intr. pron. ● (*lett.*) Derivare, discendere | Dilagare.

diliscàre [comp. parasintetico di *lisca*, con il pref. *di-* (*1*); av. 1406] v. tr. (*io dilìsco, tu dilìschi*) ● Levare le lische, pulire dalle lische: *d. un pesce; d. la canapa.*

†**diliticàre** ● V. †*dileticare.*

†**diliveraménto** ● V. †*deliberamento* (*2*).

†**diliveràre** ● V. *deliberare* (*1*) e †*deliberare* (*2*).

†**diliverazióne** ● V. †*deliberazione* (*2*).

†**dilivero** ● V. †*dilibero.*

†**dilivràre** ● V. †*deliberare* (*2*).

†**dilizia** e *deriv.* ● V. *delizia* (*1*) e *deriv.*

†**diloggiàre** e *deriv.* ● V. †*disloggiare* e *deriv.*

dilogia [vc. dotta, lat. tardo *dilogĭa(m)*, dal gr. *dilogía* 'discorso (*lógos*) doppio (*dís*)'] s. f. *1* (*raro, lett.*) Detto ambiguo | Duplice significato | Discorso ambiguo, a doppio senso. *2* (*raro*) Ripetizione di una o più parole per maggiore espressività.

dilollàre [da *lolla*, con il pref. *di-* (*1*)] v. tr. (*io dilòllo* o *dilóllo*) ● Separare il grano o sim. dalla lolla.

dilombàrsi [comp. parasintetico di *lombo*, con il pref. *di-* (*1*); av. 1617] v. intr. pron. (*io mi dilómbo*) ● (*disus.*) Sfiancarsi, sforzando e affaticando i muscoli lombari: *d. per il troppo lavoro.*

dilombàto part. pass. di *dilombarsi*; anche agg. *1* (*disus.*) Fiacco. *2* (*veter.*) Di cavallo che, per distrazione dei legamenti o dei muscoli lombari, presenta, quando è in marcia, oscillazione del treno posteriore, andatura incerta con pericolo di caduta.

dilombatùra s. f. ● (*veter.*) Distrazione dei muscoli lombari in seguito a sforzi eccessivi.

†**dilongàre** ● V. *dilungare.*

†**dilontanàre** [comp. di *di-* (*1*) e *lontano*] v. tr. e intr. pron. ● Allontanare, allontanarsi.

dilucidàre ● V. *delucidare* (*1*).

dilucidatòrio [da *dilucidare*] s. m. ● Scritto che serve a chiarire, a spiegare.

dilucidazióne ● V. *delucidazione* (*1*).

dilùcolo o †**dilùculo** [vc. dotta, lat. *dilūculu(m)*, da *dilucēre*, comp. di *dis-* e *lucēre* 'brillare, splendere'; 1499] s. m. ● (*lett.*) Primo albeggiare, albore del giorno.

diluènte **A** part. pres. di *diluire*; anche agg. ● Nei sign. del v. **B** s. m. ● Sostanza inerte, gassosa, liquida o solida che si aggiunge a un'altra per aumentarne il volume o la dispersione o diminuirne la concentrazione.

dilùire [vc. dotta, lat. *dilŭere*, comp. di *dis-* e *lŭere*, tratto da *lăvere*, forma parallela di *lavāre*; av. 1642] v. tr. (*io diluisco, tu diluisci*; part. pass. *diluìto*, †*dilùto*) *1* Sciogliere in un liquido una sostanza solida: *d. una compressa nell'acqua.* *2* Rendere meno concentrata una soluzione aggiungendovi un solvente: *d. una vernice* | (*est.*) Rendere meno densa una sostanza con l'aggiunta di un liquido: *d. l'inchiostro con acqua.* *3* (*fig.*) Esprimere un concetto e sim. con eccessiva abbondanza di parole: *d. un pensiero.*

diluizióne o (*raro*) **diluzióne** [1788] s. f. ● Operazione del diluire | Sostanza diluita.

†**dilungaménto** o †**delongaménto** [1282] s. m. ● Il dilungare, il dilungarsi.

dilungàre o †**delongàre**, †**dilongàre** [comp. parasintetico di *lungo*, col pref. *di-* (*1*); av. 1292] **A** v. tr. (*io dilùngo, tu dilùnghi*) *1* †Allungare, distendere. *2* (*lett.*) Allontanare, rimuovere: *e da festoni della sacra soglia / dilungate i profani* (FOSCOLO). *3* (*lett.*) †Differire: *ma poi che vidon che più d. / non si potea 'l partire* (BOCCACCIO). **B** v. intr. pron. *1* (*raro*) Diventare più lungo. *2* (*lett.*) Allontanarsi, discostarsi. *3* (*fig.*) Soffermarsi troppo a lungo su un argomento o un discorso: *dilungarsi in noiose spiegazioni.* SIN. Diffondersi. *4* Nelle corse al trotto e al galoppo, distaccare di parecchie lunghezze gli altri cavalli in gara.

†**dilungazióne** o †**delongazióne** [1282] s. f. ● (*raro*) Allontanamento.

dilùngi [comp. di *di* e *lungi*; av. 1400] **A** avv. ● (*raro, lett.*) Lontano | Da lontano. **B** nelle loc. prep. *d. da*, †*d. di* ● (*lett.*) Lontano: *parte di loro al d. dell'oste si misono in guato una notte* (VILLANI).

dilùngo o †**di lùngo** nel sign. B [comp. di *di* e *lungo*] **A** avv. ● (*raro*) Nella loc. avv. ***a d.***, di continuo | †Dritto, difilato | A distesa, detto di campane: *suonare a d.* **B** agg. ● †Lontano.

†**dilùso** ● V. *deluso.*

†**dilustràre** [comp. parasintetico di *lustro* (*2*), con il pref. *di-* (*1*)] v. tr. ● Levare il lustro ai panni.

diluviàle (**1**) [vc. dotta, lat. tardo *diluviāle(m)*, da *dilŭvium* 'diluvio (1)'; 1869] agg. *1* (*lett.*) Relativo al diluvio universale. *2* (*est.*) Torrenziale: *pioggia d.; acquazzone d.* | ***Autunno d., stagione d.***, eccessivamente piovosi.

diluviàle (**2**) [dall'ingl. *diluvial*; 1983] agg. ● (*geol.*) Relativo al diluvium.

diluviàre [vc. dotta, lat. *diluviāre*, da *dilŭvium* 'diluvio (1)'; 1306] **A** v. intr. (impers. *dilùvia*; anche pers.; aus. *essere* o *avere*) *1* Piovere dirottamente: *diluviava senza interruzione da dieci ore.* *2* (*fig.*) Venire giù in abbondanza, come un diluvio d'acqua: *le sassate diluviavano; gli insulti diluviano su di lui.* **B** v. tr. *1* †Inondare. *2* (*lett.*) Trangugiare, mangiare o bere voracemente.

diluviatóre [da *diluviare* nel sign. B2] s. m.; anche agg. (f. *-trice*) ● (*lett., raro*) Chi (o Che) mangia molto, voracemente e con ingordigia.

dilùvio (**1**) [vc. dotta, lat. *dilŭviu(m)*, da *dilŭere*, comp. di *dis-* e *luĕre* (V. *diluire*); 1282] s. m. *1* Pioggia dirotta e molto abbondante: *viene giù un d.; non ho il coraggio di uscire con questo d.* | Inondazione prodotta da piogge eccessive | ***D. universale***, quello descritto nell'Antico Testamento e nella mitologia di molti popoli, anche primitivi. *2* (*fig.*) Grande quantità: *d. di parole, di ingiustizie, di spropositi.* *3* (*lett., fig.*) Invasione.

dilùvio (**2**) [etim. discussa: da *diluvio* (*1*), in senso fig. (?)] s. m. ● Grande rete usata per catturare di notte uccelli addormentati su alberi, cespugli e sim.

diluvióne [da *diluviare*] s. m. (f. *-a*) ● (*raro*) Diluviatore.

†**diluvióso** [da *diluvio* (*1*); 1625] agg. *1* Scrosciante, torrenziale, detto di pioggia | Estremamente piovoso. *2* (*lett.*) Che porta pioggia, tempesta e sim. || †**diluviosaménte**, avv. A diluvio.

dilùvium [vc. dotta, lat. *dilŭvium* 'inondazione'] s. m. inv. ● (*geol., raro*) L'insieme dei depositi continentali del Pleistocene | Il periodo del Pleistocene.

diluzióne ● V. *diluizione.*

dìma (**1**) [milan. *dima*, dal gr. *dêigma* 'mostra, campione' da *deiknýnai* 'indicare' (di orig. indeur.)] s. f. ● (*tecnol.*) Pezzo campione che, sovrapposto a pezzi semilavorati, ne consente il controllo o la produzione in serie: *d. per foratura* | Sagoma in cartone o lamierino sulla quale sono posizionati fori, collegamenti e sim. che devono essere predisposti prima del montaggio di un apparecchio: *la d. di una caldaia murale.*

†**dìma** (**2**) ● V. †*edima.*

dimacchiàre [comp. parasintetico di *macchia* (*2*), con il pref. *di-* (*1*); 1761] v. tr. (*io dimàcchio*) ● Diboscare.

†**dimacràre** ● V. *dimagrare*.

dimàfono [comp. con *-fono*; non chiara la prima parte del comp.; 1983] s. m. ● Apparecchio che, collegato a un telefono, consente la registrazione delle conversazioni su appositi dischi, e il loro successivo ascolto.

dimagraménto [1745] s. m. *1* (*raro*) Dimagrimento. *2* ***D. di un terreno***, perdita di parte degli elementi nutritivi, impoverimento.

dimagrànte [1869] part. pres. di *dimagrare*; anche agg. *1* Nei sign. del v. *2* Detto di farmaco che, attraverso un aumento del metabolismo basale, accelera il consumo delle riserve di grasso dell'organismo.

dimagràre o †**dimacràre** [comp. parasintetico di *magro*, col pref. *di-* (*1*); av. 1292] **A** v. tr. *1* (*raro*) Rendere magro: *le malattie lo hanno molto dimagrato* | Rendere sterile: *d. un terreno*. CONTR. Ingrassare. *2* (*lett., fig.*) Ridurre in povertà: *d. qlcu. del suo denaro, dei suoi beni*. **B** v. intr. (aus. *essere*) *1* (*raro*) Dimagrire: *d. per il digiuno*; *è dimagrato molto in seguito alla malattia*. CONTR. Ingrassare. *2* (*fig., lett.*) Diminuire, impoverirsi: *... questa Italia / vedova trista, ch'ognor più dimagra* (CARDUCCI). *3* (*raro, lett.*) Diminuire di livello, detto di corsi d'acqua. *4* †Diventare sterile, detto di terreno. **C** v. intr. pron. *1* (*lett.*) Diventare magro. *2* (*fig., lett.*) Impoverirsi. *3* (*poet., fig.*) Spopolarsi.

†**dimagrazióne** [sec. XIV] s. f. ● Dimagrimento.

dimagriménto [1899] s. m. ● Perdita di peso corporeo per una diminuzione delle riserve di grasso dell'organismo: *in seguito alla dieta ha avuto un forte d.*

♦**dimagrìre** [comp. parasintetico di *magro*, col pref. *di-* (*1*); 1855] v. intr. (*io dimagrisco, tu dimagrisci*; aus. *essere*) ● Diventare magro, calare di peso: *per d. segue una dieta severissima*. CONTR. Ingrassare.

dimagrito [1866] part. pass. di *dimagrire*; anche agg. *1* Nel sign. del v. CONTR. Ingrassato. *2* Assottigliato, asciutto, affilato | (*fig.*) Diminuito, ridotto, impoverito: *tredicesime dimagrite per l'inflazione*.

†**dimànda** ● V. *domanda*.

†**dimandagióne** ● V. †*domandagione*.

†**dimandaménto** ● V. †*domandamento*.

†**dimandàre** ● V. *domandare*.

†**dimandatóre** ● V. *domandatore*.

†**dimàndita** o †**domàndita** [da *dimandare* sul tipo di altri deverbali astratti, come *nascita*, *perdita*, *vendita*; av. 1311] s. f. ● (*lett.*) Domanda.

†**dimàndito** s. m. ● (*raro, lett.*) Domanda.

†**dimàndo** o †**domàndo** [da *dimandare*; av. 1294] s. m. *1* Domanda, preghiera: *s'appaghi intanto il primo / tuo d.* (MONTI). *2* Desiderio, esigenza: *oltre 'l d. di nostra natura* (DANTE).

dimàne [1258] **A** avv. ● V. *domani* nel sign. A. **B** s. f. inv. *1* (*lett.*) Il giorno seguente a quello del quale si parla: *doveva conoscere le firme dei sottoscritti la sera della d.* (SVEVO). *2* (*poet.*) Mattino: *al re s'apprestarno una d.* (BOIARDO); *Quando fui desto innanzi la d.* (DANTE *Inf.* XXXIII, 37). *3* (*raro, lett.*) Il futuro: *la dubbia d. non t'impaura* (MONTALE).

dimàni ● V. *domani*.

†**dimattìna** ● V. *domattina*.

dimazzàre [comp. di *di-* (*1*) e un deriv. di *mazza*] v. tr. ● Ottenere pietrisco mediante frantumazione manuale della pietra con il martello.

dimazzatùra s. f. ● Operazione del dimazzare.

†**dimembràre** o †**demembràre** [comp. parasintetico di *membra*, con il pref. *di-* (*1*)] v. tr. *1* Smembrare. *2* (*fig.*) Alterare, sovvertire. *3* (*raro*) Suddividere, spartire.

dimenaménto [1353] s. m. ● Il dimenare, il dimenarsi.

dimenàre [comp. di *di-* (*1*) e *menare*; av. 1292] **A** v. tr. (*io diméno*) *1* Agitare in qua e in là, riferito spec. a parti del corpo: *d. le braccia, le gambe*; *il cane dimenava la coda* | (*fig., disus.*) ***D. un problema***, discuterlo con impegno e accanimento. *2* †Tentennare (*anche fig.*). **B** v. rifl. *1* Agitarsi, dibattersi, contorcersi: *dimenarsi nel letto senza riuscire a dormire*; *dimenarsi come un ossesso*. *2* (*fig., raro*) Darsi un gran da fare: *non dimenartì tanto per questa faccenda*.

†**dimenazióne** [av. 1704] s. f. ● Dimenamento.

diménio [1612] s. m. ● Dimenamento continuo, prolungato.

dimensionàle [1584] agg. ● (*fis., mat.*) Delle, relativo alle dimensioni.

dimensionaménto [1983] s. m. ● Il dimensionare.

dimensionàre [da *dimensione*; 1584] v. tr. (*io dimensióno*) ● Stabilire le dimensioni di qlco.: *d. un edificio* | (*fig.*) Stabilire l'esatto valore di qlco. o qlcu.: *d. un fenomeno sociale*.

dimensionàto [da *dimensione*; sec. XIV] part. pass. di *dimensionare*; anche agg. *1* Nei sign. del v. *2* (*lett.*) Fornito di dimensioni, concreto, misurabile.

♦**dimensióne** [vc. dotta, lat. *dimensiōne(m)*, da *dimēnsus*, part. pass. di *dimetīri* 'misurare (*metīri*) da ogni parte (*dis-*)'; 1321] s. f. *1* (*mat.*) Numero dei parametri dai quali dipende la determinazione di un elemento dell'insieme | (*fis.*) ***Dimensioni di una grandezza fisica***, la sua espressione in termini delle grandezze fondamentali (in genere lunghezza, massa, tempo, carica elettrica). *2* Correntemente, estensione di un corpo quanto a larghezza, altezza, lunghezza: *i solidi hanno tre dimensioni* | ***La quarta d.***, il tempo. *3* Misura, grandezza, valore (*anche fig.*): *un impianto di ampie dimensioni*; *prospettive di lavoro di notevole d.* *4* (*fig.*) Caratteristica reale, valore intrinseco: *la d. politica di un discorso*; *il fatto va ricondotto alle sue reali dimensioni*.

†**dimentàre** ● V. †*dementare*.

dimenticàbile [ricavato da (*in*)*dimenticabile*; av. 1848] agg. ● Che si può dimenticare: *data facilmente d.*

dimenticàggine [sec. XIV] s. f. ● (*raro*) Dimenticanza abituale.

†**dimenticagióne** [av. 1406] s. f. ● Dimenticanza.

†**dimenticaménto** o †**dismenticaménto** [av. 1292] s. m. ● Dimenticanza.

dimenticànza o (*dial.*) †**dismenticànza** [av. 1292] s. f. *1* Il dimenticare, il dimenticarsi, l'essersi dimenticato | ***Andare, cadere in d.***, essere dimenticato | (*raro*) ***Mandare, porre in d.***, far dimenticare. *2* Mancanza di memoria, distrazione: *uno sbaglio commesso per d.*; *perdere il treno per pura d.* | Negligenza, trascuratezza, errore: *una grave d.*; *una d. imperdonabile*.

♦**dimenticàre** o (*dial.*) †**dismenticàre**, †**sdimenticàre** [lat. tardo *dementicāre*, da *demēnticus* 'dimentico'; av. 1292] **A** v. tr. (*io diméntico, tu diméntichi*) *1* (qlcu. o q.c.; + *di* seguito da inf.; + *che* seguito da indic.) Perdere la memoria delle cose, non ricordare più qlco. o qlcu.: *d. facilmente i nomi, la fisionomia delle persone*; *cerca di non d. quanto ti ho detto*; *lo hanno già dimenticato*; *dimenticarsi una notizia, una data, un appuntamento*; *"Oh Dio" gridò la contessa ... "Io che me l'ero dimenticato!"* (FOGAZZARO); *Tu devi d. di averla conosciuta* (SVEVO); *non d. che domani c'è l'inaugurazione della mostra*. CONTR. Ricordare. *2* (*est.*) Trascurare, lasciare in abbandono: *d. i propri doveri di padre*; *non dimentica gli amici che hanno bisogno di lui*; *è stato dimenticato da tutti*. CONTR. Ricordare. *3* Considerare con indulgenza e cancellare dalla propria mente (*anche assol.*): *d. le offese*; *per questa volta dimenticheremo*. *4* Lasciare un oggetto in un luogo, per distrazione e sim.: *d. i libri a scuola*; *ho dimenticato la valigia in macchina, sul treno* | ***D. la borsa, i guanti, gli occhiali e sim.***, non prenderli con sé. **B** v. intr. pron. (+ *di*; + *che* seguito da indic.) ● Non ricordarsi: *dimenticarsi di comprare il pane*; *si è già dimenticato di noi*; *mi sono dimenticato che ieri era il tuo compleanno*; *io, a dirti la verità, me n'era dimenticato* (FOSCOLO) | Tralasciare di fare qlco., di recarsi in un luogo e sim., per disattenzione, mancanza di memoria e sim.: *dimenticarsi di un appuntamento, di una ricorrenza*; *mi sono dimenticata di passare da te*. CONTR. Ricordare.

dimenticatóio o (*raro*) **dimenticatòrio** [1538] s. m. ● (*scherz.*) Immaginaria sede delle cose dimenticate, spec. nelle loc. ***andare, cadere, cascare, mettere, porre nel d.***

†**dimenticatóre** [av. 1873] s. m.; anche agg. (f. *-trice*) ● Chi (o Che) dimentica.

dimenticatòrio ● V. *dimenticatoio*.

†**dimentichévole** [av. 1347] agg. ● (*raro*) Che dimentica facilmente.

diméntico [lat. *deménticu(m)*, da *dēmens*, genit. *demĕntis* 'che è fuori di (*dē-*) mente (*mēns*)'; 1306] agg. (pl. m. *-chi*) *1* (*lett.*) Che non ricorda, che si è dimenticato: *uomo d. del proprio passato*. CONTR. Memore. *2* (*lett.*) Trascurato, incurante: *scolaro d. dei propri doveri*.

dimenticóne [da *dimenticare*] s. m.; anche agg. (f. *-a*) ● (*raro, fam.*) Smemorato.

†**dimèrgere** ● V. †*demergere*.

†**dimergolàre** [etim. discussa: 'smuovere (*di-*) con un forcone da paglia (lat. *mĕrgula*, dim. di *mĕrga*, di etim. incerta)' (?); sec. XIV] **A** v. tr. ● Scrollare, agitare. **B** v. intr. pron. ● Barcollare.

†**dimeritàre** e *deriv.* ● V. *demeritare* e *deriv.*

dìmero [comp. di *di-* (*2*) e *-mero*] s. m. ● (*chim.*) Composto formato per polimerizzazione di due molecole uguali.

dimésso [lat. *demīssu(m)* 'basso, umile', part. pass. di *demĭttere* 'mandar giù' (V. *dimettere*); 1530] **A** part. pass. di *dimettere* ● Nei sign. del v. **B** agg. ● Che è caratterizzato da umiltà e modestia: *atteggiamento, contegno, tono d.*; *col fascino d. delle cose ... lungamente abbandonate* (LEVI) | ***Voce dimessa***, bassa e riservata | Trasandato, poco curato, detto del modo di vestire: *abiti dimessi*. **C** s. m. ● Persona che ha concluso un periodo di degenza in un istituto di cura. || **dimessaménte**, avv.

†**dimesticaménto** ● V. †*domesticamento*.

dimesticàre ● V. *domesticare*.

†**dimestichévole** [1505] agg. *1* (*raro*) Che si può addomesticare. *2* (*raro*) Affabile, familiare.

dimestichézza o (*raro*) **domestichézza** [av. 1294] s. f. *1* Familiarità, intimità: *avere, prendere d. con qlcu.*; *trattare qlcu. con grande d.*; *Erano stati sempre sin dai primi anni in domestichezza fra di loro* (STUPARICH) | (*raro*) ***Con d.***, alla buona | (*eufem., lett.*) Intimità carnale. *2* (*fig.*) Esperienza, pratica | ***Avere d. con qlco.***, essere pratico di qlco. | ***Prendere d. con qlco.***, impratichirsi.

dimèstico ● V. *domestico* nei sign. A 2 e B 2.

dimètrico [comp. di *di-* (*2*) e *metro*, con suff. agg.] **A** agg. (pl. m. *-ci*) ● Che è dotato di due unità di misura | (*miner.*) Detto di gruppo cristallino in cui due dei tre assi cristallografici formano parametri uguali e diversi dal terzo. **B** s. m. ● (*miner.*) Gruppo dimetrico.

dìmetro [vc. dotta, lat. *dĭmetru(m)*, dal gr. *dímetros* 'di doppia misura', comp. di *di-* 'due' e *métron* 'misura'; 1549] s. m. ● Serie di due metri nella poesia classica.

dimèttere [vc. dotta, lat. *dimĭttere* 'mandare qua e là', comp. di *dis-* (*1*) e *mĭttere* 'mandare'; nei sign. A2 e B, dal fr. *démettre*; sec. XIII] **A** v. tr. (coniug. come *mettere*) *1* Far uscire: *d. dall'ospedale un infermo già guarito*; *in seguito alla grazia lo hanno dimesso dalle carceri*. *2* (*raro*) Esonerare da una carica, destituire da un ufficio e sim. *3* (*lett.*) Abbandonare, tralasciare, deporre (*anche fig.*): *d. l'opera*; *dimise infine l'orgoglio*. *4* †Perdonare, rimettere: *d. i peccati, le colpe a qlcu.* *5* †Concedere, permettere. *6* †Lasciar cadere, abbassare. *7* (*fig.*) †Avvilire. *8* †Cessare. **B** v. rifl. ● Recedere da un contratto di lavoro, da un pubblico impiego, da una carica: *il ministro si è dimesso*.

dimezzaménto o (*lett.*) †**dimidiaménto** [av. 1729] s. m. *1* Il dimezzare, il venire dimezzato. *2* (*fis.*) ***Periodo di d.***, intervallo medio di tempo necessario perché la metà degli atomi radioattivi di un campione subisca un decadimento. SIN. Emivita.

dimezzàre o †**dimidiàre**, †**sdimezzàre** [vc. dotta, lat. tardo *dimidiāre*, da *dimidiātus*, a sua volta da *dimĭdium* 'diviso (*dis-*) in mezzo (*mĕdius*)'; sec. XIV] v. tr. (*io dimèzzo*) ● Dividere qlco. a metà: *dimezzarono il pane e lo mangiarono* | Ridurre della metà: *d. la spesa, gli utili* | (*est.*) Ridurre, diminuire qlco. in misura considerevole: *d. la produzione*; *d. il costo dei generi alimentari*.

dimezzàto o (*lett.*) †**dimidiàto** [sec. XIII] part. pass. di *dimezzare*; anche agg. *1* Nei sign. del v. *2* (*fig.*) Incompleto, parziale: *una nozione del fatto, non solo dimezzata, ma falsa* (MANZONI).

Dimiàri [vc. dotta, comp. di *di-* (*2*) e del gr. *mŷs* 'muscolo'] s. m. pl. (sing. *-io*) ● Nella tassonomia animale, gruppo di Molluschi bivalvi dei Lamellibranchi che presentano due muscoli adduttori per chiudere le valve della conchiglia (*Dimyaria*).

†**dimidiàre** e *deriv.* ● V. *dimezzare* e *deriv.*

†**dimìnare** ● V. *dominare*.

dimìnio ● V. *dominio.*
dimino ● V. *dominio.*
diminuèndo [gerundivo di *diminuire*; 1826] **s. m.** (inv. nel sign. 2) *1* (*mat.*) Minuendo. *2* (*mus.*) Indicazione dinamica che prescrive la progressiva diminuzione dell'intensità del suono. SIMB. dim. CONTR. Crescendo.
diminuènte **s. f.** ● (*dir.*) Circostanza attenuante.
diminuìbile [1560] **agg.** ● Che si può diminuire.
diminuiménto [1353] **s. m.** ● (*raro, lett.*) Diminuzione.
diminuìre [vc. dotta, lat. *diminŭere* per *deminŭere* 'rendere più piccolo (*mĭnus*), togliendo (*dē-*)', portato nella serie dei v. in *-ire*; sec. XIII] **A** **v. tr.** (*io diminuìsco, tu diminuìsci*; **part. pass.** *diminuìto*, †*diminùto*) ● Rendere minore, ridurre: *d. la quantità, il peso, il prezzo, le dimensioni di qlco.*; *d. le spese, i guadagni*; *d. l'intensità della luce.* CONTR. Aumentare | (*mus.*) Diminuendo. **B** **v. intr.** (aus. *essere*) ● Ridursi di numero, quantità, dimensione, peso, intensità, forza e sim.: *gli iscritti diminuiscono*; *le percentuali sono diminuite*; *grazie alla dieta è diminuito di qualche kilo*; *la loro potenza diminuisce*; *il freddo continua a d.* SIN. Calare. CONTR. Aumentare.
diminuìto o †**diminùto** [av. 1348] **part. pass.** di *diminuire*; anche **agg.** *1* Nei sign. del v. *2* (*mus.*) Detto dell'intervallo della scala che sottrae un semitono all'intervallo giusto o minore dello stesso nome | ***Quinta diminuita***, dal do al sol bemolle.
diminutivàle [dall'ingl. *diminutival*, da *diminutiv(e)* 'diminutivo' col suff. *-al*] **agg.** ● (*ling.*) Di diminutivo: *forma d.*
diminutivo [vc. dotta, lat. *deminutīvu(m)*, da *deminūtus* 'diminuto', var. di diminuito; 1342] **A** **agg.** ● Atto a diminuire, a ridurre: *suffisso d.* **B** **s. m.** ● (*ling.*) Alterazione di un sostantivo o di un aggettivo mediante un suffisso indicante diminuzione o sfumatura vezzeggiativa: *"tavolino" è il d. di "tavolo".*
diminùto ● V. *diminuito.*
diminutóre [av. 1829] **s. m.** ● (*mat.*) Sottraendo.
diminuzióne [vc. dotta, lat. *deminutiōne(m)*, da *deminūtus* 'diminuto', var. di *diminuito*; av. 1292] **s. f.** *1* Riduzione di numero, quantità, dimensione, peso, intensità, forza e sim.: *d. delle spese.* CFR. meio-. CONTR. Aumento. *2* (*mus.*) Tecnica di contrappunto in uso nei secc. XVII e XVIII per cui il valore di ciascuna nota, nella ripetizione di un'idea, veniva ridotto della metà | Nella musica rinascimentale e barocca, prassi improvvisatoria consistente nella sostituzione di una nota con più note di valore minore: *un trattato di d.*
dimìsi ● V. *dimettere.*
dimissionàre [fr. *démissionner*, da *démission* 'dimissione (2)'; 1831] **v. tr.** (*io dimissióno*) ● (*bur.*) Licenziare, esonerare q. c. da un incarico, inducendolo a dare le dimissioni: *i due funzionari sono stati dimissionati.*
dimissionàrio [fr. *démissionnaire*, da *démission* 'dimissione (2)'; 1812] **agg.** ● Che si è dimesso da un ufficio, da un incarico e sim.: *ministero, governo d.*
dimissióne (1) [vc. dotta, lat. *dimissiōne(m)*, da *dimĭssus*, part. pass. di *dimĭttere* 'dimettere'; av. 1803] **s. f.** ● (*lett.* o *raro*) Il dimettere, il venire dimesso: *la d. di un degente.*
dimissióne (2) [fr. *démission*, da *démettre* (V. *dimettere*); 1647] **s. f.** ● (*dir., spec. al pl.*) Recesso da un contratto di lavoro, da un pubblico impiego, da una carica e sim.: *dare, presentare, rassegnare le dimissioni*; *accettare, respingere le dimissioni*; *dimissioni del governo.*
dimissòria **s. f.** ● Lettera dimissoria.
dimissòrio [vc. dotta, lat. tardo *dimissōriu(m)*, da *dimĭssus*, part. pass. di *dimĭttere* 'dimettere'; 1619] **agg.** ● Che dimette, concede licenza | ***Lettera dimissoria***, con la quale il vescovo autorizza l'ordinazione di un chierico fuori della sua diocesi.
dimmer /'dimmer, *ingl.* 'dɪmə*/ [vc. ingl., dall'agg. *dim.* 'debole, offuscato'] **s. m. inv.** ● Piccolo reostato usato spec. per variare l'intensità luminosa delle lampade a incandescenza e alogene.
dimodoché o **di mòdo che** [1521] **cong.** ● In modo tale che, cosicché.
dimoiàre [etim. incerta: prob. comp. parasintetico di *moia*; av. 1698] **A** **v. intr.** (*io dimòio*; aus. *essere*) ● (*raro, tosc.*) Liquefarsi, sciogliersi, detto del ghiaccio e della neve: *non sai la gioia / ... della neve, il giorno che dimoia* (PASCOLI). **B** **v. tr.** ● (*raro, tosc.*) Fare diventare molle qlco. | ***D. i panni***, metterli a mollo.
†**dimoiaticcio** [1869] **s. m.** ● (*tosc.*) Stato del terreno in cui si sia sciolto ghiaccio o neve.
dimòio [1869] **s. m.** ● (*raro, tosc.*) Disgelo.
dimólto o **di mólto** [comp. di *di* e *molto*; 1306] **A** **agg. indef.** ● (*fam., tosc.*) Molto: *c'erano dimolte persone alla conferenza.* **B** **pron. indef.** ● (*al pl., fam., tosc.*) Molte persone. **C** **avv.** ● (*raro, tosc.*) Molto, assai: *è un libro che mi è piaciuto d.*
†**dimònio** ● V. *demonio.*
dimòra (o -ó-) o †**demòra** [da *dimorare*; sec. XIII] **s. f.** *1* (*lett.*) Permanenza in un luogo: *volgi la mente a me, e prenderai / alcun buon frutto di nostra d.* (DANTE *Purg.* XVII, 89-90). *2* Luogo in cui si abita, casa: *una d. fastosa, ricca, umile, signorile*; *un individuo senza fissa d.* | ***Prendere d., stabilire, fissare la propria d., in un luogo***, stabilirsi, risiedere | ***Ultima, estrema d.***, la tomba, il cimitero | (*dir.*) Luogo in cui una persona si trova anche non abitualmente | (*elvet.*) ***Permesso di d.***, permesso di soggiorno. *3* (*agr.*) ***Mettere, porre a d. una pianta***, collocarla nel terreno in cui dovrà crescere. *4* (*lett.*) Fermata, pausa | (*lett.*) Indugio: *non sia tanto la d. lunga* (BRUNO) | ***Senza d.***, rapidamente.
†**dimoragióne** ● V. †*dimorazione.*
†**dimoraménto** o †**demoraménto** [1342] **s. m.** ● Dimora, soggiorno.
dimorànte [1287] **A** **part. pres.** di *dimorare*; anche **agg.** ● Nei sign. del verbo. **B** **s. m.** e **f.** ● (*elvet.*) Cittadino straniero al quale è stato concesso il permesso di soggiorno.
†**dimorànza** o †**demorànza** [1336 ca.] **s. f.** *1* (*lett.*) Dimora, soggiorno | ***Fare d.***, sostare in un luogo: *tre dì fecero quivi d.* (BOIARDO). *2* (*lett.*) Indugio, ritardo. *3* (*raro*) Stabilità.
dimoràre o †**demoràre** [lat. *demorāri*, poi *demorāre*, comp. di *dē-* e *morāri* 'indugiare', da *mŏra* 'indugio'; av. 1250] **A** **v. intr.** (*io dimòro* (o -ó-); aus. *avere*, †*essere*) *1* Risiedere, trattenersi più o meno durevolmente in un luogo (*lett., anche fig.*): *ho dimorato molti anni in questa città*; *in lui non dimora certo la pazienza.* *2* (*lett.*) Stare fermo: *Noi eravam ... / come gente... / che va col cuore e col corpo dimora* (DANTE *Purg.* II, 10-12). *3* (*fig., lett.*) Persistere, perseverare: *d. nel vizio, nel peccato.* *4* (*raro, lett.*) Indugiare, tardare. **B** **v. tr.** ● †Trattenere.
†**dimoràta** **s. f.** ● Dimora.
†**dimorazióne** o †**demoragióne**, †**dimoragióne** [lat. *demoratiōne(m)*, da *demorātus* 'dimorato'; av. 1375] **s. f.** ● Il dimorare.
dimòrfico [da *dimorf(o)* con la terminazione agg. *-ico*] **agg.** (pl. m. *-ci*) ● Dimorfo.
dimorfìsmo [da *dimorfo*; 1841] **s. m.** *1* (*biol.*) Fenomeno per cui una specie animale o vegetale presenta due tipi di individui con caratteristiche diverse | ***D. sessuale***, quando in una specie i due sessi differiscono per alcuni caratteri. *2* (*chim.*) Capacità di sostanze chimiche di cristallizzare in due differenti forme.
dimòrfo [vc. dotta, gr. *dímorphos* 'dalla doppia (*di-*) forma (*morphḗ*)'; 1829] **agg.** ● (*biol., chim.*) Che presenta dimorfismo.
†**dimòro** [da *dimorare*] **s. m.** *1* Soggiorno, permanenza | Dimora. *2* (*raro*) Stasi, ristagno. *3* Indugio, esitazione: *a pianger cominciò, sanza d.* (BOCCACCIO).
dimostràbile [vc. dotta, lat. tardo *demonstrābile(m)*, da *demonstrāre* 'dimostrare'; 1551] **agg.** ● Che si può dimostrare: *una tesi facilmente d.*
dimostrabilità **s. f.** ● Condizione di ciò che è dimostrabile: *la d. dell'immortalità dell'anima, di un teorema.*
†**dimostragióne** ● V. *dimostrazione.*
†**dimostraménto** o †**demostraménto** [1292 ca.] **s. m.** *1* Dimostrazione. *2* †Ostentazione.
dimostrànte [1876] **A** **part. pres.** di *dimostrare*; anche **agg.** ● Nei sign. del v. || †**dimostranteménte**, **avv.** In modo di dimostrare. **B** **s. m.** e **f.** ● Chi partecipa a una dimostrazione pubblica: *corteo di dimostranti*; *una moltitudine di dimostranti si raccolse in piazza.*
†**dimostrànza** [av. 1294] **s. f.** *1* Dimostrazione. *2* (*raro*) Mostra, ostentazione.
♦**dimostràre** o †**demostràre** [vc. dotta, lat. *demonstrāre*, comp. di *dē-* e *monstrāre* 'mostrare'; av. 1294] **A** **v. tr.** (*io dimóstro*) *1* Mostrare o manifestare apertamente una condizione, una caratteristica, un sentimento e sim., con fatti, parole, segni esteriori: *il suo pallore dimostrava la gravità del male*; *gli dimostrò affetto e simpatia*; *con questo intende d. la sua stima per voi*; *non so come dimostrarvi la mia gratitudine*; *stai dimostrando di non aver capito nulla*; *dall'aspetto dimostra poco più di trent'anni.* SIN. Palesare. *2* Provare, con adeguate argomentazioni, la verità di un enunciato, di una tesi e sim.: *d. un teorema di geometria*; *intendo dimostrarvi la sua innocenza* | Confermare: *questo dimostra la necessità di una riforma*; *i fatti dimostrano che non mi ero sbagliato.* *3* Spiegare, insegnare, far vedere: *d. il funzionamento di una macchina*; *vi dimostrerò le qualità del prodotto.* *4* †Scoprire: *crinita fronte ella dimostra e ciglia / cortesi* (TASSO). *5* (*assol.*) Prendere parte a una dimostrazione pubblica: *hanno dimostrato in massa per la pace.* **B** **v. rifl.** ● Manifestarsi, rivelarsi: *in quell'occasione ti sei dimostrato veramente cattivo.*
†**dimostratìva** [vc. dotta, lat. *demonstratīva(m)*, da *demonstrātus* 'dimostrato'; av. 1566] **s. f.** ● (*raro*) Facoltà di dimostrare bene qlco.
dimostratìvo o †**demostratìvo** [vc. dotta, lat. *demonstratīvu(m)*, da *demonstrātus* 'dimostrato'; av. 1294] **agg.** *1* Che serve a dimostrare, a provare una verità: *metodo d.* | (*comm.*) ***Documento d.***, documento che si riferisce a una partita di merce e ne dimostra l'avvenuta assicurazione, il trasporto e sim., ma non la proprietà | (*mil.*) ***Azione dimostrativa***, quella compiuta per ingannare l'avversario, impegnandolo in luogo diverso rispetto a quello prescelto per un attacco effettivo. *2* (*gramm.*) Che indica la posizione, nel tempo e nello spazio, di una persona o di una cosa: *aggettivo, pronome d.* | ***Genere d., eloquenza dimostrativa***, tipo di eloquenza espositiva. || **dimostrativaménte**, **avv.** (*raro*) In modo dimostrativo; tramite dimostrazione.
dimostràto o †**demostràto** [1353] **A** **part. pass.** di *dimostrare*; anche **agg.** ● Nei sign. del v. **B** **s. m.** ● (*lett.*) †Dimostrazione.
dimostratóre o †**demostratóre** [vc. dotta, lat. *demonstratōre(m)*, da *demonstrātus* 'dimostrato'; 1336 ca.] **A** **s. m.** (f. *-trice*) *1* (*raro*) Chi dimostra, prova qlco. *2* Chi per professione illustra, davanti a uno o più possibili acquirenti, le caratteristiche di un prodotto, il funzionamento di una macchina e sim.: *d. di detersivi, di elettrodomestici.* **B** **agg.** ● Che dimostra: *carezze dimostratrici d'affetto.*
dimostrazióne o †**demostrazióne**, †**dimostragióne** [vc. dotta, lat. *demonstratiōne(m)*, da *demonstrātus* 'dimostrato'; 1308] **s. f.** *1* Attestazione, manifestazione, prova: *d. d'affetto, di simpatia.* *2* Argomentazione con cui si prova la verità di un assunto: *la d. di un teorema, di una tesi, di una teoria* | Ragionamento che tende a dimostrare qlco.: *la d. della propria innocenza* | Esibizione, sfoggio: *una d. di forza* | Figura retorica con cui si descrive vivacemente una cosa rendendola tangibile. SIN. Ipotiposi. *3* Manifestazione pubblica spec. a scopo di protesta, con cortei, comizi e sim.: *fare, inscenare una d.*; *d. politica, sindacale*; *d. contro il governo.* *4* Illustrazione delle proprietà di un prodotto o del funzionamento di una macchina, rivolta a un pubblico di probabili compratori. *5* Grande spiegamento di forze militari, spec. a scopo intimidatorio: *d. navale.* *6* (*raro, lett.*) Apparenza, finzione. || **dimostrazioncèlla**, **dim.**
†**dimozzaménto** **s. m.** ● Il dimozzare.
†**dimozzàre** [comp. di *di-* (*1*) e *mozzare*] **v. tr.** ● Tagliare, smozzare.
†**dimozzicàre** [comp. di *di-* (*1*) e *mozzicare*; sec. XIV] **v. tr.** ● Mutilare, smozzicare.
†**dimùngere** [comp. di *di-* (*1*) e *mungere*; 1869] **v. tr.** ● Mungere | (*fig.*) Smungere, impoverire.
†**dimutàre** [vc. dotta, lat. *demutāre*, comp. di *dē-* e *mutāre* 'mutare'] **v. tr.** ● Mutare, cambiare.
din (1) ● V. *dindin.*
DIN (2) [ted. *DIN-(Grad)* 'misura stabilita dalla *Deutsche Industrie-Norm* (Norma Industriale Tedesca)'] **s. m.** ● Unità di misura della sensibilità delle pellicole fotocinematografiche; oggi sostituita da ISO.
dina o **dine** [fr. *dyne*, abbr. del gr. *dýna(mis)* 'forza', da *dynatêin* 'essere abile, potere', di orig. indeur.; 1892] **s. f.** ● (*fis.*) Unità di forza nel siste-

ma CGS, definita come forza capace di imprimere a un grammo l'accelerazione di 1 cm/s^2. SIMB. dyn.

dinàmetro [comp. del gr. *dýna(mis)* 'forza' e *-metro*] s. m. ● Strumento ottico per misurare l'ingrandimento prodotto dall'oculare di un cannocchiale; è costituito da una lente d'ingrandimento e da una scala graduata montate in un tubo allungabile.

dinàmica [da *dinamico*; av. 1754] s. f. **1** (*fis.*) Parte della meccanica che studia i moti dei corpi, in relazione alle forze che li provocano. CFR. Statica | ***D. dei gas***, parte della meccanica dei fluidi che studia il moto dei fluidi comprimibili. SIN. Aerodinamica | ***D. dei liquidi***, parte della meccanica dei fluidi che studia il moto dei fluidi incomprimibili. SIN. Idrodinamica. **2** (*est.*) Successione di fatti, eventi e sim. che si evolvono producendo determinati effetti: *la d. della guerra*; *la d. di un incidente* | Articolazione narrativa: *la d. di un racconto*. **3** (*mus.*) Graduazione dell'intensità reciproca dei suoni indipendentemente dall'accentuazione ritmica. **4** (*tecnol.*) Estensione del campo di lavoro di uno strumento, dispositivo e sim. in cui è assente la distorsione o valgono altre determinate proprietà. **5** (*psicol.*) ***D. di gruppo***, V. *gruppo*.

dinamicità [1930] s. f. ● Caratteristica di chi (o di ciò che) è dinamico (*spec. fig.*): *la d. di una persona*; *la d. della vita moderna*.

dinàmico [fr. *dynamique*, dal gr. *dynamikós* 'potente', da *dýnamis* 'forza' (V. *dina*); av. 1754] agg. (pl. m. *-ci*) **1** (*fis.*) Che riguarda la dinamica: *leggi dinamiche*. **2** (*ling.*) ***Linguistica dinamica***, studio di una lingua nel suo sviluppo | ***Accento d.***, rilievo dato a un suono o a una sequenza di suoni mediante un rafforzamento dell'energia espiratoria. **3** (*mus.*) ***Segno d.***, segno grafico indicante la graduazione dell'intensità del suono cui si riferisce. **4** (*fig.*) Che è dotato di energia, forza vitale, movimento: *persona dinamica*; *fare una vita dinamica*; *avere una concezione dinamica di qlco.* || **dinamicaménte**, avv.

dinamismo [fr. *dynamisme*, dal gr. *dýnamis* 'forza' (V. *dina*); 1846] s. m. **1** Concezione filosofica che concepisce la forza o l'energia come l'essenza stessa della materia. **2** (*est.*) Energia, vitalità, spirito d'iniziativa: *un uomo pieno di d.* | Capacità di esprimere il movimento: *il d. di una scultura*.

dinamitàrdo [da *dinamite* col suff. *-ardo*; 1887] **A** s. m. (f. *-a*); anche agg. ● Chi (o Che) organizza o compie attentati con la dinamite, spec. a scopo di sovversione politica: *il d. è stato arrestato* | (*est.*, *raro*) Sovversivo, rivoluzionario. **B** agg. ● Compiuto con la dinamite: *attentato d.*

dinamite [dal gr. *dýnamis* 'forza' col suff. *-ite* (2); 1873] s. f. **1** Potente esplosivo costituito da nitroglicerina stabilizzata con sostanze assorbenti, che esplode per innesco con detonatori | ***D. a base inerte***, miscela di nitroglicerina e farina fossile | ***D. a base attiva***, miscela di nitroglicerina, nitrocellulosa e altri esplosivi. **2** (*fig.*) Persona o cosa che possono suscitare forti sensazioni, provocare clamore o scalpore: *quella ragazza è d.!*; *le vostre affermazioni sono d.*

dinamitico [da *dinamite*] agg. (pl. m. *-ci*) ● Relativo alla dinamite.

dinamitificio [1922] s. m. ● Stabilimento in cui si produce dinamite.

dinamizzàre [fr. *dynamiser*, dal gr. *dýnamis* 'forza' (V. *dina*); 1964] v. tr. **1** Improntare a dinamismo. **2** (*med.*) Agitare opportunamente un prodotto omeopatico allo scopo di esaltarne l'attività.

dinamizzàto [av. 1930] agg. ● (*med.*) Attivato mediante dinamizzazione.

dinamizzazióne [da *dinamico*, sul modello dell'ingl. *dynamization*; av. 1930] s. f. ● (*med.*) Secondo la medicina omeopatica, procedimento consistente nell'agitazione del principio attivo dopo ciascuna diluizione dello stesso, eseguito allo scopo di trasferire al solvente le sue proprietà terapeutiche.

dinamo [ted. *Dynamo*, m., forma abbreviata di *Dynamo(elektrische) Maschine* 'apparecchio dinamoelettrico'; 1889] s. f. inv. ● Macchina elettrica rotante che trasforma in energia elettrica a tensione continua l'energia meccanica | Correntemente, generatore di corrente continua | ***D. magnete***, dispositivo composito che nei motocicli alimenta la luce del proiettore e al tempo stesso funge da magnete d'accensione.

dinamo- [dal gr. *dýnamis* 'forza', deriv. di *dýnamai* 'essere abile, potere', di orig. indeur.] primo elemento ● In parole composte della moderna terminologia scientifica e tecnica, significa 'forza, energia': *dinamometro*, *dinamoscopia*.

dinamoelèttrico [vc. dotta, comp. di *dinamo-* e *elettrico*] agg. (pl. m. *-ci*) ● Detto di apparecchio, macchina e sim. che trasforma l'energia elettrica da potenziale in attiva.

dinamometamorfismo [comp. di *dinamo-* e *metamorfismo*] s. m. ● (*geol.*) Metamorfismo in cui il fattore prevalente della trasformazione di una roccia è l'azione meccanica distruttiva.

dinamomètrico agg. (pl. m. *-ci*) ● Relativo a dinamometro.

dinamòmetro [comp. di *dinamo-* e *-metro*; 1820] s. m. ● (*fis.*) Strumento tarato atto a misurare le forze in base alle deformazioni di un corpo elastico.

dinamoscopìa [comp. di *dinamo-* e *-scopia*] s. f. ● (*med.*) Osservazione di un organo in attività funzionale.

†**dinànte** ● V. *dinanzi*.

†**dinànti** ● V. *dinanzi*.

†**dinanzàre** [da *dinanzi*; 1869] v. tr. ● Oltrepassare chi sta dinanzi.

♦**dinànzi** o †**dinànte**, †**dinànti**, **dinnànzi** [comp. delle prep. lat. *dē* 'di', *ĭn* 'in' e dell'avv. **āntia*, var. parl. di *āntea* 'prima, avanti'; av. 1243] **A** avv. **1** Di fronte: *guarda d.* **2** (*lett.*) Prima. **B** nelle loc. prep. ***d. a***, †***d. da*** **1** Davanti a, di fronte a: *facevano fumare le loro vesti bagnate dalla pioggia d. al fuoco* (VERGA). **2** Alla presenza, al cospetto di: *d. a me non dire certe cose*; *è comparso d. al giudice* | ***Levarsi qlcu. d.***, liberarsene. **3** (*fig.*, *raro*) A paragone, a confronto. **4** (*raro*) Prima: *d. a me non fur cose create / se non etterne* (DANTE *Inf.* III, 7-8). **C** nella loc. cong. ***d. che*** ● (*raro*, *lett.*) Prima che (introduce una prop. temp. con il v. al congv. o all'indic.): *uno de' congiurati, il dì d. ch'egli aveva ad ammazzare Nerone, fece testamento* (MACHIAVELLI). **D** in funzione di agg. inv. **1** Che si trova dalla parte anteriore: *l'edificio d.* **2** Precedente: *il mese d.* **E** in funzione di s. m. inv. ● (*raro*, *lett.*) Il davanti, la parte anteriore.

dinàr [ar. *dīnār*, dal biz. *dēnárion* 'denaro' nella tarda accezione del lat. *denārius* (*āureus*) 'moneta (d'oro)'] s. m. **1** Antica moneta d'oro araba. **2** Dinaro.

dinaro (1) [serbocroato *dinar*, dal biz. *dēnárion*, e questo dal lat. *denārius* 'moneta'; 1892] s. m. ● Unità monetaria circolante in Algeria, Bahrein, Giordania, Iraq, Kuwait, Libia, Serbia e Tunisia. SIMB. D.

†**dinàro** (2) ● V. *denaro*.

dinàsta [vc. dotta, lat. *dynăsta(m)*, dal gr. *dynástēs*, dal v. *dynatêin* 'essere abile, potere'; 1639] s. m. (pl. *-i*) ● (*lett.*) Principe della dinastia con diritto di successione al trono | Signore di un piccolo Stato, o di un gran principato.

dinastia [vc. dotta, gr. *dynastéia*, da *dynástēs* 'dinasta'; 1551] s. f. **1** Serie di re o di principi di una stessa famiglia che si succedono al governo di uno o più Paesi: *la d. dei Borboni*. **2** Serie di appartenenti a una medesima famiglia che si succedono in una stessa attività: *la d. dei Krupp, dei Bach*.

dinàstico [vc. dotta, gr. *dynastikós* 'proprio del dinasta (*dynástēs*)'; 1846] agg. (pl. m. *-ci*) ● Della dinastia o di un dinasta: *guerra dinastica*; *orgoglio d.* | ***Crisi dinastica***, quella che avviene, in genere, quando muore un sovrano senza lasciare eredi diretti. || **dinasticaménte**, avv. (*raro*) Da dinasta; dal punto di vista dinastico.

dindi o (*raro*) **dindo** (1) [vc. onomat.; 1319] s. m. inv. ● (*infant.*, *fam.*) Denaro, quattrini: *anzi che tu lasciassi il 'pappo' e 'l 'd.'* (DANTE *Purg.* XI, 105).

dindin o **din** (1), **din din** [1869] **A** inter. ● Riproduce il suono di un campanello o, in genere, il suono di un oggetto di metallo o di cristallo percosso. **B** in funzione di s. m. ● Il suono stesso del campanello.

dindio ● V. *dindo* (2).

dindirindina o **dirindina**, **dirindindina** [forma eufemistica di *per Dio*; 1951] inter. ● Solo nella loc. inter. ***per d.***, esprime meraviglia, stupore, ira o energica affermazione.

dindo (1) ● V. *dindi*.

dindo (2) o **dindio** [fr. *dinde*, riduzione di (*coq*) *d'Inde* '(gallo) d'India'; 1870] s. m. ● (*sett.*) Tacchino.

dindòn o **din don** [vc. onomat.; av. 1712] **A** inter. ● Riproduce il suono delle campane: *d.*, *d.*, *d. dan*. **B** in funzione di s. m. ● Il suono stesso: *un d. prolungato*.

dine ● V. *dina*.

†**dinegàre** e *deriv.* ● V. *denegare* e *deriv.*

†**dinegràre** ● V. *denigrare*.

dinervàre o †**dinerbàre** [comp. parasintetico di *nervo* con il pref. *di-* (*1*)] v. tr. e intr. pron. (*io dinèrvo*) ● (*raro*, *lett.*) Snervare, fiaccare.

dinghy /ingl. 'dɪŋgi/ o **dingey** /ingl. 'dɪŋgi/ [vc. ingl., hindi *dengī*, var. di *dongī*, di prob. orig. ant. indiana (dalla radice *dru-* 'legno'); 1921] s. m. inv. (pl. ingl. *dinghies*) **1** (*mar.*) Piccola imbarcazione da regata e da diporto, con un solo albero e vela al terzo. **2** (*mar.*) Piccola lancia di bordo, spec. per yacht. **3** Barcone fluviale indiano.

dingo (1) s. m. (pl. *-ghi*) ● Adattamento di *dinghy* (V.).

dingo (2) [dal n. australiano dell'animale (*jūnghō*, *jūgūng*, ...)] s. m. (pl. *-ghi* o *-go*) ● Cane selvatico australiano di incerta origine con pelame color fulvo (*Canis dingo*).

†**diniegàre** ● V. *denegare*.

dinièɡo [da *denegare*; av. 1382] s. m. (pl. *-ghi*) ● Negazione, rifiuto: *opporre un d.*; *fare un cenno di d.*; *scuotere il capo in segno di d.*

dinnànzi ● V. *dinanzi*.

dino- [dal gr. *dînos* 'rotazione', di orig. espressiva] primo elemento ● In parole composte della terminologia scientifica, spec. zoologica, indica movimento a rotazione: *dinoficee*, *dinoflagellati*.

†**dinoccàre** [comp. parasintetico di *nocca*, col pref. *di-* (*1*); av. 1566] v. tr. e intr. pron. ● Slogare.

dinoccolàre [comp. parasintetico di *nocca*, col pref. *di-* (*1*); av. 1400] v. tr. (*io dinòccolo*) ● (*raro*) Rompere, slogare le giunture, spec. della nuca.

dinoccolàto [sec. XIV] part. pass. di *dinoccolare*; anche agg. **1** (*raro*) Nel sign. del v. **2** (*est.*) Che ha movimenti lenti, ciondolati e un po' slegati: *l'uomo camminava tutto d.*; *un ragazzo magro e d.* || **dinoccolataménte**, avv.

Dinoficee [comp. di *dino-* e un deriv. del gr. *phýkos* 'alga', di provenienza semitica, per la loro caratteristica vibrazione] s. f. pl. (sing. *-a*) ● Nella tassonomia vegetale, classe di alghe, pirrofite unicellulari, spesso dotate di due caratteristici flagelli posti trasversalmente l'uno all'altro (*Dinophyceae*).

Dinoflagellàti [comp. di *dino-* e *flagellati*] s. m. pl. (sing. *-o*) ● Nella tassonomia animale, Protozoi marini e d'acqua dolce, spesso fosforescenti, caratterizzati dalla presenza di due flagelli (*Dinoflagellata*).

†**dinominàre** e *deriv.* ● V. *denominare* e *deriv.*

†**dinonziàre** ● V. *denunciare* (*1*).

dinòrnis [comp. del gr. *deinós*, 'terribile' da *déiden* 'temere', di orig. indeur., e *órnis* 'uccello', per le sue dimensioni] s. m. inv. ● Moa.

Dinornitifórmi [comp. del gr. *deinós* 'terribile', *órnis*, genit. *órnithos* 'uccello' e il pl. di *-forme*] s. m. pl. (sing. *-e*) ● Nella tassonomia animale, ordine di Uccelli estinti privi di carena, con ali ridotte e zampe robuste (*Dinornithiformes*).

Dinosàuri [V. *dinosauro*] s. m. pl. ● (*zool.*) Nella tassonomia animale, ordine di Rettili estinti, erbivori o carnivori, con cranio piccolo, arti posteriori quasi sempre più grandi degli anteriori, coda possente, la maggior parte dei quali con dimensioni di alcune decine di metri, mentre altri non raggiungevano che poche decine di centimetri.

♦**dinosàuro** [vc. dotta, comp. del gr. *deinós* 'terribile' (V. *dinornis*) e *sâuros* 'lucertola'; 1864] s. m. ● Ogni rettile estinto dell'ordine dei Dinosauri.

dinotàre e *deriv.* ● V. *denotare* e *deriv.*

dinotèrio [vc. dotta, comp. del gr. *deinós* 'terribile' (V. *dinornis*) e *thēríon*, dim. di *thḗr* 'bestia'] s. m. ● Mammifero proboscidato fossile, provvisto di zanne solo nella mandibola, simile all'elefante (*Dinotherium*).

†**dintornaménto** s. m. ● Il dintornare | Contorno.

†**dintornàre** [da *dintorno*; av. 1566] v. tr. ● Disegnare i contorni di una figura | Contornare, circondare.

♦**dintórno** o **d'intórno** nei sign. A e B [av. 1292] **A** avv. ● (*raro*) Intorno: *i curiosi che stavano d. ostacolavano ogni movimento*. **B** nella loc. prep. ***d. a***, intorno a: *d. alla casa*. **C** s. m. **1** (*al pl.*) I luoghi circostanti, le vicinanze (*anche fig.*): *i dintor-*

ni di Roma, di Firenze; non vado lontano, sto qui nei dintorni; gli anni del neorealismo e dintorni. **2** †Linea di contorno di un disegno, di una figura.

dinudàre ● V. *denudare.*

dinumeràre [vc. dotta, lat. *dinumerāre* 'contare (*numerāre*) partitamente (*dis-*)'; 1308] **v. tr.** ● (*lett.*) Numerare a uno a uno: *Odisseo due schiere / dinumerò degl'incliti compagni* (PASCOLI).

†**dinunciàre** e *deriv.* ● V. *denunciare* (*1*) e *deriv.*

†**dinunziàre** e *deriv.* ● V. *denunciare* (*1*) e *deriv.*

Dìo (**1**) /*dio/ o †**Dèo**, †**iddèo**, **Iddìo** [lat. *dĕu(m)*, ant. agg. col sign. di 'luminoso', di orig. indeur.; sec. XII] **A** **s. m.** (**pl.** *dèi*, lett. †*dìi*, lett. *iddìi*, non nel sign. 1; **art. sing.** *il*; **art. pl.** *gli* (dall'antica forma *gl'iddei*, pl. del pop. *iddio*: è prevalsa in seguito la grafia *gli dei*); con l'iniziale minuscola nei sign. A2 e A3) **1** Nelle religioni monoteistiche, essere supremo concepito come creatore, ordinatore e conservatore di tutta la realtà, nella religione cattolica e nella maggioranza delle religioni della cristianità fornito di attributi di assoluta perfezione che si esprimono nel mistero della Trinità: *giustizia, provvidenza, bontà, sapienza di Dio*; *Dio della pace, della gloria, della misericordia*; *grande come la misericordia di Dio*; *Dio salvi il re, la regina*; *credere, non credere in Dio*; *dimostrare l'esistenza, la non esistenza di Dio*; *Fatto v'avete Dio d'oro e d'argento* (DANTE *Inf.* XIX, 112); *a Dio spiacenti e a' nemici sui* (DANTE *Inf.* III, 63). **CFR.** teo- | Uomo Dio, Figlio di Dio, Gesù Cristo | ***Attributi di Dio***, giustizia, bontà, sapienza, eternità | ***Dio padre***, la prima persona della Trinità | ***Mente, braccio, occhio, dito di Dio***, in quanto provvede, apprende, opera, punisce | ***Madre di Dio***, la Madonna | ***La sposa di Dio***, la Chiesa Cattolica | ***La mano di Dio***, (*fig.*) aiuto insperato | ***Ira, castigo di Dio***, rovina, sciagura, calamità e sim. (*anche scherz.*) | ***Bene, grazia di Dio***, abbondanza | (*lett.*) ***Casa di Dio***, chiesa, convento e sim. | ***A Dio ottimo massimo***, iscrizione dedicatoria nella facciata di chiese, cappelle e sim. | (*lett.*) ***Visita di Dio***, sventura, considerata come una prova della fermezza, rassegnazione e sim. del buon cristiano | ***Essere in grazia di Dio***, libero da peccati mortali | ***Essere fuori dalla grazia di Dio***, (*fig.*) essere furibondo, fuori di sé | ***Timore di Dio***, sentimento di religiosità, di devozione e sim. | ***Uomo senza Dio, un senza Dio***, ateo | (*lett.*) ***Uomo di Dio, servo di Dio***, devoto, buon cristiano | ***Servo dei servi di Dio***, denominazione del Papa in segno di umiltà | ***Servo di Dio***, nella religione cattolica, cristiano morto in fama di santità, che può essere venerato con il culto pubblico solo dopo la sua elevazione a Beato | (*lett.*) ***La via di Dio***, che conduce a Dio | ***Dio sia ringraziato, Dio sia lodato, grazie a Dio, la Dio mercé***, espressioni di riconoscenza, ringraziamento e sim. | ***Come, quanto, è vero Dio!***, escl. asseverativa | ***Dio sa quando***, forse, chissà | ***Andarsene con Dio***, per i fatti propri | ***Viene giù che Dio la manda***, riferito a precipitazione atmosferica molto intensa | ***Lavoro fatto come Dio comanda***, fatto bene, con molta cura, con impegno | ***Essere ancora nella mente di Dio***, dover ancora nascere | ***In nome di Dio, per l'amor di Dio!***, escl., che dà più vigore a una preghiera, a una richiesta e sim. | ***Al nome di Dio***, anticamente, formula di devozione, escl. di augurio e speranza | ***Se Dio vuole!***, escl. di speranza, rassegnazione, impazienza | ***Dio voglia che ..., voglia Dio, Dio voglia, Dio volesse che ..., volesse Dio, lo volesse Dio, Dio volesse, se piace a Dio, a Dio piacendo***, espressioni di desiderio, rassegnazione, speranza | ***Come Dio volle***, infine, finalmente | ***Come Dio vuole, quando Dio vorrà***, espressione di rassegnata sottomissione | ***Dio ti assista, Dio ti salvi, Dio sia con te, Dio ti guardi***, espressioni di augurio | ***Dio guardi***, anticamente, formula di ossequio | ***Dio ce ne guardi, Dio non voglia, Dio ce ne scampi e liberi, Dio ce la mandi buona***, espressioni di scongiuro. **2** Nelle religioni politeiste, ognuno degli esseri immortali, dotati di attributi soprannaturali, che formano la famiglia o il gruppo delle divinità di livello più elevato: *il dio delle acque, del commercio, dell'amore, della guerra*; *gli dei della mitologia cinese, slava, germanica*; *gli dei dell'Iliade, dell'epica sanscrita*; *gli dei di Roma, di Cartagine*; *nel tempo de li dèi falsi e bugiardi* (DANTE *Inf.* I, 72). **3** (*est.*) Persona dotata di eccellenti qualità nella propria arte, nel proprio lavoro, o fatta oggetto di ammirata venerazione: *dipingere, scrivere, cantare, come un dio*; *è il dio degli scultori* | (*est.*) Cosa tenuta in altissima considerazione, come se fosse oggetto di culto: *gli affari, i divertimenti sono il suo dio.* **B** in funzione di **inter.** **1** Si usa come invocazione: *oh Dio!*; *Dio mio!, aiutami!* **2** Esprime impazienza, stupore, contrarietà, ira, collera, gioia, e in generale ogni forte emozione: *Dio, che confusione!*; *Dio buono!*; *Dio santo, come è ridotto!*; *sant'Iddio!*; *Dio, che gioia!*; *Dio, che pena!*; *benedite, gran Dio, l'Italia.* || **PROV.** Dio manda il freddo secondo i panni; l'uomo propone e Dio dispone; non si muove foglia che Dio non voglia.

dio (**2**) /'dio/ [vc. dotta, lat. *dīu(m)* 'celeste, luminoso', di orig. indeur.; 1321] **agg.** ● (*lett.*) Divino, perfetto, splendente: *pur risplendeva oltre il mortal costume / la dia bellezza nel sereno viso* (CARDUCCI).

diocesàno (o **dio-**) [vc. dotta, lat. *diocesā-nu(m)*, da *diocēsis* 'diocesi'; av. 1396] **agg.** ● Della, relativo alla diocesi.

diòcesi (o **diò-**) [vc. dotta, lat. *diocēsi(n)*, doppione pop. di *dioecēsi(n)*, dal gr. *dióikēsis*, comp. di *diá* 'attraverso' e *óikesis* 'amministrazione della casa (*óikos*)'; 1318] **s. f. inv.** **1** (*st.*) Circoscrizione amministrativa dell'impero romano. **2** Circoscrizione soggetta alla giurisdizione spirituale e al governo ecclesiastico di un vescovo.

†**diodàrro** [deformazione dell'ar.-persiano *de(r)vā-dār*, propr. 'che porta il calamaio'; 1532] **s. m.** ● Funzionario dipendente da un sultano: *gran d. e maliscalco regio* (ARIOSTO).

diodo, (*evit.*) **diòdo** [vc. dotta, comp. di *di-* (*2*) e del gr. *hodós* 'via'; 1930] **s. m.** **1** Tubo elettronico, a effetto termoionico, costituito da un filamento con funzione di catodo che emette elettroni, e da una placca che funziona da anodo e li riceve. **2** Dispositivo semiconduttore a due elettrodi che può essere percorso da corrente elettrica in una sola direzione.

diodónte [comp. di *di-* (*2*) e del gr. *odóus*, genit. *odóntos* 'dente'] **s. m.** ● Pesce dei Diodontidi caratterizzato dallo stomaco dilatabile che, se riempito d'aria, fa gonfiare il corpo in modo che il pesce nuoti con il ventre in alto (*Diodon hystrix*).

Diodòntidi [comp. di *diodonte* e *-idi*] **s. m. pl.** (**sing.** *-e*) ● Nella tassonomia animale, famiglia di Pesci dei Tetrodontiformi con il corpo rivestito da spine mobili, spesso erettili, cui appartiene il diodonte (*Diodontidae*).

diogenite [dal ted. *Diogenit*, tratto dal gr. *diogenēs* 'nato (da *génos* 'stirpe, discendenza') da Giove (*Diós*)' con il suff. *-it* '-ite (2)'] **s. f.** ● (*miner.*) Tipo di acondrite composta essenzialmente da pirosseno.

diòico [vc. dotta, comp. di *di-* (*2*) e del gr. *óikos* 'casa'; 1809] **agg.** (**pl. m.** *-ci*) ● (*bot.*) Detto di pianta che porta fiori maschili con i soli stami su un individuo e fiori femminili con i soli pistilli su un altro della stessa specie.

diolefina [comp. di *di-* (*2*) e *olefina*] **s. f.** ● (*chim.*) Diene.

diòlo [comp. di *di-* (*1*) e *-olo* (*1*)] **s. m.** ● (*chim.*) Glicole.

diomedèa [vc. dotta, lat. *Diomedēa(m)*, dal n. lat. (*Diomedeae*) delle isole di provenienza, le Tremiti, così chiamate perché là si trovava la leggendaria sepoltura dell'eroe greco Diomede (*Diomēdēs*); 1797] **s. f.** ● (*zool.*) Albatro.

dionèa [vc. dotta, lat. *Dionāea(m)*, dal gr. *Diōnâia* 'relativo alla figlia di Dione' (cioè Afrodite); 1820] **s. f.** ● Pianta erbacea, carnivora, delle Droseracee con foglie oblunghe, dentate, con le quali cattura gli insetti (*Dionaea muscipula*). ➡ **ILL. piante**/3.

dionisìaco [vc. dotta, lat. tardo *Dionysĭacu(m)*, dal gr. *Dionysiakós* 'appartenente a Dioniso'; 1728] **agg.** (**pl. m.** *-ci*) **1** Di, relativo a Dioniso, dio greco dell'ebbrezza e del vino: *culto d.*; *feste dionisiache* | ***Spirito d.***, nella filosofia di F. Nietzsche, atteggiamento di entusiastica accettazione della vita in tutti i suoi molteplici aspetti, connesso con la volontà di affermarla e di ripeterla. **CFR.** Apollineo. **2** (*est.*) Che esalta, dà ebbrezza: *delirio d.* | Ricco di vitalità, pieno di un'esaltazione spesso sfrenata: *canto d.*; *poesia dionisiaca.*

diòpside [vc. dotta, dal gr. *díopsis* 'vista (*ópsis*) attraverso (*diá*)', 'trasparenza'; 1817] **s. f.** ● (*miner.*) Pirosseno monoclino contenente calcio e magnesio, in cristalli prismatici di colore bianco o verdastro.

dioràma [vc. dotta, comp. del gr. *di(á)* 'attraverso' e *hórama* 'vista', da *horân* 'vedere', di orig. indeur., sul tipo di *panorama*; 1828] **s. m.** (**pl.** *-i*) **1** Nell'Ottocento, forma di spettacolo costituita da quadri o vedute di grandi dimensioni che, illuminati con vari artifici tecnici, davano agli spettatori l'illusione di trovarsi di fronte a un panorama reale e alle sue variazioni di luce. **2** Ricostruzione in scala ridotta di un ambiente o un paesaggio. **3** (*est.*) Veduta panoramica.

diorite [fr. *diorite*, dal gr. *diorízein* 'limitare (*horízein*) attraverso (*diá*)', 'separare', perché roccia composta di parti distinte fra loro; 1817] **s. f.** ● (*geol.*) Roccia eruttiva intrusiva costituita in prevalenza da plagioclasio e orneblenda.

diòscuri [vc. dotta, gr. *Dióskoroi* 'figli (*koúroi*) di Zeus (*Diós*)'; 1847] **s. m. pl.** ● (*scherz.*) Coppia di persone inseparabili.

diòspiro o (*tosc.*) **diòspero** [vc. dotta, gr. *dióspyros*, comp. di *Diós* 'di Giove' e *pyrós* 'grano'] **s. m.** **1** (*bot.*) Genere di piante delle Ebenacee, arbustive e arboree, distribuite nelle regioni tropicali (*Diospyros*). **2** (*bot.*) Cachi (2).

diossàno [comp. di *diossi-* 'di due (*di-*) atomi di ossigeno (*-ossi*)' e *-ano* (*2*)] **s. m.** ● Composto chimico organico ossigenato, ottenuto dal glicole etilenico, usato come solvente.

diòssido [comp. di *di-* (*2*), sottinteso 'atomi' e *ossido*] **s. m.** ● (*chim.*) Ossido la cui molecola contiene due atomi di ossigeno: *d. di silicio* | ***D. di carbonio***, comunemente, anidride carbonica.

diossina [da *diossi-* (V. *diossano*), col suff. *-ina*; 1956] **s. f.** ● (*chim.*) Ciascuno dei componenti di un gruppo di composti organici contenenti cloro, presenti come contaminanti in certi erbicidi, dotati di elevata tossicità.

diòttra [vc. dotta, gr. *dioptra*, comp. di *di(á)* 'attraverso' e un deriv. di *optós* 'visibile', di orig. indeur.; 1560] **s. f.** ● Riga metallica, usata spec. per rilevamenti grafici sul terreno, che porta alle estremità due traguardi, uno oculare e uno obiettivo, che determinano una linea di mira.

diottria [da *diottra*; 1892] **s. f.** ● (*fis.*) Unità di misura della convergenza delle lenti, equivalente all'inverso di 1 metro; in oculistica, il numero di diottrie di una lente correttiva indica l'entità del difetto visivo che la lente corregge. **SIMB.** D.

diòttrica [da *diottrico*; av. 1647] **s. f.** ● (*fis.*) Parte dell'ottica che studia la rifrazione della luce.

diòttrico [vc. dotta, gr. *dioptrikós* 'relativo alla diottra (*dióptra*)'; av. 1730] **agg.** (**pl. m.** *-ci*) ● Che si riferisce alla diottrica.

diòttro [vc. dotta, dal gr. *dióptron* 'specchio', comp. di *di(á)*- 'attraverso' e di una vc. legata a *optós* 'visibile'; 1936] **s. m.** ● (*fis.*) Superficie curva che separa due mezzi ottici aventi indice di rifrazione diverso.

dipanaménto [da *dipanare* (*1*); 1803] **s. m.** ● (*raro*) Il dipanare | (*fig.*) Chiarimento, soluzione.

dipanàre (**1**) [lat. **depanāre*, comp. di *dē-* e *pānus* 'filo della trama avvolto'; av. 1348] **A** **v. tr.** **1** Raccogliere ordinatamente il filo in un gomitolo, svolgendolo dalla matassa: *d. la lana* | Nella lavorazione della seta, estrarre e districare le bave di seta dai bozzoli. **2** (*fig.*) Chiarire, districare, sbrogliare: *d. un intrigo*; *una faccenda difficile da d.* | ***D. la matassa***, (*fig.*) venire a capo di una situazione confusa, complessa, problematica. **B** **v. intr. pron.** ● Svolgersi, districarsi (*anche fig.*).

†**dipanàre** (**2**) [uso fig. di *dipanare* (*1*)] **v. tr.** ● Mangiare pane | Mangiare molto, con avidità.

dipanatóio [da *dipanare* (*1*); 1803] **s. m.** ● Attrezzo per dipanare matasse, composto di aspo, colonnino e piede.

dipanatùra [da *dipanare* (*1*); 1803] **s. f.** ● (*raro*) Operazione del dipanare.

dipanino [da *dipanare* (*1*)] **s. m.** ● Anima su cui si avvolge il filo per formare il gomitolo.

†**dipartènza** [da *dipartire* (*2*); 1338 ca.] **s. f.** **1** Partenza: *tal d. gli è molesta* (PULCI) | Commiato, distacco | ***Fare la d.***, accomiatarsi. **2** (*eufem.*) Morte.

dipartimentàle [1798] **agg.** ● Di, relativo a un dipartimento, nel sign. di *dipartimento* (*2*).

†**dipartiménto** (**1**) [da *dipartire* (*2*); av. 1294] **s. m.** **1** Allontamento, partenza | ***Fare d.***, partire, allontanarsi | (*est.*) Luogo appartato, separato dagli altri. **2** (*eufem.*) Morte.

dipartiménto (**2**) [fr. *département*, da *départir* 'dividere (in parti)'; 1691] **s. m.** **1** Ministero, in alcuni Paesi stranieri | Circoscrizione territoriale e amministrativa, spec. in Francia. *2* Zona costiera dello Stato italiano dipendente da un comando militare marittimo: *il d. dell'Alto e del Basso Tirreno*. *3* ***D. universitario***, la struttura universitaria che comprende cattedre d'insegnamento di materie affini, anche appartenenti a diverse facoltà, allo scopo di coordinare l'attività di ricerca scientifica.

dipartire (*1*) o †**departire** [comp. di *di-* (*1*) e *partire* 'dividere'; av. 1250] v. tr. (*io dipartisco* o *dipàrto, tu dipartìsci* o *dipàrti*; part. pass. *dipartito*, †*dipartùto*) *1* †Dividere qlco. in due o più parti. *2* (*lett.*) Separare, disgiungere: *ma io però da' miei non ti diparto* (PETRARCA). *3* †Distribuire.

dipartire (*2*) [comp. di *di-* (*1*) e *partire* 'andar via'; sec. XIII] v. intr. e intr. pron. (*io dipàrto*; aus. *essere*) *1* (*lett.*) Partire, allontanarsi: *dipartirsi dalla casa paterna*; *non desidero che vi dipartiate da noi* | (*eufem.*) Morire. *2* (*fig., lett.*) Sviarsi, discostarsi: *dipartirsi dal vero*; *non vi dipartite da questi principi*.

dipartita [da *dipartire* (*2*); av. 1294] s. f. *1* (*lett.*) Partenza, separazione: *dopo l'empia d. / ... dal dolce mio bene* (PETRARCA). *2* (*eufem.*) Morte.

dipartito o †**dipartùto** [av. 1294] part. pass. di *dipartire* (*2*); anche agg. *1* Nei sign. del v. *2* †Appartato, solitario.

†**dipàscere** ● V. †*depascere*.

†**dipelàre** [comp. di *di-* (*1*) e *pelo*] v. tr. ● Privare del pelo.

†**dipellàre** [comp. di *di-* (*1*) e *pelle*; sec. XIV] v. tr. ● Scorticare, spellare.

dipendènte o †**dependènte** [1499] **A** part. pres. di *dipendere*; anche agg. *1* Nei sign. del v. *2* (*ling.*) ***Proposizione d.***, subordinata. || **dipendentemènte**, avv. (*raro*) In dipendenza. **B** s. m. e f. *1* Chi, in un lavoro, un'attività e sim., dipende dal potere direttivo e disciplinare di un datore di lavoro: *riunire i dipendenti*; *certi nostri dipendenti licenziati* (FOGAZZARO); *dipendenti pubblici, privati*. *2* †Suddito | †Cliente, sostenitore. **C** s. f. ● (*ling.*) Proposizione dipendente.

-dipendènte secondo elemento ● In parole composte, formate sul modello di *tossicodipendente*, indica uno stato di dipendenza fisica o psicologica (*anche scherz.*): *videodipendente*.

dipendènza (*1*) o †**dependènza** [da *dipendere*; sec. XIV] s. f. *1* Condizione o stato di chi (o di ciò che) dipende da qlcu., o da qlco.: *la d. di un concetto da un altro*; *la d. economica di uno Stato dalle grandi potenze* | ***In d. di ciò***, in conseguenza di ciò | ***D. giuridica del prestatore di lavoro***, subordinazione al datore di lavoro | ***Avere qlcu. alle proprie dipendenze***, essere datore di lavoro, o lavoratore in posizione gerarchicamente superiore, rispetto a qlcu. | ***Essere alle dipendenze di qlcu.***, lavorare in posizione subordinata rispetto al datore di lavoro o ad altro lavoratore. *2* Legame di sottomissione, mancanza di autonomia nei confronti di una persona o di un gruppo: *è in posizione di d. nei confronti dei genitori*. *3* Bisogno fisico e psichico, spesso incontrollabile, di assumere una determinata sostanza, spec. droga. CFR. Assuefazione. *4* (*raro*) Correlazione, connessione: *una stretta d. d'interessi*. *5* (*raro, lett.*) Rapporto di clientela: *alcuni clienti legati alla casa per una d. ereditaria* (MANZONI).

dipendènza (*2*) s. f. ● Adattamento di *dépendance* (V.).

♦**dipèndere** o (*dial.*) †**depèndere** [lat. parl. **dependĕre* per il class. *dependēre*, propr. 'pendere in giù', comp. di *pendēre* e *dē-*; 1308] v. intr. (pass. rem. *io dipési, tu dipendésti*; part. pass. *dipéso*, †*dipendùto*; aus. *essere*) (assol.; + *da*; raro + *se*) *1* Trarre origine, procedere da: *la tua ignoranza dipende dalla tua pigrizia*. SIN. Derivare | Essere connesso a qlco. da rapporti di causa e d'effetto, costituire la conseguenza di determinate premesse: *spesso il vizio dipende dalla povertà*; *da quella decisione dipendeva il corso della sua vita* | Essere legato al verificarsi e al sussistere di una condizione: *la nostra vittoria dipende dall'elemento sorpresa*; *dipende se è o meno assicurato* | ***Dipende***, si vedrà: *verrete con noi, domani? d.!* *2* Essere sottoposto all'autorità, al potere, al dominio e sim. di altri: *d. dai genitori, dai superiori*; *la società dipende dallo Stato* | ***Non d. da nessuno***, essere libero, autosufficiente | Essere subordinato alle decisioni di qlcu.: *tutto ormai dipende da te* | Essere subordinato, per il proprio mantenimento, al contributo economico di qlcu.: *d. dalla famiglia*. *3* (*ling.*) In sintassi, essere retto, detto di caso, complemento o proposizione subordinata.

†**dipennàre** ● V. *depennare*.

dipéso part. pass. di *dipendere* ● Nei sign. del v.

♦**dipìngere** o †**depìngere**, (*tosc.*) †**dipìgnere** [vc. dotta, lat. *depĭngere* 'ornare (*pĭngere*) accuratamente (*dē-*)'; av. 1250] **A** v. tr. (pres. *io dipingo, tu dipingi*; pass. rem. *io dipinsi, tu dipingésti*; part. pass. *dipinto*) *1* Rappresentare qlco. per mezzo della pittura: *d. un paesaggio, una natura morta, un ritratto*; *d. un quadro*; *d. a olio, a tempera, ad acquerello*; *d. su stoffa, su vetro, su tela* | (*assol.*) Dedicarsi alla pittura: *sto imparando a d.*; *dipinge da molti anni*. *2* (*est.*) Ornare con pitture: *d. una sala, una parete, un soffitto* | Colorare, pitturare: *questo mobiletto va dipinto in rosso* | Truccare, imbellettare: *dipingersi il viso, le labbra, gli occhi*. *3* (*fig.*) Descrivere, rappresentare qlco. in modo convincente e realistico, spec. scrivendo o parlando, ma anche con il gesto e i suoni: *d. in una poesia la bellezza di un panorama*; *è un attore che sa d. con pochi tratti un carattere* | (*est.*) Descrivere: *me lo hanno dipinto come un poco di buono*. *4* †Ricamare. **B** v. intr. pron. *1* (*raro*) Colorirsi: *dipingersi del colore della vergogna*. *2* Mostrarsi, apparire, detto di sentimenti e sim.: *una gran paura gli si dipinse in viso*. **C** v. rifl. ● Tingersi, truccarsi: *dipingersi per sembrare più giovane*.

†**dipingimènto** s. m. ● Il dipingere | Pittura.

†**dipingitóre** [sec. XIV] s. m. ● Chi dipinge.

†**dipingitùra** s. f. ● Pittura.

♦**dipinto** o †**depènto**, †**depinto** [sec. XIII] **A** part. pass. di *dipingere*; anche agg. *1* Nei sign. del v. | Ornato di vari colori: *tessuto d.* | Truccato, imbellettato: *viso d.* *2* Nelle loc. ***neanche, nemmeno, neppure d.***, usate per rafforzare un'espressione negativa: *non lo voglio vedere nemmeno d.*; *qui non ci starei neppure d.* || **dipintamènte**, avv. Con la pittura. **B** s. m. ● Opera di pittura: *d. pregevole, mediocre*; *un d. di Tiziano*.

dipintóre o †**depintóre** [av. 1292] s. m. (f. *-trice*, pop. disus. *-tora*, scherz. †*-essa*) ● (*lett.*) Pittore.

†**dipintorìa** [sec. XV] s. f. ● Arte del dipingere.

dipintùra o †**depentùra**, †**depintùra** [1293] s. f. ● (*raro, lett.*) Pittura.

dipirrìcchio o **dipirrìchio** [vc. dotta, comp. di *di-* (*2*) e *pirrichio*] s. m. ● Piede metrico greco formato di due pirrichi, ossia di quattro sillabe brevi.

diplacusìa ● V. *diploacusia*.

diplegìa [vc. dotta, comp. di *di-* (*2*) e un deriv. del gr. *plēgḗ* 'colpo'; 1891] s. f. ● (*med.*) Paralisi di due nervi o gruppi nervosi omologhi.

diplo- [dal gr. *diplóos* 'doppio'] primo elemento ● In parole composte della terminologia scientifica, significa 'doppio': *diplococco, diploide, diplopia, diploporee*.

diploacusìa o **diplacusìa** [comp. di *diplo-*, del gr. *ákousis*, da *akoúō* 'io sento' e del suff. *-ia*] s. f. ● (*med.*) Alterata percezione di un suono che viene sdoppiato in due tonalità differenti.

diplocòcco [vc. dotta, comp. di *diplo-* e *-cocco*; 1887] s. m. (pl. *-chi*) ● Batterio fornito di capsula che si trova comunemente in coppia con un altro, talvolta patogeno (*Diplococcus*).

diplodòco [comp. di *diplo-* e del gr. *dokós* 'trave, barra'; 1961] s. m. (pl. *-chi*) ● (*paleont.*) Il più grande dei Dinosauri.

diploe [vc. dotta, gr. *diplóē*, f. di *diplóos* 'doppio'] s. f. ● (*anat.*) Tessuto osseo spugnoso della volta cranica, tra le due lamine di osso compatto.

diplografìa [vc. dotta, comp. di *diplo-* e *-grafia*; 1997] s. f. ● (*ling.*) Errore compiuto da chi scrive due volte la stessa sequenza di testo.

†**diplòide** (*1*) [vc. dotta, lat. tardo *diplŏide(m)*, dal gr. *diplo͂is*, genit. *diploïdos* 'doppio' (sottinteso *chlâina* 'veste, mantello')] s. f. ● Mantello che veniva avvolto due volte attorno al corpo.

diplòide (*2*) [vc. dotta, comp. di *diplo-* e *-(o)ide*] agg. ● (*biol.*) Detto del numero di cromosomi presenti nelle cellule somatiche di animali e piante, uguale per la stessa specie e doppio di quello delle cellule germinali.

diplòma [vc. dotta, lat. *diplōma* (nom.), dal gr. *díplōma*, deriv. di *diplóos* 'doppio', perché originariamente indicava una tavoletta o carta piegata in *due*; av. 1675] s. m. (pl. *-i*) *1* Attestazione del conseguimento di un titolo di studio: *d. di scuola superiore*. *2* Attestazione ufficiale rilasciata da un'accademia, un ente, un'associazione, un'autorità e che conferisce un grado, un diritto o un privilegio: *d. di socio, di cittadinanza, di benemerenza*. *3* (*st.*) Atto solenne di una cancelleria imperiale o reale.

diplomàre [1881] **A** v. tr. (*io diplòmo*) ● Conferire un diploma scolastico: *lo hanno diplomato a pieni voti*. **B** v. intr. pron. ● Ottenere un diploma scolastico: *diplomarsi con la media del sette*; *diplomarsi maestro*; *diplomarsi in elettrotecnica*.

diplomàtica [fr. *diplomatique*, dal titolo lat. dell'opera di Mabillon *De re diplomatica*, cioè 'Sulla scienza che riguarda i pubblici documenti (*diplōmata*, pl. di *diplōma*)'; 1767] s. f. ● Scienza che studia gli antichi documenti.

diplomàtico [fr. (*agent*) *diplomatique*, da *diplôme* nel senso spec. di 'documento che regola i reciproci rapporti fra le nazioni'; 1727] **A** agg. (pl. m. *-ci*) *1* Che si riferisce agli antichi documenti: *archivio d.* | ***Scrittura diplomatica***, cancelleresca | ***Edizione diplomatica***, fedele riproduzione di un antico manoscritto. *2* Che concerne la diplomazia: *corpo d.*; *missione diplomatica* | ***Agente d.***, funzionario che uno Stato invia nel territorio di un altro Stato allo scopo di intrattenere relazioni internazionali con lo stesso | ***Corriere d.***, chi porta alle sedi diplomatiche documenti immuni da accertamenti doganali | ***Valigia diplomatica***, l'insieme della corrispondenza inviata o ricevuta da un agente diplomatico all'estero, garantita da norme giuridiche di inviolabilità. *3* (*est.*) Abile, accorto nel condurre faccende importanti o delicate: *linguaggio d.* || **diplomaticamènte**, avv. *1* Per via diplomatica. *2* (*fig.*) Con diplomazia, con tatto. **B** s. m. *1* (f. *-a*) Agente diplomatico. *2* (f. *-a*) (*fig.*) Persona particolarmente avveduta, abile nel trattare questioni importanti o delicate. *3* Dolce fatto di strati di pasta sfoglia farciti di crema e liquore.

diplomatìsta [1913] s. m. e f. (pl. m. *-i*) ● Studioso o esperto di diplomatica.

diplomatizzàre [da *diplomatico* nel sign. A2, sul modello dell'ingl. (*to*) *diplomatise*; 1798] v. tr. ● Rendere qlco. oggetto di trattativa, di discussione conciliante con qlcu.: *arriva un momento in cui non è più possibile d. i problemi*.

diplomàto [1881] **A** part. pass. di *diplomare*; anche agg. ● Nei sign. del v. **B** s. m. (f. *-a*) ● Chi ha ottenuto un diploma scolastico: *d. in ragioneria*; *i diplomati delle scuole tecniche*.

diplomazìa [fr. *diplomatie*, da *diplôme* (V. *diplomatico*) con la terminazione di *aristocratie* 'aristocrazia' e sim.; 1796] s. f. *1* L'insieme delle procedure che regolano i rapporti tra i vari Stati | Il complesso delle persone e degli organi che ogni Stato prepone al mantenimento dei rapporti con gli altri Stati | Carriera, professione di diplomatico. *2* (*est.*) Accortezza e abilità nel condurre faccende importanti o delicate: *parlare e agire con tatto e d.*

diplòmetro [vc. dotta, comp. di *diplo-* e *-metro*] s. m. ● (*med.*) Apparecchio per misurazioni sulle pupille.

diplomifìcio [comp. di *diploma* e *-ficio*; 1971] s. m. ● (*scherz.*) Fabbrica di diplomi: *la scuola non deve trasformarsi in un d.*

diplopìa [vc. dotta, comp. di *diplo-* e un deriv. del gr. *ṓps*, genit. *ōpós* 'occhio'; 1820] s. f. ● (*med.*) Difetto visivo per cui si vedono doppie le immagini.

diplopiòmetro [comp. di *diplopi(a)* e *-metro*] s. m. ● (*med.*) Strumento impiegato in oculistica per la misurazione del grado di diplopia.

Diplòpodi [comp. di *diplo-* e del gr. *póus*, genit. *podós* 'piede'] s. m. pl. (sing. *-e*) ● Nella tassonomia animale, sottoclasse di Miriapodi con corpo cilindrico, antenne brevi, due paia di zampe per ogni segmento, cui appartiene il millepiedi (*Diplopoda*).

diplopòree [vc. dotta, comp. di *diplo-* e del gr. *póros* 'poro' per i due fori della teca] s. f. pl. ● Gruppo di alghe fossili del Triassico, con il tallo incrostato di carbonato di calcio (*Diplopora*).

Dipnoi o **Dipnòi** [vc. dotta, comp. di *di-* 'dalla doppia' e *pnoḗ* 'respirazione'] s. m. pl. (sing. *-noo*) ● Nella tassonomia animale, sottoclasse di Pesci a corpo fusiforme in cui la vescica natatoria può assumere le funzioni di polmone, consentendo loro la respirazione atmosferica oltre a quella acquatica (*Dipnoi*).

dipodìa [vc. dotta, lat. *dipodĭa(m)*, dal gr. *dipodía* 'di doppio (*di-*) piede (*póus*, genit. *podós*)'] s. f. ● Nella metrica classica, successione di due piedi uguali.

dipòi o **di pòi** [comp. di *di* e *poi*; 1294] **A** avv. ● (*lett.* o *raro*) Poi, più tardi, in seguito: *me lo dirai d.* **B** in funzione di agg. ● Seguente: *l'anno d.*; *il mese d.*

dipolàre [da *dipolo*; 1965] agg. ● (*fis.*) Che ha due poli | Relativo a dipolo.

dipòlo [vc. dotta, comp. di *di-* (2) e *polo* (2); 1935] s. m. ● (*fis.*) Particolare sistema di due poli elettrici o magnetici di uguale carica e di segno contrario | ***Antenna a d.***, di lunghezza uguale a mezza lunghezza d'onda.

dipopolàre e *deriv.* ● V. †*depopolare* e *deriv.*

dipòrre e *deriv.* ● V. *deporre* e *deriv.*

diportaménto [1858] s. m. ● (*raro*, *lett.*) Comportamento, contegno morale.

diportàre [comp. di *di-* (1) e *portare*; av. 1294] **A** v. tr. (*io dipòrto*) ● †V. *deportare*. **B** v. intr. pron. **1** (*raro*, *lett.*) Comportarsi, agire. **2** (*lett.*) Andare a spasso: *sovente in questo loco mi diporto* (POLIZIANO). **3** †Divertirsi, svagarsi.

diportévole [av. 1547] agg. ● (*lett.*) Atto a divertire, a svagare.

diportìsmo [da *diporto*; 1984] s. m. ● La pratica degli sport nautici con imbarcazioni da diporto.

diportista [1980] s. m. e f. (pl. m. *-i*) ● Chi pratica la nautica da diporto.

dipòrto [da *diportarsi* nel senso di 'portarsi, per sollazzo, da un luogo all'altro'; av. 1250] s. m. **1** (*raro*, *lett.*) Il diportarsi | ***Andare a d.***, a spasso | Svago, divertimento, ricreazione: *fare qlco. per d.* **2** (*disus.*) Sport | ***Imbarcazione da d.***, denominazione delle varie imbarcazioni sportive, a vela, a motore o a remi | ***Nautica***, ***navigazione da d.***, praticata con imbarcazioni da diporto. **3** †Luogo ameno.

dipòsito e *deriv.* ● V. *deposito* e *deriv.*

dipravàre e *deriv.* ● V. *depravare* e *deriv.*

dipredàre e *deriv.* ● V. *depredare* e *deriv.*

diprèsso [comp. di *di* e *presso*; 1524] avv. ● Solo nella loc. avv. ***a un d.***, all'incirca, presso a poco: *saremo da voi a un d. fra un'ora*; *occorreranno a un d. tre mesi*; *disterà sei chilometri a un d.*

Dipsacàcee [vc. dotta, dal gr. *dípsakos*, da *dipsa* 'sete', di orig. sconosciuta, perché queste piante conservano nelle pieghe delle foglie l'umore della rugiada e l'acqua della pioggia; 1892] s. f. pl. (sing. *-a*) ● Nella tassonomia vegetale, famiglia di piante erbacee delle Dicotiledoni con foglie opposte e fiori raccolti in capolini o in spighe (*Dipsacaceae*). ➡ ILL. **piante**/9.

dipsòmane [1875] agg.; anche s. m. e f. ● Che (o Chi) è affetto da dipsomania.

dipsomanìa [vc. dotta, comp. del gr. *dípsa* 'sete' (V. *Dipsacacee*) e *di-* *mania*; 1828] s. f. ● (*med.*) Abuso periodico di bevande alcoliche per desiderio incontrollabile.

diptero o **dìttero** [vc. dotta, lat. tardo *dĭpteru(m)*, dal gr. *dípteros*, propr. 'a doppia (*di-*) ala (*pterón*)'; av. 1580] agg. ● Detto di tempio classico circondato da doppia fila di colonne.

diptòto o (*raro*) **dittòto** [comp. del gr. *dís* 'a due' e di un deriv. agg. da *ptôsis* 'caso (grammaticale)'] s. m. ● (*ling.*) Sostantivo la cui declinazione ha due casi.

diputàre e *deriv.* ● V. *deputare* e *deriv.*

dir ● V. *dire*.

diradaménto [1663] s. m. **1** Diminuzione, attenuazione di ciò che è frequente, fitto, spesso e sim.: *d. delle visite*; *d. della nebbia*. **2** Taglio di una parte degli alberi di un bosco.

diradàre [comp. parasintetico di *rado*, col pref. *di-* (1); 1319] **A** v. tr. **1** Rendere meno fitto, meno spesso: *d. la vegetazione, una coltura di barbabietole*; *una folata di vento diradò il fumo* | ***D. le piante***, togliere quelle superflue. **2** Rendere meno frequente: *d. le visite*. **B** v. intr. e intr. pron. (aus. *essere*) ● Diventare rado: *la nebbia dirada*; *le nubi si diradano*; *la folla si è diradata*.

diradatóre s. m. **1** (f. *-trice*) Boscaiolo addetto al diradamento dei boschi. **2** Zappetta per diradare le colture a file.

diradatrice s. f. ● Macchina agricola per il diradamento meccanico di colture a file.

diradicaménto [sec. XIV] s. m. **1** (*raro*) Sradicamento. **2** †Sterminio.

diradicàre [comp. parasintetico di *radice*, col pref. *di-* (1); 1282] v. tr. (*io diràdico*, *tu diràdichi*) **1** (*lett.*) Sradicare, divellere. **2** (*lett.*, *fig.*) Mandare in rovina | Uccidere, sterminare.

†**diragnàre** [comp. parasintetico di *ragna*, col pref. *di-* (1); av. 1400] v. tr. **1** Nettare dalle ragnatele | ***D. i tini***, prepararli per la vendemmia. **2** (*fig.*, *lett.*) Rendere manifesto.

diramàre (1) [comp. parasintetico di *ramo*, col pref. *di-* (1); 1321] **A** v. tr. **1** (*raro*) Dividere in rami. **2** (*fig.*) Diffondere in varie parti, tra più persone: *d. una notizia*, *un ordine*, *un comunicato ufficiale*. SIN. Propagare. **B** v. intr. pron. (aus. *essere*) **1** (*raro*) Dividersi in rami | (*est.*) Suddividersi in due o più derivazioni: *dalla città si diramano varie autostrade*; *le vene si diramano per tutto il corpo*. **2** (*fig.*) Diffondersi, spargersi: *la notizia si diramò dappertutto*.

diramàre (2) [comp. parasintetico di *ramo*, col pref. *di-* (1)] **A** v. tr. ● †Sfogliare una pianta dei rami superflui. **B** v. intr. pron. ● (*raro*) Perdere i rami.

†**diramàre** (3) [comp. parasintetico di *rame*, con il pref. *di-* (1)] v. tr. ● Spogliare una superficie del rame che la riveste.

diramatóre (1) [da *diramare* (1)] s. m.; anche agg. (f. *-trice*) ● (*raro*) Chi (o Che) dirama ordini, notizie e sim.

diramatóre (2) [da *diramare* (2)] s. m. (f. *-trice*) ● (*raro*) Chi dirama le piante. SIN. Potatore.

diramatùra [da *diramare* (2)] s. f. ● (*raro*) Operazione del diramare una pianta. SIN. Potatura.

diramazióne [da *diramare* (1); 1681] s. f. **1** Suddivisione in due o più derivazioni: *la d. di un corso d'acqua* | (*fig.*) Diffusione: *curare la d. di un ordine* | Punto in cui una pianta, un fiume, una via e sim. si diramano | ***Stazione di d.***, da cui si dipartono due o più linee. **2** Ramo (*spec. fig.*): *le diramazioni del fiume*, *della strada ferrata*, *di una conduttura* | Strada secondaria che si diparte dalla principale.

†**diramoràre** [comp. di *di-* (1) e *ramora*, pl. ant. di *ramo*; av. 1311] v. tr. ● Spogliare dei rami.

†**dirancàre** [comp. di *di-* (1) e *ranco*; av. 1250] v. tr. **1** Storcere, guastare. **2** Svellere, strappare (*anche fig.*).

diraspàre [comp. parasintetico di *raspo*, col pref. *di-* (1)] v. tr. ● Separare gli acini dell'uva dai raspi al momento della pigiatura.

diraspatrice s. f. ● Macchina per diraspare.

diraspatùra s. f. ● Operazione del diraspare.

dirazzàre [comp. parasintetico di *razza*, con il pref. *di-* (1); av. 1850] v. intr. (aus. *avere*) ● (*raro*) Perdere le caratteristiche della propria razza, detto di animali | (*fig.*, *lett.*) Tralignare.

♦**dire** (1) o †**dìcere** [lat. *dīcere*, originariamente 'mostrare', quindi 'far conoscere per mezzo della parola, dire' in solenni contesti religiosi e tecnici, di orig. indeur.; 1211] v. tr. (pres. *io dìco*, *tu dìci*, †*dì* /di/, *egli dìce*, *noi diciàmo*, *voi dìte*, *essi dìcono*; imperf. *io dicévo*, †*dicéva*; pass. rem. *io dìssi*, *tu dicésti*, *egli dìsse*, *noi dicémmo*, *voi dicéste*, *essi dìssero*; fut. *io dirò*, †*diràggio*, *tu dirài*; congv. pres. *io dìca*, *tu dìca*, †*dìchi*, *egli dìca*, *noi diciàmo*, *voi diciàte*, *essi dìcano*; congv. imperf. *io dicéssi*; imperat. *di'* /di/, *di**/, *dite*; ger. *dicèndo*; part. pres. *dicènte*; part. pass. *détto*). **1** Comunicare, esprimere per mezzo di parole (*anche assol.*): *per l'emozione non riuscì a d. una sillaba*; *d. delle stupidaggini*; *non saper cosa d.*; *d. ciò che si pensa, la propria opinione*; *vale a d.*; *sarebbe a d.*; *lingua mortal non dice ciò ch'io sentiva in seno* (LEOPARDI) | ***Dirle grosse***, dire degli spropositi | ***D. qlco. forte***, ***a voce alta***, (*fig.*) senza timore, con orgoglio | ***Dirne un sacco e una sporta***, dire una grande quantità di ingiurie, di insolenze | ***D. di no***, negare | ***D. di sì***, accettare, acconsentire | ***Non dico di no***, (*fig.*) lo ammetto | ***Voler sempre d. l'ultima parola***, (*fig.*) essere ostinato, non cedere mai | ***Non farselo d. due volte***, non farsi pregare | ***Non c'è che d.***, è proprio così | ***È tutto d.!***, non occorre aggiungere altro | ***E d. che***, esprimendo rammarico, dispiacere e sim.: *e d. che l'avevo avvertito* | ***Per meglio d.***, più esattamente, precisamente | ***Volevo ben d.***, (*anche iron.*) ero certo, sicuro | (*con valore attenuativo*) ***Come d.***, ***per così d.***, diresti quasi | ***È una cosa che non si deve d., da non d.***, è una cosa segreta | ***È una cosa da non d.***, è una cosa indescrivibile. **2** Dichiarare, spiegare, mediante parole, scritti e sim.: *non avere nulla da d.*; *abbiamo detto tutto sull'argomento* | Raccontare: *dimmi come si sono svolti i fatti* | Affermare, sostenere: *tu dici che io sbaglio*; *io dico solo cose di cui sono sicuro* | Intendere: *il tale, dico*; *Diogene il filosofo, dico* | Riferire: *un segreto da non d. a nessuno* | Consigliare, suggerire: *dimmi cosa debbo fare* | ***Te l'avevo detto io*** ..., con riferimento a un consiglio, un avvertimento e sim. che si è dato ma che è rimasto inascoltato | Imporre, comandare: *ti dico di tacere*; *gli ho detto per l'ultima volta di non muoversi*. **3** (*assol.*) Parlare, esprimersi: *poter d. liberamente*; *d. bene*, *male di qlcu.*; *lasciar d.*; *d. tra sé*; *a dirla in confidenza*; *d. davvero*, *sul serio*, *per scherzo* | ***Avere a che d. con qlcu.***, (*fig.*) avere motivo di diverbio | ***Stare per d.***, essere sul punto di parlare | ***Dico a voi!***, mi rivolgo a voi | ***Diciamo***, spesso usato, nel linguaggio colloquiale, anche come semplice intercalare, con vari sign.: per esempio, all'incirca; cioè, per precisare; per così dire: *dovrà passare un po' di tempo, diciamo un anno*; *vediamoci nel pomeriggio, diciamo alle cinque*; *avendo a che fare con persone, diciamo, normali*; *una mentalità, diciamo così, impiegatizia* | ***Dirsela con qlcu.***, (*fig.*) intendersela | ***Non faccio per d.***, non me ne vanto | ***Così, tanto per d.***, tanto per parlare del più e del meno, senza particolare impegno | ***Dimmi pure***, parlami liberamente | ***Ma ti dico io!***, escl. di stupore, impazienza, e sim. | ***Ha fatto una figura che non ti dico***, ha fatto una figura tanto brutta che è difficile descriverla. CONTR. Tacere. **4** Recitare: *d. una poesia a memoria*; *d. le preghiere*; *d. la propria parte* | ***D. la Messa***, officiarla. **5** Presentare, considerare come: *tutti lo dicono un uomo di grande cultura* | Esprimere in una determinata lingua: *'ma' in francese si dice 'mais'*; *come si dice questa parola in russo?* **6** Esprimere con mezzi non verbali, indicare, significare: *questo vi dice quanto io vi stimi*; *questa richiesta dice molte cose su colui che l'ha avanzata*; *l'esperienza mi dice che stai sbagliando*; *il cuore ... ha sempre qualcosa da d. su quello che sarà* (MANZONI); *un silenzio che dice più di un lungo discorso*; *una situazione che dice tutto* | ***Un libro, un quadro, una musica che dicono molto***, ricchi di interesse artistico o di richiami culturali | ***Uno sguardo che non dice nulla***, inespressivo, opaco | (*fam.*, *impers.*) ***Mi ha detto bene, male***, mi è andata bene, male. **7** (*con valore impers.*) ***Dicono, si dice***, (*fam.*) ***dice che***, si afferma, sembra, corre voce che: *dicono* (*si dice*) *che si sposerà presto*; *dice che è in arrivo il maltempo*; *si direbbe che tutto sia finito*. ‖ PROV. Fra il dire e il fare c'è di mezzo il mare.

♦**dire** (2) [da *dire* (1); 1294] s. m. (pl. †*-i*) ● Il dire, il parlare: *il d. è più facile del fare*; *interruppe il suo d.* | Ciò che si dice | ***Stando al tuo d.***, ascoltando ciò che tu dici | ***Hai un bel d.***, per quanto tu dica.

directory /di'rɛktori, *ingl.* dɪ'rɛktəri, dae-/ [vc. ingl., propr. 'libro, elenco di istruzioni', dal lat. tardo *directōriu(m)*; 1986] s. f. inv. (pl. ingl. *directories*) **1** Suddivisione logica della memoria di massa, contrassegnata da un nome, che raccoglie file e altre directory. **2** Indice dei file e delle directory presenti su un dispositivo di memoria. SIN. Directorio.

†**diredaménto** s. m. ● Diseredazione.

†**diredàre** o †**deredàre**, †**deretàre**, †**diretàre** [comp. di *di-* (1) e †*rede*, var. ant. di *erede*; 1305] v. tr. **1** Diseredare. **2** Rendere privo di eredi.

†**direditàre** ● V. †*disereditare*.

†**dirèggere** [parallelo di *dirigere* con adattamento su *reggere*; sec. XIV] v. tr. ● (*raro*) Reggere, dirigere.

†**direnàre** [lat. parl. **derenāre*, comp. di *dē-* e *rēnes* 'reni'; av. 1597] **A** v. tr. ● Sfiancare, slombare. **B** v. intr. e intr. pron. ● Sfiancarsi.

†**direpzióne** o †**direzióne** (2) [vc. dotta, lat. *direptiōne(m)*, da *dirēptus*, part. pass. di *dirĭpere* 'portar via (*rāpere*)' con *dis-* raff.; sec. XIV] s. f. ● Rapina, spoliazione, saccheggio.

dirèssi ● V. *dirigere*.

†**direstàre** [comp. parasintetico di *resta*, col pref. *di-* (1); 1759] **A** v. tr. ● Privare il grano delle reste. **B** v. intr. e intr. pron. ● Perdere le reste.

†**diretàno** ● V. *deretano*.

†**diretàre** ● V. †*diredare*.

†**dirètro** ● V. *dietro*.

†**di rètro** ● V. *dietro*.

dirètta [f. sost. di *diretto*; 1983] **s. f.** ● Trasmissione radiofonica o televisiva mandata in onda nello stesso momento in cui viene realizzata (in contrapposizione a *differita*) | Nella loc. avv. ***in d.***, dal vivo, senza registrazione preventiva: *seguire in TV una partita di calcio in d.*

direttissima [f. sost. di *direttissimo*; 1905] **s. f.** *1* Strada che segue per quanto possibile il percorso più breve fra le due località che collega, senza attraversare centri abitati, per consentire rapide comunicazioni | Linea ferroviaria che, superando forti ostacoli naturali, unisce nel modo più breve località già collegate da altre linee. *2* Nel linguaggio alpinistico, la via di salita più diretta alla vetta, gener. senza deviazioni. *3* (*dir.*) Nella loc. avv. ***per d.***, in seguito a giudizio direttissimo: *giudicare qlcu. per d.*

direttissimo [superl. di *diretto*; av. 1694] **A agg.** ● ***Treno d.***, denominazione disusata del treno espresso | (*dir.*) ***Giudizio d.***, V. *giudizio*. **B s. m.** ● Treno direttissimo.

direttiva [1898] **s. f.** ● Disposizione generale che fissa gli obiettivi di fondo di un'attività privata o pubblica, lasciando però una certa libertà di scelta relativamente ai modi, ai mezzi e ai tempi migliori per realizzarli: *direttive politiche*; *le nuove direttive del ministero*; *seguire le direttive del consiglio d'amministrazione* | ***D. comunitaria***, provvedimento normativo, vincolante per ciò che riguarda il raggiungimento del risultato prescritto, emanato dagli organi dell'Unione Europea nei confronti di uno o più Stati membri | (*est.*) Linea di condotta, indirizzo od orientamento di fondo: *una costante d. di rinnovamento.*

direttività [da *direttivo*, come l'ingl. *directivity*, da *directive*] **s. f.** ● (*radio*) Attitudine propria di un dispositivo di ricezione o trasmissione di onde elettromagnetiche, per es. un'antenna, a variare la propria efficienza a seconda della direzione dei segnali ricevuti o trasmessi. **SIN.** Direzionalità.

direttivo [da *diretto*; 1619] **A agg.** *1* Che dirige: *consiglio, comitato d.*; *norma, linea direttiva*; *funzioni direttive*. *2* Che si riferisce al direttore o a chi dirige: *ufficio d.* **B s. m.** ● Gruppo di persone investite di funzioni di direzione: *il d. di un partito, di un'associazione*; *riunire, convocare il d.*

♦**dirètto** [1319] **A part. pass.** di *dirigere*; anche **agg.** *1* Indirizzato, rivolto: *telegramma d. a voi*; *autobus d. in centro* | Destinato, volto: *provvedimento d. a ridurre l'inflazione*. *2* Che non presenta deviazioni: *la via diretta* | ***Luce diretta***, che arriva immediatamente dalla sorgente luminosa. *3* Immediato: *conseguenza, dipendenza diretta* | ***Costo d.***, che può essere imputato direttamente al prodotto | ***Puntamento d.***, in artiglieria, quando il puntamento si esegue mirando direttamente a un obiettivo visibile | ***Imposta diretta***, che ha per oggetto il reddito o il patrimonio e si riscuote in base a ruolo | ***Coltivatore d.***, chi coltiva un fondo di sua proprietà | (*dir.*) ***Dominio d.***, V. *dominio*. *4* (*ling.*) ***Complemento d.***, il complemento oggetto | ***Discorso d.***, tipo di costrutto che si ha quando un narratore, ripetendo le parole di qualcuno, le riproduce così come sono state dette. *5* (*tv*) ***Trasmissione in diretta***, V. *diretta*. *6* (*astrol.*) Detto del movimento di un pianeta che attraversa progressivamente i segni zodiacali. *7* †Destro: *mi voltai / verso la terza faccia a man diretta* (BOCCACCIO) | †Giusto, buono. || **direttaménte**, **avv.** *1* Per via diretta: *vado direttamente alla stazione*. *2* Immediatamente, senza il tramite di intermediari: *trattare direttamente con qlcu.* *3* †Addirittura. **B s. m.** *1* Treno che viaggia a velocità inferiore a quella dell'espresso, dovendo servire un maggior numero di località. *2* Nel pugilato, colpo portato con il pugno allungato in linea retta, accompagnato dalla torsione del busto: *d. destro, sinistro*. || **direttissimo**, **superl.** (V.). **C** in funzione di **avv.** ● Senza indugi o deviazioni: *andarsene d. al proprio posto.*

♦**direttóre** [fr. *directeur*, dal lat. tardo *directōre(m)*, nom. *dirēctor*, da *dirēctus* 'diretto'; sec. XIV] **A s. m.** *1* (f. *-trice* (V.)) Chi dirige imprese, scuole, enti, associazioni e sim., o è comunque investito di responsabilità e funzioni direttive nell'ambito di determinate attività: *il d. di un quotidiano, di un ufficio, di un collegio*; *d. d'orchestra* | ***D. responsabile***, chi risponde giuridicamente di quanto viene pubblicato in un giornale | ***D. di produzione***, responsabile di una produzione cinematografica nei suoi aspetti organizzativi ed amministrativi | ***D. artistico***, dirigente responsabile delle scelte artistiche in un ente teatrale o musicale | ***D. della fotografia***, responsabile del coordinamento e del controllo tecnico delle operazioni di illuminazione e di ripresa cinematografica | ***D. di macchina***, in marina, ufficiale addetto all'apparato motore di una nave | ***D. di tiro***, su una nave da guerra, ufficiale responsabile dell'impiego delle artiglierie | ***D. d'incontro***, arbitro | ***D. tecnico***, il responsabile della conduzione tecnica di una squadra sportiva | ***D. sportivo***, l'organizzatore dei quadri e dell'attività di una squadra o di un complesso | ***D. di corsa, di giuria***, ufficiale di gara responsabile del regolare andamento della gara e della disciplina dei partecipanti | ***D. spirituale***, sacerdote preposto alla vita spirituale, all'istruzione religiosa e alle pratiche di culto di una comunità o di una singola persona. *2* Dispositivo per aumentare l'efficienza di un'antenna televisiva in una particolare direzione. **B agg.** *1* (*raro*) Che fornisce le direttive: *principio d.*; *linea direttrice*. *2* (*mat.*) Di direzione: *cono d.*

direttoriàle [1797] **agg.** ● Di, da direttore: *ufficio d.* | (*iron.*) ***Tono, atteggiamento d.***, sussiegoso o troppo autoritario.

direttòrio (1) [vc. dotta, lat. tardo *directōriu(m)*, da *dirēctus* 'diretto'; 1652] **A agg.** ● (*raro*) Di direzione. **B s. m.** *1* Regolamento ecclesiastico, pubblicato a cura di una diocesi, di un gruppo di diocesi o di un ordine religioso, riguardante le celebrazioni liturgiche e il ministero pastorale. *2* (*elab.*) Directory.

direttòrio (2) [fr. *directoire*, dal lat. tardo *directōriu(m)*, da *dirēctus* 'diretto'; 1784] **A s. m.** ● Collegio direttivo | ***Il Direttorio***, collegio di cinque membri posto a capo del potere esecutivo in Francia dal 27 ottobre 1795 al 10 novembre 1799 | ***Alla d.***, (*ellitt.*) secondo il gusto e la moda diffusi in Francia sotto il Direttorio. **B** in funzione di **agg. inv.** (posposto al s.) ● Che si riferisce al periodo del Direttorio, detto di stile neoclassico di transizione fra gli stili Luigi XVI e Impero.

direttrice [da *direttore* con sostituzione del corrispondente suff. f.; 1748] **A s. f.** *1* Donna che dirige un ufficio, una scuola, un'azienda e sim.: *la d. di una sartoria*; *d. didattica*. *2* Impostazione di principio o linea concreta di sviluppo che si segue nello svolgimento di un'azione politica o di un'operazione militare: *seguire la costante d. dell'europeismo*; *le tre direttrici dell'attacco nemico*. *3* (*mat.*) ***D. d'una conica***, polare d'un fuoco rispetto alla conica | Retta tale che il rapporto delle distanze d'un punto della conica dal fuoco relativo e da essa è costante | ***D. d'una superficie rigata***, curva della superficie che incontra tutte le generatrici. **B agg.** solo f. ● Che indica la direzione: *linea d.* | Che fornisce una direttiva: *norma d.*

direzionàbile **agg.** ● Che può essere orientato o spostato con facilità. **SIN.** Orientabile.

direzionàle [fr. *directionnel*, da *direction* 'direzione'; 1953] **A agg.** *1* Che si riferisce alla direzione, che indica una direzione: *freccia d.* *2* Che si riferisce alla direzione di imprese, aziende e sim.: *gruppo d.*; *attività d.*; *norme direzionali* | ***Centro d.***, quartiere di una città dove sono raggruppati gli uffici direttivi dei più importanti servizi, pubblici e privati. *3* (*ling.*) Detto di caso che esprime il movimento verso un luogo, o la penetrazione in un luogo. **B s. m.** ● (*aer.*) Strumento che indica l'orientamento direzionale di un aereo.

direzionalità [1962] **s. f.** *1* Attività direzionale. *2* (*radio*) Direttività.

direzionàre [da *direzione* (*1*)] **v. tr.** (*io direzióno*) ● (*raro*) Mandare in una certa direzione | Imporre una direzione.

♦**direzióne** (1) [vc. dotta, lat. *directiōne(m)*, da *dirēctus* 'diretto'; av. 1406] **s. f.** *1* (*raro, lett.*) Invio, indirizzamento. *2* Senso in cui persone o cose si muovono, punto verso il quale si dirigono: *muoversi in direzioni diverse*; *andare nella stessa d. di qlcu.*; *prendere la d. giusta, sbagliata*; *seguire la d. del vento, della corrente* | ***In d. di***, verso: *in d. nord, sud*. **CFR.** -tropia, tropo-, -tropo. *3* (*mat.*) Carattere comune a tutte le rette parallele a una retta data | ***D. orientata***, carattere comune a tutte le rette d'un sistema di rette parallele e ugualmente orientate | ***D. principale***, che sia perpendicolare a un'altra e che abbia qualche altro notevole legame con essa. *4* (*fig.*) Indirizzo, corso, tendenza: *mutare d.*; *imprimere una nuova d. alle proprie idee*. *5* Attività del dirigere, del comandare: *occuparsi della d. di un'impresa*; *rinunciare alla d. di un istituto* | Attività di direttore: *la d. di un'orchestra*. *6* Organo direttivo di un ente, di un'azienda e sim.: *seguire gli ordini della d.*; *d. territoriale, di sanità, del genio* | Sede di tale organo: *andare, recarsi in d.*; *chiamare qlcu. in d.*

direzióne (2) ● V. †*direpzione*.

dirham /'diram/ [ar. *dirham*, dal gr. *drachmḗ* 'dracma'] **s. m. inv.** *1* Antica moneta araba d'argento la cui coniazione comincia alla fine del VII sec. *2* Unità monetaria circolante in Marocco e negli Emirati Arabi Uniti.

diricciàre [comp. parasintetico di *riccio* (*1*), con il pref. *di-* (*1*)] **v. tr.** (*io diriccio*) ● (*raro*) Sdiricciare.

†**diridere** e *deriv.* ● V. *deridere* e *deriv.*

†**dirière** o †**dirièri** [1340] **avv.** ● (*raro*) Dietro.

†**dirièto** ● V. *dietro*.

†**diriètro** ● V. *dietro*.

♦**dirigènte** [av. 1712] **A part. pres.** di *dirigere*; anche **agg.** ● Che dirige: *quadri dirigenti* | ***Classe d.***, il complesso delle persone che esercitano un ruolo determinante nella vita politica ed economica del Paese. **B s. m. e f.** *1* Chi svolge mansioni direttive | Impiegato che esplica prevalentemente funzioni direttive e di rappresentanza dell'imprenditore | ***D. d'azienda***, chi collabora con l'imprenditore seguendone le direttive generali e sostituendolo con potere di autonomia, iniziativa e disposizioni, sia verso i dipendenti sia verso i terzi. *2* (*ferr.*) ***D. del movimento***, chi regola la circolazione dei treni in una stazione e nei tratti di linea a essa contigui.

dirigènza [1950] **s. f.** *1* Attività e ruolo del dirigere, dell'essere dirigente | †Direzione, comando. *2* Complesso dei dirigenti di un'azienda, di un partito e sim.: *la d. sindacale.*

dirigenziàle [1950] **agg.** ● Che si riferisce alla dirigenza, ai dirigenti, spec. di un'azienda: *attività d.*; *mansioni dirigenziali.*

♦**dirigere** [vc. dotta, lat. *dirĭgere* 'condurre (*rĕgere*) di qua e di là (*dis-*)'; 1321] **A v. tr.** (**pres.** *io dirìgo, tu dirìgi*; **pass. rem.** *io dirèssi, tu dirigésti*; **part. pass.** *dirètto*). *1* Volgere verso un punto determinato: *d. i passi, il cammino verso casa*; *d. il colpo, la mira, lo sguardo*; *d. l'attenzione su qlcu., su qlco.* | (*fig.*) Volgere verso un fine determinato: *d. i propri pensieri al bene*. **SIN.** Indirizzare. *2* Indirizzare: *d. una lettera, una merce al destinatario*; *d. una persona all'ufficio informazioni* | Rivolgere: *d. la parola a qlcu.* *3* Guidare, essere a capo di un'attività, di un organismo e sim.: *d. le operazioni militari, una ditta, un istituto* | ***D. il traffico***, regolarlo | Guidare un complesso musicale, battendo il tempo, dando gli attacchi ai singoli esecutori, curando l'espressione generale del brano eseguito. *4* (*lett.*) Dedicare: *d. a qlcu. un poema*. **B v. rifl.** *1* Muoversi, andare verso un luogo determinato: *ci dirigemmo al più vicino ristorante*; *dirigersi verso le montagne* | (*fig.*) Indirizzarsi: *dirigersi verso un'attività commerciale*. *2* (*raro*) Rivolgersi: *mi dirigo a voi per avere un consiglio.*

dirigìbile (1) [da *dirigere*; 1745] **agg.** ● (*raro*) Che si può dirigere.

dirigìbile (2) [fr. *dirigeable*, sottinteso *ballon*, '(pallone) che può essere diretto (da *diriger* 'dirigere')'; 1905] **s. m.** ● Aerostato di forma affusolata, munito di organi di propulsione, stabilità e governo: *d. floscio, semirigido, rigido.*

dirigibilista [1918] **s. m. e f.** (**pl. m.** *-i*) ● Addetto alla condotta o al servizio a terra e in volo di un dirigibile.

dirigìsmo [fr. *dirigisme*, da *diriger* 'dirigere'; 1940] **s. m.** ● Concezione politica che propugna l'intervento nella direzione della vita economica per scopi politici e sociali dello Stato.

dirigista [fr. *dirigiste*, da *dirigisme* 'dirigismo'; 1950] **A s. m. e f.** (**pl. m.** *-i*) ● Sostenitore, seguace del dirigismo. **B agg.** ● Dirigistico.

dirigìstico [1948] **agg.** (**pl. m.** *-ci*) ● Proprio del dirigismo. || **dirigisticaménte**, **avv.**

diriménte [av. 1667] **part. pres.** di *dirimere*; anche **agg.** *1* Nei sign. del v. *2* ***Impedimento d.***, in diritto canonico, quello che impedisce o annulla un matrimonio.

dirimere o **derimere** [vc. dotta, lat. *dirĭmere*, originariamente 'separare, disgiungere', comp. di *ĕmere*, nel sign. originario di 'prendere' con *dis-* (*1*) 'prendere separatamente'; 1321] **v. tr.** (difett. del **part. pass.** e dei tempi composti; **pass. rem.**, *io dirimèi o diri-*

mètti (o *-étti*), *tu diriméstì*) *1* †Dividere, spartire. *2* Risolvere definitivamente, metter fine: *d. una lite, una questione, una controversia.*

dirimpettàio [da *dirimpetto*; 1869] s. m. (f. *-a*) ● (*fam.*) Chi sta nell'appartamento o nell'edificio dirimpetto | Chi sta di fronte.

dirimpètto o (*raro*) **di rimpètto** [comp. di *di* e *rimpetto*; sec. XIII] **A** avv. ● Di contro, di faccia, di fronte: *vai al negozio qui d.* | (*raro*) Anche nelle loc. *a, al d.* **B** nelle loc. prep. *d. a*, raro *d. di*, lett. *d. da* ● Di fronte a, di faccia a: *due uomini stavano, l'uno d. all'altro, al confluente, per dir così, delle due viottole* (MANZONI); *e dimostrogli un luogo a d. / di quel verone* (ARIOSTO). **C** in funzione di agg. inv. ● Che sta di fronte: *la casa d.* **D** in funzione di s. m. solo sing. ● (*raro*) Parte che sta di fronte.

dirindina ● V. *dindirindina.*

dirindindina ● V. *dindirindina.*

diripàta [comp. di *di-* (*1*) e *ripa*] s. f. ● Precipizio, burrone.

diritta o **dritta** [lat. *dirēcta(m)*, sottinteso *manu(m)*, perché mano adatta a compiere *direttamente* le sue funzioni; 1848] s. f. *1* (*lett.*) Mano destra | ***Dare la d. a qlcu.***, farlo stare alla propria destra in segno di rispetto. *2* V. *dritta.*

dirittànza s. f. ● (*raro*) Giustizia.

dirittézza o **drittézza** [sec. XIV] s. f. ● (*raro*) Caratteristica di chi (o di ciò che) è diritto | (*fig.*) Rettitudine morale.

diritto (1) o **dritto** (1) [vc. dotta, lat. parl. **dirīctu(m)* per il lat. class. *dirēctu(m)*, comp. di *di-* (per *dē-*) di completamento e *rēctus* 'tracciato in linea retta', da *rĕgere* 'dirigere'; av. 1292] **A** agg. *1* Che segue una linea retta: *sentiero, filare, solco d.*; *strada diritta* | Che ha per asse una linea retta: *asta diritta*; *gambe diritte* | Che è situato in linea retta rispetto a un punto di riferimento: *eccola là, dritta al mio dito* | (*est.*) Che non si interrompe, non devia, non pende e sim.: *tracciato d.*; *riga diritta*; *orlo, vestito d.* | †***Alla diritta***, (*ellitt.*) dalla parte diritta, dalla parte giusta (*anche fig.*). CONTR. Storto | ***D. comune***, complesso di norme giuridiche del "Corpus iuris civilis" di Giustiniano e di altre norme di formazione medievale che hanno costituito il fondamento del diritto europeo fino alla fine del XVIII secolo. *2* Che è in posizione verticale: *muro, pilastro, palo, albero d.*; *colonna diritta* | Ritto in piedi: *per tenersi d. si appoggiava al bastone* | ***Stare d.***, stare in piedi | ***Levarsi d.***, levarsi in piedi | Eretto nella persona e nel portamento: *alla sua età è ancora d. come un giovanotto* | ***D. come un fuso***, quasi rigido. *3* (*disus.*) Destro, detto spec. di parti del corpo: *braccio, piede d.*; *mano diritta*; *lato d.* CONTR. Sinistro. *4* (*raro, lett.*) Proteso, rivolto: *teneva il viso d. verso il cielo* | (*lett.*) †Indirizzato: *rispose d'aver avute lettere diritte a me* (MARINO). *5* (*fig., raro*) Retto, onesto, buono: *coscienza, indole diritta* | ***La diritta via***, (*fig.*) quella del bene e della virtù | (*lett.*) †Giusto, leale: *mercatante era, e d. … uomo assai* (BOCCACCIO) | †Esatto: *conto d.* *6* (*lett., fig.*) Abile, accorto, sagace. *7* V. *dritto* (*1*). *8* (*raro, lett., fig.*) Saldo, che non recede: *questo esemplare di volontà diritta* (D'ANNUNZIO). *9* (*fig.*) †Effettivo, legittimo | (*lett.*) †Vero, reale: *un pronunciato … verissimo quando … preso a suo d. senso* (GALILEI). *10* (*fig.*) †Conveniente, adatto alle circostanze: *diritti consigli* | †Prospero, favorevole: *tempo d.*; *stagione diritta.* || **dirittaménte**, avv. *1* (*raro*) Con andamento diritto, in linea retta. *2* (*lett., fig.*) Con rettitudine: *operare, agire, giudicare dirittamente*; giustamente: *amministrare dirittamente.* *3* (*raro, lett.*) Con ragione. *4* †Acconciamente. **B** avv. *1* (*lett.*) Di fronte: *Colà d., sovra 'l verde smalto, / mi fuor mostrati li spiriti magni* (DANTE *Inf.* IV, 118-119). *2* In linea retta: *credo che da Roma a questo luogo, andando d. per tramontana, sia spazio quasi di dumila secento miglia* (DANTE). *3* Direttamente (*anche fig.*): *persone che vanno d. allo scopo*; *ho fatto sferzare i cavalli del mio calesse, e d. sempre sino a Siena* (FOSCOLO) | ***Andare, tirare d. per la propria strada***, (*fig.*) tendere al proprio scopo senza curarsi d'altro | ***Rigare, filare d.***, (*fig.*) comportarsi rettamente, facendo il proprio dovere | Con valore raff. *diritto diritto*: *gli stavo piombando d. d. addosso.* *4* (*fig., lett.*) †Giustamente: *i' come uom ch'erra, e poi più dritto estima, / dico a la mente mia: Tu se' 'ngannata* (PETRARCA) | †Rettamente, onestamente. **C** s. m. *1* La faccia principale, o quella rivolta verso la parte esterna, di un oggetto con due facce: *d. di una medaglia, di una moneta, di una stoffa* | ***Il d. e il rovescio di una medaglia***, (*fig.*) il lato positivo e quello negativo di una situazione. CONTR. Rovescio. ➡ ILL. **moneta.** *2* Nel tennis, uno dei tiri fondamentali, effettuato colpendo la palla con l'interno della racchetta: *d. incrociato.* *3* Lato di un tessuto che resterà esposto alla vista nei capi confezionati | Punto base nei lavori a maglia. *4* †Linea retta | †Dirittura. *5* (*raro, fig.*) †Giusta misura.

♦**diritto** (2) o †**dritto** (3) [vc. dotta, lat. tardo *dirēctu(m)*, 'diritto' agg. sost. come opposto a *tŏrtu(m)* 'storto, torto'; sec. XIII] s. m. (assol.; + *di*) *1* Complesso di norme legislative o consuetudinarie che disciplinano i rapporti sociali: *d. naturale, privato, pubblico, costituzionale, penale.* *2* Scienza giuridica: *cultore di d.*; *scuola di d.*; *filosofia del d.*; *storia del d.* | ***D. comparato***, studio comparativo di istituti giuridici in diversi ordinamenti. *3* Interesse tutelato dalla legge mediante la garanzia di una diretta utilità sostanziale: *diritti e doveri dei cittadini*; *diritti civili e politici*; *d. di proprietà*; *d. di sciopero*; *d. alla libertà*; *d. allo studio*; *avere d. al voto, avere il d. di voto* | ***Di d.***, secondo ciò che la legge dispone o facendo uso di un proprio diritto | ***D. vantato***, quello di cui ci si afferma titolari e del quale si rivendica il riconoscimento. *4* (*spec. al pl.*) Tassa, onere fisso riscosso in corrispettivo di un atto, di un servizio, o in osservanza di certe norme: *diritti di segreteria, di registro, di bollo* | (*econ.*) ***D. speciale di prelievo***, unità ideale di conto di cui ciascun membro del Fondo Monetario Internazionale può disporre per il regolamento di posizioni debitorie con altri Paesi membri | ***Diritti doganali***, dovuti per il passaggio delle merci attraverso la linea doganale. *5* (*est., gener.*) Potere, facoltà che deriva da una consuetudine o da una norma morale: *i diritti della vecchiaia*; *ho d. a un po' di rispetto*; *non hai il d. di fare queste cose*; *tutti i partecipanti hanno d. a intervenire*; *con quale d. fai questo?* | ***D. del sangue***, quello che si richiama ai legami della consanguineità | ***Il d. del più forte***, basato sulla superiorità fisica o economica di qlcu. | ***D. divino***, quello dei sovrani, che lo facevano discendere da Dio | ***Di d.***, in forza del diritto | ***A buon d.***, con legittima ragione | ***A maggior d.***, a tanto maggior ragione | ***Questione di d.***, di principio. *6* †Dirittura morale, rettitudine. *7* †Ragione, giustizia | †***Fare d.***, fare giustizia.

dirittóne ● V. *drittone.*

†**dirittorovèscio** ● V. †*drittorovescio.*

dirittùra (1) o (*raro*) **drittùra** [da *diritto* (*1*) sul modello del lat. tardo *directūra(m)* 'direzione, linea retta (*dirēcta*)'; av. 1306] s. f. *1* (*raro*) Andamento in linea retta | (*est., raro*) Linea retta: *procedere in d.* | ***D. d'arrivo, finale***, tratto terminale rettilineo di una pista o di una strada, ove si conclude una gara di velocità; (*fig.*) fase conclusiva di un lavoro, di una trattativa e sim. | †***A d.***, direttamente, senza deviare e (*fig.*) senza indugio o esitazione | †***Prendere una d.***, (*fig.*) continuare ad agire in un dato modo, senza variare. *2* (*fig.*) Coscienza di ciò che è giusto e onesto: *una persona di grande d. morale* | †Bontà. SIN. Rettitudine, probità. *3* †Giustizia | †***Fare d.***, amministrare la giustizia e (*est.*) comportarsi rettamente: *né par ch'Amor possa per me d. / sor vostra potestade* (GUINIZZELLI).

†**dirittùra** (2) [da *diritto* (*2*) nel senso di '(potere d'esigere) quanto dovuto'; av. 1347] s. f. ● Imposta, tributo: *franchi e liberi d'ogni dazio, e gabella e d.* (VILLANI).

†**dirittuRière** o †**dritturière** [ant. fr. *droiturier* 'che agisce secondo diritto (*droit*)'; 1312] agg.; anche s. m. ● Che (o Chi) è retto, giusto.

†**dirivàre** e *deriv.* ● V. *derivare* (*1*) e *deriv.*

dirizzaménto o †**drizzaménto** [av. 1292] s. m. *1* (*raro*) Atto del drizzare o del drizzarsi. *2* †Direzione | †Ammaestramento | †Correzione.

dirizzàre ● V. *drizzare.*

†**dirizzativo** ● V. †*drizzativo.*

†**dirizzatóio** o †**drizzatóio** [av. 1311] s. m. *1* (*raro*) Credenza | Scansia. *2* Specie di pettine per spartire i capelli.

†**dirizzatóre** ● V. *drizzatore.*

dirizzatùra s. f. *1* (*raro*) Scriminatura dei capelli: *i neri e giovanili capelli spartiti … con una bianca e sottile d.* (MANZONI). *2* V. *drizzatura.*

dirizzóne [lat. *directiōne(m)* 'direzione' con sovrapposizione di *diritto* (*1*); 1772] s. m. ● (*fam.*) Impulso irrefrenabile ad agire con sconsideratezza e ostinazione | (*est.*) ***Prendere, pigliare un d.***, prendere una cantonata, un abbaglio.

dirlindàna ● V. *tirlindana.*

diro [vc. dotta, lat. *dīru(m)*, dapprima termine religioso ('di cattivo augurio, sinistro'), di etim. incerta, prob. di orig. dial.; 1340] agg. *1* (*lett.*) Crudele, spietato | †Empio. *2* (*raro, lett.*) Atroce, spaventoso | (*lett.*) Funesto, doloroso: *suo fato acerbo e d.* (POLIZIANO).

diroccaménto [1660] s. m. ● (*raro*) Il diroccare.

diroccàre [comp. parasintetico di *rocca* (*2*), col pref. *di-* (*1*); av. 1332] **A** v. tr. (*io diròcco, tu diròcchi*) ● Abbattere, demolire: *d. una fortezza, una torre, un muro.* **B** v. intr. (aus. *essere*) ● (*raro, lett.*) Cadere rovinosamente dall'alto.

diroccàto [1336 ca.] part. pass. di *diroccare*; anche agg. ● Semidistrutto, cadente: *costruzione diroccata.*

†**diroccatóre** [av. 1729] s. m. (f. *-trice*, raro) ● (*raro*) Chi dirocca.

†**dirocciàre** [comp. di *di-* (*1*) e *roccia*; 1313] v. intr. e intr. pron. ● (*lett.*) Scendere o precipitare di roccia in roccia.

dirofilària [comp. con *filaria*; non conosciuta l'orig. della prima parte del termine] s. f. ● Genere di Nematodi comprendente circa trenta specie spec. parassite di cani, gatti e carnivori selvatici ai quali vengono trasmesse da zanzare (*Dirofilaria immitis*).

†**dirogàre** ● V. *derogare.*

dirompènte [1906] part. pres. di *dirompere*; anche agg. *1* Nei sign. del v. *2* ***Esplosivo d.***, dotato di altissima velocità di esplosione, usato, a seconda delle sue caratteristiche, per il riempimento di proiettili e bombe, per esplosivi da miniera, per detonatori | ***Granata, bomba d.***, con pareti robuste e ad alto esplosivo, di grande efficacia per la proiezione di grosse schegge. *3* (*fig.*) Che suscita un effetto clamoroso, che provoca forti reazioni: *una dichiarazione, una notizia d.*

dirompènza [1980] s. f. ● Potere dirompente (*anche fig.*): *la d. di un esplosivo, di una dichiarazione.*

dirómpere [vc. dotta, lat. *dirŭmpere* 'rompere (*rŭmpere*) a pezzi (*dis-*)'; 1313] **A** v. tr. (coniug. come *rompere*) *1* †Spezzare, infrangere, rompere con violenza | (*fig.*) †Fiaccare, spossare. *2* (*raro*) Rendere sciolte le membra, le articolazioni. SIN. Sgranchire. *3* †Interrompere. **B** v. intr. (aus. *essere*) ● (*raro, lett.*) Cadere in gran quantità e rovinosamente: *ogni sorta d'acque … dirompendo ai monti avevan dilagato al piano* (BACCHELLI). **C** v. intr. pron. *1* (*lett.*) Aprirsi, frangersi, rompersi con violenza: *la calca si dirupe*; *le onde si dirompevano sulla riva.* *2* (*raro*) Diventare agile. *3* (*fig.*) †Abbandonarsi interamente. *4* (*raro, lett.*) Prorompere, scoppiare: *dirompersi in lacrime.*

dirottaménto [1797] s. m. ● Cambiamento di rotta, spec. imposto con la forza: *il d. di un aereo, di un natante* | (*est.*) Cambiamento di direzione.

dirottàre [comp. parasintetico di *rotta* (*2*), col pref. *di-* (*1*); 1797] **A** v. tr. (*io dirótto*) *1* Far deviare dalla rotta prestabilita: *d. un aereo, una nave* | Costringere mediante l'uso della forza a cambiare la rotta: *l'aereo è stato dirottato verso Atene da alcuni terroristi.* *2* (*est.*) Deviare: *d. il traffico automobilistico verso l'autostrada.* **B** v. intr. (aus. *avere*) *1* Deviare dalla rotta prestabilita: *la nave ha dirottato a causa d'avarie al timone.* *2* (*est.*) Cambiare direzione.

dirottatóre [1974] s. m. (f. *-trice*) ● Chi, spec. per motivi politici, obbliga, sotto la minaccia delle armi, l'equipaggio di un aereo o di una nave a cambiare rotta dirigendosi nel luogo da lui indicato.

dirótto [1312] part. pass. di *dirompere*; anche agg. *1* Nei sign. del v. *2* Violento, irrefrenabile, scrosciante: *pioggia dirotta*; *pianto d.* | †***Cielo d.***, molto piovoso | ***A d.***, (*lett.*) ***a, alla dirotta***, (*ellitt.*) dirottamente. *3* (*lett.*) Scosceso: *per valli pietrose, per balzi dirotti* (MANZONI). || **dirottaménte**, avv. In modo dirotto, violento, irrefrenabile: *piangere, piovere dirottamente.*

dirozzaménto [sec. XIV] s. m. *1* (*raro*) Operazione del dirozzare. *2* (*fig.*) Affinamento, incivilimento | (*fig.*) Ammaestramento, educazione.

3 †Rudimento | Abbozzo.

dirozzàre [comp. parasintetico di *rozzo*, col pref. *di-* (*1*); 1336 ca.] **A** v. tr. (*io dirózzo*) **1** (*raro*) Rendere meno ruvido, meno scabro: *d. un legno, un marmo, un metallo* | (*raro, est.*) Abbozzare. **2** (*fig.*) Rendere meno rozzo, meno imperfetto: *d. le consuetudini di una popolazione*; *andò dirozzando i suoi lavori d'ingegno* (VICO). SIN. Affinare, incivilire, sgrezzare. **3** (*fig.*) Cominciare a istruire, a educare: *d. un fanciullo*; *d. l'animo, la mente*. **B** v. intr. pron. ● Diventare meno rozzo, ingentilirsi: *si è molto dirozzato nelle maniere* | (*raro*) Istruirsi, erudirsi.

dirozzatóre agg.; anche s. m. (f. *-trice*) ● Che (o Chi) dirozza (*spec. fig.*).

dirt-track /ingl. 'dɜːt,tɹæk/ [vc. ingl., comp. di *dirt* 'terra, terriccio' e *track* 'pista'] s. m. inv. (pl. ingl. *dirt-tracks*) ● (*sport*) Pista in terra battuta o ricoperta di cenere, usata per particolari corse motociclistiche.

dirty tones /ingl. 'dɜːɹti 'thəunz/ [loc. ingl., propr. 'toni (*tones*) sporchi (*dirty*)'] loc. sost. m. pl. ● (*mus.*) Nel jazz, suoni derivanti dall'intonazione tipica dei neri e che non rientrano nella prassi esecutiva della musica colta.

†**dirubàre** e *deriv.* ● V. *derubare* e *deriv.*

dirugginàre [comp. parasintetico di *ruggine*, col pref. *di-* (*1*); 1481] v. tr. (*io dirùggino*) **1** (*raro*) Dirugginire. **2** (*fig.*) Arrotare, digrignare: *d. i denti*.

dirugginìo [da *dirugginire*; av. 1712] s. m. ● Suono stridulo prodotto dirugginando un ferro o sfregando due ferri fra loro | (*fig.*) ***D. dei denti***, scricchiolio.

dirugginìre [comp. parasintetico di *ruggine*, col pref. *di-* (*1*); 1598] v. tr. (*io dirugginìsco, tu dirugginìsci*) ● Pulire dalla ruggine: *d. il ferro* | (*est.*) Rendere nuovamente agile, elastico (*anche fig.*): *d. le membra, le idee*.

dirupaménto s. m. **1** †Il dirupare, il dirupàrsi. **2** (*raro, lett.*) Luogo dirupato.

dirupàre o †**derupàre** [comp. parasintetico di *rupe*, col pref. *di-* (*1*); 1304 ca.] **A** v. tr. ● †Gettare da una rupe, precipitare dall'alto | (*est.*) †Atterrare, abbattere (*anche fig.*). **B** v. intr. e intr. pron. (aus. *essere*) **1** (*raro, lett.*) Precipitarsi con impeto: *dirupàrsi giù per un monte*. **2** (*raro*) Cadere precipitando rovinosamente | (*est.*) Franare. **3** (*raro*) Essere ripido, scosceso.

†**dirupàta** [av. 1292] s. f. ● Dirupo.

dirupàto [av. 1320] **A** part. pass. di *dirupare*; anche agg. ● Pieno di dirupi, scosceso: *pendio, terreno d.* **B** s. m. ● †Dirupo.

†**dirupinàre** [vc. dotta, lat. *derupināre, comp. di *dē-* di movimento verso il basso, e *rupīna* 'roccia'; av. 1349] v. tr., intr. e intr. pron. ● Dirupare.

dirùpo [da *dirupare*; 1306] s. m. **1** Luogo roccioso o dirupato | Precipizio. **2** †Costruzione in rovina.

dirùppi ● V. *dirompere*.

dirùto o, meno comune ma più corretto, **diruto** [vc. dotta, lat. *dīrutu(m)*, part. pass. di *dirŭere* 'rovinare (*rŭere*) completamente (*dis-*)'; 1481] agg. ● (*lett.*) Abbattuto, in rovina | ***Mura dirute***, in rovina, diroccate.

diruttóre [dal lat. *dirŭptus*, part. pass. di *dirŭmpere* (V. *dirompere*)] s. m. ● (*aer.*) Disruttore.

dis- (**1**) [ripete il pref. lat. separativo *dis-*, di orig. indeur.] pref. (forma ridotta *s-* in alcuni casi) ● Esprime valore negativo (*disamare, disamore, disattento, discontinuo, diseducare, disonore*) o indica dispersione, separazione (*disgiungere, distrarre*).

dis- (**2**) [dal pref. gr. *dys-*, col sign. di male, mancanza] pref. ● In parole composte, spec. della terminologia medica, indica alterazione, anomalia, malformazione, e sim.: *disfunzione, dispepsia, distrofia*.

disabbellìre [comp. di *dis-* (*1*) e *abbellire*; av. 1294] **A** v. tr. (*io disabbellìsco, tu disabbellìsci*) ● (*lett.*) Privare della bellezza, degli ornamenti e sim.: *d. qlcu.* o *qlco.* **B** v. intr. pron. ● (*lett.*) Diventare meno bello.

disabbigliàre [fr. *déshabiller*, comp. di *dés-* neg. e *habiller* 'addobbare'; 1751] **A** v. tr. (*io disabbìglio*) ● (*raro*) Svestire, spogliare. **B** v. rifl. ● Svestirsi.

disàbile [comp. di *dis-* (*1*) e *abile*; 1984] **A** agg. ● †Che non è abile. **B** agg. e s. m. e f. ● Che o Chi manca di una determinata capacità fisica o mentale. SIN. Handicappato.

disabilità s. f. **1** †Mancanza di abilità. **2** Condizione di chi è disabile. SIN. Handicap.

disabilitàre [1956] v. tr. (*io disabìlito*) ● Privare della capacità o della possibilità di svolgere una particolare funzione: *d. un telefono alle chiamate internazionali*.

disabilitàto part. pass. di *disabilitare*; anche agg. ● Nel sign. del v.

†**disabitàre** [comp. di *dis-* (*1*) e *abitare*; av. 1557] v. tr. e intr. pron. ● Spopolare, spopolarsi.

disabitàto [1282] part. pass. di †*disabitare*; anche agg. ● Non abitato, privo di abitanti: *casa, regione disabitata* | (*fig.*) †***Corpo d.***, di chi mangia molto.

†**disabitazióne** [1613] s. f. ● Spopolamento.

disabituàre [comp. di *dis-* (*1*) e *abituare*; 1869] **A** v. tr. (*io disabìtuo*) ● Privare di un'abitudine: *d. qlcu. al vino*. SIN. Disassuefare. **B** v. intr. pron. ● Perdere l'abitudine a qlco.

†**disaccàre** [comp. di *di-* (*1*) e *sacco*; 1309] v. tr. ● Togliere qlco. da un sacco, vuotare un sacco.

disaccaridàsi [comp. di *disaccarid(e)* e *-asi*] s. f. inv. ● (*chim.*) Enzima che catalizza la scissione della molecola di un disaccaride nei due monosaccaridi costitutivi.

disaccàride [vc. dotta, comp. di *di-* (*2*) e *saccaride*; 1913] s. m. ● (*chim.*) Glucide solubile in acqua, di solito dolce, formato dalla condensazione, con eliminazione di una molecola d'acqua, di due molecole di monosaccaride.

disaccentàre [comp. di *dis-* (*1*) e *accentare*] v. tr. (*io disaccènto*) ● Privare dell'accento.

disaccentàto [1870] part. pass. di *disaccentare*; anche agg. ● Nel sign. del v.

†**disaccèrto** [sp. *desacierto*, da *desacertar*, comp. di *des-* neg. e *acertar* 'accertare'; sec. XVII] s. m. ● Errore.

†**disaccettàre** [comp. di *dis-* (*1*) e *accettare*; av. 1729] v. tr. ● Ricusare, rifiutare.

†**disaccètto** [da *disaccettare*; 1869] agg. ● (*lett.*) Sgradito, inviso.

†**disaccolàre** [comp. di *di-* (*1*) e *saccolo*; 1618] v. intr. ● (*raro*) Divincolarsi.

disaccóncio (**1**) [comp. di *dis-* (*1*) e *acconcio* (*1*); av. 1347] agg. (pl. f. *-ce*) **1** (*lett.*) Disadatto, sconveniente. **2** †Disordinato. || †**disacconciaménte**, avv.

†**disaccóncio** (**2**) [comp. di *dis-* (*1*) e *acconcio* (*2*); av. 1704] s. m. ● Incomodo.

disaccoppiàre [comp. di *dis-* (*1*) e *accoppiare*] v. tr. (*io disaccòppio* o *io disaccóppio*) ● Separare due cose accoppiate.

disaccordàre [comp. di *dis-* (*1*) e *accordare*; 1659] **A** v. tr. (*io disaccòrdo*) ● In musica, privare dell'accordo | (*est.*) †Mettere in disaccordo. **B** v. intr. pron. ● (*raro, lett.*) Essere discordante: *quei colori si disaccordano* | (*raro*) Venire a contrasto, a contesa.

disaccòrdo [da *disaccordare*; av. 1685] s. m. **1** In musica, mancanza di accordo. **2** (*fig.*) Dissenso, discordanza: *d. di idee, di opinioni*; *esprimere il proprio d.* **3** (*fig.*) Discordia, dissapore, screzio: *trovare motivi di d.*; *essere in d. con qlcu. su qlco.*

disacerbàre o †**disacervàre** [comp. parasintetico di *acerbo*, col pref. *dis-* (*1*); av. 1374] **A** v. tr. (*io disacèrbo*) **1** †Rendere meno acerbo, far maturare. **2** (*fig., lett.*) Addolcire, lenire, mitigare. **B** v. intr. pron. **1** †Diventare maturo. **2** (*fig., lett.*) Divenire meno aspro, meno intenso e tormentoso: *il dolore si disacerba*.

disacidaménto s. m. ● (*raro*) Il disacidare.

disacidàre [comp. di *dis-* (*1*) e *acido*] v. tr. (*io disàcido*) ● Rendere privo di acidità: *d. il vino*.

disacidazióne s. f. ● Operazione del disacidare.

disacidificazióne s. f. ● Procedimento del disacidare: *d. del vino* | Diminuzione dell'acidità.

disacidìre v. tr. (*io disacidìsco, tu disacidìsci*) ● Disacidare.

†**disacquistàre** [comp. di *dis-* (*1*) e *acquistare*; sec. XIV] v. tr. ● (*raro*) Perdere ciò che si è acquistato.

†**disacquìsto** [av. 1540] s. m. ● (*raro*) Perdita.

†**disacràre** ● V. *dissacrare*.

disacusìa [comp. di *dis-* (*2*) e un deriv. del gr. *ákousis* 'azione di udire'] s. f. ● (*med.*) Indebolimento delle facoltà uditive.

†**disadagiàre** [comp. di *dis-* (*1*) e *adagiare*; 1869] v. tr. e rifl. ● Togliere dagli agi.

†**disadattàggine** [1605] s. f. ● Caratteristica di chi (o di ciò che) è disadatto.

disadattaménto [comp. di *dis-* (*1*) e *adattamento*; 1969] s. m. ● (*psicol.*) Incapacità, più o meno durevole, di adattamento | Incapacità di risolvere i problemi posti dall'ambiente quotidiano | ***D. sociale***, incapacità di soddisfare alle esigenze dell'ambiente sociale o ai normali bisogni di compagnia e di relazioni sociali.

disadattàre [comp. di *dis-* (*1*) e *adattare*; 1970] v. tr. ● Rendere disadattato.

disadattàto [part. pass. di *disadattare*; 1961] agg.; anche s. m. (f. *-a*) ● (*psicol.*) Che (o Chi) è caratterizzato o affetto da disadattamento. SIN. Maladattato.

disadàtto [comp. di *dis-* (*1*) e *adatto*; 1427] agg. **1** Che non è adatto o conveniente per un certo uso: *abito d. a, per, una cerimonia ufficiale* | (*est.*) Insufficiente, incomodo: *casa disadatta a una famiglia numerosa* | †Che si maneggia male, a fatica. **2** Che non è idoneo, capace e sim., che è privo delle attitudini necessarie: *fisico d. allo sport*. || **disadattaménte**, avv. (*raro*) In modo disadatto.

disaddobbàre [comp. di *dis-* (*1*) e *addobbare*; 1869] v. tr. (*io disaddòbbo*) ● Privare degli addobbi, degli abiti, degli ornamenti e sim.

†**disadiràto** [comp. di *dis-* (*1*) e *adirato*; av. 1349] agg. ● (*raro*) Che non è più adirato.

disadornàre v. tr. (*io disadórno*) **1** (*raro*) Privare degli ornamenti. **2** (*est.*) Rendere meno bello o adorno.

disadórno [comp. di *dis-* (*1*) e *adorno*; sec. XIV] agg. **1** Privo di ornamenti, semplice, sobrio: *abito d.*; *stile d.* **2** (*est.*) Nudo, spoglio, squallido: *altare d.*; *linguaggio d.*

disaeràre [comp. di *dis-* (*1*) e *aerare*] v. tr. (*io disàero*) ● Privare sostanze, strutture e sim. dell'aria che vi è contenuta.

disaeratóre s. m. ● Apparecchio usato per disaerare.

disaerazióne s. f. ● Operazione del disaerare.

†**disaffannàre** [comp. di *dis-* (*1*) e *affannare*; av. 1565] v. tr. ● Mitigare l'affanno, la pena, il dolore e sim.

†**disaffaticàre** [comp. di *dis-* (*1*) e *affaticare*; av. 1729] **A** v. tr. ● Liberare dalla fatica. **B** v. rifl. ● Riaversi, riposarsi dalla fatica.

†**disaffezionaménto** [1817] s. m. ● Il disaffezionare, il disaffezionarsi.

disaffezionàre [comp. di *dis-* (*1*) e *affezionare*; 1669] **A** v. tr. (*io disaffezióno*) ● (*lett.*) Privare dell'interesse, dell'attaccamento, dell'affetto e sim., per qlcu. o per qlco.: *d. qlcu. dai propri ideali*; *nuovi interessi lo disaffezionarono dai vecchi amici* | ***Disaffezionarsi la simpatia generale***, perderla. **B** v. intr. pron. ● Cessare di essere interessato, affezionato e sim.: *disaffezionarsi da un'attività sportiva*; *disaffezionarsi ai propri genitori*.

disaffezionàto [av. 1653] part. pass. di *disaffezionare*; anche agg. ● Nei sign. del v. || **disaffezionataménte**, avv.

disaffezióne [da *disaffezionare*; 1809] s. f. ● Diminuzione o mancanza d'affetto, d'interesse e sim.: *d. dalla famiglia*; *d. allo studio, al lavoro*; *provare, sentire d. a, per qlcu.*

disagévole [comp. di *dis-* (*1*) e *agevole*, 1505] agg. **1** Che è privo di comodità, agi e sim.: *viaggio d.*; *casa d.* SIN. Scomodo. **2** Che presenta difficoltà, ostacoli, pericoli e sim.: *sentiero, cammino, situazione d.* SIN. Difficile. || **disagevolménte**, avv.

disagevolézza [av. 1547] s. f. ● (*raro*) Caratteristica di ciò che è disagevole.

disàggio [comp. di *dis-* (*1*) e *aggio* (*1*); 1892] s. m. ● (*econ.*) Differenza negativa tra valore nominale e valore reale di una valuta o di un titolo.

†**disaggradàre** [comp. di *dis-* (*1*) e *aggradare*] v. intr. (oggi difett. dei tempi comp. e usato solo nella terza pers. sing. dei tempi semplici) ● Riuscire sgradito, dispiacere.

disaggradévole [1751] agg. ● (*raro*) Sgradevole: *comportamento, annuncio d.* || †**disaggradevolménte**, avv. In modo sgradevole.

†**disaggradìre** [comp. di *dis-* (*1*) e *aggradire*] **A** v. tr. ● Non gradire: *d. le cortesie di qlcu.* **B** v. intr. ● Riuscire sgradevole: *d. a qlcu.*

†**disaggregaménto** [1869] s. m. ● Disaggregazione.

disaggregàre [comp. di *dis-* (*1*) e *aggregare*; 1869] v. tr. (*io disaggrègo, tu disaggrèghi*) ● Operare una disaggregazione.

disaggregazióne [1869] s. f. *1* Separazione di ciò che è aggregato | (*est.*) Scomposizione: *d. di dati statistici* | (*fig.*) Disgregazione. *2* Operazione chimica consistente nel rendere solubili composti che di per sé non sono solubili in acidi e basi.

†**disagguagliànza** [1321] s. f. ● (*lett.*) Disuguaglianza.

†**disagguagliàre** [comp. di *dis-* (*1*) e *agguagliare*; av. 1527] **A** v. tr. ● Rendere disuguale: *solo la povertà e le ricchezze ci disagguagliano* (MACHIAVELLI). **B** v. intr. pron. ● Divenire disuguale.

†**disagguàglio** [av. 1311] s. m. ● (*raro*) Disuguaglianza, diversità.

disagiàre [da *disagio*; 1319] **A** v. tr. (*io disàgio*) ● (*raro, lett.*) Mettere o tenere a disagio, molestare: *Fece in tempo a pensare ... come lo disagiasse il pensiero di lasciarla* (FENOGLIO). **B** v. rifl. ● (*lett.*) Scomodarsi: *il mugnaio poté soccorrer la vedova senza troppo disagiarsi* (NIEVO).

disagiàto [av. 1292] part. pass. di *disagiare*; anche agg. *1* Privo di comodità, scomodo: *sede disagiata*. *2* Che è privo dei mezzi necessari, che versa in gravi ristrettezze economiche: *vita d.*; *i ceti più disagiati* | ***Condizioni disagiate***, economicamente pessime. SIN. Povero. *3* †Fisicamente indisposto | †Cagionevole di salute. || **disagiataménte**, avv. In modo disagiato: *vivere disagiatamente*.

disàgio [comp. di *dis-* (*1*) e *agio*, prob. sul modello del fr. ant. *desaise*, provz. ant. *dezaize*; av. 1250] s. m. *1* Mancanza di agi, di comodità e sim.: *trovarsi in una condizione di estremo d.*; *i disagi di un lungo viaggio* | (*est.*) Privazione, sofferenza: *sopportare disagi di ogni sorta* | †Scarsità o mancanza di cose necessarie. *2* (*fig.*) Difficoltà, imbarazzo: *trovarsi, essere a d. in un luogo*; *sentirsi a d. con qlcu.* *3* †Incomodo di salute.

disagióso [1525] agg. ● (*raro*) Disagevole, scomodo. || **disagiosaménte**, avv.

†**disagràre** ● V. *dissacrare*.

disagriménto s. m. ● (*enol.*) Operazione per togliere l'acido al vino, che si esegue sciogliendo in esso del carbonato di calcio.

disagrìre [comp. di *dis-* (*1*) e *agro*] v. tr. (*io disagrìsco, tu disagrìsci*) ● (*enol.*) Eseguire il disagrimento.

†**disaitàre** o †**disatàre** [comp. di *dis-* (*1*) e †*aitare*; 1586] v. tr. ● Disaiutare.

†**disaiutàre** [comp. di *dis-* (*1*) e *aiutare*; 1300 ca.] v. tr. *1* Privare del proprio aiuto. *2* Ostacolare, impedire.

†**disaiùto** [1336 ca.] s. m. ● Impedimento, ostacolo: *più tosto d. che soccorso mi porsero* (BOCCACCIO).

disalberaménto s. m. ● Il disalberare.

disalberàre [comp. parasintetico di *albero* col pref. *dis-* (*1*); 1627] **A** v. tr. (*io disàlbero*) *1* (*mar.*) Privare una nave dell'alberatura. *2* (*raro*) Diboscare: *d. una radura*. **B** v. intr. (aus. *avere*) ● (*mar.*) Perdere tutta o parte dell'alberatura: *la nave ha disalberato a causa della tempesta*.

disalimentàre [comp. di *dis-* (*1*) e del v. *alimentare*; 1987] v. tr. (*io disaliménto*) ● Interrompere l'alimentazione di un circuito elettrico.

disallineàre [comp. di *dis-* (*1*) e *allineare*] v. tr. (*io disallìneo*) *1* (*tipogr.*) Disporre su linee diverse ciò che era allineato. *2* (*radio*) Agire su più circuiti oscillanti facendo in modo che le relative frequenze di risonanza non coincidano.

†**disalloggiàre** [comp. di *dis-* (*1*) e *alloggiare*; 1520] **A** v. tr. *1* Far uscire dagli alloggiamenti. *2* (*raro*) Scacciare, sfrattare. **B** v. intr. ● Uscire dagli alloggiamenti: *per d. più segretamente, non dava il segno con la tromba* (MACHIAVELLI).

†**disalmàre** [comp. di *dis-* (*1*) e *alma*] v. tr. ● (*poet.*) Uccidere.

disalveàre [da *inalveare*, con sostituzione del pref. *dis-* (*1*) a *in-*; av. 1789] v. tr. (*io disàlveo*) ● Deviare un corso d'acqua dall'alveo.

disamàbile [comp. di *dis-* (*1*) e *amabile*; av. 1638] agg. ● (*raro*) Che non si può amare | Sgradevole, insopportabile: *gente d.*

disamànte [av. 1729] **A** part. pres. di *disamare*; anche agg. ● (*raro*) Nei sign. del v. **B** s. m. e f. ● (*raro, lett.*) Chi disama.

disàmara [comp. di *di-* (*2*) e *samara*; 1906] s. f. ● (*bot.*) Frutto indeiscente secco dell'acero formato da due samare. SIN. Samaridio.

disamàre [comp. di *dis-* (*1*) e *amare*; sec. XIII] v. tr. ● (*raro*) Non amare più: *d. gli amici, il proprio lavoro* | Provare indifferenza, disprezzo, avversione per qlco. o per qlcu.

†**disamatóre** [sec. XIV] s. m.; anche agg. (f. *-trice*) ● Chi (o Che) disama.

disambientàto [comp. di *dis-* (*1*) e *ambientato*; 1946] agg. ● Che è o si sente estraneo all'ambiente in cui vive, lavora e sim.: *nel nuovo ufficio si trova ancora d.*

disambiguàre [comp. di *dis-* (*1*) e *ambiguo*, sul modello dell'ingl. *disambiguate*; 1979] v. tr. (*io disambìguo*) ● (*ling.*) Rendere non ambiguo, liberare dall'ambiguità: *d. una parola, una frase*.

disambiguazióne [da *disambiguare*, sull'esempio dell'ingl. *disambiguation*; 1979] s. f. ● (*ling.*) Il disambiguare.

†**disambizióso** [comp. di *dis-* (*1*) e *ambizioso*; av. 1729] agg. ● Che non nutre ambizioni.

†**disamenità** [av. 1729] s. f. ● Caratteristica di ciò che è disameno.

disamèno [comp. di *dis-* (*1*) e *ameno*; av. 1729] agg. ● (*raro, lett.*) Non ameno, non dilettevole | Spiacevole.

†**disamicàre** [comp. di *dis-* (*1*) e *amicare*; 1660] v. tr. ● (*raro*) Inimicare.

†**disamicìzia** [comp. di *dis-* (*1*) e *amicizia*; av. 1304] s. f. ● Inimicizia.

disàmina [da *disaminare*; sec. XV] s. f. *1* Esame attento e approfondito delle caratteristiche di qlcu. o di qlco.: *d. scrupolosa*; *sottoporre, porre a d.*; *prendere in, a, d.*; *passare in d.* *2* (*dir.*) Attento studio delle affermazioni e argomentazioni giuridiche dedotte dalle parti in giudizio, onde vagliarne veridicità, fondatezza e validità.

†**disaminaménto** [av. 1292] s. m. ● (*lett.*) Disamina.

disaminàre [vc. dotta, comp. del lat. *dē-* rafforzativo, e *examināre* 'sottoporre a esame'; av. 1292] v. tr. (*io disàmino*) ● (*raro*) Sottoporre a disamina: *d. un'opera, un argomento*; *i due censori sono da noi destinati a d. i libri* (MURATORI); *mi sono poco fa venuti a visitare ... quelli che mi disaminano* (GALILEI).

disaminatóre [sec. XIV] s. m. (f. *-trice*) ● Chi disamina.

†**disamistà** o †**disamistàde**, †**disamistàte** [comp. di *dis-* (*1*) e *amistà*; sec. XIV] s. f. ● (*raro*) Inimicizia.

†**disammiràre** [comp. di *dis-* (*1*) e *ammirare*] v. tr. ● (*raro*) Smettere di ammirare.

†**disammirazióne** [av. 1729] s. f. ● Mancanza di ammirazione | Indifferenza, disistima.

†**disamoràggine** [1635] s. f. ● (*raro*) Mancanza di amore.

disamoraménto [da *innamoramento* con sostituzione del pref. *in-* con quello neg. *dis-* (*1*)] s. m. ● Il disamorare | Condizione di chi è disamorato.

disamoràre [comp. di *dis-* (*1*) e *amore*; sec. XIII] **A** v. tr. (*io disamóro*) *1* Spegnere l'amore, l'entusiasmo, l'interesse per qlcu. o qlco.: *quell'insegnante lo disamorò dallo studio*. *2* †Disinnamorare. **B** v. intr. pron. ● Perdere l'amore, l'entusiasmo, l'interesse per qlcu. o qlco.: *disamorarsi dagli (o degli) amici*; *ma presto si disamorava del lavoro e lo lasciava perdere* (CALVINO).

†**disamoratézza** s. f. ● Disamore.

disamoràto [1292] **A** part. pass. di *disamorare*; anche agg. ● Nei sign. del v. | Indifferente: *ormai è d. di tutto*. || **disamorataménte**, avv. Senza amore, senza interesse. **B** s. m. (f. *-a*) ● Chi non sente più amore o interesse per qlcu. o qlco.

disamóre [comp. di *dis-* (*1*) e *amore*; av. 1294] s. m. ● Mancanza di amore: *mostrare d. ai propri genitori* | (*est.*) Avversione: *provare d. per il lavoro*.

disamorévole [comp. di *dis-* (*1*) e *amorevole*; 1354] agg. ● (*raro*) Poco amorevole.

disamorevolézza [av. 1566] s. f. ● (*raro*) Mancanza di amorevolezza.

†**disamoróso** [comp. di *dis-* (*1*) e *amoroso*; av. 1294] agg. ● Disamorevole.

disancoràre [comp. parasintetico di *ancora* (*1*), col pref. *dis-* (*1*); 1588] **A** v. tr. (*io disàncoro*) ● Lasciar libero, salpando l'ancora: *d. la nave*. **B** v. intr. pron. e rifl. *1* Liberarsi dall'ancora: *la nave si disancorò per la tempesta*. *2* (*fig.*) Rendersi autonomi da qlcu. o qlco.: *disancorarsi dalla famiglia, dalle tradizioni*.

†**disandèvole** [comp. di *dis-* (*1*) e di un tema di *andare* (*1*); sec. XIV] agg. ● (*raro*) Malagevole, impervio.

†**disanellàre** [comp. di *dis-* (*1*) e *anello*] v. tr. ● (*raro*) Privare degli anelli.

disanimàre [comp. di *dis-* (*1*) e *animare*; 1596] **A** v. tr. (*io disànimo*) *1* (*raro*) Far perdere d'animo, togliere coraggio, scoraggiare: *lo disanimò dall'insistere*. *2* †Uccidere. **B** v. intr. pron. ● Perdersi d'animo, scoraggiarsi.

disanimàto [1319] part. pass. di *disanimare*; anche agg. *1* (*lett.*) Scoraggiato. *2* †Esanime. || **disanimataménte**, avv.

†**disannoiàre** [comp. di *dis-* (*1*) e *annoiare*; 1671] **A** v. tr. ● Togliere dalla noia. **B** v. intr. pron. ● Liberarsi dalla noia.

disappagàto [comp. di *dis-* (*1*) e *appagato*] agg. ● Che è insoddisfatto e deluso. SIN. Inappagato.

disappaiàre [comp. di *dis-* (*1*) e *appaiare*] v. tr. (*io disappàio*) ● (*raro*) Separare due cose appaiate.

disappannaménto [1958] s. m. ● Il disappannare.

disappannàre [comp. di *dis-* (*1*) e *appannare*] v. tr. *1* Eliminare da vetri e sim. ciò che li appanna. *2* †Rendere chiaro, limpido.

disapparàre (1) [comp. di *dis-* (*1*) e *apparare* (*1*); 1869] **A** v. tr. ● (*raro*) Togliere i paramenti di dosso. **B** v. rifl. ● Togliersi i paramenti di dosso.

†**disapparàre** (2) [comp. di *dis-* (*1*) e *apparare* (*2*); sec. XIII] v. tr. ● (*raro*) Disimparare.

†**disapparecchiàto** [comp. di *dis-* (*1*) e *apparecchiato*; 1684] agg. ● Impreparato.

†**disapparìre** [comp. di *dis-* (*1*) e *apparire*; av. 1588] v. intr. ● Scomparire, sparire.

†**disappariscènte** [comp. di *dis-* (*1*) e *appariscente*; av. 1729] agg. ● Che non è appariscente.

disappassionàre [comp. di *dis-* (*1*) e *appassionare*; 1651] **A** v. tr. (*io disappassióno*) ● (*raro*) Togliere la passione, l'entusiasmo e sim. **B** v. intr. pron. ● Liberarsi dalla passione, perdere l'entusiasmo: *disappassionarsi dallo studio*.

†**disappassionatézza** [av. 1729] s. f. ● Spassionatezza.

disappassionàto [1628] part. pass. di *disappassionare*; anche agg. ● (*raro*) Privo di passione, di entusiasmo.

†**disappestàre** [comp. di *dis-* (*1*) e *appestare*; av. 1638] v. tr. ● Liberare dalla peste, dal male, dal contagio | (*fig.*) Purificare.

disappetènte [comp. di *dis-* (*1*) e *appetente*] agg. ● Che soffre di disappetenza, che è privo di appetito. SIN. Inappetente.

disappetènza [comp. di *dis-* (*1*) e *appetenza*; 1711] s. f. ● Mancanza di appetito: *soffrire di d.* | Avversione al cibo. SIN. Inappetenza.

disapplicàre [comp. di *dis-* (*1*) e *applicare*] **A** v. tr. (*io disàpplico, tu disàpplichi*) ● (*raro*) Non applicare: *d. l'animo da qlco.* **B** v. rifl. ● Non applicarsi, non dedicarsi più: *disapplicarsi dagli studi*.

†**disapplicatézza** [av. 1694] s. f. ● Disapplicazione.

disapplicazióne [av. 1673] s. f. *1* (*raro*) Mancanza di applicazione, negligenza. *2* Inosservanza di leggi, norme e sim.

disapprèndere [comp. di *dis-* (*1*) e *apprendere*; sec. XIII] v. tr. (coniug. come *prendere*) ● (*raro*) Disimparare.

disapprensióne [comp. di *dis-* (*1*) e *apprensione*; av. 1729] s. f. ● Noncuranza, trascuratezza.

disapprovàre [comp. di *dis-* (*1*) e *approvare*; av. 1635] v. tr. (*io disappròvo*) ● Non approvare, biasimare, riprovare (*anche assol.*): *tutti disapprovano il tuo comportamento*; *la gente disapprova in silenzio*.

†**disapprovatóre** [av. 1775] s. m.; anche agg. (f. *-trice*) ● Chi (o Che) disapprova.

disapprovazióne [av. 1729] s. f. ● Il disapprovare | Riprovazione, biasimo: *subire la generale d.*; *hai tutta la mia d.*; *esprimere la propria d.*

disappùnto [calco sul fr. *désappointement*, deriv. di *désappointé*, dall'ingl. *disappointed* (propr. 'che manca all'appuntamento'), a sua volta dal fr. ant. *desappointer* 'destituire'; 1801] s. m. ● Senso di delusione, molestia, fastidio e sim. dovuto all'improvviso verificarsi di circostanze avverse e inaspettate: *mostrare, nascondere, il proprio d.*; *gesto di d.*

†**disarboràre** [comp. di *dis-* (*1*) e †*arborare*; 1659] **A** v. tr. ● (*lett.*) Disalberare, detto di nave. **B** v. intr. pron. ● (*lett.*) Perdere la natura arborea.

disarcionaménto [1959] s. m. *1* Il disarcionare; il venire disarcionato. *2* (*fig.*) Rimozione improvvisa da un incarico, una posizione importante e sim.

disarcionàre [fr. *désarçonner*, comp. parasintetico di *arçon* 'arcione', col pref. *dés-* 'dis- (1)'; 1952] v. tr. (*io disarcióno*) **1** Far cadere dall'arcione: *il cavallo lo disarcionò*. **2** (*raro, fig.*) Privare di una carica, un ufficio e sim., in modo brusco e improvviso: *d. un funzionario*.

disargentàre [comp. parasintetico di *argento*, con il pref. *dis-* (1)] v. tr. (*io disargènto*) ● Privare qlco. dello strato d'argento che lo ricopre.

disarginàre [comp. parasintetico di *argine*, con il pref. *dis-* (1)] v. tr. (*io disàrgino*) ● (*raro*) Privare dell'argine: *d. un fiume*.

†**disarmaménto** [av. 1644] s. m. ● Disarmo.

disarmànte part. pres. di *disarmare*; anche agg. **1** Nei sign. del v. **2** (*fig.*) Spontaneo, sereno, semplice, così da far venire meno ogni aggressività: *un sorriso, una calma d.*; *Mi baciò con ingenua e disarmante gratitudine* (MORAVIA).

disarmàre [comp. di *dis-* (1) e *armare*, sul modello del fr. *désarmer*; av. 1292] **A** v. tr. **1** Sguarnire una fortezza | Privare delle armi o dell'armamento qlcu. o qlco. | Porre un'arma da fuoco in posizione di sicurezza: *d. una pistola*. **2** (*fig.*) Privare di forza, di potenza: *d. gli antagonisti* | (*fig.*) Privare di aggressività, rabbonire: *le sue preghiere mi hanno disarmato*. **3** (*mar.*) Privare una nave o un'imbarcazione delle attrezzature per sospenderne temporaneamente o definitivamente il servizio. **4** (*edil.*) Togliere le impalcature da una costruzione: *d. un edificio*. **5** (*teat.*) Smontare le scene staccando le tele dai telai. **B** v. intr. (aus. *avere*) **1** Diminuire gli armamenti: *per realizzare la pace è necessario d.* **2** (*fig.*) Cedere, darsi per vinto: *quel tipo non disarma facilmente*.

disarmàto [av. 1292] part. pass. di *disarmare*; anche agg. **1** Privato delle armi o dell'armamento | Privato dell'armatura. **2** (*fig.*) Inerme, indifeso: *essere d. di fronte alle avversità*.

disarmatóre s. m. (f. *-trice*) ● In varie tecnologie, chi è addetto alla rimozione di armature, impalcature e sim.

†**disarmentàre** [comp. parasintetico di *armento*, con il pref. *dis-* (1); av. 1566] v. tr. ● Privare dell'armento, o di parte di esso.

disàrmo [da *disarmare*; 1662] s. m. ● Il disarmare: *il d. dei prigionieri*; *il d. di una scena*; *mettere una nave in d.* | Riduzione o soppressione delle forze militari o degli armamenti: *conferenza per il d.*; *i problemi del d.*

disarmonìa [comp. di *dis-* (1) e *armonia*; av. 1712] s. f. ● Discordanza di suoni: *queste note producono una d.* | (*est.*) Disaccordo, contrasto (*anche fig.*): *d. di colori*; *d. di opinioni*; *essere in d. con qlcu.*

disarmònico [av. 1712] agg. (pl. m. *-ci*) **1** Che non è armonico: *toni disarmonici* | (*est.*) Sgradevole: *voce disarmonica* | (*est.*) Sproporzionato, non conveniente: *costruzione disarmonica*. **2** Che non avverte l'armonia, che non ha senso musicale: *orecchio d.* ‖ **disarmonicaménte**, avv.

disarmonizzàre [comp. di *dis-* (1) e *armonizzare*; 1832] **A** v. tr. ● (*raro*) Rendere disarmonico. **B** v. intr. (aus. *avere*) ● Essere in disaccordo, in disarmonia, in contrasto: *questo divano disarmonizza con il tavolo*.

disarticolàre [comp. di *dis-* (1) e *articolare* (1); av. 1673] **A** v. tr. (*io disarticolo*) **1** (*med.*) Separare un arto o un segmento di esso dal resto del corpo a livello di una articolazione. **2** (*fig.*) Scomporre, privare dei nessi, disgregare. **B** v. intr. pron. ● Slogarsi.

disarticolàto [av. 1963] part. pass. di *disarticolare*; anche agg. **1** (*raro*) Slogato, lussato. **2** (*fig.*) Inarticolato, indistinto: *esprimersi con suoni disarticolati*. ‖ **disarticolataménte**, avv.

disarticolazióne [1830] s. f. ● Il disarticolare, il venire disarticolato | (*fig.*) Mancanza di mezzi, coerenza e sim.

†**disartificio** o †**disartifizio** [comp. di *dis-* (1) e *artificio*; av. 1642] s. m. ● Artificio usato a sproposito.

†**disartificióso** o †**disartifizióso** [av. 1642] agg. ● (*lett.*) Privo d'arte e d'artificio.

†**disartifizio** e *deriv.* ● V. †*disartificio* e *deriv.*

disartrìa [vc. dotta, comp. di *dis-* (2) e del gr. *árthron* 'giuntura'] s. f. ● (*med.*) Difetto di articolazione della parola, dovuto a lesioni centrali o periferiche.

disartròsi [vc. dotta, comp. di *dis-* (2) e del gr. *árthrōsis* 'articolazione'] s. f. inv. ● (*med.*) Articolazione difettosa.

disascóndere [comp. di *dis-* (1) e *ascondere*; 1321] **A** v. tr. (pass. rem. *io disascósi, tu disascondésti*; part. pass. †*disascóso*, †*disascósto*) ● †Scoprire, palesare | (*lett.*) Rivelare alla vista: *s'affaccia la viola e disasconde / sua parvola beltà* (CARDUCCI). **B** v. rifl. ● (*lett.*) Manifestarsi, rivelarsi.

†**disasconditóre** s. m.; anche agg. (f. *-trice*) ● (*raro*) Chi (o Che) disasconde.

†**disascóso** o †**disascósto** [av. 1294] part. pass. di *disascondere*; anche agg. ● Nei sign. del v.

†**disaspràre** [comp. di *dis-* (1) e *aspro*; av. 1712] v. tr. ● Disasprire.

disaspriménto s. m. ● (*raro*) Il disasprire.

disasprire [comp. di *dis-* (1) e *aspro*; 1813] v. tr. (*io disasprisco, tu disasprisci*) **1** (*raro*) Eliminare o ridurre l'asprezza del vino. **2** (*fig., lett.*) Addolcire, mitigare.

disassaménto [comp. di *dis-* (1) e di un deriv. di *asse*] s. m. ● (*mecc.*) Caratteristica di due elementi meccanici i cui assi geometrici sono paralleli ma non coincidenti | La distanza fra i due assi.

disassimilatìvo agg. ● (*biol.*) Di, relativo a, disassimilazione.

disassimilazióne [comp. di *dis-* (1) e *assimilazione*] s. f. ● (*biol.*) Catabolismo.

disassociàre [comp. di *dis-* (1) e *associare*] **A** v. tr. (*io disassòcio*) ● (*raro*) Dissociare, separare. **B** v. rifl. e intr. pron. **1** (*raro*) Disdire la propria associazione a un giornale, a un circolo e sim. **2** (*raro*) Disgregarsi.

disassortatìvo [comp. di *dis-* (1) e *assortativo*] agg. ● (*biol.*) Detto di accoppiamento non casuale di individui che differiscono fra loro in uno o più caratteri.

disassortìto [comp. di *dis-* (1) e *assortito*; 1963] agg. ● Che non fa parte di un assortimento: *camicie disassortite*.

disassuefàre [comp. di *dis-* (1) e *assuefare*; 1830] **A** v. tr. (coniug. come *strafare*) ● Togliere l'assuefazione, l'abitudine: *d. qlcu. dall'alcol*. SIN. Disabituare. **B** v. intr. pron. ● (*raro*) Perdere l'assuefazione.

disassuefàtto [av. 1712] part. pass. di *disassuefare*; anche agg. ● (*raro*) Nei sign. del v.

disassuefazióne [av. 1712] s. f. ● (*raro*) Il disassuefare, il disassuefarsi.

disastràre [da *disastro*; av. 1647] **A** v. tr. **1** (*raro*) Danneggiare grandemente, arrecare disastro: *il nubifragio disastrò l'intera regione*. **2** †Rendere disagiato | (*est.*) †Incomodare, disturbare. **B** v. intr. pron. ● †Scomodarsi, disturbarsi.

disastràto [av. 1696] **A** part. pass. di *disastrare*; anche agg. ● Nei sign. del v. **B** s. m. (f. *-a*) ● Chi ha subito un disastro: *i disastrati del nubifragio, dall'alluvione*.

†**disastrévole** [1630] agg. ● (*raro*) Disastroso.

♦**disàstro** [comp. di *dis-* (1) e *astro*, nel senso di 'cattiva stella'; sec. XIV] s. m. **1** Disgrazia, incidente di notevoli proporzioni che provoca la morte di molte persone e gravi danni alle cose: *d. ferroviario, aereo*; *recarsi, accorrere, sul luogo del d.*; *un d. ha colpito la città*. SIN. Calamità, sciagura. **2** (*est.*) Danno rilevante e irrimediabile: *la crisi economica fu un d. per tutti*; *fame, malattie, disastri d'ogni genere* (MONTALE) | (*est., fig.*) Disordine, grande confusione: *questa stanza è un d.* | (*fig., fam.*) Fallimento totale: *la sua iniziativa si è risolta in un d.*; *la mia interrogazione? un d.!* **3** (*est., fig.*) Persona inadatta, incapace, che non riesce a combinare nulla di buono: *la nuova cameriera è un d.* | Persona, spec. bambino, eccessivamente vivace e rumorosa: *quel d. di tuo figlio*.

disastróso [1527] agg. **1** Che causa disastri, disgrazie, rovine: *incendio, bombardamento d.*; *pioggia disastrosa*. **2** Che è pieno di disastri, di traversie: *annata, stagione disastrosa* | (*est.*) Deludente, fallimentare, di esito negativo: *viaggio d.*; *prova disastrosa*; *esame d.* ‖ **disastrosaménte**, avv.

†**disatàre** ● V. †*disaitare*.

disatomizzàre [comp. di *dis-* (1) e *atomizzare*] v. tr. ● Denuclearizzare.

disatomizzazióne [da *disatomizzare*] s. f. ● Denuclearizzazione.

disattèndere [comp. di *dis-* (1) e *attendere* nel sign. antico di 'applicarsi, accudire'; 1956] v. tr. (coniug. come *tendere*) ● Non applicare, non osservare: *d. una norma, un parere* | (*est.*) Non seguire, non ascoltare: *d. i consigli di qlcu.*

disattènto [comp. di *dis-* (1) e *attento*; av. 1729] agg. ● Che non sta attento: *alunno d.*; *domestica disattenta* | Distratto, negligente: *un'occhiata disattenta*. ‖ **disattentaménte**, avv.

disattenzióne [comp. di *dis-* (1) e *attenzione*; 1669] s. f. ● Caratteristica, condizione di chi è disattento: *d. generale*; *fingere d. per qlco.* | Svista, errore: *questa è una grave d.* | Mancanza di gentilezza, riguardo, rispetto: *certe tue disattenzioni sono imperdonabili*.

disattéso part. pass. di *disattendere*; anche agg. ● Nei sign. del v.: *un consiglio, un desiderio d.*

disattivàre [comp. di *dis-* (1) e *attivare*; 1932] v. tr. ● Rendere inattivo un impianto, un congegno e sim.: *d. una linea telefonica* | *D. una bomba*, renderla inoffensiva privandola dell'innesco.

disattivazióne s. f. ● Il disattivare; il venire disattivato.

disattrezzàre [comp. di *dis-* (1) e *attrezzare*; 1869] v. tr. (*io disattrézzo*) ● Spogliare in tutto o in parte dell'attrezzatura, detto spec. di imbarcazione.

†**disattristàre** [comp. di *dis-* (1) e *attristare*] **A** v. tr. ● (*raro*) Rendere meno triste, consolare. **B** v. rifl. ● (*raro*) Distogliersi da tristezza, malinconia.

disautoràre [vc. dotta, comp. di *dis-* (1) e del lat. *auctorāre* 'vincolare con obbligo' (V. *esautorare*)] **A** v. tr. (*io disàutoro*) ● (*lett.*) Spogliare, privare dell'autorità, del credito, della stima e sim. **B** v. rifl. ● (*raro*) Esautorarsi.

disautorizzàre [fr. *désautoriser*, comp. di *dés-* neg. e del lat. *ăuctor* 'garante' (V. *autorizzare*)] **A** v. tr. ● (*raro*) Disautorare | Privare dell'autorizzazione. **B** v. rifl. ● (*raro*) Spogliarsi dell'autorità, esautorarsi.

disavanzàre [comp. di *dis-* (1) e *avanzare*; av. 1348] v. intr. (aus. *avere*) **1** (*raro*) Peggiorare di condizione, scapitare. **2** (*raro*) Formare disavanzo: *quest'anno le uscite disavanzano*. **3** †Rimanere indietro.

disavànzo [da *disavanzare*; 1332] s. m. ● Deficit: *chiudere il bilancio in d.*

†**disavvantaggiàrsi** [da *disavvantaggio*] v. intr. pron. (*io mi disavvantàggio*) ● Mettersi in condizione svantaggiosa.

disavvantàggio [fr. *désavantage*, comp. di *dés-* neg. e *avantage* 'vantaggio, pro'; 1364] s. m. ● (*raro*) Danno, svantaggio: *non fa mai cosa a suo d.* (PULCI).

†**disavvantaggióso** [av. 1588] agg. ● (*raro*) Svantaggioso, sfavorevole | Dannoso. ‖ †**disavvantaggiosaménte**, avv. Svantaggiosamente.

†**disavvediménto** [comp. di *dis-* (1) e *avvedimento*; av. 1347] s. m. ● Mancanza di avvedimento, disavvedutezza.

disavvedutézza [av. 1604] s. f. ● Caratteristica di chi (o di ciò che) è disavveduto: *l'ha fatto per d.* | (*est.*) Azione disavveduta: *le sue imperdonabili disavvedutezze*.

disavvedùto [comp. di *dis-* (1) e *avveduto*; av. 1333] agg. **1** Inconsiderato, malaccorto, incauto: *gesto d.*; *parole disavvedute*. **2** †Inaspettato, imprevisto. ‖ **disavvedutaménte**, avv. Senza avvedutezza, sconsideratamente; †improvvisamente, inopinatamente.

†**disavvenànte** [da *disavvenente* con influenza del corrispondente fr. *désavenant*] agg. ● (*raro*) Sconveniente.

disavvenènte [comp. di *dis-* (1) e *avvenente*; av. 1294] agg. ● (*raro*) Che manca di avvenenza, di bellezza | (*est.*) Spiacevole, sgradevole. ‖ †**disavvenenteménte**, avv.

disavvenènza [1869] s. f. ● (*raro*) Mancanza di avvenenza, di grazia.

†**disavvenévole** [da *disavvenire*; av. 1292] agg. ● Sconveniente.

†**disavveniménto** s. m. ● (*raro*) Avvenimento non favorevole.

†**disavvenire** [comp. di *dis-* (1) e *avvenire* (1); av. 1294] v. intr. ● Essere sconveniente, disdicevole.

disavventùra [comp. di *dis-* (1) e *avventura*; sec. XIII] s. f. ● Evento sfavorevole, contrarietà: *sono disavventure che capitano a tutti* | (*est.*) Disgrazia: *ci ha raccontato le sue disavventure* | *Per d.*, per mala sorte.

†**disavventurànza** [sec. XIII] s. f. ● Cattiva fortuna.

†**disavventuràto** [av. 1380] agg. ● Sventurato,

infelice. || †**disavventuratamènte**, avv. Per disgrazia.

†**disavventuróso** [av. 1349] agg. *1* Sventurato, infelice. *2* Infausto, sinistro, malaugurato. || †**disavventurosaménte**, avv. Disgraziatamente.

disavvertènza [comp. di *dis-* (*1*) e *avvertenza*; 1536] s. f. ● Mancanza di attenzione | (*est.*) Svista, errore dovuti a mancanza di attenzione: *commettere una grossa d.* SIN. Distrazione.

disavvertito [comp. di *dis-* (*1*) e *avvertito*] agg. ● (*raro*) Sbadato, incauto. || **disavvertitaménte**, avv. Sbadatamente.

disavvezzàre [comp. di *dis-* (*1*) e *avvezzare*; av. 1685] **A** v. tr. (*io disavvézzo*) ● (*raro*) Far perdere un'abitudine. SIN. Disabituare. **B** v. rifl. ● Liberarsi da un vizio, da un'abitudine e sim. SIN. Disabituarsi.

disavvézzo [comp. di *dis-* (*1*) e *avvezzo*; 1835] agg. ● Che ha perso, o non ha mai avuto, un'abitudine: *essere d. al fumo, a far tardi la sera.*

†**disbandire** [comp. di *dis-* (*1*) e *bandire*] v. tr. ● (*raro*) Bandire.

†**disbarattàre** [comp. di *dis-* (*1*) e *barattare* nel senso di 'sbaragliare'; sec. XIV] v. tr. ● Sconfiggere, sbaragliare.

disbarazzàre [comp. di *dis-* (*1*) sostituito al pref. *in-* di *imbarazzare*; av. 1729] v. tr. ● (*raro*) Sbarazzare.

†**disbarbàre** [comp. di *dis-* (*1*) e *barba* (*1*) 'radice'; sec. XIV] v. tr. ● Liberare dalle barbe | Sradicare (*anche fig.*).

†**disbarbicàre** [comp. di *dis-* (*1*) e *barbicare*; av. 1380] v. tr. ● Sbarbicare (*anche fig.*).

†**disbarcaménto** s. m. ● (*raro*) Sbarco.

disbarcàre [comp. di *dis-* (*1*) e *barca*; av. 1557] **A** v. tr. (*io disbàrco, tu disbàrchi*) ● (*raro*) Scaricare da una nave: *d. la merce.* **B** v. intr. (aus. *essere*) ● (*raro*) Scendere da una nave: *d. dopo un lungo viaggio.* SIN. Sbarcare.

disbàrco [da *disbarcare*; sec. XVII] s. m. (pl. *-chi*) ● (*raro, lett.*) Sbarco.

disbasia [vc. dotta, lat. *dysbasia*(*m*), comp. di *dis-* (*2*) e del gr. *básis* 'movimento'] s. f. ● (*med.*) Difficoltà della deambulazione.

disbassàre [comp. di *dis-* (*1*) e *basso*] v. tr. ● (*raro*) Abbassare, sbassare.

†**disbàttere** [comp. di *dis-* (*1*) e *battere*; av. 1597] **A** v. tr. ● Agitare con forza, sbattere. **B** v. rifl. ● Dibattersi, agitarsi.

†**disbendàre** [comp. parasintetico di *benda*, con il pref. *dis-* (*1*); av. 1828] v. tr. ● Liberare dalle bende, sbendare.

disborsàre [comp. parasintetico di *borsa* (*1*), col pref. *dis-* (*1*)] v. tr. (*io disbórso*) ● (*lett.*) Sborsare.

disbórso [da *disborsare*; 1692] s. m. ● (*raro*) Anticipazione di denaro fatta per conto d'altri | ***Essere, stare in d.***, attendere la restituzione di una somma prestata.

♦**disboscaménto** o **diboscaménto** [1688] s. m. ● Taglio degli alberi di un bosco o di una zona boscosa.

disboscàre o **diboscàre** [comp. parasintetico di *bosco*, col pref. *di-* (*1*); 1427] v. tr. (*io disbósco, tu disbòschi*) ● Tagliare e diradare gli alberi di un bosco o di una zona boscosa (*anche assol.*): *d. una montagna; non hanno ancora disboscato.*

†**disboscazióne** o †**diboscazióne** s. f. ● (*raro*) Disboscamento.

†**disbramàre** [comp. di *dis-* (*1*) e *bramare*; 1803] v. tr. ● (*lett.*) Appagare, soddisfare.

†**disbranàre** [comp. di *dis-* (*1*) e *brano*; av. 1375] v. tr. ● Sbranare.

†**disbrancàre** (**1**) [comp. parasintetico di *branca*, con il pref. *dis-* (*1*); av. 1912] **A** v. tr. ● Troncare le branche, i rami. **B** v. intr. pron. ● Dividersi in più rami, diramarsi.

†**disbrancàre** (**2**) [comp. di *dis-* (*1*) e *branco*; av. 1729] **A** v. tr. ● Fare uscire dal branco. **B** v. intr. pron. ● Uscire dal branco.

disbrigàre [comp. parasintetico di *briga*, col pref. *dis-* (*1*); 1313] **A** v. tr. (*io disbrìgo, tu disbrìghi*) *1* †Togliere dagli impacci, dagli impedimenti: *dimmi chi se', e s'io non ti disbrigo, / al fondo de la ghiaccia ir mi convegna* (DANTE *Inf.* XXXIII, 116-117). *2* (*raro*) Risolvere, sbrigare con sollecitudine: *d. una questione, un incarico urgente.* **B** v. rifl. ● (*lett.*) Liberarsi dagli impacci, dagli impedimenti | (*fig.*) Districarsi, togliersi da una situazione difficile.

disbrigo [da *disbrigare*; 1812] s. m. (pl. *-ghi*) ● Risoluzione, realizzazione rapida ed efficace: *il d. delle faccende domestiche, delle pratiche, degli affari, della corrispondenza d'ufficio.*

disbrogliàre [comp. di *dis-* (*1*) e *brogliare*] v. tr. (*io disbròglio*) ● (*raro*) Sbrogliare.

†**disbrunàre** [comp. di *dis-* (*1*) e *bruno*; 1618] v. tr. ● (*raro*) Rischiarare | (*raro, lett.*) Lucidare.

discacciaménto [1364] s. m. ● (*raro*) Il discacciare.

discacciàre o (*raro, poet.*) †**discazzàre** [comp. di *dis-* (*1*) e *cacciare*; av. 1292] v. tr. (*io discàccio*) ● (*lett.*) Mandare via, allontanare in malo modo: *discaccia le fetide arpìe / che non rapiscan le vivande mie* (ARIOSTO).

†**discacciatìvo** [av. 1563] agg. ● Atto a discacciare.

discacciàto [1294] **A** part. pass. di *discacciare*; anche agg. ● Nei sign. del v. **B** s. m. (f. *-a*) ● (*raro, lett.*) Esule.

†**discacciatóre** [av. 1547] s. m.; anche agg. (f. *-trice*) ● Chi (o Che) discaccia.

†**discadère** [comp. di *dis-* (*1*) e *cadere*; av. 1292] v. intr. ● Scadere, decadere, declinare.

†**discadiménto** [av. 1292] s. m. ● Decadimento, scadimento | Calo.

†**discagliàre** [comp. di *dis-* (*1*) e (*in*)*cagliare*] v. tr. ● Disincagliare.

discàle agg. ● (*med.*) Di un disco intervertebrale: *lesione d.*

†**discalzàre** [comp. di *dis-* (*1*) e *calzare*] **A** v. tr. *1* Scalzare, liberare dalle calzature. *2* (*fig.*) Corrodere nella parte inferiore. **B** v. rifl. ● Togliersi le calzature.

†**discàlzo** [sec. XII] agg. ● Scalzo | Povero e nudo.

†**discànso** [sp. *descanso* 'quiete, riposo', da *descansar* 'riposare'; av. 1543] s. m. ● Scampo, sicurezza.

†**discantàre** (**1**) [comp. di *dis-* (*1*) e (*in*)*cantare*; av. 1642] v. tr. ● Disincantare.

discantàre (**2**) [da *discanto*] v. intr. (aus. *avere*) ● (*mus.*) Eseguire o comporre un discanto.

discantista s. m. e f. (pl. m. *-i*) *1* Chi compone discanti. *2* Chi esegue la parte di discanto.

discànto [vc. dotta, lat. mediev. *discāntu*(*m*), calco sul gr. *diaphōnía* 'canto (*phōnḗ*) di traverso (*diá*)'; 1641] s. m. ● (*mus.*) Diafonia | Stile polifonico | La parte più acuta delle voci di una composizione polifonica.

†**discapezzàre** [comp. di *dis-* (*1*) e *capezzo*; sec. XIV] v. tr. ● Scapezzare | Decapitare.

†**discapitaménto** [1711] s. m. ● Scapito.

discapitàre [comp. di *dis-* (*1*) e *capitare*; av. 1449] v. intr. (*io discàpito*; aus. *avere*) ● (*raro*) Scapitare: *d. nella pubblica stima, nell'opinione degli altri.*

discàpito [da *discapitare*; 1642] s. m. *1* Scapito, svantaggio, danno: *fare qlco. a proprio d.* | ***Tornare a d.***, essere di danno. *2* †Disistima.

†**discarcàre** e *deriv.* ● V. *discaricare* e *deriv.*

†**discarceràre** [comp. di *dis-* (*1*) e *carcere*; 1869] v. tr. ● Scarcerare.

†**discargàre** ● V. *discaricare.*

discàrica [da *discaricare*; 1925] s. f. *1* Luogo in cui si scaricano i materiali di scarto provenienti da perforazioni, scavo di gallerie, fossati, e sim. | ***D. pubblica***, in cui si scaricano e si bruciano i rifiuti. *2* Sbarco del carico dalle navi mercantili.

†**discaricaménto** [av. 1311] s. m. ● Il discaricare.

discaricàre o (*lett.*) †**discarcàre**, †**discargàre** [lat. tardo *discarricāre*, comp. di *dis-* (*1*) e *carricāre* 'caricare'; 1300 ca.] **A** v. tr. (*io discàrico, tu discàrichi*) ● (*raro*) Scaricare: *d. una nave* | (*fig.*) Liberare da un onere morale, una responsabilità e sim. **B** v. rifl. ● (*raro*) Scaricarsi (*anche fig.*).

discàrico o (*lett.*) †**discàrco** [da *discaricare*; sec. XIV] s. m. (pl. *-chi*) *1* (*raro*) Scarico: *il d. delle merci.* *2* (*fig.*) Discolpa, giustificazione, difesa: *prove, argomenti a d.; ciò sarà a tuo d.* | ***A mio, tuo, suo d.***, a mia, tua, sua difesa | ***Testimone a d.***, che depone a favore dell'imputato. *3* †Rendimento di conti.

†**discarnàre** [comp. di *dis-* (*1*) e *carne*; 1313] **A** v. tr. ● Scarnare, scarnificare. **B** v. intr. e intr. pron. ● Diventare scarno, smagrito.

discàro [comp. di *dis-* (*1*) e *caro*; 1338 ca.] agg. ● (*raro, lett.*) Non caro, sgradito, sgradevole, usato spec. in espressioni negative: *voi non siete discara agli occhi miei* (GOLDONI) | ***Non vi sia d. accettare***, compiacetevi di accettare.

†**discassàre** [comp. parasintetico di *cassa*, con il pref. *dis-* (*1*)] v. tr. ● (*raro*) Scassinare.

†**discatenàre** [comp. parasintetico di *catena*, con il pref. *dis-* (*1*); sec. XV] v. tr. ● Liberare, sciogliere dalle catene.

†**discaunoscènza** ● V. †*disconoscenza.*

†**discavalcàre** [comp. di *dis-* (*1*) e *cavalcare*; sec. XIV] **A** v. tr. ● Gettare da cavallo. **B** v. intr. *1* Scendere da cavallo. *2* Staccare la bocca da fuoco dall'affusto.

†**discazzàre** ● V. *discacciare.*

†**discèdere** [vc. dotta, lat. *discēdere* 'allontanarsi, ritirarsi (*cēdere*) da (*dis*-)'; 1319] v. intr. (aus. *essere*) ● Andare via, allontanarsi: *quando verrà per cui questa disceda?* (DANTE *Purg.* XX, 15).

discendènte o †**descendènte** [sec. XIII] **A** part. pres. di *discendere*; anche agg. ● Che discende | ***Corsa d.***, nelle linee urbane di trasporto, quella che va dalla periferia al centro | (*dir.*) ***Linea d.***, nella parentela, rapporto intercorrente tra un soggetto e i parenti che da esso discendono (figli, nipoti, pronipoti) | (*mus.*) ***Nota d.***, che va dall'acuto al basso | (*ling.*) ***Dittongo d.***, il cui primo elemento è una vocale e il secondo è una semivocale (per es. *au* in *cauto*) | (*tipogr.*) ***Lettera d.***, ciascuna delle lettere che hanno un'asta che discende al di sotto della riga | ***Ritmo d.***, in metrica, quello dei metri e delle serie metriche che iniziano con la posizione forte | (*sport, raro*) ***Girone d.***, quello di ritorno | ***Handicap d.***, nel galoppo, corsa in cui l'handicap dal valore massimo assegnato al cavallo migliore decresce proporzionalmente per gli altri cavalli. **B** s. m. e f. *1* Chi trae origine da qlcu. per vincoli di sangue: *gli ultimi discendenti degli Incas.* *2* (*dir.*) Parente in linea discendente (figlio, nipote, pronipote). CONTR. Ascendente. **C** s. m. ● (*astrol.*) Punto che designa la cuspide tra la sesta e la settima casa astrologica.

discendènza o †**descendènza** [av. 1519] s. f. *1* Rapporto di parentela in linea discendente: *d. diretta.* *2* Complesso di coloro che provengono da un capostipite comune: *avere una numerosa d.* | ***D. di Adamo, d. umana***, il genere umano. *3* Nascita, origine: *vantare una nobile d.* | Stirpe: *d. antica, illustre.*

♦**discéndere** o **discèndere**, †**descéndere** [lat. *descĕndere*, comp. di *dē-* e *scăndere* 'salire'; av. 1292] **A** v. intr. (coniug. come *scendere*; aus. *essere*) *1* Scendere, andare giù: *d. dal monte, dai tetti; d. in un pozzo; d. a valle; Gesù Cristo discese in terra; Enea discese agli inferi* | †***D. in causa***, prendere le parti di uno dei contendenti | (*est.*) Smontare da un mezzo di locomozione: *d. dal treno, dal tram* | (*est.*) Sbarcare, approdare: *d. da una nave.* *2* Scendere a pendio, degradare: *il giardino discende fino alla strada; le colline discendono verso il piano* | Scorrere, scaturire verso il basso, detto di corso d'acqua: *il sacro Scamandro al pian discende* (CARDUCCI) | (*est., raro*) Sfociare. *3* Declinare all'orizzonte, tramontare: *il sole discende* | Abbassarsi: *la temperatura è discesa.* *4* (*fig.*) Avere origine: *d. da un'insigne schiatta; d. da nobile famiglia* | Venire come conseguenza, derivare: *da tali premesse non discende nessuna conclusione; da ciò che so discende che hai torto.* *5* (*fig., lett.*) Abbandonarsi, lasciarsi andare: *in tal dolor discese | che … / fu forza a disfogarlo* (ARIOSTO). **B** v. tr. *1* Scendere: *d. le scale.* *2* †Calare, abbassare.

discenderìa [da *discendere*; 1934] s. f. ● Galleria inclinata che collega due o più livelli di una miniera.

†**discendiménto** o †**descendiménto** s. m. ● Discesa | (*fig.*) Origine.

discensionàle [1970] agg. ● (*fis.*) Detto di velocità, forza, spinta, traslazione e sim. verso il basso, o di loro componente verticale.

†**discensióne** o †**descensióne** [vc. dotta, lat. *descensiōne*(*m*), da *descēnsus* 'discenso'; sec. XIV] s. f. ● Discesa | (*fig.*) Derivazione, origine.

discensìvo [da *discenso* nel senso di 'discesa'; av. 1673] agg. ● Che tende a discendere: *moto d.*

†**discénso** o †**descénso** [vc. dotta, lat. *descēnsu*(*m*), part. pass. di *descĕndere* 'discendere'; av. 1406] s. m. *1* Discesa. *2* Discendenza.

discensóre o †**descensóre** [da *discenso* nel senso di 'discesa' e 'discendenza'; av. 1406] s. m. *1* †Chi discende. *2* Nell'alpinismo, piccolo attrezzo agganciato alla vita dello scalatore che, facendo attrito sulle corde, ne frena la discesa. ➡ ILL.

p. 2160 SPORT.

discènte [lat. *discĕnte(m)*, part. pres. di *dĭscere* 'imparare'; av. 1303] **A** s. m. e f. ● (*lett.*) Chi impara | Discepolo, scolaro. **B** anche agg. ● (*raro, lett.*) Che impara: *uditori non discenti alle lezioni* (CARDUCCI) | ***Chiesa d.***, l'insieme dei fedeli che imparano le verità di fede.

discentraménto [av. 1883] s. m. ● (*raro*) Decentramento.

discentràre [comp. di *dis-* (*1*) e *centrare*; av. 1883] **A** v. tr. (*io discèntro* (o *-é-*)) **1** (*raro*) Togliere dal centro. **2** †Decentrare. **B** intr. pron. ● Spostarsi dal centro.

†**discepolàggio** [sec. XIV] s. m. ● Condizione di discepolo.

discepolànza [da *discepolo*; 1949] s. f. ● (*raro, lett.*) Discepolato: *il rapporto di d. tra i due si capovolse* (CALVINO).

discepolàto [vc. dotta, lat. tardo *discipulātu(m)*, da *discĭpulus* 'discepolo'] s. m. ● (*raro*) Stato, condizione di discepolo | Il periodo trascorso come discepolo.

discépolo (o *-è-*) o †**discipulo** [vc. dotta, lat. *discĭpulu(m)*, da *dĭscere* 'imparare'; 1286] s. m. (f. *-a*) **1** Chi studia sotto la guida e alla scuola altrui: *i maestri e i discepoli*. SIN. Allievo, alunno, scolaro. **2** Ciascuno degli Apostoli e degli altri convertiti che seguirono Gesù e predicarono la sua dottrina. **3** (*est.*) Chi segue l'insegnamento di un maestro famoso, anche in tempi posteriori: *i moderni discepoli di Kant* | Seguace: *un d. di Aristotele*. **4** †Apprendista, garzone di bottega.

†**discernènza** [av. 1294] s. f. ● Conoscenza.

discèrnere [vc. dotta, lat. *discĕrnere* 'scegliere (*cĕrnere*) separando (*dis-*)'; av. 1292] v. tr. (pass. rem. *io discernéi*, †*discèrsi*, *tu discernésti*; part. pass. †*discernùto*, †*discrèto*) **1** (*lett.*) Vedere distintamente: *d. una luce nel buio* | (*est.*) Riconoscere, ravvisare: *d. fra tanti un viso conosciuto*; *ragione e giudicio a d. e fuggire la disonestà* (ALBERTI). **2** Differenziare, distinguere: *d. il bene dal male* | (*est., raro*) Scegliere. **3** †Giudicare. **4** †Far conoscere.

†**discernévole** [1336 ca.] agg. ● Discernibile.

discernìbile [vc. dotta, lat. tardo *discernībile(m)*, da *discĕrnere* 'discernere'; av. 1583] agg. ● (*raro*) Che si può discernere. || **discernibilménte**, avv. (*raro*) In modo da potersi discernere, distinguere.

discerniménto [1300 ca.] s. m. **1** Capacità di giudicare rettamente: *essere privo, mancare di d.*; *persona di poco, di molto, di sottile d.*; *avere l'età del d.*; *agire con d.* SIN. Giudizio, senno. **2** †Distinzione, diversità.

†**discernìre** [1483] v. tr. ● Discernere.

†**discernitìvo** [av. 1698] agg. ● Atto a discernere.

discernitóre [1354] s. m.; anche agg. (f. *-trice*) ● (*raro*) Chi (o Che) discerne.

†**discèrpere** [vc. dotta, lat. *discĕrpere* 'prendere, strappare (*cărpere*) di qua e di là (*dis-*)'; av. 1327] **A** v. tr. ● Lacerare, stracciare. **B** v. intr. pron. ● (*raro*) Disfarsi.

discervellàrsi [comp. parasintetico di *cervello*, con il pref. *dis-* (*1*); 1940] v. intr. pron. (*io mi discervèllo*) ● (*raro, tosc.*) Scervellarsi.

♦**discésa** [da *disceso*; av. 1347] s. f. **1** Movimento verso il basso: *d. dai monti, da cavallo* | (*fig.*) Diminuzione, calo: *d. dell'inflazione* | Calata, invasione: *la d. dei barbari* | ***D. libera***, (*ellitt.*) ***libera***, nello sci, gara senza percorso obbligato tra la partenza e l'arrivo, salvo il passaggio tra eventuali porte di controllo | ***D. obbligata***, nello sci, quella in cui a ogni porta corrisponde un cambio di direzione, come nello slalom, slalom gigante e supergigante. **2** China, pendio: *una lunga d. segue i tornanti*; *la strada è in d.*; *alla pianura seguì la d.* CONTR. Salita. **3** Nel calcio e sim., azione veloce d'attacco verso la porta avversaria. **4** (*elettr.*) ***D. d'antenna***, conduttore, generalmente radiofonico o televisivo ricevente. **5** (*raro, fig.*) Decadenza, scadimento.

discesìsmo [1942] s. m. ● Specialità delle prove sportive di discesa con gli sci.

discesìsta [1935] s. m. e f. (pl. m. *-i*) ● Specialista nelle gare di discesa libera con gli sci | Corridore ciclista particolarmente abile nelle discese.

discéso [1308] part. pass. di *discendere*; anche agg. ● Nei sign. del v.

discettàre [vc. dotta, lat. *disceptāre* 'cercare di prendere (*captāre*), scartando (*dis-*) gli elementi superflui'; 1321] v. tr. (*io discètto*) **1** (*lett.* o *iron.*) Discutere, trattare, esaminare. **2** †Sopraffare | †Disperdere: *come subito lampo che discetti / li spiriti visivi* (DANTE).

discettatóre [vc. dotta, lat. *disceptatōre(m)*, da *disceptāre* 'discettare'; sec. XVI] s. m. (f. *-trice*) ● (*lett.*) Chi discetta.

discettazióne [vc. dotta, lat. *disceptatiōne(m)*, da *disceptāre* 'discettare'; av. 1363] s. f. ● (*lett.*) Ampia trattazione di un argomento | †Disputa, contesa.

†**disceveraménto** s. m. ● Separazione.

†**disceverànza** s. f. ● Separazione.

disceveràre o †**discevràre** [lat. parl. **dissepe-rāre*, comp. di *dis-* (*1*) e *seperāre*, var. di *separare*; av. 1292] v. tr. (*io discévero*) ● (*raro*) Sceverare, separare.

†**dischernìre** [comp. di *di-* (*1*) e *schernire*; av. 1342] v. tr. ● (*raro*) Schernire.

†**dischétto** (1) ● V. *deschetto*.

dischétto (2) s. m. **1** Dim. di *disco*. **2** Nel calcio, segno circolare sul terreno di gioco, a 11 metri dalla porta, indicante il punto su cui deve essere posto il pallone per il calcio di rigore. **3** (*ferr.*) Segnale di deviatoio. **4** (*elab.*) Disco magnetico in materiale plastico, contenuto in una custodia protettiva, per la registrazione di dati. SIN. Disco flessibile, floppy disk, minidisco.

†**dischiaràre** [comp. di *dis-* (*1*) e *chiaro*; av. 1292] v. tr. **1** Chiarire, spiegare, esporre. **2** Purificare, chiarificare.

†**dischiattàre** [comp. di *di(s)-* (*1*) e *schiatta*; 1313] v. intr. ● Tralignare, degenerare.

†**dischiavacciàre** [comp. di *dis-* (*1*) e *chiavaccio*; av. 1936] v. tr. **1** Aprire levando il chiavaccio. **2** Schiodare.

†**dischiavàre** (1) [comp. di *dis-* (*1*) e *chiavare* nel senso di 'inchiodare'; 1321] **A** v. tr. ● Schiodare. **B** v. intr. pron. ● (*fig.*) Staccarsi violentemente.

†**dischiavàre** (2) [comp. di *dis-* (*1*) e *chiave*; av. 1557] v. tr. ● (*raro*) Aprire con la chiave.

†**dischiavàre** (3) [comp. di *di(s)-* (*1*) e *schiavo*; 1618] v. tr. ● (*raro*) Liberare da schiavitù.

†**dischièdere** [comp. di *dis-* (*1*) e *chiedere*; av. 1729] v. tr. ● Rifiutare.

†**dischieràre** [comp. di *di(s)-* (*1*) e *schierare*; 1292] **A** v. tr. ● Fare uscire dalla schiera | Disordinare | (*lett.*) Discompagnare. **B** v. intr. pron. ● Uscire dalla schiera.

dischiodàre [comp. di *dis-* (*1*) e *chiodo*; 1534] v. tr. (*io dischiòdo*) ● (*raro*) Schiodare.

dischiomàre [comp. di *dis-* (*1*) e *chioma*; 1313] v. tr. (*io dischiòmo*) ● (*lett.*) Privare dei capelli strappandoli: *Perché tu mi dischiomi, / né ti dirò ch'io sia, né mosterrolti, / se mille fiate in sul capo mi tomi* (DANTE *Inf.* XXXII, 100-102).

dischiùdere [lat. *disclūdere*, comp. di *dis-* (*1*) e *clāudere* 'chiudere'; 1260 ca.] **A** v. tr. (coniug. come *chiudere*) **1** (*lett.*) Aprire, schiudere: *d. la bocca, gli occhi, le dita*. **2** (*fig., lett.*) Scoprire, svelare, manifestare: *La prova che 'l ver mi dischiude* (DANTE *Par.* XXIV, 100). **3** †Escludere, rimuovere. **4** †Emettere, mandar fuori | Far scaturire (*anche fig.*). **B** v. intr. pron. ● (*lett.*) Aprirsi: *la porta si dischiuse*.

†**dischiumàre** [comp. di *dis-* (*1*) e *schiuma*; sec. XIV] v. tr. ● Togliere la schiuma.

dischiùso [av. 1595] part. pass. di *dischiudere*; anche agg. ● (*lett.*) Parzialmente aperto.

†**disciferàre** ● V. *discifrare*.

discifórme [comp. del lat. *dĭsci*, genit. di *dĭscus* 'disco' e *-forme*] agg. ● (*bot.*) Che ha forma di disco.

discifràre o †**disciferàre** [comp. di *dis-* (*1*) e *cifrare*; av. 1568] v. tr. ● (*raro, lett.*) Decifrare | (*est.*) Chiarire.

†**disciglìàre** [comp. parasintetico di *ciglia*, con il pref. *dis-* (*1*); 1561] v. tr. ● Scucire le ciglia al falcone da caccia. CONTR. Accigliare.

†**discìgnere** ● V. *discingere*.

†**discìndere** [vc. dotta, lat. *discĭndere*, comp. di *dis-* (*1*) e *scĭndere* 'scindere'; 1441] v. tr. ● Scindere, fendere, squarciare.

discinesìa /diʃʃine'zia, disʧi-/ [comp. di *dis-* (*1*) e del gr. *kínēsis* 'movimento'; 1820] s. f. ● (*med.*) Mancanza di coordinazione nel ritmo e nell'intensità dei movimenti muscolari volontari o involontari.

discinètico /diʃʃi'nɛtiko, disʧi-/ [1970] **A** agg. (pl. m. *-ci*) ● (*med.*) Di, relativo a discinesia. **B** agg.; anche s. m. (f. *-a*) ● (*med.*) Che (o Chi) è affetto da discinesia: *bambino d.*; *ospedale per discinetici*.

discìngere o †**discìgnere** [vc. dotta, lat. *discĭngere*, comp. di *dis-* (*1*) e *cĭngere* 'cingere'; av. 1333] **A** v. tr. (coniug. come *cingere*) ● (*lett.*) Togliere dal fianco ciò che lo cinge: *d. la spada* | (*est., raro, lett.*) Liberare da ciò che lega, cinge, o sim. **B** v. rifl. ● †Sciogliersi le vesti.

discìnto [vc. dotta, lat. *discĭnctu(m)*, part. pass. di *discĭngere* 'discingere'; av. 1292] agg. **1** Di persona che è vestita in modo succinto e scomposto: *apparve tutta discinta*. **2** (*lett.*) Vestito miseramente: *levata era a filar la vecchierella, / discinta e scalza* (PETRARCA).

disciògliere o †**disciòrre** [comp. di *di(s)-* (*1*) e *sciogliere*; sec. XIII] **A** v. tr. (coniug. come *sciogliere*) **1** (*lett.*) Disfare ciò che lega, stringe, ferma e sim. (*anche fig.*): *d. i capelli* | (*est.*) Liberare da lacci, da legami (*anche fig.*): *d. una borsa*; *d. le membra* | (*raro*) Districare: *d. un groviglio, una questione*. **2** (*lett.*) Separare, distaccare | †Spezzare, rompere, distruggere. **3** Ridurre allo stato liquido: *il calore discioglie la neve* | Stemperare: *d. una polvere nel latte, una compressa in un po' d'acqua*. **B** v. intr. pron. ● Sciogliersi, liquefarsi: *il ferro si discioglie col fuoco*. **C** v. rifl. ● (*lett.*) Liberarsi da ciò che lega, stringe e sim. (*anche fig.*).

†**disciogliévole** [av. 1673] agg. **1** Che si può sciogliere. **2** (*fig.*) Confutabile.

discioglìménto [sec. XIV] s. m. ● (*raro*) Scioglimento.

†**discioglitóre** [1657] s. m.; anche agg. (f. *-trice*) ● Chi (o Che) discioglie (*spec. fig.*).

disciòlto [1294] part. pass. di *disciogliere*; anche agg. **1** Sciolto. **2** ***Terreno d.***, facile da lavorare. || **discioltaménte**, avv. **1** †Scioltamente. **2** (*fig.*) Sfrenatamente; dissolutamente.

†**discioltùra** [1528] s. f. ● Scioglimento | Sveltezza, scioltezza delle membra.

†**disciòrre** ● V. *disciogliere*.

†**discipàre** e *deriv.* ● V. *dissipare* e *deriv.*

†**discipitézza** [da *discipito*; sec. XIV] s. f. ● Scipitezza.

†**discìpito** [da *scipito* con *di-* (*1*) (?); sec. XIV] agg. ● Scipito.

disciplìna o (*raro, dial.*) †**disciprìna** [vc. dotta, lat. *disciplīna(m)*, originariamente 'insegnamento, educazione', da *dĭscere* 'imparare'; 1308] s. f. **1** (*lett.*) Insegnamento, ammaestramento (*anche fig.*): *la d. del sacrificio* | (*est.*) Materia di studio e d'insegnamento: *discipline giuridiche, filosofiche, artistiche* | (*est.*) Ramo del sapere: *essere dotto in varie discipline* | Settore di attività sportive: *le discipline della corsa, della marcia e dei salti*; *discipline nordiche* (le gare di sci nordico; V. *sci* nel sign. 2) | †Maestria. **2** Complesso di norme che regolano rigorosamente il comportamento di un individuo, di un gruppo di individui o di un ente: *d. di partito, scolastica, morale*; *mantenere la d.*; *d. militare* | (*est.*) Obbedienza a tali norme: *imporsi la d.* | ***Tenere la d.***, farla osservare | (*dir.*) Complesso di precetti giuridici riguardanti un determinato settore dell'ordinamento giuridico: *d. civilistica*; *d. del collocamento* | (*relig.*) Regolamento che riguarda il governo e i riti della Chiesa o di un ordine religioso. **3** (*ant.*) Mazzo di funicelle con nodi, usato, in alcuni ordini religiosi, per la flagellazione penitenziale | (*raro, lett.*) Correzione, pena, castigo. **4** Pianta erbacea delle Poligonacee con fiori rossi raccolti in fitte spighe (*Polygonum orientale*).

disciplinàbile [vc. dotta, lat. tardo *disciplinābi-le(m)*, da *disciplīna* 'disciplina'; av. 1498] agg. ● Che si può disciplinare | Che si può assoggettare alla disciplina: *truppa d.*

†**disciplinabilità** s. f. ● Condizione di chi è disciplinabile.

disciplinàle [1354] agg. ● Proprio della disciplina.

disciplinaménto s. m. ● (*raro*) Sottomissione a una disciplina.

disciplinàre (1) o (*raro, dial.*) †**discriprinàre** [da *disciplina*; 1300 ca.] **A** v. tr. **1** (*lett.*) Ammaestrare, erudire, insegnare | Ammaestrare un animale. **2** Sottoporre, assuefare alla disciplina: *d. una scolaresca irrequieta, un battaglione di soldati*. **3** (*dir.*) Regolare con norme di condotta: *d. con leggi la materia sanitaria* | (*est.*) Regolare secondo determinate norme, principi, sistemi e sim.: *d. il traffico dei veicoli* | (*fig.*) Frenare, controllare: *d. i propri istinti.* **4** (*ant.*) Percuotere con la disciplina, flagellare: *d. il corpo* | (*est.*) †Castigare, punire. **B** v. rifl. ● Imporsi una disciplina: *disciplinarsi con la volontà.*

disciplinàre (**2**) [vc. dotta, lat. tardo *disciplināre(m)*, da *disciplīna* 'disciplina'; 1569] **A** agg. ● Che si riferisce alla disciplina: *provvedimento d.* | **Potere d.**, potere, del datore di lavoro o del superiore gerarchico, di infliggere sanzioni. || **disciplinarménte**, avv. Secondo la disciplina. **B** s. m. **1** (*dir.*) Capitolato d'oneri. **2** Documento contenente le modalità di svolgimento di un'attività o le caratteristiche di un prodotto: *d. di vendita*; *d. del vino Barolo.*

•**disciplinàta** [av. 1694] s. f. ● Colpo dato con la disciplina.

disciplinatézza [1862] s. f. ● (*raro*) Caratteristica di chi (o di ciò che) è disciplinato.

disciplinàto [av. 1306] **A** part. pass. di *disciplinare* (*1*); anche agg. **1** Che osserva la disciplina: *un alunno d.* **2** Che si svolge con ordine, col rispetto delle norme stabilite: *traffico intenso ma d.* || **disciplinataménte**, avv. Secondo le regole della disciplina: *comportarsi disciplinatamente.* **B** s. m. ● Membro delle compagnie religiose o laiche che praticavano, nel XIII sec., la flagellazione penitenziale e l'ascesi pubblica. SIN. Flagellante.

disciplinatóre [1490 ca.] s. m.; anche agg. (f. *-trice*) ● (*raro, lett.*) Chi (o Che) disciplina.

•**disciplinévole** [var. pop. di *disciplinabile*; av. 1406] agg. ● Disciplinabile.

†**disciprina** ● V. *disciplina.*

†**disciprinàre** ● V. *disciplinare* (*1*).

†**discìpulo** ● V. *discepolo.*

discissióne [vc. dotta, lat. *discissiōne(m)*, da *discĭssus*, part. pass. di *discĭndere* '†discindere'] s. f. ● (*med.*) Separazione, dissezione.

•†**discìsso** [av. 1827] part. pass. di †*discindere*; anche agg. ● (*lett.*) Nei sign. del v.

disc jockey /disk'dʒɔkei, *ingl.* 'dɪsk,dʒɒki/ [loc. dell'ingl. d'America, propr. 'fantino del disco' (V. *jockey*); 1956] loc. sost. m. e f. inv. (pl. ingl. *disc jockeys*) ● Chi seleziona e presenta dischi di musica leggera in trasmissioni radiofoniche e televisive o nelle discoteche.

•**disco** (**1**) [vc. dotta, lat. *dĭscu(m)*, dal gr. *dískos*, deriv. di *dikêin* 'gettare', di etim. incerta; 1551] s. m. (pl. *-schi*) **1** Corpo piatto di forma circolare: *un d. metallico*; *d. orario* | **D. combinatore**, negli apparecchi telefonici, disco rotante con il quale vengono inviati gli impulsi elettrici per la formazione del numero desiderato | **D. dell'elica**, porzione circolare di un piano delimitata dalle estremità delle pale in rotazione | (*elab.*) **D. magnetico**, disco con la superficie magnetizzabile, che fa da supporto per il trattamento e l'archiviazione dei dati | (*elab.*) **D. rigido**, **fisso**, dispositivo costituito da una pila di dischi magnetici, gener. metallici e sigillati all'interno di un contenitore, dotato di un dispositivo di lettura e scrittura. SIN. Hard disk | **D. flessibile**, dischetto | **D. ottico**, compact disc | **D. volante**, veicolo aereo o spaziale di forma appiattita di cui sarebbero stati avvistati parecchi esemplari e al quale si attribuisce provenienza extraterrestre. **2** (*anat.*) Anello fibroso interposto fra due capi articolari | **Ernia del, al d.**, lussazione di un disco compreso fra due corpi vertebrali. **3** Piastra circolare, sottile in materiale termoplastico in cui sono registrate informazioni sonore sotto forma di un solco: *d. fonografico*, *d. ottico* | **D. microsolco**, V. *microsolco* | **Cambiare d.**, (*fig.*) cambiare argomento di discorso | (*est.*) Ciò che è inciso sul disco: *ascoltare un d. di rock.* CFR. Compact disc. **4** Attrezzo circolare a forma biconvessa, un tempo in pietra o metallo, ora di legno con centro metallico e orlo assottigliato e rivestito di lamina, che si lancia in gare di atletica: *lancio del d.* | (*est., ellitt.*) La specialità stessa | Piastra di gomma dura usata nell'hockey su ghiaccio | Nel sollevamento pesi, piastra forata di vario peso e materiale da applicare al bilanciere. ➡ ILL. p. 2147 SPORT. **5** Il cerchio secondo il quale appaiono alcuni astri: *d. solare, lunare, planetario.* **6** Segnale meccanico spec. ferroviario, le cui indicazioni sono ottenute mediante la rotazione di una lama circolare, variamente visualizzata, intorno a un asse | **D. verde**, (*fig.*) via libera, assenza di ostacoli al compimento o al proseguimento di un'azione | **D. rosso**, (*fig.*) ostacolo, impedimento. **7** (*bot.*) **D. del capolino**, la parte centrale dell'infiorescenza delle Composite che porta i fiori tubulosi e ha margine circolare | **D. fiorale**, la modificazione in alcuni fiori di una parte del ricettacolo. || **discàccio**, pegg. | **dischettino**, dim. | **dischétto**, dim. (V.).

disco (**2**) [1986] s. f. inv. **1** Accorc. di *disco-music.* **2** Accorc. di *disco-dance.* **3** Accorc. di *discoteca.*

discòbolo [vc. dotta, lat. *discŏbolu(m)*, dal gr. *diskobólos*, comp. di *dískos* 'disco' e del v. *bállein* 'lanciare'; 1631] s. m. (f. *-a*) ● Nell'atletica antica e moderna, lanciatore di disco.

discoccàre [comp. di *dis-* (*1*) e *cocca* (*3*); 1308] v. tr. e intr. (*io discòcco* o *discócco, tu discòcchi* o *discócchi*; aus. *essere*) ● (*lett.*) Scoccare, scagliare.

disco-dance /disko'dens, *ingl.* 'dɪskəʊ,dæːns/ [comp. di *disco* e dell'ingl. *dance* 'ballo, danza'; 1983] s. f. inv. ● Ballo da discoteca.

discòfilo [comp. di *disco* nel sign. 3 e *-filo*; 1942] s. m. (f. *-a*) ● Chi è appassionato di dischi di musica e ne fa raccolta.

Discòfori s. m. pl. ● (*zool.*) Irudinei.

discòforo [vc. dotta, lat. tardo *discŏphoru(m)*, dal gr. *diskophóros* 'colui che porta (dal v. *phérein*) un disco (*dískos*)'] s. m. ● Nella statuaria classica, atleta che porta un disco.

discoglòsso [vc. dotta, comp. del gr. *dískos* 'disco' e *glôssa* 'lingua'] s. m. ● Anfibio anuro simile alla rana con lingua non protrattile a forma discoidale (*Discoglossus pictus*).

discografìa [comp. di *disco* nel sign. 3 e *-grafia*; 1963] s. f. ● Tecnica di registrazione sonora su dischi musicali | Produzione di dischi musicali | Elenco di dischi musicali.

discogràfico [1963] **A** agg. (pl. m. *-ci*) ● Di, relativo a discografia o disco musicale: *registrazione discografica*; *casa discografica.* **B** s. m. (f. *-a*) **1** Chi lavora nell'industria del disco. **2** Industriale del disco.

discoiàre ● V. *discuoiare.*

discoidàle [1906] agg. ● Che ha forma di disco.

discòide [vc. dotta, gr. *diskoeidḗs* 'che ha la forma (*êidos*) di un disco (*dískos*)'; 1820] **A** agg. ● Discoidale. **B** s. m. ● Compressa medicinale in forma di piccolo disco.

discoidèo [1835] agg. ● Discoidale.

discoleggiàre [da *discolo*] v. intr. (*io discoléggio*; aus. *avere*) ● (*raro*) Comportarsi da discolo.

discolìa [comp. di *dis-* (*1*) e del gr. *cholḗ* 'bile', di orig. indeur.] s. f. ● (*med.*) Alterazione nella composizione della bile.

discolibro [comp. di *disco* e *libro*; 1965] s. m. (pl. *discolibri* o *dischilibri*) ● Libro corredato di uno o più dischi a complemento del testo scritto.

†**discollàto** (**1**) [da *incollato* per sostituzione del pref. *dis-* (*1*) a *in-*; 1937] s. m. ● (*mar.*) Nelle antiche navi a vela, la parte in legno che corre da poppa a prua su ciascun lato e serve da parapetto | **Fregio del d.**, insieme di dentelli o cordoni che ornano la parte esteriore del parapetto.

†**discollàto** (**2**) [comp. di *dis-* (*1*) e (*ac*)*collato*; sec. XIV] agg. ● Aperto sul collo.

†**discolleganza** [av. 1642] s. f. ● Disunione, sconnessione.

discollegàre [comp. di *dis-* (*1*) e *collegare*; av. 1537] v. tr. (*io discollégo, tu discolléghi*) ● Sconnettere, disunire.

dìscolo [vc. dotta, lat. tardo *dȳscolu(m)*, dal gr. *dýskolos* 'difficile, spiacevole', opposto a *éukolos* 'facile', di etim. incerta; av. 1375] **A** agg.; anche s. m. (f. *-a*) ● (*raro, disus.*) Che (o Chi) ha costumi riprovevoli, conduce vita scapestrata e sim.: *uomini discoli* | (*est.*) Che (o Chi) si dimostra eccessivamente vivace, insofferente di disciplina e sim.: *ragazzo d.*; *un gruppo di discoli.* **B** agg. **1** †Difficile a contentare. **2** †Rozzo, illetterato: *io ... come uomo d. e grosso, mi proposi di scrivere la presente opera* (SACCHETTI). || **discolàccio**, pegg. | **discolétto**, dim.

†**discoloraménto** [1525] s. m. ● Scoloramento.

discoloràre [comp. di *dis-* (*1*) e *colorare*; 1319] **A** v. tr. (*io discolóro*) ● (*lett.*) Privare del colore o attenuarne l'intensità. **B** v. intr. pron. ● (*lett.*) Perdere il colore | Impallidire.

†**discolorazióne** [sec. XIV] s. f. ● Mancanza di colore | Pallidezza.

discolorire [comp. di *dis-* (*1*) e *colorire*; 1294] v. tr. e intr. (*io discolorìsco, tu discolorìsci*) ● (*raro, lett.*) Scolorire.

discólpa [da *discolpare*; av. 1604] s. f. ● Dimostrazione che libera o tende a liberare da una colpa: *la sua d. non è stata accettata* | Giustificazione, scusa: *ciò che ha fatto non ha alcuna d.*; *testimonianze a d. di qlcu.*; *non ha nulla da dire in sua d.*

discolpàre [comp. parasintetico di *colpa* col pref. *dis-* (*1*); 1319] **A** v. tr. (*io discólpo*) ● Difendere da un'accusa o da un sospetto dimostrando la mancanza di colpa: *l'ignoranza non ti discolpa*; *lo discolparono dall'accusa di aver rubato.* SIN. Giustificare, scagionare. **B** v. rifl. ● Giustificarsi, difendersi da un'accusa: *si discolpò di avere disobbedito.*

†**discolpazióne** [1619] s. f. ● Discolpa.

†**discómbere** o †**discùmbere** [vc. dotta, lat. *discŭmbere*, comp. di *dis-* nel senso di 'attraverso', raff. del v. non attestato *cŭmbere* 'giacere'; av. 1470] v. intr. ● Giacere a mensa.

disco mix /'disko miks, *ingl.* 'dɪskəʊ,mɪks/ [vc. ingl., comp. di *disco* 'discoteca' e *mix* 'mescolanza'; 1992] s. m. inv. (pl. ingl. *disco mixes*) ● Disco prodotto per le discoteche contenente brani missati con speciali effetti sonori.

†**discommésso** [av. 1625] part. pass. di *discommettere*; anche agg. ● Nei sign. del v.

discomméttere [comp. di *dis-* (*1*) e *commettere* 'mettere insieme, unire'] **A** v. tr. (coniug. come *mettere*) ● (*raro*) Sconnettere, disunire, disfare. **B** v. intr. pron. ● (*raro*) Disunirsi, disfarsi.

†**discomodàre** [da *discomodo*; av. 1595] **A** v. tr. ● Dare incomodo. **B** v. rifl. ● Scomodarsi.

†**discomodità** [av. 1595] s. f. ● Scomodo, disagio.

†**discòmodo** [comp. di *dis-* (*1*) e *comodo* (*2*); av. 1587] s. m. ● Incomodo, disagio.

discompagnàbile [av. 1729] agg. ● (*raro*) Che si può discompagnare.

†**discompagnaménto** s. m. ● (*raro*) Scompagnamento.

discompagnàre [comp. di *dis-* (*1*) e *compagno*; 1308] **A** v. tr. ● (*raro, lett.*) Scompagnare, disgiungere, cose o persone solitamente unite. **B** v. intr. pron. ● (*raro, lett.*) Separarsi.

†**discomponiménto** [comp. di *dis-* (*1*) e *componimento*; 1614] s. m. ● Il discomporre.

discompórre [comp. di *dis-* (*1*) e *comporre*; 1628] v. tr. (coniug. come *porre*) ● (*raro*) Disfare, scomporre, separare: *d. un tutto, le parti di un tutto* | (*fig.*) Turbare, agitare: *d. l'armonia.*

†**discompostézza** [comp. di *dis-* (*1*) e *compostezza*] s. f. ● Mancanza di compostezza, di decoro.

discompósto [sec. XIV] part. pass. di *discomporre*; anche agg. ● Nei sign. del v.

disco-music /disko'mjuzik, *ingl.* 'dɪskəʊ,mjuːzɪk/ [comp. di *disco* e dell'ingl. *music* 'musica'; 1979] s. f. inv. ● Tipo di musica leggera in voga dalla seconda metà degli anni '70 del Novecento, caratterizzata da una base sonora dirompente che la rende adatta a essere suonata e ballata nelle discoteche.

†**disconcentràre** [comp. di *dis-* (*1*) e *concentrare*] v. tr. ● (*raro*) Decentrare.

†**disconcertàre** [comp. di *dis-* (*1*) e *concertare*; 1628] **A** v. tr. ● Sconvolgere, sconcertare. **B** v. intr. pron. ● Turbarsi, emozionarsi.

†**disconcèrto** [1614] s. m. ● (*raro*) Sconcerto.

†**disconchiùdere** ● V. †*disconcludere.*

†**disconchiùso** ● V. †*disconcluso.*

†**disconciaménto** s. m. ● Sconcio.

†**disconciàre** [comp. di *dis-* (*1*) e *conciare*] v. tr. ● Sconciare, guastare, danneggiare.

†**discóncio** [da *disconci(at)o*, part. pass. di *disconciare*; av. 1294] **A** agg. (pl. f. *-ce*) ● Scomposto, disacconcio. | Non conveniente: *comportarsi in modo d.* | Turpe, sconcio: *i rei appetiti e le disconce voglie* (BARTOLI). || †**disconciaménte**, avv. Sconciamente. **B** s. m. **1** Sconcio. **2** Danno, aggravio.

†**disconcità** o †**disconcitàde**, †**disconcitàte** [sec. XIV] s. f. ● Sconcezza.

†**disconclùdere** o †**disconchiùdere** [comp. di *dis-* (*1*) e *concludere*; av. 1588] v. tr. ● (*raro*) Sciogliere ciò che fu concluso: *d. un contratto.*

†**disconclùso** o †**disconchiùso** [av. 1565] part. pass. di †*disconcludere*; anche agg. ● Nei sign. del v.

†**disconcòrde** [comp. di *dis-* (*1*) e *concorde*] agg. ● Discorde.

†**disconcòrdia** [sec. XIII] s. f. ● Discordia.

†**disconfacévole** [av. 1625] **agg.** ● Disdicevole.
†**disconfàrsi** [comp. di *dis-* (*1*) e *confarsi*; av. 1673] **v. intr. pron.** (difett. del **part. pass.** e dei tempi composti, coniug. come *fare*) ● Non confarsi, non convenire.
†**disconfermàre** [comp. di *dis-* (*1*) e *confermare*; 1993] **v. tr.** ● Disdire ciò che si è confermato.
disconfessàre [comp. di *dis-* (*1*) e *confessare*; 1308] **v. tr.** (*io disconfèsso*) ● (*lett.*) Astenersi dal confessare, dal rivelare | †Negare, sconfessare.
†**disconfessióne** **s. f.** ● Sconfessione.
†**disconfidànza** [1657] **s. f.** ● Diffidenza.
†**disconfidàre** [comp. di *dis-* (*1*) e *confidare*; sec. XV] **v. intr.** e **intr. pron.** ● Diffidare, sconfidare.
†**disconfidènte** **agg.** ● Diffidente.
†**disconfidènza** [sec. XIV] **s. f.** ● Diffidenza.
†**disconfìggere** [da *sconfiggere* con sostituzione di pref. rafforzativo; sec. XIII] **v. tr.** ● Sconfiggere | Distruggere.
†**disconfìtta** [1548] **s. f.** ● Sconfitta.
†**disconfìtto** [sec. XIV] **part. pass.** di †*disconfiggere*; anche **agg.** ● Nei sign. del v.
†**disconformàre** [da *disconforme*] **v. tr.** ● Non conformare.
†**disconformazióne** [1958] **s. f.** ● Mancanza di conformità.
†**disconfórme** [comp. di *dis-* (*1*) e *conforme*; sec. XIV] **agg.** ● Mal conforme, disadatto.
†**disconfortànza** [av. 1276] **s. f.** ● Sconforto.
disconfortàre [comp. di *dis-* (*1*) e *confortare*; av. 1294] **A** **v. tr.** (*io disconfòrto*) *1* (*raro, lett.*) Addolorare, sconfortare. *2* †Dissuadere, distogliere, sconsigliare. **B** **v. intr. pron.** ● (*lett.*) Perdersi d'animo.
†**disconfòrto** [av. 1294] **s. m.** ● Sconforto: *se tu me lasci a tal guisa morire, / ancor n'avrai gran pena e d.* (BOIARDO).
†**discongiùgnere** e *deriv.* ● V. †*discongiungere* e *deriv.*
†**discongiùngere** o †**discongiùgnere** [comp. di *dis-* (*1*) e *congiungere*; av. 1628] **v. tr.** ● Disgiungere, separare.
†**discongiungiménto** o †**discongiugniménto** [av. 1729] **s. m.** ● Disgiungimento.
†**discongiùnto** [av. 1578] **part. pass.** di †*discongiungere*; anche **agg.** ● Nei sign. del v.
disconnessióne **s. f.** ● Il disconnettere | (*tel.*) Interruzione di un collegamento.
disconnèsso o **disconnésso** **part. pass.** di *disconnettere*; anche **agg.** ● (*raro, lett.*) Nei sign. del v.
disconnèttere o **disconnéttere** [comp. di *dis-* (*1*) e *connettere*; 1956] **A** **v. tr.** (coniug. come *connettere*) *1* (*lett.*) Separare ciò che è connesso, unito. *2* (*tel.*) Togliere un collegamento. **B** **v. rifl.** ● Uscire da una connessione: *disconnettersi da Internet*.
disconoscènte [av. 1294] **part. pres.** di *disconoscere*; anche **agg.** ● (*lett.*) Che non sente riconoscenza. **SIN.** Ingrato.
†**disconoscènza** o †**discaunoscènza** [av. 1250] **s. f.** *1* Sconoscenza. *2* Ignoranza.
disconóscere [comp. di *dis-* (*1*) e *conoscere*; av. 1348] **v. tr.** (coniug. come *conoscere*) *1* Rifiutarsi di riconoscere | ***D. una scrittura***, negarne l'autenticità | (*dir.*) ***D. un figlio***, proporre azione di disconoscimento della paternità. *2* Non mostrarsi grato di qlco.: *d. i benefici ricevuti*.
disconosciménto [av. 1855] **s. m.** ● Il disconoscere | (*dir.*) ***Azione di d. della paternità***, concessa al presunto padre, alla madre e al figlio divenuto maggiorenne per vincere la presunzione di paternità che la legge attribuisce al marito.
disconosciùto [av. 1294] **part. pass.** di *disconoscere*; anche **agg.** *1* (*raro*) Nei sign. del v. *2* Misconosciuto.
†**disconsentiménto** [sec. XIV] **s. m.** ● Dissenso.
†**disconsentìre** [comp. di *dis-* (*1*) e *consentire*; sec. XIV] **v. intr.** ● Dissentire.
†**disconsenziènte** [1657] **part. pres.** di *disconsentire*; anche **agg.** ● Nei sign. del v.
†**disconsideràre** [comp. di *dis-* (*1*) e *considerare*; av. 1729] **v. tr.** ● Non considerare.
†**disconsigliaménto** [sec. XIV] **s. m.** ● Dissuasione.
disconsigliàre [comp. di *dis-* (*1*) e *consigliare*; av. 1557] **v. tr.** (*io disconsiglio*) ● (*lett.*) Sconsigliare, dissuadere.
†**disconsigliatóre** [sec. XIV] **s. m.**; anche **agg.** (f. *-trice*) ● (*raro*) Chi (o Che) disconsiglia.
†**disconsolàre** [comp. di *dis-* (*1*) e *consolare* (*1*); av. 1389] **v. tr.** ● Sconsolare.
†**discontentaménto** **s. m.** ● (*raro*) Scontentezza.
†**discontentàre** [da *discontento*; av. 1729] **v. tr.** ● Scontentare.
†**discontentézza** [1554] **s. f.** ● Scontentezza, infelicità.
discontènto [comp. di *dis-* (*1*) e *contento*; 1340] **agg.**; anche **s. m.** ● (*raro, lett.*) Scontento, insoddisfatto.
†**discontinovo** e *deriv.* ● V. *discontinuo* e *deriv.*
†**discontinuàre** [comp. di *dis-* (*1*) e *continuare*; 1308] **A** **v. tr.** ● Non continuare, interrompere. **B** **v. intr. pron.** ● Perdere la propria continuità | Disperdersi.
†**discontinuazióne** o †**discontinovazióne** [av. 1588] **s. f.** ● Discontinuità.
discontinuità [1612] **s. f.** *1* Caratteristica, proprietà di chi (o di ciò che) è discontinuo: *studia con eccessiva d.* *2* Mancanza di continuità | Interruzione | (*geol.*) ***Superfici di d.***, superfici che separano i diversi involucri concentrici dell'interno del globo terrestre | (*geol.*) ***D. di Mohorovičić***, cambiamento di velocità delle onde sismiche che si verifica in media a 35 km di profondità nella Terra ed è preso come limite convenzionale di separazione tra crosta e mantello. ➡ **ILL.** p. 2130 SCIENZE DELLA TERRA ED ENERGIA.
discontìnuo o †**discontinovo** [comp. di *dis-* (*1*) e *continuo*; 1499] **agg.** *1* Non continuo, non uguale: *lavoro, rendimento d.* | Disgiunto, interrotto: *linee discontinue*. *2* (*mat.*) Non continuo. *3* (*fig.*) Che mostra incoerenza, mancanza di regolarità: *carattere d.*; *atleta d. nel rendimento*; *essere d. nel lavoro, nello studio*. || **discontinuaménte**, **avv.** In modo discontinuo, senza regolarità.
disconvenévole [comp. di *dis-* (*1*) e *convenevole*; sec. XIII] **agg.** *1* (*raro*) Sconveniente, sconvenevole. *2* †Inadatto. *3* †Eccessivo: *disordinate immagini, e … disconvenevoli digressioni* (MURATORI). || †**disconvenevolménte**, **avv.** In modo sconveniente.
†**disconvenevolézza** [1505] **s. f.** ● Sconvenienza.
disconveniènte [av. 1406] **part. pres.** di *disconvenire*; anche **agg.** ● (*lett.*) Nei sign. del v. || **disconvenienteménte**, **avv.** (*raro*) In modo sconveniente.
disconveniènza o †**disconveniènzia** [vc. dotta, lat. tardo *disconveniĕntia(m)*, da *disconvenīre* 'disconvenire'; av. 1304] **s. f.** *1* (*lett.*) Sconvenienza. *2* (*lett.*) Disarmonia: *solamente si ride di quelle cose che hanno in sé disconvenienzia* (CASTIGLIONE) | †Diversità.
disconvenìre [comp. di *dis-* (*1*) e *convenire*; av. 1257] **v. intr.** e **intr. pron.** (coniug. come *venire*; aus. *essere*; anche **impers.**) *1* (*lett.*) Essere sconveniente, disdicevole. *2* (*raro, lett.*) Discordare, dissentire: *disconvengo dalle tue opinioni*.
discopatìa [comp. di *disco* nel sign. 2 e di *-patia*] **s. f.** ● (*med.*) Qualsiasi condizione patologica di un disco intervertebrale.
†**discopèrta** o †**discovèrta** [av. 1557] **s. f.** ● Scoperta: *ella sentirà con piacere … la d. delle fraudi de' miei nimici* (GALILEI).
discopèrto o †**discovèrto** [1319] **part. pass.** di *discoprire*; anche **agg.** *1* (*lett.*) Nei sign. del v. *2* (*lett.*) ***Al d.***, a cielo scoperto. || **discopertaménte**, **avv.** (*raro*) Scopertamente.
†**discopertùra** **s. f.** ● (*raro*) Scoprimento.
discopriménto o †**discovriménto** [sec. XIV] **s. m.** ● (*raro, lett.*) Scoperta: *tanti nuovi e maravigliosi discoprimenti nel cielo* (GALILEI).
discoprìre o †**discovrìre** [comp. di *dis-* (*1*) e *coprire*; av. 1292] **A** **v. tr.** (coniug. come *coprire*) *1* (*lett.*) Scoprire, mettere allo scoperto. *2* (*lett.*) Inventare, trovare. *3* (*lett.*) Far noto, manifesto. **B** **v. rifl.** *1* (*raro, lett.*) Spogliarsi, scoprirsi (*anche fig.*). *2* (*fig., lett.*) Rivelarsi, palesarsi. **C** **v. intr. pron.** ● (*lett.*) Apparire.
†**discopritóre** o †**discovritóre** [av. 1543] **s. m.**; anche **agg.** (f. *-trice*) ● Scopritore.
†**discoraggiaménto** [sec. XIV] **s. m.** ● Scoraggiamento.
discoraggiàre [comp. di *dis-* (*1*) e *coraggio*; av. 1250] **v. tr.** e **intr. pron.** (*io discoràggio*) ● (*raro, lett.*) Scoraggiare, scoraggiarsi.
†**discoràre** [comp. di *dis-* (*1*) e *c(u)ore*; av. 1375] **A** **v. tr.** ● Disanimare, scorare, avvilire. **B** **v. intr. pron.** ● Scoraggiarsi.
discordànte [av. 1292] **part. pres.** di *discordare*; anche **agg.** *1* Contrastante, opposto: *giudizi, opinioni discordanti*. *2* Che non armonizza: *colori discordanti*. *3* Detto di corpo geologico la cui stratificazione è orientata diversamente da quella delle rocce circostanti | Detto di corpo geologico che attraversa altre rocce tagliandone la stratificazione. || **discordanteménte**, **avv.** (*raro*) In modo discordante.
discordànza [av. 1294] **s. f.** *1* Divario, contrasto di opinioni, stili e sim.: *grande d. di idee*. **SIN.** Diversità. *2* Mancanza di accordo, di armonia: *d. di suoni, di colori*. *3* (*geol.*) Differente orientamento della stratificazione di una roccia da quelle sottostanti o adiacenti.
discordàre [vc. dotta, lat. *discordāre*, da *dĭscors*, genit. *discŏrdis* 'discorde'; av. 1292] **v. intr.** e **intr. pron.** (*io discòrdo*; aus. intr. *avere*) *1* Non essere d'accordo, avere diversa opinione, dissentire: *le sue idee discordano dalle nostre* | Essere in contrasto | Essere dissimile, diverso. *2* Non armonizzare, stonare, detto di colori, suoni e sim.
discòrde [vc. dotta, lat. *discŏrde(m)*, fatto su *cŏncors*, genit. *concŏrdis*, con sostituzione di pref. con sign. opposto; 1321] **agg.** *1* Che non è in concordia, in armonia, in accordo: *critiche, interessi, pareri, discordi* | Dissimile, diverso: *voci discordi*. *2* †Dissonante. || **discordeménte**, **avv.** Senza accordo o concordia.
†**discordévole** [1312] **agg.** ● Discordante, discorde | Contrario.
discòrdia [vc. dotta, lat. *discŏrdia(m)*, da *dĭscors*, genit. *discŏrdis* 'discorde'; sec. XIII] **s. f.** *1* Mancanza di concordia, armonia, accordo, e sim.: *d. tra i cittadini*; *d. degli animi, d'intenti*; *d. in famiglia*; *entrare, venire, essere, in d. con qlcu.*; *provocare, fomentare, mettere, seminare, la d.* | ***Pomo della d.***, quello che secondo la mitologia venne offerto dalla dea della discordia 'alla più bella', dando così origine alla contesa fra le dee e al giudizio di Paride; (*fig.*) ciò che è motivo di rivalità, contesa e sim. **SIN.** Disaccordo. *2* Diversità di vedute, divergenza di opinioni, e sim.: *d. tra i filosofi*; *d. di intenti, di giudizi, di pareri*. **SIN.** Discrepanza, dissidio.
†**discordiatóre** **s. m.** ● Chi semina discordia.
†**discòrdio** [vc. dotta, lat. tardo *discŏrdiu(m)*, forma parallela di *discŏrdia* 'discordia'] **s. m.** ● (*raro*) Discordia.
†**discordióso** [vc. dotta, lat. *discordiōsu(m)*, da *discŏrdia* 'discordia'] **agg.** ● Che produce la discordia | Che fomenta la discordia.
discòrdo (*1*) [provz. *descort*, da *descordar* 'discordare'; av. 1306] **s. m.** ● (*letter.*) Antico componimento di origine provenzale, di struttura irregolare per la diversità delle stanze.
†**discòrdo** (*2*) [da *discordio*, rifatto dal pl. *discordi*; av. 1306] **s. m.** ● (*raro*) Discordia, dissonanza.
discórrere [lat. *discŭrrere* 'correre (*cŭrrere*) qua e là (*dis-*)'; 1321] **A** **v. intr.** (coniug. come *correre*; aus. *avere*) *1* Parlare, conversare: *d. di politica, di filosofia* | ***D. del più e del meno, del tempo e della pioggia***, (*fig.*) senza un preciso argomento | ***E via discorrendo***, e così di seguito. *2* (*region.*) Essere fidanzati, amoreggiare. *3* (*lett.*) Correre, muoversi con grande rapidità: *vedea nel pian d. / la caccia affaccendata* (MANZONI). **B** **v. tr.** *1* (*raro, lett.*) Esaminare qlco. con la mente, con il ragionamento | †***Discorrersela con qlcu.***, intendersela, essere d'accordo. *2* (*raro, lett.*) Attraversare, percorrere: *van discorrendo tutta la marina / con fuste e grippi et altri legni loro* (ARIOSTO). **C** **v. rifl. rec.** ● †Parlarsi.
†**discorrévole** [av. 1292] **agg.** ● Scorrevole.
†**discorridóre** ● V. *discorritore*.
†**discorriménto** [1308] **s. m.** ● Discorso.
discorritóre o †**discorridóre** **s. m.**; anche **agg.** (f. *-trice*) *1* (*raro*) Chi (o Che) parla molto. *2* †Chi (o Che) scorre. *3* †Scorridore, esploratore.
discórsa **s. f.** ● (*lett.*) Discorso lungo e inconcludente.
†**discorsióne** o †**discursióne** [1499] **s. f.** ● Incursione, scorreria.
discorsività [1920] **s. f.** ● Caratteristica di chi (o di ciò che) è discorsivo.
discorsìvo o †**discursìvo** [1499] **agg.** *1* Che si riferisce al discorso, che ha carattere di discorso | Scorrevole, piano: *linguaggio, tono d.* *2* (*raro*)

Che ama discorrere, loquace: *mio padre non fu verso di me … troppo d.* (NIEVO). **3** (*filos.*) Detto del procedimento razionale che procede mediante conclusioni derivanti da premesse date; CFR. Dianoia. || **discorsivaménte**, **avv.**

•**discórso** (**1**) [av. 1332] **part. pass.** di *discorrere* • Nei sign. del v.

discórso (**2**) [lat. *discŭrsu(m)* 'il correre qua e là', dal part. pass. di *discŭrrere* 'discorrere'; 1308] **s. m.** **1** Il discorrere | Colloquio, conversazione, ragionamento: *d. serio, sconclusionato, frivolo, chiaro, ambiguo; attaccare d. con qlcu.*; *entrare in d.*; CFR. logo-, -logia | ***Cambiare d.***, parlare d'altro, spec. per evitare un argomento imbarazzante | ***Il d. cadde su*** …, si parlò di … | ***D. senza capo né coda***, senza senso, sconnesso | ***Che discorsi!***, quante sciocchezze! | ***Pochi discorsi!***, poche chiacchiere! | ***Tutti discorsi!***, sono solo parole! | ***Senza tanti discorsi***, in modo spiccio, brusco | (*fam.*) Argomento: *affrontiamo il d. (delle) vacanze*. **2** Trattazione di un determinato argomento, scritta o pronunciata in pubblico: *d. politico, elettorale, inaugurale; fare, leggere, pronunciare, un d.* SIN. Conferenza, orazione. **3** (*ling.*) Ogni enunciato superiore alla frase, considerato dal punto di vista delle regole di concatenazione delle sequenze di frasi | ***D. diretto***, tipo di costrutto che si ha quando un narratore, ripetendo le parole di qualcuno, le riproduce così come sono state dette | ***D. indiretto***, tipo di costrutto che si ha quando la frase riportata non è riprodotta tale e quale nel racconto, ma viene introdotta da un elemento subordinante, generalmente *che* | ***D. indiretto libero***, tipo di costrutto che si ha quando il discorso di un personaggio è riportato dall'autore in forma indiretta, ma senza un verbo dichiarativo reggente, in modo da conservare alcuni caratteri tipici della forma diretta | ***Analisi del d.***, parte della linguistica che determina le regole della produzione delle sequenze di frasi strutturate | ***Parti del d.***, le classi di parole (o categorie lessicali) definite sulla base di criteri sintattici (secondo cui sono divise in nove classi), e su quella di criteri semantici. **4** (*est., fig.*) Orientamento, indirizzo e sim. che caratterizza un determinato stato di cose, un comportamento e sim.: *portare avanti un d., un certo tipo di d.*; *si assiste a un cambiamento di d. nell'ambito sindacale*. || **discorsàccio**, **pegg.** | **discorsétto**, **dim.** | **discorsino**, **dim.** | **discorsóne**, **accr.** | **discorsùccio**, **dim.**

discortése [comp. di *dis-* (*1*) e *cortese*; 1441] **agg.** • (*lett.*) Scortese, villano. || **discorteseménte**, **avv.** Scortesemente.

discortesìa [1483] **s. f.** • (*lett.*) Scortesia, villania.

discoscéndere o **discoscèndere** [comp. di *di-* (*1*) e *scoscendere*; 1551] **A** **v. intr.** (coniug. come *scendere*; aus. *essere*) • (*lett.*) Scoscendere. **B** **v. tr.** • (*lett.*) Divellere, svellere.

discoscéso [1313] **A** **part. pass.** di *discoscendere*; anche **agg.** • (*lett.*) Nei sign. del v. **B** **s. m.** • †Luogo scosceso | †Dirupo.

discostaménto [sec. XIV] **s. m.** • (*lett.*) Scostamento, allontanamento (*spec. fig.*).

discostàre [comp. parasintetico di *costa*, col pref. *dis-* (*1*); av. 1320] **A** **v. tr.** (*io discòsto*) • (*lett.*) Scostare, rimuovere, allontanare (*anche fig.*): *chi vuole fare capitare male uno inimico, lo discosti da casa* (MACHIAVELLI). **B** **v. rifl.** e **intr. pron.** **1** (*raro*) Scostarsi: *discostati dal fuoco!* **2** (*fig.*) Divergere: *uno storico che si discosta dalla tradizione*; *un tasso di crescita economica che non si discosta dalla media europea*.

discòsto [da *discostare*; av. 1471] **A** **agg.** • (*lett.*) Lontano, distante: *un sentiero d. dalla strada* | (*fig.*) Alieno: *d. dai divertimenti*. || **discostaménte**, **avv.** **B** **avv.** • Lontano, distante: *mi aspettava poco d.*; *mettilo più d.*; *due miglia d.* CONTR. Accosto. **C** nella **loc. prep.** ***d. da*** • Lontano da: *tenetevi d. dal muro*; *Lecco … giace poco d. dal ponte* (MANZONI).

discostumànza **s. f.** • (*raro*) Disuso.

discostumàre [comp. di *dis-* (*1*) e *costumare*] **v. tr.** • (*raro*) Togliere di costume. CONTR. Costumare.

discotèca [vc. dotta, comp. di *disco* e *-teca* sul modello di *biblioteca*; 1927] **s. f.** **1** Raccolta di dischi: *possedere una ricca d.* | Luogo ove ha sede tale raccolta. **2** Locale in cui si balla al suono di dischi: *ci vediamo in d.*

discotecàrio [1950] **s. m.** (f. *-a*) • Chi ha cura di una discoteca.

discotecàro [da *discoteca* col suff. dial. *-aro* (V. *-aio* (*2*)); 1980] **s. m.** (f. *-a*) **1** (*region.*) Chi frequenta assiduamente le discoteche. **2** (*gerg.*) Proprietario o gestore di una discoteca.

discount /*ingl.* 'dɪskaont/ [accorc. della vc. ingl. *discount* 'sconto' *house* 'ditta'; 1985] **s. m. inv.** • Negozio che vende prodotti a prezzi inferiori a quelli correnti. CFR. Hard discount.

†**discovrìre** e *deriv.* • V. *discoprire* e *deriv.*

discrasìa [vc. dotta, gr. *dyskrasía* 'cattiva mescolanza, cattivo temperamento', comp. di *dys-* 'dis- (1)' e *krâsis* 'mescolanza' (V. *crasi*); 1493] **s. f.** **1** (*med.*) Alterazione dell'equilibrio tra i componenti del sangue o dei liquidi organici. **2** (*fig.*) Disfunzione, disorganizzazione, spec. riferito a organismi politici o economici.

discràsico **agg.** (pl. m. *-ci*) • (*med.*) Che concerne la discrasia | ***Edema d.***, dovuto a discrasia.

discrédere [vc. dotta, lat. tardo *discrēdere*, comp. di *dis-* (*1*) e *crēdere* 'credere'; av. 1250] **A** **v. tr.** (coniug. come *credere*) • (*lett.*) Non credere più ciò che si credeva prima: *l'artista non crede e non discrede la sua immagine; la produce* (CROCE). **B** **v. intr.** • (*lett.*) Non credere, diffidare: *d. alle parole di qlcu.* | †Dubitare. **C** **v. intr. pron.** (aus. *essere*) **1** (*raro*) Cambiare opinione, ricredersi: *discredersi di qlco.*; *dovette discredersi sul nostro conto*. **2** †Confidarsi, sfogarsi.

†**discredìbile** [sec. XIV] **agg.** • (*raro*) Che non è credibile.

†**discreditaménto** [av. 1694] **s. m.** • Discredito.

discreditàre [da *discredito*; 1589] **A** **v. tr.** (*io discrédito*) **1** (*lett.*) Togliere credito, stima, reputazione e sim. **2** Privare del credito commerciale. **B** **v. intr. pron.** • (*raro*) Screditarsi.

discrédito [comp. di *dis-* (*1*) e *credito*; av. 1603] **s. m.** **1** Diminuzione, perdita del credito, della stima, della reputazione e sim.: *cadere, venire in d.*; *essere, trovarsi, in d. presso qlcu.* | ***Gettare, buttare, il d. su qlcu. o qlco., mettere qlcu. o qlco. in d.***, screditarlo | ***Tornare in, a, d. di qlcu.***, a disonore. **2** Perdita del credito commerciale.

discrepànte [part. pres. di *discrepare*] **agg.** • Che è in contrasto, che discorda: *giudizi, opinioni discrepanti*.

discrepànza [vc. dotta, lat. *discrepāntia(m)*, da *discrepāre* 'discrepare'; av. 1505] **s. f.** **1** Differenza, divario. **2** Disaccordo, diversità di idee, opinioni, sentimenti e sim. SIN. Discordia, dissidio.

discrepàre [vc. dotta, lat. *discrepāre* 'far sentire un suono (*crepāre*) discordante (*dis-*)'; sec. XIV] **v. intr.** (*io dìscrepo*; aus. *avere*) • (*raro, lett.*) Essere differente, difforme, contrastante.

†**discrescènza** [av. 1571] **s. f.** • (*raro*) Decrescenza.

†**discréscere** [comp. di *dis-* (*1*) e *crescere*; av. 1292] **v. intr.** • Decrescere.

discrespàre [comp. parasintetico di *crespa*, con il pref. *dis-* (*1*); av. 1556] **A** **v. tr.** (*io discréspo*) • (*lett.*) Eliminare le rughe. **B** **v. intr. pron.** • Perdere le rughe.

discretézza [da *discreto*; 1659] **s. f.** **1** (*raro*) Discrezione, moderazione, cautela. **2** (*mat.*) Proprietà di ciò che è discreto.

discretìvo [vc. dotta, lat. *discretīvu(m)*, da *discrētus* 'discreto'; 1308] **agg.** **1** (*lett.*) Che serve a discernere, atto a far discernere: *giudizio d.*; *capacità discretiva*. **2** Discrezionale: *potere d.* || **discretivaménte**, **avv.**

♦**discréto** [vc. dotta, lat. *discrētu(m)*, part. pass. di *discĕrnere* 'discernere'; av. 1294] **agg.** **1** (*lett.*) Che sa discernere, giudicare rettamente: *molto vi mostrate d. e accorto nella causa de la vostra patria* (BRUNO) | Saggio, avveduto: *uomo prudente e d.* **2** Non esigente, moderato, ragionevole, nelle richieste e sim.: *è stato d. nel chiedere il prezzo*; *è sempre d. nelle sue esigenze* | Non importuno, non indiscreto: *ospite d.*; *domanda discreta* | (*est.*) Riservato, fidato: *con lui si può parlare, è molto d.* **3** Abbastanza buono, che soddisfa moderatamente, che non supera la giusta misura: *è un d. pittore*; *pagare un d. prezzo*; *fare una discreta figura*; *avere una discreta posizione sociale*; *ottenere discreti risultati* | Più che sufficiente, non piccolo: *hai fatto una discreta parte di lavoro*; *ho un d. appetito*. **4** †Chiaro, distinto. **5** (*mat.*) Composto di parti separate e distinte | Detto di spazio tale che i sottoinsiemi costituiti da un solo punto siano tutti aperti | Detto di grandezza che può assumere solo valori separati e distinti fra loro. CONTR. Continuo. || **discretino**, **dim.** | **discretòccio**, **dim.** || **discretaménte**, **avv.** **1** Con discrezione: *comportarsi discretamente*. **2** Sufficientemente: *un prezzo discretamente caro*. **3** Abbastanza bene: *in salute sto discretamente*.

discrezionàle [fr. *discrétionnel*, deriv. di *discrétion* 'discrezione'; 1842] **agg.** • Affidato alla discrezione | (*dir.*) ***Potere d.***, di fare o non fare quanto la legge non prescrive né vieta; nel sistema giudiziario, potere che il magistrato ha di valutare i fatti e operare secondo la propria coscienza: *fare uso del proprio potere d.* || **discrezionalménte**, **avv.**

discrezionalità [1911] **s. f.** • (*dir.*) Potere discrezionale: *d. del magistrato* | ***D. amministrativa***, facoltà della Pubblica Amministrazione di decidere in determinati casi secondo criteri di opportunità, entro i limiti stabiliti dalla legge.

discrezióne [vc. dotta, lat. tardo *discretiōne(m)*, da *discrētus* 'discreto'; av. 1292] **s. f.** **1** (*lett.*) Capacità, facoltà di discernere e giudicare rettamente | ***Anni, età della d.***, in cui si raggiunge un equilibrio intellettuale | †***Intendere per d.***, arguendo, congetturando. **2** Senso della misura, della moderazione, tatto: *bisogna intervenire con d.* | ***Senza d.***, smisuratamente | ***A d.***, con moderazione | †***Alloggiare a d.***, senza pagar nulla. **3** Volontà priva di limiti imposti dall'esterno: *giudicare, decidere a propria d.* | ***Trovarsi, essere alla d. d'altri***, dipendere da loro | ***Resa a d.***, senza condizioni. SIN. Arbitrio. **4** (*ling.*) Deglutinazione.

†**discriminàle** [vc. dotta, lat. tardo *discriminā-le(m)*, da *discrīmen* (V. *discriminare*); 1499] **s. m.** • Dirizzatoio.

discriminànte [1908] **A** **part. pres.** di *discriminare*; anche **agg.** **1** Che opera una distinzione. **2** Che opera una discriminazione: *un provvedimento d. nei confronti degli immigrati*. **B** **s. m.** • (*mat.*) ***D. d'una equazione algebrica***, risultante dell'equazione e di quella che si ottiene per derivazione e s'annulla se, e solo se, l'equazione possiede una radice multipla | ***D. d'una conica***, determinante dei coefficienti dell'equazione della conica, che si annulla se, e solo se, essa è degenere. **C** **s. f.** **1** Elemento che discrimina, che distingue: *la d. fra veri e falsi innovatori*; SIN. Spartiacque. **2** (*dir.*) Azione, circostanza e sim. che diminuisce o annulla la responsabilità di un reato.

discriminàre [vc. dotta, lat. *discrimināre*, da *discrīmen*, genit. *discrīminis*, propr. 'ciò che serve a separare (*discĕrnere*)'; 1499] **v. tr.** (*io discrìmino*) • Distinguere una o più cose o persone da altre, far differenza: *d. i buoni amici dai cattivi* | Operare una discriminazione: *d. le donne*.

discriminatìvo [1904] **agg.** • Che discrimina: *criteri discriminativi*.

discriminatóre [vc. dotta, lat. tardo *discriminatōre(m)*, da *discriminātus* 'discriminato'; 1905] **s. m.** **1** (f. *-trice*) Chi discrimina, chi attua discriminazioni. **2** (*elettron.*) Circuito che separa da un segnale altri segnali di tipo diverso.

discriminatòrio **agg.** • Di discriminazione, che attua una discriminazione.

discriminatùra [1546] **s. f.** • (*raro*) Scriminatura dei capelli.

discriminazióne [vc. dotta, lat. *discriminatiō-ne(m)*, da *discriminātus* 'discriminato'; 1765] **s. f.** • Distinzione: *qualsiasi d. di valori e disvalori estetici* (CROCE) | Disparità di trattamento | ***D. politica***, il trattare in modo diverso i cittadini a seconda delle loro opinioni politiche | ***D. razziale***, nei confronti di gruppi etnici diversi.

discrìmine [vc. dotta, lat. *discrīmen*, genit. *discrīminis*, 'separazione'; 1499] **s. m.** • (*lett.*) Distinzione, linea di divisione (*anche fig.*): *una scelta che costituisce il d. tra veri e falsi rinnovatori*.

discristallìno [comp. di *dis-* (*1*) e *cristallino*] **agg.** • (*geol.*) Detto di roccia non cristallina, o con cristalli non distinguibili a occhio nudo.

†**discrìvere** e *deriv.* • V. *descrivere* e *deriv.*

discromasìa [vc. dotta, comp. di *dis-* (*2*) e di un deriv. del gr. *chrôma* 'colore'] **s. f.** • (*med.*) Qualsiasi difetto nella percezione dei colori.

discromatopsìa [comp. di *dis-* (*2*), del gr. *chrôma*, genit. *chrômatos* 'colore' e *ópsis* 'vista, apparenza'; 1880] **s. f.** • (*med.*) Anomalia congenita o acquisita della visione che consiste nella imperfetta discriminazione dei colori. CFR. Daltonismo, dicromatopsia.

discromatòsi [comp. di *dis-* (*2*), del gr. *chrôma*, genit. *chrômatos* 'colore' e *-osi*] **s. f. inv.** ● (*med.*) Affezione cutanea caratterizzata da discromie.

discromia [comp. di *dis-* (*2*) e un deriv. del gr. *chrôma* 'colore'] **s. f.** ● (*med.*) Alterata pigmentazione cutanea.

discucire [comp. di *dis-* (*1*) e *cucire*; 1441] **v. tr.** (*io discùcio*) ● (*raro*) Scucire | (*raro, fig.*) ***D. l'amicizia***, estinguerla poco a poco.

†**disculminàre** [comp. di *dis-* (*1*) e *culmine* nel sign. di 'tetto'; av. 1530] **A v. tr.** ● Levare il colmo, il tetto. **B v. intr. pron.** ● Rimanere senza tetto.

†**discùmbere** ● V. †*discombere*.

discuoiàre o **discoiàre** [comp. di *dis-* (*1*) e *cuoio*; 1532] **v. tr.** (*io discuòio*, pop. *discòio*) ● (*raro, lett.*) Scuoiare.

†**discursióne** ● V. †*discorsione*.

†**discursivo** ● V. *discorsivo*.

†**discusàre** [da *scusare* con pref. (*di-*) raff.; av. 1342] **v. tr. e rifl.** ● Scusare, giustificare.

†**discussàre** [da *discusso*; 1683] **v. tr.** ● Discutere, trattare.

♦**discussióne** [vc. dotta, lat. tardo *discussiōne(m)*, da *discŭssus* 'discusso'; av. 1406] **s. f.** ***1*** Esame approfondito di un argomento da parte di più persone che confrontano il loro punto di vista | Dialogo, colloquio, dibattito: *aprire, chiudere una d.*; *d. calma, serena, tempestosa*; *non sapevo riprendere la d. col dottore* (SVEVO) | ***Essere in d.***, essere oggetto di un dibattito; (*est.*) essere sottoposto a dubbi, a riserve: *non è in d. la sua buonafede* | ***Mettere in d.***, sottoporre a dibattito; (*est.*) avanzare dei dubbi: *non metto in d. la sua lealtà* | ***Venire in d.***, di cosa che diviene oggetto di dibattito | ***Non c'è d.***, di cosa su cui non v'è alcun dubbio: *su questo non c'è d.* | ***Essere fuori d.***, di cosa su cui non si discute nemmeno, essendo già scontata sia positivamente che negativamente: *che tu venga con noi è fuori d.*; *è fuori d. che io stasera possa uscire* | ***Essere superiore a ogni d.***, di cosa inoppugnabile. ***2*** (*est.*) Battibecco, contrasto, litigio: *in casa vostra sono continue discussioni*; *finiamola con le discussioni inutili*. ***3*** (*dir.*) Nel processo civile, fase in cui i difensori illustrano oralmente le proprie argomentazioni: *svolgimento della d.* | Nel processo penale, fase in cui il pubblico ministero e successivamente i difensori formulano e illustrano le rispettive conclusioni. ***4*** (*mat.*) Studio del comportamento delle soluzioni d'una equazione, d'un sistema o d'un problema, i cui dati contengano qualche parametro variabile.

discùsso [sec. XIV] **part. pass.** di *discutere*; anche **agg.** ***1*** Che è o è stato oggetto di discussione. ***2*** Che provoca molte polemiche e discussioni: *una personalità molto discussa*.

†**discussóre** [vc. dotta, lat. tardo *discussōre(m)*, da *discŭssus* 'discusso'; 1787] **s. m.** ● (*raro*) Chi discute.

♦**discùtere** [vc. dotta, lat. *discŭtere*, originariamente 'staccare scuotendo', comp. di *dis-* (*1*) e *quătere* 'scuotere'; 1364] **v. tr. e intr.** (**pass. rem.** *io discùssi, tu discutésti*; **part. pass.** *discùsso*; aus. intr. *avere*) ***1*** Esaminare e considerare attentamente un argomento, prospettando diverse opinioni, col fine di chiarirlo, di appurare la verità, di prendere una decisione e sim.: *d. un problema tecnico, un testo letterario, una proposta di legge*; *è necessario d. su questa faccenda*; *non intendo d. con voi dei miei sentimenti*; *da tempo si discute intorno al nuovo accordo*; *prima di decidere, discutiamo*. ***2*** Mettere in dubbio, fare delle riserve su qlcu. o qlco.: *noi discutiamo questa decisione*; *la sua serietà può essere discussa*; *non discuto la sua esperienza* | ***D. il, sul, prezzo***, cercare di diminuirlo, contrattando col venditore | ***Non lo discuto***, non lo metto in dubbio. **SIN.** Contestare. ***3*** (*est.*) Litigare: *finitela di d.*; *stanno a d. da mane a sera per una sciocchezza*.

discutìbile [1869] **agg.** ● (*raro*) Che si può discutere | Che può sollevare riserve, critiche, obiezioni: *proposta, teoria d.*; *gusti discutibili* | (*est.*) Dubbio, incerto: *moralità d.* ‖ **discutibilménte**, **avv.**

discutibilità [1880] **s. f.** ● Caratteristica di ciò che è discutibile.

†**disdàre** [vc. dotta, lat. *disdăre*, comp. di *dis-* (*1*) e *dăre* 'dare'; av. 1348] **v. intr.** ● Cadere, finire in basso (*spec. fig.*).

†**disdegnaménto** [av. 1292] **s. m.** ● Sdegno, indignazione | Disprezzo.

†**disdegnànza** [av. 1250] **s. f.** ● Sdegno, disprezzo.

disdegnàre [lat. parl. **disdignāre*, in sostituzione del lat. class. *dedignāri*, comp. parasintetico di *dĭgnus* 'degno'; sec. XIII] **A v. tr.** (*io disdégno*) ***1*** (*lett.* o *raro*) Considerare con sdegno, avere a sdegno: *d. le lodi degli adulatori, la compagnia dei vili* | (*est.*) Respingere, disprezzare: *se la Pisana lo disdegnava egli s'arrischiava a punirla con un'ombra d'indifferenza* (NIEVO). ***2*** †Muovere a sdegno. **B v. intr. pron.** ● (*lett.*) Sdegnarsi.

†**disdegnatóre** [av. 1704] **s. m.** (f. *-trice*) ● Chi disdegna.

†**disdegnévole** [av. 1292] **agg.** ● Spregevole, intollerabile.

disdégno [da *disdegnare*; av. 1294] **s. m.** ● (*lett.*) Sdegno, disprezzo: *avere d. della volgarità*; *segna il nobil volto or di colore / di rabbioso d. ed or d'amore* (TASSO) | ***Avere a d.***, disprezzare | ***Avere in d.***, odiare | †***Recarsi qlco. a d.***, provare ira e disprezzo per qlco.

disdegnóso [av. 1276] **agg.** ● (*lett.*) Pieno d'ira, di sdegno: *l'abate, … d. forte, con l'ambasciadore prese la via verso il castello* (BOCCACCIO) | (*lett.*) Fiero e sprezzante: *animo d.* ‖ **disdegnosétto**, **dim.** ‖ **disdegnosaménte**, **avv.**

disdétta o †**disditta** [f. sost. di *disdetto*; nel sign. di 'sfortuna' ricalca lo sp. *desdicha*; 1292] **s. f.** ***1*** †Negazione, rifiuto | ***Far d.***, rifiutarsi. ***2*** (*lett.*) Ritrattazione, smentita. ***3*** Sfortuna: *avere d. nel gioco*; *portar d. a qlcu.* | ***Che d.!***, che sfortuna! | †Contrasto, ostacolo. ***4*** (*dir.*) Nel contratto di durata, dichiarazione unilaterale, comunicata all'altra parte, dell'intenzione di sciogliersi dal contratto: *dare la d.*

disdettàre **v. tr.** (*io disdétto*) ● (*dir.*) Dare la disdetta, disdire: *d. un contratto, un appartamento*.

disdétto [av. 1512] **A part. pass.** di *disdire* (*1*); anche **agg.** ● Nei sign. del v. **B s. m.** ● †Disdetta | ***Far d.***, dire di no.

†**disdicènza** **s. f.** ● Disdicevolezza, sconvenienza.

†**disdicere** ● V. *disdire* (*1*).

disdicévole [1338 ca.] **agg.** ● Sconveniente. ‖ **disdicevolménte**, **avv.**

†**disdicevolézza** [1623] **s. f.** ● Sconvenienza.

†**disdiciménto** [1673] **s. m.** ● Ritrattazione.

†**disdicitóre** [av. 1311] **s. m.** (f. *-trice*) ● Chi disdice.

disdire (**1**) o †**disdicere** [comp. di *dis-* (*1*) e *dire* (*1*); av. 1264] **A v. tr.** (**imperat.** *disdìci*; coniug. come *dire*) ***1*** Negare le affermazioni proprie o altrui: *disdico quello che ho detto*; *ha disdetto pubblicamente le nostre parole* | Ritrattare ciò che si è detto o fatto in precedenza: *d. le accuse*. ***2*** Sciogliere, rescindere: *d. un contratto* | ***D. una società***, uscirne | ***D. la casa***, dare la disdetta | Annullare un impegno: *d. un appuntamento*; *ho disdetto la prenotazione a teatro* | †***D. la tregua***, fare avvertito il nemico del termine di scadenza di essa. ***3*** (*lett.*) Proibire, vietare | †Rifiutare qlcu. **B v. rifl.** ***1*** (*raro*) Contraddirsi. ***2*** †Negare.

disdire (**2**) [da *addirsi* con sostituzione di pref. di senso neg.; sec. XIII] **v. intr. e intr. pron.** (difett. dei tempi comp.; coniug. come *dire*; si usa solo nella terza pers. sing. e pl.) ● (*lett.*) Essere disadatto, sconveniente: *certi atteggiamenti disdicono all'età avanzata*; *quelle parole ti si disdicono*.

†**disditta** ● V. *disdetta*.

†**disdoràre** [sp. *desdorar* 'togliere l'oro', poi, fig., 'togliere l'onore'; av. 1638] **v. tr.** ***1*** (*raro*) Levare l'oro da qlco. ***2*** (*lett., fig.*) Togliere, offuscare il pregio, l'onore.

disdòro [sp. *desdoro*, da *desdorar* 'disdorare'; 1615] **s. m.** ● (*lett.*) Disonore, vergogna: *quelle parole furono pronunciate a suo d.*; *egli era, anche se innocente, il d. del reggimento* (BACCHELLI).

†**disdòssa** o †**disdòsso** [comp. di *dis-* (*1*) parallelo a *bis-* pegg., e *dosso*; av. 1562] **vc.** ● (*lett.*) Solo nelle loc. avv. ***alla d., a disdosso***, sul dorso nudo, senza sella, di cavallo e sim.: *a la d. l'asino cavalca* (MARINO).

†**disdòtto** (**1**) [comp. di *dis-* (*1*) e *dotto* (*1*)] **agg.** ● (*raro*) Ignorante.

†**disdòtto** (**2**) o †**disdùtto** [ant. fr. *de(s)duit*, part. pass. di *de(s)duire* (V. *disducere*); sec. XII] **s. m.** ● Piacere, diletto, diporto.

†**disdùcere** [ant. fr. *soi de(s)duire* 'divertirsi', propr. 'portarsi (*soi duire*, dal lat. *dūcere* 'condurre') di qua e di là (*des-*)'; av. 1348] **v. tr.** ● Divertire, sollazzare.

†**disdùtto** ● V. †*disdotto* (*2*).

disebbriàre (o **-brià-**) o †**disebbriàre** [da *inebriare* per sostituzione del pref. *dis-* (*1*) a *in-*; sec. XIV] **A v. tr.** (*io disèbrio*) ● (*lett.*) Fare uscire dall'ebbrezza. **B v. intr.** (aus. *essere*) ● (*raro*) Disubriacarsi.

†**diseccàre** e *deriv.* ● V. *disseccare* e *deriv.*

diseccitàre [comp. di *dis-* (*1*) ed *eccitare*] **v. tr.** (*io disèccito*) ● (*fis.*) Far passare un sistema fisico da uno stato eccitato a uno non eccitato | Interrompere la corrente che eccita un elettromagnete.

diseconomia [comp. di *dis-* (*1*) e *economia*; 1974] **s. f.** ***1*** Squilibrio economico esistente fra due o più Paesi. ***2*** (*econ.*) Diminuzione di efficienza, che causa un calo di rendimento | ***Diseconomie di scala***, diminuzione di efficienza o aumento dei costi derivanti da un aumento della produzione o della dimensione di un'azienda.

diseconomicità **s. f.** ● Costo eccessivo o alta inefficienza: *d. di un impianto*.

disecònomico [1983] **agg.** (**pl. m.** *-ci*) ● Caratterizzato da diseconomicità.

diseducàre [comp. di *dis-* (*1*) e *educare*; 1869] **v. tr.** (*io disèduco, tu disèduchi*) ● Educare male, o annullare gli effetti dell'educazione precedentemente ricevuta: *quell'ambiente diseduca i giovani*.

diseducativo [1919] **agg.** ● Che diseduca: *esempi diseducativi*.

diseducazióne [1896] **s. f.** ● Il diseducare, il venire diseducato | Cattiva educazione.

♦**disegnàre** o †**desegnàre** nel sign. I [lat. *designāre*, comp. di *dē-* e *signāre* 'segnare'; 1282] **v. tr.** (*io diségno*) ***1*** Rappresentare per mezzo di segni e linee (*anche assol.*): *d. un cane, la pianta di un edificio, un rettangolo*; *saper d.*; *d. a matita, a penna, a carboncino* | (*est.*) Tracciare: *d. i confini, il circuito delle mura*. ***2*** (*fig., raro*) Progettare: *d. un'impresa, un progetto, la trama di un romanzo*; **SIN.** Ideare. ***3*** (*fig.*) Descrivere con le parole: *ha disegnato con precisione il carattere dei personaggi*. **SIN.** Delineare. ***4*** (+*di* seguito da inf.) (*lett.* o *raro*) Avere in animo, proporsi di fare qlco.: *disegnò di partire al più presto*. **SIN.** Progettare, stabilire. ***5*** †Designare, indicare, destinare | †Scegliere: *d. un luogo*.

†**disegnativo** [1569] **agg.** ● (*raro*) Atto a disegnare | Che riguarda il disegno.

disegnatóre [1282] **s. m.** (f. *-trice*, pop. disus. *-tora*) ● Chi disegna, spec. per professione: *d. tecnico, progettista, particolarista* | Chi è molto abile nel disegno.

†**disegnatùra** [av. 1406] **s. f.** ● (*raro*) Disegno.

†**disegnazióne** o †**designazióne** [lat. *designatiōne(m)*, da *designātus* 'disegnato'; 1551] **s. f.** ***1*** Il disegnare. ***2*** V. *designazione*.

♦**diségno** [da *disegnare*; av. 1400] **s. m.** ***1*** Rappresentazione con linee e segni di figure immaginate o di oggetti reali: *un d. a matita, a pastello* | ***D. animato***, tecnica per la realizzazione di film d'animazione mediante la ripresa di disegni in sequenza che ricostruiscono il movimento | ***D. preparatorio***, studio per opere di pittura e scultura | Arte del disegnare: *scuole di d.* | Modo di disegnare: *avere un d. preciso, incisivo*. **CFR.** -grafia. ***2*** Progetto per la realizzazione o la produzione di qlco. **CFR.** Design. ***3*** (*fig.*) Traccia schematica di un'opera letteraria o artistica in genere: *il d. iniziale di un romanzo*. **SIN.** Abbozzo, schema. ***4*** (*fig.*) Intenzione, proposito, progetto: *il suo d. è fallito* | (*dir.*) ***D. di legge***, progetto di legge presentato al Parlamento per la discussione ed eventuale approvazione. ***5*** Ordine e forma di una composizione musicale. ‖ **disegnino**, **dim.**

diseguàle e *deriv.* ● V. *disuguale* e *deriv.*

disellàre ● V. *dissellare*.

disendocrinia [comp. di *dis-* (*2*) e un deriv. di *endocrino*] **s. f.** ● (*med.*) Stato di alterata regolazione di un'attività endocrina.

disenfiàre [comp. di *dis-* (*1*) e *enfiare*; av. 1557] **A v. tr.** (*io disénfio*) ● Togliere il gonfiore. **B v. intr. e intr. pron.** (aus. intr. *avere*) ● Perdere il gonfiore.

†**disennàto** ● V. *dissennato*.

†**disensàre** e *deriv.* ● V. †*dissensare* e *deriv.*

†**disentire** e *deriv.* ● V. *dissentire* e *deriv.*

†**diseparàre** ● V. †*disseparare*.

disepatia [comp. di *dis-* (*2*) e del gr. *hêpar*, genit.

hêpatos 'fegato', di orig. indeur.] s. f. ● (*med.*) Qualsiasi disfunzione del fegato.

†**diseppellire** e *deriv.* ● V. *disseppellire* e *deriv.*

†**disequàle** ● V. *disuguale.*

disequazióne [comp. di *dis-* (*1*) e *equazione*] s. f. ● (*mat.*) Disuguaglianza nella quale compaiono una o più quantità incognite.

disequilibràre [comp. di *dis-* (*1*) e *equilibrare*; 1827] **A** v. tr. ● (*raro*) Squilibrare, discostare (*anche fig.*). **B** v. intr. pron. ● Perdere l'equilibrio (*spec. fig.*).

disequilìbrio [comp. di *dis-* (*1*) e *equilibrio*; av. 1808] s. m. ● (*fis.*) Assenza di equilibrio.

diserbàggio s. m. ● Diserbo.

diserbànte [1956] **A** part. pres. di *diserbare*; anche agg. ● Nel sign. del v. **B** s. m. ● Preparato chimico atto a distruggere le erbe nocive. SIN. Erbicida.

diserbàre [comp. parasintetico di *erba*, col pref. *dis-* (*1*); 1791] v. tr. (*io disèrbo*) ● Liberare un terreno dalle erbe infestanti.

diserbatùra [1803] s. f. ● Diserbo.

disèrbo s. m. ● Eliminazione delle erbe infestanti dal terreno: *d. del grano* | ***D. selettivo***, verso determinate specie vegetali | ***D. totale***, su tutta la vegetazione.

diseredaménto s. m. ● (*raro*) Diseredazione.

diseredàre o †**disredàre** [comp. parasintetico di *erede*, col pref. *dis-* (*1*); 1524] v. tr. (*io diserèdo*) ● Privare dell'eredità.

diseredàto [av. 1873] **A** part. pass. di *diseredare*; anche agg. *1* Nel sign. del v. *2* (*est.*) Misero, povero: *le classi diseredate.* *3* †Privo di erede. **B** s. m. (f. *-a*) ● Chi manca del necessario per vivere: *troppi sono i diseredati, nel mondo.*

diseredazióne [av. 1742] s. f. *1* Il diseredare. *2* Nel diritto romano, esclusione dei figli in potestà dalla successione mediante dichiarazione solenne.

†**diserède** [da *diseredare*; av. 1694] agg. ● Privo di eredità.

†**disereditàre** o †**direditàre**, †**disreditàre** [comp. parasintetico di *eredità*, col pref. *dis-* (*1*); 1589] v. tr. ● Diseredare.

disergìa [vc. dotta, gr. *dysérgeia*, comp. di *dys-* 'dis- (2)' e *érgon* 'azione'] s. f. ● (*med.*) Mancata coordinazione dei movimenti per disturbi nervosi.

diserràre ● V. *disserrare.*

†**disertagióne** ● V. †*disertazione.*

disertaménto o †**desertaménto** [av. 1348] s. m. ● (*raro, lett.*) Atto, effetto del disertare.

disertàre o †**desertàre** [lat. tardo *desertāre*, rafforzat. di *desĕrere* 'abbandonare'; sec. XIII] **A** v. tr. (*io disèrto*) *1* (*lett.*) Distruggere, devastare: *d. una contrada* | Spopolare: *se un contagio disertasse la vostra città* (CARDUCCI). *2* (*lett.*) Mandare qlcu. in rovina, ridurlo in totale miseria e povertà. *3* Abbandonare, spec. definitivamente: *i contadini disertano i campi* | Non partecipare a qlco.: *d. le urne, una riunione* | ***D. la scuola, la chiesa***, non frequentarla | ***D. l'amicizia, la compagnia di qlcu.***, trascurarla, evitarla. *4* †Sconfiggere, sgominare. **B** v. intr. (aus. *avere*, raro *essere*) *1* Abbandonare il reparto in cui si presta servizio militare, oppure non farvi più ritorno dopo un'assenza regolarmente concessa. *2* (*fig.*) Abbandonare un gruppo, una causa e sim. cui precedentemente si aderiva: *ha disertato dal partito.*

†**disertatóre** o †**desertatóre** [1618] s. m.; anche agg. (f. *-trice*) ● Devastatore, distruttore, saccheggiatore.

†**disertatùra** [sec. XIV] s. f. ● (*raro*) Cosa deforme, guasta.

†**disertazióne** o †**disertagióne** [av. 1349] s. f. ● Distruzione, sterminio.

†**disèrto** (**1**) ● V. *deserto* (*1*) e (*2*).

†**disèrto** (**2**) [vc. dotta, lat. *disĕrtu(m)*, di etim. incerta; sec. XIV] agg. ● (*lett.*) Eloquente, facondo.

disertóre o †**desertóre** [vc. dotta, lat. *desertō-re(m)*, dal part. pass. di *desĕrere* (*pūgnam*) 'abbandonare (il combattimento)'; av. 1504] s. m. (f. *-trice*, raro) *1* Militare che abbandona il reparto di appartenenza, o che ne rimane arbitrariamente assente oltre una determinata scadenza. *2* (*fig., raro*) Chi abbandona una causa, un'idea, un partito e sim. SIN. Traditore, transfuga.

†**diservire** e *deriv.* ● V. *disservire* e *deriv.*

diserzióne o †**deserzióne** [vc. dotta, lat. tardo *desertiōne(m)*, dal part. pass. di *desĕrere* (V. *disertore*); 1615] s. f. *1* Reato del militare che diserta. *2* (*fig.*) Abbandono di una causa, di un partito e sim.

†**disetàre** ● V. *dissetare.*

disfacìbile [comp. di *dis-* (*1*) e *fàcere* 'fare'; av. 1704] agg. ● (*raro*) Che si può disfare.

disfaciménto [av. 1292] s. m. *1* Il disfare, il disfarsi | Putrefazione, decomposizione: *il d. di un cadavere.* *2* (*fig.*) Sfacelo, dissoluzione: *il d. di una famiglia* | (*fig.*) Decadenza, rovina: *il d. di una società* | (*fig., lett.*) Sfinimento, struggimento: *questo predominio dei colori di tramonto le dona un caldo d.* (UNGARETTI). *3* †Danno, rovina, distruzione. *4* †Disfatta.

disfacitóre [1306] s. m.; anche agg. (f. *-trice*) ● (*raro, lett.*) Chi (o Che) disfà, distrugge.

disfacitùra s. f. *1* (*raro*) Il disfare, il demolire. *2* (*raro*) Complesso dei materiali che si ricavano dalla demolizione di un edificio e sim.

disfagìa [vc. dotta, comp. di *dis-* (*2*) e *-fagia*; 1820] s. f. ● (*med.*) Difficoltà di deglutizione.

†**disfaldàre** [comp. di *dis-* (*1*) e *falda*; av. 1472] v. tr. e intr. pron. ● Sfaldare, sfaldarsi.

†**disfàma** s. f. ● Cattiva fama.

†**disfamaménto** [da *disfamare* (*1*); av. 1406] s. m. ● Diffamazione.

†**disfamàre** (**1**) [comp. di *dis-* (*1*) e *fama*; av. 1342] v. tr. ● Diffamare, infamare.

disfamàre (**2**) [comp. di *dis-* (*1*) e *fame*; 1319] v. tr. *1* (*lett.*) Sfamare. *2* (*lett., fig.*) Soddisfare: *E se la mia ragion non ti disfama, / vedrai Beatrice, ed ella pienamente / ti torrà questa e ciascun'altra brama* (DANTE *Purg.* XV, 76-78).

♦**disfàre** [comp. di *dis-* (*1*) e *fare* (*1*); 1282] **A** v. tr. (*io disfàccio* o *disfò* o *dìsfo, tu disfài, egli disfà* o *dìsfa, noi disfacciàmo, voi disfàte, essi disfànno* o *dìsfano*; per le altre forme coniug. come *fare*; nel pass. rem., nel fut., nel congv. pres. e nel condiz. pres. coniug. anche come i verbi regolari in *-are*) *1* Distruggere o scomporre quanto era stato fatto (*anche fig.*): *d. un vestito, un lavoro, un'opera* | ***D. il letto***, toglierne la biancheria per poi rifarlo | ***D. la casa***, vendere tutte le suppellettili | †***D. un paese, una contrada***, devastarli | ***D. un nodo***, scioglierlo | Sciogliere, liquefare: *il calore disfa le sostanze grasse.* *2* †Annientare, uccidere: *Siena mi fé, disfecemi Maremma* (DANTE *Purg.* V, 134). *3* †Esautorare, togliere qlcu. da una carica: *per far ottimo un re, convien disfarlo* (ALFIERI). **B** v. intr. pron. *1* (*raro*) Ridursi in pezzi: *intere città si disfecero per il terremoto* | Andare in putrefazione: *i cadaveri si disfanno nella tomba* | Sciogliersi: *la neve si disfa al sole.* *2* (+ *da*; + *in*; lett. + *di*) (*fig.*) Struggersi, consumarsi: *disfarsi dal dolore*; *disfarsi dalle risa*; *disfarsi in lacrime*; *e più degli altri in pianto si disface* (TASSO); *si disfaceva di tenerezza per lei* (NIEVO) | (*raro*) Andare in rovina. **C** v. rifl. (+ *di*) ● Liberarsi, sbarazzarsi: *disfarsi di un oggetto ingombrante.*

disfasìa [vc. dotta, formata su *afasia* (V.) con sostituzione del pref. neg. con pref. pegg.] s. f. ● (*med.*) Disturbo del linguaggio consistente nella incapacità a ordinare le parole | Afasia.

disfàsico **A** agg. (pl. m. *-ci*) ● (*med.*) Di, relativo a disfasia: *disturbo d.* | Affetto da disfasia: *malato d.* **B** s. m. (f. *-a*; pl. m. *-ci*) ● Chi è affetto da disfasia.

disfàtta [fr. *défaite* 'rotta militare', da *défaire* 'disfare'; av. 1540] s. f. *1* Rotta completa, sconfitta definitiva di un esercito o di un complesso di forze, con perdite irreparabili di uomini, materiali e mezzi. *2* (*fig.*) Sconfitta disastrosa: *difficilmente il partito potrà risollevarsi da una simile d.*

†**disfattìbile** [av. 1704] agg. ● Disfacibile.

disfattìsmo [fr. *défaitisme*; cfr. *disfattista*; 1915] s. m. *1* Attività e atteggiamento di chi, in tempo di guerra, tende a menomare la resistenza politica o economica o militare dello Stato. *2* (*fig.*) Atteggiamento di sfiducia e pessimismo riguardo all'esito di un'azione, un'impresa e sim.

disfattìsta [fr. *défaitiste*, da *défaite* 'disfatta'; calco sul russo *porajenetz*, deriv. di *porajénié* 'disfatta'; 1917] **A** s. m. e f. (pl. m. *-i*) ● Chi, in tempo di guerra, fa opera di disfattismo | (*est.*) Chi dimostra e diffonde pessimismo sull'esito di un'impresa. **B** agg. ● Disfattistico: *discorso, propaganda, azione d.*

disfattìstico [1941] agg. (pl. m. *-ci*) ● Di disfattismo, da disfattista.

disfàtto [av. 1292] part. pass. di *disfare*; anche agg. ● Nei sign. del v. | (*fig.*) Smorto, rovinato: *volto d. dalla stanchezza* | (*fig.*) Gravemente depresso, abbattuto e sim.

†**disfattóre** [sec. XIV] s. m.; anche agg. (f. *-trice*) ● Disfacitore.

disfattùra [1753] s. f. ● (*raro*) Disfacimento.

disfavillàre [comp. di *dis-* (*1*) e *favilla*; 1319] v. intr. (aus. *avere*) ● (*lett.*) Sfavillare: *qual zaffiro l'occhio disfavilla* (D'ANNUNZIO).

disfavóre [comp. di *dis-* (*1*) e *favore*; 1520] s. m. ● (*lett.*) Danno, svantaggio | ***Argomento a d.***, contrario.

disfavorévole [1540] agg. ● (*raro*) Contrario, sfavorevole. || †**disfavorevolménte**, avv. Sfavorevolmente.

†**disfavorìre** [comp. di *dis-* (*1*) e *favorire*; 1520] v. tr. ● Contrariare, danneggiare.

†**disfazióne** [da *disfare*; sec. XIII] s. f. *1* Disfacimento, rovina. *2* Scioglimento, liquefazione.

disféci ● V. *disfare.*

disfemìa [da *dis-* (*2*), sul modello del gr. *euphēmía*, nel sign. di 'buona espressione' (V. *eufemia*)] s. f. ● (*med.*) Anomalia del linguaggio consistente nell'incapacità a pronunciare certi fonemi.

disfemìsmo [tratto da *eufemismo*, per sostituzione del pref. *eu-* con *dis-* (*1*); cfr. gr. *dysphēméin* 'dir male, oltraggiare'; 1950] s. m. ● (*ling.*) Figura retorica che consiste nel sostituire, in modo spesso scherzoso, una parola con un'altra dotata all'origine di connotazione negativa, senza tuttavia attribuirle un tono offensivo (per es. *i miei vecchi* per *i miei genitori*).

†**disferenziàre** ● V. *differenziare.*

†**disfermaménto** s. m. ● Il disfermare.

†**disfermàre** [comp. di *dis-* (*1*) e *fermare*] v. tr. ● Rendere privo di fermezza, forza e sim., indebolire.

disferràre [comp. di *dis-* (*1*) e *ferro*; 1483] **A** v. tr. (*io disfèrro*) *1* (*lett.*) Liberare qlcu. dalle catene (*anche fig.*). *2* †Liberare dal ferro, strappandolo dalle carni: *d. la ferita, il petto.* *3* (*lett.*) Togliere i ferri dai piedi degli animali. **B** v. rifl. ● †Togliersi il ferro dalla ferita.

disfìda [da *disfidare* (*1*); av. 1536] s. f. ● (*lett.*) Sfida: *la d. di Barletta*; *accettare una d.*; *mandare a qlcu. una d.*

disfidànte [1868] **A** part. pres. di *disfidare* (*1*); anche agg. ● (*lett.*) Nei sign. del v. **B** s. m. e f. ● (*raro, lett.*) Chi lancia una disfida.

†**disfidànza** [av. 1363] s. f. ● Sfiducia.

disfidàre (**1**) [lat. mediev. *disfidāre* 'togliere la fede, provocare', comp. parasintetico di *fīdes* 'fede, fiducia', col pref. *dis-* (*1*); av. 1250] v. tr. *1* (*raro, lett.*) Sfidare: *d. qlcu. a duello, a battaglia*; *prese in ardimento di d. la Dea della sapienza* (MARINO). *2* †Dichiarare nemico, mettere al bando.

†**disfidàre** (**2**) ● V. *diffidare.*

†**disfidatóre** [da *disfidare* (*1*); 1600] s. m.; anche agg. ● Chi (o Che) disfida.

disfiguràre [comp. di *dis-* (*1*) e *figura*; 1614] **A** v. tr. ● (*raro, lett.*) Sfigurare: *una cicatrice gli disfigurava il volto.* **B** v. intr. pron. ● †Alterarsi | †Trasformarsi.

†**disfinìre** [var. di *diffinire* con ricostruzione integrale del pref.; av. 1406] v. tr. ● Definire, risolvere, decidere: *questo coro di figure, che circondano questo cielo ..., disfiniteci di grazia che cosa sono?* (VASARI).

†**disfinitóre** [1600] s. m. (f. *-trice*, raro) *1* Chi disfinisce. *2* Interprete: *d. di sogni.*

†**disfinizióne** [sec. XIV] s. f. ● Definizione, risoluzione.

†**disfioraménto** [sec. XIV] s. m. ● Deflorazione.

disfioràre [comp. di *dis-* (*1*) e *fiore* in uso fig.; av. 1313] v. tr. (*io disfióro*) *1* (*raro, lett.*) Privare del fiore | (*fig.*) Guastare, sciupare: *disfiorata è la guancia e l'occhio è morto* (PINDEMONTE). *2* (*fig., lett.*) Disonorare. *3* †Deflorare. *4* (*lett.*) Sfiorare (*anche fig.*): *una carezza disfiora / la linea del mare e la scompiglia / un attimo* (MONTALE).

disfiorentinàre [comp. di *dis-* (*1*) e *fiorentino*; av. 1576] **A** v. tr. ● (*lett.*) Rendere qlcu. o qlco. non fiorentino, privandolo di certe peculiari caratteristiche: *d. il linguaggio.* **B** v. rifl. ● (*raro, lett.*) Farsi non fiorentino, diverso dai fiorentini.

disfò, disfo ● V. *disfare.*

†**disfogaménto** [av. 1311] s. m. ● (*raro*) Sfogo.

disfogàre [comp. di *dis-* (*1*) e *foga*; 1294] **A** v. tr. (*io disfógo* (*-ò-*), *tu disfóghi* (*-ò-*)) ● (*lett.*) Sfogare: *or via, disfoga / l'astio racchiuso* (FO-

SCOLO). **B** v. intr. pron. ● (*lett.*) Sfogarsi.

disfogliàre [comp. di *dis-* (*1*) e *foglia*; av. 1294] **A** v. tr. (*io disfòglio*) ● (*lett.*) Privare delle foglie: *un soffio disfogliò interamente una larga rosa bianca* (D'ANNUNZIO). **B** v. intr. pron. ● (*lett.*) Ridursi senza foglie.

disfonìa [vc. dotta, comp. di *dis-* (*1*) e *-fonia*; 1820] s. f. ● (*med.*) Alterazione della voce, dovuta a cause funzionali od organiche.

disfònico agg. (pl. m. *-ci*) ● (*med.*) Di, relativo a, disfonia.

disforìa [vc. dotta, gr. *dysphoría*, comp. di *dys-* 'dis- (2)' e un deriv. di *phérein* 'portare', quindi 'difficoltà di sopportare'; 1820] s. f. ● (*med.*) Stato d'animo di oppressione angosciosa e di tristezza. CONTR. Euforia.

disfòrico agg. (pl. m. *-ci*) ● (*med.*) Caratterizzato da disforia: *atteggiamento d.* | Affetto da disforia: *soggetto d.*

disformàre [comp. di *dis-* (*1*) e *formare*; av. 1292] **A** v. tr. (*io disfórmo*) ● (*raro, lett.*) Rendere disforme | Deformare, alterare. **B** v. intr. e intr. pron. (aus. *essere*) ● (*raro, lett.*) Essere o diventare disforme | Deformarsi, guastarsi.

disformàto [av. 1292] part. pass. di *disformare*; anche agg. ● (*raro, lett.*) Mutato di forma: *acciocché a lui ... io disformata non potessi dispiacere* (BOCCACCIO) | Deformato.

†**disformazióne** [av. 1396] s. f. ● Deformazione.

disfórme [da *disformare*, sul modello di *deforme* e *deformare*; av. 1406] agg. ● (*raro*) Difforme | Differente. || †**disformeménte**, avv. In modo difforme, differente.

disformità [1513] s. f. ● (*raro, lett.*) Differenza: *non vi essendo d. di costumi, gli uomini si vivono quietamente* (MACHIAVELLI).

†**disfornìto** [comp. di *dis-* (*1*) e *fornito*; sec. XIV] agg. ● (*raro*) Completamente sfornito.

†**disfrancàre** [comp. di *dis-* (*1*) e *franco* nel sign. di 'libero'; 1321] **A** v. tr. *1* Privare della libertà: *il peccato disfrancò il loro volere* (PASCOLI). *2* Privare del coraggio. **B** v. intr. pron. ● Perdersi d'animo.

disfranceṣàre [comp. di *dis-* (*1*) e *francese*; av. 1803] **A** v. tr. (*io disfrancéṣo*) ● (*lett.*) Liberare dall'influenza francese. **B** v. rifl. ● Liberarsi dall'influenza francese.

disfraṣìa [vc. dotta, comp. di *dis-* (*2*) e del gr. *phrásis* 'frase, discorso'] s. f. ● (*med.*) Alterata composizione delle frasi dovuta a disturbi neurologici o mentali.

disfrenàre [comp. di *dis-* (*1*) e *frenare*; av. 1294] v. tr. (*io disfréno* o *disfrèno*) ● (*lett.*) Sfrenare.

†**disfrèno** o **disfréno** **A** agg. ● Sfrenato. **B** s. m. ● Mancanza di freni, di impacci | ***A d.***, sfrenatamente | ***In d.***, liberamente.

†**disfrodàre** [comp. di *dis-* (*1*) e *frodare*] v. tr. ● (*raro*) Defraudare, ingannare.

disfrondàre [comp. di *dis-* (*1*) e *fronda*; 1483] **A** v. tr. (*io disfróndo*) ● (*lett.*) Sfrondare. **B** v. intr. pron. ● (*lett.*) Perdere le fronde; (*fig.*) svigorirsi.

disfunzionàle [comp. di *dis-* (*1*) e *funzionale*; 1989] agg. ● Che non è funzionale, che non adempie adeguatamente alle proprie funzioni.

disfunzióne [comp. di *dis-* (*2*) e *funzione*; 1942] s. f. *1* (*med.*) Alterazione della funzione di un organo. *2* (*est.*) Cattivo funzionamento di enti, organizzazioni e sim.: *d. amministrativa*.

diṣgàggio [dal fr. *dégager* 'distaccare, liberare'] s. m. ● (*min.*) Operazione consistente nel distaccare a mano i frammenti rocciosi pericolanti, dopo l'esplosione di mine.

†**diṣgannàre** [comp. di *dis-* (*1*) sostitutivo del pref. contrario *in-* di *ingannare*; 1342] v. tr. ● Liberare dall'inganno.

diṣgarbàre [comp. di *dis-* (*1*) e di *garbare*] v. intr. (aus. *essere*, raro *avere*) ● (*lett.*) Dispiacere, non garbare.

†**diṣgàrbo** [1572] s. m. ● Mal garbo, mala grazia.

diṣgelàre [comp. di *dis-* (*1*) e *gelare*; av. 1861] **A** v. tr. (*io diṣgèlo*) ● Sciogliere il ghiaccio, liberare dal ghiaccio: *il sole disgela i campi*. **B** v. intr. e intr. pron. (aus. *essere* o *avere*; anche impers.) ● Liberarsi dal gelo, dal ghiaccio: *il lago disgela*; *la campagna si disgelava*; *non disgela ancora*.

diṣgèlo [da *disgelare*; av. 1883] s. m. *1* Fusione del ghiaccio e della neve dovuta alla temperatura che sale sopra allo zero. *2* (*fig.*) Miglioramento dei rapporti tra due o più persone | Superamento di posizioni politiche particolarmente rigide, che consente un graduale miglioramento sia della situazione interna di uno Stato, sia delle relazioni internazionali.

†**diṣgènio** [comp. di *dis-* (*1*) e *genio*; av. 1729] s. m. ● Avversione, repulsione.

diṣgeuṣìa [comp. di *dis-* (*2*) e del gr. *gêusis* 'gusto', da *géuesthai* 'gustare' (di orig. indeur.)] s. f. ● (*med.*) Alterazione o indebolimento della facoltà del gusto.

†**diṣghiottìre** [da *inghiottire*, con sostituzione di pref. (*dis-* (*1*)): propr. 'inghiottire male'; sec. XIV] v. intr. ● (*raro*) Singhiozzare.

†**diṣgiogàre** [comp. di *dis-* (*1*) e *giogo*; 1683] v. tr. ● Sciogliere, liberare dal giogo (*anche fig.*).

†**diṣgiòngere** e *deriv.* ● V. *disgiungere* e *deriv.*

†**diṣgiovàre** o †**diṣiovàre** [comp. di *dis-* (*1*) e *giovare*; av. 1348] v. intr. ● (*raro*) Nuocere.

†**diṣgiùgnere** e *deriv.* ● V. *disgiungere* e *deriv.*

diṣgiùngere o †**diṣgiòngere** [lat. *disiūngere*, comp. di *dis-* (*1*) e *iŭngere* 'congiungere'; av. 1294] **A** v. tr. (coniug. come *giungere*) *1* (*lett.*) Separare, disunire, dividere: *d. due amici, una famiglia*; *disgiunse le mani che prima aveva intrecciato* | (*lett.*) Staccare, strappare: *... lo strazio disonesto / c'ha le mie frondi sì da me disgiunte* (DANTE *Inf.* XIII, 140-141). *2* (*fig.*) Considerare separatamente: *d. un'idea dalla sua realizzazione pratica* | (*lett.*) Rendere diverso, distinguere: *è l'ora che disgiunge il primo chiaro / dall'ultimo tremore* (UNGARETTI). **B** v. rifl. e rifl. rec. ● (*lett.* o *raro*) Dividersi, separarsi, allontanarsi: *si disgiunsero con molte lacrime*.

diṣgiungìbile agg. ● (*raro*) Che si può disgiungere.

diṣgiungiménto o †**diṣgiugniménto** [av. 1406] s. m. ● (*raro*) Il disgiungere | Separazione.

†**diṣgiungitóre** o †**diṣgiugnitóre** [av. 1704] s. m.; anche agg. (f. *-trice*) ● Chi (o Che) disgiunge.

diṣgiuntìvo o †**diṣgiontìvo** [lat. tardo *disiunctīvu(m)*, da *disiūnctus* 'disgiunto'; 1529] agg. *1* Atto a disgiungere | (*ling.*) ***Congiunzione disgiuntiva***, che coordina due parole o frasi dividendole (ad es. *o*, *oppure*, *ovvero*) | (*filos.*) ***Proposizione disgiuntiva***, quella che contiene un'alternativa | ***Sillogismo d.***, quello che ha come premessa maggiore una proposizione disgiuntiva. *2* (*geol.*) Detto di deformazione tettonica che si manifesta per mezzo di fratture e di faglie. || **diṣgiuntivaménte**, avv. (*raro*) In modo disgiuntivo.

diṣgiùnto o †**diṣgiónto** [av. 1294] part. pass. di *disgiungere*; anche agg. *1* Staccato, separato. *2* (*mat.*) Detto di due insiemi che non hanno elementi comuni. || **diṣgiuntaménte**, avv. Separatamente.

†**diṣgiuntùra** [av. 1566] s. f. ● Disgiunzione.

diṣgiunzióne [lat. *disiunctiōne(m)*, da *disiūnctus* 'disgiunto'; sec. XIV] s. f. ● Separazione | (*fig.*) Distinzione.

diṣgocciolàre [comp. di *dis-* (*1*) e *gocciolare*; 1825] v. intr. (*io diṣgócciolo*; aus. *essere*) *1* (*raro, lett.*) Sgocciolare, stillare. *2* (*raro, lett., fig.*) Consumarsi.

diṣgomberàre e *deriv.* ● V. *disgombrare* e *deriv.*

†**diṣgómbra** o †**diṣgómbera** [da *disgombrare*] s. f. ● Sgombero.

†**diṣgombraménto** [1566] s. m. ● Il disgombrare | Sgombro.

diṣgombràre o **diṣgomberàre** [comp. di *dis-* (*1*) sostituito al pref. contrario *in-* in *ingombrare*; av. 1374] **A** v. tr. (*io diṣgómbro*) *1* (*lett.*) Sgombrare: *disgombrava già di neve i poggi / l'aurora amorosa* (PETRARCA). *2* (*fig., lett.*) Rimuovere dall'animo sentimenti o pensieri molesti, angosce, tormenti e sim.: *quivi è colei che l'alte menti infiamma / e che da' petti ogni viltà disgombra* (POLIZIANO). *3* (*assol.*) †Traslocare, cambiare casa. **B** v. intr. pron. ● Dileguarsi (*anche fig.*).

diṣgombratóre [av. 1638] s. m.; anche agg. (f. *-trice*) ● (*raro, lett.*) Chi (o Che) disgombra.

diṣgómbro [1575] agg. ● (*lett.*) Sgomberato.

†**diṣgorgàre** [comp. di *dis-* (*1*) e di *gorgo*] **A** v. tr. ● Fare sgorgare. **B** v. intr. e intr. pron. ● Uscire a fiotti: *dal mio cor disgorghi / gran sangue, e i fiumi scorrano su 'l mondo* (D'ANNUNZIO).

diṣgradàre (**1**) [comp. di *dis-* (*1*) e *grado*; av. 1566] **A** v. tr. ● †Sminuire, degradare: *d. qlcu. nella opinione altrui* | (*lett.*) Vincere al confronto, superare: *una fame da disgradarne un lupo*. **B** v. intr. (aus. *essere*) ● †Allontanarsi, deviare. **C** v. intr. pron. *1* (*raro, lett.*) Perdere la reputazione. *2* (*lett.*) Essere in declivio, digradare.

diṣgradàre (**2**) [comp. di *dis-* (*1*) sostitutivo dell'opposto *ad-* in *aggradare*; av. 1337] v. intr. ● (*lett.*) Dispiacere, essere sgradito.

diṣgradévole [av. 1729] agg. ● (*raro*) Sgradevole.

†**diṣgradìre** [comp. di *dis-* (*1*) e *gradire*; av. 1729] **A** v. tr. ● Non gradire. **B** v. intr. ● Dispiacere.

†**diṣgràdo** [da *disgradire*; 1300 ca.] s. m. ● Mancanza di gradimento | ***Essere a d.***, essere sgradito | ***Avere a, in d.***, non vedere di buon occhio.

diṣgrafìa [vc. dotta, comp. di *dis-* (*2*) e *-grafia*] s. f. ● (*med.*) Incapacità di scrivere in modo corretto i suoni percepiti, dovuta spec. a malattia nervosa.

diṣgràfico [comp. di *dis-* (*2*) e *-grafico*] agg. (pl. m. *-ci*) ● (*med.*) Di, relativo a disgrafia.

diṣgranàre [comp. di *dis-* (*1*) e *grano*] v. tr. ● (*raro*) Sgranare: *d. le spighe* | ***D. la catena***, disimpegnarla dalla dentiera dell'argano.

†**diṣgranellàre** [comp. di *dis-* (*1*) e *granello*; av. 1342] v. tr. ● Sgranare: *d. le spighe*.

†**diṣgràto** [comp. di *dis-* (*1*) e *grato*; 1342] agg. ● Sgradito, noioso, spiacevole.

diṣgravàre [comp. di *dis-* (*1*) e *gravare*; 1313] v. tr. e rifl. ● (*lett.*) Sgravare.

†**diṣgravidaménto** [av. 1694] s. m. ● Aborto | ***D. volontario***, aborto procurato.

†**diṣgravidàre** [comp. di *dis-* (*1*) opposto a *in-* di *ingravidare*; 1353] v. intr. ● Abortire: *ella molte arti usò per dovere, contro al corso della natura, d., né mai le potè venir fatto* (BOCCACCIO).

◆**diṣgràzia** [comp. di *dis-* (*1*) e *grazia*; 1312] s. f. *1* (*lett.* o *raro*) Perdita del favore altrui: *essere, cadere, venire in d. di qlcu.* | ***In d. di Dio***, in peccato mortale | ***Avere qlcu. in d.***, negargli la propria benevolenza | ***Mettere, porre qlcu. in d.***, parlarne male. *2* Sorte avversa, sventura: *essere perseguitato dalla d.*; *ha la d. di essere povero*; *per colmo di d. ha perduto anche il treno*; *ognuno di noi ha le sue disgrazie* | ***Per mia, per tua d.***, sfortunatamente per me, per te | ***D. volle che***, malauguratamente avvenne che | ***Portare d.***, essere causa di guai, sciagure e sim. SIN. Avversità, scalogna, sfortuna. *3* Avvenimento improvviso e luttuoso: *è successa una d.*; *è morto in seguito a una d.* SIN. Calamità, disastro, sciagura. *4* (*est.*) Avvenimento spiacevole e involontario: *non l'ha fatto di proposito, è stata una d.* SIN. Disdetta, scalogna. *5* †Mancanza di grazia, di bellezza.

†**diṣgraziàre** [da *disgrazia*; av. 1449] v. tr. *1* Non ringraziare | Privare della propria gratitudine, del proprio favore e sim. *2* Far sfigurare al paragone, al confronto.

◆**diṣgraziàto** [da *disgrazia*; av. 1310] **A** agg. *1* Che non ha fortuna, che è oppresso e perseguitato da malanni, miseria, insuccesso o altre disgrazie: *un uomo d.*; *una famiglia povera e disgraziata*; *essere d. in amore, negli affari, al gioco*. SIN. Sfortunato, sventurato | Che è degno di biasimo: *che cosa hai fatto, d.!*; SIN. Sciagurato. *2* Di ciò che è iniziato o si è svolto male, che ha prodotto esiti o conseguenze spiacevoli: *viaggio, anno d.*; *fu un'idea veramente disgraziata*. SIN. Dannato, sfortunato. *3* (*lett.*) Senza grazia, malfatto. || **diṣgraziataménte**, avv. Per disgrazia, sfortunatamente: *disgraziatamente il medico è intervenuto troppo tardi*. **B** s. m. (f. *-a*) *1* Persona disgraziata: *è un povero d.*; *aiutare i disgraziati* | (*est., pop.*) Persona minorata, deforme. SIN. Infelice, miserabile. *2* Persona degna di biasimo: *lasciate perdere quel d.* | Persona cattiva, malvagia, che reca o crea disgrazia, sciagura.

†**diṣgraziòṣo** [1300 ca.] agg. ● Spiacente, ritroso, bisbetico.

†**diṣgredìre** ● V. *digredire*.

diṣgregàbile [av. 1519] agg. ● Che si può disgregare.

diṣgregaménto [av. 1729] s. m. ● Disgregazione (*spec. fig.*): *il d. della famiglia*.

†**diṣgregànza** [sec. XIV] s. f. ● Disgregazione.

diṣgregàre [vc. dotta, lat. tardo *disgregāre*, da *aggregāre* con sostituzione del pref. *dis-* (*1*) a *ad-*; 1308] **A** v. tr. (*io diṣgrègo, tu diṣgrèghi*) *1* Frantumare un corpo solido, compatto: *gli agenti atmosferici disgregano la roccia*. *2* (*fig.*) Privare un gruppo o una comunità della loro compattezza, coesione e sim.: *le rivalità personali hanno disgregato il partito*. *3* (*chim.*) Trattare una sostanza, spec. fondendola con carbonati o alcoli, al fine di renderla solubile. **B** v. intr. pron. **1** Andare in pezzi, in frantumi: *la massa si disgregava sotto i colpi*. **2** (*fig.*) Perdere la coesione e l'accordo, disunirsi: *la famiglia si è ormai disgregata*.

disgregatìvo [vc. dotta, lat. tardo *disgregatīvu(m)*, da *disgregātus* 'disgregato'; av. 1498] **agg.** ● Atto a disgregare.

disgregatóre [da *disgregare*; 1914] **s. m.**; anche **agg.** (f. *-trice*) ● Chi (o Che) tende a disgregare (*spec. fig.*): *elementi disgregatori della famiglia, della società*.

disgregazióne [vc. dotta, lat. tardo *disgregatiōne(m)*, da *disgregātus* 'disgregato'; 1308] **s. f.** ● Frantumazione: *la d. di un corpo, di un materiale solido* | (*fig.*) Sfascio, disunione: *un periodo di d. sociale* | **D. meteorica**, sgretolamento e frantumazione delle superfici rocciose dovuti a processi di natura fisica.

disgressióne ● V. *digressione*.

†**disgrevàre** [comp. di *dis-* (*1*) e *greve*] **v. tr.** ● (*raro*) Liberare da un peso.

†**disgrignàre** ● V. *digrignare*.

disgroppàre o †**disgruppàre** [comp. di *dis-* (*1*) e *groppo*; 1483] **v. tr.** (*io disgróppo* o *disgròppo*) ● (*lett.*) Disfare, sciogliere un nodo (*anche fig.*).

disgrossaménto **s. m.** ● Sgrossamento.

disgrossàre [comp. di *dis-* (*1*) e *grosso*; 1526] **v. tr.** e **intr. pron.** (*io disgròsso*) ● Sgrossare.

†**disgrossatùra** **s. f.** ● Sgrossatura.

†**disgruppàre** ● V. *disgroppare*.

disgruzzolàre [comp. di *dis-* (*1*) e *gruzzolo*; 1441] **v. tr.** (*io disgrùzzolo*) ● (*raro*) Rovistare, frugare disordinatamente.

†**disguàle** e deriv. ● V. *disuguale* e deriv.

disguìdo [sp. *descuido*, da *descuidar*, originariamente 'esimere (*des-*) dal pensare (*cuidar*, dal lat. *cogitāre*)', 'trascurare'; 1681] **s. m.** ● Errore di spedizione o di recapito: *per un d. non ho ancora ricevuto la lettera* | (*est.*) Errore nell'esecuzione di un programma preordinato; malinteso, contrattempo.

†**disguisàre** [comp. di *dis-* (*1*) e *guisa*; 1694] **v. tr.** ● Contraffare, deformare.

•**disgustàre** [da *disgusto*; 1615] **A** **v. tr.** **1** Dare disgusto: *il sapore di quel cibo mi disgusta*. SIN. Stomacare. **2** (*fig.*) Provocare fastidio, noia, insofferenza, ripugnanza e sim.: *un lavoro che disgusta*; *la sua presenza e le sue parole ci disgustavano*. SIN. Infastidire, nauseare, stomacare. **B** **v. intr. pron.** **1** Provare disgusto, nausea: *mi sono disgustato dei grassi*. SIN. Nausearsi, stomacarsi. **2** (*fig., raro*) Non essere più in buoni rapporti con qlcu.: *si è disgustato con noi*. **C** **v. rifl. rec.** ● (*fig., disus.*) Rompere l'amicizia: *quei due si sono disgustati*.

disgustàto [1615] **part. pass.** di *disgustare*; anche **agg.** ● (*fig.*) Indignato, nauseato.

†**disgustatóre** **agg.**; anche **s. m.** (f. *-trice*) ● Che (o Chi) disgusta.

disgustévole [av. 1597] **agg.** ● (*raro*) Sgradevole, disgustoso.

†**disgustevolézza** **s. f.** ● Caratteristica di ciò che è disgustevole.

•**disgùsto** [comp. di *dis-* (*1*) e *gusto*; 1582] **s. m.** **1** Senso di nausea, di ripugnanza: *mangiare con d.*; *ho il d. delle sigarette*; *sento d. per il cibo*. **2** (*fig.*) Repulsione morale, insofferenza, avversione: *sento per lui un profondo d.*; *riviveva / il d. ... della pena / amara* (SABA). **3** (*disus.*) Dispiacere provocato da contrasti, offese, difficoltà e sim.: *subire umiliazioni e disgusti*.

disgustóso [1659] **agg.** **1** Che provoca disgusto, repulsione fisica: *odore, sapore, cibo d.* | Pessimo: *ci offrirono un d. caffè*. SIN. Nauseante, ripugnante. **2** (*fig.*) Che provoca repulsione morale, che è estremamente sgradevole: *è un individuo d.*; *il suo contegno fu d.*; *rimasi sconvolto da quel d. spettacolo*. SIN. Ripugnante. || **disgustosaménte**, avv.

†**disìa** o †**desìa** [da *disia(re)*] **s. f.** ● Desio.

disiàbile ● V. *desiabile*.

disiànza o **desiànza** [da *disiare*; sec. XIII] **s. f.** ● (*lett.*) Desiderio | (*est.*) Cosa desiderata.

disiàre ● V. *desiare*.

disiàto ● V. *desiato*.

†**disideràre** e deriv. ● V. *desiderare* e deriv.

disidratànte **A** **part. pres.** di *disidratare*; anche **agg.** **1** Nei sign. del v. **2** Detto di sostanza in grado di sottrarre acqua ad altre sostanze. **B** anche **s. m.**

disidratàre [fr. *déshydrater*, comp. di *dés-* 'dis- (1)' e *hydrater* 'idratare'; 1905] **A** **v. tr.** ● Privare o impoverire una sostanza o un corpo dell'acqua in essi contenuta: *d. l'aria*; *d. i cibi per conservarli*; *d. un organismo*. **B** **v. intr. pron.** ● Subire disidratazione: *si è disidratato a causa della malattia*.

disidratàto **part. pass.** di *disidratare*; anche **agg.** ● Che ha subìto disidratazione: *organismo d.* | Che è stato sottoposto a disidratazione: *alimento d.*

disidratatóre [1956] **s. m.** ● Apparecchio o impianto per la disidratazione, spec. di fluidi.

disidratazióne [fr. *déshydratation*, da *déshydrater* 'disidratare'; 1875] **s. f.** **1** Eliminazione o riduzione dell'acqua contenuta in una sostanza. **2** (*med.*) Eccessiva perdita di liquido organico, tale da portare nocumento alle normali funzioni dell'organismo.

disidròsi [comp. di *dis-* (*2*), *idro-* e del suff. *-osi*] **s. f. inv.** ● (*med.*) Affezione cutanea, favorita dalla sudorazione, caratterizzata da vescicole pruriginose a localizzazione palmo-plantare e interdigitale.

†**disiecoràre** [comp. di *dis-* (*1*) e del lat. *iĕcur*, genit. *iĕcoris* 'fegato'; av. 1530] **v. tr.** ● (*raro*) Strappare il fegato.

†**disìevole** o †**desìevole** [da *disiare*; 1505] **agg.** ● (*lett.*) Pieno di desiderio.

†**disigillàre** ● V. *dissigillare*.

†**disiguàle** ● V. *disuguale*.

disillàbico [da *disillabo*] **agg.** (pl. m. *-ci*) ● Di due sillabe.

disìllabo [vc. dotta, lat. *disyllabu(m)*, dal gr. *disýllabos* 'composto di due (*dís*) sillabe (*syllabái*)'; av. 1698] **A** **agg.** ● Composto di due sillabe. SIN. Bisillabo. **B** **s. m.** ● Gruppo di due sillabe.

disillùdere [comp. di *dis-* (*1*) e *illudere*; 1874] **A** **v. tr.** (coniug. come *illudere*) ● Togliere le illusioni: *uno sguardo era sufficiente a disilludermi* (SVEVO) | Deludere: *d. le speranze di qlcu.* **B** **v. intr. pron.** ● Perdere le illusioni: *sognava grandi cose ma ora si è disilluso*.

disillusióne [1866] **s. f.** ● Perdita di ogni illusione: *subire una profonda d.*; *le disillusioni della vita*. SIN. Delusione.

disillùso [1858] **A** **part. pass.** di *disilludere*; anche **agg.** ● Nei sign. del v. **B** **s. m.** (f. *-a*) ● Persona disillusa.

disimballàggio **s. m.** ● Operazione del disimballare.

disimballàre [comp. di *dis-* (*1*) e *imballare* (*1*)] **v. tr.** ● Togliere dall'imballaggio: *d. dei quadri*.

†**disimbarazzàre** [comp. di *dis-* (*1*) e *imbarazzare*; av. 1730] **v. tr.** ● Togliere dall'imbarazzo, dall'impaccio.

†**disimbaràzzo** **s. m.** ● (*raro*) Sgombramento.

disimbracàre [comp. di *dis-* (*1*) e *imbracare*] **v. tr.** (*io disimbràco, tu disimbràchi*) ● Togliere l'imbraca a un animale.

†**disimbracciàre** [comp. di *dis-* (*1*) e *imbracciare*] **v. tr.** ● Sfilare dal braccio: *d. lo scudo*.

†**disimbrigliàre** [comp. di *dis-* (*1*) e *imbrigliare*; av. 1680] **v. tr.** ● Liberare dalle briglie (*anche fig.*).

disimpacciàre [comp. parasintetico di *impaccio*, col pref. *dis-* (*1*); 1677] **A** **v. tr.** (*io disimpàccio*) ● (*raro*) Liberare da impacci, noie e sim.: *d. le mani*. **B** **v. rifl.** ● Togliersi dagli impacci: *disimpacciarsi da una situazione difficile*.

disimpacciàto [1683] **part. pass.** di *disimpacciare*; anche **agg.** **1** Nei sign. del v. **2** (*raro*) Disinvolto: *un giovane franco e d.*

disimparàre [comp. di *dis-* (*1*) e *imparare*; 1573] **v. tr.** **1** Non ricordare o non sapere più quanto si era imparato: *d. la lezione*; *ho disimparato a guidare l'automobile*; *aveva dunque disimparato di camminare?* (SVEVO). **2** (*fig.*) Perdere un'abitudine: *devi d. ad alzarti tardi*.

†**disimpedìre** [comp. di *dis-* (*1*) e *impedire*; 1600] **v. tr.** ● (*raro*) Liberare dagli impedimenti.

disimpegnàre [comp. di *dis-* (*1*) e *impegnare*; av. 1730] **A** **v. tr.** (*io disimpégno*) **1** Sciogliere una persona da un impegno, da una promessa e sim. | (*est.*) Liberare qlco. data in pegno: *d. un gioiello*. **2** Liberare qlcu. o qlco. da impedimenti, impacci, ostacoli e sim.: *a fatica disimpegnarono il carro dal fango* | Rendere indipendente: *d. le stanze con un corridoio*. **3** (*mil.*) Liberare dalla pressione dell'avversario. **4** (*mar.*) Liberare cavi, manovre, attrezzi, ancore, dagli ostacoli che ne impediscono il libero movimento. **5** Adempiere un ufficio, esercitare una funzione: *è stato molto abile nel d. l'incarico affidatogli*. **B** **v. rifl.** **1** Liberarsi da un impegno: *mi sono disimpegnato da ogni obbligo verso di lui*. SIN. Disobbligarsi. **2** Riuscire a fronteggiare una situazione, cavarsela: *si disimpegna bene nel fare le veci del capofamiglia*. **3** (*mil.*) Ritirarsi gradualmente di fronte al nemico, spec. con intenti strategici. **4** (*sport*) Sottrarsi all'azione dell'avversario.

disimpegnàto **part. pass.** di *disimpegnare*; anche **agg.** **1** Nei sign. del v. | (*fig., raro*) Non impegnato sul piano ideologico, politico e sim. **2** ***Locale d.***, (*disus.*) locale di disimpegno.

disimpégno [da *disimpegnare*; nel sign. 3, calco sull'ingl. *disengagement*; 1624] **s. m.** **1** Ciò che serve a liberare da un obbligo, impegno e sim.: *cercare una scusa che serva da d.* | ***Fare qlco. per d.***, solo per adempiere un obbligo o tener fede alla parola data. **2** In un edificio, passaggio che consente l'accesso a un locale senza dovere attraversarne altri: *stanza, locale di d.* | (*est.*) Il locale che gode di tale passaggio: *in fondo al corridoio c'è un d.* **3** (*med.*) In ostetricia, fuoriuscita del feto dal canale del parto al momento della nascita. **4** Abbandono o mancanza di impegno sociale o politico. **5** Nel calcio, azione di alleggerimento di fronte a un attacco avversario.

disimpiegàre [comp. di *dis-* (*1*) e *impiegare*] **A** **v. tr.** (*io disimpiègo, tu disimpièghi*) ● (*raro*) Privare dell'impiego. **B** **v. rifl.** ● Dimettersi da un impiego.

disimpiègo [comp. di *dis-* (*1*) e *impiego*; 1858] **s. m.** (pl. *-ghi*) **1** Mancata utilizzazione di qlco. **2** Condizione di chi non ha un'occupazione totale.

†**disimplicàre** [comp. di *dis-* (*1*) e *implicare*; av. 1673] **v. tr.** ● (*raro*) Disimpacciare.

†**disimprìmere** [comp. di *dis-* (*1*) e *imprimere*; av. 1729] **v. tr.** ● (*raro*) Levare l'impronta o l'impressione.

†**disinàre** ● V. *desinare*.

disincagliàre [comp. parasintetico di *incaglio*, col pref. *dis-* (*1*), prob. sul modello dello sp. *desencallar*; 1869] **A** **v. tr.** (*io disincàglio*) **1** Liberare un natante da secche, scogli e sim. **2** (*fig.*) Liberare da un ostacolo: *d. una proposta di legge*. **B** **v. rifl.** **1** Liberarsi da un incaglio, detto di natante. **2** (*fig.*) Superare un punto morto, un ostacolo e sim.

disincàglio **s. m.** ● Operazione del disincagliare.

disincantàre [comp. di *dis-* (*1*) e *incantare*, prob. sul modello del fr. *désenchanter*; av. 1585] **A** **v. tr.** **1** (*raro*) Sciogliere da un incantesimo, liberare da una magia. **2** (*fig.*) Disilludere, disingannare: *avrebbe detto qualche parola stupida, di quelle che disincantano* (MORAVIA). **B** **v. intr. pron.** ● (*fig.*) Disilludersi.

disincantàto [1869] **part. pass.** di *disincantare*; anche **agg.** ● (*fig.*) Privo di illusioni: *guardare la vita con animo d.*

disincànto [1684] **s. m.** **1** (*raro*) Liberazione da un incantesimo. **2** (*fig.*) Perdita di illusioni, scetticismo: *un sorriso che esprime d.*

disincarnàre [comp. di *dis-* (*1*) e *incarnare*] **A** **v. tr.** ● Liberare, svincolare lo spirito dal corpo. **B** **v. rifl.** ● Liberarsi dai vincoli corporei.

disincentivànte **A** **part. pres.** di *disincentivare*; anche **agg.** ● Nei sign. del v. **B** **s. m.** ● Disincentivo.

disincentivàre [1964] **v. tr.** ● Scoraggiare, privare dell'incentivo; ridurre la tendenza a un determinato comportamento: *d. una decisione*; *d. le importazioni*.

disincentivazióne [1971] **s. f.** ● Il disincentivare.

disincentìvo [comp. di *dis-* (*1*) e *incentivo*] **s. m.** **1** Misura volta a scoraggiare decisioni economiche considerate non conformi a un equilibrato sviluppo. CONTR. Incentivo. **2** (*est.*) Mancanza di incentivo: *ciò costituisce un d. alla nostra iniziativa*.

†**disinclinàre** [comp. di *dis-* (*1*) e *inclinare*; 1674] **v. intr.** ● (*raro*) Non essere incline.

†**disinclinazióne** [comp. di *dis-* (*1*) e *inclinazione*; av. 1729] **s. f.** ● Avversione, antipatia.

†**disincontràto** [comp. di *dis-* (*1*) e *incontrato*; av. 1588] **agg.** ● Isolato, scompagnato.

disincrostànte [1913] **A** **part. pres.** di *disincrostare*; anche **agg.** ● Nel sign. del v. **B** **s. m.** ● Sostanza chimica che, aggiunta all'acqua delle caldaie, impedisce formazioni calcaree o discioglie quelle esistenti.

diṣincrostàre [comp. di *dis-* (*1*) e *incrostare*; 1941] v. tr. (*io diṣincròsto*) ● Liberare da incrostazioni: *d. le tubature*.

diṣincrostazióne s. f. ● Operazione del disincrostare.

diṣindustrializzàre [comp. di *dis-* (*1*) e *industrializzare*; 1950] v. tr. ● Abolire o ridurre le industrie di una città o di una regione.

diṣindustrializzazióne s. f. ● Il disindustrializzare | Condizione di una regione o di un Paese disindustrializzati.

diṣinfestànte A part. pres. di *disinfestare*; anche agg. ● Nei sign. del v. B s. m. ● Sostanza atta a distruggere i parassiti animali.

diṣinfestàre [comp. di *dis-* (*1*) e *infestare*; 1942] v. tr. (*io diṣinfèsto*) ● Liberare un luogo o una persona da insetti, parassiti e sim.: *d. la casa dai topi, un campo dalle erbacce*.

diṣinfestatóre [1958] s. m. (f. *-trice*) ● Chi è addetto alla disinfestazione.

diṣinfestazióne [da *disinfestare*; 1928] s. f. ● Operazione del disinfestare.

diṣinfestióne s. f. ● (*raro*) Disinfestazione.

diṣinfettànte [1858] A part. pres. di *disinfettare*; anche agg. ● Nel sign. del v. B s. m. ● Mezzo o sostanza atti a distruggere i microrganismi che provocano le infezioni.

diṣinfettàre [fr. *désinfecter*, comp. di *dés-* 'dis- (*1*)' e *infécter*, da *infect* 'infetto'; 1812] v. tr. (*io diṣinfètto*) ● Distruggere i germi patogeni: *d. una ferita, un ferro chirurgico, un locale*.

diṣinfettóre [da *disinfettare* sul modello del fr. *désinfecteur*, 1906] s. m. (f. *-trice*) ● Tecnico della disinfezione, dipendente da autorità sanitarie.

diṣinfezióne [fr. *désinfection*, da *désinfecter* 'disinfettare'; 1812] s. f. ● Complesso delle operazioni fisiche, chimiche o meccaniche, intese a distruggere i germi patogeni.

diṣinfiammàre [comp. di *dis-* (*1*) e *infiammare*; 1669] v. tr. ● Togliere l'infiammazione.

diṣinflazionàre [comp. di *dis-* (*1*) e *inflazionare*; 1991] v. tr. (*io diṣinflazióno*) ● (*econ.*) Ridurre l'inflazione, contenendo la circolazione monetaria.

diṣinflazióne [comp. di *dis-* (*1*) e *inflazione*; 1985] s. f. ● Condizione del sistema economico per cui l'inflazione viene contenuta, provocando però deflazione.

diṣinflazionìstico [1985] agg. (pl. m. *-ci*) ● Di disinflazione, che favorisce la disinflazione.

diṣinformàto [comp. di *dis-* (*1*) e *informato*; 1983] agg. ● Che non è informato, che è poco o male informato: *essere d. su qlco.*; *opinione pubblica disinformata*.

diṣinformazióne s. f. *1* Mancanza di informazione. *2* Cattiva informazione diffusa intenzionalmente per influenzare l'opinione pubblica su un determinato argomento: *la dichiarazione di guerra è stata preceduta da una campagna di d.*

diṣingannàre [comp. di *dis-* (*1*) e *ingannare*; av. 1550] A v. tr. (*io diṣingànno*) *1* Togliere dall'errore, da una convinzione ingannevole: *nessuno lo disingannò, nemmeno Lucia* (MANZONI). *2* Deludere, disilludere: *non ho avuto il coraggio di disingannarlo dicendogli la verità*. SIN. Disincantare. B v. intr. pron. ● Rendersi conto della verità, chiarendo errori o eliminando illusioni: *disingannarsi di, su qlcu.*

†diṣingannatìvo [av. 1712] agg. ● Che è atto a disingannare.

†diṣingannatóre s. m.; anche agg. (f. *-trice*) ● Chi (o Che) disinganna.

diṣingànno [da *disingannare*; av. 1654] s. m. ● Disillusione, delusione: *i disinganni dell'amore*; *provare i primi disinganni della vita*; *una malinconia che, accompagnata dal d., diviene dolore* (DE SANCTIS).

diṣingranàre [comp. di *dis-* (*1*) e *ingranare*] v. tr. ● Disaccoppiare due ingranaggi, che sono in presa | Disinnestare: *d. la marcia*.

diṣinibìre [comp. di *dis-* (*1*) e *inibire*] A v. tr. (*io diṣinibìsco, tu diṣinibìsci*) ● Togliere le inibizioni, i complessi e sim.: *le recenti esperienze lo hanno disinibito*. B v. intr. pron. ● Perdere le inibizioni: *con la sua amicizia si è molto disinibito*.

diṣinibìto [1983] part. pass. di *disinibire*; anche agg. ● Privo di inibizioni | Spregiudicato: *usa un linguaggio molto d.*

diṣinibitòrio agg. ● Di disinibizione | Che favorisce la disinibizione.

diṣinibizióne [1987] s. f. ● Mancanza di inibizione.

diṣinnamoraménto o **†diṣnamoraménto** [av. 1642] s. m. ● Il disinnamorarsi.

diṣinnamoràre o **†diṣnamoràre** [comp. di *dis-* (*1*) e *innamorare*; 1558] A v. tr. (*io diṣinnamóro*) ● Far perdere l'innamoramento, l'amore. B v. intr. pron. ● Non essere più innamorato.

diṣinnescàre [comp. di *dis-* (*1*) e *innescare*; 1950] v. tr. (*io diṣinnésco, tu diṣinnéschi*) ● Disattivare una bomba, una mina e sim., togliendo l'innesco.

diṣinnésco [1963] s. m. (pl. *-schi*) ● Operazione del disinnescare.

diṣinnestàre [comp. di *dis-* (*1*) e *innestare*; 1922] A v. tr. (*io diṣinnèsto*) ● (*mecc.*) Togliere l'innesto fra un organo motore e un organo mosso da questo | *D. la marcia*, interrompere la connessione fra l'albero primario e quello secondario del cambio di velocità di un autoveicolo, manovrando la leva opportuna. B anche v. intr. pron.: *la marcia si è disinnestata*.

diṣinnèsto [1906] s. m. ● Operazione del disinnestare | *Doppio d.*, nella guida degli autoveicoli, doppietta.

†diṣinóre ● V. *disonore*.

diṣinquinaménto [1983] s. m. ● Liberazione da sostanze inquinanti: *procedere al d. di un canale*.

diṣinquinàre [comp. di *dis-* (*1*) e *inquinare*; 1983] v. tr. ● Liberare dall'inquinamento: *d. le acque, l'ambiente*.

diṣinsegnàre [comp. di *dis-* (*1*) e *insegnare*] v. tr. (*io diṣinségno*) ● (*raro, lett.*) Insegnare male | Far dimenticare le cose imparate.

diṣinserìre [comp. di *dis-* (*1*) e *inserire*; 1980] v. tr. (*io diṣinserìsco, tu diṣinserìsci*) ● Interrompere il collegamento tra un apparecchio elettrico e il circuito di alimentazione.

diṣinserìto [1980] part. pass. di *disinserire*; anche agg. *1* Nel sign. del v. *2* (*fig.*) Che non è inserito in un ambiente, un gruppo e sim.

diṣinserzióne [1980] s. f. ● Il disinserire.

diṣinsettazióne [adattamento contratto dell'ingl. *disinsectization* dal v. *to disinsectize* 'rimuovere (*dis-*) gli insetti (*insect*) da un luogo'] s. f. ● Disinfestazione che libera ambienti, cose o persone da insetti dannosi.

diṣinstallàre [comp. di *dis-* (*1*) e *installare*; 1996] v. tr. ● Rimuovere ciò che era stato installato: *d. un impianto semaforico* | (*elab.*) Rimuovere dal disco rigido di un elaboratore elettronico un programma che vi era stato installato.

diṣintaṣàre [comp. di *dis-* (*1*) e *intasare*; 1956] v. tr. (*io diṣintàso* o *diṣintàṣo*) ● Sturare: *d. una tubatura*.

diṣintegràre [ingl. *to disintegrate*, comp. di *dis-* (*1*) e *to integrate* 'integrare'; 1876] A v. tr. (*io diṣintegro*) *1* Ridurre un corpo in frammenti: *lo scoppio disintegrò l'edificio* | (*fis. nucl.*) *D. l'atomo*, provocare la disintegrazione atomica. *2* (*fig.*) Disgregare: *l'odio di parte sta disintegrando la nostra comunità*. B v. intr. pron. *1* Subire la disintegrazione. *2* (*fig.*) Disgregarsi: *l'associazione si è disintegrata*.

diṣintegratóre [1906] s. m. ● Apparecchio atto a disintegrare materiali.

diṣintegrazióne [av. 1909] s. f. ● Frantumazione in minuscoli frammenti: *d. d'un edificio* | (*fig.*) Disgregazione: *d. sociale* | (*fis. nucl.*) *D. atomica, nucleare*, mutamento di costituzione di un nucleo, dovuto a un processo radioattivo.

diṣintèndere [comp. di *dis-* (*1*) e *intendere*; av. 1729] v. tr. (coniug. come *tendere*) *1* (*lett.*) Trascurare. *2* (*lett.*) Fraintendere, travisare.

diṣinteressaménto [1858] s. m. ● Mancanza di interessamento, di interesse.

diṣinteressàre [comp. di *dis-* (*1*) e *interessare*; 1680] A v. tr. (*io diṣinterèsso*) ● Privare qlcu. dell'interesse per qlco.: *d. i giovani alla musica, alla politica*. B v. intr. pron. ● Non provare interesse per qlcu. o per qlco., non curarsene: *disinteressarsi delle opinioni altrui*.

†diṣinteressatézza s. f. ● Disinteresse.

diṣinteressàto [1613] part. pass. di *disinteressare*; anche agg. *1* Nei sign. del v. | Che non è interessato: *essere d. a qlco.* *2* Che non mira al guadagno, che non agisce per interesse: *comportamento, amico d.* || **diṣinteressataménte**, avv. Senza scopo di lucro o fini particolari: *agire, parlare disinteressatamente*.

diṣinterèsse [comp. di *dis-* (*1*) e *interesse*; av. 1729] s. m. *1* Mancanza d'interesse per qlcu. o qlco.: *mostrare d. per la famiglia, per la scuola*; *ha sempre dimostrato il massimo d. per i problemi culturali*. SIN. Indifferenza, noncuranza. *2* Noncuranza di ricavare un utile, materiale o morale: *aiutare qlcu. con vero d.*

diṣintermediazióne [comp. di *dis-* (*1*) e *intermediazione*; 1986] s. f. ● (*econ.*) Riduzione dell'attività intermediaria delle banche in seguito alla diminuzione dei depositi.

diṣintossicànte A part. pres. di *disintossicare*; anche agg. ● Nei sign. del v. B s. m. ● Farmaco, sostanza atta a disintossicare.

diṣintossicàre [fr. *désintoxiquer*, comp. di *dés-* 'dis- (1)' e *intoxiquer* 'intossicare'; 1939] A v. tr. (*io diṣintòssico, tu diṣintòssichi*) ● Liberare un organo o un organismo dalle sostanze tossiche, rendendo innocue quelle già introdotte in esso, impedendone la produzione e facilitandone l'eliminazione. B v. rifl. ● Eliminare dall'organismo le sostanze tossiche: *è in clinica per disintossicarsi*; *disintossicarsi dal fumo, dall'alcol*.

diṣintossicazióne [fr. *désintoxication*, da *désintoxiquer* 'disintossicare'; 1909] s. f. ● Il disintossicare, il disintossicarsi. SIN. Detossicazione.

†diṣintrecciàre [comp. di *dis-* (*1*) e *intrecciare*] v. tr. ● (*raro*) Sciogliere ciò che è intrecciato.

diṣinvestiménto s. m. ● Operazione con cui si sottraggono i mezzi economici dalla prevista destinazione.

diṣinvestìre [comp. di *dis-* (*1*) e *investire*] v. tr. (*io diṣinvèsto*) ● Sottrarre dalla produzione mezzi economici ivi investiti.

diṣinvitàre [con iperb. di *dis-* (*1*) e *invitare*, sul modello del fr. *désinviter*, 1772] v. tr. ● (*raro*) Revocare un invito.

diṣinvòlgere [comp. di *dis-* (*1*) e *involgere*] v. tr. (coniug. come *volgere*) ● (*raro*) Svolgere.

diṣinvòlto [sp. *desenvuelto*, propr. 'non (*des-*) impacciato, involto (*envuelto*)'; 1562] agg. *1* Che è privo di timidezza, spigliato: *una persona disinvolta*; *avere, assumere un contegno d.* CONTR. Impacciato | Disinibito: *usare un linguaggio alquanto d.* *2* Privo di scrupoli: *un ragazzo troppo d. nel mentire*; *fare un uso piuttosto d. delle proprie prerogative*. || **diṣinvoltaménte**, avv.

diṣinvoltùra [sp. *desenvoltura*, da *desenvolver* 'disinvolgere', 'disimpacciare'; av. 1508] s. f. *1* Caratteristica di chi (o di ciò che) è disinvolto: *parlare, agire con d.* | Agilità, scioltezza: *muoversi con d.* CONTR. Impaccio. *2* Mancanza di ritegno, di scrupoli: *affermare, negare qlco. con d.* | Leggerezza, noncuranza: *simili argomenti non si possono trattare con tanta d.*

diṣìo ● V. *desio*.

diṣionìa [vc. dotta, comp. di *dis-* (*2*) e un deriv. di *ione*; 1956] s. f. ● (*med.*) Ogni alterazione dell'equilibrio ionico nei liquidi organici, spec. nel sangue.

diṣióso ● V. *desioso*.

†diṣiovàre ● V. *†disgiovare*.

†diṣiràre ● V. *†desirare*.

†diṣìre ● V. *†desire*.

†diṣìro ● V. *†desire*.

diṣiróso o **†deṣiróso** agg. ● (*raro*) Desideroso.

diṣìstima [da *disistimare*; av. 1331] s. f. ● Scarsa o sfavorevole considerazione, discredito: *cadere, venire in d. presso qlcu.*; *guadagnarsi, meritarsi la d. di qlcu.* | (*est.*) Disprezzo: *la d. della vita* (LEOPARDI).

diṣistimàre [comp. di *dis-* (*1*) e (*i*)*stimare*; 1668] v. tr. (coniug. come *stimare*) ● Considerare con disistima | (*est.*) Disprezzare.

diṣitalianizzàre [comp. di *dis-* (*1*) e *italianizzare*] v. tr. ● Rendere privo di caratteristiche italiane.

diṣlacciàre o **†ṣdilacciàre** [comp. di *dis-* (*1*) e *laccio*; av. 1304] v. tr. (*io diṣlàccio*) ● (*raro*) Slacciare, togliere: *d. l'elmo e la corazza*; *ceppi e ferri dai piè li dislaccia* (BOIARDO).

†diṣlagàrsi [comp. di *dis-* (*1*) e *lago*; 1319] v. intr. pron. ● (*lett.*) Ergersi, elevarsi da una distesa d'acqua: *diedi 'l viso mio incontr' al poggio / che 'nverso 'l ciel più alto si dislaga* (DANTE *Purg.* III, 14-15).

diṣlalìa [vc. dotta, comp. di *dis-* (*2*) e *-lalia*; 1828] s. f. ● (*med.*) Disturbo della pronuncia per difetto

di conformazione degli organi della voce.
†**dislamàre** [comp. di *dis-* (*1*) e *lama* (*1*); av. 1704] **v. tr. 1** (*raro*) Fare in pezzi un'armatura asportandone le piastre metalliche. **2** (*lett.*) Spezzare, rompere.
†**dislargamènto** [1592] **s. m.** ● Il dislargare.
†**dislargàre** [comp. di *dis-* (*1*) e *largo*; 1592] **A v. tr.** ● Slargare. **B v. intr. pron.** ● Dilatarsi.
†**dislattàre** [comp. di *dis-* (*1*) e *latte*] **v. tr.** ● Slattare, svezzare.
†**dislaudàre** ● V. *dislodare*.
dislèale o †**dislìale** [comp. di *dis-* (*1*) e *leale*; av. 1250] **agg.** ● (*raro, lett.*) Sleale, infido, spergiuro: *il crudo tiranno Amor che sempre / d'ogni promessa sua fu d.* (ARIOSTO). || **dislealménte**, †**dislealeménte**, **avv.** (*raro*) Slealmente.
†**dislealtà** [comp. di *dis-* (*1*) e *lealtà*; sec. XIII] **s. f.** ● Slealtà.
†**disleànza** o †**dislìanza** [da *disleale* con richiamo indiretto ad *alleanza*; 1313] **s. f.** ● Slealtà.
dislegàre o (*raro, tosc.*) **sdilegàre** [comp. di *dis-* (*1*) e *legare*; 1319] **A v. tr.** (*io dislégo, tu disléghi*) **1** †Slegare, slacciare | (*fig.*) ***D. i denti***, eliminare l'allegamento. **2** (*fig., lett.*) Liberare, sciogliere: *comanda forse tua fortuna ai venti, / e gli avince a sua voglia e gli dislega?* (TASSO) | †Districare, separare. **3** (*lett.*) †Manifestare, spiegare chiaramente. **B v. rifl.** ● (*lett.*) Slegarsi, liberarsi | (*fig.*) †***Dislegarsi da colpa***, discolparsi.
†**disleghévole** [av. 1332] **agg.** ● Che si slega facilmente.
dislessìa [vc. dotta, comp. di *dis-* (*1*) e del gr. *léxis* 'lettura'; 1956] **s. f.** ● (*med.*) Disturbo per cui non si riesce né a leggere né a capire un testo scritto, pur essendo in grado di leggere e di capire le singole parole.
dislèssico [1981] **agg.** (**pl. m.** *-ci*) ● (*med.*) Di, relativo a, dislessia | Affetto da dislessia.
†**dislìale** ● V. *disleale*.
†**dislìanza** ● V. †*disleanza*.
†**dislignàre** [comp. di *dis-* (*1*) sostitutivo di *al-* (per *ad-*) in *allignare*; sec. XIII] **v. intr.** ● Degenerare, tralignare.
†**dislinguàto** [comp. di *dis-* (*1*) e *linguato*; sec. XIV] **agg.** ● Che è privo di lingua | (*fig.*) Balbuziente, scilinguato.
dislipidemìa [comp. di *dis-* (*2*), *lipid(e)* ed *-emia*] **s. f.** ● (*med.*) Alterazione del quadro dei lipidi ematici in termini quantitativi assoluti oppure di abbondanza relativa.
dislivèllo [comp. di *dis-* (*1*) e *livello*; 1879] **s. m. 1** Differenza di livello o di quota tra due punti: *un d. di pochi metri*; *superare il d. stradale*. **2** (*fig.*) Diversità di grado, condizione, situazione e sim.: *un d. di natura tecnologica*; *colmare il d. esistente*.
dislocamènto [1813] **s. m. 1** Collocazione di truppe, materiali, mezzi in determinate località o zone. **2** (*mar.*) Peso dell'acqua spostata dalla parte immersa dello scafo, equivalente al peso della nave.
dislocàre [lat. mediev. *dislocāre*, comp. parasintetico di *lŏcus* 'luogo', col pref. *dis-* (*1*); 1499] **A v. tr.** (*io dislòco, tu dislòchi*) ● Ripartire in località o zone opportune gli elementi costitutivi delle forze armate | (*est.*) Collocare nel luogo più opportuno: *d. i vigili urbani nei punti di maggior traffico*; *d. i propri rappresentanti in varie province*. **B v. tr. e intr.** ● (*mar.*) Spostare una certa quantità di acqua, corrispondente alla parte immersa dello scafo, detto di navi e sim. | Pesare: *uno yacht che disloca 8 tonnellate*.
dislocazióne [fr. *dislocation*, da *disloquer* 'dislocare'; 1493] **s. f. 1** Trasferimento: *d. di truppe* | Collocazione, ripartizione nel territorio: *d. dei centri di rifornimento, dei semafori, delle biblioteche*. **2** (*geol.*) Modificazione delle condizioni originarie di giacitura di masse rocciose sottoposte a forze tettoniche | Trasporto di masse rocciose. **3** (*med.*) Spostamento dei due monconi di un osso fratturato. **4** (*psicol.*) ***D. affettiva***, meccanismo mentale inconscio in cui un sentimento è spostato dal suo oggetto interno verso un sostituto esterno. **5** (*ling.*) Spostamento di un componente della frase a sinistra o a destra del suo posto normale (ad es. la dislocazione a sinistra del complemento oggetto nella frase *il biglietto l'ho comprato io*). **6** (*miner.*) Difetto nell'ordine assunto dagli atomi di un reticolo cristallino che si sviluppa in una sola direzione.
dislodàre o †**dislaudàre** [comp. di *dis-* (*1*) e *lodare*; sec. XIV] **v. tr.** (*io dislòdo*) ● (*raro, lett.*) Privare della lode prima concessa.
dislogamènto [sec. XIV] **s. m. 1** †Il dislogare. **2** (*med., raro*) Slogatura.
dislogàre [comp. di *dis-* (*1*) e *l(u)ogo*; av. 1535] **v. tr. e intr. pron.** (*io dislògo, tu dislòghi*) **1** (*raro, lett.*) Spostare qlco. dalla sua sede naturale. **2** (*raro*) Slogare.
dislogatùra [av. 1685] **s. f.** ● (*raro*) Slogatura.
†**dislogazióne** [1550] **s. f.** ● Slogatura.
†**disloggiàre** o †**diloggiàre** [comp. di *dis-* (*1*) opposto a *ad-* di *alloggiare*; av. 1527] **v. tr. e intr.** ● Sloggiare.
†**dislungàre** [comp. di *dis-* (*1*) e *lungo*] **v. tr. e intr. pron.** ● Dilungare.
dislustràre [comp. di *dis-* (*1*) e *lustrare*; 1868] **v. tr.** ● Togliere il lustro a una stoffa. **SIN.** Decatizzare.
dislustratóre [1868] **s. m.** (**f.** *-trice*) ● Operaio addetto al decatissaggio.
†**dismagàre** [intens. di *smagare* (V.); 1319] **A v. tr. 1** Indebolire, infiacchire (*anche fig.*): *la fretta, / che l'onestade ad ogn'atto dismaga* (DANTE *Purg.* III, 10-11). **2** (*lett.*) Turbare, conturbare: *io son dolce serena, / che' marinari in mezzo mar dismago* (DANTE *Purg.* XIX, 19-20). **B v. intr. pron.** ● Perdersi d'animo, smarrirsi, sbigottire.
†**dismagliàre** [comp. di *dis-* (*1*) e *maglia*; 1380] **A v. tr.** ● Rompere le maglie di un'armatura e sim. **B v. rifl.** ● Strapparsi con le unghie le croste dalla pelle.
†**dismalàre** [comp. di *dis-* (*1*) e *male*; 1319] **A v. tr. 1** Risanare, guarire. **2** Purificare dal peccato, dal vizio e sim. **B v. intr.** ● Recuperare la salute.
†**dismaltàre** [comp. di *dis-* (*1*) e *smalto*; 1618] **A v. tr.** ● Privare dello smalto. **B v. intr. pron.** ● Perdere lo smalto | Screpolarsi.
†**dismantàre** [comp. di *dis-* (*1*) e *manto*; sec. XIV] **v. tr.** ● Spogliare del manto.
†**dismarrimènto** [av. 1282] **s. m.** ● Smarrimento.
†**dismarrìre** [intens. di *smarrire* (V.); sec. XIII] **v. tr. e intr. pron.** ● Smarrire, perdere.
†**dismembramènto** [1618] **s. m.** ● Smembramento.
†**dismembràre** (**1**) [comp. di *dis-* (*1*) e del denom. di *membro*; sec. XIII] **v. tr.** ● Smembrare.
†**dismembràre** (**2**) [comp. di *dis-* (*1*) in sostituzione a *ri-* di *rimembrare*; sec. XIII] **v. tr.** ● Dimenticare.
†**dismembrazióne** [da *dismembrare* (*1*); av. 1541] **s. f.** ● Smembramento.
†**dismemoràto** [intens. di *smemorato*; 1612] **agg.** ● Smemorato.
dismenorrèa [vc. dotta, comp. di *dis-* (*2*) e *menorrea*; 1792] **s. f.** ● (*med.*) Mestruazione preceduta o accompagnata da dolore.
dismenorròico **agg.** (**pl. m.** *-ci*) ● (*med.*) Relativo alla dismenorrea.
†**dismentàre** [comp. di *dis-* (*1*) e *mente*; 1319] **v. tr.** (*io disménto*) ● (*lett.*) Dimenticare: *l'infelice, / seguendo me, dismenta l'accattare* (CARDUCCI).
†**dismenticàre** e *deriv.* ● V. *dimenticare* e *deriv.*
dismentìre [comp. di *dis-* (*1*) e *mentire*; av. 1389] **v. tr.** (*io dismentìsco, tu dismentìsci*) ● (*raro, lett.*) Mentire, simulare: *nel sogno che dismente la veglia* (SABA).
dismésso [1441] **part. pass.** di *dismettere*; anche **agg. 1** (*bur.*) Che non è più in funzione: *strada dismessa*; *aree industriali dismesse*. **2** (*lett.*) Disusato: *parola dismessa*. **3** (*lett.*) Esonerato da una carica, un ufficio e sim.
dismetabòlico **agg.** (**pl. m.** *-ci*) ● (*med.*) Provocato da dismetabolismo: *malattie dismetaboliche* | Affetto da dismetabolismo: *organo, individuo d.*
dismetabolìsmo [comp. di *dis-* (*2*) e *metabolismo*] **s. m.** ● (*med.*) Alterazione del metabolismo.
dismetrìa [comp. di *dis-* (*1*) e *-metria*] **s. f.** ● (*med.*) Mancanza di misura nei movimenti volontari.
disméttere o †**sdiméttere** [comp. di *dis-* (*1*) e *mettere*; av. 1519] **v. tr.** (coniug. come *mettere*) ● (*lett.*) Smettere, interrompere, tralasciare: *Dismettano le gare e le avversioni e gli odii* (GIUSTI); *hanno dismesso ogni antica usanza* | ***D. un abito***, non portarlo più | (*bur.*) Cessare di gestire: *d. una strada*.
dismissióne [comp. di *dis-* (*1*) e *missione* nel senso proprio legato a *mettere*; 1988] **s. f. 1** Il dismettere | ***D. della bandiera***, cambio autorizzato della nazionalità di nave mercantile. **2** (*econ.*) Cessione di un'impresa o di un cespite.
dismisùra [comp. di *dis-* (*1*) e *misura*; av. 1250] **s. f.** ● †Mancanza della giusta misura | †Smoderatezza, eccesso | ***A d.***, eccessivamente: *ingrandire a d. le proprie qualità*.
†**dismisurànza** [sec. XIII] **s. f.** ● Intemperanza, eccesso.
†**dismisuràre** [da *dismisura*; sec. XIII] **v. intr. e intr. pron.** ● Eccedere il termine, la misura.
†**dismisurità** [sec. XIV] **s. f.** ● (*raro*) Dismisura.
dismnesìa [vc. dotta, comp. di *dis-* (*2*) e *-mnesia*, sul modello di *amnesia*; 1829] **s. f.** ● (*psicol.*) Alterazione della memoria.
†**dismodàto** [comp. di *dis-* (*1*) e *modo* nel sign. di 'regola, misura'; av. 1347] **agg.** ● Smodato, sregolato.
†**dismontànte** [av. 1557] **part. pres.** di †*dismontare*; anche **agg. 1** Nei sign. del v. **2** Che si abbassa: *marea d.*
†**dismontàre** [comp. di *dis-* (*1*) e *montare*; sec. XIII] **A v. tr.** ● Discendere: *d. la montagna*. **B v. intr. 1** Scendere, smontare: *d. da cavallo*; *scesero il monte e dismontaro in quella / valle* (ARIOSTO) | Sbarcare. **2** Mettere piede a terra, far tappa.
†**dismonticàre** [comp. parasintetico di *monte*, col pref. *dis-* (*1*)] **v. tr.** ● Togliere dal mucchio.
†**dismorbàre** [comp. di *dis-* (*1*) e *morbo*; av. 1566] **v. tr.** ● Purificare, disinfettare.
dismorfofobìa [comp. di *dis-* (*2*), *morfo-* e *-fobia*] **s. f.** ● (*psicol.*) Timore ossessivo di manifestare deformità fisiche.
†**dismuòvere** [comp. di *dis-* (*1*) e *muovere*; sec. XIII] **A v. tr.** ● Smuovere, distogliere. **B v. intr.** ● (*raro*) Lasciarsi commuovere, cambiare di proposito.
dismuschiatùra [comp. di *dis-* (*1*) e un deriv. di *muschio*] **s. f.** ● (*bot.*) Eliminazione, dal fusto e dai rami degli alberi, di muschi, licheni, alghe microscopiche che vi si depositano diventando spesso sede di insetti nocivi.
dismutazióne [comp. del gr. *dís* 'doppio', e *mutazione*] **s. f.** ● (*chim.*) Reazione chimica in cui due molecole o parti di molecola identiche reagiscono tra loro dando origine a un composto più ossidato e a uno più ridotto.
†**disnamoràre** e *deriv.* ● V. *disinnamorare* e *deriv.*
†**disnaturàle** [comp. di *dis-* (*1*) e *naturale*; av. 1642] **agg.** ● (*raro*) Innaturale.
disnaturàre [comp. di *dis-* (*1*) e *natura*; av. 1257] **v. tr.** ● (*raro, lett.*) Snaturare.
†**disnebbiàre** [comp. di *dis-* (*1*) e *nebbia*; 1319] **A v. tr. 1** Rendere privo di nebbia. **2** (*fig., lett.*) Chiarire, rischiarare: *d. un argomento*; *d. l'intelletto*. **B v. intr. pron.** ● Divenire chiaro.
disneiàno ● V. *disneyano*.
†**disnervàre** o †**disnerbàre** [comp. di *dis-* (*1*) e *nervo*] **v. tr. e intr. pron.** ● Snervare.
†**disnètto** [comp. di *dis-* (*1*) e *netto*; av. 1348] **agg.** ● Sudicio.
disneyàno o **disneiàno** [da W.E. *Disney* (1901-1966) col suff. *-ano* (*1*); 1990] **agg.** ● Che appartiene al produttore e regista cinematografico statunitense Walt Disney (1901-1966): *filmografia disneyana*; *fumetto, stile d.*
disnodàre [comp. di *dis-* (*1*) e *nodo*; 1308] **A v. tr.** (*io disnòdo*) **1** (*raro, lett.*) Disfare ciò che è annodato, sciogliere (*anche fig.*): *d. un vincolo d'amore*. **2** (*raro*) Rendere sciolto nei movimenti: *d. le articolazioni, le giunture*. **3** (*fig., lett.*) †Rendere chiaro, manifesto. **B v. rifl. 1** (*raro*) Snodarsi, slegarsi. **2** (*fig., lett.*) Distaccarsi, liberarsi: *sì che l'anima mia, che fatt'hai sana, / piacente a te dal corpo si disnodi* (DANTE *Par.* XXXI, 89-90).
†**disnodévole** [av. 1565] **agg.** ● (*raro, lett.*) Che si può disnodare.
†**disnóre** ● V. *disonore*.
†**disnudàre** o †**desnudàre** [comp. di *dis-* (*1*) e *nudo*] **v. tr.** ● Denudare.
disobbedìre e *deriv.* ● V. *disubbidire* e *deriv.*
disobbligàre o †**disobbrigàre**, †**disobligàre**, †**disubbligàre**, †**disubrigàre** [comp. di *dis-* (*1*) e *obbligare*; sec. XIII] **A v. tr.** (*io disòbbligo, tu disòbblighi*; **part. pass.** *disobbligàto*, †*disòbbligo*) ● (*raro* o *lett.*) Liberare qlcu. da un obbligo, da un vincolo, da un impegno e sim.: *d. da un voto, da una promessa*; *venivano obbligati i Vescovi ed Abbati ... quando non li disobbligava qualche legittima scusa* (MURATORI). **SIN.** Disimpegnare.

B v. rifl. 1 (*raro*) Affrancarsi da un obbligo, esimersi da un impegno e sim. 2 Sdebitarsi nei confronti di qlcu. contraccambiando ciò che si è ricevuto: *non so come disobbligarmi con lui per il favore che mi ha reso*.

†**disobbligazióne** o †**disubbligazióne** [1476] s. f. ● Il disobbligarsi.

disòbbligo o †**disòbligo** [1534] A part. pass. di *disobbligare* ● †Nei sign. del v. B s. m. (pl. *-ghi*) ● (*raro, lett.*) Liberazione da un obbligo, mancanza di obblighi, impegni e sim.

†**disobbrigàre** ● V. *disobbligare*.

†**disobligàre** e *deriv.* ● V. *disobbligare e deriv.*

†**disocchiàre** [comp. di *dis-* (*1*) e *occhio*; 1643] v. tr. ● Privare degli occhi.

disoccupàre [comp. di *dis-* (*1*) e *occupare*; 1342] A v. tr. (*io disòccupo*) ● Lasciare libero, non occupare più: *gli studenti hanno disoccupato la scuola*. B v. rifl. ● (*raro, lett.*) Rendersi libero da occupazioni, impegni, faccende e sim.: *bisogna che io pensi a disoccuparmi da quelle occupazioni che possono ritardare i miei studi* (GALILEI).

♦**disoccupàto** [1353] A part. pass. di *disoccupare*; anche agg. 1 Che è senza lavoro, senza occupazione: *masse di operai disoccupati*. 2 (*lett.*) Ozioso: *ora disoccupata*; *vita disoccupata*. 3 (*raro*) Sgombro, libero: *c'è un appartamento d.* | Che non è più occupato: *istituto d.* B s. m. (f. *-a*) ● Chi non ha o non trova un lavoro | Chi ha perduto il posto di lavoro e ne cerca un altro: *il numero dei disoccupati aumenta*. CFR. Inoccupato, sottoccupato.

♦**disoccupazióne** [1905] s. f. ● Fenomeno sociale rappresentato dalla scarsità di posti di lavoro in rapporto al numero di aspiranti: *la piaga della d.*; *un piano del governo contro la d. giovanile* | ***D. stagionale***, derivante da cause meteorologiche o da cicli di lavorazione stagionale | ***D. tecnologica***, provocata dall'introduzione di nuove macchine, e particolarmente dall'estendersi del processo di automazione, nelle imprese | Condizione di chi non riesce a trovare lavoro pur essendo in grado di lavorare | Numero complessivo di quanti non trovano lavoro.

disòdico [comp. di *di-* (*2*) e *sodio*, con suff. agg.] agg. (pl. m. *-ci*) ● (*chim.*) Detto di composto chimico che contiene due atomi di sodio.

disodontìasi [comp. di *dis-* (*2*) e del gr. *odontíasis* 'dentizione', da *odontiân* 'mettere i denti (*odóntes*)'; 1830] s. f. inv. ● (*med.*) Difetto di eruzione del dente.

disolàre (1) ● V. *disuolare*.

†**disolàre** (2) e *deriv.* ● V. *desolare e deriv.*

disolatùra [da *disolare* (*1*)] s. f. ● (*veter.*) Operazione del disolare.

disoleàre [comp. di *dis-* (*1*) e un deriv. di *olio*] v. tr. (*io disòleo*) ● Estrarre l'olio da frutti secchi: *d. mandorle, noci*.

disoleazióne s. f. ● Operazione del disoleare.

disolfòrico [vc. dotta, comp. di *di-* (*2*) e *solforico*] agg. (pl. m. *-ci*) ● (*chim.*) Detto di acido inorganico, bibasico, denso, oleoso, ottenuto sciogliendo anidride solforica nell'acido solforico concentrato. SIN. Pirosolforico.

†**disombràre** [comp. di *dis-* (*1*) e *ombra*; sec. XIV] v. tr. ● Liberare dall'ombra, dalle tenebre (*anche fig.*).

disomogeneità [da *disomogeneo*; 1983] s. f. ● Mancanza di omogeneità.

disomogèneo [comp. di *dis-* (*1*) e *omogeneo*; 1881] agg. ● Non omogeneo, privo di omogeneità: *un insieme d. di colori*. || **disomogeneaménte**, avv. In modo disomogeneo.

disonestà [comp. di *dis-* (*1*) e *onestà*; 1313] s. f. 1 Mancanza di onestà e di rettitudine: *mostrare d. nel trattare gli affari*; *comportarsi con d.* | Mancanza di pudore e di decenza: *d. di pensieri, di vita*. 2 Atto, comportamento disonesto: *rubare sul peso è una vera d.* | Atto, comportamento immorale: *commettere orribili d.*

†**disonestànza** [sec. XIV] s. f. ● Mancanza di decoro.

†**disonestàre** [da *disonesto*; av. 1294] A v. tr. 1 Disonorare, screditare | Avvilire. 2 Violentare | Vituperare. B v. rifl. ● Disonorarsi, perdere decoro.

†**disonestézza** [sec. XIV] s. f. ● Disonore, impudicizia.

†**disonestità** [av. 1370] s. f. ● (*raro*) Disonestà.

disonèsto [comp. di *dis-* (*1*) e *onesto*; av. 1292] A agg. 1 Che è privo di onestà, rettitudine, probità: *gente disonesta*; *negoziante d.*; *azione disonesta* | (*est.*) Losco, sconveniente, corrotto: *politicante d.* 2 (*raro*) Sconveniente, impudico: *spettacoli, discorsi disonesti* | Privo di pudore, immorale: *donna disonesta*; *pensieri, desideri disonesti* | †***Parti disoneste del corpo***, pudende. 3 †Brutto, turpe. 4 †Eccessivo, smoderato. || **disonestaménte**, avv. B s. m. (f. *-a*) ● Persona senza scrupoli, priva di onestà.

†**disonestóso** agg. ● (*raro*) Disonesto.

†**disonnàre** ● V. *dissonnare*.

disono [comp. di *di-* (*1*) e *s(u)ono*; 1561] agg. ● (*ling.*) Di due suoni.

†**disonoraménto** [av. 1667] s. m. ● Il disonorare.

disonorànte [av. 1831] part. pres. di *disonorare*; anche agg. ● Nei sign. del v.

†**disonorànza** [1308] s. f. ● Disonore, vituperio: *la verecundia è una paura di d. per fallo commesso* (DANTE).

disonoràre [comp. di *dis-* (*1*) e *onorare*; sec. XIII] A v. tr. (*io disonóro*) 1 Privare dell'onore, macchiare l'onore: *d. il proprio nome, la famiglia, la patria, il grado* | Infamare, screditare. 2 (*raro*) Sedurre: *d. una donna* | †Deflorare. 3 (*disus.*) Non pagare o non accettare un titolo di credito quando dovuto: *d. la propria firma*. 4 †Non trattare con il debito rispetto. 5 †Privare degli ornamenti, di tutto ciò che rende bello e decoroso. B v. rifl. ● Ledere il proprio onore, perdere l'onore: *con le sue azioni si è disonorato*.

disonoràto [sec. XIII] part. pass. di *disonorare*; anche agg. ● Che ha perduto l'onore. || **disonorataménte**, avv. Senza onore.

†**disonoratóre** [sec. XIV] s. m.; anche agg. ● Chi (o Che) disonora.

disonóre o †**desinóre**, †**desnóre**, †**disinóre**, †**disnóre** [comp. di *dis-* (*1*) e *onore*; av. 1290] s. m. 1 Perdita dell'onore: *è meglio la morte del d.* | Infamia, vergogna: *è un d. fuggire così*. 2 Fatto o persona che disonora: *certi uomini sono il d. del proprio paese*. SIN. Vergogna.

disonorévole [sec. XIII] agg. ● Che è causa di disonore: *una resa d.* || **disonorevolménte**, avv.

†**disonràre** ● V. †*disorrare*.

disontogènesi [vc. dotta, comp. di *dis-* (*2*) e *ontogenesi*] s. f. inv. ● (*biol.*) Alterazione dello sviluppo embrionale che comporta malformazioni.

disontogenìa [comp. di *dis-* (*2*), *onto-* e *-genia*] s. f. ● (*med.*) Congenita malformazione del corpo.

disopercolàre [comp. di *dis-* (*1*) e *opercolo*] v. tr. (*io disopèrcolo*) ● Togliere con apposito mezzo gli opercoli alle celle dei favi.

disopercolatóre agg. (f. *-trice*) ● Detto di qualsiasi mezzo usato per disopercolare: *coltello d.*

disopìa [vc. dotta, comp. di *dis-* (*2*) e *-opia*; 1820] s. f. ● (*med.*) Alterazione, spec. diminuzione, della vista.

†**disoppellìre** ● V. *disseppellire*.

disoppilàre [comp. di *dis-* (*1*) e *oppilare*; sec. XIV] v. tr. ● (*med.*) Liberare da intasamento, da oppilazione | Sturare.

disoppilatìvo [sec. XIV] agg. ● (*med.*) Atto a levare l'oppilazione.

disópra o **di sópra** spec. nel sign. A [comp. di *di* e *sopra*; 1321] A avv. 1 Sopra | ***Andare, salire d.***, al piano superiore di un'abitazione. 2 Prima: *come ho già detto d.* B in funzione di agg. inv. ● Superiore: *il piano d.* | Esterno: *la parte d. della foglia è lucida*. C in funzione di s. m. inv. ● La parte superiore o esterna di qlco.: *il d. di un tavolo, di un libro, di un abito* | †***Prendere il d.***, (*fig.*) prendere il sopravvento. D nella loc. prep. ***al d. di*** ● Sopra: *ponte che passa al d. di una via* | (*fig.*) Al di fuori di: *essere al d. di ogni sospetto*; *al d. della mischia*.

†**disoràre** [comp. di *dis-* (*1*) e un deriv. di *oro*] v. tr. ● (*raro*) Privare una superficie dello strato d'oro che la ricopre.

†**disorbitànza** [av. 1580] s. f. ● Esorbitanza | Eccesso.

†**disorbitàre** [comp. di *dis-* (*1*) e *orbita*; av. 1642] v. intr. ● Esorbitare.

disordinaménto [1308] s. m. ● (*raro*) Disordine.

†**disordinànza** [1308] s. f. ● Turbamento, confusione.

disordinàre (1) [comp. di *dis-* (*1*) e *ordine*; 1306] A v. tr. (*io disórdino*) 1 Privare dell'ordine, mettere in disordine: *il vento ha disordinato tutte le carte*. SIN. Scompigliare. 2 (*mil.*) Scompaginare, rompere le ordinanze del nemico. 3 (*fig.*) Confondere, sconvolgere: *d. i progetti, i piani di qlcu.* B v. intr. (aus. *avere*) ● (*lett.*) Essere eccessivo, sregolato: *d. nel bere, nel mangiare, nello spendere*. C v. intr. pron. 1 (*raro*) Uscire dall'ordine: *con queste disposizioni contraddittorie tutto si disordina*. 2 †Dissestarsi economicamente: *molto più si disordina il povero di pagare la sua decima che il ricco la sua* (GUICCIARDINI).

disordinàre (2) [comp. di *dis-* (*1*) e *ordinare*] v. tr. (*io disórdino*) ● (*raro*) Revocare un ordine.

†**disordinàrio** [da *disordine*; av. 1342] agg. ● Straordinario, irregolare. || †**disordinariaménte**, avv. Straordinariamente.

♦**disordinàto** [av. 1292] A part. pass. di *disordinare* (*1*); anche agg. 1 Che è privo di ordine: *una camera disordinata* | (*fig.*) Privo di coerenza, di chiarezza e sim.: *idee disordinate*; *racconto, discorso d.* 2 Che tiene senza ordine le proprie cose o svolge la sua attività senza ordine o precisione: *un ragazzo d.*; *un collaboratore d.* 3 Privo di misura: *bevitore, mangiatore d.*; *vita disordinata* | †Licenzioso: *donna disordinata*. 4 †Che eccede in ornamenti. 5 †Inadatto, non idoneo. || **disordinataménte**, avv. B s. m. (f. *-a*) ● Persona disordinata.

disordinatóre [av. 1540] s. m.; anche agg. (f. *-trice*) ● (*raro*) Chi (o Che) disordina.

†**disordinazióne** [1308] s. f. ● Disordine.

♦**disórdine** [comp. di *dis-* (*1*) e *ordine*; av. 1364] s. m. 1 Mancanza di ordine, stato di confusione, scompiglio e sim. (*anche fig.*): *il fumo azzurro salì sottile dalla tavola in d.* (MORAVIA); *qui regna il d.*; *vivere in mezzo al d.*; *mettere, portare, il d.*; *d. nelle idee, in uno scritto*; *stato di d. mentale* | ***In d.***, in stato di confusione, scompiglio e sim.; con riferimento a persona, non in condizione di essere presentabile: *avere i capelli, gli abiti in d.*; *essere, trovarsi in d.*; *la mattina sono sempre in d.* 2 Mancanza di misura: *d. nel mangiare, nel bere*. SIN. Sregolatezza. 3 Cattiva amministrazione, cattivo funzionamento: *porre rimedio al d. della pubblica finanza*. 4 (*spec. al pl.*) Tumulto, moto popolare: *nella regione si verificarono violenti disordini*.

disoressìa [vc. dotta, gr. *dysorexía*, comp. di *dys-* 'dis- (2)' e *órexis* 'appetito'] s. f. ● (*med.*) Alterazione del senso dell'appetito.

disorganicità s. f. ● Caratteristica, condizione di ciò che è disorganico.

disorgànico [comp. di *dis-* (*1*) e *organico*; 1843] agg. (pl. m. *-ci*) ● Che manca di organicità, sistematicità, omogeneità: *lavoro d.*; *idee disorganiche*. || **disorganicaménte**, avv.

disorganizzàre [fr. *désorganiser*, comp. di *dés-* 'dis- (1)' e *organiser* 'organizzare'; 1623] A v. tr. ● Privare in tutto o in parte dell'ordine, dell'organizzazione: *d. un ente, un ufficio, i piani di qlcu.* B v. intr. pron. ● Venire a trovarsi in uno stato di confusione, disordine e sim.: *al primo attacco la difesa si disorganizzò*.

disorganizzàto [1618] part. pass. di *disorganizzare*; anche agg. 1 Privo di organizzazione: *ufficio d.* 2 Che agisce in modo confuso e disorganico: *una persona disorganizzata*. || **disorganizzataménte**, avv.

disorganizzazióne [fr. *désorganisation*, da *désorganiser* 'disorganizzare'; 1797] s. f. 1 (*raro*) Il disorganizzare | Mancanza di organizzazione. 2 (*med.*) Alterazione di un tessuto o di un organo con conseguente perdita o riduzione delle caratteristiche strutturali.

disorientaménto [1858] s. m. 1 Mancanza, perdita dell'orientamento | (*fig.*) Confusione, smarrimento: *il d. morale del dopoguerra*. 2 (*med.*) Mancanza della capacità di riferirsi ai punti dello spazio, del tempo e agli oggetti circostanti, come sintomo di malattia spec. mentale.

disorientàre [comp. di *dis-* (*1*) e *orientare*; 1812] A v. tr. (*io disoriènto*) 1 Turbare, confondere qlcu. alterandone il senso della direzione: *l'uniformità del deserto disorienta chi vi si avventura*. 2 (*fig.*) Sconcertare, confondere: *la sua reazione mi disorientò*. B v. intr. pron. 1 Confondersi circa la direzione da seguire o da prendere: *è facile disorientarsi in un bosco*. 2 (*fig.*) Rimanere perplesso, sconcertato: *alla minima obiezione si disorienta*.

disorientàto [1883] part. pass. di *disorientare*; anche agg. 1 (*raro*) Che ha perso l'orientamento.

2 (*fig.*) Confuso, sconcertato: *essere, rimanere d.*

disorlàre [comp. di *dis-* (*1*) e *orlare*; 1887] **A** v. tr. (*io disórlo*) ● Disfare un orlo: *d. una gonna.* **B** v. intr. pron. ● Perdere l'orlo, detto di abiti o sim.

disormeggiàre [comp. di *dis-* (*1*) e *ormeggiare*; 1771] **A** v. tr. (*io disorméggio*) ● (*mar.*) Levare l'ormeggio, cioè le cime di ormeggio che fissano navi, imbarcazioni e sim. a terra: *d. un peschereccio.* **B** v. intr. (aus. *essere*) ● (*mar.*) Perdere l'ormeggio.

disorméggio s. m. ● Operazione del disormeggiare.

†**disornàre** [comp. di *dis-* (*1*) e *ornare*; av. 1294] **A** v. tr. ● Privare degli ornamenti. **B** v. rifl. ● Togliersi gli ornamenti.

†**disorpellàre** [comp. di *dis-* (*1*) e *orpello*] **A** v. tr. ● Render privo di orpelli e ornamenti | (*fig.*) Mettere a nudo, svelare. **B** v. intr. pron. ● (*fig., raro*) Aprire senza riserve o falsità il proprio animo.

†**disorràre** o †**disonràre** [comp. di *dis-* (*1*) e *orrare* 'onorare'; av. 1294] v. tr. ● Disonorare, spregiare.

†**disorrévole** [1353] agg. ● Disonorevole, spregevole. || †**disorrevolménte**, avv. In modo spregevole.

disortografia [comp. di *dis-* (*2*) e *ortografia*; 1872] s. f. **1** Disturbo dell'apprendimento dell'ortografia nei bambini, spesso associato a dislessia. **2** (*gener.*) Errore di ortografia.

disortogràfico A agg. (pl. m. *-ci*) ● Di, relativo a disortografia: *disturbo d.* | Affetto da disortografia: *bambino d.* **B** s. m. (f. *-a*) ● Persona affetta da disortografia.

disosmìa [vc. dotta, gr. *dysosmía*, comp. di *dys-* 'dis- (2)' e *osmḗ* 'odore'; 1835] s. f. ● (*med.*) Alterazione del senso dell'olfatto.

disossàre [comp. parasintetico di *osso*, col pref. *dis-* (*1*); av. 1374] **A** v. tr. (*io disòsso*) ● Privare delle ossa un pezzo di carne o un animale ucciso: *d. un prosciutto, d. un pollo prima di cuocerlo* | (*est.*) Togliere il nocciolo a un frutto: *d. le olive.* **B** v. intr. pron. ● (*fig., poet.*) †Consumarsi: *in fin ch'i' mi disosso, e snervo, e spolpo* (PETRARCA).

disossàto [1684] part. pass. di *disossare*; anche agg. **1** Privato delle ossa: *pollo d.* **2** (*fig., lett.*) Dinoccolato, floscio | (*fig., lett.*) Fiacco, spezzato.

disossatrice [da *disossa(re)* con il suff. *-trice*; 1970] s. f. ● Denocciolatrice.

disossidànte o **deossidànte** [1869] **A** part. pres. di *disossidare*; anche agg. ● Nei sign. del v. **B** s. m. ● Composto, sostanza atta a disossidare.

disossidàre o **deossidàre** [fr. *désoxyder*, comp. di *dés-* 'dis- (1)' e *oxyder* 'ossidare'; 1830] v. tr. (*io disòssido*) ● (*chim.*) Privare un composto, del tutto o in parte, dell'ossigeno.

disossidazióne o **deossidazióne** s. f. ● Operazione del disossidare.

disostòsi [comp. di *dis-* (*2*), *osteo-* e *-osi*] s. f. inv. ● (*med.*) Malformazione dello scheletro, congenita o ereditaria.

disostruìre [comp. di *dis-* (*1*) e *ostruire*; 1752] v. tr. (*io disostruìsco, tu disostruìsci*) ● Liberare da un'ostruzione.

disostruzióne s. f. ● Operazione del disostruire.

disottenebràre [comp. di *dis-* (*1*) e *ottenebrare*; 1651] v. tr. ● Rischiarare.

disotterràre e *deriv.* ● V. *dissotterrare* e *deriv.*

disótto o **di sótto**, spec. nel sign. A [lat. *desŭbtus*, comp. della prep. *dē* 'di' e *sŭbtus* 'sotto'; av. 1321] **A** avv. ● Sotto, giù | ***Andare, scendere d.***, al piano inferiore di un'abitazione. **B** in funzione di agg. inv. ● Inferiore: *il piano d.* | Interno: *la parte d. della foglia è opaca.* **C** in funzione di s. m. inv. ● La parte inferiore o interna di qlco.: *il d. del mobile, di un vestito* | ***Essere, rimanere al d.***, (*fig.*) in condizione d'inferiorità rispetto ad altri o, in un'operazione economica, in perdita. **D** nella loc. prep. ***al d. di*** ● Sotto: *al d. di un anno di età*; *al d. dell'Equatore*; *al d. della media* | Inferiore a: *un risultato al d. delle aspettative.*

disovràre [comp. di *dis-* (*1*) e *ovrare*] v. intr. ● (*raro*) Stare nell'inattività.

dispacciaménto [av. 1698] s. m. ● Disbrigo di un affare, un incarico e sim.

dispacciàre [provz. *despachar*, dal lat. parl. **disimpedicāre*, comp. di *dis-* (*1*) e *impedicāre*, propr. 'porre la pastoia (*pĕdica*)'; sec. XIV] **A** v. tr. **1** Inviare. **2** Affrancare, liberare (*spec. fig.*). **B** v. intr. ● Spedire un dispaccio. **C** v. rifl. ● Cavarsi d'impaccio.

dispàccio [sp. *despacho*, da *despachar* nel senso di 'disbrigare'; av. 1557] s. m. **1** Comunicazione ufficiale concernente questioni di rilievo, spec. affari di Stato: *d. militare*; *un d. cifrato*; *i dispacci diplomatici.* **2** (*est., gener.*) Comunicazione scritta, lettera | ***D. telegrafico***, telegramma. **3** †Spaccio. **4** †Diploma accademico.

dispaiàre [comp. di *dis-* (*1*) sostituito a *ap-* (per *ad-*) in *appaiare*; 1313] v. tr. (*io dispàio*) **1** (*raro*) Scompagnare, spaiare cose accoppiate | Separare. **2** †Rendere sproporzionato.

dispàio ● V. *dispaiare, disparire.*

†**dispàndere** [vc. dotta, lat. *dispăndere* 'spandere (*păndere*) in ogni direzione (*dis-*)'; av. 1306] v. tr. ● Spandere, spargere.

†**dispantanàre** [comp. di *dis-* e *pantano*; av. 1602] v. tr. ● Togliere dal pantano.

†**disparàre** (**1**) [vc. dotta, lat. *disparāre*, comp. di *dis-* (*1*) e *parāre* 'appaiare' con sovrapposizione del sign. di 'preparare' del v. omonimo; av. 1311] v. tr. ● Dividere, separare.

†**disparàre** (**2**) [comp. di *dis-* (*1*) sostitutivo di *in-* in *imparare*; 1300 ca.] v. tr. ● Disimparare, disapprendere.

disparatézza [sec. XIV] s. f. ● Diversità | Disuguaglianza.

disparàto [part. pass. di †*disparare* (*1*); av. 1694] agg. ● Che è estremamente diverso, che non presenta alcuna somiglianza con altre cose, persone o sim.: *là si incontrano i tipi più disparati*; *mi vengono in mente le idee più disparate.* || **disparataménte**, avv.

†**disparécchi** [comp. di *dis-* (*1*) e il pl. di *parecchio*; av. 1543] agg. e pron. indef. m. pl. ● (*raro*) Moltissimi.

†**dispareggiàre** [comp. di *dis-* (*1*) e *pareggiare*; av. 1597] v. tr. ● Rendere disuguale.

†**disparéggio** [av. 1673] s. m. ● Disuguaglianza, differenza.

†**disparére** (**1**) [comp. di *dis-* (*1*) e del v. *parere*; av. 1257] v. intr. **1** Sembrare brutto, sconveniente, inadatto. **2** Disparire: *e falle disparer a tutte prove* (GUINIZZELLI).

disparére (**2**) [comp. di *dis-* (*1*) e del sost. *parere* (*1*); av. 1342] s. m. ● (*raro*) Parere diverso da quello di altri | Leggero dissenso | (*raro, lett.*) Contrasto: *il re di Scozia è in qualche d. con lui* (GUICCIARDINI).

dispareunìa [vc. dotta, dal gr. *dyspáreunos* 'male accoppiato'] s. f. ● (*med.*) Dolore genitale avvertito soprattutto dalla donna durante il coito; può essere causato da fattori psicologici o fisiologici.

†**disparévole** [da *disparire*] agg. ● Dispariscente.

†**dispàrgere** [vc. dotta, lat. *dispărgere* 'spargere (*spărgere*) qua e là (*dis-*)'; sec. XIV] v. tr. ● Spargere, spandere.

†**dispargiménto** [sec. XIV] s. m. **1** Spargimento. **2** Distrazione.

♦**dìspari** o †**dìsparo** [vc. dotta, lat. *dĭspare(m)*, comp. di *dis-* (*1*) e *pār*, genit. *păris* 'pari'; av. 1276] agg. **1** (*mat.*) Detto di numero non pari, non divisibile per due. **2** (*raro, lett.*) Disuguale, differente: *essere d. di cultura*; (*lett.*) *due ragazzi d. fra loro per pochi anni.* **3** (*lett.*) Inferiore, inadeguato: *sostenere l'attacco con forze d.* SIN. Impari. || †**disparménte**, †**dispariménte**, avv. In modo diverso, disuguale.

†**dispariménto** [1858] s. m. ● Sparizione, scomparsa.

disparìre [comp. di *dis-* (*1*) sostituito a *ap-* (per *ad-*) di *apparire*; av. 1294] v. intr. (pres. *io dispàio* o *disparìsco, tu dispàri* o *disparìsci, egli dispàre* o *disparìsce, noi dispariàmo, voi disparìte, essi dispàiono* o *disparìscono*; pass. rem. *io dispàrvi* o *disparìi,* †*dispàrsi, tu disparìsti, egli dispàrve* o *dispàrì, noi disparìmmo, voi dispariste, essi dispàrvero* o *disparìrono*; congv. pres. *io dispàia, noi dispariàmo, voi dispariàte, essi dispàiano*; part. pass. *disparìto* o, raro, *dispàrso*; aus. *essere*) ● (*raro, lett.*) Sparire, scomparire, dileguarsi.

dispariscènte [av. 1729] agg. ● (*raro, lett.*) Che scompare rapidamente.

disparità o †**disparitàde**, †**disparitàte** [vc. dotta, lat. tardo *disparitāte(m)*, da *dĭspar* 'dispari'; sec. XIV] s. f. ● Disuguaglianza, differenza: *d. di età, di trattamento, di condizione, di idee.*

†**disparlàre** [var. intens. di *sparlare*; sec. XIII] v. intr. **1** Sparlare. **2** Sragionare.

†**dìsparo** ● V. *dispari.*

†**dispàrso** (**1**) [sec. XIII] part. pass. di *disparire*; anche agg. ● (*raro*) Nei sign. del v.

†**dispàrso** (**2**) [sec. XIII] part. pass. di †*dispargere*; anche agg. ● Nei sign. del v.

dispàrte [comp. di *dis-* (*1*) e *parte* 'luogo'; av. 1276] **A** avv. **1** †Da lato, discosto: *stava colla schiera d. a vedere le condizioni della battaglia* (VILLANI). **2** Nella loc. avv. ***in d.***, †***a d.***, da lato, da parte, in un luogo discosto: *tu pensoso in d. il tutto miri* (LEOPARDI) | ***Tenersi, starsene in d.***, (*est.*) vivere appartato | ***Mettere, lasciare in d. qlcu., qlco.***, (*fig.*) non curarsene più, non servirsene | ***Tenere, mettere in d. qlcu.***, (*fig.*) non farlo partecipare a qlco. | ***Mettere, tenere in d. qlco.***, metterla in serbo. **B** nella loc. prep. ***in d. da*** ● (*raro*) Lontano da: *le altre vengono raggruppate in d. da quella* (CROCE).

†**dispartènza** [sec. XIV] s. f. ● (*raro*) Partenza, separazione.

†**dispartiménto** [av. 1332] s. m. ● Separazione, divisione.

dispartìre [vc. dotta, lat. *dispartīre*, comp. di *dis-* (*1*) e *partīre* 'dividere'; sec. XIII] **A** v. tr. (*io dispartìsco* o *dispàrto, tu dispartìsci* o *dispàrti*; part. pass. *dispartìto*, lett. †*dispàrto*) ● (*lett.*) Disgiungere, separare, spartire | †***D. un'amicizia***, romperla | †***D. una questione***, risolverla, terminarla | †***D. due o più persone***, separarle in una lite, contesa e sim. **B** v. rifl. e intr. pron. ● †Allontanarsi, scostarsi.

†**dispartitóre** [1300 ca.] s. m.; anche agg. (f. *-trice*) ● Chi (o Che) dispartisce.

†**dispàrto** part. pass. di *dispartire*; anche agg. ● Nei sign. del v.

†**disparutézza** [da *disparuto*; 1525] s. f. ● Sparutezza.

†**disparùto** [dal part. pass. di *disparere* (*1*); 1338 ca.] agg. ● Sparuto, macilento.

†**dispassionaménto** [av. 1729] s. m. ● Il non sentire più una passione | Stato d'animo di chi è disappassionato.

†**dispassionàre** [comp. di *dis-* (*1*) sostituito a *ap-* (per *ad-*) in *appassionare*] v. tr. e intr. pron. ● Disappassionare.

†**dispegnàre** [comp. di *dis-* (*1*) e di un deriv. di *pegno*; 1630] v. tr. ● Disimpegnare.

†**dispégnere** [var. intens. di *spegnere*; sec. XIII] v. tr. ● Spegnere (*anche fig.*).

†**dispèndere** [vc. dotta, lat. *dispĕndere*, propr. 'pesare (*pĕndere*) distribuendo (*dis-*)'; sec. XIII] v. tr. ● Spendere, scialacquare | Sprecare, consumare: *d. il tempo, gli anni.*

dispèndio [vc. dotta, lat. *dispĕndiu(m)*, deriv. di *dispĕndere* '†dispendere'; 1219] s. m. ● Spesa eccessiva, sperpero, spreco di denaro: *il mio salario non permette il minimo d.* | Consumo, impiego eccessivo e spesso inutile (*anche fig.*): *ottenere il massimo effetto col minimo d.*; *d. di mezzi, di forze, di energie.*

dispendióso [vc. dotta, lat. *dispendiōsu(m)*, da *dispĕndere* '†dispendere'; 1613] agg. ● Che comporta dispendio: *tenore di vita d.* SIN. Caro, costoso. || **dispendiosétto**, dim. || **dispendiosaménte**, avv. Con dispendio.

†**dispenditóre** [sec. XIV] s. m.; anche agg. ● Chi (o Che) dispende.

†**dispennàre** [comp. di *dis-* (*1*) e *penna*; 1942] v. tr. ● (*raro*) Privare della punta.

dispènsa (**1**) o (*pop.*) †**dispènza** [da *dispensare*; sec. XIII] s. f. **1** (*raro*) Distribuzione, somministrazione: *effettuare una d. di viveri* | ***D. d'acqua***, ripartizione delle disponibilità idriche tra gli utenti, negli impianti collettivi. **2** Stanza in cui si conservano le provviste alimentari | Sulle navi, locale in cui si custodiscono e distribuiscono i viveri. **3** (*region.*) Bottega, spaccio. **4** Mobile in cui si conservano le provviste alimentari | Armadio, credenza. **5** (*dir.*) Atto mediante il quale l'amministrazione esenta qlcu. dal compimento di date formalità o dall'osservanza di date prescrizioni per il compimento di certe attività | Atto con il quale l'autorità ecclesiastica, in particolari condizioni, esonera dall'osservanza di un obbligo o di un precetto canonico | (*est.*) Documento che attesta tale esonero: *ritirare la d.*; *richiedere una copia della d.* **6** Fascicolo di un'opera pubblicata periodicamente: *enciclopedia a dispense* | ***D. universitaria***, fascicolo contenente un corso di lezioni tenuto da un docente. **7** †Assimilazione del cibo, digestione. || **dispensina**, dim.

†**dispènsa** (**2**) [f. sost. del part. pass. di *dispende-*

re] s. f. ● Spesa, dispendio.

dispensàbile [av. 1540] agg. ● Che si può dispensare.

†**dispensagióne** ● V. †*dispensazione*.

†**dispensaménto** [sec. XIV] s. m. *1* Il dispensare. *2* Dispensa.

dispensàre [vc. dotta, lat. *dispensāre*, intens. di *dispĕndere*, originariamente 'distribuire, pesando bene'; av. 1292] **A** v. tr. (*io dispènso*) *1* (*lett.* o *iron.*) Dividere, distribuire, elargire fra più persone: *d. lavori, elemosine ai poveri*; *d. sorrisi, sgridate, scappellotti* | (*lett.*) Concedere. *2* Esonerare qlcu. dal fare qlco. cui di regola sarebbe tenuto: *d. qlcu. dagli esami, dalle tasse, dal servizio militare* | ***D. dal servizio***, licenziare. SIN. Esimere. *3* (*lett.*) †Consumare, spendere, spec. il tempo: *vedrete ... come onestamente si possa d. el tempo* (GUICCIARDINI). *4* †Amministrare, governare. **B** v. rifl. ● Esimersi dal fare o dal dire qlco.: *non posso dispensarmi dal dirvi che siete un ingrato* (GOLDONI).

dispensariàle agg. ● Che riguarda un dispensario.

dispensàrio [fr. *dispensaire*, dall'ingl. *dispensary*, da *to dispense* nel senso di 'somministrare (medicinali)'; 1875] s. m. *1* Istituto ospedaliero dove si danno consulti e medicamenti gratuiti: *d. antitubercolare, oftalmico*. *2* (*disus.*) Insieme di medicinali di cui dispone una farmacia.

†**dispensativa** [av. 1729] s. f. ● Amministrazione domestica.

†**dispensatìvo** [vc. dotta, lat. tardo *dispensatīvu(m)*, da *dispensātus* 'dispensato'; sec. XIV] agg. ● Atto a dispensare.

dispensàto [av. 1311] **A** part. pass. di *dispensare*; anche agg. ● Nei sign. del v. **B** s. m. ● †Provvidenza.

dispensatóre [vc. dotta, lat. *dispensatōre(m)*, da *dispensātus* 'dispensato'; av. 1292] s. m.; anche agg. (f. *-trice*) *1* Chi (o Che) dispensa. *2* †Ordinatore: *piaciuto fosse al d. de l'universo ...!* (DANTE). *3* †Amministratore, economo | †Elemosiniere.

†**dispensatòrio** [vc. dotta, lat. tardo *dispensatōriu(m)*, da *dispensātus* 'dispensato'; 1781] agg. ● Che riguarda la distribuzione || †**dispensatoriaménte**, avv.

†**dispensazióne** o †**dispensagióne** [vc. dotta, lat. *dispensatiōne(m)*, da *dispensātus* 'dispensato'; sec. XIII] s. f. *1* Dispensa, distribuzione. *2* Concessione | Esenzione.

dispènser /ingl. dɪˈspensə/ [vc. ingl., dal fr. ant. *dispenseur* 'dispensatore'] s. m. inv. ● Dispositivo di diversa forma e struttura, atto a contenere materiale vario e a erogarlo in uno o più pezzi o a più riprese.

dispensière [da *dispensa* (*1*); av. 1348] s. m. (f. *-a*) *1* (*lett.*) Chi dispensa, elargisce (*anche fig.*): *a' generosi / giusta di gloria dispensiera è morte* (FOSCOLO). *2* Chi ha la cura e la sorveglianza della dispensa.

†**dispènso** (**1**) [da *dispensare*; av. 1374] s. m. ● Disposizione, volontà, ordine.

†**dispènso** (**2**) [per *dispens(at)o* 'convenientemente distribuito'; av. 1294] agg. ● Accomodato, disposto.

†**dispènto** o **dispénto** [av. 1363] part. pass. di †*dispegnere*; anche agg. ● Nei sign. del v.

†**dispènza** ● V. *dispensa* (*1*).

dispepsìa [vc. dotta, lat. *dyspĕpsia(m)*, dal gr. *dyspepsía*, comp. di *dys-* 'dis- (2)' e *pépsis* 'digestione'; 1792] s. f. ● (*med.*) Disturbo della funzione digestiva, gastrica o intestinale. CONTR. Eupepsia.

dispèptico [da *dispepsia* con richiamo del gr. *dýspeptos* 'indigesto'; 1913] **A** agg. (pl. m. *-ci*) ● (*med.*) Che concerne la dispepsia: *disturbi dispeptici*; *paziente d.* **B** agg.; anche s. m. (f. *-a*) ● (*med.*) Che (o Chi) è affetto da dispepsia.

†**dispèra** [da *disperare*; av. 1250] s. f. ● (*pop.*) Disperazione.

†**disperàbile** [vc. dotta, lat. tardo *desperābile(m)*, da *desperāre* 'disperare'; sec. XIV] agg. ● Privo di speranza | Senza rimedio.

†**disperàggine** [1546] s. f. ● Disperazione.

†**disperaménto** [av. 1292] s. m. ● Disperazione.

disperànte [av. 1349] part. pres. di *disperare*; anche agg. *1* (*lett.*) Che non spera più di ottenere qlco. e sim. | (*lett., raro*) Insopportabile. *2* Che porta a disperare; molto grave, drammatico: *trovarsi in una situazione d.*

disperànza o †**desperànza** [av. 1250] s. f. ● (*lett.*) Disperazione: *decaddi a emblema / di d.* (UNGARETTI).

♦**disperàre** o †**desperàre** [vc. dotta, lat. *desperāre*, comp. di *dē-* e *sperāre* 'sperare'; av. 1250] **A** v. tr. (*io dispèro*) *1* (+ *di* seguito da inf.; + *che* seguito da congv.; lett. + qlco.) Non sperare più di conseguire, di ottenere qlco., di riuscire in qlco. e sim.: *i soccorritori disperavano di trovarlo in vita*; *dispero di poter vincere la gara*; *ormai dispero che si faccia vivo*; *dispera la vittoria e la vendetta* (TASSO). *2* (*lett.*) Privare della speranza, ridurre alla disperazione: *la brutta situazione lo dispera*. **B** v. intr. (aus. *avere*) (assol.; + *di* seguito da sost.) ● Perdere completamente la speranza: *d. della salvezza, della buona riuscita di un affare*; *quando tutto va male non bisogna d.* **C** v. intr. pron. ● Abbandonarsi, essere in preda, alla disperazione: *si disperava per il fallimento dell'impresa*; *non disperarti in quel modo!* | ***Far d. qlcu.***, tormentarlo, fargli perdere la pazienza: *mi ha fatto d. con i suoi continui capricci*. SIN. Abbattersi, avvilirsi.

disperàta [f. sost. di *disperato*; av. 1565] s. f. *1* (*letter.*) Varietà di rispetto tipico della poesia popolare che ha come tema fisso il disperato lamento di un amante deluso o tradito, assunto a forma lirica, con vario metro, dal sec. XIV al XVI: *si mise a cantare una canzone d'amore, una d.* (D'ANNUNZIO). SIN. Dispetto. *2* Specie di tressette con due giocatori.

♦**disperàto** o †**desperàto** [av. 1292] **A** part. pass. di *disperare*; anche agg. *1* Che è in preda alla disperazione: *è disperata per la morte del marito*. *2* Che non lascia speranze: *il malato è in condizioni disperate*; *un caso d.* | Che non ha possibilità di riuscita: *un'impresa disperata*; *un d. tentativo di salvare qlcu.* *3* (*lett.*) Che è provocato dalla disperazione: *udirai le disperate strida, / vedrai li antichi spiriti dolenti* (DANTE *Inf.* I, 115-116) | ***Alla disperata***, (*ellitt.*) con furia, alla meno peggio. *4* (*lett.*) Violento, crudele: *per gli spaldi in arme, / corre, e provvede a disperata pugna* (ALFIERI). || **disperataménte**, avv. *1* In modo disperato: *piangeva disperatamente*. *2* Con tutte le proprie forze, furiosamente: *lottare disperatamente*. **B** s. m. *1* (f. *-a*) Chi non nutre più alcuna speranza: *lasciàn dolersi questo d.* (BOIARDO). *2* (f. *-a*) (*fam.*) Persona priva di mezzi che vive di espedienti: *è un d. che non ha mai un soldo in tasca*. *3* (f. *-a*) Chi si impegna con tutte le sue forze, in modo frenetico: *lavora, corre, viaggia come un d.* *4* †Disperazione.

♦**disperazióne** o †**desperazióne** [vc. dotta, lat. *desperatiōne(m)*, da *desperātus* 'disperato'; av. 1292] s. f. *1* Stato d'animo di chi non nutre più alcuna speranza ed è perciò in preda allo sconforto, all'angoscia e sim.: *abbandonarsi alla d.*; *essere ridotto, essere in preda, alla d.*; *essere preso, assalito, dalla d.* | ***Darsi alla d.***, compiere atti che mostrino grande afflizione | ***Per d.***, spinto da un'estrema necessità | ***Il coraggio della d.***, V. *coraggio*. SIN. Abbattimento, avvilimento. *2* Persona, cosa che fa disperare: *mia sorella è la d. della famiglia*; *la matematica è la sua d.*; (*scherz.*) *che d. questo telefono: è sempre occupato!*

disperdènte [1956] **A** part. pres. di *disperdere*; anche agg. ● Nei sign. del v. **B** s. m. ● (*chim.*) Sostanza che favorisce la formazione di una dispersione o di una sospensione colloidale.

dispèrdere [vc. dotta, lat. *dispĕrdere*, intens. (*dis-*) di *pĕrdere* 'perdere'; av. 1292] **A** v. tr. (coniug. come *perdere*) *1* Allontanare da una sede fissa, mandando in luoghi diversi: *d. le tribù indigene, un popolo vinto* | (*est.*) Disseminare, sparpagliare qua e là: *il vento disperde le sementi*; *la polizia disperse i dimostranti*. CONTR. Concentrare. *2* (*mil.*) Mettere in rotta il nemico, annullandone ogni capacità operativa. *3* Dissipare, consumare (*anche fig.*): *d. le proprie sostanze in errate speculazioni*; *quando si lotta per varii scopi, si disperdono le forze* (DE SANCTIS) | ***D. i voti***, darli a liste minori che non hanno probabilità di ottenere seggi. *4* (*chim., fis.*) Fare dispersione. *5* (*lett.*) Perdere, smarrire. *6* †Procurare l'aborto. **B** v. intr. pron. *1* Sbandarsi, sparpagliarsi, dividersi: *i soldati si dispersero per la boscaglia*. *2* Andare perduto senza produrre alcun risultato: *l'energia del motore si disperde*. *3* (*fig.*) Sprecare le proprie energie intellettuali senza costrutto o impegnandosi in troppe attività: *si disperde in studi disordinati*. *4* Svanire, scomparire. **C** v. intr. e intr. pron. (aus. *essere*) ● †Sconciarsi, abortire.

disperdiménto [1654] s. m. ● (*raro*) Dispersione.

disperditóre [av. 1342] s. m.; anche agg. (f. *-trice*) ● (*lett.*) Chi (o Che) disperde.

dispèrgere [vc. dotta, lat. *dispĕrgere* 'spandere (*spărgere*) qua e là (*dis-*)'; 1319] **A** v. tr. (pres. *io dispèrgo, tu dispèrgi*; pass. rem. *io dispèrsi, tu dispergésti*; part. pass. *dispèrso*) *1* (*lett.*) Disperdere, sparpagliare. *2* (*lett.*) Sperperare, scialacquare. **B** v. intr. pron. *1* (*lett.*) Sbandarsi, scompagnarsi. *2* †Divulgarsi, diffondersi.

†**dispergiménto** [sec. XIV] s. m. ● (*raro*) Dispersione | Spargimento.

†**dispergitóre** [sec. XIV] s. m.; anche agg. (f. *-trice*) ● Chi (o Che) disperge.

dispermìa (**1**) [comp. di *di-* (*2*), *sperm(atozoo)* e del suff. *-ia*] s. f. ● (*fisiol.*) Penetrazione di due spermatozoi nella stessa cellula uovo.

dispermìa (**2**) [comp. di *dis-* (*2*) *sperm(a)* e del suff. *-ia* (*2*)] s. f. ● (*med.*) Anomalia nella composizione dello sperma o nell'eiaculazione.

dispèrmo [comp. di *di-* (*2*) e del gr. *spérma*, genit. *spérmatos* 'seme'; 1835] agg. ● (*bot.*) Detto di frutto che ha due semi.

†**dispèro** [da *disperare*; sec. XIV] s. m. ● Disperazione.

dispersióne [vc. dotta, lat. *dispersiōne(m)*, da *dispĕrsus* 'disperso'; sec. XIV] s. f. *1* Il disperdere | Sparpagliamento: *d. di carte, di fogli, di documenti*; *d. del gener umano perduto per la gran selva della terra* (VICO) | (*fig.*) Spreco, dissipazione: *lavorare con grande d. di forze* | ***D. dell'elettricità***, fenomeno per il quale un corpo elettrizzato perde, col tempo, il suo stato elettrico, per imperfetto isolamento | ***D. del suono***, variazione della velocità di fase del suono a seconda della frequenza delle oscillazioni. *2* (*chim.*) Miscuglio eterogeneo, formato da due o più componenti, in cui un componente è in quantità prevalente e disperde gli altri; le dimensioni delle particelle disperse non sono minori di 0,1 o 0,2 micron. *3* (*stat.*) Modo di distribuirsi dei singoli valori di una distribuzione statistica. *4* (*fis.*) Separazione di onde elettromagnetiche o acustiche in componenti aventi diverse frequenze | ***D. della luce***, scomposizione della luce nei colori che la compongono.

dispersività [1965] s. f. ● Caratteristica di chi (o di ciò che) è dispersivo.

dispersìvo [1869] agg. *1* Che è privo di ordine interno, di sistematicità, di organicità e sim.: *lavoro d.*; *studiare in maniera dispersiva*. *2* (*fis.*) Atto a dare dispersione. || **dispersivaménte**, avv.

dispèrso (**1**) [av. 1292] **A** part. pass. di *disperdere*; anche agg. *1* Sparso, sparpagliato | Perduto, smarrito. *2* (*fis.*) Detto di raggio, fascio luminoso e sim. scomposto nei colori che lo compongono. || **dispersaménte**, avv. In modo dispersivo, improduttivo. **B** agg. e s. m. (f. *-a*) ● Che (o Chi) risulta irreperibile e non dà più notizie di sé, spec. militare dopo una battaglia o civile dopo una catastrofe o una disgrazia: *quattro marinai risultano dispersi*.

dispèrso (**2**) part. pass. di *dispergere*; anche agg. ● (*lett.*) Nei sign. del v.

dispersóre [da *disperdere*; 1956] s. m. *1* Apparecchio atto a disperdere a terra la corrente elettrica, per la sicurezza delle persone. *2* †Disperditore.

†**dispẹ́sa** [f. sost. di *dispeso*; av. 1294] s. f. ● Spesa. || †**dispesétta**, dim.

†**dispẹ́so** [sec. XIII] part. pass. di †*dispendere*; anche agg. ● Nei sign. del v.

†**dispettàbile** [sec. XIV] agg. ● Spregevole.

†**dispettàre** [lat. *despectāre*, raff. di *despĭcere* 'guardare (*spĕcere*) dall'alto in basso (*dē-*)'; av. 1292] **A** v. tr. ● Disprezzare, disdegnare. **B** v. intr. ● Incollerire, sdegnarsi.

†**dispettatóre** [av. 1375] s. m.; anche agg. (f. *-trice*) ● Chi (o Che) dispregia.

†**dispettévole** [av. 1332] agg. ● Disprezzabile.

†**dispettivaménte** [sec. XIV] avv. ● Con disprezzo.

♦**dispètto** (**1**) o †**despètto** [lat. *despĕctu(m)*, part. pass. di *despĭcere*, comp. di *dē-* e *spĕcere* 'guardare, osservare'; av. 1292] s. m. *1* Azione compiuta con la ferma intenzione di molestare, irritare, dispiacere e sim.: *fare un d., dei dispetti, i dispetti* | *Per d., per fare d.*, con la deliberata intenzione di dispiacere, contrariare e sim.: *agisce così solo per d.*; *tutto ciò che fa lo fa per d.*; *è uscito per farmi d.* | *A d. di qlco.* malgrado, nonostante: *partiremo a d. della pioggia* | *A d. di qlcu.*, nonostante la sua opposizione | *A d. del mondo*, nonostante ogni contrarietà, a ogni costo | *Stare in paradiso a d. dei santi*, voler stare a ogni costo in un luogo ove non si è bene accetti. **2** Stizza, invidia, irritazione: *prova d. per la nostra vittoria*; *è roso dal d.*; *d'ira e di d. / svampa dentro, e fuor qual fiamma è rosso* (TASSO). **3** †Disprezzo, sdegno | (*raro*) *Avere, tenere qlcu., qlco. in d.*, disprezzare | (*raro*) *Recarsi qlco. a d.*, aversene a male, ritenersene offeso. **4** (*letter.*) Disperata. || **dispettàccio**, pegg. | **dispettino**, dim. | **dispettùccio**, **dispettùzzo**, dim.

†dispètto (**2**) o **†despètto** [lat. *despĕctu(m)*, part. pass. sost. di *despĭcere* (V. *dispetto* (*1*)); 1313] **agg.** ● (*lett.*) Disprezzato, spregevole: *O cacciati dal ciel, gente dispetta* (DANTE *Inf.* IX, 91).

♦dispettóso [da *dispetto* (*1*); 1313] **agg.** **1** Che si compiace di fare dispetti: *bambine dispettose* | (*est.*) Fastidioso, irritante: *vento d.* **2** Che è fatto per dispetto: *gesto d.* **3** (*lett.*) Sprezzante, altero, fiero. **4** †Spregevole, abbietto. || **dispettosàccio**, pegg. | **dispettosétto**, dim. | **dispettosùccio**, **dispettosùzzo**, dim. || **dispettosaménte**, avv. In modo dispettoso; con stizza.

dispiacènte [av. 1294] **part. pres.** di *dispiacere*; anche **agg.** ● (*raro*) Spiacente.

†dispiacènza o (*raro, dial.*) **†dispiagènza** [av. 1294] **s. f.** ● Dispiacere | Disgusto.

♦dispiacére (**1**) [lat. parl. **displacēre* (comp. di *dis-* (*1*) e *placēre* 'piacere'), per il class. *displicēre*; av. 1250] **A v. intr.** (coniug. come *piacere*; anche **impers.**; aus. *essere*) (+ *a*) **1** Riuscire sgradito: *d. all'occhio, all'orecchio, al palato*; *il tuo comportamento è dispiaciuto a tutti* | *Non d.*, riuscire abbastanza gradevole: *il film non mi è dispiaciuto.* **2** (+ *per*; + *di*; + *che* seguito gener. da congv.; + *se* seguito da indic. o congv.) Costituire motivo di dolore, rammarico, disagio e sim.: *la sua assenza dispiace a tutti*; *ci dispiace per quello che è successo*; *Mi dispiace di tutte queste disgrazie* (GOLDONI); *mi dispiace di dover già partire*; *dispiace dover dire queste cose proprio a voi*; *ci dispiace molto che dobbiate subire simili angherie*; *mi dispiace se questo possa offendere il marito* (PIRANDELLO) | *Mi dispiace, ci dispiace* e sim., formule di cortesia usate per scusarsi, esprimere il proprio rammarico, attenuare un'affermazione e sim.: *mi dispiace che la faccenda sia andata a monte*; *credimi, ci dispiace infinitamente*; *mi dispiace per te, ma hai torto* | *Ti dispiace? Vi dispiace? Ti dispiacerebbe?* e sim., formule di cortesia usate per attenuare una richiesta: *ti dispiace imbucarmi questa lettera?*; *ti dispiacerebbe se ti accompagnassi?* | *Se non ti dispiace, se non le dispiace* e sim., formule di cortesia usate per chiedere l'assenso di qlcu.: *se non ti dispiace, cambio il mio libro col tuo*; *se non le dispiace, verrò da lei domani.* SIN. Addolorare. **B v. intr. pron.** **1** (+ *per*; + *che* seguito da congv; + *di*) Provare rincrescimento, dispiacere: *mi sono davvero dispiaciuto per il tuo insuccesso*; *mi sono dispiaciuto che tu non ci fossi*; *mi dispiaccio molto di quanto è accaduto.* CONTR. Compiacersi. **2** †Disprezzarsi.

♦dispiacére (**2**) [da *dispiacere* (*1*); av. 1294] **s. m.** **1** (*lett.*) Fastidio, ripugnanza fisica. **2** Senso di afflizione, pena, rammarico e sim.: *fare, dare, recare d. a qlcu.*; *provare, sentire un d. vivo, fiero, profondo*; *piangere dal d.* | *Morire dal d.*, soffrire moltissimo | (*est.*) Ciò che addolora, mortifica, contraria e sim.: *è stato il più grande d. della sua vita.*

dispiacévole [av. 1294] **agg.** ● (*lett.*) Che arreca dispiacere. || **dispiacevolménte**, avv.

dispiacevolézza [1566] **s. f.** ● (*raro*) Caratteristica di chi (o di ciò che) è dispiacevole.

dispiaciménto [av. 1306] **s. m.** ● (*raro*) Dispiacere.

dispiaciùto [av. 1876] **part. pass.** di *dispiacere* (*1*); anche **agg.** ● Che prova dispiacere, spiacente: *sono d. di doverví disturbare.*

†dispianàre [comp. di *dis-* (*1*) e *spianare*; sec. XIII] **A v. tr.** **1** Spianare, distendere. **2** (*fig.*) Dichiarare, spiegare. **B v. rifl.** ● Distendersi, sdraiarsi.

†dispiantàre [comp. di *dis-* (*1*) e *piantare*; sec. XIV] **v. tr.** ● Spiantare, sradicare | (*fig.*) Rovinare, distruggere.

†dispiatà e *deriv.* ● V. *†dispietà* e *deriv.*

dispiccàre [comp. di *dis-* (*1*) sostitutivo di *ap-* (per *ad-*) in *appiccare*; 1308] **A v. tr.** (*io dispicco, tu dispicchi*) ● (*lett.*) Staccare, spiccare. **B v. rifl.** ● (*lett.*) Partirsi rapidamente: *la cerulea diva / dalle cime d'Olimpo dispiccossi / velocissima* (MONTI). **C v. intr. pron.** ● †Distaccarsi, scindersi.

†dispicciàre [comp. di *di(s)-* (*1*) e *spicciare*; av. 1704] **v. tr.** e **rifl.** ● Liberare da un impiccio.

dispiegaménto [da *dispiegare*; av. 1667] **s. m.** ● Grande spiegamento: *d. di forze.*

dispiegàre [comp. di *di(s)-* (*1*) e *spiegare*; 1319] **A v. tr.** (*io dispiègo, tu dispièghi*) **1** (*lett.*) Distendere, spiegare: *d. al vento le vele, la bandiera* | Allargare: *d. le ali.* **2** (*lett.*) Disporre, schierare truppe. **3** (*fig., lett.*) Rendere manifesto. **B v. intr. pron.** **1** (*lett.*) Distendersi, allargarsi. **2** (*lett., fig.*) Svolgersi, svilupparsi: *la melodia si dispiegò nella sala.* **3** †Scaturire.

†dispietà o **†dispiatà** [comp. di *dis-* (*1*) e *pietà*; sec. XIV] **s. f.** ● Mancanza di pietà.

†dispietànza [sec. XIII] **s. f.** ● (*raro*) Crudeltà.

†dispietatézza **s. f.** ● Crudeltà.

dispietàto o **†dispiatàto** [comp. di *di(s)-* (*1*) e *spietato*; sec. XIII] **agg.** **1** (*poet.*) Spietato, crudele: *e poi distese i dispietati artigli* (DANTE *Inf.* XXX, 9). **2** (*fig., poet.*) Inesorabile, che infierisce crudelmente: *la dispietata mia ventura* (PETRARCA). || **†dispietataménte**, avv. Spietatamente.

†dispietóso [sec. XIII] **agg.** ● Crudele.

†dispìngere [comp. di *dis-* (*1*) e *pingere* (*1*); av. 1400] **v. tr.** ● Cancellare un dipinto, un disegno e sim.

†dispìtto o **†despìtto** [ant. fr. *despit*, dal lat. *despĕctus* 'dispetto'; 1313] **s. m.** ● Disprezzo, dispetto.

dispiumàre [comp. di *dis-* (*1*) e *piuma*; 1869] **v. tr.** ● (*lett.*) Privare delle piume: *la canna che dispiuma / mollemente il suo rosso / flabello a primavera* (MONTALE).

displasìa [comp. di *dis-* (*2*) e del gr. *plásis* 'azione formativa' (da *plássein* 'formare', prob. di orig. indeur.); 1899] **s. f.** ● (*med.*) Alterata differenziazione cellulare seguita da un'anomalia formativa di organi o tessuti.

displàsico **agg.** (pl. m. *-ci*) ● (*med.*) Di, relativo a displasia.

display /ingl. dɪˈspleɪ/ [vc. ingl., dal v. *to display* 'esporre, mettere in mostra'; 1979] **s. m. inv.** ● (*elettron.*) Apparecchiatura (schermo video, tabellone luminoso e sim.) che presenta visivamente i dati numerici o grafici in uscita da un sistema, consentendone l'immediata lettura.

†displicàre [vc. dotta, lat. tardo *displicāre*, comp. di *dis-* (*1*) e *plicāre* '(ri)piegare'; sec. XIII] **v. tr.** ● Spiegare, chiarire.

†displicènzia o **†displicènza** [vc. dotta, lat. *displicēntia(m)*, da *displicēre* 'dispiacere', comp. di *dis-* (*1*) e *placēre* 'piacere'; 1528] **s. f.** ● Dispiacere, dolore.

displuviàle **agg.** ● (*geogr.*) Relativo a displuvio.

displuviàto [vc. dotta, lat. *displuviātu(m)*, tratto da *plŭvia* 'pioggia' col pref. *dis-* 'da una parte e dall'altra'; av. 1798] **agg.** ● A due spioventi: *tetto d.*

displùvio [da *compluvio*, per sostituzione del pref. *dis-* (*1*) al pref. *con-*; 1499] **s. m.** **1** (*geogr.*) Versante di un altipiano, di una collina, di un monte | *Linea di d.*, spartiacque. **2** (*arch.*) Diedro convesso formato da due falde di tetto contrapposte | Spigolo spartiacque del tetto, all'intersezione delle due falde.

dispnèa [vc. dotta, gr. *dýspnoia*, comp. di *dys-* 'dis- (2)' e un deriv. di *pnoé* 'respiro, respirazione'; 1746] **s. f.** ● (*med.*) Difficoltà di respiro accompagnata da senso di affanno: *d. da sforzo*; *d. inspiratoria, espiratoria.*

dispnòico [vc. dotta, gr. *dyspnoïkós* 'relativo alla dispnea (*dýspnoia*)'; 1829] **A agg.** (pl. m. *-ci*) ● (*med.*) Di, relativo a, dispnea. **B agg.**; anche **s. m.** (f. *-a*) ● (*med.*) Che (o Chi) è affetto da dispnea.

dispodestàre o **dispotestàre** [comp. di *di(s)-* (*1*) e *spodestare*; av. 1348] **A v. tr.** (*io dispodèsto*) ● (*lett.*) Spodestare. **B v. rifl.** ● (*raro*) Privarsi del potere, dell'autorità.

dispogliàre o **†despogliàre** [lat. *despoliāre* 'togliere (*dē-*) la spoglia (*spŏlium*)'; 1294] **A v. tr.** (*io dispòglio*) **1** (*lett.*) Spogliare: *dispogliò il nemico dell'armatura*; *d. un albero delle fronde.* **2** (*fig.*) †Privare. **3** Depredare, saccheggiare. **B v. rifl.** **1** (*raro*) Spogliarsi. **2** (*fig., lett.*) Liberarsi da pensieri, sentimenti e sim. **3** †Dileguarsi.

†dispogliatóre [lat. *despoliatōre(m)*, da *despoliātus* 'dispogliato'; av. 1729] **s. m.**; anche **agg.** (f. *-trice*) ● Chi (o Che) dispoglia | Predatore.

†dispòglio [da *dispogliare*; av. 1930] **s. m.** ● Spoglio, ruberia.

dispolpàre [comp. di *dis-* (*1*) e *polpa*; av. 1704] **v. tr.** (*io dispólpo*) ● (*raro*) Spolpare.

dispondèo [vc. dotta, lat. *dispondēu(m)*, dal gr. *dispóndeios* 'a doppio (*dís*) spondeo (*spondêios*)'] **s. m.** ● Metro della poesia greca e latina formato da quattro sillabe lunghe.

disponènte [av. 1332] **A part. pass.** di *disporre*; anche **agg.** ● Nei sign. del v. **B s. m. e f.** ● (*dir.*) Chi è autore di un atto di disposizione.

†dispónere ● V. *disporre.*

dispóngo ● V. *disporre.*

♦disponìbile [fr. *disponible*, dal lat. mediev. *disponibilis*, da *dispōnere* 'disporre'; av. 1712] **A agg.** **1** †Che si può disporre. **2** Di cui si può disporre: *somma d.* | (*dir.*) *Patrimonio d.*, complesso di beni appartenenti ad enti pubblici, la cui disponibilità è disciplinata per legge | (*dir.*) *Quota, porzione d.*, parte dell'asse ereditario non riservato ai legittimari e di cui, quindi, il testatore può disporre liberamente | (*est.*) Libero, vuoto: *posto, impiego d.*; *camera d.* **3** (*fig.*) Che è libero da impegni od occupazioni materiali, da legami sentimentali e sim.: *cercare operai disponibili*; *un giovanotto simpatico e d.* **4** (*fig.*) Sensibile e aperto a stimoli, suggerimenti o esperienze nuove: *mentalità d.* | (*lett.*) Incline: *persona d. alle avventure.* **B** anche **s. f.** ● (*dir.*) Quota disponibile: *la legittima e la d.*

disponibilità [fr. *disponibilité*, da *disponible* 'disponibile'; av. 1803] **s. f.** **1** Caratteristica o condizione di chi (o di ciò che) è disponibile (*anche fig.*): *la d. di una persona, di un capitale.* **2** (*spec. al pl.*) Elementi patrimoniali che possono essere prontamente ed economicamente trasformati in denaro, denaro a disposizione: *le spese non possono eccedere le d.* **3** (*bur.*) Condizione transitoria di pubblico ufficiale o pubblico impiegato sospeso dal servizio per soppressione dello stesso o riduzione dell'organico, in attesa di essere riassunto in servizio o collocato a riposo: *collocamento in d.* **4** (*mar.*) Stato di una nave che debba restare inattiva per lungo tempo a causa di riparazioni e sim.

†disponiménto [av. 1292] **s. m.** ● Disposizione.

disponitìvo **agg.** ● (*raro*) Dispositivo.

†disponitóre [1308] **s. m.**; anche **agg.** (f. *-trice*) ● (*lett.*) Dispositore.

†disponsàre e *deriv.* ● V. *†disposare* e *deriv.*

†dispopolaménto **s. m.** ● Spopolamento.

†dispopolàre [comp. di *dis-* (*1*) e *popolare* (*1*); sec. XIV] **v. tr.** ● Spopolare.

†dispopolatóre [sec. XIV] **s. m.** ● Chi dispopola | Devastatore.

♦dispórre o **†dispónere** [lat. *dispōnere* 'porre (*pōnere*) qua e là (*dis-*)'; av. 1292] **A v. tr.** (coniug. come *porre*) **1** Sistemare convenientemente secondo un determinato criterio od ordine: *d. i libri negli scaffali, i mobili in una stanza, i commensali a tavola*; *saper d. le parole nel periodo* | Acconciare: *d. i capelli nella foggia voluta.* **2** (q.c + *per*, + *a*) Preparare: *d. ogni cosa per la partenza* | Rendere idoneo, adatto e sim.: *d. l'animo a una grande notizia.* **3** (qlcu. + *a*) Indurre a un determinato stato d'animo, persuadere: *d. qlcu. all'ira, a una decisione, a un atto di generosità.* **4** (+ *di* seguito da inf.; + *che* seguito da congv.) Prescrivere, ordinare (*anche assol.*): *la legge dispone di perseguire gli evasori fiscali*; *disponiamo che queste norme siano rispettate*; *egli solo disponeva e tutti obbedivano* (D'ANNUNZIO). SIN. Stabilire. **5** †Deporre, dimettere. **6** †Spiegare, narrare, esporre. **B v. intr.** (aus. *avere*) **1** Decidere, stabilire: *disporrà nel modo che riterrà opportuno*; *abbiamo disposto diversamente.* **2** (+ *di*) (*est.*) Essere in condizioni di utilizzare liberamente qlco. o qlcu.: *disponiamo di una notevole somma*; *non dispongo di una persona di fiducia* | Fare affidamento: *disponi pure di me.* **3** (+ *di*) Essere dotato: *l'albergo dispone di duecento posti letto.* **C v. rifl.** **1** Sistemarsi secondo un certo criterio, un certo ordine: *gli atleti si* *disposero in semicerchio.* **2** (+ *a*, lett. raro + *di*, seguito da inf.) Prepararsi a fare qlco.: *disporsi a ben morire; hanno torto questi tanti asinoni a disporsi di lamentarsi di voi* (BRUNO). **3** †Esporsi, rischiare.

†disportazióne [vc. dotta, lat. *deportatiōne(m)* 'deportazione' (V.), con sostituzione di pref.; av. 1729] s. f. ● (*raro*) Trasporto.

†disposaménto o **†desponsaménto**, **†disponsaménto** [sec. XIV] s. m. ● Sposalizio.

†disposàre o **†desponsàre**, **†disponsàre** [lat. *desponsāre*, comp. di *dē* e *sponsāre* 'promettere in sposa (*spōnsa*)'; av. 1294] v. tr. **1** Dare, promettere o prendere una donna in moglie: *Paolo Malatesta è giunto / ... / qui, con pieno mandato / a d. Madonna Francesca* (D'ANNUNZIO). **2** Congiungere spiritualmente. **3** (*fig., lett.*) Unire, mescolare.

dispósi ● V. *disporre*.

dispositio /lat. dispo'sitsjo/ [vc. lat., propr. 'disposizione'; 1973] s. f. inv. (pl. lat. *dispositiones*) ● Nella retorica classica, la partizione dell'arte del dire che riguarda l'ordinamento e la distribuzione degli argomenti nel discorso. CFR. Elocutio, inventio.

dispositivo (**1**) [da *disposito*; 1499] agg. ● Atto a disporre | (*dir.*) ***Sentenza dispositiva***, sentenza che dispone dei diritti o interessi dedotti in giudizio | ***Processo d.***, in cui spetta alle parti il potere di dare impulso alla causa | ***Documento d.***, contenente un negozio giuridico, un contratto. || **†dispositivaménte**, avv.

dispositivo (**2**) [fr. *dispositif*, dal lat. *dispŏsitus* 'disposito'; 1918] s. m. **1** Congegno che viene applicato a una macchina o a un impianto allo scopo di ottenere determinati effetti | ***D. di sicurezza***, nelle armi da fuoco, sicura; (*fig.*) piano per fronteggiare particolari situazioni: *è scattato il d. di sicurezza della polizia* | ***D. di controllo***, insieme degli elementi conduttori i quali, con il loro movimento relativo, stabiliscono o interrompono la continuità di un circuito. **2** (*mil.*) Articolazione di una unità o di un complesso di forze: *d. di attacco, di marcia.* **3** (*dir.*) Contenuto decisorio di un atto giurisdizionale: *d. di una sentenza.*

†dispósito [vc. dotta, lat. *dispŏsitu(m)*, part. pass. di *dispōnere* 'disporre'] agg. ● Disposto.

dispositóre [vc. dotta, lat. tardo *dispositōre(m)*, da *dispŏsitus* 'disposito'; 1308] s. m.; anche agg. (f. *-trice*) ● (*raro*) Chi (o Che) dispone.

†dispositòrio [sec. XIV] agg. ● (*raro*) Dichiarativo.

†dispositùra [vc. dotta, lat. *dispositūra(m)*, da *dispŏsitus* 'disposito'; av. 1714] s. f. ● Disposizione, nel sign. di *disposizione* (*1*).

◆**disposizióne** (**1**) [vc. dotta, lat. *dispositiōne(m)*, da *dispŏsitus* 'disposito'; av. 1292] s. f. **1** (*dir.*) Manifestazione di volontà negoziale che opera immediatamente sulla situazione giuridica preesistente: *atto di d.; d. testamentaria.* **2** Modo in cui cose e persone vengono disposte: *la d. delle terre e delle acque sul globo terrestre; la d. delle forze nemiche lungo i confini; la d. dei posti a tavola.* SIN. Collocazione, ordine. **3** (*mat.*) Nel calcolo combinatorio, ciascuno dei raggruppamenti ordinati che si possono formare con gli elementi di un insieme | ***D. semplice***, quando in nessun raggruppamento lo stesso elemento può essere ripetuto. **4** Stato d'animo: *non è nella d. adatta a darti retta; d. d'animo, di spirito; d. favorevole, sfavorevole, verso qlcu.* **5** Attitudine, inclinazione naturale: *avere molta, poca d. per lo scrivere, per la poesia, per la musica, per la matematica, per un lavoro; è un giovane di pessime disposizioni* | (*med.*) Tendenza di un organismo a risentire gli effetti dannosi di una determinata causa nociva. **6** Facoltà di disporre liberamente di persone e cose: *l'albergo è a vostra completa d.; ha un intero patrimonio a sua d.; mi ha messo a d. la sua macchina* | ***Essere, mettersi, porsi, tenersi, a d. di qlcu.***, essere pronto ad aiutarlo in qualsiasi momento e in qualsiasi modo. **7** Parte della retorica antica che consiste nel disporre con ordine la materia dell'orazione. **8** Ordine, prescrizione, volontà: *si atteneva alle disposizioni venute dall'alto; per d. di legge; sono le sue ultime disposizioni.* **9** (*lett.*) †Circostanza adatta, favorevole: *qui si vuole attendere la naturale d. del tempo* (DANTE). **10** †Stato, condizione: *la città ..., lungamente in guerra ... stata, alquanto in miglior disposizion ritornò* (BOCCACCIO). **11** †Esposizione, spiegazione | †Deliberazione, risoluzione. || **disposizioncèlla**, dim.

†disposizióne (**2**) [vc. dotta, lat. *depositiōne(m)* 'deposizione' (V.) con sostituzione di pref.; av. 1642] s. f. ● (*raro*) Fondiglio, deposito: *nella commozione dell'acqua ... si solleva la sua d. dal fondo, e s'intorbida* (GALILEI). CFR. tassi-, -tassi.

dispossessàre [comp. di *dis-* (*1*) e *possesso*; av. 1729] v. tr. (*io dispossèsso*) ● Spossessare.

dispósta [f. sost. di *disposto*; av. 1348] s. f. ● (*raro*) Disposizione.

†dispostézza [1589] s. f. **1** Attitudine, disposizione. **2** Competezza. **3** Snellezza, agilità.

dispósto [av. 1292] **A** part. pass. di *disporre*; anche agg. **1** Collocato: *libri disposti sugli scaffali.* **2** Deciso, stabilito: *misure disposte dalla legge.* **3** (+ *a*; lett. + *di*) Pronto, propenso: *è d. ad aiutarci; pure io sono d. di fare anche di ciò a tuo modo* (LEOPARDI) | ***Ben d.***, V. *bendisposto* | ***Mal d.***, V. *maldisposto*. **B** s. m. ● (*dir.*) Contenuto di un atto di disposizione: *in base al d. dell'autorità giudiziaria* | ***D. della legge***, ciò che la legge dispone | (*dir.*) ***D. combinato, combinato d.***, principio di diritto risultante dall'applicazione congiunta di due o più norme.

dispotestàre ● V. *dispodestare*.

dispòtico o (*raro*) **despòtico** [gr. biz. *despotikós* 'relativo al dispoto (*despótēs*)'; 1628] agg. (pl. m. *-ci*) ● Proprio di un despota o del dispotismo: *legislazione dispotica; regime politico d.* | (*est.*) Tirannico, dittatoriale: *marito d.; maniere dispotiche.* || **dispoticaménte**, avv.

dispotìsmo o (*raro*) **despotìsmo** [da *dispoto*, gr. biz. *despótēs* 'despota' (V.); 1745] s. m. **1** Governo assoluto, esercitato senza alcun rispetto per la legge | ***D. illuminato***, nel sec. XVIII, il governo riformatore di molti sovrani europei. **2** (*fig.*) Modo di comportarsi tirannico e autoritario.

†dispòto [da *despoto*, var. di *despota*, modificato per analogia sulle numerose vc. it. in *dis-*; av. 1348] s. m. ● Principe, governatore, signore locale, nell'amministrazione bizantina.

dispregévole [comp. di *dis-* (*1*) e *pregevole*; av. 1292] agg. **1** (*lett.*) Disprezzabile, spregevole. **2** (*lett.*) Trascurabile, insussistente. || **†dispregevolménte**, avv. Con disprezzo.

dispregiàbile [sec. XIV] agg. ● (*raro*) Spregevole.

†dispregiaménto [1308] s. m. ● Dispregio.

†dispregiànza o **†despregiànza** [av. 1342] s. f. ● Dispregio.

dispregiàre o **†despregiàre** [fr. ant. *despriser* 'disprezzare'; av. 1250] v. tr. (*io disprègio*) ● (*lett.*) Avere in poco o in nessun pregio: *le cose che giornalmente si veggono, con più facilità si dispregiano* (MACHIAVELLI). SIN. Disprezzare.

dispregiativo [1641] agg. **1** Che mostra o esprime disprezzo: *tono d.* **2** (*ling.*) Spregiativo. || **dispregiativaménte**, avv.

dispregiatóre [av. 1333] s. m.; anche agg. (f. *-trice*) ● Chi (o Che) dispregia.

disprègio o **†desprègio** [da *dispregiare*; sec. XIII] s. m. **1** (*lett.*) Senso di disistima che si nutre nei confronti di qlcu. o di qlco.: *Dubitò che persino la mamma, sua madre!, dovesse averlo in d.* (GADDA) | Disprezzo: *avere, tenere qlcu. in d.; essere, cadere in d. di qlcu.; lo trattava con evidente d.* **2** †Atto spregevole, infame.

†disprèndersi [comp. di *dis-* (*1*) e *prendere*; av. 1276] v. rifl. ● Distaccarsi, distogliersi.

†dispreziàre ● V. *disprezzare*.

disprezzàbile [1521] agg. **1** Degno di disprezzo. **2** Di poco o nessun pregio o importanza: *un debituccio d.; non era un nemico d.* (BACCHELLI) | ***Non d.***, abbastanza pregevole o importante: *un contributo non d.*

†disprezzagióne [av. 1584] s. f. ● Disprezzo, spregio.

disprezzaménto [sec. XIV] s. m. ● (*lett.*) Disprezzo.

◆**disprezzàre** o (*dial.*) **†desprezzàre**, **†dispreziàre** [lat. parl. **dispretiāre*, comp. parasintetico di *prĕtium* 'valore' (V. *prezzo*), col pref. *dis-* (*1*); av. 1292] **A** v. tr. (*io disprèzzo*) **1** Ritenere qlcu. o qlco. indegno della propria stima e della propria considerazione: *tutti lo disprezzavano per la sua doppiezza; disprezzava onori, glorie, ricchezze* | Disdegnare: *disprezzò la nostra offerta di aiuto* | Disistimare: *ha mostrato di d. il nostro lavoro.* **2** Avere in poco o in nessun conto: *d. il pericolo; d. le imposizioni* | Detestare. **B** v. rifl. **1** Ritenersi indegno di rispetto, stima e sim.: *mi disprezzo per ciò che ho fatto.* **2** †Trascurarsi, spec. negli abiti o nella persona.

†disprezzativo [sec. XV] agg. ● Offensivo, sprezzante.

disprezzatóre [1336 ca.] agg.; anche s. m. (f. *-trice*) ● (*raro*) Che (o Chi) disprezza.

†disprezzatùra [1618] s. f. ● Trascuratezza | (*fig.*) Disinvoltura.

†disprezzévole [1336 ca.] agg. ● Spregevole. || **†disprezzevolménte**, avv. Spregevolmente.

disprèzzo o **†desprèzzo** [da *disprezzare*; av. 1306] s. m. **1** Totale mancanza di stima, considerazione e sim. nei confronti di qlco. o di qlcu.: *nutrire, sentire, provare d. per qlcu. o qlco.; trattare qlcu. o qlco. con d.; manifestare il proprio d. a qlcu.* | (*est.*) Scarsa considerazione, noncuranza: *mostrare d. per le leggi, delle opinioni altrui; agire con grande d. del pericolo.* **2** (*lett.*) Offesa, oltraggio, ingiuria.

†disprezzóso [av. 1667] agg. ● Sprezzante.

†disprigionàre [comp. di *dis-* (*1*) e *prigione*; av. 1367] v. tr. ● Scarcerare, liberare.

†disprofanàre [comp. di *dis-* (*1*) e *profanare*; av. 1729] v. tr. ● Riconsacrare, riscattare dalla profanazione.

†dispromèttere [comp. di *dis-* (*1*) e *promettere*; av. 1685] v. tr. ● Ritirare ciò che si è promesso.

†disproporzionàre [av. 1502] v. tr. ● Rendere sproporzionato.

disproporzióne [comp. di *dis-* (*1*) e *proporzione*; av. 1406] s. f. ● (*raro, lett.*) Sproporzione.

dispròsio [vc. dotta, tratta dal gr. *dysprósitos* 'che si può difficilmente (*dys-*) raggiungere (*prositós* 'accessibile', dal v. *prosiénai* 'andare (*iénai*) verso (*prós*)')'; 1913] s. m. ● Elemento chimico, metallo appartenente al gruppo delle terre rare. SIMB. Dy.

†disprovvedùto [comp. di *dis-* (*1*) e *provveduto*; av. 1347] agg. ● Sprovveduto, incauto.

†disprunàre [comp. parasintetico di *pruno* col pref. *dis-* (*1*)] v. tr. ● Togliere i pruni, sprunare.

†dispulàre [comp. di *dis-* (*1*) e *pula*; av. 1729] v. tr. ● Ripulire dalla pula.

†dispumàre [comp. di *di(s)-* (*1*) e *spuma*] v. tr. ● Despumare.

†dispùngere [vc. dotta, lat. *dispŭngere*, propr. 'separare con punti', comp. di *dis-* (*1*) e *pŭngere* 'pungere'; sec. XIII] v. tr. ● Staccare.

disputa o **†dispùta** [da *disputare*; av. 1452] s. f. **1** Dibattito vivace e animato intorno a un tema prestabilito: *ci fu una d. letteraria dotta e accesa; d. filosofica, teologica, matematica; dispute contra tutti i dogmi e libri* (CAMPANELLA). SIN. Discussione. **2** Alterco, contesa, lite: *nacque tra loro una d. violenta per futili motivi.* **3** Svolgimento di una competizione: *d. dei campionati mondiali di calcio.*

disputàbile [vc. dotta, lat. *disputābile(m)*, da *disputāre* 'disputare'; 1521] agg. ● Che può dare adito a dispute: *le cose poetiche ... sono ... disputabili* (MARINO). SIN. Discutibile.

disputabilità [da *disputabile*; 1869] s. f. ● Condizione di ciò che è disputabile.

†disputaménto [da *disputare*; sec. XIV] s. m. ● Disputa, discussione.

disputànte [sec. XIV] **A** part. pres. di *disputare*; anche agg. ● Nei sign. del v. **B** s. m. e f. ● (*raro*) Chi disputa.

†disputànza [sec. XIV] s. f. ● Disputa.

◆**disputàre** [vc. dotta, lat. *disputāre* 'esaminare (*putāre*) partitamente (*dis-*) un conto o un argomento', quindi 'discutere, argomentare'; sec. XIII] **A** v. intr. (*io disputo* o †*dispùto*; aus. *avere*) **1** (*lett.* o *raro*) Discutere di qlco. contrapponendo la propria opinione a quella altrui: *d. di politica, di questioni economiche, su un problema filosofico.* SIN. Polemizzare. **2** Competere, gareggiare: *d. con i colleghi per una promozione.* **B** v. tr. **1** (*raro*) Esaminare, discutere: *gli intervenuti al dibattito disputarono varie questioni.* **2** Contrastare: *gli disputarono accanitamente il successo.* **3** Sostenere, affrontare una competizione sportiva: *d. una gara* | ***D. il giro d'Italia***, prendervi parte. SIN. Giocare nel sign. B2. **4** (con valore reciproco) Contendersi qlco.: *disputarsi il posto, il premio, la vittoria; si disputavano accanitamente il pallone.*

disputativo [vc. dotta, lat. tardo *disputatīvu(m)*, da *disputātus* 'disputato'; av. 1332] agg. ● (*lett.*) Che si riferisce alla disputa | Che è proprio della disputa.

disputatóre [vc. dotta, lat. *disputatōre(m)*, da *disputātus* 'disputato'; sec. XIV] **s. m.**; anche **agg.** (f. *-trice*) ● (*lett.*) Chi (o Che) disputa | Chi (o Che) è incline alla disputa.

†**disputatòrio** [vc. dotta, lat. tardo *disputatōriu(m)*, da *disputātus* 'disputato'; 1554] **agg.** ● Che si riferisce alla disputa o che le è proprio.

disputazióne [vc. dotta, lat. *disputatiōne(m)*, da *disputātus* 'disputato'; av. 1294] **s. f.** **1** (*lett.*) Il disputare. **SIN.** Disputa. **2** (*lett.*) Dissertazione scritta: *d. di medicina; disputazioni filosofiche.* || **disputazioncèlla, dim.**

disqualificàre [comp. di *dis-* (*1*) e *qualificare*] **v. tr.** (*io disqualìfico, tu disqualìfichi*) ● (*bur.*) Privare qlcu. della qualifica precedentemente attribuitagli.

disquassàre [comp. di *di(s)-* (*1*) e *squassare*; 1595] **v. tr.** ● (*lett.*) Squassare, scrollare.

disquilìbrio [comp. di *dis-* (*1*) e *(e)quilibrio*; 1801] **s. m.** ● Mancanza di equilibrio.

disquişìre [da *disquisizione*; 1940] **v. intr.** (*io disquişìsco, tu disquişìsci*; aus. *avere*) ● Discutere con sottigliezza talvolta eccessiva, intrattenersi in dispute eleganti e acute: *gli avvocati amano d.*; *d. per ore su un argomento.*

disquişitóre [da *disquisizione*; 1915] **s. m.** (f. *-trice*) ● Chi disquisisce: *un fine ed elegante d.*

disquişizióne [vc. dotta, lat. *disquisitiōne(m)*, da *disquīrere* 'ricercare (*quaerere*) da tutti i lati (*dis-*)'; sec. XIV] **s. f.** ● Trattazione approfondita, talvolta eccessivamente minuziosa, di un determinato argomento: *disquisizioni dotte, erudite, inutili, capziose.* || **disquişizioncèlla, dim.**

dişrafìa [vc. dotta, comp. di *dis-* (*2*) e del gr. *ráphein* 'cucire', di orig. indeur.] **s. f.** ● (*med.*) Malformazione congenita derivante dalla saldatura difettosa delle due metà di un organo pari.

dişràfico **agg.** (pl. m. *-ci*) ● (*med.*) Di, relativo a, disrafia.

dişrafişmo [da *disrafia*] **s. m.** ● (*med.*) Condizione anormale causata dalla presenza di una disrafia.

†**dişragionàre** [comp. di *dis-* (*1*) e *ragionare*; 1766] **v. intr.** ● Sragionare.

†**dişragióne** [comp. di *dis-* (*1*) e *ragione*; av. 1294] **s. f.** **1** Follia, insensatezza. **2** Torto, ingiustizia | *A d.*, a torto.

†**dişragionévole** [av. 1348] **agg.** ● Folle, insensato, irrazionale. || †**dişragionevolménte**, **avv.** Irrazionalmente.

†**dişramàre** (**1**) [comp. di *dis-* (*1*) e *ramo*] **v. tr.** ● Privare dei rami, diramare.

†**dişramàre** (**2**) [comp. di *dis-* (*1*) e *rame*] **v. tr.** ● Privare un oggetto, una superficie e sim. del rame che lo riveste.

†**dişramatùra** [da *disramare* (*2*)] **s. f.** ● Operazione del disramare.

†**dişredàre** ● V. *diseredare.*

†**dişreditàre** ● V. †*disereditare.*

†**dişrómpere** [vc. dotta, lat. *disrŭmpere*, var. di *dirŭmpere* 'dirompere' (V.) con pref. intatto; sec. XIV] **v. tr.** ● Rompere, spezzare.

†**dişrótto** [1499] **part. pass.** di †*disrompere*; anche **agg.** ● Nel sign. del v.

†**dişrottùra** [da *disrompere*; sec. XIV] **s. f.** ● Rottura, frattura.

†**dişrugginàre** [comp. di *dis-* (*1*) e *ruggine*] **v. tr.** ● (*raro*) Dirugginare.

†**dişrugginìre** [comp. di *dis-* (*1*) e *ruggine*; 1803] **v. tr.** ● Dirugginire.

dişruptìvo ● V. *disruttivo.*

dişrupzióne [dall'ingl. *disruption* 'disgregazione, rottura': V. *disruttare*] **s. f.** ● (*elettr.*) Fenomeno che si realizza allorché si verifica una scarica disruttiva.

dişruttìvo o **dişruptìvo** [dal lat. *disrŭptus*, part. pass. di *di(s)rŭmpere* 'spezzare', propr. 'rompere (*rŭmpere*) a pezzi (*dis-*)'] **agg.** ● (*fis.*) Detto di scarica elettrica brusca tra due elettrodi quando la loro differenza di potenziale supera un certo valore o la loro distanza diminuisce oltre un certo limite.

dişruttóre [dal lat. *disrŭptus*, var. di *dirŭptus* (con cambio di pref.): V. *diruttore*] **s. m.** ● (*aer.*) In un velivolo, dispositivo destinato a ridurre o annullare la portanza dell'ala, costituito gener. da un'aletta incernierata sul dorso di questa, che può essere fatta sporgere, per es. durante l'atterraggio, allo scopo di aumentare la frenata. **SIN.** Spoiler.

dissabbiatóre [comp. parasintetico di *sabbia*, con il pref. *dis-* (*1*); 1956] **s. m.** ● (*idraul.*) Bacino, posto subito dopo le luci di introduzione di un'opera di presa, avente lo scopo di trattenere le sabbie trasportate dall'acqua sino a che questa venga inviata nel canale derivato.

dissacrànte [1974] **part. pres.** di *dissacrare*; anche **agg.** ● Che dissacra: *linguaggio d.*

dissacràre o †**disacràre**, †**disagràre**, †**dissagràre** [da *consacrare*, con cambio di pref. (*dis-* (*1*)); av. 1327] **A** **v. tr.** **1** (*raro*) Sconsacrare. **2** (*fig.*) Mettere in discussione e criticare valori, istituzioni, modelli di comportamento e sim. consolidati da una lunga tradizione come indiscutibili e inviolabili: *d. il concetto di amore materno.* **SIN.** Demistificare, demitizzare. **B** **v. rifl.** ● †Sciogliersi da un vincolo sacro.

dissacràto [av. 1563] **part. pass.** di *dissacrare*; anche **agg.** ● Privato del carattere sacro: *un mondo d., senza inferno e senza paradiso* (MORAVIA) | (*fig.*) Snaturato, rinnegato: *valori, principi dissacrati.*

dissacratóre **s. m.**; anche **agg.** (f. *-trice*) ● Chi (o Che) dissacra (*spec. fig.*).

dissacratòrio [1972] **agg.** ● Dissacrante, dissacratore.

dissacrazióne [1673] **s. f.** ● Il dissacrare.

†**dissagràre** ● V. *dissacrare.*

dissalaménto [1972] **s. m.** ● Dissalazione.

dissalàre [comp. parasintetico di *sale*, col pref. *dis-* (*1*), prob. sul modello del fr. *dessaler*; 1612] **v. tr.** **1** Asportare da acque salmastre i sali in esse contenute. **2** Eliminare il sale di conservazione da alimenti tenendoli a bagno spec. in acqua: *d. il baccalà* | Raschiare con un coltello la superficie incrostata di sale di un alimento: *d. le acciughe.*

dissalatóre [1970] **s. m.** ● Impianto o apparecchio usato per dissalare le acque del mare, allo scopo di renderle potabili.

dissalazióne [1970] **s. f.** ● Operazione del dissalare.

dissaldàre [comp. di *dis-* (*1*) e *saldare*, prob. sul modello del fr. *dessouder*; 1797] **v. tr.** **1** Distaccare togliendo la saldatura: *d. due piastre metalliche.* **2** (*fig.*, *raro*) Spezzare, infrangere: *d. un'amicizia di lunga data.*

dissaldatùra **s. f.** ● Operazione del dissaldare.

dissanguaménto [1869] **s. m.** **1** Abbondante perdita di sangue: *morire per d.* **2** (*fig.*, *raro*) Esaurimento di risorse: *d. economico.*

dissanguàre [comp. parasintetico di *sangue*, col pref. *dis-* (*1*); 1673] **A** **v. tr.** (*io dissànguo*) **1** Privare del sangue un organismo vivente: *le ferite lo hanno dissanguato.* **2** (*fig.*) Esaurire quanto a risorse umane, a disponibilità economiche e sim.: *l'eccessivo fiscalismo dissangua la nazione*; *d. il proprio patrimonio.* **B** **v. intr. pron.** **1** Perdere sangue in abbondanza: *dissanguarsi per le ferite.* **2** (*fig.*) Rovinarsi, spec. economicamente: *si dissangua per i figli.*

dissanguatóre **agg.**; anche **s. m.** (f. *-trice*) ● Che (o Chi) dissangua (*spec. fig.*).

dissanguinàre [comp. di *dis-* (*1*) e *sanguinare*; 1835] **v. tr.** (*io dissànguino*) ● (*conciar.*) Mettere a bagno le pelli di animali affinché si purghino del sangue che vi è attaccato.

†**dissapìto** [var. di †*dissipito*; sec. XIV] **agg.** ● Scipito, insipido.

dissapóre [comp. di *dis-* (*1*) e *sapore*; 1669] **s. m.** ● Contrasto o screzio che turba l'armonia dei rapporti tra due o più persone: *fra loro c'è qualche d.*; *dissapori fra amici, fra coniugi.*

†**dissavére** [adatt. dell'ant. fr. *dessavoir* 'senza (*des-*) sapere (*savoir*)'] **s. m.** ● Insipienza, ignoranza.

†**dissavoróso** [comp. di *dis-* (*1*) e *savore*] **agg.** ● Privo di sapore.

dissecàre [vc. dotta, lat. *dissecāre* 'tagliare (*secāre*) a pezzi (*dis-*)'; 1869] **v. tr.** (*io dissèco* o *dissèco, disseco, tu dissèchi* o *dissèchi, dissechi*) ● Sezionare i cadaveri per studiarne l'anatomia e la causa di morte. **SIN.** Anatomizzare.

dissecazióne **s. f.** ● Dissezione.

disseccàre o †**diseccàre** [comp. di *dis-* (*1*) e *seccare*; 1305] **A** **v. tr.** (*io dissécco, tu dissécchi*) **1** Rendere secco, asciutto: *il sole d'agosto ha disseccato i campi.* **SIN.** Asciugare, essiccare. **2** (*fig.*) Indebolire, inaridire. **B** **v. intr. pron.** **1** Prosciugarsi: *il pozzo si è disseccato.* **2** (*fig.*) Inaridirsi: *la sua vena creativa si è disseccata.*

disseccatìvo o †**diseccatìvo** [sec. XIV] **agg.** ● Atto a disseccare.

disseccazióne o †**diseccazióne** [sec. XIV] **s. f.** ● Il disseccare, il disseccarsi.

disselciàre [comp. di *dis-* (*1*) e *selciare*; 1827] **v. tr.** (*io dissélcio*) ● Privare del selciato: *d. una strada, una piazza.*

dissellàre o (*raro*) **disellàre** [comp. parasintetico di *sella*, col pref. *dis-* (*1*); av. 1380] **A** **v. tr.** (*io dissèllo*) ● Privare della sella: *d. un cavallo.* **B** **v. intr.** ● †Cader di sella.

†**dissembràre** [comp. di *dis-* (*1*) e *sembrare*; av. 1294] **v. intr.** ● (*raro*) Non assomigliare.

disseminagióne ● V. *disseminazione.*

disseminàre [vc. dotta, lat. *disseminăre* 'spargere il seme (*semināre*) d'ogni lato (*dis-*)'; 1438] **v. tr.** (*io dissémino*) **1** Spargere qua e là come fa chi semina: *ha disseminato i suoi vestiti per tutta la stanza*; *d. un foglio di scarabocchi.* **2** (*fig.*, *raro*) Diffondere, divulgare: *d. il malcontento tra la popolazione.*

disseminatìvo **agg.** ● (*bot.*) Relativo alla disseminazione: *fenomeno, processo d.*

disseminatóre [vc. dotta, lat. tardo *disseminatōre(m)*, da *disseminātus* 'disseminato'; 1735] **s. m.**; anche **agg.** (f. *-trice*) ● (*raro*, *spec. fig.*) Chi (o Che) dissemina: *d. di zizzania, di false notizie.*

disseminazióne o **disseminagióne** [vc. dotta, lat. tardo *disseminatiōne(m)*, da *disseminātus* 'disseminato'; av. 1557] **s. f.** **1** (*bot.*) Dispersione dei semi e di ogni tipo di propagoli prodottisi per via vegetativa, che assicura la riproduzione della specie | ***D. anemocora, idrocora, zoocora***, attuata a opera, rispettivamente, del vento, dell'acqua o di animali, spec. insetti. **2** (*fig.*) Diffusione, propagazione: *hanno lasciato aperta la strada alla d. delle nuove dottrine* (SARPI).

dissemìnulo [da *disseminare*, con suff. dim.] **s. m.** ● (*bot.*) Organo capace di riprodurre la pianta dalla quale si è distaccato.

dissennàre [av. 1729] **v. tr.** (*io dissénno*) ● (*raro*, *lett.*) Privare qlcu. del senno, rendere dissennato.

dissennatézza [da *dissennato*; 1869] **s. f.** ● Mancanza di senno, stoltezza.

dissennàto o †**disennàto** [comp. parasintetico di *senno*, col pref. *dis-* (*1*); sec. XIV] **agg.**; anche **s. m.** (f. *-a*) ● Che (o Chi) è privo di senno, stolto, insensato: *ragazzo d.*; *atti dissennati.* || **dissennataménte**, **avv.**

†**dissensàre** o †**disensàre** [comp. di *dis-* (*1*) e *senso*; sec. XIII] **v. tr.** ● Privare qlcu. dell'uso dei sensi.

dissensàto o †**disensàto** [1364] **A** **part. pass.** di †*dissensare*; anche **agg.** **1** (*lett.*) Nei sign. del v. **2** Privo della ragione, insensato. || †**dissensataménte**, **avv.** Insensatamente. **B** **s. m.** (f. *-a*) ● (*raro*) Chi è privo di ragione.

dissensióne [vc. dotta, lat. *dissensiōne(m)*, da *dissēnsus* 'dissenso'; sec. XIII] **s. f.** ● (*lett.*) Contrasto, diversità di opinioni | (*est.*) Discordia, contesa: *interne / dissension di questo regno a fuga / l'avean costretto* (ALFIERI).

dissènso [vc. dotta, lat. *dissēnsu(m)*, dal part. pass. di *dissentīre* 'dissentire'; 1657] **s. m.** **1** Mancanza di assenso, di consenso: *manifestare il proprio d. su qlco.* | Disapprovazione: *dar segni di d.*; *suscitare il generale d.* **2** Disaccordo, contrasto: *d. di opinioni, di giudizi.* **3** Situazione di conflitto, e di conseguente distacco, nei confronti delle linee ufficiali di una Chiesa, un partito, un regime politico totalitario e sim.: *il d. sovietico*; *il d. cattolico*; *i cattolici del d.*

†**dissentaneità** **s. f.** ● Dissomiglianza.

dissentàneo [vc. dotta, lat. *dissentāneu(m)*, da *dissentīre* 'dissentire'; av. 1488] **agg.** ● (*lett.*) Dissimile, discorde.

dissenterìa [vc. dotta, lat. *dysentĕria(m)*, dal gr. *dysentería*, comp. di *dys-* 'dis- (2)' e *éntera* 'intestini'; av. 1306] **s. f.** ● (*med.*) Infezione intestinale accompagnata da diarrea spesso con muco e sangue.

dissentèrico [vc. dotta, lat. *dysentĕricu(m)*, dal gr. *dysenterikós* 'pertinente alla *dissenteria* (*dysenteria*)'; sec. XIV] **A** **agg.** (pl. m. *-ci*) ● (*med.*) Della dissenteria. **B** **s. m.** (f. *-a*) ● (*med.*) Chi è affetto da dissenteria.

dissentiménto [sec. XIV] **s. m.** ● (*lett.*) Dissenso.

dissentìre o †**disentìre** [vc. dotta, lat. *dissentīre* 'sentire (*sentīre*) diversamente (*dis-*)'; av. 1294] **v.**

intr. (*io dissènto*; part. pres. *dissenziènte*; aus. *avere*) (+ *da* qlcu.; + *su* qlco.) ● Essere di parere diverso o contrario rispetto ad altri: *su questi punti dissentiamo completamente da voi.* SIN. Discordare.

dissenziènte o †**disenziènte** [vc. dotta, lat. *dissentiĕnte(m)*, part. pres. di *dissentīre* 'dissentire'; sec. XIV] agg.; anche s. m. e f. ● Che (o Chi) dissente | Che (o Chi) fa parte di un movimento di dissenso.

†**disseparàre** o †**diseparàre** [vc. dotta, lat. *disseparāre*, comp. di *dis-* (*1*) e *separāre* 'separare'; av. 1642] v. tr. e rifl. ● (*lett.*) Separare, dividere, staccare.

†**disseparaziòne** [vc. dotta, lat. tardo *disseparatiōne(m)*, da *disseparātus*, part. pass. di *disseparāre* 'disseparare'; av. 1673] s. f. ● Separazione.

dissepólto [av. 1703] part. pass. di *disseppellire*; anche agg. ● Nei sign. del v.

disseppelliménto [1841] s. m. ● Il disseppellire.

disseppellire o (*lett.*) †**diseppellire**, †**disoppellire** [comp. di *dis-* (*1*) e *seppellire*; sec. XIII] v. tr. (*io disseppellisco, tu disseppellisci*; part. pass. *disseppellìto*, o *dissepólto*) *1* Togliere dalla sepoltura. SIN. Esumare. *2* Riportare alla luce mediante scavi: *d. i resti di un'antica civiltà.* *3* (*fig.*) Rimettere in uso ciò che era stato dimenticato: *d. una vecchia usanza popolare.* SIN. Riesumare.

disseppellitóre o †**diseppellitóre** agg.; anche s. m. (f. *-trice*) ● (*raro*) Che (o Chi) disseppellisce.

dissequestràre [comp. di *dis-* (*1*) e *sequestrare*; 1942] v. tr. (*io dissequèstro*) ● Liberare da un sequestro: *d. un immobile.*

dissequèstro s. m. ● Revoca di un provvedimento di sequestro: *d. di un bene.*

dissero ● V. *dire.*

disserràre o (*raro*) **diserràre** [comp. di *dis-* (*1*) e *serrare*; av. 1292] **A** v. tr. (*io dissèrro*) *1* (*lett.*) Aprire, schiudere: *a suo piacere la man chiude o disserra* (ALFIERI). *2* (*lett.*) Vibrare: *più colpi tuttavia disserra al vento / e quinci e quindi spinge il suo cavallo* (ARIOSTO) | ***D. una schiera***, sbaragliarla. *3* (*lett., fig.*) †Manifestare un sentimento: *con quello aspetto che pietà diserra* (DANTE *Purg.* XV, 114). **B** v. intr. pron. *1* (*lett.*) Aprirsi. *2* (*lett.*) Lanciarsi, scagliarsi | Uscir fuori con impeto. *3* †Scaturire.

dissertàre [vc. dotta, lat. *dissertāre*, freq. di *disserĕre* 'disporre (*sĕrere*) ordinatamente (*dis-*)'; sec. XIV] v. intr. (*io dissèrto*; aus. *avere*) ● Trattare di un argomento ragionandovi sopra a lungo, con impegno e serietà: *d. su problemi filosofici.*

dissertativo [av. 1907] agg. ● (*raro, lett.*) Dissertatorio. || †**dissertativaménte**, avv.

dissertatóre [vc. dotta, lat. tardo *dissertatōre(m)*, da *dissertātus*, part. pass. di *dissertāre* 'dissertare'; 1786] s. m.; anche agg. (f. *-trice*) ● Chi (o Che) disserta.

dissertatòrio [av. 1730] agg. ● Che è proprio della dissertazione.

dissertazióne [vc. dotta, lat. tardo *dissertatiōne(m)*, da *dissertātus*, part. pass. di *dissertāre* 'dissertare'; av. 1612] s. f. ● Discorso o studio su un determinato argomento condotto con metodo scientifico | ***D. di laurea***, tesi. || **dissertazioncèlla**, dim.

†**dissèrvigio** ● V. *disservizio.*

disservire o †**deservire** (*2*), †**diservire** [comp. di *dis-* (*1*) e *servire*; av. 1294] v. tr. e intr. (*io dissèrvo*; aus. *avere*) ● (*lett.*) Rendere un cattivo servizio, risultare inutile o dannoso.

disservìzio o †**disèrvigio**, †**disèrvizio**, †**dissèrvigio** [comp. di *dis-* (*1*) e *servizio*; 1305] s. m. *1* Cattivo funzionamento, spec. di un servizio pubblico: *d. postale, ferroviario, aereo*; *il d. di un ufficio.* *2* (*lett.*) Cattivo servizio, danno.

dissestàre [comp. parasintetico di *sesto* (*3*), con il pref. *dis-* (*1*); av. 1643] v. tr. (*io dissèsto*) *1* Mettere in disordine, ridurre in condizioni di squilibrio e instabilità: *il temporale ha dissestato le tegole.* *2* (*fig.*) Danneggiare gravemente nel settore economico e finanziario: *d. l'azienda, la famiglia.*

dissestàto [av. 1816] **A** part. pass. di *dissestare*; anche agg. *1* Che è in cattive condizioni: *strada dissestata.* *2* Che è in dissesto: *azienda dissestata.* **B** s. m. (f. *-a*) ● Chi ha subito un dissesto economico: *la moltitudine dei dissestati, postulanti pane o giustizia* (BACCHELLI).

dissèsto [da *dissestare*; 1812] s. m. *1* Disastrosa situazione patrimoniale di una persona, di una società, di un ente e sim.: *d. economico*; *azienda in d.*; *tutta la famiglia fu coinvolta nel d.* *2* (*fig.*) Situazione di squilibrio e disordine: *d. idro-geologico*; *d. sociale.*

dissetànte [1923] **A** part. pres. di *dissetare*; anche agg. ● Che disseta: *bibita, caramella d.* **B** s. m. ● Ciò che disseta: *la limonata è un ottimo d.*

dissetàre o †**disetàre** [comp. parasintetico di *sete*, con il pref. *dis-* (*1*); 1321] **A** v. tr. (*io disséto*) *1* Levare la sete: *portaci una bibita che ci disseti.* *2* (*fig., lett.*) Appagare, soddisfare: *a la mia donna / che mi diseta con le dolci stille* (DANTE *Par.* VII, 11-12). **B** v. rifl. *1* Levarsi la sete: *dissetarsi con una bevanda fresca.* *2* (*fig., lett.*) Appagare il proprio desiderio di qlco.: *dissetarsi alle fonti del sapere.*

dissettóre [vc. dotta, tratta da *dissĕctus*, part. pass. di *dissecāre* 'dissecare'; av. 1704] s. m. *1* (f. *-trice*) Colui che prepara i pezzi per le dimostrazioni anatomiche. *2* Strumento per la dissezione.

dissezionàre [da *dissezione*] v. tr. (*io dissezióno*) *1* Sottoporre a dissezione, dissecare: *d. un cadavere.* *2* (*fig.*) Analizzare in modo minuzioso: *d. un'opera.*

dissezióne [vc. dotta, tratta da *dissĕctus*, part. pass. di *dissecāre* 'dissecare'; av. 1729] s. f. ● Il dissecare: *d. anatomica*; *sala di d.*

dissi ● V. *dire* (*1*).

dissidènte [vc. dotta, lat. *dissidĕnte(m)*, part. pres. di *dissidēre*, propr. 'sedere (*sedēre*) separatamente (*dis-*)', quindi 'discordare'; 1619] **A** agg. ● Che dissente: *gruppo d.*; *l'ala d. di un partito.* SIN. Discorde, dissenziente. **B** s. m. e f. ● Chi si distacca da un gruppo ideologico, politico, religioso e sim., non condividendo l'operato o il pensiero della maggioranza: *i dissidenti del movimento, del partito*; *la Chiesa dei dissidenti.*

dissidènza [vc. dotta, lat. *dissidĕntia(m)*, da *dissĭdens*, genit. *dissidĕntis* 'dissidente' (V.); 1832] s. f. ● Contrasto o dissidio di opinioni, idee e sim. all'interno di un gruppo, di un movimento e sim. | (*est.*) L'insieme dei dissidenti.

dissìdio [vc. dotta, lat. *discĭdiu(m)* 'separazione' con sovrapposizione di *dissidēre* 'discordare'; 1441] s. m. ● Dissenso o contrasto fra due o più persone, gruppi, enti e sim.: *il loro d. è insanabile*; *un lieve d. d'opinioni*; *il d. tra Chiesa e Stato*; *comporre un d.* | (*est.*) Discordia, litigio: *ignoro le cause del d.*

dissigillàre o †**disigillàre** [comp. di *dis-* (*1*) e *sigillare*; 1321] **A** v. tr. ● Aprire qlco. rompendone i sigilli: *d. un dispaccio, una lettera.* **B** v. intr. pron. ● †Perdere la propria impronta e forma: *Così la neve al sol si disigilla* (DANTE *Par.* XXXIII, 64).

†**dissìmbolo** [comp. di *dis-* (*1*) e *simbolo* nel senso di 'simile'; 1655] agg. ● Differente, dissimile.

dissimigliànte ● V. *dissomigliante.*

dissimigliànza ● V. *dissomiglianza.*

dissimigliàre ● V. *dissomigliare.*

†**dissimigliévole** [sec. XIV] agg. ● Dissimile, differente.

†**dissimiglievolézza** s. f. ● Dissomiglianza.

dissimilàre (*1*) [da *dissimile*] **A** v. tr. (*io dissìmilo*) ● (*raro*) Rendere dissimile. **B** v. intr. pron. ● (*ling.*) Subire una dissimilazione, detto di suono.

†**dissimilàre** (*2*) [comp. di *dis-* (*1*) e *similare*; av. 1563] agg. ● Che è composto di parti o specie differenti.

†**dissimilarità** s. f. ● Caratteristica di ciò che è dissimilare.

dissimilàto part. pass. di *dissimilare*; anche agg. ● Nei sign. del v.

dissimilazióne [da *assimilazione*, con cambio di pref. (*dis-* (*1*)); 1878] s. f. *1* †Dissomiglianza. *2* (*ling.*) Processo per il quale due suoni identici o simili, trovandosi a contatto o a breve distanza, tendono a differenziarsi (ad es., dal lat. *venenum* si ha l'italiano *veleno*, con dissimilazione di *-n-/-n-* in *-l-/-n-*).

dissìmile o *poet.* **dissìmile** [vc. dotta, lat. *dissĭmile(m)*, comp. di *dis-* e *sĭmilis* 'simile'; 1282] agg. (superl. *dissimilissimo*, lett. *dissimillimo*) (assol.; + *da* qlcu. o qlco.; + *per*, + *in*, qlco.) ● Che è privo di somiglianza, di similitudine, nei confronti di qlcu. o qlco.: *un oggetto d. da un altro*; *avere opinioni dissimili*; *persone dissimili tra loro*; *siamo dissimili per abitudini*; *popoli dissimili nella lingua.* SIN. Diverso. || **dissimilménte**, avv.

dissimilitùdine [vc. dotta, lat. *dissimilitūdine(m)*, da *dissĭmilis* 'dissimile'; 1308] s. f. ● (*lett.*) Dissomiglianza, diversità.

dissimillimo agg. ● (*lett.*) Molto dissimile.

dissimmetrìa [comp. di *dis-* (*1*) e *simmetria*] s. f. ● Mancanza di simmetria, asimmetria.

dissimmètrico [comp. di *dis-* (*1*) e *simmetrico*; 1902] agg. (pl. m. *-ci*) ● Che presenta dissimmetria. || **dissimmetricaménte**, avv.

dissimulàre [vc. dotta, lat. *dissimulāre*, comp. di *dis-* (*1*) e *simulāre*, propr. 'non essere simile', quindi 'nascondere, fingere'; 1312] **A** v. tr. (*io dissìmulo*) *1* Nascondere, non far trasparire sentimenti, pensieri e sim.: *d. la propria ambizione*; *dissimulava il timore sotto una forzata allegria* | (*est.*) Nascondere, tacere: *dissimularsi le difficoltà di un'impresa.* *2* Fingere, mostrarsi indifferente, celare le proprie intenzioni (*spec. assol.*): *saper d.*; *ha imparato a d.* *3* †Falsificare. **B** v. rifl. ● (*raro*) Celarsi, nascondersi.

dissimulàto [av. 1348] part. pass. di *dissimulare*; anche agg. *1* Che è nascosto, che non si fa trapelare: *rancore mal d.* *2* (*dir.*) ***Negozio giuridico d.***, nella simulazione, quello che non appare all'esterno, ma che le parti hanno veramente voluto porre in essere. || **dissimulataménte**, avv. Con dissimulazione.

dissimulatóre [vc. dotta, lat. *dissimulatōre(m)*, da *dissimulātus* 'dissimulato'; 1476] s. m.; anche agg. (f. *-trice*) ● Chi (o Che) dissimula: *forme, apparenze dissimulatrici*; *un abilissimo d.* | Chi (o Che) è solito dissimulare.

dissimulazióne [vc. dotta, lat. *dissimulatiōne(m)*, da *dissimulātus* 'dissimulato'; 1308] s. f. *1* Il dissimulare. SIN. Finzione, mascheramento. *2* Capacità di nascondere il proprio pensiero, le proprie intenzioni e sim.

dissintonìa [comp. di *dis-* (*1*) e *sintonia*] s. f. ● Mancanza di sintonia fra un trasmettitore e un ricevitore.

dissipàbile [vc. dotta, lat. *dissipābile(m)*, da *dissipāre* 'dissipare'; 1576] agg. ● Che si può dissipare.

dissipaménto [1766] s. m. ● Dissipazione.

dissipàre o †**discipàre** [vc. dotta, lat. *dissipāre* 'gettare (*supāre*) qua e là (*dis-*)'; av. 1306] **A** v. tr. (*io dìssipo* o †*dissìpo*) *1* (*lett.*) Spargere in varie direzioni | †Sbaragliare. *2* Dissolvere, disperdere (*anche fig.*): *d. la nebbia, le tenebre*; *d. i sospetti, i dubbi, le calunnie* | (*lett.*) Consumare, annientare: *dissipa tu se lo vuoi / questa debole vita che si lagna* (MONTALE). *3* Consumare sperperando o scialacquando: *ha dissipato un intero patrimonio*; *d. i propri beni, le sostanze di qlcu.* SIN. Dilapidare. *4* Sciupare inutilmente: *d. il proprio tempo.* SIN. Sprecare. *5* (*fis.*) Operare una dissipazione di energia o di calore. **B** v. intr. pron. *1* (*raro*) Consumarsi: *le sue ricchezze si sono dissipate in breve tempo.* *2* Dissolversi, disperdersi (*anche fig.*): *la nebbia si sta dissipando*; *i vostri sospetti si dissiperanno ben presto.*

dissipatézza [1869] s. f. ● Caratteristica di chi (o di ciò che) è dissipato, corrotto: *d. di costumi, di vita.*

dissipatìvo [da *dissipare*; sec. XIV] agg. ● Che provoca dissipazione (spec. con riferimento alla dissipazione di energia): *forza dissipativa.*

dissipàto [sec. XIV] **A** part. pass. di *dissipare*; anche agg. ● Nei sign. del v. **B** agg.; anche s. m. (f. *-a*) ● Che (o Chi) è vizioso, corrotto, sregolato: *condurre una vita dissipata.* SIN. Scapestrato, scioperato. || **dissipataménte**, avv.

dissipatóre o †**discipatóre** [vc. dotta, lat. tardo *dissipatōre(m)*, da *dissipātus* 'dissipato'; 1364] s. m. (f. *-trice*, pop. †*-tora* nel sign. 1) *1* Chi dissipa un patrimonio o sim. SIN. Scialacquatore, spendaccione. *2* (*idraul.*) Bacino avente lo scopo di dissipare parte dell'energia cinetica posseduta da una corrente. *3* Apparecchio elettrodomestico che permette di convogliare nelle reti delle fognature, dopo una completa triturazione, tutti i rifiuti di cucina. *4* Attrezzo che, applicato all'imbracatura dell'alpinista, in caso di caduta lascia scorrere con forte attrito un breve tratto di corda, riducendo lo strappo sulla persona. ➡ ILL. p. 2160 SPORT.

dissipazióne o †**discipazióne** [vc. dotta, lat. *dissipatiōne(m)*, da *dissipātus* 'dissipato'; 1306] s. f. *1* Sperpero, spreco, dilapidazione: *d. delle sostanze, del patrimonio.* *2* Sregolatezza di vita, di costumi e sim. *3* (*fis.*) Dispersione, perdita | ***D. di energia***, trasformazione di energia meccanica o elettrica o d'altro tipo, normalmente per attrito, in una forma non utilizzabile | *D. di calore*, dispersione nell'ambiente del calore generato da un apparecchio elettronico o di altro tipo.

†**dissipidézza** s. f. ● (*raro*) Scipitezza, balorderia.

†**dissìpido** [da *insipido* con altro (*dis-*) pref.; av. 1566] agg. ● Insipido | (*fig.*) Insulso.

†**dissipìto** [etim. incerta: da avvicinare a *scipito*, col pref. *dis-* (*1*); 1353] agg. *1* Insipido. *2* (*fig.*, *lett.*) Insulso, sciocco: *qualunque Ferondo fosse in ogni altra cosa semplice e d.* (BOCCACCIO).

dissociàbile [vc. dotta, lat. *dissociābile(m)*, da *dissociāre* 'dissociare'; 1858] agg. ● Che si può dissociare: *le vostre responsabilità non sono dissociabili dalle nostre.*

dissociabilità s. f. ● Condizione di ciò che è dissociabile.

dissocialità [comp. di *dis-* (*1*) e *socialità*] s. f. ● (*psicol.*) Resistenza al coinvolgimento nella relazione sociale umana.

dissociàre [vc. dotta, lat. *dissociāre*, comp. di *dis-* (*1*) e *sociāre* 'associare'; 1737] **A** v. tr. (*io dissòcio*) *1* Disgiungere, separare (*spec. fig.*): *d. le proprie responsabilità*; *d. il pensiero dall'azione.* *2* (*chim.*) Scindere una molecola in altre più semplici oppure in atomi o ioni. **B** v. rifl. ● (*fig.*) Non aderire, tenersi fuori: *mi dissocio dalle vostre decisioni.*

dissociativo [1952] agg. ● Che è atto a dissociare | Che si riferisce alla dissociazione: *fenomeno d.*

dissociàto [av. 1810] **A** part. pass. di *dissociare*; anche agg. ● Nei sign. del v. | ***Dieta dissociata***, V. *dieta*. **B** s. m. (f. *-a*) *1* (*psicol.*) Chi soffre di dissociazione mentale | (*est.*) Persona disordinata e incoerente. *2* Imputato, spec. nei processi per terrorismo, che, pur riconoscendo l'errore delle proprie posizioni e azioni, rifiuta di collaborare con la giustizia.

dissociazióne [vc. dotta, lat. *dissociatiōne(m)*, da *dissociātus* 'dissociato'; 1869] s. f. *1* Disgiunzione, separazione. CFR. schizo- | Atteggiamento di chi non aderisce più, si distacca, si tiene fuori da qlco. *2* (*chim.*) Scomposizione reversibile o irreversibile di molecole in molecole più semplici, atomi o ioni: *d. elettrolitica* | ***D. termica***, pirolisi. *3* (*med.*) Processo o condizione in cui attività psicologiche che possiedono una certa unità tra loro perdono la maggior parte delle relazioni col resto della personalità e funzionano più o meno indipendentemente | ***D. mentale***, grave alterazione del potere logico, tipica della schizofrenia.

dissodaménto [1848] s. m. ● Operazione del dissodare.

dissodàre [comp. parasintetico di *sodo*, col pref. *dis-* (*1*); av. 1512] v. tr. (*io dissòdo*) *1* Lavorare un terreno mai coltivato o lasciato incolto per qualche tempo per ridurlo a coltura. *2* (*fig.*, *raro*) Cominciare a formare, trattare, educare e sim.: *d. la mente dei giovani.*

dissòlsi ● V. *dissolvere.*

dissòlto [av. 1348] part. pass. di *dissolvere*; anche agg. ● Nei sign. del v.

dissolùbile [vc. dotta, lat. *dissolūbile(m)*, da *dissŏlvere* 'dissolvere'; 1336 ca.] agg. ● Che si può dissolvere, annullare e sim.: *un legame d.* CONTR. Indissolubile.

dissolubilità [1745] s. f. ● Condizione, proprietà di ciò che è dissolubile. CONTR. Indissolubilità.

dissolutézza [1589] s. f. *1* Caratteristica di chi (o di ciò che) è dissoluto: *la sua d. è senza limiti*; *la d. dei costumi caratterizzò quel secolo.* SIN. Corruzione, sregolatezza. *2* Azione o abitudine dissoluta: *grido contro quell'uomo … ministro pagato della sua d.* (FOSCOLO).

dissolutivo [vc. dotta, lat. tardo *dissolutīvu(m)*, da *dissolūtus* 'dissoluto'; av. 1320] agg. ● Atto a dissolvere: *forza dissolutiva.*

dissolùto [lat. *dissolūtu(m)*, part. pass. di *dissŏlvere* 'dissolvere'; 1308] **A** agg. *1* Che manca di freni morali, che mostra licenziosità e sregolatezza: *vita dissoluta*; *uomo d.*; *abitudini dissolute* | (*lett.*) Osceno: *scritti dissoluti.* *2* (*lett.*, *raro*) Eccessivo, esagerato: *allegrezza dissoluta.* || **dissolutaménte**, avv. **B** s. m. (f. *-a*) ● Persona dissoluta: *invitava a modestia i dissoluti* (MARINO).

dissolutóre [vc. dotta, lat. tardo *dissolutōre(m)*, da *dissolūtus* 'dissoluto'; av. 1642] agg.; anche s. m. (f. *-trice*) ● (*lett.*) Che (o Chi) dissolve.

dissoluzióne [vc. dotta, lat. *dissolutiōne(m)*, da *dissolūtus* 'dissoluto'; av. 1292] s. f. *1* Disfacimento: *la d. di un materiale.* *2* (*fig.*) Decadenza, crisi di valori, sfacelo morale: *la d. della società, della famiglia, delle idee.* *3* (*fig.*) Stato o condizione di ciò che è dissoluto: *la d. morale e la depravazione del gusto* (DE SANCTIS). *4* †Scherno, beffa. *5* (*raro*) Soluzione.

dissolvènte [sec. XIV] **A** part. pres. di *dissolvere*; anche agg. ● Nei sign. del v. **B** s. m. ● (*chim.*, *raro*) Solvente.

dissolvènza [prob. trad. del termine cinematografico ingl. *fade-out*; 1916] s. f. ● Apparizione graduale e progressiva dell'immagine cinematografica o suo oscuramento graduale e progressivo | ***D. incrociata***, evanescenza progressiva di un'immagine sulla quale si sovrappone gradualmente una nuova immagine.

dissòlvere [vc. dotta, lat. *dissŏlvere* 'sciogliere (*sŏlvere*) completamente (*dis-*)'; av. 1292] **A** v. tr. (pass. rem. *io dissòlsi* (o *-étti*) o *dissolvéi*, *tu dissolvésti*; part. pass. *dissòlto* o *dissolùto*) *1* (*lett.*) Sciogliere: *d. una polvere nell'acqua.* *2* (*fig.*) Disunire, disgregare, disfare: *d. una famiglia* | (*lett.*) Distruggere: *i legni apre e dissolve / con fiero bombo il fulmine piombato* (MARINO). *3* Dissipare: *d. il fumo, la nebbia*; *hanno dissolto i nostri dubbi.* *4* (*lett.*) Confutare, contraddire: *d. una critica, un'ipotesi.* **B** v. intr. pron. *1* Sciogliersi: *le nevi si dissolvono al sole.* *2* Disunirsi, disfarsi | Dissiparsi (*anche fig.*): *i vostri timori presto si dissolveranno.*

dissolviménto [sec. XIV] s. m. ● (*lett.*) Dissoluzione.

dissolvitóre [av. 1704] agg.; anche s. m. (f. *-trice*) ● Che (o Chi) dissolve.

dissomigliànte o **dissimigliànte** [av. 1347] part. pres. di *dissomigliare*; anche agg. ● Che non somiglia; dissimile, diverso. || †**dissomigliantemènte**, avv.

dissomigliànza o **dissimigliànza** [av. 1347] s. f. *1* Caratteristica di chi (o di ciò che) è dissomigliante. SIN. Differenza, diversità. *2* Ciò che rende dissomiglianti due o più cose o persone: *questa è l'unica d. fra noi.* SIN. Differenza, diversità.

dissomigliàre o **dissimigliàre** [comp. di *dis-* (*1*) e *somigliare*; 1308] **A** v. intr. (*io dissomiglio*; aus. *essere*) ● (*lett.*) Essere o diventare dissimile, diverso: *d. da' qlcu., da qlco.*; *la vera umanità, sempre, …, progrediente nel d. alla bestia* (PASCOLI). **B** v. intr. pron. ● (*raro*) Diventare dissimile, diverso.

dissonànte [av. 1363] part. pres. di *dissonare*; anche agg. *1* (*mus.*) Che non consuona, che è disarmonico | ***Sala d.***, sorda, ove il suono si perde e si rifrange. *2* (*fig.*) Discordante: *opinioni dissonanti.* || **dissonanteménte**, avv. (*raro*) In modo dissonante.

dissonànza [vc. dotta, lat. tardo *dissonāntia(m)*, da *dĭssonans*, genit. *dissonāntis*, part. pres. di *dissonāre* 'dissonare'; av. 1416] s. f. *1* (*mus.*) Nella tradizione occidentale, insieme di due o più suoni il cui effetto non risulta soddisfacente all'orecchio, e che richiede una risoluzione | Rapporto di suoni appartenenti a elementi tonali differenti. *2* (*est.*) Discordanza, disaccordo: *d. di colori, di opinioni.*

dissonàre [vc. dotta, lat. tardo *dissonāre* 'suonare (*sonāre*) diversamente (*dis-*)'; sec. XIV] v. intr. (*io dissuòno*: la *o* dittonga in *uo* solo se tonica; aus. *avere*) *1* (*mus.*) Produrre dissonanza. *2* (*fig.*) Essere discordante.

dissonnàre o †**disonnàre** [comp. di *dis-* (*1*) e *sonno*; sec. XIV] v. tr. e intr. pron. (*io dissónno* (o *-ò-*)) ● (*lett.*) Svegliare, destare.

dissono [vc. dotta, lat. *dissŏnu(m)* 'suono (*sŏnus*) discordante (*dis-*)'; av. 1514] agg. *1* (*mus.*) Dissonante. *2* (*fig.*, *lett.*) Discordante.

dissotterraménto o (*lett.*) **disotterraménto** [sec. XVII] s. m. ● (*raro*) Il dissotterrare.

dissotterràre o (*lett.*) **disotterràre** [comp. di *dis-* (*1*) e *sotterrare*; av. 1557] v. tr. (*io dissottèrro*) *1* Togliere dalla sepoltura: *d. un cadavere per l'autopsia.* SIN. Esumare. *2* (*est.*) Riportare alla luce mediante scavi: *dissotterrarono i resti di un antico tempio.* *3* (*fig.*, *raro*) Riportare alla memoria: *d. una rivalità di vecchia data* | Rimettere in uso: *d. antiche abitudini locali.* SIN. Riesumare.

dissotterratóre o (*raro*, *lett.*) **disotterratóre** [av. 1729] agg.; anche s. m. (f. *-trice*) ● (*raro*) Che (o Chi) dissotterra.

†**dissovvenìrsi** [comp. di *dis-* (*1*) e *sovvenirsi*] v. intr. pron. ● (*lett.*) Dimenticarsi.

dissuadére o †**disuadére** [vc. dotta, lat. *dissuadēre* 'sconsigliare', comp. di *dis-* (*1*) e *suadēre* 'consigliare'; sec. XIV] v. tr. (coniug. come *suadere*) *1* (qlcu. + *da*: raro. lett. + *di*) Convincere qlcu. a desistere da intenzioni, convinzioni, propositi, iniziative e sim.: *l'ha dissuaso dall'abbandonare gli studi*; *tutti la circondarono, insistendo per dissuaderla da quel proposito* (DE ROBERTO); *l'oste e il conduttore cercarono di dissuaderlo di andare innanzi* (VERGA). SIN. Distogliere. *2* (qlco. + *a*) (*raro*, *lett.*) Sconsigliare un'azione, un'impresa e sim.: *i generali gli dissuadevano la battaglia.*

dissuasióne [vc. dotta, lat. *dissuasiōne(m)*, da *dissuāsus* 'dissuaso'; 1559] s. f. ● Il dissuadere, il venire dissuaso.

dissuasìvo [av. 1642] agg. ● Atto a dissuadere: *tono d.* | Che tende a dissuadere: *discorso d.* || **dissuasivaménte**, avv.

dissuàso [av. 1565] part. pass. di *dissuadere*; anche agg. ● Distolto da un proposito.

dissuasóre [vc. dotta, lat. *dissuasōre(m)*, da *dissuāsus* 'dissuaso'; 1745] s. m.; anche agg. (f. *dissuaditrice*, raro) ● Chi (o Che) dissuade | ***D. di velocità***, piccolo dosso artificiale posto sulle strade per obbligare i conducenti a ridurre la velocità del veicolo | ***D. di sosta***, ostacolo atto a impedire la sosta di veicoli sui marciapiedi o in altri luoghi vietati.

†**dissuasòrio** [av. 1406] agg. ● Dissuasivo.

†**dissuefàtto** [vc. dotta, lat. *desuefăctu(m)*, part. pass. di *desuefăcere*, opposto a *adsuefăcere* 'assuefare'; 1823] agg. ● (*lett.*) Disabituato, disavvezzo.

dissuèto [vc. dotta, lat. tardo *dissuētu(m)*, per *desuētu(m)* 'desueto' (V.); av. 1494] agg. *1* (*lett.*) Che ha perduto la consuetudine, che non è più avvezzo a qlco.: *genti dissuete alla guerra.* *2* (*raro.*) Desueto: *abito, costume d.*

dissuetùdine [vc. dotta, lat. tardo *dissuetūdine(m)*, per *desuetūdine(m)* 'desuetudine' (V.); 1441] s. f. *1* (*lett.*) Mancanza di consuetudine: *la d. dallo scrivere.* *2* (*raro.*) Desuetudine.

dissugàre [comp. di *dis-* (*1*) e *sugo*; 1779] **A** v. tr. (*io dissùgo, tu dissùghi*) *1* (*raro*, *lett.*) Asciugare, disseccare. *2* (*fig.*, *lett.*) Svigorire. **B** v. intr. pron. ● (*lett.*) Diventare asciutto, privo d'umore.

dissuggellàre o †**disuggellàre** [comp. di *dis-* (*1*) e *suggellare*; av. 1431] v. tr. (*io dissuggèllo*) *1* (*raro*) Dissigillare: *d. una lettera, un plico.* *2* (*fig.*, *lett.*) Aprire, schiudere: *d. gli occhi.*

distaccaménto (1) [da *distaccare*, 1671] s. m. ● (*raro.*) Il distaccare | Distacco.

distaccaménto (2) [adattamento del fr. *détachement*, da *détacher* 'distaccare'; 1669] s. m. ● (*mil.*) Aliquota di reparto impiegata altrove per compiti particolari, o dislocata per servizio.

†**distaccànza** o **distaccànzia** s. f. ● (*raro*) Distacco, separazione.

distaccàre [da *attaccare* con cambio di pref. *dis-* (*1*); nel sign. 3, calco sul fr. *détacher*; 1483] **A** v. tr. (*io distàcco, tu distàcchi*) *1* Separare una cosa da ciò a cui è attaccata: *d. un frutto dalla pianta*; *d. con delicatezza il francobollo dalla busta.* *2* (*fig.*) Allontanare, distogliere: *d. un fanciullo dalla madre*; *non riusciamo a distaccarlo dai libri.* *3* Inviare, trasferire altrove, per ragioni di servizio, l'aliquota di un reparto militare: *d. un contingente al settore operativo* | (*est.*) Trasferire altrove una persona o un gruppo per ragioni di lavoro: *d. qlcu. presso la sede centrale.* *4* (*sport*) Conquistare in gara un rilevante vantaggio sugli avversari, infliggere un distacco: *d. il gruppo in salita.* **B** v. intr. pron. *1* Separarsi: *le due parti del meccanismo si distaccano facilmente.* *2* (*fig.*) Allontanarsi, disaffezionarsi: *distaccarsi dal mondo, dagli amici.* *3* (*fig.*) Distinguersi, emergere, risaltare: *si distaccava dagli altri*; *distaccarsi dalla media.*

distaccàto [1927] part. pass. di *distaccare*; anche agg. *1* Separato, allontanato. *2* (*fig.*) Indifferente, imperturbabile: *ci ascoltava con espressione distaccata.* || **distaccataménte**, avv. In modo distaccato, con atteggiamento distaccato.

†**distaccatùra** [sec. XIV] s. f. ● Distacco, separazione.

distàcco [da *distaccare*; 1775] s. m. (pl. *-chi*) *1* Rimozione: *il d. di alcune parti del motore* | Separazione: *il d. delle province italiane dall'Au-*

stria | Il distaccarsi: *d. della retina.* **2** (*fig.*) Allontanamento, separazione affettiva: *è doloroso il d. dalle persone care*; *è arrivato il momento del d.* **3** (*fig.*) Stato d'animo o atteggiamento di freddezza, indifferenza, disinteresse: *trattare qlcu. con d.*; *considerare qlco. con d.*; *parla della disgrazia con cinico d.* **4** (*sport*) Distanza tra i concorrenti nel corso di una gara o alla sua conclusione: *annullare, incrementare il d.* | (*est.*) Vantaggio: *vincere con un d. di tre minuti.* **5** (*aer.*) Decollo.

†**distagliàre** [comp. di *di(s)-* (*1*) e *stagliare*; 1869] **A** v. tr. **1** Dividere, separare. **2** Intaccare. **B** v. intr. pron. ● Dividersi, intersecarsi.

distàle [ingl. *distal*, tratto dal lat. *distāre* sul modello di altre parole dello stesso campo, come *central* 'centrale" e *proximal* 'vicino'; 1939] agg. ● (*anat.*) Detto di organo o parte di esso che si trova lontano rispetto al centro dell'apparato a cui appartiene o rispetto al centro dell'organismo.

distanașia [tratto da *eutanasia*, per sostituzione del pref. *eu-* con *dis-* (*1*); cfr. gr. *dysthánatos* 'che produce una dura morte'; 1966] s. f. ● Morte dolorosa, con riferimento all'uso di tecniche terapeutiche che mirano a prolungare la vita del paziente quanto più possibile, senza tener conto delle sofferenze a cui va incontro. CFR. Eutanasia.

♦**distànte** [1308] **A** part. pres. di *distare*; anche agg. **1** Che dista, che è lontano (*anche fig.*): *quartieri distanti dal centro*; *opinioni distanti.* **2** (*fig.*) Che sente o mostra indifferenza, freddezza, distacco: *tono, espressione d.*; *non essere così d. con le persone!* **B** in funzione di avv. ● Lontano: *venire da molto, poco d.*; *abitare d.*; *da così d. non si può distinguere bene*; *la nebbia non lasciava scorgere tre passi d.* (BACCHELLI). CFR. tele-.

♦**distànza** o †**distànzia** [lat. *distāntia(m)*, da *dĭstans*, genit. *distāntis*, 'distante'; av. 1294] s. f. **1** Spazio che intercorre tra due cose, luoghi o persone: *le nostre case sono alla d. di venti metri*; *la d. tra Milano e Bologna*; *a questa d. non riesco a leggere la scritta*; *a poca d. da qui c'è un bar* | (*assol.*) Notevole estensione di spazio: *in questa città le distanze sono enormi*; *l'aereo ha accorciato le distanze* | ***Mantenersi a rispettosa, a debita d.***, tenersi prudentemente discosto; (*fig.*) rimanere cauto, distaccato | ***Tenere, mantenere le distanze***, (*fig.*) non dare molta confidenza | (*fig.*) ***Prendere le distanze da qlcu. o qlco.***, assumere una posizione distaccata, dissociarsi | ***D. di sicurezza***, quella che occorre mantenere dal veicolo che precede per evitare la collisione qualora questo si arresti bruscamente; nella terminologia militare, quella che deve intercorrere tra un obiettivo e le truppe amiche affinché il tiro d'artiglieria possa effettuarsi senza offenderle | ***D. focale***, V. *focale.* **2** (*mat.*) ***D. di due punti***, lunghezza del segmento che ha per estremi i due punti | ***D. di rette o piani paralleli***, lunghezza del segmento intercettato da questi su una retta perpendicolare. **3** (*sport*) Nelle corse, lunghezza del percorso: *gara su media, lunga d.*; *coprire la d. in 5'30"* | ***Vincere, venir fuori alla d.***, vincere una prova nella fase finale (*anche fig.*). **4** Intervallo di tempo tra due eventi: *non vi è molta d. tra le due festività.* **5** (*fig.*) Differenza, divario, diversità: *tra noi esiste una d. incolmabile.*

distanziàle **A** agg. ● Relativo alla distanza. **B** s. m. ● In varie tecnologie, pezzo che s'interpone fra altri due per mantenerli a una distanza stabilita.

distanziamènto [da *distanziare* (*2*)] s. m. ● (*raro*) Il distanziare.

distanziàre (**1**) [da *distanz(i)a*; 1943] v. tr. (*io distànzio*) ● Porre a una certa distanza: *d. due oggetti dal muro.*

distanziàre (**2**) [ingl. *to distance* 'frapporre una distanza (*distance*, a sua volta dal fr.)'; 1908] v. tr. (*io distànzio*) **1** Conquistare un certo vantaggio sull'avversario: *d. qlcu. di cento metri, di quattro minuti, di otto punti* | (*est.*) Lasciare dietro di sé, a una determinata distanza: *d. gli inseguitori.* **2** (*fig.*) Lasciare indietro qlcu., superare qlcu. in abilità, impegno e sim.: *ha distanziato in poco tempo tutti i suoi colleghi.*

distanziatóre [da *distanziare* (*1*); 1941] **A** agg. (f. *-trice*) ● Che serve a distanziare | ***Anello d.***, in fotografia, spessore circolare destinato ad aumentare la distanza fra l'obiettivo e la superficie sensibile. **B** s. m. ● In varie applicazioni tecniche, apparecchio che serve a mantenere distanziati fra loro due o più pezzi.

distanziomètrico [1956] agg. (pl. m. *-ci*) ● Che serve per la misura della distanza: *cannocchiale d.* | ***Pannello d.***, ciascuno dei tre segnali stradali che, posti a una certa distanza l'uno dall'altro, preannunciano un passaggio a livello.

distanziòmetro [comp. di *distanza* e *-metro*; 1892] s. m. ● Cannocchiale con oculare munito di reticolo, che permette la misura delle distanze indirette.

distàre [vc. dotta, lat. *distāre*, propr. 'stare (*stāre*) lontano (*dis-*)'; 1319] v. intr. (*io dìsto, tu dìsti, egli dista*, raro *distà*; *noi distiàmo, voi distàte, essi distano*, raro *distànno*; difett. dei tempi composti) **1** Essere a una determinata distanza: *distiamo pochi kilometri dalla città.* **2** (*fig.*) Essere differente o discordante: *le nostre opinioni distano alquanto.*

†**distașàre** [comp. di *dis-* (*1*) opposto a *in-* di *intasare*; av. 1698] v. tr. ● Liberare dall'intasatura.

†**distemperamènto** [av. 1292] s. m. **1** Il distemperare. **2** Intemperanza, incontinenza, eccesso.

†**distemperànza** [vc. dotta, lat. *distemperāntia(m)*, da *distĕmperans*, genit. *distemperāntis* 'distemperante'; av. 1347] s. f. **1** Incontinenza, intemperanza. **2** Disarmonia, squilibrio.

distemperàre o **distempràre** [vc. dotta, lat. *distemperāre*, comp. di *dis-* (*1*) e *temperāre* 'temperare'; sec. XIII] v. tr. (*io distèmpero*) **1** (*raro, lett.*) Stemperare, sciogliere. **2** (*fig.*) †Indebolire, logorare, struggere: *sopiti ardori / d'occhi nascosi distempràr quel gelo* (TASSO).

†**distemperatézza** [av. 1547] s. f. ● Disordine | Intemperanza.

distemperàto o **distempràto** [sec. XIV] part. pass. di *distemperare*; anche agg. **1** Nei sign. del v. **2** (*lett.*) Smoderato, eccessivo. || †**distemperataménte**, avv. (*raro*) Smoderatamente.

distempràre e *deriv.* ● V. *distemperare* e *deriv.*

♦**distèndere** [vc. dotta, lat. *distĕndere* 'tendere (*tĕndere*) di qua e di là (*dis-*)'; sec. XIII] **A** v. tr. (coniug. come *tendere*) **1** Rendere meno teso (*anche fig.*): *d. l'arco*; *questa musica distende i nervi.* **2** Spiegare, estendere nel senso della lunghezza o della larghezza: *d. un foglio sul tavolo, le gambe sul letto, le reti ad asciugare* | ***D. la vernice, il colore su qlco.***, spalmarli sottilmente | ***D. la voce***, spiegarla | (*mar.*) ***D. la vela***, tesarla perché non faccia sacco | ***D. l'ancora***, affondarla in un punto opportuno, tendendo poi la catena cui l'ancora stessa è fissata | In ginnastica, effettuare una distensione. **3** Mettere a giacere: *distesero con cura il ferito sulla barella*; *il colpo lo distese morto a terra.* **4** (*raro*) Mettere per iscritto: *d. un atto, un trattato* | (*raro, lett.*) Esporre, narrare: *d. le proprie memorie.* **B** v. rifl. **1** Sdraiarsi: *bisogna ch'io mi distenda un poco sul letto.* **2** (*fig.*) Rilassarsi: *dopo un lavoro intenso è necessario distendersi.* **C** v. intr. pron. **1** Estendersi: *il deserto si distende sotto il sole.* **2** (*fig., raro*) Dilungarsi nel parlare, nello scrivere: *si distende eccessivamente in frasi retoriche.*

†**distendévole** [av. 1704] agg. ● Atto a distendersi.

distendìbile [av. 1712] agg. ● (*raro*) Che si può distendere.

distendiménto [sec. XIV] s. m. ● (*raro, lett.*) Il distendere, il distendersi: *il d. delle ali, di un territorio, dello spirito.*

†**distendìna** [av. 1642] s. f. ● Distesa, strato.

distenditóre s. m. (f. *-trice*) ● Operaio tessile addetto alla preparazione e lavorazione delle fibre.

†**distenditùra** [1681] s. f. **1** Estensione. **2** (*raro*) Stile di uno scrittore.

distène [fr. *disthène* 'dalla doppia (*di-* (*2*)) forza (in gr. *sthenós*)'; 1835] s. m. ● (*miner.*) Nome antico della cianite che ne mette in evidenza la differenza in durezza nelle due direzioni ortogonali.

distenebràre [comp. parasintetico di *tenebra*, con il pref. *dis-* (*1*); av. 1530] v. tr. (*io distènebro*) ● (*raro, lett.*) Rischiarare: *siamo obbligati alle scienze superiori, le quali sole sono potenti a d. la cecità della nostra mente* (GALILEI).

†**distenère** [vc. dotta, lat. *distinēre*, comp. di *dis-* (*1*) e *tenēre* 'tenere'; sec. XII] v. tr. **1** Catturare, trattenere, imprigionare. **2** Aggravare, opprimere. **3** (*fig.*) Tenere occupata la mente, l'attenzione di qlcu.

†**distenimènto** [sec. XIV] s. m. ● Il distenere.

†**distenitóre** s. m.; anche agg. (f. *-trice*) ● Chi (o Che) distiene.

distensióne [vc. dotta, lat. tardo *distensiōne(m)*, da *distēnsus*, part. pass. di *distĕndere* 'distendere'; av. 1597] s. f. **1** Il distendere: *la d. di un filo, dei muscoli* | (*fig.*) Rilassamento, calma: *aver bisogno di d. e riposo.* **2** (*fig.*) Miglioramento della situazione politica interna di uno Stato o dei rapporti fra Stati: *periodo, fase di d.*; *la d. internazionale.* CONTR. Tensione. **3** (*sport*) Specialità del sollevamento pesi non più nel programma gare, simile allo slancio senza, però, l'intervento delle gambe nella seconda parte | In ginnastica, estensione.

distensìvo [1950] agg. **1** Che è atto a distendere: *farmaco d.*; *ginnastica distensiva.* **2** (*fig.*) Riposante, rilassante: *finalmente una giornata distensiva!* **3** (*fig.*) Caratterizzato da distensione: *provvedimento d.*; *dichiarazione distensiva.* || **distensivaménte**, avv.

†**disterminamènto** [da *disterminare* (*2*); sec. XIV] s. m. ● Sterminio.

†**disterminàre** (**1**) [vc. dotta, lat. *disterminăre* 'tenere separato (*dis-*) con dei limiti (*tĕrmini*)'; sec. XIV] v. tr. **1** Determinare i confini di un territorio. **2** Cacciare, espellere dai confini.

†**disterminàre** (**2**) [da *sterminare* con sostituzione di pref. raff.] v. tr. ● Sterminare, distruggere.

†**disterminazióne** [vc. dotta, lat. tardo *disterminatiōne(m)*, da *disterminātus*, part. pass. di *disterminăre* 'disterminare (2)'; sec. XIV] s. f. ● Sterminio.

†**disterràre** (**1**) [comp. di *dis-* (*1*) e *terra*; 1623] v. tr. ● Dissotterrare.

†**disterràre** (**2**) [comp. di *dis-* (*1*) e *terra* nel senso di 'città, paese'; av. 1629] v. tr. ● Mandare in esilio.

♦**distéșa** [f. sost. di *disteso*; 1550] s. f. **1** Spazio o superficie di rilevanti dimensioni: *la d. del mare*; *possedere una vasta d. di terra.* SIN. Estensione. **2** Quantità di cose riunite ordinatamente l'una accanto all'altra: *una d. di oggetti da vendere*; *una d. di panni messi ad asciugare.* **3** Nella loc. avv. ***a d.***, senza interruzione, speditamente: *gridare a d.* | ***Cantare a d.***, a voce spiegata | ***Suonare a d.***, con la massima intensità e durata, riferito alle campane. **4** †Stesura per iscritto.

♦**distéșo** [av. 1294] **A** part. pass. di *distendere*; anche agg. **1** Steso, allungato: *braccia distese*; *biancheria distesa al sole* | ***Vela distesa***, bene spiegata, senza formare sacco | (*fig.*) Rilassato, tranquillo: *avere un'espressione distesa.* **2** Sdraiato: *d. sul divano* | ***Lungo d.***, completamente sdraiato. **3** (*est.*) Ampio, vasto (*anche fig.*): *cercò l'acqua e la terra … / … / le distese campagne e l'oceano* (LEOPARDI) | ***Vento d.***, (*fig.*) che ha uniformità di forza e lunghezza di durata | ***Canzone distesa***, ampia, di più stanze, di struttura regolare. **4** †Grande e grosso. || **disteșaménte**, avv. **1** Minutamente, lungamente, con abbondanza di particolari: *raccontare qlco. distesamente.* **2** †Difilato. **3** †Per intero. **B** avv. **1** (*raro, lett.*) Diffusamente. **2** (*lett.*) †Difilato: *ma il re Gradasso ha già passati i monti, / ed a Parise se ne vien d.* (BOIARDO). **C** s. m. **1** †Scritto contenente informazioni, memorie, suppliche, norme, istruzioni e sim. **2** †Distesa.

†**distèssere** [comp. di *dis-* (*1*) e *tessere*; av. 1729] v. tr. ● Disfare la tela tessuta.

dìstico (**1**) [vc. dotta, lat. *dĭstícho(n)*, dal gr. *dístichon*, comp. di *di-* (*2*) e *stíchos* 'verso', di orig. indeur.; av. 1535] s. m. (pl. *-ci*) **1** Nella metrica classica, strofa di due versi | ***D. elegiaco***, nella poesia greca e latina, strofa formata da un esametro e da un pentametro. **2** Composizione di poche righe, e tipograficamente diversa dal testo successivo, per presentare in un giornale un autore o un pezzo.

dìstico (**2**) [vc. dotta, lat. *dĭstichu(m)*, dal gr. *dístichos* 'a doppia (*dis-*) fila (*stíchos*)'] agg. (pl. m. *-ci*) ● (*bot.*) Detto del modo di disporsi alternato a destra e a sinistra di certi organi vegetali rispetto all'asse da cui sono generati.

distillàbile [1970] agg. ● Che può essere distillato.

†**distillamènto** [1697] s. m. ● (*raro*) Distillazione.

distillàre o †**destillàre** [vc. dotta, lat. *distillāre*, var. di *destillāre* 'colare goccia a goccia (*stillāre*, da *stĭlla*) completamente (*dis-*)'; 1313] **A** v. tr. **1** (*chim.*) Sottoporre qlco. a distillazione: *d. l'acqua* | Ottenere qlco. per distillazione: *d. l'alcol* |

Decantare | Sottoporre ad analisi chimica. **2** Mandare fuori un liquido goccia a goccia: *i favi distillano miele*; *lagrime ... che 'l dolor distilla, / per li occhi miei* (PETRARCA). **3** (*fig.*) Estrarre faticosamente: *d. sentenze da antichi libri* | ***Distillarsi il cervello***, pensare intensamente. **4** †Filtrare. **5** (*raro, fig.*) Infondere, trasfondere, instillare: *in quel libro ha distillato tutta la sua scienza*. **B** v. intr. (aus. *essere*) **1** Trasudare o colare a stille: *la resina distilla dalla corteccia*; *dal serbatoio distilla un po' d'acqua*. **2** (*fig.*) †Derivare, procedere.

distillàto o †**destillàto** [av. 1557] **A** part. pass. di *distillare*; anche agg. ● Nei sign. del v. **B** s. m. **1** Prodotto di una distillazione. **2** (*per anton.*) Correntemente, bevanda fortemente alcolica, ottenuta per distillazione di un liquido fermentato: *d. di vino* | ***D. di vinacce***, grappa.

distillatóio [sec. XV] s. m. ● (*disus.*) Alambicco, storta.

distillatóre [av. 1561] **A** s. m. **1** (f. *-trice*) Operaio addetto alla distillazione | Fabbricante di liquori. **2** Apparecchio per la distillazione. **B** agg. ● Che distilla.

†**distillatòrio** o †**destillatòrio** [1819] **A** agg. ● Che serve alla distillazione: *fornello d.* **B** s. m. ● (*raro*) Apparecchio per la distillazione.

distillazióne o †**destillazióne** [vc. dotta, lat. *distillatiōne(m)*, var. di *destillatiōne(m)*, da *distillātus* 'distillato'; sec. XIV] s. f. ● (*chim.*) Separazione di uno o più liquidi volatili dalle sostanze non volatili in essi disciolte, o separazione di liquidi di volatilità diversa; si effettua portando il liquido all'ebollizione e condensando per raffreddamento i vapori | ***D. frazionata***, separazione d'una miscela liquida nei suoi diversi componenti in base al punto di ebollizione | ***D. secca, distruttiva***, operazione consistente nel riscaldare un solido, in assenza di aria, per decomporlo e ottenerne dei vapori che si possono condensare e separare.

distilleria [da *distillare*; 1841] s. f. ● Impianto industriale in cui si effettuano distillazioni | Correntemente, fabbrica di liquori.

distilo [vc. dotta, comp. di *di-* (*2*) e del gr. *-stilo*] agg. **1** (*bot.*) Detto di fiore con ovario a due stili. **2** (*arch.*) Detto di tempio con due colonne sulla fronte o di elemento architettonico sostenuto da due colonne.

distimìa [gr. *dysthymía* 'abbattimento, depressione', da *dýsthymos* 'scoraggiato, triste', comp. di *dys-* 'dis- (2)' e *thymós* 'volontà, desiderio' (di etim. incerta); 1820] s. f. ● (*psicol.*) Alterazione del tono dell'umore che provoca l'insorgere di uno stato depressivo.

distìmico agg. (pl. m. *-ci*) ● (*med.*) Relativo a distimia: *sindrome distimica*.

distinàre e *deriv.* ● V. *destinare* e *deriv.*

distinguere [vc. dotta, lat. *distinguere* 'pungere (*-stinguere*) d'ogni parte (*dis-*)', quindi 'separare con punti' e 'tenere diviso'; 1294] **A** v. tr. (pres. *io distinguo*; pass. rem. *io distinsi, tu distinguésti*; part. pass. *distinto*) (qlco.; q.c + *da*; + *tra*) **1** Differenziare per mezzo dell'intelletto: *non distinguo i due concetti*; *bisogna d. il bene dal male*. SIN. Discernere. **2** (*assol.*) Specificare con chiarezza, precisare: *distinguo: io non intendevo dire questo*; *distinguiamo: un conto è parlare, un altro è agire*; *... in quanto alla femmina distinguo secondo e casi e secondo le qualità loro ...* (GUICCIARDINI). **3** (qlcu. o qlco.; qlco. + *da*) Percepire chiaramente coi sensi le differenze esistenti fra due o più cose o persone, spec. se confuse in un insieme: *d. i colori, i suoni, le forme*; *gli occhi son fatti per d. e conoscere le differenze* (BRUNO); *non distingue una forma dall'altra* | Riuscire a vedere: *la nebbia era così fitta che a fatica si potevano d. le case*. SIN. Individuare. **4** (qlcu. o qlco. + *da*, + *tra*) Rendere riconoscibile fra due o più persone o cose: *l'etichetta distingue questa bottiglia dalle altre*; *l'abito lo distingueva fra tutti*; *mi contento a d. con un asterisco quei sonetti* (CARDUCCI). SIN Contrassegnare. **5** (qlcu. o q.c + *da*) Rendere diverso, caratterizzare: *è la bontà che lo distingue dagli altri* | (*est.*) Mettere in luce, far emergere: *l'audacia e la generosità lo distinsero nell'esecuzione dell'impresa*. **6** (qlcu. o qlco. + *in*) Dividere, separare, spartire: *la catena appenninica distingue l'oriente e l'occidente d'Italia*; *abbiamo distinto l'opera in tre parti*. **B** v. intr. pron. o rifl. (+ *per*; lett. + *con*) **1** Essere riconoscibile, disporre di uno o più elementi caratterizzanti: *le due parole si distinguono per il diverso accento*. **2** Farsi notare: *si distingue per la sua buona volontà*. SIN. Emergere, spiccare. **3** Differenziarsi: *Gli antichi si distinguevano dal volgo coll'inalzare le cose al di sopra dell'opinione comune* (LEOPARDI).

distinguìbile [1584] agg. ● Che si può distinguere. || **distinguibilménte**, avv.

†**distinguiménto** [1588] s. m. ● Distinzione.

†**distinguitóre** [av. 1375] agg.; anche s. m. (f. *-trice*) ● Che (o Chi) distingue.

distinguo [prima pers. sing. del pres. indic. di *distinguere*; 1869] s. m. inv. **1** Nella filosofia scolastica, formula con cui veniva introdotto l'esame di un'argomentazione. **2** (*est.*) Distinzione acuta o pedante: *un sottile d.*; *sollevare un d.*

distinsi ● V. *distinguere*.

distinta [f. sost. di *distinto*; 1561] s. f. ● Nota in cui si specificano dati relativi a oggetti, valori e sim.: *fatemi avere la d. dei vostri prezzi*; *fare la d. di un versamento bancario*.

distintìssimo agg. **1** Sup. di *distinto*. **2** Usato in formule introduttive di cortesia, spec. nelle intestazioni epistolari: *d. signore*.

distintìvo [da *distinto*; av. 1342] **A** agg. ● Che distingue: *carattere d.* | (*ling.*) ***Funzione distintiva***, che differenzia le une dalle altre le unità provviste di significato | Che è atto a distinguere: *elemento d.* **B** s. m. **1** Contrassegno dell'uniforme che indica il grado, l'appartenenza alle varie armi e specialità, qualifiche e sim. | (*est.*) Contrassegno che serve a distinguere gli appartenenti a una categoria, a una associazione, a un partito e sim.: *appuntarsi sulla giacca il d.*; *un d. metallico di vari colori* | (*fig., raro*) Elemento caratterizzante. **2** (*mar.*) Insegna, guidone, fiamma e sim., usate sulle navi per indicare il grado dei comandanti, la presenza di alte autorità, la qualifica della nave e sim. o per segnalazione.

♦**distinto** [av. 1306] **A** part. pass. di *distinguere*; anche agg. **1** Separato | Differente: *sono due problemi distinti* | Chiaro, evidente: *immagine distinta*. CONTR. Indistinto. **2** Particolarmente dignitoso ed elegante: *portamento d.*; *una persona molto distinta* | ***Posti distinti***, quelli che a teatro seguono subito le poltrone. **3** Degno di grande stima e rispetto: *il nostro d. professore* | ***Distinta famiglia, d. signore*** e sim., formule di cortesia usate nell'intestazione delle lettere | ***Distinti saluti***, formula di cortesia usata per concludere una lettera | Grado di valutazione scolastica inferiore a *ottimo* e superiore a *buono*. || **distintìssimo**, superl. (V.). || **distintaménte**, avv. **1** In modo chiaro: *udì distintamente delle grida*. **2** In modo differenziato: *problemi che vanno affrontati distintamente*. **3** In modo distinto, con distinzione: *comportarsi distintamente*; nei saluti epistolari: *distintamente salutiamo*. **B** avv. ● (*raro, lett.*) Chiaramente.

distinzióne (**1**) [vc. dotta, lat. *distinctiōne(m)*, da *distīnctus* 'distinto'; 1308] s. f. **1** Il distinguere | Individuazione delle caratteristiche specifiche e delle differenze esistenti tra più elementi, concetti e sim.: *operare una sottile d.*; *senza fare d. alcuna dalle cose oneste a quelle che oneste non sono* (BOCCACCIO). **2** Discriminazione, differenza: *eliminare ogni d. di razza* | ***Fare d.***, discriminare | ***Senza d.***, senza fare differenze. **3** Segno d'onore: *meritare una d.* | (*lett.*) Privilegio: *una ambita d.*

distinzióne (**2**) [fr. *distinction*, dal lat. *distīnctio*, genit. *distinctiōnis* 'distinzione (1)'; av. 1883] s. f. ● Garbo, cortesia, signorilità di modi: *persona di grande d.*

distiroidìsmo [comp. di *dis-* (*2*) e *tiroidismo*] s. m. ● (*med.*) Alterazione della funzionalità della tiroide.

†**distirpàre** [comp. di *dis-* (*1*) sostituito a *es-* in *estirpare*; sec. XIV] v. tr. ● Estirpare, svellere.

distocìa [gr. *dystokía*, comp. di *dys-* 'dis- (2)' e *tókos* 'parto' (di orig. indeur.)] s. f. ● (*med.*) Espletamento del parto in modo difficile e pericoloso per la madre e per il feto.

distòcico [1932] agg. (pl. m. *-ci*) ● (*med.*) Detto di parto che si svolge in modo diverso da quello normale e fisiologico. CONTR. Eutocico.

distògliere o (*poet.*) **distòrre** [comp. di *dis-* (*1*) e *togliere*; sec. XIII] **A** v. tr. (coniug. come *togliere*) **1** Allontanare, togliere via: *a fatica lo distolsero da quel luogo*; *distolse lo sguardo dal ferito*. **2** (*fig.*) Far desistere, allontanare, distrarre: *d. qlcu. da un'idea, da un proposito*; *d. da qlco. l'attenzione, il pensiero di una persona*; *gli amici lo distolsero dal lavoro*. **B** v. rifl. ● Allontanarsi: *non riuscivo a distogliermi da loro* | (*fig.*) Distrarsi, sviarsi: *si distoglie troppo spesso dallo studio*.

†**distogliménto** [av. 1729] s. m. ● Il distogliere.

†**distoglitóre** [sec. XIV] s. m.; anche agg. (f. *-trice*) ● Chi (o Che) distoglie.

distòlto [av. 1557] part. pass. di *distogliere*; anche agg. ● Nei sign. del v.

distoma [vc. dotta, comp. di *di-* (*2*) e del gr. *stóma* 'bocca', prob. di orig. indeur.; 1820] s. m. (pl. *-i*) ● (*zool.*) Ogni verme trematode dei Digenei | ***D. cinese***, trematode parassita anche dell'uomo, comune nell'Asia sud-orientale, trasmesso da pesci ingeriti crudi o poco cotti.

distomatòsi [comp. di *distoma* e *-osi* applicato al tema del genit. (*stómatos*) della seconda parte del composto] s. f. inv. ● (*med.*) Infestazione da distoma.

distonìa [comp. di *dis-* (*2*) e un deriv. del gr. *tónos* 'tensione' (V. *tono* (*1*)); 1828] s. f. **1** (*med.*) Alterazione dell'equilibrio tonico dei muscoli e dell'equilibrio neurovegetativo: *d. muscolare, neurovegetativa*. **2** (*fig.*) Dissonanza, disaccordo: *d. tra previsioni e consuntivo*. CFR. Sintonia.

distònico **A** agg. (pl. m. *-ci*) ● (*med.*) Di, relativo a, distonia. **B** s. m. (f. *-a*) ● (*med.*) Chi è affetto da una distonia.

distopìa (**1**) [comp. di *dis-* (*1*) e (*u*)*topia*; 1985] s. f. ● Forma di società caratterizzata da aspetti negativi e indesiderabili, dovuti a fattori come lo sviluppo tecnocratico o l'eccesso del controllo statale.

distopìa (**2**) [comp. di *dis-* (*2*) e di un deriv. del gr. *tópos* 'luogo'] s. f. ● (*med.*) Spostamento di un viscere o di un tessuto dalla sua sede normale.

distòrcere [comp. di *dis-* (*1*) e *torcere*; 1313] **A** v. tr. (coniug. come *torcere*) **1** (*lett.* o *raro*) Scomporre, storcere con violenza: *d. le membra* | Contorcere, stravolgere: *d. la bocca, gli occhi*. **2** (*fig.*) Falsare: *d. il significato di una parola*. **3** (*fis.*) Provocare la distorsione: *d. un segnale, un suono*. **B** v. rifl. ● Contorcersi.

distorciménto [av. 1646] s. m. ● (*raro*) Distorsione.

†**distornaménto** [1651] s. m. ● Il distornare.

distornàre [comp. di *dis-* (*1*) e (*s*)*tornare*, sul modello del fr. ant. *destorner*; av. 1250] v. tr. (*io distórno*) **1** (*lett.*) Volgere ad altra parte, deviare, stornare (*anche fig.*): *prima dal corso distornar la luna / potrà* (TASSO). **2** (*raro, lett.*) Frastornare, disturbare. **3** †Cassare, cancellare.

†**distórno** [sec. XIII] s. m. ● Impedimento, ostacolo.

distòrre ● V. *distogliere*.

distorsióne [vc. dotta, lat. tardo *distorsiōne(m)* per *distortiōne(m)*, da *distŏrtus* 'distorto'; sec. XIV] s. f. **1** (*raro*) Contorcimento | (*med.*) ***D. articolare***, allontanamento temporaneo dei capi articolari con lesione della capsula e dei legamenti | (*fig.*) Stortura, falsificazione. **2** (*fis.*) Aberrazione di un sistema ottico, per cui l'immagine non risulta simile all'oggetto. **3** (*fis.*) Ogni deformazione, di un suono riprodotto rispetto a quello originale, spec. in radiofonia e telefonia. || **distorsioncèlla**, dim.

distorsóre [da *distorsione*] s. m. ● (*mus.*) Dispositivo applicato a chitarre elettriche e apparecchiature di riproduzione stereofonica per ottenere, nei suoni originali, alterazioni di particolare effetto stilistico, spec. nell'esecuzione di musica rock.

distòrto [1319] part. pass. di *distorcere*; anche agg. **1** (*lett.* o *raro*) Storto | (*fig.*) Falsato: *informazioni distorte*. **2** (*fig.*) Perverso, contorto: *immaginazione distorta*; *idee distorte*. **3** (*med., fis.*) Sottoposto a distorsione: *arto d.*; *immagine distorta*; *suono d.* **4** (*miner.*) ***Cristalli distorti***, irregolari e di apparente asimmetria.

†**distràere** ● V. *distrarre*.

†**distràggere** ● V. *distrarre*.

distraìbile [1632] agg. ● Che si può distrarre.

†**distraiménto** [av. 1342] s. m. ● Il distrarre.

†**distralciàre** [comp. di *dis-* (*1*) e *tralcio*; av. 1764] v. tr. ● Privare dei tralci | (*fig.*) Districare.

♦**distràrre** o †**destràrre**, †**distràere**, †**distràggere** [vc. dotta, lat. *distrăhere* 'tirare (*trăhere*) di qua e di là (*dis-*)'; 1321] **A** v. tr. (coniug. come *trarre*) **1** (*raro*) Tirare con forza, far divergere: *d. le membra per liberarsi dai legami* | (*est.*) Dislocare o togliere da un luogo: *d. le truppe dal fronte*.

2 Sottrarre e utilizzare qlco. per scopi diversi dal previsto: *d. una somma dal bilancio*. *3* (*fig.*) Distogliere, sviare: *d. lo sguardo*; *marito mio, non temete ch'io voglia distrarvi da' vostri affari* (GOLDONI) | Far perdere l'attenzione, la concentrazione: *i rumori mi distraggono*; *non distraetelo quando studia*. *4* (*est.*) Svagare, divertire: *bisogna distrarlo*. **B** v. rifl. *1* Sviare la propria attenzione da ciò che si sta facendo: *non distrarti mentre scrivi*; *un ragazzo che si distrae facilmente*. *2* (*est.*) Svagarsi, divertirsi: *vado al mare per distrarmi un poco*. **C** v. intr. pron. ● †Allungarsi, dilatarsi verso parti opposte.

†distrattàre [comp. di *dis-* (*1*) e *trattare*] v. tr. ● (*raro*) Bistrattare.

†distràttile [da *distrarre* nel sign. C] agg. ● Che si può dilatare, distendere. CONTR. Contrattile.

†distrattivo [av. 1603] agg. ● Che è atto a distrarre.

♦**distràtto** [1321] **A** part. pass. di *distrarre*; anche agg. *1* Nei sign. del v. | Sottratto: *somma illecitamente distratta*. *2* (*fig.*) Che è assorto nei propri pensieri: *molti studiosi sono distratti*; *Orlando, ch'era in gran pensier d., / vien pur inanzi e fa l'orecchia sorda* (ARIOSTO) | Sbadato, disattento: *ragazzo d.*; *mi guardava con un sorriso d.* || **distrattaménte**, avv. Con distrazione, in modo sbadato. **B** s. m. (f. *-a*) ● Persona distratta.

distraziòne [vc. dotta, lat. *distractiōne(m)*, da *distrāctus* 'distratto'; av. 1342] s. f. *1* (*raro*) Il distrarre | Impiego di qlco. per scopi diversi dal previsto: *la d. di una somma*; *d. delle spese processuali*. *2* (*med.*) Allontanamento momentaneo dei capi articolari senza grave lesione della capsula. *3* Condizione in cui il pensiero, l'attenzione e sim. sono lontani dalla realtà attuale: *è stato un attimo di d.*; *incidente provocato da d.*, *dovuto a d.*; *in questo lavoro non sono ammesse distrazioni*; *mi rimproverano la mia d., la mia incapacità di ricordare nomi e persone* (SVEVO). *4* Ciò che allontana dalle attività abituali: *quel ragazzo ha troppe distrazioni* | (*est.*) Svago, divertimento: *non ci sono distrazioni in questa città*. || **distrazioncèlla**, dim.

distrétta [f. sost. di *distretto* (*1*); av. 1294] s. f. *1* †Stretta. *2* (*lett.*) Angustia, spec. economica | Necessità urgente.

†distrettézza [sec. XIV] s. f. *1* (*raro*) Strettezza | Stringimento. *2* (*raro*) Severità, rigore.

distrétto (**1**) o (*poet.*) **†distritto** [av. 1250] **A** part. pass. di *distringere*; anche agg. *1* Nei sign. del v. *2* †Intrinseco, intimo | Devoto. *3* †Rigoroso, severo. || **†distrettaménte**, avv. *1* Strettamente. *2* Rigorosamente. *3* Per forza. **B** s. m. ● †Luogo stretto | †Prigione: *e nella rocca gli ha fatto ambidui / … chiudere in d.* (ARIOSTO).

distrétto (**2**) [lat. mediev. *districtum*, da *distrīngere* 'distringere'; 1639] s. m. *1* (*dir.*) Circoscrizione entro cui esplica le proprie funzioni un dato organo giurisdizionale o amministrativo: *d. della Corte d'appello di Bologna*; *d. ferroviario, postale, telefonico*; *d. notarile*; *d. scolastico* | *D. militare*, o (*assol.*) **distretto**, ente dell'organizzazione territoriale, preposto all'anagrafe e alla destinazione d'impiego del personale soggetto a obblighi di servizio militare; la sede di tale ente | (*elvet.*) Suddivisione amministrativa dei Cantoni svizzeri. *2* (*geogr.*) Zona caratterizzata dal manifestarsi di un determinato fenomeno: *d. vulcanico*; *d. industriale*. *3* (*anat.*) Regione del corpo umano distinta per le sue caratteristiche funzionali: *d. vascolare*. *4* †Contado.

distrettuàle o **†distrittuàle** [lat. mediev. *districtuāle(m)*, da *districtus* 'distretto (2)'; av. 1348] **A** agg. ● Di, relativo a distretto, nel sign. di *distretto* (*2*): *ufficio d.* **B** s. m. ● †Cittadino o abitante di un distretto.

†distribuiménto [sec. XIV] s. m. ● Distribuzione.

♦**distribuire** o **†stribuire** [vc. dotta, lat. *distribuĕre* 'ripartire (*tribuĕre*) in diverse parti (*dis-*)'; av. 1292] v. tr. (*io distribuisco, tu distribuisci*; part. pass. *distribuito*, lett. *†distribùto*) *1* Assegnare a ciascuno secondo determinati criteri: *d. i posti a tavola*; *devono ancora d. le parti agli attori*; *hanno distribuito le nuove onorificenze*. *2* Disporre sistematicamente persone o cose in vista di precise finalità o realizzazioni: *d. le truppe nei vari reparti, i libri negli scaffali*. *3* Diffondere capillarmente: *d. i giornali ai rivenditori* | (*est.*) Fornire, erogare: *d. acqua, gas* | Spargere, stendere in modo uniforme: *d. la vernice sul piano del mobile*.

distribuito [1441] part. pass. di *distribuire*; anche agg. ● Nei sign. del v.: *ricchezza non uniformemente distribuita*.

distribuitóre ● V. *distributore*.

distributività s. f. ● (*mat.*) Il fatto che una data operazione sia distributiva rispetto ad altra.

distributivo [vc. dotta, lat. tardo *distributīvu(m)*, da *distribūtus* 'distribuito'; 1308] agg. *1* Che è atto a distribuire | Che si riferisce alla distribuzione: *criterio d.* | *Giustizia distributiva*, nella filosofia aristotelica, quella che distribuisce le ricompense in modo direttamente proporzionale ai meriti | (*dir.*) *Negozio giuridico d.*, quello che pone termine a una comunione | (*ling.*) *Aggettivi numerali distributivi*, numerali che indicano il modo di distribuire o ripartire una quantità (ad es. *a tre a tre, due alla volta*). *2* (*mat.*) *Proprietà distributiva*, proprietà per cui il prodotto di un fattore per una somma di addendi è uguale alla somma dei prodotti di quel fattore per ognuno degli addendi. || **distributivaménte**, avv.

distributóre o (*raro, lett.*) **distribuitóre** [vc. dotta, lat. tardo *distributōre(m)*, da *distribūtus* 'distributo'; 1308] **A** agg. (f. *-trice*) ● Che distribuisce: *apparato d.*; *macchina distributrice*. **B** s. m. *1* (f. *-trice*) Chi distribuisce: *il d. del rancio* | *D. di giornali, di libri*, chi li compera all'ingrosso dagli editori e li distribuisce ai rivenditori | *D. cinematografico*, *d. di film*, persona o ente che provvede alla diffusione commerciale dei film nei cinematografi. *2* Apparecchio od organo atto a erogare varie sostanze o prodotti | *D. di benzina*, o (*ellitt.*) *distributore*, impianto per l'erogazione di carburante; (*per meton.*) stazione di servizio | *D. automatico*, quello che, grazie all'introduzione di monete, gettoni e biglietti di banca, distribuisce biglietti, sigarette, caffè, bibite e sim. *3* In varie tecnologie, dispositivo atto a distribuire energia e sim. | *D. d'accensione*, dispositivo che nei motori a benzina distribuisce la corrente elettrica alle candele per farvi scoccare la scintilla al momento giusto. SIN. Spinterogeno.

distribuzionàle [da *distribuzione*, sul modello dell'ingl. *distributional*] agg. ● Che concerne la distribuzione di uno o più elementi linguistici; che si riferisce al distribuzionalismo: *analisi d.* | (*ling.*) Che concerne la distribuzione dei suoni nella catena parlata. || **distribuzionalménte**, avv.

distribuzionalìsmo [da *distribuzionale*; 1965] s. m. ● (*ling.*) Corrente linguistica statunitense della prima metà del Novecento, che scompone la frase nei suoi elementi costitutivi e li classifica in base alla loro distribuzione.

distribuzióne o **†stribuzióne** [vc. dotta, lat. *distributiōne(m)*, da *distribūtus* 'distribuito'; sec. XIII] s. f. *1* Assegnazione a ciascuno secondo determinati criteri: *d. di viveri, di volantini, di omaggi*; *procedere alla d. della posta* | *D. delle parti*, in una rappresentazione teatrale o in un film, attribuzione della parte a ciascun attore | *D. dell'acqua, del gas, dell'elettricità*, erogazione | Ripartizione, dislocazione: *analizzare la d. delle industrie sul territorio nazionale*. *2* Meccanismo o complesso di organi atto a regolare l'entrata e l'uscita del fluido motore o a trasmettere il moto: *d. delle motrici termiche, dei motori a combustione interna*. *3* (*econ.*) Insieme di attività attraverso le quali le merci prodotte vengono portate a contatto del consumatore finale e a questo vendute: *canali, catena, rete di d.* | *Grande d.*, quella realizzata su vasta scala mediante catene di grandi magazzini e sim. | *D. cinematografica*, diffusione commerciale dei film nelle sale di proiezione. *4* (*econ.*) Ripartizione del reddito netto totale di un ente fra i diversi fattori della produzione. *5* (*stat.*) Successione delle modalità e delle relative frequenze con cui un fenomeno si manifesta, o delle probabilità con cui si suppone si manifesti | *D. normale*, quella rappresentabile con una curva gaussiana. *6* L'insieme dei contesti in cui un elemento linguistico può trovarsi. || **distribuzioncèlla**, dim.

districaménto [1851] s. m. ● (*raro*) Il districare, il districarsi | (*fig., raro*) Soluzione.

districàre o (*raro*) **distrigàre** [comp. di *dis-* (*1*) e del lat. *tricāri* 'far difficoltà, creare imbarazzi', dal pl. *trīcae* 'noie, imbarazzi', di orig. sconosciuta; 1308] **A** v. tr. (*io districo*, (*evit.*) *distrìco*, *tu distrìchi*, (*evit.*) *distrìchi*) *1* Sbrogliare ciò che è intricato, avviluppato e sim.: *d. un groviglio di funi*. *2* (*fig.*) Chiarire e risolvere ciò che è confuso, ingarbugliato e sim.: *d. una questione, un problema, una situazione complicata*. **B** v. rifl. *1* Tirarsi fuori da qlco. di intricato: *riuscì a fatica a districarsi dalle spine*. *2* (*fig.*) Cavarsela: *districarsi da una situazione difficile, da un impiccio*.

†distridere [da *stridere* col suff. raff *di-*] v. intr. ● Stridere, dissonare.

distrigàre ● V. *districare*.

†distrìgnere e deriv. ● V. *distringere* e deriv.

distrìngere o **†distrìgnere** [vc. dotta, lat. *distrīngere* 'stirare (*strīngere*) d'ogni lato (*dis-*)'; av. 1250] v. tr. (coniug. come *stringere*) *1* (*lett.*) Stringere con forza, avvincere (*anche fig.*) | *†D. d'assedio*, cingere d'assedio. *2* (*fig.*) †Affliggere, opprimere. *3* †Trattenere, frenare.

†distringiménto o **†distrigniménto** [sec. XIV] s. m. *1* Il distringere | Costrizione. *2* Rigore, severità.

†distrìtto ● V. *distretto* (*1*).

†distrittuàle ● V. *distrettuale*.

distrofìa [vc. dotta, tratta dal gr. *dýstrophos* 'malnutrito', comp. di *dys-* 'dis- (2)' e un deriv. di *tréphein* 'nutrire', di orig. indeur.; 1820] s. f. ● (*med.*) Alterazione dei processi nutritivi dei tessuti animali | *D. muscolare*, miopatia degenerativa a carattere ereditario, caratterizzata da astenia progressiva e ingravescente, atrofia e debolezza dei muscoli scheletrici volontari. SIN. Miopatia primitiva.

distròfico [fr. *dystrophique*; 1956] **A** agg. (pl. m. *-ci*) ● (*med.*) Relativo alla distrofia. **B** s. m. (f. *-a*; pl. m. *-ci*) ● (*med.*) Chi è affetto da distrofia.

♦**distrùggere** o **†destrùere**, **†destrùggere**, **†distrùere** [lat. *destrŭere*, comp. di *dē-* oppos. e *strŭere* '(co)struire'; 1294] **A** v. tr. (pres. *io distrùggo, tu distrùggi*; pass. rem. *io distrùssi, tu distruggésti*; part. pass. *distrùtto*) *1* Annientare, annullare: *nulla si crea e nulla si distrugge*; *spesso l'esperienza distrugge le illusioni* | Demolire completamente, ridurre in rovina: *d. una città, un edificio*; *il fuoco distrusse ogni cosa* | (*est.*) Ridurre in pessime condizioni: *è un bambino che distrugge tutti i giocattoli*; *il male lo distrugge*. *2* †Struggere, liquefare: *d. la cera*. *3* (*fig., lett.*) Consumare lentamente: *cieco desir, che 'l cor distrugge* (PETRARCA). **B** v. rifl. *1* Ridursi in pessime condizioni, spec. di salute: *si distrugge con l'alcol*. *2* †Struggersi (*anche fig.*): *distruggersi di dolore*. **C** v. intr. pron. ● (*fig., raro*) Andare in rovina: *così lo Stato si distrugge*.

distruggìbile [1779] agg. ● (*raro*) Distruttibile.

†distruggiménto o **†destruggiménto** [av. 1294] s. m. ● Distruzione: *scampò la nostra città di Firenze da tanta furia, d., ruina* (VILLANI).

†distruggitivo [av. 1566] agg. ● Distruttivo.

distruggitóre o **†destruggitóre** [av. 1292] agg.; anche s. m. (f. *-trice*) ● (*lett.*) Distruttore.

distrùssi ● V. *distruggere*.

distruttìbile o **†destruttìbile** [av. 1835] agg. ● Che si può distruggere.

distruttività [da *distruttivo* sul modello dell'ingl. *destructiveness*; 1858] s. f. *1* Caratteristica di ciò che è distruttivo. *2* (*psicol.*) Aggressività finalizzata all'annientamento di qualcosa o di qualcuno, che non viene messa in atto per proteggersi.

distruttivo o **†destruttivo** [vc. dotta, lat. tardo *destructīvu(m)*, da *destrūctus* 'distrutto'; av. 1328] agg. ● Che è atto a distruggere | Che distrugge: *azione distruttiva* | *Critica distruttiva*, che pone in rilievo solo gli aspetti negativi e non suggerisce soluzioni valide. || **distruttivaménte**, avv.

♦**distrùtto** o **†destrùtto** [1294] part. pass. di *distruggere*; anche agg. *1* Annientato, disfatto, in rovina: *città distrutta dalle bombe*. *2* (*fig.*) Privato di ogni energia fisica o morale: *un uomo d. dalla malattia, dai dolori*; *in … biblioteca passò la maggior parte della sua vita, finché e quanto gli fu permesso dalla salute distrutta* (LEOPARDI) | (*fam., iperb.*) Sfinito, molto stanco: *stasera sono d.*

distruttóre o **†destruttóre** [vc. dotta, lat. tardo *destructōre(m)*, da *destrūctus*, 'distrutto'; sec. XIV] agg.; anche s. m. (f. *-trice*) ● Che (o Chi) distrugge: *l'opera distruttrice del tempo* | *D. di documenti*, apparecchio impiegato negli uffici per ridurre in sottili strisce di carta i documenti, spec. riservati, che non si intende conservare.

♦**distruzióne** o **†destruzióne**, **†struzióne** [vc. dotta, lat. *destructiōne(m)*, da *destrūctus* 'distrutto'; sec. XIII] s. f. ● Annientamento | Demolizione: *la d. di un edificio pericolante* | Rovina: *portare la d.*; *sanare le distruzioni della guerra.* CFR. -lisi.

†**disturbaménto** [1336 ca.] s. m. ● Disturbo.

†**disturbànza** s. f. ● Disturbo.

♦**disturbàre** [vc. dotta, lat. *disturbāre* 'turbare, rovesciare (*turbāre*) disperdendo (*dis-*)'; av. 1250] **A** v. tr. **1** (*lett.*) Turbare, sconvolgere: *ci vuol così poco a d. uno stato felice!* (MANZONI). **2** Privare qlcu. della necessaria tranquillità, molestare, importunare (*anche assol.*): *il rumore mi disturba; si prega di non d.* | *Disturbo?, Disturbiamo?*, formule di cortesia per introdursi presso qlcu. SIN. Infastidire, seccare. **3** Dare noia: *d. la vista, l'udito* | Provocare disturbo fisico: *cibi che disturbano lo stomaco.* **4** Impedire il normale svolgimento di qlco. portando disordine, scompiglio e sim.: *d. il sonno, il riposo; ha la pessima abitudine di d. le lezioni; dal loggione disturbano lo spettacolo con fischi e grida.* **B** v. rifl. ● Prendersi l'incomodo, la noia: *non importa che vi disturbiate per noi; non disturbarti a intervenire* | *Non si disturbi, non doveva disturbarsi* e sim., formule di cortesia per evitare che qlcu. si incomodi per noi, per ringraziarlo di un favore, di un servizio reso e sim.

disturbàto [av. 1837] part. pass. di *disturbare*; anche agg. **1** Che ha un malessere fisico. **2** Affetto da turbe psichiche. **3** Reso poco chiaro da interferenze e sim.: *ricezione disturbata.*

disturbatóre [av. 1472] agg.; anche s. m. (f. *-trice*) ● Che (o Chi) disturba: *d. dell'ordine, della quiete pubblica; cacciare i disturbatori dal teatro.* SIN. Importuno.

♦**distùrbo** [da *disturbare*; av. 1374] s. m. **1** Il disturbare: *d. della quiete pubblica* | Ostacolo, impedimento: *svolgere azioni di d.; quell'auto crea d. alla circolazione* | Incomodo, molestia, contrattempo: *mi dispiace di causarti tanto d.; ce ne andammo insino a Parigi senza un d. al mondo* (CELLINI) | *Prendersi il d.*, incomodarsi | *Togliere il d.*, congedarsi, in formule di cortesia del visitatore. SIN. Disagio, fastidio. **2** Turbamento nella funzionalità dell'organismo umano o di qualche sua parte: *ho qualche d. dovuto ai reumatismi; d. gastrico, viscerale; d. di stomaco; d. psichico.* CFR. -patia. **3** Difetto nel funzionamento di un apparecchio: *d. telefonico; disturbi al motore dell'auto* | Ogni perturbazione che renda impossibile o imperfetta la ricezione nelle telecomunicazioni.

distùrna [etim. incerta] s. f. ● (*tosc.*) Scambio orale o scritto di componimenti polemici, satirici e sim., sotto forma di botta e risposta | *Dare la d.*, motteggiare | *Darsi la d.*, scambiarsi motti e frizzi.

†**disuadére** ● V. *dissuadere.*

diṣubbidiènte o **diṣobbediènte** [av. 1294] **A** part. pres. di *disubbidire*; anche agg. ● Nei sign. del v. **B** s. m. e f. ● Chi disubbidisce.

diṣubbidiènza o **diṣobbediènza** [av. 1292] s. f. **1** Abitudine a disubbidire: *d. incorreggibile.* **2** Atto consistente nel disubbidire: *d. agli ordini, alla legge; commettere una d.* | *D. civile*, forma non violenta di protesta consistente nel trasgredire pubblicamente una norma o una legge ritenute ingiuste. SIN. Trasgressione.

diṣubbidire o **diṣobbedire** [comp. di *dis-* (*1*) e *ubbidire*; av. 1294] **A** v. intr. (*io diṣubbidisco, tu diṣubbidisci*; aus. *avere*) ● Comportarsi o agire in modo contrario a quello prescritto o stabilito: *devi imparare a non d. continuamente* | Essere indocile nei confronti di qlcu., inosservante nei confronti di qlco.: *d. ai genitori, alle leggi.* **B** v. tr. ● (*fam.*) Rifiutare di ubbidire: *d. il proprio padre, i comandi della coscienza.*

†**diṣubbligàre** e *deriv.* ● V. *disobbligare e deriv.*

†**diṣubriacàrsi** [comp. di *dis-* (*1*) e *ubriacarsi*] v. rifl. ● (*raro*) Farsi passare l'ubriachezza.

†**diṣubrigàre** ● V. *disobbligare.*

†**diṣuggellàre** ● V. *dissuggellare.*

†**diṣùgnere** ● V. *disungere.*

diṣuguagliànza o **diṣeguagliànza**, †**diṣguagliànza** [comp. di *dis-* (*1*) e *uguaglianza*; sec. XIV] s. f. **1** Caratteristica di ciò che è disuguale. SIN. Diversità | Irregolarità: *le disuguaglianze del terreno.* **2** Disparità, differenza: *d. di grado, di età, di stile; battersi contro le disuguaglianze sociali.* **3** (*mat.*) Relazione nella cui espressione compaia il segno disuguale, oppure uno dei segni maggiore, minore, maggiore o uguale, minore o uguale.

diṣuguagliàre o **diṣeguagliàre**, †**diṣguagliàre** [comp. di *dis-* (*1*) e *uguagliare*; av. 1348] v. tr. (*io diṣuguàglio*) ● (*raro*) Rendere disuguale.

diṣuguagliàto o **diṣeguagliàto**, †**diṣguagliàto** [sec. XIV] part. pass. di *disuguagliare*; anche agg. **1** (*raro*) Nei sign. del v. **2** Detto di colore non uniforme di una tintura.

†**diṣuguàglio** o †**diṣguàglio** [da *disuguagliare*; av. 1342] s. m. ● Disuguaglianza.

diṣuguàle o **diṣeguàle**, †**diṣequàle**, †**diṣiguàle**, †**diṣguàle** [comp. di *di-* (*1*) e *uguale*; av. 1294] agg. **1** Che si diversifica per forma, estensione, dimensioni, colore, qualità, ecc.: *abiti, tessuti, stili disuguali; essere di condizione d.; vedo mobili eterogenei ... muoversi con velocità d.* (GALILEI). CFR. aniso-. **2** (*mat.*) Non uguale, diverso. **3** Privo di uniformità: *terreno d.* SIN. Irregolare. **4** (*fig.*) Incostante, incoerente: *rendimento, umore, carattere d.* || **diṣugualménte**, avv.

†**diṣugualità** o †**diṣegualità** [av. 1519] s. f. ● Disuguaglianza, disparità, sproporzione.

diṣumanàre [da *disumano*; av. 1406] **A** v. tr. ● (*lett.*) Privare della natura e della dignità di uomo: *contano di ... Pirrone che disumanava gli uomini per farne filosofi* (BARTOLI). **B** v. intr. pron. ● (*lett.*) Perdere la natura di uomo | Imbestialirsi.

diṣumanità [sec. XIV] s. f. **1** Caratteristica di chi (o di ciò che) è disumano. **2** Atto disumano.

diṣumanizzàre [1903] **A** v. tr. ● Togliere le qualità tipiche dell'uomo (*anche assol.*): *la società tecnologica disumanizza.* **B** v. intr. pron. ● Perdere le qualità proprie dell'uomo.

diṣumanizzazióne [1962] s. f. ● Il disumanizzare, il disumanizzarsi, il venire disumanizzato.

diṣumàno [comp. di *dis-* (*1*) e *umano*; sec. XIV] agg. **1** Privo di umanità, indegno dell'uomo: *atti di crudeltà disumana.* **2** Che non sembra umano: *grido d.* **3** Che supera la capacità di sopportazione dell'uomo: *dolore d.; malattia disumana.* SIN. Atroce. || **diṣumanaménte**, avv.

†**diṣumàre** [comp. di *dis-* (*1*) sostituito ad altro pref. (*in-* di *inumare*, *es-* di *esumare*); 1573] v. tr. ● Dissotterrare, esumare.

diṣumazióne [da *disumare*; 1858] s. f. ● (*raro*) Dissotterramento.

diṣumidire [comp. di *dis-* (*1*) e *umido*] v. tr. (*io diṣumidisco, tu diṣumidisci*) ● (*raro*) Privare dell'umidità.

†**diṣunàrsi** [comp. di *dis-* (*1*) e *uno*; 1321] v. rifl. e intr. pron. ● Distaccarsi da un tutto di cui si è parte.

diṣùngere o †**diṣùgnere** [comp. di *dis-* (*1*) e *ungere*; 1779] v. tr. (coniug. come *ungere*) ● (*raro*) Sgrassare.

diṣunìbile [da *disunire*; av. 1642] agg. ● (*raro*) Che si può disunire.

†**diṣunifórme** [comp. di *dis-* (*1*) e *uniforme*; av. 1519] agg. ● Non uniforme.

diṣunióne [comp. di *dis-* (*1*) e *unione*; av. 1380] s. f. **1** (*raro*) Separazione di ciò che è unito: *d. di due organi meccanici.* **2** (*fig.*) Discordia: *mettere la d. tra concittadini; ho veduto cogli occhi miei delle famiglie in disordine, in d.* (GOLDONI).

diṣunire [comp. di *dis-* (*1*) e *unire*; 1513] **A** v. tr. (*io diṣunisco, tu diṣunisci*) **1** Separare o disgiungere ciò che è unito: *d. due fogli incollati.* SIN. Dividere. **2** (*fig.*) Disgregare con attriti e discordie: *d. una famiglia, una coppia di sposi.* SIN. Dividere. **B** v. rifl. e rifl. rec. ● Separarsi, dividersi. **C** v. intr. pron. ● (*sport*) Perdere la coordinazione dei movimenti: *negli ultimi metri prima del traguardo si è disunito per lo sforzo, mantenendo però un piccolo vantaggio.*

diṣunità [comp. di *dis-* (*1*) e *unità*; 1575] s. f. ● (*raro*) Mancanza di unità, accordo, armonia | *D. di stile*, disorganicità.

diṣunitézza s. f. ● (*raro*) Caratteristica di ciò che è disunito.

diṣunito [av. 1379] part. pass. di *disunire*; anche agg. **1** Separato, disgiunto. **2** (*fig.*) Privo di concordia: *popolo d.* | Privo di omogeneità: *stile, discorso d.* **3** (*sport*) Scoordinato, scomposto nello stile, nei movimenti. || **diṣunitaménte**, avv. In modo disunito; (*fig.*) senza unione o concordia.

diṣuolàre o **diṣolàre** [comp. di *di(s)-* (*1*) e *suola*] v. tr. (*io diṣuòlo*, pop. *diṣòlo*; in tutta la coniug. di *disolare* la *o-* dittonga in *uo-* soprattutto se accentata; sono in uso le forme *disolavo, disolerò, disolassi* oltre alle più comuni *disuolavo, disuolerò, disuolassi*) ● (*veter.*) Privare della suola per ferratura o per intervento chirurgico: *d. una bestia da soma.*

diṣùria o **diṣurìa** [vc. dotta, lat. tardo *dysūria(m)*, dal gr. *dysuría*, comp. di *dys-* 'dis- (2)' e *ôuron* 'urina'; av. 1320] s. f. ● (*med.*) Difficoltà o irregolarità nell'emissione dell'urina, dovuta alla presenza di ostacoli meccanici o di fenomeni infiammatori.

†**diṣuṣànza** [1308] s. f. ● Desuetudine, disuso | *Cadere in d.*, in disuso.

diṣuṣàre [comp. di *dis-* (*1*) e *usare*; sec. XIII] v. tr. **1** (*raro*) Smettere di usare: *d. un cappotto* | Far cadere in disuso: *d. una parola.* **2** †Usare male. **3** †Lasciare in abbandono.

diṣuṣàto [av. 1294] part. pass. di *disusare*; anche agg. **1** Non più in uso, caduto in disuso: *'trottabile' è un termine d.* **2** (*lett.*) Insolito, straordinario: *un nuovo e d. incanto* (ARIOSTO). **3** (*raro, lett.*) Privo di abitudine o assuefazione a qlco. || **diṣuṣataménte**, avv. (*raro*) In modo disusato.

diṣùṣo (**1**) [comp. di *dis-* (*1*) e *uso*; 1525] s. m. ● Cessazione di un uso, mancanza di uso: *andare, cadere in d.*

†**diṣùṣo** (**2**) [per *disus(at)o*] agg. ● (*raro*) Disusato.

diṣutilàccio s. m. (f. *-a*; pl. f. *-ce*) **1** Pegg. di *disutile.* **2** Persona oltremodo inetta e pigra.

diṣùtile o †**diṣùtole** [comp. di *dis-* (*1*) e *utile*; av. 1294] **A** agg. **1** (*lett.* o *raro*) Che non è utile, che non produce alcuna utilità: *fatica, lavoro d.; estinguer le Religioni disutili è utilissimo* (CAMPANELLA) | (*est.*) Dannoso, svantaggioso: *intervento d.* **2** (*lett.*) Inetto, detto di persona: *uomo d.* || **diṣutilménte**, avv. **B** s. m. ● Danno, perdita: *l'agricoltura ha subito molti disutili.* **C** s. m. e f. ● Persona inetta. || **diṣutilàccio**, pegg. (V.).

diṣutilità o †**diṣutilitàde**, †**diṣutilitàte** [1300 ca.] s. f. ● Caratteristica di chi (o di ciò che) è disutile | Danno.

†**diṣùtole** ● V. *disutile.*

†**diṣvalére** [comp. di *dis-* (*1*) e *valere*; av. 1294] v. intr. **1** Diminuire di valore. **2** Nuocere.

†**diṣvaloràre** [da *disvalore*; av. 1294] v. tr. ● Privare di valore.

diṣvalóre [comp. di *dis-* (*1*) e *valore*; 1902] s. m. **1** (*filos.*) Negazione di un valore | Valore negativo. SIN. Non valore. **2** (*econ.*) Perdita, calo di valore: *il d. delle azioni negli ultimi mesi.*

diṣvantàggio [comp. di *dis-* (*1*) e *vantaggio*; 1532] s. m. ● (*raro*) Svantaggio.

diṣvantaggióṣo [av. 1566] agg. ● (*raro*) Svantaggioso. || **diṣvantaggioṣaménte**, avv. (*raro*) Svantaggiosamente.

†**diṣvariaménto** [1282] s. m. ● Il disvariare.

†**diṣvariàre** [adatt. del provz. *se desvariar* 'differenziarsi', comp. di *des-* rafforzativo e *variar* 'variare'; sec. XIII] v. intr. e intr. pron. **1** Essere diverso. **2** Essere di parere discorde.

†**diṣvàrio** (**1**) [da *disvariare*; av. 1311] s. m. ● Divario, differenza.

†**diṣvàrio** (**2**) [comp. di *dis-* (*1*) e *vario*; av. 1294] agg. ● Vario, diverso.

†**diṣvedére** [comp. di *dis-* (*1*) e *vedere* (*1*); av. 1729] v. tr. ● Non voler vedere, ignorare.

†**diṣvegliàre** [comp. di *di(s)-* (*1*) e *svegliare*; 1294] v. tr. ● Svegliare, destare.

†**diṣvègliere** ● V. *disvellere.*

†**diṣvelaménto** [1716] s. m. ● Il disvelare.

diṣvelàre [comp. di *di(s)-* (*1*) e *velare*; 1319] **A** v. tr. (*io diṣvélo*) **1** (*lett.*) Svelare. **2** (*fig., lett.*) Palesare, manifestare. **B** v. rifl. ● Svelarsi.

diṣvèllere o †**diṣvègliere**, †**diṣvèrre** [comp. di *di(s)-* (*1*) e *svellere*; sec. XIII] v. tr. (coniug. come *svellere*) ● (*lett.*) Svellere, strappare: *disvellendoli da mezzo le corna la fosca lana* (SANNAZARO).

diṣvèlto [av. 1836] part. pass. di *disvellere*; anche agg. ● (*raro, lett.*) Nei sign. del v.

†**diṣvenire** [comp. di *di(s)-* (*1*) e *svenire*; sec. XIV] **A** v. intr. **1** Svenire. **2** Indebolirsi, consumarsi | (*est.*) Attenuarsi, sbiadire. **3** Disdire. **B** v. intr. impers. ● Essere sconveniente.

†**diṣventùra** [comp. di *dis-* (*1*) e *ventura*; av. 1348] s. f. ● Sventura.

†**diṣventuràto** [av. 1332] agg. ● Sventurato. || †**diṣventurataménte**, avv. Disgraziatamente.

†**diṣvèrre** ● V. *disvellere.*

†**diṣvertudàre** o †**diṣvertudiàre** [comp. di *dis-* (*1*) e dell'ant. *vertude* 'virtù'; av. 1294] v. intr. ● Perdere in tutto o in parte la forza d'animo.

diṣvestire [comp. di *dis-* (*1*) e *vestire* (*1*); sec. XIII] v. tr. e rifl. (*io diṣvèsto*) **1** (*lett.*) Svestire.

2 (*fig., lett.*) †Liberare: *S'io fui del primo dubbio disvestito* (DANTE *Par.* I, 94).

†disvezzàre [comp. di *dis-* (*1*) e *vezzo*; av. 1406] v. tr. ● Disavvezzare, disabituare.

†disvézzo [1581] agg. ● Disavvezzo, disabituato.

disviàbile agg. ● (*raro, lett.*) Che si può disviare.

†disviaménto [1438] s. m. ● Il disviare, il disviarsi.

†disviànza [sec. XIII] s. f. ● Smarrimento.

disviàre [comp. parasintetico di *via* (*1*), col pref. *dis-* (*1*); av. 1250] **A** v. tr. (*io disvìo*) *1* (*lett.*) Allontanare dal cammino, dalla direzione stabilita (*anche fig.*). *2* (*lett.*) Allontanare dalla giusta via, dal bene e sim. *3* (*raro, lett.*) Danneggiare, ostacolare un'attività e sim. **B** v. intr. e intr. pron. (aus. intr. *avere*) ● (*lett.*) Deviare (*anche fig.*): *disviarsi dalla retta strada.*

†disviatézza [av. 1311] s. f. ● Errore, sviamento.

†disviatóre [av. 1311] agg. (f. *-trice*) ● Che disvia, corrompe: *piaceri disviatori.*

†disviévole [av. 1332] agg. ● Atto a disviare.

disvigorire [comp. di *dis-* (*1*) e *vigore*; av. 1597] **A** v. tr. (*io disvigorisco, tu disvigorisci*) ● (*raro, lett.*) Svigorire. **B** v. intr. (aus. *essere*) ● (*raro*) Perdere vigore.

disviluppàre [comp. di *dis-* (*1*) sostituito a *av-* (da *ad-*) di *avviluppare*; 1319] **A** v. tr. *1* (*lett.*) Svolgere ciò che è avviluppato: *l'aureo suo crine / abbia testé disviluppato e sciolto* (PINDEMONTE). *2* (*raro*) Sviluppare. **B** v. rifl. ● (*lett.*) Districarsi, liberarsi (*anche fig.*): *Da tema e da vergogna / voglio che tu omai ti disviluppe* (DANTE *Purg.* XXXIII, 31-32).

disvìo [da *disviare*; 1869] s. m. *1* (*raro*) Disguido: *il d. di una lettera.* *2* (*fig., lett.*) Sviamento.

†disvisceràre [comp. parasintetico di *viscere*, con il pref. *dis-* (*1*); av. 1638] v. tr. ● Cavare le viscere.

†disvischiàre [comp. parasintetico di *vischio*, con il pref. *dis-* (*1*)] v. tr. ● Liberare, togliere dal vischio (*spec. fig.*) CONTR. Invischiare.

disvitaminòsi [comp. di *dis-* (*2*), *vitamin(a)* e del suff. *-osi*] s. f. inv. ● (*med.*) Qualsiasi malattia causata da un carente o eccessivo apporto di vitamine.

disviticchiàre [comp. di *dis-* (*1*) sostituito a *av-* (da *ad-*) di *avviticchiare*; 1319] v. tr. (*io disvitìcchio*) *1* (*lett.*) Sciogliere ciò che è avviticchiato, intricato e sim. *2* (*fig.*) †Guardare e vedere distintamente.

†disviziàre [comp. parasintetico di *vizio*, con il pref. *dis-* (*1*); sec. XIV] v. tr. ● Liberare da un vizio, da un male, da un difetto.

†disvogliàre [comp. di *dis-* (*1*) sostituito a *in-* di *invogliare*; av. 1810] **A** v. tr. ● Togliere la voglia, disamorare. **B** v. intr. pron. ● Diventare svogliato, perdere il desiderio di qlco.

disvolére (**1**) [comp. di *dis-* (*1*) e *volere* (*1*); av. 1292] v. tr. (coniug. come *volere*) ● (*lett.*) Non volere più quello che si voleva prima: *volere e d. qlco.*

disvolére (**2**) [da *disvolere* (*1*); av. 1348] s. m. (pl. raro *-i*) ● (*raro, lett.*) Cambiamento di volontà | Volontà contraria e opposta a quella di altri.

disvòlgere o **†disvòlvere** [comp. di *dis-* (*1*) sostituito a *av-* (da *ad-*) di *avvolgere*; av. 1348] v. tr. (coniug. come *volgere*) *1* Svolgere. *2* †Slogare.

ditàle [lat. *digitāle(m)* 'che copre il dito (*dĭgitus*)'; 1534] s. m. *1* Specie di piccolo cappuccio di metallo o di plastica, punteggiato da minuscoli incavi, usato per proteggere il dito con il quale si spinge l'ago quando si cuce. *2* Cappuccio di pelle o altra materia usato per proteggere un dito malato. *3* (*spec. al pl., mus.*) Anelli incastrati in cima alle dita, con un pezzo appuntato di cannello di penna per picchiare sulle corde del salterio. || **ditalìno**, dim. (V.).

ditalìno [1923] s. m. *1* Dim. di *ditale.* *2* (*spec. al pl.*) Tipo di pasta alimentare a forma di piccoli cilindri rigati. *3* (*volg.*) Atto di masturbazione femminile.

ditàta [1869] s. f. *1* Colpo dato con un dito o con le dita: *gli ha dato una d. in un occhio.* *2* Impronta lasciata da un dito: *su questi fogli ci sono le tue ditate.* *3* (*raro*) Quantità di roba che si può raccogliere con un dito: *una d. di panna.* || **ditatìna**, dim.

Dite [vc. dotta, lat. *Dīte(m)*, il dio degli Inferi nella mitologia latina; av. 1375] s. m. solo sing. *1* (*poet.*) Lucifero | *Città di D.*, la parte più profonda dell'Inferno dantesco. *2* (*poet.*) L'inferno, l'oltretomba.

diteggiàre [da *dito*, con suff. verb. iter.; 1892] **A** v. tr. (*io ditéggio*) ● (*mus.*) Segnare ciascuna nota con cifra corrispondente al dito da muovere per l'esecuzione. **B** v. intr. (aus. *avere*) ● Applicare con uno studio metodico le dita a uno strumento per suonarlo.

diteggiatùra [1892] s. f. ● (*mus.*) Atto e tecnica del diteggiare sul pentagramma | Indicazione grafica delle dita che si devono muovere sullo strumento per eseguire le note.

†ditèllo [lat. tardo *titĭllu(m)*, da *titillāre* 'fare il solletico', con sovrapposizione di *dito*; av. 1348] s. m. (pl. *ditèlle* o *ditèlla*, f.) ● Ascella.

†ditenère e *deriv.* ● V. *detenere* e *deriv.*

†diterminàre e *deriv.* ● V. *determinare* e *deriv.*

†ditestaziòne ● V. *detestazione.*

ditionàto [da *dition(ico)*, col suff. chim. *-ato*] s. m. ● (*chim.*) Sale dell'acido ditionico.

ditiònico [comp. di *di-* (*2*) e del gr. *théion* 'zolfo' (prob. d'orig. indeur.)] agg. (pl. m. *-ci*) ● (*chim.*) Detto di acido che è noto soltanto in soluzioni oppure sotto forma di sali.

ditiràmbico [vc. dotta, lat. *dithyrămbicu(m)*, dal gr. *dithyrambikós* 'relativo al ditirambo'; av. 1589] agg. (pl. m. *-ci*) ● Che concerne il, o è proprio del, ditirambo.

ditiràmbo [vc. dotta, lat. *dithyrămbu(m)*, dal gr. *dithýrambos*, di etim. incerta; 1551] s. m. *1* Canto corale in onore di Dioniso. *2* (*fig.*) Componimento o discorso destinato a lodare con entusiasmo qlcu. o qlco.

ditisco [vc. dotta, tratta dal gr. *dýtēs* 'colui che s'immerge' col suff. dim. *-iskos*; 1828] s. m. (pl. *-chi*) ● Insetto acquatico dei Coleotteri, con corpo ovale, zampe posteriori con setole che funzionano da organi natatori, ali ben sviluppate sotto le elitre, carnivoro, predatore di qualsiasi animaletto acquatico.

♦**dito** o **†digito** [lat. *dĭgitu(m)*, di etim. incerta, attrav. il lat. parl. **dītu(m)*; av. 1292] s. m. (pl. *dìta*, *†dìte*, *†dìgita*, f. considerate nel loro insieme; pl. *dìti*, m. se considerati separatamente: *i diti mignoli*) *1* Ciascuna delle parti terminali della mano e del piede, mobili e articolate in una serie di piccole ossa: *le cinque dita della mano.* CFR. dattilo-, -dattilo | ***D. grosso***, primo dito del piede | ***†D. auricolare***, mignolo | ***Mostrare a d.***, (*fig.*) indicare, additare alla riprovazione | (*fig.*) ***Legarsela al d.***, ricordare le offese per vendicarsene al momento opportuno | (*fig.*) ***Sapere le cose sulla punta delle dita***, conoscere a fondo | ***Mettere il d. sulla piaga***, (*fig.*) individuare il punto debole o delicato di una situazione | ***Non muovere un d. a favore di qlcu.***, (*fig.*) non prestargli il minimo aiuto | ***Contarsi sulle dita***, essere in pochi | (*fig.*) ***Toccare il cielo con un d.***, raggiungere il colmo della felicità | ***Mordersi le dita***, (*fig.*) provare rabbia, ira o rimpianto, pentimento e sim. | ***Leccarsi le dita***, (*fig.*) gustare moltissimo un cibo | ***Non sollevare, non alzare un d.***, non accennare nessun gesto; (*fig.*) non fare nulla | (*fig.*) ***Nascondersi dietro un d.***, voler negare, sulla base di argomenti inconsistenti, l'evidenza dei fatti. *2* (*est.*) Oggetto a forma di dito | ***D. di apostolo***, pasta dolce di forma cilindrica, ripiena di crema. *3* Parte del guanto che riveste il dito: *un guanto con le dita troppo strette.* *4* Antica unità di misura lineare corrispondente alla ventiquattresima parte del cubito. *5* (*est.*) Misura, quantità e sim. corrispondente circa alla larghezza di un dito: *bere un d. di vino*; *ha acquistato un nastro largo due dita* | (*fig.*) ***Essere a un d. da qlco.***, essere vicinissimo a qlco. || **ditàccio**, pegg. | **ditìno**, dim. | **ditóne**, accr. (V.).

ditola [da *dito*, per la forma; av. 1597] s. f. ● (*bot., pop.*) Clavaria.

ditóne s. m. *1* Accr. di *dito*. *2* (*fam.*) Alluce.

ditono [vc. dotta, lat. tardo *dĭtonu(m)*, dal gr. *dítonos* 'doppio (*dís*) tono (*tónos*)'; av. 1565] s. m. ● (*mus.*) Intervallo composto di due toni.

†ditràrre e *deriv.* ● V. *detrarre* e *deriv.*

†ditrinciàre [comp. di *di-* (*1*) e *trinciare*; sec. XIV] v. tr. ● (*raro*) Trinciare, sminuzzare.

ditrochèo [vc. dotta, lat. tardo *ditrochāeu(m)*, dal gr. *ditróchaios* 'doppio (*dís*) trocheo (*trochâios*)'; 1830] s. m. ● Metro della poesia greca e latina formato da due trochei.

♦**ditta** (**1**) [venez. *dita* 'detta' (sottinteso *compagnia*), in formule come 'la sopradetta (casa commerciale)', oppure 'la casa commerciale *detta*, chiamata ...'; 1786] s. f. *1* (*dir.*) Denominazione distintiva dell'impresa | Correntemente, l'impresa individuata da tale denominazione e la sede della stessa: *premiata d.*; *passo un momento in d.* | (*scherz.*) ***Offre, paga la d.***, è già tutto pagato, detto da chi in un locale ha pagato la consumazione anche per altri. *2* Gruppo di attori di teatro che gestiscono una propria compagnia dandole il nome.

†ditta (**2**) ● V. *detta* (*2*).

dittàfono® o (*raro*) **dictàfono** [ingl. *dictaphone*, comp. del lat. *dictā(re)* 'dettare' e del gr. *phōnḗ* 'suono'; 1931] s. m. ● Magnetofono usato un tempo negli uffici per registrare e riprodurre la voce spec. nella dettatura della corrispondenza.

dittàggio [da *dittare* 'dettare' nel sign. di 'consigliare, prescrivere'; 1869] s. m. ● (*raro, tosc.*) Diceria.

dittamo [vc. dotta, lat. *dĭctamnu(m)*, dal gr. *díktamnos*, di etim. discussa: da *Díktē*, nome di una montagna cretese (?); av. 1320] s. m. ● Pianta erbacea delle Rutacee sempreverde e aromatica con fiori bianchi, grandi, in racemi allungati (*Dictamnus alba*). SIN. Frassinella.

†dittàre e *deriv.* ● V. *dettare* e *deriv.*

dittatóre (**1**) o **†dettatóre** (**2**) [vc. dotta, lat. *dictatōre(m)*, dipendente da *dictāre* nel senso di 'comandare, prescrivere'; av. 1292] s. m. (f. *-trice*) *1* Nella Roma repubblicana, magistrato supremo eletto nei momenti di grave pericolo per lo Stato e investito dei pieni poteri civili e militari. *2* Chi governa secondo i principi della dittatura: *un d. di fredda e atroce follia* (SCIASCIA). *3* (*est.*) Persona autoritaria e dispotica: *con i figli ha un comportamento da d.*

dittatóre (**2**) ● V. *dettatore* (*1*).

dittatoriàle [fr. *dictatorial*, da *dictateur* 'dittatore'; 1849] agg. *1* Che è proprio di un dittatore. *2* (*fig.*) Che fa valere in modo autoritario la volontà di qlcu.: *regolamento d.* || **dittatorialménte**, avv.

dittatòrio [vc. dotta, lat. *dictatōriu(m)*, da *dictātor* 'dittatore'; 1521] agg. *1* Proprio di dittatore e della sua autorità. *2* (*est.*) Dispotico, autoritario: *sistema, metodo d.* || **dittatoriaménte**, avv. (*fig.*) In modo dittatorio.

dittatùra o **†dettatùra** (**2**) [vc. dotta, lat. *dictatū-ra(m)*, da *dictātor* 'dittatore'; av. 1375] s. f. *1* Nella Roma repubblicana, ufficio di dittatore e durata di tale ufficio. *2* Forma di governo autoritario che accentra tutto il potere in un solo organo collegiale o nella sola persona di un dittatore. *3* (*est.*) Predominio assoluto e incontrastato.

dittèo [vc. dotta, lat. *Dictǣu(m)*, dal gr. *Diktâios*, agg. di *Díktē* '(monte) Ditte'; 1340] agg. ● (*lett.*) Del monte Ditte, a Creta, legato al culto di Zeus.

Dìtteri [vc. dotta, lat. *dĭptero(n)*, dal gr. *dípteros* 'a doppia (*dís*) ala (*pterón*)'; 1797] s. m. pl. (sing. *-o*) ● Nella tassonomia animale, ordine di insetti con le ali anteriori sviluppate e quelle posteriori trasformate in bilancieri (*Diptera*).

†dittèrio [vc. dotta, lat. *dictēriu(m)*, da *dĭctum* 'detto, arguzia'; sec. XVIII] s. m. ● Pulpito, cattedra.

dittero [V. *dìptero*] **A** agg. ● V. *diptero*. **B** s. m. ● (*zool.*) Ogni insetto appartenente all'ordine dei Ditteri.

dittico [vc. dotta, lat. tardo *dĭptychu(m)* 'piegato in due, a dittico', dal gr. *díptychos*, comp. di *di-* (*2*) e un deriv. del v. *ptýssein* 'piegare'; 1716] s. m. (pl. *-ci*) ● Complesso formato da due tavolette d'avorio o di legno scolpite o dipinte, congiunte da cerniera | ***Dittici consolari***, per lo più d'avorio, con figurazioni a rilievo, usati nella tarda età imperiale romana a scopo commemorativo | Nei secc. XIV e XV, dipinto di tale forma ma di dimensioni maggiori, spec. di soggetto sacro.

dittiosòma [comp. del gr. *díktyon* 'rete' e *sôma* 'corpo'] s. m. (pl. *-i*) ● (*biol.*) Organulo cellulare coinvolto in molteplici funzioni correlate alla sintesi di proteine.

†ditto ● V. *detto*.

dittografìa [comp. del gr. *dittós*, var. di *dissós* 'doppio', e *-grafia*] s. f. ● Errore di scrittura, tipico spec. degli antichi copisti, consistente nella ripetizione di una o più lettere o di una parola. CONTR. Aplografia.

dittogràfico agg. (pl. m. *-ci*) ● (*ling.*) Di, relativo a, dittografia.

dittologìa [comp. del gr. *dittós*, var. di *dissós* 'doppio', e *-logia*] s. f. ● (*ling.*) Ripetizione di un elemento di parola o di frase | ***D. sinonimica***, giustapposizione di due sinonimi o quasi sinonimi per amplificare un concetto.

dittològico agg. (pl. m. *-ci*) ● (*ling.*) Di, relativo a, dittologia.

dittongaménto [da *dittongare*] s. m. ● (*ling.*) Dittongazione.

dittongàre [vc. dotta, lat. tardo *diphtongāre*, da *diphtŏngus* 'dittongo'; 1600] **A** v. tr. (*io dittòngo, tu dittònghi*) ● (*raro*) Unire in dittongo. **B** v. intr. (aus. *avere*) ● Formare, generare un dittongo: *nel verbo 'sonare' la 'o' dittonga in 'uo'*.

dittongazióne [1907] s. f. ● (*ling.*) Trasformazione di una vocale in un dittongo. SIN. Dittongamento.

dittòngo (o *-ó-*) o †**diftòngo** [vc. dotta, lat. tardo *diphtōngu(m)*, dal gr. *díphthongos* 'doppio (*dís*) suono (*phthóngos*)'; 1528 ca.] s. m. (pl. *-ghi*) ● (*ling.*) Sequenza nella stessa sillaba di *i* o *u* semiconsonante seguita da vocale, o di vocale seguita da *i* o *u* semiconsonante (per es. *piede*, *fuoco* oppure *aula*, *sei*) (V. nota d'uso SILLABA) | *D. mobile*, quello che compare nelle forme di una parola, o in parole aventi la stessa radice, solo quando la sillaba è accentata; in italiano riguarda soltanto *iè* e *uò* che si alternano rispettivamente a *e* ed *o* (per es. *egli viène* e *noi veniàmo*; *suòno* e *sonerìa*) | *D. ascendente*, *discendente*, rispettivamente dittongo tonico nel quale la vocale costituisce il secondo elemento (*fiòre*, *quàdro*) e dittongo tonico in cui la vocale è il primo elemento (*tràino*, *fèudo*).

dittòto ● V. *diptoto*.

diurèsi (o **diu-**) o **diurèsi** [da *diuretico*; 1820] s. f. inv. ● (*fisiol.*) Escrezione ed eliminazione di urina | Quantità di urina eliminata in un dato periodo di tempo.

diurètico (o **diu-**) [vc. dotta, lat. tardo *diurēticu(m)*, dal gr. *diouretikós*, da *diourêin* 'passare attraverso (*diá*) l'urina (*oûron*)'; sec. XIV] **A** s. m. (pl. *-ci*) ● Farmaco capace di aumentare la diuresi. **B** anche agg.: *farmaco d.*

†**diurnàle** [da *diurno*; sec. XIV] **A** agg. ● Del giorno. **B** s. m. *1* Cronaca, diario. *2* (*relig.*) Parte del breviario comprendente le ore diurne dell'Ufficio divino.

diurnàrio [vc. dotta, lat. tardo *diurnāriu(m)*, da *diŭrnus* 'diurno'] s. m. ● Presso gli antichi Romani, specie di scriba che stendeva gli atti del giorno.

diurnista [comp. di *diurno* e *-ista*; 1868] s. m. e f. (pl. m. *-i*) ● Impiegato assunto per lavori straordinari, e retribuito a giornata.

diùrno [vc. dotta, lat. *diŭrnu(m)* 'della durata di un giorno (*dĭes*)', in opposizione a *noctŭrnus* 'notturno'; 1282] **A** agg. *1* Del giorno: *ore diurne* | (*poet.*) *Astro d.*, il sole | *Albergo d.*, dove non si pernotta e che fornisce principalmente rapidi servizi igienici | (*astron.*) *Moto d.*, quello apparente di un astro per effetto della rotazione della Terra. *2* Che avviene o si manifesta durante il giorno: *fenomeno, spettacolo d.*; *il sonno aveva ogni animal terreno / dalle fatiche lor diurne sciolti* (L. DE' MEDICI) | (*zool.*) *Animali diurni*, che agiscono durante le ore di luce. *3* (*raro*) Quotidiano, di ogni giorno: *lavoro d.*; *pena diurna*. || **diurnaménte**, avv. (*raro*) Giornalmente. **B** s. m. *1* (*relig.*) Parte dell'Ufficio che contiene le ore canoniche da recitare durante il giorno. *2* (*ellitt.*) Albergo diurno.

diùtino [vc. dotta, lat. *diūtinu(m)* 'che dura a lungo (*dĭu*)', originariamente 'di un giorno (*dĭes*) intero'; 1499] agg. ● (*raro*) Di lunga durata.

diuturnità o †**diuturnitàde**, †**diuturnitàte** [vc. dotta, lat. *diuturnitāte(m)*, da *diūtŭrnus* 'diuturno'; av. 1332] s. f. ● (*lett.*) Caratteristica di ciò che è diuturno: *forse che la felicità e la d. della vita, sono la stessa cosa?* (LEOPARDI).

diutùrno [vc. dotta, lat. *diutūrnu(m)*, da *diūtinus* 'di lunga durata' con sovrapposizione di *diŭrnus* 'diurno'; sec. XIV] agg. ● (*lett.*) Che dura a lungo: *dolori diuturni*; *la diuturna fatica* | (*est.*, *lett.*) Continuo: *con d. e pertinace esercizio* (MARINO). || **diuturnaménte**, avv.

dìva [vc. dotta, lat. *dīva(m)*, f. di *dīvu(m)*, nom. *dīvus* 'divo'; 1321] s. f. *1* (*lett.*) Dea. *2* Cantante o attrice molto famosa: *una d. della canzone, del cinema, dei fumetti* | *D. dello schermo, della celluloide*, attrice del cinema. || **divétta**, dim. (V.).

divagaménto [av. 1667] s. m. ● (*raro*) Divagazione.

divagàre [vc. dotta, lat. tardo *divagāri* 'vagare (*vagāri*) di qua e di là (*dis-*)'; 1708] **A** v. intr. (*io divàgo, tu divàghi*; aus. *avere*) *1* (*raro*, *lett.*) Vagare qua e là. *2* (*fig.*) Allontanarsi da un argomento: *d. dal tema della discussione*; *non d.* **B** v. tr. ● (*raro*) Divertire, distrarre: *d. un fanciullo*. **C** v. rifl. ● Distrarsi, svagarsi: *cerca di divagarti un po'*.

divagazióne [1801] s. f. *1* Il divagare | Digressione: *d. poetica, fantastica*; *una esposizione succinta ... senza pedantesche divagazioni* (CARDUCCI). *2* (*raro*) Svago, divertimento, distrazione.

†**divallaménto** [av. 1292] s. m. ● Discesa a valle.

divallàre [comp. di *di-* (*1*) e *valle*; 1313] v. intr. e intr. pron. (aus. *essere*) *1* (*lett.*) Scendere a valle. *2* (*raro*) Declinare, calare.

divampaménto [av. 1333] s. m. ● (*raro*) Il divampare | †Incendio.

divampàre [comp. parasintetico di *vampa*, col pref. *di-* (*1*); sec. XIII] **A** v. intr. (aus. *essere*) *1* Accendersi all'improvviso con grande fiamma: *l'incendio divampò in un batter d'occhio*. *2* (*fig.*) Ardere: *d. d'ira, d'odio, di passione*. *3* (*fig.*) Scatenarsi, manifestarsi con violenza: *la rivolta divampò in tutto il paese*. **B** v. tr. ● (*lett.*) †Bruciare, incendiare.

♦**divàno** [turco *diwān*, di orig. persiana, dapprima 'consiglio di Stato', poi il 'sofà' dove sedevano i consiglieri e anche il 'libro' nel quale erano trascritte le loro decisioni, poi, per est., un 'libro di poesia' d'una certa importanza; 1529] s. m. *1* Nell'antico impero ottomano, consiglio dei ministri. *2* Un tempo, sofà basso e lungo, senza spalliera ma con cuscini, appoggiato a una parete della stanza | *D. alla turca*, ottomana, sultana. *3* Oggi, sedile imbottito e ricoperto di tessuto o di pelle, per due o più persone, gener. collocato in un soggiorno | *D. letto*, trasformabile in letto | Canapè. *4* Libro nel quale sono raccolte in ordine alfabetico di rime o cronologico tutte le poesie di un dato scrittore orientale. || **divanétto**, dim.

†**divanzàre** [ant. fr. *devanc(i)er* 'passare avanti (*devant*)'; sec. XIV] v. tr. ● Prevenire, precorrere | Superare: *Un gatto lo seguì poi divanzò trotterellando* (GADDA).

†**divariaménto** s. m. ● Variazione.

†**divariàre** [comp. di *di-* (*1*) e *variare*; av. 1367] **A** v. tr. ● (*raro*) Variare, modificare. **B** v. intr. e intr. pron. *1* Essere o diventare diverso. *2* (*raro*) Distare.

†**divariazióne** [av. 1673] s. f. ● (*raro*) Differenza, divario.

divaricàbile agg. ● Che si può divaricare.

divaricaménto s. m. ● (*raro*) Divaricazione.

divaricàre [vc. dotta, lat. *divaricāre*, comp. di *di-* (*1*) e *varicāre* 'allargare le gambe' (da *vārus* 'che ha le gambe storte in fuori', di etim. incerta); av. 1712] **A** v. tr. (*io divàrico, tu divàrichi*) *1* In ginnastica, effettuare una divaricata: *d. le gambe*. *2* (*est.*) Allargare, aprire: *d. i due lembi di una ferita*; *a ogni risposta ... divaricava le labbra* (PIRANDELLO). **B** v. intr. pron. ● Divergere.

divaricàta s. f. ● In ginnastica, apertura degli arti inferiori in direzioni opposte | *D. frontale*, *sagittale*, in ginnastica artistica, ritmica e danza, posizione di massima apertura degli arti inferiori che formano un angolo di 180°. SIN. Spaccata.

divaricàto [1577] part. pass. di *divaricare*; anche agg. *1* Allargato, aperto: *gambe divàricate* | (*fig.*) Divergenti: *posizioni divaricate all'interno di un partito*. *2* (*bot.*) Detto di organo vegetale che si allontana dal suo asse quasi ad angolo retto: *rami divaricati*.

divaricatóre [1939] s. m. ● (*med.*) Strumento chirurgico usato per divaricare durante un'operazione i bordi di un'incisione.

divaricazióne [1640] s. f. *1* Il divaricare | Spazio che intercorre tra due parti divaricate. *2* (*fig.*) Divergenza | (*fig.*) Crescente divario.

divàrio o †**divàro** [da *divariare*; av. 1375] s. m. *1* Diversità, differenza, spec. notevole: *il d. tra le tue e le mie opinioni*; *dalla vita alla morte non è d.* (LEOPARDI) | Scarto, disparità di livello: *d. tecnologico*; SIN. Gap. *2* †Divertimento.

†**divastàre** e *deriv.* ● V. *devastare* e *deriv.*

†**dive** o †**divo** (**3**) [vc. dotta, lat. *dīves* (nom.) di etim. incerta: da *dīvus* 'dio', perché il ricco, come dio, non abbisogna di nulla (?); av. 1294] agg. ● (*raro*) Ricco.

†**divecchiàre** o †**devecchiàre** [comp. di *di-* (*1*) sostituito a *in-* di *invecchiare*; 1618] v. tr. ● Svecchiare, rinnovare.

divedére [comp. di *di-* (*1*) e *vedere* (*1*); sec. XIII] v. tr. (difett. usato solo all'inf.) ● Solo nella loc. *dare a d.*, (*lett.* o *raro*) denotare, mostrare chiaramente; dare a intendere.

diveggiàre [da *diva*, *divo* (*2*)] v. intr. (*io divéggio*; aus. *avere*) ● (*raro*) Ostentare, assumere modi e atteggiamenti da diva o da divo.

divègliere e *deriv.* ● V. *divellere* e *deriv.*

divèllere o †**divègliere**, †**divèrre** [vc. dotta, lat. *divĕllere*, comp. di *dis-* (*1*) e *vĕllere* 'strappare'; sec. XIII] **A** v. tr. (pres. *io divèllo* o *divèlgo, tu divèlli*; pass. rem. *io divèlsi*, raro *divùlsi, tu divellésti*; congv. pres. *io divèlga* o *divèlla*; part. pass. *divèlto*, raro *divùlso*) ● (*lett.*) Estirpare, sradicare, strappare (*anche fig.*): *d. piante, rami, erbe*; *d. i sospetti dalla mente di qlcu.* **B** v. rifl. ● (*lett.*) Staccarsi, allontanarsi a fatica, con sforzo, da qlcu. o da qlco.: *poi che con fatica dalla cucina e dalla Nuta si fu divelto* (BOCCACCIO).

†**divelliménto** o †**divegliménto** [sec. XIII] s. m. ● Il divellere.

divèlsi ● V. *divellere*.

divèlto [av. 1333] part. pass. di *divellere*; anche agg. ● Sradicato, strappato con forza.

†**diveltóre** s. m.; anche agg. (f. *-trice*) ● (*raro*) Chi (o Che) divelle.

♦**divenìre** (**1**) o (*lett.*) †**devenire**, †**dovenire** [vc. dotta, lat. *devenīre* 'arrivare (*venīre*) giù (*dē-*)', 'pervenire'; av. 1257] v. intr. (coniug. come *venire*; aus. *essere*) *1* Diventare: *d. grande, adulto, vecchio*; *è divenuto più saggio*. *2* †Avvenire, accadere. *3* (*lett.*) †Giungere, arrivare: *Tacendo divenimmo là 've spiccia / fuor de la selva un picciol fiumicello* (DANTE *Inf.* XIV, 76-77). *4* (*lett.*) †Derivare, discendere, provenire.

divenìre (**2**) [da *divenire* (*1*); 1351] s. m. solo sing. ● (*filos.*) Il perpetuo fluire di tutte le cose contrapposto all'essere, concepito come immobile: *l'eterno d. eracliteo*.

♦**diventàre** o †**deventàre**, (*tosc.*) †**doventàre** [vc. dotta, lat. parl. **deventāre*, raff. di *devenīre* 'divenire'; av. 1250] v. intr. (*io divènto* o *divénto*; aus. *essere*) ● Acquistare caratteristiche, stato o condizione nuovi e diversi dai precedenti: *d. buono, cattivo, odioso, simpatico, attempato, vecchio*; *d. sindaco, deputato*; *il vino è diventato aceto* | *D. bianco*, (*fig.*) impallidire | *D. rosso*, (*fig.*) vergognarsi | *D. di tutti i colori*, (*fig.*) confondersi, incollerirsi o smarrirsi per la paura | *D. matto*, (*fig.*) perdere la testa | *D. di sasso*, (*fig.*) restare stupefatto, senza parole. SIN. Divenire.

†**diverberàre** [vc. dotta, lat. *diverberāre* 'percuotere a colpi di verga (*verberāre*, da *vĕrbera*, pl., 'verghe')' con *dis-* (*1*); sec. XIV] v. tr. ● Squassare, agitare, percuotere.

divèrbio [vc. dotta, lat. *divĕrbiu(m)*, originariamente 'discorso (*vĕrbum*) opposto (*dis-*) tra due attori sulla scena'; 1679] s. m. *1* Animata e aspra discussione, litigio verbale: *avere un violento d. con qlcu.*; *sono venuti a d. per futili motivi*. *2* (*letter.*) Parte dialogata dell'antico dramma latino.

divergènte [av. 1647] **A** part. pres. di *divergere*; anche agg. *1* Che diverge | (*fig.*) Discordante. CONTR. Convergente. *2* (*mat.*) Di serie tale che la successione delle somme parziali abbia limite infinito | Di prodotto infinito tale che la successione dei prodotti parziali abbia limite infinito o nullo | Detto di rette orientate le quali, nella regione che interessa, s'allontanano l'una dall'altra. *3* (*fis.*) Detto di lente che trasforma un fascio di raggi divergenti. **B** s. m. ● (*pesca*) Tavola sagomata che viene legata ai cavi della rete a strascico per tenerne divaricate le pareti.

divergènza [vc. dotta, lat. *devergĕntia(m)* 'inclinazione', da *devĕrgere* 'divergere'; 1632] s. f. *1* Il divergere | (*mat.*) In un campo vettoriale, quantità pari al rapporto tra il flusso uscente da una superficie chiusa infinitesima e il volume da essa racchiuso | (*meteor.*) Deflusso orizzontale di aria, in tutte le direzioni, dal centro verso l'esterno di un'alta pressione. *2* Punto in cui due cose divergono: *la d. di due torrenti*. *3* (*fig.*) Disparità, differenza: *d. di opinioni, di caratteri, di giudizi*. *4* (*geol.*) Allontanamento reciproco di due zolle crostali che avviene lungo le dorsali medio-oceaniche.

divèrgere [vc. dotta, lat. tardo *devĕrgere* 'volgere (*vĕrgere*) d'altra parte (*dē-*)'; 1797] v. intr. (pres. *io divèrgo, tu divèrgi*; raro il pass. rem. *io divergéi, tu divergésti*; difett. del part. pass. e dei tempi composti)

1 Procedere in direzioni diverse, partendo da un punto comune: *le due strade divergono*; *la linea secondaria diverge dal binario principale.* *2* (*fig.*) Essere nettamente diverso, contrastante: *i miei gusti divergono dai tuoi.*

†divèrre ● V. *divellere.*

†diversàre (*1*) [adatt. del fr. *déverser* 'versare (*verser*) fuori (*de-*)'; sec. XIV] v. tr. ● Versare, effondere.

†diversàre (*2*) [da *diverso*; 1363] v. intr. e intr. pron. ● Essere diverso.

†diversificaménto [1737] s. m. ● Diversificazione.

diversificàre [vc. dotta, lat. mediev. *diversificāre*, comp. di *divĕrsus* e *-ficare*; 1306] **A** v. tr. (*io diversìfico, tu diversìfichi*) *1* Rendere diverso, differenziare: *qualche tratto diversificava i loro lineamenti* | Rendere vario: *d. le proprie letture* | Considerare diverso: *d. due concetti.* *2* (*econ.*) Impiegare un patrimonio in differenti attività produttive o finanziarie allo scopo di ridurre il rischio dell'investimento o la variabilità del suo rendimento. **B** v. intr. e intr. pron. (aus. *essere*) ● Essere o diventare diverso: *i due disegni si diversificano per alcuni particolari.*

diversificàto [1282] part. pass. di *diversificare*; anche agg. ● Nei sign. del v.

diversificazióne [1305] s. f. ● Il diversificare, il diversificarsi.

diversióne [vc. dotta, lat. tardo *diversiōne(m)*, da *divĕrsus* 'diverso' nel senso etim.; av. 1313] s. f. *1* (*raro*) Deviazione: *d. delle acque.* *2* (*mil.*) Manovra consistente nell'attaccare o minacciare di attacco il nemico in luogo lontano da quello previsto per l'attacco effettivo. *3* (*raro, fig.*) Digressione: *l'argomento non ammette diversioni.* *4* (*raro*) Svago.

diversità o **†diversitàde**, **†diversitàte** [vc. dotta, lat. *diversitāte(m)*, da *divĕrsus* 'diverso'; 1282] s. f. (assol.; + *da*; + *rispetto a*) *1* Caratteristica o condizione di chi (o di ciò che) è diverso: *quell'armonia nascosta in cui la natura ha mescolato e celato le differenze e le d.* (D'ANNUNZIO); *d. di idee, di giudizi, di opinioni*; *sottolineare la propria d. da qualsiasi modello*; *non c'è d. d'intenti tra di noi* | (*raro*) **Fare d.**, distinguere, discriminare. SIN. Differenza. CONTR. Uguaglianza. *2* (*est.*) Varietà, molteplicità: *d. di colori, di forme*; *la natura varia le semenze secondo la d. delle cose che essa vole produrre al mondo* (LEONARDO). *3* Ciò che rende diverse due persone o due cose: *non riusciva a cogliere la d. fra i due stili* | Contrasto, discordanza: *la tanta d. di giudizi sopra le medesime cose* (MURATORI). SIN. Differenza, divario. *4* †Contrasto, controversia. *5* †Perversità, crudeltà. *6* †Calamità, sventura, avversità.

diversìvo [av. 1313] **A** agg. ● Che serve a deviare: *canale d.* | (*fig.*) Che mira a distogliere, a distrarre, ad allontanare: *azione, manovra diversiva.* **B** s. m. *1* Mezzo atto a distogliere qlcu. da un'idea, da una preoccupazione, da un'attività e sim.: *un d. innocuo*; *cercare un d. alla monotonia quotidiana*; *il suo arrivo costituisce un d. per noi* | Svago: *nello sport ha trovato un piacevole d.* SIN. Distrazione. *2* (*idraul.*) Alveo artificiale avente la funzione di sottrarre da un corso d'acqua parte delle acque di piena.

♦**divèrso** o **†devèrso** [vc. dotta, lat. *divĕrsu(m)*, part. pass. di *divĕrtere* 'volgere (*vĕrtere*) in opposta direzione (*dis-*)'; 1224] **A** agg. *1* (*lett.*) Che procede in altra direzione (*anche fig.*): *strade, aspirazioni diverse* | (*lett.*) Vario, mutevole. *2* (assol.; + *da*; lett. + *di*; + *rispetto a*) Differente, dissimile: *un abito d. dagli altri*; *in futuro la situazione sarà diversa rispetto a quella odierna*; *la natura si presenta ad ogni uomo con aspetti diversi* (FOSCOLO); *per un lavoro ben d. di questo suo* (PIRANDELLO). CFR. allo-, etero-. CONTR. Uguale. *3* †Strano | †Insolito, straordinario. *4* †Orribile, mostruoso: *Cerbero, fiera crudele e diversa, / con tre gole caninamente latra* (DANTE *Inf.* VI, 13-14). *5* †Crudele, perverso. || **diversaménte**, avv. *1* (+ *da*) In modo diverso: *ti sei comportato diversamente da come avevi detto.* *2* Altrimenti, se no, in caso contrario: *scrivici, diversamente verremo subito.* *3* †In modo perverso, strano. *4* †Orribilmente. **B** agg. e pron. indef. ● (*al pl.*) Molti, svariati: *ho accomandato a Vostra Signoria in diverse volte diverse mie lettere* (TASSO); *per la qual cosa da diversi fu cominciata a vagheggiare* (BOCCACCIO). **C** s. m. (f. *-a*) ● Chi si comporta in modo non conforme a quelli che, per la maggioranza delle persone, sono i normali canoni di vita: *Ah, essere d.* ... / *significa non essere innocente...* (PASOLINI) | (*eufem.*) Omosessuale. **D** avv. ● (*raro*) Diversamente: *s'appressa / chi assai di me ti parlerà d.* (PINDEMONTE).

†diversòrio [vc. dotta, lat. *deversōriu(m)*, da *devĕrsus*, part. pass. di *devĕrtere* 'volgere (*vĕrtere*) verso (*dē-*)'; av. 1306] s. m. ● Ospizio, albergo.

♦**divertènte** [av. 1803] part. pres. di *divertire*; anche agg. ● Che diverte, che rallegra: *un film, una serata, una compagnia d.*

divertévole [av. 1907] agg. ● (*raro, lett.*) Divertente.

diverticolàre agg. ● (*anat.*) Di, relativo a, diverticolo: *cavità d.*

diverticolite [comp. di *diverticolo* e *-ite* (*1*); 1973] s. f. ● (*med.*) Infiammazione di diverticoli.

divertìcolo [vc. dotta, lat. *divertĭculu(m)*, per *devertĭculu(m)*, da *devĕrtere*, comp. del pref. d'allontanamento *dē-* e *vĕrtere* 'volgere'; av. 1342] s. m. *1* (*lett.*) Viottolo che porta fuori della strada maestra | (*est.*) Luogo appartato. *2* (*fig., lett.*) Sotterfugio | †Digressione. *3* (*anat.*) Piccola estroflessione della parete di un organo cavo.

diverticolòsi [comp. di *diverticol(o)* e *-osi*] s. f. inv. ● Malattia consistente nella presenza di diverticoli in organi cavi quali, per es., la vescica e l'intestino.

♦**divertiménto** [da *divertire*; nel sign. 4, calco sul fr. *divertissement*; 1525] s. m. *1* (*lett.*) †Allontanamento | (*fig.*) †Digressione. *2* Ciò che diverte: *un d. infantile, intelligente, sciocco*; *pensare solo ai divertimenti*; *ama troppo i divertimenti* | **Parco dei divertimenti**, luna park | Svago, passatempo: *studiare per d.*; *non lavora per d. ma per guadagnare* | **Non è un d., che bel d., sai che d.** e sim., con riferimento a cose piuttosto gravose: *non è un d. lavorare tutto il giorno* | **Buon d.!**, escl. di augurio (*anche iron.*). SIN. Diletto, sollazzo. *3* Persona che diverte: *quello strano individuo era il d. dei ragazzi.* *4* (*mus.*) Composizione strumentale senza una forma prestabilita, di carattere gaio | Nella fuga, sezione modulante di passaggio fra le varie riesposizioni del soggetto. SIN. Episodio.

♦**divertìre** [fr. *divertir*, dal lat. *divĕrtere* (V. *diverso*); sec. XIV] **A** v. tr. (*io divèrto*, o *divertìsco*, nel sign. 1) *1* (*lett.*) Volgere altrove, allontanare, distogliere (*anche fig.*): *d. la disputa*; *d. l'animo dalla cura*; *la poesia ci divertisce da molti delitti* (TASSO). *2* Rallegrare qlcu. intrattenendolo o facendolo partecipare ad attività od occupazioni piacevoli (*anche assol.*): *d. un fanciullo con giochi e passatempi*; *è uno spettacolo che diverte* | Procurare allegria, far ridere: *quel film mi ha divertito molto.* SIN. Dilettare, ricreare, svagare. *3* (*mil.*) †Fare diversione. **B** v. rifl. *1* Occupare il proprio tempo in attività gradevoli e distensive, darsi ai passatempi, agli svaghi e sim.: *dopo tanto lavoro ha bisogno di divertirsi*; *non pensa ad altro che a divertirsi* | **Divertirsi con poco**, essere di gusti semplici, non avere troppe esigenze, quanto ai divertimenti | **Divertirsi alle spalle di qlcu., a spese di qlcu.**, prendersi gioco di qlcu., farsi beffe di qlcu. | Provare gusto: *non sai quanto mi diverta a farlo arrabbiare*; *si divertiva a versar per terra e disperdere l'acqua della scienza* (SCIASCIA) | **Divertirsi un mondo**, moltissimo, provare un gusto matto | Provare allegria, ridere: *allo spettacolo di quel comico mi sono proprio divertito.* SIN. Dilettarsi, ricrearsi, svagarsi. *2* (*est.*) Darsi a esperienze spec. amorose senza assumersi impegni o responsabilità, come per gioco: *con lei vuole solo divertirsi*; *in gioventù si è divertito molto.* **C** v. intr. e intr. pron. (aus. intr. *avere*) ● †Allontanarsi, divergere (*anche fig.*).

divertissement /fr. divɛrtis'mɑ̃/ [vc. fr., propr. 'divertimento'; 1985] s. m. inv. *1* (*mus.*) Divertimento. *2* Composizione letteraria o artistica caratterizzata dal libero sviluppo di un tema spec. di carattere giocoso.

divertìto [av. 1797] part. pass. di *divertire*; anche agg. *1* Nei sign. del v. *2* Che rivela divertimento: *un'espressione, un'occhiata divertita.*

divétta [fr. *divette*, dim. di *diva*, italianismo; 1896] s. f. *1* Dim. di *diva.* *2* Cantante o attrice poco nota: *una d. in cerca di pubblicità*; *una parentesi galante di Claudio con una d. cinematografica* (GOZZANO).

†divettàre (*1*) [comp. di *di-* (*1*) e *vetta* 'cima'; av. 1601] v. tr. ● Cimare un albero, una pianta e sim.

†divettàre (*2*) [comp. di *di-* (*1*) e *vetta* 'scamato'; sec. XV] v. tr. ● Scamatare, battere con lo scamato o vetta: *d. la lana.*

†divettatùra [da *divettare* (*2*); 1559] s. f. ● Operazione del divettare la lana.

†divettìno [sec. XIV] s. m. ● Lanaiolo che divetta.

divezzaménto [da *divezzare* (*1*); 1869] s. m. *1* (*lett.*) Perdita di un'abitudine. *2* (*fisiol.*) Svezzamento.

divezzàre (*1*) [comp. parasintetico di *vezzo*, col pref. *di-* (*1*); av. 1348] **A** v. tr. (*io divézzo*) *1* (*lett.*) Togliere un'abitudine, disavvezzare. *2* (*med.*) **D. un bambino**, slattarlo, sottoporlo al divezzamento. **B** v. intr. pron. ● (*raro*) Perdere un'abitudine, disassuefarsi: *divezzarsi dal fumo.*

†divezzàre (*2*) [comp. parasintetico di *vezzo* nel sign. 5, con il pref. *di-* (*1*); av. 1729] v. tr. ● Privare qlcu. dei vezzi, dei gioielli.

†divezzatùra [da *divezzare* (*1*); 1931] s. f. ● (*raro*) Divezzamento.

divézzo agg. ● (*pop.*) Che è stato divezzato.

diviàre e deriv. ● V. *deviare* e deriv.

diviàto [da analizzare *di viato* (da *via*); av. 1313] agg. ● (*raro, lett.*) Ratto, spedito. || **†diviataménte**, avv. Speditamente.

dividèndo [vc. dotta, lat. tardo *dividĕndu(m)*, da *divĭdere* 'dividere'; 1739] s. m. *1* (*mat.*) Primo termine della divisione | Quantità o numero da dividere. *2* (*econ.*) Parte degli utili netti di una società per azioni distribuita annualmente fra gli azionisti.

♦**divìdere** o **†dovìdere** [vc. dotta, lat. *divĭdere*, comp. di *dis-* (*1*) e **vĭdere*, di forma e sign. incerti; av. 1250] **A** v. tr. (pass. rem. *io divìsi, tu dividésti*, ecc.; part. pass. *divìso*) *1* Scomporre in parti un tutto: *d. il pane in fette*; *d. una torta in sei porzioni*; *d. uno specchio d'acqua in settori*; *d. il tempo in ore, minuti, secondi* | Ripartire in gruppi, suddividere, frazionare e sim.: *divisero gli operai in varie squadre* | (*mat.*) Eseguire una divisione: *d. 27 per 3* | Classificare: *d. le piante in famiglie e specie* | Ripartire: *d. un libro in capitoli e paragrafi*; *la commedia era divisa in tre atti.* *2* Separare, disgiungere una parte dall'altra: *d. la radice e la desinenza di una parola*; *d. due litiganti*; *una catena montuosa divide i due Stati* | (*fig.*) Disunire, mettere in disaccordo: *d. la famiglia, gli animi*; *d. il popolo in opposte fazioni.* *3* Distinguere: *d. il bene dal male*; *d. il torto dalla ragione.* *4* Distribuire: *d. il bottino, la preda*; *d. gli utili tra i soci*; *d. un'eredità fra gli eredi* | **D. il lavoro** assegnare a ogni persona un compito determinato | **D. qlco. con qlcu.**, spartirla: *ha diviso le sue ricchezze coi fratelli.* *5* (*fig.*) Condividere: *d. con qlcu. le gioie, i dolori*; *d. le gioie, i dolori di qlcu.* | **Non aver nulla da d. con qlcu.**, considerarsi e mantenersi estraneo alla sua vita, ai suoi pensieri e sim. SIN. Spartire. **B** v. rifl. *1* Allontanarsi, separarsi: *si è diviso dalla sua città e dalla famiglia*; *così dalla mia terra io mi divisi, / con quanto gaudio non ti potrei dire* (ARIOSTO). *2* Distribuirsi in gruppi: *dividersi in sette, in fazioni.* *3* Dedicarsi a più attività, occuparsi contemporaneamente di più cose: *si divide fra l'insegnamento e la politica.* **C** v. rifl. rec. ● Separarsi, detto dei coniugi che cessano la convivenza. **D** v. intr. pron. *1* Essere distinto in parti, periodi, gruppi, specie, categorie: *la preistoria si divide in varie epoche.* *2* (*raro*) Fendersi, spaccarsi.

†dividévole [sec. XIV] agg. *1* Divisibile. *2* Sedizioso.

†dividitóre [sec. XIV] s. m.; anche agg. (f. *-trice*) ● Chi (o Che) divide.

dividivi [vc. delle Antille (*dividivi, dibidibi*) (?)] s. m. inv. ● Frutto di un arbusto dell'America centr. e merid. ricco di tannino e quindi usato come materia conciante (*Caesalpinia coriaria*).

†dividuità [vc. dotta, lat. tardo *dividuitāte(m)*, da *divĭduus* 'dividuo'; 1673] s. f. ● Divisibilità.

†divìduo [vc. dotta, lat. *divĭduu(m)* 'diviso, divisibile', da *divĭdere* 'dividere'; 1584] agg. ● Divisibile, separabile.

†divietagióne s. f. ● Divieto.

†divietaménto [1337] s. m. ● Proibizione, divieto.

divietàre [comp. di *di-* raff. e *vietare*; av. 1292] v. tr. (*io divièto*) *1* (*raro, lett.*) Vietare, proibire. *2* (*raro, lett.*) Impedire. *3* †Cacciare, escludere.

divièto [da *divietare*; 1313] **s. m.** *1* Proibizione, disposta da una legge, un regolamento o un'autorità, di determinati atti o comportamenti: *porre, mettere un d.*; *d. di sosta, di transito*; *rispettare, osservare, non osservare il d.* | Correntemente, proibizione: *i divieti della morale* | ***Far d.***, proibire, vietare: *a tutti è fatto d. di entrare* | †***Aver d.***, essere proibito. **SIN.** Proibizione. *2* (*raro, lett.*) Impedimento, ostacolo: *questa volta il d. è vinto dal dovere* (MONTI) | †***Aver d.***, essere impedito.

†**divinàle** [vc. dotta, lat. tardo *divināle(m)*, da *divīnus* 'divino'; sec. XVI] **agg.** ● Divino. || †**divinalménte**, **avv.** Per opera divina.

divinaménto [sec. XIV] **s. m.** ● (*raro*) Presagio risultante dalla pratica divinatoria.

divinàre [vc. dotta, lat. *divināre*, da *divīnus* 'relativo a dio'; av. 1327] **v. tr.** *1* Indovinare, predire il futuro mediante le tecniche divinatorie. *2* (*lett.*) Presagire | (*raro, est.*) Intuire, immaginare.

divinatóre [vc. dotta, lat. tardo *divinatōre(m)*, da *divinātus* 'divinato'; 1310] **s. m.**; anche **agg.** (f. *-trice*) *1* (*raro*) Chi (o Che) esercita la divinazione. **SIN.** Mago, indovino. *2* (*lett.*) Chi (o Che) prevede o intuisce il futuro: *mente divinatrice*.

divinatòrio [1354] **agg.** *1* Che si riferisce alla divinazione | ***Arte, facoltà divinatoria***, capacità paranormale di conoscere il futuro o il presente ignoto. *2* Profetico: *istinto d.*

divinazióne [vc. dotta, lat. *divinatiōne(m)*, da *divinātus* 'divinato'; 1308] **s. f.** *1* Nelle religioni superiori e primitive, tecnica per scoprire gli avvenimenti futuri o quelli presenti ignoti, attraverso l'esame dei segni che esprimono la volontà degli dei. *2* (*est.*) Predizione.

†**divincolàbile** [av. 1704] **agg.** ● Che si può divincolare.

divincolaménto [av. 1519] **s. m.** ● Il divincolarsi.

divincolàre [comp. di *di-* (*1*) e *vincolare*; av. 1400] **A v. tr.** (*io divìncolo*) ● (*lett.*) Piegare da una parte e dall'altra | ***D. la coda***, scodinzolare. **B v. intr.** (aus. *essere*) *1* (*raro*) Guizzare, detto di serpenti, anguille e sim. *2* (*raro, lett.*) Tentennare, vacillare. **C v. rifl.** ● Dimenarsi, contorcersi: *divincolarsi per sciogliere i legami*; *quella serpe che lacerata e pesta ... si va pur tuttavia divincolando* (GALILEI).

†**divincolazióne** **s. f.** ● Divincolamento.

divincolìo **s. m.** ● Divincolamento continuato.

diving /'daivin(g), *ingl.* 'daɪvɪŋ/ [vc. ingl., dal v. *to dive* 'immergersi'; 1986] **s. m. inv.** ● Immersione subacquea in apnea o con autorespiratore.

divinis, a ● V. *a divinis*.

divinità o †**divinitàde**, †**divinitàte** [vc. dotta, lat. *divinitāte(m)*, da *divīnus* 'proprio del dio'; av. 1294] **s. f.** *1* Natura, essenza divina: *gli antichi stimarono la d. e l'umanità potersi congiungere ... in un solo subbietto* (LEOPARDI). **CFR.** teo-. *2* Essere divino, dio: *le d. pagane*. *3* (*fig., raro*) Caratteristica di chi (o di ciò che) è divino, sublime: *la d. della poesia dantesca*. *4* †Scienza teologica: *i maestri, i dottori in d.* *5* †Arte o facoltà divinatoria.

divinizzàre [fr. *diviniser*, da *divin* 'divino'; 1677] **v. tr.** *1* Rendere o considerare divino, collocare fra le divinità: *d. le forze della natura*; *gli antichi divinizzarono molti eroi*. *2* (*fig.*) Celebrare, esaltare come persona o cosa divina: *d. un poeta*; *d. l'arte*.

divinizzazióne [av. 1729] **s. f.** ● Il divinizzare.

♦**divìno** [vc. dotta, lat. *divīnu(m)*, da *dīvus* 'dio'; av. 1250] **A agg.** *1* Di Dio, che si riferisce a Dio o agli dei: *bontà, volontà, misericordia divina*; *i divini attributi di Giove*; *il nettare d.* | ***Scienza divina***, la teologia. *2* Che ha natura di divinità, che partecipa della divina perfezione: *un essere d.*; *una creatura divina*. **SIN.** Celeste. *3* Che è degno di Dio o degli dei: *tributare a qlcu. onori divini*. *4* Che proviene da Dio, che è voluto o ispirato da Dio: *perdono d.*; *grazia divina*; *subire il castigo d.*; *ascoltare la parola divina* | ***Divina Scrittura***, la Bibbia. *5* (*fig.*) Eccellente, straordinario, sovrumano: *arte, bellezza, poesia divina*; *ogni aura tace al suo parlar d.* (POLIZIANO) | ***Il d. poeta***, (*per anton.*) Dante | (*fam.*) Bellissimo: *hai un vestito d.*; *oggi sei divina!* | (*fam.*) Squisito: *una cena divina*. *6* †Che indovina, predice. || **divinaménte**, **avv.** *1* In modo divino, degno di Dio. *2* (*est.*) In modo eccellente, straordinario. **B s. m.** *1* Essenza o natura divina: *la collisione tra il satanico e il d.* (DE SANCTIS). *2* (*raro*) Ciò che riguarda la divinità: *conoscere il d.* *3* †Indovino, vate.

divìsa (**1**) [da *divisare* (*1*); av. 1292] **s. f.** *1* (*raro, lett.*) Divisione, ripartizione | †***Fare d. da qlcu., da qlco.***, separarsene, allontanarsene | (*tosc.*) ***Fare la d.***, dividere i prodotti agricoli fra proprietario e mezzadro o contadino. *2* (*fig.*) †Discordia. *3* (*raro*) Scriminatura: *l'avevano pettinata alla moda, colla divisa in mezzo* (VERGA).

♦**divìsa** (**2**) o (*dial.*) †**dovìsa** [da *diviso*, perché originariamente veste *divisa* in più colori; av. 1375] **s. f.** *1* Abito di varia foggia e colore, un tempo comune a tutti i membri di una casata, di una confraternita, di un'associazione e sim. | Livrea: *la d. dei camerieri*. *2* Uniforme: *la d. degli alpini, degli aviatori*; *quasi tutti i collegi adottano una d. per i loro alunni* | Nelle attività sportive, complesso degli indumenti che si devono indossare in osservanza al regolamento. *3* (*arald.*) Frase allegorica scritta su un nastro, posto sotto lo scudo: *la d. della famiglia è 'ad augusta per angusta'*. *4* †Sembianza. *5* †Modo, maniera.

divìsa (**3**) [fr. *devise*, dal più ant. sign. di 'insegna, iscrizione'(?); 1892] **s. f.** ● (*econ.*) Credito o titolo di credito in moneta estera | ***D. convertibile***, valuta convertibile.

divisaménto [da *divisare* (*2*); sec. XIII] **s. m.** ● (*lett.*) Il divisare | Proposito, pensiero.

†**divisàre** (**1**) [lat. parl. **divisāre*, intens. di *divĭdere* 'dividere'; av. 1250] **v. tr.** *1* Dividere, separare, frazionare. *2* Differenziare, distinguere. *3* Distribuire.

divisàre (**2**) o †**devisàre** [fr. *deviser*, dal lat. parl. **divisāre*; cfr. *divisare* (*1*); av. 1313] **v. tr.** *1* (*lett.*) Proporsi, stabilire: *divisò di partire al più presto*; *quello che Pietro si divisasse a sodisfacimento di tutti ..., m'è uscito di mente* (BOCCACCIO). *2* (*lett.*) Immaginare, pensare: *d. qlco. tra sé*. *3* (*lett.*) Esporre, descrivere, narrare con precisione, minuzia.

divìsi ● V. *dividere*.

divisìbile [vc. dotta, lat. tardo *divisĭbile(m)*, da *divīsus* 'diviso (1)'; av. 1519] **agg.** *1* Che si può dividere | (*dir.*) ***Obbligazione d.***, in cui la prestazione si può ridurre in parte per sua natura o per volontà delle parti | (*dir.*) ***Cosa d.***, riducibile in parti senza che sia del tutto alterata la destinazione economico-sociale. *2* (*mat.*) Che si può dividere esattamente, cioè con resto nullo: *il 16 non è d. per 7*. || †**divisibilménte**, **avv.**

divisibilità [av. 1558] **s. f.** ● Proprietà, caratteristica di ciò che è divisibile.

divisionàle [da *divisione*; 1887] **agg.** *1* (*mil.*) Che concerne la divisione. *2* Detto di moneta che rappresenta una frazione di unità monetaria.

divisionàrio [1797] **A agg.** ● Di divisione | ***Moneta divisionaria***, divisionale. **B s. m.** ● (*mil.*) Generale comandante di una divisione.

♦**divisióne** [vc. dotta, lat. *divisiōne(m)*, da *divīsus* 'diviso (1)'; 1294] **s. f.** *1* Scomposizione in parti, settori, periodi, classi e sim.: *la d. di una parola in sillabe, di un libro in capitoli, di una provincia in comuni*; *la d. della preistoria in varie epoche* | Distribuzione: *la d. del bottino, degli utili* | Ripartizione: *d. di un terreno in lotti* | ***D. del lavoro***, organizzazione industriale del lavoro basata sulla specializzazione del singolo lavoratore e sulla parcellizzazione delle mansioni. *2* Separazione: *d. dei coniugi*; *d. dei contendenti*; *linea di d.*; *il torrente indica la d. fra i due terreni* | (*fig.*) Distinzione: *d. fra bene e male* | ***D. dei poteri***, principio secondo cui i poteri dello Stato appartengono ad organi distinti, senza interferenze | (*fig.*) Disaccordo, disunione: *le divisioni all'interno delle forze di maggioranza*. *3* (*dir.*) Scioglimento della comunione mediante assegnazione in proprietà, a ciascuno dei contitolari, di una parte dei beni comuni: *d. consensuale, giudiziale*. *4* (*mat.*) Operazione inversa della moltiplicazione per cui, dati due numeri, detti dividendo e divisore, se ne ottiene un terzo, detto quoziente, che moltiplicato per il divisore dà il dividendo. *5* (*elettron.*) ***D. di frequenza***, operazione, eseguita mediante un divisore di frequenza, che fa passare da un segnale periodico avente una frequenza data a uno avente una frequenza sottomultipla della prima. *6* (*bot.*) La categoria più elevata della sistematica vegetale, comprendente tutte le piante che possono ritenersi filogeneticamente collegate | (*biol.*) ***D. cellulare indiretta***, cariocinesi. *7* (*mil.*) Grande unità tattica dell'esercito e dell'aviazione, composta da più brigate: *d. di fanteria, corazzata*; *il serpente verdegrigio delle divisioni naziste* (LEVI) | In marina, gruppo organico di navi militari per lo più omogenee: *d. di cacciatorpediniere, d'incrociatori*. *8* (*lett.*) Nella retorica, distribuzione in varie parti dell'argomento di un discorso | Nell'antica esegesi, suddivisione di un capitolo o di un canto di un'opera letteraria prima di iniziare a chiosarne parole e frasi. *9* Ripartizione interna di un ministero o di altra Pubblica Amministrazione, comprendente più sezioni o più uffici. *10* Nei campionati di calcio e sim., raggruppamento di squadre in base al valore | ***Massima d.***, quella di serie A. *11* (*mus.*) Scomposizione della battuta nei suoi tempi. || **divisioncèlla**, **dim.**

divisionìsmo [dalla *divisione* dei colori nei loro elementi, escludendone l'impasto; 1908] **s. m.** ● Movimento pittorico sorto in Francia verso la fine del sec. XIX, e passato poi in Italia, che adotta una tecnica consistente nell'accostare sulla tela tocchi di colore puro, talvolta piccoli come punti, per moltiplicare le vibrazioni luminose.

divisionìsta [av. 1910] **A s. m. e f.** (pl. m. *-i*) ● Pittore che pratica il divisionismo. **B** anche **agg.** (pl. m. *-i*) ● Divisionistico: *pittura divisionista*.

divisionìstico [1922] **agg.** (pl. m. *-ci*) ● Che è proprio del divisionismo: *tecniche divisionistiche*.

†**divisìvo** [vc. dotta, lat. tardo *divisīvu(m)*, da *divīsus* 'diviso (1)'; av. 1375] **agg.** ● Che divide | Che è atto a dividere.

divìsmo [da *divo* (*2*); 1929] **s. m.** *1* Infatuazione collettiva per i personaggi famosi del cinema, della canzone, dello sport e dello spettacolo in genere. *2* Comportamento capriccioso, eccentrico e presuntuoso ostentato, spec. nei contatti con il pubblico, da personaggi noti o famosi del mondo dello spettacolo, dello sport e sim.

divìso (**1**) [av. 1292] **part. pass.** di *dividere*; anche **agg.** *1* Scomposto in parti | Separato: *i tuoi genitori sono divisi* | ***Vivere d. dal mondo***, lontano da tutti, appartato | †***In d.***, privatamente | †***Per non d.***, in comune. *2* (*mat.*) Indica l'operazione della divisione (e si rende graficamente con il segno ':' oppure '÷' oppure '/'): *sedici d.* (*per*) *quattro*. *3* (*fig.*) Discorde: *pareri divisi*. || †**divisaménte**, **avv.** Separatamente.

†**divìso** (**2**) [vc. dotta, lat. *dīvīsu(m)*, s. del part. pass. di *divĭdere* 'dividere'; av. 1363] **s. m.** ● Divisione.

†**divìso** (**3**) [adatt. dell'ant. fr. *devis* 'opinione', da *deviser* 'divisare, pensare'; av. 1294] **s. m.** ● Divisamento, pensiero.

divisóre [lat. *divisōre(m)*, da *divīsus* 'diviso (1)'; 1614] **A s. m.**; anche **agg.** (f. raro *divíditrice*) ● (*raro*) Chi (o Che) divide. **B s. m.** *1* (*mat.*) Secondo termine d'una divisione, numero che divide il dividendo | Ente per il quale l'ente dato è divisibile | ***Comun d.***, divisore di tutti gli enti dati | ***Massimo comun d.***, di più numeri, massimo fra i loro divisori comuni; di più polinomi, polinomio di grado massimo fra i divisori comuni. *2* Nelle lavorazioni meccaniche, apparecchio atto a dividere una circonferenza in un numero esatto di parti uguali. *3* (*elettron.*) ***D. di frequenza***, oscillatore che effettua la divisione di frequenza.

divisòrio [1354] **A agg.** ● Atto a dividere: *muro d.* **B s. m.** ● Elemento che divide, separa e sim.: *il d. delle acque*; *la stanza era tagliata in due da un d.*

divìstico [da *divo* (*2*); 1936] **agg.** (pl. m. *-ci*) ● Di divismo; da divo, da diva: *modi, atteggiamenti divistici*.

†**divìzia** ● V. *dovizia*.

†**divìzia** e *deriv.* ● V. *dovizia* e *deriv.*

dìvo (**1**) [vc. dotta, lat. *dīvu(m)* 'dio', di orig. indeur.; 1321] **A agg.** *1* (*lett.*) Divino | Magnifico, illustre: *il d. Augusto*. *2* (*poet.*) Risplendente, scintillante: *bello il tuo manto, o d. cielo, e bella / sei tu, rorida terra* (LEOPARDI). **B s. m.** (f. *-a* (V.)) ● (*lett.*) Dio, nume.

dìvo (**2**) [da *divo* (*1*), ma modellato sul f. *diva*, che per primo ha assunto tale senso; 1896] **s. m.** ● Artista famoso, personaggio molto popolare: *un d. del cinema, della canzone, della televisione*.

†**dìvo** (**3**) ● V. †*dive*.

†**divolgàre** e *deriv.* ● V. *divulgare* e *deriv.*

†**divòlgere** [adatt. su *avvolgere* dal lat. *devŏlvere* 'voltare (*vŏlvere*) in giù (*dē-*)'; av. 1389] **v. tr.** *1* Volgere, travolgere. *2* (*fig.*) Distogliere, allontanare.

†**divòlto** [sec. XIV] **part. pass.** di †*divolgere*; anche **agg.** ● Nei sign. del v.

divoraménto o †**devoraménto** [sec. XIV] **s. m.** ● (*raro, lett.*) Il divorare.

†**divoramónti** [comp. di *divora(re)* e il pl. di *monte*; 1618] **s. m. inv.** ● (*scherz.*) Spaccone, millantatore.

♦**divoràre** o †**devoràre** [vc. dotta, lat. *devorāre*, comp. di *dē-* e *vorāre* 'divorare', di orig. indeur.; av. 1280] **A v. tr.** (*io divóro*) **1** Mangiare con grande avidità, detto degli animali spec. feroci: *la belva divorò la preda* | (*est.*) Mangiare voracemente, inghiottendo il cibo in fretta, senza quasi masticarlo: *ha letteralmente divorato la cena*; *s'è divorato un piatto enorme di pasta.* **2** (*raro, lett., fig.*) Depredare, distruggere, soggiogare: *d. popoli, città*; *l'ambizione … soffia in cuor de' potenti, incitandoli a d. i vicini* (MURATORI). **3** (*fig.*) Distruggere, consumare, detto di fuoco, malattia, passione e sim.: *le fiamme divorarono l'edificio in breve tempo*; *la febbre lo divora*; *è divorato dall'odio.* **4** (*fig.*) Scialacquare, dilapidare: *sta divorando le poche sostanze del padre.* **5** (*fig.*) Leggere con grande interesse, tutto d'un fiato: *d. un libro, un romanzo*; *presto avrai divorato l'intera biblioteca!* **6** (*fig.*) Percorrere a tutta velocità: *d. la strada*; *divorò i pochi metri che lo separavano da casa.* **7** (*fig.*) Fissare qlcu. o qlco. con grande intensità, mostrando apertamente il desiderio, la passione e sim.: *d. il cibo con gli occhi*; *la divorava con lo sguardo.* **B v. intr. pron.** ● (*fig.*) Struggersi, consumarsi: *divorarsi dalla rabbia, dal desiderio.*

divoratóre o †**devoratóre** [vc. dotta, lat. tardo *devoratōre(m)*, da *devorātus* 'divorato'; av. 1333] **A agg.** (f. *-trice*) ● Che divora (*spec. fig.*): *fuoco d.*; *febbre divoratrice*; *angoscia divoratrice dell'anima.* **B s. m.** (f. *-trice*) ● Gran mangiatore, uomo estremamente ingordo e goloso: *un d. di dolci* | (*fig.*) ***D. di libri***, lettore avido e instancabile.

†**divoratùra s. f.** ● (*raro*) Divoramento.

†**divorazióne** o †**devorazióne** [vc. dotta, lat. *devoratiōne(m)*, da *devorātus* 'divorato'; sec. XIV] **s. f.** ● (*raro*) Divoramento.

†**divóro** [da *divorare*; av. 1388] **s. m.** ● (*raro*) Divoramento.

divorziàre [fr. *divorcer*, adattato prima in *divorzare*, poi, nella forma attuale, per analogia su *divorzio*; 1802] **v. intr.** (*io divòrzio*; aus. *avere*) ● Fare divorzio: *ha divorziato di recente*; *hanno divorziato un anno fa* | (*est.*) Dividersi, allontanarsi da cose o persone alle quali si era legati (*spesso scherz.*): *dopo una lunga amicizia, hanno divorziato.*

divorziàto [1802] **A part. pass.** di *divorziare*; anche **agg.** ● Nei sign. del v. **B s. m.** (f. *-a*) ● Chi ha sciolto il matrimonio mediante divorzio.

divorzile agg. ● Di, relativo a divorzio | ***Assegno d.***, somma che uno dei due coniugi è tenuto a versare all'altro in caso di divorzio.

divòrzio o (*poet.*) †**divòrzo** [vc. dotta, lat. *divŏrtiu(m)*, da *divĕrtere* 'volgere (*vĕrtere*) verso un'altra parte (*dis-*)'; sec. XIV] **s. m.** ● (*dir.*) Scioglimento del matrimonio durante la vita dei coniugi: *chiedere, ottenere, concedere, negare il d.* | (*est.*) Separazione, scissione: *il suo d. dall'ambiente accademico è stato senza rimpianti*; *il d. dei due partiti è un fatto scontato.*

divorzismo [1933] **s. m.** ● Atteggiamento di chi è divorzista.

divorzista [1901] **A s. m. e f.** (pl. m. *-i*) **1** Chi sostiene l'introduzione del divorzio in ordinamenti giuridici ove non è ammesso. **2** Avvocato esperto in cause di divorzio. **B agg.** (pl. m. *-i*) ● Divorzistico.

divorzistico [1965] **agg.** (pl. m. *-ci*) **1** Del, relativo al, divorzio. **2** Proprio del divorzismo e dei divorzisti.

†**divòrzo** ● V. *divorzio.*

†**divòto** (1) ● V. *devoto.*

†**divòto** (2) ● V. †*divuoto.*

†**divozióne** ● V. *devozione.*

divulgàbile agg. ● Che si può divulgare.

divulgaménto o †**divolgaménto** [av. 1363] **s. m.** ● (*raro*) Divulgazione.

divulgàre o †**divolgàre** [vc. dotta, lat. *divulgāre*, comp. di *dis-* 'dis- (1)' e *vulgāre* 'spandere tra la folla (*vŭlgus*)'; sec. XIII] **A v. tr.** (*io divùlgo, tu divùlghi*) **1** Rendere noto a tutti un fatto, un avvenimento, un segreto e sim.: *d. una notizia per danneggiare una persona.* SIN. Diffondere. **2** Rendere comprensibili a una vasta cerchia di persone concetti artistici, letterari o scientifici esponendoli in modo semplice e chiaro: *d. i principi della fisica moderna.* SIN. Volgare. **B v. intr. pron.** ● Spargersi, diffondersi: *la chiacchiera si è divulgata velocemente* | Entrare nell'uso comune: *questo francesismo si è divulgato dappertutto.*

divulgativo [1921] **agg.** ● Di divulgazione, atto a divulgare: *un testo, un manuale d.*; *scritti scientifici divulgativi.*

divulgatóre o †**divolgatóre** [vc. dotta, lat. tardo *divulgatōre(m)*, da *divulgātus* 'divulgato'; av. 1561] **s. m.**; anche **agg.** (f. *-trice*) **1** Chi (o Che) divulga: *un d. di notizie infondate.* **2** Chi (o Che) fa opera di divulgazione: *d. di conoscenze mediche.*

divulgazióne o †**divolgazióne** [vc. dotta, lat. tardo *divulgatiōne(m)*, da *divulgātus* 'divulgato'; 1584] **s. f.** **1** Diffusione di una notizia, un segreto e sim.: *d. di notizie false e tendenziose*; *d. di un segreto militare.* **2** Esposizione di argomenti spec. scientifici in modo accessibile a tutti: *un libro di d. scientifica.*

divulsióne [vc. dotta, lat. *divulsiōne(m)*, da *divŭlsus*, part. pass. di *divĕllere* 'strappar (*vĕllere*) via (*dis-*)'; 1499] **s. f.** ● (*med.*) Dilatazione forzata di orifizio o canale: *d. anale.*

divùlso [1499] **part. pass.** di *divellere*; anche **agg.** ● (*raro*) Nei sign. del v.

divulsóre s. m. ● (*med.*) Strumento per la divulsione.

†**divuòto** o †**divòto** (2) [comp. di *di-* (*1*) e *vuoto*] **agg.** ● Vuoto, cavo.

dixieland /*ingl.* 'dɪksi,lænd/ [dal luogo di provenienza, gli 'stati del Sud', chiamati con una espressione di orig. incerta *Dixie(land)* 'la terra (*land*) di *Dixie* (soprannome dei negri)', quindi 'la terra dei negri'; 1950] **s. m. inv.** ● (*mus.*) Jazz bianco tradizionale, sorto a New Orleans e diffusosi successivamente a Chicago e a New York.

dixit /*lat.* 'diksit/ [vc. verb. lat., propr. 'disse'; 1985] **vc.** ● (*iron.*) Così disse, così ha detto; espressione preceduta dal nome della persona della quale si riporta un'affermazione troppo perentoria.

dizigòte [comp. di *di-* (*2*) e *zigote*] **A s. m.** ● (*biol.*) Ognuno dei due gemelli che si sviluppano dalla fecondazione di due cellule uovo. **B agg.** ● (*biol.*) Dizigotico.

dizigòtico [comp. di *di-* (*2*) e *zigote*, con suff. aggettivale] **agg.** (pl. m. *-ci*) ● (*biol.*) Biovulare.

♦**dizionàrio** [lat. mediev. *dictionāriu(m)*, dal lat. class. *dĭctio*, genit. *dictiōnis* 'dizione' (cfr. *vocabolario*); av. 1555] **s. m.** ● Opera che presenta il lessico di una o più lingue, raccolto in ordine alfabetico e corredato di un determinato numero di informazioni (pronuncia, etimologia, categoria grammaticale, definizione o traduzione, esempi d'uso), o anche i termini relativi a un determinato settore specialistico, a una scienza, un'arte e sim.: *d. della lingua italiana*; *d. monolingue*; *d. bilingue*; *d. giuridico*; *d. di informatica, di geologia, di musica*; *d. enciclopedico.* SIN. Vocabolario. ‖ **dizionariàccio**, pegg. | **dizionariétto**, dim. | **dizionarino**, dim. | **dizionarióne**, accr. | **dizionariùccio**, dim., spreg.

dizionarista [fr. *dictionnariste*, da *dictionnaire* 'dizionario'; av. 1787] **s. m. e f.** (pl. m. *-i*) ● Chi compila dizionari. SIN. Lessicografo.

dizionaristica [f. sost. di *dizionaristico*] **s. f.** ● Lessicografia.

dizionaristico agg. (pl. m. *-ci*) ● Di, da dizionarista; lessicografico, vocabolaristico: *attività dizionaristica.*

dizióne [vc. dotta, lat. *dictiōne(m)*, da *dīcere* 'dire'; 1304] **s. f.** **1** (*lett.*) Recitazione: *una pubblica d. di poesia.* **2** Modo chiaro e corretto di pronunciare le parole: *corso di d.*; *è un bravo attore, ma non ha una buona d.* **3** (*lett.*) Discorso, frase, parola | Locuzione: *una d. tipica del Meridione.* **4** †Autorità, potestà, dominio.

DNA /diɛnne'a*/ [sigla dell'ingl. *DeoxyriboNucleic Acid* 'acido deossiribonucleico'; 1970] **s. m. inv.** **1** (*biol.*) Acido deossiribonucleico, che si trova quasi esclusivamente nel nucleo delle cellule ed è portatore dei fattori ereditari | ***DNA ricombinante***, V. *ricombinante.* **2** (*fig.*) Matrice ideologica e culturale: *il DNA di un partito, di un'azienda.*

do (1) /dɔ*, dɔ/ [dalla prima sillaba del cognome del coniatore, il musicista fiorentino G. B. *Doni* (1594-1647); 1536] **s. m. inv.** ● (*mus.*) Prima nota dell'unica scala diatonica maggiore senza alterazioni in chiave. CFR. Ut, gammaut | ***Do centrale***, il primo al di sotto del la del diapason | ***Do di petto***, quello un'ottava sopra il do centrale; cantato dai tenori a voce piena, ne testimonia tradizionalmente la bravura; (*fig.*) il punto più alto, il culmine di qlco.: *quel poema fu il do di petto della sua produzione letteraria* (V. nota d'uso ACCENTO). ➡ ILL. **musica.**

†**do** (2) /dɔ, dɔh, dɔʔ/ ● V. †*doh.*

do (3) ● V. *dare* (*1*).

†**do'** /do/ [per *dove*] **avv.** ● Forma tronca di 'dove'.

†**doàgio** ● V. †*duagio.*

†**doàna** ● V. *dogana.*

doàrio ● V. *dovario.*

dobbiàmo ● V. *dovere* (*1*).

†**dòbbra** ● V. *dobla.*

†**dobbràre** ● V. †*doblare.*

dòbermann /'dɔberman, *ted.* 'doːbʌ,man/ [ted. *Dobermann(pinscher)* '(griffone) *Dobermann*'; dal n. dell'allevatore che l'ottenne per incrocio di un griffone con un pastore ted.; 1919] **s. m. inv.** (pl. ted. *Dobermanns* o *Dobermänner*) ● Cane da guardia e da difesa di taglia media con corpo snello e vigoroso, pelo corto e lucido e muso appuntito.

dòbla (o -ó-) o †**dòbbra** [sp. *dobla*, propr. 'doppia', perché in orig. valeva il doppio di uno scudo; sec. XIV] **s. f.** **1** Moneta d'oro spagnola, coniata per la prima volta nel XIV sec. da Alfonso XI di Castiglia. **2** (*lett.*) Moneta d'oro in genere: *facea nascer le doble a diece a diece* (ARIOSTO).

†**doblàre** o †**dobbràre** [fr. ant. *dobler* 'raddoppiare'; av. 1294] **v. tr.** ● Raddoppiare, duplicare.

†**dóblo** [ant. fr. *doble*, dal lat. *dŭplus* 'doppio'; av. 1294] **agg.** ● Doppio. ‖ †**doblaménte**, avv. Doppiamente.

doblóne [sp. *doblón*, accr. di *dobla* 'dobla'; av. 1654] **s. m.** ● Moneta spagnola d'oro del valore di due scudi d'oro, coniata a partire dal XVI sec.

doc /dɔk/ [sigla di *d(enominazione di) o(rigine) c(ontrollata)*; 1985] **A agg. inv.** **1** Detto di vino, o di altro prodotto provvisto di un contrassegno che ne garantisce la zona di produzione: *chianti doc.* **2** (*fig., scherz.*) Genuino, autentico: *milanesi doc*; *intellettuale doc* | Molto buono, di gran pregio: *un film doc.* **B s. m. inv.** ● Vino o prodotto doc.

♦**dóccia** [etim. incerta; sec. XIII] **s. f.** (pl. *-ce*) **1** (*arch.*) Canale in terracotta, lamiera o cemento armato che, partendo dalla grondaia di un tetto, sporge dal muro del fabbricato per scaricare con un getto esterno l'acqua piovana. **2** Canale inclinato per convogliare l'acqua contro le pale della ruota di un mulino | (*est., gener.*) Canale | ***A d.***, detto di scalpello con scanalatura mediana. **3** Impianto idraulico usato nei locali da bagno per ottenere un'uniforme distribuzione a spruzzo dell'acqua sul corpo | (*est.*) Locale, o parte di esso, in cui si trova tale impianto: *una d. rivestita di piastrelle azzurre* | (*est.*) Bagno fatto con tale sistema: *fare, farsi la d.*; *d. fredda, tiepida, calda* | ***D. fredda***, (*fig.*) notizia o avvenimento che giunge improvviso a spegnere ogni precedente entusiasmo | ***D. scozzese***, fatta alternando acqua calda e acqua fredda; (*est., fig.*) successione rapida e violenta di eventi piacevoli e spiacevoli | †***Bere a d.***, a garganella. **4** (*med.*) Apparecchio ortopedico modellato in gesso o in plastica, di forma incavata, usato per immobilizzare un arto. **5** (*zool.*) ***D. esofagea***, nei Ruminanti, parte dello stomaco per cui l'omaso comunica con l'esofago.

docciàio [1853] **s. m.** (f. *-a*) **1** (*tosc.*) Chi fabbrica o installa docce o grondaie. **2** Chi fa o ripara tubi per l'acqua. SIN. Idraulico.

docciàre [da *doccia*; sec. XIV] **A v. tr.** (*io dóccio*) ● (*raro, lett.*) Versare l'acqua su una persona o una cosa come da una doccia. **B v. intr.** (*io dóccio*; aus. *essere* se il sogg. è il liquido, *avere* se il sogg. è il recipiente) ● †Sgorgare come l'acqua di una doccia. **C v. rifl.** ● (*raro*) Fare la doccia.

Docciaschiùma® [comp. di *doccia* e *schiuma*; 1996] **s. f.** (pl. inv. o *docceschiume*) ● Prodotto che sciolto nell'acqua della doccia produce una schiuma saponosa.

docciatùra [av. 1566] **s. f.** ● (*raro*) Doccia o serie di docce, spec. a scopo curativo.

†**dóccio** [etim. incerta; av. 1494] **s. m.** **1** Doccia. **2** Doccione.

doccionàta [av. 1873] **s. f.** ● Condotto formato di doccioni.

docciòne [etim. discussa: lat. *ductiōne(m)* 'condotto (d'acqua)' con sovrapposizione d'altra parola (?); 1340 ca.] **s. m.** *1* (*arch.*) Parte terminale della grondaia che serve a scaricare l'acqua lontano dai muri, consistente talora, spec. in palazzi antichi, in un'opera di scultura con figure grottesche o di animali | Tubo collegato alla grondaia, che scarica le acque piovane a terra. *2* (*raro*) Nell'alpinismo, colatoio.

docènte [vc. dotta, lat. *docĕnte(m)*, part. pres. di *docēre* 'insegnare'; av. 1803] **A agg.** ● Che insegna: *il personale d.* **B s. m. e f.** ● Insegnante, professore: *d. di matematica.*

docènza [vc. dotta, lat. tardo *docĕntia(m)* 'dottrina', da *docēre* 'insegnare'; 1880] **s. f.** ● Titolo e professione di docente: *ottenere la d. in latino* | ***Libera d.***, titolo, soppresso nel 1971, che abilitava a tenere corsi presso l'Università o istituti superiori.

†**docère** o **dòcere** [vc. dotta, lat. *docēre*, di orig. indeur.; av. 1348] **v. tr.** (difett. usato solo nella terza pers. sing. del **pres. indic.** *dòce*) ● (*lett.*) Insegnare.

dòcet [vc. lat., imperat. del v. *docēre* 'insegnare'; av. 1883] **vc. verb.** ● (posposto al s.) Insegna, ammaestra: *Umberto Eco d.: un serio studioso può diventare un grande romanziere.*

docèta [vc. dotta, lat. eccl. *Docētae* (nom.), dal gr. *Dokētái*, propr. 'i credenti (che il corpo di Cristo fosse un fantasma)', da *dokêin* 'sembrare, credere'] **s. m. e f.** (**pl. m.** *-i*) ● Seguace del docetismo.

docetịsmo [da *doceta*] **s. m.** ● Dottrina eretica dei primi secoli del cristianesimo, secondo la quale il corpo di Cristo era soltanto apparenza.

docetista **s. m. e f.** (**pl. m.** *-i*) ● Doceta.

dòcile [vc. dotta, lat. *dŏcile(m)*, propr. 'che si può istruire (*docēre*)'; 1364] **agg.** *1* (*lett.*) Che apprende senza sforzo: *un'intelligenza d. e ricettiva.* *2* Che si piega con facilità alla volontà altrui, arrendevole, ubbidiente: *bambino, carattere d.*; *essere d. ai comandi, ai consigli di qlcu.* | Mansueto: *animale d.*; *essere d. come un agnello.* **SIN.** Cedevole, remissivo. *3* (*fig.*) Che si può usare, manovrare, maneggiare, lavorare e sim. con molta facilità: *strumento d.*; *macchina, nave d. ai comandi*; *materiale d. allo scalpello.* || **docilino**, **dim.** || **docilménte**, **avv.** In modo docile: *acconsentire docilmente ai desideri di qlcu.*

docilità o †**docilitàde**, †**docilitàte** [vc. dotta, lat. *docilitāte(m)*, da *dŏcilis* 'docile'; av. 1348] **s. f.** ● Caratteristica di chi (o di ciò che) è docile.

docimạsia [vc. dotta, gr. *dokimasía*, da *dokimázein* 'provare, assaggiare', da *dókimos*, propr. 'accettato'; 1771] **s. f.** *1* Nell'antica Grecia, esame dei requisiti necessari per esercitare particolari diritti o uffici. *2* (*med.*) Saggio necroscopico per dimostrare se il feto sia nato vivo o morto: *d. polmonare, auricolare.* *3* (*chim.*) Esame o saggio analitico di controllo su materiali metallici, da costruzione, combustibili e sim.

docimàstica [da *docimastico*; 1779] **s. f.** ● (*chim.*) Tecnica di preparazione dei saggi.

docimàstico [vc. dotta, gr. *dokimastikós* 'relativo alla docimasia'; 1851] **agg.** (**pl. m.** *-ci*) ● (*chim.*) Relativo alla docimasia | ***Bilancia docimastica***, di precisione, tenuta sotto campana o cassa di vetro, per riconoscere le proporzioni dei vari componenti di una sostanza minerale, spec. metallica.

docimèno [vc. dotta, lat. tardo *Docimēnu(m)* 'relativo alla città frigia di *Docimio* (*Docimēum*)'] **s. m.** ● (*geol.*) Marmo lucente molto usato dagli antichi.

docimologia [comp. del gr. *dókimos* 'idoneo, capace' (da *dokimôun* 'mettere alla prova', di orig. indeur.), e *-logia*; 1963] **s. f.** ● Disciplina a base pedagogica e didattica che studia scientificamente i metodi delle prove scolastiche e i loro criteri di valutazione.

docimològico **agg.** (**pl. m.** *-ci*) ● Relativo alla docimologia.

docimòlogo **s. m.** (**f.** *-a*; **pl. m.** *-gi*) ● Studioso, esperto di docimologia.

dock /*ingl.* dɒk/ [vc. ingl., dal medio ol. *docke*, di etim. incerta; 1797] **s. m. inv.** ● Zona del porto dotata di banchine e delle attrezzature necessarie alle operazioni di carico e scarico delle navi, alla custodia e a quant'altro si richieda per il movimento delle merci.

docking /*ingl.* 'dɒkɪŋ/ [vc. ingl., deriv. di *to dock* 'attraccare', da *dock* 'bacino' (vc. di orig. olandese); 1966] **s. m. inv.** ● In astronautica, aggancio in volo fra due o più veicoli spaziali.

docking station /'dɔkin(g) 'steʃʃon, *ingl.* 'dɒkɪŋ 'steɪʃn/ [loc. ingl. 'stazione (*station*) di aggancio (*docking*)'; 1996] **loc. sost. f. inv.** (**pl.** ingl. *docking stations*) ● (*elab.*) Dispositivo costituito da un insieme di connettori e di interfacce destinato ad accogliere un computer portatile per ampliarne le possibilità di collegamento.

dòcmio [vc. dotta, gr. *dóchm(i)os* 'obliquo, trasversale', di etim. incerta] **s. m.** *1* (*ling.*) Metro della poesia greca e latina formato da cinque sillabe. *2* (*zool.*) Anchilostoma.

documentàbile [1911] **agg.** ● Che si può documentare.

documentàle [1621] **agg.** ● Che si riferisce a uno o più documenti | ***Prova d.***, documentazione.

documentalista [1987] **s. m. e f.** (**pl. m.** *-i*) ● Persona esperta della documentazione, di cui applica praticamente i principi.

documentàre [da *documento*; av. 1754] **A v. tr.** (*io documénto*) *1* Comprovare o dimostrare qlco. con documenti: *d. la verità di un fatto*; *documentò il suo racconto con registrazioni e fotografie* | Illustrare e confermare una tesi e sim. mediante l'esibizione di documenti: *d. una teoria scientifica.* *2* (*raro*) Fornire qlcu. della necessaria documentazione. **B v. rifl.** ● Procurarsi le informazioni, i documenti e sim. necessari a conoscere con precisione qlco.: *documentarsi sugli ultimi avvenimenti politici.*

documentàrio [fr. *documentaire* (sottinteso *film*) 'che documenta', da *document* 'documento'; 1892] **A agg.** *1* Che si riferisce a uno o più documenti | Che si fonda su documenti. *2* Che ha natura o forma di documento, che ha funzioni o finalità prettamente informative: *testimonianze documentarie.* *3* Che riguarda la documentazione: *materiale d.* || **documentariamente**, **avv.** Secondo i documenti, in base a documenti. **B s. m.** ● Film o cortometraggio di contenuto informativo, culturale o divulgativo, senza trama narrativa.

documentarista [1942] **s. m. e f.** (**pl. m.** *-i*) *1* Classificatore, ordinatore di documenti. *2* Creatore e regista di documentari.

documentaristico **agg.** (**pl. m.** *-ci*) ● Relativo a, proprio di, un documentario.

documentàto [1818] **part. pass.** di *documentare*; anche **agg.** *1* Corredato dei documenti necessari: *una domanda, una spesa documentata.* *2* Attendibile, provato con sicuri argomenti: *sono notizie ben documentate* | Di persona, dotata di profonda conoscenza dell'argomento che tratta: *uno storico, un critico d.* || **documentataménte**, **avv.**

documentatóre [1910] **s. m.** (**f.** *-trice*) ● Chi raccoglie e fornisce ad altri una serie di documenti e di informazioni atte a facilitare lo studio, la ricerca scientifica e sim.

documentazióne [fr. *documentation*, da *document* 'documento'; 1905] **s. f.** *1* Raccolta di informazioni, documenti e sim. atti a documentare o documentarsi: *la d. di una verità*; *la d. di uno scienziato*; *centro di d. sindacale, medica, scientifica* | (*elab.*) ***D. automatica***, insieme di tecniche che permettono la registrazione in forma abbreviata di documenti nelle memorie e la loro successiva ricerca automatica. *2* L'insieme dei dati, dei documenti e sim. che consentono di documentare qlco.: *d. ricca, scarsa, abbondante*; *fornire qlco. della relativa d.* | Complesso di documenti relativi a qlco.: *la d. di un processo* | (*dir.*) Complesso dei documenti rappresentativi di un atto o di un negozio giuridico.

♦**documénto** [vc. dotta, lat. *documĕntu(m)* 'ogni cosa che serva per insegnare (*docēre*)'; av. 1363] **s. m.** *1* (*dir.*) Ogni scritto rappresentativo di un fatto giuridicamente rilevante: *d. dichiarativo, dispositivo, autentico* | Certificato rilasciato da una pubblica autorità: *d. d'identità*; *documenti personali* | ***Documenti di lavoro***, quelli che le parti di un rapporto di lavoro sono per legge obbligate ad avere | ***Documenti!***, invito perentorio a presentare o esibire i propri documenti personali. *2* Testimonianza di interesse storico: *quei castelli sono un d. della civiltà medievale* | (*est.*) Avvenimento che comprova qlco. o riassume le caratteristiche di un determinato fenomeno: *un regime che è il massimo d. di disumanità.* *3* Qualsiasi cosa che costituisce materiale d'informazione o che può essere utile a documentare qlco.: *quel manoscritto è un valido d. per la tua ricerca.* *4* †Insegnamento, ammaestramento. || **documentino**, **dim.**

documentografia [comp. di *documento* e *-grafia*] **s. f.** ● Insieme di pubblicazioni a carattere documentario.

documentologia [comp. di *documento* e *-logia*] **s. f.** ● Studio della documentazione nei suoi aspetti teorici e pratici.

documentotèca [comp. di *documento* e *-teca*] **s. f.** ● Raccolta di documenti, di materiale di documentazione.

dòdeca- o **dódeca-** [dal gr. *dṓdeka* 'dodici'] primo elemento ● In parole composte, significa 'dodici': *dodecaedro, dodecafonia, dodecasillabo.*

dodecaèdrico **agg.** (**pl. m.** *-ci*) ● (*mat.*) Di dodecaedro.

dodecaèdro [vc. dotta, gr. *dōdekáedros* 'con dodici (*dṓdeka*) facce o basi (*hédrai*)'; av. 1617] **s. m.** *1* (*mat.*) Poliedro con dodici facce | ***D. regolare***, dodecaedro che ha per facce dei pentagoni regolari uguali. ➡ **ILL. geometria.** *2* (*miner.*) Forma cristallina semplice delimitata da 12 facce uguali, che possono essere o pentagoni o quadrilateri scaleni.

dodecafonia [vc. dotta, comp. di *dodeca-* e *-fonia*; 1930] **s. f.** ● (*mus.*) Moderna teoria e prassi di composizione fondata sull'equiparazione dei dodici suoni della scala temperata, posti in una determinata successione che costituisce l'impianto del pezzo.

dodecafònico [1921] **agg.** (**pl. m.** *-ci*) ● Della, relativo alla, dodecafonia: *stile d.*; *musica dodecafonica.* || **dodecafonicaménte**, **avv.**

dodecàgono [vc. dotta, gr. *dōdekágōnon* 'con dodici (*dṓdeka*) angoli (*gōníai*)'; av. 1647] **s. m.** ● (*mat.*) Poligono con dodici vertici.

dodecasillabo [vc. dotta, gr. *dōdekasýllabos* 'che ha dodici (*dṓdeka*) sillabe (*syllabái*)'; av. 1728] **A s. m.** *1* Nella poesia francese, verso alessandrino. *2* Nella metrica italiana, verso la cui ultima sillaba accentata è l'undicesima, spesso composto da due senari o da un ottonario e un quadrisillabo: *Quando il tremulo splendore della luna* (CARDUCCI). **B** anche **s. m.**: *verso d.*

dodecàstilo [vc. dotta, gr. *dōdekástylos*, comp. di *dṓdeka* 'dodici' e *stýlos* 'colonna'] **agg.** ● (*arch.*) Detto di edificio che ha dodici colonne sulla facciata.

†**dódeci** ● V. *dodici.*

dodecilbenẓène [comp. di *dodec(a)-* e *benzene*] **s. m.** ● (*chim.*) Molecola organica aromatica e alifatica che, sottoposta a solforazione, costituisce il componente base per la preparazione dei detersivi.

†**dodècimo** ● V. *duodecimo.*

dodicènne [vc. dotta, lat. tardo *duodecĕnne(m)* 'di dodici (*duŏdecim*) anni (*-ĕnnis*, da *ănnus* 'anno')'; 1861] **agg.**; anche **s. m. e f.** ● Che (o Chi) ha dodici anni: *un giovinetto d.*; *spettacolo per dodicenni.*

dodicènnio [vc. dotta, lat. tardo *duodecĕnniu(m)* '(spazio) di dodici (*duŏdecim*) anni (*-ĕnnium*, da *ănnus* 'anno')'; av. 1810] **s. m.** ● Periodo di tempo di dodici anni.

dodicèṣima (o *-é-*) **s. f.** ● (*mus.*) Intervallo di dodici suoni.

dodiceṣimàle **agg.** ● (*mat.*) Di sistema che ha per base dodici.

dodicèṣimo (o *-é-*) [1300 ca.] **A agg. num. ord.** ● Corrispondente al numero dodici in una sequenza, in una successione (rappresentato da *XII* nella numerazione romana, da *12* in quella araba): *ho letto il capitolo d.*; *Luigi XII, re di Francia, regnò fino al 1515*; (*ellitt.*) *elevare tre alla dodicesima* | ***Il secolo XII***, gli anni dal 1101 al 1200. **SIN.** (*lett.*) Decimosecondo, (*lett.*) duodecimo. **B s. m.** ● Ciascuna delle dodici parti uguali di una stessa quantità: *calcolare i tre dodicesimi di trenta.*

♦**dódici** o †**dódeci** [lat. *duŏdecim*, comp. di *dŭo* 'due' e *dĕcem* 'dieci'; 1211] **agg. num. card. inv.**; anche **s. m. e f. inv.** ● Numero naturale successivo di undici, rappresentato da *12* nella numerazione araba, da *XII* in quella romana. **I** Come agg. ricorre nei seguenti usi. *1* Rispondendo o sottintendendo la domanda 'quanti?' indica la quantità numerica di dodici unità (spec. preposto a un s.): *i d. mesi dell'anno*; *i d. apostoli*; *le d. tavole*; *i d. segni dello zodiaco*; *i d. Cesari*; *d. tredicesimi*; *il dodecaedro ha d. facce* | (*lett.*) Parecchi, molti (con valore indet.): *li nemici delle Signorie Vostre vi faranno su d. comenti* (MACHIAVELLI). **CFR.**

dodeca-. *2* Rispondendo o sottintendendo la domanda 'quale?', identifica qlco. in una pluralità, in una successione, in una sequenza (posposto a un s.): *leggete il paragrafo d.*; *abita al numero d. della mia stessa strada.* **III** Come s. ricorre nei seguenti usi. *1* Il numero dodici (per ellissi di un s.): *il sei nel d. sta due volte*; *sconto del d. per cento*; *è questa la fermata del d.?*; *la Commissione dei d. fu eletta in Francia dall'assemblea costituente*; *ha fatto d. al totocalcio* | ***Le d.***, mezzogiorno o mezzanotte. *2* Il segno che rappresenta il numero dodici. *3* Numero telefonico corrispondente al servizio informazioni | (*est.*) Il servizio informazioni stesso.

†**dodicina** [sec. XIII] **s. f.** ● Dozzina.

dodicista [1963] **s. m. e f.** (**pl. m.** *-i*) ● (*raro*) Chi ha fatto dodici al totocalcio e sim.

dòdo o **dido** [port. *dodo* 'semplicione', d'etim. incerta; 1881] **s. m.** ● (*zool.*) Dronte.

dóga o **dòga** [etim. incerta: forse da accostare al lat. tardo *dŏga* 'recipiente', a sua volta di orig. non chiarita; 1319] **s. f.** *1* Ognuna delle strisce di legno che compongono il corpo di botti, barili, tini e sim.: *una d. di rovere, di abete.* *2* †Lista, striscia, fregio, spec. di vestiti | Ognuna delle strisce di diverso colore che formano le bandiere da segnalazione. *3* Listone in legno per pavimenti o per rivestimento di pareti.

dogàdo ● V. *dogato* (*2*).

†**dogàia** o †**dugàia** [forse da *doga* 'recipiente, botte'; 1766] **s. f.** ● Fosso o canale di scolo o di scarico di acqua | (*est.*) Terreno bonificato dalle acque mediante canali di scolo.

dogàle [da *doge*; 1573] **agg.** ● (*lett.*) Del doge: *palazzo d.*; *veste d.* | ***Città d.***, (*per anton.*) Venezia | ***Corno d.***, berretto di velluto rosso curvato in avanti portato dai Dogi veneziani.

dogalina [dim. di (*veste*) *dogale*; av. 1580] **s. f.** ● Veste foderata di ermellino e con maniche molto ampie indossata un tempo dai nobili veneziani.

†**dogàme** [da *doga*] **s. m.** ● (*raro*) Quantità di doghe | Legname per doghe.

dogana o †**doàna** [ar. parl. **duwān*, per *dīwān* 'ufficio' (dal persiano *divan*), con intrusione di *-g-* nel più ant. *doana*; 1264] **s. f.** *1* Ufficio fiscale che ha l'incarico di riscuotere i tributi cui sono sottoposte le merci che entrano o escono dal territorio dello Stato. *2* Edificio in cui si esercita l'ufficio doganale: *una merce bloccata in d.* | (*ant.*) Fondaco in cui rimanevano le merci in deposito franche di imposizione doganale sino all'atto della immissione al consumo | Il complesso degli impiegati addetti al controllo doganale: *lo sciopero della d.*; *i controlli della d.* | Dazio doganale: *pagare la d.* *3* †Gabella, tassa.

doganàle [av. 1835] **agg.** ● Relativo alla dogana: *linea, tariffa, guardia d.* | ***Dazio d.***, dovuto per il passaggio di merce attraverso la linea doganale di uno Stato | ***Unione d.***, accordo tra diversi Stati per l'abolizione dei dazi doganali sulle merci tra essi scambiate, e per l'istituzione di un'unica barriera doganale nei confronti dei Paesi non facenti parte dell'unione.

†**doganàto** **s. m.** ● (*raro*) Ufficio di doganiere.

†**doganése** [1701] **s. m.** ● (*raro*) Doganiere.

doganière [1330] **s. m.** ● Agente dello Stato che sta nei porti e negli aeroporti o negli uffici doganali per il controllo delle operazioni inerenti la dogana | Correntemente, guardia di finanza.

dogàre [da *doga*; 1313] **v. tr.** (*io dógo* o *dògo, tu dóghi* o *dòghi*) *1* (*raro*) Applicare o rimettere le doghe: *d. una botte, un tino.* *2* (*lett.*) †Cingere, listare.

dogarèssa [lat. mediev. *ducarissa*(*m*), f. di *dūx* 'doge', con il suff. che si trova in *duchessa, contessa*, ecc.; av. 1389] **s. f.** ● (*st.*) Moglie del doge di Venezia.

dogàto (**1**) [1427] **part. pass.** di *dogare*; anche **agg.** *1* Nei sign. del v. *2* (*fig., lett.*) Solido | Avveduto, posato: *uomo ben d.*

dogàto (**2**) o **dogàdo** [da *doge*; 1417] **s. m.** *1* Carica, titolo e dignità di doge | Durata di tale carica. *2* †Territorio della Repubblica di Venezia.

dóge o †**dògio** [vc. venez., che continua il lat. *dŭce*(*m*) 'duce, condottiero'; sec. XIII] **s. m.** *1* (*st.*) Titolo dato a chi ricopriva la suprema carica nelle repubbliche di Venezia e di Genova. *2* †Duce, capo.

doggy-bag /ˈdɔgiˈbɛg, *ingl.* ˈdɒgi,bæg/ [loc. ingl., comp. di *bag* 'borsa' e *doggy* 'del, per il cane (*dog*)'; 1996] **s. f.** o **m. inv.** ● Sacchetto nel quale il cliente di un ristorante può farsi consegnare gli avanzi del pasto, da destinare al proprio cane.

doghettàto [da *doga*; 1985] **A agg.** ● Rivestito di doghe. **B s. m.** ● Tipo di rivestimento costituito da doghe.

dòglia [lat. tardo *dŏlia*, pl. di *dŏlium* 'dolore', ricavato da *dolēre* 'dolere'; av. 1249] **s. f.** *1* (*lett.*) Dolore, patimento, sofferenza: *di lacrime pregni / sien gli occhi miei, sì come 'l cor di d.* (PETRARCA). *2* (*spec. al pl.*) Dolori che precedono il parto. *3* †Lutto: *abito di d.* || **doglierèlla**, **dim.** | **dogliùzza**, **dim.**

dogliànza [ant. fr. *do*(*u*)*liance*, da *doloir* 'dolere'; 1505] **s. f.** *1* (*raro*) Lamento, lagnanza, rimostranza: *Ma lasciando le doglianze a dietro* (BEMBO) | ***Far d.***, reclamare. *2* (*lett.*) Dolore, angoscia: *Vergine madre / vestita di cupa d.* (D'ANNUNZIO) | †Condoglianza.

†**dogliènza** [sec. XIII] **s. f.** *1* (*lett.*) Lagnanza: *or sempre nascono rampogna / e rimbrotti, d. e crucci* (D'ANNUNZIO). *2* (*lett.*) Dolore.

dòglio (**1**) o **dóglio** [lat. *dōliu*(*m*), di etim. incerta; av. 1320] **s. m.** ● Grosso vaso di creta usato anticamente per conservare cereali, vino, olio | (*lett.*) Orcio, giara, barile: *s'apriva / il fumeo d. e si saggiava il vino* (PASCOLI). || **dogliétto**, **dim.**

dòglio (**2**) o **dóglio** ● V. *dolio.*

dogliòso [da *doglia*; av. 1250] **agg.** *1* (*lett.*) Dolente, sofferente: *animo d.*; *corpo d.* *2* †Che arreca dolore. || †**dogliosaménte**, **avv.** Dolorosamente.

dògma o **dòmma** [vc. dotta, lat. *dŏgma* (nom.), dal gr. *dógma*, genit. *dógmatos*, che passò dal primo sign. di 'parere' (da *dokêin* 'sembrare') a quello di 'parere decisivo, definitivo'; av. 1550] **s. m.** (**pl.** *-i*) *1* Nella religione cattolica, verità contenuta nella Rivelazione e proposta come obbligatoria alla fede universale per esplicita e solenne dichiarazione di concili ecumenici o del sommo Pontefice | Articolo di fede: *d. della Trinità, dell'Immacolata, dell'Assunzione di M. V. al cielo.* *2* (*est.*) Proposizione o principio considerato come verità indiscutibile: *d. filosofico, politico* | ***Quest'affermazione non è un d.***, è discutibile | (*biol.*) ***D. centrale***, tesi della biologia molecolare secondo cui il trasferimento dell'informazione genetica avviene nelle tre successive fasi della duplicazione del DNA, della trascrizione in RNA, della traduzione in proteina.

dogmàtica o **dommàtica** [f. sost. di *dogmatico*; av. 1750] **s. f.** *1* Parte della scienza teologica che tratta dei dogmi. *2* Studio teorico e astratto del diritto.

dogmàtico o **dommàtico** [vc. dotta, lat. tardo *dogmătĭcu*(*m*), dal gr. *dogmatikós* 'pertinente al dogma'; 1585] **A agg.** (**pl. m.** *-ci*) *1* (*relig.*) Che si riferisce al dogma: *verità dogmatica*; *studio d.*; *testi dogmatici.* *2* Che si fonda su principi assiomatici e rifiuta qualsiasi tipo di verifica sperimentale. *3* (*est.*) Che non ammette dubbi, critiche, discussioni e sim.: *tono d.*; *verità dogmatica*; *queste sono affermazioni dogmatiche.* *4* Detto di chi adegua rigidamente il proprio pensiero ad idee o principi ai quali attribuisce valore di dogma, accettandoli con intransigenza e non ammettendo dubbi né critiche: *moralista d.* || **dogmaticaménte**, **avv.** In modo dogmatico: *affermare dogmaticamente qlco.* **B s. m.** (**f.** *-a*) *1* Persona dogmatica: *in politica è un d.* *2* Studioso di dogmatica giuridica.

dogmatìsmo o **dommatìsmo** [fr. *dogmatisme*, da *dogme* 'dogma'; 1832] **s. m.** *1* Qualsiasi posizione filosofica che, muovendo da principi assiomatici, afferma la possibilità di pervenire alla conoscenza di una realtà che sia assoluta certezza. *2* (*est.*) Tendenza a considerare come assolutamente vere le proprie opinioni, rifiutando quelle altrui come false.

dogmatista o **dommatista** [vc. dotta, lat. tardo *dogmatīsta*(*m*), dal gr. *dogmatistḗs*, da *dogmatízein* 'dogmatizzare'] **s. m. e f.** (**pl. m.** *-i*) ● (*raro*) Chi sostiene una tesi in modo dogmatico.

dogmatizzàre o **dommatizzàre** [vc. dotta, lat. tardo *dogmatizāre*, dal gr. *dogmatízein*, da *dógma* 'dogma'; av. 1342] **A v. intr.** (aus. *avere*) ● Parlare in modo dogmatico, come se si enunciassero verità assolute e incontrovertibili: *costui … s'era impancato … a dogmatizzar di morale* (NIEVO). **B v. tr.** ● (*raro*) Affermare come dogma.

dògre [fr. *dogre*, dall'ol. *dogger*, sottinteso *boot*, 'battello per la pesca del merluzzo' (*dogger*, di etim. incerta)] **s. m.** ● Piccolo veliero a due alberi usato nell'Europa settentrionale per la pesca delle aringhe e il trasporto di merci.

†**doh** /dɔ, dɔh, dɔʔ/ o †**dò** (**2**) [sec. XIV] **inter.** ● (*raro*) Esprime desiderio, esortazione, preghiera, meraviglia, sdegno, rimprovero e sim.

†**dòi** ● V. *due.*

†**doimila** ● V. *duemila.*

do-it-yourself /ˈduit jorˈsɛlf, *ingl.* ˈduː ɪt jɔːˈsɛlf/ [loc. ingl., propr. 'fai ciò da te'; 1964] **loc. sost. m. inv.** ● Il far da sé, cioè senza ricorrere all'aiuto di operai e artigiani, piccoli lavori o piccole riparazioni, spec. nell'ambito domestico.

dolàbra [vc. dotta, lat. *dolābra*(*m*), da *dolāre* 'pialare'; av. 1574] **s. f.** ● Nell'antica Roma, coltellaccio da sacrificio, o piccone a due becchi, di taglio e di punta.

†**dolàre** [lat. *dolāre*, di orig. indeur.; sec. XIV] **v. tr.** ● Piallare.

Dolby® /ˈdɔlbi, *ingl.* ˈdɒlbi, ˈdəʊl-/ [dal n. del fisico amer. R. *Dolby*; 1979] **s. m. inv.** ● Sistema usato nella registrazione dei nastri magnetici che, mediante amplificazione selettiva, permette di migliorare il rapporto segnale/rumore delle alte frequenze sonore | ***D. surround***, sistema di diffusione del suono in tutte le direzioni, che fa uso di più casse acustiche per una riproduzione estremamente realistica.

◆**dólce** [lat. *dŭlce*(*m*), di etim. incerta; av. 1250] **A agg.** *1* Che ha il gradevole sapore proprio dello zucchero, del miele e sim.: *bevanda d.*; *mandorle dolci* | ***Farina d.***, quella di castagne | ***Caffè d.***, zuccherato. CFR. glico-. CONTR. Amaro. *2* Che ha il sapore tipico della frutta matura: *arancio d.*; *ciliegie dolci.* CONTR. Aspro. *3* Che contiene una maggiore quantità di zucchero rispetto ad altri cibi o bevande dello stesso tipo: *vino, liquore d.* CONTR. Secco. *4* Che ha sapore delicato, non piccante: *formaggio d.* *5* Che è privo di sale | ***Acqua d.***, quella di laghi, fiumi ecc. CONTR. Salato. *6* (*chim.*) Detto di acqua che contiene minime quantità di sali di calcio e magnesio. CONTR. Duro. *7* Gradevole alla vista, di armoniosa e serena bellezza: *un panorama d.*; *un colore d. e sfumato*; *un viso d. ed espressivo.* SIN. Delicato, soave. *8* Gradevole all'udito, melodioso: *un d. suono*; *il d. canto degli usignoli*; *mi parlava con voce d. e suadente.* *9* Gradevole all'odorato, di soave profumo: *l'aria era piena di dolci odori.* *10* (*lett.*) Gradevole al tatto, morbido: *… gli pareva che fossero dolci e lisci come le mani del babbo* (VERGA) | (*est.*) Tenero, facile da lavorare, da incidere e sim.: *legname, ferro, pietra d.* | ***Legno d.***, che brucia con facilità | ***Carbone d.***, non minerale | (*fam.*) ***Piedi dolci***, delicati o piatti. *11* Che non è ripido: *un d. pendio*; *le dolci colline* | Che non richiede particolare sforzo, moderato: *movimento d.* *12* (*fig.*) Mite, tiepido, temperato: *la d. primavera*; *i dolci raggi del primo sole*; *amare i climi dolci.* *13* (*fig.*) Che desta sentimenti di gioiosa serenità, che rallegra e conforta lo spirito: *una d. speranza*; *i dolci ricordi della giovinezza*; *non saprei rinunciare alla vostra d. compagnia* | Amoroso: *una d. promessa*; *un d. sentimento* | ***D. stil novo***, V. *stilnovo.* *14* (*fig., lett.*) Allettante, piacevole, raffinato: *i dolci ozi delle antiche corti* | ***Il d. far niente***, lo stare in ozio | ***La d. vita***, vita che trascorre nell'ozio e nel divertimento | ***Maglione d. vita***, V. *dolcevita.* *15* (*fig.*) Gentile, affettuoso, mite: *carattere d.*; *educare un bambino con d. rigore*; *usare modi dolci e persuasivi* | Docile: *indole d.* | †Credulo, ingenuo. *16* (*fig., lett.*) Benigno, amorevole: *e 'l d. duca meco si ristette* (DANTE *Inf.* XVIII, 44). *17* (*fig., lett.*) Diletto, amato: *casa, d. casa*; *talor meco s'adira / la mia d. nemica* (PETRARCA). *18* In ecologia, detto di tecnologia atta a produrre energia, il cui impiego è ritenuto meno costoso, inquinante, rischioso e soggetto all'estinzione delle fonti di quello delle tecnologie tradizionali. SIN. Soffice. CONTR. Duro. *19* (*ling.*) Detto di suono la cui pronuncia è relativamente poco intensa | ***S d.***, s sonora | ***C d.***, c palatale | ***Spirito d.***, nelle vocali iniziali non aspirate del greco. || **dolceménte**, **avv.** **B s. m.** *1* Sapore dolce: *il d. gli piace molto.* *2* Cibo che ha come ingrediente fondamentale lo zucchero o il miele: *il budino è il d. che preferisco* | Confetto, caramella, cioccolatino, pasta dolce e sim.: *mangiarsi un d.* | Piatto dolce servito solitamente alla fine di un pranzo: *d. o formaggio*; *essere al d.* 3 †Migliaccio. 4 (*fig., lett.*) Dolcezza, diletto: *e ancor mi distilla / nel core il d. che nacque da essa* (DANTE *Par.* XXXIII, 62-63). 5 (*arald.*) Animale araldico simile a una volpe rampante. **C** avv. ● (*poet.*) In modo dolce: *chi non sa come d. ella sospira, / e come d. parla, e d. ride* (PETRARCA). ‖ **dolciàccio**, pegg. | **dolcétto**, dim. (V.) | **dolcino**, dim.

DOLCI
nomenclatura

dolci = pasticceria
● *tipi di dolci*: torta = pasta di fondo (Sacher, savarin, pastiera, montebianco, profiterole, millefoglie, meringata, tartufata, Saint Honoré, margherita, tiramisù), pasta di lievito (panettone, pandoro, plum cake, ciambella, focaccia = pizza, pan di miglio, pandispagna), colomba, cornetto = brioche, croissant, krapfen, maritozzo = bombolone, frittella, zeppola; pasta sfoglia, pasta frolla, cialda, chiacchiera = frappa, struffoli, dolci al cucchiaio (crema, chantilly, crema al mascarpone, crema pasticcera, zabaione, bavarese, budino, crème caramel, panna cotta, mousse, spumone, charlotte, bignè); meringa; zuppa inglese, strudel, zuccotto; crostata; timballo di frutta, composta di frutta, macedonia, marmellata, gelatina, frutta candita, caramella, lecca-lecca, bonbon, confetto, anicino, marron glacé, cioccolatino (boero, cremino, pralina, gianduiotto, cuneese al rhum), uovo di cioccolato, amaretto, ricciarello, brutto ma buono, panforte, parrozzo, pangiallo, pandolce, panfrutto, pan degli angeli, marzapane, fondente di frutta; panna montata, frappè, gelato; biscotteria = pasticceria, biscotto (wafer, taralluccio, savoiardo, canestrello, galletta), pasta = pasticcino; cantuccio; torrone, torroncino, croccante, mostacciolo, castagnaccio, nevola, mandorlata, mantovana; crêpe; cannolo, cassata, babà, sfogliatella, sfogliatina.

dolceamàro o **dolciamàro** [comp. di *dolce* e *amaro*; av. 1374] agg. (pl. m. *-i*) ● Che è insieme dolce e amaro (*anche fig.*): *caffè d.*; *un ricordo d.*

dolcestilnovista [da *dolce stil novo*. V. *stilnovo*] s. m.; anche agg. (pl. m. *-i*) ● (*raro*) Stilnovista.

dolcétta [da *dolce*; 1957] s. f. ● (*bot.*) Piccola pianta erbacea delle Valerianacee, spontanea nelle regioni temperate, le cui foglie basali si mangiano in insalata (*Valerianella olitoria*). SIN. Gallinella, lattughella, lattughina, valerianella.

dolcétto [da *dolce*; sec. XIII] s. m. 1 Piccolo dolce, pasticcino. 2 Vino rosso delle Langhe piemontesi, asciutto, con fondo lievemente amarognolo, prodotto dal vitigno omonimo.

dolcevita o **dólce vita** [comp. di *dolce* e *vita*, dal film di F. Fellini *La dolce vita* (1959) in cui il protagonista talora lo indossava; 1983] **A** s. f. o m. ● Maglione a collo alto e aderente. **B** anche in loc. agg. inv.: ***maglione d.***, ***maglione a d.***

♦**dolcézza** [lat. parl. **dulcĕtia(m)*, da *dŭlcis* 'dolce'; av. 1294] s. f. 1 Sapore dolce: *la d. del miele*. CONTR. Amarezza. 2 (*fig.*) Caratteristica di ciò che è dolce: *la d. di un suono, di una sensazione, di un sentimento*; *la d. del suo sguardo ci turbava*; *ebbe un sorriso di estrema d.* | Bontà, mitezza, gentilezza di modi: *parlare con d.*; *trattare, guardare qlcu. con d.*; *lo ha rimproverato con molta d.* 3 (*spec. al pl., fig.*) Ciò che è dolce, piacevole: *le dolcezze della vita*. 4 (*fig.*) Persona amata: *dove sei gita / che qui solo di te la ricordanza trovo, d. mia?* (LEOPARDI). 5 (*fig.*) Sentimento di intima felicità e commozione: *avere l'animo colmo di d.*

†**dólcia** [lat. *dŭlcia* 'la cosa dolce', neutro sostantivato di *dŭlcis* 'dolce'; av. 1400] s. f. ● (*raro*) Sangue di maiale con cui si fa il castagnaccio.

dolciamàro ● V. *dolceamaro*.

dolciàna o **dulciàna** nel sign. 2 [adattamento del fr. ant. *douçaine*, dal lat. *dŭlcis* 'dolce', perché strumento dal suono dolce] s. f. ● (*mus.*) Tipo arcaico di fagotto.

dolciàrio [da *dolce*; 1942] **A** agg. ● Che si riferisce alla lavorazione e alla produzione dei dolci: *industria dolciaria*. **B** s. m. (f. *-a*) ● Chi è addetto alla lavorazione dei dolci.

dolciàstro [fr. *douceâtre*, da *doux* 'dolce'; 1854] agg. 1 Che ha sapore dolce, ma stucchevole o disgustoso: *bevanda dolciastra*. 2 (*fig.*) Ambiguo, mellifluo: *maniere dolciastre*; *tono d.*

†**dolciàto** [1353] agg. 1 (*raro*) Molto dolce. 2 (*fig., lett.*) Mellifluo.

†**dolcibène** [da *Dolcibene* (comp. di *dolce* e *bene*), n. di un celebre giullare] s. m. ● (*raro*) Giullare.

dolcicanòro [comp. di *dolce* e *canoro*; 1618] agg. ● (*raro, lett.*) Che canta dolcemente.

dolcichino [adatt. del venez. *dolzeghin*, da *dolze* 'dolce'(?); 1779] s. m. ● (*pop.*; *spec. al pl.*) Tubero commestibile del cipero dolce. SIN. Babbagigi.

dolcière [da *dolce*; 1937] s. m. (f. *-a*) 1 Addetto alla lavorazione dei dolci. 2 Pasticciere.

dolcificànte o (*raro*) **dulcificànte** [1730] **A** part. pres. di *dolcificare*; anche agg. ● Nei sign. del v. **B** s. m. ● Additivo atto a conferire un sapore dolce ai prodotti alimentari. SIN. Edulcorante.

dolcificàre o (*raro*) **dulcificàre** [vc. dotta, lat. tardo *dulcificāre*, da *dŭlcis* 'dolce' e *-ficāre* = *fácere* 'fare'; sec. XIV] v. tr. (*io dolcìfico, tu dolcìfichi*) 1 Rendere dolce, spec. prodotti alimentari: *d. il caffè*. SIN. Edulcorare. 2 Eliminare, almeno in parte, da un'acqua i sali di calcio e magnesio che le conferiscono durezza. SIN. Addolcire. 3 (*raro, fig.*) Mitigare.

dolcificazióne [av. 1712] s. f. ● Procedimento del dolcificare.

dolcigno [da *dolce*; av. 1597] agg. ● (*raro*) Dolciastro.

†**dolcióne** [da *dolce*; av. 1584] agg.; anche s. m. ● (*lett.*) Credulone, sciocco.

†**dolcióre** ● V. †*dolzore*.

†**dolcire** [da *dolce*; av. 1525] **A** v. tr. ● Dolcificare. **B** v. intr. ● Divenire dolce.

dolcisonànte [comp. di *dolce* e *sonante*; av. 1704] agg. ● (*poet.*) Che suona dolcemente: *cetra d.*

†**dolcitùdine** [vc. dotta, lat. *dulcitūdine(m)*, da *dŭlcis*, sul tipo di *amaritūdine(m)*, da *amārus* 'amaro'; av. 1311] s. f. 1 Dolcezza | (*est.*) Piaceri, mollezze: *troppi denari ad un tratto hai spesi in d.* (BOCCACCIO). 2 (*fig.*) Ingenuità, sciocchezza.

dolciùme [da *dolce*; 1733] s. m. 1 (*raro*) Sapore troppo dolce, e quindi stucchevole. 2 (*spec. al pl.*) Qualsiasi prodotto dell'industria dolciaria: *dolciumi freschi, secchi*; *negozio di dolciumi*; *una scatola di dolciumi*.

dolciùra [av. 1912] s. f. 1 (*lett.*) †Dolcezza. 2 (*raro*) Tempo mite e tiepido: *alla prima languida d. / l'olmo già sogna di rigermogliare* (PASCOLI).

dólco [da **dolcare*, dal lat. tardo *dulcāre* 'rendere dolce'; av. 1388] **A** agg. (pl. m. *-chi*) 1 (*tosc., lett.*) Mite, temperato, detto di clima, stagione e sim. 2 (*fig., lett.*) Morbido, molle. **B** s. m. ● (*lett.*) Stagione mite e umidiccia: *il tempo s'è messo a d.*

†**dolcoràre** o †**dulcoràre** [vc. dotta, lat. tardo *dulcorāre*, da *dŭlcor* 'dolcore'; av. 1311] v. tr. ● (*raro*) Addolcire.

†**dolcóre** [vc. dotta, lat. tardo *dulcōre(m)* 'sapore dolce (*dŭlcis*)'; av. 1597] s. m. 1 (*tosc.*) Dolcezza 2 (*tosc.*) Tempo mite.

dolènte [av. 1250] part. pres. di *dolere*; anche agg. 1 Che duole: *braccio d.* 2 Addolorato, dispiaciuto: *sono d. di non poter aiutarti*. 3 Che manifesta dolore: *sguardo d.* | ***Le dolenti note***, le voci dei condannati all'inferno dantesco; (*fig., iron.*) fatti e avvenimenti spiacevoli | ***Città d.***, l'Inferno. 4 (*lett.*) Meschino, misero, infelice: *possedo un cuore che mi rende la vita tempestosa e d.* (FOSCOLO). ‖ **dolentemente**, avv. (*lett.*) Con dolore.

†**dolènza** [sec. XIV] s. f. ● Dolore, afflizione.

dolenzia [vc. dotta, lat. *dolēntia(m)*, da *dŏlens*, genit. *dolēntis* 'dolente'] s. f. ● Sensazione di dolore diffuso e persistente ma non acuto, indolenzimento.

dolére [vc. dotta, lat. *dolēre* 'sentire dolore', di etim. incerta; av. 1250] **A** v. intr. (pres. *io dòlgo* o †*dòglio, tu duòli, egli duòle, noi doliàmo* o *dogliàmo, voi doléte, essi dòlgono*; imperf. *io dolévo* o †*doléva* o †*doléa* o †*dolìa*; pass. rem. *io dòlsi* o †*dòlvi* o †*dòlfi, tu dolésti*; fut. *io dorrò*; condiz. pres. *io dorrèi, tu dorrésti*; congv. pres. *io dòlga* o *dòglia, noi doliàmo* o *dogliàmo, voi doliàte* o *dogliàte, essi dòlgano*; imperat. *duòli, doléte*; part. pres. *dolènte*, †*dogliènte*; part. pass. *dolùto*, †*dòlto*; ger. *dolèndo*; aus. *essere*, raro *avere*). 1 Provocare una sofferenza fisica: *mi duole il capo*; *gli dolevano gli occhi per il troppo guardare*; *il disinfettante doleva sulla ferita*. 2 (*raro, lett.*) Arrecare dolore, angoscia e sim.: *duolmi il tuo fato / il mio non già* (TASSO). 3 Dispiacere, rincrescere: *mi duole di non poter venire*; *ci duole che siate giunti tardi*. 4 †Provare pietà. **B** v. intr. pron. 1 Provare rincrescimento, rammaricarsi: *dolersi di un errore, di una cattiva azione* | Pentirsi: *dolersi dei propri peccati*; *ho sbagliato e me ne dolgo*. 2 (*lett.* o *raro*) Lamentarsi: *dolersi con qlcu. delle ingiustizie subite*; *ha buoni motivi per dolersi di voi*; *me ne dorrò con chi di dovere*. 3 (*raro, lett.*) Far male: *il suo corpo continuava a dolersi*. 4 (*raro, lett.*) Manifestare il proprio compianto, condolersi.

†**dolfino** [da *delfino* con alterazione della vocale iniziale; 1598] s. m. ● (*dial.*) Delfino.

†**dòlia** [sec. XV] s. f. ● (*lett.*) Dolore, pena.

†**dolicàre** [da *dol(ere)* col suff. freq. *-icare*] v. intr. ● (*raro, tosc.*) Dolicchiare.

dolicchiàre [da *dol(ere)* col suff. attenuativo *-icchiare*] v. intr. (*io dolicchio*; aus. *essere* e *avere*) ● (*raro*) Dolere leggermente e noiosamente: *la ferita mi dolicchia*.

doliccicàre v. intr. (*io dolìccico, tu dolìccichi*; aus. *essere* e *avere*) ● (*fam., raro*) Dolicchiare.

dòlico [vc. dotta, lat. *dŏlichu(m)*, dal gr. *dolichós* 'lungo', di orig. indeur.; 1550] s. m. (pl. *-chi*) ● Pianta rampicante delle Papilionacee con foglie composte da tre foglioline ovate, fiori purpurei o bianchi in racemi e frutti con semi commestibili (*Dolichos melanophtalmus*).

dòlico- [dal gr. *dolichós* 'lungo', di orig. indeur.] primo elemento ● In parole composte della terminologia scientifica, significa 'lungo': *dolicocefalia*, *dolicomorfo*.

dolicocefalia [comp. di *dolico-* e *-cefalia*; 1871] s. f. ● Tipo di conformazione del cranio con prevalenza del diametro longitudinale su quello trasverso.

dolicocèfalo [comp. di *dolico-* e *-cefalo*; 1864] agg.; anche s. m. (f. *-a*) ● Che (o Chi) presenta i caratteri della dolicocefalia.

dolicodattilia [comp. di *dolico-*, *-dattil(o)* e del suff. *-ia*] s. f. ● (*med.*) Anomalia congenita delle dita delle mani e dei piedi che appaiono abnormemente lunghe.

dolicomòrfo [comp. di *dolico-* e *-morfo*] agg. ● Detto di parte del corpo, spec. del cranio, che si presenta stretta e allungata.

dolicònice [vc. dotta, comp. di *dolico-* e del gr. *ónyx*, genit. *ónykos* 'unghia'] s. f. ● Uccello americano dei Passeriformi dannoso alle colture dei cereali (*Dolichonyx oryzivorus*).

dolicostilo [comp. di *dolico-* e *-stilo*] agg. ● (*bot.*) Detto di fiore che ha un lungo stilo.

dolina [sloveno e serbocroato *dolina*, da *dô*, genit. *dòla* 'valle', di orig. indeur.; 1873] s. f. ● (*geogr.*) Depressione di forma arrotondata frequente nei terreni calcarei e dovuta al fenomeno carsico | ***D. a inghiottitoio***, foiba. ➡ ILL. p. 2130 SCIENZE DELLA TERRA ED ENERGIA.

dòlio o (*pop.*) **dòglio** (2) [vc. dotta, lat. *dŏliu(m)* 'doglio (1)', con allusione alla forma globulare della conchiglia; 1875] s. m. ● Grande mollusco mediterraneo dei Gasteropodi con ghiandole salivari che producono acido cloridrico e solforico (*Dolium galea*).

†**dolire** [av. 1250] v. intr. ● Dolere.

♦**dòllaro** [ingl. *dollar*, dal basso ted. *däler* 'tallero' (V.); 1783] s. m. ● Unità monetaria degli Stati Uniti d'America e di altri Paesi. SIMB. $. ‖ **dollaróne**, accr.

dólly /ingl. 'dɒli/ [vc. ingl., propr. 'bambolina' e poi anche 'carrello (per ripresa cinematografica e televisiva)'; 1957] s. m. inv. (pl. ingl. *dollies*) ● (*cine, tv*) Specie di piccola gru montata su un carrello che, tenendo sollevata la macchina da presa cinematografica o televisiva, consente di effettuare con questa movimenti di particolare complessità.

dòlman [fr. *dolman*, dal turco *dolama(n)*, prob. attraverso il ted. *Dolman*] s. m. 1 Indumento dell'uniforme militare da parata degli ussari | Giacca con alamari per signora. 2 Veste talare turca.

dòlmen [fr. *dolmen*, vc. coniata dagli archeologi con le parole bretoni *t(a)ol* 'tavola' e *men* 'pietra'; 1863] s. m. ● Monumento funerario megalitico assai diffuso nelle regioni europee, costituito da due lastre di pietra di supporto e una di copertura. ➡ ILL. **archeologia**.

dolménico agg. (pl. m. *-ci*) ● Di dolmen, a forma di dolmen: *tombe, celle dolmeniche*.

dòlo (1) [vc. dotta, lat. *dŏlu(m)*, di etim. incerta; av. 1303] s. m. 1 (*dir.*) Previsione e volontà del

dolo 586

fatto illecito da parte dell'autore: *illecito civile, penale, commesso con d.* CFR. Colpa | Induzione di una persona, mediante inganno, a compiere un negozio giuridico che altrimenti non avrebbe posto in essere: *d. commissivo, determinante, incidente, omissivo.* **2** (*lett.*) Inganno, frode | †Fallo, errore.

†**dòlo** (2) ● V. *duolo.*

dolòmia [fr. *dolomie*, dal n. del geol. D. de Gratet de *Dolomieu* (1750-1801), che per primo l'individuò; 1817] **s. f.** ● (*geol.*) Roccia costituita in prevalenza da dolomite.

dolomite [comp. di *dolom(ia)* e *-ite* (2); 1869] **s. f.** ● (*miner.*) Carbonato doppio di calcio e magnesio in cristalli romboedrici bianchi.

dolomìtico [1869] **agg.** (pl. m. *-ci*) **1** (*miner.*) Relativo alla dolomite: *roccia dolomitica.* **2** (*geogr.*) Relativo alle Dolomiti: *lago d.* | (*sport, est.*) ***Alpinismo d.***, quello praticato sulle Alpi orientali.

dolomitizzazióne [1848] **s. f.** ● (*geol.*) Processo di trasformazione di rocce calcaree in dolomie per sostituzione della calcite da parte della dolomite.

†**dolóne** [vc. dotta, lat. *dolōne(m)*, nom. *dŏlo(n)*, dal gr. *dólōn*, di etim. incerta; sec. XIV] **s. m.** ● (*mar.*) Albero inclinato o sporgente dalla prua. SIN. Bompresso | Vela quadrata col pennoncino sotto al bompresso | Fiocco, controfiocco.

dolorabilità [da *dolore*] **s. f.** ● (*med.*) Reazione dolorosa di una parte del corpo quand'è palpata, compressa, percossa a scopo diagnostico.

dolorànte [1918] **part. pres.** di *dolorare*; anche **agg.** ● Che sente dolore fisico: *si rialzò d.* | Che fa male, che dà dolore: *caviglia d.*

†**dolorànza** [av. 1294] **s. f.** ● Dolore.

doloràre [da *dolore*; av. 1306] **A v. intr.** (*io dolóro*; aus. *avere*) ● (*lett.*) Soffrire e manifestare la propria sofferenza. **B v. tr.** ● †Addolorare.

doloràto [av. 1306] **A part. pass.** di *dolorare*; anche **agg.** ● (*raro, lett.*) Nei sign. del v. **B s. m.** **1** †Dolore. **2** (*raro, lett.*) Chi soffre.

†**dolorazióne** [av. 1938] **s. f.** ● Sofferenza fisica.

♦**dolóre** [lat. *dolōre(m)*, da *dolēre* 'dolere'; av. 1250] **s. m.** (pl. *-i*, m., †*-a*, f.) **1** Sensazione di sofferenza fisica: *d. reumatico, articolare*; *d. di testa, di denti, di stomaco*; *mitigare, calmare, acuire il d.*; *sentire un forte d. a una gamba, a una spalla*; *avere il corpo pieno di dolori* | ***Letto di d.***, dove si giace da tempo per grave malattia | ***L'eterno d.***, la perenne sofferenza fisica dei dannati | †***D. di gomito***, (*fig.*) sofferenza breve, da nulla. CFR. algo- (1), -algia, odino-, -odinia. SIN. Male. **2** Sentimento o stato di profonda sofferenza morale: *d. intenso, inconsolabile, disperato*; *impazzire, morire di d.*; *vivere nel d.*; *essere straziato, sconvolto dal d.*; *Nessun maggior d. / che ricordarsi del tempo felice / ne la miseria* (DANTE *Inf.* V, 121-123) | ***Abbandonarsi, darsi al d.***, disperarsi | †***Menar d.***, lamentarsi | ***I sette dolori***, quelli della Madonna, da questa provati durante la vita terrena sua e del Cristo. SIN. Afflizione, pena, sofferenza. **3** Avvenimento, cosa o persona che procura dolore: *è stato il più grande d. della mia vita*; *quel figlio è il suo perenne d.* SIN. Tormento. || **doloràccio**, pegg. | **dolorétto**, dim. | **dolorino**, dim. | **dolorùccio**, **dolorùzzo**, dim.

†**dolorìfero** [vc. dotta, lat. tardo *dolorĭferu(m)*, comp. di *dŏlor* 'dolore' e *-fer* '-fero'; av. 1694] **agg.** ● Che reca dolore.

dolorìfico [comp. di *dolore* e *-fico*; 1499] **agg.** (pl. m. *-ci*) **1** (*raro*) Che dà dolore fisico: *stimolo d.* **2** Che si riferisce alla percezione del dolore fisico: *sensibilità dolorifica.*

dolorimetrìa [comp. di *dolore* e *-metria*] **s. f.** ● (*med.*) Procedimento di misura obiettiva dell'intensità del dolore.

dolorosità [1954] **s. f.** **1** (*raro*) Caratteristica di ciò che è doloroso. **2** (*raro*) Dolore, spec. abituale e continuo.

doloróso [lat. tardo *dolorōsu(m)*, da *dŏlor* 'dolore'; av. 1266] **agg.** **1** Di, del dolore: *sensazione dolorosa* | (*lett.*) ***Il d. regno***, l'Inferno. **2** Che procura dolore: *intervento d.*; *il d. distacco dalla persona amata.* **3** Che è pieno di dolore: *vita grama e dolorosa* | Che manifesta dolore: *sguardo, sospiro d.*; *lamenti dolorosi.* **4** †Infelice, sventurato. **5** †Malvagio, scellerato, tristo. || **dolorosétto**, dim. || **dolorosaménte**, avv. Con dolore, angoscia.

dolosità o †**dolositàde**, †**dolositàte** [vc. dotta, lat. *dolositāte(m)*, da *dolōsus* 'doloso'; av. 1342] **s. f.** ● (*dir.*) Carattere doloso.

dolóso [vc. dotta, lat. *dolōsu(m)*, da *dŏlus* 'dolo'; av. 1342] **agg.** **1** (*dir.*) Commesso con dolo: *delitto d.*; *omicidio d.* **2** (*lett.*) Ingannevole, fraudolento. || **dolosaménte**, avv. Con inganno, astuzia.

†**dòlto** **part. pass.** di *dolere*; anche **agg.** ● (*lett.*) Nei sign. del v.

†**dolùto** **part. pass.** di *dolere*; anche **agg.** ● (*raro*) Nei sign. del v.

dolzàina [fr. ant. *douçaine*, dal lat. *dūlcis* 'dolce', perché strumento dal suono dolce; 1539] **s. f.** ● (*mus.*) Antico strumento ad aria.

†**dólze** [ant. provz. *dolz* 'dolce'; av. 1250] **agg.** ● Dolce.

†**dolzóre** o †**dolcióre** [ant. provz. *dolzor*, da *dolz* 'dolce'; av. 1250] **s. m.** **1** (*lett.*) Dolcezza. **2** (*lett., fig.*) Felicità, beatitudine: *letizia che trascende ogni d.* (DANTE *Par.* XXX, 42).

dom /dɔm, dom/ [abbr. del lat. *dŏminus* 'signore' (V. *don* (3))] **s. m.** ● Nel Medioevo, titolo riservato ai prelati, agli abati e ai monaci dell'ordine benedettino, e poi a tutti gli ecclesiastici | Attualmente, titolo riservato ai prelati dell'ordine benedettino.

dóma (1) o **dòma** [da *domare*] **s. f.** **1** (*region.*) Domatura di animale | Luogo in cui viene praticata. **2** (*raro*) Domatrice.

dòma (2) [gr. *dôma* 'costruzione'] **s. m.** (pl. *-i*) ● (*miner.*) Forma cristallina semplice, costituita da due facce formanti un diedro.

domàbile [vc. dotta, lat. *domābile(m)*, da *domāre* 'domare'; 1499] **agg.** **1** Che si può domare (*anche fig.*): *animale d.*; *rivolta d.* **2** (*raro, lett.*) Che si può rompere, frangere, detto spec. di pietra.

†**domàggio** ● V. †*dommaggio.*

†**domagióne** ● V. †*domazione.*

♦**domànda** o †**dimànda** [da *domandare*; av. 1294] **s. f.** **1** Il domandare; interrogazione, quesito: *fare una d.*; *rivolgere a qlcu. una d.*; *rispondere a una d.* | Le parole stesse con cui si domanda qlco.: *una d. strana, imbarazzante, assurda* | Interrogazione scolastica: *non ho saputo rispondere alle domande del professore.* **2** Richiesta scritta: *presentare una d. in carta da bollo*; *la vostra d. è stata respinta* | (*dir.*) Pretesa che si intende far valere in un giudizio civile | ***D. giudiziale, processuale***, atto contenente l'esposizione della pretesa che si intende far valere in un giudizio civile. SIN. (*raro*) Istanza | ***D. accessoria***, richiesta di interessi, spese, danni e sim. che si accompagna a quella principale di cui è una conseguenza logica. **3** (*econ.*) Quantità richiesta di un dato bene, a un certo prezzo, da parte di un singolo e dal mercato: *curva della d.* CONTR. Offerta. || **domandina**, dim. | **domandùccia**, dim. | **domanduòla**, dim.

†**domandagióne** o †**dimandagióne** [1308] **s. f.** ● Domanda.

†**domandaménto** o †**dimandaménto** [av. 1347] **s. m.** ● Domanda.

♦**domandàre** o †**dimandàre** [lat. *demandāre* 'raccomandare' (*mandāre* con *dē-*)', poi 'mandare per sapere', 'chiedere'; 1219] **A v. tr.** **1** Chiedere per sapere (*anche assol.*): *d. a qlcu. l'ora, un'informazione, un indirizzo*; *gli ho domandato se sapeva la data del vostro ritorno*; *bisogna d. quanto costa* | ***Domando e dico!***, escl. di meraviglia, indignazione e sim.: *io domando e dico se questo è il modo di comportarsi* | ***Domandarsi qlco.***, essere incerto su qlco., stupirsi di qlco. e sim.: *mi domando cosa devo fare*; *mi domando come certe cose possano accadere.* **2** Chiedere per ottenere: *d. un consiglio*; *d. il permesso di fare qlco.*; *d. scusa, perdono, aiuto*; *la libertà non si domanda ma si vuole* (NIEVO) | ***D. ragione di qlco.***, chiederne conto | ***D. la parola***, il permesso di parlare in assemblee, riunioni e sim. **3** (*lett.*) Esigere, richiedere: *la direzione di un giornale dimanda una testa sgombra* (MONTI). **4** †Chiamare, invitare, convocare. **5** †Cercare: *d. la morte.* **6** †Voler raggiungere: *d. le stelle, il cielo, il mare.* **7** (*raro, lett.*) Denominare, soprannominare: *quel buon gusto che dimandiamo universale* (MURATORI). **B v. intr.** (aus. *avere*) ● Informarsi, chiedere notizie: *mi domandano spesso di te* | Manifestare il desiderio di vedere una persona o di parlarle: *al telefono domandano di te*; *c'è di là una persona che domanda di voi.* **C v. intr. pron.** ● †Aver nome, chiamarsi. **D v. rifl. rec.** ● †Sfidarsi: *domandarsi a battaglia.*

†**domandatìvo** [av. 1729] **agg.** ● Che è atto a domandare, interrogativo: *punto d.*

domandàto [1294] **A part. pass.** di *domandare*; anche **agg.** ● Nei sign. del v. **B s. m.** **1** (*raro, lett.*) Persona interrogata. **2** †Cosa domandata, richiesta.

domandatóre o †**dimandatóre** [1294] **s. m.**; anche **agg.** (f. *-trice*) ● (*raro*) Chi (o Che) domanda.

†**domandìta** ● V. †*dimandita.*

†**domàndo** ● V. †*dimando.*

domàne **A avv.** ● V. *domani* nel sign. A. **B s. f.**, †**m. inv.** **1** (*raro, lett.*) Il giorno successivo a quello del quale si parla: *alla d. la era più rifinita che mai* (NIEVO) | (*est.*) Il futuro. **2** (*raro, lett.*) Mattino.

♦**domàni** o (*lett.*) **dimàne** nel sign. A, (*lett.*) **dimàni**, (*lett.*) **domàne** nel sign. A [lat. tardo *demāne*, comp. di *dē-* e *māne* '(di buon) mattino', n. di *mānis*, agg. parallelo di *mānus* 'buono', che nelle espressioni di tempo ha assunto il sign. 'di buonora'; la *-i* finale per analogia con *oggi*; 1258] **A avv.** **1** Nel giorno che segue immediatamente l'oggi: *ritornerò, arriverò, verrò d.*; *d. siamo impegnati*; *d. è un giorno festivo*; *d. mattina*; *d. pomeriggio*; *d. sera*; *d. notte*; *dimani, a mezzo il giorno / ... / ti canteremo noi cipressi i cori* (CARDUCCI) | ***Domani, doman l'altro***, dopodomani | ***D. a otto, a quindici***, una settimana, due settimane dopo di domani | ***A d.!***, formula di saluto come promessa di rivedersi il giorno seguente. **2** In un tempo avvenire (con sign. indeterminato, spec. in contrapposizione con 'oggi'): *rimandare un lavoro dall'oggi al d.*; *oggi a me, d. a te*; *oggi qui, d. là* | ***Oggi o d.***, prima o poi: *oggi o d. finiremo per scoprirlo* | ***Da oggi a d.***, subito, in fretta: *è una decisione che non si può prendere da oggi a d.* | ***Dagli oggi, dagli d.***, continuando a insistere: *dagli oggi, dagli d., sono riuscito a convincerlo.* **3** (*iron.*) Mai: *'Credi che mi restituirà il denaro che gli ho prestato?' 'Sì, d.!'.* **B s. m. inv.** **1** Il giorno successivo a quello del quale si parla: *il fanciullo, il d., era al lavoro* (PASCOLI). **2** (*est.*) Il futuro, l'avvenire: *il d. è oscuro per tutti*; *la soluzione si prospetta in un d. molto lontano*; *in un prossimo d.*

domàre [lat. *domāre*, di orig. indeur.; av. 1292] **v. tr.** (*io dómo* o *dòmo*) **1** Rendere mansueto, domestico e sim.: *d. una belva*; *d. un cavallo selvaggio.* SIN. Addomesticare, ammansire. **2** Rendere docile, ubbidiente e sim.: *d. un ragazzo ribelle.* **3** (*fig.*) Soggiogare, sottomettere: *d. un popolo con l'uso delle armi* | ***D. un incendio***, riuscire a spegnerlo | Fiaccare, stroncare: *d. la resistenza del nemico, degli insorti*; *d. una rivolta.* **4** (*fig.*) Tenere a freno, dominare: *d. le passioni, gli istinti.*

domatóre [lat. tardo *domatōre(m)*, da *domātus* 'domato'; 1342] **A s. m.** (f. *-trice*) **1** Chi doma, spec. chi presenta in un circo bestie feroci da lui ammaestrate. **2** (*fig., lett.*) Soggiogatore. **B agg.** ● Che doma (*spec. fig.*).

domatrìce [lat. tardo *domitrīce(m)*, da *dŏmitus* 'domito' con sovrapposizione di *domato*; 1927] **s. f.** ● Carro pesante a due ruote e lunghe stanghe per domare i cavalli e addestrarli al tiro. SIN. Doma (1).

domattìna o †**dimattìna** [riduzione di *do(mani) mattina*; sec. XIII] **avv.** ● Domani mattina: *arrivederci d., a d.*; *ti aspetto d.*; *d. decideremo.*

domatùra [lat. *domitūra(m)*, da *dŏmitus* 'domito' con sovrapposizione di *domato*; 1557] **s. f.** ● (*raro*) Il domare: *la d. dei cavalli.*

†**domazióne** o †**domagióne** **s. f.** ● Domatura.

Domeneddìo ● V. *Domineddio.*

†**Domenedìo** /domene(d)'dio/ ● V. *Domineddio.*

♦**doménica** [lat. eccl. *domĭnica(m)*, sottinteso *dĭe(m)*, '(giorno) del Signore (*Dŏminus*)'; sec. XI] **s. f.** ● Settimo giorno della settimana, dai Cristiani dedicato alle pratiche religiose e al riposo festivo: *osservare la d.* | ***D. in albis, d. delle Palme***, V. *in albis, palma* (2) | ***Vestito della d.***, della festa | ***Della d.***, occasionale, inesperto: *automobilista, pittore della d.* | ***Nato di d.***, (*fig.*) fortunato.

domenicàle (1) [vc. dotta, lat. eccl. *dominicāle(m)*, da *domĭnica* 'domenica'; sec. XIV] **agg.** **1** Della domenica: *gita d.*; *funzione religiosa d.* | ***Riposo d.***, riposo festivo | ***Trasmissione d.***, che si effettua di domenica. **2** (*fig.*) Allegro, spensierato: *in quella giornata si respirava un'atmosfera d.* || **domenicalménte**, avv. Ogni domenica.

domenicàle (2) ● V. *dominicale.*

domenicàno (1) [1580] **A agg.** **1** Di S. Domenico di Guzmán (1170-1221): *ordine d.*; *regola domenicana.* **2** Dell'ordine fondato da S. Domenico: *monaco d.* **B** s. m. (f. *-a*) ● Religioso dell'ordine fondato da S. Domenico: *i domenicani e i francescani.*

domenicàno (2) [dal colore bianco, proprio della veste dei frati di san *Domenico*; 1830] **s. m.** ● (*zool.*) Nome comune degli uccelli mestolone e quattrocchi.

domenichìno [da *domenica*, giorno nel quale prestava prezzolato servizio; 1554] **s. m.** ● Servitore che un tempo veniva assunto soltanto per la domenica.

domèṣe [da *Domo(dossola)*, col suff. *-ese* degli etnici] **A agg.** ● Di Domodossola. **B s. m. e f.** ● Abitante, nativo di Domodossola.

domèstica [f. sost. di *domestico*; 1963] **s. f.** ● Donna di servizio.

domesticàbile agg. **1** (*raro*) Addomesticabile. **2** (*biol.*) Detto di pianta o animale suscettibile di domesticazione.

†**domesticaménto** o †**dimesticaménto** [sec. XIV] **s. m.** ● Addomesticamento.

domesticàre o **dimesticàre** [da *domestico*; 1304] **A v. tr.** (*io domèstico, tu domèstichi*) **1** (*raro*) Addomesticare. **2** (*biol.*) Sottoporre specie vegetali o animali a selezioni tali da modificarne la morfologia e la fisiologia rispetto alle corrispondenti forme selvatiche, a vantaggio dell'uomo. **B v. intr. e intr. pron.** (aus. *essere*) ● †Avvezzarsi.

domesticazióne [da *domesticare*; sec. XIV] **s. f.** ● (*biol.*) Operazione, tecnica del domesticare | Domesticità.

†**domestichévole** agg. ● Facile a domesticarsi.

†**domestichevolézza** s. f. ● Caratteristica di chi è domestichevole.

domestichézza [av. 1400] **s. f.** **1** Domesticità. **2** V. *dimestichezza.*

domesticità [1901] **s. f.** **1** (*raro*) Familiarità, dimestichezza: *trattare qlcu. con d.* **2** Condizione di specie vegetali o animali domestiche o addomesticate: *la d. di un animale, di una pianta.*

♦**domèstico** o (*dial.*) **dimèstico** nei sign. A 2 e B 2 [vc. dotta, lat. *domĕsticu(m)* 'appartenente alla casa (*dŏmus*)', col suff. di *rūsticus, silvāticus,* e sim.; av. 1294] **A agg.** (pl. m. *-ci*) **1** Della casa, della famiglia: *pareti domestiche*; *consuetudini domestiche* | **Focolare d.** (*per anton.*) la casa; (*fig.*) il nucleo familiare | **Lari domestici**, nella religione degli antichi romani, divinità protettrici della casa e del focolare | **Lavori domestici**, faccende di casa | **Prelato d.**, un tempo, ecclesiastico addetto alla corte pontificia | **Lavoro d.**, attività lavorativa prestata al servizio di una famiglia o di altra comunità e caratterizzata dalla convivenza tra lavoratore e datore di lavoro | (*est.*) Privato: *vita domestica*; *affari domestici.* **2** (*lett.*) Confidenziale, familiare: *trattamento, tono d.* | **Uomo d.**, affabile, trattabile | **Essere, farsi d. con qlcu.**, avere o prendere una certa familiarità | †Semplice, alla buona | (*raro*) **Alla domestica**, (*ellitt.*) con semplicità. **3** Detto di animale che vive con l'uomo, che lo nutre e lo alleva utilizzandolo per scopi diversi: *il cane e la mucca sono animali domestici* | (*raro*) Detto di pianta coltivata. **4** (*raro*) Che appartiene alla stessa patria, allo stesso paese, allo stesso gruppo etnico e sim.: *usi domestici* | **Discordia domestica**, guerra civile. || **domesticaménte**, avv. (*raro*) In modo domestico. **B s. m.** (f. *-a* (V.) nei sign. 1 e 2) **1** Chi si occupa dei lavori domestici presso una famiglia dalla quale è retribuito: *furono ricevuti da due domestici.* **2** †Persona che fa parte della famiglia. **3** (*bot.*) Marza.

domiciliàre (1) [da *domicilio*, sul modello del fr. *domiciliaire*; 1798] **agg.** ● (*dir.*) Del domicilio: *perquisizione d.*; *visita d.* | **Arresto d.**, sanzione consistente nell'obbligo di non abbandonare il proprio domicilio.

domiciliàre (2) [da *domicilio*; av. 1810] **A v. tr.** (*io domicilio*) ● (*raro*) Fornire di domicilio | (*dir.*) **D. una cambiale**, indicare come luogo per il pagamento della stessa il domicilio di un terzo. **B v. rifl.** **1** (*dir.*) Eleggere domicilio: *domiciliarsi presso un terzo.* **2** Prendere domicilio: *domiciliarsi in città*; *si è domiciliato a Roma.* **C v. intr.** (aus. *essere*) ● †Abitare.

†**domiciliàrio** [1673] **agg.** ● Che si riferisce al domicilio.

domiciliatàrio [da *domiciliare* (2); 1956] **s. m.** (f. *-a*) **1** (*dir.*) Persona presso la quale si è eletto domicilio e a cui si devono notificare gli atti diretti a colui che ha fatto tale elezione. **2** (*dir.*) Persona presso la quale è pagabile una cambiale domiciliata.

domiciliàto [av. 1764] **part. pass.** di *domiciliare* (2); anche **agg.** **1** Che ha il proprio domicilio in un dato luogo: *il signor M.R., nato a Torino, d. a Firenze.* **2** (*dir.*) **Debito d.**, debito di denaro che il debitore deve pagare al domicilio del creditore al tempo della scadenza | **Cambiale domiciliata**, pagabile non al domicilio dell'obbligato principale, ma al domicilio di un terzo. **3** (*raro, lett.*) Di vocabolo straniero divenuto di uso comune in una lingua: *infinite sono le antiche parole straniere domiciliate, e fatte cittadine della nostra lingua* (LEOPARDI).

domiciliazióne [da *domiciliare* (2); 1956] **s. f.** ● (*dir.*) Indicazione del luogo nel quale è pagabile una cambiale domiciliata | (*est.*) Indicazione di un indirizzo diverso dal proprio, come quello di una banca o di un ufficio postale, a cui devono essere indirizzate le bollette (del gas, del telefono e sim.) per il pagamento.

domicìlio [vc. dotta, lat. *domicĭliu(m)*, da *dŏmus* 'casa' con sign. più astratto; per il secondo componente della vc., l'etim. è incerta; sec. XIV] **s. m.** **1** (*dir.*) Luogo in cui una persona ha stabilito la sede principale dei propri affari e interessi | (*elvet.*) Residenza anagrafica | **Eleggere d.**, stabilire con atto scritto un domicilio speciale | **D. volontario, d. elettivo**, quello scelto liberamente dal soggetto | **D. necessario, d. legale**, quello fissato dalla legge a determinati soggetti | **D. fiscale**, quello che ogni contribuente deve avere in relazione ai suoi rapporti con l'amministrazione finanziaria. **2** (*est.*) Casa, abitazione, dimora: *farsi recapitare un pacco a d.*; *violazione di d.* **3** (*astrol.*) Nello zodiaco, segno nel quale un corpo celeste trova la maggiore affinità e in cui può espandere liberamente la propria influenza. CONTR. Esilio.

domificàre [vc. dotta, lat. mediev. *domificāre*, comp. di *dŏmus* 'casa' e *-ficāre = fācere* 'fare'; 1797] **v. tr.** (*io domìfico, tu domìfichi*) ● (*astrol.*) Dividere la sfera celeste in case.

domificazióne [1827] **s. f.** ● (*astrol.*) Suddivisione della sfera celeste in dodici case.

domifórme [comp. di *domo* (3) e *-forme*] **agg.** ● (*lett.*) Che ha forma di cupola.

†**domìlia** ● V. *duemila.*

dominàbile [1913] **agg.** ● Che si può dominare: *un temperamento d.*

dominànte [sec. XIV] **A part. pres.** di *dominare*; anche **agg.** **1** (*raro*) Che domina: *popoli, nazioni dominanti.* **2** Che predomina, prevale sugli altri: *la classe, il partito d.*; *il colore d.* | **Religione d.**, quella che è più diffusa in uno Stato | **Opinioni dominanti**, quelle accolte e accettate dalla maggioranza | **Idea d.**, pensiero fisso, che ricorre costantemente nella mente di qlcu. | **Posizione d.**, che sovrasta i luoghi sottostanti (*anche fig.*) | **Motivo d.**, il tema principale di un brano musicale; (*est.*) il tema fondamentale di un'opera narrativa, di una produzione artistica e sim. **3** (*dir.*) **Fondo d.**, nelle servitù prediali, quello a favore del quale la servitù è costituita. **4** (*meteor.*) **Vento d.**, quello che supera in forza e violenza ogni altro vento di un determinato luogo. **5** (*mus.*) **Nota d.**, il quinto grado di una scala musicale. **B s. m.** ● Chi detiene il potere, sovrano, tiranno | (*raro, est.*) Signore, padrone. **C s. f.** **1** (*mus.*) Nota dominante. **2** (*fot.*) Nella fotografia a colori, erronea accentuazione di una banda dello spettro cromatico.

dominànza [1932] **s. f.** **1** (*raro*) Caratteristica o condizione di ciò che è dominante. **2** (*biol.*) Prevalenza di un determinato carattere nella discendenza di un incrocio.

♦**dominàre** o †**diminàre** [vc. dotta, lat. *domināri*, lat. tardo *domināre* 'fare da padrone (*dŏminus*)'; av. 1306] **A v. tr.** (*io dòmino*) **1** Tenere soggette persone o cose alla propria autorità, influenza, controllo e sim.: *d. il popolo, uno Stato*; *un tempo si credeva che gli astri dominassero il destino dell'uomo*; *è un'industria che domina il mercato interno ed estero* | **D. i mari**, essere una potenza marinara, avere il monopolio dei traffici marittimi | **D. una situazione**, tenerla saldamente sotto il proprio controllo | (*fig.*) **D. una lingua**, conoscerla perfettamente | **D. uno stile**, usarlo con grande maestria | **D. una materia**, maneggiarla, lavorarla con rara abilità: *è uno scultore che sa d. la creta e il marmo.* **2** (*est., fig.*) Soggiogare: *d. le menti, gli spiriti*; *quel ragazzo è completamente dominato dal padre* | **D. l'uditorio, il pubblico, gli spettatori** e sim., avvincerli, affascinarli. **3** Sovrastare, detto di costruzioni elevate, di monti, colline e sim.: *la fortezza domina la città*; *l'altura domina il paese sottostante* | Abbracciare con lo sguardo: *di lassù si domina tutta la vallata.* **4** (*fig.*) Contenere, frenare, reprimere: *d. un sentimento, gli istinti*; *non sa d. la propria passione.* **5** (*fig.*) Imporsi, influenzare in modo decisivo, determinante: *la ricerca del benessere domina la nostra società*; *sogni e fantasie dominavano la sua mente.* **B v. intr.** (aus. *avere*) **1** Essere padrone assoluto, esercitare il potere: *d. in casa propria, in uno Stato*; *d. sul popolo, sulla nazione.* **2** Essere superiore, primeggiare, eccellere: *d. su tutti*; *d. sui compagni per la sua intelligenza.* **3** Ergersi, elevarsi: *una torre domina sul passo* | Incombere: *una minaccia di sterminio dominava su di noi.* **4** (*fig.*) Imporsi, prevalere: *nella Francia di Luigi Filippo dominavano i moderati*; *quell'umore malinconico ... dominava poi sempre su tutte le altre qualità* (ALFIERI). **C v. rifl.** ● Tenere a freno i propri istinti, reprimere i propri impulsi e sim.: *se è provocato, difficilmente riesce a dominarsi.* SIN. Controllarsi.

†**dominatìvo** [1568] **agg.** ● Atto a dominare.

dominàto (1) [av. 1742] **A part. pass.** di *dominare*; anche **agg.** ● Nei sign. del v. **B s. m.** (f. *-a*) ● (*raro*) Chi è soggetto al dominio altrui.

†**dominàto** (2) [vc. dotta, lat. *dominātu(m)*, s. del part. pass. di *domināri* 'dominare'; av. 1306] **s. m.** ● Dominio.

dominatóre [vc. dotta, lat. *dominatōre(m)*, da *dominātus* 'dominato (1)'; sec. XIV] **s. m.**; anche **agg.** (f. *-trice*) ● Chi (o Che) domina: *gli antichi dominatori dei mari*; *un popolo d.*

dominazióne [vc. dotta, lat. *dominatiōne(m)*, da *dominātus* 'dominato (1)'; av. 1243] **s. f.** **1** Dominio politico: *la d. straniera in Italia.* **2** †Stato, possedimento territoriale: *ritornato nella sua d. ... ruinò ... tutte le fortezze di quelle provincie* (MACHIAVELLI). **3** (*al pl.*) Gli angeli di uno dei cori che circondano il trono di Dio.

dòmine (1) [lat. *dŏmine*, vocativo di *dŏminus* 'padrone, signore'; 1353] **inter.** **1** †Formula di invocazione: *D., fallo tristo!* (BOCCACCIO). **2** (*raro*) Esprime dubbio, incertezza, meraviglia e sim. o energica affermazione. **3** (*raro, pleon.*) Si usa in frasi interrogative e esclamative: *che d. ho io stamani intorno all'occhi?* (MACHIAVELLI).

†**dòmine** (2) [vc. dotta, lat. *dŏmine*, vocativo di *dŏminus* 'padrone, signore'; av. 1294] **s. m.** **1** Padrone, signore. **2** Prete, abate.

Domeneddìo o (*lett.*) **Domeneddio**, †**Domenedio**, (*lett.*) **Domenedio** /domine(d)'dio/ [comp. di *domine* (e) *dio*; av. 1089] **s. m.** (solo sing. nel sign. 1; pl. *domineddii* e con l'iniziale minuscola nel sign. 2) **1** (*fam.*) Dio | Signore Iddio. **2** (*scherz.*) Persona che è o si ritiene molto importante e potente: *ogni occasione è buona per fare il d.!* SIN. Padreterno.

dominicàle o **domenicàle** (2) [vc. dotta, lat. tardo *dominicāle(m)* 'relativo al padrone (*dŏminus*)'; sec. XIV] **agg.** **1** Del Signore | **Orazione d.**, il Paternostro. **2** (*dir.*) Del proprietario: *diritti dominicali* | **Reddito d.**, reddito soggetto all'imposta sui terreni, che compete al proprietario del fondo in quanto tale.

dominicàno [dallo sp. *dominicano*, da *S. Domingo*, n. della capitale; 1869] **A agg.** ● Della Repubblica Dominicana. **B s. m.** (f. *-a*) ● Abitante, nativo della Repubblica Dominicana.

dominicàto [vc. dotta, lat. *dominicātu(m)*, da *dŏminus* 'signore, padrone'] **s. m.** ● Nell'età del feudalesimo, terra di cui si aveva la proprietà e che non era soggetta ad alcun vincolo di carattere feudale.

domìnico [vc. dotta, lat. *domĭnicu(m)* 'che appartiene al padrone (*dŏminus*)'; sec. XIV] **agg.** (pl. m. *-ci*) ● Del Signore, di Dio.

domìnio o †**diminio**, †**dimino**, †**domino** (4) [vc. dotta, lat. *domĭniu(m)* 'diritto di dominare (*domināri*)'; av. 1250] **s. m.** **1** Autorità, potere: *sete di d.*; *il d. spirituale della Chiesa*; *ribellarsi a ogni d. e imposizione* | **Di d. pubblico**, (*raro*) che appartiene alla collettività; (*fig.*) che è noto a tutti:

notizia di d. pubblico. **2** Esercizio incontrastato e assoluto del potere politico: *sottrarsi al d. di un principe* | Posizione di supremazia, spec. politica o militare: *il d. di Sparta nell'antica Grecia.* CFR. -archia, -crazia. **3** Padronanza, controllo assoluto (*anche fig.*): *avere il d. della produzione industriale*; *ammiro il tuo d. sulle passioni*; *ha un grande d. della materia che tratta* | ***D. di sé***, autocontrollo | ***D. territoriale***, nel gioco del calcio e sim., costante supremazia di gioco da parte di una squadra. **4** (*dir.*) Proprietà | ***D. diretto***, nell'enfiteusi, il rapporto che intercorre fra il proprietario del fondo e il fondo stesso | ***D. utile***, nell'enfiteusi, il rapporto che intercorre fra l'enfiteuta e il fondo | ***Patto di riservato d.***, quello che regola le vendite a rate, secondo cui il compratore acquista la proprietà della cosa comprata soltanto con il pagamento dell'ultima rata. **5** Territorio sottomesso a un determinato potere politico: *i domini coloniali inglesi.* **6** (*mat.*) ***D. di una funzione***, l'insieme dei valori in cui essa è definita. **7** (*fis.*) Regione di un solido in cui i momenti magnetici o elettrici elementari sono allineati in modo uniforme. **8** (*chim.*) In una macromolecola, in particolare una proteina, regione strutturalmente e funzionalmente definita distinta dal resto della molecola. **9** (*elab.*) In una rete, sistema organizzato di risorse raggruppate in modo omogeneo e identificato da un nome univoco | In Internet, nome e indirizzo di un sito; suffisso che segnala l'appartenenza del sito a una data categoria (quali ad es. il suffisso *.it* per i siti italiani, *.fr* per i siti francesi). **10** (*fig.*) Campo, ambito, settore: *il d. della letteratura, delle scienze.*

dominion /*ingl.* dəˈminjən/ [vc. ingl., dall'ant. fr. *dominion*, adatt. del lat. *dominium* 'dominio'; 1892] **s. m. inv.** ● Territorio facente parte un tempo dell'Impero britannico pur essendo indipendente e dotato della personalità giuridica internazionale, e poi del Commonwealth (termine abbandonato dal 1947).

†**dòmino** (**1**) [vc. dotta, lat. *dŏminu(m)*, da *dŏmus* 'casa'; quindi, originariamente 'padrone (di casa)'; 1219] **s. m.** (**f.** *-a*) ● Signore, padrone | ***D. e padrone***, padrone assoluto.

dòmino (**2**) [da *domino* (*1*) con passaggio semantico non chiarito; av. 1764] **s. m. inv. 1** Grande cappa con cappuccio, gener. di seta, indossata per la festa di Carnevale sull'abito da sera. **2** (*est.*) Persona mascherata col domino.

dòmino (**3**) [fr. *domino*: dai colori bianco e nero che ricordano quelli del costume omonimo (?); 1830] **s. m.** ● Gioco che si fa con 28 tessere divise in due parti recanti ciascuna un numero da zero a sei, nel quale vince chi per primo riesce a disfarsi di tutte le proprie tessere | (*est.*) ***Effetto d.***, il succedersi di eventi collegati tra loro, come le tessere nel gioco omonimo.

†**domino** (**4**) ● V. *dominio.*

dòminus [vc. lat., propr. 'signore, padrone'] **s. m. inv.** (**pl. lat.** *domini*) ● (*dir.*) Titolare di un affare, di un ufficio e sim. | Nel linguaggio forense, avvocato titolare di una causa che pende in un distretto diverso da quello ove egli esercita.

dòmito [vc. dotta, lat. *dŏmitu(m)*, part. pass. di *domāre* 'domare'; av. 1374] **agg.** ● (*lett.*) Domato, vinto, sconfitto. CONTR. Indomito.

†**domitóre** [vc. dotta, lat. *domitōre(m)*, da *dŏmitus* 'domito'; 1499] **s. m.** (**f.** *-trice*) ● (*lett.*) Domatore.

dòmma e *deriv.* ● V. *dogma e deriv.*

†**dommaggiàre** [ant. fr. *domagier*, var. di *damagier* 'causare del danno (*dam*)'] **v. tr.** ● (*raro*) Danneggiare.

†**dommàggio** o †**domàggio** [fr. *dommage*, per *damage* da *dam* 'danno'] **s. m.** ● (*raro*) Danno.

dòmo (**1**) [vc. dotta, lat. *dŏmo*, abl. di *dŏmus* 'casa', di orig. indeur.; av. 1294] **A s. m. e f.** ● †Casa | †Famiglia. **B s. m.** ● V. *duomo* (*1*).

dòmo (**2**) [fr. *dôme*, dal gr. *dôma* 'tetto a terrazza', attrav. l'ant. provz. *doma* 'cupola'; av. 1907] **s. m. 1** (*lett.*) Cupola. **2** (*geol.*) V. *duomo* (*2*).

dómo (**3**) o **dòmo** [da *dom(at)o*, part. pass. di *domare*; av. 1484] **agg.** ● (*lett.*) Domato | (*raro*) Addomesticato: *sí da' martir, sí da' travagli doma* (STAMPA).

†**domònio** ● V. *demonio.*

domòtica [comp. del lat. *dŏmus* 'casa' e di (*informa*)*tica*; 1992] **s. f.** ● Scienza che si occupa delle applicazioni dell'informatica e dell'elettronica all'abitazione.

dòmus [vc. lat.: V. *domo* (*1*)] **s. f. inv.** (**pl. lat. inv.**) ● Nel sign. di museo, fondazione, in varie loc.: *d. galileiana.*

†**don** (**1**) /dɔn/ [ant. fr. *don*, dal lat. *dē ūnde* 'da dove'] **avv.** ● (*raro, poet.*) Forma tronca di 'donde'.

♦**don** (**2**) /dɔn/ o **don don**, **dong** (**1**) [vc. imit.; sec. XIII] **A inter.** ● Riproduce il suono di una grossa campana o i rintocchi di un orologio (*spec. iter.*). **B** in funzione di **s. m.** ● Il suono stesso delle campane: *il don don delle campane.*

♦**don** (**3**) /dɔn, don/ [riduz. di *donno* per *dom(i)no* col sign. del lat. *dŏminus* 'signore'; 1279] **s. m. 1** Titolo riservato anticamente al Papa, poi ai vescovi e agli abati e infine spec. ai monaci e ai preti: *don Abbondio*; *don Orione.* **2** In Spagna e Portogallo, titolo che spettava al re, ai principi del sangue e ai grandi del regno: *don Carlos* | Titolo riservato a gentiluomini e a persone di riguardo spec. nei territori corrispondenti ai domini spagnoli in Italia: *don Rodrigo*; *mastro don Gesualdo.*

donàbile [vc. dotta, lat. *donābile(m)*, da *donāre* 'donare'] **agg.** ● (*raro*) Che si può donare.

†**donagióne** ● V. *donazione.*

†**donaménto** [sec. XIII] **s. m. 1** Donazione, dono. **2** (*raro*) Corredo da sposa.

donànte [sec. XIV] **A part. pres.** di *donare*; anche **agg.** ● Nei sign. del v. **B s. m. e f.** ● (*dir.*) Chi fa una donazione.

♦**donàre** [lat. *donāre*, da *dōnum* 'dono'; 1219] **A v. tr.** (*io dóno*) **1** Dare qlco. spontaneamente e senza aspettarsi ricompense: *d. qlco. per riconoscenza, amore, affetto, ricordo* | ***D. tutto sé stesso a qlcu.***, dedicarsi completamente a qlcu. | ***D. il sangue***, per trasfusioni | ***D. un organo***, per trapianti. SIN. Regalare. **2** (*raro*) Conferire: *quel cappellino ti dona un'aria sbarazzina.* **B v. intr.** (aus. *avere*) **1** (*dir.*) Effettuare una donazione. **2** Giovare da un punto di vista estetico: *un'acconciatura che le dona molto*; *il viola non ti dona.* **3** (*raro*) Concedere, accordare attenuanti: *d. all'inesperienza di qlcu.* **C v. rifl.** ● (*lett.*) Dedicarsi, offrirsi, applicarsi completamente: *donarsi alla medicina*; *si è donato completamente alla causa.*

donàrio [vc. dotta, lat. *donāriu(m)*, da *dōnum* 'dono'; 1716] **s. m.** ● Nell'antica Roma, offerta agli dei | Luogo in cui tale offerta era custodita.

donatàrio [1555] **s. m.** (**f.** *-a*) ● (*dir.*) Beneficiario di una donazione.

donatìsmo [da *donatista*] **s. m.** ● Nella Chiesa cristiana d'Africa del IV sec., eresia e scisma di Donato, secondo i quali il battesimo rende santi e perfetti e deve essere rinnovato per i peccatori.

donatista [vc. dotta, lat. *Donatīsta(m)*, da *Donātus*, n. dell'eretico seguito; av. 1342] **s. m. e f.** (**pl. m.** *-i*) ● Seguace del donatismo.

donativo [vc. dotta, lat. *donatīvu(m)*, da *donātus* 'donato'; 1513] **s. m.** ● (*lett.*) Dono, elargizione: *un lauto d.*; *un generoso d.* | Mancia: *i donativi di fine d'anno.*

donatóre [lat. *donatōre(m)*, da *donātus* 'donato'; av. 1306] **s. m.** (**f.** *-trice*) **1** Chi dona: *la fortuna donatrice di beni* | (*dir.*) Chi fa una donazione. **2** (*med.*) Chi concede il proprio sangue per trasfusioni e organi del proprio corpo per trapianti: *d. di sangue, di un rene, degli occhi.*

†**donatòrio** **s. m.** ● (*raro*) Donazione.

†**donatùra** **s. f.** ● (*raro*) Donazione.

donazióne o †**donagióne** [vc. dotta, lat. *donatiōne(m)*, da *donātus* 'donato'; sec. XIII] **s. f. 1** Il donare. **2** (*dir.*) Contratto con cui una parte, per spirito di liberalità, arricchisce un'altra disponendo a suo favore di un proprio diritto o assumendo verso la stessa un'obbligazione. ‖ **donazioncèlla**, dim.

†**dónche** ● V. *dunque.*

donchisciottàta [da *donchisciotte*; 1799] **s. f.** ● (*raro*) Azione ingenuamente spavalda, diretta al conseguimento di obiettivi irraggiungibili.

donchisciòtte [dal n. di *Don Chisciotte*, il fantasioso e ingenuamente spavaldo protagonista del romanzo '*Il fantastico cavaliere don Chisciotte della Mancia*' di M. de Cervantes Saavedra (1547-1616); 1754] **s. m. inv.** ● Chi si erge a difensore di principi e ideali generosi e nobili ma superati o comunque irraggiungibili: *essere un d.*; *fare il d.*

donchisciottésco [1765] **agg.** (**pl. m.** *-schi*) ● Del romanzo 'Don Chisciotte'; di Don Chisciotte, protagonista di tale romanzo | (*fig.*) Da donchisciotte: *audacia, generosità donchisciottesca.* ‖ **donchisciottescaménte**, avv.

donchisciottìsmo [av. 1827] **s. m.** ● Atteggiamento da donchisciotte.

dónde o (*raro*) **d'ónde** [lat. *dē ūnde* 'onde, da dove', di etim. incerta; av. 1250] **A avv.** (poet. troncato in †*dón*) **1** (*lett.*) Da dove, da quale luogo (in prop. interr. dirette o indirette): *d. arrivi?*; *non si è mai potuto sapere d. venisse* | (*est.*) Da chi, da quale fonte: *d. viene questa notizia?*; *non riesco a capire d. tragga tanto coraggio.* **2** (*lett.*) Dal quale, da cui, dal luogo da cui (con valore rel.): *ritornarono al punto d. erano partiti* | Attraverso cui: *e si lasciorno una via nel mezzo d. le fanterie passavano* (MACHIAVELLI) | Per quale dove: *e piove sangue d. son passati* (CARDUCCI). **3** (*lett.*) Da cui, dal che, dalla quale cosa (con valore caus.): *d. si deduce*; *d. consegue* | Per quale motivo: *d. tante lamentele?* | ***Avere d.***, ***averne ben d.***, avere buone e fondate ragioni. **4** (*lett.*) Di cui, con cui, per cui (con valore rel.): *non avere d. vivere*; *duo valletti, d. si servia / a portar elmo e scudo, aveva allato* (ARIOSTO). **B** in funzione di **cong.** ● (*lett., raro*) Per cui, quindi (con valore concl.).

dóndola [da *dondolare*; av. 1556] **s. f. 1** †Dondolamento | †***Stare a d.***, trastullarsi. **2** Sedia a dondolo | (*pop.*) Altalena: *giocare con la d.*

dondolaménto [1869] **s. m.** ● Il dondolare, il dondolarsi.

♦**dondolàre** o (*pop.*) **sdondolàre** [etim. discussa: almeno parzialmente imitativo (?); av. 1400] **A v. tr.** (*io dóndolo*) **1** Mandare in qua e in là una cosa sospesa, in equilibrio instabile o con un unico punto d'appoggio: *d. una corda, una sedia*; *d. la testa, la coda* | †***D. le mattea***, parlare sconclusionatamente | Cullare: *d. un bambino.* **2** (*fig.*) †Rimandare continuamente | (*est.*) †Tenere a bada: *i Franzesi … potrebbero d. e straccare i Svizzeri* (MACHIAVELLI). **B v. intr. e rifl.** (aus. *avere*) **1** Muoversi oscillando o ciondolando: *l'altalena dondola*; *d. da una parte e dall'altra*; *dondolarsi pigramente su una sedia.* **2** (*fig.*) Star bighelloni, senza far niente: *non fa che dondolarsi tutto il giorno per la casa.* SIN. Gingillarsi, oziare.

dondolio [1780] **s. m.** ● Dondolamento leggero e continuo.

dóndolo [da *dondolare*; 1427] **s. m. 1** (*raro*) Il dondolare | ***Sedia, poltrona a d.***, su cui ci si può allungare e dondolare | ***Cavallo a d.***, V. *cavallo.* **2** (*lett.*) Cosa che dondola: *un collarin … / con un dondol nel mezzo* (L. DE' MEDICI) | (*est., pop.*) Altalena: *hanno messo il d. in giardino.* **3** †Pendolo | †***Orologio a d.***, orologio a pendolo. **4** †Giocattolo | (*raro, fig.*) †Passatempo | ***Stare, andare a d.***, perder tempo, stare in ozio. **5** (*fig.*) †Indugio, traccheggio.

dondolóne [av. 1565] **s. m.**; anche **agg.** (**f.** *-a*) ● (*raro*) Bighellone, ozioso, sfaccendato: *fare il d.*; *camminare con aria dondolona.* SIN. Girellone.

dondolóni o (*pop.*) **sdondolóni** [1549] **avv.** ● Dondolando, dondolandosi | ***Andare, camminare d.***, girellare oziosamente, bighellonare | Anche nella loc. avv. ***a d.***

don don /dɔnˈdɔn/ ● V. *don* (*2*).

dong (**1**) /dɔŋg/ [vc. onomat.] **inter. 1** V. *don* (*2*). **2** Riproduce il suono di un colpo di una botta o di uno scapaccione (*spec. scherz.*).

dong (**2**) /dɔŋg/ [propr. 'rame'] **s. m. inv.** ● Unità monetaria circolante nel Vietnam.

dongiovannésco [1873] **agg.** (**pl. m.** *-schi*) ● Di, da dongiovanni: *atteggiamento, orgoglio d.*

dongiovànni [dal n. di *Don Giovanni* Tenorio, personaggio di una commedia di Tirso de Molina (1584-1648); 1905] **s. m. inv.** ● Uomo audace e galante | Fortunato corteggiatore di donne.

dongiovannìsmo [1955] **s. m.** ● Ostentato comportamento da dongiovanni.

♦**dònna** [lat. *dŏmina(m)* 'signora' attraverso la forma sincopata *dŏmna(m)*; av. 1250] **s. f. 1** Femmina fisicamente adulta della specie umana: *caratteri biologici, fisiologici, sessuali della d.*; *una d. alta, bassa, robusta, sottile, slanciata, ben fatta*; *una d. piccola, brutta*; *una bella d.* CFR. gineco-, gino-, -gino | Nella loc. agg. e avv. ***da d.***, proprio della donna o adatto a lei: *voce da d.*; *abito, cappello da d.* | ***Vestirsi, agire, comportarsi da d.***, come una donna: *è solo una ragazzina, ma si comporta già da d.* | ***Di d.***, femminile: *voce di d.* | ***Mezza d.***, (*pop.*) molto piccola di statura | ***D. crisi***, volutamente molto magra, di moda spec. negli anni intorno al 1930 | ***D. cannone***, enormemente grassa, come fenomeno da circo; (*est.*) donna molto grassa. *2* Persona indeterminata di sesso femminile: *ti ha cercato una d.*; *è venuta una d.*; *al telefono mi sembrava che parlasse una d.*; *pare una d.* *d'una certa età* | ***Andare a donne***, cercare avventure amorose. *3* Ogni essere umano di sesso femminile, considerato rispetto alle caratteristiche intellettuali o morali: *d. intelligente, ragionevole, equilibrata, buona, brava, gentile*; *d. malvagia, corrotta, crudele, perversa, ipocrita, pettegola, linguacciuta, maligna* | ***Buona d.***, di animo buono, di sentimenti generosi e sim.; (*antifr.*) prostituta | ***Brava d.***, abile, lavoratrice e sim. | ***Santa d.***, estremamente buona, onesta, paziente e sim. | ***Gran d.***, dotata di eccezionali capacità e virtù | ***D. generosa***, (*iron.*) disponibile a concedersi | ***D. di facili costumi***, incline ad avventure amorose | ***Essere, non essere d. da***, essere, non essere capace di: *non è d. da fare sciocchezze.* *4* Ogni essere umano di sesso femminile, considerato in relazione al contesto in cui vive: *la d. moderna*; *la d. lavoratrice*; *la mentalità, le esigenze, i problemi della d.* *d'oggi*; *è una d. all'antica, aggiornata, à la page*; *le occupazioni tradizionali della d.* | ***D. di casa***, casalinga | ***D. di mondo***, abituata alla vita di società | (*eufem.*) ***D. di vita, di malaffare, di strada***, prostituta | (*eufem.*, *disus.*) ***D. galante, perduta, pubblica, da prezzo, da trivio***, prostituta. *5* (spec. preceduto dall'agg. poss.) Sposa, moglie, donna amata: *la sua d.* | †***D. novella***, sposa novella. *6* (*al pl., preceduto all'agg. poss.*) Donna di una stessa famiglia: *le mie donne, ... ti ricordano sempre* (CARDUCCI). *7* (*ellitt.*) Donna di servizio, collaboratrice familiare: *cercare una d.*; *licenziare la d.*; *ho trovato una d. molto fidata* | ***D. a mezzo servizio, a ore***, assunta solo per qualche ora della giornata | ***D. fissa***, che vive con la famiglia presso la quale lavora | †***D. di camera***, cameriera. *8* (*lett.*) Signora, padrona: *apparve ... la gloriosa d. della mia mente* (DANTE). *9* Titolo riservato anticamente alle religiose di alcuni ordini: *essi lavorano nel monastero delle Donne di Faenza* (BOCCACCIO). *10* Titolo riservato alle nobildonne e alle signore di riguardo: *d. Vittoria Colonna*; *d. Prassede* | †Maria Vergine | †***Nostra Donna***, la Madonna. *11* Attrice | ***Prima d.***, V. *primadonna*. *12* Figura delle carte da gioco | Nel gioco degli scacchi, regina. SIN. Dama, regina. || **donnàcchera**, pegg. | **donnàccia**, pegg. (V.) | **donnàccola**, pegg. | **donnarèlla**, pegg. | **donnétta**, dim. pegg. (V.) | **donnettàccia**, pegg. | **donnettina**, dim. vezz. | **donnettùccia**, pegg. | **donnicciòla**, pegg. (V.) | **donnicciuòla**, pegg. | **donnicciolùccia**, pegg. | **donnicina**, dim. | **donnina**, dim. (V.) | **donnino**, dim. m. (V.) | **donnóna**, accr. | **donnóne**, accr. m. (V.) | **donnòtta**, accr. | **donnùccia**, dim. | **donnucciàccia**, pegg. | **donnuccina**, dim. | **donnùcola**, pegg.

donnàccia [av. 1584] s. f. (pl. *-ce*) *1* Pegg. di *donna*. *2* Prostituta.

†**donnàio** [1600] s. m. ● Donnaiolo.

donnaiòlo o †**donnaiuòlo** [av. 1735] s. m. ● Chi corteggia assiduamente le donne.

†**donneàre** [ant. provz. *domneiar*, da *domna* 'donna'; sec. XIII] v. intr. ● Conversare con donne | Corteggiare le donne.

†**donneggiàre** [1846] v. intr. ● Signoreggiare.

†**donnerìa** s. f. ● Condizione e abitudine di donna.

donnésco [1319] agg. (pl. m. *-schi*) *1* (*raro*, *spesso spreg.*) Di, da donna: *abito d.*; *lavori donneschi*; *faccende donnesche*. SIN. Muliebre. *2* †Nobile, signorile: *con animo e con costume d.* (BOCCACCIO). *3* †Incline alle donne. || **donnescaménte**, avv. (*raro*) In modo donnesco.

donnétta s. f. *1* Dim. di *donna*. *2* Donna di umile condizione sociale | (*spreg.*) Donna mediocre, meschina.

donnicciòla o **donnicciuòla** [1438] s. f. *1* Dim. di *donna*. *2* (*spreg.*) Donna (o anche uomo) di carattere debole, di animo vile, incline al pettegolezzo.

donnina [av. 1767] s. f. *1* Dim. di *donna*. *2* Bambina assennata: *non ha ancora dieci anni ma è già una d.* *3* (*eufem.*) Donna molto disponibile a relazioni amorose | ***D. allegra***, sgualdrina.

donnino s. m. *1* Dim. di *donna* | Donnina, nel sign. 2. *2* Uomo effeminato e troppo curato.

†**dònno** [lat. *dŏmnu(m)*, forma sincopata di *dŏminu(m)* 'signore'; sec. XIII] s. m. *1* Signore, padrone: *son donni ... di lurida plebe* (MANZONI). *2* Don: *un prete, chiamato d. Gianni di Barolo* (BOCCACCIO).

dònnola [lat. tardo *dŏmnula(m)* 'signorina, padroncina', dim. di *dŏmna* 'donna', con riferimento eufemistico alla grazia di questo animale; av. 1292] s. f. ● Piccolo mammifero dei Carnivori con lungo corpo flessuoso, corte zampe e pelliccia di color rossiccio sul dorso, bianco sulla gola e sul ventre (*Mustela nivalis*). ➡ ILL. **animali**/13.

donnóne [av. 1535] s. m. *1* Accr. di *donna*. *2* Donna di grossa corporatura.

♦**dóno** [lat. *dōnu(m)*, della stessa orig. di *dāre* 'dare'; av. 1250] **A** s. m. (pl. *dóni*, m.; †*dónora*, f.) *1* Atto del donare: *porgere, portare qlco. in d. a qlcu.* | Ciò che si dona, l'oggetto di una donazione, regalo: *i doni di Natale*; *fare un d. a qlcu.* | (*est.*) Donazione: *accettare il d.* *2* (*fig.*) Concessione, grazia, privilegio: *un d. di Dio*; *de' Numi è d.* / *servar nella miseria altero nome* (FOSCOLO) | ***D. militare***, decorazione con la quale venivano onorati i valorosi dell'esercito romano | ***Doni dello Spirito Santo***, Sapienza, Intelletto, Scienza, Consiglio, Fortezza, Pietà e Timor di Dio, virtù santificanti infuse dallo Spirito Santo. *3* (*fig.*) Qualità, virtù, dote: *è un d. di natura* | ***D. della parola***, facoltà di parlare, propria dell'uomo; (*est.*) eloquenza | ***Avere il d. della musica***, esservi naturalmente portato. *4* †Rimunerazione, interesse | ***D. di tempo***, usura. **B** in funzione di agg. inv. ● (posposto al s.) Detto di ciò che si dona, si dà in regalo, spec. nella loc. ***pacco d.*** || **donerèllo**, dim. | **donétto**, dim.

†**dónqua** ● V. *dunque*.

†**dónque** ● V. *dunque*.

dont /dɔnt, *fr.* dɔ̃/ [vc. fr., propr. 'di cui'] s. m. inv. ● (*borsa*) Contratto che conferisce a un operatore il diritto, in considerazione del pagamento di un premio, di esercitare o meno l'opzione di acquisto prevista dal contratto stesso. SIN. Call. CFR. Put.

donzèlla [ant. provz. *donsela*, dal lat. *dom(i)nicĕlla(m)*, dim. di *dŏm(i)na* 'signora'; av. 1250] s. f. *1* (*lett.*) Giovinetta: *una d.*, / *che adagio ne venia sopra a quel piano* (BOIARDO). *2* †Damigella, servente. *3* (*zool.*) Denominazione di vari Pesci dei Labridi, caratterizzati dai vivaci colori. || **donzellétta**, dim. | **donzellina**, dim. (V.).

†**donzellàrsi** [da *donzella*; av. 1527] v. rifl. ● Divertirsi, gingillarsi.

donzellina s. f. *1* Dim. di *donzella*. *2* (*al pl.*) Tipo di focaccia fritta di pasta lievitata, tipica dell'Emilia-Romagna: *Donzelline ripiene di acciughe salate* (ARTUSI).

donzèllo [ant. provz. *donsel*, dal lat. **dom(i)nicĕllu(m)*, dim. di *dŏm(i)nus* 'signore'; av. 1294] s. m. *1* Titolo dato ai giovani nobili che si mettevano al servizio del re o di un cavaliere, per conseguire l'investitura cavalleresca | ***D. di corte***, paggio. *2* †Garzone, servente. *3* †Usciere dei magistrati | (*tosc.*) Usciere del municipio.

doomwriting /*ingl.* 'duːmˌɹaɪtɪŋ/ [vc. ingl., comp. di *doom* 'distruzione, rovina' (vc. germ. d'orig. indeur.) e *writing* 'scrittura, presagio', da *to write* 'scrivere' (vc. germ.); 1982] s. m. inv. ● Rovinografia.

door-to-door /dortu'dɔr, *ingl.* 'dɔːɹtə'dɔːɹ/ [loc. ingl., propr. 'porta a porta'; 1980] agg. inv.; anche avv. e s. m. inv. ● Porta a porta.

dòpa [ted. *dopa*, sigla di *d(i)o(xy)p(henyl)a(lanine)*] s. f. ● (*chim.*) Amminoacido derivato dalla tiroxina, che contribuisce alla formazione dei pigmenti scuri della pelle, dei capelli ecc.

dopamina o **dopammina** [ingl. *Dopamine*, sigla di *DihydrOxyPhenylethylAmine* 'diidrossifeniletilamina'; 1985] s. f. ● (*chim.*) Catecolamina che negli animali superiori svolge importanti funzioni di neurotrasmettitore nel sistema nervoso centrale e la cui carenza, nell'uomo, è causa del morbo di Parkinson.

dopàre [dall'ingl. *to dope* 'drogare'. V. *doping*; 1971] **A** v. tr. (*io dòpo*) ● Somministrare sostanze stupefacenti per accrescere il rendimento sportivo: *d. un atleta*. **B** v. rifl. ● Fare uso di sostanze stupefacenti per migliorare le proprie prestazioni agonistiche.

dopàto [1987] **A** part. pass. di *dopare*; anche agg. ● Nei sign. del v. **B** s. m. (f. *-a*) ● Atleta che fa uso di sostanze stupefacenti per migliorare le proprie prestazioni agonistiche.

dòping /'dɔpin(g), *ingl.* 'dəʊpɪŋ/ [vc. ingl., propr. part. pres. di *to dope* 'drogare', da *dope* 'liquido spesso' di orig. ol. (*doop* 'salsa', da *dopen* 'mescolare', ma originariamente 'battezzare (per immersione)'); 1950] s. m. inv. ● Uso, o somministrazione illegale, di droghe ad atleti o ad animali per accrescerne le energie psicofisiche e quindi il rendimento agonistico in competizione. SIN. Drogaggio nel sign. 1.

†**doplèro** ● V. *doppiere*.

†**doplicàre** ● V. *duplicare*.

†**dóplo** ● V. *doppio*.

♦**dópo** (o *-ò-*) o †**dòppo** [lat. *dĕpo(st)* 'da (*dē*) poi (*pŏst*)' col mutamento non infrequente di *-ep-* in *-ŏp-*; 1282] **A** avv. *1* In seguito, poi, più tardi: *prima studia, d. usciremo*; *prima o d. è la medesima cosa*; *parleremo d. di questa faccenda*; *un'ora d.*; *una settimana d.*; *questo accadde due mesi d.*; *subito d.*; *poco d.* | ***A d.***, a più tardi, arrivederci | Anche pleon.: *intanto fai quello che devi fare, poi d. si vedrà cosa decidere* | V. anche *dopodiché*. CONTR. Prima. *2* Oltre: *passate questo palazzo e voltate subito d.* | (*lett.*) Dietro, appresso: *Taciti, soli, sanza compagnia* / *n'andavam l'un dinanzi e l'altro d.* (DANTE *Inf.* XXIII, 1-2). **B** prep. *1* Indica posteriorità nel tempo: *ci vediamo d. pranzo*, *d. cena*, *d. domani*; *arriverà d. il tramonto del sole*; *rinviamo la discussione a d. il pranzo*; *mi ha promesso una visita per d. le vacanze* | ***Andarsene, entrare uno d. l'altro***, in rapida successione | ***D. tutto***, V. *dopotutto* | Anche nella loc. prep. ***d. di*** (davanti a un pron. pers. atono); *siamo arrivati d. di voi* | Precedendo i nomi propri di personalità rilevanti, spec. politiche, forma s. inv. indicanti il periodo successivo a quello del loro predominio: *la Francia del d. Mitterrand*. *2* Oltre (indica una successione nello spazio): *prendete la strada a destra d. la chiesa* | Dietro: *veniva avanti lentamente, un passo d. l'altro*. **C** cong. ● Poi che, in seguito (introduce una prop. temp. implicita con il v. all'inf. o al part. pass.): *d. mangiato vado sempre a dormire*; *d. aver asciugate in segreto le lacrime, alzò la testa* (MANZONI) | Anche nella loc. cong. ***d. di*** (con il v. all'inf.): *d. di aver parlato per due ore, riuscii a convincere i presenti* | V. anche *dopoché*. **D** s. m. inv. ● Il futuro, l'avvenire o il periodo successivo a qlco.: *non preoccuparti del d.*; *a questa vicenda non ci sarà un d.* **E** in funzione di agg. inv. (posposto al s.) ● In una successione, immediatamente seguente: *il giorno d.* | (*est.*) Seguente: *nei giorni d.*

dópo- primo elemento ● In parole composte, unito a sostantivi, significa 'in un periodo successivo': *dopoguerra*, *dopoteatro*.

dopobàrba [comp. di *dopo-* e *barba* (*1*); 1966] **A** s. m. inv. ● Preparato che si applica sul viso dopo la rasatura. **B** anche agg. inv.: *lozione, crema d.*

dopobórsa [comp. di *dopo-* 'periodo successivo' e *borsa* (*2*); 1923] s. m. inv. ● Periodo di contrattazione immediatamente successivo all'orario ufficiale di borsa. SIN. Dopolistino.

dopocéna [comp. di *dopo-* e *cena*; av. 1910] s. m. inv. ● Periodo di tempo successivo alla cena | (*est.*) Trattenimento, riunione e sim. che ha luogo in questo periodo di tempo: *dare un d.*; *essere invitato a un d.*

dopoché o **dópo che** [comp. di *dopo-* e *che* (*2*); av. 1508] cong. *1* Da quando, dal momento che (introduce una prop. temporale con il v. all'indic.): *l'ho saputo d. eri partito*. *2* (*raro*) Quando, una volta che (introduce una prop. temporale con valore condiz. e il v. al congv.): *verrai a trovarmi d. tu sia guarito*.

dopodiché o **dópo di che** [comp. di *dopo-*, *di* e *che* (*2*); 1848] avv. ● Infine: *dopo di che l'Italia si trovò, stupita, quasi incredula, sul Campidoglio* (PASCOLI).

♦**dopodomàni** o **dópo domàni** [comp. di *dopo* e *domani*; 1766] **A** avv. ● Nella giornata che segue immediatamente il domani, fra due giorni: *partirò, verrò d.*; *ci vediamo d.* SIN. Domani l'altro. **B** s. m. inv. ● (*raro*) Il giorno che segue il domani: *da d. comincio il nuovo lavoro*; *a d.!* | (*fig.*) Futuro non immediato: *risolti i problemi del domani, dovremo affrontare quelli del d.*

dopoelezióni [comp. di *dopo-* e il pl. di *elezione*] s. m. inv. ● Periodo immediatamente successivo alle elezioni: *pensare al d.*

dopoguèrra [comp. di *dopo-* e *guerra* sul modello del fr. *après-guerre*; 1916] s. m. inv. ● Periodo storico che segue immediatamente una guerra, spec. in riferimento alle difficoltà materiali e morali che lo caratterizzano: *gli uomini, i giovani del d.*; *le difficoltà del d.* | ***Primo d.***, che seguì alla guerra del 1914-18 | ***Secondo d.***, che seguì alla guerra del 1939-45.

dopolavorista [1931] s. m. e f. (pl. m. *-i*) ● Chi è iscritto a un dopolavoro.

dopolavoristico [1931] agg. (pl. m. *-ci*) ● Del dopolavoro, dei dopolavoristi | (*fig.*, *spreg.*) Dilettantistico.

dopolavóro [comp. di *dopo-* e *lavoro*; 1925] s. m. inv. ● Ente che organizza le attività ricreative e culturali dei lavoratori.

dopolistino [comp. di *dopo-* e *listino*; 1985] s. m. inv. ● (*banca*) Dopoborsa: *oscillazioni del d.*

dopopartita [comp. di *dopo-* e *partita* (*1*)] s. m. inv. ● Periodo immediatamente successivo a una partita, spec. di calcio: *i commenti del d.*

dopopranẓo o **dópo pranẓo** [comp. di *dopo-* 'periodo successivo' e *pranzo*; 1765] **A** avv. ● Nel primo pomeriggio, o più gener., nel pomeriggio: *ieri, oggi, domani d.*; *ci vediamo subito d.*; *mi troverete in casa d.* **B** s. m. inv. ● Il pomeriggio: *il mal tempo s'è diradato e fa il più bel dopo pranzo del mondo* (FOSCOLO).

doposcì o **dópo sci** [comp. di *dopo-* e *sci*; 1963] **A** s. m. ● Capo di vestiario o particolare tipo di calzature che gli sciatori portano durante il riposo. **B** anche agg.: *pantaloni, scarpe d.*

doposcuòla [comp. di *dopo-* e *scuola*; 1913] s. m. inv. ● Spec. un tempo, istituzione per l'assistenza degli alunni dopo le regolari ore di lezione.

doposóle [comp. di *dopo-* e *sole*; 1970] **A** s. m. inv. ● Cosmetico per idratare la pelle dopo un'esposizione ai raggi solari. **B** anche agg. inv.: *crema, lozione d.*

dopoteàtro [comp. di *dopo-* e *teatro*; 1985] **A** s. m. inv. ● Il periodo nel quale, con vari intrattenimenti, si prolunga la serata all'uscita dal teatro: *ristorante per il d.*; *passare il d. al night.* **B** in funzione di agg. inv. ● Che si svolge nel suddetto periodo: *cena d.*

◆**dopotùtto** o **dópo tùtto** [comp. di *dopo-* e *tutto*; 1874] avv. ● Insomma, alla fin fine, in conclusione, tutto considerato, tutto sommato: *fate come volete, d. siete voi i responsabili*; *d. non sarò io a rimetterci*; *d. non ci vedo una gran differenza.*

dóppia [f. sost. di *doppio*; 1618] s. f. *1* Moneta d'oro del valore di due ducati coniata in vari Stati italiani a partire dalla seconda metà del XV sec. *2* Gemma contraffatta. *3* (*fam.*) Consonante doppia: *sbagliare le doppie.*

doppiàggio (1) [da *doppiare* (*1*), nel sign. 4] s. m. ● (*sport*) Il fatto di doppiare, di venire doppiato: *l'incidente è avvenuto durante il d. di una vettura in ritardo.*

doppiàggio (2) [fr. *doublage*, da *doubler* 'doppiare (2)'; 1933] s. m. ● (*cine*) Operazione consistente nel corredare una pellicola cinematografica di una colonna sonora diversa da quella registrata durante la lavorazione del film, per avere il film stesso parlato in una lingua diversa da quella originale, o per eliminare eventuali difetti.

doppiàre (1) o †**dopiàre**, †**duplàre** [lat. tardo *duplāre*, da *dŭplus* 'doppio'; 1313] **A** v. tr. (*io dóppio*) *1* (*raro*, *lett.*) Raddoppiare, duplicare | (*est.*) Accrescere, aumentare. *2* Foderare un tessuto leggero con un altro più consistente. *3* (*mar.*) Oltrepassare un punto di terra, un faro, un molo | ***D. una boa***, nella vela, aggirarla regolarmente. *4* (*sport*) Nelle gare di corsa in pista o su circuito, superare un avversario di un intero giro | ***D. i colpi***, nel pugilato, colpire con una doppietta, portare un uno-due. **B** v. intr. e intr. pron. (aus. *essere*) ● (*raro*, *lett.*) Diventare doppio | (*est.*) Aumentare, crescere.

doppiàre (2) [fr. *doubler*, a sua volta dall'ingl. *to double*; 1933] v. tr. (*io dóppio*) ● (*cine*) Effettuare il doppiaggio.

doppiàto (1) part. pass. di *doppiare* (*1*), nel sign. 4; anche agg. e s. m. (f. *-a*) ● Che (o Chi) ha subito un doppiaggio: *i concorrenti doppiati.*

doppiàto (2) [1933] **A** part. pass. di *doppiare* (*2*); anche agg. ● Che è stato sottoposto a doppiaggio: *attore d.* **B** s. m. ● (*cine*) Colonna sonora che sostituisce quella originale.

doppiatóre (1) [da *doppiare* (*1*)] s. m. (f. *-trice*) ● Nell'industria metallurgica, operaio addetto alla piegatura e rifilatura della latta appena uscita dal laminatoio.

doppiatóre (2) [da *doppiare* (*2*); 1942] s. m. (f. *-trice*) ● Attore specializzato nel doppiaggio.

doppiatrice [da *doppiare* (*1*)] s. f. ● Macchina che piega in due la stoffa nel senso dell'altezza.

doppiatùra (1) [da *doppiare* (*1*); 1598] s. f. *1* Raddoppiamento. *2* (*mar.*) Rinforzo dello scafo di una nave, costituito dal raddoppiamento del fasciame metallico.

doppiatùra (2) [da *doppiare* (*2*); 1942] s. f. ● (*cine*, *raro*) Doppiaggio.

doppieggiàre [da *doppio*; av. 1419] v. intr. (*io doppiéggio*; aus. *avere*) *1* (*raro*) Essere falso, insincero. *2* †Avere doppio senso.

doppière o †**doplèro**, (*lett.*) †**doppièro** [provz. ant. *dobler*, da *doble* 'doppio'; av. 1276] s. m. *1* (*lett.*) Candeliere o candelabro a due o più bracci. *2* †Doppia torcia di cera: *lo foco in cima del d. / splende* (GUINIZZELLI).

doppiétta [da *doppio*; 1892] s. f. *1* Fucile da caccia a due canne | ***D. giustapposta***, in cui le due canne sono accoppiate lateralmente | ***D. sovrapposta***, le cui canne sono accoppiate verticalmente | (*est.*) Cacciatore. *2* Doppio colpo di fucile. SIN. Coppiola. *3* (*autom.*) Spec. nei cambi senza sincronizzatore, manovra in cui, portata la leva in folle, si torna a innestare la frizione e si accelera per facilitare il passaggio a una marcia inferiore: *fare la d.* *4* In vari giochi, gare, sport, insieme di due colpi riusciti, di due punti ottenuti e sim. (*anche est.*): *sparare una d.*; *una d. di gol* | Nel pugilato, rapida successione di due colpi portati di sinistro e di destro. *5* (*fis.*) Dipolo. *6* Moneta d'oro del XVIII sec. coniata a Torino per la Sardegna.

doppiétto [av. 1930] s. m. ● Doppietta, nei sign. 2 e 3.

doppiézza [av. 1390] s. f. *1* (*raro*) Caratteristica di ciò che è doppio: *la d. del filo, della corda* | Molteplicità. *2* (*fig.*) Mancanza di sincerità e di lealtà | Simulazione, inganno, imbroglio: *aveagli insegnato a detestare ... la d. propria di un tiranno* (LEOPARDI).

doppino [da *doppio*; 1797] s. m. *1* (*mar.*) Parte di una cima ripiegata in doppio su sé stessa | Cima di ormeggio di cui entrambi i capi si trovano a bordo. *2* Insieme di due conduttori costituenti un cavo telefonico.

◆**dóppio** o †**dóplo**, (*lett.*) **dùplo** [lat. *dŭplu(m)*, comp. di *dŭo* 'due' e *-plus*, proprio di questo tipo di agg.; av. 1292] **A** agg. *1* Che è due volte maggiore, relativamente ad altra cosa analoga: *sostenere una doppia fatica*; *un caffè d.*; *ricevere una doppia razione*; *paga doppia.* *2* Che è costituito da due cose identiche unite o sovrapposte e che servono spesso allo stesso uso: *fucile a doppia canna*; *appartamento con doppi servizi*; *finestra con doppi vetri.* CFR. diplo- | ***Filo d.***, formato di due o più capi uniti insieme | (*fig.*) ***Essere cucito a filo d. con qlcu.***, essere molto legato a qlcu. da interessi, sentimenti e sim. | ***Corda doppia***, nell'alpinismo, manovra di discesa mediante l'utilizzo della corda | ***D. mento***, V. *mento* | (*est.*) Grosso, spesso: *tessuto d.*; *carta doppia.* *3* Duplice: *lettera in doppia copia.* CFR. anfi-, duo- | Che è ripetuto due volte: *hai commesso una doppia infrazione* | ***Colpo d.***, nella scherma, quello per il quale gli avversari si toccano contemporaneamente per effetto di una iniziativa comune | ***A doppia mandata***, con due giri di chiave | ***Frasi, parole a d. senso***, che si possono spiegare o interpretare in due modi opposti | ***Fare il d. gioco***, barcamenarsi tra due avversari per opportunismo | ***Avere una doppia vita***, V. *vita* (*1*), sign. 3 | (*bot.*) ***Fiore d.***, che ha maggior numero di petali dell'ordinario per la trasformazione di tutti gli stami | ***Punto d.***, formato da due punti a croce sovrapposti. *4* (*fig.*) Falso, finto, infido: *è un uomo d.*; *parole doppie.* *5* Detto di bozzolo che contiene due crisalidi. *6* (*ling.*) Detto di segno grafico, ripetuto | Detto di vocale o consonante, geminato | ***Doppia articolazione***, articolazione del linguaggio sul piano del significato in monemi e sul piano del significante in fonemi. *7* Nel gioco del domino, di pezzo che ha su ambo i lati lo stesso numero: *un d. cinque.* *8* (*antrop.*) Nelle credenze di alcuni popoli, spec. dell'Africa nera, entità spirituale di un individuo che, all'insaputa di questi, può compiere malefici ai danni di altri esseri umani. || **doppiaménte**, avv. *1* Due volte; in misura o dimensione doppia: *mi rallegro doppiamente con voi.* *2* In modo falso, ambiguo: *agire doppiamente.* **B** s. m. *1* Quantità, numero, misura doppia: *no, voglio il d.*; *pagare il d.*; *pesare il d.*; *il d. di dieci è venti* | (*disus.*) ***In molti doppi***, ***a mille doppi***, molte volte, mille volte di più. *2* (*raro*) Capo intrecciato di una fune: *corda a molti doppi.* *3* (*comm.*) ***D. di commissione***, copiacommissione. *4* Attore pronto a sostituire un collega della compagnia in caso di necessità. *5* Il diverso o contrario aspetto di una stessa persona o situazione: *Pirandello e il suo d.*; *una metropoli moderna e il suo d. di violenza.* *6* Nel tennis, incontro fra quattro giocatori che gareggiano in coppia: *d. maschile, femminile, misto* | ***D. giallo***, nel tennis, incontro in alcuni tornei di doppio in cui l'accoppiamento è affidato al sorteggio | Nel canottaggio, imbarcazione montata da due vogatori che azionano due remi ciascuno | Nel nuoto sincronizzato, duo. **C** avv. *1* Due volte | ***Vederci d.***, vedere le cose raddoppiate; (*fig.*) avere la sbornia, avere le traveggole. *2* (*raro*, *fig.*) In modo falso e subdolo: *parlare, scrivere, agire d.* || **doppiàccio**, pegg. | **doppino**, dim.

doppiofóndo o **dóppio fóndo** [comp. di *doppio* e *fondo*; 1881] s. m. (pl. *doppifóndi*) *1* (*mar.*) Larga intercapedine del fondo degli scafi metallici, formata da un fasciame stagno interno disposto quasi parallelamente a quello esterno. *2* (*est.*) Qualunque cavità nascosta sotto un fondo fittizio: *valigia con d.*

doppiogiochìsta [da *doppio gioco*; 1950] s. m. e f. (pl. m. *-i*) ● Persona falsa e opportunista che fa il doppio gioco.

doppiolavorìsta [da *doppio lavoro*; 1982] s. m. e f. (pl. m. *-i*) ● Bioccupato.

doppióne [da *doppio*; 1855] s. m. *1* Cosa identica a un'altra | Altro esemplare di un libro o di un oggetto da collezione che già si possiede: *scambiarsi i doppioni.* *2* Bozzolo di seta che racchiude due o più crisalidi. *3* (*ling.*) Allotropo. *4* (*tess.*) Difetto di un tessuto dove il filo si raddoppia. *5* Recita di due parti sostenuta dallo stesso attore in un'opera teatrale. *6* †Doppiere. *7* Pezzo del domino che reca impresso nelle due caselle lo stesso numero.

doppiopeṣìṣmo [da *doppio pes(o)* 'due pesi' con il suff. *-ismo*, tratto dalla loc. *usare due pesi e due misure*; 1996] s. m. ● Nel linguaggio giornalistico, atteggiamento di chi dà su vicende simili giudizi differenti, a seconda che tali vicende si riferiscano alla sua parte o a quella avversa.

doppiopeṣìsta [1996] **A** s. m. e f. (pl. m. *-i*) ● Chi dà prova di doppiopesismo. **B** anche agg.: *un politico d.*

doppiopètto [comp. di *doppio* e *petto*; 1949] **A** s. m. (pl. *doppiopètto* o *doppiopètti*) ● Giacca o mantello con i due davanti più o meno sovrapposti e chiusi da due file di bottoni | (*fig.*) Nella loc. ***in d.***, detto di chi mira a dare di sé un'immagine ingannevole di rispettabilità: *imbroglione in d.* **B** anche in funzione di agg.: *cappotto d.*; *giacca d.*; *tailleur d.*

doppiotétto [comp. di *doppio* e *tetto*] s. m. (pl. *doppitétti*) ● (*edil.*) Soprattetto.

doppiovétro [comp. di *doppio* e *vetro*] s. m. (pl. *doppivétri*) *1* (*fam.*) Vetrocamera. *2* (*est.*) Finestra con doppia intelaiatura e doppi vetri per aumentare l'isolamento termico e acustico.

doppìsta [da *doppio* nel sign. B 5; 1956] s. m. e f. (pl. m. *-i*) ● Nel tennis, giocatore o giocatrice di doppio.

Dòppler /ˈdɔppler, *ted.* ˈdɔplʌ/ [dal n. del matematico C. J. *Doppler* (1803-1853)] in funzione di agg. inv. (posposto al s.) *1* (*fis.*) ***Effetto D.***, fenomeno fisico per il quale la frequenza di un'onda appare aumentare se la sorgente e il ricevitore hanno un moto relativo che li avvicina tra loro, e appare diminuire se tale moto porta ad allontanarli; è usato per misure di velocità (per es. di autoveicoli o del flusso del sangue). *2* Detto di strumenti, apparecchi e sim. che si basano su tale effetto | (*med.*) ***Esame D.***, o (*ellitt.*) ***Doppler***, esame clinico per verificare la funzionalità dei vasi sanguigni.

dopplersonografìa [comp. di *doppler* e *sonografia*] s. f. ● (*med.*) Ecodoppler.

†**dóppo** ● V. *dopo.*

doradìlla /doraˈdilla, *sp.* °doraˈðiʎa, -ija/ [sp. *doradilla*, da *dorado* 'dorato', dal lat. *deaurātus*, per il colore brillante delle foglie] s. f. (pl. *doradìlle* o sp. *doradillas*) ● Pianta delle Felci con foglie a pagina inferiore di colore dorato (*Asplenium ceterach*).

doràre [lat. tardo *deaurāre*, comp. parasintetico di *āurum* 'oro', col pref. *dē-*; av. 1292] **v. tr.** (*io dòro*) **1** Applicare uno strato sottile d'oro sulla superficie di un oggetto secondo vari metodi: *d. ad amalgama, a foglia, a bagno galvanico* | (*fig.*) ***D. la pillola***, V. *indorare*. **2** (*fig.*) Rendere simile all'oro | (*fig., lett.*) Rivestire di una luce dorata: *quel raro strale / che di sua mano Amor pulisce e dora* (TASSO). **3** Spennellare con albume o con tuorlo d'uovo o con uovo sbattuto la parte superiore di una pasta, prima di cuocerla | Cuocere un cibo in un grasso sino a dargli un colore simile al giallo oro.

♦**doràto** [av. 1266] **A** **part. pass.** di *dorare*; anche **agg.** **1** Ricoperto di uno strato d'oro: *rame d.* **2** Che ha il colore o i riflessi dell'oro: *giallo d.*; *marrone, bruno d.* **3** (*fig., poet.*) Inondato di luce: *mirava il ciel sereno, / le vie dorate e gli orti* (LEOPARDI). **B** **s. m.** **1** †Doratura. **2** (*raro, lett.*) Colore giallo oro.

doratóre [lat. tardo *deauratōre(m)*, da *deaurātus* 'dorato'; 1666] **s. m.** (**f.** *-trice*) ● Chi esercita l'arte del dorare.

doratùra [av. 1292] **s. f.** **1** Operazione, tecnica del dorare. **2** Rivestimento, più o meno sottile, di oro | Ornamento, fregio e sim., d'oro.

dorèma [vc. dotta, gr. *dṓrēma* 'dono' per le sue benefiche proprietà] **s. m.** (**pl.** *-i*) ● Genere di piante perenni delle Ombrellifere da cui si ricava una gommoresina (*Dorema*).

doreria [da *dorare*; av. 1543] **s. f.** ● (*raro, lett.*) Quantità di oggetti d'oro: *lasciarono i Medici molti argenti e dorerie* (VASARI).

Dòri [vc. dotta, lat. *Dōres*, dal gr. *Dōriêis*, che è da *Dōros* 'Doros', leggendario eroe eponimo della stirpe; av. 1530] **s. m. pl.** ● Popolazione indoeuropea che nel XII sec. a.C. si stanziò in Grecia ponendo fine alla civiltà micenea; sono uno dei tre principali gruppi etnolinguistici dell'antica Grecia, insieme con gli Ioni e gli Eoli.

doriàno [dal nome della squadra di calcio dell'Andrea *Doria*, che, fondendosi con la Sampierdarenese, diede vita alla Sampdoria] **agg.**; anche **s. m.** (**f.** *-a*) ● Che (o Chi) gioca nella Sampdoria, squadra di calcio della città di Genova, o ne è sostenitore.

doricìșmo ● V. *dorismo*.

dòrico [vc. dotta, lat. *Dōricu(m)*, dal gr. *Dōrikós* 'proprio della stirpe dei Dori', così chiamati dal loro mitico antenato *Dôros*; av. 1452] **A** **agg.** (**pl. m.** *-ci*) **1** Che è proprio dell'antica popolazione greca dei Dori: *dialetto d.* | (*arch.*) ***Ordine d.***, ordine architettonico classico caratterizzato da colonna senza base scanalata, rastremata verso l'alto, con capitello composto di echino a forma di bacile e di abaco, fregio a metope e triglifi alternati. ➡ **ILL.** p. 2117 ARCHITETTURA. **2** (*arch.*) Proprio dell'ordine dorico: *capitello, fregio d.*; *colonna dorica*. **3** (*mus.*) ***Modo d.***, il modo principale dell'antica musica greca. **B** **s. m.** solo **sing.** ● Dialetto greco parlato dagli antichi Dori.

dorìfora [vc. dotta, d'uguale formazione di *dorifo-ro* (V.): per le lunghe linee nere delle elitre, simili a lance (?); 1820] **s. f.** ● Coleottero dei Crisomelidi, di color giallo con dieci linee nere sul dorso, le cui larve arrecano gravi danni alle patate (*Doryphora decemlineata*). ➡ **ILL.** **animali**/2.

dorìforo [vc. dotta, lat. *doryphoru(m)*, dal gr. *doryphóros* 'colui che porta (dal v. *phérein*) una lancia (*dóry*)'; av. 1494] **s. m.** ● Nell'antichità greca, soldato armato di lancia | Soldato mercenario usato dai tiranni come guardia del corpo.

dòrio [vc. dotta, lat. *Dōriu(m)* 'il ('modo') dorio', dal gr. *Dôrios* 'dorico, dei Dori'; 1499] **s. m.** ● Nell'antica musica greca, nome dato al tetracordo avente il semitono fra il terzo e il quarto suono, nonché al modo e all'armonia corrispondenti.

dorìșmo o **doricìșmo** [da *dorico*; av. 1729] **s. m.** ● (*ling.*) Parola o locuzione caratteristica del dialetto dorico usata in altri dialetti greci.

†**dormalfuòco** ● V. †*dormialfuoco*.

†**dormentàre** [etim. discussa: lat. parl. **dormentāre*, freq. di *dormīre* 'dormire' (?); av. 1250] **v. intr.** e **intr. pron.** ● Dormire, addormentarsi.

dorménte ● V. *dormiente*.

†**dormentòrio** o †**dormentòro** [da *dormitorio* con sovrapposizione di *dormentare*; av. 1342] **s. m.** **1** Dormitorio. **2** (*fig.*) Cosa noiosa.

dormeuse /fr. dɔrˈmøːz/ [vc. fr., propr. 'dormitrice', da *dormir* 'dormire'; 1858] **s. f. inv.** ● Poltrona a sdraio settecentesca munita di una o più spalliere di differente altezza: *disteso su una d. malandata, non rispose affatto* (ORTESE).

†**dòrmi** [abbr. di *dormi(glione)*; 1618] **s. m.** e **f. inv.** ● (*tosc., scherz.*) Dormiglione | ***Fare il d.***, fingersi sbadato, ingenuo e sim.

†**dormi̱alfuòco** o †**dormalfuòco**, †**dòrmi al fuòco** [da analizzare: *dormi(re vicino) al fuoco*; av. 1556] **s. m.** e **f. inv.** ● Persona oziosa, dormigliona, indifferente.

dormicchiàre [lat. parl. **dormitulāre*, intens. di *dormitāre*, forma raff. di *dormīre* 'dormire'; 1566] **v. intr.** (*io dormìcchio*; aus. *avere*) **1** Dormire un sonno leggero svegliandosi di tanto in tanto. **SIN.** Sonnecchiare. **2** (*fig., raro*) Essere disattento, fiacco e sim.

dormicolàre [da *dorm(ire)* con suff. freq.; 1946] **v. intr.** (*io dormìcolo*; aus. *avere*) ● (*raro*) Dormicchiare.

dormiènte o **dorménte** [av. 1342] **A** **part. pres.** di *dormire*; anche **agg.** **1** Nei sign. del v. **2** (*bot.*) Detto di gemma che non si sviluppa ma resta in riposo anche per diversi anni. **3** (*fig.*) Nella massoneria, detto di affiliato che non partecipa più attivamente ai consigli della società. **4** (*mar.*) Detto di manovra spec. di sostegno che, mentre svolge le sue funzioni, non viene regolata: *manovra d.* **CONTR.** Corrente. **B** **s. m.** e **f.** ● Chi dorme: *svegliare i dormienti*. **C** **s. m.** **1** (*bot., tosc.*) Fungo che nasce in marzo. **2** (*arch.*) Trave in legno, posta orizzontalmente su un muro per ripartire i carichi. **3** (*mar.*) Manovra dormiente.

dormiènza **s. f.** ● Nelle piante, riposo temporaneo di semi o gemme prima di germogliare.

†**dormigióne** ● V. *dormizione*.

†**dormigliàre** [ant. fr. *dormiller* 'dormire leggermente', da *dormir* e il suff. attenuativo *-iller* (lat. *-iculāre*); 1808] **v. intr.** ● Dormicchiare.

dormiglióne [da *dormigliare*; 1353] **s. m.** (**f.** *-a*) **1** Chi ama dormire e dorme molto: *sveglia, d.!* **SIN.** Poltrone. **2** (*fig.*) Negligente, pigro. ‖ **dormiglionàccio**, **pegg.**

dormigliòso [provz. *dormilhos*, dall'ant. fr. *dormiller* 'dormigliare'; 1310] **agg.** **1** (*lett.*) Sonnacchioso, sonnolento: *e tu entravi ..., d. Pipi* (SLATAPER). **2** (*raro, fig.*) Negligente, tardo, pigro.

♦**dormìre** [lat. *dormīre*, di orig. indeur.; av. 1292] **A** **v. intr.** (*io dòrmo*; aus. *avere*) **1** Riposarsi per mezzo del sonno: *d. supino, disteso, bocconi, sul fianco*; *mettersi, andare a d.*; *d. profondamente, saporitamente, sodo* | ***D. come un ghiro, come un macigno, come un masso***, profondamente | †***D. a necessità***, solo quanto è necessario | ***D. in piedi, a occhi aperti***, essere molto assonnato | ***Trovare, non trovare da d.***, una stanza, un letto ove passare la notte | ***D. con gli occhi aperti***, (*fig.*) stare all'erta, vigilare | ***Dormirci sopra***, (*fig.*) rimandare una decisione importante per riflettere con più calma. **2** (*est.*) Stare inerte, inattivo: *Dorme lo 'ngegno tuo* (DANTE *Purg.* XXXIII, 64) | ***Qui non bisogna d.***, bisogna essere solleciti e decisi | ***È un tipo che non dorme***, furbo, astuto | ***Su, non d.!***, non essere pigro, sbrigati! | †***Dormi al fuoco***, V. *dormialfuoco*. **3** (*fig.*) Fidarsi, stare sicuro: *per quanto lo riguarda puoi d. tranquillo* | ***D. tra due guanciali***, essere privo di timori e di preoccupazioni, non aver nulla da temere | †***D. a occhi chiusi***, (*fig.*) star sicuro. **4** Giacere morto, nel sonno della morte: *qui dormono le sue spoglie mortali* | ***D. in pace, nel Signore***, morire cristianamente. **5** (*fig.*) Essere silenzioso, immobile, detto di luoghi: *di notte tutta la città dorme*; *i campi dormono sotto la neve* | Essere dimenticato, in disparte, detto di cose: *carte che dormono in un cassetto*; *le trattative dormono da mesi* | ***La pratica, l'istanza, la domanda dormono***, sono ferme, non procedono | ***Mettere qlco. a d.***, metterla da parte, farla dimenticare. **B** **v. tr.** ● Determinato dall'oggetto interno: *d. sonni tranquilli, agitati* | (*intens.*) ***Dormirsela***, dormire profondamente e con assoluta tranquillità | ***D. della grossa***, a lungo e profondamente (con riferimento alla terza dormita dei bachi da seta) | ***D. tutto un sonno***, dalla sera alla mattina, senza risvegli intermedi | ***D. il sonno del giusto***, serenamente, di chi ha fatto il proprio dovere | ***D. il sonno dei giusti, il sonno eterno, il sonno della morte***, (*fig.*) essere morto, giacere sepolto. ‖ **PROV.** Non destare il can che dorme; chi dorme non piglia pesci.

dormìta [astr. verb. da *dormire*; 1791] **s. f.** **1** Sonno lungo, ininterrotto e riposante: *fare, farsi una bella d.* **2** (*zool.*) Stato di torpore dei bachi da seta durante la muta. ‖ **dormitàccia**, **pegg.** | **dormitìna**, **dim.** | **dormitóna**, **accr.**

dormitàre [vc. dotta, lat. *dormitāre*, forma raff. di *dormīre* 'dormire'; sec. XIV] **v. intr.** (aus. *avere*) ● (*lett.*) Dormicchiare.

†**dormitóre** [sec. XIV] **s. m.**; anche **agg.** **1** Chi (o Che) dorme. **2** (*raro*) Trascurato, spensierato.

dormitòrio [vc. dotta, lat. *dormitōriu(m)*, da *dormītus*, part. pass. di *dormīre* 'dormire'; av. 1342] **A** **s. m.** **1** Grande stanza dove possono dormire molte persone, in collegi, caserme e sim. | ***D. pubblico***, ricovero per indigenti in cui si è accolti gratuitamente o con una minima spesa | Parte del convento in cui sono situate le celle. **2** (*fig.*) Città, o quartiere periferico, scarsamente dotato di servizi e spazi verdi in cui abitano prevalentemente persone che lavorano in centri vicini e rientrano solo la sera. **B** in funzione di **agg.**: *quartiere d.*

†**dormitóso** **agg.** ● Sonnolento.

dormitùra [1536] **s. f.** ● (*zool.*) Stato di torpore dei bachi da seta quando mutano la pelle.

dormivéglia [comp. di *dormi(re)* e *veglia(re)*; 1745] **s. m.** e (*lett.*) **f. inv.** ● Stato fra il sonno e la veglia: *all'alba lo fece saltare su da quella d. la tromba dei soldati* (VERGA).

dormizióne o †**dormigióne** [vc. dotta, lat. *dormitiōne(m)*, da *dormītus*, part. pass. di *dormīre* 'dormire'; av. 1311] **s. f.** **1** †Sonno. **2** (*relig.*) Nella Chiesa orientale, transito di Maria Vergine da questa all'altra vita.

dormòșa **s. f.** ● Adattamento di *dormeuse* (V.).

doronìco [ar. *dūrunğ*, di orig. persiana; 1550] **s. m.** (**pl.** *-ci*) ● Genere di piante erbacee rizomatose delle Composite con capolini solitari o in corimbi dai colori vivaci (*Doronicum*).

dorotèo [dal convento delle Suore *Dorotee* sul Gianicolo, dove nel 1959 si riunì il gruppo che costituì la corrente; 1847] **A** **agg.** (**f.** *-a*) ● (*spec. al pl.*) ***Suore Dorotee***, (*ellitt.*) ***Dorotee***, appartenenti alla Pia Opera di S. Dorotea. **B** **agg.** e **s. m.** ● (*polit.*) Spec. negli anni 1960-70, appartenente a una importante corrente di centro del partito della Democrazia Cristiana.

dorrèi ● V. *dolere*.

dorrò ● V. *dolere*.

dorsàle [vc. dotta, lat. tardo *dors(u)āle(m)* 'pertinente al dorso (*dōrsum*)'; 1681] **A** **agg.** **1** Relativo al dorso, situato nel dorso. **CONTR.** Ventrale | (*anat.*) ***Spina d.***, colonna vertebrale | ***Senza spina d.***, (*fig.*) privo di carattere, debole, inetto | ***Muscolo gran d.***, muscolo della regione posteriore del tronco | (*sport*) ***Salto d.***, salto in alto che l'atleta effettua superando l'asticella con il dorso rivolto verso terra. **SIN.** Fosbury. **2** (*ling.*) Detto di suono articolato per mezzo del dorso della lingua. ‖ **dorsalménte**, **avv.** Dalla parte del dorso. **B** **s. m.** **1** Spalliera di sedia, poltrona o divano **2** Testata di letto. **3** Muscolo gran dorsale. ➡ **ILL.** p. 2122 ANATOMIA UMANA. **C** **s. f.** ● Rilievo o catena montuosa: *d. alpina* | Parte o diramazione di catena montuosa | ***D. oceanica***, rilievo sottomarino, vulcanico, gener. al centro degli oceani. ➡ **ILL.** p. 2133 SCIENZE DELLA TERRA ED ENERGIA.

dorsalgia [comp. di *dors(o)* e *-algia*] **s. f.** ● Manifestazione dolorosa localizzata nella zona del dorso.

dorsalista [da *dorsale*] **s. m.** e **f.** (**pl. m.** *-i*) ● (*sport, raro*) Atleta che pratica il salto dorsale.

dorsay /fr. dɔrˈsɛ/ [dal n. dell'elegante conte A. G. *d'Orsay*; 1905] **s. m. inv.** ● Abito maschile da cerimonia.

dorsista [da *dorso* nel sign. 6; 1931] **s. m.** e **f.** (**pl. m.** *-i*) ● Nuotatore specialista dello stile sul dorso.

♦**dòrso** o **dórso** [lat. *dŏrsu(m)*, propr. spiegato come neutro sostantivato dell'avv. *deōrsum* 'in giù, in basso'; sec. XIV] **s. m.** **1** Parte posteriore del torace compresa fra la nuca e la regione lombare. **CFR.** noto- | (*est.*) Schiena | ***Dare, mostrare il d.***, (*fig.*) fuggire | ***Piegare il d.***, (*fig.*) sottomettersi | ***Spianare il d. a qlcu.***, bastonarlo. **2** Parte convessa di un organo anatomico: *d. della mano, del piede*. **3** Striscia di tela o altro materiale che unisce i due piatti della copertina d'un libro. **SIN.** Costa, costola. **4** Lato superiore di un profilo aerodinamico, di un'ala e sim. **SIN.** Estradosso. **5** Colmo, estremità alta di una montagna. **6** Stile di nuoto in posizione supina, caratterizzato da circonduzioni all'indietro delle braccia e dal battito alternato delle gambe. ➡ ILL. p. 2148 SPORT. *7* (*fot.*) Parte posteriore intercambiabile delle macchine fotografiche in cui viene inserita la pellicola sensibile. *8* In un quotidiano, fascicolo di uguale formato che si aggiunge al quotidiano stesso: *il d. regionale del Corriere della Sera.*

dorsoventràle [comp. di *dorso* e *ventrale*, forse sul modello del fr. *dorsiventral*; 1906] **agg.** *1* Che riguarda sia la parte dorsale sia la parte ventrale di un organismo animale | ***Asse d.***, che si sviluppa fra dorso e ventre. *2* Detto di pianta, o di una sua parte, che presenta una faccia superiore, o dorsale, e una inferiore, o ventrale, differenti fra loro.

†**dòsa** ● V. *dose.*

doṣàggio [fr. *dosage*, da *dose* 'dose'; 1853] **s. m.** *1* Determinazione della dose necessaria per qlco.: *il d. di una medicina; sbagliare il d.* *2* (*mar.*) Regolazione del peso di un sottomarino mediante variazione del contenuto d'acqua e aria nel doppio fondo e nei serbatoi per raggiungere l'equilibrio idrostatico o per produrre l'immersione e l'emersione.

doṣaménto **s. m.** ● (*raro*) Dosaggio.

doṣàre [fr. *doser*, da *dose* 'dose'; 1696] **v. tr.** (*io dòṣo*) *1* Misurare una o più sostanze, stabilendone la quantità o dose necessaria per qlco.: *d. gli ingredienti per un dolce; d. una medicina.* *2* (*fig.*) Usare con oculatezza e parsimonia: *d. le forze, le spese, le parole.*

doṣatóre [1869] **s. m.** *1* (f. *-trice*) Chi dosa. *2* Apparecchio avente la funzione di immettere in un ciclo di produzione quantità dosate e regolabili di materiali | (*est.*) Dispositivo che, applicato a una bottiglia, consente di versare una quantità determinata del contenuto.

doṣatùra [1869] **s. f.** ● (*raro*) Dosaggio.

♦**dòṣe** o †**dòṣa** [vc. dotta, gr. *dósis* 'il dare', da *dídōmi* 'io do'; 1582] **s. f.** *1* Quantità determinata e proporzionata di una o più sostanze per ottenere un certo effetto o risultato: *calcolare in grammi una d.; mettere nella minestra la giusta d. di sale* | Quantità prescritta di un farmaco | (*gerg.*) Quantità di sostanza stupefacente che un drogato assume in una volta: *procurarsi i soldi per la d.* *2* (*est.*) Razione (*anche fig.*): *la d. quotidiana di tabacco* | ***A piccole dosi***, poco per volta. *3* (*fig.*) Quantità (*spec. scherz.*): *dare, prendere una buona d. di schiaffi, di pugni, di legnate; ci vuole una buona d. di faccia tosta!* | ***Rincarare la d.***, aumentare la quantità, con riferimento a cose sgradevoli.

doṣimetria [comp. di *dose* e *-metria*; 1886] **s. f.** ● (*fis.*) Determinazione dell'intensità di una radiazione.

doṣimètrico [comp. del gr. *dósis* 'dose' e *-metrico*, sull'esempio dell'ingl. *dosimetric*] **agg.** (pl. m. *-ci*) ● (*fis.*) Relativo alla dosimetria: *unità di misura dosimetriche.*

doṣimetro [comp. di *dose* e *-metro*; 1956] **s. m.** ● Apparecchio per la dosimetria.

dossàle [vc. dotta, lat. eccl. *dossāle*, forma assimilata di *dorsāle*, dall'agg. *dorsālis* 'pertinente al dorso (*dŏrsum*)'; av. 1497] **s. m.** *1* Copertura del dosso di mobili, oggetti preziosi, artistici o di lusso. *2* Travicello o tavolone che fa parte della armatura provvisoria di archi e volte. *3* Parte dorsale dell'altare cristiano | Fondo scolpito, dipinto o decorato a tergo di un altare addossato al muro | Parte anteriore dell'altare, spesso coperta da un rivestimento decorativo | Paliotto.

dossier /fr. do'sje/ [dall'intitolazione scritta sul dorso (*dos*) dell'incartamento; 1895] **s. m. inv.** ● Fascicolo in cui sono raccolti i documenti riguardanti un argomento, una persona, un avvenimento.

dossière o †**dossièro** [fr. *dossier*, da *dos* 'dorso, schiena'; sec. XIV] **s. m.** *1* (*raro*) Spalliera imbottita a capo del letto. *2* Parte della bardatura da tiro a cui sono uniti i portastanghe. ➡ ILL. p. 2153 SPORT.

dòsso [lat. parl. **dŏssu(m)*, forma assimilata di *dŏrsum* 'dorso'; av. 1292] **s. m.** *1* (*lett.*) Dorso: *il d. della mano* | ***Voltare il d.***, (*fig.*) fuggire | (*est.*) Corpo | ***Levarsi i vestiti di d.***, spogliarsi | ***Levarsi un peso di d.***, (*fig.*) liberarsi di una preoccupazione | †***Arma di d.***, la corazza. *2* (*est.*) Prominenza | Cima, sommità: *il d. nevoso di un monte.* *3* Rialzo del fondo stradale, indicato da apposito segnale di pericolo; CONTR. Cunetta. *4* La parte più grossa della pietra focaia.

dossògrafo [comp. del gr. *dóxa* 'opinione' e *-grafo*] **s. m.** ● Nell'antica Grecia, erudito raccoglitore di notizie storiche, detti celebri e opinioni dei filosofi più reputati.

dossologia (*1*) [vc. dotta, gr. *doxología*, comp. di *dóxa* 'opinione, lode' e di *-logía* '-logia'; 1830] **s. f.** ● Brano liturgico glorificatore, usato nei riti cattolico, romano e bizantino.

dossologia (*2*) [comp. del gr. *dóxa* 'opinione' e *-logia*; 1951] **s. f.** ● Demodossologia.

dossològico **agg.** (pl. m. *-ci*) ● Relativo a dossologia.

dot /dɔt/ [vc. ingl., propr. 'punto' (di area germ.), che con *line* 'linea' costituisce il simbolo-chiave del codice telegrafico; 1956] **s. m. inv.** ● Unità di misura della velocità di trasmissione telegrafica.

†**dòta** ● V. *dote.*

dotàle [vc. dotta, lat. *dotāle(m)* 'relativo alla dote (*dōs*, genit. *dōtis*)'; sec. XIII] **agg.** ● (*dir.*) Relativo alla dote: *beni dotali; rendita d.* | ***Regime d.***, complesso delle norme disciplinanti la costituzione, l'amministrazione e il godimento della dote.

♦**dotàre** [vc. dotta, lat. *dotāre*, da *dotātus* 'dotato'; av. 1250] **v. tr.** (*io dòto*) *1* Dare, fornire della dote: *d. la propria figlia di, con una rendita modesta; se vuol dotar la serva, non lo ha da far col mio* (GOLDONI) | (*est.*) Fornire un istituto, un ente e sim. di adeguati mezzi finanziari: *d. le associazioni benefiche della provincia.* *2* Provvedere, corredare, fornire (*anche fig.*): *d. la città di nuove scuole; la natura l'ha dotato di bellezza e di ingegno.*

dotàto [av. 1250] **part. pass.** di *dotare*; anche **agg.** *1* Fornito: *un hotel d. di ogni confort.* *2* Ricco di doti, di qualità: *un giovane d.; uno scrittore molto d.; uno studente poco d.* | ***Essere, non essere d. per un lavoro***, avere, non avere le qualità necessarie per svolgerlo.

dotatóre [av. 1580] **s. m.** (f. *-trice*) ● (*raro*) Chi dota qlcu. o qlco.

dotazióne [av. 1406] **s. f.** *1* (*raro*) Il dotare | Fornitura. *2* Insieme di beni assegnati a una filiale, a una persona o a un ufficio per svolgere una determinata attività | ***Fondo di d.***, insieme di mezzi esposto nel bilancio di un ente pubblico. *3* (*mil.*) Complesso di materiali d'armamento, equipaggiamento e sim. assegnati al soldato e al reparto | (*mar.*) Quantità di armi, munizioni, attrezzature e sim. che si imbarcano su una nave.

♦**dòte** o †**dòta** [vc. dotta, lat. *dōte(m)*, della stessa radice di *dāre* 'dare'; sec. XIII] **s. f.** *1* Il complesso dei beni apportati dalla moglie al marito per sostenere gli oneri del matrimonio (abolita in Italia, in quanto istituto giuridico, dal 1975): *farsi la d.; avere una ricca d.; portare qlco. in d.* | ***Sposare la d.***, sposare una donna per la sua dote | ***Cacciatore di d.***, chi si dà da fare per sposare una donna ricca | (*est.*) Complesso dei beni personali che la novizia, all'atto della monacazione, attribuisce al monastero. *2* Complesso di beni finanziari assegnati a istituto o ente per il suo funzionamento. *3* (*fig.*) Speciale pregio o qualità naturale: *ha la d. della simpatia, della bellezza; la chiarezza è una grande d.; non ha certo la d. dell'altruismo.* *4* (*lett.*) Dono. ‖ **dotèlla**, dim. | **dotina**, dim. | **dotóna**, accr.

†**dòtta** (*1*) [da (*a*)*d otta* nel senso di 'a tempo'; av. 1375] **s. f.** *1* Ora, tempo. *2* Momento, occasione, circostanza | ***A d.***, nel momento opportuno.

dòtta (*2*) [dal lat. *dŭcta(m)*, part. pass. di *dŭcere* 'condurre (i bovi al lavoro)'] **s. f.** ● (*tosc.*) Turno di lavoro, in campagna | ***Rimetter le dotte***, recuperare il lavoro, e il tempo, perduto.

†**dòtta** (*3*) [ant. provz. *dopte*, deriv. di *doptar* 'dottare'; 1313] **s. f.** *1* Timore, paura, panico: *tanta fu la viltà, tanta la d.* (ARIOSTO). *2* Dubbio, incertezza.

†**dottàbile** [sec. XIV] **agg.** ● Temibile.

†**dottàggio** [sec. XIII] **s. m.** ● Dubbio | Timore.

†**dottaménto** **s. m.** ● Sospetto, dubbio.

†**dottànza** [ant. fr. *doutance*, da *douter* 'dubitare'; av. 1250] **s. f.** *1* Sospetto, timore: *di dir mi vien d.* (DANTE). *2* Dubbio, esitazione.

†**dottàre** [ant. provz. *doptar*, dal lat. *dubitāre* 'dubitare'; av. 1250] **v. tr.** *1* Temere, paventare. *2* Dubitare, esitare.

dottàto [etim. incerta; 1625] **agg.** ● Detto di una qualità di fico dal frutto grosso, che si consuma fresco o essiccato.

†**dottévole** [cfr. *dotta* (*3*); sec. XIV] **agg.** ● Incerto, dubbio.

†**dottìfico** [da *dotto* (*1*); av. 1642] **agg.** ● (*scherz.*) Che rende dotto, sapiente.

dòtto (*1*) [vc. dotta, lat. *dŏctu(m)*, part. pass. di *docēre* 'insegnare' (V.); av. 1250] **A** **agg.** *1* Che dispone di un'ottima cultura generale o di una specifica e approfondita preparazione in una determinata materia: *un uomo d.; essere d. in matematica, in teologia, di leggi, di musica.* SIN. Colto, sapiente. *2* Ricco di cultura, erudito: *libro d.; dotte citazioni* | Che è proprio delle persone di grande cultura: *studi dotti* | ***Lingue dotte***, quelle antiche, come il greco e il latino | ***Parola dotta***, non popolare. *3* †Esperto, accorto. ‖ **dottaménte**, avv. **B** **s. m.** (f. *-a*) ● Persona di grande cultura e profonda preparazione: *congresso, società di dotti.* SIN. Sapiente.

dótto (*2*) o **dùtto** [lat. *dŭctu(m)*, da *dūcere* 'condurre'; 1697] **s. m.** ● (*anat.*) Canale, condotto: *d. biliare.* ➡ ILL. p. 2126, 2127 ANATOMIA UMANA.

-dótto [dal lat. *dūctu(m)* 'conduttore'] secondo elemento ● In parole composte, significa 'condotto', 'conduttura' e sim.: *acquedotto, metanodotto, oleodotto, viadotto.*

dottoràggine [1552] **s. f.** ● (*lett.*, *scherz.*) Comportamento o atteggiamento da dottore, da grande erudito.

dottoràle [1483] **agg.** ● Di, da dottore: *toga d.; laurea d.* | (*iron.*) Proprio di chi assume pose da sapientone: *aria d.* ‖ **dottoralménte**, avv.

dottoràme [1869] **s. m.** ● (*spreg.*) Quantità di dottori.

dottoràndo [gerundio sostantivato da *dottorare* sul modello di *laureando*; 1572] **s. m.** (f. *-a*) ● Chi frequenta un corso di dottorato di ricerca.

dottoràre [da *dottore*; av. 1363] **A** **v. tr.** (*io dottóro*) ● (*raro*) Conferire a qlcu. il grado di dottore, laureare. **B** **v. intr. pron.** ● (*raro*) Diventare dottore, laurearsi: *dottorarsi in fisica.*

†**dottoràtico** [av. 1566] **s. m.** ● Dottorato, titolo di dottore.

dottoràto [1483] **s. m.** ● Grado, dignità di dottore: *raggiungere il d.* | Titolo di dottore: *conseguire il d. in medicina* | (*raro*) Conferimento di tale titolo: *il giorno del d.* | ***D. di ricerca***, qualifica accademica conseguita dopo la laurea da chi svolga, nell'ambito universitario, ulteriori studi e ricerche ottenendo, alla loro conclusione, risultati di valore scientifico.

♦**dottóre** [vc. dotta, lat. *doctōre(m)* 'insegnante', da *dŏctus* 'dotto (1)'; av. 1292] **s. m.** (f. *-éssa*, scherz. †*-a*, †*-trice*) *1* Un tempo, maestro di dottrina, insegnante | ***Fare il d.***, darsi arie di persona colta, sputare sentenze | ***Parlare come un d.***, con tono saputo | ***D. della Chiesa***, titolo attribuito a determinati Santi della Chiesa cattolica per la perfetta ortodossia delle loro dottrine, dei loro scritti. *2* Chi è fornito del diploma di laurea di una facoltà universitaria: *è diventato d. quest'anno; d. in medicina, in lettere, in giurisprudenza.* SIN. Laureato. *3* (*assol.*, *fam.*) Medico: *farsi curare da un bravo d.; chiamare il d.* *4* Maschera della Commedia dell'arte, che satireggiava i sapienti e il loro modo di approfittare dell'ignoranza dei poveri. *5* †Avvocato. ‖ **dottoràccio**, pegg. | **dottorèllo**, dim. | **dottorellùccio**, pegg. | **dottorétto**, dim. | **dottoricchio**, pegg. | **dottorino**, dim. | **dottoróne**, accr. | **dottorucciàccio**, pegg. | **dottorùccio**, **dottorùzzo**, pegg. | **dottorùcolo**, pegg.

dottoreggiàre [1817] **v. intr.** (*io dottoréggio*; aus. *avere*) ● (*spreg.*) Ostentare in modo saccente la propria dottrina | (*scherz.*) Atteggiarsi a persona di grande cultura.

†**dottorerìa** [1552] **s. f.** ● Boriosa ostentazione di dottrina.

dottorésco [av. 1585] **agg.** (pl. m. *-schi*) ● (*spreg.*) Che rivela un tono saputo e dottorale: *modo di parlare d.* ‖ **dottorescaménte**, avv. In modo dottoresco, saputo.

†**dottorésimo** ● V. †*dottorismo.*

†**dottorésmo** ● V. †*dottorismo.*

†**dottorévole** [av. 1704] **agg.** ● (*raro*, *scherz.*) Dottorale.

†**dottorézza** [av. 1803] **s. f.** ● (*scherz.*) Chi eccelle negli studi: *il tragico a tai detti impallidì; / onde sua d. impietosì* (ALFIERI).

†**dottorìa** [av. 1556] **s. f.** ● Dottrina.

†**dottorìsmo** o †**dottorésimo**, †**dottorésmo** [1914] **s. m.** ● Ostentazione arrogante di cultura.

†**dottóso** [ant. fr. *douteux*, da *douter* 'dubitare'; sec. XIII] **agg.** *1* Timoroso, pauroso. *2* Dubbioso,

incerto.

dottrina [vc. dotta, lat. *doctrīna(m)* 'insegnamento', da *dŏctor* 'dottore'; av. 1250] **s. f.** *1* (*raro, lett.*) Insegnamento, preparazione: *senza avere alcuna d. di medicina avuta già mai* (BOCCACCIO). *2* Complesso di cognizioni apprese mediante uno studio approfondito: *uomini di grande, vasta, profonda d.* SIN. Cultura, sapere. *3* Complesso organico di princìpi teorici fondamentali sui quali è basato un movimento politico, artistico, filosofico, scientifico e sim.: *la d. del surrealismo, del libero scambio* | Insieme di princìpi affermati da un autore o riguardanti un settore di una scienza: *la d. di Platone; la d. della relatività* | Insieme di princìpi direttivi, spec. in politica estera: *la d. di Monroe*. *4* Complesso dei dogmi e dei princìpi della fede cristiana. *5* (*disus.*) Catechismo: *andare a d.* *6* Opera sistematica e interpretativa degli studiosi di diritto | Il complesso di tali studiosi.

†**dottrinàio** [1708] **s. m.** ● (*scherz.*) Dottrina.

dottrinàle [vc. dotta, lat. tardo *doctrināle(m)*, da *doctrīna* 'dottrina'; sec. XIV] **A agg.** *1* Che si riferisce a una dottrina, che è proprio di una dottrina: *disputa d.; metodi dottrinali* | ***Interpretazione d.***, ricerca, proveniente da un giureconsulto, del significato e della portata di una norma giuridica. *2* (*raro*) Che ha funzioni o finalità didattiche: *commento d.* *3* Dottrinario, cattedratico: *parlare con tono d.* || **dottrinalménte**, **avv.** *1* In modo dottrinale. *2* (*raro*) In modo astratto: *ragionare dottrinalmente*. **B s. m.** ● (*raro*) Opera scritta a scopo didattico o comunque adatta a istruire.

†**dottrinàre** [da *dottrina*; sec. XIII] **v. tr.** ● Addottrinare, ammaestrare.

dottrinàrio [av. 1831] **A agg.** ● Che si fonda in modo acritico su enunciazioni e principi teorici e assoluti, spesso lontani dalla realtà o inadeguati a essa: *insegnamento d.; gente candida ... che si era nutrita di credenze dottrinarie* (CROCE). **B s. m.** (f. *-a*) ● Chi è portato a ragionare di dottrine piuttosto che ad affrontare in modo concreto i problemi pratici: *I dottrinari sono una delle sette piaghe d'Egitto* (EINAUDI) | Chi, in politica, aderisce in modo dogmatico a una dottrina, a un'ideologia.

dottrinarişmo [av. 1872] **s. m.** ● Caratteristica di chi (o di ciò che) è dottrinario | Tendenza o posizione dottrinaria.

dottrineggiàre [av. 1642] **v. intr.** (*io dottrinéggio*; aus. *avere*) ● (*raro, spreg.*) Fare sfoggio di cultura, di dottrina.

†**dottrinésco** [av. 1556] **agg.** ● (*raro*) Dottrinario.

doublé /fr. du'ble/ [vc. fr., part. pass. di *doubler* 'rendere doppio', dal lat. tardo *duplāre*, da *dŭplus* 'doppio'; 1922] **agg. inv.** *1* Rivestito di un sottile strato di oro, argento o altro metallo prezioso; placcato | ***Oro d.***, similoro. *2* Foderato: *cappotto d.*

double-face /fr. ˌdublə'fas/ [vc. fr., comp. di *double* 'doppio' e *face* 'faccia (1)' nel sign. di 'parte diritta del tessuto'; 1905] **agg. inv.** ● Detto di tessuto avente due diritti, diversi l'uno dall'altro per disegno e colore | ***Impermeabile double-face***, rifinito anche all'interno, in modo da poter essere indossato da entrambe le parti.

douglàsia /du'glazja/ [dal n. del botanico scozzese D. Douglas (1798-1834)] **s. f.** ● (*bot.*) Abete americano.

do ut des /lat. 'dɔ ut'dɛs/ [lat., propr. 'do perché tu dia'] **loc. sost. m. inv.** ● Favore che si fa per ricevere in contraccambio un altro.

dovàrio o **doàrio** [fr. *douaire*, dal lat. mediev. *dotārium*, da *dōs*, genit. *dōtis* 'dote'; av. 1540] **s. m.** ● Nel Medioevo, dono che il marito faceva alla moglie, all'atto del matrimonio, in previsione di un'eventuale vedovanza.

♦**dóve** /'dove*, 'dove *nei sign. A, B; solo* 'dove *nel sign. C*/ [lat. *dē ŭbi* 'da (d)ove'; av. 1292] **A avv.** (troncato in †*do'*, tosc. †*du'*) *1* In quale luogo (in frasi interr. dirette e indirette e in frasi escl.): *d. andate?; d. sarà nascosto?; d. mai si troverà ora?;* (*enfat.*) *dov'è che abiti?; non riesco a immaginare d. diavolo possa essersi cacciato; d. siamo capitati!; chissà d. si andrà a finire andando avanti di questo passo!* | ***Da, di d.***, da quale luogo: *da d. arrivi?* | ***Per d.***, o (*assol.*) ***d.***, per quale luogo: *per d. pensi di passare?* *2* Nel luogo in cui (con valore rel.): *stai fermo d. sei* | Dovunque: *d. tu vai ti verrà sempre appresso* (PULCI) | (*lett.*) ***D. che***, dovunque: *lo troveremo d. che sia.* *3* Il luogo in cui (con valore rel.): *ecco d. l'abbiamo trovato* | ***Da, di d.***, dal luogo in cui: *da d. abito vedo la tua casa* | ***Per d.***, per il luogo per cui. *4* In cui (preceduto da un s.): *il paese d. sono nato è molto piccolo; quella è la casa d. siamo diretti; Siede la terra d. nata fui / su la marina* (DANTE *Inf.* V, 97-98). *5* (con valore correl.) In qualche luogo: *d. più d. meno.* **B cong.** *1* (*lett.*) Se, nel caso che (introduce una prop. condiz. con il v. al congv.): *e d. non vi piacesse, ciascuno ... quello faccia che più gli piace* (BOCCACCIO). *2* (*lett.*) Mentre, laddove (con valore avversativo): *a me fu di danno, d. a te fu di aiuto.* *3* †Perché, dal momento che (introduce una prop. caus. con il v. all'indic.): *perciò non ne chiamate lupi, d. voi state pecore non siete* (BOCCACCIO). *4* †Quando (introduce una prop. temporale con il v. all'indic.): *la favola ... si deve fingere solo d. si teme dir il vero* (CAMPANELLA). **C** in funzione di **s. m. inv.** ● Luogo: *non voglio sapere né il d. né il quando; Chiaro mi fu allor come ogne d. / in cielo è paradiso* (DANTE *Par.* III, 88-89) | ***In, per ogni d.***, dappertutto.

dovechessia o **dovecchessia** o **dóve che sia** [1353] **avv.** ● In qualsiasi luogo.

†**dovenire** ● V. *divenire*.

†**doventàre** ● V. *diventare*.

♦**dovére** (1) o †**devére** [lat. *debēre*, comp. di *dē* 'da' e *habēre* 'avere' (originariamente 'avere qualcosa ottenuta da qualcuno'); 1211] **v. tr.** (difett. dell'imperat. e del **part. pres.**; **pres.** *io dèvo* (o *-é-*), *dèbbo* (o *-é-*), †*dèggio* (o *-é-*), †*dèbbio* (o *-é-*), †*dèo*, *tu dèvi* (o *-é-*), †*dèggi* (o *-é-*), †*dèbbi* (o *-é-*) †*dèi*, *egli dève* (o *-é-*), †*dèbbe* (o *-é-*), †*dègge* (o *-é-*), †*dèe*, †*de'* /dɛ/, *noi dobbiàmo*, †*doviàmo*, †*dovémo*, lett. *deggiàmo*, *voi dovéte*, *essi dèvono* (o *-é-*), *dèbbono* (o *-é-*), †*dèggiono* (o *-é-*), †*dèono*, †*dènno* (o *-é-*); **imperf.** *io dovévo*, lett. *dovéva*, †*dovéa*, *noi dovevàmo*, †*debbevàmo*; **pass. rem.** *io dovètti* (o *-étti*), raro *dovèi*, *tu dovésti*; *egli dovètte* (o *-étte*), raro *dové*; **fut.** *io dovrò*, †*doverò*; **condiz. pres.** *io dovrèi*, lett. *doverèi* o *doveria* o *dovria*, *tu dovrésti*; **congv. pres.** *io dèbba* (o *-é-*), raro *dèva* (o *-é-*), †*dèbbia* (o *-é-*), †*dèggia* (o *-é-*), †*dèa*, ecc., *noi dobbiàmo*, †*debbiàmo*, †*deggiàmo*, *voi dobbiàte*, †*debbiàte*, †*deggiàte*; *essi dèbbano* (o *-é-*), *dèvano* (o *-é-*), †*dèbbiano* (o *-é-*), †*dèggiano* (o *-é-*); **part. pass.** *dovùto*, †*debùto*, †*devùto*; aus. *avere* se è usato assol.; come v. servile ha l'aus. del v. a cui si accompagna: *sono dovuto andare, partire; ho dovuto ridere, mangiare*). *1* Avere l'obbligo di fare una determinata cosa: *d. rispettare le leggi, gli orari dei pasti; dovete mantenere le promesse* | Essere tenuto a comportarsi in un certo modo per ragioni di convenienza, di opportunità e sim.: *devi assolutamente partire; debbo comportarmi meglio* | ***Dovete sapere che***, formula che introduce una narrazione, spec. piuttosto lunga | ***Comportarsi come si deve***, in modo corretto, educato | Con valore raff.: *dovessi morire*, a costo di morire | (*pleon., interr.*) ***Perché devi sempre fare a modo tuo?***, perché fai sempre a modo tuo? *2* Avere necessità, bisogno di fare qlco.: *deve dormire almeno tre ore; devi sapere tutta la verità.* *3* Essere possibile, probabile: *deve essere pazzo per agire così!; dovrebbe essere mezzogiorno; dev'essere successo qlco.* *4* Essere sul punto di: *dovevo parlargli, ma poi mi è mancato il coraggio.* *5* Essere debitore, essere sotto l'obbligo di restituire, dare (*anche fig.*): *d. una somma; ti devo la vita; gli deve molta gratitudine* | ***D. avere da qlcu.***, essere creditore di qlcu. | (*fig.*) Trarre: *quella località deve la sua fama all'ottimo clima* | ***Essere dovuto***, essere causato, avere origine: *l'incidente è dovuto alla disattenzione dell'autista* | ***Si deve a***, è merito di, è grazie a: *si deve a lui se il bambino si è salvato.*

♦**dovére** (2) [da *dovere* (*1*); 1312] **s. m.** *1* Ciò che si è tenuti a fare secondo la legge, la morale, le convenzioni e sim.: *avere il senso del d.; i doveri del cittadino; sottrarsi al d.; vittima del d.* | ***Farsi un d. di qlco.***, sentirsi obbligati ad agire in un determinato modo | (*raro*) ***Ridurre, mettere qlcu. a d.***, costringere qlcu. a fare il proprio dovere. SIN. Obbligo. *2* Ciò che è considerato come conveniente, giusto: *sono cose conformi al d.* | ***Sentirsi in d. di fare qlco.***, ritenerlo giusto, necessario | (*bur.*) ***Chi di d.***, persona responsabile di un dato ufficio o sim.: *si rivolga a chi di d.* | (*tosc.*) ***Gli sta a d.***, gli sta bene | ***Fare le cose a d.***, bene, con cura | ***Ha avuto il suo d.***, il fatto suo. *3* (*dir.*) Posizione passiva di un rapporto giuridico. *4* (*disus., spec. al pl.*) Saluti, complimenti, cerimonie: *fare i propri doveri a qlcu.*

doverişmo [1991] **s. m.** ● (*raro, lett.*) Eccessivo senso del dovere.

doverista [1995] **s. m. e f.** (**pl. m.** *-i*) ● (*raro*) Chi ha un eccessivo senso del dovere.

doveróşo [sec. XV] **agg.** ● Che è di dovere: *d. riserbo; obbedienza doverosa* | Che è imposto dalla legge, dalla morale, dalle circostanze: *scuse doverose; è cosa doverosa dirci la verità.* SIN. Dovuto. || **doveroşaménte**, **avv.** In modo doveroso; come si deve, come è opportuno, conveniente.

†**dovidere** ● V. *dividere*.

†**dovişa** ● V. *divisa* (*2*).

dovìzia o †**diviza**, †**divizia** [vc. dotta, lat. tardo *divĭtia(m)*, da *dīves* 'ricco' di etim. incerta: da *dīvus* 'dio', perché il ricco, come Dio, non abbisogna di nulla (?); sec. XIII] **s. f.** ● (*lett.*) Grande abbondanza: *raccontare qlco. con d. di particolari* | (*lett.*) ***A gran d.***, in grande abbondanza | Ricchezza.

dovizióşo o †**divizióşo** [av. 1292] **A agg.** ● (*lett.*) Ricco: *famiglia doviziosa* | Abbondante: *pasto d.* || **dovizioşaménte**, **avv.** Con dovizia. **B s. m.** ● (*raro, lett.*) Persona ricca: *credo che la voce di d. mi accreditasse come ottimo partito* (NIEVO).

♦**dovùnque** o †**dovùnche** [comp. di *dove* e *-unque*; av. 1300] **avv.** *1* In qualunque luogo in cui (con valore rel. e il v. al congv.): *d. tu sia; d. si trovi; d. tu vada.* *2* Dappertutto, in ogni luogo: *è un prodotto che si trova d.; si udivano d. grandi grida.* *3* (*lett.*) †Ogniqualvolta (con valore temp.): *fa' d'andare secondando il parlare mio d. bisognerà* (MACHIAVELLI).

dovùto o †**debùto**, †**devùto** [1336 ca.] **A part. pass.** di *dovere*; anche **agg.** *1* Che si deve: *pagare la somma dovuta* | Necessario, debito: *agire con le dovute cautele.* *2* Causato, prodotto da: *un successo d. alla forte volontà.* || **dovutaménte**, **avv.** (*raro*) Nel modo dovuto. **B s. m.** *1* Ciò che si è tenuti a restituire, a dare: *pagare più del d.; dare a qlcu. il d.* *2* †Dovere: *fare il d.*

down (**1**) /daun, *ingl.* daʊn/ [vc. ingl., 'sotto'; 1986] **s. m. inv.** ● (*fis.*) Numero quantico corrispondente al primo tipo (o sapore) di quark.

Down (**2**) /daun, *ingl.* daʊn/ [dal n. di J. L. H. *Down* (1828-1896), medico inglese che studiò e curò tale sindrome; 1985] **agg.**; anche **s. m. e f. inv.** ● (*med.*) Che (o Chi) è affetto dalla sindrome omonima (V. *sindrome*): *una nuova terapia per i bambini D.; un convegno sull'assistenza ai D.*

download /daun'loud, *ingl.* 'daʊn,ləʊd/ [vc. ingl., propr. 'scaricamento', comp. di *down* 'giù' e di un deriv. del v. *to load* 'caricare'; 1996] **s. m. inv.** ● (*elab.*) Trasferimento di dati tra sistemi collegati in rete (spec. Internet), in particolare da un sistema remoto a un sistema locale. CFR. Upload.

†**dóze** o †**dózi** **agg. num. card. inv.**; anche **s. m. e f. inv.** ● (*raro*) Dodici.

♦**dozzina** o (*dial.*) †**dozzèna** [ant. fr. *douzaine*, da *douze* 'dodici'; 1260] **s. f.** *1* Complesso, serie di dodici, o circa dodici, unità: *acquistare una d. di fazzoletti, di uova; hanno iscritto alla corsa una d. di piloti; ti ho chiamato una d. di volte* | ***A dozzine***, in gran numero, in grande quantità | ***Di, da d.***, di poco pregio. *2* (*disus.*) Vitto e alloggio che una famiglia privata fornisce a un pensionante a un determinato prezzo: *stare a d. presso qlcu.* | Prezzo pattuito per tale prestazione: *riscuotere, pagare la d.* *3* Nel gioco della roulette, ciascuna delle tre combinazioni costituite dai numeri 1-12, 13-24, 25-36 su cui si può puntare.

dozzinàle [dalla locuz. *di dozzina*; 1387] **agg.** ● Ordinario, comune: *un abito d.* | Grossolano: *persona d.; gusti dozzinali.* || **dozzinalàccio**, **pegg.** || **dozzinalménte**, **avv.**

dozzinalità [av. 1651] **s. f.** ● Volgarità, grossolanità.

dozzinànte [1640] **s. m. e f.** ● (*disus.*) Pensionante presso una famiglia.

dràba [vc. dotta, gr. *drábē* 'senape araba'; 1972] **s. f.** ● (*bot.*) Genere delle Crocifere comprendente varie specie di piccole erbe perenni distribuite spec. in ambienti rupestri montani (*Draba*). CFR. Pelosella.

dracèna [vc. dotta, lat. tardo *dracaena(m)*, dal gr. *drákaina*, f. di *drákōn* 'drago' per l'aspetto e per il succo rosso (sangue di drago) che si estrae incidendone la corteccia; 1820] **s. f.** ● Genere di piante arboree delle Liliacee con rami terminanti in un ciuffo di foglie, fiori con sei petali uniti alla base e corteccia da cui si ricava una gommoresina detta sangue di drago (*Dracaena*). ➡ **ILL. piante/11**.

Drachenballon /ted. 'dʀaxənba,lɔŋ/ [ted., propr. 'pallone (dal fr. *ballon*) drago (lat. *drăco*)' per il suo aspetto pauroso] **s. m. inv.** (pl. ted. *Drachenballons* o *Drachenballone*) ● Pallone frenato.

dràcma [vc. dotta, lat. *drăchma(m)*, dal gr. *drachmḗ*, originariamente 'quanto si può prendere (*drássesthai*) con una mano'; 1306] **s. f.** *1* Unità monetaria della Grecia moderna. **SIMB.** Dr. *2* V. *dramma* (*2*).

†**dràco** ● V. *drago*.

†**dracóne** ● V. *drago* nei sign. 1 e 2.

draconiàno [dal n. del severo legislatore ateniese *Dracone* (*Drákōn*, propr. 'drago'); 1823] **agg.** *1* Di, relativo a Dracone. *2* (*est.*) Molto severo e rigido: *provvedimento d.* ‖ **draconianaménte**, avv.

dracònico [parallelo di *draconiano* (V.)] **agg.** (pl. m. *-ci*) ● (*astron.*) Del periodo di rivoluzione considerato come l'intervallo di tempo tra due successivi passaggi a uno stesso nodo dell'orbita della Luna: *anno, mese d.*

draconìtico **agg.** (pl. m. *-ci*) ● (*astron.*) Draconico.

dracontìaṣi [da *drakóntion*, n. gr. del parassita, col suff. *-iasi*] **s. f. inv.** ● (*med.*) Malattia tropicale parassitaria dell'uomo causata dalla migrazione nel tessuto sottocutaneo e nei visceri della larva del nematode *Dracunculus medinensis*. **SIN.** Dracunculosi.

dracònzio [vc. dotta, lat. *dracŏntiu(m)*, dal gr. *drakóntion*, da *drákōn*, genit. *drákontos* 'drago, serpente', perché ritenuto, per la sua variegatura, rimedio contro le serpi dalla pelle ad essa simile] **s. m.** ● Genere di piante erbacee rizomatose delle Aracee che sviluppano una foglia con lungo picciolo ogni anno (*Dracontium*).

dracunculòṣi [dal n. lat. del parassita *Dracuncul(us)* (*medinensis*) col suff. *-osi*] **s. f. inv.** ● (*med.*) Dracontiasi.

dràga [fr. *drague*, dal v. ingl. *to drag* 'tirare (dal fondo del mare alla superficie)'; 1780] **s. f.** *1* Macchina per l'escavazione e lo spurgo dei porti, dei fiumi, dei canali. *2* (*mar.*) Ancora galleggiante.

dragàggio [fr. *dragage*, da *drague* 'draga'; 1932] **s. m.** ● Operazione del dragare | ***D. di mine***, operazione di recupero o distruzione delle mine subacquee poste dal nemico.

dragamìne [comp. di *draga(re)* e il pl. di *mina* (*1*); 1926] **s. m. inv.** ● (*mar.*) Cacciamine attrezzato per il dragaggio delle mine.

dragànte (**1**) [etim. discussa: gr. mediev. **trikánthin* 'di tre (*tri-*) angoli (*kanthái*)' (?); 1607] **s. m.** ● (*mar.*) Grossa trave posta trasversalmente alla ruota di poppa e le cui estremità si congiungono alle ultime coste e alle alette.

dragànte (**2**) ● V. *adragante*.

dragàre [fr. *draguer*, da *drague* 'draga'; 1780] **v. tr.** (*io drago, tu draghi*) *1* Scavare con la draga. *2* Bonificare un tratto di mare da mine subacquee, recuperandole o distruggendole.

dragàta **s. f.** ● Escavazione subacquea mediante draga.

dragatóre **s. m.** (f. *-trice*) ● Draghista.

†**draghinàssa** [da *daghinassa*, pegg. di *daga*, con sovrapposizione di *drago*; av. 1589] **s. f.** ● (*scherz.*) Spadone, sciabolone.

draghìsta [da *draga*; 1956] **s. m. e f.** (pl. m. *-i*) ● Operaio addetto alla manovra di una draga.

dràglia o **tràglia** [fr. *draille*, da *traille* 'traglia' con sovrapposizione di *drague* 'draga'; av. 1539] **s. f.** ● (*mar.*) Piccolo cavo metallico, spec. quello teso lungo il bordo della nave da un candeliere all'altro per formare la battagliola | Piccolo strallo ausiliario. ➡ **ILL.** p. 2172 TRASPORTI.

†**drà̀gma** ● V. *dramma* (*2*).

♦**dràgo** o (*lett.*) †**dràco**, (*lett.*) †**dracóne** e **dragóne** (**1**) nei sign. 1 e 2 [lat. *drăco* (nom.), *dracōnem* (acc.), dal gr. *drákōn*, di etim. discussa: connesso col v. *dérkesthai* 'guardare' per il suo sguardo paralizzante (?); sec. XIII] **s. m.** (pl. *-ghi*) *1* Animale fiabesco simile a un enorme rettile alato che vomita fuoco | (*est.*) Animale selvatico e feroce | ***D. volante***, aquilone. *2* (*fig.*) †Persona malvagia. *3* ***D. volante***, piccolo rettile arboricolo dei Sauri con lunga coda sottile e due espansioni cutanee che gli permettono brevi voli (*Draco volans*). *4* ***Pallone d.***, pallone frenato. **SIN.** Drachenballon. *5* (*fam., fig., gerg.*) Chi è furbo, in gamba: *è un d., un gran d.; che d.!*

dragomànno [vc. di orig. orient., ar. *turğumān* 'interprete', da *tarğama* 'tradurre'; V. *Turcimanno*; sec. XIII] **s. m.** ● Un tempo, interprete presso le ambasciate e i consolati europei in Oriente o viceversa.

dragóna [fr. *dragonne*, f. di *dragon* 'dragone (2)', il soldato della cui uniforme faceva parte; av. 1712] **s. f.** ● (*mil.*) Striscia doppia di cuoio o cordone intrecciato, di varia composizione, che, annodata all'elsa della sciabola e avvolta al polso, rende più sicura la presa della mano che impugna l'arma.

dragonàto [da *dragone* (*2*)] **agg.** ● In araldica, detto di animale con coda di drago.

dragoncèllo [parallelo di *draconzio* (V.); 1563] **s. m.** *1* Pianta erbacea, cespugliosa, delle Composite con fiori raccolti in ampie pannocchie, usata per condimento (*Artemisia dracunculus*). **SIN.** Estragone. *2* Verme dei Nematodi che provoca una grave malattia tropicale (*Dracunculus medinensis*).

dragóne (**1**) [vc. dotta, lat. *dracōne(m)* 'drago' (V.) perché di brutto aspetto e velenoso; av. 1292] **s. m.** (f. *-éssa* (V.)) *1* Drago, nel sign. 1. *2* Effigie del drago per insegna della coorte romana, dai tempi di Traiano. ‖ **dragonàccio**, pegg. | **dragoncèllo**, dim.

dragóne (**2**) [fr. *dragon*, perché militava sotto l'insegna fregiata da un *dragone*; 1630] **s. m.** *1* Archibugiere a cavallo, nel XV sec. | Soldato di cavalleria, con elmo fornito o meno di criniera. *2* Pezzo di artiglieria del XV sec. con palla da 40 libbre.

dragóne (**3**) [ingl. *dragon* (*boat*) 'nave vichinga', dalla vc. vichinga *drakar* 'dragone', chiamata così prob. da un dragone che vi era effigiato; 1934] **s. m.** ● Imbarcazione a vela da regata, un tempo classe olimpica, a chiglia fissa e con equipaggio di tre persone.

dragonéssa [f. di *dragone* (*1*); av. 1729] **s. f.** *1* (*raro*) Femmina del drago. *2* (*fig.*) Donna dall'aspetto terribile e furioso.

dragster /ingl. 'dɹægstəɹ/ [vc. ingl., comp. di *to drag* 'trascinare' e di (*road*)*ster* 'automobile scoperta a due posti'] **s. m. inv.** ● (*autom.*) Speciale automobile dotata di motore elaborato per gare di accelerazione su brevi percorsi con partenza da fermo.

draiṣina /drai'zina, dre-/ [ted. *Draisine*, dal n. dell'inventore, il nobile ted. C. F. *Drais* von Sauerbronn (1785-1851); 1913] **s. f.** ● Strumento di locomozione a due ruote, mosso dalla spinta alterna dei piedi sul terreno, provvisto di una specie di manubrio, che rappresenta il prototipo della bicicletta.

dràkar [sved. *drakar*, pl. di *drake*, propr. 'drago' per la figura del mostro usata come polena dagli antichi navigatori scandinavi] **s. m. inv.** ● Antica imbarcazione scandinava a vela quadra e a remi.

Dràlon® [dal ted. *Dralon*, foggiato su (*ny*)*lon*] **s. m. inv.** ● Fibra tessile sintetica acrilica, usata per capi di biancheria e abiti.

†**dràma** e *deriv.* ● V. *dramma* (*1*) e *deriv.*

dràmma (**1**) o (*lett.*) †**dràma** [vc. dotta, lat. tardo *drāma* (nom.), dal gr. *drâma* 'azione' (dal v. *drân* 'fare, agire'); 1572] **s. m.** (pl. *-i*) *1* Qualsiasi componimento letterario scritto per la rappresentazione scenica | ***D. storico***, a carattere tragico, introdotto dai romantici su base storica liberamente rielaborata | ***D. pastorale***, ambientato tra pastori tipizzati o mitici e ispirato alle bucoliche virgiliane | ***D. liturgico***, dramma sacro medievale su temi liturgici | ***D. giocoso***, l'opera comica del sec. XVIII | ***D. musicale***, l'opera del secondo Ottocento, spec. tedesca | ***D. per musica***, il melodramma dei secc. XVII e XVIII. *2* Opera teatrale caratterizzata da conflitti, passioni o forti contrasti fra i personaggi: *i drammi di Strindberg*. *3* (*est.*) Vicenda dolorosa, pubblica o privata: *d. di una famiglia; un d. sulla nave* | (*fam., iperb.*) Problema, difficoltà: *svegliarlo presto è un vero d.* | ***Fare un d. di qlco.***, esagerarne l'importanza. *4* Forza, tensione drammatica: *il d. dell'Inferno di Dante; un'opera interessante ma priva di d.* ‖ **drammàccio**, pegg. | **drammettàccio**, pegg. | **drammettino**, dim. | **drammétto**, dim. | **drammóne**, accr. (V.).

dràmma (**2**) o **dràcma**, †**drà̀gma** [per *dracma*, con assimilazione; 1319] **s. f.** *1* La principale unità monetaria degli antichi Greci, di vario peso a seconda dei luoghi e dei tempi, con numerosi multipli e sottomultipli. ➡ **ILL. moneta.** *2* (*lett., fig.*) Parte piccolissima di qlco. *3* Misura di peso inglese, pari alla sedicesima parte dell'oncia.

drammàtica [1570] **s. f.** *1* (*raro*) Uno dei generi letterari, che comprende le varie forme teatrali. *2* L'arte che concerne il teatro di prosa.

drammaticità [1902] **s. f.** ● Caratteristica di ciò che è drammatico: *la d. di una situazione* | Potenza, forza drammatica: *la d. di un quadro*.

drammàtico o (*lett.*) †**dramàtico** [vc. dotta, lat. tardo *dramăticu(m)*, dal gr. *dramatikós* 'relativo al dramma (*drâma*)'; av. 1563] **agg.** (pl. m. *-ci*) *1* Che si riferisce al dramma, che è proprio del dramma: *arte, forma drammatica; stile, tono d.* | Che scrive o interpreta drammi: *poeta d.; attore d.* | ***Compagnia drammatica***, compagnia teatrale di prosa. *2* (*fig.*) Che ha l'intensità emotiva propria di un dramma: *scena, situazione drammatica; parlare con tono d.; fare gesti drammatici; via, non essere così d.* | ***Narrazione drammatica***, presentata vivacemente, come in un dramma. ‖ **drammaticaménte**, avv.

drammatiẓẓàre [fr. *dramatiser*, dal gr. *dramatízein*; 1869] **v. tr.** *1* (*raro*) Rendere atto alla rappresentazione, ridurre in forma di dramma: *d. un racconto, un romanzo storico, una vicenda reale*. *2* (*fig.*) Esagerare la gravità di un fatto (*anche assol.*): *d. la situazione; cercare di non d.*

drammatiẓẓazióne [fr. *dramatisation*, da *dramatiser* 'drammatizzare'; 1932] **s. f.** *1* Il drammatizzare | (*fig.*) Esagerata accentuazione della gravità di qlco. *2* (*pedag.*) Esercitazione scolastica consistente nella libera rappresentazione scenica di un racconto e sim.

drammaturgìa [vc. dotta, gr. tardo *dramatourgía*, da *dramatourgós* 'drammaturgo'; 1666] **s. f.** ● Arte drammatica | Letteratura drammatica | Trattato sull'arte drammatica.

drammatùrgico **agg.** (pl. m. *-ci*) ● Che riguarda la drammaturgia.

drammatùrgo [vc. dotta, gr. tardo *dramatourgós*, comp. di *drâma*, genit. *drámatos* 'dramma (1)', e *érgon* 'lavoro'; 1820] **s. m.** (f. *-a*, pl. m. *-ghi*, †*-gi*) ● Scrittore di testi drammatici.

drammóne **s. m.** *1* Accr. di *dramma* (*1*). *2* Opera teatrale o cinematografica con forti effetti drammatici | Situazione, vicenda molto drammatica e patetica.

drap /fr. dʀa/ [vc. fr., propr. 'drappo' (V.); 1905] **s. m. inv.** ● Stoffa di lana morbida, lucida, setosa, adatta per abiti da sera.

†**drappaménto** [av. 1642] **s. m.** ● Vestito.

†**drappàre** [da *drappo*; sec. XV] **v. tr.** ● Vestire, spec. sontuosamente | (*est.*) Dipingere una figura vestita di drappi.

†**drapparìa** ● V. *drapperia*.

drappeggiaménto [av. 1796] **s. m.** ● (*raro*) Il drappeggiare | Drappeggio.

drappeggiàre [iter. di †*drappare*; sec. XV] **A** **v. tr.** (*io drappéggio*) *1* Disporre in drappeggi: *d. un mantello sulle spalle di qlcu.* | Avvolgere o ricoprire con drappeggi: *d. la propria persona in un ampio scialle*. *2* (*fig., lett.*) Nascondere sotto apparenze pompose ciò che in realtà è misero, dimesso e sim. **B** **v. rifl.** *1* Avvolgersi con drappeggi: *drappeggiarsi in abiti lussuosi*. *2* (*fig., lett.*) Assumere un atteggiamento imponente, fiero, statuario.

drappéggio [da *drappeggiare*; 1885] **s. m.** *1* Tessuto ripreso e fissato in modo da formare un movimento armonioso di ampie pieghe ricadenti. *2* Insieme di pieghe morbide, disposte a ornare un abito e sim.: *motivo di d.*

drappèlla [da *drappello* (*1*); 1830] **s. f.** ● Piccolo drappo rettangolare, di seta, con sopra ricamato lo stemma del reggimento, che si appende per ornamento alla tromba.

†**drappellàre** (**1**) [da *drappo*; 1852] **v. tr.** ● Agitare, sventolare drappi, insegne, bandiere e sim.

†**drappellàre** (**2**) [da *drappello* (*2*); av. 1370] **v. intr.** ● Andare in drappello.

drappèllo (**1**) [av. 1388] **s. m.** *1* Dim. di *drappo*. *2* (*raro, lett.*) Bandiera, insegna. ‖ **drappellóne**, accr. (V.).

drappèllo (**2**) [dim. di *drappo*, nel sign. di 'insegna' e poi di 'gruppo di soldati che militano sotto la medesima insegna'; sec. XIII] **s. m.** **1** Gruppo di armati raccolti sotto la stessa insegna. **2** (*est.*) Gruppo di persone raccolte insieme: *un d. di cacciatori* | (*raro*) ***Fare d.***, riunirsi in gruppo. || **drappellétto**, **dim.**

drappellonàre **v. tr.** (*io drappellóno*) ● Ornare di drappelloni.

drappellóne [av. 1363] **s. m.** **1** Accr. di *drappello* (*1*). **2** †Grande drappo appeso attorno al cielo dei baldacchini | †Addobbo di chiese e sim. | (*tosc.*) Balza o frangia dell'abito.

drapperìa o †**drapparìa** [1353] **s. f.** **1** Quantità di drappi. **2** Fabbrica o magazzino di drappi e di tessuti in genere. **3** Nell'industria tessile, l'insieme di tutte le stoffe di lana o miste destinate all'abbigliamento maschile.

drappicèllo **s. m.** **1** Dim. di *drappo*. **2** †Fazzoletto da naso.

†**drappière** o †**drappièri**, †**drappièro** [fr. *drapier*, da *drap* 'drappo'; av. 1292] **s. m.** ● Fabbricante o mercante di drappi.

dràppo [lat. tardo *drăppu*(*m*), di prob. orig. celtica; av. 1294] **s. m.** **1** Tessuto di lana o di seta, per lo più operato | (*est., lett.*) Tessuto in genere. **2** (*lett.*) Abito fastoso: *avvolgersi in drappi* | †Abito, in genere | †Fazzoletto di taffetà portato dalle donne sul capo o sulle spalle. **3** †Palio colorato di seta che si dava in premio ai vincitori nelle gare spec. di corsa. **4** †Tovaglia dell'altare. || **drappèllo**, **dim.** (V.) | **drappétto**, **dim.** | **drappicèllo**, **dim.** (V.) | **drappicino**, **dim.** | †**drappóne**, **accr.** | **drappùccio**, **dim.**

dràstico [fr. *drastique*, dal gr. *drastikós* 'efficace', da *drastós* 'fatto', agg. verb. di *drân* 'agire, compiere'; 1765] **agg.** (**pl. m.** *-ci*) ● Energico e deciso, oltre che efficace: *provvedimento d.* | ***Purgante d.***, ad azione violenta. **CONTR.** Blando. || **drasticaménte**, **avv.**

dràvida [ant. indiano *Dravidāh*, di etim. incerta] **A** **agg.** (**pl. m.** *-a* o *-i*) ● Detto di una popolazione che già abitava la penisola indiana prima dell'invasione indoiranica. **B** **s. m. e f.** ● Chi appartiene a tale popolazione.

dravìdico [da *dravida*] **agg.** (**pl. m.** *-ci*) ● Che appartiene ai Dravidi: *lingua dravidica*.

drawback /*ingl.* 'drɔːˌbæk/ [vc. ingl., comp. di *to draw* 'tirare' e *back* 'indietro'] **s. m. inv.** ● Restituzione, all'atto dell'esportazione di un prodotto, del dazio d'importazione o degli altri tributi interni di cui furono gravati i materiali impiegati nella fabbricazione dello stesso.

dreadnought /*ingl.* 'drɛdˌnɔːt/ [vc. ingl., comp. di *to dread* 'aver paura' e *nought* 'niente'; 1910] **s. f. inv.** ● (*mar.*) Tipo di corazzata veloce, armata con cannoni di grosso calibro, dell'inizio del sec. XX.

drenàggio [fr. *drainage*, da *drainer* 'drenare'; 1855] **s. m.** **1** Sistema di tubi, canali o pozzi per lo scolo delle acque | Bonifica di terreni palustri per mezzo di canali. **2** (*chir.*) Operazione destinata a favorire lo scolo di liquidi da cavità patologiche o naturali mantenendo aperto un orifizio mediante garze, tubi e sim.: *d. di una ferita* | Strumento con cui si effettua tale operazione. **3** (*fig.*) Il drenare: *d. dei capitali* | (*econ.*) ***D. fiscale***, slittamento verso aliquote impositive superiori che si verifica, in un sistema di imposizione fiscale progressiva, alla crescita del reddito nominale e a parità di reddito reale. **SIN.** Fiscal drag.

drenàre [fr. *drainer*, dal v. ingl. *to drain*, propr. 'prosciugare, rendere secco (*dry*)'; 1950] **v. tr.** (*io drèno*) **1** Prosciugare un terreno mediante drenaggio. **2** (*chir.*) Favorire lo scolo di liquidi da cavità patologiche o naturali mantenendo aperto un orifizio mediante garze, tubi e sim.: *d. una ferita*. **3** (*fig.*) Fare affluire, attirando a sé, per conservare o ridistribuire: *d. la manodopera straniera con una politica d'immigrazione*.

†**drénto** ● V. *dentro*.

drepanocìta o **drepanocìto** [comp. del gr. *drépanon* 'falce' e *-cita*] **s. m.** (**pl.** *-i*) ● (*med.*) Eritrocita patologico a falce, contenente un tipo di emoglobina anomala.

drepanocitemìa [comp. di *drepanocit*(*a*) ed *-emia*] **s. f.** ● (*med.*) Drepanocitosi.

drepanocìtico **A** **agg.** (**pl. m.** *-ci*) ● (*med.*) Di, relativo a drepanocitosi. **B** **s. m.** (**f.** *-a*); anche **agg.** ● (*med.*) Chi (o Che) è affetto da drepanocitosi.

drepanocìto ● V. *drepanocita*.

drepanocitòsi [comp. di *drepanocit*(*a*) e del suff. *-osi*] **s. f. inv.** ● (*med.*) Forma di anemia ereditaria caratterizzata dalla presenza di drepanociti nel sangue. **SIN.** Falcemia, drepanocitemia.

dressage /*fr.* drɛ'saːʒ/ [vc. fr., da *dresser*, che, oltre al sign. proprio di 'drizzare', ha anche quello di 'indirizzare bene, istruire, educare'; 1939] **s. m. inv.** **1** (*sport*) Gara di equitazione consistente nell'esecuzione delle arie. **2** Addestramento di animali, spec. cani e cavalli. **3** Disposizione dei piatti sulla tavola o dei cibi nel piatto.

dressàggio **s. m.** ● Adattamento di *dressage* (V.).

dressàre [fr. *dresser*, propr. '(in)dirizzare' (dal lat. parl. **directiāre*), che ha assunto anche il sign. più specifico di 'istruire, educare'] **v. tr.** (*io drèsso*) ● Addestrare animali, spec. cani e cavalli da corsa.

†**drèto** ● V. *dietro*.

drìade [vc. dotta, lat. *drȳade*(*m*), dal gr. *dryás*, genit. *dryádos* 'ninfa dell'albero', da *drŷs* 'albero', di orig. indeur.; av. 1333] **s. f.** **1** Nella mitologia greco-romana, ninfa abitatrice degli alberi e dei boschi. **2** Pianta erbacea delle Rosacee con foglie biancastre, inferiormente pelose e fiori bianchi, solitari (*Dryas octopetala*).

dribblàggio **s. m.** ● Adattamento di *dribbling* (V.).

dribblàre [ingl. *to dribble*, propr. 'gocciolare', freq. di *drib*, var. arc. di *drip* 'gocciolatura'; 1911] **v. intr.** e **tr.** (aus. intr. *avere*) **1** (*sport*) Nel calcio e sim., effettuare il dribbling | ***D. l'avversario***, scartarlo con un dribbling. **2** (*fig.*) Evitare, eludere una difficoltà, un ostacolo e sim.

dribblatóre [da *dribblare*] **s. m.** (**f.** *-trice*) ● Calciatore abile nel dribbling.

dribbling /'dribblin(g) *ingl.* 'drɪblɪŋ/ [vc. ingl., da *to dribble* 'dribblare'; 1910] **s. m. inv.** ● Nel calcio e sim., l'azione di scartare abilmente l'avversario con finte e piccoli tocchi, conservando il possesso del pallone.

†**drièto** ● V. *dietro*.

drillo [da una lingua dell'Africa occ.] **s. m.** ● Scimmia dei Cinocefali, con coda corta, barba di colore bianco-fulvo e pelame scuro (*Mandrillus leucocephaeus*).

drin [vc. onomat.; 1876] **A** **inter.** ● Riproduce il suono di un campanello (*spec. iter.*). **B** in funzione di **s. m. inv.** ● Il suono di un campanello: *il d. della bicicletta*; *il drin drin della slitta*.

†**dringolàre** [vc. imitativa; av. 1311] **v. intr.** ● (*raro*) Tentennare, oscillare.

drink /*ingl.* drɪŋk/ [vc. ingl., propr. 'bevanda', dal v. di orig. germ. *to drink* 'bere'; 1954] **s. m. inv.** **1** Nel linguaggio dei barman, miscela liquida, calda o fredda, alla cui base è una bevanda alcolica | Correntemente, bevanda alcolica: *offrire un d.*; *vieni a prendere un d. da me?* **2** (*est.*) Piccola festicciola o riunione in cui si offrono bevande alcoliche: *invitare qlcu. per un d.*

dripping /*ingl.* 'drɪpɪŋ/ [vc. ingl., da *to drip* 'sgocciolare'; 1991] **s. m. inv.** ● Tecnica pittorica consistente nel far sgocciolare i colori sulla tela, in modo da dar vita a forme apparentemente casuali.

drìtta o (*raro*) **dirìtta** [av. 1786] **s. f.** **1** V. *diritta* nei sign. 1 e 2. **2** (*raro* o *lett.*) Parte destra, lato destro: *volgere a d.*; *tenersi a d.* | ***A d. e a manca***, a destra e a sinistra e (*est.*) in ogni direzione. **3** (*mar.*) Destra, rispetto a chi guarda verso la prua della nave. **4** (*gerg.*) Informazione riservata e fondamentale per la buona riuscita di un affare: *dare la d. a qlcu.*; *avere una d. precisa, giusta*.

drittàta [da *dritto* (*1*) nel sign. di 'furbo'; 1966] **s. f.** ● (*fam.*) Azione che rivela scaltrezza; trovata astuta: *fare una d.*; *è stata una gran d.*

drittézza ● V. *dirittezza*.

♦**drìtto** (1) [av. 1292] **A** **agg.** **1** V. *diritto* (*1*). **2** †Preciso, nella loc. con valore intens.: ***nel d. mezzo***. **3** (*fam.*) Astuto, scaltro: *parla poco, ma è d.* || **drittaménte**, **avv.** **B** **s. m.** **1** V. *diritto* (*1*). **2** (**f.** *-a*) (*fam.*) Chi, agendo con astuzia e a volte anche con prepotenza e poco riguardo per gli altri, riesce a raggiungere lo scopo prefissosi. **3** (*mar.*) ***D. di poppa, d. di prua***, elemento costruttivo della nave quasi perpendicolare all'estremità posteriore e anteriore della chiglia. **4** Lato principale, sotto l'aspetto tipologico o tecnico, di una moneta o di una medaglia. **5** Nei concorsi ippici, ostacolo costituito da barriere o tavole sovrapposte. **SIN.** Verticale. **C** **avv.** **1** V. *diritto* (*1*). **2** Nelle loc. ***d. di poppa, d. di prua***, che indicano la direzione di oggetti lontani, lungo il prolungamento ideale dell'asse della nave verso poppa o verso prua. || **drittàccio**, **pegg.** nel sign. B2 | **drittóne**, **accr.** (V.).

†**drìtto** (2) [1313] **part. pass.** di *drizzare* ● Nei sign. del v.: *Vedi là Farinata che s'è d.* (DANTE *Inf.* X, 32).

†**drìtto** (3) ● V. *diritto* (*2*).

drittofìlo [comp. di *d*(*i*)*ritto* e *filo*; 1940] **s. m. inv.** **1** Il filo delle trame di un tessuto | ***Tagliare in d.***, seguendo il filo della trama. **2** Segno che si fa con la punta di un ago lungo il filo di una stoffa prima di fare un orlo o una cucitura.

drittóne o (*lett.*) **dirittóne** [accr. di *dritto* (*1*) nel sign. B2; 1842] **s. m.** (**f.** *-a*) ● (*fam.*) Persona molto scaltra, furbacchione: *quel frate ... con quel suo fare di gatta morta, ... io l'ho per un dirittone* (MANZONI).

†**drittorovèscio** o †**dirittorovèscio** [comp. di *d*(*i*)*ritto* e *rovescio*; av. 1646] **avv.** ● (*raro, lett.*) Sottosopra.

drittùra ● V. *dirittura* (*1*).

†**dritturière** ● V. †*dritturiere*.

drive /draiv, *ingl.* draɪv/ [vc. ingl., propr. 'condurre, guidare' e spec. 'colpire, scagliare (una palla)', di area germ.] **s. m. inv.** **1** (*sport*) Nel tennis, dritto | Nel golf, il colpo lungo d'inizio di ciascuna buca. **2** (*elab.*) Dispositivo per la registrazione o la lettura di dati in un disco o nastro magnetico.

drive-in /drai'vin, *ingl.* 'draɪvˌɪn/ [vc. ingl. d'Amer., propr. 'condurre, guidare (*drive*) dentro (*in*)' (sottinteso la propria automobile); 1954] **s. m. inv.** ● Luogo pubblico all'aperto, quale cinema, ristorante, banca e sim., in cui i clienti usufruiscono delle prestazioni o dei servizi rimanendo dentro il loro automezzo opportunamente parcheggiato.

driver /'draiver, *ingl.* 'draɪvəɹ/ [vc. ingl., dal v. *to drive* 'condurre, guidare', di orig. germ.; 1930] **s. m. inv.** **1** (*sport*) Guidatore del cavallo nelle corse al trotto. ➡ **ILL.** p. 2153 SPORT. **2** (*elab.*) L'insieme dei programmi utilizzati direttamente dal sistema operativo per la gestione di un dispositivo (per es. tastiera, stampante, dischi rigidi ecc.): *d. di periferica*.

drìzza [da *drizzare*; 1797] **s. f.** ● (*mar.*) Manovra corrente per issare e ammainare vele e pennoni | ***Angolo di d.***, penna. ➡ **ILL.** p. 2172, 2173 TRASPORTI.

†**drizzaménto** ● V. *dirizzamento*.

drizzàre o **dirizzàre** [lat. parl. **directiāre*, da *dīrēctus* 'diretto, dritto'; av. 1276] **A** **v. tr.** (**part. pass.** *drizzàto*, †*drìtto*) **1** (*raro*) Far tornare dritto qlco. che è storto: *d. un chiodo, un ferro* | ***D. le gambe ai cani***, (*fig.*) fare una cosa impossibile. **2** (*lett.*) Dirigere | Rivolgere verso una meta (*anche fig.*): *d. gli occhi, lo sguardo per guardare*; *d. l'animo, la mente, al bene* | ***D. le orecchie***, ascoltare attentamente, fare attenzione | (*raro, lett.*) Muovere in linea retta: *mena di punta, e drizza il colpo crudo* (ARIOSTO). **3** Rizzare, innalzare: *d. un'antenna, una scala, l'albero di una nave* | (*lett.*) Erigere, edificare: *contro gli drizza ... / piramidi, obelischi e mausolei* (MARINO). **4** (*raro, lett.*) Indirizzare, spedire. **5** (*raro, lett.*) Riparare, correggere: *desiderava correttori ... che sapessero ... drizzargli qualche torto nella dizione* (CARDUCCI) | †Rimettere in ordine, in buon assetto. **6** †Disporre, predisporre. **B** **v. rifl.** ● Mettersi in posizione eretta: *drizzarsi in piedi, sulla sella, sulle staffe*. **SIN.** Alzarsi. **C** **v. intr. pron.** ● (*raro, lett.*) Volgersi, dirigersi: *verso Parigi si son dirizzati* (PULCI) | (*raro, lett.*) Rivolgersi: *drizzarsi a qlcu. per averne aiuto, consiglio* e sim.

†**drizzàta** [av. 1566] **s. f.** ● Atto del drizzare.

†**drizzatìvo** o †**dirizzatìvo** [sec. XIV] **agg.** ● (*raro*) Che serve a drizzare.

†**drizzatóio** ● V. †*dirizzatoio*.

drizzatóre o †**dirizzatóre** [sec. XIV] **s. m.**; anche **agg.** (**f.** *-trice*) **1** (*raro*) Chi (o Che) drizza. **2** Operaio addetto al raddrizzamento delle lamiere.

drizzatùra o (*raro*) **dirizzatùra** [av. 1543] **s. f.** ● (*raro*) Operazione del drizzare | †Solco divisorio, spartizione.

drizzìsta [da *drizza*] **s. m.** (**pl.** *-i*) ● (*mar.*) Membro dell'equipaggio di una barca a vela addetto alle drizze.

♦**dròga** [fr. *drogue*, di etim. discussa: ol. *droog* 'secco' (?), con passaggio semantico oscuro; 1502] **s. f.** **1** Sostanza aromatica vegetale usata per condire le vivande: *la noce moscata è una d.* **2** Ogni sostanza di origine vegetale, o sintetizzata chimicamente, capace di provocare modificazioni più o meno temporanee e dannose dell'equilibrio psicofisico di chi la assume: *la cocaina è una d.*; *fare uso di d.*; *essere dedito alla d.* | (*spec. al sing.*) Insieme di tali sostanze: *traffico, spaccio di d.* | (*est.*) Fenomeno sociale legato alla compravendita non legale di tali sostanze: *il mondo della d.*; *combattere la piaga della d.* | ***Droghe leggere***, quelle che, come la canapa indiana, producono effetti meno gravi delle droghe pesanti | ***Droghe pesanti***, quelle che, come l'eroina, la morfina e la cocaina, producono notevoli alterazioni dell'equilibrio psicofisico e dipendenza fisica o psichica. CFR. narco- (2). ***3*** (*fig.*, *est.*) Abitudine radicata a cui è difficile rinunciare: *per Carla i film sono una d.* | (*fig.*, *est.*) Persona o cosa che esercita un'attrattiva irresistibile, con conseguenze spesso dannose: *quella donna è la tua d.*; *la d. del consumismo.*

drogàggio [1963] **s. m.** ***1*** Uso o somministrazione illegale di droghe ad atleti o ad animali per accrescerne le energie psicofisiche e quindi il rendimento agonistico in competizione. SIN. Doping. ***2*** (*est.*) In varie tecnologie, aggiunta controllata di impurezze a una sostanza, al fine di variarne le caratteristiche.

drogànte **s. m.** ● Farmaco o sostanza eccitante.

♦**drogàre** [fr. *droguer*, da *drogue* 'droga'; 1869] **A** **v. tr.** (*io drògo, tu dròghi*) ***1*** (*raro*) Condire con droghe: *d. una pietanza, un intingolo.* SIN. Aromatizzare. ***2*** Somministrare droghe a qlcu.: *d. un atleta*; *l'hanno drogato per farlo parlare* | (*fig.*, *econ.*) Modificare per eccesso, attribuendo ai dati un valore maggiore del dovuto, spec. in relazioni di preventivo, consuntivo e sim.: *d. una statistica.* ***3*** In varie tecnologie, sottoporre a drogaggio: *d. i semiconduttori.* **B** **v. rifl.** ● Prendere la droga, fare uso di droga.

♦**drogàto** [1869] **A** **part. pass.** di *drogare*; anche **agg.** ***1*** Nei sign. del v. ***2*** Detto di atleta, o di animale, sottoposto a drogaggio: *pugile, cavallo d.* ***3*** (*lett.*) Eccitante: *mi affidavano le parti meno drogate del repertorio lirico* (MONTALE). **B** **s. m.** (**f.** *-a*) ● Chi fa abitualmente uso di droga: *i drogati sono una piaga sociale*; *d. in crisi di astinenza*; *la disintossicazione dei drogati.*

drogatóre **s. m.** (**f.** *-trice*) ● Nella lavorazione delle carni, chi è addetto a condire con droghe, o spezie, le carni stesse.

drogatùra **s. f.** ***1*** Il condire con spezie. ***2*** (*raro*) Il drogare, il drogarsi.

♦**drogherìa** [av. 1557] **s. f.** ● Negozio in cui si vendono spezie, generi alimentari e prodotti per la casa.

♦**droghière** [1682] **s. m.** (**f.** *-a*) ● Esercente di una drogheria.

droghista [1684] **s. m. e f.** (**pl. m.** *-i*) ● (*raro*) Venditore all'ingrosso di spezie, droghe e sim.

dròma [fr. *drome*, dall'ol. *drom* 'massa, quantità (di pezzi)'] **s. f.** ● (*mar.*, *raro*) Legname, attrezzatura di rispetto per l'alberatura, che un veliero porta con sé.

dromedàrio [vc. dotta, lat. tardo *dromedāriu(m)*, in orig. agg. (sottinteso *camēlum* 'cammello'), da *drŏmas*, genit. *drŏmadis* 'corridore, rapido alla corsa' (dal gr. *dromás*, genit. *dromádos*, deriv. di *drómos* 'corsa', di orig. indeur.); av. 1292] **s. m.** ● Ruminante simile al cammello, ma con una sola gobba, con labbro superiore diviso in due e mantello di color fulvo (*Camelus dromedarius*). ➡ ILL. **animali**/12.

dròmia [vc. dotta, gr. *dromías* 'corridore', da *drómos* 'dromo'; 1830] **s. f.** ● Genere di Granchi dai movimenti molto lenti, che vivono sul fondo marino (*Dromia*).

dròmo [gr. *drómos* 'corsa', dal v. *dramêin* 'correre', di orig. indeur.] **s. m.** ● (*mar.*) Palo che serve da ormeggio o segnala e delimita passaggi pericolosi.

-dromo, (*evit.*) **-drómo** [gr. *-dromos*, da *dramêin* 'correre' di orig. indeur.] secondo elemento ● In parole composte, indica il luogo dove si effettuano determinate gare di corsa e sim.: *autodromo, cinodromo, ippodromo.*

dromògrafo [vc. dotta, comp. del gr. *drómos* 'corsa' e di *-grafo*] **s. m.** ***1*** (*raro*) Strumento per misurare la velocità di una nave. ***2*** (*med.*) Strumento per registrare la conduzione o il flusso del sangue.

dromomanìa [comp. del gr. *drómos* 'corsa' e *-mania*; 1960] **s. f.** ● (*med.*) Tendenza nevrotica a passeggiare frettolosamente senza sosta.

dromóne [vc. dotta, lat. tardo *dromōne(m)*, dal gr. *drómōn*, genit. *drómōnos*, legato al v. *dramêin* 'correre', per la sua velocità; sec. XVIII] **s. m.** ● Nave da guerra medievale a tre alberi, tipica dell'Impero bizantino.

dromos /*gr.* 'dromos/ [vc. gr. (*drómos*), propr. 'corsa' e anche 'passaggio, corridoio', dal v. *dramêin* 'correre'] **s. m. inv.** ● (*archeol.*) Corridoio sotterraneo che conduceva alla camera sepolcrale delle tombe a tholos.

drone /*ingl.* dɹəʊn/ [vc. ingl., propr. 'fuco', così chiamato per la sua passività] **s. m. inv.** (**pl.** ingl. *drones*) ● Bersaglio radiocomandato per esercitazioni militari.

dròngo [vc. malgascia giunta attraverso il fr.] **s. m.** (**pl.** *-ghi*) ● Uccello tropicale dei Passeriformi con piumaggio nero dai riflessi metallici, capace di ripetere parole, spesso tenuto in cattività (*Dissemurus paradiseus*).

drónte [etim. incerta, prob. dal n. indigeno; 1797] **s. m.** ● Grosso uccello dei Colombiformi oggi estinto (*Raphus cucullatus*). SIN. Dodo.

drop (**1**) /*ingl.* dɹɒp/ [vc. ingl., da *to drop* 'far cadere (propr.: a gocce)', da *drop* 'goccia'] **s. m. inv.** ● Nel calcio e nel rugby, calcio di rimbalzo dato al pallone.

drop (**2**) /*ingl.* dɹɒp/ [vc. ingl., propr. 'goccia', e poi anche 'piccola quantità, breve distanza', di orig. indeur.; 1905] **s. m. inv.** ***1*** Caramella dissetante a base di gomma e frutta, solitamente non incartata. ***2*** Variazione delle misure di vita e torace apportate alle taglie degli abiti confezionati, per meglio adattarle alle singole strutture fisiche. ***3*** Linea luminosa che appare sullo schermo televisivo a causa di un difetto del nastro magnetico.

droplock /*ingl.* 'dɹɒp,lɒk/ [vc. ingl., comp. di *drop* 'caduta' e *lock* 'blocco'] **agg. inv.** ● (*econ.*) Detto di prestito a tasso di interesse variabile che è tramutato in prestito a tasso fisso se i tassi di interesse scendono al di sotto di un livello prestabilito.

dropout /*ingl.* 'dɹɒp,aʊt/ [vc. ingl. propr. 'che cade (*drop*) fuori (*out*)'; 1981] **s. m. e f. inv.** ● Chi abbandona la scuola prima di ottenere il diploma | (*est.*, *raro*) Chi vive in uno stato di emarginazione.

drop shot /*ingl.* 'dɹɒp,ʃɒt/ [loc. ingl., comp. di *drop* (V. *drop* (*1*)) e *shot* 'colpo'] **loc. sost. m. inv.** (**pl.** ingl. *drop shots*) ● Nel tennis, colpo smorzato per far cadere la palla subito al di là della rete.

dròsera [vc. dotta, dal gr. *droserós* 'rugiadoso', da *drósos* 'rugiada', di etim. incerta; 1820] **s. f.** ● Pianta erbacea carnivora delle Droseracee, tipica dei luoghi paludosi, con foglie picciolate e lamina coperta di peli vischiosi (*Drosera rotundifolia*). ➡ ILL. **piante**/3.

Droseràcee [vc. dotta, comp. di *drosera* e *-acee*; 1820] **s. f. pl.** (**sing.** *-a*) ● Nella tassonomia vegetale, famiglia di piante erbacee, carnivore, delle Dicotiledoni con foglie a rosetta fornite di tentacoli o peli ghiandolari con cui catturano piccoli insetti (*Droseraceae*). ➡ ILL. **piante**/3.

drosòfila [comp. del gr. *drósos* 'rugiada' e del f. di *-filo*; 1865] **s. f.** ● Piccolo insetto dei Ditteri di color ruggine, con ali trasparenti e occhi rossi, largamente impiegato negli studi sul meccanismo dell'eredità genetica (*Drosophila melanogaster*).

drosòmetro [vc. dotta, comp. del gr. *drósos* 'rugiada' e di *-metro*; 1828] **s. m.** ● Apparecchio per la misurazione della rugiada notturna.

†**druderìa** [sec. XIII] **s. f.** ***1*** Comportamento, atteggiamento e sim. amichevole o amoroso. ***2*** Tresca.

drùdo [provz. ant. *drut* 'amico, amante', forse dal francone **drūd* 'fedele'; vc. diffusa attrav. la lirica provenzale; av. 1171] **A** **s. m.** (**f.** *-a*) ***1*** †Amico fedele, persona cara. ***2*** (*lett.*) Amante, innamorato (*spec. spreg.*): *tu non guardi questa damigella? / Tu non saresti d'accettar per d.* (PULCI). **B** **agg.** ***1*** (*lett.*) †Leale, fedele | †Amoroso. ***2*** (*lett.*) †Forte, florido | (*raro*, *lett.*) †Rigoglioso, folto, detto di piante.

drugstore /'dragstor, *ingl.* 'dɹʌg,stɔːɹ/ [vc. ingl., propr. 'farmacia, emporio', comp. di *drug* 'farmaco' e *store* 'negozio'; 1936] **s. m. inv.** ● Grande negozio al dettaglio a orario continuato dove si vendono prodotti di vario tipo, come riviste, cosmetici e generi alimentari e di ristoro.

drùida o **drùido** [vc. dotta, lat. *drŭida(s)* e *drŭide(s)*, nom. pl. *drŭidae* e *drŭides*, di orig. celtica, propr. 'che conosce (*wid-*) la quercia (*dru-*)', con allusione alle misteriose pratiche fatte col vischio quercino; sec. XIII] **s. m.** (**pl.** *-i*) ● Sacerdote degli antichi Celti.

druìdico [av. 1764] **agg.** (**pl. m.** *-ci*) ● Dei druidi: *riti druidici.*

druidìsmo [av. 1803] **s. m.** ● La dottrina segreta che era insegnata dai Druidi e faceva parte della religione dei Celti.

drùido ● V. *druida.*

drùpa [vc. dotta, lat. *drūpa(m)*, dal gr. *drýpepa*, acc. di *drýpeps*, forma parallela di *drypepḗs* 'che matura (dal v. *péptein*) sull'albero (*drŷs*)'; av. 1498] **s. f.** ● (*bot.*) Frutto con la parte esterna membranosa, la parte media carnosa, e la parte interna, che contiene il seme, dura e legnosa, come olive, pesche e sim.

drupàceo [1820] **agg.** ● (*bot.*) Detto di frutto o seme che presenta i caratteri della drupa.

drùsa [ted. *Druse* 'sedimento', di orig. germ.; 1817] **s. f.** ● (*miner.*) Aggregato di cristalli che crescono su una superficie più o meno pianeggiante.

†**drusciolàre** e *deriv.* ● V. *sdrucciolare* e *deriv.*

drusiàna [da *Drusiana*, n. di un'eroina dei poemi cavallereschi, passato nella letteratura pop. come sin. di 'donna brutta', 'vecchia'; av. 1556] **s. f.** ● (*raro*, *tosc.*) Donna sciatta e volgare | Prostituta.

drùso [ar. *durūz*, pl. di *durzī*, dal n. di uno dei fondatori della comunità, l'egiziano *ad-Darazī*; 1308] **s. m.** (**f.** *-a*) ● Membro di una comunità etnico-religiosa sorta in Egitto nel sec. XI, in seguito trasferitasi in Libano, Siria e altri Paesi vicini, di lingua araba, che professa una religione esoterica affine alla musulmana; attualmente la comunità dei drusi controlla una regione montuosa del Libano e dispone di una forte milizia.

†**druzzolàre** [da *ruzzolare* rafforzato col pref. *d(i)-*; 1555] **v. intr.** ● Ruzzolare, rotolare.

dry /drai, *ingl.* dɹaɪ/ [vc. ingl., 'secco', di area germ.; 1892] **agg. inv.** ● Secco, detto di bevande alcoliche: *vermut, gin dry.*

†**dùa** ● V. *due.*

†**duàgio** o †**doàgio** [dal n. fr. della città di provenienza, *Douais*, nelle Fiandre; 1353] **s. m.** ● Tipo di panno molto fine e pregiato.

dual band /dual'bend, *ingl.* 'djuəl bænd/ [loc. ingl., propr. 'banda (*band*) doppia (*dual*)'; 1997] **loc. agg. inv.** ● Detto di telefono cellulare in grado di operare su due bande di frequenza.

duàlberi o **dùe àlberi** [comp. di *due* e il pl. di *albero*; 1889] **s. m. inv.** ● Nave a due alberi verticali, come la goletta.

duàle [vc. dotta, lat. *duāle(m)*, da *dŭo* 'due'; av. 1535] **A** **agg.** ***1*** (*mat.*) Associato a un ente per effetto d'un principio di dualità. ***2*** (*ling.*) Detto del numero di forme grammaticali che indicano due persone o cose e l'azione fatta o subita da due persone o cose. ‖ **dualménte**, **avv.** **B** **s. m.** ● (*ling.*) Numero duale: *il d. dei verbi greci.*

dual feed /dual'fid, *ingl.* 'djuːəl fiːd/ [vc. ingl., prop. 'doppia (*dual*) alimentazione (*feed*)'; 1997] **loc. sost. m. inv.** ● (*tv*) Sistema per la ricezione della televisione via satellite costituito da due illuminatori sulla stessa parabola, che consente di ricevere segnali da due satelliti diversi.

dual income tax /'dual inkom'teks, *ingl.* 'djuːəl ˌɪnkʌm'tæks/ [loc. ingl., propr. doppia (*dual*) 'tassa (*tax*) sul reddito (*income*)'; 1997] **loc. sost. f. inv.** (**pl.** ingl. *dual income taxes*) ● Regime fiscale nel quale vengono applicate due aliquote d'imposta diverse su quote parti del reddito di un'impresa in funzione della destinazione o meno dei redditi stessi al reinvestimento nell'attività produttiva; in sigla DIT.

dualìsmo [1797] **s. m.** ***1*** Concezione filosofica che, per spiegare l'universo, si appella a due principi opposti e irriducibili | (*est.*) In qualsiasi ordine di ragionamenti, opposizione tra due principi assolutamente irriducibili. ***2*** (*fig.*) Contrasto, antagonismo.

dualista [1767] **s. m. e f.** (**pl. m.** *-i*) ● Seguace e sostenitore di una qualsiasi concezione dualistica.

dualìstico [1846] **agg.** (**pl. m.** *-ci*) ● Che si riferisce al dualismo. ‖ **dualisticaménte**, **avv.**

dualità [vc. dotta, lat. tardo *dualitāte(m)*, da *duālis* 'duale'; sec. XIV] **s. f.** ***1*** (*mat.*) Legge che mette in relazione biunivoca due insiemi di enti, in modo che applicando due volte la legge a un ente si ottenga di nuovo l'ente di partenza, e una affermazione vera per un ente lo sia anche per il suo corrispondente nell'altro insieme. *2* (*filos.*) Relazione che si stabilisce tra due principi antitetici. *3* Natura di ciò che è composto di due parti, elementi o principi in armonia o in disaccordo.

dubàt [somalo *dub* 'copricapo maschile, turbante' e *had* 'bianco'; 1935] s. m. inv. ● Soldato indigeno delle truppe italiane in Somalia, fino al secondo conflitto mondiale.

†**dubbiànza** [av. 1349] s. f. ● Dubbio.

†**dubbiàre** o †**dibiàre** [da *dubbio*; av. 1294] **A** v. intr. ● (*lett.*) Dubitare, esitare. **B** v. tr. e intr. ● (*raro*) Temere: *che dubbii? o che vaneggia il tuo pensiero?* (TASSO).

†**dubbieggiàre** v. intr. ● Dubitare.

dubbietà o †**dubietà** [vc. dotta, lat. tardo *dubietāte(m)*, da *dŭbius* 'dubbio'; av. 1342] s. f. ● (*lett.*) Incertezza, dubbio.

†**dubbiévole** [av. 1311] agg. *1* Ambiguo | Dubitabile. *2* Sospettoso.

dubbiézza o †**dubiézza** [av. 1427] s. f. ● (*raro*) Stato di dubbio, di indecisione.

♦**dùbbio** o †**dùbio** [vc. dotta, lat. *dŭbiu(m)*, da *dubiāre* 'dubitare'; av. 1292] **A** agg. *1* Che è privo di certezza, sicurezza e sim., che non si può conoscere, definire o affermare con esattezza: *identità dubbia*; *quadro di autore d.*; *una persona di età dubbia* | ***È d. se***, non si sa se: *è d. se sia stato lui o un altro* | Discutibile: *la sua sincerità è per lo meno dubbia*; *una scelta di d. gusto* | Inattendibile: *giustificazioni dubbie*. SIN. Incerto. *2* Che non garantisce esiti o prospettive favorevoli, che è causa di ansie, preoccupazioni, timori e sim.: *il nostro avvenire è d.*; *la dubbia dimane non t'impaura* (MONTALE) | ***Credito d.***, di difficile esazione. SIN. Incerto. *3* Variabile: *clima, tempo d.* *4* Indistinto, indefinibile: *abito di colore d.* | Fioco, scarso: *la dubbia luce del crepuscolo*. *5* (*lett.* o *raro*) Indeciso, esitante, irresoluto: *persona dubbia*; *carattere d.* *6* Ambiguo, equivoco: *intenzioni, proposte dubbie*; *un uomo di dubbia fama*. ‖ **dubbiaménte**, avv. **B** s. m. *1* Stato d'animo di chi dubita, grave perplessità o incertezza: *essere in d. fra due diverse soluzioni*; *vivere continuamente nel d.*; *uscire da un grave d.*; *abbiamo tentato di dissipare ogni vostro d.* | ***D. amletico***, (*fig.*) insolubile (*spec. iron.*) | ***Senza d.***, ***senza alcun d.***, ***senza ombra di d.***, certamente | ***Essere***, ***sembrare fuori d.***, ***fuori d'ogni d.***, essere o sembrare certo, sicuro | ***Mettere in d. qlco.***, dubitarne | Sospetto, inquietudine, timore: *ho il d. che abbia detto la verità*; *i vostri dubbi sono infondati*; *tenere per sé i propri dubbi*; *avere molti dubbi, nutrire seri dubbi, su qlcu.* *2* Dilemma, problema, questione: *esprimere, manifestare, esporre un d.*; *un d. difficile da risolvere*; *dubbi di natura filosofica, morale, religiosa*. *3* Punto o elemento controverso, ambiguo, difficile e sim.: *chiarire un d.*; *l'unico d. che ancora sussiste riguarda l'autenticità della firma*. SIN. Incertezza. *4* (*filos.*) ***D. metodico***, sospensione momentanea del giudizio adottata come mezzo per giungere alla certezza | ***D. scettico***, sospensione definitiva del giudizio dettata dalla convinzione di non poter mai giungere ad alcuna certezza. ‖ **dubbiarèllo**, **dubbierèllo**, dim. | **dubbiétto**, dim. | **dubbiùzzo**, dim.

dubbiosità [av. 1565] s. f. ● (*raro*) Caratteristica di chi è dubbioso: *la sua d. era evidente*. SIN. Perplessità, titubanza | Condizione di ciò che fa sorgere o presenta dubbi. SIN. Incertezza.

dubbióso o †**dubióso** [vc. dotta, lat. tardo *dubiōsu(m)*, da *dŭbium* 'dubbio'; av. 1292] agg. *1* Che dubita, che è pieno di dubbi: *uomo d. d'ogni cosa*; *esaminava la notizia con mente dubbiosa* | Diffidente, sospettoso: *è d. di tutti*. *2* Che manifesta dubbio, perplessità, preoccupazione e sim.: *sguardo d.*; *parole dubbiose*; *mi osservò con aria dubbiosa*. SIN. Esitante, perplesso, titubante. *3* Che fa sorgere dubbi o perplessità, che rende incerto, esitante e sim.: *votazione, elezione dubbiosa*; *la faccenda presenta alcuni aspetti dubbiosi*. *4* (*lett.*) Ambiguo, oscuro, discutibile: *le cose poetiche ... sono più di tutte le altre dubbiose e disputabili* (MARINO). *5* (*lett.*) Che dà timore, ansia, preoccupazione: *tempi dubbiosi*; *sorte dubbiosa* | Che comporta rischi e non offre sicura garanzia di riuscita: *battaglia, impresa dubbiosa*. *6* (*fig., lett.*) Fioco, incerto: *al moribondo lume / di sepolcrali lampade dubbiose* (LEOPARDI). ‖ **dubbiosaménte**, avv.

†**dubbitàre** ● V. *dubitare*.

†**dùbio** e *deriv.* ● V. *dubbio* e *deriv.*

dubitàbile [vc. dotta, lat. *dubitābile(m)*, da *dubitāre*; 1540] agg. ● Che può dare adito a dubbi.

†**dubitaménto** [av. 1306] s. m. ● Dubbio.

†**dubitamentóso** [sec. XIV] agg. ● (*raro*) Dubbioso.

dubitànte [sec. XII] **A** part. pres. di *dubitare*; anche agg. ● Nei sign. del v. ‖ †**dubitanteménte**, avv. **B** s. m. e f. ● Chi dubita.

†**dubitànza** o †**duvitànza** [sec. XII] s. f. ● Dubbio.

♦**dubitàre** o †**dubbitàre** [vc. dotta, lat. *dubitāre*, iter. di *dubiāre* 'essere in dubbio'; av. 1292] v. intr. (*io dùbito*; aus. *avere*) (+ *di*; + *che* seguito da congv.) *1* Trovarsi in una situazione psicologica di incertezza, non sapere se credere o non credere: *d. dei fatti*; *d. della verità di un'asserzione*; *dubito che le loro reali intenzioni siano oneste* | ***Non d. che***, essere sicuro che: *non dubito che verrai*. *2* Mettere in discussione dati, convinzioni o principi fondamentali, gener. considerati come verità incontrovertibili: *d. dell'esistenza di Dio, dell'immortalità dell'anima*; *il cattolico non può d. dei dogmi della fede* | ***Chi può, chi potrebbe d.?***, nessuno può avere dubbi al riguardo. *3* Non essere sicuro, diffidare: *d. di sé, delle proprie forze*; *d. della bontà, dell'onestà di qlcu.*; *è lecito d. della sua buonafede* | ***D. di tutto e di tutti***, non avere fiducia in nulla e in nessuno. *4* (+ *di*; + *che* seguito da congv.) Temere: *dubitando di qualche danno, deliberò levare il campo* (GUICCIARDINI); *Dubitò di avere inteso male* (SVEVO); *dubito che la malattia sia più grave di quel che sembra*.

dubitativo [vc. dotta, lat. *dubitatīvu(m)*, da *dubitāre* 'dubitare'; av. 1400] agg. *1* Che esprime dubbio: *rispondere con un tono d.*; *assolvere con formula dubitativa*. *2* (*ling.*) Detto di locuzioni, proposizioni o parti del discorso che esprimono dubbio e incertezza. ‖ **dubitativaménte**, avv.

†**dubitatóre** [vc. dotta, lat. tardo *dubitatōre(m)*, da *dubitāre* 'dubitare'; 1420 ca.] s. m.; anche agg. (f. *-trice*) ● Chi (o Che) è solito dubitare.

dubitazióne [vc. dotta, lat. *dubitatiōne(m)*, da *dubitāre*; 1294] s. f. *1* (*raro, lett.*) Dubbio. *2* (*ling.*) Figura retorica che consiste nell'esprimere l'esitazione nel compiere una determinata scelta oppure l'incertezza sulla verità di ciò che si afferma: *Fu vera gloria? Ai posteri / l'ardua sentenza* (MANZONI). ‖ **dubitazioncèlla**, dim.

†**dubitézza** [sec. XIV] s. f. ● (*raro, lett.*) Dubbio.

†**dùbito** [da *dubitare*; av. 1306] s. m. ● Dubbio.

dubitóso [sec. XII] agg. *1* (*lett.*) Pieno di dubbi, di preoccupazioni, di timori e sim. | Sospettoso: *carattere d.* *2* (*raro*) Temibile | (*lett.*) Misterioso, spaventoso: *poi vidi cose dubitose molto* (DANTE). ‖ **dubitosaménte**, avv.

dublinése **A** agg. ● Di Dublino. **B** s. m. e f. ● Abitante, nativo di Dublino.

dùbnio [dal n. della città russa *Dubna*, dove l'elemento fu isolato] s. m. ● Elemento chimico transuranico artificiale di numero atomico 105. SIMB. Db.

♦**dùca** [biz. *dôuka*, acc. di *dôux* 'duce', dal lat. *dŭx* 'duce'; av. 1294] s. m. (pl. *dùchi*, †*dùca*; f. *duchéssa*) *1* Anticamente, sovrano di un ducato: *Francesco IV d. di Modena*. *2* Persona insignita del grado di nobiltà inferiore a quello di principe e superiore a quello di marchese: *il d. d'Alba*. *3* †Condottiero, guida: *tu d., tu segnore, e tu maestro* (DANTE *Inf.* II, 140). *4* †Maestro, precettore, ispiratore: *Aristotile è maestro e d. de la ragione umana* (DANTE). ‖ **ducarèllo**, dim. | **duchétto**, dim. | **duchino**, dim. (V.).

ducàle [vc. dotta, lat. tardo *ducāle(m)*, da *dŭx* 'duce'; av. 1348] **A** agg. ● Del, relativo al, duca: *titolo d.*; *corte d.* | Del doge: *palazzo d.* ‖ †**ducalménte**, avv. (*raro*) In modo ducale. **B** s. m. ● †Partigiano di un duca.

†**ducàre** [av. 1571] v. tr. ● Insignire qlcu. della dignità ducale.

ducàto (1) [vc. dotta, lat. *ducātu(m)*, da *dŭx* 'duce'; av. 1237] s. m. *1* Titolo, dignità di duca | (*est.*) Autorità, potere, comando. *2* Territorio posto sotto l'autorità e la giurisdizione di un duca: *il d. di Parma*.

ducàto (2) [vc. dotta, lat. mediev. *ducātu(m)*, perché vi era impressa la figura del doge (*duca*) venez.; 1299] s. m. ● Moneta d'oro italiana coniata dapprima a Venezia poi anche negli altri Stati italiani e stranieri. ➡ ILL. **moneta**. ‖ **ducatóne**, accr. (V.).

ducatóne [av. 1635] s. m. *1* Accr. di *ducato* (*2*). *2* Grossa moneta d'argento introdotta da Carlo V a Milano, poi coniata in molti Stati italiani e stranieri.

dùce [vc. dotta, lat. *dŭce(m)*, dalla stessa radice di *dūcere* 'condurre', di orig. indeur.; sec. XIII] s. m. *1* (*lett.*) Capo, condottiero | ***D. del fascismo***, titolo assunto da Benito Mussolini dopo la marcia su Roma | ***Il Duce***, (*per anton.*) Benito Mussolini. *2* †Guida, scorta: *lo tuo piacere omai prendi per d.* (DANTE *Purg.* XXVII, 131). ‖ **ducétto**, dim. pegg. (V.).

†**ducèa** o †**duchèa** [ant. fr. *duchée* 'signoria di un duca (*duc*)'; av. 1348] s. f. ● Titolo e giurisdizione di un duca | (*raro*) Territorio retto da un duca: *la d. di Bronte*. SIN. Ducato (1).

ducènto e *deriv.* ● V. *duecento* e *deriv.*

†**dùcere** o †**dùrre** [vc. dotta, lat. *dūcere* 'tirare, condurre', di orig. indeur.; sec. XIII] v. tr. *1* Condurre. *2* (*raro*) Modellare, plasmare.

ducésco [1985] agg. (pl. m. *-schi*) ● (*spreg.*) Da duce; dittatoriale, autoritario, spec. con riferimento a B. Mussolini: *pose ducesche*; *atteggiamenti duceschi*.

ducétto s. m. *1* Dim. di *duce*. *2* (*spreg.*) Chi ha atteggiamenti e modi autoritari.

†**duchèa** ● V. †*ducea*.

†**duchésco** [sec. XV] agg. ● Ducale.

duchéssa [da *duca* col suff. di dignità f. *-éssa*; 1353] s. f. *1* Anticamente, sovrana di un ducato: *Maria Luisa d. di Parma*. *2* Moglie o figlia di un duca: *la d. di Windsor*. ‖ **duchessina**, dim. (V.).

duchesse /fr. dy'ʃɛs/ [vc. fr., *duchesse* '(seta da) duchessa'; 1819] s. f. inv. *1* Tessuto di seta rasata o tela pesante lucida dall'aspetto fastoso e scintillante. *2* Tipo di poltrona a sdraio molto diffusa in Francia nel Settecento.

duchessina [av. 1565] s. f. *1* Dim. di *duchessa*. *2* Figlia spec. giovane o nubile di un duca.

duchino s. m. *1* Dim. di *duca*. *2* Figlio spec. giovane di un duca.

♦**dùe** o †**dòi**, (*tosc.*) †**dùa**, †**dùi**, †**dùo**, †**duòi** [lat. *dŭo*, lat. tardo *dŭi*, di orig. indeur.; sec. XII] agg. num. card.; anche s. m. (pl. *dùe*, pop. *dùi*) ● Numero naturale successivo di uno, rappresentato da 2 nella numerazione araba, da *II* in quella romana. **I** Come agg. ricorre nei seguenti usi. *1* Rispondendo o sottintendendo la domanda 'quanti?', indica la quantità numerica di due unità (spec. preposto a un s.): *noi abbiamo due braccia, due gambe, due occhi, due orecchie, due mani, due piedi*; *prendere qlco. con due dita*; *afferrare con le due mani*; *i due terzi del consumo*; *coltello a due tagli*; *costume a due pezzi*; *il Regno delle Due Sicilie*; *due volte nella polvere, / due volte sull'altar* (MANZONI). CFR. ambi-, bi-, bis- (2), duo-. *2* (*est.*) Pochi (con valore indet. per indicare una piccola quantità): *esco a fare due passi*; *vengo a fare due chiacchiere*; *mangio prima due bocconi*; *te lo dico in due parole*; *abito qui a due passi*; *è alto come due soldi di cacio* | ***In due minuti***, (*fig.*) prestissimo | Anche nelle loc. ***uno o due***, ***due o tre***: *sto via due o tre giorni*; *torno tra un'ora o due*. *3* Rispondendo o sottintendendo la domanda 'quale?', identifica qlco. in una pluralità, in una successione, in una sequenza (posposto a un s.): *abita al numero due della mia stessa strada*. *4* In composizione con altri numeri semplici o composti forma i numeri superiori: *trentadue*; *duecento*; *milleduecentocinquanta*. **II** Come s. ricorre nei seguenti usi. *1* Il numero due (per ellissi di un s.): *il due per cento della popolazione si è astenuto*; *il due nel dieci sta cinque volte*; *il due maggio cambio casa*; *è uscito il due al lotto sulla ruota di Cagliari*; *ho giocato il due di spade*; *ha telefonato alle due di notte*; *una delle due: o via io o via lui!* | ***E due!***, escl. d'impazienza e di irritazione | ***Marciare per due***, affiancati | ***Camminare***, ***uscire a due a due***, due per volta | ***Ogni due per tre***, (*fam.*) molto spesso, quasi sempre, di continuo: *è pronto a lamentarsi ogni due per tre* | ***Mangiare***, ***bere***, ***lavorare per due***, molto, il doppio del giusto | ***Tiro a due***, carrozza con due cavalli. *2* Il segno che rappresenta il numero due: *scrivo il due e riporto l'uno* | (*sport*) Nel pronostico sulla schedina del totocalcio, indica la vittoria della squadra che gioca fuori casa; (*est.*) la vittoria stessa | (*sport*) Nel totip indica che un cavallo appartenente al gruppo due è arrivato primo o secondo. *3 Due di coppia*, nel canottaggio, doppio | ***Due con, due senza***, nel canottaggio, imbarcazione montata da due vogatori, con o senza timoniere, che azionano ciascuno un solo remo.

due àlberi ● V. *dualberi*.

duecentènne o †**ducentènne** [comp. di *duecento* e la terminazione *-enne* (lat. *-ēnnis*, per *ănnus* 'anno')] **agg.** *1* (*raro*) Che ha duecento anni, detto di cosa. *2* (*raro*) Che dura da duecento anni.

duecentésco o (*lett.*) **ducentésco**, (*tosc.*, *lett.*) **dugentésco** [1926] **agg.** (**pl. m.** *-schi*) ● Del secolo XIII: *poema, scrittore d.*

duecentèsimo (o **-é-**) o (*lett.*) †**ducentèsimo** (o **-é-**), (*tosc.*) **duegentèsimo** (o **-é-**), (*tosc.*, *lett.*) **dugentèsimo** (o **-é-**) [vc. dotta, lat. *ducentēsimu(m)*, da *ducēnti* 'duecento'; 1600] **A agg. num. ord.** ● Corrispondente al numero duecento in una sequenza, in una successione (rappresentato da *CC* nella numerazione romana, da *200°* in quella araba): *è d. in graduatoria*. **B s. m.** ● Ciascuna delle duecento parti uguali di una stessa quantità.

duecentista o (*lett.*) **ducentista**, (*tosc.*, *lett.*) **dugentista** [1832] **s. m. e f.** (**pl. m.** *-i*) *1* Scrittore, artista del XIII sec. *2* (*sport*) Duecentometrista.

duecentistico o (*lett.*) **ducentistico**, (*tosc.*, *lett.*) **dugentistico agg.** (**pl. m.** *-ci*) ● Del Duecento, dei duecentisti.

duecènto o (*lett.*) **ducènto**, (*tosc.*) **duegènto**, (*tosc.*, *lett.*) **dugènto** [lat. *ducēnti*, comp. di *dŭ(o)* 'due' e *cĕntu(m)* 'cento'; av. 1292] **agg. num. card. inv.**; anche **s. m. inv.** ● Due volte cento, due centinaia, rappresentato da *200* nella numerazione araba, da *CC* in quella romana. **I** Come agg. ricorre nei seguenti usi. *1* Rispondendo o sottintendendo la domanda 'quanti?', indica la quantità numerica corrispondente a duecento unità (spec. preposto a un s.): *abita qui a d. metri*; *costa quasi d. euro*; *correre i d. metri*. *2* Rispondendo o sottintendendo la domanda 'quale?', identifica qlco. in una pluralità, in una successione, in una sequenza (posposto a un s.): *sono arrivata fino a pagina d.*; *l'anno d. a.C.* **II** Come s. ricorre nei seguenti usi. *1* Il numero duecento (per ellissi di un s.): *il Consiglio dei Duecento fu istituito a Firenze nel 1411*; *la Sala dei Dugento, in Palazzo Vecchio* | ***Il Duecento***, (*per anton.*) il secolo XIII: *la prosa del Duecento*. *2* Il segno che rappresenta il numero duecento. *3* (*sport, al pl.*) Nell'atletica e nel nuoto, distanza di duecento metri su cui si svolge una classica gara | (*est.*) La gara stessa: *correre, vincere i d.*; *esordire nei d.*

duecentometrista [1965] **s. m. e f.** (**pl. m.** *-i*) ● Atleta che compie gare di corsa o nuoto sulla distanza dei duecento metri.

due diligence /dju'diliʤens, *ingl.* 'djuː ˌdɪlɪʤəns/ [loc. ingl., propr. 'dovuta (*due*) diligenza (*diligence*)'; 1997] **loc. sost. f. inv.** (pl. ingl. *due diligences*) ● (*econ.*) Controllo accurato dei dati del bilancio di una società.

duegènto e *deriv.* ● V. *duecento* e *deriv.*

duellànte [1566] **A part. pres.** di *duellare*; anche **agg.** ● Nei sign. del v. **B s. m. e f.** ● Chi duella (*anche fig.*).

duellàre [vc. dotta, lat. tardo *duellāre*, da *duĕllum* 'duello'; 1559] **v. intr.** (*io duèllo*; aus. *avere*) ● Battersi in duello (*anche fig.*).

duellatóre [vc. dotta, lat. arc. *duellatōre(m)*, da *duĕllum* 'duello'; av. 1642] **s. m.**; anche **agg.** (**f.** *-trice*) ● (*lett.*) Chi (o Che) si batte in duello.

duellìsta [sec. XV] **s. m. e f.** (**pl. m.** *-i*) ● Chi si batte di frequente ed è esperto di duelli.

duèllo [vc. dotta, lat. mediev. *duĕllu(m)*, che si rifà al lat. arc. *duĕllu(m)*, parallelo di *bĕllum* 'guerra', inteso come 'combattimento fra due (*dŭo*)'; av. 1400] **s. m.** *1* Combattimento che si svolge secondo determinate regole tra due contendenti con armi uguali per risolvere controversie spec. d'onore: *d. alla pistola, alla spada*; *sfidare a d.* | ***D. rusticano***, con il coltello e senza testimoni | ***D. all'ultimo sangue***, fino alla morte di uno dei contendenti. *2* (*fig.*) Contesa, contrasto, lotta, gara accanita: *d. oratorio, diplomatico*; *d. alle bocce, agli scacchi*; *così al tempio ne venni ove si fêa / l'amoroso d.* (TASSO) | Nel linguaggio calcistico, azione di contrasto tra due avversari. *3* †Scontro fra più persone armate.

duemila o †**doimila**, †**domilia**, (*pop.*, *tosc.*) **dumila**, †**duomilia** [sec. XIII] **agg. num. card. inv.**; anche **s. m. e f. inv.** ● Due volte mille, due migliaia, rappresentato da *2000* nella numerazione araba, da *MM* in quella romana. **I** Come agg. ricorre nei seguenti usi. *1* Rispondendo o sottintendendo la domanda 'quanti?', indica la quantità numerica di duemila unità (spec. preposto a un s.): *costerà circa d. euro*; *il vecchio teatro conteneva d. persone*. *2* Rispondendo o sottintendendo la domanda 'quale?', identifica qlco. in una pluralità, in una successione, in una sequenza (posposto a un s.): *l'abbonato numero d.*; *l'anno d.* **II** Come s. ricorre nei seguenti usi. *1* Il numero duemila (per ellissi di un s.) | ***Il duemila***, l'anno 2000: *le Olimpiadi del d.* | ***Il Duemila***, (*per anton.*) il secolo XXI: *la civiltà del Duemila*. *2* Il segno che rappresenta il numero duemila.

duennàle [dal lat. *biennāle(m)* 'biennale', con sostituzione della prima parte con *due*; av. 1708] **agg.** ● (*raro*) Biennale.

duepèzzi o **due pèzzi** [comp. di *due* e il pl. di *pezzo*; 1948] **s. m. inv.** *1* Costume da bagno femminile composto di reggiseno e mutandine o slip. **SIN.** Bikini. *2* Abito femminile con giacca | Insieme di gonna e giacca.

duepónti [comp. di *due* e il pl. di *ponte*] **s. m. inv.** ● Nave di linea con due ponti di batteria coperti.

duèrno [forma analogica, comp. di *du(e)* e della seconda parte di (*quad*)*erno*; 1540] **s. m.** ● Negli antichi codici e libri a stampa, mezzo quaderno costituito di due carte, pari a otto pagine.

duettàre [denom. di *duetto*; 1970] **v. intr.** (*io duétto*; aus. *avere*) ● Cantare in un duetto | (*fig.*) Agire in coppia dando prova di un'ottima intesa: *Del Piero e Inzaghi duettano al limite dell'area*.

duétto [av. 1712] **s. m.** *1* Dim. di *duo*. *2* (*mus.*) Composizione per due voci o due strumenti concertanti. *3* (*fam., scherz.*) Diverbio fra due persone | Il rumore, gli strilli, la confusione prodotti da due persone: *quei bambini fanno un bel d.* *4* Nei dadi, duino. || **duettino**, **dim.**

†**dugàia** ● V. †*dogaia*.

dugènto e *deriv.* ● V. *duecento* e *deriv.*

dùglia [adattamento del genov. *duggia* 'doppia', dal lat. *dŭpla*; 1847] **s. f.** ● (*mar.*) Rotolo di cima.

dugliàre **v. tr.** (*io dùglio*) ● (*mar.*) Addugliare.

dugóngo [ingl. *dugong*, dal malese *dūyung*, di etim. incerta; 1837] **s. m.** (**pl.** *-ghi*) ● Mammifero marino erbivoro dei Sireni con largo muso e setole intorno alla bocca (*Dugong dugong*). ➡ **ILL. animali**/13.

†**dùi** ● V. *due*.

duìna [da *due*; 1912] **s. f.** ● (*mus.*) Figura ritmica di due valori che in un contesto a suddivisione ternaria ha la durata di tre note di uguale valore.

duìno [da *due*; sec. XIV] **s. m.** *1* Il punteggio minimo ottenibile coi dadi, allorché entrambi segnano l'uno. *2* †Moneta di due centesimi.

duìsono [comp. di *due* e *s(u)ono*; 1641] **agg.** ● (*ling.*) Di due suoni.

dulcacquìcolo o **dulciacquìcolo** [comp. del lat. *dulcis* 'dolce' e di *acquicolo*] **agg.** ● (*biol.*) Detto di organismo animale o vegetale che vive in acqua dolce.

dulcamàra [lat. mediev. *dulcamāra*, comp. di *dŭlcis* 'dolce' e *amārus* 'amaro'; 1828] **s. f.** ● Pianta erbacea rampicante o strisciante delle Solanacee con proprietà medicinali, foglie intere, fiori violacei e frutti rossi a bacca (*Solanum dulcamara*).

dulciacquìcolo ● V. *dulcacquicolo*.

dulciàna [var. di *dolzaina*, rifatta sul lat. *dŭlcis* 'dolce'] **s. f.** *1* (*mus.*) Registro dell'organo che dà un suono più dolce del flauto. *2* (*mus.*) V. *dolciana*.

dulcificàre e *deriv.* ● V. *dolcificare* e *deriv.*

dulcimer /*ingl.* 'dʌlsɪmə/ [dal fr. ant. *doulcemer*, comp. del lat. *dŭlcis* 'dolce' e del gr. *mélos* 'canto'] **s. m. inv.** ● (*mus.*) Salterio inglese a corde percosse, d'uso colto nel tardo Medioevo e popolare-urbano in seguito.

dulcìna [vc. dotta, tratta dal lat. *dŭlcis* 'dolce'; 1893] **s. f.** ● Sostanza bianca, cristallina, di potere dolcificante circa 200 volte superiore a quello dello zucchero comune, usata come dolcificante in genere e per diabetici.

dulcinèa /dulʧi'nea, *sp.* °dulθi'nea, -lsi-/ [dal n., tratto dallo sp. *dulce* 'dolce', dell'innamorata di Don Chisciotte; 1798] **s. f.** ● (*scherz.*) Fanciulla amata.

dùlcis in fùndo [lat., propr. 'il dolce in fondo'] **loc. avv.** ● Espressione che si usa con riferimento a qualcosa di bello, o (*iron.*) di brutto, che capita per ultimo, dopo una serie di altri fatti.

dulcìte [vc. dotta, tratta dal lat. *dŭlcis* 'dolce'] **s. f.** ● Alcol esavalente che si presenta come polvere bianca di sapore dolce, principale componente della manna del Madagascar.

†**dulcoràre** ● V. †*dolcorare*.

dulìa [vc. dotta gr. *douleía*, da *dôulos* 'servo', di orig. egea; sec. XIII] **s. f.** ● Nel cattolicesimo, culto di venerazione reso ad angeli e santi.

dulimàno [V. *dolman*] **s. m.** ● Alta uniforme dei giannizzeri caratterizzata dal tipico mantello rosso.

dùma /'duma, *russo* 'dumə/ [vc. russa, propr. 'consiglio' di orig. got.] **s. f.** (**pl.** russo *dumy*) ● Nella storia russa, nome di diverse assemblee (per es. la d. dei boiari nella Russia zarista); oggi la d. di Stato designa un ramo del Parlamento.

dum-dùm /dum'dum, *ingl.* 'dʌmˌdʌm/ [dalla località di *Dumdum* (= 'collina', 'terrapieno', 'batteria'), presso Calcutta, dove questo proiettile venne fabbricato per la prima volta alla fine dell'Ottocento; 1908] **agg. inv.** ● Detto di proietti e da arma portatile inciso a croce sulla punta che all'impatto si frantuma provocando orrende ferite.

duméto [vc. dotta, lat. *dumētu(m)*, da *dūmus* 'dumo'; 1499] **s. m.** ● (*lett.*) Spineto, pruneto.

dumìla ● V. *duemila*.

dùmo [vc. dotta, lat. *dūmu(m)*, di etim. incerta; av. 1374] **s. m.** ● (*lett.*) Pruno, spino.

dumóso [vc. dotta, lat. *dumōsu(m)*, da *dūmus* 'dumo'; 1499] **agg.** ● (*lett.*) Pieno di rovi, spine e sim.: *terreno d.*

dumper /*ingl.* 'dʌmpə/ [vc. ingl., da *to dump* 'scaricare' (di etim. incerta); 1973] **s. m. inv.** ● Pesante autoveicolo con cassone rinforzato ribaltabile, usato per trasportare sabbia, pietrame e sim.

dumping /'dampin(g), *ingl.* 'dʌmpɪŋ/ [dal v. *to dump* 'lasciar cadere, scaricare', da vc. di orig. scandinava di natura imitativa; 1914] **s. m. inv.** ● (*econ.*) Vendita di merci all'estero sotto costo o comunque a prezzi inferiori di quelli praticati all'interno.

dùna [medio ol. *dūne* 'altura', di lontana orig. indeur.; 1567] **s. f.** ● Monticello di sabbia instabile formato dal vento sulle spiagge o nei deserti sabbiosi.

dune buggy /djum'baggi, *ingl.* 'djuːnˌbʌgi/ [loc. ingl., comp. di *dune* 'duna' e *buggy* 'calesse' (di etim. incerta)] **s. f.** o **m. inv.** (pl. ingl. *dune buggies*) ● Tipo di automobile appositamente attrezzata per viaggiare nelle regioni desertiche, e quindi su qualsiasi terreno non asfaltato e accidentato.

dunóso **agg.** ● Ricco di dune.

♦**dùnque** o †**dònche**, †**dònqua**, †**dónque**, †**dùnqua** [lat. tardo *dūnc*, da *dūm* 'ancora', per analogia con la coppia *tūm-tūnc* 'allora'; av. 1250] **A cong.** *1* Perciò, pertanto, quindi (con valore concl.): *ho sbagliato, d. è giusto che debba pagare*; *penso, d. sono*. *2* Allora, quindi (per riprendere un discorso): *d., come dicevamo prima*; *dovete d. sapere che, in quel convento, c'era il nostro padre* (MANZONI) | Per concludere un discorso: *d. siamo tutti d'accordo*. *3* Con valore raff. (per esortare, sollecitare, per esprimere impazienza, incredulità, rammarico e sim. in espressioni interr. o escl.) allora: *sbrigati d.!*; *ti vuoi d. decidere?*; *d.?, cos'è che mi vuoi dire?*; *d.! ci muoviamo?*; *credi d. che io sia qui per ascoltare le tue sciocchezze?*; *d. non ho scelta!* **B** in funzione di **s. m. inv.** ● La conclusione, il punto fondamentale di una questione: *veniamo al d.* | ***Essere, trovarsi al d.***, al momento decisivo, risolutivo.

dùo [vc. dotta, lat. *dŭo* 'due', di orig. indeur.; av. 1647] **A agg. num. card. inv.** ● †V. *due*. **B s. m. inv.** *1* (*mus.*) Duetto, spec. se strumentale | Due esecutori musicali che suonano lo stesso strumento o che hanno uguale importanza e fama. *2* Coppia di artisti, spec. cantanti o musicisti, che si esibiscono insieme | (*est.*) Coppia di persone inseparabili o che si comportano nello stesso modo | (*sport*) Specialità del nuoto sincronizzato. **SIN.** Doppio. || **duétto**, **dim.** (V.).

dùo- [dal lat. *dŭo* 'due'] primo elemento ● In parole composte, significa 'due', 'di due', 'doppio': *duopolio*.

duodècima [da *duodecimo*] **s. f.** ● (*mus.*) Intervallo che abbraccia dodici gradi.

duodecimàle [da *duodecimo*; 1840] **agg.** ● Detto di sistema di numerazione, o di misura, che ha per base dodici. CFR. Binario, ottale, decimale, esadecimale.

duodècimo o †**dodècimo** [vc. dotta, lat. *duodĕcimu(m)*, da *duŏdecim* 'dodici'; 1308] agg. num. ord.; anche s. m. ● (*lett.*) Dodicesimo: *fu nominato papa Giovanni d.* (VILLANI).

†**duodècuplo** [vc. dotta, comp. del lat. *dŭo* 'due' e *dĕcuplu(m)* 'decuplo'; 1632] agg. ● Che è dodici volte maggiore, relativamente ad altra cosa analoga: *il tempo di un minuto primo è d. del tempo di cinque secondi* (GALILEI).

duodenàle [da *duodeno*] agg. ● (*med.*) Di, relativo a, duodeno | Che colpisce il duodeno: *ulcera d.*

duodenìte [comp. di *duodeno* e *-ite* (*1*); 1830] s. f. ● (*med.*) Infiammazione del duodeno.

duodèno [vc. dotta, lat. mediev. *duodēnu(m)*, sottinteso *digitōrum*, propr. 'di dodici (da *duodēmi*, avv. distributivo di *duŏdecim* 'dodici') dito', perché di tale misura era ritenuto quest'organo; 1493] s. m. ● (*anat.*) Prima porzione dell'intestino tenue, tra stomaco e digiuno. ➡ ILL. p. 2125 ANATOMIA UMANA.

†**duòi** ● V. *due*.

duòli ● V. *dolere*.

duòlo o †**dòlo** (*2*) [lat. tardo *dŏlu(m)*, tratto forse da *dolēre* 'dolere'; av. 1292] s. m. *1* (*lett.*) Dolore | *Abito di d.*, da lutto | *Prendere il d.*, vestire a lutto. *2* †Pianto: *Per li occhi fora scoppiava lor d.* (DANTE *Inf.* XVII, 46) | †Lamento.

†**duomila** ● V. *duemila*.

♦**duòmo** (*1*) o (*lett.*) **dòmo** (*1*) [lat. *dŏmu(m)*, propr. 'casa (del Signore)', di orig. indeur.; 1235] s. m. ● Chiesa cattedrale.

duòmo (*2*) o **dòmo** (*2*) s. m. ● (*geol.*) Struttura rocciosa cupoliforme di origine diapirica, intrusiva, vulcanica | *D. salino*, diapiro.

duòmo (*3*) [fr. *dôme* 'cupola' (V. *domo* (*2*)); 1922] s. m. ● In varie tecnologie, la parte a forma di cupola di una caldaia che, sovrapposta al corpo principale di questa, è destinata ad accogliere il vapore saturo secco.

duopòlio [da *monopolio* con sostituzione di *duo-* 'due' a *mono-* 'uno'; 1956] s. m. ● (*econ.*) Forma di mercato di un certo bene o servizio caratterizzata dalla presenza di due sole imprese in concorrenza fra loro.

duopsònio [da *monopsonio*, con sostituzione di *duo-* 'due' a *mono-* 'uno'] s. m. ● (*econ.*) Situazione di mercato caratterizzata dalla presenza di due soli compratori di un bene o servizio, offerto da una pluralità di venditori.

duòviro e *deriv.* ● V. *duumviro* e *deriv.*

†**duplàre** ● V. *doppiare* (*1*).

†**duplazióne** [vc. dotta, lat. tardo *duplatiōne(m)*, da *duplāre* 'doppiare'; 1589] s. f. ● Moltiplicazione per due.

dùplex [fr. *duplex* 'duplice'; 1938] **A** s. m. inv. ● Tipo di collegamento radiotelefonico in cui, tramite due canali, è possibile trasmettere e ricevere contemporaneamente | Tipo di circuito telefonico in cui la trasmissione avviene su un'unica linea in modo bidirezionale | Metodo di collegamento in cui una sola linea telefonica è condivisa da due utenti che vi accedono in mutua esclusione. **B** anche agg. inv.: *collegamento d.* CFR. Simplex.

dùplica [da *duplicare*] s. f. ● (*dir.*) Atto con cui il convenuto reagisce alla replica dell'attore.

duplicàre o †**doplicàre**, (*lett.*) †**dupplicàre** [vc. dotta, lat. *duplicāre*, da *dŭplex* 'duplice'; av. 1342] v. tr. (*io dùplico, tu dùplichi*) *1* (*raro*) Raddoppiare. *2* Riprodurre in una o più copie: *d. una chiave*; *d. una cassetta*.

duplicàto [1338 ca.] **A** part. pass. di *duplicare*; anche agg. ● Nei sign. del v. || **duplicataménte**, avv. (*raro*) Due volte. **B** s. m. *1* Copia di un documento che riproduce quello originale: *chiedere un d. della patente di guida*. *2* (*est.*) Copia esatta di un oggetto: *fare il d. di una statua, di un gioiello*. *3* Opera bibliografica di cui si ha già una copia.

duplicatóre [vc. dotta, lat. tardo *duplicatōre(m)*, da *duplicātus* 'duplicato'; 1956] s. m. *1* Apparecchio che permette di ottenere un qualsiasi numero di copie del testo, disegno e sim. eseguito sulla matrice: *d. ad alcol, a inchiostro* | *Duplicatori xerografici*, che operano senza matrice. *2* (*fot.*) Dispositivo costituito da un gruppo di lenti che, posto tra il corpo della macchina e l'obiettivo, raddoppia la lunghezza focale di quest'ultimo.

duplicatùra s. f. *1* (*raro*) Duplicazione. *2* (*anat.*) Struttura costituita dall'unione di due formazioni laminari: *d. peritoneale*.

duplicazióne [vc. dotta, lat. tardo *duplicatiōne(m)*, da *duplicātus* 'duplicato'; sec. XIV] s. f. ● Operazione del duplicare.

dùplice [vc. dotta, lat. *dŭplice(m)*, comp. di *dŭo* 'due' e *-plex*, della stessa orig. di *plĕctere* 'piegare'; 'piegato in due'; av. 1348] **A** agg. *1* Doppio: *presentare un documento in d. copia*. *2* Che si compone di due parti o elementi diversi, che presenta due aspetti e sim.: *un d. incarico*; *una d. questione* | Che avviene fra due parti: *d. intesa*. || **duplicemente**, avv. **B** s. f. ● Nell'ippica, tipo di scommessa che richiede l'indicazione dei cavalli vincitori di due corse successive.

Duplicidentàti [comp. del pl. di *duplice* e del pl. di *dentato*] s. m. pl. (sing. *-o*) ● Nella tassonomia animale, sottordine di Roditori con labbro superiore spaccato, mascella superiore con quattro denti incisivi a crescita continua, arti anteriori con 5 dita, posteriori, più lunghi, con 4: vi appartengono il coniglio e la lepre (*Duplicidentata*). SIN. Lagomorfi.

duplicità [vc. dotta, lat. tardo *duplicitāte(m)*, da *dŭplex*, genit. *dŭplicis* 'duplice'; av. 1320] s. f. *1* Caratteristica di ciò che è duplice. *2* (*astrol.*) Natura doppia dei segni zodiacali Gemelli, Vergine, Sagittario, Pesci. *3* (*raro, fig.*) Finzione, simulazione | Falsità, ipocrisia.

†**duplificàto** [1340] agg. ● Raddoppiato.

†**dùplo** [lat. *dŭplu(m)*; V. *doppio*; sec. XIV] **A** agg. ● (*lett.*) Doppio. **B** s. m. ● Moneta pontificia coniata ad Avignone nel sec. XIV.

†**dupplicàre** ● V. *duplicare*.

†**dùra** (*1*) [da *durare*; av. 1348] s. f. ● Durata | (*raro*) *Far d.*, resistere | (*raro*) *Stare alla d.*, ostinarsi.

dùra (*2*) o **dùrra** [ar. *ḍura*; 1876] s. f. ● (*bot.*) Pianta delle Graminacee, coltivata in Africa e Asia, la cui importanza alimentare è paragonabile a quella del frumento (*Sorghum durrha*).

duràbile [vc. dotta, lat. *durābile(m)*, da *durāre* 'durare'; av. 1320] agg. ● (*raro*) Durevole. || †**durabileménte**, **durabilménte**, avv. Durevolmente.

durabilità [vc. dotta, lat. tardo *durabilitāte(m)*, da *durābilis* 'durabile'; av. 1320] s. f. ● (*raro*) Caratteristica di ciò che può durare nel tempo | Resistenza al degrado e all'usura: *scarsa, elevata d. di un materiale*.

duràcino o (*raro*) **duràcine** [vc. dotta, lat. *durācinu(m)* 'dall'acino (*ăcinus*) duro (*dūrus*)'; 1340 ca.] agg. *1* Di frutto a polpa consistente che resta attaccata al nocciolo: *pesca duracina*. CONTR. Spiccace. *2* Di uva con acini sodi e buccia resistente.

duràle agg. ● (*anat.*) Relativo alla duramadre.

durallùminio [comp. con *alluminio* e il n. della fabbrica tedesca che ne acquistò il brevetto, la *Dür(ener Metallwerke)*, dalla città di Düren; 1924] s. m. ● Lega d'alluminio, rame, magnesio, manganese e silicio, che unisce alla resistenza chimica una resistenza meccanica prossima a quella dell'acciaio.

duramàdre o **dùra màdre** [lat. mediev. *dūra(m) mātre(m) (cerĕbri)* 'spessa madre del cervello', calco sull'espressione della medicina araba *umm addimāg*, in cui *umm* significa 'madre' e 'protettrice, nutrice'; 1491] s. f. (pl. *duremàdri*) ● (*anat.*) Robusta membrana fibrosa che riveste all'esterno l'encefalo e il midollo spinale. ➡ ILL. p. 2124 ANATOMIA UMANA.

duràme [vc. dotta, lat. *durāmen* (nom.), da *dūrus* 'duro' col suff. collett. *āmen* '-ame'; 1906] s. m. ● Parte interna del legno degli alberi, più vecchia, più compatta, più dura e più scura dell'alburno.

†**duraménto** [da *durare*; av. 1306] s. m. ● Durata | (*fig.*) Fermezza.

♦**duránte** [av. 1348] **A** part. pres. di *durare*; anche agg. *1* (*raro, lett.*) Nei sign. del v. *2* *Vita natural d.*, per tutta la durata della vita. **B** prep. ● Nel corso di, nel tempo in cui si svolge o si svolgeva qlco., all'epoca di: *d. la guerra*; *d. la gara*; *d. la gita*; *d. il giorno*; *d. la notte*; *d. l'intera giornata*; *d. tutto il mese*; *d. il Medioevo*. **C** s. m. inv. ● (*banca*) Insieme delle contrattazioni che si svolgono in borsa tra apertura e chiusura di seduta.

†**duránza** [sec. XIV] s. f. ● (*raro*) Durata.

♦**duràre** [lat. *durāre*, di etim. incerta, accostato erroneamente a *dūrus* 'duro'; av. 1257] **A** v. intr. (aus. *essere* e *avere*) *1* Conservarsi, mantenersi, resistere: *fiori che durano molto*; *un cibo che non dura*; *i tessuti solidi durano a lungo* | *D. in carica*, restare in carica | Bastare: *nelle sue mani il denaro non può d.*; *quanto dureranno le scorte di viveri?* *2* Protrarsi nel tempo: *la questione dura ormai da vari anni*; *la primavera ha durato molto*; *la buona stagione durerà per poco* | *D. in eterno*, per sempre | *D. da Natale a S. Stefano*, di cosa che finisce subito | Continuare per un certo periodo di tempo, spec. in costruzioni impers. o con sogg. indef.: *dici che dura?*; *da troppo tempo dura così*; *la faccenda durò tre anni*; *credo che non durerà*; *non può d.!* *3* (*lett.* o *raro*) Perseverare, insistere, ostinarsi: *d. nello scherzo, nello studio*; *d. a piangere, a lamentarsi*; *in questa sorte di sofismi si durerebbe in eterno a rigirarsi* (GALILEI). **B** v. tr. *1* (*lett.*) Soffrire, sopportare: *egli rimane a d. altri oltraggi, altre risa* (CARDUCCI) | *D. fatica*, affaticarsi, avere difficoltà: *d. fatica per guadagnarsi il pane*; *d. fatica a trovare un aiuto*. *2* (*raro*) *Durarla*, resistere: *non la durerò a lungo*. || PROV. Ogni bel gioco dura poco; chi la dura la vince.

†**duràstro** [da *duro*] agg. ● Alquanto duro.

♦**duràta** [da *durare*; av. 1292] s. f. *1* Il durare | Periodo di tempo durante il quale si svolgono fatti, hanno luogo fenomeni e sim.: *la d. di una guerra, di una eclissi*; *calcolare la d. media della vita umana* | *Essere di lunga, di breve d.*, durare molto, poco | *Di d.*, di lunga durata: *materiale di d.* | *Contratto di d.*, la cui esecuzione si protrae nel tempo. *2* (*ling.*) Estensione temporale di una articolazione.

duratìvo [av. 1406] agg. *1* †Durevole. *2* (*ling.*) *Aspetto d.*, che esprime la durata e lo sviluppo dell'azione verbale (ad es. dell'imperfetto nei confronti del passato remoto) | Imperfettivo | Continuo. CFR. Puntuale.

†**duratóre** [vc. dotta, lat. tardo *duratōre(m)*, da *durātus* 'durato'; 1551] s. m. ● Chi sa durare, sopportando, resistendo e sim.

duratùro [vc. dotta, lat. *duratūru(m)*, part. fut. di *durāre* 'durare'; av. 1292] agg. ● Che dura, che è destinato a durare per molto tempo: *affetto d.*; *situazione stabile e duratura*.

†**durazióne** [1308] s. f. ● Durata.

durévole [sec. XIV] agg. ● Duraturo: *amore sincero e d.* | (*econ.*) *Bene d.*, atto a prestare più servizi utili successivi | (*econ.*) *Bene non d.*, atto a prestare un solo servizio. || **durevolménte**, avv.

durevolézza [1614] s. f. *1* (*raro*) Caratteristica di ciò che è durevole. *2* (*geogr.*) Attitudine di una roccia a resistere alle azioni alteratrici dell'atmosfera e degli agenti meteorici.

durézza o †**durìzia** [lat. *durĭtia(m)*, da *dūrus* 'duro'; av. 1250] s. f. *1* Caratteristica, proprietà di ciò che è duro: *la d. di un metallo*; *questo è un legno di grande d.* | Proprietà di molte pietre preziose, spec. del diamante. *2* Proprietà di certe acque che, per via dei sali di calcio e magnesio in esse disciolti, stentano a dar schiuma coi saponi e formano incrostazioni per ebollizione. *3* Mancanza di elasticità | (*fig.*) Ostinazione, caparbietà: *perseguire con d. i propri fini*. *4* (*fig.*) Asprezza | Inclemenza: *la d. del clima*. *5* (*fig.*) Severità: *la d. del suo carattere lo danneggia* | Cattiveria, insensibilità: *dimostra grande d. di cuore*. *6* (*fig.*) Difficoltà: *lavoro di particolare d.* | (*raro*) Oscurità di significato: *non lasciatevi scoraggiare dalla d. delle prime pagine*. *7* Scarsa sensibilità di un cavallo al morso. *8* Nella musica del XVII sec., dissonanza.

†**durindàna** ● V. *durlindana*.

†**duríre** [da *duro*] v. intr. ● Indurire.

†**durità** [vc. dotta, lat. *duritāte(m)*, da *dūrus* 'duro'; av. 1342] s. f. ● (*raro*) Durezza, solo fig.

†**durìzia** ● V. *durezza*.

durlindàna o †**durindàna** [ant. fr. *durendal*, propr. *d'Orlandana*, cioè 'la spada *d'Orlando*'; sec. XIV] s. f. ● (*scherz.*) Spada.

♦**dùro** [lat. *dūru(m)*, di etim. incerta; av. 1250] **A** agg. *1* Che non si lascia intaccare, scalfire e sim.: *d. come l'acciaio, come il sasso* | *Terreno d.*, non dissodato | *Legno d.*, particolarmente compatto | *Pane d.*, raffermo | *Carne dura*, tigliosa | *Pera, mela dura*, acerba | *Uova dure*, sode | *Grano d.*, V. *grano* | *Pietra dura*, denominazione di minerali di elevata durezza come la giada, l'ametista, il lapislazzuli, usati in oreficeria | (*fam.*) *D.*

durometro

d'orecchi, che ci sente poco; *(fig.)* che finge di non capire | *(fig., fam.)* **D. di testa, di comprendonio**, ottuso, lento a capire | **Avere la pelle dura**, *(fig.)* resistere alle fatiche e alle sofferenze fisiche e morali | **Osso d.**, *(fig.)* persona o cosa non facile da affrontare o risolvere | *(fig.)* **A muso duro**, con modi rudi e decisi | *(est.)* Ruvido, ispido: *tessuto d.; barba dura*. CFR. sclero-. **2** *(sport)* **Fare, praticare, un gioco d.**, nel rugby, nel calcio e sim., disimpegnarsi con interventi eccessivamente decisi e aggressivi | **Sport duri**, quelli che possono prevedere violenti contatti fisici. **3** Che cede con difficoltà, che è privo di elasticità: *materasso d.* | **Cappello d.**, bombetta | *(fig.)* Ostinato, caparbio: *persona dura*. **4** *(fig.)* Aspro, spiacevole, doloroso: *vita dura; è una dura verità; è d. calle I lo scendere e 'l salir per l'altrui scale* (DANTE *Par.* XVII, 59-60) | **Dura necessità**, inevitabile e crudele | *(fig.)* Inclemente, freddo, detto di tempo: *un inverno molto d.; la dura stagione delle piogge* | Hard: *musica dura*. **5** *(fig.)* Rigido, severo, inflessibile: *ha assunto un atteggiamento troppo d. nei nostri confronti* | Malvagio, crudele, insensibile: *uomo dal cuore d*. **6** *(fig., lett.)* Difficile, arduo: *sarà d. il poter fargli inganno* (ARIOSTO); *ci hanno affidato un compito particolarmente d.* | *(est.)* Incomprensibile, ostico: *un testo d. da capire*. **7** *(chim.)* Detto di acqua caratterizzata da durezza: *acqua dura*. **8** *(ecol.)* Detto di tecnologia tradizionale atta a produrre energie, il cui impiego è ritenuto dispendioso, inquinante, rischioso e soggetto all'estinzione delle fonti. CONTR. Dolce, soffice. || **duramènte**, avv. Con durezza; †fortemente, faticosamente. **B** s. m. **1** Oggetto o superficie dura: *dormire sul d.* | Parte dura di qlco.: *togliere il d*. **2** *(fig.)* Difficoltà: *adesso viene il d*. **3** (f. *-a*) *(fig.)* Persona che non accetta imposizioni, che sa superare ogni difficoltà, che non si piega: *il nostro capitano è un d.* | Persona spietata e violenta: *fare il d.; assumere atteggiamenti da d*. **4** *(tosc.)* Caramella di zucchero filato. **C** in funzione di avv. **1** Con asprezza e severità: *parlare d.* | **Andai giù d.**, polemizzare o criticare molto aspramente. **2** Profondamente: *dormire d.* | **Lavorare d.**, intensamente. || **duracchióne**, accr. | **duràccio**, pegg. | †**durèllo**, dim. | **durettino**, dim. | **durètto**, dim. | **duróne**, accr. | **duròtto**, accr.

duròmetro [comp. di *duro* e *-metro*; 1956] s. m. ● *(fis.)* Apparecchio per la misurazione della durezza dei corpi.

duróna [da *duro*; 1956] s. f. ● Varietà coltivata di ciliegia duracina: *d. di Vignola*.

duróne [milan. *durón*; 1925] s. m. **1** Nodo durissimo in un blocco di marmo. **2** Callo, tiloma. **3** Durona.

dùrra ● V. *dura* (2).

†**dùrre** ● V. †*ducere*.

duttàle [vc. dotta, dal lat. *ductus* '(con)dotto' con il suff. *-ale*; 1987] agg. ● *(anat.)* Relativo al dotto di una struttura anatomica: *parete d.*

†**duttibile** [1438] agg. ● Docile, duttile.

dùttile [vc. dotta, lat. *ductile(m)*, da *ductus*, part. pass. di *ducere* 'guidare', propr. 'che si può condurre, tirare'; av. 1564] agg. **1** Detto di corpo o sostanza che presenta duttilità. **2** *(est.)* Flessibile: *verso lei l piega il d. collo* (PARINI). **3** *(fig.)* Arrendevole, adattabile: *carattere d.* | Che ha facilità di applicazione in diversi campi di attività: *ingegno, mente d.*, || **duttilménte**, avv.

duttilità [da *duttile*, sul modello del fr. *ductilité*; 1751] s. f. **1** Proprietà di corpi o sostanze che si possono piegare, allungare e ridurre in fili senza rompersi. **2** *(fig.)* Adattabilità, arrendevolezza: *d. di carattere* | Capacità di applicazione in diversi campi di attività: *dimostrare grande, scarsa, d. d'ingegno*.

dùtto ● V. *dotto* (2).

†**duttóre** [vc. dotta, lat. *ductōre(m)*, da *ductus*, part. pass. di *ducere* 'condurre'; av. 1375] s. m. (f. *-trice*) ● Condottiero, duce, guida.

duty free /djuti'fri, *ingl.* 'djouti 'fɹi/ loc. sost. m. inv. ● Accorc. di *duty free shop*.

duty free shop /djuti'fri 'ʃɔp, *ingl.* 'djouti 'fɹi ʃɒp/ [loc. ingl., comp. di *duty* 'dovere, imposta' (dal fr. ant. *du* 'dovuto'), *free* 'libero' (vc. germ.) e *shop* 'bottega' (vc. germ.)] loc. sost. m. inv. (pl. ingl. *duty free shops*) ● Negozio, situato spec. in aeroporti, su navi e sim., in cui si vendono merci non gravate di tasse.

duumviràto o **duoviràto, duunviràto** [vc. dotta, lat. *duumvirātu(m)*, da *duumviri* (V. *duumviro*)] s. m. **1** Ufficio di duumviri | Durata di tale ufficio. **2** *(raro)* L'insieme dei duumviri.

duùmviro o **duòviro, duùnviro** [vc. dotta, lat. *duumviru(m)*, comp. di *duo* 'due' e *vir* 'uomo'; sec. XIV] s. m. ● Nell'antica Roma, ognuno degli appartenenti al collegio di magistrati composto di due membri.

duumviràle o **duoviràle, duumviràle** [vc. dotta, lat. *duumvirāle(m)*, da *duumviri* (V. *duumviro*)] agg. ● Attinente ai duumviri, al duumvirato.

duùnviro /du'uɱviro/ e *deriv.* ● V. *duumviro* e *deriv.*

duvet /fr. dy'vɛ/ [vc. fr., 'lanugine, piuma' e 'letto di piume', dim. di *dum*, dall'ant. nordico *dūnn* 'piuma'; 1905] s. m. inv. ● Giacca, spec. in tessuto impermeabile, trapuntata e imbottita di piuma, usata spec. da alpinisti. SIN. Piumino.

duvetìna s. f. ● Adattamento di *duvetine* (V.).

duvetìne /fr. dyv'tin/ [da *duvet*; 1963] s. f. inv. ● Tessuto leggero, spec. di lana, molto morbido e con superficie pelosa.

†**duvitànza** ● V. †*dubitanza*.

DVD /divud'di, divvud'di/ [inizialmente sigla ingl. di D(igital) V(ersatile) D(isc) 'disco versatile digitale', poi comunemente interpretato come D(igital) V(ideo) D(isc) 'disco video digitale'; 1996] s. m. inv. (pl. ingl. *DVDs*) ● Compact disc ad alta capacità (fino a 8,5 GB di dati su un disco standard da 12 cm), su cui è possibile registrare 135 minuti di filmato con audio stereo oppure fino a 12 ore di musica | Il lettore di tale disco.

e, E

I suoni rappresentati in italiano dalla lettera *E* sono quelli delle due vocali anteriori o palatali di media apertura: l'*E* chiusa o stretta /e/, che tende verso la vocale più chiusa di questa serie /i/, e l'*E* aperta o larga /ɛ/, che tende invece verso la vocale più aperta di tutte /a/. La distinzione tra le due *E* si ha regolarmente solo in sillaba accentata (es. sènto /'sɛnto/, rilièvo /ri'ljevo/, bèlo /'bɛlo/, caffè /kaf'fɛ*/, di fronte a véndo /'vendo/, compiévo /kom'pjevo/, vélo /'velo/, perché /per'ke*/); in sillaba non-accentata si ha un'*E* chiusa (es. pàdre /'padre/, però /pe'rɔ*/, sentiva /sen'tiva/, vendùto /ven'duto/), tranne che nei composti i cui primi elementi, se isolati, hanno /ɛ/ (es. prendisóle /prɛndi'sole/). In sillaba accentata, la lettera può portare un accento scritto, obbligatorio per le vocali accentate finali di determinati monosillabi e di tutte le parole polisillabe (es. è /ɛ*/ verbo, canapè /kana'pɛ*/), raro e facoltativo negli altri casi (es. nèttare /'nɛttare/, volendo distinguere da néttare /'net'tare/). L'accento è sempre grave se l'*E* è aperta (come negli esempi ora citati), è invece acuto se l'*E* è chiusa (es. batté /bat'te*/); ma è tuttora molto diffusa una più antica accentazione, uniformemente grave, che però è meglio evitare perché antifonetica (es. *battè, *perchè, con lo stesso segno d'accento di caffè, canapè, è, nonostante la diversa pronuncia.

e (1), (maiusc.) **E** /e*/ [av. 1292] s. f. o m. ● Quinta lettera dell'alfabeto italiano: *e* minuscola, *E* maiuscolo | Marchio della C.E.E. che garantisce il peso netto di un prodotto preconfezionato o ne assicura la rispondenza a formati o confezioni standard | Nella compitazione spec. telefonica it. *e come Empoli*; in quella internazionale *e come echo* | **E commerciale**, nome del simbolo & | **Vitamina E**, V. vitamina.

◆**e (2)** /e*/ o **ed**, (poet.) †**et** (1) [lat. ĕt, di orig. indeur.; sec. XII **cong**. (per eufonia *ed*, poet. †*et*, davanti a parola che comincia per vocale, spec. *e: egli; Adamo ed Eva; ed ora?*. Seguito dall'art. **m. pl.** *i* dà origine alla forma contratta lett. o pop. tosc. *e': voi fiorirete i ginnasi e' licei* (CARDUCCI). Seguito dagli **art. m. sing.** *il e lo* dà origine ad altre forme contratte poet. *'l, †el: e par che l'aria e 'l ciel si ravviluppi* (PULCI)]. **1** Con valore coordinativo e aggiuntivo unisce semplicemente due o più elementi di una prop. che abbiano la stessa funzione (sostantivi, aggettivi, predicati, pronomi, avverbi, complementi) oppure due o più prop. della stessa specie: *la luna e il sole; Franco e Flavia; rosso e azzurro; bello e buono; in un lavoro utile e bello; noi e voi; presto e bene; a te e per te; gioca e si diverte molto* | Se gli elementi coordinati sono più di due la cong. precede in genere l'ultimo, viene invece ripetuta davanti a ogni elemento quando si voglia ottenere un particolare effetto stilistico: *un uomo, una donna e un bambino; bianco, rosso e verde; adesso, domani e sempre; esta selva selvaggia e aspra e forte* (DANTE *Inf.* I, 5); *e resiste e s'avanza e si rinforza* (TASSO); *a poco a poco cominciò poi a scoprir campanili e torri e cupole e tetti,* (MANZONI). **2** Con valore raff.: *bell'e fatto; bell'e finito; bell'e andato; bell'e morto; tutti e due; tutt'e tre; tutt'e quattro | (raff. ed enfat.) Al principio di un periodo: e tu dov'eri allora?; e ho avuto cuore di abbandonarla?* (FOSCOLO); *e l'acqua cade su la morta caduta* (PASCOLI). In espressioni correl. introduce due elementi ai quali si vuole dare particolare rilievo (*e mangia e si lamenta di in-grassare; e uno piange e l'altro strilla*) oppure assume il significato di 'sia ... sia', 'sia ... che', 'tanto ... quanto' con valore aggiuntivo (*vuole e questo e quello; e d'estate e d'inverno*) o disgiuntivo (*e che vi piaccia e che non vi piaccia*). **3** Ma, invece, mentre (con valore avversativo e antitetico): *lo credevo sincero e non lo è affatto; tutti lavorano e tu te ne stai lì a guardare* | Eppure: *sapeva bene di sbagliare, e l'ha fatto ugualmente; non t'incresca restare a parlar meco: / vedi che non incresce a me, e ardo!* (DANTE *Inf.* XXVII, 24). **4** Ebbene (con valore enfat. e esortativo): *vuoi proprio comprarlo? e compralo!; e deciditi dunque! e sta un po' fermo!; e smettila!; e vattene!* **5** Più (nell'addizione, nella composizione dei numerali, nell'indicazione di pesi e misure): *tre e due, cinque; mille e duecento; cento e due; quattro kili e seicento; un metro e ottanta*. **6** †Allora, in tal caso, ebbene (con valore correl.): *quando questo fatto avrai, e io ti dirò il rimanente* (BOCCACCIO). **7** †Anche: *se pure questo v'è all'animo di volere essere moglie e marito insieme, e a me* (BOCCACCIO). **8** †Ecco che: *Com'io tenea levate in lor le ciglia, / e un serpente con sei piè si lancia* (DANTE *Inf.* XXV, 49-50). **9** †Cioè: *la qual tu poi, tornando al tuo fattore, / lasciasti in terra, e quel soave vello* (PETRARCA).

è ● V. *essere* (1).

e' ● V. *pron. pers. m.* di terza pers. sing. e **pl.** ● (pop. tosc. o poet.) Forma tronca di 'ei'.

†**e' (2)** /e/ ● V. *i*.

e' (3) /e/ ● (lett. o pop. tosc.) Forma tronca per la cong. 'e' seguita dall'art. m. pl. 'i': *contro i servi e' tiranni* (CARDUCCI).

e- (1) [dalla prep. lat. ex 'da, fuori'] **pref.** ● Presente in numerose parole di origine latina, come forma ridotta del pref. lat. *ex-*, ha il significato di 'fuori' o indica privazione: *emettere, enucleare, evirare*; **SIN.** **es-**.

e- (2) /i, ingl. iː/ [abbr. ingl. di *e(electronic)* 'elettronico'] **primo elemento** ● In parole composte, sia con sostantivi, significa 'elettronico': *e-book, e-commerce, e-zine*.

ebanista [fr. *ébéniste*, da *ébène* 'ebano'; 1681] **s. m.** e **f.** (**pl. m. -i**) ● Artigiano specializzato nella lavorazione dell'ebano o di altri legni di pregio.

ebanisteria [fr. *ébénisterie*, da *ébéniste* 'ebanista'; 1843] **s. f.** **1** Arte e tecnica della lavorazione dell'ebano o di altri legni di pregio | Le opere prodotte. **2** Laboratorio dell'ebanista.

ebanite [ingl. *ebonite*, da *ebony* 'ebano'; 1875] **s. f.** ● Massa dura di colore scuro, ottenuta vulcanizzando il caucciù con molto zolfo, usata come dielettrico, per rivestimenti anticorrosivi e per svariati oggetti di uso industriale e domestico.

èbano o [vc. dotta, lat. *ĕbanu(m)*, dal gr. *ébenos*, di orig. egiz. (*hbnj, hebni*); av. 1333] **A s. m.** ● Albero delle Ebenacee che fornisce un legno pregiato nero e durissimo (*Diospyros ebenum*) | (est.) Il legno di tale albero: *una statuetta di e.* | (fig.) Nero *come l'e.*, nerissimo. → **ILL. piante**/8. **B** in funzione di **agg. inv.** ● Che ha il colore nero intenso caratteristico dell'ebano: *capelli di un nero e.*

◆**ebbène** o (fam.) **ebbè**, (centr.) **embè** [comp. di *e* (2) e *bene*; 1740 ca.] **cong. 1** Dunque, orbene (con valore concl.): *e., verrò anch'io; e., deciditi come credi*. **2** Allora (con valore raff. ed enfat., per esortare o sollecitare, per esprimere impazienza, incredulità, rammarico e sim. in espressioni interr.): *e., che te ne pare?; e., avete deciso?; e., cosa intendi fare?* | (assol.) *E.?*, sollecitando una risposta, un parere.

ebbi ● V. *avere* (1).

èbbio [lat. *ĕbulu(m)*, di etim. incerta; 1340 ca.] **s. m.** ● Pianta erbacea perenne delle Caprifogliacee dall'odore sgradevole, con fiori bianchi in infiorescenze e bacche nere globose (*Sambucus ebulus*).

ebbrézza o (raro) **ebrézza**, †**ebriézza** [da *ebbro*; av. 1292] **s. f.** **1** Stato di ubriachezza. **2** (est.) Perturbamento, simile all'ubriachezza, dovuto a sentimenti o sensazioni particolarmente intense: *l'e. dei sensi; l'e. della velocità; le parve di aver dato un balzo immenso nel cielo dell'e.* (MORAVIA) | Entusiasmo: *giungere al colmo dell'e.* **SIN.** Esaltazione, rapimento.

†**ebbriàco** e deriv. ● V. *ubriaco* e deriv.

†**ebbrietà** ● V. *ebrietà*.

†**ebbrióso** ● V. *ebrioso*.

èbbro o †**ebrio**, (raro) **ebro** [vc. dotta, lat. *ĕbriu(m)*, di etim. incerta, ma certo in opposizione con *sōbrius* 'sobrio'; av. 1306] **agg. 1** (lett.) Ubriaco: *e. di vino; così vecchio, è e. e lieto* (L. DE' MEDICI). **2** (fig.) Che è fuori di sé: *e. di dolore, di gioia* | **E. d'ira**, cieco per l'ira | Acceso di desiderio: *e. d'amore, di gloria.* **SIN.** Esaltato, rapito.

ebdòmada o (raro) **eddòmada**, †**edòmada** [vc. dotta, lat. tardo *hebdŏmada(m)*, dal gr. *hebdomáda*, acc. di *hebdomás*, 'gruppo di sette (*heptá*)'; av. 1332] **s. f.** ● (lett.) Settimana.

ebdomadàrio o (raro) **eddomadàrio**, †**edomadàrio** [vc. dotta, lat. tardo *hebdomadāriu(m)*, da *hebdŏmada* 'settimana', sul tipo del corrispondente *septimanāriu(m)*, da *septimāna* 'settimana'; nel sign. B1, dal fr. *hebdomadaire*; 1765] **A agg.** ● (lett.) Che accade o si ripete ogni settimana: *ricorrenza ebdomadaria*. **SIN.** Settimanale. **B s. m. 1** Pubblicazione con periodicità settimanale: *un e. scientifico*. **2** (raro) Ecclesiastico che, nel capitolo di una cattedrale, compie un ufficio della durata di una settimana, a turno con gli altri canonici.

ebefrenìa [vc. dotta, comp. del gr. *hēbē* 'giovinezza' e *phrēn*, genit. *phrenós* 'mente'; 1892] **s. f.** ● (psicol.) Forma di schizofrenia che compare prevalentemente nell'età dell'adolescenza.

ebefrènico [1910] **A agg.** (**pl. m. -ci**) ● Di, relativo all'ebefrenia. **B s. m.** (f. **-a**; **pl. m. -ci**); anche **agg.** ● Chi (o Che) è affetto da ebefrenia: *una mimica gesticolare e facciale a carattere nettamente e.* (GADDA).

Ebenàcee [comp. di *ebeno* e *-acee*; 1820] **S. f. pl.** (**sing. -a**) ● Nella tassonomia vegetale, famiglia di piante arboree delle Dicotiledoni tropicali cui appartiene l'ebano (*Ebenaceae*). → **ILL. piante**/8.

ebenìno **agg.** ● Di ebano.

†**èbeno** ● V. *ebano*.

ebère [vc. dotta, lat. *hēbēre* di etim. incerta; av. 1374] **v. intr.** (difett. usato solo nella terza pers. sing. del pres. indic. **èbe** poet.) ● Essere ottuso, indebolito di mente | (fig., lett.) Impoltronire, oziare: *la spada di Medoro anco non ebe*; / *ma si sdegna ferir l'ignobil plebe* (ARIOSTO).

ebetàggine [1875] **s. f.** ● Ottusità di mente | Comportamento, azione da ebete | (raro) Ebetismo.

†**ebetàre** [vc. dotta, lat. *hebetāre*, da *hebes*, genit. *hēbetis* 'ebete'] **v. tr.** ● Rendere ebete.

ebète [vc. dotta, lat. *hēbete(m)*, da *hebēre* 'essere smussato' (contrapposto ad *acūtus* 'acuto' tanto in senso fisico quanto in senso morale); 1618] **agg.**; anche **s. m.** e **f.** ● Che (o Chi) mostra ottusità o deficienza di mente: *sguardo e.; comportamen-*

to da e.

ebetismo [av. 1842] s. m. ● Condizione di chi è ebete. SIN. Ottusità.

ebetùdine [vc. dotta, lat. tardo *hebetūdine(m)*, da *hebetāre* 'ebetare'; sec. XIV] s. f. ● (*raro*) Ebetismo: *una specie di e. gli occupò il cervello* (D'ANNUNZIO).

eblaita A agg. ● Relativo all'antichissima città siriana di Ebla: *lingua, scrittura e.* B s. m. e f. (pl. m. *-i*) ● Abitante di Ebla.

Èbola [dal n. del fiume *Ebola*, che attraversa la zona equatoriale; 1995] s. m. solo sing.; anche agg. ● Virus altamente letale, isolato nella regione dell'Africa equatoriale del fiume Ebola, agente di febbre emorragica.

ebollire [vc. dotta, lat. *ebullīre* 'bollire (*bullīre*) a lungo (*ex-*)'; av. 1342] A v. intr. (coniug. come *bollire*; aus. *avere*) ● (*raro*) Bollire. B v. tr. ● (*lett.*) Mandar fuori per bollore.

ebollitóre s. m. ● (*raro*) Bollitore.

ebollizióne o **ebullizióne** [vc. dotta, lat. *ebullitiōne(m)*, da *ebullīre* 'ebollire'; av. 1313] s. f. *1* (*fis.*) Passaggio di un liquido allo stato aeriforme, caratterizzato dalla formazione di bolle gassose non soltanto alla superficie ma in tutta la massa del liquido stesso | ***Punto, temperatura di e.***, in cui il fenomeno si manifesta, variabile da sostanza a sostanza e dipendente dalla pressione esterna. *2* (*fig.*) Inquietudine, agitazione dell'animo e dei sensi provocata da impulsi improvvisi: *aveva la mente in e.* | Tumulto, agitazione: *tutta la scuola è in e.*

e-book /i'buk, *ingl.* ˈiːbʊk/ [loc. ingl., comp. di *e-* (*2*) e *book* 'libro'; 1996] s. m. inv. ● Libro elettronico (V. *libro*).

ebraicista [1875] s. m. e f. (pl. m. *-i*) ● (*raro*) Ebraista.

ebraicità [da *ebraic(o)* col suff. *-ità*; 1821] s. f. ● Condizione di chi è ebreo | Appartenenza di qlcu. o di q. c. alla cultura, alla religione, alla storia o alla tradizione ebraica.

ebràico [vc. dotta, lat. eccl. *Hebrāicu(m)*, dal gr. *Hebraïkós*, da *Hebrâios* 'ebreo'; sec. XIV] A agg. (pl. m. *-ci*) ● Degli Ebrei, proprio degli Ebrei: *calendario e.*; *lingua, scrittura, nazione ebraica.* ‖ **ebraicaménte**, avv. (*raro*) In modo ebraico. B s. m. solo sing. ● Lingua della famiglia semitica parlata dagli Ebrei.

ebraismo [vc. dotta, gr. *Hebraïsmós*, originariamente 'lingua degli Ebrei (*Hebrâioi*)'; 1570] s. m. *1* Religione e complesso delle tradizioni degli Ebrei, spec. di quelli antichi, distinto talvolta dal giudaismo, il quale si riferisce soltanto agli Ebrei della diaspora. *2* (*ling.*) Voce o sintagma proprio della lingua ebraica.

ebraista [1911] s. m. e f. (pl. m. *-i*) ● Chi si dedica allo studio della lingua, della cultura e della tradizione ebraica.

ebraizzàre [vc. dotta, gr. *hebraïzein* 'parlare come un ebreo (*Hebrâios*)'; 1623] A v. tr. ● Rendere ebreo, simile agli ebrei, conforme ai costumi ebrei. B v. intr. (aus. *avere*) ● (*raro*) Comportarsi nel modo degli ebrei imitandone i riti, i costumi, la lingua.

♦**ebrèo** [vc. dotta, lat. *Hebrāeu(m)*, dal gr. *Hebrâios*, dall'ebr. *'ibhrî*: propr. 'che proviene dalla regione al di là (*'ēbher*), sottinteso del fiume' (?); sec. XIII] s. m.; anche agg. (f. *-a*) *1* Chi (o Che) appartiene a, o discende da, un gruppo di tribù semitiche stanziatesi, durante il secondo millennio a.C., nella Palestina e costituitosi poi in unità nazionale e religiosa | ***Confondere Ebrei e Samaritani***, (*fig.*) mettere insieme cose o persone disparate. *2* (*fig.*, *spreg.*) Secondo un'antica tradizione antisemitica chi (o che) mostra grande attaccamento al denaro: *Don Rodrigo intanto faceva … mentalmente i suoi conti … Questo capriccio mi vuol costare! Che e.!* (MANZONI) (V. *nota d'uso STEREOTIPO*). ‖ **ebreàccio**, pegg. | **ebreino**, dim. | **ebreùzzo**, dim.

ebrézza ● V. *ebbrezza.*

†**ebriàco** e *deriv.* ● V. *ubriaco* e *deriv.*

†**ebriàrsi** [vc. dotta, lat. tardo *ebriāre*, da *ēbrius* 'ebbro'; av. 1348] v. rifl. ● Ubriacarsi.

†**ebriàto** [1551] part. pass. di †*ebriarsi*; anche agg. *1* Nei sign. del v. *2* (*est.*) †Fuori di sé.

†**ebriatóre** s. m. ● Ubriacone.

ebrietà o (*raro*) **ebbrietà**, †**ebrietàde**, †**ebrietàte** [vc. dotta, lat. *ebrietāte(m)*, da *ebriātus* 'ebriato'; av. 1292] s. f. ● (*raro, lett.*) Ebbrezza, ubriachezza.

†**ebriézza** ● V. *ebbrezza.*

†**ebrifestóso** [vc. dotta, comp. di *ebri(o)* e *festoso*; av. 1698] agg. ● (*poet.*) Festosamente ebbro.

†**èbrio** ● V. *ebbro.*

†**ebrióso** o †**ebbrióso** [vc. dotta, lat. *ebriōsu(m)*, da *ēbrius* 'ebbro' sul tipo di *vinōsus* 'dedito al vino'; sec. XIV] agg. ● Incline all'ebbrezza.

èbro ● V. *ebbro.*

ebulliometria [vc. dotta, comp. del lat. *ebullīre* 'bollire' e *-metria*; 1892] s. f. ● (*fis.*) Ebullioscopia.

ebulliòmetro [comp. del lat. *ebullīre* 'bollire (*bullīre*) del tutto (*ex-*)' e *-metro*; 1903] s. m. ● Ebullioscopio.

ebullioscopìa [comp. di un deriv. del lat. *ebullīre* 'bollire (*bullīre*) del tutto (*ex-*)' e *-scopia*; 1902] s. f. ● Parte della chimica fisica che studia l'innalzamento del punto di ebollizione di un determinato solvente dovuto alla dissoluzione in esso di una data sostanza.

ebullioscòpico [da *ebullioscopia*] agg. (pl. m. *-ci*) ● Relativo all'ebullioscopia: *apparecchio e.*; *analisi ebullioscopica.*

ebullioscòpio [vc. dotta, comp. del lat. *ebullire* 'bollire' e *-scopio*; 1865] s. m. *1* Apparecchio per misurare il punto di ebollizione, e quindi il peso molecolare, di una soluzione. *2* (*enol.*) Strumento che, in base al punto di ebollizione di un vino, ne determina il grado alcolico.

ebullizióne ● V. *ebollizione.*

èbulo [V. *ebbio*; sec. XIV] s. m. ● (*lett.*) Ebbio: *Come fosser finocchi, ebuli o aneti* (ARIOSTO).

eburneazióne [da *eburneo*] s. f. ● (*med.*) Formazione patologica di osso compatto in seno ad altro tessuto osseo, spesso di natura tumorale.

ebùrneo o **ebùrno** [vc. dotta, lat. *ebŭrneu(m)* 'fatto di avorio (*ĕbur*)', di orig. straniera, ma di etim. incerta; 1342] agg. *1* (*lett.*) D'avorio: *corno e.* *2* (*lett., fig.*) Candido come l'avorio: *collo e.*; *denti eburnei.*

e-business /i'biznəs, *ingl.* ˈiːbɪznəs/ [loc. ingl., comp. di *e-* (*2*) e *business*; 1998] s. m. inv. ● L'insieme delle attività economiche e commerciali svolte attraverso Internet. CFR. E-commerce.

écarté /fr. ekaʀ'te/ [vc. fr., propr. 'scartato', part. pass. di *écarter*, comp. di *é-*, pref. di separazione, e *carter*, denom. di *carte* 'carta'] s. m. inv. ● Gioco a 32 carte per due giocatori in cui il giocatore deve conquistare 5 punti, che vengono aggiudicati a seconda del numero delle prese effettuate in una mano.

ecatómbe [vc. dotta, lat. *hecatŏmbe(m)*, dal gr. *hekatómbē*, comp. di *hekatón* 'cento' e *bôus* 'bue'; av. 1535] s. f. *1* Nella religione dell'antica Grecia, sacrificio di cento o comunque di numerosi buoi, o di altri animali, a una o a più divinità | (*est.*) Sacrificio grande e solenne di vittime animali. *2* (*fig.*) Sterminio, strage (*anche scherz.*): *il combattimento si risolse in una vera e.*; *l'esame di latino è stato un'e.*

†**ecatombèo** [vc. dotta, gr. *hekatómbaios* 'relativo all'ecatombe (*hekatómbē*)'; 1631] agg. ● Di, relativo all'ecatombe.

ecatòstilo [vc. dotta, lat. *hecatŏstylo(n)*, dal gr. *hekatóstylos*, comp. di *hekatón* 'cento' e *-stilo*; 1834] s. m. ● Portico o edificio di cento colonne.

ecbòlico [vc. dotta, dal gr. *ekbólion* 'sostanza che favorisce l'espulsione del feto'; 1834] agg. (pl. m. *-ci*) ● (*med.*) Oxitocico.

†**eccecàre** o †**escecàre** [vc. dotta, lat. *excaecāre*, da *caecāre* 'accecare' col pref. rafforzat. *ex-*; av. 1498] v. tr. ● Accecare.

†**eccecazióne** [vc. dotta, lat. tardo *excaecatiōne(m)*, da *excaecāre* 'eccecare'; sec. XIV] s. f. ● Cecità di mente.

eccedentàrio [fr. *excédentaire*, da *excédent* 'eccedente'] agg. ● Che è in eccedenza, in più, rispetto al fabbisogno: *mano d'opera eccedentaria.*

eccedènte [av. 1327] A part. pres. di *eccedere*; anche agg. *1* Che è in più, che avanza: *quantità e.*; SIN. Sovrabbondante. *2* (*mus.*) Detto dell'intervallo della scala che aggiunge un semitono all'intervallo giusto o maggiore dello stesso nome: *quarta e., dal do al fa diesis.* SIN. Aumentato. B s. m. ● Ciò che eccede, che è in più: *eliminare tutto l'e.*

eccedènza [1579] s. f. *1* Il fatto di eccedere rispetto a un dato limite: *un'e. di peso, di prezzo.* SIN. Eccesso, sovrabbondanza. *2* Quantità che supera il limite fissato: *c'è un'e. di cento euro sulla spesa prevista* | Ciò che eccede: *eliminare le eccedenze* | ***Utilizzo in e.***, l'utilizzo di un fido al di fuori dei limiti autorizzati dal concedente. SIN. Avanzo.

eccèdere o †**escèdere** [vc. dotta, lat. *excēdere* 'andar (*cēdere*) fuori (*ex-*)'; 1306] A v. tr. (pass. rem. *io eccedéi* o *eccedètti* (o *-étti*), *tu eccedésti*) *1* Andar oltre: *e. la competenza, i limiti, la spesa prevista.* SIN. Esorbitare, oltrepassare. *2* †Vincere, oltrepassare. *3* †Peccare. B v. intr. (aus. *avere*) ● Superare la giusta misura: *e. nel mangiare, nel bere, nello scherzo* | Mostrare eccessiva impulsività nel parlare, nell'agire: *sono stato provocato e ho ecceduto*; *ti chiedo scusa per aver ecceduto.* SIN. Esagerare, trascendere, trasmodare.

ècce hòmo /lat. ˈɛttʃe'ɔmo/ o (*raro*) **ecceòmo** [dalle parole di Pilato, secondo la tradizione lat.: 'ecco (*ĕcce*) l'uomo (*hŏmo*)'; av. 1696] loc. sost. m. inv. *1* Immagine dipinta o scolpita del Cristo flagellato e coronato di spine. *2* (*raro, fig.*) Persona fisicamente malridotta e malconcia.

ecceità [vc. dotta, lat. mediev. *haecceitāte(m)*, dal lat. *hāecce* (*rēs*) 'queste (cose)', f. di una forma intens. (*hĭcce*) di *hĭc* 'questo' (f. *hāec*); 1585] s. f. ● Nella filosofia di Duns Scoto (1266 ca.-1308), principio che intende spiegare il modo in cui la sostanza comune si delimita determinandosi nella cosa individuale.

eccellènte o †**escellènte** [vc. dotta, lat. *excellĕnte(m)*, part. pres. di *excĕllere* 'eccellere'; 1294] agg. *1* Che si innalza sugli altri dello stesso genere per pregi, qualità, dignità: *è un e. scrittore*; *mi sembra un'e. idea* | Superiore per bontà, qualità: *vino, cibo, pranzo e.* CONTR. Scadente. *2* Nel linguaggio giornalistico, si dice di personaggi di grande rilievo ed importanza, o di fatti che li riguardano: *un testimone e.*; *arresti eccellenti.* *3* †Eccelso, eminente, detto di luogo. ‖ **eccellentissimo**, superl. (V.). ‖ **eccellenteménte**, avv.

eccellentissimo [1881] agg. *1* Sup. di *eccellente.* *2* Titolo dato anticamente ai primi re di Francia e d'Italia, ai duchi di Savoia, poi ai senatori della repubblica di Lucca e ai patrizi di Venezia. *3* Titolo onorifico spettante a persona di grande autorità: *l'e. presidente della Corte* | Titolo spettante agli arcivescovi e ai vescovi della Chiesa Cattolica.

♦**eccellènza** o †**eccellènzia**, †**escellènza** [vc. dotta, lat. *excellĕntia(m)*, da *excĕllens*, genit. *excellĕntis* 'eccellente'; 1306] s. f. *1* Condizione, caratteristica di chi (o di ciò che) è eccellente: *e. di mente, d'ingegno*; *l'e. dell'uomo sugli animali* | Massimo grado di bontà e perfezione: *ha raggiunto l'e. nella poesia*; *desiderosi di imitar con l'e. dell'arte la grandezza della natura* (VASARI) | Qualità superiore: *l'e. di un cibo, di una medicina* | ***Per e.***, per antonomasia | ***In e.***, in sommo grado. *2* Titolo dato anticamente a imperatori, re, pontefici, ai più alti ufficiali della corona e ai maggiori feudatari, esteso poi a tutti i nobili, ai vescovi, ad alti funzionari e ufficiali: *desidero ringraziare Vostra e.* | (*est.*) La persona che portava il titolo di eccellenza: *al ricevimento ho conosciuto molte eccellenze.*

eccèllere [vc. dotta, lat. *excĕllere* 'salire (*-cĕllere*) oltre (*ex-*) tutti'; sec. XIV] v. intr. (pass. rem. *io eccèlsi, tu eccellésti*; part. pass. *eccèlso*, raro (V.); aus. *essere* e *avere*; raro nei tempi comp.) ● Essere superiore: *e. in, nella bontà*; *e. su tutti*; *e. nella pittura, nella matematica* | (*antifr.*) Distinguersi: *e. nel male, nella bruttezza.* SIN. Emergere.

†**eccelsitùdine** o †**escelsitùdine** [av. 1348] s. f. ● Grandezza, altezza, spec. come titolo di principe.

eccèlso o †**escèlso** [1319] A part. pass. di *eccellere*; anche agg. *1* Altissimo: *cime, montagne eccelse* | (*fig.*) Sommo, eminente: *è un uomo di ingegno e.* *2* †Titolo onorifico attribuito a personaggi di alta autorità. ‖ **eccelsaménte**, avv. Altamente. B s. m. *1* (*est., per anton., lett.*) Dio: *Vedi l'Eccelso omai e la larghezza / de l'etterno valor* (DANTE *Par.* XXIX, 142-143). *2* (*raro, lett.*) Il cielo, il Paradiso: *gloria a Dio nell'e., negli eccelsi.*

eccentricità [av. 1313] s. f. *1* Distanza dal centro di qlco., spec. di una città e sim. *2* (*mat.*) In una conica, rapporto delle distanze d'un punto da un fuoco e dalla relativa direttrice. *3* (*astron.*) ***E. lineare***, distanza del centro dell'ellisse da uno dei due fuochi | ***E. numerica***, rapporto tra l'eccentricità lineare e il semiasse maggiore dell'ellisse. *4* (*fig.*) Stravaganza, bizzarria: *cerca di farsi no-*

tare con le sue e.

eccèntrico [vc. dotta, lat. mediev. *excĕntricu(m)*, comp. parasintetico di *cĕntrum* 'centro', col pref. *ex-*; 1282] **A agg.** (pl. m. *-ci*) **1** (*mat.*) Che non ha il medesimo centro | (*astron.*) ***Circolo e.***, deferente. **2** Che è distante dal centro: *quartiere, luogo e.* | (*bot.*) ***Ovario e.***, quando non occupa il centro del fiore. **3** (*fig.*) Bizzarro, singolare, stravagante: *abito, atteggiamento e.* || **eccentricaménte**, avv. **1** Fuori del centro. **2** In maniera stravagante, bizzarra. **B s. m. 1** (*mecc.*) Dispositivo per la trasformazione di un moto rotatorio in moto rettilineo alterno, formato da una piastra circolare in ghisa o acciaio ruotante attorno a un asse e da un collare portante un'asta | Camma. **2** (f. *-a*) Artista del caffè-concerto che mescola al suo numero improvvisazioni comico-brillanti.

ecceòmo ● V. *ecce homo.*

eccepìbile [1877] **agg.** ● Che può essere criticato, discusso: *è un argomento e.* || **eccepibilménte**, avv. (*raro*) In modo eccepibile.

eccepìre [vc. dotta, lat. *excĭpere* 'prendere, mettere (*căpere*) da parte (*ex-*)' con inserimento nella serie dei v. in *-ire*; 1791] **v. tr.** (*io eccepisco, tu eccepìsci*) ● Addurre in contrario, sollevando un'eccezione: *la difesa ha eccepito che ...* | Correntemente, obiettare: *non ha nulla da e.*

eccerpìre [vc. dotta, lat. *excĕrpere* 'cavar (*cărpere*) fuori (*ex-*)', 'estrarre', con passaggio ad altra coniug.] **v. tr.** (*io eccerpisco, tu eccerpisci*) ● (*raro*) Selezionare parole e brani da un testo, spec. giuridico.

eccessività [1673] **s. f.** ● Caratteristica di ciò che è eccessivo.

eccessìvo [da *eccesso*; 1354] **agg. 1** Che eccede, oltrepassa il limite, la misura: *il caldo oggi è e.*; *dosi eccessive, velocità eccessiva, prezzo e.* | ***Idee eccessive***, estreme, in politica. **2** †Sommo, sovrumano | (*poet.*) Singolare: *alberi di tanto strana ed eccessiva bellezza* (SANNAZARO). || **eccessivaménte**, avv. Fuor di misura, in eccesso, troppo.

eccèsso o †**escèsso** nei sign. 5 e 6 [vc. dotta, lat. *excĕssu(m)*, part. pass. di *excēdere* 'eccedere'; av. 1306] **s. m. 1** Superamento della giusta misura: *e. di zelo, d'ira* | Esagerazione: *peccare per e.* | ***All'e.***, in modo esagerato, esorbitante | ***In e.***, in quantità eccessiva | (*mat.*) ***Per e.***, di approssimazione che si mantiene maggiore del numero da approssimare. SIN. Dismisura, soverchio. **2** Atto, comportamento, sentimento e sim. lontani dalla moderazione, dalla convenienza: *spingere all'e. un sentimento* | ***Andare agli eccessi***, trascendere | ***Dare in eccessi***, farsi sopraffare dalla collera. **3** (*dir.*) Superamento dei limiti posti dalla legge all'esercizio di una facoltà, di un diritto, di una potestà: *e. colposo di legittima difesa*; *e. di potere*. **4** †Amplificazione, ingrandimento: *esorbitante potenza da piccioli princìpi pervenuta con vari progressi ad un e. illimitato* (SARPI). **5** †Delitto, misfatto: *de' commettitori di così grande e. investigando* (BOCCACCIO). **6** †Uscita | ***E. di mente***, estasi.

♦**eccètera** o †**e cètera**, †**et cètera**, †**etcètera** [vc. dotta, lat. *ĕt cĕtera*, propr. 'e le altre cose' (neutro di *cĕteri* 'gli altri', di orig. indeur.); av. 1342] **A** vc. ● (*anche iter.*) Si usa, anche abbreviato in *ecc.* o *etc.*, con il sign. di 'e tutto il rimanente', 'e altre analoghe cose', 'e così via', per troncare una numerazione, un'elencazione, una citazione, un discorso e sim. che si ritiene superfluo continuare: *carta, matita, gomma, riga eccetera eccetera.* **B** in funzione di **s. m.** e †**f.** (pl. *eccètera* m., †*eccètere* f.) ● La formula stessa di eccetera: *troppi e.*; *con tutti questi e. non si capisce molto.*

†**eccettàre** o †**escettàre** [vc. dotta, lat. *exceptāre*, parallelo freq. e fam. di *excĭpere* 'eccepire'; av. 1311] **v. tr.** ● (*raro*) Eccettuare.

†**eccettàto** [1219] **A part. pass.** di †*eccettare*; anche **agg.** ● Nei sign. del v. **B** in funzione di **prep.** ● (*raro*) Tranne, eccetto.

eccètto (**1**) [vc. dotta, lat. *excĕptu(m)*, part. pass. di *excĭpere* 'eccepire'; sec. XIII] **A prep.** ● Tranne, fuorché, all'infuori di: *sono venuti tutti, e. Carlo*; *tutti si sono ricordati, e. lui*; *riceve tutti i giorni e. il giovedì* | Anche nella loc. prep. ***e. che***: *vado d'accordo con tutti, e. che con te.* **B** nelle **loc. cong.** ***e. che***, raro ***e. se*** ● A meno che, salvo che (introduce una prop. eccettuativa esplicita con il v. al congv., implicita con il v. all'inf.): *verrò certamente, e. che non sopraggiunga un improvviso ostacolo*; *è permessa ogni cosa, e. che fumare.* **C agg. 1** †Eccettuato. **2** †Privilegiato.

†**eccètto** (**2**) [vc. dotta, lat. *excĕptu(m)*, part. pass. sost. di *excĭpere* 'eccepire'] **s. m.** ● Eccezione.

†**eccettóre** [vc. dotta, lat. *exceptōre(m)*, da *excĕptus* 'eccetto (2)'; sec. XIV] **s. m.** ● Scrivano.

eccettuàbile [1865] **agg.** ● (*raro*) Che si può eccettuare.

eccettuàre [da *eccetto* (*1*); sec. XIII] **v. tr.** (*io eccèttuo*) ● Non includere nel numero, nella totalità, nella norma: *se eccettuate questo caso, tutti gli altri non hanno creato complicazioni.* SIN. Escludere.

eccettuatìvo [1641] **agg.** ● Che serve a eccettuare.

eccettuàto [av. 1375] **A part. pass.** di *eccettuare*; anche **agg.** ● Escluso: *sono sempre a casa, eccettuata la domenica.* **B** in funzione di **prep.** ● †Tranne, eccetto. **C** nella **loc. cong.** †***e. che*** ● †Salvo che, eccetto che: *gli accettò con le condizioni proposte, e. che Alessandro da Triulzi con alcuni capitani dei fanti rimanessero prigioni suoi* (GUICCIARDINI).

†**eccettuazióne** [1304] **s. f.** ● Esclusione, eccezione.

†**eccezionàbile** [1858] **agg.** ● Eccettuabile.

♦**eccezionàle** [fr. *exceptionnel*, da *exception* 'eccezione'; 1840] **agg. 1** Che costituisce un'eccezione: *intervento e.*; SIN. Insolito, anomalo | ***Legge e.***, le cui disposizioni derogano a regole generali poste da altre leggi | ***In via e., del tutto e.***, per eccezione, in via straordinaria. **2** Singolare, straordinario, grandissimo: *capacità, intelligenza, bellezza e.* || **eccezionalménte**, avv. Per eccezione, in via eccezionale; straordinariamente.

eccezionalità [da *eccezionale*; 1870] **s. f.** ● Il costituire un fatto eccezionale, non consueto: *data l'e. della situazione*; SIN. Anormalità | Il fatto di essere grandioso, fenomenale, strepitoso: *l'e. di uno spettacolo.*

eccezionàre [da *eccezione*; 1858] **v. tr.** (*io eccezióno*) ● (*raro*) Eccettuare.

♦**eccezióne** [vc. dotta, lat. *exceptiōne(m)*, da *excĕptus* 'eccetto (1)'; 1340] **s. f. 1** Deroga, esclusione da una norma o da un contesto: *per voi faremo un'e.* | ***Senza e.***, niente e nessuno escluso | ***Fatta e. per, a e. di***, eccettuato | ***D'e.***, fuori del normale, dell'ordinario | ***A e. di***, tranne | ***In via d'e.***, eccezionalmente | ***Fare e.***, essere anomalo | (*est.*) Fatto che esce dalla normalità, dall'ordinarietà: *il fenomeno osservato costituisce un'e. inspiegabile.* **2** Critica, obiezione, rilievo: *muovere, opporre un'e.*; *fare delle eccezioni* | ***Superiore a qualunque, a ogni e.***, a qualunque critica. **3** (*dir.*) Ragione che, nel processo civile, può essere addotta davanti al giudice, o rilevata d'ufficio dallo stesso, perché provveda diversamente da come gli è stato chiesto: *sollevare una e.*; *e. processuale, di rito*; *e. sostanziale, di merito.* || PROV. L'eccezione conferma la regola.

†**eccheggiàre** ● V. *echeggiare.*

ecchimòṣi o **ecchimòṣi** [vc. dotta, gr. *ekchýmōsis* 'travaso', dal v. *ekchymôusthai* 'far travasare il sangue', propr. 'far uscire (*ek-*) il succo (*chymós*)'; 1820] **s. f. inv.** ● (*med.*) Piccola macchia emorragica dovuta a un travaso di sangue nei tessuti spec. in seguito a una contusione.

ecchimòtico [1925] **agg.** (pl. m. *-ci*) ● (*med.*) Di ecchimosi.

eccì o **atciù**, **ecciù**, **etcì**, **etciù** [vc. onomat.; 1956] **inter.** ● Riproduce il suono di uno starnuto.

eccìdio o †**escìdio** [vc. dotta, lat. *excĭdiu(m)*, da *exscĭndere* 'annientare', con sovrapposizione di *uccĭdere*; 1351] **s. m. 1** Sterminio, strage: *l'e. di Tebe, l'e. delle Fosse Ardeatine.* **2** †Rovina.

eccìmero [vc. dotta, comp. di *ecci(tato)* e *-mero*] **s. m.** ● (*chim.*) Molecola composta da atomi che sono legati nello stato eccitato ma non nello stato fondamentale.

eccipiènte [vc. dotta, lat. *excipiĕnte(m)*, part. pres. di *excĭpere* nel senso di 'accogliere', 'prendere (*căpere*) completamente (*ex-*)'; 1892] **A agg.** ● (*farm.*) Detto di sostanza priva di qualsiasi attività farmacologica, che si mescola a una sostanza attiva per poterla usare nella forma voluta facilitandone la somministrazione. **B** anche **s. m.**

eccitàbile [vc. dotta, lat. tardo *excitābile(m)*, da *excitāre* 'eccitare'; 1819] **agg.** ● Facile a eccitarsi: *è un temperamento e.* SIN. Emotivo.

eccitabilità [1813] **s. f. 1** Facilità a eccitarsi: *persona di grande e.* **2** (*biol.*) Caratteristica propria di ogni cellula di reagire agli stimoli naturali o artificiali con un mutamento del proprio stato fisico-chimico che si può tradurre in varie manifestazioni biologiche.

eccitaménto [av. 1529] **s. m. 1** L'eccitare, l'eccitarsi: *e. sessuale* | Ciò che eccita: *certi film sono un e. alla violenza.* **2** (*biol.*) Stimolo capace di provocare reazioni nella sostanza vivente: *e. nervoso.*

eccitànte [av. 1831] **A part. pres.** di *eccitare*; anche **agg.** ● Che eccita | Emozionante, elettrizzante | Provocante, seducente **B s. m.** ● Sostanza che stimola gli organi o i tessuti organici, rendendoli più pronti alle loro funzioni. SIN. Stimolante.

♦**eccitàre** o †**escitàre** [vc. dotta, lat. *excitāre* 'muover (*citāre*) fuori (*ex-*)'; av. 1292] **A v. tr.** (*io èccito*) **1** Risvegliare, stimolare, suscitare: *e. l'appetito, l'interesse, la curiosità*; *le velleità di rievocare l'antica tragedia greca ... tentano ... invano di e. violente e torbide commozioni* (CROCE) | Muovere, provocare: *e. il riso, la nausea, la collera* | Istigare: *e. la discordia*; *e. il popolo alla rivolta* | (*raro*) Incitare: *e. un giovane allo studio.* **2** (*med.*) Suscitare una reazione nella materia vivente. **3** Porre in uno stato di agitazione (*anche assol.*): *e. i sensi, la fantasia*; *il tè è una bevanda che eccita* | Muovere a sdegno, a ira: *non eccitarlo, sai che reagirebbe in malo modo.* CONTR. Calmare | Suscitare desiderio sessuale (*anche assol.*). **4** (*elettr.*) Mandare corrente in un circuito per magnetizzare un circuito magnetico e generare quindi un flusso. **5** (*fis.*) Rendere eccitato un sistema quantistico. **B v. intr. pron.** ● Turbarsi, agitarsi, innervosirsi: *si eccita facilmente* | Provare un desiderio sessuale.

eccitatìvo [1585] **agg.** ● (*raro*) Che eccita o è idoneo a produrre eccitazione.

eccitàto [sec. XIV] **part. pass.** di *eccitare*; anche **agg. 1** Turbato, agitato, irrequieto | Emozionato, esaltato | Che prova un forte desiderio sessuale. **2** (*fis.*) Detto di un sistema quantistico avente un'energia maggiore di quella minima possibile: *stato e. di un atomo.* || **eccitataménte**, avv.

eccitatóre [vc. dotta, lat. tardo *excitatōre(m)*, da *excitātus* 'eccitato'; 1353] **A agg.** (f. *-trice*) ● Che eccita: *strumento e.*; *grido eccitator de la battaglia* (TASSO). **B s. m. 1** (*raro*) Chi eccita. **2** (*med.*) Elemento o strumento che provoca eccitazione. **3** Apparecchio che produce vibrazioni meccaniche | Generatore di corrente elettrica per l'alimentazione delle bobine di altri generatori.

eccitatrice [vc. dotta, lat. tardo *excitatrīce(m)*, da *excitātus* 'eccitato'; 1892] **s. f.** ● (*elettr.*) Tipo di dinamo accoppiata meccanicamente agli alternatori con lo scopo di fornire corrente continua sufficiente per l'eccitazione dei poli delle macchine sincrone.

eccitazióne [vc. dotta, lat. tardo *excitatiōne(m)*, da *excitātus* 'eccitato'; sec. XV] **s. f. 1** L'eccitare, l'eccitarsi: *e. degli animi, della fantasia*; *e. nervosa* | ***E. di motori elettrici***, creazione del campo magnetico necessario al funzionamento del motore. **2** Condizione di chi è eccitato: *un momento di e.*; *Le signore s'accomiatavano infine, ancora anelanti, un po' rosse, coll'allegria e l'e. nelle parole e nel gesto* (VERGA).

ecciù ● V. *eccì.*

ecclèṣia (**1**) [vc. dotta, lat. *ecclēsia(m)*, dal gr. *ekklēsía* 'assemblea degli invitati' (*ékklētoi*, dal v. *kaléin* 'chiamare per nome'); av. 1876] **s. f.** ● Assemblea del popolo nelle antiche città greche.

†**ecclèṣia** (**2**) ● V. *chiesa.*

eccleṣiàle [fr. *ecclésial*, dal lat. *ecclēsia* 'chiesa'; 1968] **agg.** ● Che concerne la Chiesa, spec. nel suo aspetto di comunità preminentemente spirituale.

eccleṣiàste [vc. dotta, lat. tardo *ecclesiăste(m)*, dal gr. *ekklēsiastḗs*; 1308] **s. m. 1** Chi, presso gli antichi Greci, partecipava all'ecclesia | Oratore che parlava nell'ecclesia. **2** ***Ecclesiaste***, titolo greco di uno dei libri dell'Antico Testamento.

eccleṣiasticità **s. f.** ● Caratteristica di ciò che è ecclesiastico: *l'e. di una cerimonia.*

eccleṣiàstico [vc. dotta, lat. eccl. *ecclesiăsticu(m)* 'pertinente alla chiesa (*ecclēsia*)', dal gr. *ekklēsiastikós* 'pertinente all'assemblea (*ekklēsía*)'; av. 1292] **A agg.** (pl. m. *-ci*) ● Che concerne la Chiesa o il clero, spec. nell'aspetto organizzativo, istituzionale e gerarchico: *gerarchia ecclesiastica*; *abito, beneficio e.* | *Asse e.*, i beni confiscati dallo Stato alla Chiesa | *Diritto e.*, ramo speciale del diritto pubblico che disciplina la fenomenologia religiosa e (*est.*) disciplina che lo studia. || **ecclesiasticaménte**, avv. In modo conforme alle regole della Chiesa. **B** s. m. *1* Sacerdote, prete, chierico. *2 Ecclesiastico*, titolo latino del libro di Siracide, facente parte dei libri deuterocanonici dell'Antico Testamento.

ecclesiologia [comp. del lat. *ecclēsia* 'chiesa', e *-logia*; 1932] s. f. ● Dottrina teologica cattolica circa l'origine, la natura e gli attributi della Chiesa | (*est.*) Ogni disciplina, anche non cattolica, che studia la chiesa come comunità dei fedeli.

ecclesiològico [1968] agg. (pl. m. *-ci*) ● Della, relativo alla, ecclesiologia.

ecclesiòlogo [1968] s. m. (f. *-a*; pl. m. *-gi*) ● Studioso di ecclesiologia.

ecclèttico ● V. *eclettico*.

ecclimetro o **eclimetro** [vc. dotta, comp. del gr. *ékklima* 'movimento laterale, inclinazione', e *-metro*; 1869] s. m. ● Strumento topografico che dà l'inclinazione della linea di mira.

†**ecclisse** ● V. *eclissi*.

†**ecclissi** e *deriv.* ● V. *eclissi* e *deriv.*

ecclittico e *deriv.* ● V. *eclittico* e *deriv.*

♦**ècco** (1) o (*tosc.*) †**dècco** [lat. *ĕccum*, di orig. indeur.; av. 1292] **A** avv. *1* Si usa per indicare, mostrare, annunciare, presentare qlcu. o qlco., per sottolineare un dato di fatto o per introdurre un discorso, con i sign. di 'vedi', 'vedi qui', 'tieni', 'ascolta', 'senti' e sim.: *e. la casa dei nostri amici*; *e. qui il tuo libro*; *e. là il signor Momolo, egli è pronto a sposarla* (GOLDONI); *e. qual è il problema*; *e. il punto*; *e. in poche parole la situazione*; *e. come sono andate le cose* | Anche iron.: *e. le tue prodezze!*; *e. i bei risultati delle mie fatiche!* | Con valore raff.: *quand'e.*, quando improvvisamente, quando inaspettatamente: *quand'e. me lo vedo venire incontro* | Con valore raff. *e. che*: *e. che siamo daccapo!* | Con valore concl. *e. perché*: *e. perché insistevi tanto!* | Seguito da un part. pass. indica un'azione già compiuta: *ecco fatto*; *eccoci arrivati!* *2* Si unisce in posizione encl. ai pron. pers. atoni *mi, ti, ci, si, vi, lo, la, le, li* e alla particella *ne*: *eccoci pronti*; *eccoli là*; *eccone uno*; *eccomi! arrivo!* *3* Si usa come risposta a una chiamata: *'Luigi?' 'e.!'*; *'cameriere?' 'eccomi, signore!'*; *'la mia giacca?' 'eccola!'*. **B** in funzione di inter. ● (*pleon.*) Con valore intens.: *e., se tu facessi maggiore attenzione!*; *'che te ne pare?' 'e., non saprei'*.

†**ècco** (2) ● V. *eco*.

eccóme o (*raro*) **e cóme** [comp. di *e* (2) e *come*, con raddoppiamento sintattico; 1842] avv. ● Certamente, senza dubbio (come energica conferma di un fatto, di una dichiarazione): *se ha ubbidito? e. ha ubbidito!*; *i ragazzi ci stanno, e.*; *lo so e.!* | *E. no?*, certamente: *'lo credi proprio?' 'e. no?!'* | (*assol.*) Nelle risposte: *'l'hai proprio visto?' 'e.!'*

èccrino [comp. del gr. *ek-* 'fuori' e di *-crino*] agg. ● (*biol.*) Detto di ghiandola le cui cellule epiteliali non perdono parte del protoplasma nel corso della secrezione.

ecdèmico [vc. dotta, tratta dal gr. *ékdēmos* 'che è estraneo (*ek-*) al popolo (*dêmos*)', sul modello di *endemico*; 1892] agg. (pl. m. *-ci*) ● (*med.*) Detto di malattia non diffusiva, prodotta da causa non locale; CONTR. Endemico.

ecdòtica [dal gr. *ékdotos* 'edito' con il suff. agg. proprio dei n. gr. delle arti; 1961] s. f. ● In filologia, teoria e pratica dell'edizione critica del testo.

ecdòtico [1952] agg. (pl. m. *-ci*) ● (*ling.*) Relativo all'ecdotica.

†**e cètera** ● V. *eccetera*.

echeggiaménto [1882] s. m. ● (*raro*) Continuo risonare come d'eco | (*fig.*) Evocazione, richiamo.

echeggiàre o †**eccheggiàre** [da *eco*; av. 1638] **A** v. intr. (*io echéggio*; aus. *avere* e *essere*) ● Fare eco, risuonare con eco: *il teatro echeggiava di applausi fragorosi*; *lo scoppio echeggiò nella vallata*. **B** v. tr. ● (*fig.*) Evocare, imitare, ricalcare.

Echeneifórmi [comp. del lat. *echenēis* 'remora', dal gr. *echenēís* 'che (trat)tiene (dal v. *échein*) la nave (*nâus*, genit. *neós*)', e del pl. di *-forme*] s. m. pl. (sing. *-e*) ● Nella tassonomia animale, ordine di Pesci ossei con la prima pinna dorsale trasformata in disco adesivo mediante il quale si attaccano ad altri individui (*Echeneiformes*).

echèo [vc. dotta, tratta dal lat. tardo *echēa* (pl.), dal gr. *ēchêia*, da *ēchḗ* 'eco', per la loro funzione risonatrice; 1679] s. m. *1* Nell'antico teatro greco, vaso di rame che si metteva in apposite nicchie per far risuonare la voce degli attori o che, riempito di pietre, era agitato per imitare il rumore del tuono. *2* Piccolo vaso di bronzo un tempo messo nel corpo degli strumenti a corda per aumentarne la sonorità.

èchide [vc. dotta, tratta dal gr. *échis* 'serpente', di orig. indeur.] s. m. ● Piccolo serpente dei Viperidi, velenosissimo, di color sabbia con una macchia bianca sul capo (*Echis carinatus*). SIN. Vipera delle piramidi.

echìdna [vc. dotta, dal gr. *échidna* 'vipera', di orig. indeur.; 1828] s. f. ● Genere di Mammiferi dei Monotremi con muso sottile, unghie robustissime atte a scavare e aculei disseminati fra i peli del mantello (*Echidna*). ➡ ILL. **animali**/10.

echidnina [comp. di *echidna* e *-ina*; 1865] s. f. ● Principio attivo del veleno dei serpenti.

echinàto [vc. dotta, lat. *echinātu(m)* 'spinoso'; 1499] agg. ● (*bot.*) Che è coperto di piccole spine o di aculei.

echino [vc. dotta, lat. *echīnu(m)*, dal gr. *echînos*, da *échis* 'serpente'; av. 1452] s. m. *1* (*zool.*) Riccio di mare. *2* (*arch.*) Elemento del capitello dorico e di quello ionico, posto sotto l'abaco, con profilo pressoché parabolico. ➡ ILL. p. 2117 ARCHITETTURA.

echino- [dal gr. *echînos* 'riccio'] primo elemento ● In parole scientifiche composte significa 'riccio', 'che ha aspetto di riccio', 'spinoso': *echinococco*, *echinodermi*.

echinocàctus [comp. di *echino-* e *cactus*; 1820] s. m. ● Genere di piante americane delle Cactacee, con fusto unico e rotondeggiante e foglie trasformate in spine (*Echinocactus*). ➡ ILL. **piante**/3.

echinocàrdio [comp. di *echino-* e *-cardio*] s. m. ● Genere di Echinodermi con guscio poligonale a forma di cuore (*Echinocardium*).

echinocòcco [vc. dotta, comp. di *echino-* e del gr. *kókkos* 'granello' (V. *cocco* (4)); 1820] s. m. (pl. *-chi*) ● Verme parassita dei Platelminti, che vive allo stadio adulto nell'intestino del cane e come larva anche nell'uomo (*Echinococcus granulosus*).

echinococcòsi s. f. inv. ● (*med.*) Infestazione da echinococco, con formazione di cisti in svariati organi, spec. il fegato e il polmone.

Echinodèrmi [vc. dotta, comp. di *echino-* e *-derma*; 1820] s. m. pl. (sing. *-a*) ● Nella tassonomia animale, tipo di animali marini dei Deuterostomi di forma stellata o cilindrica; fra le specie più note, la stella marina e l'oloturia (*Echinodermata*). ➡ ILL. **animali**/4.

Echinòidi [vc. dotta, comp. del gr. *echînos* 'riccio' e *éidos* 'forma'] s. m. pl. (sing. *-e*) ● Nella tassonomia animale, classe di Echinodermi comprendente i ricci di mare (*Echinoidea*).

echinomètra [vc. dotta, lat. *echinomētra(m)*, dal gr. *echinomḗtra*, comp. di *echînos* 'riccio' e *mḗtra* 'matrice' (da *mḗtēr* 'madre'); 1476] s. f. ● (*zool.*) Riccio di mare.

echinulàto [da *echino*, con suff. dim.] agg. ● (*bot.*) Detto di spore, semi e sim. coperti di piccolissime sporgenze.

èchio [vc. dotta, lat. *ĕchio(n)*, dal gr. *échion*, da *échis* 'vipera', per il suo frutto simile a una testa di vipera; 1562] s. m. ● Genere di piante erbacee o arbustive delle Borraginacee con fiori a corolla bilabiata (*Echium*).

echistotèrmo [comp. del gr. *hḗkistos* 'minimo' (superl. dell'avv. *êka* 'lievemente'), e *-termo*] agg. ● (*bot.*) Detto di flora che si sviluppa oltre i limiti di latitudine e altitudine propri della vegetazione arborea.

Echiuroidèi [comp. del gr. *échis* 'vipera', di orig. indeur., *ourá* 'coda' e un deriv. di *êidos* 'forma', per la loro proboscide estensibile] s. m. pl. (sing. *-deo*) ● Nella tassonomia animale, gruppo di organismi simili agli Anellidi, ma privi di parapodi (*Echiuroidea*).

ecidio [vc. dotta, gr. *oikídion*, dim. di *óikos* 'casa', per la forma; 1834] s. m. ● (*bot.*) Corpo fruttifero dei Funghi dei Basidiomiceti Uredinali determinante forme patologiche note col nome di ruggini.

eclampsia [vc. dotta, fr. *éclampsie*, dal gr. *éklampsis*, deriv. del v. *eklámpein* 'uscir fuori (*ek-*) con lo splendere (*lámpein*)': per la luce abbagliante che colpisce i malati durante gli attacchi (?); av. 1806] s. f. ● (*med.*) Accesso di violente contrazioni muscolari epilettiformi, con cefalea e perdita di coscienza | *E. gravidica*, che si manifesta durante la gravidanza, e che è da essa provocata.

eclàmptico agg. (pl. m. *-ci*) ● (*med.*) Di, relativo a, eclampsia: *sindrome eclamptica*.

eclatànte [fr. *éclatant*, propr. part. pres. di *éclater* 'scoppiare', dal francone **slaitan* 'fendere, spezzare'; 1858] agg. ● Detto di ciò che, nel suo manifestarsi, appare con grande evidenza in quella che è la sua natura: *una verità e.*; *questo costituisce un esempio e. di egoismo* | (*est.*) Che colpisce vivamente: *notizia e.*; *il fatto e. è che …*

eclettiçismo [1806] s. m. ● Eclettismo.

eclètticità s. f. ● Caratteristica di chi (o di ciò che) è eclettico.

eclèttico o (*raro*) **ecclèttico** [vc. dotta, fr. *éclectique*, dal gr. *eklektikós* 'atto a scegliere', deriv. del v. *eklégein* 'cogliere (*légein*) fuori (*ek-*)', 'trascegliere'; 1806] **A** agg. (pl. m. *-ci*) *1* (*filos.*) Che interessa o concerne l'eclettismo | Che segue l'eclettismo. *2* (*est.*) Che si dedica a studi, discipline o attività differenti: *ha una mente eclettica* | (*est.*) Di artista, e della sua opera, il cui stile si compone di elementi tratti da diverse correnti. || **eclètticaménte**, avv. In modo eclettico, con versatilità. **B** s. m. (f. *-a*) *1* Chi segue l'indirizzo filosofico dell'eclettismo. *2* (*est.*) Chi ha diversi e molteplici interessi o attività.

eclettismo [fr. *éclectisme*, da *éclectique* 'eclettico'; 1829] s. m. *1* Indirizzo filosofico che fonda la propria dottrina scegliendo fra le dottrine dei diversi sistemi filosofici quelle che più si prestano ad essere conciliate e fuse tra loro. *2* Nell'arte figurativa, tendenza a ispirarsi a diverse fonti culturali, operando una scelta degli elementi ritenuti migliori | (*est.*, *talvolta con sfumatura critica*) Tendenza a combinare fonti, metodi e indirizzi differenti.

eclimetro ● V. *ecclimetro*.

†**eclissaménto** [1797] s. m. ● L'eclissare, l'eclissarsi.

eclissàre o (*pop.*) †**ecclissàre** [da *eclissi*; 1321] **A** v. tr. *1* (*astron.*) Rendere invisibile in seguito a eclissi: *la Luna ha eclissato la Terra*. *2* (*est.*) Vincere col proprio splendore uno splendore meno intenso: *il Sole eclissa le stelle*. SIN. Offuscare, oscurare. *3* (*fig.*) Umiliare, far sfigurare vistosamente: *e. la fama, la gloria, la bellezza di qlcu.* **B** v. intr. pron. *1* (*astron.*) Diventare invisibile per il verificarsi di un'eclissi. *2* (*est.*) Scomparire: *le sue ricchezze si sono eclissate in un momento*. *3* (*fig.*) Non farsi più vedere, andarsene di nascosto: *dopo lo scandalo ha preferito eclissarsi*.

eclissi o **eclisse**, (*pop.*) †**ecclisse**, (*pop.*) †**ecclissi** [vc. dotta, lat. *eclipse(m)*, dal gr. *ékleipsis*, dal v. *ekléipein* 'lasciare, abbandonare'; 1282] s. f. o †m. inv. *1* (*astron.*) Temporanea invisibilità di un astro per interposizione di un altro | *E. solare*, quando la Luna occulta il Sole | *E. lunare*, quando la Terra si interpone tra Luna e Sole | *E. totale*, di tutto l'astro | *E. parziale*, di una parte dell'astro | *E. anulare*, quando rimane visibile la parte esterna dell'astro, come un anello. ➡ ILL. p. 2144 SISTEMA SOLARE. *2* (*raro, fig.*) Oscurità. *3* (*fig.*) Crisi, decadenza, periodo oscuro.

eclittica o **ecclittica** [f. sost. di *eclittico*; av. 1565] s. f. ● (*astron.*) Traiettoria circolare apparentemente percorsa dal Sole in un anno nella sfera celeste | Piano nel quale giace l'orbita che la Terra descrive intorno al Sole.

eclittico o **ecclittico** [vc. dotta, lat. tardo *eclīpticu(m)*, dal gr. *ekleiptikós* 'relativo all'eclisse (*ékleipsis*)'; 1282] agg. (pl. m. *-ci*) ● (*astron.*) Che concerne l'eclissi o l'eclittica.

†**eclìzia** ● V. *clizia*.

ècloga ● V. *egloga*.

ecmnesia [comp. del gr. *ek* 'fuori' e di *-mnesia*, sul modello di *amnesia*] s. f. ● (*psicol.*) Alterazione della memoria per cui si rivive il passato come presente.

ecmnèstico agg. (pl. m. *-ci*) ● (*med.*) Di, relativo a ecmnesia: *fenomeno e.*

♦**èco** (1) o †**ècco** (2) [vc. dotta, lat. *ēchu(m)*, dal gr. *ēchṓ*, deriv. del v. *ēchêin* 'risonare' di etim. incerta; av. 1320] s. f. o m. (pl. f. inv., pl. m. *èchi*) *1* Fenomeno acustico caratterizzato dal ripetersi di un suono a causa della riflessione dell'onda sonora contro un ostacolo, quando l'onda riflessa giunge all'osservatore distinta dall'onda diretta | ***Fare eco***, (*fig.*) ripetere le parole di qlcu., spec. con intenzione di scherno; consentire, approvare ciò che qlcu. dice | (*fig.*) ***Farsi eco di qlcu., di qlco.***, riferire, ripetere l'opinione di altri | (*fig.*) Evocazione, richiamo | †***Sott'eco***, a voce bassa | ***Radio eco, eco radioelettrico***, fenomeno simile all'eco sonoro ma relativo alle onde radioelettriche. **2** (*raro, est.*) Luogo in cui l'eco si verifica. **3** (*fig.*) Insieme di voci, di commenti: *suscitare una vasta eco nella città*; *l'avvenimento ha destato una larga eco*; SIN. Seguito, risonanza. **4** (*letter.*) Artificio poetico consistente nel ripetere l'ultima parola o le ultime sillabe di senso compiuto del verso precedente: '*Che fai tu, Eco, mentre io ti chiamo? Amo*' (POLIZIANO). **5** (*mus.*) Artificio, adoperato spec. nei madrigali del Cinquecento e del Seicento, consistente nel ripetere un elemento musicale, con intensità minore di suono.

èco (2) s. f. inv. ● Accorc. di *ecografia*.

èco- [gr. *ôikos* 'casa, abitazione', di orig. indeur.] primo elemento ● In parole composte della terminologia scientifica, significa 'casa, ambiente naturale': *ecofobia, ecologia*.

ecocardiografia [comp. di *eco* (*2*) e *cardiografia*] s. f. ● (*med.*) Impiego degli ultrasuoni per diagnosticare lesioni vascolari o determinare strutture cardiache.

ecocardiogràfico agg. (pl. m. *-ci*) ● (*med.*) Relativo all'ecocardiografia.

ecocardiògrafo [1987] s. m. ● (*med.*) Strumento impiegato per eseguire l'ecocardiografia.

ecocardiogràmma [comp. di *eco* e *cardiogramma*] s. m. (pl. *-i*) ● (*med.*) Registrazione dell'immagine cardiaca e dei grossi vasi sanguigni mediante ecocardiografia.

ecocatàstrofe [comp. di *eco-* e *catastrofe*; 1971] s. f. ● Catastrofe ecologica.

ecocìdio [comp. di *eco-* e *-cidio*; 1971] s. m. ● Distruzione dell'ambiente naturale attuata consapevolmente.

ecocompatìbile [comp. di *eco-* e *compatibile*; 1989] agg. ● Che è compatibile con l'ambiente o con l'ecosistema in cui è inserito: *struttura abitativa e.*

ecocompatibilità [comp. di *eco-* e *compatibilità*; 1997] s. f. ● Condizione di ciò che è ecocompatibile.

ecodiesel /eko'dizel/ [comp. di *eco-* e (*motore*) *diesel*; 1989] **A** agg. inv. ● (*autom.*) Detto di veicolo equipaggiato di motore diesel, le cui emissioni di gas di scarico rispettano le normative in materia di inquinamento atmosferico. **B** s. m. inv. ● Veicolo ecodiesel.

ecodòppler [comp. di *eco* (*2*) e *doppler*] s. f. o m. inv. ● (*med.*) Tecnica diagnostica che impiega gli ultrasuoni per determinare la velocità del flusso ematico. SIN. Dopplersonografia. CFR. Doppler.

ecoetichétta [comp. di *eco-* ed *etichetta*; 1993] s. f. ● Marchio di garanzia che attesta che un prodotto risponde a determinati requisiti di tutela dell'ambiente. CFR. Ecolabel.

ecofobìa [comp. di *eco-* e *-fobia*; 1951] s. f. ● (*psicol.*) Timore morboso di stare soli in casa.

ecòfora [vc. dotta, gr. *oikophóros* 'che porta (dal v. *phérein*) la sua casa (*ôikos*)'] s. f. ● Piccola farfalla la cui larva vive sotto la corteccia di svariati alberi (*Oecophora oliviella*).

ecogenètica [comp. di *eco-* e *genetica*; 1968] s. f. ● (*biol.*) Ramo della genetica che indaga sulle correlazioni tra le variazioni ereditarie e gli adattamenti all'ambiente.

ecogoniòmetro [comp. di *eco* (*1*) e *goniometro*; 1948] s. m. ● Dispositivo atto a localizzare oggetti subacquei mediante emissione di onde ultrasoniche e ricezione delle onde riflesse. SIN. Sonar.

ecografìa (1) [comp. di *eco* (*1*) e *-grafia*; 1983] s. f. ● (*med.*) Ripetizione passiva e inerte di segni grafici.

ecografìa (2) [comp. di *eco* (*1*) e *-grafia*] s. f. ● (*med.*) Tecnica diagnostica basata sull'eco di onde ultrasoniche ad alta frequenza inviate sull'organo in esame. SIN. Sonografia, ultrasonografia.

ecogràfico (1) [1983] agg. (pl. m. *-ci*) ● (*med.*) Relativo all'ecografia.

ecogràfico (2) [comp. di *eco-* e *-grafico*] agg. (pl. m. *-ci*) ● Pertinente allo studio della distribuzione territoriale e dell'organizzazione della comunità umana.

ecografista [1987] s. m. e f. (pl. m. *-i*) **1** Tecnico specializzato nella lettura e nell'impiego dell'ecografo. **2** Tecnico che esegue l'ecografia.

ecògrafo [comp. di *eco* (*1*) e *-grafo*] s. m. **1** (*mar.*) Strumento costituito da un ecoscandaglio fornito di dispositivo registratore. **2** (*med.*) Apparecchio per ecografie. **3** Ecografista.

ecogràmma [comp. di *eco* (*1*) e *-gramma*] s. m. (pl. *-i*) ● Diagramma fornito da un ecografo.

ecòico [vc. dotta, lat. tardo *echŏicu(m)*, da *ēchṓ* 'eco'] agg. (pl. m. *-ci*) **1** Nella poesia latina, detto di verso in cui parole diverse terminano con sillabe uguali oppure la parola finale ripete quella iniziale | Detto di distico elegiaco in cui l'emistichio finale del pentametro ripete l'emistichio iniziale dell'esametro. **2** Nelle letterature moderne, detto di componimento poetico in cui le ultime parole del verso vengono ripetute come forma di risposta a una domanda contenuta nel verso stesso.

ecòide [vc. dotta, comp. di *eco-* e *-oide*, sul modello dell'ingl. *ecoid*; 1968] s. m. ● (*ecol.*) Componente di un ecosistema costituito da un organismo e dal suo habitat.

ecolàbel [comp. di *eco-* e dell'ingl. *label* 'etichetta'; 1993] s. f. inv. ● Ecoetichetta dell'Unione europea raffigurante un fiorellino con una E al centro circondata da stelle.

ecolalìa [ted. *Echolalie*, comp. del gr. *ēchṓ* 'eco' e *-lalia*; 1890] s. f. **1** (*med.*) Ripetizione insensata di parole o frasi udite, frequente negli schizofrenici e nei ritardati mentali e, in forma più debole, nei bambini. **2** Ripetizione, nell'ambito di una frase parlata, della stessa parola o espressione (per es. *voglio vedere cosa farai, voglio*).

ecologìa [ted. *Oekologie* comp. del gr. *ôikos* 'casa, abitazione' (V. *eco-*), e di *-logia* '-logia'; 1911] s. f. ● Branca della biologia che studia i rapporti fra organismi viventi e ambiente circostante e le conseguenze di tali rapporti, spec. al fine di limitarne o eliminarne gli effetti negativi: *e. umana, animale, vegetale*; *e. marina*.

ecològico [1892] agg. (pl. m. *-ci*) **1** Che riguarda l'ecologia. **2** Che salvaguarda l'ambiente naturale: *detersivo e.* | (*est.*) ***Pelliccia ecologica***, confezionata con tessuti che imitano la pelliccia degli animali, di cui si evita così l'uccisione || **ecologicaménte**, avv. In modo ecologico; dal punto di vista ecologico.

ecologìsmo [da *ecologia*; 1981] s. m. ● Movimento per la salvaguardia e la conservazione dell'ambiente naturale.

ecologista [1971] **A** s. m. e f. (pl. m. *-i*) ● Chi si interessa di ecologia | (*est.*) Chi si preoccupa della salvaguardia e della conservazione dell'ambiente naturale. **B** anche agg.: *movimento e.*

ecologìstico [1980] agg. (pl. m. *-ci*) ● Dell'ecologismo, degli ecologisti: *movimento e.* SIN. Ambientalistico.

ecòlogo [1956] s. m. (f. *-a*; pl. m. *-gi*) ● Studioso di ecologia.

ecomàfia [comp. di *eco-* e *mafia*; 1994] s. f. ● Settore della mafia che gestisce attività altamente dannose per l'ambiente, come l'abusivismo edilizio o lo smaltimento clandestino dei rifiuti tossici.

e cóme ● V. *eccome*.

ecometrìa [comp. di *eco* (*1*) e *-metria*; 1968] s. f. ● Tecnica di rilevamento e misurazione che si basa sugli echi prodotti da un corpo riflettente.

ecòmetro [comp. di *eco* (*1*) e *-metro*; 1934] s. m. ● (*mar.*) Ecoscandaglio.

e-cómmerce /i'kɔmers, *ingl.* ˌiː'kɒmɜːs/ [vc. ingl. comp. di *e-*, che sta per *electronic* e *commerce* 'commercio, scambio'; 1997] s. m. inv. ● Commercio elettronico. CFR. E-business.

ecomóstro [comp. di *eco-* e *mostro* (*2*); 1999] s. m. ● Costruzione che suscita repulsione sul piano estetico e dal punto di vista ambientale.

economàto [da *economo*; 1745] s. m. **1** Ufficio e carica di economo. **2** L'ufficio che provvede all'acquisto e all'amministrazione delle attrezzature e dei materiali necessari al funzionamento di un ente, un'istituzione e sim.: *l'e. dell'università*.

econometrìa [ingl. *econometry*, comp. di *econo(my)* 'economia' e *-metry* '-metria'; 1942] s. f. ● Branca dell'economia che utilizza la matematica e la statistica per indagare sulle leggi e le relazioni quantitative esistenti fra le variabili economiche.

econométrico **A** agg. (pl. m. *-ci*) ● Della, relativo alla, econometria. **B** s. m. ● Econometrista.

econometrista s. m. e f. (pl. m. *-i*) ● Studioso, esperto di econometria.

econòmetro [comp. di *econo(mia)* e *-metro*; 1968] s. m. ● (*mecc.*) Analizzatore automatico di gas di combustione, usato per determinare la completezza o meno della combustione stessa | Strumento montato sul cruscotto di un'automobile che indica il consumo di carburante in relazione al regime del motore.

♦**economìa** [vc. dotta, lat. *oeconŏmia(m)*, dal gr. *oikonomía*, da *oikonómos* 'economo'; av. 1540] s. f. **1** Tendenza dell'uomo a realizzare il massimo risultato con mezzi dati, o un dato risultato col minimo di mezzi, motivata dalla limitatezza dei mezzi rispetto ai fini e dalla scarsità dei beni rispetto ai bisogni | (*est.*) Utilizzazione razionale delle fonti di utilità di cui si dispone: *amministrare il proprio tempo con e.* **2** Complesso delle attività e dei rapporti fra uomini connessi alla produzione, alla distribuzione e al consumo di beni e servizi. **3** Sistema di produzione, distribuzione e consumo, di un dato Paese in un dato periodo: *le caratteristiche dell'e. italiana* | ***E. di mercato***, basata sull'iniziativa privata, in cui prevale la legge della domanda e dell'offerta | ***E. mista***, in cui coesistono iniziativa privata e iniziativa dello Stato | ***Nuova e.***, basata sull'innovazione organizzativa, tecnologica e finanziaria, sulla globalizzazione, sulla flessibilità (calco sull'ingl. *new economy*) | ***Ministero dell'e.***, quello che riunifica le funzioni dei ministeri del bilancio e del tesoro | ***E. sommersa***, parte di reddito, prodotto in un Paese, che sfugge a ogni controllo fiscale o statistico. **4** Risparmio: *fare e.* | ***Vivere senza e.***, con prodigalità | (*econ.*) ***Retribuzione a e.***, quella corrisposta a un operaio indipendentemente dalla quantità di lavoro svolto | (*econ., edil.*) ***Lavori fatti in e.***, quelli che, nella costruzione di un edificio, il proprietario gestisce direttamente senza l'intervento di ditte appaltatrici, fornendo i materiali, retribuendo la mano d'opera, dirigendo e sorvegliando lo svolgimento dell'esecuzione tecnica | (*econ.*) ***E. di scala***, in un'azienda, l'insieme dei risparmi che si ottengono quando, per le sue dimensioni ottimali, i costi globali di produzione crescono meno che proporzionalmente rispetto all'aumento della quantità di prodotto | (*raro*) Taccagneria. **5** (*spec. al pl.*) Denaro accumulato risparmiando: *investire saggiamente le proprie economie*. **6** Scienza, dottrina, teoria economica | ***E. politica***, disciplina che studia i processi di produzione, scambio e consumo dei beni e dei servizi atti alla soddisfazione dei bisogni e dei desideri umani | ***E. classica***, spec. per il marxismo, complesso delle teorie economiche di D. Ricardo (1772-1823) e dei suoi predecessori | ***E. agraria***, studio dell'ordinamento aziendale e dei processi produttivi dell'agricoltura. **7** ***E. domestica***, disciplina che studia la conduzione della casa, della famiglia. **8** (*fig.*) Armonica proporzione che regola la disposizione delle parti in un'opera spec. letteraria.

econòmica [sec. XIV] s. f. **1** (*raro*) Economia. **2** Nel sistema filosofico crociano, parte della filosofia pratica che studia le azioni utilitarie ed economiche.

economicìsmo [1963] s. m. ● Complesso delle dottrine che assegnano all'economia un posto preponderante nell'insieme delle attività umane.

economicìstico [av. 1937] agg. (pl. m. *-ci*) ● Proprio dell'economicismo.

economicità [av. 1937] s. f. **1** Conformità ai principi dell'economia: *e. di una legge, di una politica*. **2** Convenienza a livello economico: *e. di una spesa*.

♦**econòmico** [vc. dotta, lat. *oeconŏmicu(m)*, dal gr. *oikonomikós*, da *oikonomía* 'economia'; 1550] agg. (pl. m. *-ci*) **1** Relativo all'economia: *ciclo e.*; *crisi economica*; *dottrine, scienze economiche*. **2** Poco costoso, fatto con economia: *vitto, trasporto e.* | ***Edizione economica***, realizzata con materiali meno pregiati, allo scopo di ridurre il prezzo di vendita di un libro al minimo possibile | ***Classe economica***, nei viaggi aerei, quella meno dispendiosa. CONTR. Dispendioso. **3** †Economo, economista. || **economicaménte**, avv. Con riferimento all'economia: *un paese economicamente debole*; *con economia*.

economìsmo [av. 1876] s. m. ● Economicismo.

economista [1775] s. m. e f. (pl. m. *-i*) ● Studio-

so, esperto di economia politica.
economistico [1956] agg. (pl. m. *-ci*) ● Che si riferisce all'economia politica.
economizzare [fr. *économiser*, da *économe* 'economo'; 1798] **A** v. tr. ● Amministrare con economia | Risparmiare: *e. il tempo, le forze.* **B** v. intr. (aus. *avere*) ● Fare economia, astenersi da spese non necessarie: *siamo costretti a e. al massimo.*
economizzatore [ingl. *economizer*, da *to economize* 'economizzare'; 1897] s. m. (f. *-trice*) **1** (*raro*) Chi economizza. **2** (*tecnol.*) Dispositivo atto a consentire risparmi energetici: *l'e. della lavatrice.*
ecònomo [vc. dotta, lat. tardo *oecŏnomu(m)*, dal gr. *oikonómos*, comp. di *ôikos* 'casa' e *-nómos*, che sta in rapporto col v. *némein* 'ripartire, distribuire'; av. 1580] **A** s. m. (f. *-a*) ● Chi amministra le cose proprie o le altrui, quanto alle entrate e alle spese: *e. di un collegio, dell'Università; un e. di prim'ordine.* **B** agg. ● Che risparmia, che usa con parsimonia i beni propri o altrui: *un ragazzo e.; donna, madre economa* | (*lett.*) Ispirato alla parsimonia: *le idee aristocratiche della marchesa, temperate di abitudini econome* (FOGAZZARO).
economy /e'konomi, *ingl.* ə'kɦɔnəmɨ/ s. f. inv. ● Accorc. di *economy class*: *viaggiare in e.*
economy class /e'kɔnomi klas, *ingl.* ə-'kɦɔnəmɨ,klas/ [loc. ingl., propr. 'classe economica'; 1989] loc. sost. f. inv. ● Sugli aerei, classe turistica. CFR. Business class.
ecopacifismo [comp. di *eco-* e *pacifismo*; 1985] s. m. ● Tendenza e movimento politico che si batte contemporaneamente contro la guerra e per la difesa dell'ambiente.
ecopacifista [comp. di *eco-* e *pacifista*; 1985] agg; anche s. m. e f. (pl. m. *-i*) ● Che (o Chi) appartiene o si ispira all'ecopacifismo.
ecoscandaglio [comp. di *eco* (*1*) e *scandaglio*] s. m. ● (*mar.*) Strumento che misura la profondità del fondo marino basandosi sulla velocità di propagazione di onde sonore. SIN. Ecometro.
ecosfèra [comp. di *eco-* e (*atmo*)*sfera*] s. f. **1** Parte del sistema solare, compresa tra le orbite della Terra e di Marte, nella quale le condizioni di temperatura e pressione consentono l'esistenza di acqua allo stato liquido. **2** Biosfera.
ecosistèma [comp. di *eco-* e *sistema*; 1971] s. m. (pl. *-i*) ● L'insieme degli esseri viventi, dell'ambiente e delle condizioni fisico-chimiche che, in uno spazio delimitato, sono inseparabilmente legati tra loro, sviluppando interazioni reciproche. SIN. Biosistema.
ecostòria [comp. di *eco-* e *storia*; 1989] s. f. ● Storia degli insediamenti umani.
ecostràge [comp. di *eco-* e *strage*; 1971] s. f. ● Danno ecologico che interessa molte zone più o meno limitrofe.
ecotàssa [comp. di *eco-* e *tassa*; 1990] s. f. ● Imposizione fiscale che penalizza attività e consumi volti a danneggiare l'ambiente: *e. sui rifiuti industriali; e. sulla benzina col piombo.*
ecoterrorismo [comp. di *eco-* e *terrorismo*; 1990] s. m. ● Attività terroristica rivolta contro aziende o società accusate di provocare gravi danni all'ambiente.
ecoterrorista [comp. di *eco-* e *terrorista*; 1989] s. m. e f. (pl. m. *-i*) ● Chi pratica forme di ecoterrorismo.
ecotipo o **ecòtipo** [comp. di *eco-* e *tipo*] s. m. ● (*biol.*) Aspetto particolare assunto da organismi vegetali e animali per selezione genotipica dell'ambiente | Popolazione di individui derivata da selezione naturale in un determinato ambiente.
ecotomografia [comp. di *eco*(*grafia*) e *tomografia*; 1987] s. f. ● (*med.*) Tecnica diagnostica a ultrasuoni che permette di osservare sezioni di organi interni.
ecotòno [vc. dotta, comp. di *eco-* e *-tono*, sul modello dell'ingl. *ecotone*] s. m. ● (*ecol.*) Zona di contatto e di transizione tra due ecosistemi diversi.
ecpiròsi [vc. dotta, lat. *ecpyrōsi(n)*, dal gr. *ekpýrōsis* 'consumazione (*ek-*) col fuoco (*pŷr*, genit. *pyrós*)'; av. 1738] s. f. inv. ● Nella filosofia stoica, conflagrazione universale che dovrebbe avvenire alla fine di ogni anno cosmico.
écru /*fr.* e'kʀy/ [vc. fr., comp. di un pref. raff. (*é-*) e *cru*, propr. 'crudo', perché non ha ancora subito la 'cottura' di certe operazioni; 1905] agg. inv. ● Detto di tessuto crudo o filato allo stato greggio | Detto di colore che ricorda quello, grezzo, della corda e dello spago.
ecstasy /*ingl.* 'ɛkstəsi/ [vc. ingl., propr. 'estasi'; 1988] s. f. inv. ● Tipo di droga sintetizzata chimicamente che produce notevoli alterazioni del sistema nervoso.
ectasia o **èctasi**, **ettasia** [vc. dotta, tratta dal gr. *éktasis*, dal v. *ektéinein* 'estendere (*ek-* e *téinein* 'tendere')'; 1919] s. f. **1** (*ling.*) Nella metrica latina, allungamento di vocale normalmente breve. **2** (*med.*) Dilatazione uniforme del lume di un vaso o di un organo cavo: *e. gastrica, venosa.*
ectàsico agg. (pl. m. *-ci*) ● (*med.*) Dilatato.
ectipografia [ingl. *ectypography*, comp. del gr. *éktypos* 'segno (*týpos*) in fuori (*ek*)' e dell'ingl. *-graphy* '-grafia'; 1892] s. f. ● Particolare tipo di stampa per ciechi consistente, un tempo, in lettere alfabetiche in rilievo, in seguito, in uno speciale alfabeto basato su sei punti variamente disposti, secondo il sistema Braille.
ectlìpsi [vc. dotta, lat. tardo *ecthlīpsi(m)*, dal gr. *ékthlipsis*, dal v. *ekthlíbein* 'far uscire (*ek-*) col comprimere (*thlíbein*)'; av. 1912] s. f. inv. ● (*ling.*) Soppressione del suono di una parola.
ècto- [dal gr. *ektós* 'esterno'] primo elemento ● In parole scientifiche composte significa 'fuori, esterno': *ectoplasma.* CONTR. endo-.
ectoblàstico [da *ectoblasto*] agg. (pl. m. *-ci*) ● Relativo a ectoblasto.
ectoblàsto [vc. dotta, comp. di *ecto-* e *-blasto*] s. m. ● (*anat.*) Ectoderma.
ectodèrma [vc. dotta, comp. di *ecto-* e *-derma*] s. m. (pl. *-i*) ● (*biol.*) Foglietto esterno della gastrula embrionale dopo che si è formato il tubo neurale.
-ectomia [dal gr. *ektomḗ* 'resezione', comp. di *ek* 'fuori' e *tomḗ* 'taglio' (dal v. *témnein* 'tagliare', di orig. indeur.)] secondo elemento ● In parole composte della terminologia medica significa 'ablazione': *appendicectomia, prostatectomia, tonsillectomia.*
ectoparassita [comp. di *ecto-* e *parassita*; 1968] s. m. (pl. *-i*) ● Parassita vivente sulla superficie del corpo dell'ospite.
ectopia [vc. dotta, tratta dal gr. *éktopos* 'che è fuori (*ek-*) di posto (*tópos*)'; 1797] s. f. ● (*med.*) Anomalia di posizione di un organo: *e. renale; e. testicolare.*
ectòpico agg. (pl. m. *-ci*) ● (*med.*) Detto di organo, struttura anatomica o feto dislocati in sedi diverse da quelle normali. SIN. Atopico.
ectoplàsma [vc. dotta, comp. di *ecto-* e *plasma*; 1906] s. m. (pl. *-i*) **1** (*biol.*) Strato esterno, più denso, del citoplasma cellulare. SIN. Ectosarco. **2** (*psicol.*) In parapsicologia, la sostanza emanata dal medium in trance.
ectoplasmàtico agg. (pl. m. *-ci*) ● Che concerne l'ectoplasma.
ectosàrco [vc. dotta, comp. di *ecto-* e del gr. *sárx*, genit. *sarkós* 'carne'] s. m. (pl. *-chi*) ● (*biol.*) Ectoplasma.
ectoscopìa [comp. di *ecto-* e *-scopia*; 1968] s. f. ● (*med.*) Osservazione esteriore del corpo umano, spec. a scopi diagnostici, antropologici e sim.
ectotermìa [comp. di *ecto-* e *-termia*] s. f. ● (*fisiol.*) Condizione degli ectotermi. CONTR. Endotermia.
ectotèrmico [comp. di *ecto-* e *-termico*] agg. (pl. m. *-ci*) ● (*fisiol.*) Riferito a un ectotermo. CONTR. Endotermico.
ectotèrmo [comp. di *ecto-* e *-termo*] s. m. ● (*zool.*) Organismo animale che utilizza prevalentemente sorgenti di calore esterne per elevare la propria temperatura corporea. CONTR. Endotermo.
ectròpion o **ectròpio** [vc. dotta, gr. *ektrópion*, dal v. *ektrépein* 'volgere (*trépein*) in fuori (*ek-*)'; 1797] s. m. ● (*med.*) Rovesciamento all'esterno della palpebra.
ecu /'ɛku, e'ky, e'ku*/ [sigla ingl. tratta dalle iniziali di *E(uropean) c(urrency) u(nit)* 'unità monetaria europea'; simile anche alla vc. fr. *écu* 'scudo'; 1983] s. m. inv. ● (*econ.*) Unità monetaria di conto del Sistema Monetario Europeo, in vigore fino all'introduzione dell'euro.
ecuadoriano [1932] **A** agg. ● Dell'Ecuador. **B** s. m. (f. *-a*) ● Abitante, nativo dell'Ecuador. SIN. Equadoregno.
ecùleo [vc. dotta, lat. *ecŭleu(m)*, dim. di *ĕquus* 'cavallo'; sec. XIV] s. m. ● Strumento di tortura simile nella forma a un cavalletto, su cui un tempo si disarticolavano le membra degli inquisiti.
ecumène [vc. dotta, lat. *oecūmene(m)*, dal gr. *oikouménē*, propr. 'abitata' (dal v. *oikêin* abitare', da *ôikos* 'casa, abitazione'), sottinteso *gê* 'terra'; 1950] s. f. **1** (*geogr.*) Parte emersa della Terra su cui l'uomo trova le condizioni essenziali per abitare. **2** (*est.*) La comunità universale dei seguaci di una fede religiosa, spec. con riguardo a quella cattolica.
ecumenicità [1869] s. f. ● Caratteristica di ecumenico, di universale, riferita spec. al movimento di unificazione dei Cristiani e di riconoscimento dei valori comuni di tutte le religioni.
ecumènico [vc. dotta, lat. tardo *oecumĕnicu(m)*, dal gr. *oikoumenikós* 'pertinente all'ecumene (*oikouménē*)'; av. 1565] agg. (pl. m. *-ci*) **1** Di tutto il mondo cattolico | *Concilio e.*, al quale prendono parte tutti i vescovi cattolici. **2** Universale, che supera le divisioni fra confessioni cristiane e aspira al recupero dei valori comuni di fede | ***Movimento e.***, proprio di molte Chiese riformate e della Chiesa cattolica, dopo il Concilio Vaticano II | ***Spirito e.***, atteggiamento delle Chiese cristiane, tendente a superare i conflitti ideologici e gerarchici nel riconoscimento del comune patrimonio spirituale o rivelato | (*est.*) Universale, che tende a unire, a conciliare. || **ecumenicamènte**, avv. Secondo lo spirito evangelico.
ecumenismo [1956] s. m. ● (*relig.*) Indirizzo ideologico e pratico che ispira i vari movimenti che tendono a superare gli attriti dottrinari e le differenze storiche fra confessioni cristiane e a recuperare, nello spirito di fraternità, i comuni valori religiosi e soprannaturali | (*est.*) Tendenza post-conciliare della Chiesa cattolica e di molte Chiese cristiane alla rivalutazione dei motivi spirituali presenti in tutte le religioni.
eczèma [vc. dotta, dal gr. *ékzema*, propr. 'ebollizione', comp. di *ék-* 'fuori' e *zéma* '(che è stato) bollito'; 1820] s. m. (pl. *-i*) ● Malattia infiammatoria della cute caratterizzata da arrossamento e dalla presenza di vescicole.
eczematico agg. (pl. m. *-ci*) ● Eczematoso.
eczematóso [fr. *eczémateux*, da *eczéma* 'eczema'; 1898] agg. ● Dell'eczema: *processo e.*
ed /ed/ ● V. *e* (*2*).
edàce [vc. dotta, lat. *edāce(m)*, da *ĕdere* 'mangiare', di orig. indeur.; 1499] agg. ● (*lett.*) Che divora, consuma.
†**edacità** [vc. dotta, lat. *edacitāte(m)*, da *ĕdax*, genit. *edācis* 'edace'; 1554] s. f. ● Voracità.
edàfico [dal gr. *édaphos* 'suolo, terreno' (legato con *hédos* 'sede, base')] agg. (pl. m. *-ci*) ● (*biol.*) Di elemento che da solo o con altri influisce sulla distribuzione della flora in una data zona | ***Fattore e.***, rapporto fra le piante e il substrato.
edafismo [da *edafico*; 1905] s. m. ● Rapporto fra la struttura chimico-fisica del terreno e la distribuzione dei vegetali.
edafòbio [comp. del gr. *édaphos* 'suolo, terreno' (V. *edafico*), e *-bio*] agg. ● Detto di animale che vive nel terreno.
edafologia [comp. del gr. *édaphos* 'suolo, terreno' (V. *edafico*), e *-logia*] s. f. ● Ramo dell'ecologia che studia il suolo come mezzo biologico.
èdafon [dal gr. *édaphos* 'suolo, terreno' (V. *edafico*), con la terminazione della vc. mode lo (*plancton*)] s. m. ● Insieme di organismi animali o vegetali viventi nel terreno.
Edàm [dal n. della città ol. di produzione] s. m. inv. ● Formaggio fuso olandese, di forma sferica e crosta vermiglia.
èddico agg. (pl. m. *-ci*) ● Dell'Edda, raccolta di canti epici spec. in antico islandese: *carmi eddici.*
eddòmada e deriv. ● V. *ebdomada* e *deriv.*
Edelweiss /'edelvais, *ted.* 'ʔe:dl̩,vaes/ [ted. *Edelweiss*, propr. 'bianco (*weiss*) nobile (*edel*)'; 1885] s. m. inv. (pl. ted. *Edelweisse*) ● (*bot.*) Stella alpina.
edèma o **èdema** [vc. dotta, gr. *oídēma*, da *oidêin* 'gonfiare', di orig. indeur.; av. 1698] s. m (pl. *-i*) ● (*med.*) Accumulo di liquido nello spazio interstiziale dei tessuti che, perciò, si presentano tumefatti.
edemàtico [av. 1698] agg. (pl. m. *-ci*) ● (*med.*) Che si riferisce a edema.
edematóso [1574] **A** agg. ● (*med.*) Dell'edema | Che ha la natura, l'aspetto e sim. dell'edema. **B** agg.; anche s. m. (f. *-a*) ● Che (o Chi) è affetto da edema.
èden [ebr. *'Ēden*, da *'ēden* 'delizia'; sec. XIV] s. m.

(*Èden* nel sign. 1) *1* Nell'Antico Testamento, Paradiso Terrestre assegnato alle creature prima del peccato. *2* (*est.*) Luogo meraviglioso e felice: *questo paese è un e.* SIN. Paradiso. *3* (*fig.*) Condizione di grande felicità.

edènico [1843] agg. (pl. m. *-ci*) *1* (*raro, lett.*) Proprio dell'eden | Che merita l'eden. *2* (*fig.*) Caratterizzato da felicità, beatitudine, perfezione: *immagine edenica*; *mondo e.*

édera (o **è-**) [vc. dotta, lat. (*h*)*ĕdera*(*m*), di etim. incerta; av. 1374] s. f. ● Pianta sempreverde rampicante delle Araliacee, che si attacca per mezzo di piccole radici avventizie ai tronchi degli alberi e ai muri (*Hedera helix*). SIN. Ellera | (*fig.*) ***Avvinto come l'e.***, strettamente e per sempre | (*polit., fig., est.*) ***Il partito dell'e.***, (*per anton.*) il partito repubblicano italiano che ha la foglia di tale pianta come simbolo. ➡ ILL. **piante**/7.

ederàceo [vc. dotta, lat. *hederāceu*(*m*), da *hĕdera* 'edera'; 1550] agg. ● (*raro*) Che si riferisce all'edera.

ederèlla [da *edera*; av. 1912] s. f. ● (*bot.*) Piccola erba annuale delle Scrofulariacee, con foglie simili all'edera (*Veronica arvensis*).

ederìfero [vc. dotta, comp. di *edera* e *-fero*; av. 1729] agg. ● (*raro*) Che porta edera | Cinto d'edera.

ederóso [vc. dotta, lat. *hederōsu*(*m*), da *hĕdera* 'edera'; av. 1560] agg. ● (*raro*) Pieno d'edera.

edìbile [vc. dotta, lat. tardo *edībile*(*m*), da *ĕdere* 'mangiare'] agg. ● Che si può mangiare: *la parte e. del melone, della pesca.* SIN. Commestibile.

edìcola [vc. dotta, lat. *aedĭcula*(*m*), dim. di *āedes*, originariamente '(locale con) focolare', poi 'locale' in genere, quindi 'dimora', spec. 'dimora sacra, tempio', di orig. indeur.; 1485 ca.] s. f. *1* Piccola costruzione, indipendente o annessa a un edificio maggiore, che contiene una statua o un'immagine sacra: *fu tratto a una specie di piccola e graziosa e.* (BUZZATI) | ***Finestra, nicchia a e.***, inquadrata da motivi architettonici analoghi a quelli di certe edicole. *2* Chiosco adibito alla vendita di giornali e sim.

edicolànte [1950] s. m. e f. ● Chi vende giornali e sim. in un chiosco.

edicolìsta [1942] s. m. e f. (pl. m. *-i*) ● Edicolante.

edificàbile [da *edificare*; 1961] agg. *1* Che si può edificare: *palazzo e.* *2* Detto di terreno, area, zona e sim. che possiede i requisiti previsti dalla legge per potervi edificare: *zona e.*

edificabilità s. f. ● Condizione di un terreno, di un'area, di una zona edificabile.

†**edificaménto** [sec. XIV] s. m. ● L'edificare | Edificio.

edificànte [1674] **A** part. pres. di *edificare*; anche agg. ● (*fig.*) Che dispone al bene, alla virtù, che dà buon esempio: *una lettura e.* | ***Poco e.***, discutibile, riprovevole: *condotta poco e.* || **edificanteménte**, avv. (*raro*) In modo edificante. **B** s. m. ● †Muratore.

edificàre o †**deficàre**, †**dificàre** [vc. dotta, lat. *aedificāre*, comp. di *āedes* 'dimora' (V. *edicola*) e *-ficāre* '-ficare'; av. 1292] **A** v. tr. (*io edìfico, tu edìfichi*) *1* Fabbricare, costruire, spec. in muratura: *e. una casa, una torre, un monumento.* *2* (*fig.*) Fondare, istituire stabilmente (*anche assol.*): *e. uno Stato, una dottrina religiosa, un sistema filosofico* | ***E. sulla roccia***, (*fig.*) in modo duraturo | ***E. sulla sabbia***, (*fig.*) senza fondamento. *3* Indurre al bene: *e. l'animo, la coscienza, i giovani.* **B** v. intr. pron. ● (*raro*) Disporsi al bene, alla virtù.

†**edificàta** [av. 1306] s. f. ● Edifizio.

edificatìvo [sec. XIV] agg. ● (*raro*) Atto a edificare | Esemplare.

edificatóre o †**dificatóre** [vc. dotta, lat. *aedificatōre*(*m*), da *aedificātus* 'edificato'; 1336 ca.] agg.; anche s. m. (f. *-trice*) ● Che (o Chi) edifica.

edificatòrio [vc. dotta, lat. tardo *aedificatōriu*(*m*), da *aedificātus* 'edificato'; av. 1364] agg. *1* (*raro*) Concernente l'edificazione. *2* (*fig.*) Edificante, con l'esempio e le parole.

edificazióne o †**dificazióne** [vc. dotta, lat. *aedificatiōne*(*m*), da *aedificātus* 'edificato'; av. 1306] s. f. *1* L'edificare | Costruzione: *faremo menzione ordinatamente della e. delle dette mura* (VILLANI). *2* (*raro*) Edificio. *3* (*fig., lett.*) Buon esempio, invito al bene, alla virtù: *che le nostre parole vi siano di e.*

♦**edifìcio** o †**defìcio**, †**difìcio** (1), (*lett.*) **edifìzio** [vc. dotta, lat. *aedifĭciu*(*m*), da *aedificāre* 'edificare'; av. 1292] s. m. *1* Costruzione gener. in muratura, per abitazione o altro uso pubblico o privato. *2* (*est.*) Complesso organico, struttura organizzata: *e. sociale* | (*fis.*) ***E. molecolare***, disposizione spaziale degli atomi o dei gruppi atomici che formano la molecola. *3* (*fig.*) Complesso di ragionamenti, argomentazioni e sim. congegnati insieme: *l'e. dell'accusa risultò inverosimile.* *4* †Frode, stratagemma.

edìle, (*evit.*) **èdile** [vc. dotta, lat. *aedīle*(*m*), propr. 'addetto a ogni dimora (*āedes*: V. *edicola*) sacra e privata'; av. 1292] **A** agg. ● Della, relativo all'edilizia: *impresa e.*; *operaio, perito e.* **B** s. m. (anche f. nel sign. 2) *1* Nella Roma antica, magistrato con funzioni amministrative e di polizia cittadina. *2* Chi lavora nell'industria edile: *gli edili entreranno in sciopero domani.*

edilità [vc. dotta, lat. *aedilitāte*(*m*) da *aedīlis* 'edile'; sec. XIV] s. f. *1* (*st.*) Carica dell'edile: *aspirare all'e.* | Durata dell'ufficio di edile: *durante l'e.* *2* (*raro*) Ufficio municipale che si occupa dei lavori pubblici.

edilìzia [da *edilizio*; 1864] s. f. ● Arte, tecnica e attività relative alla costruzione di edifici: *e. pubblica, privata*; *e. scolastica, residenziale.*

edilìzio [vc. dotta, lat. *aedilĭciu*(*m*) 'pertinente all'*edile* (*aedīlis*)'; sec. XIV] agg. *1* (*st.*) Di edile: *carica edilizia*; *editto e.* | ***Azione edilizia***, nel diritto romano, azione accordata dall'edile nelle controversie sorte nei mercati pubblici. *2* Relativo all'edilizia: *cooperativa edilizia* | ***Regolamento e.***, complesso di norme di legge che regolano la costruzione degli edifici di un centro urbano | ***Credito e.***, concesso per far fronte alle esigenze della proprietà immobiliare urbana.

†**èdima** o †**dìma** (2) [lat. *hĕbdomas* (nom.), dal gr. *hebdomás* 'il numero sette', legato con *heptá*, 'sette' di orig. indeur.; 1284 ca.] s. f. ● Settimana | ***Mezz'e.***, mercoledì.

edipèo [da *Edipo* (V. *edipico*)] agg. ● (*letter.*) Di Edipo: *ciclo e.*

edìpico [da *Edipo*, personaggio mitologico a cui l'oracolo di Delfi aveva predetto che avrebbe ucciso il padre e sposato la madre; 1950] agg. (pl. m. *-ci*) ● (*psicoan.*) Che si riferisce al complesso di Edipo.

edipìsmo [da (complesso di) *Edipo*; 1968] s. m. *1* (*psicoan.*) Condizione di chi non ha superato il complesso di Edipo. *2* (*med.*) Tendenza a provocare lesioni intenzionali ai propri occhi.

edìpo s. m. inv. ● (*psicoan.*) Accorc. di *complesso di Edipo.*

edìpoda [dal gr. *Oidipódēs*, var. di *Oidípous* 'Edipo'] s. f. ● Genere di Insetti degli Ortotteri comuni nei luoghi aridi, con ali gener. fasciate di scuro (*Oedipoda*).

editàre [fr. *éditer*, da *éditeur* 'editore'; 1938] v. tr. (*io èdito*) *1* (*raro*) Dare alle stampe. SIN. Pubblicare, stampare. *2* (*edit.*) Fare l'editing.

editing /*ingl.* 'ɛdɪtɪŋ/ [vc. ingl., gerundio di *to edit* 'curare per la stampa', che ha la stessa radice dell'it. *edito* (V.); 1983] s. m. inv. ● (*edit.*) L'insieme delle operazioni di correzione, revisione e montaggio per la pubblicazione di un testo o la realizzazione di un film, di un programma televisivo, di un programma per computer e sim.

editio princeps /*lat.* e'ditstsjo 'printʃeps/ [lat., propr. 'edizione (V.) prima (*prīnceps*, da **prīmocaps* 'che prende (dal v. *căpere*) il *primo* posto')'] loc. sost. f. inv. (pl. lat. *editiones principes*) ● Prima edizione a stampa di un'opera | La prima edizione di un autore classico, greco o latino, stampata nel Quattrocento o nella prima metà del Cinquecento.

èdito [vc. dotta, lat. *ēditu*(*m*), part. pass. di *ēdere* 'dar (*dāre*) fuori (*ex-*)'; av. 1535] agg. ● Divulgato per mezzo della stampa: *opera edita per la prima volta*; *poesie edite e inedite.* SIN. Pubblicato. CONTR. Inedito.

editor /*ingl.* 'ɛdɪtə/ [vc. ingl., da *to edit* 'curare un'edizione'; 1962] s. m. e f. inv. *1* Chi, in una casa editrice, è responsabile di un intero settore di attività (narrativa, saggistica, ecc.) | Chi cura la pubblicazione di un'opera altrui. *2* (*elab.*) Programma che consente l'inserimento e la modifica di testi o immagini.

editóre (1) [vc. dotta, lat. *editōre*(*m*), da *ēditus* 'edito'; 1763] **A** agg. ● Che pubblica libri, riviste e sim.: *società editrice.* **B** s. m. (f. *-trice*) ● Imprenditore o società che sceglie e pubblica libri, periodici, giornali, dischi e sim.

editóre (2) [ripresa del sign. assunto dall'ingl. *editor*, che significa, oltre che 'curatore di un'edizione', anche 'direttore o redattore di periodico'; 1687] s. m. (f. *-trice*) *1* (*raro*) Editor nel sign. 1 *2* (*raro*) Direttore di un giornale, di una rivista.

editorìa [1896] s. f. ● Industria libraria, attività editoriale: *e. scolastica, parascolastica, varia* | Complesso degli editori, nel sign. di *editore* (*1*) | ***E. elettronica***, attività di realizzazione di prodotti editoriali su supporto elettronico | ***E. individuale, da scrivania***, attività editoriale svolta da singoli operatori mediante tecniche e strumenti di composizione tipografica e videoimpaginazione su personal computer.

editoriàle (1) [da *editore* (*1*); 1894] agg. ● Di, relativo a editore o a casa editrice: *pubblicità e.*; *direttore e.*

editoriàle (2) [ingl. *editorial*, da *editor* 'direttore di giornale' (V. *editore* (*2*)); 1918] **A** s. m. ● Articolo di prima pagina, gener. sulle prime colonne di sinistra, che esprime il punto di vista del giornale spec. sui fatti politici o economici del giorno, scritto, di solito, dal direttore o da un collaboratore di sua fiducia. **B** anche agg.: *articolo e.*

editorialìsta [da *editoriale* (*2*); 1929] s. m. e f. (pl. m. *-i*) ● Chi scrive articoli di fondo in un giornale.

edittàle [vc. dotta, lat. tardo *edictāle*(*m*), da *edĭctum* 'editto'; 1834] agg. *1* Di editto: *formula e.* *2* Nella pratica forense, della legge: *norma e.*; *pena e.*

editto [vc. dotta, lat. *edĭctu*(*m*), dal part. pass. di *edīcere* 'dichiarare, dir (*dīcere*) fuori (*ex-*)'; 1319] s. m. *1* Nel diritto romano, atto di governo proveniente da un magistrato o dall'imperatore. *2* (*est.*) Ordine, comando, scritto, emanato da una pubblica autorità | (*raro*) Bando. *3* Diploma regio di protezione o di immunità.

edìtuo [vc. dotta, lat. *aedĭtuu*(*m*) 'custode (dal v. *tuēri*) del tempio (*āedes*: V. *edicola*)'; 1587] s. m. ● Nella religione degli antichi Romani, guardiano delle cose sacre e custode del tempio.

edizióne [vc. dotta, lat. *editiōne*(*m*), da *ēditus* 'edito'; 1575] s. f. *1* Pubblicazione di un'opera per mezzo della stampa in un certo numero di copie: *e. economica*; *e. scolastica, purgata, poliglotta*; *e. spuria, originale* | ***E. principe***, V. *editio princeps* | ***E. critica***, il cui testo è stato ricostruito criticamente dal curatore con l'intento di ristabilirne la forma originale | ***E. riveduta e corretta***, sensibilmente migliorata rispetto alla precedente | ***E. in folio, in 4°, in 8°, in 16°***, quella in cui il foglio disteso è stato piegato rispettivamente 1, 2, 3, 4 volte | ***E. fuori commercio***, destinata a una ristretta cerchia di persone | ***E. di lusso***, quella eseguita con materiali di qualità superiore alla media, talvolta con tavole, carte e sim. mancanti nell'edizione normale | ***E. a dispense***, quella pubblicata a fascicoli di solito settimanali | ***E. contraffatta***, quella eseguita senza il permesso del proprietario del copyright | ***E. nazionale***, quella delle opere di un grande scrittore fatta a spese dello Stato | (*raro*) Ristampa. *2* (*est.*) Libro, opera pubblicata: *una e. antica, rara.* *3* Complesso di esemplari di un'opera che si stampano con una stessa composizione tipografica: *un'e. di poche copie.* *4* Parte della tiratura complessiva di un giornale, eseguita entro ore fisse prestabilite | ***E. nazionale***, destinata alla diffusione in tutto il paese | ***Seconda e.***, con aggiunta di notizie recentissime o correzioni | ***E. regionale***, con pagine riservate a quanto interessa una determinata regione | ***E. straordinaria***, in occasione di avvenimenti particolari. *5* (*dir.*) ***Contratto di e.***, contratto con il quale l'autore concede a un editore il diritto di pubblicare una propria opera. *6* (*est.*) Esecuzione di spettacoli, manifestazioni, feste e sim.: *l'ultima e. del Palio di Siena*; *una applaudita e. dell'Edipo Re* | (*est.*) Realizzazione di una gara che si ripete periodicamente: *la prima e. del Giro d'Italia.* *7* (*est.*) Ultima fase della lavorazione di un film | Versione di un film in una lingua straniera. *8* (*fig., scherz.*) Modo di essere, di apparire, di comportarsi: *si è presentata in un'e. completamente rinnovata.* || **edizionàccia**, pegg. | **edizioncèlla**, dim. | **edizioncìna**, dim.

edochiàno [giapp. *Edokko* 'proprio di Tokyo (*Edo*, n. dell'ant. capitale)'; 1942] **A** agg. ● Di Tokyo: *folclore e.* **B** s. m. (f. *-a*) ● Abitante, nativo di Tokyo.

†**edòmada** e *deriv.* ● V. *ebdomada* e *deriv.*

edònico [1935] **agg.** (**pl. m.** *-ci*) ● (*raro*) Edonistico, epicureo.

edonismo [vc. dotta, tratta dal gr. *hēdonḗ* 'piacere', da *hēdýs* 'dolce', di orig. indeur.; av. 1855] **s. m.** ● Dottrina filosofica secondo la quale il piacere individuale costituisce a un tempo il bene più alto e il fondamento della vita morale | (*est.*) Atteggiamento di chi mira al raggiungimento del piacere come scopo fondamentale della vita; **SIN.** Epicureismo.

edonista [1927] **s. m. e f.** (**pl. m.** *-i*) ● Chi segue l'edonismo.

edonistico [1902] **agg.** (**pl. m.** *-ci*) ● Che è proprio dell'edonista o dell'edonismo. || **edonisticamente**, **avv.**

edòtto [vc. dotta, lat. *edŏctu(m)*, part. pass. di *edocēre* 'insegnare (*docēre*) a fondo (*ex-*)'; 1812] **agg.** ● Informato, istruito: *rendere e. qlcu. sulle* (o *circa le*) *nuove norme della circolazione*; *fu reso e. del tradimento*.

edredóne [fr. *édredon*, dall'islandese *aedhar-dúnn* 'piuma (*dúnn*) dell'uccello chiamato *aedhr* (genit. *aedhar*)', passato dal nord a tutte le lingue dell'Europa centro-sett.; 1875] **s. m.** ● Anatra marina delle zone nordiche dal bellissimo piumaggio nero e bianco (*Somateria mollissima*).

-èdro [dal gr. *hédra* 'base', di orig. indeur.] secondo elemento ● In parole composte della geometria, significa 'faccia', 'che ha un dato numero di facce': *decaedro, dodecaedro, triedro*.

educàbile [av. 1876] **agg.** ● Che può essere educato.

educabilità [1905] **s. f.** ● Caratteristica di chi è educabile | Attitudine a essere educato.

†**educaménto** [av. 1620] **s. m.** ● L'educare.

educànda [vc. dotta, lat. *educānda*, f. del gerundivo di *educāre* 'educare'; 1673] **s. f.** ● Giovinetta che viene educata in un convento o in un istituto | (*est.*) Ragazza timida e pudica: *non è un film per educande*.

educandàto [da *educanda*; 1831] **s. m.** ● Istituto o collegio, gener. religioso, dove si educano giovinette | Parte del convento a esse riservato.

♦**educàre** [vc. dotta, lat. *educāre*, della stessa radice di *dūcere* 'condurre, portare' col pref. raff. *ex-*; av. 1498] **v. tr.** (*io èduco, tu èduchi*) **1** Guidare e formare qlcu., spec. giovani, affinandone e sviluppandone le facoltà intellettuali e le qualità morali in base a determinati principi: *e. i figli, i giovani*; *e. qlcu. in modo rigido, al rispetto degli altri, con l'esempio* | ***E. il popolo***, elevarne il livello culturale | ***E. la mente, i sensi, le facoltà dell'intelletto***, affinarle, ingentilirle | (*est.*) Rendere idoneo allo svolgimento di certe funzioni: *e. qlcu. all'arte, alla vita pubblica*. **2** Abituare con l'esercizio, con la pratica ripetuta: *e. il corpo alle privazioni, i muscoli allo sforzo, il cavallo al morso*. **SIN.** Allenare, assuefare, avvezzare, esercitare. **3** (*lett.*) Allevare, coltivare: *e. una pianta*; *e. un figlio*; *amaranti educavano e viole* (FOSCOLO).

educativo [av. 1639] **agg.** **1** Che concerne l'educazione: *nuova concezione educativa*. **2** Che tende a educare: *libro, spettacolo e.*

♦**educàto** [1441] **part. pass.** di *educare*; anche **agg.** **1** Che ha ricevuto una buona educazione: *giovane e.*; **SIN.** Compìto, cortese **2** Che rivela una buona educazione: *modi educati*; **SIN.** Garbato | (*est.*) Addestrato, affinato: *una voce educata*; *un orecchio e.*; **CONTR.** Grezzo. || **educataménte**, **avv.** Da persona ben educata.

educatóre [vc. dotta, lat. *educatōre(m)*, da *educātus* 'educato'; 1575] **A agg.** ● Che educa: *la funzione educatrice della famiglia*. **B s. m.** (**f.** *-trice*) **1** (*gener.*) Chi educa o istruisce i giovani | Chi si interessa ai problemi dell'educazione. **2** Chi nell'àmbito delle istituzioni specializzate si occupa professionalmente dei problemi psico-pedagogici dei soggetti handicappati o disadattati.

educatòrio [1843] **s. m.** ● (*raro*) Educandato.

♦**educazióne** [vc. dotta, lat. *educatiōne(m)*, da *educātus* 'educato'; 1441] **s. f.** **1** Formazione intellettuale e morale sulla base di determinati principi: *dare, impartire, ricevere una buona e.*; *e. rigida, severa, sbagliata* | ***E. civile***, nel rispetto dei doveri e nell'esercizio dei diritti | ***E. religiosa***, nella conoscenza e nella pratica delle norme religiose | ***E. permanente***, quella che, seguendo l'individuo lungo tutto l'arco della vita, ne vuole sviluppare la personalità alla luce delle trasformazioni culturali in atto nella società | ***E. sessuale***, volta a dare corrette e opportune informazioni sul comportamento sessuale e sulla riproduzione | ***E. fisica***, insieme delle attività di movimento che mirano allo sviluppo delle capacità fisiche dell'uomo. **2** Denominazione generica di alcune discipline o materie d'insegnamento scolastico (sempre seguita da un agg. che ne specifica il contenuto), spec. nell'ambito della scuola dell'obbligo: *e. artistica, e. civica, e. fisica, e. musicale, e. tecnica*. **3** Buona creanza, modo di comportarsi corretto e urbano nei rapporti sociali: *ha dato prova di grande e.*; *bella e.!* | ***Chi ti ha insegnato l'e.?***, per sottolineare il comportamento scortese di qlcu. **SIN.** Gentilezza, urbanità. **4** (*lett.*) Allevamento, coltura di piante o di animali: *e. dei fiori, dei bachi da seta*.

†**edùcere** o †**edùrre** [vc. dotta, lat. *edūcere* 'condurre (*dūcere*) fuori (*ex-*)'; sec. XIV] **v. tr.** ● Condurre fuori.

edulcorànte [1957] **part. pres.** di *edulcorare*; anche **agg. e s. m.** ● Dolcificante.

edulcoràre [fr. *édulcorer*, dal lat. tardo *dŭlcor*, genit. *dulcōris* 'sapore dolce, dolcezza'; 1951] **v. tr.** (*io edùlcoro*) **1** (*raro*) Rendere dolce. **2** (*fig.*) Attenuare, mitigare gli aspetti più crudi e polemici di una notizia, racconto e sim.

edulcoràto [1942] **part. pass.** di *edulcorare*; anche **agg.** **1** (*raro*) Addolcito. **2** Mitigato, attenuato: *racconto e. dei fatti*.

edulcorazióne [vc. dotta, tratta dal lat. tardo *dulcorāre*, da *dŭlcor*, genit. *dulcōris*, col pref. *ex-* rafforzativo; 1797] **s. f.** ● (*raro*) Dolcificazione.

edùle, (*evit.*) **èdule** [vc. dotta, lat. *edūle(m)*, da *ĕdere* 'mangiare', di orig. indeur.; 1797] **agg.** ● Buono da mangiare: *frutti, piante eduli*. **SIN.** Commestibile.

†**edùrre** ● V. †*educere*.

edutainment /edu'teinmənt, *ingl.* ədjʊ'tɛɪnmənt/ [vc. ingl. risultante dalla fusione di *edu(cation)* 'educazione' e *(enter)tainment* 'intrattenimento'; 1991] **s. m. inv.** ● Settore dell'editoria multimediale che produce opere che istruiscono divertendo.

eduzióne [vc. dotta, lat. *eductiōne(m)*, da *edūcere* 'condurre fuori'; 1585] **s. f.** **1** Nella filosofia scolastica, il passaggio dalla potenza all'atto. **2** (*min.*) Operazione con cui si allontanano dalla miniera le acque sotterranee che vi si infiltrano: *galleria di e.*

efebèo [vc. dotta, lat. *ephebēu(m)*, dal gr. *ephēbêion*, da *éphēbos* 'efebo'; 1750] **s. m.** ● Nell'antica Grecia, luogo della palestra riservato agli esercizi degli efebi.

efebia **s. f.** ● Condizione di efebo, nel mondo greco-romano.

efèbico [1889] **agg.** (**pl. m.** *-ci*) **1** Di efebo: *istruzione efebica*. **2** (*est.*) Da efebo: *grazia efebica*.

efèbo o **èfebo** [vc. dotta, lat. *ephēbu(m)*, dal gr. *éphēbos* 'in (*epí*) adolescenza (*hḗbē*)'; 1583] **s. m.** **1** Nell'antica Grecia, giovinetto che, superati i diciotto anni, era iscritto nelle liste di leva e istruito nell'arte musicale, nella letteratura e soprattutto nell'uso delle armi. **2** (*lett.*) Adolescente, giovinetto | (*est., anche spreg.*) Giovane con corporatura e atteggiamenti non pienamente virili.

èfedra [vc. dotta, lat. *ĕphedra(m)*, dal gr. *ephédra*, f. di *éphedros* 'che si pone (da *hédra* 'base') sopra (*epí*)', per la sua proprietà di ergersi e innalzarsi; 1476] **s. f.** ● Genere di piante arbustive e cespugliose delle Efedracee con piccole foglie caduche squamiformi e fiori piccoli (*Ephedra*).

Efedràcee [comp. di *efedra* e *-acee*] **s. f. pl.** (**sing.** *-a*) ● Nella tassonomia vegetale, famiglia di piante arbustive delle zone temperate, alcune specie delle quali contengono un alcaloide medicinale (*Ephedraceae*).

efedrina [comp. di *efedra* e *-ina*] **s. f.** ● Alcaloide contenuto in varie specie di efedra, usato per istillazioni oculari o nasali e nella cura dell'asma bronchiale.

efelcistico o **efelchistico** [gr. *ephelkystikós* 'attirato, aggiunto', comp. di *epí* 'sopra' ed *élkein* 'tirare'] **agg.** (**pl. m.** *-ci*) ● (*ling.*) Nella morfologia del greco, detto del *ni* che si aggiunge alla fine di alcune parole terminanti per vocale, seguite da forte interpunzione o da parola cominciante con vocale.

efèlide [vc. dotta, lat. tardo *ephēlide(m)*, dal gr. *ephēlis* (al pl. *ephēlides*), di etim. incerta, ma ritenuto comp. di *epí* 'sopra' e *hḗlios* 'sole', perché sorgono maggiormente con l'esposizione al sole; av. 1729] **s. f.** ● Ognuna delle piccole macchie cutanee giallo-brune, causate da eccessiva produzione di melanina, che subiscono variazioni con l'esposizione ai raggi solari; presenti sulle zone scoperte della pelle spec. di soggetti giovani con pelle poco pigmentata. **CFR.** Lentiggine.

efèmera [dal gr. *ephḗmeros* 'che resta su (*epí*) un solo giorno (*hēméra*)'] **s. f.** ● Genere di Insetti degli Efemeroidei con metamorfosi incompleta e vita brevissima (*Ephemera*). **SIN.** Effimera.

efemèride ● V. *effemeride*.

efèmero [vc. dotta, lat. *ephēmeru(m)*, dal gr. *ephḗmeros* 'in (*epí*) un giorno (*hēméra*)'] **s. m.** ● (*bot.*) Colchico autunnale.

Efemeroidèi [dal gr. *ephḗmeros* 'che resta su (*epí*) un solo giorno (*hēméra*)' e *-oidei*] **s. m. pl.** (**sing.** *-eo*) ● Nella tassonomia animale, ordine di Insetti emimetaboli, con ali anteriori più grandi delle posteriori, larve acquatiche, adulti a vita breve, e apparato digerente ridotto (*Ephemeroidea*).

efèndi ● V. *effendi*.

efèsia [vc. dotta, lat. *Ephēsia(m)*, dal gr. *ephesía*, perché si riteneva che fosse la pianta che ha favorito la nascita di Artemide d'*Efeso*] **s. f.** ● (*bot.*) Aristolochia.

efesino [1575] **A agg.** ● Di Efeso, antica città dell'Asia minore. **B s. m.** ● (**f.** *-a*) Abitante, nativo di Efeso. **SIN.** Efesio.

efèsio [vc. dotta, lat. *Ephēsiu(m)*, dal gr. *Ephésios*; av. 1342] **agg.** **1** Di Efeso | ***Lettere efesie***, antiche formule greche, di significato oscuro, che si incidevano su amuleti e a cui si attribuivano poteri magici. **SIN.** Efesino. **2** ***Efesia***, appellativo di Artemide, a cui era dedicato un tempio nella città di Efeso e in onore della quale venivano celebrate ogni anno feste orgiastiche, *le feste efesie*, (*ellitt.*) *le Efesie*.

†**effàbile** [vc. dotta, lat. *effābile(m)*, da *effāri*, sin., nella terminologia religiosa, di *ēlŏqui* 'parlare (*fari*) chiaramente (*ex-*)'; 1499] **agg.** ● Che si può esprimere. **CONTR.** Ineffabile.

†**effascinazióne** [vc. dotta, lat. *effascinatiōne(m)*, da *effascināre*, raff. di *fascināre* 'fascinare (2)'; av. 1530] **s. f.** ● Fascino, malìa.

effàto [vc. dotta, lat. *effātu(m)*, part. pass. di *effāri* 'parlare (*fāri*) nettamente (*ex-*)', quindi, in senso augurale, 'limitare con formule sacre' e, nella terminologia filosofica, 'stabilire un assioma'; av. 1817] **s. m.** **1** (*raro, lett.*) Preghiera pronunciata dal sacerdote, nell'atto di consacrare solennemente un luogo, o un tempio. **2** †Detto, assioma, sentenza.

èffe [av. 1367] **s. f. o m. inv.** ● Nome della lettera *f*.

effemèride o **efemèride** [vc. dotta, lat. *ephemĕride(m)*, dal gr. *ephēmerís*, genit. *ephēmerídos* 'giornaliero', comp. di *epí* (con valore distributivo) ed *hēméra* 'giorno'; av. 1557] **s. f.** **1** (*astron.*) Tavola numerica recante le coordinate, e altri elementi variabili nel tempo, degli astri, per istanti regolarmente intervallati | (*astrol.*) Tabelle per la ricerca della posizione dei pianeti nello zodiaco. **2** (*st.*) Libro nel quale, un tempo, si annotavano giorno per giorno i fatti più importanti. **3** (*est.*) Giornale, rassegna periodica in materia scientifica o letteraria. **4** (*raro*) Almanacco, lunario. **5** (*lett.*) †Cronaca: *ma che più mi stendo io in farvi una efemeride della mia vita ...?* (BARTOLI).

effemeroteca [fr. *éphémérothèque*, comp. di *éphémère* 'effimero' (nel senso etim. 'che dura un giorno', cioè 'giornale') e *thèque* 'teca', sul modello di *bibliothèque* 'biblioteca'; 1908] **s. f.** ● (*raro*) Raccolta di pubblicazioni periodiche. **SIN.** Emeroteca.

†**effeminaménto** o †**effemminaménto** [sec. XIV] **s. m.** ● Effeminatezza.

effeminàre o **effemminàre** [vc. dotta, lat. *effemināre*, comp. parasintetico di *fēmina* 'femmina', col pref. *ex-*; av. 1375] **A v. tr.** (*io efféмino*) **1** Far assumere atteggiamenti, apparenza e sensibilità di tipo femminile. **2** (*est., spreg.*) Rendere debole, lezioso e frivolo: *abitudini e svaghi che effeminano i giovani*; *queste attillature, imprese, moti ... spesso non fanno altro che effeminare gli animi* (CASTIGLIONE). **SIN.** Infiacchire, rammollire. **B v. intr. pron.** ● Infiacchirsi, snervarsi.

†**effeminatàggine** o †**effemminatàggine** [av. 1558] **s. f.** ● Effeminatezza.

effeminatézza o **effemminatézza** [1549] **s. f.** ● Condizione di chi è effeminato: *e. di costumi* | Atto effeminato.

effeminàto o **effemminàto** [1340 ca.] **part. pass.** di *effeminare*; anche **agg.** • Che ha modi femminili | (*est.*, *spreg.*) Lezioso, frivolo; CFR. Virile. || **effeminataménte**, **avv.** Con effeminatezza.

effeminatóre o **effemminatóre** [1525] **s. m.**; anche **agg.** (f. *-trice*) • (*lett.*) Chi (o Che) rende effeminato.

†**effeminazióne** [vc. dotta, lat. tardo *effeminatiō-ne(m)*, da *effeminātus* 'effeminato'; sec. XIV] **s. f.** • Effeminatezza.

effemminàre e *deriv.* • V. *effeminare* e *deriv.*

effèndi o **efèndi** [turco *efendi*, dal neogr. *aphéndis* per il gr. ant. *authéntēs*, di oscura composizione, anche se il primo elemento è concordemente ritenuto *autós* 'sé, sé stesso'; 1765] **s. m. inv.** • (posposto al nome) In Turchia, particolare titolo onorifico per funzionari, notabili, uomini di alto livello culturale o sociale | Correntemente, signore.

†**efferatàggine** **s. f.** • Efferatezza.

efferatézza [1864] **s. f.** • Inumana ferocia e crudeltà: *agire con e.* | (*est.*) Azione efferata: *in ogni guerra si sono compiute efferatezze.*

efferàto [vc. dotta, lat. *efferātu(m)*, part. pass. di *efferāre* 'rendere feroce', comp. parasintetico di *fĕra* 'bestia feroce', col pref. *ex-* raff.; sec. XIV] **agg.** • Che è caratterizzato da crudeltà e ferocia inumane: *un delitto e.*; *strage efferata.* || **efferataménte**, **avv.** Con efferatezza.

†**efferazióne** [vc. dotta, lat. tardo *efferatiōne(m)*, da *efferātus* 'efferato'; 1630] **s. f.** • Ferocia.

efferènte [vc. dotta, lat. *efferĕnte(m)*, part. pres. di *effĕrre* 'portar (*fĕrre*) fuori (*ex-*)'; 1834] **agg.** **1** Detto di tubo o condotto che serve all'uscita di un liquido o di un gas da un recipiente. **2** (*anat.*) Detto di canale o condotto che porta fuori da un organo i fluidi da questo secreti: *ansa e.*; *vaso e.* | Detto di organo che esercita una funzione di allontanamento da un altro; CONTR. Afferente.

efferènza [vc. dotta, dal lat. *effĕrre* (V. *efferente*)] **s. f.** • (*anat.*) Struttura anatomica (nervo, vaso sanguigno e sim.) che allontana segnali o fluidi da una parte del corpo.

†**efferità** o †**efferitàde**, †**efferitàte** [vc. dotta, lat. *efferitātem*, da *efferātus* 'efferato'; av. 1563] **s. f.** • Efferatezza.

effervescènte [vc. dotta, lat. *effervescĕnte(m)*, part. pres. di *effervēscere* '(cominciare a) bollire (*fervēre*)'; 1869] **agg.** **1** Che produce effervescenza o è in stato di effervescenza: *magnesia e.*; *bibita e.* **2** (*fig.*) Oltremodo fervido e brioso: *ingegno, spirito, immaginazione e.*

effervescènza [da *effervescente*; 1668] **s. f.** **1** Fenomeno per cui un gas si sviluppa da un liquido sotto forma di piccole e numerose bolle. **2** (*fig.*) Vivacità, impetuosità: *l'e. del vostro carattere mi stupisce* | Agitazione, fermento: *il pubblico è in grande e. per l'accaduto.*

†**effèto** [vc. dotta, lat. *effētu(m)*, comp. di *fētus* 'pregno' con *ex-* concl.] **agg.** • (*raro*) Languente, spossato.

effettàto [da *effetto* (*1*); 1989] **agg.** **1** Pieno di effetti: *musica effettata.* **2** (*raro*) Nel gioco del calcio, del tennis e sim., detto di tiro eseguito con l'effetto.

†**effettio** • V. *effettivo.*

effettìṣmo [comp. di *effetto* (*1*) e *-ismo*] **s. m.** • Ricerca dell'effetto, della sensazione, spec. in opere narrative o cinematografiche: *l'autore ha rinunciato a un facile e.*

effettìstica [f. sost. di *effettistico*] **s. f.** **1** Tendenza all'effettismo. **2** Insieme degli effetti utilizzati in opere cinematografiche, teatrali, televisive e sim.

effettìstico [1935] **agg.** (pl. m. *-ci*) • (*raro*) Caratterizzato da effettismo: *tecniche effettistiche.*

effettività [1741] **s. f.** • Caratteristica di ciò che è effettivo, reale, concreto | *E. di servizio*, servizio effettivo.

effettìvo o †**effettio** [vc. dotta, lat. *effectīvu(m)*, da *effĕctus* 'effetto'; 1294] **A** **agg.** **1** (*raro*) Che serve a produrre o produce un effetto. **2** Vero, reale, tangibile: *guadagno e.*; *dare alle parole il loro e. significato*; *la cura mi ha dato un e. miglioramento* | ***Tempo e.***, nello sport, quello impiegato realmente, dopo aver detratto ogni genere di interruzione | ***Lavoro e.***, quello realmente prestato non calcolando nel computarlo i periodi di riposo e il tempo occorrente per recarsi e tornare dallo stesso. CONTR. Apparente. **3** Che ricopre di diritto e in modo permanente una carica o un ufficio: *docente e.*; *assistente e.* | ***Socio e.***, contrapposto a onorario | ***Ufficiale e.***, in servizio permanente, di professione, contrapposto a ufficiale di complemento | ***Personale e.***, insieme dei lavoratori, facenti parte del ruolo organico dell'impresa, che occupano posti con caratteri di permanenza. || **effettivaménte**, **avv.** In realtà, veramente: *è effettivamente malato*; *effettivamente non ha tutti i torti.* **B** **s. m.** **1** (f. *-a*) Chi ricopre di diritto e in modo permanente una carica o un ufficio: *gli effettivi dell'università.* **2** Complesso numerico degli uomini in forza organica a un corpo o ente militare. **3** Atleta, giocatore, titolare e riserva, componente una squadra: *l'allenatore ha a disposizione pochi effettivi.* **4** Concreta consistenza di qlco.: *e. del patrimonio.*

♦**effètto** (**1**) [vc. dotta, lat. *effĕctu(m)*, dal part. pass. di *efficere* 'fare (*făcere*) completamente (*ex-*)', 'compiere'; av. 1292] **s. m.** **1** Ciò che è conseguenza di una causa: *gli effetti del caldo, dell'età*; *i buoni effetti dello studio, dell'onestà*; *molte volte nascono occasioni sufficienti per produr notabili effetti* (SARPI) | ***Raggiungere l'e. voluto***, ottenerlo | Esito favorevole, giovamento: *l'e. di una medicina, di una cura.* SIN. Frutto, risultato. **2** (*est.*) Attuazione, realizzazione: *mandare qlco. a e.* | Adempimento di minaccia, promessa e sim. **3** Capacità di produrre determinate conseguenze, efficacia: *la legge ha e. retroattivo*; *essere privo d'ogni e.* **4** (*fig.*) Impressione viva e immediata: *che e. queste luci sul prato!* | ***Cercare l'e.***, cercare di colpire l'attenzione, di commuovere: *attore, cantante che cerca l'e.* | ***D'e.***, di ciò che colpisce vivamente, anche se in modo superficiale: *battute, frasi d'e.*; *scena d'e.*; *un quadro, un abbigliamento d'e., di grande e.* | ***Fare e.***, provocare turbamento, commozione: *quella scena mi ha fatto un certo e.*; *mi fa e. rivederti dopo tanto tempo* | ***Fare l'e.***, dare un'impressione di somiglianza: *quell'uomo mi fa l'e. di una brava persona.* **5** In vari giochi, traiettoria deviata fatta seguire alla bilia, alla palla o al pallone mediante un particolare colpo di lato perché arrivi in un determinato modo o per ingannare l'avversario: *gioco d'e.*; *colpire d'e.* **6** Titolo di credito: *e. bancario*; *e. bancabile* | (*per anton.*) Cambiale, ordine di pagamento: *firmare, protestare un e.* **7** (*fis.*) Fenomeno, scientificamente notevole, derivante da una causa definita | ***E. corona***, V. *corona* | ***E. Joule***, fenomeno per cui un corpo attraversato da corrente elettrica si riscalda | ***E. Larsen***, in una catena elettroacustica, innesco spontaneo di oscillazioni di ritorno, spec. tra altoparlante e microfono, con emissione di un caratteristico fischio | ***E. Volta***, forza elettromotrice di contatto che si ha quando il contatto stesso avviene fra due corpi conduttori di natura fisica o chimica differenti | ***E. Zeeman***, scissione delle linee spettrali, all'esame spettroscopico, quando gli atomi emittenti sono sottoposti a un campo magnetico. **8** (*est.*) Fenomeno dovuto a particolari accorgimenti o al verificarsi di determinate situazioni | ***E. ottico, acustico***, per il quale qlco. o qlcu. si presenta alla vista o all'udito in maniera non corrispondente al vero | ***Effetti speciali***, accorgimenti cinematografici o teatrali per simulare situazioni non direttamente riproducibili in scena come pioggia, neve, nebbia e sim. | ***Effetti di luce***, ottenuti in cinematografia o teatro mediante mutamenti di luce | ***Effetti sonori***, rumori e suoni atti a completare in un film o in una scena teatrale una precisa ambientazione | (*tv*) ***E. neve***, V. *neve*, sign. B | ***E. serra***, nelle serre e nei collettori solari, riscaldamento di un ambiente mediante coperture trasparenti ai raggi solari capaci di trattenere parte del calore prodotto; (*ecol.*) aumento della temperatura terrestre, dovuto spec. all'incremento del contenuto di anidride carbonica e altri gas nell'atmosfera, che impedisce a una parte del calore solare riflesso dalla superficie terrestre di disperdersi nello spazio | (*med.*) ***E. cocktail***, quello prodotto dall'assunzione contemporanea di farmaci diversi | ***E. Doppler***, V. *Doppler* | ***E. memoria***, in un accumulatore elettrico, fenomeno che ne riduce progressivamente la capacità in seguito a frequenti ricariche dell'accumulatore non completamente scarico. **9** (*est.*) Insieme delle conseguenze politiche, economiche e sociali e dei riflessi che derivano da un evento importante o dalla notorietà di un personaggio pubblico: *e. Chernobyl*; *e. Mitterrand* | ***E. annuncio***, V. *annuncio.* **10** (*raro*) Fatto: *veniamo all'e.* | ***In e.***, ***in effetti***, in realtà, davvero: *in effetti hai proprio ragione.* **11** (*raro*) Fine, scopo: *a questo e. decidemmo di intervenire*; *l'affermazione è valida a tutti gli effetti.* || **effettàccio**, **pegg.** | **effettóne**, **accr.** | **effettùccio**, **dim.**

effètto (**2**) [adattamento del fr. (usato al pl.) *effets*, da *effet* 'effetto, realizzazione'; 1586] **s. m.** • (*spec. al pl.*) Beni mobili, immobili, preziosi e sim.: *effetti patrimoniali* | ***Effetti personali***, vestiario e sim.

effettóre [vc. dotta, lat. *effectōre(m)*, da *effĕctus* 'effetto (1)'; 1551] **s. m.** (f. *-trice*) **1** (*anat.*) Organo capace di rispondere con una particolare attività a una stimolazione nervosa. **2** In cibernetica, dispositivo o apparecchio capace di produrre un effetto quando sia opportunamente stimolato. **3** †Autore.

effettuàbile [1618] **agg.** • Che si può effettuare.

effettuabilità [1847] **s. f.** • Caratteristica di ciò che è effettuabile.

effettuàle [fr. *effectuel*, da *effectuer* 'effettuare'; av. 1433] **agg.** • (*lett.*) Effettivo, reale: *mi è parso più conveniente andare drieto alla verità e. della cosa, che alla immaginazione di essa* (MACHIAVELLI). || **effettualménte**, **avv.** In realtà.

effettualità [1936] **s. f.** • (*raro*) Caratteristica di ciò che è effettuale.

♦**effettuàre** [fr. *effectuer*, dal lat. *effĕctus* 'effetto (1)'; av. 1557] **A** **v. tr.** (*io effèttuo*) • Mandare a effetto, compiere, realizzare: *e. una memorabile impresa*; *il treno non effettua altre fermate* | Adempiere, eseguire: *e. l'altrui volontà.* **B** **v. intr. pron.** • Accadere, aver luogo: *la riunione non si è effettuata per mancanza di adesioni.*

effettuazióne [1618] **s. f.** • Adempimento, esecuzione, realizzazione: *l'e. di un proposito.* SIN. Attuazione, compimento.

†**effettuóso** [vc. dotta, lat. *effectuōsu(m)*, da *effĕctus* 'effetto (1)'; 1336 ca.] **agg.** • Di molto effetto. SIN. Efficace. || †**effettuosaménte**, **avv.** Efficacemente.

†**effezióne** [vc. dotta, lat. *effectiōne(m)*, da *effĕctus* 'effetto (1)'; sec. XIV] **s. f.** • Azione condotta a effetto, a termine.

†**efficàbile** **agg.** • Efficace.

♦**efficàce** [vc. dotta, lat. *efficāce(m)*, da *efficere* 'fare (*făcere*) del tutto (*ex-*)'; av. 1294] **agg.** (assol.; + *contro*; + *per*; + *in*) **1** Che raggiunge il fine in precedenza determinato o produce l'effetto che si desidera: *aiuto, argomento e.*; *un farmaco e. contro le nevralgie*; *queste opinioni furono in lui abbastanza efficaci per fargli comporre di belle poesie* (DE SANCTIS); *norme efficaci nella lotta contro il crimine* | ***Grazia e.***, nella teologia cattolica, quella che determina la volontà a operare e produce l'azione meritoria. SIN. Efficiente, valido. **2** (*est.*) Che mantiene viva l'attenzione di chi legge o ascolta, in quanto dotato di vivezza, incisività e sim.: *un e. resoconto*; *la tua descrizione dell'incidente è molto e.* **3** (*fis.*) Che provoca lo stesso effetto | ***Lunghezza e. di un pendolo composto***, quella di un pendolo semplice di pari frequenza | ***Valore e. di una corrente elettrica alternata***, il valore di una corrente continua che produce lo stesso riscaldamento. || **efficaceménte**, **avv.** Con efficacia.

efficàcia [vc. dotta, lat. *efficācia(m)*, da *efficere* 'fare (*făcere*) del tutto (*ex-*)'; 1306] **s. f.** (pl. *-cie*) **1** Capacità di ottenere un dato effetto o di raggiungere un dato scopo: *l'e. di una terapia, di una punizione* | (*est.*) Particolare intensità espressiva: *parlare, scrivere con e.*; *dipinto di rara e.* | (*lett.*) Forza: *l'e. dei venti marittimi* (ALFIERI). **2** (*dir.*) Capacità di un fatto, atto o negozio di produrre effetti giuridici: *l'e. di una norma* | ***E. della legge***, capacità di produrre i suoi effetti tipici | Il prodursi di tali effetti: *e. retroattiva.* **3** Nel pugilato, uno degli elementi determinanti nell'attribuire il punteggio agli atleti professionisti.

efficènte • V. *efficiente.*

efficènza • V. *efficienza.*

efficiènte, (*evit.*) **efficènte** [vc. dotta, lat. *efficiĕnte(m)*, part. pres. di *efficere* 'fare (*făcere*) del tutto (*ex-*)'; 1308] **agg.** **1** Atto a produrre l'effetto voluto: *legislazione e.* | (*filos.*) ***Causa e.***, che produce l'effetto direttamente e non in modo occasionale | (*ling.*) ***Complemento di causa e.***, indica l'essere inanimato da cui è fatta l'azione espressa con verbo passivo. *2* Che ha un buon funzionamento: *motore, organismo e.* | (*est.*) Che risponde pienamente alle sue funzioni e ai suoi compiti: *un'organizzazione e.*; *un'impiegata molto e.* || **efficientemente**, avv.

efficientismo [1980] s. m. ● Caratteristica di chi (o di ciò che) è sempre e comunque efficiente al massimo grado (*anche spreg.*).

efficientista [1974] s. m. e f. (pl. m. *-i*) ● Chi agisce o si comporta con efficientismo.

efficientistico [1968] agg. (pl. m. *-ci*) ● Caratterizzato da efficientismo.

efficiènza, (*evit.*) **efficènza** [vc. dotta, lat. *efficiĕntia* 'le cose efficienti', nt. pl. di *efficiens*, genit. *efficiĕntis* 'efficiente'; av. 1332] s. f. *1* Capacità di produrre un dato effetto, di raggiungere certi risultati | ***Mettere, rimettere in e.***, mettere o rimettere un motore, un congegno e sim. in grado di funzionare | ***Essere in piena e.***, al massimo, nella pienezza della propria capacità e attività. *2* (*econ.*) Requisito indicante l'alta produttività che presentano le risorse impiegate o le tecniche produttive assunte da un'impresa | (*gener.*) Procedimento e comportamento seguiti nell'esplicazione di una qualsiasi attività. *3* (*aer.*) ***E. aerodinamica***, rapporto fra il peso di un determinato corpo portante e la forza che occorre a trainarlo.

effige ● V. *effigie*.

†effigia s. f. ● (*raro*) Effigie.

effigiàre [vc. dotta, lat. tardo *effigiāre*, da *effigies* 'effigie'; 1319] v. tr. (*io effigio*) *1* Raffigurare qlcu. in effigie, ritrarlo, rappresentarne le sembianze: *un affresco che effigia personaggi illustri* *2* (*lett.*) Adornare mediante effigi, modellare, lavorare a figure: *e. il portale di una chiesa*; *e. la cera, il marmo*.

†effigiatóre [1614] s. m.; anche agg. (f. *-trice*) ● Chi (o Che) effigia.

effigie o **effige** [vc. dotta, lat. *effigie(m)*, arc. *effigia(m)*, da *effingere* '†effingere'; 1321] s. f. (pl. *effigie* o *effigi*) *1* Figura, ritratto: *dipingere l'e. di qlcu.* | Opera d'arte che rappresenta tale immagine: *e. in marmo, in bronzo, in cera* | ***Giustiziare, ardere in e.***, in epoca antica, eseguire la condanna capitale di un contumace servendosi, in assenza di lui, di un suo ritratto. *2* (*raro*) Aspetto, sembiante: *non avere più e. d'uomo*. || **effigiétta**, dim.

effimera [da *effimero*] s. f. ● (*zool.*) Efemera.

effimero o **efimero** [vc. dotta, gr. *ephḗmeros* 'in (*epí*) un giorno (*hēméra*)', 'che dura un sol giorno', quindi 'di breve durata'; sec. XIV] **A** agg. *1* Che dura un giorno solo. *2* (*est.*) Che ha breve o brevissima durata: *è stata una gloria effimera*; *febbre effimera*; *le effimere scorrerie dei Turchi* (NIEVO) | ***Fiore e.***, che appassisce nel volgere di poche ore | ***Insetto e.***, che da adulto ha vita brevissima. SIN. Caduco, labile, fugace. **B** s. m. ● Ciò che ha breve durata, è caduco | Complesso di spettacoli o manifestazioni culturali di carattere occasionale e di breve durata.

†effingere [vc. dotta, lat. *effingere*, in orig. 'esprimere (*ex-*) modellando con l'argilla (*fingere*)'; 1519] v. tr. ● Ritrarre.

efflorescènte [vc. dotta, lat. *efflorescĕnte(m)*, propr. part. pres. di *efflorēscere* 'cominciare a fiorire (*florēre*), a sbocciare (*ex-*)'; 1834] agg. *1* (*lett.*) Che comincia a fiorire. *2* (*chim.*) Detto di sostanza che presenta efflorescenza.

efflorescènza [da *efflorescente*; 1684] s. f. *1* (*chim.*) Proprietà di certe sostanze cristalline, consistente nel perdere la propria trasparenza e nel ridursi in polvere spec. per totale o parziale perdita di molecole d'acqua di cristallizzazione. *2* (*geol.*) Formazione salina su rocce, terreni, muri e in genere ambienti umidi | Fenomeno che porta a tali formazioni. *3* (*med.*) Esantema poco rilevato della cute.

effluènte [vc. dotta, lat. *effluĕnte(m)*, part. pres. di *efflŭere* 'scorrer (*flŭere*) via (*ex-*)'; 1585] **A** agg. ● Di liquido o gas che sgorga da un orifizio. **B** s. m. ● Massa delle acque di rifiuto di agglomerati urbani o stabilimenti industriali, in qualsiasi stadio dello smaltimento o del trattamento di depurazione | ***E. radioattivo***, residuo gassoso, liquido o solido che deriva da operazioni su sostanze radioattive.

effluire [vc. dotta, lat. *efflŭere* 'scorrer (*flŭere*) via (*ex-*)', con cambio di coniugaz.; 1499] v. intr. (*io effluisco, tu effluisci*; aus. *essere*) ● (*raro*) Uscire, riversarsi a fiotti: *dalla botte aperta il vino effluiva con violenza*.

efflùsso [vc. dotta, lat. tardo *efflŭxu(m)*, part. pass. di *efflŭere* 'effluire'; 1584] s. m. ● Fuoriuscita di un gas o di un liquido da un'apertura: *l'e. dell'acqua dalla rottura del tubo*.

efflùvio [vc. dotta, lat. *efflŭviu(m)*, da *efflŭere* 'scorrer (*flŭere*) via (*ex-*)'; 1623] s. m. *1* Esalazione di un odore, spec. gradevole: *cipressi e cedri / di puri effluvi i zefiri impregnando* (FOSCOLO). *2* (*iron.*) Odore sgradevole, lezzo: *senti l'e. della palude!* *3* (*est.*) Emanazione: *un e. di raggi luminosi* | (*elettr.*) ***E. elettrico***, dispersione dell'elettricità da un conduttore nell'aria.

effóndere o **†effùndere** [vc. dotta, lat. *effŭndere* 'versare (*fŭndere*) fuori (*ex-*)'; av. 1348] **A** v. tr. (coniug. come *fondere*) ● (*lett.*) Spargere, versare (*anche fig.*): *e. acqua sui prati*; *e. l'animo, la piena degli affetti*; *parea per gli occhi e. / il sorriso de l'alma* (CARDUCCI). **B** v. intr. (aus. *essere*) ● Fuoriuscire. **C** v. intr. pron. ● Spandersi, diffondersi: *il suono della campana si effonde per la valle*; *un lampo ad or ad or s'effonde* (PASCOLI).

†effondiménto o **†effundiménto** [sec. XIV] s. m. ● Effusione.

effossòrio [vc. dotta, tratta dal lat. *effŏssus*, part. pass. di *effŏdere* 'cavare (*fŏdere*) fuori (*ex-*)', 'scavare'] agg. ● Che serve a scavare, detto spec. di macchine usate in canali, porti e sim.

effrazióne [fr. *effraction*, dal lat. *effrāctus*, part. pass. di *effringere* 'rompere (*frāngere*) del tutto (*ex-*)'; 1812] s. f. *1* (*bur.*) Rottura, forzatura di dispositivi di sicurezza spec. nel compimento di un furto: *l'e. di una serratura*. SIN. Scasso nel sign. 1. *2* (*est., fig.*) Rottura, violazione: *e. di norme stilistiche*.

†effrenàto [vc. dotta, tratta da *effrenātu(m)*, part. pass. di *effrenāre*, comp. di *ex-* separativo e *frenāre* 'frenare'; av. 1349] agg. ● Sfrenato, smodato. || **†effrenataménte**, avv. Sfrenatamente, smodatamente.

†effùgere [vc. dotta, lat. *effŭgere* 'fuggire (*fŭgere*) via (*ex-*)'; sec. XIV] v. tr. ● Fuggire, sfuggire.

†effùgio [vc. dotta, lat. *effŭgiu(m)*, da *effŭgere* '†effugere'; 1499] s. m. ● Sfuggita, scappatoia.

effumazióne [vc. dotta, tratta dal lat. tardo *effumāre* 'mandar fumo (*fumāre*) fuori (*ex-*)'; av. 1313] s. f. *1* Esalazione naturale di vapori o fumo, dalla superficie di alcune acque o dal dorso o sommità di alcuni monti. *2* (*mil.*) Fumo per segnali. SIN. Fumata.

†effùndere e *deriv.* ● V. *effondere* e *deriv.*

effusiòmetro [comp. di *effusione* e *-metro*] s. m. ● (*fis.*) Apparecchio per la determinazione della densità di un gas, ottenuta misurando il suo tempo di efflusso da un foro in parete sottile.

effusióne [vc. dotta, lat. *effusiōne(m)*, da *effŭsus* 'effuso'; sec. XIII] s. f. *1* Abbondante spargimento: *la battaglia ci costò grande e. di sangue*; SIN. Versamento. *2* (*fis.*) Diffusione di un gas in uno o più altri attraverso piccoli fori in parete sottile. *3* (*geol.*) Emissione di lava da un condotto vulcanico, gener. durante fasi eruttive non violente | (*est.*) Lava emessa alla superficie. *4* (*fig.*) Calda dimostrazione di affetto: *abbracciare qlcu. con e.*; *scambiarsi tenere effusioni*. || **effusioncèlla**, dim.

effusìvo [1930] agg. *1* (*geol.*) Detto di processo geologico originato dall'effusione di lave in superficie | Detto di roccia formata per consolidamento di lave. *2* (*fig., raro*) Espansivo: *abbraccio e.*; *ha un carattere poco e.*

effùso [av. 1292] part. pass. di *effondere*; anche agg. ● (*lett.*) Versato | Sparso | ***E. in pianto***, sciolto in lacrime | (*raro, lett.*) Ampio, copioso.

effusóre [vc. dotta, lat. tardo *effusōre(m)*, da *effŭsus* 'effuso'; av. 1667] **A** s. m.; anche agg. (f. *effonditrice*) ● Chi (o Che) effonde. **B** s. m. ● (*fis.*) Condotto divergente atto a trasformare in energia cinetica quella di pressione di un fluido | Ugello di scarico all'estremità posteriore dei motori a getto.

-èfico [dal secondo elemento compositivo lat. *-(e)ficu(m)*, dalla radice di *făcere* 'fare', di orig. indeur.] suff. ● In aggettivi di derivazione latina indica capacità di fare, creare, produrre: *benefico, malefico* | V. anche *-ifico*.

efidròsi [vc. dotta, gr. *ephídrōsis* 'sudore (da *hidrṓs* 'sudore, traspirazione') superficiale (*epí*)'; 1797] s. f. inv. ● (*med.*) Aumento di sudorazione in una parte del corpo.

efimero ● V. *effimero*.

efimnio [gr. *ephýmnion* 'ciò che si canta dopo (*epí*) l'inno (*hýmnos*)'; 1956] s. m. ● (*letter.*) In componimenti strofici della poesia classica, ritornello posto al termine di ogni strofa.

èfod [ebr. *'ēphō(w)dh*, propr. 'veste'; sec. XIV] s. m. ● Nella liturgia levitica dell'Antico Testamento, paramento sacerdotale privo di maniche indossato solo dal sommo sacerdote | Abito di lino grezzo indossato dai sacerdoti comuni.

eforàto [1869] s. m. ● Titolo, carica e dignità di eforo | Durata di tale carica.

èforo [vc. dotta, lat. *ĕphoru(m)*, dal gr. *éphoros* 'che sorveglia (da *horân* 'vedere') sopra (*epí*)'; sec. XIV] s. m. ● Nell'antica Sparta, ciascuno dei cinque magistrati supremi con poteri civili e talvolta anche politici.

eftemìmera o **eftemìmere**, **eptemìmera** [comp. del gr. *heptá* 'sette', *hemi-* 'mezzo' e *méros* 'parte', come spiega il calco *semisettenaria*] agg. solo f. ● (*letter.*) Di cesura che si trova dopo tre piedi e mezzo. SIN. Semisettenaria.

ègagro o **egàgro** [vc. dotta, gr. *áigagros*, comp. di *áix*, genit. *aigós* 'capra' e *ágrios* 'selvatico'; 1797] s. m. ● Capra asiatica simile allo stambecco alpino ma con corna meno imponenti (*Capra hircus*).

egalitàrio ● V. *egualitario*.

egalitarismo ● V. *egualitarismo*.

egèmone [vc. dotta, gr. *hēgemṓn*, dal v. *hēgêisthai* 'condurre'; 1828] **A** s. m. ● (*lett.*) Duce, guida: *l'e. degli eserciti greci*. **B** agg. ● Che prevale, domina, si impone: *Stato e.*; *potenza e.*

egemonìa [vc. dotta, gr. *hēgemonía*, da *hēgemṓn* 'egemone'; 1829] s. f. *1* Supremazia che uno Stato esercita su altri. *2* (*fig.*) Preminenza, direzione, guida: *la teoria dell'e. della classe operaia*; *e. culturale*.

egemònico [vc. dotta, gr. *hēgemonikós*, da *hēgemṓn* 'egemone'; 1851] agg. (pl. m. *-ci*) *1* Che è in posizione di egemonia: *Stato e.* *2* (*est.*) Proprio di chi vuole raggiungere una posizione di egemonia: *volontà egemonica*; *tendenze egemoniche*. || **egemonicaménte**, avv.

egemònio [1887] agg. ● (*lett.*) Che ha ufficio di guida.

egemonismo [da *egemonia*; 1980] s. m. ● Aspirazione, tendenza all'egemonia.

egemonìstico [1980] agg. (pl. m. *-ci*) ● Di, relativo a egemonismo: *mire egemonistiche*.

egemonizzàre v. tr. ● Sottoporre alla propria egemonia: *e. la cultura*.

egemonizzazióne [1983] s. f. ● L'egemonizzare.

†egèno [vc. dotta, lat. *egēnu(m)*, legato col v. *egēre* 'abbisognare', di etim. incerta; 1427] agg. ● Povero, indigente.

†egènte [vc. dotta, lat. *egĕnte(m)*, part. pres. di *egēre* 'essere bisognoso', di etim. incerta; av. 1348] agg. ● Bisognoso, indigente.

egèo [vc. dotta, lat. *Aegēum* (*măre* o *pĕlagus*), dal gr. *Aigéus*, di prob. orig. pregreca; 1342] agg. ● Relativo al mare Egeo: *coste, isole egee*.

†egestà [vc. dotta, lat. *egestāte(m)*, collegata con *egēre* 'aver bisogno', di etim. incerta; sec. XIV] s. f. ● Povertà, indigenza, miseria.

-eggiàre [dal suff. verb. del lat. parl. *-idiāre*, che riproduce il gr. *-ízein*, suff. denom. di orig. indeur.] suff. ● Forma verbi tratti da nomi, da aggettivi, da avverbi e indicanti manifestazione del termine stesso da cui derivano, o azione intensiva, continuata: *amareggiare, corteggiare, favoleggiare, indietreggiare, noleggiare, occhieggiare* | V. anche *-izzare*.

-éggio suff. ● Forma sostantivi derivati da verbi in *-eggiare*: *arpeggio, conteggio, carteggio, maneggio, noleggio, solfeggio, sorteggio*.

ègida o **†ègide** [vc. dotta, lat. *aegida*, acc. di *aegis*, dal gr. *aigís*, da *áix*, genit. *aigós* '(pelle di) capra', che proteggeva lo scudo di Zeus; 1492] s. f. *1* Scudo di Zeus, coperto con la pelle della capra Amaltea | Scudo o ornamento pettorale di Pallade Atena. *2* (*fig., lett.*) Protezione, difesa, riparo: *porsi sotto l'e. della legge* | Patrocinio, patronato: *il convegno si svolge sotto l'e. della Provincia*.

eginètico [vc. dotta, lat. *Aeginēticu(m)*, dal gr. *Aiginētikós*, dal n. di Egina (*Áigina*), facilmente di orig. preellenica; 1765] agg. (pl. m. *-ci*) ● Di Egina, isola greca | ***Lega eginetica***, lega di bronzo usata da statuari greci | ***Sorriso e.***, quello, attonito, di statue di guerrieri rinvenute spec. a Egina.

egioco [vc. dotta, gr. *aigíochos*, perché portatore dell'*egida* (V.); 1810] agg. (pl. m. *-ci*) ● (*lett.*) Armato dell'egida, appellativo di Zeus.

ègira, (*evit.*) **egira** [ar. *hiğra* 'emigrazione', dal v. *hāğara* 'lasciare, emigrare'; av. 1652] s. f. ● Fuga di Maometto dalla Mecca a Medina, avvenuta il 16 luglio del 622 d.C., che segna l'inizio dell'era musulmana.

egittologia [vc. dotta, comp. di *Egitto* e *-logia*; 1892] s. f. ● Disciplina che studia scientificamente le civiltà, i popoli e le arti dell'antico Egitto.

egittològico [av. 1952] agg. (pl. m. *-ci*) ● Relativo all'egittologia.

egittòlogo [vc. dotta, comp. di *Egitto* e *-logo*; 1905] s. m. (f. *-a*; pl. m. *-gi*) ● Studioso, esperto di egittologia.

egiziaco [vc. dotta, lat. tardo *Aegyptĭacu(m)*, dal gr. *Aigyptiakós* 'relativo all'Egitto (*Áigyptos*)'; 1336 ca.] agg. (pl. m. *-ci*) ● (*lett.*) Egiziano.

egiziàno [da *egizio*; av. 1367] **A** agg. ● Relativo all'Egitto. **B** s. m. *1* (f. *-a*) Abitante, nativo dell'Egitto. *2* Carattere tipografico nero con grazie piatte dello stesso spessore delle aste, apparso agli inizi del sec. XIX. **C** s. m. solo sing. ● Lingua dell'antico Egitto appartenente alla famiglia camitica.

egìzio [vc. dotta, lat. *Aegȳptiu(m)*, dal gr. *Aigýptios* 'di Egitto (*Áigyptos*)'; sec. XIII] **A** agg. ● Dell'antico Egitto: *arte egizia*. **B** s. m. (f. *-a*) ● Abitante dell'antico Egitto.

eglefino [fr. *aiglefin*, da *églefin* (con sovrapposizione di *aigle* 'aquila'), a sua volta dal precedente *esclevis*, che riproduce il medio ol. *schelvisch*, propr. 'pesce (*visch*) dalla carne che si sfalda (*schelle* 'scaglia')', con due componenti di area germ.] s. m. ● Pesce osseo dei Gadiformi dell'Atlantico di cui si utilizzano le carni molto saporite (*Gadus aeglefinus*).

♦**égli** o (*lett.*) **èi** (troncato in **e'**, V.), †**élli**, (*tosc.*) **gli** (3) nel sign. 2 e 3, purché in proclisi [lat. parl. *ĭlli per *ĭlle*, parola di difficile analisi nella formazione dei componenti; av. 1250] pron. pers. m. di terza pers. sing. e †pl. (pop. tosc. o poet. troncato in *e'* davanti a consonante semplice o davanti a *f, v, p, b, t, d, c, g* seguite da *l* e *r*, purché in proclisi) *1* Indica la persona di cui si parla e si usa come sogg. riferito al m. sing.: *e. partirà domani*; *e. crede che sia vero*; *del gravissimo scudo arma ei la manca* (TASSO); *Ei fu* (MANZONI). SIN. Lui. *2* (*tosc., lett.*) Riferito a pers. o cosa sing. o pl., spec. con valore pleon.: *e. è gran tempo che ciò è accaduto*; *non è e. forse vero?*; *e. non sono ancora molti anni passati, che in Firenze fu una giovane* (BOCCACCIO). *3* (*tosc.*) †Essi: *e' verranno subito*; *se cosa appare ond'elli abbian paura* (DANTE *Purg.* II, 127). *4* †Lui, ciò, esso, loro, essi (riferito a pers. o cosa sing. e pl., anche nei compl. indiretti): *ch'alcuna gloria i rei avrebber d'elli* (DANTE *Inf.* III, 42).

†**églino** o †**éllino** [da *egli* col suff. *-no*, proprio della terza pers. pl. nella coniug. verb.; av. 1292] pron. pers. m. di terza pers. pl. ● Essi: *si avevan e. ad imbarcar per Venezia* (GOLDONI).

ègloga o **ècloga** [vc. dotta, lat. *ĕcloga(m)*, dal gr. *eklogḗ* 'scelta', dal v. *eklégein* 'coglier (*légein*) fuori (*ek-*)'; av. 1375] s. f. *1* Componimento poetico solitamente di argomento pastorale e di forma amebea: *le egloghe di Virgilio*. *2* Tipo di composizione musicale che si ispira a quella letteraria, con accenti idillici.

Ègo [vc. dotta, lat. *ĕgo* 'io', di orig. e vasta diffusione indeur.; 1918] s. m. inv. ● Nella psicoanalisi, Io.

ègo- [dal lat. *ĕgo* 'io'] primo elemento ● In parole composte, spec. della terminologia filosofica e psicologica, significa 'sé stesso', 'di sé': *egocentrismo, egoismo*.

egoàrca [vc. dotta, comp. di *ego-* e *-arca*; av. 1912] s. m. e f. (pl. m. *-chi*) ● (*lett.*) Egoista presuntuoso e soperchiatore: *voi vi atteggiate a felici, ad egoarchi, a superuomini* (PASCOLI).

egoàrchico [1949] agg. (pl. m. *-ci*) ● (*lett.*) Di, da, egoarca.

egocentricità s. f. ● Caratteristica di chi è egocentrico.

egocèntrico [vc. dotta, comp. di *ego-* e *centrico*, da *centro*; 1905] **A** agg. (pl. m. *-ci*) ● Che è proprio dell'egocentrismo o che ne è caratterizzato: *carattere e.* | **Linguaggio e.**, linguaggio che non ha riferimento o esigenze sociali, sebbene possa prodursi in presenza di altri, comune nei bambini. || **egocentricaménte**, avv. **B** agg.; anche s. m. (f. *-a*) ● Che (o Chi) manifesta egocentrismo.

egocentrìṣmo [da *egocentrico*; 1917] s. m. ● (*psicol.*) Tendenza a porre sé stessi al centro di ogni situazione | (*est.*) Atteggiamento accentratore, proprio di chi vuol fare tutto da sé.

egofonìa [vc. dotta, comp. del gr. *áix*, genit. *aigós* 'capra' e *-fonia*] s. f. ● (*med.*) Suono belante, come di capra, cui dà origine la voce del paziente percepita attraverso il torace, nei versamenti pleurici.

egoìṣmo [fr. *égoïsme*, comp. del lat. *ĕgo* 'io' e del suff. *-isme* '-ismo'; av. 1801] s. m. ● Esclusivo ed eccessivo amore di sé stesso o dei propri beni, che non tiene conto delle altrui esigenze e diritti: *è di un incredibile e.*; *restringere e riconcentrare ogni … affetto ed inclinazione verso sé stesso, il che si chiama appunto e.* (LEOPARDI). CONTR. Altruismo.

♦**egoìsta** [av. 1764] **A** s. m. e f. (pl. m. *-i*) ● Chi tende a seguire esclusivamente i propri interessi e desideri, senza considerare quelli altrui. CONTR. Altruista. **B** agg. ● Egoistico: *mentalità egoista*; *desideri egoisti*. || **egoistàccio**, pegg.

egoìstico [1832] agg. (pl. m. *-ci*) ● Di, da egoista | Che denota egoismo: *amore e.* CONTR. Altruistico. || **egoisticaménte**, avv. Da egoista.

egolalìa [comp. di *ego-* e *-lalia*; 1987] s. f. ● (*psicol.*) Tendenza a parlare continuamente di sé.

egolatrìa [vc. dotta, comp. di *ego-* e *-latria*; 1932] s. f. ● Adorazione, culto di sé stesso. SIN. Autolatria.

egopòdio [vc. dotta, gr. *aigopódēs*, comp. di *áix*, genit. *aigós* 'capra' e *póus*, genit. *podós* 'piede'; 1830] s. m. ● Pianta erbacea perenne delle Ombrellifere con foglie di forma simile ai piedi di capra (*Aegopodium podagraria*).

egotèle [vc. dotta, gr. *aigothêlas*, perché popolarmente si riteneva che succhiasse (da *thēlḗ* 'mammella') il latte di capra (*áix*, genit. *aigós*)] s. m. ● Uccello notturno australiano con capo simile a quello dei gufi, occhio grande e vivace, piumaggio molle e abbondante (*Aegoteles cristata*).

egotìṣmo [ingl. *egotism*, dal lat. *ĕgo* 'io' col suff. *-ism* '-ismo' e la *-t-* di altre vc., come *nepotism* 'nepotismo'; 1887] s. m. ● (*psicol.*) Stima eccessiva di sé che induce ad attribuire valore solo alle proprie esperienze e a parlare esclusivamente di sé.

egotìsta [1765] s. m. e f.; anche agg. (pl. m. *-i*) ● (*psicol.*) Chi (o Che) agisce in base all'egotismo.

egotìstico [av. 1928] agg. (pl. m. *-ci*) ● Di, da egotista | Che denota egotismo: *carattere e.* || **egotisticaménte**, avv.

egotiẓẓàre [ingl. *to egotize*, da *egotism* 'egotismo'; 1776] v. intr. ● (*raro*) Esaltare il proprio io | (*est.*) Parlare esageratamente di sé.

egrègio [vc. dotta, lat. *egrĕgiu(m)*, propr. 'che si stacca dal (*ex-*) gregge (*grĕx*, genit. *grĕgis*)'; 1321] agg. (pl. f. *-gie*) *1* Che esce dall'ordinario, che è singolare, eccellente: *una traduzione egregia*; *i gran nomi e i fatti egregi* (POLIZIANO) | (*disus.*) Cospicuo: *una somma egregia*. *2* Formula di cortesia negli indirizzi e nelle intestazioni di lettere: *all'e. signor Rossi*. SIN. Distinto, esimio. || **egregiaménte**, avv.

egressìvo [dal lat. *egrĕssus*, part. pass. di *egrĕdi* 'andare (*grădi*) fuori (*ex-*)', 'terminare', in opposizione a *ingressivo*] agg. ● (*ling.*) Detto di suono la cui articolazione provoca uscita di aria.

egrèsso [vc. dotta, lat. *egrĕssu(m)*, dal part. pass. di *ĕgredi* 'andar (*grădi*) fuori (*ex-*)'; 1499] s. m. ● (*raro, lett.*) Uscita.

egrétta [fr. *aigrette*, da *aigron*, di orig. germ., con sostituzione di suff.] s. f. *1* Genere di Aironi comprendente l'airone maggiore e l'airone minore (*Egretta*). *2* Pennacchio usato un tempo come ornamento sul copricapo dei generali e colonnelli. *3* Adattamento di *aigrette* (V.).

†**egritùdine** [vc. dotta, lat. *aegritūdine(m)*, da *āeger*, genit. *āegri* 'malato'; 1483] s. f. ● (*lett.*) Infermità, malattia.

ègro [vc. dotta, lat. *āegru(m)*, di etim. incerta; av. 1374] agg. ● (*lett.*) Infermo, debole: *ella già sente / morirsi, e 'l piè le manca e. e languente* (TASSO) | Dolente, afflitto. || †**egraménte**, avv. Malvolentieri.

†**egrotànte** [vc. dotta, lat. *aegrotānte(m)*, part. pres. di *aegrotāre* 'essere ammalato'; 1483] agg. ● (*lett.*) Ammalato.

†**egròto** [vc. dotta, lat. *aegrōtu(m)*, legato ad *āeger*, genit. *āegri* 'malato' in modo non chiaro; av. 1386] agg. ● (*lett.*) Infermo.

eguàle e *deriv.* ● V. *uguale* e *deriv.*

egualitàrio o **egalitàrio** [fr. *égalitaire*, da *égalité* 'eguaglianza'; 1942] **A** agg. ● Che si ispira all'egualitarismo, che si fonda sull'egualitarismo: *teoria, ideologia, politica egualitaria*; *istanze egualitarie*. **B** s. m. (f. *-a*) ● Seguace, sostenitore dell'egualitarismo.

egualitarìṣmo o **egalitarìṣmo** [fr. *égalitarisme*, da *égalitaire* 'egualitario'; 1936] s. m. ● Concezione politica che mira a realizzare una società in cui sia realizzata l'eguaglianza economica e sociale e tutti godano di una eguale parte delle ricchezze.

†**eguàre** ● V. †*equare*.

egùmeno [vc. dotta, gr. *hegoúmenos*, part. di *hēgêisthai* 'condurre, guidare'; av. 1667] s. m. ● Capo di una comunità di monaci della Chiesa greca.

egurgitàre [vc. dotta, lat. *egurgitāre* 'gettare (*gurgitāre*) fuori (*ex-*)'; 1585] v. tr. (*io egùrgito*) ● (*lett.*) Buttare fuori con impeto.

♦**eh** /ɛ, ɛh, ɛʔ, *nel sign. 1 anche* e, eh, eʔ/ [vc. espressiva; sec. XIII] inter. *1* Esprime (a seconda del contesto e dell'intonazione) malcontento, perplessità, rincrescimento, con diverse sfumature che vanno dallo sdegno al rimprovero, alla minaccia, alla disapprovazione, al compatimento, alla esortazione, alla rassegnazione: *eh! queste cose non si fanno!*; *silenzio eh!*; *eh, signore, il gran mondo pensa diversamente* (GOLDONI) | Con valore raff. *eh, via!, eh là*: *eh, via, per chi mi prende!*; *eh, via, bisogna farsi animo!* *2* Esprime dubbio, possibilità e anche lieve speranza: *eh! può darsi che il tempo cambi*; *potrebbe anche farcela, eh?*; *eh! spero che tutto ti vada bene!* *3* Pronunciato in tono interr., esprime meraviglia, sorpresa, stupore: *eh? e tu non hai reagito?* | Esprime l'invito a confermare un parere: *è stata una bella festa, eh?*; *bella ragazza, eh?* *4* (*fam.*) Si usa come risposta a una chiamata con i sign. di 'eccomi', 'sono qua', oppure 'che vuoi?': *'Maria!' 'eh?'*.

♦**èhi** /ei/ [vc. espressiva; av. 1584] inter. *1* Si usa per richiamare l'attenzione di qlcu., spec. in tono secco e perentorio: *ehi voi, venite qui!*; *ehi di casa! c'è nessuno?*; *ehi di bottega!*; *ehi! attento a quello che dici!*; *ehi, quel galantuomo di campagna!* (MANZONI) | (*fam.*) Si usa in risposta a chi chiama: *'Giuseppe!' 'ehi!'*. *2* Esprime meraviglia, stupore e anche ammirazione: *ehi, che roba!*; *ehi! hai visto che riflessi?*

ehilà /ei'la*/ o **ehi là** [comp. di *ehi* e *là*; 1949] inter. *1* Si usa per richiamare l'attenzione di qlcu. spec. in tono perentorio o (*fam.*) in risposta a chi chiama: *e.! buon uomo!*; *e.! salve!* *2* Esprime meraviglia, stupore, ammirazione e sim.: *e.! che salto!*

ehimè /ei'mɛ*, ei'me*/ ● V. *eimè*.

†**ehlà** /e'la*/ ● V. †*elà*.

♦**ehm** /m̩, hm̩, m̩'hm̩, ʔɛm, hɛm, 'ɛhm̩/ [vc. onomat.; 1827] inter. ● Riproduce il suono non precisamente articolato di un leggero colpo di tosse ed esprime esitazione, minaccia, reticenza, incredulità, ironia e sim. | Si usa per richiamare discretamente l'attenzione di qlcu. o per interrompere un discorso imbarazzante.

éi ● V. *egli*.

èia [vc. dotta, lat. *ēia*, pari al gr. *êia*, egualmente d'orig. espressiva; 1353] inter. ● Esprime meraviglia, esortazione, esultanza: *eia, mirto del Quarnaro! / alalà!* (D'ANNUNZIO) | **Eia! eia! eia!, alalà**, grido di saluto, ovazione, incitamento, usato nel periodo fascista.

eiaculàre [vc. dotta, lat. *eiaculāri* (tardo *eiaculāre*) 'gettar fuori', comp. di *ex* 'fuori' e *iaculāri* 'scagliare' (da *iăculum* 'giavellotto', deriv. di *iăcere* 'scagliare'); av. 1950] v. intr. (*io eiàculo*) ● (*anat., fisiol.*) Emettere sperma dall'uretra.

eiaculatóre [1968] agg. (f. *-trice*) ● (*anat.*) Che serve all'eiaculazione | **Dotto e.**, parte terminale del dotto deferente.

eiaculatòrio [av. 1730] agg. ● Eiaculatore.

eiaculazióne [av. 1730] s. f. ● Emissione di sperma dall'uretra.

†**eibò** [comp. di *e(h)i* e del monosillabo espressivo *bò*, che ritorna in *oibò*] inter. ● (*raro*) Esprime sdegno o meraviglia.

eidètico [gr. *eidētikós* 'proprio della conoscenza (*éidēsis*) della forma (*êidos*), specifico'] agg. (pl. m. *-ci*) *1* Nella filosofia di E. Husserl (1859-1938), detto di tutto ciò che concerne gli oggetti ideali della mente, cioè le essenze, non direttamente dipendenti dall'esperienza sensibile. *2* (*psicol.*)

Detto di immagine percettiva soggettiva, proiettata sul mondo esterno indipendentemente dalla presenza reale degli oggetti cui l'immagine si riferisce.

eidophòr® /eido'fɔr, 'eidofɔr/ [marchio registrato; 1974] **s. m. inv.** ● (*tv*) Apparecchio per la proiezione televisiva di immagini su un grande schermo, usato spec. per seguire in studio collegamenti in diretta o brani registrati.

eidotipo o **eidòtipo** [comp. del gr. *êidos* 'aspetto, forma' (d'orig. indeur.) e *-tipo*] **s. m.** ● Schizzo topografico quotato eseguito in modo approssimativo dal geometra, quando ancora si trova sul terreno da rilevare, perché serva di base al disegno definitivo.

eiettàbile [da *eiettare*, sul modello dell'ingl. *ejectable*; 1965] **agg.** ● (*aer.*) Che può essere espulso da un aereo in volo: *serbatoio e.* | ***Sedile e.***, quello che in certi velivoli militari, spec. da caccia, può essere espulso in caso di avaria o emergenza consentendo a chi lo occupa di scendere con il paracadute.

eiettàre [vc. dotta, lat. *eiectāre* 'gettare (*iectāre*, parallelo di *iactāre*) fuori (*ex-*)'] **v. tr.** (*io eiètto*) ● Espellere, proiettare all'esterno: *gli aerei supersonici eiettano ossido d'azoto.*

eiettìvo [dal lat. *eiĕctus*, part. pass. di *eĭcere* 'gettar (*iăcere*) fuori (*ex-*)'] **agg.** ● (*ling.*) Detto di suono la cui articolazione è egressiva.

eiettóre [vc. dotta, tratta da *eiĕctus* (V. *eiezione*) sul modello di analoghe deriv.; 1917] **s. m.** **1** Dispositivo per l'aspirazione e l'espulsione di fluidi, che sfrutta la depressione creata dal passaggio di un getto di aria, vapore o acqua in un condotto composto di un tratto convergente e di uno divergente. **2** Dispositivo che, nelle armi da fuoco moderne a retrocarica, a ripetizione e automatiche, estrae ed espelle dall'arma l'involucro della carica sparata.

eiezióne [vc. dotta, lat. *eiectiōne(m)*, da *eiĕctus*, part. pass. di *eicĕre* 'gettar (*iăcere*) fuori (*ex-*)'; 1673] **s. f.** **1** Espulsione all'esterno, spec. di un liquido. **2** (*geol.*) Espulsione di materiali lavici e piroclastici da un condotto vulcanico.

eimè o **eimé**, (*raro*) **ehimè** [1342] **inter.** ● (*raro*) Ahimè, ohimè.

einsteiniàno /ainstai'njano/ **agg.** ● Che si riferisce ad A. Einstein (1879-1955) e alle sue teorie.

einstèinio /ains'tainjo/ [dal n. del matematico e fisico ted. Albert *Einstein*; 1963] **s. m.** ● Elemento chimico, metallo transuranico ottenuto artificialmente, di numero atomico 99. **SIMB.** Es.

èira [guaranì *eyra*, propr. 'gatto'] **s. m. inv.** ● Felino simile al gatto domestico con arti brevi e lunga coda (*Felis yaguarundi*).

†**eiulàre** [vc. dotta, lat. *eiulāre*, dall'escl. di dolore *ēi*, di orig. espressiva] **v. intr.** ● Guaire, piangere lamentosamente.

†**eiulàto** [vc. dotta, lat. *eiulātu(m)*, dal part. pass. di *eiulāre* '†eiulare'; av. 1306] **s. m.** ● Pianto clamoroso.

†**eiulazióne** [vc. dotta, lat. *eiulatiōne(m)*, da *eiulātus*, part. pass. di *eiulāre* '†eiulare'; 1655] **s. f.** ● Lamento accompagnato da pianto.

†**el** (**1**) /el/ [1319] **art. det. m. sing.** ● (*poet.*) Il: *del rimbombar de' corni el cel rintruona* (POLIZIANO).

†**el** (**2**) /el/ [1313] **pron. pers. m.** di terza pers. sing. ('*l*, se preceduto da vocale) ● Forma tronca di 'ello'.

†**elà** †**ehlà inter.** ● (*raro*) Ehilà.

elaboràre [vc. dotta, lat. *elaborāre* 'applicarsi, lavorare diligentemente' (comp. parasintetico di *lăbor*, genit. *labōris* 'fatica'); 1584] **v. tr.** (*io elàboro* o *raro elabóro*) **1** Eseguire, formare, comporre o preparare qlco. con grande applicazione, cura e studio dei particolari, avendo cura di svolgerne, svilupparne, trasformarne o perfezionarne gli elementi di fondo, i dati caratterizzanti e sim.: *e. un piano, un progetto*; *e. una legge, una riforma*; *la poesia elaborerà lentamente questa materia nuova* (PASCOLI). **2** Digerire: *lo stomaco elabora il cibo* | (*fig.*) ***E. un lutto***, riuscire ad accettarlo, a superare gli aspetti psicologici negativi che ne derivano. **3** (*biol.*) Produrre, emettere, secernere: *le cellule del pancreas elaborano il succo pancreatico.* **4** Sottoporre a elaborazione: *e. dati.*

elaboratézza [1737] **s. f.** ● (*raro*) Caratteristica di ciò che è elaborato: *l'e. dello stile appesantisce la sua prosa.*

elaboràto [1893] **A part. pass.** di *elaborare*; anche **agg.** **1** Preparato con grande cura **2** Detto di ciò che è eccessivamente studiato, curato, raffinato e sim.: *stile e.*; *prosa elaborata e priva di spontaneità.* **SIN.** Ricercato. **3** Detto di motore d'automobile che, avendo subìto particolari adattamenti, è in grado di sviluppare maggior potenza e velocità. || **elaboratamènte**, **avv.** **B s. m.** **1** Effetto dell'elaborare | Compito scritto eseguito a scuola: *consegnare gli elaborati di latino.* **2** (*biol.*) La sostanza prodotta da un organo: *l'e. di una ghiandola.* **3** (*elab.*) Tabulato.

elaboratóre [1905] **A agg.** (f. *-trice*) ● Che elabora: *fantasia elaboratrice.* **B s. m.** **1** Chi elabora. **2** Organo che elabora: *il fegato è un e. di sostanze.* **3** ***E. elettronico***, o (*assol.*) ***elaboratore***, macchina capace di eseguire elaborazioni su dati costituiti da una serie di elementi discreti codificati in una certa forma e rappresentanti caratteri, ossia cifre, lettere alfabetiche e segni speciali; **SIN.** Computer.

elaborazióne [vc. dotta, lat. tardo *elaboratiōne(m)*, da *elaborātus* 'elaborato'; av. 1730] **s. f.** **1** Preparazione e definizione di un'idea, un progetto e sim. attraverso lo sviluppo e la trasformazione degli elementi che li caratterizzano: *l'e. di una teoria, di un piano*; *l'e. di un nuovo romanzo.* **2** (*med.*) Complesso di modificazioni biochimiche impartite a una sostanza dall'attività di un organo o di una cellula. **3** ***E. dei dati***, o (*ellitt.*) ***elaborazione***, qualunque procedimento aritmetico e logico al quale vengono sottoposti i dati numerici o non, introdotti in un sistema di apparecchiature, allo scopo di ottenerne i risultati contabili, scientifici e sim. voluti, nella forma richiesta | ***E. automatica dei dati***, meccanizzazione integrale del lavoro di ufficio mediante l'uso di macchine elettroniche o tradizionali altamente automatizzate | ***E. elettronica dei dati***, sistema attuato mediante macchine elettroniche in grado di funzionare ad altissima velocità, secondo un programma prestabilito, senza l'intervento dell'uomo durante i passaggi intermedi. **4** (*mus.*) La seconda parte della forma sonata, che sviluppa i temi esposti dalla prima | Qualunque cambiamento, arrangiamento, modificazione. **5** (*raro*) Ciò che si elabora.

elàbro [dal grecismo lat. *ellĕborus* 'elleboro' con sovrapposizione del sin. indigeno *verātrum* 'veratro'] **s. m.** ● (*bot.*) Elleboro.

elàfide o **èlafe** [vc. dotta, tratta dal gr. *élaps* 'elapide' (?)] **s. m.** ● (*zool.*) Colubro di Esculapio.

èlafro [vc. dotta, dal gr. *elaphrós* 'leggero', di orig. indeur.] **s. m.** ● Piccolo insetto coleottero dei Carabidi (*Elaphrus riparius*).

elàide [vc. dotta, dal gr. *elaís*, genit. *elaídos* 'pianta di ulivo'] **s. f.** ● Genere di palme con poche specie, una delle quali fornisce il grasso di palma (*Elaeis*).

elàidico **agg.** (pl. m. *-ci*) ● (*chim.*) Elaidinico.

elaidina [vc. dotta, dal gr. *elaís*, genit. *elaídos* 'pianta di ulivo', e *-ina*] **s. f.** ● (*chim.*) Gliceride dell'acido elaidinico, isomero dell'oleina dalla quale si ottiene per azione dell'acido nitroso.

elaidìnico [da *elaidina*] **agg.** (pl. m. *-ci*) ● (*chim.*) Detto di acido isomero dell'acido oleico | ***Acido e.***, acido organico insaturo monobasico, ottenuto per trattamento dell'acido oleico con acido nitroso.

elaidinizzazióne [ingl. *elaidinization*, dal v. *to elaidinize*, da *elaidine* 'elaidina'] **s. f.** ● (*chim.*) Trasformazione dell'acido oleico in acido elaidinico; il fenomeno avviene nel corso di trattamenti chimici sugli oli, come per es. la distillazione.

elaina [vc. dotta, dal gr. *eláinos*, agg. di *élaion* 'olio'] **s. f.** ● (*chim.*, *raro*) Oleina.

elàio- o **elèo-** [dal gr. *élaion* 'olio', di orig. indeur.] primo elemento ● In parole composte spec. della terminologia scientifica, significa 'olio': *elaiometro*, *elaiotecnica*.

elaiòmetro [vc. dotta, comp. di *elaio-* e *-metro*] **s. m.** ● Strumento usato per determinare la quantità di oli e di grassi presente nei semi oleosi.

elaiopòlio [gr. *elaiopṓlion*, comp. di *élaion* 'olio' (V. *elaio-*) e un deriv. di *pōlêin* 'vendere' (di orig. indeur.); 1942] **s. m.** ● Stabilimento consortile per la lavorazione e la vendita dell'olio d'oliva.

elaiotècnica [comp. di *elaio-* e *tecnica*] **s. f.** ● Tecnica della lavorazione e produzione dell'olio.

èlamico [da *Elam*, n. di una regione dell'antica Asia anteriore] **agg.** (pl. m. *-ci*) ● Relativo, appartenente all'Elam: *arte, lingua, religione elamica.*

elamìta [av. 1306] **s. m. e f.** (pl. m. *-i*) ● Abitante dell'Elam.

elamìtico **agg.** (pl. m. *-ci*) ● Relativo all'Elam e agli Elamiti.

Elàpidi [vc. dotta, dal gr. *élaps*, variante tarda di *él(l)ops*, noto spec. come 'nome di pesce', di etim. incerta, e *-idi*] **s. m. pl.** (sing. *-e*) ● Nella tassonomia animale, famiglia di Rettili velenosissimi caratteristici per la coda a forma conica (*Elapidae*).

elargìre [vc. dotta, lat. *elargīri*, da *largīri* 'distribuire con larghezza' (da *lārgus*) con *ex-* raff.; 1582] **v. tr.** (*io elargisco, tu elargisci*) ● Donare, concedere generosamente: *e. doni, favori.* **SIN.** Dispensare.

elargitóre [1584] **s. m.** (f. *-trice*) ● Chi elargisce.

elargizióne [1611] **s. f.** ● Atto dell'elargire | Dono generoso: *fare un'e. ai poveri.*

Elasmobrànchi [comp. del gr. *elasmós* 'piastra' e *bránchia* 'branchie' per la forma delle loro branchie] **s. m. pl.** (sing. *-io*) ● (*zool.*) Sottoclasse di Condroitti comprendente la quasi totalità dei Pesci cartilaginei, con la sola esclusione degli Olocefali (*Elasmobranchia*).

elasticità [1721] **s. f.** **1** (*fis.*) Proprietà dei corpi di riprendere forma e volume iniziali se solidi, o solo volume, se liquidi, al cessare della causa deformante. **2** (*est.*) Scioltezza nei movimenti del corpo: *malgrado gli anni ha conservato una incredibile e.* **SIN.** Agilità. **3** (*fig.*) Capacità di adattarsi prontamente a situazioni e ambienti diversi, di apprendere nuove idee, di assuefarsi a nuovi concetti e sim.: *l'e. dell'ingegno, della mente*; **CONTR.** Ottusità, chiusura. **4** Capacità di mutare secondo le circostanze: *e. di un sistema economico*; **CONTR.** Rigidità | ***E. della domanda, dell'offerta***, variabilità della domanda o dell'offerta di beni o servizi al variare delle condizioni generali di mercato | ***E. di cassa***, utilizzo di un credito in conto corrente il quale presenta frequenti passaggi da debito a credito del correntista.

elasticizzàre [comp. di *elastic(o)* e *-izzare*] **v. tr.** ● Rendere elastico: *e. un tessuto.*

elasticizzàto [1964] **part. pass.** di *elasticizzare*; anche **agg.** ● Detto di tessuto cui viene conferita elasticità con opportuni trattamenti, usato spec. per costumi da bagno, guaine e sim.

elàstico [vc. dotta, gr. *elastikós* per *elatós* 'duttile', da *elân*, forma abbr. di *eláunein* 'tirare' e 'spingere'; 1677] **A agg.** (pl. m. *-ci*) **1** Che possiede elasticità: *corpo, materiale e.* | ***Deformazione elastica***, di un corpo elastico | ***Linea, curva elastica***, linea secondo cui si dispone l'asse geometrico di un solido deformato sotto l'azione di forze esterne | ***Filo e.***, filo di gomma rivestito di seta, di cotone o altra fibra | ***Tessuto e.***, tessuto fabbricato con filo elastico. **2** (*est.*) Dotato di agilità, scioltezza e sim.: *passo e.*; *muscoli elastici* | (*mil.*) ***Difesa elastica***, tattica che consente parziali penetrazioni dell'attaccante prevedendo che possano essere assorbite e poi eliminate con il contrattacco. **3** (*fig.*) Pronto, svelto, aperto: *mente, intelligenza elastica*; **CONTR.** Chiuso, ottuso, rigido. **4** (*fig.*) Che muta col mutare delle circostanze, adeguandosi alla realtà, e non attenendosi a idee o schemi fissi (*anche spreg.*): *un uomo di principi morali piuttosto elastici* | ***Coscienza elastica***, che scende a compromessi | ***Discorso e.***, vago e ambiguo. || **elasticamènte**, **avv.** **B s. m.** **1** Strisciolina di gomma ad anello, usata per stringere o legare. **2** Nastro composto di fili di cotone, seta e sim. e di filamenti di gomma: *l'e. della cintura, del reggiseno, del reggicalze.* **3** Ripiano molleggiato del letto, che serve da sostegno al materasso.

elastina [comp. di *elast(ico)* e *-ina*; av. 1936] **s. f.** ● (*biol.*) Scleroproteina che costituisce la sostanza fondamentale del tessuto connettivo elastico.

elastòmero [comp. del gr. *elast(ik)ós* 'elastico' e *méros* 'parte', per la proprietà caratteristica; 1956] **s. m.** ● (*chim.*) Ogni polimero, naturale o sintetico, che ha le proprietà e le caratteristiche del caucciù.

elatère [vc. dotta, gr. *elatḗr*, genit. *elatêros*, 'che spinge', da *eláunein* 'spingere, guidare', di etim. incerta] **s. m.** **1** Insetto dei Coleotteri che, se rovesciato sul dorso, spicca salti mediante un particolare meccanismo per rimettersi in piedi (*Elater*). **SIN.** (*pop.*) Elaterio (1). **2** (*bot.*) Cellula sterile, igroscopica, che in alcuni muschi e nelle epatiche sta fra le spore e coi suoi movimenti ne orienta l'espulsione.

Elatèridi [comp. di *elater(e)* e *-idi*; 1943] **s. m. pl.**

(sing. *-e*) ● Nella tassonomia animale, grande famiglia di Coleotteri con corpo allungato e convesso, numerose specie della quale sono dannosissime a varie piante coltivate (*Elateridae*).

elaterina [da *elaterio* (*1*) e *-ina*] s. f. ● (*chim.*) Sostanza fortemente purgativa contenuta nel frutto dell'elaterio.

elatèrio (1) [vc. dotta, gr. *elatḗr* 'che spinge' (dal v. *eláunein* 'spingere avanti'), V. *elatere*; av. 1320] s. m. *1* (*bot.*) Cocomero asinino. *2* (*zool.*) Elatere | ***E. dei cereali***, piccolo coleottero le cui larve sono dannosissime alle piante, spec. ai cereali (*Agriotes lineatus*).

elatèrio (2) [vc. dotta, lat. tardo *elatēriu(m)*, dal gr. *elatḗrios* 'stimolante'] s. m. ● (*chim.*) Mescolanza di sostanze estratte da frutti di Cucurbitacee contenenti elaterina.

elativo [dal lat. *ēlātus*, part. pass. di *ecfĕrre* nel senso di 'elevare', 'portare (*fĕrre*) su (*ex-*)', col suff. di altri termini grammaticali (*ablativo* e *superlativo*)] agg. *1* (*ling.*) Detto del caso che esprime il movimento dall'interno di un luogo verso l'esterno. *2* (*ling.*) Superlativo assoluto | Superlativo.

†**elàto** [vc. dotta, lat. *elātu(m)*, part. pass. di *effĕrre* 'portar (*fĕrre*) fuori (*ex-*) dagli altri, in alto'; 1340] agg. ● Sollevato, innalzato | (*fig.*) Altero.

†**elazióne** [vc. dotta, lat. *elatiōne(m)*, da *elātus* 'elato'; av. 1342] s. f. ● Alterigia, superbia.

elbàno A agg. ● Dell'isola d'Elba. B s. m. (f. *-a*) ● Abitante, nativo dell'Elba.

èlce o **èlice** (1) [lat. *ēlice(m)*, forma parallela, di orig. dial., di *īlice(m)*, di etim. incerta; av. 1374] s. m. o f. ● (*lett.*) Leccio.

elcéto [1583] s. m. ● Lecceto.

eldoràdo [sp. *el dorado*, dapprima indicante *el* (*hombre*) *dorado* 'l'uomo d'oro', che, secondo la leggenda, abitava in un favoloso e fantastico impero, che da lui prese nome; av. 1320] s. m. ● Paese leggendario di delizie e d'abbondanza. SIN. Eden.

Eleagnàcee [comp. di *eleagn(o)* e *-acee*] s. f. pl. (sing. *-a*) ● Nella tassonomia vegetale, famiglia di piante legnose coperte di particolari peli squamosi (*Elaeagnaceae*).

eleàgno [gr. *eláiagnos*, comp. del n. di due piante, 'ulivo' (*eláia*) e 'agnocasto' (*ágnos*), di orig. beotica; 1794] s. m. ● Pianta ornamentale da giardino delle Eleagnacee, con foglie bianco-argento e frutto a drupa, rosso e commestibile (*Elaeagnus angustifolia*). SIN. Olivagno.

eleàte [1550] s. m. e f. ● (*filos.*) Eleatico.

eleàtico [1846] A agg. (pl. m. *-ci*) *1* Di Elea, città della Magna Grecia: *costumi eleatici*. *2* Proprio della filosofia della scuola di Elea (che ebbe come principali esponenti Parmenide e Zenone, di Elea, e Melisso di Samo): *dottrina eleatica*. B s. m. (f. *-a*) *1* Nativo, abitante di Elea. *2* Chi segue la, o si ispira alla, filosofia eleatica.

eleatismo [1942] s. m. ● Dottrina filosofica della scuola di Elea che si caratterizza per la svalutazione del mondo dei fenomeni e della conoscenza sensibile e per l'identificazione della verità con un essere immutabile, necessario ed eterno, accessibile esclusivamente alla conoscenza razionale.

elèctron o **electron**, **elèktron** [gr. *ḗlektron* 'lega d'oro e d'argento', da *ēléktōr* 'brillante', di etim. incerta; 1875] s. m. ● Lega ultraleggera a base di magnesio con rame, alluminio, zinco, caratterizzata da buone proprietà meccaniche, usata spec. in aeronautica.

eledóne [vc. dotta, gr. *heledṓnē* 'polpo' (di etim. incerta), per la forma delle sue antenne] s. f. ● Mollusco cefalopode simile a un piccolo polpo (*Eledone moschata*). SIN. Moscardino.

♦**elefànte** [vc. dotta, lat. *elephănte(m)*, nom. *ĕlepha(n)s*, dal gr. *eléphas*, di orig. straniera; sec. XIII] s. m. *1* (f. *-éssa*) Mammifero proboscidato, il più grosso animale terrestre vivente, con caratteristiche zanne e lunga proboscide | ***E. africano***, con grandi orecchie e zanne molto sviluppate (*Loxodonta africana*). CFR. Barrire. ➡ ILL. **animali**/13 | ***E. indiano***, con orecchie e zanne più piccole dell'elefante africano (*Elephas indicus*) | (*fig.*) ***Fare di una mosca un e.***, esagerare molto i fatti | (*fig.*) ***Comportarsi, muoversi come un e.*** (***in cristalleria***), essere molto goffo; (*est.*) essere privo di tatto, di delicatezza. *2* ***E. di mare***, gambero marino (*Homarus vulgaris*) | ***E. marino***, grossa foca fornita di una corta proboscide (*Mirounga leonina*). SIN. Foca elefantina. *3* (*lett.*) †Avorio. || **elefantàccio**, pegg. | **elefantino**, dim. (V.) | **elefantóne**, accr.

elefantésco [av. 1704] agg. (pl. m. *-schi*) ● Di, da elefante: *s'alzò con passi elefanteschi* (CALVINO) | (*est.*) Di grandi proporzioni: *mole elefantesca*.

elefantìaco [vc. dotta, lat. tardo *elephantīacu(m)*, dal gr. *elephantiakós* 'relativo all'*elefantiasi* (detta anche *eléphas*)'; 1750] agg. (pl. m. *-ci*) *1* (*med.*) Elefantisiaco. *2* (*fig.*) Enorme, smisurato, sproporzionato: *crescita elefantiaca*.

elefantìaṣi [vc. dotta, lat. *elephantīasi(m)*, dal gr. *elephantíasis* per l'aspetto rugoso che assume la pelle, simile a quella di un elefante (*eléphas*); 1587] s. f. inv. *1* (*med.*) Edema imponente da stasi linfatica, di solito causato da un parassita dei Nematodi. *2* (*fig.*) Anormale ed esagerato aumento: *l'e. della burocrazia*.

elefantino (1) [1779] s. m. *1* Dim. di *elefante*. *2* Il piccolo dell'elefante.

elefantino (2) [vc. dotta, lat. *elephantīnu(m)*, dal gr. *elephántinos*, da *eléphas*, genit. *eléphantos* 'elefante'; av. 1342] agg. *1* (*raro*) Di elefante | (*med.*) ***Morbo e.***, elefantiasi. *2* (*lett.*) †D'avorio.

elefantisìaco agg. (pl. m. *-ci*) ● (*med.*) Dell'elefantiasi | Affetto da elefantiasi.

♦**elegànte** [vc. dotta, lat. *elegănte(m)*, ant. part. pres. di **elegāre* 'scegliere (**legāre*, intens. di *lĕgere*) fuori (*ex-*)'; av. 1342] A agg. *1* Di fattura squisitamente accurata e fine: *abito, mobile e.* | Che mostra grazia e semplicità unite a una gradevole accuratezza: *donna, uomo e.*; *abito e.*; *gesti eleganti* | (*enol.*) Detto di vino pregiato particolarmente armonico. *2* (*fig.*) Ingegnoso, sottile: *una e. questione di diritto*. || **eleganteménte**, avv. *1* Con eleganza: *vestire elegantemente*; con stile: *ha fronteggiato elegantemente la situazione*. *2* Brillantemente, abilmente: *se l'è cavata elegantemente*. CONTR. Goffamente. B in funzione di avv. ● Elegantemente: *è una signora che veste molto e.*; *scrivere, parlare e.* || **elegantino**, dim.

elegantóne [1927] s. m.; anche agg. (f. *-a*) ● Chi (o Che) veste seguendo rigorosamente la moda | (*iron.*) Chi (o Che) ostenta una eleganza vistosa e poco fine.

♦**elegànza** [vc. dotta, lat. *elegăntia(m)*, da *ēlegans*, genit. *elegăntis* 'elegante'; av. 1375] s. f. *1* Caratteristica propria di chi (o di ciò che) è elegante: *l'e. di una persona, di un vestito, dello stile* | (*per anton.*) Modo di vestire con gusto e raffinatezza: *la sua e. è proverbiale*; *Ella era vestita … con un e. cittadina, trita e complicata* (MORAVIA). *2* (*al pl.*) Modi di dire ricercati e raffinati: *le eleganze dei classici*.

†**eleggèndo** agg. ● Che è da eleggere.

eleggènte o †**eligènte** [av. 1704] A part. pres. di *eleggere* ● Nei sign. dei v. B s. m. e f. ● (*raro*) Elettore.

♦**elèggere** o †**elìgere** [vc. dotta, lat. *elĭgere* 'scegliere', comp. di *ex* 'da, fra' e *lĕgere* 'scegliere'; 1219] v. tr. (coniug. come *leggere*) *1* (*lett.*) Scegliere, preferire: *care mie violette, quella mano / che v'elesse infra l'altre … / v'ha di tanta eccellenza e pregio ornate* (L. DE' MEDICI) | (*est.*) Stabilire in base a una scelta: *e. il proprio domicilio in un luogo*. *2* Nominare qlcu. a un ufficio, una carica o dignità, con votazione palese o segreta: *e. un consigliere, gli amministratori, i deputati*; *eleggemmo sei cittadini comuni, tre de' Neri e tre de' Bianchi* (COMPAGNI).

eleggìbile [fr. *éligible*, dal lat. *elĭgere* 'eleggere'; 1799] agg. ● Che può essere eletto; che ha i requisiti necessari a essere eletto a una carica.

eleggibilità [fr. *éligibilité*, da *éligible* 'eleggibile'; 1784] s. f. ● Possesso dei requisiti necessari a essere validamente eletto: *e. a un organo, a una carica*.

†**eleggiménto** [sec. XIV] s. m. ● Elezione.

†**eleggitóre** [sec. XIV] s. m. (f. *-trice*) ● Elettore.

elegìa [vc. dotta, lat. *elegīa(m)*, dal gr. *elegéia* (sottinteso *ōdḗ*) '(canto) elegiaco', agg. f. di *élegos* 'elego'; 1342] s. f. *1* (*letter.*) Componimento poetico di carattere morale o sentimentale. *2* (*mus.*) Composizione strumentale di carattere mesto.

elegìaco [vc. dotta, lat. tardo *elegīacu(m)*, dal gr. *elegiakós*, da *elegéia* 'elegia'; av. 1375] agg. (pl. m. *-ci*) *1* Di elegia | Appartenente a elegia | ***Poeta e.***, di elegie | ***Distico e.***, strofa risultante dall'unione di un esametro con un pentametro. *2* (*fig.*) Permeato di mestizia, di malinconia; SIN. Triste, nostalgico. || **elegiacaménte**, avv. In modo lamentoso, triste.

elegiàmbo [vc. dotta, gr. *elegíambos*, comp. di *élegos* 'elego' e *íambos* 'giambo'; av. 1912] s. m. ● Verso latino formato da un comma di pentametro e da un dimetro giambico.

†**elegiògrafo** [vc. dotta, gr. *elegeiográphos*, comp. di *elegêion* 'distico' e *-gráphos* '-grafo'] s. m. ● Poeta elegiaco.

elegiṣmo s. m. ● (*raro*) Carattere o tendenza elegiaca.

†**èlego** [vc. dotta, gr. *élegos* 'verso elegiaco', di orig. microasiatica; sec. XIV] agg. ● Elegiaco.

elèktron o **èlektron** ● V. *electron*.

†**elementàle** [av. 1320] agg. ● Che concerne gli elementi di un corpo.

♦**elementàre** (1) o †**elementàrio** [vc. dotta, lat. *elementāriu(m)*, da *elemĕntum* 'elemento'; av. 1519] agg. *1* Che si riferisce a uno o più elementi | (*chim.*) ***Analisi e.***, metodo di analisi chimica atto a determinare la qualità e la quantità degli elementi che costituiscono una sostanza | (*fis.*) ***Carica e.***, carica elettrica dell'elettrone, per convenzione negativa. *2* Che costituisce un elemento: *sostanza e.* | (*fis.*) ***Particella e.***, V. *particella*. *3* (*est.*) Che è proprio delle prime e fondamentali nozioni di una scienza, di un'arte e sim.: *principi elementari*; *geometria e.* | ***Scuola e.***, (*ellitt.*) ***le elementari***, primo livello della scuola dell'obbligo, suddivisa in cinque classi | ***Maestro e.***, che insegna in una scuola elementare | (*est.*) Facile da comprendere: *è una dimostrazione e.* | Basilare, fondamentale: *ignora le più elementari regole di grammatica*. || **elementarménte**, avv.

†**elementàre** (2) [da *elemento*; av. 1400] v. tr. ● (*raro*) Comporre di più elementi.

†**elementàrio** ● V. *elementare* (*1*).

elementarità [1914] s. f. ● Caratteristica di ciò che è elementare.

elementarizzàre [da *elementare* (*1*); 1963] v. tr. ● Rendere molto semplice e chiaro: *e. l'esposizione di una teoria*.

†**elementazióne** [da *elemento*; 1609] s. f. ● Composizione degli elementi.

♦**eleménto** o †**eliménto** [vc. dotta, lat. *elemĕntu(m)*, di etim. discussa: dalle lettere dell'alfabeto (*elemĕnta*) *l, m, n* (?); 1282] s. m. *1* Ciascuna delle parti semplici di cui i filosofi antichi credevano fosse composta la materia | ***I quattro elementi***, l'acqua, l'aria, la terra e il fuoco | ***La furia degli elementi***, lo scatenamento delle forze naturali. *2* (*chim.*) Ognuno dei corpi semplici costituiti da atomi che hanno uguale il numero e la disposizione degli elettroni: *e. chimico*; *e. transuranico*; *e. marcato* | ***E. di transizione***, i cui atomi presentano una struttura elettronica con uno strato interno incompleto | ***E. nativo***, allo stato naturale | ***E. biogeno fondamentale***, ciascuno dei dieci elementi chimici indispensabili alla struttura del protoplasma | ***E. oligodinamico***, oligoelemento. ➡ TAV. **elementi chimici**. *3* (*est.*) Ciascuna delle parti essenziali che compongono un apparecchio multiplo: *gli elementi di un radiatore, di una batteria elettrica*. *4* (*est.*) Parte o fattore costitutivo di qlco.: *il primo e. di una parola composta*; *gli elementi accidentali del negozio giuridico* | ***E. morboso***, qualsiasi fattore di malattia | (*astron.*) ***Elementi orbitali***, sei quantità che determinano la forma di un'orbita e la sua posizione nello spazio | (*mat.*) ***E. d'un insieme***, uno degli enti che costituiscono l'insieme | ***E. differenziale***, classe delle curve che in un punto dato hanno contatto d'ordine non inferiore a un numero intero dato. *5* Ambiente | ***Il liquido e.***, il mare | ***Essere, trovarsi nel proprio e.***, (*fig.*) a proprio agio. *6* (*fig.*) Chi fa parte di un gruppo, di una comunità: *è il peggior e. dell'ufficio* | (*fam.*) ***Che e.!***, che bel tipo! *7* (*spec. al pl.*) Dati e notizie fondamentali di un fatto, di un problema e sim.: *eccovi tutti gli elementi della questione* | ***Elementi di prova***, che provano qlco. | ***Elementi di giudizio***, sui quali si fonda un giudizio. *8* (*al pl.*) Primi rudimenti, nozioni fondamentali di una scienza, di un'arte e sim.: *elementi di geometria*.

elemòṣina o †**elimòṣina**, (*pop.*) **lemòṣina**, (*pop.*) **limòṣina** [vc. dotta, lat. crist. *eleemŏsyna(m)*, poi anche *elemŏsina(m)*, dal gr. *eleēmosýnē*, da *eleḗmōn* 'misericordioso' da *éleos* 'pietà' (di etim. sconosciuta); 1336 ca.] s. f. *1* Secondo il precetto cristiano della carità, soccorso materiale che si dà al prossimo bisognoso: *fare, chiedere l'e.* | (*per anton.*) Beneficenza fatta ai poveri, a

elemosinare

una chiesa o a un convento: *dare in e.* | *Ridursi all'e.*, (*fig.*) in totale miseria. **2** Compenso dato al sacerdote per celebrare una messa | Compenso, tassa percepita per le concessioni di dispense e di atti amministrativi ecclesiastici. **3** (*spreg.*) Ciò che si fa o che si dà con superiore degnazione o controvoglia: *ti ho chiesto un favore, non un'e.* || **elemosinùccia, elemosinùzza,** dim.

elemosinàre o (*pop.*) **limosinàre** [1483] **A** v. tr. (*io elemòsino*) **1** Chiedere qlco. in elemosina: *e. un tozzo di pane* | (*fig.*) Domandare qlco. umiliandosi: *viene sempre a e. la mia compagnia.* SIN. Mendicare, questuare. **2** Dare in elemosina. **B** v. intr. (aus. *avere*) ● Chiedere l'elemosina: *va elemosinando tutto il giorno per le strade.*

†**elemosinàrio** o †**elimosinàrio**, †**limosinàrio** [vc. dotta, lat. tardo *eleemosynāriu(m)*, da *eleemósyna* 'elemosina'; av. 1342] **s. m.** ● Elemosiniere.

†**elemosinatóre** o †**limosinatóre** s. m. ● Chi fa l'elemosina.

elemosinerìa s. f. ● (*relig.*) *E. apostolica*, istituzione della Santa Sede incaricata di esercitare la carità.

elemosinière o †**elemosinièro**, †**elimosinière**, †**elimosinièro**, (*pop.*) **limosinière**, (*pop.*) **limosinièro** [av. 1342] **A** s. m. ● Distributore di elemosine, nelle corti dei sovrani, nelle case dei ricchi d'un tempo, e sim. | Dignitario della Santa Sede che presiede, con il titolo di arcivescovo, l'elemosineria apostolica. **B** s. m.; anche agg. (f. *-a*) ● (*disus.*) Chi (o Che) fa volentieri elemosine.

elencàbile agg. ● Che si può elencare.

◆**elencàre** [da *elenco*; 1812] v. tr. (*io elènco* (o *-é-*), *tu elènchi* (o *-é-*)) ● Disporre in ordine di elenco: *e. gli alunni di una scuola* | (*est.*) Enumerare, considerare uno per uno: *gli elencai tutti i suoi difetti.*

elencatòrio [da *elencato*, part. pass. di *elencare*; 1943] agg. ● Che elenca | (*spreg.*) Che si limita a elencare, enumerare: *una descrizione elencatoria.*

elencazióne [1898] s. f. ● L'elencare | Elenco.

◆**elènco** (o *-é-*) [vc. dotta, lat. tardo *elénchu(m)*, dal gr. *élenchos* 'riprovazione, dimostrazione', da *elénchein* 'riprovare, confutare' (di etim. incerta); 1632] s. m. (pl. *-chi*) **1** Lista compilata con opportuno ordine: *e. di libri, di nomi*; *l'e. degli assenti* | *E. telefonico*, volume comprendente tutti gli abbonati telefonici di un distretto. **2** (*filos.*) Confutazione. || **elenchino,** dim.

elènio [vc. dotta, lat. *helēniu(m)*, dal gr. *hélenion* 'la pianta di Elena (*Helénē*), figlia di Giove'; 1499] s. m. ● Pianta erbacea delle Composite con foglie ovate e rugose e fiori gialli in pannocchie (*Inula helenium*). SIN. Enula campana.

elèo [vc. dotta, lat. *Elēu(m)*, dal gr. *Eléios* 'proprio dell'Elide (*Êlis*)'; 1614] **A** agg. ● Dell'Elide, regione del Peloponneso, dove si celebravano i giochi olimpici: *dialetto e.*; *palma elea.* **B** s. m. (f. *-a*) ● Nativo, abitante dell'Elide.

elèo- V. *elaio-*.

eleomèle [vc. dotta, lat. *elaeŏmeli* (neutro), dal gr. *elaiómeli* 'gomma dolce (come il miele: *méli*), che cola dall'ulivo (*élaion*)'; 1550] s. m. ● Balsamo oleoso che si ricava da un albero della Siria.

eleotèsio [vc. dotta, lat. tardo *elaeothēsiu(m)*, comp. del gr. *élaion* 'olio' e *thésis* 'posto'; av. 1798] s. m. ● (*archeol.*) Parte del bagno dove i bagnanti o i frequentatori della palestra si ungevano il corpo con oli, unguenti o sim.

elètta [f. sost. di *eletto*; 1319] s. f. **1** (*raro, lett.*) Elezione, scelta: *io temo forse* / *che troppo avrà d'indugio nostra e.* (DANTE *Purg.* XIII, 11-12). **2** (*lett.*) Gruppo di persone scelte.

elettézza [av. 1909] s. f. ● (*raro, lett.*) Squisitezza, eleganza: *e. di pensieri, di frasi.*

elettività [1970] s. f. ● (*raro*) Eleggibilità.

elettìvo [vc. dotta, lat. tardo *electīvu(m)*, da *elēctus* 'eletto, scelto'; 1308] agg. **1** Che si nomina o si assegna per elezione: *assemblea, carica, monarchia elettiva* | Che deriva da una libera scelta: *domicilio e.* **2** (*lett.*) Di scelta, che serve a scegliere: *atto e.* | *Affinità elettiva*, specie di simpatia e attrazione reciproca fra due o più persone, che le spinge a scelte e comportamenti simili. **3** (*farm.*) Che agisce soltanto in casi ben determinati | Fornito di azione specifica. || **elettivaménte,** avv. **1** Per mezzo di elezioni. **2** (*raro*) In modo elettivo, in modo da costituire una scelta; (*raro*) soprattutto, di preferenza.

elètto [av. 1306] **A** part. pass. di *eleggere*; anche agg. **1** Scelto in base a un'elezione **2** Chiamato da Dio a una missione o a una predicazione religiosa | *Popolo e.*, (*per anton.*) gli Ebrei | Scelto con grazia particolare fra gli altri credenti. **3** (*lett.*) Distinto, nobile, pregiato: *ingegno e.*; *anima, mente eletta* | (*est.*) Scelto, selezionato: *classe eletta.* || **elettaménte,** avv. In modo eletto, con distinzione. **B** s. m. (f. *-a*) **1** Chi è stato scelto, prescelto, nominato: *ecco il nostro e.*; *gli eletti al Parlamento.* **2** (*spec. al pl.*) Chi è stato scelto, chiamato da Dio: *gli eletti del Signore* | Anima beata: *la schiera degli eletti.*

elettoràle [1619] agg. **1** Relativo alle elezioni, agli elettori: *riforma e.*; *circoscrizione e.* | *Corpo e.*, l'insieme degli elettori di uno Stato o anche di una circoscrizione | *Legge e.*, legge che disciplina il modo di svolgimento delle elezioni | *Diritto e.*, diritto di elettorato | *Seggio e.*, V. *seggio* | *Sistema e.*, modo di computare i voti nelle elezioni. **2** (*st.*) Che concerne gli elettori del Sacro Romano Impero: *dieta e.* || **elettoralménte,** avv. Dal punto di vista elettorale.

elettoralìsmo [comp. di *elettorale* e *-ismo*; 1915] s. m. ● Atteggiamento di chi, in politica, agisce in modo demagogico e opportunistico al solo fine di ottenere un risultato elettorale favorevole.

elettoralìstico [1936] agg. (pl. m. *-ci*) ● Basato sull'elettoralismo: *promesse elettoralistiche.*

elettoràto [av. 1579] s. m. **1** Corpo elettorale: *chiamare alle urne l'e.* | *Diritto di e.*, diritto di partecipare alle elezioni di rappresentanti popolari | *Diritto di e. attivo*, diritto di voto | *Diritto di e. passivo*, diritto di porre la propria candidatura. **2** (*st.*) Dignità e ufficio di elettore del Sacro Romano Impero | Territorio soggetto a tale elettore.

◆**elettóre** [vc. dotta, lat. *electōre(m)* 'sceglitore', da *elēctus* 'eletto'; sec. XIII] s. m. (f. *-trice*) Chi ha il diritto di elettorato attivo: *lista degli elettori* | *Grande e.*, nel linguaggio giornalistico, chi è in grado di raccogliere un elevato numero di voti per un candidato a una carica | (*est.*) membro del Parlamento che elegge il Presidente della Repubblica. **2** (*st.*) Titolo dei principi e degli arcivescovi del Sacro Romano Impero che eleggevano l'imperatore.

†**elettovàrio** ● V. *elettuario.*
†**elettovàro** ● V. *elettuario.*

elettràuto [comp. di (*impianto*) *elettr(ico)* e *auto(mobile)*; 1959] s. m. inv. ● Officina di riparazione o negozio di vendita delle parti elettriche degli autoveicoli | Chi ripara o vende queste parti.

elettrète [dall'ingl. *electret*, comp. di *electr(icity)* 'elettricità' e (*magn)et* 'magnete'] s. m. ● (*elettr.*) Materiale dielettrico dotato di polarizzazione permanente e quindi in grado di generare autonomamente un campo elettrico.

Tabella periodica degli elementi

elettricìsmo [1747] s. m. ● (*raro*) Elettricità.
◆**elettricista** [1886] s. m. e f. (pl. m. *-i*) ● Tecnico che ripara o installa impianti elettrici.
◆**elettricità** [fr. *électricité*, a sua volta dall'ingl. *electricity*, da *electric* 'elettrico'; 1715] s. f. *1* (*fis.*) Proprietà fisica della materia che si manifesta tramite forze attrattive o repulsive | *E. negativa* (o *resinosa*), quella dei corpi con un eccesso di elettroni | *E. positiva* (o *vetrosa*), quella dei corpi ai quali sono stati sottratti elettroni. *2* Elettrologia. *3* (*fam.*) Energia elettrica: *è mancata l'e.* → ILL. p. 2138 SCIENZE DELLA TERRA ED ENERGIA; **elettricità**. *4* (*fig.*, *fam.*) Agitazione, irritabilità, tensione: *c'è molta e. nell'aria; cerca di scaricare su qualcun altro la tua e.*
◆**elèttrico** [fr. *électrique*, tratto dal lat. *ēlectrum* 'ambra', perché il fenomeno elettrico fu notato per la prima volta strofinando dell'ambra; 1660] **A** agg. (pl. m. *-ci*) *1* (*fis.*) Relativo all'elettricità: *energia elettrica*; *campo e.* | *Carica elettrica*, quantità di elettricità presente in un accumulatore, in ciascuna delle due armature di un condensatore elettrico | *Centrale elettrica*, locale o gruppo di locali adibito essenzialmente all'esercizio di generatori dell'energia elettrica | *Albero e.*, accoppiamento di trasmissione fra due macchine elettriche, in cui una funge da generatore e l'altra da motore, stabilito collegandole elettricamente. *2* (*est.*) Detto di ogni meccanismo la cui forza motrice è l'energia elettrica: *orologio e.*; *macchina elettrica* | *Sedia elettrica*, V. *sedia*. *3* Nella loc. *blu e.*, colore azzurro brillante simile a quello della scintilla elettrica. *4* (*fig.*, *fam.*) Pieno di irrequietezza, di nervosismo: *umore e.* **B** s. m. ● Lavoratore dell'industria elettrica: *lo sciopero degli elettrici.* || **elettricaménte**, avv. Mediante l'elettricità; dal punto di vista dell'elettricità.

ELETTRICA (ENERGIA)
nomenclatura

elettrica (**energia**)

● *produzione generatori*: alternatore, turboalternatore; dinamo, turbodinamo;

● *centrale elettrica*: anemoelettrica, dieselelettrica, geotermoelettrica (= geotermica), idroelettrica, mareomotrice, talassotermica, nucleotermoelettrica (= elettronucleare = nucleare), termoelettrica, elioelettrica (aeroturbina); trasformatore; motore elettrico; accumulatore;

● *conversione diretta in energia elettrica* dalla caduta dell'acqua (energia idroelettrica, carbone bianco; diga, bacino idroelettrico); da energia termica (magnetofluidodinamica; termoionica; termoelettrica; termopila); da energia luminosa (fotoelettrica: cella solare, batteria solare); da energia chimica (elettrochimica: pila voltaica, a combustibile); da fenomeni naturali, geyser, soffioni (energia geotermica); pila voltaica, termocoppia, pila termoelettrica, pila fotoelettronica (= fotovoltaica);

● *trasmissione e distribuzione* (= fornitura) dell'energia elettrica: linea elettrica (di trasporto = trasmissione, di distribuzione) aerea, in cavo; colonna montante; rete di trasmissione e interconnessione; rete di distribuzione; rifasamento; ora di punta; black-out; corrente elettrica, conduzione, conduttori, semiconduttori, linea elettrica (bifilare), carica elettrica (ionizzazione, induzione elettrostatica), intensità di corrente elettrica, presa di corrente elettrica (punto luce), elettrodomestici.

elettrificàre [fr. *électrifier*, da *electri-* 'elettro-' e *-fier* '-ficare'; 1931] v. tr. (*io elettrifico tu elettrifichi*) ● Attrezzare o trasformare un impianto allo scopo di utilizzare energia elettrica.

elettrificazióne [fr. *électrification*, da *électrifier* 'elettrificare'; 1917] s. f. ● Operazione dell'elettrificare.

elettrizzàbile [1746] agg. ● Che si può elettrizzare.

elettrizzànte [1801] part. pres. di *elettrizzare*; anche agg. ● (*fig.*) Eccitante, entusiasmante: *musica e.*

elettrizzàre [fr. *électriser*, da *électrique* 'elettrico'; 1746] **A** v. tr. *1* Far comparire delle cariche elettriche su un corpo inizialmente neutro: *e. per strofinio, per contatto, per induzione elettrostatica*. *2* (*fig.*) Entusiasmare, eccitare: *e. il pubblico*. **B** v. intr. pron. *1* Divenire carico di elettricità. *2* (*fig.*) Eccitarsi, accendersi.

elettrizzàto [av. 1698] part. pass. di *elettrizzare*; anche agg. ● (*fig.*) Eccitato.

elettrizzatóre [av. 1764] agg.; anche s. m. (f. *-trice*) ● Che (o Chi) elettrizza.

elettrizzazióne [1746] s. f. ● L'elettrizzare, l'elettrizzarsi.

elèttro [vc. dotta, lat. *ēlectru(m)*, dal gr. *ḗlektron* 'ambra', da *ēlēktōr* 'brillante', di etim. incerta; av. 1333] **s. m.** *1* Lega naturale o artificiale dell'oro con l'argento, usata per le più antiche monete greche dell'Asia Minore. *2* (*lett.*) Ambra gialla: *porta anelli d'e. e di cristallo / alla caviglia* (D'ANNUNZIO).

elèttro- [dal gr. *ḗlektron* 'ambra'. V. *elettro*] primo elemento ● In parole composte della terminologia scientifica, significa 'elettrico', 'dell'elettricità', 'che è mosso dall'energia elettrica', e sim.: *elettrocardiogramma, elettrochimica, elettromagnete, elettrotreno*.

elettroacùstica [comp. di *elettro-* e *acustica*; 1941] s. f. ● Ramo dell'acustica relativa ai trasdut-

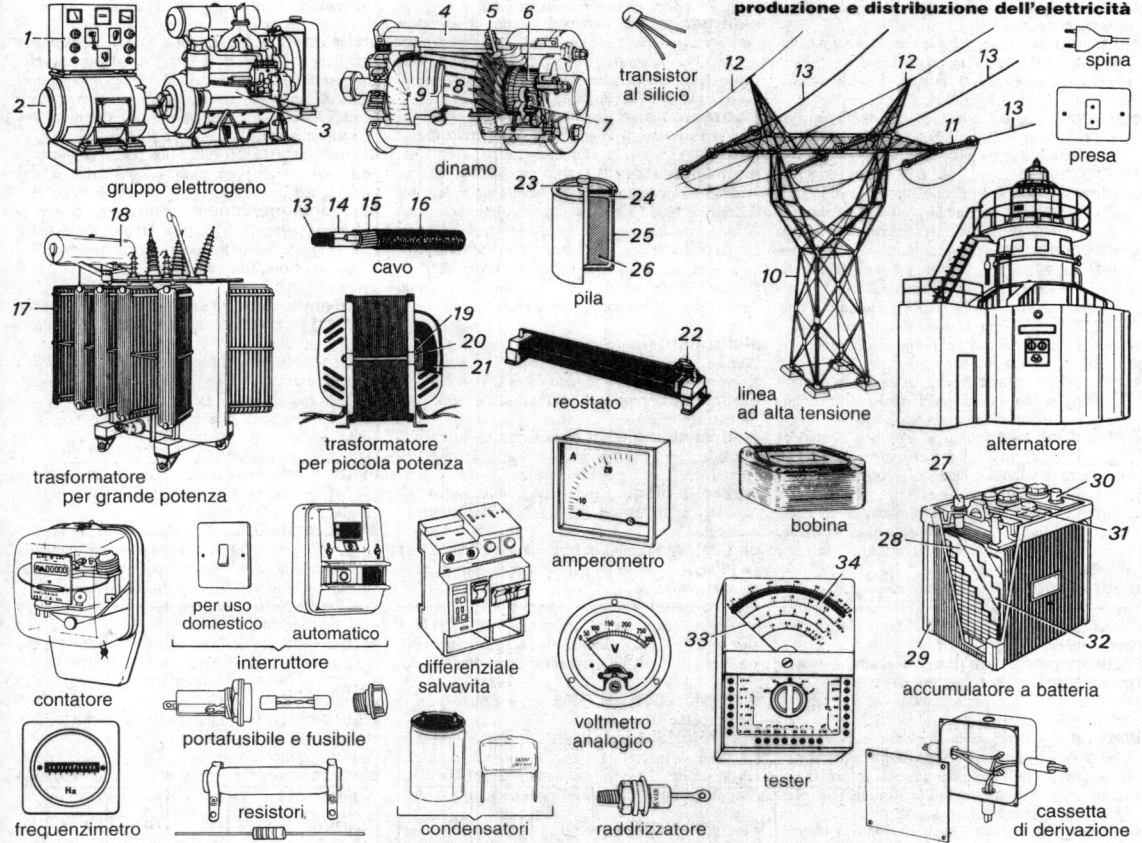

produzione e distribuzione dell'elettricità

gruppo elettrogeno — dinamo — transistor al silicio — spina — presa — cavo — pila — 10 — trasformatore per piccola potenza — reostato — linea ad alta tensione — alternatore — trasformatore per grande potenza — amperometro — bobina — accumulatore a batteria — contatore — per uso domestico — interruttore — automatico — differenziale salvavita — voltmetro analogico — tester — cassetta di derivazione — portafusibile e fusibile — condensatori — raddrizzatore — frequenzimetro — resistori

1 quadro elettrico 2 alternatore 3 motore Diesel 4 carcassa 5 morsetto 6 collettore 7 spazzola 8 indotto 9 induttore 10 traliccio 11 isolatore 12 fune di guardia 13 conduttore 14 isolante 15 armatura in acciaio 16 guaina 17 radiatori 18 serbatoio dell'olio di raffreddamento 19 nucleo 20 primario 21 secondario 22 cursore 23 carbone 24 elettrolito 25 zinco 26 miscela depolarizzante 27 polo positivo 28 piastra 29 cassetta 30 polo negativo 31 ponticello 32 separatore 33 indice 34 scala

tori elettrici per la generazione e la ricezione del suono.

elettroacùstico [1936] agg. (pl. m. *-ci*) ● Relativo all'elettroacustica.

elettroaffinità [comp. di *elettro-* e *affinità*] s. f. ● (*chim.*) Attitudine di un atomo a ricevere un elettrone e a trasformarsi in ione negativo.

elettroanàliṣi [comp. di *elettro-* e *analisi*] s. f. inv. ● (*chim.*) Analisi chimica effettuata con l'ausilio di metodi elettrochimici.

elettrobisturi [comp. di *elettro-* e *bisturi*] s. m. inv. ● Apparecchio usato in chirurgia per incidere i tessuti sfruttando l'azione di determinate forme di corrente elettrica che contemporaneamente hanno effetto emostatico.

elettrocalamita [vc. dotta, comp. di *elettro-* e *calamita*; 1875] s. f. ● Elettromagnete.

elettrocapillarità [comp. di *elettro-* e *capillarità*] s. f. ● Capillarità nei liquidi causata dalla presenza di cariche elettriche.

elettrocardiografia [comp. di *elettro-* e *cardiografia*; 1932] s. f. ● Registrazione grafica degli impulsi elettrici del cuore.

elettrocardiogràfico agg. (pl. m. *-ci*) ● Che si riferisce all'elettrocardiografia o all'elettrocardiografo: *registrazione elettrocardiografica*.

elettrocardiògrafo [vc. dotta, comp. di *elettro-* e *cardiografo*; 1932] s. m. ● Apparecchio per la registrazione degli impulsi elettrici del cuore. ➡ ILL. **medicina e chirurgia.**

elettrocardiogràmma [vc. dotta, comp. di *elettro-* e *cardiogramma*; 1913] s. m. (pl. *-i*) ● Diagramma ottenuto con l'elettrocardiografo.

elettrocauterizzazióne [vc. dotta, comp. di *elettro-* e *cauterizzazione*] s. f. ● (*chir.*) Distruzione o coagulazione del tessuto mediante applicazione di corrente elettrica.

elettrochìmica [vc. dotta, comp. di *elettro-* e *chimica*; 1849] s. f. ● Disciplina che studia le relazioni tra elettricità e reazioni chimiche, spec. le trasformazioni di energia chimica in energia elettrica e viceversa.

elettrochìmico [vc. dotta, comp. di *elettro-* e *chimico*; 1849] **A** agg. (pl. m. *-ci*) ● Relativo all'elettrochimica: *potenziale e.* **B** s. m. (f. *-a*) ● Studioso, esperto in elettrochimica.

elettrochirurgìa [comp. di *elettro-* e *chirurgia*] s. f. ● (*chir.*) Impiego dell'elettricità nella pratica chirurgica mediante elettrobisturi.

elettrochòc /elettroʃ'ʃɔk/ ● V. *elettroshock*.

elettrocinètica [comp. di *elettro-* e *cinetica*] s. f. ● Ramo dell'elettrologia che studia particolari fenomeni dovuti al movimento di particelle cariche.

elettrocoagulazióne [comp. di *elettro-* e *coagulazione*; 1920] s. f. *1* (*chir.*) Coagulazione distruttiva ottenuta mediante corrente elettrica ad alta frequenza che sviluppa calore nel tessuto vivente. *2* Tecnica di depilazione permanente consistente nella distruzione del bulbo pilifero mediante corrente ad alta frequenza.

elettrocomandàto [comp. di *elettro-* e *comandato*] agg. ● Detto di dispositivo il cui funzionamento è regolato da un comando elettrico.

elettrocontàbile [comp. di *elettro-* e *contabile*] agg. ● Detto di macchina elettronica che esegue operazioni contabili | Detto di centro, di ufficio che si serve di tali macchine.

elettroconvulsivo [comp. di *elettro-* e *convulsivo*] agg. ● (*med.*) Che, mediante scosse elettriche, provoca convulsioni, contrazioni violente: *shock e.*

elettrocuzióne [ingl. *electrocution*, forma contratta di *electro-execution*] s. f. *1* Elettroesecuzione. *2* Scarica accidentale di corrente elettrica sul corpo umano.

elettrodepoṣizióne [comp. di *elettro-* e *deposizione*; 1948] s. f. ● Finissima deposizione di un metallo su di una superficie mediante elettrolisi di un suo sale.

elettrodiàgnoṣi [comp. di *elettro-* e *diagnosi*] s. f. inv. ● (*med.*) Diagnosi di patologie o disfunzioni del sistema nervoso e dei muscoli volontari mediante esami che impiegano la stimolazione elettrica o che registrano l'attività elettrica.

elettrodiagnòstica [comp. di *elettro-* e *diagnostica*] s. f. ● (*med.*) Tecnica ed esecuzione della elettrodiagnosi.

elettrodiàliṣi [comp. di *elettro-* e *dialisi*] s. f. inv. ● (*chim.*) Dialisi in cui il passaggio di ioni o altre specie chimiche attraverso la membrana viene accelerato per mezzo di una forza elettromotrice.

elettròdico [comp. di *elettrod(o)* e *-ico*] agg. (pl. m. *-ci*) ● (*chim.*) Pertinente o relativo a un elettrodo: *potenziale e.*

elettrodinàmica [vc. dotta, comp. di *elettro-* e *dinamica*; 1849] s. f. ● Parte dell'elettrologia che studia le azioni reciproche di circuiti percorsi da corrente elettrica.

elettrodinàmico [vc. dotta, comp. di *elettro-* e *dinamico*; 1849] agg. (pl. m. *-ci*) ● Che riguarda l'elettrodinamica | ***Azioni elettrodinamiche***, azioni meccaniche che si esercitano tra fili percorsi da corrente.

elettrodinamiṣmo [vc. dotta, comp. di *elettro-* e *dinamismo*] s. m. ● Insieme dei fenomeni elettrodinamici.

elettrodinamòmetro [vc. dotta, comp. di *elettro-* e *dinamometro*] s. m. ● Strumento che serve per misurare l'intensità di una corrente elettrica.

elèttrodo, (*evit.*) **elettròdo** [ingl. *electrode*, comp. di *electro-* 'elettro-' e del gr. *hodós* 'via'; 1849] s. m. ● Conduttore attraverso il quale una corrente elettrica penetra in un corpo o ne esce | Nella candela dei motori a scoppio, parte da cui scocca la scintilla.

elettrodomèstico [vc. dotta, comp. di *elettro-* e *domestico*, agg.; 1935] **A** s. m. (pl. *-ci*) ● Apparecchio elettrico avente impiego soprattutto domestico. **B** (*raro*) anche agg.: *apparecchi elettrodomestici*.

elettrodótto [vc. dotta, comp. di *elettro-* e *-dotto*; 1936] s. m. ● Conduttura costituita da linee aeree o da cavi adibita al trasporto dell'energia elettrica.

elettroencefalografìa [comp. di *elettro-* e *encefalografia*; 1948] s. f. ● Registrazione dei fenomeni elettrici che si svolgono nell'encefalo.

elettroencefalogràfico agg. (pl. m. *-ci*) ● Di, relativo a, elettroencefalografia.

elettroencefalògrafo [comp. di *elettro-* e *encefalografo*; 1951] s. m. ● Strumento per la registrazione degli elettroencefalogrammi.

elettroencefalogràmma [comp. di *elettro-* e *encefalogramma*; 1948] s. m. (pl. *-i*) ● (*med.*) Registrazione dell'attività elettrica delle cellule nervose della corteccia cerebrale | ***E. piatto***, segno di assenza di attività cerebrale.

elettroeroṣióne [comp. di *elettro-* ed *erosione*] s. f. ● Processo di lavorazione dei metalli che si basa sull'erosione prodotta da scariche elettriche.

elettroeṣecuzióne [comp. di *elettro-* e *esecuzione*, svolgimento dell'ingl. *electrocution* 'elettrocuzione'; 1931] s. f. ● Esecuzione delle condanne capitali mediante corrente elettrica.

elettròfilo [comp. di *elettro(ne)* e *-filo*; 1956] agg. ● (*chim.*) Detto di atomo o molecola organica caratterizzati da una carenza elettronica e quindi da una elevata affinità con specie chimiche ricche di elettroni.

elettrofiltro [comp. di *elettro-* e *filtro* (*1*)] s. m. ● (*chim.*) Apparecchiatura usata per la separazione di particelle solide o liquide sospese in un gas.

elettrofìsica [comp. di *elettro-* e *fisica*; 1960] s. f. ● Elettrologia.

elettrofiṣiologìa [vc. dotta, comp. di *elettro-* e *fisiologia*; 1865] s. f. ● (*med.*) Studio dei rapporti tra elettricità e organismo vivente.

elettrofiṣiològico [vc. dotta, comp. di *elettro-* e *fisiologico*; 1869] agg. (pl. m. *-ci*) ● Dell'elettrofisiologia.

elettrofonìa [comp. di *elettro-* e *-fonia*; 1966] s. f. ● Produzione di suoni puri mediante apparecchiature elettroniche.

elettroforèṣi [comp. di *elettro-* e del gr. *phórēsis* 'trasporto', da *phorêin* 'portare qua e là'; 1931] s. f. inv. ● (*chim.*) Migrazione di sostanze in soluzione per effetto di un campo elettrico. SIN. Cataforesi.

elettroforètico agg. (pl. m. *-ci*) ● Relativo all'elettroforesi.

Elettrofòridi [comp. di *elettro-*, *-foro* e *-idi*] s. m. pl. (sing. *-io*) ● Nella tassonomia animale, famiglia di Pesci dei Cipriniformi sudamericani simili ad anguille, muniti di potenti organi elettrici (*Electrophoridae*).

elettroformatùra [comp. di *elettro-* e *formatura*] s. f. ● Produzione di oggetti metallici mediante elettrodeposizione.

elettròforo [vc. dotta, comp. di *elettro-* e *-foro*; av. 1798] s. m. ● Macchina elettrostatica atta a produrre una separazione di cariche elettriche mediante induzione elettrostatica.

elettrofuṣióne [comp. di *elettro-* e *fusione*] s. f. ● Fusione di metalli effettuata con il forno elettrico.

elettrògeno [vc. dotta, comp. di *elettro-* e *-geno*; 1820] agg. ● Che produce elettricità: *apparecchio, gruppo e.*

elettròliṣi, (*evit.*) **elettroliṣi** [ingl. *electrolysis*, comp. di *electro-* 'elettro-' e del gr. *lýsis* 'soluzione'; 1849] s. f. inv. ● (*chim.*) Migrazione degli ioni di un elettrolito verso elettrodi a cui è stata applicata una opportuna differenza di potenziale.

elettròlita ● V. *elettrolito*.

elettrolìtico [ingl. *electrolytic*, da *electrolyte* 'elettrolito'; 1849] agg. (pl. m. *-ci*) ● (*chim.*) Proprio dell'elettrolisi | ***Dissociazione elettrolitica***, scissione delle molecole di una sostanza in ioni, per effetto di fusione o di adatto solvente, e conseguente migrazione degli ioni verso gli elettrodi. ‖ **elettroliticaménte**, avv. Mediante elettrolisi.

elettròlito o **elettròlita**, **elettrolito** [ingl. *electrolyte*, comp. di *electro-* 'elettro-' e del gr. *lytós* 'che può essere sciolto'; 1841] s. m. ● (*chim.*) Sostanza dissociabile in ioni quando venga disciolta in acqua o in altri solventi dissocianti | (*est.*) Soluzione risultante dal processo di elettrolisi.

elettrolizzàre v. tr. ● Sottoporre a elettrolisi.

elettrolizzatóre s. m. ● Dispositivo entro cui avviene una elettrolisi.

elettrolizzazióne s. f. ● Operazione dell'elettrolizzare.

elettrologìa [vc. dotta, comp. di *elettro-* e *-logia*; 1828] s. f. ● Parte della fisica che studia i fenomeni elettrici ed elettromagnetici.

elettrològico [1943] agg. (pl. m. *-ci*) ● Relativo all'elettrologia.

elettròlogo [1943] s. m. (f. *-a*; pl. m. *-gi*) ● Studioso, esperto di elettrologia.

elettroluminescènza [vc. dotta, comp. di *elettro-* e *luminescenza*] s. f. ● Energia raggiante luminosa che viene emessa durante una scarica elettrica nei gas rarefatti.

elettromagnète [vc. dotta, comp. di *elettro-* e *magnete*; 1869] s. m. ● (*fis.*) Avvolgimento con nucleo di acciaio nel quale al passaggio della corrente si generano forti campi magnetici che gli fanno attrarre i metalli come una calamita. SIN. Elettrocalamita.

elettromagnètico [vc. dotta, comp. di *elettro-* e *magnetico*; 1838] agg. (pl. m. *-ci*) ● Relativo a elettromagnetismo: *induzione elettromagnetica*.

elettromagnetiṣmo [vc. dotta, comp. di *elettro-* e *magnetismo*; 1829] s. m. ● Branca della fisica che studia le azioni mutue fra correnti elettriche e magneti | Complesso dei fenomeni elettrici e magnetici.

elettromeccànica [comp. di *elettro-* e *meccanica*; 1941] s. f. ● Ramo dell'elettrotecnica applicata alle macchine.

elettromeccànico [vc. dotta, comp. di *elettro-* e *meccanico*; 1903] **A** agg. (pl. m. *-ci*) *1* Proprio dell'elettromeccanica. *2* Detto di meccanismo azionato da elettricità. **B** s. m. (f. *-a*) ● Operaio o tecnico addetto alla costruzione o riparazione di macchine elettriche.

elettromedicàle [comp. di *elettro-* e *medicale*; 1970] agg. ● Che riguarda le apparecchiature elettriche impiegate in medicina.

elettrometallurgìa [vc. dotta, comp. di *elettro-* e *metallurgia*; 1869] s. f. ● Branca dell'industria chimica relativa all'estrazione e raffinazione dei metalli mediante processi elettrici.

elettrometallùrgico agg. (pl. m. *-ci*) ● Relativo all'elettrometallurgia.

elettrometrìa [comp. di *elettro-* e *-metria*] s. f. ● (*fis.*) In metrologia, misura delle differenze di potenziale mediante l'uso di elettrometri | Misura di grandezze elettrostatiche.

elettròmetro [vc. dotta, comp. di *elettro-* e *-metro*; 1797] s. m. ● Misuratore elettrostatico di tensioni: *e. a filo, a quadranti*.

elettromiografìa [comp. di *elettro-* e *miografia*] s. f. ● (*med.*) Tecnica diagnostica basata sulla registrazione dei potenziali elettrici associati all'attività muscolare.

elettromiògrafo [comp. di *elettro-* e *miografo*] s. m. ● (*med.*) Strumento utilizzato per elettromiografie.

elettromiogràmma [comp. di *elettro-*, *mio-* e *-gramma*] s. m. (pl. *-i*) ● (*med.*) Tracciato ottenuto mediante elettromiografia.

elettromotóre [vc. dotta, comp. di *elettro-* e *motore*; 1812] **A** agg. (f. *-trice*) ● Che ha capacità di mettere in movimento cariche elettriche | ***Forza elettromotrice***, V. *forza* nel sign. 3. **B** s. m. ● Apparecchio elettrico che produce il moto dell'elettricità in un circuito chiuso. SIN. Motore elettrico.

elettromotrice [vc. dotta, comp. di *elettro-* e *motrice*; 1948] s. f. ● Automotrice ferroviaria azionata da motori elettrici.

elettronarcòsi [comp. di *elettro-* e *narcosi*] s. f. inv. *1* (*med.*) Pratica terapeutica usata nella cura di alcune malattie nervose, consistente nel provocare una narcosi mediante applicazione, a livello cerebrale, di corrente elettrica continua per vari minuti. *2* Nei mattatoi, metodo usato per anestetizzare, mediante corrente elettrica, gli animali destinati al macello.

elettróne [vc. dotta, comp. di *elettro-* e (*i*)*one*; 1906] s. m. ● (*fis. nucl.*) Ciascuna delle particelle cariche di elettricità negativa che ruotano attorno al nucleo dell'atomo, carico di elettricità positiva.

elettronegatività [da *elettronegativo*, come il corrispondente ingl. *electronegativity*] s. f. ● Tendenza degli atomi di un elemento ad attrarre elettroni | ***Serie delle e.***, che classifica gli elementi in base a tale tendenza.

elettronegativo [vc. dotta, comp. di *elettro-* e *negativo*; 1849] agg. *1* (*fis.*) Detto di ione che nell'elettrolisi si porta al polo positivo. *2* (*chim.*) Di elemento i cui atomi sono capaci di appropriarsi di elettroni appartenenti ad atomi contigui, diventando ioni negativi.

elettrònica [da *elettronico*, secondo il modello già gr.-lat. di deriv. dei n. di arti; 1950] s. f. ● Branca dell'elettrotecnica che studia fenomeni e applicazioni della conduzione dell'elettricità nei gas, nel vuoto e nei materiali semiconduttori.

♦**elettrònico** [da *elettrone*; 1932] agg. (pl. m. *-ci*) *1* Che si riferisce all'elettrone o all'elettronica | ***Calcolatore e.***, ***elaboratore e.***, che impiegano per il calcolo o l'elaborazione circuiti elettronici | ***Calcolo e.***, ***elaborazione elettronica***, svolti con l'impiego di calcolatori o elaboratori elettronici | ***Orologio e.***, in cui l'oscillatore meccanico è sostituito da un dispositivo elettronico generatore d'oscillazioni. *2* ***Musica elettronica***, tipo di realizzazione sonora ottenuta con generatori di frequenza e manipolata con mezzi offerti dalla moderna tecnica della registrazione. || **elettronicaménte**, avv. Per mezzo dell'elettronica.

elettronucleàre [comp. di *elettro-* e *nucleare*] **A** agg. ● Detto di energia elettrica prodotta nelle centrali nucleari. **B** s. m. ● L'energia elettrica così prodotta e l'insieme delle sue utilizzazioni, con i relativi problemi sanitari, ecologici, economici e politici.

elettronvòlt [comp. di *elettron*(*e*) e *volt*; 1948] s. m. inv. ● (*fis.*) Unità di energia, pari a $1{,}602 \cdot 10^{-19}$ joule, uguale a quella necessaria per spostare un elettrone da un punto a un altro il cui potenziale differisce dal primo di 1 volt. SIMB. eV.

elettroosmòsi /elettr(o)oz'mɔzi/ e *deriv.* ● V. *elettrosmosi* e *deriv.*

elettroòttica [comp. di *elettr*(*o*)- e *ottica*] s. f. ● (*fis.*) Scienza che studia l'effetto di campi elettrici sull'emissione, propagazione e assorbimento della luce.

elettropneumàtico [comp. di *elettro-* e *pneumatico*] agg. (pl. m. *-ci*) ● (*mecc.*) Detto di dispositivo meccanico ad azionamento pneumatico comandato elettricamente: *servomeccanismo e.*

elettropómpa [comp. di *elettro-* e *pompa*; 1930] s. f. ● Pompa mossa da motore elettrico e costituente con quest'ultimo un unico gruppo.

elettropositività s. f. ● Tendenza di un elemento chimico a cedere elettroni trasformandosi in ione positivo.

elettropositivo [vc. dotta, comp. di *elettro-* e *positivo*; 1849] agg. *1* (*fis.*) Detto di ione che nell'elettrolisi si dirige al polo negativo. *2* (*chim.*) Detto di elemento i cui atomi sono capaci di cedere elettroni, diventando così ioni positivi.

elettrosaldàto [comp. di *elettro-* e *saldato*] agg. ● Che è stato sottoposto a saldatura elettrica: *materiale e.*

elettroscòpio [vc. dotta, comp. di *elettro-* e *-scopio*; 1820] s. m. ● Strumento elettrostatico destinato a segnalare l'esistenza di una differenza di potenziale elettrico.

elettroshòck /elettroʃ'ʃɔk/ o **elettrochòc** [vc. dotta, comp. di *elettro-* e *shock* (V. *choc*); 1942] s. m. ● Metodo di cura di alcune malattie mentali consistente nell'applicare al cervello del paziente correnti elettriche molto brevi, di voltaggio elevato e di bassa frequenza, in modo da provocare una specie di crisi epilettica.

elettroshockterapia /elettroʃʃɔktera'pia/ [comp. di *elettroshock* e *terapia*] s. f. ● Terapia mediante elettroshock.

elettrosiderurgia [comp. di *elettro-* e *siderurgia*] s. f. ● Settore della siderurgia che utilizza forni elettrici per ottenere leghe ferrose da minerale di ferro.

elettrosincrotróne [comp. di *elettro-* e *sincrotrone*; 1963] s. m. ● Sincrotrone per elettroni.

elettroșmòg [comp. di *elettro-* e *smog*; 1995] s. m. inv. ● Nel linguaggio giornalistico, l'inquinamento elettromagnetico provocato da linee di trasmissione dell'energia elettrica o da antenne per le radiocomunicazioni.

elettroșmòși o **elettroosmòși** [vc. dotta, comp. di *elettro-* e *osmosi*] s. f. inv. ● Passaggio di un liquido attraverso una parete porosa, provocato dalla differenza di potenziale esistente fra le due parti di liquido separate dalla membrana stessa.

elettroșmòtico o **elettroosmòtico** agg. (pl. m. *-ci*) ● Relativo all'elettrosmosi: *fenomeno e.*

elettrostàtica [vc. dotta, comp. di *elettro-* e *statica*; 1849] s. f. ● Branca dell'elettrologia che tratta dei campi elettrici e in genere dei fenomeni di elettricità in quiete.

elettrostàtico [1882] agg. (pl. m. *-ci*) ● Proprio dell'elettrostatica o a essa relativo.

elettrostrittivo agg. ● Relativo alla elettrostrizione | Che presenta elettrostrizione.

elettrostrizióne [comp. di *elettro-* e del lat. *strĭctio*, genit. *strictiōnis* 'costrizione, stringimento'; 1931] s. f. ● Fenomeno di deformazione elastica di un corpo sotto l'influenza di un campo elettrico.

elettrotècnica [vc. dotta, comp. di *elettro-* e *tecnica*; 1884] s. f. ● Tecnica della produzione e della utilizzazione dell'elettricità.

elettrotècnico [vc. dotta, comp. di *elettro-* e *tecnico*; 1915] **A** agg. (pl. m. *-ci*) ● Proprio dell'elettrotecnica o a essa relativo. **B** s. m. (f. *-a*) ● Specialista, esperto di elettrotecnica.

elettroterapìa [vc. dotta, comp. di *elettro-* e *terapia*; 1869] s. f. ● Applicazione di particolari forme di elettricità nella cura delle malattie.

elettroteràpico [av. 1916] agg. (pl. m. *-ci*) ● Relativo all'elettroterapia.

elettrotermia [comp. di *elettro-* e *-termia*] s. f. *1* Parte dell'elettrotecnica che si occupa delle applicazioni relative ai fenomeni termici prodotti dall'elettricità. *2* Conversione di energia elettrica in energia termica.

elettrotèrmico agg. (pl. m. *-ci*) ● Che si riferisce all'elettrotermia.

elettrotrazióne [comp. di *elettro-* e *trazione*; 1930] s. f. ● Trazione elettrica di veicoli.

elettrotrèno [vc. dotta, comp. di *elettro-* e *treno*; 1937] s. m. ● Complesso di elettromotrici e di eventuali rimorchi, adibito esclusivamente a servizi rapidi per viaggiatori.

elettrotropìșmo [comp. di *elettro-* e *tropismo*] s. m. ● (*biol.*) Galvanotropismo.

elettrovalènza [comp. di *elettro-* e *valenza*] s. f. ● (*chim.*) Legame chimico dovuto all'attrazione elettrostatica tra ioni di segno opposto.

elettrovàlvola [comp. di *elettro-* e *valvola*] s. f. ● (*tecnol.*) Dispositivo di regolazione di un circuito idraulico o pneumatico, comandato gener. da un elettromagnete.

elettuàrio o †**elettovàrio**, †**elettovàro**, (*raro*) **lattovàro**, (*raro*) **lattuàrio** [vc. dotta, lat. tardo *electuāriu*(*m*), di etim. incerta; sec. XIV] s. m. ● Antico preparato farmaceutico semimolle o sciropposo ottenuto mescolando medicamenti con miele, sciroppo, conserve e sim.

eleușino [vc. dotta, lat. *Eleusīnius*, dal gr. *Eleusínios* 'di Eleusi (*Eleusís*)'; 1532] **A** agg. ● Di Eleusi, nell'Attica | ***Misteri eleusini***, riti e feste in onore di Demetra e di Persefone, che si celebravano in Eleusi; (*fig.*, *disus.*) cose occulte, arcane, indecifrabili (*anche scherz.*). **B** s. m. (f. *-a*) ● Abitante, nativo di Eleusi.

eleuterògino [vc. dotta, comp. del gr. *eléutheros* 'libero' e di *-gino*] agg. ● (*bot.*) Di fiore che ha l'ovario libero.

elevaménto [sec. XIV] s. m. ● Innalzamento | (*fig.*) Miglioramento | (*est.*) Zona, punto più elevato.

♦**elevàre** [vc. dotta, lat. *elevāre* 'levare (*levāre*) fuori (*ex-*), in alto'; 1351] **A** v. tr. (*io elèvo*, o *èlevo*) *1* Levare in alto: *e. le mani al cielo* | (*est.*) Rendere più alto: *e. un edificio di un piano* | (*fig.*) Rendere migliore: *e. le proprie condizioni sociali, il proprio tenore di vita*. SIN. Alzare. *2* (*mat.*) ***E. al quadrato, al cubo, all'ennesima potenza***, calcolare il quadrato, il cubo, l'ennesima potenza di un numero; moltiplicare il numero per sé stesso rispettivamente due, tre o enne volte. *3* (*fig.*) Innalzare, promuovere a una carica o dignità: *e. qlcu. al trono, alla tiara*. *4* (*bur.*) Intimare, contestare: *e. un'ammenda, una contravvenzione* | ***E. il protesto***, notificare. **B** v. intr. pron. *1* Divenire più alto: *la temperatura si è ulteriormente elevata* | Crescere: *il tenore di vita si è elevato*. *2* Ergersi, innalzarsi: *montagne che si elevano oltre gli 8000 metri*. **C** v. rifl. ● (*fig.*) Migliorarsi, portarsi a un livello superiore: *si è elevato a una posizione economica invidiabile* | †Rialzarsi.

elevatézza [1673] s. f. ● Caratteristica di ciò che è elevato (*spec. fig.*): *e. di sentimenti*.

♦**elevàto** [1340] **A** part. pass. di *elevare*; anche agg. *1* Alto (*anche fig.*): *una montagna elevata*; *un'elevata posizione economica*. *2* (*fig.*) Nobile, eletto: *sentimenti elevati*. *3* (*mat.*) Indica l'operazione dell'elevazione a potenza di un numero: *due e. alla terza*; *x e y elevati alla terza*, *x e. y*. || **elevataménte**, avv. In modo elevato (*spec. fig.*): *sentire, pensare elevatamente*. **B** s. m. ● †Elevazione, alzata di un fabbricato.

elevatóre [dal lat. tardo *elevatōre*(*m*), da *elevātus* 'elevato'; nel sign. B2, dall'ingl. *elevator*; sec. XIV] **A** agg. (f. *-trice*) ● Che eleva | (*anat.*) Detto di muscolo che agisce alzando una parte del corpo: *muscolo e. della scapola*. **B** s. m. *1* (f. *-trice*) (*raro*) Chi eleva. *2* Macchina per sollevare o trasportare materiali a diversa altezza: *e. trasportabile, fisso, pneumatico*; *e. a nastro, a catene, a tazze*. *3* Meccanismo che, nelle armi da fuoco portatili, serve a sollevare la cartuccia per portarla nella canna predisponendola per lo sparo.

elevazióne [vc. dotta, lat. *elevatiōne*(*m*), da *elevātus* 'elevato'; 1336 ca.] s. f. *1* Innalzamento (*anche fig.*): *l'e. della mente a Dio* | Aumento: *e. del tenore di vita* | (*med.*) ***E. del polso***, aumento di frequenza | (*est.*) Punto o luogo elevato: *una e. del terreno*. *2* (*mat.*) ***E. a potenza***, operazione consistente nel calcolare una data potenza d'un numero. *3* Atto con il quale, nella liturgia della Messa, il celebrante solleva e presenta all'adorazione dei fedeli l'ostia e il calice immediatamente dopo le due relative formule consacratorie del canone. *4* In varie specialità sportive, slancio in alto di un atleta: *capacità di e.* | Nella ginnastica, passaggio lento dal basso in alto degli arti in qualsiasi posizione si trovino. *5* (*mil.*) Inclinazione data sul piano verticale alla bocca di un'arma da fuoco: *puntamento in e.* | (*aer.*) Quota di un punto del terreno rispetto al livello del mare | ***Angolo di e.***, fra l'asse longitudinale di un aereo e la traiettoria, nel piano verticale vero o apparente. *6* (*astron.*) Altezza.

elevóne [ingl. *elevon*, da *elev*(*ator*) 'superficie portante' col suff. *-on* di *aileron* 'alettone', preso dal fr.] s. m. ● (*aer.*) Superficie di governo che esercita la funzione combinata di alettone ed equilibratore; è impiegato nelle ali a delta.

†**elezionàre** [sec. XV] v. tr. ● Eleggere con votazione a un ufficio.

†**elezionàrio** [sec. XIII] s. m. *1* Chi è destinato a essere eletto. *2* Elettore.

♦**elezióne** [vc. dotta, lat. *electiōne*(*m*), da *ēlectus* 'eletto'; av. 1292] s. f. *1* Scelta, attraverso una votazione, di chi è destinato a ricoprire una data carica o ufficio: *l'e. del presidente, dell'amministratore delegato* | (*al pl.*) Procedura mediante la quale si scelgono i rappresentanti della collettività nel Parlamento e in altre istituzioni: *tenere, indire, fare, rinviare le elezioni* | ***Elezioni politiche***, dei deputati e dei senatori | ***Elezioni amministrative***, dei membri dei consigli comunali, provinciali, regionali. *2* (*lett.*) Atto della volontà nello scegliere qlco. o qlcu., libera scelta: *tema di mia e.*; *né per elezion mi si nascose, / ma per necessità* (DANTE *Par.* XV, 40-41) | ***Patria d'e.***, nazione o luogo in cui non si è nati ma dove si sceglie di vivere | (*dir.*) *E. di domicilio*, dichiarazione scritta con cui una persona stabilisce che tutte le comunicazioni relative a uno o più affari le vengano fatte in un dato luogo | Nella teologia cristiana della salvezza, libera e gratuita scelta che Dio fa di alcune anime alla gloria eterna o alla partecipazione di eccezionali grazie | *Vaso d'e.*, (*per anton.*) S. Paolo.

èlfo [ingl. *elf*, vc. di orig. germ.; 1828] **s. m.** ● Nella mitologia nordica, piccolo genio dell'aria, ora benefico, ora ostile all'uomo: *Con gli occhi alla pioggia e agli elfi della notte* (QUASIMODO).

èli- [tratto da *elicottero*] primo elemento ● In parole composte indica relazione con l'elicottero: *elibus*, *eliporto*.

èlia [da un n. proprio lat. (?)] **s. f.** ● Insetto emittero che infesta i vegetali erbacei e arborei danneggiandoli gravemente (*Aelia*).

elìaco [vc. dotta, gr. *hēliakós*, da *hḗlios* 'sole', di orig. indeur.; 1561] **agg.** (**pl. m.** *-ci*) ● (*astron.*) Detto di astro che sorge e tramonta rispettivamente prima e dopo il Sole, nell'istante in cui risulta appena percettibile nelle luci del crepuscolo.

eliambulànza [comp. di *eli-* e *ambulanza*; 1974] **s. f.** ● Elicottero adibito al trasporto di malati o feriti.

eliàntemo [vc. dotta, comp. del gr. *hḗlios* 'sole' e *ánthemon* 'fiore', per il colore dorato dei fiori; 1834] **s. m.** ● Pianta perenne delle Cistacee con fusti legnosi alla base e fiori gialli o rosei raccolti in grappoli (*Helianthemum chamaecistus*).

eliantìcolo [comp. di *elianto* (V.) e di *-colo*] **agg.** ● Relativo alla coltivazione del girasole.

eliantìna [da *elianto*, per la colorazione prodotta] **s. f.** ● (*chim.*) Correntemente, metilarancio.

eliànto [vc. dotta, lat. *hēlianthe(s)*, dal gr. *hēlianthés* 'il fiore (*ánthos*) del sole (*hḗlios*)', per il suo colore giallo; 1834] **s. m.** ● (*bot.*) Girasole.

eliappròdo [comp. di *eli-* e *approdo*] **s. m.** ● Luogo in cui gli elicotteri possono atterrare o decollare in caso di emergenza.

eliàste [vc. dotta, gr. *hēliastḗs*, da *hēliáia* 'eliea'; av. 1829] **s. m.** ● Nell'antico diritto greco, membro del tribunale penale di Atene.

èlibus [comp. di *eli-* e *-bus*, sul modello dell'ingl. *helibus*; 1963] **s. m. inv.** ● Elicottero usato per il trasporto frequente di molte persone su tratti brevi | Elicottero di grande capienza.

èlica [vc. dotta, lat. *hĕlica(m)*, dal gr. *hélix*, genit. *hélikos* 'spirale', di orig. indeur.; av. 1617] **s. f.** *1* (*mat.*) Curva d'un cilindro o d'un cono che incontra le generatrici sotto angolo costante: *e. cilindrica*, *e. conica* | (*biol.*) *Doppia e.*, struttura molecolare tridimensionale costituita da due filamenti avvolgentisi a elica, caratteristica dell'acido deossiribonucleico. *2* (*mar.*) Propulsore idrodinamico a due o più pale disposte angolarmente intorno a un asse, gener. posto a poppa dei natanti | (*aer.*) Sistema rotante di pale radiali connesse in vari modi al mozzo che agisce da propulsore, da motore o da organo sostentatore. ➡ **ILL.** p. 2172 TRASPORTI. *3* Linea cava in giro di viti, torchi, trapani, chiocciole | Rigatura elicoidale nell'interno della canna di fucili e pistole, che dà stabilità e precisione a un proiettile conico *4* (*spec. al pl.*) Tipo di pasta alimentare a forma di elica.

èlice (1) ● V. *elce*.

èlice (2) [vc. dotta, lat. *hĕlice(m)*, nom. *hĕlix*, dal gr. *hélix* (V. *elica*); 1499] **s. f.** *1* (*anat.*) Margine libero del padiglione auricolare. ➡ **ILL.** p. 2126 ANATOMIA UMANA. *2* (*arch.*) Piccola voluta del capitello corinzio. ➡ **ILL.** p. 2117 ARCHITETTURA. *3* (*lett.*) Chiocciola. *4* †Elica.

†elìcere [vc. dotta, lat. *elĭcere* 'far uscire (*lăcere*) fuori (*ex-*)'; av. 1321] **v. tr.** (difett. usato solo nella terza pers. sing. dell'indic. **pres.** *elice*) ● (*poet.*) Far uscire: *questo finto dolor da molti elice / lacrime vere* (TASSO).

elìcico **agg.** (**pl. m.** *-ci*) ● (*lett.*) Della, relativo alla, chiocciola.

elicicoltóre [comp. di *elice* (*2*) nel sign. 3 e *-coltore*] **s. m.** (**f.** *-trice*) ● Chi alleva chiocciole commestibili.

elicicoltùra [comp. di *elice* (*2*) nel sign. 3 e *coltura*] **s. f.** ● Allevamento di chiocciole commestibili, spec. nelle varietà pregiate.

Elìcidi [dal gr. *hélix* 'voluta della chiocciola' (V. *elice* (*2*)), e *-idi*] **s. m. pl.** (**sing.** *-e*) ● Nella tassonomia animale, grande famiglia di Gasteropodi dei Polmonati terrestri a conchiglia elicoidale cui appartiene la chiocciola (*Helicidae*).

elicìsta [da *elica*] **s. m. e f.** (**pl. m.** *-i*) ● (*mar.*) Addetto all'installazione, alla manutenzione e al controllo delle eliche.

elicogìra [comp. del gr. *hélix*, genit. *hélikos* 'spirale' e di un deriv. del v. *girare*] **s. f.** ● (*miner.*) Operazione che associa alla rotazione attorno a un asse una traslazione lungo l'asse stesso, in modo che ne risulti una spirale.

elicoidàle [da *elicoide*; 1892] **agg.** ● Proprio di un'elica o di un elicoide | A forma di elica: *rampa, scala e.*

elicòide [vc. dotta, gr. *helikoeidḗs* 'che ha la forma (*éidos*) di un'elica (*hélix*, genit. *hélikos*)'; 1678] **A agg.** ● Che è fatto a elica | (*bot.*) *Cima e.*, specie d'infiorescenza con fiori inseriti attorno all'asse. **B s. m.** ● (*mat.*) Superficie luogo delle rette che incontrano un'elica tracciata su un cilindro di rotazione e l'asse del cilindro, e sono perpendicolari a quest'ultimo.

Elicóna [vc. dotta, lat. *Helicōna*, nom. *Hĕlicon*, dal gr. *Helikṓn*, propr. 'monte coperto di salici (*helíkes*)' della Beozia, che, nella mitologia greca, era ritenuto la sede delle Muse e di Apollo; 1319] **s. m.** solo **sing.** ● (*lett.*) L'ispirazione poetica: *Or convien che E. per me versi, / ... / forti cose a pensar mettere in versi* (DANTE *Purg.* XXIX, 40-42).

elicóne [ingl. *helicon*, propr. 'Elicona', n. del monte sacro alle Muse] **s. m.** ● (*mus.*) Tipo di bassotuba molto grande, usato spec. nelle bande militari, avente forma circolare, in modo da poter essere portato sulla spalla quando si marcia. ➡ **ILL. musica.**

elicònio [vc. dotta, lat. *Helicōniu(m)*, dal gr. *Helikṓnios* 'dell'Elicona (*Helikṓn*)'; av. 1416] **agg.** ● (*lett.*) Dell'Elicona | ***Le vergini eliconie***, (*per anton.*) le Muse | (*est.*) Della poesia, delle muse.

elicotterìsta **A s. m. e f.** (**pl. m.** *-i*) *1* Chi pilota un elicottero. *2* Chi fabbrica elicotteri. **B agg.** (**pl. m.** *-i*) ● Che fabbrica elicotteri: *industria e.*

♦**elicòttero** [fr. *hélicoptère*, comp. del gr. *hélix*, genit. *hélikos* 'elica', e *pterón* 'ala'; 1909] **s. m.** ● Aerogiro con rotori azionati ad asse pressoché verticale, che può restare fermo in aria, spostarsi lungo qualunque traiettoria e raggiungere notevoli velocità in volo traslatorio. ➡ **ILL.** p. 2175 TRASPORTI; **vigili del fuoco.**

elicrìso [vc. dotta, lat. *helichrȳsu(m)*, dal gr. *helíchrysos* 'oro (*chrysós*) di palude (*hélos*)', per il colore dorato dei suoi fiori; 1476] **s. m.** ● Pianta erbacea delle Composite che fornisce un'essenza per profumi (*Helichrysum italicum*).

elìdere [vc. dotta, lat. *elīdere* 'spingere (*lǣdere*, nel sign. poi perduto di 'urtare') fuori (*ex-*)'; 1498] **A v. tr.** (**pass. rem.** *io elìsi* o *elidètti* (o *-ètti*), *elidéi*, *tu elidésti*; **part. pass.** *elìso*) *1* (*ling.*) Sopprimere la vocale atona in fine di parola perché non formi iato con la vocale successiva, e sostituirvi l'apostrofo. *2* (*est.*) Annullare, rimuovere: *e. gli effetti di un acido.* **B v. intr. pron.** ● (*ling.*) Subire elisione. **C v. rifl. rec.** ● Annullarsi reciprocamente: *due forze opposte che si elidono.*

elièa [vc. dotta, gr. *hēliáia*, prestito dorico, da *halḗs* 'riunito, raccolto'] **s. f.** ● Massimo tribunale dell'antica Atene costituito di cittadini tratti a sorte in misura uguale da ogni tribù.

†elìgere e *deriv.* ● V. *eleggere* e *deriv.*

†eliménto ● V. *elemento*.

eliminàbile [1911] **agg.** ● Che si può eliminare: *ostacoli, difetti difficilmente eliminabili.*

eliminacóde [comp. del v. *elimina(re)* e del pl. di *coda*] **s. m. inv.** ● Dispositivo che rilascia un tagliando numerato per stabilire l'ordine di accesso al banco di un negozio o allo sportello di un ufficio.

♦**eliminàre** [vc. dotta, fr. *éliminer*, dal lat. *elimināre*, propr. 'cacciare dalla (*ex-*) soglia (*līmen*, genit. *līminis*)'; 1499] **v. tr.** (*io elìmino*) *1* Togliere, rimuovere: *e. errori, sospetti* | ***E. una squadra, un avversario***, estrometterli dall'ulteriore partecipazione a una competizione, spec. sportiva, in base ai risultati delle eliminatorie. *2* Mandar fuori: *e. le tossine.* *3* (*mat.*) ***E. un parametro, una variabile***, dato un sistema di equazioni, dedurne un sistema equivalente nel quale il parametro o la variabile non compaiano più. *4* (*pop.*) Sopprimere, ammazzare: *e. un rivale, un testimone scomodo.*

eliminatòria [f. sost. di *eliminatorio*; 1908] **s. f.** ● Ciascuna delle gare di selezione di una stessa specialità, per l'ammissione alla finale solo dei migliori concorrenti.

eliminatòrio [fr. *éliminatoire*, da *éliminer* 'eliminare'; 1908] **agg.** ● Atto a eliminare, a selezionare: *prove, gare eliminatorie*; *girone e.*

eliminazióne [fr. *élimination*, da *éliminer* 'eliminare'; av. 1835] **s. f.** *1* L'eliminare: *e. di errori, di sostanze tossiche, di elementi negativi*; *decidere l'e. dei nemici*; **SIN.** Soppressione, rimozione | ***Procedere per e.***, escludendo una a una le ipotesi che si rivelano errate. *2* (*sport*) Esclusione di un concorrente o di una squadra da una competizione in base ai risultati delle eliminatorie o per squalifica | *E. diretta*, in un torneo, sistema secondo cui ogni incontro deve terminare con l'esclusione del perdente dal torneo stesso.

†elimòsina e *deriv.* ● V. *elemosina* e *deriv.*

èlio [ingl. *helium*, dal gr. *hḗlios* 'sole', di orig. indeur.; 1892] **s. m.** ● Elemento chimico, gas inerte presente in forti quantità nel Sole, in molte stelle e, sulla Terra, spec. nei gas naturali, impiegato nell'industria del freddo, nella missilistica, e sim. **SIMB.** He.

èlio- [dal gr. *hḗlios* 'sole' (V. *elio*)] primo elemento ● In parole composte della terminologia scientifica, significa 'sole', 'solare': *eliocentrico*, *eliografia*, *elioscopio*, *elioterapia*.

eliocèntrico [vc. dotta, comp. di *elio-* e *centro*, con suff. agg.; av. 1739] **agg.** (**pl. m.** *-ci*) ● (*astron.*) Che assume il Sole come centro | ***Sistema e.***, quello di Copernico, che postulò la Terra in moto intorno al Sole. **CFR.** Geocentrico.

eliocentrìsmo [vc. dotta, da *eliocentrico*; 1965] **s. m.** ● (*astron.*) Il sistema di Copernico che affermò la rivoluzione dei pianeti intorno al Sole.

elioelèttrico [comp. di *elio-* ed *elettrico*] **agg.** (**pl. m.** *-ci*) ● Che riguarda l'elettricità prodotta con l'energia solare | ***Centrale elioelettrica***, centrale dotata di impianti per tale produzione.

eliofanògrafo [comp. di *eliofan(ia)* 'periodo d'illuminazione diurna', comp. di *elio-* e della base gr. *phan-* 'apparire', e *-grafo*] **s. m.** ● (*meteor.*) Strumento per la misurazione dell'insolazione giornaliera.

eliofilìa [vc. dotta, comp. di *elio-* e *-filia*] **s. f.** ● Proprietà di alcune piante di vegetare bene alla luce solare.

eliòfilo [vc. dotta, comp. di *elio-* e *-filo*] **agg.** ● Detto di pianta che vegeta in modo ottimale se esposta alla luce diretta del sole.

eliofobìa [vc. dotta, comp. di *elio-* e *-fobia*; 1797] **s. f.** *1* Proprietà di alcune piante di vegetare bene in ombra non sopportando la luce. **SIN.** Sciafilia. *2* (*psicol.*) Impossibilità di guardare luci molto intense quali quella solare.

eliòfobo [vc. dotta, comp. di *elio-* e *-fobo*] **agg.** *1* Di pianta che rifugge la luce. **SIN.** Sciafilo. *2* (*psicol.*) Che soffre di eliofobia.

eliografìa [vc. dotta, comp. di *elio-* e *-grafia*; 1839] **s. f.** *1* Primo e rudimentale procedimento fotografico. *2* Procedimento di stampa su carta speciale, mediante lampada ad arco o fluorescente e sviluppo a vapori di ammoniaca. *3* †Scritto o disegno che descrive il sole.

eliogràfico **agg.** (**pl. m.** *-ci*) *1* (*astron.*) Relativo alla posizione di un punto sul disco apparente del Sole. *2* Che serve per l'eliografia: *macchina eliografica* | Ottenuto mediante l'eliografia: *riproduzione eliografica.*

eliografìsta **s. m. e f.** (**pl. m.** *-i*) ● Tecnico addetto a operazioni di riproduzione eliografica.

eliògrafo [vc. dotta, comp. di *elio-* e *-grafo*; 1839] **s. m.** *1* Apparecchio telegrafico ottico che trasmette segnali riflettendo la luce del Sole o una luce artificiale mediante un sistema di specchi. *2* Cannocchiale astronomico usato per fotografare il sole.

eliomagnetìsmo [comp. di *elio-* e *magnetismo*] **s. m.** ● Magnetismo solare.

eliòmetro [vc. dotta, comp. di *elio-* e *-metro*; 1766] **s. m.** ● (*astron.*) Strumento per misurare l'intensità della radiazione solare.

elióne [da *eli(o)* col suff. *-one* (*2*); 1956] **s. m.** ● (*fis.*) Nucleo dell'elio, costituito da due protoni e due neutroni.

elioscòpico **agg.** (**pl. m.** *-ci*) ● (*astron.*) Che permette l'osservazione diretta del Sole: *strumento e.*

elioscòpio [vc. dotta, comp. di *elio-* e *-scopio*; 1745] **s. m.** *1* Segnale o punto brillante che utilizza, per riflessione, i raggi solari. *2* (*astron.*) Strumento per osservare il Sole che attenua la luminosità senza modificarne il colore.

eliosfèra [comp. di *elio-* e *sfera*] **s. f.** ● (*astron.*) Regione concentrica con il Sole, nella quale si estende il vento solare.

elióstato [vc. dotta, comp. di *elio-* e del gr. *statós* 'posto, collocato'; 1797] **s. m.** ● Specchio che riflette in una data direzione un fascio di raggi del Sole. ➡ ILL. p. 2140 SCIENZE DELLA TERRA ED ENERGIA.

eliotassìa o **eliotàssi** [1987] **s. f.** ● (*biol.*) Eliotattismo.

eliotattismo [comp. di *elio-* e *tattismo*; 1987] **s. m.** ● (*biol.*) Fototattismo determinato dalla luce solare. **SIN.** Eliotassia.

elioteìsmo [comp. di *elio-* e *teismo*] **s. m.** ● Carattere di alcune religioni superiori e primitive, nelle quali il Sole divinizzato è la suprema rappresentazione religiosa.

elioterapìa [vc. dotta, comp. di *elio-* e *terapia*; 1899] **s. f.** ● (*med.*) Metodo di cura mediante l'esposizione del corpo ai raggi solari.

elioteràpico [1919] **agg.** (**pl. m.** *-ci*) ● Proprio dell'elioterapia: *cure elioterapiche*.

eliotipìa [vc. dotta, comp. di *elio-* e *-tipia*; av. 1886] **s. f.** ● Procedimento usato in passato per ottenere, mediante la luce solare, più copie da una negativa fotografica | Fototipia.

eliotìpico **agg.** (**pl. m.** *-ci*) ● Di eliotipia | Che si ottiene mediante eliotipia: *riproduzione eliotipica*.

eliotròpia (**1**) o **elitròpia** [vc. dotta, lat. *heliotrŏpiu(m)*, dal gr. *hēliotrópion* 'che si volge (dal v. *trépein*) verso il sole (*hélios*)', del quale riflette i raggi; 1313] **s. f.** ● (*miner.*) Calcedonio verde picchiettato di rosso, che si credeva rendesse invisibile chi lo portava.

eliotropìa (**2**) [comp. di *elio-* e *-tropia*] **s. f.** ● (*bot.*) Eliotropismo.

eliotròpico [vc. dotta, da *eliotropismo*] **agg.** (**pl. m.** *-ci*) ● (*bot.*) Che presenta eliotropismo.

eliotròpio o (*raro*) **elitròpio** [vc. dotta, lat. *heliotrŏpiu(m)*, dal gr. *hēliotrópion* 'che si volge (dal v. *trépein*) verso il sole (*hélios*)'; 1476] **s. m.** **1** Pianta erbacea delle Borraginacee con fiori bianchi in infiorescenze e proprietà medicinali (*Heliotropium europaeum*) | (*lett.*) Girasole. **2** (*miner.*) Eliotropia.

eliotropìsmo [vc. dotta, comp. di *elio-* e *tropismo*; 1865] **s. m.** ● (*bot.*) Proprietà di organi vegetali di reagire a stimoli luminosi incurvandosi nella direzione degli stimoli stessi. **SIN.** Fototropismo.

Eliozòi [vc. dotta, comp. di *elio-* e del gr. *zôon* 'animale'] **s. m. pl.** (**sing.** *-zoo*) ● Nella tassonomia animale, ordine di Protozoi dei Sarcodini con pseudopodi rigidi disposti radialmente (*Heliozoa*).

elipàrco [comp. di *eli-* e *parco* (*1*), sul modello di *autoparco*] **s. m.** (**pl.** *-chi*) **1** Parco per lo stazionamento di elicotteri. **2** Il complesso degli elicotteri addetti a un servizio o a un ente.

eliplàno [comp. di *eli-* e della seconda parte di (*aero*)*plano*] **s. m.** ● Mezzo aereo sperimentale caratterizzato da un'elica orizzontale e da ali fisse, capace quindi di muoversi sia come un elicottero sia come un aeroplano. **SIN.** Elicoplano.

elipòrto [comp. di *eli-* e della seconda parte di (*aero*)*porto*, sul modello dell'ingl. *heliport*; 1950] **s. m.** ● Area destinata all'atterraggio e al decollo di elicotteri, alla quale sono annesse le installazioni per i passeggeri, il personale di bordo e gli apparecchi. **SIN.** Eliscalo.

eliportuàle **agg.** ● Di, relativo a un eliporto: *area e.*

elipòsta [comp. di *eli-* e *posta*] **s. f.** ● Posta trasportata per mezzo d'elicotteri.

elisabettiàno [av. 1916] **agg.** ● Proprio di Elisabetta I d'Inghilterra e del corrispondente periodo storico e culturale: *teatro e.*

eliscàlo [comp. di *eli-* e *scalo*] **s. m.** ● Eliporto.

elìsia [vc. dotta, lat. sc. *Ēlysia*, pl. di *Ēlysion* 'degli Elisi'] **s. f.** ● Mollusco marino simile a una lumaca, con due espansioni laterali del mantello e respirazione solo cutanea (*Elysia viridis*).

elìsio o **elìso** (**2**) [vc. dotta, lat. *Elýsiu(m)*, dal gr. *Ēlýsion* (sottinteso *pedíon* 'pianura'), vc. pregreca di etim. sconosciuta; 1321] **A** **s. m.** ● Giardino di delizie assegnato, secondo la mitologia classica, alle anime dei virtuosi. **B** **agg.** ● Dell'Elisio: *campi elisi.*

elisióne [vc. dotta, lat. *elisiōne(m)*, da *elīsus*, part. pass. di *elīdere* 'elidere'; 1588] **s. f.** **1** L'elidere | Annullamento. **2** (*ling.*) Caduta nella pronuncia della vocale finale di una parola davanti a vocale iniziale, indicata graficamente con l'apostrofo: *spira, ov'Amor ferì nel fianco Apollo* (PETRARCA) | Nella metrica latina, spesso nel sign. di *sinalefe*. **3** (*mus.*) Artificio vocale che si usa per la fusione di due sillabe in una sola nota | Soppressione di un tempo debole in uno schema ritmico fissato.

ELISIONE e TRONCAMENTO
nota d'uso

Uno dei mezzi per evitare incontri sgradevoli di suoni (o 'cacofonie') tra due parole diverse è quello di abbreviare la parola che precede. Perciò, invece di dire *lo uomo, una àncora, santo Antonio, della opera* oppure *buono anno, bello giovane, signore preside*, diremo più opportunamente *l'uomo, un'àncora, sant'Antonio, dell'opera* oppure *buon anno, bel giovane, signor preside*. Come si vede dagli esempi, abbiamo soppresso una vocale o una sillaba in fine di parola, sostituendola in qualche caso con il segno dell'apostrofo. Sono i due fenomeni dell'elisione e del troncamento.

Si intende per **elisione** la soppressione della vocale finale atona (cioè non accentata) di una parola seguita da un'altra che comincia per vocale. Al posto della vocale caduta si mette **l'apostrofo** (**'**). Le regole sull'uso dell'elisione sono piuttosto flessibili e molto è lasciato al gusto e alla scelta personali. In generale si registra una tendenza alla diminuzione dell'uso di alcuni tipi di elisione mentre altri assumono oggi una coloritura un po' antiquata (es. *il tuo amico, ch'era a Bologna lo scorso anno*).

- Normalmente si elidono gli articoli *lo* e *la*, le preposizioni articolate composte con *lo* e *la* e gli aggettivi dimostrativi *questo* e *quello* e qualificativo *bello* (però soltanto al singolare): *l'ozio, l'edera, quell'inetto, bell'idea* (o *bella idea*), *quest'esempio* (o anche *questo esempio*), *quell'uscita* (o anche *quella uscita*). Analogamente si elidono l'art. indeterminativo *una* e i suoi composti *alcuna, ciascuna*, ecc.: *un'àncora, un'amica* (o *una amica*), *un'àsola, nessun'altra*; come si vede, si elidono sempre davanti a vocale tonica, non sempre davanti a vocale atona. ATTENZIONE: l'art. e pron. *le* non si elide mai, perciò si scriverà *le oche, le industrie, le epoche, le incontrai.* Quanto ai plurali maschili in *-i* (*gli, degli, quegli*), si elidono soltanto davanti a *i* e non davanti ad altre vocali: *gl'Italiani* (ma nell'uso prevale oggi *gli Italiani*); ma **non** *gl'atleti, gl'ultimi*, ecc., bensì *gli atleti, gli ultimi*, ecc.
- Le forme atone dei pron. pers. *lo* e *la* di regola si elidono: *l'ho amata, l'odierò sempre. Gli* pronome si comporta come *gli* articolo (vedi sopra), quindi: *gl'indicai l'uscita*, ma **non** *gl'aprii*, bensì *gli aprii.*
- Le particelle *mi, ti, si, ne* di regola si elidono: *m'ha detto, s'alzò, se n'andò, t'ho visto.* Tuttavia in questo caso l'uso è vario e si trovano normalmente le forme non elise.
- La particella pron. o avv. *ci* si elide soltanto davanti a *e* o *i*: *c'è, c'era, c'eravamo, c'incontrammo*, ma **non** *c'andai, c'urlò*, bensì *ci andai, ci urlò*. Nell'uso giornalistico e talvolta letterario, allo scopo di rendere particolari inflessioni dialettali o un tono familiare, si può trovare la particella *ci* elisa anche davanti alle altre vocali o suoni vocalici: *c'aveva una gran sete; non c'ho fame; che c'azzecca?* Tali forme, esclusive della lingua parlata, non sono consigliabili nella lingua scritta.
- La preposizione *di* si elide: *un chilo d'insalata, una domenica d'autunno.* Invece la preposizione *da* normalmente non si elide: *casa da affittare*; tuttavia l'elisione avviene in alcune locuzioni: *d'altronde, d'altra parte, d'ora in poi, d'altro canto.*
- *Articoli, preposizioni o aggettivi* non si elidono davanti a una *i* seguita da vocale (in questo caso la *i* è considerata una semiconsonante). Si dirà perciò *lo iodio, la iuta, lo iato, lo Ionio.*
- *Santo* si elide normalmente davanti a nome proprio che comincia per vocale: *Sant'Antonio, Sant'Onorato.*

Vediamo ora i seguenti esempi: *signor preside, un buon amico, mal di mare, son tornati, che bel cagnolino.* Anche in questo caso abbiamo abbreviato una parola per evitare un suono ritenuto sgradevole nell'incontro con la parola successiva. Si tratta del **troncamento**, che è la caduta della parte finale di una parola. Rispetto all'elisione **tre** sono le **differenze** fondamentali:

- l'elisione fa cadere soltanto la vocale finale, il troncamento fa cadere anche un'intera sillaba: *quel libro, un bel tipo*;
- si può avere elisione soltanto davanti a parola che comincia per vocale, il troncamento avviene invece anche se la parola che segue comincia per consonante: *san Fermo, gran salto*;
- l'elisione vuole sempre l'apostrofo per sostituire la vocale caduta; il troncamento generalmente non lo vuole (a parte alcune eccezioni; v. oltre): *un tal amico, qual è, nessun altro.*

Perché ci sia troncamento si devono verificare **tre condizioni**:

- dopo aver subito il troncamento, la parola deve terminare con le consonanti *l, r, n* e (raramente) *m*: *qual motivo, suor Anna, son caduti, siam soli*;
- la parola che segue non deve cominciare con *s impura, z, x, gn* e *ps*. Quindi *un albero, un cane*, ma *uno stupido, uno zoppo.* Il caso di parola che comincia con *pn* è più flessibile: davanti a *pneumatico*, ad esempio, è ormai comune l'uso del troncamento: *un buon pneumatico*;
- la parola che subisce il troncamento deve essere al singolare; non c'è troncamento al plurale: *un buon libro*, ma *buoni libri.* ATTENZIONE: *grande* fa eccezione a questa condizione. Si può dire infatti: *sono dei gran farabutti.*

Nel caso di caduta della sola vocale finale davanti a parola che comincia per vocale resta spesso il dubbio se si tratti di elisione o di troncamento e cioè se si debba mettere l'apostrofo. Ad esempio: *buon anno* o *buon'anno? qual è* o *qual'è? pover uomo* o *pover'uomo? un artista* o *un'artista?* Il problema si può facilmente risolvere. Se la parola accorciata può essere posta davanti ad un'altra parola dello stesso genere che comincia per consonante, questo significa che tale parola non richiede elisione perché è già di per sé compiuta. È una forma tronca, non ci vuole l'apostrofo. Ad es. *buon* davanti a parola maschile che comincia per consonante non si modifica: *buon compleanno, buon pranzo*; potrò quindi scrivere *buon anno, buon appetito*, ecc. Al contrario, *buon* davanti a parola femminile che comincia per consonante non si può dire: *buon donna, buon maestra* sono forme inaccettabili, occorre dire *buona.* Poiché l'aggettivo *buona* si elide davanti a vocale, scriverò: *buon'amica, buon'alimentazione.* Per lo stesso motivo scriverò *qual è, qual auspicio, qual amica, qual angoscia* (**senza** l'apostrofo: posso dire infatti *qual buon vento, qual cumulo di errori* ed anche, al femminile, *qual grazia, qual testardaggine*). Scriverò invece *pover'uomo*, trattandosi di elisione (infatti non posso scrivere *pover caro, pover figlio*, bensì *povero caro, povero figlio*). Quanto a *un artista*, se si tratta di un uomo lo scriverò così, senza apostrofo (in quanto posso dire *un cane, un leone*), ma scriverò *un'artista* (= *una artista*) se si tratta di una donna (appunto perché non posso dire *un donna, un sedia*, bensì *una donna, una sedia*).

Vediamo ora in quali casi si ha generalmente troncamento:

- con *uno* e composti (*alcuno, ciascuno*, ecc.): *un angelo, alcun desiderio, ciascun libro, nessun altro*;
- con *buono*: *buon onomastico, buon compleanno*;
- con *quello, bello, grande* e *santo* davanti a consonante: *quel comico, un bel pasticcio, un gran giocatore, san Giorgio.* ATTENZIONE: davanti a vocale si ha invece elisione sia al femminile che al maschile: *quell'amico, bell'amicizia, grand'uomo, sant'Antonio*;
- con *frate*, davanti a consonante: *fra Cristoforo, fra Luigi* (ma *frate Antonio*);
- con *suora*, anche davanti a vocale: *suor Teresa, suor Angela*;

■ con *tale* e *quale*, che non si elidono mai nemmeno davanti al femminile (si può dire infatti *tal donna, qual donna*): *qual amica, tal amarezza, qual emozione, qual orrore*. Ricordiamo che è molto frequente anche la forma non tronca: *quale rischio, tale uomo, quale astuzia*.
Come si è detto, il troncamento non richiede alcun segno grafico che indichi la caduta della vocale o della sillaba. Ci sono però delle eccezioni in cui il troncamento è indicato con l'apostrofo. Le principali sono: *ca'*, troncamento di *casa*: *Ca' Foscari*; *mo'*, tronc. di *modo*: *a mo' d'esempio*; *po'*, tronc. di *poco*: *ne assaggio solo un po'*; *va'*, *da'*, *sta'*, *di'*, *fa'*, forme dell'imperativo dei verbi *andare, dare, stare, dire, fare*: *va' dove ti pare!*, eccetera.
(In relazione ai problemi di troncamento ed elisione, V. anche le voci *bello, buono, grande, quale, quello, santo, suora, tale, uno*).

elişir o **elişire**, **elixir** [ar. *al-iksīr* 'la (*al*) pietra filosofale', efficace anche come medicamento, in forma di 'sostanza secca' (*iksīr*, dal gr. *xērós* 'secco'); av. 1557] **s. m.** (pl. inv. o lett. *-ri*) *1* Preparazione farmaceutica ottenuta dalla mescolanza di sciroppi con alcolati e sostanze medicamentose | ***E. di lunga vita***, nella chimica alchimistica, farmaco dell'eterna giovinezza, rimedio a ogni male. *2* Liquore tonico e corroborante: *e. di china*.

eliskì [vc. coniata prob. in fr. con *héli(coptère)* 'elicottero' e *ski*; 1983] **s. m. inv.** ● Attività sciistica praticata servendosi dell'elicottero come mezzo di risalita | (*est.*) Elicottero adibito a tale attività sportiva.

elişo (1) [1819] **part. pass.** di *elidere*; anche **agg.** ● Annullato | (*ling.*) Che ha subìto elisione.

elişo (2) ● V. *elisio*.

elisoccórso [comp. di *eli-* e *soccorso*; 1989] **s. m.** ● Soccorso a malati o feriti portato con un elicottero attrezzato e impiegato come ambulanza.

elitàrio [da *élite*; 1973] **agg.** ● Da élite, che è tipico di un'élite (con connotazione spesso negativa): *divertimento e.*; *scelte elitarie*. || **elitariaménte**, **avv.** In modo elitario.

elitarişmo [comp. di *elitar(io)* e *-ismo*] **s. m.** ● Atteggiamento, spirito elitario.

elitàxi o **elitassì** [comp. di *eli-* e *taxi*; 1962] **s. m. inv.** ● Elicottero impiegato come taxi.

élite /fr. e'lit/ [vc. fr., originariamente 'azione di scegliere (part. pass., ant. fr. *eslit*, di *élire*, dal lat. parl. **exlĕgere* 'eleggere')', poi 'ciò che vi è di meglio, di scelto'; 1861] **s. f. inv.** ● Cerchia ristretta di persone che si distinguono per superiore cultura, censo, ascendente e sim.; **SIN.** Crema, fior fiore | Classe dirigente: *l'élite che detiene il potere politico, economico*.

elitista [1981] **s. m. e f.**; anche **agg.** (pl. m. *-i*) ● (*raro*) Chi (o Che) fa parte di un'élite o rivela una concezione elitaria.

elitistico **agg.** (pl. m. *-ci*) ● (*raro*) Che si ispira a una concezione elitaria: *discorso e.*

èlitra [vc. dotta, gr. *élytra*, neutro pl. di *élytron* 'involucro', da *eilýein* 'avvolgere', di orig. indeur.; 1797] **s. f.** ● (*zool.*) Nei Coleotteri, ognuna delle due ali indurite che coprono le seconde ali membranose.

elitrasportàre [comp. di *eli-* e *trasportare*] **v. tr.** (*io elitraspòrto*) ● (*mil.*) Trasportare mediante elicottero.

elitròpia ● V. *eliotropia (1)*.

elitròpio ● V. *eliotropio*.

elivìa [comp. di *eli-* e della seconda parte di comp. come (*ferro*)*via*, (*aero*)*via*, (*funi*)*via*, e sim.; 1963] **s. f.** ● Aerovia per elicotteri.

elixir /elig'zir, elik'sir/ ● V. *elisir*.

élla [lat. *ĭlla(m)*, originariamente un dimostrativo: 'quella', comp. di due elementi di orig. non chiara; av. 1250] **pron. pers. f.** di terza pers. sing. (pop. tosc. *la*, per aferesi, nei sign. 1, 3, 4, purché in proclisi) *1* (*lett.*) Indica la persona di cui si parla e si usa come sogg. riferito al f. sing.: *e. sorrideva*; *e. venne*; *ell'è un'altra madonna, ell'è un'idea* (CARDUCCI). *2* †Riferito a pers. o cosa f. sing. nei compl. indiretti: *'inverso d'e. / ogne dimostrazion mi pare ottusa* (DANTE *Par.* XXIV, 95-96). *3* (*tosc., lett.*) Riferito a cosa, spec. con valore pleon.: *e tanto più mi riusciva gravosa questa servitù, quanto ch'e. era una particolarità usata a me solo* (ALFIERI); *son elle cose ch'abbiano a narrarsi / a un par mio?* (ALFIERI). *4* (*lett.* o *disus.*) Si usa in luogo di 'lei' come forma di rispettosa cortesia, rivolgendosi a persona, di sesso sia maschile, sia femminile, con cui non si è in familiarità: *Ella conosce me, e conosce la condotta ch'io ho tenuto fino ad ora* (LEOPARDI).

ellàdico [lat. *Hellădicu(m)*, dal gr. *Helladikós* 'dell'Ellade (*Hellás*, genit. *Helládos*)'] **agg.** (pl. m. *-ci*) ● Dell'Ellade.

-ellàre [corrisponde al suff. lat. *-illāre*, proprio di dim. verb.] **suff.** verbale ● Ha valore diminutivo e frequentativo: *girellare, saltellare*.

èlle (1) [sec. XIII] **s. f.** o **m. inv.** ● Nome della lettera *l*.

†élle (2) [lat. *ĭllae* (nom.), pl. di *ĭlla* 'ella'; 1313] **pron. pers. f.** di terza pers. pl. ● Esse (in funzione di sogg. e compl.): *voci alte e fioche, e suon di man con e.* (DANTE *Inf.* III, 27).

elleborina [comp. di *elleboro* e *-ina*] **s. f.** ● Sostanza vermifuga e purgativa contenuta nel rizoma dell'elleboro.

ellèboro [vc. dotta, lat. (*h*)*ellĕboru(m)*, dal gr. (*h*)*elléboros*, comp. di *ellós* 'cerbiatto' e *bibrṓskein* 'divorare', perché pianta mangiata dai cervi; sec. XIV] **s. m.** ● (*bot.*) Genere di piante erbacee delle Ranuncolacee, velenose, con fiori provvisti di perigonio e stami in parte trasformati in nettarii (*Helleborus*). **SIN.** Elabro.

ellènico [vc. dotta, gr. *Hellēnikós*, agg. di *Héllēnes* 'Greci, Elleni'; 1745] **agg.** (pl. m. *-ci*) ● Greco, spec. con riferimento alla Grecia classica.

ellenişmo [vc. dotta, gr. *hellēnismós* 'imitazione dei modi greci', da *hellēnízein* 'ellenizzare'; av. 1640] **s. m.** *1* Periodo storico e corrispondente fase della cultura greca compresi tra la morte di Alessandro Magno e la conquista romana dell'Egitto, in cui tale cultura si estese e sviluppò al di fuori della madrepatria, spec. in Egitto e nell'Asia Minore, assumendo particolari caratteristiche derivanti dall'incontro con le preesistenti civiltà del mondo medioriental e. *2* Gusto ricercato, erudito e spesso formalistico che caratterizza tale cultura. *3* (*ling.*) Grecismo.

ellenista [vc. dotta, gr. *Hellēnistḗs* 'partigiano delle usanze greche', da *hellēnízein* 'ellenizzare'; 1710] **s. m. e f.** (pl. m. *-i*) ● Chi studia la cultura greca, spec. quella classica.

ellenistico [da *ellenista*; 1793] **agg.** (pl. m. *-ci*) *1* Dell'ellenismo: *periodo e.*; *arte, civiltà ellenistica*. *2* (*est.*) Che apprezza il gusto o si adegua allo stile degli ellenisti. || **ellenisticaménte**, **avv.** Da ellenista.

ellenizzànte [av. 1907] **part. pres.** di *ellenizzare*; anche **agg.** ● (*lett.*) Che si rifà all'influenza e ai modelli della cultura greca.

ellenizzàre [vc. dotta, gr. *hellēnízein* 'agire come i Greci (*Héllēnes*)'] **A v. tr.** ● Sottoporre all'influenza ellenica. **B v. intr.** (aus. *avere*) ● Imitare i modelli di cultura greca.

ellenizzazióne [av. 1909] **s. f.** ● Adattamento all'influenza e ai modelli della cultura greca.

†élleno (1) [da *elle (2)* con attrazione della desin. verb. *-no*; sec. XIII] **pron. pers. f.** di terza pers. pl. ● Esse: *elle non sanno, ... quello che elle si vogliono e. stesse* (BOCCACCIO).

ellèno (2) [vc. dotta, gr. *héllēn*, genit. *héllēnos* 'greco, elleno', da *Héllēn* 'Elleno', mitico eroe fondatore della stirpe ellenica; 1810] **A agg.** ● (*lett.*) Della Grecia antica. **B s. m.** (f. *-a*) ● Abitante, nativo della Grecia antica.

ellepì [trascrizione delle due lettere di cui è formata la sigla *LP* di *long-playing*; 1982] **s. m.** ● Long-playing.

†éllera (o **è-**) o **†lèllera** (o **-è-**) [prob. contaminazione del lat. *hĕdera(m)* 'edera' e del lat. *hĕlica(m)* 'elica'; sec. XIII] **s. f.** ● (*poet.*) Edera.

-ellétto [doppio suff. dim. *-ello* e *-etto*] **suff.** alterativo composto (f. *-a*) ● Conferisce ai sostantivi valore diminutivo.

†élli ● V. *egli*.

†éllino ● V. *†eglino*.

-ellino [doppio suff. dim. *-ello* e *-ino*] **suff.** alterativo composto (f. *-a*) ● Conferisce ai sostantivi valore diminutivo o vezzeggiativo: *campanellino, fiorellino*.

ellisse o **ellissi** [vc. dotta, gr. *élleipsis* 'mancanza', da *elléipein* 'omettere', con riferimento a determinate situazioni di figure geometriche; av. 1617] **s. f.** *1* (*mat.*) Luogo dei punti tali che la somma delle loro distanze da due punti fissi, detti fuochi, è costante | Curva individuata dall'intersezione di un cono indefinito con un piano non parallelo al suo asse né alla sua direttrice. *2* (*astron.*) Orbita descritta da un corpo celeste intorno a un altro: *l'e. di un pianeta intorno al Sole, di un satellite intorno a un pianeta*.

ellissi [vc. dotta, lat. *ellīpsi(m)*, dal gr. *élleipsis* 'mancamento, omissione', da *elléipein* 'mancare (*léipein*) dentro (*en-*)'; av. 1667] **s. f. inv.** ● (*ling.*) Omissione di una o più parole che il contesto o la costruzione grammaticale richiederebbero: *che degio far più sconsolato al mondo?* (BOIARDO).

ellissògrafo [vc. dotta, comp. di *ellisse* e *-grafo*; 1865] **s. m.** ● (*mat.*) Strumento per disegnare un'ellisse.

ellissoidàle [da *ellissoide*; 1953] **agg.** ● (*mat.*) Che ha forma di ellissoide.

ellissòide [vc. dotta, comp. di *ellisse* e del gr. *-oeidēs* 'simile', da *êidos* 'forma'; 1820] **s. m.** ● (*mat.*) Quadrica che non sia un cono o un cilindro e priva di punti all'infinito reali | ***E. di rotazione***, superficie ottenuta facendo ruotare un'ellisse intorno a un suo asse.

ellìttico (1) [vc. dotta, gr. *elleiptikós*, da *élleipsis* 'ellisse'; 1623] **agg.** (pl. m. *-ci*) *1* (*mat.*) Proprio di un'ellisse | Detto di una configurazione o espressione nella quale v'è una coppia di elementi complessi coniugati. *2* (*bot.*) Detto di organo vegetale con contorno a forma di ellisse: *foglia ellittica*. **SIN.** Ovale.

ellìttico (2) [vc. dotta, gr. *elleiptikós*, da *élleipsis* 'ellissi'; av. 1808] **agg.** (pl. m. *-ci*) ● (*ling.*) Di ellissi | Che presenta ellissi | (*est.*) Sintetico. || **ellitticaménte**, **avv.** In modo ellittico, per ellissi.

†éllo [lat. *ĭllu(m)* (V. *ella*); av. 1250] **pron. pers. m.** di terza pers. sing. (poet. troncato in *†el*) ● (*raro*) Egli, lui.

-èllo [suff. dim. corrispondente al lat. *-ĕllu(m)*] **suff.** alterativo (f. *-a*) ● Conferisce ad aggettivi e sostantivi valore diminutivo, spesso con tono affettivo-vezzeggiativo: *carrozzella, cattivello, finestrella, fontanella, contadinella* | Talvolta con valore attenuativo, corrispondente a 'piuttosto', 'alquanto': *cattivello*.

†elmàto [da *elmo*; av. 1745] **agg.** ● Fornito di elmo.

elmétto [1918] **s. m.** *1* Dim. di *elmo*. *2* Copricapo metallico usato a scopo difensivo da soldati, minatori e sim.

Elminti [vc. dotta, gr. *hélmi(n)s*, genit. *hélminthos* 'verme', di orig. indeur.; 1829] **s. m. pl.** (sing. *-a*) ● (*gener.*) Vermi parassiti.

elmintiași [vc. dotta, comp. di *elminto-* e *-iasi*; 1797] **s. f. inv.** ● Malattia causata da vermi o elminti.

elminticida [comp. di *elminti* e *-cida*] **A s. m.** (pl. *-i*) ● Sostanza usata per disinfestare acque, terreni e sim. dagli elminti che li infestano. **B** anche **agg.**

elminto-, **-elminto** [dal gr. *hélmins*, genit. *hélminthos* 'verme' (V. *elminti*)] primo o secondo elemento ● In parole composte della terminologia scientifica, spec. zoologica, significa 'verme' o indica relazione coi vermi: *elmintologia, Platelminti*.

elmintologìa [vc. dotta, comp. di *elminto-* e *-logia*; 1820] **s. f.** ● Ramo della zoologia che ha per oggetto lo studio dei vermi parassiti.

elmintològico **agg.** (pl. m. *-ci*) ● Che riguarda l'elmintologia.

elmintòlogo [vc. dotta, comp. di *elminto-* e *-logo*] **s. m.** (f. *-a*; pl. m. *-gi*) ● Studioso, esperto di elmintologia.

elmintòși **s. f. inv.** ● (*med.*) Elmintiasi.

élmo [got. *hilms*, vc. germ.; av. 1292] **s. m.** *1* Antica armatura difensiva del capo, di ferro, di forme svariate, indossata durante i combattimenti | (*est.*) ***Cingersi l'e.***, armarsi | (*raro*) Casco | (*raro*) Celata. ➡ **ILL. armi.** *2* (*est.*) Copricapo metallico di varia foggia, usato per protezione, ornamento cerimoniale e sim.: *e. da pompiere*; *e. da corazziere*. ➡ **ILL. vigili del fuoco.** *3* Parte superiore dello scafandro del palombaro, munita di vetri per poter guardare all'esterno. **SIN.** Casco. *4* (*arald.*) Ornamento dello scudo. *5* (*chim.*) Parte superiore dell'alambicco. || **elmétto**, **dim.** (V.).

el Niño /sp. el'niɲo/ [vc. sp., propr. 'Gesù Bambino' poiché il fenomeno compare attorno a Natale; 1997] **s. m. inv.** ● Corrente calda a carattere periodico del Pacifico sud-orientale, che talvolta dà origine a sensibili variazioni climatiche in tutto il globo.

Elòbie [comp. del gr. *hélos* 'palude' e *-bio*; 1979] **s. f. pl.** (**sing.** *-a*) ● (*bot.*) Nella tassonomia vegetale, ordine di Monocotiledoni acquatiche o palustri, con fiori provvisti di calice e corolla, come nelle Dicotiledoni (*Helobiae*).

elocùtio /*lat.* elo'kutstsjo/ [vc. lat., propr. 'espressione', dal v. *ēloqui* 'parlare (*lŏqui*) dicendo tutto, completamente (*ē-*)'; 1973] **s. f. inv.** (**pl.** lat. *elocutiones*) ● Nella retorica classica, la partizione dell'arte del dire che riguarda l'eloquio, cioè l'uso delle parole e delle frasi opportune all'argomento di cui si tratta. **CFR.** Dispositio, inventio.

elocutòrio [vc. dotta, lat. *elocutōriu(m)*, da *elocūtus*, part. pass. di *ēloqui* 'parlare eloquentemente' (V. *eloquio*); av. 1642] **agg.** ● (*raro*) Della, relativo alla, elocuzione.

elocuzióne [vc. dotta, lat. *elocutiōne(m)*, da *elocūtus*, part. pass. di *ēloqui* 'parlare eloquentemente' (V. *eloquio*); sec. XIII] **s. f.** ● Esposizione ordinata ed efficace, mediante le parole, delle proprie idee e dei propri sentimenti | Parte della retorica che insegna il modo di dare la corretta forma linguistica alle idee.

elodèa [vc. dotta, tratta dal gr. *helṓdēs* 'paludoso' (da *hélos* 'palude')] **s. f.** ● Pianta acquatica delle Idrocaritacee che si riproduce rapidamente in modo da ostacolare la navigazione o la pesca (*Elodea canadensis*). **SIN.** Peste d'acqua.

elodèrma [vc. dotta, comp. del gr. *hêlos* 'chiodo' e *dérma* 'pelle', per le sue chiazze scure] **s. m.** (**pl.** *-i*) ● Genere di Rettili dei Sauri con zampe tozze, coda lunga e massiccia, pelle ricoperta da piccoli tubercoli e morso velenoso (*Heloderma*).

elogiàre [vc. dotta, lat. tardo *elogiāre*, propr. 'descrivere in breve', da *elŏgium* nel senso di 'breve formula, sommario'; 1858] **v. tr.** (*io elògio*) ● Esaltare con lodi: *e. una persona per le sue azioni*; *e. la bontà, l'onestà*. **SIN.** Encomiare, lodare. **CONTR.** Biasimare.

elogiativo [1858] **agg.** ● Che elogia, che ha lo scopo di elogiare: *parole elogiative*. || **elogiativaménte**, **avv.** In modo, con tono, elogiativo.

elogiatóre [1885] **agg.**; anche **s. m.** (**f.** *-trice*) ● Che (o Chi) elogia, spec. adulando.

elògio [vc. dotta, lat. *elŏgiu(m)*, prob. dal gr. *elegêion* 'componimento elogiativo' deformato dall'etim. pop.; 1614] **s. m.** **1** Discorso o scritto laudativo: *l'e. della filosofia*; *fare l'e. di qlcu., di qlco.* | ***E. funebre***, in lode di un defunto. **2** Componimento in voga nella letteratura latina e umanistica con cui veniva celebrato un personaggio ricorrendo a rigorosi schemi retorici. **3** Parole di lode: *il suo coraggio merita molti elogi*. **SIN.** Lode, plauso. || **elogètto**, **dim.** | **elogiàccio**, **pegg.** | **elogiùccio**, **dim.**

elogista [1789] **s. m. e f.** (**pl. m.** *-i*) ● (*raro*) Scrittore di elogi.

elogistico [1834] **agg.** (**pl. m.** *-ci*) ● (*lett.*) Fatto in forma di elogio, contenente elogi: *scrittura elogistica*.

†**elongàre** [vc. dotta, lat. *elongāre*, comp. parasintetico di *lŏngus* 'lungo'; av. 1332] **v. tr. e intr.** ● Dilungare, allontanare.

elongazióne [vc. dotta, lat. *elongatiōne(m)*, da *elongātus*, part. pass. di *elongāre* '†elongare'; sec. XIV] **s. f.** **1** †Allontanamento. **2** (*astron.*) Digressione. **3** (*fis.*) Distanza, a ogni istante, di un punto oscillante dal centro di oscillazione.

eloquènte [vc. dotta, lat. *eloquĕnte(m)*, part. pres. di *ēloqui* 'parlare con arte' (V. *eloquio*); 1342] **agg.** ● Che sa parlare efficacemente: *oratore, predicatore e.* | (*est.*) Di ciò che è chiaro ed espressivo: *ragionamento, silenzio, sguardo e.*; *parole eloquenti*. || **eloquenteménte**, **avv.**

eloquènza [vc. dotta, lat. *eloquĕntia(m)*, da *elŏquens* 'eloquente'; av. 1294] **s. f.** **1** Facoltà naturale o acquisita di parlare in modo opportuno, così da produrre l'impressione desiderata sugli ascoltatori: *e. politica, forense, accademica*; *e. ornata, sobria*; *e. greca, romana*; *versare fiumi di e.*; *per pompa di e., hanno fabbricato e fabbricano nuove parole e frasi* (MURATORI) | ***Modello di e.***, chi è particolarmente facondo | †***Cattedra di e.***, di letteratura. **2** Forza ed espressività: *l'e. di uno sguardo, di un gesto, di un silenzio* | (*iron.*) ***L'e. del bastone, della spada***, la loro forza.

elòquio [vc. dotta, lat. *elŏquiu(m)*, da *ēloqui*, originariamente 'parlare (*lŏqui*), dicendo tutto, completamente (*ex-*)', poi 'parlare con arte o eloquenza'; sec. XIV] **s. m.** ● (*lett.*) Linguaggio, modo di parlare: *un e. ricercato, ornato, abbondante, forbito*.

élsa (o **è-**) [ant. alto ted. *helza*, di ambito germ.; 1321] **s. f.** ● Impugnatura della spada, spec. con riferimento agli elementi metallici variamente figurati che proteggono la mano | ***E. a crociera***, con traversa difensiva di metallo perpendicolare alla lama tipica delle spade antiche.

†**élso** (o **è-**) [1476] **s. m.** ● Elsa.

èlson [vc. ingl. *nelson* (con *n-* sottratto nella loc. *in* (*n*)*elson*, dal n. proprio (di un lottatore?) *Nelson*)] **s. f. inv.** ● Nella lotta libera e greco-romana, presa a terra che si effettua infilando l'avambraccio sotto l'ascella dell'avversario tentando con la mano di far leva o di premere sulla nuca per schienarlo.

†**elucidàre** [vc. dotta, lat. tardo *elucidāre*, da *lucidāre* nel senso di 'chiarire, illustrare' con *ex-* raff.; 1499] **v. tr.** ● Dichiarare, spiegare.

elucubràre [vc. dotta, lat. *elucubrāre*, comp. di *ex-* raff. e *lucubrāre* 'lavorare a lume di lanterna' (da *lūcubrum* 'lucerna', interpretato come 'ciò che riluce (*lucēre*) nell'ombra'); 1855] **v. tr.** (*io elùcubro*) ● Pensare impegnando seriamente l'intelletto, lavorare assiduamente a un'opera d'ingegno (*spec. iron.*): *e. un piano, un progetto*; *che cosa starà elucubrando?*

elucubrazióne [1572] **s. f.** ● Meditazione lunga e minuziosa (*spec. iron.*): *l'e. di un filosofo*; *non bisogna dar troppo peso alle sue elucubrazioni*.

elùdere [vc. dotta, lat. *elūdere*, originariamente 'finire (*ex-*) di giocare (*lūdere*)', poi 'prendersi gioco', 'schivare un colpo nel gioco'; av. 1540] **v. tr.** (**pass. rem.** *io elùsi* o *eludéi, tu eludésti*; **part. pass.** *elùso*) ● Sfuggire, evitare scaltramente: *e. la sorveglianza dei guardiani*; *e. le leggi, la giustizia, il fisco*.

eludibile [da *eludere*] **agg.** ● Che si può eludere.

eluènte **A** **part. pres.** di *eluire*; anche **agg.** ● Nel sign. del v. **B** **s. m.** ● (*chim.*) Mezzo atto ad asportare una sostanza mescolata ad altre.

eluire [vc. dotta, lat. *elūere* 'lavar (*lūere*) via (*ex-*)', con passaggio ad altra coniug.] **v. tr.** (*io eluisco, tu eluisci*) ● (*chim.*) Asportare per mezzo di un gas o di un opportuno solvente una sostanza mescolata ad altre.

eluito **A** **agg.** ● (*chim.*) Detto di sostanza percolata attraverso una colonna cromatografica. **B** anche **s. m.**

eluizióne o **eluzióne** **s. f.** ● (*chim.*) Operazione dell'eluire.

elusìbile **agg.** ● (*raro*) Che si può eludere.

elusióne [vc. dotta, lat. tardo *elusiōne(m)*, da *elūdere* 'eludere'; 1789] **s. f.** ● (*raro*) L'eludere, l'evitare | ***E. fiscale, tributaria***, ogni atto tendente a eliminare o ridurre il carico tributario mediante comportamento giuridicamente lecito; **CFR.** Evasione.

elusività [1965] **s. f.** ● Caratteristica di elusivo.

elusìvo [vc. dotta, tratta da *eludere* sul modello di altri deriv. da comp. del lat. *lūdere*; 1855] **agg.** ● Che serve o tende a eludere: *un intervento e.*; *possedeva una qualità elusiva e selvatica* (LEVI). **SIN.** Evasivo, sfuggente. || **elusivaménte**, **avv.**

elùso [1869] **part. pass.** di *eludere* ● Nei sign. del v.

elusòrio [vc. dotta, tratta da *eludere* sul modello di altri deriv. da comp. del lat. *lūdere*; av. 1718] **agg.** ● (*raro*) Elusivo.

eluviàle [dal lat. *elŭvies* 'inondazione' (V. *eluvio*), col medesimo rapporto esistente tra *alluviale* e il lat. *allŭvies*] **agg.** ● (*geol.*) Di eluvio: *terreno e.*; *depositi eluviali*.

eluviazióne **s. f.** ● Dilavamento di sali solubili dallo strato attivo del terreno nei climi piovosi.

elùvio [lat. *elŭvies* 'inondazione', da *elŭere*, propr. 'portare via (*ex-*) col lavare (*lŭere*)'] **s. m.** ● (*geol.*) Deposito o terreno formato dal disfacimento di rocce preesistenti sul luogo stesso.

eluzióne ● V. *eluizione*.

elvèlla [vc. dotta, lat. *helvĕlla(m)* 'piccola erba', vc. rara della terminologia rustica in rapporto con una formazione indeur., che spiegherebbe 'che dà sul verde tenero o sul giallo'; 1499] **s. f.** ● Fungo con gambo solcato e cappello liscio e lobato (*Helvella crispa*).

Elvellàcee [comp. di *elvell(a)* con il suff. *-acee*; 1987] **s. f. pl.** (**sing.** *-a*) ● (*bot.*) Nella tassonomia vegetale, famiglia di funghi degli Ascomiceti, con corpo fruttifero distinto in gambo e cappello, comprendente alcune specie commestibili (*Helvellaceae*) | (*com.*) Spugnole.

elvètico [vc. dotta, lat. *Helvĕticu(m)* 'proprio degli Elvezi (*Helvĕtii*)', n. degli antichi abitanti dell'odierna Svizzera; 1619] **A** **agg.** (**pl. m.** *-ci*) **1** Relativo all'Elvezia o agli antichi Elvezi. **2** (*lett.*) Svizzero. **B** **s. m.** (**f.** *-a*) ● (*lett.*) Svizzero.

elvetismo **s. m.** ● (*ling.*) Parola o locuzione propria dell'italiano parlato dagli svizzeri del Canton Ticino e di alcune zone dei Grigioni.

elzeviriàno [da *elzeviro*; 1876] **agg.** ● Che è proprio degli Elzevier, tipografi olandesi operanti nei secc. XVI e XVII.

elzevirista [1939] **s. m. e f.** (**pl. m.** *-i*) ● Scrittore di elzeviri | (*est.*) Prosatore che predilige il bozzetto o il ricordo autobiografico.

elzeviro [dal n. della famiglia di tipografi ol. *Elzevier* del XVI sec., che idearono quei caratteri, con i quali, poi, si compose solitamente l'articolo d'apertura della terza pagina; 1887] **A** **s. m.** **1** Carattere tipografico di antico stile usato dagli stampatori olandesi Elzevier. **2** Edizione di tipo elegante e di formato molto piccolo. **3** Articolo d'argomento artistico, storico, letterario, o anche recensione o racconto che un giornale pubblica in apertura di terza pagina. **B** **agg.** ● (*raro*) Elzeviriano.

-èma **suff.** ● In parole composte della linguistica, significa 'unità minima': *grafema, lessema, morfema*.

emaciaménto [1750] **s. m.** ● Grave dimagrimento.

emaciàre [vc. dotta, lat. tardo *emaciāre*, comp. parasintetico di *măcies* 'magrezza' (deriv. di *măcer* 'magro'); av. 1712] **A** **v. tr.** (*io emàcio*) ● Rendere magro, smunto: *la malattia l'ha emaciato*. **B** **v. intr. pron.** ● Diventare magro e smunto.

emaciàto [1691] **part. pass.** di *emaciare*; anche **agg.** ● Magro, smunto, macilento.

emaciazióne [sec. XIV] **s. f.** ● (*raro*) Estrema magrezza.

emafèresi [comp. di *em(o)-* e *aferesi*] **s. f. inv.** ● (*med.*) Tecnica trasfusionale che consente di trattenere solo alcuni componenti del sangue fresco quali plasma, leucociti e piastrine e di restituire al donatore le restanti frazioni.

emagràmma [ingl. *emagram*, comp. di *em-* 'in-' e *-agram* di (*di*)*agram* 'diagramma'] **s. m.** (**pl.** *-i*) ● (*meteor.*) Diagramma su assi cartesiani che descrive il rapporto tra temperatura e pressione atmosferica.

e-mail /i'meil, *ingl.* 'iːˌmeɪl/ [abbr. ingl. di *e*(*lectronic*) *mail* 'posta elettronica'; 1993] **A** **s. f. inv.** ● Posta elettronica. **B** **s. m. o f. inv.** ● Messaggio inviato con la posta elettronica. **C** in funzione di **agg. inv.** ● (posposto al s.) Relativo alla posta elettronica: *messaggio e-mail*; *ti mando il mio indirizzo e-mail*.

emàle [comp. del gr. *háima* 'sangue' *em(o)-* e del suff. *-ale* (*1*)] **agg.** ● (*biol.*) Relativo al sistema circolatorio | ***Arcata e.***, porzione ventrale della vertebra dei Vertebrati inferiori che accoglie vasi sanguigni.

emalopia [vc. dotta, tratta dal gr. *haimálōps* 'dall'aspetto (*ṓps*, genit. *ōpós* 'vista') sanguinante (*haimaléos*, da *háima* 'sangue')'; 1834] **s. f.** ● (*med.*) Versamento di sangue nella camera anteriore dell'occhio.

emanàre [vc. dotta, lat. *emanāre* 'spandersi (*manāre*) fuori (*ex-*)'; 1433] **A** **v. tr.** **1** Mandar fuori: *molti fiori emanano un gradevole profumo*. **SIN.** Effondere, esalare. **2** Emettere, promulgare: *e. una sentenza, un decreto, un ordine, una circolare* | ***E. una legge***, legiferare. **B** **v. intr.** (aus. *essere*) ● Avere origine, derivare, provenire: *la luce emana dal Sole*; *i diritti emanano dai doveri*; **SIN.** Promanare.

emanatismo [1847] **s. m.** ● Dottrina filosofica secondo la quale l'universo risulta essere un'emanazione di Dio. **SIN.** Emanazionismo.

emanatista [1847] **s. m. e f.**; anche **agg.** (**pl. m** *-i*) ● Chi (o Che) segue la dottrina dell'emanatismo.

emanatistico [1843] **agg.** (**pl. m.** *-ci*) ● Relativo all'emanatismo.

†**emanativo** [1756] **agg.** ● Emanatistico.

emanazióne [vc. dotta, lat. tardo *emanatiōne(m)*, da *emanāre* 'emanare'; 1669] **s. f.** **1** L'emanare | Emissione, esalazione, diffusione: *e. di raggi, odori, vapori*. **2** Atto con cui un'autorità pubblica stabilisce norme vincolanti: *e. di un decreto da parte del Presidente della Repubblica*. **3** (*est.*) Ciò che è emanato: *emanazioni vulcaniche* | Esalazione, odore: *e. pestifera, venefica* | (*fig.*) Derivazione, espressione: *il governo è l'e. di un'area politica di centrodestra, di centrosinistra.* **4** (*chim., disus.*) Ciascuno degli isotopi radioattivi (attinon, radon, toron), prodotti dalla disintegrazione di elementi radioattivi quali l'attinio, il radio, il torio. **5** Teoria filosofico-religiosa secondo la quale la molteplicità delle cose di ordine materiale e spirituale che costituiscono il mondo risultano emanate da Dio per una irradiazione continua, spontanea e necessaria della sua potenza. **6** In alcune religioni e sette, ciascuna delle serie di realtà non create, ma emanate dalla sostanza divina.

emanazionìsmo [comp. di *emanazion(e)* e *-ismo*] **s. m.** ● (*filos.*) Emanatismo.

†**emanceppàre** e *deriv.* ● V. *emancipare* e *deriv.*

emancipàre o †**emanceppàre** [vc. dotta, lat. *emancipāre*, comp. parasintetico di *mancĭpium* 'acquisto di una proprietà', 'schiavo acquistato', comp. di *mānus* 'mano' e *căpere* 'prendere'; 1308] **A v. tr.** (*io emàncipo*) **1** Rendere libero: *e. una popolazione dal dominio straniero.* **2** (*dir.*) Nel mondo romano, liberare un figlio dalla patria potestà o uno schiavo facendolo liberto | Attualmente, attribuire al minore di età, allorché sussistono determinate condizioni, una limitata capacità di agire. **3** †Alienare, vendere. **B v. rifl.** ● Rendersi libero, indipendente da qlcu. o qlco.: *emanciparsi dalla dipendenza economica.*

emancipàto o †**emanceppàto** [1308] **part. pass.** di *emancipare*; anche **agg.** **1** (*dir.*) Che ha ottenuto l'emancipazione | (*est.*) Libero da un vincolo, da una soggezione e sim. **2** (*est.*) Privo di condizionamenti nel modo di pensare, di vivere e sim.: *una ragazza emancipata.*

emancipatóre [vc. dotta, lat. tardo *emancipatō-re(m)*, da *emancipātus* 'emancipato'; 1846] **s. m.**; anche **agg.** (**f.** *-trice*) ● Chi (o Che) emancipa.

emancipazióne [vc. dotta, lat. *emancipatiō-ne(m)*, da *emancipātus* 'emancipato'; av. 1580] **s. f.** ● L'emancipare, l'emanciparsi | (*est.*) Liberazione da un vincolo, da una soggezione e sim. | ***E. della donna***, liberazione dalla condizione di inferiorità giuridica, sociale e culturale rispetto agli uomini.

emangiòma o **emoangiòma** [comp. di *em(o)-* e *angioma*] **s. m.** (**pl.** *-i*) ● (*med.*) Neoformazione benigna costituita da proliferazione di vasi sanguigni.

emarginàre [comp. parasintetico di *margine*, sul modello del fr. *émarger*; 1877] **v. tr.** (*io emàrgino*) **1** (*bur.*) Indicare, segnare in margine: *e. una nota su un documento.* **2** (*fig.*) Mettere ai margini, estromettere dalla vita sociale: *e. i diversi.*

emarginàto [1877] **A part. pass.** di *emarginare*; anche **agg.** ● (*bur.*) Nei sign. del v. **B s. m.** **1** (*bur.*) Nota a margine su un documento. **2** (**f.** *-a*) Chi viene messo ai margini, isolato o escluso dalla vita sociale: *un quartiere periferico che rischia di creare degli emarginati*; *i disabili non vogliono essere degli emarginati.*

emarginazióne [1974] **s. f.** ● L'emarginare | Condizione di chi è emarginato.

emàrtro [vc. dotta, comp. del gr. *hâima* 'sangue' e *árthrōsis* 'articolazione (da *árthron* 'giuntura')'] **s. m.** ● (*med.*) Versamento di sangue in una cavità articolare.

emasculazióne o **emascolazióne** [vc. dotta, tratta dal v. lat. *emasculāre*, comp. di *ex-* sottrattivo e del deriv. verbale di *măsculus* sul modello di *evirāre* 'evirare'] **s. f.** ● (*med.*) Asportazione chirurgica o traumatica del pene e dei testicoli.

ematèmeṣi [vc. dotta, comp. di *emat(o)-* e del gr. *émesis* 'vomito'; 1834] **s. f. inv.** ● (*med.*) Espulsione di sangue con il vomito.

emàtico [gr. *haimatikós* 'di sangue (*hâima*, genit. *háimatos*)'; 1828] **agg.** (**pl. m.** *-ci*) ● (*med.*) Del sangue: *versamento e.*; *stasi ematica.*

ematidròṣi [comp. di *em(o)-*, *idr(o)-* e del suff. *-osi*; 1834] **s. f. inv.** ● (*med.*) Traspirazione di sudore misto a sangue.

ematimetria [vc. dotta, comp. di *emato-* e *-metria*] **s. f.** ● (*med., raro*) Emometria.

ematina [vc. dotta, comp. di *emat(o)-* e *-ina*; 1797] **s. f.** ● (*chim.*) Idrossido della forma ossidata dell'eme.

ematite [vc. dotta, lat. *haematīte(m)*, dal gr. *haimaítēs* 'color del sangue (*hâima*, genit. *háimatos*)', sottinteso *líthos* 'pietra'; av. 1367] **s. f.** ● (*miner.*) Ossido di ferro in cristalli romboedrici o lamellari, spesso in masse compatte di color grigio scuro o nerastro e dalla lucentezza metallica oppure in masse pulverulente di colore rosso sangue.

èmato- [dal gr. *hâima*, genit. *háimatos* 'sangue' di etim. incerta] primo elemento (*emat-*, davanti a vocale) ● In parole scientifiche composte della terminologia medica significa 'sangue', 'del sangue', 'sanguigno': *ematofobia*, *ematuria.*

ematocèfalo [vc. dotta, comp. di *emato-* e del gr. *kephalḗ* 'testa'] **s. m.** ● (*med.*) Cefaloematoma.

ematocèle [comp. di *emato-* e *-cele*; 1835] **s. m.** ● (*med.*) Raccolta circoscritta di sangue in una cavità del corpo, spec. in quella peritoneale.

ematòcrito [comp. di *emato-* e del gr. *kritós* 'separato'] **s. m.** ● (*med.*) Rapporto, espresso in percentuale, tra il volume della frazione corpuscolata del sangue (cellule bianche e rosse) e il volume totale del sangue.

ematodermìa [comp. di *emato-* e *-dermia*] **s. f.** ● (*med.*) Qualsiasi alterazione della pelle legata a malattie del sangue.

ematòfago [comp. di *emato-* e *-fago*] **agg.** (**pl. m.** *-gi*) ● Detto di insetto che si nutre di sangue: *pulci ematofaghe.*

ematofobia [vc. dotta, comp. di *emato-* e *-fobia*] **s. f.** ● (*psicol.*) Emofobia.

ematògeno [vc. dotta, comp. di *emato-* e *-geno*; 1963] **agg.** ● Che concerne la produzione dei globuli rossi.

ematologìa [vc. dotta, comp. di *emato-* e *-logia*; 1820] **s. f.** ● (*med.*) Studio delle caratteristiche normali e patologiche del sangue.

ematològico **agg.** (**pl. m.** *-ci*) ● (*med.*) Relativo all'ematologia.

ematòlogo [1865] **s. m.** (**f.** *-a*; **pl. m.** *-gi*) ● Studioso, esperto di ematologia.

ematòma [vc. dotta, comp. di *emat(o)-* e *-oma*; 1828] **s. m.** (**pl.** *-i*) ● (*med.*) Raccolta localizzata di sangue.

ematopatìa [vc. dotta, comp. di *emato-* e *-patia*] **s. f.** ● (*med.*) Emopatia.

ematopoièṣi [vc. dotta, comp. di *emato-* e del gr. *póiēsis* 'azione di fare (*poiêin*)'; 1828] **s. f. inv.** ● (*biol.*) Produzione degli elementi corpuscolati del sangue. **SIN.** Emopoiesi.

ematopoiètico [vc. dotta, gr. *haimatopoietikós*, comp. di *hâima*, genit. *háimatos* 'sangue' e *poiētikós* 'che ha la possibilità di fare (*poiêin*)'; 1820] **agg.** (**pl. m.** *-ci*) ● (*biol.*) Che concerne l'ematopoiesi. **SIN.** Emopoietico.

ematopsìa [vc. dotta, comp. di *emato-* e del gr. *ópsis* 'vista'] **s. f.** ● (*med.*) Alterazione della vista per cui gli oggetti appaiono colorati di rosso.

ematòṣi [vc. dotta, gr. *haimátōsis*, da *haimatôun* 'convertire in sangue (*hâima*)'; 1771] **s. f. inv.** ● (*med.*) Processo di ossigenazione del sangue venoso a livello dei polmoni.

ematossilina [vc. dotta, comp. di *emato-* e del gr. *xýlon* 'legno'] **s. f.** ● (*chim.*) Composto incolore ottenuto dal durame della leguminosa subtropicale *Haematoxylon campechianum*, utilizzato in istologia come colorante della cromatina.

ematurìa o **ematùria** [vc. dotta, comp. di *emat(o)-* e *-uria*; 1788] **s. f.** ● (*med.*) Presenza di sangue nelle urine.

emàzia [fr. *hématies*, dal gr. *haimátia*, dim. pl. di *hâima* 'sangue'; 1899] **s. f.** ● (*anat.*) Globulo rosso.

embarcadéro /sp. embarka'ðero/ [vc. sp., da *embargar* 'imbarcare'; 1881] **s. m.** (**pl.** *embarcadéri* o sp. *embarcaderos*) ● Imbarcadero.

embàrgo [dallo sp. *embargar* 'impedire', dal lat. parl. **imbarricāre* 'chiudere con una *barra*'; av. 1764] **s. m.** (**pl.** *-ghi*) **1** Blocco economico consistente nel divieto disposto dall'autorità di esportare o comunque di avere scambi commerciali con un dato Stato. **2** Fermo di navi straniere nei porti o nelle acque territoriali, disposto da uno Stato per rappresaglia. **3** (*est.*) Divieto di rendere noti documenti o notizie prima di una determinata scadenza: *stampa e tivù hanno accettato l'e.*

embatèrio [vc. dotta, gr. *embatḗrion*, sottinteso *rythmós* o *mélos* '(canto) di marcia', da *embáinein* 'entrare (*báinein*) dentro (*en-*)'; av. 1912] **s. m.** **1** (*letter.*) Dispondeo. **2** Nella Grecia antica, canto di marcia e di guerra.

embè ● V. *ebbene.*

Embioidèi [dal gr. *émbios* 'vitale', comp. di *en* 'dentro' e *bíos* 'vita' (di orig. indeur.)] **s. m. pl.** (**sing.** *-eo*) ● Nella tassonomia animale, ordine di Insetti con femmine sempre attere e maschi talvolta alati, viventi in gallerie di seta prodotta da ghiandole contenute nei tarsi del primo paio di zampe (*Embioidea*).

emblée, d' ● V. *d'emblée.*

emblèma [vc. dotta, lat. *emblēma* (neutro), dal gr. *émblēma*, propr. 'inserzione', 'che si getta (dal v. *bállein*), che si applica dentro (*en-*)'; 1582] **s. m.** (**pl.** *-i*) **1** Figura simbolica ordinariamente accompagnata da un motto o da una sentenza | Simbolo rappresentativo: *la bilancia è l'e. della giustizia.* **2** Nell'antichità, raffinata figurazione a mosaico che, accuratamente eseguita nella bottega di un artigiano, era poi inserita in un mosaico pavimentale più rozzo formato direttamente sul posto.

emblemàtica [f. sost. di *emblematico*; 1952] **s. f.** ● Raccolta, studio di emblemi, spec. come componimenti letterari.

emblemàtico [vc. dotta, lat. *emblemătĭcu(m)*, sottinteso *ŏpus* 'opra, lavoro', da *emblēma* 'emblema'; 1499] **agg.** (**pl. m.** *-ci*) **1** Di, da emblema: *una figura emblematica.* **SIN.** Simbolico | ***Pittura emblematica***, quella in cui determinati segni si ripetono costantemente. **2** (*fig.*) Rappresentativo, simbolico, significativo: *un comportamento e.*; **SIN.** Paradigmatico | (*fig., lett.*) Ricco di immagini, allegorico: *linguaggio e.* || **emblematicaménte**, **avv.**

embolìa [da *embolo*; 1892] **s. f.** ● (*med.*) Presenza di embolo in un vaso sanguigno, con occlusione dello stesso e arresto della circolazione: *e. cerebrale, polmonare, gassosa.*

emboliṣmàle [vc. dotta, adattamento del lat. tardo *embolismāle(m)*, da *embolĭsmus* 'embolismo (2)'; 1585] **agg.** ● (*lett.*) Intercalare | ***Mese e.***, in alcuni calendari lunisolari come quello greco e quello ebraico, mese inserito nell'anno per far coincidere ciclo lunare e ciclo solare.

emboliṣmo (1) [da *embolo*] **s. m.** ● (*med.*) Embolia.

emboliṣmo (2) [vc. dotta, lat. tardo *embolĭsmu(m)*, dal gr. *embolismós* 'intercalazione', da *embállein* 'gettare (*bállein*) dentro (*en-*)'; 1681] **s. m.** **1** Anno di tredici mesi lunari o che, in alcuni calendari lunisolari per es. quello ebraico, ha un mese intercalare. **2** Preghiera liturgica intercalata nel canone della Messa, con cui si chiede a Dio la liberazione da tutti i mali.

èmbolo o **émbolo** [gr. *émbolos* 'ostruttore, cuneo', da *embállein* 'lanciare (*bállein*) dentro (*en-*)'; 1875] **s. m.** **1** (*med.*) Formazione estranea, solida, liquida o gassosa, presente nel sangue. **2** (*mecc.*) Discontinuità o bolla d'aria che può formarsi nelle canalizzazioni del carburante o di altro liquido provocando il difettoso funzionamento del motore. **3** Rostro di legno con punta di rame che gli antichi solevano attaccare alla prua per investire le navi nemiche.

embrassons nous /fr. ɑ̃bʀasɔ̃'nu/ [loc. fr., propr. 'abbracciamoci'] **loc. sost. m. inv.** ● Invito a superare discordie, controversie e sim., spec. di natura politica, che si ferma all'esteriorità, senza affrontare i problemi di fondo.

embricàre o (*lett.*) **imbricàre** [adatt. del lat. tardo *imbricāre*, da *ĭmbrix*, genit. *ĭmbricis* 'embrice'] **A v. tr.** (*io émbrico, tu embrichi*) ● Coprire con embrici. **B v. rifl. rec.** ● Sovrapporsi come gli embrici di un tetto: *penne che si embricano.*

embricàto o (*raro*) **imbricàto** [lat. *imbricātus*, part. pass. di *imbricāre*. V. *embricare*; 1499] **agg.** **1** Coperto di embrici: *tetti embricati.* **2** (*bot., zool.*) Detto di foglie, squame di pesci e sim. sovrapposte le une alle altre come gli embrici di un tetto.

embricatùra [1957] **s. f.** ● Disposizione di elementi vari come gli embrici di un tetto | (*est.*) L'insieme degli elementi così disposti.

émbrice o †**ìmbrice** [lat. *ĭmbrice(m)* 'tegola per raccogliere le acque piovane' (da *ĭmbrex*, genit. *ĭmbris* 'pioggia', prob. di orig. indeur.); av. 1320] **s. m.** **1** Lastra di terracotta a forma di trapezio, con orlo rialzato ai due lati opposti non paralleli, che serve come prima copertura dei tetti. **2** (*mar.*; *raro*) Grossa corda che, con altre similari, tiene fissa l'invasatura allo scafo durante il varo.

embriciàta o †**imbriciàta** [da *embrice*; 1618] **s. f.** **1** Copertura di embrici. **2** (*raro*) Colpo d'embrice.

embriciàto [av. 1730] **agg.** ● Embricato.

èmbrio- [dal gr. *émbryon* 'embrione'] primo elemento ● In parole composte della terminologia scientifica, significa 'embrione', 'feto': *embriogenia, embriologia.*

embriofillo [vc. dotta, comp. di *embrio-* e *-fillo*] s. m. ● (*bot.*) Cotiledone.

embriogènesi [vc. dotta, comp. di *embrio-* e *genesi*; 1905] s. f. inv. ● Processo di formazione e sviluppo dell'embrione.

embriogenìa [vc. dotta, comp. di *embrio-* e *-genia*; 1843] s. f. ● (*biol.*) Embriogenesi.

embriogènico [vc. dotta, comp. di *embrio-* e *-genico*; 1869] agg. (pl. m. *-ci*) ● Dell'embriogenesi.

embriologìa [vc. dotta, comp. di *embrio-* e *-logia*; 1797] s. f. ● Ramo della biologia che studia lo sviluppo degli organismi viventi attraverso i processi che seguono la fecondazione della cellula uovo.

embriològico [1869] agg. (pl. m. *-ci*) ● Che concerne l'embriologia.

embriòlogo [vc. dotta, comp. di *embrio-* e *-logo*; 1869] s. m. (f. *-a*; pl. m. *-gi*) ● Studioso di embriologia.

embrionàle [1875] agg. *1* (*biol.*) Che concerne l'embrione. SIN. Embrionario, embrionico. *2* (*fig.*) Che è ancora in fase di formazione: *un piano ancora e.* | ***Allo stato e.***, (*fig.*) in fase di formazione, di elaborazione e sim. *3* Detto di manifestazione vulcanica in cui il magma non risale fino alla superficie. || **embrionalménte**, avv. (*fig.*) Allo stato embrionale.

embrionàrio [1875] agg. ● (*biol.*) Embrionale.

embrionàto [1834] agg. ● Dotato di embrione: *uova embrionate.*

embrióne [vc. dotta, gr. *émbryon*, propr. 'che cresce (dal v. *brýein* 'germogliare, fiorire', di etim. incerta) dentro (*en-*)'; 1282] s. m. *1* (*biol.*) Individuo animale nei suoi primi stadi di sviluppo dopo la fecondazione della cellula uovo. CFR. blasto-, -blasto. *2* (*bot.*) Abbozzo della pianta che si trova nel seme. *3* (*fig.*) Cosa o idea che comincia a prendere forma: *il nostro progetto è ancora un e.* | ***In e.***, in formazione. SIN. Abbozzo.

embriònico [av. 1758] agg. (pl. m. *-ci*) ● (*biol.*) Embrionale.

embriopatìa [comp. di *embrio-* e *-patia*; 1980] s. f. ● (*med.*) Qualsiasi condizione di anormalità in un embrione o in un feto.

embriotomìa [vc. dotta, gr. *embryotomía*, comp. di *émbryon* 'feto, neonato' e *témnein* 'tagliare'; 1835] s. f. ● (*med.*) Operazione ostetrica, praticata sempre più raramente, mediante la quale si riduce il volume di un feto morto per facilitarne l'estrazione dall'utero.

embriòtomo [gr. *embryotómos*, comp. di *émbryon* 'feto, embrione' e un deriv. di *témnein* 'tagliare'] s. m. ● (*med.*) Strumento per l'embriotomia.

embrocàre [da *embroc(c)a*; sec. XIV] v. tr. (*io embròco* o *èmbroco, tu embròchi* o *èmbrochi*) ● (*med.*) Curare mediante embrocazioni.

embrocazióne [sec. XIV] s. f. ● Antico medicamento liquido per uso esterno, a base di sostanze oleose, adoperato come calmante.

†**embròcca** [vc. dotta, lat. tardo *ĕmbrocha(m)*, dal gr. *embrochḗ*, da *embréchein* 'bagnare, irrorare (*bréchein*) dentro (*en-*)'] s. f. ● (*med.*) Embrocazione.

†**embùto** ● V. *imbuto.*

ème [dal gr. *haimo-*, da *hâima* 'sangue', di etim. incerta; 1980] s. m. ● (*chim.*) Composto organico che costituisce il nucleo centrale non proteico dell'emoglobina a cui conferisce la colorazione rossa e la proprietà di trasportare ossigeno.

emènda [da *emendare*; av. 1364] s. f. ● (*raro*) Correzione: *Dunque, per l'e. dei traviati nessun frutto, nessuna speranza* (CATTANEO).

emendàbile [vc. dotta, lat. *emendābile(m)*, da *emendāre* 'emendare'; 1550] agg. ● Che si può emendare.

emendaménto o †**mendaménto** [sec. XIV] s. m. *1* Correzione, rettifica di errori, difetti e sim. *2* (*agr.*) Apporto di sostanze a un terreno per migliorarne la fertilità. *3* (*dir.*) Modifica di un testo legislativo sottoposto all'esame di un'assemblea parlamentare: *proporre un e.*; *votare un e.*, *su un e.*

emendàre o †**emmendàre**, †**mendàre** [vc. dotta, lat. *emendāre* 'correggere', comp. parasintetico di *mĕnda* 'errore, menda', col pref. *ex-*; av. 1292] A v. tr. (*io emèndo*) *1* Privare di imperfezioni, errori o difetti: *e. una dottrina, una legge*; *e. un testo dagli errori*; *la buona consuetudine a tempo vince ed emenda ogni appetito non ragionevole* (VICO). *2* (*agr.*) Correggere la costituzione fisica di un terreno con l'apporto di elementi in tutto o in parte mancanti. B v. rifl. ● (*lett.*) Correggersi | Rimettersi sulla buona via: *devi emendarti dei tuoi difetti.*

emendàtio /lat. emen'datstsjo/ [vc. lat., propr. 'emendazione'; 1973] s. f. inv. (pl. lat. *emendationes*) ● In filologia, correzione degli errori penetrati in un testo passato attraverso varie trascrizioni.

emendativo [av. 1595] agg. ● (*raro*) Che tende a emendare: *giustizia emendativa.*

emendatóre o †**mendatóre** [vc. dotta, lat. *emendatōre(m)*, da *emendātus* 'emendato'; sec. XIV] agg.; anche s. m. (f. *-trice*) ● Che (o Chi) emenda: *legge, pena emendatrice.*

†**emendatòrio** [vc. dotta, lat. tardo *emendatōriu(m)*, da *emendātus* 'emendato'; sec. XIV] agg. ● Che ha forza di emendare | Emendativo.

emendazióne o †**mendazióne** [vc. dotta, lat. *emendatiōne(m)*, da *emendātus* 'emendato'; 1288] s. f. *1* (*raro*) Emendamento | (*est.*) †Castigo, punizione. *2* Emendatio.

†**emèndo** [av. 1292] s. m. ● Ammenda.

èmental s. m. ● Adattamento di *emmental* (V.).

emeralopìa [fr. *héméralopie*, dal gr. *hēmerálōps* 'emeralopo'; 1820] s. f. ● (*med.*) Cecità diurna, ovvero alterata visione con forte luminosità.

emeràlopo [vc. dotta, gr. *hēmerálōps*, da *hēméra* 'giorno' (di orig. indeur.), sul modello di *nyktálōps* 'nictalopo'] agg.; anche s. m. (f. *-a*) ● (*med.*) Che (o Chi) è affetto da emeralopia.

emergènte [1340] A part. pres. di *emergere*; anche agg. *1* Che emerge. *2* Che va acquistando maggiore importanza o successo: *ceti emergenti*; *un cantante e.* | ***Paesi emergenti***, quelli, spec. appartenenti al terzo mondo, in cui è in crescita il livello di civiltà tecnologica e industriale | (*dir.*) ***Danno e.***, perdita patrimoniale risarcibile quando sia conseguenza immediata e diretta di un inadempimento o di un fatto illecito altrui. B s. m. (anche f. nel sign. 1) *1* Chi va acquistando maggiore importanza o successo. *2* (*raro*) Accidente, caso imprevisto.

emergènza (1) [da *emergente*; 1667] s. f. *1* (*raro*) L'emergere | (*astron.*) †Emersione. *2* Ciò che emerge, sporge, affiora | (*est.*) Fatto, fenomeno, reperto di particolare importanza: *emergenze storiche, linguistiche, archeologiche* | (*bot.*) Protuberanza sulla superficie del fusto o delle foglie.

emergènza (2) [ingl. *emergency*, dal lat. *emĕrgens*, genit. *emergĕntis* 'emergente'; 1966] s. f. *1* Circostanza o eventualità imprevista, spec. pericolosa: *in caso di e. telefonatemi* | ***Freno d'e.***, dispositivo che permette di provocare l'arresto del treno mediante avviso con segnalazione acustica. *2* Situazione pubblica pericolosa, che richiede provvedimenti eccezionali: *dichiarare lo stato di e.* | Anche come primo elemento di locuzioni: *e. occupazione*; *e. droga.*

emergenziàle [1984] agg. ● Di emergenza: *periodo, stato e.* | Emanato per fronteggiare un'emergenza; eccezionale: *legge, provvedimento e.*

emèrgere [vc. dotta, lat. *emĕrgere*, opposto (*ex-* 'fuori') a *mĕrgere* 'affondare', di orig. indeur.; 1321] v. intr. (pres. *io emèrgo, tu emèrgi*; pass. rem. *io emèrsi, tu emergésti*; part. pass. *emèrso*; aus. *essere*) *1* Venire a galla: *lo scoglio emerge con la bassa marea* | (*est.*) Mostrarsi, apparire: *la luna emerse dalle nubi* | Uscir fuori: *una figura indistinta emerse dal buio.* *2* (*fig.*) Risultare, manifestarsi: *sono emersi nuovi particolari*; *sono emerse le sue responsabilità* | (*fig.*) Segnalarsi, distinguersi, eccellere: *emerge su tutti per la sua statura morale.*

emèrito [vc. dotta, lat. *emĕritu(m)*, part. pass. di *emerēre* 'finire (*ex-*) di servire nell'esercito (*merēre*)'; era detto *emeritus* il soldato romano congedato dopo aver compiuto il servizio militare; sec. XIV] agg. ● Di chi conserva il grado e la dignità di un ufficio che ha cessato di esercitare: *professore e.*; *consigliere e.* | (*est.*) Famoso, notorio (*anche iron.*): *un e. truffatore.*

èmero [vc. dotta, gr. *hḗmeros* 'non selvatico, coltivato', di etim. incerta (?); av. 1597] s. m. ● Arbusto cespuglioso delle Papilionacee con fiori gialli e legumi pendenti, sottili e ricurvi (*Coronilla emerus*).

emerocàllide [vc. dotta, tratta dal gr. *hēmerokallés* 'bellezza (*kállos*) di un solo giorno (*hēméra*)'; 1476] s. f. ● Genere di piante rizomatose delle Liliacee con foglie allungate e strette e fiori di color giallo o arancio (*Hemerocallis*).

emerografìa [vc. dotta, comp. del gr. *hēméra* 'giorno' (per 'giornale') e *-grafia*] s. f. ● Indagine e raccolta bibliografica relativa ai giornali.

emerotèca [vc. dotta, comp. del gr. *hēméra* 'giorno' (per 'giornale') e *thḗka* 'custodia', attraverso il fr. *hémérothèque*; 1923] s. f. ● Collezione di giornali e riviste. SIN. Effemeroteca.

emersióne [da *emerso*; 1754] s. f. *1* L'emergere, l'affiorare (*anche fig.*): *e. di un sommergibile*; *e. di attività economiche sommerse.* *2* (*mar.*) Manovra per cui un mezzo subacqueo viene a galla: *e. totale, parziale*; *effettuare l'e.* | ***Navigare in e.***, sopra il livello dell'acqua. *3* (*astron.*) Riapparizione di un astro dopo un'occultazione.

emèrso [av. 1574] part. pass. di *emergere*; anche agg. *1* Che sta fuori dall'acqua: *foglie emerse* | (*fig.*) Che si è manifestato | (*fig.*) Che si è segnalato. *2* (*geogr.*) ***Terra emersa***, la superficie terrestre rispetto agli oceani.

emésso [av. 1828] part. pass. di *emettere*; anche agg. *1* Mandato fuori, emanato | (*fig.*) Promulgato. *2* Detto di francobollo o serie di francobolli di cui è stata effettuata l'emissione | ***Francobollo non e.***, francobollo pronto per l'emissione, che poi non viene effettuata.

emètico [vc. dotta, lat. tardo *emĕticu(m)*, dal gr. *emetikós*, da *emêin* 'vomitare', di orig. indeur.; 1714] A agg. (pl. m. *-ci*) ● Che provoca il vomito: *tartaro e.*; *sostanza emetica.* B s. m. ● Farmaco o sostanza che provoca il vomito.

emetìna [vc. dotta, comp. del gr. *émetos* '(disposizione al) vomito', da *emêin* 'vomitare', di orig. indeur., e *-ina*; 1834] s. f. ● Alcaloide che si trova nella radice di ipecacuana, usato come espettorante ed emetico.

emetìsmo [dal gr. *émetos* (V. *emetina*)] s. m. ● (*med.*) Tendenza patologica a vomitare.

emetizzànte agg. ● (*med.*) Che provoca il vomito: *tosse e.*

emettènza [da *emett(ere)* con il suff. *-enza*; 1956] s. f. ● (*fis.*) Radianza.

♦**eméttere** [lat. *emĭttere* 'mandar (*mĭttere*) fuori (*ex-*)'; 1619] v. tr. (coniug. come *mettere*) *1* Mandare o mettere fuori: *e. un grido, un fischio*; *e. fumo e fiamme*; *e. onde radio* | (*est.*) Mettere in circolazione: *e. un assegno*; *lo Stato ha emesso nuovi biglietti di banca.* *2* (*fig.*) Esprimere, dire: *e. un'opinione discutibile* | Pronunciare, esprimere, promulgare: *e. un decreto, un'ordinanza, una sentenza.*

emettitóre s. m. ● (*elettr.*) Uno degli elettrodi del transistor.

emettitrìce [propr. f. di *emettitore*] s. f. ● Macchina automatica che distribuisce biglietti di viaggio o altro.

èmi- [dal gr. *hēmi-* 'mezzo', di orig. indeur.] primo elemento ● In parole composte della terminologia scientifica, spec. medica, significa 'mezzo', 'metà'.

-emìa [gr. *aimía*, dai comp. tecnici in *-aimos*, da *hâima* 'sangue', di orig. incerta] secondo elemento ● In parole composte della terminologia medica, significa 'sangue': *leucemia, setticemia.*

emiangiocàrpo [comp. di *emi-* e *angiocarpo*] agg. ● (*bot.*) Detto del corpo fruttifero di un fungo quando l'imenio si forma avvolto da uno strato protettivo e si libera successivamente, come nel genere *Amanita.*

emianopsìa [comp. di *emi-*, *an-* priv. e del gr. *ópsis* 'vista'; 1892] s. f. ● (*med.*) Cecità d'una metà del campo visivo di uno o entrambi gli occhi.

emiatrofìa [vc. dotta, comp. di *emi-* e *atrofia*; 1892] s. f. ● (*med.*) Atrofia di una metà di un organo o della metà del corpo.

emicefalìa [vc. dotta, comp. di *emi-* e un deriv. del gr. *kephalḗ* 'testa'] s. f. ● (*med.*) Mancanza parziale di sviluppo del cranio nel feto. SIN. Emicrania (2).

emicèfalo [vc. dotta, comp. di *emi-* e del gr. *kephalḗ* 'testa'; 1834] agg.; anche s. m. (f. *-a*) ● Che (o Chi) è affetto da emicefalia.

emicellulósa [comp. di *emi-* e *cellulosa*] s. f. ● (*chim.*) Polisaccaride complesso che si trova nei vegetali, insieme alla cellulosa e alla lignina, come costituente delle pareti cellulari o come materiale di riserva.

emiciclo [vc. dotta, lat. tardo *hemicýcl(i)u(m)*, dal gr. *hēmikýklion* 'semicerchio', comp. di *hēmi-* 'mezzo' e *kýklos* 'cerchio'; sec. XV] **s. m.** ***1*** Anticamente, gradinata riservata agli spettatori in un teatro. ***2*** Costruzione o parte di costruzione a pianta semicircolare | ***E. della Camera dei deputati***, lo spazio centrale limitato dai banchi dei deputati disposti a semicerchio.

èmico [ingl. *emic*, tratto da *(phon)emic* 'fonemico'] **agg.** (**pl. m.** *-ci*) ● (*ling.*) Relativo a dati che sono pertinenti e hanno quindi una funzione distintiva (in contrapposizione a quella descrittiva) | (*est.*) Che si riferisce al valore funzionalmente distintivo di un certo fatto o fenomeno. **CONTR.** Etico (3).

emicrània (**1**) [V. seguente; av. 1547] **s. f.** ● (*med.*) Dolore che colpisce metà del capo | (*est.*) Mal di testa.

emicrania (**2**) [vc. dotta, lat. tardo *hemicrānia(m)*, dal gr. *hēmikranía*, comp. di *hēmi-* 'metà' e *kraníon* 'cranio, testa'] **s. f.** ● (*med.*) Emicefalia.

emicrànico [1968] **agg.** (**pl. m.** *-ci*) ● Dell'emicrania.

emidàttilo [comp. di *emi-* e *-dattilo*] **s. m.** ● (*zool.*) Genere dei Rettili degli Squamati, diffuso nelle zone tropicali e in quelle temperate calde (*Hemidactylus*).

èmide [vc. dotta, lat. *ĕmyde(m)*, nom. *ĕmys*, dal gr. *emýs*, di etim. incerta; 1476] **s. f.** ● Tartaruga palustre, diffusa in Europa (*Emys orbicularis*).

emidràmma [vc. dotta, comp. di *emi-* e *dramma* (*2*), come il gr. *hēmídrachmon*] **s. f.** ● Moneta greca antica del valore di mezza dramma.

emièdrico [vc. dotta, comp. di *emi-* e del gr. *hédra* 'base'] **agg.** (**pl. m.** *-ci*) ● Di cristallo che presenta solo la metà delle facce che si possono ricavare mediante tutti gli elementi di simmetria del sistema cristallino.

emiencefalia [vc. dotta, comp. di *emi-* ed *encefalo*] **s. f.** ● (*med.*) Sviluppo parziale dell'encefalo nel feto.

emifonia [vc. dotta, comp. di *emi-* e *-fonia*] **s. f.** ● (*med.*) Attenuazione della voce.

emigale [vc. dotta, comp. di *emi-* 'mezzo' e del gr. *galê* 'donnola, faina'] **s. f.** ● Piccolo mammifero carnivoro dal corpo snello, con lunga coda e pelliccia fulva dotata di quattro strie dorsali scure (*Hemigalus derbyanus*).

emigrànte [1787] **A part. pres.** di *emigrare*; anche **agg.** ● Nei sign. del v. **B s. m. e f.** ● Chi emigra, spec. per trovare lavoro: *la nave degli emigranti esce dal porto.*

emigràre [vc. dotta, lat. *emigrāre*, da *migrāre* con *ex-* raff.; 1797] **v. intr.** (aus. *essere*; *avere* quando il v. è usato assol.) ***1*** Partire dal proprio luogo di origine per andare a stabilirsi in modo temporaneo o definitivo in altra località: *e. in America, in Germania, al Nord.* **SIN.** Espatriare. ***2*** (*est.*) Di animali, migrare.

emigràto [1535] **A part. pass.** di *emigrare*; anche **agg.** ● Nei sign. del v. **B s. m.** (**f.** *-a*) ● Chi ha lasciato il proprio paese per vivere altrove: *gli emigrati italiani sono numerosi in Argentina* | (*est.*) Fuoriuscito politico: *gli emigrati napoletani in Piemonte dopo il 1848.*

emigratòrio [1915] **agg.** ● Inerente all'emigrazione: *movimento, flusso e.*

emigrazióne [vc. dotta, lat. tardo *emigratiōne(m)*, da *emigrātus* 'emigrato'; av. 1375] **s. f.** ***1*** Spostamento dai luoghi di origine e insediamento in altri territori per motivi di lavoro o di clima: *la grande e. italiana della fine dell'Ottocento* | ***E. selettiva***, spostamento di popolazione che interessa solo determinate categorie. ***2*** (*est.*) Flusso di moneta verso mercati esteri: *l'e. dei capitali; e. di valuta.* ***3*** Insieme degli emigrati di una data nazionalità: *l'e. italiana in America.*

emiliàno [1892] **A agg.** ● Dell'Emilia: *dialetto e.* **B s. m.** (**f.** *-a*) ● Nativo, abitante dell'Emilia. **C s. m.** solo **sing.** ● Dialetto gallo-italico, parlato in Emilia.

emimetabolia [da *emimetabolo*] **s. f.** ● (*zool.*) Condizione degli insetti emimetaboli.

emimetàbolo [comp. di *emi-* e del gr. *métabolos* 'cangiante' (cfr. *metabole*)] **agg.** ● (*zool.*) Detto di insetto a metamorfosi incompleta.

emimorfite [vc. dotta, comp. di *emi-*, del gr. *morphḗ* 'forma' e di *-ite* (*2*); 1968] **s. f.** ● (*miner.*) Silicato idrato di zinco che cristallizza nel sistema rombico in masse di colore biancastro. **SIN.** Calamina.

emimòrfo [comp. di *emi-* e *-morfo*; 1968] **agg.** ● Detto di un cristallo che presenta terminazioni diverse alle due estremità.

emìna (**1**) [vc. dotta, comp. di *em(o)-* e *-ina*; sec. XIV] **s. f.** ● Antica unità italiana di misura di capacità per aridi, di valore variabile a seconda delle regioni. **SIN.** Mina.

emìna (**2**) [V. *emina* (*1*); 1968] **s. f.** ● (*chim.*) Cloridrato di ematina sotto forma di cristalli microscopici bruni.

eminènte [vc. dotta, lat. *eminĕnte(m)*, dal part. pres. di *eminēre* 'sporgere in fuori, elevarsi', comp. di *ĕx* e *minae* 'eminenza, sporgenza', di etim. incerta; 1340] **agg.** ***1*** (*lett.*, o *raro*) Che si innalza rispetto all'ambiente circostante: *castello in posizione e.* ***2*** (*fig.*) Che eccelle sugli altri: *un ingegno e.* | Che si distingue per dignità, onore o pregi: *erano presenti eminenti personalità* | Degno di grande stima e considerazione: *avere eminenti meriti; ha reso eminenti servigi durante la guerra.* ‖ **eminentìssimo**, **superl.** (V.) ‖ **eminentemènte**, **avv.** In modo specifico; in massima parte: *attività eminentemente pratica*; (*raro*) in modo eminente.

eminentìssimo [av. 1601] **agg.** ***1*** Sup. di *eminente.* ***2*** Titolo spettante ai cardinali.

eminènza [vc. dotta, lat. *eminĕntia(m)*, da *ēminens*, genit. *eminĕntis* 'eminente'; av. 1348] **s. f.** ***1*** (*lett.*) Elevazione, prominenza: *eminenze e cavità, delle quali ne è numero grandissimo nella faccia lunare* (GALILEI) | (*anat.*) Sporgenza o rilievo di organi o tessuti: *e. tenar.* ***2*** (*est.*, *raro*) Terreno o luogo eminente: *attestare le truppe su un'e. del terreno.* ***3*** (*fig.*) Eccellenza, elevatezza: *l'e. del suo ingegno.* ***4*** Titolo spettante ai cardinali: *si rivolse a Sua Eminenza* | (*fig.*) ***E. grigia***, consigliere potente e segreto di un'alta personalità (dal fr. 'éminence grise' epiteto di F. Lecrerc du Tremblay, padre cappuccino amico e confidente di Richelieu, il quale invece era detto 'Eminenza rossa').

†**eminenziàle** [1679] **agg.** ● Di eminenza.

emiòbolo [vc. dotta, gr. *hēmiṓbolon*, comp. di *hēmi-* 'mezzo' e *óbolos* 'obolo'] **s. m.** ● Moneta greca antica del valore di mezzo obolo.

emiòlia [dal lat. mediev. *hemiolĭa(m)*, che riproduce il gr. *hēmiolía*, f. di *hēmiólios* 'una volta e mezzo', cioè metà (*hēmi-* 'semi-') e tutto (*hólos*)] **s. f.** ● (*mus.*) Sesquialtera.

emiono o **emióne** [vc. dotta, gr. *hēmíonos* 'mulo', comp. di *hēmi-* 'mezzo' e *ónos* 'asino'; 1834] **s. m.** ● Equide selvatico dell'Asia (*Equus hemionus*).

emiopia [vc. dotta, comp. di *emi-* e del gr. *ṓps*, genit. *ōpós* 'occhio'] **s. f.** ● (*med.*) Emianopsia.

emiparassita [comp. di *emi-* e *parassita*; 1956] **s. m. e f.** (**pl. m.** *-i*); anche **agg.** ● Detto di pianta verde che si attacca alla radice o al fusto di altre piante, sottraendo loro acqua e sali minerali. **SIN.** Semiparassita.

emiparèsi [comp. di *emi-* e *paresi*] **s. f. inv.** ● (*med.*) Paresi che colpisce una sola metà del corpo.

emiparètico [1968] **A agg.** (**pl. m.** *-ci*) ● Di emiparesi. **B agg.**; anche **s. m.** (**f.** *-a*) ● Che (o Chi) è stato colpito da emiparesi.

emiplegìa [gr. *hēmiplēgía*, comp. di *hēmi-* 'emi-' e un deriv. di *plēgḗ* 'colpo' (di orig. indeur.), attraverso il fr. *hémiplégie*; 1706] **s. f.** ● (*med.*) Paralisi dei muscoli di tutta una metà del corpo.

emiplègico [fr. *hémiplégique*, da *hémiplégie* 'emiplegia'; 1875] **A agg.** (**pl. m.** *-ci*) ● Dell'emiplegia. **B agg.**; anche **s. m.** (**f.** *-a*) ● Che (o Chi) è affetto da emiplegia.

emiràto [1892] **s. m.** ***1*** Titolo, carica e dignità dell'emiro | Durata di tale carica. ***2*** Il territorio retto da un emiro.

emìro [ar. *amīr* 'principe, governatore'; 1264] **s. m.** ● Nel mondo islamico, titolo dei discendenti di Maometto e dei capi tribù arabi.

emisfèrico [1584] **agg.** (**pl. m.** *-ci*) ● A forma d'emisfero.

emisfèro o †**emisfèrio**, †**emispèrio**, †**emispèro** [vc. dotta, lat. *hemisphāeriu(m)*, dal gr. *hēmisphaírion* 'mezza (*hēmi-*) sfera (*sphaíra*)'; 1313] **s. m.** ***1*** Metà di una sfera | (*anat.*) ***E. cerebrale***, ciascuna metà del pallio del telencefalo | ***E. cerebellare***, ciascuna delle strutture che affiancano il verme del cervelletto. ***2*** (*geogr.*) Ciascuna delle due parti in cui la Terra viene divisa da un circolo massimo | ***E. boreale***, quello posto a nord dell'equatore | ***E. australe***, quello posto a sud dell'equatore | (*est.*) Carta geografica in cui è rappresentata metà della superficie terrestre.

emisferoidàle **agg.** ● Che ha forma di mezza sfera.

†**emispèrio** ● V. *emisfero.*

†**emispèro** ● V. *emisfero.*

emissàrio (**1**) [vc. dotta, lat. *emissāriu(m)*, che ha il senso proprio del v., dal part. pass. dal quale è tratto: *emĭttere* 'mandar (*mĭttere*) via, fuori (*ex-*)'; 1499] **A agg.** ● (*raro*) Che consente il deflusso: *vena emissaria.* **B s. m.** ***1*** Corso d'acqua, naturale o artificiale, in cui laghi, paludi, e sim. convogliano e scaricano le loro acque | Canale deviatore di un fiume. ***2*** (*anat.*) Vaso o canale che allontana gli umori da un organo. ***3*** †Stallone, cavallo maschio da riproduzione.

emissàrio (**2**) [vc. dotta, lat. *emissāriu(m)*, s. da *emĭssus*, part. pass. di *emĭttere* 'emettere'; 1669] **s. m.** (**f.** *-a*) ● Chi per conto d'altri svolge trattative diplomatiche, spesso segrete, oppure attività di spionaggio, sabotaggio e sim.: *un e. delle Nazioni Unite; il Sultano inviò alcuni emissari a provocare dei disordini.*

emissióne [vc. dotta, lat. *emissiōne(m)*, da *emĭssus*, part. pass. di *emĭttere* 'emettere'; sec. XIV] **s. f.** ***1*** L'emettere, il mandar fuori: *e. di voce, di sangue.* **SIN.** Diffusione, esalazione, fuoriuscita. ***2*** Il mettere in circolazione titoli di credito: *e. di azioni, di obbligazioni* | ***E. globale***, che riguarda titoli collocati su scala mondiale. ***3*** Messa in vendita di un francobollo o di una serie di francobolli | ***Data di e.***, giorno della messa in vendita. ***4*** (*fis.*) Ogni fenomeno che ha sede in un corpo e che dà origine a un flusso non nullo di energia o di materia o di elettricità attraverso una superficie chiusa contenente quel corpo: *e. elettronica*; *e. di onde radio* | Trasmissione radiotelevisiva. ***5*** (*mus.*) Modo di produrre un suono, spec. nell'attacco; nella tecnica vocale dipende dall'apparato fisiologico in cui prevalentemente risuona la voce: *e. orale, di testa, di petto.* ‖ **emissioncèlla**, **dim.**

emissìvo [1834] **agg.** ● Che serve a emettere: *potere e.*; *forza emissiva.*

emistìchio [vc. dotta, lat. *hemistĭchiu(m)*, dal gr. *hemistíchion* 'mezzo (*hēmi-*) verso (*stíchos*)'; 1570] **s. m.** ● Mezzo verso | Ciascuna delle due parti in cui la cesura divide un verso.

emìtrago [vc. dotta, comp. di *emi-* e del gr. *trágos* 'capro'] **s. m.** (**pl.** *-ghi*) ● Mammifero simile a una capra, con corpo robusto, corna ben sviluppate e pelame che forma criniera (*Hemitragus jemlahicus*).

emitritèo o **emitridèo** [vc. dotta, lat. *hēmitritaeu(m)*, dal gr. *hēmitritáios*, comp. di *hēmi-* 'mezzo' e *tritáios* 'del terzo giorno', da *trítos* 'terzo'; sec. XIV] **s. m.** ● (*med.*) Febbre terzana doppia.

emittènte [1499] **A part. pres.** di *emettere*; anche **agg.** ***1*** Nei sign. del v. ***2*** ***Stazione radio e.***, trasmittente. **B s. f.** ***1*** Società che emette certificati azionari. ***2*** Stazione trasmittente: *e. radiofonica, televisiva.* **C s. m. e f.** ***1*** (*dir.*) Il sottoscrittore di un vaglia cambiario. ***2*** Nella teoria dell'informazione, chi emette un messaggio, linguistico o no. **SIN.** Allocutore.

emittènza [da *emittente*, sul modello di *utente*-*-utenza* e sim.; 1984] **s. f.** ● L'insieme delle emittenti radiofoniche e televisive.

Emìtteri [vc. dotta, comp. di *emi-* e del gr. *pterón* 'ala'] **s. m. pl.** (**sing.** *-o*) ● Nella tassonomia animale, superordine di Insetti emimetaboli con un apparato boccale atto a pungere e succhiare. **SIN.** Emitteroidei, Rincoti.

Emitteroidèi **s. m. pl.** ● (*zool.*) Emitteri.

emivita [comp. di *emi-* 'mezzo' e *vita*] **s. f.** ● (*fis.*) Periodo di dimezzamento.

emizigòte [comp. di *emi-* e *zigote*] **agg.** ● (*biol.*) Detto di gene presente singolarmente nel genoma, come avviene nel caso degli organismi aploidi.

èmme [1319] **s. f. o m. inv.** ● Nome della lettera *m.*

emmenagògo [vc. dotta, comp. del gr. *émmēna* 'corsi del mese (*mḗn*, genit. *mēnós*)' e *agōgós* 'che guida, conduce'; 1758] **A s. m.** (**pl.** *-ghi*) ● Farmaco che provoca la comparsa delle mestruazioni. **B** anche **agg.**: *farmaco e.*

†**emmendàre** ● V. *emendare.*

emmental /*ted.* 'ɛmənta:l/ [dal n. della valle svizzera, la valle (*Tal*) del fiume Grande Emme (*Grosse Emme*), dove è fiorente la produzione casearia; 1935] s. m. inv. ● Formaggio svizzero a pasta dura cotta, preparato con latte vaccino intero, di colore giallo chiaro, caratterizzato da grossi buchi.

emmètrope [1908] **A** agg. ● (*med.*) Che presenta emmetropia: *occhio e.*; *soggetto e.* SIN. Emmetropico. **B** s. m. e f. ● (*med.*) Soggetto che non ha bisogno di correzioni visive.

emmetropìa [vc. dotta, comp. del gr. *émmetros* 'in (*en-*) misura (*métron*) giusta' e *ōps*, genit. *ōpós* 'occhio'; 1892] s. f. ● (*med.*) Vista normale per corretta rifrazione oculare.

emmetròpico agg. (pl. m. *-ci*) ● (*med.*) Emmetrope.

èmo- [dal gr. *haimo-*, da *hâima* 'sangue' (V. *emato-*)] primo elemento ● In parole composte della terminologia scientifica, spec. medica, significa 'sangue', 'sanguinoso': *emofilia*, *emoglobina*, *emoscopia*.

emoangiòma ● V. *emangioma*.

emoblàsto [comp. di *emo-* e *-blasto*; 1968] s. m. ● (*biol.*) Cellula indifferenziata dalla quale può prendere origine un qualsiasi elemento delle varie linee cellulari del sangue.

emocatèreṣi [comp. di *emo-* e del gr. *kathaíresis* 'distruzione'] s. f. inv. ● (*fisiol.*) Eritrocateresi.

emocianìna [vc. dotta, comp. di *emo-* e *cianina*] s. f. ● (*biol.*) Proteina, contenente rame, presente nel sangue di certi invertebrati ai quali impartisce, per esposizione all'aria, una colorazione bluastra.

emocìto [comp. di *emo-* e *-cito*] s. m. ● Cellula del sangue degli Insetti e di altri invertebrati.

emoclàṣia [vc. dotta, comp. di *emo-* e del gr. *klásis* 'rottura' (dal v. *klân* 'spezzare', di orig. indeur.)] s. f. ● (*med.*) Grave alterazione del sangue per distruzione degli elementi corpuscolati.

emoclàṣico [da *emoclasia*] agg. (pl. m. *-ci*) ● Di emoclasia: *crisi emoclasica*.

emocoltùra o **emocultùra** [comp. di *emo-* e *-coltura*] s. f. ● (*med.*) Esame colturale del sangue, fisiologicamente sterile, al fine di isolare microrganismi.

emocròmo [comp. di *emo-* e *-cromo*] s. m. *1* (*biol.*) Pigmento responsabile del colore del sangue, come l'emoglobina nei Vertebrati e l'emocianina in alcuni invertebrati. *2* (*med.*) Esame emocromocitometrico.

emocromocitomètrico [comp. di *emo-*, *cromo-*, *cito-* e *-metrico*] agg. (pl. m. *-ci*) ● (*med.*) Detto dell'esame di laboratorio che determina una serie di parametri ematici quantitativi (conteggio di eritrociti, leucociti, piastrine, determinazione di emoglobina, ematocrito, formula leucocitaria) e qualitativi (morfologia di eritrociti, leucociti e piastrine).

emocultùra ● V. *emocoltura*.

emoderivàto [comp. di *emo-* e *derivato*; 1986] **A** s. m. ● (*med.*) Qualsiasi componente derivato dal sangue intero che viene impiegato a scopo terapeutico (es. trasfusionale) o preventivo (es. immunoglobuline). **B** agg. ● (*med.*) Che deriva dal sangue: *sostanza emoderivata*.

emodiàliṣi [comp. di *emo-* e *dialisi*] s. f. inv. ● (*med.*) Depurazione del sangue da sostanze tossiche mediante un processo di dialisi attuato con un'apparecchiatura nota come rene artificiale.

emodializzàto [da *emodialisi*] agg.; anche s. m. (f. *-a*) ● Che (o Chi) è sottoposto a emodialisi.

emodinàmica [vc. dotta, comp. di *emo-* e *dinamica*] s. f. ● Studio dei fenomeni legati alla circolazione del sangue.

emodinàmico [da *emodinamica*] agg. (pl. m. *-ci*) ● Di emodinamica.

emodinamòmetro [vc. dotta, comp. di *emo-* e *dinamometro*] s. m. ● Misuratore della velocità del sangue.

emofilìa [vc. dotta, comp. di *emo-* e del gr. *philía* 'amicizia', qui nel senso di 'tendenza (a emorragie)'; 1841] s. f. ● (*med.*) Turba della coagulazione del sangue, a carattere ereditario, dovuta alla mancanza di un particolare fattore plasmatico.

emofilìaco o **emofìlico** [da *emofilia*] **A** agg. (pl. m. *-ci*) ● Di emofilia. **B** agg.; anche s. m. (f. *-a*; pl. m. *-ci*) ● Che (o Chi) è affetto da emofilia.

emofobìa [vc. dotta, comp. di *emo-* e *fobia*] s. f. ● (*psicol.*) Paura morbosa del sangue.

emoftalmìa o **emoftàlmo** [vc. dotta, comp. di *emo-* e *oftalmia*] s. f. ● (*med.*) Emorragia endoculare.

emogènico [comp. di *emo-* e *-genico* 'genetico'] agg. (pl. m. *-ci*) ● (*med.*) Detto di prova di laboratorio intesa a verificare la resistenza dei capillari e i processi di coagulazione del sangue: *prove emogeniche*.

emoglobìna [vc. dotta, comp. di *emo-* e *glob(u-l)ina*, dal lat. *glŏbulus* 'piccolo globo'; 1875] s. f. ● (*chim.*) Proteina contenente eme, presente nei globuli rossi con la funzione prevalente di trasporto dell'ossigeno.

emoglobinemìa [comp. di *emoglobin(a)* ed *-emia*] s. f. ● (*med.*) Concentrazione di emoglobina nel plasma.

emoglobinòmetro [comp. di *emoglobina* e *-metro*; 1965] s. m. ● Strumento per misurare il tasso di emoglobina nel sangue.

emoglobinùria o **emoglobinurìa** [vc. dotta, comp. di *emoglobina* e del gr. *ôuron* 'urina'] s. f. ● (*med.*) Presenza di emoglobina nelle urine.

emolìnfa [comp. di *emo-* e *linfa*; 1912] s. f. ● Liquido, talvolta colorato, circolante negli insetti e in altri artropodi.

emolinfàtico agg. (pl. m. *-ci*) ● (*anat.*) Detto di linfoghiandola molto ricca di globuli rossi.

emòliṣi [vc. dotta, comp. di *emo-* e *lisi*; 1899] s. f. inv. ● (*med.*) Rottura dei globuli rossi con fuoriuscita dell'emoglobina.

emoliṣìna [comp. di *emolis(i)* e *-ina*] s. f. ● (*biol.*) Anticorpo specifico che determina emolisi.

emolìtico [1932] agg. (pl. m. *-ci*) ● (*med.*) Dell'emolisi, che provoca emolisi.

emollïènte [vc. dotta, lat. *emolliĕnte(m)*, part. pres. di *emollīre* 'render molle (*mollīre*, denom. di *mŏllis*) completamente (*ex-*)'; av. 1698] **A** agg. *1* (*med.*) Detto di preparato, rimedio e sim. atti a proteggere e a disinfiammare le mucose. *2* (*tess.*) Detto di sostanza usata per rendere i tessuti flessibili e morbidi. **B** anche s. m.

†**èmolo** ● V. *emulo*.

emolumènto [vc. dotta, lat. *emolumĕntu(m)*, originariamente 'somma pagata per macinare il grano', da *emŏlere* 'macinare completamente', comp. di *ĕx* e *mŏlere* 'macinare', di orig. indeur.; 1438] s. m. *1* Retribuzione corrisposta per una prestazione continuativa o saltuaria di carattere professionale: *percepisce ricchi emolumenti*; *la patente di Console non parlava di emolumenti* (GOLDONI) | (*raro*) Compenso incerto oltre allo stipendio. *2* †Profitto, guadagno.

emometrìa [vc. dotta, comp. di *emo-* e *-metria*; 1899] s. f. ● (*med.*) Misurazione dell'emoglobina contenuta nel sangue.

emòmetro [comp. di *emo-* e *-metro*] s. m. ● Strumento usato per l'emometria.

emònio [vc. dotta, lat. *Haemŏniu(m)*, da *Hemŏnia*, n. gr. della Tessaglia (*Haimonía*), da Emone (*Háimōn*, genit. *Háimonos*), l'eponimo della stirpe insediatasi nell'Emonia, forse di orig. eolica, ma di etim. incerta; 1600] agg. ● (*lett.*) Della Tessaglia.

emopatìa [vc. dotta, comp. di *emo-* e *-patia*] s. f. ● Malattia del sangue circolante e degli organi emopoietici.

emopatologìa [vc. dotta, comp. di *emo-* e *patologia*] s. f. ● Studio delle emopatie.

emopericàrdio [vc. dotta, comp. di *emo-* e *pericardio*] s. m. ● (*med.*) Versamento di sangue nella cavità pericardica.

emoperitonèo [vc. dotta, comp. di *emo-* e *peritoneo*] s. m. ● (*med.*) Raccolta di sangue nella cavità peritoneale.

emopoièṣi [vc. dotta, comp. di *emo-* e del gr. *póiēsis* 'fattura' (dal v. *poiêin* 'fare'); 1875] s. f. inv. ● (*biol.*) Ematopoiesi.

emopoiètico [vc. dotta, comp. di *emo-* e del gr. *poiētikós* (da *poiētós* 'creato', agg. verb. di *poiêin* 'fare'); 1875] agg. (pl. m. *-ci*) ● (*biol.*) Ematopoietico.

emoreologìa [comp. di *emo-* e *reologia*; 1984] s. f. ● (*fisiol.*) Studio del comportamento idrodinamico del sangue all'interno dei vasi.

emorragìa [vc. dotta, lat. *haemorrhăgia(m)*, dal gr. *haimorragía*, comp. di *hâima* 'sangue' e *rēgnýnai* 'scorrere'; 1491] s. f. *1* (*med.*) Fuoriuscita di sangue dai vasi sanguiferi: *e. esterna*, *interna*. *2* (*est.*, *fig.*) Perdita, fuga, deflusso: *e. di capitali*; *e. di cervelli*.

emorràgico [vc. dotta, gr. *haimorragikós*, da *haimorragía* 'emorragia'; 1828] agg. (pl. m. *-ci*) ● Che concerne l'emorragia.

emorroidàle [da *emorroide*; sec. XV] agg. ● Di emorroide.

emorroidàrio agg. *1* (*anat.*) Che si trova nelle pareti dell'intestino retto e dell'ano: *nervo e.*; *arterie*, *vene emorroidarie*. *2* (*med.*) Di emorroide, causato da emorroide.

emorròide [vc. dotta, lat. *haemorrhŏidae* (nom. pl.), dal gr. *haimorroîdes* (sottinteso *flébes* 'vene') 'soggette a emettere (*réein*) sangue (*hâima*)'; av. 1306] s. f. ● (*med.*, *spec. al pl.*) Dilatazione di una o più vene emorroidarie.

emorroidectomìa [comp. di *emorroid(e)* e *-ectomia*] s. f. ● (*chir.*) Asportazione chirurgica delle emorroidi.

emorroìssa [vc. dotta, lat. tardo *haemorrhoïssa(m)*, dal gr. *haimorróusa* 'che soffre per fluire (*réein*) di sangue (*hâima*)'; av. 1597] s. f. ● (*raro*) Donna che soffre di perdite di sangue, spec. riferito alla donna che guarì toccando il lembo della veste di Gesù.

emospermìa [comp. di *emo-* e *sperma*] s. f. ● (*med.*) Presenza di sangue nello sperma.

Emospòridi [comp. di *emo-* e il pl. di *sporidio*] s. m. pl. (sing. *-io*) ● Nella tassonomia animale, gruppo di Sporozoi parassiti del sangue di Vertebrati, cui appartengono i plasmodi della malaria (*Haemosporidia*).

emòstaṣi o **emostàṣi** [vc. dotta, gr. *haimóstasis* 'arresto (*stásis*) del sangue (*hâima*)'; 1820] s. f. inv. ● Arresto di un'emorragia.

emostàtico [vc. dotta, gr. *haimostatikós*, da *haimóstasis* 'emostasi'; 1820] **A** agg. (pl. m. *-ci*) ● Che produce emostasi: *cotone e.*; *pinza emostatica*; *matita emostatica*. **B** s. m. ● Ogni farmaco atto a produrre emostasi.

emotèca [vc. dotta, comp. di *emo-* e *teca*; 1946] s. f. ● Luogo ove si conserva il sangue per le trasfusioni.

emoterapìa [comp. di *emo-* e *terapia*] s. f. ● Cura delle malattie mediante introduzione di sangue umano per via parenterale.

emòticon /e'mɔtikon, *ingl.* ɪ'məʊtɪkɒn/ [vc. ingl. comp. di *emot(ion)* 'emozione' e di *icon* 'icona'; 1995] s. m. inv. ● (*elab.*) Faccina nel sign. 2.

emotìṣi ● V. *emottisi*.

emotività [fr. *émotivité*, da *émotif* 'emotivo'; 1905] s. f. ● Caratteristica di chi reagisce facilmente e intensamente a situazioni emotive | (*est.*) Impressionabilità, tendenza a commuoversi facilmente.

emotìvo [fr. *émotif*, dal lat. *emōtus*, part. pass. di *emovēre* 'muover via, rimuovere'; 1897] **A** agg. ● Relativo a emozione, che deriva da emozione: *reazione*, *crisi emotiva*; *limitate capacità emotive* (PIRANDELLO) | (*raro*) Che provoca emozione. **B** agg.; anche s. m. (f. *-a*) ● Che (o Chi) è facile alle emozioni: *temperamento e.*; *reazioni da e.* ‖ **emotivaménte**, avv. Per quanto riguarda le emozioni; in modo emotivo.

emotoràce [vc. dotta, comp. di *emo-* e *torace*; 1938] s. m. ● (*med.*) Raccolta di sangue nella cavità toracica.

emotossìna [comp. di *emo-* e *tossina*] s. f. ● (*biol.*) Tossina contenuta nel sangue.

emotrasfuṣióne [comp. di *emo-* e *trasfusione*; 1986] s. f. ● (*med.*) Trasfusione diretta di sangue nel circolo ematico.

emotrasfùṣo [da *emotrasfusione*; 1987] **A** s. m. (f. *-a*) ● (*med.*) Individuo cui è stata praticata una trasfusione di sangue. **B** anche agg.

emòtrofo [comp. di *emo-* e *-trofo*] s. m. ● (*biol.*) Negli Euteri, ognuna delle sostanze nutritive fornite dal sangue materno all'embrione.

emottìṣi o (*pop.*) **emotìṣi** [vc. dotta, comp. di *emo-* e del gr. *ptýsis* 'sputo' (da *ptýein* 'sputare', di orig. espressiva), accostata, per etim. pop., a *tisi*; 1769] s. f. inv. ● Fuoriuscita di sangue dalla bocca.

emottòico [vc. dotta, gr. *haimoptyïkós*. V. *emottisi*] agg.; anche s. m. (f. *-a*; pl. m. *-ci*) ● Che (o Chi) è soggetto a emottisi.

emozionàbile [fr. *émotionnable*, da *émotionner* 'emozionare'] agg. ● Che si emoziona facilmente: *un ragazzo e.*

emozionabilità s. f. ● Condizione di chi è emozionabile.

emozionàle [1908] agg. ● Di, relativo a emozione: *stato e.* ‖ **emozionalménte**, avv.

emozionalità [da *emozionale* sul modello dell'ingl. *emotionality*; 1905] s. f. ● Capacità di suscitare emozioni: *spettacolo ad alta e.* | Facilità a provare emozioni.

♦**emozionànte** [1897] **part. pres.** di *emozionare*; anche **agg.** ● Che suscita emozione, che appassiona, che eccita: *film, racconto e.*

♦**emozionàre** [da *emozione*; 1897] **A v. tr.** (*io emozióno*) ● Provocare o suscitare un'emozione (*anche assol.*): *uno spettacolo che emoziona* | Impressionare, turbare: *l'equilibrista emozionò il pubblico con i suoi esercizi.* **B v. intr. pron.** ● Turbarsi, agitarsi: *all'esame mi sono emozionato, e non ho saputo rispondere.*

emozionàto [av. 1934] **part. pass.** di *emozionare*; anche **agg.** ● Che è in preda a un'emozione: *era molto e. per quell'incontro inatteso* | Agitato, impressionato, confuso. SIN. Turbato. || **emozionatamènte**, **avv.** (*raro*) Con emozione.

♦**emozióne** [fr. *émotion*, da *émouvoir* 'mettere in moto, eccitare' (poi solo in senso morale), dal lat. parl. *exmovēre*, parallelo di *emovēre* 'muover (*movēre*) via (*ex-*)'; 1644] **s. f.** ● Sentimento molto intenso, come paura, gioia, angoscia e sim., che può provocare alterazioni psichiche e fisiologiche: *arrossire per l'e.* | Correntemente, impressione o turbamento vivo e intenso: *la forte e. gli provocò un malore* | Esperienza eccitante: *andare in cerca di emozioni.*

empatìa [vc. dotta, gr. *empátheia* 'passione', comp. di *en* 'in' e un deriv. di *páthos* 'affetto' (V. *pathos*); 1968] **s. f.** *1* (*filos.*) Coinvolgimento emotivo nell'oggetto estetico. *2* (*psicol.*) Capacità di capire, sentire e condividere i pensieri e le emozioni di un altro in una determinata situazione.

empàtico A agg. (**pl. m.** *-ci*) ● Che si riferisce all'empatia, che è caratterizzato da empatia: *identificazione empatica.* || **empaticamènte**, **avv.** In modo empatico, con empatia. **B agg.**; anche **s. m.** (**f.** *-a*) ● Che (o Chi) prova empatia.

†**emperadóre** ● V. *imperatore.*

empetìgine ● V. *impetigine.*

empiàstro e *deriv.* ● V. *impiastro* e *deriv.*

Empìdidi [vc. dotta, gr. *empís*, genit. *empídos* 'insetto', formazione pop. da *empínein* 'bere (*pínein*) avidamente (*en-*)', s'intende dai fiori] **s. m. pl.** (**sing.** *-e*) ● Nella tassonomia animale, famiglia di Insetti ditteri, pelosi, con la proboscide atta a perforare, i cui maschi offrono alla femmina come dono di nozze una preda appena catturata (*Empididae*).

empièma [vc. dotta, gr. *empýēma*, dal v. *empyêin* 'avere il pus (*pýon*) dentro (*en-*)'; sec. XIV] **s. m.** (**pl.** *-i*) ● (*med.*) Raccolta di pus in una cavità: *e. pleurico*; *e. della colecisti.*

empiemàtico [vc. dotta, gr. *empyēmatikós*, da *empýēma*, genit. *empyḗmatos*, 'empiema'] **agg.** (**pl. m.** *-ci*) ● Empiematoso.

empiematóso A agg. ● Che concerne l'empiema. **B agg.**; anche **s. m.** (**f.** *-a*) ● Che (o Chi) è affetto da empiema.

émpiere [lat. *implēre* 'riempire (*plēre*) dentro (*in-*)' con passaggio ad altra coniug.; 1336 ca.] **v. tr. rifl.** e **intr. pron.** (coniug. come *empire*; **part. pass.** *empiùto*) ● Empire, empirsi.

empietà o †**empietàde**, †**empietàte**, †**impietà** [lat. *impietāte(m)*, da *ĭmpius* 'empio (1)'; av. 1363] **s. f.** *1* Caratteristica di chi (o di ciò che) è empio: *l'e. di uno spettacolo, di uno scritto* | Sacrilega irreligiosità: *Socrate fu condannato per e.* *2* Azione, discorso da persona empia: *commettere, dire ogni sorta d'e.* | Scelleratezza, crudeltà: *quell'efferata rappresaglia fu una vera e.*

†**empiézza** (**1**) o †**impiézza** [da *empio* (*1*); av. 1294] **s. f.** ● Crudeltà, spietatezza: *ancora mostrarono i Ghibellini maggior e.* (VILLANI).

empiézza (**2**) [da *empio* (*2*); av. 1563] **s. f.** ● Ripienezza, spec. di cibo.

empiménto [da *empire*; av. 1311] **s. m.** *1* L'empire, l'empirsi. *2* †Adempimento.

émpio (**1**) o †**ìmpio** [lat. *ĭmpiu(m)*, comp. di *ĭn-* con valore avversativo, e *pĭus* 'pio'; av. 1292] **agg.** *1* Che reca grave offesa al sentimento religioso: *un'empia bestemmia*; *un libro e.*; *un e. bestemmiatore* | (*est.*) Irriverente verso istituzioni tradizionalmente rispettate: *un e. attentato al monumento dei Caduti.* *2* Spietato, crudele: *un'empia vendetta* | (*est., lett.*) Iniquo: *fato, destino e.*; *non è nuova colpa / chieder ch'agli empi guai segua alcun bene* (CAMPANELLA). || **empiamènte**, **avv.** In modo empio, senza religione e senza pietà.

émpio (**2**) [per *empi(ut)o*, part. pass. di *empire*; sec. XIV] **agg.** ● (*tosc., scherz.*) Pieno, satollo.

empìre [lat. parl. **implīre* per *implēre* 'empiere'; sec. XIII] **A v. tr.** (**pres.** *io émpio, tu émpi, egli émpie, noi empiàmo, voi empìte, essi émpiono*; **imperf.** *io empìvo*; **fut.** *io empirò*; **pass. rem.** *io empìi* o (raro) *empiéi, tu empìsti* o (raro) *empiésti*; **congv. pres.** *io émpia*; **congv. imperf.** *io empìssi*; **condiz.** *io empirèi*; **imperat.** *émpi tu, empìte vói*; **ger.** *empièndo*; **part. pass.** *empìto*) *1* Far pieno (*anche fig.*): *e. di acqua un secchio*; *e. un carro di merci*; *e. la testa di pregiudizi, la bocca di paroloni* | *E.*, ***empirsi la pancia, il ventre***, e sim., saziarsi | Occupare uno spazio. *2* (*fig., lett.*) Colmare, riparare: *e. un difetto, una lacuna* | ***E. il numero***, completarlo. *3* †Soddisfare, adempiere: *e. la brama, la profezia.* **B v. rifl.** ● Saziarsi: *empirsi di dolci.* **C v. intr. pron.** *1* Riempirsi (*anche fig.*): *il teatro si empì di spettatori*; *s'empì d'uno zampettio / di talpe la limonaia* (MONTALE). *2* †Avverarsi.

empìreo o †**empìrio**, (*poet.*) †**empiro**, †**impìreo**, †**impìrio** [vc. dotta, gr. *empýrios* 'che è nel (*en-*) fuoco (*pŷr*, genit. *pyrós*)'; av. 1292] **A s. m.** ● Nel sistema tolemaico e nella filosofia scolastica, il cielo supremo o della luce, sede di Dio e dei beati | (*lett.*) Paradiso. **B agg.** ● (*lett.*) Degno del cielo, sublime.

empireumàtico [vc. dotta, tratta dal gr. *empýreuma*, genit. *empyréumatos* 'carbone coperto di cenere per accendere il fuoco (*pŷr*, genit. *pyrós*)'; av. 1698] **agg.** (**pl. m.** *-ci*) ● (*chim.*) Detto di sostanza ottenuta dalla distillazione a secco di sostanze organiche, che ha odore e sapore caratteristico dello zucchero bruciato.

empirìa [gr. *empeiría* 'esperienza (*peiría*) in (*en-*) qualche settore', 'pratica (spec. in campo medico)'; 1920] **s. f.** ● (*filos.*) Tutto ciò che concerne l'esperienza o ha relazione con essa.

empìrico [vc. dotta, lat. tardo *empīricu(m)*, dal gr. *empeirikós* 'che si muove nella (*en-*) esperienza (*pêira*)', attrav. il fr. *empirique*; 1584] **A agg.** (**pl. m.** *-ci*) *1* (*filos.*) Che si basa sull'esperienza non guidata da presupposti metodici. *2* Fondato solo sulla pratica e non su criteri scientifici: *rimedio, procedimento, metodo e.* *3* (*chim.*) ***Formula empirica***, che indica la natura e il numero degli atomi di una molecola e non le relazioni strutturali. || **empiricamènte**, **avv.** **B s. m.** (**f.** *-a*) ● (*med.*) Chi segue l'empirismo.

†**empìrio** ● V. *empireo.*

empiriocriticìsmo [comp. di *empiri(sm)o* e *criticismo*; 1951] **s. m.** ● (*filos.*) Indirizzo filosofico sviluppatosi nella seconda metà del sec. XIX (i cui principali esponenti furono R. Avenarius e E. Mach), che intendeva eliminare ogni residuo di tipo metafisico limitandosi al riconoscimento e alla definizione dell'esperienza pura.

empirìsmo [fr. *empirisme*, da *empirique* 'empirico'; 1771] **s. m.** *1* Indirizzo filosofico secondo il quale tutti i dati della conoscenza derivano direttamente o indirettamente dall'esperienza che viene pertanto assunta come unico criterio di verità | *E. logico*, neopositivismo. *2* (*med.*) Metodo terapeutico basato sulla pratica, non su criteri scientifici. *3* Caratteristica di chi (o di ciò che) è empirico: *l'e. di un metodo, di un sistema.*

empirìsta [fr. *empiriste*, da *empirisme* 'empirismo'; 1892] **s. m.** e **f.** (**pl. m.** *-i*) *1* Chi segue l'indirizzo filosofico dell'empirismo. *2* (*raro*) Chi opera o agisce in modo empirico.

empirìstico [av. 1926] **agg.** (**pl. m.** *-ci*) ● Che concerne o interessa l'empirismo o gli empiristi. || **empiristicamènte**, **avv.**

†**empìro** ● V. *empireo.*

émpito [lat. *ĭmpetu(m)* 'impeto' (V.); 1304] **s. m.** ● (*lett.*) Forza travolgente e precipitosa: *e. del mare*; *la valle echeggiò di fragore / come d'un e. d'acque / irrompenti* (D'ANNUNZIO) | (*est.*) Smania, ardore violento: *e. carnale.*

empitóre [lat. parl. **implītōre(m)*, da **implīre* 'empire'; 1308] **s. m.** (**f.** *-trice*) *1* (*raro*) Chi empie. *2* †Chi adempie: *e. del comandamento del suo signore* (DANTE).

†**empitùra** [av. 1566] **s. f.** ● L'empire | (*est., raro*) Ripieno | Imbottitura.

emplàstico [vc. dotta, gr. *emplastikós* 'che serve per empiastro (*émplastron*)'; 1623] **s. m.** (**pl.** *-ci*) ● Empiastro.

empòrio [vc. dotta, lat. *empŏriu(m)*, dal gr. *empórion*, da *émporos* 'navigante su nave straniera, passeggero *in viaggio* (*en pórō*)'; av. 1292] **s. m.** *1* Luogo di raccolta e di smercio dei prodotti di una regione: *Venezia era l'e. dell'Adriatico* | Centro di commercio di un particolare prodotto: *Amsterdam è l'e. mondiale dei diamanti* | (*fig., lett.*) Centro di diffusione. *2* Grande magazzino ove si vende ogni genere di prodotti | (*est.*) Varia e disordinata accozzaglia di oggetti.

emù [prob. voce australiana, giunta a noi attrav. il fr. *émeu*; 1797] **s. m.** ● Uccello dei Casuariformi, simile allo struzzo ma più piccolo, con corpo tozzo e zampe con tre dita (*Dromiceius novae-hollandiae*). SIN. Struzzo australiano. ➡ ILL. **animali**/7.

emulàre [vc. dotta, lat. *aemulāri*, poi anche *aemulāre*, da *āemulus* 'emulo'; 1499] **v. tr.** (*io èmulo*) ● Sforzarsi di eguagliare o superare qlco. o qlcu.: *è difficile e. la sua generosità.*

emulatìvo [1892] **agg.** *1* Tendente a emulare. *2* (*dir.*) Di emulazione: *atto e.*

emulatóre [vc. dotta, lat. *aemulatōre(m)*, da *aemulātus*, part. pass. di *aemulāre* 'emulare'; av. 1405] **s. m.**; anche **agg.** (**f.** *-trice*) *1* Chi (o Che) emula. *2* (*elab.*) ***Programma e.***, programma destinato a permettere ai programmi scritti per un certo elaboratore di essere eseguiti su un elaboratore diverso.

emulazióne [vc. dotta, lat. *aemulatiōne(m)*, da *aemulātus*, part. pass. di *aemulāre* 'emulare'; sec. XIV] **s. f.** *1* Desiderio e sforzo di eguagliare o superare qlcu.: *un buon maestro deve suscitare l'e. tra gli scolari*; *ha un forte spirito di e.*; *l'e. è la forza, l'invidia è la debolezza* (DE SANCTIS). *2* (*dir.*) Atto compiuto dal proprietario di una cosa, al solo scopo di nuocere o recare molestia a terzi. *3* (*elab.*) Operazione di un elaboratore elettronico con un programma che gli permette di simulare il modo di operare di altro elaboratore con caratteristiche diverse.

emulgènte [part. pres. di †*emulgere*; 1585] **agg.** ● (*anat.*) Detto di vaso o condotto che deriva gli umori da un organo: *vena e.*

†**emùlgere** o **emulgére** [vc. dotta, lat. *emulgēre* 'mungere (*mulgēre*) sino in fondo (*ex-*)'; av. 1704] **v. tr.** ● Smungere.

èmulo o †**èmolo** [vc. dotta, lat. *āemulu(m)*, di etim. incerta; av. 1348] **agg.**; anche **s. m.** (**f.** *-a*) ● Che (o Chi) si sforza di imitare o uguagliare qlcu. o le sue capacità e virtù: *quel discepolo fu degno e. del maestro*; *e. del ciel, … / saettato dal sole, il mar lampeggia* (MARINO) | (*raro*) Avversario, nemico.

emulsìna [dal lat. *emŭlsus*, part. pass. di *emulgēre* 'trarre (*mulgēre*) fino in fondo (*ex-*)' col suff. di prodotto chim. *-ina*; 1869] **s. f.** ● Enzima contenuto nelle mandorle amare e in altri semi.

emulsiòmetro [da *emulsione*] **s. m.** ● Apparecchio consistente in una specie di pompa usata per sollevare acque fangose mediante insufflazione di aria compressa.

emulsionàbile [1869] **agg.** ● Che può essere portato allo stato di emulsione.

emulsionànte A part. pres. di *emulsionare*; anche **agg.** ● Nel sign. del v. **B s. m.** ● Sostanza che rende possibile o facilita l'emulsione.

emulsionàre [da *emulsione*; 1869] **v. tr.** (*io emulsióno*) ● Ridurre a emulsione.

emulsionatóre [1970] **A s. m.** ● Apparecchio che induce in emulsione un liquido con un altro in cui sia insolubile. **B** anche **agg.** (**f.** *-trice*): *apparecchio e.*; *macchina emulsionatrice.*

emulsióne [vc. dotta, tratta dal lat. *emŭlsu(m)*, part. pass. di *emulgēre* ' †emulgere'; 1664] **s. f.** *1* (*chim.*) Sospensione, sotto forma di goccioline, di un liquido in un altro non miscibile col primo: *e. di olio in acqua*; *e. medicamentosa.* *2* (*fot.*) ***E. sensibile*** o ***fotografica***, sostanza gelatinosa contenente sali di argento sensibili all'azione della luce.

emùngere [vc. dotta, lat. *emŭngere*, di orig. indeur.; 1532] **v. tr.** (**pass. rem.** *io emùnsi, tu emungésti*; **part. pass.** *emùnto*) *1* (*raro*) Prosciugare, drenare | Estrarre acqua da un bacino o da un pozzo. *2* †Smungere | (*fig.*) Fiaccare, indebolire: *tutti uno dopo l'altro uccise, / o ferì sì ch'ogni vigor n'emunse* (ARIOSTO).

emungiménto **s. m.** *1* (*lett.*) L'emungere. *2* Estrazione di acqua da falde sotterranee.

†**emùnto** [1532] **part. pass.** di *emungere*; anche **agg.** ● Nei sign. del v.

emuntóre A agg. (**f.** *-trice*); anche **s. m.** ● (*raro*) Che (o Chi) emunge. **B s. m.** ● (*geogr.*) Emissario di un bacino lacustre.

emuntòrio [vc. dotta, lat. tardo *emunctōriu(m)*, da *emūnctus* 'emunto', part. pass. di *emūngere* 'emungere'; av. 1313] s. m. ● (*anat.*) Organo o apparato destinato all'eliminazione dei materiali di rifiuto dell'organismo: *e. renale*.

†**en** (*1*) /en/ ● V. *in*.

†**en** (*2*) /en/ ● V. *ne* (*1*).

enàllage [vc. dotta, lat. tardo *enāllage(n)*, dal gr. *enallagḗ*, dal v. *enallássein* 'cambiare (*allássein*) in senso inverso (*en-*)'; av. 1563] s. f. ● (*ling.*) Figura retorica che consiste nell'utilizzare una parte del discorso con la funzione di un'altra (un aggettivo per un avverbio; un tempo presente per un futuro e sim.): *e cominciommi a dir soave e piana* (DANTE *Inf.* II, 56).

enalòtto [comp. di *ENAL* (a cui viene devoluta una parte delle entrate) e *lotto*; 1965] s. m. ● Concorso pubblico settimanale a premi, analogo al totocalcio ma fondato sul gioco del lotto, ora sostituito dal superenalotto.

†**enànte** ● V. †*innante*.

enantèma [vc. dotta, lat. *enanthēma* (nom. nt.), dal gr. *enanthêin* 'fiorire'] s. m. (pl. *-i*) ● (*med.*) Eruzione a carico di una membrana mucosa: *e. scarlattinoso, e. morbilloso*.

enàntio- [dal gr. *enantíos* 'contrario, opposto' (da *antí* 'contro')] primo elemento ● In parole composte della terminologia scientifica, significa 'opposizione': *enantiomorfismo, enantiosemia*.

enantiomorfìşmo [da *enantiomorfo*; 1932] s. m. ● Proprietà di due enti, immagine speculare l'uno dell'altro, di sovrapporsi tra loro unicamente per riflessione rispetto a un piano esterno agli enti stessi: *tra la mano destra e la mano sinistra esiste e.*

enantiomòrfo [comp. di *enantio-* e *-morfo*] agg. *1* Che presenta enantiomorfismo: *strutture enantiomorfe*. *2* (*chim.*) Detto di ciascuna delle due modificazioni, una destrogira e l'altra levogira, di uno stesso composto.

enantiopatìa [vc. dotta, tratta dal gr. *enantiopathês*, comp. di *enantíos* 'contrario, opposto' e *páthos* 'sofferenza'] s. f. ● (*med.*) Allopatia.

enantiosemìa [comp. di *enantio-* e *-semia*] s. f. ● (*ling.*) Processo di cambiamento di significato per cui una parola viene ad assumere un senso opposto a quello originario.

enantiotropìa [comp. di *enantio-* e *-tropia*; 1917] s. f. ● (*miner.*) Passaggio reversibile di una sostanza da una forma cristallina all'altra.

enarmonìa [da *enarmonico*; av. 1595] s. f. ● (*mus.*) Rapporto fra due note di nome diverso, per es. *do diedis* e *re bemolle*, ma di identica altezza, grazie al temperamento della scala.

enarmònico [vc. dotta, lat. tardo *en(h)armŏnicu(m)*, parallelo di *en(h)armŏniu(m)* 'enarmonio'; 1585] agg. (pl. m. *-ci*) ● (*mus.*) Detto del terzo genere dell'antica musica greca, che si serve dei quarti di tono: *il tetracordo di genere e.* | Detto di intervallo che presenta enarmonia | ***Modulazione enarmonica***, che usa enarmonia per collegare tonalità lontane. CONTR. Equabile. || **enarmonicaménte**, avv.

enarmònio [vc. dotta, lat. tardo *en(h)armŏniu(m)*, dal gr. *enarmónios* 'che ha un'armonia (*harmonía*) dentro (*en-*) di sé'; 1581] agg. ● Enarmonico.

enarmonizzàre A v. tr. ● (*mus.*) Rendere enarmonico. **B** v. intr. (aus. *avere*) ● (*mus.*) Usare procedimenti enarmonici.

†**enarràbile** [vc. dotta, lat. *enarrābile(m)*, da *enarrāre* '†enarrare'] agg. ● Spiegabile, dicibile. CONTR. Inenarrabile.

†**enarràre** [vc. dotta, lat. *enarrāre* 'raccontare (*narrāre*) diffusamente (*ex-*)'; av. 1348] v. tr. ● Spiegare, esporre: *un capitolo ... che enarra i nomi e le famiglie di molte bellezze fiorentine* (CARDUCCI).

enarratìvo [vc. dotta, lat. tardo *enarratīvu(m)*, da *enarrātus*, part. pass. di *enarrāre* ' †enarrare'; av. 1729] agg. ● Espositivo.

†**enarraziòne** [vc. dotta, lat. *enarratiōne(m)*, da *enarrātus*, part. pass. di *enarrāre* '†enarrare'; sec. XIV] s. f. ● Spiegazione, esposizione.

enartròşi [vc. dotta, gr. *enárthrōsis*, comp. di *en-* raff. e *árthrōsis* 'articolazione'; 1745] s. f. inv. ● (*med.*) Tipo di articolazione mobile le cui superfici articolari sono sferiche, una concava e una convessa.

encàrpo [vc. dotta, lat. tardo *encărpa* (nt. pl.), dal gr. *énkarpa* 'festoni di frutti (*kárpa*) nelle (*en-*) colonne'; 1834] s. m. ● Festone di fiori, frutti e foglie usato come motivo ornamentale nell'architettura classica e del Rinascimento.

encàustica [vc. dotta, lat. *encāustica(m)*, dal gr. *enkaustikḗ*, sottinteso *téchnē*, '(arte) dell'*encausto* (*énkaustos*)'; 1562] s. f. ● Arte del dipingere a encausto.

encàustico [vc. dotta, lat. *encāusticu(m)*, dal gr. *enkaustikós* 'proprio dell'*encausto* (*énkaustos*)'; 1499] agg. (pl. m. *-ci*) ● Dell'encausto, che si riferisce all'encausto: *tecnica encaustica*.

encàusto [vc. dotta, lat. *encāustu(m)*, dal gr. *énkaustos*, originariamente 'colore sciolto nella cera fusa' poi 'inchiostro di porpora usato dagli imperatori per firmare', poi, generalmente, 'inchiostro', dal v. *enkáiein* 'bruciare (*káiein*) sopra (*en-*)'; 1788] s. m. ● Tecnica di pittura murale usata dai Greci e dai Romani che si servivano di colori diluiti in cera fusa e spalmati a caldo sull'intonaco: *pittura a e.*; *dipingere a e.*

encefàlico [1828] agg. (pl. m. *-ci*) ● (*anat.*) Che concerne l'encefalo.

encefalìna [comp. di *encefal(o)* e *-ina*] s. f. ● (*chim.*) Neuropeptide, isolato dal cervello, con azione simile a quella dell'oppio.

encefalìte [vc. dotta, comp. di *encefal(o)* e *-ite* (*1*); 1820] s. f. ● (*med.*) Infiammazione dell'encefalo.

encefalìtico [1932] **A** agg. (pl. m. *-ci*) ● (*med.*) Di, relativo a, encefalite. **B** agg.; anche s. m. (f. *-a*) ● (*med.*) Che (o Chi) è affetto da encefalite.

encèfalo [vc. dotta, gr. *enképhalos*, sottinteso *myelós* '(il midollo) che è dentro (*en-*) la testa (*kephalḗ*)'; 1773] s. m. ● (*anat.*) Parte del sistema nervoso centrale contenuta per intero nella cavità cranica.

encefalografìa [vc. dotta, comp. di *encefal(o)* e *-grafia*; 1932] s. f. ● (*med.*) Radiografia della massa cerebrale, eseguita a scopo diagnostico.

encefalogràmma [comp. di *encefalo* e *-gramma*] s. m. (pl. *-i*) ● (*med.*) Visualizzazione grafica dell'encefalo a scopo di studio o diagnostico.

encefalòide [vc. dotta, comp. di *encefal(o)* e *-oide*; 1835] agg. ● (*med.*) Che ha consistenza molle, simile a quella del cervello: *tumore e.*

encefalomalacìa [comp. di *encefalo* e *malacia*] s. f. ● (*med.*) Rammollimento cerebrale dovuto a disturbi circolatori.

encefalopatìa [vc. dotta, comp. di *encefal(o)* e *-patia*] s. f. ● (*med.*) Ogni malattia o condizione degenerativa del cervello | ***E. spongiforme***, alterazione degenerativa prevalentemente a carico della corteccia cerebrale che assume aspetto spugnoso; si rivela come demenza a rapida progressione | (*zool.*) ***E. spongiforme bovina***, malattia da prioni del bestiame adulto caratterizzata da degenerazione spongiforme della corteccia cerebrale, in sigla BSE; una sua variante (in sigla vBSE) è responsabile di encefalopatia spongiforme nell'uomo.

encefalospinàle [comp. di *encefalo* e *spinale*] agg. ● (*anat.*) Relativo all'encefalo e al midollo spinale | ***Asse e.***, nevrasse.

enchimòşi [vc. dotta, gr. *enchýmōsis* 'diffusione di succo (*chymósis*) nel (*en-*) corpo'; sec. XIV] s. f. inv. ● (*med.*) Ecchimosi.

enchirìdio [vc. dotta, lat. tardo *enchirĭdio(n)*, dal gr. *encheirídion* '(libro che si tiene) in (*en-*) mano (*chéir*, genit. *cheirós*)', 'manuale'; av. 1729] s. m. ● (*raro*) Manuale.

encìclica [vc. dotta, lat. eccl. (*epĭstola*) *encўclica* '(lettera) circolare (da *encўclicus*: V. *enciclico*)'; 1689] s. f. ● Lettera circolare apostolica che il Papa indirizza, in forma solenne, ai vescovi e ai prelati di tutta la Chiesa, su argomenti riguardanti la dottrina, la morale o la liturgia, o su particolari temi religiosi, sociali o filosofici che interessano la Cristianità o tutti i popoli.

encìclico [vc. dotta, lat. eccl. *encўclicu(m)*, adattamento del gr. *enkýklios* 'circolare, in (*en-*) cerchio (*kýklos*)'] agg. (pl. m. *-ci*) ● Circolare, spec. nella loc. ***lettera enciclica***.

enciclopedìa [gr. *enkýklios paidéia*, propr. 'educazione (*paidéia*) ciclica (*enkýklios*)', cioè complessiva; av. 1600] s. f. *1* Opera che riunisce ed espone in modo sistematico le cognizioni relative a tutto il sapere umano, o a una singola parte di esso: *e. universale, giuridica, medica*; *e. dei giochi e degli sport* | ***L'Enciclopedia***, (*per anton.*) quella pubblicata in Francia nella seconda metà del XVIII sec., opera dei maggiori rappresentanti dell'Illuminismo francese. *2* (*fig.*) Persona molto dotta: *quell'uomo è un'e. ambulante*. *3* †Sistema ordinato di tutte le conoscenze umane.

enciclopèdico [1585] agg. (pl. m. *-ci*) *1* Di enciclopedia: *opera enciclopedica*; *manuale e.* | ***Dizionario e.***, che riporta non solo termini enciclopedici ma anche voci del lessico comune. *2* (*fig.*) Ricco di cognizioni in ogni campo del sapere: *ingegno e.*; *mente enciclopedica*. || **enciclopedicaménte**, avv. In maniera enciclopedica.

enciclopedìşmo [fr. *encyclopédisme*, da *encyclopédie* 'enciclopedia'; 1902] s. m. *1* Il complesso delle dottrine e delle idee illuministiche contenute nell'Enciclopedia francese. *2* Cultura enciclopedica | Tendenza a far sfoggio di erudizione | Tendenza, in un'opera intellettuale, a includervi ogni ramo del sapere.

enciclopedìsta [fr. *encyclopédiste*, da *encyclopédie* 'enciclopedia'; 1766] s. m. e f. (pl. m. *-i*) *1* Collaboratore dell'Enciclopedia francese | (*raro*) Chi collabora alla compilazione di una enciclopedia. *2* Seguace delle dottrine e delle idee illuministiche.

enclave /aŋˈklav, eŋˈklave, *fr.* ɑ̃ˈklaːv/ [vc. fr., da *enclaver*, dal lat. parl. **inclavāre* 'chiudere a chiave (*clāvis*)'; 1892] s. f. inv. ● Piccolo territorio appartenente a uno Stato, ma tutto circondato da territori appartenenti a uno o più altri Stati (ad es. Campione d'Italia, che si trova in Svizzera).

ènclişi [vc. dotta, tratta dal gr. *énklisis* 'inclinazione', da *enklínein* 'appoggiarsi (*klínein*) sopra (*en-*)'; 1892] s. f. inv. ● (*ling.*) Fenomeno per cui una parola atona si appoggia alla parola tonica precedente (es. *dimmi, vacci, sceglilo*). CONTR. Proclisi.

enclìşia s. f. ● (*ling.*) Enclisi.

enclìtica [vc. dotta, lat. tardo *enclītica*, nt. pl. di *enclīticus* 'enclitico'; 1726] s. f. ● (*ling.*) Parola di una sola sillaba, priva di accento proprio, che nella pronuncia si appoggia alla parola precedente; si scrive unitamente a essa (ad es. *chiamami*).

enclìtico [vc. dotta, lat. tardo *enclīticu(m)*, dal gr. *enklitikós*, da *enklínein* 'chinarsi (*klínein*) sopra (*en-*)'; 1528 ca.] agg. (pl. m. *-ci*) ● Detto di parola soggetta a enclisi: *pronome, avverbio e.* (ad es. *-mi* e *-ci* in *dimmi* e *esserci*) (V. nota d'uso ACCENTO). || **encliticaménte**, avv.

encòlpio [gr. tardo *enkólpion*, nt. sost. dell'agg. *enkólpios* 'che sta sul seno', comp. di *en* 'in' e *kólpos* 'seno'; av. 1907] s. m. ● Piccolo reliquiario che anticamente i cristiani portavano appeso al collo.

encomiàbile [1869] agg. ● Degno di encomio: *un comportamento e.* || **encomiabilménte**, avv.

encomiàre [da *encomio*; av. 1347] v. tr. (*io encòmio*) ● Lodare solennemente e pubblicamente: *fu encomiato per il suo grande coraggio*.

†**encomiàsta** o **encomiàste** [vc. dotta, gr. *enkōmiastos*, da *enkōmiázein* 'fare un *encomio* (*enkṓmion*)'; av. 1642] s. m. ● (*lett.*) Encomiatore.

encomiàstico [vc. dotta, gr. *enkōmiastikós*, da *enkōmiázein* 'fare un *encomio* (*enkṓmion*)'; 1631] agg. (pl. m. *-ci*) ● (*lett.*) Che loda, elogia: *tono, discorso e.* || **encomiasticaménte**, avv. (*lett.*) In modo, con tono encomiastico.

encomiatóre [av. 1787] s. m.; anche agg. (f. *-trice*) ● (*raro*) Chi (o Che) encomia: *un servile e.*

encomièndа [sp. *encomienda*, da *encomendar* 'affidare'; 1721] s. f. ● Istituzione socio-economica delle colonie spagnole dell'America centromeridionale, consistente nella concessione di grandi estensioni di terreno a conquistatori o immigrati spagnoli, che avevano l'obbligo di provvedere alla evangelizzazione e protezione delle popolazioni indigene, e il diritto di riceverne in cambio tributi e prestazioni di lavoro.

encòmio [vc. dotta, gr. *enkṓmion* 'discorso in (*en-*) un banchetto (*kômos*)'; av. 1566] s. m. *1* (*lett.*) Canto in lode di un personaggio eminente: *mendico un epigramma, / un sonetto, un e.* (BRUNO). *2* (*est.*) Lode, spec. pubblica e solenne, tributata da un superiore all'inferiore o da una persona importante, autorevole e sim.: *tributare a qlcu. un e.*; *rivolgere a qlcu. parole di e.*; *azione degna di e.* | (*mil.*) Riconoscimento, ricompensa al valore | ***E. semplice***, lode data dal superiore all'inferiore, sia verbalmente sia con lettera | ***E. solenne***, citazione all'ordine del giorno dei motivi della lode attribuita al militare encomiato.

†**encomiògrafo** [vc. dotta, lat. tardo *encomiŏgraphu(m)*, dal gr. *enkōmiográphos*, comp. di *enkṓmion* 'encomio' e *gráphein* 'scrivere'; 1869] s. m. ● Scrittore di encomi.

encondròma [vc. dotta, comp. del gr. *énchondros* 'cartilaginoso', propr. 'nella (*en-*) cartilagine, simile a un grano (*chóndros*)', e *-oma*] s. m. (pl. *-i*) ● (*med.*) Tumore benigno della cartilagine.

encondròtomo [vc. dotta, comp. del gr. *énchondros* (V. *encondroma*) e *-tomo*] s. m. ● (*raro*) Strumento per tagliare la cartilagine.

encopressìa o **encoprèṣi** [vc. dotta, comp. del gr. *en* 'sopra' e del tema di *kópros* 'sterco', sul modello di *enuresi*] s. f. ● (*med.*) Incontinenza fecale per incapacità di controllo degli sfinteri dovuta spec. a disturbi psichici o a regressione.

†**ènde** ● V. *ne* (*1*).

endecacòrdo [vc. dotta, lat. tardo (*h*)*endecachŏrdu(m)*, dal gr. *hendekáchordos* 'con undici (*héndeka*) corde (*chordái*)'; 1581] s. m. ● (*mus.*) Sistema di undici corde diatoniche | Strumento a undici corde.

endecaèdro [vc. dotta, comp. del gr. *héndeka* 'undici' e *-edro*] s. m. ● (*mat.*) Poliedro con undici facce.

endecàgono [vc. dotta, lat. (*h*)*endecagŏnu(m)*, dal gr. *hendekágōnos* 'che ha undici (*héndeka*) angoli (*gōníai*)'] s. m. ● Poligono con undici vertici.

endecasìllabo [vc. dotta, lat. *hendecasy̆llabu(m)*, dal gr. *hendekasýllabos* 'di undici (*héndeka*) sillabe (*syllabái*)'; av. 1525] **A** s. m. **1** Nella metrica italiana, verso la cui ultima sillaba accentata è la decima; è composto di undici sillabe se termina con parola piana: *pose colei che sola a me par donna* (PETRARCA) (V. nota d'uso ACCENTO) | ***E. sciolto***, in successione senza rima. **2** Nella metrica classica, verso di undici sillabe fisse, ma con tipologie differenti: *e. alcaico*, *e. falecio*, *e. saffico*. **B** anche agg.: *verso e.*

endemìa [vc. dotta, gr. *endēmía*, agg. f. di *endḗmios* 'natio, indigeno', comp. di *en* 'in' e *dêmos* 'regione, paese', attrav. il fr. *endémie*; 1855] s. f. ● Manifestazione morbosa di malattia a carattere diffusivo, circoscritta a un limitato territorio.

endemicità [da *endemico*, attrav. il fr. *endémicité*; 1859] s. f. ● Carattere endemico.

endèmico [da *endemia*, attrav. il fr. *endémique*; av. 1730] agg. (pl. m. *-ci*) **1** (*med.*) Che riguarda l'endemia | Caratterizzato da endemia: *malattia endemica*. **2** (*biol.*) Caratterizzato da endemismo. **3** (*fig.*) Cronicamente diffuso o radicato in una determinata situazione o in un dato ambiente: *i mali endemici di una metropoli*. || **endemicaménte**, avv.

endemiṣmo s. m. ● (*biol.*) Fenomeno per cui una varietà, razza, specie di organismo rimane circoscritta a un'area geografica limitata.

endèrmico [vc. dotta, comp. del gr. *en-* 'in, sotto' e *dérma* 'pelle, derma', con suff. agg.; 1829] agg. (pl. m. *-ci*) ● (*med.*) Che agisce attraverso la cute.

endìadi o (*raro*) **endìade** [vc. dotta, lat. tardo (*h*)*endy̆adis* (nom.), tratta dall'espressione gr. *hèn dià dyôin*, propr. 'uno per mezzo di due'; av. 1595] s. f. inv. ● (*ling.*) Espressione di un unico concetto per mezzo di due termini coordinati, solitamente due sostantivi, uniti da congiunzione: *e 'n un punto e 'n un'hora / quel far le stelle, et questo sparir lui* (PETRARCA).

†**èndica** [lat. parl. **ĕnthica(m)* per *enthēca(m)*, dal gr. *enthḗkē*, dal v. *entithénai* 'porre (*tithénai*) dentro (*en-*)'; av. 1363] s. f. **1** Provvista, incetta | ***Fare e.***, incettare. **2** (*raro*) Fondaco, deposito, magazzino.

†**endicaiuòlo** [sec. XVI] s. m. ● Incettatore.

†**endicàre** [da *endica*; sec. XIV] v. intr. ● Fare incetta.

éndice (o **è-**) [lat. *ĭndice(m)* 'indicatore', da una radice di orig. indeur. col sign. di 'mostrare'; av. 1311] s. m. o †f. **1** †Cosa che si serba per ricordo o segno di qlco. **2** Uovo finto o vero che si lascia nel nido perché le galline tornino a deporvi le uova. SIN. Guardanidio, nidiandolo.

endìvia ● V. *indivia*.

èndo- [dal gr. *éndon* 'dentro', di orig. indeur.] primo elemento ● In parole composte della terminologia scientifica, significa 'dentro', 'interno', 'posto all'interno': *endocardio*, *endocrino*, *endogeno*, *endoscopia*. CONTR. ecto-, eso-.

-èndo [lat. *-ĕndu(m)*, desinenza del part. fut. passivo] suff. (f. *-a*) ● Proprio di aggettivi, talora sostantivati, o di sostantivi di origine latina o formati in modo analogo: *orrendo*, *stupendo*, *tremendo*; *agenda*, *faccenda* | Implica spesso un'idea di obbligatorietà, di necessità: *addendo*, *costituendo*, *dividendo* | V. anche *-ando*.

endoarterióso [da *endo-* e *arterioso*] agg. **1** (*med.*) Interno a un'arteria. **2** (*med.*) Pertinente al rivestimento interno di una arteria.

endoarterìte [comp. di *endo-* e *arterite*] s. f. ● (*med.*) Processo infiammatorio a carico dell'intima di un'arteria.

endoblàsto [comp. di *endo-* e *-blasto*] s. m. ● (*anat.*) Endoderma.

endocàrdico agg. (pl. m. *-ci*) ● (*anat.*) Relativo all'endocardio.

endocàrdio [vc. dotta, comp. di *endo-* e *-cardio*; 1865] s. m. ● (*anat.*) Lamina endoteliale che riveste le cavità interne del cuore.

endocardìte [comp. di *endocardio* e *-ite* (*1*); 1841] s. f. ● (*med.*) Infiammazione dell'endocardio.

endocàrpo o **endocàrpio** [vc. dotta, comp. di *endo-* e del gr. *karpós* 'frutto'; 1820] s. m. ● (*bot.*) Nelle drupe e nelle bacche, il più interno dei tre strati che formano questi frutti.

endocellulàre [comp. di *endo-* e *cellula*, con suff. agg.] agg. ● (*biol.*) Che si trova, o si sviluppa, all'interno della cellula: *membrana e.* CONTR. Extracellulare.

endocèntrico [comp. di *endo-* e *centro*] agg. (pl. m. *-ci*) ● Detto di un sintagma la cui distribuzione è identica a quella di uno dei suoi costituenti.

endocitòṣi [comp. di *endo-* e *-cito* 'cellula' con il suff. *-osi*] s. f. inv. ● (*biol.*) Processo di assunzione da parte della cellula di minute particelle o di liquidi mediante l'attività del plasmalemma e del citoplasma periferico. CFR. Pinocitosi. CONTR. Esocitosi.

endocrànico [1956] agg. (pl. m. *-ci*) ● (*med.*) Che si trova o si sviluppa all'interno del cranio: *tumore e.*

endocrànio [vc. dotta, comp. di *endo-* e *cranio*] s. m. ● (*anat.*) Lamina periostale interna del cranio.

endocranìte [comp. di *endocranio* e *-ite* (*1*)] s. f. ● (*med.*) Infiammazione dell'endocranio.

endocrìnico [da *endocrino*] agg. (pl. m. *-ci*) ● (*anat.*) Che si riferisce alle ghiandole endocrine.

endòcrino [vc. dotta, comp. di *endo-* e di *-crino*; 1912] agg. ● (*anat.*) Che compie una secrezione interna | ***Ghiandola endocrina***, che immette le sostanze elaborate direttamente nel sangue, senza condotti escretori.

endocrinologìa [vc. dotta, comp. di *endocrino* e *-logia*; 1914] s. f. ● (*med.*) Studio della funzione e delle malattie delle ghiandole a secrezione interna.

endocrinòlogo [1965] s. m. (f. *-a*; pl. m. *-gi*) ● Studioso di endocrinologia.

endodèrma [vc. dotta, comp. di *endo-* e *-derma*; 1892] s. m. (pl. *-i*) **1** (*biol.*) Lo strato interno della gastrula embrionale, dal quale trae origine la mucosa dei visceri. **2** (*bot.*) Lo strato più interno della corteccia.

endodèrmico agg. (pl. m. *-ci*) ● Di, relativo a, endoderma.

endodinàmica [comp. di *endo-* e *dinamica*; 1968] s. f. ● (*geol.*) Insieme dei fenomeni, quali terremoti, bradisismi, moti magmatici convettivi, che, agendo dall'interno della superficie terrestre, ne modificano l'aspetto.

endodonzìa [comp. di *endo-* e un deriv. di *-odonte*] s. f. ● (*med.*) Branca della odontoiatria che studia le malattie della polpa dentaria.

endofaṣìa [comp. di *endo-* e del gr. *phásis* 'voce'] s. f. **1** (*psicol.*) Allucinazione acustica, per cui si crede di sentire delle voci interne. **2** Nel linguaggio della critica letteraria, il discorso interiore, distinto, nella sua apparente irrazionalità, dal discorso scritto o parlato.

endofàṣico agg. (pl. m. *-ci*) ● Relativo a endofasia: *fenomeni endofasici*; *discorso e.*

endòfita [comp. di *endo-* e un deriv. del gr. *phytón* 'pianta'] **A** s. m. (pl. *-i*) ● Vegetale parassita di organi interni di altre piante | Organismo animale che vive come parassita o saprofita nei tessuti di una pianta. **B** anche agg.: *insetto e.*; *pianta e.*

endofìtico agg. (pl. m. *-ci*) ● Di organismo che penetra all'interno di un altro e qui vive: *alghe endofitiche*.

endogamìa [vc. dotta, comp. di *endo-* e *-gamia*] s. f. **1** (*antrop.*) Istituzione per cui i membri di un clan o di una tribù contraggono matrimonio entro lo stesso gruppo sociale. **2** (*est.*) Tendenza a scegliersi il coniuge nell'ambito del proprio gruppo etnico o del proprio ambiente economico e sociale. **3** (*biol.*) Tipo di riproduzione fra individui della stessa stirpe, tipico dei Protozoi Ciliati.

endogàmico agg. (pl. m. *-ci*) ● (*antrop.*, *biol.*) Di, relativo a, endogamia.

endògamo [vc. dotta, comp. di *endo-* e *-gamo*; 1924] agg. ● (*antrop.*) Che pratica l'endogamia: *popolazioni endogame*.

endogastrìte [vc. dotta, comp. di *endo-* e *gastrite*] s. f. ● (*med.*) Infiammazione della mucosa gastrica.

endogèneṣi [vc. dotta, comp. di *endo-* e *genesi*] s. f. inv. ● (*biol.*, *geol.*) Generazione per via interna.

endògeno [vc. dotta, comp. di *endo-* e *-geno*; cfr. il gr. *endogenḗs* 'nato dentro la casa'; 1829] agg. **1** (*biol.*) Che proviene dall'interno dell'organismo | ***Spore endogene***, che si formano all'interno della cellula madre. **2** (*geol.*) Detto di processo geologico, roccia, fenomeno e sim. che ha origine all'interno della litosfera o del globo terrestre. **3** (*econ.*) Che nasce o scaturisce dall'interno di un sistema: *inflazione endogena*. CONTR. Esogeno.

endogèo [comp. di *endo-* e *-geo* 'terreno', dal gr. *geō-* (da *gê* 'terra')] agg. ● (*biol.*) Detto di organismo che vive nel terreno.

endolìnfa [vc. dotta, comp. di *endo-* e *linfa*] s. f. ● (*anat.*) Liquido che riempie le cavità dell'orecchio interno.

endometamorfìṣmo [comp. di *endo-* e *metamorfismo*] s. m. ● (*geol.*) Endomorfismo.

endomètrio [vc. dotta, comp. di *endo-* e del gr. *mḗtra* 'utero'] s. m. ● (*anat.*) Mucosa di rivestimento della superficie interna dell'utero.

endometriòṣi [comp. di *endometri(o)* e *-osi*] s. f. inv. ● Malattia caratterizzata dalla presenza e dallo sviluppo di mucosa uterina in sede anormale, oppure in organi diversi dall'utero.

endometrìte [comp. di *endometr(io)* e *-ite* (*1*)] s. f. ● (*med.*) Infiammazione dell'endometrio.

endomìṣio [vc. dotta, comp. di *endo-* e del gr. *mŷs* 'muscolo'] s. m. ● (*anat.*) Membrana connettivale che riveste fascetti di fibre muscolari striate.

endomitòṣi [comp. di *endo-* e *mitosi*] s. f. inv. ● (*biol.*) Cariocinesi incompleta nel corso della quale la replicazione della cromatina non è seguita né dalla divisione nucleare né da quella citoplasmatica; ne risulta la condizione detta poliploidia.

endomorfìṣmo [comp. di *endo-* e *-morfismo*] s. m. ● (*geol.*) Metamorfismo esercitato su una massa magmatica endogena da una roccia già consolidata che con essa viene a contatto.

endomòrfo agg. ● (*geol.*) Relativo a endomorfismo.

endomuscolàre [da *endo-* sul modello di *intramuscolare*; 1960] agg. ● Intramuscolare.

endònimo [comp. di *end(o)-* e *-onimo*, sul modello del contr. *esonimo*] s. m. ● Nome con cui una località è chiamata nella lingua dell'area geografica in cui è situata (per es. *Paris* è l'endonimo della città di Parigi).

†**endonnàrsi** ● V. †*indonnarsi*.

endooculàre /end(o)oku'lare/ [comp. di *endo-* e del lat. *ŏculus* 'occhio'] agg. ● (*anat.*) Che sta nell'interno dell'occhio: *liquido e.*

endoparassìta [comp. di *endo-* e *parassita*; 1892] s. m. (pl. *-i*) ● Parassita che vive all'interno del corpo dell'ospite, in cavità profonde o nello spessore dei tessuti.

endoplàṣma [vc. dotta, comp. di *endo-* e *plasma*; 1906] s. m. (pl. *-i*) ● (*biol.*) Parte più interna del citoplasma caratterizzata dalla presenza di organuli.

endoplaṣmàtico agg. (pl. m. *-ci*) ● (*biol.*) Che si riferisce all'endoplasma | ***Reticolo e. liscio***, organulo dalle molteplici funzioni, costituito da una rete tridimensionale di cavità per lo più tabulari | ***Reticolo e. granulare***, organulo della sintesi proteica, costituito da un sistema di cavità delimitate da membrane corredate da ribosomi.

endoplèurico [comp. di *endo-* e *pleura*, con suff. agg.; 1968] agg. (pl. m. *-ci*) ● (*med.*) Che si trova, o che avviene, nello spazio pleurico.

Endopròcti [comp. di *endo-* e del gr. *prōktós* 'ano', vc. prob. di orig. indeur.] s. m. pl. (sing. *-o*) ●

Nella tassonomia animale, gruppo di Protostomi acquatici sessili, di piccole dimensioni (*Endoprocta*).

endòptico ● V. *endottico*.

endorachidèo [vc. dotta, comp. di *endo-* e *rachideo*; 1968] **agg.** ● (*anat.*) Che è all'interno della cavità vertebrale.

endoreattóre [vc. dotta, comp. di *endo-* e *reattore*; 1948] **s. m.** ● (*aer.*) Motore a razzo che contiene combustibile e comburente.

endorèico [comp. di *endo-* e un deriv. del gr. *rêin* 'scorrere', di orig. indeur.] **agg.** (pl. m. *-ci*) ● (*geogr.*) Detto di bacino idrografico le cui acque si versano in specchi d'acqua interni.

endorfina [comp. di *endo-* e (*mo*)*rfina*; 1983] **s. f.** ● (*chim.*) Peptide prodotto dal cervello, con azione simile a quella dell'oppio.

endorsement /*ingl.* ɪnˈdɔːsmənt/ [vc. ingl., da *to endorse* 'firmare a tergo, girare'] **s. m. inv.** *1* (*comm.*) Girata. *2* Sostituzione di un biglietto aereo di una compagnia con quello di un'altra.

endoschèletro [comp. di *endo-* e *scheletro*] **s. m.** ● (*anat.*) Scheletro interno dei Vertebrati.

endoscopìa [vc. dotta, comp. di *endo-* e *-scopia*; 1903] **s. f.** ● (*med.*) Tecnica di esame ottico di organi o cavità interne.

endoscòpico [1973] **agg.** (pl. m. *-ci*) ● Relativo a endoscopia.

endoscòpio [vc. dotta, comp. di *endo-* e *-scopio*; 1869] **s. m.** ● (*med.*) Strumento per esaminare l'interno di organi o cavità naturali.

endosmòmetro [comp. di *endosmo*(*si*) e *-metro*] **s. m.** ● (*fis.*) Strumento usato per la misurazione di fenomeni di endosmosi.

endosmòsi [vc. dotta, comp. di *endo-* e *osmosi*; 1881] **s. f. inv.** *1* (*fis.*) Diffusione di solvente in una soluzione, attraverso una membrana porosa, che la mantenga all'esterno. *2* (*med.*) Penetrazione di agenti medicamentosi per azione dell'elettricità.

endospèrma [vc. dotta, comp. di *endo-* e *sperma*] **s. m.** (pl. *-i*) ● (*bot.*) Albume della pianta.

endòsseo [comp. di *endo-* e *osseo*] **agg.** ● (*anat.*) Che si riferisce alla parte interna di un osso o di più ossa.

endostatina [comp. di *endo-* e un deriv. del v. lat. *stāre* 'fermare, arrestare'; 1998] **s. f.** ● (*med.*) Sostanza peptidica capace di arrestare la proliferazione delle cellule endoteliali vasali.

endòstio [comp. di *endo-* e un deriv. del gr. *ostéon* 'osso'] **s. m.** ● (*anat.*) Lamina fibrosa che riveste il canale midollare delle ossa lunghe.

endoteliàle **agg.** ● (*anat.*) Relativo all'endotelio | Che costituisce l'endotelio: *cellula e.*

endotèlio [comp. di *endo-* e un deriv. del gr. *thēlḗ* 'mammella' sul modello, con sostituzione del pref., di *epitelio*; 1892] **s. m.** ● (*anat.*) Lamina cellulare che riveste la superficie interna dei vasi sanguigni e delle cavità cardiache.

endoterapìa [vc. dotta, comp. di *endo-* e *terapia*] **s. f.** ● Metodo di cura per alcune malattie delle piante, consistente spec. nel far assorbire dall'apparato radicale sostanze medicinali somministrate nel terreno in soluzioni acquose.

endotermìa [comp. di *endo-* e *-termia*] **s. f.** ● (*fisiol.*) Condizione degli endotermi. CONTR. Ectotermia.

endotèrmico [vc. dotta, comp. di *endo-* e *termico*; 1906] **agg.** (pl. m. *-ci*) *1* Detto di processo chimico o reazione che avviene con assorbimento di calore. *2* (*fisiol.*) Relativo a un endotermo. CONTR. Ectotermico.

endotèrmo [comp. di *endo-* e *-termo*] **s. m.** ● (*zool.*) Organismo animale che utilizza i propri processi metabolici come principale sorgente di calore corporeo. CONTR. Ectotermo.

endotimpànico [vc. dotta, comp. di *endo-* e *timpano*, con suff. agg.] **agg.** (pl. m. *-ci*) ● (*med.*) Che avviene dentro il timpano: *insufflazioni endotimpaniche*.

endotossìna [comp. di *endo-* e *tossina*] **s. f.** ● (*biol.*) Tossina prodotta in un microrganismo e liberata solo quando esso muore.

endotracheàle [vc. dotta, comp. di *endo-* e *trachea*, con suff. agg.] **agg.** ● (*med.*) Relativo all'interno della trachea: *intubazioni endotracheali*.

endòttico o **endòptico** [comp. di *end*(*o*)- e *ottico*] **agg.** (pl. m. *-ci*) ● (*anat.*) Relativo all'interno dell'occhio.

endovèna [comp. di *endo-* e *vena* (*2*); 1956] **A** **s. f.** ● (*med.*) Iniezione endovenosa: *fare, praticare un'e.* **B** in funzione di **avv.** ● Dentro la vena: *iniettare un farmaco e.*

endovenòsa **s. f.** ● (*med.*) Iniezione endovenosa.

endovenòso [da *endovena*; 1930] **agg.** ● (*med.*) Che penetra all'interno della vena | ***Iniezione endovenosa***, fatta introducendo i medicamenti direttamente nella vena.

endurance /*ingl.* ɪnˈdjʊərəns/ [vc. ingl., propr. 'resistenza', da *to endure* 'resistere'; 1913] **A** **s. f. inv.** ● (*sport*) Gara automobilistica di lunga distanza che si svolge fuori da un circuito | (*sport*) Resistenza generale di base indispensabile per la pratica di qualsiasi sport. **B** anche **agg.**

endurista [1983] **s. m. e f.** (pl. m. *-i*) ● (*sport*) Chi pratica l'enduro.

endùro [vc. ingl. d'America, prob. dallo spagn. *endurar* 'resistere'; 1982] **s. m. inv.** *1* (*sport*) Specialità del fuoristrada motociclistico consistente in una gara di regolarità su percorsi di lunghezza non inferiore al centinaio di miglia. *2* (*est.*) La motocicletta usata per tale specialità. ➡ ILL. p. 2163 TRASPORTI.

-ène [dal suff. patronimico f. gr. *-énē*] **suff.** ● In chimica organica indica idrocarburi con almeno un doppio legame (*etene*, *propene*, *isoprene*) o composti della serie aromatica (*benzene*, *toluene*).

†**èneo** [vc. dotta, lat. *āeneu*(*m*), agg. di *āes*, genit. *āeris*, di orig. indeur.; 1499] **agg.** ● (*lett.*) Di bronzo.

eneolìtico [vc. dotta, comp. di *eneo* e del gr. *lithikós* 'della pietra (*lithos*)'; 1884] **A** **agg.** (pl. m. *-ci*) *1* Detto di periodo preistorico i cui reperti partecipano dei fenomeni e delle attività proprie dell'età della pietra e dell'età del bronzo. *2* Che è proprio di tale periodo: *civiltà eneolitica*. **B** **s. m.** ● Periodo eneolitico: *gli uomini, i reperti dell'e.*

energètica [da *energetico*] **s. f.** ● (*ing.*) Studio dell'energia e delle sue trasformazioni.

energètico [vc. dotta, gr. *energētikós* 'attivo', da *enérgeia* 'energia'; av. 1730] **A** **agg.** (pl. m. *-ci*) *1* Di energia | Che è in grado di produrre energia: *fonte energetica*. *2* Detto di sostanza o farmaco capace di stimolare e rinvigorire le energie dell'organismo. *3* †Energico. **B** **s. m.** ● Energizzante.

energetìsmo [1932] **s. m.** ● Teoria filosofico-scientifica che riduce ogni sostanza a manifestazione dell'energia.

♦**energìa** [vc. dotta, lat. tardo *energīa*(*m*), dal gr. *enérgeia*, da *energés*, forma tarda parallela di *energós* 'attivo', 'dentro (*en-*) al lavoro (*érgon*)'; av. 1563] **s. f.** *1* Vigore fisico, forza: *un uomo pieno di e.; perdere, riacquistare le energie*. SIN. Vigore, vitalità. CONTR. Fiacchezza. *2* (*fis.*) Attitudine di un corpo o di un sistema di corpi a compiere un lavoro: *e. cinetica, potenziale, elettrica* | ***E. dolce***, V. *dolce* | ***E. dura***, V. *duro* | ***E. nucleare***, quella ottenuta mediante la fissione o la fusione nucleare | ***E. alternativa***, derivante da fonti energetiche rinnovabili o non inquinanti | ***E. azzurra***, (*per anton.*) il metano. ➡ ILL. p. 2136-2141 SCIENZE DELLA TERRA ED ENERGIA. *3* (*fig.*) Forza di carattere, risolutezza nell'agire: *non ha l'e. necessaria per comandare; un lampo d'e. rese il suo pensiero rapido e intenso* (SVEVO). *4* (*fig.*) Forza, efficacia, intenso effetto: *uno stile pieno di e., ricco di e., privo di e.; medicina che agisce con e.*

ENERGIA
nomenclatura

energia

● *forme e qualificazioni dell'energia*: accumulabile ⇔ non accumulabile, acustica (= sonora), alternativa, animale, assorbita, chimica, cinetica, cosmica, delle maree (= mareomotrice), di accoppiamento, di associazione ⇔ di dissociazione, di attivazione, di eccitazione, di estrazione, di formazione, di interazione, di ionizzazione, di legame, di massa, di pressione, di punto zero, di riposo (= di quiete), di risonanza, di scambio, di soglia (= critica), di transizione, dura ⇔ soffice, elastica, elettrica, elettrocinetica, elettromagnetica, elettrostatica, eolica (= del vento), esterna ⇔ interna, geotermica (= endogena), geotermoelettrica, gravitazionale, idraulica, idroelettrica, incidente, libera, luminosa, magnetica, magnetostatica, meccanica, muscolare, mutua, non rinnovabile ⇔ rinnovabile, nucleare (= atomica), nucleotermoelettrica, potenziale (= di posizione), raggiante (= radiante), relativistica, riflessa, solare, stellare, superficiale, termica (= calore), termodinamica, termoelettrica, totale, trasmessa, utilizzabile (= utile), utilizzata, volumica (= densità di energia);

● *fonti* = sorgenti di energia (= energetiche) = materie prime energetiche primarie, secondarie; competitività, conservazione, costo, diversificazione, economia, disponibilità, risparmio; fabbisogni (= bisogni) di energia (= energetici) stagionali, mensili, settimanali, orari;

● *risorse* (= riserve) *energetiche*: conservazione, consumo, disponibilità, esaurimento, uso razionale, razionamento; domanda, consumi, sprechi di energia; approvvigionamento, rifornimento energetico; crisi dell'energia (= energetica), del petrolio (= petrolifera); problema energetico; scorte di energia; investimenti nel settore energetico; misure, politiche di conservazione, di risparmio dell'energia; isolamento termico degli edifici, riscaldamento centralizzato, teleriscaldamento, cogenerazione, trasporti collettivi; prospettiva energetica; politica, programma nucleare; movimento, protesta antinucleare; gli antinucleari;

● *fonti primarie*: combustibili fossili, vegetali, nucleari; energia gravitazionale, delle maree, eolica, geotermica, idraulica, solare; gradiente termico del mare; moto ondoso del mare; fonti rinnovabili, fonti alternative;

● *fonti secondarie*: carbone di legna; energia elettrica; coke; gas di cokeria, d'officina, d'altoforno, di petrolio liquefatto (GPL), di raffineria; benzine, gasolio, olio combustibile, kerosene, distillati leggeri del petrolio;

● *processi e proprietà*: accumulazione (= immagazzinamento), approvvigionamento, assorbimento, ciclo, conservazione, consumo, conversione (= trasformazione), degradazione, dispersione, distribuzione, estrazione, flusso, generazione, produzione, riflessione, sfruttamento, spreco, surrogabilità, trasmissione (= trasporto, trasferimento), utilizzazione;

● *unità di energia*: joule (J); elettronvolt (= voltelettrone) (eV); erg; kilogrammetro (kgf · m); litro atmosfera (l · atm); tec; tep, megatep (Mtep); ton (T), kilowattora (kWh);

● *unità di calore*: caloria (cal), kilocaloria (= grande caloria) (kcal); frigoria (fg); unità termica britannica (Btu);

● *unità di potenza*: watt (W); cavallo vapore (CV); cavallo vapore britannico (= horsepower) (hp);

● *impianti e mezzi di estrazione*: miniera di carbone; pozzo petrolifero; pozzo gasifero; torbiera; serbatoio idraulico;

● *impianti di trasformazione*: raffineria, cokeria, altoforno, carbonaia, officina del gas;

● *mezzi di trasporto*: gasdotto, metanodotto, oleodotto, nave carboniera, nave metaniera, petroliera, superpetroliera, linea elettrica;

● *impianti di accumulazione*: serbatoio di petrolio e prodotti petroliferi, di gas naturale, di gas d'officina, idraulico; parco carbone.

● *tipi di energia*: delle maree; eolica (motore a vento = motore eolico, aeromotore, turbina a vento, mulino a vento, centrale anemoelettrica (= eolica), impianto anemoelettrico (= eolico); geotermica (soffione, sorgente calda, geyser; gradiente geotermico; falda geotermale; fluido geotermico; campo geotermico; giacimento geotermico; impianto geotermico; centrale geotermoelettrica (= geotermica); idraulica (bacino imbrifero, serbatoio idraulico, condotta forzata, impianto di pompaggio, turbina idraulica, motore idraulico, salto motore, centrale idroelettrica); nucleare (cfr.); solare (cfr.); termica (cfr.); elettrica (cfr.);

● *termini attinenti*: banda di energia (= banda energetica); bilancio energetico; calore specifico; contenuto energetico; corrente elettrica; decadimento radioattivo; effetto fotoelettrico, fotovoltaico, Joule, termoelettrico, termoelettronico; entropia; fattore di assorbimento, di riflessione, di trasmissione; flusso; forza; forza motrice; fossilizzazione; fotodisintegrazione; fotosintesi; isolamento termico; isotopo fertile, fissile (= fissionabile); lavoro; livello energetico; neutrone (lento, termico, veloce); nucleo; potenza; principi della

termodinamica; principio di conservazione dell'energia; radiazione elettromagnetica, solare; reazione chimica (endoenergetica ⇔ esoenergetica, endotermica ⇔ esotermica), nucleare (di fissione, di fusione); rendimento; superconduttività; temperatura;
• *biogenerazione*: energia da trasformazione di residui organici; biomassa; biogeneratore di energia;
• *gradiente termico del mare*: centrale talassotermica.
• *bioenergetica*: ciclo dell'energia; fotosintesi; fotofosforilazione; fosforilazione; assimilazione ⇔ disassimilazione; metabolismo ⇔ catabolismo; animali omeotermi (= a sangue caldo) ⇔ eterotermi (= pecilotermi, a sangue freddo); bioluminescenza; bioelettricità;
• *effetti sull'ambiente e sull'uomo*: inquinamento atmosferico, delle acque (radioattivo, termico); rifiuti radioattivi = scorie; smaltimento dei rifiuti radioattivi; esposizione alle radiazioni ionizzanti; buco dell'ozono; fallout; dosimetria; dosimetro.

♦**enèrgico** [1688] agg. (pl. m. *-ci*) • Attivo, deciso, risoluto: *uomo, carattere, discorso e.*; CONTR. Fiacco | Efficace, drastico: *rimedio e.*; CONTR. Blando. ‖ **energicamènte**, avv. Con energia.

energiṣmo [1951] s. m. • Energetismo.

energizzànte A part. pres. di *energizzare*; anche agg. • Nei sign. del v. **B** s. m. • Preparato capace di stimolare e rinvigorire le energie dell'organismo. SIN. Energetico.

energizzàre [comp. di *energ(ia)* e *-izzare*; 1860] v. tr. **1** (*tecnol.*) Dare, fornire energia a una macchina, a un apparecchio. **2** Rendere qlcu. energico o più energico, rafforzare, rinvigorire.

energometrìa [comp. di *energ(ia)* e *-metria*] s. f. • (*med.*) Esame eseguito mediante energometro.

energòmetro [comp. di *energ(ia)* e *-metro*] s. m. • (*med.*) Strumento impiegato per misurare l'espansibilità della parete di un vaso arterioso periferico in rapporto all'attività cardiaca.

energùmeno [vc. dotta, lat. *energūmenu(m)*, dal gr. *energóumenos*, part. pass. di *energêin* 'agire (vigorosamente)'; 1585] s. m. (f. *-a*) **1** (*raro*) Chi è posseduto dal demonio: *urlare come un e.* **2** (*est.*) Chi si lascia dominare dall'ira e non è capace di padroneggiarsi: *a stento lo sottrassero alla violenza dell'e.*

energy manager /ˈɛnerʤi ˈmanaʤer, *ingl.* ˌɛnəʤiˈmanəʤəɹ/ [loc. ingl., propr. 'direttore (*manager*) dell'energia (*energy*)'; 1991] loc. sost. m. e f. inv. (pl. ingl. *energy managers*) • (*org. az.*) Tecnico incaricato della gestione energetica aziendale.

enervàre [vc. dotta, lat. *enervāre* 'togliere (*ex-*) il nerbo (*nĕrvus*)'; sec. XIV] v. tr. (*io enèrvo*) **1** †Infiacchire, snervare: *cominciarono ad e. le forze dell'Imperio romano* (MACHIAVELLI). **2** (*med.*) Privare un organo dell'innervazione, per produrre immobilità o per eliminare gravi disturbi sensitivi. SIN. Denervare.

enervazióne [vc. dotta, lat. tardo *enervatiō-ne(m)*, da *enervātus* 'enervato'; 1797] s. f. • (*med.*) Intervento chirurgico che ha lo scopo di enervare.

enfant gâté /aŋfaŋgaˈte*, *fr.* ɑ̃fɑ̃gaˈte/ [loc. fr., propr. 'bambino guastato' (cioè 'viziato')] loc. sost. m. inv. (pl. fr. *enfants gâtés*) • Bambino troppo viziato, al quale si perdona ogni capriccio | (*est.*) Persona che ha avuto successo nella vita, precocemente e senz'alcuna fatica: *è sicuramente l'enfant gâté tra la coorte di Cristina Alvari* (GOZZANO).

enfant prodige /aŋfamproˈdiʒ, *fr.* ɑ̃fɑ̃prɔˈdiːʒ/ [loc. fr., propr. 'fanciullo (*enfant*, della stessa orig. del corrispondente it. 'infante') prodigio (in uso agg.)' sul tipo di *enfant gâté*; av. 1866] loc. sost. m. inv. (pl. fr. *enfants prodiges*) **1** Bambino prodigio. **2** (*est.*) Chi, nonostante l'età ancora relativamente giovane, occupa una posizione importante in un dato contesto: *è l'enfant prodige dei concertisti italiani.*

enfant terrible /aŋfanterˈribl, *fr.* ɑ̃fɑ̃tɛˈʀiblə/ [loc. fr., propr. 'fanciullo (*enfant* 'infante') terribile'; 1892] loc. sost. m. inv. (pl. fr. *enfants terribles*) **1** Bambino particolarmente turbolento e irrispettoso. **2** (*est.*) Chi, in un ambiente, in un movimento culturale e sim., si distingue per la sua spregiudicata irriverenza.

ènfaṣi [vc. dotta, lat. tardo *ĕmphasi(m)*, dal gr. *émphasis*, deriv. di *empháinein* 'esibire, dimostrare', 'mostrare (*pháinein*) dentro (*en-*)'; nel sign. 3 per influsso dell'ingl. *emphasis*; 1559] s. f. inv. **1** (*ling.*) Figura retorica che consiste nel mettere in particolare rilievo una parola o un'espressione: *Sì, se l'arroganza de' vostri pari fosse legge per i pari miei* (MANZONI) | (*est.*) Esagerazione retorica: *parlare, scrivere con e.*; *un libro scritto senza e., con semplicità e vivacità* (DE SANCTIS). **2** Forza ed efficacia del parlare, dell'esprimersi: *lo difendeva respingendo con e. ogni accusa.* **3** Importanza, rilievo: *nel concorso particolare e. viene data alla personalità del candidato.*

enfàtico [vc. dotta, lat. tardo *emphăticos* (avv.), dal gr. *emphatikós*, da *empháinein* (V. *enfasi*); 1584] agg. (pl. m. *-ci*) • Che comporta una certa esagerazione o intensità espressiva: *parlare con tono e.*; *discorso, stile e.* ‖ **enfaticamènte**, avv.

enfatizzàre [da *enfatico*; 1953] v. tr. **1** Pronunciare con enfasi. **2** Rendere enfatico, solenne, ridondante | Esagerare, ingigantire: *e. la notizia.*

enfatizzazióne s. f. **1** L'enfatizzare: *l'e. di una battuta.* **2** Esagerazione: *l'e. di un risultato elettorale.*

†**enférmo** • V. *infermo*.

†**enfertà** • V. *infermità*.

enfiagióne o †**enfazióne**, †**infiagióne**, †**infiazióne**, †**inflagióne** [da *enfiare*; av. 1290] s. f. • (*raro*) Gonfiore, tumefazione.

enfiaménto o †**infiaménto** [av. 1311] s. m. • (*raro*) Gonfiamento | Ingrossamento.

†**enfiammagióne** • V. *infiammazione*.

enfiàre o †**infiàre** [lat. *inflāre* 'soffiare (*flāre*) dentro (*in-*)', 'gonfiare'; sec. XIII] **A** v. tr. (*io énfio*) • (*lett.* o *region.*) Gonfiare, ingrossare: *il vento salso gli enfia le narici* (PASCOLI). **B** v. intr. e intr. pron. (aus. *essere*) **1** (*lett.* o *region.*) Ingrossarsi per gonfiore, spec. di parti del corpo: *le gambe, i piedi si enfiano* | (*est.*) †Crescere, aumentare. **2** (*fig.*) †Insuperbire. **3** (*fig.*) †Arrabbiarsi, adirarsi.

†**enfiatìvo** [av. 1320] agg. • Che serve a enfiare.

enfiàto o †**infiàto** [av. 1311] **A** part. pass. di *enfiare*; anche agg. • Nei sign. del v. **B** s. m. • †Enfiagione, tumore, bubbone. ‖ †**enfiatèllo**, dim. | †**enfiaticcio**, dim. | †**enfiatino**, dim.

enfiatùra o †**infiatùra** [sec. XIII] s. f. • (*raro*) Enfiagione | (*fig.*) †Alterigia.

†**enfiazióne** [lat. *inflatiōne(m)*, da *inflātus* 'enfiato'] s. f. **1** V. *enfiagione*. **2** (*raro, fig.*) Alterigia.

ènfio [per *enfi(at)o*; 1553] agg. • (*lett.*) Gonfio, tumefatto.

enfióre [da *enfiare*, sul modello di *gonfiore* da *gonfiare*; sec. XIV] s. m. • (*region.*) Gonfiore.

enfiṣèma [vc. dotta, gr. *emphýsēma*, dal v. *emphysân* 'soffiare (*physân*) dentro (*en-*)'; 1752] s. m. (pl. *-i*) • (*med.*) Aumento del contenuto d'aria di un organo o di un tessuto | ***E. polmonare***, aumento del contenuto d'aria nei polmoni per dilatazione degli alveoli.

enfiṣemàtico [av. 1928] agg. (pl. m. *-ci*) • (*med.*) Di enfisema | Che presenta enfisema: *polmone e.*

enfiṣematóṣo [1925] **A** agg. • Di, relativo a, enfisema. **B** agg.; anche s. m. (f. *-a*) • Che (o Chi) è affetto da enfisema.

enfitèuṣi [vc. dotta, lat. tardo *emphytĕusi(m)*, dal gr. *emphýteusis*, da *emphytéuein* 'piantare (*phytéuein*) dentro (*en-*)'; 1606] s. f. inv. • (*dir.*) Diritto di godere un fondo altrui per almeno vent'anni, con l'obbligo di apportarvi migliorie e di corrispondere periodicamente un canone in denaro o in natura.

enfitèuta [vc. dotta, lat. tardo *emphytĕuta(m)*, dal gr. *emphyteutḗs*, da *emphytéuein* 'piantare (*phytéuein*) dentro (*en-*)'; 1673] s. m. e f. (pl. m. *-i*) • (*dir.*) Titolare del diritto reale di enfiteusi.

enfitèutico [vc. dotta, lat. tardo *emphytĕuticu(m)*, dal gr. *emphyteutikós*, da *emphytéuein* 'piantare (*phytéuein*) dentro (*en-*)'; sec. XVI] agg. (pl. m. *-ci*) • (*dir.*) Relativo all'enfiteusi | ***Fondo e.***, oggetto d'enfiteusi.

engagé /*fr.* ɑ̃gaˈʒe/ [vc. fr., propr. part. pass. di *s'engager* 'impegnarsi' (da *gage* 'pegno': V. *ingaggiare*); 1950] agg. inv. • Detto di chi è impegnato culturalmente e politicamente: *pittore, poeta e.*

engagement /*fr.* ɑ̃gaʒˈmɑ̃/ [vc. fr., deriv. di *engager* 'impegnare' (V. *engagé*); 1950] s. m. inv. • Impegno, in senso politico e culturale.

†**engannàre** e *deriv.* • V. *ingannare* e *deriv.*

engineering /*ingl.* ˌɛnʤɪˈnɪəɹɪŋ/ [vc. ingl., propr. 'ingegneria', da *engineer* 'ingegnere'; 1982] s. m. inv. • Progettazione, produzione, verifica e condotta di macchine e impianti industriali, richiedenti l'applicazione di tecniche proprie di settori diversi dell'ingegneria.

engler /*ted.* ˈʔɛŋlʌ/ [dal n. del chimico ted. C. O. V. *Engler* (1842-1925)] s. m. inv. • Unità di misura della viscosità degli oli minerali.

-éngo o **-èngo** • V. *-ingo*.

engràmma [vc. dotta, comp. del gr. *en* 'in' e *-gramma*; 1968] s. m. (pl. *-i*) • (*fisiol.*) Ipotetica modifica che interviene nel sistema nervoso centrale a seguito di un'esperienza e che viene considerata come base dei processi di memorizzazione.

eniàlio [vc. dotta, dal gr. *Enyálos*, prob. da *enyn* 'uccidere'] agg. • Nella mitologia greca, epiteto di Ares, dio della guerra.

enicùro [vc. dotta, comp. del gr. *henikós* 'singolare' e *ourá* 'coda'] s. m. • Uccello asiatico dei Passeriformi con ciuffo erettile sul capo, coda lunga e forcuta (*Enicurus leschenaulti*).

enidrocoltùra [comp. del gr. *énydros* 'acquatico' e *-coltura*] s. f. • (*bot.*) Idrocoltura.

enìgma o †**enìgmate**, **enìmma** [vc. dotta, lat. *aenĭgma* (neutro), dal gr. *áinigma*, dal v. *ainíssesthai* 'parlare per enigma (*áinos*, di etim. incerta)'; 1319] s. m. (pl. *-i*) **1** Breve componimento, per lo più in versi, in cui ambiguamente e allusivamente si propone una parola o un concetto da indovinare | (*est.*) Indovinello. **2** (*est.*) Discorso o frase ambigui e difficili da comprendere: *padre guardiano, non mi dica la cosa così in enimma* (MANZONI). **3** (*fig.*) Cosa inspiegabile e misteriosa: *il suo comportamento per me è un e.* | Persona di cui non si riesce a capire il carattere, le intenzioni e sim.: *quell'uomo è un e.*; *Ma tuo figlio – ecco il punto, ti ripeto – non è un e. / Egli è un mistero* (PASOLINI) | †Simbolo oscuro. SIN. Rebus.

enigmaticità [da *enigmatic(o)* col suff. di qualità *-ità*] s. f. • Caratteristica di chi (o di ciò che) è enigmatico.

enigmàtico o **enimmàtico** [vc. dotta, gr. *ainigmatikós*, da *áinigma* 'enigma'; sec. XIV] agg. (pl. m. *-ci*) • Che ha natura o apparenza di enigma: *discorso, viso, uomo e.* | †Simbolico, allegorico. SIN. Astruso, misterioso, oscuro. ‖ **enigmaticamènte**, avv.

†**enigmatizzàre** o †**enimmatizzàre** [av. 1642] v. intr. • Parlare per enigmi.

enigmista o **enimmista** [1906] s. m. e f. (pl. m. *-i*) • Persona abile a inventare o risolvere enigmi | Cultore di enigmistica.

enigmìstica o (*raro*) **enimmìstica** [comp. di *enigma* con suff. originariamente agg. (sottinteso 'arte' o 'tecnica'); 1901] s. f. • Arte di inventare o risolvere giochi enigmistici, quali indovinelli, rebus, sciarade, anagrammi.

enigmìstico o (*raro*) **enimmìstico** [da *enigma*; 1886] agg. (pl. m. *-ci*) • Di, relativo a enigma o a enigmistica: *giochi enigmistici.* ‖ **enigmisticamènte**, avv. Dal punto di vista enigmistico.

enigmologìa [comp. di *enigma* e *-logia*] s. f. • Disciplina che studia grandi enigmi o fatti misteriosi della storia, per cercare di risolverli e chiarirli.

enìmma e *deriv.* • V. *enigma* e *deriv.*

enjambement /*fr.* ɑ̃ʒɑ̃bˈmɑ̃/ [vc. fr., da *enjamber* 'oltrepassare in terreno altrui', senso fig. di un deriv. di *jambe* 'gamba'; 1973] s. m. inv. • (*ling.*) In metrica, breve pausa alla fine di un verso, la cui ultima parola è, comunque, in stretto legame sintattico con la prima del successivo: *Ma sedendo e mirando, interminati / spazi di là da quella …* (LEOPARDI).

ènna • V. *henna*.

ennagonàle [1585] agg. • Di ennagono.

ennàgono [vc. dotta, lat. tardo *enneagōnu(m)*, dal gr. *enneágōnos* 'che ha nove (*ennéa*) angoli (*gōníai*)'; 1585] s. m. • Poligono con nove vertici.

ènne [sec. XIV] s. f. o m. inv. • Nome della lettera *n*.

-ènne [lat. *-enne(m)*, che in comp. agg. vale 'anno' (da *ănnus*)] secondo elemento • Forma parole composte che servono a indicare gli anni di età: *quindicenne, ventenne.*

enneacòrdo [vc. dotta, gr. *enneáchordos* 'con nove (*ennéa*) corde (*chordái*)'; 1581] s. m. • (*mus.*) Antico strumento a nove corde | Sistema di nove corde diatoniche.

ennèade [vc. dotta, gr. *enneádes*, pl. di *enneás*

'complesso di nove (*ennéa*)'; av. 1729] **s. f.** ● (*raro*) Complesso di nove cose o persone.

enneaginia [vc. dotta, comp. del gr. *ennéa* 'nove' e *gynḗ* 'donna'] **s. f.** ● (*bot.*) Presenza di nove ovari nel fiore.

enneasillabo [vc. dotta, gr. *enneasýllabos* 'di nove (*ennéa*) sillabe (*syllabái*)'; av. 1912] **s. m.** *1* Nella metrica classica, verso di nove sillabe: *e. alcaico*. *2* (*raro*) Nella metrica italiana, novenario.

ennèṣe A agg. ● Di Enna. **B s. m. e f.** ● Abitante, nativo di Enna.

ennèṣimo (o **-é-**) [dall'espressione mat. *elevare alla* (*seconda, terza, quarta,* ...) *ennesima potenza*, con riferimento all'esponente *n* (*enne*), che simboleggia un qualsiasi *numero* intero; 1905] **agg. num. ord. indef.** *1* Corrispondente al numero *n* in una sequenza, in una successione: *elevare all'ennesima potenza*; *tre all'ennesima*, (*ellitt.*). *2* (*est.*) Corrispondente a un numero alto ma indeterminato in una sequenza, in una successione: *farò un e. tentativo*; *gliel'ho detto per l'ennesima volta*.

-ènnio [lat. *-enniu(m)*, che in comp. sost. vale 'anno' (da *ănnus*)] secondo elemento ● In parole composte significa 'periodo di (due, tre, dieci, trenta, ecc.) anni': *biennio, triennio, decennio, trentennio*.

ènnupla o **n-upla** [dal n. della lettera *enne*, sul modello di *quadrupla*] **s. f.** ● (*mat.*) Insieme di *n* elementi considerati nel loro ordine.

èno- [dal gr. *oînos* 'vino', di orig. indeur.] primo elemento ● In parole composte, significa 'vino': *enofilo, enologo*.

enocianina [vc. dotta, comp. di *eno-* e *cianina*; 1889] **s. f.** ● (*chim.*) Liquido denso rosso-violetto colorante naturale dell'uva, estraibile dalle vinacce e dalla buccia dell'uva nera.

enòfilo [vc. dotta, comp. di *eno-* e *-filo*; 1841] **A agg.** ● Interessato alla produzione e al miglioramento del vino: *circolo e.* **B s. m.** (**f.** *-a*) ● (*scherz.*) Chi ama il vino, chi è buon bevitore.

enoftàlmo [comp. del gr. *en* 'dentro' e *ophthalmós* 'occhio'] **s. m.** ● (*med.*) Infossamento del globo oculare nell'orbita.

enogastronomia [comp. di *eno-* e *gastronomia*; 1969] **s. f.** ● L'arte della buona cucina unita alla conoscenza dei vini e del loro abbinamento con i cibi | L'insieme delle usanze e dei prodotti gastronomici e vinicoli di un territorio.

enogastronòmico [comp. di *eno-* e *gastronomico*; 1979] **agg.** (**pl. m.** *-ci*) ● Che riguarda l'enogastronomia: *riunione enogastronomica*.

enòico [vc. dotta, comp. di *eno-* e *-ico*; 1963] **agg.** (**pl. m.** *-ci*) ● Relativo al vino e alla vite.

enòlito [vc. dotta, comp. di *eno-* e del gr. *lytós* 'sciolto'] **s. m.** ● Vino medicinale.

enòlo [vc. dotta, comp. del gr. *hen* 'uno' e *-olo* (*1*)] **s. m.** ● (*chim.*) Composto organico nella cui molecola è contenuto un gruppo ossidrilico legato a un atomo di carbonio portante un doppio legame.

enologìa [vc. dotta, comp. di *eno-* e *-logia*, attrav. il fr. *oenologie*; 1773] **s. f.** ● Studio e tecnica della produzione e della conservazione dei vini.

enològico [da *enologia*, attrav. il fr. *oenologique*; 1861] **agg.** (**pl. m.** *-ci*) ● Concernente l'enologia: *industria enologica*. ‖ **enologicaménte**, **avv.** Per quanto concerne l'enologia.

enòlogo [1789] **s. m.** (**f.** *-a*; **pl. m.** *-gi*) ● Esperto, diplomato in enologia.

enomèle [vc. dotta, lat. *oenŏmeli* (nom. neutro), dal gr. *oinómeli*, comp. di *ôinos* 'vino' e *méli* 'miele'; 1550] **s. m.** ● Sciroppo di vino e miele.

enòmetro [vc. dotta, comp. di *eno-* e *-metro*; 1820] **s. m.** ● Un tempo, strumento atto a determinare il peso specifico e il contenuto alcolico del vino.

Enòplidi [vc. dotta, gr. *énoplos* 'in (*en-*) armi (*hópla*)', 'armato'] **s. m. pl.** (**sing.** *-e*) ● Nella tassonomia animale, gruppo di Nemertini marini piccoli e con corpo appiattito (*Enoplidae*).

enòplio [gr. *enóplios* (sottinteso *rythmós*) '(aria per danza) armata', dall'agg. *enóplios*, 'che è sotto (*en*) le armi (*hópla*)'] **agg.** ● Detto di metro dell'antica poesia lirica, tragica e comica greca, tipico in origine delle danze guerriere, poi adattato in grande varietà di forme e spesso associato ad altri metri.

enopòlio [vc. dotta, lat. *oenopōliu(m)*, dal gr. *oinopṓlion*, comp. di *ôinos* 'vino' e dello stesso deriv. del gr. *pōlêin* 'vendere', che è nel modello propulsore *monopolio*; 1828] **s. m.** ● Cantina per ammassi liberi e volontari di uve, gestita, in certe zone viticole, da enti statali o parastatali per conto dei produttori | Mostra-mercato di vini.

♦**enórme** (o **-ò-**) [vc. dotta, lat. *enŏrme(m)* 'fuori (*ex-*) della regola (*nŏrma*)'; av. 1348] **agg.** ● Estremamente grande, smisurato (*anche fig.*): *perdite, ricchezze, guadagni enormi*; *è stata una e. ingiustizia*. ‖ **enormeménte**, **avv.** Smisuratamente; †scelleratamente.

enormità o †**enormitàde**, †**enormitàte** [vc. dotta, lat. *enormitāte(m)*, da *ĕnormis* 'enorme'; av. 1396] **s. f.** *1* Caratteristica, condizione di ciò che è enorme (*spec. fig.*): *l'e. delle sue richieste ci stupisce*. *2* Cosa al di fuori della norma: *stai dicendo delle e.* | Azione irragionevole, o malvagia: *fare, commettere e.*

enoṣigèo [vc. dotta, lat. *Ennosigāeu(m)*, dal gr. *En(n)osígaios*, comp. di *énosis* 'scotimento' e *-geo*; 1822] **agg.** ● (*lett.*) Epiteto di Poseidone, dio del mare, scuotitore della Terra.

enostòṣi [vc. dotta, comp. del gr. *en-* 'in' e *ostéon* 'osso'] **s. f. inv.** ● (*med.*) Tumefazione verso il canale interno dell'osso.

enotèca [gr. tardo *oinothḗkē* 'custodia (*thḗkē*, intesa come 'cantina' o 'bottiglia') di vino (*ôinos*)', ma assunta come comp. di *eno-* e della seconda parte di simili voci: (*biblio*)*teca*, (*pinaco*)*teca*, ecc.; 1963] **s. f.** *1* Raccolta di vini tipici pregiati in bottiglie. *2* (*est.*) Locale dove sono raccolti vini tipici o pregiati, a scopo di esposizione o di vendita, talvolta con degustazione.

enotecàrio [da *enoteca* sul modello di *bibliotecario*] **s. m.** (**f.** *-a*) ● (*raro*) Chi conduce un'enoteca.

enotècnica [comp. di *eno-* e *tecnica*; 1895] **s. f.** ● Tecnica della produzione dei vini.

enotècnico A agg. (**pl. m.** *-ci*) ● Relativo all'enotecnica. **B s. m.** (**f.** *-a*) ● Tecnico specializzato nella produzione vinicola.

enoteìṣmo [ted. *Henotheismus*, comp. del gr. *hêis*, genit. *henós* 'uno' e *theós* 'Dio'] **s. m.** ● Atteggiamento religioso di chi adora una divinità come unica, pur ammettendo l'esistenza di altre divinità.

enotèra [gr. *oinothḗras*, di composizione incerta: anche la prima parte (da *ôinos* 'vino') non è semanticamente spiegata; 1476] **s. f.** ● Genere di piante erbacee delle Enoteracee comprendente varie specie ornamentali e medicinali (*Oenothera*).

Enoteràcee [comp. di *enotera* e *-acee*; 1917] **s. f. pl.** (**sing.** *-a*) ● Nella tassonomia vegetale, famiglia di piante erbacee delle Dicotiledoni con fiori a quattro petali e frutto secco (*Oenotheraceae*). ➡ **ILL. piante**/5.

enòtrio [vc. dotta, lat. *Oenōtriu(m)*, agg. di *Oenōtria(m)*, ant. n. dell'Italia'; 1566] **agg.** ● (*lett.*) Italico, italiano: *una bruna villana ... simile a enotria Iddia* (D'ANNUNZIO).

enovàglio [comp. di *eno-* e *vaglio*] **s. m.** ● (*enol.*) Spartisemi.

en passant /ampas'san, *fr.* ɑ̃pa'sɑ̃/ [fr., propr. 'passando', part. pres. di *passer* 'passare' con *en* 'in', che denota simultaneità con altra azione; 1905] **loc. avv.** ● Di sfuggita, tra l'altro, incidentalmente: *mi ha parlato della faccenda soltanto così, en passant*.

en plein /am'plɛn, *fr.* ɑ̃'plɛ̃/ [fr., propr. 'in (*en*) pieno (*plein*)'; 1908] **loc. sost. m. inv.** ● Nel gioco della roulette, uscita del numero su cui si è puntato singolarmente, non in combinazione con altri numeri, e con cui si ottiene la massima vincita possibile | (*fig., est.*) ***Fare en plein, fare un en plein***, ottenere un successo completo, raggiungere il miglior risultato possibile.

en plein air /*fr.* ɑ̃,plɛ'nɛːʀ/ [loc. fr., propr. 'in piena aria'] **loc. avv.** ● All'aria aperta, all'aria libera: *dipingere en plein air*.

enroṣadira [ladino dolomitico *enrosadöra* e *rosadüra*, propr. 'il farsi di colore rosa', da *rösa* '(color di) rosa'; 1924] **s. f.** ● La graduale colorazione rosa che sfuma verso il viola, che le pareti dolomitiche assumono al tramonto.

-ènse ● V. *-ese*.

ensemble /an'sambl, *fr.* ɑ̃'sɑ̃ːblə/ [vc. fr., propr. 'insieme', presto sost., dapprima con riferimento alle arti plastiche] **s. m. inv.** *1* Nel linguaggio della moda, gruppo di indumenti che costituiscono un insieme. *2* (*mus.*) Complesso vocale o strumentale.

ensifórme [vc. dotta, comp. del lat. *ēnsis* 'spada' (prob. di orig. indeur.), e *-forme*; av. 1673] **agg.** ● Di organo animale o vegetale con vertice acuto a forma di spada.

enstatite [vc. dotta, tratta dal gr. *enstátēs* 'che si pone (dal v. *histánai* 'porre') davanti (*en-*)', 'contrario', con allusione alla sua refrattarietà] **s. f.** ● (*miner.*) Pirosseno di magnesio di colore verdiccio o bruno.

entalpìa [dal gr. *enthálpein* 'riscaldare', 'scaldare (*thálpein*, di non chiara orig.) dentro (*en-*)'; 1929] **s. f.** ● (*fis.*) In un sistema termodinamico, funzione pari alla somma dell'energia interna e del prodotto del volume occupato moltiplicato per la pressione cui esso è sottoposto.

entàlpico agg. (**pl. m.** *-ci*) ● (*fis.*) Relativo all'entalpia.

èntaṣi [vc. dotta, gr. *éntasis* 'azione di tendere, serrare', da *entéinein* 'tendere (*téinein*) dentro (*en-*)'; 1499] **s. f. inv.** ● (*arch.*) Rigonfiamento centrale del fusto della colonna classica per compensare l'effetto ottico che, se esattamente cilindrica, la farebbe apparire più stretta al centro.

ènte [vc. dotta, lat. *ēns*, genit. *ĕntis*, supposto part. pres. del v. *esse* 'essere', introdotto per rendere il corrisp. *tò ón*, pl. *tà ónta*, dei filosofi greci; av. 1555] **s. m.** *1* (*filos.*) Tutto ciò che è o che ha la possibilità di essere | ***E. di ragione***, ciò che esiste soltanto nel pensiero. *2* (*dir.*) Persona giuridica, spec. pubblica: *e. morale, previdenziale, parastatale*; *e. ecclesiastico* | ***Enti locali***, i comuni, le province, le regioni | ***E. pubblico***, ente organizzato in vista di scopi di interesse pubblico, sia generali sia di dimensioni locali. *3* (*mat.*) Elemento astratto cui si attribuiscono in modo assiomatico determinate proprietà (per es. il punto, le retta, il piano, ecc.).

-ènte [dal part. pres. lat. della coniug. del v. in *-ere* (*-ĕnte(m)*)] **suff.** ● Forma i participi presenti dei verbi in *-ere* (*temente*) e in *-ire* (*sentente*) e gli aggettivi participiali spesso sostantivati, di origine latina o no, che indicano gener. modo di essere, condizione: *adolescente, credente, consulente, esercente, trasparente*.

entelechìa [vc. dotta, lat. tardo *entelechīa(m)*, dal gr. *entelécheia*, che si analizza 'avere (*échein*) in (*en-*) compimento (*télos*)'; av. 1566] **s. f.** ● Nella filosofia di Aristotele, condizione di assoluta perfezione dell'essere in atto che ha compiutamente realizzato ogni sua potenzialità | Nella filosofia di Leibniz, la sostanza semplice o monade in quanto capace di realizzare in sé il proprio fine senza l'intervento di elementi esterni.

entèllo [vc. dotta, lat. *Entĕllu(m)*, dal gr. *Éntellos*, mitico eroe siciliano, secondo l'uso scient. di attribuire talvolta nomi classici a specie animali o vegetali] **s. m.** ● Scimmia dei Cercopitecidi agilissima, con muso piccolo incorniciato di peli (*Presbytis entellus*).

entente /*fr.* ɑ̃'tɑ̃ːt/ [vc. fr., da *entendre* 'intendere'] **s. f. inv.** ● Intesa, alleanza, accordo, spec. in campo politico e diplomatico.

†**entènza** ● V. †*intenza*.

ènter /'enter, *ingl.* 'ɛntəɹ/ [vc. ingl., dal v. *to enter* 'immettere'; 1991] **s. m. inv.** ● (*elab.*) Invio.

enteràle [comp. di *enter(o)-* e del suff. *-ale* (*1*)] **agg.** ● (*med.*) Che segue la via gastroenterica: *somministrare un farmaco per via e.* **CFR.** Parenterale.

enteralgìa [vc. dotta, comp. di *enter(o)-* e *-algia*; 1820] **s. f.** ● (*med.*) Dolore intestinale.

enterectaṣìa [vc. dotta, comp. di *enter(o)-* e *ectasia*] **s. f.** ● (*med.*) Dilatazione dell'intestino.

enterectomìa [comp. di *enter(o)-* ed *-ectomia*] **s. f.** ● (*chir.*) Asportazione chirurgica, parziale o totale, dell'intestino.

entèrico [vc. dotta, gr. *enterikós*, agg. di *énteron* 'intestino' (V. *entero-*); 1820] **agg.** (**pl. m.** *-ci*) ● (*anat.*) Relativo all'intestino tenue.

enterite [vc. dotta, comp. di *entero-* e *-ite* (*1*); 1820] **s. f.** ● (*med.*) Infiammazione della mucosa intestinale **CFR.** Enterosi.

èntero- [dal gr. *énteron* 'intestino' (da *én* 'in, dentro')] primo elemento ● In parole scientifiche composte, spec. della terminologia medica, significa 'intestino': *enteroclisma, enteropatia*.

Enterobatteriàcee [comp. di *entero-* e *batterio*] **s. f. pl.** (**sing.** *-a*) ● Famiglia di batteri, a prevalente localizzazione intestinale, che provocano la decomposizione di materiali contenenti carboidrati (*Enterobacteriaceae*).

enterocèle [comp. di *entero-* e *-cele*; 1476] s. m. ● (*med.*) Ernia intestinale.

enterocettóre [comp. di *entero-* e (*re*)*cettore*] s. m. ● (*anat.*, *fisiol.*) Recettore adatto a ricevere informazioni dagli organi interni cavi. CFR. Esterocettore, propriocettore.

enterocezióne [comp. di *entero-* e (*ri*)*cezione*] s. f. ● (*fisiol.*) Complesso delle funzioni dei recettori e dei centri nervosi che consentono l'acquisizione di informazioni dagli organi interni cavi. CFR. Esterocezione, propriocezione.

enterocito o **enterocita** [comp. di *entero-* e *-cito*] s. m. ● (*med.*) Cellula intestinale.

enteroclişi [comp. di *entero-* e del gr. *klýsis* 'lavaggio'; 1865] s. f. inv. ● Lavanda intestinale. SIN. Clistere.

enteroclişma [vc. dotta, comp. di *entero-* e del gr. *klýsma* 'lavanda'; 1879] s. m. (pl. *-i*) ● Apparecchio per l'enteroclisi | Enteroclisi. SIN. Clistere.

enterocòlico [comp. di *entero-* e *colico* (*1*)] agg. (pl. m. *-ci*) ● (*med.*) Relativo all'intestino tenue e al colon.

enterocolite [vc. dotta, comp. di *entero-* e *colite*; 1865] s. f. ● (*med.*) Infiammazione dell'intestino tenue e del colon.

enteroepàtico [comp. di *entero-* ed *epatico*] agg. (pl. m. *-ci*) ● (*med.*) Relativo all'intestino e al fegato.

enterolitiaşi [comp. di *entero-* e *litiasi*; 1834] s. f. inv. ● (*med.*) Condizione caratterizzata dalla presenza di calcoli nell'intestino.

enteròlito [comp. di *entero-* e *-lito* (*1*)] s. m. ● (*med.*) Calcolo intestinale.

enterologia [comp. di *entero-* e *-logia*; 1797] s. f. ● Branca della medicina che studia la struttura, la funzione, la patologia dell'intestino.

enteròlogo [comp. di *entero-* e *-logo*] s. m. (f. *-a*; pl. m. *-gi*) ● Studioso di enterologia | Medico specializzato in enterologia.

enteropatia [vc. dotta, comp. di *entero-* e *-patia*; 1829] s. f. ● Qualsiasi malattia intestinale.

Enteropnèusti [comp. di *entero-* e un deriv. del v. gr. *pnêin* 'respirare'] s. m. pl. (sing. *-a*) ● Nella tassonomia animale, gruppo di animali marini dal corpo vermiforme muniti di una proboscide contrattile anteriore all'apertura boccale (*Enteropneusta*).

enteroptòşi [comp. di *entero-* e *ptosi*] s. f. inv. ● (*med.*) Dislocazione più bassa dell'intestino rispetto alla posizione normale per lassità dei sistemi di sostegno.

enterorrafia [vc. dotta, comp. di *entero-* e un deriv. del gr. *raphḗ* 'cucitura'; 1834] s. f. ● (*chir.*) Sutura dell'intestino.

enterorragia [vc. dotta, comp. di *entero-* e (*emo*)*rragia*] s. f. ● (*med.*) Emorragia intestinale.

enteroscopia [comp. di *entero-* e *-scopia*] s. f. ● (*med.*) Esame endoscopico dell'intestino.

enteròşi [vc. dotta, comp. di *entero-* e *-osi*] s. f. inv. ● Malattia non infiammatoria dell'intestino. CFR. Enterite.

enterostenòşi [vc. dotta, comp. di *entero-* e *stenosi*] s. f. inv. ● (*med.*) Restringimento dell'intestino.

enterostomia [comp. di *entero-* e *-stomia*] s. f. ● (*chir.*) Creazione di una comunicazione dell'intestino con l'esterno attraverso la parete addominale (stoma), tale da evitare lo svuotamento intestinale per via anale.

enterotomia [vc. dotta, comp. di *entero-* e *-tomia*; 1834] s. f. ● (*chir.*) Incisione di un tratto di parete intestinale.

enteròtomo [vc. dotta, comp. di *entero-* e *-tomo*] s. m. ● Bisturi per l'enterotomia.

enterotossina [comp. di *entero-* e *tossina*] s. f. ● (*med.*) Qualsiasi proteina batterica esogena che, ingerita o prodotta nell'organismo ospite, agisce sulla mucosa intestinale causando i sintomi dell'intossicazione alimentare.

enteroẓòo [vc. dotta, comp. di *entero-* e del gr. *zôon* 'animale'; 1968] s. m. ● Verme intestinale.

entertainer /ingl. ˌentəˈteɪnə/ [vc. ingl., propr. 'intrattenitore', da *to entertain* 'intrattenere, divertire'; 1978] s. m. e f. inv. ● Chi intrattiene il pubblico in modo brillante e divertente.

entertainment /ingl. ˌentəˈteɪnmənt/ [vc. ingl., propr. 'intrattenimento', da *to entertain* 'intrattenere, divertire'; 1985] s. m. inv. ● Genere di spettacolo leggero diretto a intrattenere piacevolmente il pubblico.

entificàre [comp. di *ent*(*e*) e *-ficare*] v. tr. (*io entìfico*) ● (*filos.*) Attribuire a un concetto gli attributi dell'ente.

entimèma [vc. dotta, lat. *enthymēma* (neutro), dal gr. *enthýmēma*, dal v. *enthyméisthai* 'tenere in (*en-*) mente (*thymós*)', 'considerare'; 1559] s. m. (pl. *-i*) ● (*filos.*) Ragionamento in forma sillogistico-deduttiva in cui è taciuta una delle due premesse.

entimemàtico [vc. dotta, lat. tardo *enthymemăticu*(*m*), dal gr. *enthymēmatikós* 'proprio dell'*entimema* (*enthýmēma*)'; 1551] agg. (pl. m. *-ci*) ● (*filos.*) Che concerne o interessa l'entimema.

entipologia [comp. del gr. *entypôun* 'incidere, imprimere' (comp. di *en* 'in' e *typôun* 'segnare con un'impronta', da *týpos* 'impronta', d'orig. indeur.) e *-logia*] s. f. ● Studio degli stampati sotto il profilo storico, tecnico, artistico e funzionale.

entipòsi [gr. *entýpōsis* 'impressione, impronta', deriv. di *entipôun* 'imprimere, effigiare', comp. di *en* 'dentro' e *typôun* 'imprimere' (deriv. di *týpos* 'impronta': V. *tipo*); 1834] s. f. inv. ● (*anat.*) Cavità articolare della spalla.

entità [vc. dotta, tratta dal lat. *ēns*, *ĕntis* 'ente'; av. 1563] s. f. *1* (*filos.*) Ciò che esiste in modo definito e determinato. *2* (*fig.*) Importanza, valore, grandezza: *cose di molta e.*; *patrimonio di notevole e.*; *danno di scarsa e.*

†**entitativo** [da *entità*; 1584] agg. ● (*raro*) Atto a costituire l'ente.

entolòma [comp. del gr. *entós* 'dentro' e *lôma* 'orlo, frangia' (di etim. incerta): detto così perché ha le lamelle connesse col gambo] s. m. (pl. *-i*) ● Genere di Funghi dei Basidiomiceti con molte specie, la maggior parte delle quali velenose (*Entoloma*). ➡ ILL. **fungo.**

†**entòmata** [falso pl. del gr. *éntoma* 'insetti' (già pl., dunque, di *éntomon*), ritenuto uno dei sing. in *-ma* (come *poema*, *dogma*, *thema*), che assumevano al pl. la desinenza *-ta* (*poemata*, *themata*); 1319] s. m. pl. ● Insetti: *V'hanno degli entomati che non sanno due volte tessersi la larva* (BOITO).

†**èntomo** [vc. dotta, gr. *éntomon*, da *entémnein* 'tagliare (*témnein*) in (*en-*) pezzi', per la configurazione del suo corpo segmentato; av. 1321] s. m. ● Insetto.

entomocoria [comp. di *entomo-* e un deriv. del gr. *chōrêin* 'spostarsi, diffondersi'] s. f. ● (*bot.*) Disseminazione che avviene a opera di insetti.

entomòcoro agg. ● (*bot.*) Che avviene per entomocoria: *disseminazione entomocora* | Che presenta entomocoria: *piante entomocore*.

entomòfago [vc. dotta, comp. di *entomo-* e *-fago*; 1865] **A** s. m. (pl. *-gi*) ● Insetto che si nutre di altri insetti. **B** agg. ● Detto di organismo che si nutre di insetti: *insetto e.*, *pianta entomofaga*.

entomofàuna [vc. dotta, comp. di *entomo-* e *fauna*; 1983] s. f. ● Il complesso degli insetti di una determinata zona o regione.

entomofilia [vc. dotta, comp. di *entomo-* e *-filia*; 1939] s. f. ● (*bot.*) Impollinazione che avviene a opera di insetti.

entomòfilo [vc. dotta, comp. di *entomo-* e *-filo*; 1917] agg. ● (*bot.*) Che avviene per entomofilia: *impollinazione entomofila* | Che presenta entomofilia: *piante entomofile*.

entomologia [vc. dotta, comp. di *entomo-* e *-logia*; 1797] s. f. ● Ramo della zoologia che ha per oggetto lo studio degli insetti.

entomològico [1797] agg. (pl. m. *-ci*) ● Della, relativo alla, entomologia.

entomòlogo [1853] s. m. (f. *-a*; pl. m. *-gi*) ● Studioso di entomologia.

Entomòstraci o **Entomòstrachi** [vc. dotta, comp. di *entomo-* e del gr. *óstrakon* 'conchiglia'; 1834] s. m. pl. (sing. *-co*) ● Nella tassonomia animale, sottoclasse di Crostacei comprendente gli individui a organizzazione più primitiva nei quali il capo risulta di un numero vario di segmenti e l'addome è sempre privo di arti (*Entomostraca*).

entòtico [comp. del gr. *entós* 'dentro' e *oto-*, con suff. aggettivale] agg. (pl. m. *-ci*) ● (*med.*) Detto di impressioni uditive che si originano nell'orecchio stesso.

entòttico [fr. *entoptique*, comp. del gr. *entós* 'dentro' e del fr. *optique* 'ottico'] agg. (pl. m. *-ci*) ● (*med.*) Detto di impressioni luminose che si originano nell'occhio stesso.

entourage /fr. ɑ̃tuˈʀaʒ/ [vc. fr., da *entourer* 'stare attorno (*entour*)', 'circondare'; 1903] s. m. inv. ● Gruppo di persone che stanno di solito attorno a un personaggio di rilievo: *fa parte dell'e. del ministro* | (*est.*) Cerchia di conoscenti, di amici: *il proprio e.*

entoẓòo [vc. dotta, comp. del gr. *entós* 'dentro' e *zôon* 'animale'; 1829] s. m. ● (*zool.*) Parassita degli animali che vive all'interno dell'ospite.

entracte /fr. ɑ̃ˈtʀaktə/ [vc. fr., propr. 'tra (*entre*) un atto (*acte*) e l'altro'] s. m. inv. ● Intervallo fra un atto e l'altro di uno spettacolo teatrale.

†**entràgna** [sp. *entraña*, dal lat. *interānea*, neutro pl. di *interāneum* = *intestīnum* 'intestino', fatto da *ĭnter* 'dentro' sul modello di *extrāneus* 'esterno'] s. f. ● (*spec. al pl.*) Viscere, interiora.

†**entràgno** [1618] s. m. ● Entragna | (*fig.*) Animo, cuore: *aver buon e.*, buon cuore.

entraîneuse /antre'nez, fr. ɑ̃tʀɛˈnøːz/ [vc. fr., propr. 'trascinatrice', da *entraîner* 'trainare (*traîner*) con sé'; 1956] s. f. inv. ● Giovane donna che ha il compito d'intrattenere i clienti nei locali notturni.

♦**entràmbi** o †**entràmbo**, †**intràmbo**, †**tràmbi** [dal lat. *ĭnter ămbos* 'con l'uno e l'altro'; sec. XIII] **A** agg. num. (f. *entràmbe*) ● Tutti e due, l'uno e l'altro (seguito dall'art. det.): *e. i comandanti moriròno*; *entrambe le figlie sono bionde*. SIN. Ambedue. **B** anche pron.: *colei Sofronia, Olindo egli s'appella, / d'una cittade e. e d'una fede* (TASSO); *sa che da trambi è sommamente amato* (ARIOSTO).

†**entràme** [lat. *interāmen*, tratto dal pl. *interāmina*, da *interānea* 'entragna' (V.) con sostituzione di suff.; av. 1424] s. m. ● Viscere, interiora.

†**entraménta** [lat. *intĕramenta* (nt. pl.) 'che stanno nella parte più interna (*intĕrius*)'] s. f. ● Interiora.

†**entraménto** o †**intraménto** [1336 ca.] s. m. *1* L'entrare | (*est.*) Entrata. *2* (*fig.*) Opportunità, occasione | Modo di comportarsi.

entrànte o †**intrànte** [av. 1292] **A** part. pres. di *entrare*; anche agg. *1* Nei sign. del v. *2* Che sta per iniziare: *settimana e.*; *mese e.* | Che sta per entrare in carica: *il presidente e.* *3* (*fig.*, *raro*) Convincente: *ragione e.* | ***Persona e.***, che con abilità o invadenza sa introdursi presso altri. *4* (*raro*) Insinuante, gradevole, suasivo: *tono di voce e.* **B** s. m. ● †Inizio: *e. del mese*.

♦**entràre** (**1**) o †**intràre** [lat. *intrāre* 'andare all'interno (*ĭntra*)'; av. 1250] **A** v. intr. (*io éntro*; aus. *essere*) *1* Andare o venire all'interno di un luogo o di un ambiente: *e. in casa*, *in classe*, *in città*; *e. dalla porta*, *per la finestra*, *attraverso il giardino*; *il cancello è chiuso e non si può e.* | ***Entra! Entrate!***, invito a entrare, rivolto a chi bussa, suona e sim. | ***E. per la finestra***, (*fig.*) riuscire immeritatamente, per vie o con metodi irregolari | ***E. in acqua***, immergersi | ***E. in area***, nel calcio, sviluppare un'azione d'attacco nell'area di rigore | ***E. in scena***, detto di attore, presentarsi sul palcoscenico e dare inizio alla recitazione; (*fig.*) cominciare ad agire, a produrre determinati effetti e sim.: *poi entrarono in scena i grossi calibri* | ***E. nel personaggio***, detto di attore, impersonarlo con totale aderenza; (*fig.*) immedesimarsi in un tipo, in un modello e sim.: *e. nel personaggio della vittima* | ***E. sotto le coperte***, ***e. nel letto***, andare a letto | (*fig.*) Immischiarsi, ficcare il naso: *vuole e. dappertutto*; *e. nei fatti degli altri*; *smetti di e. nelle cose che non ti riguardano* | Penetrare: *il chiodo non entra nel muro*. *2* (*est.*) Trovar posto, poter stare in qlco., essere contenuto: *questo vino non può e. in una sola bottiglia*; *il due entra quattro volte nell'otto* | ***Entrarci***, ***non entrarci***, (*fig.*) avere, non avere, a che vedere con qlco.: *è un discorso che non c'entra niente* | (*fig.*) ***Entrarci come i cavoli a merenda***, di ciò che non ha nulla a che vedere con un'altra determinata cosa, facendo a pugni con essa | (*fig.*) Essere capito, ricordato e sim.: *ogni idea nuova che gli picchiasse nella testa per e. lo metteva in sospetto* (VERGA); *questa poesia non mi entra in testa* | (*fig.*) Insinuarsi: *e. nel cuore*, *nella mente*, *di qlcu.*; *un dubbio entrò nel mio animo*. *3* (*fam.*) Calzare, adattarsi: *queste scarpe non mi entrano*. *4* (*fig.*) Essere ammesso a far parte di un gruppo, di una categoria e sim.: *e. in magistratura*, *nell'esercito*, *in senato*; *è entrato ormai nella nostra famiglia* | ***E. a far parte***, accedere, aderire, iscriversi e sim.: *e. a far parte di un'associazione* | ***E. in convento***, ***in religione***, farsi suora, frate | ***E. in un intrigo***, ***in un complotto***, trovarvisi implicato, anche involontariamente. *5* (*fig.*) Dare inizio, principio a un'attività: *e. in*

633 enuresi

lotta, in guerra con, contro qlcu. | ***E. in mare***, cominciare a navigare | ***E. in campo contro qlcu.***, cominciare a lottare, a combattere | ***E. in argomento***, iniziarne la trattazione | ***E. in ballo, in gioco***, intervenire | ***E. in società***, iniziare a frequentarla | ***E. in contatto con qlcu.***, iniziare rapporti, trattative e sim. | (*est.*) Iniziare a trovarsi in una condizione, stato o tempo: *e. in agonia, in convalescenza, nel secondo anno di vita, nei dieci anni d'età* | ***E. in carica***, assumerla | ***E. in amore***, detto degli animali, quando assumono comportamenti o atteggiamenti particolari del periodo riproduttivo | ***E. in vigore***, diventare obbligatorio cominciando ad avere efficacia, detto spec. di atto normativo | ***E. in possesso di qlco.***, ottenerla | ***E. in collisione con qlco.***, scontrarsi. ***6*** Nel calcio, effettuare un'entrata | ***E. a gamba tesa***, con azione di contrasto fallosa, in quanto costituisce gioco pericoloso. **B** v. tr. ● †Penetrare: *per poter e. ogni sentiero* (ARIOSTO).

entràre (2) [da entrare (1); 1310] s. m. solo sing. ***1*** (*raro, lett.*) Ingresso, entrata. ***2*** Principio di stagione, mese, anno, settimana: *sull'e. di maggio, della primavera.*

♦**entràta** o †**intràta** [av. 1292] s. f. ***1*** L'entrare: *l'e. degli operai in fabbrica; un'efficace e. in scena; dazio d'e.* | ***E. libera***, facoltà di entrare liberamente in un locale | ***E. di favore***, permesso di entrare in un luogo di spettacolo senza acquistare il biglietto | (*est.*) Ora in cui si entra: *sposteremo l'e. alle nove* | ***All'e.***, quando si entra | (*est.*) Luogo per cui si entra, ingresso, atrio: *un edificio con varie entrate; la nave è all'e. del porto; e. di servizio, principale, laterale; e. coperta, vasta, luminosa.* ***2*** (*fig.*) Ammissione, accettazione e sim.: *la sua e. in magistratura è cosa certa.* ***3*** (*fig.*) Inizio, principio: *e. in guerra, in lotta; l'e. della messa* | ***E. in carica***, presa di possesso di un impiego, ufficio e sim. | ***E. in vigore***, acquisto dell'obbligatorietà da parte di un atto normativo | ***Tabella a doppia e.***, V. *tabella.* ***4*** †Adito | (*fig.*) †Occasione, pretesto. ***5*** (*mus.*) Momento in cui viene enunciato un tema, un soggetto di fuga e simili | Momento in cui una voce o uno strumento interviene con la sua parte nell'insieme. CFR. Attacco | Cenno del direttore d'orchestra o di coro per ricordare agli esecutori l'avvicinarsi del loro intervento | Nell'opera, intervento di un cantante nella scena teatrale. ***6*** Nel calcio, intervento di un difensore sull'azione d'attacco di un avversario: *e. in scivolata.* ***7*** Lemma di un dizionario. ***8*** (*fig.*) Guadagno, incasso, reddito: *un'e. sicura; non tutte le sue entrate provengono dal lavoro* | ***Entrate e uscite***, incassi e spese | †***Vivere d'e.***, di rendita. ***9*** (*elab.*) Operazione di trasferimento dei dati, o delle istruzioni di programma, da un'unità periferica alla memoria principale di un elaboratore. || **entratàccia**, pegg. | **entratina**, dim. | **entratùccia**, dim.

†**entratóre** [av. 1294] agg.; anche s. m. (f. *-trice*) ● Che (o Chi) entra.

entratùra [1549] s. f. ***1*** (*raro*) L'entrare | (*est.*) Ingresso, entrata. ***2*** (*fig.*) Facilità di accedere in un ambiente importante e presso persone autorevoli | (*est.*) Persona che permette di stabilire un contatto utile: *ho un'e. al ministero* | ***Avere e. con qlcu.***, familiarità, amicizia | (*fig.*) †Esordio | (*fig.*) †Opportunità: *saper cogliere l'e.* ***3*** Somma che si deve versare per l'iscrizione di un cavallo a una corsa.

entrave /fr. ɑ̃'tʀa:v/ [vc. fr., propr. 'impaccio, impedimento' e propr. 'pastoia', da *entraver*, deriv. dall'ant. fr. *tref* 'pezzo di legno' (dal lat. *trăbs*, genit. *trăbis*, 'trave')] s. f. inv. ● Restringimento della gonna subito sotto al ginocchio, o più in basso, secondo una moda dei primi anni del Novecento.

entrechat /fr. ɑ̃tʀə'ʃa/ [vc. fr., dall'it. (*salto*) *intrecciato*] s. m. inv. ● Nella danza classica, passo che prevede l'esecuzione di un salto verso l'alto durante il quale i piedi si incrociano più volte passando alternativamente l'uno davanti all'altro.

entrecôte /fr. ɑ̃tʀə'ko:t/ [vc. fr., propr. 'pezzo di carne tagliata tra (*entre*) una costola (*côte*) e l'altra'; 1905] s. f. inv. ● Costata di bovino macellato | Fetta di lombata di bovino adulto disossata.

entre-deux /fr. ɑ̃tʀə'dø/ [fr., propr. 'parte posta tra (*entre*) due (*deux*)'] s. m. inv. ● Tramezzo di pizzo o di ricamo inserito come guarnizione in un tessuto.

entrée /fr. ɑ̃'tʀe/ [vc. fr., propr. 'entrata'] s. f. inv. ***1*** Prima portata, dopo la minestra o l'antipasto | Nei menu importanti, pietanza che viene servita dopo la portata di carne o pesce. ***2*** (*spec. scherz.*) Entrata, ingresso in un ambiente di qlcu. che vuole stupire o richiamare l'attenzione su di sé.

entremets /fr. ɑ̃tʀə'mɛ/ [vc. fr., propr. 'piatto fra (*entre*) le portate (*mets*)'; 1818] s. m. inv. ● Nei pranzi importanti, piatto piuttosto leggero che si serve fra l'arrosto e la frutta.

entrìṣmo [da *entro*, col suff. *-ismo*; 1969] s. m. ● Tattica politica consistente nell'introdursi in un'organizzazione o in un'istituzione allo scopo di modificarla dall'interno.

entrista [1986] **A** s. m. e f. (pl. m. *-i*) ● Sostenitore, fautore dell'entrismo. **B** agg. ● Relativo all'entrismo: *politica entrista.*

♦**éntro** o †**ìntro** [lat. *ĭntro*, da *ĭnter*, comp. di *ĭn* con la determinazione locutiva *-ter*; av. 1292] **A** prep. ***1*** Prima della fine di: *e. un giorno; e. l'anno.* ***2*** (*lett.*) Dentro, in: *va e. casa; guarda e. l'armadio* | (*lett.*) †Anche nelle loc. prep. ***e. a, e. in, e. per***: *la lasciò cadere e. nel pozzo* (BOCCACCIO); *guardavano con attenzione per e. il nostro calesso* (GOLDONI) | †***Da e.***, da dentro: *d'e. le leggi trassi il troppo e 'l vano* (DANTE *Par.* VI, 12) | †***Per e.***, attraverso: *per e. i luoghi tristi / venni stamane* (DANTE *Purg.* VIII, 58-59). ***3*** †Tra. **B** avv. ● (*raro*) Dentro: *che fa' tu e., che non esci fuora?* (L. DE' MEDICI) | Con valore raff. con altri avv. di luogo: *qua e.; là e.; colà e.; ivi e.* (anche *entrovi*). **C** in funzione di agg. inv. ● (*lett.*) Nella loc. ***d'e.***, interno: *nascendo di quel d'e. quel di fori* (DANTE *Par.* XII, 13).

entrobórdo [comp. di *entro* 'dentro' e *bordo* (in opposizione a *fuoribordo*); 1942] **A** agg. inv. ● Detto di motore sistemato all'interno di un'imbarcazione | (*est.*) Detto di imbarcazione dotata di tale motore. CONTR. Fuoribordo. **B** s. m. inv. ● Motore posto o da porre all'interno di un'imbarcazione | (*est.*) Imbarcazione da turismo o da competizione con motore applicato all'interno dello scafo: *gare per e.*

entrofuoribórdo [comp. di *entro*(*bordo*) e *fuoribordo*; 1966] **A** s. m. inv. ● Imbarcazione veloce con motore posto nell'interno dello scafo, che muove un'elica applicata su un piede mobile e sollevabile | (*est.*) Tale tipo di meccanismo propulsivo. **B** anche agg.: *motore e.*

†**entrométtere** ● V. *intromettere.*

entróne [da *entrata*, modellato su *androne*] s. m. ● (*tosc., pop.*) Androne.

entropìa [vc. dotta, ted. *Entropie*, comp. del gr. *en-* 'dentro' e *tropḗ* 'rivolgimento', sul modello di *Energie* 'energia'; 1892] s. f. ***1*** (*fis.*) Funzione di stato di un sistema termodinamico; in un sistema isolato, la sua variazione è nulla nelle trasformazioni reversibili, è sempre positiva nelle trasformazioni irreversibili | In meccanica statistica, misura del grado di disordine di un sistema. CONTR. Sintropia. ***2*** Nella teoria dell'informazione, misura della scarsità dell'informazione contenuta in un segnale.

entròpico [1950] agg. (pl. m. *-ci*) ● (*fis.*) Della, relativo all'entropia | ***Fenomeni entropici***, quelli che, governati da un principio di causalità, tendono a disgregare i sistemi materiali e a degradare l'energia.

entròpion o **entròpio** [vc. dotta, dal gr. *entropḗ* 'volgimento (*tropḗ*) in dentro (*en-*)'] s. m. ● (*med.*) Introflessione della palpebra verso il bulbo oculare.

entrotèrra [comp. di *entro* 'dentro' e *terra*, secondo il modello compositivo del corrispondente ted. *Hinterland*; av. 1861] s. m. inv. ● Territorio che si estende per una certa profondità all'interno di una fascia costiera.

entrovàlle [comp. di *entro* e *valle*] s. m. inv. ● Territorio che si trova all'interno di una valle, o di una zona valliva.

entuṣiaṣmànte [1927] part. pres. di *entusiasmare*; anche agg. ● Che entusiasma, che appassiona: *film, lettura e.*

♦**entuṣiaṣmàre** [da *entusiasmo*; 1797] **A** v. tr. ● Rendere pieno d'entusiasmo: *la lettura di quel libro mi ha entusiasmato* | ***La tua proposta non mi entusiasma***, mi piace poco | Infiammare: *e. la folla con discorsi.* SIN. Appassionare, eccitare, infervorare. **B** v. intr. pron. (+ *per*; + *a*: lett. + *di*) ● Divenire entusiasta: *entusiasmarsi per una partita di calcio; si entusiasmò all'idea di partire; egli tanto desiderava di vederla entusiasmata di quella montagna* (SVEVO). SIN. Appassionarsi, eccitarsi, infervorarsi.

♦**entuṣiàṣmo** [vc. dotta, gr. *enthousiasmós*, da *enthousiázein* 'essere ispirato in (*en-*) dio (*theós*)'; 1549] s. m. ***1*** Commozione ed esaltazione dell'animo: *destare, suscitare, spegnere l'e.; essere pieno di e.* ***2*** Dedizione totale: *abbracciare con e. un ideale* | Intensa partecipazione, calda adesione: *mettersi con e. a fare qlco.; credette d'aver trovata la via per dare aiuto all'amico ed ... accettò con e.* (SVEVO). ***3*** †Delirio, furore sacro: *l'e. della Sibilla.*

♦**entuṣiàsta** [vc. dotta, gr. *enthousiastḗs*, da *enthousiázein* 'essere divinamente ispirato' (*enthéōs*, da *en-* 'in' e *theós* 'dio'); av. 1642] **A** agg. (pl. m. *-i*) ***1*** Pieno di entusiasmo: *atteggiamento e.; essere e. per, di qlco.* ***2*** (*est.*) Particolarmente soddisfatto: *sono e. del tuo nuovo libro.* **B** s. m. e f. ● Chi sente entusiasmo, chi è pieno di entusiasmo: *una folla di entusiasti.*

entuṣiàstico [vc. dotta, gr. *enthousiastikós*, da *enthousiastḗs* 'entusiasta'; 1579] agg. (pl. m. *-ci*) ● Mosso da entusiasmo: *grido, applauso e.; lode entusiastica.* || **entuṣiasticaménte**, avv.

enucleàre [vc. dotta, lat. *enucleāre* 'togliere (*ex-*) il nocciolo (*nŭcleus*, dim. di *nŭx* 'noce')'; 1499] v. tr. (*io enùcleo*) ***1*** Spiegare, chiarire con precisione: *abbiamo finalmente enucleato il problema* | Mettere in evidenza, individuare: *e. i termini essenziali di una questione.* ***2*** In chirurgia, eseguire un'enucleazione.

enucleazióne [av. 1764] s. f. ***1*** (*raro*) L'enucleare | Spiegazione: *l'e. di un principio scientifico.* ***2*** (*chir.*) Asportazione di una formazione sferoidale circoscritta dai tessuti circostanti | ***E. dell'occhio***, asportazione del bulbo oculare dalla cavità orbitaria.

ènula [lat. tardo *ĕnula*(*m*), per *ĭnula*(*m*), preso per via pop. dal gr. *helénion* 'elenio'; sec. XIV] s. f. ● (*bot.*) Inula.

†**enumeraménto** s. m. ● Enumerazione.

enumeràre [vc. dotta, lat. *enumerāre* 'contare (*numerāre*) perfettamente (*ex-*)'; sec. XIV] v. tr. (*io enùmero*) ● Esporre una serie di cose una dopo l'altra con ordine: *e. le difficoltà, i vantaggi.* SIN. Elencare, noverare.

enumerazióne [vc. dotta, lat. *enumeratiōne*(*m*), da *enumerāre* 'enumerare'; 1563] s. f. ***1*** L'enumerare | Serie di cose enumerate: *e. parziale, totale.* ***2*** (*ling.*) Figura retorica che consiste nel raggruppare per coordinazione una serie di parole e di concetti: *Le donne, i cavallier, l'arme, gli amori, / le cortesie, l'audaci imprese io canto* (ARIOSTO) | Nella retorica classica, riepilogo ordinato dei punti salienti di un discorso precedente.

enunciàre o **enunziàre** [vc. dotta, lat. *enuntiāre* 'far conoscere (*nuntiāre*) fuori (*ex-*)'; av. 1498] v. tr. (*io enùncio*) ***1*** Esprimere un concetto o un argomento nella forma adeguata e con precisione: *e. un problema, una teoria, un teorema.* ***2*** †Affermare.

†**enunciatìva** o †**enunziatìva** s. f. ● Proposizione enunciativa.

enunciatìvo o **enunziatìvo** [vc. dotta, lat. *enuntiatīvu*(*m*), da *enuntiātus* 'enunciato'; 1575] agg. ● Atto a enunciare | (*ling.*) ***Proposizione enunciativa***, che esprime in modo positivo o negativo una constatazione.

enunciàto o **enunziàto** [vc. dotta, lat. *enuntiātu*(*m*), dal part. pass. di *enuntiāre* 'enunciare'; av. 1873] **A** part. pass. di *enunciare*; anche agg. ● Nei sign. del v. **B** s. m. ***1*** (*mat.*) Forma nella quale si esprime un teorema o un problema. ***2*** (*filos.*) Nella logica moderna, complesso di segni dotato di senso. ***3*** (*ling.*) Qualsiasi sequenza finita di parole, appartenenti a una lingua, emessa da uno o più parlanti.

enunciatóre o †**enunziatóre** [av. 1938] s. m. (f. *-trice*) ● Chi enuncia.

enunciazióne o (*raro*) **enunziazióne** [vc. dotta, lat. *enuntiatiōne*(*m*), da *enuntiātus* 'enunciato'; 1551] s. f. ● L'enunciare | Formulazione: *la precisa e. del problema; bisognerebbe richiedere senz'altro alla critica l'e. di tali problemi* (PIRANDELLO) | Ciò che si enuncia.

enunziàre e deriv. ● V. *enunciare* e *deriv.*

enurèṣi [vc. dotta, tratta dal v. gr. *enourêin* 'orinare (*ourêin*) sopra (*en-*)'; 1820] s. f. inv. ● (*med.*) Incontinenza involontaria di urina, spec. durante il sonno.

†envèa ● V. *†inveggia.*

†envèia ● V. *†inveggia.*

environment /*ingl.* ɪn'vaeəɹənmənt/ [vc. ingl. 'ambiente'] **s. m. inv.** ● Ricerca artistica sviluppatasi intorno al 1970, che tende a fare uscire la creazione dell'artista dalla superficie convenzionale del quadro ponendo l'osservatore-spettatore al centro di elementi più o meno organizzati, estranei ai mezzi codificati delle belle arti, anche di natura tecnologica.

-ènza [tratto, come il corrispondente lat. *-ĕntia(m)*, dal part. pres. in *-ente*] **suff.** ● Forma sostantivi astratti che indicano condizione, modo di essere, stato: *conoscenza, convenienza, partenza, prudenza.*

enẓima [vc. dotta, ted. *Enzym*, comp. del gr. *en-* 'dentro' e *zýmē* 'lievito' (di orig. indeur.); 1892] **s. m.** (pl. *-i*) ● Composto di natura proteica che accelera le reazioni chimiche. **SIN.** Fermento.

enẓimàtico [1932] **agg.** (pl. m. *-ci*) ● Di, relativo a enzima.

enẓimologìa [comp. di *enzima* e *-logia*] **s. f.** ● Branca della biochimica che studia gli enzimi.

enẓoozìa [vc. dotta, comp. del gr. *en-* 'in' e un deriv. di *zôion* 'animale'] **s. f.** ● (*zoot.*) Malattia la cui diffusione è limitata a una stalla o a un allevamento, con carattere di permanenza.

†èo /ɛo/ ● V. *io.*

e/o /e'o*/ [1950] **cong.** ● Con valore aggiuntivo e disgiuntivo, coordina due elementi che possono unirsi e sommarsi o escludersi e contrapporsi a vicenda, spec. nel linguaggio economico e commerciale: *cercansi tecnici e/o disegnatori* (V. nota d'uso BARRA).

-eo /eo/ [in lat. *-ĕu(m)*, proprio delle formazioni agg.] **suff.** ● Forma aggettivi, di origine quasi esclusivamente latina, che esprimono derivazione e qualità: *aureo, ferreo, ligneo, terreo.*

eocène [vc. dotta, ingl. *eocene*, comp. del gr. *héōs* 'aurora' (di orig. indeur.) e *kainós* 'recente' (V. *ceno-* (*1*)); 1879] **s. m.** ● (*geol.*) Secondo periodo e sistema del Paleogene.

eocènico [av. 1930] **agg.** (pl. m. *-ci*) ● (*geol.*) Del, relativo all'eocene.

Èoli [vc. dotta, lat. *Ăeoles*, dal gr. *Aiolées* con var., dal n. del mitico fondatore della stirpe Áiolos o Aiólos 'Eolo'] **s. m. pl.** ● Popolazione indoeuropea che si stanziò in Tessaglia e in Beozia e che, a partire dall'XI sec. a.C., fondò colonie in Asia Minore; è una delle tre stirpi tradizionali greche, insieme con i Dori e gli Ioni.

eòlico (**1**) [dal n. di *Eolo*, dio dei venti nella mitologia greca; 1828] **agg.** (pl. m. *-ci*) **1** Del dio Eolo. **2** (*geogr.*) Del vento, dovuto al vento | ***Depositi eolici***, di sabbie accumulate dal vento | (*fis.*) Mosso dal vento, generato dal vento: *motore e., energia eolica.*

eòlico (**2**) [vc. dotta, lat. *Aeŏlicu(m)*, dal gr. *Aiolikós* 'proprio degli Eoli (*Aiolées*)'; 1529] **A agg.** (pl. m. *-ci*) ● Dell'Eolide, antica regione dell'Asia Minore | Degli antichi Eoli: *dialetto e.* **B s. m.** solo **sing.** ● Dialetto greco parlato dagli antichi Eoli.

eolina [da *eolio* (*1*)] **s. f. 1** †Armonica a bocca. **2** Particolare registro d'organo che produce suoni dolci.

eòlio (**1**) [vc. dotta, lat. *Aeoliu(m)*, dal gr. *Aiólios*, deriv. di *Aíolos* 'Eolo, re dei venti'; 1342] **agg.** ● (*lett.*) Di Eolo, mitico re dei venti | ***Grotte eolie***, dove spirano venti freschi | ***Arpa eolia***, strumento a corda da cui il vento trae suoni gradevoli.

eòlio (**2**) [vc. dotta, lat. *Aeoliu(m)*, dal gr. *Aiólios* 'relativo all'Eolia'; av. 1638] **agg.** ● (*lett.*) Degli antichi Eoli, spec. con riferimento a Saffo e alla sua poesia | ***La poetessa eolia***, (*per anton.*) Saffo.

eoliṣmo [da *eolico* (*2*), con *-ismo*] **s. m.** ● (*ling.*) Parola o locuzione caratteristica del dialetto eolico.

eolite [vc. dotta, comp. del gr. *héōs* 'aurora' e *-lite*, *-lito* (*1*), e formata sul modello di *neolite*, V. *neolitico*] **s. f.** ● (*paleont.*) Selce con grossolane scheggiature naturali un tempo ritenute di origine antropica.

eòne [vc. dotta, lat. eccl. *aeōne(m)* 'essere esistente dall'eternità' (gr. *aiṓn*, di etim. incerta)'; av. 1873] **s. m. 1** Nell'antica Grecia, il tempo in senso assoluto, considerato una divinità nell'ambito delle religioni misteriche. **2** Nella dottrina gnostica (II sec. d.C.), uno degli esseri eterni che emanano da Dio e che fungono da intermediari tra Lui e il mondo | Nella escatologia neotestamentaria, epoca della storia del mondo.

eoniṣmo [dal n. del cavaliere Ch. d'*Eon* (XVIII sec.), noto per tale inclinazione, e *-ismo*; 1968] **s. m.** ● (*raro*) Travestitismo.

eòo [vc. dotta, lat. *Eōu(m)*, dal gr. *ēôos* 'proprio dell'aurora (*ēôs*)'; av. 1292] **A agg.** ● (*poet.*) Orientale: *sorgeva il novo sol da i lidi eoi* (TASSO) | ***Luce eoa***, mattutina. **B s. m.** ● (*poet.*) Vento di levante.

eoṣina [comp. del gr. *ēôs* '(del colore dell')aurora' e *-ina*] **s. f.** ● Colorante del gruppo delle ftaleine usato per tingere lana e seta, per colorare inchiostri e lacche e in medicina.

eoṣinofilìa [da *eosinofilo*] **s. f. 1** La proprietà di alcune cellule di colorarsi con l'eosina. **2** (*med.*) Presenza, superiore al normale, di eosinofili nel sangue, che si verifica nel corso di certe malattie.

eoṣinòfilo [comp. di *eosina* e *-filo*] **s. m.** ● Cellula bianca del sangue.

èpa [vc. dotta, lat. tardo *hēpar* (neutro), dal gr. *hêpar* 'fegato', di orig. indeur.; av. 1294] **s. f.** ● (*lett.*) Pancia, ventre: *rispuose quel ch'avea infiata l'epa* (DANTE *Inf.* XXX, 119). ‖ **epàccia**, **pegg.**

épagneul /*fr.* epa'ɲœl/ [vc. fr., propr. 'spagnolo', dapprima *espaignol*, che meglio riflette la diretta deriv. dallo sp. *español* 'spagnolo', perché razza proveniente dalla Spagna; 1908] **s. m. inv.** ● Cane da caccia a pelo lungo e setoso | ***Épagneul breton***, tipo di épagneul più piccolo, di pelo bianco e marrone o bianco e rossiccio.

epagòge [vc. dotta, lat. tardo *epagōge(m)*, dal gr. *epagōgḗ* 'condotta (*agōgḗ*) sopra (*ep(í)*)', 'induzione'; 1829] **s. f.** ● Nella logica aristotelica, procedimento induttivo che consiste nel procedere dall'uguale all'uguale.

epagògico [vc. dotta, gr. *epagōgikós*, da *epagōgḗ* 'epagoge'; av. 1904] **agg.** (pl. m. *-ci*) ● Che concerne o interessa l'epagoge | Induttivo.

epagòmeni [vc. dotta, gr. *epagoménē* (sottinteso *hēmérā* 'giorno'), part. passivo di *epágein* 'portare sopra, aggiungere'; av. 1830] **s. m. pl.** (sing. *-o*) ● Giorni complementari che, in alcuni calendari, si intercalano o aggiungono a determinati anni per far coincidere l'anno solare con quello lunare o per scopi analoghi.

epanadiplòṣi [vc. dotta, lat. tardo *epanadiplō̆si(m)*, dal gr. *epanadíplōsis* 'reduplicazione', da *díplōsis* 'raddoppiamento', rafforzato con *ep(í)* 'sopra' e *ána* 'nuovamente'] **s. f. inv.** ● (*ling.*) Figura retorica che consiste nella ripetizione della medesima parola (o gruppo di parole) all'inizio e alla fine di un enunciato: *Prendi partito accortamente, prendi* (PETRARCA).

epanàfora [vc. dotta, lat. tardo *epanăphora(m)*, dal gr. *epanaphorá* 'riportare' comp. di un deriv. del v. *phérein* 'portare' rafforzato con *ep(í)* 'sopra' e *ána* 'di nuovo'; av. 1604] **s. f.** ● (*ling.*) In retorica, anafora nel sign. 1.

epanalèssi [vc. dotta, lat. tardo *epanalēpsi(n)*, dal gr. *epanálēpsis*, comp. delle part. rafforzat. *ep(í)* 'sopra' e *ána* 'di nuovo' e di un deriv. del v. *lambánein* 'prendere'; av. 1595] **s. f. inv.** ● (*ling.*) Figura retorica che consiste nella ripetizione di una o più parole all'inizio, alla fine o all'interno di un enunciato: *canta nell'ombra più fonda, / chi sa dove, chi sa dove!* (D'ANNUNZIO).

epanalèttico [da *epanalessi*] **agg.** (pl. m. *-ci*) ● Di, relativo a epanalessi.

epànodo [vc. dotta, lat. tardo *epănodu(m)*, dal gr. *epánodos* 'regressione'] **s. m.** ● (*ling.*) Figura retorica che consiste nel riprendere, arricchendole di particolari, una o più parole enunciate in precedenza: *consiglio la montagna e la collina: la montagna per l'aria, la collina per il riposo.*

epanortòṣi [vc. dotta, lat. tardo *epanorthōsis*, dal gr. *epanórthōsis* 'correzione'] **s. f. inv.** ● (*ling.*) Figura retorica con cui si attenua o si ritratta qualcosa che si è detto in precedenza: *come ho fatto a dire che era un genio? È un artista appena mediocre.*

epàrca ● V. *eparco.*

eparchìa [vc. dotta, gr. *eparchía* 'provincia governata dall'*eparco* (*éparchos*)'; 1619] **s. f.** ● Nell'Impero romano d'oriente, suddivisione della diocesi o dell'esarcato sottoposta al governo di un eparca.

epàrco o **epàrca** [vc. dotta, gr. *éparchos* 'che governa (*archós*) sopra (*epí*) un territorio'] **s. m.** (pl. *-chi*) ● Funzionario preposto al governo di un'eparchia.

eparìna [ingl. *heparin*, dal gr. *hêpar* 'fegato'; 1932] **s. f.** ● (*chim.*) Polisaccaride presente in vari organi, spec. nel fegato, ad azione anticoagulante ed antilipemica.

epatalgìa [vc. dotta, comp. di *epat(o)* e *-algia*; 1788] **s. f.** ● (*med.*) Dolore localizzato alla regione epatica.

†èpate [vc. dotta, lat. *hēpar*, genit. *hēpatis*, dal gr. *hêpar*, di orig. indeur.; 1529] **s. m.** ● Fegato.

epàtica [vc. dotta, lat. *hepătica(m)*, f. di *hepăticu(m)* 'epatico', per la forma delle foglie somiglianti al fegato (*hêpar*); av. 1320] **s. f.** ● Pianta erbacea delle Ranuncolacee con foglie cuoriformi, inferiormente pelose di color rosso bruno e fiori azzurri (*Anemone hepatica*). **SIN.** Erba trinità.

Epàtiche [dall'agg. lat. *hepăticus* 'proprio del fegato (*hêpar*, genit. *hêpatis*)', perché una specie era popolarmente usata per la cura dei mali epatici; 1828] **s. f. pl.** (sing. *-a*) ● Nella tassonomia vegetale, classe di Briofite dal tallo laminare strisciante (*Hepaticae*).

epàtico [vc. dotta, lat. tardo *hepătìcu(m)*, dal gr. *hēpatikós* 'proprio del fegato (*hêpar*, genit. *hêpatos*)'; av. 1313] **A agg.** (pl. m. *-ci*) ● (*anat., med.*) Del, relativo al fegato: *arteria epatica; insufficienza, colica, cirrosi epatica.* **B agg.**; anche **s. m.** (f. *-a*) ● Che (o Chi) è malato di fegato. **C s. m.** ● (*chim.*) Fegato di zolfo.

epatite [vc. dotta, comp. di *epat(o)* e *-ite* (*1*), secondo il fr. *hépatite*; 1750] **s. f.** ● (*med.*) Infiammazione del fegato: *e. virale.*

epatiẓẓazióne [vc. dotta, tratta dal v. gr. *hēpatízein* 'soffrire di fegato' e 'essere come il fegato' (*hêpar*, genit. *hêpatos*)] **s. f.** ● (*med.*) Indurimento di un tessuto o di un organo che assume la consistenza del fegato: *e. polmonare.*

èpato- [dal gr. *hêpar*, genit. *hêpatos* 'fegato' (di orig. indeur.)] primo elemento ● In parole composte della terminologia medica, significa 'fegato': *epatite, epatotomia.*

epatobiliàre [comp. di *epato-* e *biliare*; 1965] **agg.** ● (*anat.*) Relativo al fegato e alle vie biliari.

epatocita o **epatocito** [comp. di *epato-* e *-cita*] **s. m.** (pl. *-i*) ● (*biol.*) Cellula di forma poliedrica e metabolicamente molto attiva, costituente fondamentale del tessuto epatico.

epatologìa [comp. di *epato-* e *-logia*] **s. f.** ● (*med.*) Ramo della medicina che studia il fegato e le sue malattie.

epatòlogo [da *epatologia*] **s. m.** (f. *-a*; pl. m. *-gi*) ● (*med.*) Medico specialista in malattie del fegato.

epatomegalìa [vc. dotta, comp. di *epato-* e *megalia*] **s. f.** ● (*med.*) Ingrossamento del fegato.

epatopàncreas [comp. di *epato-* e *pancreas*] **s. m.** ● (*zool.*) Denominazione di alcune ghiandole annesse all'apparato digerente degli Artropodi e dei Molluschi.

epatopatìa [comp. di *epato-* e *-patia*] **s. f.** ● Qualsiasi malattia del fegato.

epatoprotettivo [comp. di *epato-* e *protettivo*; 1956] **agg.** ● Detto di sostanza atta a prevenire intossicazioni e degenerazioni patologiche della cellula epatica tutelandone la buona funzionalità.

epatoprotettóre [comp. di *epato-* e *protettore*] **A agg.** (f. *-trice*) ● (*farm.*) Detto di prodotto in grado di svolgere un'azione di protezione sulle cellule epatiche, sia in condizioni flogistiche, come si verifica nell'epatite, o degenerative come nella cirrosi: *farmaco e., alimento e.* **B** anche **s. m.**

epatorragìa [vc. dotta, comp. di *epato-* e *-(r)ragia*] **s. f.** ● (*med.*) Emorragia epatica.

epatoscopìa [gr. *hēpatoskopía*, comp. di *hêpar*, genit. *hêpatos* 'fegato' e un deriv. di *skopêin* 'osservare'] **s. f.** ● Nelle religioni greco-romana, etrusca e mesopotamica, esame divinatorio del fegato delle vittime per trarne pronostici.

epatòṣi [vc. dotta, comp. di *epato-* e *-osi*; 1932] **s. f. inv.** ● Malattia non infiammatoria del fegato.

epatosplenomegalìa [comp. di *epato-*, *spleno-* e *-megalia*] **s. f.** ● (*med.*) Ingrossamento simultaneo del fegato e della milza.

epatotomìa [vc. dotta, comp. di *epato-* e *-tomia*] **s. f.** ● (*med.*) Incisione del fegato.

epatotossina [comp. di *epato-* e *tossina*] **s. f.** ● Tossina che determina alterazioni più o meno gravi nelle cellule epatiche.

epàtta [vc. dotta, lat. tardo *epăcta(s)* (pl.), nom. *epăctae*, dal gr. *epaktái*, sottinteso *hēmérai* '(giorni) intercalari', da *epágein* 'portare (*ágein*) sopra (*epí*)', 'aggiungere'; av. 1294] **s. f.** ● (*astron.*) Età della luna al 1° di gennaio di ogni anno, cioè numero di giorni trascorsi dall'ultimo novilunio che, aggiunti all'anno lunare, lo rendono uguale all'anno solare.

epèira [vc. dotta, comp. del gr. *epí* 'sopra' e *eírein* 'intrecciare'; 1892] **s. f.** ● Ragno degli Araneidi con un disegno a croce sull'addome (*Araneus diadematus*). ➡ ILL. **animali**/3.

epeirogèneṣi ● V. *epirogenesi*.

epèndima [gr. *epéndyma* 'che sta sopra (*ep(í)*) la veste (*éndyma*)'] **s. f.** ● (*anat.*) Rivestimento interno dei ventricoli cerebrali e del canale midollare.

ependimàle [comp. di *ependim(a)* e del suff. *-ale* (*1*)] **agg.** ● (*anat.*) Relativo al rivestimento delle cavità del sistema nervoso centrale o alle cavità stesse | ***Canale e.***, lume del midollo spinale.

epèntesi [vc. dotta, lat. tardo *epĕnthesi(n)*, dal gr. *epénthesis*, comp. di *énthesis* 'inserzione', da *entithénai* 'porre (*tithénai*) dentro (*en-*)' con *epí* 'sopra' raff.; 1540] **s. f. inv.** *1* (*ling.*) Inserzione di un suono non etimologico nell'interno di una parola: *nacque la valentre contessa* (VILLANI). *2* In enigmistica, zeppa.

epentètico [vc. dotta, gr. *epenthetikós* 'relativo all'*epentesi* (*epénthesis*)'] **agg.** (**pl. m.** *-ci*) ● (*ling.*) Della, relativo all'epentesi | Inserito per epentesi: *fonema e.*

eperlàno [fr. *éperlan*, dal medio neerlandese *spierlinc*, da *spier* 'palo', per la sua forma] **s. m.** ● (*zool.*) Sperlano.

†**e però** ● V. *epperò*.

epeṣegèṣi [vc. dotta, lat. tardo *epexegēsi(n)*, dal gr. *epexḗgēsis* 'spiegazione (*exḗgēsis*) ulteriore (*epí*, propr. 'sopra')'] **s. f. inv.** ● (*ling.*) Aggiunta esplicativa a una frase o a un'espressione.

epeṣegètico [da *epesegesi*] **agg.** (**pl. m.** *-ci*) ● (*ling.*) Di, relativo a epesegesi | Esplicativo | ***Genitivo e.***, nella grammatica latina, quello che determina il senso generico del sostantivo da cui dipende (per es. *virtus temperantiae*, la virtù della temperanza).

ephèmera /lat. e'femera/ [vc. lat., propr. 'cose effimere', dal nt. gr. e lat. *ephēmeron*] **s. m.** o **f. pl.** ● In antiquariato, insieme di oggetti, accessori, curiosità e sim. attinenti a un determinato settore merceologico e difficilmente classificabili come settore a sé stante per l'assenza di caratteri comuni.

èpi- [dal gr. *epí* 'su', 'di nuovo', di orig. indeur.] **pref.** ● Significa 'sopra', 'in', 'di nuovo' o indica sovrapposizione, aggiunta: *epicarpo*, *epifita*.

èpica [da *epico*; 1766] **s. f.** *1* Genere di poesia che tratta temi e leggende eroiche: *l'e. di Omero*, *di Virgilio*. *2* (*raro*) Componimento poetico di tale genere: *le epiche di Apollonio Rodio*. *3* (*est.*, *raro*) Ogni vicenda memorabile: *l'e. del lavoro italiano nel mondo*; **SIN.** Epopea.

epicànto [comp. di *epi-* e del gr. *kanthós* 'angolo dell'occhio' (V. *canto* (*2*))] **s. m.** ● (*med.*) Anomalia consistente in una piega cutanea che copre talvolta l'angolo interno dell'occhio.

epicàrdio [vc. dotta, comp. di *epi-* e *-cardio*; 1892] **s. m.** ● (*anat.*) Sottile lamina cellulare che riveste all'esterno il cuore.

epicardìte [vc. dotta, comp. di *epicardio-* e *-ite* (*1*)] **s. f.** ● (*med.*) Infiammazione dell'epicardio.

epicàrpo o **epicàrpio** [vc. dotta, comp. di *epi-* e del gr. *karpós* 'frutto'; 1820] **s. m.** ● (*bot.*) Strato più esterno del frutto, per lo più membranoso. **SIN.** Esocarpo.

epicèdico [da *epicedio*] **agg.** (**pl. m.** *-ci*) ● Del, relativo all'epicedio.

epicèdio [vc. dotta, lat. tardo *epicedīo(n)*, dal gr. *epikḗdeion* '(canto) sul (*epí*) funerale (*kêdos*)'; 1618] **s. m.** ● Nell'antica poesia greca, canto corale in onore di un morto | Componimento poetico funebre.

epicèno [vc. dotta, lat. tardo *epicoenu(m)*, dal gr. *epíkoinon* '(genere) comune (*koinós*)' con *epí* 'su' raff.; 1582] **agg.** ● (*ling.*) Promiscuo: *genere e.*

epicentràle [1997] **agg.** ● Dell'epicentro di un terremoto.

epicèntro (o **-é-**) [vc. dotta, gr. *epíkentros* 'che sta sopra (*epí*) al centro (*kéntron*)'; 1892] **s. m.** *1* Punto della superficie terrestre sovrastante l'ipocentro di un terremoto. ➡ ILL. p. 2130 SCIENZE DELLA TERRA ED ENERGIA. *2* (*fig.*) Punto in cui qlco. si manifesta più intensamente, da cui qlco. si origina e si espande: *l'e. di una epidemia, della sommossa.*

epicherèma [vc. dotta, lat. *epichirēma*, dal gr. *epichéirēma*, propr. '(sostenuto) sulla (*epí*) mano (*chéir*)'; 1559] **s. m.** (**pl.** *-i*) ● (*filos.*) Sillogismo in cui una o entrambe le premesse sono accompagnate dalla loro dimostrazione.

epicheremàtico [gr. *epicheirēmatikós* 'relativo all'epicherema (*epichéirēma*)'] **agg.** (**pl. m.** *-ci*) ● Relativo all'epicherema.

epiciclo [vc. dotta, lat. tardo *epicȳclu(m)*, dal gr. *epíkyklos* 'che sta sopra (*epí*) il cerchio (*kýklos*)'; 1282] **s. m.** ● (*astron.*) Uno dei due circoli immaginari che nell'antico sistema tolemaico rappresentano il moto di ciascun pianeta.

epicicloidàle [da *epicicloide*; 1917] **agg.** ● (*mat.*) Di, relativo a, epicicloide | (*mecc.*) ***Moto e.***, generato da un cerchio che rotola su un altro.

epicicloìde [vc. dotta, comp. di *epicicl(o)* e *-oide*; 1718] **s. f.** ● (*mat.*) Cicloide della circonferenza, tale che il cerchio ruotante stia nella regione esterna a questa.

epicità [av. 1952] **s. f.** ● Caratteristica di ciò che è epico.

epiclàstico [comp. di *epi-* e *clastico*] **agg.** (**pl. m.** *-ci*) ● (*geol.*) Detto di roccia clastica i cui elementi sono stati trasportati dalle acque, dai venti o dai ghiacciai.

epiclèṣi [gr. *epíklēsis* 'invocazione', da *epikalêin* 'chiamare, invocare'] **s. f. inv.** *1* Attributo rituale con cui gli antichi Greci si rivolgevano a una divinità nelle invocazioni. *2* Nella liturgia della Messa, preghiera con cui il sacerdote chiede a Dio di operare la transustanziazione.

èpico [vc. dotta, lat. *ĕpicu(m)*, dal gr. *epikós*, agg. di *épos* (V. *epos*); av. 1565] **A agg.** (**pl. m.** *-ci*) *1* Che canta temi e leggende eroiche: *poema e.*; *poeta e.*; *poesia epica* | ***Soggetto e.***, degno di un'epopea. *2* Eroico: *racconto*, *tema e.* | (*fig.*, *lett.*) Grandioso, straordinario: *le epiche selve immense della Svezia scoscesa* (ALFIERI). || **epicaménte**, **avv.** A modo di epopea. **B s. m.** ● Poeta epico.

epicondilìte [comp. di *epicondil(o)* e *-ite* (*1*)] **s. f.** ● (*med.*) Infiammazione dell'epicondilo.

epicòndilo [comp. di *epi-* e *condilo*] **s. m.** ● (*anat.*) Protuberanza ossea adiacente a un condilo, che costituisce il punto di inserimento di legamenti o tendini: *e. laterale*, *mediale del femore*, *dell'omero*. ➡ ILL. p. 2122 ANATOMIA UMANA.

epicontinentàle [comp. di *epi-* e *continentale*] **agg.** ● (*geol.*) Detto di ambiente di sedimentazione marina, poco profondo, sovrastante le masse di sial continentali.

epicòrio [gr. *epichórios* 'che sta sopra (*epí*) il paese (*chōra*)'] **agg.** ● (*lett.*) Nativo, indigeno.

epicòtile [comp. di *epi-* e *cotile(done)*] **s. m.** ● (*bot.*) Parte di una pianticella compresa fra le foglie embrionali e la foglia successiva.

epicriṣi [vc. dotta, gr. *epíkrisis* 'giudizio (*krísis*)' con *epí* 'sopra' raff.; 1828] **s. f. inv.** ● (*med.*) Giudizio riassuntivo su una malattia o sulla causa di morte.

epicrìtico **agg.** (**pl. m.** *-ci*) ● (*med.*) Di, relativo a, epicrisi.

epicureggiàre [da *epicureo* sul tipo del lat. tardo *epicurizāre*; 1869] **v. intr.** (*io epicuréggio*; aus. *avere*) ● (*lett.*) Fare l'epicureo, il gaudente.

epicureìṣmo [1735] **s. m.** *1* Indirizzo filosofico fondato da Epicuro di Samo (341-270 a.C.) che subordina la ricerca filosofica al conseguimento della felicità individuale, consistente nella liberazione dalle passioni e nell'assenza di qualsiasi turbamento. *2* (*est.*) Modo di vivere da gaudente. **SIN.** Edonismo.

epicurèo o †**epicùrio** [vc. dotta, lat. *Epicurēu(m)*, dal gr. *Epikóureios* 'proprio di *Epicuro* (*Epíkouros*)'; 1282] **A agg.** ● Relativo a Epicuro e al suo insegnamento. **B s. m.** (**f.** *-a*) *1* Chi segue la filosofia di Epicuro. *2* (*est.*) Chi conduce una vita tendente esclusivamente al benessere materiale e dedita ai piaceri.

epidemìa [vc. dotta, gr. *epidēmía*, da *epídēmos* 'generale, pubblico', comp. di *epí* e *dêmos* 'popolo' (V. *demo-*); 1282] **s. f.** *1* Manifestazione improvvisa di una malattia infettiva che si diffonde rapidamente tra gli individui di una stessa area. *2* (*fig.*) Cattiva tendenza, riprovevole abitudine largamente diffusa: *il malcostume, la malafede sono diventati una vera e.*

epidemicità [fr. *épidémicité*, da *épidémie* 'epidemia'; 1859] **s. f.** ● Caratteristica di ciò che è epidemico.

epidèmico [fr. *épidémique*, da *épidémie* 'epidemia'; av. 1508] **agg.** (**pl. m.** *-ci*) ● Di, relativo a, epidemia: *meningite epidemica* | Che ha le caratteristiche di un'epidemia (*anche fig.*). || **epidemicaménte**, **avv.**

epidemiologìa (o **-mìo-**) [vc. dotta, comp. di *epidemia* e *-logia*; 1892] **s. f.** ● (*med.*) Disciplina medica che studia le cause e i meccanismi di diffusione delle malattie.

epidemiològico **agg.** (**pl. m.** *-ci*) ● (*med.*) Relativo all'epidemiologia: *indagini epidemiologiche*.

epidemiòlogo [vc. dotta, comp. di *epidemi(a)* e *-logo*; 1968] **s. m.** (**f.** *-a*; **pl. m.** *-gi*) ● Studioso di epidemiologia | Medico specializzato in epidemiologia.

epidèrmico [fr. *épidermique*, da *épiderme* 'epidermide'; 1828] **agg.** (**pl. m.** *-ci*) *1* (*anat.*) Che si riferisce all'epidermide: *formazioni epidermiche*. *2* (*fig.*) Che resta in superficie: *emozioni epidermiche*; *sensibilità epidermica*. **SIN.** Superficiale. || **epidermicaménte**, **avv.**

epidèrmide [vc. dotta, lat. tardo *epidĕrmide(m)*, gr. *epidermís*, genit. *epidermídos* 'che sta sopra (*epí*) la pelle (*dérma*)'; av. 1673] **s. f.** *1* (*anat.*) Parte più superficiale, epiteliale, della cute. ➡ ILL. p. 2126 ANATOMIA UMANA. *2* (*bot.*) Tegumento che ricopre tutte le parti del vegetale, costituito dal sughero nella radice e nel fusto della maggior parte delle piante. *3* (*fig.*) Parte superficiale: *emozioni che scalfiscono appena l'e.*

epidiascòpico **agg.** (**pl. m.** *-ci*) ● Di, relativo a, epidiascopio.

epidiascòpio [comp. di *epi(scopio)* (*2*) e *diascopio*; 1942] **s. m.** ● Apparecchio che combina le funzioni di un episcopio e di un diascopio.

epididimìte [da *epididim(o)* con *-ite* (*1*)] **s. f.** ● (*med.*) Infiammazione dell'epididimo.

epidìdimo [vc. dotta, gr. *epididymís* '(posto) sopra (*epí*) i testicoli (*dídymoi*: propr. 'gemelli'. V. *didimo* (*1*) e (*2*))'; 1678] **s. m.** ● (*anat.*) Primo segmento delle vie spermatiche, costituito da un sottile canale raggomitolato su sé stesso e situato nella parte postero-superiore del testicolo.

epidìttico [vc. dotta, lat. *epidīcticu(m)*, dal gr. *epideiktikós* 'relativo alla dimostrazione (*epídeixis*)'; av. 1640] **agg.** (**pl. m.** *-ci*) ● Dimostrativo | ***Eloquenza epidittica***; ***genere e.***, nella retorica classica, genere usato nelle cerimonie pubbliche.

epidòto [fr. *épidote*, tratto dal v. gr. *epididónai* 'dare (*didónai*) in più (*epí*)' perché due lati del suo parallelogramma di base sono più lunghi degli altri due; 1834] **s. m.** ● (*miner.*) Silicato idrato di alluminio, calcio e ferro, di colore giallo-verdino, verde o nerastro.

epiduràle [da *epi-* e *dura (madre)*] **agg.** ● (*anat.*) Localizzato nello spazio compreso fra la duramadre e la parete ossea del cranio o del canale vertebrale | (*med.*) ***Anestesia e.***, somministrazione di farmaci anestetici nello spazio tra vertebra e dura madre del midollo spinale.

Epifanìa o †**Pifanìa** [vc. dotta, lat. tardo *epiphanīa(m)* (nt. pl.), dal gr. *tà epipháneia* 'manifestazioni' (da *pháinein* 'apparire' e *epí* 'sopra'), sottinteso della divinità'; av. 1292] **s. f.** (*epifania* nel sign. 3) *1* Nella tipologia religiosa, manifestazione della divinità in forma visibile | Nella tradizione cristiana occidentale, la prima manifestazione dell'umanità e divinità del Cristo ai Magi. *2* Festa che commemora la visita dei Magi alla grotta di Betlemme, il 6 gennaio. **SIN.** (*pop.*) Befana. *3* (*fig.*, *lett.*) Manifestazione, apparizione: *l'e. del pensiero*. || **PROV.** L'Epifania tutte le feste porta via.

epifànico [1908] **agg.** (**pl. m.** *-ci*) ● (*lett.*) Di epifania.

epifenomènico **agg.** (**pl. m.** *-ci*) ● Relativo a un epifenomeno.

epifenòmeno [vc. dotta, comp. di *epi-* e *fenomeno*; 1820] **s. m.** *1* (*filos.*) Fenomeno accessorio che accompagna i fenomeni corporei, intesi come fondamentali, senza peraltro alterarne o modificarne lo sviluppo. *2* (*med.*) Sintomo secondario che si aggiunge in un tempo successivo a quelli fondamentali di una malattia.

epifillo [comp. di *epi-* e *-fillo*; 1834] **A agg.** ● (*bot.*) Detto di fungo o lichene che vive sulle foglie di altre piante. **B s. m.** *1* Parte superiore dell'abbozzo fogliare. *2* Genere di Cactacee prive di spine, con ramificazioni appiattite e grandi fiori, spesso con fioritura notturna, originarie del Brasile e coltivate per ornamento (*Epiphyllum*).

epifisàrio agg. ● (*anat.*) Della, relativo alla, epifisi.

epifiṣi [vc. dotta, gr. *epíphysis* 'sostanza (*phýsis*) aggiunta (*epí*)'; 1560] s. f. inv. *1* (*anat.*) Estremità delle ossa lunghe. *2* (*anat.*) Ghiandola a secrezione interna posta all'interno del cranio, la cui attività endocrina si svolge nei primi anni di vita, inibendo lo sviluppo sessuale. ➡ ILL. p. 2124, 2125 ANATOMIA UMANA.

epifita [vc. dotta, comp. di *epi-* e *-fita*; 1829] **A** s. f. ● Pianta che cresce su un'altra utilizzandola come sostegno. **B** anche agg. f.: *pianta e.*

epifitia [comp. di *epi-* e un deriv. di *phytón* 'pianta', con richiamo alla formazione di *epidemia*] s. f. ● Ogni malattia epidemica delle piante.

epifonèma [vc. dotta, lat. *epiphonēma* (nom.), gr. *epiphṓnēma* 'voce (*phṓnēma*) aggiunta (*epí*)'; av. 1589] s. m. (pl. *-i*) ● (*ling.*) Figura retorica consistente nel concludere il discorso con una sentenza, spesso di tono esclamativo: *ecco il giudicio uman come spesso erra!* (ARIOSTO).

epifora [vc. dotta, lat. *epĭphora(m)*, dal gr. *epiphorá*, dal v. *epiphérein* 'portare (*phérein*) in aggiunta (*epí*)'; 1476] s. f. *1* (*med.*) Lacrimazione. *2* (*ling.*) Figura retorica che consiste nella ripetizione della medesima parola, o gruppo di parole, alla fine di due o più frasi o versi successivi: *dintorno ai campi d'Ilïon; da tutte / molte asportai pregiate spoglie, e tutte* (MONTI). SIN. Epistrofe.

epifràgma [gr. *epíphragma* 'coperchio', comp. di *epí* 'sopra' e *phrágma* 'chiusura' (cfr. *diaframma*); 1813] s. m. (pl. *-i*) ● (*zool.*) Opercolo formato da muco seccato con cui le chiocciole possono chiudere la conchiglia in determinati periodi.

epifraṣi [dal gr. *epiphrázein* propr. 'addurre inoltre'] s. f. inv. ● (*ling.*) Figura retorica che consiste nell'aggiungere mediante coordinazione uno o più termini ad una frase in sé compiuta: *Già era dritta in sù la fiamma e queta* (DANTE *Inf.* XXVII, 1).

epigamia [vc. dotta, gr. *epigamía* 'matrimonio (*gámos*) addizionale o reciproco (*epí*)'; 1834] s. f. ● Nell'antico diritto greco, concessione accordata da uno stato a un cittadino straniero di contrarre nozze legittime con un cittadino di quello stesso stato.

epigàstrico [da *epigastro*; 1681] agg. (pl. m. *-ci*) ● (*anat.*) Che concerne l'epigastrio: *ernia epigastrica.*

epigàstrio [vc. dotta, gr. *epigástrion*, forma sostantivata dell'agg. *epigástrios* 'sopra il basso ventre' (comp. di *epi-* e *gastḗr* 'ventre': V. *gastro-*); 1745] s. m. ● (*anat.*) Parte superiore centrale dell'addome situata al disopra dello stomaco; comunemente, bocca dello stomaco.

epigèneṣi [vc. dotta, comp. di *epi-* e *genesi*; 1834] s. f. inv. ● (*biol.*) Teoria secondo cui tutte le parti di un nuovo individuo si formano ex-novo nel corso dello sviluppo embrionale, non essendo già contenute come tali nell'uovo. CONTR. Preformazione.

epigenètico [da *epigenesi*; 1935] agg. (pl. m. *-ci*) *1* (*biol.*) Dell'epigenesi. *2* (*geol.*) Detto di apparato vulcanico o attività vulcanica posteriore rispetto a precedenti manifestazioni.

epigenia [comp. di *epi-* e *-genia*] s. f. *1* (*geol.*) Processo di fossilizzazione mediante sostituzione di alcuni minerali contenuti nello scheletro degli organismi. *2* (*geol.*) Formazione di minerali di una roccia per processi diversi da quelli che hanno generato la roccia stessa. *3* (*geol.*) Fenomeno di sostituzione dei minerali nelle rocce dilavate dall'azione di acque sotterranee con i sali contenuti nelle acque stesse.

epigèo [vc. dotta, gr. *epígeios* 'terrestre, che sta sopra (*epí*) la terra (*gê*)' *comp. di epi-* e *-geo*; 1813] **A** agg. *1* Detto di pianta od organo vegetale che si sviluppa sopra il terreno. CONTR. Ipogeo. *2* Detto di animale che vive sulla superficie del suolo. **B** s. m. ● (*mar., raro*) Cima di ormeggio a terra.

epigino [vc. dotta, comp. di *epi-* e del gr. *gynḗ* 'donna'; 1813] agg. ● (*bot.*) Detto di fiore che ha perianzio e androceo inseriti superiormente all'ovario. CONTR. Ipogino.

epiglòttico [1834] agg. (pl. m. *-ci*) ● (*anat.*) Dell'epiglottide.

epiglòttide [vc. dotta, gr. *epiglōttís*, genit. *epiglōttídos* 'che sta sopra (*epí*) la lingua (*glôtta*)'; sec. XIV] s. f. ● (*anat.*) Cartilagine laringea a forma di racchetta, che chiude la glottide. ➡ ILL. p. 2127 ANATOMIA UMANA.

epiglottite [vc. dotta, comp. di *epiglott(ide)* e *-ite* (*1*)] s. f. ● (*med.*) Infiammazione dell'epiglottide.

epigònio [vc. dotta, gr. *epigóneion*, dal n. del suo inventore (*Epígonos*); 1834] s. m. ● Antico strumento musicale a quaranta corde usato in Grecia.

epigono [vc. dotta, lat. *Epĭgono(s)*, nom. pl. *Epĭgoni*, dal gr. *epígonoi* 'i nati (*gónoi*) dopo (*epí*)', comp. di *epi-* e *gónos* 'prole, discendente' (di orig. indeur.); 1769] s. m. (f. *-a*) *1* Scrittore, artista, pensatore che continua, spesso senza originalità, idee e forme dei suoi predecessori. *2* (*raro*) Discendente, successore: *i nostri epigoni.*

epigrafe [vc. dotta, gr. *epigraphḗ* 'scrittura (*graphḗ*) sovrapposta (*epí*)'; av. 1727] s. f. o †m. *1* Iscrizione: *epigrafi greche e latine.* *2* Citazione in versi o in prosa all'inizio di un'opera o di una sua parte | Dedica posta in fronte a un libro.

epigrafia [1792] s. f. *1* Scienza che si occupa delle iscrizioni antiche e della loro interpretazione. *2* Arte di comporre epigrafi. *3* Complesso delle epigrafi oggetto di un particolare studio: *l'e. latina, greca.*

epigràfica s. f. ● Scrittura epigrafica.

epigràfico [vc. dotta, gr. *epigraphikós* 'relativo all'epigrafe (*epigraphḗ*)'; av. 1836] agg. (pl. m. *-ci*) *1* Di epigrafe | ***Scrittura epigrafica***, scrittura elaborata per l'incisione su pietra. *2* (*fig.*) Conciso e concettoso: *discorso, stile e.* || **epigraficaménte**, avv.

epigrafista [1858] s. m. e f. (pl. m. *-i*) *1* Studioso di epigrafia. *2* Scrittore di epigrafi.

epìgrafo [gr. *epigraphéus* 'che registra (le proprietà, i tributi, ...)', dal v. *epigráphein* 'scrivere (*gráphein*) sopra (*epí*)'] s. m. ● Pubblico ufficiale che nell'antica Atene aveva l'incarico di stabilire i tributi degli Stati assoggettati e le tasse di guerra.

epigràmma [vc. dotta, lat. *epigrămma*, dal gr. *epígramma* 'scritto (*grámma*) sovrapposto (*epí*)'; 1441] s. m. (pl. *-i*) *1* (*letter.*) Breve componimento poetico di vario metro, ispirato da un motivo di esiguo respiro contenutistico, fiorito nella letteratura greca antica e latina | Breve componimento poetico di contenuto pungente e satirico, fiorito spec. nella letteratura latina. *2* †Iscrizione funeraria. || **epigrammàccio**, pegg. | **epigrammétto**, dim. | **epigrammino**, dim. | **epigrammùccio**, dim.

†epigrammatàrio [vc. dotta, lat. tardo *epigrammatāriu(m)*, da *epigrămma* (genit. *epigrămmatis*); 1587] s. m. ● (*lett.*) Epigrammista.

epigrammàtica [1929] s. f. ● Arte di comporre epigrammi | Genere letterario degli epigrammi | Insieme della produzione di epigrammi di un determinato periodo letterario: *l'e. greca del IV sec.*

epigrammàtico [vc. dotta, lat. tardo *epigrammăticu(m)*, da *epigrămma* (genit. *epigrămmatis*); av. 1565] agg. (pl. m. *-ci*) *1* Di, relativo a epigramma. *2* (*est.*) Conciso e pungente: *motto, detto e.* || **epigrammaticaménte**, avv. Da epigramma, in modo epigrammatico.

epigrammatista [vc. dotta, gr. *epigrammatistḗs*, da *epígramma*, genit. *epigrámmatos* 'epigramma'; 1684] s. m. e f. (pl. m. *-i*) ● Epigrammista.

†epigrammatizzàre [vc. dotta, gr. *epigrammatízein* 'scrivere epigrammi (*epigrámmata*)'; 1869] v. intr. ● (*lett.*) Scrivere epigrammi.

epigrammista [var. di *epigramm(at)ista*; 1708] s. m. e f. (pl. m. *-i*) ● Scrittore di epigrammi. SIN. Epigrammatista.

epilatóre [dal fr. *epilatoire* da *épiler* 'depilare'; 1996] s. m. ● Rasoio elettrico usato per depilarsi.

epilatòrio [fr. *épilatoire*, da *épiler* 'depilare'] agg. ● Depilatorio.

epilazióne [fr. *épilation*, da *épiler* 'togliere (*é-*) i peli (ant. fr. *peils*)'] s. f. ● Depilazione.

epilessia [vc. dotta, lat. tardo *epilēpsia(m)*, dal gr. *epilēpsía*, da *epilambánein* 'attaccare (*lambánein*) sopra (*epí*)'; av. 1320] s. f. ● (*med.*) Sindrome cerebrale caratterizzata da crisi di convulsioni, spesso con perdita della coscienza. SIN. Mal caduco, morbo comiziale.

epilèttico [vc. dotta, lat. tardo *epilēpticu(m)*, dal gr. *epilēptikós* 'proprio dell'epilessia (*epilēpsía*)'; av. 1320] **A** agg. (pl. m. *-ci*) ● Di, relativo a, epilessia | ***Equivalente e.***, disturbo somatico o psichico che si manifesta al posto delle convulsioni. **B** agg.; anche s. m. (f. *-a*) ● Che (o Chi) è affetto da epilessia.

epilettifórme [vc. dotta, comp. di *epilett(ico)* e *-forme*; av. 1928] agg. ● Che ha sintomi simili a quelli dell'epilessia.

epilettòide [vc. dotta, comp. di *epilett(ico)* e *-oide*; 1951] **A** agg. ● Che è simile all'epilessia: *crisi e.* **B** agg.; anche s. m. e f. ● Che (o Chi) ha tendenza all'epilessia.

epilìmnio [comp. di *epi-* e un deriv. di *limno-*] s. m. ● (*biol.*) La zona superiore di un lago, spessa una decina di metri, dove sono massime l'attività assimilatrice dei vegetali e la concentrazione dell'ossigeno.

epillio [gr. *epýllion*, dim. (*-ýllion*) di *épos* 'racconto epico'] s. m. ● (*letter.*) Poemetto di carattere narrativo ed erudito sviluppatosi in età alessandrina.

epilòbio [vc. dotta, comp. di *epi-* e del gr. *lóbion*, dim. di *lóbos* 'lobo'; 1834] s. m. ● Pianta erbacea delle Enoteracee con infiorescenze rosee o bianche e frutto a capsula (*Epilobium*).

epilogaménto [av. 1311] s. m. ● (*raro*) Riepilogamento.

epilogàre [da *epilogo*; 1308] v. tr. (*io epìlogo, tu epiloghi*) ● (*raro*) Riepilogare.

†epilogatùra [sec. XIV] s. f. ● Epilogo.

†epilogazióne [av. 1311] s. f. ● Riepilogo.

epilogo [vc. dotta, lat. *epĭlogu(m)*, dal gr. *epílogos* 'discorso (*lógos*) aggiunto (*epí*), conclusivo'; 1354] s. m. (pl. *-ghi*) *1* Parte conclusiva di un dramma o di altre opere letterarie | Ultima parte di un'orazione. *2* (*est.*) Compimento, termine, conclusione: *l'e. di una storia, della guerra, della sommossa, delle trattative.*

epìmaco [vc. dotta, gr. *epímachos* 'facile ad attaccare', comp. di *epí* raff. e un deriv. di *máchē* 'battaglia'] s. m. (pl. *-chi*) ● Uccello tropicale dei Passeriformi che ha le due penne centrali della coda lunghissime (*Epimachus fastosus*).

epìmero [deriv. impropriamente da *epi-* e *-mero*] s. m. *1* (*chim.*) Composto organico, spec. uno zucchero, la cui formula di struttura differisce da quella di un suo simile solamente per la distribuzione spaziale dei sostituenti di uno degli atomi di carbonio che lo compongono. *2* (*anat.*) Porzione dorsale del mesoderma dalla quale derivano, tra l'altro, gli abbozzi delle vertebre, i muscoli del tronco e il derma di tale regione del corpo.

epinefrina [vc. dotta, comp. di *epi-*, *nefro-* e *-ina*] s. f. ● (*biol.*) Adrenalina.

epinicio [vc. dotta, lat. *epinīciu(m)*, dal gr. *epiníkion*, sottinteso *mélos*, '(canto) sopra (*epí*) la vittoria (*níkē*, di orig. sconosciuta)'; 1631] **A** s. m. ● Canto in onore di un vincitore negli agoni ginnici, tipico dell'antica poesia greca. **B** agg. ● Proprio di tale canto: *genere e.*

epiornite o **epiòrnite** [vc. dotta, comp. del gr. *aipýs* 'alto' e un deriv. di *órnis* 'uccello'] s. m. ● Grosso uccello fossile non volatore con robuste zampe a quattro dita (*Aepyornis*).

epiploon o **epiploo** [vc. dotta, gr. *epíploon*, comp. di *epí* 'sopra' e *ploos*, attinente a *pléō* 'fluttuo'] s. m. inv. ● (*anat.*) Omento.

epirogèneṣi o **epeirogèneṣi** [vc. dotta, comp. del gr. *épeiros* 'continente' e *genesi*] s. f. inv. ● (*geol.*) Complesso di lenti movimenti verticali che interessano le zone rigide della crosta terrestre.

epirogenètico agg. (pl. m. *-ci*) ● Relativo all'epirogenesi: *movimenti epirogenetici.*

epiròta [av. 1504] **A** agg. (pl. m. *-i*) ● Dell'antico Epiro. **B** s. m. e f. ● Abitante, nativo dell'antico Epiro.

epiròtico [1554] agg. (pl. m. *-ci*) ● Che si riferisce all'antico Epiro o ai suoi abitanti.

epirrèma [gr. *epírrēma* 'che sta sopra (*epí*) il discorso (*rêma*)'; 1834] s. m. (pl. *-i*) ● Nella commedia attica, serie di tetrametri trocaici di carattere e tono satirico o beffardo che il semicoro rivolgeva al pubblico.

episclerite [comp. di *epi-*, *scler(otica)* e *-ite* (*1*)] s. f. ● (*med.*) Infiammazione superficiale della sclerotica.

episcopàle [vc. dotta, lat. tardo *episcopāle(m)*, da *epĭscopus* 'vescovo'; 1304 ca.] agg. ● Vescovile: *giurisdizione, sede, sedia, capitolo e.* | ***Città e.***, ove risiede un vescovo | ***Chiesa e.***, Chiesa protestante anglicana degli Stati Uniti d'America, costituita come federazione di vescovi.

episcopaliàno agg. ● Che si riferisce alla dottrina o all'organizzazione della Chiesa episcopale.

episcopalismo [ingl. *episcopalism*, da *episcopal* 'episcopale'] s. m. *1* Dottrina ecclesiologica secondo la quale i vescovi radunati in concilio posseggono collegialmente un'autorità superiore a quella del Papa. SIN. Conciliarismo. *2* Dottrina che sostiene i diritti del vescovo contro il primato papale di giurisdizione e nega al pontefice il potere di limitarli o abrogarli.

episcopàto [vc. dotta, lat. tardo *episcopātu(m)*, da *epĭscopus* 'vescovo'; sec. XIII] s. m. *1* Ufficio, titolo e dignità di vescovo | Durata di tale ufficio. *2* Complesso dei vescovi: *l'e. cattolico*; *l'e. francese*. *3* (*raro*) Sede, curia vescovile.

episcopia [comp. di *epi-* e *-scopia*] s. f. ● (*fis.*) Proiezione di corpi opachi illuminati a luce riflessa.

episcòpico agg. (pl. m. *-ci*) ● Ricavato, ottenuto con episcopia: *proiezione episcopica*.

episcòpio (1) [vc. dotta, lat. tardo *episcŏpiu(m)*, da *epĭscopus* 'episcopo'; av. 1612] s. m. ● (*lett.*) Casa e curia vescovile.

episcòpio (2) [vc. dotta, comp. di *epi-* e *-scopio*; 1917] s. m. ● (*fis.*) Apparecchio per la proiezione di corpi opachi illuminati a luce riflessa.

episcopo [vc. dotta, lat. tardo *epĭscopu(m)*, dal gr. *epískopos*, originariamente 'ispettore, colui che guarda (dal v. *skopêin*) sopra (*epí*)'; sec. XIII] s. m. *1* Nell'antichità classica, ispettore straordinario che Atene inviava nelle città soggette con funzioni speciali. *2* †Vescovo.

episèma [vc. dotta, gr. *epísēm(a)* 'segno (*sêma*) posto sopra (*epí*)'] s. m. (pl. *-i*) *1* Motivo araldico che appare su stemmi di antiche città greche, monete o vasi decorati. *2* (*mus.*) Nella scrittura neumatica, segno che prescrive il prolungamento di durata del suono sopra il quale è posto.

episillogismo [comp. di *epi-* e *sillogismo*; av. 1855] s. m. ● (*filos.*) Sillogismo in cui una delle due premesse risulta essere la conclusione di un altro sillogismo.

episinalèfe [vc. dotta, lat. *epysinălīphe(n)*, dal gr. *episynaloiphḗ*, comp. di *epí* 'sopra' e *synaloiphḗ* 'sinalefe'; 1988] s. f. ● (*letter.*) Fenomeno della metrica moderna per cui la vocale finale di un verso e quella iniziale del successivo vengono conteggiate come un'unica sillaba; è un preziosismo stilistico piuttosto raro nella poesia italiana.

episiotomia [vc. dotta, comp. del gr. *epíseion* 'regione pubica' e del suff. *-tomia*] s. f. ● (*chir.*) Incisione laterale o mediale dell'orifizio vulvovaginale per facilitare il passaggio del feto durante il parto.

†episodiàre [da *episodio*; 1588] v. tr. e intr. ● Comporre un episodio | Tessere episodi, arricchire di episodi.

episodicità s. f. ● Caratteristica di ciò che è episodico.

episòdico [1576] agg. (pl. m. *-ci*) *1* Di episodio | Che riveste un carattere accidentale, occasionale, sporadico: *è soltanto un fatto e.* CONTR. Ricorrente, sistematico. *2* Di componimento che contiene molti episodi: *romanzo e.* | (*est.*) Frammentario: *narrazione episodica*. || **episodicaménte**, avv. Per episodi; in maniera occasionale.

†episodieggiàre v. intr. ● Fare episodi.

♦**episòdio** [vc. dotta, gr. *epeisódion* 'entrata (*eisódion*, comp. di *eis* 'verso' e *hodós* 'via') aggiuntiva (*ep(í)*)'; av. 1551] s. m. *1* Nella tragedia greca, scena o serie di scene comprese fra due stasimi. *2* In una composizione letteraria, azione accessoria collegata alla principale: *l'e. di Cloridano e Medoro nell'Orlando Furioso* | (*raro*, *gener.*) Parte di una composizione letteraria: *studiare alcuni episodi dell'Eneide*. *3* Avvenimento, vicenda: *un triste e. di cronaca*; *un e. della II guerra mondiale* | Fatto occasionale, di secondaria importanza: *quell'incontro è stato solo un e. nella sua vita*. *4* (*mus.*) Frammento accessorio di una forma musicale in più parti | Nella fuga, divertimento. *5* (*med.*) Manifestazione accessoria di una malattia. || **episodiàccio**, pegg. | **episodiètto**, dim. | **episodiùccio**, dim.

epispadia [comp. di *epi-* e del gr. *spân* 'lacerare'; 1834] s. f. ● (*med.*) Anomalia congenita caratterizzata dall'apertura dell'uretra sul dorso del pene.

epispàstico [vc. dotta, gr. *epispastikós* 'che tira (*spastikós* 'spastico') su (*epí*), che attira'; 1834] agg. (pl. m. *-ci*) ● Detto di rimedio che, applicato sulla cute, provoca vivo bruciore e vescicolazione.

epispèrma [vc. dotta, comp. di *epi-* e del gr. *spérma* 'seme'] s. m. (pl. *-i*) ● (*bot.*) Involucro esterno del seme.

epistaṣi [vc. dotta, gr. *epístasis* 'che si ferma (*stásis*) sopra (*epí*)'] s. f. inv. ● (*biol.*) Prevalenza, nel fenotipo, di un carattere sull'altro quando i geni non siano allelomorfi.

epistàssi [vc. dotta, gr. *epístaxis* 'gocciolamento', da *epistázein* 'che gocciola (*stázein*) sopra (*epí*)'; 1792] s. f. inv. ● (*med.*) Perdita di sangue dal naso.

epistate [vc. dotta, lat. *epistăte(m)*, dal gr. *epistátēs* 'che sta avanti o sopra (*epí*)'; 1834] s. m. ● Nell'antica Atene, funzionario con mansioni politiche, amministrative, giudiziarie, militari.

epistàttico agg. (pl. m. *-ci*) ● (*med.*) Di epistassi.

epistemàtico [vc. dotta, tratta dal gr. *epistḗmē* 'conoscenza' (propr. 'ciò che è posto sopra', comp. di *epí-* e *histánai* 'esser posto')] agg. (pl. m. *-ci*) *1* Deduttivo. *2* (*raro*) Relativo alla conoscenza scientifica.

epistème [gr. *epistḗmē* 'conoscenza' (V. *epistematico*)] s. m. o f. ● (*filos.*) Nella filosofia platonica, il sapere certo, spec. in contrapposizione all'opinione individuale | (*est.*) Scienza esatta.

epistèmico [av. 1910] agg. (pl. m. *-ci*) ● Che riguarda la conoscenza, la scienza esatta.

epistemologia [vc. dotta, comp. del gr. *epistḗmē* 'conoscenza' (V. *epistematico*) e *-logia*; 1933] s. f. *1* (*raro*) Teoria della conoscenza. *2* Filosofia della scienza | Riflessione intorno ai principi e al metodo della conoscenza scientifica. *3* (*psicol.*) ***E. genetica***, teoria di J. Piaget (1896-1980) che si propone di individuare le connessioni fra gli stadi dello sviluppo dell'intelligenza dell'individuo e l'evoluzione delle forme del pensiero nella storia dell'umanità.

epistemològico [1951] agg. (pl. m. *-ci*) ● Che concerne o interessa l'epistemologia.

epistemòlogo [1956] s. m. (f. *-a*; pl. m. *-gi*) ● Studioso di epistemologia.

epistìlio [vc. dotta, lat. tardo *epistўliu(m)*, dal gr. *epistýlion* 'che sta sopra (*epí*) la colonna (*stýlos*)'; av. 1465] s. m. ● Architrave.

epistola o †**epìstula**, †**pìstola** (3) [vc. dotta, lat. *epĭstola(m)*, dal gr. *epistolḗ* 'messaggio', da *epistéllein* 'ordinare (*stéllein*) sopra (*epí*) qualcosa'; av. 1292] s. f. *1* Componimento, in versi o in prosa, in forma di lettera, di contenuto e stile nobile ed elevato: *le epistole del Petrarca* | Composizione poetica di tipo lirico-didascalico, fiorita in Italia nei secc. XVIII e XIX: *il carme dei Sepolcri del Foscolo è un'e. a Pindemonte*. *2* Parte della Messa, nella quale il celebrante legge, prima del Vangelo, tratti delle Epistole degli Apostoli | Ognuna delle lettere indirizzate dagli Apostoli alle prime chiese cristiane o a fedeli di tali chiese, e facenti parte del canone del Nuovo Testamento | ***Dalla parte dell'e.***, a destra del celebrante. *3* (*scherz.*) Lettera prolissa e noiosa. || **epistolètta**, dim. | **epistolóna**, accr. | **epistolóne**, accr. m. | **epistolùccia**, dim.

epistolàre o †**pistolàre** [vc. dotta, lat. tardo *epistolāre(m)*, da *epĭstola* 'epistola'; 1497] agg. ● Di, da lettera: *corrispondenza, genere, stile e.* | ***Testamento e.***, redatto in forma di lettera | ***Romanzo e.***, in cui l'azione viene narrata attraverso lettere inviate dal personaggio principale o che i vari personaggi si scambiano tra loro. || **epistolarménte**, avv. In forma epistolare.

epistolàrio [vc. dotta, lat. tardo *epistolāriu(m)*, da *epĭstola* 'epistola'; av. 1311] s. m. *1* Libro che, nell'antica liturgia cattolica di rito latino, conteneva i tratti delle Epistole e del Vangelo da leggersi nelle messe quotidiane o solenni. *2* Raccolta delle lettere di un autore o di una persona illustre: *l'e. di Leopardi*; *e. di Cavour* | Opera che raccoglie tali lettere.

epistolografia [vc. dotta, comp. di *epistola* e *-grafia*; 1828] s. f. ● Arte dello scrivere lettere, spec. ufficiali o di argomento elevato | Insieme di tali lettere in un determinato periodo letterario: *l'e. politica rinascimentale*.

epistologràfico [1869] agg. (pl. m. *-ci*) *1* Relativo all'epistolografia: *genere e.* *2* (*lett.*) Epistolare. || **epistolograficaménte**, avv. Dal punto di vista epistolografico, secondo lo stile epistolografico.

epistològrafo [vc. dotta, comp. di *epistola* e *-grafo*, analogamente al gr. *epistolográphos*; av. 1810] s. m. (f. *-a*) ● Chi scrive epistole.

epistolóne ● V. *pistolone*.

epistrofe [vc. dotta, gr. *epistrophḗ* 'conversione', 'che si volge (*strophḗ*) in su (*epí*)'; 1745] s. f. ● (*ling.*) Epifora.

epistrofèo [vc. dotta, gr. *epistrophéus*, propr. 'vertebra che ruota sopra un'altra', comp. di *epí-* e *strophéus* 'cardine, ganghero' (da *stréphein* 'volgere', di etim. incerta); 1820] s. m. ● (*anat.*) Seconda vertebra cervicale. SIN. Asse (2). ➡ ILL. p. 2122 ANATOMIA UMANA.

†epistula ● V. *epistola*.

epitàffio o **epitàfio**, †**patàffio**, †**pitàffio** [vc. dotta, lat. *epităphiu(m)*, dal gr. *epitáphios* '(scritto, ma originariamente discorso) sopra (*epí*) la tomba (*táphos*)'; 1336 ca.] s. m. *1* Nell'antica Grecia, discorso pubblico in onore di un defunto. *2* Iscrizione celebrativa posta sulla tomba di un defunto: *un e. retorico*. *3* (*fig.*, *iron.*) Scritto confuso e retorico.

epitaffista o **epitafista** [vc. dotta, lat. tardo *epitaphĭsta(m)*, da *epităphius* 'epitaffio'] s. m. e f. (pl. m. *-i*) ● (*raro*) Compositore di epitaffi.

epitàfio e *deriv.* ● V. *epitaffio* e *deriv.*

epitàgma [vc. dotta, gr. *epítagma* 'corpo (*tágma*) sussidiario (*epí*)'; 1834] s. m. (pl. *-i*) ● Nell'antica falange greca, corpo dei fanti armati alla leggera e corpo dei cavalleggeri.

epitalàmico [av. 1722] agg. (pl. m. *-ci*) ● Proprio dell'epitalamio: *poesia epitalamica*.

epitalàmio [vc. dotta, lat. *epithalămiu(m)*, dal gr. *epithalámios*, sottinteso *hýmnos*, 'inno cantato in coro davanti (*epí*) alla camera nuziale (*thálamos*)'; sec. XIV] s. m. ● Componimento poetico in onore degli sposi: *gli epitalami di Callimaco, di Catullo*.

epitàlamo [comp. di *epi-* e *talamo*; 1931] s. m. ● (*anat.*) Parte dorsale del diencefalo, in cui è situata l'epifisi.

epitaṣi [vc. dotta, gr. *epítasis* 'distendimento, accrescimento'; 1549] s. f. inv. ● (*lett.*) Parte centrale del dramma greco dedicata al crescendo dell'azione.

epitassia o **epitàssi** [fr. *épitaxie*, comp. di *épi-* 'epi-' e *-taxie* (dal gr. *táxis*: V. *-tassi*)] s. f. ● (*miner.*) Crescita orientata di una sostanza cristallina su uno strato di una sostanza cristallina diversa.

epitassiàle [da *epitassia*] agg. ● (*miner.*) Ottenuto, prodotto mediante epitassi: *crescita e.*

epiteliàle [da *epitelio*; 1865] agg. ● (*anat.*) Di epitelio: *tessuto e.*

epitèlio [vc. dotta, comp. di *epi-* e un deriv. del gr. *thēlḗ* 'mammella'; 1828] s. m. ● (*anat.*) Tessuto caratterizzato da cellule strettamente addossate una all'altra: *e. di rivestimento*; *e. ghiandolare*.

epitelioma [vc. dotta, comp. di *epiteli(o)* e *-oma*; 1865] s. m. (pl. *-i*) ● (*med.*) Tumore maligno dell'epitelio cutaneo.

epitelioprotettivo [vc. dotta, comp. di *epitelio* e *protettivo*] agg. ● Che protegge gli epiteli: *la vitamina A è dotata di funzione epitelioprotettiva*.

epitelizzànte [da *epitelio*] A agg. ● Detto di farmaco o altra sostanza che favorisce l'accrescimento dell'epitelio su una superficie da cui è stato asportato per intervento chirurgico, trauma e sim. B anche s. m.

epitèma o **epìtema** [vc. dotta, lat. tardo *epĭthema(m)*, dal gr. *epíthēma* 'che è applicato, posto (*tithénai*) sopra (*epí*)'; 1623] s. m. (pl. *-i*) *1* †Ogni medicamento esterno, liquido, molle, secco. *2* (*bot.*) Nelle foglie, gruppo di particolari cellule prive di clorofilla aventi la funzione di secernere acqua. *3* (*mar.*; *raro*) Testata dell'albero, del calcese e sim.

epiteṣi [vc. dotta, gr. *epíthesis* 'il porre (*thésis*) sopra (*epí*)', 'sovrapposizione'; 1873] s. f. inv. *1* (*med.*) Correzione di un arto difettoso. *2* (*ling.*) Aggiunta di un fonema (spec. una vocale) non etimologico alla fine di una parola: *Or s'i' non procedesse avanti piùe* (DANTE *Par.* XIII, 88). SIN. Paragoge. *3* (*mar.*, *raro*) Testata, arrembo.

epitetàre [da *epiteto*; 1720] v. intr. (*io epiteto*; aus. *avere*) ● (*raro*, *lett.*) Arricchire di epiteti ben scelti e collocati.

epitètico [da *epitesi*; 1582] agg. (pl. m. *-ci*) ● (*ling.*) Di, relativo a, epitesi.

epiteto o †**pìteto** [vc. dotta, lat. *epĭtheto(n)*, dal gr. *epítheton* 'posto (dal v. *tithénai*) in aggiunta (*epí*)'; av. 1375] s. m. *1* (*ling.*) Sostantivo, aggettivo o locuzione che qualifica un nome indicandone le caratteristiche (ad es. *pieveloce*, che si unisce spesso ad 'Achille') | ***E. fisso***, che accompagna frequentemente un nome. ***2*** (*est.*) Titolo ingiurioso: *un e. irripetibile.* SIN. Insulto.

epitomàre [vc. dotta, lat. tardo *epitomāre*, da *epĭtoma*, forma parallela, latinizzata, di *epĭtome*; av. 1588] v. tr. (*io epìtomo*) ● Ridurre in epitome. SIN. Compendiare, riassumere.

epitomatóre [av. 1729] s. m. (f. *-trice*) ● Autore di un'epitome.

epìtome [vc. dotta, lat. *epĭtome(m)*, dal gr. *epitomḗ* 'tagliato (dal v. *témnein*) in superficie (*epí*)'; av. 1504] s. f. o †m. ● Compendio di un'opera di notevole vastità: *l'e. delle storie di Livio.*

epìtrito [vc. dotta, lat. tardo *epĭtritu(m)*, dal gr. *epítritos* '(uno) sopra (*epí*) il terzo (*trítos*)'; 1781] s. m. ● (*ling.*) Piede metrico della poesia greca e latina formato da quattro sillabe, di cui tre sono lunghe e una è breve.

epitròclea [comp. di *epi-* e *troclea*; 1834] s. f. ● (*anat.*) Rilievo osseo che sovrasta la troclea. ➡ ILL. p. 2122 ANATOMIA UMANA.

epìtrope [vc. dotta, lat. tardo *epĭtrope(n)*, propr. 'concessione', dal gr. *epitropḗ* 'azione di appellarsi a qualcuno', comp. di *epí* 'sopra, verso' (V. *epi-*) e *trépein* 'volgere' (forse d'orig. indeur.); 1834] s. f. ***1*** (*ling.*) Figura retorica per la quale l'oratore, confidando nella bontà della sua causa, mostra di rimettersi al giudizio del magistrato: *Signori giurati, io so che voi renderete alla luce e alla vita quest'uomo che ne è degno* (BACCHELLI). ***2*** Raccolta di decisioni relative a questioni morali o materiali della Chiesa ortodossa.

epìtropo [vc. dotta, lat. tardo *epĭtropo(n)*, dal gr. *epítropos* 'colui al quale è affidata la gestione di qlco.', da *epitropḗ* 'diritto di decidere' (V. *epitrope*); 1834] s. m. ***1*** Nell'antica Grecia, funzionario pubblico. ***2*** Nella Grecia medievale, magistrato con funzioni simili a quelle del giudice di pace.

†epìttima [variante di *epitema*; sec. XIV] s. f. ● (*raro*) Empiastro.

†epittimazióne [sec. XIV] s. f. ● Applicazione di epittime.

epizòo [vc. dotta, comp. di *epi-* e del pl. del gr. *zôion* 'animale'] s. m. ● Organismo che vive su altri animali senza esserne parassita.

epizootìa ● V. *epizoozia.*

epizoòtico [fr. *épizootique*, da *épizootie* 'epizootia'; 1785] agg. (pl. m. *-ci*) ● (*zoot.*) Di, relativo a, epizoozia.

epizoozìa o **epizootìa** [fr. *épizootie*, dal gr. *zō(i)ótēs* 'natura animale', da *zō(i)on* 'animale vivente' (V. *zoo-*), sul modello di *épidémie* 'epidemia'; 1785] s. f. ● Malattia diffusa fra un grande numero di animali e su un vasto territorio.

♦**època** [vc. dotta, gr. *epochḗ* (sottinteso *astérōn*) 'posizione (delle stelle)' (dal v. *epéchein* 'trattenere', 'tenere (*échein*) sopra (*epí*)'), come punto fermo nel computare il tempo; 1725] s. f. ***1*** Periodo storico di lunga durata, contrassegnato dagli avvenimenti storici, politici, culturali che in esso si sono verificati: *e. classica, napoleonica, risorgimentale* | (*est.*) Momento storico rilevante: *l'e. di Maometto* | ***Fare e.***, (*fig.*) essere degno di rilievo, essere memorabile: *uno scandalo che fece e.* | ***Le epoche della vita umana***, l'infanzia, la giovinezza, ecc. | ***Costume, vestiti d'e.***, antico | ***Dell'e.***, coevo. SIN. Età, evo. ***2*** (*est.*) Tempo, periodo: *l'e. della villeggiatura; a quell'e. ero uno studente; l'e. fortunata del mio Teatro* (GOLDONI). ***3*** Unità della cronologia geologica in cui viene suddiviso un periodo. ***4*** (*banca*) Data iniziale fissata per il calcolo di scadenza media o di interesse nei conti correnti.

epocàle [1965] agg. ● Che riguarda una data epoca, spec. in storiografia | (*iperb.*) Che inizia una nuova epoca, straordinario: *una svolta e.*

epochè [gr. *epochḗ* 'arresto', da *epéchein* 'trattenere, sospendere', 'tenere (*échein*) sopra (*epí*)'; av. 1667] s. f. ● Nella filosofia scettica, sospensione del giudizio | Nella filosofia fenomenologica di E. Husserl (1859-1938), atto con cui si mette fra parentesi il mondo, cioè si sospende qualsiasi giudizio nei riguardi dell'esistenza contingente.

epòdico [vc. dotta, gr. *epōdikós* 'relativo all'*epodo* (*epōdós*)'; av. 1638] agg. (pl. m. *-ci*) ● Che si riferisce all'epodo o che ne ha la forma | ***Sistema e.***, formato da un trimetro e da un dimetro giambici | Che contiene epodi: *raccolta epodica.*

epòdo, (*evit.*) **èpodo** [vc. dotta, lat. *epōdo(n)*, dal gr. *epōdós* 'canto (*ōdḗ*) aggiunto (*epí*, sottinteso nell'intervallo)'; 1587] s. m. ***1*** Secondo verso di un distico | Componimento in distici giambici, spec. usato nella poesia di argomento morale-satirico: *gli Epodi di Orazio; i giambi ed epodi del Carducci.* ***2*** Terza parte di una triade lirica di cui la prima parte è la strofe e la seconda l'antistrofe.

eponimìa [vc. dotta, gr. *epōnymía*, da *epṓnymos* 'eponimo'; 1942] s. f. ***1*** Presso gli antichi Greci e Romani, l'uso di indicare l'anno col nome del magistrato in carica. ***2*** (*est.*) Il designare un movimento, un periodo, un organo anatomico, una malattia e sim. col nome di un personaggio, di uno studioso, di uno scienziato e sim.

epònimo [vc. dotta, gr. *epṓnymos* '(dato) sopra (*epí*) il nome (*ónyma*, eolico per *ónoma*)'; av. 1604] agg.; anche s. m. (f. *-a*) ***1*** Nell'antica Grecia e a Roma, il magistrato che dava il nome all'anno: *arconte, console e.* ***2*** Che (o Chi) dà il nome a una città, a una famiglia, a un popolo, e sim. | (*est.*) Che (o Chi) dà il proprio nome a un periodo, un movimento, una raccolta di scritti e sim. o ne riassume le caratteristiche: *il Marino è l'e. del seicentismo in Italia.*

epopèa o **†epopèia** [vc. dotta, gr. *epopoiía*, da *epopoiiós* 'poeta epico', comp. di *épos* 'poesia', 'poema' e un deriv. da *poiêin* 'fare, creare'; av. 1563] s. f. ***1*** Poema epico | (*est.*) Genere letterario proprio delle narrazioni epiche | (*est.*) Insieme delle narrazioni epiche proprie di un popolo o di una letteratura, considerate nel loro aspetto contenutistico o stilistico: *l'e. anglosassone, omerica.* ***2*** (*est.*) Serie di fatti memorabili ed eroici: *e. garibaldina, napoleonica.*

†epopèico [vc. dotta, gr. *epopoiikós*, da *epopoiía* 'epopea'; 1588] agg. ● (*lett.*) Epico, eroico.

eporedièse o **eporediènse** [vc. dotta, lat. tardo *eporediēnse(m)*, da *Eporēdia*, nome lat. di Ivrea; 1860] **A** agg. ● Relativo a Ivrea. **B** s. m. e f. ● Abitante, nativo di Ivrea.

èpos [vc. dotta, lat. *ĕpos*, dal gr. *épos*, propr. 'parola', di orig. indeur.; av. 1842] s. m. inv. ● Leggenda epica | Complesso o ciclo di narrazioni epiche, relative a un popolo: *l'e. bretone, classico.*

epossìdico [da *epossido*] agg. (pl. m. *-ci*) ● (*chim.*) Detto di gruppo contenente un atomo di ossigeno in una struttura a ponte | Di sostanza o composto contenente uno o più gruppi epossidici | ***Resina epossidica***, materiale polimerico ottenuto polimerizzando uno o più monomeri di cui almeno uno contenente due o più gruppi epossidici.

epòssido [comp. di *ep(i)-* e *ossido*] s. m. ● (*chim.*) Composto che contiene un gruppo epossidico.

epòtide [vc. dotta, gr. *epōtídes* 'con orecchie (*ôta*) sovrapposte (*epí*)'; 1834] s. f. ● (*spec. al pl.*) Ciascuno dei due spuntoni anticamente collocati a prua della nave per concorrere all'urto insieme allo sperone.

epperò o **†e però** [comp. di *e(t)* (*1*) e *però*; sec. XIV] cong. ● (*lett.*) Perciò (con valore concl.): *e però tu te n'andrai prima* (BOCCACCIO).

♦**eppùre** [comp. di *e(t)* (*1*) e *pure*; av. 1311] cong. ***1*** Tuttavia, nondimeno (con valore avvers.): *non si decide a muoversi, e. sa che è tardi; e., vedete, la cosa è più facile che non sembri* (VERGA). ***2*** In frasi escl. ribadisce un concetto già espresso, rafforza un'obiezione, un rimprovero o esprime rammarico: *e. è così!; eppur si muove!; e. mi sembra chiaro!*

èpsilon [vc. dotta, gr. *è psilón* 'e semplice', perché non si scrive *ai*, che nel tardo gr. aveva assunto la stessa pronuncia; 1524] s. m. o f. inv. ● Nome della quinta lettera dell'alfabeto greco. CFR. Eta.

epsomìte [dal n. della località ingl. *Epsom*, dove per la prima volta fu preparato dall'acqua delle fonti minerali, e *-ite* (*2*); 1875] s. f. ● (*miner.*) Solfato idrato di magnesio in croste o masse compatte entro giacimenti di salgemma o di sali potassici.

èpta- [dal gr. *heptá* 'sette', di orig. indeur.] primo elemento (per assimilazione *etta-*) ● In parole composte della terminologia scientifica, significa 'sette': *eptagono, eptaedro*; in chimica, indica la presenza di 7 atomi o raggruppamenti atomici uguali: *eptano.*

eptacòrdo o **ettacòrdo** [vc. dotta, lat. tardo *heptachŏrdu(m)*, dal gr. *heptáchordos* 'di sette (*heptá*) corde (*chordái*)'; 1834] s. m. ***1*** (*mus.*) Antica lira fornita di sette corde. ***2*** (*mus.*) Nella musica greca, sistema di sette suoni.

eptaèdro ● V. *ettaedro.*

eptafònico [vc. dotta, comp. di *epta-* e *-fonico*] agg. (pl. m. *-ci*) ● (*mus.*) Eptatonico.

eptàgono e *deriv.* ● V. *ettagono* e *deriv.*

eptàno [ingl. *heptane*, dal gr. *heptá* 'sette'; chiamato così per il numero degli atomi di carbonio; 1917] s. m. ● (*chim.*) Idrocarburo alifatico saturo a sette atomi di carbonio, contenuto nel petrolio.

eptasìllabo [vc. dotta, lat. tardo *heptasȳllabu(m)*, comp. del gr. *heptá* 'sette' e *syllabḗ* 'sillaba' sul modello di *hendecasȳllabus* 'endecasillabo'; av. 1550] **A** s. m. ● (*raro*) Settenario. **B** anche agg.: *verso e.*

èptathlon /ˈɛptatlon/ o **èptatlon** [da *epta-* sul modello di *pentathlon*; 1964] s. m. inv. ● Gara atletica femminile comprendente sette prove (tre di corsa, due di salto e due di lancio).

eptatlèta [comp. di *ept(athlon)* e *atleta*] s. f. ● Atleta specializzata o partecipante a gare di eptathlon.

èptatlon ● V. *eptathlon.*

eptatònico [vc. dotta, comp. di *epta-* e *-tonico*] agg. (pl. m. *-ci*) ● (*mus.*) Detto della scala di sette suoni o gradi, che nella forma della scala diatonica è tipica delle culture evolute (fa sol la si do re mi). SIN. Eptafonico.

eptavalènte [comp. di *epta-* e *valente*] agg. ● (*chim.*) Detto di atomo o raggruppamento atomico che si può combinare con sette atomi di idrogeno | Detto di composto che nella molecola presenta sette identici gruppi funzionali.

eptemìmera ● V. *eftemimera.*

èptodo [vc. dotta, tratta dal gr. *heptá* 'sette', con riferimento al numero degli elementi che lo compongono, integrato dalla seconda parte di componenti della stessa serie (*anodo, catodo, elettrodo*, ecc.)] s. m. ● Tubo elettronico a sette elettrodi.

epùlide [vc. dotta, gr. *epoulís*, genit. *epoulídos* '(che si forma) sopra (*ep(í)*) la gengiva (*ôulon*)'; sec. XIV] s. f. ● (*med.*) Tumore connettivale benigno della gengiva.

epulóne [vc. dotta, lat. *epulōne(m)*, originariamente 'incaricato della preparazione del banchetto (*ĕpulae*) in onore di Giove'; av. 1498] s. m. ***1*** Presso i Romani, magistrato incaricato di provvedere ai banchetti sacri in onore di Giove e delle altre divinità. ***2*** (*scherz.*) Ghiottone, mangione.

†epulonésco [av. 1694] agg. ● Da epulone.

†epulonìsmo [av. 1698] s. m. ● Smodato uso di cibi, bevande e ricchi conviti.

epuràre [fr. *épurer*, comp. parasintetico di *pur* 'puro'; 1886] v. tr. ***1*** (*raro*) Liberare dalle impurità: *e. la benzina.* ***2*** (*fig.*) Sottoporre a epurazione: *e. la Pubblica Amministrazione; e. i funzionari inefficienti.*

epuràto [av. 1909] **A** part. pass. di *epurare*; anche agg. ● Nei sign. del v. **B** s. m. (f. *-a*) ● Chi è stato sottoposto a un procedimento di epurazione.

epuratóre [av. 1926] s. m. (f. *-trice*) ***1*** Chi è addetto alla depurazione di prodotti chimici, alimentari e sim. ***2*** Membro di una commissione di epurazione.

epurazióne [fr. *épuration*, da *épurer* 'epurare'; 1877] s. f. ***1*** (*raro*) Operazione dell'epurare | (*raro*) Cernita. ***2*** Serie di provvedimenti intesi ad estromettere da una collettività gli elementi ritenuti indegni di appartenervi, spec. per motivi politici: *le epurazioni dell'epoca staliniana* | Serie di provvedimenti presi per estromettere dall'Amministrazione statale i funzionari più compromessi con un regime precedente: *l'e. in Italia dopo la seconda guerra mondiale.*

equàbile [vc. dotta, lat. *aequābile(m)*, da *aequāre* 'equare'; 1308] agg. ***1*** (*raro*) Che si distribuisce egualmente, che è uniforme: *moto e.* ***2*** (*est., lett.*) Equo, giusto: *legge e.* ***3*** (*mus.*) Detto della scala temperata che, per dividersi in dodici intervalli uguali, assimila nella scala naturale i diesis delle note con i bemolli delle note seguenti e viceversa. CONTR. Enarmonico. || **equabilménte**, avv. (*raro*) In modo equabile.

equabilità [vc. dotta, lat. *aequabilitāte(m)*, da *aequābilis* 'equabile'; sec. XIV] s. f. ● (*lett.*) Caratteristica di ciò che è equabile.

equadorégno [formazione pseudo-sp. per lo sp. *ecuatoriano*] **A** agg. ● Dell'Ecuador. **B** s. m. (f. *-a*) ● Abitante, nativo dell'Ecuador. SIN. Ecuadoriano.

†equàle e *deriv.* ● V. *uguale* e *deriv.*

equalizzàre [ingl. *to equalize*, da *equal* 'uguale'] v. tr. ● (*raro*) Rendere uguale | Equilibrare.

equalizzatóre [vc. ingl. 'equilibratore'] **s. m.** ● (*mus., fis.*) In un sistema di riproduzione stereofonica del suono, apparecchio capace di attenuare o esaltare le diverse bande di frequenza separatamente, mediante comandi distinti, per ottimizzare il segnale acustico in relazione all'ambiente circostante.

equalizzazióne [ingl. *equalization*, da *to equalize*, 'pareggiare, uguagliare, livellare'] **s. f.** *1* Nella riproduzione del suono, operazione con la quale si attenuano o si esaltano singole bande di frequenza. *2* (*econ.*) Eliminazione di differenze ingiustificate di trattamento salariale o tributario tra varie categorie di lavoratori o contribuenti.

equànime o †**equànimo** [vc. dotta, lat. tardo *aequānime(m)*, dall'espressione corrente *āequo ănimo* 'di un animo (*ănimus*) uguale (*āequus*)'; av. 1292] **agg.** ● Sereno, giusto e imparziale: *essere, dimostrarsi e. nel giudicare*; *professore e.*; *giudizio, parere e.* || **equanimeménte**, **avv.**

equanimità o †**equanimitàde**, †**equanimitàte** [vc. dotta, lat. tardo *aequanimitāte(m)*, da *aequănimus* 'equanime'; sec. XIV] **s. f.** ● Caratteristica di chi (o di ciò che) è equanime. **SIN.** Giustizia, imparzialità.

†**equànimo** ● V. *equanime*.

†**equànte** [vc. dotta, lat. *aequānte(m)*, part. pres. di *aequāre* 'equare'; av. 1327] **A agg.** ● Che eguaglia. **B s. m.** ● (*astron.*) Nel sistema tolemaico, particolare punto interno al circolo eccentrico, dal quale il moto del pianeta appariva uniforme.

†**equàre** o †**eguàre** [vc. dotta, lat. *aequāre*, da *āequus* 'equo'; sec. XIV] **v. tr.** *1* Uguagliare, adeguare, proporzionare. *2* Spianare, pareggiare.

equatóre [vc. dotta, lat. tardo *aequatōre(m)* 'che rende eguali i giorni e le notti', deriv. del class. *aequāre* 'rendere uguale' (V. †*equare*); 1282] **s. m.** ● (*geogr.*) Circolo massimo equidistante dai due poli, che divide la Terra in due emisferi. **SIN.** Circolo equinoziale, linea equinoziale | ***E. celeste***, circolo massimo della sfera celeste i cui poli sono i poli celesti | ***E. termico***, linea che unisce i punti della superficie terrestre ove risulta massima la temperatura media annuale | ***E. magnetico***, luogo dei punti della superficie terrestre in cui è nulla l'inclinazione magnetica.

equatoriàle [prob. dal fr. *équatorial*, da *équateur* 'equatore'; 1800] **A agg.** ● Dell'equatore: *clima, fauna, foresta e.*; *piogge equatoriali*. **B s. m.** ● Telescopio mobile rispetto a due assi di cui uno parallelo all'asse di rotazione della Terra.

equazionàle [vc. dotta, ingl. *equational* 'divisa in due parti eguali', da *equation* 'equazione' nel senso orig. di 'eguagliamento'] **agg.** ● (*biol.*) Nella loc. ***divisione e.***, nella meiosi, la seconda divisione nucleare mediante la quale a ognuno dei gameti viene assegnato un ugual numero aploide di cromosomi, di norma metà di origine paterna e metà di origine materna. **CFR.** Riduzionale.

equazióne [vc. dotta, lat. *aequatiōne(m)* 'uguagliamento', da *aequāre* (V. †*equare*); av. 1320] **s. f.** *1* (*mat.*) Uguaglianza contenente una o più quantità variabili o incognite, verificata solo per particolari valori di queste: *e. algebrica, determinata, differenziale, impossibile, assurda*; *e. trascendentale, trigonometrica* | ***E. d'una curva***, ***d'una superficie***, condizione necessaria e sufficiente cui debbono soddisfare le coordinate d'un punto, affinché questo appartenga alla curva o alla superficie. *2* (*astron.*) ***E. del tempo***, differenza in tempo tra la culminazione del Sole medio e quella del Sole vero | ***E. della luce***, differenza tra l'istante in cui la luce viene emessa da un astro e quello in cui arriva all'osservatore. *3* (*chim.*) Rappresentazione simbolica della reazione chimica che indica l'eguaglianza stechiometrica fra le sostanze di partenza e quelle che si formano nel corso di una reazione. *4* (*fig., lett.*) Rapporto di corrispondenza, di uguaglianza. *5* †Computo, calcolo.

equèstre o †**equèstro** [vc. dotta, lat. *equĕstre(m)*, da *ĕquus* 'cavallo' (di orig. indeur.); sec. XIV] **agg.** *1* Di cavalieri, di cavalleria: *milizia, battaglia e.* | Di persona a cavallo: *statua e.* | ***Circo e.***, in cui si esibiscono, tra gli altri, dei cavallerizzi | ***Sport equestri***, quelli che si basano sull'impiego del cavallo, quali ippica, equitazione e polo | ***Ordine e.***, nella Roma antica, quello dei cavalieri forniti di particolare censo. *2* (*est.*) Cavalleresco: *onorificenza e.*

èqui- [lat. *aequi-* (da *āequus* 'uguale'; V. *equo*), che in parecchi comp. poetici o tecnici riproduce i corrispondenti gr. *iso-* e *homo-*] primo elemento ● In parole composte dotte, significa 'uguale': *equidifferenza, equidistare, equipartizione*.

equiàngolo [vc. dotta, lat. tardo *aequiăngulu(m)*, comp. di *āequus* 'uguale' e *ăngulus* 'angolo' sul tipo corrispondente gr. *isogōnios*; 1578] **agg.** ● Che ha gli angoli uguali: *triangolo, poligono e.*

equicrùre [vc. dotta, lat. tardo *aequicrūriu(m)*, comp. di *āequus* 'uguale' e *crūs*, genit. *crūris* 'gamba, lato' sul tipo del corrispondente gr. *isoskelḗs*; sec. XVI] **agg.** ● (*mat., raro*) Isoscele.

Èquidi [comp. del lat. *ĕqu(us)* 'cavallo' e *-idi*; 1875] **s. m. pl.** (**sing.** *-e*) ● Nella tassonomia animale, famiglia di Mammiferi dei Perissodattili che poggiano sul terreno con un solo dito dell'arto fornito di un robusto zoccolo (*Equidae*).

equidiàle [vc. dotta, lat. tardo *aequidiāle(m)*, comp. di *āequus* 'uguale' e *dīes* 'giorno' sul modello dell'equivalente gr. *isēmeros*; 1573] **agg.** ● Equinoziale.

equidifferènte [vc. dotta, comp. di *equi-* e *differente*; 1834] **agg.** ● (*mat.*) Ugualmente differente.

equidifferènza [vc. dotta, comp. di *equi-* e *differenza*] **s. f.** ● (*mat.*) Proprietà di equidifferente.

equidistànte [vc. dotta, lat. tardo *aequidistănte(m)*, comp. di *āeque* 'egualmente' e *dīstans*, genit. *distāntis* 'distante'; sec. XIV] **agg.** *1* (*mat.*) Ugualmente distante | ***Rette equidistanti***, rette parallele. *2* (*fig.*) Detto di chi (o di ciò che), tra opposte soluzioni, partiti, opinioni e sim., si mantiene in una posizione intermedia, di equilibrio. || **equidistanteménte**, **avv.** (*raro*) In modo equidistante.

equidistànza [da *equidistante*; av. 1519] **s. f.** *1* (*mat.*) Uguale distanza. *2* (*geogr.*) Costante differenza di livello fra una isoipsa e l'altra nella rappresentazione topografica di un rilievo. *3* (*est., fig.*) Posizione intermedia e imparziale: *atteggiamento di e.*; *e. politica*.

equidistàre [av. 1519] **v. intr.** (coniug. come *distare*; aus. *essere*; difett. del **part. pass.** e dei tempi composti) ● (*raro*) Essere a uguale distanza da qlco. rispetto a un punto di riferimento.

equilàtero [vc. dotta, lat. tardo *aequilătĕru(m)*, comp. di *āequus* 'uguale' e *lătus*, genit. *lăteris* 'lato' sul tipo dell'equivalente gr. *isópleuros*; sec. XIV] **agg.** ● Che ha i lati uguali: *poligono, triangolo e.* ➡ **ILL. geometria.**

equilibraménto **s. m.** *1* L'equilibrare. *2* (*mecc.*) Operazione con cui si ottiene l'equilibrio di un corpo rotante, modificando la distribuzione delle sue masse in modo che il baricentro si venga a trovare sull'asse di rotazione | (*autom.*) Equilibratura.

equilibràre [vc. dotta, lat. tardo *aequilibrāre* 'bilanciare (*librāre*) egualmente (*āeque*)'; 1631] **A v. tr.** ● Porre, tenere in equilibrio (*anche fig.*): *e. i due piatti della bilancia*; *e. le spese con le entrate*. **B v. rifl.** e **rifl. rec.** ● Mettersi, tenersi in equilibrio (*anche fig.*): *forze, argomenti che si equilibrano*; *equilibrarsi nelle spese*.

equilibràto [av. 1644] **part. pass.** di *equilibrare*; anche **agg.** *1* Che è in equilibrio: *carico non e.* *2* Che mostra equilibrio, uniformità, armoniosità e sim. fra le sue varie parti: *costruzione equilibrata*; *arredamento ben e.* *3* (*fig.*) Che dà prova di equanimità, ponderatezza, senso di moderazione: *giudizio e.*; *opinione, critica equilibrata*; *ragazzo e.* || **equilibrataménte**, **avv.**

equilibratóre [1855] **A agg.** (f. *-trice*) ● Che equilibra: *organo e.* **B s. m.** *1* (f. *-trice*) (*raro*) Chi equilibra (*spec. fig.*). *2* (*mecc.*) Organo atto a realizzare l'equilibrio | Negli orologi, strumento per controllare l'equilibrio del bilanciere. *3* (*aer.*) Parte mobile dell'impennaggio orizzontale, che serve a equilibrare l'aereo sul piano longitudinale, nel cabrare o picchiare. *4* (*mil.*) Congegno dell'affusto di artiglieria che serve a mantenere bilanciata, facilitandone il puntamento, la bocca da fuoco.

equilibratùra [1938] **s. f.** ● (*autom.*) Operazione consistente nell'applicare sul cerchio della ruota di un autoveicolo piccoli pesi di piombo per compensare le irregolarità di distribuzione delle masse di gomma nel copertone.

♦**equilìbrio** o †**equilìbro** [vc. dotta, lat. tardo *aequilĭbriu(m)*, comp. di *āequus* 'uguale' e un deriv. da *lĭbra* 'bilancia', come il corrispondente modello gr. *isostathmía*; 1581] **s. m.** *1* (*fis.*) Stato di un corpo che si verifica quando le risultanti delle forze applicate e dei loro momenti sono nulle | ***E. stabile***, ***instabile***, secondo che il corpo, spostato di poco dalla sua posizione, vi ritorna o si allontana di più | ***E. indifferente***, se rimane fermo in qualsiasi posizione | ***E. statico***, ***dinamico***, secondo che, fra le forze applicate, non si considerino oppure si considerino anche quelle di inerzia. *2* Correntemente, stato di un corpo che, posto in bilico, si regge dritto per contrappeso: *stare, mettersi in e.* | ***Perdere l'e.***, non reggersi in piedi e cadere | ***Asse di e.***, V. *asse* | ***Giochi d'e.***, V. *gioco*, nel sign. 1. *3* (*chim.*) ***E. chimico***, lo stabilirsi di condizioni stazionarie fra le sostanze di partenza e quelle che si formano nel corso di una reazione. *4* (*fig.*) Armonica proporzione fra le componenti di qlco.: *l'e. di una costruzione*. *5* (*fig.*) Convivenza e conciliazione di forze, elementi, atteggiamenti e sim., contrastanti: *l'e. politico fra le grandi potenze*; *tendere all'e. economico* | Capacità di comportarsi con misura, controllo di sé e sim.: *in quell'occasione dimostrò un grande e.*

equilibrìsmo [1901] **s. m.** *1* Arte dell'equilibrista | Giochi d'equilibrio. *2* (*fig.*) Capacità di destreggiarsi con abilità non sempre irreprensibile, in modo da superare vantaggiosamente difficoltà, contrasti, pericoli e sim.: *e. politico*.

equilibrìsta [fr. *équilibriste*, da *équilibre* 'equilibrio'; 1892] **s. m.** e **f.** (**pl. m.** *-i*) *1* Artista di circo o varietà specialista in giochi d'equilibrio. *2* (*fig.*) Chi è particolarmente abile nel destreggiarsi in situazioni difficili, spec. in politica.

†**equilìbro** ● V. *equilibrio*.

equinìsmo [da *equino*, perché ricorda il movimento delle zampe del cavallo] **s. m.** ● (*med.*) Grave anomalia del piede per cui la punta è volta verso il basso, mentre il tallone resta sollevato, dovuta spec. a paralisi dei muscoli anteriori della gamba.

equìno [vc. dotta, lat. *equīnu(m)*, da *ĕquus* 'cavallo' (V. *equestre*); 1499] **A agg.** *1* Di cavallo: *razza equina*; *carne equina*. *2* (*med.*) Detto di piede affetto da equinismo. **B s. m.** ● Ogni animale appartenente alla famiglia degli Equidi.

equinoziàle [vc. dotta, lat. *aequinoctiāle(m)*, da *aequinŏctium* 'equinozio'; av. 1320] **agg.** ● Attinente all'equinozio | ***Punti equinoziali***, in cui avvengono gli equinozi.

equinòzio [vc. dotta, lat. *aequinŏctiu(m)*, comp. di *āequus* 'uguale' e *nŏx*, genit. *nŏctis*, come l'equivalente gr. *isonýktion*; av. 1292] **s. m.** ● (*astron.*) Istante in cui il Sole, muovendosi sull'eclittica, si trova esattamente sull'equatore, cioè a uno dei due nodi della sua orbita rispetto all'equatore celeste | ***E. di primavera***, il 21 marzo | ***E. d'autunno***, il 23 settembre.

equipaggiaménto [1780] **s. m.** *1* L'equipaggiare, l'equipaggiarsi. *2* Complesso degli indumenti, mezzi, impianti, materiali, apparati e sim. necessari per una determinata attività: *l'e. di un esercito, di un atleta*; *e. fisso, mobile*; *e. radio, radar*; *e. militare, di salvataggio*.

equipaggiàre ● [da *equipaggio*; 1780] **A v. tr.** (*io equipàggio*) ● Fornire dei materiali, degli uomini, dei mezzi necessari a una determinata attività: *e. una nave*; *e. l'esercito, una spedizione, una macchina*. **B v. rifl.** ● Prendere con sé ciò che serve a una determinata attività, a un determinato scopo: *equipaggiarsi per la montagna, per l'inverno*.

equipaggiàto [av. 1816] **part. pass.** di *equipaggiare*; anche **agg.** ● Fornito di quanto è necessario.

♦**equipàggio** [fr. *équipage*, da *équiper* 'fornire del necessario', originariamente 'provvedere un'imbarcazione dell'occorrente' dall'ant. nordico *skipa*, che ha quest'ultimo sign.; 1644] **s. m.** *1* L'insieme del personale, sottufficiali e marinai, imbarcato su una nave militare o mercantile, agli ordini degli ufficiali di bordo | (*est.*) Insieme delle persone che provvedono alla guida e al funzionamento di vari mezzi di locomozione: *e. di un aereo, di un'auto da corsa, di un bob, di una imbarcazione da canottaggio*. *2* (*raro*) Tutto ciò che occorre per viaggiare a un gruppo di persone | (*raro*) Corredo. *3* †Abbigliamento, addobbo (*anche fig.*). *4* (*raro, scherz.*) Maniera in cui una persona è vestita. *5* (*lett.*) Carrozza signorile: *vedemmo, affacciati alla finestra, fermarsi davanti al portone di casa nostra uno strano e.* (SABA) | L'insieme dei cavalli e dei servitori addetti a tale carrozza. *6* (*elettr.*) Organo mobile di un apparecchio di misura.

equiparàbile [vc. dotta, lat. *aequiperābile(m)*, da *aequiperāre* 'equiparare'; 1869] agg. ● Che si può equiparare.

equiparàre o †**equiperàre** [vc. dotta, lat. *aequiperāre*, prob. da **aequĭperus*, comp. di *āequus* 'uguale' e *-parus* dal v. *pārere* 'partorire, produrre'; av. 1375] v. tr. (*io equipàro* o *equìparo*) ● Pareggiare, ridurre alla pari: *e. il trattamento economico di tutti i dipendenti* | Comparare: *e. le qualità di due persone*.

equiparàto [av. 1375] part. pass. di *equiparare*; anche agg. ● Pareggiato, considerato di pari valore.

equiparaziòne [vc. dotta, lat. tardo *aequiperatiōne(m)*, da *aequiperāre* 'equiparare'; av. 1673] s. f. ● L'equiparare | Pareggiamento.

equipartiziòne [comp. di *equi-* e *partizione*; 1929] s. f. ● Equa divisione e assegnazione.

équipe /*fr.* e'kip/ [vc. fr., originariamente 'equipaggio' (V.); 1908] s. f. inv. *1* (*sport*) Squadra. *2* Gruppo di persone operanti insieme per uno stesso fine: *un'équipe di ricercatori*.

†**equiperàre** ● V. *equiparare*.

equipollènte [vc. dotta, lat. tardo *aequipollĕnte(m)*, comp. di *āequus* 'uguale' e *pŏllens*, genit *pollĕntis*, part. pres. di *pollēre* 'essere forte, dominare', sul tipo del corrispondente gr. *isodýnamos*; sec. XIV] agg. *1* (*spec. bur.*) Equivalente quanto al valore o agli effetti | ***Proposizioni equipollenti***, che con diversi vocaboli dicono la stessa cosa | ***Titoli equipollenti***, documenti non uguali nella forma, ma nel valore intrinseco, rispetto a ciò che attestano. *2* (*ling.*) ***Opposizione e.***, in cui l'elemento distintivo è differente in ciascuno dei due fenomeni. *3* (*arald.*) Detto dei nove scacchi che compongono uno scudo, cinque dei quali di uno smalto e quattro di un altro. || †**equipollentemènte**, avv. (*raro*) Con equipollenza.

equipollènza [da *equipollente*; 1585] s. f. *1* (*spec. bur.*) Equivalenza di forza, potenza o valore. *2* Nella logica, coincidenza di due enunciati nel loro valore di verità.

†**equiponderànza** [av. 1519] s. f. ● Equivalenza di peso.

†**equiponderàre** [vc. dotta, tratta dal lat. *aequipŏnderus* 'di uguale (*āequus*) peso (*pŏndus*, genit. *pŏnderis*)'; av. 1647] v. tr. e intr. ● (*raro*) Pesare egualmente.

equipotènte [comp. di *equi-* e *potente*; av. 1956] agg. ● (*mat.*) Detto di ognuno di due insiemi che hanno la stessa potenza.

equipotenziàle [vc. dotta, comp. di *equi-* e *potenziale*] agg. ● (*fis.*) Detto di linee e superfici aventi lo stesso potenziale.

equiprobàbile [vc. dotta, comp. di *equi-* e *probabile* sul modello dell'ingl. *equiprobable*; 1968] agg. ● (*stat.*) Che ha uguale grado di probabilità.

equipùnto [comp. di *equi-* e *punto*] s. m. ● (*miner.*) In un reticolo cristallino, ogni punto identico a quello preso come origine.

Equisetàcee [comp. di *equiset(o)* e *-acee*] s. f. pl. (sing. *-a*) ● Nella tassonomia vegetale, famiglia di piante terrestri o palustri comprendente gli equiseti (*Equisetaceae*).

equisèto [vc. dotta, lat. *equis(ă)etu(m)*, comp. di *ĕquus* 'cavallo' e *sāeta* 'crine', così detta per il suo aspetto; av. 1590] s. m. ● Pianta rizomatosa delle Equisetacee con fusto aereo articolato e foglie connate in verticilli (*Equisetum*) | ***E. arvense***, coda cavallina. ➡ ILL. **piante**/1.

equisonànza [vc. dotta, lat. tardo *aequisonăntia(m)* 'che suona (*sŏnans*, genit. *sonăntis*, part. pres. di *sonāre*) uguale (*āequus*)'; av. 1754] s. f. ● (*mus., raro*) Eguaglianza o analogia di suono tra due note.

equisono [vc. dotta, lat. tardo *aequisŏnu(m)*, comp. di *āequus* 'uguale' e *sŏnus* 'suono' come il gr. *isóphthongos*; 1834] agg. ● (*raro*) Di uguale suono.

equità o †**equitàde**, †**equitàte** [vc. dotta, lat. *aequitāte(m)*, da *āequus* 'uguale'; av. 1292] s. f. *1* (*dir.*) Applicazione della norma giuridica secondo giustizia, cioè tenendo conto delle concrete circostanze non previste dalla legge. *2* (*est.*) Giustizia, imparzialità: *decidere con e.*

†**equitàre** [vc. dotta, lat. *equitāre*, da *ĕques*, genit. *ĕquitis* 'equite, cavaliere'; av. 1488] v. intr. ● Cavalcare.

†**equitàte** ● V. *equità*.

equitativo [da *equita(te)*; 1803] agg. ● (*raro*) Dettato da equità: *giudizio e.* || **equitativamènte**, avv.

†**equitatóre** [av. 1893] s. m. ● Cavalcatore.

equitaziòne [vc. dotta, lat. *equitatiōne(m)*, da *equitāre* '†equitare'; 1797] s. f. ● Complesso degli insegnamenti e delle tecniche relative all'arte di cavalcare: *scuola di e.* | Attività agonistica a cavallo. ➡ ILL. p. 2152 SPORT.

EQUITAZIONE E IPPICA
nomenclatura

equitazione e ippica

● *equitazione*: di scuola, da campagna; alta scuola, lavoro alla corda, cavalletto, passo, trotto (di scuola, battere la sella), trotto veloce, galoppo; appoggiata, dressage, arie, canter, capriola, ciambella, levata, mezza volta, passage, piroetta, serpentina; concorso ippico, eventing, prova di potenza, rifiuto; capezzone, longhina, martingala;

● *ippica*: ippodromo (tabellone delle partenze, totalizzatore, tribune coperte, apparecchio per le partenze = starting gate, nastri), maneggio, galoppatoio, trottatoio, scuderia (box, bilancia, paddock = recinto per cavalli, ring); oxer, abbuono, handicap (ascendente, discendente); piazzamento;

● *persone*: fantino (giubba), driver, jockey, amazzone, stalliere, mossiere = starter, allibratore = bookmaker;

● *scommesse*: accoppiata, piazzata, singola sul piazzato, vincente, singola sul vincente, duplice vincente, tris, trio, multiplo, totalizzatore;

● *cavalli*: puledro, purosangue, trottatore, sulky, yearling, top weight, miler, maiden, outsider, favorito, crack; pedigree; andatura, incollatura, lunghezza, rompere;

● *competizioni*: gran premio, corsa (al trotto, al galoppo, piana, a ostacoli), oaks, omnium, walk-over, criterium, cross-country, steeplechase, derby, concorso ippico.

†**èquite** [vc. dotta, lat. *ĕquite(m)*, da *ĕquus* 'cavallo', perché originariamente 'cittadino tenuto a servire nella cavalleria'; 1499] s. m. ● Cavaliere dell'ordine, originariamente militare, di guardie reali, poi di un ordine di cittadini con determinato censo e particolari insegne.

equivalènte [1342] **A** part. pres. di *equivalere*; anche agg. ● Che ha uguale valore: *titoli equivalenti* | (*mat.*) ***Figure piane equivalenti***, d'ugual area | ***Solidi equivalenti***, di ugual volume. || **equivalentemènte**, avv. (*raro*) In modo equivalente. **B** s. m. *1* Valore uguale, somma di uguale valore: *dare l'e. in merci, in derrate*. *2* (*chim.*) Frazione del peso atomico di un elemento che sostituisce o si combina con un atomo di idrogeno.

equivalènza [da *equivalente*; 1385] s. f. *1* Condizione o proprietà di ciò che è equivalente. *2* (*mat.*) Qualsiasi relazione che sia riflessiva, simmetrica e transitiva.

equivalére [vc. dotta, lat. tardo *aequivalēre*, comp. del lat. *āequus* 'uguale' e *valēre* 'valere'; av. 1533] **A** v. intr. (coniug. come *valere*; aus. *essere* e *avere*) (+ *a*) ● Essere di ugual valore, significato o efficacia: *questo discorso equivale a una sfida*. **B** v. rifl. rec. ● Avere lo stesso valore, la stessa importanza, lo stesso significato e sim.: *questi due quadri si equivalgono*; *concetti che si equivalgono*.

equivàlso part. pass. di *equivalere* ● Nei sign. del v.

†**equivelóce** [vc. dotta, comp. di *equi-* e *veloce*; 1679] agg. ● Uguale nella velocità.

†**equivelocità** [vc. dotta, comp. di *equi-* e *velocità*; av. 1673] s. f. ● Uguaglianza nella velocità.

†**equivocàle** [1618] agg. ● Di equivoco.

†**equivocaménto** [av. 1321] s. m. ● Equivoco.

equivocàre [vc. dotta, lat. tardo *aequivocāre*, da *aequĭvocus* 'equivoco'; 1321] v. intr. (*io equìvoco, tu equìvochi*; aus. *avere*) ● Sbagliarsi nell'interpretare il significato di un discorso o di un'espressione o nel valutare qualcosa: *credo che tu stia equivocando*; *hai equivocato su quel che ho detto*.

†**equivocaziòne** [vc. dotta, lat. tardo *aequivocatiōne(m)*, da *aequivocāre* 'equivocare'; av. 1406] s. f. *1* Equivoco: *occasione a molte fallacie e equivocazioni* (GALILEI). SIN. Sbaglio. *2* (*filos.*) Ambiguità che deriva dall'uso dello stesso termine per denotare cose diverse.

†**equivochésco** [1618] agg. ● Che ha dell'equivoco.

equivocità [1869] s. f. ● Caratteristica di equivoco.

equìvoco [vc. dotta, lat. tardo *aequĭvocu(m)*, comp. di *āequus* 'uguale' e *vŏx*, genit. *vŏcis* 'voce' sul tipo del corrispondente gr. *homōnymos*; av. 1498] **A** agg. (pl. m. *-ci*) *1* Che si può intendere in modi diversi: *frase, risposta equivoca*; *parole equivoche*; SIN. Ambiguo | ***Rima equivoca***, formata da parole di egual suono e di diverso significato. *2* (*fig.*) Che desta sospetto: *condotta equivoca* | Di moralità incerta: *donna equivoca* | ***Condizione equivoca***, di chi vive con mezzi oscuri, loschi. SIN. Ambiguo, dubbio, losco. || **equivocaménte**, avv. **B** s. m. *1* Interpretazione erronea: *a scanso di equivoci, ascoltatemi con attenzione*; *cadere in un e.* | Confusione, errore: *dare adito a equivoci* | (*est.*) Ambiguità, malinteso: *abbiamo chiarito ogni e.* *2* †Vocabolo di diversi significati.

†**equivocóso** [av. 1667] agg. ● Dubbio, incerto, oscuro.

èquo (**1**) [vc. dotta, lat. *āequu(m)*, di etim. incerta; 1499] **A** agg. *1* Che ha il senso della misura e della moderazione, che è giusto e imparziale: *giudizio e.* | ***Patto e.***, ***condizioni eque***, in cui i vantaggi e gli svantaggi si equilibrano | (*est.*) Onesto, proporzionato: *prezzo, compenso e.* *2* Adeguato alle possibilità e alle concrete esigenze: *condizioni eque*; *affitto e.* | ***E. canone***, canone di affitto stabilito da una apposita legge che disciplina le locazioni degli immobili urbani. || **equaménte**, avv. **B** s. m. ● (*raro*) Ciò che è giusto: *l'e. e l'onesto*.

†**èquo** (**2**) [vc. dotta, lat. *ĕquu(m)*, di orig. indeur.; sec. XIV] s. m. ● Cavallo.

equocanonista [da *equo canone*] s. m. e f. (pl. m. *-i*) ● (*dir.*) Chi è esperto nella valutazione dell'equo canone.

equòreo [vc. dotta, lat. *aequŏreu(m)*, da *āequor*, genit. *āequoris* 'mare', ma propr. 'superficie piana, uguale (*āequus*)'; 1562] agg. ● (*lett.*) Del mare: *nell'e. seno* (LEOPARDI).

♦**èra** (**1**) [vc. dotta, lat. tardo *āera(m)* 'numero, cifra', poi 'data dalla quale si inizia a contare gli anni', originariamente pl. di *āes*, genit. *āeris*, nel senso di 'denaro', 'quantità'; av. 1574] s. f. *1* Periodo di tempo il cui inizio è contrassegnato da un avvenimento di particolare importanza a partire dal quale vengono computati gli anni: *l'era di Roma*; *l'era musulmana* | ***Era di Cristo***, ***era volgare***, sistema di indicazione degli anni secondo il quale la nascita di Cristo è stabilita al 25 dicembre del 753 dalla fondazione di Roma | (*est.*) Periodo storico caratterizzato da particolari avvenimenti: *era atomica, missilistica*. *2* (*geol.*) L'unità più generale in cui si suddivide il tempo geologico, e che a sua volta può suddividersi in periodi: *la più antica era geologica è stato l'archeozoico*. ➡ TAV. **geologia**.

èra (**2**) ● V. *essere* (*1*).

eracleènse [av. 1527] agg. ● Di Eraclea, città della Magna Grecia.

eracliàno agg. ● Di Eraclio (575-641), imperatore d'Oriente.

eraclitèo [1843] agg. ● Del filosofo greco Eraclito (550 ca.-480 ca. a.C.) di Efeso.

eraclitìsmo [av. 1952] s. m. *1* Dottrina del filosofo greco Eraclito di Efeso, che sosteneva la tesi dell'eterno divenire. *2* (*est.*) Ogni concezione che si rifà alla dottrina di Eraclito.

†**eradicàre** [vc. dotta, lat. tardo *eradicāre*, da *rādix*, genit. *radīcis* 'radice' con *ex-* sottratt.; av. 1311] v. tr. ● Sradicare: *era sì fisso … el desiderio … che nessuna mansuetudine … bastava a eradicarlo* (GUICCIARDINI).

†**eradicativo** [av. 1698] agg. ● Atto a eradicare.

eradicaziòne [1788] s. f. *1* †L'eradicare. *2* Eliminazione definitiva di una malattia su un intero territorio o su scala mondiale.

èrano ● V. *essere* (*1*).

erariàle [da *erario*; av. 1835] agg. ● Proprio dell'erario: *amministrazione e.*; *spese, imposte erariali*.

eràrio [vc. dotta, lat. tardo *aerāriu(m)*, da *āes*, genit. *āeris*, originariamente 'rame, bronzo', poi 'denaro, tesoro (dello Stato)'; av. 1292] s. m. *1* (*st.*) Nell'antica Roma, il denaro pubblico | Luogo in cui tale denaro si conservava. *2* L'amministrazione finanziaria dello Stato: *gli introiti, le spese dell'e.*; *devolvere all'e. le proprie sostanze*. *3* †Tesoriere.

eraşmiàno [1545] agg. ● Proprio dell'umanista Erasmo da Rotterdam (1466 o 1469-1536) | ***Pronuncia erasmiana***, pronuncia del greco classico per cui i dittonghi si pronunciano come tali, e la lettera η (eta) ha il valore di *e*. CFR. Etacismo. CONTR. Reuchliniano.

eràşo [lat. *erāsu(m)*, part. pass. di *erādere*, comp. di *ex-* sottratt. e *rādere* 'radere' (V.)] agg. ● Raso, raschiato via, detto spec. di scrittura, titolo e sim. su codici pergamenacei.

erastianişmo o **erastianéşimo** [dal n. del teologo svizzero Tommaso *Erasto* (1524-1583)] s. m. ● Dottrina teologico-politica che subordina il potere della Chiesa a quello dello Stato.

eravàmo ● V. *essere* (*1*).

♦**èrba** [lat. *hĕrba(m)*, di etim. incerta; av. 1226] **A** s. f. **1** Pianta di altezza gener. limitata con fusto verde e mai legnoso | ***E. acciuga***, origano | ***E. aglina***, cicuta minore | ***E. amara***, balsamite, erba di S. Pietro | ***E. argentata***, driade | ***E. bacaia***, delle Papilionacee con fiori bianchi o gialli a stendardo striato di rosso (*Ononis natrix*) | ***E. baccellina***, ginestrella | ***E. bozzolina***, (*tosc.*) bambagiona | ***E. brusca***, acetosa | ***E. calderina***, delle Composite, ricoperta di peli con capolini formati solo da fiori tubulari (*Senecio vulgaris*) | ***E. cali***, cali | ***E. cariofillata***, garofanaia | ***E. cicutaria***, delle Geraniacee con foglie pennatosette e fiori rosei riuniti in infiorescenze (*Erodium cicutarium*) | ***E. cipollina***, V. *cipollina* | ***E. cipressina***, delle Euforbiacee con rizoma strisciante e fiori in ombrelle terminali (*Euphorbia cyparissias*) | ***E. codina***, delle Graminacee ottima foraggera (*Alopecurus agrestis*) | ***E. cornetta***, emero | ***E. da calli***, delle Grassulacee con fusti eretti, foglie carnose e fiori bianchi o porporini in corimbi (*Sedum telephium*) | ***E. da gatti***, maro | ***E. da porri***, celidonia | ***E. da spazzole***, delle Graminacee le cui radici fibrose si usano per fabbricare spazzole (*Chrisopogon gryllus*) | ***E. dei camosci***, nardo celtico | ***E. dei pidocchi***, stafisagria | ***E. del cucco***, delle Cariofillacee con fiori il cui calice forma un piccolo otre aperto alla sommità (*Silene inflata*) | ***E. della regina***, tabacco | ***E. di S. Pietro***, erba amara | ***E. fava***, favagello | ***E. forbicina***, delle Composite con fusto angoloso e fiori gialli (*Bidens tripartita*) | ***E. fragolina***, sanicola | ***E. fumaria***, adoxa | ***E. galletta***, specie di latiro perenne, con un solo paio di foglioline lanceolate e fiori gialli, comune nei prati e nelle siepi. SIN. Latiro dei prati (*Lathyrus pratensis*) | ***E. gatta***, gattaia | ***E. ginestrina***, vecciarino | ***E. guada***, guaderella | ***E. limoncina***, cedrina | ***E. lucciola***, delle Giuncacee con fiori bianco-argentei e foglie con lunghi peli bianchi ai margini (*Luzula nivea*) | ***E. Luisa***, cedrina | ***E. luiula***, acetosella | ***E. lupa***, delle Orobancacee di color giallo rossastro, parassita delle Composite (*Orobanche major*) | ***E. mazzolina***, pannocchina | ***E. medica***, delle Papilionacee a foglie composte di tre foglioline (*Medicago sativa*) | ***E. miseria***, miseria | ***E. morella***, morella | ***E. nocca***, delle Ranuncolacee, velenosa con foglie composte peduncolate alla base, sessili superiormente e fiori verdi o rossastri (*Helleborus viridis*) | ***E. paris***, uva di volpe | ***E. perla***, nome di alcune piante erbacee delle Borraginacee i cui frutti sono acheni piccoli, duri e biancastri (*Buglossoides, Lithodora, Lithospermum, Neatostema*) | ***E. pesce***, felce acquatica con foglie distiche, inferiormente rossastre e pelose (*Salvinia natans*) | ***E. pignola***, delle Crassulacee con radici sottili e foglie carnose di sapore piccante (*Sedum acre*) | ***E. puzza***, elleboro fetido | ***E. quattrina***, nummularia | ***E. rogna***, erba viperina | ***E. ruggine***, cedracca | ***E. saetta***, acquatica delle Alismatacee a foglie eteromorfe immerse nastriformi, galleggianti a cuore, emerse a saetta (*Sagittaria sagittaefolia*) | ***E. seta***, vincetossico | ***E. spagna***, erba medica | ***E. stella***, alchimilla | ***E. strega***, licopodio | ***E. tortora***, delle Borraginacee con foglie biancastre ricoperte di peluria (*Cerinthe minor*) | ***E. trinità***, epatica | ***E. vellutina***, cinoglossa | ***E. vescica***, utricolaria | ***E. vetriola***, parietaria | (*fig.*) ***Fare di ogni e. un fascio***, mettere insieme alla rinfusa e senza distinzione | ***Non è e. del suo orto***, (*fig.*) non è farina del suo sacco | (*fig., scherz.*) ***L'e. voglio non cresce neanche nel giardino del re***, con riferimento a desideri, spec. infantili, espressi con capricciosa ostinazione. ➡ ILL. **piante**/2, 10. **2** Complesso delle piante erbacee che crescono spec. spontaneamente su un terreno: *sedere, sdraiarsi sull'e.* | ***Fare l'e., andare a e.***, raccoglierla in quanto nociva alle colture o per darla al bestiame | ***Tenere, mettere, mandare a e. il bestiame***, al pascolo. **3** (*gerg.*) Marijuana: *fumare l'e.* **4** (*spec. al pl.*) Verdure, erbaggi: *sono erbe cotte ieri; acquistare erbe e frutta al mercato; il mercato delle erbe* | ***Erbe aromatiche***, quelle odorose, usate in cucina per aromatizzare le pietanze | ***Piazza delle erbe***, nome di una piazza dove si svolgeva o si svolge il mercato ortofrutticolo. **5** (*fig.*) Nella loc. agg. ***in e.***, detto di chi si trova agli inizi di un'attività, professione e sim. ed è ancora privo di abilità ed esperienza: *dottore, tecnico, scolaro, in e.* **B** in funzione di agg. (posposto al s.) **1** Che ha il colore tipico dell'erba: *verde e.* **2** Nella loc. ***Punto e.***, punto di ricamo, usato spec. per ricamare erba, fogliame e sim. ‖ **erbàccia**, pegg. (V.) | **erbétta**, dim. (V.) | **erbettina**, dim. | **erbicciuòla**, dim. | **erbicina**, dim. | **erbina**, dim. | **erbolina**, dim. | **erbùccia**, dim. (V.) | **erbuccina**, dim.

erbàccia [1346] s. f. (pl. *-ce*) ● Pegg. di *erba* | Erba inutile o dannosa per le piante coltivate: *attraversò l'orto, camminando fino a mezza gamba tra l'erbacce di cui era popolato* (MANZONI).

†**erbàccio** ● V. *erbaggio*.

erbàceo [vc. dotta, lat. *herbāceu(m)*, da *hĕrba* 'erba'; av. 1597] agg. **1** Di vegetale a fusto tenero, non lignificato. **2** Detto di vino di sapore acidulo che richiama un gusto d'erba appena tagliata.

erbàggio o †**erbàccio** [fr. *herbage*, da *herbe* 'erba'; 1310] s. m. **1** Ogni qualità di erba commestibile. **2** (*dir.*) †Erbatico.

erbàio [1306] s. m. **1** Luogo in cui crescono solo erbe. **2** Coltura di foraggiere non prative da utilizzarsi fresche o insilate.

erbaiòlo o (*lett.*) **erbaiuòlo**, (*dial.*) **erbaròlo**, †**erbaruòlo** [1550] s. m. (f. *-a*) **1** (*lett.* o *region.*) Chi vende erbaggi. **2** (*disus.*) Chi va a fare l'erba nei campi. **3** †Erborista.

†**erbàle** [av. 1320] agg. ● (*lett.*) Che ha natura di erba: *vanno pel tratturo antico al piano, / quasi per un erbal fiume silente* (D'ANNUNZIO).

erbalùce [forse, rifacimento pop. con *erba* di un precedente *albaluce*; 1909] s. m. inv. **1** Vitigno coltivato in Piemonte, nella zona di Ivrea, da cui si ottengono un vino bianco secco e un vino passito. **2** Vino bianco secco, di color giallo paglierino e dal profumo fresco, prodotto dal vitigno omonimo: *E. di Caluso*.

erbàrio [vc. dotta, lat. *herbāriu(m)*, da *hĕrba* 'erba'; av. 1577] s. m. **1** Volume in cui sono descritte le piante medicinali e le loro proprietà. **2** Raccolta di piante fatte essiccare con opportuni accorgimenti.

erbaròlo ● V. *erbaiolo*.

†**erbaruòlo** ● V. *erbaiolo*.

†**erbàta** s. f. ● Quantità d'erbe.

erbàtico [vc. dotta, lat. tardo *herbāticu(m)*, da *hĕrba* 'erba'; sec. XIII] s. m. (pl. *-ci*) ● Spec. nel Medioevo, diritto di far erba o di fare pascolare il bestiame in terreno pubblico | Censo dovuto al comune per tale diritto.

erbàto [da *erba*; 1738] **A** agg. **1** (*ant.*) Condito di erbe. **2** (*raro*) Coperto d'erba | (*raro*) Mescolato con l'erba. **B** s. m. ● (*ant.*) Torta fatta con erbaggi.

erbatùra s. f. ● Periodo di tempo che intercorre tra una falciatura d'erba e l'altra.

erbeggiàre [av. 1729] v. intr. (*io erbéggio*; aus. *avere*; anche impers. con aus. *essere*) ● (*raro*) Verdeggiare d'erba.

erbétta [1319] s. f. **1** Dim. di *erba*. **2** (*region.*) Prezzemolo | (*al pl., region.*) Bietole | ***Le erbette***, (*per anton.*) le erbe odorose.

erbicida [comp. di *erba* e *-cida*; 1956] s. m.; anche agg. (pl. m. *-i*) ● Sostanza chimica che impedisce la crescita e la moltiplicazione di determinate specie erbacee.

èrbio [dal n. della località sved. (*Ytt*)*erby*, dove fu scoperto; 1869] s. m. ● Elemento chimico, metallo del gruppo delle terre rare. SIMB. Er.

erbire [da *erba*; av. 1893] v. intr. (*io erbisco, tu erbisci*; aus. *avere*) ● (*raro*) Coprirsi di erba.

erbivéndolo [comp. di *erba* e *-vendolo*, sul modello di *fruttivendolo*; 1853] s. m. (f. *-a*) ● Venditore di erbaggi, legumi, frutta e sim.

erbìvoro [vc. dotta, comp. del lat. *hĕrba* 'erba' e un deriv. di *vorāre* 'divorare'; 1724] **A** agg. ● Che si nutre esclusivamente di vegetali: *animali erbivori*. **B** s. m. (f. *-a*) **1** Animale erbivoro. **2** (*scherz.*) Persona vegetariana o prevalentemente vegetariana.

erbolàre ● V. *erborare*.

†**erbolàto** o †**erbolàtto** nel sign. 3 [av. 1388] s. m. **1** Torta a base di erbaggi. **2** Impiastro fatto con erbe medicinali. **3** Erborista.

erboràre o (*raro*) **erbolàre** [1745] v. intr. (*io èrboro*; aus. *avere*) ● Andare in cerca di erbe per uso medicinale o per studio.

erborazióne [av. 1758] s. f. ● L'erborare.

erborinàto [milan. *erborinà* 'stracchino venato di muffa verde (*erborin*, propr. 'prezzemolo', da *erba*)'; 1895] agg. ● Detto di formaggio striato o chiazzato di muffa verde.

erborista [fr. *herboriste* per *herboliste*, dal lat. *hĕrbula* 'erbetta'; av. 1647] s. m. e f. (pl. m. *-i*) ● Specialista nella raccolta e utilizzazione di piante officinali | Chi vende erbe medicinali. SIN. Semplicista (2).

erboristeria [fr. *herboristerie*, da *herboriste* 'erborista'; 1917] s. f. **1** Disciplina che insegna a raccogliere, a conservare e a utilizzare le piante officinali. **2** Negozio di erborista.

erboristico agg. (pl. m. *-ci*) ● Relativo all'erboristeria.

erborizzàre [fr. *herboriser* per *herboliser*, dal lat. *hĕrbula* 'erbetta'; av. 1783] v. intr. (aus. *avere*) ● Erborare: *– ... Va a e.! – diceva sempre mia madre ammirata* (GINZBURG).

erborizzatóre [da *erborizzare*] s. m. (f. *-trice*) ● Raccoglitore di erbe, di piante.

erborizzazióne [fr. *herborisation*, da *herboriser* 'erborizzare'; 1707] s. f. **1** Erborazione. **2** Addizione ai formaggi di muffe verdi o blu per renderne il sapore più piccante.

erbóşo [lat. *herbōsu(m)*, da *hĕrba* 'erba'; av. 1292] agg. ● Ricco, folto d'erba: *prato, terreno e.*; *per lo e. paese, andava ... pianamente* (SANNAZARO) | ***Tappeto e.***, folto prato. ‖ **erboşétto**, dim.

erbùccia [1353] s. f. (pl. *-ce*) **1** Dim. di *erba*. **2** (*bot.*) Timo. **3** (*al pl.*) Erbe aromatiche usate come condimento.

erciniàno agg. ● (*geol.*) Ercinico.

ercìnico [dal lat. *Hercўnia* (sottinteso *silva* 'bosco'), n. d'una catena montuosa in territorio ted.] agg. (pl. m. *-ci*) ● (*geol.*) Detto dell'orogenesi che si verificò nel tardo Paleozoico, interessando varie regioni dell'Europa centrale. SIN. Variscico.

ercogamìa [comp. del gr. *hércos* 'recinto' e *-gamia*] s. f. ● (*bot.*) Nei fiori ermafroditi, particolare disposizione degli organi riproduttivi maschili e femminili che ne rende impossibile la reciproca impollinazione.

ercolanéşe o **ercolanènse** **A** agg. ● Della città di Ercolano. **B** s. m. e f. ● Abitante, nativo di Ercolano.

èrcole [vc. dotta, lat. *Hĕrcule(m)*, dal gr. *Hēraklês* 'celebre (*-kleēs*, da *kléos* 'gloria, fama') attraverso Giunone (*Hēra*)', eroe della mitologia greco-romana, celebre per le sue imprese e prove; 1313] s. m. (pl. *-i*) ● Persona eccezionalmente forte e robusta. ‖ **ercolino**, dim. (V.).

ercolìno (**1**) s. m. **1** Dim. di *Ercole*. **2** Bambino particolarmente robusto.

ercolìno (**2**) [da *Ercole*, con sovrapposizione di *arco*; 1923] **A** agg. ● (*raro*) Detto di gambe leggermente arcuate dal ginocchio in giù | Detto di persona con tale conformazione. **B** anche s. m.

ercùleo [vc. dotta, lat. *Hercŭleu(m)* 'di *Ercole* (*Hĕrcules*)'; av. 1505] agg. **1** Di, da Ercole: *forza, statura erculea*. **2** (*lett.*) Di Ercole I d'Este: *generosa Erculea prole* (ARIOSTO).

-ere /ere, 'ere/ [dalla desin. lat. dei v. della seconda (*-ēre*) e della terza (*-ĕre*) coniug.] suff. ● Proprio dei verbi della seconda coniugazione: *credere, perdere, vedere*.

erèbia [dal lat. *Ĕrebus* 'dio delle tenebre' e 'erebo, regno delle ombre', per il colore oscuro (?); av. 1916] s. f. ● Piccola farfalla bruno-nera con ali rossastre ai margini, la cui larva cresce sulle Graminacee (*Erebia*).

èrebo [vc. dotta, lat. *Ĕrebu(m)*, dal gr. *Érebos*, di orig. indeur.; 1499] s. m. ● Nella mitologia greca, luogo oscuro, sotterraneo, dimora dei morti.

†**erèda** ● V. *erede*.

†**eredàre** o †**redàre** [av. 1311] v. tr. ● Ereditare.

erède o †**erèda**, †**rèda**, †**rède** [vc. dotta, lat. *hērēde(m)*, di etim. incerta; av. 1292] s. m. e f. **1** (*dir.*) Chi, alla morte di una persona, subentra in tutti i suoi rapporti patrimoniali attivi o passivi o in una quota di essi: *lasciare, nominare qlcu. e.*; *istituzione di e.* | ***E. legittimo***, chi succede per legge, in mancanza di testamento | ***E. necessario***, chi per legge, in caso di successione testamentaria, ha diritto a una quota del patrimonio del defunto | ***E. universale***, chi succede nell'intero patrimonio | ***E. testamentario***, chi è stato chiamato alla successione per testamento | ***E. beneficiario***, erede che ha accettato l'eredità con beneficio d'inventario | ***E. apparente***, chi possiede i beni di un'eredità e si comporta come erede, senza esserlo | ***E. al trono***, in una dinastia, chi è destinato a succedere al sovrano regnante | (*scherz., fam.*) Figlio primogenito, spec. maschio: *finalmente ha avuto il tanto sospirato e.* **2** (*fig.*) Chi conserva e prosegue attività, tradizioni e sim.: *e. della famiglia*; *l'e. delle virtù familiari* | ***E. spirituale***, o (*ellitt.*) ***erede***, chi continua ed estende o elabora ulteriormente idee e attività di una grande personalità in ogni settore dell'umanità: *gli eredi di Freud, di Marx, di Mazzini.*

eredità o †**ereditàde**, †**ereditàte**, †**redità** [vc. dotta, lat. *hereditāte(m)*, da *hēres*, genit. *herēdis* 'erede'; av. 1292] **s. f.** **1** (*dir.*) Complesso dei beni e dei rapporti appartenuti al defunto e oggetto della successione: *adire un'e.*; *delazione dell'e.* **2** (*biol.*) Complesso delle caratteristiche e proprietà potenziali, in forma di istruzioni chimiche, contenute nei cromosomi, che un organismo vivente riceve dal genitore attraverso le cellule germinali. **3** (*fig.*) Retaggio: *lasciare un'e. di gloria, di vizi, di virtù*; *sol chi non lascia e. d'affetti / poca gioia ha dell'urna* (FOSCOLO).

ereditàbile [da *eredit(are)* con il suff. *-abile*] **agg.** ● Che può essere ereditato: *bene e.*

ereditabilità [da *ereditare*] **s. f.** ● (*biol.*) Capacità di essere ereditato | ***Indice di e.***, indice di quanto un carattere fenotipico sia geneticamente determinato e sia frutto della selezione naturale.

†**ereditàggio** o †**reditàggio** [comp. di *eredit(à)* e *-aggio*; sec. XIII] **s. m.** ● Eredità.

†**ereditàle** [sec. XIV] **agg.** ● Attinente a eredità.

ereditàndo [1963] **s. m.** (f. *-a*) ● (*dir.*) Il soggetto defunto il cui patrimonio viene devoluto ai successori.

ereditàre o †**redetàre** [vc. dotta, lat. tardo *hereditāre*, da *hērēditas* 'eredità'; av. 1337] **v. tr.** (*io erèdito*) ● Ricevere per successione ereditaria (*anche fig.*): *e. un immobile*; *e. la virtù, la fede, la sensibilità paterna* | †***E. alcuno***, prenderne l'eredità.

ereditarietà [1882] **s. f.** **1** (*dir.*) Possibilità di essere trasmesso in eredità. **2** (*biol.*) Trasmissione dei caratteri normali o patologici attraverso il patrimonio genetico.

ereditàrio [vc. dotta, lat. *hereditāriu(m)*, da *hērēditas* 'eredità'; 1342] **agg.** **1** (*dir.*) Relativo all'eredità: *asse e.*; *diritti, beni ereditari*; *comunione ereditaria* | ***Principe e.***, l'erede al trono. **2** (*biol.*) Che concerne l'ereditarietà: *caratteri ereditari* | ***Malattia ereditaria***, le cui cause esistono già nelle cellule germinali. || **ereditariaménte**, **avv.** Per via ereditaria.

†**ereditàte** ● V. *eredità*.

ereditièra [adatt. del fr. *héritière*, dall'agg. lat. *hereditārius* 'proprio dell'erede (*hēres*, genit. *herēdis*)'; 1846] **s. f.** (m. scherz. *-o*) ● Donna, spec. giovane, che ha ereditato o deve ereditare una notevole ricchezza.

†**erèggere** ● V. *erigere*.

-erellàre [doppio suff. attenuativo, accanto a *-ellare*] **suff.** verbale ● Ha valore diminutivo e frequentativo: *bucherellare, canterellare, giocherellare, salterellare, trotterellare.*

-erellìno [doppio suff. dim., *-erello* e *-ino*] **suff.** alterativo composto (f. *-a*) ● Conferisce a sostantivi valore diminutivo: *bucherellino, caserellina.*

-erèllo [ampliamento raff. con *-er-* del suff. dim. *-ello*] **suff.** alterativo composto (f. *-a*) ● Conferisce a sostantivi valore diminutivo e spregiativo: *coserella, fatterello, salterello.*

-erellóne [doppio suff. *-erello* (dim.) e *-one* (accr. a senso vezz.)] **suff.** alterativo composto (f. *-a*) ● Conferisce a sostantivi valore diminutivo-vezzeggiativo: *pazzerellone.*

eremacàuṣi o **eremacoṣìa** [vc. dotta, comp. del gr. *ērema* (avv.) 'lentamente' e *kâusis* 'combustione'] **s. f. inv.** ● Processo chimico e biochimico che subiscono le sostanze organiche nel terreno in presenza di eccesso di ossigeno.

eremìta o †**eremìto**, †**remìta**, (*pop.*) †**romìto** [vc. dotta, lat. crist. *eremīta(m)*, dal gr. *erēmítēs*, da *érēmos* 'deserto'; 1304 ca.] **s. m.** (anche f. nel sign. 1; pl. m. *-i*) **1** Chi, spec. per motivi religiosi, vive solitario in luoghi remoti o deserti | (*est.*) Persona che vive appartata dal mondo: *vivere da e.*; *essere un e.* **2** Una delle figure nel gioco dei tarocchi. **3** (*zool.*) ***Bernardo l'e.***, paguro.

eremitàggio o **romitàggio** [sec. XIII] **s. m.** ● Luogo da eremita | (*est.*) Abitazione solitaria e isolata.

eremitàno o **romitàno** [1298] **A agg.** **1** Che appartiene all'ordine di S. Agostino di osservanza eremitica: *monaco e.* **2** †Eremitico. **B s. m.** ● Monaco dell'ordine di S. Agostino di osservanza eremitica: *convento degli eremitani.*

eremìtico o †**romìtico** [vc. dotta, lat. eccl. *eremīticu(m)*, da *eremīta* 'eremita'; av. 1375] **agg.** (pl. m. *-ci*) ● Di, da eremita: *vita eremitica.* || **eremiticaménte**, **avv.** Al modo di un eremita.

†**eremìto** ● V. *eremita*.

†**eremitòrio** ● V. *romitorio*.

†**eremitòro** ● V. *romitorio*.

èremo o (*poet.*) **èrmo** (**2**) [vc. dotta, lat. eccl. *erēmu(m)*, dal gr. *érēmos* 'solitario', di etim. incerta; 1319] **A s. m.** ● Luogo solitario dove si ritirano gli eremiti | (*est.*) Dimora o luogo tranquillo e isolato: *si è ritirato nel suo e. in montagna.* **B agg.** ● †V. *ermo* (*1*).

†**èreo** [vc. dotta, lat. *āereu(m)*, da *āes*, genit. *āeris*, sul tipo di *fērreu(m)* da *fērrum*, in sostituzione del più ant. *ahēnu(m)* 'èneo'] **agg.** ● (*lett.*) Di bronzo, di rame.

ereṣìa o (*pop., tosc.*) †**reṣìa** [vc. dotta, dal lat. *hāeresi(m)*, che riproduce il gr. *háiresis*, da *hairêisthai* 'fare la propria scelta', di etim. incerta; sec. XIII] **s. f.** **1** Nelle religioni fondate su una dogmatica universalmente o ufficialmente riconosciuta, dottrina basata su interpretazioni personali in contrasto con la tradizione | Nel cristianesimo antico, tesi o dottrina che si oppone agli insegnamenti dei Concili e all'opinione comune dei Padri della Chiesa | Nel cattolicesimo, dottrina che si oppone alla verità rivelata da Dio e proposta autenticamente come tale dalla Chiesa. **2** (*est.*) Opinione erronea o contrastante con quelle più comunemente seguite: *e. filosofica, letteraria, scientifica* | (*est.*) Grosso sproposito: *non farmi dire eresie.* **3** †Discordia.

ereṣiàrca (o **-ṣiàr-**) [vc. dotta, lat. tardo *haeresiārcha(m)*, dal gr. *hairesiárchēs* 'capo (V. *-arca*) di un'*eresia* (*háiresis*)'; av. 1292] **s. m.** (pl. *-chi*, †*lett. -che*) ● Capo o fondatore di movimento eretico.

ereṣiologìa (o **-ṣio-**) [comp. di *eresia* e *-logia*] **s. f.** ● Trattazione storica e dottrinaria delle eresie e dei loro rapporti con l'insegnamento canonico della Chiesa.

ereṣiòlogo (o **-ṣiò-**) [vc. dotta, comp. di *eresia* e *-logo*] **s. m.** (f. *-a*; pl. m. *-gi*) ● Studioso di eresiologia.

ereṣìpela ● V. *erisipela*.

ereṣìpola ● V. *erisipela*.

erèssi ● V. *erigere*.

†**eretàggio** ● V. *retaggio*.

†**eretàre** [fr. *hériter*, dal lat. *hereditāre* 'ereditare'; av. 1349] **v. tr.** ● Ereditare.

ereticàle [1619] **agg.** ● Che è proprio di eretici o eresie: *dottrina e.*

†**ereticàre** [da *eretico*; sec. XIV] **v. intr.** ● Cadere in eresia, diventare eretico | (*est.*) Bestemmiare.

†**ereticazióne** **s. f.** ● Adozione di una eresia o cerimonia relativa.

erètico [vc. dotta, lat. tardo *haerēticu(m)*, dal gr. *hairetikós* 'colui che ha scelto' (V. *eresia*); av. 1292] **A agg.** (pl. m. *-ci*) ● Di, relativo a, eresia: *dottrina eretica.* || **ereticaménte**, **avv.** Da eretico. **B s. m.** (f. *-a*) **1** (*relig.*) Chi professa una dottrina eretica. **2** (*fam.*) Ateo, miscredente. **3** Chi, all'interno di un partito politico e sim., sostiene principi contrari all'ideologia del partito stesso. || **ereticàccio**, **pegg.**

eretìno [lat. *Eretīnu(m)*, abitante della città di *Erētu(m)*, dove sarebbe poi sorta Monterotondo] **A agg.** ● Di Monterotondo. **B s. m.** (f. *-a*) ● Abitante, nativo di Monterotondo.

eretìṣmo [vc. dotta, gr. *erethismós*, dal v. *erethízein*, forma secondaria di *eréthein* 'irritare, eccitare', di etim. incerta; av. 1803] **s. m.** ● (*med.*) Stato di esagerata irritabilità o sensibilità di tutto il corpo o di qualche suo organo.

eretìstico **agg.** (pl. m. *-ci*) ● (*med.*) Di, relativo a eretismo: *stato e.*

erèttile [da *eretto*; 1834] **agg.** **1** (*anat.*) Detto di tessuto o di organo che si inturgidisce e si erige riempiendosi di sangue. **2** (*bot.*) Di organo vegetale che si erige se sottoposto a determinati stimoli.

erettìvo **agg.** ● (*fisiol.*) Relativo a erezione.

erètto [av. 1294] **part. pass.** di *erigere*; anche **agg.** **1** Innalzato | (*fig.*) Istituito, costituito. **2** Dritto: *tenere il capo, il busto e.* | (*raro*) Perpendicolare | †Erto, ripido.

erettóre [vc. dotta, lat. tardo *erectōre(m)*, da *erēctus* 'eretto'; 1681] **agg.**; anche **s. m.** (f. *-trice*) ● (*anat.*) Di muscolo che permette l'erezione.

ereutofobìa [comp. del gr. *éreuthos* 'rossore' e *-fobia*] **s. f.** ● (*psicol.*) Eritrofobia.

erezióne [vc. dotta, lat. tardo *erectiōne(m)*, da *erēctus* 'eretto'; av. 1529] **s. f.** **1** Innalzamento, costruzione: *e. di un monumento* | (*fig.*) Fondazione: *e. di un'opera pia in ente morale.* **2** (*fisiol.*) Fenomeno del drizzarsi di un organo erettile: *e. del pene.*

erg (**1**) /ɛrg/ [dal gr. *érg(on)* 'lavoro', di orig. indeur.; 1892] **s. m.** ● (*fis.*) Unità di lavoro nel sistema CGS, corrispondente al lavoro compiuto dalla forza di 1 dina per lo spostamento di 1 cm. SIMB. erg.

erg (**2**) /ɛrg/ [da una vc. ar. dial. *'erg*, dal class. *'irq*; 1968] **s. m. inv.** ● Deserto sabbioso con dune, tipico del Sahara.

ergal® /'ɛrgal/ [marchio registrato] **s. m. inv.** ● (*metall.*) Lega leggera da lavorazione plastica costituita da alluminio, zinco, magnesio e rame, che, dopo opportuno trattamento termico, raggiunge resistenze elevatissime necessarie nelle attrezzature alpinistiche e sim.

èrga òmnes [lat., propr. 'contro (*ĕrga* 'verso', con la sfumatura negativa, propria del lat. fam., che aveva assunto la prep. dal senso benevolo 'diretto verso ...') tutti (*ŏmnes*, acc. pl. di *ŏmnis*, isolato nel lat.)'; 1963] **loc. avv.** e **agg.** ● (*dir.*) Nei confronti di tutti i cittadini: *atto valido erga omnes.*

ergastolàno [da *ergastolo*; 1898] **s. m.** (f. *-a*) ● Chi sta scontando una condanna all'ergastolo.

†**ergastolàrio** [vc. dotta, lat. *ergastulāriu(m)*, da *ergăstulum* 'ergastolo'] **agg.** ● Di ergastolo.

ergàstolo [vc. dotta, lat. *ergăstulu(m)*, dal gr. *ergastḗrion* 'casa di lavoro (dal v. *ergázesthai*, da *érgon* 'lavoro'), fabbrica (per schiavi)', con adattamento al sistema di suff. lat.; 1791] **s. m.** **1** (*dir.*) Pena detentiva consistente nella privazione della libertà personale per tutta la durata della vita: *condannare all'e.* **2** (*est., raro*) Stabilimento ove si sconta detta pena | ***Gente da e.***, (*fig.*) da galera. **3** Nell'antica Roma, edificio ove abitavano gli schiavi e i condannati a lavori agricoli.

ergastoplàṣma [comp. della base gr. *ergast*, dal v. *ergázesthai* 'lavorare', e *plasma*] **s. m.** (pl. *-i*) ● (*biol.*) Regione del citoplasma caratterizzata dalla presenza di abbondante reticolo endoplasmatico granulare.

ergatìvo [dal tema del gr. *ergázesthai* 'lavorare, operare', sul modello di *ablativo*] **A agg.** ● (*ling.*) Che indica chi compie l'azione: *caso e.*; *funzione ergativa.* **B s. m.** ● (*ling.*) Caso della declinazione che esprime la funzione grammaticale del complemento d'agente in alcune lingue, come il basco e le lingue caucasiche.

èrgere [lat. parl. **ĕrgere*, per il class. *erĭgere* 'erigere' (V.); 1313] **A v. tr.** (pres. *io èrgo, tu èrgi*; pass. rem. *io èrsi, tu ergésti*; part. pass. *èrto*) **1** (*lett.*) Levare in alto: *e. il capo con gesto di sfida* | Edificare: *ersero uno splendido monumento.* **2** (*fig., lett.*) Innalzare: *e. l'anima, la mente a Dio* | ***E. l'animo***, insuperbirsi | †Far insuperbire. **B v. rifl.** (assol.: + a) ● Drizzarsi: *si erse minaccioso in tutta la sua statura* | (*fig.*) Attribuirsi indebitamente un ruolo: *ergersi a giudice di tutto e di tutti.* SIN. Erigersi | (*fig.*) †Adirarsi. **C v. intr. pron.** ● Innalzarsi: *sul fondo si erge un monte.*

èrgo [vc. dotta, lat. *ĕrgo*, sorto dall'espressione **ē rŏgo* 'partendo dalla (*ex-*) direzione (dal v. *rĕgere*) di ...'; sec. XII] **A cong.** ● (*lett., scherz.*) Dunque, pertanto (con valore concl.): *ribocca di antitesi e metafore, ha molte lacune, spesso presenta male i personaggi, fa errori volgarissimi nello sceneggiare. E., è un cattivo poeta* (DE SANCTIS). **B** in funzione di **s. m. inv.** ● (*raro, scherz.*) Conclusione: *essere, giungere, venir all'e.*; *quegli argomenti e quegli e. di cui si servivano i predicatori* (DE SAN-

CTIS).

èrgo- [dal gr. *érgon* 'lavoro', di orig. indeur.] primo elemento ● In parole composte moderne significa 'lavoro': *ergometro, ergoterapia.*

ergòdico [vc. dotta, dal ted. *ergodisch*, agg. di *Ergode*, n. comiato da L. Boltzmann con i due elementi gr. *érgon* 'opera' e *hodós* 'via', intendendo 'passaggio di energia'] agg. (pl. m. *-ci*) ● (*fis.*) Detto di sistema o processo in cui le medie calcolate nel tempo coincidono con le medie calcolate su sistemi o processi simili.

ergògrafo [comp. di *ergo-* e *-grafo*] s. m. ● (*fisiol.*) Apparecchio impiegato per la misura e la registrazione del lavoro muscolare prodotto in condizioni controllate.

ergòlo [comp. di *erg(o)-* e *-olo* (2)] s. m. ● (*chim.*) Elemento attivo di un propellente.

ergologia [comp. di *ergo-* e *-logia*] s. f. ● Parte dell'etnologia che studia la cultura materiale dei popoli primitivi.

ergometria [comp. di *ergo-* e *-metria*] s. f. ● (*med.*) Misurazione del lavoro muscolare mediante l'ergometro.

ergòmetro [comp. di *ergo-* e *-metro*; 1951] s. m. ● Dinamometro con cui si misura la potenza utile di una macchina o del lavoro muscolare.

ergóne [dal gr. *érgon* 'lavoro', di orig. indeur.] s. m. ● (*chim.*) Termine desueto indicante qualsiasi sostanza necessaria in tracce per attivare o regolare un processo fisiologico o biochimico, tra cui enzimi, ormoni, vitamine e sim.

ergonomia [comp. di *ergo-* e un deriv. del gr. *nómos* 'norma, regola'; 1965] s. f. ● Disciplina che studia il rapporto fra uomo, macchina (o strumento) e ambiente di lavoro in modo che sia conveniente alle esigenze psico-fisiche del lavoratore e all'efficienza produttiva.

ergonòmico [1967] agg. (pl. m. *-ci*) ● Relativo a ergonomia | Costruito in base ai principi dell'ergonomia: *impugnatura ergonomica* | (*est.*) Confortevole: *sedile e.* || **ergonomicaménte**, avv. Dal punto di vista ergonomico.

ergònomo s. m. (f. *-a*) ● Studioso, esperto di ergonomia.

ergosterina s. f. ● (*chim.*) Ergosterolo.

ergosteròlo [fr. *ergostérol* 'sterolo (*stérol*) presente nella segale cornuta (*ergot*)'] s. m. ● (*chim.*) Sterolo precursore della vitamina D presente nel lievito e in numerosi vegetali.

ergotècnica [comp. di *ergo-* e *tecnica*] s. f. ● Disciplina che studia i mezzi e le tecniche per ottenere un maggior rendimento del lavoro umano.

ergoterapia [comp. di *ergo-* e *terapia*; 1951] s. f. ● (*psicol.*) Metodo di cura delle malattie mentali mediante l'addestramento al lavoro.

ergotina [fr. *ergotine*, comp. di *ergot* '(fungo della) segale cornuta' (di etim. incerta) e *-ine* '-ina'; 1869] s. f. ● (*chim.*) Sostanza che si estrae dalla segale cornuta, usata come emostatico uterino.

ergotismo [fr. *ergotisme*, comp. di *ergot* '(fungo della) segale cornuta' (di etim. incerta) e *-isme* '-ismo'; 1869] s. m. ● Intossicazione da segale cornuta.

èri ● V. *essere* (*1*).

-erìa [dal suff. fr. *-erie*] suff. ● Forma nomi concreti indicanti negozio, laboratorio (*birreria, falegnameria, macelleria*, o anche neologismi di recente coniazione, come *focacceria, jeanseria* e sim.), azione, attività (*pirateria*), insieme di oggetti, di armi e di appartenenti a corpi militari (*argenteria, fanteria*); oppure nomi astratti indicanti qualità, stato, azione, spesso con valore spregiativo (*porcheria, furberia, poltroneria*).

eribanno [ant. alto ted. *heriban* 'bando (*ban*) per la raccolta dell'esercito (*heri, hari*)'; 1846] s. m. ● Nell'ordinamento franco e longobardo, bando di chiamata alle armi di tutti gli uomini liberi.

èrica (o **é-**) [vc. dotta, lat. *ĕrica(m)*, dal gr. *eríkē*, di etim. incerta; av. 1577] s. f. ● Genere di piante delle Ericacee, comprendente moltissime specie, con rami fitti e sottili, foglie aghiformi e fiori piccoli solitari o riuniti in grappoli (*Erica*). ➡ ILL. **piante**/7.

Ericàcee [vc. dotta, comp. di *erica* e *-acee*; 1841] s. f. pl. (sing. *-a*) ● Nella tassonomia vegetale, famiglia di piante legnose delle Dicotiledoni con foglie per lo più persistenti, coriacee e fiori attinomorfi (*Ericaceae*). ➡ ILL. **piante**/7.

eridologia [comp. del gr. *éris*, genit. *éridos* 'lotta' (di etim. incerta) e *-logia*] s. f. ● Disciplina che studia l'aggressività e la violenza umane nelle loro varie cause, manifestazioni e sim.

eridòlogo [da *eridologia*] s. m. (f. *-a*; pl. m. *-gi*) ● Studioso, esperto di eridologia.

erigèndo [vc. dotta, lat. *erigĕndu(m)*, gerundivo di *erĭgere* 'erigere'; 1905] agg. ● Da cui si prevede la costruzione: *l'erigenda casa di riposo per attori.*

erìgere o †**ereggere** [vc. dotta, lat. *erĭgere*, comp. di *rĕgere* 'dirigere' col pref. *ex-* che indica movimento dal basso in alto; 1313] **A** v. tr. (pres. *io erigo, tu erigi*; pass. rem. *io erèssi, tu erigésti*; part. pass. *erètto*) **1** Innalzare, costruire: *e. un altare, una statua.* **2** (*fig.*) Fondare, istituire: *e. una scuola, un beneficio ecclesiastico.* **3** (*fig.*) Costituire, spec. elevando di grado: *e. una regione in, a principato*; *e. una fondazione in ente morale.* **B** v. rifl. **1** Attribuirsi, anche indebitamente o in modo gratuito e inopportuno, una carica o una prerogativa: *erigersi a giudice, a censore.* SIN. Ergersi. **2** Drizzarsi, innalzarsi. **3** (*fig.*) Costituirsi: *buona parte delle città si eressero in repubblica* (MURATORI).

erigeróne [gr. *ērigérōn*, propr. 'che invecchia presto', comp. di *êri* 'presto' e *gérōn* 'vecchio' (entrambi di orig. indeur.)] s. m. ● Genere di piante delle Composite comprendente erbe annue o perenni, con foglie lanceolate e fiori minuti in capolini disposti a racemo (*Erigeron*).

erigìbile [da *erigere*; av. 1924] agg. ● Che si può erigere.

†**erile** [vc. dotta, lat. *erīle(m)*, fatto da *ĕrus* 'padrone' (di etim. incerta), come *servīle(m)*, da *sĕrvus* 'servo'; 1591] agg. ● (*lett.*) Padronale.

Erinacèidi [dal lat. tardo *erināceus* 'riccio', var. di *erĭcius* 'riccio', di etim. incerta, e *-idi*] s. m. pl. (sing. *-e*) ● Nella tassonomia animale, famiglia di Insettivori di solito piccoli e con coda corta, cui appartiene il riccio (*Erinaceidae*).

eringio [gr. *ērýngion*, di etim. incerta] s. m. ● Genere di piante delle Ombrellifere comprendente erbe perenni con brattee spinose e fiori in capolini (*Eryngium*).

erìnni [vc. dotta, lat. *Ĕrin(n)y(n)*, dal gr. *Erinýs*, di etim. incerta; 1313] s. f. inv. ● Ciascuna delle tre divinità greche (Tesifone, Megera e Aletto) vendicatrici dell'empietà e dei delitti di sangue, poi suscitatrici di discordie. CFR. Furia | (*fig., lett.*) Tormento, rimorso: *... la voce / che non è mia ma dell'interna E.* (D'ANNUNZIO).

erinnofilia [ted. *Erinnophilie*, comp. di *Erinn(erungsmark)* '(franco)bollo commemorativo (da *erinnern* 'ricordare')' e *-philie* '-filia'] s. f. ● Collezionismo di etichette chiudilettera.

erinnòfilo agg.; anche s. m. (f. *-a*) ● Che (o Chi) pratica l'erinnofilia.

erinòsi [vc. dotta, comp. del gr. *eríneos*, propr. 'lanoso', n. attribuito al fungo che causa questa malattia, e *-osi*] s. f. inv. ● Malattia della vite o di altre piante che si manifesta con una presenza eccessiva di peli sulle foglie.

èrio- [dal gr. *érion* 'lana', di etim. incerta] primo elemento ● In parole composte della terminologia scientifica, significa 'lana' o indica somiglianza con la lana: *eriocalco, eriosoma.*

eriocàlco [comp. di *erio-* e del gr. *chalkós* 'rame'] s. m. (pl. *-chi*) ● Minerale azzurro monoclino che si trova nelle lave del Vesuvio in aggregati fibrosi.

eriodinamòmetro [comp. di *erio-* e *dinamometro*; 1968] s. m. ● Strumento usato per misurare la resistenza e l'elasticità dei fili di lana.

erìoforo [lat. *eriŏphoru(m)*, dal gr. *eriophóros*, comp. di *érion* 'lana' (V. *erio-*) e *-phoros* '-fero', perché piante lanuginose; 1834] s. m. ● Genere di piante erbacee delle Ciperacee col frutto rivestito di setole (*Eriophorum*).

eriòmetro [comp. di *erio-* e *-metro*] s. m. ● Strumento ottico usato per misurare il diametro dei fili di lana.

eriosòma [comp. di *erio-* e *-soma*] s. m. (pl. *-i*) ● Afide le cui femmine danneggiano i rami dei meli coprendoli di una sostanza cerosa a fiocchi (*Eriosoma lanigerum*).

erisamo ● V. *erisimo.*

Erisifàcee [comp. del gr. *erysi-* 'rosso', *síphōn* 'tubo' e *-acee*] s. f. pl. (sing. *-a*) ● Nella tassonomia vegetale, famiglia di Funghi degli Ascomiceti che vivono sulle foglie con micelio di colore bianco (*Erysiphaceae*).

erìsimo o **erisamo** [vc. dotta, lat. *erўsimu(m)*, dal gr. *erýsimon*, da *érysthai* 'proteggere', per le sue proprietà terapeutiche; sec. XIV] s. m. ● Pianta erbacea delle Crocifere con piccoli fiori gialli e frutto a siliqua (*Erysimum officinale*).

erisìpela o **eresìpela**, **eresìpola** [vc. dotta, lat. tardo *erysĭpelas* (nom. nt.), dal gr *erysípelas* 'dalla pelle (*-pelas*) di color rosso (*erysi-*)'; sec. XIV] s. f. ● (*med.*) Infezione cutanea a chiazze rosse migranti, provocata da streptococchi specifici.

erisipelatóso [av. 1698] **A** agg. ● Di erisipela. **B** agg.; anche s. m. (f. *-a*) ● Che (o Chi) è affetto da erisipela.

erìstica [vc. dotta, gr. *eristikḗ* (sottinteso *téchnē*) '(arte) disputatoria', da *erízein* 'contendere', da *éris* 'contesa'; 1828] s. f. ● (*filos.*) Tecnica di confutare con sottile dialettica argomenti o proposizioni senza tener conto della loro verità o falsità.

erìstico [vc. dotta, gr. *eristikós*, da *erízein* 'amare la contesa (*éris*)'; 1797] agg. (pl. m. *-ci*) ● Che concerne l'eristica | (*est.*) Sottile, ingannevole. || **eristicaménte**, avv.

†**eritàggio** ● V. *retaggio.*

eritèma [vc. dotta, gr. *erýthēma* 'rossore', da *erytháinein* 'far diventare rosso (*erythrós*)'; 1792] s. m. (pl. *-i*) ● (*med.*) Arrossamento della cute per vasodilatazione capillare: *e. solare.*

eritematóso agg. ● (*med.*) Relativo a eritema | Che si manifesta con eritema: *eruzione eritematosa.*

eritremìa [comp. di *eritr(o)-* e *-emia*; 1932] s. f. ● (*med.*) Malattia del sangue caratterizzata da un aumento anormale del numero dei globuli rossi e da un alto grado di anemia.

eritrène [comp. di *eritr(o)-* ed *-ene*] s. m. ● (*chim.*) Butadiene.

eritrèo [sec. XIV] **A** agg. ● Dell'Eritrea: *flora, fauna eritrea.* **B** s. m. (f. *-a*) ● Nativo, abitante dell'Eritrea.

eritrìna [dal gr. *erythrós* 'rosso', di orig. indeur., col suff. *-ina*; 1834] s. f. **1** Genere di piante arboree o arbustive delle Papilionacee con fiori di colore rosso intenso (*Erythrina*). **2** (*chim.*) Sostanza contenuta in vari licheni tintori.

eritrite [comp. di *eritr(o)-* e *-ite* (*2*)] s. f. **1** (*miner.*) Arseniato idrato di cobalto di colore carminio. **2** (*chim.*) Alcol alifatico tetravalente contenuto in alcuni licheni.

eritro- [dal gr. *erythrós* 'rosso', di orig. indeur.] primo elemento ● In parole composte scientifiche, significa 'rosso', o indica relazione con i globuli rossi: *eritrocita, eritropoiesi.*

eritroblàsto [comp. di *eritro-* e *-blasto*] s. m. ● (*biol.*) Globulo rosso immaturo.

eritroblastòsi [da *eritroblasto*, con il suff. *-osi*] s. f. inv. ● (*med.*) Presenza di un elevato numero di eritroblasti nel sangue.

eritrocatèresi [comp. di *eritro-* e del gr. *hathaíresis* 'diminuzione'] s. f. inv. ● (*fisiol.*) Processo di demolizione dei globuli rossi usurati da parte di organi deputati a tale funzione. SIN. Emocateresi.

eritrocita o **eritrocito** [vc. dotta, comp. di *eritro-* e *-cito* (o *-cita*); 1899] s. m. (pl. *-i*) ● (*anat.*) Globulo rosso.

eritrocitòsi [da *eritrocita*, col suff. *-osi*] s. f. inv. ● (*med.*) Aumento anormale del numero dei globuli rossi del sangue.

eritrodèrma [comp. di *eritro-* e *-derma*] s. m. (pl. *-i*) ● (*med.*) Eritrodermia.

eritrodermia [comp. di *eritro-* e *-dermia*] s. f. ● (*med.*) Eritema generalizzato e persistente spesso associato a desquamazione cutanea: *e. da psoriasi, e. da eczema.* SIN. Eritroderma.

eritrofilla [vc. dotta, comp. di *eritro-* e del gr. *phýlla* 'foglie'] s. f. ● (*bot.*) Ficoeritrina.

eritrofobia [comp. di *eritro-* e *-fobia*] s. f. ● (*psicol.*) Paura ossessiva di arrossire. SIN. Ereutofobia.

eritromicìna [comp. di *eritro-*, *mic(o)-* e del suff. *-ina*] s. f. ● (*farm.*) Antibiotico macrolidico prodotto dal batterio *Streptomyces erithreus*, efficace nella terapia della maggior parte delle infezioni causate da batteri gram-positivi e da alcuni gram-negativi, nei quali inibisce la sintesi proteica.

eritropoièsi [comp. di *eritro-* e *-poiesi*] s. f. inv. ● (*biol.*) Processo di formazione dei globuli rossi.

eritropsìa [vc. dotta, comp. di *eritro-* e un deriv. del gr. *ópsis* 'vista'] s. f. ● (*med.*) Alterazione della vista per cui gli oggetti appaiono colorati in rosso.

eritrorèsina [vc. dotta, comp. di *eritro-* e *resina*]

s. f. ● Resina di colore rosso contenuta nella radice del rabarbaro.

eritrosedimentazióne [comp. di *eritro-* e *sedimentazione*] **s. f.** ● (*med.*) Sedimentazione dei globuli rossi | ***Velocità di e.***, prova di laboratorio che misura il tempo impiegato dai globuli rossi a depositarsi sul fondo di un recipiente; è utile per accertare un'eventuale infezione in atto.

eritròsi [comp. di *eritr(o)-* e *-osi*; 1932] **s. f. inv.** ● (*med.*) Arrossamento cutaneo.

eritrosina [comp. di *eritro-* e di *(e)osina*] **s. f.** ● (*chim.*) Ciascuno di una classe di coloranti, contenenti iodio e sodio o potassio, analoghi all'eosina, usati per tingere di rosso o giallo la lana e la seta, per colorare la carta, e come sensibilizzatori fotografici.

Eritroxilàcee [comp. di *eritro-*, *xilo-* e *-acee*; 1829] **s. f. pl.** (**sing.** *-a*) ● Nella tassonomia vegetale, famiglia di piante legnose delle Dicotiledoni (*Erythroxylaceae*). ➡ **ILL. piante**/4.

èrlang [dal n. dello scienziato danese A.K. *Erlang* (1878-1929); 1973] **s. m. inv.** ● (*fis.*) Unità di misura adimensionale del traffico telefonico, pari al tasso medio di occupazione di un apparecchio o di un impianto.

Erlebnis /*ted.* ʔɛʌ'le:pnɪs/ [vc. ted., deriv. del v. *erleben* 'vivere (una situazione)'; 1960] **s. m. o f. inv.** (**pl. ted.** *Erlebnisse*) ● (*filos.*) Nella filosofia tedesca contemporanea, l'esperienza intesa come qualcosa di vissuto e presente nella coscienza anche in modo inconscio.

èrma [vc. dotta, lat. *hĕrma(m)*, dal gr. *Hermês*, n. del dio Mercurio; 1594] **s. f.** ● Nell'antica Grecia, pilastro rettangolare, posto ai crocicchi, terminante superiormente con la raffigurazione scolpita di una testa umana che in origine era quella del Dio Ermete | Attualmente, qualsiasi statua a mezzo busto posta su pilastro.

ermafrodismo **s. m.** ● Ermafroditismo.

ermafrodita ● V. *ermafrodito*.

ermafroditismo [da *ermafrodito*; 1828] **s. m.** ● (*biol.*) Coesistenza, in uno stesso individuo, degli organi sessuali primari maschili e femminili | (*impropr.*) Pseudoermafroditismo.

ermafrodito, (*evit.*) **ermafrodita** [vc. dotta, lat. *hermaphrodītu(m)*, dal gr. *hermaphróditos*, dal n. del figlio di Mercurio (*Hermês*) e Venere (*Aphrodítēs*), che ottenne di fondersi nel corpo della ninfa Salmace; 1319] **A agg.** *1* (*biol.*) Che presenta ermafroditismo: *fiore, animale e.*; *pianta ermafrodita*. *2* (*est., spreg.*) Invertito. *3* †Ambiguo, vario. **B s. m.** *1* (*biol.*) Individuo vegetale o animale caratterizzato da ermafroditismo. *2* (*est., spreg.*) Invertito.

ermellinàto o **armellinàto** [1913] **agg.** *1* Detto di mantello equino bianco cosparso di macchie nere delle dimensioni di pochi centimetri. *2* (*arald.*) Detto di ermellino di smalto diverso dal bianco a macchie nere.

ermellino o **armellino** [da *armellino*, a sua volta da **armenino*, topo di Armenia; sec. XIII] **s. m.** *1* Mammifero dei Mustelidi con lungo corpo flessuoso dalla pelliccia pregiata, bruna d'estate e candida in inverno, e la punta della coda sempre nera (*Mustela erminea*). ➡ **ILL. animali**/13. *2* Pelliccia pregiata dell'omonimo animale: *mantello orlato, foderato di e.* | ***Toghe di e.***, (*per anton.*) i magistrati dei più alti gradi gerarchici, spec. quelli della Corte di Cassazione. *3* (*arald.*) Pelliccia composta di un campo d'argento seminato di macchie nere a forma di trifoglio con gambo tripartito. *4* (*bot., tosc.*) Albero di S. Andrea.

ermenèuta [vc. dotta, gr. *hermēneutḗs*, da *hermenéuein* 'interpretare', da *hermenéus* 'interprete': di orig. microasiatica (?); 1923] **s. m. e f.** (**pl. m.** *-i*) ● Studioso, esperto di ermeneutica.

ermenèutica [vc. dotta, gr. *hermēneutikḗ* (sottinteso *téchnē*) '(arte) interpretatoria'; 1797] **s. f.** ● Arte d'intendere e d'interpretare i monumenti, i libri e i documenti antichi | (*filos.*) Indirizzo della filosofia contemporanea che non limita l'interpretazione ai testi, ma la generalizza come dimensione costitutiva dell'esistenza umana, che si rapporta al mondo attraverso la dimensione dei segni linguistici, in cui si riflette la storicità dell'esperienza comunicativa.

ermenèutico [vc. dotta, gr. *hermēneutikós*, da *hermenéuein* 'interpretare'; av. 1855] **agg.** (**pl. m.** *-ci*) ● Dell'ermeneutica, interpretativo: *metodo e.*

ermesino ● V. *ermisino*.

ermeticità [da *ermetico* (*1*); 1940] **s. f.** ● Caratteristica di ciò che è ermetico (*anche fig.*): *l'e. di un recipiente*; *l'e. di un discorso, di una poesia*.

ermètico (**1**) [vc. dotta, dal n. gr. del dio Mercurio (*Hermês*), cui si attribuiva l'invenzione dell'alchimia, l'esposizione delle sue dottrine in libri di oscura interpretazione e la fusione dei bordi di vasi di vetro, che restavano, così, *ermeticamente* chiusi; 1684] **A agg.** (**pl. m.** *-ci*) *1* Di Ermete Trismegisto, nome greco del dio egiziano Thot, e della corrente filosofico-religiosa attribuita ai suoi scritti: *libri ermetici*. *2* Di recipiente perfettamente chiuso, a chiusura stagna: *vaso, contenitore e.* *3* (*fig.*) Oscuro e difficile a comprendersi: *discorso e.*; *espressione ermetica del viso*. *4* (*letter.*) Che si riferisce alla tendenza poetica dell'ermetismo: *poeta e.*; *poesia ermetica*. || **ermeticaménte**, **avv.** *1* In modo ermetico: *vaso chiuso ermeticamente*. *2* In modo incomprensibile: *scrivere, esprimersi ermeticamente*. **B s. m.** (**f.** *-a*) ● (*filos., letter.*) Chi segue i canoni dell'ermetismo.

†**ermètico** (**2**) [sviluppo semantico di *ermetico* (*1*)] **agg.** (**pl. m.** *-ci*) ● Di erma: *colonna ermetica*.

ermetismo [fr. *hermétisme*, da *hermétique* 'ermetico (1)'; 1927] **s. m.** *1* (*filos.*) Dottrina filosofica del I sec. d.C., attribuita a Ermete Trismegisto, che riconduce la filosofia greca a quella egizia, e difende il paganesimo dagli attacchi della religione cristiana. *2* (*letter.*) Tendenza poetica nella poesia italiana tra le due guerre mondiali, rappresentata spec. da G. Ungaretti, D. Campana ed E. Montale, che si esprimeva in un linguaggio fortemente analogico, distinguendosi anche per allusività, rapidità e concentrazione, talvolta con esiti di oscurità. *3* (*fig.*) Oscurità, incomprensibilità: *l'e. di un discorso*.

ermisino o **ermesino**, **ormesino**, **ormisino** [dal n. della città persiana di *Ormuz*, di cui tale tessuto era originario; 1499] **s. m.** ● Tessuto leggero di seta.

èrmo (**1**) o **èrmo**, †**èremo** [allotropo pop. di *eremo*; av. 1374] **agg.** ● (*lett.*) Solitario, deserto: *cercai per poggi solitari ed ermi* (PETRARCA).

èrmo (**2**) o **èrmo** ● V. *eremo*.

ermogeniàno [vc. dotta, lat. tardo *Hermogeniā-nu(m)* 'di Ermogene (*Hermógenes*)', propr. 'figlio (*-genês*) di Mercurio (*Hermês*)'] **agg.** ● (*dir.*) Nella loc. ***Codice e.***, raccolta di costituzioni imperiali romane compilata in Oriente intorno al sec. III a.C. da un certo Ermogene o dal giurista Ermogeniano.

èrnia [vc. dotta, lat. *hĕrnia(m)*, di etim. incerta; sec. XIV] **s. f.** *1* (*med.*) Fuoriuscita di un viscere o di una parte di esso dalla cavità dove normalmente risiede: *e. infiammata, strozzata* | ***E. del, al disco***, V. *disco*. *2* (*bot.*) Malattia che compare nelle radici del cavolo o della rapa.

erniària [da *ernia*, perché usata come medicamento contro questa malattia; sec. XIV] **s. f.** ● Piccola pianta erbacea delle Cariofillacee molto ramosa e con fiori piccoli, ritenuta medicamentosa per l'ernia (*Herniaria glabra*).

erniàrio [1797] **agg.** ● (*med.*) Relativo all'ernia: *strozzamento e.* | ***Cinto e.***, apparecchio di contenzione dell'ernia.

erniàto **agg.** ● (*med.*) Detto di organo che forma il contenuto di un'ernia: *intestino e.*

erniazióne [da *ernia*, col suff. *-zione*] **s. f.** ● (*med.*) Processo di formazione di un'ernia.

èrnico [lat. *Hĕrnicu(m)*; 1521] **A agg.** (**pl. m.** *-ci*) ● Relativo a un'antica popolazione italica, stanziata nel Lazio presso la valle del Sacco. **B s. m.** (**f.** *-a*) ● Ogni appartenente a tale popolazione.

ernióso [vc. dotta, lat. *herniōsu(m)*, da *hĕrnia* 'ernia'; av. 1350] **agg.**; **anche s. m.** (**f.** *-a*) ● (*med.*) Che (o Chi) è affetto da ernia.

erniotomia [vc. dotta, comp. di *ernia* e *-tomia*; 1820] **s. f.** ● (*chir.*) Intervento chirurgico per la rimozione di un'ernia.

ernista **s. m. e f.** (**pl. m.** *-i*) ● Chi prepara apparecchi curativi dell'ernia.

èro (**1**) **s. f. inv.** ● (*gerg.*) Accorc. di *eroina*.

èro (**2**) ● V. *essere* (*1*).

eródere [vc. dotta, lat. *erōdere*, comp. di *rōdere* e del pref. asportativo *ex-*; 1499] **v. tr.** (**pass. rem.** *io erósi*; **part. pass.** *eróso*) ● Consumare per erosione: *l'acqua erode le coste alte*.

erodìbile **agg.** ● Che può essere eroso, che è soggetto a erosione: *rocce erodibili*.

erodotèo [1829] **agg.** ● Dello storico greco Erodoto (484-426 ca. a.C.).

♦**eròe** [vc. dotta, lat. *herōe(m)*, dal gr. *hḗrōs*, genit. *hḗrōos*, di etim. incerta; 1516] **s. m.** (**f.** *-ina* (V.), †*-éssa*) *1* In molte mitologie, essere intermedio fra gli dei e gli uomini che interviene nel mondo con imprese eccezionali | Nella mitologia greco-romana, figlio nato dall'unione di un dio o di una dea con un essere umano e dotato di virtù eccezionali. *2* (*est.*) Chi sa lottare con eccezionale coraggio e generosità, fino al cosciente sacrificio di sé, per una ragione o un ideale ritenuti validi e giusti: *morire da e.*; *battersi, sacrificarsi da e. per la fede, per la scienza, per un'idea politica* | (*est.*) Uomo illustre per virtù eccelse e in particolare per valore guerriero: *gli eroi del Risorgimento* | ***L'e. dei due mondi***, (*per anton.*) G. Garibaldi | (*iron.*) Persona coraggiosa solo a parole: *e. da poltrona, da soffitta, da caffè*; *fare l'e. a chiacchiere*. *3* Personaggio principale di un'opera letteraria, teatrale, cinematografica: *e. omerico, ariostesco*; *gli eroi del cinema americano*; *tutti gli eroi e le eroine dell'Ibsen sono protesi nell'aspettazione* (CROCE) | ***Il nostro e.***, il protagonista dell'opera di cui si sta trattando | ***E. negativo***, quello che si contrappone all'eroe convenzionale per essere privo dei valori positivi a questo di solito attribuiti | (*iron.*) ***L'e. della festa***, chi primeggia in essa. **SIN.** Protagonista.

erogàbile [1869] **agg.** ● Che si può erogare.

erogabilità **s. f.** ● Condizione di ciò che è erogabile.

erogàre [vc. dotta, lat. *erogāre* 'chiedere (*rogāre*) dal (*ex-*) popolo il consenso per prelevare il denaro dell'erario per le spese pubbliche', quindi, prevalendo il fine, 'pagare, spendere, distribuire'; 1330] **v. tr.** (*io èrogo, tu èroghi*) *1* Spendere per un fine determinato: *e. una somma in beneficenza*; *e. fondi per un'autostrada*. *2* Fornire, mediante appositi impianti, a una rete di distribuzione: *e. gas, luce, acqua*.

erogatóre [vc. dotta, lat. tardo *erogatōre(m)*, da *erogātus* 'erogato'; 1828] **A agg.** (**f.** *-trice*) ● Che eroga: *società erogatrice del gas*. **B s. m.** ● Congegno che regola l'erogazione di un liquido o di un fluido.

erogazióne [vc. dotta, lat. *erogatiōne(m)*, da *erogātus* 'erogato'; sec. XIV] **s. f.** ● Destinazione di una somma e sim. a un fine determinato: *si prevede l'e. di fondi* | Fornitura: *sospendere l'e. della corrente elettrica* | La somma erogata o (*raro*) la quantità fornita.

eròdeno [comp. del gr. *érōs* 'amore' e *-geno*; av. 1939] **agg.** ● Che è atto a produrre sensazioni erotiche, a eccitare sessualmente: *zone erogene del corpo*. **SIN.** Erotogeno.

†**eroicherìa** **s. f.** ● (*scherz.*) Eroicità.

eroicità [av. 1704] **s. f.** ● Caratteristica di chi (o di ciò che) è eroico.

eroicizzàre [comp. da *eroic(o)* e *-izzare*; 1745] **v. tr.** ● Considerare e trattare qlcu. come un eroe | Trattare un argomento con tono e modo eroico.

eròico [vc. dotta, lat. *herōicu(m)*, dal gr. *hērōikós* 'proprio dell'*eroe*'; 1525] **agg.** (**pl. m.** *-ci*) *1* Degno di un eroe: *azione, impresa eroica*; *fare una morte eroica* | (*relig.*) ***Virtù eroica***, quella esercitata in forma eccezionale e richiesta come segno della santità nei processi di beatificazione | (*est.*) Dotato di grande coraggio e forza d'animo: *donna, madre eroica*. *2* Attinente agli eroi antichi: *poemi eroici* | ***Secoli eroici***, favolosi, in cui sarebbero vissuti gli eroi dell'antichità | ***Verso e.***, l'esametro, usato nei poemi epici. || **eroicaménte**, **avv.** Da eroe: *battersi, morire eroicamente*.

eroicòmico [vc. dotta, comp. di *eroi(co)* e *comico*; av. 1635] **agg.** (**pl. m.** *-ci*) *1* Eroico e comico insieme | ***Poema e.***, in cui le gesta di un eroe o la storia di un grande avvenimento sono narrate comicamente, o un soggetto futile è svolto con tono epico. *2* (*est.*) Di ciò che è fatto con intenzioni serie, e si conclude comicamente: *impresa eroicomica*.

eroicosatìrico [vc. dotta, comp. di *eroico* e *satirico*] **agg.** (**pl. m.** *-ci*) ● Di poema eroico e satirico insieme.

eroìna (**1**) [vc. dotta, lat. *heroīna(m)*, dal gr. *hērōínē*, f. di *hḗrōs* 'eroe'; av. 1400] **s. f.** *1* Donna di virtù eroica. *2* Protagonista femminile di un romanzo, dramma e sim.

eroìna (**2**) [vc. dotta, comp. di *eroe*, per la sua azione vigorosa, e *-ina*; 1902] **s. f.** ● Alcaloide derivato dalla morfina, ad azione analgesica, narcotica e stupefacente.

eroinòmane [comp. di *eroina* (2) e -*mane*; 1983] s. m. e f.: anche agg. ● Chi (o Che) è affetto da eroinomania.

eroinomanìa [comp. di *eroina* (2) e -*mania*; 1956] s. f. ● Forma di tossicomania dovuta all'assuefazione all'eroina.

eroìsmo [fr. *héroïsme*, dal gr. *hḗrōs* 'eroe'; av. 1712] s. m. 1 Qualità e virtù di persona eroica. SIN. Coraggio. 2 Atto eroico: *è stato un vero e.*

erómpere o †**erùmpere** [adattamento del lat. *erūmpere* 'romper (*rūmpere*) fuori (*ex-*)'; sec. XIV] v. intr. (coniug. come *rompere*; aus. *avere*) ● Venir fuori con violenza (*anche fig.*): *la folla eruppe nella strada; eruppero in un'imprecazione; così dicendo dalle porte eruppe, / seguito dal fratello, il grande Ettore* (MONTI).

èros [gr. *érōs*, da *erân* 'amare', di etim. incerta; 1935] s. m. 1 Impulso d'amore, che i greci impersonarono in *Eros*, figlio di Afrodite. 2 In psicoanalisi, libido | L'insieme degli istinti di conservazione. CFR. Thanatos.

erosióne [vc. dotta, lat. *erosiōne(m)*, da *erōsus* 'eroso'; 1683] s. f. 1 (*raro*) Azione distruttiva delle acque in pendenza sulle rocce | *E. regressiva*, quella di un corso d'acqua che tende a spostare verso le sue sorgenti il punto di massima erosione | (*est.*) Azione abrasiva esercitata dagli agenti naturali sulla parte superficiale della litosfera: *e. colica; e. glaciale.* 2 (*med.*) Lesione circoscritta della cute o di una mucosa per distacco degli strati più superficiali. 3 (*econ.*) *E. nel potere d'acquisto di una moneta*, la progressiva perdita di valore nel tempo | *E. fiscale*, riduzione della base imponibile dei tributi in conseguenza di esenzioni, detrazioni e di sgravi.

erosìvo [av. 1698] agg. ● (*geogr.*) Che provoca erosione: *l'azione erosiva delle acque, del vento.*

eròso part. pass. di *erodere*; anche agg. ● Consumato per erosione.

eroticità [av. 1954] s. f. ● Caratteristica di ciò che è erotico.

eròtico [vc. dotta, lat. tardo *erōticu(m)*, dal gr. *erōtikós* 'proprio dell'amore sensuale' (*érōs*, genit. *érōtos*, da *erân* 'amare', di etim. incerta)] agg. (pl. m. -*ci*) ● Inerente all'erotismo: *desideri e.; romanzi, libri erotici* | Afrodisiaco: *bevande erotiche*. || **eroticaménte**, avv.

erotìsmo [per *erot(ic)ismo*, da *erotico*; 1869] s. m. ● L'insieme degli istinti, dei desideri, delle manifestazioni relativi alla sfera sessuale | Particolare propensione verso il godimento di tipo sessuale | (*psicol.*) Piacere sessuale che deriva dall'eccitazione di alcune zone corporee: *e. orale* | Prevalenza, esaltazione dell'amore fisico nella letteratura e nell'arte.

erotizzàre [comp. di *erot(ico)* e -*izzare*; 1963] v. tr. ● (*psicol.*) Attribuire a qlco. significato sessuale.

erotizzàto [av. 1952] part. pass. di *erotizzare*; anche agg. 1 Detto di persona eccitata eroticamente o sottoposta a stimoli erotici. 2 Caratterizzato da elementi o motivi erotici: *un ambiente e.*

erotizzazióne [1970] s. f. ● L'erotizzare | (*psicoan.*) Inconscia attribuzione di un significato erotico.

eròto- [dal gr. *érōs*, genit. *érōtos* 'amore', di orig. sconosciuta] primo elemento ● In parole composte significa 'amore', 'impulso erotico', 'istinto sessuale': *erotogeno, erotomania.*

erotògeno [comp. di *eroto-* e -*geno*] agg. ● Erogeno.

erotologìa [comp. di *eroto-* e -*logia*; 1985] s. f. ● Studio dei fenomeni relativi all'erotismo.

erotòmane [1960] agg.: anche s. m. e f. ● Che (o Chi) è affetto da erotomania | (*est., spec. scherz.*) Chi è incline ad avventure erotiche. CFR. Sessodipendente.

erotomanìa [vc. dotta, gr. *erōtomanía*, comp. di *érōs*, genit. *érōtos* 'amore sensuale' e *manía* 'mania'; 1834] s. f. ● (*med.*) Desiderio sessuale morboso intenso.

erótto [av. 1938] part. pass. di *erompere* ● (*raro*) Nei sign. del v.

èrpete [av. 1348] s. f. o m. inv. ● Nome della lettera *r* | *Arrotare la e., avere l'e. moscia, avere l'e. francese*, (*fam.*) *parlare con l'e.*, avere una pronuncia della erre con articolazione uvulare, per vezzo o per difetto naturale.

erpètico [vc. dotta, tratta dal gr. *hérpēs*, genit.

hérpetos 'herpes'; av. 1758] A agg. (pl. m. -*ci*) ● (*med.*) Che concerne l'herpes. B s. m. (f. -*a*) ● (*med.*) Chi è affetto da herpes.

erpetifórme agg. ● (*med.*) Che ha l'aspetto di un herpes.

erpetìsmo s. m. ● (*med.*) Predisposizione, gener. ereditaria, verso malattie erpetiche.

erpetologìa [vc. dotta, comp. del gr. *herpetón* 'rettile' e -*logia*; 1820] s. f. ● Ramo della zoologia che ha per oggetto lo studio dei rettili e degli anfibi.

erpetòlogo s. m. (f. -*a*; pl. m. -*gi*) ● Studioso, esperto di erpetologia.

erpicaménto [1881] s. m. ● (*raro*) Erpicatura.

erpicàre [lat. *herpicāre*, da *hīrpex*, genit. *hīrpicis* 'erpice'; av. 1320] v. tr. (*io érpico, tu érpichi*) ● Lavorare il terreno con l'erpice.

erpicatóio [av. 1320] s. m. ● (*raro*) Grande rete per catturare pernici, quaglie e fagiani.

erpicatùra s. f. ● Operazione, lavoro dell'erpicare.

érpice (o è-) [lat. (*h*)*ĭrpice(m)*, da *hīrpus*, n. sannita del 'lupo', ai cui denti venivano paragonati i rebbi; av. 1320] s. m. ● Attrezzo di ferro per lavori superficiali del terreno, costituito da un telaio provvisto di denti, lame o dischi. ➡ ILL. p. 2114 AGRICOLTURA.

†**erràbile** [vc. dotta, lat. *errābile(m)*, da *errāre* 'errare'; sec. XIV] agg. ● Soggetto a errare.

errabóndo [vc. dotta, lat. *errabūndu(m)*, da *errāre* 'errare'; sec. XIV] agg. ● (*lett.*) Che vaga, errante: *gli sguardi errabondi, e il gesto tremante della vittima* (NIEVO) | (*raro*) Ramingo, randagio.

erraménto [sec. XIV] s. m. 1 †Errore. 2 (*lett.*) Vagabondaggio | (*fig.*) Fantasticheria.

erraǹte [sec. XIII] A part. pres. di *errare*; anche agg. 1 Che va peregrinando: *cavaliere e.* | (*fig., lett.*) Che si allontana dalla retta via. 2 *Stella e.*, pianeta, così chiamato dagli antichi perché la sua posizione muta rapidamente rispetto alle stelle fisse. 3 (*fig., lett.*) Instabile: *amori erranti* | *Sguardo e.*, (*fig.*) incerto, vago. B s. m. e f. ● (*lett.*) Chi erra | Peccatore.

erraǹza [vc. dotta, lat. tardo *errāntia(m)*, da *errans*, genit. *errāntis* 'errante'; av. 1250] s. f. 1 (*lett.*) Il vagabondare, il peregrinare. 2 †Errore, smarrimento, incertezza: *così mi truovo in amorosa e.* (DANTE).

erràre [vc. dotta, lat. *errāre*, di orig. indeur.; 1294] A v. intr. (*io èrro*; aus. *avere*) 1 Vagare qua e là senza meta (*anche fig.*): *e. per valli e monti; errando per boschi senza sentiero* (SANNAZARO); *e. con l'immaginazione*. SIN. Peregrinare. 2 (*lett.*) Allontanarsi dal vero, dal giusto, dal bene (*spec. fig.*): *forse erra dal vero / mirando all'altrui sorte, il mio pensiero* (LEOPARDI). 3 Cadere in errore: *se erro ditemelo; e. nello scrivere, nel parlare; e. in materia di fede.* SIN. Sbagliare. B v. tr. (*raro*) Sbagliare: *e. il cammino, il colpo.* 2 (*lett.*) Percorrere vagando.

†**erràta** [da *rata* con un primo elemento di etim. incerta; 1655] s. f. e *Rata*.

errata còrrige [lat., propr. 'correggi (imperat. del v. *corrigere*) gli errori (pl. di *errātum*, dal part. pass. di *errāre*)'; 1745] loc. sost. m. o raro f. inv. ● Tavola che riporta gli errori di stampa di un libro scoperti dopo la tiratura dei fogli, gener. posta alla fine del libro stesso.

erraticità [1870] s. f. 1 Caratteristica di ciò che è erratico. 2 (*fig.*) Instabilità, variabilità: *l'e. dei prezzi.*

erràtico [vc. dotta, lat. *errāticu(m)*, da *errātus* 'errato'; av. 1348] agg. (pl. m. -*ci*) 1 Che cambia continuamente posto: *fauna erratica* | *Piante, erbe erratiche*, che attecchiscono dovunque, senza coltura. 2 (*med.*) Che sparisce e ricompare: *febbri erratiche.* 3 (*geol.*) Di materiale trasportato dai ghiacciai e poi abbandonato a causa del loro ritirarsi: *masso e.*

erràto (1) [sec. XIII] part. pass. di *errare*; anche agg. 1 Sbagliato, inesatto. CONTR. Esatto. 2 *Andar e.*, incorrere in un errore involontario. || **errataménte**, avv.

erràto (2) [da *erre*; 1853] agg. ● (*tosc.*) Detto di parola che contiene la lettera erre.

èrre [av. 1348] s. f. o m. inv. ● Nome della lettera *r* | *Arrotare la e., avere l'e. moscia, avere l'e. francese*, (*fam.*) *parlare con l'e.*, avere una pronuncia della erre con articolazione uvulare, per vezzo o per difetto naturale.

†**èrro** [da *errare*] s. m. ● Errore.

erroneità [1681] s. f. ● Caratteristica di ciò che è erroneo.

erròneo o †**erròǹio** [vc. dotta, lat. *errōneu(m)*, da *errāre* 'errare'; 1294] agg. ● Che ha in sé l'errore, che si fonda sull'errore: *un'erronea interpretazione della legge.* || **erroneaménte**, avv.

†**erròǹico** [av. 1348] agg. 1 Erroneo. 2 Vagante.

†**erròǹio** ● V. *erroneo*.

erròre [vc. dotta, lat. *errōre(m)*, da *errāre*, come *amōre(m)*, da *amāre*; av. 1250] s. m. 1 Allontanamento dal vero, dal giusto, dalla norma e sim.: *e. di calcolo; un e. di grammatica, di ortografia; un e. di distrazione; commettere, rilevare, correggere, rettificare un e.; non è uom sì savio che non pigli qualche volta degli errori* (GUICCIARDINI) | *Salvo e.*, a meno che non vi sia stato qualche involontario errore | *Per e.*, per sbaglio, spec. di distrazione | *E. di distrazione*, a questa dovuto | Valutazione sbagliata, opinione in contrasto con la realtà: *cadere in e.; indurre qlcu. in e.; e. di giudizio; sei in e. se pensi di aver già vinto* | Comportamento o azione inopportuni, inadeguati: *è stato un e. imperdonabile esserci dimenticati del suo compleanno* | (*est.*) Colpa, peccato: *fu un e. di gioventù; riparare gli errori commessi*. 2 (*dir.*) Falsa rappresentazione della realtà: *e. di fatto, di diritto; e. ostativo, e. motivo* | *E. giudiziario*, in un processo penale, condanna pronunciata a torto contro un innocente per un errore relativo ai fatti imputatigli. 3 Nella misurazione di una grandezza fisica, differenza fra il valore esatto e quello dedotto dall'osservazione | *E. sistematico*, dipendente da difetto dello strumento o da cattivo procedimento | *E. accidentale*, dipendente da cause incontrollabili. 4 (*lett.*) Peregrinazione: *ne' deserti / seguir d'Arabia i suoi errori infelici* (TASSO). 5 (*fig., lett.*) L'errare, il vagare con la mente, con la fantasia. || **erroràccio**, pegg. | **erroréétto**, dim. | **errorìno**, dim. | **erroróne**, accr. | **erroràccio**, errorùzzo, dim.

ERRORI COMUNI
nota d'uso

Un'indagine svolta fra i redattori e i collaboratori della casa editrice Zanichelli ha identificato i 103 errori più frequenti e insidiosi nello scrivere e nel parlare italiano. Eccone l'elenco:

errato	corretto
acce**ll**erare	accelerare
ane**dott**ico	ane**dd**otico
appro**pi**ato	appro**pri**ato
avvallo [garanzia]	avallo
a**re**oporto	a**e**roporto
biricchino	birichino
Caltanisetta	Caltani**ss**etta
collu**ta**zione	collu**tta**zione
collu**t**orio	collu**tt**orio
cono**sc**ienza	cono**sc**enza
co**sc**enza	co**sci**enza
ecce**zz**ionale	eccez**i**onale
effi**c**enza	effi**ci**enza
e**ss**icare	e**ss**iccare
esterefatto	esterrefatto
ingegni**e**re	ingegnere
interpet**r**are	inter**pr**etare
Macchiavelli	Machiavelli
Missi**si**pi	Missi**ssi**ppi
meter**e**ologia	meteorologia
peronspera	peronospora
presso**ch**é	presso**chè**
sc**i**enza	sc**i**enza
sco**r**azzare	sco**rr**azzare
é, cioé	è, cioè
caffé, té	caffè, tè
sè, né, ventitré	sé, né, ventitré
perchè, benchè, affinchè	perché, benché, affinché
potè, dovè	poté, dové
egli dà	egli da
egli fà, stà, và	egli fa, sta, va
un di	un dì
si [affermazione]	sì

ré, tré	re, tre
vicère, ventitre	viceré, ventitré
blù, sù	blu, su
rossoblù, lassù	rossoblù, lassù
un pò	un po'
a mò di	a mo' di
qual'è	qual è
un'altro, un'amico, buon'amico	un altro, un amico, buon amico
un'altra, un'amica, buon'amica	un'altra, un'amica, buon'amica
àmaca	amàca
autodròmo	autòdromo
bàule	baùle
bolscèvico	bolscevìco
callifugo, febbrifugo	callifùgo, febbrifùgo
io centèllino	io centellìno
io dévio	io devìo
èdile	edìle
èdule	edùle
elettròdo	elèttrodo
eurèka	èureka
Friùli	Friùli
giàcere	giacére
gomèna	gómena
ilàre [allegro]	ìlare
impàri [non pari]	ìmpari
infìdo	ìnfido
leccòrnia	leccornìa
mòllica	mollìca
mulièbre	muliebre
Nuòro	Nùoro
persuàdere, dissuàdere	persuadére, dissuadére
pùdico	pudìco
règime	regìme
rùbrica	rubrìca
sartìa	sàrtia
serotìno	serotìno
termìte [insetto]	tèrmite
tràlice	tralìce
che essi vadino, venghino	che essi vadano, vengano
che egli dasse, stasse	che egli desse, stesse
non mi oso di dire	non oso dire
vorrei che tu vieni (o venga)	vorrei che tu venissi
inerente il ...	inerente al ...
redarre	redigere
scannare, scannerare, scannerizzare	scandìre
un murales	un murale
un silos	un silo
un vigilantes	un vigilante
le speci	le specie
a gratis	gratis

In tutti i casi precedenti non vi sono dubbi. Ci sono poi altre parole – come *alchimia, guaina, karakiri* – che sono comunemente pronunciate o scritte, anche dalle persone colte, in modo diverso da quello suggerito da alcuni grammatici per ragioni di etimologia o di morfologia. Ma già nella prima edizione di questo vocabolario, Nicola Zingarelli condannava 'la vanità di chi vuole col suo proprio arbitrio dar norme al parlare e allo scrivere. Le norme sono quelle dell'uso delle persone colte'. Perciò, nei casi seguenti, le forme indicate nella colonna di destra, anche se più corrette, possono talora essere giudicate ricercate o affettate.

più diffuso; non scorretto	più corretto o più ricercato
io àdulo	io adùlo
alchimìa	alchìmia
anodìno	anòdino
io arrògo	io àrrogo
diatrìba	diàtriba
io èspleto	io esplèto
io evàporo	io evapóro
guaìna	guaìna
Islam	Islàm

karakiri	harakiri
lubrìco	lùbrico
Nòbel	Nobèl
ossequìente	ossequente
io pignòro	io pìgnoro
pitòsforo	pittòsporo
sàlubre	salùbre
mi sbèllico	mi sbellìco
scandìnavo	scandinàvo
io separo	io sèparo
le steli	le stele
le superfici	le superficie
io travìo	io tràvio
io vàluto, svàluto	io valùto, svalùto
zàffiro	zaffìro

Infine elenchiamo i principali casi in cui è ammessa una doppia grafia, segnalando la forma preferita nella colonna di destra:

corretto	preferito
io abrògo	io àbrogo
caciucco	cacciucco
io constàto	io cònstato
cosidetto, cosifatto	cosiddetto, cosiffatto
denuncie	denunce
diùresi	diurèsi
famigliare	familiare
intiero	intero
leggiero	leggero
obbiettivo	obiettivo
pressapoco	press**a**ppoco
provincie	province
se stesso	sé stesso
sopratutto	soprattutto
the	tè
zabaglione	zabaione

†ersèra ● V. *iersera*.
èrsi ● V. *ergere*.
èrta (o é-) [f. sost. di *erto*; 1313] **s. f. 1** Salita con forte pendenza, faticosa a percorrersi: *prendere l'e. del monte; mirar pender da un'e. / le capre e pascer questo e quel virgulto* (POLIZIANO) | *All'e.*, in su, diritto in su, ritto. **2** Nella loc. *stare all'e.*, (*fig.*) vigilare, stare attento. **3** Nella loc. inter. *all'e.!*, (*fig.*) attenzione!, grido con cui le sentinelle si controllavano vicendevolmente e si esortavano a vigilare.
ertézza [1336 ca.] **s. f.** ● (*raro*) Caratteristica di ciò che è erto, ripido, scosceso.
èrto (o é-) [part. pass. di *ergere*; 1282] **A** agg. ● Faticoso da salire, ripido: *colle e.* || **ertaménte**, avv. (*raro*) Ripidamente. **B s. m.** ● †Erta | †*Poggiar sull'e.*, salire molto in alto e (*fig.*) essere sublime.
†erubescènte [vc. dotta, lat. *erubescènte(m)*, part. pres. di *erubèscere* 'diventare del tutto (*ex-*) rosso (*rùber*)'; 1499] agg. **1** Di colore rosso. **2** (*fig.*) Che si fa rosso per vergogna.
erubescènza [vc. dotta, lat. tardo *erubescèntia(m)*, da *erubèscens*, genit. *erubescèntis* 'erubescente'; 1354] **s. f.** ● (*lett.*) Rossore causato da pudore o vergogna.
erubèscite [vc. dotta, comp. del lat. *erubèscere* 'diventare rosso (*rùber*)', per il suo vivo colore, e *-ite* (2)] **s. f.** ● (*miner.*) Bornite.
erùca [vc. dotta, lat. *erùca(m)*, di etim. incerta; av. 1320] **s. f. 1** Genere di piante erbacee mediterranee delle Crocifere, cui appartiene la ruchetta (*Eruca*). **2** Bruco.
erùcico [da *eruca*] agg. (pl. **m.** *-ci*) ● (*chim.*) Detto di acido alifatico non saturo, contenuto nell'olio di colza, di ravizzone e di altre Crocifere, usato spec. come lubrificante.
erudìbile [vc. dotta, lat. tardo *erudìbile(m)*, da *erudìre* 'erudire'; 1869] agg. ● Che si può erudire.
erudiménto [1438] **s. m.** ● (*raro*) L'erudire.
erudìre [vc. dotta, lat. *erudìre*, comp. di *ex-* sottrattivo e *rùdis* 'rude, rozzo'; sec. XIV] **A** v. tr. (*io erudìsco, tu erudìsci*) ● Rendere colto e istruito: *e. un discepolo*. SIN. Addottrinare, istruire | Addestrare | (*scherz.*) Informare. **B** v. intr. pron. ● Acquistare erudizione: *erudirsi nelle scienze, nelle arti, nelle lettere*.
eruditìsmo [1908] **s. m.** ● Erudizione arida che consiste in una confusa raccolta di nozioni minu-

ziose e inutili.
erudìto [av. 1375] **A** part. pass. di *erudire*; anche agg. **1** Colto, istruito. **2** *Libro e.*, ricco di notizie minute e copiose | *Memoria erudita*, scrittura piena di dottrine e notizie peregrine | *Note erudite*, corredo di annotazioni dotte a un testo. || **eruditaménte**, avv. In modo dotto. **B s. m.** (f. *-a*) ● Chi possiede un vasto bagaglio di nozioni relative a una o più discipline, ma è spesso privo di idee e spunti originali. || **eruditèllo**, dim. | **eruditóne**, accr.
erudizióne [vc. dotta, lat. *eruditiòne(m)*, da *erudìtus* 'erudito'; 1441] **s. f.** ● Ampio corredo di cognizioni intorno a varie discipline (talvolta con valore limitativo): *e. storica, filosofica; fare sfoggio di e.*; *uomo di una immensa e. greca, latina e toscana* (VICO). || **erudizioncèlla**, dim.
†erùmna [vc. dotta, lat. *aerùmna(m)* 'peso, carico' di orig. etrusca (?); sec. XIV] **s. f.** ● Affanno, tristezza, miseria.
†erumnóso [vc. dotta, lat. *aerumnòsu(m)*, da *aerùmna* 'erumna'; 1499] agg. ● Afflitto, dolente.
†erùmpere ● V. *erompere*.
erùppi ● V. *erompere*.
eruttaménto [av. 1712] **s. m. 1** Eruzione: *l'e. di un vulcano*. **2** Rutto.
eruttàre [vc. dotta, lat. *eructàre*, da *ructàre* 'ruttare' con *ex-* raff.; sec. XIV] **A** v. intr. (aus. *avere*) ● Compiere eruttazioni. SIN. Ruttare. **B v. tr. 1** Emettere, più o meno violentemente, prodotti piroclastici, gassosi e lavici, detto di vulcano e sim. **2** (*fig.*) Mandar fuori dalla bocca: *eruttava parole sconce*.
eruttazióne [vc. dotta, lat. tardo *eructatiòne(m)*, da *eructàre* 'eruttare'; av. 1320] **s. f.** ● Emissione rumorosa dalla bocca di gas provenienti dallo stomaco.
eruttìvo [dal lat. *erùptus*, part. pass. di *erùmpere* 'erompere'; 1765] agg. **1** Di processo geologico originato da magmi o da lave | *Rocce eruttive*, rocce formate per raffreddamento e consolidamento di magmi e lave. **2** (*med.*) Di morbo in cui compare eruzione.
eruzióne [vc. dotta, lat. *eruptiòne(m)*, da *erùptus*, part. pass. di *erùmpere* 'erompere'; av. 1313] **s. f. 1** (*geol.*) Fuoriuscita più o meno violenta di materiale lavico, piroclastico e gassoso da una bocca vulcanica | (*astron.*) *E. solare*, espulsione dal Sole di particelle che raggiungono la Terra provocano perturbazioni del campo magnetico | (*min.*) Violenta fuoriuscita di petrolio o gas naturale dal pozzo, quando questo raggiunge il giacimento. **2** (*med.*) Comparsa simultanea di macchie, pustole, bolle, sulla cute: *e. varicellosa* | *E. dentaria*, fuoriuscita del dente dall'alveolo verso la cavità boccale. **3** †*Sortita*: *distendendosi in tanto spazio, restava per tutto debile a poter resistere a una e.* (MACHIAVELLI).
erziàno ● V. *hertziano*.
Es /ted. ?ɛs/ [ted. *Es*, sostantivazione del pron. nt. di terza pers. sing. ('esso')] **s. m.** solo sing. ● (*psicoan.*) Parte della psiche da cui provengono i desideri istintivi o gli impulsi alla soddisfazione immediata dei bisogni primari. SIN. Id.
es- /ɛs/ [dalla prep. lat. *ex*] pref. ● Presente in numerose parole di origine latina, in cui rappresenta l'*ex-* originario, ha valore negativo-sottrattivo (*esautorare*) o intensivo (*esclamare*); in altri casi ha il sign. di 'fuori' della prep. lat. *ex* (*escludere, espellere*).
èṣa- [dal gr. *héx* 'sei', di orig. indeur.] primo elemento to ● In parole composte significa 'sei', 'formato di sei': *esamotore, esapodi, esarchia* | In chimica indica la presenza di 6 atomi o raggruppamenti atomici: *esano*.
eṣacànta [vc. dotta, comp. di *esa-* e del gr. *àkantha* 'spina'] agg. solo f. ● (*zool.*) Nella loc. *larva e.*, il primo stadio larvale di alcuni Cestodi, provvisto di 6 uncini chitinosi. SIN. Oncosfera.
eṣacerbaménto [1669] **s. m.** ● (*raro*) Esacerbazione.
eṣacerbàre [vc. dotta, lat. *exacerbàre*, comp. di *acerbàre* con pref. *ex-* raff.; sec. XIV] **A** v. tr. (*io esacèrbo*) **1** Inasprire: *e. un dolore, una pena* | (*est.*) Aggravare: *e. una infezione*. **2** (*fig.*) Irritare, esasperare: *e. l'animo con parole offensive*. **B** v. intr. pron. ● Divenire più aspro, più irritato: *l'umore della folla si esacerbava; si esacerbarono molto più gli animi de' principi* (GUICCIARDINI) | (*est.*) Aggravarsi.

eṣacerbàto [av. 1540] part. pass. di *esacerbare*; anche agg. ● Amareggiato, esasperato: *avere, sentirsi, l'animo e.*

eṣacerbazióne [vc. dotta, lat. tardo *exacerbatiōne(m)*, da *exacerbātus* 'esacerbato'; av. 1342] s. f. *1* Irritazione, esasperazione | Aggravamento: *e. di una pena.* *2* Aumento dell'intensità dei sintomi di una malattia: *una repentina e. d'un mal cronico* (MANZONI).

eṣaciṣottaèdro [vc. dotta, comp. del gr. *hexákis* 'sei (*héx*) volte' e *ottaedro*] s. m. ● (*miner.*) Poliedro cristallino delimitato da 48 facce triangolari scalene disposte a piramide in gruppi di 6 al posto di ciascuna delle facce di un ottaedro.

eṣacistetraèdro [vc. dotta, comp. del gr. *hexákis* 'sei (*héx*) volte' e *tetraedro*] s. m. ● (*miner.*) Poliedro cristallino delimitato da 24 facce triangolari scalene disposte a piramide in gruppi di 6 al posto di ciascuna delle facce di un tetraedro.

Eṣacoràlli [comp. di *esa-* e il pl. di *corallo*] s. m. pl. ● (*zool.*) Zoantari.

eṣacordàle agg. ● Relativo all'esacordo.

eṣacòrdo [vc. dotta, lat. tardo *hexăchordu(m)*, comp. del gr. *héx* 'sei' e *chordḗ* 'corda'; 1561] s. m. *1* (*mus.*) Successione di sei suoni che costituiscono la base della solmisazione. *2* (*gener.*) Strumento musicale a sei corde.

eṣadactilìa o **eṣadattilìa** [vc. dotta, gr. *hexadaktylía* 'che ha sei (*héx*) dita (*dáktyloi*)'] s. f. ● (*med.*) Presenza di sei dita nelle mani o nei piedi.

eṣadecimàle [comp. di *esa-* e *decimale* (*1*)] agg. ● (*mat.*) Detto di sistema di numerazione che ha per base il numero sedici. CFR. Binario, ottale, decimale, duodecimale.

eṣaèdro [vc. dotta, lat. tardo *hexăhedru(m)*, dal gr. *hexáedros* 'che ha sei (*héx*) basi (*hédrai*)'; 1607] s. m. ● (*mat.*) Poliedro con sei facce quadrangolari | *E. regolare*, cubo.

eṣafònico [vc. dotta, comp. di *esa-* e *-fonico*] agg. (pl. m. *-ci*) ● (*mus.*) Esatonale.

♦**eṣageràre** [vc. dotta, lat. *exaggerāre*, originariamente 'ammassare, fare argine', poi 'ingrandire', comp. del pref. raff. *ex-* e di *aggerāre* 'arginare', da *ăgger*, genit. *ăggeris* 'argine'; av. 1535] **A** v. tr. (*io eṣàgero*) *1* Descrivere o presentare qlco. in modo eccessivo, per vanto, adulazione e sim.: *e. l'importanza di un fatto* | (*assol.*) Eccedere nel comportarsi: *adesso stai esagerando*; *guarda di non e.* *2* Rendere eccessivo: *e. le tinte, la forma.* **B** v. intr. (aus. *avere*) (assol.; + *in*, + *con*, anche seguiti da inf.; + *a* seguito da inf.) ● Eccedere: *non esageriamo!*; *e. nel tono, nell'enfasi*; *forse ha un po' esagerato nel parlare*; *è meglio non e. con gli allarmismi*; *non e. a dare tutto questo peso alle diete!* **C** v. intr. pron. ● †Adirarsi, scaldarsi, indignarsi.

eṣageratìvo [av. 1667] agg. ● (*raro*) Che tende a esagerare.

♦**eṣageràto** [1613] **A** part. pass. di *esagerare*; anche avv. *1* Eccessivo, che eccede la misura: *lodi esagerate*; *prezzo e.*; *reazione esagerata.* *2* (*fam.*) Fuori dell'ordinario, eccezionale: *una ragazza dalla bellezza esagerata*; *voglio fare un lungo viaggio e vedere dei posti esagerati.* || **eṣageratamènte**, avv. **B** s. m. (f. *-a*) ● Chi eccede la misura, i limiti della normalità, convenienza e sim.

eṣageratóre [vc. dotta, lat. tardo *exaggeratōre(m)*, da *exaggerātus* 'esagerato'; av. 1667] s. m.; anche agg. (f. *-trice*, pop. disus. *-tora*) ● (*raro*) Chi (o Che) esagera.

eṣagerazióne [vc. dotta, lat. *exaggeratiōne(m)*, da *exaggerātus* 'esagerato'; av. 1535] s. f. *1* L'esagerare | Caratteristica di ciò che è esagerato: *in quell'articolo c'è troppa e.* | *Senza e.*, secondo verità, senza aggiungere nulla a quella che è la verità. *2* Discorso, comportamento e sim., esagerato | Cifra eccessiva: *costare un'e.* || **eṣagerazioncèlla**, dim.

eṣageróne s. m. (f. *-a*) ● (*fam.*) Chi è solito esagerare.

eṣagitàre [vc. dotta, lat. *exagitāre* 'spingere con forza (*agitāre*) sino in fondo (*ex-*)'; 1525] v. tr. (*io eṣàgito*) *1* (*lett., fig.*) Agitare, turbare fortemente: *e. l'animo.* *2* †Tormentare, travagliare.

eṣagitàto [1499] part. pass. di *esagitare*; anche agg. e s. m. (f. *-a*) ● Che (o Chi) è in preda a grande agitazione.

eṣagitazióne [vc. dotta, lat. tardo *exagitatiōne(m)*, da *exagitātus* 'esagitato'; av. 1543] s. f. ● (*lett.*) Agitazione, turbamento.

eṣagòge [vc. dotta, lat. *exagōga(m)*, lat. tardo *exagōge(m)*, dal gr. *exagōgḗ* 'il trasportare (*agōgḗ*) fuori (*ex-*)'; av. 1729] s. f. ● Nell'antica Grecia, processione fuori del tempio durante le cerimonie in onore di Dioniso.

eṣagonàle [1585] agg. *1* Di esagono. *2* (*miner.*) *Sistema e.*, sistema cristallino che presenta quattro assi cristallografici, di cui i tre sul piano orizzontale formano tra loro angoli di 120° e hanno parametri uguali, mentre il quarto, ortogonale ai precedenti e con un parametro diverso, è verticale e coincide con l'asse di simmetria.

eṣàgono [vc. dotta, lat. tardo *hexagōnu(m)*, dal gr. *hexágōnos* 'che ha sei (*héx*) angoli (*gōníai*)'; 1502] **A** s. m. ● Poligono con sei vertici. ➡ ILL. geometria. **B** agg. ● (*raro*) Esagonale: *forma esagona.*

eṣalàbile [av. 1712] agg. ● (*raro*) Che può essere esalato.

eṣalaménto [av. 1519] s. m. *1* (*raro*) Esalazione. *2* †Spasso, svago.

eṣalàre [vc. dotta, lat. *exhalāre* 'soffiare (*halāre*, donde *hālitus* 'alito') fuori (*ex-*)'; av. 1320] **A** v. tr. *1* Mandare fuori, disperdendo attorno nell'aria: *e. profumo, vapori, fumo* | *E. lo spirito, l'anima, l'ultimo respiro*, (*fig.*) morire. SIN. Effondere, emanare. *2* (*raro, lett.*) Sfogare. **B** v. intr. (aus. *essere*) *1* Emanare: *dal terreno esala un pessimo odore.* *2* †Ricrearsi, respirare.

†**eṣalatóio** [av. 1502] s. m. ● Esalatore.

eṣalatóre [da *esalare*, col senso etim. del lat. *exhalāre* 'soffiar (*halāre*) fuori (*ex-*)'; av. 1537] **A** s. m. ● Sfiatatoio per il ricambio d'aria in locali di edifici, o per l'uscita di fumo, gas e sim. in una fornace. **B** agg. (f. *-trice*) ● Che serve al ricambio dell'aria: *tubo e.*

eṣalazióne [vc. dotta, lat. *exhalatiōne(m)*, da *exhalātus*, part. pass. di *exhalāre* 'esalare'; 1319] s. f. *1* L'esalare | Ciò che esala: *e. pestilenziale.* SIN. Effluvio, emanazione. *2* (*geol.*) Emissione alla superficie terrestre di gas e vapori di origine vulcanica. *3* †Ricreazione, spasso. || **eṣalazioncèlla**, dim.

†**eṣaldìre** ● V. *esaudire.*

†**eṣàlo** [da *esalare*; 1476] s. m. ● Esalazione, effluvio.

eṣaltaménto [av. 1348] s. m. ● (*raro*) Esaltazione.

eṣaltànte [1955] part. pres. di *esaltare*; anche agg. ● Entusiasmante, eccitante: *un'esperienza e.* | Che costituisce motivo di grande vanto: *una vittoria e.* | *Un film, una serata poco e.*, piuttosto noiosa, deprimente.

eṣaltàre o †**essaltàre** [vc. dotta, lat. tardo *exaltāre*, comp. del pref. di movimento verso l'alto *ex-* e *ăltus* 'alto'; 1313] **A** v. tr. *1* Magnificare con lodi: *e. le imprese di un eroe* | *E. qlcu. al cielo, alle stelle*, lodarlo eccessivamente. *2* (*lett.*) Elevare ad alte dignità, cariche, onori: *e. al pontificato.* *3* Rendere entusiasta, infervorato: *il discorso esaltò la folla* | Eccitare: *di desideri vani / t'esalto, mia inesperta anima altera* (SABA). SIN. Entusiasmare. *4* Potenziare, mettere in risalto, accentuare: *quell'abito esaltava la sua bellezza*; *quel ruolo esaltava le capacità dell'attore*; *la linea aerodinamica esalta le caratteristiche sportive della vettura.* **B** v. rifl. ● Gloriarsi, vantarsi: *chi si esalta sarà umiliato, e chi si umilia sarà esaltato.* **C** v. intr. e intr. pron. (aus. *essere*) *1* (*raro*) Farsi più grande, crescere di potere, di fama | Insuperbire. *2* (*lett.*) Elevarsi spiritualmente | (*fig.*) †Esultare: *mi fuor mostrati li spiriti magni, / che del vedere in me stesso m'essalto* (DANTE *Inf.* IV, 119-120). *3* Infervorarsi eccessivamente: *esaltarsi per un'idea.*

eṣaltàto [sec. XIV] **A** part. pass. di *esaltare*; anche agg. ● Che è in uno stato di eccitazione, di eccessivo entusiasmo e sim. **B** s. m. (f. *-a*) ● Persona esaltata | Persona fanatica, mossa da esagerato entusiasmo.

eṣaltatóre [vc. dotta, lat. tardo *exaltatōre(m)*, da *exaltātus* 'esaltato'; av. 1375] agg.; anche s. m. (f. *-trice*) ● Che (o Chi) esalta.

eṣaltatòrio [av. 1930] agg. ● (*raro*) Di esaltazione: *tono e.*

eṣaltazióne [vc. dotta, lat. tardo *exaltatiōne(m)*, da *exaltātus* 'esaltato'; av. 1306] s. f. *1* Magnificazione: *e. dei pregi, delle virtù di qlcu.* *2* Innalzamento a un'alta dignità: *l'e. al pontificato.* SIN. Elevazione. *3* (*fig.*) Stato di anormale eccitazione: *e. morbosa* | (*est.*) Fanatismo, fervore eccessivo: *e. di mente, religiosa.* *4* (*med.*) Accentuazione dell'attività di un organo. *5* (*astron.*) †Culminazione superiore di un astro. *6* (*astrol.*) Nello zodiaco, segno particolarmente affine a un corpo celeste, il cui influsso risulta perciò esaltato, potenziato, più efficace. CONTR. Caduta.

♦**eṣàme** o †**eṣàmine** [vc. dotta, lat. *exāmen* (nom.), da *exīgere* nel sign. di 'pesare (*ăgere*) bene (*ex-*)'; av. 1306] s. m. *1* Ponderata considerazione di una persona, una cosa, un'idea, una situazione e sim. al fine di conoscerne la condizione, le caratteristiche, le conseguenze: *e. della vista, del sangue*; *sottoporre a e. chimico, istologico*; *prendere in e. una proposta, un progetto*; *fare l'e. di un testo*; *non gioverebbe togliere in e. queste opere per dimostrarne il difetto e il vizio* (CROCE) | (*dir.*) *E. dei testimoni*, interrogatorio dei testimoni dedotti in giudizio | (*dir.*) *E. della causa*, studio delle questioni portate in giudizio e delle formalità nello stesso svolte | *E. di coscienza*, esercizio mentale che, nel cattolicesimo, precede la confessione e consiste nel richiamare alla memoria i peccati commessi. SIN. Analisi, disamina. CFR. -scopia. *2* Prova, o serie di prove, cui si sottopone un candidato per verificarne la preparazione, le attitudini e sim.: *e. scritto, orale*; *e. di ammissione, di idoneità, di maturità, di abilitazione, di laurea*; *sostenere gli esami*; *esami attitudinali*; *concorso per titoli ed esami* | *E. di Stato*, ogni esame pubblico che rilascia un titolo con valore legale; (*per anton.*) l'esame per conseguire il diploma al termine di un corso di studi di scuola secondaria superiore; esame che abilita all'esercizio di alcune professioni | *E. di guida*, per ottenere la patente | *Passare l'e.*, superarlo, essere promosso. || **eṣamàccio**, pegg. | **eṣamìno**, dim. | **eṣamóne**, accr. | **eṣamùccio**, dim.

eṣametilendiammìna [comp. di *esametilene* e *diammina*; 1989] s. f. ● (*chim.*) Diammina alifatica che costituisce uno dei prodotti più importanti per la fabbricazione del nylon, e si presenta in lamelle cristalline e incolori.

eṣametilène [comp. di *esa-* e *metilene*] s. m. ● (*chim.*) Cicloesano.

eṣàmetro [vc. dotta, lat. *hexămetru(m)*, dal gr. *hexámetron* 'di sei (*héx*) misure (*métra*)'; av. 1375] s. m. ● Verso di sei piedi della poesia greca e latina, detto anche esametro dattilico.

†**eṣàmina** [da *esaminare*; av. 1433] s. f. ● (*dir.*) Esame: *e. dei testimoni, della causa.*

eṣaminàbile [1869] agg. ● Che si può esaminare.

†**eṣaminaménto** [av. 1292] s. m. ● L'esaminare | Esame lungo e minuto.

eṣaminàndo [vc. dotta, lat. *examinăndu(m)*, gerundivo di *examināre* 'esaminare'; 1826] agg.; anche s. m. (f. *-a*) ● Che (o Chi) si appresta a sostenere un esame. SIN. Candidato.

eṣaminànte [av. 1907] part. pres. di *esaminare*; anche agg. e s. m. e f. ● Che (o Chi) esamina.

†**eṣaminànza** [av. 1306] s. f. ● Esame.

♦**eṣaminàre** [vc. dotta, lat. *examināre*, da *exāmen*, genit. *exāminis* 'esame'; av. 1292] v. tr. (*io eṣàmino*) *1* Prendere in esame, analizzare con attenzione: *e. una questione, una dottrina, un autore*; *e. la causa.* SIN. Considerare, studiare. *2* Sottoporre a un esame: *e. gli scolari, i candidati*; *e. qlcu. in filosofia*; *e. i testimoni.*

eṣaminatóre [vc. dotta, lat. tardo *examinatōre(m)*, da *examinātus*, part. pass. di *examināre* 'esaminare'; 1308] s. m.; anche agg. (f. *-trice*) ● Chi (o Che) esamina, spec. nelle scuole, in concorsi e sim.: *e. severo*; *commissione esaminatrice.*

†**eṣaminazióne** [vc. dotta, lat. tardo *examinatiōne(m)*, da *examinātus*, part. pass. di *examināre* 'esaminare'; 1300 ca.] s. f. ● Esame, investigazione.

†**eṣàmine** ● V. *esame.*

eṣamotóre [comp. di *esa-* e *motore*] **A** agg. ● Dotato di sei motori. **B** s. m. ● Aeroplano con sei motori.

eṣàngue [vc. dotta, lat. *exsăngue(m)* 'privo (*ex-*) di sangue (*sănguis*)'; av. 1494] agg. *1* Quasi privo di sangue, che ha perso molto sangue. *2* (*fig.*) Debole, smorto, pallido: *viso, aspetto e.* | (*fig., lett.*) Di scritto e sim. privo di vigoria stilistica: *stile e.* *3* (*fig., lett.*) Morto: *plachi il tiranno e. / lo spirto mio col suo maligno sangue* (TASSO).

eṣanimàre [vc. dotta, lat. *exanimāre*, da *exănimis*

'esanime'; 1485 ca.] A v. tr. (*io esànimo*) ● (*lett.*) Scoraggiare, abbattere | Privare della forza. B v. intr. pron. ● (*lett.*) Perdersi d'animo.

esanimàto [sec. XV] part. pass. di *esanimare*; anche agg. ● (*raro, lett.*) Morto: *e par ch'al vento muovasi / la trista Filli esanimata e pendola* (SANNAZARO).

esànime [vc. dotta, lat. *exănime(m)* 'privo (*ex-*) di anima (*ănima*)'; av. 1342] agg. ● Che è, o pare, morto: *giaceva e. al suolo.*

esàno [vc. dotta, comp. di *es(a)-* e *-ano* (*2*); 1892] s. m. ● (*chim.*) Idrocarburo alifatico saturo a sei atomi di carbonio, contenuto nel petrolio e usato come solvente.

esanòfele [vc. dotta, comp. di *es-* e *anofele*] s. m. ● Farmaco a base di solfato di chinino contro le febbri malariche.

esantèma [vc. dotta, lat. tardo *exanthēma* (nom. nt.), dal gr. *exánthēma*, da *exanthêin* 'che fiorisce (*anthêin*) fuori (*ex-*)'; 1749] s. m. (pl. *-i*) ● (*med.*) Ogni eruzione cutanea costituita da vescicole, pustole, petecchie, bolle: *e. morbilloso.*

esantemàtico [1752] agg. (pl. m. *-ci*) ● (*med.*) Di esantema, che si manifesta con esantemi: *tifo e.*; *malattia esantematica.*

Esàpodi [vc. dotta, comp. di *esa-* e del gr. *póus*, genit. *podós* 'piede'; 1797] s. m. pl. (sing. *-e*) ● (*zool.*) Insetti.

esapodìa [comp. di *esa-* e del gr. *póus*, genit. *podós* 'piede'] s. f. ● (*ling.*) Nella metrica classica, successione di sei piedi metrici.

esarazióne o **exarazióne** [vc. dotta, lat. *exaratiōne(m)*, da *exarāre*, propr. 'cavar fuori (*ex-*) dalla terra con l'*arāre*', poi, fig., 'scrivere (con lo stilo, come aratro che solchi le tavolette di cera)'; 1929] s. f. *1* (*geol.*) Azione erosiva che un ghiacciaio, col suo peso e il suo lento movimento di discesa, esercita sulle rocce. *2* In paleografia, cancellatura presente in codici e documenti fatta con il raschietto.

esàrca [vc. dotta, lat. tardo *exărchu(m)*, dal gr. *éxarchos* 'comandante, che è a capo (*archós*)'; av. 1504] s. m. (pl. *-chi*) ● Nell'Impero romano d'oriente, comandante supremo delle forze militari imperiali | Governatore dei domini bizantini in Italia dal VI all'VIII sec.

esarcàto [vc. dotta, lat. mediev. *exarchātu(m)*, da *exarca* 'esarca' col suff. di dominio territoriale *-ātum* '-ato'; 1525] s. m. *1* Ufficio dell'esarca e durata della carica dello stesso. *2* Provincia d'Italia soggetta al dominio di Bisanzio.

esarchìa [comp. di *esa-* e *-archia*; 1943] s. f. ● Governo di sei uomini o di sei partiti.

esàrchico [1943] agg. (pl. m. *-ci*) ● Relativo a esarchia.

esasperaménto [1665] s. m. ● (*raro*) L'esasperare, l'esasperarsi | Esasperazione.

esasperànte [sec. XIV] part. pres. di *esasperare*; anche agg. ● Che provoca irritazione e nervosismo: *questo gocciolìo è davvero e.* || **esasperanteménte**, avv.

esasperàre [vc. dotta, lat. *exasperāre* 'rendere aspro (*asperāre*, da *ăsper* 'aspro') del tutto (*ex-*)'; sec. XIV] A v. tr. (*io esàspero*) *1* Portare alla massima indignazione: *e. il popolo con le ingiustizie*; *e. qlcu. con soprusi e prepotenze* | Irritare. SIN. Inasprire. *2* Rendere aspro, intenso: *e. il dolore, la malattia, la pena.* SIN. Esacerbare. B v. intr. pron. ● Adirarsi, irritarsi, risentirsi.

esasperàto [av. 1543] part. pass. di *esasperare*; anche agg. *1* Che è in preda all'esasperazione: *era e. per le continue prepotenze subite.* SIN. Irritato, incollerito. *2* Spinto all'eccesso, molto intenso: *un rancore e.* || **esasperataménte**, avv. In modo esasperato, con esasperazione: *sbuffava esasperatamente*; in modo da esasperare: *un film esasperatamente noioso.*

esasperatóre [av. 1364] s. m.; anche agg. (f. *-trice*) ● (*raro*) Chi (o Che) esaspera.

esasperazióne [vc. dotta, lat. tardo *exasperatiōne(m)*, da *exasperāre* 'esasperare'; av. 1337] s. f. *1* Estrema irritazione e risentimento: *portare qlcu. all'e.*; *essere al colmo, al massimo, dell'e.* *2* Massima asprezza o intensità: *il progresso del male portò all'e. della sofferenza.*

esàstico [vc. dotta, lat. *hexăstichu(m)*, dal gr. *hexástichos* 'che ha sei (*héx*) versi (*stíchoi*)'; av. 1597] agg. (pl. m. *-ci*) *1* Composto di sei versi. *2* (*bot., raro*) Detto di alcune spighe fornite di sei file di granelli.

esàstilo [vc. dotta, lat. tardo *hexăstylo(n)*, dal gr. *hexástylos*, comp. di *héx* 'sei' e *-stilo*; 1758] agg. ● (*arch.*) Fornito di sei colonne | ***Tempio, portico e.***, che ha sulla fronte sei colonne come la maggior parte dei templi greci.

esatòmico [comp. di *es(a)-* e *atomico*] agg. (pl. m. *-ci*) ● (*chim.*) Detto di ione, raggruppamento atomico o molecola formato da sei atomi | Di composto chimico la cui molecola è formata da sei atomi uguali o diversi.

esatonàle [comp. di *esa-* e *tonale*] agg. ● (*mus.*) Dell'esatonia. SIN. Esatonico, esafonico.

esatonìa [dal gr. *hexátonos* 'che ha sei (*héx*) toni (*tónoi*, sing. *tónos*)'] s. f. ● (*mus.*) Suddivisione della scala in sei parti uguali, da cui deriva una scala dei sei toni interi, detta scala esatonale, usata tra il XIX e il XX sec. ad es. da Debussy e Puccini.

esatònico agg. (pl. m. *-ci*) ● (*mus.*) Esatonale.

esattézza [da *esatto* (*1*); 1623] s. f. *1* Caratteristica di ciò che è esatto: *l'e. di un orologio, di un calcolo, di una risposta.* SIN. Precisione. *2* Scrupolosa diligenza: *lavorare con grande e.* SIN. Accuratezza, rigore.

Esattinèllidi [vc. dotta, comp. di *esa-*, del gr. *aktís*, genit. *aktînos* 'raggio' e il suff. *-ella* con *-idi*] s. m. pl. (sing. *-e*) ● Nella tassonomia animale, classe di Spugne silicee delle acque profonde, a forma gener. cilindrica (*Hexactinellidae*).

♦**esàtto** (**1**) [vc. dotta, lat. *exăctu(m)*, propr. part. pass. di *exĭgere* nel senso di 'pesare (*ăgere*) esattamente (*ex-*)'; 1499] agg. *1* Eseguito con accuratezza e precisione, privo di errori: *i suoi calcoli sono sempre esatti* | (*est.*) Che si fonda sulla precisione e la conformità a certi principi: *scienze esatte.* CFR. orto-. *2* Conforme al vero: *il suo racconto era e.*; *riferire l'e. svolgimento dei fatti* | Giusto: *quell'orologio indica l'ora esatta* | Con ellissi del v. 'essere' con valore di affermazione, spec. nelle risposte: *'tre più due fa cinque' 'e.!'.* *3* Che fa le cose con diligenza e precisione: *era il più e. dei funzionari* | Puntuale: *essere e. nel pagare.* SIN. Diligente, preciso. || **esattaménte**, avv.

esàtto (**2**) [av. 1540] part. pass. di *esigere*; anche agg. ● (*raro*) Riscosso.

esattóre [vc. dotta, lat. *exactōre(m)*, da *exāctus* 'esatto (2)', part. pass. di *exĭgere* nel senso di 'trar (*ăgere*) fuori (*ex-*)', 'riscuotere'; 1285] s. m. (f. *-trice*, pop. disus. *-tora* nel sign. 2) *1* Chi è delegato a riscuotere per conto terzi affitti, abbonamenti, tasse, imposte | Impiegato dell'esattoria. *2* †Chi esige, pretende qlco. come a sé dovuto. *3* †Esecutore di giustizia.

esattorìa [da *esattore*; 1816] s. f. ● Ufficio dell'esattore e luogo in cui ha sede: *e. comunale, provinciale.*

esattoriàle [1883] A agg. ● Dell'esattoria, dell'esattore | ***Cartella esattoriale***, avviso emesso ai contribuenti per specificare gli importi dovuti per imposte, tasse e sim. B s. m. e f. ● Esattore.

†**esaudévole** [adattamento del lat. tardo *exaudībile(m)* 'esaudibile'; av. 1375] agg. ● Facile da esaudire.

esaudìbile [vc. dotta, lat. tardo *exaudībile(m)*, da *exaudīre* 'esaudire'; sec. XIV] agg. ● Che si può esaudire: *il tuo desiderio è e.*

esaudiménto [sec. XIV] s. m. ● (*raro*) L'esaudire.

esaudìre o †**esaldìre** [vc. dotta, lat. *exaudīre* 'ascoltare (*audīre*) pienamente (*ex-*)'; sec. XIII] v. tr. (*io esaudisco*, †*esàudo*, *tu esaudisci*, †*esàudi*) *1* Accogliere, soddisfare benevolmente una richiesta: *e. una preghiera, una grazia, un desiderio, i voti di qlcu.*; *se tu già m'esaudisti peccatore, / perch'or non m'esaudisci penitente?* (CAMPANELLA) | †Concedere, permettere. SIN. Accogliere. *2* †Ubbidire.

esauditóre [vc. dotta, lat. tardo *exauditōre(m)*, da *exaudītus*, part. pass. di *exaudīre* 'esaudire'; sec. XIV] s. m.; anche agg. (f. *-trice*) ● (*raro*) Chi (o Che) esaudisce: *pietoso e. de' miei prieghi* (SACCHETTI).

†**esaudizióne** [vc. dotta, lat. tardo *exauditiōne(m)*, da *exaudītus*, part. pass. di *exaudīre* 'esaudire'; av. 1348] s. f. ● Esaudimento.

esaurìbile [1771] agg. ● Che si può esaurire. CONTR. Inesauribile.

esauribilità s. f. ● Condizione, caratteristica di ciò che è esauribile.

esauriènte [1900] part. pres. di *esaurire*; anche agg. *1* Che tratta a fondo un argomento: *una trattazione e.* SIN. Approfondito, completo. *2* Che toglie ogni dubbio o incertezza: *prova, spiegazione e.* SIN. Convincente, persuasivo. || **esaurienteménte**, avv.

esauriménto [av. 1694] s. m. *1* L'esaurire, l'esaurirsi: *e. delle provviste.* SIN. Fine, cessazione. *2* (*med.*) Indebolimento, spossamento: *e. fisico, mentale* | ***E. nervoso***, condizione caratterizzata da stanchezza, irritabilità e altri disturbi. *3* (*idraul.*) Prosciugamento di stagni, paludi, scavi di fondazione, e sim.

♦**esaurìre** [vc. dotta, lat. *exhaurīre* 'vuotare (*haurīre*, di etim. incerta) completamente (*ex-*)'; 1589] A v. tr. (*io esaurisco, tu esaurisci*) *1* Consumare completamente (*anche fig.*): *e. le provviste*; *e. un pozzo petrolifero, una sorgente*; *e. i fondi stanziati*; *e. le proprie forze, il proprio repertorio.* SIN. Finire. *2* Indebolire, spossare: *una fatica prolungata esaurisce chiunque.* *3* Trattare con completezza, realizzare interamente: *e. un argomento, i propri compiti.* *4* Estrarre completamente da una sostanza, con opportuni procedimenti, i principi attivi o ciò che interessa. *5* (*mar.*) Liberare dall'acqua i locali interni di una nave. *6* †Attingere. B v. rifl. ● Logorare le proprie forze fisiche, le proprie energie mentali e sim.: *esaurirsi nel lavoro, per lo studio eccessivo.* C v. intr. pron. ● Consumarsi: *le sue virtù poetiche si sono esaurite* | Restar privo del proprio contenuto: *la miniera s'è ormai esaurita.*

esaurìto [av. 1797] part. pass. di *esaurire*; anche agg. *1* Finito, consumato: *un pozzo e.* *2* Interamente venduto: *è una edizione da tempo esaurita* | ***Tutto e.***, frase indicante l'avvenuta vendita della totalità dei biglietti in teatri e sim. *3* Detto di persona che mostra sintomi di esaurimento nervoso: *essere, sentirsi e.*

esaustióne [vc. dotta, lat. tardo *exhaustiōne(m)*, da *exhăustus* 'esausto'; 1966] s. f. ● (*mat.*) Procedimento per il calcolo di aree e volumi in cui si possono scorgere i rudimenti del concetto di integrale.

esaustività s. f. ● Caratteristica di ciò che è esaustivo.

esaustìvo [fr. *exhaustif*, preso a sua volta dall'ingl. *exhaustive*, coniato dal lat. *exhăustus*, part. pass. di *exhaurīre* 'esaurire'; 1942] agg. ● (*lett.*) Che tende a esaurire o esaurisce un argomento, un problema e sim.: *risposta esaustiva.* || **esaustivaménte**, avv.

esàusto o †**essàusto** [vc. dotta, lat. *exhăustu(m)*, part. pass. di *exhaurīre* 'esaurire'; 1321] agg. *1* Completamente vuoto o finito: *erario e.*; *fondi esausti* | Esaurito, scarico: *batteria esausta.* *2* (*fig.*) Stremato: *forza, mente esausta*; *sentirsi e. per il troppo lavoro* | ***Terreno e.***, che non ha più sostanze nutritive, che non produce più. *3* (*lett.*) Consumato: *non er'anco del mio petto esausto / l'ardor del sacrificio* (DANTE *Par.* XIV, 91-92).

esautoraménto [av. 1937] s. m. ● (*raro, lett.*) Esautorazione.

esautoràre [vc. dotta, lat. *exauctorāre*, nella terminologia mil. 'porre in congedo, privare del soldo', comp. di *ex-* oppos. e *auctorāre* 'assoldare, ingaggiare' (da *ăuctor* nel senso di 'venditore'); av. 1566] v. tr. (*io esàutoro* o, più corretto ma meno diffuso, *esautóro*) ● Privare qlcu. o qlco. della propria importanza o autorità: *e. l'assemblea, il presidente, un ufficiale*; *e. una dottrina.*

esautoràto [1619] part. pass. di *esautorare*; anche agg. ● Privato di autorità o d'importanza.

esautorazióne [vc. dotta, lat. tardo *exauctoratiōne(m)*, da *exauctorātus* 'esautorato'; 1843] s. f. ● L'esautorare, il venire esautorato.

esavalènte [comp. di *esa-* e *valente*; 1875] agg. ● (*chim.*) Detto di elemento, ione, gruppo atomico, 6 volte monovalente.

esazióne [vc. dotta, lat. *exactiōne(m)*, da *exāctus* 'esatto (2)', part. pass. di *exĭgere* 'trar (*ăgere*) fuori (*ex-*)', 'riscuotere'; av. 1304] s. f. *1* Riscossione: *e. delle tasse, dei crediti, delle quote.* *2* Quantità di denaro riscossa per conto terzi: *abbondantissime esazioni di danari* (SARPI). *3* †Imposizione, gravezza.

esborsàre [comp. parasintetico di *borsa*; 1483] v. tr. (*io esbórso*) ● (*bur.*) Sborsare, spendere.

esbórso [da *esborsare*; 1642] s. m. ● (*bur.*) Pagamento, spesa.

esbòsco [comp. del pref. latineggiante *es-* (da

ex- 'fuori da') e *bosco*; 1962] **s. m.** (pl. *-schi*) ● Trasporto degli alberi abbattuti al luogo di raccolta e di carico.

ésca (1) [lat. *ēsca(m)*, dal v. *ēdere*, precedentemente *ēsse*, 'mangiare'; av. 1292] **s. f.** *1* Cibo che viene utilizzato per catturare animali selvatici, pesci, uccelli e sim.: *e. vivente, naturale, artificiale, avvelenata*; *attaccare l'e. all'amo*. ➡ ILL. **pesca**. *2* (*fig.*) Inganno, lusinga, seduzione: *correre all'e.*; *prendere qlcu. all'e.* *3* Sostanza vegetale, ricavata spec. dai funghi, che si usava un tempo per accendere il fuoco con l'acciarino o per trasmetterlo alla polvere delle antiche armi da fuoco. *4* (*fig.*) Incitamento: *e. amorosa* | ***Mettere l'e. accanto al fuoco***, procurare l'occasione d'innamorarsi, di litigare e sim. | ***Dare e.***, incitare | ***Dare e. al fuoco***, (*fig.*) alimentare una passione, un litigio. *5* †Cibo, nutrimento (*anche fig.*): *ch'i' non curo altro ben, né bramo altr'e.* (PETRARCA). *6* Malattia di vari alberi, e dei ceppi della vite, provocata da funghi i quali penetrano nel legno dei tronchi trasformandolo in una massa mollicia. || PROV. Invan si pesca se l'amo non ha l'esca. || **eschétta**, **dim.**

ésca (2) ● V. *uscire*.

escaiuòlo [comp. di *esca* (*1*) e *-aiuolo*] **s. m.** (f. *-a*) ● (*raro*) Chi vendeva l'esca per il fucile.

escalation /eska'leʃʃon, *ingl.* ˌɛskəˈleɪʃn/ [vc. ingl., dal v. *to escalate* 'intensificare', a sua volta da *escalade* 'ascesa, scalata'; 1965] **s. f. inv.** ● Aumento graduale e progressivo di un'azione bellica e (*est.*) di una qualsiasi azione o fatto economico o sociale: *l'e. dell'uso di stupefacenti*.

†escaménto [sec. XIV] **s. m.** ● Esca.

escamotage /*fr.* ɛskamɔˈtaːʒ/ [vc. fr., da *escamoter* 'far sparire una cosa, sostituire una cosa con un'altra, cambiare le carte in tavola', che è l'occitano *escamotar*, deriv. di *escamar* 'sfilacciare', da *escama* 'squama, scaglia'] **s. m. inv.** ● Espediente che si mette in atto per eludere qlcu., sottrarsi a qlco. e sim., in modo abile e astuto ma, talvolta, poco onesto.

escandescènte [vc. dotta, lat. *excandescĕnte(m)*, part. pres. di *excandēscere* 'infiammarsi', 'cominciare a imbianchire (*candēscere*) completamente (*ex-*)'; sec. XIV] **agg.** ● (*raro*) Che dà spesso in escandescenze.

escandescènza o **†scandescènza** [vc. dotta, lat. *excandescĕntia(m)*, da *excandēscens* genit. *excandescĕntis*, 'escandescente'; av. 1566] **s. f.** ● (*spec. al pl.*) Impeto improvviso d'ira accompagnato da atti e parole violente: *dare in escandescenze*.

escape /es'keip, *ingl.* ɪsˈkheɪp/ [vc. ingl., dal v. *to escape* 'fuggire'; 1991] **s. m. inv.** ● (*elab.*) Tasto che provoca l'uscita da un programma o annulla un comando dato precedentemente.

escapismo [ingl. *escapism*, da *to escape* 'scappare', che è il fr. *échapper*; 1986] **s. m.** ● Tendenza all'evasione intesa in senso psicologico, cioè alla fuga dai problemi della realtà.

èscara o **èschera** [vc. dotta, lat. tardo *ĕschara(m)*, dal gr. *eschára*, di etim. incerta; 1493] **s. f.** ● (*med.*) Lesione necrotica, nerastra, della cute o degli organi interni.

escardinàre **v. tr.** (*io escàrdino*) ● Provvedere canonicamente all'escardinazione.

escardinazióne [da *incardinazione* con sostituzione di suff. di sign. opposto] **s. f.** ● Atto canonico con il quale si consente che un chierico sia tolto da una diocesi per essere incardinato in un'altra.

escarificazióne [vc. dotta, comp. di *escara* e *-ficazione*] **s. f.** ● (*med.*) Produzione di un'escara.

escaròtico [vc. dotta, lat. tardo *escharōticu(m)*, dal gr. *escharōtikós* 'tendente a formare un'escara (*eschára*)'; 1691] **s. m.** (pl. *-ci*) ● (*med.*) Sostanza che, applicata sopra una parte vivente, l'irrita violentemente, la disorganizza e vi determina la formazione di un'escara.

escàtico [da *esca* 'cibo' col suff. di tributo *-atico*; av. 1750] **s. m.** (pl. *-ci*) ● Anticamente, diritto di far pascolare suini nei boschi pubblici | Tassa dovuta per l'esercizio di tale diritto. SIN. Ghiandatico.

†escàto [1364] **s. m.** *1* Luogo dove si pone l'esca per attirare gli uccelli. *2* (*fig.*) Inganno, allettamento: *avendo sempre gli animi ... a dire menzogne, a fare escati* (SACCHETTI).

escatologìa [vc. dotta, comp. del gr. *éskata* 'le cose estreme (da *éschatos*, da *ex-* 'fuori')' e *-logia*; 1892] **s. f.** ● Parte della teologia che ha per oggetto l'indagine sui destini ultimi dell'uomo e dell'universo.

escatològico [1909] **agg.** (pl. m. *-ci*) ● Che concerne o interessa l'escatologia | Che si riferisce al destino ultimo del mondo e dell'uomo. || **escatologicaménte**, **avv.** Dal punto di vista escatologico.

escatologismo [comp. di *escatolog(ico)* e *-ismo*] **s. m.** ● Indirizzo della critica storica del Cristianesimo secondo il quale elemento fondamentale della predicazione di Gesù sarebbe l'attesa della fine del mondo, ritenuta imminente.

escavàre ● V. *scavare*.

escavatóre o **scavatóre** nel sign. B2 [av. 1730] **A** **s. m.**; anche **agg.** (f. *-trice* (V.)) ● V. *scavatore* nel sign. A. **B** **s. m.** *1* Macchina per lo più semovente e cingolata, atta a eseguire scavi o movimenti di terreno per fondazioni, canali, strade. *2* Strumento chirurgico usato per compiere interventi sulle ossa.

escavatorista **s. m. e f.** (pl. m. *-i*) ● Operaio addetto a una escavatrice.

escavatrice o **scavatrice** [1940] **s. f.** ● Escavatore nel sign. B1.

escavazióne o (*raro*) **scavazióne** [vc. dotta, lat. *excavatiōne(m)*, da *excavātus*, part. pass. di *excavāre* 'scavare'; 1680] **s. f.** *1* Operazione, lavoro dello scavare | (*min.*) ***E. a giorno, a cielo aperto***, eseguita sulla superficie terrestre | ***E. in sotterraneo***, eseguita sotto la superficie terrestre. *2* (*med.*) Processo morboso consistente nella formazione di cavità nei polmoni dei tubercolotici.

èsce ● V. *uscire*.

†escecàre ● V. *†ececare*.

†escèdere ● V. *eccedere*.

†escellènte e *deriv.* ● V. *eccellente* e *deriv.*

†escèlso e *deriv.* ● V. *eccelso* e *deriv.*

escèrti [1779] **s. m. pl.** ● (*raro*) Adattamento di *excerpta* (V.).

†escertóre **s. m.** ● (*raro*) Chi fa escerti.

†escèsso ● V. *eccesso*.

†escettàre ● V. *†eccettare*.

èschera ● V. *escara*.

escherichia /eʃʃe'rikja/ [dal n. del biologo ted. T. *Escherich* (1857-1911)] **s. f.** ● (*biol.*) Genere di batteri della famiglia *Enterobacteriaceae* che comprende specie gram-negative presenti nel canale alimentare di animali e dell'uomo | ***E. coli***, nell'uomo, è causa di enteriti, infezioni delle vie urogenitali e di meningite nel neonato.

†eschermidóre ● V. *schermidore*.

èschia o **ischia** [lat. *aescŭlus*] **s. f.** ● (*bot., tosc.*) Nome popolare della rovere e della farnia.

†eschifàre ● V. *schifare*.

eschilèo [1843] **agg.** ● Che è proprio di Eschilo (525-456 a.C.), poeta tragico greco, del suo stile, della sua opera.

eschiméṡe o (*raro*) **esquiméṡe** [dall'algonchino *uiyaskimowok* 'mangiatore (*mow* 'egli mangia') di carne cruda (*aski*)'; la variante *'esquimese'* deriva dal fr. 'esquimeau'; 1764] **A** **agg.** ● Dell'Artide americana e delle coste orientali siberiane. **B** **s. m. e f.**; anche **agg.** ● Appartenente alla popolazione di razza mongolica che abita nell'Artide americana e lungo le coste orientali siberiane. **C** **s. m.** solo **sing.** ● Lingua parlata dagli eschimesi.

èschimo ● V. *èskimo* (*1*).

eschimotàggio [fr. *esquimautage*, da *esquimau* 'esquimese' con la term. di *(cano)tage* 'canottaggio'] **s. m.** ● (*sport*) Eskimo (2).

èschio o **èschio**, **†èsculo** [lat. *āesculu(m)*, di etim. incerta] **s. m.** ● (*bot.*) Farnia.

†eschiùdere e *deriv.* ● V. *escludere* e *deriv.*

†eschivàre ● V. *schivare*.

ésci ● V. *uscire*.

†esciàme ● V. *sciame*.

†escìdio ● V. *eccidio*.

†escìndere [vc. dotta, lat. *exscĭndere* 'squarciare (*scĭndere*) del tutto (*ex-*)'; 1534] **v. tr.** ● (*raro*) Scindere.

†escìre e *deriv.* ● V. *uscire* e *deriv.*

escissióne [vc. dotta, lat. *excisiōne(m)*, da *excīsus* 'escisso'; 1834] **s. f.** ● (*med.*) Asportazione di una parte limitata di un tessuto o di un organo.

escisso o **esciṡo** [vc. dotta, lat. *excīsu(m)*, part. pass. di *excīdere* 'tagliare (*cāedere*) via (*ex-*)'; av. 1342] **agg.** ● (*med.*) Asportato mediante escissione.

†escitàre ● V. *eccitare*.

†esclamaménto **s. m.** ● Esclamazione.

♦**esclamàre** o **†sclamàre**, **†scramàre** [vc. dotta, lat. *exclamāre* 'chiamare (*clamāre*) ad alta voce (*ex-*)'; 1308] **v. intr.** (aus. *avere*) *1* Dire ad alta voce e con enfasi: *esclamò: 'Guarda!', indicandomi inorridito la scena*. *2* †Lamentarsi, reclamare: *e. contro la sorte*.

esclamativo [av. 1406] **agg.** ● Di esclamazione | ***Punto e.***, segno che denota il senso e l'intonazione esclamativa. || **esclamativaménte**, **avv.** Con esclamazione.

†esclamatóre [av. 1694] **s. m.**; anche **agg.** ● Chi (o Che) esclama.

esclamazióne o **†sclamazióne** [vc. dotta, lat. *exclamatiōne(m)*, da *exclamāre* 'esclamare'; av. 1375] **s. f.** *1* L'esclamare | Espressione o parola pronunciata in segno di allegria, ammirazione, sdegno e sim.: *prorompere in esclamazioni*. *2* (*ling.*) Interiezione | Figura retorica che consiste nell'esprimere con enfasi uno stato d'animo in forma esclamativa: *Ahi figlio mio! Se con sì reo destino / ti partorii, perché allevarti, ahi lassa!* (MONTI). || **esclamazioncèlla**, **dim.**

esclaustràto [da *esclaustrazione*] **agg.**; anche **s. m.** ● Che (o Chi) vive in stato di esclaustrazione.

esclaustrazióne [lat. eccl. *exclaustrātio*, genit. *exclaustratiōnis*, deriv. di *clāustrum* 'chiostro'] **s. f.** ● Facoltà concessa a un membro di un istituto religioso di vivere temporaneamente fuori della comunità, rimanendo legato all'osservanza dei voti ma deponendo l'abito religioso.

♦**esclùdere** o **†eschiùdere**, **†ischiùdere** [vc. dotta, lat. *exclūdere* 'chiudere (*clāudere*) fuori (*ex-*)'; av. 1306] **A** **v. tr.** (pass. rem. *io esclùsi, tu escludésti*; part. pass. *esclùso*) *1* (*lett., raro*) Chiudere fuori: *fummo esclusi dalla sala*. *2* Lasciare al di fuori: *e. da un beneficio* | Non ammettere: *e. le circostanze attenuanti*; *e. qlcu. da un esame*; *una cosa esclude l'altra* | Eccettuare: *tutti i colori mi piacciono escludendo il rosso* | Ritenere impossibile, privo di fondamento: *escludo che lui ne sia responsabile* | ***Non escludo di poter partire anch'io***, lo ritengo possibile. *3* (*lett.*) Impedire: *questa siepe, che da tanta parte / dell'ultimo orizzonte il guardo esclude* (LEOPARDI). **B** **v. rifl. rec.** ● Elidersi: *i contrari si escludono*.

escludìbile **agg.** ● Che si può escludere.

esclusióne [vc. dotta, lat. *exclusiōne(m)*, da *exclūsus* 'escluso'; 1370] **s. f.** ● L'escludere | Estromissione: *e. dal voto, da un'assemblea* | ***Una lotta senza e. di colpi***, in cui tutto è consentito | ***Procedere per e.***, ricercare una verità eliminando via via le ipotesi che sembrano poco convincenti | ***A e. di***, fatta eccezione per.

esclusiva [f. sost. di *esclusivo*; 1619] **s. f.** ● Facoltà di esercitare un diritto o godere un bene escludendone gli altri: *e. di vendita*; *il giornale ha l'e. di questa notizia* | ***In e.***, godendo di tale facoltà | ***Diritto di e.***, diritto esclusivo | ***Clausola di e.***, patto di limitazione della concorrenza.

esclusivismo [av. 1872] **s. m.** *1* Intolleranza nel valutare le opinioni e i giudizi degli altri per amore dei propri. SIN. Intransigenza | Atteggiamento possessivo o eccessivamente possessivo nei rapporti con gli altri. *2* Indirizzo politico-economico di uno Stato consistente nell'accordare a società private particolari privilegi.

esclusivista [av. 1910] **A** **s. m. e f.** (pl. m. *-i*) *1* Chi pecca di esclusivismo. SIN. Intransigente. *2* Chi gode di un'esclusiva. **B** anche **agg.**: *tendenza e.*

esclusivìstico **agg.** (pl. m. *-ci*) ● Di, da esclusivista: *atteggiamento, comportamento e.* || **esclusivisticaménte**, **avv.**

esclusività [1846] **s. f.** *1* Caratteristica di ciò che è esclusivo. *2* Esclusiva.

esclusivo [da *escluso*; av. 1683] **agg.** *1* Che tende o serve a escludere: *intervento e.* *2* Che appartiene o spetta solo a una persona o a un gruppo di persone: *è un nostro e. beneficio* | ***Diritto e.***, che non compete ad altri | ***Dottrina, opinione esclusiva***, che esclude tutte le altre | ***Amore e.***, geloso | ***Un locale, un ambiente e.***, riservato a un'élite, raffinato. *3* Unico: *modello e.* *4* (*raro*) Esclusivista: *è troppo e. nei suoi giudizi*. || **esclusivaménte**, **avv.** Con esclusione di ogni altra cosa o persona.

esclùṡo o **†eschiùṡo**, (*pop.*) **†sclùṡo** [av. 1342] **A** **part. pass.** di *escludere*; anche **agg.** *1* Che è lasciato fuori, che non è ammesso | ***Nessuno e.***, tutti compresi | Emarginato: *sentirsi e. da un certo ambiente.* ***2*** Impossibile: *è e. che domani si parta* | ***Non è e. che*** ..., c'è qualche probabilità: *non è e. che io venga a trovarti.* **B s. m.** (**f.** *-a*) ● Chi non è ammesso a partecipare o a godere di qlco.

†**esclusóre** [vc. dotta, lat. tardo *exclusōre(m)*, da *exclūsus* 'escluso'; av. 1667] **s. m.** ● Chi esclude.

esclusòrio [vc. dotta, lat. tardo *exclusōriu(m)*, da *exclūsus* 'escluso'; 1836] **agg.** ● Che tende a escludere: *restrizione, clausola esclusoria.*

èsco ● V. *uscire.*

-ésco [suff. agg., in cui sono confluiti due diversi suff.: il lat. *-īscu(m)* e il germ. *-isk*] **suff.** derivativo ● Forma numerosi aggettivi, talora sostantivati, di tono e valore diverso: *bambinesco, cavalleresco, gigantesco, grottesco, poliziesco, dantesco, trecentesco, arabesco, romanesco.*

escogitàbile [av. 1712] **agg.** ● (*raro*) Che si può escogitare.

escogitàre [vc. dotta, lat. *excogitāre*, da *cogitāre* 'pensare, immaginare', col pref. raff. *ex-*; 1351] **v. tr.** (*io escògito*) ● Trovare, inventare dopo aver riflettuto intensamente e a lungo: *e. un mezzo, un espediente, un trucco.*

†**escogitativa** [av. 1712] **s. f.** ● Inventiva.

†**escogitatóre** [vc. dotta, lat. tardo *excogitatōre(m)*, da *excogitātus* 'escogitato', part. pass. di *escogitāre* 'escogitare'; av. 1729] **agg.**; anche **s. m.** (**f.** *-trice*) ● Che (o Chi) escogita.

escogitazióne [vc. dotta, lat. *excogitatiōne(m)*, da *excogitātus* 'escogitato', part. pass. di *escogitāre* 'escogitare'; av. 1544] **s. f.** ● (*raro*) L'escogitare | Cosa escogitata.

†**escolpazióne** [vc. dotta, tratta dal lat. tardo *exculpāre*, comp. di *culpāre*, da *cŭlpa* 'colpa' col preverbale sottrattivo *ex-*; 1613] **s. f.** ● (*raro*) Atto del discolparsi.

escomiàre [vc. sett., dal lat. *commeāre* 'andar via' (V. *commiato*); 1798] **v. tr.** (*io escòmio*) ● (*dir.*) Licenziare mediante escomio.

escòmio [da *escomiare*; 1858] **s. m.** ● (*dir.*) Licenziamento del colono o mezzadro dal fondo: *dare l'e.*

†**escomunicàre** e *deriv.* ● V. *scomunicare* e *deriv.*

èscono ● V. *uscire.*

escoriàre [vc. dotta, lat. tardo *excoriāre*, comp. parasintetico di *cŏrium* 'crosta, pelle'; 1707] **v. tr.** (*io escòrio*) ● Ledere con un'escoriazione: *nell'urto si è escoriato un braccio.*

escoriativo [1550] **agg.** ● Che ha capacità di escoriare.

escoriàto [1499] **part. pass.** di *escoriare*; anche **agg.** ● Che presenta una o più escoriazioni: *ginocchio, gomito e.*

escoriazióne [sec. XIV] **s. f.** ● Lesione superficiale della cute, che interessa solo gli strati epiteliali.

escorporazióne [da *escorporare*, dal lat. mediev. *excorporāre* 'togliere (*ex-*) da un corpo (*cŏrpus*) una parte', sull'es. opposto *incorporāre*; 1858] **s. f.** ● (*dir.*) Nel sistema tavolare, separazione di una porzione di bene immobile.

†**escorticaménto** ● V. *scorticamento.*

escreàto [vc. dotta, lat. *exscreātu(m)*, part. pass. di *exscreāre*, di orig. onomat.; av. 1698] **s. m.** ● (*med.*) Muco o altro materiale eliminato dalle vie respiratorie mediante raschio o espettorazione.

†**escrementàle** [av. 1696] **agg.** ● Escrementizio.

escrementìzio o †**screméntizio** [1628] **agg.** ● Di escremento.

escreménto o †**scremento** [vc. dotta, lat. *excremĕntu(m)*, da *excĕrnere* 'fare uscire (*ex-*) col passare per il setaccio (sign. originario di *cĕrnere*)'; av. 1525] **s. m.** ● (*med.*) Ogni materiale di rifiuto dell'organismo | Comunemente, sterco, feci; **CFR.** scato-, copro-.

†**escrementóso** [1623] **agg.** ● Fatto di escrementi.

escrescènza [vc. dotta, lat. *excrescĕntia* (nom. nt. pl.), da *excrēscens*, genit. *excrescĕntis* 'escrescente'; av. 1557] **s. f.** ***1*** (*med.*) Proliferazione della cute o delle mucose. ***2*** (*est.*) Protuberanza, sporgenza. ***3*** †Crescita delle acque di un fiume nei periodi di piena. ***4*** (*raro, lett.*) Ridondanza di scritti o di discorsi.

escréscere [vc. dotta, lat. *excrēscere* 'crescere (*crēscere*) in fuori (*ex-*)'; 1441] **v. intr.** (coniug. come *crescere*; aus. *essere*) ● (*med.*) Crescere di tessuti abnormi sulla cute o sulle mucose.

escretivo [vc. dotta, tratta dal lat. *excrētu(m)*, part. pass. di *excĕrnere* 'far uscire (*ex-*) col setacciare (*cĕrnere*)'; 1925] **agg.** ● (*med.*) Proprio dell'escrezione | Che favorisce l'escrezione.

escréto [vc. dotta, lat. *excrētu(m)*, part. pass. di *excĕrnere* 'setacciare (*cĕrnere*) per far uscir fuori (*ex-*)'; 1956] **A agg.** ● (*med.*) Versato esternamente per escrezione. **B s. m.** ● Sostanza secreta ed eliminata.

escretóre [vc. dotta, tratta dal lat. *excrētu(m)*, part. pass. di *excĕrnere* 'far uscire (*ex-*) col setacciare (*cĕrnere*)'; 1737] **A agg.** (**f.** *-trice*) ● (*med.*) Che concerne o consente l'escrezione: *condotto, apparato e.*; *ghiandola escretrice.* **B s. m.** ● (*chim.*) Recipiente con cui si separa una materia da un misto o dalle sostanze che la compongono.

escretòrio [av. 1694] **agg.** ● (*med.*) Escretore.

escrezióne [vc. dotta, tratta dal lat. *excrētu(m)*, part. pass. di *excĕrnere* 'far uscire (*ex-*) col setacciare (*cĕrnere*)'; av. 1698] **s. f.** ***1*** (*med.*) Processo di allontanamento dei prodotti di secrezione ghiandolare. ***2*** Sostanza secreta ed eliminata dall'organismo.

†**escruciàre** [vc. dotta, lat. *excruciāre*, comp. di *cruciāre* 'travagliare con strumento di supplizio (*crŭx*, genit. *crŭcis* 'croce')', col preverbale intensivo *ex-*; 1499] **v. tr.** ● Tormentare (*anche fig.*).

†**escùbia** [vc. dotta, lat. *excŭbia(s)* (pl.), da *excubāre* 'giacere fuori (*ex-*)'] **s. f.** spec. al **pl.** ● Guardia, sentinella.

†**escubitóio** [vc. dotta, lat. *excubitōriu(m)*, da *excŭbitus*, part. pass. di *excubāre* 'dormire (*cubāre*) fuori (*ex-*) casa'] **s. m.** ● Posto di guardia per le escubie.

†**escubitóre** [vc. dotta, lat. *excubitōre(m)*, da *excŭbitus*, part. pass. di *excubāre* 'dormire (*cubāre*) fuori (*ex-*) casa'; 1342] **agg.** ● Che vigila | ***Uccello e.***, il gallo.

escudo /*port.* iʃ'kuðu, is'kudu, *sp.* es'kuðo/ [dal lat. *scūtu(m)*, per lo 'scudo' impressovi; 1892] **s. m. inv.** (**pl.** port. e sp. *escudos*) ● Unità monetaria circolante in Capo Verde e Portogallo. **SIMB.** Esc.

esculènto [lat. *esculĕntu(m)*, da *ēsca* 'cibo', sul tipo di *sucŭlĕntus* da *sūcus*, e simili; 1499] **agg.** ● (*lett.*) Commestibile, detto spec. di vegetali.

esculina [da †*esculo*] **s. f.** ● (*chim.*) Glucoside ad azione vasocostrittrice.

†**èsculo** ● V. *eschio.*

†**escuòtere** ● V. *scuotere.*

escursióne [vc. dotta, lat. *excursiōne(m)*, da *excŭrsus*, part. pass. di *excŭrrere* 'correre (*cŭrrere*) fuori (*ex-*)'; av. 1530] **s. f.** ***1*** Gita o viaggio fatto a scopo di studio o di divertimento. ***2*** (*mil.*, *spec. al pl.*) Esercitazione a scopo di allenamento fisico e di addestramento operativo dei reparti alpini | †Scorreria. ***3*** Differenza fra il valore massimo e il valore minimo assunti da una grandezza in un ciclo di variazione: *e. febbrile* | (*meteor.*) ***E. della temperatura diurna***, ***mensile***, ***annuale***, differenza tra la temperatura più alta e la temperatura più bassa verificatasi in un determinato periodo di tempo. ***4*** Ampiezza massima di spostamento permessa all'elemento mobile di un meccanismo o a una parte del corpo nell'esecuzione della propria funzione: *e. di una biella*; *e. del femore.*

escursionìsmo [da *escursione*; 1941] **s. m.** ***1*** Attività di chi fa escursioni. ***2*** Forma minore di alpinismo che esclude itinerari di arrampicata o comunque difficili.

escursionista [fr. *excursionniste*, da *excursion* 'escursione'; 1883] **s. m. e f.** (**pl. m.** *-i*) ● Chi fa escursioni.

escursionìstico **agg.** (**pl. m.** *-ci*) ● Relativo alle escursioni o all'escursionismo.

†**escùșa** ● V. *scusa.*

†**escușàbile** ● V. *scusabile.*

†**escușàre** ● V. *scusare.*

†**escușatòrio** [vc. dotta, lat. tardo *excusatōriu(m)*, da *excusātus* 'escusato'; av. 1342] **agg.** ● Attinente a scusa.

†**escușazióne** o †**iscușazióne**, †**scușazióne** [vc. dotta, lat. *excusatiōne(m)*, da *excusātus* 'escusato'; 1308] **s. f.** ● Scusa, difesa: *accettare benignamente la loro e.* (GUICCIARDINI). || †**escușazioncèlla**, **dim.**

escussióne [vc. dotta, lat. *excussiōne(m)*, da *excŭssus*, part. pass. di *excŭtere* 'escutere'; 1578] **s. f.** ***1*** (*dir.*) Atto dell'escutere: *e. dei testimoni*; *e. di un debitore*; *beneficio di e.* ***2*** (*dir.*, *raro*) Istruzione probatoria nel processo penale.

escùsso [av. 1471] **part. pass.** di *escutere*; anche **agg.** ● Nel sign. del v.

escùtere [vc. dotta, lat. *excŭtere*, propr. 'scuotere (*quătere*) per far cader giù (*ex-*)', poi 'esaminare'; 1812] **v. tr.** (**pass. rem.** *io escùssi, tu escutésti*; **part. pass.** *escùsso*) ● (*dir.*) Interrogare i testimoni nel corso del processo | ***E. il debitore***, intimargli di pagare, iniziare contro di lui un processo di esecuzione.

-ése (**1**) [lat. parl. *-ēse(m)* per il corrispondente classico *-ēnse(m)*] **suff.** (*-ense*, in forma talora lett.) ● In aggettivi e sostantivi indica appartenenza a una entità geografica o linguistica, cittadinanza, nazionalità, famiglia (*bolognese, piemontese, francese, estense*), oppure stato, qualità, titolo nobiliare (*borghese, forense, marchese*).

-ése (**2**) [per incrocio di *-ese* (*1*) col suff. ingl. *-ese* di *journalese* 'linguaggio giornalistico'] **suff.** ● Conferisce valore spreg. a parole designanti linguaggi speciali: *burocratese, sindacalese.*

eșecràbile [vc. dotta, lat. *exsecrābile(m)*, da *exsecrāre* 'esecrare'; av. 1342] **agg.** ● Degno di esecrazione: *l'e. e fiero / misfatto* (PARINI). || **eșecrabilménte**, **avv.**

eșecrabilità [vc. dotta, lat. tardo *exsecrabilitāte(m)*, da *exsecrābilis* 'esecrabile'; av. 1704] **s. f.** ● Condizione, caratteristica di esecrabile.

eșecràndo [vc. dotta, lat. tardo *exsecrāndu(m)*, gerundivo di *exsecrāre* 'esecrare'; av. 1566] **agg.** ● Che deve essere esecrato: *delitto e.*; *azione esecranda.* **SIN.** Abominevole.

eșecràre o †**essecràre** [vc. dotta, lat. *exsecrāre* 'togliere il carattere sacro', comp. parasintetico di *săcer* 'sacro', col pref. *ex-*; av. 1292] **v. tr.** (*io eșècro* o *èșecro*) ● Aborrire, detestare, odiare: *il suo delitto fu esecrato da tutti*; *i traditori devono essere esecrati.*

eșecràto [av. 1566] **part. pass.** di *esecrare*; anche **agg.** ● Detestato, aborrito.

†**eșecratóre** [vc. dotta, lat. tardo *exsecratōre(m)*, da *exsecrātus*, part. pass. di *exsecrāre* 'esecrare'; av. 1681] **s. m.**; anche **agg.** (**f.** *-trice*) ● Chi (o Che) esecra | Chi (o Che) maledice.

†**eșecratòrio** [1686] **agg.** ● Che serve a esecrare: *commento e.*

eșecrazióne o †**essecrazióne** [vc. dotta, lat. *exsecratiōne(m)*, da *exsecrātus*, part. pass. di *exsecrāre* 'esecrare'; av. 1375] **s. f.** ● Sentimento di estremo orrore e disprezzo: *fu oggetto della nostra e.* | Manifestazione di tale sentimento: *indicarono il bandito alla pubblica e.*

eșecutàre [fr. *exécuter*, da *exécution* 'esecuzione'; 1584] **v. tr.** (*io eșècuto*) ● (*dir.*) Colpire nelle forme di legge dando esecuzione processuale forzata a un atto avente forza autoritaria: *e. un debitore.*

eșecutività [da *esecutivo*; 1965] **s. f.** ● (*dir.*) Condizione di un atto o di un provvedimento giurisdizionale cui si può dare immediata esecuzione.

eșecutivo [vc. dotta, tratta dal lat. *exsecūtus*, part. pass. di *ĕxsequi* 'eseguire'; av. 1498] **A agg.** ***1*** Che può essere eseguito: *progetto e.* ***2*** (*dir.*) Che conferisce la potestà di eseguire: *formula esecutiva* | ***Titolo e.***, atto avente dati requisiti che fornisce al titolare il diritto di dare inizio a una esecuzione processuale forzata | ***Processo e.***, di esecuzione | ***Potere e.***, funzione spettante al governo e alla Pubblica Amministrazione; **CFR.** Giudiziario, legislativo | ***Comitato e.***, organo collegiale cui spetta di attuare le direttive impartite dall'organo deliberante. || **eșecutivaménte**, **avv.** Mediante esecuzione. **B s. m.** ***1*** (*dir.*) Potere esecutivo | Governo | Comitato esecutivo. ***2*** Bozzetto od opera grafica realizzata in modo da poter essere passata alla stampa senza altre correzioni. ***3*** †Chi è solito mettere in esecuzione i propri sentimenti e propositi.

eșecutóre [vc. dotta, lat. tardo *exsecutōre(m)*, da *exsecūtus*, part. pass. di *ĕxsequi* 'eseguire'; 1305] **s. m.** (**f.** *-trice*) ***1*** Chi esegue: *uno scrupoloso e. degli ordini* | (*dir.*) ***E. testamentario***, persona incaricata dal testatore di curare l'esecuzione delle disposizioni testamentarie. ***2*** Chi esegue una composizione musicale. ***3*** †Sbirro | ***E. di giustizia***, carnefice, boia.

†**eșecutorìa** [da *esecutore*; 1355] **s. f.** ● (*dir.*) Ufficio e mansione dell'esecutore testamentario o di quello di giustizia.

eṣecutoriàle [av. 1527] agg. ● Esecutivo.

eṣecutorietà [1904] s. f. ● (*dir.*) Caratteristica di ciò che è esecutorio: *e. di una sentenza.*

eṣecutòrio [vc. dotta, lat. tardo *exsecutōriu(m)*, da *exsecūtus*, part. pass. di *ĕxsequi* 'eseguire'; 1745] agg. ● (*dir.*, *raro*) Esecutivo: *atto, giudizio e.*; *legge esecutoria.*

eṣecuzióne o †**secuzióne** [vc. dotta, lat. *ex(s)ecutiōne(m)*, da *exsecūtus*, part. pass. di *ĕxsequi* 'eseguire'; 1308] s. f. *1* Attuazione: *l'e. di un lavoro* | Realizzazione, interpretazione: *un'e. di brani musicali.* *2* Realizzazione di un'idea, un proposito, un comando e sim.: *è una cosa di difficile e.*; *le deboli risoluzioni e debolissime esecuzioni* (MACHIAVELLI) | ***Avere e.***, realizzarsi | ***Dare e. a qlco.***, eseguirla. SIN. Effettuazione. *3* (*dir.*) Adempimento, spontaneo o forzato, di contratto, sentenza, atto amministrativo e sim.: *e. coattiva per inadempimento del compratore* | ***E. provvisoria di una sentenza***, forzato adempimento di una sentenza non ancora passata in giudicato | ***E. capitale***, o (*assol.*) ***esecuzione***, uccisione del condannato a morte. *4* (*ling.*) Manifestazione concreta della competenza grammaticale dei parlanti negli usi linguistici realizzati nelle diverse situazioni e sottoposti a diverse costrizioni psicologiche o comunicative.

eṣèdra o **èṣedra** [vc. dotta, lat. *ĕxedra(m)*, dal gr. *exédra* 'sede (*hédra*, di orig. indeur.) esterna (*ex-*)', perché posta davanti alla casa; sec. XIV] s. f. *1* Nel mondo greco e romano, portico in luogo aperto, spesso con sedili, per intrattenersi a conversare. *2* Nell'uso moderno, spazio a emiciclo, spesso delimitato da colonne e aperto su un altro vano.

eṣegèṣi o **eṣègeṣi** [vc. dotta, gr. *exḗgēsis*, da *exágesthai* 'condurre (*ágesthai*) fuori (*ex-*)', 'accompagnare'; 1797] s. f. inv. ● Studio e interpretazione critica di un testo: *e. biblica, dantesca, delle fonti del diritto romano* | Metodologia di tale studio.

eṣegèta o (*raro*) **eṣegète** [vc. dotta, gr. *exēgētḗs* 'guida', da *exágesthai* (V. *esegesi*); av. 1787] s. m. e f. (pl. m. *-i*) ● Chi si dedica all'interpretazione di testi | (*est.*) Commentatore, critico, interprete.

eṣegètica [vc. dotta, lat. tardo *exegētice(m)*, dal gr. *exēgētikḗ*, sottinteso *biblía*, '(libri) esplanatori', da *exēgētikós* 'esegetico'; 1797] s. f. ● Arte e tecnica dell'interpretazione di un testo sacro, giuridico, letterario.

eṣegètico o †**exegètico** [vc. dotta, gr. *exēgētikós*, da *exēgētḗs* 'esegeta'; av. 1565] agg. (pl. m. *-ci*) ● Interpretativo: *commento e.* | Concernente l'esegesi: *lezioni esegetiche.* || **eṣegeticaménte**, avv. Mediante esegesi.

eṣeguìbile [1520 ca.] agg. ● Che si può eseguire.

eṣeguibilità [av. 1904] s. f. ● Caratteristica di ciò che è eseguibile.

eṣeguiménto [av. 1694] s. m. ● (*raro*) Esecuzione.

•**eṣeguìre** o †**esseguìre** [lat. *ĕxsequi* 'seguire (*sĕqui*) fino in fondo (*ex-*), perseguire', rifatto su *seguire*; sec. XIV] v. tr. (*io eṣeguìsco* o *eṣéguo* (o *-è-*), *tu eṣeguìsci* o *eṣégui* (o *-è-*)) *1* Mettere in atto, realizzare: *e. un lavoro, un disegno, un progetto, un piano.* SIN. Attuare. *2* Mettere in pratica, adempiere: *e. gli ordini dell'autorità, i dettami di una legge.* *3* (*mus.*) Interpretare, con la voce o con strumenti, composizioni musicali: *e. una sinfonia, un concerto*; *e. Mozart.*

†**eṣeguitóre** o †**esseguitóre** [av. 1388] s. m. (f. *-trice*) ● Esecutore.

†**eṣeguizióne** o †**esseguizióne** [av. 1431] s. f. ● Esecuzione.

eṣempigràzia o †**eṣempligràzia**, †**essempigràzia** [vc. dotta, lat. *exĕmpli grātia* 'per, in grazia di (*grātia*) esempio (*exĕmplum*)'; av. 1519] avv. ● (*ant.* o *scherz.*) Per esempio, a mo' d'esempio: *nemici ne abbiamo tutti. Mastro don Gesualdo, e.!* (VERGA). CFR. Exempli gratia.

•**eṣémpio** (o *-é-*) o †**assémpro**, †**eṣémplo**, †**eṣèmpro**, †**esèmpio**, †**essémplo**, †**iṣémplo** [lat. *exĕmplu(m)*, da *exĭmere* 'porre (*ĕmere*, di orig. indeur.) da parte (*ex-*) per servire da modello'; av. 1292] s. m. *1* Ogni persona o cosa che venga presa a modello positivo da imitare o negativo da respingere: *tuo fratello è un e. di integrità*; *il cane è il miglior e. di fedeltà*; *quel ragazzo è un e. di pigrizia*; *un e. di corretta gestione amministrativa* | (*est.*) Fatto, azione o caso da imitare: *insegnare con gli esempi*; *dare buono, cattivo e.*; *prender e. da qlcu.*; *imitare l'e. di qlcu.* | ***Sull'e.***, seguendo l'esempio | ***Per e., ad e., in via di e., a mo' d'e.***, frasi usate per proporre un esempio | (*est.*) Ammaestramento: *questa punizione deve servire a tutti di e.* *2* Caso che attesta usi grammaticali o lessicali, o che chiarisce un concetto: *un vocabolario ricco di esempi*; *addurre, citare un e.* *3* Caso tipico, rappresentativo di una serie di altri del medesimo genere: *un e. di prosa naturalista*; *un pregevole e. di architettura gotica.* SIN. Modello, tipo. *4* †Copia di scrittura. || **eṣempiàccio**, pegg. | **eṣempiétto**, dim. | **eṣempìno**, dim.

eṣemplàre (1) [vc. dotta, lat. *exemplāre(m)* 'che serve come esempio (*exĕmplum*)'; 1340] agg. ● Che serve come esempio: *giustizia, vita, virtù e.*; *madre, marito e.* | ***Castigo, punizione e.***, che costituisce un monito per gli altri nei riguardi di determinati fatti. || **eṣemplarménte**, avv.

eṣemplàre (2) [vc. dotta, lat. *exemplāre*, abl. di *exĕmplar* (nt.), da *exĕmplum* 'esempio, modello'; 1321] s. m. *1* Persona o cosa che serve di esempio: *un e. di onestà*; *un e. di stile barocco.* CFR. tipo-, -tipo. SIN. Esempio, modello. *2* Ogni unità in un gruppo di oggetti analoghi o identici: *un prezioso e. di moneta del Cinquecento* | (*est.*) Copia: *un e. di una stampa dell'Ottocento.* *3* Individuo, oggetto tipico del proprio genere, famiglia o specie: *ha raccolto molti esemplari di farfalle, di funghi, di fiori esotici*; *un bell'e. di giada.* *4* (*filos.*) Modello, archetipo.

eṣemplàre (3) o †**assempràre** [vc. dotta, lat. tardo *exemplāre*, da *exĕmplum* 'esempio, modello'; av. 1313] v. tr. (*io eṣèmplo* (o *-é-*)) *1* (*lett.*) Ritrarre da un esempio, da un modello, copiando o imitando: *e. il proprio stile sull'espressionismo tedesco* | Trascrivere, copiare da un originale: *e. un testo sulla partitura originale.* *2* (*raro*) Effigiare: *ritrasse ed esemplò in limpide armonie il suo intimo colloquio* (CARDUCCI).

†**eṣemplàrio** o †**eṣempràrio**, †**essemplàrio** [vc. dotta, lat. tardo *exemplāriu(m)*, da *exemplāria*, pl. di *exĕmplar* 'esemplare (2)'] s. m. ● Esemplare, nel sign. di esemplare (2).

eṣemplarità [da *esemplare* (*1*); sec. XIV] s. f. ● (*raro*) Caratteristica di ciò che è esemplare: *l'e. del suo comportamento.*

†**eṣemplatìvo** [sec. XIV] agg. ● Che serve a dare esempio. || †**eṣemplativaménte**, avv. In via d'esempio.

†**eṣemplazióne** s. f. ● Atto dell'esemplare.

eṣemplificàre [vc. dotta, lat. mediev. *exemplificāre*, comp. di *exĕmplum* 'esempio' e *-ficāre* '-ficare'; 1336 ca.] v. tr. (*io eṣemplìfico, tu eṣemplìfichi*) *1* Spiegare con esempi, allegando esempi: *esemplificò con chiarezza la sua teoria.* *2* †Rassomigliare.

eṣemplificatìvo [1639] agg. ● Che serve a esemplificare: *una lezione esemplificativa.* || **eṣemplificativaménte**, avv.

eṣemplificazióne [vc. dotta, lat. mediev. *exemplificatiōnem*, da *exemplificāre* 'esemplificare'; sec. XIV] s. f. ● Spiegazione per mezzo d'esempi: *è necessaria una e.* | Complesso degli esempi citati: *ecco la nostra e.*; *una ricca e. accompagna la teoria.*

†**eṣempligràzia** ● V. †*esempigrazia.*

†**eṣèmplo** (o *-é-*) ● V. *esempio.*

†**eṣèmpro** (o *-é-*) e *deriv.* ● V. *esempio* e *deriv.*

eṣencèfalo [vc. dotta, comp. di *eso-* (*2*) e *encefalo*] s. m. ● (*med.*) Malformazione congenita in cui l'encefalo è posto prevalentemente fuori del cranio.

eṣentàre [lat. parl. **exemptāre*, da *exĕmptus*, part. pass. di *exĭmere* 'mettere (*ĕmere*) da parte (*ex-*)'; sec. XIV] A v. tr. (*io eṣènto*) ● Rendere libero da un dovere, da un obbligo, da un onere: *e. dal servizio militare, dalla frequenza delle lezioni.* SIN. Dispensare, esimere. B v. rifl. ● (*raro*) Esimersi, sottrarsi: *esentarsi dai propri doveri di cittadino.*

eṣentàsse [da *esent(e)* (*dalle*) *tasse*; 1938] agg. inv. ● (*bur.*) Che è esente da tasse: *villetta e.*

eṣènte o †**eṣènto** [vc. dotta, lat. *exĕmptu(m)*, part. pass. di *exĭmere* 'esimere', inserito nella serie dei part. in *-ente*; av. 1306] A agg. (+ *da*) *1* Dispensato da un dovere, da un obbligo, da un onere: *e. dalle tasse, dal servizio militare* | ***Fare e.***, esentare | (*est.*) Libero, preservato da malanni: *e. dal contagio, dall'infezione* | †Privilegiato. *2* †Privato, escluso: *Rodomonte, causa del mal loro, / se ne va e. da tanto martoro* (ARIOSTO). B s. m. ● Un tempo, ufficiale della guardia nobile pontificia, ora soppressa, di grado corrispondente a quello di colonnello.

eṣenterazióne [vc. dotta, comp. di *es-* e un deriv. di *entero-*] s. f. ● (*chir.*) Eviscerazione.

†**eṣènto** ● V. *esente.*

†**eṣenzionàre** [da *esenzione*; av. 1667] v. tr. ● Esentare.

eṣenzióne [vc. dotta, lat. tardo *exemptiōne(m)*, da *exĕmptus* 'esente'; av. 1406] s. f. *1* Dispensa da un obbligo: *godere dell'e. dalle imposte*; *ecco il nostro documento di e.* SIN. Esonero. *2* (*mil.*) Dispensa dall'obbligo del servizio militare, secondo specifiche ipotesi e prescrizioni sancite dalle leggi sul reclutamento. *3* †Privazione: *sempre alle donne sia licito aver … e. di fatiche* (CASTIGLIONE).

eṣequiàle o †**essequiàle** [vc. dotta, lat. *exsequiāle(m)*, da *exsĕquiae* 'esequie'; av. 1311] agg. ● (*raro*) Delle, relativo alle, esequie: *messa e.*

†**eṣequiàre** [vc. dotta, lat. *exsequiāri*, da *exsĕquiae* 'esequie'; av. 1311] v. tr. ● Sotterrare o accompagnare qlcu. con esequie.

eṣèquie o †**essèquie** [vc. dotta, lat. *exsĕquiae*, nom. pl., da *ĕxsequi* (V. *eseguire*) 'seguire (*sĕqui*) completamente (*ex-*) (un corteo funebre)'; 1340] s. f. pl. ● L'insieme delle cerimonie e delle onoranze tributate a un defunto: *e. pie, sacre, solenni, umili*; *celebrare le e. di qlcu.*; *tributare solenni e. a qlcu.* | Funerale: *seguire le e. di qlcu.*; *partecipare alle e. di qlcu.*

†**eṣèquio** o †**essèquio** [av. 1348] s. m. ● (*raro*) Esequie.

†**eṣequióso** agg. ● Funebre.

eṣercènte [1869] A part. pres. di *esercire*; anche agg. ● Nei sign. del v. B s. m. e f. ● Chi mantiene in esercizio un negozio, un'impresa e sim.: *l'e. di una sala cinematografica.*

eṣercìre [vc. dotta, lat. *exercēre*, originariamente 'cacciare (*arcēre*) via (*ex-*)', poi 'lavorare, esercitare', con cambio di coniug.; 1476] v. tr. (*io eṣercìsco, tu eṣercìsci*) *1* Gestire, amministrare un negozio. *2* Esercitare: *e. la professione medica.*

eṣercitàbile [av. 1704] agg. ● Che si può esercitare.

eṣercitaménto [vc. dotta, lat. tardo *exercitaméntu(m)*, da *exercitātus* 'esercitato'; av. 1348] s. m. ● (*raro*) Esercizio.

•**eṣercitàre** o †**essercitàre** [vc. dotta, lat. *exercitāre*, intens. di *exercēre* 'esercire'; av. 1292] A v. tr. (*io eṣèrcito*) *1* Tenere in esercizio, in attività, in funzione: *e. l'occhio, la voce, i muscoli* | ***E. la pazienza***, usarne molta | ***E. la lingua***, (*scherz.*) chiacchierare molto | (*est.*) Addestrare rendendo fisicamente agile o intellettualmente idoneo: *e. le gambe, le braccia, la prontezza dei riflessi*; *e. il corpo alla lotta, al salto, al nuoto*; *e. qlcu. nel disegno, nelle arti* | Assuefare: *e. la propria mente ai prolungati sforzi, il proprio fisico ai digiuni.* *2* Usare, adoperare per un fine: *e. il potere, il dominio, la propria autorità, il comando* | ***E. un'influenza, un ascendente su qlcu. o su qlco.***, avere molto potere su qlcu. o su qlco.; *la sottile influenza che esercita sui caratteri l'educazione* (VERGA) | ***E. pressioni su qlcu.***, spingerlo a qlco. | (*dir.*) ***E. un'azione***, rivolgere un'istanza a un dato organo giudiziario perché provveda | ***E. un diritto***, valersene operando in conformità allo stesso. *3* Attendere abitualmente a una professione o a un'attività (*anche assol.*): *e. l'avvocatura*; *un medico che non esercita* | ***E. il culto***, praticarlo | (*raro, est.*) Far funzionare: *e. un'officina, una ferrovia.* *4* †Mettere alla prova, esporre a prove pericolose. B v. rifl. ● Addestrarsi, allenarsi: *esercitarsi nella caccia, in palestra, al nuoto, alla lotta* | (*est.*) Fare del movimento fisico: *non si può restare seduti tutto il giorno, bisogna anche esercitarsi* | Far pratica: *esercitarsi in un ufficio legale.*

†**eṣercitatìvo** [vc. dotta, lat. tardo *exercitatīvu(m)*, da *exercitātus* 'esercitato'; sec. XIV] agg. ● Atto a esercitare.

eṣercitàto [av. 1306] part. pass. di *esercitare*; anche agg. ● Tenuto in esercizio, addestrato, allevato: *un orecchio ben e.* | †Affaticato, stanco.

eṣercitatóre [vc. dotta, lat. *exercitatōre(m)*, da *exercitātus* 'esercitato'; av. 1375] s. m.; anche agg. (f.

-trice) *1* (*raro*) Chi (o Che) esercita. *2* †Istruttore.

esercitazióne [vc. dotta, lat. *exercitatiōne(m)*, da *exercitātus* 'esercitato'; av. 1332] s. f. ● Pratica o esercizio di addestramento a qualche attività fisica o intellettuale: *esercitazioni scolastiche, critiche, militari*.

♦**esèrcito** o †**essèrcito** [vc. dotta, lat. *exĕrcitu(m)*, originariamente 'esercizio', poi 'esercizio, rivista militare', quindi 'soldati (adunati per la rivista)', da *exĕrcitus*, part. pass. di *exercēre* 'esercire'; av. 1292] s. m. *1* Complesso degli uomini di uno Stato istruiti, ordinati e forniti di tutto quanto occorre per combattere | Aliquota delle forze armate destinata a condurre la guerra terrestre | ***E. di occupazione***, quello che in guerra occupa militarmente un Paese nemico sottomesso | ***E. di campagna***, quello che svolge le operazioni belliche vere e proprie | (*fam.*) ***E. di Franceschiello***, gruppo di persone eterogeneo, inefficiente e disorganizzato (con riferimento, secondo un'errata tradizione storica, all'esercito di Francesco II di Borbone, re delle Due Sicilie dal 1859 al 1860, detto Franceschiello per la sua giovinezza e inesperienza). *2* (*fig., iperb.*) Gran quantità di persone, animali o cose, riunite insieme: *un e. di fannulloni, di creditori, di cavallette*. *3* (*relig.*) ***E. di Cristo***, Chiesa militante | ***E. della Salvezza***, organizzazione evangelica, ispirata a una rigida disciplina militare, fondata per scopi religiosi o morali.

esercizìario [1842] s. m. ● Raccolta di esercizi, spec. scolastici.

♦**esercìzio** [vc. dotta, lat. *exercĭtiu(m)*, da *exĕrcitus* 'esercito' nel senso originario; av. 1306] s. m. *1* Metodica ripetizione di ciò che serve per addestrarsi in qlco. o imparare qlco.: *mettere, tenere in e. il corpo, la mente, la memoria*; *lo 'ngegno sanza e. si guasta* (LEONARDO) | ***Essere in e.***, essere addestrato, allenato | ***Essere fuori e., privo di e.***, non essere allenato | (*est.*) Moto: *per conservarsi in salute è bene fare molto e.* | (*est.*) Applicazione di nozioni e regole per diventare esperti in una materia, in un'attività: *è un e. molto duro, faticoso, impegnativo, difficile*; *avete fatto i vostri esercizi di matematica?* | ***Esercizi spirituali***, nella pratica religiosa cattolica, ritiro di laici o di ecclesiastici per dedicarsi alla preghiera e alla meditazione. *2* Uso o pratica di qlco.: *l'e. di una professione, di un diritto, dei propri poteri* | ***Essere nell'e. delle proprie funzioni***, nel loro adempimento | ***E. di un diritto***, nel diritto penale, causa di giustificazione del reato prevista per chi agisce nell'esplicazione di un proprio diritto soggettivo. *3* Funzionamento o gestione di impresa, azienda pubblica o privata, e sim.: *chi ha ottenuto l'e. della nuova ferrovia?*; *l'e. della fabbrica non è redditizio* | ***Essere, non essere in e.***, in attività, in funzione | ***Fuori e.***, non funzionante | (*est.*) Azienda, negozio: *aprire, chiudere un e.* | ***Pubblico e.***, albergo, ristorante, bar, luogo di spettacolo e sim. *4* (*comm.*) Periodo di tempo, per lo più annuale, corrispondente all'attività di gestione di un'azienda: *bilancio dell'e. 1995*; *e. finanziario, costi d'e.* | ***E. provvisorio***, autorizzazione del parlamento al governo a effettuare entrate e uscite in attesa dell'approvazione tardiva del bilancio di previsione. *5* (*sport*) Complesso di movimenti razionalmente finalizzati: *esercizi individuali, collettivi, liberi, obbligatori*; *esercizi atletici, ginnici*.

†**eseredàre** [vc. dotta, lat. *exheredāre* 'escludere (*ex-*) dall'ereditare (*hereditāre*)'; av. 1498] v. tr. ● Privare dell'eredità.

†**esereditàre** [vc. dotta, lat. tardo *exhereditāre* 'escludere (*ex-*) dall'ereditare (*hereditāre*)'; sec. XIV] v. tr. ● Privare dell'eredità.

esèrgo [fr. *exergue*, comp. del gr. *ex-* 'fuori' e *érgon* 'opera, lavoro', detto così perché situato al di fuori del disegno; av. 1750] s. m. (pl. *-ghi*) ● (*numism.*) Settore inferiore del campo di una moneta o di una medaglia, delimitato da una linea orizzontale e generalmente riservato alla data di coniazione, al nome della zecca, alla cifra del valore o a un motto | (*est.*) Parte iniziale di un libro o di uno scritto dove si colloca un motto o una citazione; (*est.*) il motto o la citazione stessi. ➡ ILL. **moneta.**

esfoliàre [vc. dotta, dal lat. tardo *exfoliare*. V. *sfogliare*; 1994] **A** v. tr. (*io esfòlio*) ● (*med.*) Produrre, causare esfoliazione. **B** v. intr. pron. ● (*med.*) Sfaldarsi, detto degli strati più superficiali dell'epidermide.

esfoliativo [1834] agg. ● (*med.*) Che presenta esfoliazione: *dermatite esfoliativa*.

esfoliazióne o **esfogliazióne** [vc. dotta, tratta dal lat. tardo *exfoliātu(m)*, part. pass. di *exfoliāre*. Cfr. *esfoliarsi*; 1834] s. f. ● (*med.*) Distacco lamellare degli strati superficiali di un organo o tessuto: *e. cutanea*; *e. intestinale*; *cellule di e.*

†**esguardàre** ● V. †*sguardare*.

♦**esibìre** [vc. dotta, lat. *exhibēre* 'produrre (*habēre*) fuori (*-ex-*)', 'presentare', con mutamento di coniug., attrav. il fr. *exhiber*; av. 1498] **A** v. tr. (*io esibìsco, tu esibìsci*) *1* Mostrare, presentare: *e. i documenti*. *2* Mettere in mostra: *esibiva un elegante completo scuro* | Ostentare: *e. la propria erudizione* *3* (*lett.*) Proporre: *esibì il suo aiuto davanti a tutti*. *4* (*dir.*) Presentare in giudizio, per ordine dell'autorità giudiziaria. **B** v. rifl. *1* Realizzare uno spettacolo, dare spettacolo: *la compagnia si esibisce per la prima volta*; *si è esibito al pianoforte*. *2* Farsi notare, mettersi in mostra: *non perde mai l'occasione di esibirsi*. *3* (*lett.*) Offrirsi per qlco.: *si esibì di compiere quell'impresa*.

esibitóre [vc. dotta, lat. tardo *exhibitōre(m)*, da *exhĭbitus*, part. pass. di *exhibēre* 'esibire'; 1433] s. m. (f. *-trice*) *1* (*raro*) Chi esibisce. *2* †Chi presenta lettere, documenti e sim.

esibizióne [vc. dotta, lat. tardo *exhibitiōne(m)*, da *exhĭbitus*, part. pass. di *exhibēre* 'esibire', attrav. il fr. *exhibition*; av. 1642] s. f. *1* Presentazione: *l'e. di un documento*. SIN. Mostra | Ostentazione, sfoggio. *2* (*lett.*) Offerta, spec. dei propri servigi: *e. di aiuto*. *3* Esecuzione, numero, spettacolo: *è stata un'ottima e. musicale* | Nel linguaggio sportivo, gara, incontro, partita di carattere dimostrativo e spettacolare: *l'e. dei campioni del mondo*.

esibizionìsmo [dal fr. *exhibitionnisme*, da *exhibition* 'esibizione'; 1894] s. m. *1* Tendenza eccessiva a far mostra di sé. *2* (*psicol.*) Esposizione intenzionale, gener. di tipo ossessivo, degli organi sessuali.

esibizionista [1892] agg.; anche s. m. e f. (pl. m. *-i*) *1* Che (o Chi) ama far mostra di sé, delle proprie doti o capacità. *2* (*psicol.*) Che (o Chi) è affetto da esibizionismo.

esibizionìstico [1952] agg. (pl. m. *-ci*) ● Proprio dell'esibizionismo o dell'esibizionista.

esicàsmo s. m. ● Dottrina e metodo proprio dei monaci esicasti.

esicàsta [vc. dotta, gr. *hēsychastḗs*, da *hēsycházein* 'stare tranquillo (*hḗsychos*)'] **A** s. m. (pl. *-i*) ● Monaco orientale seguace delle dottrine ascetiche cristiane che professano la possibilità di accedere alla visione sensibile di Dio attraverso tecniche fisiologiche e mentali di concentrazione. **B** anche agg.: *monaco e.*

†**esìcio** ● V. *esizio*.

esigènte [1554] part. pres. di *esigere*; anche agg. ● Che esige, che pretende molto: *un cliente, un lettore e.*; *è molto e. in fatto di abbigliamento*. || **esigentemènte**, avv.

esigènza o †**esigènzia** [vc. dotta, lat. tardo *exigĕntia(m)*, da *ĕxigens*, genit. *exigĕntis* 'esigente'; 1308] s. f. *1* (*raro*) Caratteristica di chi è esigente. *2* (*spec. al pl.*) Bisogno, richiesta: *le esigenze della convenienza, della società, del grado, della scuola* | ***Avere molte esigenze***, pretendere molto | ***Esser pieno di esigenze***, pretendere troppo.

♦**esìgere** [vc. dotta, lat. *exĭgere* 'far uscire (*ăgere*) fuori (*ex-*)'; 1499] v. tr. (pres. *io esìgo, tu esìgi*; pass. rem. *io esigéi, o esigètti* (o *-étti*), *tu esigésti*; part. pass. *esàtto*) *1* Richiedere con autorità o con forza, pretendere: *e. il rispetto, una risposta, una spiegazione*. *2* (*est.*) Comportare come necessario: *è un lavoro che esige la massima attenzione*; SIN. Necessitare, reclamare. *3* Riscuotere: *e. un credito*.

esigìbile [1673] agg. ● Che si può esigere, riscuotere: *il credito è già e.*

esigibilità [1673] s. f. ● Condizione di ciò che è esigibile.

esìglio ● V. *esilio*.

esiguità [vc. dotta, lat. *exiguitāte(m)*, da *exĭguus* 'esiguo'; 1834] s. f. ● Caratteristica di ciò che è esiguo.

esìguo [vc. dotta, lat. *exĭguu(m)*, propr. 'pesato esattamente', da *exĭgere*, che ha anche questo senso; poi 'pesato troppo rigidamente', 'scarso'; 1336 ca.] agg. ● Piccolo, modesto, irrilevante: *una spesa esigua*. || **esiguamènte**, avv. (*raro*) In modo esiguo.

esilaraménto [1869] s. m. ● (*raro*) L'esilarare, l'esilararsi.

esilarànte [1855] part. pres. di *esilarare*; anche agg. *1* Che provoca ilarità, allegria: *spettacolo e.* SIN. Divertente, spassoso. *2* Gas e., protossido d'azoto usato come anestetico.

esilaràre [vc. dotta, lat. *exhilarāre* 'dare un aspetto esteriore gaio e vivace', comp. parasintetico di *hĭlaris* 'ilare', col pref. *ex-*; sec. XIV] **A** v. tr. (*io esìlaro*) ● Rendere ilare, allegro: *le sue parole esilararono la platea*. **B** v. intr. pron. ● Spassarsi, divertirsi.

èsile †**èsile** [vc. dotta, lat. *exīle(m)*, di etim. incerta, con accento retratto per analogia con altri agg. sdruccioli in *-ile*; 1342] agg. *1* Sottile, tenue: *mughetto fiore piccino / calice di enorme candore / sullo stelo e.* (UNGARETTI) | Magro, gracile: *un bambino e.* *2* (*fig.*) Debole, di scarsa efficacia o validità: *una voce e.*; *esili argomenti*. || **esilménte**, avv.

esiliàre [da *esilio*; sec. XIII] **A** v. tr. (*io esìlio*) ● Mandare in esilio, condannare all'esilio | (*est.*) Mandar via, allontanare: *lo esiliarono dalla sua casa*. **B** v. intr. (aus. *avere*) ● †Esulare. **C** v. rifl. ● Andarsene spontaneamente in esilio: *si è esiliato oltre confine* | (*est.*) Appartarsi da qlcu. o qlco.

esiliàto [1304] **A** part. pass. di *esiliare* ● Nei sign. del v. **B** s. m. (f. *-a*) ● Esule: *il paese si è riempito di esiliati politici*.

♦**esìlio** o (*raro*) **esìglio**, †**essìglio**, **essìlio** [vc. dotta, lat. *ex(s)ĭliu(m)*, da *ĕx(s)ul*, genit. *ĕx(s)ulis* 'esule'; 1308] s. m. *1* Allontanamento forzato o fuga volontaria dalla propria patria: *subire una condanna all'e. per motivi politici*; *l'e., che m'è dato, onor mi tegno* (DANTE) | ***L'e. d'Israele***, la schiavitù degli Ebrei in Egitto e in Babilonia e (*est.*) la condizione degli Ebrei nella diaspora | (*raro*) Cacciata da un luogo, sfratto da una casa. *2* Il luogo, il tempo e la condizione di esule: *vivere e morire in e.* *3* (*relig.*) Condizione attuale dell'uomo che, cacciato dal Paradiso, non gode della visione di Dio. *4* (*fig.*) Separazione, isolamento da qlco. o qlcu.: *il suo e. dal mondo ci addolora*; *mi sento in e. in mezzo agli uomini* (UNGARETTI). *5* (*astrol.*) Nello zodiaco, segno che presenta scarsa affinità con un corpo celeste, il cui influsso perciò risulta indebolito. CONTR. Domicilio.

esilità o †**esilitàde**, †**esilitàte** [vc. dotta, lat. *exilitāte(m)*, da *exīlis* 'esile'; 1560] s. f. ● Caratteristica di chi (o di ciò che) è esile.

†**esimàre** [da †*esi(sti)mare* (cfr. ant. provz. *esismar*); av. 1348] v. tr. ● Pensare, stimare, valutare.

esimènte **A** part. pres. di *esimere*; anche agg. ● Nel sign. del v. **B** s. f. ● (*dir.*) Causa di giustificazione: *accertare l'esistenza di una e.*

esìmere [vc. dotta, lat. *exĭmere* 'prendere (*ĕmere*) in disparte (*ex-*)', 'liberare'; 1619] **A** v. tr. (difett. del part. pass. e dei tempi composti) ● Rendere libero, esente: *e. qlcu. da un servizio*. SIN. Dispensare, esentare. **B** v. rifl. ● Sottrarsi: *esimersi da un obbligo*.

esìmio [vc. dotta, lat. *exĭmiu(m)*, propr. 'messo da parte', secondo il sign. originario di *exĭmere*, poi 'che si stacca dagli altri', 'eccellente'; 1364] agg. ● Eccellente, egregio, insigne (*anche iron.*): *lavoro e.*; *studioso, medico, insegnante e.*; *e. furfante*.

†**esimizióne** [da *esimere*] s. f. ● Esenzione.

†**èsimo** [ant. fr., ant. provz. *esme*, da *esmer* 'stimare', dal lat. *aestimāre* 'stimare'] s. m. ● Ragguaglio, computo.

-èsimo (1) o **-èsimo** [lat. *-ēsimu(m)*, dal suff. superl. italico e celt.] suff. ● Forma i numerali ordinali successivi a 'decimo': *undicesimo, dodicesimo, diciannovesimo, ventesimo, centesimo*.

-èsimo (2) ● V. *-ismo*.

†**esinanìre** [vc. dotta, lat. *exinanīre* 'rendere del tutto (*ex-*) vano (*inānis*)'; sec. XIII] v. tr. ● Annientare, annichilire | Esaurire.

†**esinanizióne** [vc. dotta, lat. *exinanitiōne(m)*, da *exinanītus* 'esinanito'; 1554] s. f. ● Svanimento, annientamento.

esiodèo agg. ● Che è proprio di Esiodo (fine sec. VIII-inizio VII a.C.), poeta greco, del suo stile, della sua opera.

èsipo [vc. dotta, lat. *ōesypu(m)*, dal gr. *óisypos*, di etim. incerta; 1550] s. m. ● Grasso greggio della lana.

esistènte [1340] **A** part. pres. di *esistere*; anche

agg. ● Che c'è: *è il miglior detersivo e. sul mercato; un'organizzazione e. da tempo.* **B** agg. e s. m. ● (*filos.*) Che (o Ciò che) esiste: *il rapporto tra ente ed e.*

esistentivo [da *esistente*] agg. ● (*filos.*) Nella filosofia di M. Heidegger (1889-1976), si dice di uno dei modi in cui l'uomo si rapporta alla propria esistenza, in quanto decide sulle possibilità che la costituiscono e sceglie tra esse. CONTR. Esistenziale.

♦**esistènza** [vc. dotta, lat. tardo *exsistĕntia(m)*, da *ĕxsistens*, genit. *exsistĕntis* 'esistente'; 1304] s. f. **1** Realtà, fatto di esistere o condizione di ciò che esiste: *dimostrare l'e. di Dio; l'e. di un grave errore, di molte difficoltà.* CFR. onto-. **2** Vita: *diritto all'e.; lotta per l'e.; la mia e. temporale, come uomo, tocca omai al suo termine* (NIEVO) | ***Giocarsi l'e.***, mettere a repentaglio la propria vita.

esistenziàle [vc. dotta, lat. tardo *exsistentiāle(m)*, da *exsistĕntia* 'esistenza', ripreso anche dalla filosofia ted. (*existentiell, -al*); 1869] agg. **1** Che riguarda l'esistenza: *disagio e.* | Detto di tutto ciò che coinvolge l'individuo a livello di vissuto personale: *problemi esistenziali.* **2** (*filos.*) Di giudizio che afferma o nega semplicemente l'esistenza di una cosa | Nella filosofia di M. Heidegger (1889-1976), si dice di uno dei modi in cui l'uomo si rapporta alla propria esistenza, ponendosi il problema dell'esistenza stessa. CONTR. Esistentivo. || **esistenzialménte**, avv.

esistenzialismo [vc. dotta, tratta dal ted. *Existenz (Philosophie)* 'filosofia dell'esistenza'; 1942] s. m. ● Complesso di indirizzi filosofici contemporanei che affermano il primato dell'esistenza sull'essenza e hanno per oggetto l'analisi dell'esistenza stessa intesa come categoria comprensiva di tutte le cose che sono al mondo.

esistenzialista [da *esistenzialismo*; av. 1952] **A** agg. (pl. m. *-i*) ● Che concerne o interessa l'esistenzialismo. **B** s. m. e f. ● Chi segue o professa l'esistenzialismo.

esistenzialistico [1956] agg. (pl. m. *-ci*) ● Proprio dell'esistenzialismo o degli esistenzialisti: *angoscia esistenzialistica.* || **esistenzialisticaménte**, avv. Secondo il pensiero dell'esistenzialismo.

♦**esìstere** [vc. dotta, lat. *exsĭstere* 'levarsi (*sĭstere*) fuori (*ex-*)', 'apparire'; 1659] v. intr. (pass. rem. *io esistéi*, o *esistètti* (o *-étti*), *tu esistésti*; part. pass. *esistito*; aus. *essere*) **1** Essere, nel tempo e nella realtà: *Dio esiste; è un personaggio che non esiste e non è mai esistito* | (*est.*) Esserci: *per lei esiste solo la famiglia; non esistono dubbi o errori di sorta* | ***Non esiste***, (*fam.*) è assurdo, impensabile. **2** Esser vivo: *ha da poco cessato di e.*

†**esistimàre** [vc. dotta, lat. *existimāre* 'giudicare (*aestimāre*) a fondo (*ex-*)'; sec. XIV] v. tr. ● Giudicare, stimare.

†**esistimazióne** [vc. dotta, lat. *existimatiōne(m)*, da *existimātus*, part. pass. di *existimāre* 'esistimare'; av. 1498] s. f. ● Stima, opinione.

esitàbile [da *esitare* (2); av. 1711] agg. ● Che si può vendere facilmente: *una merce e.*

esitabilità s. f. ● Condizione di ciò che è esitabile.

esitabóndo [vc. dotta, lat. *haesitabŭndu(m)*, da *haesitāre* 'esitare (1)'; 1583] agg. ● (*lett.*) Esitante.

†**esitaménto** [av. 1694] s. m. ● Esitanza.

esitànte [1834] part. pres. di *esitare* (*1*); anche agg. ● Dubbioso, incerto, titubante.

esitànza [vc. dotta, lat. *haesitāntia(m)*, da *haesitātus* 'esitato'; 1823] s. f. ● (*raro, lett.*) Esitazione | ***Senza e.***, con prontezza e decisione.

♦**esitàre** (**1**) [vc. dotta, lat. *haesitāre*, intens. di *haerēre* 'restare attaccato', di etim. incerta; 1673] v. intr. (*io èsito*; aus. *avere*) (assol.; + *fra*; + *a*, raro + *in*, seguiti da inf.) ● Non sapersi decidere: *è un tipo che esita sempre* | Essere o mostrarsi perplesso, dubbioso, incerto: *esito fra le due soluzioni; non esito a crederli; esitò alquanto a voltarsi quando s'accorse che qualcuno era entrato* (SVEVO); *esitava nel rispondere* | ***Senza e.***, subito, con decisione: *rispose di sì senza e.*

esitàre (**2**) [da *esito*; av. 1642] v. tr. (*io èsito*) ● Smerciare, vendere: *quelle merci si esitano poco* | (*bur.*) Recapitare: *e. la corrispondenza.*

esitàre (**3**) [da *esito* nel sign. 1] v. intr. (*io èsito*; aus. *avere*) ● Nel linguaggio medico, risolversi di una malattia.

esitazióne [vc. dotta, lat. *haesitatiōne(m)*, da *haesitātus* 'esitato', part. pass. di *esitare* (*1*); av. 1504] s. f. ● Indecisione, perplessità: *e. nell'operare, nel rispondere* | ***Senza e.***, risolutamente. CONTR. Risolutezza.

èsito [vc. dotta, lat. *ĕxitu(m)* 'uscita', dal part. pass. di *exīre* 'uscire'; sec. XIV] s. m. **1** Riuscita, conclusione: *e. di una pratica, di un affare; un e. incerto; qual fu l'e. di questa missione?* (GOLDONI) | ***Di dubbio e.***, di riuscita problematica | ***Non sortire alcun e.***, non avere alcun effetto | (*bur.*) Risposta: *la nostra lettera è ancora priva di e.* | (*med.*) Conclusione di un processo morboso: *e. fausto; gli esiti della polmonite* | (*med.*) Risultato di un test diagnostico: *e. positivo, negativo.* SIN. Compimento, risultato. **2** (*raro*) Uscita: *e. della folla, dell'acqua* | Spesa: *un negozio che ha molti esiti.* **3** (*comm.*) Vendita, spaccio. **4** (*ling.*) Risultato, punto d'arrivo di una trasformazione fonetica, morfologica o lessicale.

esiziàle [vc. dotta, lat. *exitiāle(m)*, da *exĭtium* 'esizio'; sec. XV] agg. ● Che apporta grave danno: *una politica, un comportamento e.* | ***Malattia e.***, mortale. SIN. Dannoso, funesto. || **esizialménte**, avv.

esìzio o (*poet.*) †**esìcio** [vc. dotta, lat. *exĭtiu(m)*, parallelo di *ĕxitus* 'uscita (dalla vita)'; sec. XIV] s. m. ● (*lett.*) Rovina, distruzione, morte.

†**esizióso** [1810] agg. ● Esiziale.

èskimo (**1**) o **èschimo** [vc. ingl. che significa 'eschimese': detto così perché ricorda l'abbigliamento degli eschimesi; 1970] s. m. ● Ampio giaccone con cappuccio, di tela impermeabile quasi sempre grigioverde, gener. foderato di lana.

èskimo (**2**) [vc. ingl. *eskimo(roll)* 'ribaltamento eschimese', dagli eschimesi che lo hanno ideato] s. m. ● (*sport*) Tecnica di raddrizzamento della canoa o del kayak rovesciati.

eslège [vc. dotta, lat. *exlēge(m)* 'fuori (*ex-*) della legge (*lēx*, genit. *lēgis*)'; av. 1744] agg. ● Fuori della legge, non soggetto a legge: *condizione e.*

èso- (**1**) [dal gr. *ésō* 'dentro', di etim. incerta] primo elemento ● (*raro*) In parole composte dotte, significa 'dentro', 'interno': *esoterico.*

èso- (**2**) [dal gr. *éxō* 'fuori', di orig. indeur.] primo elemento (raro *exo-*) ● In parole composte dotte o della terminologia scientifica, significa 'in fuori', 'esterno', 'dall'esterno', 'verso l'esterno', e sim.: *esoderma, esogamia, esosfera.* CONTR. endo-.

esobiologia [comp. di *eso-* (*2*) e *biologia*; 1965] s. f. ● Ramo della biologia che studia la possibilità di esistenza di organismi viventi nei corpi extraterrestri. SIN. Cosmobiologia.

esobiòlogo [comp. di *eso-* (*2*) e *biologo*; 1981] s. m. (f. *-a*; pl. m. *-gi*) ● Studioso di esobiologia.

esocàrpo [vc. dotta, comp. di *eso-* (*2*) e *-carpo*; 1892] s. m. ● (*bot.*) Epicarpo.

esocèntrico [comp. di *eso-* (*2*) e *centro*; 1949] agg. (pl. m. *-ci*) ● (*ling.*) Detto di sintagma la cui distribuzione non è identica a quella dei suoi costituenti.

esocèto [vc. dotta, lat. *exocōetu(m)*, dal gr. *exṓkoitos* 'pesce che riposa (*kóitē* 'azione di dormire') fuori (*éxō*) dell'acqua' secondo l'opinione degli antichi; 1476] s. m. ● Genere di Pesci dei Teleostei con ampie pinne pettorali grazie alle quali spiccano salti fuori dall'acqua (*Exocoetus*). SIN. Pesce volante.

Esocetoidèi [vc. dotta, comp. del lat. *exocōetus*, trascrizione del gr. *exṓkoitos* 'che resta (dal v. *heîsthai*) fuori (*éxō*)' per la sua capacità di uscire dall'acqua, col suff. *-idei*, proprio dei raggruppamenti zoologici superiori alle famiglie] s. m. pl. (sing. *-o*) ● Nella tassonomia animale, sottordine dei Teleostei caratterizzati dalla posizione molto arretrata della pinna dorsale, di quella anale e di quelle pelviche (*Exocoetoidei*). SIN. Sinentognati.

esocitòsi [comp. di *eso-* (*2*) 'fuori', *cito-* e il suff. *-osi*] s. f. inv. ● (*biol.*) Emissione modulata di minute quantità di materiale da parte di una cellula. CFR. Pinocitosi. CONTR. Endocitosi.

esòcrino [vc. dotta, comp. di *eso-* (*2*) e di *-crino*; 1932] agg. ● (*anat.*) Che compie una secrezione esterna | ***Ghiandola esocrina***, i cui prodotti vengono riversati nell'organismo attraverso un sistema di condotti escretori.

esodèrma [vc. dotta, comp. di *eso-* (*2*) e *-derma*] s. m. (pl. *-i*) ● (*bot.*) Esodermide.

esodèrmide [vc. dotta, comp. di *eso-* (*2*) e un deriv. del gr. *dérma* 'pelle'] s. f. ● (*bot.*) Guaina a uno o più strati di cellule che nelle piante riveste l'ipodermide, sostituendo, spec. nelle radici, l'epidermide presto distrutta.

esodinàmica [comp. di *eso-* (*2*) e *dinamica*] s. f. ● (*geol.*) Insieme dei fenomeni extraatmosferici, atmosferici e biologici che, agendo dall'esterno della superficie terrestre, ne modificano l'aspetto.

esòdio [vc. dotta, lat. *exōdiu(m)*, dal gr. *exódion* (V. *esodo*); sec. XIV] s. m. ● Nell'antica Roma, specie di farsa che veniva recitata dopo la rappresentazione di un dramma.

èsodo [vc. dotta, lat. crist. *ĕxodu(m)*, dal gr. *éxodos* 'via (*hodós*) d'uscita (*ex-*)'; av. 1342] s. m. (*Esodo* nel sign. 3) **1** Partenza in gran numero da uno stesso luogo: *l'e. dei profughi dalle terre invase* | ***Il grande e.***, (*per anton.*) quello degli abitanti di un centro urbano verso i luoghi delle vacanze, spec. estive | Emigrazione: *l'e. dei meridionali a Torino* | (*est.*) Uscita in massa: *l'e. degli insegnanti.* **2** (*est.*) Trasferimento all'estero di somme di denaro e altri beni: *l'e. dei capitali, l'e. delle opere d'arte.* **3** (*per anton.*) Uscita dall'Egitto del popolo ebraico, guidato da Mosè verso la Terra Promessa | Titolo del secondo libro del Pentateuco, nella Bibbia, che narra tale vicenda. **4** (*letter.*) Ultimo episodio nella tragedia greca.

esofagèo [1681] agg. ● (*anat.*) Dell'esofago.

esofagismo [comp. di *esofago* e *-ismo*] s. m. ● (*med.*) Malattia caratterizzata da spasmo dell'esofago.

esofagite [comp. di *esofag(o)* e *-ite* (*1*)] s. f. ● (*med.*) Processo infiammatorio dell'esofago.

esòfago [vc. dotta, gr. *oisophágos*, propr. 'quello che trasporta (da *óisein*, di etim. incerta) e mangia (*-phagos* '-fago')'; sec. XV] s. m. (pl. *-gi*) ● (*anat.*) Organo tubulare dell'apparato digerente compreso tra la faringe e lo stomaco. ➡ ILL. p. 2125, 2127 ANATOMIA UMANA.

esofagostomia [vc. dotta, comp. di *esofago* e *-stomia*] s. f. ● (*chir.*) Abboccamento chirurgico dell'esofago all'esterno.

esoftàlmo [vc. dotta, gr. *exóphthalmos* 'con l'occhio (*ophthalmós*) in fuori (*ex-*)'; 1953] s. m. ● (*med.*) Protrusione dei bulbi oculari dalla cavità orbitaria.

esogamia [comp. di *eso-* (*2*) e *-gamia*, in oppos. a *endogamia*] s. f. **1** Istituzione per cui i membri di un clan o di una tribù devono cercare il coniuge al di fuori del loro gruppo sociale. **2** (*biol.*) Riproduzione tra individui appartenenti alla stessa specie, ma provenienti da gruppi familiari, etnici o tribali diversi.

esogàmico agg. (pl. m. *-ci*) ● Esogamo. || **esogamicaménte**, avv. Per esogamia: *riprodursi esogamicamente.*

esògamo [comp. di *eso-* (*2*) e *-gamo*] agg. ● Che riguarda l'esogamia | Che pratica l'esogamia: *tribù esogame.*

esogènesi [comp. di *eso-* (*2*) e *genesi*, in oppos. a *endogenesi*] s. f. inv. ● Formazione per via esterna.

esògeno [vc. dotta, comp. di *eso-* (*2*) e *-geno*; 1841] agg. **1** (*geol.*) Di processo geologico che avviene alla superficie terrestre, causato da agenti esterni e superficiali quali le acque, i venti, i ghiacciai. **2** (*med.*) Che proviene dall'esterno dell'organismo. **3** (*econ.*) Che deriva o proviene dall'esterno di un sistema: *variabile esogena.* CONTR. Endogeno.

†**esolèto** [vc. dotta, lat. *exolētu(m)*, dal part. pass. di *exolēscere* 'cessare (*ex-*) di crescere (*alēscere*, incoativo di *ălere*)', con sovrapposizione, per il sign., di *obsolēscere* 'passare di moda' (da *solēre* 'essere solito')] agg. ● Disusato, scaduto, antiquato: *vocabolo e.*

esometamorfismo [comp. di *eso-* (*2*) e *metamorfismo*] s. m. ● (*geol.*) Esomorfismo.

esòmide [vc. dotta, gr. *exōmís*, genit. *exōmídos* 'che lascia scoperta (*éxō* 'fuori') la spalla (*ômos*)'; 1716] s. f. ● (*archeol.*) Nell'antica Grecia, corta tunica che lasciava scoperta una spalla.

esomorfismo [comp. di *eso-* (*2*) e *-morfismo*] s. m. ● (*geol.*) Metamorfismo esercitato su una roccia già consolidata da una massa magmatica endogena.

esomòrfo agg. ● (*geol.*) Originato da esomorfismo.

esondàbile [1997] agg. ● Detto di area o zona a rischio di esondazione: *la pericolosità di costruire in una zona e.*

esondàre [vc. dotta, lat. *exundāre*, comp. del

pref. *ex-* 'fuori' e *undāre* 'ondeggiare, fluttuare'; av. 1375] **v. intr.** (*io eṣóndo*; aus. *avere* o *essere*) **1** Straripare: *il torrente ha* (o *è*) *esondato*. **2** (*fig., lett.*) Traboccare: *non essendo a' nostri termini contenti, esondiamo* (BOCCACCIO).

eṣondazióne [av. 1907] **s. f.** ● L'esondare: *le periodiche esondazioni del lago di Como*. **SIN.** Straripamento.

eṣóne [comp. di *eso-* (*2*) e *-one* (*3*) (contrapposto a *introne*)] **s. m.** ● (*biol.*) Uno dei tratti di DNA presenti in un gene interrotto da introni. **CFR.** Introne.

eṣoneràre [vc. dotta, lat. *exonerāre*, comp. di *ex-* oppos. e *onerāre* 'caricare di un peso (*ŏnus*, genit. *ŏneris*)'; 1812] **A** **v. tr.** (*io eṣònero*) ● Rendere libero, esente da un incarico, da un onere: *e. dal pagamento di una spesa, dall'obbligo di leva* | ***E. qlcu. dal comando***, destituire | ***E. un fondo da un canone***, affrancarlo. **SIN.** Dispensare. **B** **v. rifl.** ● Dispensarsi: *esonerarsi da un dovere*.

eṣoneràto [sec. XIV] **A** **part. pass.** di *esonerare*; anche **agg.** ● Nei sign. del v. **B** **s. m.** (**f.** *-a*) ● Chi ha ottenuto un esonero.

eṣònero [da *esonerare*; 1812] **s. m.** ● Dispensa, esenzione | Allontanamento da un incarico.

eṣònimo [ingl. *exonym*, comp. di *exo-* 'eso- (2)' e *-onym* '-onimo'] **s. m.** ● Nome con cui una località è chiamata in una determinata lingua e che differisce dal nome con cui la località stessa viene denominata nell'area geografica in cui è situata (per es. *Londra* è l'esonimo italiano della città che in Inghilterra è denominata *London*). **CONTR.** Endonimo.

eṣopiàno [1832] **agg.** ● Esopico.

eṣòpico [1584] **agg.** (**pl. m.** *-ci*) ● Di Esopo (sec. VI a.C.), celebre favolista greco | ***Favole esopiche***, di Esopo e di chi imita il suo stile o segue i suoi insegnamenti.

†**eṣoràbile** [vc. dotta, lat. *exorābile(m)*, da *exorāre* 'esorare'; sec. XIV] **agg.** ● Che si può commuovere o che si può scongiurare con la preghiera. **SIN.** Arrendevole.

†**eṣoràre** [vc. dotta, lat. *exorāre* 'pregare (*orāre*) fino in fondo (*ex-*)'; sec. XIV] **v. intr.** ● Pregare intensamente.

eṣorbitànte [1540] **part. pres.** di *esorbitare*; anche **agg.** ● Eccessivo, esagerato: *prezzo e.* ‖ **eṣorbitanteménte**, **avv.** In maniera esorbitante.

eṣorbitànza [1483] **s. f.** **1** Caratteristica di ciò che è esorbitante: *l'e. di una richiesta*. **2** (*astron., raro*) Differenza, un tempo sensibile, tra le posizioni osservate dei pianeti e quelle calcolate.

eṣorbitàre [vc. dotta, lat. tardo *exorbitāre* 'uscire (*ex-*) dalla via tracciata (*ŏrbita*)'; 1613] **v. intr.** (*io eṣòrbito*; aus. *avere*) ● Uscire dai limiti, passare la misura: *il suo discorso esorbitò dal tema proposto*. **SIN.** Eccedere, fuoriuscire.

†**eṣorbitazióne** [vc. dotta, lat. tardo *exorbitatiō-ne(m)*, da *exorbitātus*, part. pass. di *exorbitāre* 'esorbitare'; sec. XIV] **s. f.** ● Esorbitanza.

eṣorcìṣmo [vc. dotta, lat. eccl. *exorcīsmu(m)*, dal gr. *exorkismós*, da *exorkízein* 'esorcizzare'; av. 1342] **s. m.** ● (*relig.*) In molte religioni, rito gener. magico, per mezzo del quale si allontanano demoni o spiriti malefici o li si espellono dalle persone di cui si ritiene che si siano impossessati | Nel cattolicesimo e nella Chiesa ortodossa, rito per mezzo del quale si espelle il demonio dal corpo dei battezzandi, ovvero dal corpo degli ossessi, o da oggetti, cibi, animali, luoghi.

eṣorcìsta [vc. dotta, lat. eccl. *exorcīsta(m)*, dal gr. *exorkistḗs*, da *exorkízein* 'esorcizzare'; av. 1342] **s. m. e f.** (**pl. m.** *-i*) ● Chi pratica l'esorcismo | Chi, nella gerarchia sacerdotale cattolica vigente prima del Concilio Ecumenico Vaticano Secondo, aveva ricevuto l'ordine dell'esorcistato.

eṣorcistàto [1673] **s. m.** ● Nella gerarchia dell'ordinazione sacerdotale cattolica, terzo degli ordini minori, soppresso dopo il Concilio Ecumenico Vaticano Secondo.

eṣorcìstico [1585] **agg.** (**pl. m.** *-ci*) ● Relativo all'esorcismo, proprio dell'esorcismo: *formula esorcistica*; *pratiche esorcistiche*.

eṣorcizzàre [vc. dotta, lat. eccl. *exorcizāre*, dal gr. *exorkízein* 'scongiurare', comp. di *ex-* raff. e *horkízein* 'giurare', da *hórkos* 'giuramento', di orig. oscura; sec. XIV] **A** **v. tr.** **1** (*relig.*) Liberare, purificare dal demonio mediante esorcismo: *e. un indemoniato* | Cacciare, espellere dall'indemoniato o dall'ossesso mediante esorcismo: *e. il demonio*. **2** (*est.*) Scongiurare, allontanare un probabile evento avverso: *il governo si sforza di e. lo spettro dell'inflazione*. **B** **v. intr.** (aus. *avere*) ● Celebrare, compiere un esorcismo.

eṣorcizzatóre [sec. XVI] **s. m.** (**f.** *-trice*); anche **agg.** ● Chi (o Che) esorcizza.

eṣorcizzazióne [av. 1704] **s. f.** ● Atto, rito dell'esorcizzare.

†**eṣòrdia** [da *esordio* con mutamento spreg. di genere] **s. f.** ● Esordio: *dopo lunga e., / gli ricordò l'oltraggio e la violenza* (PULCI).

eṣordiàle **agg.** ● (*raro*) Di esordio.

†**eṣordiàre** [da *esordio*; av. 1367] **v. intr.** ● Esordire.

eṣordiènte [1840] **part. pres.** di *esordire*; anche **agg.** e **s. m. e f.** ● Che (o Chi) esordisce in un'attività: *gara di nuoto per esordienti*. **SIN.** Principiante.

†**eṣordiménto** **s. m.** ● L'esordire. **SIN.** Principio.

eṣòrdio o †**essòrdio** [vc. dotta, lat. *exōrdiu(m)*, propr. 'inizio (*ex-*) di una trama (da *ordīri* 'ordire')', poi 'principio', in generale per influenza da *exorīri* 'spuntare'; av. 1294] **s. m.** (**pl.** †*eṣòrdia*, **f.**) **1** (*letter.*) Parte introduttiva o iniziale di una orazione | (*est.*) Preambolo, introduzione: *dopo un breve e. l'oratore incominciò il suo discorso*. **2** (*fig.*) Inizio di avvenimenti o di particolari attività: *e. di un'impresa, di un attore sulle scene*; *civiltà ai suoi esordi*. **SIN.** Principio. ‖ **eṣordiétto**, **dim.** | **eṣordìno**, **dim.** | **eṣordióne**, **accr.** | **eṣordiùccio**, **dim.**

eṣordìre [vc. dotta, lat. *exordīri* 'cominciare (*ex-*) a ordire una trama (*ordīri*)', quindi, 'dar inizio'; 1321] **v. intr.** (*io eṣordìsco, tu eṣordìsci*; aus. *avere*) **1** Dare inizio a un discorso: *l'oratore esordì salutando i convenuti*. **2** Iniziare una professione, un'attività artistica, sportiva e sim.: *e. nel commercio, nell'insegnamento*; *e. sulla scena, in teatro* | ***E. in serie A***, ***al Giro d'Italia***, parteciparvi per la prima volta.

eṣoreattóre [comp. di *eso-* (*2*) e *reattore* per l'espulsione delle masse dei fluidi] **s. m.** ● (*aer.*) Propulsore che utilizza come comburente l'aria atmosferica.

eṣorèico [comp. di *eso-* (*2*) e un deriv. del gr. *rhêin* 'scorrere'] **agg.** (**pl. m.** *-ci*) ● (*geogr.*) Detto di un bacino idrografico o di una regione le cui acque scolano al mare.

eṣornàre [vc. dotta, lat. *exornāre*, comp. del pref. raff. *ex-* e *ornāre* 'ornare'; 1438] **v. tr.** (*io eṣórno*) ● (*lett.*) Abbellire, adornare.

eṣornatìvo [dal lat. *exornātus*, part. pass. di *exornāre*, comp. di *ornāre* 'ornare', col pref. raff. *ex-*; av. 1712] **agg.** ● (*lett.*) Che serve ad abbellire, a ornare.

eṣortàre [vc. dotta, lat. *exhortāri*, comp. del pref. raff. *ex-* e *hortāri* 'esortare', di orig. indeur.; av. 1342] **v. tr.** (*io eṣòrto*) (+ *a*; lett. + *di*) ● Incitare con la persuasione: *e. qlcu. al bene, al male, allo studio, al rispetto dei genitori*; *ti esorto a non ripetere simili errori*; *per andare ad esortarla di non compromettermi con un atto simile* (SVEVO).

eṣortatìvo [vc. dotta, lat. *exhortatīvu(m)*, da *exhortāri* 'esortare'; av. 1364] **agg.** ● Che serve a esortare: *discorso e.*; *orazione, epistola esortativa*.

eṣortatóre [vc. dotta, lat. tardo *exhortatōre(m)*, da *exhortātus*, part. pass. di *exhortāri* 'esortare'; 1483] **s. m.**; anche **agg.** (**f.** *-trice*) ● Chi (o Che) esorta.

eṣortatòrio [vc. dotta, lat. tardo *exhortatōriu(m)*, da *exhortātus*, part. pass. di *exhortāri* 'esortare'; av. 1364] **agg.** ● (*raro*) Esortativo.

eṣortazióne [vc. dotta, lat. *exhortatiōne(m)*, da *exhortātus*, part. pass. di *exhortāri* 'esortare'; av. 1342] **s. f.** ● Ammonimento, sollecitazione a fare qlco.: *rivolgere parole di e. a qlcu.* | Ciò che serve a esortare: *l'e. fu priva di effetti*. **SIN.** Ammonizione, consiglio. ‖ **eṣortazioncèlla**, **dim.**

†**eṣòrto** [vc. dotta, lat. *exōrtu(m)*, dal part. pass. di *exorīri* 'uscir (*orīri*) fuori (*ex-*)'; av. 1642] **s. m.** ● (*astron.*) Il sorgere di un astro.

eṣoschèletro (o **-é-**) [vc. dotta, comp. di *eso-* (*2*) e *scheletro*; 1925] **s. m.** ● (*zool.*) Rivestimento cutaneo chitinoso più o meno rigido del corpo di invertebrati, spec. degli Artropodi.

eṣosfèra [comp. di *eso-* (*2*) e della seconda parte di (*atmo*)*sfera*; 1956] **s. f.** ● Involucro più esterno, oltre i 400 km, dell'atmosfera. ➡ **ILL.** p. 2129 SCIENZE DELLA TERRA ED ENERGIA.

eṣòṣio o **eṣòṣo** [vc. dotta, comp. di *es(a)* e *-osio*] **s. m.** ● (*chim.*) Zucchero a sei atomi di carbonio.

eṣoṣità [1831] **s. f.** ● Caratteristica di chi (o di ciò che) è esoso.

eṣóṣo (**1**) (o **-ò-**) [vc. dotta, lat. *exōsu(m)* 'che odia', poi 'che è odiato', da *ōsus* 'che odia' (da *odīsse* 'odiare'); 1481] **agg.** **1** Avaro, gretto: *parenti esosi* | ***Prezzo e.***, eccessivo | ***Negoziante e.***, che vende a prezzi troppo alti. **2** (*raro*) Odioso, antipatico: *atteggiamento e.* | (*tosc.*) Uggioso. ‖ **eṣoṣaménte**, **avv.**

eṣòṣo (**2**) ● V. *esosio*.

eṣostòrico [comp. di *eso-* (*2*) e *storico*] **agg.** (**pl. m.** *-ci*) ● Che è al di fuori della tradizione storica, spec. con riferimento a quei popoli primitivi studiati dall'etnologia e non dalle scienze storiche.

eṣostòṣi [vc. dotta, gr. *exóstōsis*, comp. di *éx(ō)* 'esterno' e un deriv. di *ostéon* 'osso'; av. 1758] **s. f. inv.** ● (*med.*) Escrescenza dell'osso verso l'esterno, senza carattere tumorale.

eṣòstra [vc. dotta, lat. *exōstra(m)*, dal gr. *exṓstra*, da *exōthêin* 'cacciare (*thêin*) fuori (*éxō*)'; av. 1292] **s. f.** **1** Ponte di legno, usato nell'antichità, che dalla torre degli assedianti veniva calato sulle mura degli assediati per penetrare nella città. **2** Macchina teatrale.

eṣotèca [comp. di *eso-* (*2*) e *teca*] **s. f.** ● Tessuto esterno della teca dei coralli.

eṣotècio [vc. dotta, comp. del gr. *éxō* 'fuori' e del dim. di *thḗkē* 'ripostiglio'] **s. m.** ● (*bot.*) Strato esterno dell'involucro dell'antera.

eṣotèrico [vc. dotta, gr. *esōterikós*, da *esṓteros* 'interiore, intimo', deriv. di *ésō* 'dentro' (V. *eso-* (*1*)), col suff. *-teros*, che indica opposizione; 1785] **agg.** (**pl. m.** *-ci*) **1** (*filos.*) Detto di insegnamento che alcuni filosofi greci riservavano ai propri discepoli e non rendevano pubblico. **CONTR.** Essoterico. **2** (*relig.*) Relativo a esoterismo e a ogni dottrina iniziatica di religione o di setta. **3** (*fig.*) Misterioso, incomprensibile ai più: *poesia esoterica*. ‖ **eṣotericaménte**, **avv.** In modo esoterico; in modo incomprensibile.

eṣoterìṣmo [1847] **s. m.** **1** (*relig.*) Tendenza in alcune religioni a riservare una parte delle verità e degli insegnamenti soltanto a gruppi di eletti o di iniziati. **2** (*est.*) Caratteristica delle sètte e dei movimenti segreti di comunicare le proprie dottrine e tecniche solo agli iniziati.

eṣotèrmico [vc. dotta, comp. di *eso-* (*2*) e *termico*; 1917] **agg.** (**pl. m.** *-ci*) ● Detto di processo chimico, di reazione e di tutto ciò che avviene con sviluppo di calore.

eṣoteromanìa [vc. dotta, comp. del gr. *exṓteros* 'straniero' e *-mania*] **s. f.** ● (*raro*) Irragionevole predilezione per tutto ciò che è straniero. **SIN.** Esteromania.

eṣoticità [av. 1712] **s. f.** ● Caratteristica di ciò che è esotico: *e. di una moda*.

eṣòtico [vc. dotta, lat. *exōticu(m)*, dal gr. *exōtikós* 'che viene da fuori (*éxō*)'; 1499] **A** **agg.** (**pl. m.** *-ci*) ● Che proviene da, che è proprio di, paesi lontani, forestieri: *vocabolo e.*; *arte, civiltà esotica* | ***Specie esotica***, specie vegetale o animale che non è originaria del luogo che si considera | (*est.*) Strano, stravagante: *moda esotica*; *gusti esotici*. **CONTR.** Nostrano. **B** **s. m.** ● Ciò che è esotico: *amare l'e.* ‖ **eṣoticaménte**, **avv.**

eṣotìṣmo [1908] **s. m.** **1** Elemento esotico, in arte, letteratura e sim. **2** (*ling.*) Forestierismo. **3** Predilezione per tutto ciò che è straniero, ricerca di modi e forme esotiche: *e. nella moda, nelle abitudini di vita*; *gusto per l'e.* | Carattere esotico: *l'e. del suo abbigliamento sfiora il ridicolo*.

eṣotìsta **s. m. e f.** (**pl. m.** *-i*) ● Chi predilige o indulge all'esotismo.

eṣotizzànte [1951] **agg.**; anche **s. m. e f.** ● Che (o Chi) segue o si ispira a usi, costumi, forme tipiche di paesi lontani.

eṣotossìna [comp. di *eso-* (*2*) e *tossina*] **s. f.** ● (*biol.*) Ciascuna delle tossine eliminate o escrete da un microrganismo nel mezzo circostante e capaci di provocare la comparsa dei rispettivi anticorpi.

eṣotropìa [comp. di *eso-* (*2*) e *-tropia*] **s. f.** ● (*med.*) Strabismo convergente | ***E. accomodativa***, strabismo accomodativo.

espàda /*sp.* es'paða/ [vc. sp., dal lat. *spătha* 'spada'] **s. m. inv.** (**pl.** sp. *espadas*) ● Nella corrida, chi ha il compito di uccidere il toro con la spada. **SIN.** Matador.

espadrille /fr. ɛspaˈdʀijə/ [vc. fr., ant. *espardille*, da *espardillo*, vc. dial. del Roussillon, con radice *spart* 'sparto'] **s. f.** (**pl.** fr. *espadrilles*) ● Tipo di calzatura bassa in tela, con suola di corda intrecciata.

espàndere [vc. dotta, lat. *expăndere*, comp. di *ex-* raff. e *păndere* 'spandere, allargare', di etim. incerta; av. 1350] **A v. tr.** (**pass. rem.** *io espànsi* o (*raro*) *espandètti* (o *-étti*) o (*raro*) *espandéi, tu espandésti*; **part. pass.** *espànso*) ● Ingrandire, allargare: *e. l'area abitata di un territorio* | Diffondere, spandere: *quel fiore espande un intenso profumo.* **B v. intr. pron.** *1* (*fis.*) Aumentare di volume: *il gas si espande.* *2* Estendersi, diffondersi: *un delicato aroma si espande; il benessere deve espandersi.* *3* (*raro*) Aprirsi, confidarsi con qlcu.

espandìbile [da *espand(ere)* con il suff. *-ibile*] **agg.** *1* Che si può espandere. *2* (*elab.*) Di dispositivo, spec. computer, le cui caratteristiche possono essere potenziate con l'inserimento di componenti aggiuntivi.

espandiménto **s. m.** ● (*raro*) Espansione | (*geol.*) Esteso deposito di rocce effusive.

espansìbile [av. 1827] **agg.** ● Che ha proprietà di espandersi.

espansibilità [1869] **s. f.** ● Proprietà di ciò che è espansibile.

espansióne [vc. dotta, lat. tardo *expansiōne(m)*, da *expānsus*, part. pass. di *expăndere* 'espandere'; 1631] **s. f.** *1* L'espandere, l'espandersi | Diffusione in uno spazio sempre maggiore: *l'e. di un popolo, di una civiltà* | Sviluppo: *fase di e.*; *l'e. di un'industria.* *2* (*fis.*) Aumento di volume di un corpo | ***E. dell'universo***, fenomeno per il quale le galassie si allontanano l'una dall'altra con velocità proporzionali alle relative distanze. *3* Nei motori a combustione interna, fase in cui il gas prodotto dalla combustione della miscela d'aria e carburante si espande spingendo lo stantuffo verso il punto morto inferiore e producendo un lavoro. *4* Parte che ha subìto un allargamento o un ingrossamento | ***E. polare***, quella estrema di un polo magnetico. *5* (*med.*) Dilatazione di un organo. *6* (*fig.*) Manifestazione ed effusione d'affetto: *ci tratta sempre con grande e.* *7* †Spargimento, uscita.

espansionișmo [1905] **s. m.** ● Tendenza a espandersi, ad allargare i propri confini, la propria sfera d'influenza economica e sim., spec. mediante la conquista di territori o di nuovi mercati: *e. coloniale.*

espansionìsta [1915] **A agg.** (**pl. m.** *-i*) ● Tendente all'espansionismo: *Stato e.* **B s. m. e f.** ● Fautore dell'espansionismo.

espansionìstico [1956] **agg.** (**pl. m.** *-ci*) ● Di espansionismo, tendente all'espansionismo: *politica espansionistica.*

espansività [1875] **s. f.** ● Caratteristica di chi (o di ciò che) è espansivo.

espansìvo [da *espanso*, come il parallelo fr. *expansif*; 1697] **agg.** *1* (*raro*) Che ha proprietà di espandersi: *moto e.*; *forza espansiva.* *2* (*fig.*) Che palesa sinceramente e spontaneamente i propri affetti: *ragazzo, carattere e.* || **espansivaménte**, **avv.** (*raro*) In modo espansivo.

espànso [sec. XIV] **A part. pass.** di *espandere*; anche **agg.** *1* Nei sign. del v. | Allargato, aperto: *foglie a lamina espansa* | Dilatato. *2* (*chim.*) Detto di resina sintetica che possiede bassa densità dovuta all'espansione del prodotto polimerico, utilizzata come isolante termico o acustico: *polistirolo e., poliuretani espansi.* **B s. m.** ● (*chim.*, *per anton.*) Polistirolo espanso.

espàrgere ● V. *spargere.*

espatriàre [fr. *expatrier* 'andar fuori (*ex-*) della propria patria (*patrie*)'; 1766] **v. intr.** o (*lett.*) **intr. pron.** (*io espàtrio*; aus. intr. *essere*, raro *avere*) ● Andarsene dalla patria per sempre o per un periodo di tempo piuttosto lungo: *determinatomi ... ad espatriarmi per sempre* (ALFIERI). **SIN.** Emigrare. **CONTR.** Rimpatriare.

espàtrio [da *espatriare*; 1917] **s. m.** ● L'espatriare: *e. temporaneo, definitivo.* **SIN.** Emigrazione. **CONTR.** Rimpatrio.

espediènte o (*pop.*) **spediènte** [vc. dotta, lat. *expediĕnte(m)*, part. pres. di *expedīre* 'render libero, facile'; 1476] **A s. m.** ● Trovata, rimedio, spesso ingegnosi, per risolvere una situazione difficile: *e. efficace, valido, giovevole; ricorrere agli espedienti* | ***Vivere di espedienti***, arrangiarsi come meglio si può. **SIN.** Mezzuccio, rimedio, stratagemma. **B agg.** ● †Utile, giovevole.

†**espedìre** [vc. dotta, lat. *expedīre*, propr. 'liberare (*ex-*) da un laccio' (*pĕdi(ca)*, da *pēs*, genit. *pĕdis*, 'il piede, preso dal laccio'); av. 1332] **A v. tr.** *1* Sbrigare, spedire, terminare: *non potè le parole e.* / *come chi parla molte volte e sogna* (PULCI). *2* Facilitare, promuovere. *3* Sbarazzare. **B v. rifl.** ● Spicciarsi, sbrigarsi, liberarsi.

†**espeditìvo** [av. 1530] **agg.** ● Spiccio.

†**espedìto** [1308] **part. pass.** di †*espedire*; anche **agg.** *1* Nei sign. del v. *2* Libero, disimpacciato | ***Linguaggio e.***, con una pronuncia comprensibile. *3* Veloce, pronto | ***Soldato e.***, armato alla leggera. || †**espeditaménte**, **avv.** Speditamente.

†**espedizióne** [vc. dotta, lat. *expeditiōne(m)*, da *expedītus* nel senso di '(soldato) non impedito (dai bagagli)'; av. 1405] **s. f.** *1* Spedizione, impresa. *2* Disbrigo di un affare, di una faccenda.

espèllere [vc. dotta, lat. *expĕllere* 'spingere (*pĕllere*) fuori (*ex-*)'; 1468] **v. tr.** (**pass. rem.** *io espùlsi, tu espellésti*; **part. pass.** *espùlso*) *1* Scacciare: *e. dalla scuola, da un circolo, da uno Stato, da un partito.* *2* (*med.*) Mandare fuori dal corpo.

†**espèndere** e *deriv.* ● V. *spendere* e *deriv.*

esperantìsta [da *esperanto*; av. 1937] **s. m. e f.** (**pl. m.** *-i*) ● Cultore o sostenitore dell'esperanto.

esperànto [dallo pseudonimo *Esperanto* 'colui che spera', del suo inventore; 1905] **A s. m.** ● Lingua artificiale, semplificata nei suoi elementi costitutivi, creata per i rapporti internazionali. **B** in funzione di **agg.**: *grammatica esperanta.*

espèria [vc. dotta, lat. *hespĕria(m)*, dal gr. *hespérios* 'vespertino'] **s. f.** ● Genere di piccole farfalle dal corpo tozzo, con ali corte e rossastre e un caratteristico volo a scatti (*Hesperia*).

esperìbile [da *esperire*; 1673] **agg.** ● Che si può esperire.

esperìdio [vc. dotta, dal lat. *Hespĕrides* (gr. *Hesperídes*) 'ninfe abitanti un'isola dell'Oceano dove possedevano un giardino con mele d'oro': il frutto è detto così per allusione a queste mele d'oro; 1828] **s. m.** *1* (*bot.*) Frutto degli agrumi. *2* (*zool.*) Esperia.

†**esperiènte** [vc. dotta, lat. *experiĕnte(m)*, part. pres. di *experīre* 'esperire'; av. 1504] **agg.** ● Esperto. || †**esperienteménte**, **avv.** Con esperienza.

♦**esperiènza** o †**esperiènzia**, †**isperiènza**, †**speriènza**, †**speriènzia** [vc. dotta, lat. *experiĕntia(m)*, da *expĕriens*, genit. *experiĕntis* 'esperiente'; av. 1303] **s. f.** (assol.; + *di*, + *in*) *1* Conoscenza diretta delle cose acquisita nel tempo per mezzo dell'osservazione e della pratica: *avere e. del mondo, del dolore; possedere una vasta e. nello sport, in un determinato lavoro; avere e. nel destreggiarsi in situazioni difficili; l'e. di essere testimone di un avvenimento memorabile; la e. non falla mai, ma sol fallano i nostri giudizi* (LEONARDO) | ***Parlare per e.***, per diretta conoscenza | (*est.*) Conoscenza del mondo, della vita: *un uomo pieno di e.* | Circostanza o vicenda direttamente vissuta: *è stata un'e. molto spiacevole* | ***Persona che ha avuto molte esperienze***, (*eufem.*) un'intensa vita sentimentale | ***Raccontare le proprie esperienze***, le proprie vicende. *2* (*filos.*) Il complesso dei fatti e dei fenomeni acquisiti mediante la sensazione, elaborati e strutturati dalla riflessione, verificati attraverso l'esperimento. *3* (*scient.*) Esperimento: *l'e. ... di una palla tirata in su a perpendicolo con una balestra* (GALILEI). || **esperienzùccia**, **dim.** | **esperienzuòla**, **dim.**

esperienziàle **agg.** ● Relativo a esperienza | (*psicol.*) Relativo a una fenomenologia che si svolge dentro e fuori la persona, e viene elaborata dalla riflessione.

esperimentàre e *deriv.* ● V. *sperimentare* e *deriv.*

♦**esperiménto** o †**esperménto**, (*raro*) **speriménto**, †**sperménto** [vc. dotta, lat. *experimĕntu(m)*, da *experīre* 'esperire'; 1306] **s. m.** *1* Prova, tentativo compiuto per saggiare e conoscere le caratteristiche di qlco. o qlcu.: *far e. delle proprie forze* | ***Fare qlco. in via di e., per e.***, per provare e vedere i risultati | (*raro*) ***Far e. del proprio diritto***, farne uso. *2* (*scient.*) Osservazione o riproduzione artificiale di un fenomeno per motivi didattici o per scopi di ricerca scientifica: *esperimenti di chimica, di fisica.* **SIN.** Esperienza. *3* †Dolore, sventura.

espèrio [vc. dotta, lat. *hespĕriu(m)*, dal gr. *hespérios*, da *héspera* 'sera', di orig. indeur.; 1481] **agg.** *1* (*lett.*) Occidentale. *2* (*lett.*) Dell'Esperia, antico nome della penisola italica.

esperìre [vc. dotta, lat. *experīri*, comp. del pref. *ex-* raff. e del v. non attestato **perīre*, da un n. affine al gr. *pêira* 'prova, saggio'; 1308] **v. tr.** (**pres.** *io esperìsco, tu esperìsci*; **part. pass.** *esperìto*, †*espèrto*) *1* Mettere in opera: *e. la via, i mezzi legali*; *e. un'azione avanti all'autorità giudiziaria.* *2* (*lett.*) Provare.

†**espermentàre** ● V. *sperimentare.*

†**esperménto** ● V. *esperimento.*

èspero o (*poet.*) †**èspro** [vc. dotta, lat. *hĕsperu(m)*, dal gr. *hésperos*, sottinteso *astḗr*, '(la stella) della sera'; 1342] **s. m.** *1* (*astron.*) Vespero. *2* (*lett.*) Occidente. *3* (*lett.*) Vento di ponente.

♦**espèrto** o (*lett.*, *pop.*, *tosc.*) **spèrto** [1294] **A part. pass.** di *esperire* ● †Nei sign. del v. **B agg.** (assol.; + *di*, + *in* seguiti da sost.; + *in* seguito da inf.: lett. + *a*) *1* Che ha molta esperienza della vita: *e l'arida stagion conosce ancora l'uom già canuto e per lungo uso e.* (TASSO). **SIN.** Consumato, navigato. *2* Che conosce qlco., che è pratico di qlco.: *essere e. degli uomini, delle cose del mondo* | (*est.*) Dotto: *uno studioso particolarmente e. in epigrafia.* **CFR.** -logo. **SIN.** Competente, conoscitore. *3* Bravo, abile, provetto, valente: *un tecnico e.*; *giovarsi di esperti collaboratori; un campione e. nel gareggiare; l'anima ... più esperta a distinguere luce da luce* (D'ANNUNZIO) | (*est.*) Proprio di chi ha esperienza: *mani esperte; guardare con occhio e.* *4* (*elab.*) ***Sistema e.***, programma di elaborazione in grado di assistere l'utente, in modo interattivo, nella soluzione di uno specifico problema. || **espertaménte**, **avv.** Da persona esperta: *trattare espertamente un'arte.* **C s. m.** (**f.** *-a*) ● Chi possiede una specifica e approfondita preparazione su determinati argomenti, in determinati campi: *è un e. di elettrotecnica; chiedere la consulenza di un e.*

†**espetìbile** [vc. dotta, lat. *expetībile(m)*, da *expĕtere* 'desiderare (*pĕtere*) ardentemente (*ex-* raff.)'] **agg.** ● Desiderabile.

†**espettaménto** [sec. XIV] **s. m.** ● (*raro*) Aspettazione.

†**espettàre** [lat. *expectāre* 'guardare (*spectāre*) da lontano (*ex-*)', poi 'attendere'; sec. XIV] **v. tr.** *1* Aspettare. *2* Spettare.

†**espettatìva** [av. 1311] **s. f.** ● (*raro*) Aspettativa.

†**espettazióne** [vc. dotta, lat. *expectatiōne(m)*, da *expectātus*, part. pass. di *expectāre* 'aspettare'; av. 1342] **s. f.** ● (*raro*) Aspettazione.

espettorànte [av. 1698] **A agg.** ● Detto di farmaco o rimedio atto a facilitare l'espettorazione. **SIN.** Espettorativo. **B** anche **s. m.**

espettoràre [vc. dotta, lat. *expectorāre*, comp. parasintetico di *pĕctus*, genit. *pĕctoris* 'petto', col pref. *ex-* 'fuori'; 1696] **v. tr.** (*io espèttoro*) ● (*med.*) Espellere muco o altro materiale dai bronchi o dalla trachea.

espettoratìvo **agg.**; anche **s. m.** ● Espettorante.

espettoràto [1826] **A part. pass.** di *espettorare*; anche **agg.** ● Nei sign. del v. **B s. m.** ● Muco o altro materiale eliminato con l'espettorazione.

espettorazióne [av. 1730] **s. f.** ● L'espettorare.

espiàbile [vc. dotta, lat. *expiābile(m)*, da *expiāre* 'espiare (1)'; 1745] **agg.** ● Che si può espiare, nel sign. di espiare (1).

espiaménto **s. m.** ● (*raro*) Espiazione.

espiantàre [vc. dotta, lat. scient. *explantāre*, coniato in analogia con l'opposto *implantāre* 'impiantare'; 1985] **v. tr.** ● (*chir.*) Compiere un espianto di organi o tessuti | (*biol.*) Sottoporre a espianto.

espiantazióne [ingl. *explantation*, da *to explant*, propr. 'spiantare'; 1956] **s. f.** *1* (*biol.*) Trasferimento di tessuto da un organismo vivente in un terreno artificiale per coltura. *2* (*biol.*) Prelievo completo o parziale di un organo o tessuto da un organismo a scopo di trapianto. **SIN.** Espianto.

espiànto [sovrapp. di *espiantazione* a *trapianto*; 1985] **s. m.** *1* (*biol.*) Organo o frammento di organo o tessuto asportato da un organismo vivente o appena deceduto a scopo di coltura di laboratorio o di trapianto chirurgico. **CFR.** Trapianto. *2* (*biol.*) Espiantazione.

espiàre (1) [vc. dotta, lat. *expiāre*, comp. di *ex-* raff. e *piāre* 'rendere puro (*pīus*)', 'purificare, espiare'; 1306] **v. tr.** (*io espìo*) *1* Emendare con la pena una colpa commessa: *e. i propri errori giovanili*; *e. un delitto* | Scontare: *e. la pena.* *2* Compiere l'espiazione, nei suoi vari significati religiosi.

†**espiàre** (2) [adatt. dell'ant. fr. *espier*, della stessa orig. e sign. dell'it. *spiare*; 1340 ca.] **v. tr.** ● Spiare.

†**espiativo** [1619] **agg.** ● Che serve a espiare, nel sign. di espiare (1).

espiatóre [vc. dotta, lat. tardo *expiatōre(m)*, da *expiātus* 'espiato'; av. 1694] **agg.**; anche **s. m.** (f. *-trice*) ● (*raro*) Che (o Chi) espia.

espiatòrio [vc. dotta, lat. tardo *expiatōriu(m)*, da *expiātus* 'espiato'; 1641] **agg.** *1* Che si riferisce all'espiazione: *rito e.* | *Capro e.*, che si sacrificava per uccisione o si abbandonava nel deserto, perché, assumendole sopra di sé, liberasse l'offerente dalle colpe; (*fig.*) chi, senza colpa, paga per gli errori di altri. *2* Che serve a espiare: *cerimonia espiatoria*; *il sacrificio generoso ed e.* (CROCE).

espiazióne [vc. dotta, lat. *expiatiōne(m)*, da *expiātus* 'espiato'; sec. XIV] **s. f.** *1* L'espiare, nel sign. di espiare (1): *l'e. di un delitto, di una pena.* *2* Nella religione greco-romana, solenne rito di propiziazione sacrificale degli dei | In tutte le religioni, placazione della divinità offesa per errati comportamenti rituali o infrazione delle norme etiche | Nella teologia cattolica, il riparare al torto fatto a Dio, con il peccato, compiendo opere di carità e accettando penitenze e mortificazioni.

espilàre (1) [vc. dotta, lat. *expilāre*, comp. di *ex-* raff. e *pilāre* 'rubare' (in orig. 'ammucchiare, piantare', da *pīla* 'pilastro'); sec. XIV] **v. tr.** *1* (*lett.*) Sottrarre mediante la frode denaro o cose d'altri di cui si abbia la disponibilità | (*fig.*) Carpire: *s'era addentrato nelle grazie di qualche cardinale per e. la buona fede del Papa* (NIEVO). *2* (*raro, fig.*) Plagiare, copiare.

†**espilàre** (2) [vc. dotta, comp. di *es-* e del lat. *pilāre*, da *pīlux* 'pelo'] **v. tr.** ● Pelare.

espilazióne [vc. dotta, lat. *expilatiōne(m)*, da *expilāre* 'espilare (1)'; 1740 ca.] **s. f.** ● (*lett.*) Appropriazione indebita, sottrazione fraudolenta di cose altrui.

†**espìngere** ● V. *spegnere*.

espiràre [vc. dotta, lat. *exspirāre* 'soffiar (*spirāre*) fuori (*ex-*)'; av. 1306] **A v. intr.** ● †Spirare: *caduto da cavallo e calpesto, espirò* (MACHIAVELLI). **B v. tr.** e **intr.** (aus. intr. *avere*) ● Espellere l'aria dai polmoni. CONTR. Inspirare.

espiratóre [1834] **agg.** ● (*anat.*) Che agisce promuovendo l'espirazione: *muscolo e.*

espiratòrio [1900] **agg.** ● Di espirazione.

espirazióne [vc. dotta, lat. *exspiratiōne(m)*, da *exspirātus*, part. pass. di *exspirāre* 'espirare'; av. 1563] **s. f.** ● Fase della respirazione in cui l'aria viene espulsa dai polmoni.

†**espiscàre** [vc. dotta, lat. *expiscāri*, propr. 'cercare diligentemente (*ex-*) dove si nasconde il pesce (*pīscis*)', poi gener. 'indagare con attenzione'; 1858] **v. tr.** ● Indagare.

†**esplanàre** ● V. *spianare*.

†**esplanatóre** ● V. †*spianatore (2)*.

esplementàre [dal lat. *explemĕntum* 'ciò che serve a riempire'] **agg.** ● (*mat.*) ***Angoli esplementari***, angoli la cui somma dà un angolo di 360°.

espletaménto [1956] **s. m.** ● (*bur.*) Compimento, completamento.

espletàre [vc. dotta, dal lat. *explētus*, part. pass. di *explēre* 'riempire (*plēre*) del tutto (*ex-*)'; 1815] **v. tr.** (*io espleto* o, più corretto ma meno diffuso, *io esplèto*) ● (*bur.*) Compiere, portare a termine: *e. gli atti, le operazioni di carico e scarico.*

espletazióne [1943] **s. f.** ● (*raro*) Espletamento.

espletivo [vc. dotta, lat. tardo *expletīvu(m)*, da *explētus*, part. pass. di *explēre* 'riempire (*plēre*) interamente (*ex-*)'; 1641] **agg.** ● (*ling.*) Pleonastico, riempitivo | ***Particelle espletive***, quelle non indispensabili, ma atte ad aumentare l'efficacia dell'espressione (ad es. *ti* nella frase *'e d'un tratto chi ti vedo?'*).

esplicàbile [vc. dotta, lat. tardo *explicābile(m)*, da *explicāre* 'esplicare'; sec. XIV] **agg.** ● (*raro*) Che si può esplicare. CONTR. Inesplicabile.

†**esplicaménto** [1846] **s. m.** ● Esplicazione.

esplicàre o †**splicàre** [vc. dotta, lat. *explicāre*, propr. 'dispiegare', comp. di *ex-* oppos. e *plicāre* 'piegare'; 1342] **A v. tr.** (*io èsplico, tu èsplichi*) *1* Esercitare: *e. un'attività.* *2* (*lett.*) Esporre, spiegare: *e. un'idea, una dottrina, un concetto.* **B v. intr. pron.** *1* Attuarsi, realizzarsi: *Sapete dov'è la vita della legge, dove ella si esplica?* (DE SANCTIS). *2* †Spiegarsi.

esplicativo [1612] **agg.** ● Atto a spiegare, a esporre | (*filos.*) ***Giudizio e.***, quello analitico.

esplicazióne [vc. dotta, lat. *explicatiōne(m)*, da *explicātus*, part. pass. di *explicāre* 'esplicare'; 1573] **s. f.** *1* (*lett.*) Chiarimento, spiegazione. *2* Esercizio, svolgimento: *e. di un'attività.*

†**esplìcere** [vc. dotta, tratta da *esplicito*] **v. tr.** (difett. usato solo nella terza pers. sing. dell'indic. **pres.** *èsplice*) ● Spiegare.

esplicitàre [da *esplicito*; 1942] **v. tr.** (*io esplìcito*) ● Rendere esplicito | Esprimere chiaramente: *mi esplicitò il suo rifiuto.*

esplicitazióne **s. f.** ● L'esplicitare.

esplìcito [vc. dotta, lat. *explĭcitu(m)*, part. pass. di *explicāre* 'esplicare', forma parallela di *explicātu(m)*; av. 1342] **agg.** ● Espresso chiaramente, senza sottintesi: *obbligo e.*; *condizione esplicita* | ***Proposizione esplicita***, quella che ha il verbo al modo finito. CONTR. Implicito. || **esplicitaménte**, **avv.** In modo esplicito e chiaro.

esplodènte [1877] **A part. pres.** di *esplodere*; anche **agg.** ● Nei sign. del v. **B s. m.** ● (*spec. al pl.*) Materie esplosive.

esplòdere [vc. dotta, lat. *explōdere*, propr. 'cacciar via (*ex-*) col battere le mani (arc. *plōdere*, classico *plaūdere*)'; av. 1758] **A v. intr.** (**pass. rem.** *io esplòsi, tu esplodésti*; **part. pass.** *esplòso*; aus. *essere* riferito a materie esplosive e nei sign. fig.; aus. *avere* riferito ad arma) *1* Subire un'esplosione: *la dinamite, la nitroglicerina, esplodono* | Scoppiare: *le bombe esplodono*; *l'aereo esplose durante il decollo.* *2* (*fig.*) Dare in violente manifestazioni di sentimenti: *esplose in grida di rabbia* | Rivelarsi con grande intensità e quasi all'improvviso: *è esplosa l'estate*; *è esplosa la rabbia dei minatori*; *esplosero alcune rivolte.* SIN. Scoppiare. *3* (*fig.*) Eruttare, detto di vulcano: *esplode, e la cascata della lava vien giù* (BACCHELLI). **B v. tr.** ● Sparare con un'arma da fuoco: *esplose un colpo di rivoltella.*

esploditóre [1917] **s. m.** ● Piccolo generatore elettrico portatile, usato per ottenere il brillamento delle mine.

esploràbile [1869] **agg.** ● Che si può esplorare.

♦**esploràre** [vc. dotta, lat. *explorāre*, di etim. incerta; 1342] **v. tr.** (*io esplòro*) *1* Percorrere un territorio sconosciuto per conoscerlo e descriverlo; SIN. Perlustrare | (*mar.*) Esaminare coste, isole e sim. per determinare posizioni, passaggi, insenature. *2* Osservare attentamente: *e. i crateri lunari col telescopio* | (*med.*) Eseguire una esplorazione. *3* (*spec. fig.*) Cercare di conoscere: *e. le mosse, le posizioni del nemico*; *e. le attività, i segreti, l'animo, le intenzioni di qlcu.* SIN. Sondare.

esplorativo [1886] **agg.** ● Di esplorazione, che serve a esplorare (*spec. fig.*): *mandato, sondaggio e.*; *indagine esplorativa*; *fare qlco. a scopo e.*

esploratóre o †**sploratóre** [vc. dotta, lat. *exploratōre(m)*, da *explorātus* 'esplorato'; av. 1337] **A agg.** (f. *-trice*) ● Che esplora: *mente esploratrice.* **B s. m.** *1* (f. *-trice*) Chi esplora: *e. di caverne sotterranee* | ***Giovani esploratori***, giovani organizzati sul modello dello scoutismo. *2* (f. *-trice*) (*per anton.*) Chi si dedica alle esplorazioni geografiche: *un grande, un famoso e.* *3* Soldato specializzato per l'esplorazione. *4* (*mar.*) Nave leggera e veloce di ricerca, di scoperta, di avviso, di sorpresa, di guida di flottiglia.

esploratòrio [vc. dotta, lat. *exploratōriu(m)*, da *explorātus* 'esplorato'; 1554] **agg.** *1* (*lett.*) Attinente all'esplorazione. *2* (*med.*) Che ha lo scopo di studiare gli organi interni.

esplorazióne [vc. dotta, lat. *exploratiōne(m)*, da *explorātus* 'esplorato'; av. 1494] **s. f.** *1* Attività che ha lo scopo di esplorare zone sconosciute: *le esplorazioni polari*; *l'e. del continente nero*; *compiere un viaggio di e. geografica.* *2* (*med.*) Esame di un organo interno eseguito mediante l'uso di strumenti o con le mani. *3* (*mil.*) Attività diretta a ricavare ogni dato informativo sul nemico: *e. ravvicinata, strategica, tattica.*

esplosióne [vc. dotta, lat. *explosiōne(m)*, da *explōsus* 'esploso'; 1677] **s. f.** *1* Reazione violenta propria degli esplosivi che avviene con forte sviluppo di gas e di calore e conseguente aumento di volume. *2* Scoppio: *l'e. del tuono, della folgore* | (*fig.*) Violenta manifestazione di sentimento: *un'e. d'ira, di sdegno, di gioia* | (*fig.*) Improvviso e brusco manifestarsi: *l'e. del caldo*; *l'e. di una rivolta.* *3* (*med.*) Manifestazione subitanea di sintomi patologici. *4* Nei motori a combustione interna, fase in cui avviene la combustione rapidissima della miscela d'aria e carburante che ha come conseguenza l'espansione. SIN. Scoppio. *5* (*ling.*) Movimento di apertura improvvisa del canale vocale.

esplosivista [da *esploso (2)*] **agg.**; anche **s. m.** e **f.** (pl. m. *-i*) ● Disegnatore specializzato nel disegno esploso.

esplosività [1927] **s. f.** ● Proprietà, caratteristica di ciò che è esplosivo (*anche fig.*): *l'e. di una miscela, di una situazione.*

esplosivo [1677] **A agg.** *1* Di, inerente a, esplosione: *reazione esplosiva.* *2* Che è in grado di produrre un'esplosione: *preparato e.*; *miscela esplosiva.* *3* (*fig.*) Improvviso e intenso: *odio, amore e.*; *ira esplosiva.* *4* (*fig.*) Estremamente critico e pericoloso: *situazione esplosiva.* *5* (*ling.*) Occlusivo. || **esplosivaménte**, **avv.** **B s. m.** ● Sostanza o miscuglio di sostanze che per urto, effetto del calore, innesco o altre cause, subisce una reazione di esplosione: *e. innescante, dirompente.*

esplòso (1) [1831] **part. pass.** di *esplodere*; anche **agg.** ● Nei sign. del v.

esplòso (2) [dall'ingl. *exploded*] **A agg.** ● Detto di disegno che mostra con grande chiarezza le varie parti di una macchina, rappresentandole separatamente nella sequenza e nella posizione in cui si disporranno nel montaggio. **B** anche **s. m.**: *l'e. della cupola dei S. Carlo al Corso in Roma*

†**espogliàre** ● V. †*espoliare*.

espogliazióne o **espoliazióne** [vc. dotta, lat. tardo *exspoliatiōne(m)*, da *exspoliātus*, part. pass. di *exspoliāre* 'espoliare'] **s. f.** ● (*raro*) Spoliazione | †Depredazione.

†**espoliàre** o †**espogliàre** [vc. dotta, lat. *exspoliāre* 'spogliare (*spoliāre*) completamente (*ex-*)'; av. 1306] **v. tr.** ● Spogliare.

espoliazióne ● V. *espogliazione*.

esponènte o †**sponènte** [av. 1571] **A part. pres.** di *esporre*; anche **agg.** ● (*raro*) Nei sign. del v. **B s. m.** e **f.** *1* Persona particolarmente qualificata e rappresentativa nell'ambito di un'attività, di una corrente, di un partito e sim.: *un noto e. politico, sindacale*; *i maggiori esponenti della pittura informale.* *2* (*bur.*) Chi in un'istanza espone il caso, le richieste sue e di altri: *l'e. chiede pertanto che gli sia resa giustizia.* **C s. m.** *1* (*ling.*) Lemma. *2* (*mat.*) Secondo termine dell'operazione di elevamento a potenza | Numero che indica la potenza alla quale la base va elevata | ***E. intero***, numero di volte per il quale la base va moltiplicata per sé stessa. *3* (*mar.*) ***E. di carico***, numero indice del peso che una nave può portare, oltre quello del suo scafo. *4* In tipografia, segno, lettera, numero in corpo minore collocato un po' sopra la riga.

esponenziàle [vc. dotta, tratta dal lat. *expōnens*, genit. *expōnentis* 'esponente'; 1748] **A agg.** ● (*mat.*) Di funzione o equazione nella quale una o più variabili figurano all'esponente | ***Curva, funzione e.***, curva di equazione y = e^x | (*anche fig.*) Detto di fenomeno in cui una quantità è soggetta a una crescita o diminuzione percentualmente costante nel tempo: *crescita e.* **B s. f.** ● Curva esponenziale.

†**espónere** ● V. *esporre*.

espóngo ● V. *esporre*.

esponìbile [1585] **agg.** ● (*raro*) Che si può esporre.

†**esponiménto** o †**sponiménto** **s. m.** ● Esposizione.

esponitóre o †**sponitóre** **s. m.**; anche **agg.** (f. *-trice*) ● Espositore.

♦**espórre** o †**espónere**, †**spórre** [vc. dotta, lat. *expōnere* 'porre (*pōnere*) fuori (*ex-*)'; 1306] **A v. tr.** (coniug. come *porre*) *1* Mettere fuori, in mostra, alla vista del pubblico: *e. le merci in vetrina*; *e. quadri*; *e. un avviso* | ***E. il Santissimo, le reliquie***, collocarli sull'altare per presentarli al culto dei fedeli. *2* (*fot.*) Sottoporre una pellicola, una lastra sensibile e sim. all'azione della luce. *3* (*fig.*) Abbandonare: *e. al ridicolo, alle dicerie, alle calunnie*; *pèra colui che primo / a le triste oziose / acque e al fetido limo / la mia cittade espose* (PARINI) | (*disus.*) ***E. un neonato***, abbandonarlo perché resti affidato alla carità pubblica o comunque per liberarsene. *4* (*fig.*) Mettere in una situazione rischiosa: *e. i propri soldati a un grave pericolo*; *e. la propria vita.* *5* Comunicare, riferire in modo dettagliato: *e. all'autorità il proprio alibi, a un amico la propria vicenda* | Manifestare, esprimere: *vorrei e. il mio punto di vista* | Illustrare: *e. i* *capisaldi di una teoria* | (*est., lett.*) Leggere, spiegare, interpretare, spec. di fronte a un pubblico: *e. le sacre scritture*. **6** (*assol.*) Fare una mostra delle proprie opere, detto di artisti: *è un pittore che espone in molte gallerie*. **B** v. rifl. **1** Mettersi in una situazione pericolosa o (*fig.*) in una condizione che presenta dei rischi: *esporsi ai pericoli, all'ira dei nemici, alle pallottole*; *esporsi al sole*; *esporsi alle critiche*. **2** (*fig.*) Compromettersi: *esporsi manifestando opinioni rivoluzionarie*; *bada a non esporti troppo*. **3** (*fig.*) Indebitarsi: *la ditta si è esposta per cinquecentomila euro*.

esportàbile [1968] **agg.** ● Che si può esportare.

♦**esportàre** o **isportàre** [vc. dotta, lat. *exportāre* 'portar (*portāre*) fuori (*ex-*)'; 1446] **v. tr.** (*io espòrto*) ● Portare qlco. oltre i confini di una nazione, spec. per farne commercio: *e. prodotti agricoli, manufatti industriali, generi d'abbigliamento* | (*fig.*) Diffondere all'estero: *e. idee nuove*. CONTR. Importare.

esportatóre [av. 1928] **agg.**; anche **s. m.** (f. *-trice*) ● Che (o Chi) esporta: *compagnia esportatrice*; *è uno dei maggiori esportatori di frutta*.

♦**esportazióne** [vc. dotta, lat. *exportatiōne(m)*, da *exportāre* 'esportare'; 1580] **s. f.** ● Spedizione di prodotti all'estero, in cambio di moneta e merci: *prodotti per l'e.* | (*spec. al pl.*) Complesso delle merci esportate: *il valore delle vostre esportazioni è invariato da due anni*. CONTR. Importazione.

espósi ● V. *esporre*.

esposìmetro [comp. di (*tempo di*) *esposi*(*zione*) e *-metro*; 1942] **s. m.** ● (*fot.*) Fotometro che indica il tempo di esposizione in base alla misurazione quantitativa della luce.

espositìvo o †**spositìvo** [da *esposito*; av. 1406] **agg.** **1** Che serve a esporre, a spiegare: *genere, scritto e.* | Di esposizione: *chiarezza espositiva*. **2** Relativo a un'esposizione, a una mostra: *centro e.*; *area espositiva*. || **espositivaménte**, avv. (*raro*) In modo espositivo.

†**espòsito** [vc. dotta, lat. *expŏsitu(m)*, dal part. pass. di *expŏnere* 'esporre'] **s. m.**; anche **agg.** ● Trovatello, bambino esposto.

espositóre o †**spositóre** [vc. dotta, lat. tardo *expositōre(m)*, da *expŏsitus* 'esposto'; sec. XIV] **A s. m.**; anche **agg.** (f. *-trice*) **1** Chi (o Che) espone opere artistiche o prodotti industriali: *il premio è riservato agli espositori*; *ditta espositrice*. **2** Chi (o Che) riferisce o narra qlco.: *è un brillante e.* | Chiosatore, illustratore di testi. **B s. m.** ● Supporto mobile, con cui, nei negozi, si espongono al pubblico le merci in vendita, spec. per consentirne il prelievo diretto da parte degli acquirenti.

♦**esposizióne** o †**sposizióne** [vc. dotta, lat. *expositiōne(m)*, da *expŏsitus* 'esposto'; 1308] **s. f.** **1** L'esporre all'aperto, alla luce: *e. del bucato all'aria aperta* | (relig.) ***E. del Santissimo***, pratica liturgica cattolica, consistente nel disporre sopra l'altare l'ostia consacrata nell'ostensorio, per presentarla all'adorazione dei fedeli | ***E. delle reliquie***, collocazione delle reliquie dei santi sull'altare per presentarle alla venerazione dei fedeli | ***E. di neonati***, l'abbandonarli alla carità altrui | †***E. di un condannato***, gogna, berlina. **2** (*fot.*) Scelta della combinazione di tempo di posa e diaframma | ***Indice di e.***, metodo di accoppiamento del tempo di posa e dell'apertura del diaframma | (*fig.*) Condizione di chi è esposto all'azione di radiazioni ionizzanti. **3** Pubblica mostra: *e. di opere d'arte, di prodotti agricoli*; *e. biennale, internazionale, regionale, nazionale* | ***Palazzo delle esposizioni***, destinato ad accoglierle. **4** Posizione di qlco. rispetto ai quattro punti cardinali: *e. a mezzogiorno, a oriente*; *l'e. di un edificio*. **5** Relazione, narrazione orale o scritta: *e. dei risultati di un affare*; *precisa e. dei fatti, dei concetti, delle proprie ragioni, di una dottrina* | (*lett.*) Interpretazione: *e. di un'allegoria*. **6** (*mus.*) Parte iniziale di una composizione musicale, ove sono enunciati per la prima volta i temi che daranno vita allo sviluppo successivo. **7** Nel linguaggio alpinistico, caratteristica di un passaggio, di una via di arrampicata, e sim. che sono esposti. **8** (*comm.*) Complesso dei crediti verso un terzo da parte di un'azienda. || **esposizioncèlla**, dim.

espósto o †**spósto** [av. 1527] **A part. pass.** di *esporre*; anche **agg.** **1** Messo in vista, in mostra. **2** Collocato, rivolto: *edificio e. a nord, a occidente, al sole*. **3** Nel linguaggio alpinistico, detto di un passaggio, di una via di arrampicata e sim., del tutto scoperti sul vuoto. **4** (*med.*) Detto di individuo che è venuto a contatto con un agente patogeno o un fattore di rischio. **5** (*econ.*) Che vanta crediti. **B s. m. 1** (f. *-a*) (*disus.*) Fanciullo abbandonato dai genitori. SIN. Trovatello. **2** (*bur.*) Ciò che è narrato e riferito in una petizione diretta a un'autorità: *secondo quanto risulta dall'e.* | (*est.*) La petizione stessa e il documento che la reca: *scrivere, accogliere, respingere un e.*

†**esprèmere** ● V. *esprimere*.

♦**espressióne** o †**ispressióne**, †**spressióne** [vc. dotta, lat. *expressiōne(m)*, da *exprĕssus* 'espresso (1)'; sec. XIV] **s. f.** **1** Manifestazione di sentimenti, pensieri e sim.: *e. della volontà, di un'idea* | Emanazione: *quel ministro è un'e. dell'area moderata*. **2** Parola, frase con cui si esprime il pensiero, il sentimento e sim.: *e. d'amore, di dolore, di gratitudine* | (*est.*) Locuzione: *mi sembra un'e. dialettale*. SIN. Termine, vocabolo. **3** (*ling.*) L'elemento esteriore del segno linguistico. **4** Atteggiamento, aspetto che manifesta sentimenti o stati d'animo: *i suoi occhi avevano un'e. triste* | (*est.*) Capacità di esprimere qlco. con efficacia: *parole prive di e.*; *prosa ricca di e.*; *sguardò la sposa, con una e. di doppiezza* (MORANTE). **5** (*mat.*) Serie di termini, di simboli e di segni propri di una teoria | Procedimento e risultato di un numero finito di operazioni razionali e di estrazioni di radice applicate a determinati numeri o lettere. **6** (*mus.*) Nella tecnica degli strumenti ad arco, moto oscillatorio delle dita sulla corda per ottenere il vibrato | Nella loc. ***con e.***, espressivo.

espressionìsmo [fr. *expressionisme*, da *expression* 'espressione'; 1927] **s. m.** ● Tendenza a manifestare nell'arte il mondo interiore dei sentimenti, deformando sino alla più violenta esasperazione i dati del reale | Movimento artistico che, sorto in Germania agli inizi del sec. XX, si pose questi intenti programmaticamente, in reazione all'impressionismo; in musica, identificabile con la scuola di Vienna (Schönberg, Berg, Webern), in cui, attraverso la dissoluzione del linguaggio musicale tonale, si giunge alla dodecafonia.

espressionìsta [fr. *expressioniste*, da *expressionisme* 'espressionismo'; 1922] **A s. m. e f.** (pl. m. *-i*) ● Esponente, seguace dell'espressionismo: *una mostra di espressionisti*. **B agg.** ● Espressionistico: *pittore e.*; *quadro e.*

espressionìstico [1956] **agg.** (pl. m. *-ci*) ● Relativo all'espressionismo o agli espressionisti | Detto di artista e di opera d'arte che presenta i caratteri dell'espressionismo. || **espressionisticaménte**, avv. Secondo le teorie dell'espressionismo.

†**espressìva** [av. 1642] **s. f.** ● Facoltà di esprimersi, di esprimere qlco. efficacemente.

espressivìsmo [comp. di *espressiv*(*o*) e *-ismo*; 1984] **s. m.** ● Stile letterario che tende, con invenzioni espressive, a dare più forza alla comunicazione scritta, ricorrendo ai dialetti, ai gerghi, ai linguaggi tecnici e settoriali, alle lingue straniere: *l'e. di Gadda*.

espressività [1905] **s. f.** **1** Caratteristica di chi (o di ciò che) è espressivo. **2** (*biol.*) Intensità con cui il carattere determinato da un certo gene si manifesta in un particolare soggetto.

espressìvo [fr. *expressif*, da *expression* 'espressione'; av. 1498] **agg.** **1** Che esprime chiaramente ed efficacemente concetti, pensieri, sentimenti, stati d'animo e sim.: *silenzio, sguardo, gesto, linguaggio e.*; *avere un viso molto e.*; *occhi espressivi* | (*raro*) Atto a esprimere. **2** (*ling.*) Detto di fatto linguistico dovuto a fattori soggettivi. **3** (*mus.*) Detto di indicazione che richiede una particolare attenzione al fraseggio e una certa libertà esecutiva; usata anche come specificazione di altre: *adagio e.* || **espressivaménte**, avv.

esprèsso (**1**) o †**isprèsso**, †**sprèsso** [av. 1294] **A part. pass.** di *esprimere*; anche **agg.** **1** Dichiarato o manifestato esplicitamente: *patto commissorio e.*; *con l'e. consenso della direzione*. **2** (*raro, lett.*) Appositamente mandato. || **espressaménte**, avv. **1** In modo chiaro, manifesto, esplicito: *mi chiese espressamente di partire*. **2** Appositamente: *ti ho chiamato espressamente per parlarti*. **B avv.** ● †Espressamente, esplicitamente: *El par che tu mi nieghi, / o luce mia, e. in alcun testo / che decreto del cielo orazion pieghi* (DANTE *Purg.* VI, 28-30).

esprèsso (**2**) [ingl. *express*, dal fr. *exprès* 'espresso'; 1853] **A agg.** ● Celere, rapido | ***Treno e.***, treno veloce, che ferma solo nelle località di maggior importanza | (*est.*) Detto di cibo o bevanda preparati sul momento per chi li richiede: *piatto e.*; *spaghetti espressi*; *caffè e.* **B** in funzione di **agg. inv.** ● Detto di corrispondenza che viene recapitata con maggiore celerità e che richiede un'affrancatura di maggiore importo rispetto a quella ordinaria: *lettera e.* **C s. m. 1** (*ellitt.*) Caffè espresso: *chiedere, bere un e.* **2** (*ellitt.*) Treno espresso. **3** (*ellitt.*) Lettera espresso.

†**espressóre** o †**ispressóre** [vc. dotta, lat. tardo *expressōre(m)*, da *exprĕssus* 'espresso (1)'; 1618] **s. m.** ● (*raro*) Strumento che serve a spremere.

♦**esprìmere** o †**esprèmere**, †**isprìmere**, †**sprìmere** [vc. dotta, lat. *exprĭmere* 'premere (*prĕmere*) per far uscire (*ex-*)'; sec. XIII] **A v. tr.** (pass. rem. *io esprèssi, tu esprimésti*; part. pass. *esprèsso*) **1** Manifestare con atti e parole: *e. giudizi, pensieri, opinioni, sentimenti*; *col pianto, col silenzio si possono e. molte cose* | Significare: *queste parole non esprimono nulla*; *e. quel che si sente, in italiano, nel proprio dialetto, a modo proprio* | †Tradurre da un'altra lingua. SIN. Dimostrare, esternare, estrinsecare. **2** Tradurre in espressione artistica: *un musicista che esprime perfettamente il senso del dolore*. **3** Generare, produrre: *la maggioranza parlamentare non è in grado di e. un governo forte*. **4** †Spremere. **5** (*fig.*) †Trarre fuori | ***E. la verità dalla bocca altrui***, estorcerla. **B v. intr. pron.** ● Esporre chiaramente i propri pensieri: *non sa esprimersi* | Parlare: *non riesco a esprimermi in francese*; *che modo di esprimersi!* | Far valere le proprie capacità: *un tennista in grado di esprimersi su ogni tipo di superficie*.

esprimìbile [1765] **agg.** ● Che si può esprimere: *è un concetto non e. a parole*. CONTR. Inesprimibile.

esprit /fr. ɛs'pʀi/ [vc. fr., dal lat. *spīritu(m)* 'spirito (1)'; 1951] **s. m. inv.** ● Vivacità d'ingegno, arguzia, senso dell'umorismo.

†**èspro** ● V. *espero*.

†**esprobràre** [vc. dotta, lat. *exprobrāre*, comp. di *ex-* raff. e *prŏbrum* 'azione riprovevole'; av. 1504] **v. tr.** ● Rimproverare, biasimare, rinfacciare.

†**espròmere** [vc. dotta, lat. *exprōmere*, comp. di *ex-* raff. e *prōmere* 'porre (originario sign. di *ĕmere*) avanti (*pro-*)'; av. 1542] **v. tr.** (difett. usato solo alla terza pers. sing. dell'indic. pres. *espròme* e all'inf. pres.) ● Far uscir fuori.

espromissàrio [dal lat. *expromĭssus*, part. pass. di *expromĭttere* 'rispondere per qualcuno' (V. *espromittente*)] **s. m.** (f. *-a*) ● (*dir.*) Creditore parte di una espromissione.

espromissióne [dal lat. *expromĭssus*, part. pass. di *expromĭttere* 'garantire' (V. *espromittente*)] **s. f.** ● (*dir.*) Negozio col quale un terzo assume su di sé un debito altrui in favore del creditore: *e. cumulativa, liberatoria*.

espromissóre [vc. dotta, lat. tardo *expromissō̆re(m)*, da *expromĭttere* 'promettere'; 1673] **s. m.** ● (*dir.*) Espromittente.

espromittènte [vc. dotta, lat. *expromittĕnte(m)*, part. pres. di *expromĭttere* 'garantire' (secondo il sign. giuridico-religioso di *promĭttere* 'promettere') fermamente (*ex-*)'] **s. m. e f.** ● (*dir.*) Chi nell'espromissione assume su di sé il debito. SIN. Espromissore.

espropriàbile [da *espropri*(*are*) con il suff. *-abile*; 1957] **agg.** ● Che può essere espropriato: *terreno, immobile e.*

espropriàre o (*pop.*) **spropiàre**, (*pop.*) **spropriàre** [vc. dotta, lat. mediev. *expropriāre*, comp. parasintetico di *prŏprius* 'proprio', col pref. *ex-* 'fuori'; av. 1306] **A v. tr.** (*io espròprio*) **1** Privare qlcu. della proprietà su un bene nelle ipotesi e con le forme disposte dalla legge: *e. i proprietari terrieri*; *e. il latifondo*. **2** (*est.*) Privare qlcu. di ciò che possiede. **B v. rifl.** ● Privarsi spontaneamente di qlco.

espropriazióne [da *espropriare*; av. 1484] **s. f.** ● Atto, effetto dell'espropriare: *e. per pubblica utilità*; *procedura di e.*

espròprio [da *espropriare*; 1584] **s. m.** ● Espropriazione.

espugnàbile [vc. dotta, lat. *expugnābile(m)*, da *expugnāre* 'espugnare'; sec. XIV] **agg.** ● Che si può espugnare (*anche fig.*): *roccaforte e.*; *virtù e.*

CONTR. Inespugnabile.
espugnàre o †**spugnàre** (2) [vc. dotta, lat. *expugnāre*, comp. di *ex-* raff. e *pugnāre* 'combattere'; av. 1321] v. tr. *1* Impadronirsi combattendo d'un luogo fortificato: *e. una fortezza, una città, una piazza.* *2* (*fig., lett.*) Costringere alla resa: *siamo riusciti a e. la sua resistenza.*
espugnatóre [vc. dotta, lat. *expugnatōre(m)*, da *expugnātus*, part. pass. di *expugnāre* 'espugnare'; sec. XIV] agg.; anche s. m. (f. *-trice*) ● (*raro, lett.*) Che (o Chi) espugna.
espugnazióne o †**spugnazióne** [vc. dotta, lat. *expugnatiōne(m)*, da *expugnātus*, part. pass. di *expugnāre* 'espugnare'; sec. XIV] s. f. ● L'espugnare: *le espugnazioni di lochi inespugnabili* (CASTIGLIONE). SIN. Conquista.
espulsióne [vc. dotta, lat. *expulsiōne(m)*, da *expŭlsus* 'espulso'; av. 1313] s. f. ● Cacciata, allontanamento: *l'e. dalla scuola, da uno Stato, da un'assemblea, dal campo di gara* | Emissione: *e. dei bossoli; e. del feto.*
espulsìvo [vc. dotta, lat. tardo *expulsīvu(m)*, da *expŭlsus* 'espulso'; av. 1292] agg. ● Che spinge fuori, che ha forza di espellere | (*med.*) ***Periodo e. del parto***, quello in cui si ha la proiezione all'esterno del feto.
espùlso [av. 1504] **A** part. pass. di *espellere* ● Nei sign. del v. **B** s. m. (f. *-a*) ● Chi è stato scacciato: *gli espulsi devono presentarsi in direzione accompagnati dai genitori.*
espulsóre [vc. dotta, lat. *expulsōre(m)*, da *expŭlsus* 'espulso'; 1554] **A** agg. m. ● Che espelle. **B** s. m. *1* (f. raro *espultrice*) Chi espelle. *2* Congegno che nelle armi a retrocarica concorre a espellere il bossolo sparato.
espulsòrio agg. ● Atto a espellere.
espùngere [vc. dotta, lat. *expŭngere* 'pungere (*pŭngere*) completamente (*ex-*)', poi 'cancellare con punti'; av. 1704] v. tr. (coniug. come *pungere*) ● Eliminare parole o brani da uno scritto o da uno stampato: *nella ristampa l'autore ha espunto l'ultimo capitolo* | (*raro*) Sopprimere da un ruolo: *e. militi, giudici dal numero.* SIN. Cancellare, togliere.
espùnto [av. 1827] part. pass. di *espungere* ● Nei sign. del v.
†**espuntòrio** [av. 1729] agg. ● (*lett.*) Che serve a espungere | ***Punto e.***, nelle antiche scritture, il punto posto sopra o sotto una lettera da espungere.
espunzióne [vc. dotta, lat. tardo *expunctiōne(m)*, da *expŭnctum* 'espunto'; 1758] s. f. ● L'espungere. CONTR. Interpolazione.
espurgàbile [av. 1704] agg. ● (*raro*) Che si può espurgare.
espurgàre [vc. dotta, lat. *expurgāre*, comp. di *ex-* raff. e *purgāre* 'pulire'; av. 1320] v. tr. (*io espùrgo, tu espùrghi*) *1* (*raro*) Ripulire, nettare, disinfettare | ***E. una caldaia***, toglierne sali, incrostazioni e sim. *2* (*fig.*) Togliere da un'opera letteraria ciò che è ritenuto contrario alla morale comune: *e. il Decameron.*
espurgatóre [av. 1555] s. m.; anche agg. (f. *-trice*) ● (*raro*) Chi (o Che) espurga un testo.
espurgatòrio [av. 1676] agg. ● Che mira a espurgare, il venire espurgato.
espurgazióne [vc. dotta, lat. *expurgatiōne(m)*, da *expurgātus* 'espurgato', part. pass. di *expurgāre* 'espurgare'; sec. XIV] s. f. *1* L'espurgare, il venire espurgato. *2* †Evacuazione. *3* (*med., raro*) Spurgo.
†**espùrgo** [da *espurgare*; 1741] s. m. ● Spurgo, espurgazione.
esquimése ● V. *eschimese.*
†**esquisìto** e *deriv.* ● V. *squisito* e *deriv.*
éssa pron. pers. f. di terza pers. sing. ● Forma f. di 'esso'.
-éssa [lat. parl. *-issa*, dal gr. *-issa*, usato per n. personali f.] suff. ● Forma nomi femminili: *baronessa, dottoressa, duchessa, leonessa, ostessa, poetessa.*
essai /fr. e'sɛ/ [vc. fr., dal lat. tardo *exăgium*, da cui anche l'it. *saggio* (2)] s. m. inv. *1* Saggio, prova, esperimento | V. anche *ballon d'essai* e *cinema.* *2* (*sport*) Nel gioco del rugby, meta.
†**essaltàre** ● V. *esaltare.*
†**essàusto** ● V. *esausto.*
ésse (1) pron. pers. f. di terza pers. pl. ● Forma f. pl. di 'esso'.
èsse (2) [av. 1348] s. f. o m. inv. ● Nome della lettera *s* | ***Fatto a e.***, di ciò che ricorda la forma sinuosa della S maiuscola: *curva a e.* | ***Avere le gambe a e.***, avere le gambe storte.
†**essecràre** e *deriv.* ● V. *esecrare* e *deriv.*
essedàrio [vc. dotta, lat. *essedāriu(m)*, da *ĕssedum* 'essedo'; 1583] s. m. ● Chi guidava un essedo o combatteva su di esso.
èssedo [vc. dotta, lat. *ĕssedu(m)*, vc. di orig. celt.] s. m. ● Carro a due ruote scoperto usato dai Galli e dai Britanni.
†**esseguìre** e *deriv.* ● V. *eseguire* e *deriv.*
†**essèmpio** e *deriv.* ● V. *esempio* e *deriv.*
†**essèmplo** e *deriv.* ● V. *esempio* e *deriv.*
essendoché o **essèndo che** [comp. di *essendo* e *che* (2); av. 1529] cong. ● (*raro*) Poiché, giacché, per il fatto che (introduce una prop. caus. con il v. all'indic., raro al congv.): *essendo che amendue i pronunziati posson esser veri* (GALILEI).
essènico agg. (pl. m. *-ci*) ● Degli, relativo agli, Esseni.
essèno [vc. dotta, lat. *Essēni* (nom. pl.), dal gr. *Essēnói*, di etim. discussa: dal siriaco *hāsēn*, pl. di *hāsē* 'pio' (?); 1580] s. m. (f. *-a*) ● Seguace di una setta ebraica precristiana praticante forme di ascetismo.
essènza o †**essènzia** [vc. dotta, lat. *essĕntia(m)*, costruito su *esse* 'essere', *ĕssens* 'essente', analogico su *sapiĕntia* e calco sul gr. *ousía*; 1294] s. f. *1* (*filos.*) Ciò che una cosa non può non essere | Ciò senza di cui una cosa non può essere né compiuta né pensata. *2* (*est.*) Parte sostanziale, fondamentale e caratteristica di qlco.: *l'e. del discorso, del problema; l'e. di una teoria, di una dottrina.* *3* (*chim.*) Sostanza volatile di odore acuto e composizione varia, estratta da corteccia, fiori, frutti e sim. di alcune piante, usata in medicina, farmacia, profumeria: *e. di trementina, di mandorle amare.* *4* Nel linguaggio forestale e merceologico, la specie di un albero: *un bosco di pini e altre essenze* | (*est.*) Il legno che si ricava da tali alberi: *il rovere è un'e. forte; il pioppo è un'e. dolce.*
♦**essenziàle** [vc. dotta, lat. tardo *essentiāle(m)*, da *essĕntia* 'essenza'; 1308] **A** agg. *1* Che concerne l'essenza di qlco.: *la ragione è un requisito e. dell'uomo; il punto e. della questione* | (*dir.*) ***Errore e.***, determinante del consenso; SIN. Fondamentale | ***Termine e.***, il cui mancato rispetto comporta la risoluzione del contratto | Necessario, indispensabile: *l'ossigeno è e. alla respirazione* | Privo di fronzoli, scarno ma efficace: *stile, linguaggio e.* SIN. Capitale, fondamentale, primario. CONTR. Accidentale, casuale. *2* (*chim.*) ***Olio e.***, essenza. || **essenzialménte**, avv. In sostanza, in essenza; fondamentalmente: *si tratta di questioni essenzialmente diverse.* **B** s. m. ● La cosa principale e necessaria: *l'e. è capire il problema.*
essenzialìsmo s. m. ● (*filos.*) Ogni concezione filosofica che ammette la priorità ontologica dell'essenza rispetto all'esistenza.
essenzialità [vc. dotta, lat. tardo *essentialitāte(m)*, da *essentiālis* 'essenziale'; av. 1544] s. f. ● Caratteristica di ciò che è essenziale.
essenzièro [da *essenza* nel sign. 3] agg. ● Relativo alla produzione di essenze.
†**essèquie** e *deriv.* ● V. *esequie* e *deriv.*
essèra [vc. dotta, lat. *hexēre(m)*, dal gr. *hexḗrēs*, comp. di *héx* 'sei' e un deriv. di *eréssein* 'remare', di orig. indeur.] s. f. ● Nell'antica Grecia, nave a sei ordini di remi sovrapposti.
†**essercitàre** ● V. *esercitare.*
†**essèrcito** ● V. *esercito.*
♦**èssere** (1) [lat. parl. **ĕssere*, per il classico *ĕsse*, di orig. indeur., convogliato nel quadro della terza coniug.; 1089] **A** v. intr. (pres. *io sóno*, †*so'* /sɔ*/, *tu sèi, egli è* /ɛ*/, †*èe, noi siàmo*, †dial. *sémo* o *sèmo*, †*sómo, voi siète* (o *-é-*), †*séte, essi sóno*, †*ènno*; imperf. *io èro*, †*èra, tu èri, egli èra, noi eravàmo*, †*èramo* o †*eràmo, voi eravàte, essi èrano*; pass. rem. *io fùi, tu fósti*, †*fùsti, egli fu* /fu*/, †*fo'* /fo*/, *noi fùmmo, voi fóste*, †*fùste, essi fùrono*, †*fùro*, †*fòro*, †*fuòro*; fut. *io sarò*, †*serò, tu sarài, egli sarà*, †*fia*, †*fie, noi sarémo, voi saréte, essi sarànno*, †*fiano*, †*fieno*; condiz. pres. *io sarèi*, †*sarìa*, †*fòra, tu sarésti, egli sarèbbe* (o *-é-*), †*sarìa*, †*fòra, noi sarémmo, voi saréste, essi sarèbbero* (o *-é-*), †*sarìano*, †*fòrano*; congv. pres. *io sìa*, †*sìe, tu sìa, sìi, egli sìa, noi siàmo, voi siàte, essi sìano*, †*sieno*; congv. imperf. *io fóssi*, †tosc. *fùssi*; imperat. *sìi, siàte*; part. pres. raro *essènte*; part. pass. *stàto* (V.), †*essùto* (V.), †*sùto*; ger. *essèndo*, †*sèndo*. ATTENZIONE! *è* va sempre accentato; *fu* non va accentato (V. nota d'uso ACCENTO) È v. ausiliare per tutti i tempi della forma passiva, per i tempi composti di ogni forma rifl., intr. pron. e impers. e inoltre per i tempi composti di molti v. intr. attivi e dei servili quando il verbo che segue all'infinito richiede l'aus. *essere*) **I** Esprime un aspetto della realtà. *1* (*assol.*) Esprime essenza o esistenza in sé: *Dio è, Dio non è; non preoccupatevi per ciò che non è; bisogna prendere la vita com'è; e la luce fu* | Accompagnato dalla particella *ci*, esprime presenza, esistenza: *non ci sono uomini perfetti; non c'è nessuno che sia così ingenuo; ci sono a questo riguardo regole precise* | Vivere: *c'era in quel tempo un uomo* | ***C'era una volta***, inizio di molti racconti e favole | (*bur.*) ***Carlo X, (del) fu Giuseppe***, figlio del defunto Giuseppe. *2* (*assol.*) Accadere, avvenire, aver luogo: *sarà quel che sarà; quel che è stato è stato; che sarà di me?; dopo varie scaramucce vi fu una dura battaglia; che cosa c'è, adesso?* | ***Sarà***, forse è così, ma ci credo poco | ***Così sia***, formula concl. che esprime talvolta anche rassegnazione | ***E sia!***, te lo concedo | ***Sia quel che sia***, succeda ciò che deve succedere | ***Sia come sia***, in ogni caso | ***Come (se) nulla fosse***, con noncuranza, con naturalezza | ***Come sarebbe a dire?***, (*assol.*) ***sarebbe?***, cioè? (sollecitando una spiegazione). *3* (+ *di*; raro, lett. + *da*) Provenire: *di dove sei? Sono di Ferrara; Onde fosti? e cui figliuolo?* (BOCCACCIO). *4* (assol.; + *a*; + *da*; + *in*) Arrivare, pervenire: *fra due ore siamo in città; un attimo e sono da lei* | Andare: *l'anno scorso sono stato a Londra* | ***Ci siamo!***, siamo arrivati; (*fig.*) siamo giunti a una conclusione, a un punto importante e sim. | (*fig., fam.*) Capire: *ci sei?* *5* Trovarsi in un dato rapporto, di appartenenza, favore, contrasto e sim., rispetto a qlco.: *allora, sei del numero anche tu?; lui è dei nostri; sono tutti dalla tua parte; sei o non sei per il divorzio?; siamo con voi!* | Trovarsi, vivere e sim.: *non so dove sono; e. a casa, a scuola, in ufficio; e. davanti, dietro, vicino a qlcu.; e. al sicuro, nei guai* | ***Siamo alle solite!***, ci troviamo nella situazione, gener. spiacevole, in cui ci siamo già trovati più volte | ***E. altrove***, (*fig.*) essere distratto, o comunque psicologicamente lontano dalla propria situazione concreta in un dato momento | Occupare una data posizione, con riferimento a un sistema di relazioni spaziali o temporali: *che ora è?; da qui a casa ci sono due kilometri* | Diventare: *vuole e. ricco; mi riposerò quando sarò vecchio.* *6* Come v. copulativo collega direttamente il sogg. con un pred. che lo determina: *e. operaio, impiegato; e. ricco, povero, influente; e. una nullità; e. sé stesso; e. buono, cattivo; e. primo, ultimo; la balena è un mammifero; lui preferisce e. che sembrare onesto; non è niente.* *7* (*fam.*) Pesare: *quanto è questa carne?; il pane è un kilo* | (*fam.*) Costare: *quanto è in tutto? Sono cinquanta euro.* **II** Esprime varie relazioni grammaticali. *1* (+ *in*; + *di*; + *da*) Introduce un elemento che determina il soggetto, specificandone lo stato, la funzione, l'appartenenza, l'origine, la materia e sim.: *e. in buono, in cattivo stato; e. in uniforme, in cappello; e. in gran numero; e. in dubbio, in forse; quel cassettone è di mio nonno; è d'oro, di bronzo; e. di aiuto, di conforto, di sostegno; e. di cattivo umore; e. di turno; questo non è da voi* | ***E. di ritorno***, ritornare | ***Non siamo di questa opinione***, non condividiamo questa opinione | ***E. da più, da meno***, valere di più, di meno. *2* (+ *da*) Indica la necessità, la possibilità, la convenienza di qlco. (anche nella forma *esserci*): *sono principi da dimostrare; è difficile da spiegare, è difficile a spiegarsi; è facile da fare, da dire, è facile a farsi, a dirsi; non c'è nulla da dire; non c'è che da aspettare; c'è da piangere.* *3* (+ *per* seguito da una forma nominale) Indica la destinazione, il fine, la propensione, la preferenza: *questo è per te; è per questo che sei venuto; sono tutti per la Lazio* | (*lett.*) (+ *per* seguito da una forma verbale) Indica l'imminenza dell'azione espressa dal verbo che segue: *siamo per lasciare la città.* *4* (preceduto da *per*) Limita il raggio di applicazioni della frase che segue: *per e. il direttore, è molto giovane; per e. intelligente, lo è.* **B** v. intr. impers. *1* Introduce un predicato che determina una data azione, processo, fenomeno e sim., senza che vi sia un soggetto esplicitamente definito: *è caldo, freddo, nuvolo; è Pasqua; è così; è come dici tu; beh, sa com'è.* *2* (+ *per* seguito da pron.,

sost. o verbo seguiti a loro volta da una frase introdotta da *che*) Rafforza il legame fra il verbo che segue *che* e l'oggetto di *'per'*: *è per te che lo dico*; *è per il tuo bene che lo faccio.*

♦**èssere** (2) [da *essere* (1); av. 1257] **s. m.** *1* (*solo sing.*) (*filos.*) Esistenza, vita, stato, condizione: *discutere dell'e. e del non e.*; *indagare i problemi dell'e.*; *in natura ogni cosa ha il suo e.*; *l'e. dell'uomo è diverso da quello delle cose*; *il nostro e. è piuttosto durare* | †*Dare l'e.*, la vita. **CFR.** onto-. *2* Ciò che ha una qualunque forma di vita, di esistenza: *gli esseri viventi* | *L'Essere supremo*, Dio. *3* (*fam.*, *spesso spreg.*) Persona, uomo, individuo: *è un e. odioso.* || **esserino**, **dim.** (V.).

esserino [av. 1912] **s. m.** *1* Dim. di *essere* (2). **SIN.** Bambinello, creaturina. *2* Creatura che ispira tenerezza e compassione: *povero e.*, *muore dal freddo.*

éssi **pron. pers. m.** di terza pers. pl. ● Forma m. pl. di 'esso'.

essiccagióne ● V. *essiccazione.*

essiccaménto [av. 1816] **s. m.** ● Essiccazione.

essiccànte [av. 1698] **A** **part. pres.** di *essiccare*; anche **agg.** ● Nei sign. del v. **B** **s. m.** *1* (*med.*) Sostanza che, a contatto con piaghe e ferite infette, assorbe il materiale purulento e sterilizza la lesione favorendo la cicatrizzazione. *2* Prodotto chimico impiegato per l'essiccamento delle piante in campo.

essiccàre [vc. dotta, lat. *exsiccāre* 'seccare (*siccāre*) del tutto (*ex-*)'; av. 1557] **A** **v. tr.** (*io essicco, tu essìcchi*) *1* Prosciugare: *e. una palude, un bacino* | Asciugare: *e. una piaga.* *2* Sottoporre a essiccazione: *e. la canapa, le prugne.* **B** **v. intr. pron.** *1* Diventare secco, asciutto: *presto le paludi si essiccheranno.* *2* (*fig.*) Inaridirsi: *gli si è essiccata la fantasia.*

essiccativo [av. 1313] **agg.** ● Atto a essiccare: *polvere essiccativa.*

essiccatóio [1922] **s. m.** *1* Macchina dell'industria tessile che compie l'essiccazione della fibra | Impianto per l'essiccazione di vari prodotti: *e. per riso, grano, mais*; *e. per pelli.* *2* Luogo in cui si compie l'essiccazione.

essiccatóre [av. 1646] **s. m.** *1* Essiccatoio. *2* (**f.** *-trice*) Addetto all'essiccazione di prodotti vari | Nelle saline e nelle torbiere, chi raccoglie i residui.

essiccazióne o **essiccagióne** [vc. dotta, lat. tardo *exsiccatiōne(m)*, da *exsiccātus*, part. pass. di *exsiccāre* 'essiccare'; av. 1313] **s. f.** ● Eliminazione parziale o totale, da materiali o sostanze varie, di acqua o altri liquidi: *e. di una pellicola, delle pelli, dei materiali edilizi* | Prosciugamento, bonifica: *l'e. di un acquitrino.*

essiccòsi [da *essiccare*, col suff. *-osi*] **s. f. inv.** ● (*med.*) Perdita di notevole quantità di acqua da parte dell'organismo.

†**essìglio** ● V. *esilio.*

essìlio ● V. *esilio.*

♦**ésso** [lat. *ĭpsu(m)*, di etim. incerta; 1193] **A** **pron. pers. m.** di terza pers. sing. (**f.** *éssa*; **pl. m.** *éssi*; **pl. f.** *ésse*) *1* (*al sing.*) Indica la cosa o l'animale (*fam.* o *region.* anche la persona) di cui si parla e si usa come sogg.; più raramente, e spec. nel f., come compl.: *ho ascoltato il tuo proposito: e. è lodevolissimo*; *si esige la firma del titolare o chi per e.*; *ella mi piace, ... accomoderei con essa i miei interessi* (GOLDONI); *se anche il tacesse, lo direbbe il di lui viso per e.* (ALFIERI) | †*E con e.*, insieme: *la disavventura era tale, e con e. la discordia de' Fiorentini* (VILLANI). *2* (*al pl.*) Indica le persone, gli animali, le cose di cui si parla e si usa sia come sogg., sia come compl.: *essi verranno domani*; *alcune di esse sono pronte.* **B** in funzione di **agg. dimostr.** *1* (*lett.*) Proprio, medesimo (con valore raff. e intens. preposto a un s. o a un pron. pers. con i quali può o meno concordare): *e. lui*; *io son essa che lutto, / madre* (DANTE *Purg.* XVII, 38-39); *e correr fra' primieri / pallido e scapigliato e. tiranno* (LEOPARDI) | (*pleon.*) *Di vero tu cenerai con e. meco* (BOCCACCIO); *mi proposero di accompagnarmi con e. loro* (GOLDONI). *2* (*lett.*) Questo, quello, tale, suddetto: *l'anima in tanto esce di e. corpo, in quanto solo è impedita di rimanervi* (LEOPARDI). *3* (*lett.*) †Entra nella composizione di alcune prep.: *lunghesso*; *sovresso*; *sottesso.*

†**essòrdio** ● V. *esordio.*

essotèrico [vc. dotta, lat. *exotĕricu(m)*, dal gr. *exōterikós*, da *éxō* 'di fuori, esterno' (V. *eso-* (2)) col suff. *-teros*, che indica opposizione; sec. XVI] **agg.** (**pl. m.** *-ci*) ● Di dottrina o insegnamento destinati al vasto pubblico | (*est.*) Comprensibile, chiaro. **CONTR.** Esoterico. || **essotericaménte**, **avv.**

essoterìsmo [1843] **s. m.** ● Caratteristica di ciò che è essoterico.

essudàre [vc. dotta, lat. *exsudāre* 'uscire per trasudamento, trasudare', comp. di *ex-* 'fuori' e *sudāre* 'sudare'; av. 1963] **v. intr.** (aus. *avere*) ● (*med.*, *biol.*) Fuoriuscire per filtrazione.

essudativo **agg.** ● (*med.*) Che concerne l'essudazione: *diatesi essudativa.*

essudatìzio **agg.** ● (*med.*) Caratteristico, proprio di un essudato: *liquido e.*

essudàto [1875] **A** **part. pass.** di *essudare*; anche **agg.** ● Nei sign. del v. **B** **s. m.** *1* (*med.*) Liquido che fuoriesce dai vasi sanguigni di un tessuto infiammato. *2* (*biol.*) Materiale fluido che in certi organismi vegetali filtra attraverso le pareti cellulari e si deposita nei tessuti adiacenti, come le gomme e le resine.

essudazióne [vc. dotta, lat. tardo *exsudatiōne(m)*, da *exsudātus* 'essudato'; 1834] **s. f.** ● (*med.*, *biol.*) L'essudare.

†**essùto** o †**sùto** [av. 1306] **part. pass.** di *essere* ● Nei sign. del v.

♦**est** /ɛst/ [fr. *est*, dall'ingl. *east*, di orig. indeur.; 1561] **A** **s. m.** *1* (*geogr.*) Punto cardinale nella cui direzione si vede sorgere il sole nei giorni degli equinozi di primavera e di autunno. *2* (*est.*) Territorio, paese e sim. situato in direzione dell'est rispetto a un punto stabilito: *l'Est dell'Europa* | (*per anton.*) *I Paesi dell'Est*, quelli dell'Europa orientale, un tempo soggetti all'influenza politica dell'Unione Sovietica. *3* (*est.*) Nel bridge, posizione del giocatore che, al tavolo da gioco, si colloca di fronte al giocatore in posizione Ovest con cui fa coppia. **B** in funzione di **agg. inv.** ● (posposto al s.) Orientale, spec. nelle loc. *fascia est*, *parete est*, *zona est* e sim.

†**ésta** o (*pop.*) **'sta** /sta/ [lat. *ĭsta(m)*. Cfr. †*esto*; 1294] **agg. dimostr. f.** ● (*lett.*) Questa, codesta: *ahi quanto a dir qual era è cosa dura / e. selva selvaggia e aspra e forte* (DANTE *Inf.* I, 4-5) | Oggi pop.: *che è sta roba?*

†**està** ● V. *estate.*

establishment /ingl. ɪˈstæblɪʃmənt/ [vc. ingl., deriv. del v. *to establish* 'stabilire' di orig. fr. (dall'ant. fr. *establir*), dapprima applicato all'organizzazione mil. *stabilita* per legge; 1960] **s. m. inv.** ● Classe dirigente, insieme di coloro che occupano un posto preminente in ogni ambito della vita sociale, economica e culturale.

estàglio [deriv. merid. del lat. tardo *taliāre* 'tagliare, dividere'(?); av. 1936] **s. m.** ● Contratto per l'esecuzione di un lavoro a cottimo, in uso nell' Italia meridionale.

estampida /provz. estaŋˈpida/ [vc. ant. provz. 'canzone a ballo ritmata battendo i piedi', dal got. **stampjan* 'pestare'] **s. f.** ● (*mus.*) Composizione strumentale diffusa nei secc. XIII e XIV.

estancia /sp. esˈtanθja, -sja/ [vc. sp., 'luogo dove si usa stare (*estar*)', 'stanza'; 1892] **s. f. inv.** (**pl.** sp. *estancias*) ● Nell'America meridionale, grande tenuta dove si alleva il bestiame su vasta scala.

†**estànti** vc. ● Solo nella loc. avv. *in e.*, subito, all'istante.

èstaṣi [vc. dotta, lat. tardo *ĕx(s)tasi(m)*, dal gr. *ékstasis*, dal v. *existánai* 'star (*histánai*) fuori (*ex*) dalla mente'; av. 1342] **s. f. inv.** *1* Stato psichico di svincolamento dalla realtà, di entusiasmo fanatico e di commozione, misto a un senso di rapimento, a volte accompagnato da visioni e da sensazioni uditive allucinatorie. *2* Nella fenomenologia religiosa, l'"uscita da sé" dell'anima che, abbandonato il legame con il corpo fisico e con i sensi, stabilisce un contatto temporaneo con il divino | Nella teologia cattolica, supremo grado dell'ascesi e dell'esperienza mistica, nel quale l'anima è rapita nella contemplazione di Dio. *3* (*est.*, *fig.*) Stato di intenso piacere dell'animo: *è una musica che fa andare in e.* | (*fam.*, *scherz.*) *Essere in e.*, essere distratto. **SIN.** Rapimento.

†**estàṣia** [fr. *extasie*, dal lat. crist. *ĕx(s)tasis* 'estasi'] **s. f.** ● Estasi.

estaṣiàre [fr. *(s')extasier*, da *extase* 'estasi'; 1766] **A** **v. tr.** (*io estàṣio*) ● Mandare in estasi: *è una musica che mi estasia.* **SIN.** Affascinare. **B** **v. intr. pron.** ● Andare in estasi, in visibilio: *si estasiava nel contemplare quel quadro.* **S N.** Bearsi, incantarsi.

estaṣiàto [1766] **part. pass.** di *estasiare*; anche **agg.** *1* Nei sign. del v. *2* Preso da intensa ammirazione, da profondo godimento: *rimase e. davanti a quel quadro.*

†**estaṣire** [da *estasi*] **v. intr.** ● Essere rapito in estasi.

♦**estàte** o (*poet.*) †**està**, (*pop.*) **istàte**, (*pop.*) **stàte** [vc. dotta, lat. *aestāte(m)*, di orig. indeur. col sign. fondamentale di 'calore bruciante'; av. 1250] **s. f.** ● Stagione dell'anno che dura 93 giorni e 14 ore, dal solstizio d'estate all'equinozio d'autunno, corrispondente all'inverno nell'emisfero australe | *E. di S. Martino*, periodo di buona stagione che si verifica solitamente verso l'11 novembre, giorno di tale santo | *E. indiana*, nell'America settentrionale, estate di S. Martino. || **PROV.** L'estate di S. Martino dura tre giorni e un pocolino.

estàtico [vc. dotta, gr. *ekstatikós*, da *ékstasis* 'estasi'; 1319] **agg.** (**pl. m.** *-ci*) *1* Di estasi: *mi parve in una visïone / estatica di sùbito esser tratto* (DANTE *Purg.* XV, 85-86). *2* Che è in estasi (*anche fig.*): *un santo dall'espressione estatica era al centro del quadro*; *rimase e. a guardarla.* *3* (*fig.*) Di ciò che per immobilità, apparente distacco dal tempo e perfezione ricorda il rapimento dell'estasi: *un mare e. brillava sotto la luna.* || **estaticaménte**, **avv.** In modo estatico, in estasi.

estavolazióne [comp. di *es-* e di un deriv. di *tavolare*, da *tavola* in senso agr., sull'es. opposto di *intavolazione*] **s. f.** ● (*dir.*) Nel sistema tavolare, cancellazione di un bene immobile dal registro fondiario.

†**estemporàle** [vc. dotta, lat. *extemporāle(m)*, dall'espr. *ĕxtempore* 'al (*ĕx-*) momento (*tĕmpus*, genit. *tĕmporis*)'; av. 1729] **agg.** ● Estemporaneo.

†**estemporalità** [vc. dotta, lat. *extemporalitāte(m)*, da *extemporālis* 'estemporale'; av. 1729] **s. f.** ● Estemporaneità.

estemporaneità [da *estemporaneo*, sul modello di *estemporalità*; 1869] **s. f.** ● (*raro*) Caratteristica di chi (o di ciò che) è estemporaneo.

estemporàneo [var. di *estemporale*; av. 1698] **agg.** ● Immediato, improvvisato: *risoluzione estemporanea*; *discorso e.* | *Poeta e.*, che compone versi improvvisando | Approssimativo, poco meditato: *un espediente e.* **CONTR.** Meditato. || **estemporaneaménte**, **avv.** Senza preparazione, all'improvviso.

♦**estèndere** [vc. dotta, lat. *extĕndere* 'tendere (*tĕndere*) del tutto (*ex-*)'; av. 1306] **A** **v. tr.** (coniug. come *tendere*) *1* Dotare di maggiore ampiezza: *e. i confini dello Stato*, *il significato di un vocabolo*, *le proprie nozioni scientifiche* | Allungare: *e. gli arti inferiori* | Applicare a un maggior numero di persone: *e. un beneficio, un diritto*; *e. un invito*; *e. i ringraziamenti.* *2* (*mus.*) Produrre estensione. *3* (*fig.*, *raro*) Stendere: *il notaio estenderà l'atto domani.* *4* †Distendere, spiegare: *e. il mantello.* **B** **v. intr. pron.** *1* Divenire, farsi sempre più ampio: *la città si estende ogni giorno* | Propagarsi: *il male, il contagio, il malcontento, la corruzione si estendono* | (*raro*) Dilungarsi. **SIN.** Allargarsi. *2* Distendersi: *le sue terre si estendono per molti ettari.*

estendìbile [av. 1712] **agg.** ● (*raro*) Estensibile.

estendiménto [sec. XIV] **s. m.** ● (*raro*) L'estendere.

estenditrice ● V. *estensore.*

estènse **A** **agg.** ● Di Este | Dei duchi d'Este: *Stato e.* **B** **s. m.** ● (*spec. al pl.*) I duchi di casa d'Este e i loro successori: *la corte degli Estensi a Ferrara.*

estensìbile [1832] **agg.** ● Che si può estendere (*anche fig.*): *un materiale e.*; *una norma e. a tutta la popolazione* | Che si deve estendere: *ossequi estensibili a tutta la famiglia.*

estensìmetro [comp. di *estensi(one)* e *-metro*; 1913] **s. m.** ● (*mecc.*) Dispositivo per misurare deformazioni di corpi o strutture.

estensionàle **agg.** ● (*filos.*) Che si riferisce all'estensione, nel sign. 5 | *Definizione e.*, quella che definisce un termine per estensione.

estensióne o †**stensióne** [vc. dotta, lat. tardo *extentiōne(m)*, da *extēnsus* 'esteso'; av. 1498] **s. f.** *1* Ampliamento (*anche fig.*): *e. territoriale*; *favorire l'e. della potenza di qlcu.*; *e. di un concetto, del significato di un termine* | *In tutta l'e. della parola*, nel suo pieno significato, senza restrizioni | *Per e.*, estendendo il significato del termine. *2* Movimento per cui un segmento di un arto viene allontanato da quello contiguo: *e. della gamba sulla coscia* | In ginnastica, passaggio da un atteggiamento raccolto a uno disteso degli arti e del corpo. SIN. Distensione. *3* Dimensione, superficie: *l'e. di un campo, di una zona*; *un paese di grande e.* | (*raro*) Spazio: *una grande e. di colore misterioso e indistinto* (SVEVO). *4* (*mus.*) L'intera gamma dei suoni, dall'acuto al grave, che uno strumento o una voce può emettere: *un'e. di tre ottave*. SIN. Tessitura. *5* (*filos.*) L'insieme degli oggetti a cui si applica correttamente il significato di un termine.

estensivo o †**stensivo** [vc. dotta, lat. tardo *extensīvu(m)*, da *extēnsus* 'esteso'; 1525] agg. *1* Che estende: *commento e.*; *interpretazione estensiva di una norma di legge* | ***Uso e. di una parola***, che ne amplia il significato proprio. *2* ***Coltura estensiva***, di terreni lasciati a pascolo e solo in piccola parte coltivati con modesto impiego di capitali. CONTR. Intensivo. *3* (*fis.*) Detto di grandezza o proprietà caratteristica di un corpo o un sistema la cui misura dipende dalla quantità di materia presente in quest'ultimo o dalla sua forma: *la massa, l'energia interna, il volume sono grandezze estensive*. CONTR. Intensivo. *4* (*urban.*) Detto di zona residenziale caratterizzata da una densità della popolazione residente inferiore a 150 abitanti all'ettaro. || **estensivaménte**, avv. In modo estensivo, per estensione.

estènso [vc. dotta, lat. *extēnsu(m)*, part. pass. di *extĕndere* 'estendere'; av. 1332] agg. ● (*raro*) Esteso, spec. nella loc. ***per e.***, distesamente, senza abbreviazioni.

estensóre [da *extēnsus* 'esteso'; av. 1764] **A** agg. m. ● Che produce estensione: *muscolo e.* **B** s. m. *1* (f. *estenditrice*) Compilatore di uno scritto: *l'e. di un articolo, di una sentenza*. *2* Attrezzo ginnico formato da più spirali metalliche da mettere in tensione mediante due impugnature poste alle estremità. ➡ ILL. p. 2145 SPORT. *3* (*anat.*) Muscolo estensore. ➡ ILL. p. 2122 ANATOMIA UMANA.

estenuànte [sec. XIV] part. pres. di *estenuare*; anche agg. ● Che estenua | Che provoca grande stanchezza, che indebolisce fisicamente e psichicamente: *viaggio, attesa e.*

estenuàre o †**stenuàre** [vc. dotta, lat. *extenuāre*, comp. parasintetico di *tĕnuis* 'tenue, sottile', col pref. *ex-* raff.; av. 1313] **A** v. tr. (*io estènuo*) *1* (*raro*) Rendere magro, consumare lentamente: *la lunga prigionia l'aveva estenuato* | (*est.*) Indebolire, fiaccare: *questo caldo insistente mi ha estenuato*. SIN. Sfibrare, spossare. *2* (*fig.*) Impoverire: *e. le casse dello Stato* | ***E. un terreno***, impoverirlo per il mancato apporto di adeguate concimazioni. *3* (*fig.*) †Avvilire, deprimere: *estenuando i meriti suoi* (CASTIGLIONE). **B** v. intr. pron. ● Stancarsi, spossarsi.

estenuativo o †**stenuativo** [av. 1313] agg. ● (*raro*) Estenuante.

estenuàto [sec. XIV] part. pass. di *estenuare*; anche agg. *1* Privo di forze fisiche o morali; SIN. Sfinito, spossato | (*fig., raro*) Decadente, esangue: *uno stile fiacco, e.* *2* (*fig., lett.*) Deperito. || **estenuataménte**, avv. (*lett.*) Con estenuazione, con spossatezza, stancamente.

estenuazióne o †**stenuazióne** [vc. dotta, lat. *extenuatiōne(m)*, da *extenuātus* 'estenuato'; av. 1566] s. f. *1* Estrema spossatezza. *2* †Dimagrimento eccessivo.

esteràsi [comp. di *ester(e)* e *-asi*] s. f. inv. ● (*chim.*) Enzima che, con l'intervento degli elementi dell'acqua, catalizza la scissione della molecola di un estere liberando l'acido e l'alcol costituenti.

èstere [ted. *Ester*, da *Es(sigä)ther* 'etere (*Äther*) acet(ic)o (*Essig*, dal lat. **atēcum*, forma metatetica di *acētum*)'; 1892] **A** s. m. ● (*chim.*) Composto organico che usualmente si ottiene per condensazione di un acido con un alcol, con eliminazione di acqua: *e. fosforico*. **B** anche agg.: (*chim.*) *gruppo e.*

esterificàre [da *estere*; 1956] v. tr. (*io esterìfico, tu esterìfichi*) ● (*chim.*) Convertire in estere un acido mediante trattamento con un alcol.

esterificazióne [1932] s. f. ● Processo chimico che porta alla formazione di un estere.

esterióre [vc. dotta, lat. *exteriōre(m)*, compar. di *ĕxter(us)* 'esterno'; 1308] **A** agg. ● Che è, avviene o appare al di fuori: *aspetto, fenomeno e.* | ***Mondo e.***, che è al di fuori dell'uomo, contrapposto al mondo dello spirito | Superficiale, apparente: *la loro cordialità era soltanto e.*; *qualità esteriori*. SIN. Esterno, estrinseco. CONTR. Interiore. || **esterioreménte**, avv. All'esterno, dall'esterno, di fuori. **B** s. m. ● Ciò che appare al di fuori: *stando all'e., la casa mi sembra in ottimo stato.*

esteriorità [1669] s. f. ● Ciò che appare all'esterno: *non farsi ingannare dall'e. delle cose o delle persone* | ***Curare le esteriorità***, le apparenze. SIN. Apparenza. CONTR. Interiorità.

esteriorizzàre [comp. di *esterior(e)* e *-izzare*; 1900] **A** v. tr. ● Rendere esteriore, mostrare all'esterno, spec. sentimenti e sim. **B** v. intr. pron. ● Esternarsi.

esteriorizzazióne [1908] s. f. *1* Atto, effetto dell'esteriorizzare o dell'esteriorizzarsi. *2* (*med.*) Estrazione di un organo mobile, dalla sede in cui è contenuto, nel corso di un processo operatorio. *3* (*psicol.*) Il rivolgersi di interessi ed energie verso l'esterno.

esterminàre ● V. *sterminare.*

esterminàto ● V. *sterminato* (*1*).

esterminatóre ● V. *sterminatore.*

esterminazióne ● V. *sterminazione.*

†**esterminévole** [adattamento del lat. tardo *exterminābilis*, da *extermināre* 'esterminare'; av. 1704] agg. ● Distruggitore.

estermìnio ● V. *sterminio.*

esternalità [ingl. *externality*, da *external* 'esterno'; 1985] s. f. ● (*econ.*) Influenza, positiva o negativa, che lo svolgimento di un'attività economica o produttiva esercita sull'ambiente, il mercato e i consumatori, procurando indirettamente vantaggi o danni.

esternalizzàre [adatt. dell'ingl. *to externalize* 'rivolgersi verso l'esterno', da *external* 'esterno'; 1996] v. tr. e intr. pron. ● (*econ.*) Terziarizzare, nel sign. A 2.

esternalizzazióne [da *esternalizzare*; 1997] s. f. ● (*econ.*) Terziarizzazione, nel sign. 2.

esternàre [vc. dotta, lat. *ex(s)ternāre*, che, anche se non si consideri deriv. da *extĕrnus* 'esterno', ha subito l'influenza di questo; 1797] **A** v. tr. (*io estèrno*) *1* Manifestare qlco. che si ha nell'animo: *e. un sospetto*; *e. il proprio affetto per qlcu.*; *una certa vergogna di me stesso che non esternava* (ALFIERI). SIN. Esprimere, palesare. *2* (*assol.*) Avvalersi del potere di esternazione | (*est.*) Fare dichiarazioni pubbliche, spec. in modo non controllato o non misurato: *un politico che esterna spesso*. **B** v. intr. pron. ● Divenire palese, apparire all'esterno: *il timore impediva ai suoi sentimenti di esternarsi.* **C** v. rifl. ● Aprire il proprio animo: *esternarsi con qlcu.*

esternàto [da *esterno* (*1*), sul modello del f. *externat*] s. m. ● Condizione propria degli allievi o degli assistiti di un'istituzione scolastica e gener. educativa che fruiscano del vitto e dell'alloggio familiari. CONTR. Internato.

esternazióne [da *esternare*; 1858] s. f. ● L'esternare: *l'e. di un sentimento* | ***Potere di e.***, quello che consente al Presidente della Repubblica di esprimere la propria opinione in materia politico-istituzionale; l'opinione espressa in base a tale facoltà.

♦**estèrno** (**1**) [vc. dotta, lat. *extĕrnu(m)*, da *ĕxter* 'di fuori (*ĕx-*)', come *intĕrnus* 'interno', da *ĭnter* 'di dentro'; sec. XIV] **A** agg. (compar. *esterióre* (V.); superl. *estrèmo* (V.)) *1* Che è al di fuori di qlco.: *perimetro e.*; *mura esterne*; *dai segni esterni si conosce l'interno* (GOLDONI) | ***Scala esterna***, fuori della casa | ***Angolo e.***, in un poligono, uno degli angoli compresi fra un lato e il prolungamento d'un altro | ***Alunni esterni***, che non hanno seguito i corsi regolari nella scuola in cui sostengono gli esami; anche, in un collegio, quelli che ne frequentano i corsi scolastici senza essere convittori | ***Impressione esterna***, che proviene dal mondo che ci circonda | ***Per uso e.***, di medicamento da impiegarsi per le parti esterne del corpo; (*fig., scherz.*) per gli altri, per l'apparenza | ***Pianeta e.***, superiore. CFR. ecto-, eso- (2). CONTR. Interno. *2* Nel linguaggio sportivo, detto di incontro disputato sul campo avversario, di vittorie in esso ottenute o di sconfitte in esso subite. CONTR. Casalingo. *3* †Forestiero, straniero. *4* †Separato, disgiunto. || **esternaménte**, avv. Dalla parte esterna; al di fuori. **B** s. m. *1* Il lato o la parte di fuori: *l'e. del tronco è ruvido*. CONTR. Interno. *2* (f. *-a*) Chi frequenta i corsi di studio di un collegio senza essere convittore. *3* In teatro, ricostruzione scenografica di un luogo aperto | (*al pl.*) ***Gli esterni***, in cinematografia, riprese girate al di fuori dei teatri di posa. *4* (*sport, gener.*) In alcuni giochi di palla a squadre, chi si muove lungo le fasce laterali del campo | Nella pallacanestro, giocatore che, sia in difesa che in attacco, agisce lungo le linee laterali | Nel baseball, ciascuno dei tre giocatori della stessa squadra schierata in difesa che prende posizione nel settore del campo di gioco fuori del diamante: *e. sinistro*; *e. centro*; *e. destro*.

†**estèrno** (**2**) [vc. dotta, lat. *hestĕrnu(m)*, agg. di *hĕri* 'ieri', formato sull'esempio di *hodiĕrnus* 'odierno', *aetĕrnus* 'eterno', e simili] agg. ● Di ieri.

♦**èstero** [vc. dotta, lat. *ĕxteru(m)* 'di fuori', da *ĕx*, spec. con l'idea di 'uscita', e il suff. compar. *-tero*; 1499] **A** agg. ● Forestiero, straniero: *giornali esteri*; *merci estere* | Che riguarda le relazioni con gli Stati stranieri: *politica estera*; *Ministero degli affari esteri*. **B** s. m. *1* Qualunque territorio o parte di territorio posto al di fuori dei confini nazionali | ***All'e.***, fuori dal proprio paese: *vivere, lavorare, andare all'e.* | ***Ministero degli Esteri***, (*ellitt.*) ***gli Esteri***, Ministero degli affari esteri | (*econ.*) ***Pagamento e., su e.***, trasferimento di moneta da un conto estero a un altro conto estero. *2* (*spec. al pl.*) Sezione della redazione di un giornale che cura il notiziario internazionale.

esterocettóre [comp. di *estero-* e (*re*)*cettore*] s. m. ● (*fisiol.*) Recettore situato sulla superficie del corpo e sensibile a stimoli provenienti dall'esterno. CFR. Enterocettore, propriocettore.

esterocezióne [comp. di *estero-* e (*ri*)*cezione*] s. f. ● (*fisiol.*) Complesso delle funzioni dei recettori e dei centri nervosi che consentono l'acquisizione delle informazioni dall'ambiente esterno. CFR. Enterocezione, propriocezione.

esterofilìa [comp. di *estero* e *-filia*; av. 1920] s. f. ● Accentuata predilezione per tutto ciò che è straniero. SIN. Xenofilia.

esteròfilo [comp. di *estero* e *-filo*; av. 1944] **A** agg.; anche s. m. (f. *-a*) ● Che (o Chi) predilige tutto ciò che è straniero. **B** agg. ● Caratterizzato da esterofilia: *atteggiamento e.* SIN. Xenofilo.

esterofobìa [comp. di *estero* e *-fobia*] s. f. ● Avversione per tutto ciò che è straniero.

esteromanìa [comp. di *estero* e *-mania*; av. 1937] s. f. ● Irragionevole predilezione per tutto ciò che è straniero.

esterrefàtto [vc. dotta, dal lat. *exterrēre* sul modello di *stupefatto*; 1532] agg. ● (*raro*) Spaventato, atterrito | Sbalordito, sbigottito: *restare, rimanere e.*; *lasciare qlcu. e.*

†**estèrrere** [vc. dotta, lat. *exterrēre*, comp. di *ex-* raff. e *terrēre* 'atterrire'] v. tr. ● Spaventare, sbigottire, atterrire.

-estesìa [dal gr. *áisthēsis* 'sensazione'] secondo elemento ● In parole composte della terminologia medica, significa 'sensazione' o 'sensibilità': *iperestesia*.

estèsio- [Cfr. *-estesia*] primo elemento ● In parole composte della medicina significa 'sensazione' o 'sensibilità': *estesiometro*.

estesiologìa [comp. di *estesio-* e *-logia*] s. f. ● Settore della medicina che si occupa dello studio degli organi di senso.

estesiòmetro [comp. di *estesio-* e *-metro*] s. m. ● Apparecchio per lo studio delle sensazioni elementari.

estéso [sec. XIII] **A** part. pass. di *estendere*; anche agg. *1* Ampio, vasto: *un territorio e.* | (*fig.*) ***Significato e.***, traslato | ***Per e.***, senza abbreviazioni. *2* †Teso in fuori. || **estesaménte**, avv. Ampiamente; per esteso. **B** s. m. ● †Estensione.

est est est /ˈɛstest ˈɛst/ [ripetizione dell'indic. pres. lat. *ĕst*, tanto '(egli) è', quanto '(c')è', spesso aneddoticamente spiegata, ma d'incerta interpretazione; av. 1798] loc. sost. m. ● Vino bianco secco (talora amabile) di colore giallo e dal fresco aroma d'uva, prodotto a Montefiascone, presso il lago di Bolsena, con uve Trebbiano e Malvasia.

estèta [vc. dotta, gr. *aisthētḗs*, da *aisthánesthai* 'percepire', di orig. indeur.; 1898] s. m. e f. (pl. m. *-i*) *1* Chi nella vita considera prioritari i valori estetici e a essi subordina tutti gli altri ivi compresi quelli morali. *2* (*est.*) Persona di raffinata sensibilità.

estètica [ted. *Ästhetik*, dal gr. *aisthētikós* 'sensitivo, percettivo'; 1756] s. f. *1* Scienza filosofica che ha per oggetto lo studio del bello e dell'arte. *2* (*est.*) Avvenenza, bellezza: *curare l'e. del proprio corpo*; *una costruzione che difetta di e.*

esteticità [av. 1952] s. f. ● Carattere, aspetto estetico | Valore formale di un'opera artistica.

estètico [vc. dotta, gr. *aisthētikós*, da *aisthētós* 'sensibile', agg. verb. di *aisthánesthai* 'percepire', di orig. indeur.; 1772] agg. (pl. m. *-ci*) *1* Che concerne o interessa l'estetica. *2* (*est.*) Inerente, relativo al bello: *gusto, senso e.* | Bello, gradevole a vedersi: *una soluzione architettonica poco estetica.* *3* Che cura o migliora l'aspetto del corpo: *trattamento e.*; *chirurgia estetica.* || **esteticaménte**, avv. Secondo l'estetica, dal punto di vista estetico.

estetismo [per *esteti(ci)smo*, da *estetico*; 1908] s. m. *1* Dottrina o atteggiamento che, ponendo al vertice della vita i valori estetici, subordina a essi tutti gli altri, compresi quelli morali. *2* Indirizzo critico che valuta e giudica un'opera d'arte limitatamente ai suoi valori formali.

estetista [per *estet(ic)ista*, da *estetica*; 1963] s. m. e f. (pl. m. *-i*) ● Persona esperta in cure di bellezza.

estetistico [1913] agg. (pl. m. *-ci*) ● Proprio dell'estetismo.

estetizzànte [1902] part. pres. di *estetizzare*; anche agg. *1* Che estetizza. *2* Improntato a estetismo: *poetica e.* | Che ostenta una raffinatezza di modi, gesti, stile e sim. spesso esagerata.

estetizzàre [comp. di *estet(a)* e *-izzare*; av. 1952] v. intr. (aus. *avere*) ● Assumere atteggiamenti da esteta.

estetologia [comp. di *estetica* e *-logia*] s. f. ● (*raro*) Estetica, nel sign. 1.

†**estima** ● V. *stima.*

estimàbile [vc. dotta, lat. *aestimābile(m)*, da *aestimāre* 'estimare'; 1659] agg. ● Che si può valutare. CONTR. Inestimabile.

†**estimabilità** s. f. *1* Caratteristica di ciò che è estimabile. *2* V. *stimabilità.*

estimàle [av. 1876] agg. ● Di, relativo a estimo.

estimàre ● V. *stimare.*

†**estimàrio** [da *estimo*; 1635] s. m. ● Libro dell'estimo.

estimativa o (*raro, lett.*) **stimativa** [1321] s. f. ● (*lett.*) Facoltà di ben giudicare | Giudizio.

estimativo o †**stimativo** [av. 1321] agg. ● Che serve a stimare, valutare: *giudizio e.* | ***Virtù estimativa***, facoltà di giudicare.

estimatóre [vc. dotta, lat. *aestimatōre(m)*, da *aestimātus* 'estimato'; sec. XIV] s. m. (f. *-trice*) *1* Chi prova e professa ammirazione per qlcu. o qlco.: *e. della pittura cubista.* *2* V. *stimatore.*

estimatòrio [vc. dotta, lat. tardo *aestimatōriu(m)*, da *aestimātus* 'estimato'] agg. ● Che concerne la stima del valore, del prezzo di qlco.: *giuramento e.*

estimazióne o †**stimagióne**, (*raro*) **stimazióne** [vc. dotta, lat. *aestimatiōne(m)*, da *aestimātus* 'estimato'; av. 1311] s. f. ● (*lett.*) Stima: *essere in grande e.* | (*lett.*) Valutazione, giudizio: *io mi truovo dalla mia e. ingannato* (BOCCACCIO).

èstimo (1) o †**stimo** (2) [da *estimare*; 1309] s. m. *1* Stima del valore di beni | Rendita imponibile di beni immobili | ***E. catastale***, rendita imponibile quale risulta dal catasto | †Valutazione: *l'e. dei danni.* *2* Disciplina economica avente per oggetto la formulazione di giudizi relativi ai valori monetari attribuibili ai beni economici in relazione a un dato scopo: *e. rurale, civile, catastale.* *3* †Libro ove si registra la stima a fini fiscali dei beni dei contribuenti | Tributo agli stessi applicato. *4* †Censo.

†**èstimo** (2) [vc. dotta, lat. *ĕxtimu(m)*, superl. di *ĕxter(us)* 'esterno'; 1499] agg. ● Esterno.

estinguere [vc. dotta, lat. *ex(s)tĭnguere* 'spegnere' (*stĭnguere*) completamente (*ex-*)'; av. 1276] A v. tr. (pres. *io estinguo*; pass. rem. *io estìnsi, tu estinguésti*; part. pass. *estìnto*) *1* Spegnere: *e. l'incendio, le fiamme* | Eliminare, far cessare: *e. la sete.* *2* (*fig.*) Annullare, far svanire: *e. un desiderio, la memoria*; *né verrà tempo mai / che 'l tuo bel nome estingua* (SANNAZARO) | ***E. un debito***, pagarlo | ***E. una razza, una famiglia, un popolo***, terminarne la discendenza. *3* (*lett.*) Uccidere, annientare. B v. intr. pron. *1* Spegnersi: *le fiamme si estinsero da sole* | (*fig., lett.*) Morire. *2* (*fig.*) Finire: *quando si estingueranno questi odi?* *3* Cessare di esistere per estinzione: *una famiglia che si è estinta.*

estinguibile [vc. dotta, lat. tardo *extinguĭbile(m)*, da *extĭnguere* 'estinguere'; 1549] agg. ● Che si può estinguere.

†**estinguiménto** [1655] s. m. ● (*raro*) Estinzione.

†**estinguitóre** [av. 1527] s. m.; anche agg. (f. *-trice*) ● Chi (o Che) estingue.

estinsi ● V. *estinguere.*

estintivo [sec. XIV] agg. ● (*dir.*) Che è in grado di estinguere.

estinto [av. 1374] A part. pass. di *estinguere*; anche agg. *1* Spento | Finito, scomparso: *razza estinta* | Pagato: *un debito e.* | (*dir.*) Annullato: *un reato e.* *2* †Cancellato | †Che ha perduto la tinta, il colore. B s. m. (f. *-a*) ● Chi è morto: *l'illustre e.*; *il caro e.*

estintóre [vc. dotta, lat. *exstinctōre(m)*, da *exstĭnctus* 'estinto', attrav. il fr. *extincteur*; 1892] s. m. ● Apparecchio usato per estinguere piccoli incendi. ➡ ILL. **vigili del fuoco.**

estinzióne [vc. dotta, lat. *exstinctiōne(m)*, da *exstĭnctus* 'estinto'; 1540] s. f. *1* Spegnimento: *l'e. di un incendio* | (*fisiol.*) Scomparsa della risposta a uno stimolo di un riflesso condizionato o di un comportamento appreso | (*biol.*) Scomparsa di un gruppo tassonomico dalla biosfera: *e. di una specie, e. dei dinosauri* | (*est.*) Cessazione dei fenomeni prodotti da agenti naturali o da una forza qualunque | ***E. della calce***, spegnimento della calce viva in acqua | ***E. di un vulcano***, fine dell'attività vulcanica per il raffreddamento e il consolidamento del serbatoio magmatico. *2* (*dir.*) Cessazione di un diritto o rapporto per cause previste dalla legge o disposte dalle parti: *e. di un diritto reale, di un'obbligazione* | ***E. di un debito***, pagamento per cui rimane annullato. *3* Il venir meno di una famiglia o stirpe per mancanza di discendenti diretti: *e. di una dinastia.*

estirpàbile [1832] agg. ● Che si può estirpare.

estirpaménto [av. 1320] s. m. ● (*raro*) Estirpazione (*anche fig.*).

estirpàre o (*pop.*) **stirpàre** [vc. dotta, lat. *exstirpāre*, comp. di *ex-* raff. e *stĭrps*, genit. *stĭrpis* 'pollone, sterpo'; av. 1320] v. tr. *1* Sradicare, svellere dalla radice: *e. le erbacce, un dente, un tumore.* *2* (*fig.*) Eliminare totalmente: *e. la corruzione, le eresie, gli odi di parte.*

estirpatóre [vc. dotta, lat. tardo *exstirpatōre(m)*, da *exstirpātus* 'estirpato'; av. 1380] A agg. ● Che estirpa. B s. m. *1* (f. *-trice*) Chi estirpa (*spec. fig.*). *2* Attrezzo usato per smuovere o liberare il terreno da radici ed erbe infestanti.

estirpatùra [1869] s. f. ● Estirpazione delle erbacce.

estirpazióne [vc. dotta, lat. tardo *exstirpatiōne(m)*, da *exstirpātus* 'estirpato'; av. 1342] s. f. ● L'estirpare (*anche fig.*): *e. di erbacce*; *e. di un dente*; *l'e. degli odi.*

estivànte [av. 1952] A part. pres. di *estivare*; anche agg. ● Nei sign. del v. B s. m. e f. ● (*raro*) Villeggiante.

estivàre [vc. dotta, lat. *aestivāre*, da *aestīvus* 'proprio dell'estate (*āestas*, genit. *aestātis*)', attrav. il fr. *estiver*, 1941] A v. tr. ● Condurre il bestiame in pascoli di montagna durante l'estate. B v. intr. (aus. *avere*) ● (*raro*) Soggiornare durante l'estate in luogo diverso da quello in cui di solito si vive.

estivazióne [fr. *estivation*, da *estiver* 'estivare'] s. f. *1* Fenomeno per cui alcuni animali vanno in letargo quando la temperatura ambiente diviene troppo alta per il normale svolgersi delle attività vitali. *2* Alpeggio, monticazione. *3* (*bot.*) Particolare disposizione dei pezzi florali in un bocciolo.

♦**estivo** [vc. dotta, lat. *aestīvu(m)*, per **aestatīvu(m)*, da *āestas*, genit. *aestātis* 'estate'; 1334] agg. ● Dell'estate: *abbigliamento e.*; *mesi estivi*; *verdi fronde / mover soavemente a l'aura estiva ... / s'ode* (PETRARCA). || **estivaménte**, avv. (*lett.*) Da estate.

†**èsto** o (*fam., pop.*) **'sto** /sto/ [lat. *ĭstu(m)*, nom. *ĭste*, comp. della particella lat. *is-* e del dimostr. di orig. indeur. *-te*; av. 1249] agg. dimostr. ● Questo, codesto: *Voi credete / forse che siamo esperti d'e. loco* (DANTE *Purg.* II, 61-62).

†**estògliere** ● V. *estollere.*

†**estollènza** [vc. dotta, lat. tardo *extollĕntia(m)*, da *extollere* 'estollere'; sec. XIV] s. f. ● Boria, superbia.

estòllere o †**estògliere** [vc. dotta, lat. *extŏllere*, comp. di *ex-* di movimento verso l'alto e *tŏllere* 'alzare'; av. 1306] A v. tr. (pres. *io estòllo*; pass. rem. *io estòlsi, tu estollésti*; part. pass. *estòlto*) ● (*lett.*) Innalzare (*anche fig.*): *qui il vulgo de' pagani il pianto estolle* (TASSO) | (*fig.*) Lodare, celebrare. B v. intr. pron. *1* (*lett.*) Sorgere, alzarsi. *2* (*est.*) Togliersi via, rimuoversi.

èstone A agg. ● Dell'Estonia: *territorio e.* B s. m. e f. ● Abitante, nativo, dell'Estonia. C s. m. solo sing. ● Lingua della famiglia uralica, parlata dagli Estoni.

estòrcere o †**estòrquere** [vc. dotta, lat. *extorquēre* 'togliere (*torquēre*) via (*ex-*) di forza', con passaggio a diversa coniug.; av. 1306] v. tr. (coniug. come *torcere*) ● Carpire ad altri beni o vantaggi con minaccia, violenza o inganno: *e. denaro con ricatti*; *e. una promessa.*

†**estòrre** [adattamento (su *torre* (2)) del lat. *extŏllere* 'levare (*tŏllere*) completamente (*ex-*)'; 1342] v. tr. ● Togliere, sottrarre.

estorsióne [vc. dotta, lat. tardo *extorsiōne(m)*, da **extŏrsus*, part. pres. (parallelo di *extŏrtus*) di *extorquēre* 'estorcere'; sec. XIII] s. f. *1* Reato di chi, costringendo con violenza o minaccia taluno a un atto di disposizione patrimoniale, procura a sé o ad altri un profitto ingiusto con altrui danno. *2* (*est.*) Pretesa violenta e arbitraria.

estorsivo [1983] agg. ● Di, relativo a estorsione: *sequestro di persona a scopo e.*

estorsóre o **estortóre** [da *estorsione*; la var. è tratta da *estorto*, part. pass. di *estorcere*; 1800] s. m. (f. *estorcitrice*) ● Chi commette estorsioni.

estòrto [av. 1306] part. pass. di *estorcere*; anche agg. *1* Carpito con violenza o minaccia. *2* †Sottratto, rimosso.

èstra- e *comp.* ● V. *extra-* e *comp.*

estradàbile agg. ● Che si può estradare.

estradàre [fr. *extrader*, da *extradition* 'estradizione'; 1898] v. tr. ● (*dir.*) Consegnare per estradizione.

estradiòlo [da *estro*] s. m. ● (*chim.*) Ormone naturale della classe degli estrogeni, dotato di attività anabolizzante, deputato alla regolazione del ciclo mestruale della femmina dei Mammiferi e alla comparsa e al mantenimento dei caratteri sessuali femminili.

estradizióne [fr. *extradition*, comp. del lat. *ĕx* 'fuori' e *tradĭtio*, genit. *traditiōnis* 'consegna'; 1831] s. f. ● (*dir.*) Procedura, regolata da convenzioni e usi internazionali, in forza della quale uno Stato (richiesto) consegna a un altro Stato (richiedente) una persona imputata o condannata per un reato commesso nello Stato richiedente e per il quale deve essere giudicata o scontare la pena: *rifiutare, concedere l'e.*

estradòsso [adatt. del fr. *extrados*, comp. di *ĕxtra-* e *dos* 'dosso'; 1875] s. m. *1* (*arch.*) Superficie esterna e convessa di un arco o di una volta. *2* (*aer.*) Dorso, lato superiore di un'ala.

†**estràere** ● V. *estrarre.*

estragóne [fr. *estragon*, di orig. araba; 1956] s. m. ● (*bot.*) Dragoncello.

estraìbile [da *estrarre*; 1956] agg. ● Che si può estrarre, tirar fuori.

estràle [da *estro* nel sign. 2; 1935] agg. ● (*biol.*) Relativo all'estro | ***Ciclo e.***, il periodico presentarsi dell'estro nelle femmine degli animali domestici.

†**estramissióne** [da *trasmissione* col pref. lat. raff. *ex-*] s. f. ● Trasmissione.

†**estranaturàle** [vc. dotta, lat. tardo *extranaturāle(m)*, comp. di *ĕxtra-* 'estra-' e *naturālis* 'naturale'] agg. ● Che è fuori dalle leggi della natura.

estraneazióne ● V. *estraniazione.*

estraneità [1904] s. f. ● Condizione, caratteristica di chi (o di ciò che) è estraneo.

♦**estràneo** o †**estrànio**, †**estràno**, †**istràneo**, †**istràno**, †**stràgno**, (*poet.*) †**strànio**, (*poet.*) †**stràno** [vc. dotta, lat. *extrāneu(m)* 'di fuori', da *ĕxtra* 'extra-'; av. 1313] A agg. *1* Che appartiene a Stato, società, ambiente o famiglia, diversi da quelli cui appartiene chi parla: *persona estranea al nostro mondo.* CFR. xeno-. *2* (*est.*) Che è al di fuori di un luogo, di un lavoro e sim.: *essere e. a una attività, a una iniziativa*; *mantenersi, dichiararsi estranei a un movimento politico.* *3* (*fig.*) Che ha natura, struttura, significato e sim., diversi da quelli dell'oggetto o dell'elemento considerato: *discorso e. all'argomento* | ***Corpo e.***, frammento di varia natura e sim. penetrato in un organismo animato. *4* †Forestiero, straniero | †Strano, inusitato: *qual che si fosse / de l'estrania prigion l'ordigno e l'arte* (TASSO). || **estraneaménte**, avv. (*raro*) In maniera estranea. **B** s. m. (f. *-a*) *1* Persona estranea: *ingresso vietato agli estranei.* *2* †Straniero.

estraniaménto s. m. *1* Estraniazione. *2* Straniamento.

estraniàre o (*raro, lett.*) **straniàre** [da †*estranio*; 1926] **A** v. tr. (*io estrànio*) ● Allontanare, rendere estraneo: *e. qlcu. dalla famiglia, dallo studio.* **B** v. rifl. ● Rendersi estraneo: *si è completamente estraniato dal nostro gruppo* | ***Estraniarsi dalla realtà***, fuggirla rinchiudendosi nel proprio mondo interiore o nel proprio ambito quotidiano.

estraniazióne o **estraneazióne** [1965] s. f. ● Allontanamento, isolamento dalla realtà, da un dato ambiente e sim. SIN. Estraniamento.

†**estrànio** ● V. *estraneo.*

†**estràno** ● V. *estraneo.*

†**estraordinàrio** ● V. *straordinario.*

estrapolàre o **extrapolàre** [da *estrapolazione*; 1941] v. tr. (*io estràpolo*) *1* (*mat.*) Calcolare approssimativamente il valore d'una funzione in un punto esterno all'intervallo in cui sono noti i valori da essa assunti. *2* (*est.*) Ricavare, estrarre da un contesto.

estrapolazióne [tratto da *interpolazione* con sostituzione del pref. *estra-* (o *extra-*) a *inter-*; 1917] s. f. *1* (*mat.*) Operazione dell'estrapolare | In statistica, procedimento matematico di determinazione induttiva mediante il quale si riesce a prevedere come si svolgerà tendenzialmente nel futuro un certo fenomeno di cui si conosce in modo più o meno approssimativo l'andamento passato. *2* (*est.*) Estrazione di una parte da un tutto | Nella critica letteraria, l'espungere una frase dal testo in cui è inserita. *3* (*fig.*) Passaggio, per analogia, da un'idea semplice a una più complessa.

♦**estràrre** o †**estràere**, †**stràere**, †**stràrre** [vc. dotta, lat. *extrăhere* 'trar (*trăhere*) fuori (*ex-*)'; av. 1337] v. tr. (coniug. come *trarre*) *1* Trarre fuori da qlco.: *e. un dente, il denaro dal portafoglio, un brano da un libro* | (*mat.*) ***E. la radice d'un numero***, trovare il numero che, moltiplicato per sé stesso, dà il numero dato | (*est.*) Scavare da un giacimento minerario: *e. i diamanti, il carbone.* *2* (*fig.*) Tirare a sorte: *e. i numeri del lotto, i partecipanti a una gara.* *3* †Portar fuori da uno stato. SIN. Esportare. *4* (*chim.*) Asportare meccanicamente o con solventi uno o più elementi da un miscuglio.

estrasoggettìvo [comp. di *estra-* e *soggettivo*] agg. ● Che è fuori dal soggetto. || **estrasoggettivaménte**, avv. (*raro*) In modo estrasoggettivo.

estrattìvo [da *estratto*; av. 1320] agg. ● Di, relativo a, estrazione: *procedimenti estrattivi* | (*chim.*) Detto di sostanza ottenuta per estrazione | ***Industria estrattiva***, mineraria | (*ling.*) Detto del prefisso *s-*, quando indica l'estrazione di qualche cosa.

estràtto o †**stràtto** (2) [sec. XIV] **A** part. pass. di *estrarre*; anche agg. ● Nei sign. del v. **B** s. m. *1* Prodotto che si ricava da sostanze animali o vegetali per estrazione con opportuni solventi e successiva evaporazione o con altri metodi vari: *e. di camomilla, di china, di fegato*; *e. di carne, di pomodoro*; *e. di lavanda, di tuberosa* | In profumeria, essenza. *2* Fascicolo contenente un articolo di rivista o un capitolo di un libro, stampato a parte utilizzando la stessa composizione. *3* Copia testuale di prestabiliti elementi di un documento | ***E. conto***, distinta recante il saldo delle operazioni effettuate su un conto corrente in un determinato periodo di tempo | ***E. catastale***, certificato dei beni immobili posseduti da una ditta | ***E. di un atto pubblico***, certificato rilasciato da pubblico ufficiale contenente gli estremi di un atto pubblico precedentemente redatto. *4* Numero o biglietto estratto a sorte in lotterie o per ammortizzare obbligazioni | Nel gioco del lotto, l'estrazione di un numero su una ruota che paga 11,2 volte la posta. *5* †Indice. **C** in funzione di prep. ● †Tranne, eccetto. || **estrattìno**, dim. | **estrattùccio**, dim.

estrattóre [da *estratto*; 1588] s. m. *1* (f. *-trice*) Tecnico od operaio addetto a operazioni di estrazione. *2* Strumento che serve a estrarre cuscinetti, boccole, perni e sim. dalle sedi nelle quali sono stati forzati | Nelle armi da fuoco a retrocarica, dispositivo che estrae dalla camera l'involucro della carica sparata. *3* In varie tecnologie, apparecchio per l'estrazione di sostanze liquide o solide. *4* (*raro, biol., med.*) Strumento per estrarre corpi estranei da tessuti animali.

estravagànte [vc. dotta, lat. mediev. *extravagăntem* (V. *stravagante*); 1336 ca.] **A** agg. *1* V. *stravagante.* *2* Detto di scritti minori e sim. non compresi da un autore nella raccolta delle proprie opere: *le rime estravaganti del Petrarca.* **B** s. f. ● Costituzione o decretale che, nelle antiche fonti di diritto canonico, si aggiunge al corpo principale di fonti.

†**estravagànza** ● V. *stravaganza.*

estrazióne [vc. dotta, tratta dal lat. *extrăctus* 'estratto'; sec. XIV] s. f. *1* Operazione dell'estrarre: *l'e. di un dente, di un chiodo, di un minerale*; *pozzo, impianto di e.* | (*mat.*) ***E. di una radice***, operazione consistente nell'estrarre una radice da un dato numero. *2* Sorteggio: *e. di una lotteria, di un biglietto*; *le estrazioni del lotto* | ***Di prima e.***, detto di numero estratto per primo. *3* (*chim.*) Separazione di uno o più composti da una mescolanza mediante trattamento con opportuno solvente. *4* (*fig.*) Origine, derivazione, nascita: *persona di bassa e.* *5* †Esportazione.

estrèma [1965] s. f. ● Nel calcio, ala: *e. destra*; *e. sinistra.*

estremànte [dal part. pres. di *estremare*, denom. di *estremo*; 1968] **A** agg. ● (*mat.*) Di ciascuno dei punti in cui una funzione assume un valore massimo o minimo. **B** s. m. ● Punto estremante.

†**estremàre** [da *estremo*; av. 1342] **A** v. intr. ● Scemare, diminuire, menomarsi. **B** v. tr. ● Far scemare.

estremìsmo [fr. *extrémisme*, da *extrême* 'estremo'; 1942] s. m. ● Tendenza e atteggiamento di chi, spec. in politica, sostiene e propugna idee radicali ed estreme: *e. di destra, di sinistra.*

estremìsta [fr. *extrémiste*, da *extrême* 'estremo'; 1917] **A** s. m. e f. (pl. m. *-i*) ● Chi sostiene e propugna idee, teorie e sim. ispirate a estremismo: *gli estremisti di destra, di sinistra.* **B** agg. ● Proprio dell'estremismo e degli estremisti: *corrente politica e.*; *idee estremiste.*

estremìstico [1956] agg. (pl. m. *-ci*) ● Proprio dell'estremismo o degli estremisti. || **estremisticaménte**, avv.

estremità o †**estremitàde**, †**estremitàte**, †**stremità**, †**stremitàde**, †**stremitàte** [vc. dotta, lat. *extremitāte(m)*, da *extrēmus* 'estremo'; 1294] s. f. *1* Parte estrema, punto terminale (*anche fig.*): *e. di una spada*; *all'e. della vita* (DANTE) | (*est.*) Orlo, lembo: *e. di un tavolo* | ***E. di una stoffa***, vivagno. CFR. acro-. *2* (*fig., lett.*) Apice, eccesso | †Ultimo grado di perfezione nell'arte. *3* †Estrema miseria, indigenza: *tolga Iddio che voi in sì fatta e. venuto siate* (BOCCACCIO). *4* (*al pl.*) Piedi o gambe, mani o braccia: *avere le e. congelate.*

estremizzàre [1962] v. tr. *1* Esasperare le tensioni politiche e sociali. *2* Ispirare a estremismo, rendere estremistico.

estremizzazióne [1971] s. f. ● L'estremizzare | (*al pl.*) Atteggiamenti estremistici.

♦**estrèmo** o †**strèmo** [vc. dotta, lat. *extrēmu(m)*, superl. di *ĕxter(us)* 'esterno'; 1294] **A** agg. *1* Ultimo (*anche fig.*): *limite, confine, grado e.*; *questo è de' nostri passi e. segno* (POLIZIANO) | ***Giungere all'ora estrema***, al momento di morire | ***E. orizzonte***, l'ultimo limite dell'orizzonte visibile | ***E. Oriente***, l'Asia Orientale | ***Gli estremi onori***, le onoranze funebri | ***Estrema Unzione***, uno dei sette sacramenti della Chiesa, dopo il Concilio Ecumenico Vaticano Secondo denominato Sacramento degli Infermi, consistente nell'ungere, con olio santo, le diverse parti del corpo che sono sedi dei sensi e nell'invocare sopra di esse la benedizione di Dio | Che, spec. in politica, propugna idee e soluzioni radicali: *estrema destra*; *estrema sinistra.* *2* Di massima grandezza, gravità, urgenza e sim.: *pericolo e.*; *un caso di estrema necessità*; *miseria estrema* | ***Sport e.***, quello che affronta le massime difficoltà tecniche nel tentativo di raggiungere i limiti delle possibilità umane. || **estremaménte**, avv. Al massimo grado: *è estremamente buono e generoso.* **B** s. m. *1* Punto, limite, momento estremo (*anche fig.*): *toccare l'e.*; *giungere agli estremi della gioia, della potenza, della miseria*; *appendere qlco. all'e. di un palo* | ***L'e., gli estremi della vita***, il momento della morte | ***Essere agli estremi***, in punto di morte | ***Lottare fino all'e.***, fino all'ultimo | ***Gli estremi si toccano***, le idee antitetiche si rassomigliano in qualche modo | ***All'e.***, alla fine. *2* (*mat.*) In una proporzione, il primo o il quarto termine | ***E. di un intervallo, di un segmento***, uno dei due punti che lo individuano | ***E. di una funzione di una o più variabili***, punto in cui essa assume un valore massimo o minimo rispetto ai punti adiacenti. *3* (*spec. al pl.*) Elemento di identificazione: *gli estremi di un documento* | ***Estremi di un reato***, elementi costitutivi di un singolo reato | (*filos.*) I due termini conclusivi di un sillogismo. *4* (*sport*) ***E. di difesa***, o (*assol.*) ***estremo***, nel rugby, il giocatore più arretrato nello schieramento facente parte della linea dei tre quarti, l'ultimo dei difensori. *5* (*fig.*) Esagerazione, eccesso: *passare da un e. all'altro.* *6* †Miseria, bisogno. || PROV. A mali estremi estremi rimedi.

estremorientàle [comp. di *estrem(o)* e *orientale*] agg. ● Che concerne l'Estremo Oriente.

estricàre ● V. *strigare.*

estrinsecaménto [1797] s. m. ● Estrinsecazione.

estrinsecàre [da *estrinseco*; 1642] **A** v. tr. (*io estrìnseco, tu estrìnsechi*) ● Manifestare all'esterno: *e. il proprio pensiero.* SIN. Esprimere. **B** v. intr. pron. ● Esternarsi: *nell'opera d'arte si estrinseca l'artista.*

estrinsecazióne [1847] s. f. ● L'estrinsecare, l'estrinsecarsi | Espressione, manifestazione.

estrìnseco [vc. dotta, lat. *extrīnsecus* (avv.), comp. di **ĕxtrim*, da *ĕxter(us)* 'di fuori, esterno', e *sĕcus* (prep.) 'lungo, presso'; av. 1364] agg. (pl. m. *-ci*, pop. †*-chi*) ● Che è al di fuori o viene da fuori e non appartiene in modo sostanziale all'oggetto: *pregio e.*; *ragioni, prove estrinseche*; *argomenti estrinseci*; CONTR. Intrinseco | (*est.*) Superficiale, apparente. || **estrinsecaménte**, avv.

èstro [vc. dotta, lat. *ŏestru(m)*, dal gr. *óistros*, di etim. incerta; sec. XIII] s. m. *1* Genere di Insetti dei Ditteri le cui larve sono parassite di animali domestici (*Oestrus*) | ***E. bovino***, ipoderma. *2* (*biol.*) Nelle femmine dei Mammiferi, periodo in cui maturano le cellule uovo e l'apparato riproduttore si prepara all'accoppiamento e alla riproduzione. *3* Ardore, ispirazione artistica, inventiva: *e. poetico, musicale*; *scrivere, comporre seguendo l'e.* *4* Capriccio, ghiribizzo: *venir l'e. di fare qlco.*; *agire secondo l'e. e non secondo la ragione* | ***A e.***, secondo l'umore.

estroflessióne [comp. di *estra-* e *flessione*] s. f. ● (*med.*) Ripiegamento verso l'esterno di un organo anatomico o di una sua parte.

estroflèsso part. pass. di *estroflettersi*; anche agg. ● Nei sign. del v.

estroflèttersi [comp. di *estra-* e *flettersi*] v. intr. pron. (coniug. come *flettere*) ● (*med.*) Svilupparsi e curvarsi verso l'esterno, detto di organo anatomico o di una sua parte.

estrogènico agg. (pl. m. *-ci*) ● Che si riferisce alle sostanze estrogene.

estrògeno [comp. di *estro* nel sign. 2 e *-geno*] **A** agg. ● Detto di sostanza capace di produrre l'estro: *composto, ormone e.* **B** s. m. ● Ormone ovarico che agisce sullo sviluppo dei caratteri femminili e sul ciclo mestruale.

†**estromanìa** [comp. di *estro* nel sign. 2 e *-mania*; 1834] s. f. ● Stimolo incessante a soddisfare il desiderio sessuale.

estroméesso [1952] part. pass. di *estromettere* ● Nei sign. del v.

estrométtere [comp. di *estra-* e *mettere*, come contrapposto a *intromettere*; 1942] **A** v. tr. (coniug. come *mettere*) ● Mettere al di fuori: *e. qlcu. dalla società, da un club.* SIN. Escludere, espellere. **B** anche v. rifl.

estromissióne [1942] s. f. ● Allontanamento, esclusione: *e. dal partito.*

estróne [comp. di *estro* nel sign. 2 e *(orm)one*] s. m. ● (*biol.*) Estrogeno che si trova nell'ovaia, nella placenta, nelle urine e che esercita azioni svariate e complesse. SIN. Follicolina.

estrórso [vc. dotta, lat. *extrōrsu(m)*, da **ĕxtro* (parallelo a *īntro*), locat. di *ĕxter(us)* 'di fuori'] agg. ● (*bot.*) Di antera che si apre verso l'esterno del fiore.

estrosità [1908] s. f. *1* Caratteristica di chi (o di ciò che) è estroso. *2* Azione o idea estrosa. SIN.

Capriccio, bizzarria, originalità.

estróso [da *estro* nel sign. 4; 1853] **agg.** *1* Di chi (o di ciò che) è bizzarro, capriccioso: *carattere, ragazzo e.* *2* Compiuto, fatto con estro, con originalità: *scritto, articolo e.*; **CONTR.** Banale, scialbo. || **estrosaménte**, **avv.**

estroversióne [da *introversione*, con cambio di pref. (*estra-*); av. 1712] **s. f.** ● (*psicol.*) Atteggiamento psicologico di interesse per il mondo esterno, per l'ambiente sociale, piuttosto che per i propri pensieri e sentimenti. **CONTR.** Introversione.

estrovèrso [part. pass. di *estrovertere*; av. 1685] **agg.** e **s. m.** (**f.** *-a*) ● (*psicol.*) Che (o Chi) è caratterizzato da estroversione | (*est.*) Aperto, comunicativo, espansivo. **CONTR.** Introverso.

estrovèrtere [da *introvertere*, con cambio di pref. (*estra-*); av. 1694] **A** **v. tr.** (**part. pass.** *estrovèrso*; difett. del **pass. rem.**) ● Rivolgere in fuori. **B** **v. rifl.** ● Volgersi verso, aprirsi al, mondo esterno.

estrovertìto [ted. *extrovertiert*, secondo la tipologia dei caratteri di C. G. Jung (1875-1961); 1942] **agg.**; anche **s. m.** (**f.** *-a*) ● Estroverso.

estrùdere [vc. dotta, lat. *extrūdere* 'spingere (*trūdere*) fuori (*ex-*)'; av. 1512] **v. tr.** (**pass. rem.** *io estrùsi, tu estrudésti*; **part. pass.** *estrùso*) *1* (*lett.*) Spingere fuori con violenza: *facultà di e. e dissipare le materie aderenti* (GALILEI). *2* Sottoporre a estrusione: *e. un metallo* | Formare un imballaggio mediante estrusione.

†**estrùere** [vc. dotta, lat. *extrŭere* 'costruire (*strŭere*, propr. 'disporre a strati') innalzando (*ex-*)'; av. 1566] **v. tr.** *1* Costruire, fabbricare. *2* Accumulare.

estrusióne [da *estruso*; 1632] **s. f.** *1* (*lett.*) L'estrudere. *2* (*geol.*) Lenta emissione, da parte di un vulcano, di lava molto viscosa che tende a solidificarsi sopra il condotto innalzandosi lentamente come una guglia. *3* (*tecnol.*) Processo di lavorazione di metalli e materie plastiche, consistente nel comprimerli in un cilindro riscaldato alla cui estremità si trova un orifizio di forma opportuna dal quale il materiale esce modellato secondo la forma voluta; usato per preparare lastre, tubi, barre, profilati e sim.

estrusìvo [1965] **agg.** *1* Di, relativo a, estrusione. *2* (*raro, lett.*) Atto a estrudere.

estrùso [1963] **part. pass.** di *estrudere*; anche **agg.** ● (*tecnol.*) Ottenuto per estrusione.

estrusóre **s. m.** ● (*tecnol.*) Apparecchio che realizza l'estrusione.

†**estrùtto** [av. 1306] **part. pass.** di †*estruere*; anche **agg.** ● Nei sign. del v.

†**estuàre** [vc. dotta, lat. *aestuāre*, da *āestus* 'ribollimento', di orig. indeur.; av. 1472] **v. intr.** ● (*lett.*) Ardere, ribollire (*anche fig.*).

estuàrio [vc. dotta, lat. *aestuāriu*(*m*), da *āestus* nel senso di 'agitazione delle onde', da quello primitivo di 'calore bruciante, bollore'; av. 1566] **s. m.** ● (*geogr.*) Foce di fiume, che si allarga a forma di lungo imbuto in cui il mare penetra profondamente, caratteristica delle coste basse spec. oceaniche: *l'e. del Tamigi.* ➡ **ILL.** p. 2133 SCIENZE DELLA TERRA ED ENERGIA.

estubàre [adattamento dell'ingl. *to extubate*, comp. di *ex-* 'fuori' e *tub*(*e*) 'tubo' con il suff. verb. *-ate*; 1987] **v. tr.** ● (*med.*) Sottoporre a estubazione.

estubazióne [da *estubare*; 1987] **s. f.** ● (*med.*) Rimozione di un tubo o cannula precedentemente inserito in un organo cavitario: *e. della trachea.*

estumescènza [vc. dotta, tratta dal lat. tardo *extumēscere*, comp. di *ex-* raff. e *tumēscere* '(cominciare a) gonfiarsi', incoativo di *tumēre* 'essere gonfiato', di orig. indeur.] **s. f.** ● (*raro*) Rigonfiamento.

estumulazióne [comp. di *es-* (dal lat. *ĕx* 'fuori') e *tumulazione*] **s. f.** ● Esumazione di una salma sepolta mediante tumulazione.

estuóso [vc. dotta, lat. *aestuōsu*(*m*), da *āestus* 'effervescenza per il calore', di orig. indeur.; 1793] **agg.** *1* (*lett.*) Che arde, ribolle: *ardea tra bianche nuvole estuose / il sol primaverile* (CARDUCCI). *2* Burrascoso (*anche fig.*).

†**esturbàre** [vc. dotta, lat. *exturbāre* 'spingere (*turbāre*) fuori (*ex-*)'; av. 1375] **v. tr.** ● Mandare via con violenza.

esuberànte [av. 1494] **part. pres.** di *esuberare*; anche **agg.** *1* Rigoglioso: *vegetazione e.* | ***Forme esuberanti***, floride | Eccedente: *manodopera e.* *2* (*fig.*) Pieno di vitalità, di brio: *ragazzo, carattere e.* || **esuberanteménte**, **avv.**

esuberànza [vc. dotta, lat. tardo *exuberăntia*(*m*), da *exūberans*, genit. *exuberăntis* 'esuberante'; 1481] **s. f.** *1* Grande o eccessiva abbondanza: *l'e. del raccolto*; *l'e. di personale* | ***In e.***, in quantità superiore al necessario. *2* (*fig.*) Vivacità, espansività, comunicativa: *e. del carattere*; *l'e. dei giovani.*

esuberàre [vc. dotta, lat. *exuberāre* 'produrre (*uberāre*, da *ūber* 'fertile, fecondo', sign. deriv. da quello proprio di 'mammella', di orig. indeur.) abbondantemente (*ex-*)'; 1735] **v. intr.** (*io esùbero*; aus. *essere*) ● (*raro, lett.*) Sovrabbondare.

esùbero **s. m.** *1* (*bur.*) Quantità eccedente: *e. di personale.* *2* (*est.*) Lavoratore in esubero: *il problema degli esuberi nelle banche.*

esulàre [vc. dotta, lat. *exsulāre*, da *ĕxul*, genit. *ĕxulis* 'esule'; 1521] **v. intr.** (*io èsulo*; aus. *avere*) *1* (*raro*) Andare volontariamente in esilio | Andar vagando lontano. *2* (*fig.*) Essere estraneo, al di fuori: *questo esula dai miei compiti.*

esulceraménto [sec. XIV] **s. m.** ● (*raro*) Esulcerazione.

esulceràre [vc. dotta, lat. *exulcerāre*, comp. di *ex-* raff. e *ulcerāre* 'piagare (da *ŭlcus*, genit. *ŭlceris* 'ferita, piaga', di orig. indeur.)'; av. 1364] **A** **v. tr.** (*io esùlcero*) *1* (*med.*) Provocare un'ulcera | (*est.*) Piagare. *2* (*fig.*) Esacerbare, addolorare al massimo grado. **B** **v. intr. pron.** ● (*raro*) Subire un'ulcerazione.

esulceratìvo **agg.** ● Atto a esulcerare.

esulceràto [sec. XIV] **part. pass.** di *esulcerare*; anche **agg.** *1* Nei sign. del v. *2* (*fig.*) Profondamente addolorato, esacerbato.

esulceratóre **agg.** (**f.** *-trice*) ● (*raro*) Che esulcera.

esulcerazióne [vc. dotta, lat. *exulceratiōne*(*m*), da *exulcerātus* 'esulcerato'; av. 1698] **s. f.** *1* (*med.*) Ulcerazione superficiale. *2* (*fig.*) Esacerbazione.

èsule [vc. dotta, lat. *ĕx*(*s*)*ule*(*m*): '(cacciato) dal (*ex-*) proprio suolo (*sŏlum*)' (?); av. 1498] **s. m.** e **f.**; anche **agg.** ● Chi (o Che) è o va in esilio: *la tristezza degli esuli* | ***Tomba e.***, in terra d'esilio.

esultànte [av. 1375] **part. pres.** di *esultare*; anche **agg.** ● Pieno di esultanza: *i tifosi erano esultanti per la vittoria della loro squadra.*

esultànza [vc. dotta, lat. tardo *ex*(*s*)*ultăntia*(*m*), da *ex*(*s*)*ŭltans*, genit. *ex*(*s*)*ultăntis* 'esultante'; 1798] **s. f.** ● Intensa gioia: *con indicibile e.*

esultàre [vc. dotta, lat. *ex*(*s*)*ultāre*, comp. di *ex-* raff. e *saltāre* 'saltellare', iter. di *salīre* 'saltare'; av. 1327] **v. intr.** (aus. *avere*) ● Sentire e manifestare esultanza: *la notizia mi fece e.* | ***E. in cuor proprio***, senza manifestazione esteriore | †Imbaldanzire.

esultazióne [vc. dotta, lat. *ex*(*s*)*ultatiōne*(*m*) da *exultātus*, part. pass. di *ex*(*s*)*ultāre* 'esultare'; sec. XIV] **s. f.** ● (*raro*) Esultanza.

esumàre [vc. dotta, lat. mediev. *exhumāre*, comp. di *ex-* estrattivo e *hŭmus* 'terra', in contrapposizione al lat. class. *inhumāre* 'inumare'; 1883] **v. tr.** (*io esùmo* o *èsumo*) *1* Trarre dalla tomba: *la salma fu esumata per ordine delle autorità.* *2* (*fig.*) Trarre dall'oblio cose già dimenticate: *e. un'antica abitudine.*

esumazióne [1673] **s. f.** ● L'esumare (*anche fig.*).

†**esuperànte** [vc. dotta, lat. *ex*(*s*)*uperănte*(*m*), part. pres. di *ex*(*s*)*uperāre*, comp. di *ex-* raff. e *superāre* 'superare'; av. 1492] **agg.** ● Esorbitante.

†**esuperànza** [vc. dotta, lat. *ex*(*s*)*uperăntia*(*m*), da *exsŭperans*, genit. *ex*(*s*)*uperăntis* 'esuperante'; 1551] **s. f.** ● Eccedenza.

†**esurìre** [vc. dotta, lat. *esurīre*, desiderativo di *ēse*, *ĕdere* 'mangiare', di orig. indeur.; 1319] **v. intr.** (difett. usato solo al gerundio *esurièndo*) ● Avere fame, voglia, brama.

†**esùsto** [vc. dotta, lat. *exūstu*(*m*), part. pass. di *exūrere* 'bruciare (*ūrere*) completamente (*ex-*)'; av. 1375] **agg.** ● Bruciato, arso.

esùvia o **exùvia** [vc. dotta, lat. *exūviae*, nom. pl., deriv. di *exūere* 'spogliare', contr. di *indūere* 'vestire' (V. *indumento*); 1499] **s. f.** ● (*zool.*) L'esoscheletro degli Artropodi o lo strato corneo dei Rettili eliminato periodicamente con la muta.

†**esvèllere** ● V. *svellere.*

†**et** (1) /et/ ● V. *e* (*2*).

†**et** (2) /et/ ● V. *ette.*

èta [dal gr. *êta*, di orig. semitica] **s. m.** o **f. inv.** ● Nome della settima lettera dell'alfabeto greco. **CFR.** Epsilon.

♦**età** o (*poet.*) †**etàde**, (*poet.*) †**etàte** [vc. dotta, lat. *aetāte*(*m*), per il più ant. *aevitāte*(*m*), da *āevus* '(durata di) tempo'; av. 1294] **s. f.** *1* Gli anni della vita, il tempo che si ha: *che età ha?*; *all'età di sei, venti, trent'anni*; *maggiore, minore di età.* **CFR.** -enne. *2* Ognuno dei vari periodi in cui si è soliti dividere la vita degli uomini o, più in generale, degli esseri viventi: *morta / in tanto strazio e in sì tenera etate* (L. DE' MEDICI) | ***La prima, la tenera età***, l'infanzia | ***La novella, la verde età***, l'adolescenza o la giovinezza | ***La mezza età***, fra la giovinezza e la vecchiaia | ***L'età matura***, in cui si raggiunge la pienezza della propria vita | ***Età critica***, quella intermedia tra l'adolescenza e la giovinezza e tra l'età matura e la vecchiaia | ***La terza età***, la vecchiaia | ***Età evolutiva***, il periodo della vita compreso fra la nascita e il conseguimento della piena maturità fisica e psichica | ***Essere in età da marito***, di donna matura per il matrimonio | ***Età sinodale***, V. *sinodale* | ***Un uomo d'età, di una certa età, in età***, avanti con gli anni | ***Ha la sua età***, di chi è in età avanzata | ***Avere l'età della ragione***, essere mentalmente maturi | ***Età mentale***, livello di sviluppo dell'intelligenza, espresso come equivalente all'età della vita in cui il bambino, in media, raggiunge il livello medesimo | ***L'età della luna***, i giorni trascorsi dall'ultimo novilunio. *3* Gli anni che si richiedono per poter fare qlco.: *ha passato ormai l'età di giocare* | ***Limiti di età***, oltre i quali non è più possibile fare qlco. | ***Minore età***, in diritto civile, quella inferiore ai 18 anni | ***Maggiore età***, in diritto civile, quella stabilita dalla legge nel compimento del diciottesimo anno d'età, in cui si ha capacità di agire per la cura dei propri interessi. *4* Epoca, periodo: *età storiche, preistoriche*; *l'età di Augusto*; *età risorgimentale, contemporanea* | ***L'età di mezzo***, il Medioevo | (*est.*) Generazione: *la nostra età* | (*lett.*) Vita. *5* Unità della cronologia geologica in cui si suddivide un'epoca | Unità cronologica della preistoria: *età del bronzo, età del ferro.*

etacìsmo [dal gr. *êta*, di orig. semitica, con sovrapposizione, per la seconda parte, di vc. affini, come *lambdacismo*; 1869] **s. m.** ● (*ling.*) Pronuncia del greco classico, proposta da Erasmo da Rotterdam, secondo cui i dittonghi conservano il loro valore fonetico, e la lettera η viene pronunciata *e.* **CFR.** Erasmiano. **CONTR.** Itacismo.

etacìsta [1869] **s. m.** e **f.** (**pl. m.** *-i*) ● (*ling.*) Chi segue o sostiene l'etacismo.

etacìstico **agg.** (**pl. m.** *-ci*) ● Dell'etacismo | Che si basa sull'etacismo: *pronuncia etacistica.*

†**etàde** ● V. *età.*

étagère /fr. eta'ʒɛːʀ/ [vc. fr., da *étage* '(ri)piano', dal lat. parl. **stāticum* per *stātio* 'che sta', da *stāre*; 1852] **s. f. inv.** ● Mobile a scaffali, per libri, oggetti ornamentali ecc. | Mensola d'angolo. **SIN.** Cantoniera.

étamine /fr. eta'min/ [vc. fr., lat. parl. **stamīnea*, f. sost. di *stamīneus* 'fatto di filo (*stāmen*)'] **s. f. inv.** ● (*tess.*) Stamigna.

etàno [fr. *éthane*, comp. dell'iniziale di *éth*(*er*) 'etere (2)' e *-ano* (*2*); 1892] **s. m.** ● (*chim.*) Idrocarburo alifatico saturo a due atomi di carbonio, contenuto nel petrolio e nei gas naturali; è impiegato come combustibile, come refrigerante e per sintesi organiche.

etanòlo [comp. di *etano* e *-olo* (*1*)] **s. m.** ● (*chim.*) Alcol etilico.

†**etàte** ● V. *età.*

†**et cètera** /eʧ'ʧɛtera/ ● V. *eccetera.*

†**etcètera** /eʧ'ʧɛtera/ ● V. *eccetera.*

etcì /eʧ'ʧi*/ ● V. *eccì.*

etciù /eʧ'ʧu*/ ● V. *eccì.*

etelìsmo [ted. *Ethelismus*, dal gr. *ethélein* 'volere', di orig. indeur.] **s. m.** ● (*filos.*) Teoria secondo la quale la volontà è la forza fondamentale dell'anima.

etelónte [vc. dotta, gr. *ethelontés*, dal part. di *ethélein* 'volere', di orig. indeur.] **s. m.** ● Nel mondo greco, soldato volontario.

etène **s. m.** ● (*chim.*) Etilene.

etèra (1) [vc. dotta, gr. *hetáira*, di orig. indeur.; 1865] **s. f.** *1* Nell'antica Grecia, cortigiana raffinata e dotata di cultura. *2* (*lett., eufem.*) Donna di facili costumi.

†**ètera** (2) ● V. *etere* (*1*).

eteradelfìa [comp. di *etero-* e *adelfia* (V.)] **s. f.** ● (*med.*) Crescita abnormemente maggiore di un feto rispetto a un altro, nello sviluppo intrauterino dei gemelli.

eteradèlfo agg. • (*med.*) Proprio dell'eteradelfia, caratterizzato da eteradelfia.

ètere (1) o †ètera (2) [vc. dotta, lat. *aethera*, nom. *aether*, dal gr. *aithḗr*, da *áithein* 'ardere, brillare', di orig. indeur.; 1308] s. m. *1* (*lett.*, *ant.*) La parte più alta e pura dello spazio | (*poet.*) Aria, cielo: *quest'e. vivace / che gli egri spirti accende* (PARINI) | ***E. cosmico***, ipotetico mezzo imponderabile ed elastico che si supponeva riempisse tutto l'Universo, per spiegare la propagazione della luce. *2* Spazio | ***Via e.***, per mezzo della propagazione delle onde elettromagnetiche, si contrappone a *via cavo*.

ètere (2) [ted. *Äther*, attribuito alla sostanza volatile per accostamento con il latinismo *Äther* 'etere (1)'; 1771] **A** s. m. *1* (*chim.*) Composto organico costituito da due radicali idrocarburici uniti da un atomo di ossigeno | ***E. etilico***, liquido organico volatile che produce anestesia generale o locale. *2* (*per anton.*) Correntemente, etere etilico. **B** anche agg.: (*chim.*) *gruppo e.*

etèreo (1) [vc. dotta, lat. *aethĕriu(m)*, dal gr. *aithérios*, agg. di *aithḗr*, genit. *aithéros* 'etere (1)'; sec. XIV] agg. • (*ant.*) Che è dell'etere, che si trova nell'etere: *vibrazione eterea* | (*poet.*) Del cielo: *sotto l'e. padiglion rotarsi / più mondi* (FOSCOLO) | (*est.*) Celeste, incorporeo: *bellezza eterea*.

etèreo (2) [da *etere* (2); av. 1810] agg. • (*chim.*) Di, relativo all'etere | ***Narcosi eterea***, ottenuta con inalazione di etere. SIN. Eterico.

eterìa [vc. dotta, lat. *hetaeria(m)*, dal gr. *hetairía*, da *hetâ(i)ros* 'compagno', di orig. indeur.; 1858] s. f. *1* Nell'antica Grecia, lega spec. politica. *2* Nella Bisanzio medievale, guardia del corpo dell'imperatore costituita da mercenari stranieri.

eteriàrca [comp. di *eteria* e *-arca*] s. m. (pl. *-chi*) • Comandante dell'eteria bizantina.

etèrico [1869] agg. (pl. m. *-ci*) • (*chim.*) Etereo.

eterificàre [comp. di *etere* (2) e *-ficare*; 1834] **A** v. tr. (*io eterìfico, tu eterìfichi*) • Trasformare un alcol in etere. **B** intr. pron. • (*chim.*) Trasformarsi in etere, detto di alcol.

eterificazióne [1834] s. f. • Processo chimico che porta alla formazione di un etere.

†**etèrio** [1584] agg. • Etereo, nel sign. di etereo (1).

eterìsmo [da *etere* (2); 1940] s. m. • Intossicazione per inalazione di etere.

eterizzàre [comp. di *etere* (2) e *-izzare*; 1881] v. tr. *1* Aggiungere etere a un liquido. *2* Far respirare etere per produrre anestesia generale.

eterizzazióne [av. 1850] s. f. • Narcosi con etere.

eternàbile agg. • Che si può eternare.

†**eternàle** o †**etternàle** [vc. dotta, lat. tardo *aeternāle(m)*, da *aetĕrnus* 'eterno'; av. 1292] agg. • Eterno: *sono alle pene eternali dannato* (BOCCACCIO). ‖ **eternalménte**, avv. In eterno.

†**eternalità** [da *eternale*; sec. XIV] s. f. • Eternità.

eternàre o †**etternàre** [vc. dotta, lat. *aeternāre*, da *aetĕrnus* 'eterno'; 1313] **A** v. tr. (*io etèrno*) • Immortalare: *e. il volto di qlcu. in un quadro* | Rendere durevole, perenne: *e. gli odi, la discordia*. **B** v. rifl. • (*lett.*) Farsi immortale, per meriti, fama e sim. **C** v. intr. pron. • (*raro*) Continuare, essere durevole, perenne: *rivalità che si eternano attraverso le generazioni*.

eternit® o **ètérnit** [marchio registrato; 1916] s. m. • (*edil.*) Materiale per costruzione o protezione, costituito da malta cementizia e fibre di amianto.

eternità o †**eternitàde**, †**eternitàte**, †**etternità** [vc. dotta, lat. *aeternitāte(m)*, da *aeternus* 'eterno'; 1304] s. f. *1* Nelle rappresentazioni religiose, una delle forme proprie della condizione divina, che è libera dai limiti del tempo umano e non ha principio né fine: *l'e. di Dio* | (*est.*) Condizione di ciò che dura indefinitamente | ***L'e. della materia***, indistruttibilità. *2* Vita eterna, immortalità: *guadagnarsi l'e.* *3* Tempo infinito, senza principio né termine | (*fam.*, *iperb.*) Tempo lungo, interminabile: *un discorso noioso che dura un'e.*

♦**etèrno** o †**ettèrno** [vc. dotta, lat. *aetĕrnu(m)*, prima *aevitĕrnu(m)*, da *ăevus* 'durata della vita', di orig. indeur.; av. 1292] **A** agg. *1* Che non ha principio e non avrà fine, che è durato e durerà sempre: *Dio è e.*; *certe eterne verità che non possiamo sconoscere o riniegare* (VICO). *2* Che ha avuto principio e non avrà fine | ***Il sonno e.***, la morte | ***Pena eterna***, l'inferno | ***Premio e.***, il Paradiso | ***La vita eterna***, l'esistenza ultraterrena | Immortale rispetto alla durata dell'umanità: *Dante ha raggiunto una fama eterna* | ***La città eterna***, (*per anton.*) Roma | Che ha la durata della vita dell'uomo: *provare un'eterna gratitudine*; *giurare e. amore* | ***In e.***, (*ellitt.*) per l'eternità. *3* (*fam.*, *iperb.*) Interminabile: *un lavoro, un discorso e.* | Incessante, continuo: *basta con i tuoi eterni lamenti!* | Che è sempre lo stesso: *ecco l'e. ritardatario!* | Duraturo, indistruttibile: *giacca eterna*. ‖ **eternaménte**, avv. In modo eterno, per l'eternità; per sempre, per tutta la vita; (*iperb.*) costantemente, continuamente. **B** s. m. *1* Eternità | ***L'Eterno***, (*per anton.*) Dio. *2* †Anima.

ètero agg. inv.; anche s. m. e f. inv. • (*gerg.*) Eterosessuale. CFR. Omo.

ètero- [dal gr. *héteros* 'altro', 'diverso'] primo elemento • In parole composte dotte o della terminologia scientifica, significa 'altro', 'diverso': *eterociclico, eterodonte, eterogenesi*. CONTR. omo-.

eteroàtomo [comp. di *etero-* e *atomo*] s. m. • (*chim.*) Qualsiasi atomo, diverso dal carbonio, che entra nella composizione di un composto ciclico.

eterocarpìa [comp. di *etero-* e del gr. *karpós* 'frutto', di orig. indeur.; 1834] s. f. • (*bot.*) Produzione di frutti morfologicamente diversi da parte della stessa pianta.

eterocàrpo [1834] agg. • (*bot.*) Detto di pianta che presenta eterocarpia.

eterocentrìsmo [comp. di *etero-* ed (*ego*)*centrismo*] s. m. • (*psicol.*) Atteggiamento di chi tende a porre gli altri al centro della realtà in cui vive.

eterocèrco [comp. di *etero-* e *-cerco*] agg. (pl. m. *-chi*) • (*zool.*) Detto della coda dei Pesci in cui la pinna è asimmetrica.

eterocìclico [comp. di *etero-* e *ciclico*] agg. (pl. m. *-ci*) • (*chim.*) Detto di composto organico ciclico il cui anello è formato, oltre che da atomi di carbonio, anche da atomi di elementi chimici diversi: *anello e.*

eteroclìsia s. f. • (*ling.*) Anomalia di lemma eteroclito.

eteròclito [vc. dotta, lat. tardo *heterŏclitu(n)*, dal gr. *heteróklitos* 'di altra (*héteros*) declinazione (da *klínein*)'; 1532] agg. *1* (*ling.*) Di verbo, sostantivo o aggettivo la cui flessione comprende più temi o radici (ad es., in latino, *fero* 'io porto' che diventa *tuli* 'io portai'; in italiano, *vado* che diventa *andai*). *2* (*lett.*) Anormale, inusitato: *cotesto si e. / nome, per certo, avrò male in memoria* (ARIOSTO).

eterocromìa [comp. di *etero-* e *-cromia*] s. f. • (*med.*) Differente colorazione delle iridi o di altre due parti del corpo che hanno normalmente lo stesso colore.

eteròcrono [gr. *heteróchronos* 'di tempo (*chrónos*) diverso (*héteros*)'] agg. • (*med.*) Aritmico.

eterodiegètico [fr. *hétérodiégétique*, comp. di *hétéro-* 'etero-' e *diégétique* 'diegetico'] agg. (pl. m. *-ci*) • Detto di narrazione in cui il narratore non compare come personaggio della storia che racconta.

eterodìna [gr. *heterodýna*(*mos*) 'di diverso (*héteros*) potere (*dýnamis*)'; 1927] s. f. • Oscillatore a radiofrequenza, con intensità e periodo regolabili utilizzato per produrre battimenti con un segnale in ingresso di frequenza differente. CFR. Supereterodina.

eterodirètto [comp. di *etero-* e *diretto*; 1968] agg. • Detto di chi non ha autonoma capacità di decisione autonoma e si lascia perciò dirigere da altri nel proprio comportamento.

eterodónte [comp. di *etero-* e del gr. *odṓn*, genit. *odóntos* 'dente'] agg. • Detto di animale fornito di denti disuguali fra loro a seconda della funzione che essi assumono. CONTR. Omodonte.

eterodossìa [gr. *heterodoxía*, da *heteródoxos* 'eterodosso'; 1765] s. f. • Dottrina o insegnamento in contrasto con l'opinione comune o ufficialmente riconosciuta, spec. in materia religiosa. CONTR. Ortodossia.

eterodòsso [gr. *heteródoxos* 'di un'altra (*héteros*) opinione (*dóxa*)'; 1739] agg. • Che si riferisce a eterodossia: *teoria eterodossa* | Che professa una dottrina eterodossa. CONTR. Ortodosso.

eteroeducazióne [comp. di *etero-* e *educazione*] s. f. • Azione educativa esercitata dall'esterno su un soggetto. CONTR. Autoeducazione.

eterofillìa [da *eterofillo*; 1820] s. f. • Fenomeno per cui le foglie di una pianta si presentano lungo il fusto con due o più forme diverse.

eterofìllo [comp. di *etero-* e *-fillo*; 1834] agg. • Di pianta che presenta eterofillia.

eterofonìa [comp. di *etero-* e *-fonia*] s. f. • (*mus.*) Nell'antica Grecia, specie di polifonia consistente nel sovrapporre alla melodia del canto un accompagnamento degli strumenti talora differenziato e forse esornativo.

eteroforìa [comp. di *etero-* e *-foria*] s. f. • (*med.*) Tendenza patologica di un occhio o di entrambi a deviare dalla normale direzione dello sguardo, dovuta a squilibrio funzionale dei muscoli che presiedono ai movimenti dell'occhio.

eterofòrico **A** agg. (pl. m. *-ci*) • Di, relativo a, eteroforia. **B** agg.; anche s. m. (f. *-a*) • Che (o Chi) è affetto da eteroforia.

eterogamète [comp. di *etero-* e *gamete*] s. m. • (*biol.*) Gamete morfologicamente diverso a seconda del sesso di provenienza.

eterogamìa [comp. di *etero-* e un deriv. del gr. *gámos* 'matrimonio'] s. f. • (*biol.*) Riproduzione che avviene tramite gameti maschili e femminili morfologicamente e dimensionalmente molto diversi. CFR. Anisogamia, isogamia.

eterògamo [comp. di *etero-* e del gr. *gámos* 'matrimonio'; 1834] agg. • (*biol.*) Relativo all'eterogamia | ***Riproduzione sessuale eterogama***, caratterizzata dalla fusione di gameti differenti.

eterogeneità [da *eterogeneo*; av. 1730] s. f. • Caratteristica, condizione di ciò che è eterogeneo. CONTR. Omogeneità.

eterogèneo [gr. *heterogenḗs*, 'di altro (*héteros*) genere (*génos*)'; av. 1563] agg. *1* Di natura e caratteristiche diverse: *sulle banchine del porto vi sono le merci più eterogenee*; *pubblico e.* CONTR. Omogeneo. *2* (*ling.*) Di sostantivo che nel plurale ha o può avere genere diverso che nel singolare (ad es. *braccio*, *braccia*).

eterogènesi [comp. di *etero-* e *genesi*; 1887] s. f. inv. *1* (*biol.*) Alternanza di generazioni. *2* (*biol.*) Comparsa di un organismo mutante in una popolazione. *3* (*filos.*) ***E. dei fini***, principio secondo cui le azioni umane possono conseguire fini diversi da quelli perseguiti.

eterogonìa [comp. di *etero-* e *-gonia*] s. f. • (*biol.*) Regolare alternanza di riproduzione partenogenetica e sessuata in alcune specie animali, come gli imenotteri e alcuni crostacei.

eteroinnèsto [comp. di *etero-* e *innesto*] s. m. • (*chir.*) Eterotrapianto.

eterointegrazióne [vc. dotta, comp. di *etero-* e *integrazione*; 1990] s. f. • (*dir.*) Completamento di una lacuna normativa con l'applicazione di norme di altro ordinamento giuridico.

eterolalìa [comp. di *etero-* e *-lalia*] s. f. • (*med.*) Forma di loquacità propria del delirio.

eterològico [vc. dotta, comp. di *etero-* e *logico*] agg. (pl. m. *-ci*) • Detto di termine, spec. un aggettivo, che esprime una proprietà da esso non posseduta: *bisillabico è e. in quanto non è composto da due sillabe*. CONTR. Autologico.

eteròlogo [da *omologo* con sostituzione di prefissoide a senso opposto (*etero-* a *omo-*)] agg. (pl. m. *-ghi*) *1* Detto di elemento chimico appartenente alla stessa serie orizzontale nel sistema periodico di Mendeleev. *2* (*biol.*) Detto di organo, tessuto o sostanza organica che proviene da una specie diversa da quella considerata.

eteròmane agg.; anche s. m. e f. • Che (o Chi) è affetto da eteromania.

eteromanìa [comp. di *etere* e *mania*] s. f. • (*med.*) Abitudine morbosa d'inalare etere.

eteròmero [comp. di *etero-* e *-mero*] agg. • (*bot.*) Detto di verticillo florale che ha un numero di pezzi disuguale | Detto del tallo dei licheni in cui i gonidi non sono sparsi uniformemente, ma distribuiti in strati.

eterometàbolo [comp. di *etero-* e del gr. *metabolḗ* 'mutamento'] agg.; anche s. m. • (*zool.*) Detto di insetto che alla nascita è privo di ali, ma ha un aspetto simile all'adulto.

eteròmio [comp. di *etero-* e del gr. *mŷs*, genit. *myós* 'topo'] s. m. • Piccolo mammifero roditore dell'America meridionale (*Heteromys*).

eteromorfìsmo [da *eteromorfo*] s. m. • (*bot.*) Fenomeno per cui su una stessa pianta sono presenti due o più tipi di organi della medesima struttura morfologica.

eteromòrfo [gr. *heterómorphos* 'di forma (*morphḗ*) diversa (*héteros*)'] agg. ● Di pianta che presenta eteromorfismo.

eteronimia [comp. di *etero-* e un deriv. del gr. *ónyma*, var. di *ónoma* 'nome'] s. f. ● (*ling.*) Fenomeno per cui coppie naturali di oggetti o di esseri animati sono denominati con nomi di diversa etimologia (ad es. *fratello-sorella*; *maiale-scrofa*).

eterònimo [comp. di *etero-* e del gr. *ónyma*, dial. per *ónoma* 'nome'] **A** agg. **1** (*ling.*) Detto di nome che è in rapporto di eteronimia con uno o più altri. **2** Detto di opera pubblicata con nome diverso da quello dell'autore. **B** s. m. ● Opera eteronima | Nome d'arte dell'autore di un'opera.

eteronomia [comp. di *etero-* e un deriv. del gr. *nómos* 'legge'; 1846] s. f. ● (*filos.*) Principio in base al quale la volontà del soggetto non ha in sé la ragione della propria azione ma la deriva da principi estranei alla stessa volontà. CONTR. Autonomia.

eterònomo [1908] agg. **1** (*filos.*) Che riceve dall'esterno le modalità della propria azione. CONTR. Autonomo. **2** (*ling.*) Detto di mutamento fonetico condizionato da altri fattori.

eteropàtico [comp. di *etero-* e un deriv. del gr. *páthos* 'malattia'] agg. (pl. m. *-ci*) ● (*med.*) Allopatico.

eteroplòide [comp. di *etero-* e (*a*)*ploide*; 1987] agg. ● (*biol.*) Aneuploide.

eteropolàre [comp. di *etero-* e *polare*; 1931] agg. ● (*fis.*) Di legame che avviene per attrazione elettrostatica fra ioni di segno opposto. SIN. Ionico.

eteropòlio [da *etero-* sul modello di *monopolio* (V.)] s. m. ● (*econ.*) Forma di mercato caratterizzata dalla differenza qualitativa dei beni e servizi offerti da ciascuno dei venditori rispetto a quelli offerti dagli altri, e dalla conseguente preferenza dei compratori per uno o alcuni dei venditori in particolare.

eteropsònio [da *etero-* sul modello di *monopsonio* (V.)] s. m. ● (*econ.*) Forma di mercato caratterizzata dalla differenza delle condizioni economiche di ciascuno dei compratori e dalla conseguente preferenza dei venditori per la domanda di uno o di alcuni fra loro in particolare.

eterosessuàle [comp. di *etero-* e *sessuale*; 1955] **A** agg. ● Che riguarda i rapporti sessuali fra due persone di sesso diverso: *relazione e.* **B** agg.; anche s. m. e f. ● Che (o Chi) prova attrazione sessuale per persone di sesso opposto. CFR. Bisessuale, omosessuale.

eterosessualità s. f. ● Inclinazione sessuale di chi è attratto da persone di sesso diverso. CFR. Omosessualità.

eterosfèra [da *etero-*, sul modello di *atmosfera*] s. f. ● (*geogr.*) La regione superiore dell'atmosfera terrestre, che si estende oltre gli 80-100 km di altezza.

eterosillàbico [comp. di *etero-* e *sillaba*, con suff. agg.] agg. (pl. m. *-ci*) ● (*ling.*) Detto di suono appartenente a sillaba diversa da quella considerata (per es. i suoni *p* e *d* nelle due sillabe *spon-* e *-da* di '*sponda*'). CONTR. Tautosillabico.

eterosòmo [vc. dotta, comp. di *etero-* e del gr. *sôma* 'corpo'] agg. ● (*biol.*, *zool.*) Che ha corpo diverso, detto spec. di razze di polli in domesticità rispetto a quelli selvatici.

eterotàllico [comp. di *etero-* e *tallo*, con suff. agg.] agg. (pl. m. *-ci*) ● (*bot.*) Detto di pianta in cui l'organo di riproduzione produce gameti di sesso o solo maschile o solo femminile.

eterotassìa [comp. di *etero-* e un deriv. del gr. *táxis* 'ordinamento'; 1865] s. f. ● (*biol.*) Anormale disposizione di organi.

eterotermia [da *eterotermo*] s. f. ● (*fisiol.*) Condizione degli eterotermi. CONTR. Omeotermia.

eterotèrmico [comp. di *etero-* e *termico*] agg. (pl. m. *-ci*) ● (*fisiol.*) Riferito agli eterotermi. CONTR. Omeotermico.

eterotèrmo [comp. di *etero-* e del gr. *thermós* 'caldo'; 1913] agg. e s. m. ● (*zool.*) Detto di organismo animale in grado di variare la temperatura corporea in varie parti del corpo o in tempi diversi. CONTR. Omeotermo.

eterotopìa [comp. di *etero-* e un deriv. del gr. *tópos* 'luogo'] s. f. ● (*med.*) Sviluppo di un tessuto in sede anomala.

eterotrapiànto [comp. di *etero-* e *trapianto*] s. m. ● (*chir.*) Trasferimento di un tessuto o di un organo da un organismo a un altro di specie diversa | Il tessuto o l'organo così trapiantati. SIN. Eteroinnesto, xenotrapianto.

eterotrofia [comp. di *etero-* e un deriv. del gr. *trophḗ* 'cibo, nutrizione'; 1865] s. f. ● (*biol.*) Fenomeno per cui un organismo che non è capace di fabbricare da sé le sostanze organiche le assume da altri organismi. CONTR. Autotrofia.

eterotròfico agg. (pl. m. *-ci*) ● Di, relativo a, eterotrofia.

eteròtrofo [1932] agg. ● (*biol.*) Di organismo animale o vegetale che presenta eterotrofia.

Eteròtteri [comp. di *etero-* e un deriv. del gr. *pterón* 'ala'; 1834] s. m. pl. (sing. *-o*) ● Nella tassonomia animale, ordine di Insetti degli Emitteri con ali anteriori in parte indurite (*Heteroptera*).

eterozigòsi [comp. di *eterozig*(*ote*) e *-osi*] s. f. inv. ● (*biol.*) Condizione genetica degli eterozigoti | L'unione di gameti geneticamente diversi.

eterozigòte [comp. di *etero-* e *zigote*; 1918] s. m.; anche agg. ● (*biol.*) Individuo derivante dall'unione di gameti a fattori ereditari diversi.

etèsie s. f. pl. ● Etesii.

etèsii [vc. dotta, lat. *etēsia*(*s*), nom. *etēsiae* (pl.), dal gr. *etēsíai*, sottinteso *ánemoi* '(venti) annuali (da *étos* 'anno')'] s. m. pl. ● Venti periodici provenienti da nord che soffiano durante i mesi estivi nel Mediterraneo orientale. SIN. Meltemi.

etèsio [1542] agg. ● (*lett.*) Proprio degli etesii: *vento e.*; *brezza etesia.*

èthos /gr. 'εθos/ [vc. gr., *éthos* 'costume, carattere', di orig. indeur.] s. m. inv. ● Costume, norma di vita.

ètica [vc. dotta, lat. *ēthica*(*m*), dal gr. *ēthikḗ* 'relativo al carattere (*êthos*, di orig. indeur.)'; av. 1292] s. f. **1** (*filos.*) Parte della filosofia che studia i problemi e i valori connessi all'agire umano: *la relazione tra ciò che è bene e ciò che è male è tipica dell'e.* | ***E. normativa*** (*o* ***precettiva***), ***e. descrittiva***, a seconda che si proponga, o meno, di raccomandare norme di comportamento. **2** Insieme delle norme di condotta pubblica e privata seguite da una persona o da un gruppo di persone: *un'e. severa*; *la mia e. professionale*; *l'e. cristiana*; *l'e. di Giolitti*, *l'e. di De Gasperi.*

etichétta (**1**) [fr. *étiquette*, dall'ant. fr. *estiquer* 'attaccare', dall'ol. *stikken*; 1797] s. f. **1** Cartellino che si applica sopra bottiglie, libri e sim. per indicarne il prezzo, il contenuto, il nome, la collocazione negli scaffali, e sim. **2** (*fig.*) Definizione sommaria e astratta di un movimento artistico, filosofico, politico: *quanti autori sono entrati sotto l'e. del romanticismo!* | (*est.*) Definizione sbrigativa e superficiale assegnata a qlcu. o a qlco.: *rifiuto recisamente l'e. di perfezionista*; *gli hanno appiccicato l'e. del piantagrane*; *l'opera è stata qualificata sotto l'e. di 'romanzo'.* || **etichettina**, dim. | **etichettóna**, accr.

etichétta (**2**) [sp. *etiqueta*, dal fr. *étiquette* 'lista dei testimoni' (dal senso più ant. di 'marca attaccata a un palo'), esteso da Carlo V al 'protocollo di corte'; av. 1712] s. f. ● Cerimoniale degli usi e costumi da osservare nelle corti regali | (*est.*) Il complesso delle norme consuetudinarie di comportamento in società e in particolari cerimonie | ***Tenere all'e.***, guardare alla forma | ***Senza e.***, senza formalismi, alla buona.

etichettàre [adattamento del fr. *étiqueter*, da *étiquette* 'etichetta (1)'; 1950] v. tr. (*io etichétto*) **1** Fornire di etichetta. **2** (*fig.*) Qualificare in modo generico e sbrigativo: *l'hanno etichettato come piantagrane.*

etichettatrice [1970] s. f. ● Macchina o apparecchio per etichettare.

etichettatùra s. f. ● Operazione dell'etichettare.

etichettificio [comp. di *etichetta* e *-ficio*] s. m. ● Fabbrica di etichette.

eticità [da *etico* (*1*); 1911] s. f. **1** Caratteristica, condizione di ciò che è etico. **2** Nella filosofia hegeliana, la realizzazione del diritto e della moralità in istituzioni storiche quali la famiglia, la società, lo Stato.

ètico (**1**) [vc. dotta, lat. *ēthicu*(*m*), dal gr. *ēthikós* 'proprio della morale (*êthos*, di orig. indeur.)'; av. 1565] **A** agg. (pl. m. *-ci*) **1** (*filos.*) Che concerne o interessa l'etica o la filosofia morale. **2** Attenente al costume | Relativo alla vita sociale e civile: *è un grave problema e.* **3** (*ling.*) ***Dativo e.***, complemento che esprime l'interesse con cui una persona segue l'azione verbale (ad es. *ci* in '*ci siamo mangiati una bella pizza*'). || **eticaménte**, avv. Per quanto concerne l'etica. **B** s. m. (f. *-a*) ● (*filos.*) Chi si dedica allo studio dell'etica.

ètico (**2**) [vc. dotta, gr. *hektikós*, attributo di una febbre 'continua' (da *héxis* 'essere in una certa condizione', deriv. di *échein* 'avere, tenere'); sec. XIII] agg.; anche s. m. (f. *-a*; pl. m. *-ci*) ● (*raro*) Tisico.

ètico (**3**) [ingl. *etic*, tratto da (*phon*)*etic* 'fonetico'; 1969] agg. (pl. m. *-ci*) ● (*ling.*) Relativo a dati oggettivi, che non sono pertinenti e non hanno quindi una funzione distintiva all'interno di un determinato sistema linguistico | (*est.*) Che si riferisce all'aspetto puramente descrittivo di un certo fatto o fenomeno. CONTR. Emico.

etil- [da *etano*] primo elemento ● In parole composte della terminologia chimica, denota la presenza di un radicale derivante dall'etano per eliminazione di un atomo di idrogeno in molecole organiche.

etile [comp. del gr. *aith*(*ḗr*) 'etere (2)' e *hýlē* 'materia'; 1869] s. m. ● (*chim.*) Residuo dell'etano costituito da due atomi di carbonio e cinque di idrogeno.

etilène [da *etile*; 1869] s. m. ● (*chim.*) Idrocarburo alifatico non saturo a due atomi di carbonio, gassoso, di largo impiego nell'industria. SIN. Etene.

etilènico agg. (pl. m. *-ci*) ● (*chim.*) Relativo all'etilene: *legame e.*

etìlico [1869] agg. (pl. m. *-ci*) ● (*chim.*) Detto di composto che contiene un etile: *alcol e.*; *etere e.*

etilìsmo [comp. di *etile* e *-ismo*; 1950] s. m. ● (*med.*) Intossicazione da alcol etilico: *e. cronico*, *acuto.* SIN. Alcolismo.

etilista [1966] s. m. e f.; anche agg. (pl. m. *-i*) ● Chi (o Che) presenta i sintomi dell'etilismo. SIN. Alcolista.

etilòmetro [comp. di *etil-* e *-metro*; 1988] s. m. ● Strumento che serve per misurare la quantità di alcol etilico ingerita attraverso l'analisi del fiato; è usato dalla polizia stradale per controllare se un automobilista guida in stato di ebbrezza.

etilotèst [comp. di *etilo*(*metro*) e *test*; 1990] s. m. inv. ● Test effettuato con l'etilometro.

ètimo [vc. dotta, lat. *ĕtymo*(*n*), dal gr. *étymon* 'vero (*étymos*) significato di una parola'; av. 1617] s. m. ● (*ling.*) Forma data o stabilita dalla quale si fa derivare una parola.

etimologia [vc. dotta, lat. *etymolŏgia*(*m*), dal gr. *etymología*, comp. di *étymon* 'intimo significato della parola', e *-logía* '-logia'; sec. XIII] s. f. ● (*ling.*) Ricerca dei rapporti che una parola ha con un'altra unità più antica da cui è derivata | Disciplina che si occupa della formazione delle parole, mediante la quale si riducono unità più recenti a termini già conosciuti | (*est.*) Etimo | ***E. popolare***, ***e. incrociata***, fenomeno per cui il soggetto parlante, basandosi su alcune somiglianze formali, riallaccia una parola a un'altra senza che fra esse esista alcuna parentela.

etimològico [vc. dotta, lat. *etymolŏgicu*(*m*), dal gr. *etymologikós*, da *etymología* 'etimologia'; av. 1675] **A** agg. (pl. m. *-ci*) ● Che riguarda l'etimologia | Detto di significato originario o di suono che è il reale sviluppo di un suono precedente | ***Dizionario e.***, quello che dà l'etimologia dei lemmi registrati | ***Figura etimologica***, procedimento retorico per il quale si usano nella stessa frase parole che hanno uguale radice: *rise, e in quel riso dalla man del figlio / prese il nappo* (MONTI). || **etimologicamente**, avv. Secondo l'etimologia. **B** s. m. ● †Etimologo.

etimologista [1584] s. m. e f. (pl. m. *-i*) ● Etimologo.

etimologizzàre [da *etimologi*(*a*) e *-izzare*; av. 1375] v. intr. ● Dare o cercare l'etimologia di una parola.

etimòlogo [vc. dotta, lat. *etymŏlogu*(*m*), dal gr. *etymólogos*, da *etymología* 'etimologia'; av. 1744] s. m. (f. *-a*; pl. m. *-gi*) ● Chi si dedica a studi etimologici. SIN. Etimologista.

etino [da *etile*] s. m. ● (*chim.*) Acetilene.

ètio- ● V. *ezio-*.

etiologìa e *deriv.* ● V. *eziologia* e *deriv.*

etiònico [comp. di *e*(*tilene*) e del gr. *theîon* 'zolfo'] agg. (pl. m. *-ci*) ● (*chim.*) Detto di acido organico contenente due gruppi solfonici.

etiopatogènesi ● V. *eziopatogenesi.*

etiope o †**etiopo** [vc. dotta, lat. *Aethĭope*(*m*), nom. *Aethiops*, dal gr. *Aithíops*, propr. 'dall'aspetto (*ópsis*) bruciato (dal v. *áithein* 'ardere')'; 1319] **A** agg. ● Dell'Etiopia. **B** s. m. e f. *1* Abitante, nativo dell'Etiopia. *2* †Africano.

etiòpico [vc. dotta, lat. *Aethiŏpicu(m)*, dal gr. *Aithiopikós*, agg. di *Aithíops* 'etiope'; av. 1367] **A** agg. (pl. m. *-ci*) ● Dell'Etiopia o degli Etiopi. **B** s. m. solo sing. ● Lingua della famiglia semitica parlata dagli Etiopi.

etiòpide [vc. dotta, lat. *Aethiŏpide(m)*, nom. *Aethĭopis*, dal gr. *Aithiopís*, f. di *Aithíops* 'etiope'; av. 1577] s. m. e f. ● Ciascuno degli appartenenti a un ceppo umano formato da Etiopici, da alcune tribù sahariane e centro-africane e da alcuni gruppi malgasci.

†**etiopo** ● V. *etiope*.

etiotropismo e *deriv.* ● V. *eziotropismo* e *deriv.*

etisia [fr. *étisie*, da un precedente *hectisie* (fatto sul modello di *phtisie* 'tisi'), adattato a *étique* 'etico'; 1671] s. f. ● (*med.*) Tubercolosi: *una crudele e. lo uccide lentamente* (BOITO).

etmoidàle [1829] agg. ● Che concerne l'etmoide.

etmòide [vc. dotta, gr. *ēthmoeidḗs* 'a forma (*êidos*) di crivello (*ēthmós*)'; 1771] s. m. ● (*anat.*) Osso della base del cranio che concorre alla formazione delle cavità nasali e delle cavità orbitarie.

etnàrca [vc. dotta, gr. *ethnárkhēs*, comp. di *éthnos* 'popolo' e *-árkhēs*, da *árchein* 'essere a capo'] s. m. (pl. *-chi*) ● Titolo di rango inferiore a quello di re, dato in età ellenistico-romana a capi di popoli orientali | Presso i cristiani ortodossi soggetti a dominazione straniera (per es. a Cipro), il patriarca o metropolita investito anche di funzioni civili.

etnèo [vc. dotta, lat. *Aetnāeu(m)*, dal gr. *Aitnâios*, di orig. indeur. (?); 1532] **A** agg. ● Dell'Etna. **B** s. m. *1* Abitante delle pendici dell'Etna. *2* Abitante, nativo dell'antica città di Etna.

etnìa [dal gr. *éthnos* 'razza, popolo' (V. *etnico*); 1945] s. f. ● Raggruppamento umano basato su comuni caratteri razziali, linguistici o culturali.

etnicità s. f. ● Condizione di appartenenza a un gruppo etnico in relazione agli aspetti biologici, storici, culturali o linguistici.

ètnico [vc. dotta, lat. eccl. *ĕthnicu(m)* 'pagano', dal gr. *ethnikós*, da *éthnos*, di etim. incerta; av. 1550] agg. (pl. m. *-ci*) *1* Che è proprio di una razza, di un popolo: *i caratteri etnici dei polinesiani* | ***Gruppo e.***, aggregato sociale che si caratterizza per comunanza di cultura e lingua | ***Pulizia etnica***, locuzione ripresa dal linguaggio giornalistico e con la quale sono definiti da chi li mette in atto i programmi di eliminazione di minoranze etniche attuati in forme che vanno dalla deportazione al genocidio. *2* (*est.*) Che è tipico delle tradizioni, del costume o del folclore di popolazioni spec. extraeuropee: *cucina etnica*; *musica etnica*; *moda, oggettistica etnica*. *3* (*ling.*) Detto di aggettivo o nome derivato da un nome di paese o di regione e indicante l'appartenenza a questa regione o a questo paese (ad es. *triestino, lombardo, austriaco*). *4* Nella terminologia biblica e (*est.*) cristiana antica, detto di chi non apparteneva al popolo giudaico e (*est.*) di chi non era cristiano. || **etnicaménte**, avv. Dal punto di vista etnico.

ètno- [dal gr. *éthnos* 'popolo', di etim. incerta] primo elemento ● In parole composte dotte, significa 'popolo', 'razza': *etnografia, etnologia.*

etnocèntrico [comp. di *etno-* e di un deriv. di *centro*, sul modello dell'ingl. *ethnocentric*; 1989] agg. (pl. m. *-ci*) ● Proprio dell'etnocentrismo, caratterizzato da etnocentrismo: *atteggiamento e.* || **etnocentricaménte**, avv. In modo etnocentrico, da un punto di vista etnocentrico.

etnocentrismo [comp. di *etnocentr(ico)* e *-ismo*, sul modello dell'ingl. *ethnocentrism*; 1974] s. m. ● Atteggiamento di chi attribuisce al proprio gruppo etnico una superiorità culturale e giudica gli altri gruppi etnici esclusivamente in base ai propri valori.

etnocìdio [comp. di *etno-* e *-cidio*] s. m. ● Distruzione del patrimonio culturale di un gruppo etnico.

etnografìa [comp. di *etno-* e *-grafia*; 1829] s. f. ● Scienza che studia i costumi e le tradizioni dei popoli viventi con intendimenti descrittivi.

etnogràfico [1826] agg. (pl. m. *-ci*) ● Proprio dell'etnografia. || **etnograficaménte**, avv. Dal punto di vista dell'etnografia.

etnògrafo [comp. di *etno-* e *-grafo*; 1861] s. m. (f. *-a*) ● Studioso, esperto di etnografia.

etnolinguìstica [comp. di *etno-* e *linguistica*] s. f. ● Parte della linguistica che studia le relazioni fra le lingue e i vari tipi di cultura umana.

etnologìa [comp. di *etno-* e *-logia*; 1865] s. f. ● Scienza che studia le culture e le civiltà dei vari popoli, utilizzando i dati dell'etnografia, per stabilire l'evoluzione, il diffondersi e l'affermarsi delle culture umane.

etnològico [1857] agg. (pl. m. *-ci*) ● Che concerne l'etnologia: *studi etnologici.* || **etnologicaménte**, avv. Dal punto di vista etnologico.

etnòlogo [comp. di *etno-* e *-logo*; 1865] s. m. (f. *-a*; pl. m. *-gi*) ● Studioso, esperto di etnologia.

etnomusicologìa [comp. di *etno-* e *musicologia*] s. f. ● Parte della musicologia che studia le musiche popolari dei vari Paesi.

etnònimo [comp. di *etn(o-)* e *-onimo*] s. m. ● (*ling.*) Nome etnico.

etnopsichiatrìa [comp. di *etno-* e *psichiatria*] s. f. ● Ramo della psichiatria che studia i rapporti esistenti tra le manifestazioni psicopatologiche e i fattori etnici.

etnostòria [comp. di *etno-* e *storia*] s. f. ● Studio storico ed etnologico delle civiltà primitive scomparse o acculturate.

-éto [lat. *-ētu(m)*, suff. impiegato per n. collett.] suff. ● Forma termini che indicano terreni adibiti a particolari colture (*frutteto, vigneto*) o boschi e sim. di determinate piante e altre forme vegetali (*canneto, castagneto, faggeto*) o insieme di materiali o costruzioni varie (*ghiaieto, macereto, sepolcreto*).

étoile /fr. e'twal/ [vc. fr., propr. 'stella'; 1918] s. f. inv. ● Il primo o la prima ballerina di un corpo di ballo classico | (*est.*) Interprete famoso nel mondo della danza o dello spettacolo.

etòlico [vc. dotta, lat. *Aetōlicu(m)*, dal gr. *Aitōlikós* 'proprio dell'Etolia (*Aitōlía*, di etim. incerta)'] agg. (pl. m. *-ci*) ● Dell'Etolia, regione storica della Grecia classica: *città etoliche.*

etologìa [vc. dotta, lat. *ethologĭa(m)*, dal gr. *ēthología*, comp. di *êthos* 'costume' e *-logía* '-logia'; 1820] s. f. *1* (*disus.*) Ramo della psicologia relativo allo studio e alla classificazione dei caratteri | (*raro*) Studio dei caratteri e dei costumi dei popoli. *2* Scienza che studia il comportamento e le abitudini animali con particolare attenzione alle loro reciproche relazioni e all'adattamento all'ambiente | ***E. vegetale***, studio del modo di vita delle piante.

etològico [1765] agg. (pl. m. *-ci*) ● Dell'etologia. || **etologicaménte**, avv. Dal punto di vista etologico.

etòlogo [av. 1729] s. m. (f. *-a*; pl. m. *-gi*) ● Studioso, esperto di etologia.

etopèa [vc. dotta, lat. tardo *ethopoēia(m)*, dal gr. *ēthopoiía* 'formazione (da *poiêin* 'fare, creare') del carattere (*êthos*)'; 1639] s. f. ● (*ling.*) Nella retorica, descrizione del carattere, dei costumi, dell'indole di un personaggio: *o anima lombarda, / come ti stavi altera e disdegnosa / e nel mover de li occhi onesta e tarda!* (DANTE *Purg.* VI, 61-63).

etossilazióne [da *etossilico*] s. f. ● (*chim.*) Reazione chimica che consente di introdurre in una molecola organica un gruppo etossilico.

etossìlico [comp. di *et(ano)*, *ossi(dato)* e del suff. *-ico*] agg. (pl. m. *-ci*) ● (*chim.*) Detto di gruppo sostituente ottenuto dall'alcol etilico per eliminazione di un atomo di idrogeno dal suo gruppo ossidrilico.

†**ètra** [vc. dotta, lat. *aēthra(m)*, dal gr. *áithra*, deriv. di *aithḗr*, genit. *aithéros* 'etere'; 1532] s. m. solo sing. ● (*poet.*) Etere, aria.

♦**etrùsco** [vc. dotta, lat. *Etrūscu(m)*, di etim. discussa: di orig. osca, da *tursko* 'etrusco' con sovrapposizione di *etro-* 'altro' (?); sec. XIV] **A** agg. (pl. m. *-schi*) *1* Dell'antica Etruria. *2* (*poet.*) Toscano | ***Il mare e.***, il Tirreno. **B** s. m. (f. *-a*) ● Abitante, nativo dell'antica Etruria. **C** s. m. solo sing. ● Lingua etrusca.

etruscologìa [comp. di *etrusco* e *-logia*; 1914] s. f. ● Studio della storia, della lingua e dei monumenti etruschi.

etruscològico agg. (pl. m. *-ci*) ● Relativo all'etruscologia.

etruscòlogo [comp. di *etrusco* e *-logo*; 1925] s. m. (f. *-a*; pl. m. *-gi*) ● Studioso, esperto di etruscologia.

ètta- ● V. *epta-*.

-ettàccio [doppio suff., *-etto* dim. e *-accio* pegg.] suff. alterativo composto (f. *-a*) ● Conferisce a sostantivi valore spregiativo: *carrettaccio, librettaccio, panchettaccia.*

ettacòrdo ● V. *eptacordo.*

ettaèdro o **eptaèdro** [vc. dotta, comp. di *epta-* e *-edro*; 1820] s. m. ● (*mat.*) Poliedro con sette facce.

ettagonàle o **eptagonàle** [1585] agg. ● (*mat.*) Di ettagono | Che ha forma di ettagono.

ettàgono o **eptàgono** [vc. dotta, lat. tardo *heptagōnu(m)*, dal gr. *heptágōnos* 'che ha sette (*heptá*) angoli (*gōníai*)'; 1585] s. m. ● (*mat.*) Poligono con sette vertici. ➡ ILL. **geometria.**

ettaràto [da *ettaro*] s. m. ● (*raro*) Superficie di un terreno misurata in ettari.

-ettàre [suff. verb. corrispondente, per forma e funzioni, al suff. attenuativo *-etto*] suff. verbale ● Ha valore diminutivo e frequentativo: *fischiettare, picchiettare, schioppettare, scoppiettare, zampettare.*

♦**èttaro** [fr. *hectare*, ibrido comp. del gr. *hekatón* 'cento' e del lat. *ārea* 'area'; 1833] s. m. ● Unità di superficie agraria equivalente a 10 000 metri quadrati. SIMB. ha.

ettasìa ● V. *ectasia.*

ètte o †**et** (*2*) [var. raff. di *et*, secondo la pron. pop. tosc.; 1618] s. m. solo sing. *1* (*fam., disus.*) Nulla, niente (in frasi negative): *non ci capisco un e.*; *non me ne importa un e.* *2* (*fam., disus.*) Poco: *c'è mancato un e. che non finisse per terra.*

†**ettèrno** e *deriv.* ● V. *eterno* e *deriv.*

-ettìno [doppio suff., *-etto* e *-ino*, l'uno e l'altro dim.] suff. alterativo (f. *-a*) ● Conferisce ad aggettivi e sostantivi valore diminutivo o vezzeggiativo: *casettina, grandettino.*

ètto [fr. *hect(o)-*, abbr. arbitraria del gr. *hekatón* 'cento'; 1859] s. m. ● (*fam.*) Ettogrammo.

ètto- [fr. *hect(o)-*, arbitrariamente ricavato dal gr. *hekatón* 'cento', di orig. indeur.] primo elemento ● Anteposto a un'unità di misura, la moltiplica per cento, cioè per 10^2: *ettogrammo, ettolitro.* SIMB. h.

-étto [suff. dim. di orig. incerta] suff. alterativo (f. *-a*) ● Conferisce a sostantivi e aggettivi valore diminutivo, spesso con particolare tono affettivo o vezzeggiativo e, anche, spregiativo: *bimbetto, cerchietto, foglietto, piccoletto.*

ettogràmmo [fr. *hectogramme*, comp. di *hecto-* 'etto-' e *gramme* 'grammo'; 1820] s. m. ● Unità di misura di massa, equivalente a 100 grammi. SIMB. hg.

ettòlitro [fr. *hectolitre*, comp. di *hecto-* 'etto-', e *litre* 'litro'; 1800] s. m. ● Unità di misura di volume equivalente a 100 litri. SIMB. hl.

ettòmetro [fr. *hectomètre*, comp. di *hecto-* 'etto-', e *mètre* 'metro'; 1821] s. m. ● Unità di misura di lunghezza equivalente a 100 metri. SIMB. hm.

èu- [dal gr. *êu* 'bene', di orig. indeur.] primo elemento (talora *ev-* davanti a vocale) ● In parole composte dotte o della terminologia scientifica, significa 'bene', 'buono': *eucaina, eucalipto, euclasio.*

eubiòtica [comp. di *eu-* e del gr. *biotikós* 'vitale, della vita', sul modello di *macrobiotica*; 1985] s. f. ● Insieme di regole utili per vivere in modo sano, basate spec. sull'adozione di alcune consuetudini dietetiche, come la scelta di cibi naturali, integrali e la giusta associazione dei diversi componenti nutritivi.

eubòico [vc. dotta, lat. *Eubŏicu(m)*, dal gr. *Euboïkós* 'proprio dell'Eubea (*Éuboia*, di etim. incerta)'; 1342] agg. (pl. m. *-ci*) ● (*lett.*) Dell'Eubea | (*lett., est.*) Della città di Cuma, fondata da coloni dell'Eubea.

eucaìna [comp. di *eu-* e della seconda parte di *(co)caina*] s. f. ● (*chim.*) Prodotto succedaneo della cocaina.

eucalìpto o **eucalìtto** [comp. di *eu-* e gr. *kalyptós* 'coperto', per la forma del calice dei suoi fiori; 1820] s. m. ● Albero delle Mirtacee con foglie ovali o falcate da cui si ricava un olio essenziale (*Eucalyptus globulus*). SIN. Albero della febbre. ➡ ILL. **piante**/5.

eucaliptòlo [comp. di *eucalipto* e *-olo* (*2*)] s. m. ● Liquido di odore aromatico canforaceo, estratto dall'olio essenziale di eucalipto, usato come farmaco balsamico, antisettico, anticatarrale e sim.

eucalìtto ● V. *eucalipto.*

eucariòte [comp. di *eu-* e del gr. *káryon* 'nucleo' (di orig. sconosciuta)] **A** s. m. ● (*biol.*) Organismo le cui cellule hanno il nucleo provvisto di una membrana che lo delimita rispetto al citoplasma. **B** anche **agg.**: *organismo e.* **CONTR.** Procariote.

eucariòtico **agg.** (**pl. m.** *-ci*) ● (*biol.*) Di, relativo a eucariote. **CONTR.** Procariotico.

eucaristìa o **eucarestìa** [vc. dotta, lat. crist. *eucharīstia(m)*, dal gr. *eucharistía*, comp. di *êu* 'bene' e di un deriv. da *cháris* 'grazia'; sec. XIV] **s. f.** (*Eucaristia* nel sign. 1) **1** Uno dei sacramenti della Chiesa cattolica, in cui, sotto le specie del pane e del vino, si contengono realmente il corpo, il sangue, l'anima e la divinità di Gesù Cristo, come tale accettato, con varianti di dottrina teologica, dalla Chiesa ortodossa, dalla Chiesa luterana e da altre confessioni cristiane. **2** Comunione. **3** Ostia consacrata.

eucarìstico [vc. dotta, lat. eccl. *eucharĭstico(n)*, dal gr. *eucharistikós* 'di gratitudine' (V. *eucarestia*); 1657] **agg.** (**pl. m.** *-ci*) ● Dell'Eucaristia, attinente all'Eucaristia: *sacramento, pane, culto e.* | ***Offerta eucaristica***, la Messa | ***Congresso e.***, adunanza religiosa cattolica nella quale si intende adorare pubblicamente Gesù Cristo nell'Eucaristia e diffonderne il culto.

èucera [comp. di *eu-* e del gr. *kērós* 'cera' (?)] **s. f.** ● Ape selvatica a vita non sociale, con maschi dotati di lunghe antenne (*Eucera longicornis*).

euclàsio [comp. di *eu-* e del gr. *klásis* 'rottura' (da *klán* 'rompere (in pezzi)', di orig. indeur.)] **s. m.** ● (*miner.*) Silicato di berillio e alluminio in cristalli incolori.

euclidèo [av. 1952] **agg.** **1** Che concerne il matematico greco Euclide (III sec. a.C.) o i suoi postulati: *geometria euclidea* | Di ente fondato sui principi della geometria euclidea. **2** (*fig.*) Razionale, rigoroso.

eucologia [comp. del gr. *euchḗ* 'preghiera' (di orig. indeur.) e *-logia*] **s. f.** ● Nella teologia cattolica, dottrina che riguarda la preghiera e le sue forme.

eucològico **agg.** (**pl. m.** *-ci*) ● Proprio dell'eucologia.

eucològio [vc. dotta, gr. eccl. *euchológion*, comp. di *euchḗ* 'preghiera' e *-lógion*, da *légein* 'dire, parlare'; 1716] **s. m.** ● Libro di preghiere rituali nella Chiesa orientale.

eucrasìa [vc. dotta, gr. *eukrasía*, comp. di *êu* 'buono' e un deriv. di *krâsis* 'mescolanza, temperamento' (V. *crasi*)] **s. f.** ● (*med.*) Armonico sviluppo delle parti di un corpo o di un organo.

eucrìte [dal ted. *Eukrit*, comp. di *Eukr(it)-*, dal gr. *éukritos* 'facile a distinguersi' e del suff. *-it* '-ite (2)'; 1956] **s. f.** ● (*miner.*) Roccia eruttiva composta essenzialmente da plagioclasio basico | Tipo di acondrite composto da tale roccia.

eudemonìa [gr. *eudaimonía*, da *eudáimōn* 'fortunato', 'posseduto dal buon (*êu*) genio (*dáimōn*)'; 1829] **s. f.** ● (*filos.*) La felicità intesa come scopo fondamentale e ultimo dell'azione umana.

eudemònico [vc. dotta, gr. *eudaimonikós*, da *eudáimōn* 'fortunato', 'posseduto da un buon (*êu*) genio (*dáimōn*)'; 1869] **agg.** (**pl. m.** *-ci*) ● (*raro*) Che concerne o interessa l'eudemonia.

eudemonìsmo [vc. dotta, gr. *eudaimonismós*, da *eudaimonízein* 'chiamare felice' (V. *eudemonico*); av. 1566] **s. m.** ● Dottrina filosofica secondo la quale la felicità costituisce il fondamento della vita morale.

eudemonìstico [av. 1904] **agg.** (**pl. m.** *-ci*) ● Che concerne l'eudemonismo. || **eudemonisticaménte**, **avv.** (*raro*) In modo eudemonistico.

eudemonologìa [comp. del gr. *eudáimōn* 'fortunato' (V. *eudemonico*) e *-logia*; 1829] **s. f.** ● (*filos.*) Ogni dottrina che tratta dell'eudemonia.

eudemonològico [av. 1855] **agg.** (**pl. m.** *-ci*) ● Relativo all'eudemonologia. || **eudemonologicaménte**, **avv.** (*raro*) In modo eudemonologico.

eudermìa [comp. di *eu-* e un deriv. del gr. *dérma* 'pelle'; 1956] **s. f.** ● (*med.*) Stato fisiologico normale della pelle.

eudèrmico [1970] **agg.** (**pl. m.** *-ci*) ● (*med.*) Di eudermia | Detto di medicamento che migliora il trofismo cutaneo.

eudiometrìa [da *eudiometro*] **s. f.** ● Analisi dell'aria e dei gas in genere.

eudiòmetro [vc. dotta, comp. del gr. *éudios* 'chiaro, fine', propr. 'che ha un buon (*êu*) giorno (*díos*)', di orig. indeur., e *-metro*; 1788] **s. m.** ● (*mecc.*) Tubo robusto con un estremo chiuso, fornito di spinterometro, e l'altro estremo aperto che pesca in acqua, usato per determinare spec. la quantità di miscela tonante esistente nell'aeriforme che viene introdotto.

euedràle [vc. dotta, comp. di *eu-* e *-edr(o)* col suff. d'agg. *-ale (1)*] **agg.** ● (*miner.*) Detto di cristallo con tutte le facce ben sviluppate.

eufemìa [vc. dotta, lat. tardo *euphēmia(m)*, dal gr. *euphēmía*, comp. di *êu* 'bene' e *phḗmē* 'cosa detta'; 1869] **s. f.** ● (*ling.*, *raro*) Eufemismo.

eufemìsmo [vc. dotta, gr. *euphēmismós*, da *euphēmízesthai* 'usare buone (*êu*) parole (*phḗmai*), di buon auspicio'; 1603] **s. m.** ● (*ling.*) Figura retorica mediante la quale si attenua l'asprezza o la sconvenienza di un'espressione usando una perifrasi o sostituendo un vocabolo con un altro: *quanti dolci pensier, quanto disio / menò costoro al doloroso passo!* (DANTE *Inf.* V, 113-114) | La parola o l'espressione usata al posto di quella propria.

eufemìstico [1887] **agg.** (**pl. m.** *-ci*) ● (*ling.*) Di eufemismo, usato come eufemismo: *termine e.* || **eufemisticaménte**, **avv.** In modo eufemistico, per eufemismo.

eufonìa [vc. dotta, lat. tardo *euphōnia(m)*, dal gr. *euphōnía*, comp. di *êu* 'bene' e *phōnḗ* 'voce'; 1585] **s. f.** ● (*ling.*) Effetto gradevole che si produce quando dati suoni si incontrano.

eufònico [1832] **agg.** (**pl. m.** *-ci*) ● (*ling.*) Detto di suono gradevole | Che facilita la pronuncia. || **eufonicaménte**, **avv.**

eufònio [comp. di *eu-* e del gr. *phōnḗ* 'voce'; 1876] **s. m.** ● (*mus.*) Strumento aerofono d'ottone della famiglia del flicorno | Registro organistico che ha il timbro del clarinetto.

eufòrbia [vc. dotta, lat. *euphŏrbia(m)*, dal gr. *euphórbion*, dal n. del medico scopritore del suo sugo, *Eúphorbos* 'il ben (*êu*) nutrito (da *phérbein* 'alimentare')'; sec. XIV] **s. f.** ● Genere di piante delle Euforbiacee comprendente alcune comuni erbe e alcune piante grasse che giungono a 2-3 m d'altezza (*Euphorbia*). ➡ **ILL. piante**/2.

Euforbiàcee [vc. dotta, comp. di *euforbia* e *-acee*; 1829] **s. f. pl.** (**sing.** *-a*) ● Nella tassonomia vegetale, famiglia di piante delle Dicotiledoni contenenti spesso un latice biancastro (*Euphorbiaceae*). ➡ **ILL. piante**/2.

euforìa [vc. dotta, gr. *euphoría*, comp. di *êu* 'bene' e un deriv. di *phérein* 'portare'; 1820] **s. f.** **1** (*psicol.*) Stato d'animo o atteggiamento emotivo di invulnerabilità e di benessere; **CONTR.** Disforia. **2** Correntemente, sensazione di vigore, contentezza e fiducia: *vivere in continua e.* | (*est.*) Vivacità, ottimismo: *nel mercato valutario c'è e.*

eufòrico [1939] **agg.** (**pl. m.** *-ci*) ● Pieno di euforia: *stato e.*; *sentirsi e.* || **euforicaménte**, **avv.** In modo euforico, con euforia.

euforizzànte [sul modello della vc. fr. *euphorisant*] **part. pres.** di *euforizzare*; anche **agg.** ● Che provoca euforia, che rende euforico: *farmaco e.*

euforizzàre [comp. di *eufor(ia)* e *-izzare*, sul modello del fr. *euphoriser*] **v. tr.** ● Rendere euforico, mettere in stato di euforia.

eufòtide [vc. dotta, comp. di *eu-* e del gr. *phôs*, genit. *phōtós* 'luce'] **A** **s. f.** ● (*miner.*) Roccia gabbrica a grana grossa contenente grandi diallagi alterati riflettenti la luce. **B** in funzione di **agg. inv.**: *gabbro e.*

eufrasìa [vc. dotta, gr. *euphrasía* 'ilarità', perché rendeva lieta (*êu*) la mente (*phrḗn*, genit. *phrenós*); sec. XIII] **s. f.** ● Pianta erbacea delle Scrofulariacee, comune in Italia, parassita, con fiori in grappoli di colori variabili dal violaceo al giallo (*Euphrasia officinalis*).

eufuìsmo [ingl. *euphuism*, da *Euphues*, titolo del romanzo, che John Lyly trasse dal gr. *euphyḗs* 'ben (*êu*) cresciuto (dal v. *phýein*)'; 1823] **s. m.** ● Stile letterario inglese analogo al nostro marinismo, caratterizzato dalla ricchezza di similitudini e di altre figure retoriche.

eufuìsta [1968] **s. m.** e **f.** (**pl. m.** *-i*) ● Seguace dell'eufuismo.

eufuìstico **agg.** (**pl. m.** *-ci*) ● Pertinente all'eufuismo.

eugàneo [vc. dotta, lat. *Eugăneu(m)*, di etim. incerta: da accostarsi ai (Liguri) *Ingauni* (?); sec. XIV] **A** **s. m.** ● Antico abitatore del Veneto. **B** **agg.** **1** Degli Euganei | ***Venezia Euganea***, il Veneto. **2** Dei colli Euganei: *flora euganea.*

eugenètica o **eugènica** [comp. di *eu-* e *genetica*, sul modello dell'ingl. *eugenics*; 1915] **s. f.** ● Ramo della genetica che si propone il progressivo miglioramento della specie umana attraverso l'incrocio tra individui portatori di caratteri geneticamente favorevoli. **SIN.** Eugenica.

eugenètico [vc. dotta, gr. *eugenḗs*, *eugenḗtēs*, comp. di *êu* 'buono' e un deriv. di *génos* 'razza, specie'; 1941] **agg.** (**pl. m.** *-ci*) ● (*med.*) Proprio dell'eugenetica | Che concerne o ha per scopo il miglioramento della specie umana. **SIN.** Eugenico. || **eugeneticaménte**, **avv.** Per quanto riguarda l'eugenetica.

eugènia [dal n. del principe *Eugenio* di Savoia (?); 1829] **s. f.** ● (*bot.*) Genere di piante delle Mirtacee cui appartengono varie specie, una delle quali fornisce i chiodi di garofano (*Eugenia*).

eugènica [dall'ing. *eugenics*, deriv dal gr. *eugenḗs* 'di buona razza'; V. *eugenetico*; 1939] **s. f.** ● Eugenetica.

eugènico [ingl. *eugenic*, dal gr. *eugenḗs* 'di buona nascita'] **agg.** (**pl. m.** *-ci*) ● Eugenetico.

eugenìsmo [vc. dotta, comp. di *eugen(ica)* e del suff. *-ismo* sul modello dell'ingl. *eugenism*; 1989] **s. m.** ● (*biol.*) Applicazione dell'eugenetica, spec. nel settore della riproduzione umana.

eugenìsta [1934] **s. m.** e **f.** (**pl. m.** *-i*) ● Studioso, esperto di eugenetica e dei problemi a essa relativi.

eugenòlo [comp. di *eugen(ia)* (*1*) e *-olo* (*2*)] **s. m.** ● (*chim.*) Fenolo monovalente che si trova nell'olio essenziale dei chiodi di garofano, usato come antisettico e in profumeria.

euginìa [vc. dotta, comp. di *eu-* e del gr. *gynḗ* 'donna'] **s. f.** ● Ramo della ginecologia che si occupa del massimo benessere della donna e del suo equilibrio fisico e psichico.

euglèna [vc. dotta, gr. *éuglenos* 'dai begli (*êu*) occhi, pupille (*glḗnai*)'; 1892] **s. f.** ● Alga flagellata verde, unicellulare, comune nelle acque stagnanti e sul terreno molto umido (*Euglena viridis*). ➡ **ILL. alga.**

Euglenofìcee [comp. di *euglena* e *-ficee*] **s. f. pl.** (**sing.** *-a*) ● Nella tassonomia vegetale, classe di alghe verdi unicellulari d'acqua dolce (*Euglenophyceae*).

Euglenòfite [comp. di *euglena* e *-fito*] **s. f. pl.** (**sing.** *-a*) ● Nella tassonomia vegetale, divisione di alghe verdi unicellulari (*Euglenophyta*).

eugubino [forma mediev. di *iguvino* (V.); 1379] **A** **agg.** ● Di Gubbio. **B** **s. m.** (**f.** *-a*) ● Abitante, nativo di Gubbio. **C** **s. m.** solo **sing.** ● Dialetto parlato a Gubbio.

euleriàno **agg.** ● Che si riferisce al, che è proprio del matematico svizzero L. Euler (1707-1783): *triangolo sferico e.*

eulogìa [vc. dotta, lat. *eulŏgia(s)* (pl.), dal gr. *eulogíes* 'buone (*êu*) parole (da *lógos* 'parola')', come *benedizioni* (da *bene* e *dire*)] **s. f.** ● Pane benedetto che, nei primi secoli del Cristianesimo, veniva distribuito ai fedeli che partecipavano all'assemblea e alla celebrazione del sacrificio.

èumene [vc. dotta, gr. *eumenḗs* 'benevolo', 'di buon (*êu*) animo (*ménos*)'; 1834] **s. f.** ● Insetto simile alla vespa con livrea nera a macchie gialle che nidifica nel fango (*Eumenes*).

Eumicèti [comp. di *eu-* e del gr. *mýkētes* 'funghi', pl. di *mýkēs*, di orig. indeur.] **s. m. pl.** (**sing.** *-e*) ● Nella tassonomia vegetale, sottodivisione comprendente i Funghi superiori, terrestri, saprofiti o parassiti (*Eumycetes*).

eumòlpo [da *Eumolpo*, n. di un personaggio della mitologia greca] **s. m.** ● Genere di Coleotteri comprendente lo scrivano della vite (*Eumolpus*).

eunuchería [da *eunuco*; 1835] **s. f.** ● (*raro*) Debolezza, impotenza d'animo.

eunuchìsmo [da *eunuco*; 1921] **s. m.** ● (*med.*) Stato morboso causato dalla mancanza delle ghiandole sessuali in individui di sesso maschile.

eunùco o †**inùco** [vc. dotta, lat. *eunūchu(m)*, dal gr. *eunóuchos*, comp. di *eunḗ* 'letto' e di un deriv. dal v. *échein* 'avere (in custodia)'; 1336 ca.] **A** **s. m.** (**pl.** *-chi*) **1** (*med.*) Uomo privo degli organi genitali per difetto organico o per evirazione. **2** Guardiano evirato degli harem. **3** (*fig.*) Persona incapace e inetta. **B** **agg.** **1** Evirato, castrato. **2** (*fig.*, *lett.*) Debole, fiacco.

eunucòide [comp. di *eunuc(o)* e *-oide*] **A** **agg.** ● Proprio dell'eunucoidismo, provocato da eunucoidismo: *caratteri eunucoidi*; *voce e.* **B** **agg.**; anche **s. m.** e **f.** ● Che (o Chi) è affetto da eunucoidismo.

eunucoidismo [comp. di *eunuco*, *-oide* e *-ismo*] s. m. ● (*med.*) Sviluppo sessuale incompleto, in individui di entrambi i sessi, causato da deficiente attività delle ghiandole sessuali.

†**eù oè** ● V. *evoè*.

eupatorina [comp. di *eupatori(o)* e *-ina*] s. f. ● (*chim.*) Alcaloide che si estrae dall'eupatorio.

eupatòrio [vc. dotta, lat. *eupatōriu(m)*, dal gr. *eupatórion*, dal n. di Mitridate *Eupatore*, re del Ponto, che da essa avrebbe tratto uno specifico per il fegato; sec. XIV] s. m. ● Pianta erbacea perenne delle Composite con rizoma rossastro, foglie pelose e fiori biancastri in capolini, a proprietà medicinale (*Eupatorium cannabinum*).

eupàtride [vc. dotta, gr. *eupatrídes* 'di nobile (*êu*) padre (*patḗr*, genit. *patrós*)'; 1806] s. m. ● Patrizio ateniese o corinzio che assumeva le cariche più elevate dello Stato.

eupepsìa [gr. *eupepsía*, da *éupeptos* 'di facile (*êu*) digestione (da *péptein*, propr. 'cuocere')'; 1820] s. f. ● (*med.*) Buona digestione. CONTR. Dispepsia.

eupèptico [vc. dotta, dal gr. *éupeptos*, comp. di *êu* 'buona' e dell'agg. di *péptein* 'cuocere, digerire'; 1961] **A** agg. (pl. m. *-ci*) ● Detto di medicamento o sostanza che facilita la digestione. **B** anche s. m.

euplòide [comp. di *eu-* e *(a)ploide*; 1987] agg. ● (*biol.*) Che ha un numero di cromosomi pari a un multiplo del numero aploide. CONTR. Aneuploide.

eupnèa [vc. dotta, lat. *eupnoea(m)*, dal gr. *eúpnoia* 'facile respirazione'] s. f. ● (*fisiol.*) Respirazione facile e regolare. CONTR. Dispnea.

eurasiàno [av. 1916] agg.; anche s. m. ● Eurasiatico.

eurasiàtico o **euroasiàtico** [1923] **A** agg. (pl. m. *-ci*) ● Dell'Europa e dell'Asia, considerate come una sola entità geografica: *continente e.*; *regioni eurasiatiche*. **B** agg.; anche s. m. (f. *-a*) ● Che (o Chi) è nato da padre europeo e da madre asiatica, o viceversa.

èureka [vc. gr. (*héureka*), perfetto del v. *heurískein* 'trovare'; 1882] inter. ● Esprime gioia per avere raggiunto la soluzione di qlco. o per avere trovato il modo di realizzarla: *io mi sono travagliato … a risolvere una difficoltà filosofica e alfine l'ho risoluta o credo di averla risoluta. Eureka!* (CROCE).

eurialinità s. f. ● (*biol.*) Proprietà degli individui eurialini.

eurialino [vc. dotta, comp. del gr. *eurýs* 'largamente' e *hálinos* 'salino'] agg. ● (*biol.*) Di organismo acquatico che tollera più o meno ampie variazioni di salinità dell'ambiente. CONTR. Stenoalino.

euribate [comp. del gr. *eurýs* 'largo' e *báthos* 'profondità'] agg. ● (*biol.*) Detto di organismo acquatico che può tollerare ampie variazioni della pressione idrostatica. CONTR. Stenobate.

euricoro [dal gr. *eurýchōros* 'ampio, spazioso', comp. di *eurýs* 'largo' e *chóros* 'terreno'] agg. ● (*biol.*) Detto di specie animale o vegetale che può vivere in vari ambienti. CONTR. Stenocoro.

euripidèo [1943] agg. ● Che è proprio del poeta tragico greco Euripide (480-406 ca. a.C.).

eurìpiga [vc. dotta, comp. del gr. *eurýs* 'largo' e *pygḗ* 'natica'] s. m. (pl. *-gi*) ● Genere di Uccelli tropicali dei Gruiformi simili all'airone, con piumaggio di vari colori (*Eurypyga*).

euristica [da *euristico*; av. 1823] s. f. ● Arte e tecnica della ricerca filosofica o scientifica.

euristico [vc. dotta, tratta dal v. gr. *heurískein* 'trovare', con diversi collegamenti indeur.; 1905] agg. (pl. m. *-ci*) **1** Che concerne o interessa la ricerca filosofica o scientifica. **2** Nella ricerca scientifica, detto di metodo o procedimento atto a favorire la scoperta di nuovi risultati: *questa ipotesi ha validità prevalentemente euristica*.

eurite [dal gr. *eurýs* 'che si estende in larghezza' (di orig. indeur.) e *-ite* (2) (?); 1834] s. f. ● (*geol.*) Porfido quarzifero bianco a struttura microcristallina e frattura scheggiosa, molto alterato.

euritèrmo [comp. del gr. *eurýs* 'largo' e *-termo*; 1929] agg. ● (*biol.*) Detto di organismo in grado di tollerare notevoli variazioni della temperatura ambientale. CONTR. Stenotermo.

euritmìa [vc. dotta, lat. tardo *eurýthmia(m)*, dal gr. *eurythmía*, comp. di *êu* 'buono' e un deriv. di *rythmós* 'ritmo'; 1499] s. f. **1** Armonica distribuzione degli elementi compositivi di un'opera d'arte: *l'e. di una facciata, di un rilievo*. **2** (*fisiol.*) Armonico sviluppo del corpo o di un organo. **3** (*med.*) Regolarità della pulsazione cardiaca.

euritmico [da *euritmia*; 1758] agg. (pl. m. *-ci*) **1** Che presenta euritmia. **2** (*fisiol.*, *med.*) Relativo a euritmia. || **euritmicaménte**, avv. (*raro*) In modo euritmico.

èuro (**1**) [vc. dotta, lat. *ēuru(m)*, dal gr. *êuros*, di etim. incerta; av. 1292] s. m. ● (*lett.*) Scirocco.

èuro (**2**) [da *Euro(pa)*; 1995] s. m. (pl. inv. o raro *-i*) ● Unità monetaria di gran parte dei Paesi membri dell'Unione europea, di conto nel periodo 1999-2002 e di corso legale dal 2002. SIMB. €.

èuro- primo elemento (*eur* davanti a vocale) ● In parole composte, significa 'europeo': *eurodollaro*, *eurovisione*.

euroamericàno [comp. di *euro-* e *americano*, sull'es. dell'ingl. *euro-american* o *euramerican*] agg. ● Che concerne l'Europa e l'America.

euroasiàtico ● V. *eurasiatico*.

eurobbligazióne [comp. di *euro-* e *obbligazione*; 1985] s. f. ● (*econ.*) Titolo a reddito fisso emesso in un'eurodivisa.

eurobond /ɛuro'bɔnd, *ingl.* 'jʊəɹəʊˌbɒnd/ [vc. ingl., comp. di *euro-* 'euro-' e *bond* 'obbligazione'; 1979] s. m. inv. ● (*econ.*) Eurobbligazione.

euroccidentàle [comp. di *eur(o)-* e *occidentale*; 1979] agg. ● Dell'Europa occidentale: *Paesi, nazioni euroccidentali*.

eurocènt /euro'ʧɛnt, euro'sɛnt/ [comp. di *euro* e dell'ingl. *cent*; 1997] s. m. inv. ● Moneta equivalente alla centesima parte di un euro.

eurocèntrico [da *eurocentrismo*; 1971] agg. (pl. m. *-ci*) ● Relativo a, ispirato da, eurocentrismo: *prospettive eurocentriche*.

eurocentrismo [comp. di *euro-* e *centrismo*; 1967] s. m. ● Concezione, diffusa soprattutto nella seconda metà dell'Ottocento, secondo la quale l'Europa sarebbe la protagonista della storia e della civiltà umana.

eurochèque /ɛuroʃ'ʃɛk, *fr.* øʀɔ'ʃɛk/ [vc. fr., comp. di *euro-* 'euro-' e *chèque* (V.); 1978] s. m. inv. ● Carta di credito con cui è possibile acquistare beni e servizi nei Paesi europei che la accettano.

eurocity /euro'siti/ [comp. di *euro-* e dell'ingl. *city* (V.), sul modello di *intercity*; 1987] s. m. inv. ● (*ferr.*) Treno rapido che effettua collegamenti veloci fra città di diverse nazioni europee.

eurocomunismo [comp. di *euro-* e *comunismo*; 1975] s. m. ● Spec. negli anni '70 del Novecento, il complesso delle posizioni politiche e teoriche tipiche di alcuni partiti comunisti occidentali (tra cui quello italiano) caratterizzate dalla crescente autonomia dal modello sovietico e dall'accettazione della tradizione liberale e democratica.

eurocomunista [1975] **A** agg. (pl. m. *-i*) ● Relativo all'eurocomunismo: *politica e.* **B** agg.; anche s. m. e f. ● Sostenitore, fautore dell'eurocomunismo.

eurocomunitàrio [comp. di *euro-* e *comunitario*; 1984] agg. ● Relativo all'Unione europea.

euròcrate [comp. di *euro-* e *-crate*; 1965] s. m. e f. ● Funzionario delle istituzioni europee.

eurodeputàto [comp. di *euro-* e *deputato*; 1980] s. m. (f. *-a*, scherz. *-éssa*) ● Deputato al Parlamento dell'Unione europea.

eurodèstra [comp. di *euro-* e *destra*; 1984] s. f. ● Insieme dei partiti politici europei di destra.

eurodivisa [comp. di *euro-* e *divisa*; 1974] s. f. ● (*econ.*) Ogni divisa negoziata e collocata in Stati diversi da quello d'emissione e spec. in Europa | In particolare, divisa di uno Stato europeo occidentale collocata a lungo termine in un altro Stato. SIN. Euromoneta, eurovaluta.

eurodòllaro [comp. di *euro-* e *dollaro*; 1963] s. m. ● Dollaro statunitense depositato in banche fuori degli Stati Uniti, spec. in Europa, e disponibile per operazioni finanziarie.

Eurolàndia [comp. di *Euro(pa)* e *-landia*; 1990] s. f. ● Nel linguaggio giornalistico, l'insieme dei Paesi che hanno aderito alla moneta unica europea.

euromercàto [comp. di *euro-* e *mercato*; 1974] s. m. ● (*econ.*) Il mercato delle eurodivise.

euromissile [comp. di *euro-* e di *missile*; 1979] s. m. ● (*mil.*) Missile balistico a gittata intermedia con testata nucleare che era schierato in Europa dai blocchi contrapposti della N.A.T.O. e del patto di Varsavia.

euromissilistico [1982] agg. (pl. m. *-ci*) ● Relativo agli euromissili.

euromonéta [comp. di *euro-* e *moneta*; 1974] s. f. ● (*econ.*) Eurodivisa.

euronight /ɛuro'nait/ [comp. di *euro* '(treno) euro(peo)' e dell'ingl. *night* '(di) notte'; 1994] s. m. inv. ● (*ferr.*) Treno rapido, in servizio internazionale notturno, con sole carrozze letto o con cuccette.

europànto [comp. di *euro-* e *-panto*; 1998] s. m. ● Lingua artificiale ottenuta mescolando a una struttura dominante inglese vocaboli che, per la loro diffusione o per le loro radici comuni, sono generalmente comprensibili nelle più diffuse lingue europee; è usata spec. in modo scherzoso.

europarlamentàre [1979] **A** agg. ● Dell'europarlamento. **B** s. m. e f. ● Membro dell'europarlamento.

europarlaménto [comp. di *euro-* e *parlamento*; 1983] s. m. ● Parlamento dell'Unione europea.

europeismo [1821] s. m. **1** Atteggiamento di chi è favorevole all'unità europea | Movimento che mira a creare tale unità. **2** (*ling.*) Forma linguistica propria di più lingue europee.

europeista [1933] **A** s. m. e f. (pl. m. *-i*) ● Sostenitore, fautore dell'europeismo. **B** agg. ● Europeistico.

europeistico [1950] agg. (pl. m. *-ci*) ● Proprio dell'europeismo e degli europeisti. || **europeisticaménte**, avv. Secondo l'europeismo.

europeizzàre [1908] **A** v. tr. ● Conformare al costume e all'uso europeo. **B** v. intr. pron. ● Adottare gusti, abitudini e sim. tipici degli europei.

europeizzazióne [1979] s. f. ● L'europeizzare, l'europeizzarsi.

♦**europèo** [vc. dotta, lat. *Europāeu(m)*, dal gr. *Eurōpâios*, da *Eurṓpē* 'Europa', di etim. incerta; av. 1557] **A** agg. ● Dell'Europa: *civiltà europea*. **B** s. m. (f. *-a*) ● Abitante, nativo, dell'Europa.

euròpide s. m. e f. ● Chi appartiene al più grande ceppo del ramo degli Europoidi.

euròpio [fr. *europium*, da *Europe* 'Europa'; 1930] s. m. ● Elemento chimico, metallo del gruppo delle terre rare. SIMB. Eu.

europòide s. m. e f. ● Chi appartiene a uno dei due grandi rami delle razze boreali.

euroscetticismo [comp. di *euro-* e *scetticismo*; 1985] s. m. ● Atteggiamento di chi non si dimostra pienamente favorevole al processo economico e politico di integrazione europea.

euroscèttico [comp. di *euro-* e *scettico*; 1990] **A** s. m. (f. *-a*) ● Chi dà prova di euroscetticismo: *gli euroscettici inglesi*. **B** anche agg. (pl. m. *-ci*): *propaganda euroscettica*.

eurosinistra [comp. di *euro-* e *sinistra*; 1980] s. f. ● Insieme dei partiti politici europei di sinistra.

eurosocialismo [comp. di *euro-* e *socialismo*; 1979] s. m. ● Insieme delle comunanze ideologiche, politiche, storiche e istituzionali tra i partiti socialisti, socialdemocratici e laburisti dell'Europa occidentale.

eurosocialista [1977] **A** agg. (pl. m. *-i*) ● Relativo all'eurosocialismo. **B** s. m. e f. ● Sostenitore, fautore dell'eurosocialismo.

Eurostàr [comp. di *Euro-* e *star*: 'stella europea'; 1997] s. m. inv. ● Elettrotreno veloce in cui la prenotazione, obbligatoria in alcuni giorni, è compresa nel prezzo del biglietto.

euroterrorismo [comp. di *euro-* e *terrorismo*; 1980] s. m. ● Terrorismo politico che opera in Europa attraverso collegamenti tra i gruppi eversivi dei singoli Paesi.

euroterrorista [comp. di *euro-* e *terrorista*; 1980] **A** s. m. e f. (pl. m. *-i*) ● Terrorista che appartiene a gruppi eversivi collegati a livello europeo. **B** agg. ● Relativo all'euroterrorismo.

eurovalùta [comp. di *euro-* e *valuta*; 1963] s. f. ● (*econ.*) Eurodivisa.

Eurovisióne [comp. di *euro-* e della seconda parte di *(tele)visione*; 1959] s. f. ● Collegamento fra le reti televisive di diversi Paesi europei per trasmettere contemporaneamente lo stesso programma.

eurovisivo [comp. di *euro-* e *(tele)visivo*; 1963] agg. ● Dell'Eurovisione: *collegamento e.*

èuscaro [sp. *éuscaro*, adattamento del basco *euskara* 'lingua basca'] **A** agg. ● Relativo alla popolazione dei Baschi. **B** s. m. solo sing. ● Lingua parlata dai Baschi. SIN. Basco.

eustàtico [comp. di *eu-* e *statico*; 1956] agg. (pl. m. *-ci*) ● Relativo all'eustatismo.

eustatismo [da *eustatico*; 1970] s. m. ● Fenomeno di innalzamento o abbassamento del livello dei mari per il discioglimento o la formazione di grandi calotte di ghiaccio durante l'epoca glaciale.

eustèle [comp. di *eu-* e *stele* nel sign. botanico; 1987] s. f. ● (*bot.*) Il cilindro centrale nel fusto primario di Gimnosperme e Angiosperme delle Dicotiledoni, con tessuti vascolari disposti in pochi cerchi regolari intorno al midollo.

èustilo [vc. dotta, lat. tardo *eustȳlo(n)*, dal gr. *éustylos*, comp. di *êu* 'bene, giusto' e *-stilo*; 1340 ca.] s. m. ● Una delle misure dell'intercolunnio greco, in cui la distanza fra una colonna e l'altra è di due diametri e un quarto.

eutanasia [vc. dotta, comp. di *eu-* e un deriv. del gr. *thánatos* 'morte', di orig. indeur.; 1892] s. f. *1* (*med.*) Morte non dolorosa provocata in caso di prognosi infausta e di sofferenze ritenute intollerabili | *E. attiva*, per somministrazione di determinate sostanze | *E. passiva*, per sospensione del trattamento medico. CFR. Distanasia. *2* †Morte tranquilla e naturale.

eutèctico ● V. *eutettico*.

eutènica [ingl. *euthenics*, dal gr. *euthénia* 'prosperità', deriv. di *euthenêin* 'fiorire', di etim. incerta] s. f. ● Disciplina che studia le pratiche riguardanti il miglioramento degli individui, realizzabile attraverso il miglioramento dei fattori ambientali.

eutènico agg. (pl. m. *-ci*) ● Relativo all'eutenica: *pediatria eutenica*.

Eutèri [comp. di *eu-* e del gr. *thērion* 'animale'] s. m. pl. (sing. *-io*) ● Nella tassonomia animale, sottoclasse di Mammiferi privi di marsupio e di cloaca, con sviluppo embrionale intrauterino, dotati di placenta (*Eutheria*).

eutèttico o **eutèctico** [vc. dotta, tratta dal gr. *eútēktos* 'ben (*êu*) fuso (*tēktós*, dal v. *tēkein*, di orig. indeur.)'] A agg. (pl. m. *-ci*) ● (*chim.*) Detto di miscuglio di due o più sostanze che presenta un punto di fusione o di solidificazione ben definito e più basso di quello dei singoli componenti. SIN. Crioidrato. B anche s. m.

eutettòide [comp. di *eutett(ico)* e *-oide*] A agg. ● (*chim.*) Detto di miscuglio simile all'eutettico | *Acciaio e.*, extraduro, a struttura lamellare, rappresentato unicamente dalla perlite. B anche s. m.

eutichiàno [1575] s. m. (f. *-a*) ● Eretico monofisita, seguace dell'eresia di Eutiche, archimandrita di Costantinopoli nel V sec., che credeva esistere in Cristo la sola natura divina.

eutimìa [vc. dotta, gr. *euthymía*, da *éuthymos* 'di buon (*êu*) animo (*thymós*)'; av. 1729] s. f. ● Sicurezza ed equilibrio spirituale.

eutocìa [gr. *eutokía*, propr. 'parto (dal v. *tíktein*) felice (*êu*)'] s. f. (pl. *-cìe*) ● (*med.*) Espletamento naturale del parto, senza pericolo per la madre e per il feto.

eutòcico agg. (pl. m. *-ci*) ● (*med.*) Detto del parto espletato normalmente. CONTR. Distocico.

eutonìa [comp. di *eu-* e *-tonia*] s. f. ● Stato di equilibrata distensione psicofisica dell'individuo, ottenuto mediante l'applicazione, pedagogica o terapeutica, di particolari tecniche di profonda concentrazione mentale e di controllo muscolarmente rilassante dei movimenti.

eutònico agg. (pl. m. *-ci*) ● Proprio della, relativo alla, eutonia.

eutrofìa [gr. *euthrophía* 'buona (*êu*) nutrizione (*trophḗ*, di orig. indeur.)'; 1834] s. f. *1* (*fisiol.*) Buono stato di nutrizione dei tessuti. *2* (*biol.*) Condizione di un ambiente acquatico eutrofico.

eutròfico agg. (pl. m. *-ci*) *1* (*farm.*) Detto di farmaco che migliora lo stato di nutrizione dei tessuti. *2* (*biol.*) Detto di ambiente acquatico ricco di sostanze nutritizie. CONTR. Oligotrofico | (*biol.*) Detto di tessuto, di organo o di organismo caratterizzati da eutrofia.

eutrofizzànte [da *eutrofia*; 1986] agg. ● Che contribuisce al processo di eutrofizzazione: *agenti eutrofizzanti*.

eutrofizzàre [comp. di *eutrof(ia)* e *-izzare*; 1985] v. tr. ● (*biol.*) Arricchire un ambiente di sostanze nutritive.

eutrofizzazióne [V. *eutrofizzante*; 1980] s. f. ● (*biol.*) Processo naturale di arricchimento in sostanze nutritive di un ambiente che di quelle sostanze è povero. CFR. Mesotrofia.

euzóne o **èuzone** [gr. *éuzōnos*, comp. di *êu* 'bene' e *zṓnē* 'cintura' (V. *zona*); av. 1912] s. m. ● Nell'esercito greco moderno, soldato di fanteria leggera.

èv- ● V. *eu-*.

Èva [vc. dotta, lat. tardo *Eva(m)*, dal gr. *Éua*, di orig. ebr. col sign. originario 'essere vivente'; av. 1294] s. f. ● Nelle religioni ebraica e cristiana, nome della prima donna, creata da Dio e data per compagna ad Adamo, madre del genere umano | *I figli di Eva*, gli uomini.

evacuaménto [1599] s. m. ● Sgombero di un luogo per ragioni di sicurezza e sim.: *e. di una trincea, di un edificio*.

evacuànte [av. 1698] part. pres. di *evacuare*; anche agg. e s. m. ● (*raro*) Purgante.

evacuàre [vc. dotta, lat. tardo *evacuāre*, comp. di *ex-* raff. e *văcuus* 'vuoto, vacuo'; av. 1313] A v. tr. (*io evàcuo*) *1* Rendere vuoto, sgombro: *e. un luogo per ragioni di sicurezza*. *2* Espellere: *e. le feci, la bile* | (*assol.*) Andare di corpo. *3* (*fig.*) †Annullare, render vano. B v. intr. (aus. *avere*) ● Andarsene da un luogo: *e. dalla zona in pericolo*. C v. rifl. *1* †Purgarsi. *2* (*lett.*) †Sfogarsi.

evacuatìvo [av. 1698] agg. ● (*med.*) Che serve a evacuare.

evacuàto A part. pass. di *evacuare*; anche agg. ● Nei sign. del v. B s. m. (f. *-a*) ● (*raro*) Civile costretto ad abbandonare la propria residenza per esigenze belliche.

evacuatóre [da *evacuare*; 1766] A s. m. ● Farmaco che ha l'effetto di aumentare la peristalsi favorendo l'evacuazione dell'intestino. B anche agg.: *farmaco e.*

evacuazióne [vc. dotta, lat. tardo *evacuatiōne(m)*, da *evacuātus* 'evacuato'; sec. XIV] s. f. *1* Espulsione delle feci. SIN. Defecazione. *2* Evacuamento.

evàdere [vc. dotta, lat. *evādere* 'andar (*vādere*) fuori (*ex-*)'; 1485 ca.] A v. intr. (pass. rem. *io evàsi, tu evadésti*; part. pass. *evàso*; aus. *essere*) *1* Fuggire da un luogo di pena, da una prigione e sim. *2* Sottrarsi ai propri obblighi fiscali. *3* (*fig.*) Cercare di allontanarsi da situazioni, ambienti e sim. sgradevoli o insoddisfacenti (*anche assol.*): *e. dalla monotonia di ogni giorno, dalle preoccupazioni*; *ogni tanto sento il bisogno di e.* | †Scampare da un male, pericolo e sim. B v. tr. *1* Sbrigare, eseguire: *e. una pratica di ufficio, un affare* | *E. la corrispondenza*, rispondere alle lettere ricevute. *2* Evitare di pagare: *e. le tasse*.

†**evagazióne** [vc. dotta, lat. *evagatiōne(m)*, da *evagātus*, part. pass. di *evagāre*, comp. di *ex-* d'allontanamento e *vagāre* 'vagare'; av. 1342] s. f. ● Svago, divertimento.

evaginàre [vc. dotta, lat. tardo *evagināre*, comp. di *ex-* estrattivo e *vagīna* 'guaina'; 1483] A v. tr. (*io evagino* o, più diffuso ma meno corretto, *evàgino*) ● †Togliere dalla guaina. B v. intr. pron. ● (*biol.*) Derivare come struttura autonoma dalla parete di un organo cavo, mantenendo un proprio lume, come avviene nel corso di alcuni processi di sviluppo.

evaginazióne [vc. dotta, lat. tardo *evaginatiōne(m)*, da *evaginātus*, part. pass. di *evagināre* 'evaginare'; 1706] s. f. *1* †L'evaginare. *2* (*biol.*) Struttura anatomica cava, che ha preso origine da un'altra struttura di maggiori dimensioni e parimenti cava.

evanescénte [vc. dotta, lat. *evanescĕnte(m)*, part. pres. di *evanēscere* 'perdersi', comp. di *ex-* raff. e (incoativo) *vānus* 'vuoto, vano'; 1499] agg. *1* Che va svanendo, dileguando, affievolendosi: *immagine, suono, ricordo e.*; *accosto il volto a evanescenti labbri* (MONTALE). *2* (*ling.*) Detto di vocale che ha suono debole o indistinto.

evanescènza [da *evanescente*; 1896] s. f. *1* Caratteristica di ciò che è evanescente. *2* Improvviso e temporaneo affievolimento di una ricezione telefonica.

evangeliàrio o **evangelàrio** [dal lat. crist. *euangēlium* 'vangelo' col suff. proprio di libri liturgici; 1727] s. m. ● Libro liturgico delle Chiese occidentali e orientali che raccoglieva i passi del Vangelo da cantare o recitare nelle messe dell'anno e in particolari funzioni.

evangèlico o †**vangèlico** [vc. dotta, lat. crist. *euangēlicu(m)*, dal gr. *euangelikós*, da *euangélion* 'evangelo'; 1306] A agg. (pl. m. *-ci*) *1* Che appartiene ai Vangeli: *testo e., spirito e.* | *Chiesa evangelica*, denominazione generica di molti movimenti religiosi riformati | *Unione evangelica*, confessione protestante scozzese | *Tratti evangelici*, stampati con estratti di passi biblici diffusi dalle Chiese evangeliche. *2* Conforme agli insegnamenti del Vangelo: *vita, virtù, perfezione evangelica* | *Uomo e.*, che vive secondo lo spirito del Vangelo. || **evangelicaménte**, avv. Secondo gli insegnamenti del Vangelo. B s. m. (f. *-a*) ● Chi appartiene alla Chiesa evangelica.

Evangèlio ● V. *Vangelo*.

evangelismo [comp. di *evangelo* e *-ismo*; av. 1952] s. m. ● Tendenza ad adeguare totalmente il proprio modo di vivere allo spirito e agli insegnamenti del Vangelo: *l'e. di Tolstoi*.

evangelista o †**vangelista** [vc. dotta, lat. crist. *euangelīsta(m)*, dal gr. *euangelistḗs*, da *euangelízesthai* 'evangelizzare'; av. 1294] s. m. (pl. *-i*) ● Autore di un Vangelo | *I quattro evangelisti*, i quattro autori dei Vangeli canonici (Marco, Matteo, Luca e Giovanni).

evangelistàrio [da *evangelista*, col suff. di raccolta antologica *-ario*; sec. XVII] s. m. ● Evangeliario.

evangelizzàre o †**vangelizzàre** [vc. dotta, lat. eccl. *euangelizāre*, dal gr. *euangelizesthai*, da *euangélion* 'evangelo'; av. 1330] v. tr. *1* Predicare la parola del Vangelo per convertire alla fede del Cristo e partecipare ai non cristiani il frutto della redenzione. *2* (*fig., raro*) Cercare di convincere qlcu., spec. in campo politico.

evangelizzatóre [vc. dotta, lat. eccl. *euangelizatōre(m)*, da *euangelicāre* 'evangelizzare'; 1663] s. m. (f. *-trice*) ● Chi predica il Vangelo, spec. a popoli non cristiani.

evangelizzazióne [1905] s. f. ● Predicazione e diffusione delle dottrine contenute nel Vangelo.

Evangèlo ● V. *Vangelo*.

evaporàbile [av. 1537] agg. ● Di facile evaporazione.

evaporaménto [av. 1320] s. m. ● Evaporazione.

♦**evaporàre** [vc. dotta, lat. tardo *evaporāre*, comp. di *ex-* sottratt. e *văpor*, genit. *vapōris* 'vapore'; av. 1292] A v. intr. (*io evapóro* o, più diffuso ma meno corretto, *evàporo*; aus. *essere* nel sign. 1; aus. *avere* nel sign. 2) *1* Diventare vapore: *l'acqua marina evapora depositando sale*; *la benzina evapora con facilità*. *2* Diminuire per evaporazione. B v. tr. ● Trasformare un liquido in un vapore per riscaldamento o abbassamento di pressione.

evaporatìvo [vc. dotta, lat. tardo *evaporatīvu(m)*, da *evaporāre* 'evaporare'; sec. XIII] agg. ● (*raro*) Atto a far evaporare.

evaporàto [1483] part. pass. di *evaporare*; anche agg. *1* Privato della parte acquosa: *latte e.* | *Legno e.*, sottoposto a stagionatura artificiale. *2* (*raro*) Che ha perduto il profumo, il contenuto alcolico e sim., per evaporazione: *liquore e.*

evaporatóre [1892] s. m. *1* Apparecchio usato per essiccare solidi o per separare due liquidi mediante evaporazione di uno di loro. *2* Recipiente pieno d'acqua che si applica ai caloriferi, per mantenere all'ambiente la necessaria umidità.

†**evaporatòrio** [sec. XIV] s. m. ● (*raro*) Suffumigio.

evaporazióne [vc. dotta, lat. tardo *evaporatiōne(m)*, da *evaporātus* 'evaporato'; av. 1320] s. f. *1* (*fis.*) Passaggio di un liquido allo stato aeriforme, che si verifica solo alla superficie del liquido stesso a qualsiasi temperatura inferiore a quella di ebollizione | Il vapore esalato. *2* (*est.*) La riduzione di volume che ne consegue.

evaporìmetro [comp. di *evapor(azione)* e *-metro*; 1892] s. m. ● (*fis.*) Strumento, usato spec. in meteorologia, che misura la quantità d'acqua evaporata in un dato intervallo di tempo.

evasióne [vc. dotta, lat. tardo *evasiōne(m)*, da *evāsus* 'evaso'; sec. XIV] s. f. *1* Fuga da un luogo di pena: *l'e. dei tre detenuti fallì*. *2* (*fig.*) Allontanamento, distrazione da ciò che opprime: *e. dalla realtà* | *D'e.*, che si propone soltanto di intrattenere divertendo: *arte, film, letteratura d'e.* *3* (*bur.*) Esecuzione, disbrigo: *e. della corrispondenza*. *4* Mancato pagamento di tasse, imposte e sim.: *e. fiscale*.

evasività [1940] s. f. ● Caratteristica di chi (o di ciò che) è evasivo.

evasìvo [fr. *évasif*, dal lat. *evāsus* 'evaso'; 1827] agg. ● Che evita di trattare o affrontare un problema, di rispondere direttamente e sim.: *mostrarsi e. su un argomento*; *frasi, risposte evasive* | Ambiguo, elusivo: *atteggiamento e.* || **evasivaménte**, avv.

evàso [1810] A part. pass. di *evadere*; anche agg. ● (*bur.*) Eseguito, sbrigato: *corrispondenza già*

evasore 670

evasa. **B** agg. e s. m. (f. *-a*) ● Che (o Chi) è fuggito dalla prigione: *la polizia ha catturato due evasi.*

evasóre [1931] s. m. (f. *evaditrice*) ● Chi si sottrae ai propri obblighi fiscali.

†**evèllere** [vc. dotta, lat. *evĕllere* 'strappare (*vĕllere*) via (*ex-*)'; av. 1375] v. tr. ● Svellere, estirpare.

evemerismo s. m. ● Dottrina di Evemero di Messina (sec. III a.C.), che considerava gli dei come uomini benemeriti divinizzati | Tendenza presente in alcune religioni alla divinizzazione di uomini e di antenati illustri.

evenemenziàle [calco sul fr. *événementiel*, deriv. con suff. aggettivale da *événement* 'avvenimento, evento'; 1986] agg. ● (*raro*) Detto di tendenza storiografica che studia in prevalenza i singoli eventi, piuttosto che i processi sociali di lunga durata.

evenièn̲za [da *evenire*; 1812] s. f. ● Occorrenza, caso: *è bene tenersi pronti per ogni e.*; *ad una e. gli avrei dato mano* (NIEVO). SIN. Caso, occasione.

†**eveniménto** [av. 1406] s. m. ● Evento.

†**evenire** [vc. dotta, lat. *evenīre* 'venir (*venīre*) fuori (*ex-*)'; 1336 ca.] **A** v. intr. ● Avvenire, accadere | Eccitarsi, destarsi. **B** in funzione di s. m. solo sing. ● Avvenire.

♦**evènto** [vc. dotta, lat. *evĕntu(m)*, part. pass. di *evenīre* 'evenire'; 1340] s. m. **1** Fatto che si è già verificato o che si può verificare: *è stato un e. disastroso*; *attendiamo gli eventi*; *avverso al mondo, avversi a me gli eventi* (FOSCOLO) | ***In ogni e.***, comunque vada | ***Fausto, lieto e.***, la nascita di un bambino | Avvenimento o iniziativa di particolare rilievo: *un e. culturale.* **2** (*fis.*) Punto dello spazio-tempo.

eventuale [da *evento*; av. 1673] **A** agg. ● Che può accadere o no: *eventuali complicazioni*; *guadagni, debiti, diritti eventuali.* SIN. Possibile. || **eventualménte**, avv. Nel caso, se mai: *eventualmente verrò domani.* **B** s. f. al pl. ● Nel linguaggio burocratico, argomentazioni, temi e sim., possibili al di fuori di uno schema prestabilito di lavoro | ***Varie ed eventuali***, formula conclusiva spec. di ordini del giorno.

eventualità [da *eventuale*; av. 1712] s. f. **1** Condizione di ciò che è eventuale: *l'e. di un incidente.* **2** Evento: *tenersi pronti per ogni e.* SIN. Avvenimento, possibilità.

evergreen /ɛver'grin, *ingl.* 'ɛvəˌgriːn/ [vc. ingl., propr. 'sempreverde'; 1983] **A** agg. inv. **1** (*spec. iron.*) Detto di chi (o di ciò che) è sempre attuale, sempre di moda: *cantante, canzone e.* SIN. Intramontabile. **2** (*banca*) Detto di credito rotativo senza data di scadenza, che la banca può, in determinate circostanze, convertire in un credito a termine. **B** s. m. e f. inv. ● Personaggio, cantante, canzone e sim. sempre di moda | Campione intramontabile.

eversióne [vc. dotta, lat. *eversiōne(m)*, da *evĕrsus*, part. pass. di *evĕrtere* '†evertere'; sec. XIV] s. f. **1** Complesso di atti, violenti e spesso anche criminosi, tendenti a creare disordine e smarrimento nell'ambito sociale, allo scopo di abbattere l'ordine costituito: *lotta all'e.* **2** (*lett.*) Rovina, distruzione: *l'e. di Gerusalemme.* **3** †Nausea e disturbi di stomaco.

eversivo [dal lat. *evĕrsus*, part. pass. di *evĕrtere* 'volgere (*vĕrtere*) via (*ex-*)'; 1740 ca.] agg. ● Che intende rovesciare o abolire qlco. | ***Trame eversive***, complotti intesi ad abbattere o a modificare l'ordine costituito di un paese.

†**evèrso** [av. 1429] part. pass. di †*evertere*; anche agg. ● Nei sign. del v.

eversóre [vc. dotta, lat. *eversōre(m)*, da *evĕrsus*, part. pass. di *evĕrtere* ' †evertere'; av. 1547] s. m. **1** (f. *-a*) Chi attua una trama eversiva. **2** (*lett.*) Chi distrugge: e. / *di mura, piloto di tutte / le sirti, ove navighi?* (D'ANNUNZIO).

†**evèrtere** [vc. dotta, lat. *evĕrtere*, comp. di *ex-* d'allontanamento e *vĕrtere* 'volgere'; sec. XIV] v. tr. ● Rovinare, abbattere, distruggere.

evezióne [vc. dotta, lat. tardo *evectiōne(m)*, da *evĕctus*, part. pass. di *evĕhere* 'portare (*vĕhere*) su (*ex-*)'; 1797] s. f. ● (*astron.*) Ineguaglianza nel moto della Luna prodotta dall'attrazione del Sole.

èvia [vc. dotta, lat. *Eu(h)ĭade(m)*, nom. *Eu(h)ias*, dal gr. *Euiás* 'baccante', così detta per il suo grido di giubilo *euán*, dall'inter. *ěua*; av. 1907] s. f. ● (*raro, poet.*) Baccante.

♦**evidènte** [vc. dotta, lat. *evidĕnte(m)*, usata per rendere il gr. *enargḗs*, ricorrendo ad **evidēre* 'vedere (*vidēre*) chiaramente (*ex-*)'; sec. XIII] agg. **1** Che si vede con chiarezza: *colore, ira, irritazione e.* **2** Che non si può mettere in dubbio, che non ha bisogno di dimostrazioni: *colpa e.* SIN. Certo, chiaro, manifesto. || **evidenteménte**, avv. **1** In modo evidente: *era evidentemente affaticato.* **2** Certamente, a quanto pare: *evidentemente non ci siamo capiti*; (come risposta affermativa) Altroché, sì, eccome: *'Gli hai telefonato?' 'evidentemente'.*

evidènza o †**evidènzia** [vc. dotta, lat. *evidĕntia(m)*, da *ēvidens*, genit. *evidĕntis* 'evidente', sul modello del gr. *enárgeia*; 1308] s. f. **1** Condizione di ciò che è evidente: *l'e. dei fatti* | ***Mettere, porre in e.***, far notare, mettere in risalto | ***Mettersi in e.***, farsi notare | (*est.*) Forza rappresentativa: *la grande e. di un'immagine, di una metafora.* **2** Certezza, chiarezza: *è di una e. matematica*; *provare l'e. di qlco.* **3** (*bur.*) Prova, spec. in copia, di operazioni, pratiche e sim. svolte da un ufficio: *conservare le evidenze*; *tenere in e.*

evidenziàbile agg. ● Che si può evidenziare.

evidenziàre [1963] **A** v. tr. (*io evidènzio*) ● Mettere in evidenza: *e. un particolare significativo*; *il litoscopio evidenzia i calcoli* | Mettere in risalto con l'evidenziatore. **B** v. intr. pron. ● Manifestarsi: *una malattia che si evidenzia con la comparsa di macchie.*

evidenziatóre [1983] **A** agg. (f. *-trice*) ● Che mette in evidenza: *colore e.* **B** s. m. ● Tipo di pennarello a tratto colorato non coprente usato per dare risalto a una o più parole in uno scritto. SIN. Marker.

evìncere [vc. dotta, lat. *evĭncere* 'superare (*vĭncere*) del tutto, completamente (*ex-*)'; 1441] v. tr. (coniug. come *vincere*) ● Trarre come deduzione: *da ciò si evince che non è possibile fare altrimenti.*

evinto part. pass. di *evincere* ● (*raro*) Dedotto, desunto.

eviràre [vc. dotta, lat. *evirāre*, comp. di *ex-* sottratt. e *vĭr* 'uomo'; 1807] v. tr. **1** Asportare i testicoli. SIN. Castrare. **2** (*fig.*) Rendere fiacco, debole.

eviràto [1807] **A** part. pass. di *evirare*; anche agg. ● Nei sign. del v. **B** s. m. **1** Chi ha subìto l'evirazione. SIN. Castrato. **2** Cantore evirato.

evirazióne [vc. dotta, lat. *evirationē(m)*, da *evirātus* 'evirato'; 1797] s. f. ● Asportazione dei testicoli. SIN. Castrazione.

eviscerare [vc. dotta, lat. *eviscerāre*, comp. di *ex-* sottratt. e *vĭscera* (nt. pl.) 'viscere'; av. 1527] v. tr. (*io eviscero*) ● (*chir.*) Estroflettere o asportare i visceri dalla cavità in cui sono contenuti.

evisceràto part. pass. di *eviscerare*; anche agg. ● Detto di animale commestibile che, dopo l'uccisione, è stato privato delle interiora: *pollame, pesce e.*

eviscerazióne [da *eviscerare*; 1943] s. f. ● Operazione dell'eviscerare.

evitàbile [vc. dotta, lat. *evitābile(m)*, da *evitāre* 'evitare'; av. 1667] agg. ● Che si può o si deve evitare: *scandalo e.*

evitabilità s. f. ● (*raro*) L'essere evitabile.

†**evitàndo** [vc. dotta, lat. *evităndu(m)*, gerundivo di *evitāre* 'evitare'; 1735] agg. ● Che si deve evitare.

♦**evitàre** [vc. dotta, lat. *evitāre*, comp. di *ex-* raff. e *vitāre* 'evitare'; av. 1311] **A** v. tr. (*io èvito* o †*evito*) **1** Scansare, schivare: *e. un pericolo, un ostacolo*; *si dedica ai problemi che sempre evitò* (SVEVO) | Sfuggire: *e. gli sguardi indiscreti* **2** (+ *di* seguito da inf.; + *che* seguito da congv.) Comportarsi in modo da non fare qlco.: *e. di bere troppo*; *suo marito limitavasi ad e. che il fumo del sigaro le desse noja* (VERGA). **3** Impedire, scongiurare: *il pilota è riuscito a e. una sciagura* | Risparmiare a qlcu. pesi, preoccupazioni e sim.: *gli ho potuto e. una spesa.* **B** v. rifl. rec. ● Sfuggirsi, cercare di non incontrarsi: *dopo il litigio i fratelli si evitavano.*

†**evitatóre** [sec. XIV] s. m. (f. *-trice*) ● Chi evita, schiva.

evitazióne [ingl. *evitation*, dal lat. *evitatiōne(m)* 'fatto di evitare (*evitāre*)' già usato in altre accezioni; av. 1311] s. f. ● (*antrop.*) Istituzione diffusa spec. tra gli aborigeni del continente americano per cui alcuni parenti acquisiti (come genero e suocera) non possono rivolgersi la parola, mangiare o dormire nello stesso luogo.

evìtico agg. (pl. m. *-ci*) ● Di Eva, progenitrice del genere umano | ***In costume e.***, (*scherz.*) nuda.

evìtto [vc. dotta, lat. tardo *evĭctus*, part. pass. di *evĭncere* 'evincere'; 1777] s. m. e agg. ● (*dir.*) Chi (o Che) ha subito l'evizione.

evizióne [vc. dotta, lat. tardo *evictiōne(m)*, da *evĭctus*, part. pass. di *evĭncere* 'evincere'; av. 1565] s. f. ● (*dir.*) Perdita totale o parziale di una cosa per rivendica della stessa da parte di un terzo.

èvo [vc. dotta, lat. *ăevu(m)* 'tempo (che dura)', di orig. indeur.; sec. XIV] s. m. **1** Ciascuno dei grandi periodi in cui si usa suddividere, da un punto di vista cronologico, la storia dell'umanità: *evo antico, medio, moderno.* **2** (*raro*) Lungo spazio di tempo.

♦**evocàre** [vc. dotta, lat. *evocāre* 'chiamar (*vocāre*) fuori (*ex-*)'; 1728] v. tr. (*io èvoco* o *poet. evòco, tu èvochi* o *poet. evòchi*) **1** Richiamare dal mondo dei trapassati per facoltà medianiche: *e. gli spiriti.* **2** Nel mondo romano, richiamare soldati veterani in caso di bisogno. **3** (*fig.*) Ricordare, celebrare: *e. il passato, la memoria di qlcu.*; *me ad evocar gli eroi chiamin le Muse* (FOSCOLO) | (*fig.*) Richiamare, ricreare: *lo scrittore riesce ad e. con suggestione il mondo della sua infanzia.*

evocativo [1955] agg. ● Che serve a evocare (*anche fig.*).

evocatóre [vc. dotta, lat. *evocatōre(m)*, da *evocātus* 'evocato'; av. 1827] s. m. (f. *-trice*); anche agg. ● Chi (o Che) evoca.

evocatòrio [vc. dotta, lat. tardo *evocatōriu(m)*, da *evocātus* 'evocato'; 1948] agg. ● Di evocazione, atto a evocare: *rito, potere e.*

evocazióne [vc. dotta, lat. *evocatiōne(m)*, da *evocātus* 'evocato'; av. 1375] s. f. ● L'evocare, l'essere evocato.

evoè o †**eù oè**, (*raro*) **èvoe** [vc. dotta, lat. *eu(h)ŏe*, dal gr. *euôi*, onomat.; 1480] inter. ● (*poet.*) Esprime la gioia bacchica e si usa come invocazione o come acclamazione al dio Dioniso: *ognun segua, Bacco, te! / Bacco, Bacco, eù, oè!* (POLIZIANO).

-évole [continuazione pop. dei suff. lat. *-ēbile(m)* e *-ĭbile(m)*, estesa poi anche agli agg. verb. in *-ābile(m)*] suff. ● Forma aggettivi, sia di senso attivo che passivo, derivati da verbi o da sostantivi: *amorevole, biasimevole, caritatevole* (*caritevole*), *cedevole, favorevole, piacevole* | V. anche *-abile, -ibile, -ubile.*

evolụire [da *evoluzione* sul tipo di altri rapporti, come *costruire* da *costruzione*, *attribuire* da *attribuzione*; 1884] v. intr. (*io evolụisco, tu evolụisci*; aus. *avere*) ● Fare evoluzioni, detto spec. di reparti militari, navi e aerei.

evolùta [f. sost. di *evoluto*; 1785] s. f. ● (*mat.*) Curva in viluppo delle normali alla curva data | Luogo dei centri dei cerchi osculatori alla curva data.

evolutivo [1883] agg. ● Di evoluzione: *processo e.*; *fase evolutiva* | (*dir.*) ***Interpretazione evolutiva***, interpretazione della norma giuridica fatta tenendo conto del mutare della realtà e delle esigenze sociali | (*ling.*) ***Grammatica evolutiva***, studio dell'evoluzione di uno o più sistemi linguistici | (*psicol., pedag.*) ***Età evolutiva***, il periodo della vita fra la nascita e il raggiungimento della piena maturità fisica e psichica. || **evolutivaménte**, avv. In maniera evolutiva, secondo un'evoluzione.

evolùto [sec. XIX] part. pass. di *evolvere*; anche agg. **1** Che è giunto al suo pieno sviluppo. **2** (*est.*) Pervenuto a un elevato grado di maturità civile e sociale: *nazione, civiltà evoluta* | ***Persona evoluta***, priva di pregiudizi.

♦**evoluzióne** [vc. dotta, lat. *evolutiōne(m)*, da *evolūtus* 'evoluto'; 1640] s. f. **1** Lenta, graduale trasformazione: *e. del pensiero* | Sviluppo: *e. di una società*; *fase, periodo di e.* | ***E. sociale***, processo di mutamento sociale secondo determinate leggi di sviluppo continuo e graduale | ***E. linguistica***, insieme dei mutamenti subiti da un sistema linguistico nel corso del tempo. **2** (*biol.*) Trasformazione degli organismi viventi nel corso del tempo, che porta all'affermazione di nuovi caratteri trasmessi dall'eredità. **3** Insieme di movimenti eseguiti secondo preordinate modalità: *e. di un battaglione*; *evoluzioni di ginnasti.* **4** (*aer.*) Volo di aereo su traiettoria curva. **5** (*mar., spec. al pl.*) Insieme di percorsi rettilinei e curvilinei che una o più navi compiono per determinati scopi cinematici o tattici.

evoluzionịsmo [fr. *évolutionnisme*, da *évolution*

'evoluzione'; 1878] s. m. *1* (*biol.*) Complesso delle teorie che ammettono l'evoluzione biologica e che variamente la interpretano. CONTR. Fissismo. *2* (*antrop.*) Teoria dell'antropologia culturale, sviluppatasi parallelamente a quella della evoluzione biologica, che postula una evoluzione culturale dell'uomo dallo stato selvaggio alla civiltà, secondo modalità ineluttabili. *3* Complesso delle dottrine filosofico-scientifiche che spiegano mediante la legge dell'evoluzione la derivazione dalla materia di ogni tipo o forma di realtà, sia quella del mondo inorganico sia quella del pensiero.

evoluzionista [1875] s. m. e f. (pl. m. *-i*) ● Chi segue o si ispira alle teorie filosofico-scientifiche dell'evoluzionismo.

evoluzionìstico [1908] agg. (pl. m. *-ci*) ● Che concerne o interessa l'evoluzione o l'evoluzionismo.

evolvènte A part. pres. di *evolvere*; anche agg. ● Nei sign. del v. B s. f. ● (*mat.*) Curva di cui la curva data è l'evoluta.

evòlvere [vc. dotta, lat. *evŏlvere*, comp. di *ex-* raff. e *vŏlvere* 'volgere'; 1516] A v. tr. (pass. rem. *io evolvètti* (o *-étti*)o *evolvéi* o *evòlsi*, *tu evolvésti*; part. pass. *evolùto*) ● (*raro*) Sviluppare. B v. intr. pron. ● Trasformarsi progredendo lentamente e gradualmente: *gli organismi viventi si sono evoluti nel tempo.*

evònimo [vc. dotta, gr. *euṓnymos* 'di buon (*êu*) nome (*ónyma*, dial. per il più corrente *ónoma*)', denominazione eufem., perché pianta velenosa; 1476] s. m. ● Arbusto ramoso delle Celastracee con legno giallo, piccoli fiori verdognoli e frutto ad angoli sporgenti, rosso, purgativo (*Evonymus europaeus*). SIN. Berretta da prete, fusaggine.

†**evùlso** [1499] part. pass. di †*evellere*; anche agg. ● Nei sign. del v.

♦**evvìva** [comp. di *e* (*2*) e *viva*, imperat. di *vivere* (*1*); av. 1367] A inter. *1* Esprime esultanza, plauso, entusiasmo, approvazione, augurio e sim. (nelle scritte murali espresso gener. con una W): *e. l'Italia*; *e. gli alpini!*; *e. la vita!*; (*scherz.*) *e. me!*; *e. tutti!* | Anche iron.: *e. la modestia!* *2* Si usa anche con il sign. di 'salve', 'salute', come forma di saluto, come espressione augurale nei brindisi, come augurio rivolto a qlcu. che starnuta. B in funzione di s. m. inv. ● Grido di esultanza, plauso e sim.: *mandare un e.*; *gli entusiastici e. della folla.*

ex [prep. lat. con vari sign. ('da', 'fuori', 'secondo'), che assume spesso, in composizione, il senso neg. del concetto principale, come in vari comp. verb. e agg. lat.; av. 1292] A prep. ● Già, ora non più (premesso a un s. cui può anche essere unito da un trattino, indica l'anteriorità di una condizione, di una dignità o di una funzione rispetto al presente): *ex combattente*; *l'ex presidente*; *associazione di ex allievi*; *l'ex fidanzata*; *la mia ex casa*; *la ex Iugoslavia.* B in funzione di s. m. e f. ● Chi ha cessato di ricoprire una carica o di svolgere una funzione determinata (*per ellissi del s.*): *il gol dell'ex* | (*fam.*) ***Il mio ex***, ***la mia ex***, la persona con cui sono stati troncati rapporti amorosi.

exa- /'ɛgza/ [dal gr. *héx* 'sei', di orig. indeur.; riferito alla sesta potenza di 10^3] primo elemento ● Anteposto al nome di una unità di misura la moltiplica per 10^{18}, cioè per un miliardo di miliardi. SIMB. E.

ex abrùpto [lat., propr. 'dal (*ĕx*) discorso spezzato, rotto (*abrŭpto*, abl. del part. pass. di *abrŭmpere* 'troncare, strappare')'; av. 1363] loc. avv. ● All'improvviso, detto spec. di discorsi che iniziano senza introduzione.

ex aequo /*lat.* ɛg'zɛkwo/ [lat., propr. 'dal (*ĕx*) giusto (*āequo*, abl. di *āequus*, con sottintendimento di 'valore', 'diritto')'; 1905] loc. avv. ● Alla pari, a pari merito: *classificarsi primo ex aequo.*

ex ànte [lat., propr. 'da prima'] A loc. avv. ● Con effetto retroattivo. B loc. agg. inv. ● Relativo a situazioni o aspettative precedenti al verificarsi di un dato evento | ***Risparmio ex ante***, il risparmio programmato o preventivato, che può differire da quello effettivamente realizzato.

exarazióne ● V. *esarazione.*

ex càthedra /*lat.* ɛks'katedra/ [lat., propr. 'dalla (*ĕx*) cattedra (*căthedra*)'; av. 1775] loc. avv. *1* Detto delle dichiarazioni del Papa in materia di fede e di morale, quando devono essere considerate infallibili perché direttamente provenienti dall'autorità apostolica ed ispirate dallo Spirito Santo. *2* (*est.*) In modo e con tono perentorio, superbo e sussiegoso: *parlare ex cathedra.*

excèntro (o **-é-**) [comp. del lat. *ĕx*, col senso proprio nei comp. di 'fuori', e *centro*] s. m. ● (*mat.*) Punto d'incontro delle bisettrici degli angoli esterni formati dai prolungamenti di due lati di un triangolo e di quella dell'angolo tra essi compreso.

excèrpta [vc. dotta, lat. *excĕrpta*, nt. del part. pass. di *excĕrpere* 'prendere, trarre (*cārpere*) fuori (*ex-*)'; av. 1907] s. m. pl. (sing. lat. *excerptum*) ● Brani estratti da una o più opere di un autore.

exclave /*fr.* ɛks'klaːv/ [vc. fr., da *enclave* con sostituzione di pref. opposto] s. f. inv. ● Territorio appartenente a uno Stato, ma posto al di là dei confini e completamente circondato da territorio straniero.

excùrsus [vc. lat., propr. 'scorreria', dal part. pass. di *excŭrrere* 'correre (*cŭrrere*) fuori (*ex-*)'; 1918] s. m. inv. (pl. lat. inv.) ● Divagazione, digressione: *fare un e.*; *un breve e.*

executive /*ingl.* ɪg'zɛkjʊtɪv/ [vc. ingl., agg. (negli Stati Uniti sost.) da *to execute* 'eseguire', tratto dal fr. *executeur* 'esecutore'; 1964] A s. m. e f. inv. ● Dirigente, quadro aziendale | Persona incaricata di un lavoro amministrativo o della gestione di affari. B in funzione di agg. inv. ● Detto di ciò che è particolarmente adatto a uomini d'affari, dirigenti e sim.: *valigetta e.* | ***Aereo***, ***jet e.***, aereo privato usato da dirigenti d'azienda e sim. per rapidi trasferimenti.

†**exegètico** /egze'ʤɛtiko/ ● V. *esegetico.*

exèmpli gràtia /*lat.* ek'sempli 'gratstsja/ [loc. lat., propr. 'a motivo di (*grātia*) esempio (*exēmpli*)'] loc. avv. ● Per esempio. CFR. Esempigrazia.

exequàtur [vc. lat., dal congv. imperat. di *exsĕqui* 'eseguire'; 1619] s. m. inv. *1* (*dir.*) Attribuzione di efficacia esecutiva a una sentenza civile emessa in uno Stato straniero | Dichiarazione pretorile di esecutività di un lodo arbitrale. *2* (*bur.*) Ordine o permesso di eseguire un atto amministrativo, dato dal superiore gerarchico di chi ha formulato o emanato l'atto. *3* (*dir.*) Atto con cui uno Stato autorizza un console straniero a esercitare sul suo territorio le funzioni affidategli. *4* (*dir.*) Un tempo provvedimento di controllo esercitato da un'autorità statuale su atti giuridici dell'autorità ecclesiastica, con particolare riguardo alla destinazione di beni economici e conferimento di benefici (formula abolita con il Concordato del 1929).

exèreṣi o **exerèṣi** /eg'zɛrezi, egze'rɛzi/ [gr. *exáiresis* 'estrazione', deriv. di *exairêin* 'estrarre', comp. di *ex* 'fuori' e *airêin* 'prendere' (d'etim. incerta)] s. f. inv. ● (*chir.*) Asportazione, totale o parziale, di un organo.

exeùnte [vc. dotta, lat. *exeŭnte*(*m*), part. pres. di *exīre* 'uscire'; 1499] agg. ● (*lett.*) Che è alla fine, che sta per finire: *un manoscritto del dodicesimo secolo e.* SIN. Uscente. CFR. Ineunte.

èxit [vc. lat., propr. 'esce', dal v. *exīre* 'uscire'] s. m. inv. *1* Nelle opere teatrali, didascalia che indica l'uscita di scena di un personaggio. *2* (*fig.*) Uscita di scena, rapida sparizione.

exit poll /*ingl.* 'ɛgzɪtˌpəʊl, 'ɛks-/ [loc. dell'ingl. d'America, propr. 'inchiesta (*poll*) all'uscita (*exit*)'; 1993] loc. sost. m. inv. (pl. ingl. *exit polls*) ● Sondaggio per la previsione dell'esito globale di una votazione, effettuato domandando alle persone che lasciano un seggio elettorale come hanno votato: *si discute sull'attendibilità degli exit poll.*

ex lège [lat., propr. 'secondo (*ĕx*) la legge (*lēge*, abl. di *lēx*, genit. *lēgis*)'] loc. avv. ● In base alla legge, secondo quanto è stabilito dalla legge.

ex libris [lat., propr. 'dai (*ĕx*) libri (*lĭber*, abl. pl. *lĭbris*)', sottinteso 'di … '; 1881] loc. sost. m. inv. ● Nota scritta o cartellino incollato nell'interno della copertina o sul frontespizio, indicante il nome o le iniziali del proprietario, spesso con fregi e motti.

ex nihilo /*lat.* eks'niilo/ [loc. lat., propr. 'dal (*ex*) nulla (*nihilum*)'] loc. avv. ● Dal nulla.

ex nòvo [lat., propr. 'da (*ĕx*) nuovo (*nŏvo*, abl. di *nŏvus*)'; 1905] loc. avv. ● Daccapo, di sana pianta: *rifare qlco. ex novo.*

èxo- /'ɛgzo/ ● V. *eso-* (*2*).

exoàsco /egzo'asko/ [comp. di *exo-* e del lat. *ascus* 'asco'] s. m. ● Genere di Funghi ascomiceti i cui aschi si sviluppano direttamente sul micelio (*Exoascus*).

expertise /*fr.* ɛkspɛʀ'tiːz/ [vc. fr., da *expert* 'esperto' con suff. di sostantivazione d'agg. *-ise*; 1963] s. f. inv. ● Dichiarazione di autenticità di un'opera d'arte, rilasciata da un esperto.

èxplicit [vc. lat., riduzione della formula di chiusura del lat. tardo *ĕxplicit* (*lĭber*) '(il libro) finisce (per *explĭcit*(*us est*), da *explĭcere* 'compiere, spianare') qui'; 1981] s. m. inv. *1* Nei codici, parola iniziale della formula che era posta spec. al termine di un'opera con indicazione riguardo al titolo e al nome dell'autore. *2* Nell'uso filologico e bibliografico, le parole finali di un testo. CONTR. Incipit.

exploit /*fr.* ɛks'plwa/ [vc. fr., ant. fr. *espleit*, dal lat. parl. **explĭcitum* 'azione compiuta', da *explicāre* 'effettuare, finire', '(s)piegare (*plicāre*) del tutto (*ex-*)'; 1950] s. m. inv. ● Impresa di rilievo, spec. sportiva: *fare un e.*; *un e. sbalorditivo.*

Expo /*fr.* ɛks'po/ [vc. fr., abbr. di *exposition* 'esposizione'; 1970] s. f. inv. ● Esposizione universale.

export /*ingl.* 'ɛkspɔːt/ [ingl., dal lat. *exportāre* (V. *esportare*)] s. m. inv. ● (*econ.*, *comm.*) Esportazione.

ex post /*lat.* ɛks'pɔst/ [lat., propr. 'di poi'; 1989] A loc. avv. ● Con l'esperienza del dopo. B loc. agg. inv. ● Relativo a situazioni successive al verificarsi di un dato evento | ***Risparmio ex post***, il risparmio effettivamente realizzato, che può differire da quello programmato o preventivato.

ex professo [lat., propr. 'da (*ĕx*) dichiarazione (*profĕssus*, part. pass. di *profitēri* 'dichiarare apertamente')'; av. 1580] loc. avv. ● Intenzionalmente, in modo deliberato: *parlare ex professo di politica* | (*est.*) In maniera completa, approfondita: *trattare ex professo un argomento.*

exsanguinotrasfuṣióne [vc. dotta, comp. del lat. *ĕx*, *sānguin*(*em*) e *trasfusione*] s. f. ● (*med.*) Sostituzione completa del sangue di un soggetto mediante trasfusione di sangue compatibile.

extended play /eks'tɛnded 'plɛi, *ingl.* ɪk'stɛndɪd 'pleɪ/ [ingl., per *extended playing*, propr. '(disco) con tempo di esecuzione (da *to play* 'recitare, eseguire') prolungato (*extended*, da *to extend* 'estendersi, prolungarsi')'; 1970] A loc. sost. m. inv. ● Disco fonografico a 45 giri. B loc. agg. inv.: *disco extended play.*

extenso, in ● V. *in extenso.*

extispìcio [vc. dotta, lat. *extispĭciu*(*m*), comp. di *ĕxta* (pl.) 'viscere', vc. della terminologia augurale, di orig. incerta, e *-spicio*; av. 1311] s. m. ● Esame divinatorio che gli aruspici, in Roma antica, facevano dei visceri delle vittime, per trarne pronostici.

èxtra [dall'avv. e prep. lat. *ĕxtra* 'fuori di', da *ĕx* 'fuori'; 1582] A prep. ● Fuori di, non incluso in: *relazioni e. famiglia*; *spese e. bilancio.* B in funzione di agg. inv. *1* Di qualità superiore: *vino e.*; *un prodotto e.* | Seguito da un altro agg. gli dà valore di superl.: *procedimento e. rapido*; *burro e. fino.* *2* Fuori dell'usuale o del previsto, insolito: *limitare le spese e.*; *assistere a uno spettacolo e.* C in funzione di s. m. inv. ● Il sovrappiù, ciò che si spende o si guadagna fuori del prestabilito: *tutti gli e. sono a carico mio*; *quel lavoro gli porta molti e.* | In un albergo, ristorante e sim., ciò che si consuma al di fuori del trattamento prestabilito.

èxtra- o **èstra-** [dal lat. *ĕxtra* 'fuori' (V. *extra*)] pref. ● In parole composte significa 'fuori': *extraparlamentare*, *extraterritoriale*, *extrauterino* | Inoltre conferisce grado superlativo ad aggettivi: *extraforte*, *extravergine.* CFR. stra-.

extraatmosfèrico [comp. di *extra-* e *atmosferico*] agg. (pl. m. *-ci*) ● Che si trova o avviene fuori dell'atmosfera terrestre | (*mil.*) ***Missile e.***, destinato a mettere in orbita satelliti artificiali extraterrestri o a lanciare sonde e veicoli spaziali nello spazio extraterrestre.

extracellulàre [comp. di *extra-* e dell'agg. *cellulare*] agg. ● (*biol.*) Riferito all'ambiente esterno rispetto a una cellula.

extracomunitàrio [comp. di *extra-* e *comunitario*; 1980] A agg. ● Relativo a Paesi non appartenenti all'Unione europea: *politiche extracomunitarie.* B agg.; anche s. m. (f. *-a*) ● Che (o Chi) proviene da Paesi non appartenenti all'Unione europea, spec. con riferimento agli immigrati in cerca di occupazione provenienti da Paesi economicamente arretrati.

extraconiugàle o **estraconiugàle** [comp. di *extra-* e *coniugale*; 1931] agg. ● Estraneo all'ambito del matrimonio: *relazione e.*

extracontrattuale o **estracontrattuàle** [comp. di *extra-* e *contratto*, con suff. aggettivale; 1956] agg. ● Che non deriva da un rapporto contrattuale: *colpa, responsabilità e.*

extracorpòreo [comp. di *extra-* e *corporeo*] agg. ● Che non avviene fuori del corpo umano | (*med.*) Detto di funzione fisiologica umana che, diversamente dalla norma e a causa di eccezionali esigenze terapeutiche, si compie al di fuori dell'organismo: *circolazione sanguigna extracorporea.*

extracorrènte [comp. di *extra-* e *corrente* (2); 1869] s. f. ● (*elettr.*) Corrente elettrica secondaria di autoinduzione che si verifica all'atto dell'apertura o chiusura di un circuito.

extracurricolàre o **extracurriculàre** [comp. di *extra-* e *curricolare*] agg. ● Che è al di fuori di un curricolo scolastico, che non rientra in un normale corso di studi: *corsi extracurricolari.*

extradiegètico [fr. *extradiégétique*, comp. di *extra-* 'extra-' e *diégétique* 'diegetico'] agg. (pl. m. -ci) ● Detto di narrazione in cui il narratore si rivolge direttamente al pubblico e non ad altri personaggi del racconto.

extradotàle o **estradotàle** [comp. di *extra-* e *dote*, con suff. aggettivale; 1673] agg. ● (*dir.*) Detto di bene della moglie che non fa parte della dote.

extraeuropèo [comp. di *extra-* e *europeo*; 1945] agg. ● Che non fa parte del continente europeo: *nazioni extraeuropee.*

extragalàttico o **estragalàttico** [comp. di *extra-* e *galattico*] agg. (pl. m. -ci) ● (*astron.*) Che non appartiene alla galassia locale, cioè a quella di cui fa parte il sistema solare.

extragiudiziàle o **estragiudiziàle**, (*raro*) **estragiudiciàle**, (*raro*) **extragiudiciàle** [comp. di *extra-* e *giudiziale*; av. 1598] agg. ● (*dir.*) Estraneo a una causa: *spese extragiudiziali.* || **extragiudizialménte**, avv. ● In maniera extragiudiziale.

extra-làrge /ˈekstraˈlardʒ, *ingl.* ˌɛkstrəˈlɑːdʒ/ [loc. ingl. *largo* (*large*) più del normale (*extra*)'; 1976] loc. agg. inv. ● Detto di capo di abbigliamento di taglia molto grande: *una felpa extra-large.* SIMB. XL.

extralegàle o **estralegàle** [comp. di *extra-* e *legale*; 1869] agg. ● Non disciplinato legislativamente: *problema e.*

extralinguìstico [comp. di *extra-* e *linguistico*] agg. (pl. m. -ci) ● (*ling.*) Detto di fattore linguistico che non appartiene alla grammatica, bensì all'uso di quest'ultima nella codificazione e nella decodificazione degli enunciati.

extramoenìa /lat. ekstraˈmɛnja/ [vc. dotta comp. di *extra-* e del pl. lat. *moenĭa* 'mura'; 1997] agg. inv. ● Extramurale nel sign. 2.

extramuràle o **estramuràle** [comp. di *extra-* e *mura*, con suff. agg.] agg. **1** Che si trova, avviene e sim. al di fuori delle mura di cinta: *borgo e.* **2** Detto di attività o fenomeno che si svolge all'esterno di un edificio | *Professione e.*, in ambito sanitario, attività di medico libero professionista e dipendente del Servizio Sanitario Nazionale che viene svolta in strutture private; SIN. Extramurario.

extramuràrio [comp. di *extra-* e *murario*; 1997] agg. ● Extramurale nel sign. 2.

extranazionàle [comp. di *extra-* e *nazionale*] agg. ● Che è al di fuori di un ambito nazionale.

Extranet /ˈɛkstranet, *ingl.* ˈɛkstrəˌnɛt/ [vc. ingl. da *Intranet* con sostituzione della parte iniziale con *extra-* di sign. opposto; 1997] s. f. solo sing. ● (*elab.*) Sistema Intranet aperto all'accesso da parte di utenti esterni.

extraoràrio [comp. di *extra-* e *orario*] agg. inv. ● Che è al di fuori dell'orario concordato, detto spec. di prestazioni lavorative.

extraparlamentàre [comp. di *extra-* e *parlamentare* (2); 1832] **A** agg. **1** Che non fa parte dello schieramento dei partiti rappresentati in parlamento: *formazioni extraparlamentari* | Che si verifica al di fuori del parlamento: *crisi e.* **2** Che privilegia altre forme di lotta politica rispetto a quella parlamentare: *movimento e.; sinistra e.; destra e.* **B** s. m. e f. ● Chi aderisce a un movimento politico extraparlamentare.

extrapiramidàle [comp. di *extra-* e *piramidale*] agg. ● (*med.*) Che non appartiene al sistema piramidale.

extrapolàre ● V. *estrapolare.*

extraprocessuàle o **estraprocessuàle** [comp. di *extra-* e *processuale* 'del processo'] agg. ● (*dir.*) Extragiudiziale: *spese extraprocessuali* | Che si produce al di fuori dello stesso processo: *effetti extraprocessuali di una sentenza.*

extraprofìtto [comp. di *extra-* e *profitto*; 1956] s. m. ● Profitto superiore al livello ritenuto normale.

extraràpido [comp. di *extra-* e *rapido*] agg. ● Rapidissimo, detto spec. di lastra fotografica molto sensibile.

extrascolàstico [comp. di *extra-* e *scolastico*] agg. (pl. m. -ci) ● Che è, si svolge fuori della scuola: *attività extrascolastica.*

extrasensìbile [comp. di *extra-* e *sensibile*] agg. ● Che oltrepassa il livello percettivo dell'uomo.

extrasensoriàle [comp. di *extra-* e *sensoriale*; 1963] agg. ● (*psicol.*) *Percezione e.*, in parapsicologia, la percezione che avviene senza l'intervento di uno dei sensi.

extrasìstole o **estrasìstole** [comp. di *extra-* e *sistole*; 1911] s. f. ● (*med.*) Sistole cardiaca anomala, che altera il ritmo cardiaco.

extrasistolìa o **estrasistolìa** s. f. ● (*med.*) Alterazione del ritmo cardiaco a causa di extrasistoli.

extrasistòlico o **estrasistòlico** agg. (pl. m. -ci) ● (*med.*) Di estrasistole.

extrasolàre [comp. di *extra-* e *solare* (1)] agg. ● Che è fuori del Sole | Che è fuori del sistema solare.

extrasottile [comp. di *extra-* e *sottile*; 1986] agg. ● Sottilissimo: *lenti extrasottili.*

extrastallìa [comp. di *extra-* e *stallia*; 1937] s. f. ● Nel commercio marittimo, compenso ulteriore dovuto all'armatore quando il completamento del carico non è ultimato entro il termine convenuto.

extrastrong /ˈɛkstrasˈtrɔŋ/ [comp. di *extra-* e dell'ingl. *strong* (V.); 1965] **A** agg. inv. ● Detto di un tipo di carta molto resistente, usata spec. per dattilografare. **B** s. f. inv. ● Tale tipo di carta: *un foglio di e.*

extratemporàle [comp. di *extra-* e *temporale*; 1911] agg. ● Che è al di fuori dei limiti di tempo. SIN. Sovratemporale.

extraterrèstre [comp. di *extra-* e *terrestre*; 1966] **A** agg. ● Che si trova o avviene al di fuori del pianeta Terra. **B** s. m. e f. ● Ipotetico abitante di corpi celesti diversi dalla Terra: *l'invasione degli extraterrestri.*

extraterritoriàle o **estraterritoriàle** [comp. di *extra-* e *territorio*, con suff. aggettivale; 1921] agg. ● Che è fuori del territorio di uno Stato: *zona e.* | Che gode della extraterritorialità: *sede e.*

extraterritorialità o **estraterritorialità** [1857] s. f. ● Privilegio per cui date persone o dati beni non sono soggetti alla giurisdizione dello Stato sul cui territorio si trovano.

extraurbàno [comp. di *extra-* e *urbano*; 1963] agg. ● Che è situato al di fuori di una città: *parco e.* | *Linea di trasporto extraurbana*, quella che collega la città con i paesi e sobborghi vicini.

extrauterino [comp. di *extra-* e *utero*] agg. ● (*med.*) Che è fuori dell'utero | *Gravidanza extrauterina*, quando l'uovo fecondato si impianta al di fuori della mucosa uterina.

extravagànza [dal fr. *extravagance* 'stravaganza'] s. f. ● (*mus.*) Composizione con scopi caricaturali e frequenti licenze.

extravérgine [comp. di *extra-* e *vergine*] agg. ● (*comm.*) Qualifica che la legge riserva a un olio di oliva ottenuto con spremitura meccanica e che abbia un tasso di acidità non superiore all'1%.

extrèma ràtio /lat. ekˈstrɛma ˈratsjo/ ● V. *ratio* (2).

extremis, in ● V. *in extremis.*

exùvia /egˈzuvja/ ● V. *esuvia.*

ex vóto [lat., propr. 'secondo' (*ēx*) il voto (*vōto*, abl. di *vōtum*, sottinteso *suscĕpto*, abl. del part. pass. di *suscĭpere* 'fare', cioè 'per un voto fatto')'; 1855] loc. sost. m. inv. ● Oggetto dedicato a una divinità | Nel cattolicesimo, oggetto offerto a chiese o ad altari per grazie ricevute.

eyeliner /aiˈlainer, *ingl.* ˈaɪˌlaɪnəɹ/ [vc. ingl., propr. 'che segna con una linea (*line*, di orig. fr.) l'occhio (*eye*, di orig. indeur.)'] s. m. inv. ● Liquido denso, di vario colore, da usarsi con apposito pennellino, per il trucco degli occhi.

†**eziandìo** [lat. *ĕtiam* 'anche' (comp. di *ĕt* 'e' e *iām* 'già') e *Dio* per raff.; sec. XIII] cong. ● (*lett.*) Anche, altresì | †*E. che*, anche se: *porterò io lo mio consiglio e darollo e. che non mi sia chiesto* (DANTE).

e-zine /iˈzin, *ingl.* ˈiːziːn/ [loc. ingl., comp. di *e-* (2) e della seconda parte di (*fan*)*zine* (V.); 1996] s. f. inv. ● Rivista elettronica circolante via Internet.

èzio- o **etio-** [dal gr. *aitía* 'causa', di orig. incerta] primo elemento ● In parole composte della terminologia scientifica, significa 'causa': *eziopatogenesi, eziotropo.*

eziolaménto [fr. *étiolement*, da *étioler* 'far deperire e scolorire una pianta tenendola al buio', d'etim. incerta] s. m. ● (*bot.*) Fenomeno per cui le piante cresciute all'oscuro sono giallastre per mancanza di clorofilla, hanno steli molto lunghi e foglie di dimensioni ridotte.

eziolàto [adattamento del fr. *étiolé* 'deperito', di orig. incerta; 1921] agg. ● Detto di pianta tenuta in ambiente scuro il cui caule si allunga più del normale e non è più verde.

eziologìa [vc. dotta, lat. tardo *aetiologĭa(m)*, dal gr. *aitiología*, comp. di *aitía* 'causa' (V. *ezio-*) e -*logía* '-logia'; 1631] s. f. **1** Settore di una scienza che studia e ricerca le cause di un fenomeno | (*est., med.*) Studio delle cause che provocano una malattia | L'insieme di tali cause: *malattia a e. sconosciuta.* **2** Nel mondo greco e latino, scienza che studiava le origini di città, feste, miti e sim.

eziològico o **etiològico** [1585] agg. (pl. m. -ci) ● Proprio dell'eziologia.

eziopatogènesi o **etiopatogènesi** [comp. di *ezio-* e *patogenesi*; 1956] s. f. inv. ● (*med.*) Studio delle cause e dei meccanismi di insorgenza di una malattia.

eziotropìsmo o **etiotropìsmo** [comp. di *ezio-* e *tropismo*] s. m. ● (*med.*) Attività terapeutica di un farmaco volta specificamente contro l'agente responsabile di una malattia infettiva.

eziòtropo o **etiòtropo** agg. ● (*med.*) Relativo a eziotropismo | Dotato di eziotropismo: *farmaco e.*

-èzza [continuazione pop. del suff. lat. -*ītia*(*m*) e del più raro suff. parallelo -*ītie*(*m*)] suff. derivativo ● Forma nomi astratti tratti da aggettivi: *agiatezza, bellezza, crudezza, grandezza, sicurezza.*

f, F

Il suono rappresentato in italiano dalla lettera *F* è quello della consonante costrittiva, o fricativa, labiodentale non-sonora /f/. Questa consonante può essere, secondo i casi, semplice (es. *gufo* /'gufo/, *cenotafio* /tʃeno'tafjo/, *mellifluo* /mel-'liflu̯o/, *di fuori* /di'fwɔri/; *trónfio* /'trɔɱfjo/, *in fuòri* /iɱ'fwɔri/) oppure geminata (es. *goffo* /'gɔffo/, *sóffio* /'soffjo/, *affluènte* /afflu'ɛnte/, *da fuòri* /daf'fwɔri/).

f, (*maiusc.*) **F** [av. 1294] **s. f. o m. ●** Sesta lettera dell'alfabeto italiano (nome per esteso: *èffe*): *f minúscola*; *F maiuscolo* | Nella compitazione spec. telefonica it. *f come Firenze*; in quella internazionale *f come fox-trot* | ***Vitamina F***, V. *vitamina*.

fa (**1**) /fa*, fa/ [lettere iniziali della seconda parte del secondo verso (*Mira gestorum famuli tuorum*) dell'inno a S. Giovanni scelto da Guido d'Arezzo a fondamento della scala musicale; av. 1306] **s. m. inv. ●** (*mus.*) Quarta nota della scala musicale di *do* (V. nota d'uso ACCENTO).

fa (**2**) /fa*/ [terza pers. sing. del pres. indic. di *fare*; 1528] **avv. ●** Or è, or sono, prima d'ora (usata in varie loc. temporali): *tanto tempo fa*; *venti anni fa*; *poche settimane fa*; *due ore fa*; *poco (tempo) fa*; *pochi minuti fa*.

fabbisógno [comp. di *fa(re)* e *bisogno*; 1812] **s. m. ●** Quantità di denaro, o di altri beni, necessaria al soddisfacimento di un bisogno o al raggiungimento di un certo scopo: *il f. alimentare dell'uomo*.

fàbbrica o (*lett.*) **fàbrica** [vc. dotta, lat. *fàbrica(m)* 'arte, mestiere, negozio di artigiano', da *fàber*, genit. *fàbri* 'artigiano, fabbro'; 1336 ca.] **s. f. 1** Stabilimento opportunamente attrezzato per lo svolgimento di un'attività industriale: *una f. d'automobili*; *gli operai, gli impiegati, il direttore di una f.*; *comprare a prezzo di f.* | (*fig.*) Luogo, ambiente e sim. da cui trae origine qlco. di criticabile o di negativo: *quel ritrovo è una f. di pettegolezzi*; *quel corso di laurea è una f. di disoccupati* | (*fig.*, *scherz.*) ***La f. dell'appetito***, la necessità di mangiare | CFR. -ficio. **2** Attività e organizzazione diretta e edificazione di qlco.: *Brunelleschi diresse la f. del Duomo di Firenze*; *iniziare la f. di uno stadio* | (*fig.*) ***Lungo come la f. di S. Pietro***, di ciò che non finisce mai. **3** Fabbriceria. **4** (*raro*) Edificio in costruzione o ultimato: *questo palazzo è una bella e solida f.* || **fabbricàccia**, **pegg.** | **fabbrichétta**, **dim.** | **fabbricina**, **dim.** | **fabbricóna**, **accr.** | **fabbricóne**, **accr. m.** (V.) | **fabbricùccia**, **pegg.**

fabbricàbile [vc. dotta, lat. tardo *fabricàbile(m)*, da *fabricàre* 'fabbricare'; av. 1704] **agg. ●** Che si può fabbricare | ***Area***, ***terreno f.***, su cui si può edificare.

fabbricabilità [1963] **s. f. ●** Condizione di un terreno, di un'area, di una zona edificabile. SIN. Edificabilità.

fabbricànte [1785] **A part. pres.** di *fabbricare* **●** Nei sign. del v. **B s. m. e f. ●** Chi fabbrica | Chi possiede e dirige una fabbrica: *un f. di scarpe*.

◆**fabbricàre** o (*lett.*) **fabricàre** [vc. dotta, lat. *fabricàre*, da *fàbrica*. V. *fabbrica*; av. 1292] **v. tr.** (*io fàbbrico*, *tu fàbbrichi*) **1** Costruire un grattacielo | (*fig.*) ***F. sulla sabbia***, non dare solide basi. SIN. Edificare. CONTR. Abbattere, demolire. **2** Produrre, fare (*anche fig.*): *quella industria fabbrica sapone*; *si è fabbricato i mobili da solo*; *Amor, sa solo fabricar inganni* (ALBERTI). CFR. -ficare. **3** (*fig.*) Inventare, immaginare: *fabbricarsi un alibi*; *f. notizie false* | (*fig.*) ***F. castelli in aria***, fantasticare. **4** (*fig.*) Ordire, macchinare, architettare: *f. un processo*, *false accuse*.

fabbricativo [1862] **agg. ●** Detto di luogo ove si possa edificare: *terreno f.*, *area fabbricativa*.

◆**fabbricàto** [1342] **A part. pass.** di *fabbricare*: anche **agg. ●** Nei sign. del v. **B s. m. ●** Edificio, costruzione in muratura | Corpo di fabbrica che occupa un certo tratto di terreno | ***Imposta sui fabbricati***, imposta che colpisce il reddito degli edifici.

fabbricatóre [vc. dotta, lat. *fabricatóre(m)*, da *bricàre* 'fabbricare'; av. 1292] **A agg.** (f. *-trice*) **●** Che fabbrica o costruisce (*spec. fig.*). **B s. m. 1** (*raro*) Chi fabbrica | (*fig.*) Chi inventa qlco. ad arte: *quel giornalista è un f. di notizie false*. **2** (*raro*) Muratore.

fabbricatòrio [vc. dotta, lat. tardo *fabricatóriu(m)*, da *fabricàre* 'fabbricare'; sec. XIV] **agg. ●** (*raro*) Che concerne la fabbricazione.

fabbricazióne [vc. dotta, lat. *fabricatióne(m)*, da *fabricàre* 'fabbricare'; sec. XIV] **s. f. 1** (*raro*) Costruzione, edificazione. **2** Produzione: *la f. della carta* | ***Imposta di f.***, imposta che colpisce la produzione di una data merce: *imposta di f. sugli spiriti*, *sugli oli minerali*, *sullo zucchero*. **3** Lavorazione: *difetto di f.*

fabbricerìa [da *fabbriciere*; 1807] **s. f. ●** Ente ecclesiastico che si occupa della gestione dei beni destinati alla manutenzione degli edifici ecclesiastici e alle spese di culto.

fabbricière o †**fabbrichière** [fr. *fabricier*, da *fabbrica* 'fabbrica'; av. 1550] **s. m. 1** †Costruttore | †*F. del pane*, fornaio. **2** Chi fa parte di una fabbriceria.

fabbricóne s. m. 1 Accr. di *fabbrica*. **2** Casamento grande e squallido.

fabbrile o (*lett.*) †**fabrile** [vc. dotta, lat. *fabríle(m)*, da *fàber*, genit. *fàbri* 'artigiano, fabbro'; sec. XIV] **agg. ●** (*lett.*) Relativo al fabbro e a ogni attività di carattere artigianale: *mercanzia*, *arte f.*

◆**fàbbro** o (*lett.*) †**fabro** [lat. *fàbru(m)*, di etim. incerta; 1235] **s. m.** (raro, lett. f. *-a*) **1** †Artigiano che lavora in ferramenti: *rivolgersi a un f. per riparare una cancellata* | ***F. ferraio***, *f. ramaio*, *f. stagnaio*, che lavora spec. il ferro, il rame, lo stagno. **2** (*est.*, *lett.*) Artefice, creatore: *f. d'inganni e tradimenti* | (*fig.*) ***F. eterno***, *f. dell'Universo*, Dio.

fabianismo o **fabianesimo** [ingl. *fabianism*. V. *fabiano*; 1950] **s. m. ●** Movimento politico di tendenza socialista riformista, sorto in Inghilterra alla fine del sec. XIX, dal quale ha avuto origine il laburismo.

fabiàno [dall'ingl. *Fabian Society*, società che prendeva il nome da Q. *Fabio* Massimo il Temporeggiatore (275 ca.-203 a.C.); 1893] **s. m.**; anche **agg. ●** Seguace del fabianismo.

fabliau /fr. fabli'jo/ [fr., forma piccarda, da *fable* 'favola'; 1908] **s. m. inv.** (pl. fr. *fabliaux*) **●** (*letter.*) Breve racconto satirico, in rima, tipico del Medioevo francese.

fàbrica e *deriv*. ● V. *fabbrica* e *deriv*.

†**fabrile** ● V. *fabbrile*.

fàbro ● V. *fabbro*.

fàbula [dal lat. *fàbula(m)* 'favola'; sec. XIV] **s. f. 1** V. *favola* e *deriv*. **2** Nel linguaggio della critica letteraria, l'insieme dei contenuti e dei motivi di un testo narrativo, sottostanti all'intreccio vero e proprio.

fabulàre [vc. dotta, lat. *fabulàri*, da *fàbula* 'favola'; av. 1342] **v. intr.** (*io fàbulo*; aus. *avere*) **1** Raccontare favole. **2** Conversare, chiacchierare.

fabulatòrio [1949] **agg. ●** (*psicol.*) Relativo alla fabulazione.

fabulazióne [fr. *fabulation*, dal lat. *fàbula(m)* (V. *favola*); sec. XIV] **s. f. 1** (*psicol.*) Produzione immaginaria del pensiero espressa sia in forma di racconti più o meno coordinati, sia in forma di discorsi totalmente incoerenti rispetto alle circostanze. **2** (*filos.*) Creazione di superstizioni e di finzioni consolatorie tipica della religione che, secondo H. Bergson (1859-1941), avrebbe il fine di proteggere la vita contro l'azione disgregatrice dell'intelletto.

◆**faccènda** [lat. *faciènda* 'cose da farsi', gerundivo nt. pl. di *fàcere* 'fare'; 1306] **s. f. 1** Cosa da fare, affare: *devo sbrigare questa f.*; *d'ora in poi baderò solo alle mie faccende*; *non è f. ... nella quale bisogni più virtù che in uno capitano gli esserciti* (GUICCIARDINI) | ***Essere in faccende***, essere occupato. SIN. Occupazione. **2** Fatto, situazione, vicenda: *è una f. seria*; *mi è capitata una brutta f.* **3** (*spec. al pl.*) Complesso dei lavori domestici quotidiani: *in due ore sbrigo tutte le faccende*; *fare le faccende*. SIN. Mestieri. || **faccendàccia**, **pegg.** | **faccendèlla**, **dim.** | **faccendina**, **dim.** | **faccenduccia**, **faccendùzza**, **dim.** | **faccenduòla**, **dim.**

faccendière o **faccendièro** [da *faccenda*; 1513] **s. m.** (f. *-a*), raro, anche **agg. 1** Detto di chi si dà da fare in intrighi e in affari poco onesti, spec. per trarne profitto: *è stato arrestato un noto f.*; *un f. politico*; *sono sempre nelle corti ... faccendieri, che stanno per intender le cose che vanno attorno* (MACHIAVELLI). SIN. Armeggione, intrigante, maneggione. **2** †Commerciante.

faccendino [da *faccenda*; av. 1704] **s. m.**; anche **agg.** (f. *-a*) ● (*tosc.*, *raro*) Intrigante, ficcanaso.

faccendóne [da *faccenda*; av. 1686] **s. m.** (f. *-a*) ● Chi si dà molto da fare con scarsi risultati.

†**faccènte** ● V. *facente*.

faccétta [av. 1571] **s. f. 1** Dim. di *faccia*. **2** Viso piccolo e grazioso. **3** Ciascuno dei piani di una pietra preziosa tagliata a forma di poliedro. **4** (*med.*) ***F. articolare***, piccola superficie articolare di un osso, per lo più pianeggiante. || **faccettina**, **dim.**

faccettàre [da *faccetta*; 1808] **v. tr.** (*io faccétto*) ● Fare le faccette alle pietre preziose.

faccettatrice [da *faccettare*] **s. f. ●** In apicoltura, macchina usata per la preparazione dei fogli cerei, sui quali imprime la forma delle celle: *f. a stampo*, *a cilindri*.

faccettatùra [1884] **s. f. ●** Lavorazione a faccette. SIN. Sfaccettatura.

facchinàggio [da *facchino*; 1837] **s. m. 1** Attività di trasporto di merci e bagagli svolta da facchini. **2** Retribuzione dovuta a facchini.

facchinàta [1876] **s. f. 1** (*disus.*) Gesto o atto triviale. **2** (*fig.*, *raro*) Sfacchinata.

facchinésco [av. 1537] **agg.** (pl. m. *-schi*) ● (*raro*) Di, da facchino: *lavoro f.* | ***Scherzo***, **linguaggio** *f.*, triviale.

facchino [etim. discussa: dall'ar. *faqīh*, in orig. 'giureconsulto, teologo' (?); 1436] **A s. m. 1** Chi per mestiere trasporta carichi o bagagli nelle stazioni, nei porti e sim.: *f. di porto*, *di stazione*, *di piazza* | ***Lavoro da f.***, faticoso. SIN. Portabagagli. **2** (*fig.*, *spreg.*) Uomo grossolano e triviale: *si è comportato come un f.* **B agg. ●** †Facchinesco. || **facchinàccio**, **pegg.**

♦**fàccia** (1) [lat. parl. *fācia(m), per il class. fācie(m) 'figura, aspetto', da facĕre 'fare'; av. 1292] s. f. (pl. -ce) **1** Parte anteriore del cranio umano, nella quale si trovano le orbite, le fosse nasali e la bocca: *f. tonda, ovale, quadrata*; *f. grassa, magra, ossuta, emaciata*; *f. abbronzata, rossa, pallida, cerea*; *f. sana, malaticcia*; *lavarsi la f.* | (*fig.*) ***Mostrare la f.***, esporsi alle critiche | ***Perdere, salvare la f.***, disonorarsi o conservare la propria dignità | ***Uomo a due facce***, doppio | (*fig.*) ***Avere la f. di dire o fare qlco.***, averne l'ardire, la sfrontatezza | ***Voltare la f. a qlcu.***, rinnegarlo | ***In f., di f., sulla f. a qlcu. o a qlco.***, davanti | (A) *f. a f.*, di fronte o molto vicino; (*fig.*) a confronto. SIN. Vis-à-vis | ***F. a f.***, V. *faccia a faccia* | (*fig.*) ***Guardare bene in f. qlcu.***, trattarlo con franchezza | ***Dire le cose in f. a qlcu.***, parlare chiaramente | ***Ridere in f. a qlcu.***, esprimergli incredulità e disprezzo | ***Gettare in f. a qlcu. i favori fatti***, rinfacciare | ***Non guardare in f. a nessuno***, non aver preferenze o parzialità | (*fig., scherz.*) ***Viva la f. sua!***, escl. diretta a una persona spudorata | ***Alla f. di chi ci vuole male***, a suo dispetto | ***Alla f. tua!***, escl. di spregio. **2** Espressione, aspetto: *una f. amica*; *una f. sinistra, brutta, patibolare*; *cambiar f.* | (*fig.*) ***F. di bronzo, f. tosta***, chi non si vergogna di nulla | ***Fare la f. feroce***, assumere un'espressione truce | (*fig.*) ***F. del mare, del cielo***, condizione meteorologica. SIN. Fisionomia. **3** Parte e superficie esterna o anteriore di qlco.: *la f. della casa dà sulla piazza*; *le facce di una moneta*; *sulla f. della terra*; *le due facce di un foglio*; *le facce dei dadi* | (*fig.*) ***Le mille facce d'una questione***, i suoi numerosi aspetti, lati e sim. | Parte di qlco. rivolta verso chi guarda: *la f. della luna, del sole* | ***L'altra f. della luna, di qlco.***, (*fig.*) il lato nascosto, problematico, sgradevole e sim. **4** (*mat.*) Ciascuna delle superfici che individuano un poliedro | ***F. d'un simplesso***, il simplesso individuato da una parte dell'insieme dei vertici del simplesso. CFR. -edro. ➡ ILL. **geometria**. **5** (*miner.*) Superficie piana che delimita un cristallo in una sua parte, assumendo una posizione ben precisa rispetto agli assi cristallografici | ***F. fondamentale***, quella che, in ogni specie cristallina, taglia gli assi cristallografici alla distanza di riferimento | ***F. generale***, quella che taglia tutti e tre gli assi cristallografici a distanze qualsiasi | ***F. speciale***, quella che, tagliando due assi, è parallela al terzo oppure tagliandone uno è parallela agli altri due. || **facciàccia**, pegg. | **faccétta**, dim. (V.) | **faccina**, dim. | **faccino**, dim. m. (V.) | **facciòna**, accr. | **faccióne**, accr. m. || **facciòtta**, accr., vezz.

fàccia (2) ● V. *fare* (1).

fàccia a fàccia [calco sull'ingl. *face to face*; 1982] **A** loc. sost. m. inv. ● Incontro, spec. televisivo, in cui si confrontano due o più persone che sostengono tesi, idee, posizioni contrapposte: *oggi ci sarà il previsto f. a f. tra i segretari dei due partiti.* **B** anche loc. agg. inv. e avv.: *dibattito faccia a faccia*; *si sono incontrati faccia a faccia.*

facciàle o **faciàle** [1499] agg. **1** (*anat.*) Della faccia: *nervo f.* | ***Angolo f.***, quello costituito da due rette, di cui una dalle narici alla fronte e l'altra dalle narici all'orecchio, il cui valore è una misura craniometrica per la definizione della fisionomia facciale. **2** (*econ., numism., filat.*) ***Valore f.***, quello di monete, titoli azionari od obbligazionari, francobolli e sim., quale risulta dalle indicazioni stampate o incise sopra di essi.

♦**facciàta** [da *faccia* (1); 1342] s. f. **1** (*arch.*) Parete o muro anteriore esterno di un edificio dove è l'ingresso principale e di maggior importanza architettonica. **2** Ciascuna delle due superfici di una pagina: *tema di due facciate.* **3** (*fig.*) Apparenza, aspetto esterno: *non giudicare dalla f.* | ***Di f.***, formale, solo apparente: *cortesia di f.* | Copertura di attività illecita: *il negozio è solo una f. per lo spaccio di droga.* SIN. Esteriorità. || **facciatina**, dim.

facciavista [comp. di *faccia* e *vista*] s. f. ● Solo nella loc. agg. ***a f.***, detto di struttura muraria lasciata al rustico, priva delle opere di finitura superficiale.

faccina [1898] s. f. **1** Dim. di *faccia*. **2** (*elab.*) Combinazione di caratteri (parentesi, due punti, punto e virgola ecc.) che ricorda vagamente i tratti di un volto umano; utilizzata per esprimere particolari stati d'animo nei messaggi di posta elettronica. SIN. Emoticon, smiley.

faccino [av. 1937] s. m. **1** Dim. m. di *faccia*: *Un f. pallido, ... dalla bocca piccola* (BUZZATI). **2** Viso minuto e grazioso.

fàccio ● V. *fare* (1).

facciòla o **facciuòla** [da *faccia* (1); 1798] s. f. **1** Ciascuna delle due strisce di tela bianca inamidata che scendono dal collo sul petto, oggi tipiche di alcuni abiti talari e della toga dei magistrati. **2** †L'ottava parte del foglio.

fàce [vc. dotta, lat. *făce(m)*, da una radice indeur. che significa 'bruciare'; 1294] s. f. ● (*lett.*) Fiaccola | (*fig.*) ***F. della discordia***, fatto che è stato causa di litigi | (*est.*) Splendore, luce. || **facèlla**, dim. (V.).

facèlla [1319] s. f. **1** (*lett.*) Dim. di *face*. **2** (*poet.*) Piccola ma intensa luce | (*est.*) Splendore. || **facellina**, dim.

facèndo ● V. *fare* (1).

facènte o †**faccènte**, †**faciènte** [sec. XIV] **A** part. pres. di *fare* ● Che fa: *f. parte.* **B** s. m. e f. ● (*bur.*) Nella loc. ***f. funzione***, chi in un ufficio svolge funzioni e compiti in assenza del legittimo titolare.

†**fàcere** ● V. *fare.*

facéssi ● V. *fare* (1).

facésti ● V. *fare* (1).

facèto [vc. dotta, lat. *facētu(m)* 'elegante', poi 'arguto', di etim. incerta; sec. XIV] **A** agg. ● Piacevole, arguto, spiritoso: *persona faceta*; *discorso, sonetto f.*; *di naturale il tono diviene comico e f.* (DE SANCTIS). || **facetaménte**, avv. (*raro*) In modo faceto. **B** s. m. solo sing. ● Ciò che è faceto | ***Parlare tra il serio e il f.***, in modo scherzoso ma anche un po' serio. **C** s. m. (f. *-a*) ● Persona spiritosa, arguta.

facèzia [vc. dotta, lat. *facētia(m)*, da *facētus* 'faceto'; 1441] s. f. ● Motto arguto e piacevole: *una f. pungente, elegante*; *si scambiano facezie di cattivo gusto*; *quivi ... i suavi ragionamenti e l'oneste facezie s'udivano* (CASTIGLIONE). SIN. Amenità, arguzia, frizzo. || **faceziétta**, dim. | **facezina**, dim. | **faceziòla**, **faceziuòla**, dim.

fachirismo [av. 1910] s. m. ● Insieme delle pratiche ascetiche dei fachiri.

fachiro [ar. *faqīr* 'povero, mendicante'; 1721] s. m. **1** Religioso indù, che vive in povertà e pratica l'ascesi. **2** (*est.*) Chi si sottopone a prove e a pratiche ascetiche come il digiuno, le mutilazioni, la catalessi.

fachite [dal gr. *phakê* 'lenticchia' di orig. orient. (?)] s. f. ● (*med.*) Infiammazione del cristallino.

faciàle ● V. *facciale.*

facicchiàre [freq. di †*facere*; 1866] v. tr. (*io facicchio*) ● (*raro*) Fare qlco. malamente o con svogliatezza (*anche assol.*).

†**facidànno** [comp. di †*facere* e *danno* (1); av. 1587] s. m. **1** Chi fa danno. SIN. Malfattore. **2** Ladruncolo.

†**faciènte** ● V. *facente.*

fàcies [vc. lat., propr. 'faccia'; 1749] s. f. inv. (pl. lat. inv.) **1** Modo di presentarsi di una roccia, di una pianta, di un animale | ***F. sedimentaria***, insieme dei caratteri relativi alla sedimentazione che una roccia presenta in un luogo o in una determinata area geografica. **2** (*med.*) Aspetto, espressione del volto di un malato dovuto a modifiche causate da determinate malattie | ***F. ippocratica***, nella peritonite.

♦**fàcile** [vc. dotta, lat. *făcile(m)*, da *făcere* 'fare'; av. 1306] **A** agg. (superl. *facilissimo*, †*facillimo*) (assol.; *+ a*, *+ da*, seguiti da inf.; *+ a* seguito da sost.) **1** Che si fa senza fatica o difficoltà: *un lavoro f.*; *un tema, un compito f. da fare*; *il che è tanto f. da intendersi* (GALILEI); *non mi fermerò a cercarne la ragione, ch'è f. a trovare* (LEOPARDI); *con ragioni troppo facili a indovinarsi* (MANZONI) | (*est.*) ***Salita, strada f.***, che si supera senza fatica. SIN. Agevole, eseguibile, possibile. CONTR. Difficile. **2** Che si comprende senza fatica, sforzo o difficoltà: *lezione f.*; *linguaggio f.* | ***Stile f.***, piano e scorrevole. SIN. Comprensibile, semplice. CONTR. Oscuro. **3** Che può essere ottenuto o raggiunto senza difficoltà: *ai disonesti son riservati i facili guadagni* | ***Persona di f. contentatura***, che si accontenta di poco | ***Metallo f. alla fusione***, che fonde con poco calore | ***Far tutto f.***, crederlo per leggerezza realizzabile senza fatica. SIN. Comodo. **4** Affabile, trattabile: *uomo di f. carattere* | Incline, propenso: *f. al bere*; *f. alla collera, all'ira*; *perché gli uomini ... sono facili a ricevere e difficili a rendere* (LEOPARDI) | Pronto, corrivo: *f. alle promesse* | ***Avere il bicchiere, il pugno, la pistola f.***, (*pop.*) bere, azzuffarsi, sparare con facilità | Poco serio: *donna f.*, *di facili costumi.* **5** (*+ che* seguito da congv.) Probabile, possibile a verificarsi: *è f. che nevichi.* || **facilménte**, o †**facileménte**, avv. **1** Con facilità. **2** Probabilmente. **B** avv. ● (*fam.*) Facilmente, agevolmente: *è un tipo che parla e scrive f.* || **facilétto**, dim. | **facilino**, dim. **C** s. m. solo sing. ● Ciò che è facile.

♦**facilità** o †**facilitàde**, †**facilitàte** [vc. dotta, lat. *facilitāte(m)*, da *făcilis* 'facile'; av. 1419] s. f. (*+ di*, *+ in*, seguiti da sost. o inf.; *+ a* seguito da inf.) **1** Caratteristica di ciò che è facile: *f. di un'impresa*; *la maggiore ... f. di tradurre i medesimi effetti* (GALILEI). CONTR. Difficoltà. **2** Predisposizione, attitudine naturale a fare qlco. senza sforzo: *f. di parola, di penna*; *la loro fantasia ha gran f. di staccarsi subito da un oggetto per attaccarsi a un altro* (LEOPARDI) | ***Avere f. a fare qlco.***, mostrare una notevole predisposizione per qlco.: *ha f. a imparare le lingue* | ***Avere f. a***, essere portato a un determinato comportamento: *ha f. ad arrabbiarsi*; *ha molta f. a dimenticare le date* | ***Con f.***, senza sforzo o fatica: *ho imparato con f. la lezione.* **3** Tendenza, disponibilità talora corriva a fare qlco.: *la f. nel conceder confessionali et indulgenze* (SARPI); *dimostrava una certa f. nel cedere al cattivo esempio.* **4** †Benignità, dolcezza, condiscendenza.

♦**facilitàre** [da *facile*; av. 1460] v. tr. (*io facilito*) **1** Rendere più facile o agevole: *f. la digestione*; *f. il passaggio*; *f. la soluzione di un problema.* SIN. Appianare, favorire. **2** Concedere crediti | Dilazionare: *f. i pagamenti.*

†**facilitàte** ● V. *facilità.*

facilitàto [av. 1498] **A** part. pass. di *facilitare*; anche agg. ● Nei sign. del v. **B** s. m. (f. *-a*) ● Cliente di una banca cui è stato concesso un credito a breve termine per particolari motivi.

facilitazióne [1745] s. f. ● Agevolazione, spec. di tipo economico.

facility /fa'siliti, *ingl.* fəˈsɪləṭi/ [vc. ingl., propr. 'facilitazione, agevolazione'; 1988] s. f. inv. ● In edifici pubblici o in strutture che ospitano mostre, fiere o manifestazioni, spazio attrezzato nel quale i frequentatori possono fruire di servizi di vario genere.

†**facillimo** [vc. dotta, lat. *facĭllimu(m)*, superl. di *făcilis* 'facile'; 1499] agg. ● Facilissimo.

facilóne [da *facile*; 1909] s. m. (f. *-a*) ● Persona che, per superficialità e leggerezza, crede tutto facile da realizzare e non si impegna seriamente nelle cose.

faciloneria [1920] s. f. ● Caratteristica di chi è facilone.

†**facimàle** [comp. di †*facere* e *male*; sec. XV] s. m. e f. inv. ● Chi fa del male | Mettimale | Bambino, ragazzo irrequieto che provoca malestri.

†**facimolo** [da avvicinare al lat. *făcere* 'fare'. Cfr. *fattura*] s. m. ● Stregoneria, malia.

facinoróso [vc. dotta, lat. *facinorōsu(m)*, da *făcinus*, genit. *făcinoris* 'atto colpevole', da *făcere* 'fare'; 1483] agg.; anche s. m. (f. *-a*) ● Che (o Chi) tende a compiere azioni di violenza: *un gruppo di facinorosi impedì lo svolgersi della cerimonia*; *gente facinorosa*; *fare stare a dovere un f.* (MANZONI). || **facinorosaménte**, avv.

facitóre [da †*facere*; sec. XIII] s. m. (f. *-trice*) **1** Chi fa, chi realizza | (*scherz.*) ***F. di versi***, poeta di facile vena. **2** (*tosc.*) Fattore o uomo che amministra beni immobili urbani per conto del padrone.

facocèro o **facochèro** [comp. del gr. *phakós* 'lenticchia' (di etim. incerta) e *chôiros* 'porco' (prob. di orig. indeur.): detto così per le escrescenze che ha sul grugno; 1828] s. m. ● Mammifero africano dei Suidi simile al cinghiale, con pelle rugosa ricoperta da pochissime setole, grossa testa con criniera che si prolunga sul dorso e canini sporgenti e ricurvi (*Phacochoerus aethiopicus*). ➡ ILL. **animali**/12.

fàcola o **fàcula** [lat. *făcula(m)*, dim. di *făx*, genit. *făcis* 'face'; 1499] s. f. ● Facella | (*astron.*) ***F. solare***, flocculo. ➡ ILL. p. 2144 SISTEMA SOLARE.

facoltà o †**facultà**, †**facultàde**, †**facultàte** [vc. dotta, lat. *facultāte(m)*, da *făcilis* 'facile'; av. 1292] s. f. **1** Capacità, attitudine umana a fare o sentire qlco.: *f. creativa, di giudizio, di osservazione*; *f. mentali*; *essere in possesso delle proprie f.* (*mentali*); *f. di intendere e di volere.* **2** Autorità, potere, diritto: *non ho la f. di impedirti questa azione*

| Autorizzazione, permesso: *avremo presto la f. di recarci all'estero*. **3** Proprietà e forza, che hanno alcune cose, di provocare determinati effetti: *l'acido cloridrico ha la f. di corrodere i metalli; avea facultà di remirar le lontanissime stelle* (BRUNO). **4** (*dir.*) Manifestazione del diritto soggettivo consistente nella possibilità di porre in essere comportamenti giuridicamente rilevanti: *f. del proprietario di disporre della cosa*. **5** Ciascuna delle unità didattiche in cui è ripartito l'insegnamento universitario, che raggruppano le materie necessarie per il raggiungimento della laurea in un determinato settore di studi: *la f. di medicina, di lettere* | (*est.*) Corpo dei professori che insegnano discipline relative a un ordine di studi nelle Università | (*est.*) La sede della facoltà. **6** (*spec. al pl.*) Averi, patrimonio, beni materiali. SIN. Mezzi, risorse.

facoltatività [da *facoltativ(o)* col suff. di qualità *-ità*; 1985] **s. f.** ● Condizione di ciò che è facoltativo: *la f. di un esame, di una scelta*.

facoltativo [da *facoltà*; 1673] **agg. 1** Che è lasciato alla discrezione o alla facoltà di qlcu. | *Esame, corso f.*, che si possono liberamente scegliere | *Fermata facoltativa*, a richiesta del viaggiatore | *Obbligazione facoltativa*, in cui il debitore adempie prestando un oggetto diverso da quello dedotto in obbligazione. CONTR. Obbligatorio. **2** Che concede facoltà o libertà quanto alla scelta o alla effettuazione: *disposizioni facoltative, esercizi ginnici facoltativi*. **3** (*ling.*) Detto di variante fonematica libera. || **facoltativamènte**, avv. Senza obbligo.

facoltizzàre [comp. di *facolt(à)* e *-izzare*; 1860] **v. tr.** ● (*bur.*) Dare facoltà a qlcu. di fare qlco. SIN. Autorizzare.

facoltóso [da *facoltà*; av. 1563] **agg.** ● Che dispone di molti beni materiali: *una famiglia facoltosa*. SIN. Abbiente, danaroso, ricco. || **facoltosaménte**, avv.

façon /fr. fa'sõ/ [vc. fr., propr. 'arte di fare' (stessa etim. dell'it. *fazione*); 1983] **s. f.** ● (*abbigl.*) Fattura, modello | *Lavorazione a f.*, quella dei capi d'abbigliamento confezionati in serie su un modello base.

facóndia [vc. dotta, lat. *facŭndia(m)*, da *facŭndus* 'facondo'; 1308] **s. f.** ● Facilità, varietà, ricchezza di parole: *sostenne con grande f. la nostra causa*. SIN. Eloquenza.

facóndo [vc. dotta, lat. *facŭndu(m)*, da *fāri* 'parlare', di orig. indeur.; 1308] **agg.** ● (*lett.*) Dotato di facondia: *oratore, avvocato f.*; *sia il cortigiano, quando gli viene in proposito, f.* (CASTIGLIONE) | (*spreg.*) Verboso. || **facondaménte**, avv.

façonneur /fr. fasɔ'nœːʀ/ [vc. fr., da *façon*] **s. m. inv.** ● (*ind. abbigl.*) Façonnista.

façonnista /fason'nista/ [dal fr. *façonner* 'dare a una cosa una forma particolare', da *façon* 'modo, forma' (dal lat. *factiōne(m)* 'il fare', deriv. di *factus*, part. pass. di *facĕre* 'fare')] **s. m. e f.** (**pl. m.** *-i*) ● (*abbigl.*) Chi confeziona in serie abiti e altri indumenti, spec. femminili.

facsimile o **fac-simile**, **fassimile** [pseudolatinismo di formazione mod., propr. 'fa una cosa simile'; 1829] **s. m. inv. 1** Riproduzione esatta, nella forma della scrittura e in ogni particolare, di scritto, stampa, incisione, firma. **2** (*fig.*) Cosa o (*raro*) persona assai simile a un'altra: *quella cravatta è un f. della mia*. SIN. Copia. **3** (*raro*) Telefax.

factor /ingl. 'fæktəɹ/ [vc. ingl., V. *factoring*; 1985] **s. m. inv.** ● Agente o istituto finanziario che svolge attività di factoring.

fàctoring /'faktorin(g) ingl. 'fæktəɹɪŋ/ [vc. ingl., da *factor* nel sign. di 'agente commissionario, depositario', dal fr. ant. *facteur* 'fattore'; 1974] **s. m. inv.** ● (*dir.*) Operazione finanziaria consistente nell'acquistare i crediti di un'azienda nei confronti di terzi, con o senza garanzia di adempimento, in cambio di uno sconto più o meno elevato.

factótum [pseudolatinismo di formazione mod., propr. 'fa tutto'; 1589] **s. m. e f. inv.** ● Persona che, in un ufficio, una ditta e sim., svolge mansioni di varia natura, godendo della completa fiducia del titolare dell'ufficio o della ditta: *è diventato il f. del direttore*.

fàcula ● V. *facola*.

facultà ● V. *facoltà*.

facultate ● V. *facoltà*.

facultate ● V. *facoltà*.

fadìga ● V. *fatica*.

fading /ingl. 'fɛɪdɪŋ/ [vc. ingl. 'affievolimento', da *to fade* 'svanire'; 1927] **s. m. inv.** ● (*elettr.*) Evanescenza.

†**fàdo** (**1**) [ant. fr. *fade*, dal lat. parl. *fāpidu(m)*, sovrapposizione di *fătuus* 'fatuo' a *văpidus* 'svanito' da *văpor* 'vapore'; sec. XIV] **agg.** ● Scipito, sciocco.

fado (**2**) /port. 'faðu, -du/ [vc. port., dal lat. *fātu(m)* 'fato, destino'; 1963] **s. m. inv.** (**pl. port.** *fados*) ● Canzone popolare portoghese di intonazione nostalgica.

faentìna [lat. *faventīna(m)*, da *Favĕntia* 'Faenza'; 1892] **s. f.** ● Ceramica fatta a Faenza o su imitazione di quelle di Faenza.

faentìno [1353] **A agg.** ● Di Faenza. **B s. m.** (f. *-a*) ● Abitante, nativo di Faenza.

faènza [dalla città di *Faenza*. V. *faentina*; 1892] **s. f.** ● Ceramica a impasto poroso e naturalmente colorato, dal giallo al rosso, ricoperto di uno strato di smalto.

faesìte [dal paese di *Faés* (Belluno), dove il prodotto veniva lavorato; 1936] **s. f.** ● Legno sintetico ottenuto dai cascami di segheria, ridotti per macerazione in pasta e poi pressati in tavole.

Fagàcee [dal lat. *fāgus* 'faggio'; 1917] **s. f. pl.** ● (*bot.*) Cupulifere. ➡ ILL. **piante**/2.

faggéta [da *faggio*; 1773] **s. f.** ● Bosco di faggi. SIN. Faggeto.

faggéto [av. 1470] **s. m.** ● Faggeta.

faggìna [da *faggio*] **s. f. 1** Il frutto del faggio. SIN. Faggiola. **2** (*chim.*) Alcaloide che si estrae dai frutti del faggio.

fàggio [lat. *fāgeu(m)*, agg. di *fāgus* 'faggio', di orig. indeur.; 1336 ca.] **s. m. 1** Grande albero delle Cupulifere con corteccia liscia e biancastra, foglie ovate e frutti a forma triangolare (*Fagus silvatica*). ➡ ILL. **piante**/2. **2** Legno dell'albero omonimo.

faggiòla [1550] **s. f.** ● Faggina, nel sign. 1.

-fagia [dal gr. *-phagía*, da *phageîn* 'mangiare' (di orig. indeur.)] secondo elemento ● In parole composte della terminologia scientifica, significa 'mangiare', o indica tendenza, vizio di mangiare: *aerofagia, antropofagia, onicofagia*.

fagianàia [da *fagiano*; 1779] **s. f.** ● Luogo ove si allevano fagiani, in voliere, con incubatrici e chiocce.

fagianèlla [da *fagiano*; 1856] **s. f.** ● (*zool.*) Gallina prataiola.

fagiàno [lat. *phasiānu(m)*, nom. *phasiānus*, dal gr. *phasianós* 'uccello) del Fasi', fiume della Colchide; av. 1294] **s. m.** (f. *-a*) **1** Uccello dei Galliformi con lunga coda, piumaggio dai vivaci colori nel maschio, volo pesante (*Phasianus colchicus*) | *F. alpestre*, gallo cedrone | *F. argentato*, con un vistoso ciuffo sul capo (*Gennaeus nychtemerus*) | *F. dorato*, vistosamente colorato, con ciuffo color oro sul capo (*Chrysolophus pictus*) | *F. di monte*, simile al gallo cedrone, il maschio adulto nero, la femmina e il giovane fulvi (*Lyrurus tetrix*). ➡ ILL. **animali**/8. **2** Carne dell'omonimo animale, usata come vivanda: *f. in umido*. || **fagianòtto**, dim.

fagiolàio **s. m.** (f. *-a*) ● (*pop., raro*) Che mangia volentieri fagioli.

fagiolàta o †**fagiuolàta** [1542] **s. f. 1** Scorpacciata di fagioli. **2** Minestra a base di fagioli. **3** (*fig., raro*) Balordaggine, sciocchezza.

fagiolìno [1721] **s. m. 1** Dim. di *fagiolo*. **2** Baccello di una varietà di fagiolo nano commestibile non ancora maturo.

◆**fagiòlo** o (*lett.*) **fagiuòlo** [lat. *phaseŏlu(m)*, nom. *phaseŏlus*, dal gr. *pháselos* 'fagiolo', di etim. incerta; av. 1375] **s. m. 1** Pianta annua erbacea delle Papilionacee con fiori in grappoli di color bianco, giallo o purpureo, fusto nano o rampicante, foglie composte da tre foglioline e frutto a legume (*Phaseolus vulgaris*) | *F. americano*, fagiolone | *F. cinese*, soia | *F. dall'occhio*, *F. con l'occhio nero*, erba tropicale simile al fagiolo, di cui si consumano i semi secchi. ➡ ILL. **piante**/7. **2** Seme commestibile della pianta di fagiolo: *fagioli lessi, in insalata; pasta e fagioli; fagioli con le cotiche* | (*fig., fam.*) *Andare a f.*, andare a genio | (*fig., fam.*) *Capitare a f.*, arrivare al momento giusto. **3** (*scherz.*) Studente del secondo anno di una facoltà universitaria. || **fagiolàccio**, pegg. | **fagiolétto**, dim. | **fagiolino**, dim. (V.) | **fagiolóne**, accr. (V.).

fagiolóne **s. m. 1** Accr. di *fagiolo*. **2** Varietà di fa-

giolo ornamentale dai fiori di color scarlatto (*Phaseolus coccineus*). SIN. Fagiolo americano.

fagìsmo ● V. *famismo*.

fagiuòlo e *deriv.* ● V. *fagiolo* e *deriv.*

†**fàglia** (**1**) [provz. *falha*, dal lat. *fāllere* 'ingannare'; sec. XIII] **s. f.** ● Fallo, errore, mancanza | *Senza f.*, certamente.

fàglia (**2**) [fr. *faille*, vc. del dial. vallone, del linguaggio dei minatori: deriv. di *faillir* 'mancare, far difetto'; 1881] **s. f.** ● (*geol.*) Frattura di un complesso roccioso, accompagnata dallo spostamento relativo delle due parti separate | *F. diretta*, causata da una distensione delle rocce | *F. inversa*, dovuta a compressione, in cui il movimento tende a sovrapporre le parti fagliate | *F. trasforme*, frattura che attraversa tutta la litosfera, dove due zolle scivolano l'una accanto all'altra. SIN. Paraclasi. ➡ ILL. p. 2130, 2133 SCIENZE DELLA TERRA ED ENERGIA.

fàglia (**3**) [fr. *faille*, in orig. 'velo, copricapo (delle donne fiamminghe)', di etim. incerta; 1547] **s. f.** ● Tessuto di seta, con armatura derivata dalla tela, per lo più nero, a coste fortemente rilevate.

fagliàre ● V. *sfagliare* (*1*).

fàglio ● V. *sfaglio* (*1*).

fàgo s. m. (**pl.** *-gi*) ● (*biol.*) Batteriofago.

fàgo-, -fago [dal gr. *-phagos* 'mangiatore', da *phageîn* 'mangiare' (V. *-fagia*)] primo o secondo elemento ● In parole composte della terminologia scientifica, significa 'che mangia': *fagocita, antropofago*.

fagòcita o **fagocìto** [comp. di *fago-* e *-cito* (o *-cita*); 1908] **s. m.** (**pl.** *-i*) ● (*biol.*) Cellula capace di assumere dall'ambiente nel proprio citoplasma particelle di natura biologica o inorganica; nell'uomo e nei Mammiferi rappresenta un dispositivo difensivo contro le infezioni microbiche.

fagocitàre [da *fagocita*; 1950] **v. tr.** (*io fagòcito o fagocìto*) **1** (*biol.*) Assorbire per fagocitosi. **2** (*fig.*) Assorbire, incorporare, accaparrarsi: *l'impero romano fagocitò i reami dell'Asia minore*.

fagocitàrio agg. ● (*biol.*) Che si riferisce ai fagociti o alla fagocitosi.

fagocitazióne [1968] **s. f.** ● Il fagocitare (spec. *fig.*).

fagocìto ● V. *fagocita*.

fagocitòsi [da *fagocita*; 1899] **s. f. inv.** ● (*biol.*) Meccanismo con cui una cellula ingerisce particelle estranee o microbi mediante l'emissione di processi citoplasmatici che circondano tali corpuscoli.

fagopirìsmo s. m. ● Malattia cutanea eruttiva che colpisce equini, suini e ruminanti determinata da abnorme sensibilità cutanea legata all'ingestione di fagopiro.

fagopìro [comp. del lat. *fāgus* 'faggio' e del gr. *pyrós* 'frumento'; 1779] **s. m.** ● (*bot.*) Grano saraceno.

fagostàtico [comp. di *fago-* e *-statico*] **agg.** (**pl. m.** *-ci*) ● (*biol.*) Detto di sostanza, presente in natura o usata nella lotta biologica agli organismi nocivi, gener. insetti, che inibisce il comportamento di nutrizione inducendo gli organismi stessi a non alimentarsi, provocando così, indirettamente, la loro morte per inedia.

fagottìsta [da *fagotto* (*2*); 1834] **s. m. e f.** (**pl. m.** *-i*) ● Suonatore di fagotto.

fagòtto (**1**) [fr. *fagote*, di etim. incerta; 1505] **s. m. 1** Pacco di roba stretta alla meglio: *l'ho incontrato al mercato carico di fagotti; dare alla lavandaia il f. della biancheria* | *Far f.*, (*fig.*) andarsene in modo frettoloso da un posto, sloggiare. **2** (*fig.*) Persona che si comporta e si veste in modo goffo e impacciato. || **fagottàccio**, pegg. | **fagottèllo**, dim. | **fagottìno**, dim. | **fagottóne**, accr. | **fagottùccio**, dim.

fagòtto (**2**) [etim. incerta; forse da *fagotto* (*1*), per il mantice che lo strumento aveva in orig.; 1585] **s. m. 1** Strumento musicale a fiato, della famiglia dei legni, ad ancia doppia con lunga canna e beccuccio ripiegato a collo d'oca. ➡ ILL. **musica**. **2** (*est.*) Orchestrale che suona detto strumento.

Fahrenheit /'farenait, ted. 'faːʁn̩,haet/ [dal n. del fisico G. D. *Fahrenheit* (1686-1736), che la ideò; 1892] **agg. inv.** ● (*fis.*) Detto di scala termometrica che attribuisce valore 32 alla temperatura del ghiaccio fondente e valore 212 a quella dell'acqua bollente alla pressione di 1 atmosfera | *Grado F.*, grado relativo a detta scala. SIMB. °F | *Termometro F.*, quello con scala Fahrenheit. CFR.

Scala.

fài ● V. *fare*.

fàida [longob. *faihida* 'diritto alla vendetta privata', vc. germ.; av. 1750] **s. f.** *1* Presso gli antichi popoli germanici, il diritto dei familiari di un ucciso di vendicarne la morte sull'uccisore stesso o sui suoi familiari. *2* Lotta fra gruppi privati, spec. a scopo di vendetta.

fài da te /ˈfai da tˈte*/ [calco sull'ingl. *do it yourself*; 1974] **A loc. sost. m. inv.** ● Il fare da sé piccoli lavori o piccole riparazioni, spec. nell'ambito domestico, senza ricorrere all'aiuto di artigiani od operai specializzati: *il manuale del fai da te*; (*anche fig.*) *il fai da te pensionistico*. **B** anche **loc. agg. inv.**: *turisti fai da te*; *idraulico fai da te*.

faille /*fr.* ˈfajə/ **s. f. inv.** ● Faglia (3).

faina [lat. parl. **fagīna(m)* '(martora) dei faggi' da *fāgus* 'faggio', prob. attrav. il fr. ant. *faïne*; av. 1350] **s. f.** *1* Carnivoro dei Mustelidi, bruno scuro, con macchia bianca sul petto, agile predatore spec. di volatili (*Martes foina*). ➡ **ILL. animali**/13. *2* Pelliccia pregiata fornita dall'animale omonimo. *3* (*fig.*) Persona dal volto aguzzo | Persona maligna, scaltra, avida.

fainésco [av. 1956] **agg.** (**pl. m.** *-schi*) ● Di, da faina: *muso f.* | (*fig.*) Scaltro, infido, maligno. ‖ **fainescaménte**, **avv.** In modo fainesco (*spec. fig.*).

fair play /fɛrˈplei, *ingl.* ˈfɛəɹˌpleɪ/ [loc. ingl., propr. 'gioco (*play*) leale (*fair*, propr. 'giusto')', l'uno e l'altro di vasta area germ.; 1828] **loc. sost. m. inv.** ● Comportamento corretto e gentile, capacità di trattare gli altri nel modo dovuto.

fairway /*ingl.* ˈfɛəɹˌweɪ/ [vc. ingl., propr. 'cammino (*way*) favorevole (*fair*)'] **s. m. inv.** ● (*sport*) Nel golf, parte del percorso ben rasata compresa tra il tee di partenza e il green di ogni buca. ➡ **ILL.** p. 2154 SPORT.

fala [lat. *fāla(m)*, di orig. etrusca] **s. f.** ● Torre di legno per scagliare dardi usata anticamente in assedi o combattimenti del circo.

fa la /falˈla*/ [dalle sillabe *fa* e *la* ripetute nel ritornello] **loc. sost. m. inv.** ● Canto semplice e grazioso della fine del sec. XVI con ritornello costituito dalle sillabe *fa la fa la* ripetute tante volte quante richieste dal canto o dal verso.

falànge (1) [vc. dotta, lat. *phalănge(m)*, nom. *phălanx*, dal gr. *phálanx*, di orig. indeur.; av. 1292] **s. f.** *1* Nell'antica Grecia, particolare formazione di fanteria schierata in battaglia, costituita da una massa compatta e rigida di soldati armati di lunghe lance (sarisse) | ***F. macedone***, quella perfezionata da Alessandro Magno e da lui impiegata per la conquista dell'Asia | (*gener.*) Qualunque schiera massiccia. *2* (*fig.*) Moltitudine di gente: *una f. di creditori*, *di studiosi*. **SIN.** Schiera. *3* Partito spagnolo di ideologia fascista, fondato da Primo de Rivera nel 1933 e riorganizzato dal generale Franco nel 1937 | Partito politico paramilitare dell'estrema destra cristiano-maronita, in Libano.

falànge (2) [gr. *phálanx*, genit. *phálangos*, per la disposizione delle ossa che ricorda una falange militare; 1681] **s. f.** ● (*anat.*) Ciascuno dei segmenti delle dita delle mani e dei piedi. ➡ **ILL.** p. 2122, 2126 ANATOMIA UMANA.

falangétta [propr. dim. di *falange* (*2*); 1829] **s. f.** ● (*anat.*) Falange terminale del dito che porta l'unghia.

falangina [propr. dim. di *falange* (*2*); 1828] **s. f.** ● (*anat.*) Seconda falange del dito.

falangìsmo [da *falange* (*1*)] **s. m.** ● Movimento politico promosso in Spagna dalla Falange.

falangista (1) [1936] **agg.** e **s. m.** e **f.** (**pl. m.** *-i*) *1* Aderente, pertinente alla Falange spagnola e al falangismo. *2* Aderente, pertinente alla Falange libanese.

falangista (2) [dalla forma caratteristica della *falange* delle dita dei piedi; 1834] **s. m.** (**pl.** *-i*) ● Genere di Marsupiali di piccole dimensioni, con folta pelliccia, coda prensile e ripiegatura laterale della pelle che funge da paracadute (*Trichosurus*).

falangite [vc. dotta, lat. *phalangītae*, nom. pl., dal gr. *phalangítai*, da *phálanx*, genit. *phálangos* 'falange (1)'; sec. XIV] **s. m.** ● Soldato della falange.

falangitico [vc. dotta, gr. *phalangitikós*, da *phálanx*, genit. *phálangos* 'falange (1)'] **agg.** (**pl. m.** *-ci*) ● Detto dell'ordinamento tattico dell'antica falange.

falanstèrio o **falanstèro** [fr. *phalanstère*, comp. di *phalange* 'falange, gruppo di persone' e il suff. *-stère*, ricavato da *monastère* 'monastero'; 1848] **s. m.** *1* Edificio che avrebbe dovuto ospitare una collettività di 1600 persone, ordinata secondo principi socialisti, nell'utopistico 'regno dell'armonia' teorizzato da Ch. Fourier (1772-1837). *2* (*est.*) Grosso caseggiato popolare.

falàrica [vc. dotta, lat. tardo *falārica(m)*, da *fāla* 'fala'; av. 1292] **s. f.** ● Pesante giavellotto in uso spec. presso gli antichi Romani che, ravvolto di stoppa intrisa di pece, zolfo ed olio incendiario, si scagliava tra i nemici a mano o mediante una macchina da guerra.

falascià [adattamento it. dell'amarico *falasha* 'straniero'; 1985] **s. m.** e **f. inv.** ● Appartenente alla comunità degli ebrei neri d'Etiopia: *l'esodo dei f. verso Israele*.

falàsco [vc. di etim. incerta, prob. di orig. medit.; 1492] **s. m.** (**pl.** *-schi*) ● Genere di piante erbacee delle Ciperacee usate per impagliare seggiole, intrecciare sporte e stuoie e costruire capanni da caccia (*Carex*).

falbalà ● V. *falpalà*.

fàlbo [provz. *falb*, di orig. germ.; av. 1557] **agg.** ● (*lett.*) Di colore giallo scuro: *bei segugi falbi e maculati* (D'ANNUNZIO).

fàlca [gr. *phálkēs* 'costa di nave'; av. 1557] **s. f.** ● (*mar.*; *disus.*) Piccola tavola ad arco usata per rialzare i fianchi delle imbarcazioni in caso di mare grosso, evitando così di imbarcare acqua.

falcàre [lat. parl. **falcāre*, da *falcātus* 'armato di falce, a forma di falce'; 1319] **v. tr.** (*io fàlco, tu fàlchi*) *1* (*lett.*) Piegare a forma di falce: *f. il passo* | (*assol.*) Riferito al cavallo, fare una falcata. *2* †Detrarre, defalcare.

falcàstro [vc. dotta, lat. tardo *falcăstru(m)*, da *fălx*, genit. *fălcis* 'falce'; sec. XIV] **s. m.** ● Antica arma in asta, con spuntoni laterali, simile a una falce, impiegata dalla fanteria contro i guerrieri a cavallo.

falcàta [da *falcare*; 1696] **s. f.** *1* In equitazione, ciclo completo di battute a terra degli arti del cavallo, calcolata fra due impronte successive di uno stesso arto anteriore. *2* Nel podismo, l'azione e la misura dello spostamento di una gamba da un contatto col terreno a quello successivo | (*est.*) Andatura dell'atleta in corsa. *3* Rapido abbassarsi del falco, a piombo sulla preda | Rapida virata sulle ali effettuata da un uccello.

falcàto [lat. *falcātu(m)*, da *fălx*, genit. *fălcis* 'falce'; av. 1292] **agg.** *1* Che ha forma simile a quella di una falce | ***Luna falcata***, che presenta illuminata solo una parte, sottile come una falce | ***Ordinanza falcata***, schieramento usato dagli eserciti dell'antichità, a fronte arcuato, con la concavità rivolta verso il nemico. *2* Munito di falce | ***Carro f.***, carro da guerra dell'antichità, armato di falci sul timone, ai fianchi e ai mozzi delle ruote.

falcatùra [da *falcare*; 1499] **s. f.** *1* Figura falcata: *la f. della luna*. *2* Curvatura graduale progressiva di qlco.

fàlce [lat. *fălce(m)*, di orig. preindeur.; av. 1292] **s. f.** *1* Attrezzo per tagliare a mano cereali ed erbe, fornito di un corto manico e di una lama di acciaio stretta e molto arcuata con costola di rinforzo | ***F. fienaia***, falce a manico lungo, con una o due impugnature e lama larga e lunga dall'estremità appuntita, per il taglio manuale dei foraggi | ***F. messoria***, falciola | ***Il grano è alla f.***, è quasi maturo per essere falciato | ***F. e martello***, simbolo dei partiti di sinistra di ispirazione marxista. ➡ **ILL. agricoltura e giardinaggio.** *2* Falce agricola inastata e trasformata in arma. *3* (*est.*) Qualunque oggetto che abbia la forma di una falce | ***F. di luna***, piccola parte illuminata nella luna crescente o calante | (*anat.*) ***F. del cervello***, ***del cervelletto***, piega della duramadre che si insinua fra gli emisferi di questi organi. ‖ **falcétta**, **dim.** | **falcétto**, **dim. m.** (V.) | **falciàzza**, **pegg.** | **falcino**, **dim. m.** | **falciòla**, **dim.** (V.) | **falcione**, **accr. m.** (V.).

falcemia [comp. di *falc(e)* ed *-emia*] **s. f.** ● (*med.*) Drepanocitosi.

falcétto [1716] **s. m.** *1* Dim. di *falce*. ➡ **ILL. agricoltura e giardinaggio.** *2* Tipo di falce con lama molto curvata e corto manico di legno usata per tagliare piccoli rami, siepi e sim. | Coltello di diverse dimensioni per potare rami non molto grossi e ripassare la superficie di taglio per renderla liscia. **SIN.** Falciola, potatoio.

falchétta [da *falca*; 1865] **s. f.** ● (*mar.*) Bordo superiore dello scafo nelle imbarcazioni, dove sono ricavate le scalmiere per i remi | Nelle moderne imbarcazioni, profilo gener. metallico che orla la coperta per evitare che persone o cose scivolino fuori bordo.

falchétto [1622] **s. m.** *1* Dim. di *falco*. *2* (*zool.*) Gheppio.

falciacaricatrice [comp. di *falcia(trice)* e il f. di *caricatore*] **s. f.** ● Macchina agricola che taglia le erbe da foraggio e le carica su un rimorchio.

falciaménto **s. m.** ● (*raro*) Il falciare | (*mil.*) ***Tiro di f.***, tiro falciante.

falciànte [1927] **part. pres.** di *falciare*; anche **agg.** *1* Nei sign. del v. *2* ***Tiro f.***, specie di tiro proprio della mitragliatrice, ottenuto con movimento continuo dell'arma in senso orizzontale, così da battere un intero settore d'azione.

falciàre [da *falce*; av. 1571] **v. tr.** (*io fàlcio*) *1* Tagliare con la falce: *f. l'erba*, *il fieno* | (*fig.*) Mietere vittime: *l'epidemia ha falciato molte vite umane*. **SIN.** Recidere. *2* Nel calcio, far cadere volontariamente, con uno sgambetto, un avversario in corsa. *3* Abbattere nemici con tiro falciante di mitragliatrice.

falciàta [av. 1566] **s. f.** *1* Il falciare | Colpo di falce: *dare una f. al fieno*. *2* Quantità falciata in una sola volta: *una f. d'erbacce*.

falciatóre [da *falciare*; av. 1449] **A s. m.**; anche **agg.** (**f.** *-trice*, pop. disus. *-tora*) ● Chi (o Che) falcia erba e fieno | Guidatore di una falciatrice. **B s. m.** ● †Milite armato di falce.

falciatrìce [da *falciare*; 1892] **s. f.** ● Macchina per il taglio dei foraggi a mezzo della barra falciante. ➡ **ILL.** p. 2114 AGRICOLTURA.

falciatùra [1865] **s. f.** ● Operazione, lavoro del falciare erbe e fieno | Il periodo di tempo in cui ciò avviene. **SIN.** Taglio.

falcìdia [vc. dotta, lat. *quărta(m) Falcĭdia(m)* 'la quarta parte di eredità' detta così dal n. del tribuno della plebe C. *Falcĭdius* che propose questa legge; av. 1419] **s. f.** *1* Nel diritto romano, legge limitatrice dei legati che riserva all'erede un quarto dell'eredità. *2* (*fig.*) Detrazione, tara: *i debiti hanno operato una vera f. sulle sue sostanze* | ***†Fare la f.***, falcidiare. *3* (*est.*) Strage, sterminio (*anche fig.*): *l'epidemia ha provocato una f. di animali*; *una f. di concorrenti*, *di esaminandi*.

falcidiàre [da *falcidia*; 1812] **v. tr.** (*io falcìdio*) ● Eseguire una falcidia (*anche fig.*): *i nemici furono falcidiati dai tiri delle mitragliatrici*; *le continue spese falcidiarono il suo stipendio*. **SIN.** Decimare, ridurre.

falcìfero [vc. dotta, lat. *falcĭferu(m)*, comp. di *fălx*, genit. *fălcis* 'falce' e *fĕrre* 'portare'; 1499] **agg.** ● (*lett.*) Armato o portatore di falce | ***Il Dio f.***, Saturno.

falcifórme [comp. di *falce* e *-forme*] **agg.** ● Che ha forma di falce.

falciglióne [da *falce*, per la forma del becco] **s. m.** ● (*zool.*, *centr.*) Beccaccino.

falciòla **s. f.** *1* Dim. di *falce*. *2* Piccola falce per mietere a mano cereali ed erba in genere, con tagliente a lembo continuo o seghettato. **SIN.** Falcetto.

falcióne [av. 1363] **s. m.** *1* Accr. di *falce*. *2* In una seminatrice meccanica, lama destinata ad aprire il solco in cui sarà deposto il seme | Grosso coltello a tagliente ricurvo usato per triturare il foraggio. *3* Arma in asta con lungo ferro a forma di coltellaccio, ordinaria nelle milizie a piedi degli antichi comuni italiani | Specie di daga con lama falcata in punta.

♦**fàlco** [lat. tardo *fălco*, nom., da avvicinare a *fălx*, genit. *fălcis* 'falce', per la forma del becco; nel sign. 3, calco sull'anglo-amer. *hawk*; sec. XIII] **s. m.** (**pl.** *-chi*) *1* Uccello dei Falconiformi predatore diurno, con robusto becco ricurvo e possenti unghie (*Falco*). **CFR.** Stridere. ➡ **ILL. animali**/8 | ***F. pescatore***, rapace diurno che pesca non solo in superficie ma anche tuffandosi in profondità (*Pandion haliaëtus*) | ***F. pellegrino***, rapace migratore, che cattura la preda quasi sempre in volo (*Falco peregrinus*) | ***F. della regina***, rapace che, in Italia, è stazionario nel sud della Sardegna e nelle isole vicine (*Falco eleonorae*) | ***Occhi di f.***, (*fig.*) dallo sguardo vivo e penetrante. *2* (*fig.*) Persona d'indole fiera e d'intelligenza sveglia | Persona rapace, astuta, capace di tendere insidie. *3* (*fig.*) Sostenitore di una linea intransigente e aggressiva nelle controversie di politica internazionale o (*est.*) nello scontro politico. **CONTR.** Colomba. ‖ **falcàccio**, **pegg.** | **falchétto**, **dim.** (V.).

falconàra [da *falcone*] s. f. *1* Luogo dove si tengono i falconi per allevarli. *2* (*mil.*) Falconiera.

falconàre [da *falcone*; av. 1367] v. intr. *1* Andare a caccia col falcone. *2* Dare il volo al falcone.

falcóne [lat. tardo *falcōne(m)*. V. *falco*; sec. XIII] s. m. *1* Falco, spec. quello di grosse dimensioni usato per la caccia: *f. di Tunisi* | †*Andare a f.*, falconare | †*Gettare il f.*, cercare di attirare, di innamorare qlcu. *2* Anticamente, il più piccolo dei cannoni, da 6 a 7 libbre di palla. *3* (*mar.*) †Caposaldo di argano, ormeggi e sim., piantato in terra, con poca sporgenza e inclinato a becco. || **falconcèllo**, dim. | **falconétto**, dim. (V.).

falconerìa [da *falcone*; av. 1684] s. f. ● Tecnica, modo usato nel Medioevo, e che ancora sopravvive in alcuni Paesi, di cacciare uccelli e quadrupedi con l'ausilio di falchi ammaestrati.

falconétto [sec. XV] s. m. *1* Dim. di *falcone*. *2* Il più piccolo pezzo di artiglieria del genere colubrina, da 3 a 4 libbre di palla.

falconièra [da *falcone*] s. f. ● Feritoia nelle mura delle antiche opere fortificate per il tiro delle artiglierie dette falconi e falconetti. SIN. Falconara.

falconière [da *falcone*; sec. XIII] s. m. *1* Colui che era addetto all'ammaestramento e alla custodia dei falconi da caccia. *2* (*arald.*) Titolo dell'ufficiale di corte preposto all'allevamento dei falconi e alla direzione delle cacce.

Falconifórmi [comp. di *falcone* e il pl. di *-forme*] s. m. pl. (sing. *-e*) ● Nella tassonomia animale, ordine di Uccelli predatori, carnivori, con becco robusto uncinato e piedi con forti artigli.

fàlda [got. **falda* 'piega di una veste'; av. 1304] s. f. *1* Larga striscia, strato sottile che può sovrapporsi ad altri: *f. di fuoco, di ghiaccio, di pasta sfoglia*; *lana, cotone in falde* | ***Nevicare a larghe falde***, con grossi fiocchi. *2* Lamina, scaglia, strato di pietre o metalli: *f. di piombo, di sasso* | ***F. del tetto***, ciascuna delle superfici piane e inclinate che lo compongono | (*geol.*) ***F. di ricoprimento, tettonica, di carreggiamento***, vasto complesso di rocce che, nel sollevamento o nel corrugamento di una catena montuosa, hanno subìto una forte traslazione orizzontale ricoprendo un'area diversa della catena | ***F. freatica***, nella quale l'acqua filtra liberamente attraverso la roccia permeabile e può essere raggiunta con pozzi ordinari | ***F. acquifera, idrica***, complesso delle acque che imbevono uno strato sotterraneo di rocce permeabili | ***F. artesiana***, nella quale l'acqua filtra sotto pressione attraverso rocce permeabili ricoperte da strati di rocce impermeabili. *3* Parte del soprabito dalla cintura in giù: *le falde della marsina* | ***Essere in falde***, in abito da cerimonia | Lembo di veste | ***Attaccarsi alle falde di qlcu.***, (*fig.*) stargli sempre intorno per avere un favore | †***A f. a f.***, a parte a parte. *4* Veste di seta bianca, con lunga coda a strascico che il Papa indossa durante le funzioni sacre pontificali. *5* Parte inferiore della corazza a lamine snodate per proteggere il ventre (panciera) o le reni (guardareni). *6* (*geogr.*) Pendice di un monte: *le falde del Monte Bianco*. *7* Tesa del cappello. *8* Carne attaccata alla lombata e alla coscia dei bovini. *9* (*al pl.*, *raro*) Dande. *10* †Sopravveste. *11* †Tasca. || **faldèlla**, dim. (V.) | **faldétta**, dim. | **faldìno**, dim. m. | **faldolìna**, dim. | **faldóna**, accr. | **faldóne**, accr. m. (V.).

faldàre [da *falda*; 1585] v. tr. ● (*min.*) Tagliare pietre o minerali secondo le falde o strati.

faldàto [1356] part. pass. di *faldare*; anche agg. *1* (*min.*) Fatto a falde, che si presenta a falde. *2* (*ant.*) Provvisto di falde: *abito f.*

faldèlla [av. 1320] s. f. *1* Dim. di *falda* | Strato, striscia sottile. *2* Piccola pezzuola di garza o cotone usata un tempo per medicazioni. *3* (*tess.*, *ant.*) Piccola quantità di lana, il cui peso, non superiore alle 10 libbre, era determinato prima che venisse unta per la pettinatura | Piccola quantità di seta a matassa | Cardato di cotone, per imbottiture.

faldìglia [sp. *faldilla*, dim. di *falda* 'falda'; av. 1527] s. f. ● Guardinfante, crinolina.

faldistòrio o **faldistòro** [lat. mediev. *faldistoriu(m)*, dal francone *faldistôl* 'sedia pieghevole', attrav. il fr. ant. *faldestoel*; av. 1513] s. m. ● Sedia a bracciòli, senza spalliera, con cuscino e inginocchiatoio, usata dal Papa e dai vescovi in alcune funzioni sacre.

faldóne [accr. di *falda*] s. m. ● (*bur.*) Cartella per raccogliere documenti | (*est.*) I documenti stessi.

faldóso [da *falda*; 1499] agg. *1* Che presenta falde, strati: *roccia faldosa*. *2* (*raro*) Che si sfalda.

falecèo o **falècio**, **falèucio**, **falèuco** [vc. dotta, lat. tardo *Phalaeciu(m)*, dal gr. *Phaláikeion*, chiamato così dal poeta gr. *Faleco* che lo inventò; 1549] s. m. ● Verso greco e latino di undici sillabe.

♦**falegnàme** [comp. di *fa(re)* 'lavorare' e *legname*; sec. XIV] s. m. e f. *1* Artigiano che lavora il legno | ***Martello da f.***, con la bocca quadra e la penna biforcuta. *2* (*fam.*, *est.*) Qualunque uccello che si scava il nido nel tronco di alberi. || **falegnamìno**, dim.

falegnamerìa [1921] s. f. *1* Tecnica, mestiere del falegname. *2* Laboratorio del falegname.

falèna (o -è-) [vc. dotta, gr. *phálaina* 'piccola farfalla notturna' (accostata, ma senza chiaro legame semantico, a *phállaina* 'balena', la quale, a sua volta, va ricondotta a *phallós* 'fallo (2)': per la forma del corpo); av. 1730] s. f. *1* Lepidottero dei Geometridi le cui femmine depongono le uova su vari alberi, in autunno, così che le larve divorano i germogli in primavera (*Operophtera brumata*) | Qualunque farfalla crepuscolare o notturna che è attratta dalla luce. *2* (*fig.*) Prostituta; (*est.*) donna leggera.

fàlera [vc. dotta, lat. *phălerae*, nom. pl. f., dal gr. *phálara*, nt. pl., di orig. indeur.; 1476] s. f. *1* Medaglia d'oro assegnata come premio ai soldati dell'antica Roma e da appendersi al petto. *2* Correntemente, borchia metallica, spec. usata per ornamento nei finimenti dei cavalli.

faleràto [vc. dotta, lat. *phalerātu(m)*, da *phălerae* 'falera'; 1499] agg. ● (*raro*) Ornato di falere.

falèrno [vc. dotta, lat. *falĕrnu(m)*, dal n. del territorio in cui si produceva questo vino; av. 1535] s. m. ● Vino noto fin dall'antichità, bianco o rosso, asciutto, prodotto nella zona dei Campi Flegrei (Napoli) e nel Lazio con varie uve locali tra cui l'Aglianico.

falèsia o **falèsa** [fr. *falaise*, vc. normanno-piccarda, dal francone **falisa*; 1925] s. f. ● Costa con ripide pareti rocciose a strapiombo sul mare. ➡ ILL. p. 2130, 2133 SCIENZE DELLA TERRA ED ENERGIA.

falèucio ● V. *faleceo*.

falèuco ● V. *faleceo*.

falìsco [vc. dotta, lat. *Falĭscu(m)*; 1521] **A** agg.; anche s. m. (f. *-a*; pl. m. *-sci*) *1* Appartenente a un'antica popolazione italica dell'Etruria meridionale. *2* Che (o Chi) è nato o abita a Montefiascone. **B** s. m. solo sing. ● Dialetto parlato dagli antichi Falisci.

fàlla [da *fallare*; 1612] s. f. *1* Squarcio, fenditura e sim. nella carena di una nave, in un serbatoio, in un argine e sim., da cui penetrano o fuoriescono le acque. *2* (*fig.*) Punto di dispersione che è causa di danno: *non riuscirà a tamponare tutte le falle del suo patrimonio*. *3* (*mil.*) Interruzione della linea difensiva attraverso cui è facile al nemico infiltrarsi e rompere lo schieramento. SIN. Breccia. *4* (*fig.*) †Errore, mancanza.

†**fallàbile** [av. 1348] agg. ● Che può fallare.

fallàccio s. m. *1* Pegg. di *fallo* (*1*). *2* (*sport*, *gerg.*) Fallo vistoso e intenzionale contro un avversario.

fallàce [vc. dotta, lat. *fallāce(m)*, da *fāllere*. V. *fallire*; 1294] agg. *1* (*spec. lett.*) Che trae o può trarre in inganno: *indizio, segno, argomentazione f.* | Che è frutto di false illusioni o non corrisponde alle aspettative: *speranza f.*; *promesse fallaci* | Incerto: *o vita nostra debole e f.!* (PULCI) | (*raro*) ***Uomo f.***, spergiuro, indegno di fiducia. SIN. Illusorio, ingannevole. *2* (*est.*) Di colore, che non regge: *il giallo oro è un colore f.* *3* †Deperibile, detto spec. di frutta. || **fallaceménte**, avv. (*raro*) In modo fallace.

Fallàcee [da *fall(o)* con il suff. *-acee*; 1987] s. f. pl. (sing. *-a*) ● (*bot.*) Nella tassonomia vegetale, famiglia di funghi Basidiomiceti con corpo fruttifero a gambo allungato e cappello ovoidale di odore fetido (*Phallaceae*).

fallàcia [vc. dotta, lat. *fallācia(m)*, da *fāllax*, genit. *fallācis* 'fallace'; av. 1294] s. f. *1* (*lett.*) Caratteristica di ciò che è fallace: *f. di una prova, di una dimostrazione*. SIN. Falsità, inganno. CONTR. Veracità. *2* (*raro*) Sofisma, ragionamento falso o complicato.

fallànza [provz. *falhansa*, dal lat. *fāllere* 'fallare'; sec. XIII] s. f. *1* (*bot.*) Fallimento, esito negativo di qlco.: *f. di un incrocio botanico*. *2* †Errore, fallo, colpa: *come donna onesta che permane / di sé secura, e per l'altrui f., / ..., timida si fane* (DANTE *Par.* XXVII, 31-33) | ***Fare f.***, mancare, errare. *3* (*fig.*) †Bugia, falsità | Frode.

fallàre [lat. tardo *fallāre*, per il classico *fāllere*. V. *fallire*; av. 1250] **A** v. intr. (aus. *avere*) *1* (*raro*, *lett.*) Commettere un errore, un fallo, un peccato: *ma nell'ultima bolgia ... / me ... / dannò Minòs, a cui fallar non lece* (DANTE *Inf.* XXIX, 118-120). *2* (*lett.*) †Mancare, venir meno: *il pagan vuole entrar, ma il piè gli falla* (ARIOSTO); (*scherz.*) *se non mi falla la memoria*. *3* (*bot.*) Non germinare, spec. riferito a semi di piante. **B** v. tr. *1* †Trasgredire, violare. *2* (*raro*) Sbagliare: *f. il colpo, la mira, la strada*. **C** v. intr. pron. ● †Sbagliarsi, ingannarsi. || PROV. Chi fa falla; il proverbio non falla.

fallàto [av. 1348] part. pass. di *fallare*; anche agg. *1* Nei sign. del v. *2* Che presenta un difetto di fabbricazione: *un tessuto, un cristallo f.*

fallènte [sec. XII] part. pres. di *fallire*; †anche agg. ● Che sbaglia | Che induce in errore.

†**fallènza** [provz. *falhensa*, dal lat. *fāllere* 'fallare'; sec. XII] s. f. *1* Errore, fallanza: *il nostro imperadore / che ti dovea punir di tua f.* (PULCI). *2* Fallimento, povertà.

fallìbile [dal lat. *fāllere* 'fallare'; 1342] agg. *1* (*lett.*) Che è soggetto a errare: *tutti gli uomini sono fallibili*. CONTR. Infallibile. *2* †Fallace.

fallibilìsmo [da *fallibil(e)* col suff. *-ismo*] s. m. ● (*filos.*) Nella filosofia della scienza contemporanea, atteggiamento di chi, ammettendo la possibilità dell'errore in ogni stadio della sua ricerca, rinuncia per principio alla certezza assoluta nell'ambito scientifico: *il f. di C.S. Peirce*.

fallibilità o †**fallibilitàde**, †**fallibilitàte** [1657] s. f. ● (*raro*) Condizione di ciò che è fallibile.

fàllico [vc. dotta, lat. tardo *phăllicu(m)*, nom. *phăllicus*, dal gr. *phallikós*, da *phallós* 'fallo' (2); 1549] agg. (pl. m. *-ci*) ● Relativo al fallo: *simbologia fallica* | Di Priapo | ***Versi fallici***, in onore di Priapo | (*psicoan.*) ***Fase fallica***, la terza fase dello sviluppo psicosessuale, corrispondente alla fase edipica, in cui le zone erogene sono il pene e la clitoride.

†**falligióne** [provz. *falhizon*, dal lat. *fāllere* 'fallare'; sec. XIII] s. f. ● Fallo, mancanza: *io non credetti mai tal f. / della tu' fé* (BOCCACCIO).

fallimentàre [da *fallimento* (*1*); 1918] agg. *1* Del, relativo al, fallimento: *vendita f.*; *concordato, procedimento f.* | ***Asta f.***, vendita all'asta dei beni di un fallito | ***Prezzo f.***, (*fig.*) di assoluta concorrenza. *2* (*fig.*) Che porta al disastro, alla rovina: *una politica f.* || **fallimentarménte**, avv.

fallimentarìsta [1965] s. m. e f. (pl. m. *-i*) ● Legale o giurista particolarmente esperto di pratiche fallimentari o di diritto fallimentare.

falliménto (1) [da *fallire*; av. 1348] s. m. *1* Esito negativo: *il f. di una trattativa*; *il f. di una spedizione* | (*est.*) Disastro, insuccesso totale: *la festa si risolse in un vero f.* *2* (*dir.*) Procedimento concorsuale giudiziale tendente alla liquidazione del patrimonio dell'imprenditore commerciale insolvente e alla ripartizione del ricavato fra tutti i suoi creditori | ***Dichiarazione di f.***, provvedimento del Tribunale che accerta l'insolvenza dell'imprenditore commerciale e apre la procedura fallimentare. *3* †Sconfitta, rotta. *4* †Mancanza, grande scarsità.

†**falliménto** (2) [provz. *falhimen*, dal lat. *fāllere* 'fallare'; av. 1250] s. m. ● Fallo, errore: *un uom solo senza f.* (BEMBO).

♦**fallìre** [lat. *fāllere*, di orig. indeur.; av. 1294] **A** v. intr. (*io fallisco, tu fallisci*; part. pass. *fallito*, †*fallùto*; aus. *avere* nei sign. 3 e 4; nel sign. 1 aus. *avere* se riferito a persona, *essere* se riferito a cosa; aus. *essere* negli altri sign.) *1* (assol.; + *in*) Non raggiungere il fine prefisso: *il loro piano è fallito*; *f. in un tentativo, in un'impresa*; *ha fallito nel suo scopo* | Avere esito negativo: *il piano è fallito*. CONTR. Riuscire. *2* (*dir.*) Sottostare a una dichiarazione di fallimento. *3* †Sbagliare, peccare. *4* (+ *a*) (*lett.*) Venir meno, mancare di fede: *f. all'aspettativa, alla promessa, al giuramento*. *5* †Mancare | †***Fallisce poco***, manca poco. *6* †Cessare. **B** v. tr. *1* Non riuscire a colpire: *f. la preda, la palla* | ***F. il colpo***, non cogliere il bersaglio | ***F. la porta***, nel calcio e sim., tirare il pallone fuori della porta avversaria | ***F. l'intervento***, mancarlo. *2* †Ingannare: *f. la fede, la promessa* | †***F. il tedio***, scacciarlo.

fallìto [av. 1294] **A** part. pass. di *fallire*; anche agg. *1* Mancato | Non riuscito: *tentativo f.* | Che non è riuscito ad affermarsi: *un attore f.* *2* Che ha subito fallimento. *3* †Insufficiente, manchevole. **B** s. m. (f. *-a*) *1* Imprenditore che ha subìto la dichiarazione di fallimento. *2* Chi non è riuscito a raggiungere alcun risultato valido in un'attività o nella vita in genere: *è un povero f.*; *quello scrittore è un f.*

fàllo (1) [da *fallare*; av. 1294] s. m. *1* (*spec. lett.*) Errore, sbaglio, equivoco: *quella teoria ha fatto cadere in f. molti studiosi*; *li falli di fragilità e d'ignoranza si puniscono solo con vituperi* (CAMPANELLA) | ***Mettere un piede in f.***, scivolare, sdrucciolare (*anche fig.*) | Colpa, peccato: *essere in f.*; *un f. imperdonabile* | ***Senza f.***, in modo certo, sicuro | (*est.*, *lett.*) †Delitto. *2* (*sport*) Infrazione al regolamento di gara, per cui è comminata una punizione: *fare*, *subire un f.* | ***F. intenzionale***, nel calcio, nella pallanuoto e sim., grave scorrettezza deliberatamente commessa ai danni di un avversario | ***Doppio f.***, nel tennis, errore su entrambi i tiri a disposizione del giocatore al servizio | ***F. di sfondamento***, nella pallacanestro, quello dell'attaccante ai danni del difensore. *3* (*raro*) Mancamento, difetto: *la pazienza comincia a fargli f.* | (*raro*) ***Il colpo è andato in f.***, è andato a vuoto. *4* Difetto, imperfezione, spec. di un tessuto, del vetro, della porcellana. *5* †Slealtà. || **fallàccio**, pegg. (V.).

fàllo (2) [vc. dotta, lat. tardo *phăllu(m)*, nom. *phăllus*, dal gr. *phallós*, di orig. indeur.; 1630] s. m. *1* Emblema del membro virile che, nella religione greco-romana ed in molte altre religioni antiche e primitive, rappresenta le divine energie della generazione e della fecondità umana, animale ed agricola | Amuleto usato, per scopo apotropaico, dai Romani. *2* (*lett.*) Organo, membro virile. *3* (*bot.*) Fungo delle Fallacee con corpo fruttifero a gambo allungato e cappello ovoidale reticolato ricoperto da una mucillagine deliquescente di odore fetido che contiene le basidiospore e ne facilita la dispersione tramite alcuni insetti (*Phallus impudicus*). SIN. Satirione.

fallocèntrico [comp. di *fallo* (2) e *centrico*, sul modello di *egocentrico*] agg. (pl. m. *-ci*) ● Che si riferisce al fallocentrismo, che è caratterizzato da fallocentrismo: *società fallocentrica*; *atteggiamenti fallocentrici*.

fallocentrìsmo [da *fallocentrico*] s. m. ● (*raro*) Tendenza ad attribuire all'uomo, in quanto dotato degli attributi maschili, un ruolo centrale nella società e una posizione di privilegio e di predominio rispetto alla donna.

fallòcrate [da *fallocrazia*; 1983] s. m. e f. ● Uomo che pensa, agisce in base alla fallocrazia.

fallocràtico [1978] agg. (pl. m. *-ci*) ● Relativo, ispirato, a fallocrazia: *società fallocratica*; *atteggiamenti fallocratici*. || **fallocraticaménte**, avv.

fallocrazìa [comp. di *fallo* (2) e *-crazia*; 1973] s. f. ● Tipo di società caratterizzata dalla presenza del maschio come elemento dominante e prevaricante sulla donna | Comportamento che da tale tipo di società deriva.

falloforìa [ricostruzione su *fallo* (2) del gr. *phallēphória*, comp. di *phallós* 'fallo (2)' e *-phória* '-foria'] s. f. ● Nell'antica Grecia, processione, facente parte del culto di Dioniso, in cui veniva portato in giro il simulacro fallico.

falloidìna [vc. dotta, comp. del gr. *phallós* 'fallo' e *-eidḗs* '-oide' con il suff. *-ina*] s. f. ● (*chim.*) Tossina presente in alcuni Funghi velenosi, spec. nell'*Amanita phalloides*.

fallòppa ● V. *faloppa*.

fallosità [1970] s. f. ● Caratteristica di chi (o di ciò che) è falloso.

fallóso [da *fallo* (1); 1940] agg. *1* Di ciò che presenta falli o difetti di fabbricazione: *vetro f.*; *stoppa fallosa*. SIN. Difettoso. *2* (*sport*) Che commette molti falli, che è caratterizzato da ripetuti falli: *giocatore f.*; *gioco f.* || **fallosaménte**, avv. In modo falloso, commettendo molti falli.

fallout /fo'laut, *ingl.* 'fɔːl,aʊt/ [loc. ingl., propr. 'caduta fuori', comp. di *fall* 'caduta' (vc. germ. di orig. indeur.) e *out* 'fuori'] s. m. inv. *1* Caduta sulla superficie terrestre di polveri radioattive accumulate nell'atmosfera in seguito a esplosioni nucleari. SIN. Ricaduta radioattiva. *2* (*fig.*) Effetto indiretto di un evento, di un fenomeno: *il fallout tecnologico della ricerca spaziale*; SIN. Ricaduta.

†**fallùto** [av. 1250] part. pass. di *fallire* ● Nei sign. del v.

falò [prob. dal gr. *phanós* 'torcia', poi 'fanale, lanterna', di etim. incerta; av. 1305] s. m. *1* Fuoco intenso ma di breve durata acceso all'aperto per distruggere qlco., per fare segnalazioni o anche come manifestazione di allegria: *in segno di festa i contadini accesero grandi f. sulle aie*. *2* (*fig.*, *disus.*) Distruzione: *ha fatto un f. di tutte le sue idee giovanili*.

falòppa o (*raro*) **fallòppa** [etim. incerta; sec. XIV] **A** s. f. *1* Bozzolo floscio e irregolare del baco da seta rimasto incompleto per la morte della larva. *2* Seta di qualità inferiore, che si trae dalle faloppe. SIN. Terzanella. **B** s. m. inv. e s. f. ● (*fam.*, *raro*) Persona bugiarda. || **faloppóna**, accr. f. | **faloppóne**, accr. m.

falòtico [dal fr. *falot* 'stravagante, bizzarro', dall'ingl. *fellow* 'compagno'; 1539] agg. (pl. m. *-ci*) ● (*lett.*) Fantastico, bizzarro, strano: *il f. / mutarsi della mia vita* (MONTALE).

falpalà o **falbalà** [fr. *falbala*, dal franco-provenzale *farbela* 'cencio, vesti stracciate', forse da accostare a *faloppa*; 1703] s. m. ● Striscia di stoffa arricciata, pieghettata e sim. messa per guarnizione intorno a sottane, tende, cappelli e sim.

falsabràca [calco sul fr. *fausse-braie*; 1618] s. f. (pl. *falsebràche*) ● Elemento dell'antica fortificazione, costituito da un recinto basso a raddoppio del recinto principale dell'opera fortificata.

falsachìglia [comp. del f. di *falso* e *chiglia*; 1937] s. f. (pl. *falsechìglie*) ● Deriva, chiglia mobile delle imbarcazioni a vela.

†**falsadóre** ● V. *falsatore*.

falsaménto [av. 1292] s. m. ● (*raro*) Falsificazione.

falsamonéte [comp. di *falsa(re)* e il pl. di *moneta*; 1508] s. m. inv. ● (*raro*) Falsificatore di monete.

†**falsàrdo** [provz. *falsart*, dal lat. *fălsus* 'falso'; 1600] s. m. (f. *-a*) ● Falsificatore | (*est.*) Imbroglione, stregone.

falsàre [vc. dotta, lat. tardo *falsāre*, da *fălsus* 'falso'; av. 1250] v. tr. *1* Esporre, rappresentare qlco. in modo contrario o diverso dal vero: *f. la realtà storica* | Falsificare, alterare: *f. una deposizione con notizie inventate*; *un registratore che falsa le voci*. SIN. Deformare, travisare. *2* (*raro*, *est.*) Fuorviare: *f. l'opinione pubblica su qlco.* *3* (*lett.*) Contraffare: *f. monete*, *documenti*. *4* Ornare, guarnire con falsature.

falsarìga [comp. del f. di *falso* e *riga*; 1585] s. f. (pl. *falsarìghe*, raro *falserìghe*) *1* Foglio rigato da porre sotto il foglio su cui si scrive per procedere diritto nella scrittura. *2* (*fig.*) Esempio, norma che si segue in modo fedele o pedissequo: *andare sulla f. di qlcu.* | ***Dare la f.***, la traccia, le norme precise.

falsàrio [vc. dotta, lat. *falsāriu(m)*, da *fălsus* 'falso'; av. 1342] s. m. (f. *-a*) *1* Chi falsifica documenti, atti pubblici, banconote, monete e sim. *2* (*raro*) Chi dice bugie o giura il falso.

falsàto [av. 1311] part. pass. di *falsare*; anche agg. ● Distorto, alterato.

falsatóre o †**falsadóre** [vc. dotta, lat. *falsatōre(m)*, da *falsāre* 'falsare'; 1243 ca.] s. m.; anche agg. (f. *-trice*) *1* (*lett.*) Chi (o Che) altera la realtà: *f. del vero*. *2* (*raro*) Chi falsifica monete. SIN. Falsario.

falsatùra [1869] s. f. *1* Guarnizione di merletto fra due pezzi di tessuto. SIN. Entre-deux. *2* Tipo di ricamo sfilato usato in particolare per guarnire la biancheria di casa.

†**falseggiàre** [da *falso*; 1321] **A** v. tr. ● Falsare | Simulare. **B** v. intr. ● Cantare in falsetto.

falsettìsta s. m. (pl. *-i*) ● Cantante che può sostenere parti di soprano o di contralto con l'uso del falsetto.

falsétto [da *falso*; 1542] s. m. ● (*mus.*) Tecnica vocale fondata sull'emissione di testa per ottenere suoni acuti eccedenti il proprio registro, oggi usata spec. nella musica leggera.

falsificàbile [1869] agg. ● Che si può falsificare.

falsificabilità [da *falsificabil(e)* col suff. di qualità *-ità*] s. f. ● Condizione di ciò che è falsificabile.

falsificaménto [av. 1694] s. m. ● (*raro*) Falsificazione.

falsificàre [dal lat. tardo *falsificātus*, comp. di *fălsus* 'falso' e *făcere* 'fare'; 1308] v. tr. (*io falsìfico, tu falsìfichi*) *1* Contraffare, deformare, alterare con l'intenzione e la consapevolezza di commettere un reato: *f. un documento*, *una firma*, *una banconota*, *un quadro* | ***F. una notizia***, modificarla secondo i propri fini e poi diffonderla come vera. *2* (*filos.*) Dimostrare la falsità di un'ipotesi.

falsificàto [av. 1306] part. pass. di *falsificare*; anche agg. ● Nei sign. del v.

falsificatóre [sec. XIV] s. m. (f. *-trice*) ● Chi falsifica qlco. intenzionalmente | Falsario.

falsificazióne [av. 1595] s. f. *1* Contraffazione di qlco. con intenzioni dolose: *f. di documento*, *di un'opera d'arte*, *di un oggetto antico*. SIN. Alterazione | (*filos.*) Dimostrazione della falsità di un'ipotesi. *2* Documento o atto artificiosamente prodotto per sostituire un originale perduto o guasto o per creare testimonianza dolosa.

falsificazionìsmo [da *falsificazione*] s. m. ● (*filos.*) Teoria filosofica, proposta nel 1934 da K. R. Popper, secondo cui le ipotesi e le teorie rivestono un carattere scientifico solo quando possono essere contraddette dall'esperienza.

falsità o †**falsitàde**, †**falsitàte** [vc. dotta, lat. tardo *falsitāte(m)*, da *fălsus* 'falso'; sec. XIII] s. f. *1* Caratteristica di ciò che è falso: *f. di un giudizio*, *di una prova*, *di una affermazione*; *la verità o f. della dottrina* (GALILEI). SIN. Inganno. CONTR. Verità. *2* Mancanza di lealtà, ipocrisia, finzione: *f. d'animo*; *rivelare la f. di qlcu.* *3* Azione, frase, parola contraria al vero: *le sue f. verranno presto smascherate*. SIN. Menzogna.

◆**fàlso** [lat. *fălsu(m)*, da *făllere* 'ingannare'. V. *fallire*; av. 1250] **A** agg. *1* Che non corrisponde alla realtà e alla verità: *f. indizio*; *notizia*, *citazione*, *opinione*, *apparenza*, *supposizione falsa* | Errato, erroneo: *falsa traccia*; *le false religioni incominciaron a svanire con le lettere* (VICO) | ***Falsa strada***, strada sbagliata (*spec. fig.*) | ***Passo f.***, compiuto con rischio di cadere e di scivolare; (*fig.*) errore, azione poco accorta | ***Falsa partenza***, V. *partenza*, sign. 2. SIN. Ingannevole. CONTR. Vero. *2* Che è stato contraffatto, alterato con intenzione dolosa: *lettera falsa*; *moneta*, *firma falsa*; *testamento f.*; *sotto f. nome*; *chiave falsa* | ***Fare carte false***, (*fig.*) adoperarsi con ogni mezzo per ottenere qlco. o favorire qlcu. SIN. Truccato. CONTR. Autentico. *3* Che è privo di sincerità e di schiettezza: *giuramento f.*; *promessa falsa* | ***Testimone f.***, che non dice o tace il vero | ***Immagine falsa***, artificiosa | ***Essere***, ***sentirsi in una posizione falsa***, agire in modo poco chiaro e onesto o trovarsi al centro di una situazione imbarazzante | ***Toccare un tasto f.***, (*fig.*) affrontare incautamente un discorso o un argomento che era meglio evitare | Simulato, finto: *sorriso*, *pianto f.*; *falsa virtù*, *modestia* | Detto di persona ipocrita: *f. amico* (V. anche *amico*, sign. B1). SIN. Inattendibile. CONTR. Genuino, schietto. *4* Che non è ciò di cui ha l'apparenza: *oro*, *argento f.* | ***F. allarme***, fatto, evento che si annunciava poco gradito e che non si è verificato | ***F. scopo***, ***f. problema***, intesi a nascondere la vera natura di quello che si vuole o di cui si tratta | ***Tinta falsa***, ***colore f.***, che si alterano facilmente | ***Luce falsa***, che dà agli oggetti un colore non naturale | ***Mettere***, ***presentare qlcu.***, ***qlco. sotto falsa luce***, farlo apparire meschino, denigrarlo e sim. | ***F. magro***, chi appare sottile, pur avendo in realtà forme rotonde | †***Sotto f. colore***, con ingannevole apparenza | ***F. bordone***, V. anche *falsobordone*. CFR. pseudo-. SIN. Illusorio. *5* Posticcio: *denti*, *capelli falsi*. *6* (*bot.*) ***F. frutto***, quello formato da parti della pianta non appartenenti all'ovario | ***F. fusto***, caule formato dalle guaine delle foglie strettamente addensate come nel banano e in alcune palme | ***F. pepe***, albero del pepe | ***F. verticillo***, insieme di organi vegetali riuniti in modo da simulare un vero verticillo. || **falsaménte**, avv. In modo falso; in modo affettato, artificioso. **B** s. m. *1* Cosa falsa: *il vero e il f.*; *dire*, *giurare il f.* *2* (f. *-a*) (*fam.*) Persona falsa. *3* Falsificazione, falsità: *delitti di f.*; *querela di f.* | ***F. ideologico***, contraffazione che vizia il contenuto di un atto giuridico. *4* Opera d'arte, francobollo, documento e sim., contraffatto: *un f. di Michelangelo*; *vendere*, *comprare*, *firmare un f.* **C** avv. ● Falsamente: *parole*, *promesse che suonano f.* || **falsàccio** pegg. | **falsìno**, dim. | **falsóne**, accr.

falsobordóne o **fàlso bordóne** [comp. di *falso* e *bordone* (3); av. 1704] s. m. (pl. *falsibordóni*) ● (*mus.*) Pratica di canto liturgico del sec. XVI | Nella armonia moderna, successione per moto parallelo di accordi di terza e sesta | Tecnica tipica del salmo, per cui nel canto gregoriano s'inseriscono brevi frammenti polifonici | Tecnica tipica del salmo, per cui all'invariato suono dell'organo s'alterna il canto delle voci, sempre soggetto a variazioni.

falsobràccio [comp. di *falso* e *braccio*] s. m. (pl. *falsibràcci*) ● (*mar.*; *disus.*) Grosso cavo per tonneggio, o per l'ormeggio delle imbarcazioni sottobordo.

falsopiàno [comp. di *falso* e *piano*; 1960] s. m. (pl. *falsipiàni*) ● Tratto di superficie terrestre che appare piano, ma che in realtà è caratterizzato da modeste irregolarità, dislivelli o rilievi.

♦**fàma** [vc. dotta, lat. *fāma(m)*, da *fāri* 'parlare', di orig. indeur.; 1294] s. f. **1** (*lett.*) Notizia, voce che ha una diffusione vasta e rapida: *la f. dei suoi misfatti è arrivata fino a noi*; *conoscere qlcu. per f.* | (*lett.*) **È f.**, corre voce, si dice dappertutto | †**Noto di f.**, famoso. **2** Stima pubblica, nomea, reputazione: *buona, dubbia, cattiva, pessima f.*; *avere f. di galantuomo* | (*raro*) **Lasciare f. di sé**, lasciare un buon ricordo | (*raro, lett.*) **Levar di sé gran f.**, procurarsi un'ottima reputazione. **3** Notorietà, rinomanza: *quel poeta gode f. mondiale*; *ha faticato molto ma è riuscito ad arrivare alla f.* **4** †Cattiva opinione, discredito: *e se nulla di noi pietà ti move, / a vergognar ti vien de la tua f.* (DANTE *Purg.* VI, 116-117).

†**famàre** [av. 1348] v. tr. ● Divulgare la fama | Diffamare.

†**famàto** [1499] agg. ● Affamato.

♦**fàme** [lat. *fāme(m)*, di etim. incerta; av. 1290] s. f. (raro al pl.) **1** Sensazione causata dall'impellente bisogno di cibo: *sentire gli stimoli, i morsi della f.*; *soffire la f.*; *cascare dalla f.*; *f. da lupi, da leoni* | **F. canina**, impulso morboso verso i cibi; SIN. Mal della lupa | **Morire di f.**, essere molto affamato; (*fig.*) essere in condizioni di estrema miseria | **Cavarsi la f.**, saziarsi | **Ingannare la f.**, cercare di distrarsi per non avvertirne gli stimoli | **Morto di f.**, persona molto povera; (*fig.*) miserabile | **Brutto come la f.**, bruttissimo | **Lungo come la f.**, lunghissimo | †**Pascere la f.**, cavarsi la fame. CONTR. Sazietà. **2** (*est.*) Carestia | **Prendere una città per f.**, costringerla ad arrendersi privandola dei viveri necessari al sostentamento della popolazione. **3** (*fig.*) Bisogno intenso di qlcu.: *quel bambino ha f. di affetto* | Desiderio sfrenato: *f. di denaro, di gloria, di onori* | **F. dell'oro**, cupidigia. || **famina**, dim.

famèdio [comp. del lat. *fāma* 'fama' e *aedes* 'casa', sul modello di *cavaedium* 'cavedio'; 1889] s. m. ● Edificio funebre eretto a scopo di celebrazione e sepoltura di uomini illustri.

famèlico [vc. dotta, lat. *famēlicu(m)*, da *fāmes* 'fame'; 1338 ca.] agg. (pl. m. -*ci*) **1** Molto affamato, detto spec. di animali: *un branco di cani randagi e famelici*. **2** (*lett., fig.*) Avido, cupido: *la famelica brama e sitibonda* (MARINO). || **famelicaménte**, avv. (*raro*) Avidamente.

famigeràto [vc. dotta, lat. *famigerātu(m)*, comp. di *fāma* 'fama' e *gĕrere* 'portare'; 1827] agg. **1** Che gode di cattiva fama: *il f. ladro è stato finalmente arrestato*. **2** †Molto noto, insigne. || **famigeratamènte**, avv.

♦**famìglia** o †**famìlia** [lat. *famĭlia(m)*, da *fămulus* 'servitore' (V. *famulo*); av. 1292] s. f. **1** Nucleo fondamentale della società umana costituito da genitori e figli: *f. legittima*; *essere di f. ricca, povera, agiata, benestante*; *sentire il peso della f.*; *provare le gioie della f.*; *padre, madre di f.* | **Figlio di f.**, minorenne ancora sottoposto alla tutela e all'autorità dei genitori | Insieme di persone unite da vincoli di parentela o affinità: *trascorro il Natale con tutta la mia f.*; *entrare a far parte di una f.* | **Consiglio di f.**, riunione dei componenti di una famiglia per deliberare sugli affari e gli interessi di casa | **Stato di f.**, certificato recante l'indicazione dei dati anagrafici dei componenti una famiglia | **F. nucleare**, quella ristretta al nucleo fondamentale formato da genitori e figli, espressione caratteristica della società industrializzata | **F. colonica**, quella residente sul podere e addetta alla sua coltivazione | **Farsi una f.**, sposarsi | **Tenere, avere f.**, essere sposato, spec. con figli | **Essere tutto f., tutto casa e f.**, dedito completamente alla casa e ai congiunti | **Essere di f.**, amico e assiduo frequentatore di casa | **Stare in f.**, alla buona, senza tante cerimonie | **La Sacra f.**, quella composta da Gesù, Giuseppe e Maria | (*fig.*) **Lavare i panni sporchi in f.**, non interessare gli estranei alle cose spiacevoli della propria casa | **Formato f.**, detto di prodotto presentato in confezione più grande e conveniente. **2** Il complesso delle persone unite da uno stesso vincolo e aventi un ascendente diretto comune, considerato nel passato, nel presente, nel futuro: *appartenere a una f. nobile, antica, aristocratica*; *indagare sulle origini di una f.*; *ricostruire l'albero genealogico di una f.*; *essere il capostipite di una f.*; *f. reale* | **Capita anche nelle migliori famiglie**, (*fig.*) di fatto o evento riprovevole ma non inconsueto. SIN. Discendenza, stirpe. **3** (*est.*) Gruppo di persone, animali o cose che presentano caratteristiche analoghe o hanno un vincolo comune: *la f. europea*; *la f. dei popoli del Mediterraneo*; *la f. degli idrocarburi* | **F. monastica, religiosa**, ordine o congregazione maschile o femminile | **La f. umana**, il genere umano | **F. linguistica, di lingue**, complesso di parlate derivanti da una stessa lingua comune | **F. di codici, di manoscritti**, che derivano da una fonte comune | **Una f. di ceramiche**, serie di ceramiche che presentano lo stesso tipo di motivi decorativi e gli stessi toni di colore | (*mus.*) Gruppo di strumenti differenziati fra loro spec. per estensione e timbro: *la f. dei liuti, dei flauti*. **4** Gruppo sistematico usato nella classificazione degli organismi animali e vegetali e comprendente uno o più generi affini. **5** Nella mafia, gruppo i cui membri si ritengono uniti da un patto di reciproca omertà, nel rispetto della volontà di un capo. **6** (*ant.*) Insieme delle persone che costituivano il seguito o la corte di un personaggio: *f. del podestà, del bargello, del vescovo*; *f. pontificia* | †La servitù di una casa: *apre terrazze e logge la f.* (LEOPARDI). **7** †Sbirraglia. || **famigliàccia**, pegg. | **famigliétta**, dim. | **famiglina**, dim. | **famigliòna**, accr. | **famigliòla**, **famigliuòla**, dim. (V.) | **famigliùccia**, dim.

famigliàre e *deriv.* ● V. *familiare* e *deriv.*

famigliàstra [da *famiglia* col *suff.* -*astra* di (*fi-gli*)*astra*, (*sorell*)*astra* e sim.; 1989] s. f. ● (*scherz.*) Famiglia allargata formatasi in seguito a unioni spec. tra divorziati o separati, comprendente i nuovi nati e i figli di primo letto.

famìglio [da *famiglia*; 1312] s. m. **1** (*raro*) Usciere, messo del Comune | †Birro. **2** (*lett.*) Domestico, servo: *un suo fidato f.* (SACCHETTI). **3** (*disus.*) Nell'Italia settentrionale, collaboratore di un'azienda agricola convivente con la famiglia del proprietario. || **famigliàccio**, pegg.

famigliòla o **famigliuòla** [av. 1374] s. f. **1** Dim. di *famiglia*. **2** (*bot.*) **F. buona**, chiodino.

†**famìlia** ● V. *famiglia*.

♦**familiàre** o raro **famigliàre** spec. nel sign. 1 [vc. dotta, lat. *familiāre(m)*, da *famĭlia* 'famiglia'; 1308] **A** agg. **1** Della famiglia: *faccenda, preoccupazione, educazione, esempio f.*; *patrimonio f.* | **Lavoro f.**, attività lavorativa prestata a favore di una persona a cui il lavoratore è legato da vincoli familiari e con cui convive | **Genio f.**, nella mitologia romana, genio del luogo, divinità domestica. **2** Di ciò che si conosce bene per lunga pratica o dimestichezza: *letture familiari*; *è una tecnica che mi è f.* | Che richiama qlco. di noto: *un volto, un panorama f.* SIN. Consueto. **3** (*fig.*) Affabile, semplice: *linguaggio, stile, tono f.* | **Lingua, locuzione f.**, proprie della conversazione corrente, quotidiana | (*fig.*) Intimo, confidenziale: *colloquio f.* | **Essere f. con qlcu.**, intrattenere rapporti molto amichevoli | Semplice, alla buona: *trattamento, cucina, pensione f.* || **familiarménte**, avv. In modo familiare: *trattare familiarmente qlcu.* **B** s. m. e raro f. **1** Persona di famiglia: *in alcune circostanze riuniamo tutti i familiari*. **2** †Servo | †Birro. **3** †Ministro, confidente o servitore di principe o prelato: *con Currado Malespina si mise per famigliare* (BOCCACCIO). **C** s. f. ● (*autom.*) Station wagon.

†**familiarésco** o †**famigliarésco** [sec. XIV] agg. ● Da familiare. || †**familiarescaménte**, avv.

familiarità [vc. dotta, lat. *familiaritāte(m)*, da *familiāris* 'familiare'; av. 1292] s. f. **1** Confidenza e affabilità tipiche di chi (o di ciò che) è familiare: *trattare qlcu. con f.* | **Prendersi troppa f.**, eccedere in confidenza. **2** Consuetudine, dimestichezza con qlco. che si acquista attraverso un'esperienza attenta e prolungata: *avere f. con un libro, un autore, una disciplina, una scienza*; *non avrei consentito mai di contrarre né amicizia né f. con una Musa appigionata o venduta* (ALFIERI).

familiarizzàre [fr. *familiariser*, da *familier* 'familiare'; 1619] v. intr. e intr. pron. (aus. intr. *avere*) ● Prendere familiarità con qlco. e con qlcu.: *f. con i nuovi colleghi di lavoro*; *subito si familiarizzò con lui, meravigliato della sua mitezza* (SVEVO) | Impratichirsi: *familiarizzarsi con le nuove tecnologie informatiche*.

familismo [da *famiglia*; 1961] s. m. ● Vincolo particolarmente intenso di solidarietà fra i membri di una stessa famiglia, spec. quando prevalga sul legame con la comunità sociale.

familista [1982] s. m. e f.; anche agg. ● Chi (o Che) è ispirato o caratterizzato da familismo.

familistico [da *famiglia*; 1964] agg. (pl. m. -*ci*) ● Relativo al, proprio del familismo.

famismo o **fagismo** [da *fame*; av. 1961] s. m. ● Teoria filosofica secondo cui tutte le opere e le attività umane possono essere ricondotte a un impulso primordiale che coincide con una sorte di fame originaria.

famista agg.; anche s. m. e f. (pl. m. -*i*) ● Che (o Chi) sostiene il famismo.

♦**famóso** [lat. *famōsu(m)*, da *fāma* 'fama'; av. 1292] agg. **1** Che gode di una fama rilevante, buona o cattiva che sia: *medico, quadro, ladro, furfante, usuraio f.* SIN. Celebre, illustre, rinomato. CONTR. Ignoto, oscuro. **2** Di cosa o persona su cui si è già parlato a lungo (*spec. scherz.*): *quanto vi è poi costato quel f. pranzo?*; *quando uscirà il vostro f. lavoro?* SIN. Celebrato, memorabile. **3** †Diffamatorio | **Libello f.**, scritto ingiurioso e infamante. || **famosaménte**, avv. (*raro*) In modo famoso.

famulàto [vc. dotta, lat. *famulātu(m)*, da *fămulus* 'famulo'; 1499] s. m. **1** Condizione di famulo. **2** (*raro, dir.*) Circostanza aggravante per un furto commesso approfittando della condizione di domestico o coabitante.

†**famulatòrio** [vc. dotta, lat. tardo *famulatōriu(m)*, da *fămulus* 'famulo'; 1641] agg. ● Servile.

†**famulazióne** [vc. dotta, lat. tardo *famulatiō-ne(m)*, da *fămulus* 'famulo'; sec. XV] s. f. ● Servitù.

†**famulènto** [da *fame*; sec. XIII] agg. ● (*lett.*) Famelico, affamato: *per sovvenire alle famulenti pecorelle* (SANNAZARO).

fàmulo [vc. dotta, lat. *fămulu(m)*, di orig. preindeur.; av. 1294] s. m. (f. -*a*) ● (*lett.*) Servo, domestico, famiglio, spec. nell'antica Roma.

♦**fan** /ingl. fæn/ [ingl., abbr. di *fanatic* 'fanatico'; 1933] s. m. e f. inv. ● Sostenitore fanatico di un cantante, di un famoso attore e sim. | (*raro*) Tifoso.

fanàle [gr. biz. *phanárion* 'lanterna', deriv. di *phanós* (V. *falò*), col suff. -*ale*, tipico degli agg.; av. 1348] s. m. **1** Apparecchio che serve a illuminare o a segnalare con la sua luce la presenza e la posizione di un oggetto: *accendere il f.*; *i fanali dell'auto, di una nave, di un aereo*; *fanali a luce bianca, a luce colorata* | **Fanali di via**, quelli a luce fissa verde (a destra) e rosso (a sinistra) posti sul fianco delle navi e sulle ali degli aeromobili per indicarne la direzione del movimento | **F. da carrozza**, lume per lo più a cera che, in coppia, veniva posto sul davanti delle carrozze, uno per parte. ➡ ILL. p. 2161, 2163, 2168 TRASPORTI. **2** †Lume, lanterna, lampione: *f. a gas, a petrolio*; *una strada illuminata da numerosi fanali* | Faro, spec. con portata limitata. **3** (*zool.*) Pesce lucerna. || **fanalétto**, dim. | **fanalino**, dim. (V.) | **fanalóne**, accr. | **fanalùccio**, pegg.

fanalerìa [1928] s. f. **1** Apparato d'illuminazione, spec. di un veicolo: *la f. dell'automobile, dell'aeroplano*. **2** (*gener.*) Apparecchio d'illuminazione.

fanalino [1927] s. m. **1** Dim. di *fanale*. **2** **F. di coda**, luce rossa di segnalazione, collocata nella parte posteriore di un veicolo; (*fig.*) chi occupa l'ultimo posto spec. in graduatorie, classifiche e sim.: *fare, essere il f. di coda*.

fanalista [1891] s. m. e f. (pl. m. -*i*) ● Addetto alla manutenzione di un fanale, di un faro e sim.

fanàtico [vc. dotta, lat. *fanāticu(m)* 'ispirato da una divinità, invasato da estro divino', da *fānum* 'tempio'; sec. XIV] agg.; anche s. m. (f. -*a*; pl. m. -*ci*) **1** Che (o Chi), mosso da esagerato entusiasmo per un'idea, una fede, una teoria e sim., si mostra intollerante nei confronti di ogni posizione che non sia la sua: *è un credente f.*; *il suo è uno zelo f.* SIN. Fazioso, settario. **2** Ammiratore entusiasta di qlcu. o di qlco. | Che (o Chi) si dedica a una determinata attività con eccessivo zelo ed entusiasmo: *essere f. del teatro, della letteratura, dello sport*; *essere f. per la musica*; *sono tutti fanatici ammiratori di quell'attrice*. **3** (*pop.*) Intemperante, violento. || **fanaticaménte**, avv.

fanatiṣmo [fr. *fanatisme*, da *fanatique* 'fanatico'; 1708] **s. m.** *1* Adesione incondizionata ed entusiasta a un'idea, una fede, una teoria e sim., che comporta l'intolleranza più assoluta dell'opinione altrui: *si lasciano trasportare dal f.*; *la loro adesione giunge fino al f.* SIN. Faziosità, settarismo. CONTR. Misura, tolleranza. *2* Eccessivo entusiasmo o ammirazione: *l'arrivo di quel cantante suscita scene di f.*; *faceva parlar molto di sé ... col suo f. pei Francesi* (NIEVO). SIN. Esaltazione.

fanatizzàre [fr. *fanatiser*, da *fanatisme* 'fanatismo'; 1802] **v. tr.** ● Portare al fanatismo: *una dottrina politica che tende a f. tutti i cittadini.*

†**fancèllo** [da *fanticello*, dim. di *fante* (*1*); 1259] **s. m.** (f. *-a*) ● Fanciullo | Garzone, servo. || †**fancellètto**, **dim.**

fanciùlla [f. di *fanciullo*; 1319] **s. f.** *1* (*lett.* o *raro*) Giovanetta di età compresa fra i sei e i tredici anni | (*est.*) Giovane donna: *una graziosa f.*; *si è sposata ancora f.* *2* (*lett.*) Nubile, zitella: *è rimasta f.* || **fanciullàccia**, **pegg.** (V.) | **fanciullètta**, **dim.** | **fanciullina**, **dim.** | **fanciullóna**, **accr.**

fanciullàccia [1924] **s. f.** (pl. *-ce*) *1* Pegg. di *fanciulla*. *2* Pianta erbacea delle Ranuncolacee, con foglie divise in lobi sottili, fiore terminale a 5 brattee simili alle foglie e frutto a capsula contenente semi neri e piccanti (*Nigella damascena*).

fanciullàggine [da *fanciullo*; av. 1685] **s. f.** ● Comportamento o discorso infantile, puerile e sim.: *dici sempre le solite fanciullaggini.* SIN. Bambinata.

†**fanciullàia** o †**fanciullàglia** [av. 1565] **s. f.** ● Moltitudine di fanciulli | Ragazzaglia.

fanciullàta [1861] **s. f.** ● Ragazzata.

fanciullésco [1300 ca.] **agg.** (pl. m. *-schi*) ● Di o da fanciullo: *atto f.*; *un ingegno f.* (VICO) | (*est.*) Puerile, sciocco: *atteggiamenti fanciulleschi.* SIN. Bambinesco, infantile. || **fanciullescaménte**, **avv.** In modo fanciullesco; in modo sconsiderato.

fanciullézza [sec. XIII] **s. f.** *1* Età umana compresa tra i sei e i tredici anni circa: *i ricordi della f. sono spesso deformati dalla nostalgia.* *2* (*fig.*) Origine di qlco.: *la f. della poesia.* *3* †Fanciullaggine.

♦**fanciùllo** [da *fancello*, con cambio di suff.; av. 1292] **A s. m.** (f. *-a*) *1* (*lett.* o *raro*) Giovanetto di età compresa fra i sei e i tredici anni: *letture per i fanciulli* | ***F. prodigio***, che mostra intelligenza e capacità superiori alla norma. SIN. Ragazzino. *2* (*fig.*) Persona ingenua o inesperta: *comportarsi da f.* | ***È ancora un f.***, di chi, pur avendo superato l'età della fanciullezza, ne conserva la fresca semplicità | ***Eterno f.***, chi non matura con gli anni | †***Fare a fanciulli***, venir meno alla parola data. **B agg.** *1* (*lett.*) Fanciullesco: *ha ancora un aspetto f.*; *il suo viso f. ingannava un po' tutti.* *2* (*lett.*, *fig.*) Di ciò che è ancora agli inizi e lontano dalla maturità: *si tratta di una scienza fanciulla*; *è una nazione ancora fanciulla.* || **fanciullàccio**, **pegg.** | **fanciullétto**, **dim.** | **fanciullino**, **dim.** | **fanciullóne**, **accr.** (V.) | **fanciullòtto**, **accr.**

fanciullóne [av. 1584] **s. m.** (f. *-a*) *1* Accr. di *fanciullo*. *2* (*fig.*) Persona ingenua e sempliciotta.

fan club /faŋ'klab, -ɛb, *ingl.* 'fæn,klʌb/ [loc. ingl., comp. di *fan* e *club*; 1986] **loc. sost. m. inv.** (pl. ingl. *fan clubs*) ● Associazione di cui fanno parte i sostenitori più accesi di un cantante, di un attore e sim.

fancùlo [riduzione di (*vaf*)*fanculo*; 1987] **inter.**; anche **s. m. inv.** ● (*volg.*) Vaffanculo.

fandàngo [dallo sp. *fandango*, di etim. incerta; 1760] **s. m.** (pl. *-ghi*) ● Canzone e ballo andaluso a tempo ternario accompagnato dal suono di nacchere e chitarre.

fandom /'fandom, *ingl.* 'fændəm/ [comp. dell'ingl. *fan*, 'sostenitore' e del suff. ingl. *-dom* che significa 'insieme di persone'; 1994] **s. m. inv.** ● L'insieme degli appassionati di un settore, spec. di fantascienza.

fandònia [etim. incerta; av. 1590] **s. f.** ● Notizia, vicenda e sim. inventata spec. per vanteria: *racconta sempre e solo grosse fandonie.* SIN. Bugia, frottola.

fané /fr. fa'ne/ [vc. fr., part. pass. di *faner* 'far appassire, avvizzire', dal lat. parl. **fenāre*, da *fēnum* 'fieno'; 1885] **agg. inv.** (f. fr. *fanée*; pl. m. *fanés*; pl. f. *fanées*) ● Che ha perduto la freschezza: *abito f.*; *viso f.*

fanèllo [dal lat. *fāginus*, agg. di *fāgus* 'faggio', perché 'uccello del faggio', con suff. dim.; av. 1320] **s. m.** ● Uccello dei Passeriformi comune in Italia nelle zone incolte ai margini dei boschi, che ha voce piacevole e può vivere in gabbia (*Carduelis cannabina*). SIN. Montanello | ***F. nordico***, diffuso nel nord Europa durante l'estate (*Carduelis flavirostris*).

fanerògama [comp. del gr. *phanerós* 'visibile' (da *pháos*, var. di *phôs* 'luce'), e *-gamo*; 1809] **agg.** solo f.; anche **s. f.** ● Detto di pianta che ha gli organi di riproduzione visibili.

Fanerògame **s. f. pl.** ● (*bot.*) In alcune sistematiche, spec. antiche, gruppo di piante caratterizzate dagli organi di riproduzione visibili. SIN. Spermatofite.

fanerogàmico **agg.** (pl. m. *-ci*) ● Relativo alle fanerogame: *flora fanerogamica.*

fanfalùca [lat. tardo *fanfalūca*(*m*), dal gr. *pomphólyga*, acc. di *pomphólyx* 'bolla d'aria', di orig. espressiva; 1356] **s. f.** *1* (*raro*, *disus.*) Frammento leggerissimo di paglia o di carta bruciata che si leva in aria. *2* (*fig.*) Ciancia, fandonia: *le tue fanfaluche non si contano più* | Invenzione, assurdità | Capriccio: *ha troppe fanfaluche a cui pensare per lavorare seriamente.* *3* †Pasta dolce simile alla pasta sfoglia.

fànfano (*1*) [vc. espressiva; 1612] **s. m.** (f. *-a*) ● (*tosc.*) Chiacchierone, armeggione, imbroglione.

fànfano (*2*) [lat. *pŏmpilu*(*m*), nom. *pŏmpilus*, dal gr. *pompílos*, da *pompḗ* 'accompagnamento'; 1834] **s. m.** ● (*zool.*, *sett.*) Pesce pilota.

fanfàra [fr. *fanfare*, di orig. onomat.; 1679] **s. f.** ● Banda musicale militare formata spec. da ottoni | Musica composta per tali bande.

fanfaronàta [sp. *fanfarronada*, da *fanfarrón* 'fanfarone'; 1689] **s. f.** ● Atteggiamento o discorso da fanfarone. SIN. Millanteria, smargiassata, sparata.

fanfaróne [sp. *fanfarrón*, di orig. onomat.; 1685] **s. m.** (f. *-a*) ● Chi ingrandisce a dismisura la portata delle sue vere o più spesso presunte qualità. SIN. Millantatore, smargiasso, spaccone.

†**fànfera** [forma ant. di *vanvera*; av. 1729] **s. f.** ● Cosa da nulla.

†**fanferina** [dim. di *fanfera*; av. 1672] **s. f.** ● Baia, burla | ***Mettere in f.***, in burla.

fànga [da *fango*; 1584] **s. f.** ● Poltiglia alta e in grande quantità, spec. in zone campestri: *un viottolo pieno di f.*

fangàia [da *fango*; 1845] **s. f.** ● Tratto di strada o luogo con molto fango.

fangatùra [1869] **s. f.** ● (*med.*) Immersione di tutto il corpo o di parti di esso nei fanghi termali a scopo terapeutico.

fanghìccio **s. m.** ● Fanghiglia.

fanghiglia [da *fango*; 1550] **s. f.** *1* Mota, melma: *la densa f. nel centro della via* (SVEVO) | Deposito terroso dell'acqua. *2* Deposito argilloso di materiali eterogenei.

fanghino [1947] **s. m.** (f. *-a*) ● Nelle stazioni termali, chi è addetto alle operazioni di fangatura.

♦**fàngo** [vc. di orig. germ.; av. 1292] **s. m.** (pl. *-ghi*) *1* Terra trasformata dall'acqua in poltiglia più o meno consistente: *imbrattarsi di f.* | ***Fanghi termali***, o (*assol.*) ***fanghi***, impasto di melma e acque termali, con particolari proprietà medicamentose: *cura dei fanghi* | ***F. di fondo***, parte del fondo marino in cui è presente terriccio più o meno molle e in cui affonda l'ancora | ***Fanghi rossi***, le scorie industriali, tossiche, del diossido di titanio | ***Fanghi blu***, sedimenti marini bluastri per la presenza di solfuri e materie organiche | ***Fanghi verdi***, sedimenti marini verdastri per la presenza di glauconite. CFR. pelo-. *2* (*fig.*) Stato di abiezione, di miseria morale: *cadere nel f.*; *uscire dal f.*; *raccogliere, togliere qlcu. dal f.* | (*fig.*) ***Gettare f. addosso a qlcu., coprire qlcu. di f.***, infamarlo, disonorarlo. *3* (*geol.*) Sedimento clastico non consolidato, impregnato d'acqua, a elementi di dimensioni inferiori a un sedicesimo di mm: *f. argilloso*; *fanghi silicei.* || **fangàccio**, **pegg.**

fangoṣità [1869] **s. f.** ● Caratteristica di ciò che è fangoso: *la f. del terreno.*

fangóṣo [1313] **agg.** *1* Pieno di fango: *terreno, viottolo f.* | Imbrattato di fango: *scarpe fangose.* *2* (*fig.*, *lett.*) Abietto, laido, immorale: *vita fangosa.* || **fangoṣétto**, **dim.**

fangoterapia [comp. di *fango* e *terapia*] **s. f.** ● (*med.*) Uso dei fanghi termali a scopo terapeutico.

fànnia [etim. incerta] **s. f.** ● Insetto dei Ditteri simile alla mosca comune tanto da essere con essa confuso, diffuso ovunque, con scarsa tendenza a posarsi sugli uomini (*Fannia canicularis*).

fànno ● V. *fare* (*1*).

fannullàggine [av. 1928] **s. f.** ● (*raro*) Abitudine a non far nulla, carattere di fannullone. SIN. Poltronaggine.

fannullóne [comp. di *fare* (*1*) e *nulla*; 1847] **s. m.** (f. *-a*) ● Chi non ha voglia di far niente. SIN. Bighellone, ozioso, poltrone. CONTR. Sgobbone.

fannulloneria **s. f.** ● Caratteristica di chi è fannullone.

fàno [vc. dotta, lat. *fānu*(*m*), da avvicinare a *fās* 'diritto sacro'; 1353] **s. m.** ● (*archeol.*) Tempio, luogo sacro, santuario.

fanóne (*1*) [fr. *fanons*. V. *fanone* (*2*); 1835] **s. m.** ● (*zool.*) Ognuna delle lamine cornee flessibili a margine frangiato, inserite in gran numero sulla mascella superiore dei Cetacei dei Misticeti, che nell'insieme fungono da filtro trattenendo il plancton. ➡ ILL. **zoologia generale.**

fanóne (*2*) [fr. *fanon*, dal francone **fano* 'pezzo di stoffa'; 1841] **s. m.** ● Ognuna delle mozzette uguali, sovrapposte, di seta, a strisce bianche e dorate, che il Papa pone sugli omeri quando celebra pontificalmente | Ciascuna delle strisce pendenti dalla parte posteriore della mitra.

fànotron [comp. del gr. *pháinō* 'io risplendo' e *-trone*, ricavato da *elettrone*] **s. m.** ● Tipo di tubo elettronico a gas usato come raddrizzatore.

fànta- [abbr. di *fantasia*] primo elemento ● In alcune parole composte di formazione recente, sul modello di *fantascienza*, indica la presenza di elementi fantasiosi o d'invenzione fantastica: *fantapolitica*, *fantascienza.*

Fantacàlcio® [comp. di *fanta-* e *calcio* (*1*); 1985] **s. m.** solo **sing.** ● Gioco di simulazione della gestione di una società calcistica che prevede la partecipazione a un campionato virtuale collegato ai risultati delle partite reali.

fantaccìno [dim. di *fante* (*2*); 1539] **s. m.** ● Anticamente, soldato a piedi, a servizio di un cavaliere | (*est.*, *scherz.*) Soldato semplice di fanteria.

fantacrònaca [comp. di *fanta-* e *cronaca*; 1966] **s. f.** ● Cronaca in cui si narrano avvenimenti fantastici o scarsamente aderenti alla realtà.

fantapolìtica [da *politica*, sul modello di *fantascienza*; 1963] **s. f.** ● Genere narrativo che si basa su avvenimenti politici immaginari o ipotetici | Interpretazione o ipotesi politica inverosimile, non basata sui dati reali: *fare della f.*

fantapolìtico [1967] **agg.** (pl. m. *-ci*) ● Di fantapolitica | Ispirato dalla, o alla, fantapolitica. || **fantapoliticaménte**, **avv.**

fantascientìfico [comp. di *fanta-* e *scientifico*; 1963] **agg.** (pl. m. *-ci*) ● Proprio della, relativo alla, fantascienza: *letteratura fantascientifica* | (*est.*) Avveniristico: *un progetto f.* | (*fig.*) Assurdo, inverosimile: *un'ipotesi fantascientifica.* || **fantascientificaménte**, **avv.**

fantasciènza [comp. di *fanta-* e *scienza*, per tradurre l'ingl. *science-fiction*; 1953] **s. f.** ● Interpretazione fantastica e avveniristica delle conquiste della scienza e della tecnica che entra come componente essenziale in un particolare genere di letteratura, spettacoli e sim.

♦**fantaṣìa** [vc. dotta, lat. *phantăsia*(*m*), nom. *phantăsia*, dal gr. *phantasía*, da *pháinō* 'io mostro'; 1294] **A s. f.** *1* Facoltà della mente umana di interpretare liberamente i dati forniti dall'esperienza, o di rappresentare contenuti inesistenti in immagini sensibili: *f. sbrigliata, originale, fervida, povera, ricca*; *f. ... quella potenza la quale è simile al lume nell'illustrar le cose* (TASSO); *lavorare di f.*; *mancare di, non avere f.*; *sono illusioni della tua f.*; *queste supposizioni sono frutto di una f. malata.* SIN. Immaginazione, inventiva. *2* Opera o prodotto di tale facoltà: *una splendida f. di colori* | (*est.*) Fenomeno naturale che esce dall'ordinario, dalla norma: *le fantasie della natura.* *3* (*raro*) Bizzarria, capriccio, voglia: *non capisco queste tue fantasie improvvise*; *non dar peso alle sue fantasie* | ***Avere f. di qlco.***, desiderarla. *4* Tessuto, capo d'abbigliamento, e sim., a colori vivaci, disegni vistosi e capricciosi: *una f. in seta a colori contrastanti*; *accessori di f.* *5* (*mus.*) Composizione di forma assai libera, a volte ispirata a temi di altre composizioni | Centone di melodie da opere liriche nei concerti bandistici. *6* Danza di certe popolazioni africane compiuta su due file di ballerini che avanzano o indietreggiano per poi assumere forma circolare, con forti battute dei piedi e accelerazioni frenetiche. **B** in funzione di **agg. inv.** (posposto al s.) *1* Detto di tessuto a colori vivaci e a disegni vistosi e di ciò che con tale tessuto si confeziona: *seta f.*; *abito f.* | (*est.*) Detto di gioiello d'imitazione, non prezioso: *collana f.* *2* Detto di ogni carattere tipografico usato a scopo di richiamo per brevi diciture in stampati pubblicitari e sim., e non rientrante nelle suddivisioni principali: *carattere f.* || **fantasiàccia**, **pegg.** | **fantasiùccia**, **dim.**

fantàsima [da *fantasma*, con epentesi della *-i-*; sec. XIII] **s. f.** *1* (*tosc.*) Fantasma, spettro. *2* †Incubo nel sonno | †Apparizione paurosa: *egli è la f., della quale io ho avuta a queste notti la maggior paura che mai s'avesse* (BOCCACCIO). *3* †Oppressione, travaglio.

fantasiosità [da *fantasios*(*o*) col suff. di qualità *-ità*; 1937] **s. f.** ● Caratteristica di chi (o di ciò che) è fantasioso.

fantasióso (o **-sió-**) [da *fantasia*; av. 1704] **agg.** *1* Pieno di estro: *spettacolo, racconto f.* **SIN.** Brioso, vivace. **CONTR.** Arido, monotono. *2* (*est.*) Bizzarro, inverosimile: *una ricostruzione dei fatti alquanto fantasiosa*. *3* Di persona dotata di estro e di fantasia: *un uomo f. e originale*. **SIN.** Immaginoso. || **fantasiosaménte**, **avv.**

fantasista [fr. *fantaisiste*, da *fantaisie* 'fantasia'; 1884] **A s. m. e f.** (pl. m. *-i*) ● Artista di varietà dalle molteplici attitudini sceniche | (*est.*) Nel linguaggio sportivo, giocatore, spec. di calcio, molto dotato tecnicamente e imprevedibile nelle giocate. **B agg.** ● Fantasistico.

fantasìstico **agg.** (pl. m. *-ci*) ● Di fantasista. || **fantasisticaménte**, **avv.**

♦**fantàsma** [vc. dotta, lat. *phantăsma*, dal gr. *phántasma* 'fantasma, immagine', da *phantázō* 'io mostro', al medio 'io appaio'; av. 1294] **A s. m.** (pl. *-i*) *1* Immagine illusoria, priva di corrispondenza con la realtà dei fatti: *sono tutti fantasmi della loro mente malata*; *inseguire i fantasmi del successo* | *F. poetico*, visione poetica come si configura all'intuizione dell'artista. **CONTR.** Realtà. *2* Immagine di persona defunta rievocata dalla fantasia allucinata e considerata come reale | Spettro, ombra: *f. notturno*; *credere, non credere ai fantasmi* | *È il f. di sé stesso*, di persona irriconoscibile e malridotta. **SIN.** Apparizione. *3* (*psicoan.*) Scenario prodotto dalla fantasia, in cui il soggetto realizza un desiderio conscio o inconscio. *4* †Incubo, oppressione. **B** in funzione di **agg. inv.** ● (posposto al s., *fig.*) Che non ha effettiva realtà | ***Re f.***, privo di qualsiasi potere effettivo | ***Governo f.***, privo di ufficialità od operante nella clandestinità | ***Città f.***, abbandonata | ***Scrittore f.***, che dà forma letteraria a idee e scritti di altra persona lasciandone a quest'ultima la paternità | ***Immagine f.***, detto di difetto della ricezione televisiva in cui appare una seconda immagine più debole, dovuta a un'onda riflessa, che dà luogo a una visione sdoppiata.

fantasmagoria [fr. *fantasmagorie*, comp. del gr. *phántasma* 'fantasma' e *agorénō* 'io parlo pubblicamente'; av. 1803] **s. f.** *1* †Rapida successione, su uno schermo bianco, di immagini in movimento, prodotte dalla lanterna magica. *2* (*est.*) Serie ininterrotta di suoni o di immagini fantastiche che eccitano esageratamente l'immaginazione | Spettacolo sfarzoso e fantastico: *la piazza era tutta una f. di luci, suoni e colori*. *3* (*est.*) Insieme artificioso ed eccessivo, per ottenere effetti vistosi in quadri, romanzi, poesie e sim.: *una f. di citazioni, di ipotesi, di cifre*. *4* (*fig.*) Insieme di illusioni o visioni prodotte da una fantasia alterata, sovreccitata e sim.: *ha la testa piena di fantasmagorie*.

fantasmagòrico [fr. *fantasmagorique*, da *fantasmagorie* 'fantasmagoria'; 1863] **agg.** (pl. m. *-ci*) ● Di, relativo a fantasmagoria: *spettacolo f.* || **fantasmagoricaménte**, **avv.**

fantasmàtico [fr. *fantasmatique*, da *fantasme* 'fantasma'; av. 1588] **agg.** (pl. m. *-ci*) *1* (*raro, lett.*) Di fantasma, di spettro | (*est.*) Misterioso, irreale. *2* (*raro, lett.*) Derivante dalla sensazione, da un'impressione sensoriale. *3* (*psicoan.*) Detto di quanto è prodotto dai fantasmi presenti nel mondo interiore. || **fantasmaticaménte**, **avv.**

fantàsmico [da *fantasma*; av. 1686] **agg.** (pl. m. *-ci*) ● (*lett.*) Di fantasma, di spettro | (*fig.*) Irreale, inconsistente.

fantasticàggine [da *fantasticare*; av. 1629] **s. f.** ● (*lett.*) Fantasticheria, bizzarria, stravaganza: *sapeva ... tollerare a tempo il brontolio e le fantasticaggini del padrone* (MANZONI).

fantasticàre [da *fantastico*; 1354] **A v. tr.** (*io fantàstico, tu fantàstichi*) ● Creare, immaginare con la fantasia: *fantasticava di viaggiare in mondi lontani* | Almanaccare, arzigogolare: *cosa state fantasticando?* **B v. intr.** (aus. *avere*) ● Abbandonarsi a congetture fantastiche, lavorare di fantasia: *su cosa state fantasticando?*; *assai ore ... su quelle sue pagine ... io andava fantasticando* (ALFIERI).

†**fantasticatóre** [sec. XIV] **s. m.**; anche **agg.** (f. *-trice*) ● Chi (o Che) ha l'abitudine di fantasticare.

fantasticheria [1527] **s. f.** ● Il fantasticare; **SIN.** Fantasia | Congettura fantastica: *sono le sue solite fantasticherie*. **SIN.** Arzigogolo, chimera.

♦**fantàstico** [vc. dotta, lat. tardo *phantăsticu*(*m*), nom. *phantăsticus*, dal gr. *phantastikós*, da *phantázō* 'io mostro'; av. 1292] **A agg.** (pl. m. *-ci*) *1* Della fantasia: *mostrare potenza, virtù fantastica e immaginativa*. *2* Che è prodotto dalla fantasia e non ha necessaria rispondenza nella realtà dei fatti: *è una narrazione fantastica*; *sono tutte idee fantastiche le tue* | Irreale, immaginario, chimerico: *è un paesaggio, un luogo f.* *3* (*iperb.*) Eccezionale, straordinario: *uno spettacolo f.*; *dispone di un patrimonio f.*; *è una ragazza assolutamente fantastica*. **SIN.** Favoloso, formidabile. *4* (*lett.*) Lunatico, cervellotico, bizzarro: *poteva ... cavarsi anche lui la voglia di essere un po' f.* (MANZONI). || **fantasticaménte**, **avv.** **B** in funzione di **inter.** ● Esprime meraviglia, stupore, ammirazione, approvazione e sim.: *f.! ce l'ha fatta!* **C s. m.** *1* Ciò che è proprio della fantasia o che da essa nasce. **CONTR.** Reale. *2* Ciò che è unico, incredibile, eccezionale: *il f. è che sia riuscito a vincere*. || **fantastichétto**, **dim.** | **fantasticùccio**, **fantasticùzzo**, **dim.**

fantasticóne **s. m.** (f. *-a*) ● (*raro*) Chi fantastica spesso o per abitudine.

fantastiliàrdo [comp. di *fantasti*(*co*) e (*mi*)*liardo*] **s. m.** ● (*scherz.*) Quantità elevatissima di denaro. **SIN.** Fantastilione.

fantastilióne [comp. di *fantasti*(*co*) e (*mi*)*lione*; 1961] **s. m.** ● (*scherz.*) Fantastiliardo.

fàntasy /'fantazi, *ingl.* 'fæntəsi/ [vc. ingl., propr. 'fantasia'; 1981] **A s. f. inv.** ● Genere letterario e cinematografico basato sulla narrazione di avvenimenti ambientati spec. in un Medioevo di fantasia, con elementi propri del romanzo cavalleresco, delle saghe nordiche, della fiaba e della mitologia. **B** anche **agg. inv.**: *genere f.*

fànte (**1**) [lat. *infănte*(*m*) 'infante', con aferesi della sillaba iniziale; sec. XII] **s. m.** (f. *fante* (*3*) (V.), *fantesca* (V.)) *1* †Ragazzo, fanciullo. *2* (*raro, lett.*) Garzone addetto a vari servizi: *essere f. di qlcu.* | †***F. di stalla***, stalliere | ***Lesto f.***, (*raro*) V. *lestofante*. || **PROV.** Scherza coi fanti e lascia stare i santi. || **fanticèllo**, **dim.** | **fanticìno**, **dim.**

fànte (**2**) [dal gotico *fanthja* 'soldato a piedi'; nel sign. 2, dal 'soldato di fanteria' che vi è raffigurato; 1312] **s. m.** *1* Soldato di fanteria | ***F. piumato***, bersagliere | †***F. perduto***, soldato scelto, addestrato alle azioni più rischiose | †***Far cavalli e fanti***, arruolare truppe | †Staffetta, corriere. *2* Nelle carte italiane e francesi, la figura di minor pregio | ***F. di picche***, (*tosc., fig.*) uomo smargiasso, piccolo e ridicolo. || **fantaccino**, **dim.** (V.).

†**fànte** (**3**) [f. di *fante* (*1*); sec. XIII] **s. f.** *1* Serva, fantesca: *aveva Giacomin in casa una f. attempata* (BOCCACCIO). *2* (*lett.*) Donna di mala fama e di bassa estrazione. || **fanticèlla**, **dim.** | **fantina**, **dim.** (V.).

fanteria [da *fante* (*2*); av. 1363] **s. f.** ● Milizia combattente a piedi | ***Arma di f.***, arma complessa dell'Esercito, dotata di ampia gamma di armi individuali e di reparto, di mezzi di trasporto e di mezzi tecnici, che combatte tuttora a piedi salvo talune sue specialità | ***Specialità di f.***, comprendono corpi speciali destinati ad operare in particolari ambienti, con particolari mezzi da fuoco o di trasporto | ***F. di marina***, truppa speciale da sbarco e per le operazioni anfibie.

fantésca [da *fante* (*3*); 1306] **s. f.** ● (*lett.* o *scherz.*) Domestica | Donna di servizio. || **fantescàccia**, **pegg.**

fantina **s. f.** *1* Dim. di *fante* (*3*). *2* (*tecnol.*) Nel tornio parallelo, l'organo, fissato rigidamente al banco, che contiene il mandrino e tutti i meccanismi di variazione di velocità. *3* (*al pl.*) †Ritti posti a ciascun angolo del castello o cavalletto del setaiolo.

fantino [propr. dim. di *fante* (*1*); av. 1306] **s. m.** *1* (f. *-a*) †Fanciullo, bambino: *non è fantin che sì sùbito rua / col volto verso il latte* (DANTE *Par.* XXX, 82-83). *2* (f. *-a*) Chi monta o guida per professione i cavalli nelle corse al galoppo o al trotto | ***Berretto da f.***, berretto con cupola a spicchi molto aderente e con visiera. **SIN.** Jockey. ➡ **ILL.** p. 2153 SPORT. *3* (*raro, est.*) Postiglione. *4* †Fante, soldato. *5* †Destro, furbo.

fantocceria [da *fante* (*1*); av. 1584] **s. f.** ● (*raro*) Puerilità, fanciullaggine.

fantocciàio [1550] **s. m.** (f. *-a*) ● (*raro*) Chi fa e dipinge fantocci.

fantocciàta [av. 1742] **s. f.** *1* (*raro, anche fig.*) Rappresentazione di fantocci, pupazzi. *2* (*fig.*) Attitudine, comportamento, discorso da fantoccio.

fantòccio [da *fante* (*1*); 1550] **A s. m.** (f. *-a*; pl. f. *-ce*) *1* Pupazzo fatto a imitazione della figura umana con pezzi di stoffa, legno o altri materiali, usato come giocattolo, spaventapasseri, ecc. | Manichino in plastica o carta, articolabile, utilizzato per film di animazione. *2* (*fig.*) Uomo senza volontà propria che si lascia agevolmente guidare dagli altri: *non sei che un povero f. e non te ne accorgi*; *voglio vedere quando la smetterai di fare il f.* **B** in funzione di **agg. inv.** ● (posposto al s., *fig.*) Nella loc. ***governo f.***, governo privo di ogni effettiva autorità, usato strumentalmente da altri. || **fantoccétto**, **dim.** | **fantoccino**, **dim.** | **fantoccióne**, **accr.**

fantolino [dim. del lat. *infāntulus*, a sua volta dim. di *īnfans*, genit. *infāntis* 'infante', con aferesi della sillaba iniziale. Cfr. *fante* (*1*); 1319] **s. m.** (f. *-a*) ● (*lett.*) Bambino.

fantomàtico [fr. *fantômatique*, da *fantôme* 'fantasma'; 1890] **agg.** (pl. m. *-ci*) *1* Spettrale, fantastico. *2* (*est.*) Inafferrabile, misterioso: *un f. personaggio*. || **fantomaticaménte**, **avv.**

Fantozzi [dal n. del personaggio, esempio esasperato dell'impiegato sottomesso e vessato, di molti film interpretati da Paolo Villaggio; 1985] **s. m. e f. inv.** *1* Oscuro impiegato, modesto funzionario. *2* Persona maldestra, spesso coinvolta in situazioni tragicomiche.

fantozziàno **agg.** ● Che ricorda i modi goffi e impacciati di U. Fantozzi: *aspetto f.* | Tragicomico, grottesco: *vicenda, situazione fantozziana*.

fanzina **s. f.** ● Adattamento di *fanzine* (V.).

fanzine /*ingl.* fæn'zi:n/ [vc. dell'ingl. d'America, propr. 'rivista per appassionati', comp. di *fan* e (*maga*)*zine*; 1965] **s. f. inv.** ● Rivista, per lo più realizzata in economia e a bassa tiratura, destinata agli appassionati di un settore (musica rock, fantascienza, cartoni animati, ecc.).

far ● V. *fare*.

fàra [vc. longob.; av. 1912] **s. f.** ● (*st.*) Presso i Longobardi, spedizione cui partecipava tutto il popolo | Piccolo nucleo gentilizio e militare longobardo che, sotto il comando di un arimanno, costituiva la cellula del ducato; il termine è rimasto come primo elemento di molti toponimi italiani: *Fara S. Martino*.

farabolóne o **farabolàno** [dalla sovrapposizione di *parabola* a *favola*; 1808] **s. m.** (f. *-a*) ● Chi parla molto e realizza poco | Imbroglione, gabbamondo.

farabùtto [ted. *Freibeuter* 'libero saccheggiatore, corsaro'. Cfr. *filibustiere*; av. 1718] **s. m.** (f. *-a*) ● Persona sleale e senza scrupoli capace di qualsiasi cattiva azione. **SIN.** Canaglia, imbroglione, mascalzone.

fàrad [dal n. del fisico ingl. M. *Faraday* (1791-1867); 1889] **s. m. inv.** ● Unità di misura di capacità elettrica, corrispondente a 1 coulomb/volt. **SIMB.** F.

faraday /'faradai, *ingl.* 'færədeɪ/ [dal n. del fisico inglese M. *Faraday* (1791-1867)] **s. m. inv.** ● (*elettr.*) Unità di misura della carica elettrica necessaria per liberare in elettrolisi 1 grammo-equivalente di sostanza; equivale a 96484,56 coulomb.

faràdico [1963] **agg.** (pl. m. *-ci*) ● Detto di corrente elettrica di induzione.

faraglióne [etim. incerta; sec. XV] **s. m.** ● Grande scoglio aguzzo, staccato dalla costa. ➡ **ILL.** p. 2133 SCIENZE DELLA TERRA ED ENERGIA.

faràndola [provz. moderno *farandoulo*, da *fa-rundello* 'fa-giri'; 1912] **s. f.** ● Danza a catena tipica della Provenza.

faraóna [da *faraone* (*1*), perché proviene dall'Egitto; 1869] **A** s. f. ● Uccello dei Galliformi con testa e parte del collo nudi, piumaggio macchiettato di bianco e grigio, allevato per la carne (*Numida meleagris*). ➡ ILL. **animali**/8. **B** anche **agg.**: *gallina f.*

♦**faraóne** (**1**) [vc. dotta, lat. *Pharaōne(m)*, nom. *Pharao*, dal gr. *Pharaṓ*, dall'ebr. *Par'ōh*, di orig. egiz.; sec. XIV] s. m. (f. *-a*) *1* Uno dei titoli onorifici spettanti agli antichi re d'Egitto. *2* (*fig., lett.*) Persona superba.

faraóne (**2**) [fr. *pharaon*; dal *faraone* che era raffigurato sulle carte (?); av. 1755] s. m. ● Gioco d'azzardo a carte, diffuso spec. nel Settecento, a carte tra un numero illimitato di giocatori, dei quali uno tiene il banco.

faraònico [da *faraone* (*1*); 1843] **agg.** (pl. m. *-ci*) *1* Dei, relativo ai faraoni dell'antico Egitto: *le tombe faraoniche*. *2* (*fig.*) Grandioso, di uno sfarzo esagerato: *al mare s'è fatto una villa faraonica.* || **faraonicaménte**, avv.

fàrcia [fr. *farce*, da *farcir* 'farcire'; 1854] s. f. (pl. *-ce*) ● Qualsiasi composto culinario usato per farcire.

farcino [fr. *farcin*, dal lat. *farcīmen*, da *farcīre* 'riempire, imbottire', in quanto produce tumori] s. m. ● Malattia contagiosa cronica degli equini, caratterizzata da infiammazione purulenta del sistema linfatico e formazione di noduli e ulcere.

farcire [fr. *farcir*, dal lat. *farcīre*, di etim. incerta; 1950] v. tr. (*io farcìsco, tu farcìsci*) *1* Imbottire polli, pasticci o altro con carne tritata, riso, castagne, tartufi o un qualsiasi altro ripieno. *2* (*raro, fig.*) Riempire, inzeppare: *f. un compito di errori.*

farcito [1499] part. pass. di *farcire*; anche **agg.** ● Imbottito, ripieno: *tacchino f.*

farcitùra s. f. *1* Operazione del farcire. *2* Insieme di ingredienti con cui si farcisce una vivanda.

fard /fard, *fr.* faːʀ/ [vc. fr., deriv. di *farder* 'imbellettare', di orig. germ.; 1905] s. m. inv. ● Cosmetico in polvere pressata o in pasta, in varie tonalità di rosso, usato per rendere più vivo il colorito delle guance o per creare ombreggiature sul viso.

†**fàrda** [dal fr. *farder* 'imbellettare'; V. *fard*; av. 1494] s. f. *1* Roba sporca o da imbrattare. *2* Sputo catarroso.

†**fardellàre** [av. 1558] v. tr. ● Affardellare.

fardèllo [dim. di *fardo* (*1*); sec. XIV] s. m. *1* (*raro*) Involto o fagotto di notevole peso e dimensioni: *un pesante f. di merci* | *Far f.*, far fagotto: *d'ogni cosa ne fece un f.* (PULCI). *2* (*fig.*) Peso, carico: *il f. dei pensieri e delle preoccupazioni quotidiane.* || **fardellétto**, dim. | **fardellino**, dim. | **fardellóne**, accr.

†**fàrdo** (**1**) [ar. *farda* 'carico del cammello'; av. 1347] s. m. ● Balla cilindrica di pelle in cui si riponevano cibi, spezie e sim. | Balla, collo di lana. || **fardèllo**, dim. (V.).

†**fàrdo** (**2**) [da †*farda*; sec. XIV] s. m. ● Belletto.

♦**fàre** (**1**) o †**fàcere** [lat. *făcere*, di orig. indeur.; 1219] **A** v. tr. (talora troncato in *far*; **pres.** *io fàccio*, raro *fo* /fɔ*/, †*fào, tu fài,* †*fàci, egli fa* /fa*/, †*fàce,* †*fàe, noi facciàmo, voi fàte, essi fànno*; **imperf.** *io facévo, tu facévi, egli facéva,* †*facìva,* †*facìa,* †*fàva,* †*féa, essi facévano,* †*féano*; **pass. rem.** *io féci,* †*féi,* †*féo, tu facésti,* †*fésti, egli féce,* †*fé o fe'* /fe*/, †*féne, noi facémmo,* †*fémmo, voi facéste,* †*féste, essi fécero,* †*fénno,* †*férono,* †*féciono,* †*féro,* †*fér*; **fut.** *io farò,* †*faràggio*; **congv. pres.** *io fàccia,* †*fàzza,* †*fàcci*; **congv. imperf.** *io facéssi,* †*féssi*; **condiz.** *io farèi,* †*farìa, tu farésti, egli farèbbe* (o *-é-*), †*farè*; **imperat.** *fa* /fa, fa*/ o *fa'* (V. nota d'uso ELISIONE e ACCENTO) o *fài, fàte*; **part. pres.** *facènte* (V.), †*faccènte*; **part. pass.** *fàtto* (V.); **ger.** *facèndo,* †*faccèndo,* †*facièndo*).
ATTENZIONE! *fa* non richiede l'accento (V. nota d'uso ACCENTO) **I** Produrre un effetto. *1* Creare: *Iddio fece il mondo dal nulla* | Generare: *carne fa carne*; *f. figli, fiori, frutti, rami, foglie* | Dare origine: *Siena mi fé, disfecemi Maremma* (DANTE *Purg.* V, 134) | Di animali, figliare: *la gatta ha fatto quattro gattini* | Cagionare o produrre: *terra magra e arida che fa poco*; *le arrabbiature fanno cattivo sangue.* *2* Porre in essere, in atto: *f. una legge, il male, il bene*; *hanno fatto una vera strage*; *f. gli atti*; *f. causa a qlcu.*; *f. credito a un cliente* | Realizzare: *f. un'opera, un lavoro di grande impegno e difficoltà* | Eseguire: *f. la volontà, il desiderio di qlcu.*; *avete fatto la nostra ambasciata?* | Ripetere imitando: *f. il verso del gufo, del gallo, del corvo.* *3* Costruire, produrre: *f. scarpe, abiti, case, automobili, pezzi di ricambio* | ***F. un quadro, una natura morta***, dipingere | ***F. una statua, un bassorilievo***, scolpire | ***F. un libro, un poema***, scriverli | ***F. testamento***, esprimere le proprie ultime volontà. *4* Cucinare: *f. pietanze squisite, piatti prelibati* | Preparare: *f. da mangiare, da pranzo, da cena*; *questa carne può essere fatta a lesso, arrosto o in salsa.* *5* Riunire, avere: *Roma fa circa tre milioni di abitanti* | Adunare: *f. massa, gente, schiere*; †*f. cavalli, fanti* | Procacciarsi, ottenere: *f. denari, quattrini, fortuna.* *6* Allevare, educare, formare: *f. proseliti, allievi, discepoli*; *si è fatto molti amici tra noi.* *7* Rendere: *f. bella una stanza*; *col vostro continuo andirivieni, avete fatto un albergo della mia casa!*; *gli stanno facendo la vita difficile.* *8* Emettere, detto spec. di liquidi: *la ferita fa sangue*; *la pentola fa acqua* | ***F. acqua***, di natante non più impermeabile, con falle | ***F. acqua da tutte le parti***, (*fig.*) di ciò che attraversa una grave crisi o di chi è sull'orlo della rovina | ***Un ragionamento che fa acqua da tutte le parti***, che è estremamente lacunoso, suscettibile di molte critiche. *9* Seminare, piantare, coltivare: *f. il grano, le fave, i piselli.* *10* Dare come risultato, relativamente a numeri: *due più due fa quattro*; *nove diviso tre fa tre* | (*fam.*) Costare: *quanto fa?*; *fanno cinquanta euro.* *11* Configurare, formare: *un tubo che fa gomito*; *qui la strada fa angolo e più oltre si biforca.* *12* Rappresentare in teatro: *f. il Saul, l'Otello*; *ha fatto la parte di Iago.* *13* Eleggere: *f. qlcu. re, console, imperatore, Papa, sindaco, deputato* | Nominare: *f. conte, cavaliere, generale.* *14* Praticare un mestiere, esercitare una professione: *f. l'idraulico, il fruttivendolo, il medico, l'ingegnere, il professore, l'indossatrice* | Occupare una carica o un ufficio e svolgerne le relative mansioni: *f. il sindaco, il presidente, il questore* | ***F. da sindaco, da giudice, da padre, da madre***, esercitare le funzioni connesse con tali qualifiche, senza averne i titoli. *15* Pensare, giudicare, ritenere: *dopo una così lunga assenza, ti facevamo ormai morto*; *si faceva più furbo e più abile.* *16* Concepire: *f. un disegno, un proposito, un pensiero* | (*fam.*) ***F. un pensierino su qlco.***, desiderarla. *17* (*fam.*) Nelle loc. ***farsi qlco.***, acquistarla: *mi sono fatto la macchina nuova*; consumare, mangiare: *ti sei già fatto due pacchetti di sigarette*; *ho voglia di farmi un bel piatto di fettuccine* | (*volg.*) ***Farsi una donna, un uomo***, avere con essi un rapporto sessuale. **II** Compiere un'azione. *1* Operare, agire: *f. bene, male, presto, tardi* | ***F., farsi i fatti propri***, badare alle proprie faccende, spec. senza impicciarsi in quelle altrui | ***F. molto, poco per qlcu., o qlco.***, adoperarsi molto o poco | ***F. e disfare***, (*fig.*) spadroneggiare | ***Fa tu***, provvedi tu | ***F. per tre, per dieci***, quanto farebbero tre, dieci persone | ***F. tanto che***, adoperarsi fino a che non si è riusciti in qlco. | ***F. come qlcu.***, comportarsi come qlcu. | ***Non sapere cosa f.***, essere dubbiosi su una decisione da prendere, su una via da seguire e sim. | ***Non se ne fa nulla***, non si conclude | ***Non c'è che f., non c'è niente da f.***, è tutto inutile | ***Non f. niente***, essere oziosi | ***Non fa nulla***, non importa | ***Non f. altro che***, dedicarsi quasi esclusivamente | ***Non f. per dire***, non è per vantarmi | ***Non faccio per criticare***, non voglio criticare | ***Lasciar f.***, permettere che qlcu. operi come meglio crede | ***Saper f.***, essere abile nel lavoro, nel comportarsi e sim. | ***Darsi da f.***, agitarsi o adoperarsi molto | ***Avere da f.***, essere occupato | ***Ma chi te lo fa f.?***, per sottolineare la probabile mancanza di effetti di un'impresa che costa fatica a chi la compie | ***Farsela con qlcu.***, intendersela; prendersela | ***Farsela addosso, sotto, nei pantaloni***, andare di corpo insudiciandosi; (*fig.*) aver paura | ***Farne di tutti i colori, farne di cotte e di crude***, compiere azioni di ogni genere, ma soprattutto bizzarre o riprovevoli. *2* Unito alla prep. *di*, seguito da un inf., sforzarsi, industriarsi: *fate di venire al più presto*; *fa di ottenere un prestito.* *3* Usato per introdurre un discorso diretto con maggiore forza; dire, interloquire: *a un certo punto mi fece: 'hai proprio ragione'.* **III** Spesso è usato per evitare le ripetizioni di un v. precedente, dal quale è specificato: *vorrei dirgli il fatto suo ma non so come f.* | Con valore pleon. e raff. di un altro v.: *il continuo spendere che fa, finirà per rovinarlo.* **IV** Seguito da un infinito. *1* In numerose costruzioni assume valore causativo: *f. piangere, ridere*; *far credere qlco. a qlcu.*; *fammi vedere quel che succede*; *vuole farmi dire, fare, ciò che non voglio*; *farò valere le mie ragioni* | ***Far dormire una pratica***, insabbiarla | (*fig., fam.*) ***Vai a farti friggere***, detto spec. a persona importuna. *2* Lasciare: *fammi pensare un momento*; *farsi sedurre, ingannare*; *si è fatto prendere, trasportare dall'ira* | ***Far capire qlco. a qlcu.***, fornirgli gli elementi necessari per capire qlco. **V** Nei casi seguenti assume significati diversi, determinati dal complemento: *f. acqua, legna, carbone*, procurarsene una determinata quantità | ***F. fuoco***, accenderlo; (*fig.*) sparare | ***F. scuola***, insegnare; (*fig.*) servire d'esempio, di modello | ***F. razza***, riprodursi | ***F. una grazia***, concederla | ***F. una promessa***, impegnarsi | ***F. il bagno***, immergersi nell'acqua a scopo igienico o curativo; (*fig.*) bagnarsi molto con un liquido | ***F. un prezzo***, stabilirlo o proporlo | ***F. un sogno***, sognare | ***F. la vita***, (*eufem.*) esercitare la prostituzione | ***F. la bella vita***, vivere piacevolmente | ***F. una vita d'inferno, da cani***, vivere malissimo | ***F. un colpo, un grosso colpo***, rubare o rapinare | ***F. voglia a qlcu.***, invogliarlo | ***Q.c. mi fa voglia***, ne sento il desiderio | ***F. appetito***, stuzzicarlo | ***F. giudizio***, ravvedersi | ***F. coraggio, animo a qlcu.***, incoraggiarlo o rincuorarlo | ***F. il nome, i nomi***, rivelarli | ***F. lezione***, insegnare | †***F. mercanzia***, esercitare il mestiere di mercante | ***F. teatro***, recitare | ***F. una scuola***, frequentarla | ***F. la barba, i capelli, le unghie***, tagliarli | ***F. la pelle a qlcu.***, ucciderlo | ***F. le carte***, mescolarle e distribuirle, nel gioco | ***F. il biglietto***, pagare il prezzo di una corsa in autobus, di un viaggio in treno, di entrata in un cinema o teatro e sim. dietro rilascio di un tagliando | ***F. le tre, le quattro, le dieci***, con riferimento a orologio, segnare tali ore; con riferimento a persona, stare alzata fino a tali ore | ***F. pelo***, detto di muraglie che si incrinano | ***F. corpo***, detto di mura, gonfiarsi e uscire dalla perpendicolare | ***F. presa***, detto di colla o cemento o sim., indurirsi, raffreddarsi | ***F. un accordo***, accordarsi | ***F. un patto***, pattuire | ***F. briga***, litigare | ***F. cenere di qlcu.***, incenerire | ***F. allegria***, procurarla | ***F. un lungo, un breve, cammino***, percorrerlo | †***F. abito***, abitare | ***F. i fatti***, agire e non parlare | ***F. qlco. a mente***, a memoria | ***F. le smorfie, il muso***, atteggiare il viso a tali espressioni | ***F. un saluto***, salutare | ***F. una riverenza, un inchino***, inchinarsi | ***F. buona accoglienza***, accogliere benignamente | ***F. il viso rosso***, arrossire | ***F. a mezzo***, dividere | †***F. brigata***, conversare | †***F. bruno***, portare il lutto | ***F. forca, vela, fuga, sega***, marinare le lezioni | †***F. cavalcate***, muovere milizie a cavallo | ***F. canale***, incavarsi a forma di canale | ***F. le forche***, (*fig.*) fingere, simulare | ***F. la forca a qlcu.***, ostacolarlo in ogni modo | ***F. un sermone***, una predica, predicare | ***F. festa***, festeggiare | ***F. una brutta, una bella figura***, impressionare sfavorevolmente o favorevolmente | ***F. notizia, titolo***, essere di notevole importanza giornalistica, detto di avvenimenti, personaggi e sim. | ***F. caso a qlco. o a qlcu.***, darle o dargli peso | ***F. la bocca a qlco.***, abituarvisi | ***F. rotta***, dirigersi | ***F. scalo, tappa***, sostare | ***F. la fame***, patirla | ***F. lieto***, allietare | ***F. onore a qlcu.***, procurargliene | ***F. paura***, impaurire | ***F. meraviglia***, di cosa che stupisce | ***F. meraviglie***, dimostrare grande stupore | †***F. serra***, sollecitare | †***F. mobile***, accumulare averi | (*fig.*) ***F. il buono e il cattivo tempo***, spadroneggiare | ***F. fuori qlcu.***, ucciderlo | ***F. colpo su qlcu.***, impressionarlo | ***F. il gioco di qlcu.***, favorirlo | ***F. piacere a qlcu.***, soddisfarlo | ***F., farsi strada***, aprirsi un varco; (*fig.*) ottenere successi, raggiungere una buona posizione sociale | ***F. specie***, meravigliare, stupire | ***F. schifo***, risultare disgustoso; di persona, essere insopportabile e sim. | ***F. silenzio***, tacere | ***F. giuramento***, giurare | ***F. stato***, definire parzialmente o totalmente una controversia, detto di provvedimento giurisdizionale | ***F. tesoro di qlco.***, conservarla con gran cura; (*fig.*) trarne insegnamento | ***F. il callo a qlco.***, assuefarsi | ***F. fronte a qlco.***, non sfuggirla | ***F. fronte a qlcu.***, resistere | ***F. d'uopo***, essere necessario | ***F. di cappello***, salutare togliendoselo | (*fig.*) ***F. tanto di cappello***, mostrare la propria ammirazione | ***Non f. né caldo né freddo***, (*fig.*) lasciare indifferente | ***Non f. motto, parola***, non dire nulla | ***Farla a qlcu.***, ingannarlo o sorprenderlo | ***Farla in barba a tutti***, prendersi gioco di, spuntarla su, tutti | ***Farla finita***, smettere definitivamente qlco.; (*est.*) uccidersi | ***Farla franca***, sfuggire alle pro-

prie responsabilità, alla cattura e sim. | ***Farla sporca***, commettere azioni riprovevoli | ***Farcela***, riuscire | ***Non farcela***, non riuscire. **B** v. intr. (aus. *avere*) **1** (+ *per* seguito da pron.; + *a*) Essere adatto, conveniente, vantaggioso: *questo cappotto non fa per lui*; *la fatica intensa e prolungata non faceva per loro*; *queste cose fanno proprio al caso nostro.* **2** Compiersi, con riferimento al tempo: *oggi fanno dieci anni che è finita la guerra* | Iniziare una nuova fase della luna: *oggi fa la luna nuova.* **3** (spesso + *a*) In diverse costruzioni: ***f. a pugni, a calci, a botte, a coltellate***, azzuffarsi con pugni ecc. | ***F. a palle di neve***, tirarsi palle di neve | ***F. alla lotta, alla corsa, a gara, a chi arriva prima***, gareggiare lottando, correndo ecc. | ***F. a mosca cieca, alla morra, alle comari, all'altalena***, giocare | ***F. al bisogno***, volere essere utile | ***Fa fino***, denota raffinatezza | ***Fa moda***, detto di qlcu. (abito, libro, avvenimento) che segue, o anche anticipa, la moda | ***Fa notizia***, detto di avvenimento e sim. di grande risonanza | ***Far bene***, giovare: *un po' di riposo ti farebbe bene* | ***Far male***, nuocere. **C** v. rifl. **1** Rendersi: *farsi cattolico, protestante* | (*fig.*) ***Farsi in quattro***, moltiplicare i propri sforzi, le proprie cure per qlcu. o qlco. **2** (*raro*) Fingersi: *per ottenere il nostro consenso si fa buono e tranquillo.* **3** Portarsi: *farsi presso, accosto a qlcu.* **4** (*assol., gerg.*) Drogarsi: *è uno che si fa*; *da quanto tempo ti fai?* **D** v. intr. pron. **1** Diventare: *farsi grande, grosso, alto, sottile*; *farsi pallido in volto*; *è un traguardo che si fa sempre più lontano*; (*anche impers.*) *si fa sera*; *si sta facendo buio.* **2** Iniziare a narrare: *farsi da lontano, dal principio, dalle origini.* **E** v. intr. impers. (aus. *avere*) **1** Compiersi: *ha già fatto notte*; *fa giusto un mese che gli ho scritto* | ***Dieci giorni fa***, dieci giorni orsono (V. anche *fa*). **2** Essere, riferito alle condizioni del tempo: *fa caldo*; *fa bello*; *fa brutto*; *questa notte ha fatto molto freddo.* || PROV. Chi la fa l'aspetti; chi fa da sé fa per tre.

fàre (2) [da *fare* (*1*); av. 1294] s. m. (pl. †-*i*) **1** L'operare, l'agire: *il vizio è la passione fatta abitudine, ... un f. perché si è fatto* (DE SANCTIS) | ***Ha un bel f. e insistere!***, nonostante lavori e insista, è tutto inutile. **2** Portamento, tratto, tono: *ha un f. distaccato e impersonale*; *il colloquio risultò più facile per quel suo f. gentile e affettuoso.* **3** Fase o momento iniziale di qlco.: *essere sul f. della vita* | ***Al f. del giorno***, all'alba | ***Al f. dell'alba***, all'apparire delle prime luci | ***Al, sul f. della notte, della sera***, quando comincia ad annottare | ***Il f. della luna***, luna nuova o principio delle fasi. SIN. Principio.

†**farèa** [errore di lettura del lat. *parēas*, dal gr. *paréias*, di etim. incerta; 1313] s. f. ● Leggendario serpente africano.

farètra [vc. dotta, lat. *phăretra*(*m*), nom. *phăretra*, dal gr. *pharétra*, da *phérō* 'io porto', di orig. indeur.; 1334] s. f. ● Astuccio portatile contenente le frecce, usato dagli arcieri. SIN. Turcasso. ➡ ILL. p. 2151 SPORT; **armi**.

faretràto [vc. dotta, lat. *pharetrātu*(*m*), da *phăretra* 'faretra'; av. 1374] agg. ● Fornito di faretra | ***Il dio f.***, Cupido o Apollo | ***La dea faretrata***, Diana.

farétto s. m. **1** Dim. di *faro.* **2** Dispositivo per illuminazione, sistemato da solo o più spesso in gruppo, che in genere sfrutta lampade a incandescenza ed è usato, oltre che per illuminazione generica, spec. per valorizzare determinati elementi di un arredamento.

farfàlla [etim. incerta; av. 1300] s. f. **1** Correntemente, ogni lepidottero | ***F. diurna***, attiva nelle ore di luce | ***F. notturna***, attiva solo durante la notte | ***F. crepuscolare***, attiva al calar della sera | ***Andare a caccia di farfalle***, (*fig.*) perdere il proprio tempo in cose inutili; nel gergo del calcio, detto di portiere o altro difensore che fa degli interventi a vuoto | (*fig., lett.*) ***L'angelica f.***, l'anima umana | ***A f.***, detto di tutto ciò che per la forma ricorda una farfalla | ***Cravatta a f.***, annodata a quattro capi, con due code e due cocche | ***Nuoto a f.***, stile di nuoto con azione simultanea delle braccia come nel delfino, mentre le gambe si muovono a rana | ***Valvola a f.***, valvola nella quale la chiusura è regolata da un otturatore con asse di rotazione nel mezzo usato per regolare l'afflusso di miscela o aria nel motore a carburazione o ad iniezione. **2** (*fig.*) Persona leggera e volubile. **3** (*fig., scherz.*) Biglietto o comunicazione scritta in genere, spec. se poco gradita | Cambiale, citazione. **4** (*al pl.*) Tipo di pasta da brodo di media pezzatura. || **farfallétta**, dim. | **farfallìna**, dim. | **farfallìno**, dim. m. (V.) | **farfallóna**, accr. | **farfallóne**, accr. m. (V.) | **farfallùccia**, dim.

farfallaménto [da *farfalla*; 1970] s. m. ● Forte oscillazione delle ruote anteriori degli autoveicoli | Moto vibratorio delle molle delle valvole dei motori a scoppio, negli autoveicoli, che si verifica alle velocità troppo alte di rotazione del motore.

farfallìno [av. 1907] s. m. **1** Dim. di *farfalla.* **2** Cravatta a farfalla. **3** (f. -*a*) (*fig.*) Persona superficiale e incostante.

farfallìsta [1950] s. m. e f. (pl. m. -*i*) ● Nuotatore o nuotatrice specialista nello stile a farfalla.

farfallóne [av. 1320] s. m. **1** Accr. di *farfalla.* **2** (f. -*a*) (*fig.*) Persona fatua e incostante. **3** (*fig.*) Sproposito, errore.

†**farfanìcchio** [etim. incerta; sec. XIV] s. m. ● Persona piccola e di poco conto che si dà arie del tutto ingiustificate.

fàrfara [sec. XIV] s. f. ● (*bot.*) Farfaro.

farfaràccio [da *farfaro*] s. m. ● Pianta erbacea delle Composite con foglie grigiastre e pelose e fiori piccoli di color rosa o bianco (*Petasites officinalis*).

fàrfaro [lat. *fārfaru*(*m*), di orig. preindeur.] s. m. ● Pianta erbacea delle Composite con rizoma sotterraneo, foglie cuoriformi e fiori gialli che compaiono prima delle foglie (*Tussilago farfara*). SIN. Farfara, tussilagine, tussilago.

farfugliàre [prob. dallo sp. *farfullar*, di orig. onomat.; 1884] v. intr. (*io farfùglio*; aus. *avere*) ● Parlare in modo disarticolato, indistinto e sim.: *– Ottima – farfugliò, masticando grosso* (SCIASCIA). SIN. Balbettare, barbugliare.

fàrgna ● V. *farnia.*

♦**farìna** [lat. *farīna*(*m*), da *fār*, genit. *fărris* 'farro'; 1282] s. f. **1** Prodotto della macinazione dei semi di un cereale, spec. del grano | ***Fior di f.*** o ***f. di primo velo***, la più fine e pura, che esce dal velo più fitto del buratto | ***F. gialla***, di granoturco, per la polenta | ***F. di patate***, fecola | ***F. lattea***®, marchio registrato di alimento per bambini piccoli e convalescenti, a base di latte in polvere, farina e zucchero | ***F. dolce***, di castagne | ***Non è f. del tuo sacco***, non è cosa o idea tua | ***Vendere semola per f.***, (*fig., disus.*) ingannare, darla a bere, a intendere | †***Assediato di f.***, ridotto alla fame. **2** (*est.*) Prodotto ottenuto macinando altre sostanze: *f. di tabacco* | ***F. fossile***, diatomite | ***F. d'ossa***, fertilizzante fosfatico ricavato da ossa gregge o sgrassate, seccate e macinate | ***Ridurre qlco. in f.***, polverizzarla. || PROV. La farina del diavolo se ne va in crusca.

farinàccio [da *farina*, nel sign. 1, per il colore bianco; av. 1597] s. m. **1** Fungo commestibile delle Agaricacee con cappello grigiastro simile all'ovolo (*Amanita ovoidea*). **2** †Legno ridotto come in farina dai tarli. **3** (*spec. al pl.*) Scarti della farina usata per pane e pasta, utilizzati come alimento per animali.

farinàceo [vc. dotta, lat. *farinăceu*(*m*), da *farīna* 'farina'; av. 1730] **A** agg. ● Della natura della farina | Simile alla farina. **B** s. m. ● (*spec. al pl.*) Denominazione di prodotti alimentari (come cereali, patate e sim.) a base di farine o di fecole.

farinàio [vc. dotta, lat. *farinăriu*(*m*), da *farīna* 'farina'] s. m. ● (*disus.*) Luogo dove si conserva la farina.

farinaiòla [da *farina*] s. f. ● Recipiente di legno ove è contenuta la farina per infarinare le vivande prima della cottura.

farinaiòlo o (*lett.*) **farinaiuòlo** [sec. XV] s. m. (f. -*a*) ● (*raro, lett.*) Venditore di farina.

farinàta [da *farina*; av. 1300] s. f. ● Alimento a base di farina cotta in acqua, latte e sim. | Focaccia più o meno sottile a base di farina di ceci impastata con acqua e cotta in forno; specialità ligure e toscana.

†**farinèllo** [da *farina*, in senso metaforico; 1617] s. m.; anche agg. ● Furfante, persona trista.

†**farinévole** [1618] agg. ● Di farina.

faringàle agg. **1** (*raro*) Faringeo. **2** (*ling.*) Detto di suono articolato nella faringe.

farìnge [vc. dotta, gr. *phárynx*, genit. *pháryngos*, di orig. indeur.; 1480] s. f. o (*raro, med.*) m. ● (*anat.*) Condotto muscolo-membranoso che si trova dietro le fosse nasali e sopra la laringe e continua con l'esofago. ➡ ILL. p. 2125 ANATOMIA UMANA.

faringectomìa [comp. di *faring*(*e*) ed *-ectomia*] s. f. ● (*chir.*) Asportazione parziale della faringe.

faringèo o (*raro*) **faringeo** [da *faringe*; 1681] agg. ● Della faringe: *affezione faringea.*

faringìte [comp. di *faring*(*e*) e *-ite* (*1*); 1831] s. f. ● (*med.*) Infiammazione della faringe.

faringoiatrìa [comp. del gr. *phárynx*, genit. *phárыngos* 'faringe' e *-iatria*] s. f. ● Parte della medicina che studia la faringe.

faringoscopìa [comp. del gr. *phárynx*, genit. *pháryngos* e *-scopia*] s. f. ● (*med.*) Ispezione della faringe.

faringospàsmo [comp. di *faring*(*e*) e *spasmo*] s. m. ● (*med.*) Spasmo dei muscoli della faringe.

faringotomìa [comp. di *faring*(*e*) e *-tomia*; 1797] s. f. ● (*chir.*) Incisione chirurgica delle pareti faringee.

farinóso [vc. dotta, lat. tardo *farinōsu*(*m*), da *farīna* 'farina'; av. 1484] agg. **1** Di farina, contenente farina: *semi farinosi* | Che si sfarina: *patate farinose.* **2** Simile a farina: *neve farinosa.*

fariṣàico [vc. dotta, lat. tardo *pharisăicu*(*m*), da *pharisaeus* 'fariseo'; av. 1564] agg. (pl. m. -*ci*) **1** Di, da, fariseo. **2** (*fig.*) Falso, ipocrita: *zelo f.*; *invidia farisaica.* || **fariṣaicaménte**, avv. In modo farisaico; (*fig.*) falsamente.

fariṣeìṣmo o **fariṣaìṣmo** [comp. di *farise*(*o*) e *-ismo*; av. 1852] s. m. **1** Dottrina e indirizzo morale della setta legalitaria dei Farisei presso gli antichi Ebrei. **2** (*fig.*) Atteggiamento di zelo formale e ipocrita.

fariṣèo [vc. dotta, lat. tardo *pharisāeu*(*m*), nom. *pharisaeus*, dal gr. *pharisáios*, dall'aramaico *perishayyā*, agg. pl. 'separati'; av. 1306] **A** s. m. (f. -*a*) **1** Seguace di un'antica setta religiosa ebraica, che si distingueva per la rigida e formale osservanza della Legge mosaica. **2** (*fig.*) Chi con falsità e ipocrisia si preoccupa della forma più che della sostanza delle sue azioni: *viso, faccia da f.*; *non fidarti di lui, è un f.* **B** anche agg.: *setta farisea*; *azione farisea.*

farlòcco [vc. dial. sett. var. di *farlòc* di oscura orig.; 1992] agg. (pl. m. -*chi*) ● (*fam.*) Falso, fasullo.

farmacèutica [fr. *pharmaceutique*. V. *farmaceutico*; 1683] s. f. ● Farmacologia.

farmacèutico [vc. dotta, lat. tardo *pharmaceuticu*(*m*), nom. *pharmaceuticus*, dal gr. *pharmakeutikós*, da *phármakon* 'rimedio, farmaco'; 1585] agg. (pl. m. -*ci*) ● Relativo ai farmaci: *laboratorio f.*; *industria, chimica farmaceutica.* || **farmaceuticaménte**, avv.

♦**farmacìa** [vc. dotta, gr. *pharmakéia*, da *phármakon* 'rimedio, farmaco'; 1585] s. f. **1** Scienza e tecnica della preparazione di medicinali secondo le prescrizioni mediche e le norme della farmacopea ufficiale. **2** Locale dove si vendono e talvolta ancora si preparano farmaci e medicinali.

♦**farmacìsta** [da *farmacia*; 1812] s. m. e f. (pl. m. -*i*) ● Laureato in farmacia che vende medicinali e, talvolta, li prepara.

fàrmaco [vc. dotta, gr. *phármakon*, di orig. indeur.; 1585] s. m. (pl. -*ci* o *raro* -*chi*) ● Sostanza che per le sue proprietà chimiche, chimico-fisiche e fisiche è dotata di virtù terapeutiche. SIN. Medicamento | ***F. salvavita***, V. *salvavita* | ***Farmaci orfani***, V. *orfano.*

fàrmaco- [V. *farmaco*] primo elemento ● In parole composte, per lo più formate modernamente, indica relazione con i farmaci: *farmacologia, farmacovigilanza.*

farmacobotànica [comp. di *farmaco-* e *botanica*] s. f. ● (*bot.*) Scienza che ha come oggetto le piante medicinali.

farmacochìmica [comp. di *farmaco-* e *chimica*] s. f. ● (*chim.*) Branca della chimica che studia la struttura e le proprietà biologiche delle molecole di interesse farmacologico.

farmacocinètica [comp. di *farmaco-* e *cinetica*; 1987] s. f. ● (*farm.*) Studio delle modalità di assorbimento, distribuzione, trasformazione biologica ed eliminazione dei farmaci da parte dell'organismo.

farmacodinàmica [comp. di *farmaco-* e *dinamica*] s. f. ● Studio del meccanismo d'azione dei farmaci.

farmacodipendènte [comp. di *farmaco-* e *-dipendente*; 1983] s. m. e f.; anche agg. ● Che (o Chi) si trova in uno stato di farmacodipendenza.

farmacodipendènza [comp. di *farmaco-* e *dipendenza* nel sign. 3; 1983] s. f. ● Dipendenza da farmaci.

farmacogenètica [comp. di *farmaco-* e *genetica*] s. f. ● Studio della interrelazione fra risposta ai farmaci e caratteri genetici.

farmacognoṣia [comp. di *farmaco-* e *-gnosia*] s. f. ● Ramo della farmacologia che studia le droghe medicinali, spec. quelle vegetali.

farmacologia [comp. di *farmaco-* e *-logia*; 1798] s. f. ● (*farm.*) Scienza che studia i farmaci per quanto riguarda origine, natura chimica, sviluppo, proprietà ed effetti sugli organismi viventi.

farmacològico agg. (pl. m. *-ci*) ● Pertinente alla farmacologia. || **farmacologicaménte**, avv. Dal punto di vista della farmacologia.

farmacòlogo [comp. di *farmaco-* e *-logo*; 1965] s. m. (f. *-a*; pl. m. *-gi*) ● Studioso di farmacologia.

farmacopèa [fr. *pharmacopée*, dal gr. *pharmakopoiía*, comp. di *phármakon* 'farmaco' e *poiéō* 'io faccio'; 1585] s. f. **1** Catalogo, emanato dallo Stato, che registra i nomi di tutti i preparati medicinali in uso, nonché le relative formule, i metodi di preparazione, i requisiti analitici, la loro purezza, e altre caratteristiche. **2** (*raro*) Arte di preparare farmaci.

†**farmacopòla** [vc. dotta, lat. *pharmacopōla(m)*, nom. *pharmacopōla*, dal gr. *pharmakopṓlēs*, comp. di *phármakon* 'farmaco' e *pōléō* 'io vendo'; av. 1646] s. m. (pl. *-i*) ● Farmacista.

farmacoresistènza [comp. di *farmaco* e *resistenza*] s. f. ● (*med.*) Resistenza esercitata da microrganismi (es. batteri) o parassiti patogeni all'azione di un farmaco.

farmacosorveglianza [vc. dotta, comp. di *farmaco-* e *sorveglianza*] s. f. ● (*farm.*) Farmacovigilanza.

farmacoterapia [comp. di *farmaco-* e *-terapia*] s. f. ● Cura, trattamento delle malattie mediante i farmaci.

farmacovigilànza [comp. di *farmaco-* e *vigilanza*; 1985] s. f. ● Attività di controllo sui farmaci in commercio, allo scopo di individuarne eventuali effetti collaterali non registrati nella fase di sperimentazione. SIN. Farmacosorveglianza.

farneticaménto o †**freneticaménto** [av. 1311] s. m. ● Il farneticare | Delirio, vaneggiamento.

farneticànte part. pres. di *farneticare*; anche agg. **1** Che farnetica, vaneggia: *alcuni … sovreccitati e quasi farneticanti, altri già lassi* (PIRANDELLO). **2** (*fig.*) Delirante, sconclusionato: *discorso f.*

farneticàre o (*raro*) **freneticàre** [da *farnetico*; av. 1294] v. intr. (io *farnètico*, tu *farnètichi*; aus. *avere*) **1** Parlare in modo sconnesso per delirio, malattia e sim.: *è da ieri che farnetica*; *la notte seguente tutta farneticò* (CELLINI). **2** (*fig.*) Parlare a vanvera, far discorsi assurdi e irragionevoli: *stai farneticando e non intendo ascoltarti*. SIN. Sragionare, vaneggiare.

farneticaziòne [1912] s. f. ● Ciò che si dice farneticando; delirio, vaneggiamento | (*est.*) Assurdità.

farnètico o †**frenètico** nel sign. 1 B [lat. *phrenēticu(m)* 'frenetico' (V. *frenetico*); 1305] **A** agg. (pl. m. *-ci*, raro *-chi*) ● (*lett.*) Che è o pare in preda al delirio o alla pazzia. || **farneticaménte**, avv. (*raro*) Da farnetico. **B** s. m. (pl. *-chi*, raro *-ci*) **1** (*lett.* o *raro*) Accesso di frenesia, delirio, follia: *essere in preda al f.* | ***Dare in farnetichi***, in deliranti escandescenze. SIN. Vaneggiamento. **2** (*fig.*, *raro*) Desiderio vivo e impaziente: *gli è venuto il f. di partire*. SIN. Capriccio, smania. **3** †Ciò che procura grande preoccupazione o agitazione. **4** †Chi farnetica.

farnétto [dal lat. *fārnu(m)* 'frassino', con suff. dim.] s. m. ● Quercia della regione mediterranea (*Quercus farnetto*).

fàrnia o **fàrgna** [lat. *fārnea(m)* (*ărborem*) 'albero di frassino', da *fārnus* 'frassino'; 1563] s. f. ● Grande albero delle Cupulifere con grosso tronco a corteccia scura, foglie lobate glabre con corto picciolo e ghiande riunite in piccoli gruppi all'apice di un peduncolo (*Quercus pedunculata*). SIN. Quercia gentile.

♦**fàro** [vc. dotta, lat. *Phăru(m)*, nom. *Phărus*, dal gr. *Pháros*, n. di un'isoletta nel porto di Alessandria, dove Tolomeo Filadelfo edificò una gran torre bianca da cui risplendeva la luce ai naviganti nella notte; av. 1264] s. m. **1** Strumento di segnalazione luminosa installato su una costruzione elevata; costituito da una sorgente di luce di grande intensità con lenti e specchi speciali per indirizzare opportunamente il fascio luminoso, serve di riferimento per la navigazione marittima e aerea | La costruzione stessa su cui il faro è installato | ***F. galleggiante***, posto su un natante, una boa, un pontile ancorati. ➡ ILL. p. 2171 TRASPORTI. **2** Riflettore, fanale: *il duomo, illuminato dai fari, campeggiava nella piazza*. **3** Su veicoli e aeromobili, proiettore: *i fari dell'automobile, del treno* | (*est.*) Fotoelettrica. || **farétto**, dim. (V.).

†**farràggine** e *deriv.* ● V. *farragine* e *deriv.*

†**farraginàre** o †**farragginàre** v. tr. ● Mescolare insieme molte cose.

†**farraginatóre** [av. 1686] s. m. ● Confusionario imbrattacarte.

farràgine o †**farràggine** [vc. dotta, lat. *farrāgine(m)* 'miscuglio di biade per il bestiame', da *fār*, genit. *fārris* 'grano'; passò poi già in lat. a significare 'miscuglio di varie materie e cose'; av. 1566] s. f. ● (*raro*, *spec. fig.*) Moltitudine confusa di cose disparate: *una f. di libri, di opinioni, di citazioni*. SIN. Congerie, confusione, guazzabuglio. || **farraginàccia**, pegg.

farraginoṣità [1983] s. f. ● Caratteristica di ciò che è farraginoso.

farraginóṣo [da *farragine*; 1673] agg. ● Costituito da elementi confusi e disorganici e perciò disordinato, sconclusionato: *discorso, racconto, libro f.* || **farraginoṣaménte**, avv.

fàrro [lat. *fārri*, abl. sing. di *fār*, di orig. indeur.; sec. XIV] s. m. ● Varietà poco coltivata di frumento (*Triticum dicoccum*).

fàrsa (**1**) [fr. *farce* 'carne tritata', poi 'commedia', da *farcir* 'farcire'; av. 1470] s. f. **1** Genere teatrale, risalente al XV sec. ma vivo ancor oggi, di carattere comico e grossolano | Ogni opera teatrale appartenente a tale genere. **2** (*mus.*) Breve opera buffa in uno o due atti, inizialmente inserita fra un atto e l'altro di un'opera seria: *La serva padrona di Pergolesi è una f.* **3** (*fig.*) Serie di avvenimenti o imprese sciocche e ridicole: *spesso la vita è una f.* | Avvenimento grottesco, privo di serietà: *l'esame è stato una f.* || **farsàccia**, pegg. | **farsétta**, dim. | **farsùccia**, dim.

†**fàrsa** (**2**) [etim. incerta] s. f. ● Tela riempita di lana da materassi.

farsàlico [1342] agg. (pl. m. *-ci*) ● Di Farsalo, antica città greca.

†**farsàta** [da *farsa* (*2*) (?); av. 1400] s. f. **1** Farsetto. **2** Tipo di cuffia imbottita che si indossava sotto l'elmo. **3** (*raro*) Coperta imbottita.

farsésco [da *farsa* (*1*); 1939] agg. (pl. m. *-schi*) **1** Di, da farsa. **2** (*est.*) Ridicolo, sciocco, comico: *episodio f.* || **farsescaménte**, avv.

†**farsettàio** [da *farsetto*; sec. XIV] s. m. (f. *-a*) ● Chi confezionava i farsetti.

farsétto [etim. incerta; sec. XIII] s. m. **1** Corpetto imbottito che si indossava sopra la camicia, tipico dell'abbigliamento maschile popolare d'un tempo. **2** Specie di camiciola in lana che i militari indossavano sopra la camicia | Corpetto dei marinai. **3** Piccola stecca pieghevole di legno su cui è avvolto il lembo della pelle del tamburo. || **farsettàccio**, pegg. | **farsettino**, dim. | **farsettóne**, accr.

farsi, da ● V. *da farsi*.

far west /far'west, *ingl.* 'fɑːɹ 'west/ [loc. ingl., propr. 'lontano Ovest'; 1892] loc. sost. m. inv. **1** Insieme delle regioni occidentali degli Stati Uniti, verso cui si diressero le migrazioni dei coloni del sec. XIX e in cui sono ambientati i film western. **2** (*fig.*) Territorio governato da leggi proprie e spietate, in cui predomina la violenza e ha grande diffusione la criminalità | (*fig.*) Situazione di contrasto violento, di scontro furibondo.

faṣatùra [da *fase*] s. f. ● (*autom.*) Regolazione di un motore a combustione interna in modo che le varie fasi del ciclo avvengano nel momento più adatto per ottenere il massimo rendimento complessivo.

fascèra [da *fascia*] s. f. ● Nella preparazione del formaggio, stampo forato in cui viene pressata la cagliata per eliminarne il siero e farle assumere la forma voluta.

fascétta [1550] s. f. **1** Dim. di *fascia*. **2** Banda di carta, recante l'indirizzo del destinatario, che avvolge pubblicazioni spedite per posta | ***F. editoriale***, quella sovrapposta trasversalmente alla copertina di un libro, con funzioni pubblicitarie e di richiamo. **3** Tipo di busto femminile, spec. di tessuto elastico, per modellare la vita e i fianchi. **4** Anello metallico per fissare la canna del fucile o del moschetto al fusto della cassa. **5** (*mil.*) Piccola striscia di tessuto, su cui è applicato lo scudetto del reparto e talvolta il grado, inserita nella spallina della camicia e della tuta mimetica. **6** (*mecc.*) Anello metallico per serrare manicotti di gomma sui raccordi | Anello in plastica per legare cavi elettrici e sim. ai loro supporti. || **fascettàccia**, pegg. | **fascettina**, dim. | **fascettùccia**, dim.

fascettàia s. f. ● (*raro*) Bustaia.

fascettàrio [da *fascetta*] s. m. ● Raccolta delle fascette con gli indirizzi delle persone abbonate a periodici o alle quali vengano regolarmente spediti cataloghi, circolari, materiale pubblicitario e sim.

fascettatrice [da *fascetta*] s. f. ● Macchina che applica le fascette per la spedizione di giornali e riviste.

♦**fàscia** [lat. *fāscia(m)*, da *fāscis* 'fascio', di etim. incerta; 1297] s. f. (pl. *-sce*) **1** Striscia di tessuto, carta e sim. usata per avvolgere, stringere, ornare qlco.: *f. per medicazioni*; *portare in vita un'alta f. di seta*; *la f. del cappello*; *la f. tricolore del sindaco* | ***F. elastica***, in medicina, quella in tessuto elastico per curare slogature, distorsioni e sim.; nell'abbigliamento femminile, ventriera o busto in tessuto elastico, senza stecche | ***F. tergisudore***, quella, di tessuto spugnoso, portata dagli atleti sulla fronte perché assorba il sudore | ***Spedire giornali, documenti e sim. sotto f.***, avvolgendoli in una fascia di carta, e non chiudendoli in busta, il che permette di usufruire di una tariffa ridotta. **2** (*spec. al pl.*) Strisce di tessuto usate un tempo per avvolgere i neonati | ***Essere in fasce***, detto di bambino, essere nei primi mesi di vita; (*fig.*) detto di cosa ancora sul nascere. **3** (*spec. al pl.*) Indumento militare, oggi in disuso, costituito da strisce di stoffa che i soldati avvolgevano attorno alle gambe, dalle caviglie al ginocchio. SIN. Molletiera. **4** (*est.*) Oggetto che, per la forma o la funzione, è analogo a una fascia | ***F. elastica***, anello elastico in ghisa o altro metallo, non completamente chiuso su sé stesso, che, montato in apposite gole sullo stantuffo, striscia contro la parete del cilindro dei motori alternativi di combustione interna, mantenendo la tenuta | ***A f.***, detto di oggetti a forma di fascia | ***Anello, bracciale a f.***, di forma unita, piatta, regolare. **5** (*est.*) Parte di territorio estesa in lunghezza e non in profondità: *f. smilitarizzata, equatoriale, torrida* | ***F. fortificata, di resistenza***, zona di terreno di una certa profondità contenente opere difensive e artiglierie. SIN. Zona. **6** (*est.*, *sport*) ***Fasce laterali***, le due zone che corrono lungo le linee laterali del campo di calcio e sim. | (*fig.*) ***F. oraria***, suddivisione delle ore di una giornata in determinati raggruppamenti: *fasce d'ascolto radiotelevisivo*. **7** (*est.*) Gruppo, settore, categoria: *le varie fasce di contribuenti*; *fasce sindacali*. **8** (*anat.*) Membrana fibrosa, spesso disposta a rivestire muscoli o gruppi muscolari | ***F. lata***, membrana che riveste i muscoli della coscia. **9** (*arch.*) Tipo di cornice, anche decorata, stretta e piana. **10** (*arald.*) Striscia che occupa orizzontalmente la parte centrale dello scudo. **11** (*mus.*) Superficie cilindrica del tamburo | Parete laterale degli strumenti ad arco. || PROV. Bello in fascia, brutto in piazza. || **fascétta**, dim. (V.) | **fascióne**, accr. m. | **fasciùzza**, dim.

fasciacóda [comp. di *fascia*(*re*) e *coda*] s. m. inv. ● Striscia di cuoio o di tela con cui si fascia o si tiene ripiegata la coda del cavallo.

fasciàle [da *fascia*; av. 1730] agg. ● (*anat.*) Di, relativo a, fascia | ***Muscolo f.***, sartorio.

fasciàme [da *fascia*; 1798] s. m. ● (*mar.*) Rivestimento della struttura di una nave avente funzioni di resistenza e di forma: *f. esterno, interno*.

fasciànte [1959] part. pres. di *fasciare*; anche agg. **1** Che fascia | Avvolgente. **2** Detto di capo di vestiario molto aderente, spec. sui fianchi: *abito f.*; *blue jeans fascianti*.

fasciàre [lat. tardo *fasciāre*, da *fāscia* 'fascia'; av. 1292] **A** v. tr. (*io fàscio*; fut. *io fascerò*) **1** Avvolgere in una fascia: *f. il neonato*; *fasciarsi un arto ferito*. SIN. Bendare. **2** Coprire o circondare come con una fascia: *f. di carta un libro per conservarlo*. SIN. Rivestire. **3** (*lett.*) Cingere o chiudere tutt'attorno | (*assol.*) Aderire: *un abito che fascia molto*. **4** Circondare con il fasciame la struttura di una nave o di un aereo. **B** v. rifl. ● Avvolgersi in fasce, in abiti o indumenti attillati e sim.: *fasciarsi in lunghi abiti; fasciarsi di seta.*

fasciàta [av. 1306] s. f. ● Atto del fasciare, spec. in modo rapido o approssimativo.

fasciàto [1304] **A** part. pass. di *fasciare*; anche agg. *1* Avvolto in fasce. *2* ***Corda fasciata***, ottenuta avvolgendo a spirale un sottile filo metallico in giri stretti e continui, intorno a un'anima metallica o di minugia. **B** s. m. ● (*arald.*) Scudo coperto di fasce in numero pari e a smalti alternati.

fasciatóio o **fasciatóre** s. m. *1* Piano d'appoggio di un mobile su cui si depone il bambino per fasciarlo. *2* †Panno di lino o altro atto a fasciare

fasciatùra [sec. XIV] s. f. *1* (*med.*) Applicazione di fasce o bende per comprimere parti malate del corpo, o isolarle dal contatto con germi, o per mantenere in sede i medicamenti. *2* Insieme di fasce e sim. che avvolgono o stringono: *f. elastica.* *3* Protezione in cavetto fatta su un cavo. || **fasciaturina**, dim.

fascicolàre (1) [dal lat. *fascĭculus* 'fascetto', dim. di *făscis* 'fascio'] agg. ● (*anat.*) Che concerne un piccolo fascio di fibre | ***Contrazione f.***, che avviene in gruppi limitati di fibre, in uno stesso muscolo.

fascicolàre (2) [da *fascicolo*; 1982] v. tr. (*io fascìcolo*) ● (*bur.*) Raccogliere fogli in fascicoli.

fascicolàto [1798] agg. ● (*bot.*) Detto di organi vegetali riuniti in un fascio | ***Radici fascicolate***, quelle in cui le radici secondarie uguagliano o superano in sviluppo la principale. SIN. Affastellato.

fascicolatóre s. m. ● Dispositivo che, in una macchina fotocopiatrice, divide automaticamente in fascicoli un insieme di documenti di cui si vogliono ottenere più copie.

fascicolatrice [da *fascicolare* (2)] s. f. ● Macchina che fascicola automaticamente.

fascicolatùra [da *fascicolare* (2); av. 1983] s. f. ● Operazione del fascicolare.

fascicolazióne [da *fascicolo*; 1989] s. f. *1* Studio della composizione dei fascicoli che costituiscono libri o codici. *2* Disposizione in fascicoli di un giornale. *3* (*med.*) Piccola contrazione muscolare conseguente a un impulso spontaneo abnorme generato in una fibra nervosa motoria.

fascìcolo [vc. dotta, lat. *fascĭculu(m)*, dim. di *făscis* 'fascio'; av. 1498] s. m. *1* Insieme di carte e documenti relativi a una pratica, una causa e sim.: *ritirare un f.* *2* Ogni numero di una pubblicazione periodica o a dispense: *raccogliere tutti i fascicoli di un'enciclopedia; mi manca il quarto f. della rivista* | (*est.*) Libretto, opuscolo. SIN. Dispensa. *3* (*anat.*) Piccolo fascio spec. di fibre: *f. nervoso.* || **fascicolétto**, dim.

fascina [lat. *fascīna(m)*, da *făscis* 'fascio'; av. 1214] s. f. *1* Fascio di sterpi o legna di piccolo formato usato spec. per bruciare o per formare ripari: *una catasta di fascine* | (*est.*) †Fuoco di fascina. *2* †Fazzoletto.

fascinàia s. f. ● (*raro*) Luogo dove si tengono le fascine.

fascinàio s. m. (f. *-a*) ● Chi fa o vende fascine.

fascinàme [sec. XVIII] s. m. ● Quantità di legna da fascine.

fascinàre (1) [da *fascina*; av. 1558] v. tr. (*io fascìno*) ● Radunare in fascine legname minuto o rametti.

fascinàre (2) [vc. dotta, lat. *fascināre*, da *făscinum*. V. *fascino*; av. 1511] v. tr. (*io fàscino*) ● (*lett.*) Affascinare.

fascinàta [da *fascina*; av. 1608] s. f. ● Ammasso di fascine per difesa contro l'azione delle acque su sponde, argini, trincee, terrapieni, colmate.

fascinatóre [vc. dotta, lat. tardo *fascinatōre(m)*, da *făscinum*. V. *fascino*; av. 1535] agg.; anche s. m. (f. *-trice*) ● (*lett.*) Che (o Chi) affascina.

fascinazióne [vc. dotta, lat. *fascinatiōne(m)*, da *făscinum*. V. *fascino*; 1354] s. f. ● (*lett.*) L'affascinare | Fascino, malia.

fàscino [vc. dotta, lat. *făscinu(m)* 'malia, amuleto', nato dalla sovrapposizione di *făscis* 'fascio' al gr. *báskanos* 'ammaliatore'; 1485] s. m. *1* †Influenza malefica dovuta a malia o incantesimo. *2* †Scongiuro o pratica esorcizzante per tenere lontano il malocchio e gli incantesimi. *3* Capacità di attrarre fortemente: *il f. della bellezza, dell'eloquenza; una donna ricca di f.* SIN. Attrattiva, richiamo.

fascinóso [1902] agg. ● Ricco di fascino. || **fascinosaménte**, avv.

fàscio [lat. *făsce(m)*, di etim. incerta; 1235 ca.] s. m. *1* Quantità di cose gener. di forma allungata e sottile, raccolte e spesso legate insieme: *un f. d'erba, di legna, di fili, di carta; gli aveva scagliato in faccia il f. dei pennelli* (PIRANDELLO) | (*fig.*) ***Far d'ogni erba un f.***, considerare alla stessa stregua situazioni diverse, generalizzare un giudizio. *2* (*fig., lett.*) Quantità di cose riunite disordinatamente: *un f. di notizie* | (*lett.*) Carico: *porta un bel f. d'anni sulle spalle.* SIN. Ammasso. *3* In varie scienze e tecnologie, insieme coordinato di elementi, strutture, parti e sim. | ***F. di binari***, insieme di più binari cui è attribuita una determinata funzione | ***F. elettronico***, insieme dei raggi di elettroni emessi da un catodo e convogliati, per mezzo di campi elettrici o magnetici, lungo una particolare direzione | (*mat.*) ***F. di piani***, insieme dei piani che passano per una retta o sono paralleli ad un piano | ***F. di rette***, l'insieme delle rette che passano per un punto o sono parallele a una retta | ***F. di raggi***, insieme o flusso di raggi luminosi, di particelle o di radiazioni elettromagnetiche che escono da uno stesso punto o convergono in uno stesso punto | (*ling.*) ***F. di correlazioni***, insieme di più correlazioni della stessa classe di parentela i cui fonemi entrano in più opposizioni. *4* (*anat.*) Unione di fibre disposte longitudinalmente | ***F. muscolare***, di fibre muscolari | ***F. nervoso***, di fibre nervose | (*bot.*) ***F. vascolare***, insieme delle cellule o di complessi di cellule che servono per la conduzione di sostanze nutritizie nella pianta. *5* Nella Roma antica, mazzo di verghe con la scure, simbolo del potere esecutivo e quindi insegna dei re e in seguito dei consoli: *i littori precedevano i consoli, portando i fasci* | Simbolo del movimento fascista. *6* Associazione politica: *Camera dei Fasci e delle Corporazioni* | ***Fasci dei lavoratori***, associazioni socialiste o con tendenze anarchiche, fondate dai contadini sul finire del XIX sec. per lottare contro i latifondisti | ***Fasci di combattimento***, gruppi di azione politica (fondati nel 1919) dai quali si organizzò il fascismo | (*est., gerg.*) Fascista. || **fascerèllo**, dim. | **fascétto**, dim. | **fascióne**, accr. (V.) | **fasciùccio**, dim.

fasciola o **fasciòla** [lat. *fascĭola(m)*, dim. di *făscia* 'fascia'; 1499] s. f. *1* Piccola fascia. *2* (*zool.*) ***F. epatica***, verme dei Platelminti piatto a forma ovale e munito di due ventose, parassita delle vie biliari della pecora ed eccezionalmente dell'uomo (*Fasciola hepatica*). SIN. Distoma. ➡ ILL. animali/1.

fascióne [av. 1406] s. m. *1* Accr. di *fascio.* *2* (*tosc.*) Parte esterna di uno pneumatico di bicicletta o di automobile.

fascismo [dal *fascio* littorio, simbolo del partito; 1919] s. m. *1* Regime politico totalitario stabilito in Italia dal 1922 al 1943, fondato sulla dittatura di un partito unico, l'esaltazione nazionalista e il corporativismo: *il Duce del f.* *2* (*est.*) Ogni ideologia e regime politico fondato sul totalitarismo di destra: *il f. di F. Franco.*

fascista [da *fascismo*; 1915] **A** s. m. e f. (pl. m. *-i*) *1* Seguace, sostenitore del fascismo. *2* (*est., spreg.*) Chi, in un contesto sociale, tende con ogni mezzo a sopraffare l'avversario, a negare i diritti altrui, e sim. | (*est.*) Persona dispotica e prepotente. **B** agg. *1* Del fascismo, dei fascisti: *periodo f.; dittatura f.* | ***Era f.***, notazione cronologica istituita nel 1926 in aggiunta alla data del calendario civile, con inizio dal 28 ottobre 1922, giorno della marcia su Roma. *2* (*est., spreg.*) Dispotico, prepotente. || **fascistàccio**, pegg. | **fascistèllo**, dim. | **fascistóne**, accr.

fascìstico [1918] agg. (pl. m. *-ci*) ● (*raro*) Fascista.

fascistizzàre [1927] v. tr. ● Rendere fascista.

fascistizzazióne [1927] s. f. ● Il fascistizzare.

fascistòide [comp. di *fascist(a)* e del suff. *-oide*] agg.; anche s. m. e f. ● (*spreg.*) Che (o Chi) mostra affinità o inclinazione al fascismo.

fascògale [comp. del gr. *pháskō(los)* 'borsa' e *galê* 'donnola', ambedue di etim. incerta] s. m. ● Marsupiale carnivoro australiano con la coda per metà fornita di lunghi peli e dita con forti unghie (*Phascogale tapoafata*).

♦**fase** [gr. *phásis* 'apparizione di un astro', da *phaínomai* 'io appaio'; 1737] s. f. *1* (*astron.*) Ciascuno dei diversi aspetti successivamente e ciclicamente osservabili in un corpo celeste, dovuti alla sua posizione rispetto al Sole e alla Terra: *le fasi di Venere, di Mercurio* | ***Fasi lunari***, luna nuova, primo quarto, luna piena, ultimo quarto. *2* (*est.*) Ognuno dei momenti o periodi successivi e diversi in cui si può suddividere qlco.: *le fasi della Rivoluzione francese.* SIN. Epoca. *3* (*est.*) Aspetto caratteristico e definito nel tempo di un fenomeno, di una serie di attività e sim.: *le fasi del processo; f. istruttoria; le varie fasi di un negoziato, di una partita; la f. orale della libido; le fasi del motore* | ***Mettere in f.***, nei motori a scoppio e sim., mettere a punto, regolare: *mettere in f. l'accensione, la distribuzione* | ***Fuori f.***, detto di motore che manca di tale messa a punto | ***Essere fuori f.***, (*fig.*) sentirsi stanco, esaurito, svogliato e sim., essere giù di corda | (*fisiol.*) ***F. paradossale***, nel sonno, periodo in cui si sogna | (*geol.*) ***F. magnetica***, ciascuno stadio del consolidamento di un serbatoio magmatico. *4* (*fis.*) Caratteristica delle variazioni di una grandezza periodica, che determina l'inizio di ciascun periodo: *accordo di f.; differenza di f.* | In un sistema elettrico polifase, ciascuno dei circuiti. *5* (*chim.*) Porzione fisicamente omogenea di un sistema in equilibrio: *f. liquida; f. solida.*

faselo o **fasèllo** [vc. dotta, lat. *phasēlu(m)*, nom. *phasēlus*, dal gr. *phásēlos*, di etim. incerta; av. 1550] s. m. ● Antica imbarcazione piccola e leggera, a vela o a remi, di origine egizia.

fashion /ingl. 'fæʃn/ [vc. ingl., a sua volta dal fr. *façon* 'modo' (V. *façon*)] s. f. inv. ● Alta moda, eleganza.

Fasiànidi [comp. del lat. *phasiānus* 'fagiano' (propr. agg. di *Phāsis* '(l'uccello) del fiume Fasi') col suff. *-idi*] s. m. pl. (sing. *-e*) ● Nella tassonomia animale, famiglia di Uccelli dei Galliformi cui appartengono, tra gli altri, i fagiani, le quaglie, le pernici (*Phasianidae*).

fasmate [vc. dotta, gr. *phásma*, genit. *phásmatos*, da *pháinomai* 'io appaio'] s. f. pl. ● Immagini colorate formate dalle nuvole per effetto della luce del Sole o della Luna.

Fasmidi [comp. del gr. *phásma* 'figura', 'fantasma' (della radice di *pháinein* 'apparire') col suff. *-idi*] s. m. pl. (sing. *-e*) ● Nella tassonomia animale, ordine di Insetti con ali posteriori più grandi delle anteriori, piegabili, e apparato masticatore (*Phasmida*).

fasòmetro [comp. di *fase* e *-metro*; 1940] s. m. ● (*elettr.*) Strumento che misura la differenza di fase di due fenomeni periodici aventi la stessa frequenza.

fasóre [dall'ingl. *phasor*, comp. di *phas(e)* 'fase' e *(vect)or* 'vettore'] s. m. ● (*fis.*) Vettore simbolico.

fassìmile ● V. *facsimile.*

fastèllo [da **fascitello*, dim. di *fascio*; 1306] s. m. (pl. *fastèlli*, m. o *fastèlla*, f., raro) *1* Fascio non troppo voluminoso di legna o altri oggetti non grossi: *un f. di sterpi, di verghe, di paglia* | ***F. di fieno***, manipolo. *2* †Fascetto di lettere o carte. || **fastellàccio**, pegg. | **fastellétto**, dim. | **fastellino**, dim. | **fastellóne**, accr. | **fastellùccio**, dim.

fast food /fas'fud, *ingl.* 'fæ·s(t) 'fu:d/ [loc. ingl., comp. di *fast* 'rapido, veloce' e *food* 'cibo, alimento' (entrambi d'orig. germ.); 1982] loc. sost. m. inv. ● Pasto da consumarsi velocemente, costituito da piatti di rapida preparazione, quali hamburger, patate fritte, panini e sim. | Locale in cui si servono tali piatti. CFR. Slow food.

fàsti [vc. dotta, lat. *fāsti*, nom. pl. 'giorni in cui il pretore poteva amministrare la giustizia', da *fās* 'comando divino'; 1554] s. m. pl. *1* Nell'antica Roma, calendario ufficiale, compilato dal Pontefice massimo, che indicava i giorni in cui era lecito discutere cause, trattare pubblici affari e sim. | ***F. consolari***, cataloghi annuali dei consoli o di altri magistrati eponimi, cui venivano spesso aggiunte notizie sugli avvenimenti principali dell'anno. *2* (*fig.*) Ricordi di avvenimenti grandiosi, memorabili: *i f. di una città in decadenza* | ***I f. e i nefasti***, le pagine gloriose e oscure di un periodo storico.

†**fastidiàre** [vc. dotta, lat. tardo *fastidiāre*, da *fastīdium* 'fastidio'; sec. XIV] **A** v. tr. ● Molestare, infastidire | (*assol.*) Riuscire sgradito, annoiare: *le cose di che l'uomo abbondevole si trova, fastidiano* (BOCCACCIO). **B** v. intr. pron. ● Infastidirsi.

fastidiévole [av. 1562] agg. ● (*raro, lett.*) Fastidioso.

♦**fastìdio** [vc. dotta, lat. *fastīdiu(m)* 'nausea', comp. di *fāstus* 'orgoglio' e *taedium* 'noia'; av. 1292] s. m. *1* Senso di molestia, disagio, disturbo e sim.: *da-*

re, recare f. a qlcu. | *Darsi f.*, assumersi un impegno noioso. **2** Disgusto, avversione, noia: *avere f. di un lavoro, di una persona, di un'idea*; *il f. che recano le trattazioni che ogni giorno le officine letterarie e librarie offrono* (CROCE). **3** Causa di affanno, dispiacere o molestia: *è un bel f.! Smettetela di dar f. a tutti.* SIN. Cruccio, seccatura. **4** (*region.*) Nausea: *quei cibi mi hanno dato f.* **5** †Cosa sudicia e immonda. || **fastidiàccio**, pegg. | **fastidiòlo**, dim.

fastidioșàggine [av. 1311] s. f. ● (*raro*) Fastidio, noia, molestia.

fastidioșità [av. 1529] s. f. ● Senso di fastidio | Carattere di ciò che procura fastidio.

fastidióșo [vc. dotta, lat. *fastidiōsu(m)*, da *fastīdium*. V. *fastidio*; av. 1292] agg. **1** Noioso, seccante, molesto: *lavoro, clima, conversazione fastidiosa*; *è un bambino insistente e f.*; *sì lungo e f. peregrinaggio* (BRUNO). CONTR. Gradito, piacevole. **2** (*raro*) Sensibile a ogni molestia o fastidio: *persona fastidiosa* | (*lett.*) Difficile da accontentare. **3** †Nauseante, disgustoso. **4** †Stizzoso, sdegnoso. || **fastidioșàccio**, pegg. | **fastidioșèllo**, dim. | **fastidioșétto**, dim. | **fastidioșùccio**, dim. || **fastidioșaménte**, avv.

fastidìre [vc. dotta, lat. *fastidīre*, da *fastīdium*. V. *fastidio*; av. 1374] v. tr. (*io fastidisco, tu fastidisci*) **1** (*lett.*) Infastidire. **2** †Avere a nausea, in disgusto.

fastigiàto [1499] agg. **1** Che termina con un fastigio: *un polittico f.* **2** (*bot.*) Detto di chioma d'albero i cui rami si sviluppano verso l'alto ravvicinati al tronco.

fastìgio [vc. dotta, lat. *fastīgiu(m)* 'inclinazione, pendenza, elevazione', da *fastigāre* 'far terminare in punta', poi 'elevare'; sec. XIV] s. m. **1** (*arch.*) Parte superiore di un edificio | Frontone di un tempio | (*est.*) Tavoletta più alta di un polittico. **2** (*fig.*) Grado massimo di qlco.: *raggiungere i fastigi della perfezione*; *i sommi fastigi … della storia* (CARDUCCI). SIN. Culmine, pienezza.

†**fastigióșo** [1895] agg. ● (*raro*) Fastoso, altero.

fàsto (**1**) [vc. dotta, lat. *fāstu(m)*. V. *fasti*; sec. XIV] agg. **1** Detto di giorno in cui, secondo le prescrizioni vigenti nell'antica Roma, era lecito trattare cause, affari pubblici e sim. CONTR. Nefasto. **2** (*est., lett.*) Propizio, favorevole.

fàsto (**2**) [vc. dotta, lat. *fāstu(m)*, di etim. incerta; sec. XIV] s. m. **1** Sfarzo, lusso, sontuosità, magnificenza: *il f. della corte imperiale* | Ostentazione di lusso e ricchezze: *far qlco. per f.* **2** (*est., poet.*) Bellezza intensa e decadente: *ho sofferto i primi fasti / dell'autunno* (SABA).

fastoșità [1619] s. f. ● Caratteristica di fastoso: *la f. di un ricevimento* | (*est.*) Insieme di apparati fastosi. SIN. Lusso, pompa, sontuosità.

fastóșo [vc. dotta, lat. *fastōsu(m)*, da *fāstus* 'fasto (2)'; av. 1532] agg. ● Pieno di fasto: *lusso f.* SIN. Pomposo, sfarzoso, sontuoso. CONTR. Modesto. || **fastoșaménte**, avv.

Fastpay® /fast'pei, *ingl.* 'fæs(t),pheɪ/ [loc. ingl., propr. 'paga(mento) (*pay*) veloce (*fast*)'; 1994] s. m. inv. ● Sistema di pagamento del pedaggio autostradale tramite carta di debito bancaria a banda magnetica.

fașùllo [vc. del giudeo-romanesco, dall'ebr. *pâsûl* 'illegittimo, invalido'; 1942] agg. **1** Privo di autenticità: *un certificato f.* | Privo di valore: *moneta fasulla.* SIN. Falso. **2** (*fig.*) Inetto, incapace: *avvocato f.* || **fașullaménte**, avv.

♦**fàta** [lat. parl. **fāta(m)*, da *fātum* 'fato'; av. 1250] s. f. **1** Nelle tradizioni popolari, donna bellissima e dotata di poteri soprannaturali e della capacità di compiere imprese straordinarie, gener. benefiche: *bacchetta della f.* | *Racconti di fate*, fiabe in cui compaiono e agiscono fate | (*fig.*) *Avere dita, mani di f.*, avere dita, mani molto belle, o dal tocco particolarmente leggero o abilissime, spec. nei lavori femminili. **2** Nella mitologia romana, divinità del destino che stabilisce il termine finale della vita umana. SIN. Parca. **3** *F. morgana*, fenomeno ottico, analogo al miraggio, in cui un oggetto lontano appare sospeso nell'aria; si verifica a causa della rifrazione dei raggi luminosi che attraversano strati atmosferifici con densità variabile (dal nome di una fata del ciclo leggendario della Tavola rotonda). **4** (*fig.*) Donna dotata di grande bellezza e di numerose virtù: *era la f. dei poveri e degli ammalati.* || **fatàccia**, pegg. | **fatìna**, dim.

†**fatagióne** [da *fatare*; sec. XIV] s. f. ● (*lett.*) Pratica magica, incantesimo.

fatàle [vc. dotta, lat. *fatāle(m)*, da *fātum* 'fato'; 1313] agg. **1** Stabilito dal fato, dal destino: *ordine, legge, decisione f.* | Del fato: *empio destin f., / uccidi omai questa odiosa vita* (TASSO) | (*est.*) Inevitabile: *era f. che andasse a finire così*; *conseguenza f.* | (*lett.*) Prescelto dal destino | *Libri fatali*, sibillini. **2** Di ciò che cagiona morte, distruzione o danno irrimediabile: *il freddo intenso gli è stato f.* | *L'ora f.*, della morte. SIN. Esiziale, funesto. CONTR. Fausto. **3** (*fig.*) Dotato di irresistibile fascino: *donna, sguardo f.*; *occhi fatali.* || **fatalménte**, avv. **1** Inevitabilmente. **2** (*raro*) Per disgrazia.

fatalișmo [fr. *fatalisme*, da *fatal* 'fatale'; 1745] s. m. **1** Dottrina in base alla quale tutti gli eventi si verificano in modo ineluttabile, cioè indipendentemente da quello che l'uomo può volere o fare. **2** Atteggiamento di chi subisce la realtà, senza cercare di modificarla.

fatalìsta [fr. *fataliste*, da *fatal* 'fatale'; 1745] s. m. e f. (pl. m. *-i*) ● Chi si sottomette al corso degli eventi senza cercare di modificarlo.

fatalìstico [1887] agg. (pl. m. *-ci*) ● Che concerne o interessa il fatalismo: *concezione fatalistica.* || **fatalisticaménte**, avv. In modo fatalistico, con fatalismo.

fatalità [da *fatale*; 1576] s. f. **1** Caratteristica di ciò che è fatale: *la f. di un avvenimento.* **2** Destino contrario: *la f. ha voluto che l'impresa non fosse portata a termine* | Avvenimento dannoso e imprevedibile: *è stata una vera f.* SIN. Sfortuna.

fatalóne [da *fatale*; 1941] s. m. (f. *-a*) ● (*iron.*) Chi si dà arie d'irresistibile conquistatore e seduttore.

fatàre [da *fato*; 1304] v. tr. **1** (*lett.*) Fornire di potenza e virtù magiche: *f. un anello, un'arma* | Render preda di un incantesimo: *f. una persona.* **2** †Annunziare o predire il destino.

fatàto [av. 1356] part. pass. di *fatare*; anche agg. **1** Dotato di virtù magiche: *quella manina artistica e fatata che ha formato tutte le cose dell'universo* (MORANTE) | *Mani fatate*, (*fig.*) che riescono in qualunque lavoro con grande facilità. **2** †Fatale, destinato. **3** †Avuto dal destino | †*Mal f.*, che ha avuto cattiva sorte | †*Le mal fatate*, le mal maritate.

fàte ● V. *fare* (*1*).

fathom /ingl. 'fæðəm/ [ant. ingl. *faethm*, da una vc. germ. che indicava 'apertura delle braccia'] s. m. inv. ● Unità di misura di lunghezza, usata nei Paesi anglosassoni spec. in marina per la misura della profondità, equivalente a 2 yard e cioè a 1,8288 m. SIN. Braccio. SIMB. fm.

♦**fatìca** o †**fadìga**, †**fatìga** [lat. parl. **fatīga(m)*, da *fatigāre*. V. *faticare*; av. 1292] s. f. **1** Sforzo che si sostiene per compiere qlco. di particolarmente impegnativo per il corpo o per l'intelletto: *f. ardua, penosa, ingrata*; *f. di braccia, di gambe* | (*est.*) La stanchezza che ne deriva: *che f.!*; *non mi reggo in piedi dalla f.* | †*Prendere f.*, affaticarsi | (*est.*) Lavoro fisico o mentale che costa sforzo e stanca: *scansare, fuggire le fatiche*; *le fatiche di Ercole*; *l'alta f. e le mirabil prove / che fece il franco Orlando per amore* (BOIARDO) | *Da f.*, di persona o animale atto a compiere lavori gravosi | *Abiti di, da f.*, che non temono di essere sciupati, strapazzati. CONTR. Riposo. **2** Nei materiali metallici o in altri, debolezza causata da sforzi ripetuti | *Rottura per f.*, dovuta a sollecitazioni inferiori al carico di rottura, quando queste si ripetono un elevato numero di volte. **3** (*fig.*) Pena, difficoltà | *A f.*, a stento | *Durar f. a fare qlco.*, incontrare ostacoli, difficoltà. **4** †Angoscia, travaglio | †Noia, fastidio: *dare f.* || **faticàccia**, pegg. | **fatichétta**, dim. | **faticùccia**, **faticùzza**, dim.

faticabilità [dal fr. *fatigabilité*] s. f. ● Disposizione naturale all'affaticamento spec. nelle attività lavorative.

♦**faticàre** o †**fatigàre** [lat. *fatigāre* 'affaticare', dalla stessa etim. di *fatīsci*. V. *fatiscente*; av. 1292] **A** v. intr. (*io fatìco, tu fatìchi*; aus. *avere*) **1** Lavorare con fatica: *f. per qlco.* **2** (*fig.*) Lavorare od operare con difficoltà o sforzo: *f. a lungo per terminare uno scritto, una ricerca.* SIN. Penare, sforzarsi. **B** v. tr. **1** †Affaticare, stancare. **2** †Molestare: *f. qlcu. con pressanti richieste.* **3** †Guadagnare col proprio lavoro. **C** v. intr. pron. ● †Affaticarsi | Sforzarsi.

faticàta o †**fatigàta** [sec. XIV] s. f. ● Grande sforzo o fatica: *ti assicuro che è una dura f.* SIN. Sfacchinata.

faticàto [av. 1311] part. pass. di *faticare*; anche agg. **1** †Affaticato. **2** (*raro*) Ottenuto, raggiunto con grande impegno e fatica: *l'esito dell'impresa è stato molto f.*

faticatóre [lat. tardo *fatigatōre(m)*, da *fatigāre* 'affaticare'; 1680] s. m.; anche agg. (f. *-trice*, pop. disus. *-tora*) ● (*raro*) Chi lavora molto e resiste bene allo sforzo.

fàtico [dal gr. *phatós* 'che si può dire, esprimere', dalla stessa radice di *phēmí* 'io parlo' (d'orig. indeur.)] agg. (pl. m. *-ci*) ● (*ling.*) *Funzione fatica*, quella del linguaggio mediante la quale l'atto della comunicazione ha il fine di assicurare o mantenere il contatto fra il locutore e il destinatario (per es., nella frase *'Pronto, mi sente?'*).

faticóne [1886] s. m. (f. *-a*) ● (*fam.*) Persona che lavora intensamente e non si sottrae alla fatica.

♦**faticóșo** o †**fatigóșo** [da *fatica*; av. 1292] agg. **1** Che richiede sforzo e procura fatica: *salita faticosa*; *lavoro molto f.* | Difficile: *f. a maneggiare, a lavorare* | Gravoso, molesto | (*fig.*) †*Tempi faticosi*, duri, difficili. SIN. Grave, pesante. CONTR. Agevole, leggero. **2** †Esercitato alla fatica: *sovrappone / l'arme a le membra faticose 'ntorno* (TASSO). **3** (*lett.*) Affaticato: *disteso in terra, f. e lasso* (SANNAZARO). || **faticoșétto**, dim. | **faticoșìno**, dim. | **faticoșùccio**, dim. || **faticoșaménte**, avv. In modo faticoso; †difficilmente.

fatìdico [vc. dotta, lat. *fatĭdicu(m)*, comp. di *fātum* 'fato' e *dīcere* 'dire'; sec. XIV] agg. (pl. m. *-ci*) **1** (*lett.*) Che rivela il fato o predice il futuro: *augurio, linguaggio f.*; *una fatidica Cassandra* (BRUNO) | *Segno f.*, rivelatore del futuro della volontà divina. SIN. Profetico. **2** Fatale, decisivo: *una data fatidica.* || **fatidicaménte**, avv.

†**fatìga** e deriv. ● V. *fatica* e *deriv.*

fatimìde o **fatimìta** [da *Fatima*, figlia di Maometto, da cui i fatimidi dicono di discendere] agg. (pl. m. *-i*) ● (*st.*) Relativo alla dinastia musulmana sciita dei Fatimidi, che dominò gran parte dell'Africa settentrionale, Egitto e Siria dal 909 al 1171.

fatimìta [1921] ● V. *fatimide*.

fatiscènte [vc. dotta, lat. *fatiscĕnte(m)*, part. pres. di *fatīsci* 'fendersi', di etim. incerta; 1499] agg. ● Che va in rovina, cadente (talvolta anche in senso *fig.*): *muro f.*; *edificio f.*; *sistema politico ormai f.* || **fatiscenteménte**, avv.

fatiscènza [1985] s. f. ● (*lett.*) Condizione di ciò che è fatiscente.

fàto [vc. dotta, lat. *fātu(m)*, da *fāri* 'pronunciare, profetare, parlare', di orig. indeur.; 1304] s. m. (pl. *fàti*, m., †*fàta*, f.) **1** Per gli antichi, legge eterna e ineluttabile che regole e domina senza contrasto la vita dell'Universo: *sta scritto nel f.*; *opporsi al f.* | †*Cedere al f.*, morire | (*est.*) Volere divino. **2** Destino, caso, fatalità: *il f. ha voluto così.*

fàtta (**1**) [f. di *fatto* (*2*); sec. XIV] s. f. ● Specie, genere, qualità: *uomini di questa f.* | *D'ogni f.*, d'ogni genere | *Mala f.*, V. *malefatta*.

fàtta (**2**) [part. pass. f. sost. di *fare* (*1*); av. 1484] s. f. ● Escrementi degli uccelli, spec. della beccaccia, sul terreno, che il cacciatore utilizza come traccia | *Essere sulla f.*, seguire le tracce (*anche fig.*).

fattàccio [av. 1735] s. m. **1** Pegg. di *fatto* (*2*). **2** Azione o avvenimento riprovevole. **3** Crimine di particolare malvagità: *la cronaca del f.*

fatterèllo o **fattarèllo** [av. 1712] s. m. **1** Dim. di *fatto* (*2*). **2** Avvenimento di poca importanza. **3** Raccontino, aneddoto. || **fatterellìno**, dim.

fattézza [da *fatto* (*1*); av. 1250] s. f. **1** †Figura, forma di qlco.: *prima ti dice l'altezza e la f. di questo circulo* (BOCCACCIO). **2** (*spec. al pl.*) Lineamenti del viso: *avere, essere di fattezze fini, delicate, grossolane.* SIN. Fisionomia, sembianze. **3** (*raro*) Forma del corpo: *un giovane di robusta f.*

fattìbile [da *fatto* (*1*); 1342] **A** agg. ● Che si può fare o che è agevole fare: *una cosa f.* SIN. Attuabile, possibile. CONTR. Irrealizzabile. || **fattibilménte**, avv. **B** s. m. ● Ciò che si può fare: *bisogna sapere prima il f.*

fattibilità [1980] s. f. ● Condizione di ciò che è fattibile: *accertare il grado di f. dell'operazione.*

fattìccio [lat. *factīciu(m)*. V. *fattizio*; sec. XIV] agg. (pl. f. *-ce*) ● (*lett.*) Di membra grosse, di complessione robusta e tarchiata.

fatticità [dall'ingl. *facticity* di provenienza fr.;

1965] s. f. ● (*filos.*) Proprietà di ciò che esiste di fatto.

fattispècie [lat. *fàcti spècie(m)* 'apparenza di fatto'. V. *fatto (2)* e *specie*; av. 1729] s. f. inv. ● Fatto produttivo di conseguenze giuridiche, spec. caso concreto di cui si tratta in giudizio: *esaminare la f.*; *nella f. non esiste alcuna attenuante* | **Nella f.**, (*est.*, *gener.*) in questo caso specifico.

fattitivo [dal lat. *factitāre*, freq. di *fācere* 'fare'] agg. ● (*ling.*) Iterativo | Causativo.

fattività [1941] s. f. ● Caratteristica di chi (o di ciò che) è fattivo.

fattivo [da *fatto* (*1*); 1304] agg. ● Che è utile a, o tende a realizzare, qlco.: *il f. interessamento delle autorità* | Di chi è operoso, attivo: *un dirigente f. e abile*. ‖ **fattivaménte**, avv. In modo fattivo, utile.

fattizio [vc. dotta, lat. *factīciu(m)*, da *fāctus* 'fatto (2)'; 1499] agg. ● (*raro*) Che non è naturale o autentico, ma procede dalla mano dell'uomo; SIN. Artificiale | ***Idee fattizie***, nella filosofia cartesiana, quelle formate dal pensiero umano; CFR. Innato.

•**fatto** (**1**) [av. 1250] part. pass. di *fare*; anche agg. *1* Fabbricato, costruito, prodotto: *f. a mano, a macchina*. *2* Formato: *f. a esse, a calice, a quadri* | ***Persona ben fatta***, fisicamente ben formata | ***Come Dio l'ha f.***, nudo | ***Non sapere come una cosa sia fatta***, non conoscerla, non averla mai vista | ***È f. così!***, questo è il suo carattere | ***Com'è f.?***, come è? di che natura o aspetto è? | Costituito: *f. di carne e d'ossa, di marmo, di ferro*. *3* Maturo: *frutti fatti* | ***Uomo f.***, adulto | (*fig.*) ***A notte fatta***, inoltrata. *4* Cotto al punto giusto: *la pasta è fatta*. *5* Operato, compiuto, realizzato: *cosa ben fatta, mal fatta* | ***Ben f.!***, escl. di approvazione | ***Così f.***, ***sì f.***, V. *cosiffatto, siffatto* | ***Letto f.***, riordinato | ***A conti fatti***, (*fig.*) tutto considerato | ***Venir f. di***, capitare, succedere involontariamente: *quando ascolto i suoi sproloqui, mi vien f. di ridere* | ***Subito f.!***, ecco pronto | ***È fatta!***, di cosa conclusa, positivamente o negativamente | ***Detto f.***, immediatamente | ***È subito, è presto f.***, immediatamente. *6* Adatto: *essere, non essere f. per qlco. o per qlcu.* | ***F. apposta per qlco.***, adattissimo, tagliato su misura. *7* (*raro*) Sazio | Ubriaco. *8* (*fam.*) Molto stanco, molto affaticato: *dopo una giornata di lavoro sono f.* | (*est.*, *gerg.*) Che è sotto l'effetto di una droga: *quel tipo è f.* ‖ PROV. Cosa fatta capo ha. ‖ †**fattaménte**, avv. *1* (*raro*) Effettivamente. *2* (*lett.*) Nelle loc. avv. ***sì fattamente***, ***così fattamente***, in tal modo: *l'altre, udendo costei così fattamente parlare, ... si tacquero* (BOCCACCIO); V. anche †*siffattamente*.

•**fatto** (**2**) [vc. dotta, lat. *fāctu(m)*, part. pass. nt. sost. di *fācere* 'fare'; av. 1292] s. m. *1* Azione o atto concreto: *ci vogliono fatti e non parole* | ***Fare i fatti***, agire | ***Porre qlcu. di fronte al f. compiuto***, ad una azione già realizzata | ***Fatti amministrativi***, le varie operazioni con cui si manifesta l'attività aziendale | ***Sul f.***, nell'atto stesso di compiere un'azione | ***Cogliere qlcu. sul f.***, mentre agisce | ***Venire, scendere, passare a vie di f.***, alle mani | ***F. d'arme***, combattimento | ***F. di sangue***, uccisione o ferimento | ***Il f. è fatto***, non si può tornare indietro, è inutile ripensarci o recriminare | (*fig.*) ***I fatti parlano chiaro***, non vi sono dubbi di sorta | ***Dato di f.***, elemento certo, reale, indiscutibile | ***In f. di***, per quanto riguarda | ***In fatti***, V. *infatti*. *2* Avvenimento, accaduto: *raccontami come si sono svolti i fatti* | ***Fatti diversi***, di minore importanza riportati dai giornali | ***Il f. sta***, ***il f. è che***, in realtà | Fenomeno, circostanza, evento: *bisogna verificare questo strano f.*; *è un f. del tutto eccezionale*. *3* (*dir.*) Avvenimento che determina il sorgere, il modificarsi o l'estinguersi di un rapporto giuridico: *f. illecito*; *f. notorio* | (*est.*) Insieme delle concrete circostanze di un rapporto giuridicamente rilevante: *desumere da un f. elementi di prova*; *errore di f.* | ***Fatti di causa***, questioni di cui si discute in giudizio | ***Questione di f.***, sostanziale. *4* Serie di eventi che costituiscono la trama di un romanzo, film, commedia e sim.: *il f. si svolge durante la seconda guerra mondiale*; *il f. è banale e risaputo, ma la recitazione ottima*. SIN. Vicenda. *5* Cosa, nel suo significato più ampio: *è un f. quasi incredibile* | ***Badare ai fatti propri***, alle proprie faccende | ***Andare per i fatti propri***, andarsene | ***F. personale***, faccenda relativa ad una sola persona e alla sua vita privata | ***Impicciarsi dei fatti altrui***, occuparsi delle faccende altrui | ***I fatti di casa***, questioni o interessi familiari | ***Non è gran f.***, gran guadagno, vantaggio e sim. | (*lett.*) ***Non ci credo gran f.***, molto | ***Sa il f. suo***, conosce bene il suo mestiere, è consapevole delle sue capacità e sim. | ***Dire a qlcu. il f. suo***, ciò che si merita | †***Il mio, il tuo, il suo f.***, il mio, tuo, suo utile o vantaggio. SIN. Affare. *6* Con valore pleonastico, è usato in varie costruzioni: *il f. è che ormai mi sono annoiato*; *è un f. che tu non ti sei neppure svegliato*; *f. sta che non mi ha neppure telefonato*. *7* Spesso è usato per introdurre un argomento che si annuncia: *il f. della sua promozione ci rende felici*; *il f. che sia partito ci riempie di malinconia*. ‖ **fattàccio**, pegg. (V.) | **fattarèllo**, **fatterèllo**, dim. (V.) | **fatticèllo**, dim. | **fattùccio**, dim.

fattóra [1673] s. f. *1* (*pop.*) Moglie del fattore, nel sign. 2. *2* †Cameriera.

fattóre [lat. *factōre(m)* 'fabbricatore', da *fācere* 'fare'; av. 1288] s. m. (f. *-trìce* (V.), *-éssa* (V.), *-tóra* (V.)) *1* (*lett.*) Artefice, autore, creatore | ***L'Alto, il Sommo Fattore***, Dio. *2* Chi coadiuva l'imprenditore agricolo nell'esercizio dell'impresa agricola e lo rappresenta secondo gli usi. *3* †Agente, esecutore. *4* †Fattorino. *5* Ciò che concorre a produrre un effetto: *i fattori del benessere sociale, della ricchezza* | ***F. campo***, nel calcio e in altri sport, l'influenza favorevole che il giocare sul proprio campo con l'incitamento del pubblico esercita su un atleta o una squadra: *contare sul f. campo* | ***F. produttivo, di produzione***, ogni elemento che concorre alla produzione, in particolare terra, capitale e lavoro | (*biol.*) ***Fattori di riproduzione***, elementi responsabili della trasmissione dei caratteri ereditari, che passano da una generazione all'altra attraverso i gameti | (*biol.*, *fisiol.*) ***F. Rh***, fattore antigene del sangue umano; V. anche *Rh*. *6* (*mat.*) Ciascuno dei termini d'una operazione, spec. della moltiplicazione. *7* In varie tecnologie, coefficiente | ***F. di potenza***, rapporto fra potenza effettiva e potenza apparente di una corrente alternata | ***F. ambientale***, coefficiente di maggiorazione del tempo normale di lavorazione che tiene conto di eventuali condizioni disagevoli relative all'ambiente spec. di lavoro. *8* †Trottola.

fattoréssa [av. 1566] s. f. *1* Moglie del fattore, nel sign. 2. *2* Lavoratrice d'azienda agricola con compiti diversi, ma specifici.

•**fattorìa** [da *fattore*, nel sign. 2; sec. XIV] s. f. *1* Azienda agricola. ➡ ILL. p. 2113 AGRICOLTURA. *2* Insieme dei fabbricati agricoli necessari a una fattoria | Casa del fattore. *3* (*raro*) Amministrazione di una fattoria | (*raro*) Ufficio di fattore.

fattoriàle [1892] **A** agg. ● Di, relativo a, fattore nei sign. 5, 6, 7 | (*mat.*) ***Prodotto f.***, prodotto dei successivi numeri interi da 1 fino a un numero dato | ***Psicologia f.***, descrizione dell'intelligenza o della personalità in termini di fattori, determinabili attraverso un metodo statistico detto analisi fattoriale. **B** s. m. ● (*mat.*) Di un numero naturale *n*, è il numero, indicato con *n!*, pari al prodotto di tutti i numeri naturali minori o uguali a *n* | Nel calcolo combinatorio, *n!* è il numero delle permutazioni di *n* elementi.

fattorinàggio [da *fattorino*] s. m. ● (*bur.*) Il complesso delle funzioni proprie del fattorino.

fattorino [da *fattore*; sec. XV] s. m. *1* (f. *-a*) Chi presso un'azienda pubblica o privata è incaricato dei piccoli servizi, spec. di consegna e recapito: *il f. vi consegnerà il pacco* | ***F. del telegrafo***, che porta a domicilio telegrammi. *2* (f. *-a*) In un mezzo di trasporto pubblico, chi è addetto alla distribuzione dei biglietti: *il f. del tram, dell'autobus*. *3* Piccolo appoggio per il ferro maestro che le donne si legavano alla vita per lavorare a maglia. *4* Treppiede del girarrosto. *5* Assicella che regola la sega dei segatori di pietre. *6* †Fermacarte.

fattorizzàre [da *fattore* nel sign. 6] v. tr. *1* (*mat.*) Procedere alla ricerca dei componenti primi di un numero. *2* (*econ.*) Cedere un credito a una società di factoring.

fattorizzazióne s. f. ● (*mat.*) Scomposizione in fattori | (*econ.*) Trasferimento di un credito a una società di factoring.

fattrìce [vc. dotta, lat. tardo *factrīce(m)*, da *fācere* 'fare'; av. 1348] s. f. *1* La femmina degli Equini e dei Bovini destinata alla riproduzione | ***F. di sangue puro***, per la riproduzione dei cavalli da corsa. *2* (*raro*, *lett.*) Donna che fa, opera, agisce e sim.

fattuàle [da *fatto* (*2*); 1965] agg. ● Pertinente a una determinata realtà di fatto. ‖ **fattualménte**, avv.

fattualità [1965] s. f. ● (*filos.*, *raro*) Condizione di ciò che è fattuale.

fattucchièra [prob. connesso con il lat. *fātum* 'fato'; av. 1535] s. f. (m. raro *-e*) ● Donna che fa fatture. SIN. Incantatrice, maliarda, strega.

fattucchierìa [av. 1597] s. f. ● Pratica di arti magiche popolari, per mezzo di filtri, incantesimi e stregonerie: *ammaliato per virtù di una f. eseguita coi libri santi* (DELEDDA).

fattùra [lat. tardo *factūra(m)*, da *fācere* 'fare'; av. 1292] s. f. *1* Confezionamento, lavorazione di qlco.: *la f. di un abito*; *la f. di quel cappello mi è costata molto* | (*est.*) Modo con cui una cosa è realizzata o fatta: *versi di rozza, buona, pregevole f.* *2* Documento che il venditore rilascia al compratore e che contiene la distinta delle merci vendute o la descrizione del servizio prestato e il corrispondente importo: *spedire, ricevere la f.* *3* †Creatura. *4* †Opera: *e questo consiglio fu f. di due compagni* (SACCHETTI). *5* †Fattezza. *6* (*pop.*) Stregoneria, incantesimo: *fare la f. a qlcu.*; *credere alle fatture*. ‖ **fatturìna**, dim. | **fatturùccia**, **fatturùzza**, dim.

fatturànte [da *fattura*] s. m. e f. ● (*disus.*) Cottimista.

fatturàre [da *fattura*; av. 1712] v. tr. *1* (*raro*) Manipolare, adulterare: *f. il vino con sostanze acquose*. *2* Annotare in fattura le vendite effettuate, redigere una fattura: *f. le importazioni, le esportazioni*; *f. grosse cifre, un notevole volume di affari*. *3* (*raro*) Affatturare.

fatturàto [1956] **A** part. pass. di *fatturare*; anche agg. ● Nei sign. del v. **B** s. m. ● Volume delle vendite risultante dall'ammontare delle fatture emesse da un'impresa in un determinato periodo: *il f. della ditta è in aumento*.

fatturatrice [da *fattura* nel sign. 2] s. f. ● Macchina contabile dotata di moltiplicazione automatica e di dispositivi particolari destinata al conteggio e alla compilazione di fatture e di altri documenti contabili.

fatturazióne [1965] s. f. ● Operazione del fatturare.

fatturista [da *fattura* nel sign. 2; 1942] s. m. e f. (pl. m. *-i*) ● Impiegato che compila fatture commerciali.

†**fattùro** [vc. dotta, lat. *factūru(m)*, part. fut. di *fācere* 'fare'; 1321] agg. ● (*raro*) Che sta per fare, che farà | ***Essere f.***, stare per fare, essere sul punto di fare: *fatto avea prima e poi, era f.* (DANTE *Par.* VI, 83).

fatuità o †**fatuitàde**, †**fatuitàte** [vc. dotta, lat. *fatuitāte(m)*, da *fătuus* 'fatuo'; 1306] s. f. ● Caratteristica di chi (o di ciò che) è fatuo. SIN. Leggerezza.

fàtuo [vc. dotta, lat. *fătuu(m)*, di etim. incerta; 1304 ca.] agg. ● Vuoto, vano, frivolo, leggero: *discorso, amore f.* | ***Fuoco f.***, fiammella che appare nei cimiteri nei pressi delle tombe, prodotta dall'accensione spontanea di sostanze gassose emananti dalla decomposizione dei cadaveri; (*fig.*) illusione che svanisce presto. ‖ **fatuaménte**, avv. Con fatuità, frivolezza.

†**fatùtto** [comp. di *fa(re)* (*1*) e *tutto*; 1623] s. m. e f. inv.; anche agg. inv. ● Faccendone.

fatwa /ar. 'fæt-wa/ [vc. ar., propr. 'consultazione'] s. f. inv. (pl. ar. *fatāwa*) ● Decisione giuridico-teologica emanata da un autorevole dottore della legge islamica, spesso in risposta a un quesito ricevuto, con valore vincolante per i fedeli.

faucàle [da *fauci*] agg. ● (*raro*, *ling.*) Detto di suono articolato per mezzo delle fauci.

fàuci [vc. dotta, lat. *fauces*, pl., di etim. incerta; sec. XIV] s. f. pl. *1* Orifizio di passaggio dalla cavità orale alla faringe | (*est.*) Bocca, spec. di animali carnivori: *le f. di un leone* | (*fig.*) ***Cadere nelle f. di un usuraio***, essere costretto a chiedergli un prestito, cadere nelle sue mani. *2* (*fig.*, *lett.*) Apertura, sbocco: *le f. del vulcano, della caverna*.

fault /fɔlt, fo-, *ingl.* fɔːlt/ [vc. ingl., dal fr. *faute*, dal lat. parl. **fāllita(m)*, da *fāllere* 'fallire'] s. m. inv. ● Nel tennis e in altri sport, fallo.

fàuna [vc. dotta, lat. *Fāuna(m)*, figlia (o sposa) del dio *Fauno*; 1832] s. f. *1* Insieme degli animali di un determinato ambiente: *f. marina*; *f. alpina*. *2* (*est.*, *iron.*) Insieme di persone connesse a un dato ambiente: *la f. dei vacanzieri*.

faunésco [da *fauno*; 1886] agg. (pl. m. *-schi*) ● Di, da fauno: *sguardo, viso f.*; *orecchie faunesche*. ‖ **faunescaménte**, avv.

faunistica [1941] s. f. ● Studio della fauna di un determinato ambiente.

faunistico [1931] agg. (pl. m. *-ci*) ● Che si riferisce alla, che è proprio della, fauna: *patrimonio f.* || **faunisticaménte**, avv. Relativamente alla fauna.

fàuno [vc. dotta, lat. *fāunu(m)*, da avvicinare a *favēre* 'favorire (la crescita)'; 1336 ca.] s. m. ● Antica divinità italica protettrice dei campi e delle greggi, raffigurato con orecchie appuntite, corna e piedi caprini, analogamente al dio Pan col quale venne a identificarsi.

faustiàno [1948] agg. ● Proprio di Faust, personaggio dell'omonimo poema drammatico di W. Goethe | ***Spirito f.***, che ricerca sempre nuove conoscenze ed esperienze.

fàusto [vc. dotta, lat. *fāustu(m)*, da avvicinare a *favēre* 'favorire'; 1321] agg. **1** (*lett.*) Propizio, favorevole. **2** (*est.*) Lieto, felice, fortunato: *annunzio f.*; *giorno f.* | ***F. evento***, lieto evento. CONTR. Nefasto. || **faustaménte**, avv. Felicemente.

fautóre [vc. dotta, lat. *fautōre(m)*, da *favēre* 'favorire'; av. 1342] agg.; anche s. m. (f. *-trice*) ● Che (o Chi) favorisce, promuove, sostiene: *f. della libertà, dell'alleanza, della pace, della rivoluzione*. SIN. Sostenitore. CONTR. Avversario, nemico.

fauve /fr. foːv/ [vc. fr., propr. 'belva', vc. di orig. francone] **A** s. m. inv. ● Artista seguace del fauvismo. **B** agg. inv. ● Relativo al fauvismo, che segue il fauvismo: *pittura, esposizione f.*

fauvismo /fo'vizmo/ [fr. *fauvisme*, da *fauve* (V.) col suff. *-isme* 'ismo'; 1914] s. m. ● Movimento artistico sorto in Francia agli inizi del sec. XX, la cui pittura è caratterizzata da colori puri violentemente contrastanti e da una composizione tridimensionale tendente alla semplificazione o alla deformazione del reale nella ricerca di una primitiva immediatezza di espressione.

fàva [lat. *făba(m)*, di orig. indeur.; 1340 ca.] s. f. **1** Pianta erbacea delle Papilionacee con foglie composte paripennate, fiori di color bianco o violaceo in racemi e legumi scuri contenenti semi verdastri (*Vicia faba*) | Il seme commestibile di tale pianta | ***Prendere due piccioni con una f.***, raggiungere due risultati e sim., in una sola volta | ***F. dei morti***, ***f. dolce***, pasticcini croccanti a base di mandorle, farina, zucchero e albume d'uovo che si consumano tradizionalmente nella ricorrenza dei defunti. ➡ ILL. **piante**/7. **2** (*ant.*) Voto, suffragio che si dava deponendo una fava nell'urna | †***F. nera***, voto contrario | †***F. bianca***, voto favorevole | †***Mettere alle fave***, ai voti. **3** †Bagattella | †***È tutto f.***, tutto la stessa cosa. **4** (*volg.*) Glande | (*est.*) Pene. || **favàccia**, pegg. | **favétta**, dim. (V.) | **favina**, dim.

favagèllo [da *fava*, perché le foglie assomigliano a quelle delle fave; av. 1449] s. m. ● Pianta erbacea delle Ranuncolacee con tuberi carnosi, breve fusto sdraiato e fiori giallo-dorati (*Ranunculus ficaria*). ➡ ILL. **piante**/3.

favàggine [da *fava* col suff. di alcune piante *-aggine*, suff. già in lat. usato per formare nomi di piante; 1813] s. f. ● Pianta erbacea delle Zigofillacee con foglioline carnose e fiori ascellari con proprietà medicinali (*Zygophyllum fabago*).

favàio [lat. tardo *fabāriu(m)*, da *făba* 'fava'] s. m. ● (*raro*) Campo coltivato a fave.

favàra [dall'ar. *fawwāra*] s. f. ● Nell'isola di Pantelleria, abbondante emissione di vapore a 100 °C.

favarèlla ● V. *faverella*.

favàta [lat. *fabāta(m)*, da *făba* 'fava'; av. 1566] s. f. **1** Minestra di fave. **2** (*fig.*, *region.*) Millanteria.

favela /port. fa'vɛlʌ, fa'vɛla/ [vc. del port. brasiliano, propr. 'alveare', dal lat. *făvu(m)* 'favo'] s. f. inv. (pl. port. *favelas*) ● Quartiere di baracche costruite spec. alla periferia di grandi città brasiliane.

favèlla [da *favellare* (*1*); sec. X] s. f. **1** Facoltà di parlare: *il dono della f.*; *perdere, riacquistare la f.* | (*est.*) Discorso: *con qual f. / il lor voler ti palesaro i numi?* (METASTASIO) | ***Tener f.***, conversare. **2** (*lett.*) Lingua particolare: *la f. latina*; *molto studio nelle altrui favelle ponendo* (BEMBO).

favellàre (**1**) [lat. parl. **fabellāre*, da *fabĕlla* 'piccolo racconto', dim. di *fābula* 'favola'; sec. XII] v. intr. e tr. (*io favèllo*; aus. *avere*) ● (*lett.*) Parlare, discorrere: *chi d'una cosa, e chi d'altra favella* (L. DE' MEDICI).

favellàre (**2**) [da *favellare* (*1*); sec. XIV] s. m. (pl. *†-i*) ● †Discorso | †Locuzione.

†**favellatóre** [da *favellare*; sec. XIII] s. m. (f. *-trice*) ● Parlatore.

favèllio [1304] s. m. ● (*lett.*) Chiacchierio.

†**favènte** [vc. dotta, lat. *favĕnte(m)*, part. pres. di *favēre* 'favorire'; 1342] agg. ● (*lett.*) Fautore.

faverèlla o **favarèlla** [da *fava*; av. 1672] s. f. ● Impasto di fave cotte, usato come mangime per cavalli.

favéto [1550] s. m. ● (*raro*) Campo coltivato a fave.

favétta [1572] s. f. **1** Dim. di *fava*. **2** Tipo di fava a seme piccolo usata spec. nell'alimentazione del bestiame (*Vicia faba minor*). SIN. Favino. **3** (*fig.*) †Persona saccente.

favilla [lat. *favĭlla(m)*, dalla stessa radice di *favēre* 'riscaldare'; av. 1292] s. f. **1** Parte minutissima di materia incandescente: *le faville di un falò* | ***Far faville***, di chi eccelle, ottiene brillanti risultati e sim. | ***Andar in faville***, bruciare | ***Mandar faville dagli occhi***, (*fig.*) per gioia o ira | †Cenere sottile che ricopre la brace. SIN. Scintilla. **2** (*fig.*) Fiammella, intesa anche come principio di sentimento, passione, avvenimento: *la f. dell'amore, dell'odio*. **3** (*fig., lett.*) Briciola, minima parte. || **favillétta**, dim. | **favillina**, dim. | **favillùccia**, **favillùzza**, dim.

favino [da *fava*] s. m. ● Favetta, nel sign. 2.

favismo [da *fava*] s. m. ● (*med.*) Anemia emolitica ereditaria che si manifesta con l'ingestione di fave crude o con l'inalazione di polline di fava.

favissa [vc. dotta, lat. *favĭssae*, nom. pl., di orig. preindeur.; av. 1912] s. f. ● Negli antichi templi, cella sotterranea situata all'interno del recinto sacro ma fuori del tempio, che serviva come deposito per le offerte votive.

fàvo [lat. *făvu(m)*, di etim. incerta; av. 1342] s. m. **1** Insieme delle celle a forma esagonale costruite dalle api per deporvi uova, miele e polline: *un f. di miele*. **2** (*med.*) Grosso foruncolo o agglomerato di foruncoli intercomunicanti in genere causato da stafilococchi. SIN. Vespaio. **3** (*med.*) Infezione della cute e del cuoio capelluto causata da funghi. CFR. Tigna.

♦**fàvola** o †**fàbula** [lat. *fābula(m)*, da *fāri* 'parlare'; sec. XIII] s. f. **1** Breve narrazione in prosa o in versi, di intento morale, didascalico e sim., avente per oggetto un fatto immaginato i cui protagonisti sono per lo più cose o animali: *le favole di Esopo, di La Fontaine* | ***La morale della f.***, l'insegnamento che se ne ricava; (*est.*) il significato reale, l'effettiva portata di un fatto, di un avvenimento e sim. **2** Racconto spec. popolare di argomento fantastico, con personaggi immaginari quali fate, gnomi, streghe e sim., spesso con intenti educativi: *raccontare le favole ai bambini*; *un libro di favole*; *le favole di Andersen*; *la f. di Biancaneve, del gatto con gli stivali*. SIN. Fiaba. **3** Qualsiasi racconto o argomento fantastico, misterioso, mitico: *l'origine di quel popolo è avvolta nella f.*; *quelle credenze hanno il tono della f.* | Chiacchiera, diceria sul conto di una persona o su un avvenimento od anche l'oggetto di tali chiacchiere: *quell'individuo è diventato la f. del paese*. **4** Commedia, dramma: *f. pastorale* | Intreccio di commedia, dramma o poema | †Novella, aneddoto, fatterello. **5** (*fig., poet.*) Vita umana: *la f. breve è finita* (CARDUCCI). **6** Invenzione, bugia, fandonia: *eran tutte favole*. || **favolàccia**, pegg. | **favolétta**, dim. | **favolina**, dim. | **favolùccia**, **favolùzza**, dim.

†**favolàre** [sec. XIII] v. intr. **1** Raccontar favole. **2** Favellare, confabulare. SIN. Fabulare.

†**favolatóre** o †**fabulatóre** [lat. *fabulatōre(m)*, da *fābula* 'favola'; sec. XIII] s. m. (f. *-trice*) **1** Scrittore di favole. **2** (*raro, est.*) Chiacchierone.

favoleggiaménto [av. 1557] s. m. ● (*raro*) Il favoleggiare.

favoleggiàre o †**fabuleggiàre** [da *favola*; 1321] v. intr. (*io favoléggio*; aus. *avere*) **1** Raccontare favole. **2** Rappresentare cose favolose, parlandone o scrivendone: *questa è la città di cui tanto si è favoleggiato*.

favoleggiatóre [sec. XIV] s. m.; anche agg. (f. *-trice*) ● (*raro, lett.*) Chi (o Che) favoleggia.

favolèllo [adattamento dell'ant. fr. *fablel*, dim. di *fable* 'racconto immaginario', di orig. lat. (*fābula*); 1869] s. m. ● Breve racconto, poemetto narrativo medievale. SIN. Fabliau.

favolista [av. 1798] s. m. e f. (pl. m. *-i*) ● Scrittore di favole.

favolistica [1965] s. f. **1** Genere letterario delle favole | Insieme di favole proprie di un determinato paese o area geografica: *la f. nordica*. **2** Disciplina relativa allo studio delle favole.

favolistico agg. (pl. m. *-ci*) ● Che si riferisce alle favole: *genere f.* || **favolisticaménte**, avv.

favolosità [lat. *fabulositāte(m)*, da *fabulōsus* 'favoloso'; av. 1597] s. f. ● (*raro*) Caratteristica di ciò che è favoloso.

♦**favolóso** o †**fabulóso** [lat. *fabulōsu(m)*, da *fābula* 'favola'; 1353] agg. **1** Di favola, che appartiene alla favola: *una storia, una divinità favolosa* | Leggendario: *il f. Egitto*; *tutte le storie barbare hanno favolosi principi* (VICO). **2** (*est.*) Incredibile, enorme, esagerato: *una ricchezza favolosa*; *prezzo f.* | (*fam.*) Straordinario, suggestivo: *uno spettacolo f.*; *un libro f.* || **favolosaménte**, avv.

favònio [vc. dotta, lat. *favōniu(m)*, da *favēre* 'favorire la crescita', perché col suo tepore favorisce i germogli; av. 1292] s. m. **1** (*lett.*) Vento tiepido di ponente. **2** Vento discendente caldo, secco, sul versante sottovento di una catena montuosa. SIN. Föhn.

†**favoràbile** [vc. dotta, lat. *favorābile(m)*, da *făvor*, genit. *favōris* 'favore'; sec. XIV] agg. ● Favorevole. || †**favorabilménte**, avv. Favorevolmente.

♦**favóre** [vc. dotta, lat. *favōre(m)*, da *favēre* 'favorire', di etim. incerta; av. 1292] s. m. **1** Benevolenza, preferenza, simpatia: *f. popolare*; *godere il f. del popolo, del pubblico*; *la squadra gode del f. del pronostico* | ***Votare a f. di qlcu., di qlco.***, dimostrare col voto di volere la sua elezione, di approvarne le richieste, le proposte e sim. | ***Parlare in f.***, esprimere consenso, approvazione e sim. | ***Incontrare il f. di qlcu.***, detto di cosa, atteggiamento, iniziativa e sim. che riscuote simpatia e consensi | ***Di f.***, detto di ciò che si fa o si concede non per dovere ma per venire incontro alle esigenze, alle necessità, alle richieste di qlcu.: *prezzo di f.*; *firma, cambiale di f.* | ***Entrata, biglietto di f.***, che consente l'ingresso gratuito a spettacoli e sim. **2** Azione che dimostra benevolenza verso qlcu.: *chiedere, fare un f. a qlcu.*; *fammi il f. di tacere*; *non mi scorderò mai il f. che fatto mi avete* (GOLDONI) | ***Mi faccia il f.!***, escl. di impazienza, sdegno e sim. | ***Per f.***, formula di cortesia per chiedere qlco. SIN. Cortesia, piacere. **3** Aiuto, beneficio, vantaggio, spec. nelle loc. ***a f.***, ***in f.***: *soccorsi a f. degli alluvionati*; *testimoniare a f. di qlcu.*; *testimoni a f. di qlcu.*; *intervenire in f. di qlcu.*; *la sentenza è in nostro f.* | Protezione, appoggio, complicità: *con il vostro f. è riuscito a sistemarsi*; *fuggì col f. delle tenebre*. **4** (*al pl.*) (*lett.* o *scherz.*) Disponibilità a concedersi a un rapporto amoroso: *ottenere i favori di una donna, della propria bella*. || **favorétto**, dim. | **favorino**, dim. | **favoróne**, accr. | **favorùccio**, **favorùzzo**, dim.

favoreggiaménto [1524] s. m. **1** (*raro*) Protezione, aiuto. **2** (*dir.*) ***F. personale***, reato consistente nell'aiutare qlcu. a eludere le indagini o a sottrarsi alle ricerche delle autorità, dopo che è stato commesso un reato | ***F. reale***, reato consistente nell'aiutare qlcu. ad assicurarsi il prodotto o il profitto di un reato | ***F. bellico***, reato di chi si accorda in tempo di guerra con lo straniero o commette altri fatti al fine di favorire le operazioni militari del nemico o nuocere a quelle del proprio Stato | ***F. della prostituzione***, reato di chi agevola, con qualsiasi atto che non raggiunga lo sfruttamento vero e proprio, la prostituzione altrui.

favoreggiàre [da *favore*; sec. XIII] v. tr. (*io favoréggio*) ● Proteggere col proprio favore: *f. un intrigo, la corruzione*; *f. un reo, un omicida*.

favoreggiatóre [av. 1333] s. m. (f. *-trice*) ● (*raro*) Chi favoreggia | (*dir.*) Chi si rende colpevole di favoreggiamento.

♦**favorévole** [1312] agg. **1** Che approva, consente, reca vantaggio: *sentenza, risposta, voto f.*; *tempo, stagione f.* **2** Benigno, benevolo: *giudizio f.* | Propizio: *vento f.* CONTR. Avverso, ostile. || **favorevolménte**, avv.

♦**favorire** [da *favore*; 1476] **A** v. tr. (*io favorisco, tu favorisci*) **1** Incoraggiare, aiutare, a volte anche con parzialità: *f. i desideri, le aspirazioni, le inclinazioni di qlcu.*; *f. un concorrente*. SIN. Assecondare, sostenere. CONTR. Avversare, contrariare. **2** Promuovere, appoggiare, facilitare, agevolare: *f. il commercio, l'industria, un partito, una opinione*. **3** (*bur.*) Porgere: *favorisca i documenti, il biglietto*. **B** v. intr. (aus. *avere*) ● Accettare di fare qlco., compiacere per cortesia: *di' al cavaliere di Ripafratta, che favorisca venire da me* (GOLDONI)

| *Vuole f.?*, invitando qlcu. a pranzare alla propria tavola | ***Tanto per f.***, formula di cortesia con la quale si accetta l'offerta di cibi, bevande e sim., prendendone in piccola quantità | ***Favorisca!***, entri!, si accomodi! | ***Favorisca alla cassa***, invito che si fa al cliente di pagare | ***Favorisca in questura!***, ***favorisca seguirmi***, esprimendo un ordine, anche in modo brusco.

favorita [1525] **s. f.** ● Amante prediletta di un uomo potente e importante: *la f. dell'imperatore, del sultano.*

favoritismo [da *favorire*; 1853] **s. m.** ● Atteggiamento, atto di chi favorisce qlcu. indebitamente, con parzialità.

favorito [sec. XIV] **A part. pass.** di *favorire*; anche **agg.** *1* Amato, prediletto, preferito: *il mio scrittore f.* *2* Detto di atleta, cavallo, e sim., che è considerato il probabile vincitore di una competizione sportiva: *la squadra favorita di un torneo.* || **favoritamente**, **avv.** (*raro*) In modo favorito. **B s. m.** *1* (**f.** *-a* (V.)) Persona prediletta: *ecco il suo f.* **SIN.** Beniamino. *2* (**f.** *-a*) Atleta, cavallo, squadra e sim., favoriti: *clamorosa sconfitta del f.* *3* (*al pl.*) Basette lunghe fino all'altezza del mento.

favùle [lat. *fabūle* 'gambo della fava' (da *fāba* 'fava'); sec. XIV] **s. m.** *1* Campo di fave. *2* Stoppia, gambo seccato della fava.

fax [accorc. di *telefax*; 1988] **s. m. inv.** *1* Apparecchio per la ricetrasmissione di documenti tramite la rete telefonica: *inviare l'estratto conto via fax.* *2* Il documento trasmesso o ricevuto con tale apparecchio: *ti mando un fax* | (*est.*) Il contenuto del documento stesso: *sono d'accordo col tuo fax* | ***Popolo dei fax***, insieme delle persone che inviano via fax spec. a giornali o reti televisive opinioni, proteste, commenti.

faxàre [da *fax*; 1989] **v. tr.** ● Trasmettere con il telefax: *f. un documento.*

fazenda /*port.* fʌ'zẽndʌ, fa'zẽnda/ [vc. port., dal lat. *faciĕnda* 'cose da farsi' (V. *faccenda*); 1892] **s. f. inv.** (**pl.** port. *fazendas*) ● Azienda agricola brasiliana.

fazendeiro /*port.* fʌzẽn'dʌiru, fazẽn'dei-/ [vc. port., deriv. di *fazenda*; 1934] **s. m. inv.** (**pl.** port. *fazendeiros*) ● Chi possiede o conduce una fazenda.

†**fazionàrio** [vc. dotta, lat. tardo *factionāriu(m)* 'capo fazione nelle corse del circo', da *fāctio*, genit. *factiōnis* 'fazione'; av. 1589] **s. m.** ● Aderente a una fazione.

fazióne [vc. dotta, lat. *factiōne(m)*, da *făcere* 'fare'; sec. XIII] **s. f.** *1* Raggruppamento spec. politico, particolarmente intollerante e violento: *guerre, lotte di fazioni.* **SIN.** Setta. *2* (*est.*) Nel calcio e sim., squadra, in quanto contrapposta a quella avversaria: *i tifosi di entrambe le fazioni.* *3* †(*mil.*, *raro*) Servizio obbligatorio | †Fatto d'arme, azione militare: *uomo, gente, cavallo da f.* | ***Fare f.***, combattere | ***Essere, montare di f.***, di sentinella. *4* †Forma, maniera, specie | †***A f.***, a forma, guisa. *5* †Fattezza, forma del corpo. *6* †Fatto, faccenda.

faziosità [1919] **s. f.** ● Caratteristica di chi (o di ciò che) è fazioso.

fazióso [vc. dotta, lat. *factiōsu(m)*, da *fāctio* 'fazione'; av. 1533] **A agg.** *1* Intollerante, settario, di parte: *giornale f.*; *individuo f. e dogmatico* | (*est.*) Parziale: *un giudizio f.* *2* (*raro*) Ribelle, fanatico. **CONTR.** Moderato. || **faziosaménte**, **avv.** **B s. m.** (**f.** *-a*) ● Persona settaria e intollerante: *fu assalito da un gruppo di faziosi.*

●**fazzolétto** [dim. di *fazzolo*; av. 1471] **s. m.** ● Quadrato spec. di lino o di cotone, per soffiarsi il naso, asciugare il sudore e sim.: *f. da donna, da uomo* | ***Fare un nodo al f.***, annodarne una cocca, per ricordare qlco. | Grande quadrato, di seta o altri tessuti, per coprire la testa e sim.: *portare il f. annodato sotto il mento.* **CFR.** foulard | (*fig.*) ***F. di terra***, campo molto piccolo. || **fazzolettino**, **dim.** | **fazzolettóne**, **accr.** | **fazzolettùccio**, **dim.**

fazzòlo o **fazzuòlo** [lat. parl. **faciolu(m)*, da *făcies* 'faccia'; sec. XV] **s. m.** *1* †Tela per fazzoletti. *2* (*region.*, *lett.*) Fazzoletto | Sindone, sudario. || **fazzolétto**, **dim.** (V.).

†**fé** (**1**) /fe*/ [forma tronca di *fede* (V.)] **s. f.** ● (*poet.*) Fede: *alla buona fé!*; *alla fé di Cristo!*; *alla fé di Dio!*; *in fé di Dio, se tu non la mi dai, tu non avrai mai da me cosa che ti piaccia* (BOCCACCIO).

†**fé** (**2**) o **fe'** ● V. *fare.*

●**febbràio** o (*dial.*) †**febbràro** [lat. *februāriu(m)* 'mese dedicato alla purificazione', da *fĕbruus* 'purificante'; av. 1288] **s. m.** ● Secondo mese dell'anno nel calendario gregoriano, di 28 giorni negli anni normali, di 29 in quelli bisestili.

●**fèbbre** o †**fèbre** [lat. *fĕbre(m)*, di etim. incerta; sec. XIII] **s. f.** *1* Aumento della temperatura corporea dovuto a malattia: *provare, misurare la f.* | (*fig.*) ***Avere una f. da cavallo***, molto alta | ***Albero della f.***, eucalipto | (*est.*) Nome di alcune malattie: ***f. gialla***, epatite infettiva acuta causata da un virus trasmesso dalla puntura di particolari zanzare | ***F. ondulante***, ***f. maltese***, brucellosi | ***F. tifoide***, tifo addominale. *2* (*fam.*, *est.*) Herpes, che appare sulle labbra. *3* (*fig.*) Passione ardente, desiderio intenso, eccitazione: *f. della gelosia, del denaro*; *la f. del sabato sera*; *Io avevo la f. d'arrivare, ma ce ne volle* (FENOGLIO) | ***Avere la f. addosso***, (*fig.*) essere in preda a forte agitazione, paura, ansietà. || **febbràccia**, **pegg.** | **febbrétta**, **dim.** | **febbriciàttola**, **dim.** (V.) | **febbrina**, **dim.** | **febbróna**, **accr.** | **febbróne**, **accr. m.** (V.).

febbriciàttola [av. 1698] **s. f.** *1* Dim. di *febbre.* *2* Febbre poco elevata, ma persistente.

febbricitànte [lat. *febricitāntem*, part. pres. di *febricitāre*, deriv. di *fĕbris* 'febbre'; sec. XIV] **agg.** ● Che ha la febbre: *fronte f.*; *malato f.*

febbrìcola [lat. *febrĭcula(m)*, dim. di *fĕbris* 'febbre'; 1950] **s. f.** ● (*med.*) Febbre poco elevata ma persistente, spec. serotina.

febbricóso o †**febbricóso** [av. 1363] **agg.** *1* (*lett.*) Febbricitante. *2* (*raro*) Che dà la febbre.

febbrìfugo, (*evit.*) **febbrifùgo** [comp. di *febbre* e *-fugo*; 1684] **agg.**; anche **s. m.** (**pl. m.** *-ghi*) ● Antipiretico.

febbrile o †**febrile** [da *febbre*; av. 1320] **agg.** *1* Di febbre: *accesso, stato f.* *2* (*fig.*) Agitato, convulso: *il cammino ... f. che segue l'umanità per raggiungere la conquista del progresso* (VERGA) | Intenso, instancabile: *attività, lavoro f.* || **febbrilménte**, **avv.**

febbróne [1663] **s. m.** *1* Accr. di *febbre.* *2* Febbre molto alta.

febèo [vc. dotta, lat. *phoebēu(m)*, nom. *phoebēus*, dal gr. *phóibeios*, da *Phôibos* 'Febo'; av. 1416] **agg.** ● Di Febo, dio del Sole e della poesia: *la scorta de' febei raggi lucenti* (L. DE' MEDICI) | ***Estro f.***, poetico.

†**febre** e *deriv.* ● V. *febbre* e *deriv.*

fecàle [1775] **agg.** ● Delle, relativo alle, feci: *materia f.*

fecalizzazióne [da *fecale*] **s. f.** ● Immissione di acque aventi un alto contenuto di materia fecale in acque marine, lacustri e sim.

fecalòma [comp. di *fecal(e)* e del suff. *-oma*] **s. m.** (**pl.** *-i*) ● (*med.*) Grossa massa fecale che provoca occlusione del retto terminale.

fèccia (o *-é-*) [lat. parl. **faecea(m)*, da *fāex*, genit. *fāecis* 'feccia', di orig. preindeur.; av. 1292] **s. f.** (**pl.** *-ce*) *1* Deposito melmoso che si forma nei vasi vinari per sedimentazione dei vini dell'annata: *f. di svinatura, di filtrazione* | ***Bere il calice sino alla f.***, (*fig.*) provare tutte le amarezze | (*est.*, *gener.*) Sedimento di un liquido. *2* Parte peggiore: *la f. della società.* *3* (*spec. al pl.*) †Feci. || **PROV.** Beva la feccia chi ha bevuto il vino.

fecciàia [da *feccia*; sec. XIV] **s. f.** ● Apertura praticata nel fondo anteriore della botte dove si applica la cannella per fare uscire la feccia.

fecciàio [sec. XIV] **agg.** ● Di feccia | ***Spina fecciaia***, che si toglie per far uscire la feccia dalla botte.

feccióso [1353] **agg.** *1* Ricco di feccia: *vino f.* | Torbido, impuro (*anche fig.*): *olio f.* **CONTR.** Limpido, pulito, puro. *2* (*fig.*) †Spregevole, vile: *i modi fecciosi della moglie* (SACCHETTI).

fecciùme [av. 1686] **s. m.** *1* (*raro*) Quantità di feccia. *2* (*fig.*, *raro*) Gentaglia, canaglia.

fèci (**1**) (o *-é-*) [lat. *fāeces*, pl. di *fāex* 'feccia'; sec. XIV] **s. f. pl.** ● (*fisiol.*) Materiali di rifiuto dell'organismo, di origine alimentare, eliminati dal corpo attraverso l'intestino retto. **CFR.** copro-, scato-. **SIN.** Escrementi.

féci (**2**) ● V. *fare* (*1*).

feciàle ● V. *feziale.*

fècola [fr. *fécule*, dal lat. *fāecula(m)*, dim. di *fāex*, genit. *fāecis* 'feccia'; av. 1715] **s. f.** *1* Sostanza amidacea d'aspetto farinoso, che si estrae da alcuni tuberi, rizomi e bulbi: *f. di patate, di castagne.* *2* (*per anton.*) Correntemente, fecola di patate.

fecondàbile [av. 1704] **agg.** ● Che si può fecondare.

fecondabilità **s. f.** ● Capacità di essere fecondato.

fecondàre o †**fecundàre** [vc. dotta, lat. *fecundāre*, da *fecŭndus* 'fecondo'; av. 1306] **v. tr.** (*io fecóndo*) *1* (*biol.*) Determinare la formazione e lo sviluppo del germe embrionario. *2* Rendere fertile (*anche fig.*): *l'acqua e il sole fecondano la terra*; *f. la mente con lo studio e l'applicazione.* **CONTR.** Inaridire, isterilire.

fecondatìvo [av. 1459] **agg.** ● Che serve a fecondare.

fecondatóre [1614] **A agg.** ● Che feconda (*anche fig.*): *un sole f.*; *pensiero, ideale f.* **B s. m.** (**f.** *-trice*) ● Chi feconda (*anche fig.*) | ***F. laico***, in zootecnia, qualifica professionale di chi è in grado di svolgere le operazioni di fecondazione artificiale di suini e bovini.

fecondazióne o †**fecundazióne** [av. 1730] **s. f.** ● (*biol.*) Unione dei gameti maschile e femminile che determina la formazione del germe embrionario | ***F. artificiale***, introduzione artificiale del seme maschile nell'apparato genitale della femmina appartenente alla stessa specie, negli animali e nell'uomo | ***F. assistita***, fecondazione artificiale usata in presenza di impedimenti fisiologici dell'uomo o della donna | ***F. omologa***, fecondazione artificiale in cui il seme o la cellula uovo sono forniti dal coniuge | ***F. eterologa***, fecondazione artificiale in cui il seme o la cellula uovo sono forniti da un donatore di solito ignoto | ***F. in vitro***, quella realizzata in laboratorio su una cellula germinale (*oocita*) di una donatrice che verrà successivamente impiantata nella parete uterina | ***F. incrociata***, quella di una pianta con polline di un'altra pianta.

fecondità o †**fecunditàde**, †**fecunditàte**, †**fecundità** [vc. dotta, lat. *fecunditāte(m)*, da *fecŭndus* 'fecondo'; 1306] **s. f.** *1* (*biol.*) Capacità di essere fecondo: *la f. dei conigli* | Capacità della femmina di essere fecondata e di procreare. *2* Fertilità, produttività (*anche fig.*): *la f. di un terreno*; *f. d'ingegno*; *la f. dell'immaginazione* (LEOPARDI). **CONTR.** Improduttività.

fecóndo o †**fecùndo** [vc. dotta, lat. *fecŭndu(m)*, di orig. indeur.; av. 1364] **agg.** *1* Detto di donna o di femmina di animali che può procreare: *una sposa feconda* | ***Matrimonio f., nozze feconde***, con molti figli. *2* Che produce largamente (*anche fig.*): *terreno f.*; *ingegno f.*; *fu in lettere ed in arme più f. / che l'universo tutto quanto insieme* (CAMPANELLA) | (*fig.*) Che può avere ricco svolgimento, ampi sviluppi, larga trattazione: *tema f.*; *idea feconda.* **SIN.** Fertile, produttivo. **CONTR.** Sterile. *3* (*lett.*) Che feconda: *vento f.* || **fecondaménte**, **avv.** Con fecondità.

feculàceo [dal lat. *fāecula* 'fecola'] **agg.** ● Che ha natura di fecola.

feculènto [vc. dotta, lat. *faeculēntu(m)*, da *fāecula*, dim. di *fāex*, genit. *fāecis* 'feccia'; 1340 ca.] **agg.** ● (*raro*) Feccioso: *vino f.*

†**fecundàre** e *deriv.* ● V. *fecondare* e *deriv.*

fedain o **fedayn**, **feddayn** [da *fidā'iyyīn*, pl. di *fidā'ī* 'che offre la sua anima in riscatto, volontario della morte'; 1963] **s. m. inv.** ● Appartenente al corpo militare composto da guerriglieri palestinesi, organizzato nel 1955 dall'Egitto contro Israele | (*est.*) Guerrigliero palestinese.

†**fedàre** [vc. dotta, lat. *foedāre*, da *foedus* 'turpe'. V. †*fedo*; 1336 ca.] **v. tr.** ● Lordare, sporcare, insozzare.

fedayn /feda'in, *ar.* fɪdæː'ʔiːn/ ● V. *fedain.*

feddayn /fedda'in/ ● V. *fedain.*

●**féde** [lat. *fĭde(m)*, di orig. indeur.; av. 1250] **s. f.** (*poet.* troncato in *fé*) *1* Adesione incondizionata a valori o concetti, determinata da una convinzione assoluta indipendente da prove logiche: *avere f. nella libertà, nel progresso*; *avere f. nella vittoria*; *prestar f. alla magia, all'astrologia.* *2* Il complesso dei princìpi seguiti in politica, in filosofia e sim.: *f. monarchica, socialista, anarchica.* **SIN.** Credo. *3* (*relig.*) Adesione dell'anima e della mente ad una verità rivelata o soprannaturale non sempre dimostrabile con la ragione | Complesso delle credenze che, in una religione, sono accettate come rivelate e non discutibili | Religione: *la f. ebraica, cristiana.* *4* Nel cristianesimo, una delle tre virtù teologali, consistente nell'assenso della ragione e nell'adesione della volontà, mossa da Dio a mezzo della grazia, alle verità da Dio rivelate che devono essere accettate per l'autorità di chi le rivela: *lume della f.*; *dono della f.*; *articolo, dogma di f.*; *dubbio di f.* | ***Materia di f.***, parti della religione cattolica che costituiscono dogma | ***Fare atto di f.***, dichiarare formalmente la propria credenza e (*fig.*) la propria adesione a qlco. | ***Rinnegare la f.***, apostatare | ***I conforti della f.***, estrema unzione | ***Uomo di poca f.***, (*fig.*, *scherz.*) chi non ha fiducia negli altri o nel loro operato. ***5*** Fiducia, credito: *aver f. nel trionfo della tecnica, nell'avvenire*; *ottenere, acquistare, meritare f.* | ***Buona f.***, V. *buonafede* | ***Mala f.***, V. *malafede*. ***6*** Osservanza delle cose promesse | Fedeltà, onestà, lealtà: *f. coniugale, di sposo, di amico, di amante*; *mantenere f. alla parola data*; *tener f. ai patti, al giuramento* | †***Alzar la f.***, la mano per giurare. ***7*** Anello che si scambiano gli sposi, il giorno del matrimonio: *la f. si porta infilata nell'anulare della mano sinistra*. ***8*** Attestato | ***Far f.***, attestare, essere prova | ***In f.***, formula di conferma e conclusione di un documento, un certificato e sim. | (*bur.*) Documento, certificato: *f. di battesimo, di stato civile* | ***F. di credito***, documento bancario con cui l'istituto emittente si obbliga a pagare a vista al prenditore o al giratario una data somma di denaro | ***F. di deposito***, titolo di credito all'ordine rappresentativo delle merci depositate in un magazzino generale o in un deposito franco. || **fedina**, **dim.** nel sign. 7.

†fedecommessàrio ● V. *fedecommissario*.

fedecommésso o **fidecomméso**, (*raro*) **fidecommisso** [vc. dotta, lat. *fideicommĭssu(m)* 'affidato alla lealtà', comp. di *fĭdes* 'lealtà' e *commĭssum*, part. pass. di *committĕre* 'affidare' (V. *commettere*); 1355] **s. m.** ● (*dir.*) Obbligo imposto dal testatore all'erede di conservare i beni ereditati e di trasmetterli alla sua morte, in tutto o in parte, a una data persona, consentito in casi molto limitati dalla legislazione vigente.

fedecommèttere o (*raro*) **fidecommèttere**, (*raro*) **fidecommittere** [ricavato da *fedecommesso*; 1766] **v. tr.** (coniug. come *mettere*) ● (*dir.*) Lasciare qlco. in fedecommesso.

fedecommissàrio o †**fedecommessàrio**, †**fidecommessàrio**, (*raro*) **fidecommissàrio** [vc. dotta, lat. tardo *fideicommissāriu(m)*, da *fideicommĭssum* 'fedecommesso'; 1388] **A agg.** ● (*dir.*) Di, relativo a, fedecommesso: *disposizione fedecommissaria* | ***Sostituzione fedecommissaria***, fedecommesso. **B s. m.** (f. *-a*) ● (*dir.*) Persona cui devono essere trasmessi, dall'erede, i beni lasciati in fedecommesso.

fededégno [lat. *fide dignu(m)* 'degno di fede'; 1353] **agg.** ● (*lett.*) Che è degno di fede, di fiducia: *i pagani non sono inferiori, ma sono spesso più ... fede degni dei cristiani* (DE SANCTIS).

†fedelàggio [sec. XIV] **s. m.** ● Condizione di suddito, di fedele. **SIN.** Vassallaggio.

♦**fedéle** (o **-è-**) o †**fidéle** (o †**-è-**) [lat. *fidēle(m)*, da *fĭdes* 'fede'; 1294] **A agg.** ***1*** Che è costante nell'affetto: *marito, moglie f.* | Che è costante e leale nei rapporti con gli altri: *un amico f.* **SIN.** Devoto. **CONTR.** Traditore | Che è costante nelle convinzioni, nei valori: *è f. alle tradizioni* | Che rispetta un obbligo, un impegno e sim.: *f. al dovere, alla parola data* | Che si affeziona, che mostra attaccamento a qlcu.: *il cane è un animale f.* | (*est.*) Assiduo: *un cliente f.* | (*est.*) Che non delude mai: *la mia f. utilitaria*. ***2*** (*est.*) Che corrisponde al vero, all'originale e sim.: *dare una f. versione degli avvenimenti*; *traduzione, ristampa, imitazione, ritratto f.* **SIN.** Esatto. || **fedelménte**, **avv.** In modo fedele; con fedeltà. **B s. m. e f.** ***1*** Seguace di una fede religiosa: *i fedeli di Cristo, di Maometto*. **SIN.** Credente | Appartenente ad una confessione religiosa | Chi ha una particolare devozione spec. per un santo: *f. di san Francesco, della Madonna*. ***2*** (*est.*) Seguace di una idea, di una persona e sim.: *i fedeli del re, della monarchia*; *ha riunito tutti i suoi fedeli*. ***3*** Titolo dato nel Medioevo da re e imperatori ai vassalli e agli ufficiali della corona: *eran fedeli de' conti Guidi* (VILLANI). || **fedelàccio**, **pegg.** | **fedelissimo**, **superl.** (V.) | **fedelóne**, **accr.**

fedelini o (*dial.*) **fidelini**, **fidellini** [da *filo*, con dissimilazione; 1858] **s. m. pl.** ● Tipo di pasta alimentare lunga e molto sottile.

fedelissimo [av. 1311] **A agg.** ● Sup. di *fedele*. **B s. m.** (f. *-a*) ● Collaboratore molto stretto e fidato: *il segretario ha riunito i suoi fedelissimi*.

fedeltà o †**fedelità**, †**fedeltàde**, †**fedeltàte**, †**fidelità**, †**fidelitàde**, †**fidelitàte** [lat. *fidelitāte(m)*, da *fidēlis* 'fedele'; av. 1292] **s. f.** ***1*** Caratteristica di chi è fedele: *f. coniugale*; *f. verso la patria*; *giurare, serbare f. a qlcu.*; *uomo di sicura e provata f.* **SIN.** Devozione. ***2*** Conformità all'originale: *f. di una copia, una traduzione* | ***Alta f.***, V. *alta fedeltà*. **SIN.** High fidelity | (*fis.*) ***F. di uno strumento***, attitudine di uno strumento di misura a fornire, in misurazioni successive della stessa grandezza, valori con poca dispersione. ***3*** †Devozione di vassallo al signore.

fèdera [longob. *fëdera* 'federa del cuscino, imbottita di piume'; 1354] **s. f.** ● Involucro a forma di sacco, di tela, di lino e sim., entro cui si pone il guanciale: *una f. di bucato*; *cambiare le federe*. || **federina**, **dim.**

federàle [fr. *fédéral*, dal lat. *fōedus*, genit. *fōederis* 'patto'; 1818] **A agg.** ***1*** Detto di Stato composto i cui membri sono enti territoriali muniti di un'ampia sfera di autonomia: *Stato f.*; *repubblica f.* | Che si riferisce a tale Stato: *parlamento f.* ***2*** Di federazione sportiva: *regolamento f.*; *dirigente f.* || **federalménte**, **avv.** **B s. m.** ● In epoca fascista, segretario di una federazione di fasci di combattimento.

federalìsmo [fr. *fédéralisme*, da *fédéral* 'federale'; 1793] **s. m.** ***1*** Tendenza politica favorevole alla federazione di più Stati. ***2*** Assetto politico-istituzionale di uno Stato federale | Tendenza politica favorevole a tale assetto | ***F. fiscale***, sistema in cui gli enti locali (Regioni, Comuni e sim.) riscuotono le imposte, devolvendone una parte all'amministrazione centrale dello Stato.

federalista [fr. *fédéraliste*, da *fédéral* 'federale'; 1798] **A s. m. e f.** (pl. m. *-i*) ● Fautore, seguace del federalismo. **B agg.** ● Federalistico: *sistema f.*

federalistico [av. 1952] **agg.** (pl. m. *-ci*) ● Del federalismo, dei federalisti.

federàre [fr. *fédérer*, da *fédéré* 'federato'; av. 1869] **A v. tr.** (*io fèdero*) ● Riunire in federazione. **B v. intr. pron.** ● Riunirsi in federazione.

federativo [fr. *fédératif*, da *fédéré* 'federato'; 1764] **agg.** ***1*** Proprio di una federazione. ***2*** Proprio del federalismo e dei federalisti: *movimento f.*

federàto [fr. *fédéré*, dal lat. *foederātu(m)*, da *fōedus*, genit. *fōederis* 'patto'; av. 1580] **agg.** ***1*** Detto di Stato membro di uno Stato federale, dotato di un'ampia sfera di autonomia benché privo della personalità giuridica sotto il profilo del diritto internazionale. ***2*** Nel mondo romano, detto delle città unite a Roma con patto speciale per il quale erano soggette a determinati vincoli.

♦**federazióne** [fr. *fédération*, dal lat. tardo *foederatiōne(m)*, da *foederātus* 'federato'; 1798] **s. f.** ***1*** Il federare, il federarsi. ***2*** (*dir.*) Confederazione: *f. di Stati*. ***3*** Associazione formata non da persone fisiche ma da enti minori: *f. sindacale*; *f. dei consorzi agrari*; *f. provinciale di un partito*. ***4*** Ente nazionale che regola, disciplina, organizza e propaganda una determinata attività sportiva: *Federazione Italiana Gioco Calcio*. ***5*** Sede di una federazione | Ambito territoriale in cui una federazione opera.

federiciàno o **fridericiàno** [1875] **agg.** ● Proprio di ogni personaggio storico di nome Federico, spec. di Federico II di Svevia (1194-1250) e Federico II di Prussia (1712-1786): *politica federiciana* | ***Università federiciana***, quella di Napoli, fondata nel 1224 da Federico II di Svevia.

fedifrago [vc. dotta, lat. *foedĭfragu(m)*, comp. di *fōedus* 'patto' e *frăngere* 'spezzare'; 1513] **agg.** (pl. m. *-ghi*) ● (*lett.*) Che rompe i patti e tradisce impegni e accordi presi | (*scherz.*) Infedele: *ha cacciato di casa il marito f.*

fedina (1) [da *fede*, nel sign. 8; 1773] **s. f.** ● (*bur.*) ***F. penale***, o (*ellitt.*) ***f.***, certificato rilasciato dalla Procura della Repubblica, attestante se un dato cittadino abbia riportato in passato condanne penali: *f. penale sporca, pulita*.

fedina (2) [vc. tosc. di etim. incerta; 1863] **s. f.** ● (*spec. al pl.*) Strisce di barba che dalle tempie scendono lungo le guance.

†fedire e *deriv.* ● V. *ferire* e *deriv.*

†feditóre [1312] **s. m.** ***1*** V. *feritore*. ***2*** Nelle milizie medievali, soldato armato alla leggera.

†fèdo [vc. dotta, lat. *foedu(m)*, di etim. incerta; 1313] **agg.** ● Lordo, sozzo, repellente: *l'alta valle feda* (DANTE *Inf.* XII, 40).

feed /fid, *ingl.* fiːd/ [vc. ingl., prop. 'alimentazione'] **s. m. inv.** ● (*tv*) Illuminatore.

feedback /fid'bɛk, *ingl.* 'fiːd,bæk/ [vc. ingl., 'reazione', propr. 'rifornimento all'indietro', comp. di *feed* 'alimento' (vc. germ. di orig. indeur.) e *back* 'indietro' (vc. germ.); 1957] **s. m. inv.** ***1*** (*elab.*) Nei sistemi automatici di controllo o di trattamento dell'informazione, ritorno di segnale che permette all'unità di governo del sistema di scoprire eventuali anomalie nello svolgimento del processo controllato e di provvedervi opportunamente. **SIN.** Retroazione. ***2*** (*ling.*) Effetto retroattivo di un'azione o di un messaggio sui promotori dell'azione o del messaggio stessi. ***3*** (*fig.*) Effetto retroattivo di un'azione o di un fenomeno: *studiare, registrare il f. negativo di una campagna pubblicitaria*. ***4*** (*biol.*) Modalità di regolazione di un processo biologico che si attua attraverso la attivazione o la inibizione di uno dei componenti attivi del processo, per esempio di un enzima nel caso di una via metabolica, da parte di uno dei prodotti del processo stesso.

feeling /'filin(g), *ingl.* 'fiːlɪŋ/ [vc. ingl., da *to feel* 'percepire, provare sensazioni' (vc. germ. d'orig. indeur.); 1958] **s. m. inv.** ● Intesa, sintonia, simpatia che si stabilisce fra due o più persone per affinità di sentimenti e sensibilità.

feèrico [fr. *féerique*, da *féerie*; V. *féerie*; 1930] **agg.** (pl. m. *-ci*) ● (*lett.*) Pieno di incanto, estremamente suggestivo, quasi fatato: *spettacolo f.*; *visione feerica*.

féerie /*fr.* fe'ʀi/ [vc. fr., da *fée* 'fata'; 1880] **s. f. inv.** ***1*** Genere teatrale francese del XIX sec. comprendente storie di fate talvolta simboliche e allusive a situazioni reali. ***2*** (*est.*) Spettacolo irreale, fantasticamente bello.

fegatàccio [1869] **s. m.** ***1*** Pegg. di *fegato* (*spec. fig.*). ***2*** (*fig.*, *disus.*) Uomo audace e coraggioso.

fegatèlla [dal colore rosso scuro, come quello del fegato, della parte inferiore delle foglie; av. 1320] **s. f.** ● Piccola pianta delle Epatiche con tallo laminare e frastagliato la cui parte inferiore ha il colore del fegato (*Fegatella conica*).

fegatèllo [av. 1416] **s. m.** ***1*** Dim. di *fegato*. ***2*** Pezzetto di fegato di maiale, ravvolto nella rete e cucinato, di solito, con erbe aromatiche.

fegatino [1864] **s. m.** ***1*** Dim. di *fegato*. ***2*** Fegato di pollo, piccione o altro volatile, usato in molte preparazioni di cucina.

♦**fégato** [lat. (*iĕcur*) *ficātu(m)* 'fegato (d'oca) ingrossato con un'alimentazione a base di fichi'; 1336 ca.] **s. m.** ***1*** (*anat.*) Grossa ghiandola dell'apparato digerente dei Vertebrati, posta nella parte superiore destra dell'addome: *soffrire di f.*; *essere malati di f.* | ***Mangiarsi, rodersi il f.***, (*fig.*) tormentarsi per la rabbia | ***Farsi venire il mal di f.***, (*fig.*) prendersela troppo per qlco. **CFR.** epato-. ➡ **ILL.** p. 2123, 2125 ANATOMIA UMANA. ***2*** Fegato di animale, come vivanda: *f. di maiale, di vitello*; *f. alla veneziana*; *pasticcio di f. d'oca* | ***Olio di f. di merluzzo***, olio medicinale con proprietà ricostituenti. ***3*** ***F. di zolfo***, polisolfuro di potassio usato in medicina sotto forma di lozioni o pomate come antipsorico ed antiseborroico. ***4*** (*fig.*) Grande coraggio, audacia, ardimento: *uomo di f.*; *aver f.*; *mancare di f.*; *avere il f. di fare qlco.* || **fegatàccio**, **pegg.** (V.) | **fegatèllo**, **dim.** (V.) | **fegatino**, **dim.** (V.).

fegatóso [da *fegato*; 1798] **A agg.** (f. *-a*) ***1*** Che soffre di disturbi epatici. ***2*** (*fig.*) Che è astioso, irascibile: *un carattere f.* ***3*** (*raro*) Di colore rosso cupo, come quello del fegato. || **fegatosaménte**, **avv.** **B s. m.** (f. *-a*) ***1*** Chi soffre di disturbi epatici. ***2*** (*fig.*) Persona irascibile e astiosa.

feijoa /*port.* fai'ʒoa, fei'ʒoa/ [dal n. del botanico brasiliano J. De Silva *Feijo*; 1988] **s. f. inv.** (pl. port. *feijoas*) ***1*** (*bot.*) Genere di piante delle Mirtacee con due sole specie distribuite nelle regioni temperate dell'America meridionale (*Feijoa*). ***2*** (*bot.*) Arbusto sempreverde delle Mirtacee originario dell'America meridionale, coltivato anche in Europa per le sue bacche commestibili con profumo di ananas (*Feijoa sellowiana*) | Il frutto di tale pianta.

feiòca [da *feijoa*] **s. f.** ● Adattamento di *feijoa*.

félce [lat. *filĭce(m)*, di orig. preindeur.; sec. XIII] **s. f.** ● Correntemente, pianta delle Pteridofite con spore che si trovano sulla pagina inferiore delle foglie | ***F. aquilina***, delle Polipodiacee con foglie coriacee molto lunghe (*Pteridium aquilinum*). **SIN.** Felce comune | ***F. dolce***, delle Polipodiacee, con foglie divise in lobi allungati e riuniti alla base e grosso rizoma commestibile dal sapore di liquirizia (*Polypodium vulgare*) | ***F. femmina***, delle Polipodiacee, con foglie di color verde chiaro due volte suddivise (*Athyrium filix-foemina*) | ***F. maschio***, delle Polipodiacee, con grandi foglie suddivise e rizoma a proprietà medicinali (*Polystichum filix-mas*). ➡ ILL. piante/1.

felcèta s. f. ● Terreno ricco di felci.

felcéto [1959] s. m. ● Felceta.

Félci [V. *felce*] s. f. pl. (sing. *-e*) ● Nella tassonomia vegetale, classe di piante delle Pteridofite con radice, fusto e foglie ma senza fiori e frutti (*Filicinae*). SIN. Filicali, filicine. ➡ ILL. piante/1.

feldispàto e *deriv.* ● V. *feldspato* e *deriv.*

feldmaresciàllo [ted. *Feldmarschall* 'maresciallo di campo', comp. di *Feld* 'campo' e *Marschall* 'maresciallo'; 1797] s. m. ● Massimo grado di generale nell'ex impero austro-ungarico e nella Germania imperiale e nazista.

feldspàtico o **feldispàtico** [1822] agg. (pl. m. *-ci*) ● Che contiene feldspato: *rocce feldspatiche* | Che si riferisce al feldspato.

feldspàto o **feldispàto** [ted. *Feldspat* 'spato di campo', comp. di *Feld* 'campo' e *Spat* 'spato'; 1797] s. m. ● (*miner.*) Alluminosilicato di potassio, sodio o calcio costituente un gruppo di minerali molto diffusi nella litosfera.

feldspatòide o **feldispatòide** [comp. di *feldspato* e *-oide*] s. m. ● (*miner.*) Alluminosilicato di potassio o di sodio, simile al feldspato ma molto più raro.

†**fèle** ● V. *fiele*.

felibrìsmo [1923] s. m. ● Movimento promosso dai felibri per conservare vita e dignità letteraria al provenzale e ai dialetti affini.

felìbro [provz. *félibre*, dal lat. tardo *fĕllebre(m)* 'poppante', in quanto questi poeti si allattano alla scienza] s. m. ● Ciascuno dei membri di una associazione letteraria fondata in Provenza nel XIX sec.

♦**felice** [vc. dotta, lat. *felīce(m)* 'fertile, nutriente', dalla stessa radice di *fecŭndus* 'fecondo'; 1308] agg. *1* Che è pienamente appagato nei suoi desideri: *marito, donna f.*; *vivere f. e contento*; *siate felici!* | ***Fare f. qlcu.***, soddisfare, appagare completamente qlcu. nei suoi desideri | ***Sono f. di vederla, di conoscerla***, mi fa piacere vederla, conoscerla. SIN. Beato, contento, lieto. CONTR. Triste. *2* Che apporta gioia, felicità: *giorni felici*; *matrimonio f.*; *erano tempi felici* | (*per anton.*) ***L'età f.***, l'infanzia | (*escl.*) ***F. notte, f. riposo!***, buona notte, buon riposo! *3* (*fig.*) Favorevole, propizio, positivo: *esito f.* | ***Giorno f.***, fausto | ***Viaggio, spedizione f.***, che ha avuto un buon esito | ***Idea f.***, utile, opportuna | ***Una frase, un'espressione f.***, ben riuscita, efficace | (*fig.*) ***Avere la mano f.***, saper scegliere bene o essere abile e fortunato in qlco. *4* †Fertile: *Campania f.* | (*raro, lett.*) Che rende fertile, fecondo: *te beata, gridai, per le felici / aure pregne di vita* (FOSCOLO). *5* †Buono, virtuoso. || **feliceménte**, avv. *1* In modo felice: *trascorrere felicemente un periodo di vacanza*. *2* Con esito positivo, con successo: *l'impresa si è conclusa felicemente*.

♦**felicità** o †**felicitàde**, †**felicitàte** [vc. dotta, lat. *felicitāte(m)*, da *fēlix*, genit. *felīcis* 'felice'; av. 1292] s. f. *1* Condizione, stato di chi è felice o pienamente appagato: *vivere in perfetta f.*; *la somma f. possibile dell'uomo … è quando egli vive quietamente nel suo stato* (LEOPARDI) | (*filos.*) Eudemonia. SIN. Beatitudine, contentezza. *2* Circostanza, cosa che procura contentezza: *che f. vederti!*; *ti auguro ogni f.* SIN. Gioia. CONTR. Tristezza. *3* (*raro*) Buona riuscita in qlco.: *la f. di un discorso* | Abilità particolare: *la tua f. nel comporre versi*.

felicitàre [vc. dotta, lat. tardo *felicitāre* 'rendere felice', da *fēlix*, genit. *felīcis* 'felice'; 1313] A v. tr. (*io felìcito*) *1* (*lett.*) Rendere felice, beato | Fare contento qlcu. o rendere prospera qlco.: *che Dio vi feliciti!* *2* †Stimare, giudicare felice. B v. intr. (aus. *avere*) ● †Prosperare: *si vede oggi questo principe f. e domani ruinare* (MACHIAVELLI). C v. intr. pron. ● Essere contento: *felicitarsi dell'esito favorevole di qlco.* SIN. Gioire, rallegrarsi | Congratularsi: *felicitarsi con qlcu. per un successo*.

†**felicitàte** ● V. *felicità*.

felicitazióne [av. 1764] s. f. ● (*spec. al pl.*) Il felicitarsi | Parole di rallegramento o congratulazioni: *sincere felicitazioni*; *presentare le proprie felicitazioni*. SIN. Augurio, complimento, congratulazione.

Fèlidi [dal lat. *fēles* 'piccolo carnivoro', in genere, spec. 'gatto', col suff. *-idi*] s. m. pl. (sing. *-e*) ● Nella tassonomia animale, famiglia di Mammiferi dei Carnivori abili al salto, con unghie retrattili, canini e denti ferini molto sviluppati (*Felidae*).

felìno [vc. dotta, lat. tardo *felīnu(m)*, agg. di *fēles* 'gatto'; 1798] A agg. ● Di, da gatto: *agilità felina*; *sguardo f.*; *astuzia felina*. || **felinaménte**, avv. Alla maniera dei felini, dei gatti. B s. m. ● Carnivoro appartenente alla famiglia dei Felidi.

fellàga o **fellàgha** [vc. fr., *fellagha*, dall'ar. *fallāq*, propr. 'taglia(strada), bandito', da *falaqa* 'spaccare'] s. m. inv. ● Ribelle membro di bande armate in lotta contro la Francia all'epoca dell'occupazione coloniale francese dell'Algeria e della Tunisia.

fellàh /fel'la*, *ar.* fæl'luːħ/ [ar. *fallāḥ* o *fellāḥ* 'contadino', attraverso il fr. *fellâh*; av. 1562] s. m. inv. (pl. ar. *fellahìn*, (*lett.*) *fallàhùn*) ● Contadino egiziano della valle del Nilo.

fellàndrio [dal lat. *phellandrion*; 1562] s. m. ● (*bot.*) Pianta erbacea perenne delle Ombrellifere che vive in terreni acquitrinosi dell'Europa centro-meridionale e dell'Asia occidentale, con frutti di uso medicinale (*Oenanthe aquatica*).

fellàtio /lat. fel'lattsjo/ [vc. lat. moderno, da *fellātu(m)*, part. pass. del v. *fellāre* 'succhiare'; 1914] s. f. inv. (pl. lat. raro *fellationes*) ● Pratica erotica consistente nello stimolare con la bocca e con la lingua l'organo sessuale maschile. SIN. Coito orale, irrumazione.

†**fèle** ● V. *fiele*.

fellèma [dal gr. *phellós* 'sughero', di orig. indeur.] s. m. (pl. *-i*) ● (*bot.*) Sughero.

fellinìano [1960] agg. ● Del regista cinematografico F. Fellini (1920-1993): *i film felliniani* | (*est.*) Che ricorda l'atmosfera onirica, le situazioni o i personaggi grotteschi o caricaturali dei film di Fellini: *una vicenda felliniana*; *una donna opulenta, dalla bellezza felliniana*.

†**fèllo** o †**fellóne** nel sign. 1 [V. *fellone*; av. 1294] agg. *1* Malvagio, scellerato, empio: *che gridava: 'Or se' giunta, anima fella!'* (DANTE *Inf.* VIII, 18). *2* (*raro*) Triste, malinconico.

fellodèrma [comp. del gr. *phellós* 'sughero' e *-derma*] s. m. (pl. *-i*) ● (*bot.*) Tessuto parenchimatico generato, nei fusti e nelle radici, dal fellogeno nel lato interno.

fellògeno [comp. del gr. *phellós* 'sughero' e *-geno*] s. m. ● (*bot.*) Strato di cellule vive che nella zona corticale del fusto produce il sughero verso l'esterno e il felloderma verso l'interno.

fellóne [etim. incerta; av. 1250] A s. m. (f. *-a*, †*-éssa*) ● (*lett.*) Traditore, ribelle | (*scherz.*) Briccone. B agg. ● V. †*Fello*. || †**fellonemènte**, avv. Da fellone.

fellonésco [av. 1294] agg. (pl. m. *-schi*) *1* (*lett.*) Proprio di un fellone, scellerato: *atto f.*; *composto il viso a un atto di serietà ancor più bieco e f.* (MANZONI). *2* †Crudele. || †**fellonescaménte**, avv. Da fellone.

fellonìa [da *fellone*; av. 1294] s. f. *1* Nel diritto feudale, infedeltà del vassallo verso il proprio signore che comporta la perdita del feudo. *2* †Ribellione | (*raro, lett.*) Defezione, tradimento. *3* †Malvagità, scelleratezza. *4* †Sdegno, corruccio.

felloplàstica [comp. del gr. *phellós* 'sughero' e *plastica*] s. f. ● Lavorazione plastica del sughero.

félpa [ant. fr. *ferpe*, di etim. incerta; 1598] s. f. ● Tessuto morbido di lana, cotone o altre fibre, peloso solo su una faccia | (*est.*) Indumento sportivo, spec. dell'abbigliamento giovanile, confezionato con tale tessuto. || **felpétta**, dim.

felpàre [1943] v. tr. (*io félpo*) *1* Foderare, rivestire, imbottire di felpa. *2* (*fig., raro*) Attutire, attenuare, smorzare: *L'odore acuto della segatura … felpava i passi e il sussurrio delle signorine del paese* (CAMPANA).

felpàto [av. 1712] A agg. *1* Detto di tessuto lavorato a felpa o simile a felpa | (*est.*) Rivestito o foderato di felpa: *guanti felpati*. *2* (*fig.*) Che non produce rumore: *passo f.* B s. m. ● Tessuto a superficie pelosa e morbida come una felpa.

félse ● V. *felze*.

felsìneo [dal lat. *Fĕlsina*, ant. n. di Bologna, di orig. etrusca; 1483] agg. ● (*lett.*) Bolognese.

feltràbile agg. ● Che può feltrarsi.

feltrabilità s. f. ● Proprietà delle lane e di altri peli di animali di compenetrarsi intimamente sotto l'azione combinata del calore, di particolari soluzioni e di una appropriata sollecitazione meccanica.

feltràio s. m. (f. *-a*) ● Operaio che esegue la follatura delle lane e dei peli.

feltràre [da *feltro*; 1691] A v. tr. (*io féltro*) *1* Lavorare il panno di lana o il pelo in modo da ridurlo come feltro. *2* Coprire, foderare di feltro. *3* †Filtrare. B v. intr. pron. *1* Divenire feltro o compatto come feltro. *2* Intrecciarsi, detto delle erbe in un prato e delle loro radici.

feltràto [av. 1604] part. pass. di *feltrare*; anche agg. ● Nei sign. del v.

feltratùra [1776] s. f. ● Operazione che, sfruttando le proprietà feltranti della lana, crea uno strato di feltro sulla superficie dei tessuti o trasforma in feltro un insieme di fibre sciolte.

feltrazióne [av. 1712] s. f. ● Fenomeno fisico-chimico che consente alle fibre cellulosiche di unirsi tenacemente fra loro nel momento in cui ha inizio la sottrazione d'acqua della sospensione.

feltrìno [1992] s. m. *1* Dim. di *feltro*. *2* Ritaglio di feltro che si applica sotto sedie, mobili o soprammobili per attutire i rumori e non danneggiare le superfici di appoggio.

féltro [vc. di orig. germ.; 1243] s. m. *1* Falda di lana o di altri peli animali, di spessore uniforme, ottenuta senza il concorso della tessitura, usufruendo esclusivamente della capacità feltrante delle fibre. *2* Articolo d'abbigliamento, spec. cappello, in feltro: *un f. da uomo, da signora*; *L'uomo dal f. nero si voltò* (MORAVIA). *3* Pezzo di feltro, adibito a vari usi o impiegato in varie tecnologie: *proteggere con un f. il materasso di un bambino, di un malato*; *i feltri della lucidatrice*. *4* †Filtro. || †**feltrèllo**, dim. || **feltrino**, dim. (V.).

felùca [fr. *felouque*, dallo sp. *faluca*, dal nord. *hulk* (?). Il cappello prese questo nome dalla foggia somigliante a quella della nave; 1579] s. f. *1* Imbarcazione bassa e veloce con due alberi a vela latina. *2* Cappello a due punte dell'alta uniforme degli ufficiali di marina, dei diplomatici, degli accademici. *3* (*fig.*) Nel linguaggio giornalistico, ambasciatore, diplomatico.

†**felzàta** [dal lat. mediev. *fersata* 'stuoia, coperta'; 1561] s. f. ● Coperta di lana, spec. da letto, con ordito sottile e ritorto.

félze o **félse** [etim. incerta; 1581] s. m. ● Copertura centrale della gondola per protezione del passeggero.

†**fémina** e *deriv.* ● V. *femmina* e *deriv.*

femme fatale /fr. famfa'tal/ [loc. fr., 'donna (*femme*) fatale (*fatale*)'] loc. sost. f. inv. (pl. fr. *femmes fatales*) ● Donna dotata di un fascino irresistibile.

♦**fémmina** o (*poet.*) †**fémina** [lat. *fēmina(m)*, dalla stessa radice di *fecŭndus* 'fecondo'; av. 1250] A s. f. *1* Negli organismi a sessi separati, l'individuo portatore dei gameti femminili atti a essere fecondati da quelli maschili al fine della riproduzione della specie: *la f. del lupo, del cervo*; *avere due figlie femmine*. CFR. gino-, -gino. *2* Donna (*spec. spreg.*): *la curiosità è f.*; *femina è cosa garrula e fallace* (TASSO) | †***F. di mondo, di comune, di guadagno***, meretrice | (*merid.*) ***Mala f.***, V. *malafemmina*. *3* †Moglie | †***Prendere a f.***, prendere in moglie. *4* In un congegno composto, il pezzo di forma incavata che consente l'inserimento stabile di un altro pezzo: *la f. del gancio, dell'automatico*; *l'attrezzo funziona a maschio e f.* CONTR. Maschio | (*tecnol.*) ***F. della vite***, madrevite. B in funzione di agg. *1* Detto di donna fisicamente dotata e desiderabile: *quella ragazza è molto f.* SIN. Attraente, femminile. *2* (*gener. inv.*) Detto dell'elemento incavato, in un congegno composto: *automatico, gancio f.* | (*tecnol.*) ***Vite f.***, madrevite. *3* (*gener. inv.*) Si usa per indicare il sesso femminile di animali il cui nome è un sost. di genere promiscuo: *un leopardo f.*; *un falco f.* || **femminàccia**, pegg. | **femminèlla**, dim. (V.) | **femminèllo**, dim. m. (V.) | **femminétta**, dim. | **femminìna**, dim. | †**femminóccia**, accr. | **femminóna**, accr. | **femminóne**, accr. m. | **femminùccia**, †**femminùzza**, dim. (V.).

†**femminàrda** s. f. ● Donnaccia.

femminèlla o †**feminèlla** [sec. XIII] s. f. *1* Dim. di *femmina*. *2* Donna piccola o debole | (*est.*) Uomo, spec. giovane, debole o effeminato. *3* Parte dell'agganciatura dove entra il gancio. SIN. Gangherella. ***4*** (*mar.*) Ferramenta del cardine applicato al dritto di poppa di una imbarcazione dove entrano gli agugliotti per reggere il timone e permetterne l'orientamento. ***5*** (*bot.*) Germoglio della vite derivato da una gemma dell'anno. ***6*** Varietà di bergamotto.

femminèllo ● V. *femminiello*.

femmìneo o †**femìneo** [lat. *femĭneu(m)*, agg. di *fēmina* 'femmina'; av. 1342] **agg.** ***1*** (*lett.*) Di, da donna: *un f. segno / ti fa piangere quasi* (SABA). ***2*** (*lett.*) Effeminato. || **femmineaménte**, **avv.**

femminésco [sec. XIV] **agg.** (**pl. m.** *-schi*) ● (*raro, spreg.*) Femmineo. || **femminescaménte**, **avv.**

femminièllo o **femminèllo** [vc. nap., da *femmina*; 1983] **s. m.** ● (*merid.*) Travestito che esercita la prostituzione.

femminière o †**feminière** [av. 1556] **s. m.** ● (*lett., raro*) Donnaiolo.

♦**femminìle** o (*poet.*) †**feminìle** [av. 1294] **A agg.** ***1*** Di, da femmina: *sesso f.* | (*ling.*) ***Genere f.***, genere grammaticale che, in una classificazione a due generi, si oppone al maschile, e, in una classificazione a tre generi, si oppone al maschile e al neutro | (*astrol.*) ***Temperamento f.***, dei segni Toro, Cancro, Vergine, Scorpione, Capricorno, Pesci. ***2*** Di, da donna: *abito f.* | ***Scuola, classe f.***, riservata alle donne | ***Linea f.***, discendenza dalle figlie femmine | Tipico della donna: *grazia f.*; *astuzia, orgoglio f.* **SIN.** Muliebre. || **femminilménte**, †**femminileménte**, **avv.** **B s. m.** ***1*** (*ling.*) Genere femminile: *il f., il maschile e il neutro* | Forma, desinenza che è propria del genere femminile: *f. regolare, irregolare.* ***2*** Carattere proprio del sesso femminile | (*raro*) Femminilità | Nella loc. agg. ***al f.***, di donne, fatto da donne: *letteratura, cinema al f.* ***3*** (*sport*) Incontro, torneo e sim. che ha luogo fra atlete: *il f. di tennis, di fioretto, di nuoto.* ***4*** Rivista che tratta argomenti che interessano soprattutto le donne: *diminuisce la tiratura dei femminili.*

FEMMINILE
nota d'uso

Nella lingua italiana esistono due generi: il maschile e il femminile. Nel caso di esseri inanimati o di concetti, la distinzione è del tutto convenzionale: non ha cioè alcuna relazione col sesso maschile o femminile: *il piatto, la sedia, la gioia, il dolore, il sole, la luna.* Nel caso di esseri animati, invece, la distinzione tra genere maschile e femminile corrisponde gener. al sesso: *marito, attore, portiere* e *gallo* sono di genere maschile; *moglie, attrice, portiera* e *gallina* sono di genere femminile. Si è detto 'generalmente' perché ci sono delle eccezioni, nomi che sono di genere femminile anche quando indicano uomini, come *la guida, la spia, la recluta, la sentinella, la guardia, la vittima,* o nomi maschili che si riferiscono sempre a donne, come *il soprano,* o indifferentemente a uomini o donne, come *il pedone.* ATTENZIONE: in questi casi la concordanza è sempre grammaticale: *il soprano Maria R. è stato applaudito; la sentinella, Luigi R., è stata ricoverata in ospedale.*
Da ciò deriva che la trasformazione dal maschile al femminile riguarda soltanto nomi che indicano persone o animali. Anche alcuni nomi che indicano 'cose' o concetti hanno la forma maschile e femminile oppure, con la medesima forma, possono essere maschili e femminili. Ad es.: *il testo – la testa, il modo – la moda, il radio – la radio, il capitale – la capitale.* È evidente però che in questi casi si tratta di un falso cambiamento di genere che riflette un completo cambiamento di significato.

Ma come si forma, di regola, il femminile? Ricordiamo che i nomi, da questo punto di vista, si dividono in quattro categorie:
1 I nomi indipendenti o **di genere fisso**, che hanno come femminile un nome di radice diversa: *uomo – donna, maschio – femmina, fratello – sorella,* ecc.;
tra gli animali: *bue – mucca, porco – scrofa,* ecc.
2 I nomi **di genere comune**, che hanno un'unica forma per il maschile e per il femminile: *il consorte – la consorte, il pianista – la pianista, il cliente – la cliente,* ecc. Tali nomi si distinguono per mezzo dell'articolo o dell'aggettivo con cui si uniscono.
3 I nomi **di genere promiscuo**, nomi di animali con un'unica forma per il maschio e per la femmina: *la mosca, il serpente, la volpe.* Per specificare occorre dire *il maschio* (*la femmina*) *della volpe,* oppure *la volpe maschio* (*femmina*).
4 I nomi **di genere mobile**, che formano il femminile mutando la desinenza o aggiungendo un suffisso sulla base delle seguenti regole generali:

- i nomi che al maschile terminano in *-o* prendono al femminile la desinenza *-a*: *amico – amica, fanciullo – fanciulla, zio – zia, lupo – lupa*;
- i nomi che al maschile terminano in *-a* formano il femminile aggiungendo al tema il suffisso *-essa*: *duca – duchessa, poeta – poetessa.* Fanno eccezione i nomi in *-cida* e *-ista* (*parricida, artista*) ed alcuni altri (ad es. *atleta, collega*), che appartengono alla categoria dei nomi di genere comune, con un'unica forma sia per il maschile che per il femminile;
- i nomi che al maschile terminano in *-e* formano il femminile assumendo la desinenza *-a* (*signore – signora, padrone – padrona*) oppure rimangono invariati (*cliente, agente, dirigente*) oppure aggiungono il suffisso *-essa* (*conte – contessa, studente – studentessa, giullare – giullaressa*);
- i nomi che al maschile terminano in *-tore* formano il femminile mutando la desinenza in *-trice*: *genitore – genitrice*; *lettore – lettrice.* Attenzione: *dottore* diventa però *dottoressa*; *pastore, tintore e impostore* prendono invece il suffisso *-tora*;
- i nomi che al maschile terminano in *-sore* formano il femminile aggiungendo il suffisso *-itrice* alla radice del verbo da cui derivano: *uccisore – ucciditrice*; *possessore – posseditrice* (ma *professore* diventa, com'è noto, *professoressa*);
- in alcuni pochi casi, la formazione del femminile avviene in maniera particolare: *dio – dea, re – regina, abate – badessa, doge – dogaressa, eroe – eroina, gallo – gallina.*

In questo quadro generale, è spesso difficile formare il femminile dei nomi che indicano professioni o cariche. Il motivo è semplice: negli ultimi decenni sono avvenute nel nostro Paese profonde modificazioni sociali, economiche e culturali. Una delle conseguenze è stata la crescente presenza femminile in mestieri e professioni un tempo riservate agli uomini. Ecco allora che, quando un'abitudine consolidata identificava una certa professione col ruolo – e quindi col nome – maschile, la necessità di individuare la corrispondente forma femminile ha creato imbarazzo e dubbi. *Avvocata, avvocatessa* o ancora *avvocato? Chirurga* o ancora *chirurgo?* Valgono comunque le seguenti regole:

- il femminile di nomi indicanti professioni o cariche si forma in generale senza problemi applicando le regole indicate in precedenza. Si dirà perciò: *la dentista, la pediatra, la analista, la farmacista; la psicologa, la radiologa, la ginecologa, la cardiologa; la chimica, la filosofa, la deputata; la direttrice, la amministratrice, la ispettrice, la senatrice; la preside, la docente, la agente.* Rare invece sono le forme *ingegnera, ministra, medica* e *soldata*, con tutti i femminili dei nomi dei gradi militari;
- è sempre opportuno usare la forma femminile, quando esiste, anziché il maschile: si dirà perciò *la radiologa di turno Maria R.* e non *il radiologo di turno Maria R.* Analogamente è consigliabile preferire *l'ambasciatrice Clara L.* a *l'ambasciatore signora Clara L.*: l'eventuale dubbio che possa trattarsi della moglie di un ambasciatore maschio sarà chiarito dal contesto;
- spesso il suffisso *-essa* ha intonazione ironica o addirittura spregiativa: perciò è preferibile *la presidente* a *la presidentessa, l'avvocata* a *l'avvocatessa,* ecc. Nessun problema tuttavia per *studentesse, professoresse, poetesse, dottoresse* e, naturalmente, neppure per *ostesse, duchesse, baronesse, contesse* e *principesse*;
- anche i nomi invariabili di origine straniera possono in generale essere femminili: si dirà perciò *la manager, la leader, la art director, la designer, la scout,* ecc. Ma *gentleman, chaperon, premier, alter ego, dandy, mister* e *steward* sono solo maschili, mentre *nurse, vendeuse, miss* e *hostess* sono solo femminili;
- il femminile di *capo* e dei suoi composti è invariabile sia al singolare che al plurale: si dirà perciò *il capo, la capo, i capi, le capo* e *il caposervizio, la caposervizio, i capiservizio, le caposervizio*;
- alcuni nomi femminili si riferiscono sia a uomini che a donne: *guida, guardia, sentinella, recluta, matricola, spia, comparsa, controfigura, maschera,* ecc.; analogamente alcuni nomi maschili si riferiscono anche a donne: per esempio *messo, mimo, mozzo, sosia, secondo* (nei duelli), *fantasma.* Inoltre *soprano, mezzosoprano* e *contralto* si usano preferibilmente al maschile, benché indichino in genere cantanti di sesso femminile; si notino comunque i plurali: *i soprani, le soprano*;
- mantengono il loro genere anche se riferite a persone di sesso diverso le locuzioni come *battitore libero, franco tiratore, portatore d'acqua, braccio destro* e *prima donna*;
- alcuni nomi, infine, si riferiscono solo a uomini: *galantuomo, maggiordomo, nostromo, paggio* e *marito, padre, padrino, fratello, genero, scapolo, celibe*; altri solo a donne: *dama, mondina, caterinetta, perpetua* e *moglie, madre, madrina, sorella, nuora, nubile*;
- di norma il vocabolario riporta nella sezione grammaticale di ciascun lemma le indicazioni per la formazione del femminile nei casi in cui possano esservi dubbi.

femminilìsmo **s. m.** ● (*biol.*) Presenza, nell'individuo maschio, di caratteri secondari femminili.

femminilità [1639] **s. f.** ***1*** Complesso di qualità e caratteristiche, fisiche, psichiche e comportamentali che sono proprie della donna e la distinguono dall'uomo. ***2*** (*est.*) Dolcezza, tenerezza, delicatezza.

femminilizzàre [da *femminile*] **A v. tr.** ***1*** (*fisiol.*) Fare acquisire o accentuare i caratteri sessuali secondari femminili: *ormoni che femminilizzano* | (*est.*) Rendere, far diventare femminile o più femminile. ***2*** Rendere più consistente la presenza femminile in un settore: *f. la politica.* **B v. intr. pron.** ● Assumere caratteristiche femminili.

femminilizzazióne [da *femminile*] **s. f.** ***1*** (*fisiol.*) Acquisizione dei caratteri sessuali secondari femminili. ***2*** Fenomeno per cui certi settori dell'attività produttiva vengono abbandonati dalla manodopera maschile e sono sempre più occupati da quella femminile.

femmìnino o **femìnino** [lat. *feminīnu(m)*, da *fēmina* 'femmina'; 1160] **A agg.** ● (*lett.*) Di, da donna (*anche spreg.*): *grazia femminina*; *astuzia femminina.* || †**femmininaménte**, **avv.** In modo femminile. **B s. m.** ● Nella loc. ***l'eterno f.***, (*lett.*) l'immutabile essenza femminile che affascina gli uomini: *Oscuri capricci dell'eterno f.* (SAVINIO).

femminìsmo [fr. *féminisme*, dal lat. *fēmina* 'femmina'; 1896] **s. m.** ● Movimento internazionale che, spec. nella seconda metà dell'Ottocento, ha rivendicato l'uguaglianza giuridica, politica e sociale della donna rispetto all'uomo | Negli anni 1960-70, movimento che ha posto l'accento sulla posizione antagonistica della donna rispetto all'uomo, sulla contestazione dei ruoli tradizionalmente attribuiti alla donna e sulla riscoperta di alcuni valori tipicamente femminili.

femminista [fr. *féministe*, dal lat. *fēmina* 'femmina'; 1895] **A s. f. e m.** (**pl. m.** *-i*) ● Chi sostiene e favorisce il femminismo. **B agg.** ● Relativo al, proprio del, femminismo: *movimento f.*

femminìstico [1903] **agg.** (**pl. m.** *-ci*) ● (*raro*) Relativo al femminismo o alle femministe: *rivendicazioni femministiche.*

femminizzàre [fr. *féminiser*, dal lat. *fēmina* 'femmina'; av. 1803] **v. intr.** (aus. *avere*) ● (*raro, lett.*) Comportarsi da donna.

femminùccia o †**femminùzza** [sec. XIV] **s. f.** (**pl.** *-ce*) ***1*** Dim. di *femmina.* ***2*** (*fig.*) Bambino pauroso e impressionabile | Uomo debole o vile.

femoràle [vc. dotta, lat. tardo *femorāle(m)*, da *fĕmur*, genit. *fĕmoris* 'femore, coscia'; 1834] **agg.** ● (*anat.*) Del femore, della coscia: *arteria f.*

fèmore [vc. dotta, lat. *fĕmur*, nt. nom., al genit. *fĕmoris*, di orig. oscura; sec. XIV] **s. m.** ***1*** (*anat.*) Osso lungo che costituisce lo scheletro della coscia, articolato con l'anca e con la tibia. ➡ ILL. p. 2122 ANATOMIA UMANA. *2* (*arch.*) Listello che divide l'uno dall'altro i glifi del triglifo.

fèmto- [norv. e dan. *femten* 'quindici'] primo elemento ● Anteposto al nome di un'unità di misura, la divide per un milione di miliardi, cioè la moltiplica per 10^{-15}. SIMB. f.

fen /fɛn/ [vc. cinese] s. m. ● Moneta della Repubblica Popolare Cinese, corrispondente alla centesima parte dello *yüan*.

fenacetina [comp. di *fen(olo)* e *aceto*] s. f. ● Preparato medicinale derivato dal fenolo, usato come antipiretico, analgesico, sedativo.

fenantrène [comp. di *fen(ile)* e *antr(ac)ene*] s. m. ● (*chim.*) Composto organico, isomero dell'antracene, contenuto nel catrame del carbon fossile, usato per fare coloranti e farmaceutici.

fenàto [da *fen(ico)*] s. m. ● (*chim.*) Sale dell'acido fenico: *f. di canfora, di chinina, di potassio.*

fence /ingl. fɛns/ [vc. ingl., da *defense* 'difesa'] s. f. inv. ● (*sport*) Nell'ippica, ostacolo consistente in un fosso seguito da una siepe.

fendènte [1535 ca.] **A** part. pres. di *fendere* ● (*raro*) Nei sign. del v. **B** s. m. ● Colpo di sciabola vibrato alla testa, disimpegnando il proprio ferro da quello dell'avversario con un movimento dall'avanti all'indietro | Nel linguaggio calcistico, forte tiro in porta.

fèndere o †**sfèndere** [lat. *findere*, di orig. indeur.; av. 1294] **A** v. tr. (pass. rem. *io fendéi* o *fendètti* (o *-étti*), †*féssi*, *tu fendésti*; part. pass. *fendùto*, †*fésso*) *1* Spaccare trasversalmente: *f. una pietra, la testa con un colpo* | (*est., lett.*) Lacerare | (*fig.*) †*F. il cuore*, trafiggerlo dolorosamente. SIN. Aprire, tagliare. *2* Attraversare quasi aprendosi un varco: *f. le nubi, la nebbia* | *F. l'aria*, volare | *F. i flutti*, *le onde*, nuotare, navigare | *F. la folla, la calca*, passarvi in mezzo con difficoltà. *3* †Dividere, tagliare in due parti. **B** v. intr. pron. *1* Screpolarsi, aprirsi, spaccarsi. *2* (*raro*) Dividersi.

fendinèbbia [comp. di *fendere* e *nebbia*; 1963] s. m. inv. ● Proiettore d'autoveicolo, talvolta a luce gialla, che migliora la visibilità nella nebbia.

fenditóio [da *fendere*; av. 1859] s. m. *1* Strumento per l'innesto a spacco su grossi rami con lama talora a dorso ripiegato per battervi col martello. *2* (*gener.*) Strumento usato per spaccare qlco. trasversalmente.

fenditóre [av. 1519] s. m.; anche agg. (f. *-trice*) ● (*raro*) Chi (o Che) fende.

fenditùra o †**sfenditùra** [da *fendere*; sec. XIV] s. f. ● Crepa, fessura spec. lunga e sottile: *f. di una roccia, di una trave.* CFR. schisto-, schizo-, -fido. SIN. Apertura, spacco.

feneratìzio o **feneratìcio** [vc. dotta, lat. tardo *feneratīciu(m)*, da *fenerātor* 'feneratore'; 1808] agg. ● (*dir.*) Relativo all'usura: *patto f.; condizioni feneratizie* | *Mutuo f.*, quello in cui sono pattuiti interessi usurari.

†**feneratóre** [vc. dotta, lat. *feneratōre(m)*, da *fēnus*, genit. *fēnoris* 'usura'; av. 1400] s. m. ● Usuraio.

†**fenèstra** e *deriv.* ● V. *finestra* e *deriv.*

fenestràggio [dal fr. *fenestrage*, deriv. del fr. ant. *fenestr(e)* 'finestra' e del suff. *-age*; 1965] s. m. ● Nel tardo Medioevo, tributo che un cittadino doveva pagare per ogni casa posseduta, calcolato sul numero delle finestre.

fenestràto agg. ● (*bot.*) Detto di organo provvisto di aperture.

fenestratùra s. f. ● In varie tecnologie, apertura praticata allo scopo di ricavare frammenti o campioni di un materiale.

fenestrazióne [da *fenestra*, col suff. *-zione*] s. f. *1* (*chir.*) Creazione di un'apertura eseguita spec. per aggirare un'ostruzione. *2* (*med.*) Comunicazione anomala, gener. congenita, fra comparti dell'organismo.

feng shui /ˈfɛn(g) ˈʃwei, *cin.* ˉfʌŋ ɡʃweɪ/ [vc. cin. composta di *feng* 'vento', 'aria' e *shui* 'acqua'; 1997] loc. sost. m. solo sing. ● Antica disciplina e tecnica di origine cinese, basata sulla ricerca di un equilibrio armonico con l'ambiente in cui si vive; consiste nel disporre gli elementi urbanistici (vie, piazze, ecc.), gli edifici, le stanze o gli oggetti in modo da attirare le energie positive e ridurre quelle negative.

fenianìsmo [fr. *fénianisme*. V. precedente; 1881] s. m. ● Dottrina, movimento dei feniani.

feniàno [ingl. *fenian*, dall'irlandese *fiann*, n. di una fazione di irlandesi; 1866] s. m. ● (*spec. al pl.*) Rivoluzionari irlandesi che, spec. nel XIX sec., cospirarono contro il dominio inglese.

fenicàto [da *fenico*; 1875] agg. ● (*chim.*) Di preparato trattato con acido fenico, che contiene acido fenico: *cotone f.; acqua fenicata.*

fenìce [vc. dotta, lat. *phoenīce(m)*, nom. *phoenix*, dal gr. *phôinix* 'della Fenicia'; av. 1250] **A** s. f. o †m. *1* Uccello fiabesco d'Arabia che, secondo le leggende classiche e medievali, si costruiva, ogni cinquecento anni, un rogo con piante aromatiche, per ardervi e poi risorgerne. *2* (*fig., lett.*) *La f.*, *l'araba f.*, simbolo di cosa o persona irreale, introvabile o molto rara:: *la pietra filosofale fu la f. degli alchimisti medievali*; *come l'araba f. / che ci sia ciascun lo dice / dove sia nessun lo sa* (METASTASIO). **B** s. f. ● Genere di palme asiatiche e africane cui appartiene la palma da datteri (*Phoenix*).

♦**fenìcio** [vc. dotta, lat. *phoenīciu(m)*, nom. *phoenīcius*, dal gr. *phoinikeos*; av. 1375] **A** agg. (pl. f. *-cie*) ● Dell'antica Fenicia. **B** s. m. (f. *-a*) ● Abitante, nativo dell'antica Fenicia. **C** s. m. solo sing. ● Lingua della famiglia semitica parlata dagli antichi fenici.

fènico [fr. *phénique*, dal gr. *pháinomai* 'io risplendo', perché ricavato dal gas illuminante; 1869] agg. (pl. m. *-ci*) ● (*chim.*) *Acido f.*, fenolo.

fenicòttero [vc. dotta, lat. *phoenicŏpteru(m)*, nom. *phoenicŏpterus*, dal gr. *phoinikópteros*, propr. 'dalle ali rosse', comp. di *phôinix* 'rosso' e *pterón* 'ala'; sec. XIV] s. m. ● Uccello dei Ciconiformi, con lunghissime zampe prive di piume, collo straordinariamente allungato e mobilissimo, becco largo e lungo piegato ad angolo, che predilige le lagune salmastre (*Phoenicopterus ruber*). SIN. Fiammingo. ➡ ILL. **animali**/7.

fenilalanina [comp. di *fenil(e)* e *alanina*] s. f. ● (*chim.*) Amminoacido aromatico presente nelle proteine vegetali e animali, indispensabile per l'organismo umano.

fenilammìna [comp. di *fenil(e)* e *ammina*] s. f. ● (*chim.*) Anilina.

fenilchetonùria o **fenilchetonurìa** [comp. di *fenil(e)*, *cheton(e)* e *-uria*] s. f. ● (*med.*) Malattia ereditaria del metabolismo caratterizzata da accumulo nel sangue di fenilalanina ed eliminazione urinaria di acido fenilpiruvico.

fenìle [da *fen(olo)*; 1869] s. m. ● (*chim.*) Radicale derivato dal benzene per perdita di un atomo di idrogeno.

fenìlico [da *fenile*] agg. (pl. m. *-ci*) ● (*chim.*) Detto di composto che contiene il radicale fenile.

fenilpirùvico [comp. di *fenil(e)* e *piruvico*] agg. (pl. m. *-ci*) ● (*chim.*) Detto di acido che si forma nel rene come prodotto metabolico di un amminoacido.

fennèc [ar. *fanak* 'volpe del deserto'] s. m. ● Carnivoro dei Canidi simile a una piccola volpe con orecchie sviluppatissime (*Fennecus zerda*). SIN. Volpe del deserto, volpe della sabbia.

fèno- [dal gr. *pháinein* 'apparire', di orig. indeur.] primo elemento ● In parole composte della terminologia scientifica, significa 'manifestazione' o fa riferimento a ciò che appare: *fenologia, fenotipo.*

fenocristàllo [comp. di *feno-* e *cristallo*] s. m. ● Cristallo relativamente più grande degli altri, ben distinguibile dalla pasta di fondo, in rocce a struttura porfirica.

fenolàto s. m. ● (*chim.*) Fenato.

fenolftaleìna [comp. di *fenol(o)* e *ftaleina*] s. f. ● (*chim.*) Ftaleina usata in chimica analitica come indicatore, incolore in soluzione acida e rosso-violacea in soluzione alcalina, in medicina come lassativo, sotto forma di compresse o pillole.

fenòli s. m. pl. ● (*chim.*) Composti della serie aromatica in cui uno o più gruppi ossidrilici sostituiscono atomi di idrogeno di anelli benzenici.

fenòlico [1929] agg. (pl. m. *-ci*) ● Di, relativo ai fenoli | *Resina fenolica*, resina polimerica ottenuta polimerizzando due o più monomeri di cui almeno uno contenente uno o più gruppi fenolo.

fenòlo [fr. *phénol*, da *phénique* 'fenico'; 1875] **A** s. m. ● Derivato ossigenato del benzolo, capostipite dei fenoli, contenuto nel catrame di carbon fossile, ora ottenuto per sintesi; impiegato nell'industria chimica spec. per la fabbricazione di resine fenoliche e in medicina per l'azione antisettica e anestetica locale. SIN. Acido fenico. **B** anche agg.: (*chim.*) *gruppo f.*

fenologìa [comp. di *feno-* e *-logia*; 1892] s. f. ● Studio dei fenomeni della vita animale e vegetale in relazione allo svolgersi delle vicende climatiche stagionali.

fenològico agg. (pl. m. *-ci*) ● Della, relativo alla, fenologia: *ricerche fenologiche.*

fenòlogo s. m. (f. *-a*; pl. m. *-gi*) ● Studioso, esperto di fenologia.

fenomenàle [da *fenomeno*; av. 1855] agg. *1* †Che ha carattere di fenomeno; SIN. Fenomenico. *2* Straordinario, notevole, eccezionale: *ha una memoria f.*

fenomenalìsmo [da *fenomenale*; 1958] s. m. ● Fenomenismo.

fenomenalità [1844] s. f. ● (*raro*) Caratteristica di ciò che è fenomenale.

fenomenicità s. f. ● (*filos.*) Caratteristica, condizione di ciò che è fenomenico.

fenomènico [1843] agg. (pl. m. *-ci*) ● Che concerne il fenomeno o che ne ha le caratteristiche | (*filos.*) *Conoscenza fenomenica*, quella limitata al fenomeno. || **fenomenicaménte**, avv.

fenomenìsmo [1911] s. m. ● Dottrina filosofica secondo la quale la nostra conoscenza è limitata al fenomeno, ossia alla rappresentazione che noi ci facciamo delle cose, e nulla può dire intorno al noumeno o alla cosa in sé.

♦**fenòmeno** [vc. dotta, lat. tardo *phaenŏmeno(n)*, dal gr. *phainómenon*, part. pres. medio di *pháinomai* 'io appaio'; 1584] **A** s. m. *1* Tutto ciò che può essere osservato e studiato attraverso una conoscenza diretta: *f. acustico, ottico, atmosferico.* *2* Fatto o insieme di fatti che si distinguono per caratteristiche particolari e sono oggetto di analisi, discussioni ecc.: *f. storico, sociale*; *il f. della disoccupazione giovanile*; *il f. del turismo di massa.* *3* (*fam.*) Persona o cosa straordinaria: *quel medico è un f.*; *quella vettura è proprio un f.* *4* (*disus.*) Individuo con anomalie mostruose esibito nei baraccони e nei circhi. **B** in funzione di agg. inv. ● (posposto al s., *fam.*) Stupefacente, sorprendente, straordinario: *un ragazzo f.*; *ha fatto una carriera f.*

fenomenologìa [da *fenomeno*; 1828] s. f. *1* Descrizione di un complesso di fenomeni così come essi si manifestano all'esperienza | *F. dello spirito*, nella filosofia di G.W.F. Hegel (1770-1831), analisi dei momenti attraverso i quali lo spirito si manifesta realizzandosi come autocoscienza assoluta. *2* Nella filosofia di E. Husserl (1859-1938), metodo attraverso il quale lo spirito, per mezzo di riduzioni successive, viene a trovarsi al di là degli esseri empirici e individuali, di fronte alle essenze assolute di tutto ciò che è.

fenomenològico agg. (pl. m. *-ci*) *1* Che concerne o interessa la fenomenologia. *2* Proprio della fenomenologia di E. Husserl. || **fenomenologicaménte**, avv.

fenomenòlogo [tratto da *fenomenologia*; 1962] s. m. (f. *-a*; pl. m. *-gi*) ● Chi segue il metodo filosofico della fenomenologia di E. Husserl.

fenoplàsto [comp. di *feno(lo)* e *-plasto*; 1956] s. m. ● (*chim.*) Resina termoindurente ottenuta per condensazione del fenolo o di suoi derivati con aldeidi, impiegata spec. per polveri da stampaggio oltre che nell'industria elettrica, chimica, tessile, e nel campo delle vernici.

fenòssido [comp. di *feno(lo)* e *ossid(at)o*] agg. ● (*chim.*) Detto dello ione negativo ottenuto dal fenolo per perdita di uno ione idrogeno.

fenotìpico agg. (pl. m. *-ci*) ● (*biol.*) Di, relativo a, fenotipo.

fenotìpo o **fenòtipo** [ingl. *phenotype*, comp. di *pheno-* 'feno-' e *type* 'tipo'; 1931] s. m. ● Il complesso dei caratteri fisici esterni di un individuo, risultato del suo patrimonio genetico ma anche dei fattori ambientali. CFR. Genotipo.

Feofìcee [comp. del gr. *phaiós* 'scuro' e *phŷkos* 'alga'] s. f. pl. (sing. *-a*) ● (*bot.*) Nella tassonomia vegetale, classe di organismi pluricellulari, di dimensioni relativamente grandi, di forma svariata e colore bruno, che vivono esclusivamente in ambienti marini (*Phaeophyceae*). SIN. Alghe brune.

Feòfite [comp. del gr. *phaiós* 'scuro' e del pl. f. di *-fito*] s. f. pl. (sing. *-a*) ● Nella tassonomia vegetale, divisione comprendente alghe brune pluricellulari (*Phaeophyta*).

†**fèra** ● V. *fiera* (2).

feràce [vc. dotta, lat. *ferāce(m)*, da *fĕrre* 'portare'; 1321] agg. ● (*lett.*) Fertile, fecondo (*anche fig.*): *terreno f.*; *le vendemmie spumanti / di tutti gli au-*

tunni feraci (D'ANNUNZIO); *fantasia, ingegno f.* || **feracemènte**, avv.

feracità o †**feracitàde**, †**feracitàte** [vc. dotta, lat. *feracitāte(m)*, da *fĕrax*, genit. *ferācis* 'ferace'; av. 1597] s. f. ● (*lett.*) Caratteristica di ciò che è ferace (*anche fig.*).

feràle [vc. dotta, lat. *ferāle(m)*, di etim. incerta; av. 1294] agg. ● (*lett.*) Che porta morte | ***Notizia, annunzio f.***, funesto | ***Presagio f.***, di cattivo augurio. || **feralmènte**, avv.

fèrcolo [vc. dotta, lat. *fĕrculu(m)*, da *fĕrre* 'portare'; av. 1342] s. m. *1* Nell'antica Roma, grande vassoio per portare i piatti in tavola. *2* Nell'antica Roma, specie di portantina sulla quale si esponevano oggetti che erano portati alla vista di tutti, come ad es. le spoglie dei vinti in un trionfo.

ferecratèo o **ferecràzio** [vc. dotta, lat. *pherecratīu(m)*, nom. *pherecratīus*, dal gr. *pherekráteios*, dal n. di *Ferecrate* (sec. V a.C.), il poeta che lo adoperò; 1834] A s. m. ● Verso greco e latino di sette sillabe che si può considerare come una forma catalettica del gliconeo. B anche agg.: *verso f.*

ferecràtico agg. (pl. m. *-ci*) ● Di, relativo a ferecrateo.

ferecràzio ● V. *ferecrateo*.

ferentàrio [vc. dotta, lat. *ferentāriu(m)*, di etim. incerta; av. 1292] s. m. ● Soldato della legione romana, a piedi o a cavallo, fornito di armi da getto per dare inizio al combattimento.

ferètrio [vc. dotta, lat. *ferĕtriu(m)*, di etim. incerta; 1336 ca.] agg. ● Attributo di Giove capitolino cui si offrivano le spoglie del trionfo, prese ai vinti.

fèretro o (*poet.*) **ferètro** [vc. dotta, lat. *fĕretru(m)*, dal gr. *phéretron*, da *phérō* 'io porto'; 1340] s. m. *1* Bara ricoperta dalla coltre funebre | (*est.*) Bara: *seguire, accompagnare il f.* *2* †Fercolo, nel sign. 2.

fèria [vc. dotta, lat. tardo *fēria(m)*, da avvicinare a *fēstus* 'festivo'; 1336 ca.] s. f. *1* Nel diritto romano, ciascuno dei giorni dedicati agli dei in cui era vietato compiere dati atti pubblici. *2* Nel calendario liturgico cattolico, ogni giorno della settimana non festivo | ***Seconda f.***, il lunedì. *3* (*al pl.*) Periodo di riposo a cui ha diritto il lavoratore: *entrare in ferie*; *prendere due giorni di ferie* | ***Ferie estive, pasquali***, periodo di vacanza durante l'estate, a Pasqua. SIN. Vacanze.

feriàle [vc. dotta, lat. tardo *feriāle(m)*, da *fēria*; il sign. di 'giorno lavorativo' deriva dall'uso liturgico in cui si chiamavano *feriali* i giorni dedicati alla *festa* di un santo, cioè tutti i giorni della settimana, tranne la domenica dedicata al Signore; 1342] agg. *1* Di giorno o periodo, non festivo | (*est.*) Lavorativo: *questa settimana ha soltanto quattro giorni feriali*. *2* Riferito a ciò che non è festivo: *orario f.* | ***Messa f.***, celebrata secondo il rito proprio delle ferie, non festiva. *3* (*raro*) Relativo alle ferie, nel sign. 3: *periodo f.* | ***Lavoro f.***, prestazione di lavoro svolto durante il periodo in cui al lavoratore spettano le ferie e che attribuisce allo stesso il diritto a una retribuzione maggiorata. *4* †Usuale, comune, ordinario.

feribile [da *ferire*; sec. XIV] agg. ● Che si può ferire | (*est.*) †Vulnerabile.

†**ferigno** [da *ferino*, con accostamento a *maligno*; 1505] agg. ● (*lett.*) Bestiale, ferino.

feriménto o †**fediménto** [da *ferire*; 1441] s. m. ● Atto del ferire.

ferinità [1584] s. f. ● (*lett.*) Caratteristica di chi (o di ciò che) è ferino.

ferino [vc. dotta, lat. *ferīnu(m)*, da *fĕra* 'fiera'; 1336 ca.] agg. ● (*lett.*) Di fiera: *orme ferine* | (*est.*) ***Cuore, istinto f.***, selvaggio, crudele: *di una nudità e di uno squallore naturali e quasi ferini* (MORAVIA). || **ferinamènte**, avv.

♦**ferire** o †**fedire** [lat. *ferīre*, di orig. indeur.; 1219] A v. tr. (*io ferìsco, tu ferìsci, egli ferìsce*, lett. †*fière* o *fère*; part. pass. *ferìto*, †*ferùto*) *1* (qlcu. o qlco.; + *a*; + *con*, lett. + *di*) Colpire causando una ferita: *l'uomo ha ferito un suo connazionale*; *si ferì la mano giocando con la pistola*; *f. qlcu. alla testa, alla mano*; *f. qlcu. con il coltello*; *Ma lui ferì di spada quel gigante* (BOIARDO) | ***F. a morte***, ferire in modo così grave da procurare la morte. *2* (qc; qlcu. + *in*) (*fig.*) Addolorare, offendere con atti e parole: *la tua indifferenza lo ferisce*; *f. qlcu. nell'onore, nell'orgoglio*. *3* †Percuotere | †***F. colpi, percosse***, dare colpi, percosse | ***Senza colpo f.***, senza fare uso delle armi o senza trovare resistenza | †***F. tornei***, battersi nei tornei. *4* (*fig.*) Colpire, detto spec. dell'azione dei raggi solari sugli occhi o della voce sull'udito: *la luce viva lo ferisce*; *f. le orecchie con grida e lamenti* | (*fig.*) ***F. la fantasia di qlcu.***, produrre una forte impressione su qlcu. | (*fig.*) ***F. il cuore a qlcu.***, addolorarlo o farlo innamorare. *5* †Caricare il nemico | †***F. per costa***, caricare di lato: *Corso Donati ... fedì i nemici per costa* (COMPAGNI). B v. rifl. o intr. pron. (assol.; + *a*; + *con*) ● Prodursi una ferita: *si è ferito gravemente*; *ferirsi alla testa, al braccio, alla mano*; *si è ferito con il coltello, con il fucile*.

♦**ferita** o †**fedita**, †**ferùta** [da *ferire*; 1219] s. f. *1* Taglio o lacerazione della cute e dei tessuti sottostanti prodotta da un corpo contundente o penetrante: *f. grave, leggera, mortale*; *f. d'arma da fuoco*; *medicare una f.* | ***F. superficiale***, scalfittura | ***F. contusa***, senza lacerazione dell'epidermide | Lesione del tessuto vegetale: *un vecchio tronco pieno di ferite*. *2* (*fig.*) Grave dolore o offesa morale: *inasprire, riaprire una f.*; *f. d'amore*. || **feritàccia**, pegg. | **feritina**, dim. | **ferituccia**, dim.

ferità o †**feritàde**, †**feritàte**, †**fierità**, †**fieritàde**, †**fieritàte** [vc. dotta, lat. *feritāte(m)*, da *fĕrus* 'feroce'; av. 1292] s. f. *1* (*lett.*) Crudeltà: *orrenda, immane l f.* (TASSO). *2* (*raro*) Selvatichezza.

♦**ferito** o †**fedito** [av. 1257] A part. pass. di *ferire*; anche agg. ● Nei sign. del v. B s. m. (f. *-a*) ● Chi ha subìto una o più ferite: *un f. grave*; *raccogliere, medicare i feriti* | ***Scambio dei feriti***, scambio dei prigionieri gravemente feriti, tra belligeranti.

feritóia [da *ferire*, perché da essa si colpiva il nemico; 1609] s. f. *1* (*arch.*) Stretta apertura verticale, allargata verso la parete interna, ricavata nei muri di rocche, parapetti, torri, navi, per tirare contro il nemico rimanendo protetti. *2* Apertura per dare luce a una cantina e sim. *3* In vari dispositivi o apparecchi, fessura per introdurre monete, gettoni e sim.

feritóre o †**feditóre** [da *ferire*; sec. XIII] A s. m.; anche agg. (f. *-trice*, pop. disus. *-tora*) ● Chi (o Che) ferisce. B agg. ● †Che è valente nel maneggiare armi | †Valoroso.

†**fèrla** [lat. *fĕrula(m)* 'canna'. V. *ferula* (*1*); av. 1389] s. f. ● Gruccia, stampella.

†**ferlinànte** [da *ferlino*; 1609] s. m. ● Operaio che lavora a ferlini o a gettoni.

†**ferlino** [ingl. *ferlin*, dall'ol. *vierling*, da avvicinare al ted. *vier* 'quattro'; av. 1306] s. m. ● Gettone, contrassegno, spec. quello in piombo bollato da una parte sola, un tempo dato a soldati e operai per riconoscerne e verificarne la presenza in certi lavori.

férma [da *fermare*; av. 1363] s. f. *1* Periodo di permanenza sotto le armi per adempiere agli obblighi del servizio militare | ***F. di leva***, quella obbligatoria | ***F. speciale***, quella assunta volontariamente. *2* Puntata del cane da penna davanti al selvatico | ***Cane in f.***, puntato sull'animale | ***F. di consenso***, fatta dal cane vedendo un altro cane puntare | ***F. girata***, del cane che ha girato il selvatico e lo ha messo tra sé e il cacciatore. *3* †Accordo, patto.

fermacalzóni [comp. di *ferma(re)* e il pl. di *calzone*; 1943] s. m. inv. ● Molletta usata da chi va in bicicletta per stringere alla gamba il fondo dei pantaloni in modo da evitare che si sporchino e che si impiglino nella catena.

fermacampióne o **fermacampióni** [dal v. *ferma(re)* e *campione*] s. m. ● Piccolo fermaglio metallico che si inserisce in un occhiello e si apre a farfalla; è usato per la chiusura di buste il cui contenuto può essere sottoposto a ispezione postale.

fermacapélli [comp. di *ferma(re)* e il pl. di *capello*; av. 1936] s. m. inv. ● Fermaglio di materiale vario, spesso anche decorato, usato per trattenere i capelli.

fermacàrro [comp. di *ferma(re)* e *carro*; 1956] s. m. ● (*ferr.*) Dispositivo con respingenti impiantato all'estremità di un binario tronco.

fermacàrte [comp. di *ferma(re)* e il pl. di *carta*; 1893] s. m. inv. ● Oggetto pesante di bronzo, pietra o cristallo, da tenere sulla scrivania poggiato su fogli sciolti per impedire che volino via. SIN. Calcafogli, calcalettere.

fermacravàtta o **fermacravàtte** [comp. di *ferma(re)* e *cravatta*; 1925] s. m. inv. ● Fermaglio per fissare la cravatta alla camicia, in modo che rimanga tesa.

fermadeviatóio [comp. di *ferma(re)* e *deviatoio*] s. m. ● (*ferr.*) Dispositivo meccanico applicato ad un deviatoio, che immobilizza direttamente gli aghi onde assicurarli nella posizione voluta. SIN. Fermascambio.

fermàglio [provz. *fermalh*, dal lat. parl. **firmācŭlu(m)*, da *firmāre* 'assicurare'; 1310] s. m. *1* Ogni oggetto, sotto forma di gancio, fibbia, monile e sim., che serva a chiudere o a tenere ferme due parti staccate di qlco. *2* Monile, ornamento per vesti o per acconciature. || **fermagliétto**, dim. | **fermaglino**, dim.

†**fermaménto** [lat. *firmamĕntu(m)*, da *firmāre*. V. *fermare*; av. 1292] s. m. *1* Fermata | Cessazione. *2* Fermezza. *3* Rafforzamento.

fermanèllo [comp. di *ferma(re)* e *anello*; 1925] s. m. ● Anello sottile che si tiene infilato al dito per assicurare un anello prezioso o che, comunque, non si vuole rischiare di perdere.

fermapàlle [comp. di *ferma(re)* e il pl. di *palla*] s. m. inv. ● Riparo naturale o artificiale che è dietro il bersaglio e serve a fermare la corsa dei proiettili nei tiri d'esercitazione.

fermapiède [comp. di *ferma(re)* e *piede*; av. 1909] A s. m. ● Dispositivo a staffa, applicato spec. al pedale delle biciclette da corsa, che permette al piede di non scivolare. SIN. Serrapiede. B agg. ● Detto di ogni dispositivo con analoga funzione: *cinghia f.* ➡ ILL. p. 2145 SPORT; p. 2161 TRASPORTI.

fermapòrta o **fermapòrte** [comp. di *ferma(re)* e *porta*] s. m. inv. ● Qualsiasi oggetto o sistema che serve per impedire a una porta aperta di chiudersi o di sbattere.

♦**fermàre** [lat. *firmāre* 'assicurare, rafforzare', da *fĭrmus* 'fermo, saldo'; av. 1292] A v. tr. (*io férmo*) *1* Trattenere qlcu. o qlco. arrestandone il movimento: *f. un cavallo*; *f. il motore*; *f. il treno*; *f. qlcu. per strada* | (*lett.*) ***F. il passo***, fermarsi | (*fig.*) ***F. l'attenzione su qlco.***, considerare attentamente qlco. | ***F. il lavoro, il discorso***, interrompere il lavoro, il discorso | ***F. la palla***, nel calcio, stopparla | ***F. una squadra***, nel calcio e sim., sconfiggere una formazione forte in una partita di campionato. *2* (*dir.*) Trattenere qlcu. in stato di fermo in attesa di arresto o di rilascio: *la polizia fermò un individuo sospetto*. *3* Dare saldezza, stabilità a qlco. che si muove: *f. un bottone*; *f. la cravatta con lo spillo*; *f. una porta, le persiane* | (*fig.*) ***F. qlco. nella mente, nel pensiero***, ricordarsi perfettamente di qlco. | ***F. le carni***, impedirne il processo di ulteriore frollatura con una prima cottura | (*raro*) ***F. il colore***, renderlo consistente con un'altra mano di vernice | ***F. il punto***, fissare con una annodatura il punto al termine di una cucitura. SIN. Assicurare, fissare. *4* (*raro, fig.*) Risolvere, decidere: *Ho fermato di non parlare di politica* (PELLICO). *5* (*fam.*) Usufruire di un servizio: *f. un taxi* | ***F. una casa***, prenderla in affitto | Prenotare: *f. una camera in un albergo*. *6* †Accogliere qlcu. al proprio servizio. *7* (*fig.*) Appoggiare | ***F. la voce***, sopra una parola, una sillaba | †Collocare, piantare: *f. le tende, l'accampamento*. *8* (*caccia*) Puntare: *f. le pernici*. *9* †Stabilire, concludere: *fermai di partire alla volta d'Italia* (ALFIERI) | Pattuire. *10* †Approvare, ratificare. B v. intr. pron. *1* Interrompere un movimento: *non fermarti così bruscamente!*; *mi sono fermato a parlare con tuo zio*; *fermatevi!* | Interrompersi nel parlare: *su, continua a raccontare, non ti f.!* | Interrompere un lavoro, un'attività: *ha sgobbato tutto il giorno senza fermarsi un attimo*. CONTR. Muoversi. *2* Trattenersi: *mi fermerò a Roma pochi giorni*. *3* Stabilirsi: *fermarsi definitivamente in una città*. *4* Smettere di funzionare: *l'orologio si è fermato*. *5* †Fortificarsi. C v. intr. (aus. *avere*) ● Cessare di andare, di muoversi: *l'autobus ferma in punti determinati* | ***Ferma!, ferma là!***, intimazione ad arrestarsi e rimanere immobili nella posizione in cui si è stati sorpresi; intimazione a cessare un'azione.

fermascàmbio o **fermascàmbi** [comp. di *ferma(re)* e *scambio*] s. m. ● (*ferr.*) Fermadeviatoio.

♦**fermàta** [da *fermare*; 1639] s. f. *1* Interruzione di un movimento | Sosta: *effettuare una breve f.* | Breve sciopero, sospensione del lavoro: *una f. di due ore* | Pausa: *parlare con frequenti fermate*. *2* Interruzione della corsa in un mezzo di trasporto pubblico per lasciare salire e scendere i viaggiatori o per altro motivo: *f. in linea, in stazione*; *f. obbligatoria, facoltativa*; *f. intermedia* | ***F. di servizio***, con esclusione del servizio viaggiatori. SIN. Sosta. *3* Punto del tragitto in cui si fermano mezzi pubblici di trasporto: *hanno spostato la f. del tram* | Durata di una sosta: *una breve f.* | Nel codice della strada, breve sosta: *divieto di f.* *4* (*mus.*) Pausa, corona. || **fermatina**, dim.

fermàto [1313] **A** part. pass. di *fermare*; anche agg. ● Nei sign. del v. **B** s. m. *1* (f. *-a*) Chi è sottoposto a fermo giudiziario: *il f. è privo di alibi.* *2* †Accordo, convenzione.

fermatùra [da *fermare*; sec. XIII] s. f. *1* (*raro*) Atto, modalità del fermare: *f. di un bottone, del bavero* | Allacciatura: *si è rotta la f.* *2* Punto in cui una cosa è fermata. || **fermaturina**, dim.

fermentàbile [1737] agg. ● Che può fermentare. SIN. Fermentescibile.

fermentàre [vc. dotta, lat. *fermentāre*, da *fermĕntum* 'fermento'; sec. XIV] **A** v. intr. (*io ferménto*; aus. *avere*) *1* Essere in fermentazione, ribollire: *l'uva nel tino fermenta.* *2* (*fig.*) Crescere, ribollire, lievitare: *il malcontento fermentava nel popolo.* *3* Lievitare, detto della pasta. **B** v. tr. ● Sottoporre una sostanza, vino, mosto, pasta, all'azione dei fermenti.

fermentativo [av. 1698] agg. ● Che può fermentare o produrre una fermentazione.

fermentàto [sec. XIV] part. pass. di *fermentare*; anche agg. ● Che ha subìto un processo di fermentazione: *formaggio f.*; *mosto f.*

fermentatóre [av. 1730] s. m. *1* (f. *-trice*) (*chim.*) Addetto alla conduzione di apparecchi per fermentazione. *2* (f. *-trice*) (*enol.*) Addetto alla fermentazione del mosto d'uva dopo la pigiatura, per ottenere un determinato tipo di vino. *3* (*chim.*) Apparecchio nel quale avviene la fermentazione, usato spec. negli impianti di depurazione delle acque di rifiuto per trattare i fanghi provenienti dalle vasche di fermentazione.

fermentazióne [vc. dotta, lat. tardo *fermentatiōne(m)*, da *fermentāre* 'fermentare'; 1681] s. f. ● Processo consistente nella trasformazione chimica di sostanze organiche per mezzo di alcuni microorganismi | *F. acetica*, trasformazione dell'alcol in acido acetico | *F. alcolica*, trasformazione di zuccheri in alcol | *F. malolattica*, V. *malolattico* | *F. lattica*, trasformazione di zuccheri in acido lattico | *F. putrida*, putrefazione | *F. intestinale*, processo di decomposizione degli zuccheri con formazione di gas e di anidride carbonica.

fermentescìbile [dal lat. *fermentēscere*, da *fermentāre* 'fermentare'] agg. ● Fermentabile.

fermentescibilità s. f. ● Proprietà di ciò che è fermentescibile.

fermentìo [da *fermento*] s. m. ● (*raro*) Rumore di massa in fermentazione | Un fermentare continuo.

ferménto [vc. dotta, lat. *fermĕntu(m)*, dalla stessa radice di *fervēre* 'bollire'; av. 1342] s. m. *1* Enzima | *Fermenti lattici*, microorganismi che si ritrovano nel latte acido e che hanno la proprietà di scindere il lattosio producendo acido lattico; sono usati nelle infezioni intestinali e per l'attivazione dei processi digestivi. CFR. zimo-. *2* (*raro*) Fermentazione. *3* Lievito. *4* (*fig.*) Agitazione, subbuglio: *la popolazione è in f.*; *gli animi erano in f.* | (*al pl.*) Segnali, avvisaglie: *cominciarono così i primi fermenti di rivolta* | (*est.*) Valore o concetto in grado di innescare sviluppi positivi: *fermenti di libertà*; *idee che sono il f. della società contemporanea.*

fermézza [da *fermo*; av. 1250] s. f. *1* (*raro*) Caratteristica di ciò che è fermo, stabile: *f. del braccio, della mano.* *2* (*fig.*) Costanza, saldezza: *f. di propositi, di convinzioni* | Decisione, energia: *dimostrare f. in una trattativa*; *usare verso i figli la necessaria f.*; SIN. Rigore. *3* †Validità, di leggi e sim.: *articoli … contro la f. de' quali non è pericolo alcuno* (GALILEI). *4* (*region.*) Chiusura di collana formata da due pezzi. *5* †Robustezza, durabilità.

fèrmi [dal n. del fisico E. *Fermi* (1901-1954)] s. m. inv. ● Unità di misura di lunghezza che vale 10^{-13} centimetri ed è utilizzata nelle scienze nucleari. SIMB. fm.

fèrmio [dal n. del fisico E. *Fermi*; 1963] s. m. ● Elemento chimico, metallo transuranico artificiale di numero atomico 100. SIMB. Fm.

fermióne [detto così perché ubbidisce alle leggi di statistica enunciate dal fisico E. *Fermi*] s. m. ● Particella di spin semintero, che obbedisce alla statistica di Fermi-Dirac.

♦**férmo** [lat. *fīrmu(m)*, di orig. indeur.; av. 1250] **A** agg. *1* Che non si muove: *treno f.*; *stare f. con i piedi, con le mani*; SIN. Immobile | *Fermo!, fermo là!, fermi tutti!*, intimazioni ad arrestarsi e rimanere immobili, nella posizione in cui si è sorpresi; intimazioni a cessare un'azione | *Orologio f.*, non funzionante | *Acqua ferma*, stagnante | *Terra ferma*, V. *terraferma* | *Salute ferma*, non cagionevole | (*fig.*) *Mente ferma*, lucida e coerente | *Mano ferma*, non tremante; (*fig.*) decisa, sicura | *Gli affari sono fermi*, le vendite sono in ribasso | (*lett.*) *Stare a piè f.*, non muoversi | *Tirare a f.*, nel linguaggio dei cacciatori, tirare ad animali immobili, né in corsa, né a volo | *Vino f.*, non frizzante. *2* (*est.*) Fisso, fissato: *con gli occhi fermi allo spettacolo raccapricciante* | †*Stelle ferme*, stelle fisse | Stabile: *terreno f.*; *vi veggio qual saldo, f. e costante scoglio* (BRUNO). *3* (*fig.*) Costante in una decisione: *animo, carattere f.* | *Rimanere f. nelle proprie idee*, irremovibile. SIN. Perseverante, saldo, tenace. CONTR. Volubile. *4* (*fig.*) Risoluto, energico: *tono di voce f.* | (*lett.*) *Con viso f.*, senza batter ciglio; (*fig.*) con animo forte | (*fig.*) Deciso: *è f. proposito di tutti di ritrovarci presto.* *5* (*fig.*) Stabilito in modo certo, con sicurezza: *resta f. che ci vedremo domani* | *F. restando che* …, restando valido, inteso, stabilito che … | *Per f.*, per certo, con sicurezza. *6* †Chiuso, serrato. *7* (*mus.*) *Canto f.*, V. *canto*. *8* (*banca*) *A f.*, detto di contratto a termine che, alla scadenza convenuta, deve avere regolare esecuzione da ambo le parti: *pagamento a f.* || **fermaménte**, avv. In modo fermo; (*fig.*) decisamente: *credo fermamente nella sua innocenza.* **B** in funzione di avv. *1* (*raro, lett.*) Fortemente | (*fam.*) *Tener f.*, resistere. *2* (*lett.*) †Fermamente. **C** s. m. *1* (*raro*) Il fermare | Fermata | *Dare un f. alla carne*, darle una prima cottura | Nell'hockey su prato, arresto della palla da parte di un giocatore | *F. auto*, blocco della circolazione degli autoveicoli nelle aree urbane quando l'inquinamento atmosferico oltrepassa livelli prestabiliti | *F. pesca*, sospensione temporanea dell'attività di pesca in mare a scopo di ripopolamento ittico. *2* (*dir.*) *F. di indiziato di delitto*, limitazione provvisoria della libertà personale disposta dal pubblico Ministero o dalla polizia giudiziaria a carico delle persone gravemente indiziate di un reato quando vi sia fondato sospetto di fuga e per il tempo strettamente necessario alle indagini: *Ingravallo … decise per il f. del Valdarena* (GADDA). *3* Strumento o congegno che serve per fissare qlco.: *il f. di un cancello*; *il f. della baionetta*; *il f. automatico del giradischi*; *il f. immagine del videoregistratore.* *4* (*banca*) Blocco momentaneo di utilizzazione di un conto corrente o di un deposito titoli. *5* †Patto | †Ciò che è stato convenuto o stabilito | †*Non tenere il f.*, cambiare idea. || **fermino**, dim.

férmo pòsta o **fermopòsta** [da *fermo* (*in*) *posta*; 1811] **A** avv. ● Di servizio postale per cui la corrispondenza viene trattenuta presso l'ufficio postale d'arrivo e qui ritirata personalmente dal destinatario: *inviare, spedire una lettera fermo posta*; *scrivere fermo posta.* **B** in funzione di agg. inv. ● Detto del servizio postale così effettuato: *lettere fermoposta.* **C** in funzione di s. m. inv. *1* Il servizio così effettuato: *servirsi, fare uso del fermo posta.* *2* Il reparto di un ufficio postale che svolge il suddetto servizio: *ritirare una lettera al fermo posta.*

fernèt®, (*evit.*) **fèrnet**, (*pop.*) **fernè** [n. dato dall'inventore B. Branca all'inizio del XIX sec.; av. 1859] s. m. ● Liquore amaro digestivo a base di erbe e radici, quali rabarbaro, china e genziana.

fernétta [da *ferla*] s. f. ● (*spec. al pl.*) Ognuna delle piccole lamelle all'interno delle serrature, o delle corrispondenti tacche della chiave.

†**fèro** ● V. *fiero*.

-fero [lat. *-feru(m)* 'che produce', da *fĕrre* 'portare', di orig. indeur.] secondo elemento ● In parole composte dotte o della terminologia scientifica e tecnica, significa 'che porta', 'che genera', 'che produce': *calorifero, frigorifero, frugifero.*

♦**feróce** o **fèroce** [vc. dotta, lat. *ferōce(m)*, da *fĕrus* 'fiero'; av. 1294] agg. *1* Crudele, inumano, spietato, atroce: *nemico, battaglia, tiranno f.*; *discorso f.*; *da tempi selvaggi, feroci e fieri cominciano gli uomini ad addimesticarsi con le religioni* (VICO) | *Bestie feroci*, quelle che vivono allo stato selvaggio | *Scherzo f.*, offensivo. CONTR. Mite, pacifico. *2* Intollerabile, violento: *appetito, sete f.* *3* (*lett.*) Coraggioso, animoso | Orgoglioso, altero. || **ferocètto**, dim. || **feroceménte**, avv. In modo feroce, con ferocia.

feròcia [vc. dotta, lat. *ferōcia(m)*, da *fĕrox*, genit. *ferōcis* 'feroce'; 1513] s. f. (pl. *-cie*) *1* Caratteristica di chi (o di ciò che) è feroce: *f. di un nemico, di un animale.* SIN. Crudeltà, inumanità. *2* (*spec. al pl.*) Atto di crudeltà: *le ferocie dei tiranni.*

ferocità o †**ferocitàde**, †**ferocitàte** [vc. dotta, lat. *ferocitāte(m)*, da *ferōcia* 'ferocia'; av. 1292] s. f. *1* (*lett.*) Ferocia. CONTR. Mitezza. *2* †Coraggio, fierezza.

Ferodo® [dal n. anagrammato con l'aggiunta di una *e* di H. *Frood*, fondatore della prima industria di questo materiale; 1942] s. m. ● Materiale usato come guarnizione dei tamburi dei freni e negli innesti a frizione, costituito da tessuto di amianto, con o senza inserzione di fili d'ottone, molto resistente all'usura e alle variazioni di temperatura.

fèrola o **fèrula** (2) [lat. *fĕrula(m)* 'canna, bastoncello'. V. *ferula* (*1*)] s. f. ● Pianta erbacea perenne delle Ombrellifere con foglie ampie e fiori gialli in ombrelle (*Ferula communis*).

feromóne o **ferormóne** [comp. del lat. *fĕr(re)* 'portare' (V. *-fero*) e *o(r)mone*; 1973] s. m. ● (*biol.*) Ogni sostanza chimica escreta da un animale che influenza il comportamento, lo sviluppo o la riproduzione di altri individui della stessa specie.

ferracavàllo [comp. di *ferra(re)* e *cavallo*; 1940] s. m. ● (*region.*) Maniscalco.

ferràccia [da *ferro*; av. 1684] s. f. (pl. *-ce*) ● Recipiente di ferro, usato dai doratori a fuoco per scaldare l'oro puro prima di amalgamarlo col mercurio.

ferràccio [pegg. di *ferro*; av. 1535] s. m. *1* Ferraglia. *2* Ghisa.

ferràglia [fr. *ferraille*, da *fer* 'ferro'; av. 1680] s. f. *1* Quantità di rottami di ferro. *2* Rottami, chiodi e frantumi di ferro usati come mitraglia dagli antichi pezzi d'artiglieria.

ferragostàno [1963] agg. ● Del ferragosto.

ferragósto [lat. *fēriae* (nom.) *Augŭsti* 'festa di agosto'; 1566] s. m. ● Festa del 15 agosto in onore dell'Assunta | (*est.*) Periodo di vacanza comprendente i giorni precedenti e seguenti il 15.

ferràio [lat. *ferrāriu(m)*, da *fĕrrum* 'ferro'; av. 1342] s. m.; anche agg. (f. *-a*) ● Chi (o Che) lavora il ferro: *fabbro f.*

ferraiòlo (*1*) o **ferraiuòlo** [ar. *feryūl*, dal lat. *pallĭolu(m)*, dim. di *pāllium* 'pallio'; 1575] s. m. ● Ampio mantello a ruota con bavero e senza maniche, un tempo usato per difendersi dal freddo, oggi portato da cardinali e prelati, con colore corrispondente alla dignità.

ferraiòlo (*2*) [da *ferro*; 1310] s. m. (f. *-a*) *1* Operaio che pone in opera l'armatura in ferro delle costruzioni in cemento armato. *2* †Fabbro ferraio.

ferràme [da *ferro*; av. 1625] s. m. ● Quantità di oggetti di ferro.

ferraménta [ant. pl. di *ferramento*; av. 1557] **A** s. f. inv. *1* Elemento metallico di un manufatto. *2* Assortimento di oggetti, arnesi e sim. di ferro: *negozio di f.* **B** s. m. inv. o (*region.*) s. f. inv. ● Negozio in cui si vendono tali oggetti: *comprare dei chiodi dal f.*

ferraménto [vc. dotta, lat. *ferramĕntu(m)*, da *fĕrrum* 'ferro'; av. 1292] s. m. *1* Utensile di ferro | *Ferramenti grossi*, cerchioni, catene, ancore, incudini e sim. *2* † (*spec. al pl.*) Strumenti per ferrare i cavalli.

†**ferrandina** [etim. discussa: fr. *ferrandine*, dal n. dell'inventore *Ferrand* (?); sec. XIV] s. f. ● Stoffa leggera con trama di lana e ordito di seta.

ferràre [da *ferro*; sec. XIII] v. tr. (*io fèrro*) *1* Munire di ferro o ferri | *F. una botte*, cerchiarla. *2* Applicare i ferri agli zoccoli di cavalli, asini ecc. *3* (*pesca*) Mettere in tensione la lenza per agganciare il pesce all'amo. *4* †Inchiodare sulla croce. *5* †Mettere i ferri ai condannati.

ferrarèccia [da *ferro*; 1633] s. f. (pl. *-ce*) *1* Insieme di attrezzi e arnesi in ferro, spec. per uso agricolo, come vomeri, badili, scuri, falci: *negozio di ferrarecce.* *2* (*raro*) Negozio di ferramenta.

ferrarése [1321] **A** agg. ● Di Ferrara. **B** s. m. e f. ● Abitante, nativo di Ferrara. **C** s. m. solo sing. ● Dialetto parlato a Ferrara.

ferrarìsta [dal n. dell'industriale modenese E. *Ferrari* (1898-1988), costruttore di automobili sportive e da competizione; 1970] s. m. e f. (pl. m. *-i*) ● Chi possiede o guida un'automobile Ferrari | Sostenitore delle Ferrari di Formula 1.

ferràta [da *ferrare*; sec. XVI] **s. f. 1** (*tosc.*) Colpo di ferro da stirare passato sulla biancheria o su panno | Impronta che può lasciare. **2** †Inferriata, cancello. **3** (*disus.*) Ferrovia. **4** In alpinismo, itinerario su roccia attrezzato con funi metalliche, scale, gradini di ferro e sim. allo scopo di facilitarne il percorso. **5** (*pesca*) Atto del ferrare. **6** †Carcere, prigione. **7** †Impronta lasciata dai ferri del cavallo.

ferràto (**1**) [1313] **part. pass.** di *ferrare*; anche **agg. 1** Munito di elementi di ferro, quali chiodi e sim.: *bastone, palo f.* | ***Scarpe ferrate, stivali ferrati***, usati per montagna | ***Via ferrata***, in alpinismo, ferrata | (*disus.*) ***Strada ferrata***, ferrovia. **2** (*fig.*) Che conosce a fondo un argomento, una disciplina: *un ragazzo f. in letteratura contemporanea.*

ferràto (**2**) [da (*acido*) *ferr*(*ico*)] **s. m.** ● (*chim.*) Sale dell'acido ferrico, di cui non è nota l'esistenza allo stato libero.

ferratóre [da *ferrare*; av. 1292] **s. m.** (f. *-trice*) **1** †Maniscalco | Fabbro. **2** Operaio che, nelle miniere, nelle saline, nei cantieri edili e sim., provvede alla posa in opera e alla manutenzione dei binari necessari al trasporto, mediante vagoncini, del minerale estratto o del materiale.

ferratùra [da *ferrare*; sec. XIV] **s. f. 1** Operazione del ferrare, spec. cavalli o altri animali | Modalità di applicazione dei ferri | L'insieme dei ferri applicati. **2** (*raro*) Insieme di elementi in ferro che armano porte, finestre, carrozze, mobili, casse | Lavori in ferro.

ferravècchio ● V. *ferrovecchio.*

fèrreo [vc. dotta, lat. *fĕrreu*(*m*), agg. di *fĕrrum* 'ferro'; av. 1342] **agg. 1** (*raro*) Di ferro: *corona ferrea.* **2** (*fig.*) Resistente, robusto: *braccia ferree; salute ferrea* | ***Memoria ferrea***, molto tenace. **3** (*fig.*) Inflessibile, rigido, rigoroso: *disciplina ferrea; proposito f.; il f. regnar* (ALFIERI). || **ferreaménte**, avv.

ferrettizzazióne [da *ferretto* (*2*); 1932] **s. f.** ● (*geol.*) Alterazione superficiale di terreni alluvionali consistente in una decalcificazione completa con ossidazione e idrolisi dei composti di ferro.

ferrétto (**1**) [1476] **s. m. 1** Dim. di *ferro.* **2** Ferro per fare la calza. || **ferrettino**, dim.

ferrétto (**2**) [detto così perché contiene sostanze ferrifere; 1822] **s. m.** ● Terreno ferruginoso, impermeabile, a reazione acida, di color rosso-ruggine, tipico di lande o brughiere. SIN. Baraggia.

ferri- primo elemento ● In parole composte della terminologia chimica, indica la presenza del ferro trivalente.

fèrrico [da *ferro*; 1869] **agg.** (pl. m. *-ci*) ● (*chim.*) Detto di composto del ferro trivalente | ***Idrato f.***, si forma esponendo ferro all'aria umida.

ferrièra [fr. *ferrière*, dal lat. *ferrāria*(*m*) 'miniera di ferro', da *fĕrrum* 'ferro'; av. 1564] **s. f. 1** Stabilimento siderurgico per la lavorazione dei lingotti di ferro: *il padrone delle ferriere.* **2** †Miniera di ferro.

ferrìfero [comp. di *ferro* e *-fero*; 1798] **agg.** ● Che è composto di ferro: *pietra ferrifera* | Che produce ferro: *miniera ferrifera.*

ferrigno [da *ferro*; 1313] **agg. 1** Simile al ferro per colore, sapore, o altre caratteristiche: *acqua ferrigna* | Che contiene ferro: *minerale f.* **2** (*fig., lett.*) Duro, rigido: *aspetto f.* | (*lett.*) Robusto, resistente: *io non credo che sia il più f. e 'l più rubizzo uomo in Firenze di me* (MACHIAVELLI). **3** †Di ferro: *armatura ferrigna.*

ferrista [da *ferro* nel sign. 2] **s. m. e f.** (pl. m. *-i*) ● (*chir.*) Infermiere specializzato che, durante un intervento operatorio, prepara e porge di volta in volta al chirurgo i ferri necessari.

ferrite [comp. di *ferro* e *-ite* (*2*); 1920] **s. f. 1** Nel linguaggio metallurgico concernente gli acciai, ferro puro. **2** Materiale ferromagnetico ceramico costituito da ossido di ferro e altri metalli.

ferritina [dall'(*acido*) *ferr*(*ico*)] **s. f.** ● (*chim.*) Composto albuminoide del ferro ricavato dal fegato e dalla milza di maiale, o preparato per sintesi.

♦**fèrro** [lat. *fĕrru*(*m*), di etim. incerta; av. 1290] **s. m. 1** Elemento chimico, metallo in generale di color grigio, molto diffuso in natura nei suoi composti ma raramente allo stato libero, ottenuto negli altiforni dai suoi minerali ossidati; impiegato tal quale, oppure nella preparazione di leghe come ghise o acciai, nelle costruzioni, nella fabbricazione degli oggetti più svariati e in terapia come tonico e ricostituente dell'organismo. SIMB. Fe. CFR. sidero- | ***F. dolce***, contenente meno del 15% di carbonio | ***F. passivato***, inattaccabile dagli acidi dopo trattamento con acido nitrico concentrato | ***F. battuto***, lavorato a martello | ***F. crudo***, che non si può lavorare, ferraccio | ***F. stagnato***, latta | ***F. vetrino***, ferro crudo che si rompe facilmente | ***F. ridotto***, miscela di ferro metallico e di ossido ferroso, polvere fina, pesante, insolubile in acqua ma solubile nel succo gastrico, di impiego medicinale | (*fig.*) ***Digerire anche il f.***, (*fig.*) essere di stomaco forte | ***Sentirsi in una botte di f.***, (*fig.*) essere tranquillo, sentirsi sicuro | ***Toccare f.***, (*fig.*) fare scongiuri | ***Di f.***, (*fig.*) robustissimo quanto al fisico, inflessibile quanto a carattere, volontà e sim., detto di persona; detto di cosa, molto resistente: *salute, memoria, stomaco di f.* | ***Usare il pugno di f.***, essere severo, rigido | ***Cuore di f.***, duro come il ferro, crudele, spietato | ***Alibi di f.***, (*fig.*) inattaccabile | (*fig.*) ***Raccomandato di f.***, che dispone di raccomandazioni potentissime e riesce comunque a prevalere sugli altri. **2** Oggetto di ferro o altro metallo: *accomodare qlco. con un f.* | ***I ferri del mestiere***, gli strumenti che servono a un determinato lavoro | ***Essere sotto i ferri del chirurgo***, stare subendo un intervento operatorio | ***Battere il f. finché è caldo***, (*fig.*) insistere in qlco. finché dura la situazione favorevole | ***F. da stiro, da stirare***, (*ellitt.*) ***ferro***, utensile per stirare, costituito da una piastra di ferro fornita di manico, che si passa sui panni: *f. a carbone* (*disus.*); *f. elettrico* | ***F. di cavallo***, lama metallica più larga che spessa, formata come l'orlo plantare dello zoccolo che deve proteggere | ***A f. di cavallo***, a semicerchio: *tavola a f. di cavallo* | ***F. da calza***, asticciola di metallo o anche di legno o plastica per lavorare a maglia | Nel golf, tipo di bastone spec. per colpi corti. **3** (*lett.*) Arma da taglio, spada: *nella destra ha il f. ancora* (METASTASIO) | ***Incrociare i ferri***, incrociare le spade, detto dei duellanti | ***Essere, venire ai ferri corti***, (*fig.*) a un contrasto molto aspro | ***Mettere a f. e*** (***a***) ***fuoco***, distruggere, saccheggiare. **4** (*spec. al pl.*) Catena per prigionieri, carcerati e sim. | ***Mettere ai ferri***, incatenare, ammanettare | ***Condannare ai ferri***, ai lavori forzati, alla galera. **5** (*spec. al pl.*) Graticola per cuocere i cibi: *pesce, bistecca ai ferri.* **6** Arnese usato in passato per arricciare capelli, baffi o barba. **7** (*zool.*) ***F. di cavallo***, rinolofo. **8** (*mar.*) Ancora, ancorotto. **9** Nelle gondole veneziane, pettine. **10** †Armatura. || **ferràccio**, pegg. (V.) | **ferrétto**, dim. (V.) | **ferrino**, dim. | **ferrùccio**, dim. | **ferrùzzo**, dim.

fèrro- (**1**) primo elemento ● In parole composte della terminologia scientifica, indica la presenza del ferro: *ferrolega, ferrochina* | Nella terminologia chimica, indica in particolare presenza di ferro bivalente in un composto: *ferrocianuro.*

fèrro- (**2**) primo elemento ● In parole composte, è accorciamento di *ferrovia* e significa 'ferroviario' o indica relazione con la ferrovia: *ferromodellismo, ferrotranviere.*

ferrobattèrio [comp. di *ferro-* (*1*) e *batterio*] **s. m.** ● (*biol.*) Batterio diffuso nel suolo, nelle acque e nei sistemi di distribuzione idrica, il cui sviluppo è associato con la deposizione extracellulare di ossidi o idrossidi di ferro e/o manganese.

ferrochina® [marchio registrato] **s. m. inv.** ● Liquore tonico e ricostituente a base di ferro e di china.

ferrocianìdrico [comp. di *ferro-* (*1*) e *cianidrico*] **agg.** (pl. m. *-ci*) ● (*chim.*) ***Acido f.***, composto del ferro bivalente, non stabile, che per azione dell'aria si scompone diventando azzurro.

ferrocianùro [comp. di *ferro-* (*1*) e *cianuro*; 1869] **s. m.** ● (*chim.*) Sale dell'acido ferrocianidrico | ***F. di potassio***, usato come ossidante e mordente in tintoria, per preparare esplosivi e nella cementazione dell'acciaio.

ferrocròmo [comp. di *ferro-* (*1*) e *cromo*] **s. m.** ● Ferrolega contenente altissime quantità di cromo, usata per preparare acciai al cromo.

ferroelettricità [comp. di *ferro-* (*1*) e *elettricità*] **s. f.** ● Proprietà, posseduta da alcuni materiali dielettrici, di presentare caratteristiche elettriche analoghe a quelle magnetiche dei materiali ferromagnetici.

ferrofilotranviàrio [comp. di *ferro-* (*2*), *filo-* (*3*) e *tranviario*] **agg.** ● Relativo ai trasporti ferroviari, filoviari e tranviari.

ferrolèga [comp. di *ferro-* (*1*) e *lega*; 1942] **s. f.** (pl. *ferrolèghe*) ● Lega contenente ferro e altri metalli e metalloidi vari che ne caratterizzano le proprietà, ottenuta in generale al forno elettrico; trova impiego spec. in siderurgia nella fabbricazione dell'acciaio e della ghisa.

ferromagnètico [1932] **agg.** (pl. m. *-ci*) ● (*fis.*) Relativo al, o che presenta, ferromagnetismo.

ferromagnetìsmo [comp. di *ferro-* (*1*) e *magnetismo*; 1930] **s. m.** ● (*fis.*) Tipo di magnetismo del ferro, nichel, cobalto e certi loro composti e leghe, aventi suscettività magnetica positiva ed elevata.

ferromodellìsmo [comp. di *ferro-* (*2*), *modello*, e *-ismo*] **s. m.** ● Attività o passatempo consistente nel costruire o collezionare modellini funzionanti di treni e di attrezzature ferroviarie.

ferromodellista **s. m. e f.** (pl. m. *-i*) ● Chi si dedica al ferromodellismo.

ferromodellìstico **agg.** (pl. m. *-ci*) ● Relativo al ferromodellismo.

ferroprìvo [comp. di *ferro-* (*1*) e *privo*] **agg.** ● (*med.*) Caratterizzato da carenza o mancanza totale di ferro: *anemia ferropriva.*

ferróso [da *ferro*; 1841] **agg.** ● (*chim.*) Detto di composto del ferro bivalente: *solfato f.*

ferrotipia [comp. di *ferro-* (*1*) e *-tipia*] **s. f.** ● Procedimento mediante il quale si ottiene un positivo fotografico su una lastra metallica sensibilizzata.

ferròtipo [comp. del lat. *fĕrru*(*m*) 'ferro' e *-tipo*] **s. m.** ● (*fot.*) Immagine positiva ottenuta su una lastra di ferro coperta di emulsione sensibile.

ferrotranviàrio (o **-vià-**) [comp. di *ferro-* (*2*) e *tranviario*; 1941] **agg.** ● Attinente alle ferrovie e alle tranvie.

ferrotranvière [comp. di *ferro-* (*2*) e di *tranviere*; 1935] **s. m.** (f. *-a*) ● (*spec. al pl.*) Denominazione dei ferrovieri e tranvieri considerati nel loro complesso.

ferrovècchio o **ferravècchio** [comp. di *ferro* e *vecchio*; av. 1388] **s. m.** (pl. *ferrivecchi*) **1** Chi compera e rivende ferri od oggetti vecchi. **2** (*fig.*) Cosa, oggetto in pessime condizioni: *la tua bicicletta è proprio un f.* | (*est.*) Persona molto malandata, anziana, che si sente inutile o superata.

♦**ferrovia** [calco sul ted. *Eisenbahn* 'strada ferrata', comp. di *Eisen* 'ferro' e *Bahn* 'via'; 1852] **s. f. 1** Strada fornita di binari su cui avanzano i treni: *f. a scartamento normale, ridotto; f. a semplice, a doppio binario.* **2** Servizio di trasporto ferroviario: *spedire un pacco per f.* **3** Amministrazione ferroviaria: *è impiegato in f., nelle ferrovie; Ferrovie dello Stato* (abbreviato in *FS*) | Stazione ferroviaria: *andare alla f.; il negozio è vicino alla f.*

♦**ferroviàrio** [da *ferrovia*; 1839] **agg.** ● Relativo alle ferrovie: *orario f.; stazione ferroviaria.*

ferrovière [da *ferrovia*; 1890] **s. m.** (f. *-a*) **1** Chi lavora presso un'azienda ferroviaria. **2** (*al pl.*) Genio ferrovieri, specialità dell'Arma del genio per la costruzione e l'esercizio di linee ferroviarie.

ferrugigno o (*raro*) **ferrugineo** [lat. *ferrūgĭneu*(*m*), da *ferrūgo*, genit. *ferrūginis* 'ferrugine'; sec. XIV] **agg.** ● (*lett.*) Di color ruggine: *nelle fenditure ferrugigne de' riarsi maggesi* (CARDUCCI).

ferrùgine [vc. dotta, lat. *ferrūgine*(*m*), da *fĕrrum* 'ferro'; sec. XIV] **s. f. 1** Liquido bruno-rossastro ottenuto per azione degli acidi solforico e nitrico sul solfato ferroso, usato in tintoria come mordente per seta. **2** †Ruggine.

ferrugineo [vc. dotta, lat. *ferrūgĭneu*(*m*). V. *ferrugigno*; 1282] **agg. 1** V. *ferrugigno.* **2** Ferruginoso.

ferruginosità [av. 1537] **s. f.** ● Proprietà di ciò che è ferruginoso.

ferruginóso [vc. dotta, lat. tardo *ferruginōsu*(*m*), da *ferrūgo*, genit. *ferrūginis* 'ferrugine'; 1600] **agg.** ● Che contiene ferro in soluzione o un suo composto: *medicamento f.; acqua ferruginosa.* SIN. Ferrato, ferrigneo.

†**ferruminàre** [vc. dotta, lat. *ferrumināre*, da *ferrūmen*, genit. *ferrūminis* 'saldatura', dalla stessa radice di *fĭrmus* 'fermo, saldo', con accostamento a *fĕrrum* 'ferro'; av. 1730] **v. tr.** ● Saldare a fuoco.

ferruminatóre **s. m.** ● Cannello ferruminatorio.

ferruminatòrio [da *ferruminare*; 1788] **agg.** ● Atto a saldare | ***Cannello f.***, cannello col quale si avviva e dirige la fiamma per saldare a fuoco o per fondere metalli.

ferry-boat /ˈferriˈbɔt, *ingl.* ˈfeɹibəut/ [vc. ingl.,

comp. di *to ferry* 'traghettare' e *boat* 'barca'; 1883] **s. m. inv.** (pl. ingl. *ferry-boats*) ● Nave traghetto.

†**fèrsa** (1) [ted. alpino *fersse*, di orig. germ.] **s. f.** ● Malattia fungina delle foglie di alcune piante arboree, quali fico, castagno, gelso.

fèrsa (2) ● V. *sferza*.

fèrtile [vc. dotta, lat. *fĕrtile(m)*, da *fĕrre* 'portare, produrre'; 1321] **agg.** *1* Che produce, rende molto: *terreno f.* CONTR. Sterile. *2* (*fig.*) Fecondo, ricco: *immaginazione, ingegno f.*; *Più f. talento / Del mio, no, non si dà* (DA PONTE). *3* Nella terminologia nucleare, detto di sostanza o materiale suscettibile di essere trasformato in materiale fissile. || **fertilménte**, †**fertileménte**, **avv.**

fertilità o †**fertilitàde**, †**fertilitàte** [vc. dotta, lat. *fertilitāte(m)*, da *fĕrtilis* 'fertile'; 1342] **s. f.** ● Caratteristica di ciò che è fertile (*anche fig.*): *f. di una terra*; *f. di ingegno, di mente*. SIN. Fecondità.

fertilizzànte [1819] **A part. pres.** di *fertilizzare*; anche **agg.** ● Nel sign. del v. **B s. m.** ● Sostanza naturale o chimica atta a fertilizzare terreni agrari.

fertilizzàre [da *fertile*; av. 1686] **v. tr.** ● Rendere fertile un terreno con l'apporto di concimi. SIN. Concimare.

fertilizzazióne [1867] **s. f.** ● Concimazione.

fertirrigàre [da *fertirrigazione*] **v. tr.** (*io fertirrigo, tu fertirrighi*) ● (*agr.*) Sottoporre a fertirrigazione: *f. campi, prati*.

fertirrigazióne [comp. di *ferti(le)* e *irrigazione*; 1939] **s. f.** ● (*agr.*) Irrigazione eseguita con acque contenenti disciolte determinate quantità di concime, o anche con liquami urbani adeguatamente depurati.

fèrula (1) [vc. dotta, lat. *fĕrula(m)*, di etim. incerta; 1476] **s. f.** *1* Scudiscio in uso un tempo nelle scuole per punizioni corporali. *2* (*lett., fig.*) Castigo, correzione | Critica a sfondo moraleggiante. *3* Nell'antichità classica, bastone costituente il simbolo della dignità sacerdotale | In epoca medievale, bastone pastorale del vescovo. *4* Stecca di legno o di metallo per immobilizzare un arto fratturato. *5* †Tirso.

fèrula (2) ● V. *ferola*.

ferulìfero [comp. di *ferula* (*1*) e *-fero*; av. 1729] **s. m.** ● Portatore di ferula sacerdotale.

ferulòsi [comp. di *ferula* (*2*) e *-osi*] **s. f. inv.** ● (*veter.*) Nei Bovini e negli Ovini, intossicazione causata dall'ingestione della parte aerea della ferola.

†**ferùta** ● V. *ferita*.

†**ferùto** [av. 1250] **part. pass.** di *ferire*; anche **agg.** ● Nei sign. del v.

fervènte [sec. XIII] **part. pres.** di *fervere*; anche **agg.** *1* (*lett.*) Che scotta, infuocato. *2* (*fig.*) Ardente, intenso, detto spec. di sentimento: *amore, odio f.* | ***Preghiera f.***, piena di fervore | ***Cattolico, socialista f.***, acceso sostenitore delle proprie idee. || **ferventeménte**, **avv.**

fervènza [sec. XIV] **s. f.** ● (*raro, lett.*) Fervore.

fèrvere [lat. *fĕrvere* (classico *fervēre*), di orig. indeur. Cfr. *fermento*; 1319] **v. intr.** (**pass. rem.** *io fervèi* o *fervètti* (*o -étti*), *tu fervésti*, difett. del **part. pass.** e dei tempi composti) *1* (*lett.*) Essere cocente, ardere. *2* (*lett.*) Ribollire o essere agitato, detto di un liquido: *l'acqua ferve sul fuoco* | ***Il mare ferve nella tempesta***, infuria. *3* (*fig.*) Essere al colmo dell'intensità, dell'ardore: *fervono i preparativi per la partenza*; *te seguirò, quando l'ardor più ferva / de la battaglia* (TASSO).

fervidézza [av. 1694] **s. f.** ● (*raro, lett.*) Fervore.

fèrvido [vc. dotta, lat. *fĕrvidu(m)*, da *fervēre*. V. *fervere*; av. 1306] **agg.** *1* (*fig.*) Molto affettuoso, caloroso: *augurio f.*; *sentimento f.* | Intenso: *una fervida attività* | Vivace, creativo: *ha una fervida fantasia*; *errai seguendo / troppo il f. pensiere* (PARINI). *2* (*lett.*) Bollente: *i fervidi raggi del sole*. || **fervidaménte**, **avv.** Con fervore.

fervóre [vc. dotta, lat. *fervōre(m)*, da *fervēre*. V. *fervere*; av. 1306] **s. m.** *1* Ardore di un sentimento, di una passione: *questo f. di nuova vita* (CROCE) | Intensità di partecipazione: *studiare, lavorare con grande f.* SIN. Ardore, entusiasmo. *2* Impeto di un'azione, di un movimento: *il f. delle danze* | Momento culminante: *nel f. della lotta*. *3* (*lett.*) Calore, bollore: *nel f. dell'estate*. || **fervorino**, **dim.** (V.).

fervorino [1869] **s. m.** *1* Dim. di *fervore*. *2* In particolari occasioni del culto cattolico, come la prima Comunione, la Cresima e sim., discorso breve che il celebrante rivolgeva ai fedeli, per risvegliarne il senso di devozione. *3* (*scherz.*) Discorsetto di esortazione, di ammonimento: *un f. del padre al figlio*. SIN. Paternale.

fervoróso [av. 1610] **agg.** ● Pieno di ardore, assai fervido: *le risa, le svariate esclamazioni, che seguirono … la confessione fervorosa* (PIRANDELLO). || **fervorosaménte**, **avv.** Con fervore.

fèrza ● V. *sferza*.

fèrzo [etim. incerta; 1481] **s. m.** ● (*mar.*) Ciascuna delle strisce di tessuto che cucite insieme formano la vela. ➡ ILL. p. 2155 SPORT.

fésa [vc. lomb. di orig. sconosciuta; 1829] **s. f.** ● Taglio di carne ricavato dalla coscia del tacchino, del bue o del vitello macellati, indicato per arrosti, scaloppine e fettine.

fescennino [vc. dotta, lat. *fescennīnu(m)*, dalla città di *Fescĕnnia*; sec. XIV] **A agg.** *1* (*letter.*) Detto di carme popolare, tipico degli antichi latini, di carattere salace, eseguito durante feste agresti. *2* (*est., lett.*) Sfrenato, licenzioso. **B s. m.** ● (*letter.*) Carme fescennino.

†**féscina** [lat. *fĭscina(m)*, dim. di *fĭscus* 'cestello'. V. *fisco*; sec. XV] **s. f.** ● Corba o paniere per cogliere frutta.

féssa [lat. *fĭssa(m)*, f. del part. pass. di *fĭndere* 'fendere', *fĭssu(m)*; 1554] **s. f.** *1* (*raro*) Fessura, spaccatura. *2* (*merid., volg.*) Vulva.

fessàggine [da *fess(o)* (*2*) con il suff. *-aggine*; 1898] **s. f.** *1* Caratteristica di chi è fesso. SIN. Stupidità, cretineria. *2* (*raro*) Fesseria.

fesserìa [da *fesso* (*2*); 1896] **s. f.** *1* (*pop.*) Discorso, comportamento e sim. da fesso: *dire, fare fesserie*. SIN. Sciocchezza, stupidaggine. *2* (*est.*) Cosa di nessun conto: *non perderti in simili fesserie*.

fésso (1) [lat. *fĭssu(m)*, part. pass. di *fĭndere* 'fendere'; 1313] **A part. pass.** di *fendere*; anche **agg.** *1* (*spec. lett.*) Incrinato, spaccato. *2* ***Suono f.***, quello sordo o stonato prodotto da oggetti cavi le cui pareti sono incrinate: *il suono f. di un vaso, di una campana* | ***Voce fessa***, sgradevole e stridula. **B s. m.** *1* (*lett.*) †Spaccatura, incrinatura. *2* (*raro, tosc.*) Apertura, fessura: *il fumo pei fessi del solaio penetrava nell'andito ove eravamo* (NIEVO). || **fessino**, **dim.** | **fessolino**, **dim.**

fésso (2) [dalla vc. dei dial. merid. *fessa* 'vulva', da *fendere*; 1898] **A agg.** ● (*pop.*) Sciocco, balordo, tonto | ***Fare f. qlcu.***, ingannarlo. **B s. m.** (f. *-a*) ● (*pop.*) Chi si lascia raggirare con facilità. || **fessacchiòtto**, **dim.**

†**fésso** (3) [vc. dotta, lat. *fĕssu(m)*, da *fatīsci* 'stancarsi', dalla stessa radice da cui anche *fatigāre* 'stancare'; av. 1375] **agg.** ● Stanco, affaticato.

♦**fessùra** [lat. *fissūra(m)*, da *fĭssus* 'fesso, spaccato'; sec. XIII] **s. f.** *1* Spaccatura lunga e sottile in un corpo compatto: *una f. del terreno*. SIN. Fenditura. *2* (*est.*) Spiraglio, spec. di porte e finestre socchiuse. *3* (*anat.*) Apertura, fenditura naturale gener. di forma allungata: *f. cerebrale* | (*eufem., disus.*) Organo genitale femminile. SIN. Scissura. *4* †Screpolatura, ruga. *5* (*lett.*) †Buca, pozza. || **fessurétta**, **dim.** | **fessurìna**, **dim.** | **fessurino**, **dim. m.**

fessuràrsi [1917] **v. intr. pron.** ● Incrinarsi, rompersi con crepe o fessure longitudinali.

fessurazióne **s. f.** ● Formazione di crepe e fessure.

♦**fèsta** [lat. *fēsta*, nt. pl. di *fēstum*, di etim. incerta; av. 1292] **s. f.** *1* Giorno in cui si celebra una ricorrenza religiosa o civile: *f. civile, nazionale, commemorativa*; *la f. del Patrono*; *osservare, celebrare la f.* | ***Parato, ornato, vestito a f.***, come nei giorni di festa | ***F. di famiglia***, ricorrenza lieta per una famiglia | ***F. degli alberi***, giornata in cui si procede alla piantagione di alberi e nello stesso tempo si esalta la conservazione ed il rispetto di quelli esistenti. *2* Nelle religioni, giorno solenne, gener. dedito al riposo e alle celebrazioni rituali: *f. di Capodanno, dei morti* | Solennità della religione e della Chiesa cattolica, nella quale si celebra un avvenimento liturgico: *f. del Natale, della Pasqua, di Ognissanti*; *f. di precetto* | ***F. di un santo***, giorno della sua commemorazione | ***Feste mobili, f. fisse***, che non cadono (come la Pasqua), o cadono (come il Natale), in date fisse. *3* (*al pl.*) Serie di giorni festivi, a Natale o a Pasqua: *ritrovarsi durante le feste* | ***Buone feste***, augurio fatto in occasione delle feste natalizie o pasquali. *4* (*fam.*) Giorno del compleanno o dell'onomastico: *oggi è la mia f.* *5* Giorno di astensione dal lavoro per riposo o per pubblica festività | ***Far f.***, cessare di lavorare | ***Aver f.***, essere liberato dal lavoro, da un'occupazione | ***È finita la f.***, (*fig.*) finora si è scherzato, ora bisogna fare sul serio | ***Conciare per le feste***, (*fig.*) ridurre in pessime condizioni. SIN. Vacanza. *6* Trattenimento per celebrare una ricorrenza o un avvenimento spesso con spettacoli o ricevimenti: *organizzare una f. danzante* | ***Guastare una f.***, turbarne il sereno andamento | ***Far la f. a qlcu.***, (*antifr.*) toglierlo di mezzo, ucciderlo | ***Fare la f. a una donna***, (*pop., raro*) possederla, spec. in modo violento | ***Fare la f. a una cosa***, consumarla in fretta | †***Avere f. di qlcu. o di qlco.***, prendersi gioco di qlcu. o qlco. *7* Tutto ciò che reca allegria e gioia: *la sua laurea è una f. per tutti*. *8* Lieta accoglienza, dimostrazione di gioia, allegria, giubilo | ***Far f. a qlcu.***, accoglierlo lietamente: *il cane fa f. al padrone*. || PROV. Passata la festa gabbato lo santo; il pazzo fa la festa e il savio se la gode. || **festàccia**, **pegg.** | **festicciòla**, **festicciuòla**, **dim.** | **festicina**, **dim.** | **festina**, **dim.** | **festino**, **dim. m.** (V.) | **festòccia**, **dim.** | **festóna**, **accr.** | **festóne**, **accr. m.** | **festùccia**, **dim.**

festaiòlo o (*lett.*) **festaiuòlo** [av. 1484] **A agg.** ● Che ama le feste o i festeggiamenti: *è una compagnia festaiola*. **B s. m.** (f. *-a*) ● (*raro*) Chi allestisce spesso feste.

festànte [1321] **part. pres.** di †*festare*; anche **agg.** *1* Che è in festa: *popolo, città f.* | (*lett.*) Allegro, ridente. CONTR. Cupo, mesto. *2* †Festivo. || **festanteménte**, **avv.**

†**festànza** **s. f.** ● Festa, allegrezza.

†**festàre** [lat. tardo *festāre*, da *fēsta*; sec. XIII] **A v. tr.** ● Festeggiare. **B v. intr.** ● Dimostrare allegrezza, felicità.

festeggiaménto [sec. XIV] **s. m.** *1* Celebrazione di qlcu. o qlco. con una festa: *indire un solenne f.* *2* (*spec. al pl.*) Insieme delle manifestazioni con cui si festeggia qlco.: *i festeggiamenti per le nozze di suo fratello*.

♦**festeggiàre** [da *festa*; 1336 ca.] **A v. tr.** (*io festéggio*) *1* Celebrare con festa: *f. un anniversario, un compleanno* | Solennizzare: *f. la vittoria, la pace*. SIN. Onorare. *2* Accogliere, onorare qlcu. con festa: *f. un amico, un collega, i convitati*. **B v. intr.** (aus. *essere*) ● †Fare festa: *spesso festeggia e fa molti conviti* (BOIARDO) | Dimostrare grande gioia e allegrezza.

festeggiàto [1336 ca.] **A part. pass.** di *festeggiare*; anche **agg.** ● Nei sign. del v. **B s. m.** (f. *-a*) ● Persona cui è dedicata una festa.

festeggiatóre [av. 1686] **s. m.** (f. *-trice*) ● Chi festeggia.

†**festerèccio** [av. 1333] **agg.** (pl. f. *-ce*) ● (*raro*) Da festa | ***Giorno f.***, festivo. || †**festerecciaménte**, **avv.**

festévole [da *festa*; 1336 ca.] **agg.** *1* (*raro, lett.*) Allegro, festoso: *un f. avvenimento*; *danza, musica f.*; *di festevoli ninfe accorta schiera* (MARINO). *2* (*raro*) Che ama far festa, stare in allegria e sim.: *una compagnia f.* *3* †Festivo. || **festevolménte**, **avv.** Allegramente, lietamente.

festevolézza [av. 1910] **s. f.** ● (*raro*) Allegria, giocondità.

†**festinàre** [vc. dotta, lat. *festināre*, di etim. incerta; 1319] **v. intr.** ● Affrettarsi: *da terra il ciel che più alto festina* (DANTE *Purg.* XXXIII, 90).

†**festinazióne** [vc. dotta, lat. *festinatiōne(m)*, da *festināre* 'festinare'; av. 1311] **s. f.** ● Sollecitudine, fretta, premura.

festino (1) [dim. di *festa*; av. 1601] **s. m.** ● Festa, trattenimento spec. notturno e con balli, musica, rinfreschi: *offrire un f.* | Banchetto.

†**festino** (2) [vc. dotta, lat. *festīnu(m)*, da *festināre* 'festinare'; 1306] **agg.** ● Sollecito, pronto, presto: *però non fui a rimembrar f.* (DANTE *Par.* III, 61). || †**festinaménte**, **avv.** Con fretta, con sollecitudine.

♦**fèstival** [vc. ingl., dall'ant. fr. *festival*, dal lat. *festīvus* 'piacevole, festivo'; 1846] **s. m. inv.** *1* Manifestazione organizzata periodicamente per presentare al pubblico opere musicali, teatrali o cinematografiche talora con assegnazione finale di premi: *il f. della canzone*; *il f. di Venezia*. *2* Festa popolare all'aperto.

festivalière [da *festival* nel sign. 1] **s. m.** (f. *-a*) ● Chi prende parte a un festival (*anche iron.* o *spreg.*).

festivalièro [1965] **agg.** ● Relativo a un festival (*anche iron.* o *spreg.*).

festività o †**festivitàde**, †**festivitàte** [vc. dotta, lat. *festivitāte(m)*, da *festīvus* 'piacevole, festivo'; 1304] s. f. *1* Festa solenne: *le festività del Santo patrono*; *una f. civile*. SIN. Solennità. *2* (*lett.*) Gaiezza, giocondità: *la f. delle sue maniere*.

festivo [vc. dotta, lat. *festīvu(m)*, da *fēsta* 'festa'; av. 1342] agg. *1* Di festa: *giorno f.* | Proprio dei giorni di festa: *abito f.*; *orario f.* | ***Riposo f.***, quello di cui, per legge, fruiscono i lavoratori mantenendo il diritto alla normale retribuzione | ***Lavoro f.***, lavoro straordinario prestato durante le festività. CONTR. Feriale. *2* (*lett.*) Allegro, lieto, festoso: *maniere festive*. || **festivaménte**, avv.

†**fèsto** [lat. *fēstu(m)*. V. *festa*; av. 1306] **A** agg. ● Di festa: *per adornare il dì f. ed altero* (PETRARCA). **B** s. m. ● Festa.

festonàre [da *festone*; 1942] v. tr. (*io festóno*) ● (*disus.*) Ornare con festoni.

festonàto [1913] part. pass. di *festonare*; anche agg. ● (*raro*) Adorno di festoni | A forma di festone.

festonatùra s. f. ● (*raro*) Smerlatura.

festóne [da *festa*; av. 1519] s. m. *1* Ornamento costituito di fiori, frutti, foglie, strisce colorate e sim. che, sorretto da due capi, si appende a finestre, balconi, soffitti ecc. in segno di festa. *2* Motivo ornamentale consistente nella raffigurazione, scolpita o dipinta, di un festone. *3* Punto di ricamo per rifinire l'orlatura di fazzoletti, tovagliette e sim. SIN. Smerlo. *4* Sistema di allevamento della vite i cui tralci vengono tesi tra un tutore e l'altro. || **festoncino**, dim.

festosità [da *festoso*; 1869] s. f. *1* Caratteristica di chi (o di ciò che) è festoso. *2* Dimostrazione di allegria, letizia.

festóso [da *festa*; sec. XIV] agg. ● Che accoglie, saluta e sim. con festa: *cane f.* | Che manifesta allegria, giocondità: *accoglienze festose*. SIN. Allegro, gioioso. || **festosaménte**, avv.

festùca [lat. *festūca(m)*, di etim. incerta; 1313] s. f. *1* (*lett.*) Fuscello di paglia. *2* Pianta erbacea rizomatosa delle Graminacee coltivata per foraggio (*Festuca*).

fetàle [da *feto*; 1834] agg. ● Che si riferisce al feto: *annessi fetali*.

fetazióne [da *feto*] s. f. ● Formazione del feto.

fetch /ingl. fɛtʃ/ [vc. ingl., propr. 'distanza da percorrere'] s. m. inv. ● (*mar.*) Lunghezza del tratto di mare aperto su cui spira il vento senza incontrare ostacoli, da cui dipende l'ampiezza delle onde generate.

fetènte [lat. *foetēnte(m)*, part. pres. di *foetēre* 'puzzare'; av. 1306] **A** agg. *1* (*raro*) Che emana puzza, fetore: *locale f.* SIN. Fetido, puzzolente. *2* (*fig.*) Meschino, vile: *un comportamento f.* **B** s. m. e f. ● Persona vile e malvagia: *non fare il f.* SIN. Carogna. || **fetentóne**, accr.

fetenzìa [1963] s. f. *1* †Puzza, fetore. *2* (*merid.*) Sporcizia, luridume: *togli questa f. dalla tua camera* | (*fig.*) Meschinità, abiezione.

†**fetére** o **fètere** [lat. *foetēre*, di etim. incerta; av. 1342] v. intr. ● Mandar fetore.

feticcio [fr. *fétiche*, dal port. *feitiço*, dal lat. *factīciu(m)* '(idolo) falso'. V. *fattizio*; 1803] s. m. *1* Oggetto che, nelle religioni di molti popoli primitivi, si ritiene dotato di forza e potere magici; composto gener. di vari elementi vegetali, animali, umani e minerali, in forma di statua o immagine. *2* (*fig.*) Ciò che è oggetto di ammirazione esagerata, fanatica: *ogni epoca ha i suoi feticci*; *l'automobile è un f. nella società contemporanea*. SIN. Idolo.

feticìdio [comp. di *feto* e *-cidio*] s. m. ● Uccisione del feto.

feticismo [fr. *fétichisme*, da *fétiche* 'feticcio'; 1834] s. m. *1* Carattere di alcune religioni primitive nelle quali prevale il culto dei feticci. *2* (*fig.*) Ammirazione, stima e desiderio eccessivi per qlcu. o qlco. SIN. Fanatismo. *3* (*psicol.*) Forma di deviazione sessuale in cui un oggetto, spec. un indumento, rappresenta l'altro sesso e permette il soddisfacimento del desiderio sessuale.

feticista [fr. *fétichiste*, da *fétichisme* 'feticismo'; 1888] s. m. e f.; anche agg. (pl. m. *-i*) *1* Chi adora feticci, pratica il culto dei feticci. *2* (*fig.*) Chi si crea dei feticci. *3* (*psicol.*) Chi pratica il feticismo.

feticìstico [1913] agg. (pl. m. *-ci*) ● Relativo a feticismo o a feticista. || **feticisticaménte**, avv.

fètido [vc. dotta, lat. *fōetidu(m)*, da *foetēre* 'puzzare'; 1282] agg. *1* Che emana fetore: *pèra colui che primo / a le triste oziose / acque e al f. limo / la mia cittade espose* (PARINI). SIN. Puzzolente. CONTR. Odoroso, profumato. *2* (*fig.*) Abietto, disonesto: *individuo f.* || **fetidaménte**, avv. Con fetore.

fetidùme [av. 1803] s. m. *1* Fetore, puzza. *2* Insieme di cose fetide.

fèto (o **-é-**) [vc. dotta, lat. *fētu(m)*, dalla stessa radice di *fēmina* 'femmina'; 1319] s. m. ● (*anat.*, *fisiol.*) Prodotto del concepimento quando assume la forma caratteristica della specie a cui appartiene: nella specie umana ciò avviene all'inizio del terzo mese di gravidanza.

fetologìa [comp. di *feto* e *-logia*] s. f. ● Ramo della medicina che studia lo sviluppo del prodotto del concepimento dal secondo mese di vita intrauterina al parto.

fetòlogo s. m. (f. *-a*; pl. m. *-gi*) ● Specialista e studioso di fetologia.

fetónte [dal n. del personaggio mitico; 1308] s. m. ● Uccello marino tropicale, ottimo volatore, con becco diritto, più lungo del capo (*Phaethon*). SIN. Uccello del sole, uccello dell'oceano.

fetóre [vc. dotta, lat. *foetōre(m)*, da *foetēre* 'puzzare'; av. 1306] s. m. ● Puzzo forte e nauseante: *f. di cadaveri, di fogna*.

♦**fétta** [da *offetta*, dim. di *offa*; sec. XIII] s. f. *1* Parte di cibo larga e di vario spessore separata con un taglio: *una f. di pane, di polenta, di cocomero*; *tagliare qlco. a fette* | (*fig.*) ***Fare a fette qlcu.***, ammazzarlo | ***F. di torta***, (*fig.*) porzione di guadagno, quota di utile. SIN. Trancia, trancio. *2* (*fig.*) Piccola parte, porzione, striscia: *tra i tetti si vede una f. di cielo*; *una f. di terreno* | ***F. di luna***, falce. *3* (*fig.*) Parte: *una grossa f. di guadagno*; *ritagliarsi la propria f. di potere*. *4* Striscia di tessuto | Nastro. *5* (*region.*, *spec. al pl.*) Piede umano: *e locchi locchi, se la fecero a fette fino al Ponte Bianco* (PASOLINI). || **fettàccia**, pegg. | **fettina**, dim. (V.) || **fettolina**, dim. | **fettóna**, accr. | **fettóne**, accr. m. | **fettùccia**, dim. (V.).

fettina [av. 1964] s. f. *1* Dim. di *fetta*. *2* Taglio sottile di carne (manzo, vitellone, vitello) da cucinare ai ferri o in padella.

fettóne [da *fetta*; 1585] s. m. *1* Parte posteriore e inferiore dello zoccolo degli equini, a forma di cuneo. SIN. Forchetta. *2* (*region.*) Piede umano.

fettùccia [av. 1535] s. f. (pl. *-ce*) *1* Dim. di *fetta*. *2* Robusta striscia, spec. di cotone, usata per vari scopi: *rinforzare l'orlo con una f.*; *legare qlco. con una f.* | (*est.*) Benda sottile e allungata. *3* (*est.*) Rotella metrica, nastro. *4* (*spec. al pl.*) Tipo di pasta alimentare avente forma di lunghi e larghi nastri. *5* Residuo dell'estrazione industriale dello zucchero costituito dalle radici di barbabietola tagliate in sottili strisce. *6* Rettilineo stradale lungo vari kilometri: *la f. di Terracina*. *7* Robusta striscia di nylon usata dagli alpinisti nell'arrampicata su roccia o su ghiaccio; ha la stessa funzione del cordino. || **fettuccina**, dim. (V.).

fettuccìna [1865] s. f. *1* Dim. di *fettuccia*. *2* (*spec. al pl.*) Tipo di pasta alimentare tagliata a strisce lunghe e sottili.

fettùnta [comp. di *fetta* e *unto*; 1922] s. f. ● (*pop.*, *tosc.*) Fetta di pane tostato strofinata con aglio e condita con sale e olio di frantoio. SIN. Bruschetta.

feudàle [da *feudo*; av. 1557] agg. *1* Che si riferisce al feudo o al feudalesimo: *giurisdizione*, *età f.* *2* (*fig.*) Assolutista, dispotico: *prepotenza f.* | (*est.*) Antiquato, rozzo: *mentalità f.* || **feudalménte**, avv.

feudalésco [av. 1869] agg. (pl. m. *-schi*) ● (*raro*, *spreg.*) Feudale.

feudalésimo o **feudalismo** [da *feudo*; 1803] s. m. ● Sistema politico, economico e sociale basato sull'istituto del feudo, sorto nell'alto Medioevo nella regione franca ed estesosi successivamente in Germania e Italia.

feudalità [da *feudale*; 1673] s. f. *1* Regime feudale | Condizione feudale. *2* La classe dei feudatari.

feudatàrio [da *feudo*; av. 1363] **A** s. m. (f. *-a*) *1* Nel mondo medievale, il titolare del feudo. *2* (*est.*) Latifondista. **B** agg. ● Feudale.

fèudo [francone *fēh-od* 'proprietà di bestiame, proprietà mobile', comp. di *fēh* 'bestiame' e *od* 'proprietà'; av. 1442] s. m. *1* Nel mondo medievale, concessione di un signore o del sovrano a un vassallo di un beneficio e del privilegio della immunità fiscale | (*est.*) Il territorio concesso in beneficio. *2* (*fig.*) Grande possedimento terriero. *3* (*fig.*) Ambiente, campo di attività e sim. in cui si esercita un dominio assoluto e spesso dispotico: *l'ufficio è diventato il suo f.*; *la facoltà è il f. incontrastato di quel professore*.

feuilleton /fr. fœj'tõ/ [vc. fr., da *feuillet*, dim. di *feuille* 'foglio'; 1819] s. m. inv. ● Qualsiasi scritto pubblicato in appendice a un giornale | Romanzo popolare a forti tinte, ricco di colpi di scena, con nette contrapposizioni tra personaggi buoni e cattivi e trionfo finale del bene | (*est.*) Scritto di nessun valore artistico.

fez /fɛts*/ [da *Fez*, città del Marocco; 1892] s. m. inv. ● Copricapo a tronco di cono, rosso, con un fiocchetto di seta nera, in uso nell'impero ottomano e oggi in alcuni Paesi arabi | Analogo berretto, parte dell'uniforme dei bersaglieri | Berretto nero di tale foggia, usato, in epoca fascista, dagli appartenenti alla milizia.

feziàle o **feciàle** [vc. dotta, lat. *fetiāle(m)*, di etim. incerta; sec. XIV] s. m. ● Ciascuno dei venti sacerdoti che, presso gli antichi Romani, provvedevano ritualmente a dichiarare la guerra e a concordare la pace.

†**fi'** /fi, fi*/ o †**fil** [1313] s. m. ● (*poet.*) Figlio: *Né li gravò viltà di cuor le ciglia / per esser fi' di Pietro Bernardone* (DANTE *Par.* XI, 88-89) | Oggi usato in alcuni cognomi: *Firidolfi*; *Fibonacci*.

fi (*1*) /fi*/ o **phi** [dal gr. *phî*] s. m. o f. inv. ● Nome della ventunesima lettera dell'alfabeto greco.

†**fi** (*2*) /fii/ ● V. *fiiiuuu*.

†**fia** o †**fie** [ant. fr. *fiée*. V. *fiata*] s. f. ● (*raro*, *tosc.*) Solo nelle loc. ***due fia due***, ***quattro***; ***quattro fie quattro***, ***sedici*** e sim., due moltiplicato due, quattro; quattro moltiplicato quattro, sedici e sim.

♦**fiàba** [lat. *fābula(m)* 'favola', attraverso il lat. parl. *flāba(m)*; 1618] s. f. *1* Racconto fantastico di origine popolare: *antiche fiabe nordiche*; *rappresentare, mettere in scena una f.*; *le fiabe dei fratelli Grimm*; *scrivere un libro di fiabe*. SIN. Favola. *2* (*fig.*) Fandonia, fola, frottola.

fiabésco [1798] agg. (pl. m. *-schi*) *1* Di, da fiaba: *tono f.* | (*est.*) Irreale. *2* (*est.*, *fig.*) Incantevole, fantastico, straordinario: *paesaggio f.*; *indossare un abito f.*; *vivere in un palazzo f.* || **fiabescaménte**, avv.

fiabìstica [da *fiaba*, sul modello di *novellistica*] s. f. ● Favolistica.

fiàcca [da *fiaccare*; 1841] s. f. *1* Stanchezza, fiacchezza: *aver la f.* | Svogliatezza | ***Battere la f.***, agire controvoglia, scansare le fatiche. *2* †Fracasso, strepito. *3* (*pop.*, *tosc.*) Abbondanza.

fiaccàbile [av. 1704] agg. ● (*raro*) Che si può fiaccare.

†**fiaccacòllo** [comp. di *fiacca(re)* e *collo*; av. 1527] s. m. ● (*raro*) Rompicollo | ***A f.***, a precipizio, a rotta di collo.

fiaccaménto [sec. XIV] s. m. ● (*raro*) Il fiaccare | Fiacchezza.

fiaccàre [da *fiacco* (*1*); sec. XIII] **A** v. tr. (*io fiàcco, tu fiàcchi*) *1* Rendere debole e fiacco: *i dolori hanno fiaccato il suo spirito*; *f. le forze, la resistenza di qlcu.* SIN. Prostrare, spossare. *2* (*raro* o *lett.*) Rompere, spezzare: *un bastone con la forza delle braccia* | ***F. le ossa, le costole, il collo a qlcu.***, percuoterlo | (*fig.*) ***F. le corna a qlcu.***, umiliarne la superbia, l'arroganza. **B** v. intr. pron. e †intr. *1* Perdere forza, divenire fiacco: *come tu vedi, a la pioggia mi fiacco* (DANTE *Inf.* VI, 54). SIN. Accasciarsi. *2* (*raro* o *lett.*) Rompersi, spaccarsi.

fiaccatùra s. f. *1* (*raro*) Il fiaccare | Spossatezza. *2* Regione del corpo del cavallo più soggetta a contusioni | (*est.*) La contusione stessa.

fiaccheràio [da *fiacchere* 'fiacre'; 1869] s. m. ● (*tosc.*) Vetturino pubblico della carrozza a cavalli.

fiàcchere s. m. ● Adattamento di *fiacre* (V.).

fiacchézza [da *fiacco* (*1*); 1505] s. f. *1* Spossatezza fisica, mancanza di vigore o di resistenza anche morale: *la f. causata da uno strapazzo fisico*; *f. di mente, d'animo*; *f. di stile*. SIN. Debolezza. CONTR. Forza. *2* †Fallo commesso per debolezza.

fiacchite s. f. ● (*fam.*, *scherz.*) Mancanza di vigore e nerbo, fisico e morale, intesa quasi come una malattia: *un attacco di f.*

fiàcco (*1*) [lat. *flăccu(m)*, di orig. indeur.; 1505] agg. (pl. m. *-chi*) ● Che non ha forza, vigore fisico o morale: *una persona fiacca*. SIN. Apatico, stanco. CONTR. Energico, vigoroso | (*fig.*) Debole, poco brillante, noioso: *un discorso f.*; *una serata fiacca* | (*borsa*) ***Mercato f.***, con pochi movimenti. || **fiaccherèllo**, dim. | **fiacchétto**, dim. | **fiacchiccio**, dim. | **fiaccóne**, accr. | **fiaccùccio**, dim. || **fiaccaménte**, avv. In modo fiacco: *sostenere fiaccamente una proposta, una teoria.*

fiàcco (2) [da *fracco*; av. 1375] s. m. (pl. *-chi*) ● †Rovina, distruzione, strage.

fiàccola [lat. parl. **flăcula(m)*, da *făcula*, dim. di *făx*, genit. *făcis* 'face'; sec. XIII] s. f. *1* Fusto di legno resinoso o sim. spalmato di materiale infiammabile, per ardere e illuminare anche all'aperto e con vento: *ognuno di noi portava la sua f.* | ***F. olimpica***, la torcia che, prima dell'inizio delle Olimpiadi, una staffetta di tedofori trasferisce dalla Grecia alla città in cui si svolgono i giochi olimpici, e che rimane accesa fino alla loro conclusione. *2* (*fig., lett.*) Ciò che provoca qlco.: *la f. dell'odio, della discordia* | Ciò che illumina, alimenta o simboleggia qlco.: *la f. della scienza, della libertà.* || **fiaccolétta**, dim. | **fiaccolìna**, dim. | **fiaccolóna**, accr. | **fiaccolóne**, accr. m.

fiaccolàre [intens. di *fiaccare*; 1869] v. tr. (*io fiàccolo*) ● (*raro, tosc.*) Battere ripetutamente più fusti minuti insieme.

fiaccolàta [da *fiaccola*; 1887] s. f. ● Corteo notturno fatto con fiaccole accese, per feste, onoranze e sim.

fiacre /fr. 'fjakʀə/ [fr., dal n. di S. *Fiacre*, la cui immagine era appesa nel luogo in cui si affittavano queste vetture; 1766] s. m. inv. ● Vettura di piazza, a cavalli. ➡ ILL. **carro e carrozza**.

fiadóne [lat. tardo *fladōne(m)*, di orig. germ.; 1585] s. m. ● Rustica pasta dolce con ripieno di mandorle e rum, tipica del Trentino | Dolce di pasta sfoglia con ripieno di formaggio e uova, che si prepara in Abruzzo per le feste pasquali. || **fiadoncèllo**, dim.

fiàla [vc. dotta, lat. *phĭala(m)*, nom. *phĭala*, dal gr. *phiálē*, di orig. egea; 1321] s. f. *1* Piccolo recipiente in vetro, chiuso ermeticamente, contenente liquidi medicamentosi o profumi: *la cura completa consta di ventiquattro fiale.* *2* †Piccola bottiglia di vetro, panciuta e a collo lungo | †Bottiglia. || **fialétta**, dim. | **fialìna**, dim. | **fialóne**, accr. m.

fialòide [comp. di *fial(a)* e del suff. *-oide*; 1985] s. m. ● Contenitore cilindrico per farmaci liquidi, con dimensioni intermedie tra la fiala e il flacone.

♦**fiàmma** [lat. *flămma(m)*, di orig. indeur.; av. 1250] **A** s. f. *1* Lingua di fuoco prodotta dalla combustione di un gas: *la f. della candela*; *la casa era avvolta dalle fiamme*; *alte fiamme si levavano dal bosco incendiato* | ***F. ossidrica***, ottenuta bruciando l'idrogeno in corrente di ossigeno | ***F. ossiacetilenica***, ottenuta bruciando l'acetilene in corrente di ossigeno | ***Andare in fiamme***, prendere fuoco | ***Dare alle fiamme***, incendiare | ***Mettere a fuoco e fiamme***, sconvolgere, devastare | ***Vivanda alla f.***, cosparsa di liquore cui si dà fuoco in tavola; SIN. Flambé | ***Far fuoco e fiamme***, (*fig.*) agitarsi, strepitare per qlco., darsi molto da fare per ottenere o raggiungere qlco. | ***Ritorno di f.***, nei motori, combustione della miscela eccessivamente prolungata per cui l'infiammazione si comunica alla miscela in arrivo nel cilindro; (*fig.*) il riaccendersi di passioni e sentimenti che si credevano ormai sopiti; anche, riapparizione inattesa di un fenomeno, una moda ecc. | (*est., ant.*) Rogo: *condannare alle fiamme.* *2* (*fig.*) Sentimento intenso e ardente: *la f. dell'amore, della fede, della libertà* | (*est.*) Persona amata (*anche poet.*): *ha rivisto una sua vecchia f.*; *l'alma mia f. oltra le belle bella* (PETRARCA). SIN. Ardore, passione. *3* (*fig.*) Colore rosso acceso: *un tramonto, un cielo di f.* | ***Avere, sentirsi salire le fiamme al viso***, arrossire per emozione, ansietà o alterazione febbrile | ***Diventare di f.***, arrossire | Nel linguaggio dei tintori, il vivace riflesso delle tinte quando sono osservate a luce radente. *4* Ornamento intagliato a foglia stilizzata molto usato come terminale nei seggioloni cinquecenteschi italiani. *5* (*mil., al pl.*) Mostrine colorate sul bavero della giubba, a guisa di fiamme, che contraddistinguono Armi, corpi e specialità varie | I militari che le portano | ***Fiamme gialle***, le guardie di finanza. *6* (*mar.*) Striscia triangolare di stoffa, lunga e sottile, con i colori nazionali che le navi da guerra portano in testa d'albero, come distintivo di nave militare | Banderuola triangolare per segnali. *7* ***La Fiamma***, (*polit., per anton.*) il Movimento Sociale Italiano (confluito nel 1995 in Alleanza Nazionale), che aveva una fiamma tricolore come simbolo. **B** in funzione di agg. inv. ● (posposto al s.) Nelle loc. ***rosso f.***, di colore rosso vivo, tipico della fiamma | ***Punto f.***, punto di ricamo eseguito in lana o seta a più colori alternati, secondo un disegno a dente di sega di varia misura. || **fiammèlla**, dim. | **fiammellìna**, dim. | **fiamméta**, dim. | **fiammettìna**, dim. | **fiammicèlla**, dim. | **fiammìna**, dim. | **fiammolìna**, dim.

fiammànte [av. 1347] part. pres. di †*fiammare*; anche agg. *1* Risplendente come la fiamma. *2* (*fig.*) ***Rosso, colore f.***, molto vivo, acceso | (*fig.*) ***Nuovo f.***, nuovissimo.

†**fiammàre** [lat. *flammāre*, da *flămma* 'fiamma (1)'; 1321] v. intr. ● Fiammeggiare: *fiammando, a volte, a guisa di comete* (DANTE *Par.* XXIV, 12).

fiammàta [1699] s. f. *1* Fiamma alta, intensa e rapida, dovuta all'accensione di sostanze che bruciano con grande facilità: *l'alcol ha prodotto una gran f.* | ***Fare una f. di qlco.***, dare qlco. alle fiamme. *2* (*fig.*) Sentimento intenso e di breve durata: *quell'idillio è stato solo una f.* || **fiammatèlla**, dim. | **fiammatìna**, dim.

fiammàto [1731] **A** agg. ● Detto di filato o tessuto avente striature a colori appariscenti, spesso con ingrossamenti saltuari alquanto marcati. **B** anche s. m.: *un bel f.*

fiammeggiànte [1319] part. pres. di *fiammeggiare*; anche agg. *1* Che manda fiamme (*anche fig.*): *occhi fiammeggianti di rabbia.* *2* ***Gotico f.***, tardo gotico caratterizzato da sovrabbondanza di sovrastrutture decorative, di elementi terminali accentuatamente aguzzi e slanciati, quasi a forma di fiamma. CFR. Fiorito.

fiammeggiàre [1319] **A** v. intr. (*io fiamméggio*; aus. *avere* nel sign. 1, *avere* e *essere* nel sign. 2) *1* Bruciare con fiamma | Mandar fiamme (*anche fig.*). *2* (*fig.*) Risplendere, scintillare, sfavillare: *i suoi occhi fiammeggiano d'ira*; *l'eterne nevi intatte / d'armi e armati fiammeggiar* (MONTI) | Rosseggiare: *il cielo fiammeggia.* **B** v. tr. ● Bruciare la peluria del pollame e della cacciagione spennata, passandola rapidamente più volte sulla fiamma | Dar fuoco al liquore con cui si prepara una vivanda alla fiamma.

fiàmmeo o (*lett.*) **flàmmeo** [lat. *flămmeu(m)*, da *flămma* 'fiamma (1)'; 1499] agg. ● (*poet.*) Di fiamma.

fiammiferàio [1870] s. m. (f. *-a*) *1* Operaio in una fabbrica di fiammiferi. *2* Venditore di fiammiferi.

♦**fiammìfero** [vc. dotta, lat. *flammĭferu(m)*, comp. di *flămma* 'fiamma (1)' e *fĕrre* 'portare'; 1342] **A** s. m. ● Asticciola di legno o stelo di carta o cotone imbevuto di stearina, con una capocchia rivestita di una miscela fosforica che si accende per sfregamento | ***F. da cucina***, di legno | ***F. di cera***, cerino | ***F. di sicurezza*** o ***svedese***, con capocchia contenente clorato di potassio o altro ossidante, che si accende soltanto se sfregato su una superficie ricoperta di fosforo rosso o altre sostanze combustibili miscelate a un abrasivo | ***Accendersi come un f.***, (*fig.*) di persona molto irascibile. **B** agg. ● †Che porta fiamma. || **fiammiferìno**, dim.

fiamminga [da *fiammingo (1)*, perché usata nelle Fiandre; 1798] s. f. ● (*region.*) Vassoio o piatto ovale per servire in tavola.

fiammingo (1) [da *flaming*, vc. germ.; 1313] **A** agg. (pl. m. *-ghi*) ● Delle Fiandre: *paesaggio f.*; *lingua fiamminga* | (*est.*) Dei Paesi Bassi: *pittori fiamminghi* | ***Genere f.***, proprio della pittura fiamminga. **B** s. m. (f. *-a*) *1* Nativo, abitante delle Fiandre | Belga, non di lingua francese: *contrasti tra fiamminghi e valloni.* *2* Pittore fiammingo: *lo stile dei fiamminghi.* **C** s. m. solo sing. ● Lingua fiamminga, attualmente parlata in Belgio e in una piccola regione della Francia settentrionale. CFR. Neerlandese.

fiammingo (2) [provz. *flamenc*, da *flămma* 'fiamma (1)'; propr. '(dalle ali) di fiamma'; av. 1476] s. m. (pl. *-ghi*) ● (*zool.*) Fenicottero.

fiàmmola [lat. *flămmula(m)* 'fiammella'; sec. XIV] s. f. ● Pianta erbacea comune nei boschi, con fiori candidi e profumati raccolti in pannocchie (*Clematis flammula*).

fiancàle [da *fianco*; 1476] s. m. ● Parte dell'armatura che copre ciascun fianco.

fiancàre [da *fianco*; av. 1646] v. tr. (*io fiànco, tu fiànchi*) ● Rinforzare ai fianchi: *f. un arco, una volta.*

fiancàta [da *fianco*; 1481] s. f. *1* Fianco o parte laterale di qlco.: *la f. di una nave, di una vettura, di un mobile.* *2* Nell'affusto dei cannoni, coscia. *3* (*mar.*) †Bordata.

fiancheggiaménto [da *fiancheggiare*] s. m. ● Il fiancheggiare | (*fig.*) Appoggio indiretto, spalleggiamento (spec. con una connotazione negativa).

fiancheggiàre [da *fianco*; av. 1555] v. tr. (*io fianchéggio*) *1* Delimitare qlco. ai fianchi, stare a lato di qlco.: *i monti che fiancheggiano il fiume*; *una siepe di biancospino fiancheggia la strada* | Accompagnare tenendosi al fianco di qlcu. o sui fianchi di qlco.: *i carabinieri in alta uniforme fiancheggiavano il corteo.* *2* (*mil.*) Proteggere spec. con tiro di artiglieria il fianco di un'opera difensiva | Proteggere i fianchi scoperti di una unità in movimento. *3* (*fig.*) Aiutare qlcu. standogli a fianco nelle difficoltà, dandogli man forte e sim.: *è fiancheggiato da numerosi sostenitori* | Appoggiare, spalleggiare in modo indiretto (spec. con una connotazione negativa): *f. un movimento eversivo.* SIN. Sostenere. *4* †Pungere con motti.

fiancheggiatóre [da *fiancheggiare*; 1849] agg.; anche s. m. (f. *-trice*) ● Che (o Chi) fiancheggia.

fianchétto [da *fianco*] s. m. ● Nel gioco degli scacchi, posizione dell'alfiere collocato nella seconda casella di una delle diagonali principali della scacchiera.

♦**fiànco** [ant. fr. *flanc*, dal francone *hlanka*; av. 1292] s. m. (pl. *-chi*) *1* Parte laterale del corpo compresa tra l'ultima costa e l'anca. CFR. latero- | ***Mettersi le mani sui fianchi***, in atto di stizza o di impazienza | (*sport*) ***Lavorare ai fianchi l'avversario***, colpirlo ripetutamente in quella parte del corpo per fiaccarne la resistenza; (*fig.*) sottoporre qlco. ad attacchi continui e logoranti | Nella loc. avv. ***al f.***, vicino, accosto: *scese la scala con al f. la consorte* | Nella loc. avv. ***f. a f.***, molto vicino, accosto | ***F. a f.***, molto vicino, in stretto contatto (*spec. fig.*): *lavorano f. a f.* | ***Stare al f. di qlcu.***, essergli vicino; (*fig.*) essere sempre solidale con qlcu. | (*fig.*) †***Alzare il f.***, mangiare molto | (*est.*) Lato debole: *presentare il f. al nemico* | (*fig.*) ***Dare, offrire, prestare il f.***, esporsi facilmente: *è una teoria che presta il f. a molte critiche* | (*lett.*) Grembo materno | (*fig., spec. al pl.*) Capacità di resistenza: *avere buoni fianchi.* *2* Parte laterale di qlco.: *i fianchi dello scudo, di un monumento* | ***Affrontare una questione di f.***, (*fig.*) non direttamente | Nelle loc. agg. inv. ***di f.***, ***a f.***, vicino, accanto, adiacente: *l'appartamento, l'edificio a f., di f.*; *il portone a f.* | Nella loc. prep. ***di f. a***, lateralmente, vicino a: *la farmacia è di f. alla stazione* | ***F. destr! f. sinistr!***, comando militare o ginnico per fare passare una squadra dalla formazione di fronte a quella di fianco | †(*mar.*) ***Presentare il f.***, detto di nave antica che si apprestava a sparare la bordata. SIN. Lato. ➡ ILL. p. 2121 ARCHITETTURA. || **fianchétto**, dim. | **fiancóne**, accr.

fianconàta [da *fianco*] s. f. ● Nella scherma di fioretto e di spada, azione di filo che termina al fianco: *f. di seconda*; *f. di quarta.*

†**fiancùto** [av. 1543] agg. ● Grosso di fianchi.

fiàndra [dalla *Fiandra*, regione dell'Europa sett.; 1967] s. f. ● Filo o tessuto di lino, usato spec. per tovagliati: *tela di f.*

fiàno [prob. da un toponimo *Fiano*, luogo di provenienza] s. m. ● (*enol.*) Vitigno tipico della zona di Avellino, da cui si ricava il vino bianco secco omonimo.

fiàsca [da *fiasco*; 1476] s. f. *1* Fiasco di forma schiacciata da appendersi alla cintura, un tempo usata per portare la polvere da sparo. *2* (*tosc.*) Piccola damigiana senza manici. || **fiaschétta**, dim. (V.) | **fiaschettìna**, dim.

fiascàio [av. 1449] s. m. (f. *-a*) *1* Chi vende fiaschi. *2* Chi è addetto alla lavorazione dei fiaschi, sia industrialmente che artigianalmente.

fiaschétta [1554] s. f. *1* Dim. di *fiasca.* *2* Piccola borraccia usata in viaggio o in escursioni. *3* Tasca di cuoio appesa alla bandoliera, nella quale il soldato teneva le cartucce | Recipiente usato un tempo dai cacciatori per tenervi la polvere da sparo.

fiaschetterìa [1863] s. f. ● Vendita di vino al minuto, in fiaschi, con servizio di mescita e talora di cucina.

fiaschettóne [da *fiaschetto*, per la forma del nido] s. m. ● (*zool.*) Pendolino.

fiàsco [got. *flaskō*; av. 1313] **s. m.** (pl. *-schi*) **1** Recipiente in vetro di forma sferoidale, rivestito di fibre vegetali o sintetiche, con collo lungo e stretto, destinato a contenere liquidi: *riempire i fiaschi di vino, di olio* | (*fig.*) ***Prendere fiaschi per fiaschi***, equivocare. ➡ ILL. **vino**. **2** (*est.*) La quantità di liquido contenuta in un fiasco: *ne bevvi più di un f.* (CELLINI). **3** Gabbia di canna a forma rotonda, in cui si mettono quaglie da richiamo. **4** (*fig.*) Esito negativo, insuccesso, fallimento: *fare f. in qlco.*; *l'esame è stato un vero f.*; *il nuovo film è un f. colossale*. || **fiascàccio**, pegg. | **fiaschètto**, dim. | **fiaschettìno**, dim. | **fiaschettóne**, dim. | **fiaschìno**, dim. | **fiascóne**, accr. (V.) | **fiascùccio**, dim.

fiascóne **s. m.** **1** Accr. di *fiasco*. **2** †Vino di qualità scadente.

fiat [dalla frase biblica *fīat lūx* 'la luce (*lūx*) sia fatta (*fīat*, dal v. *fieri* 'farsi, divenire', della stessa radice di *fūi*)'; 1798] **s. m.** ● Attimo, tempo brevissimo, dalle parole che Dio, secondo la Genesi, pronunciò creando il mondo: *in un f.*

†**fiàta** [ant. fr. *fiée*, dal lat. parl. **vicāta(m)*, da **vīx*, genit. *vĭcis* 'vece'; av. 1250] **s. f.** ● (*lett.*) Circostanza, volta: ***in quella f.***, allora | ***Lunga f.***, lungamente | ***Alla f.***, talvolta | ***Tal f.***, talvolta.

†**fiataménto** [av. 1347] **s. m.** ● Atto del respirare.

fiatàre [lat. tardo *flatāre*, intens. di *flāre* 'soffiare'; av. 1292] **v. intr.** (aus. *avere*) **1** (*raro*) Alitare, respirare | (*est.*) Essere, stare in vita. **2** (*fig.*) Articolar parola | ***Non f.***, ***non ardire di f.***, tacere, non osare dir nulla: *dopo averle fatto più d'una volta giurare che non fiaterebbe* (MANZONI) | ***Senza f.***, in silenzio assoluto | ***Non f. con nessuno***, non parlare di qlco. con nessuno. **3** †Fiutare, annusare | (*fig.*) Subodorare.

fiatàta **s. f.** **1** Emissione di fiato: *I polmoni tiran più lungo la f.* (SLATAPER) | (*est.*) Fiato o alito cattivo esalato respirando. **2** †Attimo, fiato: *fare qlco. in una f.*

fiàti **s. m. pl.** ● (*mus.*) Strumenti a fiato.

♦**fiàto** [lat. *flātu(m)*, da *flāre* 'soffiare'; av. 1292] **s. m.** **1** Aria che si emette dai polmoni attraverso naso e bocca, durante il movimento di espirazione: *scaldarsi le mani col f.*; *appannare i vetri col f.* | Alito: *gli puzza il f.*; *il suo f. sa di vino, di sigaro* | (*est.*) Alito, respiro: *trattenere il f.*; *un odore terribile che mozza, toglie il f.* | ***Dare***, ***esalare il f.***, morire | ***Aver f.***, aver vita | ***Avere il f. grosso***, ansimare | ***Sentirsi mancare il f.***, respirare con difficoltà | ***Prendere***, ***ripigliare f.***, fermarsi un poco per riposare | ***Strumenti a f.***, (*ellitt.*) ***fiati***, quelli in cui le vibrazioni sonore sono provocate dall'aria fortemente espirata dal suonatore | ***Dar f. alle trombe***, cominciare a suonarle; (*fig.*) divulgare una notizia | ***A perdita di f.***, V. *perdifiato* | (*fig.*) ***D'un f.***, ***tutto d'un f.***, senza interruzioni, tutto in una volta | (*fig.*) ***In un f.***, in un attimo. **2** (*lett.*) Odore, esalazione: *sì che s'ausi un poco in prima il senso / al tristo f.* (DANTE *Inf.* XI, 11-12). **3** (*lett.*) Voce, favella | ***Non aver f.***, restare senza parole | ***Non dire***, ***non far f.***, non fiatare | ***Buttar via***, ***sprecare***, ***consumare il f.***, parlare inutilmente | ***F. sprecato***, discorsi inutili, senza efficacia. **4** Forza di respirare (*anche fig.*): *non aver f.*; *perdere il f.* | ***Rimanere senza f.***, (*fig.*) allibire | (*sport*) Capacità di resistenza: *avere poco, molto f.* | ***Fare il f.***, allenarsi per raggiungere la resistenza necessaria per affrontare una competizione | ***Rompere il f.***, nel podismo, nel ciclismo e sim., superare l'iniziale debito di ossigeno. **5** (*lett.*) †Vento o brezza leggera | Soffio di vento. **6** †Essere animato | †Anima. **7** †Nulla: *non intender f.* | †***È un f.***, di tessuto finissimo | †***Cosa fatta col f.***, con la massima delicatezza | †Poco: *un f. di scienza, di virtù*. || PROV. Finché c'è fiato c'è speranza. || **fiaterèllo**, dim. | **fiatóne**, accr. (V.).

fiatóne [1952] **s. m.** **1** Accr. di *fiato*. **2** Fiato grosso, difficoltà di respiro, affanno: *alla fine della corsa aveva il f.*

fìbbia [lat. *fībula(m)*, da *fīgere* 'ficcare'; av. 1333] **s. f.** ● Fermaglio di varia materia e forma usato per tenere chiuse cinture, braccialetti e sim. o come ornamento. || **fibbiétta**, dim.

fiberglass /ingl. 'faebəɹ‚glæ:s/ o **fiber glass**, **fibreglass** [vc. ingl., comp. di *fiber* 'fibra', dal lat. *fibra* attraverso il fr. *fibre*, e *glass* 'vetro' di diffusione germanico-celtica e di orig. indeur.; 1968] **s. m. inv.** ● Fibra di vetro, molto resistente ed elastica, impiegata spec. nella fabbricazione di carrozzerie di autoveicoli, scafi d'imbarcazioni, aste da salto.

fìbra [vc. dotta, lat. *fībra(m)*, di etim. incerta; av. 1374] **s. f.** **1** (*anat.*, *biol.*) Qualsiasi struttura allungata e sottile presente in tessuti animali e vegetali: *f. connettivale, vegetale, del legno* | ***F. muscolare***, formazione contrattile allungata che costituisce il muscolo volontario o il miocardio | ***F. nervosa***, prolungamento di un neurone che assicura la connessione con altre cellule nervose, con effettori o con recettori | ***Fibre alimentari***, negli alimenti vegetali, parte costituita da cellulosa, polisaccaridi non cellulosici e lignina, resistente all'azione degli enzimi dell'apparato digerente. **2** (*est.*) Sostanza, prodotto e sim. filamentoso o riducibile in fili | ***F. tessile***, prodotto di origine naturale o artificiale atto ad essere trasformato in filato e in tessuto | (*tecnol.*) ***F. di vetro***, materiale costituito da fili di vetro assai flessibili e sottili, impiegato spec. per l'isolamento termico, acustico ed elettrico e come rinforzo di materie plastiche per la produzione di vetroresina | ***Fibre sintetiche***, ottenute mediante procedimenti chimici di sintesi | ***Fibre artificiali***, ottenute mediante opportune trasformazioni chimiche da polimeri già esistenti in natura | (*ottica*) ***F. ottica***, filamento lungo e sottile di materiale trasparente, quale il vetro o il plexiglas, che ha la proprietà di convogliare con rendimento molto alto un flusso di energia raggiante | ***Fibre di carbonio***, ottenute da filamenti polimerici di cellulosa o poliacrilici mediante vari trattamenti termici che conferiscono loro particolari proprietà di resistenza, leggerezza ed elasticità che ne suggeriscono l'impiego in varie tecnologie d'avanguardia. **3** Carta senza collanti, o cartone, impregnata in bagno di cloruro di zinco, usata per valigeria, nell'industria meccanica, elettrotecnica e tessile: *borsa di f.* **4** (*al pl.*) †Viscere degli animali. **5** (*fig.*) Parte più interna, intimo: *la f. del cuore, dell'animo*; *giungere alle più nascoste fibre*. **6** (*fig.*) Costituzione o complessione fisica: *uomo di forte f.* | (*est.*) Energia, vigore: *non avere f.* **7** †Vena. || **fibrèlla**, dim. | **fibrétta**, dim. | **fibrettìna**, dim.

fibràto [vc. dotta, lat. *fibrātu(m)*, da *fibra* 'fibra'; 1894] **agg.** ● Che ha, che presenta fibre.

fibratùra [da *fibra*] **s. f.** ● Tessuto che costituisce la struttura resistente del legno.

fibreglass /ingl. 'faebəɹ‚glæ:s/ ● V. *fiberglass*.

fibrìlla [dim. del lat. *fībra(m)* 'fibra'; 1765] **s. f.** ● (*biol.*) Costituente elementare di una fibra dell'organismo umano o animale.

fibrillàre (1) **agg.** ● (*biol.*) Relativo a fibrilla.

fibrillàre (2) **v. intr.** (aus. *avere*) ● (*med.*) Andar soggetto a fibrillazione.

fibrillazióne [prob. dal fr. *fibrillation*, da *fibrille* 'fibrilla'; 1930] **s. f.** ● (*med.*) Contrazione anomala, di breve durata, di piccoli fasci di fibre muscolari, che non porta a efficiente contrazione muscolare | ***F. cardiaca***, contrazione rapida della muscolatura cardiaca | (*fig.*) Stato di nervosismo, di agitazione: *essere, entrare in f.*; *il Governo è in f.*

fibrìna [da *fibra*; 1834] **s. f.** ● (*biol.*) Sostanza proteica del sangue, di origine epatica, che partecipa al processo di coagulazione sanguigna | ***Spugna di f.***, ottenuta dal fibrinogeno umano, con proprietà emostatiche, usata nelle emorragie capillari e venose.

fibrinògeno [comp. di *fibrina* e *-geno*; 1875] **s. m.** ● (*biol.*) Sostanza proteica da cui deriva la fibrina per azione di enzimi.

fibrinolìsi [comp. di *fibrin(a)* e *lisi*] **s. f. inv.** ● (*med.*) Processo enzimatico che determina la dissoluzione di un coagulo di fibrina.

fibrinóso **agg.** ● (*biol.*) Che contiene fibrina | Che ha i caratteri della fibrina.

fibro- primo elemento ● In parole composte della terminologia scientifica, significa 'fibra' o indica relazione con le fibre: *fibroblasto*, *fibrocita*.

fibroadenòma [comp. di *fibro-* e *adenoma*] **s. m.** (pl. *-i*) ● (*med.*) Tumore benigno delle ghiandole, caratterizzato da abbondante tessuto fibroso.

fibroblàsto [comp. di *fibro-* e *-blasto*] **s. m.** **1** (*biol.*) Cellula connettivale indifferenziata destinata a evolvere come fibrocita. **2** (*biol.*) Fibrocita impegnato nella sintesi delle componenti extracellulari del connettivo.

fibrocèllula [comp. di *fibro-* e *cellula*; 1941] **s. f.** ● (*anat.*) Cellula affusata a mo' di fibra, propria del tessuto muscolare liscio.

fibroceménto® [comp. di *fibro-* e *cemento*; 1942] **s. m.** ● Cemento amianto.

fibrocìta o **fibrocìto** [comp. di *fibro-* e *-cita*] **s. m.** (pl. *-i*) ● (*biol.*) Fondamentale elemento cellulare del tessuto connettivale.

fibròide [comp. di *fibr(a)* e *-oide*] **agg.** ● Costituito da tessuto fibroso.

fibroìna [da *fibra*] **s. f.** ● (*chim.*) Sostanza albuminoide, componente principale della fibra serica, cui conferisce lucentezza e morbidezza.

fibròma [fr. *fibrome*, da *fibre* 'fibra'; 1875] **s. m.** (pl. *-i*) ● (*med.*) Tumore benigno del tessuto connettivo fibroso.

fibromatòsi [da *fibroma*; 1980] **s. f. inv.** ● (*med.*) Condizione caratterizzata dallo sviluppo di noduli di tessuto fibroso.

fibromatóso [da *fibroma*] **agg.** ● (*med.*) Relativo a fibroma o caratterizzato da fibromi.

fibroplasìa [comp. di *fibro-* e *-plasia*; 1980] **s. f.** ● (*med.*) Formazione di tessuto fibroso.

fibrosarcòma [comp. di *fibro-* e *sarcoma*] **s. m.** (pl. *-i*) ● (*med.*) Tumore maligno del tessuto connettivo fibroso.

fibroscòpio [comp. di *fibro-* e *-scopio*] **s. m.** ● (*med.*) Strumento che sfrutta la proprietà delle fibre di vetro di guidare la luce, usato per l'esame endoscopico di vari organi.

fibròsi [comp. di *fibr(a)* e *-osi*] **s. f. inv.** ● (*med.*) Degenerazione di tessuto nobile e sua sostituzione a opera di tessuto connettivo.

fibrosità [av. 1730] **s. f.** ● Proprietà, caratteristica di ciò che è fibroso.

fibróso [da *fibra*; av. 1673] **agg.** **1** Che possiede, che è formato da, fibre: *organo, tessuto, materiale f.* **2** (*est.*) Filamentoso, legnoso: *carne fibrosa*.

fibrovascolàre [comp. di *fibro-* e *vascolare*; 1952] **agg.** ● (*anat.*) Detto di struttura che comprende componenti fibrose e vascolari.

fìbula [vc. dotta, lat. *fībula(m)*. V. *fibbia*; 1342] **s. f.** **1** (*anat.*) Perone. **2** (*archeol.*) Fibbia, fermaglio.

fibulàre [da *fibula*] **agg.** ● (*anat.*) Riferito alla fibula o al perone: *osso f.*

fìca o (*region.*) **fìga** [etim. incerta; sec. XIII] **s. f.** **1** (*volg.*) Vulva | (*al pl.*) †Gesto di scherno fatto infilando il pollice tra l'indice e il medio della mano a pugno chiuso: *le mani alzò con amendue le fiche* (DANTE *Inf.* XXV, 2). **2** (*est.*, *volg.*) Donna attraente, desiderabile. || **fichétta**, dim. | **ficóna**, accr.

ficàia [lat. tardo *ficāria(m)*, da *fīcus* 'fico (1)'; 1282] **s. f.** ● (*tosc.*) Fico, nel sign. 1: *Ragionamento ... fatto a Roma sotto una f.* (ARETINO) | (*est.*) Luogo piantato a fichi.

ficàio [1539] **agg.** ● (*raro*, *tosc.*) Che produce fichi: *settembre f.*

ficàlbo [comp. di *fic(o)* (*1*) e *albo* 'bianco'; av. 1566] **s. m.** ● Varietà di fico bianchicchio.

-ficàre [lat. *-ficāre*, equivalente, in verbi comp. denominali, a *fàcere* 'fare'] secondo elemento ● In verbi per la maggior parte di origine latina, vale 'fare', 'rendere', 'fabbricare': *beneficare*, *dolcificare*, *panificare*, *pianificare*, *prolificare*.

ficària [dalla forma di *fico* (*1*) dei tuberi; 1834] **s. f.** ● (*bot.*) Favagello.

ficàta ● V. *figata*.

ficàto [vc. dotta, lat. *ficātu(m)*, da *fīcus* 'fico (1)'; av. 1535] **agg.** **1** Di pane impastato con polpa di fichi: *pan f.* **2** (*raro*) Detto di campo con molte piante di fichi.

-ficatóre secondo elemento ● Forma sostantivi derivati dai corrispondenti verbi in *-ficare*: *panificatore*, *pianificatore*.

-ficatòrio secondo elemento ● Forma aggettivi derivati dai corrispondenti verbi in *-ficare*: *edificatorio*, *purificatorio*.

-ficazióne secondo elemento ● Forma sostantivi derivati dai corrispondenti verbi in *-ficare*: *dolcificazione*, *pianificazione*.

ficcanasàre [da *ficcanaso*; 1957] **v. intr.** (aus. *avere*) ● Intromettersi indebitamente, curiosare in modo indiscreto e invadente: *f. nelle faccende degli altri*.

ficcanàso [comp. di *ficca(re)* e *naso*; 1767] **s. m.** e **f.** (pl. m. *ficcanàsi* o inv.; pl. f. inv.) ● (*fig.*) Persona indiscreta che si intromette in cose che non la riguardano.

ficcànte [av. 1755] **part. pres.** di *ficcare*; anche **agg.** **1** †Nei sign. del v. **2** (*mil.*) ***Tiro f.***, dall'alto in basso | †***Fortificazione f.***, quella che per la sua elevazione dominava la campagna. **3** (*fig.*) Incisivo, penetrante: *prosa f.*; *gioco f.*

ficcàre [lat. parl. **figicāre*, intens. di *fīgere* 'infiggere'; av. 1292] **A** v. tr. (*io ficco, tu ficchi*) *1* Fare entrare a forza: *f. un palo in terra, un chiodo nel muro* | †*F. carote*, piantarle; (*fig.*) inventare bugie | *F. il naso*, (*fig.*) essere troppo curioso e invadente | (*fig.*) *Ficcarsi in capo, in testa qlco.*, ostinarsi in un proposito. SIN. Piantare | (*fig.*) *F. gli occhi addosso a qlcu.*, guardarlo in modo penetrante: *io l'osservai profondamente, ficcandogli rispettosamente gli occhi negli occhi* (ALFIERI). *2* (*fam.*) Mettere: *dove avrò ficcato gli occhiali?* | *Ficcarsi le mani in tasca, le dita nel naso*, infilarle. **B** v. rifl. ● Cacciarsi dentro a qlco. (*anche fig.*): *ficcarsi nella tana, in casa; ci siamo ficcati in un bell'imbroglio!* | (*est.*) Intromettersi importunamente in qlco. **C** v. intr. pron. ● (*fam.*) Andare a finire: *dove si sono ficcate le chiavi di casa?*

-ficee [dal gr. *phýkos* 'alga', di orig. semitica] secondo elemento ● In parole composte della sistematica botanica, indica la classe delle alghe: *Cloroficee, Rodoficee*.

fiche /fr. fiʃ/ [vc. fr., da *ficher* 'ficcare', propr. 'chiodo che si conficca'; 1905] s. f. inv. *1* Gettone da gioco. *2* (*banca*) Tagliando su cui si registrano operazioni bancarie.

fichéto o (*raro*) **fichereto** [da *fico* (*1*); sec. XIV] s. m. ● Luogo piantato a fichi.

fichétto o **fighetto** [1957] s. m. (f. *-a*) *1* Dim. di *fico* (*3*). *2* (*gerg.*) Persona di bella presenza, elegante, vanesia.

fichtiano /fix'tjano, fiç-/ [1884] **A** agg. ● Che riguarda il filosofo tedesco J. G. Fichte (1762-1814) e il suo pensiero. **B** s. m. (f. *-a*) ● Chi segue o si ispira alla filosofia di Fichte.

fichu /fr. fi'ʃy/ [vc. fr., 'messo su alla meglio', da *ficher* 'ficcare, mettere'; 1901] s. m. inv. ● Fazzoletto triangolare di leggera seta, di velo, di batista, ornato spesso di pizzi, che le donne portavano al collo, incrociandolo o annodandolo sul petto per coprire la scollatura.

-ficio [lat. *-ficiu(m)*, dal v. *făcere* 'fare' e, quindi, 'operare', 'lavorare'] secondo elemento ● In parole composte, significa 'luogo dove si lavora, si fabbrica, si produce' o 'fabbricazione', 'lavorazione': *calzaturificio, cotonificio, lanificio, oleificio, pastificio, zuccherificio*.

fico (**1**) o †**figo** (**1**) [lat. *ficu(m)*, di orig. preindeur.; 1256] s. m. (pl. *fichi*, m., †*ficora*, f.) *1* Albero delle Moracee con corteccia grigia, foglie palmato-lobate e frutti dolci e carnosi (*Ficus carica*) | *Essere il f. dell'orto*, (*fig.*, *disus.*) essere il prediletto di qlcu. | *Foglia di f.*, V. *foglia*, sign. 1. ➡ ILL. **piante**/2. | Il frutto di tale pianta: *fare una scorpacciata di fichi; conservare, seccare i fichi; una collana di fichi secchi* | *F. secco*, V. *ficosecco* | *F. mandorlato*, fatto appassire e imbottito con una mandorla, spesso anche cotto al forno per favorirne l'amalgama | (*fig.*, *pop.*) *Non me ne importa un f.*, non me ne importa niente, me ne frego, me ne infischio. *2 F. d'India*, V. *ficodindia*. *3* (*pop.*, *raro*) Pomo d'Adamo. *4* (*spec. al pl.*, *tosc.*) Carezze, smancerie: *far fichi* | *Esser pieno di fichi*, (*fig.*) tutto lezzi.

fico (**2**) [gr. *phýkēs* 'pesce che vive nel *fuco*'] s. m. (pl. *-chi*) ● Pesce osseo dei Gadidi che vive sui fondi fangosi dei mari italiani, le cui carni sono assai apprezzate (*Phycis blennioides*).

fico (**3**) o (*sett.*) **figo** (**2**) [prob. da *fica*; 1972] agg.; anche s. m. (pl. m. *-chi*) ● Spec. nel gergo giovanile, che (o chi) incontra pienamente il gusto del momento, perché piacevole fisicamente, attraente, alla moda. || **fichétto**, dim. (V.) | **fichissimo**, superl.

fico- [gr. *phýkos* 'alga' (V. *-ficee*)] primo elemento ● In parole composte della terminologia scientifica, significa 'alga': *ficocianina, ficomiceti*.

-fico [lat. *-ficu(m)*, come secondo termine di comp. tratto da *-ficere*, forma non accentata di *făcere* 'fare'] secondo elemento ● In parole di derivazione o formazione latina, significa 'che fa', 'che rende' e sim.: *benefico, munifico, prolifico*.

ficocianina [comp. di *fico-* e *cianina*] s. f. ● Proteina coniugata di colore bluastro che si trova nel plasma esterno delle alghe azzurre.

ficodindia o **fico d'India** [av. 1597] s. m. (pl. *fichidindia* o *fichi d'India*) ● Pianta grassa delle Cactacee, con foglie trasformate in spine, fusti appiattiti, verdi, simili a foglie successive, fiori gialli o rossi, frutto a bacca (*Opuntia ficus indica*). ➡ ILL. **piante**/3. | Il frutto commestibile di tale pianta, ovoide e con molti semi.

ficoeritrina [comp. di *fico-* ed *eritrina*] s. f. ● Proteina coniugata rosa, caratteristica di certe alghe nei cui plastidi si trova.

ficologia [comp. di *fico-* e *-logia*; 1968] s. f. ● Algologia (1).

ficòlogo [comp. di *fico-* e *-logo*; 1987] s. m. (f. *-a*; pl. m. *-gi*) ● Studioso di ficologia.

Ficomicèti [comp. di *fico-* e del gr. *mýkēs*, genit. *mýkētos* 'fungo'] s. m. pl. (sing. *-e*) ● Nella tassonomia vegetale, classe di Funghi unicellulari, parassiti o saprofiti (*Phycomycetes*).

ficosécco o **fico sécco** [comp. di *fico* (*1*) e *secco*; av. 1321] s. m. (pl. *fichisécchi*) *1* Fico fatto appassire al sole | (*fig.*) *Far le nozze coi fichisecchi*, celebrare con miseri mezzi circostanze solenni. *2* (*fig.*, *raro*) Rammendo mal fatto. *3* (*fig.*) Niente, nulla: *non vale un f.; non me ne importa un f.* | *Stimare un f.*, una cosa da nulla | †*Fare f.*, fallire.

fictio iùris /lat. 'fiktsjo 'juris/ [loc. lat., propr. 'supposizione, finzione (*fĭctio*) del diritto (*iūs*, genit. *iūris*)'] loc. sost. f. inv. *1* (*dir.*) Procedimento di equiparazione in forza del quale un fatto in realtà mai accaduto si considera come giuridicamente verificatosi. *2* (*dir.*) Ente di creazione legislativa privo di consistenza ontologica. *3* (*dir.*) Applicazione analogica di una norma giuridica a una fattispecie in essa non considerata.

fiction /'fikʃon, ingl. 'fɪkʃn/ [vc. ingl., propr. 'romanzo, invenzione'; 1982] s. f. inv. ● Genere letterario, cinematografico o televisivo che si basa sulla narrazione di fatti inventati | (*est.*) Opera appartenente a tale genere.

ficus [lat. *fĭcus*, nom., 'fico'; 1895] s. m. inv. ● Genere di piante delle Moracee originarie delle Indie, coltivate in numerose varietà per le belle foglie (*Ficus*). ➡ ILL. **piante**/2.

fida [da *fidare*; av. 1566] s. f. *1* Nell'Italia meridionale, contratto di affitto di un pascolo il cui corrispettivo è calcolato sulla base di un tanto per ogni capo di bestiame | Il terreno stesso preso a pascolo. *2* †Sicurtà, salvacondotto. *3* †Nella bussola, linea di fede.

fidànte [sec. XIV] **A** part. pres. di *fidare*; anche agg. ● (*raro*) Nei sign. del v. **B** s. m. e f. ● Chi dà un terreno a fida.

†**fidànza** [rifacimento su *fidare* del fr. ant. *fiance* 'promessa', da *fier* 'fidare'; av. 1243] s. f. ● (*lett.*) Fede, fiducia | *Dar f.*, assicurare | *Fare f.*, far affidamento | *Dare, prendere a f.*, in garanzia.

fidanzaménto [da *fidanzare*; 1894] s. m. ● Promessa reciproca di matrimonio: *celebrare, sciogliere il f.* | (*est.*) Cerimonia relativa a tale promessa: *è stato un f. molto fastoso* | (*est.*) Periodo di tempo durante il quale si è fidanzati: *un f. di molti anni*.

♦**fidanzàre** [da *fidanza*; av. 1363] **A** v. tr. *1* (*raro*) Impegnare per il matrimonio: *f. una figlia a, con qlcu.* *2* †Dare fede, sicurezza. **B** v. rifl. e rifl. rec. ● Scambiarsi promessa di matrimonio: *fidanzarsi in giovane età; si sono fidanzati da poco*.

♦**fidanzàto** [1600] **A** part. pass. di *fidanzare*; anche agg. ● (*raro*) Promesso in matrimonio. **B** s. m. (f. *-a*) ● Chi ha dato o ricevuto promessa di matrimonio | (*est.*) Persona con cui si ha un rapporto amoroso. || **fidanzatino**, dim.

♦**fidàre** [lat. parl. **fidāre*, per il classico *fīdere*, da *fīdus* 'fido'; av. 1294] **A** v. tr. (*io fido*) *1* (*spec. lett.*) Affidare, commettere: *f. una persona a un'altra; a me sol fida la importante cura* (ALFIERI) | (*raro*) *F. un terreno*, darlo in affitto per il pascolo. *2* Dare a fido, a credito: *gli hanno fidato molta merce*. *3* †Assicurare. **B** v. intr. (aus. *avere*) (+ *in*) ● Aver fede, fiducia: *f. nel buon volere, nell'onestà, nella protezione di qlcu., nella propria stella; f. in Dio, nella provvidenza*. SIN. Confidare. **C** v. intr. pron. *1* (+ *di*) Avere fiducia: *fidarsi di un amico, del padre; mi fido di voi* | Fare assegnamento: *fidarsi del proprio intuito*. *2* (+ *a*, + *di*, seguiti da inf.) (*fam.*) Sentirsi capace di fare qlco.: *ti fidi a prendere una decisione così importante da solo?; non mi fido ancora di camminare solo*. **D** v. rifl. ● †Affidarsi: *fidarsi a qlcu.* || PROV. Fidarsi è bene non fidarsi è meglio.

fidatézza [av. 1869] s. f. ● Caratteristica di chi merita fiducia, di ciò su cui si può fare affidamento.

fidàto [1336 ca.] part. pass. di *fidare*; anche agg. *1* (*lett.*) Familiare. *2* Di persona in cui si può aver fiducia: *è un'amica fidata*. SIN. Sicuro. || **fidataménte**, avv.

fidayìn /fida'in/ ● V. *fedain*.

fidecomméttere e *deriv.* ● V. *fedecommettere* e *deriv.*

fidecommittere e *deriv.* ● V. *fedecommettere* e *deriv.*

fideìsmo [fr. *fidéisme*, dal lat. *fĭdes* 'fede'; 1905] s. m. *1* Atteggiamento filosofico e religioso secondo cui soltanto la fede, strumento di conoscenza superiore alla ragione e da essa indipendente, consente di conoscere le supreme verità. *2* (*est.*) Adesione incondizionata a una teoria, una dottrina, un'opinione.

fideìsta [fr. *fidéiste*, dal lat. *fĭdes* 'fede'; 1942] s. m. e f. (pl. m. *-i*) ● Seguace, fautore del fideismo.

fideìstico [1943] agg. (pl. m. *-ci*) ● Che concerne il fideismo, proprio dei fideisti. || **fideisticaménte**, avv. In modo fideistico, secondo il fideismo.

fideiussióne [vc. dotta, lat. tardo *fideiussiō-ne(m)*, da *fideiubēre* 'far sicurtà, farsi garante', comp. di *fĭdes* 'lealtà, fede' e *iubēre* 'comandare'; av. 1565] s. f. ● (*dir.*) Garanzia personale mediante cui un terzo si impegna verso il creditore ad adempiere l'obbligazione del debitore principale: *contratto di f.* | *F. omnibus*, con la quale il terzo si impegna ad adempiere tutte le obbligazioni del debitore principale.

fideiussóre [vc. dotta, lat. tardo *fideiussōre(m)*. V. *fideiussione*; av. 1342] s. m. ● (*dir.*) Colui che si obbliga personalmente verso il creditore con un contratto di fideiussione.

fideiussòrio [vc. dotta, lat. tardo *fideiussō-riu(m)*. V. *fideiussione*; 1673] agg. ● Relativo alla fideiussione o al fideiussore: *obbligazione fideiussoria*.

†**fidèle** e *deriv.* ● V. *fedele* e *deriv.*

fidelìni ● V. *fedelini*.

fidelizzàre [dal fr. *fideliser*, propr. 'rendere fedele (*fidèle*)'; 1985] v. tr. ● (*econ.*) Rendere un cliente fedele a un'impresa tramite opportune politiche di marketing.

fidelizzazióne [1990] s. f. ● (*econ.*) Il fidelizzare.

fidellìni ● V. *fedelini*.

fidènte [vc. dotta, lat. *fidĕnte(m)*, part. pres. di *fīdere* 'fidarsi'; 1836] agg. ● (*lett.*) Che ha fiducia: *persona f. nelle proprie forze*. SIN. Fiducioso. || **fidenteménte**, avv. Con piena fiducia.

fidenziàno [da *Fidenzio*, pseudonimo di C. Scroffa (1526/27-1565); 1620] agg. ● Proprio della, relativo alla maniera di Fidenzio Glottocrisio, pseudonimo dello scrittore del Cinquecento C. Scroffa, che pubblicò poesie in lingua pedantesca, beffeggiando il linguaggio dei dotti del suo tempo.

fidìaco [vc. dotta, lat. *phidĭacu(m)*, nom. *phidĭacus*, dal gr. *pheidiakós* 'di Fidia' (490 ca.-431 ca. a.C.); 1864] agg. (pl. m. *-ci*) ● Di Fidia | Di eccelso scultore, paragonabile a Fidia: *scalpello f.* | Di opera degna dello scalpello di Fidia: *una testa fidiaca*.

fidìcine [vc. dotta, lat. *fidicĭne(m)*, comp. di *fĭdes* 'cetra' e *cănere* 'cantare'; av. 1729] s. m. (f. *-a*) ● Nell'antica Roma, suonatore di strumento a corde che partecipava alle cerimonie religiose.

fido (**1**) [lat. *fīdu(m)*, da *fīdere* 'porre fiducia'; 1313] **A** agg. ● (*lett.*) Di provata fedeltà e lealtà: *f. amico e compagno* | (*lett.*) Di luogo con cui si ha confidenza: *già mai vidi valle aver sì spessi / luoghi da sospirar riposti e fidi* (PETRARCA). **B** s. m. ● Compagno o seguace fidato: *i suoi fidi gli fecero scudo*.

fido (**2**) [da *fidare*; 1781] s. m. ● (*banca*) Credito commerciale | Limite massimo di credito che una banca può accordare ad un proprio cliente: *cifra di f.* SIN. Castelletto.

-fido [lat. *fidu(m)*, da *fīndere* 'fendere'] secondo elemento ● In aggettivi composti di formazione latina o moderna, significa 'diviso, che presenta fenditure': *bifido, trifido*.

♦**fidùcia** [vc. dotta, lat. *fidūcia(m)*, da *fīdere* 'porre fiducia'; av. 1342] s. f. (pl. *-cie*) *1* Nel diritto romano, contratto con cui si consegnava una cosa a una persona affinché questa la restituisse più tardi o la consegnasse ad altri. *2* Senso di sicurezza che viene dal profondo convincimento che qlcu. o qlco. siano conformi alle proprie attese e speranze: *f. piena, assoluta, illimitata; f. nell'avvenire, nella* *vittoria*; *f. nelle proprie forze, nella propria riuscita*; *avere, nutrire f. in qlcu. o qlco.*; *perdere la f. in qlcu.*; *ingannare, tradire la f. di qlcu.*; *ispirare f.* | ***Persona, uomo di f.***, di cui ci si fida completamente | ***Ufficio, incarico di f.***, che richiede tatto, prudenza e comporta notevoli responsabilità. SIN. Fede. CONTR. Diffidenza. *3* (*polit.*) ***F. del Parlamento al Governo***, adesione al programma politico governativo che le due Camere esprimono mediante voto favorevole allo stesso: *voto di f.*; *mozione di f.* | ***Questione di f.***, che il Governo pone, dichiarando di fare dipendere le proprie dimissioni dall'accoglimento o dal rigetto, da parte del Parlamento, di una proposta di legge. CONTR. Sfiducia.

†fiduciàle [vc. dotta, lat. tardo *fiduciāle(m)*, da *fidūcia* 'fiducia'; 1476] **agg.** *1* Di fiducia | Fiducioso. *2* Nella cartografia catastale, detto di elementi topografici univocamente determinati, utilizzati come riferimento per tutte le misure territoriali. || **†fiducialménte**, **avv.** Con fiducia.

fiduciànte [1956] **s. m. e f.** ● (*dir.*) Chi cede un bene con negozio giuridico fiduciario.

fiduciàrio [vc. dotta, lat. tardo *fiduciāriu(m)*, da *fidūcia* 'fiducia'; 1673] **A agg.** *1* Fondato sulla fiducia | (*dir.*) ***Negozio giuridico f.***, attribuzione di un bene con l'obbligo, per chi lo riceve, di farne un uso determinato | ***Circolazione fiduciaria***, della carta moneta, fondata sulla solvibilità dello Stato. *2* Detto di società che amministra beni immobili o mobili per conto di clienti a cui rende conto periodicamente dei risultati della sua gestione | (*banca*) Relativo a un rapporto di fido | ***Deposito f.***, l'ammontare dei depositi presso banche in partite, al portatore o nominative, libere o vincolate. || **fiduciariaménte**, **avv.** **B s. m.** (f. *-a*) ● Nel linguaggio commerciale, chi è incaricato di svolgere stabilmente un'attività di fiducia, spec. per conto di un ente.

fiduciòso [da *fiducia*; 1858] **agg.** ● Che sente fiducia, che è pieno di fiducia: *f. nella divina provvidenza, nelle proprie capacità*. CONTR. Diffidente. || **fiduciosaménte**, **avv.** Con fiducia.

†fie ● V. *†fia*.

†fièbole e *deriv.* ● V. *fievole* e *deriv.*

†fièdere [da *fedire* 'ferire' con passaggio ad altro tipo di coniug. (da *-íre* a *-ére*), come *rièdere* per *redire*] **v. tr. e rifl.** (oggi difett. usato solo all'indic. **pres.** e al **congv. pres.**) ● (*lett.*) Ferire.

fièle o (*poet.*) **†fèle**, (*poet.*) **†felle** [lat. *fĕlle*, abl. di *fĕl*, di orig. indeur.; av. 1294] **s. m.** (**pl.** *-i*) *1* (*anat.*) Bile | ***Amaro come il f.***, estremamente amaro. *2* (*fig.*) Rabbia, rancore, odio: *parole di f.*; *s'era chiuso in un feroce orgoglio pieno di f. e di noia* (BACCHELLI) | ***Intingere la penna nel f.***, scrivere con cattiveria | ***†Portar f. contro qlcu.***, serbargli rancore | ***†Con mal f.***, con odio. SIN. Livore, malanimo. *3* †Vizio.

fienagióne [da *fieno*; 1865] **s. f.** ● Insieme delle operazioni necessarie per l'essiccamento in campo dell'erba | Epoca della raccolta del fieno.

fienàia [da *fienaio*; av. 1910] **s. f.** ● (*raro*) Fienile.

fienàio [lat. *fenāriu(m)*, da *fēnum* 'fieno'; av. 1597] **agg.** ● (*raro*) Da fieno: *falce, forca fienaia*.

fienaiòlo o **fienaiuòlo** [da *fieno*; av. 1685] **A agg.** ● Da fieno: *erba fienaiola*. **B s. m.** ● †Chi porta a vendere il fieno.

fienàle [sec. XIV] **agg.** ● (*raro*) Fienaio: *falce f.*

fienaròla [detta così perché sta nel *fieno*; 1813] **s. f.** *1* (*zool.*) Luscengola. *2* (*bot.*) Graminacea da prato che costituisce un ottimo foraggio (*Poa pratensis*).

fienicoltùra **s. f.** ● Coltura e produzione dei fieni.

fienile [lat. *fenīle* (normalmente adoperato al pl.), da *fēnum* 'fieno'; 1798] **s. m.** ● Luogo dove si conservano i foraggi ed il materiale per lettiera. ➡ ILL. p. 2113 AGRICOLTURA.

♦**fièno** [lat. parl. **flēnum*, nato dalla sovrapp. di *flōs* 'fiore' a *fēnum* 'fieno' (dalla stessa radice di *fecūndus* 'fecondo'); av. 1306] **s. m.** *1* Erba di prato, pascolo ed erbaio, tagliata, essiccata e conservata per l'alimentazione del bestiame | ***Fare il f.***, raccoglierlo | ***Mettere, portare f. in cascina***, (*fig.*) conseguire un risultato, accantonare un vantaggio | ***F. fresco***, non ancora essiccato | ***F. ribollito***, di colore bruno, alteratosi per scarsa essiccazione | ***F. bianco***, bambagiona | ***F. d'Ungheria***, erba medica | ***F. greco***, erba delle Papilionacee con fiori giallastri e semi dotati di proprietà medicinali (*Trigonella fenumgraecum*) | ***F. santo***, lupinella. *2* (*med.*) ***Raffreddore da f.***, rinite provocata da uno stato allergico nei confronti dei pollini.

fienóso [av. 1887] **agg.** ● (*raro*) Che ha molto fieno.

♦**fièra** (**1**) [lat. tardo *fēria(m)* (V. *feria*), con metatesi della *i*; detta così perché le fiere avvenivano nei giorni di festa; 1263] **s. f.** *1* Mercato locale periodico con vendita all'ingrosso e al minuto dei più svariati prodotti, tenuta per lo più in occasione di festività religiose: *domani comincia la f. di S. Lucia*; *andò alla f. coi puledri da vendere* (VERGA) | ***†F. fredda***, quando ormai tutti i clienti sfollano; in cui si vendono oggetti di scarso valore | ***†F. franca***, in cui non si pagavano gabelle. *2* Grande mercato nazionale o internazionale che si tiene periodicamente in luoghi determinati ove convengono produttori ed acquirenti, che interessa tutti i settori della produzione o si limita solo ad alcuni: *la f. di Milano, del Levante*; *la f. del mobile e dell'arredamento* | ***F. campionaria***, ove si espongono solo i campioni dei vari prodotti da vendersi su ordinazione. *3* Esposizione e vendita al pubblico di oggetti gratuitamente ottenuti, a scopo benefico: *f. di beneficenza*; *organizzare una f. a favore degli alluvionati*. *4* (*fig., fam.*) Grande disordine e confusione: *cos'è questa f.?* || **fieràccia**, **pegg.** | **fierétta**, **dim.** | **fierìna**, **dim.** | **fieróna**, **accr.** | **fieróne**, **accr. m.** | **fierùccia**, **dim.** | **fierùcola**, **dim.**

♦**fièra** (**2**) o (*poet.*) **†fèra** [lat. *fĕra(m)*, f. di *fĕrus* 'fiero'; av. 1294] **s. f.** *1* Belva o animale selvaggio: *il pasto delle fiere* | ***†Condannato alle fiere***, a essere divorato dalle fiere nel circo. *2* (*fig., poet.*) Persona crudele e selvaggia. *3* (*poet.*) †Donna ritrosa che non contraccambia i sentimenti dell'innamorato. || **fierùcola**, **dim.**

fierézza [da *fiero*; av. 1250] **s. f.** ● Caratteristica di chi (o di ciò che) è fiero: *f. d'animo, di carattere*; *la modestia accresce e più compar per la f.* (CASTIGLIONE). SIN. Dignità, orgoglio.

fieri, in ● V. *in fieri*.

fieristico [da *fiera* (*1*); 1935] **agg.** (**pl. m.** *-ci*) ● Di, relativo a fiera: *il nuovo quartiere f.*

†fierità ● V. *ferità*.

†fieritàde ● V. *ferità*.

†fieritàte ● V. *ferità*.

♦**fièro** o (*poet.*) **†fèro** [lat. *fĕru(m)*, di orig. indeur.; av. 1276] **agg.** *1* (*lett.*) Terribile, spaventoso, orrendo: *strage, battaglia, lotta fiera*; *bosco, antro f.* | (*lett.*) Crudele, feroce, selvaggio: *aspetto f.*; *con lo spiedo acuto / il fèr cignale aspetterò* (L. DE' MEDICI) | (*lett.*) Severo, aspro, crudo: *risposta, rampogna, parola fiera*. *2* Dignitoso, austero, consapevole della propria dignità: *carattere f.*; *popolo f.*; *uno sguardo f.*; *un f. portamento*. *3* Orgoglioso: *sono f. di voi* | ***Andar f. di qlcu. o qlco.***, esserne orgoglioso. *4* (*lett.*) Ardente, veemente: *amore, sdegno f.* | (*raro*) Forte, grande: *calore, sonno f.* *5* †Scaltro, astuto, abile. || **fieraménte**, **avv.** In modo fiero, con fierezza.

†fievilézza ● V. *fievolezza*.

fièvole (o *-é-*) o **†fièbole** (o *-é-*) [lat. *flēbile(m)*, da *flēre* 'piangere', di orig. onomat.; av. 1294] **agg.** ● Debole, fioco: *voce, suono f.* | (*raro*) Fiacco. || **fievolétto**, **dim.** || **fievolménte**, **avv.** In modo fioco e debole.

fievolézza o **†fiebolézza**, **†fievilézza** [da *fievole*; sec. XIII] **s. f.** ● (*raro*) Debolezza | (*fig.*) †Fragilità: *f. d'animo*.

fifa (**1**) [vc. d'orig. milan. o veneta; 1884] **s. f.** ● (*fam., scherz.*) Paura: *agli esami ho una gran f.* | (*fam.*) ***F. blu***, grande spavento.

fifa (**2**) [vc. onomat.; av. 1698] **s. f.** ● (*zool.*) Pavoncella.

fifo [sigla ingl., tratta dalle iniziali della locuz. *first in first out*, propr. 'il primo dentro, il primo fuori'] **s. m. inv.** ● Criterio di valutazione delle scorte di magazzino basato sulla presunzione che le ultime unità immagazzinate siano le ultime a essere prelevate | Sistema di immagazzinamento a tunnel, per cui l'ultima unità entrata è l'ultima a essere prelevata. CFR. Lifo.

fifóne [da *fifa* (*1*); 1895] **agg.**; anche **s. m.** (f. *-a*) ● (*fam., scherz.*) Che (o Chi) è pauroso, pusillanime.

fifty-fifty /ingl. 'fɪfti 'fɪfti/ [loc. dell'ingl. d'America, propr. 'cinquanta-cinquanta'; 1956] **loc. avv.** *1* (*econ.*) Indica che il capitale sociale di una società, o gli utili ricavati da un'impresa, sono divisi in parti uguali fra i partecipanti. *2* (*est.*) A metà, in parti uguali: *per le spese del viaggio faremo fifty-fifty*.

figa ● V. *fica*.

figaro [dal n. del protagonista del 'Barbiere di Siviglia' di P. A. C. Beaumarchais. L'abito è detto così perché usato da questo personaggio nella commedia; 1832] **s. m.** *1* (*scherz.*) Barbiere. *2* Corto giacchino di stile spagnolo | Bolero.

figàta o (*raro*) **ficàta** [da *figa*, *fica*; 1990] **s. f.** ● (*volg.*) Ciò che suscita ammirazione, è eccezionalmente riuscito o molto piacevole: *questa moto è una gran f.*

figgere o **†fìgere** [lat. *fīgere*, di orig. indeur.; 1313] **v. tr.** (**pres.** *io figgo, tu figgi*; **pass. rem.** *io fissi, tu figgésti*; **part. pass.** *fitto*) *1* (*lett.*) Conficcare: *f. un chiodo, la lancia* | (*fig.*) ***Figgersi in mente qlco.***, ostinarsi in qlco. | †Rendere immobile: *tanto l'afflisse / questo dolor, ch'infermo al letto il fisse* (ARIOSTO). *2* (*lett.*) Fissare: *f. lo sguardo o gli occhi su qlco.* | (*fig.*) ***F. la mente***, applicarsi | †Statuire, stabilire: *f. un termine*.

fighétto ● V. *fichetto*.

fighièra [dal lat. *fīgere* 'ficcare'. V. *figgere*] **s. f.** ● (*mar.*) Nei velieri, asta metallica fissata lungo i pennoni sulla quale si inferisce il bordo della vela.

fighter /ingl. 'faɛtə/ [vc. ingl., 'combattente, lottatore', da *to fight* 'combattere', vc. germ. di orig. indeur.] **s. m. inv.** ● Pugile la cui azione è basata sull'attacco.

figiàno [1883] **agg.** ● Delle, relativo alle, isole Figi.

♦**figlia** [lat. *fīlia(m)*, f. di *fīlius* 'figlio', dalla stessa radice indeur. da cui derivano anche *fēmina* 'femmina' e *fecūndus* 'fecondo'; 1308] **s. f.** *1* Individuo di sesso femminile, rispetto a chi l'ha generata | ***F. da maritare o da marito***, che ha l'età per potersi sposare | (*fig.*) ***Le figlie di Eva***, le donne | (*est.*) Ragazza, donna: *è una buona f.*; *quante ne ha passate quella povera f.!* | ***Le figlie di Maria***, associazione religiosa secolare di giovanette. *2* Nata, generata (*anche fig.*): *Venere, f. del mare*; *la violenza è f. dell'odio*. *3* Tagliando di un bollettario, destinato a essere staccato e consegnato quale ricevuta: *blocchetto a madre e f.* || **figliétta**, **dim.** | **figlìna**, **dim.**

figliàle ● V. *filiale*.

figliàre [da *figlio*; 1291] **v. tr.** (*io figlio*) ● Generare, partorire: *la mucca ha figliato*; *la scrofa ha figliato dieci maialini* | (*poet.*) Produrre frutti, delle piante e della terra.

figliàstro [lat. tardo *filiăstru(m)*, da *fīlius* 'figlio'; av. 1292] **s. m.** (f. *-a*) *1* Figlio che il marito ha avuto da altra moglie o la moglie da altro marito, nei confronti del nuovo coniuge: *ha una figlia e due figliastri*. *2* †Figlio illegittimo.

figliàta [da *figliare*; sec. XV] **s. f.** ● Il complesso degli animali nati in un unico parto; *una f. di tre gattini*. SIN. Nidiata.

figliatùra [da *figliare*; sec. XIV] **s. f.** ● (*raro*) Il figliare | Periodo in cui gli animali figliano.

figliazióne ● V. *filiazione*.

♦**figlio** o **†filio** [lat. *fīliu(m)*, dalla stessa radice indeur. da cui derivano anche *fēmina* 'femmina' e *fecūndus* 'fecondo'; sec. XI] **s. m.** (f. *-a*; poet. troncato in *†fi'*, *†fil*) *1* Individuo di sesso maschile rispetto a chi l'ha generato, tanto nella specie umana che in quelle animali: *avere, allevare, educare un f.*; *f. unico, primogenito, maggiore, minore*; *è f. di povera gente* | ***F. unigenito, Figlio di Dio***, o (*per anton.*) ***il Figlio***, il Cristo, come seconda persona della Trinità | ***Il Figlio dell'uomo***, Gesù Cristo, negli Evangeli | ***F. di primo, di secondo letto***, di prime o seconde nozze | ***F. della provetta***, nato in seguito a fecondazione artificiale | ***È f. di suo padre!***, di chi somiglia moltissimo al padre, tanto fisicamente che moralmente | (*eufem., disus.*) ***F. dell'amore***, naturale | ***F. di papà***, (*spreg.*) giovane che si giova soltanto dell'autorità o della ricchezza paterna per raggiungere il successo nella vita | ***F. di mamma***, ragazzo o uomo di carattere debole, timido e sim. | ***F. di famiglia***, soggetto alla potestà dei genitori; che vive ancora nella famiglia dei genitori | ***F. della serva***, (*fig., scherz.*) di chi non gode alcuna considerazione | (*fig., pop.* o *volg.*) ***F. di buona donna***, ***f. di puttana***, ***f. d'un cane***, espressioni fortemente ingiuriose o scherzose (talvolta usate in tono scherzoso) | (*est.*) Chi (o ciò che) è prodotto o generato non materialmente da qlcu. o qlco.: *f. del dolore, della fortuna, del vizio*; *immagino benissimo di chi sia f. questo scritto anonimo* | ***F. del popolo***, di chi ha umili origini | ***F. d'arte***, chi nasce da una famiglia di artisti o di attori e si dedica anch'esso all'arte o al teatro; (*est.*, *anche scherz.*) chi si dedica alla stessa attività dei genitori | ***F. del secolo, del suo tempo***, di chi riunisce in sé le caratteristiche positive e negative della propria epoca | (*dir.*) ***F. naturale***, di genitori non uniti in matrimonio al momento della nascita; *f. incestuoso*, di genitori uniti da vincoli di parentela o di affinità entro un certo grado. ***2*** (*al pl.*) L'insieme degli individui generati da una stessa persona: *ha avuto parecchi figli* | ***Salute e figli maschi!***, (*scherz.*) escl. di augurio a chi starnutisce | ***Auguri e figli maschi***, (*disus.* o *scherz.*) escl. di augurio, spec. a chi si sposa o attende un figlio | ***I figli dei figli***, le generazioni a venire | (*est.*) Posteri, discendenti: *tramandare qlco. ai figli* | ***I figli di Adamo***, (*fig.*) tutti gli uomini | ***I figli di Israele***, (*fig.*) gli ebrei | ***I figli del vento***, (*fig.*) gli zingari. ***3*** (*est.*) Persona particolarmente cara: *quei ragazzi per lui son tutti figli* | ***Carissimi, dilettissimi figli***, appellativo rivolto da ecclesiastici ai fedeli. ***4*** Cittadino od originario di un dato paese o regione: *i figli d'Italia, di Francia*; *tu non altro che il canto avrai del f., / o materna mia terra* (FOSCOLO). ***5*** (*fig.*) Conseguenza, risultato: *molti problemi contemporanei sono figli di errori passati*. || **figliètto**, **dim.**

figliòccio [da *figlio*; 1353] **s. m.** (**f.** *-a*; **pl. f.** *-ce*) ● Chi è stato tenuto a battesimo o a cresima, rispetto al padrino o alla madrina. || **figlioccino**, **dim.**

†**figliolàggio** o †**figliuolàggio** **s. m.** ● Condizione di figliolo.

figliolànza o (*raro*) **figliuolànza** [1583] **s. f.** ***1*** (*spec. scherz.*) Il complesso dei figli: *una bella, numerosa f.* **SIN.** Prole. ***2*** †Relazione o dipendenza spirituale o intellettuale simile a quella che intercorre tra padre e figlio.

figliòlo o **figliuòlo** [lat. *filiŏlu(m)*, dim. di *fīlius* 'figlio'; av. 1292] **s. m.** (**f.** *-a*) ***1*** Figlio, con significato più familiare e affettuoso: *ha due bei figlioli* | ***Il figliuol prodigo***, (*scherz.*) di chi si pente di ciò che ha fatto e torna sulle sue decisioni (dal protagonista della parabola evangelica che torna, dopo lunga assenza, alla casa del padre) | ***Padre, Figliolo e Spirito Santo***, le tre Persone della Trinità. ***2*** (*est.*) Ragazzo, giovane: *si è fidanzata con un bravo e bel f.*; (*con compatimento*) *benedetto f.!*; (*con compiacimento*) *che bella figliola!*. ***3*** Persona per cui si ha stima e affetto: *è un bravo f.!*; *povero f.!* | ***Caro f.!***, espressione (*anche iron.*) che una persona più anziana rivolge a una più giovane, un ecclesiastico a un fedele e sim. || **figliolàccio**, **pegg.** | **figliolétto**, **dim.** | **figliolettino**, **dim.** | **figliolino**, **dim.**

figliuòlo e *deriv.* ● V. *figliolo* e *deriv.*

fignolo [ant. alto ted. *finne* 'pustola'; sec. XIV] **s. m.** ● (*tosc.*) Foruncolo. || **fignolàccio**, **pegg.** | **fignolétto**, **dim.**

fignolóso **agg.** ● (*tosc.*) Pieno di piccoli foruncoli.

†**figo** (**1**) ● V. *fico* (*1*).

figo (**2**) ● V. *fico* (*3*).

figulina [1561] **s. f.** ***1*** (*raro, lett.*) Arte del vasaio. ***2*** (*raro, lett.*) Oggetto prodotto dal vasaio.

figulinàio [1908] **s. m.** (**f.** *-a*) ● (*raro, lett.*) Chi lavora la terracotta. **SIN.** Vasaio.

figulino [vc. dotta, lat. *figulīnu(m)*, da *fīgulus* 'figulo'; av. 1537] **agg.** ● (*lett.*) Del vasaio e della sua arte.

figulo [vc. dotta, lat. *fĭgulu(m)*, da *fĭngere* 'plasmare'. V. *fingere*; sec. XIV] **A** **s. m.** ● (*lett.*) Vasaio. **B** **agg.** ● †Figulino.

♦**figùra** [vc. dotta, lat. *figūra(m)*, da *fĭngere* 'plasmare'; sec. XII] **s. f.** ***1*** Forma o aspetto esterno di qlco.: *quell'edificio ha una strana f.*; *la f. dell'astro appariva chiaramente al telescopio* | Configurazione del corpo umano: *mutare, conservare, perdere la propria f.*; *una f. slanciata, elegante, tozza*; *aver f. di persona ammalata* | ***In f. umana***, in forma d'uomo | (*est.*) La persona stessa, quanto alle sue caratteristiche intrinseche o all'impressione che produce sugli altri: *una f. simpatica, bella, sospetta, strana* | (*est.*) La persona caratterizzata storicamente come appartenente a una categoria, una professione o sim.: *è la f. più enigmatica del Risorgimento*; *la f. del medico di famiglia* | ***F. di sistema***, docente di un istituto, scelto dal collegio docenti con incarico di vicario o vicepreside o con funzioni specifiche nell'area didattica (ad es. aggiornamento interno all'istituto, biblioteca, computer ecc.) | Personaggio: *le figure secondarie di un film*. ***2*** (*mat.*) Insieme di punti e/o di sottospazi particolarmente notevoli, come rette, piani e sim., d'uno spazio topologico | †Cifra. ***3*** Disegno, illustrazione: *ogni f. reca una didascalia*; *ancora non sa leggere e guarda solo le figure* | Nelle arti figurative, immagine disegnata, dipinta o scolpita, rappresentazione di un uomo o di una donna: *ritratto a f. intera, paesaggio con figure*. **CFR.** icono- | Nel gioco delle carte, ogni carta con un'immagine | Negli scacchi, ogni pezzo, escluso il pedone. ***4*** (*lett.*) Simbolo: *figure allegoriche, surreali* | (*est.*) La rappresentazione che ne consegue: *il Buon Pastore Orfeo e Mosè, nelle catacombe, sono figure di Cristo*. ***5*** (*fig.*) Immagine: *f. reale, ideale* | (*fig.*) Spettro: *le figure del sogno*. ***6*** Apparenza, mostra: *oggetti vistosi e di poco valore esposti solo per f.* | ***Far f.***, comparire bene | ***Fare una bella, una brutta f.***, in pubblico, suscitare impressione favorevole o sfavorevole | ***Far la f. dello sciocco, del babbeo, del disonesto, dell'ignorante***, dare l'impressione di essere sciocco, babbeo, ecc. | ***Che f.!***, cattiva o imbarazzante impressione di sé, figuraccia | ***Bella f.***, (*antifr.*) figuraccia. ***7*** (*raro, fig.*) Idea, ipotesi | ***Facciamo f.***, supponiamo | †***Per f.***, per esempio. ***8*** (*ling.*) ***F. retorica***, ogni espressione o costrutto che si allontana da un uso della lingua in cui le parole designano univocamente e direttamente le cose; si impiega per dare forza espressiva al discorso, per ottenere effetti di attenuazione, enfatizzazione e sim. (es. l'affermazione *non è bello* invece che *è brutto* è una figura retorica – la litote – che attenua la crudezza della frase senza cambiarne il significato). ***9*** (*filos.*) ***Figure del sillogismo***, forme fondamentali del sillogismo determinate dalla posizione che il termine medio assume nelle premesse. ***10*** (*dir.*) Tipo: *f. di processo*; *pena applicabile a una data f. di reato*. ***11*** Esercizio che si esegue nel pattinaggio artistico, nello sci nautico, e sim.: *figure obbligatorie, figure libere* | Nella danza, serie di movimenti o di posizioni particolari del ballerino o della coppia: *le figure del valzer, del tango*. ***12*** †Costellazione. ***13*** (*mus.*) Segno di notazione che indica la durata di una nota o di una pausa. || **figuràccia**, **pegg.** (V.) | **figurétta**, **dim.** | **figurettina**, **dim.** | **figurina**, **dim.** (V.) | **figurino**, **dim. m.** (V.) | **figuróna**, **accr.** (V.) | **figurùccia**, **figurùzza**, **dim.**

figuràbile [av. 1311] **agg.** ● (*raro*) Che si può figurare.

figuràccia [av. 1799] **s. f.** (**pl.** *-ce*) ***1*** Pegg. di *figura*. ***2*** Cattiva impressione di sé, suscitata negli altri col proprio comportamento sbagliato: *ha fatto una f.*

figuràle [vc. dotta, lat. tardo *figurāle(m)*, da *figūra* 'figura'; av. 1364] **agg.** ● Allegorico, simbolico: *significato f.* || †**figuralménte**, **avv.**

figurànte [dal part. pres. di *figurare*, sul modello del fr. *figurant*; 1777] **s. m.** e **f.** ***1*** (*cine*) Comparsa che talvolta può compiere azioni di una certa importanza o dire qualche battuta generica. ***2*** (*est.*) Persona di scarsissimo rilievo: *è solo un f. in seno all'amministrazione*.

♦**figuràre** [vc. dotta, lat. *figurāre*, da *figūra* 'figura'; av. 1294] **A** **v. tr.** ***1*** (*fig.*) Rappresentare mediante l'attribuzione di una data figura: *f. un angelo, un demonio nel marmo, nel legno, in un grande affresco*. **SIN.** Raffigurare. ***2*** Rappresentare in qualità di simbolo, segno: *f. la discordia, la fortuna, il vizio*; *l'edera figura l'affetto tenace*. ***3*** (gener. con la particella pron.: *figurarsi*) (*fig.*) Rappresentarsi qlco. mediante l'immaginazione: *mi figuravo di compiere un lungo viaggio meraviglioso*; *te la figuri la faccia del professore?*; *figurati che sosteneva di aver ragione!*; *figurati se mi ha creduto il posto!* **SIN.** Immaginarsi | ***Figurarsi! Figurati! Figuriamoci! Si figuri!*** ecc., certamente no o certamente sì, a seconda del contesto: *'Ti ha restituito il libro?' 'Figuriamoci!'*; *'La disturbo?' 'Si figuri'*; *'Posso assaggiarne uno?' 'Figurati!'*. ***4*** (*raro*) Fingere o far mostra di qlco.: *è inutile che figuri di non saper niente*. **B** **v. intr.** (aus. *avere*) ***1*** Far figura: *figura male col suo aspetto modesto* | (*assol.*) Far bella mostra o impressione: *è un vestito che figura*. **SIN.** Comparire. ***2*** Stare, trovarsi, risultare: *nel conto non figura la mia percentuale*. ***3*** Apparire: *la loro intercessione non deve f.*; *deve f. come debitore e non come creditore*. **C** **v. intr. pron.** ● (*lett.*) Assumere forma o sembianza fisica.

figurativişmo [da *figurativo*; 1958] **s. m.** ● Tendenza figurativa in pittura e scultura.

figuratività **s. f.** ● Carattere figurativo in pittura e scultura.

figurativo [vc. dotta, lat. tardo *figuratīvu(m)*, da *figurāre* 'figurare'; av. 1364] **agg.** ***1*** Che rappresenta per mezzo di figure | ***Arti figurative***, la pittura e la scultura | Nell'arte moderna, detto di arte, artista o tendenza che in qualche modo rappresenti o interpreti la realtà esterna senza prescindere da essa, spec. in contrapposizione ad astratto. ***2*** (*econ.*) Detto di un valore cui non corrisponde un effettivo esborso monetario, come il fitto non pagato da chi occupa un immobile proprio o l'interesse sul capitale di un'impresa. ***3*** †Simbolico. || **figurativaménte**, **avv.**

figuràto [1550] **part. pass.** di *figurare*; anche **agg.** ***1*** Rappresentato in figura. ***2*** ***Ballo f., danza figurata***, con figure. ***3*** Illustrato o decorato con figure: *libro f.*; *vaso f.* ***4*** Che si esprime mediante simboli, allegorie, allusioni e sim.: *linguaggio, stile f.* | (*ling.*) Che si esprime mediante figure retoriche, metafore, traslati (in opposizione a *proprio*): *la parola 'testa' è usata in molte espressioni figurate* | ***Carme f.***, componimento poetico i cui versi sono disposti in modo da riprodurre la figura di un oggetto o di un essere animato. || **figurataménte**, **avv.**

figurazióne [vc. dotta, lat. *figuratiōne(m)*, da *figurāre* 'figurare'; sec. XIV] **s. f.** ***1*** (*raro*) Raffigurazione: *la f. di una piazza cittadina* | Insieme di figure, di immagini: *un arazzo con figurazioni di tipo orientale*. ***2*** Nella danza e nello sport, insieme di figure. ***3*** (*mus.*) Breve insieme di note di particolare rilievo melodico o ritmico che formano un inciso in una frase musicale.

♦**figurina** [1550] **s. f.** ***1*** Dim. di *figura*: *ha una f. snella ed elegante*. ***2*** Statuetta di vari materiali: *le figurine di Tanagra*; *le figurine di Lucca*. ***3*** Piccola immagine di vario soggetto stampata su cartoncino, acclusa a prodotti commerciali o venduta in buste chiuse, la cui serie completa può dare diritto a premi.

figurinàio [da *figurina*; 1869] **s. m.** (**f.** *-a*) ● Fabbricante e venditore di statuette: *i figurinai di Lucca*.

figurinista [da *figurino*; av. 1764] **s. m.** e **f.** (**pl. m.** *-i*) ● Chi disegna figurini di moda.

figurino [1812] **s. m.** ***1*** Dim. di *figura*. ***2*** Disegno che mostra la foggia o i particolari di un abito maschile o femminile | (*fig.*) ***È un f., sembra un f.***, è vestito all'ultima moda e con ricercatezza.

figurista [da *figura*; 1584] **s. m.** e **f.** (**pl. m.** *-i*) ● Pittore che dipinge figure | Nei secc. XVII e XVIII, pittore che eseguiva le figure in paesaggi dipinti da altri.

figùro [da *figura*; av. 1803] **s. m.** ● Uomo d'aspetto losco: *ho incontrato uno strano f.* | (*est.*) Uomo di dubbia moralità: *un tristo f.* || **figuràccio**, **pegg.**

figuróna [1911] **s. f.** ***1*** Accr. di *figura*. ***2*** Gran successo, ottima impressione: *fare una f.*

figuróne [1988] **s. m.** ● (*fam.*) Figurona.

fiiiuuu /'fiiuu, 'fjuu/ o †**fi** (**2**) [vc. onomat.] **inter.** ***1*** Riproduce il suono del fischio. ***2*** Esprime disprezzo, nausea e sim. | Esprime sollievo per uno scampato pericolo.

†**fil** ● V. †*fi'*.

♦**fila** [da *filo*, prob. attrav. il pl. ant. (*le*) *fila*, che sopravvive in espressioni come 'serrare le fila'; sec. XIV] **s. f.** ***1*** Insieme di persone o cose disposte una dopo l'altra: *una f. di scolari, di seminaristi, di mattoni*; *mettere, tenere in f.*; *prima, seconda, terza f.* | ***F. di denti***, chiostra | ***F. di alberi***, filare | ***Fare la f.***, attendere il proprio turno, disporsi in fila | ***In f. indiana***, uno dietro l'altro | ***Per f. destr!, per f. sinistr!***, ordini per fare girare a destra o a sinistra un reparto incolonnato senza mutarne la formazione | ***Serrare le file, le fila***, stringersi in formazione compatta, detto di militari; (*fig.*) stringersi compatti | ***Disertare le file***, disertare; (*fig.*) abbandonare un'impresa, tradire qlcu. | (*al

filabile 704

pl.) Ranghi: *militare nelle file di un partito* | ***Essere in prima f.***, esposto per primo a una prova pericolosa (*anche fig.*) | In un teatro o in un cinema, serie trasversale di poltrone: *sedere in prima f.* | In un teatro, ordine di palchi | (*mus.*) ***Di f.***, nell'orchestra moderna, detto di strumenti ad arco nelle cui parti non sono previsti assolo: *violino di f.* **2** (*est.*) Serie continua: *subire una f. di sciagure, di malanni* | ***Di f.***, senza interruzione | ***Tre giorni di f.***, uno dopo l'altro | ***Fuoco di f.***, serie continua di colpi d'arma da fuoco; (*fig.*) susseguirsi rapido di domande, contestazioni e sim. **3** Serie di otto caselle contigue sulla scacchiera.

filàbile [av. 1704] **agg.** ● Che si può filare.

filàccia o †**filàccica** [lat. parl. **filācea(m)*, da *fīlum* 'filo'; av. 1695] **s. f.** (**pl.** *-ce*) **1** Insieme delle fibre gregge vegetali appena liberate dal tiglio mediante macerazione, gramolatura e pettinatura | ***F. di lino***, usata per medicare ferite, prima che fosse introdotto l'uso del cotone idrofilo: *Le filacce … indicavano il posto dove l'operazione aveva avuto luogo* (CAPUANA) | Insieme di fili che pendono da un'orlatura sfilacciata. **2** (*mar.*) Fibra vegetale ritorta che serve a formare il legnolo dei cavi.

filaccicóso o **filacciόso** [da *filaccio*; av. 1712] **agg.** ● (*raro*) Filamentoso.

filàccio [da *filaccia*; 1585] **s. m.** ● (*mar.*) Filo di vecchio cavo.

filacciòlo o **filacciuòlo** [da *filaccio*] **s. m.** ● Speciale lenza, fornita di un grosso amo, usata per pescare pesci piuttosto grossi.

filaccióso ● V. *filaccicoso*.

filacciuòlo ● V. *filacciolo*.

filactèrio ● V. *filatterio*.

filadelfiése **A** **agg.** ● Di Filadelfia. **B** **s. m. e f.** ● Abitante, nativo di Filadelfia.

filagràna ● V. *filigrana*.

filaménto [vc. dotta, lat. tardo *filamĕntu(m)*, da *fīlum* 'filo'; 1499] **s. m.** (**pl.** *filaménti*, **m.**, lett. *filaménta*, **f.**) **1** (*anat.*) Fibra sottile e allungata: *filamenti nervosi*. **CFR.** nemato-. **2** (*elettr.*) Sottile filo metallico, proprio di valvole e lampade: *f. metallico*; *f. di tungsteno*. **3** (*bot.*) Peduncolo che sostiene la parte superiore (*antera*) dello stame, cioè dell'organo maschile del fiore | ***F. dei muschi***, seta.

filamentóso [av. 1730] **agg.** ● Che si presenta sotto l'aspetto di filamenti | Che è ricco di filamenti: *corteccia filamentosa*.

Filànca® [marchio registrato; 1965] **s. f.** ● Fibra sintetica elastica usata spec. per calze e maglie.

filànda [da *filare* (*1*); 1787] **s. f.** ● Fabbrica nella quale si procede alla trattura della seta | Fabbrica nella quale vengono filate le fibre tessili.

filandàia [1942] **s. f.** ● Operaia di una filanda.

filandière [1881] **s. m.** (**f.** *-a*) ● Proprietario o direttore di una filanda.

filandìna **s. f.** ● Filandaia.

filàndra [fr. *filandre*, da *filer* 'filare (1)'] **s. f.** ● (*spec. al pl.*) Sottoprodotto o cascame della filatura e della tessitura.

♦**filànte** [1889] **A** **part. pres.** di *filare* (*1*); anche **agg.** **1** Nei sign. del v. **2** Detto di ciò che, svolgendosi, si allunga in forma di filo: *stella f.* | ***Formaggio f.***, che cola in lunghi filamenti. **3** Nel linguaggio degli sciatori, detto di percorso favorevole alle forti andature. **4** Slanciato, aerodinamico: *un'auto sportiva dalla linea f.* **B** **s. m.** ● Alterazione del vino, più frequente in quello bianco e dolce, che diventa torbido e mucillaginoso. **SIN.** Grassume.

filantropìa [fr. *philantropie*, dal gr. *philanthrōpía*, da *philánthrōpos* 'filantropo'; 1584] **s. f.** ● Sentimento di amore per gli altri e attività concreta perché si realizzi la loro felicità: *opere di f.*; *la f., o amore universale dell'umanità* (LEOPARDI). **SIN.** Umanitarismo. **CONTR.** Misantropia.

filantròpico [fr. *philanthropique*, da *philanthropie* 'filantropia'; 1789] **agg.** (**pl. m.** *-ci*) ● Di, da filantropo: *sentimenti, propositi, interventi filantropici* | Di filantropia: *istituzione, società filantropica*. ‖ **filantropicaménte**, **avv.** Con filantropia; da filantropo.

filantropìsmo [1798] **s. m.** **1** Tendenza alla filantropia. **2** Movimento pedagogico di ispirazione illuministica sviluppatosi in Germania nella seconda metà del XVIII secolo.

filàntropo [fr. *philanthrope*, dal gr. *philánthrōpos*, comp. di *phílos* 'amico' e *ánthrōpos* 'uomo'; 1749] **s. m.**; anche **agg.** (**f.** *-a*) ● Chi (o Che) prova sentimenti di filantropia e tenta di realizzarli concretamente. **CONTR.** Misantropo.

♦**filàre** (**1**) [lat. tardo *filāre*, da *fīlum* 'filo'; 1308] **A** **v. tr.** **1** Ridurre in filo fibre tessili, quali canapa, lino, lana, seta, cotone, raion | ***F. grosso, sottile***, secondo la grossezza del filo | ***F. pieno, vuoto***, secondo la quantità di filamenti che compongono un filo della stessa grossezza | ***Al tempo che Berta filava***, al bel tempo antico, in un'età lontana, leggendariamente felice | (*fig.*) ***F. il perfetto amore***, di due innamorati che vanno completamente d'accordo. **2** (*est.*) Ridurre in fili altri materiali, dopo averli opportunamente ammorbiditi spec. col calore: *f. l'oro, l'argento, il vetro, lo zucchero*. **3** (*mar.*) Lasciare scorrere con regolarità una cima, una catena e sim., mantenendone il controllo: *f. una gomena, la catena dell'ancora a mare* | ***F. in bando***, lasciare scorrere una cima fino a che non risulta più in tensione | ***F. a collo, a mano a mano***, lentamente | ***F. i remi***, smettere di remare, lasciandoli fuor d'acqua. **4** (*fig.*) Lasciar colare o scorrere lentamente ma in modo continuo, producendo quasi un filo di liquido: *la botte fila il vino* | (*mus.*) ***F. un suono***, tecnica vocale, tipica del belcanto, in cui su una sola nota si passa dal pianissimo al fortissimo e si torna al pianissimo. **5** (*intens.*) Nelle loc. ***filarsela all'inglese***, e (*assol.*) ***filarsela***, svignarsela. **6** (*region., fam.*) ***F., filarsi qlcu.***, prenderlo in considerazione, badargli: *lui, poverino, si dà da fare, ma nessuno lo fila!* **7** †Disporre anticipatamente. **B** **v. intr.** (aus. *avere* nei sign. 1, 2, 3, 4, 5 e 7, *essere* nel sign. 6) **1** Fare la tela o il bozzolo, detto di ragno, baco da seta e sim. **2** Assumere forma di filo, ridursi in lunghi filamenti: *se riscaldata la mozzarella fila* | Diventare vischioso, detto di vino o aceto. **3** (*est.*) Uscire lentamente dal recipiente, quasi in forma di filo continuo: *l'olio fila* | (*fig.*) ***Il lume, la candela fila***, dà una fiamma lunga e fumosa: *la lampada a petrolio filava e il vetro s'anneriva da una parte* (STUPARICH). **4** (*fig.*) Svolgersi secondo un filo logico, chiaro e riconoscibile: *discorso, ragionamento che fila*. **5** (*fig.*) Fare le fusa, detto del gatto. **6** (*fig.*) Muoversi o spostarsi a forte velocità: *è una macchina potente e fila ch'è una bellezza* | Andarsene lestamente, fuggire: *quando mi ha visto furioso, è filato via senza discutere* | ***Fila!, Filate!***, vai, andatevene | ***F. per la tangente***, (*fig.*) prendere il largo, andarsene in gran fretta | ***F. diritto***, (*fig.*) rigar dritto, non deviare dal proprio dovere | ***Far f. qlcu.***, (*fig.*) farlo rigare diritto | ***F. all'inglese***, andarsene alla chetichella. **7** (*fig., scherz.*) Amoreggiare: *quei due filano da parecchio*.

filàre (**2**) [da *fila*; av. 1311] **s. m.** **1** Fila: *f. di alberi, di viti, di cipressi* | ***F. di mattoni***, strato. ➡ **ILL.** **agricoltura e giardinaggio**. **2** †Serie di otto quadretti nella scacchiera. **3** (*raro*) Riga di scrittura. **4** (*miner.*) Successione periodica in una direzione degli atomi o molecole facenti parte di un reticolo cristallino, separati tra loro da una distanza costante. ‖ **filarétto**, **dim.** | **filarino**, **dim.**

†**filargìria** [vc. dotta, gr. *philargyría*, da *philárgyros* 'avido di denaro', comp. di *phílos* 'amico' e *árgyros* 'argento'] **s. f.** ● Avidità smodata di denaro.

filària [dal lat. *fīlum* 'filo'; 1834] **s. f.** ● (*zool.*) Nome comune di vari Nematodi caratterizzati da corpo filiforme; ospiti in fase larvale di Insetti, parassitano da adulti i Vertebrati e l'uomo.

filariaṣi ● V. *filariosi*.

filarino [da *filare* (*1*) nel sign. 7; av. 1939] **s. m.** ● (*fam., scherz.*) Giovane corteggiatore, innamorato | Relazione sentimentale tra ragazzi.

filariòṣi o **filariaṣi** [da *filaria*; 1932] **s. f. inv.** ● Malattia tropicale causata da una filaria.

filarmònica [av. 1851] **s. f.** ● Associazione che riunisce amatori della musica o, in genere, chi si diletta di musica | (*est.*) Sede di tale associazione: *il concerto si terrà alle 9,30 alla f.*

filarmònico [comp. di *filo-* e *armonia*; 1543] **agg.**; anche **s. m.** (**pl. m.** *-ci*) ● Che (o Chi) ha passione per la musica e ne coltiva lo studio: *un gruppo di giovani filarmonici* | ***Società filarmonica***, di filarmonici.

filàssi [vc. dotta, gr. *phýlaxis* 'custodia, protezione, difesa', non spiegato nella sua orig.; 1968] **s. f. inv.** ● (*med.*) Difesa naturale che un organismo oppone alle infezioni.

filastròcca [da *fila*; av. 1442] **s. f.** **1** Componimento in versi brevi, con ripetizioni di sillabe, parole e sim. spesso recitato in cadenza, per divertire i fanciulli. **2** (*est.*) Tiritera, litania, cantilena: *mi sono sorbito la solita f.*

filàta **s. f.** ● (*teatro*) Prova filata.

filatelia [fr. *philatélie*, comp. del gr. *phílos* 'amico' e *atéleia* 'franchigia'; 1892] **s. f.** ● Collezionismo di francobolli.

filatèlica [da *filatelico*; 1905] **s. f.** ● Filatelia | Il complesso delle nozioni storiche, tecniche, e sim. concernenti i francobolli.

filatèlico [fr. *philatélique*, da *philatélie* 'filatelia'; 1894] **A** **agg.** (**pl. m.** *-ci*) ● Di, relativo a, collezionismo o commercio di francobolli: *valore, mercato f.*; *quotazione, passione, rarità filatelica*. **B** **s. m.** (**f.** *-a*) **1** Collezionista di francobolli. **SIN.** Filatelista. **2** Commerciante di francobolli.

filatelista [1942] **s. m. e f.** (**pl. m.** *-i*) ● Collezionista di francobolli, cultore della filatelia.

†**filatèra** [da *fila*; 1660] **s. f.** ● Successione di più cose in fila | Filastrocca: *una f. di ciance* (BARTOLI).

†**filatéssa** [da *filata*; av. 1543] **s. f.** ● Filatera.

filaticcio [da *filato*; 1550] **s. m.** ● Seta scadente, ricavata da bozzoli sfarfallati | Filo e tessuto ottenuto da tale seta.

♦**filàto** [1304] **A** **part. pass.** di *filare* (*1*); anche **agg.** **1** Ridotto in fili: *zucchero f.* **2** (*fig.*) Continuo, ininterrotto: *discorso f.*; *parlare per tre ore filate*. ‖ **filataménte**, **avv.** In modo continuo e ordinato. **B** **s. m.** ● Insieme di fibre tessili ritorte che danno origine a un corpo approssimativamente cilindrico, continuo, flessibile, di piccola sezione, prodotto mediante filatura | ***F. semplice***, a corpo unico | ***F. ritorto***, a più capi | ***F. cucirino***, per fare cuciture.

filatóio [da *filato*; 1312] **s. m.** **1** Macchina per la filatura. **2** (*raro*) Arcolaio | †***Girare il f.***, (*fig.*) girare la fantasia o aver paura. **3** Parte della filanda in cui si completa la filatura e si procede all'avvolgimento del filo su bobine. **4** (*tess.*) ***F. ad anelli***, ring.

filatóre [da *filare* (*1*); 1353] **A** **s. m.** (**f.** *-trice*, pop. disus. *-tora*) ● Chi fila, spec. operaio addetto alla filatura. **B** **agg.** ● Che fila: *macchina filatrice*.

filatrice **s. f.** ● Macchina per la filatura.

filattèrio o **filactèrio** [vc. dotta, lat. tardo *phylactēriu(m)*, dal gr. *phylaktḗrion* 'difesa, talismano', da *phylássō* 'io proteggo'; 1820] **s. m.** ● Ciascuno dei pezzi di pergamena, recanti alcuni passi biblici e chiusi in capsule di cuoio, che gli Ebrei tengono legato al braccio sinistro e destro e al capo, durante la preghiera.

filàttico [vc. dotta, gr. *phylaktikós*, da *phylássō* 'io custodisco'] **agg.** (**pl. m.** *-ci*) ● (*med.*) Che previene, che protegge.

filatùra [da *filare* (*1*); 1389] **s. f.** **1** Operazione o serie di operazioni che consentono di trasformare una fibra tessile in filato: *f. a mano, a macchina*; *f. cardata, pettinata* | ***F. delle fibre sintetiche***, operazione consistente nel far passare la pasta da filare attraverso le filiere e nel coagulare in vari modi la bava. **2** Fabbrica tessile nella quale le fibre vengono trasformate in filati. **3** (*agr.*) Anormale allungamento di steli, germogli e sim. | Nelle viti, trasformazione delle infiorescenze in viticci.

fildifèrro o **fil di fèrro** o **filo di fèrro** [1319] **s. m.** (**pl.** *fildifèrro* o *fili di fèrro* o pop. *fildifèrri*) ● Trafilato di acciaio dolce, a sezione circolare, del diametro di qualche millimetro, adibito a vari usi e applicazioni tecniche e artigianali.

file /fail, *ingl.* faeɪl/ [vc. ingl., propr. 'fila'; 1971] **s. m. inv.** ● (*elab.*) Insieme di dati logicamente correlati conservati nella memoria centrale o di massa; è caratterizzato da un nome, da una modalità di accesso (sequenziale o casuale) e da altri parametri, quali data e ora di creazione o modifica, permessi di accesso e sim. **SIN.** Archivio.

fileggiàre [da *filare* (*1*)] **v. intr.** (*io filéggio*; aus. *avere*) ● (*mar.*) Sbattere, detto della vela che riceve il vento parallelamente alla sua superficie.

filellènico [1932] **agg.** (**pl. m.** *-ci*) ● (*lett.*) Filelleno: *società filellenica*.

filellenìṣmo [1918] **s. m.** **1** Interesse e amore per la civiltà e la nazione greca. **2** Movimento sviluppatosi in Europa tra il 1820 e il 1830 a sostegno della causa dell'indipendenza greca.

filellèno [vc. dotta, gr. *philéllēn*, genit. *philéllēnos*, comp. di *philos* 'amico' e *éllēn*, genit. *éllēnos* 'elleno, greco'; av. 1604] **agg.**; anche **s. m.** (f. *-a*) ● Sostenitore del filellenismo.

filet /fr. fi'lɛ/ [vc. fr., propr. 'rete', alterazione di *filé* 'filato', part. pass. sost. di *filer* 'filare (1)'] **s. m. inv.** ● Tipo di ricamo eseguito su un fondo costituito da una rete a maglie geometriche | (*est.*) Tessuto ricamato a filet.

filètico [ingl. *phyletic*, dal gr. *phyletikós*, agg. di *phylḗ* 'tribù, razza' (d'orig. indeur.)] **agg.** (pl. m. *-ci*) ● (*biol.*) Filogenetico.

filettàggio [fr. *filetage*, da *fileter* 'filettare'] **s. m.** ● (*tecnol.*) Filettatura.

filettàre [da *filetto* (*1*); 1716] **v. tr.** (*io filétto*) **1** Ornare, guarnire con filetti: *f. una gonna di rosso*; *f. un cappello*; *f. una livrea*. **2** Dotare di filettatura: *f. un foro, un dado, un perno, una vite.*

filettàto [av. 1484] **part. pass.** di *filettare*; anche **agg.** **1** Nei sign. del v. **2** Detto di carattere tipografico in cui i tratti di ciascuna lettera sono percorsi da una linea bianca.

filettatóre **s. m.** (f. *-trice*) ● Operaio addetto alla filettatura.

filettatrice [1930] **s. f.** ● Macchina utensile semiautomatica o automatica, che serve a filettare viti e madreviti.

filettatùra [da *filettare*; 1855] **s. f.** **1** Guarnizione di qlco. mediante filetti | Insieme dei filetti che ornano qlco.: *una f. in pelle, in oro*; *abito bianco con f. blu.* **2** Operazione meccanica atta a fornire viti, dadi e sim. dei filetti | Parte filettata di tali pezzi. **SIN.** Filettaggio.

filétto (**1**) [dim. di *filo*; 1539] **s. m.** **1** Filo di liquido denso e viscoso. **2** Ornamento costituito da striscette di tessuto, cordoncini, galloni: *i filetti sul berretto degli ufficiali.* **3** Tratto sottile usato per separare colonne di testo, per riquadrare i dati nelle tabelle o come elemento ornamentale | Nella tipografia in piombo, sottile lamina di ottone con cui si ottenevano i tratti sottili. **4** Sottile tratto di penna con cui si iniziano o si uniscono fra loro le lettere alfabetiche. **5** Funicella legata al basso delle reti da pesca perché stiano tese. **6** (*anat.*) Frenulo. **7** Nei finimenti del cavallo, tipo d'imboccatura semplice. ➡ **ILL.** p. 2152 SPORT. **8** (*mecc.*) Sporgenza elicoidale della vite a sezione triangolare, trapezoidale, e sim. **SIN.** Pane (2). **9** Negli orologi, scanalatura praticata nella lunetta, nella quale s'incastra a forza il vetro. **10** (*fig.*) Nella loc. †*Tenere in, a f. qlcu.*, tenerlo a dieta, a digiuno. || **filettino**, dim.

filétto (**2**) [detto così perché le pedine si devono mettere in *fila*; 1717] **s. m.** ● Gioco da tavolo a due, consistente nel disporre in fila tre pedine, su uno dei lati di tre quadrati concentrici. **SIN.** Tria (2).

filétto (**3**) [dal *filo* della schiena; sec. XVIII] **s. m.** **1** (*cuc.*) Parte muscolare interna dei lombi di un animale macellato, spec. bovino: *bistecca di f.* **2** (*cuc., est.*) Lembo di carne lungo e stretto tagliato sul petto di polli, tacchini, ecc. | Ognuna delle due parti, pulite e diliscate, in cui si dividono alcuni pesci: *filetti di sogliola, di acciughe, di sgombro* | In alcune preparazioni alimentari, ingrediente tagliato a strisce sottili: *sugo al f. di pomodoro.*

-filia [dal gr. *philía* 'amore' (V. *filo-* (*1*))] secondo elemento ● In parole composte, significa 'amore', 'simpatia', 'tendenza', 'affinità' e sim. per persone o cose: *anglofilia, bibliofilia, francofilia.*

filiàle o **figliàle** [vc. dotta, lat. tardo *filiāle*(*m*), da *filius* 'figlio'; 1300 ca.] **A** **agg.** ● Di, da figlio: *amor f.*; *carità, pietà f.*; *la debita obbedienza f.* (BOCCACCIO). || **filialménte**, avv. Da figlio. **B** **s. f.** **1** Sede secondaria di un'azienda: *la sede centrale e le filiali*; *la f. della mia banca.* **2** Impresa dipendente da altra.

filiazióne o **figliazióne** [vc. dotta, lat. tardo *filiatiōne*(*m*), da *filius* 'figlio'; av. 1342] **s. f.** **1** Rapporto giuridico tra genitori e figli: *f. legittima, illegittima, naturale, adottiva.* **2** (*fig.*) Derivazione, provenienza: *f. di una lingua da un'altra.* **3** (*geogr.*) L'insieme delle masse di ghiaccio che si staccano da un ghiacciaio o da un iceberg.

filibùsta [da *filibustiere*] **s. f.** ● Consorteria costituita dai predoni di mare che nel sec. XVII infestavano le coste del mar Caribico.

filibusterìa [da *filibustiere*; 1877] **s. f.** ● Attività dei filibustieri.

filibustering /ingl. 'fɪlɪˌbʌstərɪŋ/ [vc. ingl., da *to filibuster* 'fare un'azione da filibustiere'; 1952] **s. m. inv.** ● Nel linguaggio politico, l'ostruzionismo parlamentare.

filibustière [sp. *filibustero*, dall'ol. *vrijbuiter* 'libero cacciatore di bottino', comp. di *vrij* 'libero' e *buit* 'bottino'; 1772] **s. m.** **1** Corsaro. **2** (f. *-a*) (*fig.*) Avventuriero senza scrupoli, mascalzone.

Filicàli [comp. del lat. *fĭlix*, genit. *fĭlicis* 'felce', e *-ali*] **s. f. pl.** (sing. *-e*) ● Nella tassonomia vegetale, ordine di piante delle Pteridofite con gli organi riproduttori sulla pagina inferiore delle foglie (*Filicales*). **SIN.** Felci.

filicìne [dal lat. *fĭlix*, genit. *fĭlicis* 'felce'] **s. f. pl.** ● (*bot.*) Felci.

filièra [fr. *filière*, da *fil* 'filo'; 1550] **s. f.** **1** Organo per la filatura delle fibre tessili artificiali e sintetiche, costituito da una piastrina di metallo pregiato con fori capillari attraverso i quali vengono spinte le masse fluide destinate a formare le fibre elementari. **2** In varie tecnologie, dispositivo per trafilare materiali metallici o plastici. **SIN.** Trafila | In meccanica, disco metallico dotato di un foro con settori filettati, usato per eseguire la filettatura di viti e sim. **3** (*zool.*) Organo addominale dei ragni, mediante il quale essi formano il filo per costruire la loro tela. **4** (*raro*) Fila, filare: *f. di denti.* **5** (*econ.*) Sequenza delle lavorazioni effettuate in successione per trasformare le materie prime in prodotti finiti | (*est.*) Comparto industriale omogeneo.

filière /fr. fi'ljɛːʀ/ [vc. fr., da *file* 'fila (dei sottoscrittori)'] **s. f. inv.** ● Titolo all'ordine, giuridicamente considerato titolo rappresentativo della merce, mediante il quale il venditore fa reale offerta di consegna, della merce stessa, al proprio compratore.

filifórme [comp. di *filo* e *-forme*; 1813] **agg.** ● Che ha forma di filo, che è lungo e sottile come filo: *tentacolo f.*

filìggine ● V. *fuliggine.*

filigràna o **filagràna**, **filogràna** [comp. di *filo* e *grano*, cioè 'filo a grani'; 1668] **s. f.** **1** Lavoro di oreficeria a trafori formato da fili e nastrini sottili o curvati a forma di arabeschi e fogliami composti e saldati insieme. **2** (*fig., raro*) Lavoro minuzioso, raffinato. **3** Marchio, disegno, figurazione che si rivela solamente osservando in controluce un certo tipo di carta: *la f. di una banconota, di un francobollo* | Nella loc. avv. *in f.*, (*fig.*) tra le righe, in modo nascosto o appena accennato: *nel romanzo si colgono in filigrana richiami autobiografici.*

filigranàto [1869] **agg.** **1** Detto di carta su cui è stata impressa la filigrana. **2** (*fig., lett.*) Sottilmente venato, appena impregnato: *una prosa filigranata di tristezza.*

filigranatùra [da *filigrana*; 1957] **s. f.** ● Operazione consistente nell'imprimere la filigrana sui fogli di carta.

filigranoscòpio [comp. di *filigrana* e *-scopio*] **s. m.** ● Piccola vaschetta di color nero, dove si esamina la filigrana di un francobollo dopo averlo collocato con la vignetta in basso e inumidito di benzina.

filino **s. m.** **1** Dim. di *filo*. **2** (*fam.*) Piccola quantità (*anche fig.*): *condire con un f. d'olio*; *un f. d'ironia.*

†**filio** ● V. *figlio.*

filipèndula [comp. di *filo* e *pendulo*, perché i tuberi pendono da un filo; 1834] **s. f.** ● Pianta erbacea delle Rosacee con foglie pennate, fiori bianchi e radici con un ingrossamento circa alla loro metà (*Spiraea filipendula*).

filìppica [vc. dotta, lat. tardo *Philĭppicae* (nom. pl.), f. sost. di *Philĭppicus* 'filippico'; furono chiamate così le orazioni di Demostene contro *Filippo II* di Macedonia e, per analogia, quelle di Cicerone contro M. Antonio; av. 1647] **s. f.** ● Discorso molto aspro e polemico: *è uscito in una f. contro il malcostume.* **SIN.** Invettiva.

filippìno (**1**) [1952] **A** **agg.** ● Delle isole Filippine. **B** **s. m.** (f. *-a*) ● Abitante, nativo delle isole Filippine.

filippino (**2**) [da S. *Filippo* Neri; av. 1810] **s. m.** ● Prete regolare della congregazione fondata da S. Filippo Neri (1515-1595). **SIN.** Oratoriano, padre dell'oratorio.

filippo [da *Filippo*, n. del re che la fece incidere; av. 1606] **s. m.** **1** Nome dello statere d'oro di Filippo II di Macedonia (382 ca.-336 a.C.), usato nell'area mediterranea in epoca ellenistica. **2** Moneta milanese d'argento, coniata da Filippo II di Spagna (1527-1598).

filisteìsmo [comp. di *filiste*(*o*) e *-ismo*; av. 1908] **s. m.** ● Atteggiamento, comportamento e mentalità da filisteo.

filistèo [ebr. *Pelishtīm*: l'uso del termine nel sign. di 'conformista' nacque nel sec. XVI tra gli studenti tedeschi che paragonavano sé stessi al popolo eletto e gli altri cittadini ai Filistei; sec. XIII] **agg.**; anche **s. m.** (f. *-a*) **1** Appartenente a un'antica popolazione stanziatasi sulle coste della Palestina: *esercito f.*; *le lotte fa israeliti e filistei.* **2** (*fig.*) Che (o Chi) ha mentalità gretta, meschina, retriva: *il padre f. brutale* (MORANTE). **SIN.** Conformista.

fillade [fr. *phyllade*, dal gr. *phyllás*, genit. *phylládos* 'fogliame', da *phýllon* 'foglia' (V. *fillo-*); 1817] **s. f.** ● (*miner.*) Roccia metamorfica a grana minutissima costituita essenzialmente da quarzo e miche.

filler /'filler, *ingl.* 'fɪlə/ [vc. ingl. 'riempitivo'; 1956] **s. m. inv.** ● In varie tecnologie, elemento riempitivo, additivo.

fillér /ungh. 'filleːr/ [ungh., dal medio alto ted. *vierer*, n. di una moneta del valore di quattro (ted. *vier*, di orig. indeur.) pfennig] **s. m. inv.** (pl. ungh. **inv.**) ● Moneta ungherese pari alla centesima parte del fiorino.

fillio [vc. dotta, gr. *phýllion*, dim. di *phýllon* 'foglia' (V. *fillo-*); 1834] **s. m.** ● Genere di Insetti che si confondono facilmente con le foglie, diffusi nella regione indo-malese (*Phyllium*).

fillirèa [gr. *phillyréa* 'tipo di pianta'; av. 1577] **s. f.** ● Genere di piante delle Oleacee, diffuse nella macchia mediterranea, con fiori bianchi e frutti a drupa (*Phillyrea*).

fillo-, -fillo [dal gr. *phýllon* 'foglia', prob. di orig. indeur.] primo o secondo elemento ● In parole composte della terminologia scientifica, soprattutto botanica, significa 'foglia' o indica relazione con foglie: *fillotassi, antofillo.*

filloclàdio [comp. di *fillo-* e del gr. *kládion* 'piccolo ramo'] **s. m.** ● (*bot.*) Cladodio.

fillòdia [V. *fillodio*] **s. f.** ● (*agr.*) ***F. del cotone***, malattia di tipo virale che colpisce le gemme e i fiori delle piante di cotone, i quali diventano verdi e sterili e, di conseguenza, non producono fibra.

fillòdio [dal gr. *phyllṓdēs* 'simile a foglia', comp. di *phýllon* 'foglia' ed *-eidḗs* '-oide'; 1834] **s. m.** ● Picciolo fogliare allargato, simile a una foglia.

fillòfago [comp. di *fillo-* e *-fago*] **agg.** (pl. m. *-gi*) ● Di animale, spec. insetto, che mangia le foglie.

fillòma [comp. di *fill*(*o*)- e *-oma*] **s. m.** (pl. *-i*) ● (*bot.*) Denominazione generica delle foglie e degli organi vegetali a esse omologhi.

fillomanìa [comp. di *fillo-* e *-mania*; 1834] **s. f.** ● (*bot.*) Produzione di foglie in quantità superiore al normale.

fillomedùṣa [comp. di *fillo-* e *medusa*] **s. f.** ● Anfibio dell'America tropicale simile alle raganelle, che fa vita arboricola ed ha mani e piedi prensili (*Phyllomedusa*).

Fillòpodi [vc. dotta, comp. del lat. sc. *phyllo-* 'fillo-' e del gr. *póus*, genit. *podós* 'piede'] **s. m. pl.** (sing. *-e*) ● Nella tassonomia animale, sottordine di Crostacei dei Branchiopodi viventi nell'acqua, comprendente piccole specie di Artropodi dal corpo molto allungato, segmentato e fornito di numerose zampine (*Phyllopoda*).

filloptòṣi [comp. di *fillo-* e *ptosi*] **s. f. inv.** ● (*bot.*) Caduta delle foglie dovuta a cause non naturali.

fillosòma [comp. di *fillo-* e *-soma*, perché ha il corpo appiattito e somigliante a una foglia] **s. m.** (pl. *-i*) ● Stadio larvale dell'aragosta a forma di fogliolina trasparente con esili zampe.

fillòssera o **filòssera** [comp. di *fillo-* e del gr. *xērós* 'secco', perché dissecca le foglie; 1875] **s. f.** ● Piccolo insetto degli Afidi che reca gravi danni alla vite, attaccandone le foglie o le radici per succhiarne la linfa (*Phylloxera vastatrix*). ➡ **ILL.** **animali**/2.

fillotàssi [comp. di *fillo-* e del gr. *táxis* 'ordine, disposizione'; 1875] **s. f. inv.** ● Disposizione delle foglie sui rami.

fillumenìstica [comp. di *filo-* (*1*) e del lat. *lūmen*, genit. *lūminis* 'lume'] **s. f.** ● Collezionismo di etichette e figurine ritagliate dalle scatole di fiammiferi.

♦**film** o (*raro*) **filme** [vc. ingl., propr. 'pellicola';

1889] s. m. inv.; raro f. *1* Pellicola fotografica o cinematografica, in rullo o in caricatore. *2* Opera cinematografica: *un f. d'avventure, d'amore; f. a colori, in bianco e nero; girare un f.* | *F. LUCE*, programma di attualità e notizie proiettato nelle sale cinematografiche tra uno spettacolo e l'altro, spec. in Italia negli anni fra il 1930 e il 1950 | ***F. d'animazione***, in cui il movimento è ricostruito mediante la ripresa di disegni in sequenza che ricostruiscono il movimento o mediante tecniche di computer animation | (*est.*) Genere di narrazione cinematografica: *f. western, di guerra, di gangster* | ***F. in costume***, ispirato a episodi storici, leggende o comunque ambientato in una civiltà del passato. *3* Cinema, arte cinematografica: *all'epoca del f. muto*. *4* Patina, strato sottile | Pellicola plastica leggerissima. || **filmàccio**, pegg. | **filmètto**, dim. | **filmìno**, dim. | **filmóne**, accr.

filmàbile [1939] agg. ● Da cui si può trarre un film | Che si può ridurre in film: *romanzo f.*

filmàre [da *film*; 1916] v. tr. ● Riprendere con la macchina da presa: *f. un incontro di calcio, un avvenimento mondano* | (*raro*) Ridurre a film: *f. un romanzo*.

filmàto [1962] **A** part. pass. di *filmare*; anche agg. ● Nei sign. del v. **B** s. m. ● Brano cinematografico inserito spec. a fini di documentazione in trasmissioni televisive, spettacoli teatrali, conferenze e sim.

filme ● V. *film*.

filmico [1959] agg. (pl. m. *-ci*) ● Di, relativo a, film. || **filmicaménte**, avv.

filmina [1959] s. f. ● Striscia di pellicola cinematografica da 35 mm sulla quale sono impresse diapositive per proiezione fotografica.

filmìstico [1926] agg. (pl. m. *-ci*) ● Di, relativo a film.

film-maker /*ingl.* 'fɪlm,meɪkəɹ/ [vc. ingl., comp. di *film* e *maker* 'facitore, creatore' (di orig. germ.); 1980] s. m. e f. inv. (pl. ingl. *film-makers*) ● Autore di un film, di cui segue tutte le fasi della lavorazione, curando il soggetto, la sceneggiatura, la regia, il montaggio, ecc.

film noir /*fr.* ˌfilm'nwar/ [comp. di *film* e del fr. *noir* 'nero'; 1985] loc. sost. m. inv. (pl. fr. *films noirs*) ● Film avente per contenuto le gesta di rapinatori o gangster, come rapine, omicidi, sparatorie e sim.

filmografia [comp. di *film* e *-grafia*; 1950] s. f. ● Lista dei film realizzati da un autore | Lista di film riguardanti un determinato argomento o classificabili rispetto ad un determinato criterio di raggruppamento.

filmologia [comp. di *film* e *-logia*; 1948] s. f. ● Disciplina che studia le opere cinematografiche dal punto di vista tecnico, artistico e sociologico.

filmològico agg. (pl. m. *-ci*) ● Di, relativo a, filmologia.

film-òpera [comp. di *film* e *opera* nel sign. 10] s. m. inv. ● Film avente per contenuto un'opera lirica, preordinatamente cantata e recitata in funzione della sua ripresa cinematografica.

filmotèca [comp. di *film* e *-teca*; 1930] s. f. ● (*raro*) Cineteca.

film-strip /*ingl.* 'fɪlm,stɹɪp/ [vc. ingl., comp. di *film* (V.) e *strip* 'nastro'] s. m. inv. (pl. ingl. *film-strips*) ● Filmina.

♦**filo** [lat. *fīlu(m)*, di orig. indeur.; av. 1292] s. m. (pl. *fili*, m., *fila*, f. con valore collettivo nel sign. di *'filamenti'* (V. sign. 2) e in alcune loc. del sign. 4) *1* Prodotto per tessere, cucire e sim. allungato e sottile, che si ottiene mediante filatura da fibre tessili naturali o artificiali: *f. di cotone, di seta, di nailon; f. semplice, doppio, ritorto; matassa, gomitolo, rocchetto di f.* | ***F. di Scozia***, di cotone, lucido, usato spec. per articoli di maglieria: *guanti di f. di Scozia* | ***F. chirurgico***, vegetale, animale o metallico, usato per suture | ***Essere attaccato a un f.***, (*fig.*) in condizioni di grande precarietà | ***Dar del f. da torcere***, (*fig.*) procurare difficoltà | ***Essere legato a f. doppio con qlcu.***, (*fig.*) avere forti legami affettivi o di interesse | (*fig., fam.*) ***Fare il f. a qlcu.***, fare la corte | Tessuto di lino o cotone: *fazzoletto, lenzuolo di f.* *2* Tutto ciò che ha o assume forma sottile e allungata, simile a quella del filo (*anche fig.*): *f. di fieno, d'erba, di paglia; f. di ferro, d'oro; il f. del telefono* | ***F. diretto***, collegamento diretto (*anche fig.*) | ***Fili d'oro***, (*fig., lett.*) capelli biondi | ***F. spinato***, metallico, con punte intrecciate a intervalli regolari, usato per recinzioni e difese | ***F. elettrico***, conduttore metallico per corrente elettrica | ***F. di sicurezza***, quello inserito nella carta delle banconote per impedirne la falsificazione | ***F. di perle, di coralli e sim.***, insieme di perle o coralli infilati su un filo | Filamento, anche di liquidi: *fagioli col f.; i fili, le fila del formaggio; un f. d'olio cola dalla bottiglia; un f. di sangue sgorgava dalla ferita; il fondo appiccicava e faceva le fila* (MANZONI). *3* (*est.*) Cordicella, cavetto | ***F. a piombo***, sottile fune che reca a un'estremità un peso di piombo o di ottone, usato per fissare la direzione della verticale: *il f. a piombo dei muratori* | ***F. elicoidale***, quello formato da tre fili di acciaio avvolti ad elica, usato per il taglio dei blocchi di marmo | ***F. d'Arianna***, quello che, secondo la leggenda, Arianna consegnò a Teseo perché non si smarrisse all'interno del labirinto; (*fig.*) ciò che consente di uscire da una situazione particolarmente intricata, confusa, difficile | ***F. del traguardo***, ***f. di lana***, in vari sport, quello teso, anche idealmente, sulla linea del traguardo | ***Vincere sul f. del traguardo***, ***sul f. di lana***, prevalere all'ultimo momento in una gara molto combattuta (*anche fig.*) | (*fig.*) ***F. della schiena***, ***delle reni***, spina dorsale | ***F. conduttore***, (*fig.*) linea ideale che costituisce l'elemento costante di coerenza in un ragionamento, un racconto e sim. | ***F. rosso***, (*fig.*) collegamento ideale che unisce fatti, personaggi e sim. | (*fig.*) Continuità: *perdere, ritrovare il f. del discorso, della storia*. *4* Tirante dei burattini | (*fig.*) ***Tenere, reggere le fila di qlco.***, dirigere, gestire qlco., spec. nell'ombra | ***Tirare le fila di qlco.***, cercare di concluderla. *5* Nelle armi bianche e in ogni altro strumento tagliente, parte della lama che forma il limite estremo del taglio: *il f. del pugnale, della spada, della scure, del rasoio, delle forbici* | ***Perdere il f.***, non essere più tagliente | ***Essere, camminare, trovarsi sul f. del rasoio***, (*fig.*) in condizione di pericolo o rischio continuo | ***Passare qlcu. a fil di spada***, ucciderlo. *6* Spigolo: *il f. del muro, del tavolo* | Nei pattini da ghiaccio, ciascuno dei due spigoli della lama del pattino da ghiaccio, formati dalla scanalatura longitudinale ad essa: *f. interno, esterno*. *7* (*fig.*) Quantità minima: *un f. di voce; un f. di speranza; un f. d'acqua, di vento* | ***Essere ridotto a un f.***, essere molto deperito. *8* (*fig.*) Direzione: *il f. della corrente, del vento* | ***Per f. e per segno***, in modo continuo e dettagliato | ***Il f. del legno***, il senso, la direzione della fibra | ***A f.***, ***a dritto f.***, per diritto | ***Stare a f.***, stare diritto | ***Di f.***, senza por tempo in mezzo | (*fig.*) Bandolo, capo: *trovare il f.* | ***A f. di logica***, (*fig.*) secondo un corretto ragionamento. *9* †Fila | †***In f.***, in fila | †***Tenere in f.***, (*fig.*) far rigar dritto | (*mar.*) ***Fil di ruota***, andatura a vela con il vento che spira di poppa esattamente nell'asse longitudinale dello scafo. || **filétto**, dim. (V.) | **filino**, dim. (V.) | **filolino**, dim. | **filóne**, accr. (V.).

filo- (*1*) [gr. *philo-*, da *philos* 'amico', di orig. indeur.] primo elemento (*fil-*, davanti a vocale) ● In parole composte, significa 'che ha amore, disposizione, simpatia', 'che dimostra tendenza, affinità' e sim., per persone o cose: *filocinese, filodrammatico, filofascista, filologo, filosofo*.

filo- (*2*) [dal gr. *phýlon* 'stirpe', di orig. indeur.] primo elemento ● In parole composte della terminologia botanica e zoologica, significa 'discendenza': *filogenesi*. CFR. nemato-.

filo- (*3*) primo elemento ● In parole composte della terminologia tecnica, indica trasporto e comunicazione 'mediante filo': *filovia, filodiffusione*.

-filo [V. *filo-* (*1*)] secondo elemento ● In parole composte, significa 'che ha amore, disposizione, simpatia, tendenza, affinità' e sim. per persone o cose: *bibliofilo, francofilo*. CONTR. *-fobo*.

filoamericàno [comp. di *filo-* (*1*) e *americano*; 1937] agg.; anche s. m. (f. *-a*) ● Che (o Chi) ha simpatia per gli Stati Uniti d'America o ne approva la politica.

filoàrabo [comp. di *filo-* (*1*) e *arabo*] agg.; anche s. m. (f. *-a*) ● Che (o Chi) ha simpatia per i popoli di lingua araba, ne ammira la cultura e i costumi o ne approva la politica.

filoatlàntico [comp. di *filo-* (*1*) e *atlantico*] agg.; anche s. m. (f. *-a*; pl. m. *-ci*) ● Che (o Chi) approva l'alleanza politico-militare istituitasi con il Patto atlantico fra gli Stati Uniti e i Paesi dell'Europa occidentale.

filobus o (*pop.*) **filobùs**, (*evit.*) **filòbus** [comp. di *filo-* (*3*) e *-bus*; 1935] s. m. inv. ● Autobus elettrico munito di un doppio trolley con cui attinge energia da una linea aerea bifilare.

filoccidentàle o **filo-occidentàle** [comp. di *filo-* (*1*) e *occidentale*] agg.; anche s. m. e f. ● Che (o Chi) ha simpatia per il mondo occidentale, ne ammira la cultura e i costumi o ne approva la politica.

filocinése [comp. di *filo-* (*1*) e *cinese*; 1937] agg.; anche s. m. e f. ● Che (o Chi) ha simpatia per la Cina e ne ammira la cultura e i costumi o ne approva la politica.

filocomunista [comp. di *filo-* (*1*) e *comunista*] agg.; anche s. m. e f. (pl. m. *-i*) ● Simpatizzante per il comunismo.

filodèndro [vc. dotta, gr. *philódendros* 'amante degli alberi', comp. di *phílos* 'amico' e *-dendro*; 1865] s. m. ● Genere di piante rampicanti delle Aracee, ornamentali con fusto scarsamente ramificato e foglie persistenti (*Philodendron*) | Correntemente, pianta delle Aracee con radici aeree e foglie dai caratteristici fori ovali o tondeggianti (*Monstera deliciosa*). ➡ ILL. **piante**/10.

filodiffusióne [comp. di *filo-* (*3*) e *diffusione*; 1958] s. f. ● Sistema di ricezione di programmi trasmissioni radiofoniche a mezzo della normale linea telefonica in utenza.

filodiffùso [comp. di *filo-* (*3*) e *diffuso*, part. pass. di *diffondere*; 1971] agg. ● Trasmesso con il sistema della filodiffusione: *programma radiofonico f.*

filodiffusóre [comp. di *filo-* (*3*) e *diffusore*; 1970] s. m. ● Dispositivo per riprodurre i programmi radiofonici trasmessi con la filodiffusione.

filodossìa [vc. dotta, gr. *philodoxía*, comp. di *phílos* 'amico' e *dóxa* 'gloria'] s. f. ● (*filos.*) Atteggiamento di chi affermando la validità dell'opinione nega al sapere una qualsiasi base scientifica.

filodrammàtica [1930] s. f. ● Compagnia, società di attori filodrammatici.

filodrammàtico [comp. di *filo-* (*1*) e (*arte*) *drammatica*; 1805] agg.; anche s. m. (pl. m. *-ci*) ● Che (o Chi) è appassionato di teatro e si dedica a esso in modo continuativo ma non professionale: *una recita di filodrammatici*.

filofascìsta [comp. di *filo-* (*1*) e *fascista*; 1923] agg.; anche s. m. e f. (pl. m. *-i*) ● Simpatizzante per il fascismo.

filogènesi [comp. di *filo-* (*2*) e *genesi*; 1875] s. f. inv. ● Storia dello sviluppo evolutivo degli organismi viventi dall'epoca della loro comparsa sulla terra ad oggi.

filogenètico [da *filogenesi*; 1898] agg. (pl. m. *-ci*) ● Relativo alla, che riguarda la, filogenesi. || **filogeneticaménte**, avv. Per quanto riguarda la filogenesi.

filogràna ● V. *filigrana*.

filoguidàto [comp. di *filo-* (*3*) e *guidato*, part. pass. di *guidare*] agg. ● Detto di congegno o macchina comandata tramite un filo elettrico o, nei sistemi più sofisticati, tramite una fibra ottica: *gru filoguidata, missile f.*

filoisraeliàno [comp. di *filo-* (*1*) e *israeliano*] agg.; anche s. m. (f. *-a*) ● Che (o Chi) ha simpatia per lo Stato d'Israele o ne approva la politica.

filologia [vc. dotta, lat. *philolŏgia(m)*, nom. *philolŏgia*, dal gr. *philología*, da *philólogos*. V. *filologo*; 1643] s. f. *1* Scienza che studia la lingua e la letteratura di un popolo o di un gruppo di popoli deducendola dai testi scritti: *f. greca, latina, slava, germanica, romanza, ugro-finnica*. *2* Scienza e tecnica che ha come fine la ricostruzione di un testo letterario nella sua forma più vicina all'originale indagandone la genesi e la struttura. *3* (*est.*) I filologi e gli studi filologici di un dato periodo considerati nel loro complesso: *la f. tedesca dell'Ottocento*.

filològico [da *filologia*; 1643] agg. (pl. m. *-ci*) ● Della, relativo alla, filologia: *studio f.; dissertazione, indagine filologica* | ***Scienze filologiche***, costitutive o ausiliarie della filologia, come l'ermeneutica, la critica del testo e sim. || **filologicaménte**, avv. Da filologo, in base alla filologia.

filologìsmo [1931] s. m. ● (*spreg.*) Riduzione della critica letteraria a tecnica filologica.

filòlogo [vc. dotta, lat. *philŏlogu(m)*, nom. *philŏlogus*, dal gr. *philólogos* 'amante dei discorsi, amante delle lettere', comp. di *phílos* 'amico' e *lógos* 'di-

scorso'; 1546] **A** s. m. (f. *-a*; pl. m. *-gi*) ● Cultore di filologia | Erudito in materie letterarie e grammaticali. **B** anche agg.: *umanista f.*

filonazista [comp. di *filo-* (1) e *nazista*; 1946] agg.; anche s. m. e f. (pl. m. *-i*) ● Simpatizzante per il nazismo.

filoncino [1869] s. m. **1** Dim. di *filone* (1). **2** Pane di forma allungata, con le punte arrotondate.

filondènte o **filundènte** [da *filo in dente* (del pettine); 1598] s. m. ● (*disus.*) Tela di canapa molto rada e tesa sulla quale si ricama.

filóne (1) [1532] s. m. **1** Accr. di *filo*. **2** (*min.*, *geol.*) Vena principale della miniera, strato di giacimento nella fenditura di una roccia: *f. metallifero, carbonifero*. **3** Zona del corso d'acqua dove la corrente è più profonda e veloce. **4** (*fig.*) Tendenza o corrente letteraria, artistica o di pensiero: *opera che rientra nel f. del Decadentismo*. **5** Grosso pane di forma allungata. **6** Midollo spinale del bue e del vitello macellati. || **filoncino**, dim. (V.) | **filonètto**, dim.

filóne (2) [av. 1686] s. m. (f. *-a*) ● (*sett.*) Persona furba che sa manovrare abilmente persone e situazioni a seconda dei suoi interessi.

filoneìsmo [comp. di *filo-* (1) e del gr. *néos* 'nuovo'] s. m. ● (*lett.*) Amore eccessivo per il nuovo.

filoneìstico agg. (pl. m. *-ci*) ● (*lett.*) Di, relativo a, filoneismo. | **filoneisticaménte**, avv.

filoniàno [da *filone* (1)] agg. ● (*min.*, *geol.*) Relativo a un filone: *rocce filoniane*.

filonucleàre [comp. di *filo-* (1) e *nucleare*; 1980] agg.; anche s. m. e f. ● Che (o Chi) è favorevole all'uso dell'energia nucleare e all'installazione di centrali nucleari.

filopiùma [comp. di *filo* e *piuma*] s. f. ● (*zool.*) Ognuno dei peculiari annessi cutanei degli Uccelli, corrispondenti a penne prive di vessillo, prevalentemente localizzati intorno al becco con probabili funzioni sensoriali.

filorientàle o **filo-orientàle** [comp. di *filo-* (1) e *orientale*] agg.; anche s. m. e f. ● Che (o Chi) ha simpatia per l'Oriente e ne ammira la cultura e i costumi.

filóșo [da *filo*; av. 1557] agg. **1** Ricco di, costituito da, fili o elementi simili: *frutto dalla polpa aspra e filosa*. **2** (*est.*) Fibroso, stopposo: *carne filosa*.

filoșofàglia [1858] s. f. ● (*spreg.*) Accozzaglia di cattivi filosofi.

filoșofàle [da *filosofo*; av. 1304] agg. **1** (*raro*, *iron.*) Di, da filosofi: *parlare con tono f.* **2** *Pietra f.*, pietra leggendaria, capace di tramutare in oro ogni altro metallo, ricercata dagli alchimisti medievali.

filoșofànte [av. 1308] **A** part. pres. di *filosofare*; anche agg. ● (*raro*) Nei sign. del v. **B** s. m. e f. ● †Chi si interessa ai problemi della filosofia, oggi iron. spreg.

filoșofàre [vc. dotta, lat. *philosophāri*, da *philŏsophus* 'filosofo'; av. 1303] **A** v. intr. (*io filòșofo*; aus. *avere*) **1** Dedicarsi allo studio dei problemi della filosofia: *f. sul determinismo, sulla libertà, sul relativismo, sull'unità delle scienze*. **2** Argomentare attenendosi al linguaggio e ai metodi propri della filosofia | (*iron.*, *spreg.*) Ragionare su cose banali ma atteggiandosi a filosofo: *vuole f. su tutto*. **B** v. tr. ● †Trattare filosoficamente un argomento.

filoșofàstro [vc. dotta, lat. tardo *philosophăstru(m)*, spreg. di *philŏsophus* 'filosofo'; 1539] s. m. (f. *-a*) ● (*spreg.*) Filosofo ignorante e dappoco.

filoșofeggiàre [av. 1729] v. intr. (*io filosofèggio*; aus. *avere*) ● (*spreg.*) Assumere atteggiamenti, linguaggio e sim. da filosofo | Disquisire su un problema irrilevante con la pretesa di fare filosofia.

filoșofèma [vc. dotta, gr. *philosóphēma*, da *philoséō* 'io filosofeggio'; av. 1595] s. m. (pl. *-i*) **1** Nella logica di Aristotele, il ragionamento dimostrativo. **2** Luogo comune della filosofia. **3** (*spreg.*) Sofisma.

filoșoferìa [1819] s. f. **1** (*spreg.*) Atto del filosofare con affettata ostentazione. **2** (*raro*) Argomentazione vuota o astrusa che vuole presentarsi come profonda riflessione filosofica.

filoșofésco [1527] agg. (pl. m. *-schi*) ● (*spreg.*) Attinente al filosofo o alla filosofia: *atteggiamento, discorso f.*; *boria, vanagloria filosofesca*. || **filoșofescaménte**, avv. (*raro*) In modo filosofesco.

filoșoféssa [av. 1712] s. f. **1** (*iron.*, *spreg.*) Studiosa di filosofia. **2** (*iron.*, *fig.*) Donna saccente e chiacchierona.

filoșofìa [vc. dotta, lat. *philosŏphia(m)*, nom. *philosŏphia*, dal gr. *philosophía*, comp. di *phílos* 'amico' e *sophía* 'saggezza'; av. 1243] s. f. **1** Ramo del sapere che, in ogni epoca storica, studia i princìpi e le cause più generali, e in particolare i fondamenti della realtà, i modi della conoscenza, i problemi e i valori connessi all'agire umano: *f. teoretica, pratica*; *f. del linguaggio, della storia* | *F. morale*, etica | *F. dell'arte*, estetica | *F. della scienza*, epistemologia | *Storia della f.*, studio dello sviluppo delle dottrine e dei problemi della filosofia | Facoltà universitaria per le discipline filosofiche: *iscriversi a, in f.* **2** L'opera, il sistema, l'indirizzo di un filosofo: *la f. di Aristotele, di Hegel, di Bergson* | *F. della libertà*, libertismo. **3** (*est.*) Concezione, orientamento fondamentale alla base di un'attività: *la f. produttiva di un'azienda*. **4** (*fig.*) Serenità d'animo, superiorità spirituale: *sa accettare con f. tanto le cose gradite che le piacevoli*.

filoșòfico [vc. dotta, lat. tardo *philosŏphicu(m)*, nom. *philosŏphicus*, dal gr. *philosophikós*, da *philósophos* 'filosofo'; 1308] agg. (pl. m. *-ci*) **1** Che concerne o interessa la filosofia: *studi filosofici*. **2** (*fig.*) Che manifesta spirito di adattamento: *filosofica rassegnazione*. || **filoșoficaménte**, avv. **1** Da filosofo, con filosofia. **2** (*fig.*, *scherz.*) Con serena rassegnazione: *prendersela filosoficamente*.

filoșofìșmo [fr. *philosophisme*, da *philosophe* 'filosofo'; 1753] s. m. ● Esagerata ostentazione di principi e concetti filosofici e inclinazione a estenderli arbitrariamente a discipline che ne sono estranee.

filòșofo [vc. dotta, lat. *philósophu(m)*, nom. *philósophus*, dal gr. *philósophos*. V. *filosofia*; av. 1292] s. m. (f. *-a*, iron. o spreg. *-éssa* (V.)) **1** Chi si dedica alla ricerca filosofica | *Il f.*, *per anton.*) Aristotele, secondo la tradizione medievale. **2** (*fig.*) Chi assume un atteggiamento di serena imperturbabilità di fronte alle sventure e alle avversità della vita: *non sei abbastanza f. per godere le gioie della vita*. || **filoșofàccio**, pegg. | **filoșofètto**, dim. | **filoșofìno**, dim. | **filoșofóne**, accr. | **filoșofùccio**, **filoșofùzzo**, pegg.

filoșofùme [1954] s. m. ● (*spreg.*) Accolta di filosofastri.

filoșoviètico [comp. di *filo-* (1) e *sovietico*; 1970] agg.; anche s. m. (pl. m. *-ci*) ● Che (o Chi) aveva simpatia per l'Unione Sovietica e ne approvava la politica.

filòssera ● V. *fillossera*.

filotèa [gr. *philotéia* 'amore di Dio', comp. di *phílos* 'amico' e *theós* 'Dio'; 1825] s. f. ● Libro di meditazioni e pratiche devote.

filòtto [contrazione di *fila di otto*, perché i tre birilli in fila valgono otto punti; 1949] s. m. ● Nel gioco del biliardo, colpo tirato in modo che il pallino o la palla avversaria abbatta tutti e tre i birilli in fila: *fare f.*

filoveìcolo [comp. di *filo-* (3) e *veicolo*; 1963] s. m. ● Ogni veicolo provvisto di pneumatici, con motore a trazione elettrica alimentato per contatto da una linea aerea bifilare.

filovìa [comp. di *filo-* (3) e *via*, sul modello di *ferrovia*; 1925] s. f. **1** Linea aerea per l'alimentazione elettrica del filobus. **2** Linea di trasporto pubblico servita da filobus | (*est.*) Filobus.

filoviàrio (o *-via-*) [1942] agg. ● Di, relativo a filobus o a filovie.

filtràbile [da *filtrare*; 1923] agg. **1** Che si può filtrare. **2** Che può attraversare un filtro | (*biol.*) *Virus f.*, caratterizzato da filtrabilità.

filtrabilità s. f. ● Proprietà, caratteristica di ciò che è filtrabile | (*biol.*) *F. di un virus*, proprietà di alcuni virus che, per la loro piccolezza e per varie condizioni fisico-chimiche, attraversano i comuni filtri batteriologici.

filtràggio [1980] s. m. ● Operazione del filtrare.

filtrànte part. pres. di *filtrare*; anche agg. **1** Che fa da filtro: *massa f.* | Che può filtrare | Che consente la filtrazione: *materiale f.* **2** (*sport*) *Passaggio f.*, spec. nel calcio, passaggio in profondità che passa attraverso la difesa avversaria.

filtràre o †**feltràre** [da *filtro* (1); 1612] **A** v. tr. **1** Passare un liquido, un gas e sim. attraverso un filtro per purificarli: *f. il vino, l'olio, il tè*. **2** (*fig.*) Analizzare, elaborare mentalmente: *f. un'esperienza, un avvenimento*. **B** v. intr. (aus. *essere*) **1** Penetrare goccia a goccia attraverso un corpo solido dopo averlo inzuppato o utilizzando fessure e sim.: *l'acqua filtrava dai muri e dalle imposte*. **2** (*fig.*) Riuscire a passare, a trapelare: *per quanto segreta la notizia filtrò ugualmente* | *F. tra le maglie della difesa avversaria*, nel linguaggio calcistico, passare nonostante lo stretto controllo.

filtràto [1697] **A** part. pass. di *filtrare*; anche agg. ● Passato attraverso un filtro | (*fig.*) Trapelato. **B** s. m. ● Sostanza filtrata | *F. dolce*, mosto parzialmente fermentato e filtrato per impedire la trasformazione completa dello zucchero in alcol.

filtratóre [1963] s. m.; anche agg. **1** (f. *-trice*) In varie tecnologie, addetto alla filtrazione. **2** (*zool.*) Organismo acquatico che raccoglie il proprio nutrimento mediante la filtrazione dell'acqua ambientale tramite le fessure branchiali o altre strutture.

filtrazióne [1663] s. f. ● Operazione del filtrare.

filtro (1) [fr. *filtre*, di orig. germ.; 1765] s. m. **1** Dispositivo per filtrazione che consta di materiali porosi vari come carta, tela, carbone: *f. per il vino, per l'olio* | *F. dell'aria*, montato sulla presa d'aria dei motori a scoppio o di altre macchine per depurarla | *F. del carburante*, montato a monte del carburatore | *F. dell'olio*, montato sul circuito di lubrificazione | *F. a carbone attivo*, in cui il materiale filtrante è costituito da carbone attivo, usato nella depurazione di acque, gas e sim. **2** Rotolo di carta o di sostanza porosa introdotta in pipe o bocchini oppure applicato ad un estremo delle sigarette, affinché assorba la nicotina. **3** Nella tecnica fotografica, lamina di vetro o di plastica di colorazione determinata che posta davanti all'obiettivo assorbe una parte dello spettro luminoso modificandolo per migliorare la ripresa. **4** (*elettr.*) Circuito che permette soltanto il passaggio di correnti di particolari frequenze. **5** (*fig.*) Tutto ciò che seleziona, chiarifica: *il f. della memoria*. **6** (*anat.*) Leggero solco verticale tra il setto nasale e il labbro superiore. ➠ ILL. p. 2127 ANATOMIA UMANA.

filtro (2) [vc. dotta, lat. *phíltru(m)*, dal gr. *phíltron*, da *philéō* 'io amo', perché il filtro doveva suscitare l'amore; 1665] s. m. ● Bevanda magica capace di eccitare o spegnere una passione.

filtropréssa [ted. *Filterpresse*, comp. di *Filter* (1) e *Presse* 'pressa'; 1909] s. f. (pl. *filtroprèsse*) ● Filtro per operazioni industriali, costituito da una serie di piastre filtranti affiancate, attraverso cui passa mediante pressione il liquido da depurare.

filugèllo [lat. parl. **follicěllu(m)*, dim. di *follis* 'sacco di cuoio, vescica', con avvicinamento a *filo*; av. 1512] s. m. ● (*zool.*) Baco da seta.

filundènte ● V. *filondente*.

filza [etim. discussa; da un **filzella*, nato da un incontro del lat. *filum* 'filo' con **funicělla* (?); 1310] s. f. **1** Serie di cose simili infilate una di seguito all'altra: *una f. di perle*; *mettere al fuoco una f. di salsicce*. SIN. Fila. **2** (*fig.*) Serie successiva di più cose simili: *una f. di esempi, di citazioni, di improperi*. SIN. Sequela. **3** Festone ornamentale di mazzetti di alloro e di mortella. **4** Particolare tipo di cucitura a intervalli regolari, usata spec. per l'imbastitura. **5** Fascio di documenti uniti insieme per essere collocati in archivio. || **filzétta**, dim. (V.) | **filzolina**, dim.

filzétta s. f. **1** Dim. di *filza*. **2** Particolare tipo di salame fine, sottile e allungato.

filzuòlo [da *filza*] s. m. ● Unità minima di matasse di seta.

fìmbria [vc. dotta, lat. *fímbria(m)*, di etim. incerta; sec. XIII] s. f. **1** (*raro*) Orlo frangiato di una gonna | Balza frangiata, posta in fondo ad una veste. **2** (*anat.*) Appendice, estremità a forma di frangia | *F. tubarica*, porzione iniziale della salpinge.

fimbriàto [vc. dotta, lat. *fimbriătu(m)*, da *fimbria* 'fimbria'; 1342] agg. **1** †Ornato di frangia | Ricamato all'orlo. **2** (*bot.*) Detto di organo con margine finemente suddiviso.

fìmicolo [comp. di *fimo* e *-colo*] agg. ● Detto di animale, spec. insetto, che vive sul letame.

fimo [vc. dotta, lat. *fĭmu(m)*, di etim. incerta; sec. XIV] **s. m.** ● (*lett.*) Sterco, letame.

fimòṣi o **fimoṣi** [vc. dotta, gr. *phímōsis* 'stringimento', da *phimóō* 'io metto la museruola', da *phimós* 'museruola'; 1561] **s. f. inv.** ● (*med.*) Restringimento congenito o acquisito dell'orifizio del prepuzio.

finacché o **fino a che** [comp. di *fin(o)* (*1*), *a* e *che* (*2*); av. 1533] **cong.** ● (*lett.*, *intens.*) Finché.

final cut /*ingl.* 'faenǂ,kʌt/ [loc. ingl., comp. di *final* 'finale' e *cut* 'taglio'] **loc. sost. m. inv.** (**pl.** ingl. *final cuts*) ● Nell'industria cinematografica hollywoodiana, diritto riservato alla produzione di modificare il montaggio effettuato dal regista.

♦**finàle** [vc. dotta, lat. tardo *finăle(m)*, da *fīnis* 'fine (1)'; av. 1294] **A agg.** *1* Che viene per ultimo, che sta alla fine: *vocale, sillaba f.* | ***Esame f.***, alla fine dell'anno scolastico | (*est.*) Che definisce e conclude: *esito, intervento f.*; *decisione f.*; *la scena, la battuta f. di un dramma* | ***Giudizio f.***, giudizio universale. **SIN.** Estremo. **CONTR.** Iniziale. *2* Relativo al fine e allo scopo: *causa, intenzione f.* | (*ling.*) ***Congiunzione f.***, che introduce una proposizione finale (ad es. *affinché, perché*, con il v. al cong.; *a, per, di*, con il v. all'inf.) | (*ling.*) ***Proposizione f.***, proposizione subordinata indicante lo scopo per il quale si compie l'azione espressa dalla reggente. *3* (*est.*) Decisivo, definitivo: *desiderare la soluzione f. di un problema, di una questione.* || **finalino**, **dim.** || **finalménte**, †**finaleménte**, **avv.** *1* Da ultimo, alla fine: *salutò tutti e finalmente si ricordò di me.* *2* In fine, spec. per esprimere la soddisfazione derivante da qlco. che si è ottenuto, si è verificato e sim. dopo una lunga attesa: *abbiamo finalmente ottenuto quanto chiedevamo*; *finalmente siete arrivati*; (*assol.*) ***Finalmente!***, era ora! *3* †A scopo finale. *4* Completamente. **B s. m.** *1* Ultima parte, parte conclusiva: *il f. di un dramma, di una commedia, di una sinfonia* | Fase conclusiva, spec. di una competizione sportiva: *vincere, imporsi nel f.*; *crollare sul f.* *2* Parte terminale della lenza, di filo più sottile, al quale è legato l'amo. **SIN.** Basso di lenza, setale. *3* (*al pl.*) Nel gioco della roulette, combinazione di numeri singoli che terminano con la stessa cifra (3, 13, 23, 33) su cui si può puntare. **C s. f.** *1* (*ling.*) Posizione dell'ultimo suono o dell'ultima sillaba di una parola. *2* (*ling.*) Proposizione finale: *le finali e le causali.* *3* (*sport*) Gara conclusiva dopo le eliminatorie: *disputare, giocare, vincere la f.*; *entrare in f.* || **finalissima**, **superl.** (V.).

finalina [dal s. *final(e)* con suff. f. dim.; 1992] **s. f.** ● (*sport*) La finale per l'assegnazione del terzo e quarto posto in un torneo a squadre.

finaliṣmo [fr. *finalisme*, da *final* 'finale'; 1903] **s. m.** ● Dottrina filosofica secondo cui nell'universo ogni fenomeno, nella sua concatenazione con altri fenomeni, tende alla realizzazione di un determinato fine. **SIN.** Teleologia.

finalissima [superl. di *finale* C3; 1939] **s. f.** ● (*sport*) Finale importante e molto attesa.

finalista [fr. *finaliste*, da *final* 'finale'; 1908] **s. m. e f.**; anche **agg.** (**pl. m.** *-i*) *1* In gare a eliminazione, chi (o che) è stato ammesso alle finali: *i finalisti dei 100 metri piani*; *le squadre finaliste.* *2* (*filos.*) Chi (o Che) segue, o si ispira a una teoria finalistica.

finalistico [1902] **agg.** (**pl. m.** *-ci*) ● (*filos.*) Che interessa il finalismo | Conforme al finalismo. || **finalisticaménte**, **avv.** Secondo una concezione finalistica.

finalità [vc. dotta, lat. tardo *finalitāte(m)*, da *finālis* 'finale'; av. 1852] **s. f.** *1* (*filos.*) Di un complesso di fenomeni, il loro essere ordinati a un fine | ***Principio di f.***, principio filosofico in base al quale tutto ciò che si verifica tende verso un fine ultimo. **SIN.** Teleologia. *2* Fine, scopo: *ogni azione deve avere delle f. ben precise.*

finaliẓẓàre [comp. di *final(e)* e *-izzare*; 1858] **v. tr.** *1* (*raro*) Portare a termine, concludere. *2* Attribuire un fine, uno scopo: *l'intervento è finalizzato alla salvaguardia del verde pubblico.* *3* (*spec. assol.*) Nel gergo del calcio, segnare una rete.

finaliẓẓàto [av. 1686] **part. pass.** di *finalizzare*; anche **agg.** ● Che mira al raggiungimento di un fine determinato o prevede realizzazioni concrete (*anche assol.*): *progetti finalizzati.*

finaliẓẓazióne [da *finalizzare*; 1985] **s. f.** ● Il finalizzare.

fin allóra o **finallóra**, **fino allóra** [comp. di *fino* (*1*) e *allora*; 1513] **avv.** ● Fino a quel momento.

finànche o (*lett.*) **finànco** [comp. di *fino* (*1*) e *anche*; 1766] **avv.** ● Anche, perfino: *è f. troppo facile.*

finànza (**1**) [fr. *finance*, da *finer* 'pagare alla fine', da *fin* 'fine'; av. 1540] **s. f.** *1* (*dir.*) Il complesso delle entrate e delle spese dello Stato o di altro ente pubblico: *f. statale, pubblica* | La gestione di tali spostamenti patrimoniali | ***F. locale***, degli enti locali | ***F. straordinaria***, insieme delle entrate e delle spese relative a esigenze eccezionali | ***Scienza delle finanze***, ramo dell'economia che studia i presupposti e gli effetti dell'attività finanziaria dello Stato | ***Ministero delle Finanze***, quello spec. incaricato dell'imposizione e della riscossione dei tributi dello Stato. *2* ***Guardia di F.***, (*ellitt.*, *per anton.*) ***la Finanza***, corpo delle guardie, dipendente dal Ministero delle Finanze, incaricate di vigilare sulle dogane, i monopoli, i tributi | ***Intendenza di f.***, ufficio provinciale periferico del Ministero delle Finanze. *3* (*dir.*, *spec. al pl.*) Insieme di mezzi di cui dispongono lo Stato o altri enti pubblici per il raggiungimento dei propri fini: *finanze insufficienti, dissestate* | (*est.*) Correntemente, disponibilità economiche di un individuo, di una famiglia, di una organizzazione: *le sue finanze non glielo permettono.* *4* (*banca*) Attività per il reperimento dei mezzi e l'impiego di essi in imprese economiche | Il complesso delle persone che esplicano tale attività | ***Alta f.***, i maggiori operatori economici sul piano nazionale e internazionale, e il complesso di capitali da essi manovrati, utilizzati e sim.: *i problemi dell'alta f.* | ***F. mobiliare***, il complesso delle attività finalizzate a organizzare operazioni sul capitale di società o emissioni di obbligazioni.

†**finànza** (**2**) [provz. *finanza*, da *finar* 'cessare, finire'; av. 1306] **s. f.** ● Fine.

finanziaménto [da *finanziare*; 1920] **s. m.** *1* Fornitura di denaro occorrente per un'impresa: *siamo in attesa di un f.* | (*banca*) ***F. in valuta***, apertura di credito in valuta estera. *2* La somma di denaro che viene fornita: *un congruo f.* | Disponibilità di capitali per un'attività.

finanziàre [fr. *financer*, da *finance* 'finanza (1)'; 1918] **v. tr.** (*io finànzio*) ● Provvedere dei mezzi finanziari necessari alla riuscita di una determinata impresa o al compimento di un dato investimento: *f. una ricerca, una pubblicazione, un partito politico.*

finanziària [1965] **s. f.** *1* Società finanziaria. *2* Legge finanziaria.

finanziàrio [fr. *financier*, da *finance* 'finanza (1)'; av. 1803] **agg.** *1* (*dir.*) Relativo alla finanza: *anno f. dello Stato*; *esercizio f.* | ***Diritto f.***, complesso degli atti legislativi che disciplinano la raccolta, la gestione e l'erogazione dei mezzi economici occorrenti all'attività degli enti pubblici | ***Legge finanziaria***, legge annuale che prevede le modifiche alle disposizioni vigenti che hanno riflessi sul bilancio dello Stato. *2* Relativo al complesso di denaro liquido posseduto in un dato momento: *situazione finanziaria.* *3* Detto di società avente come scopo l'investimento prevalente dei propri capitali in titoli di altra società o enti e il finanziamento di attività produttive anche di privati. || **finanziariaménte**, **avv.** Secondo l'aspetto finanziario.

finanziariẓẓazióne [1986] **s. f.** ● (*econ.*) Diffusione e accresciuta importanza delle attività finanziarie nel sistema economico.

finanziatóre [da *finanziare*; 1951] **agg.**; anche **s. m.** (**f.** *-trice*) ● Che (o Chi) provvede a un finanziamento: *banca finanziatrice*; *i nostri finanziatori esteri.*

finanzièra [fr. *financière*, da *finance* 'finanza (1)', perché adoperata da banchieri e uomini di finanza; 1905] **s. f.** *1* Lunga giacca maschile a falde per cerimonia, usata un tempo spec. da banchieri e deputati. **SIN.** Redingote. *2* (*cuc.*) Pietanza costituita da piccoli pezzi di rigaglie, animelle, funghi, tartufi cotti nel burro con aggiunta di vino o marsala e servita per contornare sformati.

finanzière [fr. *financier*, da *finance* 'finanza (1)'; 1765] **s. m.** (**f.** *-a*; V. nota d'uso FEMMINILE) *1* Chi tratta affari di alta finanza | Chi si occupa di problemi finanziari. *2* Membro del corpo delle guardie di finanza.

finattantoché o **finattànto che**, **fino a tànto che** [comp. di *fino* (*1*), *a*, *tanto* e *che* (*2*); 1353] **cong.** ● (*intens.*) Fintantoché.

finca [sp. *finca* 'debito', poi 'registro'; 1812] **s. f.** ● (*bur.*) Colonna di una tabella, di un registro e sim.

fincàto [1968] **agg.** ● (*bur.*) Diviso in colonne: *registro, modulo f.*

fincatùra [da *finca*] **s. f.** ● (*bur.*) Divisione di un foglio in colonne.

♦**finché** o **fin che** [comp. da *fin(o)* (*1*), (*a*) e *che* (*2*); av. 1294] **cong.** ● Fino a quando (introduce una prop. temp. con il v. all'indic. o al congv. e può anche essere seguita dalla negazione 'non' senza assumere valore negativo): *gridò f. ebbe voce*; *insisterò f. non l'abbia ottenuto*; *f. c'è la salute il resto è niente!* (VERGA); *... f. il Sole / risplenderà su le sciagure umane* (FOSCOLO) | In frasi negative: *non uscirai f. non te lo dico io.*

fin de non-recevoir /*fr.* fɛ̃dənɔ̃rəsəv'waʀ/ [loc. fr., propr. 'fine di non ricevere', cioè 'rifiuto di accettare'; 1989] **loc. sost.** (**m. inv.** in italiano, **f.** in francese; **pl. f.** fr. *fins de non-recevoir*) ● (*dir.*) Dichiarazione di inammissibilità o irricevibilità | (*est.*) Rifiuto di prendere in considerazione una proposta o una richiesta.

fin de siècle /*fr.* ,fɛ̃t'sjɛklə/ [fr., 'fine di secolo'; 1893] **loc. agg. inv.** ● Detto di oggetto, mobile, tessuto e sim. tipico della fine del sec. XIX, o che rammenta tale periodo.

♦**fine** (**1**) [lat. *fīne(m)*, di etim. incerta; 960] **A s. f.** *1* Punto estremo o momento terminale di qlco.: *seguire una vicenda dal principio alla f.*; *eccoci alla f. del nostro cammino, delle nostre peripezie*; *la f. del mondo* | ***Essere al principio della f.***, nella fase iniziale della crisi, del crollo definitivo | ***Buona f. e miglior principio***, frase augurale per il Capodanno | ***F.!***, escl. con cui si annunzia che qlco. è terminata | ***Essere la f. del mondo***, (*fig.*) essere assolutamente eccezionale, capace di scatenare indicibili entusiasmi | ***Essere in f. di vita***, in agonia, in punto di morte | ***Dare, porre f. a qlco.***, terminarla | ***Alla f.***, finalmente | ***In fin dei conti***, (*fig.*) tutto considerato: *in fin dei conti, chi ci rimette sono io* | ***Alla fin f.***, dopo tutto: *alla fin f. la cosa riguarda lui, decida come gli pare* | ***In f.***, in conclusione | ***Senza f.***, perennemente, continuamente, molto | Compimento, conclusione: *vedere la, arrivare alla f. del proprio lavoro* | ***Che f. ha fatto la mia richiesta?***, che esito ha avuto? | †Accordo, transazione. *2* Morte: *che f. terribile!* | ***Fare una buona, bella, brutta f.***, morire bene, male | ***Fare una brutta, una pessima f.***, andare a finire malamente | Distruzione, rovina: *correre, precipitare verso la f.* *3* †Confine. **B s. m.** *1* Scopo, intendimento, proposito: *prefiggersi, proporsi, conseguire un f.*; *mirare, tendere a un f. onesto, turpe, lecito, prossimo, remoto*; *il f. de' concetti ben fatti ... è di svegliar la meraviglia in chi legge* (MURATORI) | ***F. ultimo, sommo, supremo***, Dio | ***F. a sé stesso***, in filosofia, obiettivo e assoluto; correntemente, che si esaurisce in sé, la cui realizzazione non è preordinata al conseguimento di ulteriori scopi | ***Secondo f.***, non rivelato, non confessabile | ***A fin di bene***, con intenzioni oneste | ***Al f. di, ai fini di***, allo scopo di | ***A che f.?***, a quale scopo? | ***Al f. di vedere, ottenere*** e sim., per vedere, ottenere e sim. | ***A f. che***, V. *affinché*. *2* Esito, effetto, riuscita: *concludersi con un lieto f.*; *spero di condurre l'affare a buon f.* | ***Clausola salvo buon f.***, patto con cui il cessionario di un credito subordina l'efficacia della cessione alla solvibilità del debitore. *3* (*lett.*) Freno, limite. *4* †Confine, limite di terra, paese | †***A f. terra***, (*fig.*) in capo al mondo.

♦**fine** (**2**) o **fino** (**2**) [V. *fino* (*2*); av. 1250] **agg.** *1* Che ha spessore o diametro molto ridotti: *f. come un capello*; *una f. lamina d'oro*; **SIN.** Sottile | ***Aria f.***, pura, rarefatta | Di grana molto minuta: *cipria, polvere f.*; *sabbia bianca e f.* **CONTR.** Grosso. *2* (*fig.*) Dotato di grande sottigliezza, acutezza e sim.: *udito, vista f.*; *ha un ingegno f. e penetrante* | ***Una trovata, un espediente f.***, astuto. *3* (*fig.*) Di gusto squisito, di ottima qualità: *abito, trucco f.*; *un gioiello estremamente f.* | (*est.*) Elegante, distinto, signorile: *è una donna non bella ma molto f.*; *il suo f. sorriso di galante cavaliere* (FOGAZZARO). **CONTR.** Dozzinale, grossolano, volgare. *4* (*fig.*) Estremamente accurato o preciso: *meccanica f.*; *regolazione f.* *5* (*lett.*) †Valente, eccellente. || **fineménte**, *avv.* **1** Con acutezza. **2** Con abilità. **3** Con eleganza, con distinzione.

†fine (3) ● V. *fino* (1).

finecórsa [comp. di *fine* (1) e di *corsa*; 1980] **s. m.** ● (*tecnol.*) In una macchina, sistema destinato ad arrestare al momento voluto la corsa di un organo meccanico che si muove automaticamente e periodicamente: *f. ad azionamento meccanico.* SIN. Scontro.

fine settimàna [comp. di *fine* (1) e *settimana*; calco sull'ingl. *week-end*; 1932] *loc. sost.* **m.** o *f.* *inv.* ● Gli ultimi due giorni della settimana, sabato e domenica, considerati come giorni di riposo.

♦**finèstra** o (*dial.*) **†fenèstra** [lat. *fenĕstra(m)*, di etim. incerta; 1294] **s. f. 1** Apertura nelle pareti degli edifici, per aerazione e illuminazione, e che imposte e i vetri che la chiudono: *aprire la f.* | *F. a tetto*, prossima al tetto | *F. sopra tetto*, sul tetto, che prende luce dall'alto | *Aprire una f.*, costruirla; (*est.*) schiudere le imposte | *F. esterna*, che si apre sulla strada o su un giardino pubblico | *F. interna*, che dà su un cortile | *F. panoramica*, più larga che alta | *F. a ghigliottina*, il cui vetro si fa scorrere dall'alto verso il basso | *F. a tramoggia*, con un riparo che impedisce di affacciarsi, che è in basso e di essere veduti, tipica dei conventi di monache e delle carceri | *Stare alla f.*, affacciati, (*fig.*) rimanere spettatori, non impegnarsi | *Farsi alla f.*, affacciarsi | *Buttare i soldi dalla f.*, (*fig.*) spenderlo in modo insensato | *Uscire dalla porta e rientrare dalla f.*, (*fig.*) rientrare, spec. per vie traverse, in un luogo o in un incarico da cui si era stati allontanati; detto di cosa, rientrare in gioco dopo essere stata accantonata: *un sistema elettorale che, uscito dalla porta, rientra dalla finestra.* **2** Apertura | *Busta con f., a f.*, con riquadro di carta trasparente per consentire la lettura dell'indirizzo scritto sulla lettera in essa contenuta | (*anat.*) *F. ovale, f. rotonda*, aperture della parete interna della cassa del timpano | (*geol.*) Erosione provocata in una falda, che mette allo scoperto il terreno sottostante | †*Cruna dell'ago*. **3** (*giorn.*) Breve articolo incorniciato da filettature. SIN. Palchetto. **4** (*spec. al pl., fig., lett.*) Occhi. **5** (*elab.*) In un elaboratore elettronico, porzione delimitata dello schermo del terminale, nella quale è possibile eseguire un'attività indipendente. **6** (*fig.*) Spec. nel linguaggio giornalistico, periodo di tempo durante il quale il lavoratore che ha maturato il diritto alla pensione di anzianità può effettivamente accedervi: (*est., gener.*) Periodo di tempo in cui un fatto si può compiere: *per la riunione ho una f. di due ore giovedì* | (*med.*) *Periodo f.*, V. *periodo* nel sign. 6. || **finestràccia**, pegg. | **finestrèlla**, dim. | **finestrìna**, dim. | **finestrìno**, dim. m. (V.) | **finestróna**, accr. | **finestróne**, accr. m. (V.).

```
┌─────────────────────────┐
│       FINESTRA          │
│     nomenclatura        │
└─────────────────────────┘
```

finestra

● *caratteristiche*: larga ⇔ stretta, interna ⇔ esterna, semplice ⇔ doppia;

● *tipi di finestra*: finestrino = finestrella, abbaino, finestrone = rosone = vetrata = lunetta = occhio di bue; bocca di lupo, ad arco lanceolato, a loggia sporgente, a lunetta, a croce rinascimentale, a tetto, panoramica, a ghigliottina, a tramoggia, a bilico, a libro, a frontone, strombo = strombatura; porta finestra, usciale; finta, tonda, inveltriata, ferrata, architravata, impannata, balaustrata; monofora, bifora, trifora, bow window; fila di finestre, riscontro di finestre;

● *parti della finestra*: infisso, telaio, mazzetta, montante, strombatura, spalletta, architrave, stipite, parapetto, davanzale, cornicione, cerniera, ganghero = cardini, bandelle, impannata (lastre di vetro, mastice, telaio, battentatura, nottolino = nasello = monachetto, maniglia; imposte = scuri, persiana girevole (telaio, battenti, cardini, listelle, stecche, gelosie), vasistas, persiana scorrevole (rotaie, incavi), persiana avvolgibile = tapparella (rullo, cassonetto, guide, cinghia), serranda, anta, veneziana, tenda (marquise, a pacchetto, a vetro, tendone, mantovana, capriccio, riloga, tenda, cordone, orlo, frangia, cappi, nappe); grata, inferriata (vano, bastone): a mandorla, a ritta, a corpo (a gabbia, inginocchiata).

finestràta [1767] *s. f.* **1** (*raro*) Colpo di finestra chiusa bruscamente in segno di ira o di dispetto. **2** (*raro, fig.*) Squarcio improvviso nel cielo nuvoloso attraverso cui appare la luce del sole.

finestràto o (*dial.*) **†fenestràto** [vc. dotta, lat. *fenestrātu(m)*, da *fenĕstra* 'finestra'; 1499] **A** *agg.* **1** Fornito di finestre. **2** *Maniche finestrate*, ampie e tagliate in senso longitudinale, tipiche dei costumi rinascimentali. **B** *s. m.* †Ordine di finestre in un piano di un edificio.

finestratùra *s. f.* ● L'insieme delle finestre di un edificio, o dei finestrini di un mezzo di trasporto.

♦**finestrìno** o (*dial.*) **†fenestrìno** [1547] **s. m. 1** Dim. di *finestra*. **2** Apertura analoga a una piccola finestra, spec. dei mezzi di trasporto: *il f. dell'automobile, dell'autobus; è severamente vietato sporgersi dai finestrini.*

finestróne [av. 1566] **s. m. 1** Accr. di *finestra*. **2** Finestra molto grande, propria degli edifici monumentali. **3** Portafinestra.

finézza [da *fine* (2); sec. XIII] **s. f. 1** Sottigliezza, tenuità: *i suoi capelli erano di una f. estrema*; *la f. di un tessuto* | (*fig.*) Acume, sagacia: *f. di giudizio, di mente, di gusto; f. di udito*. **2** Squisitezza, delicatezza: *intaglio eseguito con grande f.*; *trattare con f. qlcu.* CONTR. Grossolanità. **3** Atto di cortesia: *mi hanno circondato di finezze*; *obbligatissima alle sue finezze* (GOLDONI). **4** In architettura navale, rapporto tra un volume e l'area della superficie che lo racchiude, indice della snellezza di uno scafo.

finferlo [ted. *Pfifferling*, n. dell'"ovolo"] **s. m.** ● (*bot., sett.*) Gallinaccio (2).

♦**fingere** [lat. *fĭngĕre*, da una radice indeur. che indica 'plasmare'; av. 1294] **A** *v. tr.* (**pres.** *io fingo, tu fingi*: **pass. rem.** *io finsi, tu fingésti*; **part. pass.** *finto*) **1** (*lett.*) Supporre, figurarsi, immaginare: *f. di essere povero, ricco, re, Papa; f.* (o *fingersi*) *qlco. col pensiero, con l'immaginazione*. **2** Voler far credere qlco. che in realtà non è: *f. di partire, di ignorare, di conoscere* | Simulare: *f. pianto, amore, affetto, una malattia* (*assol.*) Mostrare il contrario di ciò che si prova o si sente: *sa f. molto bene* | *È una persona che non sa f.*, sincera, schietta. **3** (*lett.*) Simboleggiare o rappresentare con la narrazione in poemi e sim.: *Dante fingeva un viaggio nei regni eterni.* **4** †Ritrarre con la pittura, la scultura. **5** †Plasmare, formare. **B** *v. rifl.* Voler apparire, farsi credere: *fingersi pazzo, malato, allegro, triste; di fingermi felice anche ho pensato* (SABA).

fingimènto [sec. XIV] *s. m.* **1** (*raro*) Finzione. **2** (*lett.*) Rappresentazione | (*lett.*) Invenzione.

†fingitóre [sec. XIV] *s. m.* (*f. -trice*) **1** Chi abitualmente finge o simula. **2** Chi figura, rappresenta, plasma qlco. con l'immaginazione e sim.

finìbile [sec. XIV] *agg.* ● Che si può finire, condurre a termine: *ritengo che il lavoro sia f. nel giro di un mese.*

finimènto [da *finire* (1); av. 1250] *s. m.* **1** (*raro*) Il finire. **2** (*raro*) Compimento o rifinitura di qlco.: *occuparsi del f. di una statua* | (*est.*) Ciò che serve per completare, ornare, abbellire o perfezionare qlco. **3** (*al pl.*) L'insieme degli oggetti che servono per attaccare gli animali da tiro e carri, carrozze e sim. o per sellare i cavalli. **4** †Le portate finali di un pranzo.

finimóndo [da *fine(m) mŭndi* 'fine del mondo'; 1534] *s. m.* **1** (*raro, lett.*) La fine del mondo. **2** (*fig.*) Grande sconquasso accompagnato da trambusto e confusione: *pareva il f.* | *le sue dichiarazioni scatenarono il f.* **3** †Luogo dove finisce il mondo.

♦**finìre** (1) [lat. *finīre*, da *finis* 'fine, termine'; sec. XII] **A** *v. tr.* (*io finisco, tu finisci*) **1** Portare a termine, a compimento: *f. un discorso, un lavoro, un disegno, una costruzione* | *F. un romanzo, un libro*, concludere la stesura o la lettura | *F. gli anni*, compierli | *F. la vita, i giorni*, morire | (*est.*) Perfezionare qlco. curandone al massimo l'aspetto estetico: *f. un mobile con fregi e intagli*. **2** Esaurire, consumare completamente: *abbiamo finito il pane; fra poco finiremo le riserve* | *F. un patrimonio, le proprie sostanze* e sim., dilapidarli. **3** (*est.*) Uccidere: *finirono i superstiti a colpi di sciabola; finite quell'animale, che non soffra più!* **4** (*qlco.; + di seguito da inf.; + con seguito da sin.) Concludere in modo definitivo, smettere: *dovete f. questa storia; non la finisce più di lamentarsi* | *È tempo di finirla!, finiscila!, finiamola!, la vuoi finire!* e sim., escl. di impazienza e di sdegno: *finiscila di fare questo fracasso!; finitela con questo chiasso!; finiscila una buona volta; la vuoi finire di sghignazzare?* | (*raro*) Definire, liquidare: *f. una lite.* **5** (+ *di* seguito da inf.) Compiere del tutto una data azione: *hai finito di scrivere?; ho appena finito di leggere il tuo libro.* **6** (+ *con, + per*, seguiti da inf.) Indica il protrarsi di un'azione o di un comportamento oltre il necessario, o semplicemente la loro prevedibile conclusione: *se lavori così finirai con l'ammalarti; hanno finito col lasciarsi; quella sera finì per piovere.* **7** †Mettere in atto. **8** †Dare quietanza mediante pagamento. **B** *v. intr.* (*aus.* *essere*) **1** Avere fine, giungere alla fine, alla conclusione: *la festa è finita; arrivammo quando il giorno finiva; presto finirà l'inverno; anche il gran cielo stellato finirà* (UNGARETTI); *fra noi tutto è finito* | *F. bene, male*, concludersi bene, male | *La cosa non finisce qui!*, espressione con cui si minacciano conseguenze spiacevoli | *A non f.*, detto di ciò che è continuo, incessante, interminabile: *piove a non f.* | *Furono ramanzine a non f.* (CALVINO). **2** (+ *di* seguito da inf.) (*impers.*) Cessare: *è finito di piovere, di nevicare*. **3** (*assol.*: + *con*: + *in*: + *tra*) Aver termine, limite, sbocco: *il sentiero finisce qui; la strada finisce tra i campi; questo fiume finisce nel Po* | (*est.*) Terminare in un determinato modo (*anche fig.*): *il vestito finisce con una frangia; la storia finì in tragedia* | *F. in vocale, in consonante*, di vocabolo, avere una certa terminazione | (*con uso impers.*) *Qui finisce male; finirà che dovrò andarci io.* **4** Riferito a persona, avere un dato esito, spec. determinato dal proprio comportamento: *quel ragazzo finirà male; f. in carcere, in manicomio; ma dove andremo a f.?* | *Chissà dov'è andato a f.?*, riferendosi a persona di cui non si hanno più notizie | (*est.*) Morire: *anche quel poveretto è finito.* **5** Seguito da un compl. predicativo, diventare: *f. ministro, impiegato*; *è finito povero in canna*. **6** Di oggetti, cadere, cacciarsi in un dato luogo: *il palloncino finì in cielo; la palla finì in acqua; dov'è finito il mio ombrello?* **7** (*fig.*) Metter capo, andare a parare: *so bene dove vuoi f. con le tue allusioni; un discorso che non si sa dove vada a f.* | *Com'è poi andata a f.?*, quali sono stati i risultati? **8** (*raro*) Soddisfare completamente: *lo spettacolo non mi finisce.*

♦**finìre** (2) [da *finire* (1); av. 1306] **s. m.** solo sing. ● Termine, fine: *il f. del giorno* | *Sul f.*, verso la fine | *Al f.*, alla fine.

finis [vc. lat. *finis*, 'fine, termine'; av. 1886] *s. m. inv.* (pl. lat. *fines*) ● (*scherz.*) Fine: *f. delle lezioni.*

finish [ingl. 'fɪnɪʃ; vc. ingl., da *to finish* 'finire', dal fr. *finir* 'finire'; 1905] *s. m. inv.* (*pl. ingl. finishes*) ● Nel linguaggio degli sportivi, arrivo o tratto finale. CFR. *Photo finish*.

finissàggio [fr. *finissage*, da *finir* 'finire'; 1938] *s. m.* **1** Fase finale del processo produttivo costituito da operazioni di rifinitura sul prodotto, spesso eseguite manualmente o con l'ausilio di macchine e attrezzature semplici | Insieme di tali operazioni: *il f. di un pezzo meccanico* | *F. di un tessuto*, rifinizione. **2** (*zoot.*) Ultimo periodo della fase di ingrasso di qualsiasi tipo di animale destinato alla macellazione: *f. di suini, bovini, ovini; stalla di f.*

†finìta [provz. *fenida*, dal lat. *finīre*; av. 1257] *s. f.* ● (*lett.*) Fine.

†finità [av. 1565] *s. f.* ● (*filos.*) Condizione di ciò che è finito.

finitézza [1550] *s. f.* **1** (*raro*) Compiutezza, perfezione: *manufatto di rara f.* **2** (*lett.*) Condizione di ciò che è limitato, imperfetto, incompiuto: *la f. delle possibilità della ragione umana.*

finitìmo [vc. dotta, lat. *finĭtĭmu(m)*, da *finis* 'confine'; av. 1292] **A** *agg.* ● Confinante, limitrofo: *paesi finitimi* | (*lett.*) Vicino. **B** *s. m.* †Abitante di territorio che confina: *altri finitimi loro inimici* (MACHIAVELLI).

†finitìvo [vc. dotta, lat. *finitīvu(m)*, da *finire* 'finire'; av. 1406] *agg.* **1** (*ling.*) *Modo f.*, finito. **2** Definitivo.

♦**finìto** [av. 1292] **A** *part. pass.* di *finire*; *anche agg.* **1** Terminato, concluso: *un lavoro già f. da tempo* | *Farla finita*, porre fine a qlco., una volta per tutte: *basta con questo chiasso, fatela finita!* | *Farla finita con la vita*, uccidersi | *Farla finita con* *qlcu.*, cessare ogni rapporto con lui. **2** Detto di ciò che è compiuto e perfetto in ogni particolare: *esecuzione musicale finita* | ***Non ben f.***, di ciò che si è in qualche modo trascurato | (*raro*) Detto di chi è estremamente preparato e abile in qlco.: *artista, artigiano f.* **3** (*ling.*) ***Modo f.***, che ha determinazione di numero e persona. **4** (*mat.*) Non infinitesimo: *equazione alle differenze finite* | Limitato, non infinito. **5** Detto di chi (o di ciò che) ha già dato il meglio di sé e non ha più speranza di risollevarsi (fisicamente, moralmente o in un'attività): *è un uomo finito*; *come atleta ormai è f.* | ***È finita***, non c'è più niente da fare. || **finitaménte**, avv. (*raro*) In modo finito. **B** s. m. **1** (*filos.*) Ciò che è limitato, imperfetto: *sentire il contrasto tra f. e infinito.* **2** ***F. di stampare***, complesso dei dati d'obbligo, quali data e luogo di stampa, nome dello stampatore e sim., posti alla fine dell'opera.

finitóre [vc. dotta, lat. *finitōre(m)*, da *finīre* 'finire, determinare i confini'; 1965] s. m. **1** (f. *-trice*) Chi rifinisce, chi esegue lavori di finitura: *f. edile.* **2** Utensile usato per la lavorazione di finitura | (*tecnol.*) Parte terminale di una macchina copiatrice automatica che esegue le operazioni finali di fascicolatura e pinzatura dei testi duplicati.

finitrice [1956] s. f. ● Macchina stradale che stende e spiana l'impasto bituminoso.

finitùdine [1584] s. f. ● (*filos.*) Carattere, condizione di ciò che è finito.

finitùra [av. 1306] s. f. ● Tutto ciò che è necessario per completare e perfezionare qlco.: *all'abito mancano solo le finiture* | ***F. di un edificio***, insieme delle opere da aggiungere al rustico per rendere l'edificio utilizzabile. SIN. Rifinizione.

finizióne [da *finire* (*1*); calco sul fr. *finition* nel sign. 2; 1869] s. f. **1** (*tosc.*) Fine, compimento. **2** (*al pl., raro*) In varie tecnologie, spec. quella dell'automobile, finitura, rifinitura.

finlandése [1561] **A** agg. ● Della Finlandia: *costumi finlandesi* | (*sport*) ***Passo f.***, uno dei modi di procedere nelle gare sciistiche di fondo. **B** s. m. e f. ● Nativo, abitante della Finlandia. **C** s. m. solo sing. ● Lingua della famiglia uralica, parlata in Finlandia.

finlandizzàre [da *Finlandia*, nazione non dipendente dall'Unione Sovietica, ma sostanzialmente soggetta a essa; 1973] v. tr. ● Sottoporre a finlandizzazione.

finlandizzazióne [da *finlandizzare*; 1973] s. f. ● Rigido condizionamento della politica di un Paese neutrale da parte di una grande potenza confinante, come nel caso della Finlandia con l'Unione Sovietica negli anni successivi alla seconda guerra mondiale.

finn /*ingl.* fɪn/ [ingl., propr. 'finlandese'; 1963] s. m. inv. ● Piccola imbarcazione a vela, da regata, monoposto.

finnico [dai *Finni*, che diedero il nome alla Finlandia; 1834] **A** agg. (pl. m. *-ci*) ● Relativo ai Finni, antico popolo eurasiatico stanziatosi nell'Europa nord-orientale: *letteratura finnica.* **B** agg.; anche s. m. ● (f. *-a*) Finlandese.

♦**fino** (**1**) o †**fine** (**3**) [lat. *fine*, abl. di *fīnis* 'limite'; sec. XIII] **A** prep. (troncata in *fin*. Ha gli stessi sign. di 'sino'. Si preferisce l'una o l'altra forma per evitare la cacofonia: *f. a settembre*) **1** Esprime l'estensione da un termine a un altro, con riferimento allo spazio e al tempo (quasi sempre seguita da un avv. o da un'altra prep. che determina il termine): *la sciara si stendeva malinconica e deserta fin dove giungeva la vista* (VERGA); *fin quando?*; *fin qui*; *fin là*; *fin lassù*; *fin sopra i capelli*; †*Fin quel giorno*; †*fin iersera* | V. anche *fintantoché*, *finché*. **2** Nelle loc. prep. ***f. a***, ***f. in***, esprime il limite cui si giunge, con riferimento sia allo spazio, sia al tempo: *giungere f. a mille metri di profondità*; *andare f. in fondo*; *aspettare f. a domani*; *ho atteso f. ad ora*; *resistere f. all'estremo limite delle forze*; *spendere f. all'ultimo centesimo* | Seguito da un v. all'inf. (l'azione espressa dal v. è intesa come termine talora eccessivo): *gridare f. a restare senza voce*; *insistere f. a raggiungere il proprio intento*; *soffrire di qlco. f. a morirne* | Esprime approssimazione a un limite estremo: *prendere f. a venti gocce prima dei pasti.* CFR. Finacché, fintantoché. **3** Nelle loc. prep. ***f. da***, †***f. di***, esprime il limite da cui si parte o si giunge, con riferimento sia allo spazio, sia al tempo: *venire f. dall'estremo Oriente*; *esplorare il corso di un fiume f. dalle sorgenti*; *esiste f. dal principio del mondo*; *aspetta fin da ieri, fin dall'alba*; *bisogna incominciare fin d'ora*; *si è dedicato alla musica fin da bambino.* **B** avv. ● Pure, anche, perfino, finanche: *f. il figlio gli ha negato aiuto* | ***Ha fin detto troppo, ha detto fin troppo***, anche troppo, più del necessario.

♦**fino** (**2**) [lat. *fīne(m)* 'limite', nel senso di 'estremo'; av. 1250] **A** agg. **1** Fine, minuto: *sale f.* | (*fig.*) Sottile, astuto: *cervello f.* | (*region.*) ***Lavorare di f.***, con molta esattezza, accuratezza. **2** Purissimo: *oro, argento f.* **3** †Fidato, fido. || **finaménte**, avv. Con finezza. **B** s. m. ● La quantità di metallo prezioso contenuta in una moneta. **C** in funzione di avv. ● Nella loc. *far f.*, apparire elegante, raffinato.

fino a che /finoak'ke*, 'finoakke*/ ● V. *finacché*.

fino allóra ● V. *fin allora*.

fino a tànto che /'fino attanto'ke*, finoat'tantoke*/ ● V. *finattantoché*.

finocchièlla [detta così perché assomiglia al *finocchio*] s. f. ● (*bot.*) Mirride.

finòcchio (**1**) [lat. parl. **fenŭculu(m)*, per il class. *feniculu(m)*, dim. di *fēnum* 'fieno'; 1342] s. m. **1** Pianta erbacea perenne delle Ombrellifere con foglie divise in lobi filiformi, fiori gialli e semi aromatici e piccanti (*Foeniculum vulgare*) | ***F. dolce***, varietà coltivata per le guaine fogliari carnose e bianche commestibili (*Foeniculum sativum*) | ***F. porcino***, pianta delle Ombrellifere con proprietà medicinali (*Peucedanum officinale*) | †***Pascere di f. qlcu., dar finocchi a qlcu.***, (*fig.*) infinocchiare | †***Sino al f.***, fino all'ultima e minima parte | (*tosc.*) ***Finocchi!***, escl. di stupore e meraviglia. ➡ ILL. **piante**/7; **spezie**. **2** †Inetto, babbeo. || **finocchiàccio**, pegg. | **finocchiétto**, dim. | **finocchino**, dim. | **finocchióne**, accr.

finòcchio (**2**) [vc. fiorentina, entrata in it. solo recentemente con la letteratura neorealistica, da riconnettere a *finocchio* (*1*), con passaggio semantico non chiaro; 1960] s. m. ● (*pop.*) Omosessuale maschile.

finocchióna [detta così perché dentro c'è del *finocchio*; 1875] s. f. ● Specie di mortadella aromatizzata con semi di finocchio.

♦**finóra** o **fin óra** [comp. di *fin(o)* (*1*), (*a*) e *ora*; sec. XIV] avv. ● Fino a questo momento: *i progressi compiuti f. sono scarsi*; *ti ho atteso fin ora*; *delle opere innumerabili dei mortali da te vedute f., pensi tu che pur una ottenesse l'intento suo?* (LEOPARDI).

finsi ● V. *fingere*.

♦**finta** [da *finto*; 1585] s. f. **1** Il fingere | Finzione, simulazione: *la sua allegria e le sue gentilezze sono una f.* | ***Far f.***, fingere | ***Fare qlco. per f.***, per finzione, spec. scherzosa | ***Far f. di niente***, restare imperturbabile. **2** (*mil.*) Azione simulata per distogliere il nemico dal punto in cui lo si vuole effettivamente attaccare. **3** (*sport*) Simulazione di una mossa per ingannare l'avversario. **4** Striscia di tessuto che nasconde l'abbottonatura su giacche, mantelli, impermeabili e sim. SIN. Pattina.

fintàggine [da *finto*; 1858] s. f. ● Comportamento di chi finge abitualmente. SIN. Doppiezza.

fintantoché o **fin tànto che** /fintanto'ke*, fin'tantoke*/ [comp. di *fin(o)* (*1*), *tanto* e *che* (*2*); av. 1375] cong. ● (*enfat., intens.*) Finché, fino a quando: *non gli darò tregua f. non muterà condotta di vita.*

fintàre [da *finta*; 1956] v. tr. e intr. (aus. *avere*) ● Nel linguaggio sportivo, effettuare una finta | ***F. un'azione***, simularla per ingannare l'avversario | ***F. un avversario***, ingannarlo con una finta.

†**fintino** [1868] s. m. ● Posticcio di capelli a forma di coda o di frangia, un tempo usato dalle donne.

♦**finto** [sec. XIV] **A** part. pass. di *fingere*; anche agg. **1** Simulato: *non fare il f. tonto.* **2** Fatto a imitazione di cose autentiche, naturali o spontanee: *barba finta*; *capelli finti*; *la sua è una finta pazzia.* SIN. Artificiale, falso. CONTR. Vero. || **fintaménte**, avv. Con finzione, con simulazione. **B** s. m. **1** (f. *-a*) Persona falsa, ipocrita. CONTR. Sincero. **2** Finzione: *il vero e il f.* || **fintacchiòlo**, **fintacchiuòlo**, dim. | **fintàccio**, pegg. | **fintóne**, accr.

finzióne [lat. *fictiōne(m)* (da *fictus* 'finto'), rifatto su *fingere*; 1304] s. f. **1** Simulazione, doppiezza: *parlare con, senza f.*; *è un individuo alieno da finzioni* | Cosa finta, simulata: *non credere alle loro finzioni*; *le loro parole sono tutta una f.* **2** Rappresentazione della fantasia: *f. poetica* | ***F. scenica***, simulazione della realtà sulla scena teatrale | ***F. giuridica, legale***, procedimento logico per cui il diritto, spec. romano, presuppone che esista un fatto in realtà inesistente allo scopo di attribuire a una certa situazione le stesse conseguenze giuridiche che si verificherebbero se fosse vero il fatto supposto.

fio (**1**) [fr. ant. *fieu* 'feudo'; 1319] s. m. **1** †Feudo: *baronie e signoraggi e fii de' cavalieri* (VILLANI). **2** †Censo o pagamento che si deve per fondo, tributo o altro | (*est.*) †Tributo, omaggio, ricompensa. **3** (*fig.*) Pena: *pagare il fio della propria colpa.*

†**fio** (**2**) [dal n. della lettera *phi* dell'alfabeto greco; av. 1400] s. m. solo sing. **1** Fine | ***Dall'a al fio***, (*fig.*) dal principio alla fine | ***Venire al fio***, alla conclusione. **2** (*fam.*) Poca cosa | Nulla (in loc. neg.).

fiocàggine [da *fioco*; sec. XIV] s. f. ● (*raro*) Impedimento della voce.

†**fiòcca** (**1**) [da *fioccare*; av. 1406] s. f. **1** Fiocco di neve. **2** Quantità grande di cose o persone | Gragnuola: *una f. di bastonate* (CARDUCCI).

fiòcca (**2**) [detta così perché vi si fa il *fiocco*; sec. XVI] s. f. ● (*tosc.*) Parte superiore della scarpa | Analoga parte delle calze e del piede.

fioccànte [da *fiocco* (*2*); 1937] s. m. ● (*mar.*; *raro*) Sulle navi a vela, marinaio cui compete la manora dei fiocchi.

fioccàre [da *fiocco* (*1*); 1321] **A** v. intr. (*io fiòcco, tu fiòcchi*; aus. *essere*, raro *avere*; anche impers.) **1** Cadere a fiocchi: *più che neve bianca / che senza vento in un bel colle fiocchi* (PETRARCA). **2** (*fig.*) Essere detto o fatto in abbondanza, come appunto cadono i fiocchi di neve: *fioccano le proteste, gli applausi, le contravvenzioni*; *incominciarono a fioccar botte da ogni parte.* **3** †(*fig.*) Pullulare. **B** v. tr. ● †Spargere in quantità | ***Fioccarle a uno***, tempestarlo di rimproveri, ingiurie e sim.

fiocchettàre [1858] v. tr. (*io fiocchétto*) ● Ornare di fiocchetti.

fiocchettatùra s. f. ● Ornamento di fiocchetti.

fiocchétto [1545] s. m. **1** Dim. di *fiocco* (*1*). **2** Nappina per distintivo. **3** (*spec. al pl.*) Tipo di pastina da brodo a forma di piccoli fiocchi. **4** Salume fatto con la parte interna, quasi completamente magra, della coscia del maiale, salata e stagionata; specialità parmense. || **fiocchettino**, dim.

♦**fiòcco** (**1**) [lat. *flŏccu(m)* 'fiocco di lana', di etim. incerta; sec. XV] s. m. (pl. *-chi*) **1** Annodatura di un nastro o di una cravatta fatta in modo da formare due cocche e due lembi: *legare, sciogliere il f.*; *il f. della scarpa, del cappello*; *scollatura ornata da un f. di seta* | ***Coi fiocchi***, (*fig.*) eccellente: *pianista, professore, medico coi fiocchi* | ***F. della coda***, insieme dei crini che ricopre l'estremità distale della coda di alcuni animali. **2** Bioccolo di lana, seta e sim.: *acquistare della lana in fiocchi* | Falda di neve, nebbia e sim. **3** Ammasso di fibre tessili naturali pronte per le lavorazioni preliminari dell'industria tessile | Insieme di fibre di filati artificiali e sintetici a basso titolo tagliate a lunghezza predeterminata per essere trasformate in filo continuo con i macchinari in uso per il cotone e la lana: *f. di nylon, f. di poliestere.* **4** (*spec. al pl.*) Pasta di media pezzatura a forma di fiocco | ***Fiocchi d'avena, di riso***, granelli di questi cereali, trattati in modo da divenire più digeribili e leggeri. **5** †Abbondanza di qlco. | †***Fare il f.***, affollarsi. **6** (*gerg.*) Furto: *fare un f.* || **fiocchétto**, dim. (V.) | **fiocchino**, dim. | **fioccóne**, accr. | **fioccùccio**, dim.

fiòcco (**2**) o **flòcco** [deformazione paretimologica, per avvicinamento a *fiocco* (*1*), del fr. *foc*, dall'ol. *fok*, a sua volta dal medio ol. *vocken* 'ventilare'; av. 1866] s. m. (pl. *-chi*) ● (*mar.*) Vela triangolare inferita allo strallo di prua | Nell'attrezzatura a brigantino, le quattro vele di taglio tese tra l'albero di trinchetto e il bompresso, propriamente chiamate trinchettina, gran fiocco, fiocco e controfiocco | ***F. pallone***, denominazione del precursore dell'odierno spinnaker. ➡ ILL. p. 2155 SPORT; p. 2173 TRASPORTI.

fioccóso [lat. tardo *floccōsu(m)*, da *flŏccus* 'fiocco (1)'; av. 1787] agg. **1** Ricco di fiocchi | Fatto a fiocchi | Soffice come un fiocco. **2** (*chim.*) Di precipitato che si separa in forma di fiocchi.

fioccùto [av. 1597] agg. ● (*raro, lett.*) Fornito di grossi fiocchi.

fiochézza [da *fioco*; 1615] s. f. ● Fiocaggine.

fiòcina [lat. *fŭscina(m)* 'tridente', di etim. incerta; av. 1320] s. f. ● Attrezzo con tre o più denti fissi muniti di ardiglione che viene impiegato per la cattura di pesci di medie e grandi dimensioni | *F. snodata*, con alette mobili ai lati che si aprono nella ferita facendo maggior presa. ➡ ILL. pesca.

fiocinàre [da *fiocina*; 1846] **A** v. intr. (*io fiòcino*; aus. *avere*) ● Lanciare la fiocina. **B** v. tr. ● Colpire con la fiocina: *f. un pesce.*

fiocinàta s. f. ● Colpo vibrato con la fiocina.

fiocinatóre [1866] s. m. (f. *-trice*) ● Pescatore esperto nel lanciare la fiocina.

fiòcine [lat. *flŏce(m)* 'feccia', cui si è sovrapposto *ăcinus* 'acino'; av. 1320] s. m. *1* Buccia dell'acino dell'uva. *2* (*tosc.*) Seme dell'uva. SIN. Vinacciolo.

fiocinière [da *fiocina*; 1772] s. m. ● Pescatore addetto al lancio della fiocina.

fiocinìno [av. 1939] s. m. ● (*region.*) Pescatore di frodo con la fiocina.

fiòco [sovrapposizione di *roco* a *fiacco*; 1294] agg. (pl. m. *-chi*) *1* Di suono fievole, rauco, soffocato: *parlare con voce fioca*; *udire un rumore f.*; *pace! grida la campana, / ma lontana, fioca* (PASCOLI) | *Far f.*, attutire | Di luce debole, bassissima: *un f. chiarore di candela.* SIN. Tenue. *2* (*fig., lett.*) Inadatto, insufficiente. || **fiocaménte**, avv. Debolmente.

fiónda [lat. parl. **flŭnda(m)*, da **fŭndula*, dim. di *fŭnda* 'fionda', di etim. incerta; sec. XIII] s. f. *1* Antica arma da getto formata da due strisce di cuoio e una tasca contenente il proiettile da lanciare. *2* Strumento con cui spec. i ragazzi lanciano sassi, costituito da un legno o ferro biforcuto cui è assicurato un robusto elastico.

fiondàre [da *fionda*; 1912] **A** v. tr. (*io fióndo*) ● (*lett.*) Lanciare con la fionda | (*est.*) Scagliare qlco. con forza | (*fig., fam.*) Far accorrere precipitosamente qlcu. in qualche posto. **B** v. rifl. (*io mi fióndo*; aus. *essere*) ● (*fam.*) Spostarsi da un luogo a un altro con estrema precipitazione: *si fiondò fuori dal negozio*; *appena ho saputo la notizia mi sono fiondata da te* | (*est.*) Buttarsi a capofitto: *si è fiondato nel lavoro.*

†**fiondatóre** [da *fionda*, sul modello del lat. tardo *fundātor*, genit. *fundatōris* 'fromboliere'; sec. XIV] s. m. ● Soldato armato di fionda.

fioràio [da *fiore*; av. 1755] s. m. (f. *-a*) ● Venditore di fiori. CFR. Fiorista.

fioràle ● V. *florale.*

fioralìso ● V. *fiordaliso.*

fioràme [1623] s. m. *1* (*raro*) L'insieme dei fiori che ornano un giardino. *2* (*al pl.*) Fiori e frutti dipinti, tessuti, disegnati e sim., per ornamento: *stoffa, cornice a fiorami.*

fioràto [sec. XV] agg. ● Disegnato o stampato a fiori: *carta, stoffa fiorata.*

fiorcappùccio [da *fiore* e *cappuccio*] s. m. ● Pianta erbacea delle Ranuncolacee con fiori azzurri che si prolungano in una specie di sprone (*Delphinium consolida*). SIN. Sprone di cavaliere.

fiordalìso o **fioralìso** [fr. *fleur de lis* 'fiore di giglio'; av. 1313] s. m. *1* Pianta erbacea delle Composite a fusto eretto, ramoso, foglie lineari e fiori azzurri in capolini (*Centaurea cyanus*). SIN. Battisegola, battisuocera. ➡ ILL. piante/9. *2* (*arald.*) Giglio, spec. quello d'oro, emblema dei re di Francia.

fiordilàtte o **fiór di làtte** [1971] s. m. inv. *1* Mozzarella di latte vaccino. *2* Tipo di gelato a base di latte, panna e zucchero.

fiòrdo [norv. *fjord*, da una forma indeur. che significa 'approdo'; 1887] s. m. ● Insenatura marina lunga, stretta e ramificata dovuta alla sommersione di valli modellate dall'esarazione glaciale.

♦**fióre** [lat. *flōre(m)*, di orig. indeur.; av. 1226] s. m. *1* Organo della riproduzione delle piante superiori costituito da foglie trasformate in sepali e petali e contenente stami e pistilli; è spesso la parte più bella, e profumata, della pianta: *f. doppio, ermafrodita, unisessuato*; *fiori rossi, gialli, bianchi*; *fiori freschi, selvatici, di giardino, di serra, di campo*; *corona, mazzo, ghirlanda di fiori* | ***F. artificiale***, fatto di stoffa, carta, plastica e sim. | ***Fiori d'arancio***, simbolo delle nozze | ***Linguaggio dei fiori***, che attribuisce ad ogni fiore un significato simbolico | ***Vedere, credere, sembrare tutto rose e fiori***, (*fig.*) tutto bello, facile, positivo | (*fig.*) ***F. all'occhiello***, persona o cosa che costituisce motivo di orgoglio, di fierezza: *la sicurezza sociale è il f. all'occhiello di quel paese* | †***Portare un f. all'orecchio***, (*fig.*) esser lieto | (*fig.*) †***Venire un f. all'orecchio***, riuscire bene | ***Pianta in f.***, fiorita, coperta di fiori | ***Essere in f.***, nell'epoca della fioritura; (*fig.*) nel pieno rigoglio: *una fanciulla in f.* | ***A fiori***, di cosa dipinta, ornata e sim. con fiori. CFR. anto-. *2* (*est.*) Pianta che produce fiori, spec. ornamentali: *piantare, annaffiare i fiori*; *un giardino pieno di fiori* | (*pop., est.*) Pianta, in quanto caratterizzata dal fiore che produce | ***Fior di cera***, pianta erbacea perenne delle Asclepiadacee, con fusto rampicante e fiori rosei in infiorescenza (*Hoya carnosa*) | ***F. di cuculo***, pianta erbacea delle Cariofillacee con fiori rosei a cinque petali (*Lychnis floscuculi*) | ***F. d'ogni mese***, calendola | ***Fior di passione***, granadiglia, passiflora | ***F. di primavera***, pratolina | ***F. rosso***, adonide, fior d'adone | ***Fior galletto***, V. anche *fiorgalletto* | ***F. nobile***, stella alpina | ***F. di maggio***, narciso | ***F. ragno***, pianta delle Orchidacee con fiori verde-giallastro e labello bruno con due linee colorate al centro così da somigliare all'incirca a un ragno posato su un fiore (*Ophrys arancifera*) | ***F. stella***, pianta delle Ranuncolacee con fiore rosso a petali raggiati (*Anemone hortensis*). *3* (*fig.*) Parte scelta, migliore, più bella di qlco.: *il f. dei cavalieri, degli eroi, dei poeti* | Con valore raff. nella loc. ***fior f.***, parte migliore, che eccelle: *il fior f. della nobiltà* | ***F. di farina***, farina di massima purezza | ***F. del latte***, panna | ***F. della lana***, la parte più lunga e soffice | (*fig., disus.*) ***Il f. della verginità***, la purezza femminile | (*fig.*) ***Fiori retorici, poetici***, forme stilistiche di raffinata eleganza | ***Essere nel f.***, nel momento migliore | ***Nel f. degli anni***, nel rigoglio della giovinezza | ***Nel f. della bellezza, della giovinezza***, all'apice. SIN. Perfezione. *4* (*est.*) Persona oltremodo bella, delicata: *quella fanciulla è un f.* *5* (*chim.*) Polvere finissima ottenuta per sublimazione di talune sostanze | ***F. di zolfo***®, marchio registrato dello zolfo sublimato. *6* (*letter.*) Compendio, sommario, antologia. *7* (*fig.*) Grande quantità, abbondanza, nella loc. ***(un) fior di***: *ho speso fior di quattrini*; *portare un fior di dote* | (*fig., anche iron.*) ***Un fior di galantuomo, di mascalzone***, di persona in cui l'onestà o la disonestà raggiungono il massimo grado. *8* Parte superficiale di qlco. | (*enol.*) ***Il f. del vino***, fioretta | Strato superficiale della pelle conciata che ne reca la grana caratteristica | (*fig.*) Nella loc. ***a fior di***: *sparire a fior d'acqua*; *sentire un dolore a fior di pelle* | (*fig.*) ***Dire qlco. a fior di labbra***, mormorarla appena. *9* Tela crespa sottilissima ricavata dal fiore della bambagia. *10* Piccola macchia bianca a contorni irregolari, situata sulla fronte dei cavalli. *11* (*cuc.*) ***F. sardo***, formaggio di latte ovino a pasta cruda, tipico della Sardegna. *12* (*al pl.*) Uno dei quattro semi delle carte da gioco francesi: *re di fiori.* *13* ***Fiori di Bach***, soluzioni estratte da fiori selvatici, o provenienti da coltivazioni controllate, che vengono assunte per via orale e alle quali si attribuisce un'influenza sul benessere mentale, emozionale e fisico. || **fioràccio**, pegg. | **fiorellìno**, dim. | **fiorèllo**, dim. | **fiorétto**, dim. (V.) | **fioricìno**, dim. | **fiorìno**, dim. (V.) | **fióne**, accr. (V.).

fiorènte [av. 1333] part. pres. di *fiorire*; anche agg. ● Che fiorisce | (*fig.*) Che è in fiore, florido: *ragazza f.*; *economia f.* || **fiorenteménte**, avv. (*raro*) In modo florido, rigoglioso.

fiorentìna [f. sost. di *fiorentino*; 1812] s. f. *1* Bistecca o costata alla fiorentina. *2* Lucerna a olio metallica, composta di tre becchi e di un alto fusto. *3* (*chim.*) Tipo di bottiglia provvista superiormente di un rubinetto e inferiormente di un sifone, usata per la separazione di liquidi immiscibili.

fiorentineggiàre [da *fiorentino*; av. 1729] v. intr. (*io fiorentinéggio*; aus. *avere*) ● Affettare accento, dialetto e modi fiorentini.

fiorentinerìa [av. 1576] s. f. ● Modo affettato del dialetto fiorentino.

fiorentinésco [1354] agg. (pl. m. *-schi*) ● Di, da fiorentino: *modo, accento f.* || **fiorentinescaménte**, avv. Alla fiorentina.

fiorentinìsmo [av. 1606] s. m. *1* Espressione tipica del dialetto fiorentino: *autore che abusa di fiorentinismi.* *2* Tendenza letteraria a ritenere gli autori fiorentini i veri modelli della lingua italiana.

fiorentinìsta **A** s. m. e f. (pl. m. *-i*) ● Sostenitore della tendenza letteraria del fiorentinismo. **B** agg. ● (*raro*) Fiorentinistico.

fiorentinìstico agg. (pl. m. *-ci*) ● Relativo al fiorentinismo.

fiorentinità [av. 1565] s. f. *1* Caratteristica di chi (o di ciò che) è fiorentino. *2* Complesso dei caratteri peculiari dell'arte, della lingua, del carattere e dello spirito dei fiorentini.

fiorentinizzàre [av. 1606] **A** v. tr. ● Tradurre in volgare fiorentino | (*est.*) Italianizzare. **B** v. intr. (aus. *avere*) ● (*raro*) Fiorentineggiare.

fiorentìno [lat. *florentīnu(m)*, da *Florĕntia* 'Firenze'; av. 1294] **A** agg. ● Di Firenze o dei suoi abitanti: *usi fiorentini*; *parlata fiorentina* | ***Alla fiorentina***, (*ellitt.*) alla maniera dei fiorentini | ***Bistecca, costata alla fiorentina***, bistecca di vitellone toscano che si ricava dalla lombata, col filetto attaccato, cucinata ai ferri con olio, pepe e sale. || **fiorentinaménte**, avv. In modo fiorentino. **B** s. m. (f. *-a*) *1* Abitante, nativo di Firenze. *2* (*raro*) Gigliato, nel sign. B2. **C** s. m. solo sing. ● Dialetto del gruppo toscano, parlato a Firenze.

fiorénza [da *Fiorenza*, n. poet. di Firenze, che è il lat. *Florĕntia(m)*, n. augurale da *florēre* 'fiorire'] s. f. ● Tessuto leggerissimo di seta per biancheria.

fiorerìa o **florerìa** [da *fiore*; 1834] s. f. ● (*region.*) Negozio in cui si vendono fiori.

fiorétta [da *fiore*; 1905] s. f. *1* (*raro, poet.*) †Piccolo fiore. *2* Malattia dei vini poco alcolici che determina la formazione in superficie di una pellicola biancastra che, scuotendo il vino, si rompe in piccoli frammenti simili a fiori.

fiorettàre [da *fioretto* (*1*); 1865] **A** v. tr. (*io fiorétto*) ● Infiorettare. **B** v. intr. (aus. *avere*) ● (*raro*) Fare sfoggio di eleganze retoriche.

fiorettatùra [av. 1890] s. f. ● Infiorettatura.

fiorettìsta [da *fioretto* (*2*); 1923] s. m. e f. (pl. m. *-i*) ● Schermidore di fioretto.

fiorétto (**1**) [av. 1912] s. m. *1* (*lett.*) Dim. di *fiore.* *2* Parte scelta di qlco.: *il f. del cotone* | †Gruppo di elementi scelti: *f. di cavalieri.* *3* (*al pl.*) Scelta di racconti, avvenimenti, aneddoti e sim.: *i fioretti di S. Francesco* | Florilegio di sentenze, motti e sim. *4* †Specie di zucchero assai bianco | Zuppa in brodo, con un uovo sbattuto. *5* Seta di scarto, cascame. *6* Sacrificio o rinuncia spontaneamente accettata per penitenza a fine di devozione: *i fioretti del mese di maggio.* *7* (*spec. al pl.*) Forme eleganti con cui si orna un discorso, uno scritto e sim. || **fiorettìno**, dim. | †**fiorettóne**, accr.

fiorétto (**2**) [dal bottone che ha in cima, raffigurato come un piccolo *fiore*; av. 1729] s. m. *1* Una delle tre armi della scherma, a lama quadrangolare d'acciaio, sottile e flessibile, il cui colpo è valido solo se arriva di punta: *scherma di f.* | ***Usare il f., colpire di f.***, (*fig.*) in una polemica, usare argomenti arguti, ironici, pungenti | ***F. elettrico***, fornito di un filo elettrico che consente la segnalazione automatica, su un apposito apparecchio, di un colpo portato. ➡ ILL. p. 2150 SPORT. *2* (*tecnol.*) Punta di acciaio, talvolta di diamante, che si applica alle perforatrici per forare le rocce. *3* In elettrotecnica, lungo bastone isolato, munito di gancio, che serve a manovrare a mano apparecchiature sotto tensione.

fiorgallétto o **fiór gallétto** [da separarsi *fior(e) galletto* (in accezione botanica)] s. m. ● (*bot.*) Afaca.

fioricoltóre ● V. *floricoltore.*

fioricoltùra ● V. *floricoltura.*

fioricultóre ● V. *floricoltore.*

fioricultùra ● V. *floricoltura.*

fiorièra [da *fiore*; 1895] s. f. *1* Cassetta di vario materiale atta a contenere fiori o piante ornamentali. *2* Recipiente per fiori recisi di forma varia in legno, metallo o ceramica.

fiorìfero [vc. dotta, lat. *florĭferu(m)*, comp. di *flōs*, genit. *flōris* 'fiore' e *-fer* '-fero'; 1768] agg. ● Che produce fiori: *pianta fiorifera* | Che porta fiori: *maggio f.*

fiorìle [da *fiore* sul modello del fr. *floréal* 'floreale'; 1797] s. m. ● Ottavo mese del calendario rivoluzionario francese, il cui inizio corrispondeva al 20 aprile e il termine al 19 maggio. SIN. Floreale.

fiorino [sec. XIII] s. m. *1* Dim. di *fiore*. *2* Moneta d'oro coniata in Firenze nel sec. XIII, del valore di venti soldi, che su una faccia aveva il giglio e sull'altra l'effigie di San Giovanni Battista, imitata in molti Stati spec. dell'Europa centrale | Unità monetaria circolante in Antille Olandesi, Olanda, Suriname (SIMB. Fl) e Ungheria (SIMB. Ft). ➡ ILL. moneta. *3* (*est.*) †Denaro, moneta.

♦**fiorire** (1) o †**florire** [lat. tardo *florīre*, da *florēre* (da *flōs*, genit. *flōris* 'fiore'), con metaplasmo; av. 1276] **A** v. intr. (*io fiorisco, tu fiorisci*; aus. *essere*) (assol.; + *di*) *1* Far fiori, coprirsi di fiori: *la pianta, il ramo, il giardino, la campagna fioriscono; Invano / fiorisce di viole il colle e il piano* (GOZZANO) | ***Il grano fiorisce***, fa la spiga. *2* (*fig.*) Essere nel pieno vigore, floridezza, rigoglio e sim.: *la giovinezza fiorisce; le arti e i commerci fiorirono nell'Italia rinascimentale* | (*est., lett.*) Essere adorno: *f. di virtù, di bellezza, d'innocenza*. SIN. Prosperare. *3* (*fig.*) Giungere alla fama, divenire illustre: *Dante fiorì alla fine dell'Evo Medio; Roma fiorì per le armi e per il diritto*. *4* (*fig.*) Riuscire, attuarsi: *vide f. le proprie speranze*. *5* Coprirsi di muffa, di ossido o di un sale in efflorescenza: *il vino, il rame, i muri fioriscono* | Increspàrsi, spec. per umidità: *l'intonaco del soffitto sta fiorendo* | Coprirsi di eruzioni cutanee: *f. per, di, acne*. **B** v. tr. *1* (*raro*) Render pieno di fiori: *la primavera fiorisce i campi e i giardini*. *2* (*raro*) Ornare di fiori: *f. una tomba, il cammino di qlcu.*; *f. la mensa, le stanze* | Dipingere o disegnare a fiori: *f. una parete*. *3* (*fig., lett.*) Abbellire, arricchire: *f. uno scritto, un discorso con eleganti metafore*. *4* †Bollare con un marchio d'infamia a forma di fiore. **C** v. rifl. ● †Ornarsi. || PROV. Se son rose, fioriranno.

fiorire (2) [da *fiorire* (*1*); av. 1374] s. m. solo sing. ● Fioritura | (*fig.*) Sviluppo, rigoglio: *la città è tutta un f. di iniziative; il f. di nuove aggregazioni politiche; vana cosa è il giovenil f.* (L. DE' MEDICI).

fiorista [fr. *fleuriste*, da *fleur* 'fiore'; 1693] s. m. e f. (pl. m. *-i*) *1* Fioraio | Fabbricante o venditore di fiori artificiali. *2* Pittore di fiori.

fiorita [f. sost. di *fiorito*; av. 1749] s. f. *1* Fiori e foglie, anche riuniti in festoni, con cui si ornano strade o chiese in occasione di feste, processioni e sim.: *spargere la f.* *2* (*lett.*) Florilegio: *f. di liriche provenzali*. *3* †Fioritura.

†**fiorìtezza** [av. 1595] s. f. ● Carattere di ciò che è fiorito, elegante: *f. di stile*.

♦**fiorito** o †**florito** [sec. XIII] part. pass. di *fiorire*; anche agg. *1* Coperto, pieno di fiori: *prato f.* *2* (*est.*) Di ciò che è tessuto a fiori: *seta fiorita*. *3* Pieno: *un tema f. di errori di ortografia*. *4* (*mus.*) Florido. *5* †Scelto, illustre: *ingegno f.* *6* (*fig.*) Ornato, elegante: *stile f.* | ***Carità fiorita***, (*disus.*) generosa | ***Gotico f.***, è detto lo stile gotico tardo, caratterizzato da un gusto accentuato per la ricchezza e l'eleganza dei motivi decorativi; CFR. Fiammeggiante. *7* (*fig., poet.*) Prospero, felice: *età, vita fiorita*. || **fioritaménte**, avv. In modo fiorito; con eleganza.

fioritùra [da *fiorire*; av. 1712] s. f. *1* Il fiorire; insieme di fiori: *la f. delle rose; una f. ricca, bella, rigogliosa* | (*est.*) Epoca in cui le piante fioriscono: *siamo alla f.* *2* (*fig.*) Grande sviluppo e rigoglio: *le arti sono in piena f.; si assiste ad una incredibile f. di studi e scoperte scientifiche*. *3* (*fig.*) Eleganza, ornamento formale: *la f. dello stile*. *4* (*mus.*) Abbellimento. *5* Macchia di umidità, ossido e sim. | Eruzione: *una f. di foruncoli*.

fioróne [av. 1581] s. m. *1* Accr. di *fiore*. *2* Fico primaticcio, non molto saporito, che matura a primavera avanzata o all'inizio dell'estate. *3* (*arch.*) Elemento ornamentale in forma di fiore stilizzato.

fiorrancino [da *fiorrancio* 'calendola', per il ciuffo che ricorda quel fiore; 1643] s. m. ● Passeraceo comune sui monti italiani, riconoscibile per la parte superiore del capo color rosso fuoco (*Regulus ignicapillus*).

fiorràncio [dal colore *arancio* dei *fiori*; sec. XIV] s. m. ● (*bot.*) Calendola.

fiorùme [da *fiore*; av. 1730] s. m. ● Tritume del fieno ammucchiato che resta sul pavimento del fienile.

fiòsso [lat. parl. **flŏssu(m)*, da **fŏssulu(m)*, da *fŏssa* 'fossa'; av. 1730] s. m. *1* Arco del piede, più o meno marcato. *2* La parte più stretta della scarpa, situata fra il tacco e la pianta.

fiottàre [da *fiotto*; 1344] v. intr. (*io fiòtto*; aus. *avere*) *1* (*lett.*) Rumoreggiare o gorgogliare sordamente: *Gorgoglia e fiotta la nostalgia irrequieta* (SLATAPER). *2* (*centr.*) Borbottare, piagnucolare, mugugnare: *fiottò contro il nipote e contro il marito* (DE ROBERTO).

fiottìo [da *fiottare*; 1924] s. m. ● Brontolio continuo e insistente di acque mosse | (*fig.*) Piagnucolio.

fiòtto [lat. *flūctu(m)*, da *flūere* 'scorrere'; av. 1294] s. m. *1* †Movimento ondoso del mare ed il rumore che ne deriva | †Marea. *2* Quantità di liquido che esce in una volta e d'improvviso: *un f. inerte e denso di sangue cupo sgorgò dalla bocca* (BACCHELLI). *3* (*region.*) Borbottio lamentoso. *4* †Insulto, rimprovero. *5* †Moltitudine, frotta | ***In f.***, tutti insieme, con impeto.

♦**firma** [da *firmare*; 1618] s. f. *1* Scrittura autografa del proprio nome e cognome che si appone a una lettera, un documento e sim.: *apporre, mettere la f.; f. chiara, illeggibile, per esteso; f. falsa; autenticare, falsificare una f.* | Atto del firmare: *la f. di un documento* | (*bur.*) ***Andare alla f.***, di documento inviato a chi deve firmarlo per renderlo valido, esecutivo e sim. | (*elab.*) ***F. elettronica, f. digitale***, sistema di codifica basato sull'uso di codici alfanumerici che consente al sottoscrittore e al destinatario di attestare e verificare la provenienza e l'integrità di un documento informatico | ***Raccogliere le firme***, le adesioni per qualche iniziativa | ***Registro delle firme***, dei visitatori | ***Far onore alla propria f.***, essere puntuale nell'adempimento di obblighi, promesse e sim. | (*fam.*) ***Ci farei la f.!***, accetterei molto volentieri | ***Per onor di f.***, solo per onorare il proprio buon nome. *2* Nome di chi gode rinomanza, stima, credito nel campo artistico, letterario, commerciale: *avere una buona f.* | La persona stessa: *essere una grande f.* *3* (*raro*) Ditta. *4* Nel linguaggio commerciale, potere di trattare e assumere obbligazioni in nome e per conto di terzi: *ha la f. per l'impresa* | (*banca*) ***Credito di f.***, garanzia prestata dalla banca a terzi. *5* Nel gergo militare, firmaiolo. || **firmétta**, dim.

firmaiòlo [1942] s. m. ● (*spreg.*) Nel gergo militare, chi, firmando il documento di rafferma, prolunga per volontà propria il periodo della ferma militare.

firmaménto [vc. dotta, lat. *firmamĕntu(m)* 'sostegno (del cielo)', da *firmāre* 'tener saldo'; 1294] s. m. *1* Cielo: *le stelle del f.* *2* (*fig.*) Ambiente artistico o culturale caratterizzato da personaggi di valore, di successo: *il f. del cinema, del teatro, della letteratura*. *3* †Il confermare | †Stabilità.

firmàno [persiano *farmān* 'ordine'; 1700] s. m. ● Decreto, licenza, ordine dei sultani ottomani.

firmànte [av. 1938] **A** part. pres. di *firmare*; anche agg. ● (*raro*) Nei sign. del v. **B** s. m. e f. ● (*raro*) Firmatario.

♦**firmàre** [vc. dotta, lat. *firmāre* 'render saldo, assicurare', da *firmus* 'saldo'; 1483] **A** v. tr. *1* Munire della propria firma: *f. un atto come autore, come testimone; f. col timbro, di mano propria* | (*est.*) Ratificare o sanzionare apponendo la firma: *f. un trattato, un decreto* | ***F. la propria condanna***, (*fig.*) essere la causa diretta delle proprie sventure, di un insuccesso e sim. SIN. Sottoscrivere. *2* †Fondare, fissare, munire. **B** v. rifl. ● (*raro*) Sottoscriversi.

firmàrio [da *firma*; 1964] s. m. ● (*bur.*) Cartella per documenti o lettere da firmare.

firmatàrio [da *firmare*; 1869] s. m.; anche agg. (f. *-a*) ● Chi (o Che) sottoscrive con la propria firma un atto, un documento e sim., per approvarlo, ratificarlo, renderlo esecutivo e sim.: *i firmatari del trattato di pace; i ministri firmatari del nuovo accordo commerciale*.

firmàto [av. 1566] part. pass. di *firmare*; anche agg. *1* Nei sign. del v. *2* Detto di capo di abbigliamento o di accessorio che porti la sigla di un noto stilista: *una camicetta, una borsetta firmata*.

firmware /ingl. 'fɜːm,wɛəɹ/ [vc. ingl., comp. di *firm* 'fermo, stabile' (dal lat. *firmu(m)*) e *ware* 'oggetti' (vc. di orig. germ.); 1983] s. m. inv. ● (*elab.*) Insieme delle istruzioni e dei programmi residenti in memoria di cui un sistema di elaborazione è permanentemente dotato dal costruttore.

firn [ted. dial. 'vecchio di un anno'] s. m. inv. ● Neve caduta da parecchio tempo e che in parte si è trasformata in ghiaccio.

first lady /ferst'lɛdi, ingl. 'fɜːst 'leɪdi/ [vc. ingl., propr. 'prima (*first*) signora (*lady*)'] loc. sost. f. inv. (pl. ingl. *first ladies*) *1* La moglie del presidente degli Stati Uniti d'America e (*est.*) del presidente di altre repubbliche. *2* (*fig.*) Donna che primeggia in un determinato campo: *la first lady della moda italiana*.

fisàlia [dal gr. *physaléos* 'pieno di vento', da *physáō* 'io soffio'] s. f. ● Celenterato marino che vive in colonie sostenute da un grosso pneumatoforo, da cui pendono i filamenti urticanti con cui si procura il cibo (*Physalia physalis*).

†**fisàre** [da (*af*)*fisare*] v. tr. ● Affisare.

fisarmònica [ted. *Physharmonika*, comp. del gr. *phŷsa* 'mantice' e *harmonikós* 'armonico'; 1858] s. f. ● Strumento musicale formato da un mantice a soffietto con ai lati due tastiere, una per la melodia e una per l'accompagnamento | ***A f.***, (*fig.*) a soffietto, come una fisarmonica. ➡ ILL. musica.

fisarmonicista [1942] s. m. e f. (pl. m. *-i*) ● Chi suona la fisarmonica.

†**fiscalàto** s. m. ● Titolo, dignità e ufficio di fiscale.

fiscal drag /'fiskal 'drɛg, ingl. 'fɪskḷ,dɹæg/ [loc. ingl., comp. di *fiscal* 'fiscale' e *drag* 'trascinamento'; 1981] loc. sost. m. inv. (pl. ingl. *fiscal drags*) ● Drenaggio fiscale.

fiscàle [vc. dotta, lat. *fiscāle(m)*, da *fĭscus* 'fisco'; av. 1504] **A** agg. *1* Relativo al fisco: *reati fiscali; aggravio f.; codice f.* | (*econ.*) ***Ricevuta f.***, documento obbligatorio attestante l'effettuazione di una prestazione a titolo oneroso da parte di determinate categorie di contribuenti | ***Scontrino f.***, documento rilasciato da determinati operatori economici a seguito di vendita o somministrazione di beni in pubblici esercizi o in locali aperti al pubblico | ***Dazio f.***, avente lo scopo di procurare un'entrata allo Stato | ***Avvocato f., procuratore f.***, chi un tempo sosteneva l'accusa nei processi, come l'attuale pubblico ministero | ***Medico f.***, fiduciario di un'amministrazione incaricato di sottoporre a visita medica i dipendenti assenti per malattia. *2* (*fig.*) Duro, rigoroso, vessatorio | Inquisitorio: *domande fiscali* | Pignolo, meschino: *mostrarsi f. con i dipendenti*. || **fiscalménte**, avv. In modo fiscale e vessatorio. **B** s. m. (anche f. nel sign. 2) *1* (*filat.*) Marca da bollo. *2* (*fig.*) Persona eccessivamente pignola o rigorosa. *3* †Avvocato, procuratore fiscale.

fiscaleggiàre [da *fiscale*; av. 1712] v. intr. (*io fiscaléggio*; aus. *avere*) ● (*raro*) Comportarsi in modo fiscale.

fiscalìsmo [1878] s. m. *1* Sistema fiscale eccessivamente oneroso. *2* (*fig.*) Atteggiamento fiscale.

fiscalista [1970] s. m. e f. (pl. m. *-i*) *1* Specialista, esperto di questioni fiscali. *2* (*fig.*) Persona il cui comportamento è ispirato a fiscalismo.

fiscalistico agg. (pl. m. *-ci*) ● (*raro*) Relativo al fiscalismo.

fiscalità [1869] s. f. *1* Sistema fiscale | (*econ.*) ***F. latente***, insieme di imposte prepagate e imposte differite, relative ad alcune componenti del reddito d'esercizio, quali ad es. le spese di rappresentanza e di manutenzione. *2* (*fig.*) Eccessiva rigidezza e pignoleria.

fiscalizzàre [da *fiscale*; 1970] v. tr. ● Trasferire all'erario: *il governo fiscalizza la riduzione del prezzo del gasolio* | Attribuire al fisco oneri o spese che in precedenza gravavano su privati.

fiscalizzazióne [1970] s. f. ● Il fiscalizzare | ***F. degli oneri sociali***, intervento dello Stato che si assume oneri previdenziali in precedenza posti a carico degli imprenditori.

fiscèlla [lat. *fiscĕlla(m)*, dim. di *fiscina*, dim. di *fiscus* 'cestello'. V. *fisco*; 1340 ca.] s. f. ● Cestello di vimini usato per far scolare il siero della ricotta fresca.

♦**fischiàre** o (*pop., tosc.*) **fistiàre** [lat. tardo *fistulāri* 'suonare la zampogna', da *fistula* 'zampogna', di etim. incerta; sec. XIV] **A** v. intr. (*io fischio*; aus. *avere*) *1* Emettere o produrre un suono acuto e sibilante: *f. con le labbra, con due dita in bocca, con un fischietto; la locomotiva fischia; il vento fischiava tra i rami; la serpe scattò fischiando; i proiettili fischiavano attorno a lui senza colpirlo* | ***F. al cane, a qlcu.***, fare un fischio o sibilo di richiamo | *F. ai tordi, alle quaglie*, imitarne il fischio per farli avvicinare | (*fam.*) ***Mi fischiano le orecchie***, qualcuno parla di me (secondo un'antica credenza popolare). **2** Essere di pronuncia difettosa riguardo alle consonanti sibilanti: *quando parla fischia*. **3** (*fig., tosc.*) Essere in miseria | Essere sdrucito, rotto: *le sue scarpe fischiano*. **4** (*raro, fig.*) †Cacciarsi, precipitarsi, buttarsi. **B** v. tr. **1** Riprodurre col fischio un'aria musicale: *f. una canzone, un motivetto*. SIN. Zufolare. **2** Disapprovare con fischi: *fischiarono il tenore, l'autore, la commedia*. **3** Nel calcio e sim., rilevare da parte dell'arbitro con un colpo di fischietto un fallo, dare un ordine d'arresto o di ripresa del gioco: *f. un fuorigioco, la fine dell'incontro* | ***F. il calcio d'inizio***, dare il via alla partita.

fischiàta o (*pop., tosc.*) **fistiàta** [da *fischiare*; av. 1606] s. f. **1** Fischio spec. di richiamo, di riconoscimento e sim.: *fammi una f. dalla strada così ti riconoscerò*. **2** Manifestazione di disapprovazione o scherno fatta con forti fischi e alti schiamazzi: *dovevi sentire le fischiate dal loggione!* || **fischiatìna**, dim.

fischiatóre o (*pop., tosc.*) **fistiatóre** [lat. *fistulatōre(m)* 'suonatore di flauto, di zampogna', da *fistula* 'zampogna'; av. 1562] **A** agg. ● Che fischia: *serpe fischiatrice*. **B** s. m. (f. *-trice*) **1** Chi sa fischiare molto bene. **2** Chi imita il verso degli uccelli per richiamo. **3** Chi manifesta la propria disapprovazione fischiando.

fischierellàre [cfr. *fischiettare*] v. tr. e intr. (*io fischierèllo*; aus. intr. *avere*) ● Fischiettare: *f. una canzoncina*; *fischierella sempre mentre si fa la barba*.

fischiettàre [intens. di *fischiare*; 1819] v. tr. e intr. (*io fischiétto*; aus. intr. *avere*) ● Fischiare allegramente un motivo musicale: *f. un'arietta*.

fischiettìo [1819] s. m. ● Il continuo e insistente fischiettare.

fischiétto [1561] s. m. **1** Dim. di *fischio* (*1*). **2** Piccolo strumento attraverso cui si fischia: *il f. del capostazione, dell'arbitro* | Strumento con cui si imita il sibilo o il verso di vari uccelli: *un f. per i tordi, per le pernici*. **3** (*est., sport*) Nel calcio, arbitro: *il miglior f. italiano*. **4** (*al pl.*) Pasta da minestra, sorta di cannelloni corti. || **fischiettìno**, dim.

♦**fischio** (**1**) o (*pop., tosc.*) **fistio** [da *fischiare*; 1321] s. m. **1** Suono lungo e sottile prodotto da persone, animali o cose: *un f. forte, prolungato, di richiamo*; *senti il f. del merlo*; *si udiva il f. del vento tra le foglie*; *e il treno non smetteva quel suo altissimo f. per le campagne* (CALVINO) | ***Accogliere a, con fischi***, manifestando ostilità o disapprovazione | (*fig.*) ***Prendere fischi per fiaschi***, una grossa svista. **2** Piccolo strumento di materiale vario, sagomato in modo che, soffiandoci dentro, ne esca un fischio: *il f. del capostazione*; *giocattolo col f.* | ***Non valere un f.***, nulla | (*fam.*) ***Col f.!***, neanche per idea: *col f. che ci vado!* || **fischiétto**, dim. (V.) | **fischióne**, accr.

fischio (**2**) [da *fischiare*; av. 1783] s. m. ● (*raro*) Il fischiare prolungato e insistente: *si sentiva … negli orecchi un ronzìo, un f. continuo* (MANZONI).

fischióne [dal caratteristico *fischio* che emette volando; 1773] s. m. **1** Uccello degli Anseriformi affine all'anatra, che, diffuso nell'Europa settentrionale ove vive in vicinanza di zone d'acqua, sverna in Italia (*Anas penelope*). SIN. Anatra mattà, penelope (1). ➡ ILL. **animali**/7. **2** Chiurlo.

fiscina [vc. dotta, lat. *fiscina(m)*, dim. di *fiscus* 'cestello' (V. *fisco*); 1504] s. f. ● (*lett.*) Paniere, cesta di vimini, spec. per riporvi la frutta: *al secondo è apparecchiata una nova e bella f.* (SANNAZARO).

fisciù [1695] s. m. ● Adattamento di *fichu* (V.).

fisco [vc. dotta, lat. *fiscu(m)* 'cestello', poi 'cassa dello stato', di etim. incerta; av. 1363] s. m. (pl. *-chi*) **1** Amministrazione dello Stato a cui si devolvono i tributi, il ricavato delle condanne pecuniarie, le eredità di coloro che muoiono senza eredi legittimi o testamentari: *incamerare nel f.* **2** Amministrazione finanziaria: *esattore del f.*; *lite col f.*; *avvocato del f.*

fiscolo [vc. dotta, lat. tardo *fiscŭlu(m)*, dim. di *fiscus*. V. *fisco*; av. 1893] s. m. ● Recipiente circolare di fibra o disco metallico per stratificare la pasta di olive da sottoporre a spremitura. SIN. Bruscola.

fișetère [vc. dotta, lat. *physetēre(m)*, nom. *physēter*, dal gr. *physētḗr* 'canale per la respirazione dei cetacei', al pl. 'cetacei', da *physáō* 'io soffio'; sec. XV] s. m. ● (*zool.*) Capodoglio.

fisherman /*ingl.* 'fɪʃəmən/ s. m. inv. ● Accorc. di *sport-fisherman*.

fish eye /*ingl.* 'fɪʃ,ae/ [vc. ingl., propr. 'occhio di pesce', comp. di *fish* 'pesce' (vc. germ. d'orig. indeur.) e *eye* 'occhio' (vc. germ.); 1971] s. m. inv. ● (*fot.*) Obiettivo grandangolare con angolo di ripresa molto ampio che crea un'immagine a prospettiva sferica, così chiamato perché la lente esterna è molto curva e sporgente come l'occhio di un pesce.

fișiàtra [comp. di *fis(iochinesiterapia)* e *-iatra*] s. m. e f. (pl. m. *-i*) ● Medico specialista in fisiatria.

fișiatrìa s. f. **1** (*med.*) Termine impiegato per indicare il trattamento delle malattie con mezzi fisici. **2** Fisioterapia.

fișiàtrico agg. (pl. m. *-ci*) ● Della, relativo alla fisiatria.

fìșica [vc. dotta, lat. *phўsica(m)*, nom. *phўsica*, dal gr. *physikḗ* (sottinteso *téchnē*) 'arte della natura', da *phýsis* 'natura'; sec. XIII] s. f. **1** Scienza che studia la materia, l'energia e le loro reciproche interazioni: *La f. era prosa: elegante ginnastica della mente, specchio del Creato* (LEVI) | ***F. matematica***, disciplina che tratta questioni fisiche con metodi strettamente matematici | ***F. nucleare, atomica***, scienza che studia l'atomo e la sua struttura | ***F. elettronica***, branca della fisica che studia le azioni degli elettroni. **2** †Filosofia naturale. **3** †Arte medica. || **fișichétta**, dim. (V.).

fișicalìșmo [ted. *Physikalismus*, da *physikalisch*, agg. di *Physik* 'fisica'; 1953] s. m. ● Programma e movimento filosofico di unificazione delle scienze sulla base del linguaggio della fisica che viene assunto come unitario e universale.

fișichétta [dim. di *fisica*] s. f. ● (*gerg.*) Nel linguaggio universitario, esame di sperimentazione di fisica.

fișicìșmo [fr. *physicisme*, da *physique* 'fisico'; 1875] s. m. ● (*filos.*) Dottrina che tende a dare una spiegazione fisica di tutte le realtà.

fișicista [fr. *physiciste*, da *physicisme* 'fisicismo'] s. m. e f. (pl. m. *-i*) ● (*filos.*) Chi segue o si ispira al fisicismo.

fișicità [1981] s. f. ● Caratteristica di ciò che è fisico | Corporeità, materialità.

♦**fìșico** [vc. dotta, lat. *phўsicu(m)*, nom. *phўsicus*, dal gr. *physikós*, da *phýsis* 'natura'; 1310 ca.] **A** agg. (pl. m. *-ci*) **1** Che concerne la natura, i suoi fenomeni e le leggi che li regolano: *cause, ragioni, prove fisiche*; *proprietà, scienze, leggi fisiche*; *è curioso che l'ordine f. sia così lento a filtrare in noi* (MONTALE) | ***Carte fisiche***, che mettono in evidenza i fatti fisici della superficie terrestre, quali l'orografia, il clima, le caratteristiche geologiche e sim. **2** Del, relativo al corpo umano: *difetto f.*; *forza fisica* | ***Effetti fisici***, opposti a quelli morali | †***Malattie fisiche***, interne | †***Dottore, medico f.***, di malattie interne. || **fișicaménte**, avv. **1** Secondo la fisica: *principio fisicamente inaccettabile*. **2** Relativamente al corpo: *fisicamente sei a posto*. **3** Materialmente: *mi è fisicamente impossibile essere lì per le tre*. **B** s. m. **1** (f. *-a*; V. nota d'uso FEMMINILE) Studioso di fisica. **2** Il corpo umano, spec. riguardo alla sua condizione di salute e alla sua conformazione: *avere un bel f.*; *un f. cagionevole*; *valutare qlcu. nel f. e nel morale*. **3** †Studioso di filosofia naturale. **4** †Medico.

fișicochìmica [comp. di *fisica* e *chimica*] s. f. ● Scienza che studia i fenomeni concernenti la fisica e la chimica.

fișicomatemàtico [comp. di *fisico* e *matematico*; av. 1685] **A** agg. (pl. m. *-ci*) ● Attinente a fisica e matematica. || **fișicomatematicaménte**, avv. Secondo la fisica e la matematica. **B** s. m. (f. *-a*) ● Studioso di fisica matematica.

fișicomeccànica [comp. di *fisica* e *meccanica*] s. f. ● Scienza fisica relativa spec. alla meccanica.

fìșima [etim. incerta; deformazione pop. di *sofisma* (?); sec. XV] s. f. ● Idea fissa, singolare e capricciosa: *ha la f. di far versi*; *è pieno di fisime* | †***Andare in f.***, in collera | †***Dar nelle fisime***, infuriarsi. SIN. Fissazione.

fișio- [dal gr. *physio-*, da *phýsis* 'natura', di orig. indeur.] primo elemento ● In parole composte dotte o scientifiche, ha il significato di 'natura' (*fisiognosia, fisiologia*) o di 'fisico' (*fisioterapia*) | In alcuni casi è accorciamento di *fisiologia* e vale 'considerato dal punto di vista fisiologico'.

fișiochineșiterapìa e *deriv.* ● V. *fisiocinesiterapia e deriv.*

fișiocineșiterapìa o **fișiochineșiterapìa**, **fișiokineșiterapìa** [comp. di *fisio-*, *cinesi-* e *terapia*; 1960] s. f. ● (*med.*) Fisioterapia basata sull'esecuzione di specifici movimenti ed esercizi fisici terapeutici.

fișiocineșiterapìsta o **fișiochineșiterapìsta** [1973] s. m. e f. (pl. m. *-i*) ● (*med.*) Chi pratica la fisiocinesiterapia.

fișiòcrate [fr. *physiocrate*, da *physiocratie* 'fisiocrazia'; av. 1829] s. m. e f. ● Economista seguace della fisiocrazia.

fișiocràtico [av. 1869] **A** agg. (pl. m. *-ci*) ● Che concerne la fisiocrazia. **B** s. m. ● Fisiocrate.

fișiocrazìa [fr. *physiocratie*, comp. del gr. *phýsis* 'natura' e *krátos* 'forza, potere'; 1803] s. f. ● Dottrina economica sorta nel XVIII sec., che sosteneva la libertà di circolazione dei beni e riteneva la terra unica fonte di ricchezza.

fișiognomìa ● V. *fisiognomica*.

fișiognòmica o **fișiognomìa**, **fișiognomonìa**, **fișiognomònica** [vc. dotta, gr. *physiognōmonía*. V. *fisiognomo*; 1579] s. f. ● Disciplina che cerca di interpretare i caratteri di un individuo dall'aspetto esterno.

fișiognòmico o **fișiognomònico** agg. (pl. m. *-ci*) ● Relativo alla fisiognomica.

fișiògnomo [vc. dotta, lat. *physiognōmon*, nom. del gr. *physiognṓmōn*, comp. di *phýsis* 'natura' e *gnṓmōn* 'conoscitore', da *gignṓskō* 'io conosco'] s. m. (f. *-a*) ● Esperto di fisiognomica.

fișiognomonìa ● V. *fisiognomica*.

fișiognomònico ● V. *fisiognomico*.

fișiognoșìa [comp. di *fisio-* e del gr. *gnôsis* 'conoscenza'] s. f. ● Nella filosofia di C.S. Peirce (1839-1914), il complesso delle scienze della natura.

fișiokineșiterapìa ● V. *fisiocinesiterapia*.

fișiologìa [vc. dotta, lat. *physiolŏgia(m)*, nom. *physiolŏgia*, dal gr. *physiología*. V. *fisio-* e *-logia*; av. 1694] s. f. ● Scienza che studia le funzioni organiche dei vegetali e degli animali: *f. umana, vegetale* | (*fig., raro*) Condizione di normalità. CFR. Patologia.

fișiològico [vc. dotta, lat. tardo *physiolŏgicu(m)*, nom. *physiolŏgicus*, dal gr. *physiologikós*, da *physiología* 'fisiologia'; 1561] agg. (pl. m. *-ci*) **1** Che concerne la fisiologia. **2** (*fig.*) Naturale, normale: *la fame è un fatto f.*; *mantenere il tasso di disoccupazione a un livello f.* CFR. Patologico. || **fișiologicaménte**, avv.

fișiòlogo [vc. dotta, lat. tardo *physiŏlogu(m)*, nom. *physiŏlogus*, dal gr. *physiológos*. V. *fisiologia*; av. 1375] s. m. (f. *-a*; pl. m. *-gi*) **1** Studioso di fisiologia. **2** †Naturalista.

fișiomànte [comp. di *fisio(nomia)* e *-mante*; av. 1565] s. m. e f. ● Chi pratica la fisiomanzia.

fișiomanzìa [comp. di *fisio(nomia)* e *-manzia*] s. f. ● Arte d'indovinare il passato o il futuro di una persona in base ai tratti della sua fisionomia.

fișionomìa o **fișonomìa** [da *fisiognomonia*; 1308] s. f. **1** Aspetto caratteristico di una persona, costituito dalla figura del corpo, dai lineamenti del viso e dall'espressione: *f. regolare, bella, brutta, nota*; *la f. immobile di cartapecora, la voce brutalmente sonora* (SVEVO). **2** (*est.*) Aspetto esteriore generale e tipico di qlco.: *un paesaggio con una inconfondibile f.*; *con proprie motivazioni e propria f.* (CROCE). SIN. Carattere.

fișionòmico o †**fișonòmico** nel sign. B [av. 1617] **A** agg. (pl. m. *-ci*) ● Della fisionomia: *carattere f.* || **fișionomicaménte**, avv. **B** s. m. ● †Studioso di fisionomia.

fișionomista o **fișonomista** [fr. *physionomiste*, da *physionomie* 'fisionomia'; av. 1544] s. m. e f. (pl. m. *-i*) ● Chi ha l'attitudine a riconoscere immediatamente una persona vista in precedenza anche una sola volta: *essere, non essere f.*

fișiònomo o **fișònomo** [sec. XIV] s. m. (f. *-a*) ● (*raro*) Fisionomista.

fișiopatologìa [comp. di *fisio-* e *patologia*; 1876] s. f. ● Branca della medicina che studia le modificazioni organiche che insorgono durante una malattia.

fisiopatològico agg. (pl. m. *-ci*) ● Relativo alla fisiopatologia.

fisiopsìchico [comp. di *fisio-* e *psichico*; 1913] agg. (pl. m. *-ci*) ● Psicofisico.

fisiopsicologìa [comp. di *fisio(logia)* e *psicologia*; 1956] s. f. ● Psicofisiologia.

fisioterapìa [comp. di *fisio-* e *terapia*; 1908] s. f. ● (*med.*) Ramo della medicina riabilitativa che si avvale di mezzi fisici (elettricità, ultrasuoni, freddo, luce, radiazioni termiche), dell'attività fisica, del massaggio a scopo terapeutico. SIN. Terapia fisica, fisiatria.

fisioteràpico [1925] agg. (pl. m. *-ci*) ● (*med.*) Che concerne la fisioterapia.

fisioterapista [1970] s. m. e f. (pl. m. *-i*) ● (*med.*) Tecnico che applica la fisioterapia.

fiso [da †*fisare* 'affisare'; av. 1276] **A** agg. ● (*lett.*) Fisso, intento, detto dello sguardo o del pensiero. || **fisaménte**, avv. **B** avv. ● (*lett.*) Fissamente, intensamente: *Ma guarda f. là, e disviticchia / col viso quel che vien sotto a quei sassi* (DANTE *Purg.* X, 118-119) | †*Dormire f.*, profondamente, sodo.

fiso- [dal gr. *phŷsa* 'bolla', di orig. indeur.] primo elemento ● In parole composte della terminologia scientifica, significa 'bolla, vescica': *fisofora, fisoclisti.*

fisoclisti [comp. di *fiso-* e del gr. *kleistós* 'chiuso'] s. m. pl. (sing. *-o*) ● Nella tassonomia animale, specie di Pesci dei Teleostei nei quali la vescica natatoria non comunica con l'apparato digerente (*Physoclisti*).

fisòfora [comp. di *fiso-* e *-foro*] s. f. ● Celenterato marino dell'ordine dei Sifonofori, la cui colonia si allunga su un asse centrale (*stolone*) sormontato dallo pneumatoforo e prolungato da tentacoli prensili (*Physophora hydrostatica*).

fisomètra [comp. di *fiso-* e del gr. *mḗtra* 'utero'] s. f. ● (*med.*) Distensione dell'utero per formazione di gas, per lo più di origine putrefattiva.

fisonomìa e *deriv.* ● V. *fisionomia* e *deriv.*

Fisòstomi [comp. di *fiso-* e *-stoma*] s. m. pl. (sing. *-o*) ● Nella tassonomia animale, ordine di Pesci degli Attinopterigi nei quali la vescica natatoria comunica con l'esterno mediante il dotto pneumatico che la unisce all'esofago (*Physostomi*).

fissa [1966] s. f. ● (*fam.*) Pensiero fisso, idea ossessiva, fissazione: *avere una f.*

fissàbile [1887] agg. ● Che si può fissare.

fissàggio [fr. *fixage*, da *fixer* 'fissare'; 1892] s. m. *1* Il fissare. *2* Operazione chimica per rendere stabile l'immagine fotografica ottenuta con lo sviluppo. *3* In tintoria, operazione con cui si fissano i colori di un tessuto.

fissamaiùscole [comp. di *fissare* e il pl. di *maiuscola*] s. m. inv. ● Tasto e dispositivo che nelle macchine per scrivere e nei personal computer permette la scrittura a lettere tutte maiuscole.

♦**fissàre** [da *fisso*; av. 1375] **A** v. tr. *1* Rendere fisso, fermo, stabile: *f. un'imposta, una porta*; *f. un foglio con le puntine da disegno* | ***F. un colore***, impedirne ogni modifica o alterazione | ***F. la carne***, impedirne la ulteriore frollatura con una prima cottura. *2* (qlco. + *su*, + *in*) (*est.*) Fermare su qlco. o qlcu.: *f. l'occhio su una vetrina, l'attenzione sulle parole dell'insegnante* | ***F. gli occhi su qlcu.***, porgli gli occhi addosso | ***F. qlco. nella mente***, imprimerla nella memoria. *3* Guardare intensamente e a lungo: *f. bene in volto qlcu.*; *non f. così la gente!* *4* (qlcu.; + *di* seguito da inf.; + *che* seguito da congv.) Determinare, limitare, stabilire: *f. una regola grammaticale, una data, un appuntamento*; *Renzo ... aveva fissato di non parlargliene che al momento di concludere* (MANZONI); *il giudice ha fissato che le parti si incontrino domani.* *5* (*fig.*) Prenotare: *f. una camera d'albergo, un tavolo al ristorante* | Pattuire: *f. qlco. per una data somma*; *f. il prezzo di qlco.* *6* Sottoporre la pellicola fotografica al fissaggio. **B** v. intr. pron. *1* Tenersi fermo | Stabilirsi in un luogo: *dopo mille peregrinazioni si è fissato a Roma.* *2* (+ *in*, + *su*; + *di* seguito da inf.; + *che* seguito da congv.) (*fig.*) Pensare continuamente a qlco., ostinarsi o insistere su qlco. o qlcu.: *fissarsi in mente, in testa qlco.*; *si è fissato su quell'idea*; *si è fissato di diventare un pittore*; *s'è fissato che ce l'abbia con lui.* SIN. Intestardirsi. *3* (+ *in*; + *su*) Stare assorto, con l'occhio o la mente fissi in qlco.: *fissarsi nel vuoto, su un quadro.*

fissativo [1892] agg. ● Detto di sostanze impiegate in varie tecnologie, come la fotografia, la tintura delle stoffe, la chimica e sim. per conservare o proteggere altre sostanze o il prodotto finale di una lavorazione.

fissàto [1925] **A** part. pass. di *fissare*; anche agg. ● Nei sign. del v. **B** s. m. *1* (f. *-a*) Chi ha una fissazione, una mania. *2* (*raro, lett.*) Impegno, accordo: *non stare al f.* | (*tosc.*) Appuntamento: *mancare al f.*

fissàto bollàto [comp. dei part. pass. di *fissare* e *bollare*] loc. sost. m. ● Modulo, assoggettato all'imposta di bollo, ora abolito, su cui venivano redatti i contratti di Borsa.

fissatóre [fr. *fixateur*, da *fixer* 'fissare'; 1869] **A** agg. ● Atto a fissare. **B** s. m. *1* (f. *-trice*) Operaio di una tintoria addetto al fissaggio dei colori. *2* Componente principale di una soluzione di fissaggio. *3* Cosmetico liquido o pastoso, usato per mantenere la piega dei capelli.

fissazióne [da *fissare*; av. 1519] s. f. *1* Operazione del fissare | (*fig.*) Determinazione. *2* (*psicol.*) Idea ossessiva, ostinata | (*est., fam.*) Ubbia, fisima. *3* †Sguardo fisso.

fissi ● V. *figgere.*

fissile [vc. dotta, lat. *fĭssile(m)*, da *fĭssus*, part. pass. di *fĭndere* 'fendere'; 1745] agg. *1* Che si fende facilmente in lamina: *roccia f.* *2* (*fis.*) Detto di nuclide capace di scindersi per fissione in seguito a cattura di neutroni | Detto di materiale contenente nuclei capaci di subire la fissione in seguito all'assorbimento di neutroni di qualsiasi energia. SIN. Fissionabile.

fissilità s. f. ● (*fis.*) Proprietà di fissile.

fissionàbile [da *fissione*, sul modello dell'ingl. *fissionable*; 1947] agg. ● (*fis.*) Fissile.

fissionàre [1948] v. tr. (*io fissióno*) ● (*fis.*) Sottoporre a una fissione nucleare: *f. un nucleo atomico.*

fissióne [ingl. *fission*, dal lat. *fissiōne(m)* 'fendimento', da *fĭssus* (V. *fesso* (*1*)); 1950] s. f. ● (*fis.*) Rottura, spontanea o indotta da bombardamento di opportune particelle, di un nucleo atomico talvolta con enorme liberazione di energia.

fissìparo [comp. del lat. *fĭssus* (V. *fesso* (*1*)) e un deriv. di *părere* 'partorire'; 1844] agg. ● Detto di animale, spec. protozoo, che si riproduce per scissione.

Fissìpedi [vc. dotta, lat. tardo *fissĭpede(m)*, comp. di *fĭssus* (V. *fesso* (*1*)) e *pēs*, genit. *pĕdis* 'piede'] s. m. pl. (sing. *-e*) ● Nella tassonomia animale, sottordine dei Mammiferi carnivori, le cui zampe hanno dita ben distinte fra loro e munite di artigli (*Fissipedia*).

fissìsmo [1956] s. m. ● (*biol.*) Teoria che sostiene la fissità, l'invariabilità delle specie viventi. CONTR. Evoluzionismo.

fissìstico agg. (pl. m. *-ci*) ● (*biol.*) Che concerne il fissismo.

fissità [da *fisso*; 1832] s. f. ● Caratteristica di ciò che è fisso, immobile: *la f. del suo sguardo mi impressiona* | Invariabilità, immutabilità: *la f. di un pensiero* | (*est.*) Fermezza, costanza: *la f. dei nostri propositi.*

♦**fisso** [lat. *fīxu(m)*, part. pass. di *fīgere* 'fissare', di orig. indeur.; sec. XIII] **A** agg. *1* Che è fermato tanto saldamente da non potersi spostare o muovere: *impianto, telefono f.*; *chiodo ben f. nel muro*; *coltello a manico f.* | ***Corda fissa***, nell'alpinismo, corda, per lo più metallica, fissata in un passaggio difficile di una via d'arrampicata per agevolarne il superamento | (*elab.*) ***Disco f.***, disco rigido, hard disk | (*fig., lett.*) ***Avere f. nel cuore, nella mente qlcu. o qlco.***, pensarci continuamente | (*fig.*) ***Idea fissa***, sempre presente nella mente | ***Chiodo f.***, (*fig.*) pensiero continuo e tormentoso. CONTR. Mobile. *2* Fermo, immobile: *i soldati erano fissi sull'attenti*; *si fero spere sopra fissi poli* (DANTE *Par.* XXIV, 11) | (*astron.*) ***Stelle fisse***, gli astri i cui moti apparenti sulla sfera celeste sono apprezzabili con osservazioni intervallate di molti anni | (*econ.*) ***Costo f.***, quello che resta immutato malgrado aumenti quantitativamente il bene prodotto. *3* (*est., lett.*) Intento, concentrato, con riferimento allo sguardo e al pensiero: *occhio f. su qlcu. o qlco.*; *Ad ascoltarli er'io del tutto f.* (DANTE *Inf.* XXX, 130) | Irremovibile, ostinato, risoluto: *ormai è f. in quella sua opinione.* *4* (*fig.*) Stabile e non saltuario: *impiego, stipendio, domicilio f.*; *essere senza fissa dimora* | Costante, invariabile: *regola fissa*; *prezzo, reddito f.*; *spese, rendite fisse* | Determinato, stabilito: *resta f. che ci vediamo domani.* *5* †Compatto, unito | ***Tela, tessuto f.***, non rado, a trama fitta | (*region.*) Denso: *liquido f.* || **fissaménte**, avv. **B** avv. ● Fissamente: *guardare f.* **C** s. m. ● Stipendio o compenso stabile: *percepire un f. più le percentuali.*

fissurèlla [detto così dalla *fessura* all'apice della conchiglia] s. f. ● Mollusco dei Gasteropodi con conchiglia conica priva di spirale e forata all'apice, assai comune nel Mediterraneo (*Fissurella graeca*).

fistiàre e *deriv.* ● V. *fischiare* e *deriv.*

fìstola o †**fìstula** [lat. *fĭstula(m)*, di etim. incerta; av. 1313] s. f. *1* (*med.*) Apertura anomala che si forma a seguito di trauma o processo patologico nelle pareti tra organi vicini o tra una cavità e la superficie esterna: *f. duodenale, f. anale.* *2* Tubo usato dagli antichi, e spec. dai Romani, per la conduttura delle acque. *3* (*mus.*) Siringa | Canna d'organo. || **fistolétta**, dim.

fistolizzàre [denom. di *fistola*] v. intr. e intr. pron. (aus. intr. *avere*) *1* (*med.*) Dare luogo a una fistola in seguito a un processo morboso. *2* (*chir.*) Creare chirurgicamente una comunicazione fra due strutture di cui una è gener. un organo cavo.

fistolizzazióne s. f. ● (*med.*) Formazione di una fistola.

†**fìstolo** [1353] s. m. *1* Piaga, fistola. *2* (*fig., tosc.*) Diavolo, demonio: *avere il f. addosso.*

fistolóso [vc. dotta, lat. *fistulōsu(m)*, da *fĭstula* 'fistola'; av. 1313] agg. *1* (*med.*) Che concerne la fistola: *tramite f.* *2* Che soffre di fistole. *3* Detto di organo vegetale cavo all'interno.

†**fìstula** ● V. *fistola.*

fistulàre [vc. dotta, lat. tardo *fistulāre*, da *fĭstula* 'fistola'; 1499] v. intr. (*io fìstulo*; aus. *avere*) ● Suonare la fistola.

fistulatóre [vc. dotta, lat. *fistulatōre(m)*, da *fĭstula* 'fistola'] s. m. (f. *-trice*) ● (*lett.*) Suonatore di fistola.

fistulìna [dim. del lat. *fĭstula* 'tubo, fistula'] s. f. ● Fungo delle Poliporacee a forma di clava o lingua, carnoso, di colore rosso sanguigno, che cresce sui tronchi di castagno (*Fistulina hepatica*). SIN. Lingua di bue.

-fita ● V. *-fito.*

fitèuma [vc. dotta, gr. *phýteuma*, da *phyteúō* 'io pianto'; 1561] s. m. (pl. *-i*) ● Campanulacea perenne dei prati e dei boschi con fiori azzurri o giallastri in spiga ovoide (*Phyteuma spicatum*).

fitìna [ingl. *phytin*, dal gr. *phytón* 'pianta' (V. *fito-*); 1909] s. f. ● Sostanza organica, contenente calcio, magnesio e fosforo, abbondante in molti vegetali, proposta in terapia come attivatore del ricambio organico.

fitness /ingl. 'fɪtnəs/ [vc. ingl., propr. 'appropriatezza, convenienza, idoneità', da *fit* 'adatto, appropriato' (d'etim. incerta); 1983] s. m. o f. inv. *1* In genetica, misura della capacità riproduttiva e di sopravvivenza di un organismo in un determinato ambiente in rapporto agli altri organismi della stessa specie | ***F. darwiniana*** o ***relativa***, indice o misura diretta del contributo di un genotipo alla generazione successiva rispetto agli altri genotipi della popolazione. *2* Benessere, forma fisica che si raggiunge spec. mediante opportuni programmi di preparazione fisica.

fito-, -fito o **-fita** [dal gr. *phytón* 'pianta', di orig. indeur.] primo o secondo elemento ● In parole composte della terminologia scientifica, significa 'pianta' o fa riferimento al regno vegetale: *fitobiologia, fitochimica, fitogeografia, fitopatologia*; *saprofito, tallofita, xerofito.*

fitobiologìa [comp. di *fito-* e *biologia*] s. f. ● Biologia dei vegetali.

fitocenòsi [comp. di *fito-* e *cenosi*] s. f. inv. ● Complesso di piante che crescono in un ambiente fisico e chimico ben determinato, e in cui i singoli individui si influenzano reciprocamente.

fitochìmica [comp. di *fito-* e *chimica*; 1898] s. f. ● Ramo della chimica biologica che studia i processi chimici propri dei vegetali.

fitocosmèsi [comp. di *fito-* e *cosmesi*; 1981] s. f. inv. ● Cosmesi che impiega prodotti contenenti estratti vegetali.

fitocròmo [comp. di *fito-* e *-cromo*] s. m. ● (*chim.*) Pigmento vegetale che, attivato dalla luce, regola la colorazione e la crescita delle piante.

fitodepurazióne [comp. di *fito-* e *depurazione*] **s. f.** ● (*biol.*) Processo di depurazione delle acque basato sull'attività biologica di alcune piante.

fitoenzìma [comp. di *fito-* ed *enzima*] **s. m.** (**pl.** *-i*) ● (*chim.*) Enzima di origine vegetale.

fitofagìa [comp. di *fito-* e *-fagia*] **s. f.** ● Condizione degli animali fitofagi.

fitòfago [comp. di *fito-* e *-fago*; 1834] **agg.** (**pl. m.** *-gi*) ● Di animale, spec. insetto, che si nutre di vegetali: *acari fitofagi.*

fitofarmacìa [da *fitofarmaco*] **s. f.** ● Studio e applicazione dei fitofarmaci.

fitofàrmaco [comp. di *fito-* e *farmaco*; 1956] **s. m.** (**pl.** *-ci* o *-chi*) ● (*agr.*) Sostanza chimica che, intervenendo sul ciclo biologico di una pianta, vi apporta delle modificazioni atte a incrementare e migliorare la produzione della pianta stessa, oppure è usata come vero e proprio farmaco per curarne alcune malattie.

fitofenologìa [comp. di *fito-* e *fenologia*] **s. f.** ● (*bot.*) Studio dei fenomeni della vita vegetale in relazione alle vicende climatiche stagionali.

Fitoflagellàti [vc. dotta, comp. di *fito-* e *Flagellati*, secondo il modello del lat. scient. *Phytoflagellati*] **s. m. pl.** (**sing.** *-o*) ● (*biol.*) Raggruppamento sistematico di Flagellati accomunati dalla presenza di organuli caratteristici delle cellule vegetali.

fitogènico [comp. di *fito-* e *-genico*; 1925] **agg.** (**pl. m.** *-ci*) ● (*geol.*) Detto di roccia sedimentaria di origine organica formata da resti vegetali | ***Formazioni fitogeniche***, dovute agli organismi vegetali, come i giacimenti di carboni fossili.

fitogeografìa [comp. di *fito-* e *geografia*; 1828] **s. f.** ● (*bot.*) Studio della distribuzione geografica delle piante e delle sue cause.

fitogeologìa [comp. di *fito-* e *geologia*; 1892] **s. f.** ● Disciplina che studia la distribuzione delle specie vegetali nelle ere geologiche.

fitoiatrìa [comp. di *fito-* e *-iatria*] **s. f.** ● Fitoterapia.

fitolàcca [comp. di *fito-* e *lacca*; 1779] **s. f.** ● Pianta delle Fitolaccacee con fiori riuniti in grappoli, frutto a bacca contenente una sostanza colorante e radici velenose (*Phytolacca decandra*). **SIN.** Uva turca.

Fitolaccàcee [vc. dotta, comp. di *fitolacca* e *-acee*] **s. f. pl.** (**sing.** *-a*) ● Nella tassonomia vegetale, famiglia di piante a fiore ciclico (*Phytolaccaceae*).

fitologìa [comp. di *fito-* e *-logia*; 1748] **s. f.** ● La scienza che studia i vegetali. **SIN.** Botanica.

fitonimìa [da *fitonimo*] **s. f.** ● (*ling.*) Parte dell'onomastica che studia i nomi delle piante.

fitònimo [comp. di *fit(o)-* e *-onimo*] **s. m.** ● (*ling.*) Nome di pianta.

fitopaleontologìa [comp. di *fito-* e *paleontologia*] **s. f.** ● Studio dei fossili vegetali.

fitoparassitologìa [comp. di *fito-* e *parassitologia*] **s. f.** ● (*biol.*) Ramo della parassitologia che studia i parassiti delle piante.

fitopatìa [comp. di *fito-* e *-patia*] **s. f.** ● Qualsiasi malattia che colpisca le piante.

fitopatologìa [comp. di *fito-* e *patologia*; 1828] **s. f.** ● Studio delle malattie delle piante sia di origine parassitaria che fisiologica.

fitopatòlogo [comp. di *fito-* e *patologo*] **s. m.** (**f.** *-a*; **pl. m.** *-gi*) ● Chi studia le malattie delle piante.

fitoplàncton [comp. di *fito-* e *plancton*] **s. m. inv.** ● (*biol.*) Insieme di microscopici organismi vegetali che partecipano alla costituzione del plancton.

fitormóne [comp. di *fito-* e *ormone*] **s. m.** ● Ormone vegetale attualmente prodotto anche sinteticamente.

fitosanitàrio [comp. di *fito-* e *sanitario*] **agg.** ● Che concerne la cura e la difesa delle piante contro i parassiti animali e vegetali: *provvedimenti fitosanitari.*

fitosteròlo [comp. di *fito-* e *sterolo*] **s. m.** ● (*chim.*) Sterolo di origine vegetale.

fitostimolìna [comp. di *fito-* e un deriv. del lat. *stĭmulu(m)* 'stimolo'] **s. f.** ● (*chim.*) Composto appartenente a una classe di sostanze complesse di origine vegetale; stimola la rigenerazione di tessuti animali ed è impiegato come farmaco topico spec. in dermatologia.

fitoterapìa [comp. di *fito-* e *terapia*; 1828] **s. f.** ***1*** Cura delle malattie con rimedi vegetali. ***2*** (*agr.*) Ramo della patologia vegetale che studia i rimedi atti a combattere le malattie delle piante.

fitoterapìsta [comp. di *fito-* e *terapista*] **s. m. e f.** (**pl. m.** *-i*) ● Chi cura le malattie con rimedi vegetali.

fitotomìa [comp. di *fito-* e *-tomia*] **s. f.** ● Anatomia delle piante.

fitotòssico [comp. di *fito-* e *tossico* (*1*)] **agg.** (**pl. m.** *-ci*) ● Detto di sostanza nociva alle piante.

fitotossìna [comp. di *fito-* e *tossina*] **s. f.** ● Tossina di origine vegetale, per es. proveniente da funghi.

fitotróne [ingl. *phytotron*, comp. di *phyto-* 'fito-' ed *elet(t)rone*] **s. m.** ● Serie di camere ad aria condizionata per lo studio e la sperimentazione delle piante.

†**fitozòo** [comp. di *fito-* e *-zoo*; 1834] **s. m.** ● (*zool.*) Anterozoo.

fitta [da *fitto* (*1*); sec. XIV] **s. f.** ***1*** Sensazione fisica dolorosa che si manifesta d'improvviso e acutamente: *una f. crudele gli torturava un fianco* (BACCHELLI). **SIN.** Trafittura | (*fig.*) ***Sentire una f. al cuore***, un'improvvisa sensazione di angoscia. ***2*** (*tosc.*) Ammaccatura prodotta da un colpo: *pentola piena di fitte.* ***3*** (*raro*) Gran quantità di persone o di cose: *nella piazza c'era una gran f.* ***4*** Profondità raggiunta con un solo colpo di vanga. || **fittarèlla**, **dim.**

fittàbile [da *fitto* (*2*); av. 1566] **s. m.** ● (*dial.*) Fittavolo.

fittacàmere [comp. di *fitta(re)* e il pl. di *camera*; 1955] **s. m. e f. inv.** ● (*region.*) Affittacamere.

fittaiòlo o (*lett.*) **fittaiuòlo** [V. *fittabile*; sec. XIII] **s. m.** (**f.** *-a*) ● Fittavolo.

fittàre [da *fitto* (*2*); av. 1556] **v. tr.** ● (*region.*) Affittare.

fittàvolo [1877] **s. m.** (**f.** *-a*) ● Chi ha in affitto un podere altrui. **SIN.** Affittuario.

fittézza [da *fitto* (*1*); av. 1673] **s. f.** ● Compattezza, densità, foltezza: *la f. degli alberi nel bosco.*

fittìle [vc. dotta, lat. *fictĭle(m)*, da *fĭctus*, part. pass. di *fĭngere* 'plasmare, fingere'; sec. XIV] **agg.** ● Fatto con argilla: *vasi, figure fittili.*

fittìzio [vc. dotta, lat. *fictīciu(m)*, da *fĭctus*. V. *fittile*; 1308] **agg.** ● Ingannevole, falso, irreale: *lettere fittizie*; *testimonianza fittizia*; *Colui non par corpo f.* (DANTE *Purg.* XXVI, 12) | ***Sepoltura fittizia***, cenotafio | ***Maggioranza fittizia***, che appare solida ma è costituita da elementi discordanti. **SIN.** Apparente. || **fittiziaménte**, **avv.** In modo apparente o simulato; (*lett.*) per via d'invenzione.

♦**fitto** (**1**) [lat. *fīctu(m)*, part. pass. di *fīgere* 'fissare', di orig. indeur.; av. 1294] **A part. pass.** di *figgere*; anche **agg.** ***1*** Conficcato, ficcato: *un ago f. nel braccio.* ***2*** ***A capo f.***, V. *capofitto* | †***Prezzo f.***, stabilito, fissato | ***Spina fitta nel cuore***, (*fig.*, *lett.*) dolore continuo e intenso. ***3*** Folto: *pelo f.*; *bosco f.*; *tessuto a trama fitta* | ***Pettine f.***, con denti sottili e molto vicini | ***Lettera fitta***, di scrittura minuta a caratteri ravvicinati | †***Star f. addosso a qlcu.***, premerlo da troppo vicino | ***Rete fitta***, a maglie strette e frequenti. **CONTR.** Rado. ***4*** Denso, compatto, spesso: *liquido f. e viscoso*; *nebbia fitta*; *tenebre fitte* | ***Buio f.***, ***mistero f.***; (*fig.*) impenetrabile. ***5*** Frequente: *un f. lampeggiare di luci colorate*; *una fitta serie di visite.* ***6*** †Trafitto. ***7*** †Risoluto, fermo: *il cor volonteroso al cammin f.* (ARIOSTO). || **fittaménte**, **avv.** ***1*** Densamente. ***2*** Strettamente. ***3*** Frequentemente. **B avv.** ● Ininterrottamente, intensamente: *piove, nevica f.*; *parlare f. f.*, molto rapidamente e senza sosta: *tu mi parlavi simulato e f. f.* (PULCI); frequentemente: *lampeggia f.* **C s. m.** ● La parte più densa e folta di qlco.: *il f. della foresta.*

fitto (**2**) [da (*canone*) *fitto* 'canone di locazione fissato'; 1280] **s. m.** ● Affitto.

fittonànte **agg.** ● (*bot.*) Nella loc. ***radice f.***, radice a fittone.

fittóne [accr. di *fitto* (*1*) 'conficcato' (?); av. 1606] **s. m.** ● (*bot.*) Radice principale, simile a un cono rovesciato, che si accresce fortemente rispetto alle radici secondarie.

†**fittuàrio** [da *fitto* (*2*); av. 1566] **s. m.** ● Affittuario.

fiumàna [da *fiume*; 1312] **s. f.** ***1*** Fiume gonfio e impetuoso | (*est.*) Piena del fiume: *una f. devastatrice ha rotto gli argini.* ***2*** (*fig.*) Gran numero di persone o cose, spec. se si muovono in una stessa direzione: *una f. di gente, di veicoli*; *siamo noi … f. d'ombre* (UNGARETTI) | (*raro*) ***Una f. di parole***, un flusso inarrestabile. **SIN.** Folla.

fiumàno (**1**) [1683] **agg.** ● (*raro*) Di fiume: *acqua fiumana.*

fiumàno (**2**) [1951] **A agg.** ● Della città di Fiume. **B s. m.** (**f.** *-a*) ● Abitante, nativo della città di Fiume.

fiumàra [vc. merid., da *fiume*; 1476] **s. f.** ***1*** Corso d'acqua a regime torrentizio: *le fiumare calabresi.* ***2*** Fiumana nel sign. 1.

fiumaròlo [da *fiume*; 1941] **s. m.** (**f.** *-a*) ● (*dial.*, *centr.*) Barcaiolo del Tevere | Chi fa bagni nel Tevere.

♦**fiùme** [lat. *flūme(n)*, da *flŭere* 'scorrere'; av. 1292] **A s. m.** (**pl.** *fiùmi*, †*fiùmini*) ***1*** Corso perenne di acque adunate da vari corsi minori nati da sorgenti o da laghi o ghiacciai, che, per l'impulso della gravità, scorre verso il mare, un lago o verso un fiume più grande nel quale s'immette: *la sorgente, il corso, la foce di un f.* | (*est.*) †Acqua. **CFR.** potamo-, -potamo. ***2*** Il greto o alveo lasciato libero dall'acqua corrente: *cavar sassi, sabbia dal f.* ***3*** (*fig.*) Grande quantità: *dalla botte spaccata uscì un f. di vino*; *versare fiumi di lacrime, di sangue* | (*fig.*) ***Versare fiumi d'inchiostro su qlco.***, scrivere moltissimo su un dato argomento | ***A fiumi***, in gran copia. **SIN.** Abbondanza. **B** in funzione di **agg. inv.** ● (posposto al s.) Detto di ciò che si dilunga oltre il termine consueto: *processo, seduta, romanzo f.* || **PROV.** Tutti i fiumi vanno al mare. || **fiumàccio**, **pegg.** | **fiumétto**, **dim.** | **fiumicciòlo**, **dim.** | **fiumicèllo**, **dim.** | **fiumiciàttolo**, **dim.** | **fiumicìno**, **dim.**

FIUME
nomenclatura

fiume
● *tipi di fiume*: corso d'acqua, fiumara, torrente, ruscello, rio, rigagnolo, rivolo, canale; fiumana; affluente, subaffluente, confluente, tributario emissario ⇔ immissario; aurifero, ghiaioso, melmoso, grosso = gonfio, profondo, oceanico ⇔ continentale, guadabile ⇔ inguadabile, navigabile, innavigabile, tortuoso = serpeggiante = sinuoso, maestoso; artificiale; navigabile; inquinato;
● *corso del fiume*: sorgente = fonte, letto = alveo, ansa, meandro, foce (delta, estuario); bacino; bacino idrografico, sistema idrografico; corso (superiore, mediano, inferiore), braccio = ramo = ramificazione, lanca, sacca, rapida, salto, cascata, cateratta, filone, fondale, tonfano, greto, sponda, argine, spalletta, altana = alzaia, polesine, diga; regime (compensato, torrentizio, costante), corrente fluviale, corrente di torbida, portata, piena, conoide alluvionale, deposito alluvionale, magra, secca, ruscellamento, alluvione, inondazione, straripamento, fiumana, fontanazzo, lama, limo;
● *azioni*: nascere, fluire, defluire, discendere, scaturire, sgorgare; finire, gettarsi, affluire, confluire, sboccare, sfociare, versarsi; bagnare, diramarsi, ghiacciare, gonfiare, irrigare, inondare, tracimare, perdersi, serpeggiare, straripare; arginare, regimare, disarginare, inalveare, imbrigliare, interrare, guadare, tagliare la corrente, traghettare; erodere, trasportare, depositare, sghiaiare; navigare;
● *studio dei fiumi*: potamologia, idrografia, idrologia, idraulica fluviale, oroidrografia;
● *persone*: barcaiolo, traghettatore, pescatore, fiumarolo, idrologo.

fiutàre [etim. incerta; 1353] **v. tr.** ***1*** Aspirare col naso per percepire odori, anche assol.: *il bracco fiuta la preda* | †***F. le orme***, seguirle. **SIN.** Annusare. ***2*** Aspirare qlco. col naso: *f. il tabacco, la cocaina.* ***3*** (*fig.*) Intuire o presagire qlco. da indizi vaghi e imprecisi: *f. un imbroglio, un buon affare*; *noi uomini civili udendo e fiutando alcune cose, ci turiamo naso ed orecchie* (DE SANCTIS).

fiutàta **s. f.** ● Atto del fiutare: *dare una f.* | Quantità di tabacco che si fiuta in una volta. || **fiutatìna**, **dim.**

fiùto [da *fiutare*; 1520] **s. m.** ***1*** Atto del fiutare: *tabacco da f.* | ***Al primo f.***, subito. ***2*** Odorato, spec. degli animali: *il cane da caccia ha un f. finissimo.* ***3*** (*fig.*) Intuizione pronta: *ha un ottimo f. nel trattare gli affari* | ***Conoscere al f.***, (*fig.*) giudicare a prima vista. ***4*** (*fig.*, *raro*, *lett.*) Indizio, sentore: *vero è che abbiamo avuto qualche f. questa mattina* (MACHIAVELLI).

fix /ingl. fɪks/ [vc. ingl., da *to fix* 'fissare'; 1978] **s.**

f. inv. (pl. ingl. *fixes*) ● Nel gergo dei tossicodipendenti, iniezione di droga, spec. di eroina.

fixing /*ingl.* 'fɪksɪŋ/ [vc. ingl., propr. 'fissaggio', da *to fix* 'fissare'; V. *fix*; 1979] s. m. inv. ● (*borsa*) Prezzo del corso dell'oro fissato, sul mercato ufficiale, dalle principali banche | (*est.*) Quotazione ufficiale di azioni, metalli e sim.

flabellàto [av. 1943] agg. *1* Flabelliforme. *2* (*bot.*) Di organo disposto a ventaglio.

flabellìfero [comp. di *flabello* e *-fero*] s. m. ● Chi porta il flabello.

flabellifórme [comp. di *flabello* e *-forme*] agg. ● Che ha forma di flabello: *foglie flabelliformi*.

flabèllo [vc. dotta, lat. *flabĕllu(m)* 'ventaglio', dim. di *flābrum* 'soffio di vento', da *flāre* 'soffiare'; av. 1484] s. m. *1* Ventaglio, di foglie, di piume, e sim. *2* Ciascuno dei due ventagli di piume bianche in cima ad un'asta, innalzati un tempo ai lati del Papa, quando veniva portato in sedia gestatoria. *3* (*bot.*) Lembo di pagina fogliare che si forma da foglie parallelinervie per rottura ad opera del vento.

flaccidézza [1788] s. f. *1* Caratteristica di flaccido, floscio. *2* Malattia del baco da seta che diventa floscio.

flaccidità [av. 1730] s. f. ● (*raro*) Flaccidezza.

flàccido [vc. dotta, lat. *flăccidu(m)*, da *flăccus* 'fiacco'; 1623] agg. ● Privo di compattezza, elasticità, e sim.: *muscoli flaccidi*. SIN. Cascante, floscio. || **flaccidaménte**, avv.

flacóne [fr. *flacon*; stessa orig. dell'it. *fiasco*; 1764] s. m. ● Boccetta di vetro, plastica o ceramica, di ridotta capacità, contenente prodotti dell'industria profumiera, cosmetica e chimico-farmaceutica. || **flaconcino**, dim.

flag /*ingl.* flæg/ [vc. ingl., propr. 'bandiera, segnale'; 1976] s. m. o f. inv. ● (*elab.*) In un programma, variabile di servizio il cui stato indirizza il flusso dell'elaborazione.

flagellaménto [da *flagellare*; sec. XIV] s. m. ● Un flagellare continuo e ripetuto (*anche fig.*).

flagellànte [av. 1342] **A** part. pres. di *flagellare*; anche agg. ● Nei sign. del v. **B** s. m. e f. ● Membro di una delle confraternite umbre di devoti del XIII sec., che praticavano la mortificazione con pubblica flagellazione e visitavano i santuari cantando laudi. SIN. Disciplinato.

flagellàre o (*pop.*) †**fragellàre** [vc. dotta, lat. *flagellāre*, da *flagĕllum* 'flagello'; av. 1294] **A** v. tr. (*io flagèllo*) *1* Sferzare col flagello, con una sferza: *f. uno schiavo, un condannato*. *2* (*est.*) Battere o colpire con forza: *la tempesta flagellava i campi* | (*fig., lett.*) ***F. i vizi, le menzogne***, denunciarli e condannarli con parole violente. *3* (*lett.*) Tormentare, vessare. **B** v. rifl. *1* Percuotersi con un flagello, spec. come penitenza. *2* (*fig., lett.*) Preoccuparsi, affliggersi: *ora s'affligge indarno e si flagella* (ARIOSTO).

Flagellàti [da *flagelli*, di cui sono provvisti] s. m. pl. (sing. *-o*) ● Nella tassonomia animale, classe di Protozoi muniti di uno o più flagelli, comprendente alcuni ordini intermedi tra animali e piante (*Flagellata*).

flagellatóre o (*pop.*) †**fragellatóre** [av. 1342] s. m.; anche agg. (f. *-trice*) ● Chi (o Che) flagella, (*anche fig.*).

flagellazióne o (*pop.*) †**fragellazióne** [vc. dotta, lat. tardo *flagellatiōne(m)*, da *flagellāre* 'flagellare'; sec. XIV] s. f. *1* Il flagellare, il flagellarsi | Pena consistente nel percuotere con una sferza | ***F. del Cristo***, rappresentazione iconografica o statuaria di Gesù flagellato. *2* Disciplina del flagello usata da alcuni movimenti di devoti nel XIII sec.

flagèllo o (*pop.*) †**fragèllo** [lat. *flagĕllu(m)*, dim. di *flăgrum* 'sferza', di etim. incerta; av. 1294] s. m. (pl. *flagèlli*, m., †*flagèlla*, f.) *1* Sferza formata da funicelle sparse di nodi, o da strisce di cuoio, usata un tempo come strumento di supplizio o di disciplina | (*est.*) Il supplizio stesso: *gli schiavi furono condannati al f.* *2* (*raro, fig.*) Flagellamento: *il f. delle onde*. *3* (*fig.*) Evento o fatto che arreca danni e rovine: *il f. della guerra, della carestia, della grandine, della droga* | ***F. di Dio***, cosa o persona che è causa di disastri e tribolazioni, intese come punizioni divine. SIN. Calamità. *4* (*iperb., anche scherz.*) Chi reca noie, fastidi e sim.: *tuo figlio è un vero f.* SIN. Disastro. *5* (*fig.*) Critico aspro e intransigente: *Pietro Aretino fu detto il f. dei principi*. *6* (*fam.*) Quantità enorme: *un f. di disgrazie*. *7* (*biol.*) Piccolo organo motorio filamentoso presente nei Flagellati e in alcuni altri organismi come le alghe, i protozoi e i gameti. CFR. mastigo-. *8* Mazza, frusta. || **flagellétto**, dim.

flagiolètto [fr. *flageolet*, dim. dell'ant. fr. *flageol*, dal lat. parl. **flabĕolu(m)*, da *flābrum* 'soffio' (V. *flabello*); 1913] s. m. ● (*mus.*) Specie di piccolo flauto con becco.

flagìzio [vc. dotta, lat. *flagĭtiu(m)*, da *flagitāre* 'interpellare aspramente', di orig. espressiva; sec. XIV] s. m. ● (*lett.*) Scelleratezza, malvagità, peccato.

flagizióso [vc. dotta, lat. *flagitiōsu(m)*, da *flagĭtium* 'flagizio'; 1476] agg. ● (*lett.*) Scellerato.

flagrànte [lat. tardo *flagrānti crīmine* (*comprehēndi*) 'esser sorpreso sul delitto ancor caldo'. V. *flagrare*; 1499] agg. *1* (*dir.*) Di reato o di reo in stato di flagranza o quasi flagranza: *furto f.* | (*ellitt.*) ***Cogliere qlcu. in f.***, in flagranza di reato, sul fatto. *2* (*fig.*) Evidente, chiaro, manifesto: *essere in f. contraddizione*. || **flagranteménte**, avv.

flagrànza [vc. dotta, lat. *flagrăntia(m)*. V. *flagrante*; av. 1936] s. f. ● (*dir.*) Situazione che ricorre allorché l'autore di un reato viene sorpreso dalla forza pubblica o da un privato nell'atto di commetterlo | (*dir.*) ***Quasi f.***, situazione che ricorre allorché, subito dopo il reato l'autore dello stesso è inseguito ovvero è sorpreso con cose o tracce dalle quali appaia che ha commesso immediatamente prima il reato.

†**flagràre** [vc. dotta, lat. *flagrāre*, da avvicinare a *flamma* 'fiamma'; av. 1374] v. intr. ● Ardere, avvampare (*spec. fig.*): *non sente … quand'io flagro* (PETRARCA).

flambàggio [fr. *flambage*, da *flamber* (V. *flambare*)] s. m. ● Operazione di laboratorio con cui si sterilizza un oggetto passandolo più volte su una fiamma.

flambàre [fr. *flamber* 'infiammare', dal lat. *flammāre* 'infiammare'] v. tr. *1* Sterilizzare mediante flambaggio. *2* In gastronomia, fiammeggiare.

flambé /*fr.* flɑ̃'be/ [vc. fr., part. pass. di *flamber* (V. *flambare*); 1973] agg. inv. ● Detto di vivanda che si presenta cosparsa di liquore al quale poi si dà fuoco al momento di servire la vivanda stessa in tavola: *filetto, omelette f.*

flambèrga [fr. *flamberge*, n. della spada di Rinaldo da Montalbano, eroe delle canzoni di gesta, da *Froberge, Floberge*, n. proprio di pers. germ., accostato per etim. pop. a *flamme* 'fiamma'] s. f. ● Spada da duello in uso nei secc. XVII e XVIII.

flamboyant /*fr.* flɑ̃bwa'jɑ̃/ [fr., propr. 'fiammeggiante', part. pres. di *flamboyer* 'fiammeggiare', da *flambe*, forma dissimilata dell'ant. fr. *flamble*, dal lat. *flămmula(m)*, dim. di *flămma* 'fiamma'] agg. inv. ● Detto dello stile tardo-gotico, spec. francese e germanico, caratterizzato da sovrabbondanza di strutture decorative, di elementi terminali accentuatamente aguzzi e slanciati, quasi a forma di fiamma.

flaménco o **flamènco** [dallo sp. *flamenco*, dall'ol. *flaming* 'fiammingo'; av. 1904] s. m. (pl. *-chi*) ● Componimento musicale spagnolo d'origine gitana per solo canto oppure canto con accompagnamento di strumenti a pizzico | Danza sul ritmo di tale composizione.

flaminàle [vc. dotta, lat. *flaminăle(m)*, da *flămen*, genit. *flăminis* 'flamine'] agg. ● Relativo al flamine.

flaminàto [vc. dotta, lat. *flaminātu(m)*, da *flāmen*, genit. *flāminis* 'flamine'; av. 1606] s. m. ● Dignità e ufficio di flamine.

flàmine [vc. dotta, lat. *flāmine(m)*, dalla stessa radice da cui deriva il sanscrito *brahmán* 'bramino'; av. 1292] s. m. ● In Roma antica, ciascuno dei 15 sacerdoti che attendevano al culto di singole divinità e provvedevano ai riti sacrificali in onore di esse.

flaminica [vc. dotta, lat. *flammĭnica(m)*, da *flāmen*, genit. *flāminis* 'flamine'; av. 1604] s. f. ● Moglie del flamine | Ancella che serviva nei sacrifici offerti dalla moglie del flamine.

flàmmeo ● V. *fiammeo*.

flàmmula [vc. dotta, lat. *flămmula(m)*, dim. di *flămma* 'fiamma'; 1499] s. f. ● Fungo basidiomicete delle Agaricacee saprofita su legno (*Flammula*).

flan (1) /*fr.* flɑ̃/ [vc. fr., dal francico **flado*; 1877] s. m. inv. ● Sformato cotto in uno stampo dal quale viene tolto a cottura ultimata: *f. di carciofi*.

flan (2) /*fr.* flɑ̃/ [fr. V. *flan* (1)] s. m. inv. ● (*tipogr.*) Cartoncino speciale usato in stereotipia per prendere l'impronta | L'impronta stessa.

flanàre [da *flan* (2)] v. tr. ● (*tipogr.*) Prendere l'impronta di una composizione in un flan.

flanatùra s. f. ● Operazione del flanare.

flanèlla [fr. *flanelle*, dall'ingl. *flannel*, dal gallese *gwhanen*, da *gwlân* 'lana'; 1750] s. f. ● Stoffa di lana o cotone a trama piuttosto rada, non rasata dal diritto, per camicie, pigiami e sim. | (*fig.*) ***Far f.***, (*disus.*) andare in una casa di tolleranza solo per curiosare; (*fam.*) oziare, perder tempo, spec. facendo lavorare gli altri.

flâneur /*fr.* fla'nœːʀ/ [vc. fr. dal v. region. *flâner* 'gironzolare'; 1918] s. m. inv. (f. fr. *flâneuse*) ● Bighellone, perditempo.

flàngia [ingl. *flange* 'bordo, costa'; 1905] s. f. (pl. *-ge*) ● (*mecc.*) Piastra a forma di anello provvista di fori, posta all'estremità dei tubi per congiungere i tubi stessi fra loro o con altre parti di macchina.

flangiàre [dall'ingl. *to flange* 'munire di costa o bordo (*flange*, alterazione di *flanch*, di orig. oscura)'] v. tr. (*io flàngio*) *1* (*mecc.*) Collegare due organi meccanici o due tubi mediante flange. *2* Chiudere totalmente o parzialmente, con una flangia, la sezione di un tubo onde eliminare o limitare il passaggio di un fluido.

flàno s. m. ● Adattamento di *flan* (2) (V.).

flap /*ingl.* flæp/ [vc. ingl., propr. 'falda', da *to flap* 'agitare', di orig. espressiva] s. m. inv. ● (*aer.*) Ipersostentatore costituito da un'aletta articolata al bordo posteriore dell'ala. ➡ ILL. p. 2174 TRASPORTI.

flappéggio s. m. ● (*aer.*) Nei rotori di elicotteri e sim., oscillazione o battito delle pale in un piano che contiene l'asse del rotore.

flash /*ingl.* flæʃ/ [vc. ingl., propr. 'lampo', di orig. espressiva; 1924] **A** s. m. inv. (pl. ingl. *flashes*) *1* Lampo di luce ottenuto col magnesio o mediante dispositivo elettrico, per eseguire fotografie notturne o in ambiente scarsamente illuminato | Dispositivo che produce tale lampo. *2* Lampo di luce variamente impiegato in apparecchiature elettroniche | Sorgente luminosa, spec. lampada a spirale, che lo produce. *3* Breve notizia giornalistica riguardante un avvenimento recentissimo: *un f. d'agenzia*. **B** agg. inv. ● Molto breve, essenziale, tempestivo: *notizia f.*; *telegiornale f.*

flashback /*ingl.* 'flæʃ,bæk/ [vc. ingl., comp. di *flash* 'lampo' (V. *flash*) e *back* 'indietro' (di orig. germ.); 1959] s. m. inv. *1* In cinematografia, inserimento di scene che spezzano l'ordine cronologico del racconto per rievocare avvenimenti già trascorsi | L'avvenimento stesso | (*est.*) Analogo procedimento usato in un testo narrativo. CFR. Flashforward. *2* (*fig.*) Episodio del passato che torna vividamente alla mente.

flashforward /fleʃ'fɔrward, *ingl.* ˌflæʃ'fɔːwəd/ [vc. ingl., 'lampo (*flash*) in avanti (*forward*)', propr. sul modello dell'opposto *flashback*; 1989] s. m. inv. ● In cinematografia, inserimento di scene che spezzano l'ordine cronologico del racconto per mostrare avvenimenti futuri | L'avvenimento stesso. CFR. Flashback.

flashing /*ingl.* 'flæʃɪŋ/ [vc. ingl., da *flash* 'sprazzo di luce' (di orig. incerta) e, quindi, relativo a operazioni con la 'fiamma'; 1970] s. m. inv. ● Denominazione usata per definire alcuni tipi di operazioni industriali quali l'arrostimento, la distillazione e sim.

flàto [vc. dotta, lat. *flātu(m)* 'soffio'. V. *fiato*; 1499] s. m. ● Gas, formatosi nello stomaco o nell'intestino, emesso dalla bocca o dal retto.

†**flatterìa** [fr. *flatterie*, da *flatter* 'accarezzare con la mano', dal francone *flat* 'piatto (della mano)'] s. f. ● (*raro*) Adulazione | Lusinga.

flatting /*ingl.* 'flæṭɪŋ/ [vc. ingl., riduzione di *flatting agent* 'agente opacizzante', dal v. *to flat* 'coprire uniformemente con vernice'; 1963] s. m. inv. ● Tipo di vernice traslucida, da applicarsi per dare brillantezza a mobili e sim.

flatulènto [fr. *flatulent*, dal lat. *flātus* 'soffio'; 1750] agg. ● Che provoca flatulenza.

flatulènza [fr. *flatulence*, da *flatulent* 'flatulento'; 1745] s. f. ● Eccessiva produzione di gas nello stomaco e nell'intestino | Emissione di gas dal retto.

flàtus vòcis [loc. lat., propr. 'emissione (*flātu(m)*) di voce (da *vōx*, genit. *vōcis*)'; 1989] loc.

sost. m. inv. (**pl.** lat. **inv.**) ● Parola o discorso privi d'importanza e consistenza: *le loro promesse sono flatus vocis.*

flautàto [1816] **agg.** *1* (*mus.*) Detto di effetto timbrico degli strumenti ad arco, in cui un suono vellutato simile a quello del flauto è ottenuto sfiorando la corda | Detto di timbro di voce femminile nei suoni sopracuti. *2* (*est.*) Di suono modulato e dolce: *voce, nota flautata.*

flautìno [av. 1647] **s. m.** *1* Dim. di *flauto*. *2* (*mus.*) Flauto piccolo, come l'ottavino e il piffero.

flautìsta [da *flauto*; 1639] **s. m. e f.** (**pl. m.** *-i*) ● Chi suona il flauto.

♦**flàuto** (**1**) [provz. *flaut*, nato dalla sovrapposizione di *laiit* 'liuto' a *flaujol* (stessa orig. di *flagioletto*); sec. XIII] **s. m.** *1* (*mus.*) Strumento a fiato in legno o metallo a forma di canna cilindrica, privo di ancia e munito di più fori dei quali il primo serve d'imboccatura per spingere il fiato e gli altri, posti su una stessa linea, si aprono e si chiudono coi polpastrelli delle dita, modulando il suono | *F. traverso*, quello che si suona tenendolo orizzontalmente alla bocca dell'esecutore | *F. diritto, dolce, a becco*, quello che si suona appoggiando le labbra all'apposita imboccatura situata a un'estremità | *F. di Pan*, siringa. ➡ **ILL. musica.** *2* (*est.*) Flautista. *3* †Strumento a fiato in gener. *4* (*agr.*) *A f.*, taglio a piano inclinato del tronco degli alberi | *A becco di f.*, tipo di innesto. || **flautétto**, **dim.** | **flautino**, **dim.** (V.).

flàuto (**2**) [fr. *flûte*, dall'ol. *fluit*, abbr. di *fluitschip* 'nave a forma di bicchiere'; 1869] **s. m.** ● Antica nave da carico a tre alberi, ricavata da una fregata o da un vascello.

flavèdo o **flavèdine** [ricavato dal lat. *flavēre* 'essere color oro', deriv. di *flāvus* 'biondo' (V. *flavo*); 1973] **s. f.** ● (*bot.*) La parte più esterna, gialla, della buccia del frutto degli agrumi.

†**flavènte** [vc. dotta, lat. *flavĕnte(m)*, part. pres. di *flavēre* 'esser color oro'; av. 1893] **agg.** ● (*lett.*) Biondeggiante, fulvo: *ariste flaventi / com'oro a' raggi canicolari* (D'ANNUNZIO).

flavescènte [vc. dotta, lat. *flavescĕnte(m)*, part. pres. di *flavēscere* 'diventare color oro', da *flāvus* 'biondo'. V. *flavo*; av. 1758] **agg.** ● (*raro, lett.*) Biondeggiante.

flavìna [da *flavus* 'biondo, giallo' col suff. *-ina*] **s. f.** ● (*chim.*) Pigmento giallo, solubile in acqua, sintetizzato da piante e da alcuni microrganismi, ma non dagli animali superiori.

flavìşmo [da *flavo*] **s. m.** ● Anomalia di certi uccelli soggetti al fenomeno ereditario dell'ingiallimento delle penne.

†**flavìzie** [da *flavo*, sul modello di *canizie*; 1551] **s. f. inv.** ● Caratteristica di flavo. **SIN.** Biondezza.

flàvo [vc. dotta, lat. *flāvu(m)*, di etim. incerta; av. 1494] **agg.** ● (*lett.*) Di colore giallo dorato: *mostrare il colore dei capegli flavi* (CASTIGLIONE).

flavóne [da *flavo*, per il colore] **s. m.** ● Pigmento naturale organico che dà colore a molte piante, fiori, frutti.

flavònico **agg.** (**pl. m.** *-ci*) ● Relativo a flavone.

flebectomìa [comp. di *fleb(o)-* ed *-ectomia*] **s. f.** ● (*chir.*) Asportazione parziale o totale di una vena.

flèbile [vc. dotta, lat. *flēbile(m)*, da *flēre* 'piangere', di orig. onomat.; sec. XIV] **agg.** *1* Di suono o voce fievole, lamentosa e dolcemente triste: *in queste voci languide risuona / un non so che di f. e soave* (TASSO). **SIN.** Fioco, sommesso. *2* (*mus.*) Indicazione espressiva che richiede scarsa intensità di suono. || **flebilménte**, **avv.** In modo flebile, lamentevole.

flebìte [fr. *phlébite*, dal gr. *phléps*, genit. *phlebós* 'vena' (V. *flebo-*); 1819] **s. f.** ● (*med.*) Infiammazione di una vena.

flèbo [1982] **s. f. inv.** ● (*med.*) Accorc. di *fleboclisi.*

flèbo- [gr. *phlebo-*, da *phléps*, genit. *phlebós* 'vena', di etim. incerta] primo elemento ● In parole composte, significa 'vena': *fleboclisi, flebotomo.*

fleboclìşi [comp. di *flebo-* e del gr. *klýsis* 'lavaggio'; 1912] **s. f. inv.** ● (*med.*) Introduzione di liquidi e medicamenti nell'organismo attraverso una vena.

flebografìa [comp. di *flebo-* e *-grafia*] **s. f.** ● (*med.*) Studio radiologico di una vena o di un distretto venoso mediante introduzione endovenosa di sostanze radiopache.

flebogràmma [comp. di *flebo-* e *-gramma*] **s. m.** (**pl.** *-i*) *1* (*med.*) Immagine radiografica di una vena previa iniezione intravascolare di un mezzo di contrasto radiopaco. *2* (*med.*) Tracciato del polso venoso.

flebologìa [comp. di *flebo-* e *-logia*] **s. f.** ● (*med.*) Studio delle vene e delle loro malattie.

fleborragìa [vc. dotta, comp. di *flebo-* e *-ragia*; 1834] **s. f.** ● (*med.*) Grave emorragia venosa.

fleboscleròşi o **flebosclerò şi** [comp. di *flebo-* e *sclerosi*; 1940] **s. f. inv.** ● (*med.*) Ispessimento fibroso di una vena per deposizione di collagene nella parete, in seguito a traumi o ipertensione venosa.

flebotomìa [vc. dotta, lat. tardo *phlebotŏmia(m)*, nom. *phlebotŏmia*, dal gr. *phlebotomía*, da *phlebotómos* 'flebotomo'; sec. XIV] **s. f.** ● (*chir.*) Incisione della parete di una vena, in passato per praticare salassi, oggi per asportare coaguli.

flebòtomo (**1**) [vc. dotta, lat. tardo *phlebŏtomu(m)*, nom. *phlebŏtomus*, dal gr. *phlebotómos*, comp. di *phléps*, genit. *phlebós* 'vena' e *témno* 'io taglio'; 1828] **s. m.** *1* Chi esercitava le forme più semplici di chirurgia, in particolare le flebotomie per i salassi. *2* Lancetta per salassare.

flebòtomo (**2**) [detto così perché succhia il sangue. Cfr. precedente; 1932] **s. m.** ● Insetto dei Ditteri simile alla zanzara, ma più piccolo, che punge l'uomo e, oltre che molesto, può divenire trasmettitore di virus e protozoi (*Phlebotomus papatasi*). **SIN.** Pappataci.

flèche /*fr.* flɛʃ/ [vc. fr., propr. 'freccia, frecciata', per la caratteristica posizione assunta dallo schermidore nell'esecuzione del colpo] **s. f. inv.** ● (*sport*) Nella scherma, colpo diretto portato con il corpo tutto proteso in avanti.

flegrèo [vc. dotta, lat. *Phlegrāeu(m)*, dal gr. *Phlegrâios*, agg. etnico di *Phlégra* 'Flegra', che è da *phlégein* 'ardere, bruciare', perché zona vulcanica; av. 1492] **agg.** *1* Di, relativo a Flegra, antico nome della penisola greca di Pallene, in Calcidica. *2* Di, relativo a un territorio vulcanico della Campania a ovest di Napoli e al tratto di mare a esso prospiciente: *Campi Flegrei*; *isole flegree.*

flèmma o †**flègma** [lat. tardo *phlĕgma*, dal gr. *phlégma* 'infiammazione', poi 'catarro', da *phlégō* 'io brucio'; av. 1294] **s. f.** *1* Uno dei quattro umori principali del corpo secondo la medicina antica. *2* Calma o lentezza esagerata: *fare le cose con f.*; *alle volte la vivacità … alle volte la languidezza e f. è madre di grazia* (LEOPARDI). **CONTR.** Foga, impeto. *3* Residuo acquoso di una distillazione alcolica. *4* †Spurgo mucoso.

flemmaticità [sec. XIV] **s. f.** ● Caratteristica, comportamento di chi è flemmatico.

flemmàtico [vc. dotta, lat. tardo *phlegmăticu(m)*, nom. *phlegmăticus*, dal gr. *phlegmatikós*, da *phlégma*. V. *flemma*; 1305] **agg.** (**pl. m.** *-ci*) *1* (*med.*) Caratterizzato da flemma. *2* Che agisce con calma e lentezza, senza mai scomporsi: *temperamento, tipo f.* **SIN.** Lento, placido. **CONTR.** Impetuoso. || **flemmaticaménte**, **avv.** Con flemma.

flèmmone, (*evit.*) **flemmóne** [vc. dotta, lat. tardo *phlĕgmone(m)*, nom. *phlĕgmone*, dal gr. *phlegmonḗ*, da *phlégō* 'io brucio'. V. *flemma*; 1493] **s. m.** ● (*med.*) Infezione infiltrante del tessuto cellulare sottocutaneo o interstiziale.

flemmonóşo [1583] **agg.** ● Che ha i caratteri del flemmone.

flessìbile [vc. dotta, lat. *flexĭbile(m)*, da *flĕxus* 'flesso'; av. 1342] **agg.** *1* Che si piega facilmente senza spezzarsi: *ramo, metallo f.* | Elastico: *corpo agile e f.* **CONTR.** Rigido. *2* (*fig.*) Docile: *carattere f.* | Che si adatta alle diverse esigenze o necessità: *ingegno f.*; **SIN.** Duttile | *Voce f.*, che passa facilmente da un tono all'altro: *o tu che addestri / a modular con la flessibil voce / teneri canti* (PARINI) | *Costituzione f.*, che può essere modificata con la stessa procedura seguita per la formazione delle leggi ordinarie | *Orario f.*, sistema per cui, in un'azienda, i dipendenti hanno la possibilità di scegliere il momento d'inizio e di termine del lavoro, entro limiti concordati, fermo restando il numero di ore lavorative. || **flessibilménte**, **avv.** (*raro*) In modo flessibile.

flessibilità o †**flessibilitàde**, †**flessibilitàte** [vc. dotta, lat. tardo *flexibilitāte(m)*, da *flexĭbilis* 'flessibile'; av. 1406] **s. f.** *1* Proprietà, caratteristica di ciò che è flessibile, pieghevole, duttile (*anche fig.*): *la f. di un corpo, di un ramo, dell'ingegno.* *2* (*econ.*) *F. del prezzo*, coefficiente numerico che esprime la reazione del prezzo alla variazione della domanda. *3* Disponibilità a cambiare spesso posto di lavoro o a cambiare le mansioni cui si è preposti | Caratteristica di un sistema economico in cui il lavoratore cambia spesso tipo di lavoro o mansioni.

flèssile [1737] **agg.** ● (*lett.*) Flessibile.

flessìmetro [comp. di *flĕxus*, part. pass. di *flĕctere* 'piegare' e *-metro*; 1941] **s. m.** ● Strumento di misura con lettura diretta, che serve per determinare gli spostamenti dei punti di una struttura sotto carico in una determinata direzione.

flessionàle [1902] **agg.** ● (*ling.*) Proprio della flessione: *forme flessionali.*

flessióne [vc. dotta, lat. *flexiōne(m)*, da *flĕxus* 'flesso'; 1308] **s. f.** *1* Piegamento | In ginnastica, passaggio del corpo o di una sua parte, da un atteggiamento disteso a uno raccolto: *f. degli arti*; *f. in avanti.* *2* Curvatura: *la f. di un arco.* *3* Progressiva riduzione o calo: *si è notata una certa f. dei prezzi al dettaglio* | *F. economica*, lieve depressione dell'attività economica. **SIN.** Diminuzione. **CONTR.** Incremento. *4* (*ling.*) Processo morfologico consistente nel dare alle radici (verbali, nominali e sim.) gli affissi, o desinenze, che esprimono le funzioni sintattiche e le categorie grammaticali di numero, genere e persona. || **flessioncèlla**, **dim.**

flessìvo [da *flesso*; 1869] **agg.** ● (*ling.*) Detto delle lingue (ad es. il latino) che esprimono i rapporti grammaticali per mezzo della flessione della parola.

flèsso [av. 1327] **A** **part. pass.** di *flettere*; anche **agg.** *1* Piegato. *2* (*ling.*) *Forma flessa*, parola composta di un tema lessicale e di una desinenza. **B** **s. m.** ● (*mat.*) Punto di una curva piana in cui essa cambia verso di concavità e viene attraversata dalla sua tangente.

flessografìa [comp. di *flĕxus*, part. pass. di *flĕctere* 'piegare' e *-grafia*] **s. f.** ● Sistema di stampa che usa un cliché di caucciù in rilievo, il che consente di stampare su qualsiasi supporto, comprese le materie plastiche.

flessogràfico **agg.** (**pl. m.** *-ci*) ● Relativo alla flessografia: *stampa flessografica.*

flessòmetro [comp. del lat. *flĕxus*, part. pass. di *flĕctere* 'piegare', e *-metro*] **s. m.** ● Metro tascabile costituito da un nastro d'acciaio graduato avvolto in un contenitore di metallo o plastica e capace di rimanere rigido quando viene estratto.

flessóre [da *flesso*; 1681] **A** **s. m.** ● Muscolo atto a flettere. ➡ **ILL.** p. 2122 ANATOMIA UMANA. **B** anche **agg. m.**: *muscolo f.*

flessuoşità [vc. dotta, lat. tardo *flexuositāte(m)*, da *flexuōsus* 'flessuoso'; av. 1704] **s. f.** ● Caratteristica di chi (o di ciò che) è flessuoso: *la f. della serpe.* **CONTR.** Rigidità.

flessuóşo [vc. dotta, lat. *flexuōsu(m)*, da *flĕxus* 'flesso'; 1499] **agg.** ● Dotato di grande flessibilità ed elasticità: *corpo, salice f.*; *cantar forse degg'io / il f. acanto?* (MARINO) | Che ha un andamento sinuoso: *la sponda flessuosa di un fiume.* **CONTR.** Rigido. || **flessuoşaménte**, **avv.**

flessùra [vc. dotta, lat. *flexūra(m)*, da *flĕxus* 'flesso'; 1623] **s. f.** *1* (*geol.*) Piega monoclinale che raccorda due livelli diversi di uno strato roccioso. *2* (*lett.*) Piegatura: *la terra, corpo uno e continuo, e privo di flessure e di snodamenti* (GALILEI).

†**flèto** [vc. dotta, lat. *flētu(m)*, da *flēre* 'piangere', di orig. onomat.; 1321] **s. m.** ● Pianto, lutto: *sparser lo sangue dopo molto f.* (DANTE *Par.* XXVII, 45).

flèttere [vc. dotta, lat. *flĕctere*, di etim. incerta; 1321] **A** **v. tr.** (**pass. rem.** *io flettéi*, raro *flèssi*, *tu flettésti*; **part. pass.** *flèsso*) *1* Piegare, curvare: *la fronda che flette la cima / nel transito del vento* (DANTE *Par.* XXVI, 85-86). *2* (*ling.*) Variare la desinenza di una parola per esprimere determinati rapporti grammaticali. **B** **v. intr.** (aus. *avere*) ● Calare, diminuire: *le vendite flettono.* **C** **v. rifl. e intr. pron.** ● Piegarsi.

fliàci [vc. dotta, gr. *phlýax*, genit. *phlýakos* 'buffone', di orig. indeur.] **s. m. pl.** ● Presso gli antichi Dori nell'Italia meridionale, denominazione di attori di rappresentazioni popolari, farsesche e salaci.

flicornìsta o (*raro*) **fliscornista** **s. m. e f.** (**pl. m.**

-*i*) ● Suonatore di flicorno.

flicòrno o (*raro*) **fliscòrno** [ted. *Flügelshorn*, comp. di *Flügel* 'ala' e *Horn* 'corno'; 1908] **s. m.** ● (*mus.*) Famiglia di strumenti a fiato, d'ottone, con suono intermedio fra tromba, trombone e corno | ***F. basso grave***, bombardone | ***F. baritono***, bombardino.

flight recorder /flait rə'kɔrder, *ingl.* 'flaetɹɪ-ˌkɔːɹdəɹ/ [loc. ingl., comp. di *flight* 'volo' (vc. germ.) e *recorder* 'registratore' (da *to record* 'registrare, ricordare')] **loc. sost. m. inv.** (**pl.** ingl. *flight recorders*) ● (*aer.*) Registratore di volo, scatola nera.

flint /*ingl.* flɪnt/ [ingl. 'silice', di orig. indeur.; 1905] **s. m. inv.** ● Vetro con notevole contenuto di ossido di piombo, usato per lenti e per cristalleria di pregio.

flip /flip, *ingl.* flɪp/ [vc. ingl., dal v. *to flip* 'far girare con un piccolo colpo'; 1997] **s.m. inv.** ● (*tel.*) Sportellino apribile presente in alcuni modelli di telefoni cellulari la cui apertura attiva il telefono.

flip-book /*ingl.* 'flɪpˌbʊk/ [vc. dell'ingl. d'America, comp. di *to flip* 'far girare con un colpetto' e *book* 'libro'] **s. m. inv.** ● Libretto formato da una serie di immagini che raffigurano in successione diverse posizioni di un soggetto e che, fatte scorrere rapidamente, danno la sensazione del movimento del soggetto stesso.

flip-flòp [vc. ingl. onomat.; 1967] **s. m. inv.** ● (*elettron.*) Amplificatore avente due punti di lavoro stabili, usato in sistemi elettronici o in sistemi di controllo a fluido.

flippàre [dal v. dell'ingl. d'America *to flip* 'agitarsi, entusiasmarsi'; 1990] **A v. intr.** (aus. *avere*) **1** (*gerg.*) Essere in uno stato di grande esaltazione o eccitazione. **2** (*gerg.*) Assumere droga. **B v. intr. pron.** ● (*gerg.*) Drogarsi.

flippàto [1980] **part. pass.** di *flippare*; anche **agg.** **1** (*gerg.*) Sbadato, suonato, poco presente a sé stesso. **2** (*gerg.*) Stravolto, stordito per effetto di una droga: *f. duro*.

flipper /'flipper, *ingl.* 'flɪpəɹ/ [vc. ingl, non usata in questo sign. nei Paesi anglosassoni; i *flippers*, propr. 'pinne', sono le alette dell'apparecchio, che spingono la pallina; 1959] **s. m. inv.** ● Biliardino elettrico a gettoni.

flirt /flɛrt, *ingl.* flɜːɹt/ [fr. *flirt*, dall'ingl. *flirt*, da *to flirt* 'far muovere, ondeggiare', di etim. incerta; 1895] **s. m. inv.** **1** Relazione sentimentale breve e superficiale. **SIN.** Amoreggiamento. **2** (*est.*) Persona con cui si ha una relazione di tal genere.

flirtàre /fler'tare, flir-/ [fr. *flirter*. V. *flirt*; 1887] **v. intr.** (aus. *avere*) **1** Amoreggiare in modo superficiale, senza impegnare i propri sentimenti. **2** (*fig.*) Dimostrare interesse a stabilire relazioni, accordi, intese: *f. con i partiti di destra*.

fliscòrno e *deriv.* ● V. *flicorno* e *deriv.*

flit® [marchio registrato di un liquido insetticida; 1930] **s. m.** ● (*gener.*) Qualunque insetticida che venga usato per nebulizzazione.

flittèna o **flittène** [gr. *phlýktaina* 'pustola', da *phlýzō* 'io ribollo', di orig. indeur.; 1778] **s. f.** ● (*med.*) Cavità negli strati superficiali della cute, ripiena di liquido sieroso limpido. **SIN.** Bolla.

float /*ingl.* floʊt/ [vc. ingl., da *float* 'galleggiante' (vc. germ.)] **agg. inv.** ● Detto di vetro molto sottile e resistente, destinato a usi speciali (per es., come vetro di sicurezza nelle automobili).

floater /'floter, *ingl.* 'floʊtəɹ/ [vc. ingl., propr. 'galleggiante', dal v. *to float* 'stare a galla'; 1993] **s. m. inv.** ● (*econ.*) Obbligazione a tasso indicizzato.

floating /*ingl.* 'floʊtɪŋ/ [vc. ingl., propr. 'galleggiante, fluttuante', da *to float* 'galleggiare' (vc. d'orig. germ.); 1977] **s. m. inv.** ● (*banca*) Fluttuazione.

flobert /'flobert, *fr.* flɔ'bɛːʀ/ [dal n. dell'armaiolo fr., N. *Flobert* (1819-1894); 1912] **A s. m. inv.** ● Tipo di fucile a retrocarica a un colpo, con canna ad anima liscia di calibro molto piccolo, usato spec. per il tiro a segno. **B s. f. inv.** ● Pistola con le medesime caratteristiche.

floccàggio o **flockàggio** [da *flock*] **s. m.** ● (*tecnol.*) Operazione mediante la quale fibre di nylon, cotone e sim. lunghe qualche millimetro ed elettrizzate vengono fatte aderire a un supporto, spec. un tessuto, allo scopo di conferirgli un aspetto scamosciato o vellutato. **SIN.** Vellutatura.

floccàre **v. tr.** (*io flòcco, tu flòcchi*) ● (*tecnol.*) Eseguire l'operazione del floccaggio.

floccàto **s. m.** ● (*tecnol.*) Materiale di aspetto scamosciato o vellutato, ottenuto mediante floccaggio, usato in arredamento, abbigliamento e pelletteria.

floccatrìce **s. f.** ● (*tecnol.*) Macchina usata per eseguire il floccaggio. **SIN.** Vellutatrice.

flòcco ● V. *fiocco* (*2*).

flocculànte **agg.** ● (*chim.*) Detto di additivo atto a favorire la flocculazione.

flocculàre **A v. intr.** (*io flòcculo*; aus. *avere*) ● (*chim.*) Separarsi allo stato fioccoso, detto di un precipitato, di un colloide. **B agg.** ● (*astron.*, *chim.*) Di flocculo, di flocculi: *nube f.*; *precipitato f.*

flocculaziòne [dal lat. tardo *flŏcculus*, dim. di *flŏccus* 'fiocco'; 1931] **s. f.** ● (*chim.*) Aggregazione di particelle di precipitato a formare fiocchi facilmente depositabili | Gelificazione di colloide sotto forma di fiocchi.

flòcculo [vc. dotta, lat. tardo *flŏccŭlu(m)*, dim. di *flŏccus* 'fiocco'] **s. m.** **1** (*astron.*) Nube chiara o scura di calcio o idrogeno osservabile sulla superficie solare. **SIN.** Facola solare. **2** (*anat.*) Ciascuno dei due corpiccioli cerebellari disposti nella parte inferiore del cervelletto. **3** (*chim.*) Precipitato formato di particelle colloidali, ottenuto per flocculazione.

flock /*ingl.* flɒk/ [vc. ingl., propr. 'fiocco, lana da materassi' (prob. stessa orig. dell'it. *fiocco*)] **s. m. inv.** ● (*tecnol.*) Insieme di fibre di nylon, cotone e sim. usate per la produzione di floccati.

flockàggio ● V. *floccaggio*.

floèma [fr. *phloème*, dal gr. *phloiós* 'corteccia', di orig. indeur.] **s. m.** (**pl.** -*i*) ● (*bot.*) Insieme dei tubi cribrosi che servono nella pianta alla circolazione delle sostanze nutritive.

flogìstico [da *flogisto*; 1779] **agg.** (**pl. m.** -*ci*) **1** (*med.*) Di infiammazione: *processo f.* **2** (*lett.*) Che può bruciare.

flogìsto [gr. *phlogistós* 'arso', da *phlogízō* 'io brucio', da *phlóx*, genit. *phlogós* 'fiamma', di orig. indeur.; 1778] **s. m.** ● Sostanza che, nei secc. XVII e XVIII, si riteneva presente nei combustibili e nei metalli dai quali si sarebbe separata per riscaldamento od ossidazione.

flogopìte [ted. *Phlogopit*, ricavata dal gr. *phlogōpós* 'dall'aspetto (*ṓps*) di fiamma (*phlóx*, genit. *phlogós*)' col suff. mineralogico -*ite* (*2*)] **s. f.** ● (*miner.*) Mica potassica di magnesio, in lamelle bronzee lucenti, presente nei calcari dolomitici metamorfici.

flogòṣi o **flògoṣi** [vc. dotta, gr. *phlógōsis* 'infiammazione', da *phlogóō* 'io infiammo', da *phlóx*, genit. *phlogós* 'fiamma'. Cfr. *flogisto*; 1734] **s. f. inv.** ● (*med.*) Infiammazione.

flop /*ingl.* flɒp/ [vc. ingl., propr. 'tonfo'; 1983] **s. m. inv.** ● Insuccesso, fallimento, fiasco.

flòppy disk /*ingl.* 'flɒpiˌdɪsk/ [vc. ingl., comp. di *floppy* 'allentato, floscio' (da *to flop* 'penzolare, pendere in modo floscio', vc. d'orig. espressiva) e *disk* 'disco'; 1979] **loc. sost. m. inv.** (**pl.** ingl. *floppy disks*) ● (*elab.*) Dischetto.

♦**flòra** [vc. dotta, lat. *Flōra(m)*, dea dei fiori, da *flōs*, genit. *flōris* 'fiore'; 1638] **s. f.** ● L'insieme dei vegetali spontanei o coltivati che popolano un determinato ambiente: *f. di palude*; *la f. italiana* | ***F.*** (***batterica***), insieme di batteri presenti in una regione dell'organismo umano: *f. intestinale*.

floràle o (*raro*) **fioràle** nel sign. 2 [vc. dotta, lat. *florāle(m)*, da *Flōra* 'Flora'; av. 1564] **agg.** **1** (*raro*, *lett.*) Che si riferisce alla dea Flora: *giochi*, *feste florali*. **2** Di, relativo a fiore: *foglie florali*.

†**floralìzio** [vc. dotta, lat. *floralĭciu(m)*, da *florālis* 'fiorale'] **agg.** ● Florale.

floreàle [fr. *floréal*, dal lat. *flōreus*, agg. di *flōs*, genit. *flōris* 'fiore'; 1804] **A agg.** **1** Che si compone di fiori: *decorazione f.* **2** ***Stile f.***, quello affermatosi tra la fine del sec. XIX e l'inizio del XX soprattutto nell'architettura e nella decorazione, caratterizzato dall'uso di forme sinuose ed eleganti ispirate al mondo vegetale, e da una certa predilezione per l'arte orientale. ‖ **florealménte**, **avv.** **B s. m.** ● Fiorile.

florènzio [dal lat. *Florĕntia* 'Firenze' perché fu scoperto nell'università di questa città] **s. m.** ● (*chim.*, *raro*) Prometeo.

floreria ● V. *fioreria*.

floricolo [comp. del lat. *flōs*, genit. *flōris* 'fiore' e *cŏlere* 'coltivare, abitare'; 1956] **agg.** **1** Di animale che vive o si posa di preferenza sui fiori. **2** Relativo alla coltivazione dei fiori: *tecniche floricole*.

floricoltóre o **fioricoltóre**, **floricultóre**, **floricultóre** [1875] **s. m.** (**f.** -*trice*) ● Chi si dedica alla floricoltura.

floricoltùra o **fioricoltùra**, **floricultùra**, **floricultùra** [fr. *floriculture*, comp. del lat. *flōs*, genit. *flōris* 'fiore' e fr. *culture* 'coltura, coltivazione'; 1864] **s. f.** ● Coltivazione di fiori e piante ornamentali: *esperto in f.*

floricultóre ● V. *floricoltore*.

floricultùra ● V. *floricoltura*.

Florìdee [dal lat. *flōridus* nel senso etim. di 'fiorito' (da *flōs*, genit. *flōris* 'fiore'); 1887] **s. f. pl.** (**sing.** -*a*) ● Nella tassonomia vegetale, classe di alghe rosse di forma varia ed elegante, filamentosa o ramificata (*Florideae*).

floridézza [da *florido*; av. 1508] **s. f.** ● Stato o condizione di chi (o di ciò che) è florido, prospero, fiorente e sim.: *ha perso tutta la sua f.*; *la f. del corpo, sodo, anzi un po' quadro* (CALVINO); *f. di un commercio, di un'industria*. **SIN.** Rigogliosità.

floridità [av. 1667] **s. f.** ● (*raro*) Floridezza.

flòrido [vc. dotta, lat. *flōridu(m)*, da *florēre* 'fiorire'; 1306] **agg.** **1** Che è prosperoso, fiorente, rigoglioso (*anche fig.*): *aspetto f.*; *essere in f. stato*; *commercio, condizioni, finanze floride*. **2** (*mus.*) Detto di contrappunto caratterizzato dalle più svariate combinazioni ritmiche nelle diverse parti. **SIN.** Fiorito. ‖ **floridaménte**, **avv.**

florilègio [comp. del lat. *flōs*, genit. *flōris* 'fiore' e -*legio*, ricavato dal lat. *lĕgere* 'raccogliere'; calco sul gr. *anthología* 'antologia'; av. 1729] **s. m.** ● Raccolta di brani scelti di uno o di più autori. **SIN.** Antologia | (*iron.*, *raro*) Raccolta esemplare: *un f. di errori*.

†**florìre** e *deriv.* ● V. *fiorire* e *deriv.*

florìstica [da *flora*] **s. f.** ● Parte della botanica che cataloga le piante di un determinato territorio.

florìstico [comp. di *flor(a)* e -*istico*; 1987] **agg.** (**pl. m.** -*ci*) **1** Detto di ciò che riguarda la flora. **2** (*bot.*) Che si riferisce alla floristica.

floriterapìa [comp. del lat. *flōs*, genit. *flōris*, 'fiore' e -*terapia*; 1992] **s. f.** ● Trattamento terapeutico basato sull'uso di alcune varietà di fiori selvatici ritenuti in grado di curare vari disturbi spec. psicologici. **CFR.** Fiori di Bach.

florovivaìṣmo [da *florovivaista*; 1980] **s. m.** ● L'attività dei florovivaisti.

florovivaìsta [comp. del lat. *flōs*, genit. *flōris* 'fiore' e *vivaista*; 1980] **s. m.** e **f.** (**pl. m.** -*i*) ● Chi, per professione, si occupa di un vivaio di fiori e di piante.

florovivaìstico [1988] **agg.** (**pl. m.** -*ci*) ● Relativo al florovivaismo o ai florovivaisti.

floscézza [av. 1712] **s. f.** ● (*raro*) Condizione e stato di ciò che è floscio.

flòscio [sp. *flojo*, dal lat. *flūxu(m)*. V. *flusso*; 1574] **agg.** (**pl. f.** -*sce*) **1** Privo di consistenza, non sodo: *tessuto, cartone f.* | ***Cappello f.***, di feltro non rigido | Flaccido: *carni flosce*. **SIN.** Moscio. **2** (*fig.*, *raro*) Privo di vigore, energia e sim.: *individuo f.* **SIN.** Fiacco, molle. ‖ **flosciaménte**, **avv.**

flòsculo [vc. dotta, lat. *flōsculu(m)* 'fiorellino', dim. di *flōs*, genit. *flōris* 'fiore'; 1499] **s. m.** ● (*bot.*) Ciascuno dei piccoli fiori che formano il capolino delle Composite.

flòtta [sp. *flota*, dal fr. *flotte*, vc. di orig. scandinava; 1506] **s. f.** ● Insieme dei natanti da guerra o da traffico appartenenti a uno Stato o a una compagnia di navigazione: *la f. romana, cartaginese*; *la nostra f. mercantile* | (*est.*) ***F. aerea***, complesso degli aerei militari di uno stato, o degli aerei civili appartenenti a una società: *la f. aerea italiana*; *la f. aerea dell'Alitalia*; *dall'alta lontananza, già si avvicinavano i boati della f. aerea* (MORANTE).

flottàggio [fr. *flottage*, da *flotter* 'galleggiare'. V. *flottare*; 1939] **s. m.** **1** Fluttuazione | Il flottare: *il f. di un aereo*. **2** (*chim.*) Flottazione. **3** (*sport*) Nella pallacanestro, azione difensiva laterale, compiuta da più giocatori, i quali controllano l'avversario che ha la palla.

flottànte [fr. *flottant*, part. pres. di *flotter*. V. *flottare*; 1877] **s. m.** ● (*banca*) Quantità di titoli azionari di una società quotata in Borsa posseduti da piccoli risparmiatori | ***A largo f.***, ***di scarso f.***, detto di titolo di cui si trattano giornalmente in Borsa grossi o, rispettivamente, modesti quantitativi.

flottàre [fr. *flotter*, dal lat. *fluctuāre* 'fluttuare', con influsso del francone *flôd* 'flutto'; 1697] **A** v. intr. (*io flòtto*; aus. *avere*) **1** Muoversi in acqua, detto di nave o aereo in regime di sostentazione idrostatica. **2** (*sport*) Nella pallacanestro, eseguire un'azione di flottaggio. **B** v. tr. **1** (*chim.*) Sottoporre a flottazione. **2** Far scendere lungo la corrente di un fiume: *f. alberi da legname*.

flottazióne [fr. *flottaison*, da *flotter* 'galleggiare'. V. *flottare*; av. 1869] s. f. **1** (*chim.*, *miner.*) Separazione dei minerali utili dalla ganga mediante la loro sospensione in acqua addizionata di agenti schiumogeni e agitata con forti correnti d'aria. **2** Fluitazione. **3** Galleggiamento | ***Linea di f.***, linea di galleggiamento.

flottìglia [sp. *flotilla*, dim. di *flota* 'flotta'; 1510] s. f. ● (*mar.*) Nella marina militare, complesso di navi leggere e gener. dello stesso tipo, riunito sotto un unico comando: *f. di motocannoniere, motosiluranti, sommergibili* | (*est.*) Complesso di navi da pesca partecipanti a una operazione di pesca comune | (*est.*) Complesso di imbarcazioni da diporto appartenenti a una determinata società sportiva | Insieme di imbarcazioni a vela da diporto che effettuano crociere in gruppo, organizzate da una società di noleggio.

flou /fr. flu/ [fr., propr. 'sfumato'; 1905] **A** agg. inv. **1** Detto di abito vaporoso a linee morbide. **2** Nella tecnica fotografica, detto di contorno sfumato, evanescente. **B** s. m. inv. ● Speciale effetto fotografico di evanescenza nei contorni dell'immagine.

flow chart /ingl. 'floʊ ˌtʃɑːt/ [vc. ingl., propr. 'scheda di flusso'; 1983] s. m. inv. (pl. ingl. *flow charts*) ● (*elab.*) Diagramma di flusso.

fluènte [av. 1332] **A** part. pres. di *fluire*; anche agg. **1** Che scorre, che fluisce: *acqua f.* **2** (*fig.*) Lungo e morbido, sciolto: *barba f.*; *capelli fluenti* | (*fig.*) Scorrevole, disinvolto: *un eloquio f.*; *parla un inglese f.* **3** †Detto di città e sim. che risiede presso un fiume: *Roma è f. al Tevere*. **B** s. m. o f. ● (*lett.*) †Corso d'acqua: *alcuni non Florenzia, ma Fluenzia vogliono che la fusse nel principio detta, per esser posta propinqua al f. d'Arno* (MACHIAVELLI). || **fluenteménte**, avv. In modo fluente (*spec. fig.*): *Dapprima parlai con stento ed esitazione; poi sempre più fluentemente* (MORAVIA).

fluff /ingl. flʌf/ [vc. ingl., propr. 'lanugine, peluria'; 1978] s. m. inv. ● Materiale fioccoso dotato di potere assorbente, usato per fabbricare pannolini per neonati.

fluidézza [da *fluido*; av. 1311] s. f. ● (*raro*) Fluidità.

fluìdica [da *fluido*; 1970] s. f. ● Tecnologia per il controllo e la regolazione di processi e impianti industriali, che utilizza, a questo scopo, tipici circuiti percorsi da piccoli getti di fluidi come acqua, metallo fuso, aria e viene impiegata spec. in modo complementare all'elettronica.

fluìdico [1911] agg. (pl. m. *-ci*) ● Relativo a fluido nel sign. B2.

fluidificàbile [da *fluidificare*] agg. ● Che può essere ridotto allo stato fluido.

fluidificànte A part. pres. di *fluidificare*; anche agg. ● Nei sign. del v. **B** s. m. ● Medicamento espettorante che agendo sulla secrezione bronchiale rende più acquoso e tenue il catarro.

fluidificàre [1831] **A** v. tr. (*io fluidìfico, tu fluidìfichi*) **1** Far passare un corpo allo stato fluido | Aumentare la scorrevolezza di un liquido particolarmente denso e viscoso. **2** Nel calcio, organizzare l'azione difensiva in funzione dell'attacco. **B** v. intr. pron. ● Diventare fluido, mutevole, privo di stabilità.

fluidificazióne [1831] s. f. ● Il fluidificare, il venire fluidificato.

fluidìsta A s. m. e f. (pl. m. *-i*) ● Progettista di dispositivi, macchine e impianti a fluido. **B** agg. ● Detto di disegnatore tecnico che prepara i piani di esecuzione e i disegni relativi a dispositivi, macchine e impianti a fluido.

fluidità o †**fluiditàde**, †**fluiditàte** [1666] s. f. **1** Proprietà, condizione di ciò che è fluido: *la f. dell'olio*. **2** (*fig.*) Scorrevolezza: *f. di stile*. **3** (*fig.*) Instabilità, mutevolezza: *la f. dei rapporti internazionali*.

fluidizzàre [da *fluid(o)* con il suff. *-izzare* sul modello dell'ingl. *to fluidize*; 1987] v. tr. ● (*chim.*) Eseguire una fluidizzazione.

fluidizzazióne [da *fluidificare*, sul modello dell'ingl. *fluidization*; 1913] s. f. ● (*chim.*) Operazione che consente, tramite l'introduzione dal basso di un gas, di disperdere materiale pulverulento all'interno di un recipiente al fine di accelerare e rendere più uniforme la reazione con altre materie presenti.

flùido [vc. dotta, lat. *flŭidu(m)*, da *flŭere* 'scorrere'. V. *fluire*; 1499] **A** agg. **1** (*fis.*) Detto di sostanza liquida o aeriforme: *composto f.* CFR. Solido | ***Corrente fluida***, il moto spec. dell'acqua nei canali, nelle condotte o nei corsi d'acqua naturali. **2** (*fig.*) Che è scorrevole, sciolto: *stile f.*; *parola, eloquenza fluida*. **3** (*fig.*) Che è in fase di evoluzione, che non si è ancora stabilizzato: *situazione fluida*. SIN. Mutevole. CONTR. Fermo. || **fluidaménte**, avv. In modo fluido, scorrevole. **B** s. m. **1** (*fis.*) Sostanza liquida o aeriforme che può assumere la forma del recipiente che la contiene. CFR. Solido. **2** (*fig.*) Ipotetica emanazione di energia che consente di trasmettere ad altri il proprio pensiero o la propria volontà: *f. magnetico*.

fluidodinàmica [comp. di *fluido* e *dinamica*; 1956] s. f. ● Parte della fisica meccanica che studia la dinamica dei fluidi.

fluidodinàmico agg. (pl. m. *-ci*) ● Relativo alla fluidodinamica.

fluidostàtica [comp. di *fluido* e *statica*] s. f. ● (*fis.*) Parte della meccanica dei fluidi che studia le proprietà di un fluido in equilibrio statico.

fluidostàtico agg. (pl. m. *-ci*) ● Relativo alla fluidostatica.

fluìre [lat. *flŭere*, di orig. indeur. Cfr. *fiume*; av. 1492] v. intr. (*io fluìsco, tu fluìsci*; aus. *essere*) **1** Scendere, scorrere, sgorgare con abbondanza e facilità (*anche fig.*): *il sangue fluiva dalla ferita*; *le parole fluivano chiare dalle sue labbra* | ***F. e refluire***, detto dell'alta e bassa marea. **2** (*poet.*) Filtrare: *fluisce tra te e me sul belvedere / un chiarore* (MONTALE).

fluitàre [vc. dotta, lat. *fluitāre*, intens. di *flŭere* 'fluire'] v. intr. (*io flùito*; aus. *essere*) ● Galleggiare venendo trasportato dalla corrente: *grossi tronchi fluitavano al centro del fiume*.

fluitazióne [da *fluitare*; 1798] s. f. ● Sistema di trasporto del legname consistente nell'affidare i tronchi alla corrente di un fiume.

fluminènse o **fluminiènse** [port. *fluminense*, dal lat. *flūmen*, genit. *flūminis* 'fiume', per allusione al port. *rio* 'fiume'] agg. ● Della regione di Rio de Janeiro.

fluoboràto [ingl. *fluoborate*, comp. di *fluo-* per *fluor* 'fluoro' e *borate* 'borato'] s. m. ● (*chim.*) Ognuno dei sali dell'acido fluoborico, impiegati come fondenti in metallurgia.

fluobòrico [ingl. *fluoboric*, comp. di *fluo-* per *fluor* 'fluoro' e l'agg. *boric* 'borico'] agg. (pl. m. *-ci*) ● (*chim.*) Detto dell'acido costituito da atomi di idrogeno, boro e fluoro.

fluografìa [comp. di *fluo(ro)* e *-grafia*] s. f. ● Procedimento, basato sul fenomeno della fluorescenza, per la fotografia di superfici incise.

fluoràto [comp. di *fluor(o)* e *-ato*] s. m. ● (*chim.*) Sale dell'acido fluorico.

fluoresceìna [da *fluorescenza*] s. f. ● (*chim.*) Sostanza organica che presenta un'intensa fluorescenza giallo-verde; è impiegata principalmente in medicina, oftalmologia e geologia.

fluorescènte [fr. *fluorescent*, deriv. di *fluor* 'fluoro'; 1875] agg. ● Detto di sostanza che presenta il fenomeno della fluorescenza.

fluorescènza [fr. *fluorescence*, da *fluor* 'fluoro'; 1875] s. f. ● (*fis.*) Tipo di fotoluminescenza che si manifesta solo finché dura l'azione della luce sulla sostanza che genera il fenomeno. CONTR. Fosforescenza.

fluòrico [da *fluoro*] agg. (pl. m. *-ci*) ● (*chim.*) Relativo al fluoro.

fluoridràto [fr. *fluorhydrate*. V. *fluoruro* e *idrato*] s. m. ● Composto chimico derivante dall'addizione di acido fluoridrico a una base organica o a un fluoruro alcalino.

fluorìdrico [fr. *fluorhydrique*, comp. di *fluor* 'fluoro' e del gr. *hýdōr* 'acqua'; 1869] agg. (pl. m. *-ci*) ● (*chim.*) ***Acido f.***, composto da un atomo di fluoro e uno di idrogeno; gassoso, di odore irritante, corrosivo, usato spec. per intaccare materiali silicei come vetri e sim.

fluorimetrìa [comp. di *fluoro* e *-metria*] s. f. ● (*chim.*) Tecnica analitica per la determinazione quantitativa e qualitativa di un composto chimico, basata sulla misurazione della sua fluorescenza e usata in campo farmaceutico, nell'agricoltura, negli inquinamenti, nelle analisi medico-legali e sim.

fluorimètrico agg. (pl. m. *-ci*) ● Della, relativo alla fluorimetria.

fluorìte [comp. di *fluoro* e *-ite* (*2*); 1875] s. f. ● (*miner.*) Fluoruro di calcio in cristalli cubici o in masse compatte, vitree, di vario colore.

fluorizzàre [da *fluoro*] v. tr. ● (*med.*) Aggiungere fluoruri alle acque potabili a scopo preventivo della carie.

fluorizzazióne [1965] s. f. **1** (*med.*) Operazione del fluorizzare. **2** Processo con cui si ricopre la superficie di una lente con uno strato sottilissimo di un fluoruro per diminuire la percentuale di luce riflessa.

fluòro [fr. *fluor*, vc. dotta, dal lat. *fluōre(m)* 'flusso', da *flŭere* 'scorrere, fluire', quindi, in orig., 'sostanza liquida'; 1798] s. m. ● Elemento chimico, non metallo, alogeno gassoso giallo-verdastro, di odore irritante, ottenuto per elettrolisi di acido fluoridrico anidro. SIMB. F.

fluòro- [V. *fluoro*] primo elemento ● In parole composte della terminologia scientifica indica presenza di fluoro: *fluorocarburo*, *fluoroderivato*.

fluorocarbùro [comp. di *fluoro-* e *carburo*] s. m. ● (*chim.*) Idrocarburo in cui tutti o parte degli atomi di idrogeno sono stati sostituiti da atomi di fluoro.

fluoroderivàto [comp. di *fluoro-* e *derivato*] s. m. ● (*chim.*) Composto gener. organico contenente fluoro.

fluoròsi [comp. di *fluor(o)* e del suff. *-osi*] s. f. inv. ● (*med.*) Condizione conseguente a ingestione prolungata ed eccessiva di fluoro, caratterizzata da osteosclerosi e da alterata calcificazione dei denti il cui smalto appare chiazzato.

fluoruràre [denom. di *fluoro*] v. tr. ● (*chim.*) Introdurre uno o più atomi di fluoro in molecole, gener. di sostanze organiche, mediante fluorurazione.

fluorurazióne [da *fluorurare*] s. f. ● (*chim.*) Reazione chimica che consente di introdurre atomi di fluoro in molecole.

fluorùro [da *fluoro*; 1831] s. m. ● Sale dell'acido fluoridrico: *f. di calcio*.

fluosilicàto [comp. di *flu(oro)* e *silicato*] s. m. ● Sale dell'acido fluosilicico, usato in diverse lavorazioni industriali.

fluosilìcico [comp. di *flu(oro)* e *silicico*] agg. (pl. m. *-ci*) ● Detto di acido formato da fluoro e silicio, noto soltanto in soluzione acquosa, ma non allo stato anidro.

flussàggio [fr. *fluxage*, da *fluxer* 'rendere fluido' (a sua volta dall'ingl. *to flux*)] s. m. ● (*tecnol.*) Procedimento usato per rendere fluidi materiali bituminosi mediante solventi a base oleosa.

†**flussìbile** [vc. dotta, lat. tardo *fluxĭbile(m)*, da *flŭxus* 'flusso'; av. 1406] agg. ● Che può scorrere, fluire | (*fig.*) Transitorio.

†**flùssile** [vc. dotta, lat. tardo *flūxile(m)*, da *flŭxus* 'flusso'; av. 1578] agg. ● Atto a fluire.

flussimetrìa [comp. di *fluss(o)* e *-metria*] s. f. ● (*med.*) Registrazione mediante flussimetro della velocità con cui il sangue circola nelle arterie.

flussìmetro [comp. di *flusso* e *-metro*] s. m. ● (*med.*) Apparecchio a ultrasuoni per il controllo della velocità della circolazione del sangue nelle arterie.

flussióne [vc. dotta, lat. tardo *fluxiōne(m)*, da *flŭxus* 'flusso'; av. 1642] s. f. **1** †(*med.*) Malattia generata dal flusso eccessivo di sangue. **2** (*veter.*) Iridociclite recidivante. **3** †(*mat.*) Velocità con la quale varia una quantità fluente | Derivata.

flùsso [vc. dotta, lat. tardo *flūxu(m)*, da *flŭere* 'scorrere, fluire'; av. 1292] **A** s. m. **1** Movimento scorrevole di un liquido o di un gas: *il f. delle acque*; *il f. dell'aria in un condotto* | (*med.*) Fuoriuscita di liquidi organici dalle cavità in cui sono contenuti: *f. mestruale* | (*fig.*) ***Un f. di parole***, grande quantità di parole che escono dalle labbra come sgorgando. SIN. Getto. **2** (*est.*) Movimento incessante di ciò che si muove con continuità in una data direzione, nel tempo o nello spazio: *il f. delle stagioni, del pubblico all'uscita di un teatro, del traffico*. **3** Movimento periodico e costante della marea per il quale l'acqua di mare si solleva e dilaga sul livello ordinario. SIN. Alta marea | *F. e riflusso*, alta e bassa marea | (*fig.*) *F. e riflusso delle vicende umane*, il loro alterno avvicendarsi. *4* (*fis.*) Grandezza scalare associata ad un campo vettoriale, che indica l'intensità del passaggio del campo attraverso una fissata superficie: *f. elettrico, magnetico* | *F. luminoso*, la potenza luminosa irradiata da una sorgente. *5* (*elab.*) Ciascuna delle sequenze di dati che attraverso le unità periferiche dell'elaboratore entrano in elaborazione come dati da elaborare o ne escono come risultati dell'elaborazione. **B** agg. ● (*lett.*) †Caduco, labile: *eran l'altre transitorie e flusse / speranze umane* (ARIOSTO).

flussòmetro [comp. di *flusso* e *-metro*; 1934] s. m. *1* Apparecchio usato spec. per la misura della portata di un fluido in un condotto. *2* Strumento atto a misurare il flusso magnetico.

flûte /fr. flyt/ [vc. fr., propr. 'flauto', per la forma; 1970] s. f. inv. ● Tipo di bicchiere a calice, stretto e alto.

flutter /ingl. 'flʌtə/ [vc. ingl., propr. 'vibrazione', da *to flutter* 'ondeggiare', intens. di un precedente *to flotian* 'galleggiare, stare a galla' vc. germ. di orig. indeur.; 1956] s. m. inv. *1* (*med.*) Contrazione rapida del muscolo cardiaco con frequenza di 200-350 battiti al minuto. *2* (*mus.*, *fis.*) Fluttuazione di frequenza, rispetto alla frequenza originale, del suono inciso o registrato su un supporto mobile, quale un disco fonografico, un nastro magnetico o una pellicola cinematografica, dovuta a fluttuazioni rapide della velocità di rotazione o di scorrimento del supporto stesso. SIN. Tremulo.

flùtto [vc. dotta, lat. *flūctu(m)*, da *flŭere* 'scorrere'; av. 1400] s. m. ● (*lett.*) Onda marina: *il notturno zeffiro / blando sui flutti spira* (FOSCOLO).

fluttuaménto [1351] s. m. ● (*raro, lett.*) Fluttuazione.

fluttuànte [1956] part. pres. di *fluttuare*; anche agg. *1* Ondeggiante | (*fig.*) Incostante, oscillante. *2* Detto del debito pubblico a breve termine, perciò soggetto a variazione di ammontare: *debito f.* *3* (*anat.*) Detto di ogni costola libera, non connessa con lo sterno.

fluttuàre [vc. dotta, lat. *fluctuāre*, da *flūctus* 'flutto'; 1342] v. intr. (*io flùttuo*; aus. *avere*) *1* Essere mosso e agitato dai flutti | (*est.*) Ondeggiare (*anche fig.*): *un fluttuar di fanti e di cavalli* (LEOPARDI) *2* (*fig.*) Essere variabile, incerto, dubbioso: *opinioni che fluttuano*. *3* (*banca*) Riferito a una moneta, raggiungere quotazioni di cambio con le altre in base alle sole leggi della domanda e dell'offerta, senza quotazioni di parità fissa: *la sterlina fluttua*; *il franco svizzero fluttua rispetto all'euro*.

fluttuazióne [vc. dotta, lat. *fluctuatiōne(m)*, da *fluctuāre* 'fluttuare'; av. 1342] s. f. *1* Ondeggiamento (*spec. fig.*). *2* Fluitazione. *3* (*med.*) Movimento di un liquido raccolto in una cavità | Flutter. *4* (*fis.*) Deviazione casuale di una grandezza fisica dal suo valore medio | (*mat.*) Variazione d'una grandezza intorno a un valore medio. *5* (*econ.*) Movimento oscillatorio che si può riscontrare nell'attività economica. *6* (*banca*) Regime di libertà nei cambi monetari | (*est.*) Libera quotazione di una moneta rispetto ad altre.

fluttuóso [vc. dotta, lat. *fluctuōsu(m)*, da *flūctus* 'flutto'; 1340] agg. *1* (*raro, lett.*) Tempestoso. *2* (*arald.*) Detto di elemento grafico simile alle onde del mare.

fluviàle [vc. dotta, lat. *fluviāle(m)*, da *flūvius* 'fiume'; sec. XIV] agg. *1* Dei, relativo ai fiumi: *acqua, onda, arena f.*; *problemi fluviali* | Che ha luogo, si svolge nei fiumi o che si trova lungo i fiumi: *pesce, navigazione f.*; *porto f.*; *flora f.*; *i mulini fluviali, ... sciolti e mobili per struttura* (BACCHELLI). *2* (*fig., lett.*) Abbondante, copioso: *lacrime fluviali*.

fluviàtile [vc. dotta, lat. *fluviātile(m)*, da *flūvius* 'fiume'; 1499] agg. ● (*lett., raro*) Di fiume.

†**flùvido** [vc. dotta, lat. *flūvidu(m)*, da *flŭere* 'scorrere'; 1321] agg. ● Fluido.

†**flùvio** [vc. dotta, lat. *flūviu(m)*, da *flŭere* 'scorrere, fluire'; av. 1292] s. m. ● Fiume.

fluvioglaciàle [comp. di *fluvi(ale)* e *glaciale*; 1960] agg. ● Detto del materiale morenico trasportato e depositato dalle acque di fusione dei ghiacciai | *Conoide f.*, dovuto al deposito di materiale fluvioglaciale.

fluviòmetro [comp. di †*fluvio* e *-metro*] s. m. ● Apparecchio misuratore dei cambiamenti di livello dell'acqua di un fiume.

fly and drive /ingl. 'flae ən'dɹaev/ [loc. ingl., propr. 'vola e guida'; 1993] loc. sost. m. inv. ● Nei viaggi, formula che comprende il biglietto aereo e il noleggio di un'autovettura.

flyby /ingl. 'flae,bae/ [vc. ingl., comp. di *to fly* 'volare' e *by* 'vicino' (entrambi di orig. indeur.)] s. m. inv. ● Sorvolo di un corpo celeste a distanza ravvicinata da parte di una sonda spaziale.

flying dutchman /ingl. 'flaeiŋ 'dʌtʃmən/ [n. ingl. dell'"Olandese (*Dutchman*, dall'agg. medio neerlandese *du(u)tsc(h)* 'olandese') volante (*flying*, part. pres. di *to fly* 'volare')', l'una e l'altra vc. di orig. indeur. e area germ.; dal n. del personaggio del dramma di R. Wagner (1813-1883) Der Fliegende Holländer; 1965] loc. sost. m. inv. ● Deriva olimpica, leggera e veloce, a scafo tondo, per due persone di equipaggio, attrezzata con randa, fiocco e spinnaker.

flying junior /'flain'junjor, ingl. 'flaeiŋ 'dʒuuniəɹ/ [comp. dell'ingl. *flying* 'volante', part. pres. di *to fly* 'volare', e del lat. *junior*, propr. 'più giovane', forma comparativa di *iŭvenis* 'giovane'; 1973] loc. sost. m. inv. ● Deriva biposto, più semplice e più piccola del flying dutchman, cui si ispira.

flysch /ted. flyʃ/ [vc. dialettale svizzera] s. m. inv. ● (*geol.*) Formazione soprattutto detritica composta da calcari, prevalentemente marnosi, rocce scistose, arenarie, ecc.

FM /effe'emme, ingl. ,ɛf'ɛm/ [sigla ingl. di *F(requency) M(odulation)* 'modulazione di frequenza'; 1981] s. f. inv. ● (*radio*) Modulazione di frequenza.

fo ● V. *fare* (*1*).

Fob /fɔb/ [sigla ingl. di *f(ree) o(n) b(oard)* 'libero a bordo'; 1952] agg. inv. ● (*comm.*) In un contratto commerciale, detto di prezzo che include le spese di spedizione e i relativi rischi fino all'imbarco della merce sul vettore.

fobia [fr. *phobie*, ricavato da *hydrophobie* 'idrofobia' e vc. simili; 1899] s. f. *1* (*psicol.*) Paura eccessiva, che appare irrazionale e immotivata, per qualche particolare tipo di oggetti o situazioni. *2* (*est.*) Forte avversione verso qlcu. o qlco. SIN. Antipatia.

-fobia [dal gr. *-phobía*, da *phóbos* 'timore', di orig. indeur.] secondo elemento ● In parole composte, significa 'paura', 'avversione', 'ripugnanza': *anglofobia, claustrofobia*.

fòbico [fr. *phobique*, da *phobie* 'fobia'; 1956] **A** agg. (pl. m. *-ci*) ● (*psicol.*) Di, relativo a, fobia: *manifestazioni fobiche*. **B** agg.; anche s. m. (f. *-a*; pl. m. *-ci*) ● (*psicol.*) Che (o Chi) soffre di fobie: *soggetto f.*

-fobo [dal gr. *-phóbos* 'che teme' (V. *-fobia*)] secondo elemento ● In parole composte, significa 'che ha paura, timore', 'che prova avversione', 'che sente ripugnanza' nei confronti di persone o cose: *anglofobo, idrofobo*. CONTR. -filo.

†**fobórgo** [adatt. vc. fr. *faubourg*; 1643] s. m. (pl. *-ghi*) ● Sobborgo.

♦**fòca** [vc. dotta, lat. *phōca(m)*, nom. *phōca*, dal gr. *phṓkē*, da una radice indeur. che significa 'soffiare'; av. 1333] s. f. *1* Mammifero carnivoro dei Pinnipedi adattato alla vita acquatica con arti foggiati a pinna, testa tondeggiante, lunghi baffi attorno al muso e privo di padiglioni auricolari (*Phoca*) | *F. elefantina*, elefante marino | *F. monaca*, monaco. ➡ ILL. **animali**/14. *2* (*fig., scherz.*) Persona grassa e lenta nei movimenti.

focàccia [lat. tardo *focācia(m)*, da *fŏcus* 'focolare', perché cotta sul focolare; 1353] s. f. (pl. *-ce*) ● Pane schiacciato, condito con olio o altro, messo a cuocere in forno | Dolce tondo e schiacciato di farina, uova e zucchero | *Rendere pan per f.*, (*fig.*) rendere male per male. ‖ **focaccétta**, dim. | **focaccina**, dim.

focàia [lat. tardo *focāria(m)*, da *fŏcus* 'fuoco'; av. 1375] agg. solo f. ● Solo nella loc. *pietra f.*, pietra silicea assai dura che, percossa da un oggetto spec. metallico, produce scintille.

focàle [dal lat. *fŏcus* 'fuoco'; 1817] **A** agg. *1* (*mat.*) Che si riferisce al fuoco o ai fuochi di una conica: *asse f.*; *distanza f.* *2* Che si riferisce al fuoco di un sistema ottico | *Distanza, lunghezza f.*, distanza del fuoco di uno specchio o di una lente, dallo specchio o lente, misurata lungo l'asse | *Linea f.*, uno dei due segmenti, perpendicolari tra loro, lungo i quali convergono i raggi di un fascio astigmatico | (*fig.*) *Punto f.*, centrale, della massima importanza: *il punto f. di un problema*. *3* (*med.*) Pertinente a focolaio, situato in un focolaio. **B** s. f. ● In una lente, distanza focale.

focalità [da *focale*; 1959] s. f. ● Focalizzazione, in ottica.

focalizzàre [1963] v. tr. *1* In fotografia, mettere a fuoco: *f. l'immagine*. *2* (*fig.*) Precisare i termini di una questione, un problema e sim. per facilitarne l'esame o la discussione: *non riesco a f. bene la situazione*.

focalizzazióne s. f. ● Il focalizzare, il venire focalizzato (*anche fig.*).

focàtico [lat. mediev. *focăticu(m)*, dal lat. *fŏcus* 'focolare'; sec. XIV] s. m. (pl. *-ci*) ● In età medievale, imposta che gravava su ciascun focolare, cioè su ciascun gruppo familiare, in seguito sostituita dall'imposta di famiglia.

focàto o †**fuocàto** [da *f(u)oco*; sec. XVI] agg. *1* †Infuocato. *2* (*tosc.*) †Scarlatto. *3* Detto di mantello equino o canino che presenta la focatura: *la buona idea di portare con sé ... la cagna bracca focata* (TOMASI DI LAMPEDUSA).

focatùra s. f. ● Macchia di color rosso vivo, al contorno degli occhi, alle estremità, ai fianchi, al petto dei mantelli bai o sauri.

†**fòcchia** [etim. incerta; sec. XV] s. f. ● (*bot.*) Infiorescenza del finocchio.

fóce [lat. *fāuce(m)*, di etim. incerta; sec. XIII] s. f. *1* Sbocco o bocca di fiume nel mare o in altro fiume o in lago: *f. a delta, a estuario* | (*est.*) †Ingresso di un porto, golfo e sim. *2* †Apertura o passaggio angusto. *3* (*raro*) Gola di montagna. *4* (*spec. al pl.*) †Fauci.

focèna [vc. dotta, gr. *phṓkaina*, da *phṓkē* 'foca'; 1828] s. f. ● Genere di Mammiferi dei Cetacei simili al delfino, ma con muso arrotondato, di modeste dimensioni, con pinna dorsale triangolare (*Phocaena*). SIN. Marsovino. ➡ ILL. **animali**/11.

focése [vc. dotta, lat. *Phocēnse(m)*, da *Phōcis*, dal gr. *Phōkís* 'Focide'; 1615] **A** agg. ● Della Focide, regione storica della Grecia. **B** s. m. e f. ● Abitante, nativo della Focide.

focheggiaménto s. m. ● Operazione del focheggiare.

focheggiàre v. tr. (*io fochéggio*) ● Mettere a fuoco: *f. un apparecchio fotografico*.

fochìno o **fuochìno** s. m. ● In miniere e sim., operaio addetto al brillamento delle mine. SIN. Brillatore.

fochìsta ● V. *fuochista*.

†**focìle** (1) [dal lat. *fŏcus* 'focolare'; 1313] s. m. *1* Acciarino. *2* V. *fucile*. *3* (*fig.*) Incitamento, attizzamento.

†**focìle** (2) [calco sull'ar. *zand*, coppia di bastoncini che, con lo strofinamento, producono fuoco e che ricordano per la forma le due ossa] s. m. ● Osso della gamba e dell'avambraccio.

fòco ● V. *fuoco*.

focolàio [V. *focolare*; 1875] s. m. *1* (*med.*) Punto di maggior intensità di un fenomeno biologico | *F. di infezione*, centro di iniziale localizzazione dei germi. *2* (*fig.*) Centro da cui si propaga qlco.: *un f. di vizio*; *il f. della rivolta*. *3* (*geol.*) Serbatoio magmatico.

focolàre [lat. tardo *foculāre*, da *fŏculus*, dim. di *fŏcus* 'focolare'; sec. XIII] s. m. *1* Parte del camino, costituita da un piano di pietre o di mattoni, su cui si accende il fuoco. *2* (*est., fig.*) Casa, famiglia: *sentire nostalgia del proprio f.*; *il f. domestico*. *3* (*tecnol.*) Parte di un impianto di combustione ove viene bruciato il combustibile: *il f. di una caldaia, di una locomotiva*. *4* (*pedag.*) Istituzione prevista dalla legge sui minori diretta a sostituire parzialmente il nucleo familiare senza però allontanarne completamente il giovane che viene ospitato. *5* Comunità di laici consacrati, coniugati e non, la cui norma principale è la mutua e continua carità.

focolarìno s. m. (f. *-a*) ● Laico consacrato che fa parte di un focolare.

focomelìa [comp. di *foca* e del gr. *mélos* 'membro', per l'aspetto che assumono gli esseri colpiti da questa malformazione; 1899] s. f. ● (*med.*) Anomalia o malformazione, in genere provocata da farmaci, che nel feto inibisce il normale sviluppo degli arti superiori o inferiori o di entrambi.

focomèlico [1963] agg.; anche s. m. (f. *-a*; pl. m. *-ci*) ● Che (o Chi) è affetto da focomelia.

focometrìa [comp. di *foco* e *-metria*] s. f. ● (*ottica*) Misura della distanza focale di lenti e altri dispositivi ottici.

focòmetro [comp. del lat. *fŏcus* e di *-metro*; 1917] s. m. ● Strumento che permette di misurare la distanza focale dei sistemi ottici.

focóne [da *f(u)oco*; av. 1557] s. m. *1* (*dial.*) Braciere. *2* Nelle antiche armi da fuoco ad avancarica, forellino che consentiva di accendere la carica di lancio. ➡ ILL. p. 2121 ARCHITETTURA. *3* (*mar.*) †Luogo dove si fa il fuoco e la cucina per l'equipaggio.

focosità [1546] s. f. ● Caratteristica di focoso (*in senso fig.*).

focóso o †**fuocóso** [da *f(u)oco*; 1304] agg. *1* †Infuocato, acceso, anche con riferimento al colore: *ha la testa focosa per lo star chinato* (VASARI). *2* (*fig.*) Molto impulsivo, irruente, passionale e sim.: *carattere, temperamento f.* | **Cavallo f.**, che si impenna facilmente. SIN. Ardente, impetuoso, veemente. || **focosètto**, dim. | **focosino**, dim. || **focosaménte**, avv.

fòcus [lat., propr. 'focolare'. V. *fuoco*] s. m. inv. (pl. lat. *foci*) ● (*med.*) Centro infetto da cui si staccano germi o tossine che vanno a localizzarsi in altri punti dell'organismo o determinano una reazione generale.

focus group /ingl. 'foukəs,gɹuup/ [loc. ingl. propr. 'gruppo (*group*) di persone chiamate per mettere a fuoco (*focus*) un argomento'; 1995] loc. sost. m. inv. (pl. ingl. *focus groups*) ● Gruppo ristretto di persone, riunito da esperti di sociologia, che discute un argomento assegnato; l'esame dell'andamento della discussione consente di determinare gli orientamenti e le tendenze di fondo di un insieme più vasto di persone.

fòdera [da *fodero* (*1*); av. 1400] s. f. ● Rivestimento interno o esterno di qualunque oggetto, in materiali svariati: *la f. di un libro, di una cassa, della valigia*; *f. di tela, carta, metallo* | (*per anton.*) Qualunque tessuto usato come rivestimento interno di un capo di abbigliamento. || **foderàccia**, pegg. | **foderétta**, dim. (V.) | **foderina**, dim.

foderàme [1901] s. m. ● Insieme delle stoffe per foderare gli abiti: *casa del f.*

foderàre [da *fodera*; 1310] v. tr. (*io fòdero*) *1* Munire di fodera, ricoprire con una fodera: *f. un abito, un baule, una valigia, una parete*; *f. di zinco, cuoio, lamiera, seta, carta.* SIN. Rivestire. *2* In culinaria, rivestire un recipiente di pasta per racchiudervi una vivanda da cuocere al forno.

foderàto [av. 1300] part. pass. di *foderare*; anche agg. *1* Munito di fodera. *2* **Essere f. di soldi**, (*fig.*, *disus.*) molto ricco | (*fig.*, *fam.*) **Avere gli occhi, gli orecchi foderati di prosciutto**, vederci o sentirci poco, non voler vedere o sentire. SIN. Ricoperto, rivestito.

foderatùra [av. 1356] s. f. ● (*raro*) Lavoro del foderare | Tutta la fodera di un indumento o di un oggetto.

foderétta s. f. *1* Dim. di *fodera*. *2* (*tosc.*) Federa.

fòdero (**1**) [germ. *fôdr* 'custodia della spada'; sec. XIII] s. m. *1* Guaina di cuoio, legno o metallo delle armi bianche, spec. di quelle lunghe | **Trarre la spada dal f.**, sguainarla; (*fig.*) disporsi a guerra aperta | **Rimettere la spada nel f.**, (*fig.*) cessare un contrasto, uno scontro, una polemica. *2* †Fodera.

fòdero (**2**) [etim. incerta; av. 1348] s. m. ● Zattera, di più travi legate insieme, per trasportare legname lungo la corrente dei fiumi | (*est.*) Il legname così trasportato.

†**fòdero** (**3**) ● V. *fodro*.

†**fodina** [lat. *fodīna(m)*, da *fŏdere* 'scavare', di orig. indeur.; av. 1642] s. f. ● Cava, miniera.

†**fodire** [vc. dotta, lat. *fŏdere*, *fodīre* 'scavare'; sec. XIV] v. tr. ● Zappare, dissodare, coltivare.

fòdro o †**fòdero** (**3**) [francone *fodar* 'nutrimento'] s. m. ● (*st.*) In epoca medievale, contribuzione di foraggio dovuta al sovrano e al suo esercito quando transitavano per un territorio.

Foehn /ted. føːn/ ● V. *Föhn*.

fòffa ● V. *fuffa*.

fóga (o *-ò-*) [lat. *fŭga(m)*. V. *fuga*; av. 1292] s. f. *1* Ardore, slancio, impeto: *la f. della passione, del discorso*; *correre, combattere con f.*; *scrittore ... tutto f. di senso e fantasia* (CROCE). SIN. Furia, veemenza. CONTR. Flemma. *2* (*lett.*) Salita o scoscendimento ripido.

fòggia [etim. incerta; av. 1313] s. f. (pl. *-ge*) *1* Modo, maniera: *f. di procedere, di parlare.* *2* Forma o aspetto esteriore di qlco.: *abito di f. strana, disusata, capricciosa*; *la f. diversa delle vesti può distinguere una nazione dall'altra* (MURATORI) | Moda, maniera di vestire. *3* Nel Medioevo, parte del cappuccio che scendeva lungo una guancia ricadendo sulla spalla. *4* †Taglia o figura del corpo.

foggiàno A agg. ● Di Foggia. **B** s. m. (f. *-a*) ● Abitante, nativo di Foggia.

foggiàre [V. *foggia*; av. 1348] v. tr. (*io fòggio*) *1* Modellare secondo una determinata foggia: *foggiarono vari utensili agricoli, con mezzi primitivi.* *2* (*fig.*) Formare, plasmare: *le difficoltà hanno foggiato il suo carattere.*

foggiatùra [1821] s. f. *1* (*raro*) Il foggiare. *2* Nell'industria ceramica, operazione di formatura.

♦**fòglia** [lat. tardo *fŏlia(m)*, dal pl. di *fŏlium* 'foglio, foglia', di orig. indeur.; sec. XIII] s. f. *1* (*bot.*) Organo delle piante cormofite in cui, in condizioni normali, si compie quasi esclusivamente la funzione clorofilliana e la traspirazione: consta di una lamina di color verde, sorretta da un peduncolo o picciolo. CFR. fillo-, -fillo | **Il cader delle foglie**, l'autunno | **F. morta, secca**; in aeronautica, figura acrobatica per cui un aereo discende con una serie di scivolate pendolari a destra e a sinistra, come fanno certe foglie cadendo | (*calcio*) **Punizione a f. morta**, calcio di punizione con parabola improvvisamente discendente dopo il superamento della barriera difensiva | **Color di f. morta**, colore marrone bruciato | **Tremare come una f.**, di freddo, paura e sim. | **Mangiare la f.**, (*fig.*) intuire un inganno, un'allusione, un tranello | **Non muover f.**, non far nulla, lasciare le cose come stanno | **F. di fico**, quella apposta in passato, in quadri o sculture, sugli organi genitali dei nudi maschili o femminili; (*fig.*) ciò che serve a nascondere qlco. che si ritiene negativo o riprovevole. ➡ ILL. **botanica generale**. *2* Riproduzione scolpita o dipinta di foglie, spec. d'acanto, usata come motivo ornamentale. *3* Lamina sottilissima d'oro, d'argento o di rame | **Dorare a f.**, rivestire un oggetto di foglia sottilissima d'oro, quasi impalpabile, dopo aver passato sulla superficie da dorare una speciale preparazione. *4* (*mecc.*) Ognuna delle lamine di acciaio a forma rettangolare che costituiscono una molla a balestra. || PROV. Non cade foglia che Dio non voglia. || **fogliàccia**, pegg. | **foglierèlla**, dim. | **fogliétta**, dim. (V.) | **foglina**, dim. | **fogliolina**, dim. (V.) | **fogliòna**, accr. m. | **fogliòne**, accr. m. | **fogliùccia**, **fogliùzza**, dim.

fogliàceo [vc. dotta, lat. *foliāceu(m)*, da *fŏlium* 'foglia'; av. 1725] agg. ● Che ha aspetto di foglia.

fogliàme [sec. XV] s. m. *1* L'insieme delle foglie di una o più piante: *il f. folto della quercia*; *nascondersi tra il f.* *2* Quantità di foglie | Ornamento di foglie dipinte, scolpite e sim.: *il f. del capitello, della cornice* | **A f.**, detto di decorazione orafa sbalzata o incisa a corridietro, spec. di foglie d'acanto.

fogliànte [fr. *feuillant*, dall'ordine religioso che traeva il nome dall'abbazia di *Feuillants*, presso Tolosa; 1836] s. m. ● Ogni appartenente al club politico parigino, operante fino al 1791, costituito da elementi moderati, fautori di una monarchia costituzionale e che aveva la sua sede nell'ex-convento dei monaci omonimi.

fogliàre (**1**) [da *foglia*; 1809] agg. ● (*bot.*) Di foglia.

†**fogliàre** (**2**) [da *foglia*; sec. XIII] v. intr. ● Produrre foglie.

fogliàto [lat. *foliātu(m)*, da *fŏlium* 'foglio'; av. 1311] agg. *1* †Fronzuto: *ramo f.* *2* Detto di metallo ridotto in lamine, in foglie: *argento, oro f.*

fogliazióne [1869] s. f. ● Lo sbocciare delle foglie dalle gemme.

fogliétta (**1**) s. f. *1* Dim. di *foglia*. *2* Tabacco da fiuto non conciato.

fogliétta (**2**) o (*rom.*) **fojétta** [provz. *folheta*, di etim. incerta; sec. XV] s. f. ● Misura per vino e olio, corrispondente a circa mezzo litro, usata un tempo a Roma.

†**fogliettànte** [da *foglio*] s. m. ● (*spreg.*) Chi scrive su giornali e sim.

fogliétto [av. 1484] s. m. *1* Dim. di *foglio*. *2* In filatelia, foglio di dimensioni ridotte, contenente un numero limitato di francobolli uguali o facenti parte di una stessa serie, spec. commemorativi. *3* Foglio stampato, volante, per notizie, annunci e sim.: *i foglietti dell'agenzia d'informazione.* SIN. Biglietto. *4* †Giornale di piccolo formato. *5* (*anat.*) Membrana: *f. pleurico, peritoneale.* *6* Omaso. *7* (*biol.*) Struttura anatomica laminare | **F. embrionale**, ognuno dei fondamentali strati cellulari presenti in un embrione durante e dopo il processo di gastrulazione. CFR. Ectoderma, endoderma, mesoderma. || **fogliettàccio**, pegg. | **fogliettino**, dim.

foglìfero [comp. di *foglia* e *-fero*; 1869] agg. ● Che porta foglie.

♦**fòglio** [lat. *fŏlium*. V. *foglia*; av. 1313] s. m. *1* Pezzo di carta di formato gener. rettangolare, di spessore e dimensioni variabili, per usi diversi: *f. bianco, rigato, a quadretti, da disegno*; *un f. di quaderno*; *un f. protocollo, di carta bollata*; *un f. di carta pergamena* | (*est.*) Lastra sottilissima di metallo, legno e sim.: *alluminio, oro in fogli*; *un f. di stagnola.* *2* Foglio scritto, stampato, inciso e sim.: *condensate il racconto in pochi fogli*; *firmate il f. qui accluso* | (*est.*) Pubblicazione periodica, spec. di carattere ufficiale: *F. degli annunzi legali* | (*elvet.*) **F. ufficiale**, Gazzetta ufficiale | **F. volante**, stampato o manoscritto a sé stante; volantino | **A fogli mobili**, detto di un sistema di rilegatura che permette la rapida sostituzione o l'inserimento di fogli | Documento: *un f. ufficiale* | **F. bianco**, non scritto, o con la firma in bianco | **F. di via obbligatorio**, documento con cui il questore provvede ad allontanare da un Comune, rimandandole al luogo di residenza, le persone pericolose per la sicurezza e la moralità pubblica | **F. complementare**, documento che accompagna gli autoveicoli e sul quale sono riportate le eventuali ipoteche | **F. rosa**, autorizzazione temporanea alla guida di autoveicoli rilasciata dalla Prefettura su un modulo rosa a chi intende sostenere l'esame di guida, per consentirgli di esercitarsi a fianco di una persona munita di patente | Pagina: *i fogli di un libro* | Biglietto di banca: *un f. da cento, da duecento euro.* *3* In filatelia, tavola di quaranta, cinquanta, sessanta o cento francobolli uguali, fornita dall'amministrazione postale per la vendita. *4* (*elab.*) **F. elettronico**, programma per la gestione dei dati in forma tabulare. SIN. Spreadsheet | **F. (di) stile**, in un programma di trattamento testi o di videoimpaginazione, file che riepiloga le caratteristiche tipografiche del documento. *5* (*edil.*) Nelle loc. **mattoni in f.**, detto di mattoni messi di taglio | **Muro in f.**, fatto con mattoni disposti in tale modo. SIN. A coltello. *6* (*zool.*) **F. cereo**, in apicoltura, sottile superficie di cera che reca su entrambe le facce le impronte delle celle da operaie e che viene collocato nell'arnia per risparmiare alle api una parte del lavoro di costruzione del favo. || **fogliàccio**, pegg. | **fogliétto**, dim. (V.) | **fogliolino**, dim. | **fogliòne**, accr. | **fogliùccio**, **fogliùzzo**, dim. | **fogliùcolo**, dim.

fogliolina s. f. *1* Dim. di *foglia*. *2* (*bot.*) Ognuno dei lobi che costituiscono la foglia composta.

foglióso [lat. *foliōsu(m)*, da *fŏlium* 'foglia'; 1340 ca.] agg. ● Pieno di foglie: *un ramo f.*

†**fogliùto** [1342] agg. ● Ricco di foglie.

fógna [da *fognare* (*2*); sec. XIII] s. f. *1* Fossa o condottura di drenaggio o scolo, per acque bianche o nere. *2* (*fig.*) Luogo sudicio, ambiente corrotto. *3* (*fam.*, *scherz.*) Persona immonda o smodatamente ingorda. || **fognàccia**, pegg. | **fognóne**, accr. m.

fognaiòlo o (*lett.*) **fognaiuòlo** s. m. *1* (f. *-a*) Operaio che lavora alle fogne. *2* (*pop.*) Osso del muso dei suini.

fognànte [da *fogna*] agg. ● Destinato a trasportare le acque di rifiuto: *rete f.*

fognàre (**1**) [da *fogno* (*1*)] v. intr. impers. (*fógna*; aus. *essere*, raro *avere*) ● (*tosc.*) Nevicare con burrasca di vento.

fognàre (**2**) [lat. parl. **fundiāre* 'scavare', da *fŭndus* 'fondo' (?)] v. tr. (*io fógno*) *1* Munire di fognatura. *2* (*fig.*) †Ingannare il compratore non colmando completamente una misura di capacità | (*fig.*) †Omettere una lettera parlando o scrivendo.

fognàrio [1983] agg. ● Che riguarda le fogne.

fognatùra [da *fognare* (*2*); av. 1597] s. f. *1* Insieme delle opere necessarie per l'allontanamento da un centro abitato delle acque piovane e delle acque di rifiuto | *F. dei terreni agrari*, drenaggio. *2* Coccio poggiato sul buco di scolo dei vasi da fiori. *3* (*ling.*) †Elisione.

fógno (**1**) [lat. *favōniu(m)* 'favonio'; 1869] s. m. ● (*tosc.*) Burrasca di vento con pioggia e nevischio.

†**fógno** (**2**) [da *fogna*] s. m. ● Fogna.

fognòlo [da *fogna*] s. m. ● Piccolo canale di una rete fognaria | Canalizzazione che convoglia le acque di rifiuto dall'interno di un edificio verso la rete fognaria urbana.

fogonatùra [da *focone*, attrav. il venez.] s. f. ● (*mar.*; *disus.*) Mastra (2) nel sign. 1.

Föhn /*ted.* føːn/ o **Foehn** [vc. ted., dal precedente ant. alto ted. *phōnno* di orig. lat.: (*vēntus*) *favōnius* 'favonio'; 1881] s. m. inv. (pl. ted. *Föhne*) *1* Favonio nel sign. 2. *2* (*raro*) Asciugacapelli, fon.

fòia [lat. *fūria(m)* 'furia'; av. 1300] s. f. *1* Stato di intensa eccitazione sessuale, spec. degli animali. *2* (*est.*, *fig.*) Desiderio smodato. SIN. Brama, frenesia.

fòiba [lat. *fŏvea(m)* 'fossa'; 1869] s. f. *1* (*geogr.*) Tipo di dolina costituita da un avvallamento imbutiforme sul fondo del quale si trova comunemente un inghiottitoio. *2 Le foibe*, nel periodo dell'occupazione iugoslava di Trieste (maggio-giugno 1945), fosse comuni per le vittime di rappresaglie militari e assassinii politici | (*est.*) Il fenomeno degli eccidi e delle rappresaglie ad opera dei partigiani comunisti iugoslavi nell'ultima fase della seconda guerra mondiale e subito dopo.

foie gras /*fr.* ˌfwa'gʀa/ [loc. fr., propr. 'fegato grasso'] loc. sost. m. inv. ● Fegato d'oca ingrassata con apposita alimentazione; specialità gastronomica francese | *Pâté de foie gras*, pasticcio di fegato d'oca.

foiòlo [lat. *fŏliu(m)* 'foglia', attrav. il milan. *fojö*] s. m. ● Trippa di manzo, ricavata dal terzo scompartimento dello stomaco.

foióso [lat. *furiōsu(m)* 'furioso'; 1476] agg. ● (*raro*) Che è in foia.

fojétta ● V. *foglietta* (*2*).

fòla [lat. *fābula(m)*. V. *favola*; av. 1306] s. f. *1* (*lett.*) Favola, fiaba: *raccontare le fole ai bambini*; *o tu che narri disutili fole* (SABA). *2* (*est.*) Cosa non vera, frottola.

fòlade [gr. *phōlás*, genit. *phōládos* 'che sta in una buca', da *phōleá* 'tana', di orig. indeur.; av. 1698] s. f. ● Mollusco marino dei Bivalvi, commestibile, con conchiglia priva di cerniera che perfora le rocce ed è luminescente al buio (*Pholas dactylus*). ➡ ILL. **animali**/4.

fòlaga [lat. *fūlica(m)*, di orig. indeur.; av. 1440] s. f. ● Uccello palustre dei Ralliformi, con zampe piuttosto brevi (*Fulica atra*). SIN. Germano nero | *F. di canneto*, (*fig.*) persona che vive oscura e tranquilla. ➡ ILL. **animali**/8. || **folaghétta**, dim.

folàta [etim. discussa: lat. parl. **fullāre* 'follare' (?); 1552] s. f. *1* Soffio impetuoso ed improvviso: *una f. di vento*. SIN. Raffica. *2* (*raro*, *lett.*) Grande quantità di animali, persone o cose che si riversa o spande con impeto in un luogo | *Una f. di uccelli*, stormo.

fólcere [lat. *fulcīre*, di etim. incerta] v. tr. (difett. usato solo nelle terze pers. sing. del pres. e imperf. indic. *fólce*, *folcéva*) ● (*lett.*) Puntellare, sostenere, appoggiare.

folcire [V. *folcere*; av. 1374] v. tr. (difett. usato solo nella terza pers. sing. del pres. indic. e nella prima pers. sing. dell'imperf. congv. *fólce*, *folcisse*) ● (*lett.*) Folcere.

folclóre /fol'klore, *ingl.* 'fəʊk,lɔːɹ/ o **folclòre** [dall'ingl., comp. di *folk* 'popolo' e *lore* 'dottrina'; 1884] s. m. *1* Disciplina che studia le tradizioni popolari. *2* Insieme delle tradizioni popolari e delle loro manifestazioni in quanto oggetto di studio o anche di semplice interesse | (*est.*, *spreg.*) L'aspetto chiassoso, superficiale e colorito di una situazione, di un avvenimento e sim.

folclòrico o **folklòrico** [1899] agg. (pl. m. *-ci*) ● (*raro*) Folcloristico.

folclorismo o **folklorismo** [av. 1937] s. m. ● Amore per il folclore | (*spreg.*) Tendenza all'eccesso e all'esibizione nel rappresentare gli aspetti più tipici delle tradizioni di un popolo.

folclorista o **folklorista** [1884] s. m. e f. (pl. m. *-i*) ● Studioso di folclore.

folcloristico o **folkloristico** [1889] agg. (pl. m. *-ci*) *1* Relativo al folclore: *spettacolo f.* | (*est.*, *scherz.*) Singolare: *un tipo f.* *2* Proprio del folclore: *danza folcloristica*. || **folcloristicaménte**, avv.

fòlco [gr. *pholkós* 'storto, sbilenco', da una radice indeur. che significa 'allontanarsi dalla via retta'] s. m. (pl. *-chi*) ● Ragno sedentario con zampe molto lunghe e sottili, che vive nelle grotte, nei tronchi cavi e anche nelle case (*Pholcus phalangioides*).

fòlder /'folder, *ingl.* 'fouldəɹ/ [vc. ingl., propr. 'cartella, carpetta' dal v. *to fold* 'piegare'] s. m. inv. ● (*elab.*) Cartella.

folgorànte [av. 1475] part. pres. di *folgorare*; anche agg. *1* Che folgora | (*lett.*) Sfolgorante. *2* Che colpisce violentemente e all'improvviso (*spec. fig.*): *colpo f.*; *amore*, *passione f.*; *una risposta f.* | (*fig.*) *Un'idea f.*, brillante, luminosa. *3* Particolarmente intenso e vivo: *sguardo f.*; *dolore f.*

folgoràre [lat. *fulgurāre*, da *fŭlgur*, genit. *fŭlguris* 'folgore'; 1304 ca.] **A** v. intr. (*io fólgoro*; aus. *avere*) *1* (*lett.*) Brillare di lampi o folgori | (*est.*, *fig.*) Lampeggiare: *i colpi delle artiglierie folgoravano nella notte*. *2* (*fig.*, *lett.*) Risplendere di luce abbagliante: *ma quella folgorò nel mio sguardo / sì, che da prima il viso non sofferse* (DANTE *Par.* III, 128-129). SIN. Balenare. *3* (*fig.*, *lett.*) Avventarsi come folgore, agire con prestezza e celerità: *Da indi scese folgorando a Iuba* (DANTE *Par.* VI, 70). *4* (*fig.*) †Scagliarsi contro qlcu. o qlco. con invettive violente. **B** v. tr. *1* Colpire con la folgore, col fulmine: *Giove folgorò Capaneo* | (*fig.*) Colpire, raggiungere all'improvviso: *f. qlcu. con lo sguardo*; *un sospetto lo folgorò*. *2* (*est.*) Colpire con una scarica di energia elettrica: *l'alta tensione folgorò due operai*.

folgoratóre [lat. *fulguratōre(m)*, da *fulgurāre* 'folgorare'; 1561] agg.; anche s. m. (f. *-trice*) *1* Che (o Chi) folgora | *Il f.*, (*per anton.*) Giove. *2* Nell'antica Roma, augure che traeva auspici osservando le folgori.

folgorazióne [vc. dotta, lat. *fulguratiōne(m)*, da *fulgurāre* 'folgorare'; 1894] s. f. *1* (*med.*) Effetto del passaggio di scariche elettriche attraverso un organismo animale. *2* (*fig.*) Improvvisa intuizione.

fólgore (**1**) o †**fùlgure** [lat. *fŭlgure*, abl. di *fŭlgur*, di orig. indeur.; av. 1243] **A** s. f. o †m. (pl. †*fólgora*, f.) *1* Fulmine, saetta: *il vecchio tronco fu spaccato dalla f.* *2* (*fig.*) Chi (o ciò che) agisce con estrema rapidità o potenza distruttrice: *Attila era una f. di guerra*. **B** s. m. ● (*lett.*) Splendore: *il f. degli occhi suoi* (D'ANNUNZIO).

†**folgóre** (**2**) ● V. *fulgore*.

folgoreggiàre [1319] v. intr. (*io folgoréggio*; aus. *avere*) *1* (*lett.*) Risplendere come folgore. *2* (*lett.*) †Cadere o muoversi con la velocità della folgore.

folgorìo [1894] s. m. ● (*raro*) Sfolgorio.

folgorite [comp. di *folgore* (*1*) e *-ite* (*2*)] s. f. *1* Concrezione tubolare quarzosa, originata dal passaggio del fulmine attraverso sabbie silicee. *2* (*al pl.*) Tracce di vetrificazione in rupi granitiche silicee colpite dal fulmine.

foliazióne [ingl. *foliation*, da *folio* 'foglio'; 1858] s. f. ● Numero delle pagine di un giornale o di una rivista e loro distribuzione, gener. fissa, tra i diversi argomenti.

fòlico [dal lat. *fŏlium* 'foglio, foglia'] agg. (pl. m. *-ci*) ● *Acido f.*, fattore vitaminico efficace nella cura di molte anemie.

Folidòti [comp. del gr. *pholís*, genit. *pholídos* 'scaglia' (di orig. indeur.) e *ôus*, genit. *ōtós* 'orecchio'] s. m. pl. (sing. *-o*) ● Nella tassonomia animale, ordine di Mammiferi con corpo coperto di squame cornee, comprendente i pangolini (*Pholidota*).

folignàte [1483] **A** agg. ● Di Foligno. **B** s. m. e f. ● Abitante, nativo di Foligno.

folio, in ● V. *in folio*.

folk /*ingl.* fəʊk/ [vc. ingl., propr. 'popolo'; 1970] **A** agg. inv. ● Popolare, detto di genere musicale caratterizzato da contenuti spec. sociali o di protesta: *musica*, *canzone f.* **B** s. m. inv. ● Genere musicale folk: *un cantante di f.*

folklóre /fol'klore, *ingl.* 'fəʊk,lɔːɹ/ e *deriv.* ● V. *folclore e deriv.*

folk music /*ingl.* 'fəʊk,mjuːzɪk/ [loc. ingl., comp. di *folk* 'popolare' e *music* 'musica'] loc. sost. f. inv. ● La musica popolare, spec. quella degli Stati Uniti.

folk-rock /*ingl.* 'fəʊk,ɹɒk/ [vc. ingl., comp. di *folk* e *rock*] s. m. inv. ● Genere musicale nato negli anni 1960-1970 negli Stati Uniti e in Inghilterra dalla fusione del folk e del rock.

folk-singer /*ingl.* 'fəʊk,sɪŋəɹ/ [vc. ingl., propr. 'cantante popolare', comp. di *folk* 'popolare' e *singer* 'cantante', da *to sing* 'cantare'; 1983] s. m. e f. inv. (pl. ingl. *folk-singers*) ● Cantante di folk-song.

folk-song /*ingl.* 'fəʊk,sɒŋ/ [vc. ingl., propr. 'canto popolare'; 1970] s. m. inv. (pl. ingl. *folk-songs*) ● Canto popolare caratterizzato da contenuti spec. sociali o di protesta.

♦**fólla** o **fòlla** [da *follare*, come *calca* da *calcare*: in orig. il sign. di *folla* era solo quello di 'pressione'; sec. XIV] s. f. *1* Quantità di gente riunita insieme: *una f. festante si assiepava lungo la strada*; *una f. immensa e festosa traboccava di contrada in contrada* (NIEVO) | (*fig.*) *Bagno di f.*, il trattenersi a lungo tra una folla entusiasta durante una manifestazione pubblica, detto spec. di personaggio famoso. *2* (*est.*, *gener. spreg.*) Gente, massa: *aveva tentato d'uscire dal suo guscio e comunicare con la f.* (SVEVO); *non mi interessano gli applausi della f.* *3* (*fig.*) Gran numero di cose: *una f. di pensieri disordinati*. SIN. Moltitudine.

follànte **A** part. pres. di *follare* ● Nei sign. del v. **B** s. m. ● Prodotto chimico usato per follare i tessuti di lana.

follàre [lat. parl. **fullāre* 'calcare', deriv. di *fŭllo* 'sgrassatore di panni', di etim. incerta; 1420] v. tr. (*io fóllo* (o *-ò-*)) *1* Sottoporre a follatura i tessuti di lana. *2* Pigiare l'uva, coi piedi o coi follatoi | Sottoporre il mosto a follatura. *3* (*fig.*) †Incalzare, premere.

follàto [1342] **A** part. pass. di *follare*; anche agg. *1* Nei sign. del v. *2* †Affollato | †Folto: *era di frondi verdi il loco pieno, / e di quelle era ben f. e spesso* (BOCCACCIO). **B** s. m. ● Tessuto di lana che ha subìto la follatura.

follatóio s. m. ● Strumento per pigiare l'uva.

follatóre [av. 1544] s. m. *1* (f. *-trice*) Operaio addetto alle operazioni di follatura. *2* Follatoio | Bastone per follare il vino, munito all'estremità di pioli disposti in piani diversi. *3* Follatrice.

follatrice [1965] s. f. ● Macchina per follare i tessuti.

follatùra [da *follare*; 1771] s. f. *1* Operazione con la quale si fanno restringere e rassodare i panni di lana sottoponendoli a pressione, a sfregamento e ad azioni chimiche in bagni alcalini o acidi. *2* Pigiatura dell'uva | *F. del vino*, *del mosto*, pratica enologica consistente nel risospingere al fondo delle botti le vinacce che, durante la fermentazione, vengono a galla, al fine di ottenere una migliore vinificazione del mosto, e quindi vini più limpidi e purgati.

†**fólle** (**1**) [lat. *fŏlle(m)* 'mantice, sacco di cuoio, pallone', di orig. onomat.; av. 1327] s. m. *1* Mantice, soffietto. *2* Sacchetto, borsa.

♦**fólle** (**2**) [dal precedente, nel sign. di 'pallone', poi 'testa vuota'; av. 1250] **A** agg. *1* Di persona che agisce senza senno e raziocinio: *una ragazza f.* CONTR. Savio. *2* Di ciò che è fatto o concepito sconsideratamente: *un'azione f.*; *un'idea f.* *3* (*mecc.*) Detto di organo ruotante quando gira a vuoto, cioè senza trasmettere il movimento: *ingranaggio f.*; *ruota f.* *4* (*mecc.*) Nella loc. avv. *in f.*, indica la posizione degli ingranaggi di un cambio di velocità quando nessuna marcia è ingranata: *mettere in f. il motore*. || **folleménte**, avv. Pazzamente; senza prudenza e moderazione: *desiderare follemente qlco.* **B** s. m. e f. ● Matto, pazzo: *occhi da f.*; *sguardo da f.* || **follétto**, dim. (V.).

folleggiaménto [av. 1730] s. m. ● Il folleggiare.

folleggiàre [da *folle* (*2*); sec. XII] v. intr. (*io folléggio*; aus. *avere*) *1* (*raro*) Comportarsi da folle. *2* (*est.*) Scatenarsi nei divertimenti, darsi alla pazza gioia.

folleggiatóre [sec. XIV] s. m.; anche agg. (f. *-trice*) ● (*raro*) Chi (o Che) abitualmente folleggia.

follétto [dim. di *folle* (*2*); 1313] **A** s. m. *1* Spirito creato dalla fantasia popolare, dotato di indole bizzarra e sorprendente ma non malvagia: *i folletti e gli gnomi*. *2* (*fig.*) Ragazzo molto vivace e inquieto. **B** in funzione di agg. ● Pazzerello: *spirito f.*

follìa [da *folle* (*2*); av. 1250] s. f. *1* (*gener.*) Stato di alienazione mentale, pazzia, demenza: *ha ucciso in un accesso di f.*; *essere colto da improvvisa* *f.*; *essere in preda alla f.* | ***F. collettiva***, esaltazione di massa portata al parossismo | (*est.*) Mancanza di raziocinio, sconsideratezza: *si è rovinato a causa della sua f.* | ***Amare qlcu. alla f.***, ***fino alla f.***, perdutamente. **2** Atto sconsiderato, temerario, avventato: *quella spesa è stata una vera f.!*; *che f.!* | ***Fare follie***, darsi alla pazza gioia, divertirsi in modo sfrenato | ***Fare follie per qlcu. o qlco.***, desiderare oltre ogni ragionevole limite | ***F.!***, ***follie!***, si dice per commentare ciò che è illogico, stravagante. **3** (*mus.*) Antica danza di origine portoghese, piuttosto movimentata, diffusa spec. in Spagna, anche come parte di spettacoli teatrali | Nella musica barocca, melodia di carattere sostenuto e tempo ternario, derivata dalla danza e usata come basso di variazioni strumentali, spec. violinistiche: *la Follia di Corelli*.

follicolàre [vc. dotta, lat. tardo *folliculāre(m)*, da *follĭculus* 'follicolo'; av. 1597] **agg.** ● (*anat.*) Dei, relativo ai follicoli.

follicolìna [da *follicolo*; 1932] **s. f.** ● (*fisiol.*) Ormone prodotto dall'ovaio, ad azione estrogena.

follicolìte [comp. di *follicolo* e *-ite* (*1*)] **s. f.** ● (*med.*) Infiammazione dei follicoli piliferi.

follìcolo [vc. dotta, lat. *follĭculu(m)*, dim. di *fŏllis* 'folle (1)'; sec. XIV] **s. m.** **1** (*bot.*) Frutto secco deiscente simile al legume, che si apre lungo una sola linea di sutura. **2** (*anat.*) Piccola cavità | ***F. pilifero***, piccola cavità della cute in cui si impianta il pelo | ***F. ooforo***, piccola formazione dell'ovaio contenente la cellula uovo. ➡ **ILL.** p. 2126 ANATOMIA UMANA. **3** (*mar.*) Manichetta di cuoio intorno al ginocchio del remo nelle poliremi, che, infissa al bordo, impediva all'acqua di entrare nei portelli.

follicolóso [vc. dotta, lat. tardo *folliculōsu(m)*, da *follĭculus* 'follicolo'] **agg.** ● Provvisto di follicoli.

follóne o **fullóne** [lat. *fullōne(m)*, di etim. incerta; 1853] **s. m.** **1** Macchina dell'industria laniera usata per la follatura dei tessuti di lana | ***F. a cilindri***, per follare vari tipi di tessuti | ***F. a martelli***, usato raramente per tessuti molto pesanti, coperte ecc. **2** †L'operaio che un tempo follava le lane con i piedi.

follonière **s. m.** (**f.** *-a*) ● Operaio addetto ai folloni.

follow-up /fɔllo'ap, *ingl.* 'fɒləʊ,ʌp/ [loc. ingl., dal v. *to follow up* 'proseguire' di orig. germ.] **s. m. inv.** **1** (*org. az.*) Assistenza fornita ai nuovi assunti in un'azienda per aiutarli e indirizzarli opportunamente nel loro sforzo iniziale di apprendimento. **2** In medicina, visita o test di controllo, richiamo e sim. che si effettua periodicamente per valutare l'evoluzione di una malattia e la validità della terapia adottata.

†**fólta** [da *folto*; av. 1388] **s. f.** ● Calca, pressa, folla | (*est.*) Folto, spec. di una mischia.

foltézza [da *folto*; av. 1557] **s. f.** ● (*raro*) Caratteristica di folto: *la f. dei capelli, delle foglie*.

♦**fólto** [lat. *fŭltu(m)*, part. pass. di *fulcīre* 'sostenere, rafforzare'. V. *folcere*; av. 1292] **A agg.** **1** Abbondante, numeroso e fitto: *erba folta*; *pelo, bosco f.*; *una folta schiera di armati*. **CONTR.** Rado. **2** Denso: *nebbia, caligine folta*. || **foltaménte**, **avv.** **B s. m.** ● La parte più densa e fitta di qlco.: *nel f. del bosco, della mischia, della folla*.

foménta [lat. *foménta*, nt. pl. di *foméntum* 'fomento'; av. 1646] **s. f.** ● (*med., raro*) Fomento.

fomentàre [vc. dotta, lat. tardo *fomentāre*, da *fomēntum* 'fomento'; av. 1540] **v. tr.** (*io foménto*) **1** †Curare con fomenti. **2** Incitare, istigare: *f. l'odio, la discordia, la passione* | (*est.*) Promuovere: *f. una rivolta*. **3** †Favorire, confortare.

fomentatóre [av. 1540] **s. m.**; anche **agg.** (**f.** *-trice*) ● Istigatore: *un f. di guerre, discordie, passioni*.

fomentazióne [vc. dotta, lat. tardo *fomentatiō-ne(m)*, da *fomēntum* 'fomento'; av. 1320] **s. f.** **1** Il fomentare: *la f. del vizio*. **2** (*med.*) Pratica del fomento.

foménto o **fuménto** [vc. dotta, lat. *fomēntu(m)*, da *fovēre* 'riscaldare', di orig. indeur.; 1342] **s. m.** **1** Medicamento caldo e umido che, applicato alla parte malata, ha la proprietà di mitigare il dolore | Suffumigio. **2** (*lett.*) Ciò che serve ad alimentare il fuoco: *dar f. alle fiamme*. **3** (*fig., lett.*) Stimolo, istigazione: *da niuna cosa ha l'ambizione de' pontefici maggior f. che da se stessa* (GUICCIARDINI).

fòmite o †**fòmito** [vc. dotta, lat. *fōmite(m)*, da *fovēre* 'riscaldare', di orig. indeur.; av. 1406] **s. m.** **1** †Materia secca atta a prender subito fuoco ed a comunicarlo. **2** (*fig., lett.*) Istigazione, stimolo, incentivo: *il f. delle ribellioni* | Causa attiva: *essere f. di malattie*.

fon (**1**) /fɔn/ **s. m. inv.** ● Adattamento di *Föhn* nel sign. 2 (V.); **SIN.** Asciugacapelli, phon.

fon (**2**) /fɔn/ ● V. *phon* nel sign. 1.

fonàre [da *fon* (*1*)] **v. tr.** (*io fòno*) ● (*pop.*) Asciugare i capelli, o farne la messa in piega, col föhn.

fonastenìa [vc. dotta, comp. di *fon(o)-* e *astenia*; 1942] **s. f.** ● (*med.*) Difficoltà di fonazione dovuta a un eccessivo uso della voce.

fonatòrio [1916] **agg.** ● Che serve alla fonazione: *organo f.*

fonazióne [fr. *phonation*, dal gr. *phōnḗ* 'voce' (V. *fono-*); 1875] **s. f.** ● Processo che forma la voce e il linguaggio articolato.

foncé /fr. fõ'se/ [vc. fr., 'cupo, scuro', propr. 'affondato, profondo', part. pass. di *foncer*, propr. 'mettere il fondo (a una botte)', poi 'rendere un colore più scuro', da *fons*, forma ant. di *fond* 'fondo'] **agg. inv.** ● Detto di colore scuro, cupo.

fónda (**1**) [da *fondo*; 1797] **s. f.** **1** (*mar.*) Tratto di mare in una rada e sim. che offre alle navi la possibilità di ancorarsi agevolmente | ***Nave alla f.***, ormeggiata alla propria ancora o a una boa lontano dalla riva. **2** (*raro*) Fondo, profondità | Bassura. **3** (*fig.*) †Gran quantità.

fónda (**2**) [lat. tardo *fŭnda(m)* 'fionda', di etim. incerta; av. 1292] **s. f.** **1** (*raro*) Un tempo, custodia di cuoio o di canovaccio appesa a lato dell'arcione della sella per riporvi la pistola o dietro la sella per la carabina. **2** †Borsa, tasca: *una f. di denari*. **3** Fionda.

fondàccio [1487] **s. m.** **1** (*raro*) Pegg. di *fondo*. **2** Feccia: *f. di botte, di bottiglia*. **3** Merce di poco valore rimasta invenduta: *i fondacci di bottega*.

fóndaco (o **-ò-**) [ar. *funduq* 'magazzino', dal gr. *pandochêion* 'albergo', comp. di *pâs* 'tutto' e *déchesthai* 'accogliere'; 1312] **s. m.** (**pl.** *-chi*, raro *-ci*) **1** Bottega in cui si vendevano, un tempo, tessuti al minuto | Magazzino o deposito di merci varie. **2** Nel Medioevo, edificio adibito a magazzino, e spesso ad alloggio, per i mercanti in Paesi stranieri.

fondàle [da *fondo*; sec. XV] **A s. m.** **1** Profondità delle acque del mare, di un fiume, di un lago in un punto determinato | (*est., impropr.*) Fondo marino: *l'isola è nota per i suoi meravigliosi fondali*. **2** Grande telone che fa da sfondo alla scena. || **fondalìno**, **dim.** **B agg.** ● †Attinente il fondo, che ha luogo sul fondo.

fondàme [1942] **s. m.** ● Residuo, fondo depositato da certi liquidi.

♦**fondamentàle** [lat. tardo *fundamentāle(m)*, da *fundamēntum* 'fondamento'; 1584] **A agg.** **1** Che serve di fondamento: *norme, principi fondamentali* | (*est.*) Che riveste importanza basilare: *regole, formule fondamentali* | ***Diritti fondamentali***, diritti soggettivi della personalità dell'individuo | ***Sentimento f.***, in filosofia, l'anima senziente. **SIN.** Principale. **2** (*mus.*) Che è base a un accordo musicale | ***Nota f.***, nella scala musicale, tonica. || **fondamentalménte**, **avv.** **1** Nei fondamenti. **2** Essenzialmente, eminentemente: *un problema fondamentalmente pratico*. **B s. m.** **1** Ciò che serve di fondamento | (*spec. al pl.*) Tecnica di base di uno sport: *i fondamentali della pallacanestro*. **2** (*mus.*) Nota base di un accordo musicale.

fondamentalìṣmo [ingl. *fundamentalism*, da *fundamental* 'fondamentale'] **s. m.** **1** Movimento religioso protestante che pone come fondamenti del cristianesimo l'accettazione dei dogmi, dei miracoli, dell'infallibilità della Bibbia e ammette soltanto l'interpretazione letterale di questa. **2** (*est.*) Movimento islamico che sostiene l'applicazione letterale e rigorosa della legge coranica anche nella società attuale. **3** (*est.*) Atteggiamento di chi persegue l'attuazione intransigente e spesso dogmatica dei principi di un movimento religioso, politico e sim.

fondamentalìsta [ingl. *fundamentalist*; 1946] **A s. m. e f.** (**pl. m.** *-i*) ● Seguace, sostenitore del fondamentalismo | (*est.*) Chi dà prova di fondamentalismo. **B agg.** ● Relativo al fondamentalismo.

fondamentalìstico [da *fondamentalist(a)* col suff. *-ico*; 1997] **agg.** (**pl. m.** *-ci*) ● Che riguarda il fondamentalismo o i fondamentalisti.

fondamentàre [av. 1294] **v. tr.** (*io fondaménto*) ● (*raro*) Mettere i fondamenti.

fondaménto [lat. *fundamĕntu(m)*, da *fundāre* 'porre le fondamenta'. V. *fondare*; av. 1294] **s. m.** (**pl.** *fondaménta*, **f.** nel sign. proprio, *fondaménti*, **m.** nei sign. fig.) **1** (*gener. al pl.*) Parte sotterranea delle costruzioni, che sostiene il peso di tutto l'edificio: *gettare le fondamenta*. **2** (*fig.*) Il complesso di principi che servono di base e di sostegno ad una scienza, una disciplina e sim.: *scoprire i fondamenti di un sistema*; *il f. della storia, della religione, della filosofia*; *porre i fondamenti di una nuova organizzazione sociale* | ***Fare f. su*** (o *lett.* ***in***) ***qlcu. o qlco.***, farvi assegnamento: *più f. potete fare in uno che abbia bisogno di voi* (GUICCIARDINI) | ***Lavorare senza f.***, in modo inconcludente, senza costrutto. **3** (*fig.*) Ragione valida, basata su dati certi: *parlare con f.*; *sono notizie prive di f.*

fondant /fon'dan, *fr.* fõ'dɑ̃/ [vc. fr., da *fondre* 'fondere'; 1881] **s. m. inv.** ● Dolcetto a base di zucchero e aromi vari che si fonde in bocca.

fondànte [part. pres. di *fondare*] **agg.** ● Fondamentale, basilare: *l'elemento f. di una teoria*.

♦**fondàre** [lat. *fundāre*, da *fŭndus* 'fondo'; av. 1292] **A v. tr.** (*io fóndo*) **1** Gettare le fondamenta di una costruzione (*anche assol.*): *f. una diga, un porto*; *f. sul tufo, sulla pietra* | ***F. sulla sabbia***, (*fig.*) fare opera vana | (*est.*) ***F. una città***, ***una colonia***, erigerne gli edifici e dettarne gli ordinamenti. **2** (*fig.*) Porre le basi istituzionali di un ente, un organismo e sim.: *f. un regno, una società*; *f. un ordine religioso, un'opera pia, un collegio*. **SIN.** Creare, formare, istituire. **3** (*fig.*) Inventare, scoprire: *f. una scienza, una teoria*. **4** (qlco. + *su*, + *con*) Basare, dare fondamento: *f. la difesa, l'accusa su prove inconfutabili*; *f. l'affermazione con un documento*. **5** †Affondare. **B v. intr. pron.** e **rifl.** (+ *su*; lett. + *in*) **1** Avere, trovare le proprie basi, il proprio fondamento: *sono illazioni che si fondano su ipotesi errate*; *tutte le altre disposizioni degli uomini … si fondano in qualche inganno e in qualche immaginazione falsa* (LEOPARDI). **2** Fare assegnamento: *non dovete fondarvi su vaghe promesse*.

fondàta [da *fondo*; 1625] **s. f.** ● (*tosc.*) Deposito, fondo di un liquido.

fondatézza [1680] **s. f.** ● Caratteristica di ciò che è fondato, che ha fondamento: *la f. delle sue ragioni, dei suoi sospetti*. **SIN.** Consistenza, validità.

fondàto [av. 1511] **part. pass.** di *fondare*; anche **agg.** **1** Nei sign. del v.: *un edificio f. sulla roccia*; *una città fondata prima di Cristo*; *un partito f. nel dopoguerra*. **2** (*fig.*) Che ha fondamento valido: *discorso f.*; *sospetti fondati*; *fondate ragioni*. **CONTR.** Infondato. **3** †Fondo, profondo (*anche fig.*) | ***Inverno f.***, pieno inverno. || **fondataménte**, **avv.** Con fondatezza.

fondatóre [vc. dotta, lat. *fundatōre(m)*, da *fundāre* 'fondare'; 1306] **s. m.**; anche **agg.** (**f.** *-trice*) ● Chi (o Che) istituisce, fonda, edifica: *f. di una città, di un impero*; *f. di un'opera pia, di un'accademia* | ***Soci fondatori***, nelle società per azioni, i soci che hanno sottoscritto l'atto costitutivo.

fondazionàle [da *fondazione*, sul modello dell'ingl. *foundational*] **agg.** ● (*filos.*) Relativo alla ricerca dei fondamenti di una scienza o di un gruppo di scienze.

fondazionalìṣmo [da *fondazional(e)* col suff. *-ismo*] **s. m.** ● (*filos.*) Ogni tendenza a perseguire una fondazione filosofica delle scienze o a costruire un sapere fondato su presupposti logicamente giustificati.

fondazióne [vc. dotta, lat. tardo *fundatiōne(m)*, da *fundāre* 'fondare'; 1511] **s. f.** **1** Costruzione, erezione | Creazione, istituzione: *f. di un collegio, un istituto, un partito*. **2** (*al pl.*) Le parti delle costruzioni che penetrano nel terreno per raggiungere un piano stabile su cui poggiare i carichi soprastanti. **3** (*dir.*) Istituzione con personalità giuridica costituita sulla base di un patrimonio destinato al conseguimento, senza fini di lucro, di uno scopo spec. benefico o culturale: *f. culturale*; *f. bancaria*.

fondèllo [da *fondo*; 1585] **s. m.** **1** Parte di fondo di oggetti vari: *il f. dei pantaloni* | (*fig., fam.*) ***Prendere qlcu. per i fondelli***, prenderlo in giro, ingannarlo. **2** Estremità posteriore di un bossolo. **3** (*raro*) Anima dei bottoni.

fondènte [av. 1730] **A part. pres.** di *fondere*; anche **agg.** ● Che fonde facilmente | ***Cioccolato f.***, V.

cioccolato. **B** s. m. *1* In metallurgia, sostanza che si unisce ai minerali durante la fusione per trasformare le impurità in scoria fluida | Nell'industria ceramica, sostanza che si mescola all'impasto di argilla per provocarne la vetrificazione. *2* Fondant.

fóndere o †**fùndere** [lat. *fŭndere* 'versare', di orig. indeur.; sec. XIII] **A** v. tr. (pass. rem. *io fùsi*, †*fondètti* (o †*-étti*), *tu fondésti*; part. pass. *fùso*, †*fondùto*) *1* Rendere liquido un corpo solido: *f. l'oro, l'argento, il bronzo*; *il calore fonde il ghiaccio* | ***F. in conchiglia***, colando la materia fusa in una forma metallica | ***F. le bronzine***, nei motori degli autoveicoli, per surriscaldamento dovuto a mancanza di lubrificazione sufficiente. SIN. Sciogliere. *2* Ottenere un oggetto metallico mediante fusione: *f. una statua, un candelabro, una campana*. *3* (*fig.*) Unire due o più elementi in un tutto organico: *f. i colori, due enti, due classi*; *la storia deve fondere fatti e filosofia insieme* (DE SANCTIS). *4* (*fig.*) †Versare, spargere. *5* †Divulgare, diffondere. *6* †Dissipare, profondere, disperdere: *f. le facoltà, i beni, le sostanze*. **B** v. intr. e (*lett.*) intr. pron. (aus. intr. *avere*) ● Divenire liquido, spec. per azione del calore; *il ghiaccio fonde a 0 °C*; *la neve fonde al sole*; *E la cera non si fonde* (D'ANNUNZIO). **C** v. rifl. rec. (assol.; + *con*, + *in*) ● (*fig.*) Unirsi formando un tutto unico: *quelle due associazioni si sono fuse*; *quella società si è fusa con un'altra*; *le voci e i suoni si fondono in un'unica sinfonia*.

fonderìa [fr. *fonderie*, da *fondre* 'fondere'; av. 1566] s. f. *1* In metallurgia, stabilimento o reparto per la fusione dei metalli e relativa colata in forme. *2* †Laboratorio ove si distillavano e preparavano in fusione erbe, succhi, liquori.

fondézza [av. 1597] s. f. ● (*raro*) Caratteristica di ciò che è profondo.

fondiàrio [da *fondo* nel sign. 8; 1819] agg. ● Relativo a terreni, a beni immobili: *proprietà fondiaria*; *rendita fondiaria* | ***Tassa fondiaria***, imposta su terreni e fabbricati | ***Credito f.***, concesso per sopperire alle esigenze della proprietà immobiliare rustica; anche, banca che fornisce prestiti a lunga scadenza, garantendosi con ipoteche sugli immobili | ***Cartella fondiaria***, titolo a reddito fisso emesso da istituti di credito fondiario.

fondìbile [da *fondere*; av. 1565] agg. ● Che si può fondere.

fondìglio [da *fondo*; av. 1347] s. m. ● Avanzo di liquido depositato nel fondo di un recipiente.

fondigliòlo o (*lett.*) **fondigliuòlo** [av. 1347] s. m. ● Fondiglio.

fondìna [da *fonda* (2); 1812] s. f. *1* Custodia gener. di cuoio per la pistola. *2* (*region.*) Piatto fondo, per minestra o zuppa.

fondìno s. m. *1* Dim. di *fondo*. *2* Piccolo fondale posto dietro un'apertura, come porta, finestra e sim., della scena teatrale. *3* (*tipogr.*) Sfondo di retino posto a evidenziare una parte di testo.

fondìsta [da *fondo* nei sign. 10 e 11; 1937] s. m. e f. (pl. m. *-i*) *1* Atleta specializzato nelle gare di fondo. ➡ ILL. p. 2159 SPORT. *2* Scrittore o giornalista specializzato negli articoli di fondo di un giornale. *3* Sottoscrittore di fondi di investimento.

fonditóre [da *fondere*; sec. XIV] s. m. (f. *-trice*) *1* Operaio addetto alla fonderia | Operaio vetrario addetto alla conduzione dei forni di fusione. *2* †Dissipatore, prodigo.

fonditrìce [1952] s. f. ● (*edit.*) Macchina usata per produrre caratteri mobili uguali in grandi quantità.

fonditùra [sec. XIV] s. f. ● (*raro*) Fusione.

♦**fóndo** [lat. *fŭndu(m)*, di orig. indeur.; 1313] **A** s. m. *1* Parte inferiore di qlco.: *il f. di un pozzo, di una botte, della valle*; *vuotare il bicchiere fino in f.*; *il f. del mare*; *precipitare nel f. di uno strapiombo* | ***F. di bicchiere***, (*fig.*) brillante falso | ***Valigia, baule a doppio f.***, con un'intercapedine nascosta tra il vero e il falso fondo | ***Dar f.***, gettare l'ancora | ***Dar f. a qlco.***, esaurirla | ***Andare a f.***, affondare, naufragare; (*fig.*) fallire, rovinarsi | ***Avere uno stomaco senza f.***, (*fig.*) essere insaziabile | (*mus.*) Tavola inferiore della cassa armonica degli strumenti ad arco | ***Registri di f.***, registri organistici in cui ogni tasto fa vibrare l'aria di una singola canna. CONTR. Cima, sommità. *2* Quantità di liquido che resta in un recipiente che ne era pieno: *ha lasciato solo il f. della bottiglia* | (*est.*) Posatura, deposito: *il f. dell'aceto* | ***F. del caffè***, polvere che è già servita per la decozione di caffè | ***F. del vino***, deposito di tannino e precipitati vari nella parte inferiore di una bottiglia. *3* (*cuc.*) Brodo concentrato di carne o pesce utilizzato spec. come ingrediente nella preparazione di salse | ***F. di cottura***, sugo che rimane dopo la cottura spec. di piatti di carne. *4* (*spec. al pl.*) Rimasugli, insieme di cose rimaste inutilizzate: *fondi di bottega* | ***Fondi di magazzino***, merce rimasta invenduta. *5* Parte più interna e nascosta di qlco.: *languire nel f. di una prigione*; *liberati dal f. di qualche oscura torre* (BRUNO); *il f. dell'animo, della coscienza* | ***Conoscere a f. una persona***, (*fig.*) conoscerne bene pregi e difetti | ***Studiare a f.***, compiutamente | ***Di f.***, essenziale, sostanziale: *un problema di f.* | †Cosa profonda, intrigata. *6* Parte situata al capo estremo rispetto a chi osserva: *in f. alla strada, al campo*; *il f. della scena* | ***Andare fino in f.***, (*fig.*) esaurire un argomento, appurare completamente qlco., sviscerare un problema e sim.; concludere qlco. | In un quadro, la parte che corrisponde ai piani più lontani, lo sfondo; anche, la parte della superficie non occupata da immagini | ***F. d'oro***, usato in molti antichi dipinti su tavola, ottenuto mediante l'applicazione di un sottile strato di foglia d'oro | In araldica, campo: *il f. di uno stemma* | Nei tessuti, il colore di base, sul quale si fa il disegno: *tessuto a fiori bianchi su f. blu*. *7* Parte finale di qlco.: *il f. della pagina* | ***Essere al f. di qlco.***, (*fig.*) averla ultimata | ***F. schiena***, V. *fondoschiena* | ***Toccare il f.***, (*fig.*) giungere al punto estremo, più negativo | ***Raschiare il f. del barile***, (*fig.*) ricorrere alle ultime risorse per far fronte a una situazione molto negativa | ***Da cima a f.***, dal principio alla fine | ***Non avere né fine né f.***, essere immenso | ***In f.***, ***in f. in f.***, in conclusione, tutto sommato | †***In quel f.***, finalmente | ***Linea di f.***, nei campi da gioco di varie specialità, quella che delimita il fondo del campo: *la palla ha superato la linea di f.* | ***F. campo***, V. *fondocampo*. *8* Strato | ***F. tinta***, V. *fondotinta* | ***F. stradale***, strato superficiale della strada: *f. stradale buono, dissestato, sconnesso* | ***F. d'abito***, sottoveste particolarmente leggera, adatta per abiti vaporosi e di stoffa molto sottile. *9* Unità immobiliare: *f. rustico*; *f. urbano*; *f. intercluso* | (*per anton.*) Appezzamento di terreno agrario: *'l'unità culturale', il 'f. indivisibile', sono fantocci libreschi* (EINAUDI) | ***F. chiuso***, recintato nei modi previsti dalla legge. *10* Insieme di denari o altri beni accantonati e destinati a un uso particolare prestabilito | ***F. di cassa***, ciò che rimane dopo aver provveduto alle spese | ***F. perduto***, somma messa in conto come perduta, senza diritto alla restituzione: *contributi a f. perduto* | ***F. salari***, nel bilancio di un'azienda, somma accantonata per i salari dei dipendenti | ***Fondi segreti***, somma stanziata nei bilanci dello Stato per servizi che non possono rendersi di pubblica ragione | ***Fondi neri***, somme di denaro illegalmente destinate a fini diversi da quelli propri di un'azienda e quindi non figuranti nei bilanci | (*borsa*) ***F. comune d'investimento***, società finanziaria che raccoglie il risparmio da un gran numero di persone per investirlo in forma comune, consentendo un frazionamento del rischio e una gestione professionale degli investimenti: *f. comune azionario, obbligazionario, bilanciato* | ***F. chiuso***, fondo comune d'investimento il cui capitale è fisso ed è stato sottoscritto al momento della costituzione | ***F. monetario internazionale***, organizzazione cui partecipano quasi tutti gli Stati membri dell'O.N.U., avente il compito di controllare il buon funzionamento del sistema monetario mondiale | (*borsa*) Titolo | ***F. pubblico***, titolo rappresentativo del debito dello Stato o di altro ente pubblico | ***F. pensione***, forma di previdenza complementare al sistema di previdenza pubblico, costituita mediante versamenti periodici di contributi. *11* Nell'atletica leggera, nel nuoto e nell'equitazione, prova su lunga distanza | ***Possedere f., essere dotato di f.***, detto di atleta resistente agli sforzi prolungati | ***Sci di f.***, specialità sportiva consistente nel percorrere con gli sci itinerari innevati pianeggianti o di modesto dislivello e di varia lunghezza. ➡ ILL. p. 2159 SPORT. *12* (*giorn.*) Articolo di fondo. **B** agg. *1* Profondo: *fossa, valle, cassa fonda* | ***Bicchiere f.***, alto | ***Vaso f.***, più alto che largo | ***Piatto f.***, scodella | †***Pestilenza fonda***, nella sua piena intensità. *2* (*est.*) Folto, fitto, denso: *bosco f.*; *siepe, foresta fonda* | ***Notte fonda***, la parte centrale della notte, quella più fitta e buia: *era già notte fonda quando ci incamminammo*. **C** avv. ● (*raro*) Profondamente: *zappare f.* || **fondàccio**, pegg. (V.) | **fondìno**, dim. (V.).

fondocàmpo o **fóndo càmpo** [giustapposizione di *fondo* e *campo*; 1985] s. m. inv. ● (*sport*) Nei campi da gioco di diversi sport quali il calcio, il tennis, la pallavolo e sim., la fascia posta oltre la linea di fondo.

fondoschièna [comp. di *fondo* e *schiena*] s. m. inv. ● (*fam.*, *anche scherz.*) Deretano, sedere.

fondotìnta [comp. di *fondo* e *tinta*; 1985] s. m. inv. ● Prodotto cosmetico, per lo più di consistenza cremosa o fluida, colorato secondo le sfumature della carnagione, usato per il trucco spec. del viso.

fondovàlle [comp. di *fondo* e *valle*; 1929] s. m. (pl. *fondivàlle*) ● Parte più bassa di una valle sul cui fondo si trova la linea di impluvio.

fondue /fr. fõ'dy/ [vc. fr., f. di *fondu* 'fuso', part. pass. di *fondre* 'fondere'; 1989] s. f. inv. ● Vivanda preparata con formaggio fuso, in genere gruviera o emmental, vino bianco e spezie, tipica della Svizzera.

fondue bourguignonne /fr. fõ,dybuʀgi'ɲɔn/ [comp. di *fondue* (V. *fondue*) e *bourguignonne*, f. di *bourguignon* 'borgognone'] loc. sost. f. inv. (pl. fr. *fondues bourguignonnes*) ● Piatto a base di cubetti di carne cruda, in genere filetto, tuffati nell'olio che bolle in uno speciale recipiente, e poi mangiati accompagnati da varie salse.

fondùta [piemontese *fondùa*, dal fr. *fondue*, f. di *fondu* 'fuso'; 1854] s. f. ● Crema di formaggio, tipica del Piemonte e della Valle d'Aosta, ottenuta cuocendo a bagnomaria burro, tuorli d'uovo, fontina e il latte che è servito per ammorbidirla; viene servita calda con crostini o polenta, spesso con tartufo bianco.

fonèma [fr. *phonème*, dal lat. *phonēma*, dal gr. *phṓnēma* 'voce', da *phōnḗ* 'voce, suono'; 1910] s. m. (pl. *-i*) ● (*ling.*) Unità minima distintiva di suono nell'ambito di una lingua particolare, che consente, da sola o in combinazione con altre, di formare dei significanti e di fare una distinzione tra essi.

fonemàtica [1963] s. f. ● (*ling.*) Studio sistematico dei fonemi di una lingua. SIN. Fonologia.

fonemàtico agg. (pl. m. *-ci*) ● (*ling.*) Di, relativo a, fonema o fonematica. || **fonematicaménte**, avv.

fonematizzazióne s. f. ● (*ling.*) Formazione di una differenza fonematica.

fonèmica [dall'ingl. *phonemics*] s. f. ● (*ling.*) Fonematica.

fonèmico [da *fonema*, sul modello dell'ingl. *phonemic*] agg. (pl. m. *-ci*) ● (*ling.*) Fonematico.

fonendoscòpio [comp. di *fono-*, del gr. *éndon* 'dentro' e *-scopio*; 1936] s. m. ● (*med.*) Strumento per auscultazione, formato da una piccola cassa di risonanza che amplifica i suoni. ➡ ILL. **medicina e chirurgia**.

fonèsi [vc. dotta, gr. *phṓnēsis* 'suono', da *phōnéin* 'suonare, parlare', da *phōnḗ* 'suono' (V. *fonema*); 1899] s. f. inv. ● (*med.*) Suono che si percepisce auscultando il polmone.

fonètica [V. *fonetico*; 1834] s. f. ● (*ling.*) Studio dei fenomeni fonici del linguaggio articolato: *f. storica, descrittiva, sperimentale* | ***F. sintattica***, fonosintassi.

fonètico [fr. *phonétique*, dal gr. *phōnētikós*, da *phōnḗ* 'voce'; 1834] agg. (pl. m. *-ci*) ● (*ling.*) Attinente ai suoni di una lingua: *leggi fonetiche* | ***Scrittura fonetica***, ***alfabeto f.***, in cui ogni segno rappresenta un suono. || **foneticaménte**, avv. Secondo la fonetica.

fonetìsmo [fr. *phonétisme*, da *phonétique* 'fonetica'; 1941] s. m. ● (*ling.*) Il complesso dei caratteri fonetici di una lingua.

fonetìsta [comp. di *foneti(ca)* e *-ista*; 1951] s. m. e f. (pl. m. *-i*) ● (*ling.*) Studioso, esperto di fonetica.

fonìa [accorc. di (*tele*)*fonia*; 1915] s. f. ● (*tel.*) Trasmissione di suoni (voce e musica), spec. in contrapposizione a quella di dati: *trasmissione in f. e dati*.

-fonìa [dal gr. *-phōnía*, da *phōnḗ* 'suono', 'voce' (V. *fono-*)] secondo elemento ● In parole dotte composte, significa 'suono', 'voce': *cacofonia, diafonia, eufonia, sinfonia*.

foniàtra [1963] s. m. e f. (pl. m. *-i*) ● Medico specialista in foniatria.

foniatrìa [comp. di *fono-* e *-iatria*, sul modello del fr. *phoniatrie*] s. f. ● Branca della medicina che studia le malattie della voce e del linguaggio e la loro cura.

foniàtrico agg. (pl. m. *-ci*) ● Della, relativo alla foniatria.

fònico [fr. *phonique*, dal gr. *phōnḗ* 'voce'; av. 1764] **A** agg. (pl. m. *-ci*) ● Attinente alla voce e alla pronuncia delle parole. || **fonicaménte**, avv. Dal punto di vista fonico. **B** s. m. (f. *-a*) ● Tecnico addetto alla registrazione dei suoni nella ripresa cinematografica.

-fònico secondo elemento ● Forma aggettivi composti, gener. derivati da sostantivi in *-fono* (*telefonico*, *microfonico*) o in *-fonia* (*cacofonico*, *sinfonico*).

fòno [dal gr. *phōnḗ* 'suono'; 1973] s. m. ● (*ling.*) Ogni suono del linguaggio considerato nel suo aspetto fisico, indipendentemente dalla funzione distintiva.

fòno-, -fono /'fɔno, fono/ [gr. *phōno-* e *-phōnos*, da *phōnḗ* 'suono', 'voce', di etim. incerta] primo e secondo elemento ● In parole composte, significano 'voce', 'suono': *fonogenico*, *fonografo*, *fonologia*, *microfono*, *telefono* | In alcuni casi, e solo come secondo elemento, significano 'che parla', 'parlante' (una data lingua): *francofono*, *italofono*.

fonoassorbènte [comp. di *fono-* e *assorbente*; 1970] agg. ● Che assorbe i suoni e i rumori.

fonobàr [comp. di *fono(grafo)* e *bar*; 1963] s. m. inv. ● Mobile bar in cui è inserito un grammofono o un giradischi.

fonocardiografìa [comp. di *fono-* e *cardiografia*; 1970] s. f. ● (*med.*) Registrazione grafica diretta dei rumori cardiaci.

fonocardiògrafo [comp. di *fono-* e *cardiografo*] s. m. ● (*med.*) Strumento impiegato per eseguire una fonocardiografia.

fonocardiogràmma [comp. di *fono-* e *cardiogramma*; 1970] s. m. (pl. *-i*) ● (*med.*) Tracciato dei rumori cardiaci visualizzato nella fonocardiografia.

fonocassétta [comp. di *fono-* e *cassetta*; 1970] s. f. ● Musicassetta.

fonofilmògrafo [comp. di *fono-*, *film* e *-grafo*; 1962] s. m. ● Apparecchio per registrare i suoni su nastro o pellicola.

fonofobìa [comp. di *fono-* e *-fobia*; 1970] s. f. ● (*psicol.*) Paura morbosa dei suoni e dei rumori.

fonogenìa [comp. di *fono-* e *-genia*; 1958] s. f. ● Caratteristica delle voci o dei suoni fonogenici.

fonogènico [da *fono-*, sul modello di *fotogenico*; 1933] agg. (pl. m. *-ci*) ● Di suono o voce che si presta a essere registrata fonograficamente | Di persona dotata di tale voce.

fonògeno [comp. di *fono-* e *-geno*] s. m. ● Pick-up.

fonografìa [comp. di *fono-* e *-grafia*] s. f. ● Tecnica di registrazione dei suoni.

fonogràfico [av. 1910] agg. (pl. m. *-ci*) **1** Che concerne la fonografia. **2** Relativo al fonografo, atto al fonografo. SIN. Grammofonico. || **fonograficaménte**, avv. Mediante il fonografo.

fonògrafo [comp. di *fono-* e *-grafo*; 1875] s. m. **1** (*mus.*) Dispositivo destinato alla riproduzione del suono inciso su dischi fonografici: *f. elettrico*, *stereofonico* | ***F. meccanico***, nel quale il disco è mantenuto in rotazione da un motore a molla, e il suono viene diffuso da una tromba acustica. SIN. Grammofono. **2** Dispositivo usato un tempo per la registrazione e la riproduzione del suono, costituito da un cilindro metallico rotante rivestito di stagnola e da un bulino metallico che vi incideva un solco a spirale e riproduceva poi il suono ripercorrendo il solco inciso.

fonogràmma [comp. di *fono-* e *-gramma*; 1908] s. m. (pl. *-i*) **1** Comunicazione scritta (gener. di uffici pubblici) inoltrata a mezzo telefono. **2** (*ling.*) Elemento grafico di una scrittura alfabetica. **3** (*fis.*) Registrazione di oscillazioni acustiche su materiali speciali.

fonoisolànte [comp. di *fono-* e *isolante*; 1970] **A** agg. ● Che ha il potere di isolare acusticamente: *pannelli fonoisolanti*. **B** s. m. ● Isolante acustico.

fònokit o **fonokìt** [da *fono-*, sul modello di *identikit*] s. m. inv. ● Sistema di identificazione di una persona attraverso il suono della sua voce.

fonolite [comp. di *fono-* e *-lite*; 1819] s. f. ● Roccia a struttura porfirica composta da sanidino e nefelina o leucite, di colore verdastro, divisibile in lastre dotate di una certa sonorità.

fonologìa [comp. di *fono-* e *-logia*; 1952] s. f. ● (*ling.*) Studio dei suoni del linguaggio dal punto di vista della loro funzione nel sistema di comunicazione linguistica. SIN. Fonematica.

fonològico [1952] agg. (pl. m. *-ci*) ● (*ling.*) Che concerne la fonologia | ***Componente f.***, parte di una grammatica generativa che determina la forma fonetica delle frasi generate dalle regole sintattiche. || **fonologicaménte**, avv. Secondo la fonologia.

fonologista s. m. e f. (pl. m. *-i*) ● (*raro*) Fonologo.

fonologizzazióne [ingl. *phonologization*, da *phonology* 'fonologia'] s. f. ● (*ling.*) Processo attraverso il quale un elemento fonico irrilevante diventa pertinente.

fonòlogo [comp. di *fono-* e *-logo*; 1925] s. m. (f. *-a*; pl. m. *-gi*) ● Studioso di fonologia.

fonometrìa [comp. di *fono-* e *-metria*; 1869] s. f. **1** (*fis.*) Parte della fisica che studia le fonti di suoni e rumori, ne misura l'intensità e ne indaga gli effetti e la tollerabilità. **2** (*ling.*) Studio statistico dei fonemi.

fonòmetro [comp. di *fono-* e *-metro*; 1829] s. m. ● (*fis.*) Apparecchio per la misurazione oggettiva del livello di sensazione sonora.

fonomimìa [dal gr. *phōnómimos* 'che imita la voce', comp. di *phōnḗ* 'voce' e *mîmos* 'imitatore'; 1925] s. f. ● Rappresentazione dei suoni della voce coi gesti nella comunicazione tra sordomuti.

fonomontàggio [comp. di *fono-* e *montaggio*; 1950] s. m. ● Programma radiofonico composito, costituito da brani di registrazioni sonore di varia natura e provenienza.

fonomorfològico [comp. di *fono(logico)* e *morfologico*] agg. (pl. m. *-ci*) ● Che riguarda contemporaneamente la fonologia e la morfologia.

fonóne [comp. di *fon(o)-* e *-one* (*3*)] s. m. ● (*fis.*) Quanto di energia di un'onda elastica, utilizzato per es. nella descrizione delle vibrazioni di un reticolo cristallino.

fonoregistratóre [comp. di *fono-* e *registratore*] s. m. ● Apparecchio per la fonoregistrazione.

fonoregistrazióne [comp. di *fono-* e *registrazione*] s. f. ● Tecnica di registrazione di suoni e rumori.

fonoriproduttóre [comp. di *fono-* e *riproduttore*] s. m. ● (*gener.*) Qualsiasi apparecchio atto a riprodurre suoni | Altoparlante.

fonoriproduzióne [comp. di *fono-* e *riproduzione*] s. f. ● Riproduzione di suoni registrati su dischi, nastri e sim.

fonorivelatóre [comp. di *fono-* e *rivelatore*; 1948] s. m. ● Pick-up.

fonoscòpio [comp. di *fono-* e *-scopio*, sul modello dell'ingl. *phonoscope*] s. m. ● Apparecchio per l'osservazione e la misurazione delle proprietà sonore degli strumenti musicali.

fonosimbòlico [comp. di *fono-* e *simbolico*; 1945] agg. (pl. m. *-ci*) ● (*ling.*) Di, relativo, caratterizzato da fonosimbolismo | Onomatopeico. || **fonosimbolicaménte**, avv.

fonosimbolìsmo [comp. di *fono-* e *simbolismo* (*1*); 1927] s. m. ● (*ling.*) Evocazione onomatopeica di oggetti o significati tramite suoni o sequenze di suoni di una lingua.

fonosìmbolo [comp. di *fono-* e *simbolo*] s. m. ● Voce, espressione fonosimbolica.

fonosintàssi [comp. di *fono-* e *sintassi*] s. f. inv. ● (*ling.*) Parte della grammatica che si occupa di tutti i fenomeni fonetici che si producono nel contatto tra due parole susseguentisi nella catena parlata. SIN. Fonetica sintattica.

fonosintàttico [comp. di *fono-* e *sintattico*] agg. (pl. m. *-ci*) ● (*ling.*) Che riguarda insieme la fonetica e la sintassi: *l'elisione e il troncamento sono fenomeni fonosintattici* | ***Raddoppiamento f.***, fenomeno per cui una consonante iniziale di parola, quando sia preceduta da determinate parole terminanti per vocale, si pronuncia come se fosse scritta doppia (per es. *a casa* /ak'kaza, -asa/).

fonostilìstica [comp. di *fono-* e *stilistica*] s. f. ● (*ling.*) Parte della fonologia che studia gli elementi fonici aventi nel linguaggio umano una funzione non rappresentativa ma espressiva o emotiva, come l'uso artificioso della *r* moscia.

fonotèca [comp. di *fono-* e *-teca*; 1970] s. f. **1** Raccolta di dischi musicali, di nastri magnetici e sim. di particolare interesse artistico, storico o culturale. **2** Edificio in cui si conserva questa raccolta | Istituzione che cura la raccolta e la sistemazione di tali registrazioni sonore. **3** (*cine*) Raccolta di musiche, voci e rumori registrati che vengono inseriti in un film durante il missaggio.

fonotelemetrìa [comp. di *fono-* e *telemetria*] s. f. ● Telemetria che utilizza le onde sonore.

fònotron o **fonotròn** [comp. di *fono-* ed *elet(t)rone*] s. m. inv. ● Dispositivo acustico per grossi autoveicoli spec. autosnodati, atto a facilitare al conducente la ricezione dei segnali degli autoveicoli che si accingono al sorpasso.

fonovalìgia [comp. di *fono-* e *valigia*; 1941] s. f. (pl. *-gie* o *-ge*) ● Giradischi portatile munito di apparecchiatura amplificatrice e altoparlante, contenuto in apposita valigia.

fònt /fɔnt, *ingl.* fɒnt/ [vc. ingl., dal fr. *fonte*, deriv. del v. fr. *fondre* 'fondere' i caratteri di stampa; 1990] s. m. inv. ● (*tipogr.*) Fonte nel sign. 3.

†**fontàle** [vc. dotta, lat. tardo *fontāle(m)*, da *fōns*, genit. *fōntis* 'fonte'; 1308] agg. ● (*lett.*) Originario, originale. || †**fontalménte**, avv. Originariamente.

♦**fontàna** [lat. tardo *fontāna(m)* '(acqua) di fonte', da *fōns*, genit. *fōntis* 'fonte'; av. 1250] s. f. **1** Costruzione, spesso a carattere ornamentale, e talora di grande pregio artistico, destinata a raccogliere e distribuire l'acqua di una sorgente o di una condotta: *le fontane di Roma*. **2** (*lett.*) Fonte, sorgente: *tra chiare fontane e verdi prati* (PETRARCA). **3** (*fig.*, *raro*) Origine di qlco.: *f. di vita*, *di beneficio*, *di scienza*. **4** (*geol.*) ***F. ardente***, emissione di gas naturale che si infiamma spontaneamente | ***F. di lava***, getto di lava incandescente. **5** Buco che si apre in un mucchio di farina, per versarvi gli ingredienti da impastare come latte, uova e sim. || **fontanàccia**, pegg. | **fontanèlla**, dim. (V.) | **fontanétta**, dim. | **fontanina**, dim. | **fontanóne**, accr. m.

fontanàzzo [da *fontana*; 1940] s. m. ● Sorgente che si forma per infiltrazione d'acqua sulla scarpata esterna di un argine.

fontanèlla [av. 1300] s. f. **1** Dim. di *fontana* | Piccola fontana a colonnina. **2** (*anat.*) Punto di riunione di più ossa della volta cranica, non ossificato nel neonato | ***F. della gola***, piccolo incavo del collo, corrispondente all'estremità superiore dell'esofago.

fontanière [da *fontana*; 1399] s. m. (f. *-a*) **1** Operaio addetto alla messa in opera e alla manutenzione delle fontane d'una città, alla distribuzione delle acque degli acquedotti, all'innaffiamento stradale con le prese di acqua | Operaio che lavora ai tubi delle fontane. **2** (*region.*) Idraulico.

fontanile [da *fontana*; av. 1519] s. m. **1** (*geol.*) Risorgiva. **2** Vasca in muratura, caratteristica della campagna romana, impiegata spec. come abbeveratoio.

♦**fónte** [lat. *fōnte(m)*, di etim. incerta; av. 1294] **A** s. f. e poet. †m. **1** Sorgente: *f. limpida*, *ombrosa*, *cristallina*; *attingere acqua alla f.* | (*tosc.*) Fontana. **2** (*fig.*) Principio, origine, causa: *f. di guadagno*; *f. di preoccupazioni*, *di guai* | ***Una preziosa f. di informazione***, chi dà notizie degne di credito | ***Fonti energetiche***, ***fonti di energia***, l'insieme delle risorse naturali utilizzabili per la produzione di energia | ***Fonti energetiche alternative***, quelle il cui impiego è, o si ritiene, meno costoso, inquinante, rischioso di quello delle fonti energetiche tradizionali | ***Fonti energetiche rinnovabili***, quelle derivanti da elementi non soggetti a esaurimento, quali il vento, il Sole, le maree. **3** (*tipogr.*) Nella composizione tipografica, il tipo di carattere contraddistinto da un particolare disegno e dallo stile. **4** (*poet.*) †Corso d'acqua, fiume. **5** (*mar.*) Boccaporto maggiore della nave. **B** s. f. ● (*spec. al pl.*) Documenti originali che forniscono testimonianze ed elementi relativi a fatti storici, letterari e sim.: *le fonti della storia medievale*, *del diritto* | ***Fonti scritte***, cronache, iscrizioni e sim. **C** s. m. ● ***F. battesimale***, ***sacro f.***, vasca contenente l'acqua benedetta per il battesimo. || **fonticèlla**, dim.

fontina [piemontese *funtina*, di etim. incerta;

1891] s. f. ● Formaggio grasso, dolce, a pasta cotta e dura, di latte di vacca intero, della Valle d'Aosta.

food /ingl. fu:d/ [vc. ingl., propr. 'cibo'; 1985] s. m. inv. ● Nella grande distribuzione, il settore alimentare. CFR. Non food.

football /'futbol, ingl. 'fʊt,bɔ:l/ [vc. ingl., comp. di foot 'piede' e ball 'pallone'; 1892] s. m. inv. ● Il gioco del calcio | *F. americano*, sport simile al rugby.

footing /'futin(g), ingl. 'fʊtɪŋ/ [vc. ingl., che propr. significa 'il poggiare il piede (foot)'; in Francia ha assunto il sign. corrente anche in italiano; 1936] s. m. inv. ● Corsa di media intensità per allenare la resistenza generale | Correntemente, jogging.

footprint /'futprint, ingl. 'fʊtprɪnt/ [vc. ingl., propr. 'impronta (print) di piede (foot)'; 1996] s. m. inv. ● Nella comunicazione satellitare, copertura.

†**fòra** ● V. †*fuora*.

forabòsco [comp. di fora(re) e bosco; av. 1566] s. m. (pl. -schi) *1* (*zool.*) Scricciolo. *2* (*fig.*) †Intrigante, ficcanaso.

foracchiàre [intens. di forare; sec. XIV] v. tr. (*io foràcchio*) ● Fare molti e piccoli fori.

foracchiàto [1313] part. pass. di *foracchiare*; anche agg. ● Pieno di piccoli fori: *una maglia tutta foracchiata*.

foracchiatùra [da foracchiare; 1869] s. f. ● Il foracchiare | Insieme di piccoli fori.

foraggèro ● V. *foraggiero*.

foraggiaménto [1834] s. m. ● Il foraggiare.

foraggiàre [fr. fourrager, da fourrage 'foraggio'; 1602] **A** v. tr. (*io foràggio*) *1* Provvedere di foraggio: *f. i cavalli*. *2* (*fig.*, *scherz.* o *spreg.*) Sovvenzionare qlcu. o qlco.: *f. qlcu. nella campagna elettorale*. *3* †Saccheggiare. **B** v. intr. ● Un tempo, andare per la campagna in cerca di foraggio e vettovaglie per l'esercito.

foraggiàta s. f. ● Distribuzione di foraggio al bestiame.

foraggière [1572] s. m. ● Negli antichi eserciti, soldato addetto al foraggiamento dei cavalli e dei muli.

foraggièro o **foraggèro** [av. 1926] agg. ● Detto di pianta coltivata per foraggio.

foràggio [fr. fourrage, dall'ant. fr. feurre, dal francone fodar 'nutrimento'; av. 1348] s. m. *1* Qualsiasi prodotto vegetale destinato all'alimentazione del bestiame. ➡ ILL. p. 2113 AGRICOLTURA. *2* †Viveri, vettovaglie.

foramàcchie [comp. di fora(re) e il pl. di macchia (2); 1881] s. m. inv. ● (*zool.*) Scricciolo.

foràme [vc. dotta, lat. forāme(n), da forāre, di orig. indeur.; av. 1292] s. m. ● †Buco, apertura | (*anat.*) *F. ovale*, apertura tra i due atrii nel cuore del feto, talvolta persistente anche nell'adulto | *F. vertebrale*, apertura formata dal corpo di una vertebra col suo arco.

Foraminìferi [comp. del lat. forāmen, genit. forāminis 'forame' e -fer '-fero'; 1855] s. m. pl. (sing. -o) ● Nella tassonomia animale, ordine di Protozoi marini provvisti di un guscio calcareo, di forma varia e con uno o più fori per l'uscita degli pseudopodi; depositandosi sui fondi marini contribuiscono a formare i fanghi abissali (*Foraminifera*). ➡ ILL. animali/1.

foràneo o (*lett.*) **foràno** [vc. dotta, lat. mediev. forāneu(m) 'che è fuori della città', da fŏris 'fuori'; av. 1712] agg. *1* (*raro*, *lett.*) Che è fuori della città | *Vicario f.*, ecclesiastico nominato dal vescovo di una diocesi, con mansioni di vigilanza sugli ecclesiastici di una parte territoriale di essa, comprendente più parrocchie. *2* Detto di costruzione attinente a un porto, ma situata fuori di esso: *molo f.*; *diga foranea*.

foranéve [da fora(re) sul modello di (buca)neve] s. m. inv. ● (*bot.*) Bucaneve.

foranìa [da foraneo] s. f. ● Carica e ufficio del vicario foraneo.

foràno ● V. *foraneo*.

forapàglie o **forapàglia** [comp. di fora(re) e il pl. di paglia; 1831] s. m. inv. ● Piccolo passeriforme europeo con dorso verde rossiccio macchiettato di nero che nidifica nelle depressioni del terreno in zone palustri (*Acrocephalus schoenobaenus*). SIN. Forasiepe.

forapiètre [comp. di fora(re) e il pl. di pietra; 1561] s. m. inv. ● (*zool.*) Dattero di mare.

foràre [lat. forāre, di orig. indeur.; av. 1292] **A** v. tr. (*io fóro* (o -ò-)) *1* Bucare, traforare (*anche fig.*): *f. un legno, una parete, una roccia* | *F. i biglietti*, fare il foro di controllo su biglietti ferroviari e sim. *2 F. una gomma, un pneumatico*, subire accidentalmente la foratura di uno pneumatico (*anche assol.*): *ha forato sulla ghiaia*. *3* †Penetrare addentro. **B** v. intr. pron. ● Bucarsi: *si è forata la gomma, la teglia*.

forasàcco [comp. di fora(re) e sacco; 1625] s. m. (pl. -chi) ● Graminacea le cui spighette, fornite di peli rigidi, possono bucare le pareti di sacchi, vestiti e sim., oppure infiggersi sotto l'apparato boccale di animali al pascolo o penetrare nel condotto uditivo causando seri disturbi.

forasièpe [comp. di fora(re) e siepe; av. 1527] s. m. inv. *1* (*zool.*) Forapaglie. *2* (*est.*, *fig.*) †Omiciattolo intrigante.

foràstico [vc. dotta, lat. forăsticu(m), dall'avv. fŏras 'fuori'; av. 1694] agg. (pl. m. -ci) ● (*ant.* o *region.*) Poco socievole, scontroso: *carattere f.* SIN. Rustico, selvatico.

†**forastièro** ● V. *forestiero*.

†**foràta** [sec. XIV] s. f. ● Foro, buco.

foratèrra [comp. di fora(re) e terra; av. 1320] s. m. inv. ● Utensile per far buchi nel terreno o per seminarvi e piantarvi. SIN. Cavicchio, piantatoio. ➡ ILL. agricoltura e giardinaggio.

foràtico [da foro (1)] s. m. (pl. -ci) ● Apertura della tonnara, attraverso la quale i tonni penetrano nelle reti.

foratìno [da forato; 1959] s. m. *1* (*spec. al pl.*) Tipo di spaghetti bucati. SIN. Bucatino. *2* Specie di mattoni forati di piccole dimensioni.

foràto [av. 1311] **A** part. pass. di *forare*; anche agg. *1* Che presenta uno o più fori: *laterizio f.* *2* †*Mento f.*, con la fossetta | †*Avere il capo f.*, (*fig.*) essere smemorato. **B** s. m. *1* Tipo di laterizio, quale mattone o tavella, attraversato nel senso della lunghezza da fori atti a diminuirne il peso e renderlo isolante. *2* †Buco. || **foratìno**, dim. (V.) | **foratóne**, accr.

foratóio [da forare; 1688] s. m. ● Strumento per bucare, punteruolo.

foratóre [av. 1730] s. m.; anche agg. *1* (f. -trice) Chi (o Che) fora. *2* Foratoio.

foratùra [da forare; sec. XIV] s. f. *1* Operazione del forare un legno, metallo e sim. SIN. Perforazione, trapanatura | Foro. *2* Incidente consistente nel forare: *la f. di uno pneumatico* | Foro, bucatura.

†**foravìa** ● V. †*fuoravia*.

♦**fòrbice** o †**fòrbicia**, †**fòrfice**, †**fòrvice** [lat. parl. *fŏrbice(m), per il classico fŏrfice(m), di orig. indeur.; 1297] s. f. *1* (*spec. al pl.*) Strumento da taglio, composto di due coltelli o lame d'acciaio incrociate e imperniate nel mezzo, fornite a un'estremità di anelli in cui infilare le dita: *forbici del sarto, del parrucchiere, del valigiaio*; *forbici da potare, da ricamare* | *Forbici a ginocchio*, *ripiegate*, delle ricamatrici | *Le forbici della censura*, (*fig.*) l'intervento della censura | *Una lingua tagliente come le forbici*, (*fig.*) di persona che abitualmente dice male degli altri | *Andamento a f.* o (*ellitt.*) *forbice*, quello di due fenomeni, spec. economici, che divergono vistosamente l'uno rispetto all'altro nel loro andamento quantitativo: *la f. dei prezzi* (tra quelli all'ingrosso e quelli al minuto), *dei salari* (tra diverse categorie di lavoratori) | †*Condurre qlcu. nelle forbici*, (*fig.*) farlo cadere in un inganno. ➡ ILL. agricoltura e giardinaggio. *2* Strumento chirurgico per tagliare: *f. retta, curva*. *3* †Grande e pesante cesoia con cui si cimava il panno. *4* (*al pl.*, *pop.*) Le chele dei granchi e degli scorpioni. *5* Nell'antica fortificazione, opera addizionale alta, posta innanzi alla cortina e costituita da due corpi angolati aperti verso la campagna | *Fortificazione a f.*, i cui lati angolati costituiscono salienti e rientranti. *6* (*mar.*) Caviglia con due legni incastrati sulla murata ad angolo acuto per dare volta alle scotte delle travi e ai bracci dei pennoni maggiori. *7* In ginnastica artistica, movimento pendolare al cavallo con maniglie. *8* (*fig.*, *pop.*, *raro*) Persona ostinata e caparbia. || **forbicétta**, dim. | **forbicìna**, dim. (V.) | **forbicióne**, accr. m.

forbiciàio [av. 1589] s. m. (f. -a) *1* (*raro*) Artigiano che fa e vende forbici e coltelli. *2* Nell'industria siderurgica, operaio che taglia lastre metalliche e sim.

forbiciàta o †**forficiàta** [av. 1675] s. f. *1* Taglio netto fatto con le forbici e il segno che rimane. *2* Nello sport, sforbiciata.

forbicìna (1) [sec. XV] s. f. *1* Dim. di *forbice*. *2* Piccola forbice spec. per manicure o ricamo.

forbicìna (2) [dalla forma del ventre, che termina a guisa di forbice; av. 1730] s. f. ● Insetto dei Dermatteri con corpo allungato e due robuste appendici addominali, rossiccio, comune sui fiori, sugli alberi e sotto le pietre (*Forficula auricularia*). SIN. Forfecchia, forficula. ➡ ILL. animali/2.

forbìre [francone forbian 'pulire le armi'; av. 1292] **A** v. tr. (*io forbìsco, tu forbìsci*, poet. *fòrbi*) *1* (*lett.*) Nettare, pulire (*anche fig.*): *forbirsi la bocca*; *questi forbe la forma, quegli lavora sul fondo* (DE SANCTIS) | (*lett.*) Lustrare. *2* (*lett.*) Asciugare, tergere. **B** v. rifl. ● (*lett.*) Pulirsi.

forbìta [1869] s. f. ● (*raro*) Atto del forbire, spec. rapido e frettoloso: *darsi una f. alla bocca*. || **forbitìna**, dim.

forbitézza [av. 1729] s. f. ● (*raro*) Caratteristica di forbito (*spec. fig.*): *f. di lingua, di stile*.

forbìto [av. 1292] part. pass. di *forbire*; anche agg. *1* (*lett.*) Pulito. *2* (*fig.*) Elegante, curato: *discorso, modo di parlare f.* || **forbitaménte**, avv. In modo forbito (*spec. fig.*).

forbitùra [1868] s. f. ● (*raro*) Pulitura di metalli e sim.

fórca [lat. fŭrca(m), di etim. incerta; sec. XIII] s. f. *1* Attrezzo per rimuovere foraggi, paglia, letame e sim., costituito da tre o quattro denti di ferro collegati ad un manico di legno. *2* Patibolo per l'impiccagione formato da uno o due legni fissi in terra alla cui sommità è posto un altro legno trasversale da cui pende la corda con il cappio | *Va' alla, sulla f.!*, va' in malora! | *Far la f. a qlcu.*, (*fig.*) danneggiarlo operando nascostamente | *Forche caudine*, località in cui gli antichi Romani, vinti dai Sanniti, subirono l'onta di passare sotto una specie di giogo; (*fig.*) passo, momento o situazione in cui si deve sottostare a una grave umiliazione. *3* (*mar.*) Attrezzo a forma di forca, come le bighe che si adoperano per disalberare. *4* Valico tra due monti. *5* (*est.*) Qualunque cosa abbia la forma di una forca. *6* (*fam.*, *tosc.*) Ragazzo impertinente. *7* †Punto in cui una strada si biforca. || **forcàccio**, pegg. m. (V.) | **forchétta**, dim. (V.) | **forchétto**, dim. m. | **forchìno**, dim. m. (V.) | **forcìna**, dim. (V.) | **forcìno**, dim. m. (V.) | **forcóne**, accr. m. (V.) | **forcùzza**, dim.

forcàccio [1834] s. m. *1* Pegg. di *forca*. *2* (*mar.*) Ciascuno dei madieri di poppa a forma di Y.

forcaiòlo o (*lett.*) **forcaiuòlo** [da forca nel sign. 2, che i forcaioli adopererebbero contro i ribelli; 1898] agg. e s. m. (f. -a) *1* Che (o Chi), nella lotta politica, osteggia qualsiasi innovazione facendosi fautore di violenti sistemi repressivi | (*est.*) Conservatore, reazionario. *2* (*tosc.*, *scherz.*) Che (o Chi) marina la scuola.

forcàta [da forca; 1313] s. f. *1* Quantità di fieno, paglia e sim. sollevata con un solo colpo di forca. *2* Colpo dato con la forca. *3* †Inforcatura del corpo umano. || **forcatèlla**, dim.

†**fórce** o †**fórci** [fr. forces 'forbici', dal lat. fŏrfices (V. forbice); 1321] s. f. pl. ● Forbici.

force de frappe /fr. ˌfɔʀsədəˈfʀap/ [loc. fr., propr. 'forza d'urto'; 1973] loc. sost. f. inv. (pl. fr. *forces de frappe*) *1* Dotazione di armi nucleari di cui una nazione dispone al fine di dissuadere un possibile avversario da ogni forma di aggressione | Potere deterrente esercitato dal possesso di armi nucleari. *2* (*est.*) Qualsiasi forza che costituisca un deterrente.

forcèlla [lat. furcĭlla(m), dim. di fŭrcula, dim. di fŭrca 'forca'; av. 1320] s. f. *1* Organo di macchina di forma biforcuta, che può assumere funzioni svariatissime, gener. di sostegno: *f. per carrucole* | *F. della bicicletta, della motocicletta*, parte del telaio in cui è inserito il mozzo della ruota. ➡ ILL. p. 2161, 2162 TRASPORTI. *2* Punto in cui il tronco o un ramo di un albero si biforca. *3* Lunga asta di ferro terminante a bidente, di cui si servono i forcellanti. *4* (*mar.*) Sorta di scalmo biforcuto che sostiene il remo senza necessità dello stroppo. *5* (*tosc.*) Forcina per capelli. *6* Stretta incisione in una linea di cresta montana. *7* Nel tiro di artiglieria, coppia di colpi in arrivo nel cui intervallo è compreso l'obiettivo. *8* (*pop.*) Osso del petto dei volatili | †Inforcatura. *9* (*mus.*) Simbolo grafico per l'indicazione dinamica di crescendo o diminuendo. || **forcellétta**, dim. | **forcellina**, dim.

forcellànte s. m. e f. • Operaio che, nelle fornaci di vetro soffiato, introduce con la forcella nel forno di raffreddamento gli oggetti di vetro appena lavorati.

♦**forchétta** [av. 1400] s. f. *1* Dim. di *forca*. *2* Posata solitamente in metallo, formata da un manico e da più denti (o *rebbi*), con la quale si infilzano i cibi e li si porta alla bocca: *f. d'argento, di stagno, ferro bianco, packfong* | ***Colazione alla f.***, a base di piatti freddi, che non richiedono l'impiego del cucchiaio | ***Una buona f.***, (*fig.*) un buon mangiatore | ***Parlare in punta di f.***, (*fig.*) con affettazione. *3* (*mar.*) Capra. *4* L'osso del petto dei volatili. SIN. Forcella. *5* (*anat.*) ***F. dello sterno***, biforcazione del margine superiore dello sterno | ***F. vulvare***, frenulo delle grandi labbra. *6* (*veter.*) Fettone. *7* (*stat.*) L'intervallo fra il valore minimo e quello massimo fra i quali presumibilmente si colloca il valore di una variabile statistica. SIN. Forbice. || **forchettina**, dim. | **forchettóne**, accr. m. (V.).

forchettàta [1865] s. f. *1* La quantità di cibo che si può prendere in una volta con la forchetta. *2* Colpo di forchetta. || **forchettatina**, dim.

forchettièra [sec. XIV] s. f. • Astuccio per forchette.

forchétto [da *forchetta*; sec. XV] s. m. • Asta terminante con due rebbi usata in negozi e sim. per attaccare o staccare oggetti collocati in alto.

forchettóne [av. 1673] s. m. *1* Accr. di *forchetta*. *2* Grande forchetta a due rebbi, spec. per tenere la carne che si vuol trinciare. *3* (*fig.*, *spreg.*) Chi trae un illecito profitto economico dalle cariche pubbliche.

forchino s. m. *1* Dim. di *forca*. *2* Forca a tre rebbi disposti a triangolo, per paglia, fieno, fascine.

†**fòrci** • V. †*force*.

forcina [1825] s. f. *1* Dim. di *forca*. *2* Piccolo oggetto di metallo, di tartaruga, osso e sim. ripiegato a U, che si appunta nei capelli in alcuni tipi di acconciatura. *3* †Forchetta da tavolo. *4* Forcella usata un tempo per appoggiare il moschetto.

fòrcing /ˈfɔrsin(g), *ingl.* ˈfɔːsɪŋ/ [vc. ingl., forma nominale del v. *to force* 'forzare', dal fr. *forcer*, a sua volta dal lat. parl. **fortiāre*, da *fŏrtia*, nt. pl. di *fŏrtis* 'forte'; 1936] s. m. inv. • Nel linguaggio sportivo, insistente azione d'attacco.

forcino [av. 1646] s. m. *1* Dim. di *forca*. *2* Lunga stanga, munita a un'estremità di un ferro a forma di forca, usata per spingere i barchini di palude.

fòrcipe [vc. dotta, lat. *fŏrcipe(m)*, comp. di *fŏrmus* 'caldo' e un deriv. di *căpere* 'prendere'; propr.: 'ciò che prende le cose calde'; 1782] s. m. • (*med.*) Strumento ostetrico a forma di grossa pinza, usato per estrarre rapidamente il nascituro in un parto difficile.

fòrcola [lat. *fŭrcula(m)*, dim. di *fŭrca* 'forca'; av. 1488] s. f. *1* Piccola forca usata per lavori agricoli. *2* (*mar.*) Scalmo forcato di legno o di ferro, che serve a sostenere il ginocchio del remo. *3* (*al pl.*) Ganci naturali di legno per sostenere reti verticali e gabbie, nelle tese da uccelli. *4* Valico angusto in una catena montuosa.

forconàta [1790] s. f. *1* La quantità di roba che si può sollevare in una sola volta col forcone. *2* Colpo di forcone. *3* Nella scherma, colpo tecnicamente poco pregevole, che si vibra ritirando all'indietro il braccio armato.

forcóne [av. 1306] s. m. *1* Accr. di *forca*. *2* Grossa forca con tre rebbi di ferro su un'asta di legno per ammucchiare e scaricare il letame. ➡ ILL. **agricoltura e giardinaggio.** *3* Spuntone con ghiera e uncini usato anticamente dalle milizie terrestri per scalare muraglie.

forcùto [da *forca*; av. 1306] agg. • Che ha forma di forca: *coda forcuta*.

fordìsmo [dal n. dell'industriale H. *Ford* (1863-1947); 1927] s. m. • Metodo di divisione del lavoro, basato sul sistema della produzione a catena, introdotto nelle sue officine automobilistiche dall'industriale americano H. Ford.

†**fòre** • V. *fuori*.

forènse [vc. dotta, lat. *forēnse(m)*, da *fŏrum* 'foro (2)'; sec. XIV] agg. • Che concerne l'attività giudiziaria: *linguaggio f.*; *eloquenza f.*; *pratica f.*

forése [lat. *forēnse(m)*, da *fŏrum* 'foro (2)', avvicinato a *fŏras* 'fuori', per etim. pop.; av. 1300] A s. m. e f. *1* †Chi abita, vive in campagna. *2* Nel meridione d'Italia, bracciante agricolo impiegato in aziende di modeste dimensioni. B agg. • Di campagna.

♦**forèsta** [lat. tardo *forĕste(m)* (*silvam*), dall'avv. *fŏris* 'fuori'; av. 1294] s. f. • Grande estensione di terreno coperta da alberi | ***F. vergine, equatoriale, pluviale***, foresta rigogliosissima costituita da più piani di vegetazione, caratteristica delle regioni equatoriali | ***F. a galleria***, simile alla foresta equatoriale, estesa lungo le rive dei fiumi nelle regioni subequatoriali | ***Il richiamo della f.***, (*fig.*) quello esercitato dall'ambiente di primitiva formazione, su chi l'aveva un tempo abbandonato (dal titolo di un romanzo di J. London) | ***Una f. di capelli***, (*fig.*) una massa molto folta. SIN. Selva.

forestàle [da *foresta*; 1834] A agg. • Che concerne le foreste: *legge, amministrazione f.* | ***Guardia forestale***, guardaboschi | ***Corpo f. dello Stato***, ente organizzato con un sistema gerarchico di tipo militare, che provvede a proteggere e ampliare il patrimonio boschivo nazionale | ***Dottore f.***, dottore in scienze forestali, abilitato all'esercizio della professione e iscritto all'albo professionale. B s. f. • (*pop.*) ***La F.***, il Corpo forestale dello Stato.

forestazióne [da *foresta*] s. f. • Complesso delle operazioni volte a tutelare e ad accrescere il patrimonio forestale come valore naturale, sociale ed economico.

foresterìa o †**forestarìa**, †**foresterìa** [da *forestiero*; av. 1306] s. f. *1* Insieme di locali situati spec. in conventi, palazzi signorili, collegi e sim., destinati all'alloggio di forestieri e ospiti: *Chi sente lettoria, vada in forestaria* (JACOPONE DA TODI). *2* Appartamento che una società mette a disposizione del proprio personale temporaneamente inviato in una sede di lavoro diversa da quella abituale: *si affitta solo per uso f.* *3* †Condizione di forestiere | †Moltitudine di forestieri. *4* (*spec. al pl.*) †Cerimonie che si usano coi forestieri.

†**forestière** • V. *forestiero*.

†**forestièri** • V. *forestiero*.

†**forestierìa** • V. *foresteria*.

forestierìsmo [1887] s. m. • Forma linguistica presa da una lingua straniera.

forestièro o †**forastièro**, †**forestière**, †**forestièri** [ant. fr. *forestier* 'straniero', dall'avv. lat. *fŏris* 'fuori'; sec. XIII] agg.; anche s. m. (f. *-a*) *1* Che (o Chi) proviene da un paese diverso da quello in cui attualmente si trova: *usanze forestiere*; *d'estate la città si riempie di forestieri*; *quella città … restava in discrezione di forestieri con pericolo di sedizioni* (SARPI). *2* (*fam.*, *disus.*) Invitato: *avevano dei forestieri a pranzo*.

forestierùme [1847] s. m. • (*spreg.*, *raro*) Complesso di persone, parole, usanze forestiere.

forèsto [V. *foresta*; sec. XIII] A agg. *1* (*dial.*) Forestiero, estraneo (*anche fig.*). *2* †Remoto, selvaggio, disabitato B s. m. (f. *-a*) • (*ven.*) Forestiero.

forfait (1) /*fr.* fɔrˈfɛ/ [vc. fr., 'contratto a prezzo fisso', comp. di *fors* 'fuori' e *fait* 'fatto', perché *fatto fuori* della legge; 1851] s. m. inv. • (*econ.*) Cifra fissa globale prestabilita come pagamento di un bene o di una prestazione.

forfait (2) /*fr.* fɔrˈfɛ/ o **forfeit** /*ingl.* ˈfɔːfɪt/ [fr., dall'ingl. *forfeit*, a sua volta dall'ant. fr. *forfait* 'misfatto'. V. *forfait* (*1*); 1908] s. m. inv. • Mancata partecipazione o ritiro prima dell'inizio dello svolgimento della gara, di una squadra o di un concorrente da un incontro cui era iscritto: *vincere per f.* | ***Dichiarare, dare f.***, abbandonare l'incontro; (*fig.*) rinunciare a un impegno, a un confronto, darsi per vinto.

forfaitàrio /forfeˈtarjo/ • V. *forfetario*.

forfaiting /*ingl.* ˈfɔːfeɪtɪŋ/ [vc. ingl., da *forfait* (*1*); 1986] s. m. inv. • (*econ.*) Sconto nel quale lo scontante si assume il rischio di insolvenza del debitore.

forfè s. m. • Adattamento di *forfait* (*1*) *e* (*2*) (V.).

forfècchia [lat. *forfĭcula(m)*, dim. di *fŏrfex*, genit. *fŏrficis* 'forbice'. Cfr. *forbicina* (*2*); av. 1476] s. f. • (*zool.*) Forbicina.

forfeit /*ingl.* ˈfɔːfɪt/ • V. *forfait* (*2*).

forfetàrio o (*raro*) **forfaitàrio**, **forfettàrio** [fr. *forfaitaire*, da *forfait* (*1*) (V.); 1942] agg. • Che è stato fissato a forfait: *prezzo f.* || **forfetariaménte**, avv.

forfetizzàre o **forfettizzàre** [da *forfait* (*1*)] v. tr. • Determinare un prezzo a forfait.

forfetizzazióne o **forfettizzazióne** [da *forfetizzare*; 1993] s. f. • Il forfetizzare | Calcolo, conteggio forfetario.

forfettàrio e *deriv.* • V. *forfetario* e *deriv.*

†**fòrfice** e *deriv.* • V. *forbice* e *deriv.*

forfìcula [vc. dotta, lat. *forfĭcula(m)* 'forfecchia'; 1499] s. f. • (*zool.*) Forbicina (2).

fòrfora [lat. *fŭrfure(m)* 'crusca, forfora', di etim. incerta; av. 1320] s. f. • Prodotto di desquamazione dello strato corneo del cuoio capelluto.

forforàceo o **furfuràceo** [vc. dotta, lat. tardo *furfurāceu(m)* 'come crusca', da *fŭrfur*, genit. *fŭrfuris* 'crusca, forfora'] agg. • (*bot.*) Detto di pianta ricoperta di squamette.

forforóso [lat. *furfurōsu(m)*, da *fŭrfur*, genit. *fŭrfuris* 'crusca, forfora'; 1855] agg. • Pieno di forfora.

fòrgia [fr. *forge*, dal lat. *fabrĭca(m)* 'fabbrica'; av. 1347] s. f. (pl. *-ge*) *1* Fucina del fabbro. *2* (*mil.*) Un tempo, piccola fucina da campo per la ferratura dei quadrupedi.

forgiàbile [1956] agg. • Che si può forgiare (*anche in senso fig.*).

forgiabilità [1929] s. f. • Proprietà di ciò che può essere forgiato.

forgiàre [fr. *forger*, dal lat. *fabricāre* 'fabbricare'; 1363] v. tr. (*io fòrgio*) *1* Lavorare alla forgia. SIN. Fucinare. *2* (*fig.*) Plasmare: *f. il carattere di un ragazzo*.

forgiatóre [1853] s. m. (f. *-trice*) *1* Chi forgia metalli. *2* (*fig.*) Chi plasma, educa.

forgiatrice [1932] s. f. • Pressa per dare forma al ferro reso malleabile dal calore. SIN. Fucinatrice.

forgiatùra [1941] s. f. • Operazione, lavoro del forgiare, mediante pressioni dinamiche o continue. SIN. Fucinatura.

fòri • V. *fuori*.

-foria [gr. *-phoría*, dal v. *phérein* 'portare', di orig. indeur.] secondo elemento • In parole composte dotte, significa 'il portare' o 'il portarsi': *euforia*, *lampadeforia*.

-fòrico secondo elemento • Forma aggettivi composti correlativi ai sostantivi in *-foria*: *euforico*.

forièro o †**forière** [ant. fr. *fourrier* 'foraggiatore' che precedeva le truppe. V. *foraggio*; 1570] A agg. • (*lett.*) Che precede e annunzia: *nuvole foriere di tempesta*; *segni forieri di malattia*. B s. m. • (*lett.*) Chi precede, sopravanza un gruppo di persone: *compariscono i forieri della masnada* (MANZONI) | (*mil.*) †***F. di alloggiamento***, chi precedeva le unità nei luoghi di sosta per predisporne gli alloggiamenti.

forint /*ung.* ˈforint/ [vc. ungh., dall'it. *fiorino*] s. m. inv. (pl. ungh. *forintok*) • Unità monetaria circolante in Ungheria.

forivia • V. *fuorivia*.

forlivése [av. 1348] A agg. • Di Forlì. B s. m. e f. • Abitante, nativo di Forlì.

♦**fórma** [lat. *fŏrma(m)*, dal gr. *morphḗ*, con metatesi; av. 1257] A s. f. *1* (*filos.*) Struttura, modello o aspetto esteriore gener. contrapposta a materia, sostanza o contenuto | In Platone, l'idea, l'essenza scissa dal mondo delle cose sensibili; in Aristotele e nella scolastica, principio sostanziale di ogni essere; in Kant la funzione del pensiero che ordina i dati immediati della sensazione; nello strutturalismo, il modello esplicativo della realtà. *2* Figura o aspetto esteriore di qlco., determinato dalle linee che ne segnano il contorno o dalla particolare disposizione degli elementi che la compongono: *un solido di f. cilindrica, sferica, poliedrica, piramidale*; *un corpo di f. slanciata, rozza, inelegante*; *la f. degli occhi, del naso, della bocca* | ***F. morbosa***, aspetto particolare sotto cui si presenta una malattia | ***F. linguistica***, elemento esteriore del segno linguistico, aspetto nel quale si presenta una parola o un enunciato: *'amplo' è f. letteraria di 'ampio'* | ***Foggia***: *uno strano abito a f. di mantello* | ***A, in f. di***, secondo una certa foggia, un certo aspetto | ***Sotto f. di***, come (spec. nel linguaggio scientifico): *la morfina si usa in medicina sotto f. di cloridrato* | ***Prender f.***, assumere un determinato aspetto; (*fig.*) concretarsi | ***F. di danza***, figura | ***In tutte le forme***, in ogni modo | †***Per f. che***, in modo tale che. CFR. morfo-, -morfo, -forme. *3* (*est.*) Apparenza: *presentarsi in f. di pellegrino*; *apparire in f. di satiro, di ninfa* | Apparizione: *i suoi incubi erano popolati di orribili* *forme.* ***4*** (*spec. al pl.*) Complessione del corpo umano: *forme delicate, slanciate, tozze* | (*est.*) Parti rilevanti e tondeggianti del corpo femminile: *l'abito attillato faceva risaltare le sue forme.* ***5*** (*lett.*) Bellezza del corpo umano. ***6*** (*sport*) Stato delle condizioni di un atleta o di un cavallo da corsa: *essere in f., in ottima f.; essere giù di f., fuori f., in cattiva f.* | (*fig.*) Condizione psicofisica di una persona: *oggi non sono in f. e faccio errori su errori; non so cosa gli è successo, ma mi sembra un po' giù di f.* ***7*** Modo particolare di esprimersi con le parole, gli scritti o qualsiasi altra attività artistica: *parlare in f. chiara e concisa; scrivere in f. oratoria, dialogica.* SIN. Stile. ***8*** (*dir.*) Documentazione richiesta dalla legge o dalle parti per la validità o l'efficacia di un atto o negozio giuridico: *vizio di f.* | ***F. di un processo***, serie degli atti da cui esso è costituito. ***9*** Esteriorità: *si preoccupa solo della f.* CONTR. Sostanza. ***10*** Modo educato e corretto di comportarsi: *nel trattare con gli altri anche la f. ha il suo peso* | ***La debita f.***, la maniera conveniente | ***Le dovute forme***, le maniere più adatte ad una particolare circostanza | Modalità: *ricevere qlcu. in f. privata, ufficiale* | (*spec. al pl.*) Convenzioni sociali: *rispettare le forme.* ***11*** (*mat.*) Polinomio omogeneo | ***F. lineare, quadratica, cubica***, di 1°, 2°, 3° grado | ***F. bilineare, multilineare***, in due o più variabili, lineare in ciascuna di esse separatamente | ***F. binaria, ternaria***, in due, tre variabili | ***F. canonica***, rappresentazione d'un ente in un sistema di coordinate che sia completamente individuato dall'ente stesso. ***12*** (*miner.*) Insieme di tutte le facce di un cristallo che devono coesistere per ragioni di simmetria e orientazione. ***13*** In varie tecnologie e lavorazioni artigianali, oggetto o struttura che consente di modellare, lavorare e sim. i prodotti propri di ognuna di esse: *f. per calzature* | ***F. del sarto***, attrezzo di legno che serve a spianare il giro manica, il collo e i risvolti della giacca | ***F. del cappellaio***, modello in legno della fascia e del cocuzzolo del cappello | ***F. del muratore***, cassetta quadrilatera senza fondo, di larghezza pari allo spessore che si vuol dare al muro, che il muratore riempie via via col materiale da costruzione | ***F. del fornaciaio***, per modellare l'argilla secondo le figure dei vari materiali da costruzione | ***F. per dolci***, stampo spec. metallico, variamente sagomato, in cui si lascia solidificare un dolce | In metallurgia, complesso delle parti in sabbia, metallo, gesso o altro materiale, che costituisce una cavità per il getto del metallo fuso | Nell'industria casearia, cerchio di legno rotondo e bucherellato in cui si versa il latte coagulato per fare il formaggio; anche, ogni formaggio così confezionato: *una f. di parmigiano.* ***14*** Struttura e ordinamento di uno Stato, di un ente e sim.: *f. repubblicana, monarchica, oligarchica, democratica; adottare una particolare f. amministrativa* | ***F. di governo***, tipo, secondo le caratteristiche strutturali. ***15*** (*mus.*) ***F. binaria, bipartita***, struttura musicale in due sezioni, come nell'aria d'opera o in brani della suite | ***F. ternaria, tripartita***, struttura musicale in tre sezioni, come nel minuetto e nella forma sonata | ***F. sonata***, V. *sonata.* ***16*** (*biol.*) Termine senza precise implicazioni tassonomiche che indica una categoria sistematica di ordine intermedio (genere, specie, sottospecie). ***17*** (*psicol.*) Gestalt | ***Psicologia della f.***, gestaltismo. **B** in funzione di **agg. inv.** ● (posposto al s.) Nella loc. ***Peso f.***, quello che un atleta raggiunge quando è all'apice della forma; (*est.*) il peso ideale di una persona. || **formèlla**, **dim.** (V.) | **formétta**, **dim.** | **formina**, **dim.** (V.).

formàbile [vc. dotta, lat. tardo *formābile(m)*, da *fōrma* 'forma'; av. 1320] **agg.** ● Che si può formare.

formaggèlla [dim. di *formaggio*; av. 1869] **s. f.** ● (*region.*) Formaggio tenero preparato con latte di vacca o di capra in piccole forme tonde.

formaggèra ● V. *formaggiera.*

formaggètta [dim. di *formaggio*, per la forma; 1903] **s. f.** ● (*mar.*) Pomo tondo e appiattito, in cima agli alberi e alle aste da bandiera.

formaggiàio [1585] **s. m.** (f. *-a*) ● Chi fa o vende il formaggio.

formaggièra o **formaggèra** [1925] **s. f.** ● Recipiente di vetro, metallo e sim. usato per servire formaggio grattugiato in tavola.

formaggino [1925] **s. m.** ***1*** Dim. di *formaggio.* ***2*** Formaggio fuso pastorizzato, venduto soprattutto in piccole forme avvolte in fogli di alluminio.

♦**formàggio** [fr. *fromage*, dal lat. parl. **formāticu(m)* '(cacio) messo in forma'; av. 1315] **s. m.** ● Alimento che si ottiene facendo coagulare il latte con caglio: *f. dolce, molle, piccante* | ***F. grasso***, di latte intero | ***F. semigrasso***, di latte parzialmente scremato | ***F. magro***, di latte totalmente scremato | ***F. grattugiato***, per condimento | ***F. di fossa***, di pura pecora o misto, a pasta friabile di colore giallo ambrato, di sapore deciso; viene ottenuto avvolgendolo in sacchi di tela e mantenuto in totale assenza di aria per circa tre mesi in fosse scavate nella roccia e rivestite di paglia. || **formaggino**, **dim.** (V.).

FORMAGGI
nomenclatura

formaggio = cacio

● *caratteristiche*: grasso (semigrasso) ⇔ magro, molle ⇔ duro (semiduro), fresco ⇔ stagionato, da tavola ⇔ da grattugiare; salato, duro, duro e piccante, cotto a maturazione lenta, piccante, grasso, fresco, fuso; di capra, di pecora, di bufala, di mucca; erborinato, a pasta cruda, semicotta, cotta, filata; forma, panetto, fetta, pezzo, scheggia, scaglia, crosta; fonduta;

● *formaggi italiani*: ricotta, mascherpa, mascarpone; mozzarella, provatura, treccia, bocconcino, marzolina; stracchino, squacquerone, manteca = burrino, murazzano, crescenza, fior di latte, quartirolo; raveggiolo, burrata, robiola; taleggio, gorgonzola, pannarone, fontina, bra, castelmagno, asiago, raschera, raveggiolo; caprino, canestrato, toma, tomino, cacio, caciotta, marzolino, groviera, pecorino, provola, scamorza, caciocavallo, provolone, montasio; parmigiano reggiano, lodigiano, grana padano, invernengo; sottilette;

● *altri formaggi*: edam = olandese (Olanda); brie, camembert (Francia); emmental, gruviera, sbrinz (Svizzera); tofu (Cina).

formaldèide [comp. di *form(ico)* e *aldeide*; 1895] **s. f.** ● (*chim.*) Gas di odore irritante ottenuto industrialmente per ossidazione catalitica dell'alcol metilico, usato nella fabbricazione di materie plastiche, nella preparazione di sostanze coloranti e nella disinfezione di ambienti. SIN. Aldeide di formica.

formàle [vc. dotta, lat. *formāle(m)*, da *fōrma* 'forma'; 1308] **agg.** ***1*** Di forma, attinente alla forma: *problema f.* | Che si limita alla forma: *gentilezza f.* | Relativo agli aspetti stilistici di una produzione artistica: *i pregi formali di un film.* CONTR. Sostanziale. ***2*** Espresso nella debita forma, compiuto con l'osservanza di essa: *intervento, processo f.* | ***Colloquio f.***, ufficiale. CONTR. Informale | (*est.*) Chiaro, esplicito, solenne: *dichiarazioni, parole formali; promessa f.* ***3*** (*dir.*) ***Negozio giuridico f.***, quello per la cui validità la legge o le parti richiedono una forma speciale. || **formalménte**, **avv.** In modo chiaro, esplicito, solenne: *promettere, dichiarare formalmente.*

formalina [ingl. *formalin*, da *formaldehyde* 'formaldeide, aldeide formica'; 1894] **s. f.** ● (*chim.*) Soluzione acquosa di aldeide formica, astringente e disinfettante, usata anche per la conservazione di pezzi anatomici. SIN. Formolo.

formalismo [fr. *formalisme*, da *formaliste* 'formalista'; 1869] **s. m.** ***1*** Qualsiasi dottrina, filosofica o no, che faccia esclusivo riferimento alla forma | Indirizzo della filosofia della matematica contemporanea, rappresentato spec. da D. Hilbert (1862-1943), secondo il quale una teoria matematica è determinata esclusivamente in modo assiomatico-formale, senza alcun ricorso all'intuizione. ***2*** Dottrina estetica secondo la quale sono esclusivamente i valori formali, come il colore, lo stile, il suono e sim., a costituire l'essenza di un'opera d'arte | Prevalenza, anche eccessiva, dei valori formali in un'opera d'arte. ***3*** Cura esagerata della forma, a scapito della sostanza: *il f. dei burocrati è esasperante.*

formalista [fr. *formaliste*, dal lat. *formālis* 'formale'; 1667] **A** **s. m. e f.** (pl. m. *-i*) ***1*** Chi, in estetica o in filosofia, segue o si ispira al formalismo. ***2*** Chi si preoccupa eccessivamente della forma esteriore, del tono ufficiale e sim. **B** **agg.** ● Formalistico.

formalistico [av. 1904] **agg.** (pl. m. *-ci*) ● Che concerne o interessa il formalismo | Che presenta i caratteri del formalismo. || **formalisticaménte**, **avv.**

♦**formalità** [da *formale*; sec. XV] **s. f.** ***1*** Procedimento prescritto e consueto per compiere cerimonie e sim.: *sbrigare le f. del matrimonio; adempiere alle f. connesse con il proprio ufficio* | (*dir.*) Forma speciale richiesta dalla legge: *osservare le f. di legge* | ***F. procedurali***, modi legali di procedere. SIN. Modalità. ***2*** Atto compiuto per convenzione sociale o per puro rispetto delle forme esteriori: *sottostare alle f. accademiche* | ***Per mera f.***, esclusivamente per rispetto alla forma esteriore | ***È una semplice f.***, un atto privo di ogni rilevanza sostanziale.

formalizzàre [da *formale*; 1585] **v. tr.** ***1*** Rendere formale | (*dir.*) Redigere nelle forme richieste dalla legge o dalle parti: *f. una transazione.* ***2*** (*filos.*) Ridurre a un sistema puramente sintattico di simboli un sistema di conoscenze, secondo i procedimenti della logistica moderna.

formalizzàrsi [fr. *se formaliser*, dal lat. *formālis* 'formale'; 1647] **v. intr. pron.** ● Mostrarsi intransigente sull'osservanza di determinate forme o convenzioni sociali | Risentirsi per la mancata osservanza di determinate convenzioni: *non è il caso di f. per un leggero ritardo.*

formalizzazióne [da *formalizzare*; 1965] **s. f.** ***1*** Il formalizzare: *la f. di un'istruttoria.* ***2*** (*filos.*) Nella logica e nella filosofia della scienza contemporanea, procedimento del formalizzare.

fòrma mèntis [loc. lat., propr. 'forma, struttura della mente'; 1935] **loc. sost. f. inv.** (pl. lat. *formae mentis*) ● Struttura mentale, modo di pensare tipico di un individuo.

formànte [sec. XIV] **part. pres.** di *formare*; anche **agg.** ***1*** Nei sign. del v. ***2*** (*ling.*) ***Lingue formanti***, lingue che danno una forma propria a ciascuna parola della frase.

♦**formàre** [lat. *formāre*, da *fōrma* 'forma'; 1224] **A** **v. tr.** (*io fórmo*) ***1*** Modellare qlco. per farle assumere la forma voluta: *la natura forma gli animali e le piante; f. una statua in bronzo, in gesso* | (*est.*) Fare, costituire: *gli invitati formarono un circolo attorno al padrone di casa.* ***2*** (*fig.*) Educare con l'insegnamento, l'esempio e sim. per un fine prestabilito: *f. il cuore e la mente dei giovani; f. le nuove generazioni al rispetto sociale.* ***3*** Dare origine: *f. un partito, una famiglia* | Costituire, comporre: *f. un ministero, un esercito; questi soli beni formano il mio patrimonio.* ***4*** Ordinare o stendere nella debita forma: *f. un periodo, una proposizione; f. un disegno di legge, un atto processuale; adunare materie per f. un componimento* (BARTOLI). ***5*** Creare: *f. parole, idee nuove* | ***F. il suono***, modularlo. ***6*** Rappresentare: *f. il vanto, l'orgoglio, la consolazione della famiglia.* **B** **v. intr. pron.** ***1*** Prodursi: *nel muro si era formata una patina di muffa.* ***2*** Crescere, svilupparsi (*anche in senso fig.*): *il bambino si forma nel seno materno; dal bocciolo si forma il fiore; si è formato alla scuola di B. Croce.*

formàrio [da *forma*] **s. m.** ● (*letter.*) Volume che raccoglie tutte le varianti di forma contenute in un'opera o in un gruppo di opere letterarie.

fòrmat /'fɔrmat, *ingl.* 'fɔːmæt/ [vc. ingl., propr. 'formato'; 1987] **s. m. inv.** ***1*** (*tipogr.*) Definizione delle caratteristiche tipografiche (carattere, corpo, interlinea, tabulazioni ecc.) di un elemento di testo. ***2*** (*tv*) Schema di programma d'intrattenimento che una rete televisiva può acquistare da quella che lo ha ideato per allestirne una propria versione.

formativo [1308] **agg.** ● Atto a formare: *scuola formativa* | ***Insegnamento f.***, che tende alla formazione più che all'apprendimento di informazioni e notizie | ***Credito f.***, V. *credito* | ***Debito f.***, V. *debito.*

formàto [sec. XIII] **A** **part. pass.** di *formare*; anche **agg.** ***1*** Costituito: *lega formata da acciaio e carbonio; un verso f. da coriambi.* ***2*** Sviluppato | ***Ben f.***, di belle forme, armonico. ***3*** †Testuale, preciso: *subito il savio re disse queste formate parole in sua lingua* (CELLINI). **B** **s. m.** ***1*** Forma e dimensione di un oggetto: *il f. di un foglio; un libro di f. tascabile, piccolo, comodo, maneggevole; fotografia f. cartolina.* ***2*** (*fot.*) Le dimensioni del fotogramma, nelle pellicole fotografiche: *f. 24×36 mm; f. 6×6 cm* | ***F. tessera***, detto delle fotografie di formato standard che vanno applicate sui documenti di riconoscimento | (*cine*) La misura della larghezza delle pellicole cinematografiche: *f. 8 mm, f. 16 mm; f. ridotto.* **3** (*elab.*) Tipo di organizzazione dei dati all'interno di un file, gener. specifico per ciascun programma o applicazione.

formatóre [vc. dotta, lat. *formatōre(m)*, da *formāre* 'formare'; av. 1342] **A** agg. ● Che forma. **B** s. m. (f. *-trice*) **1** Chi forma, crea: *l'Alfieri fu arditissimo e frequentissimo f. di parole* (LEOPARDI) | (*fig.*) ***F. d'ingegni***, educatore | ***Il f. dell'Universo***, il Creatore. **2** Esperto che cura la formazione professionale di un gruppo di lavoratori. **3** Chi fa il calco in gesso di una scultura | In varie tecnologie, addetto alle formature.

formatrice [vc. dotta, lat. tardo *formatrīce(m)*, da *formāre* 'formare'; 1965] s. f. ● Macchina che può compiere una o più operazioni necessarie per costituire una forma o per dare a qlco. la forma voluta: *f. meccanica; f. per burro.*

formattàre [dall'ingl. *format*, propr. 'formato'; 1988] v. tr. ● (*elab.*) Predisporre un disco magnetico per la registrazione di dati e programmi.

formattazióne [da *formattare*; 1988] s. f. **1** (*elab.*) Organizzazione di un insieme di dati secondo un determinato formato per facilitarne il trattamento | Processo di organizzazione di un testo secondo un certo formato, al fine di ottenere una copia stampabile. **2** (*elab.*) Operazione con cui si predispone un supporto dati in modo da poter memorizzare su di esso dei dati e in seguito reperirli.

formatùra [vc. dotta, lat. *formatūra(m)*, da *formāre* 'formare'; 1499] s. f. **1** In ceramica, operazione del modellare la pasta argillosa. **2** In metallurgia, complesso di operazioni necessarie a preparare le forme e a colare in esse il metallo fuso | ***F. delle lamiere***, complesso delle deformazioni plastiche che mutano la forma della lamiera senza asportare truciolo o effettuare taglio.

♦**formazióne** [vc. dotta, lat. *formatiōne(m)*, da *formāre* 'formare'; 1319] s. f. **1** Il formare, il formarsi: *la f. dei pianeti, della Terra, dei giacimenti carboniferi, dell'embrione; un'idea, un progetto ancora in f.; la f. del nuovo governo appare molto difficile.* SIN. Costituzione, creazione, nascita. CFR. -poiesi | (*ling.*) ***F. delle parole***, l'insieme di processi morfosintattici che permettono la creazione di nuove unità da morfemi lessicali. **2** (*fig.*) Maturazione delle facoltà psichiche e intellettuali dovuta allo studio e all'esperienza: *le carenze affettive incidono nella f. dell'individuo* | ***F. professionale***, addestramento atto a formare professionalmente. **3** (*mil.*) Disposizione di più persone o mezzi costituenti un'unità organizzata: *avanzare in f. serrata* | (*est.*) Reparto o complesso organizzato: *f. navale, aerea; avvistare una f. nemica* | (*sport*) Schieramento di una squadra in campo: *f. offensiva, prudente* | (*est.*) Elenco dei giocatori che costituiscono una squadra: *l'allenatore ha annunciato la f.* | La squadra stessa: *sconfiggere una forte f.* **4** (*geol.*) Complesso di rocce distinto dalle adiacenti, sovrastanti e sottostanti per particolari caratteri | Unità litostratigrafica fondamentale che si riconosce nel rilevamento geologico di una regione. **5** Qualsiasi entità anatomica normale o patologica | ***F. vegetale***, associazione naturale di piante dovuta al clima e alla natura del suolo.

-forme [lat. *-fōrme(m)*, da *fōrma*, spesso per rendere equivalenti composti gr. in *-morphos*] secondo elemento ● In aggettivi composti, significa 'di forma', 'che ha forma di' e sim.: *aeriforme, filiforme, fusiforme, multiforme.*

formèlla [1340 ca.] s. f. **1** Dim. di *forma.* **2** Riquadro di varia forma in legno, marmo, bronzo o terracotta, spesso decorato con pitture o rilievi, usato a scopo ornamentale, per cornicioni, porte e sim. | Mattonella di vario materiale, usata per pavimentazioni e sim. **3** Mattonella di tritume vario usata un tempo come combustibile. **4** (*zoot.*) Aggregato di foraggio essiccato e compresso in forma di mattonella. **5** Buca aperta nel terreno per piantarvi alberi. **6** (*zool.*) Formazione ossea situata sulle parti laterali e anteriori del pastorale o della corona nel piede del cavallo.

formellàto [1745] agg. ● Suddiviso in formelle | Ornato di formelle.

formellatóre s. m. ● (*zoot.*) Macchina che riduce il foraggio in formelle.

†**forménto** ● V. *frumento.*

formentóne ● V. *frumentone.*

formeret /fr. fɔrmə'rɛ/ [vc. fr., da *forme* 'forma'] s. m. inv. ● (*arch.*) Nelle chiese romaniche e gotiche, ciascuno degli archi laterali, situati lungo le pareti delle navate per rinforzare le volte a crociera.

formiàto [dall'acido *form(ico)*] s. m. ● (*chim.*) Sale o estere dell'acido formico.

fòrmica (1)® [marchio registrato, prob. deriv. di *formico*, per la sua composizione chimica; 1963] s. f. ● Tipo di laminato plastico di grande durezza, usato come rivestimento e isolante elettrico, nella cui fabbricazione trovano impiego resine sintetiche ottenute da urea e fenolformaldeide.

♦**formica** (2) [lat. *formīca(m)*, di orig. indeur.; av. 1294] s. f. **1** Imenottero sociale dal corpo snello, con addome peduncolato, che vive in comunità costituite da varie categorie di individui: *f. maschio, femmina, feconda, alata.* CFR. mirmeco- | ***F. rossa***, dei boschi (*Formica rufa*) | (*fig.*) ***Andare a passo di f.***, camminare lentamente | ***Avere il cervello di una f.***, (*fig.*) mostrare una scarsa apertura mentale | ***Essere parsimonioso e attivo come una f.***, non sprecare mai nulla e lavorare intensamente. ➡ ILL. **animali**/2. **2** (*veter.*) ***F. del piede***, correntemente, cancro del fettone. **3** (*al pl.*, *region.*) Gruppo di piccoli scogli. || **formichétta**, dim. | **formichina**, dim. | **formicóna**, accr. | **formicóne**, accr. m. (V.) | **formicùccia**, **formicùzza**, dim.

formicàio [da *formica* (2); 1304] s. m. **1** Nido di formiche | ***Stuzzicare il f.***, (*fig.*) andare cercando guai molestando chi se ne sta tranquillo | (*est.*) Moltitudine di formiche. **2** (*fig.*) Moltitudine di persone spec. in continuo movimento.

formicaleóne [vc. dotta, lat. tardo *formicoleōne(m)*, nom. *formicŏleon*, comp. di *formīca* 'formica (2)' e *lĕo*, genit. *leōnis* 'leone'; 1654] s. m. (pl. *-i*) ● Insetto dei Neurotteri simile a una libellula, comune presso i boschi, le cui larve si annidano nella sabbia e catturano le formiche (*Myrmeleon europaeus*). ➡ ILL. **animali**/2.

†**formicaménto** [da *formicare*; av. 1580] s. m. ● Formicolio.

†**formicàre** [vc. dotta, lat. *formicāre* 'prudere'; av. 1367] v. intr. ● Formicolare.

formichière [detto così perché si ciba di *formiche*; 1798] s. m. ● Grosso mammifero sudamericano degli Sdentati, dal muso lungo e sottile, che si nutre di formiche catturate introducendo la lunga lingua vischiosa nell'interno dei formicai (*Myrmecophaga tridactyla*). SIN. Mangiaformiche, mirmecofago. ➡ ILL. **animali**/11.

fòrmico [fr. *formique*, detto così perché l'acido fu trovato nelle *formiche* rosse; 1795] agg. (pl. m. *-ci*) ● (*chim.*) Detto di composti derivati dal metano: *aldeide formica* | ***Acido f.***, acido organico monobasico, diffuso nel regno vegetale, liquido, corrosivo, di odore pungente, vescicante, usato in tintoria, in conceria e come disinfettante e germicida.

formìcola [av. 1449] s. f. ● (*pop.*) Formica, nel sign. di *formica* (2). || **formicolétta**, dim. | **formicolina**, dim. | **formicolino**, dim. m.

formicolàio [1729] s. m. ● (*pop., tosc.*) Formicaio (*anche fig.*).

formicolaménto [sec. XIV] s. m. ● (*raro*) Formicolio.

formicolànte [av. 1729] part. pres. di *formicolare*; anche agg. **1** Brulicante. **2** (*med.*) ***Polso f.***, molto frequente e debole.

formicolàre [da *formicola*; av. 1367] v. intr. (*io formìcolo*; aus. *avere* nei sign. 1 e 2, *essere* nel sign. 3) **1** Brulicare di persone o di insetti che si muovono come le formiche: *la strada formicolava di gente.* **2** (*fig., disus.*) Essere fitto o pieno: *quello scritto formicola di errori.* **3** Essere intorpidito, dare una sensazione come di molte piccole punture: *il piede, la gamba formicola.* **4** †Rabbrividire.

formicolio [da *formicola*; 1612] s. m. **1** Brulichio: *c'era per le strade un gran f. di gente.* **2** (*med.*) Sensazione cutanea simile a quella prodotta dal contatto di formiche, propria di diverse forme di affezioni nervose o vascolari | Correntemente, intorpidimento: *sentirsi un forte f. alla pelle.*

formicolùme [da *formicola* col suff. *-ume*; 1934] s. m. ● Formicolio, brulichio.

formicóne [sec. XIV] s. m. **1** Accr. di *formica.* **2** Nel gergo teatrale e cinematografico, operaio addetto al cambiamento e al trasporto degli elementi di scena.

♦**formidàbile** [vc. dotta, lat. *formidābile(m)*, da *formidāre* 'temere', da *formīdo* 'timore', di etim. incerta; 1499] agg. **1** (*lett.*) Spaventoso, tremendo: *si scatenò improvvisamente una tempesta f.; col suon del formidabil corno / avea cacciato il popolo infedele* (ARIOSTO). **2** (*est., spec. lett.*) Di forza, intensità o gravità eccezionali, tali da spaventare: *esercito, tempesta, accusa f.* **3** (*est.*) Straordinario (spec. in senso positivo): *appetito, ingegno f.; quel complesso rock è f.!* || **formidabilménte**, avv.

†**formidàto** [vc. dotta, lat. *formidātu(m)*, part. pass. di *formidāre* 'temere'. V. *formidabile*; 1532] agg. ● (*lett.*) Temuto: *sonar per l'aria il f. nome* (ARIOSTO).

formilazióne [comp. di *formil(e)* e *-zione*] s. f. ● (*chim.*) Reazione chimica mediante la quale si introduce in una molecola organica il radicale formile.

formìle [da (*acido*) *form(ico)*] s. m. ● (*chim.*) Residuo dell'acido formico, corrisponde all'acido formico a cui manca l'ossidrile.

formina s. f. **1** Dim. di *forma.* **2** Piccolo calco che i bambini usano sulla spiaggia per creare forme di sabbia.

fòrmio [dal gr. *phormós* 'stuoia di giunco', di orig. indeur.] s. m. ● Pianta tropicale delle Liliacee con foglie lunghe, coriacee e fiori gialli (*Phormium tenax*).

fórmola e *deriv.* ● V. *formula* e *deriv.*

formòlo [da (*aldeide*) *form(ica)*] s. m. ● (*chim.*) Formalina.

formosità [vc. dotta, lat. *formositāte(m)*, da *formōsus* 'formoso'; av. 1375] s. f. **1** Caratteristica di ciò che è formoso. **2** (*spec. al pl.*) Parti formose del corpo spec. femminile.

formóso [lat. *formōsu(m)*, da *fōrma* 'bellezza'. V. *forma*; av. 1306] agg. ● Che ha forme piene, ben fatte e ben modellate: *braccia, gambe formose; era formosa e di piacevole aspetto molto* (BOCCACCIO) | ***Donna formosa***, che accoppia la bellezza alla pienezza delle forme. || **formosétto**, dim.

♦**fòrmula** o (*raro*) **fòrmola** [vc. dotta, lat. *fōrmula(m)*, dim. di *fōrma* 'forma'; sec. XIV] s. f. **1** Nel diritto romano, documento in cui il pretore riassumeva i termini della controversia da sottoporre al giudice privato. **2** (*dir.*) Espressione che deve ritualmente essere usata nel compimento di dati atti giudiziari, contratti e sim.: *f. di giuramento* | ***F. esecutiva***, espressione che, apposta a dati atti giudiziali o stragiudiziali, conferisce agli stessi efficacia di titolo esecutivo. **3** (*est.*) Frase rituale o consuetudinaria, che si pronuncia in modo preciso e invariato in determinate circostanze: *f. di commiato, di augurio; rispettare rigorosamente le formule* | ***Formule vuote***, vane, prive di significato, non più valide. **4** Frase che sintetizza i principi e i motivi fondamentali di una dottrina, di un movimento politico, culturale e sim.: *la f. di Mazzini era: 'pensiero e azione'.* SIN. Motto. **5** (*chim.*) Rappresentazione scritta mediante simboli degli elementi costituenti una data sostanza | ***F. bruta***, ***greggia***, rappresentazione scritta di una molecola mediante i simboli degli elementi che la costituiscono | ***F. di struttura, di costituzione***, rappresentazione scritta del modo con cui gli atomi degli elementi costitutivi della molecola sono uniti da legami di valenza | (*est.*) Correntemente, insieme di ingredienti costituenti un dato composto: *la f. di un nuovo sapone.* **6** (*fig.*) L'insieme delle regole e dei principi seguiti nel costruire un organismo, nell'organizzare un'attività e sim.: *costituire un governo, un giornale secondo formule nuove; una nuova f. di propaganda.* SIN. Sistema. **7** (*mus.*) Procedimento melodico, armonico o ritmico, reso costante dall'uso in un determinato stile. **8** (*mat.*) Espressione che permette di calcolare certe quantità, quando altre siano note | ***F. risolutiva***, espressione che dà la soluzione o le soluzioni d'una equazione, d'un sistema d'equazioni o d'un problema. **9** Nell'automobilismo sportivo, suddivisione in categorie, secondo determinazioni di peso e cilindrata per piccole e grandi vetture: *auto di F. 1* | ***F. di gara***, particolare regolamento di una competizione. || **formulàccia**, pegg. | **formulétta**, dim. | **formulina**, dim.

formulàbile [1920] **agg.** ● Che può essere formulato.

formulàre (1) [da *formula*; 1858] **v. tr.** (*io fòrmulo*) ● Esprimere con i termini precisi e invariabili della formula: *f. una proposta di legge*; *f. un giudizio* | (*est.*) Dire, manifestare: *f. un desiderio, un augurio, un quesito, un voto.*

formulàre (2) [1956] **agg.** ● Costituito da formule | Delineato, svolto con formule.

formulàrio o †**formolàrio** [vc. dotta, lat. tardo *formulāriu(m)* (agg. che significava 'concernente le formule'), da *fōrmula* 'formula'; av. 1519] **s. m.** *1* Raccolta di formule: *f. giuridico, chimico, farmaceutico.* *2* Schema preparato per la futura redazione di un atto, al fine di disciplinare in modo uniforme dati rapporti giuridici: *contratti conclusi mediante la sottoscrizione di formulari* | Modulo da compilare con dati e risposte varie: *la domanda deve essere corredata dal f. debitamente riempito.*

formulazióne [av. 1827] **s. f.** ● Il formulare: *f. di una domanda* | Modo in cui qlco. è formulato: *la f. della legge non è chiara* | (*est.*) Espressione, manifestazione: *f. di un desiderio.*

fornàce [lat. *fornāce(m)*, dalla stessa radice di *fūrnus* 'forno'; sec. XIII] **s. f.** *1* Opera in muratura per la cottura di calcari, argille, gesso e sim. usati nella preparazione di materiali da costruzione: *f. da gesso, da mattoni* | (*est.*) Impianto industriale dotato di una o più fornaci. *2* (*fig.*) Luogo eccessivamente caldo: *la tua stanza è una f.* ‖ **fornacèlla**, **dim.** | **fornacìna**, **dim.** | **fornacìno**, **dim. m.** | **fornacióne**, **accr. m.** | **fornaciòtto**, **dim. m.**

fornaciàio o †**fornaciàro** [sec. XIII] **s. m.** (f. *-a*) *1* Chi lavora in una fornace. *2* Proprietario o gestore di una fornace.

fornaciàta [1550] **s. f.** ● Quantità di calce, mattoni e sim. che si può mettere nella fornace in una volta sola.

♦**fornàio** o (*region.*) **fornàro** [lat. tardo *furnāriu(m)*, da *fūrnus* 'forno'; 1211] **s. m.** *1* (f. *-a*) Chi fa il pane o lo vende | Proprietario di una panetteria. **SIN.** Panettiere. *2* Uccello dei Passeriformi rosso bruno, più chiaro sul ventre, così detto perché il suo nido, formato di terra indurita, assomiglia a un forno (*Furnarius rufus*). ‖ **fornaiàccio**, **pegg.** | **fornarìno**, **dim.** | **fornarétto**, **dim.** | **fornaiùccio** **dim.**

fornàro ● V. *fornaio.*

fornàta [da *forno*; 1606] **s. f.** ● Infornata.

fornellàta **s. f.** ● Quantità di combustibile che può essere contenuta in un fornello.

♦**fornèllo** [sec. XIII] **s. m.** *1* Dim. di *forno.* *2* (*disus.*) In numerose lavorazioni, piccolo forno contenente il materiale combustibile: *f. dell'argentiere, dello stovigliaio, dello stagnaro* | (*est.*) Parte della pipa ove si mette il tabacco | (*est.*) In ogni apparecchio di riscaldamento, parte in cui avviene la combustione: *il f. della caldaia.* *3* (*per anton.*) Apparecchio domestico, per cuocere cibi o per altri usi: *f. elettrico, a gas, a carbone, a petrolio*; *accendere, spegnere il f.*; *mettere la pentola sul f.* *4* Pozzo di piccola sezione che mette in comunicazione un livello della miniera con quello sottostante: *f. di ventilazione, di accesso* | ***F. di gettito***, per scaricare al livello sottostante il minerale abbattuto. *5* (*mil.*) Cavità in cui si introduce la carica di un esplosivo. ‖ **fornellétto**, **dim.** | **fornellìno**, **dim.** | **fornellóne**, **accr.** | **fornellùccio**, **dim.**

fornìbile [da *fornire*] **agg.** ● Che può essere fornito.

fornicàre [vc. dotta, lat. tardo *fornicāre*, da *fōrnix*, genit. *fōrnicis* 'fornice', poiché, in Roma antica, nei fornici si trovavano i postriboli; av. 1294] **v. intr.** (*io fòrnico, tu fòrnichi*; aus. *avere*) *1* (*lett.* o *raro*) Avere rapporti sessuali al di fuori del matrimonio | (*lett.*) Commettere peccati carnali: *mi sentii offeso ... come una fanciulla cui in pubblico fosse stato rimproverato di aver fornicato* (SVEVO). *2* (*fig., lett.*) Colludere.

fornicatóre [av. 1347] **s. m.**; anche **agg.** (f. *-trice*) ● (*lett.*) Chi (o Che) compie l'atto della fornicazione.

fornicatòrio [sec. XIV] **agg.** ● (*lett.*) Che concerne la fornicazione.

fornicazióne [vc. dotta, lat. tardo *fornicatiōne(m)*, da *fornicāre* 'fornicare'; av. 1292] **s. f.** *1* (*lett.*) Illecita relazione sessuale | Adulterio. *2* (*fig., lett.*) Eresia | Simonia.

fòrnice [vc. dotta, lat. *fōrnice(m)*, di orig. indeur.; av. 1375] **s. m.** *1* (*arch.*) Apertura per lo più praticabile e sormontata da arco: *l'arco di Tito è a un f., quello di Costantino a tre fornici.* *2* (*anat.*) Qualsiasi cavità sacciforme formata dal ripiegarsi di una membrana.

fornimènto [da *fornire*; sec. XIII] **s. m.** *1* (*raro*) Il fornire | (*est.*) Ciò che serve a fornire | Equipaggiamento | †Masserizie, suppellettili. *2* (*al pl.*) Parti dell'arma da fuoco portatile che collegano la canna alla cassa | Nelle armi bianche, tutti i pezzi metallici variamente conformati annessi all'impugnatura. *3* †Fine, compimento.

♦**fornìre** [fr. *fournir*, dal francone **frumjan* 'eseguire'; sec. XIII] **A** **v. tr.** (*io fornisco, tu fornisci*) *1* (qlcu. o qlco. + *di* qlco.) Provvedere, dotare del necessario: *f. gli sfollati di pane e generi di prima necessità*; *f. qlcu. di denaro, di abiti*; *f. l'esercito di mezzi e materiali*; *fornire di mobili il salotto.* **SIN.** Corredare, munire. *2* (qlco.; qlco. + *a*) Dare, procurare: *imponendogli di f. ogni giorno quella data qualità di lavoro* (SVEVO); *f. cibo e coperte ai profughi*; *f. informazioni ai turisti bloccati all'aeroporto* | (*est.*) Produrre, esibire: *f. una prova decisiva, un alibi di ferro.* *3* †Eseguire, adempiere: *f. l'ufficio, la guerra, l'impresa.* *4* †Finire, compiere: *f. l'opera, il viaggio* | ***F. i suoi giorni***, morire. **B** **v. rifl.** (+ *di*) ● Effettuare il rifornimento di tutto quanto è necessario a un dato fine: *si fornirono di tutto l'occorrente per l'esperimento, per la difesa* | Acquistare abitualmente, essere cliente: *mi fornisco sempre ai grandi magazzini.* **C** **v. intr.** ● †Cessare.

fornìto [av. 1292] **part. pass.** di *fornire*; anche **agg.** *1* (assol.; + *di*) Provvisto di quanto serve: *un negozio fornitissimo*; *un centro f. di tutti i servizi essenziali* | ***Ben f.***, di chi (o di ciò che) è abbondantemente dotato di qlco.: *una ragazza fornita di una notevole intelligenza*; *una biblioteca ben fornita.* *2* (*lett.*) Finito, terminato: *Oramai fornita è la tua parte* (BOCCACCIO). *3* †Già formato, adulto.

fornitóre [da *fornire*; 1330] **s. m.**; anche **agg.** (f. *-trice*) ● Chi (o Che) fornisce un'azienda, un negozio, un ufficio e sim. delle materie prime o genericamente di determinati prodotti: *sono i fornitori dell'esercito*; *dovremo cambiare la ditta fornitrice* | Negoziante da cui ci si serve.

fornitùra [fr. *fourniture*, da *fournir* 'fornire'; 1598] **s. f.** *1* Il fornire; **SIN.** Rifornimento | Ciò che si fornisce: *una f. di benzina, di carbone* | (*dir.*) ***Contratto di f.***, contratto di somministrazione. *2* Quantità di merci che si forniscono o che si prende l'impegno di fornire: *rinnovare, raddoppiare la f.*

♦**fórno** [lat. *fūrnu(m)*, di orig. indeur.; 1219] **s. m.** (pl. *fórni* m., †*fórnora* f.) *1* Costruzione in muratura a volta in cui si produce un'alta temperatura per cuocervi il pane o altri cibi, introdotti dalla bocca mediante la pala | (*est.*) Nelle cucine a gas, elettriche e sim., scomparto chiuso da uno sportello che si usa per la cottura di arrosti, dolci e altre pietanze: *spegnere il f.*; *levare il dolce dal f.* | ***Al f.***, cotto nel forno: *patate, lasagne, tacchino al f.* | ***F. a microonde***, V. *microonda* | (*fig.*) †***Fare ai sassi per forni***, far cose da pazzi | (*est.*) Infornata: *ho fatto un solo f. di pane.* *2* Negozio del fornaio, panetteria: *andare al f.*; *aprire un f.* *3* Apparecchio nel quale si somministra calore per mantenere un ambiente a temperatura notevolmente elevata, al fine di ottenere trasformazioni chimiche o fisiche | ***F. fusorio***, per la fusione dei metalli | ***Alto f.***, V. *altoforno* | ***F. a riverbero***, in cui le pareti e la volta riflettono potentemente il calore | ***F. di ricottura, di raffreddamento***, nella lavorazione del vetro, quello dove gli oggetti lavorati vengono raffreddati gradualmente e fino alla temperatura ambiente | ***F. a induzione***, forno elettrico per produrre acciaio partendo dalla ghisa | ***F. crematorio***, V. *crematorio.* *4* (*med.*) Apparecchio per fisioterapia con il calore | ***Fare i forni***, sottoporsi a una cura eseguita con tale apparecchio. *5* (*fig.*) Luogo molto caldo: *la città d'estate è un f.* *6* (*fig., scherz.*) Bocca molto larga o molto aperta, spec. di chi sbadiglia: *chiudi quel f.!* *7* Nel gergo teatrale, sala vuota o semivuota | ***Fare f.***, tenere uno spettacolo in una sala quasi priva di pubblico. ‖ **fornèllo**, **dim.** (V.) | **fornétto**, **dim.**

♦**fòro** (1) (o *-ó-*) [da *forare*; av. 1292] **s. m.** (pl. *fóri*, m., †*fóra*, f.) *1* Cavità cilindrica o conica o prismatica, ricavata in un solido | ***F. cieco***, se interessa solo una parte dello spessore | ***F. passante***, se attraversa completamente il solido | ***F. filettato***, se sulle sue pareti è stata ricavata una filettatura. *2* Correntemente, buco, apertura: *praticare un f. nel muro*; *il f. delle orecchie*; *il f. di uscita di un proiettile* | ***F. apicale***, di sfiato dell'aria, nel centro della calotta del paracadute. **SIN.** Orifizio. *3* (*raro*) Traforo, galleria. ‖ **forellìno**, **dim.** | **forétto**, **dim.**

♦**fòro** (2) [vc. dotta, lat. *fōru(m)*, originariamente 'recinto' e 'parte del recinto', dalla stessa radice indeur. da cui derivano anche *fōres* 'porta' e *fōris* 'fuori'; av. 1374] **s. m.** *1* Piazza monumentale dell'antica Roma, ricca di edifici pubblici e religiosi, in cui si svolgeva la vita civile della città: *f. romano*; *f. di Cesare, di Augusto, di Traiano* | ***F. boario***, un tempo, area in cui aveva luogo il mercato del bestiame | ***Foro Italico***, a Roma, complesso monumentale e modernamente attrezzato destinato a manifestazioni agonistiche. *2* (*dir.*) Sede ove l'autorità giudiziaria esplica normalmente la propria funzione: *recarsi nel f.* | ***Un principe, un luminare del f.***, un avvocato di grande fama | ***F. ecclesiastico***, ambito nel quale la Chiesa esplica il proprio potere giurisdizionale. *3* (*dir.*) L'autorità giudiziaria competente per territorio: *f. dell'esecuzione*; *declinare il f.* | ***F. fiscale, della Pubblica Amministrazione***, autorità giudiziaria competente a giudicare nelle cause in cui è parte lo Stato.

-foro [gr. *-phóros*, da *phérein* 'portare', di orig. indeur.] secondo elemento ● In parole dotte composte, significa 'che porta', 'che produce', 'che genera': *fosforo, semaforo, tedoforo, termoforo.*

Foronidèi [comp. del lat. *Phorōnis*, soprannome del personaggio mitologico Io, figlia di *Foroneo*, e *-oidei*; 1932] **s. m. pl.** (sing. *-o*) ● Nella tassonomia animale, piccolo gruppo di animali viventi entro un tubo chitinoso da essi stessi prodotto e con apertura boccale circondata da tentacoli (*Phoronidea*).

foronomìa [comp. di un deriv. del gr. *phorêin* 'portare' (d'orig. indeur.) e *-nomia*] **s. f.** ● Branca dell'idraulica che studia la fuoriuscita di liquidi da aperture praticate sul fondo o nelle pareti di recipienti.

forosétta [da *forese*; av. 1300] **s. f.** ● (*lett.*) Contadinella, villanella | (*scherz.*) Ragazza di campagna bella e gentile: *non si curava di lei per badare ad altre forosette* (NIEVO).

fòrra (o *-ó-*) [prob. dal got. *fauhrs* 'spazio fra i solchi', di orig. indeur.; 1255] **s. f.** *1* Fossato ripido e scosceso prodotto dall'erosione delle acque. **SIN.** Burrone, orrido. *2* †Il luogo più angusto e folto di un bosco.

forsànche o **fors'ànche**, **fórse ànche**, (*raro*) **forsànco** **avv.** ● Forse addirittura, perfino: *ne avrai sentito parlare o f. lo conoscerai.*

♦**fórse** [lat. *fōrsit*, da *fōrs sīt* 'destino sia'; 1294] **A** **avv.** *1* Esprime dubbio, incertezza, probabilità o anche possibilità e speranza: *f. è stato più giusto così*; *f. ho fatto male a dirglielo*; *ti sembrerà f. strano ma le cose stanno così*; *f. sì, f. no*; *f. che sì, f. che no*; *all'ombra de' cipressi ... / ... è f. il sonno / della morte men duro?* (FOSCOLO); *un cantico / che f. non morrà* (MANZONI) | Si usa, per attenuare un'affermazione troppo recisa o un giudizio che può non essere condiviso da tutti, con i sign. di 'se non erro', 'se non è troppo' e sim.: *è f. il più grande poeta moderno* | Con valore iter. e raff.: *f. f. te la caverai*; *f. f. ce l'abbiamo fatta* | †***Se f.***, se mai, se per caso | †***Non f.***, temendo che. *2* Circa (seguito da un num.): *saranno f. le cinque*; *avrà f. nove anni*; *era il detto Gualtieri del corpo bellissimo e d'età f. di quaranta anni* (BOCCACCIO). *3* Con valore enfat. e intens., si usa nelle interrogative retoriche, anche accompagnato dalla negazione 'non', con i sign. di 'per caso', 'per avventura' e sim.: *avresti f. paura?*; *non siamo f. amici?*; *non è f. vero?*; *erano f. queste le mie raccomandazioni?*; (*raff.*) *f. che ti meravigli?* **B** in funzione di **s. m. inv.** ● Dubbio, incertezza: *essere, stare, rimanere in f.*; *metteresti in f. la mia buona fede?*; *tenere, lasciare in f.*; *lasciare le cose in f.* | (*disus.*) ***Senza f.***, certamente | Esitazione: *deciditi senza tanti f.*; *non riesco a capire tutti i suoi f.*

forsennatézza [sec. XIV] s. f. ● (*raro*) Follia, frenesia: *meraviglie incredibili dell'umana f.* (BARTOLI).

forsennàto [part. pass. di un ant. *forsennare* 'uscire di senno', dal fr. ant. *forsener*, comp. di *fors* 'fuori' e *sen* 'senno'; av. 1294] agg.; anche s. m. (f. *-a*) ● Che (o Chi) è fuori di senno, e si comporta quindi in modo violento e furioso: *sembrare, parere un f.*; *comportarsi, gridare come un f.*; *si morse le mani come un f.* (SVEVO). || **forsennataménte**, avv.

forsizia ● V. *forsythia*.

forsterite [chiamata così in onore del naturalista J. R. *Forster* (1729-1798)] s. f. ● (*miner.*) Silicato di magnesio, termine puro del gruppo dell'olivina.

forsythia /for'saitja/ o **forsizia** [dal n. del botanico scozzese W. *Forsyth* (1737-1804)] s. f. ● (*bot.*) Genere di piante delle Oleacee, cespugliose, con fiori di color giallo dorato, che comprende quattro specie originarie del Giappone, della Cina e dell'Albania, coltivate come piante ornamentali (*Forsythia*).

♦**fòrte** [lat. *fŏrte(m)*, di orig. indeur.; av. 1226] **A** agg. **1** Dotato di vigore e resistenza, in senso fisico e morale: *un uomo f.*; *essere di costituzione sana e f.*; *animo, spirito, carattere f.*; *certi bravissimi giovani più volonterosi che forti* (CELLINI) | **Governo f.**, energico e deciso | **Ministero f.**, appoggiato da una salda maggioranza | (*spec. scherz.*) **Sesso f.**, maschile | **Piatto f.**, il migliore di un pranzo; (*fig.*) l'elemento più interessante di qlco. | **Pezzo f.**, (*fig.*) quello in cui un artista riesce meglio | **Vino, liquore f.**, molto alcolico | **Medicamento, farmaco f.**, drastico | **Punizione, rimprovero f.**, molto severo | **Essere un f. bevitore**, bere molto | **Essere un f. mangiatore**, mangiare molto | **Essere un f. camminatore**, capace di lunghe camminate | **Essere f. in latino, in matematica, nella corsa, nel salto**, molto abile | **Essere f. a denari, a bastoni**, nel gioco, avere molte buone carte di quel colore o seme | **Man f.**, V. *manforte* | **Farsi f.**, farsi coraggio | **Farsi f. di un argomento, di una prova e sim.**, trarne motivo di sicurezza. SIN. Robusto. CONTR. Debole. **2** Robusto, ben piantato, detto del corpo umano o di sue parti: *essere f. di petto, di fianchi*; *ha un seno piuttosto f.* | **Taglie forti**, quelle, in genere superiori alla 48 nel sistema italiano, riservate a persone robuste, spec. donne. **3** Resistente all'usura, ai colpi e sim.: *scudo, lama, tessuto, cartone f.* | (*est.*) Saldo, tenace (*anche fig.*): *legame, memoria f.* | **Colla f.**, che attacca molto bene | **Terra f.**, argillosa, che assorbe molta acqua | **Calce f.**, che fa presa robusta | **Colore f.**, che non schiarisce facilmente | **Cassa f.**, V. *cassaforte*. SIN. Solido. **4** Grande, notevole: *f. spesa, somma, capitale*; *esser dotati di un f. appetito* | (*est.*) Serio, efficace: *disporre di argomenti forti* | **A più f. ragione**, tanto più. CONTR. Esiguo. **5** Intenso, veemente, potente (*anche fig.*): *vento, burrasca, terremoto f.*; *una f. passione* | Dato con forza: *una f. spinta l'ha fatto cadere* | (*est.*) Grave, insopportabile, doloroso: *una f. malattia*; *è stata un'esperienza troppo f. per lui* | **Parole forti**, molto severe, quasi offensive. **6** Di ciò che colpisce con violenza i sensi: *luce, colore, odore, sapore f.*; *forti grida provenivano dalla casa* | **Vino f.**, di alta gradazione alcolica; anche, vino che sa di acido, infortito. **7** (*ling.*) Detto di consonante che è pronunciata con maggiore tensione articolatoria rispetto alla corrispondente lene (ad es. /p/ rispetto a /b/, /f/ rispetto a /v/) | Di categoria grammaticale che nella flessione non ricorre all'aggiunta di suffissi. **8** (*fig., lett.*) Alto, fiero, nobile: *azioni, imprese, sentimenti forti*. **9** †Aspro, disagevole (*anche fig.*) | **Passo f.**, pericoloso | **Nodo f.**, arduo da disfare. || **forteménte**, avv. Con forza; con tenacia: *sostenere fortemente qlco.*; con intensità: *si mostrò fortemente sorpreso*. **B** avv. **1** Con forza, gagliardamente: *tienti f.*; *prova a bussare f.* | Con violenza: *piove f.*; *il vento soffia f.*; *f. spingava con ambo le piote* (DANTE *Inf.* XIX, 120). CONTR. Piano. **2** Grandemente, molto, assai: *sospetto f. di lui*; *temo f. che sia così*; *è uno che mangia, beve e fuma f.* | In unione con un agg.: *è intelligente f.*; *questa parola parve f. contraria alla donna* (BOCCACCIO) | **Giocare, puntare f.**, grosse somme di denaro. **3** Ad alta voce: *parla più f.*; *Rinaldo ed Ulivier piangevon f.* (PULCI) | **Parlare f., dire qlco. f.**, (*fig.*) con chiarezza, senza reticenze. CONTR. Piano. **4** Velocemente: *Ed ecco due da la sinistra costa, / nudi e graffiati, fuggendo sì f., / che de la selva rompieno ogni rosta* (DANTE *Inf.* XIII, 115-117) | **Andare f.**, (*fig., fam.*), avere successo. CONTR. Piano. **5** †In modo difficile e oscuro. **C** s. m. (inv. nel sign. 6) **1** Chi è dotato di forza fisica e spec. morale: *esercitare il diritto del più f.*; *a egregie cose il f. animo accendono / l'urne de' forti* (FOSCOLO). CONTR. Debole. **2** (*solo sing.*) Ciò che costituisce la parte più dura, resistente e sim. di qlco. | **Il f. dell'esercito**, nerbo | (*raro*) **Il f. del bosco, della selva**, parte più interna e folta. **3** Opera fortificata di limitata estensione, a guardia di un passo o di una località, o costituente elemento di una piazza, di un campo trincerato o di una regione fortificata | Nelle colonie del Nord America, luogo fortificato dove si riunivano i coloni delle zone circostanti per difendersi dagli attacchi delle popolazioni indigene. ➡ ILL. p. 2121 ARCHITETTURA. **4** (*solo sing.*) Cosa in cui qlcu. è particolarmente abile, preparato e sim.: *le matematiche non sono il suo f.*; *la puntualità non è il suo f.* CONTR. Debole. **5** (*solo sing.*) Sapore acre di sostanze fermentate: *prendere sapore di f.* **6** (*mus.*) Indicazione dinamica che richiede un'intensità di suono superiore alla media. SIMB. f.

fortepiàno o (spec. nel sign. 2) **forte-piàno** [comp. di *forte* e *piano* (V. *pianoforte*); 1826] s. m. (pl. inv. o *fortepiàni* nel sign. 1, inv. nel sign. 2) **1** Strumento musicale da cui deriva il pianoforte, con corde di budello animale e telaio in legno. **2** (*mus.*) Indicazione dinamica che richiede un'emissione di intensità forte immediatamente portata a un'intensità minore.

fortéto [da *forte*, nel sign. A 9; 1777] s. m. ● (*raro*) Terreno duro e sassoso occupato da una bassa e fitta boscaglia.

fortézza [da *forte*; av. 1292] s. f. **1** Fermezza, forza morale: *dimostrare f. nelle avversità* | (*raro*) Robustezza, resistenza: *la f. di un tessuto*. CONTR. Debolezza. **2** Nella teologia cattolica, una delle quattro virtù cardinali e uno dei sette doni dello Spirito Santo. **3** Rinforzo, imbottitura | (*mar.*) Rinforzo cucito alla vela nel punto in cui è soggetta al maggiore sforzo. SIN. Gherone. **4** Caratteristica di sapore agro e piccante: *f. di aceto, senape, pepe*. **5** Fortificazione gener. a semplice cinta continua, con opere addizionali aderenti o avanzate: *espugnare, prendere una f.* | **Arresti di f.**, massima punizione disciplinare per ufficiali | †**Mettere a f.**, fortificare | (*est., aer.*) **F. volante**, velivolo quadrimotore da bombardamento statunitense Boeing B17, con particolari caratteristiche tecniche e belliche, impiegato nella seconda guerra mondiale, spec. contro la Germania; (*gener.*) qualunque quadrimotore da combattimento con caratteristiche analoghe a quelle del Boeing B17. || **fortezzina**, dim.

fortìccio [da *forte* nel sign. C5; sec. XV] **A** agg. (pl. f. *-ce*) ● Detto di cibo o bevanda che ha sapore agro e acido: *questa salsa è forticcia*. **B** s. m. ● Sapore agro e acido: *questa ricotta ha preso il f.*

fortièra [da *forte*. Cfr. *forteto*; 1889] s. f. ● (*mar.*) Fondo marino formato da scogli duri e taglienti, poco adatto all'ancoraggio | Bassofondo o secca di pietra presso la riva.

fortificàbile agg. ● Che si può fortificare.

fortificànte [1868] part. pres. di *fortificare*; anche agg. ● Che fortifica.

fortificàre [vc. dotta, lat. tardo *fortificāre*, comp. di *fŏrtis* 'forte' e *fàcere* 'fare'; av. 1306] **A** v. tr. (*io fortìfico, tu fortìfichi*) **1** (*mil.*) Munire di opere di fortificazione: *f. una città, una località, una regione*. **2** Render forte, rinvigorire: *è un cibo che fortifica lo stomaco*; *l'esercizio fortifica le membra* | Rendere più forte: *è necessario f. la fede nella democrazia*. SIN. Irrobustire. CONTR. Indebolire. **B** v. rifl. e intr. pron. **1** (*mil.*) Ripararsi con opere di fortificazione o con lavori di difesa di qualunque genere. **2** Rafforzarsi, irrobustirsi, corroborarsi.

fortificatìvo [av. 1342] agg. ● (*raro*) Atto a fortificare, a corroborare.

fortificatòrio agg. ● Attinente alle fortificazioni: *arte fortificatoria*.

fortificazióne [vc. dotta, lat. tardo *fortificatiō-ne(m)*, da *fortificāre* 'fortificare'; sec. XIV] s. f. **1** Operazione del fortificare: *provvedere alla f. di una posizione* | †(*fig.*) Rafforzamento | (*raro, lett.*) **A f.**, a conferma: *a f. di questo non mi curerò di replicarvi alcuna cosa già detta* (MACHIAVELLI). **2** (*mil.*) Opera o complesso di opere fortificate | Luogo fortificato | **F. romana, medievale**, cinta di mura alternate a torri quadrate o rotonde | **F. moderna** o **bastionata**, costituita da cortine fiancheggiate da baluardi o bastioni pentagonali, in sostituzione delle antiche torri | (*al pl.*) Complesso di opere fortificate che recingono una città o una zona determinata: *le fortificazioni di Verona*. ➡ ILL. p. 2120 ARCHITETTURA.

fortìgno [da *forte* nel sign. C5; av. 1597] agg.; anche s. m. ● (*raro*) Forticcio: *odore, sapore f.*; *prendere il f.*

fortilìzio [da *forte* nel sign. C3; 1546] s. m. ● Piccola fortezza.

fortìno [da *forte* nel sign. C3; 1624] s. m. ● Forte di piccole dimensioni, tipico della fortificazione coloniale in quanto resistente al fuoco di armi portatili ma non a quello di artiglieria.

fortiori, a ● V. *a fortiori*.

fortìssimo [superl. di *forte*; sec. XIII] s. m. ● (*mus.*) Indicazione dinamica che richiede la massima intensità di suono. SIMB. ff, fff o ffff.

fortitùdine o †**fortitùdo** [vc. dotta, lat. *fortitūdi-ne(m)*, da *fŏrtis* 'forte'; av. 1294] s. f. ● (*lett.*) Fortezza, magnanimità.

fortóre [da *forte* nel sign. C5; 1535] s. m. **1** Odore o sapore acre e penetrante: *f. dell'aceto, del pepe*. **2** (*spec. al pl.*) Acidità di stomaco.

Fortran /'fɔrtran, *ingl.* 'fɔ:ɹtræn/ [sigla ingl. di *For(mula) Tran(slator)* 'traduttore di formule'; 1967] s. m. inv. ● (*elab.*) Linguaggio per la programmazione dei calcolatori elettronici, destinato ad applicazioni tecnico-scientifiche.

fortùito o **fortuìto** [vc. dotta, lat. *fortuītu(m)*, da *fŏrs* 'sorte'; 1304] agg. ● Che si verifica per caso, indipendentemente dalla volontà umana: *avvenimento, incontro, caso f.* | †**Di f.**, per caso. SIN. Accidentale. CONTR. Voluto. || **fortuitaménte**, avv. In modo fortuito, per caso.

fortùme [da *forte* nel sign. C5; sec. XIV] s. m. ● (*raro*) Sapore forticcio o penetrante | Ciò che ha tale sapore.

♦**fortùna** [lat. *fortūna(m)*, da *fŏrs* 'caso'; av. 1249] s. f. **1** Destino o sorte alterna, indipendente dalla volontà umana, identificata dagli antichi nell'omonima divinità (la *dea bendata*) distributrice a caso di gioia e dolori: *cecità, pazzia, volubilità della f.*; *i resti del tempio della f.*; *a virtute e f. Amor pon legge* (POLIZIANO) | **La ruota della f.**, le mutabili vicende umane | **Affidarsi alla f., ai capricci della f.**, al caso. **2** Sorte favorevole, destino propizio: *è solo questione di f.*; *quell'individuo ha tutte le fortune, ha una f. sfacciata* | (*fig.*) **Figlio della f.**, persona molto fortunata | **F. che..., per f...**, per buona sorte | **Un colpo di f.**, un successo insperato e improvviso | **Fare la f. di qlcu.**, riuscirgli di grande aiuto e giovamento | Fama, notorietà: *la f. di Schopenhauer nel Novecento* | **Un'invenzione, un libro, una commedia che ha fatto f.**, che ha incontrato il favore del pubblico | **Tentare la f.**, esporsi a un rischio, spec. al gioco | **Aver f.**, essere fortunato, avere successo | **Non aver f.**, riuscire malamente in ciò che ci si prefigge | **Portar f.**, essere di buon augurio. CONTR. Disdetta, scalogna. **3** Averi, patrimonio, ricchezza: *sciupare, dissipare tutte le proprie fortune*; *ha ereditato una ingente f.* | **Fare f.**, diventare ricco | (*lett.*) Condizione economica: *cadere, trovarsi in bassa f.* **4** †Sorte o destino avverso, vicenda disgraziata: *essere forte contro la f.* | (*raro*) Pericolo. **5** Una delle figure nel gioco dei tarocchi. **6** (*lett.*) Tempesta | (*mar.*) **Albero, pennone, timone di f.**, che si tiene di riserva per sostituire l'attrezzo perduto per fortunale o per avaria | (*est.*) **Mezzi di f.**, quelli improvvisati in situazioni di necessità. **7** †Rompicollo, avventuriero. **8** †Tumulto, turbolenza, miseria. || PROV. Chi ha fortuna in amor non giochi a carte. || **fortunàccia**, pegg. | **fortunèlla**, dim. | **fortunóna**, accr.

fortunàle [da *fortuna*; 1336 ca.] **A** agg. **1** †Di fortuna. **2** †Burrascoso, tempestoso. || †**fortunalménte**, avv. Per caso, sorte. **B** s. m. ● Tempesta, bufera.

fortunatìssimo agg. **1** Sup. di *fortunato*. **2** Formula di cortesia nelle presentazioni: *f. di conoscerla*.

♦**fortunàto** [1319] **A** agg. **1** Favorito dalla sorte: *viviamo in un'epoca fortunata*; *f. lui!* | Dovuto alla fortuna: *una fortunata coincidenza*. **2** Che riesce bene o che determina positivi sviluppi, conseguenze favorevoli e sim.: *spedizione, impresa fortunata*; *fu un colloquio f.* | Che ha successo presso il pubblico: *un libro, un programma f.* SIN. Fausto, felice. CONTR. Disgraziato. **3** Formula di cortesia usata nelle presentazioni: *f. di conoscerla!* **4** †Tempestoso. **5** †Che ha cattiva fortuna. **B** s. m. (f. *-a*) ● Persona fortunata. || **fortunatissimo**, superl. (V.) || **fortunataménte**, avv. Per buona fortuna: *fortunatamente in quel momento dormivo*.

fortunèllo [dal n. di un personaggio del *Corriere dei Piccoli*] s. m. (f. *-a*) ● (*scherz.*) Chi è particolarmente favorito dalla fortuna.

fortunóso [da *fortuna*; 1336 ca.] agg. **1** (*lett.* o *raro*) Travagliato da una sorte mutevole e spesso avversa: *tempo f.*; *vita fortunosa* | (*lett.*) Doloroso, duro: *quasi presago / di f. evento* (TASSO) | *Casi fortunosi*, vicende numerose e non favorevoli. **2** †Tempestoso, burrascoso. **3** Casuale, fortuito: *un gol f.* || **fortunosaménte**, avv. **1** In modo fortunoso. **2** †Felicemente. **3** †Per caso.

†**fortùra** [da *forte* agg.; av. 1306] s. f. ● Caratteristica di forte.

fòrum [vc. ingl., dal lat. *fŏrum* 'piazza'] s. m. inv. (pl. lat. *fora*, pl. ingl. *forums*) ● Pubblica riunione indetta per discutere argomenti d'interesse sociale, culturale, politico e sim. | Intervista collettiva a un importante personaggio della vita pubblica: *un f. elettorale*.

forùncolo [vc. dotta, lat. *furŭnculu(m)*, dim. di *fūr* 'ladro'; in orig. si diceva del tralcio della vite che ruba il succo al pollone principale; sec. XIV] s. m. ● (*med.*) Infezione suppurativa del follicolo pilifero con intensa infiammazione e necrosi dei tessuti. || **foruncolétto**, dim. | **foruncolino**, dim. | **foruncolóne**, accr.

foruncolòsi o **forunculòsi** [comp. di *foruncolo* e *-osi*; 1904] s. f. inv. ● (*med.*) Affezione caratterizzata dalla comparsa di numerosi foruncoli con tendenza alla disseminazione regionale.

foruncolóso [1966] **A** agg. ● Pieno di foruncoli. **B** s. m. (f. *-a*) ● Chi è affetto da foruncolosi.

forviànte ● V. *fuorviante*.

forviàre ● V. *fuorviare*.

†**fòrvice** ● V. *forbice*.

forward /ingl. 'fɔːwəd/ [accorc. della loc. ingl. *forward contract* 'contratto a termine'] s. m. inv. ● (*econ.*) Contratto di compravendita di valute, beni o strumenti finanziari a un prezzo stabilito all'atto della stipula, ma per consegna e liquidazione a certa data futura.

♦**fòrza** [lat. tardo *fŏrtia*, nt. pl. di *fŏrtis* 'forte'; av. 1250] **A** s. f. **1** Vigore, robustezza, resistenza di chi (o di ciò che) è forte: *f. fisica, muscolare, materiale*; *è un cibo sano che dà f.* | *F. bruta*, non guidata dalla ragione | *F. vitale*, vigoria | *La f. di un tessuto*, la sua compattezza e resistenza | *Bella f.!*, di cosa che non è costata sforzo o fatica alcuna. CFR. dinamo-. SIN. Robustezza. CONTR. Debolezza. **2** (*spec. al pl.*) Vigoria naturale dell'uomo sano: *essere in forze*; *mancare, riprendere, esaurire le proprie forze* | *F. lavoro*, capacità dell'uomo di lavorare e produrre; (*est.*) forze di lavoro (V. sign. 13). SIN. Gagliardia, vigoria. **3** (*fis.*) Causa che perturba lo stato di quiete o di moto di un corpo | *F. elettrica*, si esercita tra particelle dotate di carica elettrica, proporzionale direttamente al prodotto delle cariche e inversamente al quadrato della distanza | *F. elettromagnetica*, si esercita su una particella carica o un magnete immersi in un campo elettromagnetico | *F. nucleare debole*, resposabile del decadimento beta dei nuclei radioattivi | *F. nucleare forte*, si esercita tra particelle dotate di carica di colore; è responsabile della stabilità del nucleo atomico | *F. gravitazionale*, si esercita tra particelle dotate di massa; è direttamente proporzionale al prodotto delle masse e inversamente proporzionale al quadrato della distanza | *F. di Higgs* o *quinta f.*, responsabile dell'interazione delle particelle con il campo di Higgs | *F. magnetica*, campo magnetico | *F. magnetomotrice*, ciò che determina il flusso magnetico in un circuito magnetico | *F. coercitiva*, intensità del campo magnetico cui deve essere sottoposto un materiale ferromagnetico per la sua completa smagnetizzazione | *F. elettromotrice*, tensione elettrica indotta in un circuito da campi magnetici variabili o da reazioni chimiche | *F. motrice*, in una macchina, lo sforzo che serve a vincere la resistenza. **4** (*chim.*) Reagibilità, di acidi e di basi, determinata dal loro grado di dissociazione in soluzione. **5** Intensità, validità, potenza: *la f. di un odore, di un colore, di un sapore*; *la f. dei principi, delle argomentazioni* | Fermezza morale: *f. di volontà*; *f. d'animo*; *f. di carattere*; *è necessario farsi f.* | *F. morale*, ascendente o autorità che si esercita su qlcu. | (*fig.*) *Di prima f.*, di primo ordine | (*mar.*) *Mezza, tutta f.*, andature corrispondenti all'impiego di metà o di tutta la potenza disponibile dell'apparato motore | (*est.*) Virtù, facoltà, efficacia: *f. visiva, intellettuale, mentale*; *un farmaco dotato di grande f.* | *La f. della parola*, il suo potere, o la sua efficacia persuasiva o dimostrativa | *La f. della bellezza*, il suo fascino | Autorità, potestà: *la f. del Senato, del Presidente della Repubblica* | *F. contrattuale*, la capacità di far volgere a proprio vantaggio la conclusione di una trattativa o di una contrattazione, spec. sindacale. **6** (*dir.*) Obbligatorietà: *la f. della legge* | *Decreto che ha f. di legge*, che vincola come una disposizione legislativa | *In f. di un decreto, un titolo e sim.*, dando esecuzione a un decreto, un titolo e sim. **7** Impeto, intensità, potenza: *f. del vento, del fiume*; *opporsi alla f. degli elementi scatenati*; *il mare è f. 8.* | *Le forze della natura*, gli agenti fisici. SIN. Furia, veemenza. **8** Una delle figure nel gioco dei tarocchi. **9** Violenza: *ricorrere all'uso della f.*; *sottostare, soggiacere, resistere, opporsi alla f.* | *A f., per f.*, a o per violenta costrizione | *Per amore o per f.*, con le buone o con le cattive | *Di f., a viva f.*, con violenza | *Per f.*, necessariamente: *ha dovuto farlo per f.*; *per f. non risponde: è partito!* | †*Seguire la f.*, secondarla | †*A f., a marcia f.*, a dispetto, a marcio dispetto | *Far f. a qlcu.*, forzarlo a fare qlco. | *Far f. a, su di sé*, dominarsi | *A f. di*, indica l'insistente ripetizione di uno o più atti per ottenere un difficile scopo | *A f., a viva f.*, con violenza | *Camicia di f.*, V. *camicia*, sign. 1. **10** Necessità: *è f. credere, dire, riconoscere* | *Per f. di cose*, necessariamente, a causa delle circostanze: *siamo stati costretti a interrompere il viaggio per f. di cose* | †*Non fa f.*, non importa. **11** (*dir.*) *F. maggiore*, accadimento esterno e superiore al potere della volontà umana che determina necessariamente la persona a un'azione od omissione. **12** (*gener.*) Gruppo, schiera di uomini armati | (*spec. al pl.*) Il numero di soldati che sostengono un combattimento: *le forze del nemico*; *forze fresche* | *Forze Armate*, il complesso di uomini e mezzi, militarmente organizzato e diviso nelle tre armi dell'esercito, della marina, dell'aviazione, destinato a difendere lo Stato | *F. pubblica*, l'insieme di vari corpi armati, come la polizia di Stato e l'Arma dei Carabinieri, preposti al mantenimento dell'ordine pubblico | (*mil.*) Il numero di militari necessario perché un reparto sia completo nel suo organico: *prendere, assumere, essere in f.* | *La bassa f.*, i soldati e i graduati, in contrapposizione ai sottufficiali e agli ufficiali | (*est.*) Il numero dei soldati presenti realmente nel reparto o dei marinai a bordo | (*est.*) *F. navale*, qualunque gruppo particolare di navi, purché fornito di sua autonomia operativa | *F. aerea*, il complesso di tutti gli aerei e gener. mezzi tecnici di cui dispone l'aviazione militare. **13** (*est.*) Insieme organizzato di persone che ha in comune motivi ispiratori e azione pratica: *una piccola, una grande f. politica*; *le forze sindacali*; *le forze dell'opposizione* | (*polit.*) *F. Italia*, movimento politico fondato nel 1993 con l'intento di organizzare le forze moderate richiamandosi all'ideologia liberale e cattolica; fa parte del Polo per le libertà. CFR. Azzurro, forzista | *Forze di lavoro, f. lavoro*, la popolazione attiva, l'insieme, cioè, degli occupati e degli individui in cerca di occupazione. **14** (*mar.*) *F. di vele*, l'insieme delle vele addizionali che le navi a vele quadre bordano con venti deboli per aumentare la velocità | *F. del mare*, stato del mare. ➡ TAV. **mare (scala del)**. **15** (*tipogr.*) *F. di corpo*, distanza fra la faccia anteriore e quella posteriore, longitudinale rispetto all'occhio, del fusto di un carattere o spazio. **16** Nel gergo giovanile, persona o fenomeno eccezionali: *che f.!*; *quel film è una f.* **B** in funzione di inter. ● Si usa come esortazione e incoraggiamento ad affrontare una prova che richiede impegno o sforzo fisico: *su, f.!*; *f. e coraggio!*; *f. Roma!*; *f. Lazio!* || PROV. Contro la forza la ragion non vale.

forzàglia [da *forza*; 1585] s. f. ● Pezzo di tela grezza con cui si confeziona la controfodera degli abiti, in sartoria.

forzaménto [sec. XIV] s. m. **1** (*raro*) Il forzare. **2** (*mecc.*) Esecuzione di un collegamento forzato.

forzàndo s. m. inv. ● (*mus.*) Sforzando.

forzànte [av. 1667] part. pres. di *forzare*; anche agg. ● Nel gioco del bridge, detto di dichiarazione sulla quale il compagno non può passare.

♦**forzàre** [lat. parl. **fortiāre*, da *fŏrtia* 'forza'; sec. XIII] **A** v. tr. (*io fòrzo*) **1** (qlcu. o qlco.; qlcu. o qlco. + *a*) Obbligare o costringere a forza: *forzare la natura*; *f. qlcu. a dire, a fare ciò che non vorrebbe*; *forzarono la ragazza al matrimonio* | (*fig.*) *F. il senso di un discorso*, interpretarlo in modo tendenzioso, arbitrario. **2** Assoggettare a uno sforzo: *f. la voce* | (*fig.*) *F. la mano*, esagerare in qlco. | (*fig.*) *F. i tempi*, accelerare l'attuazione di qlco. | *F. una pianta*, concimarla abbondantemente o scaldarla in serra, così da anticiparne la fioritura | *F. le vele*, spiegarne quanto più è possibile per aumentare la velocità | *F. i remi*, arrancare | *F. l'andatura*, accelerare. **3** Aprire qlco. ricorrendo alla forza: *f. una porta, una serratura* | *F. il blocco*, riuscire a superarlo di forza | (*fig.*) *F. la consegna*, non obbedire agli ordini ricevuti. **4** Premere con forza, energia, decisione: *f. il tappo sulla bottiglia*. **5** (*mus.*) Sforzando. **B** v. intr. (aus. *avere*) (+ *su*) ● Essere troppo stretto, incastrarsi senza gioco: *la scarpa forza sul collo del piede*; *la trave forza sul palco* | *La porta forza*, è dura da aprire, non scorre come dovrebbe. **C** v. rifl. (+ *a*; lett. + *di*) ● Obbligare sé stessi, sforzarsi: *forzarsi a seguire una dieta*; *Ieri lo colsi che davanti allo specchio si forzava di contorcersi* (SVEVO).

forzàto [1521] **A** part. pass. di *forzare*; anche agg. **1** Nei sign. del v. **2** *Marcia forzata*, più lunga e veloce del normale | *Condotta, galleria forzata*, tubazione o galleria percorsa da liquido sotto pressione. **3** Indipendente dalla volontà di qlcu., dovuto a forza maggiore: *la nostra fu un'assenza forzata*. SIN. Involontario. **4** Eseguito o imposto con la forza secondo il disposto della legge: *espropriazione, esecuzione forzata* | *Lavori forzati*, un tempo o in ordinamenti giuridici stranieri, tipo di pena per cui il condannato durante lo stato di detenzione deve attendere a opere assai faticose. **5** Privo di naturalezza: *allegria forzata* | *Interpretazione forzata*, che eccede il vero significato di un testo o la sua natura. || **forzataménte**, avv. **1** Per forza: *forzatamente dovemmo separarci*. **2** A fatica, con sforzo: *era forzatamente cortese con noi*. **B** s. m. **1** Condannato ai lavori forzati. **2** †Affettazione. **3** (*mus.*) Sforzando.

forzatóre [sec. XIV] agg.; anche s. m. (f. *-trice*) **1** (*raro*) Che (o Chi) forza o fa violenza. **2** (*disus.*) Chi esegue esercizi di forza. || **forzatorèllo**, dim.

forzatùra [1832] s. f. **1** (*raro*) Il forzare: *f. di una cassaforte, della voce* | (*fig.*) Interpretazione o affermazione arbitraria, tendenziosa: *la sua versione dei fatti contiene numerose forzature*. **2** (*agr.*) Insieme di pratiche intese a ottenere produzioni vegetali fuori stagione | *F. delle talee innestate*, per favorire l'emissione dei germogli e la formazione degli abbozzi radicali.

forzière o †**forzièro** [fr. *forcier*, da *force* 'forza', perché deve essere chiuso a forza; sec. XIII] s. m. ● Tipo di cassa di media dimensione spesso rinforzata da bandelle di feltro e munita di complesse serrature, usata anticamente per conservare valori e documenti. || **forzierétto**, dim. | **forzierino**, dim. | **forzierùccio**, **forzierùzzo**, dim.

forzista [1869] s. m. e f.; anche agg. (pl. m. *-i*) ● Aderente al movimento politico Forza Italia. CFR. Azzurro.

forzóso [da *forza*; av. 1557] agg. **1** Imposto con la forza o d'autorità: *prestito f.* | *Corso f.*, obbligo imposto dallo Stato di accettare in pagamento biglietti di banca non convertibili in oro. **2** †Gagliardo, forte, robusto | *Vento f.*, impetuoso e violento. **3** †Valoroso. || **forzosaménte**, avv.

forzùto [1525] agg. ● Che dispone di una grande forza fisica.

fosburista [da *Fosbury*] s. m. e f. (pl. m. *-i*) ● (*ra-*

ro) Saltatore in alto specialista dello stile fosbury.

fosbury /*ingl.* 'fɒzbəɹi, -ˌbɛɹi/ [dal n. dell'atleta americano D. *Fosbury*, che per primo lo adottò nel 1968; 1938] **s. m. inv.** ● (*sport*) Salto dorsale.

†**foschézza** [1695] **s. f.** ● Caratteristica di ciò che è fosco.

♦**foschìa** [da *fosco*; 1883] **s. f.** *1* (*meteor.*) Sospensione nell'aria di goccioline d'acqua microscopiche, che riduce la visibilità e dona all'atmosfera un aspetto grigiastro. ➡ **ILL.** p. 2135 SCIENZE DELLA TERRA ED ENERGIA. *2* Offuscamento atmosferico, temporaneo e leggero, dovuto a fumo o altro.

fósco o †**fùsco** [lat. *fŭscu(m)*, di orig. indeur.; 1313] **agg.** (**pl. m.** *-schi*) *1* Di colore scuro: *notte fosca* | Nebbioso, offuscato: *cielo, tempo f.* | ***Luce fosca***, che non lascia distinguere le cose. *2* (*fig.*) Turbato, cupo, tetro: *aspetto, sguardo f.*; *f., angosciato, era uscito da Villa Borghese* (PIRANDELLO). *3* (*fig.*) Triste: *pensiero f.* | (*fig.*) ***Avvenire f.***, incerto o temibile | ***Dipingere a fosche tinte***, mettere in cattiva luce, accentuando gli aspetti negativi. *4* (*raro*) Ombroso. || **foscaménte**, **avv.** (*raro*) In modo fosco.

foscolìano [1810] **agg.** ● Del poeta U. Foscolo (1778-1827) | Ispirato alle idee e allo stile del Foscolo.

fosfatàsi [da *fosfato*; 1932] **s. f. inv.** ● (*biol.*) Enzima capace di scindere i legami con l'acido fosforico negli acidi nucleici con liberazione di energia.

fosfatazióne [da *fosfato*; 1947] **s. f.** ● Operazione consistente nel ricoprire una superficie metallica con un sottile strato protettivo di fosfato.

fosfàtico [da *fosfato*; 1817] **agg.** (**pl. m.** *-ci*) ● Relativo al fosforo | Contenente fosforo o suoi composti: *concime fosfatico*.

fosfatide [da *fosfato*] **s. m.** ● (*chim.*) Fosfolipide.

fosfatizzazióne [da *fosfato*; 1952] **s. f.** ● Fosfatazione.

fosfàto [fr. *phosphate*, da *phosphore* 'fosforo (1)'; 1795] **s. m.** ● Sale dell'acido fosforico | ***F. di calcio***, usato per la produzione di perfosfati e superfosfati nell'industria dei fertilizzanti | ***Fosfati alcalini***, usati in terapia come ricostituenti del sistema nervoso.

fosfène [comp. del gr. *phôs* 'luce' (di etim. incerta), e un deriv. di *pháinesthai* 'apparire' (di orig. indeur.); 1888] **s. m.** ● (*med.*) Sensazione luminosa che insorge per compressione dei bulbi oculari, dovuta a stimolazione meccanica dei recettori retinici.

fosfina [da *fosforo* (*1*); 1869] **s. f.** ● Gas velenoso di odore sgradevole che brucia facilmente, costituito da fosforo e idrogeno, ottenuto per decomposizione dei fosfuri. **SIN.** Idrogeno fosforato.

fosfito [fr. *phosphite*, da *phosphore* 'fosforo (1)'; 1795] **s. m.** ● (*chim.*) Sale dell'acido fosforoso.

fosfoglicéride [comp. di *fosfo(ro)* e *gliceride*] **s. m.** ● (*chim.*) Fosfolipide contenente glicerina.

fosfolipide [comp. di *fosfo(ro)* (*1*) e *lipide*] **s. m.** ● (*chim., gener.*) Sostanza grassa contenente fosforo sotto forma di acido fosforico (sono tali le lecitine, le cefaline e le sfingomieline).

fosfoprotide [comp. di *fosfo(ro)* (*1*) e *protide*] **s. m.** ● (*chim.*) Sostanza proteica contenente fosforo sotto forma di acido fosforico (sono tali la caseina del latte e la vitellina dell'uovo).

fosforàre **v. tr.** (*io fòsforo*) ● Fornire di, arricchire con, fosforo.

fosforàto [da *fosforo* (*1*)] **agg.** ● Che contiene fosforo | ***Idrogeno f.***, fosfina.

fosforeggiàre [1797] **v. intr.** (*io fosforéggio*; aus. *avere*) ● (*raro*) Essere fosforescente, luminoso come il fosforo.

fosforemìa [comp. di *fosfor(o)* (*1*) e *-emia*] **s. f.** ● (*med.*) Quantità di fosforo presente nel sangue.

fosfòreo [1921] **agg.** ● Di fosforo, fosforescente.

fosforescènte [fr. *phosphorescent*, da *phosphore* 'fosforo (1)'; 1817] **agg.** *1* Che presenta il fenomeno della fosforescenza. *2* (*est.*) Che emana una luce simile a quella delle sostanze fosforescenti: *gli occhi del gatto nel buio sono fosforescenti*.

fosforescènza [fr. *phosphorescence*, da *phosphore* 'fosforo (1)'; 1817] **s. f.** *1* Tipo di fotoluminescenza che si manifesta anche dopo che è cessata l'azione della luce sulla sostanza che presenta il fenomeno. **CFR.** Fluorescenza. *2* (*raro*) Bagliore, luminescenza.

fosfòrico [fr. *phosphorique*, da *phosphore* 'fosforo (1)'; 1788] **agg.** (**pl. m.** *-ci*) ● (*chim.*) Detto di composto del fosforo pentavalente: *anidride fosforica* | ***Acido f.***, tribasico, ottenuto per azione dell'acido solforico sui fosfati, usato per la produzione di concimi fosfatici e di additivi per mangimi sintetici | ***Estere f.***, insetticida organico di sintesi.

fosforilàre [da *fosforile*, a sua volta comp. di *fosforo* (*1*) e *-ile*] **v. tr.** (*io fosfòrilo*) ● (*chim.*) Introdurre in una molecola organica uno o più gruppi dell'acido fosforico.

fosforilàsi [comp. di *fosforil(are)* e *-asi*] **s. f. inv.** ● (*chim.*) Enzima che catalizza una reazione di fosforilazione.

fosforilazióne **s. f.** *1* (*chim.*) Reazione biologica consistente nel fosforilare. *2* Reazione intermedia della fermentazione alcolica.

fosforile [comp. di *fosfori(co)* e *-ile* (*2*)] **s. m.** ● (*chim.*) Radicale trivalente dell'acido fosforico ottenibile da questo per sottrazione di tre gruppi ossidrilici.

fosforismo [da *fosforo* (*1*)] **s. m.** ● Avvelenamento cronico da fosforo o da sostanze contenenti fosforo.

fosforite [fr. *phosphorite*, da *phosphore* 'fosforo (1)'; 1875] **s. f.** ● (*geol.*) Roccia sedimentaria costituita da resti fosfatici di origine organica o da loro concrezioni, impiegata direttamente come concime o usata per la fabbricazione dei perfosfati.

fòsforo (**1**) [fr. *phosphore*, dal gr. *phōsphóros* 'apportatore di luce', comp. di *phôs* 'luce' e *phérein* 'portare'; av. 1730] **s. m.** *1* Elemento chimico diffuso sotto forma di sali nel mondo minerale, vegetale e animale. **SIMB.** P. *2* (*fig., fam.*) Intelligenza, ingegno: *avere del f. nel cervello*.

fosfòro (**2**) [comp. del gr. *phôs* 'luce' (V. *fosforo* (*1*)) e *-foro*] **s. m.** ● Sostanza luminescente che riveste interamente lo schermo dei tubi a raggi catodici.

fosforóso [fr. *phosphoreux*, da *phosphore* 'fosforo (1)'; 1798] **agg.** ● (*chim.*) Detto di composto del fosforo trivalente: *anidride fosforosa* | ***Acido f.***, bibasico, ottenuto per lenta ossidazione del fosforo.

fosfùro [fr. *phosphure*, da *phosphore* 'fosforo (1)'; 1795] **s. m.** ● (*chim.*) Sale non ossigenato del fosforo con un metallo: *f. di calcio* | ***F. di zinco***, usato come derattizzante.

fosgène [fr. *phosgène*, comp. del gr. *phôs* 'luce' e del fr. *-gène* '-geno'; propr. 'generato dalla luce', perché fu scoperto da H. Davy (1778-1829), esponendo ai raggi del sole un miscuglio di ossido di carbonio e cloro; 1835] **s. m.** ● Ossicloruro di carbonio, tossico, gassoso, ottenuto da cloro e ossido di carbonio, usato come aggressivo in guerra e come intermedio per la fabbricazione di coloranti, prodotti farmaceutici, solventi, materie plastiche.

♦**fòssa** [lat. *fŏssa(m)*, da *fŏdere* 'scavare', di orig. indeur.; sec. XIII] **s. f.** (**pl.** *fòsse* †*fòssora*) *1* Scavo praticato nel terreno, di forma e dimensioni varie a seconda dell'uso che se ne deve fare: *f. da letame*; *f. di scolo dell'acqua* | ***F. biologica***, impianto che si costruisce per eliminare le sostanze luride nei centri abitati sprovvisti di fognature | ***F. settica***, serbatoio in cui si raccolgono le acque luride di un fabbricato depurate con un processo biochimico artificiale, così da permetterne l'immissione in corsi d'acqua superficiali | ***F. di lavaggio, ingrassatura, riparazione***, sopra la quale si pongono gli autoveicoli per compiervi comodamente queste operazioni, standovi sotto | ***F. a fuoco***, nelle stazioni ferroviarie, zona in cui si raccolgono le ceneri dei focolari delle locomotive | ***F. dell'orchestra***, in un teatro, lo spazio riservato all'orchestra. **SIN.** Buca, scavo. *2* (*letter.*) Bolgia dell'Inferno dantesco. *3* Buca in cui si cala la bara nei cimiteri | (*est.*) Tomba, sepoltura: *essere messo, calato nella f.* | ***Scavarsi la f. colle proprie mani***, (*fig.*) causare la propria rovina | ***Avere un piede nella f.***, essere vicino a morire. *4* (*geol.*) ***F. tettonica***, depressione dovuta ad abbassamento di parte della crosta terrestre rispetto alle zone adiacenti | ***Fosse oceaniche***, lunghe e strette depressioni sul fondo delle quali si registrano le massime profondità degli oceani. ➡ **ILL.** p. 2133 SCIENZE DELLA TERRA ED ENERGIA. *5* (*anat.*) Cavità: *f. cranica, nasale, orbitaria* | **CFR.** botrio- (1). ➡ **ILL.** p. 2127 ANATOMIA UMANA. || **fossàccia**, **pegg.** | **fosserèlla**, **dim.** | **fossètta**, **dim.** (V.) | **fossicèlla**, **dim.** | **fossicina**, **dim.** | **fossóna**, **accr.**

fossàto [lat. tardo *fossātu(m)*, part. pass. di *fossāre*, freq. di *fŏdere* 'scavare'. V. *fossa*; 1281] **s. m.** *1* Fosso di lunghezza e larghezza variabile, naturale o artificiale, spec. con acqua: *scavare un f.*; *un f. circondava il forte*; *attraversare il f. sul ponte levatoio*. ➡ **ILL.** p. 2120 ARCHITETTURA. *2* Torrentello, ruscello. || **fossatèllo**, **dim.**

fósse [terza pers. sing. del congv. pres. di *essere*; av. 1532] **cong.** ● Sia per, vuoi per (introduce elementi di proposizione correlati tra loro, in un contesto in cui l'azione è espressa da un verbo al passato): *f. la gran noia*, *f. soltanto un po' di stanchezza, fatto sta che si alzò e se ne andò*; *F. iustizia, o f. crudeltade, / né sesso riguardavano né etade* (ARIOSTO).

fossétta [1534] **s. f.** *1* Dim. di *fossa*. *2* Piccola infossatura che si produce nelle guance o nel mento spec. ridendo. *3* (*sport*) Ognuno dei piccoli avvallamenti della superficie della pallina da golf. || **fossettina**, **dim.**

fóssi ● V. *essere* (*1*).

♦**fòssile** [vc. dotta, lat. *fŏssile(m)*, da *fŏssus*, part. pass. di *fŏdere* 'scavare'. V. *fossa*; av. 1565] **A** **agg.** *1* Che si ottiene o si trova scavando, detto spec. di organismi animali o vegetali appartenenti a epoche remote e conservati nella crosta terrestre grazie a lenti processi di mineralizzazione: *reperti fossili*; *pianta f.*; *insetto f.*; *farina f.* | Proprio di tali organismi: *impronta f.* *2* (*fig.*) Detto di chi (o di ciò che) è antiquato, superato e sim.: *idee fossili*. **B** **s. m.** *1* Organismo fossile: *un f. del carbonifero, del quaternario* | ***F. guida***, fossile a grande distribuzione geografica e con periodo di comparsa breve o appartenente a serie filogenetiche a evoluzione veloce | ***F. vivente***, specie attuale appartenente a serie filogenetiche in via di estinzione. **CFR.** oritto-. *2* (*fig.*) Persona dalla mentalità antiquata, superata e sim. *3* (*ling.*) Elemento che sopravvive nella lingua in forma cristallizzata.

fossilifero [comp. di *fossile* e *-fero*] **agg.** ● Che racchiude fossili: *sedimento f.*

fossilizzàre [fr. *fossiliser*, da *fossile* 'fossile'; 1866] **A** **v. tr.** ● Ridurre allo stato fossile (*anche fig.*): *ha fossilizzato le sue idee*. **B** **v. intr. pron.** *1* Diventare fossile. *2* (*fig.*) Rimanere fermo a idee arretrate e antiquate: *fossilizzarsi nelle proprie opinioni*.

fossilizzazióne [fr. *fossilisation*, da *fossile* 'fossile'; 1866] **s. f.** ● Il fossilizzare, il fossilizzarsi (*anche fig.*): *f. di un vegetale*; *la f. lenta di un'idea*.

♦**fòsso** [da *fossa*; av. 1292] **s. m.** *1* Grande fossa naturale o artificiale per lo scolo dell'acqua: *f. d'irrigazione, di scolo* | ***Saltare il f.***, (*fig.*) decidere all'improvviso e bruscamente di fare qlco. dopo aver esitato a lungo. *2* Scavo artificiale intorno alla cinta di un'opera fortificata, tra la scarpa e la controscarpa, per maggiore ostacolo all'attaccante. || **fossàccio**, **pegg.** | **fossarèllo**, **fosserèllo**, **dim.** | **fossettino**, **dim.** | **fossétto**, **dim.** | **fossino**, **dim.** | **fossóne**, **accr.**

fossóre [vc. dotta, lat. *fossōre(m)*, da *fŏssus*, part. pass. di *fŏdere* 'scavare'. V. *fossa*; av. 1912] **s. m.** ● (*lett.*) Becchino.

fossòrio [vc. dotta, dal lat. mediev. *fossōriu(m)*, deriv. di *fŏdere* 'scavare'] **agg.** ● (*zool.*) Atto a scavare: *arto, roditore f.*

fòsti ● V. *essere* (*1*).

fòt o **phot** [dal gr. *phôs* 'luce' (V. *fosforo* (*1*))] **s. m. inv.** ● (*fis.*) Unità di illuminamento equivalente a 10^4 lux, ossia a 10^4 lumen per m^2.

fotiniàno **s. m.** ● Seguace di Fotino, eretico greco, che, nel IV sec., sostenne l'unicità della natura umana del Cristo.

♦**fòto** [1931] **s. f.** ● Accorc. di *fotografia*, nel sign. 2. || **fotina**, **dim.**

fòto- [dal gr. *phōto-*, da *phôs*, genit. *phōtós* 'luce' (V. *fosforo* (*1*))] **primo elemento** ● In parole composte della terminologia scientifica e tecnica, significa 'luce' o indica relazione con la luce: *fotoelettricità, fotofobia, fotografia, fotometria, fotosensibile, fotosintesi, fototerapia* | In alcuni casi è accorciamento di *fotografia* ed è usato con riferimento a immagine fotografica o a un procedimento fotografico: *fotogenico, fotogramma, fotolitografia, fotomontaggio, fotoromanzo, fototeca*.

fotoallergia [comp. di *foto-* e *allergia*] s. f. ● (*med.*) Allergia alla luce del sole.
fotoamatóre [comp. di *foto-* e *amatore*; 1981] s. m. (f. *-trice*) ● Fotografo dilettante.
fotobattería [comp. di *foto-* e *batteria*] s. f. ● Batteria elettrica alimentata da cellule fotovoltaiche.
fotobiologìa [comp. di *foto-* e *biologia*; 1978] s. f. ● (*biol.*) Ramo della biologia che tratta gli effetti della luce e di altre forme di energia radiante sugli organismi.
fotocalcografìa [comp. di *foto-* e *calcografia*] s. f. ● Procedimento fotomeccanico di riproduzione calcografica e rotocalcografica che si basa su un cliché ricavato con la fotoincisione.
fotocalcògrafo s. m. (f. *-a*) ● Fototecnico specializzato in fotocalcografia.
fotocàmera [comp. di *foto-* e *camera* (2); 1964] s. f. ● Macchina fotografica.
fotocatàliṣi [comp. di *foto-* e *catalisi*] s. f. inv. ● Catalisi che si produce sotto l'azione della luce.
fotocàtodo [comp. di *foto-* e *catodo*; 1948] s. m. ● Catodo sensibile alla luce, presente nei tubi da ripresa televisivi.
fotocèllula [da *cellula foto(elettrica)*; 1931] s. f. ● Cellula fotoelettrica.
fotoceràmica [comp. di *foto-* e *ceramica*] s. f. ● Tecnica per la riproduzione di immagini fotografiche su ceramica | Riproduzione ottenuta con tale tecnica.
fotocettóre ● V. *fotorecettore*.
fotochemioterapìa [vc. dotta, comp. di *foto-* e *chemioterapia*] s. f. ● (*farm.*) Trattamento terapeutico mediante farmaci che si attivano con l'esposizione a raggi ultravioletti solari o artificiali.
fotochìmica [comp. da *foto-* e *chimica*; 1892] s. f. ● Sezione della chimica-fisica che si occupa delle reazioni chimiche influenzate dalla luce.
fotochìmico agg. (pl. m. *-ci*) ● Della, relativo alla, fotochimica: *studi, fenomeni fotochimici*.
fotocinematogràfico [comp. di *foto-* e *cinematografico*] agg. (pl. m. *-ci*) ● Che riguarda insieme la fotografia e la cinematografia.
fotocolór o **fotocolòr**, **fotocolóre** [comp. di *foto-* e *color(e)*; 1963] s. m. ● Fotografia a colori su carta o su diapositiva.
fotocompórre [comp. di *foto-* e *comporre*] v. tr. (coniug. come *porre*) ● (*tipogr.*) Comporre mediante sistemi di fotocomposizione.
fotocompoṣitóre [da *fotocomposizione*; 1966] s. m. (f. *-trice*) ● Chi è addetto alla fotocomposizione.
fotocompoṣitrìce [comp. di *foto-* e *compositrice*; 1965] s. f. ● Macchina per fotocomposizione.
fotocompoṣizióne [comp. di *foto-* e *composizione*; 1941] s. f. ● Procedimento elettronico di composizione per la stampa direttamente su materiale fotosensibile.
fotoconduttività [comp. di *foto-* e *conduttività*] s. f. ● (*fis.*) Proprietà delle sostanze che presentano fotoconduzione.
fotoconduttìvo [comp. di *foto-* e *conduttivo*] agg. ● (*fis.*) Di, relativo a, fotoconduttività | Che presenta fotoconduttività: *corpo f.*
fotoconduttóre [comp. di *foto-* e *conduttore*] s. m. ● (*fis.*) Sostanza che aumenta la propria conducibilità per effetto di radiazioni elettromagnetiche.
fotoconduzióne s. f. ● (*fis.*) Fenomeno per cui alcune sostanze aumentano la loro conduttività se esposte a una radiazione elettromagnetica quale la luce visibile.
fotocòpia [fr. *photocopie*, comp. di *photo* 'foto' e *copie* 'copia'; 1917] **A** s. f. **1** Ogni immagine ricavata da un negativo mediante la stampa per contatto o per ingrandimento | Riproduzione su carta sensibile di immagini o scritti mediante il procedimento fotografico | Correntemente, sinonimo improprio di xerocopia. **2** (*fig.*) Ciò che è pressoché identico a qualcos'altro: *un governo che è la f. del precedente*. **B** in funzione di agg. inv.: (*fig.*) *governo f.*
fotocopiàre [da *fotocopia*; 1952] v. tr. (*io fotocòpio*) ● Riprodurre per fotocopia: *f. documenti* | Xerocopiare.
fotocopiatóre [1983] s. m. ● Apparecchio per fotocopiare.
fotocopiatrìce [1973] s. f. ● Macchina per fotocopiare.
fotocopiatùra [1980] s. f. ● Procedimento del fotocopiare.
fotocromàtico [comp. di *foto-* e *cromatico*; 1981] agg. (pl. m. *-ci*) **1** (*ottica*) Detto di materiale capace di variare la propria trasparenza in seguito a variazioni dell'intensità della luce incidente: *lenti fotocromatiche*. **2** (*chim.*) ***Reazione fotocromatica***, in cui avviene un cambiamento di colore.
fotocromìa [comp. di *foto-* e *-cromia*] s. f. ● Proprietà di alcune sostanze che cambiano colore se esposte a una radiazione luminosa di sufficiente intensità.
fotocrònaca [comp. di *foto-* e *cronaca*; 1935] s. f. ● Resoconto giornalistico basato prevalentemente su immagini fotografiche.
fotocronista [1941] s. m. e f. (pl. m. *-i*) ● Chi allestisce fotocronache.
fotodegradàbile [comp. di *foto-* e *degradabile*] agg. ● Detto di sostanza che può essere attaccata e distrutta dalla luce del sole: *plastica f.*
fotodegradazióne [comp. di *foto-* e *degradazione*] s. f. ● Processo per cui un composto subisce un'alterazione della sua struttura per effetto di radiazioni luminose.
fotodermatìte [comp. di *foto-* e *dermatite*] s. f. ● (*med.*) Dermatite indotta dalla luce.
fotodermatòṣi [comp. di *foto-* e *dermatosi*] s. f. inv. ● (*med.*) Qualsiasi affezione della cute provocata dalle radiazioni luminose.
fotodinàmico [comp. di *foto-* e *dinamico*; 1913] agg. (pl. m. *-ci*) ● Detto di stimolazione prodotta dalla luce sulle cellule: *effetto f.*
fotodìodo [comp. di *foto-* e *diodo*] s. m. ● (*elettron.*) Diodo a semiconduttore la cui resistività varia al variare della luce che lo colpisce.
fotodiṣintegrazióne [comp. di *foto-* e *disintegrazione*] s. f. ● (*fis.*) Divisione di un nucleo atomico in due o più frammenti come risultato di un bombardamento di raggi gamma.
fotoelasticità [comp. di *foto-* ed *elasticità*] s. f. ● (*fis.*) Fenomeno per il quale una sostanza elastica, sottoposta a sollecitazioni meccaniche, diviene temporaneamente birifrangente.
fotoelèttrica [da *fotoelettrico*; 1939] s. f. ● (*elettr.*) Potente faro alimentato da un gruppo elettrogeno, per lo più installato su automezzi, per illuminare piste di aeroporti o zone in cui si deve intervenire e operare in situazioni di emergenza: *le fotoelettriche dell'esercito illuminarono il luogo dell'incidente*.
fotoelettricità [comp. di *foto-* ed *elettricità*; 1909] s. f. ● Fenomeno di emissione di elettroni da parte di certe sostanze sottoposte all'azione della luce.
fotoelèttrico [fr. *photoélectrique*, comp. di *photo-* 'foto-' ed *électrique* 'elettrico'; 1900] agg. (pl. m. *-ci*) **1** Della, relativo alla, fotoelettricità | ***Cellula fotoelettrica***, apparecchio che trasforma le variazioni di intensità luminose in variazioni di intensità di corrente elettrica | ***Effetto f.***, emissione di elettroni da parte di una sostanza colpita dalla luce. **2** Che produce luce mediante l'elettricità | ***Stazione fotoelettrica***, V. *fotoelettrica*.
fotoelettróne [comp. di *foto-* ed *elettrone*] s. m. ● (*fis.*) Elettrone emesso da un metallo per effetto fotoelettrico.
fotoelettrònica [comp. di *foto-* ed *elettronica*; 1970] s. f. ● Disciplina che studia le applicazioni della fotoelettricità.
fotoelettrònico agg. (pl. m. *-ci*) ● Relativo alla fotoelettronica | ***Effetto f.***, effetto fotoelettrico.
fotoeliografìa [fr. *photohéliographie*, comp. di *photo-* 'foto-' ed *héliographie* 'eliografia'] s. f. ● Procedimento per ricavare copie su carta eliografica da un originale opaco o trasparente.
fotoeliògrafo [comp. di *foto-* ed *eliografo*] s. m. ● (*ottica*) Telescopio rifrattore adatto a fotografare il disco solare.
fotoemissióne [comp. di *foto-* ed *emissione*] s. f. ● (*fis.*) Emissione di un elettrone per effetto fotoelettrico.
fotofinish /fɔto'finiʃ/ [1963] s. m. ● Adattamento di *photo finish* (V.).
fotofissióne [comp. di *foto-* e *fissione*] s. f. ● (*fis.*) Fissione di un nucleo atomico provocata da un fotone di alta energia.
fotofit [1974] s. m. ● Adattamento di *Photofit* (V.).
fotofobìa [fr. *photophobie*, comp. di *photo-* 'foto-' e *-phobie* '-fobia'; 1820] s. f. ● (*psicol.*) Sensazione dolorosa prodotta dagli stimoli luminosi | Avversione alla luce.
fotòfobo agg. ● (*psicol.*) Che soffre di fotofobia.
fotoforèṣi [comp. di *foto-* e del gr. *phórēsis* 'trasporto', da *phorêin* 'portare qua e là'] s. f. inv. ● (*fis.*) Creazione di un moto direzionale delle particelle di una soluzione colloidale per mezzo di fasci di luce.
fotòforo [comp. di *foto-* e *-foro*] s. m. **1** Organo produttore di luce, più o meno complesso, presente in certi animali. **2** Lampada elettrica fissata su un casco metallico o applicata a una fascia metallica che gira attorno al capo, usata spec. da medici, minatori e sim.
fotogeneratóre [comp. di *foto-* e *generatore*; 1987] **A** agg. (f. *-trice*) ● (*elettr.*) Che genera elettricità per effetto fotovoltaico. **B** s. m. ● Cella solare.
fotogèneṣi [comp. di *foto-* e *genesi*; 1956] s. f. inv. ● Produzione di luce in organismi animali e vegetali.
fotogenètico agg. (pl. m. *-ci*) ● Della, relativo alla, fotogenesi.
fotogenìa [fr. *photogénie*, da *photogène* 'fotogeno'; 1928] s. f. **1** Disegno ottenuto rendendo sensibile alla luce una speciale carta pigmentata. **2** Condizione di chi è fotogenico. SIN. Fotogenicità.
fotogenicità [da *fotogenico*] s. f. ● Fotogenia nel sign. 2.
fotogènico [fr. *photogénique*, da *photogénie* 'fotogenia'; 1929] agg. (pl. m. *-ci*) ● Detto di soggetto dotato di caratteristiche che danno una buona resa in fotografia: *persona fotogenica*; *viso f.* || **fotogenicaménte**, avv.
fotògeno [comp. di *foto-* e *-geno*] agg. **1** Che è dovuto all'azione della luce. **2** Che genera luce: *animale f.*
fotogeologìa [comp. di *foto-* e *geologia*] s. f. ● (*geol.*) Geofotogrammetria.
fotogiornàle [comp. di *foto-* e *giornale*; 1956] s. m. ● Pubblicazione quotidiana o periodica basata prevalentemente su immagini fotografiche.
fotogiornalista [comp. di *foto-* e *giornalista*; 1983] s. m. e f. (pl. m. *-i*) ● Chi esegue servizi giornalistici fotografici con o senza testi.
♦**fotografàre** [da *fotografo*; 1861] v. tr. (*io fotògrafo*) **1** Riprodurre mediante la fotografia. **2** (*est.*) Riprodurre, descrivere, rappresentare qlco. con precisione e ricchezza di particolari: *nel suo articolo ha ben fotografato la situazione*.
♦**fotografìa** [fr. *photographie*, comp. di *photo-* 'foto-' e *-graphie* '-grafia'; 1840] s. f. **1** Procedimento ottico, meccanico e chimico mediante il quale si ottengono immagini dovute alle variazioni prodotte dalla luce su determinate sostanze. **2** (*est.*) Ciascuna delle immagini ottenute secondo tale procedimento: *f. istantanea*; *una bella f.*; *fare una f. a qlcu.*; *album di fotografie* | ***F. subacquea***, ripresa effettuata sott'acqua con speciali macchine fotografiche; l'immagine ottenuta con tale procedimento | ***Arrivo, vittoria in f.***, in varie gare di corsa, ordine di classifica e assegnazione della vittoria ricorrendo alla fotografia, scattata sul traguardo, per l'incertezza dovuta all'arrivo ravvicinatissimo di due o più concorrenti **3** (*est.*) Precisa e particolareggiata descrizione di qlco.
♦**fotogràfico** [fr. *photographique*, da *photographie* 'fotografia'; 1839] agg. (pl. m. *-ci*) **1** Che concerne la fotografia: *copia, mostra fotografica* | ***Macchina fotografica***, per la ripresa di fotografie | ***Contrasto f.***, rapporto fra le parti chiare e scure di una immagine. **2** (*fig.*) Che è l'esatta riproduzione di un modello: *è la copia fotografica di suo fratello*. || **fotograficaménte**, avv. Per mezzo della fotografia.
fotògrafo [fr. *photographe*, comp. di *photo-* 'foto-' e *-graphe* '-grafo'; 1855] s. m. (f. *-a*) ● Chi esegue fotografie per scopo dilettantistico o professionale.
fotogràmma [fr. *photogramme*, comp. di *photo-* 'foto-' e *-gramme* '-gramma'; 1926] s. m. (pl. *-i*) ● Singola immagine, negativa o positiva, di una pellicola fotografica o cinematografica.
fotogrammetrìa [comp. di *fotogram(ma)* e *-metria*; 1892] s. f. ● Determinazione della dimensione di oggetti lontani mediante due diverse fotografie riprese con apparecchi posti agli estremi di

una base la cui misura è nota: *f. aerea, terrestre.*
fotogrammètrico [1917] agg. (pl. m. *-ci*) ● Di, relativo a fotogrammetria.
fotogrammetrista s. m. e f. (pl. m. *-i*) ● Tecnico adibito alla fotogrammetria.
fotoincisióne [comp. di *foto-* e *incisione*; 1883] s. f. *1* Procedimento di incisione basato sulla fotografia, con cui si ottengono i cliché per la stampa tipografica. *2* (*est.*) Ogni immagine ottenuta con tale procedimento.
fotoincisóre [comp. di *foto-* e *incisore*] s. m. (f. *-a*) ● Tecnico addetto a una delle varie operazioni del ciclo di lavoro della fotoincisione.
fotoionizzazióne [comp. di *foto-* e *ionizzazione*] s. f. ● (*fis.*) Ionizzazione di un gas provocata da radiazioni elettromagnetiche.
fotokit [1983] s. m. inv. ● Photofit.
fotolaboratòrio [comp. di *foto-* e *laboratorio*] s. m. ● Laboratorio fotografico.
fotolibro [comp. di *foto-* e *libro*; 1982] s. m. ● Libro, che gener. tratta argomenti di attualità, inchieste e sim., in cui la funzione descrittiva è affidata non alle parole ma alle immagini fotografiche.
fotòlisi [comp. di *foto-* e *-lisi*; 1932] s. f. inv. ● Decomposizione di un composto chimico per azione della luce.
fotolitico agg. (pl. m. *-ci*) ● Di, relativo a, fotolisi.
fotolitista [comp. di *fotolit(o)* (2) col suff. *-ista*; 1993] s. m. e f. (pl. m. *-i*) ● (*tipogr.*) Tecnico addetto alla fotolitografia.
fotòlito (1) s. m. ● Sostanza decomponibile per fotolisi.
fotolito (2) [1941] s. f. ● Accorc. di *fotolitografia.*
fotolitografia [fr. *photolitographie*, comp. di *photo-* 'foto-' e *lithographie* 'litografia'; 1865] s. f. *1* (*tipogr.*) Procedimento di riproduzione fotomeccanica mediante il quale si ottiene una pellicola utilizzabile per la preparazione della lastra di stampa. *2* (*est.*) Insieme delle tecniche di trattamento dell'immagine nella produzione editoriale. SIN. Litofotografia.
fotolitogràfico agg. (pl. m. *-ci*) ● Di, relativo a, fotolitografia | Realizzato mediante fotolitografia: *riproduzione fotolitografica.* || **fotolitograficaménte**, avv.
fotolitògrafo s. m. (f. *-a*) ● Tecnico addetto alla fotolitografia.
fotoluminescènza [comp. di *foto-* e *luminescenza*; 1928] s. f. ● (*fis.*) Fenomeno presentato da certe sostanze che, sottoposte a illuminazione, emettono luce propria diversa da quella che le ha colpite. CFR. Fluorescenza, fosforescenza.
fotomeccànica [comp. di *foto-* e *meccanica*; 1914] s. f. ● (*tipogr.*) Procedimento di trasferimento delle immagini sulla lastra di stampa.
fotomeccànico [1891] agg. (pl. m. *-ci*) ● Della, relativo alla, fotomeccanica. || **fotomeccanicaménte**, avv.
fotometria [fr. *photométrie*, comp. di *photo-* 'foto-' e *-métrie* '-metria'; 1798] s. f. ● Parte dell'ottica che riguarda la misurazione delle grandezze fisiche relative a radiazioni luminose | *F. fotografica*, quella che si occupa della misurazione dell'intensità luminosa su superfici sensibili.
fotomètrico [1865] agg. (pl. m. *-ci*) ● (*fis.*) Della, relativo alla, fotometria. || **fotometricaménte**, avv.
fotòmetro [fr. *photomètre*, comp. di *photo-* 'foto-' e *-mètre* '-metro'; 1798] s. m. ● Strumento visuale o a cellula fotoelettrica, che serve a misurare l'intensità di una sorgente luminosa o l'illuminamento di una superficie.
fotomicrografia [comp. di *foto-*, *micro-* e *-grafia*] s. f. ● (*fot.*) Immagine fotografica estremamente piccola di un oggetto grande, come per es. i microfilm | La tecnica impiegata per ottenerla.
fotomitragliatrice [comp. di *foto-* e *mitragliatrice*] s. f. ● Macchina cinematografica installata a bordo di aerei per esercitazioni di tiro simulato.
fotomodèllo [comp. di *foto-* e *modello*; 1973] s. m. (f. *-a*) ● Chi posa per fotografie destinate a giornali di moda e sim.
fotomoltiplicatóre [comp. di *foto-* e *moltiplicatore*] s. m. ● (*elettron.*) Strumento in grado di trasformare deboli impulsi luminosi in corrente elettrica, amplificandoli.
fotomontàggio [fr. *photomontage*, comp. di *photo-* 'foto-' e *montage* 'montaggio'; 1933] s. m. ● Composizione ottenuta con varie fotografie o loro parti affiancate o parzialmente sovrapposte.
fotóne [dal gr. *phôs*, genit. *phōtós* 'luce', col suff. *-one*, ricavato da *elettrone*; 1935] s. m. ● (*fis.*) Particella elementare di energia luminosa.
fotònico [da *foton(e)* col suff. *-ico*, sul modello dell'ingl. *photonic*] agg. (pl. m. *-ci*) ● (*fis.*) Relativo ai fotoni.
fotonucleàre [comp. di *foto-* e *nucleare*] agg. ● (*fis.*) Relativo all'interazione di un fotone con un nucleo: *reazione f.*
fotoperiodismo [comp. di *fotoperiod(o)* e del suff. *-ismo*] s. m. ● (*biol.*) Complesso dei fenomeni manifestati da piante e animali in relazione al fotoperiodo.
fotoperiodo [comp. di *foto-* e *periodo*] s. m. ● (*biol.*) Lunghezza del periodo luminoso diurno, da cui dipendono vari processi fisiologici dei vegetali.
fotopolimerizzazióne s. f. ● (*chim.*) Polimerizzazione eseguita utilizzando radiazioni, gener. ultraviolette, per l'attivazione dei monomeri; usata in odontoiatria, nella verniciatura, e sim.
fotoràma [comp. di *fot(o)-* 'luce', sostituito a *pan(o)-* della prima parte di *panorama*] s. m. (pl. *-i*) ● Apparecchio usato alla fine del XIX sec. per proiettare immagini panoramiche circolari.
fotorealistico [comp. di *foto-* e *realistico*; 1997] agg. (pl. m. *-ci*) ● Simile a un'immagine fotografica.
fotoreazióne [comp. di *foto-* e *reazione*; 1956] s. f. ● (*chim.*) Reazione provocata o facilitata da radiazioni luminose.
fotorecettóre o **fotocettóre** [comp. di *foto-* e *recettore*; 1952] **A** agg. ● (*biol.*) Detto di organo o di gruppo di cellule atto alla fotorecezione. **B** anche s. m.: *fotorecettori si trovano nella retina.*
fotorecezióne [comp. di *foto-* e *recezione*] s. f. ● (*biol.*) Processo di assorbimento dell'energia luminosa da parte di piante e animali e sua utilizzazione per le funzioni biologiche, come la fotosintesi e la visione.
fotoreportàge /fɔtorepɔr'taʒ/ [comp. di *foto-* e *reportage*; 1956] s. m. inv. ● Servizio fotografico eseguito da un fotoreporter.
fotorepòrter [comp. di *foto-* e *reporter*; 1956] s. m. e f. inv. ● Chi fotografa avvenimenti di attualità per giornali o agenzie d'informazione.
fotoresistènza [comp. di *foto-* e *resistenza*] s. f. ● (*elettron.*) Dispositivo la cui resistenza diminuisce all'aumentare dell'intensità della radiazione elettromagnetica incidente.
fotoriproduttóre [comp. di *foto-* e *riproduttore*] s. m. ● Apparecchio per la riproduzione di documenti che impiega procedimenti di tipo fotografico.
fotoriproduzióne [comp. di *foto-* e *riproduzione*] s. f. *1* Processo fotografico per la riproduzione di scritti, disegni e sim. *2* Copia fotografica ottenuta con tale processo.
fotoromànzo [comp. di *foto-* e *romanzo*; 1956] s. m. ● Romanzo narrato mediante sequenze di fotografie, corredate da fumetti o didascalie.
fotosafàri [comp. di *foto-* e *safari*; 1983] s. m. inv. ● Safari fotografico.
fotosensìbile [comp. di *foto-* e *sensibile*; 1956] agg. *1* Che è sensibile chimicamente alla luce: *lastra f.* *2* (*biol.*) Detto di organismo che reagisce agli stimoli luminosi.
fotosensibilità s. f. *1* Proprietà di ciò che è fotosensibile. *2* (*biol.*) Capacità di un organismo di reagire agli stimoli luminosi.
fotosensibilizzazióne [da *fotosensibile*] s. f. *1* Processo che rende un organismo o una sostanza sensibile alla luce. *2* (*med.*) Ipereattività cutanea o corneale alle radiazioni luminose.
fotoserigrafia [comp. di *foto-* e *serigrafia*] s. f. ● Il complesso dei mezzi e dei sistemi con cui si ottengono, mediante procedimenti fotografici, le matrici destinate alle stampe serigrafiche.
fotoservizio [comp. di *foto-* e *servizio*; 1959] s. m. ● Servizio giornalistico costituito prevalentemente da immagini fotografiche.
fotosfèra [fr. *photosphère*, comp. di *photo-* 'foto-' e *sphère* 'sfera'; 1829] s. f. ● (*astron.*) Superficie grossolanamente sferica in cui, andando dall'esterno verso l'interno, i gas che formano una stella da trasparenti divengono opachi: *f. solare.* ➡ ILL. p. 2144 SISTEMA SOLARE.
fotosfèrico agg. (pl. m. *-ci*) ● Della, relativo alla, fotosfera.
fotosìntesi [comp. di *foto-* e *sintesi*; 1931] s. f. inv. *1* Reazione chimica di sintesi favorita dalla luce | *F. clorofilliana*, nelle piante verdi, il processo di formazione dei carboidrati da anidride carbonica e acqua con l'intervento della clorofilla e dell'energia luminosa. SIN. Funzione clorofilliana. *2* Visione riassuntiva di uno o più avvenimenti, costituita da una serie di fotografie opportunamente selezionate.
fotosintètico agg. (pl. m. *-ci*) ● Relativo alla fotosintesi.
fotostàtico [comp. di *foto-* e *statico*; 1950] agg. (pl. m. *-ci*) ● Detto di sistema di riproduzione, a contatto dell'originale, su carta fotosensibile, usato spec. per documenti. || **fotostaticaménte**, avv. Mediante sistema di riproduzione fotostatica.
fotosùb [comp. di *foto-* e *sub*] s. m. e f. inv. ● Fotografo subacqueo.
fototàssi [comp. di *foto-* e del gr. *táxis* 'ordine, schiera'] s. f. inv. ● (*biol.*) Reazione del protoplasma cellulare alla luce | *F. positiva*, se vi è attrazione verso la fonte luminosa | *F. negativa*, se vi è allontanamento.
fototassia o **fototàssi** [1987] s. f. ● (*biol.*) Fototattismo.
fototattismo [da *fototassi*] s. m. ● (*biol.*) Tattismo determinato da uno stimolo luminoso. SIN. Fototassia.
fototèca [comp. di *foto-* e *teca*] s. f. ● Ambiente, schedario o contenitore nel quale vengono custodite e catalogate le fotografie.
fototècnico [comp. di *foto-* e *tecnico*] s. m. (f. *-a*; pl. m. *-ci*) ● Tecnico esperto nella riproduzione per mezzo di procedimenti fotochimici.
fototelegrafia [comp. di *foto-* e *telegrafia*] s. f. ● Trasmissione a distanza di immagini fotografiche per mezzo della corrente elettrica e solitamente mediante ponte radio.
fototelegràfico [comp. di *foto-* e *telegrafico*] agg. (pl. m. *-ci*) ● Relativo a fototelegrafia. || **fototelegraficaménte**, avv.
fototeodolite [comp. di *foto-* e *teodolite*] s. m. ● Strumento topografico costituito da un teodolite accoppiato con una macchina fotografica.
fototerapìa [fr. *photothérapie*, comp. di *photo-* 'foto-' e *thérapie* 'terapia'; 1901] s. f. ● Cura di alcuni disturbi, spec. di tipo psicologico, mediante sorgenti di luce artificiale | *F. naturale*, elioterapia.
fototèssera [comp. di *foto-* e *tessera*] s. f. ● Fotografia di formato standard per documenti di riconoscimento.
fototipìa [fr. *phototypie*, comp. di *photo-* 'foto-' e *-typie* '-tipia'; 1891] s. f. ● Procedimento fotomeccanico nel quale, dalla negativa fotografica, si ricava la matrice su una lastra di cristallo sensibilizzata.
fototipista [1956] s. m. e f. (pl. m. *-i*) ● Chi esegue le matrici nel procedimento della fototipia.
fototipo [comp. di *foto-* e *tipo*] s. m. ● (*biol.*) Ognuna delle otto categorie, indicate in successione numerica, in cui può essere divisa la popolazione umana in base alla pigmentazione della pelle, dei capelli e alla reattività ai raggi solari | *F. zero*, quello degli albini | *F. sette*, quello dei neri.
fototransistóre [comp. di *foto-* e *transistore*] s. m. ● (*elettron.*) Transistore in cui la corrente di collettore aumenta con l'intensità della luce incidente.
fototraumatismo [comp. di *foto-* e *traumatismo*] s. m. ● (*med.*) Qualsiasi lesione corporea causata dall'azione delle radiazioni luminose, come ad es. l'eritema solare.
fototropismo [comp. di *foto-* e *tropismo*; 1917] s. m. ● (*biol.*) Movimento di un organismo vegetale o animale provocato da uno stimolo luminoso | *F. positivo*, movimento verso la luce | *F. negativo*, contro la luce. SIN. Eliotropismo.
fototùbo [comp. di *foto-* e *tubo*] s. m. ● (*fis.*) Tubo elettronico in cui l'emissione di elettroni dal catodo è provocata dalla luce e da altre radiazioni elettromagnetiche.
fotovoltàico [comp. di *foto-* e *voltaico*] agg. (pl. m. *-ci*) ● (*fis.*) Capace di generare una forza elettromotrice in seguito ad assorbimento di luce o altre radiazioni elettromagnetiche | *Effetto f.*, gene-

razione di una forza elettromotrice in un semiconduttore non omogeneo, o nella giunzione fra due semiconduttori o fra un semiconduttore e un metallo, in seguito all'assorbimento di luce o altre radiazioni elettromagnetiche.

fotozincografia o **fotozincografia** [comp. di *foto-* e *zincografia*] **s. f.** ● Procedimento di stampa che utilizza matrici in rilievo ottenute fotografando gli originali su lastre di zinco.

fotozincogràfico o **fotozincogràfico** **agg.** (pl. m. *-ci*) ● Di, relativo a, fotozincografia. ‖ **fotozincograficaménte**, **avv.**

fótta [prob. deriv. di *fottere*; 1882] **s. f.** (*pop. region.*) **1** (*region.*) Collera, stizza. **2** (*region.*) Malefatta, danno, errore. **3** (*region.*) Pretesto, scusa.

fóttere [lat. parl. **fŭttere*, per il classico *futŭere*, di etim. incerta; sec. XIV] **A** **v. tr.** **1** (*volg.*) Possedere sessualmente | (*est.*, *assol.*) Avere rapporti sessuali. **2** (*pop.*, *fig.*) Ingannare, imbrogliare | (*pop.*, *fig.*) Rubare: *mi hanno fottuto il motorino!* **B** **v. intr. pron.** ● (*volg.*) Infischiarsi di qlcu. o qlco.: *me ne fotto delle sue critiche.*

fottio [da *fottere*; av. 1936] **s. m.** ● (*pop.*) Grande quantità: *un f. di gente, di soldi.*

fottùto [av. 1535] **part. pass.** di *fottere*; anche **agg.** ● (*pop.*, *volg.*) Dannato, spregevole (anche come insulto): *una paura fottuta*; *per quel f. lavoro mi han pagato pochissimo*; *villan f.!*

foulard /*fr.* fu'la:ʀ/ [vc. fr. *foulard*, dal provz. *foulat*, da *foular* 'follare'; 1765] **s. m. inv.** **1** Tessuto leggero di aspetto brillante e morbido al tatto, fabbricato con seta, cotone, fibre artificiali, usato per fazzoletti, fodere, abiti femminili, vestaglie, cravatte. **2** Fazzoletto da portare in testa o al collo. ‖ **foularino**, **dim.** (V.).

foularino /fula'rino/ [dim. di *foulard*, formato sull'adattamento it.; 1959] **s. m.** ● Piccolo foulard, da portarsi spec. al collo.

foulé /*fr.* fu'le/ [vc. fr., propr. part. pass. di *fouler* 'premere, pigiare, follare' (stessa etim. dell'it. *follare*)] **s. m. inv.** ● Stoffa di lana pettinata o cardata, a tinta unita o a disegni, che presenta sul dritto un aspetto un po' peloso ottenuto mediante follatura.

fou-rire /*fr.* fu'ʀi:ʀ/ [vc. fr., propr. 'riso folle'] **s. m. inv.** (pl. fr. *fous-rires*) ● Riso irrefrenabile, ridarella.

fourreau /*fr.* fu'ʀo/ [vc. fr., propr. 'fodero, guaina', poi 'veste affusolata', di orig. francone; 1958] **s. m. inv.** (pl. fr. *fourreaux*) ● Abito femminile aderente e diritto | Sottoveste di seta che completa un abito trasparente.

fòvea [vc. dotta, lat. *fovea* 'cavità'] **s. f.** ● (*anat.*) Piccola depressione, naturale o provocata artificialmente per compressione delle dita, sulla superficie di alcuni organi | (*per anton.*) Depressione della retina, al centro della macula lutea, dove la visione dell'occhio raggiunge la maggiore acutezza.

foxhound /*ingl.* 'fɒks,haʊnd/ [vc. ingl., comp. di *fox* 'volpe' e *hound* 'segugio' (vc. germ. d'orig. indeur.)] **s. m. inv.** ● Cane muscoloso, veloce e resistente, a pelo fitto e liscio, spec. usato nella caccia alla volpe.

fox terrier /fɔks 'terier, *ingl.* 'fɒks,teɹiə/ [vc. ingl., comp. di *fox* 'volpe' e *terrier* (V.)] **loc. sost. m. inv.** (pl. ingl. *fox terriers*) ● Cane di piccola taglia, assai forte, veloce e resistente, a pelo liscio o ruvido, con muso dal profilo rettangolare, spec. usato nella caccia alla volpe.

fox-trot /*ingl.* 'fɒks,tɹɒt/ [vc. ingl., 'passo della volpe', comp. di *fox* 'volpe' e *trot* 'trotto'; 1919] **s. m. inv.** ● Ballo del genere rag-time, diffuso nel secondo decennio del sec. XX.

foyer /*fr.* fwa'je/ [vc. fr., 'focolare', dal lat. tardo *focāriu(m)*, da *fŏcus* 'fuoco'; 1838] **s. m. inv.** ● Vestibolo antistante la platea di una sala teatrale o cinematografica. **SIN.** Ridotto nel sign. 1.

foziàno **s. m.** (f. *-a*) ● Seguace dell'eresia di Fozio e dello scisma che portò alla separazione della Chiesa greca da quella romana nell'858.

fra' /fra/ **prep.** ● (*lett.*) Forma tronca di 'fra i'.

♦**fra** (**1**) /fra*/ o (*poet.*) †**infra** [lat. *īnfra* 'sotto', da *īnferus* (V. *inferiore*); av. 1250] **prep.** propria semplice ● Ha gli stessi sign. di 'tra': fra (o *tra*) *due settimane*; *fra* (o *tra*) *noi*; *fra* (o *tra*) *sé*; *l'amistà fra tiranni è malsicura* (MONTI); *la voce d'un cappon / fra tanti galli* (MACHIAVELLI) | Si preferisce l'una o l'altra forma soprattutto per evitare la cacofonia derivante spec. dall'incontro di gruppi di consonanti uguali: *fra Trapani e Agrigento*; *fra terra e cielo* | V. anche *tra* (V. nota d'uso ACCENTO).

♦**fra** (**2**) /fra*/ o (*raro*) **fra'**, (*raro*) **frà** [da *fra(te)*; av. 1306] **s. m. inv.** ● Frate (davanti a nomi propri comincianti per consonante): *fra Tommaso*, *fra Cristoforo* (V. nota d'uso ELISIONE e TRONCAMENTO).

frac [fr., dall'ingl. *frock*, a sua volta dal fr. *froc* 'abito', vc. d'orig. francone; 1766] **s. m. inv.** ● Abito maschile da cerimonia nero e con giacca corta davanti fino alla vita e prolungata dietro in due falde lunghe e sottili. **SIN.** Marsina.

fracassaménto o (*pop.*) **sfracassaménto** [av. 1519] **s. m.** ● (*raro*) Il fracassare, il fracassarsi.

fracassàre o (*pop.*) **sfracassàre** [sovrapposizione del lat. *quassāre* 'scuotere, squassare' a *frāngere*; av. 1306] **A** **v. tr.** ● Fare a pezzi violentemente e con rumore: *f. il cristallo di una vetrina*; *piagar non puote Orlando, ... / ma fracassa ... e piastre e maglia* (BOIARDO) | ***F. le ossa a qlcu.***, picchiarlo con forza | ***Fracassarsi le gambe***, rompersi le gambe, spec. cadendo dall'alto. **B** **v. intr. pron.** ● Rompersi, infrangersi, spezzarsi con violenza in modo irreparabile: *nell'urto, si sono fracassati tutti i vetri.* **C** **v. intr.** (aus. *avere*) ● †Venire giù con fracasso.

fracassatóre [av. 1694] **s. m.**; anche **agg.** (f. *-trice*) ● (*raro*) Chi (o Che) fracassa.

fracassatùra [1550] **s. f.** ● (*raro*) Fracassamento: *f. di vetri, di stoviglie.*

fracassio [av. 1606] **s. m.** **1** Fracasso continuato. **2** (*raro*) Fracassamento.

♦**fracàsso** [da *fracassare*; av. 1306] **s. m.** **1** Gran rumore di roba che va in pezzi o si rompe: *l'albero si abbatté con f.*; *un f. di stoviglie rotte* | (*est.*) Frastuono, rumore assordante: *smettetela di fare tutto questo f.!* | ***Far f.***, (*fig.*) provocare molto interesse e commenti. **SIN.** Frastuono. **2** †Rovina, distruzione | †***Mandare a f.***, mandare in rovina. **3** (*fam.*) Grande quantità di qlco.: *un f. di gente.*

fracassóne [1957] **s. m.** (f. *-a*) **1** (*fam.*, *raro*) Chi rompe spesso roba o provoca danni. **2** (*fam.*) Chi fa molto rumore: *i residenti hanno protestato contro i fracassoni del sabato sera.*

†**fracassóso** [1669] **agg.** ● Rumoroso, strepitoso. ‖ **fracassosaménte**, **avv.**

fràcco [dal lat. parl. **fragicāre*, intens. di *frāngere* 'frangere'; 1889] **s. m.** (pl. *-chi*) ● (*region.*) Grande quantità: *un f. di legnate, di botte, di bastonate.*

fràcido ● V. *fradicio.*

fracidùme ● V. *fradiciume.*

fracòsta [comp. di *fra* (*1*) e *costa*; calco sul fr. *entrecôte* 'braciola, pezzo di bue (tagliato fra due coste)'] **s. f.** ● (*centr.*) Bistecca, costata.

♦**fràdicio** o (*lett.*, *dial.*) **fràcido** [lat. *frăcidu(m)*, di etim. incerta; 1304 ca.] **A** **agg.** (pl. f. *-cie* o *-ce*) **1** Andato a male: *uova fradice.* **SIN.** Marcio, mezzo. **CONTR.** Sano. **2** (*fig.*, *raro*) Corrotto, depravato: *società fradicia.* **3** Molto bagnato: *abito f.* | (*intens.*) ***Sudato, bagnato f.***, tutto sudato, bagnato | ***Essere ubriaco f.***, essere completamente ubriaco | (*iperb.*, *disus.*) ***Innamorato f.***, molto innamorato. **SIN.** Inzuppato. **CONTR.** Asciutto. **4** (*fig.*) †Annoiato, infastidito | †***Essere f. di qlco.***, essere stufo, sazio. **B** **s. m.** **1** Parte guasta di qlco.: *il f. di un frutto.* **2** (*fig.*) Corruzione, disonestà: *trovare, nascondere il f.*; *scavare, rimestare nel f.* **3** Fangosità del terreno.

fradiciùme o (*lett.*, *dial.*) **fracidùme** [av. 1311] **s. m.** **1** Quantità di cose fradice: *questa verdura è un vero f.* **SIN.** Marciume, putridume. **2** Umidità: *luogo pieno di f.* **3** (*fig.*, *disus.*) Corruzione.

†**fràga** [lat. *frāga*, nt. pl. di *frāgum*, di orig. preindeur.; sec. XIV] **s. f.** ● (*bot.*) Fragola.

fragàglia [da avvicinare al lat. *frāngere* 'spezzare'; av. 1927] **s. f.** ● (*merid.*) Pesci piccoli, di scarso pregio, per frittura.

†**fragellàre** e *deriv.* ● V. *flagellare* e *deriv.*

♦**fràgile** [vc. dotta, lat. *frăgile(m)*, da *frāngere* 'frangere'; av. 1292] **agg.** **1** Che si rompe, si spezza facilmente: *vetro, legno f.* | ***Pacco f.***, che contiene oggetti facili a rompersi. **2** (*fig.*) Debole, gracile, delicato: *salute, costituzione fisica f.* **CONTR.** Forte, robusto. **3** (*fig.*) Facile a cedere ai vizi e alle tentazioni: *la carne umana è f.*; *è tanto f. la natura degli uomini* (GUICCIARDINI). **CONTR.** Saldo. **4** (*fig.*) Di scarsa consistenza o durata: *speranza, felicità f.* **SIN.** Caduco, tenue. ‖ **fragilménte**, **avv.** (*fig.*) Debolmente.

fragilità o †**fragilitàde**, †**fragilitàte** [vc. dotta, lat. *fragilitāte(m)*, da *frăgilis* 'fragile'; av. 1342] **s. f.** ● Condizione, caratteristica di chi (o di ciò che) è fragile (*anche fig.*): *la f. del vetro*; *la f. della memoria* | ***La f. umana***, la debolezza umana. **SIN.** Delicatezza, gracilità.

fràglia o **fratàglia** [lat. parl. **fratālia*, da *frāter* 'fratello'; 1283] **s. f.** ● Nel Veneto, corporazione medievale di arti e mestieri.

†**fragménto** ● V. *frammento.*

fràgno [lat. *fārneu(m)*, da *fārnus* ('frassino'?): da avvicinare a *frāxinus* 'frassino' (?)] **s. m.** ● Quercia più piccola della rovere, con foglie simili a quelle del castagno ma più piccole (*Quercus macedonica*).

♦**fràgola** o (*pop.*, *tosc.*) **fràvola** [lat. parl. **frāgula(m)*, dim. di *frāgum*. V. *fraga*; 1342] **A** **s. f.** ● Erba delle Rosacee con stoloni sdraiati, foglie composte seghettate con peli lucenti e frutti rossi commestibili (*Fragaria vesca*) | Il frutto di tale pianta. ➡ **ILL. piante**/6. **B** in funzione di **agg. inv.** (posposto al s.) **1** Nelle loc. ***rosa f.***, ***rosso f.***, detto della tonalità del rosa e del rosso caratteristiche del frutto omonimo. **2** (*bot.*) ***Uva f.***, (*pop.*) uva americana. ‖ **fragolétta**, **dim.** | **fragolina**, **dim.** | **fragolóna**, **accr.** | **fragolóne**, **accr. m.** (V.).

fragolàccia **s. f.** (pl. *-ce*) ● Pianta del genere Potentilla simile alla fragola ma con frutto secco non mangereccio.

†**fragolàia** o (*pop.*, *tosc.*) **fravolàia** [1759] **s. f.** ● Luogo piantato a fragole.

fragolàio o †**fragolàro** [1919] **s. m.** **1** (f. *-a*) (*raro*) Venditore di fragole. **2** (*lett.*) Fragoleto.

fragoléto [1550] **s. m.** ● Terreno coltivato a fragole.

fragolicoltùra [comp. di *fragola* e *coltura*] **s. f.** ● Coltivazione delle fragole.

fragolino [dal colore rosso, come quello di una *fragola*; 1561] **s. m.** **1** Pesce dei Teleostei dei fondi arenosi, rosso, con carni bianche e pregiate (*Pagellus erythrinus*). **2** Vino rosso vellutato, con il tipico aroma dell'uva fragola da cui è ricavato, prodotto (in modo non ufficiale) spec. nel Veneto e nel Friuli-Venezia Giulia.

fragolóne [av. 1698] **s. m.** **1** Accr. di *fragola.* **2** Varietà di fragola, spec. coltivata, dai grossi frutti carnosi.

fragóre (**1**) [vc. dotta, lat. *fragōre(m)*, da *frāngere* 'spezzare'; av. 1292] **s. m.** ● Rumore forte e di particolare violenza: *f. del tuono, d'una cascata*; *il fragor cadenzato delle ruote* (PIRANDELLO). **SIN.** Fracasso, frastuono.

†**fragóre** (**2**) [dal lat. *fragrāre* 'mandare odore', di orig. indeur.; av. 1300] **s. m.** ● Fragranza, odore, profumo.

fragoróso [lat. *fragōrōsu(m)*. V. †*fragoso*; 1765] **agg.** ● Che provoca forte rumore: *applausi fragorosi*; *urto f.* **SIN.** Strepitoso. ‖ **fragorosaménte**, **avv.** In modo fragoroso: *ridere fragorosamente.*

†**fragóso** [vc. dotta, lat. *fragōsu(m)*, da *frāgor*, genit. *fragōris* 'fragore'; av. 1544] **agg.** ● Strepitoso, rumoroso, rimbombante.

fragrànte [vc. dotta, lat. *fragrānte(m)*, part. pres. di *fragrāre* 'mandare odore', di orig. indeur.; 1342] **agg.** ● Molto odoroso, profumato: *un amoroso nembo par che fiocchi / sopra lei fior fragranti* (L. DE' MEDICI). **CONTR.** Puzzolente. ‖ **fragranteménte**, **avv.**

fragrànza o †**fragrànzia** [vc. dotta, lat. *fragrāntia(m)*, da *frāgrans*, genit. *fragrāntis* 'fragrante'; sec. XIV] **s. f.** ● Odore delicato, ma intenso: *f. di un'essenza, di una vivanda.* **SIN.** Aroma, profumo.

fragràre [vc. dotta, lat. *fragrāre*. V. *fragrante*; 1499] **v. intr.** ● (*lett.*) Profumare delicatamente.

†**fràile** e *deriv.* ● V. *frale* e *deriv.*

fràina [lat. *farrāgine(m)*. V. *farragine*; 1819] **s. f.** ● (*region.*) Grano saraceno | Farina di tale grano.

fraintèndere o (*tosc.*) **frantèndere** [comp. di *fra* (*1*) e *intendere*; 1438] **v. tr.** (coniug. come *tendere*) ● Intendere una cosa per un'altra o il contrario di ciò che è stato detto (*anche assol.*): *f. un ordine, un avvertimento*; *ti prego di non f.* **SIN.** Equivocare.

fraintendiménto [1922] **s. m.** ● (*raro*) Il fraintendere | Equivoco.

frainteso o (*tosc.*) **frantéso** [1558] **part. pass.** di *fraintendere*; anche **agg.** ● Nei sign. del v.

fràle o †**fràile** [ant. fr. *fraile*, dal lat. *frăgile(m)* 'fra-

gile'; 1294] **A** agg. ● (*lett.*) Fragile, debole. || †**fralemènte**, †**fralmènte**, avv. Fragilmente, vilmente. **B** s. m. ● (*poet.*) Il corpo umano nella sua caducità in contrapposizione all'anima immortale.
fralézza o †**frailézza** [av. 1292] s. f. ● (*lett.*) Condizione di ciò che è frale.
framboèsia [fr. *framboise* 'lampone', per l'eruzione che provoca] s. f. ● (*med.*) Malattia tropicale contagiosa, caratterizzata da eruzioni nodulari color lampone.
framboise /fr. frã'bwaz/ [vc. fr., propr. 'lampone'; 1677] s. f. inv. ● Liquore ottenuto dall'infusione di lamponi in alcol, cognac o brandy.
frame /ingl. fɪeɪm/ [vc. ingl., propr. 'telaio, cornice'] s. m. inv. **1** Singola immagine visualizzabile da un nastro videomagnetico, corrispondente al fotogramma cinematografico. **2** (*elab.*) Sequenza di informazioni che, in genere, raggruppa due o più item.
fràmea [lat. *frămea(m)*, di orig. germ.; av. 1557] s. f. ● Asta con ferro corto e acuto, usata dagli antichi Germani.
framescolàre ● V. *frammescolare*.
framéttere e deriv. ● V. *frammettere* e *deriv.*
framézzo e deriv. ● V. *frammezzo* e *deriv.*
frammassóne [fr. *franc-maçon* 'libero muratore'; av. 1744] s. m. (f. -*a*) ● Massone.
frammassoneria [fr. *franc-maçonnerie*, da *franc-maçon* 'frammasone'; 1774] s. f. ● Massoneria.
frammentàre [da *frammento*; 1886] **A** v. tr. (*io framménto*) ● Suddividere in, ridurre a, frammenti. SIN. Spezzettare. **B** v. intr. pron. **1** Suddividersi in frammenti. **2** (*bot.*) Riprodursi per frammentazione.
frammentarietà [1910] s. f. ● Caratteristica di ciò che è frammentario (*spec. fig.*): *la f. di un discorso; f. di un libro*.
frammentàrio [1870] agg. **1** Che è costituito da frammenti: *codice, manoscritto f.* | (*est.*) Incompleto: *testo f.* **2** (*miner.*) Detto di roccia costituita da materiali detritici: *roccia frammentaria*. **3** (*fig.*) Mancante di unità e coordinazione tra le varie parti: *commedia frammentaria*. || **frammentariaménte**, avv.
framménto o †**fragménto** [vc. dotta, lat. *fragmĕntu(m)*, da *frāngere* 'frangere'; av. 1313] s. m. **1** Ogni pezzo di un oggetto rotto: *i frammenti di un piatto, di una scatola* | **Frammenti di un vaso**, cocci | (*est.*) Parte staccata: *un f. del fregio del Partenone* | (*fig., raro*) Piccola parte, quantità trascurabile: *frammenti di dignità*. **2** Brano più o meno ampio di un'opera letteraria antica non conservata per intero o incompiuta: *i frammenti dei lirici greci* | Brano non unito e fuso con l'opera in cui compare. || **frammentino**, dim. || **frammentùccio**, dim.
frammescolàre o **framescolàre** [comp. di *fra* (1) e *mescolare*; 1650] v. tr. (*io framméscolo* (o -è-)) ● (*raro*) Mescolare tra loro più cose confondendole: *f. libri, monete*. SIN. Frammischiare.
framméssso o **framésso** [av. 1623] **A** part. pass. di *frammettere*; anche agg. ● Nei sign. dei v. **B** s. m. **1** †Cosa che si frappone. **2** (*raro*) Intermezzo di un'opera lirica.
framméttere o **framéttere** [comp. di *fra* (1) e *mettere*; sec. XIII] **A** v. tr. (*coniug. come mettere*) **1** †Mettere fra, in mezzo: *f. uno spazio fra due oggetti*. SIN. Frapporre. **2** (*raro*) Frammischiare. **B** v. rifl. ● Porsi in mezzo: *il mare si frammette tra le due sponde* | (*fig.*) Immischiarsi, intromettersi: *frammettersi nelle faccende altrui*.

frammezzàre o **framezzàre** [av. 1549] v. tr. (*io frammèzzo*) ● (*raro*) Mettere frammezzo: *f. il discorso con battute di spirito*.
frammèzzo o (*raro*) **framèzzo** [comp. di *fra* (1) e *mezzo* (2); av. 1529] **A** avv. ● (*raro* o *lett.*) In mezzo: *mettersi, porsi f.*; *ebbe il vanto di cancellare dalla mia memoria tutti quegli anni vissuti f.* (NIEVO). **B** nella loc. prep. *f. a* ● In mezzo a: *è f. ai libri, alle carte; me lo trovo sempre f. ai piedi o dar fastidio*.
frammischiàre [comp. di *fra* (1) e *mischiare*; av. 1529] **A** v. tr. (*io frammischio*) ● Mescolare insieme cose che non hanno la stessa natura: *f. ingiurie con lodi* | Confondere più cose o persone tra loro. **B** v. rifl. ● Unirsi, mescolarsi | (*raro, fig.*) Immischiarsi, intromettersi.
frammisto [comp. di *fra* (1) e *misto*; av. 1765] agg. ● Mischiato, mescolato: *neve frammista ad acqua*.
✦**fràna** [lat. parl. *frāgina(m)*, da *frāngere* 'frangere'; 1554] s. f. **1** Scivolamento o distacco di terreno o di roccia lungo un pendio | (*est.*) Il materiale franato. **2** (*fig.*) Crollo, rovina, fallimento: *f. economica* | **F. elettorale**, grossa perdita di voti da parte di un partito | (*fam., scherz.*) Persona che combina sempre guai, disastri e sim.: *la nuova segretaria è proprio una f.!*
franàbile [av. 1742] agg. ● Che può franare.
franaménto o (*raro*) **sfranaménto** [1869] s. m. ● Il franare. SIN. Cedimento.
franàre o (*raro*) **sfranàre** [da *frana*; av. 1527] v. intr. (*aus. essere*) **1** Distaccarsi e scivolare lungo un pendio, detto di terreno. **2** (*est.*) Rovinare fragorosamente: *la pila dei libri è franata*. SIN. Crollare, precipitare. **3** (*fig.*) Venire meno, sfumare: *ogni speranza è franata*.
†**francaménto** [av. 1332] s. m. ● (*raro*) Affrancamento.
francàre [da *franco* (2); 1255] v. tr. (*io frànco, tu frànchi*) ● (*lett.* o *raro*) Affrancare | †**F. il proprio onore**, salvarsi dal disonore.
francatùra [1740] s. f. ● (*bur.*) Affrancatura.
francescanésimo [1910] s. m. ● Movimento religioso iniziato da S. Francesco d'Assisi: *gli ideali del f.* | (*est.*) Spirito francescano, insieme degli ideali francescani di povertà e amore verso ogni creatura.
francescàno [av. 1600] **A** agg. **1** Proprio di S. Francesco d'Assisi (1181/1182-1226) e dei suoi seguaci: *povertà, umiltà francescana; spirito f.; ideali francescani*. **2** (*est.*) Che si fonda sull'amore per ogni essere del creato, sulla povertà e semplicità di vita o, più genericamente, sugli ideali propri del francescanesimo: *vita francescana*. **3** Appartenente alla regola di s. Francesco o a uno dei vari ordini che a essa si ispirano: *monaco f.; suora francescana; terziario f.* || **francescanaménte**, avv. ● Secondo la regola di s. Francesco d'Assisi | (*est.*) con spirito francescano: *vivere francescanamente*. **B** s. m. (f. -*a*) ● Religioso della regola di s. Francesco d'Assisi o appartenente a uno dei tanti ordini che a essa si ispirano: *convento di francescani*.
†**francésco** [vc. dotta, lat. tardo *Francĭscu(m)* 'dei Franchi (*Frānci*)'; av. 1294] agg.; anche s. m. (pl. m. -*schi*) ● Francese | **La nazione francesca**, la Francia | †**Alla francesca**, (*ellitt.*) alla maniera francese.
francescóne [da *Francesco I* di Lorena (1708-1765) che la fece coniare; av. 1850] s. m. ● Antica moneta d'argento toscana di dieci paoli.
✦**francése** o †**franzése** [ant. fr. *franceis*, da *France* 'Francia'; av. 1310] **A** agg. ● Della Francia: *popolo f.; lingua, letteratura f.* | (*disus.*) *Mal f.*, sifilide | **Alla f.**, (*ellitt.*) alla maniera dei francesi: *cucinare alla f.* | **Nasino alla f.**, leggermente all'insù. | **franceseménte**, avv. Alla francese. **B** s. m. e f. ● Abitante, nativo della Francia. **C** s. m. solo sing. ● Lingua del gruppo romanzo parlata in Francia. | **franceseggiàre** o †**franzeseggiàre** [1766] v. intr. (*io franceséggio; aus. avere*) ● (*raro*) Imitare i francesi o i loro modi tipici: *f. nel vestire* | **F. nello scrivere**, usare molti francesismi.
franceseria [av. 1765] s. f. ● (*spreg.*) Vezzo d'imitare le cose francesi.
francesina [dim. f. di *francese*] s. f. **1** Panino tondo con taglio nel mezzo. **2** Modello di calzatura

femminile allacciata e con collo alto.
francesismo [av. 1712] s. m. ● (*ling.*) Parola o locuzione propria del francese entrata in un'altra lingua.
francesista [1942] s. m. e f. (pl. m. -*i*) ● Esperto di lingua, letteratura e cultura francese.
francesìstica [comp. di *frances*(*e*) e di -*istico*, sostantivato al f.; 1987] s. f. ● Settore di studi che ha per oggetto la lingua, la letteratura e la cultura francese.
francesizzàre [1766] **A** v. tr. ● Rendere francese: *f. le proprie abitudini*. **B** v. intr. pron. ● Assumere maniere, atteggiamenti o espressioni tipiche della Francia o della lingua francese.
francesizzazióne s. f. ● Il francesizzare, il francesizzarsi.
francesume [1869] s. m. **1** (*spreg.*) †Franceseria. **2** (*raro, spreg.*) Insieme di francesi.
†**francheggiàre** [da *franco* (2); 1321] v. tr. **1** Rendere franco, sicuro, libero. **2** Affrancare la servitù.
franchézza [da *franco* (2); sec. XIII] s. f. **1** Modo franco di parlare e comportarsi: *f. di linguaggio* | **Rispondere con f.**, con schiettezza, con sincerità. SIN. Lealtà. CONTR. Ipocrisia. **2** (*raro*) Disinvoltura e audacia nell'agire (*spec. pegg.*): *mentire con assoluta f.* **3** †Libertà. **4** †Franchigia.
franchia [da *franco* (2); 1937] s. f. ● (*mar.*) Condizione di sicurezza di una nave libera da ostacoli o impedimenti sottomarini o galleggianti a fior d'acqua.
franchigia [ant. fr. *franchise* 'franchezza'; sec. XIII] s. f. (pl. -*gie*, raro -*ge*) **1** †Libertà, spec. sociale e politica. **2** Esenzione da imposte o dazi: *f. doganale; f. postale*. **3** (*dir.*) Nel contratto di assicurazione, assunzione di una percentuale del danno da parte dell'assicurato. **4** (*mar.*) Libera uscita per il personale imbarcato.
franchisee /ingl. ˌfræntʃaɪˈziː/ [1989] s. m. e f. inv. ● (*dir.*) Chi usufruisce dei diritti concessigli in franchising.
franchising /franˈtʃaɪzin(g), ingl. ˈfræntʃaɪzɪŋ/ [vc. ingl., da *franchise* 'franchigia, privilegio'; 1979] s. m. inv. ● (*dir.*) Contratto mediante il quale un'azienda concede a una o più altre aziende, dietro il pagamento di un canone, il diritto di presentarsi sotto la sua ragione sociale, o usare il suo marchio per vendere prodotti e fornire servizi. SIN. Affiliazione commerciale.
franchismo [1963] s. m. ● Regime dittatoriale instaurato in Spagna, fra il 1939 e il 1975, dal generale Francisco Franco.
franchisor /ingl. ˈfræntʃaɪzə, ˌfræntʃaɪˈzɔː/ [1989] s. m. e f. inv. ● (*dir.*) Titolare dei diritti concessi in franchising.
franchista [1938] **A** agg. (pl. m. -*i*) ● Di Franco e del franchismo: *regime f.; dittatura f.* **B** s. m. e f. ● Seguace, sostenitore di Franco e del franchismo.
fràncico [fr. *francique*, dal lat. tardo *francus* 'franco (1)'; av. 1873] agg. (pl. m. -*chi*) **1** (*lett.*) Degli antichi Franchi: *lingua francica*. **2** (*lett.*) Francone.
francigeno [comp. di *franc*(*o*) e -*geno*; 1929] agg. ● †Francese | **Via francigena**, via percorsa nel Medioevo dai pellegrini che, valicate le Alpi in Val d'Aosta, attraversavano la valle padana, superavano gli Appennini per il valico della Cisa e raggiungevano Roma passando per Lucca e Siena.
fràncio [da *Francia*, perché scoperto da una scienziata francese; 1952] s. m. ● Elemento chimico, metallo, alcalino, radioattivo, naturale. SIMB. Fr.
francióso [ant. fr. *francois*. V. *francese*; 1312] **A** agg.; anche s. m. (f. -*a*) ● Francese, oggi spec. scherz. **B** s. m. ● Mal francese. || †**franciosétto**, dim.
✦**frànco** (1) [lat. tardo *frāncu(m)*, dal francone *frank* 'libero'; av. 1348] **A** s. m. (f. -*a*; pl. m. -*chi*) **1** Ogni appartenente alle tribù germaniche stanziate nel Basso Reno che nel V sec. invasero il territorio dell'odierna Francia. **2** (*lett.*) Francese: *il re dei Franchi* (ARIOSTO). **3** †Europeo, cristiano, nelle regioni del Mediterraneo orientale, spec. dopo le crociate. **B** agg. **1** Degli antichi Franchi | **Scrittura franca**, carolina | **Lingua franca**, ramo di lingua germanica parlato dai Franchi nelle loro sedi germaniche e poi nella Gallia sino al sec. IX. **2** (*lett.*) Francese. **3** *Alla franca*, all'europea, ne-

gli antichi scali del Levante | ***Lingua franca***, mista di italiano, spagnolo e arabo, grammaticalmente semplificata, usata per molti secoli da europei, arabi e turchi nei commerci del Mediterraneo orientale; (*est.*) ogni lingua creola di europei e indigeni in America e Australia; (*est.*) ogni lingua con lessico misto e grammatica semplificata formatasi per consentire la comunicazione pratica fra gruppi linguistici diversi che abbiano frequenti occasioni di reciproco contatto.

♦**frànco** (2) [fr. *franc* 'libero', deriv. dal precedente; av. 1292] **A** agg. (pl. m. *-chi*) ***1*** †Libero da soggezione politica, da signoria: *stato f.* | (*raro*, *est.*) Affrancato | †***Fare f. qlcu.***, liberarlo. ***2*** (*est.*) Detto di chi è libero da impegni, obblighi, servizi e sim. | ***Corpo f.***, corpo di soldati irregolari che anticamente si reclutavano per fare scorrerie in un paese nemico | ***F. tiratore***, soldato irregolare che fa azioni di guerriglia nelle retrovie di eserciti che hanno invaso un territorio; (*est.*) il parlamentare che nel segreto dell'urna vota contro le decisioni del proprio partito | ***Guardia franca***, quella parte dell'equipaggio che è libera da ogni servizio | ***Fare f.***, mandare in libera uscita il personale che non è di servizio | ***Marinaio f.***, a bordo delle navi militari e mercantili, il marinaio libero da ogni servizio, al quale spetta il riposo o la libera uscita. ***3*** Che è esente dal pagamento di imposte, di spese di trasporto, e sim.: *deposito f.*; *merce franca di dogana*, *di dazio* | ***Porto f.***, in cui si possono introdurre merci senza pagare dogana | ***Punto f.***, deposito di merci libero da imposta doganale | (*fig.*) ***Farla franca***, uscire impunito da un'impresa illecita o riprovevole. ***4*** (*raro*) Sicuro di sé: *animo f.* | (*raro*) Spigliato, svelto, spedito: *camminare con passo f.* | (*lett.*) Ardito, animoso: *un piglio f. e battagliero*; *f. et esperto cavaliere in fatti d'armi* (COMPAGNI) | (*lett.*) Baldanzoso, disinvolto, audace | (*lett.*) Sfrontato, sfacciato: *avere maniere troppo franche*. ***5*** Schietto, sincero, leale: *un ragazzo f.*; *voglio essere f. con te* | Che rivela franchezza, lealtà: *linguaggio*, *discorso*, *atteggiamento f.* SIN. Aperto, leale. CONTR. Falso, ipocrita. ***6*** (*arald.*) Detto del quarto o del cantone quando è posto alla destra del capo. || **francaménte**, avv. ***1*** Con franchezza e lealtà: *rispondere francamente*. ***2*** In realtà, in verità: *francamente, non so cosa pensare di lui*. || **francóne**, accr. | **francùccio**, dim. **B** avv. ● In modo schietto e disinvolto: *rispondere*, *parlare f.*

frànco (3) [fr. *franc*, dalla iscrizione *Francorum rex* 're dei Franchi', che era incisa sui primi pezzi coniati; av. 1363] s. m. (pl. *-chi*) ***1*** Antica moneta francese, coniata per la prima volta in oro, nel XIV sec. ***2*** Unità monetaria circolante in vari Paesi europei ed extraeuropei, in particolare in Francia, Belgio, Svizzera. SIMB. F. ***3*** (*fam.*, *disus.*) Lira: *costa pochi franchi*. || **franchétto**, dim. | **franchino**, dim. | **francóne**, accr. | **francùccio**, pegg.

frànco- primo elemento ● In parole composte, fa riferimento alla Francia o ai Francesi: *francofilo*; *francofono*.

francobollàre [da *francobollo*; 1886] v. tr. (*io francobóllo*) ***1*** Nel gergo del calcio, marcare, controllare strettamente gli attaccanti avversari. ***2*** (*est.*, *fam.*) Stare alle costole di qlcu.: *mi ha francobollato per tutta la mattina*.

♦**francobóllo** [comp. di *franco* (2), nel sign. 3 e *bollo*; 1850] **A** s. m. ***1*** Piccolo rettangolo di carta spesso filigranata, recante su una faccia una vignetta con dicitura e sull'altra uno strato gommato, da applicare sulla corrispondenza postale: *f. commemorativo*, *celebrativo*, *pubblicitario*; *f. di posta ordinaria*, *posta aerea* | ***Francobolli a bobina***, quelli non in foglio, ma uniti tra loro in modo da costituire rotoli o bobine utilizzabili nelle macchinette distributrici. ***2*** Nel gergo cinematografico, fotogramma singolo o staccato di una pellicola cinematografica. **B** in funzione di agg. inv. ● (posposto al s.) Di dimensioni piccolissime o molto ridotte: *un libro f.*

francofilìa [comp. di *franco-* e *-filia*; 1914] s. f. ● Simpatia per i Francesi o per la Francia.

francòfilo [comp. di *franco-* e *-filo*; 1890] agg.; anche s. m. (f. *-a*) ● Che (o Chi) ha simpatia per i Francesi o la Francia.

francofobìa [comp. di *franco-* e *-fobia*; 1966] s. f. ● Avversione, antipatia verso i Francesi o la Francia.

francòfobo [comp. di *franco-* e *-fobo*; 1890] agg.; anche s. m. (f. *-a*) ● Che (o Chi) ha avversione per i Francesi o la Francia.

francòfono [comp. di *franco-* e *-fono*; 1965] **A** agg.; anche s. m. ● Che (o Chi) parla francese. **B** s. m. (f. *-a*) ● Abitante di uno Stato in cui il francese è lingua d'uso.

francolino [etim. incerta; av. 1350] s. m. ● Uccello dei Galliformi bruno scuro macchiettato di bianco, assai simile alla pernice (*Francolinus francolinus*) | ***F. di monte***, uccello dei Galliformi di colore bruno variegato con gola nera o bianca (*Tetrastes bonasia*). SIN. Roncaso.

fràncone A agg. ● Della Franconia. **B** s. m. e f. ● Abitante della Franconia. **C** s. m. solo sing. ● Lingua appartenente al gruppo germanico occidentale, parlata in Franconia.

franconormànno o **frànco-normànno A** s. m. solo sing. ● Dialetto francese parlato nelle Isole Normanne. **B** anche agg. (pl. m. *-i*): *dialetto f.*

frànco-provenzàle [comp. di *franco-* e *provenzale*; 1878] **A** s. m. solo sing. ● (*ling.*) Gruppo dialettale romanzo comprendente le parlate a ridosso dell'arco alpino nel tratto che va dalla Val d'Aosta e la Valsoana alla Svizzera romanda; ha caratteristiche intermedie tra il francese e il provenzale. **B** agg. ● Relativo al franco-provenzale.

francovèneto o **frànco-vèneto** agg. ● Detto della letteratura cavalleresca che fiorì nei sec. XIII e XIV nell'area compresa tra la fascia subalpina e il basso Po e che, ispirandosi ai poemi francesi, si esprimeva in una lingua mista di francese e di dialetto veneto.

frangènte [sec. XIII] **A** part. pres. di *frangere* ● (*raro*) Nei sign. del v. **B** s. m. ***1*** Onda schiumosa che si frange su scogli più o meno alti o imbarcazioni | Il punto stesso in cui l'onda si frange. ➡ ILL. p. 2133 SCIENZE DELLA TERRA ED ENERGIA. ***2*** (*fig.*) Grave momento, caso doloroso e difficile: *trovarsi in brutti frangenti* | ***In simili frangenti***, in circostanze o situazioni analoghe.

fràngere [lat. *frángere*, di orig. indeur.; av. 1250] **A** v. tr. (pres. *io fràngo*, *tu fràngi*; pass. rem. *io frànsi*, *tu frangésti*; part. pass. *frànto* o †*fràtto*) ***1*** (*lett.*) Rompere, spezzare (*spec. fig.*): *f. la resistenza*, *il proposito di qlcu.* | ***F. le olive***, macinarle nel frantoio per farne uscire l'olio. ***2*** (*raro*) Ammaccare, percuotere. **B** v. intr. pron. ***1*** Infrangersi contro scogli, navi o altro, detto delle onde. ***2*** (*raro*, *lett.*) Spezzarsi. **C** v. intr. (aus. *essere*) ● †Rompersi contro qlco.

frangétta [1545] s. f. ***1*** Dim. di *frangia*. ***2*** Nell'acconciatura spec. femminile o infantile, fila di capelli tagliati corti e ricadenti sulla fronte.

fràngia [fr. *frange*, dal lat. *fimbria*(*m*) 'fimbria', con metatesi; sec. XIV] s. f. (pl. *-ge*) ***1*** Guarnizione formata da fili o cordoncini variamente intrecciati applicata in fondo a una sciarpa, a una gonna, o a una coperta, un divano, una tenda e sim. ***2*** (*fig.*, *raro*) Aggiunta per ornare un racconto o rendere più articolato un discorso: *riferire qlco. con molte frange*. ***3*** Frangetta. ***4*** (*anat.*) Fimbria. ***5*** Fascia costiera che contorna isole, penisole e sim.: *f. sabbiosa*, *corallina*; *una f. di scogli*. ***6*** (*fig.*) Settore o gruppo periferico: *le frange dissidenti del partito*; *una f. estremista*. ***7*** (*fis.*) (*spec. al pl.*) Zone più o meno brillanti, che compaiono in molti fenomeni di ottica ondulatoria. || **frangétta**, dim. (V.) | **frangettina**, dim. | **frangiolina**, dim. | **frangióna**, accr. | **frangióne**, accr. m. | **frangiùccia**, dim.

frangiàre [av. 1410] v. tr. (*io fràngio*) ● (*raro*) Ornare di frange.

frangiatùra [av. 1712] s. f. ● Il frangiare | Insieme delle frange applicate a qlco.

frangibiàde [comp. di *frangere* e il pl. di *biada*] s. m. inv. ● Macchina per sminuzzare i semi di cereali e leguminose destinati al bestiame. SIN. Schiacciabiade.

frangìbile [av. 1320] agg. ● Che si può frangere, rompere, spezzare: *legno f.* CONTR. Infrangibile.

frangibilità o †**frangibilitàde**, †**frangibilitàte** [av. 1311] s. f. ● (*raro*) Proprietà di ciò che è frangibile.

frangifiàmma [comp. di *frang*(*ere*) e *fiamma*] s. m. inv. ● Reticella metallica che, sovrapposta a un fuoco usato per cucinare, attenua e diffonde in modo uniforme il calore della fiamma.

frangiflùtti [comp. di *frangere* e il pl. di *flutto*; 1883] **A** s. m. inv. ● Scogliera, diga o altro sbarramento naturale o artificiale che si oppone alla violenza dei flutti. **B** anche agg. inv.: *diga f.*

frangilùce [comp. di *frangere* e *luce*] s. m. inv. ● Riparo naturale o artificiale per proteggere spec. alcuni tipi di colture da una luce solare troppo intensa.

frangimàre [comp. di *frangere* e *mare*] agg.; anche s. m. inv. ● Frangiflutti.

frangiónde [comp. di *frangere* e il pl. di *onda*] agg.; anche s. m. inv. ● Frangiflutti.

frangipàni [dal n. del nobile romano M. *Frangipane*] s. m. inv. ● Albero ornamentale tropicale, con grandi fiori bianchi (*Plumiera alba*) o rosei (*Plumiera rubra*) dal profumo simile a quello del gelsomino.

frangisóle [comp. di *frangere* e *sole*] s. m. inv. ● Insieme di liste parallele di legno, metallo o altro materiale, fisse od orientabili, che viene applicato alle aperture degli edifici per riparare gli ambienti interni dai raggi solari.

frangitóre [da *frangere*; 1935] s. m. ● Macchina che sottopone le olive a una prima triturazione grossolana. SIN. Trituratrice.

frangitùra [1865] s. f. ● Lavoro del frangere le olive | Epoca in cui tale lavoro si svolge.

frangivalànghe [comp. di *frangere* e il pl. di *valanga*] s. m. inv. ● Ognuno degli ostacoli (cumuli di terra, tripodi di cemento armato, e sim.) posti lungo la traiettoria di una valanga, allo scopo di dividerla e rallentarne la corsa.

frangivènto [comp. di *frangere* e *vento*; 1933] s. m. inv. ● Riparo naturale o artificiale per proteggere le colture dal vento.

frangizòlle o **frangizólle** [comp. di *frangere* e il pl. di *zolla*; 1937] **A** s. m. inv. ● Attrezzo agricolo per sminuzzare e pareggiare il terreno prima della semina. **B** anche agg.: *erpice*, *rullo f.*

franglais /fr. frɑ̃'glɛ/ [vc. fr., comp. di *fran*(*çais*) 'francese' e (*an*)*glais* 'inglese'; 1979] s. m. inv. ● La lingua francese in quanto contaminata da un eccesso di vocaboli ed espressioni inglesi e angloamericani penetrati spec. dopo la seconda guerra mondiale.

franglése [comp. di *fran*(*cese*) e (*in*)*glese*] s. m. ● Adattamento di *franglais* (V.).

fràngola [da *frangere*, perché si spezza facilmente; av. 1577] s. f. ● Alberetto delle Ramnacee con foglie ellittiche, fiori piccoli giallo-verdastri e drupe nere a proprietà medicinali (*Rhamnus frangula*). SIN. Alno nero.

Frankfurter /ted. 'fraŋk,fʊʁtʌ/ [vc. ted., propr. 'di Francoforte', agg. etnico di *Frankfurt* 'Francoforte'] s. m. inv. (pl. ted. inv.) ● Salsiccia affumicata, profumata con varie spezie, che si mangia bollita o arrostita e insaporita con senape.

franklin (1) /ingl. 'fræŋklɪn/ [da B. *Franklin* (1706-1790) che la inventò] agg. inv. ● Solo nella loc. ***stufa f.***, tipo di caminetto in cotto, con cassa staccata dalla parete e aperta anteriormente.

franklin (2) /'franklin, ingl. 'fræŋklɪn/ [chiamata così in onore di B. *Franklin*] s. m. inv. ● Unità di misura di carica elettrica nel sistema CGS, pari a $0{,}336 \cdot 10^{-9}$ coulomb. SIMB. Fr.

franóso [da *frana*; 1861] agg. ● Che frana facilmente.

frànsi ● V. *frangere*.

frantèndere e *deriv.* ● V. *fraintendere* e *deriv.*

frànto [1942] part. pass. di *frangere*; anche agg. ● (*lett.*) Nei sign. del v.

frantoiàno [av. 1936] **A** s. m. (f. *-a*) ● Operaio addetto a un frantoio per la macinazione delle olive. **B** agg. ● Del, relativo al frantoio.

frantóio [da *franto*; av. 1347] s. m. ● Macchina per la frantumazione o per la macinazione grossolana di vari materiali e prodotti: *f. d'olive*; *f. di pietre* | (*est.*) Locale adibito alla frangitura.

frantoìsta s. m. e f. (pl. m. *-i*) ● Operaio addetto a un frantoio per pietre, minerali e sim.

frantumàre [da *franto*; 1609] **A** v. tr. ***1*** Ridurre qlco. in pezzi, in frammenti (*anche fig.*): *f. un vetro*, *una stoviglia*; *ha frantumato tutte le sue speranze*. ***2*** (*raro*) Fratturare. **B** v. intr. pron. ● Ridursi in frantumi: *cadendo, il vaso si frantumò*. SIN. Rompersi, spezzarsi.

frantumazióne [1910] s. f. ● Il frantumare, il frantumarsi: *f. delle olive*; *fenomeni di f. delle rocce*. CFR. -clastia.

frantùme [da *franto*; 1657] s. m. ● (*spec. al pl.*)

Piccolo frammento di qlco. che si è rotta: *ridurre qlco. in frantumi* | ***Andare in frantumi***, rompersi in piccoli pezzi, detto spec. di vaso, statua, stoviglie e sim. SIN. Pezzetto.

†**franzése** e *deriv.* ● V. *francese* e *deriv.*

fràppa [ant. fr. *frape*, di etim. incerta; 1427] **s. f.** *1* (*region.*) Stretta banda di stoffa increspata e smerlata usata per guarnire abiti, tendaggi, coperte e sim. | (*fig.*) †***Fare frappe***, tagliare i panni addosso a qlcu. *2* Minuta e precisa rappresentazione del fogliame, spec. in un dipinto. *3* (*spec. al pl.*; *cuc.*) Nome usato in Emilia per i cenci. *4* †Cosa di nessun valore | (*fig.*) †Ciancia, chiacchiera.

frappàre [da *frappa*; 1427] **v. tr.** *1* (*ant.* o *region.*) Rifinire abiti, tende e sim. con frappe. *2* Riprodurre minutamente il fogliame, spec. in un dipinto. *3* †Tagliuzzare, tagliare | †Ferire. *4* (*fig.*) †Ingannare | Inventare frottole: *e mentre frappava romanescamente, la meschina ... se lo beeva con gli sguardi* (ARETINO).

frappè [dal fr. *frappé*, part. pass. di *frapper* 'battere', dal francone *hrappan*, col sign. particolare assunto in enologia di 'raffreddato nel ghiaccio tritato'; 1942] **A s. m. inv.** ● Bibita o bevanda frullata, con aggiunta di ghiaccio tritato: *f. alla fragola, alla menta.* **B** anche **agg. inv.**: (*raro*) *latte f.*

frappóngo ● V. *frapporre.*

†**frapponiménto** [da *frapporre*; av. 1606] **s. m.** ● Interposizione.

frappórre [comp. di *fra* (*1*) e *porre*; sec. XIV] **A v. tr.** (coniug. come *porre*) ● Porre in mezzo (*spec. fig.*): *f. ostacoli, difficoltà, indugi.* SIN. Frammettere. **B v. rifl. e intr. pron.** ● Mettersi in mezzo, anche importunamente: *si frappose per evitare un litigio*; *si è frapposto un nuovo ostacolo.* SIN. Intromettersi.

frapposizióne [da *frapporre*; 1630] **s. f.** *1* Il frapporre, il frapporsi | Stato di chi (o di ciò che) è frapposto. *2* (*ling.*) Interposizione di una consonante per evitare casi di iato.

frappósto [av. 1595] **part. pass.** di *frapporre*; anche **agg.** ● Nei sign. del v.

frasàle [da *frase* secondo l'uso proprio dell'ingl. *phrasale* 'relativo al sintagma', non alla frase; 1980] **agg.** ● (*ling.*) Frastico | ***Avverbio, locuzione f.***, che rappresenta il significato di un'intera frase (per es. *«Hai mangiato?» «Sì»*, dove l'avverbio *sì* equivale a *Ho mangiato*).

frasàrio [da *frase*; 1722] **s. m.** *1* Insieme di frasi e locuzioni abitualmente usate da una persona o da una particolare categoria di persone: *f. politico, burocratico, dei tribunali, degli avvocati*; *quell'uomo ha un f. molto singolare.* SIN. Gergo. *2* Raccolta di frasi di uno scrittore: *f. dantesco, virgiliano* | ***F. retorico***, frasi consuete di retori.

fràsca [vc. di orig. preindeur.; 1313] **s. f.** *1* Ramoscello fronzuto: *lo stormire delle frasche*; *il destrier ch'avea lasciato / tra le più dense frasche alla fresca ombra* (ARIOSTO) | ***Saltare di palo in f.***, (*fig.*) passare da un argomento a un altro completamente diverso, in modo illogico e improvviso | Ramoscello collocato all'insegna di osterie e taverne, spec. di campagna. SIN. Fronda. *2* (*fig.*, *raro*) Fraschetta. *3* (*spec. al pl.*, *fig.*, *disus.*) Vanità, capricci: *essere pieno di frasche.* || PROV. Meglio un fringuello in gabbia che un tordo in frasca. || **fraschétta**, **dim.** (V.) | **fràscola**, **dim.** | **frascóne**, **accr. m.** (V.).

frascàme [av. 1424] **s. m.** ● Quantità, insieme di frasche: *il f. di un albero* | Frasche di varie specie.

frascàti [da *Frascati*, luogo di produzione; 1920] **s. m. inv.** ● Vino bianco secco (talvolta nel tipo amabile), asciutto, armonico, prodotto nel Lazio da uve Malvasia, Trebbiano e altre.

frascàto [da *frasca*; 1340] **s. m.** *1* Riparo di frasche fatto a forma di tettoia | Portico coperto di frasche. *2* Macchie basse e folte | Luogo pieno di frasche. *3* †Quantità di rami frondosi legati insieme.

frascheggiàre [da *frasca*; 1353] **v. intr.** (*io fraschéggio*; aus. *avere*) *1* (*lett.*) Stormire delle frasche mosse dal vento: *Madonna Dianora ... senti f. sotto una vite* (MACHIAVELLI). *2* (*raro* o *lett.*) Comportarsi in modo leggero e volubile, spec. riferito a donna. SIN. Civettare. *3* †Burlare | †Raccontare frottole sotto forma di verità.

fraschéggio [av. 1729] **s. m.** ● (*raro*) Rumore continuo e insistente del vento o altro tra le frasche.

frascherìa [da *frasca*; av. 1498] **s. f.** ● (*raro*) Cosa vana, inezia | Fronzolo.

fraschétta [1321] **s. f.** *1* Dim. di *frasca.* *2* (*fig.*) Donna fatua e leggera. || **fraschettina**, **dim.** | **fraschettuòla**, **dim.**

frasconàia [sec. XV] **s. f.** *1* Terreno folto di frasche | Nel linguaggio dei cacciatori, boschetto, uccelliera. *2* (*fig.*, *disus.*) Insieme di ornamenti senza ordine e gusto.

frascóne [sec. XIV] **s. m.** *1* Accr. di *frasca.* *2* (*spec. al pl.*) Frasche per sostegno di fagioli e sim. | (*pop.*) ***Portare, seminare i frasconi***, trascinare le ali penzoloni come frasche, detto di polli, di animali da cortile; (*fig.*) strascicare per debolezza o malattia, detto di persone. *3* (*mar.*) Grosso paranco che si tiene normalmente fissato alle sartie, pronto per le eventuali necessità. SIN. Candeletta.

frascùme [da *frasca*; 1869] **s. m.** *1* (*raro*) Grande quantità di frasche. *2* (*fig.*, *spreg.*, *disus.*) Ornamento: *prosa ornata di troppi frascumi.*

♦**fràse** [vc. dotta, lat. *phrăsi(m)*, nom. *phrăsis*, dal gr. *phrásis* 'espressione', da *phrázein* 'parlare', di etim. incerta; av. 1556] **s. f.** *1* (*ling.*) Unità linguistica indipendente e di senso compiuto: *f. principale, secondaria*; *f. nominale*; *trovare il soggetto di una f.* *2* Espressione: *non trovare la f. giusta per far comprendere qlco.*; *una f. breve, poco chiara, gentile*; *frasi di circostanza*; *f. idiomatica* | ***F. fatta***, vuota, convenzionale | ***Belle frasi!, sono solo frasi!***, chiacchiere, espressioni vuote. *3* (*mus.*) Parte del discorso melodico intermedia tra motivo e periodo. || **frasàccia**, **pegg.** | **frasétta**, **dim.** | **frasettina**, **dim.** | **frasicciuòla**, **dim.** | **frasina**, **dim.** | **frasùcola**, **dim.**

fraseggiaménto [av. 1698] **s. m.** ● (*lett.*) Il fraseggiare.

fraseggiàre [da *frase*; 1651] **v. intr.** (*io fraséggio*; aus. *avere*) *1* (*raro*) Comporre le frasi e farne uso: *f. con eleganza.* *2* (*mus.*) Nell'esecuzione, realizzare un corretto fraseggio.

fraseggiatóre [av. 1704] **s. m.** (f. *-trice*) ● Chi fraseggia.

fraséggio [av. 1883] **s. m.** ● (*mus.*) Nell'esecuzione, tecnica e modo di evidenziare l'andamento di ritmo, frasi, pause e relazioni interne di una composizione.

fraseologìa o †**frasologìa** [fr. *phraséologie*, comp. del gr. *phrásis*, genit. *phráseōs* 'espressione' e del fr. *-logie* '-logia'; 1813] **s. f.** *1* Insieme delle frasi proprie di un determinato sistema linguistico o di una sua parte: *f. italiana*; *f. militare* | Raccolta ragionata di tali frasi. *2* Costrutto della frase proprio di una lingua o di uno scrittore.

fraseològico [1841] **agg.** (pl. m. *-ci*) ● Relativo alla fraseologia | ***Verbo f.***, verbo che, come avviene per i verbi ausiliari, non esprime un significato proprio, ma in unione con un altro verbo di modo indica la particolare modalità di svolgimento dell'azione espressa da quest'ultimo (per es. *sta nevicando*, un'azione che si svolge; *si mise a correre*, un'azione che inizia). || **fraseologicaménte**, **avv.**

†**frasologìa** ● V. *fraseologia.*

frassinèlla (**1**) [da *frassino*; sec. XIV] **s. f.** ● (*bot.*) Dittamo. SIN. Frassinello, ornello.

frassinèlla (**2**) [etim. incerta; av. 1571] **s. f.** ● Pietra arenaria di grana sottile usata dagli orafi antichi per affilare arnesi e limare smalti.

frassinèllo **s. m.** ● (*bot.*) Frassinella.

frassinéto [da *frassino*; sec. XIV] **s. m.** ● Bosco di frassini.

fràssino [lat. *frāxinu(m)*, di etim. incerta; 1282] **s. m.** *1* Albero delle Oleacee con foglie imparipennate, fiori poco appariscenti, frutto a samara (*Fraxinus excelsior*) | ***F. da manna***, ornello. ➡ ILL. **piante**/8. *2* Legno dell'albero omonimo.

frastagliàme [1618] **s. m.** ● (*raro*) Insieme di cose frastagliate, minutaglie.

frastagliaménto [sec. XIV] **s. m.** ● Il frastagliare | Il punto in cui una cosa è frastagliata.

frastagliàre [comp. di *fra* (*1*) e *stagliare*; av. 1400] **v. tr.** (*io frastàglio*) *1* Tagliare qlco. in varie direzioni e in vari punti, spec. lungo i bordi: *f. un foglio, un abito.* *2* †Dire cose inverosimili per ingannare. *3* †Imbrogliarsi nel parlare.

frastagliàto [1353] **part. pass.** di *frastagliare*; anche **agg.** *1* Ornato di frastagli: *abito f.* *2* Che ha un andamento irregolare | ***Cime frastagliate***, di montagna, come seghettate | ***Costa frastagliata***, con molte rientranze e sporgenze | ***Terreno f.***, interrotto da fossi, siepi, canali e sim. || **frastagliataménte**, **avv.** (*raro*, *fig.*) In modo disordinato e interrotto.

frastagliatùra [1864] **s. f.** ● Il frastagliare | Aspetto frastagliato | Insieme di frastagli.

frastàglio [da *frastagliare*; av. 1400] **s. m.** *1* Accurato e paziente lavoro di intaglio a linee sporgenti, rientranti e sim. *2* (*spec. al pl.*) Ornamenti eccessivi e artificiosi: *frastagli dello stile barocco.*

frastagliùme **s. m.** ● (*disus.*, *spreg.*) Quantità di frastagli: *un f. di inutili ornamenti.*

fràstico [dal gr. *phrásis* 'frase, locuzione'] **agg.** (pl. m. *-ci*) ● (*ling.*) Che si riferisce alla frase. SIN. Frasale.

frastòno ● V. *frastuono.*

frastornaménto [1773] **s. m.** ● Il frastornare | Condizione di chi è frastornato | (*raro*) Ciò che disturba o impedisce.

frastornànte [av. 1930] **part. pres.** di *frastornare*; anche **agg.** ● Che stordisce, che provoca confusione mentale: *un chiasso f.*

frastornàre [comp. di *fra* (*1*) e *stornare*; 1336 ca.] **v. tr.** (*io frastórno*) *1* †Impedire, rendere nullo: *ed erasi il matrimonio per diversi accidenti più volte frastornato* (BOCCACCIO). *2* (*raro*) Disturbare, distrarre chi è immerso nelle proprie occupazioni: *il rumore incessante lo frastornava dal difficile lavoro* | Intontire, confondere: *tutte quelle chiacchiere mi hanno frastornato.*

frastornàto [1353] **part. pass.** di *frastornare*; anche **agg.** *1* Nei sign. del v. *2* Che è in uno stato di confusione e di stanchezza fisica e nervosa: *mi trovai completamente f.* || **frastornataménte**, **avv.**

frastornatóre [1869] **s. m.**; anche **agg.** (f. *-trice*) ● (*raro*) Chi (o Che) frastorna.

frastornìo [av. 1704] **s. m.** ● (*tosc.*) Ciò che distrae o disturba ripetutamente.

frastórno **s. m.** ● (*raro*) Noia, disturbo.

frastuòno o (*pop.*) **frastòno** [comp. di *fra* (*1*) e *tuono*; 1552] **s. m.** *1* Rumore assordante in cui si mescolano suoni di diversa intensità e natura: *f. di automobili, di gente che grida.* SIN. Baccano, fracasso, strepito. *2* †Impaccio, incomodo.

fratacchióne [av. 1444] **s. m.** *1* Accr. di *frate.* *2* Frate di grossa corporatura (*anche spreg.*).

fratàglia [av. 1576] **s. f.** *1* V. *fraglia.* *2* (*raro*, *spreg.*) Moltitudine di frati.

†**fratàio** [da *frate* (*1*); av. 1444] **agg.**; anche **s. m.** ● (*spreg.*) Che (o Chi) è amico dei frati.

†**fra tànto** ● V. *frattanto.*

fratàzzo ● V. *frattazzo.*

♦**fràte** (**1**) o †**fràtre**, spec. nel sign. 2 [lat. *frā-tre(m)*, di orig. indeur.; av. 1226] **s. m.** (troncato in *fra*, raro *frà*, o *fra'*, davanti ai nomi propri) *1* Religioso di un ordine monastico cattolico: *f. di San Francesco, di San Domenico* | ***F. predicatore***, domenicano | ***F. laico***, quello che non ha ricevuto gli ordini religiosi ed è addetto ai servizi del convento | ***Frati gaudenti***, appartenenti a un ordine cavalleresco e conventuale fondato nel XIII sec. a Bologna con scopi pacificatori e protettivi, i quali potevano aver famiglia e vivere a casa propria | ***Va' a farti f.!***, (*eufem.*) togliti di torno, va' al diavolo, va' in malora | ***Star coi frati e zappar l'orto***, rimettersi alle decisioni degli altri. *2* (†, *merid.*) Fratello | †Amico, persona cara: *Laudato si', mi' Signore, per f. vento* (FRANCESCO D'ASSISI). || **fratacchióne**, **accr.** (V.) | **fratacchiòtto**, **accr.** | **fratàccio**, **pegg.** | **fraticèllo**, **dim.** (V.) | **fraticìno**, **dim.** | **fratìcolo**, **dim.** | **fratìno**, **dim.** (V.) | **fratòccio**, **accr.** | **fratóne**, **accr.** | **fratónzolo**, **spreg.** | **fratòtto**, **accr.** | **fratùccio**, **dim.** (V. nota d'uso ELISIONE e TRONCAMENTO).

fràte (**2**) [dalla forma simile a quella del cappuccio di un *frate*] **s. m.** *1* (*edil.*) Embrice a forma di cappuccio per dar luce alle stanze a tetto. *2* Baco da seta non mandato al bosco, che fa sulla stuoia un bozzolo imperfetto. *3* (*bot.*) ***Capo di f.***, dente di leone.

fràte (**3**) [dal colore chiaro come certe tonache di *frati*] **s. m.** *1* Zona di uno stampato mal inchiostrata o non inchiostrata affatto. *2* (*spec. al pl.*, *tosc.*) Specie di piccole ciambelle fritte.

fratellàme [av. 1735] **s. m.** *1* (*raro*, *spreg.*) Insieme di fratelli. *2* †Fratellanza.

♦**fratellànza** [1308] s. f. *1* La relazione naturale e civile che intercorre tra fratelli: *rapporti, doveri di f.* *2* (*est.*) Reciproco sentimento di amicizia e affetto quasi fraterno: *la f. dei buoni*; *prove di f.* | ***F. universale***, pacifica comunanza di tutti gli uomini | ***F. d'armi***, legame che si stabilisce fra chi combatte sotto una stessa bandiera o per la medesima causa | (*antrop.*) ***F. del sangue***, atto simbolico compiuto scambiando sangue da piccole ferite del petto e del braccio che dà luogo, presso alcuni popoli, a istituzioni di mutuo soccorso. *3* Società laica di mutuo soccorso.

fratellàstro [1861] s. m. ● Fratello che ha in comune con un altro o gli altri figli della stessa famiglia solo il padre o la madre.

†**fratellévole** [1353] agg. ● (*raro, lett.*) Che si conviene tra fratelli: *con puro e f. animo* (BOCCACCIO). || †**fratellevolménte**, avv. (*raro, lett.*) In modo fratellevole.

♦**fratèllo** [lat. parl. **fratĕllu(m)*, dim. di *frāter* 'fratello'. V. *frate* (*1*); 1211] **A** s. m. (pl. *fratèlli* poet. *fratèi*, †*fratègli*, †*frate*) *1* Ciascuna delle persone di sesso maschile nate dallo stesso padre e dalla stessa madre | (*dir.*) Parente di sesso maschile in linea collaterale di secondo grado | ***F. germano***, nato dallo stesso padre e dalla stessa madre | ***F. consanguineo***, nato dallo stesso padre ma da madre diversa | ***F. uterino***, nato dalla stessa madre ma da padre diverso | ***F. adottivo***, che trae il suo legame di fratellanza da un atto d'adozione | (*disus.*) ***F. cugino***, cugino di primo grado | ***F. di latte***, allattato dalla stessa balia | ***Sembrare fratelli, assomigliarsi come fratelli***, essere molto simili | ***Amarsi come f. e sorella***, di amore casto | ***Fratelli siamesi***, gemelli malformati uniti per parte del corpo | ***Grande f.***, con riferimento al romanzo *1984* dello scrittore inglese G. Orwell (1903-1950), potere occulto in grado di esercitare un controllo totale su persone, organismi produttivi, mezzi di comunicazione. *2* (*al pl.*) I figli, maschi e femmine, di una stessa famiglia: *quanti fratelli sono in famiglia? Due, un maschio e una femmina.* *3* (*est.*) Chi ha in comune con altri un vincolo religioso, politico, sociale, ideale e sim.: *essere fratelli in Cristo*; *i figli di una stessa patria sono fratelli*; *il combattere per la stessa causa li ha resi fratelli* | ***Fratelli separati***, nel linguaggio dei cattolici, spec. dopo il Concilio Vaticano II, i cristiani che non seguono la confessione cattolica | Compagno, amico stretto: *essere fratelli nella gioia, nella tristezza*; *f. di sventura, d'esilio* | ***F. d'arme***, commilitone | Affiliato della stessa setta o società segreta: *i fratelli massoni* | (*fig.*) Ciò che è dotato della stessa natura: *l'orgoglio e la persecuzione sono fratelli*. *4* Frate laico, converso, spec. in alcuni ordini cattolici, che veste l'abito, senza aver pronunciato i voti o avendone pronunciato solo parte | Confratello, iscritto a una congregazione, confraternita o compagnia religiosa | ***Fate bene fratelli***, ordine ospedaliero di S. Giovanni di Dio | ***Fratelli della Misericordia***, congregazione istituita per assistere i malati e i poveri, confortare i moribondi e fare le esequie | ***Fratelli Arvali***, in Roma antica, membri di un collegio sacerdotale istituito da Romolo per i riti relativi alla propiziazione della fertilità dei campi. **B** in funzione di agg. ● (posposto al s.) Che è della stessa opinione politica, che aderisce allo stesso movimento e sim.: *partiti fratelli*. || **fratellàccio**, pegg. | **fratellino**, dim. | **fratellóne**, accr.

fratería [da *frate* (*1*); 1536] s. f. ● (*raro, spec. spreg.*) Tutti i frati di un medesimo ordine o convento.

fratèrna [ellitt. per *fraterna compagnia*; 1621] s. f. ● (*dir.*) Istituto medievale per cui i componenti di una famiglia, dopo la morte del padre, continuavano sotto la direzione del fratello maggiore l'attività del defunto, lasciando il patrimonio indiviso e amministrandolo in comune.

†**fratèrnita** [lat. *fratĕrnitas*, nom. sing., da *fratĕrnus* 'fraterno'; sec. XIV] s. f. ● Confraternita.

fraternità [lat. *fraternitāte(m)*, da *fratĕrnus* 'fraterno'; av. 1313] s. f. ● Affetto fraterno, accordo profondo tra persone non legate da vincoli di parentela: *tra loro esiste un'intima f. d'intenti*; *la f. dei popoli*. SIN. Amicizia.

fraternizzàre [fr. *fraterniser*, dal lat. *fratĕrnus* 'fraterno'; 1663] v. intr. (aus. *avere*) *1* Stringere rapporti d'amicizia, spec. con chi prima era ostile o nemico: *gli invasori fraternizzarono con le popolazioni indigene* | (*est.*) Fare amicizia: *quel bambino fraternizza con tutti*. *2* Fare propri gli scopi, gli ideali di qlcu.: *i militari fraternizzarono con i ribelli civili*.

fratèrno [vc. dotta, lat. *fratĕrnu(m)*, da *frāter* 'fratello'; av. 1333] agg. *1* Di, da fratello: *amore, affetto f.* *2* (*est.*) Affettuoso, come di fratelli: *aiuto, vincolo, saluto f.* | ***Amicizia, carità fraterna***, amore, solidarietà di persone legate da vincoli d'affetto. || **fraternaménte**, avv.

fratésco [da *frate* (*1*); sec. XIV] agg. (pl. m. *-schi*) ● Da, di frate (*spec. spreg.*): *saio f.*; *invidia, astuzia fratesca*. || **fratescaménte**, avv. Nel modo proprio dei frati.

faticèllo [sec. XIII] s. m. *1* Dim. di *frate* (*1*). *2* Piccolo uccello, simile al gabbiano, bianco con cappuccio nero sul capo, buon nuotatore e tuffatore, che si nutre di pesci (*Sterna albifrons*).

†**fratile** [av. 1765] agg. ● Fratesco.

fratina (1) [da *frate* (*1*); 1892] s. f. *1* Tavolo lungo e stretto da refettorio di convento | (*est.*) Qualsiasi tavolo rustico di forma spiccatamente rettangolare. *2* Sedia toscana del primo Seicento retta da gambe squadrate, caratterizzata da cartelle riccamente intagliate nel dorsale e nella traversa anteriore. *3* Particolare taglio dei capelli che imita quello di certi frati.

fratina (2) [dal colore, simile a quello della tonaca di un *frate*] s. f. ● (*zool.*) Cutrettola.

fratino (1) [1536] **A** agg. ● (*raro, lett.*) Fratesco. **B** s. m. *1* Dim. di *frate* (*1*). *2* Frate giovane | Ragazzo che si avvia a diventare frate.

fratino (2) [V. *fratina* (*2*)] s. m. ● Uccelletto dell'ordine dei Caradriformi, comune in Italia sulle spiagge marine, di laghi e fiumi, che si muove camminando e correndo a gran velocità (*Charadrius alexandrinus*).

fratino (3) [dalla forma simile a quella del cappuccio di un *frate*] s. m. ● (*bot.*) Nasturzio indiano.

†**fràtre** ● V. *frate* (*1*).

fratrìa o **fràtria** [vc. dotta, gr. *phratría*, da *phrátēr* 'fratello', di orig. indeur.; av. 1748] s. f. *1* Nell'antica Grecia, ciascuna delle tre parti in cui si divideva una tribù. *2* Nei gruppi sociali soggetti a esogamia, classe o sezione che esclude il matrimonio fra i suoi stessi membri.

fratricida [vc. dotta, lat. *fratricīda(m)*, comp. di *frāter*, genit. *frātris* 'fratello' e *-cida* '-cida'; av. 1416] **A** s. m. e f. (pl. m. *-i*) ● Uccisore del proprio fratello o della propria sorella | (*est.*) Chi uccide qlcu. cui è legato da vincoli di fratellanza, comunanza d'idee e sim. **B** agg. ● Di fratricida, di fratricidio: *atto f.* | ***Guerra f.***, civile.

fratricìdio [vc. dotta, lat. tardo *fratricīdiu(m)*, da *fratricīda* 'fratricida'; sec. XIV] s. m. ● Uccisione del proprio fratello o della propria sorella | (*est.*) Uccisione di persona cui si è legati da vincoli di sangue, amicizia e sim.

fràtta [etim. discussa: lat. *frācta* '(rami) rotti', part. pass. nt. pl. di *frăngere* (?); sec. XIV] s. f. *1* Luogo scosceso e impervio ricoperto da una macchia intricata di pruni e sterpi | ***Andare, essere per le fratte***, (*fig., tosc.*) trovarsi in pessime condizioni economiche. *2* (*region.*) Siepe, cespuglio: *sbuca il can dalla f., come il vento* (PASCOLI). *3* †Frattura, rottura.

frattàglia [da *fratto*; 1618] s. f. ● (*spec. al pl.*) Interiora commestibili degli animali macellati | ***F. di pollo***, rigaglie.

frattàle [vc. coniata dal matematico fr. B. Mandelbrot nel 1975, dal lat. *frāctus* 'spezzato', part. pass. di *frăngere*; 1986] **A** s. m. ● (*mat.*) Figura geometrica, dotata di simmetrie interne a qualsiasi scala la si ingrandisca, ottenuta come configurazione limite di una successione di curve spezzate; da ognuna si ottiene la successiva in base a una regola assegnata, per es. sostituendo a ogni lato una linea spezzata prefissata detta generatore. ➡ ILL. **geometria**. **B** anche agg.: *oggetto f.*

frattànto o †**fra tànto** [comp. di *fra* (*1*) e *tanto*; sec. XIV] avv. ● Nel frattempo, nel medesimo tempo: *f. erano successe molte cose*; *cosa hai fatto f.?*; *f. / andiam; vi sono ai vostri lari io scorta* (ALFIERI).

frattazzàre v. tr. ● (*edil.*) Spianare, lisciare col frattazzo: *f. l'intonaco*.

frattàzzo o **fratàzzo** [da *frettare*] s. m. ● Tavoletta rettangolare di legno, con maniglia, usata dal muratore per spianare la malta con cui si intonaca un muro. SIN. Spianatoio. || **frattazzino**, dim.

♦**frattèmpo** [comp. di *fra* (*1*) e *tempo*; av. 1529] s. m. ● Solo nelle loc. avv. ***in questo, in quel f., nel f.***, in questo, in quel mentre, nel tempo intercorrente, frattanto, intanto: *in questo f. molte cose sono cambiate*; *nel f. approfitterò per visitare la città*.

fràtto [1319] part. pass. di *frangere*; anche agg. *1* (*lett.*) Spezzato, rotto. *2* (*mat.*) Frazionario: *equazione fratta* | Diviso: *sei f. due*. *3* (*mus.*) ***Canto f.***, V. *canto*.

frattografia [comp. di *fratt(ura)* e *-grafia*] s. f. ● (*metall.*) Tecnica per la determinazione delle cause di rottura di metalli mediante osservazione con strumenti ottici.

frattùra [vc. dotta, lat. *fractūra(m)*, da *frāctus* 'fratto'; sec. XIII] s. f. *1* Interruzione della continuità di un corpo a struttura solida | ***F. ossea***, rottura di un osso dovuta gener. a un trauma | ***F. semplice***, con formazione di due frammenti | ***F. comminuta***, con più di due frammenti | ***F. esposta***, comunicante con l'esterno attraverso una ferita della cute o della mucosa sovrastante | ***F. composta***, senza lacerazioni di cute o mucose e con i frammenti ossei perfettamente posizionati | ***F. scomposta***, in cui l'osso è interrotto in maniera completa, in modo tale che i frammenti ossei sono liberamente mobili. *2* (*geol.*) Spaccatura della crosta terrestre nella quale non si è avuto scorrimento reciproco tra le due parti. *3* (*miner.*) In un cristallo, rottura che avviene secondo una superficie non piana. CFR. Sfaldatura. *4* (*fig.*) Contrasto, rottura: *una f. nella compagine governativa*; *f. diplomatica*. *5* (*mecc.*) ***F. fragile***, rottura improvvisa di materiali, spec. metallici, che si verifica in seguito a brusche sollecitazioni, prolungate tensioni, variazioni di temperatura e sim. || **fratturina**, dim.

fratturàre [da *frattura*; 1798] **A** v. tr. ● Produrre una frattura: *fratturarsi un braccio, una gamba*. **B** v. intr. pron. ● Subire una frattura: *l'osso si è fratturato in tre punti*.

fraudatòrio [vc. dotta, lat. tardo *fraudatōriu(m)*, da *fraudātor*, genit. *fraudatōris* 'frodatore'] agg. ● Che ha carattere di frode.

†**fràude** e *deriv.* ● V. *frode* e *deriv.*

fraudolènto, †**fraudolènte**, (*raro*) **frodolènto** [lat. *fraudulĕntu(m)*, da *fraus*, genit. *fraudis* 'frode'; av. 1292] agg. *1* (*lett.*) Che opera con frode, che tende a commettere frode: *individuo f.* | ***Consigliere f.***, consigliere di inganni. *2* (*dir.*) Che è caratterizzato da frode: *bancarotta, insolvenza fraudolenta*. *3* Di ciò che è fatto con frode, a scopo d'inganno e raggiro: *azione fraudolenta*; *diede il consiglio frodolento* (DANTE). SIN. Doloso. || **fraudolentemente**, avv. (*raro*) Con frode.

fraudolènza o †**fraudolènzia**, (*raro*) **frodolènza** [lat. *fraudulĕntia(m)*, da *fraudulĕntus* 'fraudolento'; av. 1306] s. f. ● Inganno, truffa | Carattere di ciò che è fraudolento.

†**fraudóso** agg. ● Ingannevole | Fraudolento.

Fräulein /'frɔilain, *ted.* 'frɔʏ,laen/ [vc. ted., propr. 'signorina', dim. di *Frau* 'signora'; av. 1936] s. f. inv. (pl. ted. inv.) ● Governante, istitutrice di lingua tedesca.

fràvola e *deriv.* ● V. *fragola* e *deriv.*

fràzio [stessa etim. di *fracido*] s. m. ● (*raro, tosc.*) Fetore, puzzo, spec. di cibi guasti.

frazionàbile [1965] agg. ● Che si può frazionare.

frazionàle [da *frazione*] agg. ● Frazionario | ***Moneta f.***, moneta divisionale.

frazionaménto [1866] s. m. ● Divisione in più parti: *f. di un'eredità*; *f. di un immobile*; *f. dei rischi di un'impresa*; *f. di un miscuglio, di una soluzione* | ***F. catastale***, divisione di particella catastale per passaggio di proprietà.

frazionàre [da *frazione*; 1848] **A** v. tr. (*io frazióno*) ● Dividere in varie parti: *tutti gli averi del defunto furono frazionati fra gli eredi*; *f. un miscuglio, una soluzione, il petrolio greggio*. **B** v. intr. pron. ● Dividersi: *il partito si frazionò in due correnti*.

frazionàrio [av. 1872] agg. ● (*mat.*) Di frazione. SIN. Frazionale.

frazionàto [1970] part. pass. di *frazionare*; anche agg. *1* Diviso in più parti. *2* Detto di francobollo ottenuto tagliando in due o più parti un esemplare intero per mancanza di francobolli di piccolo valore. || **frazionataménte**, **avv.**

♦**frazióne** [lat. tardo *fractiōne(m)* 'spezzatura', da *frāctus*, part. pass. di *frāngere* 'spezzare'; sec. XIV] **s. f.** ***1*** Porzione, parte staccata di un tutto: *un quarto d'ora è una f. di ora*; *solo una piccola f. di persone riuscì nell'intervento* | (*sport*) Nelle gare a staffetta, ciascuna delle parti uguali in cui è suddiviso il percorso, coperta in successione da un componente delle squadre | Nel ciclismo, tappa | (*chim.*) Ciascuna parte che si ottiene frazionando soluzioni o miscugli liquidi. ***2*** (*mat.*) Quoziente di due numeri interi | Espressione matematica composta da una coppia di numeri interi, numeratore e denominatore; due coppie sono equivalenti se i prodotti del numeratore dell'una per il denominatore dell'altra sono uguali | Espressione composta di due numeri, che indicano rispettivamente quanti e quali parti dell'unità si considerano | ***F. apparente***, il cui numeratore è multiplo del denominatore | ***F. continua***, frazione il cui denominatore è somma di un numero e d'una frazione costruita allo stesso modo, e così via | ***F. decimale***, che ha per denominatore una potenza di 10 | ***F. propria*** (***impropria***), il cui numeratore è (minore) maggiore del denominatore In testi di tipo discorsivo, le frazioni si possono scrivere in lettere: *ci vediamo tra un quarto d'ora*; *per tre quarti del film gli attori non parlano*; *solo un quinto dei partecipanti ha preso la parola*; *i due terzi dello stipendio se ne vanno per l'affitto*; *una mezza porzione di tagliatelle*. In usi di tipo matematico, tecnico o scientifico le frazioni si scrivono con i numeri arabi separati da una barretta diagonale, oppure separando i due numeri (detti *numeratore* e *denominatore*) con la linea di frazione. (V. nota d'uso NUMERO) | (*chim.*) ***F. molare***, in una miscela di più sostanze, rapporto fra le moli di una sostanza e le moli totali. ***3*** Borgata di comune priva di uffici comunali. ***4*** Nella Messa, il rito dello spezzare l'ostia consacrata lasciandone cadere un pezzetto nel vino del calice. || **frazioncèlla**, **dim.** | **frazioncina**, **dim.**

frazionismo [1944] **s. m.** ● Tendenza a creare correnti o scissioni nell'ambito dei partiti.

frazionista [1965] **A s. m. e f.** (**pl. m.** *-i*) ***1*** Chi, all'interno di un partito, favorisce il sorgere di correnti o scissioni. ***2*** (*sport*) Nelle gare a staffetta, ciascuno dei componenti della squadra: *primo*, *ultimo f.* **B agg.** ● Di, relativo a, frazionismo.

frazionìstico **agg.** (**pl. m.** *-ci*) ● Di, relativo a, frazionismo: *tentativo f.* || **frazionisticaménte**, **avv.**

freak /frik, *ingl.* fɹiːk/ [vc. ingl., all'orig. 'capriccio, ghiribizzo' (da avvicinare all'ingl. ant. *frician* 'ballare'), poi divenuto verbo nel sign. di 'subire un'esperienza emotiva intensa, eccitarsi (soprattutto con riferimento ai tossicomani)', quindi 'spostato'; 1972] **s. m. e f. inv.** ● Negli anni '70 del Novecento, chi esprimeva la sua contestazione verso la società adottando comportamenti e abiti stravaganti, vivendo alla giornata, spesso facendo uso di droghe leggere.

freàtico [dal gr. *phréar*, genit. *phréatos* 'pozzo', di orig. indeur.; 1905] **agg.** (**pl. m.** *-ci*) ● Detto di falda acquifera che scorre attraverso terreni porosi permeabili, sopra strati di terreni impermeabili: *falda freatica* | Relativo a una falda freatica: *livello f.*

freatologìa [comp. del gr. *phréar*, genit. *phréatos* 'pozzo' e *-logia*; 1754] **s. f.** ● Studio o trattato sulle acque dei pozzi o freatiche.

freccétta **s. f.** ***1*** Dim. di *freccia*. ***2*** Segno grafico a forma di piccola freccia. ***3*** Piccola freccia che si scaglia a mano per gioco contro un bersaglio.

♦**fréccia** [fr. *flèche*, di orig. germ.; 1344] **s. f.** (**pl.** *-ce*) ***1*** Arma da getto, usata spec. fino all'avvento delle armi da fuoco, costituita da un'asticciola con punta acuta e cocca posteriore, da lanciare con arco o balestra, dotata talvolta di alette stabilizzatrici della traiettoria: *incoccare*, *scagliare la f.* | ***Avere molte frecce al proprio arco***, (*fig.*) disporre di molti buoni argomenti, possibilità e sim. | ***Correre come una f.***, (*fig.*) con grande velocità | ***F. del Sud***, ***F. Azzurra***, nome dato a treni rapidi o espressi. ➡ **ILL.** p. 2151 SPORT; **armi.** ***2*** (*fig.*) Allusione pungente o cattiva | (*disus.*) ***F. del Parto***, allusione maligna detta all'ultimo momento. ***3*** (*raro*, *fig.*, *fam.*) Frecciata. ***4*** (*est.*) Elemento appuntito e allungato, più o meno simile a una freccia | ***F. di direzione***, indicatore usato un tempo sugli autoveicoli, consistente in una barretta a luce rossa, fatta sporgere dal fianco della carrozzeria; oggi, correntemente, indicatore a luce intermittente | ***F. del campanile***, ***di una torre e sim.***, guglia, cuspide | ***A f.***, che ha la forma di una freccia | ***Ala a f.***, le cui semiali formano in pianta un angolo col vertice in avanti, adatto per velocità subsoniche e supersoniche. ***5*** Parte più sottile e appuntita di molti strumenti: *la f. dell'ago magnetico*. ***6*** Segno, pannello e sim. a forma di freccia usato per indicare la direzione: *f. indicatrice*; *secondo la f. bisogna voltare a destra*. ***7*** (*arch.*) Distanza verticale fra la chiave di volta e la corda di un arco. ***8*** Baghetta. ***9*** (*mil.*) Piccola opera esterna composta di due corpi ad angolo acuto col vertice verso la campagna. ***10*** (*mar.*) Controranda. ***11*** (*aer.*) ***Frecce Tricolori***, pattuglia acrobatica dell'Aeronautica Militare italiana. || **freccétta**, **dim.** (V.) | **freccina**, **dim.** | **freccióne**, **accr. m.**

frecciàre [da *freccia*; 1623] **A v. tr.** (*io fréccio*) ● (*raro*) Colpire con frecce. **B v. intr.** (aus. *avere*) ● (*raro*) Tirare frecce.

frecciàta [av. 1304] **s. f.** ***1*** Colpo di freccia: *una f. lo ridusse in fin di vita*. ***2*** (*fig.*) Motto pungente, allusione volutamente mordace e maligna: *la f. lanciatagli gli impedì qualsiasi replica*. ***3*** (*sport*) Nella scherma, flèche. || **frecciatèlla**, **dim.** | **frecciatina**, **dim.**

freddàre [lat. tardo *frigidāre*, da *frīgidum* 'freddo'; 1340] **A v. tr.** (*io fréddo*) ***1*** Far diventar freddo, spec. bevande o cibi caldi: *f. la minestra*, *il caffè bollente* | (*fig.*) ***F. l'entusiasmo***, affievolirlo, farlo sbollire. **SIN.** Raffreddare. ***2*** Ammazzare, uccidere, spec. all'improvviso e con un colpo solo: *freddò il leone a breve distanza*. **B v. intr. pron.** ● Diventare freddo: *il riso impiega molto tempo a freddarsi* | (*fig.*) ***Non lasciare che qlco. si freddi***, metterla subito in atto.

freddézza [da *freddo*; 1336 ca.] **s. f.** ***1*** (*raro*) Stato, condizione di ciò che è freddo: *la f. dell'acqua*. ***2*** (*fig.*) Dichiarata indifferenza, priva di ogni slancio e cordialità: *f. di carattere*; *accogliere con f.*; *nei loro rapporti c'è una certa f.* | (*fig.*) ***F. di stile***, mancanza di vivacità, colorito ed efficacia. **CONTR.** Calore, entusiasmo. ***3*** (*fig.*) Autocontrollo, capacità di dominare i propri nervi: *con esemplare f. l'uomo riuscì a salvare il bambino*.

freddiccio [av. 1584] **A agg.** (**pl. f.** *-ce*) ● Alquanto freddo: *brodo f.* **B s. m.** ● Tempo ancora freddo o che comincia a essere tale: *ieri mattina si sentiva un certo f.*

♦**fréddo** [lat. *frīgidu(m)*, da *frigēre* 'esser freddo', di orig. indeur.; av. 1292] **A agg.** ***1*** Che comunica una sensazione contraria a quella del caldo, a causa della temperatura inferiore a quella normale o ambientale: *tempo*, *vento f.*; *giornata*, *città fredda*; *f. come la neve*, *il ghiaccio*, *il marmo*; *bevendo quel f. liquore*, / *cangiosse tutto l'amoroso core* (BOIARDO) | ***Sudore f.***, provocato da malattia o spavento | ***Vivanda fredda***, preparata per essere mangiata fredda | ***Piatti freddi***, a base di vivande che non richiedono cottura, come salame, formaggio o vivande cotte e servite fredde | ***Tavola fredda***, l'insieme dei piatti freddi, in un ristorante o a un ricevimento | ***Guerra fredda***, (*fig.*) tensione politica tra Stati o blocchi di Stati, senza il ricorso alle armi; (*per anton.*) lo stato di forte tensione fra USA e URSS nel decennio successivo alla seconda Guerra Mondiale | ***La fredda spoglia***, (*lett.*) il cadavere | ***Doccia fredda***, fatta con acqua fredda; (*fig.*) improvvisa e spiacevole delusione | ***Animali a sangue f.***, eterotermi | ***Corpo f.***, astro che non emette luce propria: *la luna è un corpo f.* | Raffreddato: *la minestra è ormai fredda*. **CFR.** crio-, frigo-. **CONTR.** Caldo. ***2*** (*fig.*) Che non si lascia trascinare dalle passioni: *animo*, *cuore*, *temperamento f.*; *natura fredda* | (*fig.*) Indifferente, distaccato, privo di entusiasmo e cordialità: *discorso*, *uditorio f.*; *accoglienza*, *risposta fredda*; *mostrarsi f. verso qlcu.* | ***Sangue f.***, (*fig.*) controllo dei propri nervi | ***Testa fredda***, (*fig.*) che non si lascia vincere dalle passioni | ***A mente fredda***, (*fig.*) dopo che l'ira e lo sdegno sono sbolliti; lucidamente | ***La fredda ragione***, (*fig.*) ponderazione, prudenza | ***Stile f.***, (*fig.*) piuttosto artefatto e privo di vivacità | ***Toni***, ***colori freddi***, (*fig.*) quelli che tendono al grigio, al verde, all'azzurro | (*mus.*) Privo di colorito e d'espressione: *esecuzione impeccabile ma fredda*. **CONTR.** Appassionato, ardente. ***3*** (*gerg.*) Congelato (nel sign. 2). ***4*** †Frigido, impotente. ***5*** †Difficile da digerire. || **freddaménte**, **avv.** ***1*** Con freddezza. ***2*** (*fig.*) Con indifferenza: *rispondere*, *accogliere freddamente*. **B s. m.** ***1*** Mancanza di calore | ***A f.***, senza riscaldare | ***Lavorare il ferro a f.***, senza usare il fuoco, mediante i soli attrezzi | ***Industria del f.***, comprendente la produzione di ghiaccio artificiale, di apparecchi e impianti frigoriferi, la conservazione di alimenti mediante il freddo, e sim. ***2*** Sensazione prodotta dalla perdita o dalla mancanza di calore: *avere*, *sentire*, *patire f.* | (*fig.*) ***È un racconto che fa venir f.***, che fa paura, che sconcerta | ***Non gli fa né caldo né f.***, (*fig.*) lo lascia del tutto indifferente. **CONTR.** Caldo. ***3*** Clima rigido, bassa temperatura: *ieri faceva f.*; *i rigori del f.*; *f. asciutto*, *umido*; *ripararsi dal f.* | ***I primi freddi***, quelli dell'inizio dell'inverno | ***F. cane***, ***birbone***, temperatura bassissima | ***Danni dal f.***, manifestazioni di diversa natura che colpiscono le piante per effetto delle basse temperature | Stagione fredda, spec. invernale: *appena arriva il f. accendiamo il termosifone*. ***4*** †Indifferenza, freddezza | ***Essere in f. con qlcu.***, avere rapporti privi di ogni cordialità. ***5*** (*fig.*) Nella loc. ***A f.***, con pacatezza e lucidità, senza esser mosso da ira, sdegno o altra emozione di qualsiasi genere: *la sua decisione l'ha presa a f.*; all'inizio, senza aver tempo di riscaldare i muscoli: *subire un gol*, *essere colpito a f.*; con lucida e spietata determinazione: *uccidere qlcu. a f.* || **freddàccio**, **pegg.** | **freddarèllo**, **freddarèllo**, **dim.** | **freddino**, **dim.** | **freddolino**, **dim.**

FREDDO
nomenclatura

freddo

● *caratteristiche*: glaciale, polare, pungente, secco, umido, siberiano, penetrante, intenso, gelido, rigido, algido; fresco, refrigerante; rigore, gelo, algore, assideramento, congelamento, gelone; i primi freddi, giorni della merla, gelata, galaverna o calaverna o calabrosa; inverno, stagione fredda; rugiada, guazza, gelo notturno, brina (traslucida, vetrosa; brinata; brinare, sbrinare);

● *azioni*: fare freddo, un freddo cane, birbone, che pela, essere sotto zero, avere freddo, gelare, raggelare, congelarsi, agghiacciarsi, sentire il freddo, patire il freddo, intirizzire, infreddolirsi, rabbrividire, tremare, avere la pelle d'oca, diventare un pezzo di ghiaccio, battere i denti; raffreddare, refrigerare;

● *oggetti*: frigorifero, frigobar, freezer, congelatore, cella frigorifera; anticongelante, antigelo; surgelato.

freddolina [da *freddo*, perché fiorisce in inverno; 1881] **s. f.** ● (*bot.*, *pop.*) Colchico.

freddolóso [av. 1698] **agg.** ● Che soffre molto il freddo: *i vecchi e i bambini sono freddolosi*. **CONTR.** Caloroso.|| **freddolosaménte**, **avv.**

freddùra [da *freddo*; 1308] **s. f.** ***1*** Spiritosaggine, consistente spec. in giochi di parole o doppi sensi. **SIN.** Facezia. ***2*** (*raro*, *lett.*) Rigidezza del tempo: *sospinto dalla f. trottando si drizzò verso Castel Guglielmo* (BOCCACCIO). ***3*** (*raro*, *lett.*) Cosa da nulla: *si perde in certe freddure insulse*. ***4*** †Trascurataggine, pigrizia. ***5*** †Infreddatura | Influenza. || **freddurétta**, **dim.** | **freddurina**, **dim.**

freddurista [1881] **s. m. e f.** (**pl. m.** *-i*) ● Chi si compiace di usare spesso bisticci spiritosi, freddure e sim.

free climber /*ingl.* 'fɹiː 'kʰlaɪmə/ [loc. ingl., propr. 'arrampicatore (*climber*, da *to climb* 'scalare') libero (*free*)'; 1985] **loc. sost. m. e f. inv.** (**pl. ingl.** *free climbers*) ● Chi pratica il free climbing.

free climbing /*ingl.* 'fɹiː 'kʰlaɪmɪŋ/ [loc. ingl., propr. 'arrampicata, scalata (*climbing*, da *to climb* 'scalare') libera (*free*)'; 1985] **loc. sost. m. inv.** ● Tipo di arrampicata in cui lo scalatore, munito di una corda di sicurezza in vita, sale aggrappandosi con le mani agli appigli naturali offerti dalla parete rocciosa, senza l'aiuto di piccozza, chiodi e martello.

free jazz /*ingl.* 'fɹiː ˌdʒæz/ [loc. ingl., comp. di *free* 'libero' e *jazz*; 1986] **loc. sost. m. inv.** ● Stile jazzistico nato negli anni '60 del Novecento, caratterizzato da una completa libertà dai vincoli della successione armonica e dal ritorno all'improvvisazione collettiva propria dei primordi del jazz.

free-lance /ingl. ˈfɹiːˌlæːns/ o **freelance**, **free lance** [loc. ingl., propr. 'soldato di ventura' (alla lettera 'lancia libera'); 1962] s. m. e f. inv.; anche agg. inv. (pl. ingl. *free lances*) ● Chi, spec. nel campo della pubblicità, dello spettacolo, dell'editoria o della moda, presta la propria opera professionale a varie aziende senza contratti esclusivi con nessuna di esse: *fotografo, modella free-lance*.

free rider /ingl. ˈfɹiː ˈɹaɪdəɹ/ [loc. ingl., propr. 'chi viaggia (*rider*) gratis (*free*)'] loc. sost. m. e f. inv. (pl. ingl. *free riders*) ● (*econ.*) Chi beneficia di un bene pubblico senza corrispondere allo Stato o all'ente somministratore il proprio contributo sotto forma di imposta o altro tipo di versamento.

free shop /ingl. ˈfɹiːˌʃɒp/ [vc. ingl., comp. di *free* 'libero' e *shop* 'bottega' (entrambe d'orig. germ.)] loc. sost. m. inv. (pl. ingl. *free shops*) ● Accorc. di *duty free shop*.

freestyle /ingl. ˈfɹiːˌstaeɫ/ o **free-style** [vc. ingl., comp. di *free* 'libero' (V. *free-shop*) e *style* 'stile'; 1981] s. m. e agg. inv. ● (*sport*) Disciplina sciistica consistente in prove di salti acrobatici da appositi trampolini, in discese spettacolari su piste ripide e accidentate, in figure su base musicale eseguite su piste in lieve pendenza | Nel nuoto, stile libero, crowl.

freeware /ˈfriwer, ingl. ˈfɹiːweəɹ/ [vc. ingl., comp. di *free* 'libero, liberamente' e della seconda parte di (*soft*)*ware* (V.); 1995] s. m. inv. ● (*elab.*) Software distribuito gratuitamente. CFR. Shareware.

freezer /ˈfrizer, ˈfridzder, ingl. ˈfɹiːzəɹ/ [vc. ingl., da *to freeze* 'congelare', vc. germ. di orig. indeur.; 1963] s. m. inv. ● Scomparto del frigorifero domestico ove si produce la temperatura più bassa, gener. inferiore a −18° C, per la conservazione di alimenti surgelati e la produzione di ghiaccio | Congelatore.

fréga [da *fregare*; av. 1502] s. f. *1* (*pop.*) †Desiderio sessuale | ***Andare in f.***, di animali, andare in calore | (*raro*) Fregola, smania, frenesia. *2* (*raro*) Massaggio.

fregàccio [av. 1756] s. m. *1* Pegg. di *frego*. *2* Frego di matita o penna tracciato in fretta e malamente: *compito pieno di fregacci*. SIN. Sgorbio. || **fregàcciolo**, dim.

fregagióne [lat. tardo *fricatiōne*(*m*), da *fricāre* 'fregare'; av. 1313] s. f. *1* (*pop.*) Frizione, massaggio: *fare una f. di spirito canforato*. *2* (*spec. al pl.*) †Smancerie, moine, lezi.

fregaménto [av. 1320] s. m. ● Strofinamento, sfregamento.

♦**fregàre** [lat. *fricāre*, di etim. incerta; 1310] **A** v. tr. (*io frégo, tu fréghi*) *1* Strofinare qlco. spec. energicamente: *f. un recipiente di rame per lucidarlo* | (*est.*) Massaggiare: *f. le gambe, le spalle con pomate* | Stropicciare: *fregarsi le mani in segno di soddisfazione* | ***Fregarsi gli occhi***, per sonno o (*fig.*) per essere ben certi di ciò che si vede | Strusciare: *fregarsi gli abiti contro il muro*. *2* (*raro*) Segnare o cancellare con un frego: *f. il muro*. *3* (*pop.*) Ingannare, truffare, imbrogliare: *s'è lasciato f. come un novellino* | Rubare: *mi hanno fregato l'orologio* | Superare, vincere con mezzi più o meno leciti: *nella volata finale ha fregato il compagno di fuga*. **B** v. rifl. ● (*raro*) Strofinarsi | (*fig., disus.*) ***Fregarsi intorno a qlcu.***, circuirlo per interesse. **C** v. intr. pron. ● (*pop.*) Non provare il minimo interesse: *che ti frega?*; *fregarsene di qlcu., di qlco.*; *chi se ne frega!*; *non me ne frega niente!*; *fregatene!* SIN. Infischiarsene.

fregaròla [da *fregare*, nel senso ittiologico di 'depositare le uova'] s. f. ● (*zool.*) Sanguinerola.

fregaròlo (1) s. m. ● Fregarola.

fregaròlo (2) [da *fregar*(*e*) nel senso di 'imbrogliare' con suff. di natura dial. (per *-aiolo*)] agg. ● (*centr.*) Imbroglione, truffatore.

fregàta (1) [da *fregare*; av. 1537] s. f. *1* Rapida strofinata per pulire, lucidare e sim.: *dare una f. ai mobili*. *2* (*pop.*) Imbroglio, raggiro: *mi son preso una gran f.* || **fregatina**, dim.

fregàta (2) [etim. incerta; 1353] s. f. ● Nave a tre alberi a vele quadre, con due batterie sovrapposte di cannoni, costituente l'unità intermedia tra il vascello e la corvetta, impiegata nel XVIII e XIX secolo | Nella marina moderna, nave militare, spec. con compiti di scorta, con dislocamento fra 1650 e 7800 tonnellate, dotata di armi antisommergibili e antiaeree | ***Capitano di f.***, nella marina militare, grado corrispondente a quello di tenente colonnello; la persona rivestita di tale grado.

fregàta (3) [da *fregata* (2) con allusione alla velocità; 1875] s. f. ● Genere di Uccelli marini dei Pelecaniformi, dei mari intertropicali, volatori robustissimi e veloci con piedi palmati (*Fregata*). ➡ ILL. **animali**/7.

fregàto [sec. XV] part. pass. di *fregare*; anche agg. *1* Nei sign. del v. | (*fig., pop.*) Raggirato, danneggiato: *sei tu che rimani f.!* *2* (*mus.*) ***Corda fregata***, suonata con l'archetto, come nel violino.

fregatùra [lat. *fricatūra*(*m*), da *fricāre* 'fregare'; sec. XV] s. f. *1* (*raro*) Il fregare | (*est.*) Il segno che resta sugli oggetti fregati: *un pavimento, un muro pieno di fregature*. *2* (*pop.*) Danno, inganno, imbroglio, raggiro: *credeva che fosse un buon affare, ma è stata una tremenda f.*; *dare, prendere una f.* | Ciò che delude essendo scadente, mediocre e sim.: *che f., quel concerto!*

fregiàre o †**fresàre** (2) [da *fregio*; 1321] **A** v. tr. (*io frégio* o *frègio*) *1* Guarnire di fregi: *f. l'orlo di un abito*. *2* (*fig.*) Decorare, adornare, abbellire: *f. il petto di decorazioni, la bandiera di medaglie, il proprio nome di gloriose imprese*. **B** v. rifl. ● Adornarsi, onorarsi, andar fiero di qlco. (*spec. fig.*): *si fregia di numerosi riconoscimenti ufficiali*; *fregiarsi di bellezza, di virtù*.

fregiatùra [av. 1348] s. f. *1* (*raro*) Il fregiare | (*raro, est.*) Guarnizione, ornamento: *f. d'oro, d'argento* | †***F. di lumaca***, riga viscosa e iridescente ch'essa lascia dietro di sé. *2* †Lembo od orlo di veste.

frégio o **frègio** [lat. (*ŏpus*) *phrȳgiu*(*m*) 'lavoro frigio', perché originario della *Frigia*; 1291] s. m. *1* (*arch.*) Fascia ornamentale ad andamento orizzontale, spec. parte della trabeazione compresa fra l'architrave e la cornice, decorata a rilievo con figure o con motivi geometrici o più o meno stilizzati. ➡ ILL. p. 2116, 2117 ARCHITETTURA. *2* (*est.*) Ogni decorazione spec. in rilievo, con andamento orizzontale, a forma di fascia: *il f. sulla poppa della nave, sul copricapo dell'ufficiale*. *3* (*tipogr.*) Carattere speciale il cui occhio è costituito da disegni ornamentali. *4* (*lett., fig.*) Ornamento, pregio: *le superbe fortune / del vile anco son fregi* (PARINI). *5* †Sfregio. || **fregétto**, dim.

frégna o †**frigna** [etim. incerta; sec. XIV] s. f. *1* (*volg., centr.*) Vulva. *2* (*volg.*) Stupidaggine, fandonia: *non raccontar fregne*. *3* (*spec. al pl., volg.*) Fastidi, seccature | ***Aver le fregne***, essere preoccupato, di pessimo umore e sim. || **fregnàccia**, pegg. (V.) | **fregnétta**, dim.

fregnàccia [pegg. di *fregna*; 1896] s. f. (pl. *-ce*) ● (*centr., volg.*) Stupidaggine, sciocchezza | (*est.*) Ciò che costituisce una noia, una perdita di tempo e sim.: *per queste fregnacce ho perso tutta la giornata*.

fregnacciàro [da *fregnaccia*; av. 1964] s. m. (f. *-a*) ● (*volg., centr.*) Spacciatore di fandonie.

frégno [da *fregna*; av. 1965] s. m. ● (*pop., centr.*) Persona o cosa di poca importanza o dall'aspetto inconsueto e strano. || **fregnétto**, dim.

fregnóne [da *fregna*; 1927] s. m. (f. *-a*) ● (*volg., centr.*) Sciocco, minchione, babbeo.

frégo [da *fregare*; 1433] s. m. (pl. *-ghi*) ● Segno o scarabocchio tracciato su qlco. con un oggetto che scrive o incide: *fare un f. sul muro, sul banco, sul quaderno* | ***Tirare un f. sullo scritto***, cancellarlo | †***Far di f.***, rinunciare | (*fig.*) ***Un f.***, (*pop.*) moltissimo: *quel cantante mi piace un f.*; un sacco, un gran numero: *c'era un f. di gente*. SIN. Sgorbio. || **fregàccio**, pegg. (V.) | **freghétto**, dim.

frégola [da *fregare*, perché i pesci al tempo di deporre le uova si fregano sui sassi; av. 1494] s. f. *1* Stato di eccitazione che si verifica negli animali all'epoca della riproduzione. SIN. Calore, estro, frega | (*est., pop.*) Bramosia sessuale negli esseri umani. *2* (*fig., fam.*) Desiderio smanioso, frenesia: *gli ha preso la f. di fare il giornalista* | Mania: *avere la f. della poesia, della politica*.

fregolatóio [da *fregola*] s. m. ● (*zool.*) Luogo ove i pesci vanno a deporre le uova: *f. naturale, artificiale*.

frégoli [dal n. del famoso trasformista *L. Fregoli* (1867-1936); 1984] s. m. e f. inv. ● Chi cambia spesso atteggiamento od opinione, in modo opportunistico: *un f. della politica*.

frégolo [V. *fregola*; 1688] s. m. ● L'insieme delle uova dei pesci.

fréişa o (*raro*) **frèsia** (2) [dalla località di *Freis*, in provincia di Alessandria; 1892] s. m. inv. o s. f. ● Vino rosso granata, delicato e piacevole, con leggera vena amabile, prodotto dal vitigno omonimo nelle zone di Chieri e di Asti e nelle Langhe.

fremebóndo [vc. dotta, lat. *fremebŭndu*(*m*), da *frĕmere* 'fremere'; 1499] agg. ● (*lett.*) Fremente per sentimenti violenti: *mi diedi tutto alla gioia barbara e fremebonda della disperazione* (LEOPARDI). || **fremebondaménte**, avv.

freménte [1340] part. pres. di *fremere*; anche agg. ● Che freme: *essere f. d'ira, di rabbia, d'amore*.

frèmere [lat. *frĕmere*, di orig. onomat.; 1338 ca.] **A** v. intr. (*io frèmo*; aus. *avere*; pass. rem. *io freméi* o *fremètti* (o *-étti*)) *1* (+ *di*, + *per*; raro + *da*) Essere oltremodo agitato: *f. di sdegno, di desiderio*; *f. per l'impazienza*; *si cacciò le mani in tasca fremendo dall'impazienza* (SVEVO) | ***F. dentro di sé***, contenere e non mostrare la propria agitazione. SIN. Bollire. *2* (*lett.*) Rumoreggiare o stormire cupamente: *non freme così 'l mar quando s'adira* (PETRARCA). **B** v. tr. ● (*poet.*) Chiedere o manifestare a gran voce: *f. armi*.

†**fremire** [lat. *frĕmere*, attraverso il provz. *fremir*; sec. XIII] v. intr. ● (*lett.*) Fremere.

frèmito [vc. dotta, lat. *frĕmitu*(*m*), da *frĕmere* 'fremere'; 1342] s. m. *1* Agitazione o brivido improvviso dovuto a forti emozioni o sentimenti: *un f. d'ira, di pietà* | (*est., raro*) Rumore sordo dovuto a tale agitazione: *nella sala corse un f. di ammirazione*; *fremiti di furor, mormorii d'ira* (TASSO). *2* (*med.*) Sensazione palpatoria prodotta da fenomeni vibratori interni | ***F. cardiaco***, quando esiste un vizio valvolare | ***F. vocale tattile***, prodotto delle vibrazioni sonore della parola nella massa del polmone. *3* Rumore insistente di ciò che è agitato: *il f. del mare*.

frenàbile [1782] agg. ● Che si può frenare.

frenàggio [1942] s. m. *1* Insieme dei dispositivi e meccanismi di frenata. *2* Movimento o azione per fermare o rallentare qlco.: *f. a cristiania di uno sciatore* | (*mil.*) ***Azione di f.***, effettuata in fase di ripiegamento per rallentare l'avanzata del nemico, ostacolandolo mediante combattimenti.

frenaménto s. m. ● (*raro*) Frenatura.

frenànte part. pres. di *frenare*; anche agg. *1* Che frena: *funzione f.* *2* Detto di dispositivo che serve a ridurre la velocità di una macchina o di un veicolo, fino eventualmente ad arrestarne il moto: *congegno, organo, impianto f.*

♦**frenàre** [lat. *frenāre*, da *frēnum* 'freno'; 1300 ca.] **A** v. tr. (*io fréno* o *frèno*) *1* Sottoporre all'azione del freno ciò che è in movimento: *f. un cavallo in corsa, un motore, un veicolo*; *fatto f. il corridor superbo* (POLIZIANO) | (*assol.*) Mettere in funzione i freni di un veicolo: *ricorda di f. all'incrocio*. *2* (*fig.*) Contenere, moderare, arginare, vincere: *f. il pianto, le passioni, l'ira, l'orgoglio* | ***F. la lingua***, non dire parole troppo grosse, non far pettegolezzi | Attenuare, diminuire: *f. le spinte inflazionistiche* | (*assol.*) Ridimensionare qlco., fare marcia indietro rispetto a qlco.: *il segretario frena sulle polemiche*; *il Governo frena sulle nuove tasse*. **B** v. rifl. *1* (*raro*) Diminuire la propria velocità. *2* (*fig.*) Dominarsi, contenersi, controllarsi: *non riuscire a frenarsi*; *cerca di frenarti quando parli con lui*.

frenastenia [comp. di *fren*(*o*)- e *astenia*; 1892] s. f. ● (*med.*) Ogni insufficienza originaria di sviluppo mentale.

frenastènico [1893] agg.; anche s. m. (f. *-a*; pl. m. *-ci*) ● Che (o Chi) è affetto da frenastenia.

frenastèrzo [comp. di *frena*(*re*) e *sterzo*; 1956] s. m. ● (*mecc.*) Dispositivo inserito nello sterzo di alcune motociclette per regolare la sterzata della ruota anteriore.

frenàta [1946] s. f. ● Il frenare | Colpo di freni: *bloccò l'auto con un'improvvisa f.* | (*fig.*) Brusco rallentamento: *f. dell'inflazione*. || **frenatina**, dim.

frenàto [sec. XIV] part. pass. di *frenare*; anche agg. *1* Nei sign. del v. *2* Detto di veicolo tenuto fermo mediante il freno: *autobus f.* | ***Detersivo a schiuma frenata***, detersivo per macchina lavatrice che produce schiuma in quantità inferiore alla norma.

frenatóre [lat. *frenatōre*(*m*), da *frenāre* 'frenare'; 1602] **A** s. m.; anche agg. ● (*lett.*) Chi (o Che) frena. **B** s. m. *1* (f. *-trice*) Ferroviere addetto alla manovra dei freni a mano o automatica dei carri ferroviari. *2* (*sport*) Nel bob, il componente dell'equipaggio che aziona il freno.

frenatura [1941] s. f. *1* Il frenare. *2* In un veicolo, macchina e sim., disposizione e funzionamento dei freni.

†frenellàre [1889] v. tr. ● (*mar.*) Mettere il frenello al remo, al timone, all'argano.

frenèllo [dim. di *freno*; av. 1348] s. m. *1* (*anat.*) Frenulo. *2* (*mar.*) In una timoneria meccanica, cavo metallico o catena che collega la ruota all'asse del timone. *3* Nastro ricamato o ornato di gemme che cingeva la fronte delle donne.

frenèṣia [lat. *phrenēsi(m)*, dal gr. *phrēn*, genit. *phrenós* 'mente' (V. *freno-*); av. 1306] s. f. *1* (*raro*) Pazzia, esaltazione | Grande furore. *2* Capriccio smanioso o irragionevole: *la f. del gioco e dei sistemi per vincere*; *una continua f. di divertimenti.* SIN. Brama. *3* (*poet.*, *fig.*) Pensiero fantastico, vaneggiamento: *i' son entrato in simil f.* (PETRARCA).

†freneticaménto ● V. *farneticamento.*

freneticàre ● V. *farneticare.*

frenètico [vc. dotta, lat. *phrenētĭcu(m)*, nom. *phrenētĭcus*, dal gr. *phrēn*, genit. *phrenós* 'mente' (V. *freno-*); 1308] **A** agg. (pl. m. *-ci*) *1* Di chi è vittima della frenesia: *pazzo f.* | (*est.*) Di ciò che rivela frenesia: *urlo f.* *2* (*fig.*) Appassionato, delirante: *applausi frenetici*; *un evviva f. alla libertà sancì ... questa sentenza* (NIEVO). *3* (*fig.*) Molto movimentato, che non conosce sosta: *danza frenetica*; *lavoro f.* SIN. Convulso, sfrenato. || **freneticaménte**, avv. **B** s. m. ● †V. *farnetico.*

-frenia [secondo elemento di comp. dotti, tratto dal gr. *phrēn*, genit. *phrenós* 'mente' (V. *freno-*)] secondo elemento ● In parole composte della terminologia medica, significa 'mente': *oligofrenia*, *schizofrenia.*

freniàtra [comp. di *freno-* e del gr. *iatrós* 'medico'; 1881] s. m. (pl. *-i*) ● Psichiatra.

freniatrìa [1881] s. f. ● Psichiatria.

freniàtrico agg. (pl. m. *-ci*) ● Relativo alla freniatria.

frènico [dal gr. *phrēn*, genit. *phrenós* 'mente'; 1681] agg. (pl. m. *-ci*) ● (*anat.*) Che appartiene al diaframma: *nervo f.*

♦**fréno** o **frèno** [lat. *frēnu(m)*, da *frĕndere* 'stridere dei denti', di orig. indeur.; sec. X] s. m. *1* Finimento al quale si attaccano le redini per guidare gli animali | Morso | ***Mordere, rodere il f.***, (*fig.*) essere insofferente di un'autorità, di una condizione di dipendenza, e sim. | ***Allentare, stringere il f.***, (*fig.*) lasciare maggiore, minore libertà | ***Tenere a f.***, (*fig.*) Controllare, dominare | (*fig.*) ***Tenere a f. la lingua***, moderare il linguaggio | †***A f. abbandonato, sciolto***, (*fig.*) a briglia sciolta | ***Senza f.***, (*fig.*) sfrenatamente, senza ritegno. *2* (*mecc.*) Meccanismo che si oppone al moto di un organo di una macchina o di un veicolo, con trasformazione in calore dell'energia cinetica assorbita | ***F. a ceppi***, in cui l'azione frenante è prodotta da ceppi che strisciano sul cerchio di una ruota o contro la periferia interna di un tamburo rotante | ***F. a disco***, il cui organo rotante è un disco sul quale si stringono blocchetti di materiale d'attrito | ***F. a mano***, ***f. di stazionamento***, comandato da una leva, per mantenere bloccati gli autoveicoli | ***F. a ganasce***, ***a tamburo***, a ceppi interni | ***F. a nastro***, costituito da un nastro che avvolge un tamburo per la quasi totalità della sua circonferenza | ***F. a pedale***, azionato da un pedale | ***F. idraulico***, ***pneumatico***, comandato mediante olio, aria compressa | ***F. aerodinamico***, nei velivoli, parte mobile della superficie alare che, opportunamente inclinata, riduce la velocità. | ***Dare un colpo di f.***, rallentare improvvisamente la velocità di guida frenando; (*fig.*) imporre un rallentamento improvviso, spec. a una attività economica. ➡ ILL. p. 2161, 2162, 2163, 2166 TRASPORTI. *3* (*anat.*) Frenulo, filetto. *4* (*fig.*, *lett.*) Autorità, potere | (*fig.*) Controllo, misura, disciplina: *s'ancora a pietà s'allarga il f.* (ALBERTI). *5* (*fig.*) Tutto ciò che serve a reprimere arbitri, eccessi e sim.: *il f. della legge, della coscienza*; *non c'è più f.!* | (*psicol.*) ***Freni inibitori***, V. *inibitore* | ***Porre un f. alle passioni, alla corruzione***, frenarle, contenerle. SIN. Argine. || **frenétto**, dim.

frèno- [dal gr. *phrēn*, genit. *phrenós* 'mente', di orig. incerta] primo elemento ● In parole composte della terminologia medica, significa 'mente': *freniatra*, *frenopatia* | In alcuni casi significa 'diaframma', o indica relazione col diaframma: *frenico.*

frenocòmio [comp. di *freno-* e *-comio*] s. m. ● Ospedale per malati di mente. SIN. Manicomio.

frenologìa [fr. *phrénologie*, comp. del gr. *phrēn*, genit. *phrenós* 'mente' e *-logie* '-logia'; 1828] s. f. ● Dottrina secondo cui le funzioni psichiche avrebbero una particolare localizzazione cerebrale.

frenològico [fr. *phrénologique*, da *phrénologie* 'frenologia'; 1869] agg. (pl. m. *-ci*) ● Relativo alla frenologia.

frenòlogo [fr. *phrénologue*, da *phrénologie* 'frenologia'; 1834] s. m. (f. *-a*; pl. m. *-gi*) ● Studioso di frenologia.

frenopatìa [comp. di *freno-* e *-patia*; 1865] s. f. ● (*gener.*) Malattia mentale.

frenospàṣmo [comp. di *freno-* e *spasmo*] s. m. ● (*med.*) Contrazione spastica del diaframma.

frenotomìa [comp. di *fren(ul)o* e *-tomia*] s. f. ● (*chir.*) Taglio di un frenulo.

frènulo [dim. del lat. *frēnum* 'freno'; 1834] s. m. ● (*anat.*) Piccola membrana che trattiene un organo: *f. linguale, prepuziale.* SIN. Filetto.

Frèon® [marchio registrato della DuPont de Nemours; 1939] s. m. ● (*chim.*) Nome commerciale di composti gassosi costituiti di carbonio, cloro o bromo e fluoro, non tossici e non infiammabili; ritenuti dannosi per l'ozonosfera, tali composti sono in fase di progressiva eliminazione come fluidi frigoriferi e come propellenti per bombolette.

frequentàbile [1869] agg. ● Che si può frequentare: *è una casa non f.*

♦**frequentàre** [vc. dotta, lat. *frequentāre*, da *frĕquens*, genit. *frequĕntis* 'frequente'; sec. XIII] **A** v. tr. (*io frequènto*) *1* Visitare spesso un luogo restandovi a lungo per dovere, abitudine, piacere e sim.: *f. la chiesa, il teatro, il caffè, il circolo* | ***F. l'università, la scuola***, esservi iscritti ed andarvi regolarmente. *2* Vedere con assiduità determinate persone: *f. gli uomini politici, i letterati*; *frequentiamo poco quel tipo di gente.* *3* (*fig.*) Leggere con assiduità: *f. i classici* | ***F. i sacramenti***, comunicarsi e confessarsi spesso | †***F. parola***, usarla spesso | †***F. una medicina***, prenderla spesso | †***F. una pratica***, sollecitarla | †***F. una pianta***, dedicarle assidue cure | †***F. una miniera***, sfruttarla. **B** v. intr. (aus. *avere*) ● (*raro*) Andare spesso: *f. per i teatri, con amici poco raccomandabili.* **C** v. rifl. rec. ● Vedersi con assiduità: *si sono conosciuti in viaggio e hanno continuato a frequentarsi.*

frequentatìvo [vc. dotta, lat. *frequentatīvu(m)*, da *frequentāre* 'frequentare'; 1561] agg. ● Che esprime ripetizione | ***Verbo f.***, che enuncia un'azione ripetuta (ad es. *riandare* rispetto ad *andare*); SIN. Iterativo.

♦**frequentàto** [av. 1348] part. pass. di *frequentare*; anche agg. ● Che ha molti frequentatori: *luogo molto f.*

frequentatóre [vc. dotta, lat. tardo *frequentatōre(m)*, da *frequentāre* 'frequentare'; 1613] s. m. (f. *-trice*, pop. disus. *-tora*) *1* Chi frequenta spesso determinati luoghi o locali pubblici: *un f. di mostre d'arte, di teatri, di cinema, di caffè.* *2* (*raro*) Chi si intrattiene spesso con una data categoria di persone: *un f. di politici.*

frequentazióne [vc. dotta, lat. *frequentatiōne(m)*, da *frequentāre* 'frequentare'; av. 1342] s. f. *1* (*raro*) Il frequentare: *la f. di un ambiente*; *f. di cinema* | (*fig.*) Lettura assidua: *f. di testi poetici.* *2* (*ling.*) Figura retorica che consiste nell'accumulare in un solo punto più cose dette sparsamente: *Bene! Dunque riassumo, come uomo serio che sono. La poesia, per ciò stesso che è poesia, senz'essere poesia morale, civile, patriottica, sociale, giova ala moralità, alla civiltà, alla patria, alla società* (PASCOLI).

frequènte [vc. dotta, lat. *frequĕnte(m)*, part. pres. di *frĕquere*, di etim. incerta; 1308] agg. *1* Che si fa, si ripete o accade molte volte: *assenze, lettere, visite frequenti*; *esser bersaglio a sì frequenti mordacità* (GALILEI) | ***Polso f.***, con numero di pulsazioni al minuto superiore alla norma | ***Di f.***, spesso. CONTR. Raro. *2* (*lett.*) Affollato, frequentato | Copioso. || **frequenteménte**, avv. Spesso; con assiduità.

frequènza [vc. dotta, lat. *frequĕntia(m)*, da *frĕquens*, genit. *frequĕntis* 'frequente'; av. 1342] s. f. *1* La condizione di ciò che accade o si ripete molte volte: *la f. delle visite, degli infortuni, dei suicidi.* CONTR. Rarità. *2* Assiduità di qlcu. in un luogo o a qlco.: *f. alle riunioni, ai sacramenti*; *f. dei classici*; *f. degli studenti alle lezioni* | ***F. obbligatoria***, quella richiesta per certi corsi di insegnamento, spec. universitari. CONTR. Assenza. *3* Affollamento, concorso di persone: *la f. dei turisti è diminuita*; *scarsa f.* *4* (*fis.*) Numero di volte in cui un fenomeno periodico si verifica nell'unità di tempo: *f. del polso*; *alta, media, bassa f.*; *la f. delle onde elettromagnetiche*; *modulazione di f.*; (*anche est.*) *sulla linea Milano-Bologna i treni hanno una f. oraria* | ***F. televisiva, radio, telefonica***, (*ellitt.*) ***frequenza***, quella su cui si inviano e si ricevono trasmissioni rispettivamente televisive, radio e telefoniche. *5* (*stat.*) Numero delle unità di classificazione in cui il carattere assume una determinata modalità e il cui valore cade in un certo intervallo.

frequenziàle [1986] agg. ● Relativo alla frequenza, spec. nel linguaggio statistico: *calcolo f.*

frequenzìmetro o **frequenziòmetro** [comp. di *frequenza* e *-metro*; 1924] s. m. ● Strumento misuratore della frequenza di una corrente elettrica alternata.

fréṣa [fr. *fraise*, da *fraiser* 'pieghettare', dal francone *frisi* 'orlo'; 1898] s. f. ● (*tecnol.*) In varie tecnologie, utensile con superficie di rotazione dotata di taglienti multipli, usato sulla fresatrice.

freṣàre (*1*) [fr. *fraiser*. V. *fresa*; 1905] v. tr. (*io fréṣo*) ● Lavorare con la fresatrice.

†freṣàre (*2*) ● V. *fregiare.*

freṣatóre [1916] s. m. (f. *-trice*) ● Operaio addetto a una fresatrice.

freṣatrìce [da *fresare* (*1*); 1898] s. f. ● Macchina utensile che lavora con moto di taglio rotatorio dato all'utensile e moto di avanzamento dato al pezzo: *f. orizzontale, verticale, speciale* | ***F. agricola***, dotata di utensili rotativi per la lavorazione superficiale del terreno.

freṣatùra [1898] s. f. ● (*tecnol.*) Lavorazione eseguita con fresatrice.

frescàccia [alterazione eufem. di *fregnaccia*; 1927] s. f. (pl. *-ce*) ● (*pop.*) Fregnaccia.

frescànte [da †*fresco* (*2*); av. 1696] s. m. e f. ● (*lett.*) Pittore di affreschi, specializzato nella tecnica dell'affresco.

†frescàre [da *fresco* (*1*); 1910] **A** v. tr. ● Rinvigorire, rinconfortare. **B** v. rifl. ● Rinfrescarsi, riposarsi.

frescheggiàre [da *fresco* (*1*); 1858] v. intr. (*io freschéggio*) ● (*tosc.*) Prendere il fresco.

freschézza [da *fresco* (*1*); av. 1292] s. f. ● Caratteristica di chi (o di ciò che) è fresco (*anche fig.*): *f. del pesce, della frutta*; *carnagione, voce dotata di f.*; *f. dello stile, dei colori.*

freschìsta [da †*fresco* (*2*)] s. m. e f. (pl. m. *-i*) ● Pittore di affreschi.

♦**fréśco** (*1*) [francone *frisk*; sec. XII] **A** agg. (pl. m. *-schi*) *1* Di ciò che ha una temperatura leggermente (e spesso gradevolmente) fredda: *luogo, tempo f.*; *stanza, acqua fresca*; *un f. venticello.* CFR. Tiepido | (*mar.*) ***Vento f.***, V. *vento* | ***Fronte fresca***, di chi non ha febbre | ***Star f.***, (*fig.*) trovarsi in difficoltà, nei guai e sim.: *se ti vedevano, stavi f.!*; *la cima bisogna che l'occupiamo noi ..., se no stiamo freschi col colonnello!* (BUZZATI); sbagliarsi di grosso: *se pensi a lui come un amico sincero, stai f.!* *2* Di ciò che è stato fatto, preparato, colto e sim. da poco tempo: *pane, uovo, caffè f.*; *frutta fresca* | ***Muro, intonaco f.***, ***vernice fresca***, ancora umidi | ***Fiori freschi***, appena colti o non artificiali | ***Latte f.***, munto da poco; latte pastorizzato, che si può conservare solo per alcuni giorni | ***Carne fresca***, macellata da poco | ***Pesce f.***, appena pescato | (*est.*) Recente, nuovo: *notizia fresca*; *ricordo troppo f.* | ***Di f.***, da poco tempo | ***Essere f. di studi, di una malattia***, averli appena terminati, esserne appena uscito | ***Sposi freschi***, novelli. CONTR. Stantio, vecchio. *3* (*fig.*) Giovane, rigoglioso, fiorente: *donna bella e fresca*; *corpo f. ed elastico* | ***Esser f. come una rosa***, aver quasi la freschezza di un fiore | ***Carni fresche***, sode | ***Colorito f.***, sano e vivo | (*fig.*, *iter.*) ***Fresco, fresco***, detto di chi fa qlco. con ingenua improntitudine: *se n'è venuto f. f. a dire che ...* *4* (*fig.*) Spontaneo, brioso, vivace: *risata fresca*; *stile f.* *5* (*fig.*) Riposato, ristorato: *cavallo f.*; *mente fresca.* **B** s. m. *1* Temperatura fresca: *è, fa f.*; *sentire, godere il f.* | ***Sedere al f.***, in luogo ombroso | ***Mettere il vi-***

no, la birra, la frutta al f., in luogo refrigerato | ***Col f.***, nelle ore fresche, del mattino o della sera: *partire col f.* | ***Mettere, dormire al f.***, (*fig., scherz.*) in prigione. CONTR. Caldo. **2** Frescolana. || **freschétto**, dim. | **freschino**, dim. | **frescòccio**, dim. | **frescolino**, dim. | **frescòtto**, dim. | **frescòzzo**, dim. | **frescùccio**, dim.

†**frésco** (**2**) [detto così perché si dipinge su intonaco *fresco*; sec. XV] s. m. ● Affresco.

frescolàna o **frésco di làna** [comp. di (tessuto) *fresco* e *lana*; 1952] s. m. inv. ● Tessuto di lana particolarmente leggero, ottenuto con filati molto ritorti, usato nella confezione di abiti estivi o da mezza stagione.

frescóne [alterazione eufem. di *fregnone*; 1927] s. m. (f. *-a*) ● (*pop.*) Sciocco, stupido.

frescùra [da *fresco* (*1*); av. 1257] s. f. ● Aria o brezza piacevolmente fresca: *andare a prendere la f. della sera*; *venite alla f. / delli verdi arbuscelli* (POLIZIANO).

frèsia (**1**) [chiamata così in onore del medico ted. F. H. Th. *Freese*; 1923] s. f. ● Genere di piante erbacee tuberose delle Iridacee con fiori campanulati di color rosso, giallo, arancione, lilla (*Freesia*).

frèsia (**2**) ● V. *freisa*.

♦**frétta** [da *frettare*; av. 1292] s. f. **1** Premura, urgenza: *ho f. di partire*; *avere f. di risolvere qlco.* | ***Far f., mettere f. a qlcu.***, far sì che agisca sollecitamente | ***Essere, andare di f.***, avere pochissimo tempo disponibile. **2** Rapidità di atti o movimenti: *lavorare con f.*; *camminare, leggere in f.* | ***In f. e furia***, con agitata e affannosa premura | †***A, per f.***, in fretta. CONTR. Calma.

frettàre [lat. parl. **frictāre*, intens. di *fricāre* 'fregare'; 1614] v. tr. (*io frétto*) ● Pulire il fasciame o il ponte di una nave col frettazzo.

frettàzza s. f. ● Frettazzo.

frettàzzo [da *frettare*; 1772] s. m. ● Scopa o robusta spazzola di setole rigide, usata per pulire i ponti e il fasciame delle navi.

frettolóso [da *fretta*; av. 1313] agg. **1** Che ha fretta, che opera in fretta: *sei troppo f. nel mangiare.* CONTR. Lento, tardo. **2** Che è fatto in fretta, con premura: *passo, cenno f.* | ***Lavoro f.***, tirato via. SIN. Affrettato. || **frettolosaménte**, avv. || PROV. La gatta frettolosa fece i gattini ciechi.

†**frettóso** [av. 1300] agg. ● Frettoloso: *con tal studio e sì frettosa pressa / che parea fosse dietro seguitato* (BOCCACCIO).

freudiàno /froi'djano/ [fr. *freudien*, da S. *Freud* (1856-1939); 1910] **A** agg. ● Che si riferisce a S. Freud o alle sue teorie psicoanalitiche. **B** s. m. (f. *-a*) ● Seguace delle teorie psicoanalitiche di S. Freud. || **freudianaménte**, avv.

freudìsmo /froi'dizmo/ [fr. *freudisme*, da S. *Freud*; 1925] s. m. ● Dottrina di S. Freud e della sua scuola.

friàbile [vc. dotta, lat. *friābile(m)*, da *friāre* 'sminuzzare'; 1499] agg. ● Di tutto ciò che, per scarsa coesione, può ridursi in briciole, farina, polvere e sim.: *neve, roccia, pasta f.* CONTR. Duro, solido.

friabilità [da *friabile*; av. 1712] s. f. ● Caratteristica o proprietà di friabile.

fricandò [fr. *fricandeau*, di etim. incerta; 1747] s. m. inv. ● Brasato di carne di vitello lardellata e cotta in casseruola con verdure ed erbe aromatiche.

fricassèa [fr. *fricassée*, part. pass. di *fricasser* 'cuocere in salsa', di etim. discussa: lat. parl. **frigicāre*, intens. di *frīgere* 'friggere' (?); av. 1548] s. f. **1** Vivanda fatta di carne, verdura o altro, sminuzzata e cotta in stufato con salsa a base d'uovo e succo di limone: *f. di pollo*; *fegatini in f.* **2** (*fig.*) Mucchio di cose confuse | Discorso o scritto disordinato.

fricativa s. f. ● (*ling.*) Consonante costrittiva.

fricativo [fr. *fricatif*, dal lat. *fricāre* 'fregare'; 1887] agg. **1** Che produce frizione, attrito. **2** (*ling.*) Detto di consonante costrittiva.

†**fricazióne** [vc. dotta, lat. tardo *fricatiōne(m)*, da *fricāre* 'fregare'; 1282] s. f. ● Fregagione, attrito.

fricchettóne [comp. dell'adattamento di *freak* (V.) e del doppio suffisso *-etto*, dim. e *-one*, accr., sul modello di *capellone*; 1977] s. m. (f. *-a*) ● Giovane dagli atteggiamenti stravaganti e anticonformistici: *Vengo fuori e ti vedo un sacco di gente: compagne, fricchettoni, indiani metropolitani, femministe* (FO).

friccico [vc. dial., deriv. di *friccicare*, dal lat. **fricicāre* 'strofinare', iter. di *fricāre* 'fregare'; 1997] s. m. (pl. *-chi*) **1** (*rom.*) Briciolo, quantità minima. **2** (*rom.*) Brivido piacevole, fremito.

fridericiàno ● V. *federiciano*.

friendly /'frɛndli, *ingl.* 'fɹɛndli/ [vc. ingl., propr. 'amichevole', da *friend* 'amico'; 1992] agg. inv. ● Facile da usare, detto di prodotto o sistema, spec. informatico. CFR. Amichevole.

frigànea [dal gr. *phrýganon* 'legno secco, sarmento da bruciare', da *phrýgein* 'disseccare', per l'aspetto delle larve] s. f. ● Genere di Insetti dei Tricotteri, simili a piccole farfalle, le cui larve acquatiche si costruiscono un astuccio cilindrico da cui sporgono capo, torace e zampe, e sono usate come esca per la pesca (*Phryganea*).

friggere [lat. *frīgere*, di orig. onomat.; av. 1320] **A** v. tr. (pres. *io friggo, tu friggi*; pass. rem. *io frissi, tu friggésti*; part. pass. *fritto*) ● Cuocere in padella o tegame con olio o grasso bollente: *f. il pesce, le uova, le patatine* | (*fig.*) ***Mandare qlcu. a farsi f.***, mandarlo a quel paese | ***Andare a farsi f.***, andare in malora | (*fig.*) †***Farsi f. gli intestini in corpo***, tremare di paura. **B** v. intr. (aus. *avere*) **1** Bollire stridendo: *i grassi friggono* | (*est.*) Stridere o sfrigolare, come di un metallo rovente a contatto con un liquido. **2** (+ *di*) (*fig.*) Fremere, struggersi, rodersi: *f. d'impazienza*; *Friggendo di rabbia si raddrizzò* (PIRANDELLO).

friggìbile agg. ● Che si può friggere.

friggiménto [av. 1943] s. m. **1** (*raro*) Il friggere. **2** (*fig.*) †Tormento, struggimento.

friggio [av. 1712] s. m. ● (*tosc.*) Rumore prodotto da ciò che frigge | Stridio.

friggitóre [1765] s. m. (f. *-tora*, raro *-trice*) **1** Chi frigge. **2** Chi vende cibi fritti.

friggitorìa [1901] s. f. ● Negozio dove si preparano e vendono cibi fritti.

friggitrice [1974] s. f. ● (*cuc.*) Apparecchio per friggere, costituito da un recipiente riscaldato a gas o elettricamente, contenente un cestello bucherellato che permette di estrarre dall'olio bollente gli alimenti fritti e scolarli.

friggitùra [da *friggere*] s. f. ● Operazione del friggere.

frigidaire /*fr.* fʀiʒi'dɛːʀ/ [n. commerciale; vc. fr., stessa etim. dell'it. *frigidario*; 1935] s. m. inv. ● (*disus.*) Frigorifero.

frigidàrio [vc. dotta, lat. *frigidāriu(m)*, da *frīgidum* 'freddo'; av. 1502] s. m. ● Sala delle terme romane nel cui pavimento era collocato il bacino di rame, o piscina, per il bagno freddo.

frigidézza [1340] s. f. **1** (*lett.*) Freddezza. **2** (*med.*) Frigidità.

frigidità o †**frigiditàde**, †**frigiditàte** [vc. dotta, lat. tardo *frigiditāte(m)*, da *frīgidum* 'freddo'; 1306] s. f. **1** (*lett.*) Caratteristica di freddo. **2** (*med.*) Mancanza di desiderio sessuale e di piacere durante il coito. **3** (*fig., lett.*) Apatia di carattere.

frigido [vc. dotta, lat. *frīgidu(m)*, da *frigēre* 'aver freddo', V. *freddo*; 1342] agg. **1** (*lett.*) Freddo (*anche fig.*): *la dura stagion frigida e tarda* (L. DE' MEDICI). **2** (*med.*) Affetto da frigidità. || **frigidaménte**, avv.

frigio [vc. dotta, lat. *phrȳgiu(m)*, nom. *phrȳgius*, dal gr. *phrýgios* 'della Frigia'; 1342] **A** agg. (pl. f. *-gie*) ● Della Frigia, della Troade | ***Il pastore f.***, Paride | ***La madre frigia***, Cibele, che aveva il santuario in Frigia | ***Feste frigie***, in onore di Cibele | ***Berretto f.***, quello rosso, appuntito, che si portava con la punta piegata in avanti, tipico degli antichi Frigi e assunto come simbolo di libertà, in Francia, durante la rivoluzione | (*mus.*) ***Modo f.***, modo dell'antica musica greca. **B** s. m. (f. *-a*) ● Abitante, nativo della Frigia.

†**frigna** ● V. *fregna*.

frignàre [vc. onomat.; av. 1850] v. intr. (aus. *avere*) ● Piagnucolare in modo continuo e noioso.

frignio [1887] s. m. ● Piagnucolio insistente e continuato.

frignóne [1887] s. m. (f. *-a*) ● Chi frigna spesso. SIN. Piagnucolone.

†**frigo** (**1**) [vc. dotta, lat. *frīgus*, di orig. indeur.] s. m. ● Freddo.

frigo (**2**) [1942] s. m. inv. ● Accorc. di *frigorifero*.

frigo- [dal lat. *frīgus*, genit. *frigŏris* 'freddo'] primo elemento ● In parole composte della terminologia scientifica e tecnica fa riferimento al freddo, alla bassa temperatura: *frigoconservazione, frigoterapia*.

frigobàr [comp. di *frigo* (*2*) e *bar*; 1971] s. m. inv. ● Piccolo frigorifero usato per mantenere fresche le bevande, spec. nelle stanze d'albergo.

frigocongelatóre [comp. di *frigo*(*rifero*) e *congelatore*; 1992] s. m. ● Apparecchio o impianto costituito da un frigorifero e da un congelatore.

frigoconservazióne [comp. di *frigo-* e *conservazione*] s. f. ● Complesso dei procedimenti atti a conservare, mediante l'uso del freddo, derrate alimentari e vivande.

frigorìa [fr. *frigorie*, dal lat. *frīgus*, genit. *frigŏris* 'freddo'; 1930] s. f. ● Unità, usata nella tecnica degli impianti frigoriferi, per indicare la sottrazione di una quantità di calore equivalente alla kilocaloria.

♦**frigorìfero** [fr. *frigorifère*, comp. del lat. *frīgus*, genit. *frigŏris* 'freddo' e *-fère* 'che produce'; 1795] **A** agg. ● Atto a produrre un abbassamento di temperatura: *miscela frigorifera*; *impianto f.* | ***Cella frigorifera***, in macellerie, mercati, porti, stazioni ferroviarie, locale o magazzino a bassa temperatura, per la conservazione di derrate deperibili | ***Catena frigorifera***, il complesso degli impianti e dei mezzi di trasporto che permettono di far pervenire in buono stato di conservazione al consumatore i prodotti alimentari. **B** s. m. **1** Mobile o locale per la conservazione degli alimenti, dalle pareti isolate termicamente, nel cui interno, mediante una macchina frigorifera, si mantiene una temperatura inferiore a quella ambiente | (*fig.*) ***Mettere, tenere qlco. in f.***, tenerla in sospeso per quando si presenterà l'occasione favorevole. **2** (*fig., gerg.*) Nella pratica giornalistica, archivio biografico e fotografico delle personalità di cui si può avere occasione di occuparsi.

frigorìfico [comp. del lat. *frīgus*, genit. *frigŏris* 'freddo' e di *-fico*] agg. (pl. m. *-ci*) ● Che riguarda o utilizza il freddo prodotto artificialmente.

frigorìgeno [comp. del lat. *frīgus*, genit. *frigŏris* 'freddo' e di *-geno*; 1947] agg. ● Che genera freddo, che produce freddo artificiale.

frigorìsta [1950] s. m. e f. (pl. m. *-i*) ● Operaio addetto al montaggio, alla manutenzione e sim. di un impianto frigorifero.

frigoterapìa [comp. di *frigo-* e *terapia*; 1895] s. f. ● (*med.*) Crioterapia.

frimàio [fr. *frimaire*, da *frimas* 'nebbia'; 1797] s. m. ● Terzo mese del calendario rivoluzionario francese, il cui inizio corrispondeva al 21 novembre e il termine al 20 dicembre.

frine [dal n. della famosa etèra greca; 1772] s. f. ● (*lett.*) Cortigiana, etèra.

fringe benefit /*ingl.* 'fɹɪndʒ 'bɛnəfɪt/ [loc. ingl., comp. di *fringe* 'frangia' (quindi 'marginale') e *benefit* 'vantaggio, beneficio' (che risale, attrav. il fr. ant., al lat. *bĕne făctum*, propr. 'fatto bene'); 1981] loc. sost. m. inv. (pl. ingl. *fringe benefits*) ● Compenso corrisposto da un'azienda ai propri dipendenti in aggiunta alla normale retribuzione, spec. sotto forma di uso di automobili, assicurazioni, viaggi e sim. SIN. Beneficio accessorio.

Fringìllidi [vc. dotta, comp. del lat. *fringīlla* 'fringuello', di etim. incerta, e *-idi*] s. m. pl. (sing. *-e*) ● Nella tassonomia animale, famiglia dei Passeriformi, comprendente Uccelli piccoli e medi, robusti, con bella voce e spesso addomesticabili, fra cui il canarino, il fringuello, il cardellino (*Fringillidae*).

fringuèllo [lat. tardo *fringūllu(m)*, di etim. incerta; 1342] s. m. ● Uccello dei Passeriformi dalla voce melodiosa, con dorso bruno e petto rossiccio (*Fringilla coelebs*) | ***Cantare come un f.***, (*fig.*) allegramente e con voce limpida. ➡ ILL. **animali**/9. || **fringuellino**, dim.

frinìre [lat. *fritinnīre*, di orig. onomat.; av. 1556] v. intr. (*io frinisco, tu frinisci*; aus. *avere*) ● Detto della cicala, emettere il caratteristico verso.

frinzèllo (o *-z-*) [dall'ant. fr. *frenge* 'frangia'; 1869] s. m. ● (*raro*) Cucitura o rammendo fatto male | (*fig.*) Brutta cicatrice.

frinzellóso (o *-z-*) [da *frinzello*] agg. ● (*raro*) Pieno, cosparso di frinzelli.

frisàre [fr. *friser*, di etim. incerta; 1789] **A** v. tr. ● Strofinare, sfiorare | ***F. una palla***, nel gioco del biliardo, sfiorarla lateralmente con la propria. **B** v. rifl. ● †Farsi la barba.

frisàta [dal veneto *friso* 'fregio'; 1942] s. f. ● (*mar.; disus.*) Capodibanda, orlo superiore dello scafo nelle imbarcazioni.

frisbee® /ˈfrizbi, *ingl.* ˈfɹɪsb(ɪ)i/ [vc. ingl., n. dato da F. Morrison all'oggetto, che assomigliava al vassoio di cartone delle torte prodotte dalla pasticceria *Frisbie*, di cui ha alterato il n. per evitare controversie giudiziarie; 1971] **s. m. inv.** ● Leggero disco di plastica che si lancia o ci si lancia in giochi singoli o a squadre | Il gioco stesso.

friscèllo [lat. parl. **froscĕllu(m)*, per il lat. tardo *floscĕllu(m)*, dim. di *flōs*, genit. *flōris* 'fiore'; 1340 ca.] **s. m.** ● Polvere di farina che si alza durante la macinatura. **SIN.** Volanda, spolvero.

frisé /*fr.* fʀiˈze/ [vc. fr., part. pass. di *friser* 'arricciare'] **agg. inv.** ● Detto dei capelli che hanno subito un particolare tipo di arricciatura tale da renderli quasi crespi.

frisèlla [var. di *fresella*, che è dim. di *fresa* 'pane rosolato', dal lat. *frēsa(m)* 'tritata', part. pass. f. del v. *frĭndere* 'triturare, macinare, sminuzzare'] **s. f.** ● Piccola forma di pane secco che, fatta rinvenire in acqua e condita con olio e sale, è usata in semplici preparazioni alimentari (spec. a base di pomodoro fresco) tipiche della cucina pugliese.

friso [deriv. di *frisare*] **s. m.** ● Leggero colpo di striscio | ***Colpire una palla di f.***, nel gioco del biliardo, sfiorarla lateralmente con la propria.

frisóna s. f. ● Vacca frisona.

frisóne (**1**) [dalla *Frisia* (Olanda); sec. XV] **A agg.** ● Della Frisia | ***Cavallo f.***, cavallo robusto, da tiro leggero o da lavoro | ***Vacca frisona***, mucca di origine olandese, diffusa in tutto il mondo, con mantello pezzato nero. **B s. m. 1** (**f.** *-a*) Abitante, nativo della Frisia. **2** Specie di panno pesante, in uso un tempo a Venezia. **3** (*ellitt.*) Cavallo frisone. **C s. m.** solo **sing.** ● Lingua del gruppo germanico, parlata in Frisia.

†frisóne (**2**) ● V. *frosone*.

frissi ● V. *friggere*.

fritillària [dal lat. *fritĭllus* 'bossolo da giocare ai dadi', per la forma dei fiori; av. 1725] **s. f.** ● Pianta erbacea bulbosa delle Liliacee con un ciuffo di fiori campanulati color arancio (*Fritillaria*). ➡ **ILL. piante**/11.

fritta [da *fritto*; sec. XV] **s. f.** ● Massa vetrosa, ottenuta dalla fusione dei due componenti principali del vetro, la sabbia e la soda.

frittàta [da *fritto*; 1484] **s. f.** ● Pietanza a base di uova sbattute, spesso arricchita con verdure o altri ingredienti, cotta in padella con olio o burro, di forma tondeggiante: *f. con spinaci, piselli, asparagi, carciofi, di riso, di maccheroni* | ***Rivoltar la f.***, per farla cuocere da tutte le due parti; (*fig.*) capovolgere un discorso o una situazione a proprio vantaggio | ***Fare la, una f.***, far cadere o schiacciare le uova; (*est.*) rompere o schiacciare qlco. di fragile; (*fig.*) combinare un guaio. || **frittatàccia**, **pegg.** | **frittatèlla**, **dim.** | **frittatìna**, **dim.** | **frittatóna**, **accr.** | **frittatóne**, **accr. m.** | **frittatùccia**, **dim.**

frittèlla [da *fritto*; 1364] **s. f. 1** Preparazione che consiste in un impasto, dolce o salato, di un farinaceo e di un liquido, spec. acqua o latte, unito ad altri ingredienti e fritto in grasso. **2** (*fig.*) Macchia di unto sul vestito: *ha ... i vestiti pieni di frittelle e di strappi* (DE AMICIS). **3** (*fig.*) †Uomo leggero e pasticcione. || **frittellétta**, **dim.** | **frittellìna**, **dim.** | **frittellóna**, **accr.** | **frittellùccia**, **frittellùzza**, **dim.**

frittellóne s. m. (**f.** *-a*) ● (*raro*) Chi è solito macchiarsi d'unto gli abiti.

frittellóso [1875] **agg.** ● (*raro*) Pieno di macchie d'unto: *un vestito f.*

♦**fritto** [1310] **A part. pass.** di *friggere*; anche **agg.** **1** Cotto in olio o grasso bollente: *patate fritte* | ***F. e rifritto***, (*fig.*) ripetuto sino alla noia, vecchio e vieto | (*fig.*) ***Aria fritta***, ragionamento scontato, risaputo, chiacchiere vuote. **2** (*fig.*) Conciato per le feste: *se ci scoprono siamo fritti, o bell'e fritti.* **SIN.** Rovinato. **B s. m. 1** Odore o sapore tipico dei cibi fritti: *l'aria di questa stanza sa di f.* **2** Piatto a base di cibi fritti: *f. misto*; *f. di pesce.*

frittùme [sec. XIV] **s. m.** ● (*spreg.*) Roba fritta.

frittùra [da *fritto*; 1499] **s. f. 1** Cottura in olio o grasso bollente. **2** Pietanza di cose fritte: *f. di pesce* | Pesce da friggere, spec. triglie piccole, alici e calamari | ***F. bianca***, fritto di cervello o di animelle | (*fig.*) †***Dare in f.***, far scempiaggini. || **fritturàccia**, **pegg.** | **fritturìna**, **dim.**

friulàno o (*region.*) †**furlàno** [dal nome *Friùl(i)* col suff. *-ano* (*1*); av. 1552] **A agg.** ● Del Friuli. **B s. m.** (**f.** *-a*) ● Abitante del Friuli. **C s. m.** solo **sing.** ● Dialetto ladino parlato in Friuli.

frivoleggiàre [da *frivolo*; av. 1883] **v. intr.** (*io frivoléggio*; aus. *avere*) ● Dire o fare cose frivole.

frivolézza [da *frivolo*; av. 1642] **s. f.** ● Futile superficialità: *la f. dei loro discorsi è intollerabile* | (*est.*) Discorso o comportamento frivolo: *perdersi in frivolezze.* **SIN.** Futilità, vacuità. **CONTR.** Gravità, serietà.

frivolo [vc. dotta, lat. *frīvolu(m)*, dalla stessa radice di *friāre* 'sminuzzare'; 1338] **agg.** ● Futile, superficiale, vacuo: *discorsi, pretesti, divertimenti frivoli*; *letteratura ... ora satirica ora frivola, povera di sentimenti e di fantasia* (CROCE) | ***Persona frivola***, che non ha pensieri o interessi seri. **CONTR.** Grave, serio. || **frivolaménte**, (*lett.*) **frivolménte avv.**

frizionàle [da *frizione*] **agg. 1** (*fis.*) Che riguarda l'attrito marginale che certi moti possono incontrare. **2** Detto della disoccupazione derivante da scarsa mobilità dei lavoratori da un luogo ad un altro, o da un'occupazione a un'altra.

frizionàre [1910] **v. tr.** (*io frizióno*) ● Eseguire un massaggio, una frizione.

frizióne [vc. dotta, lat. *frictiōne(m)*, da *frīctus*, part. pass. di *fricāre* 'fregare'; 1282] **s. f. 1** Massaggio con sostanze medicamentose semiliquide per facilitarne la penetrazione attraverso la cute. **SIN.** Fregagione. **2** Attrito tra due corpi, per il movimento di uno in relazione all'altro | ***Innesto, cono a f.***, (*ellitt.*) ***frizione***, negli autoveicoli, organo meccanico che permette di accoppiare e disaccoppiare dolcemente e progressivamente il motore dalle ruote, attraverso il cambio di velocità, sfruttando l'attrito per lo più fra dischi premuti insieme | (*est.*) Negli autoveicoli, pedale con cui si manovra tale meccanismo. ➡ **ILL.** p. 2162, 2163, 2166 TRASPORTI. **3** (*fig.*) Contrasto, dissenso: *è sorta tra loro qualche f.*

frizzànte (o **-zz-**) [1544] **A part. pres.** di *frizzare*; anche **agg. 1** Che frizza. **2** ***Acqua f.***, gassata | ***Vino f.***, che spumeggia per l'emissione di bollicine di anidride carbonica. **CONTR.** Fermo | ***Vento f.***, pungente | ***Concetto, ingegno f.***, arguto e vivace. **B s. m.** ● Sapore caratteristico delle bevande frizzanti: *questa gazzosa ha perso il f.* || **frizzantìno** (o **-zz-**), **dim.** (**V.**).

frizzantìno (o **-zz-**) **A agg. 1** Dim. di *frizzante*. **2** Leggermente frizzante: *un'aria frizzantina.* **B s. m. 1** Sapore leggermente frizzante di un vino o altra bevanda. **2** Vino frizzante.

frizzàre (o **-zz-**) [lat. parl. *frictiāre*, intens. di *frīgere* 'friggere'; av. 1597] **v. intr.** (aus. *avere*) **1** Bruciare o prudere vivamente a fior di pelle: *l'alcol frizza sulla ferita.* **2** Essere piacevolmente aspro e pungente: *un vino che frizza e spuma.* **3** (*fig.*) Essere caustico e acuto: *risposta, motto che frizza.* **SIN.** Pungere. **4** †Avere sale, giudizio. **5** †Friggere.

frizzio (o **-zz-**) [1757] **s. m.** ● (*tosc.*) Un continuo e prolungato frizzare.

frizzo (o **-zz-**) [da *frizzare*; 1726] **s. m.** ● Battuta pungente, motto arguto: *f. sguaiato, garbato, mordace*; *non sopportare i frizzi e le allusioni.* **SIN.** Spiritosaggine. || **frizzétto** (o **-zz-**), **dim.**

fröbeliàno /frebeˈljano, frø-/ ● V. *froebeliano*.

fròcio [vc. rom. di etim. incerta; 1955] **s. m.** ● (*centr.*, *volg.*) Omosessuale maschile.

†fròda ● V. *frode*.

frodàbile [1931] **agg.** ● Che si può sottrarre con frode o truffa.

frodàre o **†fraudàre** [lat. *fraudāre*, da *fraus*, genit. *fraudis* 'frode'; av. 1292] **v. tr.** (*io fròdo*) **1** Sottrarre con frode: *f. una somma di denaro a qlcu.* | †***F. la verità***, nasconderla per ingannare | †***F. il male***, dissimularlo | (*fig.*) †***F. un suono, una lettera***, eliderli. **2** Privare con l'inganno qlcu. di qlco.: *f. il fisco, lo Stato, il dazio*; *frauda gli uomini di quello che debbe loro* (GUICCIARDINI). **SIN.** Imbrogliare, truffare.

frodatóre o **†fraudatóre** [lat. *fraudatōre(m)*, da *fraudāre* 'frodare'; sec. XIII] **s. m.** (**f.** *-trice*, *-tora*) ● Chi froda: *fu condannato in lire mille, siccome f. delle cose del Comune* (VILLANI).

fròde o (*poet.*) **fràude**, **†fròda** [lat. *fraude(m)*, di etim. incerta; av. 1294] **s. f. 1** (*spec. lett.*) Raggiro diretto a ingannare qlcu. sorprendendone la buona fede: *perpetrare una f. ai danni di qlcu.*; *ricchezza né onore / con f. o con viltà / il secol venditore / mercar non mi vedrà* (PARINI) | †***Palliare la f.***, coprirla o mascherarla. **SIN.** Imbroglio, truffa. **2** (*dir.*) Reato di chi trae in inganno qlcu. per procurarsi un guadagno illecito | ***F. alimentare***, alterazione di un prodotto alimentare con ingredienti non conformi alla legge o alle indicazioni dell'etichetta | ***F. fiscale***, falsificazione di documenti fiscalmente rilevanti compiuta al fine di evadere le imposte | ***F. informatica***, compiuta con l'alterazione di sistemi o supporti informatici.

fròdo [da *frodare*; av. 1367] **s. m.** solo **sing.** ● Artificio o inganno per eludere il pagamento di dazi, imposte, tasse e sim.: *denunciare un f.* | ***Merce di f.***, di contrabbando | ***Cacciatore, pescatore di f.***, privo della necessaria licenza o che caccia o pesca in luogo e tempo proibiti o con metodi non consentiti.

frodolènto ● V. *fraudolento*.

frodolènza ● V. *fraudolenza*.

froebeliàno /frebeˈljano, frø-/ o **fröbeliàno** [av. 1907] **agg.** ● Che si riferisce a F. Froebel (1782-1852) e al suo metodo pedagogico | ***Scuola a indirizzo f.***, per bambini in età prescolastica, fondata sul rispetto assoluto della personalità del fanciullo e sulla razionale utilizzazione a fini educativi di alcune attività fisiche dell'infanzia, come il gioco.

frògia [lat. *fŏrfice(m)* (V. †*forfice*), passato dal sign. di 'nasiera' a quello di 'parte del muso dove la nasiera viene applicata' (?); 1525] **s. f.** (**pl.** *-gie* o *-ge*) **1** Ciascuna delle ali laterali delle narici equine. **2** (*scherz.*) Narice umana, spec. se dilatata: *gonfiava le froge al pari di un mastino ringhioso* (VERGA).

frollaménto [sec. XIV] **s. m.** ● (*raro*) Frollatura.

frollàre [da *frollo*; av. 1597] **A v. tr.** (*io fròllo*) ● Sottoporre a frollatura **B v. intr.** (aus. *essere*) ● Subire un processo di frollatura. **C v. intr. pron. 1** Diventare frollo: *certe carni si frollano più rapidamente di altre.* **2** (*raro*, *fig.*, *lett.*) Ammorbidirsi.

frollatùra [1891] **s. f.** ● Operazione che consiste nella stagionatura di carne, e in particolare di selvaggina, per un periodo più o meno lungo, in modo che i tessuti si inteneriscano e acquistino sapore | Tempo occorrente alla effettuazione di tale operazione.

frollìno [da *frollo*; 1963] **s. m.** ● Pasticcino o biscotto di pasta frolla, talvolta guarnito con canditi.

fròllo [etim. incerta; av. 1468] **agg. 1** Tenero, morbido, friabile | Di carne sottoposta a frollatura | ***Pasta frolla***, pasta dolce che si sbriciola facilmente, fatta di fior di farina, burro, tuorli d'uova e zucchero | (*fig.*) ***Uomo di pasta frolla***, senza nerbo. **2** (*fig.*, *disus.*) Privo di energia. **SIN.** Fiacco, molle.

frómba [V. *frombola*; sec. XIV] **s. f.** ● (*lett.*) Fionda, frombola: *ove arrivar non può saetta o f.* (STAMPA).

frómbola [sovrapposizione di *rombola* a *fionda*; sec. XIV] **s. f. 1** (*lett.*) Fionda. **2** †Ciottolo, sasso: *frombole, cioè sassi di fiumi tondi* (VASARI). || **frombolétta**, **dim.**

frombolàre [da *frombola*; av. 1470] **A v. intr.** (*io frómbolo*; aus. *avere*) ● (*lett.*) Tirare con la frombola. **B v. tr.** ● (*lett.*) Scagliare con la frombola | (*fig.*) Scagliare con forza.

frombolatóre [da *frombolare*; av. 1347] **s. m.** ● (*raro*, *lett.*) Fromboliere.

frombolière [da *frombola*; sec. XIV] **s. m. 1** (*ant.*) Soldato armato di frombola. **2** Nel gergo calcistico, giocatore abile nei tiri a rete.

fromentino [da *fromento*, var. di *frumento*] **agg.** ● Che ha color biondo dorato, detto del mantello di alcuni bovini.

†froménto ● V. *frumento*.

frónda (**1**) [lat. *frŏnde(m)*, di etim. incerta; av. 1290] **s. f. 1** Ramoscello con foglie. **SIN.** Frasca. **2** (*spec. al pl.*) Tutte le foglie e i rami di un albero: *si udiva lo stormire delle fronde*; *le tenere fronde al sol si spiegano* (L. DE' MEDICI). **3** (*bot.*) Lo sporofillo delle felci | L'alga quando assume aspetto fogliaceo. **4** (*spec. al pl.*, *fig.*) Ornamenti eccessivi di un discorso, di uno scritto e sim. || **frondétta**, **dim.** | **frondicèlla**, **dim.**

frónda (**2**) [fr. *fronde* 'fionda'; il n. deriva dalla frase di L. P. Bachaumont: 'il Parlamento faceva come i ragazzi che, giocando alla fionda, lanciavano sassi alle guardie che cercavano di impedirglielo'; 1655] **s. f.** (**pl.** *-e*, lett. *-i*) **1** Nella Francia del XVII sec., complesso d'agitazioni e ribellioni, e movimento di opposizione, durante la minore età di Luigi XIV contro la reggente Anna d'Austria e il suo primo ministro il cardinale Mazzarino. *2* (*est.*) Corrente di opposizione all'interno di un partito politico e sim. | ***Aria, vento di f.***, aria di rivolta, d'opposizione.

†**frondàre** [da *fronda* (*1*); sec. XV] **v. intr.** ● Coprirsi di fronde. **SIN.** Frondeggiare.

†**frondatóre** [vc. dotta, lat. *frondatōre(m)* 'potatore', da *frōns*, genit. *frōndis* 'fronda (1)'] **s. m.**; anche **agg.** ● Chi (o Che) pota rami dagli alberi.

frondeggiànte [1575] **part. pres.** di *frondeggiare*; anche **agg.** ● (*lett.*) Ricco di foglie.

frondeggiàre [da *fronda* (*1*); 1575] **v. intr.** (*io frondéggio*; aus. *avere*) ● (*lett.*) Mettere fronde: *in primavera i boschi frondeggiano.*

frondìfero [vc. dotta, lat. *frondĭferu(m)*, comp. di *frōns*, genit. *frōndis* 'fronda (1)' e *-fer* '-fero'; sec. XIV] **agg.** ● (*lett.*) Che porta o produce fronde.

frondista [da *fronda* (*2*); 1905] **s. m. e f.** (**pl. m.** *-i*) *1* (*st.*) Appartenente al movimento della Fronda. *2* (*est.*) Ribelle, oppositore, avversario.

frondosità [1846] **s. f.** ● Caratteristica di frondoso (*anche fig.*).

frondóso [vc. dotta, lat. *frondōsu(m)*, da *frōns*, genit. *frōndis* 'fronda (1)'; sec. XIV] **agg.** *1* Ricco di fronde: *albero, ramo f.* | (*poet.*) Di luogo circondato da piante fronzute: *il fonte, e la frondosa ara e i cipressi* (FOSCOLO). *2* (*bot.*) Detto del tallo dei licheni quando possiede espansioni frastagliate. *3* (*fig.*) Detto di scritto o discorso sovraccarico di ornamenti.

†**frondùto** [1282] **agg.** ● Fronzuto.

front /front/ [da *front(e)* con riduzione a deciso monosillabo, come altri comandi militari] **inter.** ● Si usa come comando di esecuzione, a militari e ginnasti, dopo un comando di avvertimento perché si volgano verso la parte indicata: *fronte a destr!, f.!; fronte a sinistr!, f.!; dietro f.!*

frontàle (1) [vc. dotta, lat. tardo *frontāle(m)* da *frōns*, genit. *frōntis* 'fronte'; av. 1400] **agg.** *1* Che appartiene alla fronte | (*anat.*) ***Osso f.***, osso che chiude la parte anteriore del cranio. ➡ **ILL.** p. 2122 ANATOMIA UMANA. *2* Che sta, avviene o si presenta di fronte: *posizione, scontro f.* | ***Attacco f.***, condotto direttamente contro la fronte dello schieramento nemico | (*scol.*) ***Lezione, insegnamento f.***, la lezione tradizionale, fatta dalla cattedra, con l'insegnante di fronte agli studenti; si contrappone al laboratorio, all'esercitazione e sim. *3* (*ling.*) Detto di vocale anteriore. || **frontalménte**, **avv.** Di fronte.

frontàle (2) [vc. dotta, lat. *frontāle*, da *frōns*, genit. *frōntis* 'fronte'; av. 1406] **s. m.** *1* Ornamento femminile d'oro arricchito con pietre preziose che si portava un tempo, fissato ad una catenina nascosta nei capelli, pendente sulla fronte. *2* Parte della testiera che passa sulla fronte sotto gli orecchi del cavallo. **SIN.** Frontino. ➡ **ILL.** p. 2152 SPORT. *3* Piastra di ferro integrante la barda che difendeva la fronte del cavallo coperto di armatura. || **frontalino**, **dim.** (V.).

frontalière [fr. *frontalier*, dal provz. *frountalié* 'limitrofo'. V. *frontale* (*1*); 1963] **s. m.** (**f.** *-a*) ● Abitante di una zona di frontiera che al mattino passa il confine per andare a lavorare in uno Stato vicino e rientra la sera.

frontalièro [da *frontaliere*] **agg.** ● Che abita in una zona di frontiera e passa ogni giorno il confine per recarsi al lavoro: *lavoratori frontalieri* | (*est.*) Che abita nelle vicinanze di un confine di Stato: *popolazioni frontaliere.*

frontalino **s. m.** *1* Dim. di *frontale* (*2*). *2* Parte verticale di uno scalino. **SIN.** Alzata | Fascia verticale della struttura sporgente di un balcone, una pensilina, un cornicione e sim. *3* La parte anteriore di un'autoradio: *f. asportabile.*

frontalità [da *frontale*; 1960] **s. f.** *1* Condizione di ciò che si presenta in posizione frontale. *2* Tecnica del rilievo e della scultura a tutto tondo, propria dell'arte plastica antica, paleocristiana, medievale e bizantina, in base alla quale la figura umana viene rappresentata di pieno prospetto e in posa rigida.

♦**frónte** [lat. *frōnte(m)*, di etim. incerta; sec. XIII] **A** **s. f.** o †**m.** *1* Parte della testa tra le sopracciglia e l'attaccatura dei capelli: *f. ampia, bassa, liscia, rugosa, corrugata; baciare qlcu. in f.; lo inanellato crin dell'aurea testa / scende in la f. umilmente superba* (POLIZIANO) | (*fig.*) ***Guadagnarsi la vita col sudore della f.***, col proprio lavoro | (*est.*) Testa, capo: *ornare la f. di lauro* | ***F. a destra, f. a sinistra***, e sim., comandi di avvertimento a militari e ginnasti; V. anche *destr* e *sinistr* | ***Volger la f.***, fuggire. *2* Volto o aspetto, come sede dell'espressione di sentimenti, pensieri e sim.: *f. lieta, ardita, serena, turbata, vergognosa* | ***Gli si legge tutto in f.***, (*fig.*) non sa dissimulare nulla | ***A f. bassa***, per vergogna o sim. | ***A f. alta***, (*fig.*) con franchezza, sicurezza o alterigia | ***A f. a f.***, a faccia a faccia | ***Mostrare la f.***, il viso, senza tema di nulla | ***Alzar la f.***, con ardimento. **SIN.** Faccia. *3* Presenza, confronto: *mettere, porre a f. due testimoni, due avversari* | ***Stare a f.***, a tu per tu | ***A f.***, a confronto | ***Stare, essere, trovarsi di f.***, dirimpetto | ***Testo con traduzione a f.***, a lato, per consentire il confronto | ***Nessuno può stargli a f.***, può essergli paragonato. *4* Parte, parete anteriore o limite più avanzato di costruzioni, strutture e sim.: *la f. di un libro, di un edificio* | ***F. retro***, V. *retro* | ***F. del ghiacciaio***, parte terminale della lingua di un ghiacciaio | (*geol.*) Limite più avanzato di una coltre di ricoprimento nella direzione del movimento | (*min.*) Parete sulla quale il minerale viene abbattuto, nelle miniere e cave: *f. a gradini; f. unica; lunga f.* *5* (*letter.*) Nella metrica italiana, prima parte della stanza di canzone, costituita da più versi e divisibile in due parti uguali, o piedi | (*ling.*) Principio delle parole. || **fronticina**, **dim.** | **frontóna**, **accr.** **B** **s. m.** (†anche **f.** nel sign. 1) *1* Linea lungo la quale le forze belligeranti contrapposte si fronteggiano o sono a contatto: *f. occidentale, orientale; andare al f.; cambiamento di f.; aprire un secondo f.* | ***Cambiamento, spostamento di f.***, (*fig.*) in vari giochi di squadra, cambiamento della direzione dell'azione di gioco. *2* (*fig.*) Unione di più forze che si oppongono di comune accordo ad altre: *far f. comune contro gli invasori* | (*fig.*) ***Far f. a qlcu., a qlco.***, tener testa o fronteggiare con maggiore o minore difficoltà | ***Far f. a una spesa***, sostenerla | ***Far f. a un impegno***, mantenerlo. *3* Coalizione, alleanza di partiti o movimenti politici in vista del raggiungimento di un fine comune: *f. popolare; f. di liberazione nazionale.* *4* (*meteor.*) ***F. caldo***, aria calda che invade una zona della superficie terrestre in precedenza occupata da aria fredda, e scorrendo al di sopra dell'aria fredda dà origine a nubi stratificate e precipitazioni a carattere moderato e continuo | ***F. freddo***, aria fredda che invade una zona della superficie terrestre, in precedenza occupata da aria calda e, scendendo verso il suolo, solleva vigorosamente l'aria calda dando origine a nubi cumuliformi e precipitazioni a carattere temporalesco | ***F. polare***, superficie di discontinuità fra masse d'aria con temperatura e umidità diverse, situata alle medie latitudini.

fronteggiàre [da *fronte*; 1313] **A** **v. tr.** (*io frontéggio*) *1* Combattere, contrastare opponendo una valida resistenza (*anche fig.*): *f. il nemico, le avversità; f. una situazione difficile.* *2* Essere situato, stare di fronte a qlco.: *la mia casa fronteggia la piazza.* **B** **v. rifl. rec.** ● Affrontarsi: *i due avversari si fronteggiavano studiandosi.*

frontespìzio o **frontispìzio** [vc. dotta, lat. tardo *frontispīciu(m)*, comp. di *frōns*, genit. *frōntis* 'fronte' e *spĕcere* 'guardare'; sec. XIII] **s. m.** *1* (*arch, disus.*) Frontone. *2* Pagina all'inizio di un libro nella quale sono indicati l'autore, il titolo, le note tipografiche.

frontièra [fr. *frontière*, da *front* 'fronte'; sec. XIII] **s. f.** *1* Linea di confine che delimita il territorio di uno Stato: *passare, chiudere la f.* *2* (*mat.*) ***F. d'un insieme di punti d'uno spazio topologico***, intersezione della chiusura dell'insieme e di quella del suo complementare. *3* (*fig.*) Linea che delimita o circoscrive qlco.: *le frontiere della scienza avanzano continuamente* | ***Nuova f.***, nuovo obiettivo a cui tendere, nuovo traguardo. **SIN.** Confine. *4* †Fronte. *5* †Prima schiera o fronte dell'esercito.

†**frontièro** [fr. provz. *frontier*, da *front* 'fronte'; 1342] **agg.** ● Sfrontato, ardito: *lui seguitava f. e gagliardo* (BOCCACCIO).

frontino [da *fronte*; 1869] **s. m.** *1* Tipo di parrucca usata spec. dagli attori teatrali per modificare l'attaccatura dei capelli. *2* (*sport*) Nel rugby, azione di difesa del giocatore che in un tentativo di placcaggio da parte di un avversario lo respinge colpendolo alla fronte con il palmo della mano aperta. *3* Frontale (2).

frontìsmo [da *fronte* e *-ismo*; 1951] **s. m.** ● Spec. negli anni successivi alla Seconda guerra mondiale, tendenza a creare schieramenti politici di sinistra imperniati sul Partito comunista.

frontispìzio ● V. *frontespizio.*

frontista [da *fronte*; av. 1835] **s. m. e f.** (**pl. m.** *-i*) *1* Sostenitore, seguace di un fronte politico. *2* (*dir.*) Chi possiede un immobile situato lungo una strada o un corso d'acqua: *diritto del f. di aprire nuove luci.*

frontóne [da *fronte*; av. 1475] **s. m.** *1* (*arch.*) Coronamento triangolare della facciata di un edificio, spec. del tempio greco, con tetto a due spioventi, usato anche per porte, finestre, nicchie e sim., che assunse, dall'età romana in poi, forme diverse: *f. curvilineo, spezzato.* ➡ **ILL.** p. 2116, 2117 ARCHITETTURA. *2* (*tipogr.*) Capopagina.

†**frónzo** **s. m.** ● Fronzolo.

frónzolo [lat. *frŏndeu(m)*, da *frōns*, genit. *frōndis* 'fronda'; 1625] **s. m.** ● (*spec. al pl.*) Ornamento inutile e spesso di cattivo gusto: *indossare un abito carico di fronzoli; scrivere con uno stile pieno di fronzoli* | ***Senza fronzoli***, con semplicità. || **fronzolétto**, **dim.** | **fronzolino**, **dim.**

fronzùto [da *fronda*; sec. XIII] **agg.** ● Carico o coperto di fronde: *albero f.*

frosóne o †**frisóne** (2), **frusóne** [lat. tardo *frisiōne(m)* 'della Frisia'; 1336] **s. m.** ● Uccello passeriforme dei Fringillidi dal becco coriaceo e voluminoso e dal tronco tozzo, buon volatore, che predilige i boschi di montagna (*Coccothraustes coccothraustes*).

fròtta [fr. *flotte*. V. *flotta*; 1344] **s. f.** ● Gruppo numeroso di persone o animali: *una f. di armati, di cavalli; le frotte delle vaghe api prorompono* (FOSCOLO) | ***In f., a frotte***, in gruppo, a gruppi.

frottage /fr. frɔ'taːʒ/ [vc. fr., propr. 'strofinamento', da *frotter* 'strofinare'; 1966] **s. m. inv.** ● Tecnica di disegno consistente nello sfregare una matita su un foglio di carta posto sopra una superficie ruvida o con lievi sporgenze.

fròttola [da *frotta*, perché indicava affastellamento di composizioni diverse; sec. XIV] **s. f.** *1* Composizione poetica italiana di origine popolare e giullaresca in voga nel XIV e XV sec., di vario metro, spesso di senso oscuro per la presenza d'indovinelli o proverbi. *2* Composizione polifonica profana, di origine popolaresca, diffusasi in Italia spec. nel sec. XV. *3* Bugia, fandonia, panzana: *spacciare, raccontare frottole.* || **frottolina**, **dim.** | **frottolóna**, **accr.**

frottolóne [da *frottola*; 1866] **s. m.**; anche **agg.** (**f.** *-a*) ● (*raro*) Chi (o Che) racconta frottole.

frou frou /fr. fru'fru/ ● V. *fru fru.*

frucàndolo ● V. *fruciandolo.*

†**frucàre** e *deriv.* ● V. *frugare* e *deriv.*

fruciàndolo o **frucàndolo** [da †*frucare*; av. 1708] **s. m.** ● (*tosc.*) Attizzatoio per forno.

fruènte **A** **part. pres.** di *fruire*; anche **agg.** ● Nei sign. del v. **B** **s. m. e f.** ● (*bur.*) Chi fruisce di qlco. **SIN.** Fruitore.

fru fru /fru(f)'fru*/ o **frou frou**, **frufrù** [vc. onomat.; 1768] **A** **inter.** *1* Riproduce il leggero fruscio di vesti, stoffe, foglie, o lo scalpiccio di piedi e sim. *2* Riproduce il rumore di un frullo d'ali. **B** in funzione di **s. m.** *1* Il fruscio, lo scalpiccio, lo stropiccio, il frullio d'ali: *il fru fru delle gonne.* *2* (*est.*) Confusione, agitazione, andirivieni: *il suo improvviso arrivo provocò un gran fru fru* | Entusiasmo, foga, calore destinati a sfumare presto: *in principio è sempre tutto un fru fru.* *3* Fronzolo, ninnolo: *sono di moda gli accessori con fru fru.* **C** in funzione di **agg.** ● Frivolo, civettuolo: *una ragazza fru fru; abito, acconciatura fru fru.*

frugacchiàre [intens. di *frugare*; sec. XV] **v. intr.** (*io frugàcchio*; aus. *avere*) ● Andar frugando qua e là.

frugàle [vc. dotta, lat. *frugāle(m)*, da *frūgi* 'sobrio', da *frūx*, genit. *frūgis* 'frutto'; sec. XIV] **agg.** ● Di chi è parco nel mangiare e nel bere: *uomo f.* | Semplice, modesto: *vitto, pasto f.; gusti, abitudini frugali; sia frugal del ricco il pasto* (MANZONI) | ***Vita f.***, parsimoniosa | ***Virtù frugali***, di temperanza. **SIN.** Sobrio. || **frugalménte**, **avv.** Con frugalità.

frugalità o †**frugalitàde**, †**frugalitàte** [lat. *frugalitāte(m)*, da *frugālis* 'frugale'; sec. XIV] **s. f.** ● Caratteristica di chi (o di ciò che) è frugale. SIN. Sobrietà, temperanza.

frugaménto [1827] s. m. ● (*raro*) Perquisizione.

frugàre o (*tosc.*) †**frucàre** [lat. parl. **furicāre*, da *furāri* 'rubare', da *fūr*, genit. *fūris* 'ladro'; 1313] **A** v. intr. (*io frùgo, tu frùghi*; aus. *avere*) ● Cercare con attenzione, rovistando: *f. in un cassetto, nella valigia, tra le carte, dentro un cespuglio.* **B** v. tr. **1** Esaminare o perquisire con gran cura: *gli frugarono le tasche e tutti i bagagli* | (*fig., lett.*) Scrutare, indagare: *perché mi fruga il tuo sguardo?* (SABA). **2** †Stimolare, spingere, incitare. **3** †Urtare. **C** v. rifl. ● Esaminarsi con cura, cercando qlco. su di sé: *è mezz'ora che si fruga da ogni parte, e non trova niente.*

frugàta o (*tosc.*) †**frucàta** [av. 1597] s. f. ● Il frugare, spec. in fretta e superficialmente. || **frugatina**, dim.

frugatóio [av. 1400] s. m. ● Pertica con un disco di cuoio in cima, con la quale i pescatori scandagliano l'acqua per spingere i pesci dentro la rete.

frugìfero [vc. dotta, lat. *frugĭferu(m)*, comp. di *frūx*, genit. *frūgis* 'frutto, messi' e *-fer* '-fero'; sec. XIV] agg. ● (*lett.*) Che produce messi, frutti.

frugìvoro [comp. del lat. *frūx*, genit *frūgis* 'frutto, messi' e *-voro*, ricavato da *carnivoro*; 1743] agg. ● Che mangia biada o frutti.

frugnolàre [da *frugnolo*; 1618] v. intr. (*io frugnòlo, frùgnolo*; aus. *avere*) **1** (*tosc.*) Andare a caccia col frugnolo. **2** (*tosc.*) Andare in cerca di qlco. o di qlcu. con la lanterna in mano | Mettere la lanterna vicino al viso di qlcu. per riconoscerlo.

frugnolatóre [1618] s. m. (f. *-trice*) ● (*tosc.*) Chi va a caccia col frugnolo.

frugnòlo o (*lett.*) **frugnuòlo** [lat. parl. **furnēolu(m)*, dim. di *fŭrnus* 'forno'; 1484] s. m. **1** (*tosc.*) Fiaccola a riverbero per abbagliare, di notte, uccelli addormentati e ucciderli. **2** (*tosc.*) ***Andare a f.***, andar attorno di notte in cerca di avventure.

frugolàre [intens. di *frugare*; av. 1525] v. intr. (*io frùgolo*; aus. *avere*) **1** (*raro*) Frugacchiare, rovistare. **2** (*raro*) Grufolare per terra, come fa il maiale | (*est.*) Lavorare fiaccamente nella terra.

frùgolo [da *frugolare*; av. 1525] s. m. (f. *-a*) ● Bambino molto vivace che non sta mai fermo. || **frugolétto**, dim. | **frugolino**, dim. | **frugolóne**, accr.

frugóne o (*tosc.*) †**frucóne** [da *frugare*; 1481] s. m. **1** (f. *-a*) (*raro*) Chi ha l'abitudine di frugare. **2** †Bastone appuntito per frugare. **3** †Colpo, dato di punta.

†**frùi** [vc. dotta, lat. *frŭi*. V. *fruire*; 1321] s. m. solo sing. ● (*poet.*) Godimento: *la bella image che nel dolce f. / liete facevan l'anime conserte* (DANTE *Par.* XIX, 2-3).

fruìbile [da *fruire*; sec. XVI] agg. ● Detto di ciò di cui si può fruire.

fruibilità [1959] s. f. ● Condizione di ciò che è fruibile.

fruìre [lat. parl. **fruīre*, per il classico *frŭi*, dalla stessa radice di *frūx* 'frutto, messi'; av. 1294] **A** v. intr. (*io fruìsco*, †*frùo, tu fruìsci*; aus. *avere*) (+ *di*) ● Usare di qlco. traendone utilità e giovamento: *f. di una rendita, di un beneficio, della pensione* | ***F. di una produzione artistica***, esserne il destinatario. **B** v. tr. ● (*raro*) Godere: *f. la pace*; *non potere f. il piacere* (LEONARDO).

fruit /frut, *ingl.* fɹuːt/ [vc. ingl., 'frutto' più per il marchio di fabbrica *Fruit of the Loom*® 'frutto del telaio' che per i diversi tipi di frutti rappresentati; 1990] s. f. inv. ● Maglietta di cotone unisex a girocollo e con le maniche corte (spec. con riferimento a una T-shirt che reca stampato un marchio rappresentante un insieme di frutti racchiusi in un ovale).

fruitìvo [da *fruire*; 1817] agg. ● (*lett.*) Che concerne la fruizione: *atto f.*

fruitóre [da *fruire*; 1962] s. m. (f. *-trice*) ● Chi fruisce di qlco., in genere traendone vantaggi | Chi è destinatario di una produzione artistica, letteraria e sim.: *i fruitori della cultura* | Consumatore | Utente.

fruizióne [vc. dotta, lat. tardo *fruitiōne(m)*, da *frŭi* 'fruire'; av. 1342] s. f. ● Il fruire | Godimento, uso | Godimento di una produzione culturale, artistica e sim.: *la f. della musica, della pittura.*

frullàna [da *furlana* 'friulana', perché usata nel Friuli] s. f. ● Falce fienaia.

frullàre [vc. onomat.; av. 1367] **A** v. tr. ● Agitare una sostanza semiliquida col frullino o col frullatore: *f. le uova.* **B** v. intr. (*aus. avere*) **1** Alzarsi in volo, facendo rumore con le ali: *le quaglie frullano* | (*est.*) Agitarsi con rumore: *le vele, le corde frullano per il, al vento.* **2** Girare o ruotare velocemente su sé stesso: *la trottola, l'aspo, l'arcolaio frullano.* **3** (*fig.*) Agitarsi nella mente: *cosa gli frulla per il capo?*

frullàto [1941] **A** part. pass. di *frullare*; anche agg. ● Sbattuto col frullino o col frullatore. **B** s. m. **1** Bevanda ottenuta sbattendo nel frullatore frutta, verdura e sim. **2** (*mus.*) Detto di effetto sonoro degli strumenti a fiato, con carattere grottesco o raffinato.

frullatóre [1959] s. m. ● Elettrodomestico atto a preparare cibi o bevande frullate, sbattute e sim.

frullìno [da *frullare*; 1798] s. m. **1** Utensile da cucina per sbattere a mano uova, panna, salse e sim. **2** (*fig.*) Persona (spec. bambino) che è sempre in movimento. **3** Uccello dei Caradriformi simile al beccaccino che vive nel più fitto della vegetazione palustre (*Limnocryptes minimus*). **4** †Cosa da nulla.

frullìo [1887] s. m. ● Un frullare continuato: *il f. della trottola*; *un f. d'ali.*

frùllo [V. *frullare*; 1353] s. m. **1** Battito e rumore delle ali di un uccello che si alza in volo: *frulli d'uccelli, stormire di cipressi* (PASCOLI) | ***Prendere il f.***, il volo | ***Tirare a f.***, sparare all'uccello mentre si alza in volo. **2** †Schiocco delle dita | (*fig.*) ***Non importa un f.***, nulla.

frullóne [da *frullare*; av. 1601] s. m. **1** Cassone di legno in cui un tempo si separava la farina dalla crusca facendo girare con una manovella il burattello: *Sacchi, frulloni, crusca, farina, pasta, tutto sottosopra* (MANZONI). SIN. Buratto. **2** Girella per la ruota dell'arrotino. **3** (*ant.*) Calesse scoperto su quattro ruote, con due sedili.

frumentàceo [vc. dotta, lat. tardo *frumentāceu(m)*, da *frumĕntum* 'frumento'; 1619] agg. ● (*raro*) Che produce frumento.

†**frumentàre** [vc. dotta, lat. *frumentāri*, da *frumĕntum* 'frumento'; sec. XIV] v. intr. ● Raccogliere viveri per l'esercito.

frumentàrio [vc. dotta, lat. *frumentāriu(m)*, da *frumĕntum* 'frumento'; 1521] **A** agg. **1** Di, relativo a, frumento: *commercio, mercato f.* | ***Monte f.***, nell'Italia merid., sino alla caduta dei Borboni, istituto assistenziale che anticipava gratuitamente ai contadini il frumento necessario per la semina | ***Foro f.***, mercato del frumento e gener. delle granaglie | ***Nave frumentaria***, nell'antica marina romana, quella adibita al trasporto del frumento per il vettovagliamento dell'esercito. **2** (*raro*) Che produce frumento: *terra frumentaria.* **B** s. m. ● Nell'esercito romano, addetto ai servizi da vettovagliamento.

†**frumentazióne** [vc. dotta, lat. *frumentatiōne(m)*, da *frumentāri* 'frumentare'; 1600] s. m. **1** Raccolta di frumento. **2** Elargizione di frumento fatta dagli imperatori o da tribuni romani alla plebe.

fruménto o †**forménto**, †**froménto** [lat. *frumĕntu(m)*, da *frŭi* 'fruire, godere di'; av. 1292] s. m. ● (*bot.*) Grano | ***F. bianco***, di scorza grossa | ***F. grosso***, frumentone. || **frumentóne**, accr. (V.).

frumentóne o (*dial.*) **formentóne** nel sign. 2 [av. 1566] s. m. **1** Accr. di *frumento.* **2** (*region.*) Mais.

†**frùmmia** [germ. *frummjan*; sec. XIV] s. f. ● Eccitazione, subbuglio, fermento.

frusciànte [av. 1907] part. pres. di *frusciare*; anche agg. ● Nei sign. del v.

frusciàre [vc. onomat.; av. 1742] **A** v. intr. (*io frùscio*; fut. *io fruscerò*; aus. *avere*) ● Produrre fruscio: *un tessuto che fruscia*; *la serpe fruscia tra le foglie.* **B** v. tr. ● †Importunare, molestare.

†**fruscìnio** s. m. ● Fruscio continuato.

♦**frùscio** [da *frusciare*; av. 1729] s. m. **1** Rumore sommesso e strisciante, prodotto da tessuti, foglie o carte che si muovono, da acqua che scorre e sim.: *si udiva solo il f. dei loro abiti* (PIRANDELLO). SIN. Stropiccio. **2** (*elettron.*) Disturbo nelle registrazioni su nastro: *riduzione del f. mediante Dolby.*

†**fruscolàre** [da *fruscolo*] v. tr. ● Cercare con cura minuta.

frùscolo [lat. tardo *frūstulu(m)* 'pezzetto', con sovrapposizione di *bruscolo*; 1340 ca.] s. m. ● (*raro*) Ramoscello secco.

frusinàte [vc. dotta, lat. *Frusināte(m)*, da *Frusĭno*, genit. *Frusinōnis* 'Frosinone'] **A** agg. ● Di Frosinone. **B** s. m. e f. ● Abitante, nativo di Frosinone.

frusóne ● V. *frosone.*

frùsta [da *frustare*; sec. XIV] s. f. **1** Lunga striscia di cuoio o corda intrecciata, fissata all'estremità di un bastone, con cui si incitano gli animali da tiro o, spec. un tempo, si punivano gli uomini percuotendoli: *un cavallo bizzoso che ha bisogno di f.*; *s'era messo al trotto ... con gran strepito di f. e di sonagli* (VERGA) | ***Mettere alla f.***, (*fig.*) costringere al massimo sforzo | ***Maneggiare, agitare la f.***, (*fig.*) censurare con la critica. CFR. mastigo-. SIN. Sferza. **2** (*fig.*) Disciplina: *quel pigrone ha bisogno della f.* **3** Utensile da cucina costituito da fili di ottone ripiegati e fermati al manico, usato per far montare la panna, l'albume delle uova e sim. **4** (*med.*) ***Colpo di f.***, V. *colpo.* **5** (*mus.*) Strumento a percussione, costituito da due tavolette di legno con cerniera, usato in orchestra spec. nella musica del Novecento. **6** †Frusto, pezzetto di qlco. || **frustina**, dim. | **frustino**, dim. m. (V.) | **frustóna**, accr. | **frustóne**, accr. m.

†**frustàgno** ● V. *fustagno.*

frustàio [da *frusta*] s. m. (f. *-a*) ● Chi fabbrica o vende fruste.

†**frustapénne** [comp. di *frustare* 'consumare', e il pl. di *penna*; av. 1680] s. m. e f. inv. ● Scrittore da poco.

†**frustapennèlli** [comp. di *frustare* 'consumare', e il pl. di *pennello*; av. 1625] s. m. e f. inv. ● Pittore di poco valore.

frustàre [lat. tardo *fustāre* 'bastonare', da *fūstis* 'bastone', di etim. incerta; av. 1288] v. tr. **1** Battere o percuotere con la frusta: *f. un animale riottoso* | Punire con la pena della frusta: *frustarono il condannato prima dell'esecuzione* | ***F. a sangue***, fino a far uscire il sangue | (*fig.*) †***Pagare il boia che ci frusta***, fare apposta il proprio danno. SIN. Sferzare. **2** (*fig.*) Censurare o criticare aspramente: *farsi f. da tutti.* **3** (*fig., region.*) Sciupare e logorare con l'uso prolungato e l'incuria: *f. i propri abiti* | (*fig.*) †***F. i teatri***, andarvi continuamente. SIN. Consumare.

frustàta [sec. XIII] s. f. **1** Colpo di frusta: *mise i cavalli al galoppo con molte frustate* | (*est.*) Stimolo energico: *queste vitamine danno una f. di energia.* **2** (*fig.*) Giudizio pungente, critica violenta.

frustatóre [1313] s. m.; anche agg. (f. *-trice*) ● (*raro*) Chi (o Che) frusta (*anche fig.*).

frustatùra [1483] s. f. ● Il frustare, il venire frustato.

frustìno [1781] s. m. **1** Dim. di *frusta.* **2** Bacchetta flessibile ricoperta di sottili strisce di pelle usata per incitare il cavallo. SIN. Scudiscio | Spago che si attacca alla codetta della frusta. SIN. Sferzino. ➡ ILL. p. 2152, 2153 SPORT. **3** (*fig., tosc.*) Zerbinotto, damerino. || **frustinèllo**, dim.

frùsto (**1**) [da *frust(at)o*, part. pass. di *frustare*; 1524] agg. **1** Consumato, logoro, liso: *portava un mantello tutto f.* | (*lett.*) Forze fruste, esausto: *sono le forze vostre ora sì fruste* (ARIOSTO) | Malconcio: *aveva un aspetto tutto f.* **2** (*fig.*) Logorato dall'uso e ormai privo di originalità: *argomento f.* SIN. Abusato, vieto. CONTR. Inedito, nuovo.

†**frùsto** (**2**) [vc. dotta, lat. *frūstu(m)*, di etim. incerta; 1321] s. m. ● Pezzetto | ***F. di pane***, boccone, tozzo.

†**frùsto** (**3**) [da *frustare*; sec. XIV] s. m. ● Frusta, sferza, staffile.

frùstolo o **frùstulo** [vc. dotta, lat. tardo *frūstulu(m)*, dim. di *frūstum* 'frusto (2)'] s. m. **1** Pezzetto, particella. **2** Frammento, dettaglio di un componimento letterario. **3** (*bot.*) Formazione silicea delle Diatomee i cui depositi fossili formano la diatomite.

†**frùstra** [vc. dotta, lat. *frūstra*, da avvicinare a *frāus* 'frode'; av. 1311] avv. ● Invano, inutilmente.

†**frustraneità** [da *frustraneo*] s. f. ● Inutilità | Inefficacia di legge non rispettata.

frustràneo [da *frustra*; av. 1568] agg. ● (*raro, lett.*) Vano, inutile.

frustrànte part. pres. di *frustrare*; anche agg. ● Che provoca frustrazione: *condizioni di vita frustranti.* || **frustranteménte**, avv. (*raro*) In modo frustrante.

frustràre [vc. dotta, lat. *frustrāre*, da *frūstra* 'invano'. V. *frustra*; av. 1420] v. tr. **1** Rendere vano: *f. i*

frustrato

disegni, i piani; f. gli impeti degli eserciti (GUICCIARDINI) | Deludere, ingannare: f. le speranze, i desideri. **2** (psicol.) Determinare l'insorgere di una frustrazione.

frustràto [av. 1363] **A** part. pass. di frustrare; anche agg. ● Nei sign. del v. **B** s. m. (f. -a) ● (psicol.) Chi è in uno stato di frustrazione.

frustratòrio [vc. dotta, lat. tardo frustratōriu(m), da frustrātus 'frustrato'; av. 1468] agg. ● (raro) Atto a frustrare | Fallace.

frustrazióne [da frustrare; 1832] s. f. **1** Il frustrare. **2** (psicol.) Evento esterno o situazione interna che ostacola o impedisce il raggiungimento di una meta e induce, come reazione, aggressività o regressione | Correntemente, stato di depressione causato dalla mancata soddisfazione di un bisogno o desiderio.

frùstulo ● V. frustolo.

frutescènte [vc. dotta, lat. fructescènte(m), part. pres. del v. fru(c)tēscere, da frūtex 'frutice'; 1987] agg. ● (bot.) Fruticoso.

frùtice [vc. dotta, lat. frūtice(m), di etim. incerta; 1485 ca.] s. m. ● (bot.) Arbusto.

fruticéto [vc. dotta, lat. fruticētu(m), da frūtex, genit. frūticis 'frutice'] s. m. ● (bot.) Macchia, boscaglia.

fruticóso [vc. dotta, lat. fruticōsu(m), da frūtex, genit. frūticis 'frutice'; 1563] agg. **1** (bot.) Di vegetale con tronco breve e rami vicini al suolo. SIN. Frutescente. **2** (raro) Abbondante di frutici.

♦**frùtta** [lat. tardo frūcta(m), per il classico frūctu(m), da frūi 'fruire, godere'; 1282] s. f. (pl. frùtta o disus. frùtte, †frùttora) **1** L'insieme dei frutti commestibili di varie piante arboree o erbacee, di sapore gradevole, quasi sempre dolce, e di alto potere nutritivo: f. acerba, matura; f. fresca, di stagione; raccogliere la f.; f. secca, sciroppata; marmellata, conserva di f.; succhi di f. | F. rossa, fragole, ciliegie, prugne, ecc. | F. secca, noci, nocciole, mandorle, ecc. | F. non trattata, senza anticrittogamici. ➡ ILL. frutta. **2** (est.) L'insieme dei frutti serviti o mangiati alla conclusione di un pasto: formaggio e f.; f. cotta; macedonia di f. | Essere alla f., al termine del pranzo; (fig.) alla fine delle proprie risorse o energie. **3** (spec. al pl.) †Botte, percosse. || frutterèlla, dim.

FRUTTA
nomenclatura

frutta, frutto, frutta
● caratteristiche: vizza = avvizzita, moscia, ammaccata, macolata, pesta, mézza, strafatta = passata, fradicia = marcia, guasta, bacata, ammaccata, ammosciata, sfarinata; selezionata = scelta; saporita, fragrante, sugosa, farinosa, stopposa; di stagione = stagionale, autunnale, estiva, primaticcia, fresca ⇔ secca, fatta = matura ⇔ acerba = verde, dura ⇔ molle = tenera, aspra = allappante ⇔ dolce = zuccherina; primaticcia = precoce ⇔ tardiva; sciroppata; serbevole, fallace, profumata, esotica, mangereccia, agra ⇔ dolce; marmellata (di agrumi), conserva = confettura di frutta;
● varietà di frutta: pera (kaiser, William, spadona), bergamotta, sorba, mela (abbondanza, annurca, renetta, golden delicious, stark delicious, delizia), mela cotogna, lazzeruolo, agrumi (arancia, clementina, mandarancio, limone, mandarino, pompelmo, mapo, cedro), mandorla, pesca, pesca noce, albicocca, ciliegia, corbezzola, amarena, susina (prugna, mirabella), nespola, pistacchio, corniola, fico d'India, ribes, uva, uva spina, melagrana, fragola, fico, cocomero = anguria, melone, carruba, cachi, castagna, noce, nocciola, mandorla, pinolo, arachide;
● frutta selvatica: mirtillo, lampone, mora, fragolina di bosco, ribes;
● frutta esotica: dattero, banana, ananas, cocco, nespola del Giappone, avocado, kiwi = actinidia, mango, papaia, anacardio.

fruttàio [lat. fructuāriu(m), da frūctus 'frutto'; av. 1853] s. m. ● (raro) Locale dove si conserva la frutta.

fruttaiòlo o (lett.) **fruttaiuòlo** [da frutta; sec. XV] s. m. (f. -a) ● Chi vende frutta.

fruttàre [da frutta; av. 1292] **A** v. intr. (aus. avere) ● (raro) Fruttificare: le piante per il freddo hanno fruttato poco. **B** v. tr. **1** Produrre: un campo che frutta molto grano; l'allevamento ci ha fruttato lana, latte e formaggio in quantità | (est.) Dare come frutto, dal punto di vista economico: il capitale così investito frutterà un dieci per cento. SIN. Rendere. **2** (fig.) Procurare, causare: il suo comportamento gli ha fruttato la stima di tutti. **3** †Mettere a frutto un capitale, una terra e sim.

fruttariàno [comp. di frutt(a) e della parte finale di (veget)ariano sul modello dell'ingl. fruitarian; 1986] **A** s. m. (f. -a); anche agg. ● Chi (o Che) si nutre di sola frutta. **B** agg. ● Costituito unicamente da frutta: dieta, alimentazione fruttariana.

fruttàto (1) **A** part. pass. di fruttare ● Nei sign. del v. **B** s. m. ● Complesso dei frutti prodotti da un albero, da un terreno e sim. | (est.) Rendita, interesse, guadagno.

fruttàto (2) [da frutto; av. 1571] agg. ● (raro) Piantato ad alberi da frutto: terreno f.

fruttàto (3) [da frutta] agg. **1** (enol.) Detto di profumo simile a quello della frutta matura in genere, o di qualche frutto in particolare | Detto di vino che ha tale profumo. **2** (arald.) Detto di albero rappresentato con frutti in colore evidente.

frutteria [da frutta; av. 1748] s. f. ● Negozio di frutta e verdura.

fruttescènza [deriv. del lat. tardo fructēscens, genit. fructēscentis, part. pres. di fructēscere 'cominciare a mettere frutto', da frūctus 'frutto', col suff. -sco dei v. incoativi; av. 1921] s. f. ● (bot.) Infruttescenza.

fruttéto [lat. tardo fructētu(m), da frūctus 'frutto'; 1770] s. m. ● Appezzamento di terreno più o meno esteso, coltivato ad alberi da frutta: f. specializzato, industriale, familiare. ➡ ILL. p. 2113 AGRICOLTURA.

frutticolo [1955] agg. ● Che riguarda le piante da frutto o la frutta.

frutticoltóre o **frutticultóre** [1881] s. m. (f. -trice) ● Coltivatore di alberi da frutta.

frutticoltùra o **frutticultùra** [comp. di frutto e -coltura; 1877] s. f. **1** Parte della scienza agraria che studia i metodi della coltivazione degli alberi da frutto. **2** Coltivazione degli alberi da frutto.

frutticultóre ● V. frutticoltore.

frutticultùra ● V. frutticoltura.

fruttidòro [fr. fructidor, comp. del lat. frūctus 'frutto' e del gr. dōron 'dono'; 1796] s. m. ● Dodicesimo mese del calendario rivoluzionario francese, il cui inizio corrispondeva al 18 agosto e il termine al 16 settembre.

fruttièra [da frutto; 1598] s. f. ● Grande piatto o vassoio, a forma di ciotola o paniere, talvolta sostenuto da un piede, usato per portare la frutta in tavola: f. di cristallo, di maiolica, d'argento.

fruttifero [vc. dotta, lat. fructiferu(m), comp. di frūctus 'frutto' e -fero '-fero'; 1308] agg. **1** Che fa frutto: albero f. | (est., lett.) Fertile: regione, paese f.; in un piano f. e abbondante (ARIOSTO) | (raro, est.) Fecondo: animali fruttiferi. CONTR. Sterile. **2** (est.) Che rende: capitale, investimento f. **3** (raro, lett.) Utile, edificante: sermone, esempio f.

fruttificàre [vc. dotta, lat. fructificāre, comp. di frūctus 'frutto' e -ficāre '-ficare'; av. 1294] v. intr. (io fruttìfico, tu fruttìfichi; aus. avere) ● Dare o produrre frutti (anche fig.): una pianta che fruttifica molto, poco.

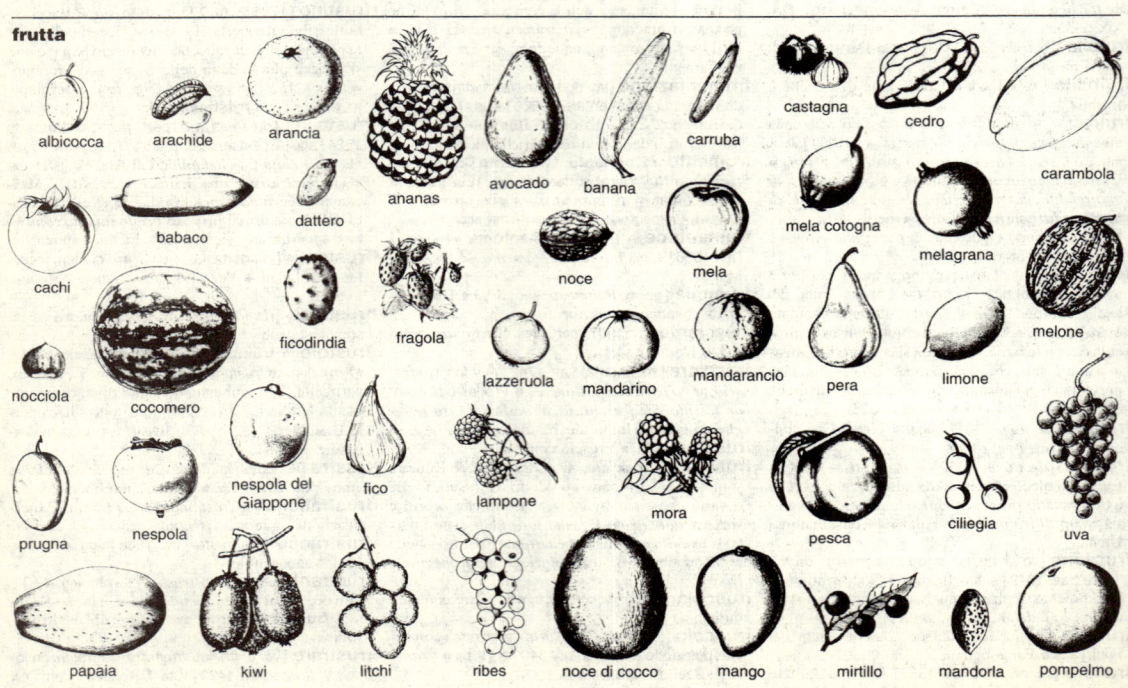

frutta

fruttificazióne [vc. dotta, lat. tardo *fructificatiōne(m)*, da *fructificāre* 'fruttificare'; sec. XIV] **s. f.** ● Il fruttificare | Formazione dei frutti.

fruttìfico [da *fruttificare*; sec. XIV] **agg.** (**pl. m.** *-ci*) ● (*raro*) Fruttifero (*anche fig.*).

fruttino [da *frutto*] **s. m.** **1** Porzione di marmellata di frutta, solida, confezionata in cubetto o piccolo panetto. **2** Porzione di succo di frutta confezionato in bottiglietta. **3** Caramella al gusto di frutta | Gelatina di frutta.

fruttivéndolo [comp. di *frutta* e *-vendolo*, ricavato da *vendere*; 1780] **s. m.** (**f.** *-a*) ● Venditore di frutta e ortaggi.

fruttìvoro [comp. di *frutto* e *-voro*, ricavato da *carnivoro*; av. 1730] **agg.** ● (*raro*) Detto di animale che si ciba di frutta.

♦**frùtto** [lat. *frūctu(m)*. V. *frutta*; 1224 ca.] **s. m.** **1** Prodotto della terra: *una regione ricca, povera di frutti*. **2** (*bot.*) Organo delle Angiosperme derivato dall'ovario e contenente gli ovuli trasformati in semi: *f. apireno, carnoso, composto, deiscente, indeiscente, secco*. CFR. carpo-, -carpo | ***Falso f.***, che ha origine dalla trasformazione di altre parti del fiore oltre all'ovario | (*bot.*) ***F. della passione***, granadiglia | Correntemente, prodotto commestibile di alcune piante arboree o erbacee: *la polpa, il nocciolo del f.; cogliere un f.* | ***Frutti di bosco***, lamponi, mirtilli, ribes e more | ***F. proibito***, il pomo che, secondo la narrazione biblica, Adamo non doveva mangiare; (*fig.*) ogni cosa vietata e perciò più desiderabile | ***F. di stagione***, (*fig.*) cosa opportuna | ***F. fuori stagione***, (*fig.*) cosa inopportuna o inaspettata | ***Cogliere il f. quand'è maturo***, (*fig.*) cogliere un'occasione al momento giusto | (*est.*) Figlio, prole: *il f. del ventre tuo* | ***F. dell'amore***, figlio illegittimo | ***Frutti di mare***, insieme di molluschi marini commestibili, di ricci di mare e di certi tipi di gamberi che vengono spesso serviti assieme sia crudi che cotti. ➡ ILL. **botanica generale**. **3** Prodotto di una attività umana: *i frutti dell'allevamento, della caccia, della pesca; vivere dei frutti del proprio lavoro* | Profitto, vantaggio: *cominciai a trarre f. dalle mie fatiche* (CELLINI). **4** (*fig.*) Effetto o conseguenza positiva o negativa: *il f. dell'educazione, dell'insegnamento, della pigrizia, della discordia, della viltà* | ***Senza f.***, (*fig.*) senza risultato | (*fig.*) ***Con poco f.***, con scarsi risultati | ***A che f.?***, a che pro? **5** Utile o vantaggio economico: *attività, azienda che non dà frutti* | ***Mettere qlco. a f.***, utilizzarla in modo proficuo (*spec. fig.*): *mettere a f. l'esperienza accumulata* | (*est.*) Interesse: *dare, prendere denari a f.* SIN. Profitto, rendita. **6** (*spec. al pl.*) (*dir.*) Beni che derivano da altri beni: *divisione dei frutti naturali o civili della dote in caso di scioglimento del matrimonio*. || PROV. Dal frutto si conosce l'albero. || **frutticèllo**, **dim.** | **frutticino**, **dim.** | **fruttino**, **dim.**

fruttòsio [comp. di *frutt(a)* e *-osio*; 1895] **s. m.** ● (*chim.*) Zucchero levogiro contenuto in molti frutti e nel miele, usato come conservante per gli alimenti e in terapia nell'acidosi diabetica; insieme al glucosio costituisce la molecola del disaccaride saccarosio. SIN. Levulosio.

fruttosùria o **fruttosurìa** [comp. di *fruttos(io)* e *-uria*] **s. f.** ● (*med.*) In molte forme diabetiche, eliminazione di fruttosio con le urine.

fruttuosità [1340 ca.] **s. f.** **1** Caratteristica di ciò che è fruttuoso. **2** Capacità di produrre benefici effetti.

fruttuóso [vc. dotta, lat. *fructuōsu(m)*, da *frūctus* 'frutto'; av. 1292] **agg.** **1** Che fornisce o produce frutti abbondanti: *annata fruttuosa* | Copioso, abbondante. CONTR. Sterile. **2** (*fig.*) Utile, profittevole, redditizio: *impresa, opera fruttuosa*. **3** Che dà guadagno economico: *lavoro, investimento f.* || PROV. Anno nevoso, anno fruttuoso. || **fruttuosaménte**, **avv.** Con profitto, utilità.

ftalàto **s. m.** ● (*chim.*) Sale o estere dell'acido ftalico.

ftaleina [dall'(*anidride*) *ftal(ica)*] **s. f.** ● (*chim.*) Sostanza organica ottenuta per condensazione di anidride ftalica, o suoi derivati, con fenoli, spesso dotata di proprietà coloranti.

ftàlico [da (*na*)*ftalico*] **agg.** (**pl. m.** *-ci*) ● (*chim.*) Detto di composto formato da un gruppo benzenico e da due carbossili, o di composto da questi derivato | ***Acido f.***, acido organico, bibasico, ottenuto per ossidazione della naftalina, impiegato per la preparazione di coloranti organici sintetici, di farmaceutici, di profumi.

ftàlo- [tratto dal n. dell'acido (*na*)*ftalico*] primo elemento (*ftal-* davanti a vocale) ● In chimica, indica relazione con l'acido ftalico: *ftalato, ftaleina*.

ftanite [etim. incerta] **s. f.** ● (*geol.*) Varietà di diaspro contenente argilla.

ftirìaṣi [vc. dotta, lat. *phthirīasi(m)*, nom. *phthirīasis*, dal gr. *phtheiríasis*, da *phthéir*, genit. *phtheirós* 'pidocchio', da *phthéirein* 'distruggere', di orig. indeur.; av. 1564] **s. f. inv.** ● (*med.*) Infestazione contagiosa del pube da parte delle femmine adulte della piattola. SIN. Pediculosi inguinale.

fu /fu*/ [terza pers. sing. del pass. rem. di *essere*; av. 1512] in funzione di **agg.** solo **sing.** ● Defunto, morto (davanti ai nomi propri di pers.): *il fu Renato B.* | (*bur.*) ***Rossi Mario fu Giuseppe***, figlio del defunto Giuseppe.

Fucàcee [comp. di *fuc(o)* (*1*) e *-acee*] **s. f. pl.** (**sing.** *-a*) ● Nella tassonomia vegetale, famiglia di alghe brune il cui tallo presenta talvolta vesciche ripiene d'aria atte al galleggiamento (*Fucaceae*).

†**fucàto** [vc. dotta, lat. *fucātu(m)*, part. pass. di *fucāre* 'tingere di rosso', da *fūcus* 'fuco' (2); av. 1529] **agg.** **1** (*lett.*) Imbellettato con fuco. **2** Falso, posticcio.

fuchsite /fuk'site/ [ted. *Fuchsite*, chiamata così in onore di J. N. Fuchs (1774-1856)] **s. f.** ● (*miner.*) Varietà contenente cromo di muscovite di colore verde smeraldo.

fuciàcca ● V. *fusciacca*.

fuciàcco ● V. *fusciacco*.

fucilàre [da *fucile*; 1798] **v. tr.** (*io fucìlo*) ● Mettere a morte mediante fucilazione.

fucilàta [1744] **s. f.** **1** Colpo o sparo di fucile: *colpire qlcu. con una f.; sentire una f.* **2** Nel gergo calcistico, tiro forte e improvviso contro la porta avversaria.

fucilatóre [av. 1883] **s. m.** (**f.** *-trice*) ● (*raro*) Chi fucila.

fucilazióne [1800] **s. f.** ● Esecuzione di condanna a morte mediante scarica di fucile, prevista dal codice penale militare di guerra per reati gravissimi | ***F. nel (al) petto***, se il reato non è disonorante | ***F. nella (alla) schiena***, se il reato è infamante.

♦**fucile** o †**focile** (**1**) [da (*archibugio a*) *focile* 'archibugio ad acciarino'; 1313] **s. m.** **1** Arma da fuoco portatile di piccolo calibro a canna lunga d'acciaio: *f. da caccia, da guerra, a ripetizione, automatico, mitragliatore* | ***F. a pompa***, quello a ripetizione con caricamento manuale ottenuto con un solo rapido movimento | ***F. subacqueo***, arma subacquea a molla, a elastico, ad aria compressa o a gas, usata per lanciare piccole fiocine. ➡ ILL. **armi**; **pesca**. **2** (*est.*) Soldato armato di fucile: *un esercito forte di molte migliaia di fucili* | (*est.*) Tiratore: *essere un cattivo, un buon f.* **3** †Acciarino | ***F. dello schioppo, della pistola***, acciarino applicato al focone delle antiche armi da fuoco, capace di provocare l'accensione della carica all'istante voluto. || **fucilétto**, **dim.** | **fucilino**, **dim.** | **fucilóne**, **accr.**

fucileria [av. 1889] **s. f.** ● Rumore di numerosi e continui colpi di fucile | ***Fuoco di f.***, azione contemporanea e continuata di gran numero di fucili.

fucilièra [1869] **s. f.** **1** Rastrelliera per fucili. **2** †Feritoia da dove sparare con il fucile.

fucilière [1655] **s. m.** ● Soldato armato di fucile.

fucina [lat. *officīna(m)* 'officina'; av. 1306] **s. f.** **1** Focolare su cui i fabbri arroventano il ferro per batterlo all'incudine | Fornello fusorio di metalli come ferro, argento e sim. | ***F. infernale***, l'inferno | ***F. di Vulcano***, quella in cui, secondo la mitologia greco-romana, il dio Efesto o Vulcano, sotto l'Etna, forgiava le armi degli dei. **2** Impianto o reparto di fucinatura. **3** (*fig.*) Luogo, epoca, ambiente in cui si ordisce, si prepara qlco. o si formano menti, caratteri, personalità: *quella compagnia è una f. di misfatti; il Quattrocento fu una f. d'ingegni e di opere d'arte*. || **fucinétta**, **dim.**

fucinàre [da *fucina*; 1885] **v. tr.** **1** (*raro*) Lavorare il ferro, acciaio o altro materiale per battitura a caldo. SIN. Forgiare. **2** (*fig., disus.*) Ordire, macchinare: *f. inganni* | Formare, plasmare: *f. caratteri*.

fucinatóre [1952] **s. m.** (**f.** *-trice*) ● Operaio addetto alla fucinatura.

fucinatrice [1896] **s. f.** ● Pressa per dare forma al ferro reso malleabile dal calore.

fucinatùra [1941] **s. f.** ● Lavorazione a caldo di metalli.

fùco (**1**) [lat. *fūcu(m)*, nom. *fūcus*, dal gr. *phŷkos* 'alga', di orig. semitica; av. 1508] **s. m.** (**pl.** *-chi*) **1** Genere di alghe delle Fucacee con tallo laminare, appiattito e ramificato, che può presentare o no vesciche ripiene d'aria (*Fucus*). **2** †Belletto per guance che si ricavava un tempo dall'omonima alga di color rosso porpora.

fùco (**2**) [vc. dotta, lat. *fūcu(m)*, di orig. indeur.; av. 1320] **s. m.** (**pl.** *-chi*) ● Maschio dell'ape, tozzo, privo di aculeo, che si distingue dalla femmina per gli occhi più grandi. SIN. Pecchione.

fùcsia [chiamata così in onore del botanico bavarese L. *Fuchs*; 1813] **A** **s. f.** ● Genere di piante dicotiledoni cespugliose delle Enoteracee con bellissimi fiori penduli, gener. di colore rosa violaceo, bianco, viola variamente combinati fra loro (*Fuchsia*). ➡ ILL. **piante**/5. **B** in funzione di **agg. inv.** ● (posposto al s.) Detto del colore rosa violaceo proprio del fiore omonimo.

fucsina [dal ted. *Fuchs* 'volpe', trad. del fr. *Renard*, cognome di un industriale di Lione per il quale lavorava lo scopritore del prodotto; 1869] **s. f.** ● (*chim.*) Sostanza colorante rossa del gruppo del trifenilmetano, ottenuta per ossidazione di un miscuglio di anilina e toluidina, usata per tingere lana e seta. SIN. Rosanilina.

fuegino o **fueginо** [da *Fuegia*, n. sp. della *Terra del Fuoco*] **A** **agg.** ● Della Terra del Fuoco. **B** **s. m.** (**f.** *-a*) ● Abitante della Terra del Fuoco.

fuero /sp. 'fwero/ [vc. sp., dal lat. *fŏru(m)* 'foro'] **s. m. inv.** (**pl.** sp. *fueros*) ● (*dir.*) Ognuno degli statuti autonomi e privilegiati di origine medievale di cui, per tradizione, godettero alcune province spagnole fra cui le tre basche.

fuètto [fr. *fouet*, dal fr. ant. *fou* 'faggio' (dal lat. *fāgu(m)* 'faggio'): il sign. orig. doveva essere quello di 'piccolo faggio', poi di 'bacchetta di faggio (per frustare)' e quindi di 'frustino'] **s. m.** **1** Frustino usato nelle corse al trotto e al galoppo. **2** (*mar.*; *disus.*) Cimetta sottile.

fùffa o **fòffa** [vc. dial. sett., dalla base onomat. *fuff-*, *foff-*] **s. f.** **1** (*milan.*) Merce scadente, ciarpame | (*fig.*) Discorso vuoto, inutile. **2** (*sett.*) Inganno, imbroglio.

fuffigno [vc. onomat.] **s. m.** ● Ingarbugliamento dei fili di un tessuto o di una matassa.

♦**fùga** o †**fùgga** [vc. dotta, lat. *fŭga(m)*, da *fŭgere* 'fuggire'; av. 1292] **s. f.** **1** Rapido allontanamento da un luogo o da una situazione, per paura o per sottrarsi a un danno, un pericolo e sim.: *f. generale, precipitosa; salvarsi con la f.; del nemico la f. o la vittoria* (CAMPANELLA) | ***La f. in Egitto***, di Giuseppe, Maria e Gesù, per sottrarsi alla persecuzione di Erode | ***Darsi alla f., andare, volgere in f.***, fuggire | ***Porre, mettere in f.***, far fuggire | ***Pigliare la f.***, fuggire | ***Di f.***, frettolosamente, di sfuggita | (*fig.*) ***F. dalla realtà***, evasione fittizia da una situazione concreta, allo scopo di sottrarsi a responsabilità e sim. **2** (*est.*) Fuoriuscita: *f. di gas; f. d'acqua* | ***F. di capitali***, trasferimento di capitali monetari da uno Stato che versa in difficoltà politiche o economiche a un altro che dia garanzie di stabilità | ***F. di notizie***, il trapelare di notizie riservate, segrete e sim. da determinati ambienti | (*fig.*) ***F. dei cervelli***, fenomeno per cui scienziati e sim. lasciano sistematicamente i loro Paesi e si trasferiscono in altri per le migliori possibilità loro offerte | ***F. in avanti***, (*fig.*) comportamento di chi, invece di misurarsi con una situazione concreta e con difficoltà immediata, si propone obiettivi lontani di difficile o impossibile realizzazione. **3** (*est.*) Progressivo allontanamento di un oggetto da un determinato punto di riferimento: *velocità di f.* **4** Serie di elementi architettonici o di ambienti, uguali fra loro e disposti uno di seguito all'altro a distanza regolare, in modo da suggerire un effetto prospettico di movimento: *una f. di colonne, di archi, di saloni* | ***F. di specchi***, illusione ottica determinata da due specchi che si riflettono uno nell'altro. **5** Nel ciclismo su strada, azione di uno o più corridori che si staccano dal gruppo: *tentare una f.; essere, andare in f.* | ***Squadra in f.***, quella che, prima in classifica, stacca sensibilmente le altre. **6** (*mus.*) Forma musicale contrappuntistica in cui le voci, in numero variabile, intervengono l'una dopo l'altra secondo una precisa struttura: *f. a due, tre, quattro voci* | ***F.***

rovesciata, controfuga. || **fughétta**, **dim.**

fugàce [vc. dotta, lat. *fugāce(m)*, da *fŭgere* 'fuggire'; 1342] **agg.** *1* (*raro, lett.*) Che fugge | (*est.*) Che è fuggevole, transitorio, di breve durata: *la bellezza è un bene f.*; *i fugaci beni del mondo*; *avanzano / ore fugaci e meste* (PARINI). **CONTR.** Durevole. *2* (*bot.*) Caduco. || **fugaceménte**, **avv.** In modo fuggevole.

fugacità [vc. dotta, lat. tardo *fugacitāte(m)*, da *fŭgax*, genit. *fugācis* 'fugace'; 1565] **s. f.** ● Caratteristica di ciò che è fugace: *la f. della vita, dei beni mondani.*

fugàpi [comp. di *-fuga(re)* e il pl. di *ape*] **s. m. inv.** ● (*zool.*) Apiscampo.

fugàre [vc. dotta, lat. *fugāre*, da *fŭga* 'fuga'; sec. XIII] **A** **v. tr.** (*io fùgo, tu fùghi*) *1* Mettere in fuga, far fuggire (*anche fig.*): *f. gli avversari, l'ozio, il sonno, la tentazione*; *il vento ha fugato le nubi.* **SIN.** Cacciare, dileguare. *2* †Trafugare. **B** **v. intr. pron.** ● †Fuggire: *vertù così per nimica si fuga / da tutti come biscia* (DANTE *Purg.* XIV, 37,38). **C** **v. intr.** (aus. *avere*) ● (*mus.*) Comporre una fuga.

fugàto [av. 1647] **A** **part. pass.** di *fugare*; anche **agg.** ● Nei sign. del v. **B** **s. m.** ● (*mus.*) Parte, in forma di fuga, di una composizione.

fugatóre [vc. dotta, lat. tardo *fugatōre(m)*, da *fugāre* 'fugare'; 1336 ca.] **s. m.**; anche **agg.** (f. *-trice*) *1* (*lett.*) Chi (o Che) scaccia o mette in fuga. *2* (*idraul.*) Canale, che convoglia le acque di rifiuto di un comprensorio irriguo, portandole a scaricare in un recipiente naturale.

†**fùgga** ● V. *fuga*.

fuggènte o †**fuggiènte** [sec. XIII] **A** **part. pres.** di *fuggire*; anche **agg.** ● (*lett.*) Che fugge: *cogliere l'attimo f.* **B** **s. m.** e **f.** ● (*lett.*, *raro*) Chi fugge.

fuggévole [av. 1333] **agg.** ● Che passa veloce: *attimo, istante f.* | Rapido, breve, fugace: *sguardo f.* || **fuggevolménte**, **avv.**

fuggevolézza [1858] **s. f.** ● (*raro*) Fugacità: *la f. della vita.*

fuggiàsco [da *fuggire*; sec. XIV] **agg.**; anche **s. m.** (f. *-a*; pl. m. *-schi*) ● Che (o Chi) fugge per sottrarsi a pericoli, ricerche, persecuzioni e sim.: *militari fuggiaschi*; *un gruppo di fuggiaschi* | ***Andar f.***, fuggire | (*est.*) Esule: *Dante f. sostò in molte corti italiane.* **SIN.** Profugo. || †**fuggiascaménte**, **avv.**

†**fuggiènte** ● V. *fuggente*.

fuggifùggi o **fùggi fùggi** [imperat. di *fuggire*, raddoppiato; 1898] **s. m. inv.** ● Fuga disordinata e precipitosa di più persone, veicoli e sim.: *lo scoppio provocò un f. generale.*

†**fuggiménto** [1300 ca.] **s. m.** ● Fuga.

♦**fuggìre** [lat. tardo *fugīre*, per il classico *fŭgere*, di orig. indeur.; av. 1250] **A** **v. intr.** (*io fùggo, tu fùggi*; aus. *essere*) *1* Allontanarsi da un luogo o da una situazione con la maggior rapidità possibile, per paura o per sottrarsi a un danno, un pericolo e sim.: *f. dalla città in fiamme*; *f. dalle mani dei nemici* | ***F. dalla prigione, dal campo di concentramento***, evadere | ***F. dinnanzi alla tempesta***, nel linguaggio marinaro, correre nella stessa direzione del vento, con poche vele e basse | ***Correr dietro a chi fugge***, (*fig.*) far del bene a chi non lo vuole | (*est.*) Tenersi lontano da qlcu. o da qlco.: *f. dalle tentazioni, dalle cattive amicizie.* **SIN.** Scappare. *2* Rifugiarsi: *f. sui monti, dentro il forte*; *non saper dove f.* | (*fig.*) ***F. in sé stesso***, rinchiudersi in sé. *3* Nel ciclismo su strada, realizzare o tentare una fuga. *4* Scorrere rapidamente (*anche fig.*): *gli anni fuggono*; *il paesaggio fugge dinnanzi agli occhi del viaggiatore.* *5* (*fig.*) Venir meno: *la forza, la vita, la gloria fugge*; *via fugge / con gli anni insieme la bellezza* (POLIZIANO) | Dileguarsi: *la nebbia, le tenebre fuggono.* **B** **v. tr.** *1* Schivare, evitare, eludere (*anche fig.*): *f. le tentazioni, gli affanni*; *f. la compagnia dei malvagi*; *una scuola che insegna a f. i pericoli, per non soccombere alle cadute* (GOLDONI) | ***F. un luogo***, allontanarsene in tutta fretta. *2* †Trafugare, occultare. *3* †Ricusare. *4* †Fugare.

†**fuggìta** [av. 1292] **s. f.** ● Fuga, spec. di esercito.

fuggitìvo [lat. *fugitīvu(m)*, da *fŭgere* 'fuggire'; av. 1292] **A** **agg.** *1* Che si allontana fuggendo, che è fuggito: *lepre, nave fuggitiva*; *schiavo f.*; *seguir le fere fugitive in caccia* (POLIZIANO). *2* (*lett., fig.*) Che sfugge: *negli occhi tuoi ridenti e fuggitivi* (LEOPARDI). *3* (*raro, fig.*) Fugace, fuggevole: *attimo, pensiero f.* *4* †Da doversi fuggire, evitare. || **fuggitivaménte**, **avv.** **B** **s. m.** (f. *-a*) *1* Fuggiasco: *inseguire i fuggitivi* | Disertore, transfuga, evaso: *riprendere i fuggitivi.* *2* Nel ciclismo su strada, corridore in fuga.

fuggitóre [lat. *fugitōre(m)*, da *fŭgere* 'fuggire'; 1336 ca.] **s. m.**; anche **agg.** (f. *-trice*) ● (*lett.*) Chi (o Che) fugge.

-fugo [lat. *-fugu(m)*, ora col senso di *fugāre* 'mettere in fuga', ora di *fŭgere* 'fuggire'] secondo elemento *1* In alcune parole composte, significa 'che mette in fuga': *callifugo, febbrifugo, vermifugo.* *2* In alcune parole composte significa 'che fugge da': *centrifugo.* **CONTR.** -peto.

Führer /ˈfyrer, *ted.* ˈfyːʀɐ/ [ted., da *führen* 'guidare'; calco sull'it. *duce*; 1935] **s. m. inv.** (pl. ted. inv.) ● Titolo dato in Germania al dittatore A. Hitler (1885-1945).

fùi ● V. *essere* (*1*).

†**fuìna** [ant. fr. *fouine*, da *fou* 'faggio', sul quale è solita vivere; sec. XV] **s. f.** ● (*dial.*) Faina.

†**fùio** [lat. parl. **fūriu(m)*, da *fūr*, genit. *fūris* 'ladro'; 1313] **s. m.**; anche **agg.** (f. *-a*) ● Ladro: *non è ladron, né io anima fuia* (DANTE *Inf.* XII, 90).

fuitina [vc. calabrese e siciliana, dal v. *fuìri* 'fuggire, scappare'; 1985] **s. f.** ● (*merid.*) Fuga da casa e breve convivenza di due fidanzati, spec. minorenni, attuate come espediente per convincere i genitori ad accettare il matrimonio.

fùlcro [vc. dotta, lat. *fūlcru(m)*, da *fulcīre* 'sostenere'. V. *folcere*; av. 1505] **s. m.** *1* (*mecc.*) Punto di appoggio della leva. *2* (*fig.*) Punto centrale di una teoria, questione, discussione e sim. **SIN.** Perno. *3* (*bot.*) Organo con cui alcune piante si attaccano a un sostegno.

fulgènte [av. 1306] **part. pres.** di *fulgere*; anche **agg.** ● (*lett.*) Che rifulge.

fùlgere [vc. dotta, lat. *fŭlgere* e *fulgēre*, dalla stessa radice di *fŭlgur* 'folgore'; 1321] **v. intr.** (*io fùlgo, tu fùlgi*; **pass. rem.** *io fùlsi, tu fulgésti*; difett. del **part. pass.** e dei tempi composti) ● (*lett.*) Rifulgere, risplendere: *la luna in mezzo alle minori stelle / chiara fulgea nel ciel quieto e sereno* (L. DE' MEDICI).

fulgidézza [sec. XIV] **s. f.** ● (*raro*) Caratteristica di fulgido.

fulgidità o †**fulgiditàde**, †**fulgiditàte** [sec. XIV] **s. f.** ● (*lett.*) Fulgidezza.

fùlgido [lat. *fŭlgidu(m)*, da *fulgēre* 'fulgere'; 1321] **agg.** ● Che splende di viva e grande luce: *gemma, stella fulgida* | (*fig.*) ***Ingegno f.***, acuto e penetrante | (*fig.*) Luminoso: *f. esempio.* **SIN.** Brillante. || **fulgidaménte avv.**

†**fulgoràre** [da *fulgore*] **v. tr.** ● Rendere fulgido.

fulgóre o †**folgóre** (2) [lat. *fulgōre(m)*, da *fulgēre* 'fulgere'; 1321] **s. m.** ● Splendore vivo e intenso (*anche fig.*).

Fulgòridi [vc. dotta, comp. di *fulgore*, perché erano ritenuti luminescenti, e *-idi*] **s. m. pl.** (sing. *-e*) ● Nella tassonomia animale, famiglia di Insetti degli Omotteri dai colori appariscenti che vivono sui vegetali nutrendosi di linfa, frequenti spec. nei climi caldi e umidi (*Fulgoridae*).

fulguràle [vc. dotta, lat. *fulgurāle(m)*, da *fŭlgur*, genit. *fŭlguris* 'folgore'; 1756] **agg.** ● Attinente alle folgori | ***Libri fulgurali***, presso gli Etruschi e i Romani, libri che trattavano la divinazione a mezzo delle folgori e i relativi riti di placazione.

fulguratòrio **agg.** ● ***Arte fulguratoria***, tecnica aruspicale etrusca e romana per la divinazione a mezzo di folgori e per la purificazione dei luoghi da essi colpiti.

†**fùlgure** ● V. *folgore* (*1*).

filìggine o (*tosc.*) **filìggine** [lat. *fulīgine(m)*, di orig. indeur.; av. 1292] **s. f.** *1* Deposito nerastro che aderisce spec. ai camini e alle caldaie, costituito da particelle carboniose che si formano nella combustione incompleta delle sostanze bruciate | ***Nero come la f.***, nerissimo. *2* (*bot.*) Golpe.

fuligginóso [lat. tardo *fuliginōsu(m)*, da *fulīgo*, genit. *fulīginis* 'fuliggine'; av. 1484] **agg.** ● Coperto di fuliggine: *parete fuligginosa.*

full /ful, *ingl.* fʊl/ [vc. ingl., propr. 'completo', di orig. indeur.; 1948] **s. m. inv.** ● Nel gioco del poker, combinazione di carte costituita da un tris più una coppia.

full contact /*ingl.* ˈfʊl ˈkʰɒntækt/ [loc. ingl., propr. 'contatto (*contact*) totale (*full*)'] **loc. sost. m. inv.** ● (*sport*) Disciplina nata negli Stati Uniti, derivata dal karate, nella quale i due avversari si affrontano sul ring, scambiandosi sia colpi di braccia che di gambe, con contatto fisico.

fullerène [dal R. B. *Fuller* (1895-1983), l'architetto americano che creò la cupola geodetica, alla quale la forma della molecola assomiglia, col suff. *-ene*] **s. m.** ● (*chim.*) Molecola costituita da sessanta o più atomi di carbonio con una struttura a sferoide cavo; addizionata di particolari elementi chimici ha ottime proprietà di superconduttività.

full immersion /fullimˈmɛrʃon, *ingl.* ˈfʊl ɪˈmɜːɹʃn/ [loc. ingl., propr. 'immersione completa'; 1986] **loc. sost. f. inv.** (pl. ingl. *full immersions*) *1* Metodo di apprendimento di una lingua straniera, basato su uno studio intenso e continuo per un periodo di tempo limitato. *2* (*est.*) Svolgimento di un'attività con tutte le proprie energie, accantonando ogni altra occupazione.

fullóne ● V. *follone*.

full text /fulˈtɛkst, *ingl.* ˈfʊl ˈtɛkst/ [vc. ingl., comp. di *full* 'completo, pieno' e *text* 'testo'; 1996] **loc. agg. inv.** ● (*elab.*) Detto di ricerca in grado di rintracciare una stringa di caratteri all'interno di un file di testo.

full-time /fulˈtaim, *ingl.* ˈfʊlˌtaɪm/ [ingl., propr. 'tempo pieno', comp. di *full* 'pieno' (vc. germ. di orig. indeur.) e *time* 'tempo' (vc. germ. di orig. indeur.); 1963] **A** **agg. inv.** e **avv.** ● Detto di lavoro che occupa l'intera giornata lavorativa: *lavoro, occupazione full time*; *lavorare, occuparsi* (*a*) *full-time.* **B** **loc. sost. m. inv.** ● Il lavoro stesso: *scegliere, accettare il full-time.*

fulmicotóne [fr. *fulmicoton* 'cotone fulminante', comp. del lat. *fŭlmen*, genit. *fŭlminis* 'fulmine', e del fr. *coton* 'cotone'; 1846] **s. m.** ● Sostanza esplosiva ottenuta per nitrazione spinta del cotone. **SIN.** Cotone fulminante | (*fig.*) ***Un tiro, un pugno al f.***, violentissimo.

fulminànte [1869] **A** **part. pres.** di *fulminare*; anche **agg.** *1* Che fulmina (*anche fig.*): *un'occhiata f.* *2* (*fig.*) Di malattia che ha decorso rapido, letale: *meningite f.* *3* Che scoppia all'istante con violenza: *proiettile f.*; *polvere f.* **B** **s. m.** *1* (*region.*) Fiammifero di legno. *2* Innesco.

fulminàre [vc. dotta, lat. *fulmināre*, da *fŭlmen*, genit. *fŭlminis* 'fulmine'; 1336 ca.] **A** **v. tr.** (*io fùlmino*) *1* Colpire, abbattere col fulmine: *Dio lo fulmini!* | (*fig.*) ***F. qlcu. con uno sguardo, con un'occhiata***, farlo tacere di colpo. **SIN.** Folgorare. *2* (*est.*) Abbattere con una scarica elettrica o un'arma, spec. da fuoco: *la corrente ad alta tensione lo fulminò sul colpo*; *f. l'avversario a rivoltellate.* *3* (*raro, fig.*) Scagliare con violenza: *f. una maledizione contro qlcu.* | (*assol.*) Nel linguaggio calcistico: ***f. il portiere***, realizzare un gol, con un tiro improvviso e violento. **B** **v. intr. impers.** (aus. *essere* o *avere*) ● Cader fulmini: *tuonò e fulminò tutta la notte.* **C** **v. intr.** (aus. *essere* o *avere*) ● (*fig.*) †Muoversi con impeto e rapidità: *s'avean le lance fatte dar con fretta / e venian fulminando alla vendetta* (ARIOSTO). **D** **v. intr. pron.** ● (*fam.*) Fondersi, per eccesso di corrente elettrica: *la lampadina si è fulminata.*

fulminàto (1) [1336 ca.] **part. pass.** di *fulminare*; anche **agg.** *1* Colpito da un fulmine o da una scarica elettrica | Abbattuto a morte. *2* (*fig.*) Annichilito.

fulminàto (2) [deriv. di *fulmin(ico)*, col suff. *-ato* (*2*)] **s. m.** ● (*chim.*) Sale dell'acido fulminico | ***F. di mercurio***, sostanza esplosiva impiegata per inneschi.

fulminatóre [vc. dotta, lat. tardo *fulminatōre(m)*, da *fulmināre* 'fulminare'; 1499] **s. m.**; anche **agg.** (f. *-trice*) ● (*lett.*) Chi (o Che) fulmina (*anche fig.*): *Giove f.*; *f. degli eretici.*

fulminazióne [vc. dotta, lat. tardo *fulminatiōne(m)*, da *fulmināre* 'fulminare'; sec. XIV] **s. f.** *1* (*raro*) Il fulminare (*anche fig.*) | (*raro*) Caduta del fulmine. *2* (*med.*) Folgorazione: *morte per f.*

♦**fùlmine** [vc. dotta, lat. *fŭlmine*, abl. di *fŭlmen*, da *fulgēre* 'fulgere'; av. 1292] **s. m.** *1* Violenta scarica elettrica tra una nube temporalesca e la terra o tra nube e nube, accompagnata da radiazioni visibili, sonore, elettromagnetiche | ***F. a ciel sereno***, (*fig.*) avvenimento improvviso e spiacevole | ***Colpo di f.***, (*fig.*) innamoramento improvviso e violento | (*lett.*) ***Tuoni e fulmini! Fulmini e saette!***, escl. che esprimono stupore, meraviglia, disappunto e sim. **SIN.** Folgore. ➡ **ILL.** p. 2135 SCIENZE DELLA TERRA ED ENERGIA. *2* (*fig.*) Persona o cosa molto rapida, impetuosa o minacciosa: *sei stato un f.!* | *Un*

f. di guerra, generale rapido ed efficace nelle azioni; (*fig.*) persona molto rapida nel decidere e nell'agire: *quel tuo amico non è proprio un f. di guerra!* | (*fig.*) Reazione molto aspra, critica violenta: *si è attirato i fulmini dei superiori* | (*raro*) *I fulmini del Vaticano*, scomuniche o minacce papali.

fulmineità [1915] **s. f.** • (*raro*) Caratteristica di chi (o di ciò che) è fulmineo.

fulmìneo [vc. dotta, lat. *fulmĭneu(m)*, da *fŭlmen*, genit. *fŭlminis* 'fulmine'; 1532] **agg.** *1* (*raro*, *lett.*) Di fulmine. *2* (*fig.*) Rapido, improvviso: *ottenere un f. successo; una decisione fulminea*; *la fulminea spada in cerchio gira* (TASSO). *3* (*lett.*) Folgorante: *sguardo f.* ‖ **fulmineaménte** avv. In modo fulmineo, rapido.

fulmìnico [da *fulmine*; 1963] **agg. (pl. m. -ci)** • (*chim.*) Detto di acido isomero dell'acido cianico molto instabile, in cui si ammette l'esistenza di carbonio bivalente.

fulmìnio [sec. XIII] **s. m.** • (*raro*) Frequente cadere di fulmini (*anche fig.*).

fulminóso [av. 1638] **agg.** • (*poet.*) Fulmineo: *fulminose spade* (CARDUCCI).

fùlvido [vc. dotta, lat. tardo *fŭlvidu(m)*, sovrapposizione di *fŭlgidus* 'fulgido' a *fŭlvus* 'fulvo'; 1321] **agg.** *1* †Fulgido. *2* (*poet.*) Fulvo.

fùlvo [vc. dotta, lat. *fŭlvu(m)*, di orig. indeur.; 1342] **agg.** • Giallo rossiccio: *la fulva criniera del leone*.

fumàbile [av. 1890] **agg.** • (*raro*) Che si può fumare: *tabacco f.*

fumàcchio [da *fumo*; av. 1729] **s. m.** *1* Pezzetto di legno non bene carbonizzato che bruciando manda fumo e puzzo. *2* Fumo di cose che bruciano con lentezza e senza fiamma: *qualche maceria e qualche f.* (PASCOLI). *3* (*tosc.*) Fumigazione. *4* (*poet.*) Soffione.

fumàggine [da *fumo*, perché forma delle macchie scure] **s. f.** • (*bot.*) Malattia provocata sulle parti aeree di varie piante da Funghi ascomiceti. SIN. Nero.

fumaiòlo o (*lett.*) **fumaiuòlo** [lat. tardo *fumario̧lu(m)*, da *fumārium* 'cella affumicata ove si asciugava la legna da ardere', poi 'tubo per cui esce il fumo dal tetto', da *fūmus* 'fumo'; av. 1348] **s. m.** *1* Parte sporgente del camino, spec. di navi e locomotive a vapore, o di impianti industriali. *2* (*tosc.*) Fumacchio, fumarola.

fumàna [da *fumo*; av. 1460] **s. f.** *1* Nebbia non fitta | (*est.*, *pop.*) Ogni caligine fastidiosa. *2* †Esalazione di vapori da pantani, da cime di montagne e sim. *3* †Fumata fatta per segnalazione.

fumànte [sec. XIV] **part. pres.** di *fumare*; *anche* **agg.** • Che fuma | Caldo, appena fatto: *caffè f.*

fumantino [da *fumare* nel senso di 'eccitabile, passionale, facile all'ira'; 1942] **agg.** • (*rom.*) Irritabile, che si inalbera facilmente: *un carattere f.; un tipo f.*

◆**fumàre** [lat. *fumāre*, da *fūmus* 'fumo'; sec. XIII] **A v. intr.** (aus. *avere*) • Mandar fumo: *il camino, il tizzone, il vulcano, l'incenso fuma* | (*est.*) Esalare vapore: *la minestra, il caffè fumano*. **B v. tr.** *1* Aspirare il fumo del tabacco o di altre sostanze ed emetterlo dalla bocca e dal naso: *f. sigari, sigarette, oppio; f. la pipa* | (*assol.*) Avere il vizio di fumare tabacco; avere il vizio di fumare hascisc | (*fig.*) *F. come un turco*, molto | *Vietato f.*, divieto di fumare in certi locali pubblici o luoghi pericolosi | (*fig.*) †*Fumarsela*, andarsene non curandosi di qlco. *2* (*lett.*) Emettere fumo o vapore: *vedea ... | fumar le pire igneo vapor* (FOSCOLO).

fumària [da *fumo*, perché ha il sapore di fuliggine; 1550] **s. f.** • Pianta erbacea delle Papaveracee, con piccoli fiori rosei o bianchi riuniti in grappoli e frutto a noce (*Fumaria officinalis*).

fumàrico [da *fumaria*; 1869] **agg. (pl. m. -ci)** • (*chim.*) Detto di acido isomero dell'acido maleico, che in natura si trova in alcuni Funghi, nella fumaria e in altre piante, usato in varie sintesi organiche.

fumàrio [1943] **agg.** • Del, per il fumo: *canna fumaria*.

fumaròla [V. *fumaiolo*; av. 1597] **s. f.** • (*geol.*) Emissione rapida e violenta di gas vulcanici e vapori surriscaldati da un condotto vulcanico o da una colata di lava. ➡ ILL. p. 2131 SCIENZE DELLA TERRA ED ENERGIA.

fumaròlico **agg. (pl. m. -ci)** • (*geol.*) Relativo a fumarola.

fumàta [1588] **s. f.** *1* Emissione di fumo, naturale o artificiale: *la f. di un vulcano; una f. di segnalazione* | *F. bianca, nera*, durante il conclave per l'elezione del Papa, per annunciare l'esito positivo o negativo delle votazioni | *Fare la f.*, accendere paglia o altro materiale, nei campi, per impedire i danni delle brinate alle colture. *2* Atto del fumare tabacco e sim.: *farsi una f.* ‖ **fumatìna**, dim.

fumàto [av. 1758] **part. pass.** di *fumare*; *anche* **agg.** *1* Nei sign. del v. *2* †Affumicato.

fumatóre [da *fumare*; 1839] **s. m.** (f. *-trice*, pop. disus. *-tora*) • Chi fuma tabacco: *f. accanito, irriducibile*; *scompartimento per fumatori.*

fumé [fr. fy'me/ [vc. fr., propr. part. pass. di *fumer* 'fumare'; 1940] **agg. inv.** • Di color fumo, grigio sporco | Di color grigio brunastro, simile a quello del fumo: *tessuto f.; calze f.*

†**fumèa** [ant. fr. *fumée* 'fumata'; 1623] **s. f.** • (*poet.*) Esalazione di fumo o vapori: *La f. a mezz'aria | del meriggio ottobrino | stempra le poche voci* (LUZI).

fumeggiàre [da *fumo*; 1550] **v. intr.** (io *fuméggio*, aus. *avere*) • Mandare fumo: *la carne sul fuoco fumeggiava*.

fuménto • V. *fomento*.

fumerìa [fr. *fumerie*, da *fumer* 'fumare'; 1939] **s. f.** • Locale riservato a fumatori, spec. d'oppio.

fumettìsta [1963] **s. m. e f. (pl. m. -i)** *1* Chi scrive storie a fumetti. *2* (*spreg.*) Scrittore da poco, banale, superficiale e sim.

fumettìstica [da *fumettistico*; 1963] **s. f.** • Insieme della produzione di fumetti.

fumettìstico [1953] **agg. (pl. m. -ci)** *1* Dei, relativo ai, fumetti. *2* (*spreg.*) Che è banale, convenzionale, troppo sfruttato, che cerca facili effetti e sim.: *personaggio f.; vicenda fumettistica.* ‖ **fumettisticaménte**, avv.

fumétto (1) [detto così perché, versato nell'acqua, produce un *fumo* biancastro; 1870] **s. m.** • Liquore di anice e finocchio.

◆**fumétto** (2) [dim. di *fumo*, perché le parole che escono dalla bocca dei personaggi sono racchiuse in nuvolette di fumo; 1942] **s. m.** *1* Piccolo riquadro, gener. a forma di nuvoletta, che racchiude le battute dei personaggi di vignette o di racconti illustrati. *2* (*spec. al pl.*) Racconto o romanzo realizzato mediante una serie di disegni in cui le battute dei personaggi sono racchiuse nelle caratteristiche nuvolette | Giornale che contiene prevalentemente tali racconti o romanzi. *3* (*spreg.*) Opera narrativa, teatrale o cinematografica di contenuto per lo più banale e risaputo, trattato con superficialità, gusto per l'effetto e in modo da ottenere una facile presa sul pubblico. ‖ **fumettóne**, accr.

fumétto (3) [per il colore piuttosto opaco assunto dal liquido; 1990] **s. m.** • (*cuc.*) Brodo di pesce concentrato.

fùmido [vc. dotta, lat. *fūmidu(m)*, da *fūmus* 'fumo'; sec. XIV] **agg.** • (*lett.*) Che emette fumo: *le stanze purgate dai morbi | con f. solfo* (D'ANNUNZIO) | Pieno di fumo.

fumigàre [vc. dotta, lat. *fumigāre*, da *fūmus* 'fumo'; sec. XIV] **A v. intr.** (io *fumìgo*, tu *fumìghi*; aus. *avere*) *1* Mandare un po' di fumo o vapore: *la legna umida fumiga*. *2* †Fare fumigazioni. **B v. tr.** *1* †Affumicare. *2* (*lett.*) †Profumare.

fumigatóre **s. m.** • Apparecchiatura per introdurre nel terreno sostanze antiparassitarie volatili.

fumigatòrio [da *fumigare*] **agg.** • Detto di ciò che è usato per fare fumigazioni: *sostanza fumigatoria.*

fumigazióne [vc. dotta, lat. tardo *fumigatio̧ne(m)*, da *fumigāre* 'fumigare'; av. 1320] **s. f.** *1* Esposizione a fumi o vapori di varia natura | (*agr.*) Produzione di fumi nei campi a scopo antiparassitario | Nell'industria alimentare, affumicatura.

fumìsmo [da *fumista* nel sign. 2; 1938] **s. m.** • Fumisteria.

fumìsta [fr. *fumiste*, da *fumée* 'fumo'; nel sign. 2 con particolare riguardo a un operaio fumista, protagonista di un vaudeville in cui si distingueva per scherzi e facezie; 1830] **s. m. e f. (pl. m. -i)** *1* Operaio che cura la manutenzione e si occupa della riparazione di caloriferi, stufe, camini | (*est.*) Fabbricante di stufe, caminetti, ecc. *2* (*fig.*, *raro*) Burlone, buontempone | Chi vuole o ama sbalor-

dire o confondere con trovate, invenzioni, eccentricità e sim.

fumisterìa [fr. *fumisterie*, da *fumiste* 'fumista' nel sign. 2; 1915] **s. f.** *1* Gusto di giocare scherzi, di sbalordire e sim. *2* Scritto o discorso altisonante e pretenzioso ma in realtà fumoso, di scarso contenuto.

fumìstico [da *fumista* nel sign. 2; 1958] **agg. (pl. m. -ci)** • (*raro*) Detto di stile, scritto, discorso e sim. che fa ricorso a trovate e invenzioni d'effetto per destare interesse o sbalordire.

fumìvoro [fr. *fumivore*, comp. del lat. *fūmus* 'fumo' e *-vore*, ricavato da *carnivore* 'carnivoro'; 1863] **A agg.** • Detto di apparecchio per consumare le materie combustibili che restano sospese nel fumo. **B s. m.** • Apparecchio, apparato fumivoro.

fùmmo • V. *essere* (1).

◆**fùmo** o (*pop.*) †**fùmmo** [lat. *fūmu(m)*, di orig. indeur.; av. 1292] **A s. m.** *1* Complesso dei prodotti gassosi di una combustione che trascinano in sospensione particelle solide, quali ceneri, carbone incombusto o solo parzialmente combusto, e sim.: *f. denso, nero, soffocante; il f. dell'incendio avvolge tutto il quartiere; segnali di f.* | *Far f.*, emanarlo, detto di cosa che brucia | *Sapere di f.*, detto spec. di cibo, avere uno sgradevole sapore di fumo | (*fig.*) *Vedere qlcu. come il f. negli occhi*, detestarlo | *Andare, convertirsi in f.*, (*fig.*) svanire, fallire e sim.: *i suoi progetti sono andati in f.* | (*fig.*) *Mandare in f.*, mandare a vuoto. *2* (*raro*) Fumacchio, fumaiolo. *3* (*est.*) Vapore, esalazione, che ha apparenza di fumo: *il f. della pentola, del cibo bollente; densi fumi si levavano dalle paludi*. *4* (*fig.*) Vana apparenza: *c'è molto f. in quello che dice*; *le sue promesse? tutto f.*, *credi a me* | *Vendere f.*, ingannare gli altri con apparenze o promesse vane | *Molto f. e poco arrosto*, di chi (o di ciò che) è di molta apparenza e di poca sostanza. *5* (*fig.*) Boria, vanità, superbia: *un uomo pieno di f.* *6* (*fig.*) †Sentore, indizio. *7* (*al pl.*) Esaltazione, offuscamento della mente causato da abuso di bevande alcoliche, da passioni intense e violente e sim.: *i fumi dell'ira, della gelosia; essere in preda ai fumi dell'alcol; i fumi della sbornia stanno passando*. **B s. m.** solo sing. • (*per anton.*) Il fumo del tabacco acceso in sigarette, sigari e pipe: *aspirare il f. dal naso; fare gli anelli di f.; scusi, le da fastidio il f.?* | *F. passivo*, quello proveniente da sigarette fumate da altri e di cui si subiscono gli effetti nocivi | (*est.*) Il fumare tabacco: *i danni del f.* | *le malattie provocate dal f.*; *articoli per, da f.* | (*est.*) Hascisc, sigaretta di hascisc: *cercare, procurarsi del f.* **C** in funzione di **agg. inv.** (posposto al s.) • Nelle loc. *grigio f.*, *nero f.*, particolari tonalità del grigio e del nero | (*Color*) *f. di Londra*, colore grigio molto scuro. ‖ **fumàccio**, accr., pegg. | **fumétto**, dim. (V.)

fumògeno [comp. di *fumo* e *-geno*; 1941] **A agg.** • Di sostanza o miscela chimica atta a produrre fumo o nebbia, spec. usata in guerra a scopo di mascheramento: *candelotto f.* | Che è formato da fumo: *cortina fumogena*. **B s. m.** • Sostanza o apparecchiatura per produrre fumo a scopo di occultamento.

fumoir /fr. fy'mwaːʀ/ [vc. fr., 'luogo dove si fuma', da *fumer* 'fumare'; 1884] **s. m. inv.** • Salotto dove è permesso fumare, sala per fumatori.

fumoserìa [da *fumoso*; 1990] **s. f.** • (*fig.*) Caratteristica di chi (o di ciò che) è fumoso, oscuro, contorto | (*fig.*) Scritto o discorso poco chiaro e poco comprensibile: *le fumoserie dei politici.*

fumosità o †**fumosìtade** o †**fumosìtate** [da *fumoso*; av. 1292] **s. f.** *1* Caratteristica di ciò che è fumoso. *2* †Esalazione fumosa | Fumo rado.

fumóso [vc. dotta, lat. *fumōsu(m)*, da *fūmus* 'fumo'; av. 1333] **agg.** *1* Che fa fumo | (*est.*) Che è pieno di fumo: *stanza fumosa*. *2* (*raro*, *lett.*) Di vino generoso, inebriante. *3* (*fig.*) Oscuro, arzigogolato, contorto: *enigma f.; stile f.* | (*fig.*) Incerto, impreciso, inconsistente: *proposte fumose; progetti fumosi*. *4* (*fig.*) Borioso, superbo: *carattere f.* ‖ **fumosaménte**, avv. Borioso, in modo oscuro, contorto, poco comprensibile.

fumus boni iùris [loc. lat., propr. 'fumo di buon diritto', comp. di *fūmus* 'fumo, sentore, indizio', *bŏni* e *iūris* (V. *giure*)]. **loc. sost. m. inv. (pl. lat. *fumi boni iuris*)** • (*dir.*) Espressione con cui si indica il probabile buon fondamento giuridico di una pretesa.

fùmus persecutiònis /lat. 'fumus persekuts-

funaio

'tsjɔnis/ [loc. lat., propr. 'fumo di persecuzione', comp. di *fūmus* 'fumo, sentore, indizio' e *persecutiōnis* (V. *persecuzione*)] loc. sost. m. inv. (pl. lat. *fumi persecutionis*) ● (*dir.*) Espressione con cui si indica la possibile esistenza di una volontà persecutoria da parte di un organismo inquirente.

funaio [da *fune*; sec. XIV] s. m. (f. *-a*) ● Funaiolo.

funaiòlo o **funaiuòlo** [sec. XIV] s. m. (f. *-a*) ● Chi fa o vende funi.

†funàle [vc. dotta, lat. *funāle*, da *fūnis* 'fune', perché è costituita da una fune incerata; av. 1472] s. m. ● Torcia a vento di corda intrisa di pece.

funambolésco [av. 1898] agg. (pl. m. *-schi*) ● Proprio del funambolo (*anche fig.*): *equilibrio f.; abilità funambolesca.* || **funambolescaménte**, avv.

funambòlico [1933] agg. (pl. m. *-ci*) ● Funambolesco (*spec. fig.*): *capacità, doti funamboliche.* || **funambolicaménte**, avv.

funambolismo [da *funambolo*; 1881] s. m. **1** Arte dei funamboli. **2** (*fig.*) Abilità nel destreggiarsi fra opposte tendenze, opinioni e sim., senza mai compromettersi troppo, spec. relativamente all'attività politica. SIN. Acrobatismo.

funàmbolo o **funàmbulo** [vc. dotta, lat. tardo *funāmbulu(m)* 'che cammina sulla corda', comp. di *fūnis* 'fune' e *ambulāre* 'camminare'; sec. XIV] s. m. (f. *-a*) **1** Equilibrista che esercita il suo mestiere sulla corda o su un filo di metallo. **2** (*fig.*) Chi, nella vita sociale o politica, sa procedere accortamente e con abilità.

funàme [da *fune*; av. 1374] s. m. ● (*raro*) Assortimento di funi di varie specie.

funàta [av. 1606] s. f. **1** Colpo dato con una fune. **2** (*raro*) Quantità di cose riunite: *una f. di panni ad asciugare*.

†fùnda [vc. dotta, lat. *fŭnda(m)*, vc. tecnica importata, ma di etim. incerta] s. f. ● Fionda.

†fùndere ● V. *fondere*.

fùne [lat. *fūne(m)*, di etim. incerta; av. 1292] s. f. **1** Organo flessibile, costituito da più fili vegetali o metallici attorcigliati, riuniti fra loro in modi diversi: *f. a trefoli; f. di canapa, d'acciaio; il capo della f.* | **F. portante**, quella ferma su cui si muovono vetture o vagoncini nelle funicolari aeree | **F. di guardia**, quella tesa come schermo fra le cime dei piloni delle linee elettriche, al fine di evitare che i fulmini si scarichino sui conduttori | **Tiro alla f.**, gara tra due squadre o gruppi di persone che cercano di prevalere una sull'altra tirando dalle estremità una lunga corda. SIN. Corda. **2** Attrezzo ginnico per gli esercizi di arrampicata, consistente in una grossa corda sospesa al palco di salita. **3** †Tormento e pena della corda (V. *corda*, sign. 7) | †Sferza per disciplina. || **funicèlla**, dim. | **funicèllo**, dim. m. | **funicino**, dim. m.

fùnebre (*poet.*) **funèbre** [vc. dotta, lat. *fūnebre(m)*, da *fūnus*, genit. *fūneris* 'funerale'. V. *funesto*; 1351] agg. **1** Relativo ai morti: *cerimonie, onoranze funebri; rito f.* | **Ufficio f.**, cerimonia religiosa in suffragio del morto | *Orazione, elogio f.*, pronunciato per ricordare e onorare un defunto | *Marcia f.*, componimento musicale che accompagna un funerale solenne. (*fig.*) Triste, funereo, tetro: *aria f.* || **funebreménte**, avv.

◆**funeràle** [lat. tardo *funerāle(m)* 'funebre', agg. di *fūnus*, genit. *fūneris* 'funerale'. V. *funesto*; 1340] A s. m. ● Complesso di atti e cerimonie civili o religiose per rendere a un defunto gli estremi onori | **Faccia, viso da f.** (*fig.*) tristissimo (*fig.*) **Essere un f.**, di chi (o di ciò che) è totalmente privo di allegria: *quell'individuo è proprio un f.; la festa fu un f.* B agg. ● (*lett.*) Funereo, funerario: *carme f.* || **†funeralménte**, avv.

†funeràre [vc. dotta, lat. *funerāre*, da *fūnus*, genit. *fūneris* 'funerale'. V. *funesto*; 1829] v. tr. ● Rendere gli onori funebri a un morto.

funeràrio [vc. dotta, lat. tardo *funerāriu(m)*, da *funerāre* 'funerare'; 1815] agg. ● Concernente la morte, le esequie: *iscrizione, decorazione funeraria* | **Funebre**: *cerimonia funeraria* | **Urna funeraria**, cineraria.

fùnere [vc. dotta, lat. *fūnere*, abl. di *fūnus*, genit. *fūneris* 'funerale, morte' (V. *funesto*); 1894] s. m. ● (*lett.*) Uccisione, strage; *e dal f. nefando / egli solo ritornò* (CARDUCCI).

funèreo [vc. dotta, lat. *fūnereu(m)*, da *fūnus*, genit. *fūneris* 'funerale'. V. *funesto*; av. 1374] agg. ● Di morte: *letto f.* | *Drappo f.*, funebre (*est.*) Mesto, triste, lugubre: *sguardo, aspetto f.* || **funereaménte**. ● (*raro*) In modo funereo.

funestàre [vc. dotta, lat. *funestāre*, da *funēstus* 'funesto'; av. 1525] v. tr. (*io funèsto*) ● Affliggere con lutto o grave dolore: *in quegli anni il Paese fu funestato da gravi attentati; funestar di stragi / le contrade latine* (MONTI).

funèsto [vc. dotta, lat. *funēstu(m)*, da *fūnus*, genit. *fūneris* 'funerale, morte, rovina' di etim. incerta; 1342] agg. **1** Che reca morte, lutto: *annunzio f.; discordia, passione funesta; le conseguenze funeste di un errore* | (*lett.*) Doloroso, triste, amaro: *più funeste assai / son le sventure mie* (METASTASIO). **2** (*est.*) Infausto, infelice: *un periodo, un giorno f.* SIN. Deleterio. **3** †Funebre. || **funestaménte**, avv.

fungàia [da *fungo*; av. 1712] s. f. **1** Luogo dove crescono o si coltivano Funghi. **2** (*spreg., fig.*) Quantità di cose o persone della stessa specie: *f. di retori, di poetastri, di politicanti*.

fungàio s. m. ● Fungaia.

fùngere [vc. dotta, lat. *fŭngi*, di orig. indeur.; 1764] v. intr. (*pres. io fùngo, tu fùngi;* pass. rem. *io fùnsi, tu fungésti;* part. pass. *fùnto* raro; aus. *avere*) (+ *da*) ● Agire come sostituto di qlcu., esercitarne le funzioni facendone le veci: *f. da presidente, da segretario* | Funzionare, servire in sostituzione di qlco.: *quel palo funge da traguardo*.

funghéto [da *fungo*; 1834] s. m. ● Fungaia.

funghétto [av. 1676] s. m. **1** Dim. di *fungo*: *funghetti sott'aceto*. **2** Nella loc. avv. **al f.**, detto di pietanza cucinata a pezzetti, con olio, aglio, prezzemolo: *melanzane al f.* **3** Piccola torta simile a un cappello di fungo, con semi di anice, specialità marchigiana. || **funghettino**, dim.

Fùnghi s. m. pl. (sing. *-o*) ● Nella tassonomia vegetale, divisione di tallofite prive di clorofilla, eterotrofe, la cui parte vegetativa è tipicamente costituita da miceli | **F. imperfetti**, deuteromiceti.

funghicolo agg. ● Che si riferisce alla coltivazione dei funghi.

funghicoltóre o **funghicoltòre, fungicoltóre** [comp. di *fungo* e *-coltore*] s. m. (f. *-trice*) ● Chi si dedica alla coltivazione dei funghi commestibili.

funghicoltùra o **funghicultùra, fungicoltùra** [comp. di *fungo* e *coltura*] s. f. ● Coltivazione dei funghi commestibili e tecnica relativa.

funghicultóre ● V. *funghicoltore*.

funghicultùra ● V. *funghicoltura*.

funghire [da *fungo*; 1865] v. intr. (*io funghìsco, tu funghìsci;* aus. *avere*) ● (*tosc.*) Ammuffire (*anche fig.*): *f. lì, stare lì ad aspettare, in quell'orrenda solitudine* (PIRANDELLO).

fungìbile [da *fungere*; 1869] agg. **1** (*dir.*) Detto di bene che si può sostituire con altro dello stesso genere (per es. il denaro o l'olio). **2** (*est.*) Intercambiabile, sostituibile.

fungibilità [1907] s. f. ● (*dir.*) Proprietà, caratteristica di ciò che è fungibile.

fungìcida [comp. di *fungo* e *-cida*; 1912] A s. m. (pl. *-i*) ● Sostanza chimica capace di inibire o prevenire lo sviluppo dei funghi. B anche agg.: *sostanza f.*

fungicoltóre ● V. *funghicoltore*.

fungicoltùra ● V. *funghicoltura*.

fungifórme [comp. di *fungo* e *-forme*] agg. ● (*raro*) Che ha forma di fungo.

fungino [1952] agg. ● Di fungo | Che ha le proprietà dei funghi.

◆**fùngo** [vc. dotta, lat. *fŭngu(m)*, di orig. preindeur.; 1310] s. m. (pl. *-ghi*) **1** (*bot.*) Vegetale privo di clorofille, di forma e dimensioni varie, saprofita, parassita o simbionte | (*per anton.*) Corpo fruttifero di varie specie, di forma varia, spec. a cappello: *f. edule, velenoso; il gambo, il cappello di un f.; risotto coi funghi; andare a, per, funghi* | **A f.**, a forma di fungo (*fig.*) **Venire su come i funghi**, rapidamente | **†Far nascere un f.** (*fig.*) cercare un pretesto. CFR. *fungo-*. ● ILL. **fungo**. **2** (*est.*) Oggetto, struttura e sim. a forma di fungo | **F. della rotaia**, la parte superiore che sostiene e guida la ruota del veicolo ferroviario | **F. dell'annaffiatoio**, la capocchia bucherellata | **F. atomico**, nube dalla caratteristica forma, che si produce a seguito di un'esplosione atomica | **F. del ghiacciaio**, massa di ghiaccio emergente in un ghiacciaio perché una roccia soprastante ne ha impedito la fusione. **3** Ogni specie microscopica responsabile di varie patologie nell'uomo, negli animali e nelle piante | (*est.*) L'affezione stessa. CFR. Micosi. || **fungàccio**, pegg. | **fungarèllo**, dim. (V.) | **funghino**, dim. | **fungolino**, dim. | **fungóne**, accr.

fungosità [da *fungoso*; 1640] s. f. **1** Aspetto, consistenza di fungo; spugnosità. **2** (*med.*) Escrescenza d'aspetto carneo che si forma nei vari tessuti in determinate malattie.

fungóso [vc. dotta, lat. *fungōsu(m)*, da *fŭngus* 'fungo'; av. 1320] agg. **1** Simile a fungo per la consistenza, l'odore e sim. | **Legname f.**, ammuffito per umidità. **2** (*med.*) Di, relativo a fungosità.

funicolàre (1) [da *funicolo*; 1766] agg. **1** Detto di ciò che è simile a una fune, o si compie mediante funi | **Poligono f.**, metodo grafico che permette di determinare la retta d'azione della risultante di un sistema di forze complanari, applicate a un corpo rigido. **2** (*med., bot.*) Del funicolo.

funicolàre (2) [fr. *funiculaire*, abbr. di *chemin de fer funiculaire* 'ferrovia funicolare', dal lat. *funīculus*, dim. di *fūnis* 'fune'; 1861] s. f. ● Impianto di trasporto con sistema di trazione a fune, costituito da vagoni che corrono su un binario fisso al suolo | **F. aerea**, funivia, teleferica.

funicolite [comp. di *funicolo* e *-ite* (1)] s. f. ● (*med.*) Infiammazione del funicolo.

funicolo [vc. dotta, lat. *funīculu(m)*, dim. di *fūnis*

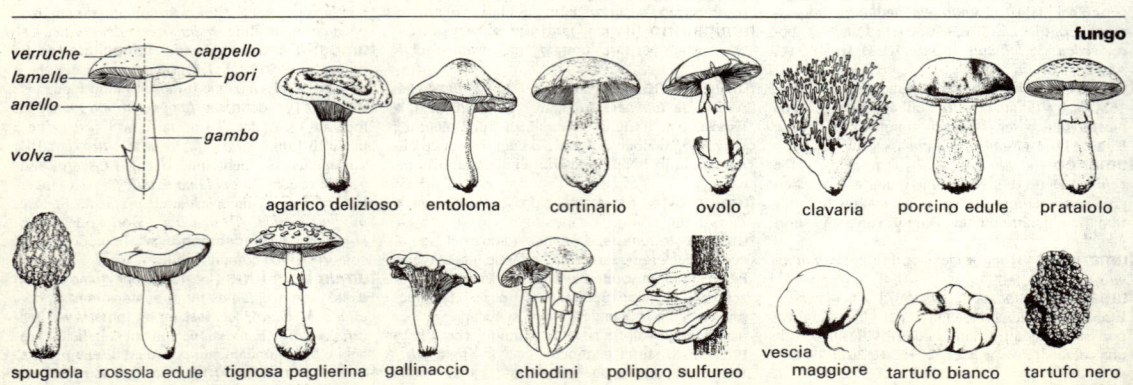

fungo
verruche — cappello
lamelle — pori
anello
volva — gambo

agarico delizioso — entoloma — cortinario — ovolo — clavaria — porcino edule — prataiolo

spugnola — rossola edule — tignosa paglierina — gallinaccio — chiodini — poliporo sulfureo — vescia maggiore — tartufo bianco — tartufo nero

'fune'; 1606] s. m. 1 Elemento di cui si compone una fune, cordicella, trefolo. 2 (*anat.*) Struttura anatomica sottile e allungata | *F. ombelicale*, che congiunge il feto alla placenta | *F. spermatico*, cordone del canale inguinale contenente il dotto deferente e i vasi testicolari. 3 (*bot.*) Sottile cordone che collega l'ovulo alla placenta nel pistillo del fiore. 4 (*zool.*) Nelle antenne genicolate degli Insetti, l'insieme degli articoli compresi fra lo scapo e l'apice.

funivìa [comp. di *fune* e *via*, sul modello di *ferrovia*; 1941] s. f. • Teleferica destinata al solo trasporto delle persone, in cui le cabine sono sospese a un carrello che corre su una fune portante ed è azionato da una fune traente. ➡ ILL. **funivia**.

funiviàrio agg. • Relativo a funivia, proprio della funivia.

funk /ingl. fʌŋk/ [V. *funky*; 1986] s. m. inv. • Musica funky.

funky /ingl. 'fʌŋki/ [vc. dello slang americano, propr. 'maleodorante', da *funk* nel senso di 'forte odore', anche 'fumo di tabacco'; 1981] **A** s. m. inv. • Stile jazzistico sorto negli Stati Uniti negli anni '50 del Novecento, che, in contrapposizione alle raffinatezze formali del jazz bianco, si rifaceva alla tradizione del blues, puntando su sonorità e accentuazioni ritmiche marcate. **B** anche agg. inv.: *musica, stile f.*

fùnsi • V. *fungere*.

fùnto part. pass. di *fungere* • (*raro*) Nei sign. del v.

funtóre [dall'ingl. *functor*, deriv. di *funct(ion)* 'funzione' con il suff. di *(fact)or* 'fattore'; 1972] s. m. • (*mat.*) Nella teoria delle categorie, trasformazione che porta da una categoria a un'altra.

funzionàle [da *funzione*; 1908] **A** agg. 1 Relativo alle funzioni esercitate da una persona, da un organo, da un congegno e sim.: *la società ha grossi problemi funzionali* | *Linguistica f.*, studio delle funzioni esplicate dagli elementi di una data lingua. 2 Che adempie alle funzioni per cui è stato costruito: *mobili, vetture, elettrodomestici funzionali* | *Essere f. a*, servire a | (*est.*) Pratico, facile da usare: *un apriscatole molto f.* | *Architettura f.*, che segue il funzionalismo. 3 (*mat.*) Che si riferisce alle funzioni | *Equazione f.*, nella quale l'incognita è una funzione. 4 (*ling.*) Detto di elemento linguistico che ha funzione di collegamento, come le congiunzioni e le preposizioni. ‖ **funzionalménte**, avv. **B** s. m. (*mat.*) Funzione che ha per argomento una funzione.

funzionalìsmo [1933] s. m. 1 Tendenza dell'architettura moderna, sviluppatasi nell'ambito del razionalismo architettonico, che vuol far coincidere i formali con quelli di carattere tecnico e pratico. 2 Tendenza a dare particolare risalto all'aspetto funzionale di un problema, un oggetto e sim. 3 (*psicol.*) Scuola psicologica americana che definisce i fenomeni mentali come processi o attività, cioè funzioni, e non come contenuti mentali accessibili all'introspezione. 4 (*antrop.*) Prospettiva teorica e metodologica che tende a considerare i sistemi sociali come composti da elementi o istituzioni correlati. 5 (*ling.*) Indirizzo della linguistica che ha per oggetto di studio le diverse funzioni della lingua.

funzionalìsta [1938] s. m. e f.; anche agg. (pl. m. -i) • Seguace del funzionalismo.

funzionalìstico [1941] agg. (pl. m. -ci) • Relativo al funzionalismo o ai funzionalisti.

funzionalità [1886] s. f. • Caratteristica di ciò che è funzionale.

funzionalizzàre [da *funzionale*; 1987] v. tr. • Rendere funzionale o migliorare la funzionalità di qlco.: *f. un procedimento tecnico, un iter burocratico*.

♦**funzionaménto** [1900] s. m. • Adempimento delle funzioni connesse alla propria natura: *il f. di un motore* | Modalità di tale adempimento: *il buon, il cattivo f. del fegato*.

funzionànte part. pres. di *funzionare*; anche agg. • Che funziona: *un congegno perfettamente f.*

♦**funzionàre** [fr. *fonctionner*, da *fonction* 'funzione'; 1796] v. intr. (*io funzióno*; aus. *avere*) 1 Adempiere a quanto attiene alla propria natura, struttura e sim.: *il cuore funziona bene, male*; *il personale funziona a dovere*; *l'aspirapolvere non funziona* | (*fig.*) **Sono ancora troppe le cose che non funzionano**, che non vanno bene | (*fig.*) Avere efficacia, sortire effetto: *con me, i suoi piagnistei non funzionano*; *è un metodo che comincia a f.*; *l'idea funziona!* 2 (*raro*) Fungere: *f. da sindaco, da prefetto, da assessore*.

funzionàrio [fr. *fonctionnaire*, da *fonction* 'funzione'; 1793] s. m. (f. -*a*) • Dipendente di un ente pubblico o di un'azienda con mansioni direttive, organizzative o di rappresentanza: *f. pubblico*.

♦**funzióne** [vc. dotta, lat. *functiōne(m)*, da *fūnctus*, part. pass. di *fūngi* 'fungere'; av. 1584] s. f. 1 Attività determinata da mansioni specifiche connesse a una carica, a un ufficio e sim.: *nella vita sociale tutti hanno una propria f.* | *F. aziendale*, insieme di operazioni che si riferiscono alla gestione aziendale e hanno caratteristiche similari | (*est.*) La carica o l'ufficio stesso: *fu investito della f. di presidente, di primo segretario, di magistrato* | *Fare la f. di qlcu.*, farne le veci | *Il facente f.*, colui che fa le veci di qlcu., ne ricopre la carica, ne assolve le mansioni e sim. | (*dir.*) Potere oggetto di un dovere giuridico relativamente alla sua esplicazione: *f. legislativa, giurisdizionale, amministrativa*. 2 Attività esplicata da un organo o da un insieme di organi negli animali e nei vegetali: *f. del muscolo, del cervello, del rene, del cuore, dell'occhio*; *la f. della digestione, della nutrizione, della respirazione*; *i giudizi e i concetti sono funzioni dell'intelletto* | *F. naturale*, per la conservazione della specie | *F. vitale*, indispensabile alla conservazione della vita | *F. clorofilliana*, fotosintesi | Attività e compito specifico di congegni e sim.: *la f. di un motore, di un cuscinetto a sfera*; *mettere in f. una calcolatrice*; *la segreteria telefonica non è in f.* 3 (*mat.*) Espressione matematica che indica come varia una grandezza in relazione al variare di un'altra o di più altre | Applicazione | (*fis.*) *F. d'onda*, funzione dei parametri di un sistema fisico che determina lo stato e l'evoluzione nel tempo del sistema stesso: *f. d'onda di una particella*. 4 (*ling.*) Ruolo che un'unità linguistica svolge nella struttura grammaticale dell'enunciato: *le funzioni del soggetto, del predicato, dei complementi*; *verbo usato in f. di sostantivo*. 5 (*fig.*) Ruolo, valore, compito, finalità: *sono attività che hanno una precisa f. sociale, politica e culturale*. 6 Nella loc. prep. **in f. di**, per, allo scopo di, in vista di: *misure adottate in f. dello sviluppo produttivo*; in relazione a, in dipendenza da: *analizzare i problemi in f. dell'elaborazione elettronica*; *studio dell'attività biologica in f. del tempo*; come, nel ruolo di: *è intervenuto in f. di consulente* | *Vivere in f. di qlcu. o qlco.*, per qlcu. o qlco., o in stretta dipendenza da qlcu. o qlco. 7 Rito religioso: *le funzioni domenicali, pasquali, natalizie* | (*est.*) Cerimonia: *assistere a un'importante f.* 8 †Esecuzione capitale.

†**fuocàto** • V. *focato*.

fuochìsta o **fochìsta** [da *fuoco*; 1759] s. m. e f. (pl. m. -*i*) 1 Chi alimenta la fornace di una caldaia spec. a vapore. 2 (*pop., merid.*) Chi fabbrica o vende fuochi artificiali, o li fa esplodere durante le feste paesane.

♦**fuòco** o (*pop.*) **fòco** [lat. *fŏcu(m)* 'focolare', di etim. incerta; 1224 ca.] **A** s. m. (pl. *fuòchi*, m., †*fòcora*, f.) 1 Complesso degli effetti calorici e luminosi prodotti dalla combustione: *f. di legna, di carbone, di segatura*; *un f. allegro, vivace, scoppiettante*; *accendere, attizzare, soffocare il f.* CFR. *piro-* | *F. lento*, non troppo intenso: *cuocere la carne a f. lento* | *F. vivo*, intenso: *arrostire qlco. a f. vivo* | *Prender f.*, accendersi; (*fig.*) lasciarsi prendere dallo sdegno, dall'ira e sim. | *Andare a f.*, bruciare | *Dar f. a qlco.*, incendiarla | *F. di paglia*, che dura poco; (*fig.*) sentimento, passione molto intensa ma non duratura | *A f.*, mediante il fuoco: *lavorare il metallo a f.* | *dorare a f.* | *Bollare a f. qlcu.*, (*fig.*) coprirlo d'infamia | *Prova del f.*, (*fig.*) rischiosa e decisiva | *Mettere la mano sul f.*, V. *mano* nel sign. 1 | *Battersi nel f. per qlcu.*, (*fig.*) essere disposto a qualsiasi sacrificio per lui | *Di f.*, (*fig.*) infiammato, acceso, ardente per qualche emozione o passione molto viva: *parole, occhi, sguardo di f.* | *Color di f.*, rosso acceso | *Parole di f.*, terribili e minacciose | *Fare f. e fiamme*, (*fig.*) strepitare; (*est.*) tentare con ogni mezzo di ottenere qlco. | *Scherzare col f.*, (*fig.*) affrontare con troppa leggerezza un pericolo | *Dare f. alle polveri*, (*fig.*) dare inizio ad ostilità | †*Francare di f.*, rendere sicuro da pericoli d'incendio | *Il f. cova sotto la cenere*, (*fig.*) di rivolta, sdegno, ira e sim. che può divampare all'improvviso | *F. fatuo*, fiammella che appare di notte spec. nei cimiteri, dovuta alla accensione spontanea, a contatto dell'aria, della fosfina prodotta dalla decomposizione di spoglie organiche | *F. di S. Elmo*, fenomeno connesso con l'elettricità atmosferica, per il quale, di notte, si scorgono bagliori alle estremità degli alberi, delle navi durante la navigazione | (*lett.*) *F. eterno*, le fiamme dell'inferno, l'inferno stesso | Incendio: *un f. immane devastò la città* | *Vigili del f.*, pompieri | *Al f.!*, escl. di soccorso in caso d'incendio | *Mettere a ferro e* (*a*) *f.*, saccheggiare e incendiare città, regioni e sim. | (*est., lett.*) Rogo: *gli eretici furono condannati al f.* 2 *Fuochi artificiali*, *d'artificio*, *del Bengala*, (*per anton.*) *fuochi*, i razzi e gli altri prodotti pirotecnici, fatti esplodere e lanciati in cielo con vari effetti di colore e rumore, spec. in occasione di feste popolari e sim. 3 Sparo: *un nutrito f. di fucileria*; *f. continuo, incrociato, radente*; *sospendere, cessare, riaprire il f.* | *Arma da f.*, che utilizza la forza propellente di un esplosivo per il lancio di proiettili | *Bocca da f.*, pezzo d'artiglieria | *Fare f.*, sparare | *Aprire il f.*, cominciare a sparare, dare inizio al combattimento | *Battesimo del f.*, prima partecipazione a un combattimento | *Linea del f.*, da dove si spara sul nemico | *Sotto il f.*, sotto l'azione di armi da fuoco: *essere, cadere sotto il f. nemico* | *Tenere sotto il f.*, tenere sotto tiro | *Essere, trovarsi tra due fuochi*, (*fig.*) tra due avversari, tra due difficoltà | *F. greco*, antica miscela incendiaria a base di salnitro, capace di bruciare anche sull'acqua, lanciata contro le navi nemiche. 4 Qualsiasi impianto che, in una casa, accolga ciò che brucia per riscaldare, cucinare e sim. | (*per anton., disus.*) Il foco-

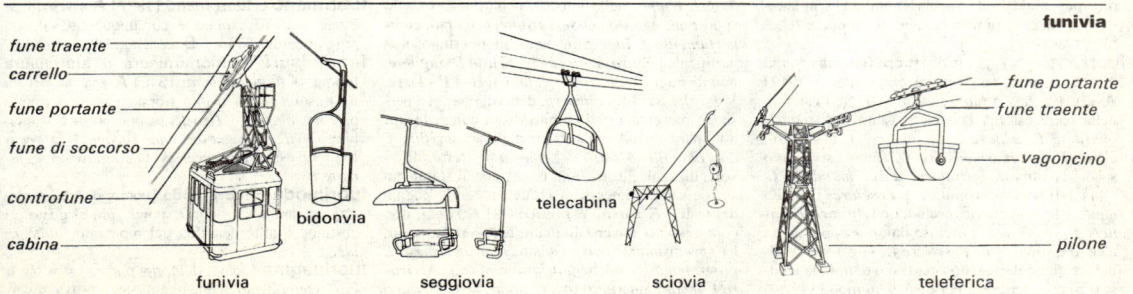

funivia

fune traente
carrello
fune portante
fune di soccorso
controfune
cabina
funivia

bidonvia

seggiovia

telecabina

sciovia

fune portante
fune traente
vagoncino
pilone
teleferica

lare: *stare, raccogliersi intorno al f.* | ***Mettere qlco. sul f.***, a cuocere | ***Mettere troppa carne al f.***, (*fig.*) iniziare o trattare troppe cose contemporaneamente | (†, *elvet.*) Nucleo familiare. **5** (*mar., spec. al pl.*) Forni delle caldaie: *accendere, alimentare, spegnere i fuochi.* **6** (*fig.*) Calore o fervore molto intenso: *essere bruciati dal f. della febbre; il sacro f. della fede* | (*est.*) Sentimento o passione ardente: *un uomo tutto f.* | ***Mettere l'esca accanto al f.***, dare occasione a una passione | ***Soffiare sul f.***, fomentare discordie, inimicizie, passioni e sim. | ***Versare benzina sul f.***, (*fig.*) alimentare l'ira, lo sdegno | ***Versare acqua sul f.***, attenuare, placare una situazione di tensione, una polemica e sim. | (*est.*) Vivacità, impeto, estro: *avere il f. addosso, nel sangue; un quadro, una poesia piena di f.* | ***Il sacro f.***, (*fig., scherz.*) l'estro poetico. SIN. Ardore. **7** (*mus.*) ***Con f.***, indicazione espressiva che richiede esecuzione intensa e appassionata, spesso usata come specificazione di altre: *presto con f.* **8** (*raro*) Sapore forte di aceto: *questo vino ha il f.* **9** ***F. sacro, f. di Sant'Antonio***, (*pop.*) herpes zoster. **10** (*fig., lett.*) Fulmine, folgore: *cade da le nubi aereo foco* (TASSO). **11** (*fig., lett.*) Splendore | Astro risplendente. **12** (*fis.*) Punto sull'asse ottico di un sistema di superfici riflettenti o rifrangenti, nel quale si intersecano i raggi propagantisi parallelamente all'asse ottico principale | ***A f. fisso***, detto di obiettivo o apparecchio fotografico per i quali non occorre regolare la distanza per avere a fuoco l'immagine | ***Mettere a f.***, regolare l'obiettivo di un apparecchio da ripresa fotografica, e sim., in modo da ottenere un'immagine nitida; (*fig.*) precisare bene i termini di una questione, un problema e sim. per facilitarne l'esame: *mettere a f. una situazione.* **13** (*mat.*) ***Fuochi di una ellisse***, coppia di punti tali che la somma delle loro distanze da un punto qualsiasi dell'ellisse risulta costante | ***Fuochi di una iperbole***, coppia di punti tali che la differenza delle loro distanze da un punto qualsiasi dell'iperbole risulta costante. **14** (*astrol.*) ***Elemento f.***, o (*ellitt.*) ***fuoco***, trigono a cui appartengono i segni dell'Ariete, del Leone e del Sagittario, nella suddivisione dei pianeti secondo l'elemento che vi domina. ➡ ILL. **zodiaco**. **B** in funzione di **inter.** **1** Si usa come comando di sparare: *f.!; f. a volontà!* **2** In vari giochi, si usa per indicare a chi cerca che è vicino all'oggetto o alla persona nascosti. CFR. Acqua. || **fuocherellino**, **dim.** | **fuocherello**, **dim.** | **fuochétto**, **dim.** | **fuochino**, **dim.** | **fuocolino**, **dim.** | **fuocóne**, **accr.**

†fuocóso ● V. *focoso.*

†fuòra o (*pop.*) **†fóra** [lat. *fŏras*, forma di acc. di un tema **fora*, di orig. indeur.; 1306] **A** **prep.** ● (*poet.*) Fuori: *innamorata se ne va piangendo / fora di questa vita* (DANTE). **B** anche **avv.**

†fuoravia o **†foravia** [comp. di *fuori* e *via*] **avv.** ● (*raro, dial.*) Fuorivia.

fuorché o **fuor che**, (*raro*) **fuòri che** [comp. di *fuori* e *che* (2); 1319] **A** **cong.** ● Tranne che, eccetto che (introduce una prop. eccettuativa implicita, con il v. all'inf., o più rar. esplicita, con il v. al congv.): *farò qualsiasi cosa, f. umiliarmi; chiedimi tutto f. di giurare il falso; tutto avrei pensato, fuorché proprio lui mi mentisse.* **B** **prep.** ● Eccetto, tranne (spec. correl. con 'tutto', 'tutti', 'ogni', 'nessuno' e sim.); *erano tutti presenti f. tuo fratello; nessuno ha fatto obiezioni f. lui; Licurgo, quale altra scienza coltivò mai né conobbe, f. quella del cuore dell'uomo, e del retto?* (ALFIERI).

fuordòpera [comp. di *fuor(i)* e *d'opera*, sul modello del fr. *hors-d'oeuvre* 'fuori dell'opera (muraria)', passato dall'edilizia alla letteratura] **s. m. inv.** ● Parte, elemento non integrante di un'opera letteraria o artistica.

♦**fuòri** o **†fòre**, (*pop.*) **fòri**, **†fuòre** [lat. *fŏris*, forma di abl. di un tema **fora*, di orig. indeur.; 1219] **A** **avv.** (troncato in *fuor*, poet. *for*) **1** Nell'esterno, nella parte esterna (con v. di stato e di moto): *guardare f.; aspettare f.; spingere f.* CFR. ecto-, eso- (2) | ***Andare, uscire f.***, traboccare, detto spec. di liquido | ***Buttare, dare, mandare f.***, (*fam.*) rimettere, vomitare | ***Lasciare f. qlco., qlcu.***, (*fig.*) ometterlo, escluderlo | ***Restare, rimanere f.***, (*fig.*) essere escluso da un gruppo, da un elenco e sim. | ***Venire, saltare f.***, (*fig.*) venire alla luce, detto di oggetto smarrito o di notizia tenuta o rimasta nascosta per qualche tempo | (*gerg.*) ***Mettere, buttare, sputare f. un'idea, una notizia e sim.***, esporla, diffonderla | (*fam.*) ***Mettere, cacciare f. del denaro***, sborsarlo | (*assol.*) ***Dare, buttare f.***, germogliare, sbocciare | (*gerg.*) ***Fare f. qlcu.***, (*fig.*) eliminarlo, ucciderlo | ***Fare f. qlco.***, (*fig.*) danneggiarla in modo da renderla inservibile | ***Fare f. una bottiglia, un dolce e sim.***, (*fig.*) consumarli | (*fig.*) ***Essere tagliato f.***, non aver parte in qlco., essere escluso da un gruppo di persone, da un ambiente e sim. | (*fig.*) ***Chiamarsi f.***, V. *chiamare*, sign. C | ***Essere f.*** (***di testa***), sragionare | (*pleon., fam.*) ***Dare f. da matto***, dare manifestazioni di squilibrio | Anche nella loc. avv. ***di f.***: ***avere gli occhi di f.***, sbarrati per la meraviglia, per la paura, per l'ira e sim. CONTR. Dentro. **2** Rafforzato da altri avv. di luogo o accompagnato da prep.: *guarda là, lì f.; aspetto qua f.* | ***Da, di f.***, dalla parte esterna: *passate da f.* | ***Al di f.***, all'esterno | ***In f.***, verso la parte esterna: *è piegata in f.; pende in f.* | ***Avere gli occhi in f.***, sporgenti. **3** (*fam.*) Fuori di casa: *cenare, pranzare f.; stare f. tutto il giorno; uscì f. smaniando e parlando da sola come avesse la febbre* (VERGA) | ***Essere f.***, (*gerg.*) essere uscito di prigione | (*est.*) In altra località, città, regione, Stato, diversi rispetto a quelli in cui ci si trova: *aspettiamo ospiti da f.; il direttore starà f. una settimana* | ***Gente di f.***, forestieri | ***A Milano e f.***, e provincia | ***In Italia e f.***, e all'estero: *un prodotto che si smercia in Italia e f.* **4** (*fig.*) Esteriormente, all'apparenza: *dentro si rode per l'invidia, ma f. non trapela nulla; f. sembra una persona perbene* | Anche nella loc. avv. ***di f.*** CONTR. Dentro. **5** Si usa in espressioni imperative per intimare a qlcu. di andarsene da un luogo o di estrarre, consegnare, mostrare, esibire qlco.: *f.!; f. i soldi!; f. le prove!; f. le vostre ragioni!* | ***F. l'autore!***, esclamazione con cui il pubblico chiede alla ribalta l'autore del dramma | ***F. i Barbari!***, (*scherz.*) via gli intrusi!, con riferimento al famoso motto di papa Giulio II per ricacciare nel 1512 i Francesi dall'Italia | ***F. uno!, f. due!***, e sim., sui sommergibili, ordine di lanciare i siluri secondo la successione stabilita; (*est., scherz.*) numerando o elencando una serie di persone, cose, problemi che si vanno via via escludendo. **B** **prep.** **1** Lontano da, nella parte esterna di, spec. nelle loc. prep. ***f. di, f. da*** (indica distanza o esclusione da un luogo o da un punto determinato dello spazio): *abitare f. città; essere f. di casa; recarsi f. sede; questo non è ammesso f. d'Italia; f. di qui!; vattene f. dai piedi!; uscito fuor del pelago a la riva* (DANTE *Inf.* I, 23); (*fig.*) *Tenersi f. dai guai; tirarsi f. dai pasticci; essere, tenersi f. vista* | ***Essere f. tiro***, (*est.*) non raggiungibile | ***Essere f. del seminato***, (*fig.*) non essere in argomento | ***F. strada***, V. *fuoristrada* | ***Essere f. strada***, (*fig.*) su una falsa traccia | ***Essere f. dai gangheri***, arrabbiarsi, perdere la pazienza | ***F. mano***, V. *fuorimano* | ***F. campo***, V. *fuoricampo* | ***F. sacco***, V. *fuorisacco* | ***F. terra***, detto di ogni piano di un edificio al di sopra del livello del suolo: *a tre piani f. terra*, al secondo piano. **2** (*fig.*) Indica esclusione rispetto a uno stato, a una situazione, a una circostanza, a un momento, a una convenienza, a una regola e sim.: *vivere, essere, mettersi f. della legge; un prodotto f. commercio; essere tagliato f. dall'ambiente; essere, sentirsi f. posto; vivere f. dal proprio tempo* | Extra: *mangiare qlco. f. pasto; lavorare f. orario* | ***Essere f. dall'inverno***, averlo già trascorso | ***Essere f. pericolo***, avere superato la crisi | ***Essere f. di sé, f. di mente***, sragionare, dare segni di squilibrio | ***Essere f. fase***, (*fig.*) in uno stato di malessere fisico o psichico | ***Essere, andare f. tempo***, nella musica, nella danza e nello sport non seguirlo | ***Osservazione, discorso, comportamento f. luogo***, inadatto, inopportuno, non pertinente | ***F. uso***, inservibile | ***Frutto f. stagione***, non di stagione | ***F. serie***, V. *fuoriserie* | ***F. classe***, V. *fuoriclasse* | ***F. concorso***, detto di opera (o persona) presentata nell'ambito di un concorso pur non partecipando alla competizione: *un film f. concorso alla Mostra del cinema* | ***F. testo***, di tavole, disegni, illustrazioni e sim. che si stampano su fogli non numerati in sequenza con le pagine del testo | ***F. corso***, V. *fuoricorso* | ***F. ruolo***, non compreso nel novero di quanti hanno pieno titolo | ***F. programma***, non previsto: *fare una spesa f. programma* (V. anche *fuoriprogramma*) | ***Arrivare f. tempo massimo***, in vari sport, arrivare dopo il limite di tempo ritenuto sufficiente per condurre a termine la gara. **3** Nella loc. prep. ***al di f. di***, fuori da: *preferisco restare al di f. della mischia*; oltre a; eccetto, tranne, all'infuori di | V. anche *difuori* | (*raro*) Nelle loc. prep. ***f. di, f. che***, eccetto, tranne: *fuor di lei null'altro omai talenta* (POLIZIANO) | Anche nella loc. ***†in f. che***: *maestro alcun non si truova, che Dio in f., che ogni cosa faccia bene e compiutamente* (BOCCACCIO). **C** in funzione di **s. m.** solo **sing.** ● La parte, il lato esterno di qlco. | Anche nella loc. ***il di f.***: *il di f. di una cosa; guardare dal di f.; considerare solo il di f. di qlco.* | V. anche *difuori*.

fuoribordìsmo [da *fuoribordo*] **s. m.** ● Sport che si pratica con i fuoribordo.

fuoribòrdo [comp. di *fuori* e *bordo*; calco sul fr. *hors-borde*; 1889] **A** **s. m. inv.** **1** Imbarcazione da turismo o da competizione, il cui scafo è corredato di un motore a scoppio collocato al di fuori dello scafo stesso: *gare per f.* | (*est.*) Motore di tale imbarcazione: *un f. di media potenza.* **2** Superficie esterna della parte emersa di uno scafo. **B** anche **agg.**: *motore f.*

fuoribòrsa [comp. di *fuori* e *borsa* (2); 1956] **s. m. inv.** ● Attività borsistica svolta sul mercato non ufficiale dai commissionari di borsa.

fuoribùsta [comp. di *fuori* e *busta*] **A** **s. m. inv.** ● Emolumento che non rientra nella busta paga, e di conseguenza è sottratto alle leggi contributive ed erariali. **B** anche **agg.**: *premio f.*

fuoricàmpo [comp. di *fuori* e *campo*; 1970] **s. m. inv.** **1** In cinematografia, di voce o suono proveniente da una fonte che resta al di fuori della scena inquadrata. **2** (*sport*) Nel baseball, tiro del battitore che supera i confini del campo di gioco.

fuoricàsta [comp. di *fuori* e *casta*; 1963] **s. m. e f. inv.**; anche **agg.** ● In India, chi (o che) non fa parte di nessuna casta.

fuòri che /fwɔri'ke*, 'fwɔrike*/ ● V. *fuorché.*

fuoriclàsse [comp. di *fuori* e *classe*; 1911] **s. m. e f. inv.**; anche **agg.** ● Chi (o Che) possiede doti e abilità eccezionali, nettamente superiori rispetto a quelle di altri che praticano la sua stessa attività spec. sportiva: *un f. del ciclismo internazionale; corridore, cavallo f.* SIN. Asso.

fuòri combattiménto [comp. di *fuori* e *combattimento*; 1939] **A** **loc. avv.** ● Nel pugilato, detto del pugile che si trova atterrato dall'avversario per oltre dieci secondi | ***Mettere qlcu. o qlco. fuori combattimento***, (*fig.*) mettere qlcu. nell'impossibilità di nuocere, di reagire o di riprendersi; rendere qlco. inservibile. **B** in funzione di **s. m. inv.** ● Nel pugilato, situazione di un pugile atterrato per oltre dieci secondi | ***Fuori combattimento tecnico***, situazione del pugile che non è più in grado di difendersi validamente dai colpi dell'avversario, per ferita o altro.

fuoricórso o **fuòri córso** [comp. di *fuori* e *corso*; 1934] **A** **agg. inv.** **1** Detto di francobolli, monete o banconote che non hanno più corso legale. **2** Di studente universitario che non ha ultimato gli studi negli anni previsti dal piano di studi: *studente f.* **B** **s. m. e f. inv.** ● Studente fuoricorso.

fuorigiòco o **fuòri giòco** [comp. di *fuori* e *gioco*; calco sul fr. *hors-jeu*; 1905] **A** **s. m. inv.** ● In vari giochi di palla a squadre e spec. nel calcio, posizione irregolare di un giocatore in azione di attacco: *annullare un gol per f.; trovarsi in f.; l'arbitro ha fischiato il f.* **B** raro anche **avv.**: *un attaccante f.*

fuorilégge [comp. di *fuori* e *legge*; calco sul fr. *hors-la-loi*, a sua volta calco sull'ingl. *out-law*; 1929] **A** **s. m. e f. inv.** ● Chi agisce contro la legge | Bandito, brigante. **B** anche **agg. inv.**: *discarica f.*

fuorimàno o **fuòri màno** [1887] **A** **avv.** ● In un luogo lontano, isolato o comunque difficile da raggiungere: *abitare f.* **B** anche **agg. inv.**: *una casa f.*

fuorimisùra o **fuòri misùra** o **fuormisùra** [comp. di *fuori* e *misura*; 1342] **A** **agg. inv.** ● Che ha misure e dimensioni troppo grandi o troppo piccole: *abito f.* | ***Tiro f.***, troppo corto o troppo lungo | (*fig.*) Esagerato: *una reazione f.* **B** **avv.** ● In modo esagerato, eccessivo: *mangiare, bere, fumare f.*

fuorimòda o **fuòri mòda** [comp. di *fuori* e *moda*] **agg. inv.** ● Che non risponde più al gusto, al costume o alla mentalità del momento: *abito f.; idee f.*

fuoripàgina [comp. di *fuori* e *pagina*] **s. m. inv.** ● Pezzo pubblicato in una pagina del giornale diversa dalla consueta.

fuoripàsto o **fuòri pàsto** [comp. di *fuori* e *pasto*; 1985] **A** avv. ● Lontano dai pasti principali: *medicina da assumere f.* **B** s. m. inv. ● Spuntino, piccola merenda.

fuoripista [comp. di *fuori* e *pista*; 1982] s. m. inv. ● (*sport*) Sci praticato su percorsi liberi, al di fuori delle piste.

fuoripòrta o **fuòri pòrta** [comp. di *fuori* e *porta* (*1*); 1818] **A** avv. ● Oltre le porte di una città | (*est.*) In periferia: *il capolinea del'autobus è f.* **B** anche agg. inv.: *una trattoria f.*

fuoriprogràmma o **fuòri progràmma** [comp. di *fuori* e *programma*; 1960] s. m. inv. ● Numero non previsto dal programma stabilito: *mandare in onda un f.*

fuoriquòta [comp. di *fuori* e *quota*] s. m. e f. inv. ● (*sport*) Atleta ammesso in una squadra, in deroga a una limitazione, quale l'età o altro.

fuorisàcco o **fuòri sàcco** [comp. di *fuori* e *sacco*; av. 1930] **A** s. m. inv. ● Plico che non viene messo nei normali sacchi della posta affinché il destinatario possa subito prelevarlo all'arrivo. **B** anche agg. inv.: *corrispondenza f.*

fuoriscàlmo o **fuòri scàlmo** [comp. di *fuori* e *scalmo*] s. m. inv. ● Nel canottaggio, tipo di imbarcazione veloce da regata con scalmi sporgenti dal bordo.

fuorisède (o -é-) o **fuòri sède** (o -é-) agg. inv.; anche s. m. e f. inv. ● Che (o Chi) studia o lavora in località diverse da quella di residenza.

fuorisèrie o **fuòri sèrie** [comp. di *fuori* e *serie*; 1938] **A** agg. inv. **1** Detto di prodotto industriale non fabbricato in serie e spec. di carrozzeria di automobile più lussuosa o comunque diversa da quelle di serie. **2** (*fig., fam.*) Eccezionale, straordinario: *uno studente f.*; *uno spettacolo f.* **B** s. f. inv. ● Automobile di carrozzeria diversa da quella di serie o comunque più lussuosa: *comprarsi la f.* **C** s. m. e f. inv. ● (*fig., fam.*) Chi è eccezionalmente noto o si impone per particolari doti: *un f. della musica leggera.*

fuoristràda [comp. di *fuori* e *strada*; 1959] **A** s. m. inv. (anche s. f. nel sign. 1) **1** Autoveicolo o motoveicolo con speciali caratteristiche tecniche di robustezza, capacità di aderenza al suolo e facile maneggevolezza impiegato fuori delle normali carreggiate stradali. ➡ ILL. p. 2167 TRASPORTI; **vigili del fuoco. 2** Sport automobilistico e motociclistico lungo percorsi accidentati in ambiente naturale. **B** anche agg. inv.: *moto f.*; *vetture f.*

fuoristradista s. m. e f. (pl. m. *-i*) ● Pilota di auto o moto fuoristrada.

fuoritùtto [comp. di *fuori* e *tutto*] avv. e agg. inv. ● (*mar.*) Della, relativo alla massima lunghezza di una nave, misurata tra i punti estremi delle strutture della prua e della poppa.

fuoriuscire o **fuoruscire** [comp. di *fuori* e *uscire*; 1363] v. intr. (coniug. come *uscire*; aus. *essere*) ● Uscire fuori da qlco.: *il mosto fuoriesce dal tino.* SIN. Sgorgare, traboccare.

fuoriuscita o **fuoruscita** [1942] s. f. ● Il fuoriuscire: *la f. di linfa dai rami spezzati* | Perdita, fuga: *f. di gas.*

fuoriuscitismo o **fuoruscitismo** s. m. ● Opposizione politica svolta all'estero dai fuoriusciti di un Paese contro il governo o le istituzioni dello stesso.

fuoriuscito o **fuoruscito** [sec. XV] **A** part. pass. di *fuoriuscire*; anche agg. ● Nei sign. del v. **B** s. m. (f. *-a*) ● Chi è costretto a riparare all'estero per motivi politici: *i fuoriusciti napoletani del 1799*; *i fuorusciti antifascisti.* SIN. Esule.

fuorivia o **forivia** [comp. di *fuori* e *via*; 1887] avv. ● (*raro, region.*) Lontano, fuori mano: *abitare f.* | (*est.*) In altro paese.

fuormisùra ● V. *fuorimisura.*

fuoruscire e *deriv.* ● V. *fuoriuscire* e *deriv.*

fuorviànte o **forviànte** part. pres. di *fuorviare*; anche agg. ● (*fig.*) Che mette fuoristrada, che svia: *un'ipotesi f.*

fuorviàre o **forviàre** [da *fuor(i)via*; sec. XIV] **A** v. intr. (*io fuorvio*; aus. *avere*) ● (*raro*) Uscire dalla buona strada (*spec. fig.*). **B** v. tr. **1** (*raro*) Condurre fuori strada. **2** (*fig.*) Allontanare dalla retta via: *le cattive compagnie lo hanno fuorviato.* SIN. Traviare. **3** (*fig.*) Mettere su una falsa strada, consentire l'equivoco: *le tue parole mi hanno completamente fuorviata.* CFR. Sviare.

†**furàce** [vc. dotta, lat. *furāce(m)*, da *furāri* 'rubare', da *fūr*, genit. *fūris* 'ladro'; 1499] agg. ● Dedito al furto.

†**furacuòri** [comp. di *fura(re)* e il pl. di *cuore*; av. 1578] agg. ● Rubacuori.

furàno [dal lat. *fŭrfur* 'crusca' (V. *forfora*) e *-ano* (*2*); poiché il composto un tempo si otteneva per azione dell'acido solforico sulla crusca] s. m. ● (*chim.*) Composto organico eterociclico, usato sotto forma di derivato idrogenato come solvente industriale e come materia prima di sintesi.

†**furàre** [vc. dotta, lat. *furāri*, da *fūr*, genit. *fūris* 'ladro'. V. *furo*; av. 1292] **A** v. tr. **1** Rubare, togliere, sottrarre (*anche fig.*): *morte fura / prima i migliori e lascia stare i rei* (PETRARCA) | *F. le mosse*, prevenire i movimenti del nemico. **2** Nascondere, celare. **B** v. rifl. ● Involarsi, sottrarsi | *Furarsi da un luogo*, partirsene di nascosto.

furbacchiòne [1858] s. m. (f. *-a*) **1** Accr. di *furbo*. **2** Persona molto furba, che la sa lunga. SIN. Volpone.

furbàccio s. m.; anche agg. (pl. f. *-ce*) **1** Pegg. di *furbo*. **2** (*scherz.*) Che (o Chi) è molto furbo e molto abile.

furbàstro [da *furbo*; 1949] agg.; anche s. m. (f. *-a*) ● Che (o Chi) tenta di fare il furbo, spesso senza successo.

furbàta [da *furbo*; 1985] s. f. ● (*fam.*) Azione che rivela furberia.

furberìa [fr. *fourberie*, da *fourbe*. V. *furbo*; av. 1562] s. f. **1** Caratteristica di furbo: *la sua f. è proverbiale.* SIN. Astuzia, scaltrezza. CONTR. Ingenuità. **2** Azione da furbo: *riuscì a cavarsela con una piccola f.* **3** †Burla.

furbésco [1560] agg. (pl. m. *-schi*) ● Di, da furbo: *tiro, sorriso f.* | ***Lingua furbesca***, gergo della malavita. || **furbescaménte**, avv.

furbìzia [1853] s. f. ● Furberia.

♦**fùrbo** [etim. discussa: fr. *fourbe*, gerg. 'ladro', da *fourbir* 'nettare (le tasche)' (?); 1481] **A** agg. ● Di chi sa mettere in pratica accorgimenti sottili e abili, atti a procurargli vantaggi e utilità: *è un commerciante molto f.* | Astuto, sagace, accorto: *una furba trovata*; *finiva col fare quel sorriso f.* (VERGA). CONTR. Ingenuo. || **furbaménte**, avv. Da furbo. **B** s. m. (f. *-a*) **1** Persona furba | ***F. matricolato***, ***di tre cotte***, persona estremamente furba. SIN. Astuto, scaltro. CONTR. Ingenuo. **2** †Mariolo, furfante. || **furbacchiòne**, accr. (V.) | **furbacchiòtto**, dim. | **furbacchiuòlo**, dim. | **furbàccio**, pegg. (V.) | **furbétto**, dim. | **furbino**, dim. | **furbóne**, accr.

†**furcìfero** [vc. dotta, lat. *furcĭferu(m)* 'che porta la forca', comp. di *fŭrca* 'forca' e *-fer* '-fero'; 1481] agg. ● Briccone, furfante.

†**fùre** ● V. †*furo.*

furènte [vc. dotta, lat. *furĕnte(m)*, part. pass. di *fŭrere* 'infuriare'; 1340] agg. **1** Furioso, furibondo, infuriato: *essere f. d'ira, di rabbia*; *siamo furenti contro i responsabili del guaio* | ***Parole furenti***, colme di sdegno impetuoso. **2** (*raro*) Forsennato: *ira f.* || **furenteménte**, avv.

fureria [da *furiere*; 1887] s. f. ● (*mil.*) Ufficio di contabilità e gener. amministrazione di un reparto, spec. di una compagnia.

furétto [da †*furo* 'ladro', perché ruba conigli; av. 1320] s. m. **1** Piccolo carnivoro mustelide, forma albina della comune puzzola, bianco con occhi rossi, addomesticato per la caccia ai conigli selvatici (*Mustela furo*). ➡ ILL. **animali**/13. **2** Pelliccia dell'animale omonimo, bianco-giallognola, di scarso valore.

furfantàggine [av. 1803] s. f. ● Furfanteria.

furfantàglia s. f. ● (*spreg.*) Insieme, accozzaglia di furfanti.

furfànte [part. pres. di *furfare*; 1524] **A** s. m. e f. (f. †*-a*) **1** Persona capace di azioni malvage e disoneste. SIN. Canaglia, farabutto, malfattore. **2** †Straccione, pezzente. **B** agg. ● †Falso, tristo. || **furfantàccio**, pegg. | **furfantèllo**, dim.

furfanteggiàre [av. 1803] v. intr. (*io furfantéggio*; aus. *avere*) ● (*raro*) Agire o comportarsi da furfante.

furfanterìa [av. 1535] s. f. **1** Furberia furfantesca: *comportarsi con f.* **2** Azione da furfante: *fu condannato per tutte le sue furfanterie.*

furfantésco [1534] agg. (pl. m. *-schi*) ● Di, da furfante: *un discorso f.* || **furfantescaménte**, avv. In modo tipico da furfante.

furfantìna [av. 1665] s. f. ● (*lett.*) Beffa o schernо accompagnati da fischi o sim. | ***Battere la f.***, (*fig., disus.*) battere i denti per il freddo; essere in gran miseria.

furfantìno [av. 1565] agg. ● Di furfante | ***Lingua furfantina***, gergo dei malviventi.

†**furfàre** [fr. *forfaire* 'fare fuori (della legge)', comp. di *fore* 'fuori' e *faire* 'fare'] v. tr. ● Rubare.

furfuràceo ● V. *forforaceo.*

furfurìlico [comp. di *furfuril(e)*, da *furfur(olo)* con sostituzione di suff., e *-ico*] agg. (pl. m. *-ci*) ● (*chim.*) Detto di sostanza derivata dal furfurolo.

furfuròlo [ingl. *furfurol*, comp. del lat. *fŭrfure(m)* 'crusca' e del suff. *-ol* '-olo (2)'; 1869] s. m. ● (*chim.*) Nome tradizionale dell'aldeide ottenuta dalla distillazione di diversi materiali vegetali, dotata di un caratteristico odore di erba secca.

furgonàto [da *furgone*; 1983] **A** agg. ● Detto di automezzo costruito o adattato per essere usato come furgone. **B** anche s. m.

furgoncìno [1905] s. m. **1** Dim. di *furgone*. **2** Veicolo commerciale di piccole dimensioni, con cassa aperta o chiusa.

♦**furgóne** [fr. *fourgon*, di etim. incerta; 1799] s. m. ● Autoveicolo coperto, per il trasporto di merci | ***F. cellulare***, V. *cellulare* | (*est.*) Carro funebre. ➡ ILL. **autoveicoli**. || **furgoncìno**, dim. (V.).

furgonista [1965] s. m. e f. (pl. m. *-i*) ● Conducente di furgone.

♦**fùria** [vc. dotta, lat. *fŭria(m)*, da *fŭrere* 'infuriare', di orig. indeur.; av. 1292] s. f. **1** Stato di agitazione collerica, per lo più di breve durata: *lasciamogli sbollire la f.*; *montare in f.*; *andare su tutte le furie.* SIN. Furore. **2** Impeto violento: *la f. della guerra, della passione, della disperazione, della discordia*; *la f. del vento e della pioggia ha causato danni enormi* | ***A f. di popolo***, (*raro*) a furor di popolo | ***A f. di***, a forza di (indica ripetizione): *a f. di chiedere, di insistere, di fare* | ***A f. di spintoni***, con spinte continue; (*fig.*) con raccomandazioni e aiuti ininterrotti. **3** Ciascuna delle tre divinità infernali che nella mitologia romana personificavano la vendetta, l'ira e il rimorso. CFR. Erinni | (*fig.*) Persona sconvolta dall'ira: *mi aggredì come una f.* | Chi aizza la discordia, il furore e sim.: *quella f. è riuscita a distruggere tre famiglie.* **4** (*fig.*) Grande fretta: *aveva f. di andarsene* | ***In fretta e f.***, velocemente | ***Lavorare di f.***, in fretta e senza ponderazione. SIN. Precipitazione. **5** †Idrofobia. || **furiàccia**, pegg. | **furiétta**, dim.

furiàno [lat. *foritānu(m)* 'vento che soffia di fuori (*fŏris*)', con sovrapposizione di *furia*, per il suo impeto; av. 1536] s. m. ● In Adriatico, il vento tra Mezzogiorno e Libeccio.

†**furiàre** [vc. dotta, lat. *furiāre*, da *fŭria* 'furia'; av. 1332] v. intr. ● (*lett.*) Infuriare: *mai non furiò sì tigre o orso* (PULCI).

furiàta [1683] s. f. ● (*raro*) Impeto violento: *f. di vento* | Sfuriata.

furibóndo [vc. dotta, lat. *furibŭndu(m)*, da *fŭrere* 'infuriare' (V. *furente*); av. 1333] agg. ● Agitato da furia o collera: *era f. per l'accaduto* | Estremamente impetuoso: *assalto f.* | (*scherz.*) ***Appetito f.***, molto forte. || **furibondaménte**, avv. (*raro*) In modo furibondo.

furière [fr. ant. *fourrier* 'foraggiatore'; av. 1565] s. m. ● (*mil.*) Sottufficiale addetto alla contabilità di un reparto: *sergente f.*, *maresciallo f.*

♦**furióso** [vc. dotta, lat. *furiōsu(m)*, da *fŭria* 'furia'; av. 1292] **A** agg. **1** Preso da furore, da ira o furia: *è f. contro di noi*; *la tua reazione l'ha reso f.* | Molto forte, intenso: *smania, gelosia, brama, libidine furiosa* | (*lett.*) Pazzo. **2** Violentemente agitato, molto impetuoso: *mare, vento f.*; *battaglia furiosa.* **3** (*raro*) Concitato, frettoloso | (*raro*) Impaziente, precipitoso: *modi furiosi*; *non correte furiosi alle cose, non le precipitate* (GUICCIARDINI). **4** †Terribile, atroce: *un morbo f.* || **furiosàccio**, pegg. | **furiosétto**, dim. || **furiosaménte**, avv. In modo furioso: *combattere furiosamente*; *studiare furiosamente.* **B** s. m. (f. *-a*) ● Alienato, agitato: *reparto furiosi.*

furlàna [f. sost. di *furlano*; 1720] s. f. ● Antica danza friulana, di carattere gaio e origine contadinesca | Musica che l'accompagna.

furlàno ● V. *friulano.*

†**fùro** o †**fùre** [lat. *fūre(m)* 'ladro', da avvicinare al gr. *phṓr*; av. 1294] **A** s. m. ● Ladro che ruba di soppiatto con inganno e destrezza: *venite …, ché*

furono 756

vi farem trovare il fure (BRUNO). **B** agg. ● Che ruba, che nasconde.

fùrono ● V. *essere* (*1*).

furóre [vc. dotta, lat. *furōre(m)*, da *fŭrere* 'infuriare'. V. *furia*; av. 1250] s. m. *1* Veemente agitazione o turbamento, dovuti per lo più all'ira: *accendere qlcu. di f.*; *un f. momentaneo*; *placare il f. di qlcu.* | (*fig.*) ***Essere cieco di f.***, avere perduto totalmente il controllo delle proprie reazioni | ***A furor di popolo***, su richiesta del popolo gener. manifestata in forme veementi | (*raro*) Pazzia. *2* Impeto, violenza, veemenza: *il f. delle acque distrusse il villaggio*; *amare, desiderare con f.*; *scaricarono essi Longobardi il loro f. sopra le città* (MURATORI) | ***F. giovanile***, ardore della gioventù | (*est., lett.*) Brama ardente, desiderio incontenibile: *conosciamo i suoi inconfessabili furori* | ***F. bestiale***, libidine. *3* (*lett.*) Stato di esaltazione mentale, per ispirazione profetica, estro creativo e sim.: *il f. della Sibilla*; *il sacro f. dei poeti* | ***F. bacchico***, esaltazione orgiastica delle baccanti | ***F. della declamazione***, enfasi. *4* (*fig.*) Ammirazione totale | ***Far f.***, si dice di ciò che gode di straordinario successo, di consenso entusiastico e sim.

furoreggiàre [da *furore*; 1858] v. intr. (*io furoréggio*; aus. *avere*) ● Far furore, destare grande ammirazione: *quella cantante furoreggia fra i giovanissimi*.

furtività [1954] s. f. ● Caratteristica di ciò che è furtivo.

furtìvo [vc. dotta, lat. *furtīvu(m)*, da *fūrtum* 'furto'; 1312] agg. *1* Proveniente da furto: *merce furtiva*. *2* Di ciò che si fa segretamente e con circospezione: *sguardo, cenno, sorriso f.*; *una lacrima furtiva*; *la mano con passi furtivi uscì dalla tasca* (CALVINO). CONTR. Palese. || **furtivaménte**, avv. *1* In modo furtivo e circospetto: *entrare furtivamente in un luogo*. *2* †A tradimento.

fùrto [lat. *fūrtu(m)*, part. pass. di un v. **fūrere* 'rubare', da *fūr*, genit. *fūris* 'ladro'; av. 1292] s. m. *1* (*dir.*) Reato consistente nell'impossessarsi di cosa mobile altrui sottraendola a chi la detiene per trarne profitto per sé o altri: *f. con scasso*; *accusare qlcu. di f.* *2* Ciò che è stato rubato: *un f. di grande valore*. *3* †Insidia o frode occulta | †***Amoroso f.***, amore furtivo | †***F. di mente***, distrazione. || **furtarèllo**, **furterèllo**, dim.

fùṣa [prob. da una forma f. pl. arcaica di *fuso* (*2*); 1868] s. f. pl. ● Solo nella loc. ***fare le f.***, detto del gatto che emette un caratteristico suono sordo e vibrante in segno di soddisfazione.

fuṣàggine [lat. parl. **fusāgine(m)*, da *fūsus* 'fuso (1)', perché era la pianta col cui legno si facevano i fusi; av. 1320] s. f. ● (*bot.*) Berretta da prete.

fuṣàglia [etim. incerta; 1942] s. f. ● (*spec. al pl., rom.*) Lupini bagnati e salati, spec. venduti da ambulanti.

fuṣàio [da *fuso* (*2*); sec. XIV] s. m. (f. *-a*) ● Chi fabbrica e vende fusi per la filatura.

fuṣaiòla o **fuṣaiuòla**, **fuṣaròla**, **fuṣeruòla** [da *fuso* (*2*); 1550] s. f. *1* Ornato architettonico classico, a motivi fusiformi o tondeggianti, usato anche in ebanisteria per modanature a profilo semicircolare. *2* Fusaiolo.

fuṣaiòlo o †**fuṣaiuòlo**, **fuṣaròlo** [da *fuso* (*2*); av. 1388] s. m. ● Piccolo disco pesante che, nella filatura a mano, si infila alla base del fuso per rendere regolare la rotazione.

fuṣaròla ● V. *fusaiola*.

fuṣàta s. f. ● Quantità di filo avvolta attorno al fuso: *una f. di lana*.

fuṣàto [1659] agg. *1* Fatto a forma di fuso: *colonna, balaustra fusata*. *2* (*arald.*) Detto di scudo coperto da fusi posti verticalmente e a smalti alternati.

fuscellìno [1353] s. m. *1* Dim. di *fuscello* | ***Cercare col f.***, (*fig., disus.*) andare in cerca di noie e sim. *2* (*spec. al pl., disus.*) Le aste tracciate dai bambini che imparano a scrivere.

fuscèllo [lat. parl. **fusticĕllu(m)*, dim. di *fūstis* 'bastone'. V. *fusto*; 1353] s. m. ● Sottile ramoscello di legno secco: *f. da ardere* | ***Essere magro come un f.***, magrissimo | (*fig., disus.*) ***Fare d'ogni f. una trave***, esagerare | (*fig.*) ***Notare il f. nell'occhio altrui e non vedere la trave nel proprio***, ignorare i propri difetti. || **fuscellétto**, dim. | **fuscellìno**, dim. (V.) | **fuscellùzzo**, dim.

fusciàcca o (*pop.*) **fuciàcca** [da *fusciacco*; 1723] s. f. ● Lunga sciarpa gener. di seta, annodata alla vita e con lembi frangiati e ricadenti.

fusciàcco o (*pop.*) **fuciàcco** [persiano *fišak* 'ombrellino'; 1727] s. m. (pl. *-chi*) ● Drappo ricamato in oro o argento che ricade dietro al crocifisso portato in processione.

fusciàrra [ar. *faššār* 'vantatore'; av. 1696] s. f. ● (*raro, lett.*) Giovane scapestrato e insolente.

fùscina [vc. dotta, lat. *fūscina(m)*. V. *fiocina*; 1499] s. f. ● (*archeol.*) Tridente per la pesca o per la lotta dei gladiatori.

†**fùsco** ● V. *fosco*.

fuseaux /fr. fy'zo/ [vc. fr., propr. 'fusi'; 1985] s. m. pl. ● Pantaloni di linea affusolata, anche in tessuto elastico, spesso provvisti di staffa che gira sotto la pianta del piede. CFR. Pantacollant.

†**fuṣèlla** [da *fuso* (*2*)] s. f. ● Strumento a ruota per torcere funi, corde da liuto, e sim.

fuṣellàto [da *fusello*] agg. ● Affusolato.

fuṣellatùra s. f. ● Il dar forma di fuso: *la f. di un candelabro*.

fuṣèllo [1965] s. m. *1* Dim. di *fuso* (*2*). *2* Ciascuno dei piccoli fusi usati dalle ricamatrici al tombolo. *3* (*tipogr.*) Filetto con un piccolo fregio centrale, usato per staccare due notizie diverse in un giornale. || **fuṣellìno**, dim.

fuṣelòl o **fuṣelòlo** [dal ted. *Fuselöl* 'olio (*Öl*) di un pessimo liquore (*Fusel*, di provenienza gergale e di orig. sconosciuta)'] s. m. ● (*chim.*) Sottoprodotto di coda della distillazione dell'alcol etilico ottenuto dalla fermentazione di materiali vegetali, costituito da alcoli di più elevato peso molecolare.

fuṣeruòla ● V. *fusaiola*.

fuṣétto [da *fuso* (*2*), per la forma; 1561] s. m. ● Specie di stiletto usato dagli antichi bombardieri, recante incisa su una faccia della lama la scala graduata dei calibri delle artiglierie.

fùṣi ● V. *fondere*.

fuṣìbile [fr. *fusible*, da *fuser* 'fondere', dal lat. *fūsus*, part. pass. di *fŭndere* 'fondere'; 1537] **A** agg. ● Che fonde: *metallo f. solo ad alta temperatura* | Che si può fondere facilmente: *una lega f.* **B** s. m. ● (*elettr.*) Dispositivo di protezione contro le sovracorrenti in un circuito elettrico, formato da fili o piastrine metalliche che fondono per il riscaldamento provocato da un aumento di corrente, interrompendo il circuito.

fuṣibilità [fr. *fusibilité*, da *fusible* 'fusibile'; 1795] s. f. ● Attitudine a fondere più o meno rapidamente.

fuṣièra [da *fuso* (*2*); 1854] s. f. *1* Serie di fusi montati sui filatoi. *2* Parte del telaio da tessitura in cui si tengono i fusi.

fuṣifórme [fr. *fusiforme*, comp. del lat. *fūsus* 'fuso (2)' e del fr. *-forme* '-forme'; 1813] agg. ● Che ha forma di fuso.

fuṣìllo [vc. merid., propr. dim. di *fuso* (*2*), per la forma; 1952] s. m. ● (*spec. al pl.*) Pasta di media pezzatura, di forma elicoidale.

fusion /ingl. 'fjuːʒn/ [vc. ingl., propr. 'fusione'; 1983] **A** s. f. inv. ● Commistione di generi musicali, spec. di jazz e rock. **B** agg. inv. ● Caratterizzato dalla mescolanza di generi musicali: *musica f.*

fuṣióne [vc. dotta, lat. *fusiōne(m)*, da *fūsus*, part. pass. di *fŭndere* 'fondere'; sec. XIV] s. f. *1* (*fis.*) Passaggio di un corpo dallo stato solido allo stato liquido per effetto del calore: *f. dei metalli*; *punto di f.*; *calore di f.* *2* (*fis.*) ***F. nucleare***, formazione di un nucleo atomico dall'unione di più nuclei di massa inferiore; in particolare, formazione di un nucleo di elio da nuclei di idrogeno o di suoi isotopi, con liberazione di una grande quantità di energia | ***F. fredda***, fenomeno fisico ipotetico, oggetto di intense ricerche, consistente in una fusione nucleare che richiede energie e temperature molto minori di quelle normalmente necessarie. *3* (*est.*) Operazione intesa a ottenere opere d'arte, pezzi metallici e sim., versando i metalli fusi nelle apposite forme: *la f. di una statua*; *pezzi ottenuti per f.*; *la f. di una moneta* | ***F. in conchiglia***, tecnica del gettare metallo fuso in forme apribili di metallo o altra materia per riproduzione in serie di oggetti. *4* (*dir.*) Concentrazione tra più organizzazioni che si esegue mediante la costituzione di un nuovo organismo sociale o l'incorporazione, in uno solo, degli organismi preesistenti | ***F. di Stati***, unione di due o più Stati, che dà luogo alla formazione di uno Stato solo | ***F. di partiti***, confluenza in un nuovo partito politico, di due o più partiti. *5* (*ling.*) Processo per il quale due elementi in contatto si combinano in modo tale da non poter essere direttamente analizzati. *6* (*fig.*) Assimilazione, unione: *la f. delle varie regioni d'Italia*; *la f. dei popoli europei*. CONTR. Separazione. *7* (*fig.*) Accordo, intesa, armonia: *f. di colori, di animi, di suoni* | ***Cucina di f.***, in un ristorante, tipo di cucina che propone piatti e specialità tipiche di tradizioni gastronomiche diverse (ad es. italiana, spagnola, cinese, eritrea, brasiliana ecc.). *8* (*biol.*) ***F. cellulare***, unione di cellule con caratteristiche genetiche differenti.

fuṣionìṣmo [fr. *fusionnisme*, da *fusion* 'fusione'; av. 1872] s. m. ● Tendenza favorevole alla fusione, spec. (*st.*) di Stati, oppure di partiti politici.

fuṣionìsta [fr. *fusionniste*, da *fusion* 'fusione'; 1872] **A** s. m. e f. (pl. m. *-i*) ● Fautore del fusionismo. **B** agg. ● Proprio del fusionismo: *politica f.*

fuṣionìstico agg. (pl. m. *-ci*) ● Relativo al fusionismo o ai fusionisti: *tendenze fusionistiche*.

fuṣò [av. 1990] s. m. pl. ● Adattamento di *fuseaux* (V.).

fùṣo (**1**) [av. 1363] **A** part. pass. di *fondere*; anche agg. *1* Liquefatto: *burro f.*; *ferro f.* | ***Formaggio f.***, V. *formaggio*. *2* (*fam.*) Spossato, privo di ogni energia | (*gerg.*) Detto di chi è fuori di sé per aver assunto sostanze stupefacenti **B** s. m. ● †Ciò che si ottiene per fusione.

fùṣo (**2**) [lat. *fūsu(m)*, di etim. incerta; 1313] s. m. (pl. *fùsi*, m., lett. *fùsa*, f. nel sign. 1) *1* Nella filatura a mano, strumento di legno assottigliato alle estremità e panciuto nel mezzo che, fatto ruotare su sé stesso, provoca la torsione del filo e compie l'avvolgimento della gugliata | Nella filatura meccanica, organo cilindrico a forma di asta appuntita che, dotato di movimento rotatorio rapido, torce e avvolge il filo, analogamente a quanto accade nella filatura a mano | ***Essere diritto come un f.***, ben eretto sulla persona | (*fig.*) ***Andare diritto come un f.***, senza deviare | ***A f.***, a forma di fuso | (*est.*) Fusata: *ha consumato un f. di filo*. *2* (*raro*) Lavoro del filare, spec. a mano: *attendere al f.* *3* (*est.*) Organo, elemento o struttura simile per forma a un fuso | In ebanisteria, elemento di forma allungata e affusolata agli estremi, usato spec. in spalliere e ringhiere | In aeronautica, uno dei settori o spicchi che costituiscono la calotta di un paracadute, l'involucro d'un aerostato e sim. | Nei veicoli ferroviari, perno dell'asse sul quale è applicato il carico trasmesso dalla boccola | Negli autoveicoli, organo su cui è montata la ruota e che si articola all'estremità dell'assale: *f. a snodo* | ***F. del tornio***, ciascuna delle due parti coniche sulle quali gira il pezzo da tornire | ***F. dell'ancora***, parte centrale dell'ancora | ***F. del carro***, estremità affusolata dell'assale, ove si inserisce il mozzo della ruota | ***F. di pollo***, taglio di carne di pollo comprendente la parte inferiore della coscia | ***F. acromatico***, in biologia, differenziazione del citoplasma evidente durante la cariocinesi, formata da fibrille che partono dai due centrioli situati ai poli opposti della cellula. *4* (*mat.*) Porzione di superficie sferica, delimitata da due semicerchi massimi aventi gli stessi estremi. *5* (*geogr.*) ***F. orario***, ciascuna delle 24 suddivisioni longitudinali del globo terrestre per ognuna delle quali è stabilita l'ora convenzionale che corrisponde all'ora locale del meridiano centrale del fuso. *6* (*arald.*) Figura romboidale. *7* (*giorn.*) Filetto tipografico di separazione che segna la fine di un articolo e l'inizio del successivo in una stessa colonna di giornale. || **fuṣàccio**, pegg. | **fuṣèllo**, dim. (V.) | **fuṣétto**, dim.

fuṣolièra [dal venez. *fisolera* 'imbarcazione per la caccia del *fisolo* (colimbo)', con sovrapposizione di *fuso* (*2*); 1433] s. f. *1* (*aer.*) Parte di un velivolo, per lo più allungata nel senso del moto, che sostiene la velatura principale e gli organi di stabilità e governo e in cui è situato tutto o parte del carico. ➡ ILL. p. 2157 SPORT; p. 2175 TRASPORTI. *2* †Imbarcazione stretta e veloce di poco pescaggio.

fùṣolo [da *fuso* (*2*); sec. XIV] s. m. *1* Palo conficcato sul fondo del mare, usato per la mitilicoltura. *2* †Parte inferiore della gamba.

†**fuṣóre** [vc. dotta, lat. tardo *fusōre(m)*, da *fūsus*, part. pass. di *fŭndere* 'fondere'; 1499] s. m. ● (*raro*) Fonditore.

fuṣòrio [vc. dotta, lat. tardo *fusōriu(m)*, da *fūsus*, part. pass. di *fŭndere* 'fondere'; 1499] agg. ● Di, relativo a, fusione di metalli: *forno f.*; *arte fuso-*

fùsta (1) [sp. *fusta*, dal lat. *fūste(m)* 'bastone'; av. 1304] s. f. ● Piccola galea medievale veloce e sottile, con 18 o 20 remi per fianco, un solo albero e un polaccone a prua, armata con due o tre pezzi d'artiglieria.

†fùsta (2) [lat. *fūste(m)* 'bastone'; 1618] s. f. *1* Fiaccola, torcia. *2* Fune di giunchi.

fustàgno o †**frustàgno** [etim. incerta; dal lat. *fūstis* 'legno', perché è una stoffa legnosa (?); 1314] s. m. ● Panno di poco pregio, per lo più di cotone, con una faccia vellutata e l'altra liscia o spigata.

fustàia [da *fusto* nel sign. 1; 1865] s. f. ● Bosco di alberi d'alto fusto.

fustàme s. m. ● Insieme di botti, barili e sim.

fustanèlla [gr. moderno *phoustanélla*, dim. di *phoustáni* 'fustagno'; 1887] s. f. ● Sottana bianca pieghettata che scende fino al ginocchio, tipica di costumi e uniformi albanesi e greci.

fustanèllo s. m. ● Fustagno.

fustèlla [da *fusto*; 1926] s. f. *1* Forma di filetti d'acciaio riproducenti una determinata sagoma con cui si incide e taglia carta, cartoncino, e sim. | Tubo con bordo tagliente usato per prelevare campioni di terreno o di roccia tenera. *2* Tallonicino staccabile dalle scatole di medicinali, su cui è stampato il prezzo, trattenuto dal farmacista per ottenere il rimborso del servizio sanitario.

fustellàre [da *fustella*; 1931] v. tr. (*io fustèllo*) ● Sagomare mediante una fustella.

fustellàto **A** part. pass. di *fustellare*; anche agg. ● Nei sign. del v. **B** s. m. ● Oggetto tagliato o piegato con fustella.

fustellatrìce [1926] s. f. ● Macchina usata nell'industria cartotecnica per fustellare.

fustellatùra s. f. ● Operazione del fustellare.

fustìbalo [vc. dotta, lat. tardo *fustībalu(m)*, comp. del lat. *fūstis* 'bastone' e del gr. *bállein* 'scagliare'; 1520] s. m. ● (*archeol.*) Specie di fionda, mazzafrusto.

fustigàre [vc. dotta, lat. tardo *fustigāre*, da *fūstis* 'bastone', sul modello di *castigāre*; sec. XIV] v. tr. (*io fùstigo o fùstigo, tu fùstighi o fùstighi*) *1* Battere con verga o frusta: *f. a sangue un prigioniero*. *2* (*fig.*) Riprendere o criticare con estrema severità qlco. o qlcu.: *f. i costumi corrotti del proprio tempo*. SIN. Censurare.

fustigatóre [da *fustigare*; 1584] s. m.; anche agg. (f. -*trice*) ● Chi (o Che) fustiga (*spec. fig.*): *un f. dei costumi corrotti*. SIN. Censore.

fustigazióne [fr. *fustigation*, da *fustiger* 'fustigare'; av. 1511] s. f. ● Atto del fustigare | Pena della frusta | (*fig.*) Aspra censura.

fustìno [1865] s. m. *1* Dim. di *fusto*. *2* Recipiente di cartone cilindrico o a forma di parallelepipedo, contenente sostanze in polvere, spec. detersivi.

◆**fùsto** [lat. *fūste(m)* 'bastone', di etim. incerta; 1305] s. m. *1* (*bot.*) Organo assile delle piante superiori che si sviluppa in direzione opposta alla radice e porta le foglie: *f. acquatico, aereo, strisciante*; *piante, alberi d'alto f.* | **F. primario**, il fusto della pianta, formato dalla zona corticale e dalla stele, prima delle modificazioni dovute all'attività del tessuto detto cambio | **F. secondario**, il fusto della pianta dopo le modificazioni dovute all'attività del tessuto detto cambio | **F. sotterraneo**, bulbo, rizoma, tubero. *2* (*est.*) Busto umano: *un f. eretto e possente* | (*fam.*) Giovane di forme atletiche e armoniose: *è un bel f.*; *che f.!* *3* (*est.*) Parte allungata di qlco.: *il f. del candeliere* | **F. del camino**, parte che esce all'aperto | **F. della stadera**, braccio | **F. della chiave**, cannello | **F. del remo**, manico | **F. dell'argano**, manovella | **F. dell'ancora**, fuso | (*arch.*) Parte essenziale della colonna compresa fra la base e il capitello. ➡ ILL. p. 2117 ARCHITETTURA. *4* (*est.*) Parte che costituisce il sostegno o l'ossatura di qlco. | **F. della sella**, intelaiatura | **F. del tavolo**, piede | **F. del divano, della seggiola**, la loro struttura in legno | **F. di un carattere tipografico**, il parallelepipedo di lega tipografica, legno o plastica, che sostiene l'occhio di un carattere. *5* Recipiente cilindrico di grande capacità, realizzato in fibra, compensato, plastica, metallo, per spedizione e magazzinaggio di prodotti liquidi, granulari, pastosi e in polvere: *un f. di benzina, di olio, di olive* | **F. di rovere**, botte o tino in legno di rovere di vari tipi, entro cui si tengono i distillati per l'invecchiamento. *6* †Affusto. || **fustèllo**, dim. | **fusticèllo**, dim. | **fusticìno**, dim. | **fustìno**, dim. (V.) | **fustoncìno**, dim. | **fustóne**, accr.

fùta [ar. *fūṭa* 'tovaglia, grembiule'; av. 1292] s. f. ● Larga veste sciolta con ampio scollo e larghe maniche, di cotone bianco o colorata indossata da alcuni popoli africani.

fùtile [fr. *futile*, dal lat. *fūtile(m)* 'che versa facilmente', poi 'vano', di orig. indeur.; av. 1459] agg. ● Frivolo, inutile, vano, inconsistente: *argomento, ragione, motivo f.* CONTR. Importante. || **futilménte**, avv. In modo futile, con frivolezza.

futilità [fr. *futilité*, dal lat. *futilitāte(m)*, da *fūtilis* 'futile'; 1763] s. f. ● Caratteristica di ciò che è futile: *la f. di un discorso* | Cosa futile: *perdere tempo in f.* SIN. Inutilità, vacuità, vanità.

futón /fu'ton, giapp. fu'ton/ [vc. giapp.; 1986] s. m. inv. ● Grossa trapunta che si può stendere sul pavimento o su un basso supporto rigido e usare come materasso.

futures /'fjut∫urs, ingl. 'fjoutʃəɪz/ [vc. ingl. propr. 'futuri'; 1985] s. m. pl. ● (*econ.*) Contratti standardizzati, negoziati in Borsa, che prevedono la consegna futura di determinate quantità di un bene o valore mobiliare a una data stabilita e al prezzo concordato all'atto della stipula | **Commodity f.**, quelli su merci.

futuribile [da *futuro*, col suff. proprio di altre voci dello stesso ambito terminologico; av. 1873] **A** agg. ● Che può essere, accadere in futuro: *idee futuribili*. **B** s. m. (inv. nel sign. 1; anche f. nel sign. 2) *1* Ciò che può essere, accadere in futuro. *2* (*raro*) Studioso di possibili eventi o fenomeni futuri.

futurìsmo [da *futuro*, perché i seguaci del movimento erano contro il passato; con questo significato, il termine fu creato nel 1909 da F.T. Marinetti (1876-1944), fondatore del movimento; 1909] s. m. ● Movimento artistico e letterario sorto e affermatosi in Italia agli inizi del XX sec., che sosteneva un'arte e una cultura non più legate tradizionalmente al passato, ma proiettate verso il futuro in adesione al dinamismo della vita moderna; in musica si caratterizzò per l'idea di introdurre accanto al suono il rumore, creando per ciò appositi strumenti; CFR. Intonarumori.

futurista [1909] **A** s. m. e f. (pl. m. -*i*) ● Seguace del futurismo. **B** anche agg.: *pittore, quadro f.*; *scultura f.*

futurìstico [1914] agg. (pl. m. -*ci*) ● (*raro*) Del, relativo al, futurismo e ai futuristi | Avveniristico.

◆**futùro** [vc. dotta, lat. *futūru(m)*, part. fut. del v. *ĕsse* 'essere', di orig. indeur.; av. 1294] **A** agg. *1* Che deve ancora avvenire, verificarsi e sim.: *il tempo f.*; *le cose future*; *gli avvenimenti futuri*; *una speranza di beni futuri* | **Vita futura**, quella dell'anima dopo la morte del corpo. *2* Di persona, che in un tempo avvenire ricoprirà un determinato ruolo: *la futura sposa*; *il f. marito, suocero, deputato*; *il f. Papa fosse tenuto in termine d'un anno convocar il concilio* (SARPI). || **futuraménte**, avv. In futuro, per l'avvenire. **B** s. m. *1* Quello che deve o può accadere nel tempo avvenire: *prevedere il f.*; *ignorare tutto sul proprio f.* | (*fig.*) *Il f. è sulle ginocchia di Giove*, solo Dio può sapere ciò che accadrà | **Senza f.**, (*fig.*) che non ha prospettive positive. CONTR. Passato. *2* (*gramm.*) Tempo della coniugazione verbale che colloca l'enunciato in un momento successivo all'istante presente, oppure indica ipotesi, probabilità e sim. (per es.: *sarà uscito*; *saranno le undici*) | **F. semplice**, formato da una radice verbale e da affissi verbali esprimenti il tempo futuro (per es., *verrò*) | **F. anteriore**, formato dall'ausiliare avere, o essere, e da un participio passato (per es., *verrò appena avrò finito*). *3* (*spec. al pl.*) I posteri: *come ci giudicheranno i futuri?*

futurologìa [comp. di *futuro* e -*logia*; 1970] s. f. ● Disciplina che studia i possibili eventi del futuro, secondo una prospettiva spec. ecologica, biologica, sociologica.

futurològico [1971] agg. (pl. m. -*ci*) ● Di, relativo a, futurologia.

futuròlogo [comp. di *futuro* e -*logo*; 1967] s. m. (f. -*a*; pl. m. -*gi*) ● Chi si occupa di futurologia.

fuzzy logic /ingl. 'fʌzi 'lɒdʒɪk/ [loc. ingl., propr. 'logica (*logic*) incoerente (*fuzzy*)'; 1990] loc. sost. f. inv. ● (*elab.*) Logica sfumata.

g, G

I suoni rappresentati in italiano dalla lettera G sono principalmente due: 'duro' o velare e 'dolce' o postalveopalatale. La *G* dura, consonante occlusiva velare sonora /g/, è scritta semplicemente *g* davanti alle vocali *a, o, u* e davanti a consonante (es. *ragàzzo* /ra'gatstso/, *bragòzzo* /bra'gɔtstso/, *agùzzo* /a'gutstso/, *glòssa* /'glɔssa/, *gròssa* /'grɔssa/); è scritta invece *gh* davanti alle vocali *e* e *i* (es. *ghétta* /'getta/, *ghìsa* /'giza/). Può essere, secondo i casi, semplice (es. *ségo* /'sego/, *leghiàte* /le'gjate/, *agrìcolo* /a'grikolo/, *mi gàrba* /mi'garba/; *spìngo* /'spiŋgo/, *gàrba* /'garba/, *non gàrba* /noŋ'garba/) oppure geminata (es. *lèggo* /'lɛggo/, *mùgghiano* /'muggjano/, *aggràvio* /ag'gravjo/, *perché gàrba* /perkeg'garba/). La *G* dolce, consonante semiocclusiva, o affricata, postalveopalatale sonora /dʒ/, è scritta semplicemente *g* davanti alle vocali *e* e *i* (es. *gètto* /'dʒetto/, *gìro* /'dʒiro/); è scritta invece *gi*, con *i* muta, davanti alle altre vocali (es. *giàllo* /'dʒallo/, *giórno* /'dʒorno/, *giùnto* /'dʒunto/) ed eccezionalmente anche davanti a *e* (es. *Filangièri* /filan'dʒeri/, *igiène* /i'dʒene/); non è mai seguita da consonante. Può essere, secondo i casi, semplice (es. *agèndo* /a'dʒendo/, *sànta Giovànna* /santadʒo'vanna/; *scorgèndo* /skor'dʒendo/, *Giovànna* /dʒo'vanna/, *swordʒo'vanna/) oppure geminata (es. *fuggèndo* /fudʒ'dʒendo/, *macché Giovànna* /makkedʒo'vanna/). La lettera *G* fa poi parte dei digrammi *gl* e *gn*, per i quali V. rispettivamente la lettera *L* e la lettera *N*.

g, (*maiusc.*) **G** [1516] **s. f. o m.** ● Settima lettera dell'alfabeto italiano (nome per esteso *gi*): *g minuscola*; *G maiuscolo* | Nella compitazione spec. telefonica it. *g come Genova*; in quella internazionale *g come golf*.

gabardina s.f. ● Adattamento di *gabardine* (V.).
gabardine /gabar'din/, *evit.* -'dɛn, *fr.* gabaʀ'din/ [vc. fr., dallo sp. *gabardina*, prob. deriv. da *gabán* 'gabbano' con sovrapposizione di *tabardina*, dim. di *tabardo* 'tabarro'; 1918] **s. f. inv.** (anche **m.** nel sign. 2) **1** Tessuto di lana o di cotone lavorato a sottile diagonale o a minuta spina di pesce. **2** (*est.*) Soprabito o impermeabile di gabardine.
gabàrra [fr. *gabare*, dal lat. *cārabus* 'granchio', poi 'piccola imbarcazione', dal gr. *kárabos*, di etim. incerta; 1869] **s. f.** ● (*disus.*) Barca da carico a fondo piatto.
†**gabbacompàgno** [comp. di *gabba*(*re*) e *compagno*; 1698] **s. m. inv.** ● Chi inganna il proprio compagno | (*est.*) Uomo falso e ingannatore.
gabbacristiàni [comp. di *gabba*(*re*) e il pl. di *cristiano*; 1869] **s. m. e f. inv.** ● (*raro*) Chi inganna il prossimo.
†**gabbadèo** [comp. di *gabba*(*re*) e *deo*; av. 1444] **s. m. e f. inv.** ● Gabbamondo | Uomo falso, ipocrita.
†**gabbamènto** [av. 1400] **s. m.** ● (*raro*) Il gabbare, inganno, beffa: *non è questa una mancanza di fede, ma uno g. di Dio* (SACCHETTI).
gabbaminchióni [comp. di *gabba*(*re*) e il pl. di *minchione*; av. 1850] **s. m. e f. inv.** ● (*pop., raro*) Chi si fa gioco degli sciocchi: *mettiscandali, e, annaspabrighe* (GIUSTI).
gabbamóndo [comp. di *gabba*(*re*) e *mondo*; 1633] **s. m. e f. inv.** ● Imbroglione, truffatore.
gabbàna [ar. *qabā* 'soprabito maschile', di orig. persiana; av. 1400] **s. f. 1** Specie di ampio mantello con maniche e, spesso, con cappuccio e fodera di pelliccia | Impermeabile di robusta tela cerata usato da marinai e pescatori | (*fig.*) **Voltare g.**, cambiare opinione con leggerezza e rapidità. **2** Veste da lavoro usata spec. da contadini e operai. || **gabbanèlla**, dim. (V.).
gabbanèlla [1498] **s. f. 1** Dim. di *gabbana*. **2** Camice bianco senza collo usato da medici e infermieri. **3** Corta veste da camera senza pretese di eleganza.
gabbàno [av. 1400] **s. m.** ● Gabbana | †*Posare il g.*, diventare una persona civile | †*Stare in g.*, condurre vita campestre. || **gabbanàccio**, pegg. | **gabbanino**, dim. | **gabbanóne**, accr. | **gabbanùccio**, dim.
gabbàre [ant. fr. *gaber*, da *gab* 'gabbo'; av. 1294] **A** v. tr. ● Ingannare, beffare: *g. gli amici, gli avversari, il prossimo*. **B** v. intr. (aus. *avere*) ● †Agire per burla, per gioco. **C** v. intr. pron. ● Prendersi gioco, farsi beffe: *perché vi gabbate della sua timidezza?*; *né certo ancor de' suoi futuri pianti / solea gabbarsi degli afflitti amanti* (POLIZIANO).
gabbatóre [av. 1311] **agg.**; anche **s. m.** (f. -*trice*) ● Che (o Chi) gabba qlcu.
gabbèo [da *gabbia* con sovrapposizione d'altra parola in -*eo* (?); 1834] **s. m.** ● Nelle saline, tavola per l'asciugatura del sale.
◆**gàbbia** o (*sett.*) ◆**càiba**, (*sett.*) †**gàiba** [lat. *cǎvea*(m), prob. prestito di orig. incerta; 1182] **s. f. 1** Contenitore formato da un telaio e da sottili sbarre o fili di ferro, usato per rinchiudervi animali, spec. uccelli: *g. di canarini* | *Uccello di g.*, adatto a viverci rinchiuso. **2** (*est.*) Recinto con sbarre, di varie dimensioni, per grossi animali: *la g. delle scimmie, dei leoni*; *belva in g.* | (*fig.*) *G. di matti*, ambiente in cui regnano continui litigi e incontrollata allegria (*spec. scherz.*): *g. de' matti è il mondo* (CAMPANELLA) | (*fig.*) Ideologia, schema e sim. chiuso, rigido: *gabbie mentali* | (*fig.*) Struttura o ambito con caratteristiche peculiari: *gabbie salariali*. **3** Recinto nelle aule dei Tribunali e delle Corti d'Assise in cui sono chiusi gli imputati durante il processo | Recinto per la protezione degli spettatori, entro cui si effettuano le gare di lancio del martello. **4** (*fig., fam.*) Prigione: *mettere in g.*; *chiudere in g.* SIN. Carcere, galera. **5** Vano delimitato da muro o rete metallica, entro il quale scorre un ascensore o un montacarichi | Specie di cabina a una o più piattaforme, utilizzata per il trasporto di operai, vagoncini e sim. negli impianti di estrazione. **6** Intelaiatura di forma simile a una gabbia usata come contenitore rigido, riparo e sim.: *g. da imballaggio* | In un cuscinetto a rotolamento, protezione delle sfere | (*edil.*) *G. metallica*, l'armatura d'acciaio di una trave o struttura di calcestruzzo | (*edil.*) *G. della scala*, l'insieme delle strutture portanti esterne di questa | (*anat.*) *G. toracica*, cavità formata dalle coste, dalla colonna vertebrale e dallo sterno che rivestono tali ossa. **7** (*edit.*) Nella composizione tipografica, riquadro che delimita l'ingombro del testo di ogni pagina determinando i margini. **8** †Specie di torretta, in legno o muratura, sporgente dall'alto delle mura delle antiche fortezze a scopo di osservazione o di difesa. **9** Nei concorsi ippici, ostacolo costituito da due ostacoli dritti distanziati | *Doppia g.*, quella con tre ostacoli dritti. → ILL. p. 2152 SPORT. **10** (*elettr.*) *G. elettrostatica*, *g. di Faraday*, cavità rivestita di lamiera o di rete metallica, all'interno della quale non si trasmettono le azioni elettriche prodotte da cariche o conduttori esterni. **11** (*mar.*) Ciascuna delle vele quadre bordate sopra le vele quadre maggiori di ciascun albero | (*per anton.*) La seconda vela quadra dell'albero di maestra | *Albero di g.*, nei velieri, il secondo tronco dell'albero di maestra. → ILL. p. 2173 TRASPORTI. **12** †Specie di lettiga. || PROV. Meglio uccel di bosco che uccel di gabbia. | **gabbiàccia**, pegg. | **gabbiètta**, dim. (V.) | **gabbina**, dim. | **gabbiòla**, dim. (V.) | **gabbióna**, accr. | **gabbióne**, accr. m. (V.) | **gabbiòtto**, dim. m. (V.) | **gabbiùccia**, **gabbiùzza**, dim.
gabbiàio [1618] **s. m.** (f. -*a*) ● (*raro*) Chi costruisce o vende gabbie per uccelli.
gabbianèllo [dim. di *gabbiano*; 1856] **s. m.** ● Uccello acquatico dei Lariformi a becco compresso e lunghe ali, più piccolo del gabbiano (*Larus minutus*).
◆**gabbiàno** [dal lat. *gāvia*(m), vc. espressiva; 1669] **s. m.** ● Uccello acquatico marino o lacustre, con grosso becco ricurvo, ali grandi, piedi palmati, piumaggio bianco col dorso e le ali grigi (*Larus ridibundus*). → ILL. animali/8. || **gabbianèllo**, dim. (V.).
gabbiàta [av. 1400] **s. f.** ● Quantità di animali contenuti in una gabbia.
gabbière [da *gabbia* nel sign. 11; 1314] **s. m.** ● Marinaio scelto ed esperto destinato alle manovre alte sugli alberi e sui pennoni dei velieri.
gabbiètta [av. 1446 ca.] **s. f. 1** Dim. di *gabbia*. **2** Cassetta formata da assicelle di legno, usata per trasportare spec. frutta. **3** Intreccio di filo di ferro che assicura i tappi alle bottiglie di spumante. || **gabbiettina**, dim.
gabbiòla [av. 1320] **s. f. 1** Dim. di *gabbia*. **2** (*mar.*) L'unica vela quadra dell'albero di trinchetto di alcune navi a vele latine, per la navigazione col vento nei quartieri poppieri. || **gabbiolina**, dim.
gabbionàta [av. 1562] **s. f.** ● Opera di difesa idraulica o fortificazione militare eseguita con gabbioni.
gabbióne [av. 1543] **s. m. 1** Accr. di *gabbia* | (*fig., tosc.*) †*Mettere nel g.*, ingannare. **2** Grosso cesto di rete metallica, riempito di pietrame, per difesa di argini o corsi d'acqua. **3** (*mil.*) Specie di grossa cesta riempita di terra, usata per costruire o rivestire parapetti, trinceramenti e sim.
gabbiòtto [av. 1735] **s. m. 1** Dim. di *gabbia*. **2** Guardiola del portiere.
gàbbo [ant. fr. *gab*, dall'ant. nordico *gabb*, di etim. incerta; 1294] **s. m.** ● (*raro*) Burla, beffa, scherzo | *Pigliare a g.*, prendere alla leggera | *Farsi g. di qlcu.*, *di qlco.*, burlarsene.
gàbbrico [da *gabbro*] **agg.** (pl. m. -*ci*) ● Di gabbro, relativo al gabbro.
gàbbro [lat. parl. *gǎbru*(m), per *glǎbru*(m) 'liscio, pelato, privo di vegetazione'; 1701] **s. m. 1** (*geol.*) Roccia eruttiva intrusiva costituita da plagioclasio e augite, generalmente a grana grossa. **2** Terreno sterile, di color verde scuro, ricco di magnesio.
gabèlla [ar. *qabāla* 'tributo', originariamente pagato per aggiudicarsi un terreno, da una radice con sign. di 'ricevere'; 1340] **s. f. 1** Imposta, spec. dazio: *g. di fabbricazione, di consumo*; *riscuotere la g.* | *Fare lo sciocco per non pagare g.*, (*fig.*) fingersi tonto per evitare noie e fastidi. **2** Moneta d'argento bolognese del XVI sec. **3** †Luogo ove si pagano le imposte, il dazio: *recarsi alla g.*; *ispettore di g.*
gabellàre [da *gabella*; av. 1363] **v. tr.** (*io gabèllo*) **1** Sottoporre a gabella, a dazio. **2** Riconoscere per vero, approvare: *le tue fandonie non le gabello*. **3** Far credere ciò che non è, spacciare:

g. qlcu. per santo; *g. per verità la frode.*

gabellière [av. 1349] s. m. ● Chi anticamente era addetto alla riscossione delle gabelle.

gabellino [av. 1462] s. m. *1* (*raro*) Guardia daziaria. *2* †Luogo alle porte della città ove era situato l'ufficio della gabella.

gabellòtto [da *gabella*; 1352] s. m. *1* Moneta d'argento coniata da Giulio II a Bologna nel XVI sec. *2* (*spreg.*) Doganiere, gabelliere. *3* In Sicilia, affittuario di un latifondo del quale cura la conduzione, spec. mediante coloni.

gabina ● V. *cabina.*

gabinétto [fr. *gabinet, cabinet*, dim. di *cabine* 'cabina', di etim. incerta; 1582] s. m. *1* In palazzi signorili del passato o in residenze di importanti personaggi, stanza destinata a studio, spogliatoio e sim., oppure riservata ai ricevimenti e ai colloqui privati. *2* Locale in cui un professionista esplica il suo lavoro: *g. medico*; *g. oculistico*; *g. odontoiatrico*; *g. fotografico.* *3* Settore degli edifici scolastici adibito alla raccolta di apparecchi e materiali per le ricerche scientifiche: *g. di fisica, di chimica, di scienze naturali* | ***G. di lettura***, sala di lettura di libri e riviste riservata ai membri di una determinata associazione | In un museo, sala in cui si conservano collezioni di particolare pregio: *g. delle gemme, delle medaglie, numismatico.* *4* Stanza di un edificio riservata a impianti igienici: *andare al g.*; *g. di decenza.* SIN. Cesso, latrina, water-closet. *5* Apparecchio sanitario destinato all'eliminazione dei rifiuti organici umani mediante sistemi ad acqua | ***G. all'inglese***, quello costituito da un vaso di ceramica su cui ci si siede | ***G. alla turca***, quello costituito da un vaso di ceramica situato entro il pavimento, su cui ci si accoscia. *6* †Consiglio privato del sovrano: *politica di g.* | †***Ordine di g.***, che proviene direttamente dal sovrano. *7* Ufficio particolare di un ministro | Stanza dove esso risiede. *8* (*polit.*) Ministero | L'insieme dei ministri che rappresentano il potere esecutivo, amministrativo: *formare un nuovo g.* | ***Il g. Cavour, Crispi***, dal nome del presidente dei ministri | ***G. ombra***, (*raro*) ***fantasma***, V. *ombra*, sign. B1.

gàbola [var. dial. di *cabala*; 1961] s. f. ● (*sett.*) Piccolo imbroglio, raggiro.

gabonése [1965] **A** agg. ● Del Gabon. **B** s. m. e f. ● Abitante, nativo del Gabon.

gaddésco agg. (pl. m. *-schi*) ● (*raro*) Gaddiano.

gaddiàno agg. ● Che si riferisce allo scrittore C. E. Gadda (1893-1973), al suo stile e alle sue opere: *la critica gaddiana.*

gàdget /'gadʒet, *ingl.* 'gædʒɪt/ [vc. ingl., di etim. incerta; 1970] s. m. inv. ● Piccolo oggetto o accessorio curioso, originale, spiritoso, ma non necessariamente utile | Oggetto accluso a un prodotto per fini promozionali.

Gadifórmi [comp. del gr. *gádos* 'nasello' (di etim. incerta) e del pl. di *-forme*] s. m. pl. (sing. *-e*) ● Nella tassonomia animale, ordine di Pesci ossei, prevalentemente marini, con pinne a raggi molli (*Gadiformes*).

gaditàno [vc. dotta, lat. *Gaditānu(m)*, da *Gades*, genit. *Gadium* 'Cadice'; av. 1406] agg. ● (*lett.*) Di Cadice.

gadolìnio [da *gadolinite*, il minerale nel quale è stato scoperto; 1932] s. m. ● Elemento chimico, metallo, del gruppo delle terre rare. SIMB. Gd.

gadolinite [vc. dotta, dal n. del suo scopritore, il chimico e fisico finlandese J. *Gadolin* (1760-1852), con *-ite* (2); 1817] s. f. ● (*miner.*) Silicato di ittrio, ferro e berillio in cristalli di colore nero.

gaèlico [ingl. *Gaelic*, da *Gael* 'celta di Scozia o Irlanda', in gaelico *Gāidheal*; 1846] **A** agg. (pl. m. *-ci*) ● Relativo alle popolazioni della Scozia e dell'Irlanda. **B** s. m. solo sing. ● Lingua del gruppo celtico, parlata dalle popolazioni gaeliche.

†**gaètto** o †**gaiètto** (2) [lat. parl. *gălliu(m)* 'dal colore delle penne di un *gallo*'] agg. ● Variopinto, chiazzato.

gaettóne [da *gaita* 'guardia'; 1889] s. m. ● (*mar.*) Sulle navi, spec. militari, ciascun turno di guardia della durata di due ore che si fa in mare dalle 16 alle 20: *primo g., secondo g.*

gàffa (1) [1813] s. f. ● Adattamento di *gaffe* (V.).

gàffa (2) [ant. provz. *gaf*, di etim. incerta; 1869] s. f. *1* (*mar.*) Asta di legno o metallo munita a un'estremità di un puntale e di un gancio per accostare o scostare le imbarcazioni dai moli, per agguantare un cavo e sim. SIN. Alighiero, mezzomarinaro. *2* (*pesca*) Raffio.

gaffe /fr. gaf/ [fr., da *gaffe* 'gancio' (V. *gaffa* (2)), per passaggio considerato proprio del ling. volg.; 1905] s. f. inv. ● Atto, comportamento, frase e sim. incauti e maldestri, non adatti né al momento né alle circostanze: *fare una g.*; *una g. imperdonabile.* CFR. Topica.

gaffeur /fr. ga'fœʀ/ [fr., da *gaffe* (V.); 1918] s. m. inv. (f. fr. *gaffeuse*) ● Chi fa spesso delle gaffe.

gag /ingl. gæg/ [vc. ingl., propr. 'chiudere la bocca a qualcuno (con la battuta inattesa)', dal v. medio ingl. *gaggen* 'soffocare', di orig. imit.; 1928] s. f. inv. ● Trovata comica, spunto animatore di un numero di varietà o di una sequenza comica cinematografica.

gagà [fr. *gaga* 'rimbambito', di orig. onomat.: riprodurrebbe l'incomprensibile borbottio dello sciocco o del bambino; 1932] s. m. ● Bellimbusto fatuo e fanfarone che ama l'eleganza e la raffinatezza. || **gagarèlla**, dim. f. | **gagarèllo**, dim. | **gagaróne**, accr.

gagàte [vc. dotta, lat. *gagāte(m)*, dal gr. *gagátēs* (sottinteso *líthos*) '(pietra) proveniente dalla città licia di *Gágas*'; av. 1327] s. f. ● (*miner.*) Varietà di lignite adoperata per fare bottoni.

gaggìa [vc. dotta, presa dai riflessi pop. del gr. *akakía* 'acacia' (V.); 1759] s. f. *1* (*bot.*) Piccolo albero delle Mimosacee, con molti fiori gialli, piccoli e molto profumati, riuniti in capolini, foglie pennate spinose, originario dell'America tropicale e coltivato nelle regioni mediterranee per ricavarne un'essenza (*Acacia farnesiana*). SIN. Acacia romana, cassia romana | ***G. arborea***, albizzia. *2* Robinia.

†**gàggio** [fr. *gage*, dal francone **waddi* 'pegno'; sec. XIII] s. m. *1* Pegno, arra, caparra | ***Prestare a g.***, a usura | (*est.*) Ostaggio, statico | ***Penna a g.***, scrittore prezzolato. *2* Paga data ai militari che volontariamente si arruolavano negli antichi eserciti | (*est.*) Stipendio: *dugento migliaia di fiorini d'oro, che davano al Duca per suo g.* (VILLANI) | (*fig.*) Ricompensa, rimunerazione.

gagliàrda [da *gagliardo*; av. 1508] s. f. ● Danza rinascimentale italiana e francese, saltata, in tempo ternario.

gagliardétto [da *gagliardo*, che ha avuto anche il sign. di 'bandiera principale della nave'; av. 1470] s. m. *1* Banderuola triangolare che le galee mettevano sulla testa degli alberi: *g. a doppia coda, con due punte.* *2* Piccola bandiera usata come insegna da associazioni politiche, sportive e sim.

gagliardézza [av. 1294] s. f. ● (*raro*) Gagliardia: *gli artefici danno … vivacità e g. alle figure loro* (VASARI).

gagliardìa [1353] s. f. *1* Forza, vigoria fisica e morale: *g. dell'animo, d'ingegno, di stile* | Bravura, valore. *2* (*lett.*) Prodezza: *e poi fece tutte quelle sue gagliardie che egli dice* (BOCCACCIO).

gagliàrdo [ant. provz. *galhart*, di etim. incerta; 1334] **A** agg. *1* Robusto, vigoroso: *braccia gagliarde*; *un uomo di complessione gagliarda*; *cotal viveasi il giovene g.*; / *né pensando al suo fato* (POLIZIANO) | ***Pianta gagliarda***, che cresce bene | ***Fuoco g.***, vivo | ***Vento g.***, impetuoso | ***Vino g.***, generoso | ***Rimedio g.***, drastico | (*fig.*) Forte e vivace: *immaginazione, ingegno, spirito g.* | Resistente: *ponte g.* | (*rom.*) Degno di ammirazione | (*lett.*) ***Alla gagliarda***, gagliardamente. *2* Prode, valoroso: *erano tutti soldati gagliardi*; *l'esercito mostrò di essere g.* || **gagliardaménte**, avv. In modo gagliardo; valorosamente: *combattere gagliardamente*; in modo valido, efficace: *operare gagliardamente*; †*imparentato gagliardamente*, strettamente. **B** avv. ● †Gagliardamente.

gagliégo ● V. *gallego.*

gaglioffàggine [av. 1566] s. f. *1* Azione o espressione da gaglioffo. *2* Scempiaggine, ribalderia.

gaglioffería [av. 1459] s. f. *1* (*raro*) Gaglioffaggine. *2* (*raro*) Insieme di gaglioffi.

gagliòffo [da *gagliardo* incrociatosi con *goffo*; av. 1342] agg.; anche s. m. (f. *-a*) *1* †Pezzente, mendicante. *2* Cialtrone, buono a nulla: *io non voglio fare la vita del g.* (BACCHELLI) | Manigoldo, ribaldo. || **gaglioffaménte**, avv.

†**gàgno** [lat. *gāneu(m)* 'taverna, bettola', di etim. incerta; 1481] s. m. *1* Covo, nascondiglio: *e però, bestia, ritorna nel g.* (PULCI). *2* Intrigo: *essere nel g.* *3* (*scherz.*) Ventre.

gagnolaménto [av. 1698] s. m. ● (*raro*) Il gagnolare | Mugolio.

gagnolàre [vc. onomat.; sec. XIV] v. intr. (*io gàgnolo*; aus. *avere*) ● Lamentarsi, mugolare, piangere del cane e della volpe | (*est.*) Dolersi, rammaricarsi.

gagnolìo [sec. XIV] s. m. ● Il gagnolare insistente e prolungato.

†**gàiba** ● V. *gabbia.*

†**gaiétto** (1) agg. *1* Dim. di *gaio.* *2* Grazioso, bello.

†**gaiétto** (2) ● V. †*gaetto.*

gaiézza [da *gaio*; sec. XIII] s. f. ● Caratteristica di ciò che è gaio | Stato d'animo di chi è gaio e sereno: *la g. era una caratteristica saliente della sua indole.* SIN. Gioia, letizia.

♦**gàio** [etim. discussa: ant. provz. *gai* 'gazza' (dal lat. *gāius, gāia*), vale a dire 'vivace come una gazza' (?); av. 1250] agg. *1* Allegro, vivace, festoso: *è proprio una gaia compagnia*; *ha un aspetto g.*; *i miei pensieri reconditi e gai* (SABA) | ***Colore g.***, chiaro e vivace. SIN. Gioioso. *2* (*lett.*) Leggiadro | ***Scienza gaia***, studio amorevole del poetare, nella poesia provenzale del sec. XIV. *3* (*tosc., fig.*) Abbondante, ricco: *casa gaia* | ***Gente gaia a promesse***, che promette allegramente e non mantiene. || †**gaiétto**, dim. (V.) || **gaiaménte**, avv.

gal [dal n. di G. *Gal(ilei)*] s. m. inv. ● (*fis.*) Unità di accelerazione nel sistema CGS, corrispondente a 1 cm/s^2. SIMB. Gal.

gàla (1) [sp. *gala*, dall'ant. fr. *gale*, da *galer* 'divertirsi', di etim. incerta; 1495] **A** s. f. ● Eleganza, sfarzo | ***Pranzo di g.***, in cui si osserva un preciso cerimoniale | ***Serata di g.***, per rappresentazioni teatrali o cinematografiche di particolare interesse mondano | ***Corso di g.***, passeggio molto elegante che si usava un tempo, spec. per carnevale | (*disus.*) ***Parlare in g.***, con eleganza | ***Far g.***, far festa, stare in allegria | ***Stare, mettersi in g.***, indossare abiti sfarzosi. SIN. Fasto, pompa. **B** s. m. solo sing. ● (*mar.*) ***G. di bandiere***, ornamento di bandiere di ogni taglio e colore tra gli alberi e le cime dei pennoni, da poppa a prua. SIN. Pavesata | ***Piccolo g.***, quando sono disposte le sole bandiere nazionali in cima d'albero e la gran bandiera a poppa | ***Gran g.***, per l'aggiunta di tutte le bandiere di segnale.

gàla (2) [retroformazione da *galone*, di provenienza fr. (*galon*, deriv. di *galonner* 'ornare la testa con una benda'), e di orig. sconosciuta; sec. XIII] s. f. *1* Volantino di tessuto increspato | Fiocco | (*est.*) Ornamento | (*fig.*) †***Fare g. di***, gloriarsi, vantarsi. *2* (*raro*) Cravatta a farfalla.

gàla (3) o **galà** [fr. *gala*, dall'ant. fr. *gale*. V. *gala* (*1*); 1950] s. m. inv. ● Ricevimento, festa solenne ed elegante, spesso di carattere ufficiale: *gran g. di corte*; *il galà di San Silvestro.*

galabìa [ar. *ğallābiyya*, forma popolare di *gilbāh*; 1953] s. f. ● Tunica ampia portata dagli Arabi.

galagóne [da una lingua afric.] s. m. ● Proscimmia africana grande come uno scoiattolo, con grandi orecchie che tiene accartocciate nel sonno (*Galago galago*).

galalite® [comp. del gr. *gála* 'latte' e *líthos* 'pietra' con sovrapposizione di *-ite* (*2*); 1932] s. f. ● Sostanza di consistenza cornea, ottenuta dalla caseina, usata per la fabbricazione di bottoni, pettini, scatole e sim.

galàno [sp. *galán* nel senso di 'elegante', dal fr. *galant* 'galante'; sec. XVII] s. m. *1* Vistoso fiocco fatto con più nastri annodati. *2* (*spec. al pl.*; *cuc.*) Nome usato nel Veneto per i cenci.

galànte [ant. fr. *galant* 'vivace', da *galer* 'divertirsi', di etim. incerta; av. 1475] **A** agg. *1* Che ha o esprime modi gentili e complimentosi, spec. nei riguardi delle donne: *giovane, vecchio signore g.*; *assumere un tono g.* *2* Che ha rapporto con l'amore, con il corteggiamento: *versi, lettere galanti*; *maniere galanti*; *avventure, imprese galanti* | ***Segretario g.***, V. *segretario.* SIN. Amoroso. *3* (*raro*) Bello, grazioso, elegante: *tono, vestito g.* *4* (*mus.*) ***Stile g.***, stile del XVIII sec., all'inizio solo clavicembalistico, caratterizzato da leggerezza, ornamentazioni, armonia non contrappuntistica. *5* †Probo, onesto. || **galantino**, dim. | **galantùccio**, dim. || **galanteménte**, avv. **B** avv. ● †Galantemente. **C** s. m. e raro f. *1* Persona galante: *gli piace fare il g. con le signore.* *2* (*dial.*) †Innamorato, amante.

galanterìa [fr. *galanterie*, da *galant* 'galante'; sec. XV] s. f. *1* Atteggiamento gentile e complimentoso, spec. nei riguardi delle donne: *ama comportarsi con estrema g.* | (*est.*) Atto, discorso galante: *è pieno di galanterie per le signore.* **2** (*disus.*) Ornamento, oggetto di gusto squisito: *un ricchissimo adornamento d'oro, pieno di fogliamenti e ... galanterie* (CELLINI) | Oggetto di lusso: *gli ha regalato una g.* | (*est.*) Cibo squisito e ben preparato: *questi dolciumi sono una vera g.*

galantina [fr. *galantine*, dal lat. mediev. *galatina* 'salsa', attestato a Ragusa in Dalmazia; 1790] **s. f.** ● Preparazione di cucina a base di carne bianca, insaporita con aromi, tartufi e sim., da servirsi fredda, ricoperta di gelatina.

†**galantomineria** [1734] **s. f.** ● Caratteristica di galantuomo.

galantomịsmo [1799] **s. m.** ● Caratteristica o comportamento di chi è galantuomo.

galantuòmo o (*pop.*) **galantòmo** [comp. di *galante*, nel senso ant. di 'onesto', e *uomo*; av. 1535] **A s. m.** (pl. *galantuòmini*) ● Persona onesta e dabbene: *è un vero g.*; *si è comportato da g.*; *tra galantuomini ci s'intende*; *si diede a conoscere per quel g. che era* (GOLDONI) | ***Parola di g.***, che impegna l'onore, la lealtà | (*est.*, *dial.*, *merid.*) Gentiluomo, signore | Escl. usata, spec. in passato, per rivolgersi a persona di cui non si conosce il nome: *ehi voi, g.!*; *scappa, scappa, g.!* (MANZONI). **B agg.** ● Che è onesto, probo | ***Il tempo è g.***, fa giustizia | ***Il re g.***, appellativo di Vittorio Emanuele II.

†**galàppio** ● V. *calappio*.

♦**galàssia** [vc. dotta, lat. tardo *galàxia(m)*, dal gr. *galaxías* (sottinteso *kýklos*) '(il ciclo, la Via) Lattea', da *gála*, genit. *gálaktos*, perché si credeva che la Via Lattea fosse stata originata dal latte di Giunone; 1282] **s. f.** **1** (*astron.*) Sistema costituito da centinaia di miliardi di stelle e da materia cosmica diffusa negli spazi interstellari, isolato da altri sistemi simili, di forme diverse: *g. ellittica, spirale, irregolare* | ***G. locale***, quella cui appartiene il sistema solare, di una parte della quale la Via Lattea è la proiezione sulla sfera celeste | ***Fuga delle galassie***, fondamento di teorie dell'universo in espansione. **2** (*fig.*) Insieme di persone o elementi dotati di caratteristiche analoghe e peculiari: *la g. dei circoli giovanili* | Insieme di persone famose.

galatèa [vc. dotta, lat. *Galatēa(m)*, dal gr. *Galáteia* 'lattea (spuma dell'onda)' (da *gála* 'latte'); 1834] **s. f.** ● Genere di Crostacei marini con torace grande e addome ridotto e ripiegato (*Galathea*). ➡ ILL. **animali**/3.

galatèo [dal titolo dell'omonimo trattato di Giovanni della Casa, calco sul nome latineggiante del dedicatario Galeazzo (*Galateus*) Florimonte; 1558] **s. m.** ● Buona creanza, buona educazione: *conoscere il g.*; *comportarsi secondo le norme del g.*

galattagògo [vc. dotta, comp. di *galatt(o)-* e del gr. *agōgós* 'conduttore'; 1841] **A s. m.** (pl. *-ghi*) ● Farmaco che provoca o accresce la secrezione lattea. SIN. Galattogeno. **B** anche **agg.**: *farmaco g.*

galàttico [vc. dotta, lat. tardo *galăcticu(m)*, dal gr. *galaktikós* 'pertinente al latte (*gála*, genit. *gálaktos*)'; sec. XIX] **agg.** (pl. m. *-ci*) ● (*astron.*) Attinente alla galassia cui appartiene il sistema solare: *piano g.* | (*fig.*, *scherz.*) Grandioso, eccezionale: *si è fatto un appartamento g.* CFR. Megagalattico.

galàtto- [dal gr. *gála*, genit. *gálaktos* 'latte'] primo elemento ● In parole composte della terminologia scientifica, significa 'latte' o fa riferimento a caratteri simili a quelli del latte: *galattogeno, galattosio.*

galattòfago [vc. dotta, gr. *galaktophágos* 'che si nutre (dal v. *phágein* 'mangiare') di latte (*gála*, genit. *gálaktos*)'; av. 1686] **agg.**; anche **s. m.** (pl. m. *-gi*) ● Che (o Chi) si nutre di latte.

galattòforo [vc. dotta, gr. *galaktophóros* 'che produce (dal v. *phérein* 'portare') latte (*gála*, genit. *gálaktos*)'; 1820] **A agg.** ● (*anat.*) Detto di ogni organo escretore della ghiandola mammaria: *dotto, condotto g.* **B s. m.** ● Tiralatte.

galattògeno [vc. dotta, comp. di *galatto-* e *-geno*] **s. m.**; anche **agg.** ● Galattagogo.

galattòmetro [vc. dotta, comp. di *galatto-* e *-metro*; 1834] **s. m.** ● Particolare densimetro per determinare il contenuto in grassi del latte.

galattopoièṣi [comp. di *galatto-* e *-poiesi*; 1834] **s. f. inv.** ● (*biol.*) Produzione di latte da parte della ghiandola mammaria.

galattorrèa [comp. di *galatto-* e *-rea*; 1834] **s. f.** ● (*med.*) Abbondante secrezione lattea durante l'allattamento | Secrezione lattea persistente oltre il puerperio.

galattòṣio [vc. dotta, comp. di *galatt(o)-* e la seconda parte di (*latt*)*osio*; 1892] **s. m.** ● (*chim.*) Esosio che si ottiene dall'idrolisi del lattosio e che si riscontra anche, come polisaccaride, in certe specie di legno.

galavèrna **s. f.** ● (*meteor.*) Sottile strato di ghiaccio che si forma su ciò che è esposto al freddo intenso; è costituita da granuli provenienti da rapido congelamento di piccolissime goccioline d'acqua sopraffuse | Brinata molto intensa.

gàlbano [vc. dotta, lat. *gălbanu(m)*, dal gr. *chalbánē*, di orig. semitica; sec. XIV] **s. m.** **1** Albero delle Ombrellifere di grandi dimensioni, dal cui fusto si estrae una gommoresina (*Ferula galbaniflua*). **2** Sostanza che si ricava da tale pianta.

†**gàlbeo** [vc. dotta, lat. *gălbeu(m)*, prob. prestito straniero; sec. XIV] **s. m.** ● Benda.

gàlbula [vc. dotta, lat. *gălbula(m)*, da *gălbus* 'verde pallido, giallo' (di etim. incerta), per il suo colore; 1834] **s. f.** ● Piccolo uccello dei Piciformi con coda lunga e appuntita e piume di lucentezza metallica (*Galbula ruficauda*).

gàlbulo [vc. dotta, lat. *gălbulu(m)* 'bacca, coccola' di etim. incerta; 1932] **s. m.** ● (*bot.*) Cono con squame concresciute e carnose, tipico del cipresso e di altre Conifere. SIN. Coccola.

gàlea (1) [vc. dotta, lat. *gălea(m)*, dal gr. *galéē* 'donnola', perché originariamente ricoperta di una pelle di quell'animale, che trasmetteva al combattente il suo valore e il suo amore per il sangue; sec. XIV] **s. f.** ● Elmo di pelle degli antichi Romani.

galèa (2) o **galèra** [etim. discussa: gr. tardo *galéa* dal n. di un animale (donnola, motella o pescecane) per somiglianza di fattezze (?); sec. XIII] **s. f.** ● Nave a remi e a vela, tipica del Mediterraneo, usata fino al sec. XVIII.

galeàto [vc. dotta, lat. *galeātu(m)*, da *galeāre* 'armare d'elmo (*gălea*)'; 1499] **agg.** ● Che porta la gàlea.

galeàzza [da *galea* (2), con suff. di marchio venez.; av. 1433] **s. f.** ● Nave da guerra del XVI sec., di origine veneziana, più grande e robusta della galea, con tre alberi fissi e armati con vele quadre e latine, e 30 remi per lato.

†**galeffàre** ● V. †*caleffare*.

galèga [vc. dotta, comp. del gr. *gála* 'latte' e *âix*, genit. *aigós* 'capra'; 1550] **s. f.** ● Erba delle Leguminose con piccoli fiori azzurri a grappolo e foglie paripennate, da cui si ricava una sostanza galattagoga (*Galega officinalis*).

galèna [vc. dotta, lat. *galēna(m)*, di orig. straniera; 1562] **s. f.** **1** (*miner.*) Solfuro di piombo in cristalli cubici od ottaedrici, o in masse metalliche compatte. **2** (*radio*) Piccolo radioricevitore, senza alimentazione, che utilizzava cristalli di galena, diffuso prima dell'avvento dei moderni diodi a semiconduttore a giunzione.

galènico [av. 1698] **A agg.** (pl. m. *-ci*) ● Del, relativo al, celebre medico greco Galeno (129-200 ca.) | ***Arte galenica***, medicina | ***Preparato, medicamento g.***, farmaco ottenuto dalla trasformazione di droghe naturali in preparati atti a essere somministrati all'ammalato; (*est.*) medicamento preparato direttamente dal farmacista. **B s. m.** ● Medicamento preparato direttamente dal farmacista.

galenịsmo [1834] **s. m.** ● Dottrina medica di Galeno.

galenista [1632] **s. m.** e **f.** (pl. m. *-i*) ● Seguace della dottrina di Galeno.

galèo [gr. *galeós* 'squalo', da *galéē* 'donnola' (per il suo aspetto e perché animale da preda), d'orig. incerta; 1561] **s. m.** ● (*zool.*) Canesca.

galeòne [da *galea* (2); sec. XIII] **s. m.** ● Nave militare e da trasporto del XVI e XVII sec., a due ponti con castello e cassero molto elevati, tre o quattro alberi, con vele quadre e di taglio, armata con cannoni.

galeopitèco [vc. dotta, lat. sc. *galeopithēcu(m)*, comp. del gr. *galéē* 'donnola' e *píthēkos* 'scimmia'; 1825] **s. m.** (pl. *-chi* o *-ci*) ● Mammifero dermottero asiatico, delle dimensioni di un gatto, dotato di una membrana alare che unisce collo, arti e coda e che serve come paracadute nei balzi fra gli alberi (*Galeopithecus volans*).

†**galeòto** ● V. *galeotto* (*1*).

galeòtta [da *galea* (*2*), con suff. dim.; 1346] **s. f.** ● Galea sottile da guerra a vela e a remo, con un solo albero latino, usata nel Mediterraneo nei secc. XVII e XVIII | ***G. da bombe***, grossa nave per lanciare bombe, con albero maestro a vele quadre. SIN. Bombarda, bombardiera.

galeòtto (1) o †**galeòto** [da *galea* (*2*); 1313] **s. m.** **1** Rematore di galea | Forzato condannato a remare nelle galee. **2** (*est.*) Carcerato, spec. se condannato a lunghe pene detentive. **3** (*fig.*) Briccone, furfante: *non lasciatevi raggirare da quel g.* **4** (*lett.*) †Nocchiero.

galeòtto (2) [ant. fr. *Galehaut*, n. di un personaggio dei romanzi di cavalleria reso noto da Dante, i cui interpreti deformarono in senso pegg. l'intendimento del poeta; 1313] **agg.**; anche **s. m.** ● Che (o Chi) favorisce i rapporti spec. amorosi tra due persone. SIN. Mezzano, ruffiano.

♦**galèra** [var. di *galea* (*2*) con oscuro inserimento di *-r-*; av. 1433] **s. f.** **1** V. *galea* (*2*). **2** Pena dei lavori forzati | Prigione, carcere: *andare in g.*; *scontare venti anni di g.* | ***Avanzo di g., pezzo da g.***, persona degna della galera, delinquente | ***Faccia da g., ceffo da g.***, di persona dall'aspetto poco raccomandabile. **3** (*fig.*) Luogo e situazione in cui si soffre, si vive male e nel quale si è obbligati a rimanere: *questa casa è diventata una g.* **4** Specie di pesante spazzolone con piastra metallica e manico snodabile, per la lucidatura a mano dei pavimenti: *La signora Dirce, muovendo la g. per terra avanti e indietro, trova da ridire* (CALVINO).

galèro [vc. dotta, lat. *galēru(m)*, da *gălea* 'galea (1)', secondo una oscura deriv.; 1931] **s. m.** **1** Cappello cardinalizio di panno rosso che indica la dignità del grado | ***Imposizione del g.***, atto solenne con cui il Papa nomina i cardinali. **2** Copricapo a forma di cupola, generalmente di cuoio, usato dagli antichi Romani.

galeropìa [vc. dotta, tratta dal gr. *galerōpós* 'dallo sguardo (*ōpḗ*) sereno (*galerós*)'] **s. f.** ● (*med.*) Eccezionale chiarezza e luminosità di visione dovuta a un difetto dell'apparato visivo.

galerucèlla [vc. dotta, comp. del lat. *gāle(a)* 'elmo' e (*e*)*rūca* 'bruco': per la forma (?); 1887] **s. f.** ● (*zool.*) Coleottero dei Crisomelidi assai prolifico, le cui larve divorano le foglie dell'olmo (*Galerucella luteola*).

galèstro o **calèstro** [da una base medit. *gala* (*cala*) 'sasso'; sec. XV] **s. m.** **1** Terreno argilloso non omogeneo, definito con nomi diversi a seconda che prevalga il calcare, l'arenaria o la silice. **2** Vino bianco secco, a bassa gradazione alcolica, prodotto in Toscana con uve Trebbiano e altre uve bianche.

galestrọ̀so [1857] **agg.** ● Detto di terreno costituito di galestro.

galileiàno [dal n. di G. *Galilei* (1564-1642); 1745] **A agg.** ● Che concerne o interessa lo scienziato e filosofo Galileo Galilei o le sue dottrine. **B s. m.** (f. *-a*) ● Chi segue o si ispira alle teorie filosofiche o scientifiche di Galileo Galilei.

galilèo [vc. dotta, lat. *Galilǣu(m)*, dal n. della regione *Galilǣa*, gr. *Galiláia*, dall'ebr. *Haggālīl*, propr. 'distretto'; 1336 ca.] **A agg.** ● Della Galilea, regione della Palestina. **B s. m.** (f. *-a*) **1** Abitante, nativo della Galilea | ***Il G.***, (*per anton.*) Gesù Cristo. **2** (*spec. al pl.*) Cristiano.

galịòtto [da *galia*, var. di *galea* (*2*), secondo il venez. *galioto*: per la forma sottile (?)] **s. m.** ● Pesce osseo molto esile, con coda allungata, privo di pinne ventrali, ospite abituale dell'intestino delle oloturie (*Fierasper acus*).

galiziàno A agg. ● Della Galizia. **B s. m.** (f. *-a*) ● Abitante, nativo della Galizia.

gàlla [lat. *gălla(m)*, di orig. sconosciuta; 1319] **s. f.** **1** (*bot.*) Cecidio | ***Noci di g.***, galle da cui si ricavano sostanze usate per tintura e inchiostri | ***G. moscata***, noce moscata. **2** †Ghianda. **3** (*lett.*, *fig.*) Persona, cosa leggerissima | ***A g.***, sul pelo dell'acqua | ***Stare a g.***, galleggiare | ***Tenersi a g.***, (*fig.*) fare quanto basta per tener fronte agli impegni | ***Venire a g.***, (*fig.*) scoprirsi, manifestarsi | ***Tornare a g.***, (*fig.*) riapparire | ***Rimanere a g.***, (*fig.*) riuscire a salvarsi da tutte le situazioni critiche. **4** †Pillola. **5** (*veter.*) Molletta.

†**gallàre (1)** [da *galla*; 1319] **v. intr.** **1** (*lett.*) Galleggiare. **2** (*fig.*, *lett.*) Insuperbire: *Di che l'animo vostro in alto galla ...?* (DANTE *Purg.* X, 127).

gallàre (2) [da *gallo* (*1*); av. 1698] **A v. tr.** ● Fecondare le uova, detto del gallo. **B v. intr.** (aus. *ave-*

re) **1** Essere fecondato, detto delle uova. **2** (*lett.*) †Saltellare come un gallo, far festa per la gioia: *torna a Morgante e d'allegrezza galla* (PULCI).

†**gallàto** (**1**) part. pass. di *gallare* (*1*); anche agg. ● Nei sign. del v.

gallàto (**2**) [av. 1565] part. pass. di *gallare* (*2*); anche agg. ● Nei sign. del v.

gallàto (**3**) [da *gallico* (*2*); 1834] s. m. ● (*chim.*) Sale dell'acido gallico.

gallatùra [da *gallare* (*2*); 1619] s. f. ● Fecondazione delle uova da parte del gallo.

galleggiabilità [1917] s. f. ● Capacità di un corpo di galleggiare in un liquido | (*mar.*) ***Riserva di g.***, V. *riserva*.

galleggiaménto [av. 1642] s. m. **1** Il galleggiare. **2** (*mar.*) Stato della nave immersa con la carena nell'acqua ed emersa col resto | ***Linea di g.***, linea che indica il livello dell'acqua sulla carena separando la parte immersa da quella emersa.

galleggiànte [1589] **A** part. pres. di *galleggiare*; anche agg. ● Che galleggia: *boa g.* | ***Ponte g.***, ponte di barche. **B** s. m. **1** Ogni oggetto che ha la proprietà di galleggiare: *il mare era pieno di galleggianti* | Barcone senza propulsione generalmente usato per trasporto o deposito in porti, canali e sim. **2** (*mar.*, *spec. al pl.*) Gavitello, sughero, barile vuoto, boa e sim. posti per segnalare un'ancora sommersa, una rete, uno scoglio e sim. **3** Accessorio per la pesca in materiale leggero, di forma varia, che viene applicato alla lenza e alle reti per diversi scopi: *g. sostenitore*, *g. segnalatore* (*del pesce che abbocca*). ➡ ILL. pesca. **4** In varie tecnologie, globo metallico vuoto che galleggia su un liquido contenuto in un recipiente e che mediante organi meccanici regola l'afflusso del liquido nel recipiente stesso. **5** Corpo stagno per sostenere e stabilizzare in galleggiamento idrovolanti o aerei ed elicotteri destinati a posarsi e partire in velocità sull'acqua. || **galleggiantino**, dim.

♦**galleggiàre** [da *galla*; sec. XIV] v. intr. (*io galléggio*; aus. *avere*) **1** Essere parzialmente immerso in un fluido: *il sughero, l'olio, il ghiaccio galleggiano sull'acqua*; *quella cosa maggiormente galleggia sopra l'acqua, che è di minor peso dell'acqua* (LEONARDO). **2** (*est.*) Stare sospeso nell'aria senza salire né scendere: *l'aerostato galleggiava nell'aria*.

gallègo o (*raro*) **gagliègo** [port. *galego*, dal lat. *Gallāecus* 'della Galizia (*Gallāecia*)'; av. 1533] **A** agg. (pl. m. *-ghi*) ● Della Galizia, regione della Penisola Iberica. **B** s. m. solo sing. ● Varietà dialettale della lingua portoghese, usata anche nella letteratura del sec. XIII.

♦**gallerìa** [fr. *galerie*, dal lat. mediev. attestato anche in Italia, *galilāea* 'atrio della chiesa', d'uso conventuale, dal n. della regione palestinese con un passaggio semantico non chiaro; 1550] s. f. **1** Passaggio scavato attraverso una montagna o altri ostacoli difficilmente superabili da strade o ferrovie | ***G. subalvea***, che passa sotto l'alveo di un fiume. SIN. Traforo | Passaggio sotterraneo nelle miniere. ➡ ILL. p. 2136 SCIENZE DELLA TERRA ED ENERGIA. **2** (*mil.*) Nelle opere di fortificazione, passaggio coperto o sotterraneo, comunicante o meno con l'esterno, destinato a vari scopi e particolarmente usato nella guerra d'assedio | Scavo sotterraneo di largo impiego nella guerra di montagna per ricoveri, osservatori, postazioni di artiglieria, lavori di mina. **3** Ampio passaggio destinato al traffico pedonale, ricavato all'interno di vasti complessi edilizi o mediante opportuna copertura di un tratto di strada: *la G. di Milano*. **4** (*arch.*) Ambulacro, corridoio. **5** In varie tecnologie, condotto | ***G. aerodinamica***, ***del vento***, impianto per produrre correnti d'aria cui esporre velivoli, veicoli o atleti in assetto di gara, allo scopo di determinarne le proprietà aerodinamiche | (*mar.*) ***G. dell'asse dell'elica***, condotto tubolare stagno munito di portelli per verifica e pulizia. **6** Sala o complesso di sale comunicanti dove sono esposti quadri o altre opere d'arte: *la G. del Louvre*; *G. d'arte moderna*; *direttore, custode, conservatore della G.* | (*est.*) Ambiente per l'esposizione e la vendita di quadri o altre opere d'arte. **7** Nelle sale teatrali di struttura tradizionale, ordine di posti al disopra dei palchi | Nelle sale cinematografiche di struttura tradizionale, ordine di posti a balconata sovrastanti la platea. || **gallerìetta**, dim. | **galleriùccia**, dim.

gallerista [1943] s. m. e f. (pl. m. *-i*) ● Chi gestisce una galleria d'arte.

gallésco [da *gallo* (*2*); av. 1803] agg. (pl. m. *-schi*) ● (*lett.*, *spreg.*) Di uso, di maniera francese.

gallése [1765] **A** agg. ● Del Galles, regione della Gran Bretagna: *lingua g.* **B** s. m. e f. ● Abitante, nativo del Galles. **C** s. m. solo sing. ● Lingua del gruppo celtico, parlata nel Galles.

gallétta (**1**) [dim. di *galla*, per la forma; 1585] s. f. **1** (*sett.*) Bozzolo. **2** (*veter.*) Molletta.

gallétta (**2**) [fr. *galette*, da *galet* 'piccolo ciottolo (ant. fr. *gal*, di etim. incerta)'; 1771] s. f. **1** (*mar.*) Formaggetta. **2** Biscotto di pasta di pane a forma schiacciata, che si conserva molto a lungo, in dotazione principalmente in marina e alle forze armate. || **gallettina**, dim.

gallettàme [da *galletta* (*1*); av. 1794] s. m. ● Cascame di seta costituito dalla fibra ricavata da bozzoli sfarfallati.

gallettificio [comp. di *galletta* (*2*) e *-ficio*] s. m. ● Stabilimento per la produzione delle gallette, solitamente di conduzione militare.

gallétto [av. 1313] s. m. **1** Dim. di *gallo* (*1*). **2** Giovane gallo | ***G. di roccia***, passeriforme grande come un piccione che, se maschio, ha un gran ciuffo a ventaglio sul capo, tipico dell'America meridionale (*Rupicola rupicola*) | ***G. di bosco***, beccofrusone | ***G. di marzo***, ***marzaiolo***, ***di maggio***, upupa. **3** (*fig.*) Ragazzo, giovane intemperante e vivace | Chi corteggia le donne con disinvolta ostentazione: *fare il g.* | ***G. di primo canto***, alle prime imprese amorose. **4** (*mecc.*) Dado munito di due alette per poterlo avvitare a mano sulla vite. **5** (*region.*) Gallinaccio (2). || **gallettino**, dim.

galliàmbico [gr. *galliambikón* (*métron*) 'verso usato nel culto di Cibele' (V. *galliambo*); av. 1698] agg. (pl. m. *-ci*) ● Nella loc. ***verso g.***, galliambo.

galliàmbo [vc. dotta, lat. *galliămbu(m)*, dal gr. *galliambos*, comp. di *gáll(os)* 'galla, sacerdote di Cibele' e *íambos* 'giambo'; 1728] s. m. ● Verso greco e latino formato da quattro ionici a minore, l'ultimo dei quali è catalettico.

gallicanìsmo o **gallicanèsimo** [da *gallicano*; 1848] s. m. ● Tendenza dottrinale e politica della Chiesa di Francia che, spec. nel XVIII sec., affermava la sua libertà e indipendenza organizzativa dalla sede romana.

gallicàno [vc. dotta, lat. *Gallicānu(m)* 'della provincia della *Gallia*'; 1540] **A** agg. ● Relativo alla Chiesa di Francia e al gallicanismo: *Chiesa gallicana*; *rito g.* **B** s. m. (f. *-a*) ● Difensore della libertà della Chiesa di Francia.

gallicinio [vc. dotta, lat. *gallicīniu(m)*, originariamente 'canto (da *cănere* 'cantare') del gallo (*găllus*)'; 1499] s. m. ● (*lett.*) Parte della notte in cui canta il gallo | ***Primo g.***, dopo la mezzanotte.

gallicìsmo [fr. *gallicisme*, deriv. del lat. *gállicus* 'gallico' nel senso più recente di 'francese'; av. 1803] s. m. ● Parola o locuzione propria del celtico entrata in un'altra lingua | Francesismo.

gallicizzàre [av. 1847] **A** v. intr. (aus. *avere*) **1** Imitare usanze, costumi e abitudini francesi. **2** Adoperare francesismi: *un autore che gallicizza spesso*. **B** v. tr. ● (*raro*) Francesizzare.

gàllico (**1**) [vc. dotta, lat. *Găllicu(m)*, da *Găllus* 'gallo, celta'; 1342] **A** agg. (pl. m. *-ci*) ● Degli antichi Galli, della Gallia: *guerre galliche*; *civiltà gallica* | (*est.*) Della Francia. **B** s. m. solo sing. ● Lingua del gruppo celtico, parlata dagli antichi Galli.

gàllico (**2**) [da *galla*; 1834] agg. (pl. m. *-ci*) ● (*chim.*) Di composto, e di alcuni suoi derivati, estratto da noci di galla | ***Acido g.***, ossiacido monobasico, usato in fotografia, in medicina e nella preparazione di sostanze coloranti.

†**gallicùme** [comp. di *gallico* (*1*) e *-ume*; av. 1803] s. m. ● (*spreg.*) Eccessiva imitazione di modi francesi.

Gallifórmi [vc. dotta, comp. di *gallo* (*1*) e il pl. di *-forme*; 1956] s. m. pl. (sing. *-e*) ● Nella tassonomia animale, ordine di Uccelli di media grandezza con ali brevi e volo pesante, zampe forti, becco robusto e incurvato che vivono per lo più sul terreno e presentano frequente dimorfismo sessuale (*Galliformes*). SIN. Gallinacei.

galligeno [comp. di *galla* e *-geno*] **A** s. m. ● Organismo che produce galle. **B** anche agg.: *insetto g.*

galligiàmbo [adatt. del latinismo *galliambo*, secondo la corrispondenza tra *iambo* e *giambo*] s. m. ● Galliambo.

♦**gallina** [lat. *gallīna(m)*, f. sost. dell'agg. di *găllus* 'gallo (1)', come *regina* da *rēx* 're'; 1260] s. f. **1** Femmina adulta del gallo, più piccola del maschio, con livrea a colori meno vivaci e coda più breve: *g. da uova*, *da carne* | (*fig.*) ***La g. dalle uova d'oro***, fonte sicura e facile di guadagno cospicuo e ripetuto. CFR. Crocchiare, crocchiolare, cantare, schiamazzare. ➡ ILL. animali/8. **2** Denominazione comune di alcune specie d'uccelli | ***G. faraona***, ***di Faraone***, ***di Numidia***, uccello dei Galliformi, grande come un pollo con testa e parte del collo nudi, piumaggio a macchie bianche e grigie, allevato per la carne (*Numida meleagris*) | ***G. prataiola***, uccello dei Galliformi, grande come un pollo, che vive, anche in Italia, nelle pianure erbose un po' aride (*Otis tetrax*) | ***G. della Madonna***, (*pop.*, *centr.*) rondine | ***Latte di g.***, frullato d'uova, latte e zucchero; (*fig.*) cibo prelibato e difficile a trovarsi | ***Avere un cervello di g.***, di persona poco intelligente | (*fig.*) ***Zampe di g.***, scrittura inintelligibile; piccole rughe attorno agli occhi | (*fig.*) ***Andare a letto con le galline***, molto presto, di prima sera | ***Sentirsi venire la pelle di g.***, rabbrividire | (*fig.*, *tosc.*) ***Andare a g.***, andare in rovina, morire. || PROV. Gallina vecchia fa buon brodo; meglio un uovo oggi che una gallina domani; gallina che canta ha fatto l'uovo. || **gallinàccia**, pegg. (V.) | **gallinèlla**, dim. (V.) | **gallinètta**, dim. | **gallinina**, dim. | **gallinóna**, accr. | **gallinùccia**, dim.

gallinàccia [av. 1400] s. f. (pl. *-ce*) **1** Pegg. di *gallina*. **2** (*pop.*) Beccaccia.

gallinàccio (**1**) [lat. *gallināceu(m)*, da *gallīna* 'gallina'; av. 1625] **A** agg. (pl. f. *-ce*) ● †Di gallina. **B** s. m. ● (*pop.*) Tacchino.

gallinàccio (**2**) [da *gallinaccio* (*1*), per l'aspetto del cappello simile alla cresta di un 'tacchino'; 1798] s. m. ● Fungo commestibile delle Agaricacee di colore giallo aranciato, cappello pianeggiante o imbutiforme, lamelle intrecciate (*Cantharellus cibarius*). SIN. Cantarello, finferlo, galletto, gallinella. ➡ ILL. fungo.

Gallinàcei [vc. dotta, lat. *gallināceu(m)*, da *gallīna* 'gallina'; 1892] s. m. pl. (sing. *-o*) ● (*zool.*) Galliformi.

gallinàio [av. 1656] s. m. ● (*raro*) Pollaio.

gallinàme [av. 1908] s. m. ● (*raro*) Quantità di galline.

gallinèlla [1282] s. f. **1** Dim. di *gallina*. **2** (*bot.*) Pianta erbacea delle Scrofulariacee simile alla bocca di leone (*Antirrhinum orontium*) | (*spec. al pl.*) Dolcetta. **3** Gallinaccio (2). **4** (*zool.*) ***G. d'acqua***, uccello palustre di media taglia dei Ralliformi, con dita molto lunghe e una placca cornea rossa sulla fronte (*Gallinula chloropus*). SIN. Sciabica | ***G. del Signore***, coccinella | ***G. palustre***, schiribilla. **5** (*zool.*) Pesce cappone.

gallinèlle [da *gallina* per il suo valore commestibile] s. f. pl. ● (*bot.*) Dolcetta.

gàllio [vc. dotta, tratta dall'ant. n. lat. della Francia (*Gállia*) non senza riferimento al n. dello scopritore P.-É. *Lecoq* (1838-1912), propr. 'il (*le*) gallo (*coq*)'; 1879] s. m. ● Elemento chimico, metallo bianco-azzurro, fusibile a temperatura ambiente, associato in minime quantità ai minerali di altri metalli, usato per transistor e come liquido termometrico in termometri ad alta temperatura. SIMB. Ga.

gallìsmo [da *gallo* (*1*) in senso fig.; 1946] s. m. ● Atteggiamento molto disinvolto e quasi aggressivo di chi si crede un grande conquistatore di donne.

♦**gàllo** (**1**) [lat. *gāllu(m)*, prob. vc. espressiva; sec. X] **A** s. m. ● Uccello domestico dei Galliformi di media taglia, con cresta rossa e carnosa, bargigli pure rossi, coda lunga e falcata e piumaggio spesso vivacemente colorato (*Gallus gallus*). CFR. Cantare, chicchiriare. ➡ ILL. animali/8 | ***G. cedrone***, grosso galliforme selvatico delle regioni montuose, dal piumaggio nerastro, commestibile (*Tetrao urogallus*). SIN. Urogallo | ***G. delle praterie***, tetraone | ***Al canto del g.***, prima di giorno | ***Fare il g.***, insuperbirsi o fare il galante con le donne | ***Essere il g. della Checca***, di uomo che ha molti successi galanti | ***Vispo come un g.***, di persona vivace e intraprendente, spec. con le donne | ***G. dei campanili***, insegna metallica girevole che indica la direzione del vento. **B** in funzione di agg. inv. ● (posposto al s.) Nella loc. ***peso g.***, nel pugilato, categoria di peso compresa tra quelle dei pesi mosca e dei pesi supergallo. **C** s. m. inv. ● Nel pugilato, atleta appartenente alla categoria dei pesi gallo. || **gallétto**, dim. (V.) | **gallonàccio**, pegg. | **gallóne**, accr.

♦**gàllo** (2) [vc. dotta, lat. *Găllu(m)*, di etim. incerta; av. 1348] **A** agg. *1* Della Gallia. *2* (*raro, lett.*) Francese. **B** s. m. *1* Abitante, nativo della Gallia: *Cesare sconfisse i Galli* | ***G. bracato***, della Gallia narbonese | ***G. chiomato***, della Gallia superiore | ***G. togato***, della Gallia cisalpina. *2* Nell'antica Roma, sacerdote addetto al culto della dea Cibele. *3* (*raro, lett.*) Francese.

†**gàllo** (3) [da *gallare* (*1*); sec. XIV] s. m. ● (*raro*) Gioia, allegria, galloria.

gallòccia [adatt. del venez. *galozza*, di etim. incerta; av. 1800] s. f. (pl. *-ce*) ● (*mar.*) Pezzo di metallo o legno a forma di T largo e schiacciato, fissato alle murate, agli alberi o sui ponti di una nave per dar volta alle cime | ***Gallocce da remo***, alle quali si attaccavano le mani dei rematori, tre o quattro per remo. ➡ ILL. p. 2155 SPORT.

gallofilia [comp. di *gallo* (*2*) e *-filia*; 1965] s. f. ● Simpatia per i francesi e per tutto ciò che è francese. SIN. Francofilia.

gallòfilo [comp. di *gallo* (*2*) e *-filo*; 1912] agg.; anche s. m. (f. *-a*) ● Simpatizzante per i francesi, per la loro storia, i loro usi, le loro abitudini. SIN. Francofilo.

gallofobia [comp. di *gallo* (*2*) e *-fobia*; 1883] s. f. ● Avversione per i francesi, per ogni loro caratteristica e per ciò che è francese.

gallòfobo [comp. di *gallo* (*2*) e *-fobo*; 1881] agg.; anche s. m. (f. *-a*) ● Che (o Chi) avversa i francesi.

gallo-itàlico [propr. 'proprio delle popolazioni celtiche (*Galli*) stanziate nell'*Italia* settentrionale'; 1831] agg. (pl. m. *gallo-itàlici*) ● (*ling.*) Detto dei dialetti dell'area settentrionale (piemontesi, lombardi, emiliano-romagnoli) che hanno subito l'influenza del sostrato celtico.

gallòmane [av. 1857] s. m. e f. ● Chi ammira esageratamente i francesi e tutto ciò che è francese.

gallomania [fr. *gallomanie*, comp. di *gallo-* 'gallo (2)' e *-manie* '-mania'; 1780] s. f. ● Ammirazione e imitazione eccessiva di tutto ciò che è francese.

gallonàio [1869] s. m. (f. *-a*) ● (*raro*) Chi fabbrica o vende galloni.

gallonàre [1698] v. tr. (*io gallóno*) ● Ornare, orlare con galloni.

gallonàto [1670] **A** part. pass. di *gallonare*; anche agg. *1* Ornato di galloni | (*fig., disus.*) ***Ignoranza gallonata***, di persona importante ma ignorante o volgare. *2* (*zool.*) ***Farfalla gallonata***, neustria. **B** s. m. ● Chi porta i galloni. SIN. Graduato.

gallóne (1) [fr. *galon*, da *galonner* 'ornare di nastri', di etim. incerta; 1655] s. m. *1* Striscia di varia altezza e materiale, intessuta a motivi, usata per guarnizioni: *g. d'oro, di seta*. *2* Distintivo di grado, di tessuto vario, applicato sul copricapo e sull'uniforme militare | ***Bagnare i galloni***, festeggiare una nuova promozione | ***Togliere i galloni***, degradare. || **galloncino**, dim.

gallóne (2) [ingl. *gallon*, dall'ant. fr. *galon* 'tipo di misura', di etim. incerta; 1798] s. m. ● Unità di misura dei volumi dei liquidi, corrispondente a 4,546 litri in Inghilterra e a 3,785 litri negli Stati Uniti. SIMB. gal.

gallonèa ● V. *vallonea*.

gallòria [da *gallo* (*3*) sul tipo di *baldoria, sparatoria* e simili; 1353] s. f. ● (*raro*) Allegria rumorosa: *faceva g. ... per una settimana* (NIEVO).

galloromànzo [comp. di *gallo* (*2*) e *romanzo* (*1*); 1932] **A** s. m. solo sing. ● (*ling.*) Gruppo linguistico romanzo diffuso nel territorio dell'antica Gallia, costituito principalmente dal francese, dal franco-provenzale e dal provenzale. **B** agg. ● Che appartiene o si riferisce a tale gruppo linguistico: *dialetti galloromanzi; fenomeni fonetici galloromanzi*.

gallotànnico [comp. di *galla* e *tannico*] agg. (pl. m. *-ci*) ● (*chim.*) ***Acido g.***, tannino.

gallòzza [av. 1364] s. f. ● (*raro*) Gallozzola.

gallòzzola [da *galla*; av. 1375] s. f. *1* Piccola galla. *2* Vescichetta che si forma sulla pelle. *3* Bolla che si forma sulla superficie di un liquido. || **gallozzolétta**, dim. | **gallozzolina**, dim.

†**gallùme** [da *gallo* (*2*) e *-ume*; 1799] s. m. ● Gallicume.

gallurése [1932] **A** agg. ● Della Gallura, regione della Sardegna. **B** s. m. e f. ● Abitante, nativo della Gallura. **C** s. m. solo sing. ● Dialetto parlato in Gallura.

galoche /fr. ga'lɔʃ/ [vc. fr., di provenienza sett. e di orig. gallica (**gallos*)] s. f. inv. ● Caloscia.

galop /fr. ga'lo/ [vc. fr., propr. 'galoppo', da *galoper* 'galoppare'; 1905] s. m. inv. ● Danza molto vivace di origine germanica, in voga in Francia nell'Ottocento.

galoppànte [1892] part. pres. di *galoppare*; anche agg. *1* Nei sign. del v. *2* Detto di fenomeno negativo che si evolve rapidamente e senza controllo: *tisi g.; inflazione g.*

galoppàre [fr. *galoper*, dal francone **wala* ('bene') *hlaupan* ('saltare'); sec. XIV] v. intr. (*io galòppo*; aus. *avere*) *1* Andare di galoppo: *il cavallo galoppa; un cavaliere galoppava velocemente* | ***G. sul tappeto***, quando il cavallo alza pochissimo le gambe. *2* (*fig.*) Correre affannosamente, darsi da fare: *ho galoppato tutto il giorno fra casa e ufficio* | (*fig.*) ***G. con la fantasia***, correre troppo con la fantasia.

galoppàta [1798] s. f. *1* Corsa o tratto di corsa di un cavallo al galoppo. *2* (*est.*) Rapida corsa, spec. in una competizione sportiva: *giunse al traguardo dopo una g. solitaria*. *3* (*fig.*) Faticata, sfacchinata: *quel viaggio è stato una vera g.* || **galoppatina**, dim.

galoppatóio [1913] s. m. ● Pista dove i cavalli si addestrano o si allenano andando di galoppo.

galoppatóre [1828] s. m. (f. *-trice*) *1* Cavallo addestrato per gareggiare nelle corse al galoppo. *2* Cavaliere abile e resistente nell'andare a cavallo di galoppo.

galoppino [fr. *galopin*, da *galoper* 'galoppare', originariamente n. propr. di messi nelle canzoni di gesta; 1702] s. m. *1* (f. *-a*) Chi corre dappertutto per sbrigare commissioni o faccende altrui (*anche spreg.*) | ***G. elettorale***, chi si dà da fare per procacciare voti per un partito o un candidato. *2* (*ippica*) Cavallo che, negli allenamenti, galoppa al fianco dei cavalli trottatori per stimolarli. *3* (*mecc.*) Rullo di guida per modificare la direzione di una cinghia di trasmissione e regolarne la tensione | Manicotto scorrevole su un albero fra due posizioni per accoppiarlo all'uno o all'altro ingranaggio di un cambio di velocità.

galòppo [fr. *galop*, da *galoper* 'galoppare'; 1313] s. m. ● Andatura naturale del cavallo, in cui le zampe anteriori si sollevano per prime a un'altezza superiore delle posteriori e nella quale la durata del periodo di sospensione è più lunga del periodo di appoggio: *corse al g.* | ***Al, di g.***, (*fig.*) velocemente, di gran fretta. ➡ ILL. p. 2153 SPORT.

galòsa [etim. incerta; 1925] s. f. ● Berretto a calotta alta e floscia, con risvolto, caratteristico dei contadini romagnoli fino ai primi anni del Novecento.

galòscia ● V. *caloscia*.

†**galùppo** [da **galuppare*, var. di *galoppare* (?); av. 1470] s. m. *1* Addetto ai lavori di fatica al seguito di truppe. *2* Ribaldo, canaglia.

galvànico [av. 1828] agg. (pl. m. *-ci*) ● Relativo a Galvani e al galvanismo | ***Bagno g.***, in cui si immergono i metalli per galvanizzarli.

galvanismo [1834] s. m. ● Parte dell'elettrologia che studia i fenomeni relativi all'elettricità di contatto e alle pile.

galvanista s. m. e f. (pl. m. *-i*) ● Galvanotipista.

galvanizzaménto [1879] s. m. ● Galvanizzazione.

galvanizzàre [fr. *galvaniser*, dal n. di L. *Galvani*; 1834] v. tr. *1* Rivestire di un sottile strato di metallo mediante elettrolisi. *2* (*med.*) Stimolare mediante l'applicazione di corrente elettrica. *3* (*fig.*) Eccitare, comunicando slancio ed entusiasmo: *le sue parole lo galvanizzarono*. SIN. Elettrizzare.

galvanizzazióne [1874] s. f. ● Il galvanizzare (*anche fig.*).

galvàno- [dal n. dello scienziato bolognese L. *Galvani* (1737-1798)] primo elemento ● In parole composte della terminologia scientifica e tecnica, indica relazione con la corrente elettrica (in origine con la corrente prodotta da pila voltaica): *galvanocromia, galvanometro, galvanoplastica, galvanotipia*.

galvanocàustica [comp. di *galvano-* e *caustica*] s. f. ● (*med.*) Cauterizzazione mediante corrente galvanica.

galvanocautèrio [comp. di *galvano-* e *cauterio*] s. m. ● (*med.*) Strumento per la galvanocaustica.

galvanocromia [comp. di *galvano-* e *cromia*; 1909] s. f. ● Colorazione dei metalli con procedimento elettrochimico.

galvanomagnètico [comp. di *galvano-* e *magnetico*] agg. (pl. m. *-ci*) ● (*fis.*) Relativo agli effetti che avvengono all'interno di un conduttore percorso da corrente in presenza di un campo magnetico.

galvanomagnetismo [composto di *galvano-* e *magnetismo*] s. m. ● Termomagnetismo.

galvanomètrico [da *galvanometro*] agg. (pl. m. *-ci*) ● Che si riferisce al galvanometro: *sensibilità galvanometrica*.

galvanòmetro [comp. di *galvano-* e *-metro*; 1828] s. m. ● Strumento usato spec. per misurare correnti molto piccole fino a 10^{-12} ampere.

galvanoplàstica [comp. di *galvano-* e *plastica*; 1851] s. f. ● Operazione di rivestimento di un oggetto qualsiasi con un metallo mediante elettrolisi di un sale di quest'ultimo.

galvanoplàstico [comp. di *galvano-* e *plastico*] agg. (pl. m. *-ci*) ● Relativo alla galvanoplastica.

galvanoscòpio [comp. di *galvano-* e *-scopio*; 1840] s. m. ● Dispositivo che rivela il passaggio di una corrente elettrica, ma senza misurarne l'intensità.

galvanostegia [comp. di *galvano-* e un deriv. del gr. *stégein* 'coprire'; 1892] s. f. ● Deposizione per elettrolisi su oggetti metallici di un sottile strato di altro metallo, a scopo di decorazione o di protezione.

galvanostegista s. m. e f. (pl. m. *-i*) ● Tecnico esperto in galvanostegia.

galvanotècnica [comp. di *galvano-* e *tecnica*] s. f. ● Tecnica delle applicazioni dei fenomeni galvanici.

galvanoterapia [comp. di *galvano-* e *terapia*; 1874] s. f. ● Terapia medica con corrente galvanica.

galvanotipia [comp. di *galvano-* e *-tipia*; 1839] s. f. ● Procedimento di copiatura d'una matrice rilievografica per immersione di un'impronta della stessa in bagno galvanico | (*est.*) La nuova matrice così ottenuta.

galvanotipista [da *galvanotipia*; 1956] s. m. e f. (pl. m. *-i*) ● Tecnico esperto in galvanotipia.

galvanotropismo [comp. di *galvano-* e *tropismo*] s. m. ● (*biol.*) Peculiare tropismo il cui fattore di orientamento è rappresentato da un campo elettrico. SIN. Elettrotropismo.

♦**gàmba** [lat. *gămba(m)* 'gamba di quadrupede', dal gr. *kampḗ* 'curva, articolazione' (di orig. indeur.), secondo una tarda pronuncia; sec. X] s. f. *1* (*anat.*) Parte dell'arto inferiore dal ginocchio al piede | Correntemente, l'arto inferiore: *accavallare, distendere, sgranchirsi le gambe*; *a ogni guizzo di pupilla ne vedeva le gambe non ricche ma armoniose* (CALVINO) | ***A mezza g.***, al polpaccio | ***Gambe da fantino***, arcuate | ***Gioco di gambe***, nel pugilato, abilità di spostarsi con misura e ritmo sul quadrato in modo da offrire un bersaglio mobile all'avversario e da trovare meglio spazi e tempi per colpire | ***Viola da g.***, V. *viola* (*2*) | (*fig.*) ***Sentire le gambe fare giacomo giacomo***, sentirsi mancare per stanchezza, debolezza o paura | ***Prendere qlco. sotto g.***, prenderla alla leggera | ***Prendere qlcu. sotto g.***, sottovalutarlo | ***Fare il passo secondo la g.***, sapersi comportare in modo adeguato alle proprie possibilità e capacità | ***Essere in g.***, (*fam.*) ***in gambissima***, essere in buona forma fisica; (*fig.*) essere persona capace, avere iniziativa, svolgere bene il proprio lavoro e sim. | ***Rimettersi in g.***, guarire da una malattia | ***Darsela a gambe***, fuggire precipitosamente | ***Gambe!***, scappiamo! | ***Gambe in spalla!***, escl. che incita a intraprendere una camminata impegnativa | ***Distendere, stirare le gambe***, morire | ***Scappare, andarsene a gambe levate***, in gran fretta | ***Andare a gambe all'aria***, cadere; (*fig.*) fallire | ***Mettersi la via tra le gambe***, mettersi in cammino | ***Camminare di buona g.***, lesto, in fretta | ***Camminare con le proprie gambe***, (*fig.*) essere autonomo, capace di decidere | ***Andarsene con la coda fra le gambe***, mortificato, avvilito | ***A quattro gambe***, carponi | †***Guardare le proprie gambe***, stare attento a sé | (*est.*) Parte dei calzoni che ricopre ciascuna gamba. *2* Ciascuno degli arti su cui l'animale si regge e cammina: *cani e cavalli hanno quattro gambe* | (*fig.*) ***Raddrizzare le gambe ai cani***, pretendere cose impossibili. *3* (*est.*) Parte della calza e dei calzoni lunghi in cui si infila la gamba. *4* (*est.*) Oggetto, struttura o parte di essi, avente funzioni di sostegno, supporto e sim.: *le gambe del tavolo, della sedia* | (*aer.*) Struttura che collega all'aereo ruote, pattini, galleggianti e sim. | ***G. elastica***, con organi di sospensione, spec. di smorzamento. ***5*** (*est.*) Asta, linea verticale: *la g. di una nota musicale*; *la lettera n ha due gambe.* || **gambàccia**, **pegg.** | **gambétta**, **dim.** (V.) | **gambina**, **dim.** | **gambóna**, **accr.** | **gambóne**, **accr. m.** (V.) | **gambòtta**, **accr.** | **gambùccia**, **dim.**

gambacórta [da interpretare (che ha la) *gamba corta*; 1879] **s. m. e f. inv.** ● (*scherz.*) Zoppo | (*scherz.*) ***L'ultimo a comparire fu g.***, di chi arriva per ultimo.

gambàle [da *gamba*; 1526] **s. m.** ***1*** Parte dello stivale che fascia la gamba. ***2*** Nelle antiche armature, protezione metallica a difesa delle gambe | Rivestimento di cuoio a protezione della gamba, dalla caviglia al ginocchio, usato un tempo dalle truppe dei reparti a cavallo. ***3*** Apparecchio di protesi per gli amputati della gamba. ***4*** Forma in legno per stivali, usata dai calzolai. ***5*** †Stelo, gambo. || **gambalétto**, **dim.** (V.).

gambalèsta o **gàmba lèsta** [da interpretare (che ha la) *gamba lesta*] **s. m. e f. inv.** ● (*scherz.*) Chi è lesto di gambe.

gambalétto **s. m.** ***1*** Dim. di *gambale*. ***2*** Parte rigida che protegge spec. le caviglie, nello scarpone da sci e gener. in calzature a collo alto. ➡ **ILL.** p. 2158 SPORT. ***3*** (*med.*, *pop.*) Fasciatura gessata per gamba, in ortopedia. ***4*** (*est.*) Calza corta.

gambalùnga [(che ha la) *gamba lunga*] **s. m. e f. inv.** ● (*scherz.*) Persona alta e dinoccolata nel camminare.

†**gàmbaro** ● V. *gambero*.

gambàta [av. 1535] **s. f.** ● Colpo dato con una gamba | (*tosc.*) Sgambetto (*anche fig.*).

gambécchio [da *gamba*; 1834] **s. m.** ● Piccolo uccello dei Caradriformi, che vive sulle spiagge (*Calidris minuta*).

gamberàna [da *gambero*; 1937] **s. f.** ● Rete rettangolare usata per la pesca dei gamberi.

gamberétto [av. 1742] **s. m.** ***1*** Dim. di *gambero*. ***2*** (*zool.*) Denominazione comune di vari generi di Crostacei dei Decapodi di piccole dimensioni, per lo più marini. ➡ **ILL. animali**/3.

gàmbero o †**gàmbaro** [lat. *gămbaru(m)*, var. di *cămmaru(m)*, per sovrapposizione di *gămba*, dal gr. *kámmaros*, connesso con simili vc. nordiche; sec. XIII] **s. m.** (**f.** scherz. *-éssa*) ● Crostaceo dei Decapodi per lo più marino con corpo allungato, addome terminante a ventaglio e potenti chele all'estremità del primo paio di zampe (*Homarus vulgaris*) | ***G. di fiume***, astaco | ***Rosso come un g.***, di chi ha il viso rosso per un'emozione o vergogna | ***Fare come i gamberi***, camminare all'indietro; (*fig.*) non fare alcun progresso, regredire. ➡ **ILL. animali**/3. || **gamberèllo**, **dim.** | **gamberétto**, **dim.** (V.) | **gamberóne**, **accr.** (V.).

gamberóne [1745] **s. m.** ● Accr. di *gambero* | Grosso gambero di mare.

gambétta [dim. di *gamba*; av. 1529] **s. f.** ***1*** (*zool.*) Combattente. ***2*** Pianta di ulivo da mettere a dimora.

gambettàre [da *gambetta*; av. 1348] **v. intr.** (*io gambétto*; aus. *avere*) ● (*raro*) Sgambettare.

gambétto [da *gamba*; sec. XIV] **s. m.** ***1*** Sgambetto | ***Dare***, ***fare il g.***, (*fig.*) togliere il posto a qlcu. ***2*** Mossa del gioco degli scacchi consistente nel sacrificio di un pedone, per ottenere una migliore possibilità di attacco. ***3*** †(*mar.*) Ghirlanda. ***4*** Ognuna delle parti della tomaia che fasciano e proteggono il collo del piede.

gambièra [da *gamba* per adattamento del corrispondente ant. fr. *jambière*; sec. XIII] **s. f.** ***1*** Armatura della gamba sotto il ginocchio, di piastra metallica o di cuoio. **SIN.** Schiniere. ***2*** Elemento dell'equipaggiamento del portiere di hockey, a protezione delle gambe. ***3*** Fascia di tessuto o di tela usata per avvolgere le gambe dei cavalli.

gambino [adatt. di vc. bologn. (*al gambén*), che ha riscontri in Italia merid., di etim. incerta] **s. m.** ***1*** Parte posteriore della tomaia che ricopre il tarso e il metatarso. ***2*** Fosso regolatore dell'acqua della risaia.

gambista [da (*viola da*) *gamba*] **s. m. e f.** (**pl. m.** *-i*) ● (*mus.*) Suonatore di viola da gamba.

gambizzàre [da *gamba*; 1978] **v. tr.** ● Ferire alle gambe con colpi d'arma da fuoco, spec. in attentati di terrorismo politico.

gambizzazióne [1979] **s. f.** ● Il gambizzare, il venire gambizzato.

♦**gàmbo** [da *gamba*; 1336 ca.] **s. m.** ***1*** Fusto sottile che, nelle piante erbacee, sostiene foglie, fiori e frutti | ***G. del fiore***, stelo | ***G. di un frutto***, picciolo | ***G. di un fungo***, la parte del corpo fruttifero che sostiene il cappello. ***2*** (*fig.*) Parte, spec. lunga e sottile, di un oggetto, che serve a fermarlo o a reggerlo: *il g. del calice* | ***G. dell'amo***, parte dell'amo da pesca alla quale viene legato il finale della lenza. ***3*** (*mecc.*) ***G. di valvola***, stelo cilindrico della valvola nei motori a scoppio | ***G. della punta elicoidale***, parte attiva, dotata di taglienti, della punta elicoidale per trapani. || **gambétto**, **dim.** | **gambino**, **dim.** | **gambùccio**, **dim.** (V.).

gambóne [av. 1380] **s. m.** ***1*** Accr. di *gamba*. ***2*** †Orgoglio, baldanza.

gambùccio [1918] **s. m.** ***1*** Dim. di *gambo*. ***2*** Parte terminale del prosciutto, vicina all'osso, particolarmente dolce e saporita.

gambùṣia [dallo sp. di Cuba *gambusino* 'pesciolino', di orig. cariba; 1963] **s. f.** ● Genere di piccoli Pesci dei Pecilidi introdotti negli stagni di molte parti del mondo come mezzo di lotta antimalarica (*Gambusia*).

gambùto [da *gamba*; 1560] **agg.** ● (*raro*) Che ha gambe lunghe.

game /ingl. geɪm/ [ingl., vc. di diffusione germ.; 1935] **s. m. inv.** ● Nel tennis, gioco | ***G. ball***, la palla che decide il risultato di un game.

gamèlio [gr. *gamḗlios*, da *gamêin* 'sposarsi', di etim. incerta] **A agg.** ● (*raro*, *lett.*) Nuziale. **B s. m.** ● Piatto di ceramica proprio dell'Italia centrale che il fidanzato regalava alla promessa sposa, decorato con simboli di amore e fedeltà.

gamèlla [sp. *gamella*, *camella*, dal lat. *camēlla*, deriv. da *camē(l)lus* 'cammello', prob. per la forma curva, che ricordava la gobba dell'animale; 1798] **s. f.** ***1*** Recipiente metallico per il rancio di soldati e marinai. **SIN.** Gavetta. ***2*** (*mar.*) Insieme delle stoviglie e delle posaterie per la mensa di bordo. || **gamellina**, **dim.** | **gamellino**, **dim. m.**

gametàngio [comp. di *gamet(e)* e *-angio*] **s. m.** ● (*bot.*) Organo dove vengono prodotti i gameti.

gametangiogamia [comp. di *gametangio* e *-gamia*] **s. f.** ● (*bot.*) Fusione di due gametangi.

gamète [vc. dotta, gr. *gamétēs* 'coniuge', da *gamêin* 'unirsi in matrimonio (*gámos*)', di etim. incerta; 1932] **s. m.** ● (*biol.*) Ciascuna delle cellule sessuali maschili o femminili che, negli animali e nelle piante, si fondono durante il processo di riproduzione sessuata formando un'unica cellula che, moltiplicandosi, costituirà un nuovo individuo.

gametocisti [comp. di *gamet(e)* e *cisti*] **s. f. inv.** ● (*bot.*) Gametangio vescicolare di Funghi e alghe, delimitato dalla parete della cellula che, dividendosi, ha originato i gameti.

gametòfito [comp. di *gamete* e del gr. *phytón* 'pianta'; 1956] **s. m.** ● Organismo vegetale aploide, che si sviluppa da una spora ed è in grado di produrre i gameti.

gametogamia [comp. di *gamete* e *-gamia*] **s. f.** ● (*biol.*) Gamia.

gametogèneṣi [comp. di *gamete* e *genesi*; 1956] **s. f. inv.** ● (*biol.*) Formazione dei gameti nelle piante e negli animali.

gamia [vc. dotta, dal gr. *gamêin* 'sposarsi', di orig. sconosciuta; 1932] **s. f.** ● (*biol.*) Riproduzione per mezzo di gameti.

-gamia [dal gr. *-gamía*, da *gamêin* 'sposarsi' (V. *gamia*)] **secondo elemento** ***1*** In parole composte dotte, significa 'nozze', 'matrimonio': *monogamia*, *poligamia*. ***2*** In parole composte della terminologia scientifica, spec. biologica, significa 'riproduzione sessuale': *gametogamia*.

gàmico [da *gamia*; 1932] **agg.** (**pl. m.** *-ci*) ● (*biol.*) Di, relativo a gamia.

gàmma (**1**) [lat. tardo *gămma(m)*, dal gr. *gámma*, da una vc. semitica indicante il 'cammello'; 1561] **A s. m. o f. inv.** ***1*** Nome della terza lettera dell'alfabeto greco. ***2*** Unità di misura della massa, pari a 10^{-9} kg. ***3*** ***G. fotografico***, rapporto fra l'intensità di una radiazione luminosa che colpisce una superficie sensibile e la reazione fotochimica della superficie stessa. **B** in funzione di **agg. inv.** ● (*fis.*) Nella loc. ***raggi g.***, radiazioni elettromagnetiche ad alta frequenza che si generano nel nucleo atomico di elementi radioattivi.

gàmma (**2**) [da *gamma* (*1*), equivalente nella notazione musicale gr. a 'sol'; 1598] **s. f.** ***1*** (*mus.*) Nell'antico sistema musicale, il sol sentito come nota fondamentale della scala. ***2*** (*mus.*) Scala | (*est.*) Estensione di una voce o di uno strumento. ***3*** (*est.*) Successione graduata di colori: *la g. dell'arcobaleno*; *tutta la g. dei rossi* | (*fig.*) Serie di passaggi graduali: *la g. dei sentimenti umani*; *l'intera g. delle possibili interpretazioni di un problema* | (*fig.*) Serie completa: *in autunno uscirà la nostra nuova g. di prodotti*.

gammacìṣmo [da *gamma* (*1*), sul modello di *lambdacismo*] **s. m.** ● Difficoltà di pronunciare rettamente la *g* e la *k*.

gammaglobulìna [comp. di *gamma* (*1*) e *globulina*] **s. f.** ***1*** (*biol.*) Ogni proteina globulare del plasma sanguigno a prevalente funzione immunitaria. ***2*** (*farm.*) Preparato a base di anticorpi per uso terapeutico o preventivo: *g. anti-tetano*; **SIN.** Immunoglobulina.

gammagrafia [comp. di *gamma* (*1*) e *-grafia*] **s. f.** ● Radiografia di un organo o di un oggetto effettuata con raggi gamma allo scopo di evidenziarne le caratteristiche strutturali; usata in medicina e nella tecnica del restauro.

gammaterapia [comp. di *gamma* (*1*) e *terapia*] **s. f.** ● (*med.*) Impiego a scopo terapeutico delle radiazioni gamma.

gammàto [vc. dotta, lat. *gammātu(m)* 'a forma di *gămma*' 'gamma (1)'; 1834] **agg.** ● Uncinato, a forma di gamma maiuscolo | ***Croce gammata***, croce uncinata, svastica.

gammaùt (**1**) [comp. di *gamma* (*2*), equivalente nella notazione musicale gr. a 'sol', e *ut* 'do'; 1679] **s. m. inv.** ● (*mus.*) Antico nome della prima nota della scala musicale composto da Guido d'Arezzo unendo al nome della scala, o gamma, quello del do, o ut.

gammaùt (**2**) [dal precedente secondo un passaggio semantico non chiaro; 1561] **s. m.** ● (*chir.*) Bisturi ricurvo.

gammùrra ● V. *gamurra*.

gàmo-, **-gamo** [dal gr. *gámos* 'matrimonio'] primo e secondo elemento ***1*** In parole composte dotte significa 'nozze', 'matrimonio': *monogamo*, *poligamo*. ***2*** In parole composte della terminologia scientifica, spec. biologica, significa 'riproduttore sessuale': *gamopetalo*, *gamotepalo*.

gamopètalo [comp. di *gamo-* e *petalo*; 1829] **agg.** ● Detto di fiore con corolla a petali saldati. **SIN.** Monopetalo, simpetalo.

gamosèpalo [comp. di *gamo-* e *sepalo*] **agg.** ● Detto di fiore con calice a sepali congiunti. **SIN.** Sinsepalo, monofillo.

gamotèpalo [comp. di *gamo-* e *tepalo*] **agg.** ● Detto di fiore con tepali saldati.

gamùrra o **camòra**, **camórra** (**1**), **camùrra**, **gammùrra** [ar. *ḫumur*, pl. di *ḫimār* 'velo femminile', dalla radice *ḫamara* 'coprire'; sec. XIII] **s. f.** ● Antica veste da donna | Tessuto con cui si confezionava tale veste.

ganàscia [lat. tardo *ganăthu(m)*, dal gr. *gnáthos* 'mascella', di orig. indeur.; sec. XIII] **s. f.** (**pl.** *-sce*) ***1*** Nell'uomo, la guancia e la mascella considerate come un tutto unico | ***Mangiare a due***, ***a quattro ganasce***, con grande avidità; (*fig.*, *disus.*) fare grossi guadagni. ***2*** (*veter.*) Porzione molare del corpo della mandibola | ***Carico di ganasce***, di equino che presenta l'osso mascellare inferiore molto sviluppato. ***3*** (*mecc.*) Ciascuno degli elementi di morsa, tenaglia e sim. che servono a bloccare un organo in movimento o un pezzo da lavorare. ***4*** Nel freno, elemento mobile che sviluppa l'azione frenante sull'organo rotante. ***5*** Piastra di acciaio che serve per il collegamento delle testate di due rotaie. ***6*** (*autom.*) Bloccaruota. || **ganascina**, **dim.** | **ganascino**, **dim. m.** (V.) | **ganascióne**, **accr. m.** (V.).

ganascino [av. 1802] **s. m.** ● Dim. di *ganascia* | ***Prendere per il g.***, stringere la guancia di qlcu. fra l'indice e il pollice.

ganascióne [1657] **s. m.** ***1*** Accr. di *ganascia*. ***2*** (*raro*) Sganascione, ceffone.

gàncio [sp. *gancho*, di etim. incerta; nel sign. 3, trad. dell'ingl. *hook*; av. 1470] **s. m.** ***1*** Uncino di metallo, più o meno grande, usato per afferrare, appendere, collegare vari oggetti: *mettere un g. al muro, alla porta*; *sospendere il prosciutto a un g.* | ***G. di trazione***, appendice terminale dell'asta di trazione a forma di uncino, inserita tra veicolo e veicolo ferroviario, atta a ricevere il tenditore | ***G. di traino***, quando è interposto fra trattore, auto-

ganda 764

carro e sim. e rimorchio | **G. di sospensione**, al quale viene assicurato il carico da sollevare | **G. di sollevamento**, impiegato nella sonda di perforazione. *2* Negli antichi procedimenti di follatura, uncino alla ripiegatura dell'asse su cui girava la stoffa nella gualchiera. *3* Nel pugilato, colpo portato a mezza distanza col braccio piegato ad angolo retto e gomito alzato. SIN. Crochet, cross (1), hook. *4* (*tel.*) Parte dell'apparecchio telefonico su cui appoggia il microtelefono e che aziona i contatti di collegamento alla linea. SIN. Forcella di commutazione. *5* (*raro, fig.*) Persona avida e disonesta. *6* (*raro; fig.*) Appiglio, pretesto. *7* †Preda, bottino. || **gancètto**, dim. | **gancettino**, dim. | **gancino**, dim.

gànda [vc. delle zone alpine di orig. preromana] s. f. *1* (*dial.*) Accumulo di pietre, massi, blocchi staccatisi da pareti rocciose. *2* Ciascuno dei solchi che si formano sulle superfici calcaree per l'azione dissolvente delle acque piovane.

gandhişmo /gan'dizmo/ [av. 1937] s. m. ● Insieme delle concezioni ideologiche dell'uomo politico indiano M. K. Gandhi (1869-1948), basate sul principio della non violenza e sulla pratica della resistenza passiva e della disobbedienza civile come forme di lotta politica | Movimento politico e sociale ispirato alle concezioni di Gandhi.

gandùra [ar. *qandūra* 'specie di camicia (di colore, per cui è esclusa la deriv. dal lat. *căndidus* 'bianco')'; 1910] s. f. ● Veste orientale ampia, senza maniche e di tessuto leggero.

ganellino [etim. incerta; av. 1638] s. m. ● Antico gioco a carte simile ai tarocchi.

gang /ingl. gæŋ/ [ingl. *gang*, dal v. ant. ingl. *gangan* 'andare (assieme)', di orig. indeur.; 1940] s. f. inv. *1* Gruppo organizzato di malviventi. *2* (*scherz.*) Combriccola, conventicola: *una g. di amici, di mattacchioni.*

gànga (1) o (*gerg.*) **ghèga**, (*gerg.*) **ghènga** s. f. ● Adattamento di *gang* (V.).

gànga (2) [ted. *Gang* 'cammino' col passaggio dal senso di 'andamento, andatura' (da *gehen* 'andare') a quello di filone minerario; av. 1729] s. f. *1* L'insieme dei minerali associati ai minerali utili in un giacimento, generati dallo stesso processo genetico. *2* (*zool.*) Sostanza di aspetto gelatinoso, in grado di assorbire acqua, che riveste le uova di vari gruppi di animali, tra i quali gli Anfibi.

gàngama [forma f. di *gangamo*] s. f. ● Rete per le ostriche larga di bocca e stretta di fondo.

gàngamo o **gàngano** [gr. *gángamon*: collegato con *génto* 'prende, coglie', di orig. indeur. (?); 1834] s. m. ● (*mar., disus.*) Angamo.

gàngava [var. di *gangama*] s. f. ● Rete per la pesca delle spugne, a forma trapezoidale.

gangètico [vc. dotta, lat. tardo *gangĕticu(m)*, dal gr. *gangētikós*, deriv. di *Gángēs* 'Gange'; 1550] agg. (pl. m. *-ci*) ● Relativo al fiume Gange.

gangherèlla [dim. f. di *ganghero*] s. f. ● Nelle allacciature di abiti, piccolo occhiello di filo o di metallo in cui si infila un gancetto a uncino.

gànghero [lat. parl. **cănchalu(m)*, dal gr. tardo **kánchalos* 'anello della porta': da *kanchalōn* 'ridere ad alta voce' e quindi 'spalancare (la bocca)' (?); 1312] s. m. *1* Elemento di una cerniera, munito di perno che aggancia e rende girevole un'imposta di porta o di finestra, uno sportello d'armadio, un coperchio di cassa e sim. | **Essere fuori dai gangheri, uscire dai gangheri**, (*fig.*) arrabbiarsi, perdere la pazienza. *2* Gancetto metallico per affibbiare vesti o parti di esse. || **gangherèlla**, dim. f. (V.) | **gangherèllo**, dim. | **gangherétto**, dim. | **gangherino**, dim.

ganghista [da *ganga* (*1*)] s. m. e f. (pl. m. *-i*) ● (*raro, scherz.*) Membro di una ganga, di una combriccola.

gangliàre (o **-glià-**) [1956] agg. ● (*anat.*) Relativo ai gangli | **Catena g.**, successione di gangli connessi da nervi.

gangliforme [comp. di *gangli(o)* e *-forme*] agg. ● (*anat.*) Che ha forma di ganglio.

gànglio [vc. dotta, lat. tardo *gănglio(n)*, dal gr. *gánglion* 'tumore', propr. 'qualcosa di ravvolto a palla, di conglobato', di etim. incerta; 1775] s. m. *1* (*anat.*) Nodo di vasi linfatici o di cellule nervose | **G. linfatico**, linfonodo | **G. nervoso**, ammasso di cellule nervose al di fuori del sistema nervoso centrale | (*med.*) **G. tendineo**, formazione cistica in prossimità di articolazioni, a contenuto gelatinoso, dovuta a estroflessione delle guaine tendinee. ➡ ILL. p. 2124 ANATOMIA UMANA. *2* (*fig.*) Centro di importanza vitale: *quell'aeroporto è un g. del traffico internazionale.*

gangliolitico [comp. di *ganglio* e *-litico* (*2*)] agg. (pl. m. *-ci*) *1* (*farm.*) Detto di agente capace di distruggere selettivamente le cellule gangliari. *2* (*farm.*) Detto di agente capace di ridurre la trasmissione degli impulsi nervosi a livello dei gangli simpatici: *farmaco g.* SIN. Ganglioplegico.

gangliòma (o **-gliò-**) [comp. di *ganglio* e *-oma*; 1892] s. m. (pl. *-i*) ● (*med.*) Tumore gangliare.

ganglioplègico [comp. di *ganglio* e *-plegico*; 1956] agg. (pl. m. *-ci*) ● (*farm.*) Gangliolitico.

gangliosìde [comp. di *ganglio* e (*glico*)*side*] s. m. ● (*chim.*) Composto appartenente a una classe di glicolipidi complessi, abbondanti nelle membrane delle cellule nervose e impiegati nella terapia di malattie nervose degenerative.

ganglite [da *gangl(io)* col suff. di malattia infiammatoria *-ite*] s. f. ● Infiammazione gangliare.

gàngola [alterazione pop. di *ghiandola*] s. f. ● (*pop., tosc.*) Ghiandola.

gangrèna o **cancrèna** nel sign. 1 [vc. dotta, lat. *gangr(a)ēna(m)*, dal gr. *gángraina*, form. espressiva con suff. f. a sfumatura pegg.; 1598] s. f. *1* (*med.*) Necrosi massiva di un organo o tessuto causata spec. da scarso o assente apporto ematico e associata a putrefazione. *2* (*bot.*) Alterazione di bulbi, tuberi, radici e sim., provocata da microrganismi. SIN. Marciume. *3* V. *cancrena.*

gangrenàre o **cancrenàre** v. tr. (*io gangrèno*) ● (*med.*) Ridurre in gangrena.

gangrenóşo o **cancrenóşo** [1725] agg. ● (*med.*) Affetto da gangrena.

gàngster /'gangster, 'gɛ-, -ŋg-, ingl. 'gæŋstə/ [da *gang* col suff., spesso spreg., di occupazione *-ster* '-astro'; 1932] s. m. e f. inv. ● Appartenente a una gang | (*est.*) Bandito, malfattore | (*est.*) Persona priva di scrupoli, che tende a realizzare i propri scopi impiegando qualunque mezzo.

gangsterişmo /ganste'rizmo, gɛ-, -ŋg-/ [1942] s. m. ● Atto, comportamento proprio dei gangster.

gangsteristico /ganste'ristiko, gɛ-, -ŋg-/ agg. (pl. m. *-ci*) ● Proprio di un gangster o del gangsterismo.

ganimède [vc. dotta, lat. *ganymēde(m)*, dal gr. *Ganymḗdēs*, comp. di incerta interpretazione, nome del giovinetto che, secondo la leggenda classica, fu rapito sull'Olimpo da Zeus a causa della sua bellezza e reso coppiere degli dei; 1524] s. m. ● Giovane galante bello e ricercato | **Fare il g.**, fare il galante. SIN. Bellimbusto, vagheggino.

†**gannire** [vc. dotta, lat. *gannīre*, vc. espressiva; av. 1419] v. intr. ● Mugolare dei cani e delle volpi.

Ganòidi [vc. dotta, comp. del gr. *gános* 'splendore' e di un deriv. da *éidos* 'forma'] s. m. pl. (sing. *-e*) ● Nella vecchia classificazione zoologica, ordine comprendente Pesci con caratteri primitivi e scheletro in parte osseo e in parte cartilagineo come, ad es., gli storioni (*Ganoidei*).

gànzo [etim. incerta; 1790] **A** s. m. (f. *-a*) *1* (*spreg.*) Amante | †**Fare il g.**, il galante. *2* (*pop.*) Persona scaltra, astuta. || **ganzerino**, dim. vezz. **B** agg. ● (*pop.*) Simpatico, ammirevole.

gap /ingl. gæp/ [vc. ingl., dall'ant. norv. *gap* 'crepaccio', 'abisso', deriv. di *gapa*, da una base indeur. di sola area germ.; 1970] s. m. inv. *1* Scarto, divario: *gap tecnologico.* *2* (*elab.*) Interblocco.

gappista [da *G.A.P.*, sigla di *G(ruppo di) A(zione) P(atriottica)*; 1943] s. m. e f. (pl. m. *-i*) ● Durante la Resistenza, partigiano appartenente ai gruppi di azione patriottica, cui competeva l'esecuzione di attentati e sabotaggi spec. nelle città.

♦**gàra** [ar. *gāra* 'scorreria'; 1312] s. f. *1* Competizione tra due o più concorrenti o squadre impegnati a superarsi vicendevolmente: *g. ciclistica, motociclistica, di corsa; iscriversi a una g.; g. accesa, entusiasmante* | **G. aperta**, quando il pronostico è incerto | **Fare a g.**, impegnarsi per riuscire meglio degli altri | **Entrare, mettersi in g.**, parteciparvi | (*gener.*) Confronto, competizione: *g. letteraria; g. di solidarietà; le gare, ch'esercitano gli ordini nelle città, d'uguagliarsi con giustizia, sono lo più potente mezzo d'ingrandir le repubbliche* (VICO). *2* Concorso mediante il quale chi fa l'offerta economicamente più conveniente ottiene in esclusiva l'incarico di compiere date opere, forniture e sim. *3* †Disputa, dissidio | †**Prendere in g. qlco.**, ostinarsi a contrastarla. || **garétta**, dim.

†**garabàttola** ● V. *carabattola.*

♦**garage** /fr. ga'ʀaːʒ/ [fr. *garage*, da *garer* 'porre al riparo', dal francone **warōn* 'aver cura di qualcosa'; 1905] s. m. inv. ● Rimessa per autoveicoli. SIN. Autorimessa.

♦**garagista** [1927] s. m. e f. (pl. m. *-i*) ● Chi gestisce un'autorimessa o vi lavora.

†**garagollàre** ● V. *caracollare.*

gàramond /fr. gaʀa'mõ/ [dal n. dell'inventore, il fr. C. *Garamond* (XVI sec.)] s. m. ● Carattere tipografico di stile classico disegnato da Claude Garamond, ancor oggi uno dei più usati.

garànte [fr. *g(u)arant*, dal got. **werjan*, **wajrian* 'difendere, proteggere'; 1664] **A** agg. ● Che garantisce | **Rendersi g., farsi g., di qlco., per qlcu.**, assicurare l'adempimento di un impegno. **B** s. m. e f. *1* Chi garantisce. *2* (*dir.*) Colui che è chiamato in giudizio da una parte per difenderla nello stesso o tenerla indenne in caso di soccombenza | Colui che garantisce la corretta applicazione di una legge o la corretta gestione di una testata giornalistica.

†**garantia** ● V. *garanzia.*

♦**garantire** o (*raro*) **garentire** [fr. *garantir*, da *g(u)arant* 'garante'; 1664] **A** v. tr. (*io garantisco, tu garantisci*) *1* (*dir.*) Assicurare l'esatto adempimento della prestazione da parte del debitore o il completo e indisturbato godimento di un bene venduto o ceduto: *g. un debito mediante fideiussione* | (*est.*) Dare assicurazioni per conto di qualcuno: *Chi garantisce per voi?* (VERGA) | Comunemente, assicurare al compratore il perfetto funzionamento di un oggetto venduto con l'impegno di sostituirlo o ripararlo gratuitamente entro un determinato periodo di tempo: *g. un orologio, un elettrodomestico per due anni.* *2* (qlco.; + *di* seguito da inf.; + *che* seguito da indic.) (est.) Assicurare, rendere certo: *vi garantiamo di non superare il prezzo concordato; ti garantisco che la notizia è degna di fiducia* | **Garantirsi qlco.**, procurarsi, assicurarsi un beneficio, un vantaggio: *garantirsi adeguati finanziamenti; garantirsi l'immunità.* *3* Tutelare, proteggere: *una legge che garantisce il rispetto dei diritti di tutti i cittadini.* **B** v. intr. pron. (assol.; + *da*; + *contro*) ● Assicurarsi contro un possibile danno | (*est.*) Tutelarsi: *vorrei garantirmi da* (o *contro*) *spiacevoli sorprese.*

garantişmo [da *garantire*; 1969] s. m. ● Principio dello Stato di diritto consistente nell'esistenza di una serie di garanzie costituzionali in grado di tutelare determinati diritti, spec. civili e di libertà, dei cittadini, e di limitare, nello stesso tempo, eventuali possibili arbitrii da parte del potere pubblico nei confronti dei cittadini stessi.

garantista [1970] s. m. e f. (pl. m. *-i*) ● Seguace, sostenitore del garantismo.

garantistico [1983] agg. (pl. m. *-ci*) ● Relativo al, tipico del, garantismo: *istanze garantistiche.* || **garantisticaménte**, avv.

garantito [1743] **A** part. pass. di *garantire*; anche agg. (assol.; + *da*; + *contro*) *1* Nei sign. del v. | Che dà garanzie certe rispetto a determinate caratteristiche o requisiti: *un capo d'abbigliamento g. contro l'acqua* | (*est.*) Sicuro, certo: *il successo dello spettacolo è g.*; (*fam., anche ellitt.*) *g. che anche stavolta arriverà in ritardo!* *2* (*est.*) Tutelato, protetto: *si tratta di un diritto g. dalla legge* | Tutelato da una serie di misure di sicurezza sociale: *un settore di lavoratori tra i più garantiti.* **B** s. m. (f. *-a*) *1* (dir.) Chi è garantito: *il fideiussore può opporre contro il mediatore tutte le eccezioni che spettano al g.* | Colui che, in una causa, chiama un terzo perché lo difenda e lo tenga indenne in caso di soccombenza. *2* Chi è tutelato da una serie di misure di sicurezza sociale: *contraddizioni all'interno del lavoro dipendente fra più e meno garantiti.* CONTR. Non garantito.

garànza [fr. *garance*, dal francone **wratja*, di prob. orig. lat. (*brăttea*); 1765] s. f. *1* Pianta delle Rubiacee dalle cui radici polverizzate si ricavano sostanze coloranti rosse, usate nell'industria tintoria (*Rubia tinctorum*). SIN. Robbia. *2* (*raro*) Colore rosso fornito da tale pianta.

♦**garanzia** o †**garantia**, †**garentia**, (*raro*) **garenzia** [fr. *garantie*, da *garant* 'garante'; 1666] s. f. *1* Assicurazione atta a garantire: *prestare g.; esigere una g.* | **G. di buon funzionamento**, (*ellitt.*) **garanzia**, certificato con cui il venditore assicura al compratore le perfette condizioni di un oggetto e si impegna alla sua sostituzione o riparazione gratuita per un determinato periodo di tempo; durata del certificato stesso | *Lettera di g.*, nei contratti di trasporto o noleggio marittimo, clausola con cui i ricevitori del carico si obbligano a sopportare in parte i danni prodottisi in caso di avaria comune | *Garanzie costituzionali*, complesso degli istituti previsti dalla Costituzione a tutela di determinati diritti dei cittadini | (*dir.*) *Avviso, informazione di g.*, V. *informazione* | *G. per evizione*, obbligo di chi trasferisce un diritto reale di garantire il ricevente dall'eventuale rivendica di terzi. *2* (*fig.*) Promessa certa di un esito positivo: *l'affare ha tutte le garanzie di riuscita.*

garanzina [comp. di *garanz(a)* e *-ina*] **s. f.** ● (*chim.*) Sostanza colorante ottenuta trattando con acido solforico la garanza.

garbàre [da *garbo* (*1*); av. 1484] **A v. intr.** (aus. *essere*) (+ *a*) ● Riuscire gradito, andare a genio: *è un vino che garba molto ai commensali*; *il tuo comportamento non è garbato a nessuno* | *G. poco*, riuscire sgradito: *il suo atteggiamento mi garba poco.* **SIN.** Piacere. **B v. tr.** ● (*mar.*; *disus.*) Disegnare il garbo di uno scafo.

garbatézza [1668] **s. f.** ● Caratteristica di chi (o di ciò che) è garbato: *fui ricevuta con molta g.* | (*raro*) Atto gentile, favore: *fammi la g. di andartene.* **SIN.** Cortesia, gentilezza, grazia.

garbàto [av. 1311] **part. pass.** di *garbare*; anche **agg.** ● Che ha garbo, gentilezza, cortesia: *un giovane g.* | Che esprime garbo, cortesia: *modi garbati*; *un garbato rifiuto* | Fine, gradevole: *una commedia garbata.* || **garbatino**, **dim.** | **garbatóne**, **accr.** | **garbatùccio**, **dim.** || **garbataménte**, **avv.** In modo garbato, gentile: *rispondere garbatamente.*

garbino [ar. *ġarbī* 'occidentale', da *garb* 'garbo, occidente'; sec. XIII] **s. m.** ● Denominazione del libeccio in uso nel mare Adriatico.

gàrbo (**1**) [etim. discussa: forse dall'ar. *qālib* 'forma, stampo, modello'. Cfr. *calibro*; av. 1537] **s. m.** *1* Modo educato e cortese di agire, parlare, trattare con gli altri e sim.: *persona piena di g.*; *aveva confidato con g. alla sposa il perché di quelle risate* (PIRANDELLO) | *Persona senza g.*, sguaiata, sgraziata | *Uomo, donna di g.*, di modi signorili. *2* Modo aggraziato, fine, piacevole di fare qlco.: *recita con molto g.*; *suonare, cantare con g.* | *A g.*, a modo: *un lavoro eseguito a g.* | (*raro*) Atto, gesto: *fece un g. di diniego.* *3* Bella forma, linea aggraziata: *g. di un mobile, di un disegno*; *fare prendere il g. a un abito* | Linea curva, sinuosità di alcune opere d'arte: *non è possibile veder la varietà de' garbi di que' vasi* (VASARI). *4* (*mar.*) Curvatura dello scafo. *5* †Gusto piacevole e amabile di un vino. || **garbàccio**, **pegg.** | **garbettino**, **dim.** | **garbétto**, **dim.** | **garbino**, **dim.**

gàrbo (**2**) [ar. *ġarb* 'occidente', propr. 'luogo remoto', dalla radice *ġàrab* 'andar via', con riferimento ai Paesi arabi occidentali da cui proviene; 1309] **s. m.** ● Tipo di tessuto di lana in uso nel Medioevo.

gàrbo (**3**) [etim. incerta] **s. m.** ● (*mar.*) Antico mercantile del Levante, di media grandezza.

†**garbugliàre** [dall'ant. *bugliare* con la sovrapposizione di altro v. di valore espressivo, partente da *gar(g)*-; av. 1589] **v. tr.** ● Ingarbugliare.

garbùglio [deriv. di *garbugliare*; av. 1470] **s. m.** *1* Intreccio complicato o disordinato (*anche fig.*): *un g. di nastri e di veli*; *un g. di idee, di pensieri* | (*raro, fig.*) *G. di venti*, tempesta. **SIN.** Groviglio. *2* (*fig.*) Intrigo, confusione, disordine: *suscitare, creare garbugli*; *mette in disputa et in g. di nuovo le cose d'Italia* (MACHIAVELLI) | (*est.*) †Agitazione, sedizione.

garbuglióne **s. m.** (f. *-a*) ● (*raro*) Chi cerca o crea garbugli.

garcinia [dal n. del botanico fr. L. *Garcin*] **s. f.** ● Genere di piante delle Guttifere; alcune specie contengono nella corteccia una sostanza lattiginosa che fornisce la gommagutta (*Garcinia*).

garçonne /fr. gar'sɔn/ [f. di *garçon* 'ragazzo', prob. dal francone **wrakkjo* 'vagabondo'; 1923] **s. f.** ● Nella loc. *capelli alla g.*, alla maschietta, molto corti e a nuca rasata.

garçonnière /fr. garsɔ'njɛːr/ [da *garçon* nel senso di 'celibe' (V. *garçonne*); 1905] **s. f. inv.** *1* (*disus.*) Piccolo appartamento da scapolo. *2* Correntemente, appartamento per incontri amorosi.

garden center /'garden 'sɛnter, ingl. 'gaːdən-,sɛntə/ [loc. ingl., propr. 'centro (*center*) per il giardino (*garden*)'; 1992] **loc. sost. m. inv.** (pl. ingl. *garden centers*) ● Vivaio organizzato per la vendita diretta di piante, articoli da giardinaggio, arredi per terrazze e giardini.

gardenése **A** **agg.** ● Della Val Gardena. **B** **s. m. e f.** ● Abitante, nativo della Val Gardena o del comune di Ortisei.

gardènia o **cardènia** [dal n. del botanico scozzese A. *Garden* (1728-1791); 1813] **s. f.** ● Arbusto delle Rubiacee con foglie sempreverdi e grandi fiori solitari, bianchi, profumati (*Gardenia*) | Fiore di tale arbusto. ➡ **ILL. piante**/9.

gàrden-pàrty /'gardem 'parti, ingl. 'gaːdn-,paːti/ [vc. ingl., propr. 'trattenimento (*party*, di orig. fr.) in giardino (*garden*, di provenienza e diffusione germ., anche se legato a una base indeur.)'; 1885] **s. m. inv.** (pl. ingl. *garden-parties*) ● Festa o trattenimento che si svolge all'aperto.

gardesàno [da *Garda*, col suff. *-esano*, forma dial. di *-igiano*; 1932] **agg.** ● Del, relativo al, lago di Garda.

gareggiaménto [1551] **s. m.** ● (*raro*) Il competere, il gareggiare.

gareggiàre [da *gara*; sec. XIV] **A v. intr.** (*io garéggio*; aus. *avere*) ● Fare a gara, cercare di riuscire superiore a qlcu.: *g. in astuzia* | Competere: *nessuno può g. con lui in generosità* | (*assol.*) Prendere parte a una competizione: *oggi gareggiano i migliori atleti.* **B v. tr.** ● †Emulare. **C v. rifl. rec.** ● †Contrastarsi, sopraffarsi.

gareggiatóre [1438] **agg.**; anche **s. m.** (f. *-trice*) ● Che (o Chi) gareggia.

garènna [fr. *garenne*, di etim. incerta; 1655] **s. f.** ● Recinto per l'allevamento allo stato semilibero dei conigli selvatici.

†**garentia** ● V. *garanzia.*

garentire ● V. *garantire.*

garenzia ● V. *garanzia.*

garétta ● V. *garitta.*

garétto ● V. *garretto.*

garfagnino [1617] **A** **agg.** ● Della Garfagnana. **B** **s. m.** (f. *-a*) ● Abitante, nativo della Garfagnana.

†**gargagliàre** [di orig. onomat.; sec. XIV] **v. intr.** *1* Fare strepito di voci, grida. *2* Gorgogliare.

†**gargalòzzo** ● V. *gargarozzo.*

gargàme [etim. discussa: da un v. onomat. 'fare il rumore d'acqua che scorre in un tubo' (?); 1638] **s. m.** ● (*edil., idraul.*) Guida in rilievo che forma la superficie di appoggio e scorrimento del pannello di un serramento o di una paratoia.

garganèlla [vc. onomat.; 1733] **vc.** ● Solo nella loc. *bere a g.*, bere tenendo in alto il recipiente, senza accostarlo alle labbra, e lasciando cadere il liquido direttamente in bocca; (*est.*) bere molto, spec. vino e altre bevande alcoliche.

garganèllo [dalla base imitativa del verso *garg*-; av. 1871] **s. m.** *1* (*pop.*) Nome di vari Uccelli acquatici degli Anseriformi come lo smergo maggiore e la marzaiola. *2* (*spec. al pl., region.*) Pasta alimentare all'uovo simile alle penne rigate, ottenuta avvolgendo dei piccoli quadrati di sfoglia su un bastoncino e passandoli su un apposito pettine a fili metallici.

gargànico [av. 1837] **agg.** (pl. m. *-ci*) ● Del Gargano: *penisola garganica.*

†**gargantìglia** [sp. *gargantilla*, deriv. da *garganta* 'gola'; 1556] **s. f.** ● Specie di collana di pietre preziose, perle, coralli.

gargantuésco [dal n. di un personaggio di Rabelais, alludente alla 'gola' o al 'gozzo' con la confluenza di due serie di voci in dipendenza del lat. tardo *gŭrga* ('gorga' e 'mangione') e della base onomat. *garg*-; 1898] **agg.** (pl. m. *-schi*) ● (*anton.*) Detto di ciò che ha proporzioni gigantesche: *fame gargantuesca.*

gargarìsmo o (*dial.*) †**gargherìsmo** [vc. dotta, lat. tardo *gargarīsmu(m)*, dal gr. *gargarismós*, da *gargarízein* 'gargarizzare'; sec. XIV] **s. m.** *1* Soluzione medicamentosa per la cura delle affezioni del cavo orale. **SIN.** Collutorio. *2* Atto con cui tale medicamento viene fatto gorgogliare nel retrobocca e nella gola. *3* (*raro, spreg.*) Gorgheggio mal eseguito.

gargarizzàre, (*pop.*) **sgargarizzàre** [vc. dotta, lat. tardo *gargarizāre*, dal gr. *gargarízein*, con reduplicazione onomat.; sec. XIV] **v. intr.** (aus. *avere*) *1* Fare i gargarismi. *2* (*raro, spreg.*) Gorgheggiare malamente.

gargaròzzo o †**gargalòzzo** [dalla base onomat. *garg*-; av. 1342] **s. m.** ● (*pop.*) Gola, gozzo: *prendere per il g.*

†**gargherìsmo** ● V. *gargarismo.*

†**gàrgo** [da un agg. germ. in *-ig* tratto da **karō* 'cura, preoccupazione'; av. 1676] **agg.** (pl. m. *-ghi*) ● Malizioso, furbo, astuto.

gargoilìsmo [dall'ingl. *gargoylism*, da *gargoyle* 'mascherone', dall'ant. fr. *gargoule* 'gola'] **s. m.** ● (*med.*) Malformazione ereditaria caratterizzata da nanismo disarmonico, testa grossa e volto con lineamenti grossolani e grotteschi.

gargòlla **s. f.** ● Adattamento di *gargouille* (V.).

gargòtta [fr. *gargote*, da *gargoter* 'mangiare rumorosamente', di orig. onomat.; 1864] **s. f.** ● Osteria di campagna, taverna ove si mangia senza tovaglia.

gargouille /fr. gar'guj(ə)/ [vc. fr., ant. fr. *gargoule*, comp. di *goule* 'gola' con la radice onomat. *garg*- e sovrapposizione di *gargouiller* 'brontolare'; 1914] **s. f. inv.** ● Doccione, nel sign. 1: *g. gotica, neogotica.*

gargùglia [1939] **s. f.** ● Adattamento di *gargouille* (V.).

garibaldiàno [dal n. di G. *Garibald(i)* col suff. *-iano*; 1861] **agg.** ● (*raro*) Relativo a Garibaldi: *studi garibaldiani.*

garibaldino [dal n. di G. *Garibaldi* (1807-1882) col suff. *-ino*; 1859] **A** **agg.** *1* Proprio di, relativo a Garibaldi: *battaglie garibaldine* | Ispirato alla figura e all'opera di Garibaldi: *associazioni garibaldine.* *2* (*est., fig.*) Animoso, impetuoso: *spirito g.* | *Alla garibaldina*, (*ellitt.*) in maniera temeraria e audace. **B** **s. m.** (f. *-a*) *1* Appartenente a ciascuno dei corpi militari volontari, organizzati in vari tempi e luoghi da Garibaldi: *i garibaldini di Bezzecca, di Calatafimi* | (*est.*) Appartenente a corpi militari ispirati alla figura e all'idea di Garibaldi: *i garibaldini delle Argonne.* *2* (*est.*) Appartenente a corpi militari o raggruppamenti partigiani antifascisti, gener. di ispirazione e organizzazione comunista, recanti il nome di Garibaldi: *sfilarono ... i garibaldini col fazzoletto rosso* (FENOGLIO).

†**garibo** ● V. †*caribo* (*2*).

gariga o **garriga** [fr. *garrigue*, vc. di orig. preindeur.] **s. f.** ● Tipo di boscaglia mediterranea formata di arbusti e suffrutici sempreverdi molto bassi, e di abbondanti piante erbacee.

gariglio ● V. *gheriglio.*

garitta o **garétta** [fr. *guérite*, da *garir*, var. di *garer* 'mettere al riparo' forse attrav. lo sp. *garita*; 1617] **s. f.** *1* Torretta rotonda o poligonale, di legno o di mattoni, posta normalmente negli angoli salienti al sommo della cinta delle opere fortificate e adibita al servizio di sentinella | Casotto di legno o in muratura per riparo della sentinella all'ingresso delle caserme o di altri edifici o luoghi militari. ➡ **ILL.** p. 2120 ARCHITETTURA. *2* (*ferr.*) Ricovero del guardabarriere, del manovratore ecc. | *G. del carro ferroviario*, cabina ove può prendere posto il frenatore per la sorveglianza dei carri e l'azionamento del freno a mano nei casi richiesti. *3* (*mar.*) Centina di faggio messa in alto per formare la volta della camera di poppa sul ponte delle galee, che poi si copriva di incerata.

garnett /ingl. 'gaːnɪt/ [vc. ingl., dal n. (*Garnett*) dell'inventore (?)] **s. m. inv.** ● Garnettatrice.

garnettàre [da *garnett*] **v. tr.** (*io garnétto*) ● Eseguire la garnettatura.

garnettatrice [da *garnettare*; 1970] **s. f.** ● Macchina costituita da tamburi ruotanti, muniti di denti, per sfilacciare stracci o altri cascami di fibre tessili.

garnettatùra **s. f.** ● Operazione tessile che si fa con la garnettatrice.

garni /fr. gar'ni/ [vc. fr. accorc. di *hôtel garni* propr. 'albergo (V. *hotel*) guarnito (nel senso di 'ammobiliato')'; 1905] **A** **s. m. inv.** ● Albergo che fornisce l'alloggio e la prima colazione, senza servizio di ristorante. **B** anche **agg. inv.**: *hotel g.* **SIN.** Meublé.

garofanàia [da *garofano*] **s. f.** ● Pianta erbacea perenne delle Rosacee con foglie grandi, piccoli fiori gialli, rizoma che, se schiacciato, profuma di garofano (*Geum urbanum*).

garofanàto [sec. XIII] **agg.** ● Che profuma di garofano, che contiene essenza di garofano.

garòfano o **gheròfano** [lat. *caryŏphyllu(m)*, dal gr. *karyóphyllon*, di orig. orient., interpretata come comp. di *káryon* '(frutto con) involucro' e *phýllon* 'foglia'; 1313] **s. m.** *1* Pianta erbacea delle Cariofillacee frequentemente coltivata, con fiori doppi, di vario colore, profumati e foglie sottili e allungate (*Dianthus caryophyllus*) | ***G. di Maone***, violaciocca | ***G. indiano*** o ***minore***, tagete | ***G. selvatico***, cariofillacea erbacea comune nei prati e nei boschi (*Dianthus carthusianorum*) | ***Chiodi, bottoni, teste di g.***, boccioli fiorali di una pianta delle Mirtacee (*Eugenia caryophyllata*) essiccati con il calice e usati come spezie | (*polit., fig.*) ***Il partito del g.***, (*per anton.*) fino al 1994, il Partito socialista italiano, che aveva tale fiore come simbolo (sostituito poi da una rosa). ➡ ILL. **piante**/3, 5; **spezie**. *2* (*zool., pop.*) ***G. di mare***, attinia. SIN. Anemone di mare, giglio di mare. || **garofanino**, dim.

†**garosèllo** ● V. *carosello*.

†**garóso** [da *gara*; av. 1562] **agg.** *1* Litigioso: *il loro contrapporsi agli altri non è per semplice comparazione, ma per garosa e inflessibile ripugnanza* (BARTOLI). *2* Di cosa piena di contrasti, fatta con animosità.

garrése [vc. di orig. celt., da una base **garra* 'parte della gamba', come in *garretto* (V.); 1585] **s. m.** ● (*veter.*) Regione compresa tra il collo e il dorso dei quadrupedi, che ha per base scheletrica le apofisi spinose delle vertebre dorsali comprese fra la seconda e la settima-ottava: *dal g. si misura l'altezza del cavallo* | ***Mal del g.***, complesso di lesioni traumatiche che interessano i tessuti profondi della regione.

garrétto o **garétto** [vc. di orig. celt., propr. dim. di **garra* (V. *garrese*); av. 1320] **s. m.** *1* (*veter.*) Regione degli arti posteriori dei Bovini e degli Equini, che ha per base anatomica le ossa del tarso | ***Corda del g.***, tendine d'Achille. *2* (*pop.*) Nell'uomo, parte posteriore della caviglia | (*fig.*) ***Avere garretti d'acciaio***, di chi è valente e resistente nella corsa.

garriga ● V. *gariga*.

garriménto [sec. XIV] **s. m.** ● (*lett., raro*) Strepito molesto | †Rimprovero.

garrire [lat. *garrīre*, di orig. onomat.; av. 1294] **A v. intr.** (*io garrisco, †gàrro, tu garrisci, †gàrri*; aus. *avere*) *1* Emettere un verso aspro e stridulo di alcuni animali, spec. di uccelli: *le rondini garriscono*. *2* (*lett.*) Sventolare, di bandiere, drappi e sim. *3* (*raro, lett.*) Ciarlare molestamente | Gridare con voce aspra | (*est.*) Litigare: *bestemmiavano, e tu benedicevi Dio; garrivano, e tu componevi le loro liti* (PELLICO). **B v. tr.** ● (*lett.*) †Rimproverare: *pur che mia coscienza non mi garra* (DANTE *Inf.* XV, 92).

garrito [vc. dotta, lat. tardo *garrītu(m)* 'cicalamento', propr. part. pass. di *garrīre* 'garrire'; av. 1375] **s. m.** ● Verso stridulo tipico di alcuni uccelli: *lo stridor fu lieve qual g. di rondine* (D'ANNUNZIO).

garritóre [av. 1294] **agg.**; anche **s. m.** (f. *-trice*) ● (*lett., raro*) Che garrisce | (*lett., fig.*) Che (o Chi) è litigioso, polemico | Che (o Chi) è ciarliero, pettegolo.

garròccio [prob. var. dial. di *scaloccio*, da *scala* nel senso di 'guida'] **s. m.** ● (*mar.*) Ciascuno degli elementi di metallo o materiale plastico fissati all'inferitura di una vela che, scorrendo sullo strallo o in una canaletta, permettono di issarla e ammainarla.

garròta o **garròta** [sp. *garrote*, di etim. sconosciuta; 1864] **s. f.** ● Strumento per eseguire una condanna a morte consistente in un anello di ferro, fermato a un palo o un asse verticale, che, progressivamente ristretto mediante viti, determina la morte per strangolamento.

garrottaménto o **garrotaménto** [da *garrottare*] **s. m.** ● Strangolamento eseguito mediante la garrotta, come forma di esecuzione capitale.

garrottàre o **garrotàre** [da *garrotta*] **v. tr.** (*io garròtto*) ● Strangolare mediante la garrotta | (*est., gener.*) Strangolare premendo sul collo un qualunque strumento od oggetto rigido, come tubo, spranga, coltello e sim.

†**garrulànte** [vc. dotta, lat. tardo *garrulānte(m)*, part. pres. di *garrulāre*, da *gărrulus* 'garrulo'] **agg.** ● Loquace, garrulo.

garrulità o †**garrulitàde**, †**garrulitàte** [vc. dotta, lat. tardo *garrulitāte(m)*, da *garrulāre* (V. *garrulante*); av. 1406] **s. f.** *1* (*lett.*) Loquacità. *2* †Maldicenza abituale, petulanza.

gàrrulo (1) [vc. dotta, lat. *gărrulu(m)*, da *garrīre* 'garrire'; av. 1311] **agg.** *1* Che garrisce: *i garruli uccelli*; *la garrula bandiera*. *2* (*raro, lett.*) Loquace, petulante. *3* (*est., lett.*) Festoso, rumoroso: *ai garruli trastulli / erano intenti ... / ... i due fanciulli* (PASCOLI). || **garrulaménte**, avv.

gàrrulo (2) [Cfr. vc. precedente] **s. m.** ● Uccello dei Passeriformi con ciuffo bianco sul capo, mediocre volatore, che popola le boscaglie dell'Asia meridionale ed è allevato in voliera (*Garrulus leucolophus*).

gàrza (1) [etim. discussa: sp. *garza*, di prob. orig. preromana (?); 1450 ca.] **s. f.** ● (*zool., dial.*) Airone.

gàrza (2) [etim. discussa: da *garzare* (?); av. 1704] **s. f.** ● Tessuto rado e leggero di cotone e seta, usato spec. per medicazioni: *compresse di g.*; *g. idrofila, sterilizzata*.

garzàia [da *garza* (*1*); 1888] **s. f.** *1* Luogo alberato ove gli aironi covano in colonie. *2* (*raro, fig.*) Situazione o faccenda confusa, imbrogliata.

garzàre [da *garzo*; av. 1621] **v. tr.** ● (*tess.*) Sottoporre i tessuti a garzatura.

garzàto A part. pass. di *garzare*; anche **agg.** ● Nel sign. del v. **B s. m.** ● Tessuto reso morbido e peloso mediante garzatura.

garzatóre [sec. XII] **s. m.** (f. *-trice*) ● Operaio tessile che esegue l'operazione della garzatura.

garzatrice [1956] **s. f.** ● (*tess.*) Macchina per garzare.

garzatùra [1798] **s. f.** ● (*tess.*) Operazione di finitura dei tessuti, effettuata con apposite macchine che ne sollevano la peluria per ottenere una maggiore morbidezza.

garzèlla [da *garzo*; 1853] **s. f.** ● Attrezzo di legno con più file di garzi, usato un tempo dai lanaioli per garzare i tessuti.

garzerìa [sec. XII] **s. f.** ● Luogo dove un tempo si garzavano i tessuti.

garzétta [da *garza* (*1*); sec. XIV] **s. f.** ● Piccolo airone bianco che si distingue per avere zampe e becco neri e due lunghe penne che pendono posteriormente al capo (*Egretta garzetta*).

gàrzo [lat. parl. **cărdeum* per il class. *cărduu(m)* 'cardo'; 1562] **s. m.** ● (*tess.*) Cima di cardo dei lanaioli, con squame uncinate, impiegata un tempo per la garzatura della lana | ***Dare il g.***, garzare.

garzonàto [av. 1874] **s. m.** *1* (*raro*) Tirocinio del garzone | La durata di tale tirocinio. *2* (*est., fig.*) Periodo d'esperienza iniziale, più o meno faticosa, di una qualsiasi attività.

garzóne [fr. *garçon*, dal francone **wrakkjo* 'vagabondo'; sec. XIII] **s. m.** *1* (f. *-a*) Prestatore di lavoro subordinato che si esercita nelle più rudimentali forme dell'attività lavorativa: *il g. del fornaio, del lattaio*. *2* (f. *-a*) (*lett.*) Giovinetto di età inferiore ai quindici anni: *garzon bellissimo, a cui con gli anni / crescon le grazie* (PARINI). *3* †Giovane scapolo. *4* (*raro*) Scudiero che un tempo seguiva il cavaliere. || **garzonàccio**, pegg. | **garzoncèllo**, dim. | **garzoncino**, dim.

†**garzoneggiàre** [av. 1729] **v. intr.** ● Essere adolescente.

†**garzonévole** [av. 1347] **agg.** ● Fanciullesco.

†**garzonìle** [1676] **agg.** ● Puerile.

garzuòlo [lat. parl. **cardiŏlu(m)*, dim. del gr. *kardía* 'cuore' nel sign. 2, da *garzo*; 1652] **s. m.** *1* (*region.*) Parte centrale, tenera di ortaggi a cesto come il cavolo o la lattuga. *2* †Canapa lavorata, pronta per la filatura.

♦**gas** o (*tosc.*) **gàsse**, †**gaz** [vc. dotta, creata dal chim. ol. J. B. Van Helmont (1577-1644), dal lat. *chăos* 'caos', pronunciato quasi *ga(o)s*; 1683] **s. m.** *1* Sostanza in uno stato fisico tale da non avere una forma determinata e che si espande indefinitamente in modo da riempire tutto il volume a sua disposizione. CFR. pneumato-. *2* Nel linguaggio scientifico, aeriforme al disopra della temperatura critica | Correntemente, aeriforme | ***Gas naturali***, costituiti da metano, idrocarburi della serie paraffina, gas inerti, sorgenti dal sottosuolo in seguito a trivellazione | ***Gas nobili, gas rari***, quelli, presenti nell'aria, che costituiscono il gruppo zero del sistema periodico degli elementi, usati nella preparazione delle lampade a incandescenza | ***Gas tonante***, miscela d'idrogeno e ossigeno o aria che, se innescata, si combina con reazione esplosiva | ***Gas illuminante, gas di città***, gas combustibile prodotto dalla distillazione secca del litantrace, per uso prevalentemente domestico | ***Gas esilarante***, usato in passato come anestetico generale nella pratica chirurgica. SIN. Protossido di azoto | ***Gas asfissiante***, composto chimico di varia natura, irritante o velenoso, impiegato in guerra | ***Gas inerte***, che presenta difficoltà a reagire chimicamente | ***Gas di sintesi***, miscela di ossido di carbonio e idrogeno usata nell'industria per la sintesi del metanolo, dell'ammoniaca | ***Gas liquido, gas liquefatto***, idrocarburo leggero (butano o propano) immagazzinato in recipienti sotto pressione usato come combustibile e come carburante | ***Gas delle paludi***, metano | ***Gas delle miniere***, grisou | ***Gas ammoniacato***, (*raro*) ammoniaca | ***Camera a gas***, vano in cui introdurre gas venefici, usato per l'eliminazione nei campi di sterminio nazisti dei prigionieri e, in certi Stati americani, dei condannati a morte. *3* Correntemente, gas illuminante: *pagare la bolletta del gas*; *fuga di gas*. *4* Correntemente, la miscela d'aria e benzina finemente polverizzata che alimenta i motori a scoppio | ***Dare gas***, accelerare il motore dell'aeroplano, dell'automobile, della motocicletta e sim. | ***Andare a tutto gas***, andare in automobile, in motocicletta, ecc. alla massima velocità | (*fig.*) ***Studiare, lavorare a tutto gas***, con il massimo impegno.

gasàre [da *gas*; 1963] **A v. tr.** *1* Gassare. *2* (*fig., fam.*) Eccitare, rendere euforico. **B v. rifl.** ● (*fig., fam.*) Esaltarsi, eccitarsi, montarsi la testa: *guardalo come si è gasato per così poco!*

gasàto [1942] **A part. pass.** di *gasare*; anche **agg.** ● Gassato. **B agg.**; anche **s. m.** (f. *-a*) ● (*fig., fam.*) Che (o Chi) si è esaltato o montato la testa.

gasbetòn [comp. di *gas* e *beton*] **s. m. inv.** ● (*edil.*) Materiale da costruzione leggero, con spiccate caratteristiche di isolamento termico e acustico, realizzato iniettando sostanze schiumogene nella malta di cemento prima della solidificazione.

gàsco [var. di *casco*; 1798] **s. m.** (pl. *-schi*) ● (*mar.*; *disus.*) Ornamento all'estremità del tagliamare.

gascromatografìa [comp. di *gas*, del gr. *chrôma*, genit. *chrômatos* 'colore' e *-grafia*] **s. f.** ● Metodo fisico per la separazione selettiva dei componenti di una miscela, basato sulla ripartizione di sostanze fra una fase liquida fissa e una fase gassosa mobile.

gascromatògrafo [da *gascromatografia*] **s. m.** ● Apparecchio per la gascromatografia.

gascromatogràmma [comp. di *gas*, del gr. *chrôma*, genit. *chrômatos* 'colore' e *-gamma*] **s. m.** (pl. *-i*) ● Registrazione dei risultati di una gascromatografia.

gasdinàmica [comp. di *gas* e *dinamica* sul modello di *aerodinamica*; 1956] **s. f.** ● Aerodinamica dei fluidi compressibili.

gasdótto [comp. di *gas* e della seconda parte, deriv. dal lat. *dūctus* 'condotto, conduttura', di vc. simili, come *(acque)dotto*, *(oleo)dotto*, ecc.; 1940] **s. m.** ● Conduttura per il trasporto di gas naturali o artificiali.

gasièra **s. f.** ● Nave particolarmente attrezzata per il trasporto di gas liquefatto.

gasificàre e *deriv.* ● V. *gassificare* e *deriv.*

gasìndio o **gasìndo** [lat. mediev. *gasindium* 'seguito', di orig. longob.; av. 1750] **s. m.** ● Nel mondo medievale, vassallo di re longobardo.

gasista o **gassista** [1901] **s. m.** e **f.** (pl. m. *-i*) *1* Operaio installatore e riparatore degli impianti per la distribuzione del gas | L'addetto alla lettura dei contatori: *Quela tosa lí la sposerà un g.* (GINZBURG). *2* Nell'industria siderurgica, fonditore addetto al funzionamento e alla sorveglianza di un gasogeno.

gasògeno o **gassògeno** [comp. di *gas* e *-geno*, sul tipo del fr. *gazogène*; 1902] **s. m.** ● Apparecchio atto a trasformare un combustibile solido in gassoso mediante ossidazione regolata e incompleta.

gasolina o (*raro*) **gazolina** [da *gasolio*; 1940] **s. f.** ● Prodotto ottenuto dalla distillazione frazionata degli oli leggeri ottenuti dal petrolio.

gasòlio [adatt. dell'ingl. *gasoil*, comp. di *gas* e *oil* 'petrolio'; 1942] **s. m.** ● Frazione intermedia tra il petrolio da illuminazione e gli oli pesanti, ottenuto per distillazione del petrolio greggio; è usato come carburante per motori Diesel e per riscaldamento domestico. SIN. Nafta.

gasometrìa o **gassometrìa** o **gazometrìa** [comp. di *gas* e *-metria*] **s. f.** ● Insieme dei sistemi usati per l'esame qualitativo e quantitativo delle miscele gassose.

gasòmetro o **gassòmetro** o **gazòmetro**

[comp. di *gas* e *-metro*, come il fr. *gazomètre*; 1798] s. m. ● Recipiente chiuso, di grande capacità, con coperchio mobile, destinato a raccogliere, conservare e distribuire il gas combustibile nei tubi di conduttura.

gaṣósa ● V. *gassosa*.

gaṣóṣo ● V. *gassoso*.

gasp /gasp, *ingl.* gæsp/ [vc. onomat. suggerita dal v. ingl. *to gasp* 'boccheggiare', 'restare senza fiato'; av. 1963] inter. ● Nel linguaggio dei fumetti, voce che riproduce un sussulto causato da sorpresa o paura.

gàssa o †**gàzza** (2) [sp. *gaza*; 1798] s. f. ● (*mar.*) Anello chiuso realizzato con l'estremità di un cavo | *G. impiombata*, chiusa con un'impiombatura | *G. d'amante*, anello di cavo ottenuto con un nodo che non scorre, ma è facilmente scioglibile anche se sottoposto a una notevole trazione; (*est.*) il nodo stesso. ➡ ILL. **nodo**.

gassàre o **gaṣàre** nel sign. 1 [da *gas*; 1949] v. tr. *1* Rendere effervescente un liquido sciogliendovi un gas. *2* Sottoporre all'azione di gas tossici, asfissianti.

gassàto o **gaṣàto** [1943] part. pass. di *gassare*; anche agg. ● Che contiene gas | *Acqua, bibita gassata*, contenente anidride carbonica che la rende frizzante.

gàsse ● V. *gas*.

gassificàre o **gaṣificàre** [1835] v. tr. (*io gassìfico, tu gassìfichi*) *1* Trasformare un solido o un liquido in un gas. *2* Gassare.

gassificazióne o **gaṣificazióne** [av. 1799] s. f. ● Operazione del gassificare.

gassista ● V. *gasista*.

gassògeno ● V. *gasogeno*.

gassometrìa ● V. *gasometria*.

gassòmetro ● V. *gasometro*.

gassóṣa o **gaṣóṣa**, **gaẓóṣa**, **gaẓẓóṣa** [f. sost. di *gassoso*; 1868] s. f. ● Bibita analcolica preparata con acqua, zucchero e anidride carbonica e aromatizzata spec. con essenza di limone.

gassóṣo o **gaṣóṣo**, **gaẓóṣo** [da *gas*; 1787] agg. *1* Detto di composto allo stato aeriforme. *2* Di gas: *miasmi gassosi*.

gastàldo ● V. *castaldo*.

gàstero- ● V. *gastro-*.

Gasteromicèti o **Gastromicèti** [comp. di *gastero-* e del gr. *mýkēs*, genit. *mýkētos* 'fungo'; 1834] s. m. pl. (sing. *-e*) ● Nella tassonomia vegetale, ordine di funghi dei Basidiomiceti il cui corpo fruttifero è globoso nel giovane e formato da una parte interna contenente le spore e da un involucro esterno (*Gastromycetales*).

Gasteròpodi o **Gastròpodi** [comp. di *gastero-* e del gr. *pôus*, genit. *podós* 'piede'; 1820] s. m. pl. (sing. *-e*) ● Nella tassonomia animale, classe di Molluschi provvisti di conchiglia dorsale, capo distinto con occhi portati da tentacoli e uno sviluppato piede carnoso che serve per la locomozione (*Gastropoda*). ➡ ILL. **animali**/3-4.

Gasterosteifórmi [comp. di *gastero-*, del gr. *ostéon* 'osso' e del pl. di *-forme*; 1970] s. m. pl. (sing. *-e*) ● Nella tassonomia animale, ordine di Pesci ossei con un raggio spinoso nelle pinne pettorali (*Gasterosteiformes*).

gastigamàtti ● V. *castigamatti*.

gastigàre e *deriv.* ● V. *castigare* e *deriv.*

gastràle [da *gastro-*; 1931] agg. ● (*zool.*) Che si riferisce all'apparato digerente di animali inferiori | *Cavità g.*, nei Celenterati e nelle Spugne.

gastralgìa [comp. di *gastr(o)-* e *algia*; 1829] s. f. ● (*med.*) Dolore che proviene dallo stomaco.

gastrectaṣìa [comp. di *gastr(o)-* e *ectasia*; 1892] s. f. ● (*med.*) Dilatazione dello stomaco.

gastrectomìa [comp. di *gastr(o)-* e *ectomia*] s. f. ● (*chir.*) Asportazione dello stomaco: *g. parziale, totale*.

gàstrico [da *gastro-*; av. 1673] agg. (pl. m. *-ci*) ● Dello stomaco: *ulcera gastrica* | *Succo g.*, liquido secreto dalle ghiandole gastriche | *Lavanda gastrica*, lavaggio dello stomaco fatto mediante sonda.

gastrìna [fr. *gastrine*, dal gr. *gastḗr*, genit. *gastrós* 'stomaco' (V. *gastro-*)] s. f. ● (*biol.*) Ormone elaborato dalla mucosa del piloro, che stimola la secrezione gastrica di acido cloridrico.

gastrìte [comp. di *gastr(o)-* e *-ite* (*1*); 1835] s. f. ● (*med.*) Infiammazione della parete gastrica: *g. acuta, cronica*.

gàstro [dal gr. *gastḗr*, genit. *gastrós* 'stomaco'] s. m. ● (*zool.*) Porzione terminale tondeggiante dell'addome peduncolato tipico di alcuni Insetti.

gàstro- o **gàstero-** [dal gr. *gastḗr*, genit. *gastrós* 'stomaco', prob. di orig. indeur.] primo elemento ● In parole composte della terminologia scientifica, spec. medica, significa 'stomaco', 'ventre': *gastronomia, gastroenterite, gasteropodi*.

gastrocèle [comp. di *gastro-* e del gr. *kḗlē* 'tumore'; 1834] s. m. ● (*med.*) Ernia dello stomaco.

gastrocnèmio [vc. dotta, tratta dal gr. *gastroknēmē*, comp. di *gastḗr*, genit. *gastrós* 'stomaco' e *knḗmē* 'gamba'; 1681] s. m. ● (*anat.*) Muscolo posteriore della gamba, a due ventri. ➡ ILL. p. 2122 ANATOMIA UMANA.

gastrodigiunostomìa [comp. di *gastro-*, *digiuno* (*2*) e *-stomia*; 1970] s. f. ● (*chir.*) Creazione chirurgica di un abboccamento tra stomaco e digiuno.

gastroduodenàle [comp. di *gastro-* e *duodenale*; 1834] agg. ● (*med.*) Che si riferisce allo stomaco e al duodeno.

gastroduodenìte [comp. di *gastro-* e *duodenite*] s. f. ● (*med.*) Infiammazione acuta o cronica delle mucose gastrica e duodenale.

gastroentèrico [comp. di *gastro-* e *enterico*; 1869] agg. (pl. m. *-ci*) ● (*med.*) Relativo allo stomaco e all'intestino.

gastroenterìte [comp. di *gastro-* e *enterite*; 1829] s. f. ● (*med.*) Infiammazione dello stomaco e dell'intestino.

gastroenterocolìte [comp. di *gastro-*, *entero-* e *colite*; 1834] s. f. ● (*med.*) Infiammazione dello stomaco, dell'intestino tenue e del colon.

gastroenterologìa [comp. di *gastro-*, *entero-* e *-logia*] s. f. ● Parte della medicina che studia la struttura, la funzione, la patologia dello stomaco e dell'intestino.

gastroenteròlogo [comp. di *gastro-*, *entero-* e *-logo*] s. m. (f. *-a*; pl. m. *-gi*) ● Medico specialista di gastroenterologia.

gastroenterostomìa [comp. di *gastro-*, *entero-* e *-stomia*; 1905] s. f. ● (*chir.*) Creazione di una anastomosi fra stomaco e intestino tenue.

gastroepàtico [comp. di *gastro-* e *epatico*; 1829] agg. (pl. m. *-ci*) ● (*med.*) Che concerne lo stomaco e il fegato.

gastroepatìte [comp. di *gastro-* e *epatite*; 1829] s. f. ● (*med.*) Infiammazione dello stomaco e del fegato.

gastroeṣofagìte [comp. di *gastro-*, *esofag(o)* e del suff. *-ite* (*1*)] s. f. ● (*med.*) Infiammazione delle mucose dello stomaco e dell'esofago.

gastrointestinàle [comp. di *gastro-* e *intestinale*; 1829] agg. ● (*med.*) Relativo a stomaco e intestino.

gastrologìa [comp. di *gastro-* e *-logia*; 1982] s. f. ● Parte della medicina che studia la struttura, la funzione, la patologia dello stomaco.

Gastromicèti ● V. *Gasteromiceti*.

gastronomìa [vc. dotta, gr. *gastronomía*, comp. di *gastḗr*, genit. *gastrós* 'stomaco', e un deriv. di *nómo* 'legge, norma'; av. 1796] s. f. *1* Insieme delle regole, delle consuetudini e delle usanze che costituiscono l'arte della buona cucina. *2* Negozio dove si vendono specialità alimentari.

gastronòmico [da *gastronomia*; 1860] agg. (pl. m. *-ci*) ● Concernente la gastronomia: *trattato g.* | Proprio della gastronomia: *specialità gastronomiche*. ‖ **gastronomicaménte**, avv. Per quanto concerne la gastronomia.

gastrònomo [da *gastronomia*; 1832] s. m. (f. *-a*) ● Esperto di gastronomia, intenditore della buona cucina | Buongustaio, amante della buona tavola.

gastropatìa [comp. di *gastro-* e *-patia*; 1834] s. f. ● (*med.*) Affezione gastrica in generale.

gastropàtico [1834] **A** agg. (pl. m. *-ci*) ● Di, relativo a gastropatia. **B** agg.; anche s. m. (f. *-a*) ● Che (o Chi) soffre di affezioni gastriche.

gastroplàstica [comp. di *gastro-* e *plastica*] s. f. ● (*chir.*) Qualsiasi intervento di chirurgia plastica sullo stomaco.

Gastròpodi ● V. *Gasteropodi*.

gastroprotezióne [comp. di *gastro-* e *protezione*] s. f. ● (*med.*) Effetto protettivo esercitato da alcune sostanze sulla mucosa gastrica.

gastroptòṣi [comp. di *gastro-* e *ptosi*] s. f. inv. ● (*med.*) Dislocazione dello stomaco più bassa rispetto alla posizione normale per cedimento dei legamenti.

gastroresezióne [comp. di *gastro-* e *resezione*] s. f. ● Asportazione chirurgica di una parte dello stomaco.

gastrorragìa [comp. di *gastro-* e *-ragia*; 1834] s. f. ● (*med.*) Emorragia gastrica.

gastrorrèa [comp. di *gastro-* e *-rea*] s. f. ● (*med.*) Eccessiva secrezione di succhi gastrici o di muco da parte della mucosa gastrica.

gastroscopìa [comp. di *gastro-* e *-scopia*; 1828] s. f. ● (*med.*) Esame ottico diretto della cavità gastrica mediante gastroscopio.

gastroscòpio [comp. di *gastro-* e *-scopio*] s. m. ● (*med.*) Strumento ottico tubulare, rigido o flessibile, per l'esame diretto della parete gastrica.

gastròṣi [comp. di *gastro-* e *-osi*; 1829] s. f. inv. ● (*med.*) Affezione non infiammatoria dello stomaco.

gastrospàṣmo [comp. di *gastro-* e *spasmo*] s. m. ● (*med.*) Spasmo delle pareti dello stomaco.

gastrostenòṣi [comp. di *gastro-* e *stenosi*] s. f. inv. ● (*med.*) Restringimento del lume gastrico.

gastrostomìa [comp. di *gastro-* e *-stomia*; 1961] s. f. ● (*chir.*) Procedura chirurgica con cui si crea una comunicazione diretta dello stomaco con l'esterno per eseguire un drenaggio o favorire, in casi particolari, l'alimentazione.

gastrotomìa [comp. di *gastro-* e *-tomia*; 1798] s. f. ● (*chir.*) Incisione dello stomaco.

gastroẓòide [comp. di *gastro-* e un deriv. di *-zoo*; 1970] s. m. ● (*zool.*) In alcune specie di polipi, individuo destinato alla funzione nutritizia al servizio di tutta la colonia.

gàstrula [vc. dotta, lat. sc. *gāstrula(m)* 'piccola (*-ŭla*) coppa (*gāstra*: dal gr. *gástra*)'; 1892] s. f. ● (*biol.*) Uno degli stadi iniziali di sviluppo dell'embrione, successivo alla blastula.

gastrulazióne [1932] s. f. ● (*biol.*) Processo di formazione della gastrula.

-gate /*ingl.* geɪt/ [tratto da *Watergate*, complesso residenziale di Washington da cui prese nome lo scandalo che costrinse R. Nixon alle dimissioni da presidente degli Stati Uniti (1974)] secondo elemento ● In parole composte del linguaggio giornalistico, indica uno scandalo in cui siano stati coinvolti personaggi importanti, spec. dell'ambiente politico: *Irangate, sexgate*.

gâteau /*fr.* ga'to/ [vc. fr., francone **wastil* 'focaccia', da *wahs* 'cera' (?); 1905] s. m. inv. (pl. fr. *gâteaux*) ● (*gener.*) Torta, dolce, spec. farcito.

gateway /*ingl.* 'geɪt,weɪ/ [vc. ingl., propr. 'entrata, ingresso', 'passaggio (*way*) attraverso una porta (*gate*)'; 1995] s. m. inv. ● (*elab.*) Elaboratore elettronico impiegato come interfaccia e convertitore di protocolli tra due o più reti di trasmissione dati.

gatò [av. 1938] s. m. ● Adattamento di *gâteau* (V.).

gàtta (1) [da *gatto*; sec. XIII] s. f. ● Femmina del gatto | *G. ci cova!*, c'è sotto un inganno | *Prendere una brutta g. da pelare*, intraprendere un'impresa difficile e noiosa da cui possono venire solo fastidi | *G. cieca*, gioco infantile, detto anche mosca cieca | *G. morta*, V. *gattamorta*. ‖ PROV. Quando non c'è la gatta i topi ballano; tanto va la gatta al lardo che ci lascia lo zampino. ‖ **gattàccia**, pegg. | **gattìna**, dim. (V.) | **gattóna**, accr. | **gattùccia**, dim.

gàtta (2) [fr. *gatte*, dal provz. *gata*, di orig. lat. (**găbita* per *găbata* 'scodella'); 1834] s. f. ● (*mar.*) Dispositivo di chiusura delle cubie per impedire all'acqua di mare, che può entrare da esse, di scorrere sul ponte della nave.

gattabùia [etim. discussa: da *gattaiola* con sovrapposizione di *buio* (?); av. 1850] s. f. ● (*pop.*, *scherz.*) Prigione, galera: *andare, finire, stare in g.*

gattàia (1) [perché erba che attira i *gatti*] s. f. ● Erba delle Labiate abbastanza comune, con fiori azzurri in verticilli radi e proprietà medicamentose (*Nepeta cataria*). SIN. Nepeta.

gattàia (2) [perché luogo da *gatti*; 1836] s. f. ● (*raro*) Gattabuia | (*est.*) Luogo angusto e sporco.

gattàio [1711] s. m. (f. *-a*) ● (*raro*, *tosc.*) Venditore di carne e frattaglie per gatti.

gattaiòla o (*lett.*) **gattaiuòla** [da *gatto*; av. 1400] s. f. *1* Buco che si fa nella parte inferiore delle porte per farvi passare un gatto. *2* (*fig.*) †Ripiego, scappatoia.

gattamòrta [comp. di *gatta* e *morta*; av. 1492] s. f. (pl. *gattemòrte*) ● Persona subdola, che nasconde il suo vero carattere dietro un contegno fin troppo ingenuo e tranquillo: *era … una g.: di fuori in un modo e dentro in un altro* (MORAVIA) | ***Fare la g.***, agire con intenzioni nascoste.

gatteggiaménto [1817] **s. m. 1** Tipica luminosità degli occhi dei felini. **2** (*miner.*) Effetto ottico di riflessione interna lungo particolari direzioni per cui alcune gemme mostrano luminosità oscillante, come gli occhi del gatto; è provocato dalla presenza di minute inclusioni orientate secondo direzioni particolari.

gatteggiànte [1761] **agg.** ● (*miner.*) Che presenta gatteggiamento.

gatteggiàre [dalla luminosità degli occhi del *gatto*; 1798] **v. intr.** (*io gattéggio*; aus. *avere*) ● Presentare particolari effetti di luce con iridescenze simili a quelle degli occhi di un gatto, detto spec. di pietra preziosa.

gattèllo [etim. discussa: dal *gatto*, che raffigurava (?); av. 1537] **s. m.** ● (*edil.*) Mensola, sostegno.

gattésco [da *gatto*; 1520 ca.] **A agg.** (**pl. m.** *-schi*) ● Di gatto: *furberia gattesca* | (*est.*) Felino, sornione. || **gattescaménte**, **avv. B s. m.** ● Nella loc. †***andare in g.***, fare l'amore, come i gatti in primavera.

gàttice [da *gatto*, perché gli amenti lunghi e pelosi somigliano a una coda di gatto; 1340 ca.] **s. m.** ● (*bot.*) Pioppo bianco.

gattina **s. f. 1** Dim. di *gatta*. **2** (*fig.*) Donna che fa moine, smancerie: *fare la g.*

gattinàra [dal n. del luogo di provenienza, *Gattinara*, di etim. incerta; 1851] **s. m.** ● Vino rosso granato, dal sapore vellutato e dal profumo intenso, della zona di Gattinara nel Vercellese, prodotto con l'uva Nebbiolo (localmente detta Spanna), talvolta con piccole aggiunte di Bonarda.

gattino [1730] **s. m. 1** Dim. di *gatto*. **2** (*bot.*, *pop.*) Amento (la cui forma ricorda una coda di gatto).

♦**gàtto** o †**càtto** (**2**) [lat. tardo *căttu(m)*, di etim. incerta; sec. XIII] **A s. m. 1** (**f.** *-a*) Mammifero domestico dell'ordine dei Carnivori, con corpo flessuoso, capo tondeggiante, occhi fosforescenti e unghie retrattili, con un gran numero di razze (*Felis catus*): *La gatta … annusava l'ora col suo nasino bruno* (MORANTE). **CFR.** Miagolare, gnaulare, soffiare, ronfare, ustolare, fusa. ➡ **ILL. animali**/14 | ***G. delle selve***, gattopardo africano | ***G. marmorato***, grosso felide di aspetto simile al gatto che vive nell'Asia meridionale e insulare e ha pelame bruno-grigio macchiettato e abitudini strettamente notturne (*Felis marmorata*) | ***G. selvatico***, felide selvatico probabile progenitore del gatto domestico | ***Essere come cani e gatti***, essere sempre pronti a litigare | ***Essere in quattro gatti***, in pochissimi | (*fig.*) ***G. a nove code***, staffile con nove strisce di cuoio, usato un tempo per punizioni corporali. **2** Macchina da assedio in uso nel Medioevo simile all'ariete, ma sempre munita di una tettoia. **3** (*mar.*) Coffa di galea | ***Buco del g.***, V. *buco* | ***Ormeggio a barba di g.***, V. *ormeggio*. **4** Berta, battipalo. **5** ***G. delle nevi***, veicolo munito di larghi cingoli per rendere praticabili le piste da sci e, gener., per la locomozione su terreni coperti di neve. **6** ***G. selvatico***, piattaforma poggiata sul fondo marino, per trivellazioni petrolifere. **7** ***G. selvaggio***, sciopero selvaggio. **B** in funzione di **agg. inv.** ● (posposto al s.) Nella loc. ***pesce g.*** (V.). || **gattàccio**, **pegg.** | **gattina**, **dim.** (V.) | **gattino**, **dim.** (V.) | **gattóne**, **accr.** (V.) | **gattùccio**, **dim.** (V.).

gattò [adattamento merid. del fr. *gâteau* (V.); 1990] **s. m. 1** Piatto tipico della cucina meridionale a base di patate schiacciate, uova, salumi tritati e formaggi. **2** Croccante preparato con mandorle, zucchero e succo di limone; tipico della Sardegna.

gattòfilo [comp. di *gatto* e *-filo*; 1900] **agg.**; anche **s. m.** (**f.** *-a*) ● (*scherz.*) Che (o Chi) ama i gatti.

gattomammóne [propr. 'scimmia (ar. *maymūn*) - gatto (per le movenze)'; av. 1331] **s. m.** (**pl.** *gattimammóni*) ● Mostro immaginario delle fiabe spesso evocato per spaventare i bambini.

gattonàre [da *gatto* con influsso del modo *andar gattoni*; 1598] **v. tr.** e **intr.** (*io gattóno*; aus. *avere*) **1** Avvicinare la selvaggina strisciando accovacciato al modo dei gatti. **2** (*est.*) Muoversi carponi o strisciando sul pavimento, detto di bambini che ancora non hanno iniziato a camminare.

gattóne (**1**) ● V. *gattoni* (*1*).

†**gattóne** (**2**) [1483] **s. m.** (**f.** *-a*) **1** Accr. di *gatto*. **2** (*est.*) Furbo.

gattóni (**1**) o (*raro*) **gattóne** (**1**) [da *gatto* col suff. iter. avv. *-oni*; sec. XV] **avv.** ● Nella posizione di chi procede quatto quatto, appoggiandosi sulle mani e sui piedi: *camminare*, *avanzare g.* | Con valore raff. nella loc: *gatton g.*

gattóni (**2**) [dall'ant. veneto *galtoni*, da *galta* 'gota', con sovrapposizione di *gatto*; sec. XIV] **s. m. pl.** ● (*pop.*) Parotite: *avere i g.*

gattopardésco [dal romanzo *Il gattopardo*, di G. Tomasi di Lampedusa; 1963] **agg.** (**pl. m.** *-schi*) ● Tipico di una politica di tipo conservatore, secondo la quale i rinnovamenti concessi non toccano la sostanza delle cose, ove tutto deve rimanere come è sempre stato.

gattopardìsmo [dal titolo del romanzo *Il Gattopardo* (1958) di G. Tomasi di Lampedusa; 1962] **s. m.** ● Concezione e prassi politica gattopardesca.

gattopàrdo [comp. di *gatto* e *pardo*, in quanto nell'uso pop. si riteneva nato dall'unione fra questi due animali; av. 1646] **s. m. 1** Correntemente, felino dalle forme eleganti e simile al gatto domestico, ma di dimensioni molto maggiori | ***G. africano***, servalo | ***G. americano***, ozelot. ➡ **ILL. animali**/14. **2** Gattuccio stellato.

gattùccio (**1**) [da *gatto* per la livrea chiazzata; av. 1698] **s. m.** ● Squalo di modeste dimensioni, comune lungo le coste dei mari italiani, caratteristico per la pelle macchiettata (*Schylliorhinus canicula*) | ***G. stellato***, simile al precedente ma con pelle a macchie più grandi e più rade (*Schylliorhinus stellaris*). **SIN.** Gattopardo. ➡ **ILL. animali**/5.

gattùccio (**2**) [dim. di *gatto*, attrav. un passaggio semantico poco chiaro; 1681] **s. m.** ● Sega con lama sottile a sciabola e manico tondo, per fare tagli curvi.

gauchésco /gau'tʃesko/ [vc. sp., da *gaucho*] **agg.** (**pl. m.** *-schi*) ● Che si riferisce ai gauchos: *letteratura*, *poesia gauchesca*.

gauchisme /fr. go'ʃism/ [vc. fr., deriv. di *gauche* 'sinistra', da *gauchir* 'deformarsi, deviare', vc. d'orig. francone; 1972] **s. m. inv.** ● (*polit.*) Il complesso dei movimenti extraparlamentari di sinistra, e delle loro ideologie.

gauchìsmo /goʃ'ʃizmo/ [1973] **s. m.** ● Adattamento di *gauchisme* (V.).

gauchista /goʃ'ʃista/ [1973] **s. m.** e **f.**; anche **agg.** (**pl. m.** *-i*) ● Adattamento di *gauchiste* (V.).

gauchiste /fr. go'ʃist/ [vc. fr., deriv. di *gauche* 'sinistra' (V. *gauchisme*); 1972] **s. m.** e **f. inv.**; anche **agg.** ● Chi (o Che) appartiene politicamente alla sinistra extraparlamentare: *movimento*, *organizzazione g.*

gaucho /sp. °'gautʃo/ [etim. discussa: dalla vc. quicha *wáča* 'povero, indigente' (?); 1887] **s. m. inv.** (**pl.** sp. *gauchos*) ● Mandriano delle pampas argentine e uruguaiane, caratteristico per il cappello a larghe tese e per il poncho.

gaudènte [vc. dotta, lat. *gaudĕnte(m)*, part. pres. di *gaudēre* 'godere'; av. 1237] **A agg.** ● (*raro*, *lett.*) Che gode di qlco. | ***Frate g.***, V. *frate*. || **gaudenteménte**, **avv.** Da gaudente. **B s. m.** e **f.** ● Chi ama vivere fra gli agi e i piaceri: *conduce una vita da g.* **SIN.** Festaiolo, godereccio. || **gaudentóne**, **accr.**

†**gaudère** ● V. *godere*.

†**gaudiménto** ● V. *godimento*.

gàudio [vc. dotta, lat. *gāudiu(m)*, da *gaudēre* 'godere'; av. 1272] **s. m.** ● (*lett.*) Gioia intensa, spec. in senso spirituale o religioso: *il g. della virtù*, *della coscienza*; *g. della vita religiosa* | (*lett.*, *gener.*) Contentezza, piacere | Ciò che è oggetto di gaudio | ***Sommo g.***, Dio.

gaudióso [da *gaudio*; av. 1294] **agg.** ● (*lett.*) Pieno di gaudio | (*relig.*) ***Misteri gaudiosi***, i primi cinque del Rosario, in cui si considerano le gioie della Madonna. || **gaudiosaménte**, **avv.** Con gaudio.

gaufre /fr. 'gofʀə/ [vc. fr., di etim. discussa: dal francone *wafel 'favo (di miele)', per la forma (?)] **s. f. inv. 1** Cialda cotta tra due stampi che le imprimono un disegno simile a cellette di favo. **2** Impronta ornamentale su cuoio o stoffa, spec. nelle rilegature in pelle.

gaufré /fr. go'fʀe/ [vc. fr., propr. part. pass. di *gaufrer* 'goffrare' (V.)] **agg. inv.** ● Goffrato.

Gauleiter /ted. 'gaolaetʌ/ [comp. ted. di *Gau* 'regione, distretto' e *Leiter* 'capo, comandante'] **s. m. inv.** (**pl.** ted. **inv.**) ● (*st.*) Nella Germania hitleriana, governatore di una provincia.

gaullista /gol'lista/ [var. di *gollista* con diretto richiamo all'ortografia fr. (da *De Gaulle*); 1971] **s. m.** e **f.**; anche **agg.** (**pl. m.** *-i*) ● Gollista.

gaulthèria /gaul'tɛrja/ [dal n. del botanico canadese cui è dedicata: J. F. *Gaulthier*; 1834] **s. f.** ● Frutice, con foglie dentate e coriacee, da cui si estrae un olio usato come antireumatico perché contenente salicilato di metile (*Gaultheria procumbens*).

gauss /ted. gaos/ [dal n. del fisico e mat. ted. K. F. *Gauss* (1777-1855); 1956] **s. m. inv.** ● Unità di induzione magnetica nel sistema CGS elettromagnetico, pari a 10^{-4} tesla. **SIMB.** Gs.

gaussiàno **agg.** ● Relativo a Gauss: *sistema g.* | (*mat.*) ***Curva gaussiana***, curva piana esponenziale dalla forma a campana che rappresenta una distribuzione gaussiana | ***Distribuzione gaussiana***, funzione matematica che rappresenta la distribuzione degli errori di misura di una grandezza in funzione della loro entità.

†**gavàgno** ● V. *cavagno*.

gavaina [lat. parl. **gabalīna(m)*, dim. di *gābalus* 'forca', di orig. celt. (?); 1798] **s. f.** ● Grossa tenaglia da fabbro.

gavazzaménto [av. 1698] **s. m.** ● (*lett.*) Il gavazzare.

gavazzàre [originariamente 'ingrossare il gozzo (*gavazza*, di etim. incerta), ridendo e schiamazzando'; sec. XV] **v. intr.** (aus. *avere*) ● (*lett.*) Fare baldoria (*anche fig.*): *la superbia con lei salta e gavazza* (ARIOSTO).

gavazzatóre [sec. XIV] **agg.**; anche **s. m.** (**f.** *-trice*) ● (*lett.*) Che (o Chi) gavazza, fa baldoria.

†**gavàzzo** [sec. XIV] **s. m.** ● Festa, strepito allegro.

gavétta (**1**) [lat. *gābata(m)* 'scodella' con mutazione, diversamente interpretata, di accento e suff.; av. 1347] **s. f.** ● Recipiente di alluminio con coperchio munito di manico e costituente altro recipiente, per il rancio del soldato in campagna | ***Venire dalla g.***, di ufficiali che, iniziata la carriera come soldati semplici, ne hanno percorso tutti i gradi; (*est.*) di persona che ha raggiunto il successo partendo dal niente. || **gavettino**, **dim. m.** (V.) | **gavettóne**, **accr. m.** (V.).

gavétta (**2**) [da un precedente **sgavetta*, dim. di *sgabello* nel senso di 'aspo (per fare la matassa)'; av. 1442] **s. f. 1** Matassina di corde di fune sottile. **2** †Filo d'oro che si trae dalla prima filiera | Filo sottile di ferro usato dall'orafo per legare i pezzi nelle saldature.

gavettino [1965] **s. m. 1** Dim. di *gavetta* (*1*). **2** Piccolo recipiente con manico, usato dai soldati per bere.

gavettóne [1598] **s. m. 1** Accr. di *gavetta* (*1*). **2** Grosso recipiente per la distribuzione del vitto alla truppa. **3** Scherzo in uso fra i soldati, consistente nel lancio di un grosso recipiente o sacco pieno d'acqua addosso a un commilitone spec. durante il riposo in branda. **4** (*mar.*) Gaettone.

gaviàle [fr. *gavial*, dall'ingl. *gavial*, dall'indost. *ghariyāl*; 1802] **s. m.** ● Rettile dei Loricati simile al coccodrillo ma con muso stretto e lungo, che vive nelle acque interne dell'India (*Gavialis gangeticus*). ➡ **ILL. animali**/5.

Gavifórmi [vc. dotta, comp. del lat. *gāvia* 'gabbiano' (V.) e del pl. di *-forme*; 1987] **s. m. pl.** (**sing.** *-e*) ● (*zool.*) Nella tassonomia animale, ordine di Uccelli ben adattati alla vita acquatica e abili tuffatori (*Gaviiformes*). **SIN.** Colimbiformi.

gavigliàno [etim. incerta] **s. m.** ● Nel fioretto e nella spada italiana, sbarretta di ferro, che fa parte dell'impugnatura dell'arma, di lunghezza uguale al diametro della coccia e perpendicolare all'asse della lama.

†**gavignàre** [da †*gavigne*; 1552] **v. tr.** ● Afferrare sotto le ascelle.

†**gavigne** [etim. discussa: deriv. da *căvus* 'cavo' (?); 1344] **s. f. pl.** ● Cavo delle ascelle.

†**gavillàre** e *deriv.* ● V. *cavillare* e *deriv.*

gavina [dim. del lat. *gāvia* 'gabbiano' (V.), come il catalano *gavina*; 1483] **s. f.** ● Uccello acquatico dei Caradriformi simile al gabbiano reale ma più piccolo, che in Italia è solo di passo (*Larus canus*).

gavitèllo [etim. incerta; 1614] **s. m.** ● (*mar.*) Piccola boa, spec. usata per segnalare la presenza sott'acqua di qlco. cui è collegato, come una rete, un corpomorto o un'ancora | ***G. annegato***, ***orbo***, quando è sott'acqua.

gavòcciolo [da **gaba* 'gozzo', allargato con doppio suff.; av. 1348] **s. m.** ● (*tosc.*, *raro*) Bubbone.

gavóne o **govóne** [etim. discussa: deriv. dal lat.

cāvus 'cavo' (?); 1561] **s. m.** ● (*mar.*) Spazio vuoto tra l'interno dello scafo e una paratia, destinato ad accogliere provviste o materiali vari | Nella costruzione navale, parte sotto la linea di galleggiamento dei compartimenti stagni all'estremità dello scafo: *g. di prua, di poppa.*

gavòtta (1) [etim. discussa: da *gaba 'gozzo' (?); av. 1646] **s. f.** ● Pesce osseo degli Scorpeniformi, simile al pesce cappone, che vive sui fondali vicino alle coste (*Trigla oscura*).

gavòtta (2) [fr. *gavotte*, dall'ant. provz. *gavoto* 'danza propria degli alpigiani', detti *gavots* a causa del loro gozzo (*gava*); 1598] **s. f.** ● Danza francese, lenta e aggraziata, in due tempi, diffusa nei secc. XVII e XVIII e utilizzata nella suite strumentale.

gay /*ingl.* gɛɪ/ [ingl., propr. 'gaio'; 1973] **s. m. e f. inv.**; anche **agg.** ● Omosessuale.

†**gaz** ● V. *gas.*

gazàre [da *gaz*, var. di *gas*] **v. tr.** ● (*tess.*) Sottoporre un filato a gazatura.

gazatùra **s. f.** ● (*tess.*) Procedimento con cui si toglie la peluria a un filato per renderlo più lucente, effettuato, un tempo, facendolo passare rapidamente su una fiamma a gas.

gazebo /gadz'dzɛbo, *ingl.* gə'ziːbəʊ/ [vc. ingl., dalla sovrapposizione del v. (*to*) *gaz*(*e*) 'guardare fissamente' col lat. (*vid*)*ebo* 'vedrò' (?); 1963] **s. m.** (pl. it. *-i* o **inv.**, ingl. *gazebos* o *gazeboes*) ● Chiosco da giardino.

†**gazèlla** ● V. *gazzella.*

gazofilàcio [vc. dotta, lat. tardo *gazophylaciu*(*m*), dal gr. *gazophylákion*, comp. di *gáza* 'tesoro' e *phylákion* 'custodia'; sec. XIV] **s. m.** ● Nel Nuovo Testamento, il luogo in cui, nel Tempio di Gerusalemme, si conservavano il tesoro e le offerte fatte a Dio.

gazolina ● V. *gasolina.*

gazometria ● V. *gasometria.*

gazòmetro ● V. *gasometro.*

gazósa ● V. *gassosa.*

gazóso ● V. *gassoso.*

gazpacho /*sp.* ˚gaθ'patʃo, ˚gas-/ [vc. sp. di etim. incerta; 1988] **s. m. inv.** (pl. sp. *gazpachos*) ● Minestra fredda a base di peperoni, pomodori e cetrioli, tipica della cucina spagnola.

gàzza (1) [lat. tardo *gāia*(*m*), di etim. incerta; sec. XIII] **s. f.** *1* Uccello dei Passeriformi dal piumaggio bianco, grigio e nero a riflessi verdi o violetti, che usa impossessarsi degli oggetti luccicanti (*Pica pica*). ➡ ILL. **animali**/10. *2* (*fig., lett.*) Persona ciarliera.

†**gàzza** (2) ● V. *gassa.*

gazzàrra [ar. parl. *ġazāra* 'loquacità', dal v. *ġazura* 'abbondare' e quindi 'parlare molto'; av. 1363] **s. f.** *1* Baccano di gente allegra | Chiasso, confusione: *g. elettorale.* *2* †Sparo di fuochi artificiali. *3* †Strepito guerriero di armi, voci, strumenti, accompagnato da manifestazioni di giubilo: *giunse l'ammiraglio … menando gran g. e trionfo* (VILLANI).

gazzèlla o †**gazèlla** [ar. *ġazāla*, attraverso una lingua iberica; sec. XIV] **s. f.** *1* Antilope africana dalle forme agili ed eleganti (*Gazella*): *essere veloce, agile come una g.* | ***Occhi da g.***, grandi e malinconici. ➡ ILL. **animali**/13. *2* (*fig., gerg.*) La vettura più veloce in dotazione ai carabinieri.

gàzzera [da *gazza* (*1*) con sovrapposizione di *passero*; 1427] **s. f.** ● (*raro, pop.*) Gazza.

†**gazzerino** [av. 1729] **agg.** ● Di colore simile all'occhio della gazza. SIN. Turchiniccio.

†**gazzeròtto** [da *gazzera*; av. 1494] **s. m.** (f. *-a*) *1* Giovane gazza. *2* (*fig.*) Chiacchierone | Sciocco, merlotto.

gazzètta (1) [etim. incerta; 1585] **s. f.** ● (*pop., sett.*) Moneta di mistura del valore di due soldi coniata a Venezia dal sec. XVI.

gazzétta (2) [da *gazzetta* (*1*), ch'era il prezzo di una copia; av. 1580] **s. f.** ● (*disus.*) Giornale | Nome di alcuni giornali o periodici: *G. dello Sport*; *G. del Mezzogiorno*; *La G. letteraria* | ***Gazzetta Ufficiale***, giornale edito a cura dell'autorità governativa per la pubblicazione delle leggi, dei decreti o delle disposizioni emanate dai più alti organi costituzionali e amministrativi dello Stato | ***Andare per, sulla g.***, (*fig., disus.*) essere l'oggetto della curiosità e dei pettegolezzi altrui | (*fig., disus.*) ***Cose da g.***, che destano viva curiosità | (*fig., disus.*) ***Quella donna è la g. del quartiere***, è una pettegola a conoscenza dei fatti più curiosi e personali di ognuno. || **gazzettàccia**, pegg. | **gazzettina**, dim. | **gazzettino**, dim. m. (V.) | **gazzettùccia**, dim. | **gazzettuòla**, dim.

gazzettànte [1618] **s. m. e f.** *1* (*raro, lett.*) Chi legge e scrive su una gazzetta. *2* (*raro, lett.*) Chiacchierone.

gazzettière [1598] **s. m.** (f. *-a*) ● Giornalista di poco valore.

gazzettino [av. 1698] **s. m.** *1* Dim. di *gazzetta*. *2* Parte del giornale in cui si pubblicano notizie particolari: *g. regionale, teatrale, commerciale* | (*est.*) Notiziario: *g. radiofonico.* *3* (*fig., disus.*) Persona curiosa e pettegola.

gazzettistico [1965] **agg.** (pl. m. *-ci*) ● Di, da gazzetta | (*spreg.*) ***Critica gazzettistica***, poco seria.

†**gàzzo** (1) [da *gazza* (*1*); 1585] **agg.** ● Di colore glauco.

gàzzo (2) [etim. incerta; 1956] **s. m.** ● Berretto del doge genovese.

gazzósa ● V. *gassosa.*

gazzuòlo [da *gazzo* (*1*) col suff. agg. *-*(*u*)*olo*; av. 1597] **agg.** ● (*zool.*) Detto dell'occhio del cavallo la cui iride, difettando di pigmento, prende una colorazione azzurrognola chiara.

†**ge** /dʒe*/ ● V. *gi.*

geàstro [comp. del gr. *gê* 'terra' e *astér* 'stella' per la sua forma di 'stella (terrestre)'; 1834] **s. m.** ● Genere di Funghi dei Gasteromiceti di forma globosa nell'individuo giovane, con involucro esterno aperto, in lamine petaliformi, a stella, nell'adulto (*Geaster*).

gèbel [ar. *ǧabal* 'montagna'; 1942] **s. m.** ● Elevazione rocciosa, montagna, altipiano.

†**gecchire** [provz. *jequir* 'piegare, umiliare', dal francone *jahhian*; sec. XIII] **v. tr.** ● Abbattere, umiliare.

gèco [ingl. *gecko*, dal malese *gēkoq*, vc. imit. del grido dell'animale; 1839] **s. m.** (pl. *-chi*) ● Piccolo e innocuo rettile degli Squamati simile alla lucertola ma con corpo tozzo, pelle a squame verrucose, dita a spatola munite inferiormente di lamelle adesive (*Tarentola mauritanica*). ➡ ILL. **animali**/5.

gedanése [vc. dotta, da *Gedanum*, ant. n. di Danzica] **A** **agg.** ● (*lett.*) Di Danzica. **B** **s. m. e f.** ● Abitante, nativo di Danzica.

geènna o **gehènna** [vc. dotta, lat. eccl. *ge*(*h*)*ēnna*(*m*), dal gr. *géenna*, dall'ebr. *gē Hinnōm* 'la valle di Ennom'; sec. XIV] **s. f.** *1* Valle presso Gerusalemme dove si adorava con riti cruenti e sacrifici umani il dio Moloch, poi luogo di raccolta di rifiuti. *2* Nella Bibbia, inferno e luogo di espiazione eterna a mezzo del fuoco.

Geiger /'gaiger, *ted.* 'gaegʌ/ [dal n. di H. *Geiger* che lo inventò insieme a W. Müller nel 1928; 1967] **s. m. inv.** ● (*ellitt.*) ***Contatore di Geiger e Müller***, apparecchio che rivela le particelle emesse durante una reazione nucleare, e la presenza di raggi cosmici.

gèisha /'gɛiʃʃa, *giapp.* ˌgeːçaˌ/ o **ghèiscia** [vc. giapp., propr. 'danzatrice', comp. di *sha* 'persona' e *gei* 'd'arte, artistico'; 1905] **s. f.** *1* Giovane donna giapponese istruita nella danza, nella musica e nella rituale cerimonia del tè, che interviene a rallegrare conviti | ***Maniche alla g.***, maniche a kimono. *2* (*est.*) Donna molto disponibile a relazioni amorose.

geitonogamia [comp. del gr. *géitōn*, genit. *géitonos* 'vicino' e un deriv. di *gámos* 'matrimonio'] **s. f.** ● (*bot.*) Impollinazione che avviene col polline di un fiore vicino della medesima pianta.

gel /dʒɛl/ o **gèlo** (2) nel sign. 1 [dalle prime lettere dell'ingl. *gel*(*atin*); 1956] **s. m. inv.** *1* (*chim.*) Gelatina formatasi per coagulazione di un colloide mediante aggiunta di speciali sostanze oppure per raffreddamento | ***Gel reversibile***, ***irreversibile***, a seconda che la variazione prodotta per riscaldamento possa o no effettuarsi nel senso inverso per raffreddamento. *2* Sostanza gelatiniforme usata come prodotto medicamentoso o cosmetico | ***Gel per capelli***, usato per fissarli e renderli lucenti.

gelàda [da una lingua indigena] **s. m. inv.** ● Grossa scimmia cinocefala di colore bruno che vive in branchi numerosi e ha una lunga coda con ciuffo di peli all'estremità (*Theropithecus gelada*).

gelamènto o †**gielamènto** [sec. XIV] **s. m.** ● (*raro*) Il gelare.

♦**gelàre** o †**gielàre** [lat. *gelāre*, da *gēlu*(*s*) 'gelo (1)'; av. 1292] **A** **v. tr.** (*io gèlo*) ● Agghiacciare, congelare (*anche fig.*): *era un freddo che gelava le mani e i piedi*; *le sue parole gelarono gli ascoltatori.* **B** **v. intr. e intr. pron.** (aus. *essere*) *1* (assol.; + *di*; + *per*; + *da*) Divenire freddissimo, di ghiaccio (*anche fig. o iperb.*): *tutti i torrenti gelano*; *mi si è gelato il sangue nelle vene*; *gelavo di* (*o per la*) *paura*; *qui dentro si gela*; *di dolor, di stupor, di meraviglia / tremò, gelò* (MARINO); *sentendosi g. dallo spavento* (COLLODI). *2* Del latte, quagliarsi, rapprendersi. **C** **v. intr. impers.** (aus. *essere* o *avere*) ● Far freddo fino a produrre il gelo: *qui gela tutto l'inverno.*

gelàsimo [gr. *gelásimos* 'ridicolo' (per l'aspetto), da *gelân* 'ridere', di ambito gr.-armeno] **s. m.** ● Granchio marino, che, se maschio, ha una chela vistosamente sviluppata e l'altra ridotta (*Uca pugilator*).

gelàta [sec. XIII] **s. f.** *1* Diminuzione della temperatura ad un valore uguale o inferiore a zero gradi: *d'inverno le gelate sono frequenti*; *le gelate danneggiano le campagne* | (*est.*) Gelo, ghiaccio. *2* (*lett.*) Regione coperta di ghiaccio.

gelatàio [da *gelato*; 1893] **s. m.** (f. *-a*) ● Chi fa o vende gelati.

gelateria [1939] **s. f.** ● Negozio in cui si fanno e si vendono gelati.

gelatièra [1940] **s. f.** ● Macchina per fare i gelati.

gelatière [1901] **s. m.** (f. *-a*) ● Gelataio.

gelatièro **agg.** ● Che concerne la produzione e la commercializzazione del gelato: *industria gelatiera.*

gelatina [da *gelare*; sec. XIII] **s. f.** *1* Brodo di carne o di pesce solidificato mediante raffreddamento o aggiunta di sostanze collose | ***G. di frutta***, confettura che si ottiene facendo bollire la frutta con lo zucchero, filtrando il succo e lasciando che si rapprenda. CFR. Marmellata | ***G. reale***, pappa reale. *2* Miscela di proteine solubili ad alto peso molecolare, che si estrae, mediante ebollizione prolungata, da ossa, pelle, cartilagini animali, usata nell'industria alimentare, cartaria, fotografica, tessile e farmaceutica | ***G. esplosiva***, miscela gelatinosa di nitrocellulosa e nitroglicerina ad azione esplosiva. *3* (*bot.*) ***G. di terra***, alga azzurra unicellulare che vive in colonie a forma di masse gelatinose verde-azzurre od olivacee sulla terra molto umida dei boschi e dei prati (*Nostor commune*). SIN. Spuma di primavera. *4* (*med.*) Terreno colturale per germi a base di proteine. *5* (*teat.*) Lastra colorata, sottile e trasparente usata per filtrare in varie tinte la luce dei riflettori. *6* (*lett.*) †Ghiaccio.

gelatinàre **v. tr.** *1* Ricoprire, cospargere di gelatina. *2* (*raro*) Gelatinizzare.

gelatinifórme [comp. di *gelatina* e *-forme*; 1869] **agg.** ● Che ha consistenza e forma gelatinose.

gelatinizzànte **A** **part. pres.** di *gelatinizzare*; anche **agg.** ● Nel sign. del v. **B** **s. m.** ● Preparato in grado di ridurre allo stato di gel sostanze solide o liquide.

gelatinizzàre [da *gelatina*; 1914] **A** **v. tr.** ● Ridurre allo stato di gelatina. **B** **v. intr. pron.** ● Diventare gelatinoso.

gelatinizzazióne **s. f.** ● Operazione del gelatinizzare | Trasformazione in uno stato gelatinoso.

gelatinóso [av. 1698] **agg.** *1* Che ha la consistenza o l'apparenza della gelatina: *un blocco di materia gelatinosa* | (*med.*) ***Capsule gelatinose***, medicamenti somministrati sotto forma di involucri di gelatina. *2* (*est.*) Molliccio, flaccido (*anche fig.*).

♦**gelàto** o †**gielàto** [sec. XIII] **A** **part. pass.** di *gelare*; anche **agg.** *1* Ghiacciato: *lago g.* | (*iperb.*) Molto freddo: *piedi gelati* | ***Freddo g.***, freddissimo | ***Cono g.***, cialda conica riempita di gelato | (*est.*) Detto di vivanda che si doveva servire calda e che si è lasciata troppo raffreddare: *caffè, brodo g.* *2* (*fig.*) Irrigidito per stupore, timore e sim.: *rimasi g. dallo spavento.* **B** **s. m.** ● Dolce a base di succhi di frutta, latte, zucchero e altri ingredienti, solidificato per congelamento: *g. di crema, di fragola*; *g. al limone, al cioccolato*; *una coppa di g.* | ***G. da passeggio***, quello munito di un bastoncino o posto in un cono, che si può mangiare camminando. || **gelatino**, dim.

gelazióne [da *gel*, sul modello dell'ingl. *gelation*] **s. f.** ● (*chim.*) Formazione di un gel mediante processi chimici o fisici.

gèldra [stessa etim. di *gilda*; av. 1587] **s. f.** *1* (*lett.*) Insieme numeroso di persone | Accozzaglia, masnada. *2* (*lett., est.*) Gruppo, insieme di animali.

gelicidio [vc. dotta, lat. *gelicīdiu(m)*, comp. di *gĕlu* 'gelo (1)' e *-cidium*, da *cădere*, come in *stillicidio*; av. 1320] **s. m.** *1* (*meteor.*) Fenomeno per cui uno strato di ghiaccio, sottile e vetroso, si forma immediatamente su superfici a temperatura inferiore a zero gradi colpite da pioggia. *2* (*mar.*; *disus.*) Danneggiamento subito dalle fibre del legname delle attrezzature a causa del gelo.

gelidézza [av. 1566] **s. f.** ● (*raro*) Caratteristica di ciò che è gelido (*spec. fig.*): *g. di modi.*

♦**gèlido** o †**gièlido** [vc. dotta, lat. *gĕlidu(m)*, da *gĕlu(s)* 'gelo (1)'; av. 1321] **agg.** *1* Freddo come gelo: *aria, acqua gelida*; *aveva la fronte gelida*; *rimiro / l'ombra del padre squallida affacciarsi / a quei gelidi marmi* (ALFIERI). *2* (*fig.*) Totalmente privo di cordialità, affetto e sim.: *fare una gelida accoglienza.* **SIN.** Glaciale. || **gelidétto**, **dim.** || **gelidaménte**, **avv.** In modo gelido: *ci accolsero e ci trattarono gelidamente.*

gelificànte **A** **part. pres.** di *gelificare*; anche **agg.** ● Nei sign. del v. **B** **s. m.** ● Sostanza capace di trasformare un colloide in gel.

gelificàre [da *gel(atina)* e *-ficāre*, da *fàcere* 'fare'; 1956] **A** **v. tr.** (*io gelìfico, tu gelìfichi*) ● Trasformare un colloide in gel. **B** **v. intr.** e **intr. pron.** (aus. *essere*) ● Precipitare o coagularsi in gel, detto di un colloide.

gelificazióne [av. 1956] **s. f.** ● Trasformazione in gel.

gelignite [ingl. *gelignite*, di etim. incerta: forse da *gel(atine)* 'gelatina' e dal lat. *ĭgnis* 'fuoco', col suff. *-ite* (*2*); 1957] **s. f.** ● Esplosivo a base di nitroglicerina.

gelivo [da *gelo* (*1*); 1941] **agg.** ● Soggetto a disgregarsi per l'azione del gelo e disgelo: *roccia geliva.*

gellàba [ar. *ğallāba*, alterazione di *ğallābiyya*; 1970] **s. f.** ● Ampia e lunga veste, tipica degli arabi dell'Algeria e del Marocco, con maniche e cappuccio, in lana o cotone.

♦**gèlo** (**1**) o †**gièlo** [lat. *gĕlu*, di orig. indeur.; av. 1292] **s. m.** *1* Temperatura pari o inferiore a zero gradi: *il g. di gennaio*; *giorni di g.* | (*est.*) Inverno: *quando giungerà il g.* | (*est., attenuativo*) Freddo pungente: *Quali i fioretti, dal notturno g. / chinati e chiusi* (DANTE *Inf.* II, 127-128). *2* Ghiaccio: *il campo era ricoperto di g.* | (*fig.*) ***Farsi, mostrarsi di g.***, comportarsi in modo del tutto privo di cordialità | Brinata, gelata: *il g. di certe albe invernali.* *3* (*fig.*) Impressione di freddo provocata da dolore, sbigottimento, paura: *sentì il g. penetrargli nelle ossa*; *il g. della morte* | (*fig.*) Ostilità, freddezza: *la sua battuta provocò un gran g. tra i commensali.* *4* (*ant.*) Glassa di zucchero con cui si ricoprivano i dolci.

gèlo (**2**) ● V. *gel* nel sign. 1.

gelóne (**1**) [da *gelo*, che lo cagiona; 1822] **s. m.** ● (*med.*) Processo infiammatorio delle parti scoperte, spec. delle dita e dei lobuli degli orecchi, per azione del freddo. **SIN.** Pernione.

gelóne (**2**) [da *gelone* (*1*), per l'aspetto e per il colore (bianco livido) (?); av. 1527] **s. m.** ● Fungo delle Agaricacee che cresce sui tronchi degli alberi, mangereccio da giovane (*Pleurotus ostreatus*). **SIN.** Orecchietta, orecchione, pleuroto.

♦**gelosia** (**1**) [da *geloso*; av. 1250] **s. f.** (assol.; + *di*; + *per*; + *nei confronti di*; + *verso*) *1* Stato d'animo proprio di chi, a torto o a ragione, dubita dell'amore, della fedeltà e sim. della persona amata, o teme che essa ami un'altra persona: *era tormentato dalla g.*; *Lo confesso. Ho g. di colui* (GOLDONI); *Una folle, amara g. per il giovine dottore* (SVEVO). *2* Invidia, rivalità generata da preferenze presunte o reali: *g. di mestiere*; *i suoi successi destano la g. di tutti.* *3* (*raro*) Zelo, cura scrupolosa: *mostravano g. della propria dignità e coscienza*; *ho tenuto quest'Opera presso di me con grandissima g.* (GOLDONI). *4* †Sospetto, apprensione.

gelosia (**2**) [da *gelosia* (*1*), per la quale si difesero, con le persiane, le donne dagli indiscreti sguardi altrui; 1536] **s. f.** ● Persiana o sportello di persiana con stecche di legno.

♦**gelóso** [lat. *zelōsu(m)*, da *zēlus* 'zelo'; av. 1250] **agg.** (assol.; + *di*) *1* Che sente e manifesta gelosia in amore: *marito g.*; *è g. della moglie*; *Sarebbe ridicolo da parte mia di essere gelosa della mia migliore amica!* (SVEVO); *guardare con occhi gelosi.* *2* Che prova sentimenti di invidia e rivalità: *è sospettoso e g. di tutti i suoi colleghi.* *3* Che difende con zelo ciò che gli è caro: *essere g. dell'onore, della dignità*; *è gelosa della sua indipendenza* | Che custodisce con cura scrupolosa: *è molto g. dei suoi libri.* *4* (*raro*) Che dà apprensioni e timori: *segreto g.* | (*raro*) Sensibile ai mutamenti, facile a guastarsi: *bilancia gelosa.* *5* †Timoroso, sospettoso. || **gelosétto**, **dim.** | **gelosóne**, **accr.** || **gelosaménte**, **avv.** Con gelosia; con impegno, con cura, con scrupolo: *protegge gelosamente la sua vita privata*; *custodire gelosamente un segreto.*

gèlsa [da *gelso*; 1319] **s. f.** ● (*lett.*) Frutto del gelso.

gelsèmio [da *gelsomino* con adattamento ai modelli del lat. scient.] **s. m.** *1* Genere di piante rampicanti delle Loganiacee con fiori gialli e rizoma ricco di vari alcaloidi (*Gelsemium*). *2* Droga contenente alcaloidi tossici e allucinanti tratti dal rizoma della pianta omonima, usata in terapia come antinevralgico.

gelséto [da *gelso*; 1835] **s. m.** ● Terreno piantato a gelsi.

gelsibachicoltùra [comp. di *gelso*, *baco* (*1*) e *coltura*; 1941] **s. f.** ● Allevamento del baco da seta abbinato alla coltivazione del gelso.

gelsicoltóre o **gelsicultóre** [comp. di *gelso* e *coltore* 'coltivatore', var. di *cultore*; 1956] **s. m.** (f. *-trice*) ● Chi pratica la gelsicoltura.

gelsicoltùra o **gelsicultùra** [comp. di *gelso* e *coltura*; 1870] **s. f.** ● Coltivazione dei gelsi.

gelsicultóre ● V. *gelsicoltore.*

gelsicultùra ● V. *gelsicoltura.*

gèlso [lat. *cĕlsa(m)* 'alta', sottinteso *mōru(m)* 'pianta del gelso', in contrapposizione alla più bassa mora di rovo; 1319] **s. m.** ● Pianta arborea delle Moracee, con foglie cuoriformi o lobate di cui si nutrono i bachi da seta, e frutti composti bianchi, simili a more (*Morus alba*). **SIN.** Moro bianco | ***G. nero***, pianta arborea delle Moracee simile al gelso ma con sincarpi neri, grossi e commestibili (*Morus nigra*). **SIN.** Moro nero. ➡ **ILL. piante**/2.

gelsomino [persiano *yāsamīn*, di orig. iran. con sovrapposizione di *gelso*; 1342] **s. m.** ● Arbusto sarmentoso delle Oleacee dai fiori stellati bianchi o gialli e molto profumati (*Jasminum*) | ***G. di Spagna***, catalogno. ➡ **ILL. piante**/8.

gemebóndo [vc. dotta, lat. *gemebŭndu(m)*, part. fut. passivo raff. di *gĕmere* 'gemere'; 1499] **agg.** *1* (*lett.*) Che geme e si lamenta | Che ha l'abitudine di lamentarsi. *2* †Che fa lamentare.

gemellàggio [da *gemello*, come il corrispondente fr. *jumelage*; 1963] **s. m.** ● Associazione fra due comuni di diversi Stati, volta a favorire le relazioni commerciali e culturali.

gemellànza [1956] **s. f.** ● Rapporto di consanguineità esistente tra gemelli.

gemellàre (**1**) [vc. dotta, lat. **gemellāre(m)*, da *gemĕllus* 'gemello'; 1955] **agg.** ● Di, relativo a, gemelli: *gravidanza g.*; *parto g.*

gemellàre (**2**) [da *gemello*; 1970] **A** **v. tr.** (*io gemèllo*) ● Unire mediante gemellaggio: *g. due città*; *g. una città con un'altra.* **B** **v. rifl.** ● Unirsi in gemellaggio.

gemellarità [1939] **s. f.** ● (*biol.*) Fenomeno del concepimento e della nascita di gemelli | ***G. vera***, nascita di due fratelli da un solo oocita fecondato.

gemellàto [1971] **part. pass.** di *gemellare* (*2*); anche **agg.** ● Unito in gemellaggio.

Gemèlli [pl. di *gemello*] **A** **s. m. pl.** *1* (*astron.*) Costellazione dello zodiaco che si trova fra quella del Toro e quella del Cancro. *2* (*astrol.*) Terzo segno dello zodiaco, compreso fra sessanta e novanta gradi dell'anello zodiacale, che domina il periodo compreso fra il 22 maggio e il 21 giugno. ➡ **ILL. zodiaco.** **B** **s. m.** e **f. inv.** ● Persona nata sotto il segno dei Gemelli.

gemellìpara [vc. dotta, lat. *gemellĭpara(m)*, comp. di *gemĕllus* e *-para*, da *părere* 'partorire'; av. 1729] **A** **s. f.** ● Donna o femmina di animale che ha partorito gemelli. **B** anche **agg.** solo **f.**: *donna g.*

♦**gemèllo** [vc. dotta, lat. *gemĕllu(m)*, dim. di *gĕminus* 'gemino'; av. 1292] **A** **agg.** *1* Nato dallo stesso parto, spec. detto di persona: *fratelli gemelli.* *2* Simile, uguale: *sembianze gemelle* | Di cose molto simili o affini, che possono costituire o costituiscono una coppia: *idee gemelle* | ***Anime gemelle***, che sentono alla stessa maniera e sono attratte l'una verso l'altra | ***Letti gemelli***, che possono accoppiarsi e formano un letto per due | (*anat.*) ***Muscolo g.***, ciascuno dei due muscoli della gamba che formano la prominenza del polpaccio. **B** **s. m.** *1* (f. *-a*) (*biol.*) Ciascuno degli individui nati contemporaneamente nelle specie di Mammiferi in cui di norma si ha un solo figlio per volta | ***Gemelli monozigotici, monocoriali***, derivati da un solo uovo fecondato, dotati di patrimonio ereditario identico e forniti degli stessi annessi embrionali e fetali | ***Gemelli dizigotici, bicoriali***, derivati da due uova diverse fecondate contemporaneamente, dotati di patrimonio ereditario diverso e forniti di annessi embrionali e fetali distinti | (*est.*) ***Somigliarsi come gemelli***, moltissimo. *2* (*spec. al pl.*) Bottoni accoppiati per allacciare i polsini della camicia. || **gemellino**, **dim.**

gemellologìa [comp. di *gemello* e *-logia*] **s. f.** ● Branca della biologia e della medicina che studia i problemi relativi alla gemellarità.

gèmere [vc. dotta, lat. *gĕmere*, di etim. incerta; 1313] **A** **v. intr.** (pass. rem. *io geméi* o *gemètti* (o *-étti*), *tu geméstì*; part. pass. *gemùto*; aus. *avere* nei sign. 1, 2, 3 e 4, *essere* e *avere* nel sign. 5) *1* Piangere, lamentarsi sommessamente: *si sentiva distintamente il ferito g.* | (*fig., lett.*) Soffrire in silenzio: *l'universo tutto quanto insieme / … or sotto il falso geme* (CAMPANELLA). *2* Produrre cigolii, scricchiolii: *il palco gemeva sotto il peso eccessivo* | ***Fare g. i torchi***, stampare, (*scherz.*) stampare cose mal fatte. *3* Rumoreggiare con monotonia: *nella notte si udiva distintamente g. il mare.* *4* Emettere un verso lamentoso, detto del colombo e della tortora. *5* Gocciolare, stillare, trasudare: *la ferita ha gemuto a lungo*; *il vino è gemuto dalla botte* | (*fig.*) Filtrare: *la luce geme da uno spiraglio.* **B** **v. tr.** ● Emettere: *la ferita gemeva sangue* | (*poet.*) Lamentare: *gemendo / il fior dei tuoi gentili anni caduto* (FOSCOLO).

gemicàre [lat. parl. **gemicāre*, da *gĕmere* 'gemere'; av. 1799] **v. intr.** (*io gèmico, tu gèmichi*; aus. *essere* o *avere*) ● (*raro*) Gocciolare, stillare.

geminàle [dal lat. *gĕminus* 'gemino'] **agg.** ● (*chim.*) Detto di isomero di posizione di un idrocarburo che contiene due sostituenti legati allo stesso atomo di carbonio.

geminàre [vc. dotta, lat. *gemināre*, da *gĕminus* 'gemino'; av. 1492] **A** **v. tr.** (*io gèmino*) ● Render doppio, raddoppiare. **B** **v. intr. pron.** ● Raddoppiarsi.

geminàto [1321] **part. pass.** di *geminare*; anche **agg.** *1* Doppio, raddoppiato. *2* (*ling.*) Detto di segno grafico che si ripeta immediatamente | Detto di consonante o vocale che ha maggiore intensità e durata della corrispondente semplice. **SIN.** Doppio, lungo. **CONTR.** Breve, semplice. *3* (*archeol.*) ***Lettere geminate***, saldate in modo da formare un solo segno o segnate per indicare un'abbreviazione nelle iscrizioni. *4* (*bot.*) Detto di parte di un vegetale che nasce insieme a un altro su un sostegno comune. *5* (*miner.*) ***Cristalli geminati***, gruppo di due o più cristalli della stessa specie che si formano assieme e sono uniti per contatto o per compenetrazione.

geminatùra **s. f.** ● (*raro*) Geminazione.

geminazióne [vc. dotta, lat. *geminatiōne(m)*, da *geminātus* 'geminato'; 1468] **s. f.** *1* Il geminare, il geminarsi | (*miner.*) Formazione di cristalli geminati. *2* (*ling.*) Ripetizione immediata di un suono: *g. di una consonante* | Epanalessi.

gèmino [vc. dotta, lat. *gĕminu(m)*, di non chiara orig. indeur.; av. 1374] **agg.** ● (*lett.*) Duplice: *da le quali ambe posizioni seguita gemina confusione* (BRUNO).

gemitio o **gemizio** (spec. nel sign. 3) [da *gemito* con suff. iter.; sec. XV] **s. m.** *1* (*lett.*) Il continuo e lento gocciolare di umidità da muri, grotte e sim.: *il g. d'una cannella* (D'ANNUNZIO). **SIN.** Stillicidio | Il luogo in cui l'acqua, l'umidità e sim. gocciolano o trasudano. *2* (*med.*) Trasudamento di umori, di liquidi organici.

gèmito [vc. dotta, lat. *gĕmitu(m)*, dal part. pass. di *gĕmere* 'gemere'; 1313] **s. m.** ● Lamento, grido sommesso o soffocato di dolore (*anche fig.*): *i gemiti degli agonizzanti*; *il g. del vento.*

gemìzio ● V. *gemitio.*

♦**gèmma** [vc. dotta, lat. *gĕmma(m)*, di orig. indeur.; av. 1250] **s. f.** *1* (*bot.*) Insieme costituito da un apice vegetativo e dagli abbozzi fogliari o fiorali da esso formati che, nello stato di dormienza, può essere ricoperto da brattee | *G. ascellare*, situata all'ascella della foglia | *G. apicale*, *terminale*, situata all'apice di un ramo. *2* (*biol.*) Nella gemmazione, abbozzo di un nuovo individuo. *3* (*miner.*) Pietra preziosa di gran pregio per colore, luminosità, durezza, trasparenza e in genere per tutte le proprietà che esaltino l'aspetto visuale, che viene ulteriormente valorizzato da un taglio particolare ottenuto artificialmente. SIN. Pietra preziosa. *4* (*fig.*, *lett.*) Stella, astro: *le gemme del firmamento* | (*est.*) Tutto ciò che splende per bellezza, pregio artistico, preziosità ecc.: *le gemme della nostra letteratura* | Persona colma di virtù, qualità e sim.: *una g. del nostro firmamento letterario.* || **gemmétta**, dim. | **gemmìna**, dim.

gemmànte [av. 1608] agg. ● (*lett.*) Che ha lucentezza di gemma | Adorno di gemme.

gemmàre [vc. dotta, lat. *gemmāre*, da *gĕmma* 'gemma'; av. 1320] **A** v. intr. (*io gèmmo*; aus. *avere*) ● Mettere le gemme: *gemmava il fico, biancheggiava il pruno* (PASCOLI). **B** v. tr. ● (*lett.*) Ornare di gemme.

gemmàrio [vc. dotta, lat. tardo *gemmāriu(m)*, da *gĕmma* 'gemma'; 1471] **A** agg. *1* (*bot.*) Delle gemme. *2* (*miner.*) Di, relativo alle pietre preziose | ***Arte gemmaria***, oreficeria. **B** s. m. ● (*raro*) Gioielliere, venditore di gemme.

gemmàto [1340 ca.] part. pass. di *gemmare*; anche agg. ● Ornato di gemme.

gemmazióne [1869] s. f. *1* (*bot.*) Emissione, fuoriuscita di gemme sulle piante. *2* (*biol.*) Processo di riproduzione asessuata proprio di organismi inferiori, durante il quale su un individuo si formano protuberanze che si accrescono e poi si staccano per formare nuovi individui.

gèmmeo [vc. dotta, lat. *gĕmmeu(m)*, agg. di *gĕmma* 'gemma'; 1798] agg. ● (*lett.*) Di gemma | Splendente come una gemma.

gemmìfero [vc. dotta, lat. *gemmĭferu(m)*, comp. di *gĕmma* e *-fer* '-fero'; av. 1704] agg. ● (*raro*) Che produce o porta gemme: *terreno g.*

gemmìparo [comp. di *gemma* e del lat. *-paro*, da *părere* 'partorire'; 1844] agg. ● Che si riproduce per mezzo di gemme.

gemmoderivàto [comp. di *gemm(a)* e *derivato*] s. m. ● (*farm.*) Preparato in glicerina di gemme o altri tessuti vegetali in via di sviluppo, usato nella gemmoterapia.

gemmologia [comp. di *gemma* e *-logia*; 1956] s. f. ● Scienza che si occupa delle pietre preziose.

gemmològico agg. (pl. m. *-ci*) ● Che riguarda la gemmologia: *analisi gemmologiche.*

gemmòlogo [1991] s. m. (f. *-a*; pl. m. *-gi*) ● Esperto, studioso di gemmologia.

gemmóso [vc. dotta, lat. tardo *gemmōsu(m)*, da *gĕmma* 'gemma'; 1634] agg. ● Ricco di gemme.

gemmoterapia [comp. di *gemm(a)* e *terapia*; 1985] s. f. ● (*farm.*) Ramo della fitoterapia che impiega gemmoderivati.

gèmmula [vc. dotta, lat. *gĕmmula(m)*, dim. di *gĕmma* 'gemma'; 1932] s. f. ● (*biol.*, *raro*) Oosfera.

gemmulàrio [da *gemmula*] s. m. ● L'ovario delle piante.

gemònie [vc. dotta, lat. *Gemōniae* (*scālae*), da un n. gentilizio etrusco accostato per etim. pop. a *gĕmere* 'gemere'; av. 1375] s. f. pl. *1* Nell'antica Roma, scalinata sul pendio del Campidoglio dove venivano trascinati i cadaveri dei giustiziati per essere gettati nel Tevere. *2* (*lett.*, *fig.*) Luogo d'infamia | Pena infamante.

†**gemucchiàre** [da *gemere*] v. intr. (*io gemùcchio*; aus. *avere*) ● Gemere lentamente e continuamente.

†**gèna** [vc. dotta, lat. *gēna(m)*, usata più spesso al pl., da una radice indeur. col sign. fondamentale di 'masticare'; 1321] s. f. ● (*lett.*) Guancia: *Diffuso era per li occhi e per le gene / di benigna letizia* (DANTE *Par.* XXXI, 61-62).

†**genàrca** [gr. *genárchēs*, comp. di *génos* 'razza, stirpe' e *archós* 'capo'; 1813] s. m. (pl. *-chi*) ● Capo di una schiatta, di una famiglia.

genàre [fr. *gêner*, da *gêne* 'fastidio', ant. 'tortura', a sua volta dall'ant. *gehir* 'confessare', vc. d'orig. francone] v. tr. (*io gèno*) ● (*raro*, *dial.*) Mettere in imbarazzo, mettere a disagio: *io lo gêno un po' più ... perch'io non gli parlo mai mai* (FOSCOLO).

gendàrme o (*pop.*) †**giandàrme** [fr. *gendarme*, da *gens d'arme* 'gente d'arma'; 1676] s. m. *1* Anticamente, soldato di cavalleria pesante | Soldato di gendarmeria addetto alla tutela dell'ordine pubblico | (*disus.*) Carabiniere | ***Faccia da g.***, burbera. *2* (*fig.*) Donna alta, dai modi bruschi e autoritari. *3* Nel linguaggio alpinistico, torrione roccioso su una cresta.

gendarmeria [fr. *gendarmerie*, da *gendarme*; 1702] s. f. ● Corpo di soldati con funzioni di polizia | (*est.*) Caserma dei gendarmi.

gendarmésco [1875] agg. (pl. m. *-schi*) ● (*spreg.*) Da gendarme: *tono dogmatico, inquisitorio, g.* (CARDUCCI). || **gendarmescaménte**, avv.

gène [vc. dotta, tratta dal lat. *gĕnus*, gr. *génos* 'genere'; 1932] s. m. ● (*biol.*) Particella dei cromosomi portatrice dei caratteri ereditari | ***Struttura fine del g.***, struttura caratterizzata da elevata regolarità, alla quale è legata l'informazione genetica.

genealogia [vc. dotta, lat. tardo *genealŏgia(m)*, dal gr. *genealogía*, comp. di *geneá* 'nascita' e *-logía* '-logia'; 1438] s. f. *1* Scienza che accerta e studia i rapporti di parentela, di affinità o di attinenza che intercorrono fra le diverse persone di una o più famiglie. *2* (*est.*) Serie dei componenti di una famiglia, dal capostipite agli ultimi discendenti: *la g. dei Savoia*, *dei Borboni* | Origine di una popolazione: *la g. degli Etruschi* | Discendenza di animali di razza: *la g. di un purosangue.*

genealògico [vc. dotta, gr. *genealogikós*, da *genealogía* 'genealogia'; av. 1729] agg. (pl. m. *-ci*) ● Della, relativo alla genealogia, alla discendenza: *indagini genealogiche*; *albero g.* | ***Tavole genealogiche***, prospetti grafici dell'intera discendenza da uno stesso ceppo. || **genealogicaménte**, avv. Secondo la genealogia.

genealogista [av. 1686] s. m. e f. (pl. m. *-i*) ● Chi tratta di genealogia | Studioso di genealogia.

genepì [fr. *génépi* o *génipi*, di orig. savoiarda e di etim. incerta; 1833] s. m. *1* Pianta erbacea delle Composite di alta montagna, con foglie frastagliate e fiorellini verdi (*Artemisia*). ➡ ILL. **piante**/9. *2* Liquore ottenuto dalla distillazione della pianta omonima e di altre erbe aromatiche alpine.

generàbile [vc. dotta, lat. *generābile(m)*, da *gĕnus*, genit. *gĕneris* 'genere'; sec. XIV] agg. ● (*raro*) Che si può generare | Che si genera facilmente.

generabilità [1632] s. f. ● (*raro*) Possibilità di essere generato.

generàla [1867] s. f. ● Generalessa.

generalàto [da *generale* (*2*); sec. XIV] s. m. ● Carica, ufficio e sede del generale spec. di un ordine o di una congregazione religiosa cattolica | Durata di tale carica.

♦**generàle** (**1**) [vc. dotta, lat. *generāle(m)* 'che si riferisce al genere (*gĕnus*, genit. *gĕneris*)', opposto poi, secondo il modello gr., a *speciāle(m)* 'speciale'; av. 1292] **A** agg. *1* Che concerne tutti gli individui, le cose o i fatti che formano un genere, una categoria, un insieme: *teoria g.*; *principi generali.* CONTR. Particolare, speciale | ***Indice g.***, degli argomenti, degli autori, e sim., trattati o citati in un'opera | ***Benessere***, ***malessere g.***, che interessa tutto l'organismo | ***Assemblea g.***, di tutti gli aventi diritto | ***Procura g.***, V. *procura* | ***Norma g.***, che ha efficacia in tutto il territorio dello Stato | ***Linguistica g.***, studio dei fatti e delle leggi comuni a lingue diverse. *2* Che è comune a tutti o alla maggioranza: *opinione*, *approvazione*, *consenso*, *soddisfazione*, *malcontento g.*; *questioni di interesse g.* | ***A g. richiesta***, di spettacolo o parte di esso replicato per comune desiderio del pubblico. *3* Che coordina e dirige l'intera attività di un'organizzazione: *comando*, *direzione g.* | Che ricopre il grado più alto, detto di persona: *segretario*, *direttore g.* | ***Procuratore g. della Repubblica***, Pubblico Ministero che esercita la propria funzione in corte d'appello o in corte di cassazione | ***Ufficiali generali***, di grado superiore a quello di colonnello | ***Quartiere g.***, organismo che esplica mansioni logistiche e amministrative miranti al comando di una grande unità; sede dello stesso | ***Affari generali***, in un'amministrazione, quelli relativi al suo funzionamento e al personale che vi presta servizio | ***Capitolo g.***, cui intervengono tutti i frati di uno stesso ordine | ***Ministro***, ***superiore g.***, regolare che è capo di un ordine o di una congregazione religiosa cattolica. *4* Generico, vago: *parole generali*; *una proposta troppo g.* | Astratto: *teoria*, *tesi g.* | ***In g.***, in modo generico: *parlavo in g.*; generalmente, di solito: *in g. ceniamo in casa* | ***Stare***, ***mantenersi sulle generali***, (*ellitt.*) affrontare un argomento genericamente e senza scendere nei particolari. || **generalménte**, †**generaleménte**, avv. *1* (*raro*) In modo generale: *affrontare un argomento generalmente.* *2* D'ordinario, solitamente: *generalmente vado a scuola a piedi.* *3* Dai più: *generalmente si ritiene che questa sia una lettura educativa.* **B** s. m. *1* (*raro*) La generalità. *2* Punto di vista o aspetto generale di qlco.: *attenersi al g.* CONTR. Particolare. **C** s. f. ● Nelle loc. †***battere***, ***suonare la g.***, apposito segnale di tromba o di tamburo per chiamare alle armi tutti i soldati di un reparto.

♦**generàle** (**2**) [sost. dell'agg. *generale* apposto a *capitano*; av. 1380] s. m. *1* Grado della gerarchia militare successivo a quello degli ufficiali superiori, al quale corrisponde organicamente il comando titolare di una grande unità progressivamente superiore | La persona che ha tale grado: *g. di brigata*, *di divisione*, *di corpo d'armata* | ***G. a quattro stelle***, generale di corpo d'armata. *2* (*mar.*) †Ammiraglio. *3* (f. *-éssa*) (*relig.*) Ministro o superiore generale di un ordine o di una congregazione religiosa cattolica.

generalésco [1956] agg. (pl. m. *-schi*) ● (*iron.*) Da generale: *il suo atteggiamento g. appariva ridicolo.* || **generalescaménte**, avv.

generalèssa [1801] s. f. *1* (*scherz.*) Moglie di un generale. *2* (*relig.*) Superiora di un ordine o di una congregazione di suore cattoliche. *3* (*fig.*) Donna di carattere imperativo e autoritario.

generalìssimo [da *generale* (*2*), col suff. *-issimo* dei superl.; av. 1332] s. m. ● Un tempo, comandante supremo di un esercito.

generalista [dall'agg. *generale*, in contrapposizione a *speciale*; 1988] **A** agg. (pl. m. *-i*) ● Detto di rete televisiva che, per la varietà della programmazione, può soddisfare le esigenze di ogni segmento di pubblico. **B** s. m. e f. (pl. m. *-i*) ● (*zool.*) Predatore caratterizzato da un regime alimentare variato. CONTR. Specialista.

generalità [vc. dotta, lat. tardo *generalitāte(m)*, da *generālis* 'generale (1)'; 1336 ca.] s. f. *1* Caratteristica, condizione di ciò che è generale: *la g. di un principio*, *di una tesi*, *di una legge.* *2* (*raro*) Concetto generico, esposto in modo superficiale: *è un'opera piena di g.* *3* La maggioranza, il maggior numero: *la g. dei bambini non crede più alle favole*; *nella g. dei casi l'uso del vocabolo è improprio* | †***In g.***, in generale. *4* †L'insieme dei generali di un esercito. *5* (*al pl.*) Complesso di notizie generiche quali nome, cognome, paternità, data di nascita e sim. necessarie per determinare l'identità di una persona: *chiedere*, *dare*, *declinare le g.*

generalìzio [1658] agg. *1* (*raro*) Relativo a un generale. *2* (*relig.*) Relativo a generale o di ordine religioso cattolico: *casa generalizia.*

generalizzàbile [av. 1799] agg. ● Che può essere generalizzato.

generalizzàre [fr. *généraliser*, da *général* 'generale (1)'; 1666] v. tr. *1* Rendere comune, diffondere: *g. un'usanza* | ***G. una formula***, darle ampiezza e applicazione superiore. SIN. Estendere. *2* Attribuire un valore generale: *g. una conclusione*, *un giudizio* | (*assol.*) Risalire dai casi particolari a un'affermazione generale: *avere*, *mostrare attitudine a g.*

generalizzàto [av. 1872] part. pass. di *generalizzare*; anche agg. *1* Nei sign. del v. *2* Diffuso, esteso: *un uso*, *un giudizio ormai g.*

generalizzazióne [fr. *généralisation*, da *généraliser* 'generalizzare'; av. 1798] s. f. ● Il generalizzare.

general manager /ˈʤɛneral ˈmanaʤer, *ingl.* ˈʤɛnəɹəl ˈmænɪʤəɹ/ [loc. ingl., propr. 'direttore generale'] loc. sost. m. e f. inv. (pl. ingl. *general managers*) ● Dirigente che ha la responsabilità completa e diretta di un'impresa o di un suo settore.

generàre [vc. dotta, lat. *generāre*, da *gĕnus*, genit. *gĕneris*, 'genere'; av. 1306] **A** v. tr. (*io gènero*) *1* Far nascere, dare la vita a un essere della medesima specie: *g. un figlio* | (*est.*) Produrre quasi come madre: *la terra*, *la natura genera ogni specie di piante*; *la nostra patria ha generato molti uomini illustri* | Produrre: *g. elettricità*, *energia.* *2* (*fig.*) Far sorgere, cagionare: *g. affetti*, *passioni*, *desideri*, *invidia*; *ibridismi inetti a g. verità* (CROCE). SIN. Causare. **B** v. intr. pron. ● Prodursi, formarsi: *la muffa si genera dalla prolungata umidità.*

generativismo [comp. di generativ(o) e -ismo; 1984] s. m. ● (ling.) Teoria della grammatica generativa.

generativista [1971] A s. m. e f. (pl. m. -i) ● Seguace o studioso del generativismo. B agg. ● Relativo al generativismo.

generativo [vc. dotta, lat. tardo generatīvu(m), da generātus 'generato'; 1308] agg. 1 Atto a generare: virtù, forza, potenza generativa | Che serve a produrre: cause generative | (bot.) **Nucleo g.**, nel granello di polline, la parte in rapporto con la riproduzione sessuale. 2 (ling.) **Grammatica generativa**, teoria che considera la grammatica come un insieme di regole esplicite atte a descrivere come grammaticali non solo le frasi di una lingua empiricamente accertate, ma anche tutte le frasi potenzialmente possibili della lingua stessa. || **generativamente**, avv.

generatóre [vc. dotta, lat. generatōre(m), da generātus 'generato'; 1308] A agg. (f. -trice) ● Che genera, produce: organo, principio g.; mente generatrice di idee | (mat.) **Frazione generatrice**, di un numero periodico, è quella che ha valore uguale a quello del numero. CFR. -foro, -geno, -paro. B s. m. 1 (f. -trice) (raro) Chi genera, produce. 2 Apparecchio trasformatore di energia o dispositivo nel quale avviene una trasformazione fisica o chimica: g. elettrico, idraulico | **G. a corrente continua**, dinamo | **G. di vapore**, caldaia a vapore | **G. sincrono**, alternatore | **G. campione**, generatore di segnali a elevata precisione, usato nella tecnica delle misure elettroniche.

generatrice [1940] s. f. ● (mat.) Ciascuna delle rette d'una superficie rigata | Frazione generatrice.

generazionale [da generazione nel sign. 3; 1963] agg. ● Relativo a una generazione: comportamento g. | Relativo a due o più generazioni, spec. considerate in contrapposizione tra loro: conflitti generazionali. || **generazionalmente**, avv.

♦**generazióne** [vc. dotta, lat. generatiōne(m), da generātus 'generato'; 1282] s. f. 1 Procreazione di un individuo della stessa specie: g. di figli. CFR. gono-, -gonia | Nella teologia cattolica e ortodossa, processione del Figlio dal Padre nella Trinità. 2 Discendenza da padre in figlio | Complesso degli appartenenti a una famiglia che si trovano a un medesimo grado di discendenza dal capostipite comune: i miei fratelli e io apparteniamo a una stessa g. | **Prima**, **seconda g.**, i figli, i nipoti | **Fino alla settima g.**, (fig.) fino ai più lontani discendenti. 3 Periodo di tempo, mediamente 25 anni, che separa due generazioni successive | L'insieme di quelli che hanno circa la stessa età: il nonno, il padre, il figlio appartengono a tre diverse generazioni; la g. futura, lontana | **La presente g.**, gli uomini del tempo presente | **La nuova g.**, i giovani rispetto a coloro che non sono più tali | **Tutti coloro**, anche di età diverse, che vivono nel periodo di tempo di cui si parla: i suoi atteggiamenti furono imitati da un'intera g. | (est.) Ciascuna delle fasi successive che segnano una fondamentale innovazione migliorativa nelle caratteristiche costruttive di macchine, dispositivi e sim.: calcolatori della terza g. 4 Razza: g. di serpenti, di asini | Complesso degli animali nati in uno stesso anno, che gli allevatori distinguono con varie denominazioni. 5 Produzione, formazione: di energia, di calore; g. del suono | †Genere, qualità, tipo.

♦**gènere** [vc. dotta, lat. gĕnus, genit. gĕneris, dal v. gīgnere 'generare', di orig. indeur.; 1308] s. m. 1 (filos.) In logica, idea generale e classe comprensiva di più specie | **G. prossimo**, nella logica aristotelica, quello che nella gerarchia dei termini risulta immediatamente superiore per estensione alla specie considerata | **G. sommo**, nella logica aristotelica, quello che comprende tutti gli altri generi. SIN. Categoria. 2 Sistema sistematico usato nella classificazione degli organismi vegetali e animali e comprendente specie affini: animali, piante dello stesso g., di generi diversi. 3 (est.) Insieme di persone, o cose aventi caratteristiche fondamentali comuni: ha tutti i mobili dello stesso g. | **Il g. umano**, gli uomini | **In g.**, in generale: in g. è puntuale | (dir.) **Obbligazione di g.**, V. genere. 4 Modo, tipo, sorta: questo g. di vita mi ha stancato; un comportamento del g. (di questo g.) non è accettabile; non amo questo g. di pettegolezzi; un altro g. di offensioni fattegli con aver pubblicato leggi ... contro la libertà ecclesiastica (SARPI) | **Non è il mio g.**, non è di mio gusto | **Nel suo g.**, nell'ambito, nella categoria di appartenenza: nel suo g., è un bel film | (letter., mus.) Ciascuna delle forme di espressione, o categorie di opere, definite da un insieme determinato di caratteri di forma o di contenuto: g. epico, g. drammatico; g. epistolare; g. vocale; g. strumentale; il romanzo è il g. in prosa derivato in parte dall'epica | **Pittura**, **racconto di g.**, che rappresenta scene di vita quotidiana. 5 Mercanzia, merce: g. d'importazione, di lusso, di monopolio, andante, fine | **Generi diversi**, merci di vario tipo. 6 (ling.) Categoria grammaticale fondata sulla distinzione tra maschile, femminile e, in alcune lingue, neutro: g. maschile, femminile, neutro. 7 Appartenenza all'uno o all'altro sesso, spec. con riferimento al contesto culturale o professionale dell'individuo: discriminazioni di g. 8 (mus.) Maniera di dividere il tetracordo nella musica greca antica. || **generino**, dim.

genericismo s. m. ● Genericità.

genericità [1869] s. f. ● Caratteristica di ciò che è generico | Indeterminatezza.

genèrico [da generico; av. 1563] A agg. (pl. m. -ci) 1 Che concerne il genere senza alcun riguardo alla specie: caratteri generici | **Obbligazione generica**, obbligazione di genere. 2 (est.) Generale, vago, impreciso: accusa, risposta generica; parole generiche | **Prova generica**, nel diritto processuale penale preveigente, prova pertinente all'accertamento della commissione di un reato. 3 Di persona che nell'ambito della propria professione non svolge attività specialistiche: medico g. || **genericamente**, avv. B s. m. 1 (solo sing.) Ciò che è vago, impreciso, indeterminato: questi discorsi cadono sempre nel g. 2 (f. -a) Attore teatrale secondario, con parti non di carattere | Attore cinematografico di importanza appena superiore alla comparsa.

gènero [vc. dotta, lat. gĕneru(m), legato alla famiglia indeur. di gīgnere 'nascere' con un sign. generico di 'parente'; 1235] s. m. ● Il marito della figlia considerato rispetto ai genitori di lei. CFR. Nuora, suocero.

generóne [accr. scherz. di genere (?); 1929] s. m. ● Negli ultimi decenni del XIX sec., a Roma, settore della borghesia di recente formazione che ostentava la propria ricchezza in gara con l'aristocrazia.

♦**generosità** [vc. dotta, lat. generositāte(m), da generōsus 'nobile, generoso'; av. 1320] s. f. 1 Magnanimità, elevatezza e nobiltà di sentimenti: atto di g.; comportarsi, agire con g. 2 Liberalità, munificenza: ricompensare qlcu. con g. | (est.) Fertilità: g. di una pianta, di un terreno | **La g. del vino**, intensità di sapore, aroma e gradazione alcolica | **La g. di un atleta**, l'impegno totale e senza riserve di tutte le proprie capacità in una gara.

♦**generóso** [vc. dotta, lat. generōsu(m) 'di stirpe (gĕnus, gĕneris nobile)', sottintteso 'buona'; av. 1292] A agg. 1 Che mostra altruismo, grandezza d'animo, alti sentimenti: animo, carattere g.; i suoi impulsi sono sempre generosi. SIN. Magnanimo, nobile. 2 Di chi è liberale, largo nel dare: è g. con chiunque si trovi in difficoltà. SIN. Munifico | Di chi dà e è abbondante, ricco: mancia, porzione, offerta generosa | **Terra generosa**, fertile | **Vino g.**, gagliardo, ricco di sapore e di alcol. 3 (fig.) Ampio, abbondante: scollatura generosa; fianchi generosi. 4 Di atleta che gareggia con tenace impegno. 5 (lett.) Nobile per nascita e per sentimenti: da antichissima e generosa prosapia disceso (SANNAZARO) | Di buona razza: armento, destriero g. | **generosamente**, avv. In modo generoso, con prodigalità. B s. m. (f. -a) ● Chi ha nobiltà e grandezza d'animo: a' generosi / giusta di glorie dispensiera è morte (FOSCOLO). SIN. Magnanimo.

gènesi [vc. dotta, lat. gĕnesi(m), dal gr. génesis 'nascita', da génos 'stirpe, discendenza', di orig. indeur.; 1313] s. f. inv. (anche m. nel sign. 3) 1 Origine, nascita: g. dell'uomo, della lingua, del diritto | **G. del mondo**, **delle cose**, sistema cosmogonico. 2 Formazione e sviluppo di qlco.: la g. di un'opera d'arte, del diritto, di una teoria scientifica. 3 **Genesi**, nella Bibbia, primo libro del Pentateuco, in cui si narra la creazione del mondo e dell'uomo.

genètica [ingl. genetics, da genetic 'genetico'; 1914] s. f. ● Branca della biologia che studia la generazione degli organismi e la trasmissione dei caratteri ereditari.

genètico [ingl. genetics 'relativo alla nascita (génesis)'; 1861] agg. (pl. m. -ci) 1 Relativo alla genetica: codice g. | **Ingegneria genetica**, insieme delle tecniche per la produzione di nuovi geni e la modificazione del corredo cromosomico di un organismo mediante sostituzione o aggiunta di nuovo materiale genetico. 2 Trasmesso ereditariamente, ereditario: malattia genetica | **Fonetica genetica**, studio della formazione dei suoni linguistici. 3 Genico. || **geneticamente**, avv. Per quanto riguarda la genetica.

genetista [per geneti(ci)sta, da genetico; 1932] s. m. e f. (pl. m. -i) ● Studioso di genetica.

genetlìaco [vc. dotta, lat. genethlĭacu(m), dal gr. genethliakós, da genéthlios 'della nascita'; av. 1472] A agg. (pl. m. -ci) ● (lett.) Attinente alla nascita di qlcu. | **Giorno g.**, compleanno | **Componimento g.**, scritto per festeggiare una nascita | **Arte**, **astrologia genetliaca**, divinazione e pronostici ricavati dagli astri corrispondenti al giorno di nascita di una persona | †Di nascita, nativo. B s. m. ● Anniversario della nascita, giorno della nascita, detto spec. di personaggi illustri. SIN. Compleanno.

genètta [sp. jineta, collegato con l'ar. ǧarnáyt, ma l'uno e l'altro di prob. orig. africana; 1892] s. f. ● Genere di carnivori dei Viverridi, ottimi cacciatori, con corpo allungato e agilissimo (Genetta).

gèngero ● V. gengiovo.

†**gengia** ● V. gengiva.

gengiovo o **gèngero** [var. di zenzero; 1353] s. m. ● Zenzero aromatico con sapore simile al pepe.

gengiskhànide /dʒɛnɡis'kanide, -gis-/ agg. ● Relativo e appartenente a Gengis Khan (1155 o 1167-1227), fondatore dell'antico impero mongolo: impero, dinastia g.

gengìva o †**gengia**, †**gingìva** [vc. dotta, lat. gingīva(m), di etim. incerta; 1282] s. f. ● (anat.) Parte della mucosa boccale che riveste le arcate dentarie e circonda i colletti dei denti. → ILL. p. 2127 ANATOMIA UMANA.

gengivàle [1918] agg. ● Della gengiva.

gengivàrio [1910] s. m. ● Medicamento per la cura delle affezioni della gengiva.

gengivìte [comp. di gengiva e -ite (1); 1900] s. f. ● Infiammazione delle gengive.

genìa [gr. geneá 'stirpe' allineata con i nomi in -ia; av. 1400] s. f. 1 (spreg.) Insieme, gruppo di gente disonesta, spregevole o di basso livello: una g. di briccone, di politicanti. 2 †Discendenza, razza: trista, brutta g. || **geniàccia**, pegg.

-genia secondo elemento ● In parole composte corrispondenti generalmente ad aggettivi in -geno, ha lo stesso significato di 'genesi': endogenia, patogenia.

geniàccio [av. 1712] s. m. 1 Pegg. di genio (1). 2 Ingegno forte ma indisciplinato | Persona dotata di tale ingegno.

genialàta [da geniale; 1988] s. f. ● (fam., scherz.) Trovata geniale.

geniàle [vc. dotta, lat. geniāle(m), da gĕnius 'genio'; 1499] agg. 1 Di chi (o di ciò che) mostra una particolare felicità d'ingegno: scrittore, artista, opera, trovata g. 2 (lett.) Congeniale: occupazioni, studi geniali. (lett.) Piacevole, simpatico: convito g.; erano molto svagati finché non capitasse a concentrarsi in sé il vistetto de la Clara (NIEVO). 3 (raro, lett.) Che si riferisce al genio inteso come divinità che presiede alla generazione: divinità geniali | **Letto g.**, letto matrimoniale. || **genialmente**, avv.

genialità [vc. dotta, lat. tardo genialitāte(m), da geniālis 'geniale'; av. 1712] s. f. 1 Caratteristica di chi (o di ciò che) è geniale: la g. di uno scrittore, di una trovata. 2 (raro, lett.) Amabilità, piacevolezza, simpatia.

geniaòide [comp. di genial(e) e -oide; 1908] s. m. e f. ● Persona dotata d'ingegno vivace ma disordinato e bizzarro.

genicìdio ● V. genocidio.

gènico [dal gr. genikós 'che concerne il genere, la nascita (génos)'; 1956] agg. (pl. m. -ci) ● (biol.) Relativo al gene. SIN. Genetico. || **genicamente**, avv.

-gènico secondo elemento 1 In aggettivi composti, derivati o no da nomi in -geno, significa 'che dà origine', 'che produce' o 'che ha origine da', 'che è prodotto da': *patogenico*. *2* In aggettivi composti formati come *eugenico* significa 'che è adatto a essere riprodotto': *fonogenico*, *fotogenico*, *telegenico*.

genicolàto [vc. dotta, lat. *geniculātu(m)*, da *genĭculum* 'genicolo'; av. 1590] **agg.** *1* (*zool.*) Piegato a ginocchio o a gomito: *antenne genicolate*. *2* (*anat.*) Detto di ognuno dei due nuclei pari del talamo, l'uno mediale rispetto all'altro, che proiettano a specifiche aree della corteccia informazioni acustiche e, rispettivamente, ottiche. *3* (*bot.*) Detto di asse che presenta nodi distinti o che cambia bruscamente direzione.

genìcolo [vc. dotta, lat. *genĭculu(m)*, originariamente 'piccolo ginocchio (*gĕnu*)'; 1759] **s. m.** ● (*bot.*) Nodosità a ginocchio del fusto o delle radici di molte piante.

genièno [deriv. del lat. *gĕna(m)* 'guancia'] **agg.** ● (*anat.*) Mentoniero.

genière [da *genio* (*2*); 1938] **s. m.** ● Soldato del genio.

geniètto [av. 1793] **s. m.** *1* Dim. di *genio* (*1*). *2* (*raro*) Piccola figura di genio alato e ignudo, amorino. *3* (*est.*) Ragazzo di ingegno singolare.

♦**gènio** (**1**) [vc. dotta, lat. *gĕniu(m)*, dapprima n. di una divinità *generatrice* (dal v. *gignere* 'nascere', di orig. indeur.), poi 'divinità tutelare di ogni persona', da cui i sign. di 'inclinazione naturale' e 'ingegno'; av. 1484] **s. m.** *1* Nella mitologia greco-romana e in molte religioni superiori e primitive, spirito o divinità tutelare della vita individuale, di luoghi, popoli e regioni. *2* Entità astratta cui si attribuisce la facoltà di presiedere agli eventi della vita umana o di ispirarne le decisioni: *g. buono*, *cattivo*, *del male*, *del bene* | ***Essere il buono o il cattivo g. di qlcu.***, consigliarlo in bene o in male | ***G. della guerra***, ***della discordia***, ***della distruzione***, ***della carità***, ***del ritorno***, personificazioni astratte create dalla fantasia umana | ***G. della musica***, ***della poesia***, spirito che si crede presiedere a queste arti | Personaggio fantastico che obbedisce a comandi magici: *il g. della lampada*. *3* Talento, tendenza naturale per qlco.: *g. speculativo*, *pratico*; *avere il g. dell'arte*, *degli affari* | ***Colpo***, ***lampo di g.***, intuizione, trovata geniale | Il talento inventivo o creativo nelle sue manifestazioni più alte: *il g. di Virgilio*, *di Dante*, *di Galileo* | (*est.*) Persona che possiede questo talento: *Leonardo è un g. universale* | (*iron.*) ***G. incompreso***, chi ha un'altissima stima di sé stesso, non condivisa da altri. *4* (*raro*) Peculiarità, caratteristica saliente: *g. della lingua*, *della nazione*. *5* Simpatia, piacere, gusto: *è una persona di nostro g.* | ***Andare a g.***, garbare | (*disus.*) ***Di g.*** con piacere, di buon grado. || **geniàccio**, **pegg.** (V.) | **geniètto**, **dim.** (V.).

gènio (**2**) [fr. *génie*, per influsso di *ingénieur*, come 'costruttore di ingegni (*engins*), di macchine belliche'; 1768] **s. m.** ● Organismo civile o militare costituito da tecnici cui è affidato il compito della progettazione, costruzione e riparazione di lavori di interesse pubblico o militare: *progetto approvato dal g. civile*; *g. militare*, *navale*.

genio- [dal gr. *géneion* 'mento', da *génys* 'mascella', di orig. indeur.] primo elemento ● In parole composte della terminologia scientifica, spec. medica, significa 'mento, mandibola': *genioglosso*, *geniospasmo*.

genioglòsso [comp. di *genio-* e del gr. *glôssa* 'lingua' (V. *glossa* (*2*)); av. 1758] **agg.** ● (*anat.*) ***Muscolo g.***, il più grande dei muscoli della lingua.

genioioidèo [comp. di *genio-* e *ioideo*; 1798] **agg.** ● (*anat.*) Riferito al mento e all'osso ioide: *muscolo g.*

geniospàsmo [comp. di *genio-* e *spasmo*] **s. m.** ● (*med.*) Blocco serrato della mandibola per contrattura dei muscoli masticatori.

genipì ● V. *genepì*.

genitàle [vc. dotta, lat. *genitāle(m)*, da *gĕnitus*, part. pass. di *gignere* 'nascere', di orig. indeur.; av. 1342] **A agg.** *1* Che ha rapporto con la generazione | ***Divinità genitali***, nella mitologia romana, gli dei che presiedevano alla nascita. *2* (*anat.*) Destinato alla riproduzione: *organo*, *apparato g.* *3* (*psicoan.*) ***Fase g.***, fase conclusiva dello sviluppo psicosessuale, coincidente con la pubertà, nella quale gli organi genitali assumono il primato sulle altre zone corporee come fonte di piacere. **B s. m. pl.** ● (*anat.*) Organi maschili e femminili che partecipano al fenomeno della riproduzione.

➡ ILL. p. 2124 ANATOMIA UMANA.

genitalità [da *genitale*; av. 1597] **s. f.** ● Attitudine alla procreazione, capacità di generare. **SIN.** Fecondità.

genitìvo [vc. dotta, lat. (*casum*) *genitīvu(m)*, che traduce il gr. *genikḗ* (*ptôsis*) '(caso) del genere-stirpe (*génos*)' inteso come '(caso) generante'; 1531] **A s. m.** ● (*ling.*) Caso della declinazione indoeuropea indicante l'appartenenza a una categoria | ***G. possessivo*** (o ***g. sassone***), costrutto tipico della lingua inglese, in cui il nome del possessore, seguito da una *s* (se singolare) preceduta da apostrofo, viene anteposto al nome della cosa posseduta (ad es.: *my mother's house*, la casa di mia madre). **B** anche **agg.**: *caso g.*

†**gènito** [vc. dotta, lat. *gĕnitu(m)*, part. pass. di *gignere* 'generare', di orig. indeur.; 1342] **A agg.** ● (*lett.*) Generato, nato. **B s. m.** (f. *-a*, raro) ● (*lett.*) Figlio.

♦**genitóre** [vc. dotta, lat. *genitōre(m)*, da *gĕnitus* 'genito'; av. 1089] **s. m.** (f. *-trice*) *1* Chi genera o ha generato | (*per anton.*, *lett.*) Dio creatore: *da questa polve al trono / del Genitor salì* (MANZONI). *2* †Progenitore. *3* (*raro*, *bur.* o *scherz.*) Il padre o la madre | (*al pl.*) Il padre e la madre rispetto al figlio: *figlio di genitori illustri*.

genitoriàle [1980] **agg.** ● Di genitore, relativo ai genitori: *funzioni*, *responsabilità genitoriali*.

genitourinàrio [comp. di *genit(ale)* e *urinario*; 1834] **agg.** ● (*anat.*) Che si riferisce all'apparato genitale e a quello urinario.

genitrìce [vc. dotta, lat. *genitrīce(m)*, per il meno raro *genetrīce(m)*, f. di *gĕnitor*, genit. *genitōris* 'genitore'; 1319] **A agg.** solo **f.** ● (*lett.*) Che genera o ha generato: *la terra g.* | ***Dee genitrici***, quelle che, nella mitologia greco-romana, presiedevano alla generazione e alla fecondità. **B s. f.** ● (*lett.* o *scherz.*) Madre.

genitùra [vc. dotta, lat. *genitūra(m)*, da *gĕnitus* 'genito'; av. 1306] **s. f.** *1* (*lett.*) Il generare | Generazione. *2* †Nascita. *3* †Creatura.

gènius lòci [loc. lat., propr. 'genio del luogo'; 1986] **loc. sost. m. inv.** (pl. lat. *genii loci*, o *genii locorum*) ● Per gli antichi Romani, nume tutelare, protettore di un luogo | (*est.*, *raro*) Promotore e animatore di iniziative che valorizzano un luogo.

♦**gennàio** [lat. *Januāriu(m)*, sottinteso *mēnse(m)*, '(il mese) di Giano (*Jānus*)'; 1285] **s. m.** ● Primo mese dell'anno nel calendario gregoriano, di 31 giorni.

gennaker /ingl. 'ʤɛnəkəɹ/ [vc. ingl., da *spinnaker* con sostituzione di *spin-* con *Gen(oa)*; 1990] **s. m. inv.** ● (*mar.*) Leggera vela di prua, asimmetrica e non inferita, di taglio intermedio tra il genoa e lo spinnaker, per andature al lasco.

-geno [secondo termine di comp. gr. (*-genēs*, di orig. indeur., col senso di 'nascere', 'generare', 'produrre') e, sull'es. di questi, lat. (*-gĕna(m)* con i deriv. agg. in *-gĕnu(m)*)] secondo elemento ● In parole composte dotte o della terminologia scientifica e tecnica, indica origine, nascita o significa 'che genera', 'che produce' oppure 'che è prodotto': *allogeno*, *elettrogeno*, *endogeno*, *indigeno*, *lacrimogeno*, *ossigeno*, *patogeno*.

gènoa /'ʤɛnoa, *ingl.* 'ʤɛnoʊʌ/ [ingl., da *Genoa* 'Genova', quindi propr. 'vela di Genova'] **s. m. inv.** ● (*mar.*) Vela di prua inferita, simile a un grande fiocco, caratterizzata dalla posizione della bugna di scotta a livello della coperta e molto arretrata.

genoàno [1949] **agg.**; anche **s. m.** (f. *-a*) ● Che (o Chi) gioca nella squadra di calcio del Genoa o ne è sostenitore.

genocìdio o **genicìdio** [ingl. *genocide*, comp. del gr. *génos* 'stirpe' e del lat. *-cīdium* (*homi*)*cīdium* 'omicidio', da *cāedere* 'tagliare, colpire (a morte)'; 1950] **s. m.** ● Distruzione metodica di un gruppo nazionale, etnico, razziale o religioso.

genòma [da *gene*, col suff. *-oma*; 1974] **s. m.** (pl. *-i*) ● (*biol.*) Complesso delle informazioni genetiche presenti in un organismo unicellulare o pluricellulare.

genòmico **agg.** (pl. m. *-ci*) ● (*biol.*) Di, relativo a genoma | ***Analisi genomica***, analisi del genoma allo scopo di rintracciare difetti, marcatori, ecc.

genotìpico **agg.** (pl. m. *-ci*) ● (*biol.*) Relativo a genotipo.

genotipo o **genòtipo** [ingl. *genotype*, comp. di *geno-* 'gene' e *type* 'tipo'; 1940] **s. m.** ● (*biol.*) Complesso dei caratteri genetici di un individuo, cioè di quelli che esso è capace di trasmettere ai suoi discendenti.

genotòssico [comp. di *gen(e)* e *tossico* (*1*)] **agg.** (pl. m. *-ci*) ● Detto di agente capace di danneggiare il DNA.

genovése [1312] **A agg.** ● Di Genova: *usi genovesi*; *porto g.* | ***Alla g.***, (*ellitt.*) alla maniera dei genovesi. **B s. m. e f.** ● Abitante, nativo di Genova. **C s. m.** solo **sing.** ● Dialetto parlato a Genova.

genovina [dal n. della città di conio, *Genova*; av. 1714] **s. f.** ● Moneta d'oro coniata a Genova nel sec. XVIII.

genovino [da *Genova*; av. 1400] **s. m.** ● (*numism.*) Moneta d'oro coniata a Genova intorno alla metà del sec. XIII.

gentàglia [sec. XIV] **s. f.** ● (*spreg.*) Gente spregevole e volgare. || **gentagliàccia**, **pegg.**

†**gentàme** [sec. XIV] **s. m.** ● Moltitudine di persone da poco: *questo g. ch'ora t'ha in dominio* (CARDUCCI).

gentamicina [vc. formata sul modello di *streptomicina*; non chiara la prima parte del composto] **s. f.** ● (*farm.*) Ciascuno degli antibiotici naturali amminoglicosidici prodotti da batteri del genere *Micromonospora* che presenta attività battericida in particolare sugli stafilococchi e sui batteri gram-negativi.

♦**gènte** (**1**) [lat. *gĕnte(m)*, originariamente 'gruppo che si richiamava, in linea maschile, a un comune progenitore' (da *gĕnitus* 'genito'), poi 'famiglia, discendenza'; av. 1250] **s. f.** *1* Presso i greci e i romani antichi, gruppi di famiglie appartenenti allo stesso ceppo: *la g. Giulia*, *Fabia*, *Cornelia* | (*est.*) La famiglia stessa: *nascere da g. patrizia*, *illustre*, *buona*, *povera*. *2* (*lett.*) Popolo, nazione: *la g. etrusca*, *le genti italiche*; *Enea venne in Italia e fondò la g. romana in Alba* (VICO) | ***Le genti umane***, il genere umano, l'intera umanità | ***Tutte le genti***, tutti gli uomini | ***La g. futura***, i posteri | Popolazione: *g. di città*, *di campagna* | (*est.*) Paese abitato: *vivere lontano dalla g.* *3* Insieme di persone adunate: *chiesa*, *teatro*, *piazza piena di g.*; *c'è molta*, *troppa*, *poca g.* | Genere, qualità di persone: *trattare con g. onesta*, *disonesta*, *sincera* | ***G. di teatro***, attori e sim. | ***G. di toga***, magistrati, avvocati e sim. | ***G. di chiesa***, clero e devoti | ***G. del mare***, ***g. dell'aria***, insieme delle persone addette alla navigazione marittima o aerea | (*gener.*) Persone: *oggi aspettiamo g.* | ***Lasciar dire la g.***, tutti gli altri | ***C'è g.***, c'è qualcuno | ***Buona***, ***brava g.***, (*disus.*) appellativo cortese analogo a buon uomo, brav'uomo, e sim. *4* †Esercito, truppa | ***G. d'arme***, soldati | †Truppa a cavallo | †***Far g.***, raccogliere milizie. *5* (*al pl.*; *lett.*) I gentili | ***L'apostolo delle genti***, (*per anton.*) S. Paolo. || **gentàccia**, **pegg.** | **genterèlla**, **dim.** | **genticiuòla**, **dim.** | **gentìna**, **dim.** | **gentùccia**, **dim.** | **gentùcola**, **dim.**

†**gènte** (**2**) o †**giènte** [ant. provz. *gent*, dal lat. *gĕn(i)tus* '(ben)nato'; av. 1250] **agg.** ● (*lett.*) Gentile, nobile, spec. riferito a donna amata.

gentildònna [comp. di *gentile* (*1*) e *donna*, fatto sull'es. di *gentiluomo*; sec. XIII] **s. f.** ● Signora di alto rango | Donna di nobili sentimenti.

†**gentildonnàio** [av. 1675] **s. m.** ● Corteggiatore di dame d'alto lignaggio.

♦**gentile** (**1**) [vc. dotta, lat. *gentīle(m)* 'della stessa (buona) schiatta (*gēns*, genit. *gĕntis* 'gente')'; sec. XII] **agg.** *1* Di chi ha maniere garbate e affabili nei rapporti con gli altri: *una persona g. con tutti* | ***G. signore***, ***signora***, ***signorina***, formalità di cortesia nell'intestazione delle lettere | Di tutto ciò che mostra garbo e cortesia: *accoglienza*, *risposta*, *offerta*, *invito*, *pensiero g.* **SIN.** Cortese, garbato. *2* Dotato di grazia fisica, di aspetto gradevole e delicato: *volto*, *figura g.*; *lineamenti gentili* | ***Il gentil sesso***, (*disus.* o *scherz.*) le donne | Blando, tenero, delicato: *colore*, *aroma*, *tocco g.* | (*raro*) Che si lavora con facilità: *terreno*, *legno g.* | (*est.*, *raro*) Delicato, squisito: *frutto*, *vino g.* *3* (*lett.*) Di sentimenti elevati: *animo g.* *4* (*raro*, *lett.*) Di nobile origine: *latin sangue g.* / *sgombra da te queste dannose some* (PETRARCA). *5* (*est.*, *lett.*) Colto, raffinato | ***L'idioma***, ***il parlar g.***, la lingua italiana: *idioma gentil sognante e puro* (ALFIERI). || **gentilino**, **dim.** | **gentilóne**, **accr.** | **gentilòtto**, **accr.** (V.) || **gentilìssimo**, **superl.** (V.) || **gentilménte**, **avv.**

gentile (**2**) [vc. dotta, lat. *gentīle(m)*, da *gēns*, genit. *gĕntis* 'gente' nel senso di 'straniero' (opposto al *pŏpulus Rōmānus* 'popolo di Roma'), usato nel lat. crist. a tradurre il gr. *éthnos* 'stirpe, nazione' e anche 'pagano', come l'ebr. *gōy* 'il cristiano (opposto all'ebreo)'; av. 1292] **s. m. e f.** *1* Nella terminologia del Nuovo Testamento e della letteratura cristiana antica, chi non credeva nel vero Dio, detto in particolare di persone di cultura greco-romana. *2* Presso gli Ebrei, persona di religione non israelita. CFR. Goi.

gentilésco [da *gentile* (*2*); 1336 ca.] **agg.** (**pl. m.** *-schi*) *1* (*lett.*) Dei gentili, dei pagani: *tutto ciò ch'abbiamo delle antichità gentilesche* (VICO). *2* †Fine, signorile.

†**gentilésimo** [av. 1635] **s. m.** ● Religione pagana, dei popoli non cristiani e non ebrei | Nella terminologia ecclesiastica, il complesso delle civiltà che precedono o ignorano Cristo.

♦**gentilézza** [da *gentile* (*1*); av. 1250] **s. f.** *1* Caratteristica di chi (o di ciò che) è gentile: *g. d'animo, di parole, di pensieri.* SIN. Cortesia, garbo, grazia. *2* Atto, espressione, comportamento gentile: *usare, dire, fare gentilezze a qlcu.* | ***Fare la g. di***, il favore di (*anche iron.*) | ***Per g.***, per favore. SIN. Cortesia. *3* †Nobiltà.

gentiliàno [1919] **A agg.** ● Del filosofo italiano G. Gentile (1875-1944) e della sua filosofia. **B s. m.** (**f.** *-a*) ● Seguace di Gentile.

†**gentilire** [av. 1306] **v. tr.** ● Ingentilire.

gentilissimo **agg.** *1* Sup. di *gentile* (*1*). *2* Formula introduttiva di cortesia, spec. nelle intestazioni epistolari: *g. signore.*

†**gentilità** [vc. dotta, lat. *gentilitāte(m)*, propr. 'parentela d'una stessa *gente*'; sec. XIV] **s. f.** ● Gentilezza, nobiltà.

gentilìzio [vc. dotta, lat. *gentilīciu(m)* 'di una stessa *gente*'; 1744] **agg.** *1* Di famiglia nobile: *stemma, motto g.* | ***Cappella gentilizia***, di famiglia. *2* Relativo alla stirpe.

gentilòmo ● V. *gentiluomo.*

gentilòtto [av. 1327] **A agg.** ● Accr. di *gentile* (*1*). **B s. m.** ● †Signorotto: *certi gentilotti che ci ha dattorno* (BOCCACCIO).

gentiluòmo o (*pop.*) **gentilòmo** [fr. *gentilhomme*, comp. di *gentil* 'gentile (1)' e *homme* 'uomo', ravvivato di recente dall'equivalente ingl. *gentleman*; av. 1292] **s. m.** (**pl.** *gentiluòmini*) *1* (*ant.*) Uomo di nobile origine | (*est.*) Chi si comporta in modo cavalleresco e leale: *è un vero g.* *2* †Nobile veneziano. *3* Titolo di nobili che esplicano certe funzioni a corte: *g. della regina, del re, di corte.*

gentìsico [da *gentisina*] **agg.** (**pl. m.** *-ci*) ● (*chim.*) Detto di acido organico incolore, cristallino, dotato di proprietà medicinali.

gentìsina [da *genziana*] **s. f.** ● Sostanza colorante gialla che si estrae dalle radici di genziana.

gentleman /ˈdʒentlmen, *ingl.* ˈdʒentlmən/ [comp. di *gentle* nel senso di 'bennato' (dall'ant. fr. *gentil*) e *man* 'uomo', di orig. indeur.; 1788] **s. m. inv.** (**pl.** ingl. *gentlemen*) *1* In passato, cittadino inglese appartenente al ceto intermedio tra l'alta nobiltà e la borghesia | (*est.*) Chi ha modi e comportamento corretti e signorili. *2* Nell'equitazione o nell'automobilismo, cavaliere o guidatore non professionista.

gentleman driver /*ingl.* ˈdʒentlmən ˈdraɪvəɹ/ [ingl., comp. di *gentleman* e *driver*, da *drive* 'guidare', di area germ.] **loc. sost. m. inv.** (**pl.** ingl. *gentlemen drivers*) ● Corridore automobilistico non professionista.

gentleman rider /*ingl.* ˈdʒentlmən ˈraɪdəɹ/ [ingl., comp. di *gentleman* e *rider* 'cavaliere', da *to ride* 'cavalcare', di area germ.] **loc. sost. m. inv.** (**pl.** ingl. *gentlemen riders*) ● Cavaliere non professionista.

gentlemen's agreement /*ingl.* ˈdʒentlmənz əˈɡriːmənt/ [ingl., propr. 'accordo (*agreement*, dal v. *to agree* 'essere d'accordo, concordare', dal fr. *à gré*) di ('*s*, suff. genitivale possessivo) gentiluomini (*gentlemen*, comp. di *gentle* 'gentile' e *men*, pl. di *man* 'uomo')'] **loc. sost. m. inv.** (**pl.** ingl. *gentlemen's agreements*) ● Semplice accordo o condizione verbale che non dà luogo a veri e propri obblighi giuridici, ma crea soltanto un vincolo morale tra le parti | Accordo internazionale concluso in forma semplificata.

†**gènue** [vc. dotta, lat. eccl. *gĕnua*, sottinteso *flĕctere* '(piegare) i ginocchi' inteso come f. sing.; sec. XIV] **s. f. pl.** ● Genuflessioni | (*fig.*) Complimenti cerimoniosi.

genuflessióne [da *genuflettersi*; sec. XIV] **s. f.** ● Atto del genuflettersi. ‖ **genuflessioncèlla**, dim.

genuflèsso [av. 1327] **part. pass.** di *genuflettersi*; anche **agg.** ● Inginocchiato.

genuflessòrio [1673] **s. m.** ● (*raro*) Inginocchiatoio.

genuflèttersi [vc. dotta, lat. eccl. *genuflĕctere*, comp. di *gĕnu* 'ginocchio' e *flĕctere* 'flettere, piegare'; 1727] **v. intr. pron.** (coniug. come *flettere*) ● Piegare il ginocchio in atto di devozione, sottomissione, riverenza. SIN. Inginocchiarsi.

genuinità [1806] **s. f.** ● Caratteristica di chi (o di ciò che) è genuini. SIN. Autenticità, naturalezza, schiettezza.

genuino [vc. dotta, lat. *genuīnu(m)*, da *gĕnu* 'ginocchio', perché il padre riconosceva come suo il neonato, sollevandolo da terra e posandolo sulle sue ginocchia; 1499] **agg.** *1* Non sofisticato, non contraffatto: *vino g.*; *merce genuina*; *prodotti genuini.* SIN. Naturale. *2* Schietto, spontaneo: *una ragazza genuina*; *aveva un riso g.* | Vero, riuscito: *la chiara circoscrizione del D'Annunzio artisticamente g.* (CROCE). *3* Senza alterazioni | Autentico: *testo g.*; *testimonianza genuina.* ‖ **genuinamente**, avv.

genziàna [vc. dotta, lat. *gentiāna(m)*: secondo i Latini, dal n. del suo inventore, il re illirico *Gentius* (?); sec. XIV] **s. f.** *1* Genere di piante erbacee delle Genzianacee, comprendente varie specie con foglie opposte, semplici e fiori solitari o in infiorescenze con corolla a campana allargata (*Gentiana*) | ***G. maggiore***, con fiori gialli disposti in verticilli sopra un paio di foglie (*Gentiana lutea*). ➡ ILL. **piante**/8. *2* Radice di tale pianta, contenente numerosi glucosidi amari, usata in medicina come tonico e digestivo, e in liquoreria.

Genzianàcee [vc. dotta, comp. di *genziana* e *-acee*; 1869] **s. f. pl.** (**sing.** *-a*) ● Nella tassonomia vegetale, famiglia di piante erbacee delle Dicotiledoni comprendente numerose specie impiegate nell'industria farmaceutica e in quella dei liquori per i principi amari che contengono (*Gentianaceae*). ➡ ILL. **piante**/8.

genzianèlla [da *genziana*; 1833] **s. f.** ● Pianta erbacea delle Genzianacee, comune nei pascoli alpini, acaule, con fiore solitario azzurro (*Gentiana acaulis*).

gèo [riduzione di (*bag*)*geo*] **s. m.** (**f.** *gèa*) ● (*tosc.*, *fam.*) Amante, spasimante: *il geo e la gea* | Smorfioso: *fare il geo.*

gèo- [vc. dotta, dal gr. *geō-*, da *gê* 'terra', di etim. incerta] primo elemento ● In parole composte dotte o della terminologia scientifica, significa 'terra', 'globo terrestre', 'superficie terrestre': *geofisica, geografia, geologia* | In alcuni casi è accorciamento di *geografia* e vale 'considerato dal punto di vista geografico': *geolinguistica, geopolitica.*

-gèo [vc. dotta, dal gr. *-geios*, da *gê* 'terra', di etim. incerta] secondo elemento ● In parole composte della terminologia scientifica spec. indicanti posizione o movimento, significa 'terra', 'globo terrestre', 'superficie terrestre': *ipogeo, perigeo.*

geobiologia [comp. di *geo-* e *biologia*; 1970] **s. f.** ● Biologia degli organismi che vivono sulle terre emerse.

geobotànica [comp. di *geo-* e *botanica*; 1970] **s. f.** ● (*bot.*) Studio della distribuzione e aggregazione delle piante negli ecosistemi.

geocarpia [comp. di *geo-* e del gr. *karpós* 'frutto', di orig. indeur.; 1970] **s. f.** ● (*bot.*) Maturazione sotterranea dei frutti, come nell'arachide.

geocàrpo [comp. di *geo-* e *-carpo*; 1970] **agg.** ● (*bot.*) Detto di frutto che matura sottoterra.

geocèntrico [comp. di *geo-* e *centrico*; av. 1739] **agg.** (**pl. m.** *-ci*) ● Che ha il suo centro nella Terra: *orbita geocentrica* | Che considera la Terra al centro dell'universo: *sistema g.* (quello tolemaico). CFR. Eliocentrico.

geocentrismo [comp. di *geo-* e *centrismo*; 1932] **s. m.** ● Il sistema tolemaico, in quanto supponeva la Terra al centro dell'universo.

geochìmica [comp. di *geo-* e *chimica*; 1932] **s. f.** ● Studio della composizione chimica della crosta terrestre e dei processi chimico-fisici che hanno prodotto l'attuale distribuzione e concentrazione degli elementi nelle rocce e nei minerali.

geocronologia [comp. di *geo-* e *cronologia*; 1963] **s. f.** ● (*geol.*) Scienza che studia le suddivisioni temporali dell'evoluzione della Terra e i metodi di datazione dei reperti. SIN. Cronologia geologica.

geòde [vc. dotta, lat. *geōde(m)*, dal gr. *geṓdēs*, agg. di *gê* 'terra'; 1563] **s. m.** *1* (*miner.*) Aggregato di cristalli che rivestono la superficie interna di una cavità rotondeggiante. *2* La cavità stessa.

geodesia [gr. *geōdaisía*, propr. 'divisione (dal v. *dáiesthai*) dalla terra (*gê*)'; av. 1762] **s. f.** ● Scienza che studia la forma della Terra e le sue dimensioni.

geodèta [gr. *geōdáites* 'sovrintendente alla divisione (dal v. *dáiesthai*) della terra (*gê*)'; 1892] **s. m. e f.** (**pl. m.** *-i*) ● Studioso, esperto di geodesia.

geodètica [da *geodeta*; 1892] **s. f.** ● (*mat.*) Su una superficie, linea di lunghezza minima oppure massima che ha per estremi due punti dati, e che, su una sfera, è rappresentata da un arco di cerchio massimo.

geodètico [agg. dal gr. *geōdáitēs* 'geodeta, studioso di geodesia'; 1780] **agg.** (**pl. m.** *-ci*) ● Della, relativo alla geodesia | (*geogr.*) ***Rete geodetica***, insieme di punti, opportunamente scelti sulla superficie terrestre, collegati tra loro a due a due da un arco di geodetica, costituenti una rete di triangoli sferici, nella quale si possono determinare le coordinate geografiche dei vertici.

geodìmetro [ingl. *Geodimeter*, marchio di fabbrica comp. di *geo-* 'geo-' e *-meter* '-metro'; 1970] **s. m.** ● Apparecchio per la misurazione diretta delle distanze geodetiche.

geodinàmica [comp. di *geo-* e *dinamica*; 1887] **s. f.** ● Scienza che studia la natura e le funzioni degli agenti trasformatori della superficie terrestre.

geodinàmico [da *geodinamica*; 1940] **agg.** (**pl. m.** *-ci*) ● Relativo alla geodinamica.

geofagia [comp. di *geo-* e *-fagia*] **s. f.** ● (*med.*) Perversione del senso della fame con stimolo a ingerire terra o argilla.

geofàuna [comp. di *geo-* e *fauna*; 1970] **s. f.** ● Fauna che popola le terre emerse.

geofìsica [comp. di *geo-* e *fisica*; 1908] **s. f.** ● Scienza che studia la Terra dal punto di vista fisico.

geofìsico [1945] **A agg.** (**pl. m.** *-ci*) ● Della, relativo alla, geofisica. **B s. m.** (**f.** *-a*) ● Studioso, esperto di geofisica.

geoflòra [comp. di *geo-* e *flora*; 1970] **s. f.** ● Flora che popola le terre emerse.

geòfono [comp. di *geo-* e *-fono*] **s. m.** *1* Apparecchio atto a segnalare un'onda sonora che si propaga nel sottosuolo. *2* Sismografo, gener. elettrico, usato per registrare le onde sismiche di prospezione.

geofotogrammetria [comp. di *geo-* e *fotogrammetria*; 1970] **s. f.** ● (*geol.*) Studio della geologia di una regione e raccolta di dati geologici per mezzo dell'osservazione stereoscopica di foto aeree.

geoglaciologia [comp. di *geo-* e *glaciologia*] **s. f.** ● Scienza che studia i ghiacciai presenti sulla Terra.

geognosia [comp. di *geo-* e di un deriv. del gr. *gnôsis* 'conoscenza'; 1817] **s. f.** ● (*disus.*) Studio dei terreni e delle rocce.

geogonia [comp. di *geo-* e di un deriv. del gr. *gonḗ* 'atto di generazione'; 1828] **s. f.** ● Teoria sull'origine e la formazione della Terra.

♦**geografia** [vc. dotta, lat. *geogrăphia(m)*, dal gr. *geōgraphía*, comp. di *gê* 'terra' e di un deriv. del v. *gráphein* 'scrivere'; 1500] **s. f.** ● Scienza che studia e descrive il mondo in cui viviamo nelle sue caratteristiche di insieme e nella sua articolazione in regioni e paesaggi variamente differenziati | ***G. astronomica***, scienza che studia la Terra nei suoi rapporti col sistema solare | ***G. fisica***, scienza che studia la configurazione della superficie terrestre in rapporto con i fenomeni fisici dell'atmosfera, dell'idrosfera e della litosfera | ***G. politica***, scienza che studia le unità politico-territoriali nei loro elementi e organi fisici e nella loro distribuzione sulla superficie terrestre | ***G. economica***, scienza che studia i fenomeni economici in quanto si presentano distribuiti sulla superficie terrestre e in relazione con l'ambiente | ***G. sociale***, scienza ausiliaria della sociologia che analizza le attività dei gruppi sociali in quanto si manifestano attraverso fenomeni legati a un determinato territorio | ***G. linguistica***, studio della distribuzione spaziale dei fenomeni linguistici.

♦**geogràfico** [vc. dotta, lat. tardo *geogrăphicu(m)*, dal gr. *geōgraphikós* 'pertinente alla geografia (*geōgraphía*)'; av. 1642] **agg.** (**pl. m.** *-ci*) ● Della, relativo alla, geografia: *studi geografici* | ***Carta geografica***, rappresentazione piana, ridotta, sim-

geometria

bolica e approssimata di una parte o di tutta la superficie terrestre. || **geograficaménte**, avv. Dal punto di vista della geografia.
geògrafo [vc. dotta, lat. tardo *geōgraphu(m)*, dal gr. *geōgráphos*, comp. di *gê* 'terra' e di un deriv. da *gráphein* 'scrivere'; av. 1504] **s. m.** (f. *-a*) ● Studioso, esperto di geografia.
geòide [ted. *Geoid*, dal gr. *geoeidḗs* 'della forma (éidos) della terra (gê)'; 1922] **s. m.** ● Figura solida, rappresentante la Terra, la cui superficie è in ogni punto perpendicolare alla direzione della gravità.
geolinguìstica [comp. di *geo-* e *linguistica*; 1940] **s. f.** ● Geografia linguistica.
geologìa [comp. di *geo-* e *-logia*; 1603] **s. f.** ● Scienza che studia la storia della Terra, la composizione della crosta terrestre, i processi di formazione delle rocce, i movimenti e le deformazioni che le rocce e la crosta terrestre subiscono | *G. applicata*, ramo della geologia che studia i terreni e le rocce per le costruzioni che vi si fondano e lo sfruttamento idrico e minerario. ➔ TAV. **geologia**.
geològico [1792] **agg.** (**pl. m.** *-ci*) ● Della, relativo alla, geologia | *Carta geologica*, che rappresenta con tratteggi o colori le formazioni geologiche affioranti e con simboli altri caratteri geologici. || **geologicaménte**, avv. Dal punto di vista geologico.
geòlogo [comp. di *geo-* e *-logo*; 1819] **s. m.** (f. *-a*; **pl. m.** *-gi*) ● Studioso, esperto in geologia.
geolunàre [comp. di *geo-* e *lunare*; 1970] **agg.** *1* (*geofis.*) Detto di tutto ciò che si riferisce ai rapporti tra Terra e Luna. *2* Detto di fenomeno geologico terrestre presente anche sulla Luna.
geomagnètico [comp. di *geo-* e *magnetico*; 1956] **agg.** (**pl. m.** *-ci*) ● Relativo al magnetismo terrestre.
geomagnetismo [comp. di *geo-* e *magnetismo*; 1956] **s. m.** ● Magnetismo terrestre.
geomànte [vc. dotta, lat. tardo *geomănte(m)*, dal gr. *geōmantis*, comp. di *gê* 'terra' e *mántis* 'indovino'; 1319] **s. m.** e **f.** ● Chi praticava la geomanzia.
geomàntico [da *geomanzia*; av. 1729] **agg.** (**pl. m.** *-ci*) ● Che si riferisce a geomanzia o a geomante.
geomanzìa [vc. dotta, lat. tardo *geomăntĭa(m)*, dal gr. *geōmantéia*, comp. di *gê* 'terra' e *mantéia* 'divinazione'; av. 1311] **s. f.** ● Tecnica divinatoria di molte religioni antiche e primitive, consistente nel ricavare pronostici da segni tracciati sulla terra o da posizioni di luoghi rispetto agli astri e alle direzioni spaziali.
geomedicìna [comp. di *geo-* e *medicina*; 1956] **s. f.** ● Studio delle condizioni fisiche di una regione in rapporto alla salute dell'uomo.
geòmetra [vc. dotta, lat. *geomĕtra(m)*, dal gr. *geōmétrēs*, comp. di *gê* 'terra' e un deriv. di *métrein* 'misurare'; 1313] **s. m.** e **f.** (**pl. m.** *-i*) *1* (*raro*) Studioso, esperto di geometria. *2* Professionista che effettua rilevazioni diverse ai fini della determinazione dei caratteri topografici di una zona e progetta e dirige lavori di costruzioni civili di modesta entità.
geometrìa [gr. *geōmetría*, comp. di *gê* 'terra' e un deriv. del v. *métrein* 'misurare'; av. 1294] **s. f.** *1* Ramo della matematica che si occupa delle figure di uno spazio | *G. algebrica*, parte della geometria che studia gli enti rappresentabili con metodi algebrici | *G. analitica*, metodo di studio della geometria consistente nell'applicarle l'algebra e l'analisi | *G. affine*, *euclidea*, *proiettiva*, quella che studia le proprietà invarianti rispettivamente per affinità, movimenti, omografie | *G. non euclidea*, nella quale per un punto non passano rette parallele a una retta data, o ne passa più d'una | *G. de-*

geometria

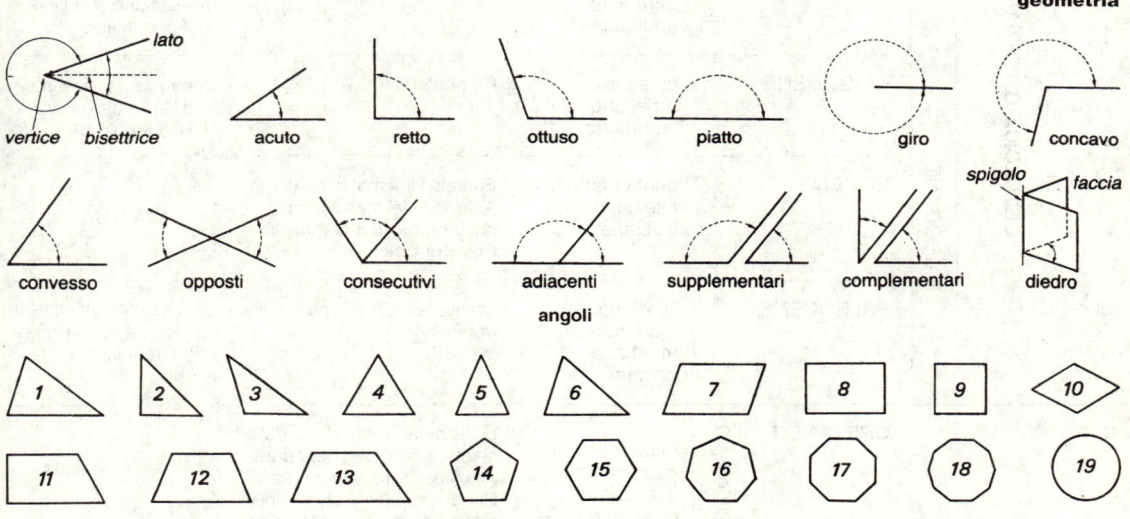

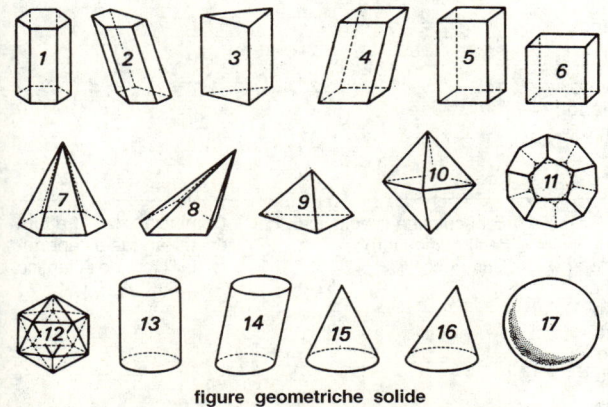

figure geometriche piane

1 triangolo acutangolo 2 triangolo rettangolo 3 triangolo ottusangolo 4 triangolo equilatero 5 triangolo isoscele 6 triangolo scaleno 7 parallelogramma 8 rettangolo 9 quadrato 10 rombo 11 trapezio 12 trapezio isoscele 13 trapezio scaleno 14 pentagono 15 esagono 16 ettagono 17 ottagono 18 decagono 19 cerchio

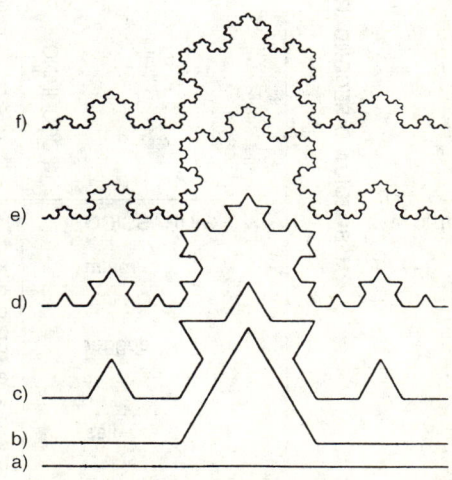

figure geometriche solide

1 prisma retto 2 prisma obliquo 3 prisma retto a base triangolare 4 parallelepipedo 5 parallelepipedo rettangolo 6 cubo 7 piramide regolare 8 piramide irregolare 9 tetraedro regolare 10 ottaedro regolare 11 dodecaedro regolare 12 icosaedro regolare 13 cilindro retto 14 cilindro obliquo 15 cono retto 16 cono obliquo 17 sfera

frattale

GEOLOGIA. Scala dei tempi geologici

Le date d'inizio dei periodi sono in milioni di anni da oggi

Data d'inizio	Era	Periodo	Piano	Eventi nella storia della vita	Altri eventi importanti
0,01	NEOZOICA O QUATERNARIA	OLOCENE		Flora e fauna moderne	
2		PLEISTOCENE	tirreniano siciliano calabriano	Sviluppo e diffusione dell'uomo Il cavallo si sviluppa in America Settentrionale e poi migra in Europa	Età glaciale
7	CENOZOICA O TERZIARIA	PLIOCENE (NEOGENE)	piacenziano tabianiano	Evoluzione degli ominidi	La penisola italiana in gran parte emersa
25		MIOCENE (NEOGENE)	messiniano tortoniano serravalliano langhiano burdigaliano aquitaniano	Sviluppo delle praterie e dei mammiferi erbivori pascolanti	Cominciano a sollevarsi gli Appennini
40		OLIGOCENE (PALEOGENE)	cattiano rupeliano lattorfiano	Primi elefanti	Comincia il sollevamento dell'Himalaya Sollevamento delle Alpi
54		EOCENE (PALEOGENE)	priaboniano luteziano cuisiano	Foreste di aspetto moderno Antenati del cavallo, del rinoceronte e del cammello Pesci di Bolca	
65		PALEOCENE (PALEOGENE)	ilerdiano thanetiano montiano daniano	Comparsa delle nummuliti (foraminiferi)	Si apre l'Atlantico Settentrionale fra l'Europa e la Groenlandia
135	MESOZOICA O SECONDARIA	CRETACEO	SENONIANO: maastrichtiano, campaniano, santoniano, coniaciano NEOCOMIANO: turoniano, cenomaniano, albiano, aptiano, barremiano hauteriviano, valanginiano, berriasiano	Evoluzione e diffusione delle piante a fiori (angiosperme) Alla fine del periodo: estinzione dei dinosauri, delle ammoniti e di molte altre specie	
190		GIURASSICO	malm: titoniano, kimmeridgiano, oxfordiano dogger: calloviano, batoniano, baiociano, aaleniano lias: toarciano, pliensbachiano, sinemuriano, hettangiano	È al culmine l'evoluzione dei rettili (dinosauri) Primi uccelli	Comincia la frattura della Pangea e l'apertura dell'Oceano Atlantico

Data d'inizio	Era	Periodo	Piano	Eventi nella storia della vita	Altri eventi importanti
225	MESOZOICA O SECONDARIA	TRIASSICO	retico norico carnico ladinico anisico scitico (werfeniano)	Sviluppo di felci e conifere Primi mammiferi, piccoli e primitivi	
270	PALEOZOICA O PRIMARIA	PERMIANO	turingiano sassoniano autuniano	Prime conifere Sviluppo dei rettili, comparsa di rettili simili a mammiferi Prime ammoniti, ultime trilobiti	La parte meridionale della Pangea (Gondwana) è presso il Polo Sud, coperta da una calotta di ghiaccio
350		CARBONIFERO	stefaniano westfaliano namuriano viseano tournaisiano	Paludi e grandi foreste di piante estinte, affini alle felci e agli equiseti Primi rettili, grande sviluppo degli insetti.-Primi anfibi	Orogenesi ercinica
400		DEVONIANO	struniano famenniano frasniano givetiano eifeliano emsiano siegeniano gedinniano	Diffusione delle piante terrestri Sviluppo dei pesci	
440		SILURIANO	ludlowiano wenlockiano llandoveriano	Primi vegetali terrestri Primi animali capaci di respirare aria (scorpioni)	Orogenesi caledoniana
500		ORDOVICIANO	ashgilliano caradociano llandeiliano llanvirniano arenigiano tremadociano	Alghe calcaree, costruttrici di scogliere Massimo sviluppo delle trilobiti Primi vertebrati (pesci)	
600		CAMBRIANO	postdamiano acadiano georgiano	Si diffondono gli invertebrati marini forniti di guscio Grande diffusione di trilobiti All'inizio del periodo: comparsa di fossili abbondanti di quasi tutti i tipi di invertebrati	
2500	PRECAMBRIANA O ARCHEOZOICA	PROTEROZOICO		Probabile diffusione di invertebrati marini senza guscio: alla fine del periodo esistono sicuramente meduse e vermi segmentati	
3750		ARCHEANO		Prime tracce di alghe azzurre e di batteri	

scrittiva, studio delle rappresentazioni di figure spaziali sul piano. **2** (*fig.*) Struttura rigorosa: *la g. della Divina Commedia* | Organizzazione dello spazio armoniosa e razionale: *la g. dei campi coltivati*.

geometricità [1832] s. f. ● Caratteristica, proprietà di ciò che è geometrico.

geomètrico [vc. dotta, lat. tardo *geomĕtricu(m)*, dal gr. *geōmetrikós* 'pertinente alla geometria (*geōmetría*)'; sec. XIV] agg. (pl. m. *-ci*) **1** Proprio della geometria: *figure geometriche*; *proporzione geometrica* | **Disegni geometrici**, basati sulla riproduzione di figure piane e solide | **Stile g.**, basato su disegni geometrici | Media geometrica, V. *media* (*1*), sign. 1 | **Progressione geometrica**, V. *progressione*, sign. 2. **2** (*fig.*) Ineccepibile quanto a esattezza, logicità e sim.: *ragionamento g.* | Stringato, schematico. || **geometricaménte**, avv. Mediante la geometria, in modo geometrico.

Geomètridi [da *geometra*, per i loro movimenti a compasso, e *-idi*] s. m. pl. (sing. *-e*) ● Nella tassonomia animale, famiglia di farfalle notturne (*Geometridae*).

geometrizzàre [1561] **A** v. tr. ● Rendere geometrico: *g. un disegno*. **B** v. intr. (aus. *avere*) ● †Ragionare con esattezza geometrica.

geòmide [comp. di *geo-*, del gr. *mŷs*, genit. *myós* 'topo' e del suff. di famiglia zoologica *-idi*: 'topo di terra' per la sua attività escavatoria] s. m. ● Genere di piccoli Roditori americani con corpo tozzo, lunga coda, provvisti di tasche alle guance, che scavano nel terreno e rodono le radici di alberi (*Geomys*).

geomineràrio [comp. di *geo-* e *minerario*] agg. ● Relativo a studi geologici sui giacimenti minerari: *carte geominerarie*.

geomorfologia [comp. di *geo-* e *morfologia*; 1903] s. f. ● Scienza che ha come oggetto lo studio della forma della superficie terrestre e delle forze che la modificano.

geomorfològico [comp. di *geo-* e *morfologico*] agg. (pl. m. *-ci*) ● Relativo alla geomorfologia.

geonemia [comp. di *geo-* e di un deriv. del v. gr. *némein* 'abitare'] s. f. ● (*biol.*) Ramo della biogeografia che tratta specificamente gli areali dei gruppi animali e vegetali.

geopedologia [vc. dotta, comp. di *geo-* e *pedologia*; 1953] s. f. ● Scienza che studia i terreni in rapporto con l'agricoltura e con la geologia.

geopolitica [comp. di *geo-* e *politica*; av. 1937] s. f. ● Scienza che studia le basi e le ragioni geografiche dei problemi politici ed economici.

geopolitico [av. 1937] agg. (pl. m. *-ci*) ● Della, relativo alla, geopolitica.

georgette /fr. ʒɔʀˈʒɛt/ [vc. fr., riduzione di *crêpe Georgette*, dal n. della sarta *Georgette* de la Plante; 1970] s. f. inv. ● Accorc. di *crêpe georgette*.

georgiàno (1) [sec. XIV] **A** agg. **1** Della Georgia o dell'omonimo Stato degli USA. **2** (*geol.*) Detto della prima delle tre epoche in cui si divide il Cambriano, e di tutto ciò che ad essa si riferisce. **B** s. m. **1** (f. *-a*) Abitante, nativo, della Georgia. **2** (*geol.*) La prima delle tre epoche in cui si divide il Cambriano. **C** s. m. solo sing. ● Lingua della famiglia caucasica parlata in Georgia.

georgiàno (2) [ingl. *Georgian* 'relativo a Giorgio (*George*)'] agg. ● Proprio dell'epoca in cui regnarono, in Inghilterra, uno dopo l'altro, dal XVIII al XIX sec. Giorgio I, II, III e IV di Hannover | **Mobile g.**, genericamente, mobile inglese del Settecento dai caratteri non spiccati.

geòrgico [vc. dotta, lat. *geōrgicu(m)*, dal gr. *geōrgikós* 'dell'agricoltore (*geōrgós*, comp. di *gê* 'terra' e di un deriv. da *érgon* 'lavoro')'; 1759] agg. (pl. m. *-ci*) ● (*lett.*) Che si riferisce alla vita e alla coltivazione dei campi | **Poema g.**, poema didascalico sulla coltivazione dei campi. SIN. Agreste.

georgòfilo [comp. di *georg(ic)o* e *-filo*; 1765] agg.; anche s. m. (f. *-a*) ● (*lett.*) Che (o Chi) ama l'agricoltura e ne promuove lo studio e lo sviluppo.

geoscòpio [comp. di *geo-* e *-scopio*; 1956] s. m. ● Dispositivo ottico montato su aeroplani per consentire all'equipaggio la visione del terreno sottostante.

geosfèra [comp. di *geo-* e *sfera*; 1970] s. f. ● Sfera terrestre.

geosinclinàle [comp. di *geo-* e *sinclinale*; 1956] s. f. ● (*geol.*) Fascia mobile della crosta terrestre, bacino subsidente da cui si sviluppa, per corrugamento e deformazione delle rocce, una catena montuosa.

geosinònimo [comp. di *geo-* e *sinonimo*] s. m. ● (*ling.*) Vocabolo che ha lo stesso significato di un altro, ma è usato in un'area geografica diversa all'interno della stessa lingua (per es. *anguria* e *cocomero*).

geosolàre [vc. dotta, comp. di *geo-* e *solare* (*1*); 1956] agg. ● (*geofis.*) Detto di tutto ciò che si riferisce ai rapporti tra Terra e Sole.

geostàtica [comp. di *geo-* e *statica*; 1834] s. f. ● Parte della fisica che tratta dell'equilibrio dei solidi.

geostazionàrio [comp. di *geo-* e *stazionario*; 1974] agg. ● Detto di satellite artificiale, usato spec. per ritrasmettere programmi televisivi, che ruota intorno alla Terra da ovest a est nello stesso senso di rotazione di questa, con velocità tale da rimanere fisso su un determinato punto dell'equatore a un'altitudine di circa 36 000 km, compiendo un giro in 24 ore in sincronismo con la rotazione della Terra.

geostereoplàstica [comp. di *geo-*, *stereo-* e *plastica*; 1970] s. f. ● Rappresentazione in rilievo di parti della superficie terrestre.

geotassia o **geotàssi** [comp. di *geo-* e un deriv. del gr. *táxis* 'ordinamento', dal v. *tássein* (*táttein* in attico), di etim. incerta; 1970] s. f. ● (*biol.*) Geotattismo.

geotattismo [da *geotassia*; 1970] s. m. ● (*biol.*) Tattismo in risposta a stimoli meccanici legati alla forza di gravità. SIN. Geotassia.

geotècnica [comp. di *geo-* e *tecnica*; 1956] s. f. ● Insieme delle questioni tecniche riguardanti il suolo e il sottosuolo.

geotermàle [comp. di *geo-* e *termale*; 1956] agg. ● Detto di acqua sotterranea la cui temperatura, superiore alla media, sia dovuta al calore degli strati profondi del terreno.

geotermia [comp. di *geo-* e *-termia*; 1970] s. f. ● Misura del calore terrestre | (*geofis.*) Scienza che studia il calore interno della Terra e le modalità di sfruttamento dei vapori e dei liquidi caldi che vengono prodotti interagendo con i fluidi meteorici penetrati in profondità.

geotèrmico [da *geotermica*; 1940] agg. (pl. m. *-ci*) ● Relativo alla temperatura del suolo e del sottosuolo | **Gradiente g.**, aumento di temperatura che si verifica con l'aumento di profondità nella crosta terrestre.

geotermometria [vc. dotta, comp. di *geo-* e *termometria*] s. f. ● (*miner.*) Determinazione della temperatura di formazione di una roccia tramite i minerali in essa contenuti.

geotèssile [comp. di *geo-* e *tessile*; 1986] s. m. ● Qualsiasi materiale permeabile prodotto dall'industria tessile per applicazioni a contatto con il terreno allo scopo di migliorarne le caratteristiche.

geotettònica [comp. di *geo-* e *tettonica*] s. f. ● (*geol.*) Tettonica.

geotritòne [comp. di *geo-* e *tritone* (*2*)] s. m. ● Genere di piccole salamandre brunicce, spesso cavernicole, diffuse anche in Italia (*Hydromantes*).

geotròpico [da *geotropismo*; 1932] agg. (pl. m. *-ci*) ● Del, relativo al, geotropismo.

geotropismo [comp. di *geo-* e *tropismo*; 1892] s. m. ● Tropismo dovuto all'influenza della forza di gravità su foglie, radici e fusti | **G. positivo**, proprio delle radici | **G. negativo**, proprio del fusto.

geotrùpe [comp. di *geo-* e un deriv. del gr. *trypân* 'forare' per la loro abitudine di scavare gallerie nella terra; 1834] s. m. ● (*zool.*) Scarabeo stercorario.

Geraniàcee [vc. dotta, comp. di *geranio* e *-acee*; 1829] s. f. pl. (sing. *-a*) ● Nella tassonomia vegetale, famiglia di piante erbacee o suffruticose con fusto nodoso, foglie palmate, fiori dai colori vivaci e frutti con lungo becco, coltivate a scopo ornamentale (*Geraniaceae*). ➡ ILL. **piante**/4.

gerànio o **giranio** [vc. dotta, lat. *gerānio(n)*, dal gr. *geránion*, propr. '(becco) di gru (*géranos*)', per la forma del frutto; 1563] s. m. ● Genere di piante erbacee o fruticose delle Geraniacee, cui appartengono varie specie spontanee in Italia e in altri Paesi a clima temperato, con foglie palminervie e fiori variamente colorati (*Geranium*) | Denominazione comune di ibridi e varietà di pelargoni largamente coltivati per ornamento | **Essenza di g.**, olio volatile impiegato in profumeria e nell'industria farmaceutica. ➡ ILL. **piante**/4.

geranìolo [comp. di *gerani(o)* e *-olo* (*1*)] s. m. ● (*chim.*) Alcol insaturo responsabile dell'odore caratteristico dell'olio essenziale di geranio, impiegato in profumeria.

geranomanzia [comp. del gr. *géranos* 'gru' (d'orig. indeur.) e del suff. it. *-manzia*] s. f. ● Predizione del futuro basata sull'osservazione del volo delle gru.

geràrca o †**ieràrca** [adatt. del gr. eccl. *hierárchēs* 'capo (*archós*) delle sacre funzioni (*hierá*)'; 1657] s. m. (pl. *-chi*) **1** Chi riveste un grado piuttosto elevato in una gerarchia | **Primo, sommo g.**, il Papa. **2** Durante il fascismo, chi occupava le massime cariche del partito. **3** (anche f.) (*fig.*, *spreg.*) Persona autoritaria, dispotica.

gerarcàto s. m. ● Dignità e carica di gerarca, spec. ecclesiastico | Periodo di tempo durante il quale il gerarca resta in carica.

gerarchésco agg. (pl. m. *-schi*) ● (*spreg.*) Da gerarca: *cipiglio g.*

gerarchia o †**ierarchia** [adatt. del gr. eccl. *hierarchía*, da *hierárchēs* 'gerarca'; sec. XIV] s. f. **1** Rapporto reciproco di supremazia e subordinazione: *g. tra dirigenti, impiegati e operai*; *g. tra organi militari* | (*fig.*) Scala, gradazione: *g. di valori*. **2** Complesso delle persone ordinate secondo la loro rispettiva prevalenza in organismi politici, militari o ecclesiastici. **3** Ciascuno dei tre gruppi di ordini in cui sono suddivisi gli angeli, secondo la teologia cattolica. **4** (*pop.*, *tosc.*) †Astruseria.

geràrchico o †**ieràrchico** [adatt. del gr. eccl. *hierarchikós* 'proprio del gerarca (*hierárchēs*)'; sec. XIV] agg. (pl. m. *-ci*) ● Proprio di una gerarchia: *ordinamento g.* | **Inoltrare una pratica per via gerarchica**, farla passare da uffici di grado inferiore a uffici di grado superiore, fino a giungere a quello competente | **Ricorso g.**, reclamo contro un provvedimento amministrativo rivolto all'autorità superiore a quella che ha emanato l'atto stesso. || **gerarchicaménte**, avv. In modo gerarchico, secondo un ordine gerarchico.

gerarchizzàre [1914] v. tr. ● Organizzare secondo i principi propri di una gerarchia.

gerarchizzazióne [1983] s. f. ● Il gerarchizzare.

gèrba [etim. discussa: lat. *acĕrba(m)* nel senso di 'tagliente al tatto' (?); av. 1871] s. f. ● (*bot.*, *pop.*) Giunco.

gerbèra [dal n. del naturalista ted. T. *Gerber* (sec. XVIII); 1834] s. f. ● Pianta erbacea perenne delle Composite con foglie radicali inferiormente lanose, grandi fiori solitari con colore variabile dall'arancione al rosso scarlatto (*Gerbera jamesonii*). ➡ ILL. **piante**/9.

gèrbido [ampliamento di *gerbo*; 1913] **A** agg. ● Incolto, brullo. **B** s. m. ● (*dial.*, *sett.*) Terreno incolto. SIN. Baraggia, magredo.

gerbillo [vc. latinizzata, dim. (*-illo*) di *gerbo*, *jerbo* da *yarbū'*, n. ar. del roditore] s. m. ● (*zool.*) Genere di Mammiferi dei Roditori ampiamente diffuso nelle regioni aride dell'Asia e dell'Africa (*Gerbillus gerbillus*).

†**gèrbo** [vc. sett. di etim. incerta; 1919] s. m. ● Moina, smorfia.

gerbòa [ingl. *jerboa*, a sua volta dall'ar. *yarbū'* o *ğarbū'*; 1961] s. m. inv. ● Piccolo roditore dell'Africa settentrionale, con zampe posteriori molto lunghe che gli permettono di procedere a salti (*Jaculus orientalis*).

gerbóne [da *erbone* con sovrapposizione di *gerba*] s. m. ● (*bot.*) Trifoglio.

geremiade [fr. *jérémiade*, da *Jérémie* 'Geremia', lat. eccl. *Jeremĭa(m)*, dal gr. *Jeremías*, in ebr. *Yermeyâh(û)*, che nella seconda parte racchiude il n. di 'Dio' (ebr. *Jahveh*), ma oscuro nella prima, nome del profeta biblico autore delle *Lamentazioni*; 1850] s. f. ● Lunga e noiosa sequela di lamentele e piagnistei.

geremiàta [av. 1837] s. f. ● (*tosc.*) Geremiade.

gerènte [vc. dotta, lat. *gerĕnte(m)*, part. pres. di *gĕrere* 'portare (su di sé)', di etim. incerta; 1839] s. m. e f. (pl. m. *-i*) ● Chi amministra o gestisce affari o società per conto terzi | **G. di un giornale**, un tempo, direttore responsabile.

gerènza [da *gerente*; 1836] s. f. ● Gestione, amministrazione | Ufficio di gerente.

gergàle [1825] agg. ● Che è proprio del gergo: *modo, linguaggio g.* || **gergalménte**, avv.

gergalismo [comp. di *gergal(e)* e *-ismo*] s. m. ● (*ling.*) Voce o locuzione gergale | Tendenza a usa-

re voci o locuzioni di origine gergale.
gergalista [da *gergale*] s. m. e f. (pl. m. *-i*) ● Studioso di gerghi.
gergànte s. m. e f. ● (*raro*) Chi fa parte della comunità che parla in gergo.
gèrgo [etim. discussa: fr. *jargon*, orig. 'cinguettio degli uccelli', quindi 'linguaggio incomprensibile' (?); 1481] s. m. (pl. *-ghi*) **1** (*ling.*) Lingua criptica, spec. lessico, utilizzata da una comunità generalmente marginale che, in determinate condizioni, avverte il bisogno di non essere capita dai non iniziati o di distinguersi dagli altri: *g. della malavita.* **2** (*est.*) Particolare linguaggio comune a una determinata categoria di persone: *g. studentesco, militare.* **3** (*est.*) Linguaggio oscuro e allusivo: *capire, intendere il g.*; *parlare in g.*
†**gergolìna** s. f. ● Donna leziosa e smorfiosa.
†**gèrgolo** [da *gerbo*] s. m. ● Lezio, caricatura.
geriàtra [comp. di *ger(o-)* e *-iatra*; 1970] s. m. e f. (pl. m. *-i*) ● Medico specialista in geriatria.
geriatrìa [comp. di *ger(o-)* e *-iatria*; 1950] s. f. ● (*med.*) Branca della gerontologia che si occupa della diagnosi, della cura e della prevenzione delle alterazioni fisiche e mentali e delle malattie connesse con la senescenza.
geriàtrico agg. (pl. m. *-ci*) ● Della, relativo alla, geriatria.
gèrla o †**gèrna** [lat. parl. **gĕrula(m)*, da *gĕrulu(m)* 'che serve per portare (*gĕrere*)'; av. 1537] s. f. ● Cesta di forma troncoconica adattabile mediante cinghie o corde alle spalle del portatore, realizzata con fibre vegetali intrecciate, di uso tradizionale nei paesi di montagna. || **gerlino**, dim. m.
gèrlo [V. *gherlino*; 1869] s. m. ● (*mar.*) Ogni cordicella che serve per serrare le vele quando siano state imbrogliate, spec. il cavetto che serra le vele latine.
†**gèrma** [ar. *ǧarm* 'barca da carico'; av. 1405] s. f. ● Nave mercantile, di forma allargata, a quattro vele, anticamente usata nel Mediterraneo.
germanèṣimo s. m. ● Elemento culturale germanico | (*raro*) Germanismo.
germànico [vc. dotta, lat. *Germānicu(m)*, da *Germānus* 'germano (1)'; 1527] agg. (pl. m. *-ci*) **1** Degli antichi Germani: *tradizione, leggende germaniche.* **2** Della Germania (detto spec. di cose): *foresta germanica* | **Lingue germaniche**, gruppo di lingue della famiglia indoeuropea | (*elvet.*) Della Repubblica di Germania, proveniente dalla Repubblica di Germania (in contrapposizione a 'tedesco', con cui talora si intende 'svizzero tedesco'): *un turista g.*
germànio [ted. *Germanium*, da *Germania*, n. lat. della patria dello scopritore; 1932] s. m. ● Elemento chimico, metallo assai raro, bianco-grigiastro, fragile, impiegato in elettronica per le sue caratteristiche di semiconduttore. SIMB. Ge.
germaniṣmo o **germanèṣimo** [1798] s. m. **1** Parola o locuzione propria di una lingua germanica entrata in un'altra lingua. **2** Usanza o sim. tipica della Germania.
germanista [1940] s. m. e f. (pl. m. *-i*) ● Studioso, esperto della lingua e della cultura germanica.
germanistica [1941] s. f. ● Studio delle lingue, della letteratura, della cultura e della civiltà dei popoli di lingua tedesca.
germanizẓàre [1858] **A** v. tr. ● Rendere germanico. **B** v. intr. (aus. *avere*) ● Imitare gli usi, i modi germanici.
germanizẓazióne [1970] s. f. ● Il germanizzare.
germàno (**1**) [vc. dotta, lat. *germānu(m)*, per **germinānu(m)* 'che è della (stessa) razza' (V. *germe*); av. 1321] **A** agg. ● Nato dagli stessi genitori: *fratello g.* **B** s. m. (f. *-a*) ● (*lett.*) Chi è nato dagli stessi genitori: *la mia germana / vuol colà favellarti* (METASTASIO).
germàno (**2**) [vc. dotta, lat. *Germānu(m)*, di prob. orig. celt.; av. 1504] **A** s. m. (f. *-a*) ● Ogni appartenente alle numerose popolazioni di origine indoeuropea stanziate fin da tempi antichissimi nella Scandinavia meridionale, nelle altre regioni poste intorno al Mar Baltico occidentale fino alla Vistola e sulle coste orientali del Mare del Nord, che progressivamente si estesero in tutti i territori dell'Europa con successive migrazioni. **B** agg. ● (*lett.*) Germanico.
germàno (**3**) [prob. dal n. di S. *Germano*, alla cui data (21 febbraio) l'uccello usa ripassare le Alpi; sec. XIV] s. m. ● (*zool.*) Denominazione comune di varie specie di Uccelli, spec. fra gli Anseriformi | ***G. reale***, anatra di grande statura, tipica spec. dei luoghi lagunari e paludosi, da cui derivano parecchie varietà di anatra domestica (*Anas boschas*) | ***G. nero***, folaga.
germàno- primo elemento ● In parole composte, fa riferimento alla Germania o ai suoi abitanti: *germanofilo, germanofobo.*
germanofilìa [comp. di *germano-* e *-filia*; 1878] s. f. ● Ammirazione, simpatia per i tedeschi e per la Germania.
germanòfilo [comp. di *germano-* e *-filo*; 1878] agg.; anche s. m. (f. *-a*) ● Ammiratore o seguace della Germania o della sua civiltà.
germanofobìa [comp. di *germano-* e *-fobia*; 1915] s. f. ● Avversione, antipatia per i tedeschi e per la Germania.
germanòfobo [comp. di *germano-* e *-fobo*; av. 1937] agg.; anche s. m. (f. *-a*) ● Che (o Chi) è fortemente avverso ai tedeschi e alla Germania.
germanòfono [comp. di *germano-* e *-fono*] agg.; anche s. m. (f. *-a*) ● Che (o Chi) parla la lingua tedesca.
gèrme o (*lett.*) †**gèrmine** [vc. dotta, lat. *gĕrme(n)*, da **gĕnmen*, della stessa radice di *gĭgnere* 'nascere, generare', di orig. indeur.; av. 1374] s. m. **1** (*biol.*) Embrione nei primi stadi di sviluppo | ***In g.***, (*fig.*) di ciò che è ancora agli inizi | ***G. di malattia***, ***g. patogeno***, batterio, virus. CFR. blasto-, -blasto. **2** (*veter.*) ***G. di fava***, macchia nerastra dovuta a depositi di tartaro nel fondo del cornetto dentario esterno. **3** (*lett.*) Germoglio: *siccome il sol che schiude / dal pigro g. il fior* (MANZONI). **4** (*fig.*) Prima cagione, origine, radice: *g. di civiltà*; *il g. del male.* **5** †Figlio, rampollo | ***L'umano g.***, gli uomini. **6** (*biol.*) Nei Metazoi, insieme delle cellule germinali, cioè la linea degli elementi che si propagano nel tempo di generazione in generazione, in contrapposizione a quelli caduchi del soma. **7** (*miner.*) Minuta porzione di solido che si forma o viene introdotta in una soluzione o in un materiale fuso affinché si inneschi il processo di accrescimento di un cristallo.
germicìda [comp. di *germe* e *-cida*; 1884] **A** s. m. (pl. *-i*) ● Sostanza capace di distruggere i germi e in particolare i batteri patogeni. **B** anche agg.: *liquido g.*
germìle [da *germi(nale)* (*2*) con la terminazione di (*apr*)*ile*; 1802] s. m. ● Germinale (2).
germinàbile [vc. dotta, lat. tardo *germinābile(m)*, da *germināre* 'germinare'] agg. ● Che può germinare.
germinabilità s. f. ● Facoltà, capacità del seme, di germinare.
germinàle (**1**) [dal lat. *gĕrmen*, genit. *gĕrminis* 'germe'] agg. ● Di, relativo a, germe: *fase g.*; *cellule germinali.*
germinàle (**2**) [fr. *germinal* 'mese del germogliare (ant. fr. *germiner*)'; 1799] s. m. ● Settimo mese del calendario rivoluzionario francese, il cui inizio corrispondeva al 21 marzo e il termine al 19 aprile. SIN. Germile.
†**germinaménto** [av. 1519] s. m. ● Il germinare.
germinàre [vc. dotta, lat. *germināre*, da *gĕrmen*, genit. *gĕrminis* 'germe'; 1321] **A** v. intr. (*io gèrmino*; aus. *essere* o *avere*) **1** Germogliare: *il seme germina.* **2** (*fig.*) Trarre origine, motivo, spunto: *i motivi di dissenso sono germinati da incidenti insignificanti.* **B** v. tr. ● (*raro, lett.*) Generare, produrre (*anche fig.*): *la terra lieta germinava fiori* (BOIARDO).
germinativo [av. 1320] agg. ● Atto a germinare o a far germinare: *potere g.*
germinatóio s. m. ● Apparecchio di forma e materiali diversi per determinare la germinabilità dei semi e, in determinate condizioni ambientali, produrre la germinazione.
germinazióne [vc. dotta, lat. *germinatiōne(m)*, da *germinātus* 'germinato'; av. 1597] s. f. ● Il germinare | (*lett.*) Germoglio.
†**gèrmine** ● V. *germe.*
germogliàbile [av. 1704] agg. ● Che può germogliare.
germogliaménto [av. 1320] s. m. ● (*raro*) Germogliazione.
germogliàre [lat. parl. **germiniāre*, parallelo del class. *germināre* 'germinare'; 1308] **A** v. intr. (*io germóglio* (o *-ò-*); aus. *essere* o *avere*) **1** Svilupparsi in pianta, detto del seme: *il grano germoglia.* SIN. Germinare. **2** Emettere germogli, getti: *i rami, gli alberi germogliano* | Svilupparsi, detto di germogli. **3** (*raro, fig.*) Avere origine, svilupparsi: *nell'ozio l'amor sempre germoglia* (TASSO). **B** v. tr. ● (*raro*) Produrre, far germogliare.
germogliazióne [av. 1597] s. f. ● (*raro*) Il germogliare.
germóglio (o *-ò-*) [da *germogliare*; av. 1292] s. m. **1** La piantina all'inizio del suo sviluppo. **2** L'insieme delle parti vegetali che si sviluppano dalle gemme. SIN. Gettata, getto. **3** (*fig., lett.*) Origine, causa, principio di qlco.: *g. di vizi, di virtù.*
†**gèrna** ● V. *gerla.*
géro- (**1**) [dal gr. *gérōn*, genit. *gérontos* 'vecchio', di orig. indeur.] primo elemento (*ger-*, davanti a vocale) ● In parole composte dotte o della terminologia scientifica, significa 'vecchio, vecchiaia': *geriatra.*
géro- (**2**) ● V. *iero-.*
-gero [dal lat. *-gĕr*, *-gĕrus*, che serviva a formare agg. d'agente col sign. di base 'che porta', spec. su di sé, dal v. *gĕrere* 'portare, condurre'] secondo elemento ● In parole composte, significa 'che porta': *armigero, crocigero, lanigero.*
gerocòmio [per *gero(nto)comio*, con sostituzione del nom. gr. *gérōn* alla forma obliqua *gérontos*; 1723] s. m. ● Gerontocomio.
gerocrazìa e *deriv.* ● V. *ierocrazia* e *deriv.*
gerofànte e *deriv.* ● V. *ierofante* e *deriv.*
geroglìfico o †**ieroglìfico** [vc. dotta, adattamento del lat. tardo *hieroglȳphicu(m)*, dal gr. *hieroglyphikós* 'pertinente alle sacre (da *hierós*) incisioni (dal v. *glýphein* 'incidere, scolpire')'; av. 1555] **A** agg. (pl. m. *-ci*) ● (*ling.*) Detto dei disegni convenzionali e stilizzati della antica scrittura egiziana e della scrittura stessa. || **geroglificaménte**, avv. (*raro*) In forma geroglifica. **B** s. m. **1** (*ling.*) L'unità fondamentale del sistema ideogrammatico degli antichi Egizi. **2** (*fig.*) Scrittura o testo difficile da decifrare: *non riesco a capire i tuoi geroglifici* | (*fig.*) Ghirigoro.
†**geròglifo** o †**ieròglifo** [gr. *hieroglýphos*, della medesima composizione di *geroglifico* (V.)] s. m. ● Geroglifico.
†**geroglìptico** [parallelo di *geroglifico*, comp. di *gero-* (*2*) e del gr. *glyptikós* 'proprio dell'incisore (*glýptēs*)'] agg. ● Geroglifico.
gerolamìno [dal n. del presunto fondatore, S. *Gerolamo* (347 ca.-420); 1834] s. m. (f. *-a*) ● Religioso dell'ordine monastico, sorto fra i secc. XIV e XV in Spagna e in Italia.
geronimiàno o **gerolimiàno** [dal n. lat. (*Hierōnymus*) di S. Girolamo; 1869] agg. ● Relativo a San Girolamo e alle sue opere.
gerónte [gr. *gérōn*, genit. *gérontos*, propr. 'vecchio, anziano', di orig. indeur.; 1796] s. m. ● Ogni membro del senato dell'antica Sparta, nel quale si entrava a sessant'anni e si era eletti a vita.
gerónto- [dal gr. *gérōn*, genit. *gérontos* 'vecchio, anziano', di orig. indeur.] primo elemento ● In parole composte dotte o della terminologia scientifica, significa 'vecchio' o indica relazione con anziani: *gerontologia.*
gerontocòmio [vc. dotta, lat. tardo *gerontocomīu(m)*, dal gr. *gerontokomeîon*, comp. di *gérōn*, genit. *gérontos* 'vecchio' e un deriv. di *komêin* 'prender cura'; av. 1603] s. m. ● Luogo di ricovero per anziani.
gerontòcrate [comp. di *geronto-* e *-crate*; 1990] s. m. e f. ● Persona anziana, o troppo anziana, che detiene un potere politico (*anche iron. o scherz.*).
gerontocràtico agg. (pl. m. *-ci*) ● Relativo alla gerontocrazia o ai gerontocrati: *governo g.*
gerontocrazìa [comp. di *geronto-* e *-crazia*; 1869] s. f. ● (*raro*) Governo degli anziani | Sistema politico in cui le leve del potere sono in mano a dirigenti molto anziani.
gerontofilìa [comp. di *geronto-* e *-filia*] s. f. ● Attrazione sessuale per le persone anziane.
gerontoiatrìa [comp. di *geronto-* e *-iatria*] s. f. ● (*med.*) Geriatria.
gerontologìa [comp. di *geronto-* e *-logia*; 1950] s. f. ● (*med.*) Studio dell'invecchiamento sotto il profilo biologico, sociologico e psicologico, oltre che patologico. CFR. Geriatria.
gerontològico agg. (pl. m. *-ci*) ● Relativo alla gerontologia.
gerontòlogo [comp. di *geronto-* e *-logo*; 1955] s. m. (f. *-a*; pl. m. *-gi*) ● Specialista in gerontologia.
gerosolimitàno o †**ierosolimitàno** [vc. dotta, adatt. del lat. eccl. *Hierosolymitānu(m)*, da *Hiero-*

gersa 780

sòlyma 'Gerosolima'; 1540] **A** agg. **1** Di Gerusalemme. **2** Che si riferisce ai cavalieri di S. Giovanni di Gerusalemme, oggi di Malta. **B** s. m. (f. *-a*) **1** Abitante, nativo di Gerusalemme. **2** Cavaliere dell'ordine ospitaliero di S. Giovanni di Gerusalemme, oggi di Malta.

†**gèrsa** [var. dial. di *cerussa*; av. 1494] s. f. ● Tipo di cipria molto bianca, usata un tempo per il trucco del viso.

gerùndio [vc. dotta, lat. tardo *gerŭndiu(m)*, da *gerŭndu(m)*, forma arc. parallela di *gerĕndu(m)*, da *gĕrere* 'portare (su di sé)', sul modello di *participium* 'participio' e col senso proprio di 'modo di portarsi'; 1561] s. m. ● (*ling.*) Modo infinitivo del verbo che presenta, in forma invariabile, l'idea verbale, in funzione di complemento di circostanza: *g. presente* (ad es. *andando, mangiando*), *g. passato* (ad es. *essendo andato, avendo mangiato*).

gerundìvo [vc. dotta, lat. tardo *gerundīvu(m) mōdu(m)*, da *gerŭndus* (V. *gerundio*); 1734] **A** s. m. ● (*ling.*) Forma aggettivale passiva del verbo latino, participio di necessità (ad es. *legendus* 'che deve essere letto'). **B** anche agg.: *modo g.*

gerusìa [vc. dotta, lat. *gerūsia(m)*, dal gr. *gerousía*, forma attica di *gerontía* 'consiglio degli anziani (*gérontes*)'] s. f. ● Assemblea dei geronti, senato dell'antica Sparta.

gesolreùt [dal n. preguidoniano della nota *sol* indicata con la lettera alfabetica *G* (*ge*) e fatta seguire, secondo l'ant. sistema di aggiungere le sillabe dell'esacordo, dal n. delle tre note *sol, re* e *ut* (= *do*)] s. m. ● (*mus.*) Denominazione della nota sol, settima, nell'antica solmisazione.

gessàia [1841] s. f. ● Cava di gesso.

gessàio [1779] s. m. (f. *-a*) **1** Artigiano che plasma con gesso vasi, statuine e sim. **2** Venditore di gesso da presa.

gessaiòlo o (*lett.*) **gessaiuòlo** [1834] s. m. (f. *-a*) **1** Fabbricante o venditore di gesso da presa. **2** Operaio di una gessaia.

gessàre [lat. *gypsāre*, da *gўpsum* 'gesso'; 1542] v. tr. (*io gèsso*) **1** (*raro*) Ingessare. **2** Spargere gesso su terreni alcalini e salsi per correggerli. SIN. Ammendare. **3** Sottoporre il mosto in fermentazione a opportuni trattamenti col gesso, per chiarificarlo.

gessàto [1612] **A** agg. **1** Impregnato di gesso: *bende gessate*. **2** Detto di stoffa scura con sottilissime righe bianche, e di abito confezionato con tale stoffa: *un doppiopetto g.* **B** s. m. ● Abito confezionato con stoffa gessata: *molti uomini erano in g.*

gessatùra [1887] s. f. **1** (*raro*) Ingessatura. **2** Trattamento, con gesso, di un terreno o del mosto.

gessétto [1869] s. m. **1** Dim. di *gesso*. **2** Bastoncino di gesso, bianco o colorato, usato per scrivere o disegnare sulla lavagna o su altra superficie. **3** Piastrina di steatite usata dai sarti per segnare sulle stoffe linee di taglio, di cucitura e sim.

gessificàre A v. tr. (*io gessìfico, tu gessìfichi*) ● Sottoporre a gessificazione. **B** v. intr. pron. ● Subire la gessificazione.

gessificazióne s. f. ● Procedimento chimico o di sostituzione che trasforma una sostanza in gesso.

♦**gèsso** [lat. *gўpsu(m)*, dal gr. *gýpsos*, prob. di orig. semitica; sec. XIII] **A** s. m. **1** (*miner.*) Solfato di calcio idrato, in cristalli incolori prismatici o tabulari frequentemente geminati, oppure in masse granulari grigie o bianche, spesso giallastre per impurità, oppure in masse traslucide bianche o verdognole. **2** Polvere ottenuta per macinazione del minerale omonimo, variamente usata in varie lavorazioni | Impasto di tale polvere, per statue, stucchi e sim. **3** Statua, bassorilievo e sim. fatto in gesso. **4** Pezzo di gesso per scrivere spec. sulla lavagna | Bastoncino di polvere di gesso pressata che i giocatori di biliardo passano sulla punta della stecca, per evitare che scivoli sulla palla | ***Calma e g.***, V. *calma*. **B** in funzione di agg. inv. ● (posposto al s.) Nella loc. ***bianco g.***, detto di una particolare tonalità di bianco, simile al colore della polvere di gesso. || **gessétto**, dim. (V.) | **gessino**, dim. | **gessóne**, accr.

gessóso [av. 1597] agg. **1** Di gesso. **2** Ricco di gesso: *terreno g.* **3** Che è simile al gesso, per colore, consistenza e sim.

gèsta [vc. dotta, lat. *gĕsta*, pl. di *gĕstum* 'gesto', come l'analogo *ăcta* lo è di *ăctum*; av. 1306] s. f. (pl. inv. o *lett. -e*) **1** †Schiatta, famiglia | (*est.*) Esercito, schiera: *Carlo Magno perdé la santa g.* (DANTE *Inf.* XXXI, 17). **2** (*lett.*) †Spedizione, impresa. **3** (*al pl.*) Imprese insigni, memorabili: *le g. dei Romani, di Napoleone, degli antenati* | ***Canzoni di g.***, poemi epico-cavallereschi medievali | (*iron.*) Azioni poco lodevoli: *mi hanno narrato le tue g.*

gestàccio [pegg. di *gesto*; 1856] s. m. ● Gesto sgarbato, volgare e sim.: *disse la Landina con un g. di scherno* (NIEVO).

Gestalt /ted. gə'ʃtalt/ [vc. tedesca, 'forma', da *Gestalt(theorie)* 'Teoria della forma'; 1956] s. f. inv. ● (*psicol.*) Forma individualmente determinata, totalità organizzata | ***Psicologia, teoria della G.***, gestaltismo.

gestàltico /ges'taltiko/ [dal ted. *Gestalt* (V.) col suff. *-ico*] agg. (pl. m. *-ci*) ● (*psicol.*) Relativo alla Gestalt o al gestaltismo.

gestaltìsmo /gestal'tizmo/ [dal ted. *Gestalt* (V.) col suff. *-ismo*] s. m. ● (*psicol.*) Corrente di pensiero, nata nel secondo decennio del Novecento, che rifiuta di isolare i fenomeni psichici gli uni dagli altri, per studiarli e spiegarli, ma li considera come totalità organizzate e indissociabili nel loro insieme.

gestaltista /gestal'tista/ [1962] s. m. e f. (pl. m. *-i*) ● Seguace del gestaltismo.

gestànte [vc. dotta, lat. *gestānte(m)*, part. pres. di *gestāre*, parallelo più intensivo di *gĕrere* 'portare'; 1894] s. f. ● Donna incinta.

Gestàpo /ges'tapo, *ted.* ge'ʃtapo/ [sigla del ted. *Ge(heime) Sta(ats)po(lizei)* 'polizia di stato segreta'; 1933] s. f. inv. ● Nella Germania nazista, polizia segreta di stato.

gestatòrio [vc. dotta, lat. *gestatōriu(m)*, da *gestātus*, part. pass. di *gestāre* (V. *gestante*); 1499] agg. ● Detto della sedia sulla quale era portato il Papa nelle funzioni solenni: *sedia gestatoria*.

gestazióne [vc. dotta, lat. *gestatiōne(m)*, da *gestātus*, part. pass. di *gestāre* (V. *gestante*); 1765] s. f. **1** †Il portare o farsi portare a cavallo, in carrozza, in portantina. **2** Gravidanza. **3** (*fig.*) Preparazione di qlco. | ***Essere in g.***, in preparazione, in lavorazione.

gestìbile [da *gestire*] agg. ● Che può essere gestito: *un'impresa facilmente g.*

gesticolaménto [av. 1647] s. m. ● Il gesticolare.

gesticolàre [vc. dotta, lat. *gesticulāri*, da *gestīre* 'gestire (1)', che aveva già assunto il diverso senso di 'ardere dal desiderio'; 1598] v. intr. (*io gestìcolo*; aus. *avere*) ● Fare gesti, spec. con eccitazione: *gesticola molto quando è arrabbiato*.

gesticolatóre [vc. dotta, lat. tardo *gesticulatōre(m)*, da *gesticulātus*, part. pass. di *gesticulāri* 'gesticolare'; 1585] agg.; anche s. m. (f. *-trice*) ● Che (o Chi) gesticola per abitudine.

gesticolazióne [vc. dotta, lat. *gesticulatiōne(m)*, da *gesticulātus*, part. pass. di *gesticulāri* 'gesticolare'; av. 1406] s. f. ● Gesticolamento.

gesticolìo [1910] s. m. ● Un gesticolare continuo.

gestionàle [1960] agg. ● Che si riferisce a, che è proprio di, una gestione aziendale: *controllo g.*

gestióne [fr. *gestion*, dal lat. *gestiōne(m)*, da *gĕrere* 'portare, amministrare'; 1802] s. f. **1** Complesso delle operazioni amministrative e produttive necessarie al funzionamento di un'azienda e al conseguimento dei risultati economici che le sono propri: *cambiamento di g.*; *dare in g. un negozio* | (*est.*) Conduzione, direzione: *la g. di una trattativa*. **2** Periodo durante il quale si gestisce qlco.: *consuntivo di g.* **3** (*dir.*) ***G. d'affari***, spontaneo e consapevole compimento di attività giuridica o materiale per conto e nell'interesse di altri senza averne il potere.

gestìre (1) [vc. dotta, lat. *gestīre*, da *gĕstu(m)* 'gesto', propr. 'fare dei *gesti* (violenti) per l'emozione'; av. 1527] v. intr. (*io gestisco, tu gestisci*; aus. *avere*) ● Accompagnare le parole con gesti, spec. enfatici: *non mi piacciono le persone che gestiscono troppo*.

gestìre (2) [da *gestione*; 1877] **A** v. tr. (*io gestisco, tu gestisci*) **1** Curare, amministrare un'impresa, un'attività economica e sim., per conto d'altri. **2** Svolgere nel proprio interesse una attività economica, utilizzando beni di proprietà altrui, a determinate condizioni: *g. un ristorante, un cinema*. **3** (*est., gener.*) Condurre, portare avanti un'iniziativa, un'attività e sim.: *g. una trattativa sindacale*; *g. un archivio* | (*est.*) Curare con oculatezza: *g. il proprio tempo, le proprie forze*; *g. la propria immagine*. **B** v. rifl. ● Organizzare razionalmente la propria vita: *è un ragazzo intelligente ma incapace di gestirsi*.

♦**gèsto** [vc. dotta, lat. *gĕstu(m)*, part. pass. di *gĕrere* nel senso di '(com)portarsi', 'compiere'; av. 1249] s. m. **1** Movimento o atteggiamento del corpo, spec. delle braccia, delle mani, del capo, che accompagna, rendendola più espressiva, la parola o esprime un moto immediato, uno stato d'animo, un pensiero e sim.: *g. brusco, improvviso*; *g. di rabbia, di dolore, di comando*; *parlare, esprimersi a gesti*; *imitare i gesti di qlcu.* | ***Fare il g. di fare qlco.***, accennare a fare qlco.: *fece il g. di alzarsi* | ***Non fare un g.***, non muoversi; (*fig.*) non fare nulla per aiutare qlcu. | (*est.*) Azione: *il suo è stato un nobile g., un g. disinteressato* | ***Bel g.***, azione o iniziativa ammirevole, ma spesso ostentata per ottenere il consenso e l'ammirazione altrui. **2** Posa, aspetto: *g. teatrale, declamatorio, oratorio* | Cenno: *g. di approvazione, di consenso*. **3** (*lett.*) Impresa valorosa, ragguardevole: *per le virtudi e meriti de gli gesti eroici s'ha meritato il cielo* (BRUNO). CFR. Gesta. || **gestàccio**, pegg. (V.).

gestóre [vc. dotta, lat. tardo *gestōre(m)*, originariamente 'portatore', da *gĕstus*, part. pass. di *gĕrere* 'portare'; 1834] s. m. (f. *-trice*, raro pop. disus. *-tora*) ● Chi gestisce: *il g. di un'impresa* | Chi ha intrapreso una gestione d'affari.

gestòsi [da *gest(azione)* e *-osi*] s. f. inv. ● (*med.*) Malattia che si manifesta nella donna a causa della gravidanza e che regredisce dopo il parto.

gèstro [da *gesto* con sovrapposizione d'altra parola; 1534] s. m. (f. *-a* raro, nel sign. 2) **1** (*pop., tosc.*) Atto lezioso, smorfioso. **2** (*pop., tosc.*) Chi fa smorfie o smancerie.

gestuàle [da *gesto*; 1963] agg. **1** Del, relativo al gesto | Che si basa sul gesto: *comunicazione g.*; *linguaggio g.* **2** Detto di pittura non figurativa, tipica degli anni '50 del Novecento, che si affida all'essenzialità e purezza del gesto, tradotta sulla tela in essenzialità e purezza del segno. || **gestualménte**, avv. Per mezzo di gesti.

gestualità [1964] s. f. ● Natura, carattere gestuale | Il complesso dei gesti di una persona intesi come mezzo espressivo e di comunicazione: *quell'attore è dotato di una g. eccezionale*.

Gesù [vc. dotta, lat. eccl. *Jēsu(m)*, dal gr. *Jēsôus*, in ebr. *Yēshûa'*, forma abbr. di *Yĕhôshûa*, propr. 'Dio è salvezza', '(Dio) Salvatore'; sec. XII] **A** s. m. **1** Il Cristo, seconda persona della Trinità: *implorare qlco. nel nome di G.* | ***Compagnia di G.***, ordine dei Gesuiti | (*disus.*) ***Fare G.***, congiungere le mani per ringraziare | ***Sembrare un G. morto***, essere pallido e smagrito | ***Piazza del G.***, V. *piazza*. **2** Immagine di Gesù: *un G. dipinto, scolpito*; *un G. Bambino, un G. Crocifisso*. **B** in funzione di inter. **1** Si usa come invocazione: *oh G.!*; *buon G.!*; *G. mio, aiutateci!*; *G. e Maria!* **2** Esprime impazienza, stupore, contrarietà, spavento, collera, gioia e, in generale, ogni forte emozione: *G.!, come ti trovo cambiata!*; *Gesù, Gesù che spavento!*

gesuàto [(povero di) *Gesù*; av. 1484] s. m. ● Religioso dell'ordine di San Gerolamo, istituito dal beato Colombini.

gesuìta [(della Compagnia) di *Gesù*; 1583] s. m. (anche f. nel sign. 2; pl. m. *-i*); anche agg. **1** Religioso dell'ordine istituito da S. Ignazio di Loyola (1491-1556), detto anche della Compagnia di Gesù. **2** (*spreg.*) Persona ipocrita e astuta: *parole, contegno, risposta da g.*; *s'io fossi più g. sarei più galantuomo e parrei dotto critico* (CARDUCCI). (V. nota d'uso STEREOTIPO).

gesuitésco [av. 1882] agg. (pl. m. *-schi*) ● (*spreg.*) Gesuitico: *modi, atteggiamenti gesuiteschi*.

gesuìtico [1609] agg. (pl. m. *-ci*) **1** Dei gesuiti: *compagnia gesuitica*; *ordine g.* | ***Stile g.***, barocco, nelle arti figurative e in letteratura. **2** (*spreg.*) Da persona ipocrita e astuta: *maniere, massime gesuitiche*. SIN. Gesuitesco. || **gesuiticaménte**, avv.

gesuitìsmo [1668] s. m. **1** Sistema morale e norma di vita dei Gesuiti, spec. come esempio di governo. **2** (*spreg.*) Astuta ipocrisia.

Gesù Maria /ʤezumma'ria/ ● V. *Gesummaria*.

Gesù mio /ʤezum'mio/ ● V. *Gesummio*.

Geṣummaria o **Geṣù Maria** [dai vocativi *Gesù* (e) *Maria*; 1765] inter. ● (*pop.*, *enfat.*) Esprime grande meraviglia, stupore, impazienza, dolore, spavento, e sim.

Geṣummio o **Geṣù mio** [dal vocativo *Gesù mio!*; av. 1828] inter. ● (*pop.*) Esprime meraviglia, stupore, impazienza, dolore, spavento e sim.

gètico [vc. dotta, lat. *Gĕticu(m)*, da *Gĕtae*, a sua volta dal gr. *Gétai* 'Geti', antica popolazione tracia della bassa valle del Danubio; av. 1494] agg. (pl. m. *-ci*) ● Dell'antica popolazione dei Geti.

gèto [ant. fr. *giet*, da *geter* 'gettare (il falco dietro la preda)', dal lat. *iactāre* (V. *gettare*); sec. XIII] s. m. ● Pastoia o legaccio di cuoio che si metteva un tempo alle zampe dei falconi, usato oggi per civette e falchetti da richiamo.

gettacàrte [comp. di *getta(re)* e il pl. di *carta*; 1963] s. m. inv. ● Cestino per la carta straccia.

gettaióne o **gittaióne** [dal lat. tardo *gīttus* 'nigella' (di orig. sconosciuta, forse punica), accostato paretimologicamente a *gettare*; av. 1320] s. m. ● (*bot.*) Agrostemma, mazzettone.

gettaménto o (*poet.*) †**gittaménto** [lat. *eiectamĕntu(m)*, da *eiectāre* 'gettare'; av. 1348] s. m. *1* (*raro*) Il gettare. *2* †Rifiuto.

♦**gettàre** o (*poet.*) †**gittàre** [lat. parl. **iectāre* (freq. di *iăcere*), per il class. *iăctāre*, secondo la modificazione fonetica subita dai comp.; av. 1250] **A** v. tr. (*io gètto*) *1* Mandare un oggetto lontano da sé, imprimendogli una velocità più o meno controllata con gesti o movimenti energici: *g. sassi, pietre contro qlco.*; *g. qlco. dalla finestra, dall'alto*; *g. bombe* | ***G. l'ancora***, affondare l'ancora perché faccia presa | ***G. la rete***, lasciarla a mare per la pesca | ***G. le armi***, (*fig.*) arrendersi | ***G. a terra***, abbattere; (*fig.*) rovinare economicamente o moralmente | ***G. lo scudo***, fuggire | ***G. qlco. dietro le spalle***, buttarla via; (*fig.*) dimenticare, trascurare | ***G. fiori, semi***, spargerli | ***G. i dadi***, giocare a dadi | ***G. a mare***, (*fig.*) privare qlcu. della benevolenza o del favore precedentemente accordatogli | ***G. la spugna***, nel pugilato, lanciare sul quadrato un asciugamano, un tempo una vera spugna, in segno di resa, facendo in tal modo cessare il combattimento; (*fig.*) riconoscere il proprio insuccesso, arrendersi | (*fig.*) ***G. in faccia a qlcu. il suo passato, gli errori giovanili*** e sim., rinfacciarglieli | ***G. l'onta, la vergogna, la colpa addosso a qlcu.***, riversarla su di lui | ***G. la polvere negli occhi a qlcu.***, ingannarlo in modo subdolo | (*fig.*) ***G. il denaro***, spenderlo male e in modo eccessivo | ***G. all'aria una stanza***, metterla sottosopra | (*fig.*) ***G. qlcu. nella miseria, nella disperazione***, renderlo povero, disperato | ***G. luce su qlco.***, renderla comprensibile | ***G. una luce sinistra, sospetta su qlcu. o qlco.***, renderla sospetta o ambigua | ***G. uno sguardo su qlco.***, guardarla di sfuggita | ***Gettar via***, (*lett.*) ***lungi***, liberarsi di cosa inutile o nociva (*anche fig.*): *l'umanità non cammina se non gittando lungi da sé tutto ciò che è inutile* (DE SANCTIS) | ***G. via***, (*fig.*) sprecare: *ha gettato via una buona occasione* | ***Usa e getta***, detto di ciò che si usa una sola volta e poi si butta via: *guanti, siringa usa e getta*. SIN. Buttare, lanciare. *2* Emettere: *la fontana getta acqua*; *g. sangue dalla bocca* | ***G. le radici***, farle penetrare nella terra, mettere radici; (*fig.*) restare fisso in un posto | (*fig.*) ***G. grida, urli***, gridare con forza. *3* Versare nello stampo metallo liquefatto, gesso o cera, perché assumano la forma voluta. *4* Riempire casseforme o scavi con calcestruzzo: *g. le fondamenta di un edificio* | Costruire, detto di opera che supera una distanza senza toccare il suolo: *g. un ponte*. *5* (*fig.*) Porre i principi, le basi di qlco.: *g. le fondamenta, le basi di un'arte, di una scienza*. *6* (*fig.*) Rendere, fruttare: *le imposte gettano ogni anno cifre considerevoli allo Stato*. **B** v. rifl. *1* Scagliarsi con forza, avventarsi, precipitarsi: *gettarsi contro qlcu. con impeto, con rabbia*; *l'avvoltoio si gettò sulla preda*; *gettarsi nel fiume, dalla finestra* | ***Gettarsi nella mischia***, (*fig.*) partecipare a qlco. attivamente. *2* Buttarsi, lasciarsi cadere | ***Gettarsi ai piedi, alle ginocchia di qlcu.***, inginocchiarsi; (*fig.*) umiliarsi | ***Gettarsi al collo di qlcu.***, abbracciarlo con trasporto, impeto | ***Gettarsi tra le braccia di qlcu.***, abbracciarlo con impeto; (*fig.*) affidarsi completamente a qlcu. | ***Gettarsi sul letto, a dormire***, coricarsi. *3* Confluire: *l'Adda si getta nel Po* | Sboccare: *l'Adige si getta nel Mare Adriatico*. **C** v. intr. (aus. *avere*) *1* Versare, sgorgare. *2* Germogliare.

gettàta o †**gittàta** [adatt. del fr. *jetée* 'azione di gettare (*jeter*)'; av. 1292] s. f. *1* Il gettare | Colata: *g. di bronzo, di cemento*. *2* Diga, spec. di riparo ai porti. *3* Germoglio. *4* V. *gittata*.

gettàto o (*poet.*) †**gittàto** [sec. XIII] part. pass. di *gettare*; anche agg. *1* Nei sign. del v. | ***Maglia gettata***, filo che, nei lavori a maglia, viene passato sul ferro e lavorato come nuova maglia nel ferro successivo. *2* (*mus.*) Balzato. *3* (*fig.*) Sprecato: *fatica gettata*; *fiato g.* | (*fig.*) ***G. lì***, di ciò che è detto o fatto alla buona: *discorso g. lì con noncuranza*.

gettatóre o (*poet.*) †**gittatóre** [1319] s. m. (f. *-trice*) *1* Chi getta: *quanto un buon gittator trarria con mano* (DANTE *Purg.* III, 69). *2* Chi versa nelle forme metallo liquefatto, cera, gesso per lavori di getto: *per istruzione degli scultori e gettatori di statue* (CELLINI). *3* †Prodigo scialacquatore.

getter /*ingl.* 'gɛtəɹ/ [vc. ingl., da *to get* 'ottenere'] s. m. inv. ● Sostanza che viene introdotta in un tubo elettronico per assorbire i gas residui e aumentare così il grado di vuoto.

gettito [da *gettare* sul tipo di *battito*, *tremito*, e sim.; 1614] s. m. *1* (*raro*) Il gettare continuato. *2* (*mar.*) Ciò che si getta a mare, per alleggerire il natante. *3* Resa, introito: *g. delle tasse*, *delle lotterie nazionali*. *4* †Vomito, spurgo.

gètto (1) o (*poet.*) †**gitto** [da *gettare*; 1313] s. m. *1* Atto del gettare: *il g. dei coriandoli, dei confetti* | ***Armi da g.***, da lancio | ***G. del peso***, specialità sportiva in cui l'atleta lancia una sfera metallica liscia. SIN. Lancio | †Buco per gettare le immondizie di casa. *2* Fuoriuscita di un liquido, di un gas: *g. di sangue, di idrogeno* | ***G. d'acqua di una fontana***, zampillo | ***A g. continuo***, senza interruzione (*anche fig.*): *i suoi dischi escono a g. continuo* | ***Di g.***, (*fig.*) con slancio e immediatezza, senza ripensamenti: *un racconto scritto di g.* *3* Il versare nello stampo metallo liquefatto | ***G. in conchiglia***, in forme di ferro che producono un forte raffreddamento della superficie fusa | ***G. in staffa***, in cui l'impronta è ottenuta nell'argilla umida, calcata in due telaietti di bronzo o legno | Pezzo ottenuto con tale operazione. *4* (*edil.*) Gettata di calcestruzzo formante un elemento strutturale continuo in vista. *5* Germoglio di una pianta: *il g. del pesco, del pero*. *6* (*mecc.*) Vite attraversata da un piccolo foro calibrato, che serve a immettere in quantità dosata la benzina nell'aria che attraversa il carburatore. SIN. Gicleur, polverizzatore, spruzzatore. *7* †Gettito, nel sign. 3.

gètto (2) [adatt. dell'ingl. *jet* '(avio)getto'; 1956] s. m. *1* (*aer.*) Flusso molto veloce, artificiale o anche naturale: *corrente a g.* *2* Accorc. di *aviogetto*.

gettonàre [1950] v. tr. (*io gettóno*) *1* (*fam.*, *disus.*) Telefonare a qlcu., spec. da un apparecchio a gettone. *2* (*fam.*) Far suonare una canzone in un jukebox.

gettonàto [1964] part. pass. di *gettonare*; anche agg. *1* Nei sign. del v. | (*fam.*) Detto di canzone o di cantante che è molto ascoltato nei jukebox. *2* (*est.*, *fam.*) Che è molto richiesto, che ha molti estimatori o ammiratori: *un libro molto g.*; *la ragazza più gettonata della festa*.

♦**gettóne** [fr. *jeton*, dal v. *jeter*, propr. 'gettare', nel senso di 'calcolare': perciò, 'pezzo di metallo, avorio, ecc. usato prima per calcolare, poi per puntare al gioco'; 1598] s. m. *1* Disco di metallo o altro materiale, liscio o coniato, usato come contrassegno o per il funzionamento di macchine automatiche: *apparecchio a g.*; *g. telefonico* | ***G. di presenza***, retribuzione pagata ai membri di una commissione in base alla loro partecipazione alle sedute di questa. *2* Disco di metallo, osso o plastica, di valore convenzionale, che nel gioco si usa al posto della moneta. *3* †Caramella incartata gettata dai balconi in occasione del carnevale.

gettonièra [1966] s. f. *1* Distributore automatico di gettoni. *2* In un apparecchio a gettone, il dispositivo in cui si inserisce il gettone.

gettopropulsióne [comp. di *getto* (*2*) e *propulsione*; 1965] s. f. ● (*aer.*) Propulsione a getto.

gettosostentazióne [comp. di *getto* (*2*) e *sostentazione*; 1956] s. f. ● (*aer.*) Sostentazione dovuta principalmente alla reazione di getti.

GeV /dʒɛv/ [1956] s. m. inv. ● Unità di misura di energia pari a 10^9 elettronvolt.

geyser /*ingl.* 'gaezəɹ, 'gɪi-/ [isl. *Geysir*, in orig. n. proprio di una regione termale, col sign. letterale di 'eruttore', da *geysa* 'zampillare, scaturire', di area nord.; 1875] s. m. inv. ● Manifestazione di vulcanismo rappresentata da emissione violenta e intermittente di getti più o meno imponenti d'acqua calda mineralizzata. ➡ ILL. p. 2131 SCIENZE DELLA TERRA ED ENERGIA.

geyserite /gaize'rite/ [dai *geyser*, dove si forma, con *-ite* (*2*); 1905] s. f. ● (*miner.*) Varietà impura di opale che si deposita in prossimità dei geyser.

ghaneṣe [dal n. dello stato, *Ghana*] **A** agg. ● Del Ghana. **B** s. m. e f. ● Abitante, nativo del Ghana.

ghébbio [da (*in*)*ghebbiare*; av. 1936] s. m. ● (*tosc.*) Gozzo degli uccelli.

ghebì [dall'amarico *gĕbbi*; av. 1889] s. m. ● Tipo di abitazione dei ceti benestanti etiopici, circondata da palizzata | Residenza dell'imperatore etiopico.

ghèga ● V. *ganga*.

ghègo [albanese *gégë* 'albanese del nord'] **A** agg. (pl. m. *-ghi*) ● Detto di gruppo linguistico costituito dai dialetti albanesi settentrionali. CFR. Tosco (3) | ***Popolazioni gheghe***, quelle che parlano tali dialetti. **B** s. m. solo sing. ● Gruppo dei dialetti ghegi.

ghèiscia ● V. *geisha*.

ghènga ● V. *ganga*.

ghepàrdo [fr. *guépard*, precedentemente *gapard*, dall'it. *gattopardo*; 1874] s. m. ● Mammifero dei Felidi con pelame raso, chiaro con macchie nere, diffuso in Africa e in Asia, ottimo cacciatore e corridore velocissimo, facilmente addomesticabile (*Acinonyx jubatus*). ➡ ILL. **animali**/14.

ghéppio [lat. parl. (*ae*)*gȳpiu(m)*, dal gr. *aigypios* 'avvoltoio', di orig. incerta; 1336 ca.] s. m. ● Uccello dei Falconiformi di colore fulvo o cenerino a macchie, che si nutre di insetti e di piccoli Vertebrati come topi, lucertole e rane (*Falco tinnunculus*). SIN. Falchetto, falcone. ➡ ILL. **animali**/8.

gherìglio o **garìglio** [lat. parl. **carĭliu(m)*, da *căryon* (neutro), che è il gr. *káryon* 'noce', privo di etim.; av. 1574] s. m. ● Parte della noce morbida e commestibile.

gherlino [fr. *guerlin*, *grélin*, di etim. discussa: da *grêle* 'sottile', dal lat. *grăcilis* 'snello' (?)] s. m. ● (*mar.*) Cavo spec. di acciaio, usato per forti carichi, costituito da più funi metalliche avvolte a spirale.

gherminèlla [etim. incerta; forse da *ghermire*; sec. XIII] s. f. *1* Anticamente, gioco di destrezza consistente nel far apparire e scomparire una cordicella entro una bacchetta cava che si tiene tra le due mani. *2* (*fig.*) Astuzia per ingannare abilmente | Marachella, birichinata: *le gherminelle dei bambini*.

ghermìre [longob. *krimmjan* 'afferrare'; 1313] **A** v. tr. (*io ghermisco, tu ghermisci*) *1* Afferrare con gli artigli: *l'aquila ghermì la sua preda*. SIN. Abbrancare. *2* (*fig.*) Prendere all'improvviso e violentemente: *la morte lo ha ghermito ai suoi cari*. **B** v. rifl. rec. ● †Azzuffarsi.

gheròfano ● V. *garofano*.

gheronàto [1940] s. m. ● (*arald.*) Scudo diviso in otto gheroni uguali.

gheróne [longob. **gairo* 'punta (del giavellotto)'; av. 1300] s. m. *1* (*arald.*) Parte triangolare limitata da due linee che si intersecano al centro dello scudo. *2* Sezione triangolare di tessuto inserito in un capo di abbigliamento con la punta in alto per allargarlo. *3* †Rinforzo che i marinai cuciono alle vele, ai ferzi e alle punte, spec. alle batticoffe e alle bugne. *4* †Lembo, pezzo.

ghétta [fr. *guêtre*: dal francone **wrist* 'collo del piede'(?); 1780] s. f. *1* (*spec. al pl.*) Gambaletto di tessuto che, nell'abbigliamento maschile dell'Ottocento, si calzava sulla scarpa e veniva fissato con un laccio che passava nell'incavo fra la suola e il tacco. *2* Gambaletto di tessuto impermeabile fissato alla scarpa con un passante sotto la suola, usato da sciatori o alpinisti per impedire che neve o pioggia entrino negli scarponi. ➡ ILL. p. 2160 SPORT. *3* (*al pl.*) Pantaloncini lunghi e aderenti di maglia o spugna che coprono anche i piedi, per bambini non ancora in grado di camminare.

ghettiżżànte [1992] part. pres. di *ghettizzare*; anche agg. ● Che costringe a una condizione di isolamento e di emarginazione: *la rigidità ideologica è g.*

ghettiżżàre [da *ghetto*; 1976] v. tr. ● (*raro*) Chiudere in un ghetto | (*est.*) Costringere all'isolamento sociale, politico, culturale e sim.

ghettizzazióne [1975] s. f. ● Il ghettizzare, il venire ghettizzato (*spec. est.*): *la g. dei palestinesi; la g. delle minoranze linguistiche.*

ghétto [dal n. dell'isoletta venez., dove, nel Cinquecento, vennero relegati gli ebrei, così chiamata perché ivi era una fonderia (dial. *ghèto* 'getto'); 1516] s. m. *1* Rione dove, in alcune città, erano costretti ad abitare gli ebrei: *Erano relegati nella parte più fetida della città, che chiamossi g.* (CATTANEO) | (*est.*) Quartiere cittadino, squallido e povero, in cui si raggruppano, più o meno coattivamente, le minoranze, socialmente escluse, di una comunità: *ghetti negri.* *2* (*fig.*) Condizione di isolamento sociale, politico, ideologico e sim., a cui soggiace una minoranza di persone. *3* (*raro, fig.*) Confusione, baccano.

ghettùme [da *ghetto* e *-ume*; 1869] s. m. ● (*raro*) Confusione, frastuono.

ghézzo [gr. *aigýptios* 'egizi(an)o'; av. 1294] agg. ● (*raro*) Nericcio, detto anticamente dei Mori di Barberia, dei corvi, dell'uva matura e di alcuni Funghi.

ghia [sp. *guia* 'guida', da *guiar* 'guidare'] s. f. ● (*mar.*) Sistema di sollevamento costituito da un cavo passante per un bozzello semplice o per due bozzelli, uno fisso l'altro mobile.

ghiaccésco [sec. XIV] agg. (pl. m. *-schi*) ● (*raro*) Di ghiaccio, che ha le caratteristiche del ghiaccio.

ghiàccia [V. *ghiaccio* (*1*); av. 1294] s. f. (pl. *-ce*) *1* †Ghiaccio: *da mezzo 'l petto uscia fuor de la g.* (DANTE *Inf.* XXXIV, 29). *2* In pasticceria, glassa.

ghiacciàia o (*tosc.*) **diacciàia** [1681] s. f. *1* Luogo spec. sotterraneo dove un tempo si conservava il ghiaccio | Mobile con pareti isolate, contenente blocchi di ghiaccio, usato un tempo per conservare le vivande. *2* (*disus.*) Frigorifero. *3* (*est.*) Luogo chiuso particolarmente freddo: *questo salotto è una g.*

♦**ghiacciàio** [av. 1836] s. m. ● Grande massa di ghiaccio delle regioni montane e polari, adunata negli avvallamenti, formata dalle nevi sotto l'azione continua del gelo | *Fronte del g.*, parte terminale della lingua di ablazione nella quale si apre la porta del ghiacciaio | *Porta, bocca del g.*, apertura nella fronte del ghiacciaio dalla quale esce il torrente glaciale formato dalle acque di fusione | *G. continentale*, grande estensione di ghiaccio che ricopre vaste zone continentali nelle regioni polari. ➡ ILL. p. 2132 SCIENZE DELLA TERRA ED ENERGIA.

GHIACCIAIO
nomenclatura

ghiacciaio
● *tipi di ghiacciaio*: composto, di tipo norvegese, di tipo alpino, inlandsis, pedemontano, continentale, di circo, di vallone, di canalone, di altipiano, di pendio, di primo ordine = vallivo, di secondo ordine = vedretta, rigenerato, sospeso; banchisa, ice-field, pack, iceberg;
● *parti di un ghiacciaio*: fronte, lingua, bocca del ghiacciaio, nevato, nevi perpetue = perenni, crepaccio, seracco, seraccata, bacino ablatore = dissipatore, bacino collettore, detriti (di falda, alluvionali); blocco, masso, ciottolame, sabbia, polvere, pietrisco; morena (laterale, mediana, frontale di fondo, superficiale, interna, in movimento, galleggiante, deposta); anfiteatro morenico, cerchia morenica, limo glaciale, soglia glaciale, detriti, ciottoli striati, massi erratici, rocce montonate, doccia, truogolo, nicchia glaciale, circo glaciale;
● *modificazioni*: modellamento carsico (cunicolo, canale, pozzo, inghiottitoio, campo carreggiato, grotta = caverna, valle cieca, stalattite, stalagmite, dolina); innevamento, gelo, disgelo, fusione, glaciazione, ablazione, esarazione, erosione, abrasione, smerigliamento, disgregazione, frantumazione, trasporto, deposito, disfacimento meteorico, fessura, frattura, spacco, degradazione; tormenta, frana, smottamento, valanga, slavina.

ghiacciaménto s. m. ● Deposito di ghiaccio, per sublimazione o solidificazione, su un oggetto esposto al vento.

ghiacciàre o (*tosc.*) **diacciàre** [lat. *glaciāre*, da *glācies* (V. *ghiaccio* (*1*)); 1282] **A** v. intr. e intr. pron. (*io ghiàccio*; aus. *essere*) ● Divenire ghiaccio: *il fiume ghiacciò durante la notte* | *L'acqua si è ghiacciata*, si è congelata. **B** v. intr. impers. (aus. *essere* o *avere*) ● (*raro*) Gelare. **C** v. tr. ● Far divenire ghiaccio: *la bassa temperatura ha ghiacciato il canale.*

ghiaccìàta [1892] s. f. ● Bibita a base di sciroppo e ghiaccio tritato.

♦**ghiacciàto** o (*tosc.*) **diacciàto** [av. 1292] part. pass. di *ghiacciare*; anche agg. *1* Diventato ghiaccio: *lago g.* *2* Coperto di ghiaccio: *strada ghiacciata* | (*est.*) Estremamente freddo: *vento g.* *3* (*fig., raro*) Privo totalmente di calore, di affetto e sim.: *cuore g.*

ghiacciatùra o (*tosc.*) **diacciatùra** s. f. *1* (*raro*) Il ghiacciare | Gelo. *2* (*miner.*) Difetto di una gemma, in particolare del brillante, costituito da incrinature o sfaldature che, per un effetto di rifrazione della luce, sono visibili sulla superficie come linee bianche.

♦**ghiàccio** (**1**) o (*tosc.*) **diàccio** (**1**) [lat. parl. **glăci(am)* per il class. *glăcie(m)*, di form. poco chiara, ma certamente imparentata con la famiglia di *gelo*; av. 1250] s. m. *1* Forma solida cristallina dell'acqua. CFR. crio- | *Campo di g.*, grande estensione di ghiaccio nei mari polari | *Banco di g.*, grande massa di ghiaccio poco rilevata sulla superficie dell'acqua | *G. di baia*, ghiaccio che, spec. in autunno, si forma in una baia riparata dal vento in seguito al congelamento delle acque | (*fig.*) *Rompere il g.*, superare un periodo di freddezza o di silenzio, iniziare una conversazione dopo un imbarazzo iniziale e sim. | (*fig.*) *Essere di g.*, essere insensibile | (*fig.*) *Rimanere di g.*, rimanere allibito, attonito | (*fig.*) *Cuore di g.*, che non si lascia commuovere | (*fig.*) *Mani di g.*, molto fredde. *2* *G. secco*, anidride carbonica solida, usata per la refrigerazione a temperature molto basse. SIN. Neve carbonica.

ghiàccio (**2**) [da *ghiacci(at)o*; sec. XIII] agg. (pl. f. *-ce*) ● Freddo come il ghiaccio, gelido: *avere le mani ghiacce.*

ghiacciòlo o (*tosc.*) **diacciòlo**, (*tosc.*) **diacciuòlo**, (*lett.*) **ghiacciuòlo** [da *ghiaccio* (*1*); sec. XIV] **A** s. m. *1* Colonnina di ghiaccio che si forma negli stillicidi di fontane, grondaie e sim. *2* Tipo di sorbetto solido da passeggio ottenuto facendo congelare in piccole forme acqua aromatizzata con sciroppi alla menta, alla frutta e sim. *3* Difetto di pietre preziose, in particolare dei brillanti, rappresentato da un segno bianco simile a una incrinatura. *4* †Piccola bigoncia per levare il ghiaccio dalle ghiacciaie. **B** agg. *1* (*raro*) Che si rompe con facilità come il ghiaccio, detto spec. di rami, alberi, frutta | *Pera, patata ghiacciola*, con polpa friabile e poco saporita, come congelata. *2* (*tosc., pop.*) Nella loc. *dente g.*, che non tollera il freddo.

†**ghiàdo** (**1**) [lat. parl. *glădu(m)* per *glădiu(m)* 'spada', di prob. orig. celt.; av. 1311] s. m. ● Arma bianca da punta, spec. nella loc. *morto a g.*, ucciso con un colpo d'arma bianca: *preghiamo Iddio che vi dea tanti malanni che voi siate morto a g.* (BOCCACCIO).

†**ghiàdo** (**2**) [da *ghiado* (*1*) nello stesso impiego metaforico della loc. *freddo pungente*; av. 1380] s. m. ● (*tosc.*) Ghiaccio.

ghiàia o (*dial.*) †**ghiàra**, (*dial.*) †**giàra** (**2**) [lat. *glārea(m)*, di etim. incerta; 1353] s. f. *1* Materiale costituito da detriti di rocce trasportate dai fiumi e formato di ciottoli di piccole dimensioni. *2* Sassi spezzati e tritati per le massicciate delle strade, di viali, di giardini. || **ghiaiétta**, dim. | **ghiaiétto**, dim. m. (V.) | **ghiaìna**, dim. | **ghiaìno**, dim. m. (V.) | **ghiaiùzza**, dim.

ghiaiàta [av. 1600] s. f. ● Ghiaia sparsa per assodare un terreno fangoso.

ghiaiàto [av. 1903] agg. ● Pavimentato con, cosparso di, ghiaia: *spiazzo g.* | Mescolato con ghiaia: *asfalto g.*

ghiaiéto o (*region.*) **ghiaréto** [av. 1519] s. m. ● Terreno pieno di ghiaia, deposito di ghiaia | Greto di fiume o torrente.

ghiaiétto s. m. *1* Dim. di *ghiaia*. *2* Insieme di frammenti di sassi, di dimensioni che vanno dai 10 ai 25 mm, di impiego analogo alla ghiaia.

ghiaìno [av. 1936] s. m. *1* Dim. di *ghiaia*. *2* Insieme di frammenti di sassi di dimensioni che vanno da 1 a 10 mm, di impiego analogo alla ghiaia.

ghiaióne [da *ghiai(a)* e *-one* (*1*); av. 1519] s. m. ● Ammasso di frammenti rocciosi accumulatisi nel tempo alla base di pareti rocciose e canaloni.

ghiaióso [da *ghiaia*, come il corrisp. lat. *glareōsus*, da *glārea*; av. 1320] agg. ● Abbondante di ghiaia: *terreno, greto g.*

♦**ghiànda** [lat. *glănde(m)*, di orig. indeur., con terminazione it.; av. 1294] s. f. *1* Frutto secco indeiscente rivestito alla base di un involucro a forma di scodella detto cupola. *2* (*est.*) Oggetto che per la forma è simile a una ghianda | Vasetto per conservare sostanze profumate | Pallina di legno rivestita di passamaneria per guarnizione di frange da abbigliamento o da arredamento. *3* †Proiettile di piombo. *4* †Glande. || **ghiandellina**, dim. | **ghiandina**, dim. | **ghiandóne**, accr. m. | **ghiandùccia**, **ghiandùzza**, dim.

ghiandàia [lat. *glandāria(m)* 'da, di ghiande (*glăndes*)', nutrimento di questo uccello; sec. XIII] s. f. ● Uccelletto passeriforme dei Corvidi assai comune e grazioso con ciuffo erettile sul capo e remiganti striate di nero e azzurro (*Garrulus glandarius*). ➡ ILL. animali/10.

ghiandàtico [da *ghianda*] s. m. (pl. *-ci*) ● (*st.*) Escatico.

ghiandìfero [comp. di *ghianda* e *-fero*, come il lat. *glăndifer*, 1342] agg. ● (*lett.*) Che produce, porta ghiande: *terreno g.; albero g.*

ghiàndola o (*raro*) **glàndola**, **glàndula** [vc. dotta, parziale adatt. del lat. *glăndula(m)*, un deriv. (dim.) di *glănde(m)* 'ghianda' per la sua forma; 1499] s. f. ● (*anat.*) Organo che elabora determinate sostanze a varia attività prelevando gli elementi del sangue. CFR. adeno- | *G. a secrezione esterna*, *g. esocrina*, che riversa i suoi secreti attraverso condotti in cavità preformate del corpo | *G. a secrezione interna*, *g. endocrina*, che riversa i secreti direttamente nel circolo sanguigno. ➡ ILL. p. 2124, 2125, 2126 ANATOMIA UMANA. || **ghiandolina**, dim.

ghiandolàre o (*raro*) **glandolàre**, **glandulàre** [1750] agg. ● (*anat.*) Di, riferito a ghiandola.

ghiandóne [da *ghianda*, per l'aspetto ovoidale dei suoi cristalli; 1943] s. m. ● (*geol.*) Roccia eruttiva intrusiva, considerata una varietà di granito con grossi cristalli di ortoclasio.

†**ghiàra** ● V. *ghiaia.*

†**ghiarabaldàna** [etim. incerta; av. 1565] s. f. ● (*raro*) Cosa di nessun valore.

ghiaréto ● V. *ghiaieto.*

†**ghiàvolo** ● V. *diavolo.*

†**ghiazzerino** [ar. *ǵazā'irī* 'proprio di Algeri (*al-ǵazā'ir*)'; av. 1332] s. m. ● Cotta di maglia di ferro, indossata sotto l'armatura.

ghibellinismo [1869] s. m. *1* Ideologia ghibellina. *2* (*est.*) Ogni corrente spirituale e politica che difenda una concezione laica dello Stato.

ghibellino [ted. mediev. *Wibelingen*, dal n. del castello di *Wibeling* (oggi *Waiblinen*), in Franconia antica regione attualmente compresa nel Baden-Württemberg; av. 1294] **A** s. m. *1* Nel Medioevo, in Germania, sostenitore della casa degli Hohenstaufen contro quella di Baviera, all'epoca della lotta per il titolo imperiale. *2* Sostenitore degli interessi imperiali contro le vedute teocratiche papali nell'Italia dei sec. XIII e XIV. CFR. Guelfo. **B** agg. ● Dei, relativo ai, ghibellini | (*arch.*) *Merlo g.*, a coda di rondine.

ghibli [ar. libico *ǵebli* '(vento) del sud (da *ǵebla* 'sud')'; 1912] s. m. inv. ● Vento caldo e secco, spesso impetuoso, che soffia, provenendo dal deserto, sull'Africa settentrionale, spec. in Libia e giunge in Italia umidificato dal Mediterraneo come vento caldo e afoso.

ghièra (**1**) o †**vièra** [lat. *vĭria(m)* 'braccialetto', dall'usuale pl. *vĭria(s)*, nom. *vĭriae*, di orig. celtico-iberica; sec. XIV] s. f. *1* Anello spec. metallico applicato per rinforzo all'estremità di alcuni oggetti: *g. d'argento, oro, avorio*; *g. del bastone, dell'ombrello* | Nella sciabola, elemento in metallo situato nella parte terminale del manico vicino alla coccia | Nel fucile, cerchio metallico che unisce la canna alla cassa. *2* (*mecc.*) Anello filettato internamente che si avvita su alberi o altro per fissare a questi altri elementi. *3* (*arch.*) Arco con estradosso a risalto di spessore uniforme in tutto il suo giro | Archivolto.

†**ghièra** (**2**) [lat. *vĕru* (nt.) 'spiedo', 'giavellotto', di orig. indeur., con sovrapposizione di *ghiera* (*1*); sec. XIV] s. f. ● Dardo affusolato munito di unci-

ni laterali.

ghieràto [da *ghiera* (*1*); 1584] **agg.** ● Provvisto di ghiera.

†**ghièu** [etim. incerta; 1566] **A inter.** ● (*raro*) Esprime scherno (*spec. iter.*). **B s. m.** ● (*raro*) Cosa da nulla.

†**ghièva** ● V. *gleba*.

ghiglia [fr. *aiguille* 'ago', dal lat. *acŭcula*(*m*), dim. di *ăcu*(*m*) 'ago'] **s. f.** *1* (*spec. al pl.*) Cordoni di vario tessuto, con puntale all'estremità, a ornamento di antiche uniformi. *2* (*spec. al pl.*) Lungo cordone con nappa per chiudere il colletto di mantelli maschili e femminili.

ghigliottina o †**guigliottina** [fr. *guillotine*, dal n. del medico J.-I. *Guillotin*, che nel 1789 ne propose l'uso all'Assemblea Nazionale Francese; 1798] **s. f.** ● Macchina per decapitare, in uso in alcuni Paesi per eseguire le condanne a morte | (*est.*) ***Sportello, finestrino a g.***, che si chiudono tirandoli giù dall'alto.

ghigliottinàre [fr. *guillotiner*, da *guillotine* 'ghigliottina'; 1793] **v. tr.** ● Giustiziare, decapitare con la ghigliottina.

ghigna (1) [da *ghignare*; 1848] **s. f.** ● (*fam.*) Volto arcigno, sinistro. || **ghignàccia**, **pegg.**

ghigna (2) **s. f.** ● Adattamento di *guigne* (V).

ghignàre o (*raro*) **sghignàre** [etim. discussa: ant. fr. *guignier* 'far cenno con l'occhio', dal francone **wingjan* 'accennare' (?); 1353] **v. intr.** (aus. *avere*) ● Ridere con malizia o cattiveria.

ghignàta [sec. XIII] **s. f.** ● Il ghignare | Risata beffarda.

ghignazzàre [da *ghignare*, con un suff. iter. intens.; 1825] **v. intr.** (aus. *avere*) ● (*raro*) Sghignazzare.

ghigno [da *ghignare*; 1427] **s. m.** *1* Riso beffardo e maligno. *2* (*raro*) Cenno o sorriso pieno di maliziose allusioni. || **ghignàccio**, **pegg.** | **ghignétto**, **dim.**

ghignóso [da *ghigna* (*1*); 1312] **agg.** ● (*pop.*, *sett.*) Noioso, antipatico: *bambino g.* || **ghignosaménte**, **avv.**

ghimbàrda [fr. *guimbarde* (anche n. di una 'danza'), con l'idea di 'muoversi, saltellare' che ha il v. di provenienza, l'ant. provz. *guimar*, prob. dal francone **wiman*] **s. f.** ● Piccola pialla usata dal falegname per rifinire gli incavi fatti nel legno.

ghimberga [ant. alto ted. *wintberga* 'parte di costruzione adatta per proteggere (*bërgan*) dal vento (*wint*)'] **s. f.** ● (*arch.*) Tipo di frontone molto allungato, di forma triangolare, spesso fiancheggiato da due pinnacoli, sovrastante porte e finestre negli edifici gotici.

ghinda [sp. *guinda*, da *guindar* 'ghindare'; 1889] **s. f.** *1* (*mar.*) Canapo per ghindare. *2* (*mar.*, *al pl.*) Parapetti volanti o travetti verticali a un ponte.

ghindàre [sp. *guindar*, dal fr. *guinder*, dall'ant. nordico *vinda* 'svolgere' e 'alzare'; 1556] **v. tr.** ● (*mar.*) Tirar su, con un cavo, gli alberi di gabbia e di velaccio lungo la faccia prodiera degli alberi maggiori per metterli dritti a posto | Drizzare, issare: *g. la bandiera*.

ghindàzzo [fr. *guindas*, dall'ant. nordico *vindáss*, propr. 'palo (*áss*) per tirare (*vinda*)'] **s. m.** ● (*mar.*) Paranco usato per ghindare.

ghinèa (1) [ingl. *guinea*, perché coniata la prima volta (1663) con l'oro proveniente dalla regione africana della *Guinea*; 1684] **s. f.** ● Moneta inglese del valore di 21 scellini, coniata fino agli inizi del XIX sec. ➡ **ILL. moneta.**

ghinèa (2) [fr. *guinée*, perché destinata agli scambi con la Guinea (*Guinée*); 1923] **s. f.** ● Tessuto di cotone grossolano per lenzuola, camicie, e sim.

ghingheri [prob. da *agghindare*; 1863] **vc.** ● (*fam.*, *scherz.*) Solo nella loc. avv. ***in g.***, vestito e acconciato in modo ricercato: *mettersi, andare in g.*; *è uscita tutta in g.*

†**ghiòmo** [lat. *glŏmu*(*m*), di etim. incerta; av. 1406] **s. m.** ● Gomitolo.

ghiòtta [scherz. da *ghiotto*; av. 1548] **s. f.** ● Tegame bislungo che si mette sotto lo spiedo mentre gira l'arrosto per raccogliere il grasso che cola. **SIN.** Leccarda.

†**ghiotteria** [av. 1729] **s. f.** ● Ghiottoneria.

†**ghiottézza** [sec. XIV] **s. f.** ● Caratteristica di ghiotto.

ghiótto [lat. *glŭttu*(*m*), da *guttur* 'gola'; 1225 ca.] **agg.** *1* Che ama in modo particolare determinati cibi o bevande: *essere g. di dolci, di funghi*; *i bambini sono ghiotti di aranciata.* **SIN.** Goloso. *2* (*fig.*) Avido, bramoso, desideroso: *g. di denaro, di vendetta* | (*fig.*) Appassionato, curioso: *g. di novità, di libri rari.* *3* Di cibo che solletica l'appetito: *un contorno g.*; *pietanze ghiotte.* **SIN.** Appetitoso, gustoso. *4* (*fig.*) Che suscita curiosità, interesse: *un libro g.*; *una notizia ghiotta.* **SIN.** Eccitante. *5* †Vizioso, briccone. || **ghiottaménte**, **avv.** *1* Con ghiottoneria. *2* (*fig.*) Avidamente.

ghiottóne [lat. *gluttōne*(*m*), da *guttur* 'gola'; nel sign. 2, calco sul fr. *glouton*; 1313] **s. m.** *1* (**f.** *-a*) Persona molto ghiotta e ingorda. **SIN.** Goloso. *2* Mammifero carnivoro dei Mustelidi dal corpo massiccio, voracissimo, che vive nelle regioni più settentrionali dell'Europa, dell'Asia e dell'America (*Gulo gulo*). **SIN.** Gulo. *3* †Briccone, mariolo. || **PROV.** Nella chiesa coi santi e in taverna coi ghiottoni. || **ghiottonàccio**, **pegg.** | **ghiottoncèllo**, **dim.** | **ghiottonino**, **dim.**

ghiottoneria [1536] **s. f.** *1* Ingordigia di chi è ghiotto: *la sua g. è proverbiale.* **SIN.** Golosità. *2* Cibo ghiotto, appetitoso: *amare le ghiottonerie.* **SIN.** Golosità. *3* (*fig.*) Cosa ricercata, che suscita molto interesse: *una g. per gli appassionati di cinema.*

ghiottùme [1869] **s. m.** ● (*raro*) Quantità di cibi da ghiotti.

†**ghiòva** o (*dial.*) †**chiòva** [lat. *glēba*(*m*), con sovrapposizione di altra vc. (*glŏbus*) 'mucchio' (?); av. 1292] **s. f.** ● Gleba, zolla, piota.

ghiózzo (1) (o **-zz-**) o †**chiòzzo** (o **-zz-**) [etim. incerta; av. 1480] **s. m.** *1* Pesce dei Perciformi di modeste dimensioni, comunissimo sia nelle acque marine che in quelle salmastre o dolci (*Gobius*). *2* (*fig.*, *raro*) Uomo stupido.

†**ghiózzo** (2) [da *ghiozza*, a sua volta dal lat. parl. **glŭttia* per *gŭttia* 'goccia' (?); 1553] **s. m.** *1* Goccia, goccio. *2* (*fig.*) Un nulla, una cosa minima.

ghirba [ar. *qirba* 'otre', nella var. libica *ġerba*; 1902] **s. f.** *1* Sacco impermeabile per trasportare acqua, usato in Africa settentrionale e in Arabia | Contenitore in plastica per acqua usato dai campeggiatori. *2* (*gerg.*) La vita, la pelle: *lasciarci la ghirba* | ***Portare a casa la g.***, tornare sano e salvo dalla guerra.

ghiribizzàre o **ghiribizzàre** [da *ghiribizzo*; 1550] **v. tr.** e **intr.** (aus. *avere*) ● (*raro*) Fantasticare, arzigogolare: *andava ghiribizzando intorno alle cose della natura* (VASARI).

ghiribizzo o **ghiribizzo** [etim. incerta; av. 1449] **s. m.** ● Idea bizzarra, capriccio improvviso | ***Saltare il g.***, venire il capriccio: *la vergogna vi perpetuerà dove vi trascina il g.* (ARETINO).

ghiribizzóso o **ghiribizzóso** [1548] **agg.** ● (*raro*) Bizzarro, capriccioso, stravagante. || **ghiribizzosaménte**, **avv.** (*raro*) In modo ghiribizzoso.

ghirigògolo **s. m.** ● Ghirigoro.

ghirigòro [etim. discussa: formazione allitterativa (?); 1525] **s. m.** *1* Intreccio bizzarro di linee, di segni: *tracciare un g. su un foglio bianco* | (*est.*) Giravolta, andirivieni | ***Camminare a g.***, a zig-zag. *2* Decorazione artistica a linee intrecciate capricciosamente.

ghirlànda o (*pop.*) **grillànda** [etim. incerta; sec. XIII] **s. f.** *1* Corona di fiori, fronde, erbe o altra materia che si pone in capo per ornamento: *tessere, intrecciare una g.*; *una g. di rose, di gigli*; *le tien sospesa / sopra l'umide trezze una g. / d'oro e di gemme orïentali accesa* (POLIZIANO) | ***G. nuziale***, di fiori d'arancio. **SIN.** Serto. *2* (*fig.*, *lett.*) Insieme di cose o persone disposte in circolo, che fanno corona: *una g. di villette attorno al lago*; *una g. di ascoltatori* | (*est.*) Scelta di poesie: *una g. di sonetti.* *3* †Fasciatura di cencio, corda e sim. per difendere un oggetto da urti, attriti. **SIN.** Gambetto | †***G. dell'ancora***, cicala con fasciatura di canapetti | Ciascuno dei pezzi grossi di legno curvi e continuati disposti a squadra sulla ruota di prua, sopra e sotto la cubia, per legare insieme le parti davanti delle navi e connettere i madieri e i forcacci. || **ghirlandèlla**, **dim.** | **ghirlandétta**, **dim.** | **ghirlandina**, **dim.** | **ghirlandùccia**, **ghirlandùzza**, **dim.**

ghirlandàio **s. m.** (**f.** *-a*) ● (*raro*) Chi fa o vende ghirlande.

ghirlandàre [1481] **v. tr.** ● (*poet.*) Inghirlandare (*anche fig.*): *le azzurre Oceanine … d'inni e di compianti / mi ghirlandarono il crine* (CARDUCCI).

♦**ghiro** [lat. parl. **glīru*(*m*), per il class. *glīre*(*m*), di etim. incerta; av. 1320] **s. m.** ● Piccolo mammifero dei Roditori che d'inverno cade in letargo, provvisto di folta pelliccia grigia e lunga coda (*Glis glis*) | ***Dormire come un g.***, profondamente e a lungo. ➡ **ILL. animali**/11.

ghirónda o **girónda** [etim. discussa: dal *girare* (della sua ruota) con intrusione di vc. onomat. (?); av. 1698] **s. f.** ● (*mus.*) Strumento a corde, oggi in disuso, il cui suono è prodotto con un disco azionato da una manovella. **SIN.** Viola da orbi. ➡ **ILL. musica.**

ghisa (1) [dal fr. *guise*, var. di *gueuse*, di orig. ted.; 1819] **s. f.** ● Prodotto siderurgico consistente in una lega di ferro contenente buone dosi di carbonio insieme ad altri elementi aggiunti per particolari scopi o entrati in lega come impurezze | ***G. bianca***, ottenuta per rapido raffreddamento, dura e fragile, non lavorabile | ***G. grigia***, ottenuta per lento raffreddamento, impiegata nella fabbricazione di svariati oggetti.

ghisa (2) [detto così dal color ghisa del cappello della prima uniforme] **s. m. inv.** ● (*pop.*, *sett.*) Vigile urbano.

ghost-writer /ˈgoʊstˈraɪtər, *ingl.* ˈgəʊstˌɹaɪtə/ [loc. ingl., comp. di *ghost* 'fantasma' (di orig. germ.) e *writer* 'scrittore' (da *to write* 'scrivere', di orig. germ.)] **s. m.** e **f. inv.** ● Chi scrive libri, articoli e sim. per conto di un'altra persona, che poi li firma assumendosene così la paternità e il merito. **SIN.** Negro (2).

gi /dʒi*/ o † (*dial.*) **ge** [1737] **s. m.** o **f. inv.** ● Nome della lettera *g*.

♦**già** /dʒa*/ [lat. *iăm*, della serie degli avv. in *-am*, tipica del lat.; av. 1294] **avv.** *1* Indica che un'azione o un fatto si sta compiendo, o si è ormai compiuto in un passato più o meno prossimo: *quando arriverai troverai tutto già preparato*; *è già tutto stabilito*; *è accaduto già da molto tempo*; *se ne sono già andati*; *il tuo amico è già qui che ti aspetta*; *sono già pronto*; *Era già l'ora che volge il disio / ai navicanti* (DANTE *Purg.* VIII, 1-2) | Anche riferito a un avvenimento che si prevede nel futuro: *fra qualche anno sarà già un uomo arrivato*; *fra poco sarò già di ritorno per il pranzo* | Con valore intens. in espressioni ellittiche: *già fatto*; *già partito*; *già finito*; *già chiuso*; *già detto.* *2* In prop. interr. e escl. esprime meraviglia, gioia o rimpianto per qlco. che stia per accadere o sia accaduto: *sei già di ritorno?*; *peccato sia già finito!*; *già qui!* *hai fatto prestissimo!* | Anche nella loc. avv., con valore raff. ***di già***: ***hai di già finito?*** *3* Ormai: *è già troppo tardi per incominciare*; *è già quasi un'ora che sono qui*; *è passato già tanto tempo che non posso ricordarmene* | (*iter.*) Con valore raff. per indicare l'imminenza di qlco.: *e già già tremano / mitre e corone* (CARDUCCI). *4* Fin da ora: *già me lo sento che capiterà qualcosa*; *posso già immaginare la fine* | Fin da quel tempo, fin dai tempi passati: *già da bambino aveva passione per la musica*; *questi problemi c'erano già ai tempi dell'antica Roma.* *5* Prima d'ora: *mi sembra di averlo già sentito dire*; *ma noi non ci siamo già incontrati?*; *credo di averla già vista da qualche parte* | Precedentemente: *il già nominato promotore*; *il già citato autore* | Per l'addietro, in passato (con valore indet.): *in Siena, siccome io intesi, già furon due giovani* (BOCCACCIO). *6* Ex (davanti a un s. e con ellissi di un v. per indicare una denominazione, una carica, una funzione superata): *via Roma già via Toledo*; *il ministro degli Esteri, già ministro delle Finanze* | (*disus.*) Fu (premesso al nome proprio di persona morta): *questo è il figlio del già signor Rossi.* *7* (*assol.*) Esprime assicurazione (anche iter.): *'allora sei d'accordo?' 'già!'*; *già già, è vero!*; *già! è proprio come dici tu.* *8* (*assol.*) Esprime ironia, dubbio, irritazione e sim.: *già, tu sei il solito sapiente!*; *già, e chi dice questo?*; *già, dovevo aspettarmelo*; *già! dovevo averlo capito da molto tempo!* *9* (*pleon.*) Con valore raff. (preceduto dalla negazione 'non'): *non è già questo che intendo!*; *m'odia e fugge, / per invidia non già* (LEOPARDI) | (*pleon.*) In espressioni correl.: *ti vorrei qui non già come aiutante, ma come amico*; *non già che ti creda un bugiardo, ma desidero una spiegazione.* *10* Nella loc. cong. ***già che***, V. *giacché* | Ricorre nella formazione di avv. e cong.: *giacché*; †*giafossechè*; †*giafossecosaché*; *giammai*; †*giassiaciocché*; †*giassiacosaché* e sim.

♦**giàcca** [fr. ant. *jaque*, già fatto derivare da *Jacques*, propr. 'Giacomo', ma anche il 'contadino' che portava questo tipo di indumento; 1853] **s. f.** ● Indumento che copre la parte superiore del corpo e costituisce un capo essenziale dell'abbigliamento maschile, o del tailleur femminile | *G. a vento*, in tessuto impermeabile spesso trapuntato, con o senza cappuccio, usata spec. da alpinisti e sciatori. || **giacchettino**, dim. m. | **giacchétto**, dim. m. (V.) | **giacchina**, dim. | **giacchino**, dim. m. | **giaccóna**, accr. | **giaccóne**, accr. m. (V.).

giacché o **già che** [comp. di *già* e *che* (2); av. 1342] **cong.** ● Poiché (introduce una prop. caus. con il v. all'indic.): *g. non siete d'accordo, deciderò io* | Visto che, dal momento che (con valore di constatazione): *già che sei qui, aiutami a spostare il divano.*

giacchétta [fr. *jaquette*, dim. di *jaque* 'giacca'; 1829] **s. f.** *1* Giacca corta e leggera | (*sport*) *G. nera*, (*est.*) arbitro di una partita di calcio. *2* †(*mar.*) Antica giubba di gala, di colore azzurro scuro coi bottoni di metallo e distintivi rossi, per marinai. || **giacchettina**, dim.

giacchétto [1536] **s. m.** *1* Dim. di *giacca*. *2* Giacca corta e attillata, spec. da donna.

giacchiàre [da *giacchio*; 1923] **v. tr.** e **intr.** (*io giàcchio*; aus. *avere*) ● Pescare col giacchio.

giacchiàta [av. 1729] **s. f.** ● Gettata di giacchio | Retata: *fare una g.*

giàcchio [lat. *iăculu(m)*, propr. 'oggetto da gettare' (*iăcere*, di orig. indeur.); av. 1320] **s. m.** ● Rete da pesca rotonda, di varie misure, piombata al perimetro e inguainata con una cordicella, che viene lanciata in acqua in modo che ricada aperta a ombrello e, giunta sul fondo, si chiuda tirando la corda e rinserrando i pesci. SIN. Rezzaglio, sparviero (2). ➡ ILL. **pesca**.

giàccio ● V. *giacere*.

giaccóne [1933] **s. m.** *1* Accr. di *giacca*. *2* Giacca pesante, lunga e ampia: *un g. di pelle.*

giacènte o †**iacènte** [sec. XIV] **part. pres.** di *giacere*; anche **agg.** *1* Nei sign. del v. *2* ***Processo g.***, sospeso | ***Eredità g.***, provvisoriamente amministrata da un curatore quando l'erede non si trova nel possesso dei beni ereditari e non ha accettato.

giacènza [1840] **s. f.** *1* Condizione di ciò che giace, resta inattivo: *g. di un capitale.* *2* (*spec. al pl.*) Complesso di materiali, beni o denaro che si trovano, in un dato momento, nei depositi o nelle casse di un'azienda | (*raro*) Rimanenza | Tempo, periodo in cui una cosa resta giacente: *una lunga g.*

♦**giacére** o (*dial.*) **diacére**, †**iacére** [lat. *iacēre* 'essere steso, abbattuto' (opposto a *stāre*), da *iăcere* 'buttare (giù)', di orig. indeur.; av. 1292] **A v. intr.** (pres. *io giàccio, tu giàci, egli giàce, noi giacciàmo*, (*evit.*) *giaciàmo, voi giacéte, essi giàcciono*; pass. rem. *io giàcqui*, †*giacètti* (o *-étti*), *tu giacésti*; congv. pres. *io giàccia*, ecc., *noi giacciàmo*, (*evit.*) *giaciàmo, voi giacciàte*, (*evit.*) *giaciàte, essi giàcciano*; part. pass. *giaciùto*; aus. *essere*, raro *avere*) *1* Stare disteso: *g. a letto, a terra, sul fianco, supino, bocconi; mettersi a g.*; *g. ammalato* | ***Qui giace***, qui è sepolto, nelle iscrizioni funerarie | †***Morire senza g.***, all'improvviso. *2* (*spec. lett.*) Essere situato, posto: *il paese giace in una valle* | †***Come giace nel testo***, come è scritto nel testo. *3* (*mat.*) Appartenere a: *la retta giace su, in un piano.* *4* Stare inerte, inattivo: *il capitale giace inutilizzato; g. nell'ozio, nel vizio; mi pare da credere sia l'uomo nato, certo non per marcire giacendo, ma per stare faccendo* (ALBERTI) | ***La domanda, la pratica giace negli uffici***, non ha corso. *5* (*fig., lett.*) Rimanere abbattuto senza capacità di riprendersi: *con vece assidua / cadde risorse e giacque* (MANZONI) | Essere depresso, avvilito. *6* †Essere meno ripido, pianeggiante. *7* †Dormire. **B v. intr.** e **intr. pron.** ● (*lett.*) Avere rapporti sessuali con qlcu.: *amo una donna con cui mai non giacqui, / né mai mi giacerò* (SABA).

già che /dʒak'ke*, 'dʒakke*/ ● V. *giacché*.

giaciglio [lat. parl. **iacīliu(m)*, da **iacīle*, deriv. di *iacēre* 'giacere'; av. 1364] **s. m.** ● Misero lettuccio o mucchio di stracci o paglia sul quale stanno coricate persone o animali: *il g. del cane.*

giaciménto [1817] **s. m.** *1* Concentrazione di minerali utili nella crosta terrestre, tale da essere sfruttata economicamente: *g. aurifero.* *2* (*fig.*) Bene, ricchezza, risorsa da salvaguardare e valorizzare | ***G. culturale***, bene culturale come, ad es., un museo, una biblioteca, un archivio, uno scavo archeologico | ***G. ambientale***, luogo di particolare interesse naturalistico o paesaggistico. *3* (*fig.*) †Oblio.

giacintino [vc. dotta, lat. *hyacĭnthinu(m)*, dal gr. *hyakínthinos* 'di giacinto (*hyákinthos*)'; sec. XIV] **agg.** ● Detto di colore rossastro tipico del giacinto selvatico.

giacinto [vc. dotta, lat. *hyăcinthu(m)*, dal gr. *hyákinthos*, di orig. straniera non chiarita; av. 1364] **s. m.** *1* Pianta erbacea delle Liliacee con fiori a grappolo odorosi, di vario colore, coltivata con molte varietà e ornamentale (*Hyacinthus orientalis*). ➡ ILL. **piante**/11. *2* (*miner.*) Varietà di zircone usata come gemma, in cristalli di un bel colore rosso.

giacitùra [da *giacere*; 1353] **s. f.** *1* Modo di giacere, di stare coricati: *la g. dell'ammalato; una g. scomoda.* *2* (*mat.*) Insieme delle direzioni delle rette parallele a un piano: *g. d'un piano.* *3* Disposizione spaziale di un corpo geologico | ***G. di uno strato***, orientamento dello strato rispetto ai punti cardinali e al piano orizzontale. *4* (*raro*) Posizione, positura. *5* Collocazione delle parole nella frase. *6* (*mar.*) †Positura degli oggetti e loro riscontro con la bussola secondo i rilievi.

giaciùto [1579] **part. pass.** di *giacere* ● Nei sign. del v.

giàco [fr. *jaque*, di etim. discussa (V. *giacca*); av. 1400] **s. m.** (pl. *-chi*) ● Cotta di maglia d'acciaio, usata in passato per difendere il torace.

giacobinismo [fr. *jacobinisme*, da *jacobin* 'giacobino'; 1793] **s. m.** *1* Ideologia dei Giacobini. *2* (*est.*) Atteggiamento politico estremista.

giacobino [fr. *jacobin* 'appartenente al Club des *Jacobins*', fondato nel Convento dei domenicani (*Jacobins*) di S. Giacomo (lat. *Iacōbus*); 1793] **A s. m.** (f. *-a*) *1* Appartenente al Club politico dei Giacobini che ebbe vita a Parigi durante la Rivoluzione Francese fra il 1789 e il 1794 | Sostenitore del movimento politico ispirato all'ideologia giacobina. *2* Chi, in Europa, sosteneva le idee e la politica dei giacobini francesi. *3* (*est.*) Chi sostiene idee estremiste, intransigenti. **B agg.** ● Dei, relativo ai, giacobini | (*est.*) Da giacobino, tipico dei giacobini: *una morale giacobina.* || **giacobinaménte**, avv.

giacobita [dall'ingl. *jacobite*, dal tardo lat. *Iacōbus* 'Giacomo'; av. 1631] **s. m.** e **f.**; anche **agg.** (pl. m. *-i*) *1* (*relig.*) Seguace della Chiesa monofisita di Siria fondata da Giacobbe Baradeo nel sec. VI. *2* (*st.*) Sostenitore del re d'Inghilterra Giacomo II Stuart, deposto nel 1688.

giàcomo [prob. d'orig. onomat. (*ciac*); 1633] **s. m.** solo sing. ● (*scherz.*) Solo nella loc. ***fare g. g.***, tremare, mancare, per stanchezza, debolezza o paura, detto delle gambe o delle ginocchia.

giaconétta [ingl. *jaconet*, dall'urdu *jagannāthī* 'di Cuttack', la città di provenienza; 1839] **s. f.** ● Tessuto leggerissimo di cotone, quasi trasparente, molto apprettato e rigido.

giàcqui ● V. *giacere*.

giaculatòria o †**iaculatòria** [adatt. del lat. crist. *prĕces iaculatōriae* 'preghiere che si lanciano (da *iaculāri*, intens. di *iăcere* 'lanciare', di orig. indeur.)', sottinteso verso Dio; av. 1603] **s. f.** *1* Orazione breve che si ripete spesso più volte ed è fornita di indulgenze | Formula breve, tratta da salmi o da altri testi sacri, che, nella liturgia cattolica, serve a concludere una preghiera. *2* (*scherz.*) Monotona ripetizione di parole o discorsi uguali. *3* (*fig.*) Discorso lamentoso e insistente | (*antifr.*) Imprecazione, bestemmia.

giàda [fr. *jade*, per *ejade*, dallo sp. *piedra de la ijada*, propr. 'pietra del fianco', perché ritenuta efficace contro i dolori dovuti ai calcoli renali (mal di pietra); 1770] **A s. f.** ● (*geol.*) Roccia composta in prevalenza di giadeite in aggregati compatti, usata fin dalla preistoria come pietra dura per intagliarvi armi, utensili e ornamenti | ***G. imperiale***, varietà chiazzata verde brillante, usata nell'oreficeria cinese tradizionale per i regnanti come gemma intagliata. **B** in funzione di **agg. inv.** ● (posposto al s.) Nella loc. ***verde g.***, detto di colore verde mela pallido.

giadeite [da *giada*] **s. f.** ● (*miner.*) Pirosseno di alluminio e sodio, tipico di ambiente metamorfico di altissima pressione, costituente principale della giada.

giafètico ● V. *iafetico*.

giafètide ● V. *iafetide*.

†**giafosseché** /dʒa(f)fosse'ke*/ o †**già fósse che** [comp. di *già, fosse* e *che* (2); sec. XIV] **cong.** ● (*raro, lett.*) Giafossecosaché.

†**giafossecoṣaché** /dʒa(f)fossekosa'ke*/ o †**già fósse còṣa che** [comp. di *già, fosse, cosa* e *che* (2)] **cong.** *1* (*raro, lett.*) Poiché (introduce una prop. caus. con il v. all'indic. o al congv.). *2* (*raro, lett.*) Benché (con valore concess.).

giaggiòlo o **giaggiuòlo** [lat. *gladiŏlu(m)* 'piccola (*-ŏlu(m)*) spada (*glădiu(m)*)', perché le sue foglie somigliano a una spada; sec. XIV] **s. m.** ● Pianta erbacea delle Iridacee con foglie a sciabola e grandi fiori blu-violacei, coltivata in molte varietà ornamentali (*Iris germanica*). ➡ ILL. **piante**/11.

giaguàro o †**iaguàro** [fr. *jaguar*, dal tupi-guaranì *yaguará*; 1772] **s. m.** ● Mammifero dei Felidi dell'America tropicale con pelame fulvo a macchie ocellate, ferocissimo (*Pantera onca*) | (*fig.*) ***Amico del g.***, chi, invece di appoggiare un amico, sembra parteggiare per i suoi avversari. ➡ ILL. **animali**/14.

giaiètto [fr. *jaiet*, dal lat. *gagātes* 'gagate' (V.); 1798] **s. m.** *1* (*miner.*) Varietà compatta di lignite bituminosa di colore nero lucente, usata per bottoni, ornamenti e, in passato, per gioielli da lutto. SIN. Giavazzo. *2* Perla di vetro nera e lucente prodotta dalla omonima varietà di lignite, ma normalmente imitata con vetro nero.

giàina o **jàina** [av. 1916] **s. m.** e **f.** (pl. m. *-i*) ● Seguace del giainismo.

giainiṣmo o **jainiṣmo** [ingl. *jainism*, da *jain* 'aderente alla setta', in indost. *jaina*, dall'ant. indiano *jainah* 'di Budda (*jinah* 'eroe, santo')'] **s. m.** ● Religione indiana sorta nel VI sec. a.C. nell'ambito dei movimenti ascetici contro il Brahmanesimo, che predica la reincarnazione dell'anima, la redenzione del mondo in epoche successive e la non-violenza nei riguardi di tutte le creature.

gialàppa o (*pop.*) **scialàppa**, (*pop.*) †**sciaràppa** [sp. *jalapa* (*xalapa*), riduzione di (*raíz de*) *Jalapa* 'radice raccolta per la prima volta presso la città messicana di Jalapa'; 1695] **s. f.** ● Pianta erbacea messicana delle Convolvulacee, con lunghi fusti sottili e fiori carnicini, le cui radici contengono una sostanza impiegata come purgante (*Ipomea purga*). SIN. Ipomea.

giàlda [ant. fr. dial. *jaude*, var. di *gelde* 'gilda', dal francone **gilda* 'riunione di festa'; av. 1388] **s. f.** ● Lancia con asta molto lunga usata nel Medioevo.

†**gialdonière** [da *gialda*; av. 1348] **s. m.** ● Balestriere a cavallo dell'antica milizia italiana armato di gialda.

giallàstro [1598] **agg.** ● Tendente al giallo, ma sporco e senza luce | ***Viso g.***, dall'aspetto malsano.

gialleggiàre [av. 1519] **v. intr.** (*io galléggio*; aus. *avere*) ● (*raro*) Tendere al giallo.

giallétto **s. m.** *1* Dim. di *giallo*. *2* Schiacciata di farina di grano turco con uvetta.

giallézza [av. 1519] **s. f.** ● (*raro*) Caratteristica di chi (o di ciò che) è giallo.

gialliccio [av. 1406] **agg.** (pl. f. *-ce*) ● Di colore chiaro tendente al giallo pallido.

gialligno [av. 1537] **agg.** ● Di colore giallo smorto, sbiadito.

giallista [1942] **s. m.** e **f.** (pl. m. *-i*) ● Chi scrive romanzi gialli.

giallistica [da *giallo*, sul modello di *saggistica*; 1983] **s. f.** ● Genere letterario che comprende i romanzi gialli.

♦**giàllo** [ant. fr. *jalne*, dal lat. *gălbinus*, deriv. dal suo sin. *gălbus* 'verdiccio, verde pallido', di etim. incerta; av. 1276] **A agg.** *1* Di colore fra l'aranciato e il verde: *fiore, frutto g.*; *g. in qualche pozzanghera si specchia / qualche fanale* (SABA) | ***Farina gialla***, di granturco | ***Cera gialla***, cera vergine | ***Terra gialla***, ocra | ***Bandiera gialla***, sulle navi, segnale della presenza di malattie infettive a bordo | ***Pagine Gialle***®, V. *pagina* | (*fig.*) ***Sindacati gialli***, quelli costituiti nel XIX sec. in Francia e in Germania in opposizione a quelli rossi socialisti e contrari allo sciopero; (*est.*) quelli promossi o finanziati dai datori di lavoro per difendere i loro interessi anziché quelli delle classi lavoratrici. CFR. xanto-. *2* (*est.*) Pallido, cereo, per malattia, paura o sim.: *essere g. dalla rabbia; essere g. come un limone; diventare g. di paura; il viso g. di un malato.* *3* (*med.*) ***Febbre gialla***, infezione virale trasmessa da zanzare caratterizzata soprattutto da ittero. **4** Detto di romanzo, dramma o film poliziesco. **5** Proveniente da, relativo all'Est Asiatico e spec. al Giappone: *auto gialla* | ***Razza gialla***, mongolide | ***Pericolo g.***, per i popoli di razza bianca, quello rappresentato, all'inizio del XX sec., dalla potenza soverchiante della Cina e del Giappone. **B** s. m. **1** Colore giallo: *il g. si accorda bene con il verde* | ***G. paglierino***, chiaro, simile al colore della paglia | ***G. canarino***, chiaro | ***G. dorato***, ***g. oro***, caldo, vivo | ***G. ambrato***, sfumato nel bruno, come il colore dell'ambra | Il colore giallo come segnale luminoso di avvertimento, spec. nei semafori: *fermarsi al g.*; *passare col g.* **2** Parte gialla di qlco. | ***Il g. dell'uovo***, il tuorlo | ***Il g. della rosa***, il polline. **3** (*chim.*) Sostanza gialla | ***G. di cadmio***, solfuro di cadmio usato come colorante | ***G. cromo***, cromato di piombo usato come colorante | ***G. di Siena***, ***g. orientale***, specie di marmo a fondo giallo. **4** Romanzo, dramma o film poliziesco: *abbiamo visto al cinema un interessante g.* | (*est.*) Caso poliziesco, particolarmente complesso e di difficile soluzione | (*est.*) Vicenda, situazione misteriosa: *il g. delle bobine scomparse*. **5** (f. *-a*) Persona di razza mongolide: *i gialli, i bianchi, i neri*. || **giallàccio**, pegg. | **giallettino**, dim. | **giallètto**, dim. (V.) | **giallino**, dim. | **giallolino**, dim. | **giallóne**, accr. | **giallùccio**, dim.

giallobl̀ù [comp. di *giallo* e *blu*, i colori della squadra] agg.; anche s. m. e f. inv. ● Che (o Chi) gioca nella squadra di calcio del Verona o ne è sostenitore.

giallógnolo (o -ò-) [sec. XVI] agg. ● Di color giallo sbiadito.

giallóna s. f. ● Pesca giallona (V. *giallone*).

giallóne [1913] **A** s. m. **1** (f. *-a*) (*raro*) Persona dal colorito giallastro. **2** Baco da seta nell'ultimo stadio dell'età larvale, colpito da giallume. **3** (*zool.*) Rigogolo. **B** agg. ● Nella loc. ***pesca giallona***, qualità di pesca duracina con polpa di colore giallo intenso.

giallóre [sec. XIII] s. m. **1** (*raro*) Colorito giallo: *simile al g. del croco* (D'ANNUNZIO) | Materia gialla. **2** Itterizia.

gialloròsa [comp. di *giallo* e *rosa*; 1958] agg. inv. ● Di commedia, film e sim. di argomento poliziesco, con un intreccio amoroso a lieto fine.

gialloróssso [comp. di *giallo* e *rosso*, i colori della squadra] agg.; anche s. m. (f. *-a*; pl. *-i*) ● Che (o Chi) gioca nella squadra di calcio della Roma o del Catanzaro o ne è sostenitore.

giallùme [av. 1406] s. m. **1** Giallo sporco o troppo intenso | Materia gialla | Macchia gialla, spec. della pelle. **2** Malattia delle piante, provocata da virus, caratterizzata da clorosi della lamina fogliare: *g. della barbabietola* | Malattia del baco da seta che diventa grosso, lucido e giallo. SIN. Invacchimento.

giallùria s. f. ● (*raro*) Polline delle rose.

†già mài /dʒam'mai/ ● V. *giammai*.

giamaicàno [1965] **A** agg. ● Della Giamaica. **B** s. m. (f. *-a*) ● Abitante, nativo della Giamaica.

†giambeggiàre [da *giambo*; 1481] v. tr. **1** Comporre giambi, satire. **2** (*fig.*) †Canzonare.

giambèlego [adatt. del lat. tardo *iambèlegu(m)*, comp. di *ĭambus* 'giambo' e *elegēum* '(metro) elegiaco', perché inverso (giambico e dattilico) dell'elegiambo (dattilico e giambico); av. 1912] s. m. (pl. *-ghi* o *-gi*) ● Verso latino formato da un dimetro giambico e da un comma di pentametro.

giambèrga [sp. (*casaca*) *chamberga*, usata dalle truppe fr. del generale *Schomberg*; 1841] s. f. ● Finanziera, redingote.

giàmbico o **†iàmbico** [adatt. del lat. tardo *iămbicu(m)*, dal gr. *iambikós* 'relativo al giambo (*iambos*)'; 1586] agg. (pl. m. *-ci*) **1** Costituito di giambi: *metro*, *verso g.* | ***Strofa giambica***, nella poesia italiana, strofa formata, in genere, da quattro o cinque endecasillabi sdruccioli. **2** (*fig.*, *lett.*) Di tono satirico e canzonatorio.

giàmbo (1) o **†iàmbo** [adatt. del lat. *ĭambu(m)*, dal gr. *íambos*, di orig. pregr.; 1587] s. m. **1** (*ling.*) Piede metrico della poesia greca e latina formato da una sillaba breve e da una lunga | Componimento poetico di carattere satirico in metro giambico. **2** (*fig.*) †Scherno, beffa | ***Volere il g. di qlcu.***, beffarlo.

giàmbo (2) [dal n. hindi *jambū*; av. 1588] s. m. ● (*bot.*) Melarosa.

giamburràsca [comp. di *Gian(ni)* e *burrasca*, n. del protagonista di un libro per ragazzi, *Il giornalino di Giamburrasca* (1920), dello scrittore L. Bertelli (1858-1920), noto con lo pseudonimo di Vamba] s. m. e f. inv. ● Ragazzo vivacissimo, monello. SIN. Discolo.

giammài o **†già mài** [da *mai* raff. con *già*; sec. XIII] avv. **1** (*lett.*, *intens.*) Mai, in nessun tempo: *sta come torre ferma, che non crolla / già mai la cima per soffiar di venti* (DANTE *Purg.* V, 14-15); *fatto ghiotto del suo dolce aspetto / g. gli occhi da li occhi levar puolle* (POLIZIANO) | (*enfat.*, *scherz.*) In risposte o affermazioni: *g. mi lascerò convincere!*; *non sarà g. possibile!*; *g.!*; *non fia g.!* **2** (*lett.*) †Talvolta: *quanto per Amor già mai soffersi* (PETRARCA). **3** †Ormai.

gianchétto ● V. *bianchetto*.

†giandàrme ● V. *gendarme*.

gianduia [comp. del piemontese *Gi(o)an* 'Giovanni' (con la) *duja* 'boccale', la cui figura appariva anche sull'involto dei cioccolatini; 1887] s. m. inv. **1** Maschera del teatro popolare piemontese. **2** Tipo particolare di cioccolata di pasta molle alla nocciola, specialità torinese.

gianduiòtto [perché simile al cappello della maschera piemontese *Gianduia*; 1887] s. m. ● Cioccolatino di gianduia.

gianèllo [per il suo colore giallastro (genov. *giano*, in provz. *jaune*, dal lat. *gălbinus* '(color) verde pallido')] s. m. ● (*pop.*, *sett.*) Rana pescatrice.

giannètta (1) [sp. (*lanza*) *jineta*, in uso presso la tribù berbera degli *Zeneti*; 1481] s. f. **1** Corta lancia, usata nei secc. XIV e XV dalla cavalleria leggera e più tardi anche dagli ufficiali della fanteria spagnola. **2** Bastone da passeggio di canna d'India, oggi non più di moda.

giannètta (2) ['vento': vc. d'orig. gergale, di etim. incerta: o dal n. proprio *Gianni* o più prob. deform. di *gennaio*, in quanto mese freddo; 1959] s. f. ● (*merid.*) Vento gelido, tramontana.

giannètta (3) ['filatoio': dal n. personale f. ingl. *Jenny*, usato in ingl. per indicare diverse macchine] s. f. ● Tipo di filatoio per il cotone.

†giannètto ● V. *ginnetto*.

giannizzero o **†iannizzero** [vc. turca, *yeniçeri*, comp. di *yeni* 'nuovo, giovane' e *çeri* 'soldato, truppa'; av. 1470] s. m. **1** Soldato turco appiedato appartenente a una milizia che accoglieva nell'impero ottomano i giovani cristiani fatti musulmani ed educati come guardie del corpo dei sultani | Soldato mercenario ma scelto. **2** (*fig.*, *spreg.*) Sostenitore o difensore fanatico di una personalità spec. politica: *è sempre circondato dai suoi giannizzeri* | Attivista fanatico: *i giannizzeri del partito*.

giàno o **†iàno** [adatt. del lat. *Iānu(m)*, di etim. incerta, nome di una divinità latina raffigurata bifronte che presiedeva alle porte, alle vie, della terra e del cielo e all'agricoltura; av. 1416] s. m. **1** Nella loc. ***g. bifronte***, (*fig.*) persona falsa, doppia. **2** (*arch.*) Arco quadrifronte romano | Passaggio fra portici.

†gianseniàno [da *Giansenio*, adatt. di (Cornelis) *Jansen* (1585-1638); 1785] agg. ● (*raro*) Giansenistico.

giansenismo [fr. *jansenisme*, dal n. del teologo C. *Jansen*; 1666] s. m. ● Dottrina morale e teologica risalente al vescovo C. Giansenio d'Ypres, professata dai religiosi di Port-Royal in Francia nel XVII sec., estesa, poi, in molti Paesi d'Europa e condannata dalla Chiesa cattolica per la sua eccessiva rigidezza e per la sua opposizione alla morale ufficiale dei Gesuiti.

giansenista [fr. *janséniste*, da *jansenisme* 'giansenismo'; 1665] **A** s. m. e f. (pl. m. *-i*) ● Seguace del giansenismo. **B** agg. ● Giansenistico.

giansenistico [1834] agg. (pl. m. *-ci*) ● Che si riferisce al giansenismo | Che si distingue per la sua austerità | ***Spirito g.***, ispirazione tragica e austera dell'esperienza religiosa cristiana. || **giansenisticaménte**, avv.

†gianuàrio o **†ianuàrio** [adatt. del lat. *Ianuāriu(m)* 'pertinente a Giano (*Iānus*)'] agg. ● Di gennaio: *calende gianuarie*.

giapètico ● V. *iafetico*.

giapètide ● V. *iafetide*.

†giapponésco [1610] agg. (pl. m. *-schi*) ● (*raro*) Giapponese.

giapponése [1589] **A** agg. ● Del Giappone: *un vaso, un ventaglio g.* | ***Lotta g.***, judo. CFR. iamato-logia, nippo-. **B** s. m. e f. ● Abitante, nativo del Giappone. **C** s. m. solo sing. ● Lingua parlata in Giappone. || **giapponesino**, dim.

giapponeseria [1886] s. f. ● (*spec. al pl.*) Ninnoli di origine o imitazione giapponese.

giapponesismo [1894] s. m. ● (*ling.*) Parola o locuzione propria del giapponese entrata in un'altra lingua.

giàra (1) o **giàrra** [sp. *jarra*, dall'ar. *ğarra* 'brocca'; av. 1405] s. f. **1** Grosso recipiente, generalmente di terracotta, per conservare acqua, vino, olio o anche granaglie secche, talvolta usato anche come grande vaso da giardino | Vaso di cristallo o maiolica con due anse e senza piede. **2** Antica misura da olio, ottava parte del cantaro. **3** (*mar.*) †Vaso di bandone a bordo per custodire la polvere asciutta.

†giàra (2) ● V. *ghiaia*.

giàrda [ar. *ğarad*, trasmesso attraverso la terminologia veterinaria degli arabi di Sicilia; av. 1320] s. f. **1** (*veter.*) Neoformazione ossea prodotta da traumi ripetuti e localizzata sulla faccia laterale del garretto di Equini e Bovini. **2** †Burla, beffa: *e duolsi assai che gli ha fatto la g.* (PULCI). **3** †Bugia.

giàrdia [dal n. del biologo fr. A. *Giard* (1846-1908)] s. f. ● (*biol.*) Genere di Protozoi flagellati parassiti nell'intestino di molti Vertebrati fra cui l'uomo | ***G. lamblia***, è causa della giardiasi.

giardiasi [da *giardia* col suff. *-iasi*] s. f. inv. ● (*med.*) Malattia parassitaria del tratto superiore dell'intestino tenue dell'uomo causata dal protozoo flagellato *Giardia lamblia* e caratterizzata da diarrea, steatorrea, lesioni intestinali.

giardinàggio [fr. *jardinage*, da *jardin* 'giardino'; 1794] s. m. ● Arte e tecnica relative all'impianto e alla coltivazione dei giardini.

giardinétta® [marchio registrato; 1950] s. f. ● Tipo di automobile, ora fuori commercio, per il trasporto di persone e merci, munita di grande sportello posteriore e talvolta con parte della carrozzeria di legno. SIN. Giardiniera, nel sign. 5.

giardinétto [1353] s. m. **1** Dim. di *giardino*. **2** (*mar.*) Ciascuno dei fianchi della estremità poppiera dello scafo | ***Vento al g.***, quello che soffia da 135° a 160° rispetto all'asse longitudinale dello scafo. **3** Piatto di frutta assortita | Pietanza di salumi assortiti | Gelato di sapori e colori vari. **4** (*econ.*) Suddivisione delle proprietà azionarie in piccole quantità di diverse società in modo da frazionare i rischi. **5** Gioco di biliardo.

giardinièra [fr. *jardinière*, da *jardin* 'giardino'; 1607] **A** s. f. **1** Donna addetta alla cura di un giardino | Moglie del giardiniere. **2** Mobile atto a contenere piante ornamentali da appartamento. **3** Contorno o antipasto di varie verdure tagliuzzate e conservate sotto aceto. **4** Grande carrozza con sedili laterali, in voga ai primi del Novecento | Carro da trasporto, usato in passato da giardinieri e ortolani | Un tempo, vettura ferroviaria o tramviaria aperta ai lati e dotata di piattaforme a balcone. **5** (*raro*) Giardinetta. **6** †Collana di diamanti e perle. **B** in funzione di agg. f. ● (posposto al s.) Nella loc. ***maestra g.***, insegnante nei giardini d'infanzia.

♦**giardinière** [fr. *jardinier*, da *jardin* 'giardino'; sec. XIII] s. m. (f. *-a*) ● Addetto alla coltivazione e cura dei giardini.

♦**giardino** [fr. *jardin*, dim. dell'ant. fr. *jart*, dal francone **gardo* 'luogo chiuso'; sec. XIII] **A** s. m. **1** Terreno con colture erbacee e arboree di tipo ornamentale | ***G. classico***, ***all'italiana***, con aiuole geometriche | ***G. all'inglese***, con boschetti, prati, specchi d'acqua, piccole alture | ***G. alpino***, formato con piante di montagna | ***G. pensile***, costruito su una terrazza | ***G. galleggiante***, che si coltiva sulle navi | ***G. giapponese***, composizione di piante nane, spec. esotiche, in vasi, con ghiaia, vialetti e sim., che riproduce un giardino in miniatura | ***G. botanico***, orto botanico | ***G. d'inverno***, salone con piante e pareti a vetro, in alberghi e ville di lusso | ***G. pubblico***, con grandi alberi, piante ornamentali, viali, fontane, statue, costruito in un centro abitato e a cui i cittadini accedono liberamente | ***G. zoologico***, parco con animali esotici o rari in cattività | ***Il g. delle delizie***, il Paradiso terrestre. **2** ***G. d'infanzia***, (*disus.*) scuola materna. **3** (*est.*, *fig.*) Paese fertile, ridente. **4** (*eufem.*) †Latrina. **B** in funzione di agg. inv. ● (posposto al s.). Nella loc. ***città g.***, quartiere residenziale di villette sparse tra il verde. || **giardinétto**, dim. (V.) | **giardinóne**, accr. | **giardinùccio**, dim.

GIARDINO
nomenclatura

giardino

• *caratteristiche*: curato ⇔ mal tenuto; ridente, fiorito, verdeggiante, lussureggiante;

• *tipi di giardino*: pubblico, zoologico, parco, villa, villa comunale, giardinetto, orto = verziere, viridario; botanico = orto botanico; verde, fiorito, boscoso, prativo; all'inglese, all'italiana = classico, alla francese, alpino, pensile, galleggiante, giapponese, d'inverno; centrale ⇔ periferico, prato, prateria, pascolo; naturale ⇔ coltivato, artificiale, permanente = stabile = poliennale ⇔ alterno = annuo;

• *azioni*: vangare, appratire = formare un prato, disfare, rompere, infittire, svecchiare, ringiovanire, inghiaiare, piotare, potare, trapiantare, margottare, letamare, coltivare, seminare, irrigare, annaffiare = innaffiare, bagnare; mettere a prato, mettere a dimora; avere il pollice verde;

• *persone*: giardiniere, floricoltore, orticoltore, custode, architetto, paesaggista;

• *oggetti*: tosatrice = tosaerba, tagliabordi, tagliasiepe = tosasiepi, tagliazolle, decespugliatore, forbici, cesoie, roncola = potatoio, roncolo, falce, falcetto, coltello da innesto, seghetto, vanga, zappa, zappetta, badile, rastrello carriola; annaffiatoio, tubo irroratore.

giàrra • V. *giara (1)*.

giarrettièra [fr. *jarrettière*, da *jarret* 'garretto' (V.); av. 1749] **s. f.** • Elastico che ferma la calza da donna alla coscia e quella da uomo al polpaccio | Elastico con allacciatura di metallo e gomma fissato a busti e reggicalze femminili | ***Ordine della g.***, supremo ordine cavalleresco inglese, istituito, secondo una leggenda, da Edoardo III nel XIV sec., così detto dalla sua insegna, che è una giarrettiera di velluto azzurro.

giaùrro [turco *gâvur*, dall'ar. *kāfir* 'infedele, chi non è musulmano'; av. 1787] **s. m.** (f. *-a*) • (*spreg.*) Infedele, non musulmano, rispetto ai Turchi ottomani.

giàva (1) [etim. incerta; 1532] **s. f.** • (*mar.*) Magazzino nelle galee del XVII sec. | Cameretta di prua | Dispensa | Piccola stanza oscura della stiva | Serbatoio dell'acqua potabile | Passerella di nave.

giàva (2) [dal n. dell'isola di *Giava* (di orig. indiana); 1960] **s. f.** • Ballo in gran voga dopo la prima guerra mondiale.

giavanése [1896] **A agg.** • Dell'isola di Giava: *danze giavanesi*. **B s. m. e f.** • Abitante, nativo, di Giava. **C s. m.** solo **sing.** • Lingua parlata nell'isola di Giava.

giavàzzo [sp. *azabache*, dall'ar. *sabağ*, vc. di orig. persiana; sec. XVII] **A s. m.** • Giaietto. **B agg.** • Detto di mantello equino morello che presenta riflessi brillanti.

giavellottista [1942] **s. m. e f.** (pl. m. *-i*) • Atleta che pratica lo sport del lancio del giavellotto.

giavellòtto [fr. *javelot*, prob. dal celt. *gabalos* 'forca, tridente'; av. 1348] **s. m. 1** Arma da lancio, costituita da un'asta alla cui estremità è inserita una punta in metallo. ➡ **ILL. armi. 2** Attrezzo sportivo simile all'arma omonima | ***Lancio del g.***, gara di atletica leggera | (*est.*) La specialità stessa. ➡ **ILL.** p. 2147 SPORT.

giavóne [accr. di *giava*, forma sett., dal lat. *clāva(m)* 'mazza', che aveva anche, specie al dim. (*clāvula*), il sign. di 'piantone, pollone'] **s. m. 1** Erba delle Graminacee affine al panìco (*Setaria viridis*). **SIN.** Panicastrella. **2** Seme della pianta omonima, comunemente presente nel riso.

giàzz /dʒaz, dʒats*/ o **giazz s. m.** • Adattamento di *jazz* (V.).

giazzista s. m. e f. (pl. m. *-i*) • Adattamento di *jazzista* (V.).

giazzistico agg. (pl. m. *-ci*) • Adattamento di *jazzistico* (V.).

†**gibba** [vc. dotta, lat. *gĭbba(m)*, dalla forma f. dell'agg. *gĭbbus* 'gibbo'] **s. f.** • Gibbo.

gibberellina [ingl. *gibberellin*, dal n. del fungo *Gibberella fujikuroi* (da cui si ricava), a sua volta dal lat. *gĭbber* 'gobba' (d'etim. incerta)] **s. f.** • (*bot.*) Ormone appartenente a una classe di regolatori della crescita che stimolano l'allungamento del fusto senza inibire la crescita delle radici.

gibbo [vc. dotta, lat. *gĭbbu(m)*, di orig. espressiva; 1321] **s. m. 1** (*med.*) Deformazione della colonna vertebrale con accentuata curvatura posteriore. **SIN.** Gibbosità, gobba. **2** †(*lett.*) Collina, altura.

gibbóne [fr. *gibbon*, da una lingua indigena non determinata; 1772] **s. m.** • Scimmia antropomorfa di medie dimensioni, arboricola e agilissima, con lunghissime braccia (*Hylobates*). ➡ **ILL. animali**/14.

gibbosità o †**gibbositàde**, †**gibbositàte** [1282] **s. f. 1** (*raro*) Caratteristica di chi (o di ciò che) è gibboso | ***Le g. della terra***, le protuberanze. **2** (*med.*) Gibbo.

gibbóso [vc. dotta, lat. tardo *gibbōsu(m)*, da *gĭbbus* 'gibbo'; 1342] **agg.** • Gobbo, curvo: *dorso g.*; *naso g.* | Ondulato, irregolare, detto di terreno: *mi si scoperse il picciolo spazio della gibbosa terra* (BOCCACCIO). || **gibbosaménte**, avv.

gibbùto [av. 1573] **agg.** • (*raro, lett.*) Gibboso.

gibèrna [fr. *giberne*, dal lat. tardo *zabĕrna(m)* 'sacca, tasca'; 1798] **s. f.** • Astuccio a tasca di cuoio o tela, portato alla cintura o alla bandoliera per custodirvi cartucce o caricatori del fucile.

†**gibètto** • V. †*giubbetto (2)*.

gibigiàna o **gibigiànna** [vc. lomb., forse n. comp., nella seconda parte del quale si può riconoscere un *gianna* 'strega'; 1875] **s. f.** • (*lomb.*) Balenio di luce riflesso da un corpo lucido e trasparente.

gibollàre [etim. incerta] **v. tr.** (*io gibòllo*) • (*lomb.*) Ammaccare: *nel parcheggiare ho gibollato la macchina*.

gibus [dal n. dell'inventore; 1846] **s. m. inv.** • Cappello cilindrico di seta, dotato di un sistema di molle per cui si può appiattire, che accompagnava un tempo l'abito da sera maschile.

gicaro • V. *gigaro*.

gichero • V. *gigaro*.

gicleur /fr. ʒiˈklœːʀ/ [vc. fr., da *gicler* 'far zampillare', appartenente a una serie di vc. molto diffuse, ma di etim. incerta; 1933] **s. m. inv.** • Tubo con orifizio calibrato che fa zampillare il carburante nel carburatore | Spruzzatore.

giddap [vc. ingl., alterazione dell'imperativo *get up*, propr. 'va su, avanti'] **inter.** • Si usa come incitamento, da parte del conduttore o del fantino, a un cavallo da corsa.

†**gièlo** e *deriv.* • V. *gelo (1)* e *deriv.*

†**giènte** • V. †*gente (2)*.

†**gièsia** e *deriv.* • V. *chiesa* e *deriv.*

giga (1) [ant. provz. *giga*, dall'ant. alto ted. *giga*, di orig. onomat.; 1321] **s. f.** • (*mus.*) Antico strumento a corde, primo tipo del violino e della viola. ➡ **ILL. musica.**

giga (2) [dall'ingl. *jig*, deriv. dal fr. *giguer* 'suonare con la *giga* (*gigue*)'; av. 1650] **s. f.** • Antica danza dal ritmo vivace diffusa nei secc. XVII e XVIII che costituiva il tempo finale della suite strumentale.

giga- [dal gr. *gígas* 'gigante', di etim. incerta] primo elemento **1** Anteposto a un'unità di misura, ne moltiplica il valore per un miliardo (cioè per 10^9): *gigawatt, gigahertz*. **SIMB.** G. **2** (*elab.*) Anteposto a un'unità di misura, ne moltiplica il valore per 1073741824 (cioè per 2^{30}): *gigabyte*. **SIMB.** G.

gigabyte /dʒigaˈbait/ [comp. di *giga-* e *byte*; 1994] **s. m. inv.** • (*elab.*) Unità di misura della quantità di informazione corrispondente a 1073741824 (cioè a 2^{30}) byte. **SIMB.** GB.

gigaelettronvòlt [comp. di *giga-* e *elettronvolt*] **s. m.** • Unità di energia equivalente a 10^9 elettronvolt. **SIMB.** GeV.

♦**gigànte** [vc. dotta, lat. *gigănte(m)*, a sua volta prestito dotto dal n. pr. gr. *Gígas* (genit. *Gígantos*) di etim. incerta; sec. XIII] **A s. m.** (f. *-éssa*, anche scherz.) **1** Nella mitologia greco-romana, ciascuno dei figli della Terra, di smisurata statura, che lottarono contro Giove | Nella Bibbia, uomo di antiche generazioni vissuto prima del diluvio. **2** (*est.*) Persona di statura notevolmente al di sopra della media | ***Fare passi da g.***, (*fig.*) progredire molto rapidamente: *la tecnica ha fatto passi da g.* **SIN.** Colosso. **3** (*fig.*) Persona che eccelle per capacità, forza, virtù, ingegno e sim.: *Dante è un g. della poesia* | (*fig.*) ***G. nel deserto***, costruzione, impianto e sim. di grande imponenza, ma inutile o inutilizzato in un determinato contesto | ***Guerra di giganti***, (*fig.*) combattuta da avversari di grande potenza e valore. **B agg. 1** Di grandi dimensioni: *una pianta g.* | ***Stella g.***, la cui dimensione è una decina di volte maggiore di quella del Sole | ***Stella g. rossa***, tipo di stella gigante caratterizzata da un'emissione con massimo nella regione spettrale del rosso. **2** (*sport*) ***Slalom g.***, (*ellitt.*) *gigante*, V. *slalom*. || **gigantàccio**, pegg. | **gigantonàccio**, pegg. | **gigantóne**, accr.

giganteggiàre [av. 1673] **v. intr.** (*io gigantéggio*; aus. *avere*) • Innalzarsi come gigante tra persone o cose di levatura o altezza comune (*anche fig.*): *un edificio che giganteggia su, fra tutti gli altri*; *è uno scrittore che giganteggia fra i contemporanei*.

†**gigantèo** [vc. dotta, lat. *Gigantēu(m)*, dal gr. *Gigánteios*, agg. di *Gígas* 'gigante'; sec. XIV] **agg. 1** Dei giganti. **2** Gigantesco: *il corpo suo di gigantea statura* (ARIOSTO).

♦**gigantésco** [sec. XIV] **agg.** (pl. m. *-schi*) • Da gigante (*anche fig.*): *proporzioni fisiche gigantesche*; *ambizione gigantesca*. **SIN.** Enorme, smisurato. || **gigantescaménte**, avv.

gigantìsmo [1874] **s. m. 1** (*med.*) Anomalia dell'accrescimento scheletrico con sviluppo della statura superiore alla norma ma proporzionata. **2** (*fig.*) Tendenza all'ideazione e alla realizzazione di progetti straordinari o colossali.

gigantista [da *gigante* nel sign. 4; 1987] **s. m. e f.** (pl. m. *-i*) • Nello sci, chi è specialista dello slalom gigante.

gigànto- [gr. *giganto-*, da *gígas*, genit. *gígantos* 'gigante'] primo elemento • In parole composte dotte o della terminologia scientifica, significa 'gigante' (*gigantomachia*) o indica dimensioni molto grandi (*gigantografia*).

gigantografia [comp. di *giganto-* e della seconda parte di (*foto*)*grafia*; 1970] **s. f.** • Insieme delle operazioni per ottenere ingrandimenti fotografici di notevoli dimensioni | Fotografia riprodotta a fortissimo ingrandimento spec. su cartone o legno opportunamente trattati.

gigantogràfico [1965] **agg.** (pl. m. *-ci*) • Di, relativo a, gigantografia: *ingrandimento g.*

gigantomachìa [comp. di *giganto-* e del gr. *máchē* 'battaglia'; 1499] **s. f.** • Nella mitologia greca, battaglia dei giganti contro gli dei.

gigaro o **gicaro**, **gichero** [lat. tardo *gīgaru(m)*, di orig. gallica (?); av. 1320] **s. m.** • Pianta erbacea velenosa delle Aracee con foglie saettiformi e infiorescenza a clava violetta avvolta da una spata (*Arum maculatum*). **SIN.** Aro | ***G. italico***, specie più grande dello stesso genere e come questo velenoso con clava gialliccia (*Arum italicum*). **SIN.** Pan di serpe, piede vitellino.

gigionàta [1946] **s. f.** • Atteggiamento, comportamento, discorso da gigione.

gigióne [dal n. di un personaggio dell'attore E. Ferravilla (1846-1915), accr. di *Gigi* (Luigi); 1905] **s. m.** (f. *-a*) **1** Attore che per smania di primeggiare carica enfaticamente la recitazione. **2** (*est.*) Chi, per soddisfare la propria vanità, è solito porre in grande rilievo ogni sua azione o parola volendo imporsi all'attenzione e destare l'ammirazione degli altri.

gigioneggiàre [1963] **v. intr.** (*io gigionéggio*; aus. *avere*) • Comportarsi da gigione.

gigionésco [1945] **agg.** (pl. m. *-schi*) • Di, da gigione: *recitazione, enfasi gigionesca*. || **gigionescaménte**, avv.

gigionìsmo [1923] **s. m.** • Contegno e modi da gigione: *condannare il g. di molti attori*.

gigliàcee [1834] **s. f. pl.** • (*bot.*) Liliacee.

gigliàceo [adatt. del lat. tardo *liliăceu(m)* 'di giglio (*līlium*)'; av. 1730] **agg.** • Di, relativo a, giglio | Detto di colore, odore e sim., che ricorda quello del giglio: *candore g.*; *aroma g.*

gigliàto [da *giglio*; sec. XIII] **A agg. 1** Ornato di gigli | Che porta l'impronta del giglio: *fiorino g.* **2** (*arald.*) Detto di un campo o di una pezza cosparsi di gigli, come pure di una pezza o di una figura con le estremità a forma di giglio | ***Croce gigliata***, con i bracci terminanti a forma di giglio. **3** Detto di giocatore o sostenitore della squadra di calcio della Fiorentina. **B s. m. 1** Moneta d'argento, coniata a Napoli da Carlo II d'Angiò con il tipo della croce ornata di gigli sul rovescio, imitata da molte zecche del Mediterraneo orientale. **2** (f. *-a*) Chi gioca nella squadra di calcio della Fiorentina.

♦**giglio** [lat. *līliu(m)*, di orig. mediterr.; sec. XII] **s. m. 1** Pianta erbacea delle Liliacee con bei fiori bianchi odorosi a grappolo e foglie lanceolate (*Lilium candidum*) | ***G. gentile***, con fiori rosa punteggiati di porpora, comune nei boschi (*Lilium marta-*

gon). SIN. Martagone | ***G. giallo***, acoro | ***G. rosso***, con fiori di colore rosso aranciato, cresce nei boschi montani (*Lilium bulbiferum*) | ***G. d'acqua***, ninfea bianca | ***G. caprino***, pan di cuculo | ***G. delle convalli***, mughetto | ***G. fiorentino***, pianta erbacea delle Iridacee, simile al giaggiolo ma con fiori bianchi (*Iris florentina*) | ***G. persiano***, erba delle Liliacee originaria dell'Asia sud-occidentale e coltivata a scopo ornamentale (*Fritillaria imperialis*) | ***G. selvatico***, giglio gentile | ***G. marino***, pancrazio marino. ➡ ILL. **piante**/11. **2** (*zool.*) ***G. di mare***, garofano di mare. **3** (*fig.*) Chi (o ciò che) eccelle per purezza e candore. **4** (*arald.*) Fiore frequente nelle figurazioni araldiche | ***G. naturale***, riprodotto dal vero | ***G. di Francia***, più o meno simile a una punta di alabarda. SIN. Fiordaliso | ***G. di Firenze***, appena dischiuso e ornato di bottoni o boccioli | ***La città del g.***, (*per anton.*) Firenze. **5** Riproduzione stilizzata del giglio, impressa su monete o altro. || **gigliétto**, dim. | **giglіòzzo**, dim. | **gigliùccio**, dim. (V.).

gigliòne [da *girone* (*1*), con raccostamento a *giglio*; 1889] s. m. ● (*mar.*; *disus.*) Impugnatura del remo.

gigliùccio [1956] s. m. **1** Dim. di *giglio*. **2** Lavoro ornamentale ad ago per cui, sfilati alcuni fili paralleli di un tessuto, si uniscono i fili perpendicolari in gruppetti a forma di X.

gigolette /*fr.* ʒigɔ'lɛt/ [vc. fr., f. di *gigolo*; 1905] s. f. inv. ● (*gerg.*) Ragazza della malavita | Ragazza da strada.

gigolo /*fr.* ʒigɔ'lo/ [vc. fr., da *gigue* 'gamba' (il senso primo è quello di 'ballerino'), uso metaforico dell'ant. fr. *gigue* 'giga (1)'; 1935] s. m. inv. (pl. fr. *gigolos*) ● Giovane mantenuto da una donna più anziana di lui | Giovane elegante di bell'aspetto, ma di dubbia onestà.

gigòtto [fr. *gigot*: dall'ant. fr. *gigue* 'giga (1)' per la forma (?); av. 1567] s. m. ● Cosciotto di agnello o capretto.

gihad /ʒi'ad, *ar.* ʤi'hæ:d/ o **jihad** [ar. *ğihād* 'lotta, combattimento'; 1979] s. m. o f. inv. (pl. ar. *gihadat*) **1** Guerra santa condotta dai seguaci dell'islamismo contro gli infedeli. **2** Denominazione di gruppi di integralisti musulmani, che negli anni 1980-90 hanno compiuto attentati e azioni terroristiche in Paesi del Medio Oriente.

gilbert /'gilbert, *ingl.* 'gɪlbə:t/ [dal n. dello scienziato ingl. W. *Gilbert* (1544-1603), studioso dei fenomeni magnetici] s. m. inv. ● Unità di misura della forza magnetomotrice nel sistema CGS.e.m., pari a (10/4 π) amperspire. SIMB. Gb.

gilda [provz. *gelda*, dal francone **gilda* 'assemblea festosa' con sovrapposizione di *squadra*; 1846] s. f. ● Nell'Europa settentrionale, in epoca medievale, caratteristica associazione di mercanti o artigiani, prima con finalità di mutua difesa, assistenza religiosa e sim., poi con funzioni analoghe a quelle delle corporazioni.

gilè [av. 1798] s. m. ● Adattamento di *gilet* (V.).

gilerino s. m. **1** Dim. di *gilè*. **2** Piccolo gilè, spec. da donna: *un g. di velluto, di pelle*.

gilet /*fr.* ʒi'lɛ/ [vc. fr., dallo sp. *chaleco*, di orig. ar. (*ğalīka* 'casacca dei galeotti' dal turco *yelék*); 1786] s. m. inv. ● Corpetto aderente, senza maniche e abbottonato davanti, da portarsi sotto la giacca, tipico dell'abbigliamento maschile. SIN. Panciotto.

gill /*ingl.* ʤɪl/ [vc. ingl., dall'ant. fr. *gelle* 'vaso per liquidi', dal lat. tardo *gīllo*, di etim. incerta] s. m. inv. ● Misura di capacità inglese e nord-americana, pari a un quarto di pinta.

Gillette® /*ingl.* ʤɪ'lɛt/ [dal n. di K. C. *Gillette* (1855-1932), industriale statunitense che ne fu l'inventore; 1915] **A** s. m. inv. ● Rasoio di sicurezza, tale cioè da rendere improbabile il tagliarsi. **B** s. f. inv. ● Lametta a due tagli per l'omonimo rasoio. **C** anche agg. inv.: *lama G.*; *rasoio G.*

gimcàna ● V. *gincana*.

gimcanista ● V. *gincanista*.

gimkàna ● V. *gincana*.

gimkanista ● V. *gincanista*.

†**gimnàstico** e deriv. ● V. *ginnastico* e deriv.

gimno- o **ginno-** [dal gr. *gymnós* 'nudo', di orig. indeur.] primo elemento ● In parole composte dotte e della terminologia scientifica, significa 'nudo': *gimnocarpo*.

gimnocàrpo o **ginnocàrpo** [comp. di *gimno-* e del gr. *karpós* 'frutto'; 1834] agg. ● (*bot.*) Detto del corpo fruttifero di Funghi degli Ascomiceti e dei Basidiomiceti con l'imenio non protetto da ife sterili fin dalla sua formazione.

gimnosofista o **ginnosofista** [vc. dotta, lat. *gymnosophīsta(s)*, dal gr. *gymnosophistái*, propr. 'filosofi (*sophistái*) nudi (*gymnói*)'; av. 1533] s. m. (pl. *-i*) ● Secondo gli antichi filosofi greci, sapiente indiano che viveva nudo nei boschi praticando l'ascesi | Fachiro.

Gimnospèrme o **Ginnospèrme** [dal gr. *gymnóspermos* 'che ha il seme (*spérma*) nudo (*gymnós*)'; 1833] s. f. pl. (sing. *-a*) ● Nella tassonomia vegetale, divisione di piante delle Fanerogame con ovuli nudi, cioè non racchiusi in un ovario (*Gymnospermae* o *Pinophyta*). CONTR. Angiosperme. ➡ ILL. **piante**/1.

gimnòto o **ginnòto** [vc. dotta, lat. sc. *gymnōtu(m)*, forma aplologica di **gymnonōtu(m)*, comp. delle due voci gr. *gymnós* 'nudo' (V. *gimno-*), e *nôtos* 'dorso': questo pesce è infatti privo di pinna dorsale; 1787] s. m. **1** Pesce osseo dei Cipriniformi dal corpo anguilliforme e dalla pelle nuda fornito di un organo capace di lanciare scariche elettriche molto intense (*Electrophorus electricus*). SIN. Anguilla elettrica. **2** (*mar.*) Mina subacquea usata un tempo, la cui esplosione avveniva elettricamente.

gin [abbr. di *geneva*, dall'ol. *genever*, di orig. lat. (da *iunīperus* 'ginepro'); 1823] s. m. ● Acquavite di grano, avena, orzo, aromatizzata con bacche di ginepro.

ginàndro [gr. *gýnandros*, comp. di *gynḗ* 'donna' e *anḗr*, genit. *andrós* 'uomo', entrambi di orig. indeur.; 1914] agg. ● (*biol.*) Che riguarda i caratteri sessuali maschili e femminili insieme.

ginandromorfismo [comp. di *gino-*, *andro-* e *-morfismo*] s. m. ● (*biol.*) Condizione per cui un organismo presenta un mosaico di caratteri sessuali maschili e femminili.

ginandromòrfo s. m.; anche agg. ● (*biol.*) Chi (o Che) presenta ginandromorfismo.

gincàna o **gimcàna**, **gimkàna**, **gymkhana** [dall'anglo-indiano *gymkhana*, comp. dell'ingl. colloquiale *gym* (abbr. di *gymnastics* 'ginnastica') e dell'indù *khana* 'campo da gioco' (dal persiano *khāneh* 'casa'); 1900] s. f. **1** Gara podistica, automobilistica o motociclistica che impegna i partecipanti a superare abilmente ostacoli artificiosi o ad affrontare prove inconsuete. **2** (*est.*) Percorso tortuoso, difficoltoso: *fare la g. nel traffico*.

gincanista o **gimcanista**, **gimkanista**, **gymkhanista** [1970] s. m. e f. (pl. m. *-i*) ● Chi partecipa a gare di gincana.

ginecèo [lat. *gynaecēu(m)*, dal gr. *gynaikêion*, propr. 'appartenente alla donna (*gynḗ*, genit. *gynaikós*)'; av. 1300] s. m. **1** Parte interna della casa greca riservata alle donne. **2** (*scherz.*) Luogo dove si trovano assieme molte donne: *Il fragore conviviale dell'autorevole g.* (CALVINO). **3** (*bot.*) Insieme dei pistilli di un fiore.

gineco- [dal gr. *gynḗ*, genit. *gynaikós* 'donna', di orig. indeur.] primo elemento ● In parole composte della terminologia scientifica, significa 'donna': *ginecofobia*, *ginecologia*.

ginecocrazìa [gr. *gynaikokratía*, composto di *gynḗ*, genit. *gynaikós* 'donna' e *-kratía* '-crazia'; 1834] s. f. ● Presunto stadio della società primitiva caratterizzato dal predominio sociale e politico della donna.

ginecofobìa [comp. di *gineco-* e *-fobia*] s. f. ● (*psicol.*) Paura ossessiva delle donne.

ginecologìa [comp. di *gineco-* e *-logia*; 1828] s. f. ● Parte della medicina che studia e cura le malattie dell'apparato genitale femminile.

ginecològico [1933] agg. (pl. m. *-ci*) ● Della, relativo alla ginecologia. || **ginecologicaménte**, avv. Dal punto di vista ginecologico.

ginecòlogo [comp. di *gineco-* e *-logo*; 1905] s. m. (f. *-a*; pl. m. *-gi*) ● Medico specializzato in ginecologia.

ginecomanìa [gr. *gynaikomanía*, comp. di *gynḗ*, genit. *gynaikós* 'donna' e *manía* 'mania'; 1834] s. f. ● (*psicol.*) Attrazione patologica verso la donna.

ginecomastìa [dal gr. *gynaikómastos* 'che ha il petto (*mastós*), come di donna (*gynḗ*, genit. *gynaikós*)'] s. f. ● (*med.*) Sviluppo esagerato della mammella nell'uomo.

ginepràio [1535 ca.] s. m. **1** Luogo folto di ginepri. **2** (*fig.*) Situazione imbrogliata e complicata: *cacciarsi in un g.* SIN. Imbroglio, intrico.

ginepréto s. m. ● (*raro*) Ginepraio.

ginépro (o *-è-*) [lat. parl. **ienīperu(m)*, per *iunīperu(m)*, di etim. incerta; av. 1342] s. m. ● Arbusto delle Conifere con foglie appuntite e frutti simili a bacche nero-blu usati in culinaria, farmacia e liquoreria (*Juniperus communis*) | ***G. rosso***, con frutti rossi e due nette strie bianche sotto le foglie, vive nella regione mediterranea e si usa per estrarne un olio usato in farmacia (*Juniperus oxycedrus*) | ***G. coccolone***, tipico delle regioni costiere, con frutti grandi come ciliegie, bruno-rossicci (*Juniperus macrocarpa*). ➡ ILL. **piante**/1; **spezie**.

ginèrio [vc. dotta, comp. del gr. *gynḗ* 'donna' e *érion* 'lana' per l'aspetto delle infiorescenze femminili; 1972] s. m. ● Erba perenne delle Graminacee con grandi cespi basali di foglie lineari e infiorescenze argentee a pannocchia, originaria delle pampas, coltivata per ornamento (*Cortaderia argentea*). SIN. Cortaderia | Erba perenne delle Graminacee di grandi dimensioni con infiorescenze femminili piumose, originaria dell'America tropicale, coltivata per ornamento (*Gynerium saccharoides*).

ginèstra [lat. tardo *genĕsta(m)*, class. *genīsta(m)*, di orig. sconosciuta, con l'immissione della term. *-stra*; 1353] s. f. **1** Arbusto delle Leguminose con fiori gialli odorosi a grappoli e foglie ridotte (*Spartium junceum*) | ***G. dei carbonai, da scope***, arbusto delle Leguminose molto comune nei terreni silicei con fiori giallo-oro isolati o a coppie e dai cui semi si estrae la sparteina (*Cytisus scoparius*) | ***G. spinosa***, ginestrone. ➡ ILL. **piante**/6. **2** Fibra tessile estratta per macerazione della pianta omonima, usata per cordami, sacchi, tessuti grossolani.

ginestrèlla [av. 1590] s. f. ● Arbusto delle Leguminose di altezza variabile, privo di spine (*Genista tinctoria*).

ginestréto [1353] s. m. ● Luogo in cui crescono molte ginestre.

ginestrino [1779] s. m. **1** Leguminosa da prato adatta per terreni collinari e siccitosi (*Lotus corniculatus*). **2** Tessuto di fibra di ginestra.

ginestróne [1834] s. m. ● Arbusto delle Leguminose con rami molto spinosi e foglie pungenti. SIN. Ginestra spinosa (*Ulex europaeus*).

ginétto ● V. *ginnetto*.

ginevrino [1740 ca.] **A** agg. ● Relativo a Ginevra, città della Svizzera. **B** s. m. (f. *-a*) ● Abitante, nativo di Ginevra.

gin fizz /ʤin'fits, *ingl.* 'ʤɪn,fɪz/ [comp. ingl., formato di *gin* e della base imitativa *fizz*, che vuol notare l'effervescenza (propr. 'fischiare')] loc. sost. m. inv. ● Bibita composta di gin, succo di limone e sciroppo di zucchero, agitata nello shaker con ghiaccio, servita e completata con seltz.

ginger /*ingl.* 'ʤɪnʤə/ [ingl. *ginger* 'zenzero'; 1902] s. m. inv. ● Bibita analcolica preparata con acqua, zucchero, acido citrico, anidride carbonica e aromatizzata con estratti vegetali. || **gingerino**, dim.

†**ginghia** ● V. *cinghia*.

gingillàre [da *gingillo*; 1798] **A** v. tr. ● (*tosc.*, *raro*) Prendere in giro, raggirare. **B** v. intr. (aus. *avere*) ● (*raro*, *tosc.*) Indugiare in occupazioni inutili. **C** v. intr. pron. **1** Trastullarsi, giocherellare. **2** (*fig.*) Perdere il tempo in cose inutili: *invece di studiare sta sempre a gingillarsi*. SIN. Baloccarsi, oziare. **3** †Dissimilare.

gingillino [1846] s. m. (f. *-a*, raro) **1** Dim. di *gingillo*. **2** (*fig.*) Donna minuta e graziosa. **3** (*fig.*) Persona che si gingilla e tralascia il proprio dovere.

gingillo [di orig. imitativa, come altre affini reduplicazioni; av. 1712] s. m. **1** Qualsiasi oggetto o cosa d'aspetto grazioso ma di valore irrisorio e di scarsa o nulla utilità: *una mensoletta, dove luccicano certi gingilli di porcellana* (PIRANDELLO) | Ninnolo, ciondolo. **2** (*fig.*, *raro*) Occupazione che fa perdere il tempo. **3** †Grimaldello per serrature semplici. || **gingillino**, dim. (V.) | **gingillóne**, accr. (V.).

gingillóne [1957] s. m. (f. *-a*) **1** Accr. di *gingillo*. **2** (*fig.*) Chi perde il proprio tempo gingillandosi in sciocchezze. SIN. Bighellone.

†**gingiva** ● V. *gengiva*.

ginglimo [gr. *gínglymos* 'cardine, giuntura' (d'orig. sconosciuta); 1792] s. m. ● (*anat.*) Tipo di articolazione mobile avente funzione di cardine fra due ossa.

ginkgo [giapp. *gin-icho*, comp. di *gin* 'argenteo' e

ichô 'albero di ginkgo': quindi, propr. 'albero di ginkgo del colore dell'argento'; 1815] **s. m. inv.** ● Pianta di alto fusto delle Ginkgoacee con foglie a ventaglio e frutto a drupa, coltivata come pianta ornamentale (*Ginkgo biloba*). ➡ ILL. **piante**/1.

Ginkgoàcee /dʒiŋgo'atʃee/ [comp. di *ginkgo* e *-acee*] **s. f. pl.** (sing. *-a*) ● Nella tassonomia vegetale, famiglia di piante delle Gimnosperme comprendente molte specie estinte e un'unica specie vivente, il ginkgo (*Ginkgoaceae*).

ginnàre [adattamento dell'ingl. *to gin*, da (*cotton-*) *gin* 'macchina (*gin*, per *engin*, dall'ant. fr. *engin*, dal lat. *ingĕnium* 'congegno') per il cotone (*cotton*)'] **v. tr.** ● (*tess.*) Sgranare, detto del cotone, separandone i semi dalle fibre.

ginnasiàle [1818] **A agg.** ● Del ginnasio: *esame, licenza g.* **B s. m. e f.** ● Allievo di un ginnasio.

ginnasiàrca [vc. dotta, lat. tardo *gymnasiărcha(m)*, var. di *gymnasiărchu(m)* 'ginnasiarco'; sec. XIV] **s. m.** (pl. *-chi*) ● Nel mondo greco e romano, chi amministrava un ginnasio.

ginnàsio [vc. dotta, lat. *gymnăsiu(m)*, dal gr. *gymnásion*, originariamente 'scuola di ginnastica, dove si svolgevano esercizi da nudi (*gymnói*)'; sec. XIV] **s. m.** *1* Luogo in cui la gioventù greca si esercitava nella ginnastica, ed era istruita nella musica, nella filosofia e nelle lettere. *2* Scuola media superiore della durata di due anni che collega la media inferiore col liceo classico. *3* Edificio in cui ha sede tale scuola: *Liceo-ginnasio 'Dante Alighieri'*.

ginnàsta [gr. *gymnastés*, da *gymnázein* 'far ginnastica da nudo (*gymnós*)'; 1598] **s. m. e f.** (pl. m. *-i*) *1* Atleta che pratica la ginnastica artistica o ritmica. *2* Nel mondo greco e romano, maestro del ginnasio.

ginnastèrio [gr. *gymnastérion*, sin. di *gymnásion* 'ginnasio'; 1834] **s. m.** ● (*archeol.*) Luogo per le esercitazioni ginniche.

♦**ginnàstica** o †**gimnàstica** [da *ginnastico*; 1551] **s. f.** *1* Attività motoria, organizzata in esercizi generali e specifici, finalizzata al miglioramento della efficienza fisica: *g. educativa, medica, da camera* | *G. artistica*, disciplina sportiva praticata ai grandi attrezzi, a corpo libero e al volteggio | *G. ritmica*, disciplina sportiva solo femminile, praticata con piccoli attrezzi e con accompagnamento musicale | *G. correttiva, riabilitativa*, che corregge imperfezioni fisiche o serve a far riprendere all'apparato osteo-muscolare la sua normale funzione. *2* (*fig.*) Esercitazione di tipo intellettuale: *g. della mente, mentale*.

ginnàstico o †**gimnàstico** [vc. dotta, lat. *gymnăsticu(m)*, dal gr. *gymnastikós* 'pertinente agli esercizi ginnici', dal v. *gymnázein* 'esercitarsi nudi (*gymnói*)'; 1551] **agg.** (pl. m. *-ci*) ● Ginnico.

ginnatrice **s. f.** ● Macchina tessile per la ginnatura del cotone.

ginnatùra [da *ginnare*] **s. f.** ● Operazione tessile consistente nella sgranatura o sgranellatura del cotone.

ginnétto o †**giannètto**, **ginètto** [sp. (*caballo*) *jinete*, originario della tribù dei berberi *Zeneti*; av. 1470] **s. m.** ● Cavallo di razza spagnola, agile e snello | (*est., lett.*) Cavallo da corsa.

gìnnico [vc. dotta, lat. *gy̆mnicu(m)*, dal gr. *gymnikós*, da *gymnázein* 'esercitarsi a corpo nudo (*gymnós*)'; sec. XIV] **agg.** (pl. m. *-ci*) ● Che riguarda la ginnastica: *attrezzo, saggio g.*; *gara ginnica*. SIN. Ginnastico.

ginno- ● V. *gimno-*.

ginnocàrpo ● V. *gimnocarpo*.

ginnosofista ● V. *gimnosofista*.

Ginnospèrme ● V. *Gimnosperme*.

ginnòto ● V. *gimnoto*.

gino-, -gino [dal gr. *gynḗ* 'donna'] primo e secondo elemento ● In parole composte dotte o della terminologia scientifica, significa 'donna', 'femminile': *ginoide, androgino, misogino* | In parole composte della terminologia botanica, fa riferimento all'ovario delle piante: *epigino, ipogino*.

ginocchiàta [sec. XV] **s. f.** ● Colpo dato con un ginocchio | Contusione per colpo preso battendo il ginocchio.

ginocchiàto [lat. *geniculātu(m)*, da *genĭculum*, dim. di *gĕnu* 'ginocchio'; sec. XIV] **agg.** *1* †Inginocchiato. *2* (*bot.*) Detto di fusto che di tratto in tratto si piega ad angolo.

ginocchièllo [1875] **s. m.** *1* Fascia di cuoio o di altro materiale atta a proteggere il ginocchio del cavallo nelle cadute. ➡ ILL. p. 2153 SPORT. *2* (*mil.*) Altezza dell'asse di una bocca da fuoco, o di un'arma incavalcata su treppiede, rispetto al suolo. *3* Nelle armature antiche, ginocchietto. *4* Parte della gamba del maiale macellato che va dal ginocchio allo stinco. *5* Impronta del ginocchio sui pantaloni nella parte corrispondente. *6* †Ginocchio | †Ornamento di velluto e sim. al ginocchio. *7* Pezzo di legno o metallo con snodatura ad angolo.

ginocchièra [1924] **s. f.** *1* Fascia elastica o altro manufatto che si applica al ginocchio di uomini o animali per protezione, cura, difesa e sim. *2* Rinforzo interno al ginocchio dei calzoni. *3* Nelle armature antiche, ginocchietto.

ginocchiétto [av. 1449] **s. m.** *1* Dim. di *ginocchio*. *2* Armatura difensiva del ginocchio di piastra di ferro convessa, unita a snodo con le altre parti del gambale. *3* (*bot.*) Dittamo.

♦**ginòcchio** [lat. *genŭculu(m)*, per *genĭculu(m)*, per sovrapposizione di *genū* 'ginocchio', di cui è dim.; sec. XIII] **s. m.** (pl. *ginòcchi*, m., *ginòcchia* o lett. *ginòcchie*, f., spec. con valore collettivo) *1* (*anat.*) Regione dell'arto inferiore in cui la gamba si articola con la coscia | *G. varo*, affetto da varismo | *G. valgo*, affetto da valgismo | *In g.*, ginocchioni; (*fig.*) in atteggiamento di umile sottomissione; (*fig.*) detto di chi è vinto, a terra e sim. | *Sentirsi piegare le ginocchia*, sentirsi mancare per debolezza, paura e sim. | *Mettersi in g.* (*fig.*) prostrarsi davanti a qlcu. per ottenere qlco. | *Mettere in g. qlcu.*, (*fig.*) vincerlo | *Far venire il latte alle ginocchia*, (*fig.*) annoiare, infastidire. *2* Parte dei pantaloni che copre il ginocchio. *3* Parte centrale del remo. *4* Pezzo di legno o metallo snodato, pieghevole come un ginocchio | *A g.*, snodato. || **ginocchiétto**, dim. (V.) | **ginocchino**, dim.

ginocchióni o (*raro*) **ginocchióne** [av. 1274] **avv.** ● In ginocchio, con le ginocchia a terra: *pregare, stare, mettersi, cadere g.*; *levarsi di g.* | Anche nella loc. avv. *in g.*

ginogènesi [comp. di *gino-*, tratto dal gr. *gynḗ* 'donna' e di *genesi*] **s. f. inv.** ● (*biol.*) Particolare partenogenesi in cui la cellula uovo si segmenta in seguito alla penetrazione di uno spermatozoo della stessa specie o di specie diversa, senza che si verifichi la fusione tra i nuclei.

ginòide [comp. di *gino-* e *-oide*] **agg.** ● (*med.*) Che presenta caratteri di tipo femminile | *Obesità g.*, quella nella quale l'accumulo di tessuto adiposo prevale nella parte inferiore del corpo.

ginolatria [comp. di *gino-* e *-latria*] **s. f.** ● (*raro*) Culto della donna e (*est.*) di tutto ciò che è femminile.

ginsèng [cin. *gên-scên* '(pianta) con la radice (*scên*) a forma d'uomo (*gên*)'; av. 1698] **s. m.** ● Pianta delle Araliacee con fiori gialli e radice tuberosa alla quale si attribuiscono molte virtù terapeutiche (*Panax ginseng*).

ginseria [1984] **s. f.** ● Adattamento di *jeanseria* (V.).

gin tonic /ingl. 'dʒɪn 'tɒnɪk/ [loc. ingl., comp. di *gin* e *tonic* 'tonico'] **loc. sost. m. inv.** ● Bibita a base di gin e acqua tonica.

†**gio'** /dʒɔ/ **s. f.** ● (*raro, poet.*) Troncamento di 'gioia'.

gioacchinismo **s. m.** ● Gioachimismo.

gioachimismo **s. m.** ● Movimento cristiano spiritualista e profetico del sec. XII che derivò dalla predicazione e dalle opere di Gioacchino da Fiore.

gioachimita [dal n. dell'abate Gioacchino (in lat. *Ioachīm*, gr. *Iōakím*, dall'ebr. *Yōhāqīm*, n. teoforico da *Yahveh* 'Dio (d'Israele)') da Fiore (1145-1202); 1834] **A agg.** (pl. m. *-i*) ● Di Gioacchino da Fiore. **B s. m.** ● Religioso del convento fondato da Gioacchino da Fiore | Seguace del movimento millenarista e profetico del gioachimismo.

Giòbbe [dal n. di *Giobbe*, patriarca biblico, dal lat. *Iōb*, in gr. *Iṓb*, dall'ebr. *Iyyōbh*, di etim. discussa: dalla radice *'ayab* 'osteggiare' (?); 1553] **s. m. inv.** ● (*raro*) Uomo paziente nelle sofferenze, provato da improvvise sventure e disposto ad accettare ogni male come segno della divina volontà.

giobertiàno [av. 1850] **A agg.** ● Proprio del filosofo V. Gioberti (1801-1852). **B s. m.** ● Seguace del Gioberti.

giocàbile [1970] **agg.** ● Nel calcio, detto del pallone che può essere proficuamente manovrato e rilanciato: *palla g.*; *pallone g.*

♦**giocàre** o (*lett.*) **giuocàre**, †**giucàre** [lat. parl. **iocāre*, per *iocārī*, da *iŏcus* 'gioco'; av. 1292] **A v. intr.** (*io giòco* o raro *giuòco*, *tu giòchi* o raro *giuòchi*; in tutta la coniug. la *o* può dittongare in *uo* se tonica; aus. *avere*) *1* (assol.; + *a*; + *con*) Dedicarsi ad attività piacevoli per divertimento, per trarne guadagni, per sviluppare determinate qualità fisiche e intellettuali: *ai bambini piace g.*; *g. a palla, a bocce, a rimpiattino, a mosca cieca, ai ladri, alle carte*; *il nuovo sole ci trova al tavolino giocando* (GOLDONI); *g. con il pongo, con la creta* | *G. con le parole*, fare allusioni | *A che gioco giochiamo?*, escl. di risentimento, impazienza e sim. rivolta a chi si ritiene stia attuando un inganno | *G. sul sicuro, sul velluto*, fare qlco. con la certezza di ben riuscire | (*est.*) Spassarsi, divertirsi: *gioca con lui come il gatto con il topo* | (*fig.*) *G. con la propria salute*, metterla a rischio | *G. a fare qlco.*, (*fig.*) atteggiarsi: *gioca a fare l'eterno bambino*; *non è il caso di g. a far gli eroi* | †Parlare per scherzo. *2* (+ *su*) (*fig.*) Approfittarsi: *sta giocando sulla tua inesperienza*. *3* (assol.; + *a*) Scommettere, puntare denaro su eventi indipendenti dalla propria volontà: *g. ai cavalli, al lotto, al totocalcio*; *smetti di g. o ti rovinerai* | *G. forte*, con forti somme | *G. a carte scoperte*, (*fig.*) dichiarando apertamente le proprie intenzioni. *4* (+ *di*) (*fig.*) Esercitare le proprie qualità fisiche e intellettuali: *g. di scherma, di sciabola* | (*raro*) *G. di mano*, rubare | *G. d'astuzia*, mettere in opera la furberia per affrontare e risolvere le difficoltà | †*G. di schiena*, strisciare | *G. di gomito*, farsi largo (*anche fig.*). *5* (assol.; + *a*; + *da*) Praticare un gioco sportivo, spec. come professionista: *g. al pallone, a tennis*; *ha giocato otto anni nel Bologna*; *il tennista oggi gioca male*; *g. da difensore, come difensore* | Disputare un incontro sportivo: *g. in Nazionale*; *domenica il Milan giocherà a Torino* | *G. in casa, fuori casa*, sul proprio campo o in trasferta; (*fig.*) in un ambiente favorevole o sfavorevole. *6* (*raro*) Muoversi liberamente, detto di parte o elemento meccanico inserito in un altro, di snodo, articolazione e sim. *7* (*fig.*) Aver gioco, agire: *in situazioni del genere gioca la fortuna*; *ha fatto g. la sua esperienza*. *8* (*fig.*) Riflettersi, scorrere, risaltare in modo particolare: *il sole gioca sull'acqua*; *la luce gioca coi colori*. **B v. tr.** *1* Immettere o impegnare in un gioco: *g. l'asso di briscola, una buona carta*; *il 15 sulla ruota di Napoli* | *G. una carta*, (*fig.*) usare un espediente tenuto in serbo | *G. tutte le carte*, (*fig.*) mettere in opera tutti i mezzi di cui si dispone | (*fig.*) *G. un brutto tiro a qlcu.*, fare un brutto scherzo. *2* Sostenere, affrontare una competizione di gioco o sport contendendone ad altri la vittoria: *g. una partita a carte*; *il Catanzaro ha giocato un buon incontro*. SIN. Disputare nel sign. B3. *3* Scommettere al gioco: *g., giocarsi una bottiglia, la colazione, cinquanta euro* | (*fig.*) *Giocarsi l'osso del collo, l'anima*, rischiare tutto, di chi gioca con accanimento | (*fig.*) *Ci giocherei la camicia*, sono pronto a scommettere qualunque cosa | (*est.*) Perdere al gioco: *giocarsi una proprietà, tutte le proprie sostanze*. *4* (*fig.*) Mettere a repentaglio: *si sta giocando il posto con le sue pazzie* | Perdere per colpa propria, per errore: *e così, si è giocato una fortuna*. SIN. Rischiare. *5* (*fig.*) Burlare, ingannare, truffare: *ci ha giocato come ha voluto*. *6* (*lett.*) Suonare, recitare, declamare: *Il popolo si divertiva … a g., come si diceva, spettacoli in forma ironico-grottesca* (FO).

giocàta o (*lett.*) **giuocàta** [av. 1712] **s. f.** *1* Durata e modo del giocare | Partita di gioco: *fare una lunga g. a carte*. *2* Posta o scommessa del gioco: *una bella g.*; *una g. forte*. *3* Combinazione di numeri o di risultati su cui si punta una determinata somma spec. al lotto, al totocalcio e sim. | Polizza del gioco del lotto. || **giocatàccia**, pegg. | **giocatina**, dim. | **giocatóna**, accr.

♦**giocatóre** o (*lett.*) **giuocatóre** [sec. XIII] **s. m.** (f. *-trice*, pop. disus. *-tora*) *1* Chi pratica un gioco per divertimento: *è un abile g. ma troppo accanito*; *sono buoni giocatori di scacchi, di briscola* | *G. di bussolotti*, V. *bussolotto* | (*est.*) Chi ha il vizio del gioco: *attento a non diventare un g.* | Chi è molto abile nel gioco delle carte: *non posso vincere con te, perché sei un g.* *2* Chi pratica giochi sportivi, per diletto o come professione: *g. di basket, di calcio, di pallavolo*. *3* (*fig., raro*) Persona astuta, senza scrupoli. || **giocatoróne**, accr. | **giocatorùccio**, dim.

giocattolàio [av. 1886] **s. m.** (f. *-a*) ● Chi fa o vende giocattoli.

♦**giocàttolo** [da *gioco* con suffissazione prob. dial.; 1846] **A s. m.** **1** Oggetto che serve a divertire i bambini: *avere molti giocattoli.* SIN. Balocco. **2** (*fig.*) Chi si lascia ingenuamente dirigere e manovrare da altri: *non è altro che un g. nelle loro mani.* **B** in funzione di **agg. inv.** ● (posposto a un s.) Che è finto, che si usa soltanto per gioco: *arma, pistola g.* ‖ **giocattolino**, **dim.**

giocherellàre [iter. di *giocare*; 1843] **v. intr.** (*io giocherèllo*; aus. *avere*) **1** Trastullarsi, anche distrattamente: *studiava giocherellando con la matita* | Distrarsi con cose di poco conto. **2** Nel calcio, indugiare nell'azione con la palla al piede. **3** Divertirsi di tanto in tanto a giocare: *g. a carte, a pallone.*

giocherellóne [1946] **s. m.** (f. *-a*) ● Chi ama giocherellare: *quel gatto è proprio un g.* | (*est.*) Persona di carattere allegro che ama il divertimento.

giocherìa [comp. di *gioch(i)* e del suff. *-eria*; 1991] **s. f.** ● Negozio specializzato nella vendita di giocattoli e di giochi.

giochétto o (*lett.*) **giuochétto** [av. 1566] **s. m.** **1** Dim. di *gioco.* **2** Gioco di poco impegno e di breve durata | (*est.*) Cosa fatta per gioco | Lavoro semplice e facile: *per noi questo è un g.* **3** Scherzo | *G. di parole*, doppio senso | Inganno, tiro: *è un g. che non ci aspettavamo.* ‖ **giochettino**, **dim.**

†**giochévole** o †**giuochévole**, †**giuchévole** [sec. XIV] **agg.** ● Faceto | ***Poesia g.***, giocosa. ‖ †**giochevolménte**, **avv.** Per gioco; in modo giochevole.

giochicchiàre [da *gioco* col suff. *-icchiare*; 1869] **v. intr.** (*io giochìcchio*; aus. *avere*) ● Giocare con poco impegno e saltuariamente.

♦**giòco** o (*lett.*) **giuòco**, †**iòco** [lat. *iŏcu(m)*, di etim. incerta; av. 1250] **s. m.** (pl. *-chi*) **1** Ogni attività compiuta da bambini o adulti per ricreazione, divertimento o sviluppo di qualità fisiche e intellettuali: *giochi al chiuso, all'aperto, di società*; *g. educativo, dannoso, pericoloso*; *giochi di destrezza, di abilità*; *pensa più al g. che allo studio*; *deh non ti tornano in mente i dolci giochi de la nostra puerizia?* (SANNAZARO) | ***Giochi d'equilibrio***, di funambolo o di altro giocoliere, che tiene sé oppure oggetti in difficile equilibrio; (*fig.*) equilibrismo | ***G. da ragazzi***, (*fig.*) cosa molto facile: *salire sul tetto è un g. da ragazzi* | ***G. al massacro***, (*fig.*) attacco rivolto a screditare e demolire gli avversari. CFR. Jeu de massacre | (*est.*) Oggetto idoneo a divertire, giocattolo: *un bellissimo g.*; *stanza piena di giochi.* **2** Attività agonistica, competizione sportiva: *g. del calcio, della pallacanestro, del tennis*; *campo di g.* | Modo, tecnica, tattica particolare impiegata nello svolgimento di una competizione: *g. individuale, di squadra*; *g. di testa* | ***G. di copertura***, difensivo | ***G. ficcante***, penetrante, incisivo | Partita e gener. fase temporale in una competizione: *a metà g.* | Nel tennis, ciascuna delle frazioni che costituiscono il set: *il punteggio del set è stato di 6 giochi a 4.* **3** (*al pl.*) Manifestazione sportiva comprendente una serie di gare: *giochi olimpici*; *giochi del Mediterraneo.* **4** Gara tra più persone o gruppi di persone, che si svolge secondo regole prestabilite, e il cui esito è connesso con l'abilità dei partecipanti o con la loro fortuna: *il g. del poker, della briscola*; *giochi di carte*; *g. del lotto*; *casa da g.*; *perdere, vincere al g.*; *essere fortunato, sfortunato al g.*; *essere divorato dalla passione del g.* | ***G. d'azzardo***, quello posto in essere a fine di lucro e in cui la vincita o la perdita è interamente aleatoria | ***G. delle tre carte***, gioco d'azzardo che si fa con tre carte; (*fig.*) imbroglio, raggiro | ***Giochi da tavolo***, quelli nel corso dei quali i giocatori lanciano dadi, muovono pedine o altri contrassegni su un tabellone, una scacchiera o un tavoliere secondo regole prestabilite: *la dama e il backgammon sono giochi da tavolo* | ***Giochi di simulazione***, ***giochi di ruolo***, quelli basati su regole che riproducono situazioni della vita reale o nei quali ai partecipanti è richiesto di assumere determinati ruoli sociali: *i war game sono giochi di simulazione* | (*mat.*) ***Teoria dei giochi***, teoria e metodo matematici che, partendo dall'analisi del comportamento seguito in certi giochi, detti di strategia, come il bridge e gli scacchi, si applicano nella soluzione di problemi economici di scelte aziendali e di mercato | ***G. di borsa***, insieme delle operazioni relative all'acquisto e alla vendita dei titoli quotati in borsa, in quanto caratterizzato dall'incertezza e dal rischio | ***Mettere in g.***, rischiare | ***Fare il g. di qlcu.***, (*fig.*) servire le sue finalità | ***Fare il doppio g.***, (*fig.*) servire ipocritamente due parti contendenti | (*est.*) Il complesso delle regole di un gioco: *il g. lo conosco bene* | ***Conoscere il g.***, (*fig.*) essere esperto, sapere come vanno le cose in un determinato ambiente | ***Stare al g.***, (*fig.*) accettare una situazione, una finzione, uno scherzo e sim. **5** Giocata, puntata, posta: *raddoppiare il g.* **6** Passione smodata per il gioco spec. d'azzardo, vizio di giocare: *perdere tutto col g.*; *è il g. che lo ha rovinato.* **7** Serie di carte di cui dispone un giocatore impegnato in una partita: *avere in mano un ottimo g.* | ***Non avere g.***, avere carte pessime | ***Avere buon g.***, (*fig.*) buona possibilità di riuscire in qlco.: *ha avuto buon g. nel (o a) dire che lui l'aveva previsto* | ***Fare buon viso a cattivo g.***, (*fig.*) accettare con rassegnazione la mala sorte | ***Scoprire il proprio g.***, (*fig.*) rivelare le proprie intenzioni | ***Capire, scoprire il g. di qlcu.***, rendersi conto delle sue intenzioni recondite. **8** (*est.*) Insieme di carte, pezzi o altro necessari per un gioco: *giochi da tavolo*; *il mio g. degli scacchi è in avorio* | (*est.*) Corredo completo di oggetti della stessa specie: *g. di vele, di tende, di bandiere per segnali*; *un g. di matite per disegno*; *un g. di bicchieri.* **9** (*fig.*) Finzione: *g. scenico* | Operazione, attività simulata. **10** Attività o faccenda intricata e rischiosa: *il vostro è un g. pericoloso* | ***Un brutto g.***, un grave rischio o danno | ***Alla fine del g.***, da ultimo, in ultimo | ***Entrare in g.***, intervenire in qlco.: *a questo punto entrò in g. la sua sete di vendetta* | ***Essere in g.***, essere a rischio: *è in g. la sua dignità* | (*fig.*) ***G. di potere***, manovra nascosta relativa a poteri politici, economici ecc. | (*fig.*) ***G. di guerra***, (*spec. al pl.*) guerra simulata; SIN. War game; (*est.*) manovre o attività militari | (*est.*) Inganno, insidia. **11** (*fig.*) Scherzo, beffa | ***Per g.***, scherzosamente | ***Farsi, prendersi g. di qlcu.***, burlarsene | ***Mettere qlcu. in g.***, schernirlo | Zimbello: *essere il g. di qlcu.* **12** (*mecc.*) In un accoppiamento meccanico mobile, spazio residuo tra le due superfici di accoppiamento | (*est.*) Anormale allargamento della sede di un organo fisso | (*est.*) Movimento consentito da tale spazio o allargamento: *il g. di un ingranaggio, di una vite.* **13** (*fig.*) Azione: *il g. delle forze della natura* | ***Il g. della fortuna***, vicende, mutamenti che paiono derivare da capricci della sorte | ***Il g. delle parti***, il ruolo che ognuno sostiene in una situazione | Combinazione di effetti, in fenomeni fisici: *giochi di luce, d'acqua* | ***G. di parole***, bisticcio, freddura, doppio senso. ‖ PROV. Chi sa il gioco non l'insegni; ogni bel gioco dura poco. ‖ **giocàccio**, **pegg.** | **giocherèllo**, **dim.** | **giochétto**, **dim.** (V.) | **giochino**, **dim.** | **giocolino**, **dim.** | **giocùccio**, **dim.**

GIOCHI
nomenclatura

giochi

● *caratteristiche*: passatempo, ricreazione, svago, divertimento, diporto, distrazione; beffa, burla, celia; giocosità; gioco di luce, d'acqua, di parole; infantile, di società, di carte, di azzardo, da tavola, di pazienza, di prestigio, di enigmistica, di artificio = pirotecnico; atletico, ginnico, sportivo; rituale, scenico, coreografico, folcloristico; pericoloso; individuale ⇔ collettivo, pubblico ⇔ privato, consentito ⇔ vietato, tranquillo ⇔ movimentato; giocatore, avversario, perdente ⇔ vincente; pegno, penitenza, berlina, premio;

● *giochi infantili* = per ragazzi: quattro cantoni, nascondino = rimpiattino = nascondarella, mosca cieca, guardie e ladri, girotondo, barriera; salto della corda, scivolarella, scaricalasino, cavallina; giostra, altalena; bolle di sapone; palla avvelenata, palla prigioniera, palla a mano; piastrella, battaglia navale; della mattonella, dell'ambasciatore, della settimana, belle statuine;

● *giochi di società*: caccia al tesoro, pentolaccia, proverbio muto, quadro vivente, sciarada muta, mano calda, ombra cinese, parole a doppio senso, passa l'anello, oracolo, degli omonimi, del perché, del tribunale, della verità, passaparola, tombola, quadri viventi;

● *giochi d'azzardo*: roulette: cassa, chef de partie, croupier (rastrello del croupier); tavolo della roulette: ruota (cerchio, pallina, sporgenza d'arresto, piatto girevole, barra a croce), pool, fiche = gettone, quadro delle puntate (zero, passe, pair = numero pari, impair = numero dispari, manque, noir = nero, rouge = rosso, dozzina); colonna, en plein, carré, trasversale; rien ne va plus; dadi (bussolotto, punto del dado); giochi di carte: baccarà = macao, chemin de fer, poker (parlare, passare, rilanciare, vedere, morto, buio, cip, servito, coppia, doppia coppia, tris, full, scala, poker, scala reale), zecchinetta, sette e mezzo, trente et quarante, blackjack, sabot, tre carte; vincita, perdita, lucro, posta = scommessa, mossa, puntata; casa da gioco = casinò, sala da gioco = bisca; banchiere, biscazziere, socio, baro, slot machine.

● *giochi da tavolo*: dama (mangiare, muovere, sdamare, soffiare, andare a dama; tavoliere, pedina bianca, nera); filetto = gioco del mulinello = della tela (mulino chiuso = tela, mulinello doppio = tela doppia); domino (tessera, doppio sei); tennis da tavola = ping-pong (racchetta = paletta, rete da tavolo, pallina in celluloide = da ping-pong); Monopoli, Risiko!, Cluedo, Paroliamo, Tabù, Pictionary, Trivial;

● *giochi di pazienza*: puzzle, cubo magico, solitario;

● *giochi di prestigio*: atto magico, magia bianca, magia nera (apparizione, sparizione, rievocazione); destrezza, comunicativa, alterazione, passaggio, lettura del pensiero; sussidio meccanico = apparecchio magico; prestigiatore = prestidigitatore = illusionista = giocoliere, ipnotizzatore, impostore = ciarlatano;

● *giochi di enigmistica*: indovinello, sciarada, anagramma, logogrifo, bisenso, polisenso, incastro, crittogramma, rebus, monoverbo, quadrato magico, cambio, parole incrociate, bifronte, falso accrescitivo, falso diminutivo;

● *altri giochi*: giochi matematici; telequiz; videogiochi, flipper, calcetto = calcio-balilla, minigolf, giostra, gioco dell'oca, tiro a segno, corsa nei sacchi, gincana, bocce, palio, quintana, corsa dei ceri; lotteria, lotto, totocalcio, totip, totogol, gratta e vinci, enalotto, superenalotto, tombola; nazionale, pubblica, di beneficenza; autorizzata ⇔ non autorizzata = clandestina, riffa.

giocofórza o (*lett.*) **giuocofórza** [comp. di *gioco* e *forza*, nel senso che il gioco ha forzato, costretto a fare in un determinato modo; av. 1565] **s. m.** ● Solo nella loc. ***essere g.***, essere necessario, inevitabile: *fu g. rassegnarsi.*

giocolàre (**1**) o (*lett.*) **giuocolàre** [lat. parl. **ioculāre*, da *iŏculus*, dim. di *iŏcus* 'gioco'; av. 1470] **v. intr.** (*io giòcolo*; aus. *avere*) **1** (*raro*) Fare giochi di prestigio o di equilibrio. **2** (*raro*) Giocherellare, trastullarsi: *g. come il gatto con il topo* | Fare giochetti.

†**giocolàre** (**2**) o †**giocolàro**, †**giocolàro** [lat. *ioculāre(m)* 'che fa volentieri degli scherzi (*iŏcula*, dim. pl. di *iŏcus* 'gioco')'; sec. XIII] **s. m.** ● Giullare, buffone: *egli era buffone e giocolaro* (BOIARDO).

giocolatóre o †**giuocolatóre** [lat. *ioculatōre(m)* 'buffone', da *ioculāri* 'far scherzi (*iŏcula*, dim. pl. di *iŏcus* 'gioco')'; 1282] **s. m.** (f. *-trice*) ● (*raro*) Chi fa giochi di equilibrio o di abilità. SIN. Giocoliere.

†**giocolerìa** [da *giocoliere*; sec. XIV] **s. f.** ● Arte del giullare, del giocoliere | Buffoneria.

giocolière [ant. fr. *joculer*, dal lat. *ioculāris* 'giocolare (2)'; 1564] **s. m.** (f. *-a*) **1** Chi esegue giochi di destrezza e di abilità nei pubblici spettacoli. **2** Chi esplica la propria attività facendo mostra di virtuosismo | Giocatore di calcio che mostra particolare destrezza nel controllare il pallone.

†**giòcolo** o †**giuòcolo** [adatt. del lat. *iŏculu(m)* 'piccolo scherzo (*iŏcus*)'] **s. m.** **1** Congegno di molle che produce effetti scherzosi. **2** (*fig.*) Scherzo, giochetto. ‖ **giocolino**, **dim.**

giocondàre [lat. tardo *iucundāre*, da *iucŭndus* 'giocondo'; av. 1294] **A v. tr.** (*io giocóndo*) ● (*lett.*) Rallegrare, dilettare. **B v. intr.** ● †Stare in giocondità. **C v. intr. pron.** ● (*lett.*) Allietarsi, rallegrarsi.

giocondità o †**giocondìtade**, †**giocondìtate** [lat. *iucunditāte(m)*, da *iucŭndus* 'giocondo'; av. 1294] **s. f.** **1** Gioia serena e spensierata: *conserva ancora intatta la sua g.* SIN. Allegria, gioiosità. **2** (*raro*) Diletto, piacevolezza: *la g. della vita campestre, del canto, della musica.*

giocóndo [lat. *iocŭndu(m)* per *iucŭndu(m)*, che è deriv. del v. *iuvāre*, attratto poi nella fam. di *iŏcu(m)* 'gioco'; av. 1250] **agg.** *1* Lieto, gioioso: *una gioconda compagnia*; *g. tumulto il cor m'assale* (PARINI) | Che mostra gioia, allegrezza: *animo, aspetto g.* *2* (*lett.*) Che rallegra o rende felici: *Angelica in quel mezzo ad una fonte / giunta era, ombrosa e di g. sito* (ARIOSTO). *3* (*pop.*) Balordo, sciocco. || **giocondaménte**, **avv.** Con giocondità; scherzosamente.

giocosità [da *giocoso*; 1599] **s. f.** ● (*lett.*) Caratteristica di giocoso.

giocóso [lat. *iocōsu(m)*, da *iŏcus* 'gioco'; 1333] **agg.** *1* Che è o si mostra faceto, scherzoso: *carattere, temperamento g.* *2* Che diverte o vuole divertire: *versi giocosi* | ***Poesia giocosa***, burlesca, scherzosa | ***Opera giocosa***, opera buffa. || **giocosaménte**, **avv.**

giocotèca [comp. di *gioco* e *-teca*] **s. f.** ● In un complesso scolastico o di abitazione, area riservata ai giochi dei bambini e a questo scopo adeguatamente attrezzata. **CFR.** Ludoteca.

giocucchiàre **v. intr.** (*io giocùcchio*; aus. *avere*) ● (*raro*) Giochicchiare.

†**giocolàro** ● V. †*giocolare* (*2*).

giogàia (*1*) [lat. *iugāria(m)*, f. di *iugāriu(m)* 'che attiene al giogo (*iūgum*)'; av. 1555] **s. f.** ● (*geogr.*) Serie di gioghi montuosi | Passo o sella poco depressa.

giogàia (*2*) [lat. parl. **iug(ul)āria(m)* 'relativa alla gola (*iŭgulum*)' (?); av. 1320] **s. f.** *1* (*zool.*) Piega della pelle che, nei ruminanti, si estende dalla gola fino al petto. **SIN.** Bargia, pagliolaia, soggiogo. *2* (*zool., est.*) Piega della pelle, nel collo di vari altri animali. *3* (*est., scherz.*) †Pappagorgia.

giogàtico [da (*bestie al*) *giogo*; 1409] **s. m.** (**pl.** *-ci*) ● Un tempo, locazione di bovini | Corrispettivo dovuto per la stessa.

giogatùra **s. f.** ● Giogatico.

giógo (o *-ò-*) o †**iùgo** [lat. *iŭgu(m)*, di orig. indeur.; sec. XIII] **s. m.** (**pl.** *-ghi*) *1* Attrezzo di legno sagomato, costituito da uno o più pezzi, applicato al collo dei bovini per sottoporli in coppia al lavoro: *attaccare i buoi al g.* | (*lett.*) Coppia di buoi aggiogati. *2* (*fig.*) Rapporto o condizione di dipendenza, soggezione, servitù: *imporre, scuotere il g.*; *gemere sotto il g.*; *negli anni teneri il g. dell'autorità è salutevole* (MURATORI) | ***G. maritale***, matrimonio, vincolo coniugale. *3* Anticamente, specie di forca costituita da due pietre poste verticalmente e una terza collocata trasversalmente alla sommità, sotto la quale venivano fatti passare i nemici vinti, per umiliazione | ***Passare sotto il g.***, (*fig.*) subire una grave umiliazione. *4* (*mar.*) Ciascuno delle due travi maestre poste l'una a prua, l'altra a poppa di una galea, che formavano i due lati minori del telaio rettangolare per sostegno di tutto il posticcio | †Secondo ordine di remi nelle poliremi. *5* Asta da cui pendono i piatti della bilancia. *6* (*mus.*) Pezzo di legno che congiunge i due bracci di strumenti a corde come lira e cetra e in cui sono confitti i bischeri per le corde. *7* (*geogr.*) Sommità lunga e tondeggiante di un monte | Valico.

♦**giòia** (*1*) [fr. *joie*, da *gāudia*, nt. pl. di *gāudium* 'gaudio', considerato f.; sec. XIII] **s. f.** (raro troncato in †*gio'*) *1* Stato d'animo di intensa allegria e contentezza: *esultare per la g.*; *non stare in sé dalla g.*; *piangere lacrime di g.*; *g. di vivere* | ***Essere pazzo di g.***, essere oltremodo felice | ***Darsi alla pazza g.***, a grandi divertimenti | †***Menare g.***, mostrarsi lieto | (*est.*) Soddisfazione: *questa è l'unica g. che ho avuto nella vita* | (*antifr.*) Amarezza, dolore: *bella g. mi dai!*; *che g.!* **SIN.** Felicità, letizia. **CONTR.** Dolore. *2* Persona o cosa che procura piacere e felicità: *tu sei la nostra unica g.*

♦**giòia** (*2*) [fr. *joie*, estratto da *joel* 'gioiello'; av. 1250] **s. f.** *1* Pietra preziosa, gioiello: *astuccio, scrigno delle gioie*; *né ad altra g. che al diamante si permetta ciò fare* (CELLINI) | ***G. artificiale***, che imita quelle vere. *2* (*fig.*) Persona molto amata, tenuta in gran pregio (anche come appellativo affettuoso): *sei la mia g.*; *vieni qui, g. della nonna!*; *dimmi, g.!* *3* Rinforzo anulare della canna delle antiche bocche da fuoco a guisa di cornice o capitello. || **gioiétta**, **dim.** | **gioiùccia**, **gioiùzza**, **dim.**

†**giòia** (*3*) [dal n. del presunto inventore, Flavio *Gioia*; 1889] **s. f.** ● (*raro*) Bussola ordinaria.

†**gioiàre** [da *gioia* (*1*); 1321] **A** **v. intr.** ● (*lett.*) Gioire. **B** **v. intr. pron.** ● Prendere diletto di qlcu. o qlco.

gioiellàre [da *gioiello*; av. 1557] **v. tr.** (*io gioièllo*) ● (*raro*) Ornare di gioielli | (*fig.*) Ingioiellare.

gioielleria [1561] **s. f.** *1* Arte del lavorare pietre e metalli preziosi per farne oggetti d'ornamento. *2* Negozio di gioielli | Laboratorio del gioielliere. *3* Insieme di oggetti preziosi.

gioiellière [sec. XIV] **s. m.** (**f.** *-a*) ● Artigiano o artista che confeziona gioielli | Chi commercia in gioielli.

♦**gioièllo** [fr. ant. *jo(i)el*, poi *joyau*, dal lat. parl. **iocāle* 'proprio del gioco (*iŏcum*)', accostato a *joie* 'gioia (1)'; sec. XIII] **s. m.** *1* Ornamento di metallo lavorato e ornato di pietre dure o preziose | Oggetto di valore, anche senza pietre preziose. *2* (*fig.*) Persona cara, di grandi doti, da tenere in gran pregio: *hai un figlio che è un g.* | Oggetto di lavorazione perfetta, opere d'arte di particolare finezza e bellezza: *un g. di poesia*; *il suo televisore è un vero g.* | (*fig.*) ***G. di famiglia***, bene, proprietà o sim. di particolare pregio. || **gioiellétto**, **dim.** | **gioiellìno**, **dim.**

gioiosità [av. 1907] **s. f.** ● Caratteristica di chi (o di ciò che) è gioioso | (*est.*) Allegria, giocondità.

gioióso [ant. fr. *joieus*, dal lat. *gaudiōsus*, da *gāudium* 'gaudio'; av. 1249] **agg.** ● Pieno di gioia: *animo, accoglienza, parole gioiose*; *quando già nel ciel parean le stelle, / tutto g. a sua magion tornava* (POLIZIANO) | Che procura gaudio, felicità: *evento, notizia gioiosa*. **SIN.** Lieto, festoso. || **gioiosétto**, **dim.** || **gioiosaménte**, **avv.** Con gioia.

gioìre [ant. fr. *joïr*, dal lat. parl. **gaudīre*, forma parallela di *gaudēre* 'godere'; av. 1250] **A** **v. intr.** (*io gioìsco, tu gioìsci*; difett. del **part. pres.**; aus. *avere*) (assol.; + *di*; + *per*) ● Essere pieno di gioia per qlco.: *tra miserie e dolor chi può g.?* (MARINO); *g. della vittoria, per la riconquistata libertà* | Esultare: *g. per la sconfitta dell'avversario*. **B** **v. tr.** ● †Godere, possedere qlco.

†**giòlito** [dall'espressione mar. catalana *en jòlit*: dal fr. *joli* 'allegro, contento', attrav. il provz. *jòli* (?); av. 1566] **s. m.** ● Riposo gradevole dopo la fatica | ***Stare in g.***, ondeggiare dolcemente con mare calmo e poco vento, detto di imbarcazione; (*est.*) starsene in pace, in riposo | ***Andare in g.***, (*fig.*) in brodo di giuggiole.

giolittiàno [1893] **A** **agg.** ● Dello statista G. Giolitti (1842-1928), relativo alla sua politica e ai suoi metodi di governo. **B** **s. m.** (**f.** *-a*) ● Fautore, sostenitore della politica di Giolitti.

giolittìsmo [1896] **s. m.** ● Metodo politico dello statista G. Giolitti (1842-1928) | (*spreg.*) Politica fondata sul trasformismo e sul clientelismo.

giordàno [1342] **A** **agg.** ● Della Giordania. **B** **s. m.** (**f.** *-a*) ● Abitante, nativo della Giordania.

giordanóne o **jordanóne** [dal n. del botanico fr. A. *Jordan* (1814-1897)] **s. m.** ● (*biol.*) Unità secondaria di suddivisione delle specie zoologiche o botaniche secondo il criterio del zoologo Jordan. **SIN.** Specie elementare.

giorgìna [dal n. del botanico russo I. I. *Georgi* (1729-1802); 1815] **s. f.** ● (*bot.*) Varietà coltivata di dalia.

giorgionésco [1900] **agg.** (**pl. m.** *-schi*) ● Proprio del pittore Giorgione (1477 ca.-1510) | Della scuola del Giorgione.

giornalàio [av. 1890] **s. m.** (**f.** *-a*) ● Chi vende giornali e riviste.

♦**giornàle** [da *giorno*, come il corrispondente agg. lat. *diŭrnus* da *dĭes*; 1394] **A** **agg.** ● (*raro, lett.*) Giornaliero, diurno, quotidiano | ***Libro g.***, registro o serie di schede su cui sono indicate giorno per giorno le operazioni relative all'esercizio di una impresa. || **giornalménte**, **avv.** Quotidianamente. **B** **s. m.** *1* Foglio stampato che si pubblica quotidianamente per la diffusione di notizie varie, politiche, economiche, di attualità e sim.: *g. della sera, del mattino*; *g. indipendente, della maggioranza, dell'opposizione*; *direzione, redazione, amministrazione del g.* | ***G. murale***, manifesto o foglio affisso al muro, dal contenuto spec. politico o sindacale. *2* (*est.*) Pubblicazione periodica, settimanale, quindicinale e sim.: *g. illustrato, di moda, umoristico* | Rassegna, rivista: *g. storico, letterario, di filosofia, di diritto* | Titolo di pubblicazioni specifiche: *il g. degli economisti*. *3* Luogo in cui ha sede la redazione e l'amministrazione di un quotidiano: *se hai bisogno di me cercami al g.* *4* Diario o registro in cui si annotano in ordine cronologico i fatti salienti di un viaggio, una spedizione e sim., o una serie di operazioni e avvenimenti di interesse pubblico o privato: *scrivere le memorie sul proprio g.*; *tenere il g. di viaggio* | ***G. nautico***, ***di navigazione***, ***di bordo***, nel quale si annota l'andamento della navigazione | ***G. di chiesuola***, nella marina militare, quello regolamentare su cui l'ufficiale in comando di guardia annota quanto è avvenuto durante il suo turno | ***G. mastro***, V. *giornalmastro*. *5* ***G. radio***, notiziario trasmesso nel corso della giornata, da stazioni radio, a ore fisse: *le ultime notizie del g. radio*. || **giornalàccio**, **pegg.** | **giornalétto**, **dim.** (V.) | **giornalìno**, **dim.** (V.) | **giornalóne**, **accr.** | **giornalùccio**, **dim.** | **giornalùcolo**, **dim.**

GIORNALE
nomenclatura

giornale

● *caratteristiche*: indipendente ⇔ di partito, accreditato ⇔ screditato, imparziale ⇔ fazioso = settario; edizione (del mattino, della sera, straordinaria), redazione, tiratura; abbonamento, supplemento, arretrato; stampa, mass media; agenzia d'informazione, di stampa; chiosco, edicola; messaggeria, emeroteca, pubblicità, raccolta pubblicitaria;

● *tipi di giornale*: bollettino, gazzetta, foglio, corriere, organo, organo d'informazione, rivista, tabloid; quotidiano, settimanale, quindicinale, mensile, periodico; del mattino, del pomeriggio, della sera; politico, religioso, finanziario, letterario, sportivo, umoristico, satirico, scandalistico; illustrato, a rotocalco, a fumetti; murale, radiofonico, televisivo = telegiornale, cinematografico = cinegiornale; di viaggio, di bordo, di classe; informato, serio, venduto;

● *parti del giornale*: testata (corriere, gazzetta, eco), manchette, occhiello, titolo, sottotitolo, sommario, bozzone, foliazione, tiratura, cappello, colonna, articolo (di apertura, di fondo, di spalla, di taglio, di comunicato, di colore, di elzeviro, di corsivo; asterisco, finestrina, stelloncino, trafiletto), illustrazione, pubblicità, inserzione, necrologio; cronaca (nera, mondana, parlamentare), servizio = reportage, fotocronaca = fotoreportage, inchiesta, intervista, corrispondenza, rubrica, inserzione, annuncio, bollettino, notiziario, resoconto, pastone, lettera aperta, critica, polemica, commento, recensione, nota, corsivo, commento redazionale, spigolature; colpo giornalistico = scoop, flash d'agenzia, esclusiva, primizia; inserto, supplemento;

● *persone*: editore, giornalista, direttore amministrativo, direttore responsabile, redattore, caporedattore, corpo redazionale, cronista, capocronista, caposervizio, inviato speciale, reporter, fotoreporter = paparazzo, corrispondente, editorialista, columnist, collaboratore, pubblicista, articolista, fondista, corsivista, polemista, critico, intervistatore; giornalaio = edicolista, strillone; albo dei giornalisti, ordine dei giornalisti; federazione della stampa; garante per l'editoria.

giornalése [da *giornale*, col suff. *-ese* (*2*), sul modello dell'angloamer. *journalese*; 1978] **s. m.** ● (*iron. o spreg.*) Stile e linguaggio, spesso astrusi o enfatici, tipici della comunicazione giornalistica.

giornalétto [1798] **s. m.** *1* Dim. di *giornale*. *2* (*fam.*) Giornale a fumetti per ragazzi. || **giornalettàccio**, **pegg.** | **giornalettìno**, **dim.** | **giornalettùccio**, **dim.**

giornalièro [av. 1603] **A** **agg.** *1* Di ogni giorno: *rapporto, spesa giornaliera*. **SIN.** Quotidiano | Che si effettua ogni giorno: *volo g.* | Che dura un giorno: *biglietto g.* *2* (*raro*) Che varia o muta ogni giorno: *umore g.* **B** **s. m.** (**f.** *-a*) ● Lavoratore retribuito a giornata | Bracciante.

♦**giornalìno** [1869] **s. m.** *1* Dim. di *giornale*. *2* (*fam.*) Giornaletto illustrato o fumetto per ragazzi.

giornalìsmo [1837] **s. m.** *1* Insieme delle attività connesse con l'elaborazione, il commento e la pubblicazione di notizie attraverso la stampa | Professione di giornalista. *2* Insieme dei giornalisti e dei giornali, spec. di un determinato paese o zona: *il g. locale*; *un esponente del g. internazionale*.

♦**giornalista** [1669] s. m. e f. (pl. m. *-i*) ● Chi scrive per i giornali o ne cura la redazione e impaginazione o è redattore di un'agenzia giornalistica d'informazione | *G. professionista*, chi è iscritto all'ordine dei giornalisti e non esercita altra attività retribuita | *G. pubblicista*, chi è iscritto all'ordine dei giornalisti ma non esercita l'attività giornalistica in forma esclusiva.

giornalìstico [av. 1803] agg. (pl. m. *-ci*) **1** Proprio dei giornalisti: *linguaggio, stile g.* **2** Che si riferisce ai giornali e al giornalismo. || **giornalisticamènte**, avv.

giornalmàstro o **giornàle màstro** [da *giornal(e)* e *mastro*; 1970] s. m. ● Libro che riunisce in un tutto i due caratteristici strumenti della contabilità, il giornale e il mastro.

giornànte [da *giorno*; av. 1907] **A** s. m. e f. ● (*disus.*) Chi lavora a giornata nelle case altrui. **B** s. m. ● Confratello della Compagnia della Misericordia, in Firenze che provvede, per turno giornaliero, alle opere di assistenza e di carità.

♦**giornàta** (**1**) [da *giorno*; av. 1249] s. f. **1** Periodo di tempo compreso tra l'alba e il tramonto, considerato rispetto alle condizioni in cui trascorre, al modo di trascorrerlo e agli avvenimenti che in esso si verificano: *g. umida, sciroccosa, fredda, afosa*; *g. triste, allegra, festiva, lavorativa*; *le giornate si allungano, si accorciano*; *consumai il resto della g. passeggiando* (GOLDONI) | *G. nera*, (*pegg.*) *giornataccia*, in cui tutto va o si presenta negativamente | *G. lavorativa*, il complesso delle ore di lavoro di una persona in un giorno | *Di g.*, del giorno stesso: *uova fresche di g.*; detto del militare incaricato, per turno giornaliero, di svolgere determinati servizi di caserma per il proprio reparto: *caporale, sergente di g.* | *Alla g.*, giorno per giorno | *Vivere, lavorare alla g.*, senza fare affidamento sul domani, senza pensare al futuro | *Lavorare a g.*, con un rapporto di lavoro non stabile e continuativo, ma occasionale e momentaneo | *Andare a giornate*, essere incostante nell'umore, nel rendimento e sim. | *In, nella g.*, entro oggi | (*est., lett.*) Tempo, vita: *compire la propria g.*; *la breve g. dell'uomo.* **2** Guadagno, paga di un giorno di lavoro: *riscuotere, guadagnarsi, perdere la g.* **3** Cammino che si può percorrere nello spazio di un giorno: *trovarsi a una g. da Roma* | (*ant.*) Marciare a grandi giornate, velocemente. **4** Giorno dedicato alla celebrazione di un evento storico, alla diffusione di un'iniziativa di interesse nazionale e sim.: *la g. dei lebbrosi*; *la g. della madre e del fanciullo.* **5** Giorno caratterizzato da fatti o avvenimenti di grande rilievo, spec. storico: *le cinque giornate di Milano*; *le quattro giornate di Napoli.* **6** Ciascuno dei giorni e le relative serie di accoppiamenti fissati per lo svolgimento degli incontri dei campionati di calcio e sim.: *prima g. del girone di andata*; *ultima g. del campionato.* **7** Antica unità di misura di superficie piemontese, in generale pari a 3810 m². || **giornatàccia**, pegg. (V.) | **giornatèlla**, dim. | **giornatina**, dim. | **giornatóna**, accr.

†**giornàta** (**2**) [da *giorno*, secondo l'impiego fatto dai Francesi di *journée* 'ciò che di notevole avviene in una *giornata*'; av. 1446] s. f. ● Battaglia, fatto d'arme: *venire a g.*; *fare g.*; *g. campale.*

giornatàccia [pegg. di *giornata*; 1875] s. f. **1** Giornata di forte maltempo: *una g. fredda e ventosa.* **2** Giornata negativa, faticosa, pesante: *dopo una g. di rudi fatiche* (PIRANDELLO).

giornèa [ant. fr. *journée* 'viaggio (di un giorno)', dal lat. *diŭrnu(m)* 'giorno'; poi, casacca (da viaggio); av. 1400] s. f. **1** Antica sopravveste militare successivamente adottata dai civili di ogni ceto. **2** Toga del giudice | *Indossare, mettersi, allacciarsi la g.*, (*fig.*) prendere tono autorevole, atteggiarsi a giudici. **3** †Sopravveste, camiciotto da lavoro dei marinai. **4** †Giornata.

giornèllo [etim. incerta; 1868] s. m. ● Vassoio a tre sponde per la calce, usato dal muratore.

giornino [propr. dim. di *giorno*; 1963] s. m. ● (*centr.*) Punto a giorno | Orlo a giorno.

♦**giórno** o †**iórno** [lat. parl. *diŭrnu(m)*, dall'agg. *diŭrnus* 'relativo al giorno', da *dĭes* 'giorno' sul tipo di *noctŭrnus* da *nŏx* 'notte'; 1171] s. m. **1** Spazio di tempo di ventiquattro ore che intercorre tra una mezzanotte e quella successiva: *che g. è oggi?*; *una settimana consiste di sette giorni, un anno di trecentosessantacinque*; *g. feriale, festivo, triste, lieto*; *g. della partenza, degli esami*; *lavorare tutto il g.* | *G. utile*, V. *utile*, sign. A1 | *Giorni bancari*, due o più giorni, aggiunti al tempo effettivo di anticipato pagamento, nello sconto di effetti | *Al g., il g., ogni g.*, per ogni giorno, quotidianamente | *Di g. in g.*, ogni giorno di più: *migliora di g. in g.*; ogni giorno: *lo aspetto di g. in g.* | *G. per g.*, alla giornata, senza programmi per il domani | *Un g.*, una volta, un tempo imprecisato | *L'altro g.*, poco tempo fa | *Un g. o l'altro*, in un tempo indeterminato, prima o poi: *un g. o l'altro, glielo devo dire* | *Da un g. all'altro*, improvvisamente | *Mettersi, tenersi a g. di qlco.*, tenersi al corrente | *Uomo del g.*, di cui più si parla | *Fatti del g.*, avvenimenti recentissimi | *A giorni*, tra pochi giorni: *partirò a giorni*; qualche giorno sì e qualche altro no: *questo fastidioso mal di testa ce l'ho a giorni* | *Giorni or sono*, poco tempo fa | *Di tutti i giorni*, ordinario, usuale: *non è cosa di tutti i giorni andare alla Scala* | *Dare gli otto giorni*, licenziare, o licenziarsi, con otto giorni di preavviso | *G. solare*, la durata di una rotazione terrestre riferita al Sole, variabile nel corso dell'anno | *G. solare medio*, quello di 24 ore esatte, definito come media annua del giorno solare | (*est.*) Periodo indeterminato della durata di ventiquattro ore: *l'escursione dura due giorni*; *bisogna lasciarlo in frigorifero almeno tre giorni* | *Sei giorni*, V. *seigiorni* | Giornata, spec. in relazione alla situazione atmosferica: *g. piovoso, assolato*; *si preparano giorni di tempesta.* **2** Periodo durante il quale il sole resta sopra l'orizzonte: *sul far del g.*; *il g. e la notte si alternano*; *i giorni si allungano*; *a g. pieno, fatto* | *Fare di notte g.*, trascorrere la notte in lavori o in divertimenti | *G. e notte*, continuamente, senza sosta: *studiare, lavorare g. e notte* | *Illuminare a g.*, con particolare intensità | *Chiaro come la luce del g.*, (*fig.*) evidente | *Alla luce del g.*, (*fig.*) in modo palese | *Ci corre quanto dal g. alla notte*, (*fig.*) di cose molto diverse fra di loro | (*poet.*) La luce che il Sole diffonde sulla Terra: *dagli occhi de' mortali un negro velo / rapisce il g. e il sole* (TASSO). **3** Periodo indeterminato di tempo | *Il suo successo è durato un g.*, è stato breve | *Al g. d'oggi*, oggigiorno | *Ai giorni nostri*, nel nostro tempo | *Finire i propri giorni*, morire | *Il g. estremo*, quello della morte | *Il g. finale*, quello del Giudizio | *Il g. più lungo*, (*fig.*) quello di eccezionale gravità, denso di avvenimenti pericolosi, rischiosi e sim., che esigono da qlcu. decisioni di estrema importanza. **4** Festa, solennità, ricorrenza: *il g. della mamma, di S. Valentino* | *G. dell'espiazione*, solennità ebraica nella quale i fedeli, dopo aver osservato le astensioni, fanno la confessione generale dei loro peccati. **5** Nella loc. *a g.*, detto gener. di ogni struttura o parte di struttura realizzata, spec. quando sia connessa ad altre, in maniera tale da rimanere pressoché visibile per intero in ogni sua parte: *scala a g.* | *Legare, montare a g.*, in oreficeria, detto di pietra preziosa incastonata su leggeri fili d'oro o di platino | *Montatura a g.*, negli occhiali, quella in cui le lenti sono sostenute soltanto da una piccola staffa metallica, mediante una vite | *Punto a g.*, quello usato spec. per rifinire ottenuto sfilando alcuni fili della trama del tessuto e riunendo a mazzetti quelli ottenuti dalla sfilatura, così da creare vuoti alterni nell'orlo | *Orlo a g.*, quello eseguito col punto a giorno, spec. nella biancheria | (*min.*) *Escavazione a g.*, a cielo aperto. || PROV. Roma non fu fatta in un giorno; dalla mattina si vede il buon giorno.

♦**giòstra** [ant. fr. *joste*, da *joster* 'giostrare', con sovrapposizione dei n. in *-stra*; sec. XIII] s. f. **1** In epoca medievale e rinascimentale, duello fra cavalieri che cercavano di sbalzarsi l'un l'altro di sella a colpi di lancia; (*est.*) torneo | Oggi, rievocazione storica in costume di antiche e famose giostre medievali o rinascimentali: *g. del saracino, della quintana.* **2** †Scontro di poca importanza. **3** Componimento in ottonari cantato nelle antiche giostre. **4** Gioco popolare consistente nel cercare di colpire un bersaglio passandovi sotto di corsa: *g. del gallo, dell'anello, del buratto.* **5** Piattaforma con animali di legno, barche, vetture, ecc., che gira in senso circolare a suon di musica, per divertimento dei bambini che vi stanno sopra | (*est., al pl.*) Parco di divertimenti, luna park | *Fare la g.*, (*fig.*) girare continuamente attorno. **6** (*fig.*) Il susseguirsi vertiginoso di fatti, eventi e sim.: *una g. di notizie, di idee.* **7** †Palestra per esercizi militari. **8** (*fig.*) †Inganno, beffa. || **giostrina**, dim.

giostràio s. m. (f. *-a*) ● Addetto al funzionamento di una giostra per bambini.

giostrànte [sec. XIV] **A** part. pres. di *giostrare* ● Nei sign. del v. **B** s. m. e f. ● Giostratore.

giostràre [ant. fr. *joster*, originariamente 'riunir(si)', dal lat. parl. **iuxtāre* 'essere appresso (*iŭxta*)'; 1319] **A** v. intr. (*io giòstro*; aus. *avere*) **1** Prender parte a una giostra: *acciò che egli l'amor di lei acquistar potesse, giostrava, armeggiava, faceva feste* (BOCCACCIO). **2** (*raro*) Andare girando qua e là, a zonzo: *non ho più voglia di g. tutto il giorno per voi.* **3** (*lett.*) Contrastare: *ma con questo pensier un altro giostra* (PETRARCA) | †*G. col diavolo in agonia*, (*fig.*) morire disperato. **4** (*fig.*) Destreggiarsi con abilità: *g. tra le difficoltà.* **B** v. intr. pron. ● Destreggiarsi abilmente. **C** v. tr. **1** †Ingannare, raggirare. **2** †Combattere, perseguitare. **3** (*fig.*) Sfruttare a proprio vantaggio.

giostratóre [sec. XIII] s. m. ● Cavaliere che partecipava a una giostra: *era stato … ne' suoi dì e g. e schermitore* (SACCHETTI) | (*raro, tosc.*) Chi partecipa ad una giostra popolare.

giottésco [av. 1810] agg. (pl. m. *-schi*) ● Proprio del pittore Giotto (1267 ca.-1337) e della sua scuola: *stile g.*; *viso, colore g.*; *figura giottesca.*

giovaménto [lat. tardo *iuvamĕntu(m)*, da *iuvāre* 'giovare'; 1336 ca.] s. m. ● Utilità, vantaggio: *sentire, recare, dare, trarre g.*; *essere di g. a qlcu.*

†**giovanàglia** [av. 1292] s. f. ● (*spreg.*) Moltitudine di giovani: *solevi attutare l'acerba volontà della g. romana* (BOCCACCIO).

♦**gióvane** o (*lett.*) **gióvine** [lat. parl. **iŏvene(m)* per *iŭvene(m)*, di orig. indeur.; av. 1292] **A** agg. **1** Di persona che è tra l'adolescenza e la maturità o, più gener., che non è vecchia: *un gruppo di giovani donne*; *una coppia di giovani sposi* | (*est.*) Che ha o conserva i caratteri della giovinezza: *animo, aspetto, cuore g.* | *Essere g. di mente, di spirito*, avere sentimenti freschi, giovanili. CONTR. Vecchio. **2** Più giovane, quando si vogliano distinguere due personaggi dello stesso nome e di diversa età: *Plinio il g.*; *Michelangelo Buonarroti il g.* **3** Di ciò che è nato o sorto da poco: *cavallo, pecora g.*; *vite, vigna g.*; *ulivi giovani* | Di recente costituzione: *Stato g.*; *il g. cinema africano* | (*est.*) Immaturo, non stagionato: *vino g.* | *Legname g.*, di pianta giovane. **4** Spec. nel linguaggio pubblicitario, detto di ciò che è caratteristico dei giovani o diretto ai giovani o di ciò a cui si vuole dare una connotazione allegra, disinvolta, pratica e sim.: *musica, moda g.* | Anche con funzione avverbiale: *bere, vestire g.* **5** (*fig.*) Inesperto: *sei ancora troppo g. per decidere*; *g. del mestiere.* || †**giovaneménte**, avv. Giovanilmente. **B** s. m. e f. **1** Persona di giovane età: *è un g. molto promettente* | *Da g.*, in gioventù. **2** Chi aiuta un negoziante, un artigiano o un professionista nello svolgimento del suo lavoro: *g. di bottega, di studio.* **3** Allievo, scolaro: *un liceo di duecento giovani.* || **giovanàccio**, pegg. | **giovanétto**, dim. (V.) | **giovanino**, dim. | **giovanóne**, accr. | **giovanùccio**, dim. | **giovincèllo**, dim. (V.).

giovanétto o **giovinétto** [1308] **A** agg.; anche s. m. (f. *-a*) **1** Dim. di *giovane*. **2** (*disus.* o *lett.*) Che (o Chi) è nella prima gioventù: *sposa giovanetta*; *letteratura, romanzi per giovanette.* **B** agg. ● (*lett.*) Appena sorto, iniziato, sbocciato e sim.: *tempo g.*; *età giovanetta*; *il g. anno*; *i rami santi / fiorian d'un lauro giovenetto e schietto* (PETRARCA). || **giovanettàccio**, pegg. | **giovanettino**, dim. | **giovanettùccio**, dim.

†**giovanézza** ● V. *giovinezza*.

giovanile o (*lett.*) **giovenile** [lat. *iuvenīle(m)*, da *iŭvenis* 'giovane', sul tipo di *puerīle(m)*, da *pŭer* 'fanciullo'; av. 1294] agg. **1** Tipico della giovinezza, dei giovani: *bollori, entusiasmi, errori giovanili*; *e intanto vola / il caro tempo giovanil* (LEOPARDI). **2** Di chi (o di ciò che) appare giovane d'aspetto o di spirito: *la sua pelle conserva una freschezza g.*; *è un tipo dal carattere g.* | Che è adatto ai giovani, che ringiovanisce chi giovane non è più: *abito g.* || **giovanilménte**, †**giovanileménte**, avv. Da giovane.

giovanilìsmo [1978] s. m. ● Comportamento di chi, non più giovane, vuole a ogni costo continuare a sembrar tale, spec. adottando tutti quei segni esteriori che sono ritenuti caratteristici dei giovani.

giovanilista [1985] **A** s. m. e f. (pl. m. -*i*) ● Chi nei modi, nell'abbigliamento o nel linguaggio dimostra giovanilismo. **B** agg. ● Giovanilistico.

giovanilìstico [1979] agg. (pl. m. -*ci*) ● Ispirato a, dettato da, giovanilismo.

giovannèo [1933] agg. *1* Che si riferisce alle dottrine del Vangelo di San Giovanni. *2* Che si riferisce al papato di Giovanni XXIII (1881-1963) e alla riforma in questo iniziata | ***Spirito g.***, il nuovo spirito di carità e di tolleranza universale che ha distinto il pontificato di Giovanni XXIII.

giovannismo [1970] s. m. ● Teologia e dottrina derivata dall'interpretazione del Vangelo di San Giovanni | Tendenza a dar prevalenza, nell'esperienza religiosa cristiana, alle dottrine derivate dal Vangelo di San Giovanni.

giovannita s. m. e f. (pl. m. -*i*) ● Seguace di una setta cristiana dell'Asia Minore, che pratica il battesimo in nome di San Giovanni Battista.

giovanòtto o (*lett.*) **giovinòtto** [da *giovane* col suff. accr. espressivo -*otto*; sec. XV] s. m. *1* (f. *scherz.* -*a*) Uomo giovane, nel pieno delle sue forze | (*scherz.*) Appellativo rivolto anche a un bambino: *ehi, g., vuoi stare un po' zitto?* *2* (*fam.*) Scapolo. *3* Nella marina mercantile, marinaio minore di 18 anni, con meno di 24 mesi di navigazione | Mozzo. || **giovanottàccio**, pegg. | **giovanottèllo**, dim. | **giovanottino**, dim. | **giovanottóne**, accr.

giovàre [lat. *iuvāre*, di etim. incerta; av. 1292] **A** v. intr. (*io gióvo*; aus. *avere* o *essere*) *1* (+ *a*) Essere utile, vantaggioso: *g. alla famiglia, alla società, alla causa comune*; *l'aria di montagna giova alla salute*; *molti sono che, vedendo le blandizie non giovargli, si voltano alle minacce* (CASTIGLIONE). *2* (*poet.*) Dilettare, piacere. **B** v. intr. impers. (aus. *essere* o *avere*) ● Essere utile, vantaggioso, opportuno: *nei problemi storici ... giova abbandonare il metodo causalistico e deterministico* (CROCE). **C** v. tr. ● (*raro*) Aiutare, favorire: *g. la società, la famiglia, gli amici*. **D** v. intr. pron. (+ *di*) ● Servirsi, valersi di qlcu. o di qlco.: *giovarsi delle fatiche altrui*; *giovarsi di un argomento, di un esempio* | (*tosc.*) ***Se te ne giovi***, se non ti fa schifo.

Gióve [lat. *Iŏve(m)*, acc. di *Iŭp(piter)*, comp. di orig. indeur. di *Iov-* 'cielo luminoso, dio' e *-piter* 'capo (di famiglia), padre'; 1308] s. m. (*giòve* nel sign. 4) *1* Nella mitologia greco-romana, la suprema divinità: *il sommo, il massimo, l'eterno G.*; *i fulmini di G.* | ***G. pluvio***, in quanto mandava la pioggia; (*fig., scherz.*) tempo piovoso. *2* (*fam.*) Nella loc. inter. ***per Giove***, esprime meraviglia, stupore, contrarietà, ira o anche entusiasmo o energica affermazione. *3* (*astron.*) Quinto pianeta del sistema solare, in ordine di distanza dal Sole, dal quale dista in media 779 milioni di kilometri, la cui massa è circa 318 volte quella della Terra, del quale si conoscono 16 satelliti | (*astrol.*) Pianeta che domina i segni zodiacali del Sagittario e dei Pesci. ➡ ILL. p. 2142 SISTEMA SOLARE; **zodiaco.** *4* (*pop.*) Giovedì.

♦**giovedì** [lat. *Iŏvis dĭes*, propr. 'il giorno (*dĭes*) di Giove (*Iŏvis*)'; 1253] s. m. ● Quarto giorno della settimana civile, quinto della liturgica | ***G. santo***, della settimana santa, dedicato alla commemorazione della cena degli apostoli | ***G. grasso***, l'ultimo giovedì di Carnevale | ***G. nero***, (*per anton.*) giovedì 24 ottobre 1929, in cui si ebbe, alla Borsa di New York, il tracollo delle quotazioni azionarie che segnò l'inizio della crisi economica dei primi anni '30 del Novecento.

giovenalésco [1789] agg. (pl. m. -*schi*) ● (*letter.*) Proprio del poeta satirico latino D. G. Giovenale (60 ca.-140 ca.).

giovènca (o **-é-**) [lat. *iuvĕnca(m)*, propr. 'animale giovane', della stessa famiglia di *iŭvenis* 'giovane'; av. 1333] s. f. ● Vacca giovane.

giovènco (o **-é-**) [lat. *iuvĕncu(m)*. V. precedente; av. 1333] s. m. (f. -*a*; pl. m. -*chi*) ● Bue giovane che ha appena passato l'anno.

giovenile ● V. *giovanile.*

♦**gioventù** o †**gioventùde**, †**gioventùte** [lat. *iuventūte(m)*, da *iŭvenis* 'giovane'; sec. XIII] s. f. *1* Età della vita umana che si estende dalla fine dell'adolescenza alle soglie della maturità: *sogni di g.*; *erano nel fiore della g.*; *la bella g. giamai non torna, / né il tempo perso giamai riede indietro* (L. DE' MEDICI) | ***Colpe, errori di g.***, intemperanze proprie dei giovani. *2* I giovani considerati complessivamente: *g. studiosa, indisciplinata, rammollita*; *libri, spettacoli, divertimenti per la g.*

gioverèccio [da *giovare* col suff. agg. -*eccio*; av. 1803] agg. (pl. f. -*ce*) ● (*tosc.*) Di aspetto fresco e piacente: *donna gioverèccia*; *avere un viso g.* SIN. Piacevole, gradevole.

giovésco [da *Giove*; av. 1803] agg. (pl. m. -*schi*) ● (*lett.*) Che affetta disprezzo e noncuranza.

giovévole [1351] agg. ● Che reca giovamento: *cura, medicina g.* || **giovevolménte**, avv. Con giovamento.

†**giovevolézza** [av. 1576] s. f. ● Utilità.

gioviàle [lat. tardo *ioviāle(m)* 'di, da Giove (*Iŏvis*)', il pianeta che, secondo le antiche credenze astrologiche, porta benefici influssi; 1321] agg. *1* Abitualmente gaio e sereno: *temperamento g., maniere, accoglienze gioviali.* *2* †Del dio Giove | †Del pianeta Giove: *Io vidi in quella giovial facella* (DANTE *Par.* XVIII, 70). || **giovialòccio**, dim. | **giovialóne**, accr. (V.) || **giovialménte**, avv. Con giovialità.

giovialità [1652] s. f. ● Abituale gaiezza e serenità di carattere | Comportamento gioviale: *ci accolsero con g.*

giovialóne [av. 1698] s. m. (f. -*a*) *1* Accr. di *gioviale.* *2* Persona allegra e amabile.

gioviàno [da *Giove* (V.)] **A** agg. ● Del, relativo al pianeta Giove. **B** s. m. (f. -*a*) ● Ipotetico abitante del pianeta Giove, in opere letterarie e cinematografiche di fantascienza.

giovinàstro [comp. di *giovine* e -*astro*; av. 1480] s. m. (f. -*a*) ● Giovane scapestrato, turbolento, dal comportamento riprovevole.

giovincèllo [lat. par. **iuvencĕllu(m)*, dim. di *iŭvenis* 'giovine'; 1310] s. m. (f. -*a*) *1* Dim. di *giovane*: *c'era perfino una banda di giovincelli trasteverini* (PASOLINI). *2* Giovanotto futile e leggero.

gióvine ● V. *giovane.*

giovinétto ● V. *giovanetto.*

giovinézza o (*poet.*) †**giovanézza** [sec. XIII] s. f. ● Età di chi è giovane: *il vigore, gli entusiasmi della g.*; *essere nel fiore della g.* | ***Seconda g.***, periodo dell'età matura in cui rifioriscono energie ed entusiasmi | Condizione, stato di ciò che è giovane: *la g. di un popolo, dell'anima, della pianta, del vino* | (*est.*) Tutto ciò che è tipico della gioventù: *godersi la g.*; *agli anni miei / anche negaro i fati / la g.* (LEOPARDI).

giovinòtto ● V. *giovanotto.*

gip (1) [1950] s. f. inv. ● Adattamento di *jeep* (V.). || **gippóne**, accr. m. (V.).

gip (2) [sigla di *g(iudice per le) i(ndagini) p(reliminari)*; 1992] s. m. e f. inv. ● (*dir.*) Giudice per le indagini preliminari.

gipèto o **gipaèto** [comp. del gr. *gýps*, genit. *gypós* 'avvoltoio' e *aetós* 'aquila'; av. 1871] s. m. ● (*zool.*) Avvoltoio degli agnelli.

gippóne [accr. di *gip*; 1947] s. m. ● Grosso autoveicolo, originariamente di dotazione militare, adatto spec. ai terreni accidentati.

gipsìcolo [comp. di *gipso-* e -*colo*] agg. ● (*bot.*) Detto di pianta che predilige i terreni gessosi.

gipso- [dal gr. *gýpsos* 'gesso'] primo elemento ● In parole dotte o della terminologia scientifica, significa 'gesso': *gipsicolo, gipsoteca.*

gipsòfilo [comp. di *gipso-* e -*filo*] agg. ● (*bot.*) Gipsicolo.

gipsotèca [comp. di *gipso-* e -*teca*; 1885] s. f. ● Raccolta di gessi, raccolta di statue e bassorilievi in gesso, ricavati con calchi su originali in bronzo, marmo, terracotta e sim. | (*est.*) Il luogo dove viene conservata tale raccolta.

gira [da *girare*] s. f. ● Rete a semicerchio della tonnara, che si chiude appena entrati i tonni.

girabacchino o **girabecchino** [fr. *vilebrequin*, di orig. medio-neerlandese (*wimmelkijn*, dim. di *wimmel* 'specie di trivella'), con sovrapposizione di *girare* e *becco*] s. m. *1* Tipo di trapano a mano. *2* Attrezzo usato per stringere o allentare bulloni.

giràbile [1499] agg. ● Che si può girare: *è una cambiale g.*

giracàpo [comp. di *gira(re)* il *capo*; av. 1604] s. m. inv. *1* (*fam., raro*) Vertigine, capogiro | (*fig.*) Molestia, fastidio. *2* (*bot.*) Narciso.

giradischi [comp. di *gira(re)* e il pl. di *disco*; 1950] s. m. inv. ● Apparecchio che riproduce i suoni registrati su un disco fonografico; è costituito da un piatto rotante e da un braccio di lettura con una puntina che scorre nel solco del disco.

giradito [comp. di *gira(re)* (intorno al) *dito*; 1869] s. m. ● (*med.*) Patereccio.

♦**giràffa** [ar. *zarāfa*, ar. parl. *zerāfa*, di prob. orig. afric.; av. 1300] s. f. *1* Mammifero ruminante africano di colore giallastro con macchie irregolari bruno-rosse, con collo lunghissimo, estremità anteriori più lunghe delle posteriori, tronco breve e inclinato indietro, due o tre protuberanze ossee semplici e corte sulla fronte, lingua lunghissima e protrattile che serve come organo di presa (*Giraffa camelopardalis*) | ***Collo da g.***, (*fig.*) molto lungo | ***Camminare a passi da g.***, (*fig.*) lunghi e irregolari. SIN. Camelopardo. ➡ ILL. **animali**/12. *2* Carrello mobile munito di un lungo braccio regolabile che sostiene il microfono, usato per registrazioni sonore radiofoniche, televisive e cinematografiche. *3* (*fig.*) Persona molto alta con collo e gambe molto lunghe.

girafilière [comp. di *gira(re)* e il pl. di *filiera*] s. m. inv. ● Attrezzo da officina per far ruotare manualmente una filiera e filettare esternamente tubi, bulloni e sim.

giràle [da *giro*] s. m. ● Motivo ornamentale composto da una foglia d'acanto, di vite o altro in forma di voluta e con al centro, di solito, un fiore.

giramàschio [comp. di *gira(re)* e *maschio* (3); 1956] s. m. inv. ● Attrezzo da officina per fare ruotare manualmente un maschio e filettare fori, tubi e sim.

giraménto [1336 ca.] s. m. ● (*raro*) Movimento rotatorio | ***G. di testa***, vertigine, capogiro | (*fam., eufem.*) ***G. di scatole***, irritazione, noia, seccatura.

giramóndo [comp. di *gira(re)* il *mondo*; 1500] s. m. e f. inv. ● Chi gira per il mondo senza fini determinati vivendo di guadagni occasionali.

giranàstri [comp. di *girare* e il pl. di *nastro*] s. m. inv. ● Mangianastri.

giràndola [da *girandolare*; 1524] s. f. *1* Ruota di legno su cui sono applicati razzi e castagnole, che gira quando questi vengono accesi. *2* Banderuola metallica alla sommità di edifici per indicare la direzione del vento. *3* Giocattolo di carta o celluloide, solitamente a forma di rosetta, che gira per effetto del vento. *4* Giochi d'acqua in parchi di grandi ville, che per il moto e la forma assomigliano a spettacoli pirotecnici. *5* Candelabro circolare a più luci in legno o metallo e cristalli apparso nella seconda metà del XVII sec. *6* (*fig.*) Persona volubile che cambia continuamente parere. SIN. Banderuola. *7* †Intrigo, arzigogolo. *8* Giravolta: *fare una g.* *9* (*fig.*) Il susseguirsi vertiginoso di fatti, eventi e sim.: *una g. di idee, notizie.* || **girandolétta**, dim. | **girandolina**, dim. | **girandolino**, dim. m. | **girandolóne**, accr. m. (V.).

girandolàre o **girondolàre** [da *girare* con sovrapposizione del suff. iter. di *andare* (*1*); 1542] v. intr. (*io giràndolo*; aus. *avere*) *1* (*raro*) Andare in giro qua e là senza una meta o una ragione precisa. SIN. Bighellonare, girellare. *2* (*fig.*) †Fantasticare.

girandolóne [1759] s. m. (f. -*a*) *1* Accr. di *girandola.* *2* Chi ama girandolare. SIN. Bighellone, girellone.

girandolóni [comp. di *girandol(are)* e il suff. iter. avv. -*oni*; 1869] avv. ● Gironzolando qua e là senza meta: *andare g.*; *lo incontro sempre g. per le strade* | Anche nella loc. avv. ***a g.***

girànio ● V. *geranio.*

girànte [av. 1332] **A** part. pres. di *girare*; anche agg. ● Nei sign. del v. **B** s. m. e f. ● (*dir.*) Chi effettua o ha effettuato la girata di un titolo di credito: *la girata deve essere sottoscritta dal g.* **C** s. f. ● (*mecc.*) Nelle turbine, nelle pompe e compressori a palette, il rotore munito di palette che viene messo in rotazione dal fluido o che, azionato da un motore, mette in moto il fluido.

♦**giràre** [vc. dotta, lat. *gyrāre*, da *gȳrus* 'giro'; av. 1250] **A** v. tr. *1* Muovere in giro un oggetto facendolo ruotare su sé stesso: *g. la ruota, la manovella, la chiave nella toppa* | (*est.*) Volgere da una parte o tutt'intorno: *g. gli occhi, lo sguardo, il capo* | (*poet.*) Condurre: *ove tu vuoi mi gira* (TASSO). *2* Percorrere in giro: *g. l'isola, una sporgenza* | (*est.*) Visitare un luogo percorrendolo in ogni sua parte: *g. il paese, la casa, il mondo.* *3* Trasferire qlco. a qlcu. (*anche fig.*): *ti giro la domanda* | ***G. il pallone in porta***, nel calcio, tirare al volo in rete, su traversone | ***Fare g. il denaro***, investirlo | ***G. un conto***, stornarlo, passare una partita o un saldo da un conto a un altro | (*dir.*) Trasferire mediante girata: *g. un titolo di credito.* *4* Nel gergo cinematografico, azionare la manovella della macchina da presa | (*est.*) Riprendere: *g. una scena in esterni* | *Si gira!*, avvertimento o comando di dare inizio alla ripresa cinematografica di una scena, una sequenza e sim. **5** (*fig.*) Presentare sotto un altro aspetto, un'altra forma (*anche assol.*): *g. la frase* | **Gira, gira**, (*fig.*) dopo tutto, alla fin fine | **Gira e rigira**, (*fig.*) per quanto si faccia e si dica | **G. il discorso**, (*fig.*) portarlo su un altro argomento | **Girala come vuoi, ho sempre ragione io**, da qualunque punto di vista si affronti il problema. **6** (*mil.*) †Aggirare. **B** v. intr. (aus. *avere* o *essere*) **1** Compiere un movimento di rotazione su sé stesso o attorno a un punto determinato: *la Terra gira attorno al Sole*; *la trottola, l'arcolaio, il frullino girano*; *compare Meno si diede a g. intorno alla bestia* (VERGA) | **G. in tondo**, descrivere un cerchio col proprio movimento | **G. sull'ancora**, detto di imbarcazione trattenuta da una sola ancora che, per effetto del vento o delle maree, si muove intorno a questa | (*fig.*) **La testa mi gira**, ho le vertigini, il capogiro | **Far g. la testa**, far venire il capogiro; (*fig.*) frastornare; (*fig.*) far innamorare | **Far g. le scatole**, (*fig., pop.*) infastidire, far perdere la pazienza | (*fig.*) **G. intorno a una frase**, esitare a dirla | **G. al largo**, non accostarsi; (*fig.*) andar cauto. SIN. Ruotare. **2** (*est.*) Muoversi, camminare, passeggiare: *è da questa mattina che giro* | Circolare: *su questa strada si gira malissimo*; *il sangue gira nelle arterie e nelle vene*. **3** Voltare: *gira a destra per non uscire di strada*; *il viottolo gira a sinistra*. **4** Correre in giro, cingendo o circondando qlco.: *il fiume gira per pochi kilometri*; *la balaustra gira attorno alla sala* | Essere di forma rotonda. **5** (*fig.*) Passare di mano in mano: *il denaro gira* | (*fig.*) Diffondersi: *le notizie, le chiacchiere girano* | (*tipogr.*) Spostarsi, proseguire alla colonna successiva, detto del testo di un articolo giornalistico o di un libro. **6** (*fig.*) Mulinare, turbinare: *mille idee mi girano per la testa* | (*fig.*) **Secondo come gira**, secondo l'umore, il capriccio del momento | (*fam.*) **Cosa ti gira?**, cosa ti salta in mente? **7** (*tosc.*) Guastarsi, alterarsi: *quel vino incomincia a g.* **C** v. rifl. ● Volgersi: *mi girai d'improvviso e lo vidi* | Muoversi, agitarsi cambiando posizione: *si girava e rigirava nel letto senza riuscire a prendere sonno*. SIN. Voltarsi.

girarròsto [comp. di *gira(re)* (*l'a*)*rrosto*; av. 1712] s. m. ● (*cuc.*) Dispositivo che fa girare lo spiedo sul fuoco o nel forno per arrostire uniformemente la carne.

girasóle [comp. di *gira(re)*, verso il, *sole*, come il sin. dotto *eliotropio*; sec. XIV] s. m. (pl. *-i*) ● Pianta annua delle Composite caratterizzata da grandi capolini a fiori periferici gialli dai cui semi si estrae un olio commestibile (*Helianthus annuus*). SIN. Clizia, elianto, eliotropio, mirasole. ➡ ILL. piante/9.

giràta [av. 1529] s. f. **1** Il girare: *dare una g. di chiave, di fune*. **2** (*raro*) Giro, passeggiata: *fare una g. in bicicletta*. **3** (*dir.*) Trasferimento di un titolo di credito all'ordine scritto sul documento stesso e sottoscritto dal girante | **G. in bianco**, quella che non contiene l'indicazione del giratario | **G. in garanzia, in pegno**, quella che trasferisce l'esercizio dei diritti incorporati nel titolo, ma non la disponibilità dello stesso mediante successiva girata | **G. in pieno, g. piena**, quella in cui è indicata la persona del giratario | **G. per incasso, per procura**, per cui il giratario è solo legittimato a esigere il credito del girante in rappresentanza dello stesso. **4** Distribuzione delle carte ai giocatori. **5** Nel calcio, deviazione al volo del pallone verso la porta avversaria: *g. di testa, di collo pieno* (*del piede*). **6** (*fam.*) Sgridata, aspro rimprovero. || **giratina**, dim.

giratàrio [da *girata* in applicazione commerciale; 1673] s. m. (f. *-a*) ● (*dir.*) Soggetto nei cui confronti è o è stata effettuata la girata di un titolo di credito.

giràto [1505] **A** part. pass. di *girare*; anche agg. ● Nei sign. del v. **B** s. m. ● (*enol.*) Malattia batterica dei vini poco alcolici, che li rende torbidi e di sgradevole sapore. SIN. Sobbollimento.

giratóre [1843] s. m. ● (*fis.*) Dispositivo usato nella tecnica delle microonde che causa il rovesciamento della polarità di un segnale che viene trasmesso in una direzione.

giratòrio [av. 1779] agg. ● Detto di moto attorno a un punto | **Senso g.**, percorso obbligatorio seguito dai veicoli ad es. attorno all'aiuola centrale di una piazza | **Coppa giratoria**, calotta nel centro di un incrocio, sovente luminosa, che i veicoli debbono aggirare.

giratùbi [comp. imperat. di *girare* e il pl. di *tubo*] s. m. inv. ● Attrezzo di varia forma per avvitare o svitare un tubo in una giunzione.

giraùtensili [comp. di *gira(re)* e il pl. di *utensile*] s. m. inv. ● Attrezzo costituito da un mozzo centrale e da due braccia uguali, per far ruotare gli utensili.

giravìte [comp. di *gira(re)* e *vite*] s. m. (pl. inv. o *-i*) ● Cacciavite.

giravòlta [comp. di *gira(re)* e *volta(ta)*; av. 1350] s. f. **1** Movimento repentino ottenuto ruotando il corpo intorno al proprio asse: *i bambini amano fare le giravolte*. SIN. Capriola, piroetta | (*est.*) Giro fatto camminando | (*lett.*) Camminata | †Viaggio. **2** Tortuosità di strade, fiumi e sim.: *strade piene di giravolte*; *dopo quella casa il torrente fa una serie di giravolte*. **3** (*fig.*) Improvviso mutamento di opinione dovuto a volubilità di carattere.

giravòltola s. f. ● (*pop.*) Giravolta.

†**girazióne** [1294] s. f. ● Giramento, giro.

†**gire** [lat. *īre* 'andare', di orig. indeur., con la *g-* di *giamo*, da *eāmus* 'andiamo'; sec. XII] v. intr. (oggi difett. usato solo nella prima e seconda pers. pl. del pres. indic. *noi giàmo, voi gìte*; nella prima e seconda pers. sing. e nella terza sing. e pl. dell'imperf. indic. *io gìvo, tu gìvi, egli gìva o gìa, essi gìvano*; nella seconda pers. sing. e pl., nella prima pl. e nella terza sing. e pl. del pass. rem. *tu gìsti, egli gì, noi gìmmo, voi gìste, essi gìrono*; in tutte le pers. del fut. *io girò*; in tutte le pers. dell'imperf. congv. *io gìssi*; in tutte le pers. del condiz. pres. *io girèi*; nel part. pass. *gìto* e in tutti i tempi composti; aus. *essere*) ● (*lett.*) Andare | **Girsene**, andarsene: *girsen vid'io, senza curar tempesta, / una nave superba in mezzo al mare* (PARINI).

girèlla [da *girare* 'andare tutt'attorno'; av. 1348] **A** s. f. **1** Carrucola. **2** Giocattolo per ragazzi, consistente in una rotella di legno scanalata intorno alla quale si avvolge uno spago che, sfilato con forza, la fa girare sul terreno. SIN. Ruzzola. **3** (*al pl.*) Insieme di due pezzi di legno torniti come una mela schiacciata, con intaccature o canali entro cui, sopra e sotto, sono incastrati i capi delle stecche dell'arcolaio. **4** (*est., raro*) Qualsiasi cosa che abbia la forma di un disco: *una g. di cacio* | (*tosc., fig.*) **Dare nelle girelle**, non avere la testa a posto. **5** (*pesca*) Piccolo elemento metallico con cui si congiungono parti di lenza per evitare torsioni del filo. **B** s. m. inv. ● (*fig.*) Persona volubile che cambia spesso di opinione. SIN. Banderuola, voltagabbana. CFR. Girellismo. || **girellétta**, dim. | **girellina**, dim. | **girellòtto**, accr. m.

girellàre [da *girare* 'andare in *giro*'; 1598] v. intr. (*io girèllo*; aus. *avere*) ● Girare oziosamente e senza meta in qua e là: *è un fannullone e non fa altro che g.* SIN. Bighellonare, gironzolare.

girellìo s. m. ● Il girellare frequente e continuato.

girellìsmo [deriv. di *Girella*, personaggio di una famosa poesia di G. Giusti; 1858] s. m. ● (*lett.*) Incoerenza, volubilità, incostanza.

girèllo [da *girare* intorno; sec. XIV] s. m. **1** Oggetto a forma di piccolo cerchio. **2** Sostegno di forma circolare, più largo in basso, montato su rotelle, entro il quale si mette il bambino che sta imparando a camminare. **3** Taglio di carne costituito dalla parte posteriore della coscia del bue o del vitello macellati, particolarmente indicato per cotolette e vitello tonnato. **4** La parte carnosa del carciofo su cui sono inserite le brattee | Asse a forma di disco del bulbo della cipolla. **5** Dischetto di cuoio all'apice della stecca da biliardo. **6** †Armilla, braccialetto. || **girellino**, dim. | **girellòtto**, accr.

girellonàre [1894] v. intr. (*io girellóno*; aus. *avere*) ● (*raro*) Fare il girellone.

girellóne [1808] s. m. (f. *-a*) **1** Girandolone, bighellone. **2** (*fig.*) †Persona volubile.

girétto [av. 1803] s. m. **1** Dim. di *giro*. **2** Passeggiatina: *fare un g.* **3** (*raro*) Ricciolo posticcio alla tempia. || **girettino**, dim.

girévole [1581] agg. **1** Che può girare: *poltrona, piattaforma g.* **2** (*fig., lett.*) Volubile, irritante: *g. ... e arrogante nel congedare* (NIEVO).

girgentino [da *Girgenti*, n. mediev. (*Grigentum, Gergentum*) di *Agrigento*] agg.; anche s. m. (f. *-a*) ● (*raro*) Agrigentino.

girifàlco o **girfàlco** [fr. ant. *gerfalc*, dall'ant. alto ted. *gîr* 'avvoltoio, falco'; av. 1292] s. m. (pl. *-chi*) ● Grosso falco dal piumaggio elegante con penne del dorso grigio-brune fasciate in bianco, che vive nell'Europa settentrionale (*Falco rusticolus islandus*): *ed è un nibbio, e par uno girfalco* (ANGIOLIERI).

girigogolàre [da *girigogolo*] v. intr. (*io girigògolo*; aus. *avere*) ● Fare girigogoli.

girigògolo [da *giro* con sovrapposizione di *ghirigoro*; 1661] s. m. ● Tratto di penna pieno di capricciose volute: *una scrittura, un disegno pieno di girigogoli* | (*fig.*) **Discorso fatto di girigogoli**, involuto e incomprensibile.

girino (1) [vc. dotta, lat. *gyrīnu(m)*, dal gr. *gyrînos*, per l'abitudine di *girare* rapidamente; av. 1498] s. m. ● (*zool.*) Forma larvale degli Anfibi anuri che respira per branchie e ha corpo globoso con lunga coda laminare | **G. striato, nuotatore**, piccolo insetto dei Coleotteri dal corpo ovale con elitre scure che nuota alla superficie dell'acqua (*Gyrinus substriatus*).

girino (2) [da *giro* nel sign. 6; 1952] s. m. ● (*pop.*) Corridore ciclista partecipante al Giro d'Italia.

girìo [da *girare*] s. m. ● Un girare frequente e prolungato.

girl /gɛrl, *ingl.* gɜːɹ̣ɫ/ [ingl., propr. 'ragazza' di orig. germ., ma di etim. incerta; 1918] s. f. inv. ● Ragazza del corpo scenico di ballo, in spettacoli di rivista e varietà.

girlfriend /gerl'frɛnd, *ingl.* 'gɜːɹ̣ɫ,fɹɛnd/ [vc. ingl., comp. di *girl* 'ragazza' e *friend* 'amico, amica'; 1953] s. f. inv. ● Amica che un ragazzo frequenta con affettuosa assiduità.

gìrlo [prob. lat. **gȳrulu(m)*, dim. di *gȳrus* 'giro'] s. m. ● Dado con perno, a quattro facce, che si fa ruotare come una trottola e che reca impresse sulle facce le lettere T, P, N, A, iniziali delle parole latine *totum* ('tutto'), *pone* ('metti giù'), *nihil* ('nulla'), *accipe* ('incassa').

♦**giro** [lat. *gȳru(m)*, dal gr. *gŷros* 'cerchio', di orig. indeur.; av. 1292] **A** s. m. **1** Cerchia, circuito, circolo: *il g. delle mura*; *le fortificazioni hanno un g. di dieci miglia*. CFR. ciclo-, -ciclo | **Prendere in g.**, (*fig.*) canzonare | **G. di parole**, (*fig.*) perifrasi | **In g.**, di qua e di là, in disordine: *lasciare in g. le proprie cose* | **Di g. in g.**, man mano: *di g. in g. scoprendo più vere le sue posizioni e vera la sua dottrina* (GALILEI) | In vari sport, lunghezza del percorso di un velodromo, di un circuito e sim.: *distaccare, battere di un g. l'avversario*; *g. di pista* | **G. d'onore**, quello che il vincitore di una gara compie attorno alla pista o al circuito | **Disco a 78, 45 o 33 giri**, disco in vinile che gira alla velocità di 78, 45 o 33 giri al minuto. **2** Apertura degli abiti dove si attaccano le maniche: *una camicia larga, stretta di g.* | **G. di collo**, V. *girocollo* | **G. del cappello**, la sua circonferenza interna | (*raro*) Orlo: *il g. del bicchiere*. **3** Rotazione o movimento compiuto sul proprio asse o attorno a qlco.: *i giri della Terra, dei pianeti*; *un g. di manovella*; *il g. degli occhi, dello sguardo*; *i giri del motore*; *dare un doppio g. di chiave*; *un g. di pista*; *fare un g. di valzer* | **Fuori giri**, di motore che supera il regime massimo stabilito | **G. di vite**, (*fig.*) intervento restrittivo, inasprimento di una sanzione | **Essere su, giù di giri**, (*fig.*) essere eccitato o demoralizzato (con riferimento al numero di giri di un motore a scoppio) | **G. d'orizzonte**, in topografia, misurazione, con teodolite o con tacheometro, da un punto di stazione, degli azimut relativi ai vari segnali; (*fig.*) visione rapida e generale di una situazione, di un problema e sim. | **G. di boa**, (*fig.*) svolta decisiva | In ginnastica, danza e sim., movimento di rotazione sull'asse longitudinale che si può eseguire in volo o in appoggio su un piede: *mezzo g.*; *un quarto, un ottavo di g.* | **G. della morte**, cerchio della morte | **G. tondo**, V. *girotondo*. **4** Cammino, viaggio per scopi determinati: *il g. del medico per le visite*; *un g. d'ispezione tra le filiali*; *il g. del mondo in 80 giorni*; *il g. di un commesso viaggiatore*; *fare un g. turistico sui laghi, per la Sicilia* | **G. artistico**, corso di rappresentazioni di una compagnia teatrale in vari paesi. **5** (*est.*) Il camminare, il muoversi senza precise ragioni: *andare in g.*; *fare un g. in città* | **È sempre in g.**, a spasso, fuori casa. SIN. Camminata, passeggiata. **6** Gara ciclistica, automobilistica, aviatoria e sim., in una sola prova o a tappe, in genere con ritorno al luogo di partenza: *g. d'Italia, di Francia, di Lombardia*; *g. podistico della* *città* | (*per anton.*) ***Il Giro***, il giro d'Italia. ***7*** Circolazione di chiacchiere, di notizie, anche stampate: *vi sono molte voci tendenziose in g. sul tuo conto* | ***Mettere in g.***, divulgare, diffondere | Circolazione di merci, di denaro | ***G. di affari***, la quantità di prodotto venduto espresso in moneta | ***Partita di g.***, registrazione all'attivo e al passivo di una stessa contabilità | ***G. di cassa***, registrazione di cassa. ***8*** (*fig.*) Periodo di tempo: *il lavoro sarà pronto nel g. di un anno*; *nel g. di tre mesi si ammalò e morì* | Turno, vicenda | ***È il vostro g.***, tocca a voi | ***Donna di g.***, (*fig.*) prostituta | Nel gioco delle carte, un certo numero di partite disputate a seconda del numero dei giocatori o di altro vario criterio: *un ultimo g., e poi ce ne andiamo a dormire* | ***Fare un g. di telefonate***, una serie di telefonate riferite ad un determinato problema. ***9*** (*fig.*) Ambiente, cerchia di persone: *un g. di amici, di conoscenti*; *non è del nostro g.*; *entrare, essere nel g. degli stupefacenti, del contrabbando, delle bische clandestine*; *un g. di gente allegra, festaiola*; *un g. losco, equivoco* | ***Essere nel g.***, essere al corrente, conoscere bene, disporre di appoggi e sim. | (*est.*, *gerg.*) Relazione amorosa. **B** in funzione di **agg. inv.** ● (posposto al s.) Nella loc. ***angolo g.***, angolo di 360°. ➡ **ILL. geometria.** || **girètto**, **dim.** (V.) | **giróne**, **accr.** (V.).

giro-, -giro [da *giro*] primo e secondo elemento ● In parole composte dotte e della terminologia scientifica e tecnica significa 'rotazione', 'circolarità', 'trasferimento': *girobussola, giroscopio, girocollo, giroconto*; *aerogiro, sinistrogiro, postagiro.*

girobùssola [comp. di *giro(scopio)* e *bussola*; 1937] **s. f.** ● Bussola giroscopica.

girocòllo [da intendersi *giro (di) collo*; 1970] **A s. m. inv.** ***1*** La circonferenza del collo di un indumento. ***2*** Maglione con scollatura rotonda, aderente alla base del collo. ***3*** Collana aderente alla base del collo. **B agg. inv.** ● Detto di indumento o collana a girocollo.

girocónto [da interpretarsi *giro (di) conto*] **s. m.** ● Spostamento, a opera di una banca, di una somma di denaro da un conto a un altro, in esecuzione dell'ordine ricevuto dal primo correntista.

girodirezionàle [comp. di *giro(scopio)* e *direzionale*] **s. m.** ● (*aer.*) Direzionale giroscopico.

girolètto [etim. incerta] **s. m.** ● Mobile costituito dal letto con i comodini e la testiera incorporati.

giromagnètico [comp. di *giro-* e *magnetico*; 1970] **agg.** (pl. m. *-ci*) ● (*fis.*) Relativo al giromagnetismo: *effetto g.*

giromagnetismo [comp. di *giro-* e *magnetismo*; 1987] **s. m.** ● (*fis.*) Parte del magnetismo che studia le connessioni tra momento angolare e momento magnetico.

giromànica [da intendersi *giro (di) manica*] **s. m. inv.** ● Parte di un indumento che circonda l'ascella, e a cui può essere o meno attaccata la manica.

†**girométta** [dalla canzone pop. 'La bella *Girometta*' (accorc. di Girolametta); sec. XVI] **s. f.** ● Donna che veste e parla con affettazione.

girónda ● V. *ghironda.*

girondino [fr. *girondin*, dal n. del dipartimento fr. della *Gironda*, così detta per l'omonimo fiume che la bagna, parallelo di *Garonne*, di etim. incerta; 1834] **A s. m.** (f. *-a*) ● Membro o sostenitore del movimento politico di tendenza moderata, costituitosi durante la Rivoluzione francese, così chiamato perché i suoi capi erano in gran parte deputati del dipartimento della Gironda. **B** anche **agg.**: *il periodo g. della Convenzione.*

girondolàre ● V. *girandolare.*

giróne (1) [1313] **s. m.** ***1*** †Accr. di *giro*. ***2*** (*lett.*) Cerchio, giro, nell'*Inferno* e nel *Purgatorio* della *Divina Commedia*. ***3*** (*sport*) Raggruppamento di squadre o di atleti per la disputa di un campionato o di un torneo | ***G. di andata***, nel calcio e sim., il primo dei due gruppi di partite di campionato, in cui le squadre si incontrano tutte fra loro una prima volta | ***G. di ritorno***, il secondo gruppo di partite di campionato in cui le squadre s'incontrano tutte una seconda volta invertendo la sede | ***G. all'italiana***, in cui ogni squadra o atleta incontra tutte le altre squadre o atleti | (*raro*) ***G. ascendente***, quello di andata. ***4*** (*mar.*; *disus.*) Impugnatura del remo. ***5*** †Cinta di una fortezza, di una città fortificata.

giróne (2) ● V. *gironi.*

giróni o (*raro*) **giróne (2)** [comp. di *girare* e il suff. iter. avv. *-oni*; av. 1588] **avv.** ● (*tosc.*) In giro, a zonzo: *andare g. tutto il giorno* | Anche nella loc. avv. ***a g.***

gironzàre [da *girare*; av. 1698] **v. intr.** (*io girónzo*; aus. *avere*) ● (*raro*) Gironzolare.

♦**gironzolàre** o **gironzolàre** [da *girare*; 1858] **v. intr.** (*io girónzolo* o *girónzolo*; aus. *avere*) ● Girellare: *non fa altro che g. dalla mattina alla sera* | Girare frequentemente intorno a una persona o una cosa con aria sospetta: *è parecchio che quel tipo gironzola qui intorno.*

giropilòta [comp. di *giro(scopio)* e *pilota*; 1937] **s. m.** (pl. *-i*) ● Pilota automatico che funziona a mezzo di giroscopi.

giroscòpico [da *giroscopio*; 1940] **agg.** (pl. m. *-ci*) ● Che si riferisce al giroscopio.

giroscòpio [comp. di *giro* e *-scopio*, sul modello del fr. *gyroscope*; 1902] **s. m.** ● Solido che gira rapidamente attorno a un asse principale che rimane stabile durante la rotazione.

girostabilizzatóre [comp. di *giro(scopio)* e *stabilizzatore*; 1937] **s. m.** ● Dispositivo giroscopico installato su grandi navi per eliminare o attenuare i movimenti di rollio.

giròstato [comp. di *giro-* e *-stato*; 1940] **s. m.** ● (*mecc.*) Solido posto in rapida rotazione rispetto al proprio asse, rispetto al quale tutta la sua massa è perfettamente equilibrata, in modo che l'asse conservi invariata la sua direzione nello spazio.

♦**girotóndo** [da interpretarsi *giro (in) tondo*; 1887] **s. m.** ● Gioco infantile nel quale i bambini si prendono per mano formando un circolo e girano al ritmo di una filastrocca.

giròtta [adatt. del fr. *girouette*, dall'ant. normanno *wirewite*, in ant. nordico *vedhrviti*, comp. di *vedhr* 'vento' e *viti* 'segnale', con sovrapposizione di *girer* 'girare'] **s. f.** ***1*** Striscia metallica girevole posta su campanili, comignoli e sim. per indicare la direzione del vento. ***2*** (*mar.*) †Banderuola o pannello sulla cima di un albero per segnalare la direzione del vento.

girovagàre [da *girovago*; av. 1686] **v. intr.** (*io giròvago, tu giròvaghi*; aus. *avere*) ● Andare a zonzo | Bighellonare.

giròvago [lat. tardo *gyrŏvagu(m)* 'uso a vagare (*vagāre*) in giro (*gȳrus*)', secondo un modello di composizione imitato dal gr.; sec. XIV] **agg.**; anche **s. m.** (f. *-a*; pl. m. *-ghi*) ● Che (o Chi) va in giro sostando in qualche luogo solo temporaneamente: *la città era piena di girovaghi*; *mercante g.* | ***Suonatore g.***, che va di paese in paese sostando sulle piazze a dare spettacolo. **SIN.** Ambulante.

girovita [da *giro (di) vita*] **s. m. inv.** ● Circonferenza della vita di una persona o di un indumento.

♦**gita** [f. sost. di *gito*, part. pass. di *gire*; av. 1306] **s. f.** ***1*** Escursione, breve viaggio di svago: *g. al mare*; *g. turistica*; *g. scolastica.* ***2*** (*tosc.*) Giro di garzone o fornitore presso i clienti. ***3*** †Nel gioco degli scacchi, mossa. || **gitàccia**, **pegg.** | **gitarèlla**, **giterèlla**, **dim.** | **gitarellina**, **dim.**

gitàna [sp. *gitana* 'danza dei Gitani'; 1844] **s. f.** ● (*mus.*) Aria di una danza spagnola a tre tempi, di movimento moderato.

gitàno [sp. *gitano*, dal lat. parl. **(Ae)gyptānu(m)* 'proveniente dall'Egitto (*Āegyptus*)'; 1846] **A s. m.** (f. *-a*) ● Zingaro spagnolo o di origine nordafricana. **B agg.** ● Che è proprio degli zingari: *danze gitane.*

gitànte [da *gita*; 1892] **s. m. e f.** ● Partecipante a una gita: *i gitanti visitarono il centro storico della città.*

gittaióne ● V. *gettaione.*

†**gittàre** e *deriv.* ● V. *gettare* e *deriv.*

gittàta [1342] **s. f.** ***1*** Distanza che può essere raggiunta dal proiettile di un'arma da fuoco: *cannone a lunga g.* | (*fig.*) Tempo che occorre per portare a termine qlco.: *sono progetti a lunga g.* ***2*** †V. *gettata.*

gittern /ˈgitern, *ingl.* ˈgɪtɜːn/ [vc. ingl. propr. 'cetra, chitarra'] **s. m. inv.** ● (*mus.*) Strumento medievale, diffuso in Francia e in Inghilterra, a corde suonate col plettro; uno dei probabili antenati della chitarra moderna.

♦**giù** /dʒu*/ o (*pop.*, *tosc.*) †**giùe**, †**giùso** [da un precedente *giu(so)*, dal lat. tardo *iūsum*, per il class. *deōrsum* 'giù', con sovrapposizione di *sūsum* 'su'; 1313] **A avv.** ***1*** A basso, in basso, verso il basso (con v. di stato e di moto): *scendi subito giù*; *venite giù*; *non guardare giù*; *l'un si levò e l'altro cadde giuso* (DANTE *Inf.* XXV, 121). **CFR.** cata-. **CONTR.** Su | Con valore pleon. e raff. seguito da un compl. di luogo: *è andato adesso giù in giardino*; *venite a giocare giù in cortile* | ***Andare su e giù***, salire e scendere o andare avanti e indietro | ***Andare giù***, (*fig.*) deperire | ***Giù di moda***, in disuso | ***Non mi va giù***, ***non mi va né su né giù***, non riesco a inghiottire; (*fig.*) non riesco a tollerare | ***Buttare giù***, demolire: *buttare giù un muro*; (*fig.*) far cadere: *hanno buttato giù il governo già due volte*; (*fig.*) fiaccare nel fisico o nel morale: *la malattia, la triste notizia, l'ha buttato giù* | (*fam.*) ***Buttare giù la pasta***, metterla a cuocere | ***Buttare giù un boccone***, (*fig.*) mangiare qlco. in fretta | (*fig.*) ***Buttare giù un'idea***, ***due righe***, ***un ritratto***, abbozzare alla buona e in fretta uno scritto, un ritratto | ***Buttarsi giù***, sdraiarsi, coricarsi; (*fig.*) sminuirsi; avvilirsi | ***Essere giù***, (*fig.*) essere in cattive condizioni di salute o di spirito | (*fig.*) ***Giù di corda***, stanco, debilitato, depresso, nel fisico, nella volontà, nell'umore | ***Mandare giù***, inghiottire; (*fig.*) credere; sopportare | ***Mandare giù il rospo***, (*fig.*) tollerare un sopruso | ***Mettere giù***, posare, deporre: *metti giù il cappello e il soprabito* | ***Tirare giù qlco.***, (*fig.*) fare qlco. in fretta e malamente | ***Tirare giù***, ***tirare giù i santi del cielo***, (*fig.*) imprecare, dire parolacce: *ne tira giù di quelle!* | ***Venire giù***, (*est.*) crollare: *non mi muovo nemmeno se viene giù il mondo* | ***Viene giù un'acqua!***, piove a dirotto | ***Dare giù***, (*raro*, *fig.*) picchiare. ***2*** (*iter.*) Indica un movimento continuato o prolungato, spec. lento, di discesa: *si calava giù giù lungo la facciata della casa con una fune*; (*anche fig.*) *prenderò in esame l'argomento dalle trattazioni più antiche giù giù fino alle più recenti.* ***3*** (*assol.*) Con ellissi del v. in escl. di esortazione, comando, sdegno, e sim.: *giù da quella sedia!*; *giù il cappello!*; *giù le mani!*; *giù le mani, screanzato!*; *giù le mani dal banco!* | ***Giù la maschera!***, (*fig.*) basta con le finzioni! | Con valore raff.: *e giù acqua!*; *e giù bastonate!*; *e giù botte da orbi!*; *e giù una serie di improperi.* ***4*** Nella loc. avv. ***in giù***, verso il basso: *prova a guardare in giù*; *dalla testa in giù è tutto sporco*; *è caduto a testa in giù* | (*fig.*) ***Dal numero 20 in giù***, ***dai settant'anni in giù***, e sim., decrescendo dal numero venti, dai settant'anni, e sim. ***5*** Nelle loc. avv. ***da***, ***di giù***, dal basso: *l'ho sentito fin da giù*; *il rumore viene di giù* | ***Da***, ***di giù in su***, dal basso all'alto | ***Di qua***, ***di là***, ***di su***, ***di giù***, da ogni parte. ***6*** Nelle loc. avv. ***su per giù***, ***giù di lì***, pressappoco: *ha su per giù quarant'anni*; *saremo in venti o giù di lì*; *viene da Alessandria o giù di lì.* **B** nella **loc. prep. giù per** ● Lungo: *porta i capelli giù per le spalle*; *se ne veniva giù per il sentiero* | ***Andare***, ***camminare su e giù per la strada***, ***per la piazza***, ***per la stanza*** e sim., avanti e indietro.

giùba e *deriv.* ● V. *giubba (2)* e *deriv.*

giùbba (1) o (*dial.*) †**giùppa** [ar. *ğubba* 'lunga veste maschile'; 1284] **s. f.** ***1*** (*tosc.*) Giacca da uomo: *mettersi, levarsi la g.* | Giacca militare: *la g. di un'uniforme* | ***Rivoltare la g.***, (*fig.*) cambiare partito, opinione. ***2*** (*tosc.*) Abito da cerimonia, marsina. ***3*** Casacca dei fantini, coi colori della scuderia | Casacca dei pagliacci. ***4*** Lunga sottoveste con maniche, maschile e femminile, nell'abbigliamento medievale: *vestito d'una ricca g. di zendado* (BOCCACCIO) | Nell'armatura antica, cotta di cuoio cordovano, di piastra di ferro e imbottita | Sopravveste maschile in tessuto prezioso, lunga sino alla vita, fornita di maniche rigonfie e arricchita di ricami e arricciature, tipica delle classi ricche sino al XVIII sec. || **giubbàccia**, **pegg.** | **giubbétta**, **dim.** | **giubbettàccia**, **pegg.** | **giubbettina**, **dim.** | **giubbétto**, **dim. m.** (V.) | **giubbina**, **dim.** | **giubbino**, **dim. m.** | **giubbóne**, **accr. m.** (V.) | **giubbòtto**, **dim. m.** (V.) | **giubbùccia**, **pegg.**

giùbba (2) o (*lett.*) **giùba**, †**iùba** [adatt. del lat. *iŭba(m)*, di etim. incerta; av. 1566] **s. f.** ● (*lett.*) Criniera, spec. del leone e del cavallo.

giubbàto o (*lett.*) **giubàto**, †**iubàto** [adatt. del lat. *iubātu(m)*, da *iŭba* 'giubba (2)'; av. 1686] **agg.** ● (*lett.*) Fornito di criniera.

giubbétto (1) [1312] **s. m.** ***1*** Dim. di *giubba (1)*. ***2*** Nell'abbigliamento antico, farsetto | Giacca corta e attillata, spesso senza maniche, usata spec. nell'abbigliamento femminile o infantile e in costumi regionali. ***3*** (*sport*) Nella divisa dello schermidore, giacchetto imbottito, corto e abbottonato su un fianco | ***G. elettrico***, quello indossato dallo schermidore di fioretto e di sciabola sopra il normale giubbetto, limitatamente al bersaglio valido, che segnala automaticamente i colpi finiti a segno. **4** ***G. antiproiettile, corazzato***; ***g. di salvataggio***, V. *giubbotto*. ‖ **giubbettino**, **dim.**

†giubbétto (**2**) o **†gibètto** [fr. *gibet*, di etim. incerta; 1313] **s. m.** ● Patibolo dei condannati all'impiccagione.

†giubbilàre e *deriv.* ● V. *giubilare* (*1*) e *deriv.*

†giubbonàio o **†giubbonàro** [sec. XIV] **s. m.** ● Chi fa giubboni.

giubbóne o (*dial.*) **†giuppóne** [av. 1380] **s. m.** **1** Accr. di *giubba* (*1*). **2** Giubba pesante, spec. quella in pelle usata dai motociclisti | †*Correre in g.*, (*fig.*) in fretta. ‖ **giubboncèllo**, **dim.**

giubbòtto [1957] **s. m.** **1** Dim. di *giubba* (*1*). **2** Corta giacca sportiva, in pelle o tessuto, chiusa da bottoni o cerniera lampo. **3** ***G. di salvataggio***, ***g. salvagente***, corpetto in tela o plastica, ripieno di sughero o materiale espanso, destinato a tenere a galla chi cade in acqua. **4** ***G. antiproiettile, corazzato***, corpetto che protegge il busto da colpi d'arma da fuoco, costituito da lamine di titanio racchiuse in un tessuto di nylon o di Kevlar, usato spec. dagli appartenenti alle forze di polizia.

†giubilaménto o (*pop.*) **†giubbilaménto** **s. m.** ● Il giubilare.

giubilànte [sec. XIV] **part. pres.** di *giubilare* (*1*); anche **agg.** ● Pieno di giubilo, di gioia: *una folla g.* **SIN.** Esultante.

giubilàre (**1**) o (*pop.*) **†giubbilàre**, **†iubilàre** [lat. *iubilāre* 'gettar grida', poi 'gridare di gioia', di orig. imitativa (= fare *iù, iù*); av. 1342] **A v. intr.** (*io giùbilo*; aus. *avere*) ● Provare, manifestare giubilo: *g. d'allegrezza*; *cantare e g.*; *l'udì Armonia / e giubilando l'etere commosse* (FOSCOLO). **SIN.** Esultare. **B v. tr.** **1** Collocare un impiegato a riposo o in pensione, dopo lungo servizio. **2** (*est.*) In un ambiente di lavoro, esonerare qlcu., magari assegnandogli incarichi di maggiore prestigio formale.

giubilàre (**2**) [da *giubileo*; 1919] **agg.** ● Che si riferisce al giubileo: *anno, indulgenza g.*

giubilàto [av. 1725] **part. pass.** di *giubilare* (*1*); anche **agg.** **1** Detto di impiegato collocato a riposo. **2** (*est.*) Detto di persona esonerata da un ufficio (*anche scherz.* o *iron.*).

giubilazióne o (*pop.*) **†giubbilazióne**, **†iubilazióne** [lat. tardo *iubilatiōne(m)*, da *iubilātus* 'giubilato'; av. 1342] **s. f.** **1** (*raro, lett.*) Il provare e manifestare giubilo. **2** Collocazione a riposo di un impiegato con pensione. **3** Attestazione ufficiale, ma non valida ai fini della carriera, dei meriti di qlcu.

giubilèo o (*pop.*) **†giubbilèo**, **†iubilèo** [adatt. del lat. crist. *iubilǣu(m)*, sottinteso *ănnu(m)* 'anno', dal gr. *iōbēlâios* (con sovrapposizione di *iubilāre*), agg. di *iōbēlos* 'giubileo', dall'ebr. *yōbhēl* 'il (corno di) capro', col quale si annunciava la solennità religiosa celebrata ogni cinquantesimo anno; 1312] **s. m.** **1** Presso gli antichi Ebrei, epoca in cui, a conclusione di un periodo di 50 anni, si rimettevano i debiti, si liberavano le persone da servitù e si restituivano i beni agli antichi proprietari. **2** Nella Chiesa cattolica, periodo, che generalmente ricorre ogni 25 anni e ha durata annuale, in cui il Pontefice concede l'indulgenza plenaria ai fedeli che si rechino pellegrini a Roma o che compiano opere meritorie equivalenti: *l'anno del g.* | ***G. straordinario***, indetto in circostanze straordinarie per la Chiesa o le nazioni o all'inizio di un pontificato. **3** (*est.*) Cinquantenario: *g. di matrimonio* | Festa commemorativa al compimento del cinquantesimo anno di un'attività.

giùbilo o (*pop.*) **†giùbbilo** [lat. *iūbilu(m)*, da *iubilāre*, come *sībilu(m)* 'sibilo' da *sibilāre* 'sibilare'; av. 1306] **s. m.** ● Sentimento di gioia intensa manifestato con parole, atti festosi: *grido, canti di g.*

†giucàre e *deriv.* ● V. *giocare* e *deriv.*

giuccherìa [1862] **s. f.** ● (*tosc.*) Atto, comportamento, discorso da giucco.

giùcco [ar. *ğuḥā*, fig. pop. di 'sciocco'; av. 1400] **agg.**; anche **s. m.** (f. *-a*; pl. m. *-chi*) **1** (*tosc.*) Sciocco, balordo. **2** (*merid.*) Ubriaco. ‖ **giuccàccio**, **pegg.** | **giuccherellìno**, **dim.** | **giuccherèllo**, **dim.** | **giuccherellóne**, **accr.** | **giucchìno**, **dim.** | **giuccóne**, **accr.**

giùda [lat. eccl. *Iūda(m)*, in gr. *Iúda*, dall'ebr. *Yĕhūdhāh*, propr. 'lodato', nome di Giuda Iscariota traditore di Gesù Cristo; sec. XIII] **s. m. inv.** **1** Traditore: *è un vero g.*; *ci sono dei g. tra noi* | ***Bacio, parole di g.***, ipocrita manifestazione di affetto e di amicizia prima di un tradimento o dopo aver tradito. **2** (*bot.*) ***Albero di g.***, siliquastro.

giudaèṣimo ● V. *giudaismo*.

giudàico o **†iudàico** [lat. eccl. *Iudāicu(m)*, dal gr. *Ioudaikós*, da *Ioudâios* 'Giudeo'; 1336 ca.] **agg.** (pl. m. *-ci*) ● Che si riferisce al giudaismo o ai giudei | ***Legge, fede giudaica***, religione degli Ebrei dopo l'esilio | ***Stirpe giudaica***, gli Israeliti, gli Ebrei.

giudaìṣmo o **giudaèṣimo** [lat. eccl. *Iudaīsmu(m)*, dal gr. *Ioudaïsmós*, da *Ioudâios* 'Giudeo'; av. 1342] **s. m.** ● Religione degli Ebrei spec. con riferimento a quella posteriore alla cattività babilonese e alla restaurazione del tempio di Gerusalemme, e, come tale, distinta dall'ebraismo.

giudaiżżàre [adatt. del lat. crist. *iudaizāre*, dal gr. *Ioudaïzein* 'vivere od operare alla maniera dei Giudei (*Ioudâioi*)'; av. 1396] **v. intr.** (aus. *avere*) ● Seguire o accettare i riti giudaici.

giudècca [lat. *Iudāica(m)* 'quartiere riservato ai Giudei (*Iudǣi*)' con sovrapposizione del suff. *-ecca*; 1550] **s. f.** ● Quartiere o ghetto in cui abitavano gli Ebrei in alcune città.

giudèo †o rom. **giudio**, **†iudèo** [lat. *Iudǣu(m)*, dal gr. *Ioudâios*, dall'aramaico *Yĕhūdhāy(ā)* 'della tribù di Giuda'; sec. XIII] **A s. m.** (f. *-a*) **1** Del regno di Giudea | (*est.*) Israelita, ebreo. **2** (*spreg.*) Usuraio | Traditore (V. nota d'uso STEREOTIPO). **B agg.** ● Dei Giudei | ***Gergo giudio***, quello parlato, a Roma, nel ghetto ebraico | ***Carciofi alla giudia***, mondati e spuntati, fritti in abbondante olio e lievemente schiacciati per divaricarne le foglie; piatto tipico della cucina romana di origine ebraica.

giudeocristiàno [comp. di *giudeo* e *cristiano*] **A agg.** ● Che si riferisce ad alcune comunità cristiane primitive, i cui componenti sostenevano la necessità di osservare le norme del giudaismo. **B s. m.** (f. *-a*) ● Nel cristianesimo primitivo, cristiano che continuava a osservare la legge mosaica.

giudicàbile [lat. tardo *iudicābile(m)*, da *iudicāre* 'giudicare'; av. 1848] **A agg.** **1** Che si può giudicare. **2** (*dir.*) Che potrà o dovrà essere oggetto di pronuncia giurisdizionale: *controversia g.*; *reo g. dal Tribunale*. **B s. m. e f.** ● (*dir.*) Imputato.

giudicànte [1321] **part. pres.** di *giudicare*; anche **agg.** ● Che giudica, che ha facoltà di giudicare: *collegio, commissione g.*

♦**giudicàre** o **†iudicàre** [lat. *iudicāre*, da *iūdex*, genit. *iūdicis* 'giudice'; av. 1294] **A v. tr.** (*io giùdico, tu giùdichi*) **1** Valutare qlco. o qlcu. a seconda delle qualità, dei meriti e sim.: *solo i … critici giudicano l'artista* (DE SANCTIS); *g. la capacità di un tecnico, di un dirigente*; *g. qlcu. idoneo, inadatto, abile, inabile*. **2** (*dir.*) Decidere con sentenza i fatti o imputazioni di cui si tratta in giudizio: *g. la lite, la causa*; *la Corte d'assise lo ha giudicato colpevole*. **3** (+ *di* seguito da inf.; + *che* seguito da congv.) Stimare, ritenere: *erano concordi nel giudicarlo maturo per quell'incarico*; *giudico opportuno rivolgersi a un medico*; *vidi una, che tra le belle bellissima giudicai* (SANNAZARO); *giudicando di avere bisogno degli aiuti di ciascuno* (MACHIAVELLI); *giudico che sia bene il ritornare alla legge usata* (BOCCACCIO). **SIN.** Reputare. **4** †Sovrastare, dominare, spec. di cosa più alta rispetto a quelle circostanti. **5** †Aggiudicare, attribuire per sentenza qlco. a qlcu. **6** †Assegnare con disposizione testamentaria. **B v. intr.** (aus. *avere*) **1** (+ *di*; + *su*; + *se* seguito da congv.) Esprimere giudizi intorno a qlcu. o a qlco.: *saremo noi a g. delle nostre forze, delle vostre capacità, del suo operato*; *non possiamo g. su di ciò colle idee nostre* (VERGA); *E si dà a quel secolo … non a noi di g. se quel secolo usasse una bella lingua* (LEOPARDI). **2** Esercitare la facoltà del giudizio: *essere in età di g.*; *g. obiettivamente, bene, male, secondo i propri pregiudizi, liberamente*; *discernere g. consigliare sono atti umani* (LEONARDO).

giudicatìvo [lat. tardo *iudicatīvu(m)*, da *iudicātus* 'giudicato'; 1294] **agg.** **1** (*raro*) Relativo all'amministrazione della giustizia, alla competenza del giudice, al processo giudiziario. **2** †Atto, utile a giudicare, a discernere. **3** †Deliberativo: *voto g.*

giudicàto (**1**) o **†iudicàto** [sec. XIII] **A part. pass.** di *giudicare*; anche **agg.** ● Nei sign. del v. **B s. m.** ● (*dir.*) Cosa giudicata: *l'autorità del g.* | ***Decisione passata in g.***, contro cui non sono più esperibili o sono già stati esperiti i mezzi ordinari di impugnazione | ***Tenore del g.***, contenuto del provvedimento giurisdizionale.

giudicàto (**2**) [da *giudice*, nome dell'ufficiale munito di autorità sovrana; sec. XIII] **s. m.** ● Ciascuna delle quattro suddivisioni antiche della Sardegna medievale: *il g. di Gallura*.

giudicatóre o **†iudicatóre** [sec. XIII] **agg.**; anche **s. m.** (f. *-trice*, pop. *†-tora*) ● (*raro*) Che (o Chi) giudica: *commissione giudicatrice* | ***G. dei vivi e dei morti***, Dio.

giudicatòrio [lat. tardo *iudicatōriu(m)*, da *iudicātus* 'giudicato'; sec. XIV] **agg.** ● (*raro*) Che riguarda il giudicare | ***Facoltà giudicatoria***, facoltà propria dell'uomo di operare scelte o decisioni.

giudicatùra [vc. dotta, lat. mediev. *iudicatūra(m)*, da *iudicāre* 'giudicare'; 1612] **s. f.** **1** †Ufficio, funzione di giudice | Luogo in cui si amministra la giustizia. **2** (*st.*) Nel Medioevo, divisione amministrativa e giudiziaria della Sardegna.

♦**giùdice** o **†iùdice** [lat. *iūdice(m)*, originariamente 'colui che pronuncia (*dīcit*) la formula religiosa di giustizia, detta *iūs*, genit. *iūris*'; av. 1294] **s. m.** (f. *giùdice* e *†giudicéssa* (V.); V. anche nota d'uso FEMMINILE) **1** Chi giudica persone e cose: *farsi g. di qlco.*; *erigersi a g. di qlcu.* | ***Essere buon g., cattivo g.***, giudicare bene, male | ***Lasciar g. qlcu.***, addossargli l'onere del giudizio | Chi è incaricato di esprimere un giudizio: *la commissione è composta di sette giudici* | ***G. d'arrivo***, nelle corse sportive, chi controlla e stabilisce ufficialmente l'ordine d'arrivo dei concorrenti | ***G. di gara***, chi è incaricato di vigilare sul regolare svolgimento di una competizione sportiva | ***G. di sedia***, nel tennis, chi arbitra un incontro | ***G. di linea***, nel tennis, chi controlla la validità di ciascun tiro | (*mil.*) ***G. di campo***, ufficiale che, nelle esercitazioni militari a partiti contrapposti, svolge attività arbitrale nei confronti degli atti operativi effettuati dalle unità contendenti. **2** (*dir.*) Pubblico ufficiale investito della funzione di giudicare in un giudizio attuando nel caso concreto la norma generale del diritto | ***G. togato***, magistrato appartenente all'ordine giudiziario in contrapposizione a giudice onorario o a giudice popolare | ***G. laico, popolare***, cittadino, estratto a sorte, che fa parte della giuria, in un processo penale di competenza della Corte d'Assise. **SIN.** Giurato | ***G. istruttore***, V. *istruttore* | ***G. di pace***, magistrato onorario con particolari limiti di competenza individuati per materia e per valore | ***G. di legittimità***, che valuta solo la corretta applicazione delle norme di legge al caso in esame | ***G. per le indagini preliminari***, cui è affidata la fase antecedente al dibattimento; in sigla GIP | ***G. dell'udienza preliminare***, giudice davanti al quale si tiene l'udienza preliminare; in sigla GUP | ***G. costituzionale***, membro della Corte Costituzionale | ***G. dell'esecuzione***, che dirige o coordina il processo di esecuzione della sentenza civile o penale e risolve gli incidenti sorti nel corso dello stesso | ***G. onorario aggregato***, giudice onorario cui è attribuito il compito di definire i procedimenti civili pendenti alla data del 30 aprile 1995; in sigla GOA. **3** (*dir.*) Organo giudiziario di un dato grado della giurisdizione | ***G. unico di primo grado***, (*ellitt.*) ***G. unico***, ufficio competente per i giudizi di primo grado | ***G. di secondo grado***, ufficio competente per i giudizi di appello | ***G. di terzo grado***, la Corte di Cassazione | ***G. costituzionale***, la Corte Costituzionale | ***G. di merito***, qualifica riservata nel processo civile e penale agli organi giudiziari di primo e di secondo grado in quanto competenti a conoscere di questioni sia di fatto sia di diritto, o agli organi di giustizia amministrativa competenti a valutare l'opportunità di date valutazioni discrezionali dell'amministrazione. **4** (*al pl.*) Presso gli Ebrei antichi, i magistrati che governarono il popolo ebraico dalla morte di Giosuè a quella di Sansone | ***Libro dei giudici***, libro storico dell'Antico Testamento. **5** Nella Sardegna medievale, chi governava un giudicato. **6** †Dottore in legge.

†giudicéssa [av. 1587] **s. f.** **1** Donna che esercita la funzione di giudice. **2** (*disus.*) Moglie del giudice.

†giudìcio e *deriv.* ● V. *giudizio* e *deriv.*

giudìo ● V. *giudeo*.

giudiziàle o **†giudiciàle**, **†iudiciàle** [lat. *iudiciāle(m)* 'relativo al giudizio (*iudĭcium*)'; 1336 ca.] **agg.** ● (*dir.*) Che concerne i giudici, i giudizi: *ordine, potere g.*; *atti giudiziali* | ***Errore g.***, in cui è incorsa l'autorità giudiziaria nello svolgimento della propria funzione | *Esperimento g.*, riproduzione di un fatto disposta nel processo penale, per accertare se esso sia o possa essere avvenuto in un dato modo | *Eloquenza g.*, quella usata nella pratica forense | †*Il dì g.*, del giudizio finale. SIN. Giudiziario. || **giudizialmente**, avv. Per via di giudizio: *comporre giudizialmente una sentenza.*

giudiziàrio [lat. *iudiciāriu(m)* 'relativo al giudizio (*iudĭcium*)'; sec. XIV] **A** agg. *1* (*dir.*) Che concerne i giudizi, i giudici: *ufficiale g.*; *sfere giudiziarie; atti giudiziari; potere g.* | *Ordine g.*, complesso degli organi disciplinati da apposito ordinamento, esplicanti normalmente funzioni giurisdizionali | *Ordinamento g.*, legge disciplinante l'organizzazione e il funzionamento dell'ordine giudiziario | *Giorni giudiziari*, quelli destinati alla trattazione delle cause | *Termine g.*, la cui fissazione o modificazione spetta al giudice | *Sequestro g.*, misura cautelare ordinata dall'autorità giudiziaria nel corso di una controversia al fine di provvedere alla custodia di beni di cui è discussa la proprietà o il possesso o da cui potranno desumersi elementi di prova | *Cronaca giudiziaria*, sui quotidiani, quella relativa ai processi in corso. *2* (*letter.*) *Genere g.*, tipo di eloquenza forense in uso spec. nella Roma antica, basato su studiate strutture retoriche. || **giudiziariamente**, avv. **B** s. m. ● (*raro*) Giudice.

♦**giudizio** o †**giudìcio**, †**iudìcio** [lat. *iudĭciu(m)* 'deliberazione del giudice (*iūdex*, genit. *iūdicis*)'; av. 1089] s. m. *1* Facoltà propria della mente umana di confrontare, paragonare, distinguere persone o cose: *è una persona di g. finissimo*; *raggiungere l'età del g.*; *l'ingegno ... e il g. non sanno ben oprare senza l'aiuto della memoria* (MURATORI) | Senno, prudenza, buonsenso: *siete proprio senza g.*; *ci vuol g.!* | *Mettere g.*, ravvedersi | *Denti del g.*, i molari più interni, che sono gli ultimi a spuntare. *2* (*filos.*) Operazione mentale mediante la quale si mette in relazione un soggetto con un predicato | *G. determinante*, nella filosofia kantiana, il giudizio propriamente intellettuale, cioè conoscitivo | *G. teleologico*, finalistico. *3* Opinione, parere: *a g. dei competenti, il nostro progetto è il migliore*; *g. favorevole, sfavorevole, imparziale* | Apprezzamento, valutazione personale: *non si cura del g. della gente* | Valutazione, parere ufficiale: *gli insegnanti hanno verbalizzato i loro giudizi* | *G. comune*, senso comune | *A suo, mio g.*, secondo il parere suo, mio | *Stare, rimettersi al g. di qlcu.*, all'avviso di qlcu. | *Farsi un g.*, formarsi un'opinione, un'idea | †Risoluzione | †Testamento. *4* (*dir.*) Processo: *g. civile, penale* | *G. di primo, di secondo grado*, fase del processo in cui un organo giudiziario statuisce per la prima volta o in base ad appello su una controversia o un'imputazione | *G. di terzo grado*, fase processuale che si svolge dinnanzi alla Corte di Cassazione | *G. direttissimo*, procedimento penale speciale, esperibile nei confronti di chi è stato sorpreso in flagranza o in quasi flagranza di un reato | *G. immediato*, tipo di giudizio con rito semplificato esperibile quando la prova a carico dell'imputato appare evidente | *G. abbreviato*, tipo di giudizio che, su richiesta dell'imputato, comporta la definizione del processo all'udienza preliminare | *G. di equità*, procedimento nel quale il giudice deve decidere secondo il suo personale apprezzamento di giustizia | *G. di valore*, quello che ha per oggetto questioni di fatto | *G. di fatto*, che ha a oggetto l'accertamento della sussistenza del diritto vantato | *G. di legittimità*, che ha a oggetto la corretta applicazione delle norme di diritto al caso in esame. *5* (*est.*) Decisione, sentenza: *ci rimettiamo al vostro g.*; *per g. unanime fu riconosciuto il migliore* | *G. di Dio*, ordalia | *G. finale*, in varie religioni e credenze, sentenza della divinità sulla sorte dell'uomo dopo la morte | *G. universale* o *g. finale*, nel credo cristiano, momento in cui, alla fine del mondo, avvenuta la resurrezione dei morti, Cristo pronuncerà solennemente la sentenza per tutti gli uomini, che saranno eletti in Paradiso o dannati all'Inferno | †Condanna, castigo: *giusto giudicio da le stelle caggia / sovra 'l tuo sangue* (DANTE *Par.* VI, 100-101). *6* (*per anton.*) Giudizio universale: *il giorno del g.*; *le trombe del g.* | *Andare al giorno del g.*, (*fig.*) non finire mai. *7* †Consesso dei giudizi | †Giustizia. || **giudiziaccio**, pegg.

giudizioso o †**giudicioso** [av. 1472] agg. ● Che mostra accortezza, prudenza, riflessività: *è una persona giudiziosa*; *è stata una risposta giudiziosa*. SIN. Assennato, prudente, riflessivo. || **giudiziosamente**, avv. In modo giudizioso; con prudenza.

giudò s. m. ● Adattamento di *judo* (V.).

giudoista e *deriv.* ● V. *judoista* e *deriv.*

giudòka s. m. e f. inv. ● Adattamento di *judoka* (V.).

†**giùe** ● V. *giù*.

†**giuggiàre** [ant. provz. *jutjar*, dal lat. *iudicāre* 'giudicare'; av. 1294] v. tr. ● Giudicare: *cheggio a lui che tutto giuggia* (DANTE *Purg.* XX, 48).

giùggiola [dal lat. *zīziphu(m)*, dal gr. *zízyphon*, di etim. incerta, attraverso le forme parl. *zīzupu(m)* e *zūzipu(m)* e sovrapposizione del suff. *-ŭla(m)* '-ola'; av. 1288] s. f. *1* Frutto del giuggiolo | (*fig.*) *Andare in brodo di giuggiole*, gongolare di gioia. *2* Pasticca fatta di giuggiole, zucchero e gomma arabica, usata un tempo contro la tosse. *3* (*fig.*) Cosa da nulla. || **giuggioletta**, dim. | **giuggiolina**, dim. | **giuggiolona**, accr. | **giuggiolone**, accr. m. (V.).

giuggiolàio s. m. (f. *-a*) ● Venditore di giuggiole.

giuggiolèna [dall'ar. *ğulğulān*; 1549] s. f. ● (*bot., dial.*) Sesamo.

giuggiolino [sp. *ajonjolí*, dall'ar. granadino *ğulğulín* 'giuggiolena'; 1539] agg. ● (*raro*) Del colore della giuggiola, tra il giallo e il rosso.

giùggiolo [dal lat. *zīzyphu(m)*, dal gr. *zízyphon*, di etim. incerta, con sovrapposizione di *giuggiola*; sec. XIV] s. m. ● Alberetto delle Ramnacee spesso coltivato e pregiato per il legno duro e per i frutti a drupa commestibili (*Zizyphus vulgaris*). ➡ ILL. **piante**/5.

giuggiolóne [av. 1565] s. m. (f. *-a*) *1* Accr. di *giuggiola*. *2* (*fig.*) Persona bonaria, ingenua, sempliciotta.

†**giùgnere** ● V. *giungere*.

♦**giùgno** [lat. *Iūniu(m)*, sottinteso *mēnse(m)*, '(mese) di Giunone (*Iūno*, genit. *Iunōnis*, di etim. incerta)', la dea alla quale era dedicato; 1211] s. m. ● Sesto mese dell'anno nel calendario gregoriano, di 30 giorni.

giùgnolo [da *giugno*; 1561] agg. ● (*raro*) Di frutti che giungono a maturazione nel mese di giugno.

giùgolo ● V. *giugulo*.

giugulàre (1) o **iugulàre** (1) [lat. *iugulāre(m)*, sottinteso *vēna(m)*, da *iūgulum* 'gola', cfr. *iŭgum* 'giogo'; av. 1712] agg. ● (*anat.*) Che appartiene al giugulo | *Vena g.*, che si dirige verso il giugulo, raccogliendo il sangue che viene dalla testa. ➡ ILL. p. 2123 ANATOMIA UMANA.

giugulàre (2) e *deriv.* ● V. *iugulare* (2) e *deriv.*

giugulazióne [vc. dotta, lat. *iugulatiōne(m)*, dal v. *iugulāre* 'giugulare'; 1970] s. f. ● Metodo di macellazione che consiste nella recisione netta delle vene giugulari, in modo che l'animale muoia rapidamente dissanguato.

giùgulo o **giùgolo** [vc. dotta, lat. *iūgulu(m)*, dim. di *iŭgum* 'clavicola, collo'; 1931] s. m. *1* (*anat.*) Fossetta compresa tra l'estremità superiore dello sterno e i tendini di inserzione dei muscoli sternocleidomastoidei. *2* Nei Bovini e negli Equini, ciascuna delle fossette laterali alla base della testa.

†**giulèb** ● V. *giulebbe*.

giulebbàre [da *giulebbe*; av. 1698] v. tr. (*io giulèbbo*) *1* Cuocere in sciroppo di zucchero | (*est.*) Indolcire troppo. *2* (*fig., raro*) Essere costretto a sopportare cosa o persona molesta. SIN. Sciropparsi, sorbire.

giulebbàto [av. 1698] part. pass. di *giulebbare*; anche agg. ● Detto di frutta cotta nello sciroppo. SIN. Sciroppato.

giulèbbe o †**giulèb**, †**giulèbbo** [ar. *ğulāb*, volg. *ğulēb*, dal persiano *gulāb* 'acqua (*ab*) di rosa (*gul*)'; av. 1313] s. m. *1* Sciroppo denso di zucchero condito con aromi, sughi di frutta, infusione di fiori. *2* (*raro, fig.*) Cosa troppo dolce | Persona sdolcinata. *3* (*raro, fig.*) Stato di illusoria contentezza: *essere nel g.*

giulécca [ar. algerino *ğalīka*, dal turco *yelék* 'corpetto, panciotto'; av. 1704] s. f. ● Farsetto di panno un tempo portato da schiavi e galeotti.

giuliàna s. f. ● Adattamento di *Julienne* (V.).

giuliàno (1) [1922] **A** agg. ● Della Venezia Giulia. **B** s. m. (f. *-a*) ● Abitante della Venezia Giulia.

giuliàno (2) [lat. *Iuliānu(m)* 'proprio di Giulio (*Iūlius*)'; av. 1580] agg. ● Di C. Giulio Cesare (100 (102/101)-44 a.C.) | *Calendario g.*, riformato da Giulio Cesare, che stabiliva la durata dell'anno in 365 giorni, con un anno bisestile ogni quattro anni. CFR. Gregoriano.

giùlio [dal n. del papa *Giulio II* (1443-1513); 1510] s. m. ● (*numism.*) Moneta d'argento fatta coniare da Giulio II nel XVI secolo.

giulivo [ant. fr. *jolif* 'lieto', di etim. discussa: dall'ant. nordico *jól* 'festa d'estate' (?); av. 1294] agg. ● Che si mostra lieto e contento: *avere un aspetto g.* | *Oca giuliva*, donna dall'aria sciocca e soddisfatta. SIN. Festoso, gaio. || **giulivamente**, avv.

giullàre o †**giullàro** [ant. provz. *joglar* 'buffone', dal lat. *ioculāris* 'giocolare'; sec. XII] **A** s. m. (f. *-éssa*) *1* Nel tardo Medioevo, giocoliere e cantastorie che si esibiva per il pubblico delle corti e delle piazze | *I giullari di Dio*, autori di laudi religiose. SIN. Menestrello. *2* (*spreg.*) Buffone, saltimbanco | Persona priva di dignità. **B** agg. ● †Buffonesco. || **giullarino**, dim.

giullarésco [av. 1311] agg. (pl. m. *-schi*) ● Dei giullari, da giullare (*anche spreg.*): *arte giullaresca*. || **giullarescamente**, avv.

†**giullàro** ● V. *giullare*.

giullerìa [1304] s. f. *1* Mestiere del giullare. *2* Corporazione dei giullari. *3* (*fig.*) †Buffoneria.

giumèlla [lat. mediev. *iumĕlla(m)*, corrispondente al class. *gemĕlla(m)*, sottinteso *mănu(m)*, 'mano gemella', con intrusione di *giu(nta)*; sec. XIII] s. f. ● (*region.*) Quanto è contenuto nel cavo delle due mani tenute insieme: *una g. di farina, di sale* | *Fare g. delle palme, delle mani*, riunirle fino a formare una cavità: *bevono facendo g. delle palme* (CARDUCCI).

giuménta [sec. XIV] s. f. ● Cavalla da sella | Cavalla, asina o mula da soma o da tiro.

giuménto [lat. *iumĕntu(m)*, prima 'attacco (di cavalli, muli)', dalla stessa radice indeur. di *iŭngere* 'giungere' e *iŭgum* 'giogo', poi lo stesso 'animale da tiro'; av. 1292] s. m. (f. *-a* (V.); pl. *giuménti*, m., lett. *giuménta*, f. spec. con sign. collettivo) ● Bestia da soma.

giumèrro [ant. provz. *jumerle*, dal lat. *chimăera(m)*, dal gr. *chímaira*, propr. 'giovane capra', propr. 'di un inverno (*cheimérios*, agg. di *chêime*, di orig. indeur.)'] s. m. ● Nei bestiari medievali, animale fiabesco che si diceva nato dall'incrocio di un toro con una giumenta.

giùnca [malese *djong*, noto ai viaggiatori portoghesi che ne trasmisero la var. m. *junco*; av. 1525] s. f. ● Imbarcazione di origine cinese spesso a fondo piatto, a due o più alberi, con vele formate da stuoie di canne parallele.

Giuncàcee [comp. di *giunco* e *-acee*; 1869] s. f. pl. (sing. *-a*) ● Nella tassonomia vegetale, famiglia di piante monocotiledoni a cui appartiene il giunco (*Iuncaceae*). ➡ ILL. **piante**/11.

giuncàceo [1940] agg. ● Di giunco | Fatto di giunchi.

giuncàia [1607] s. f. ● Luogo folto di giunchi.

†**giuncàre** [1631] v. tr. *1* Coprire, spargere di fiori o fronde, di giunchi o di altre piante: *giuncava le vie fior di ginestra* (PASCOLI). *2* Battere con giunchi.

giuncàta [dai *giunchi*, fra i quali si pone il latte rappreso; 1353] s. f. ● Latte coagulato senza sale, che si usa lasciare scolare tra giunchi o foglie di felci.

giunchéto [av. 1566] s. m. ● Giuncaia.

giunchìglia [sp. *junquillo*, dim. di *junco* 'giunco' per lo stelo nudo e flessibile; av. 1597] s. f. ● Pianta erbacea delle Amarillidacee con grandi fiori gialli simili a narcisi e foglie basali lanceolate (*Narcissus jonquilla*).

giùnco [lat. *iūncu(m)*, di etim. incerta; 1312] s. m. (pl. *-chi*) *1* Pianta erbacea delle Giuncacee che cresce nei luoghi acquitrinosi con foglie cilindriche e infiorescenza verdastra (*Juncus*) | *G. del Nilo*, papiro | *G. fiorito*, con foglie lineari e fiori rosa in ombrella (*Butomus umbellatus*) | *G. marino*, sparto. ➡ ILL. **piante**/11. *2* (*est.*) Il fusto di tale pianta, essiccato e gener. opportunamente trattato, che si impiega nella fabbricazione di vari oggetti intrecciati. *3* (*sport*) Attrezzo di giunco usato in alcuni esercizi di ginnastica femminile, ormai in disuso. *4* (*mar.; disus.*) Cima per drizzare pennoni e vele minori. || **giunchétto**, dim.

♦**giùngere** o †**giùgnere** [lat. *iŭngere*, della stessa fam. di *iŭgum* 'giogo', passato più tardi anche al sign. di 'arrivare (a unire)'; av. 1250] **A** v. intr. (pres.

io giùngo, tu giùngi; **pass. rem.** *io giùnsi, tu giungésti*; **part. pass.** *giùnto*; aus. *essere*) **1** (assol.; + *a*; + *in*; + *da*) Arrivare: *giunse la notte*; *g. al traguardo, alla meta*; *mi è giunta all'orecchio una voce*; *g. in paese, in città*; *tardava a g. da Firenze* (NIEVO); *gli parve mill'anni di g. dal Papa per ridirgli tutte queste cose* (CELLINI) | ***G. in porto***, (*fig.*) di impresa, iniziativa e sim., essere condotta felicemente a termine | ***G. nuovo***, di notizia, fatto e sim., risultare inaspettato, sorprendente. **2** (+ *a* seguito da inf.) Osare, spingersi sino a: *g. a dire, a fare*. **3** (*fig.*) †Avvenire, accadere. **B** **v. tr.** **1** Congiungere, unire: *g. le mani in preghiera* | †***G. i buoi***, aggiogarli. **2** †Aggiungere: *giunge al vecchio timor nuovi sospetti* (TASSO) | †Soggiungere. **3** (*tosc.*) Acchiappare, cogliere | †Raggiungere. **4** †Sorprendere, ingannare. **C** **v. intr. pron.** ● Congiungersi.

♦**giùngla**, (*raro*) **iùngla** o **jùngla** [ingl. *jungle*, dall'indost. *jaṅgal* 'luogo deserto, foresta', in sanscrito *jāṅgalaḥ*, di etim. incerta; 1829] **s. f.** **1** Formazione vegetale costituita da un fitto intrico di alberi, arbusti, liane e alte erbe, caratteristica di alcune regioni monsoniche. **2** (*fig.*) Luogo o ambiente infido e insidioso in cui è necessario lottare duramente contro ostacoli di ogni genere: *la grande metropoli è una g.* | ***G. retributiva, g. dei redditi***, la disparità, talvolta assai vistosa, che, a parità di posizione e qualifica professionale, si riscontra nel trattamento economico dei lavoratori dipendenti dello Stato, degli enti locali, delle industrie.

giunóne [lat. *Iunōne(m)* 'Giunone', di etim. incerta, nome della moglie di Giove, nella mitologia greco-romana; 1869] **s. f.** ● Donna alta e formosa | (*raro*) Donna gelosa e superba.

giunònico [da *Giunone* per le opulente raffigurazioni classiche della dea; 1340] **agg.** (**pl. m.** *-ci*) ● Di Giunone: *attributi giunonici* | (*est.*) Di donna che ha forme prosperose e armoniche quali si attribuivano alla dea Giunone: *bellezza giunonica*.

giunònio [lat. *Iunōniu(m)* 'di Giunone (*Iūno*, genit. *Iunōnis*)'; av. 1638] **agg.** ● (*lett.*) Di, relativo a Giunone.

giùnsi ● V. *giungere*.

♦**giùnta** (**1**) [f. sost. di *giunto*, part. pass. di *giungere*; av. 1250] **s. f.** **1** Aggiunta: *fare una g. alla tovaglia, alla tavola, all'abito*; *fare una g. a un discorso* | (*est.*) Il punto in cui le due parti si uniscono: *rinforzare la g.* **2** (*letter.*) Nota aggiunta, nuovo contributo di osservazioni e note. **3** Piccola quantità di merce aggiunta a quella acquistata come sovrappiù: *ho chiesto al macellaio un osso per il brodo come g.* | (*fig.*) ***Per g.***, oltre a ciò, per di più. **4** †Arrivo, il giungere | †***A, nella prima g.***, di primo acchito, subito: *m'assisi ne la prima g.* (DANTE *Inf.* XXIV, 45). **5** †Giuntura. || **giuntarèlla**, **giunterèlla**, dim. | **giuntìna**, dim.

♦**giùnta** (**2**) [sp. *junta*, da *juntar* 'giungere assieme, riunire'; 1654] **s. f.** **1** (*dir.*) Organo collegiale preposto, sotto la direzione del sindaco o di un presidente, a funzioni decisionali e di amministrazione diretta: *g. comunale, g. provinciale, g. regionale*. **2** (*dir.*) Nel Parlamento italiano, commissione di parlamentari addetta a compiti particolari di accertamento, convalida e sim. ma non legislativi: *g. delle elezioni*. **3** Nell'ordinamento scolastico italiano, organo collegiale ristretto con funzioni esecutive e gestionali nell'ambito di ogni scuola: *g. di circolo, g. di istituto*. **4** (*gener.*) Commissione: *g. consultiva*. **5** (*polit.*) Organo collettivo, di governo dittatoriale che si instaura solitamente dopo un golpe militare, spec. nei Paesi dell'America Latina.

giuntàre (**1**) [da *giunto*, part. pass. di *giungere*, nel sign. B1; sec. XIII] **v. tr.** ● Attaccare cucendo: *fece g. due tasche alla giacca* | Aggiuntare.

†**giuntàre** (**2**) [da *giunto*, part. pass. di *giungere*, nel sign. B3; av. 1484] **v. tr.** ● Ingannare, truffare: *Un di quelli che fa sacrificio giuntando una puttana* (ARETINO).

giuntatóre (**1**) [da *giuntare* (*1*)] **s. m.** (**f.** *-trice*, pop. disus. *-tora*) ● Chi ha il compito di effettuare le giunte, in diversi mestieri.

†**giuntatóre** (**2**) [da *giuntare* (*2*); sec. XV] **s. m.** (**f.** *-trice*, pop. disus. *-tora*) ● Imbroglione, truffatore: *cerco un ghiottone, un perfido, | un baro, un giuntator, un ladro* (ARIOSTO).

giuntatrice [da *giuntare* (*1*); 1966] **s. f.** **1** (*cine*) Macchina con la quale si fissano l'uno all'altro i pezzi della pellicola durante il montaggio. **2** Macchina impiegata nell'industria del legno per unire pezzi in lavorazione.

giuntatùra **s. f.** ● Operazione dell'unire l'uno all'altro i vari pezzi di una struttura.

giunterìa [1524] **s. f.** ● (*lett.*) Inganno, imbroglio: *una g. solenne di menarvi a zonzo per un intero capitolo della mia vita* (NIEVO).

giuntino [dal n. del tipografo fiorentino F. *Giunti* o *Giunta* (1450-1517); 1872] **agg.** ● Detto di edizione a stampa composta da una dinastia di tipografi-editori operanti tra il XV e il XVII sec.

giuntista **s. m. e f.** (**pl. m.** *-i*) ● Operaio che collega strutture d'acciaio, saldandole e imbullonandole | Operaio che esegue la giunzione di cavi elettrici e cura la manutenzione di impianti di telecomunicazione.

giùnto [av. 1250] **A** **part. pass.** di *giungere*; anche **agg.** ● Nei sign. del v. | Congiunto: *pregare a mani giunte*. || †**giuntaménte**, **avv.** Congiuntamente, insieme. **B** **s. m.** **1** (*mecc.*) Organo di accoppiamento permanente di due elementi di una costruzione o di una macchina adatto alla trasmissione di sforzi: *g. elastico, cardanico* | ***G. di dilatazione***, intervallo lasciato tra due parti di una costruzione per compensare gli spostamenti dovuti a effetti tecnici, di ritiro, assestamenti di fondazioni. **2** (*geol.*) ***G. di stratificazione***, superficie di separazione fra due strati rocciosi.

giuntóia [1869] **s. f.** ● Fune attaccata alla parte interna del giogo per tenerlo fermo sul collo dei buoi.

giuntùra [lat. *iunctūra(m)*, da *iūnctus* 'giunto'; 1313] **s. f.** **1** Punto ove un pezzo è attaccato a un altro. **SIN.** Commessura, commettitura. **2** (*ling.*) Punto di contatto fra unità disposte sintatticamente. **3** (*anat.*) Articolazione.

giunzionàle **agg.** ● Di giunzione, che serve di collegamento: *linea, cavo g.*

giunzióne [lat. *iunctiōne(m)*, da *iūnctus* 'giunto'; sec. XIV] **s. f.** **1** (*raro*) Congiunzione. **2** Giunto | ***G. a bicchiere***, usata nei tubi, nella quale il diametro di uno dei due tubi viene allargato all'estremità per accogliere l'inizio dell'altro. **3** (*elettr.*) Nei semiconduttori, regione di transizione fra regioni di proprietà elettriche differenti.

giuòco e *deriv.* ● V. *gioco* e *deriv.*

†**giùppa** e *deriv.* ● V. *giubba* (*1*) e *deriv.*

giurabbàcco [comp. di *giuro a Bacco*; 1791] **inter.** ● (*disus.*) Esprime meraviglia, stupore, irritazione, impazienza, risentimento o energica affermazione: *g.!, mi vendicherò!* **SIN.** Giuraddio.

giuràbile **agg.** ● (*raro*) Che si può o si deve giurare.

†**giuracchiàre** [da *giur(are)* con suff. attenuativo; 1546] **v. tr. e intr.** ● Giurare spesso e con leggerezza | Giurare con poca convinzione.

giuraddìo [comp. di *giuro a Dio*; av. 1562] **A** **inter.** ● Esprime meraviglia, stupore, stizza, irritazione, impazienza, risentimento o energica affermazione: *g.! mi vendicherò!* **SIN.** (*eufem.*) Giurabbacco. **B** in funzione di **s. m.** ● L'esclamazione stessa: *si sfogava con molti giuraddii*.

giuraménto o †**iuraménto** [lat. tardo *iuramĕntu(m)*, da *iurāre* 'giurare', sul tipo di *sacramĕntum* 'sacramento'; sec. XIII] **s. m.** **1** Atto del giurare | Dichiarazione solenne espressa da chi giura | Impegno solenne assunto da chi giura: *osservare, violare, sciogliere il g.*; *mancare al g.*; *prestare g.*; *osservare, rispettare, rompere, tradire, violare un g.*; *io non chiedo / giuramenti da te* (METASTASIO) | ***Far g.***, giurare | ***G. militare***, espresso da una precisa formula, prestato solennemente da chiunque entri a far parte delle Forze Armate | ***Essere sotto g.***, vincolati da un giuramento | †***Rendere il g.***, fare ciò che si è giurato. **2** (*dir.*) Mezzo di prova consistente nella dichiarazione che una parte rende in giudizio della verità di determinati fatti su cui si discute: *g. decisorio, suppletorio*.

♦**giuràre** o †**iuràre** [lat. *iurāre*, originariamente 'pronunciare la formula rituale, detta *iūs*, genit. *iūris*', di cui è il denom.; 1219] **A** **v. tr.** (qlco.; + *su* qlco.; + *di* seguito da inf.; + *che*; qlco. + *a* qlcu.) **1** Affermare o promettere qlco. solennemente, invocando a testimone e garante la divinità o ciò che più si ama o si ha caro: *g. il falso, il vero*; *g. odio, amore, vendetta*; *g. qlco. davanti a Dio*; *g. qlco. sulla croce, sul proprio onore*; *nell'antiche repubbliche i nobili giuravano d'esser eterni nemici della plebe* (VICO); *giurarono solennemente che non era vero* | †***G. l'ufficio***, di pubblici ufficiali, entrando in carica | ***Giurarla a qlcu.***, (*fam.*) fare proposito di vendicarsi. **2** (*est.*) Dare, sostenere per certo: *ti giuro che le cose sono andate così*; *giuro di aver fatto tutto il possibile per aiutarlo* | ***Giurerei, potrei g.***, sono quasi sicuro: *giurerei che si è dimenticato dell'appuntamento* | ***Non ci giurerei***, non ne sono davvero certo: *penso che verrà, ma non ci giurerei*. **3** †Promettere in matrimonio. **B** **v. intr.** (aus. *avere*) (gener. + *su*) **1** Prestare giuramento: *g. innanzi al Parlamento, all'Assemblea Costituente*; *il re fece giurar su l'agnusdei* (ARIOSTO) | ***G. nelle mani di qlcu.***, dinanzi a chi è autorizzato a ricevere il giuramento. **2** (*est.*) Essere assolutamente certo di qlco.: *non posso g. sulla sua sincerità*; *non ci giurerei, ma sembrava proprio lui*. **3** †Congiurare. **C** **v. rifl.** ● (*raro*) Promettersi con giuramento: *giurarsi difensore dei poveri*.

giuràssico [fr. *jurassique* 'delle montagne del *Giura* (*Jura*)', sul tipo di *triassico*; 1853] **A** **s. m.** (**pl.** *-ci*) ● (*geol.*) Secondo periodo dell'era mesozoica. **B** **agg.** **1** Del periodo giurassico. **2** (*fig., gerg.*) Vecchio, antiquato, del tutto superato.

giuràto o †**iuràto** [av. 1348] **A** **part. pass.** di *giurare*; anche **agg.** **1** Nei sign. del v. **2** ***Nemico g.***, irriducibile, implacabile | ***Testimonianza, dichiarazione giurata***, rafforzata da giuramento. || **giurataménte**, **avv.** (*raro*) Con giuramento. **B** **s. m.** (**f.** *-a*) **1** (*dir.*) Membro di una giuria nel sign. 1. **SIN.** Giudice popolare. **2** Membro di una giuria nel sign. 2. **3** †Congiurato.

†**giuratóre** [lat. *iuratōre(m)*, da *iurātus* 'giurato'; sec. XIV] **s. m.** (**f.** *-trice*) **1** Chi pronuncia giuramento. **2** Chi giura con leggerezza e per abitudine.

giuratòrio [lat. tardo *iuratōriu(m)*, da *iurātus* 'giurato'; av. 1396] **agg.** ● (*raro*) Fatto con giuramento: *cauzione giuratoria*.

giùre o **iùre** [lat. *iūs*, genit. *iūris* 'il diritto', ma originariamente 'la formula religiosa che ha forza di legge', di orig. indeur.; 1321] **s. m.** ● (*lett.*) Diritto: *scienza del g.*

giureconsùlto o **iureconsùlto** [lat. *iureconsŭltu(m)*, comp. di *iūs*, genit. *iūris* 'giure' e *consŭltus* 'perito'; 1521] **s. m.** ● Cultore di diritto. **SIN.** Giurista.

giurése [parallelo di *giurassico*, dal n. delle montagne del *Giura*; 1890] **s. m.**; anche **agg.** ● (*geol.*) Giurassico.

giurì [fr. *jury*, dall'ingl. *jury*, a sua volta dall'ant. fr. *juree*, f. del part. pass. di *jurer* 'giurare'; 1802] **s. m.** **1** ***G. d'onore***, collegio di cittadini chiamati a giudicare su questioni cavalleresche o comunque in materia di onore. **2** (*dir.*) ***G. di autodisciplina pubblicitaria***, organo giudicante di natura privatistica con competenza in materia di regolamentazione della pubblicità dal punto di vista della correttezza etica e professionale.

giurìa [fr. *jury*, adattato ai sost. in *-ia*; 1877] **s. f.** **1** (*dir.*) Nel processo penale anglosassone, e un tempo nelle corti d'assise italiane, organo giudicante costituito dai giurati | (*impropr.*) L'insieme dei giudici popolari e dei magistrati che costituiscono la Corte d'Assise. **2** Gruppo di persone che valutano e premiano i partecipanti a gare, concorsi e sim.: *la g. ha assegnato la coppa a quel fantino*.

giuridicità [1869] **s. f.** ● Caratteristica di ciò che è conforme alle leggi: *la g. di un provvedimento*.

giurìdico [lat. *iurĭdicu(m)*, comp. di *iūs*, genit. *iūris* 'diritto' e di *dīcere* 'dire'; sec. XIV] **agg.** (**pl. m.** *-ci*) ● Relativo al diritto: *argomentazione giuridica*; *persona, personalità giuridica*; *oggetto g. del reato* | ***Questione giuridica***, relativa all'applicazione del diritto | ***Norma giuridica***, legge | ***Effetto g.***, conseguenza derivante per legge dall'esistenza di un dato fatto giuridico | ***Soggetto g.***, persona fisica o giuridica titolare di diritti o di doveri. || **giuridicaménte**, **avv.** Secondo il diritto.

†**giuridizióne** ● V. *giurisdizione*.

giurisdizionàle [sec. XIV] **agg.** ● Della, relativo alla, giurisdizione: *tutela g.*; *provvedimento g.* | ***Funzione g.***, quella esercitata dallo Stato al fine di garantire il vigore pratico del diritto.

giurisdizionalìsmo [da *giurisdizionale* e *-ismo*; 1952] **s. m.** ● Dottrina politica fiorita nel XVIII secolo tendente a subordinare la vita istituzionale della Chiesa allo Stato.

giurisdizionalista [av. 1926] **s. m. e f.** (**pl. m.** *-i*) ● Fautore del giurisdizionalismo.

giurisdizionalistico [av. 1952] **agg.** (**pl. m.** -*ci*) • Relativo al, fondato sul, giurisdizionalismo.

giurisdizionalizzare [da *giurisdizional*(e) e -*izzare*; 1987] **v. tr.** • Assoggettare a giurisdizione.

giurisdizionalizzazione **s. f.** • Atto del giurisdizionalizzare.

giurisdizione o **giuridizione** [lat. *iurisdictiōne*(m) 'manifestazione (*dictio*, genit. *dictiōnis*) del diritto (*iūs*, genit. *iūris*)'; 1308] **s. f.** 1 (*dir.*) Funzione di amministrare la giustizia assicurando l'attuazione della legge nei casi concreti: *g. civile, penale, amministrativa* | *Gradi di g.*, prima istanza, appello, ultima istanza | *Conflitto di g.*, contrasto di attribuzioni tra giurisdizione ordinaria e giurisdizione amministrativa. 2 Competenza, pertinenza, sfera d'azione: *ciò è al di fuori della mia g.*; *materia di propria g.*; *trascendere, oltrepassare la g.*

giurisperito [lat. *iūris perītu*(m), parallelo di *iureperītu*(m), comp. di *iūs*, genit. *iūris* 'diritto, giure' e *perītus* 'esperto'; av. 1580] **s. m.** (f. -*a*) • Esperto nel diritto e nelle leggi. **SIN.** Giureconsulto.

giurisprudènte [1725] **s. m.** (*raro*) Giurisperito.

giurisprudènza [lat. tardo *iurisprudēntia*(m), comp. di *prudēntia* nel senso di 'scienza, conoscenza' e *iūris*, genit. di *iūs* 'diritto'; 1608] **s. f.** 1 Scienza del diritto: *dottore, laureato in g.*; *facoltà di G.* 2 Complesso delle decisioni emesse dagli organi giurisdizionali: *la g. completa della Corte di Cassazione.* 3 (*est.*) Complesso degli organi giurisdizionali: *la g. italiana.*

giurisprudenziale [1970] **agg.** • Proprio della giurisprudenza: *un precedente g.* | *Decisione g.*, provvedimento con cui un organo giudiziario attua la propria funzione giurisdizionale.

giurista [vc. dotta, da *giure*; 1314] **A s. m. e f.** (**pl. m.** -*i*) • Cultore di diritto, esperto in materia giuridica. **B agg.** • †Giuridico.

†**giuristico** [av. 1685] **agg.** • Di giurista.

†**giurizione** **s. f.** • Giurisdizione.

†**giurma** • V. *ciurma* (*1*).

giùro [da *giurare*; av. 1311] **s. m.** (*lett.*) Giuramento: *l'obbrobrio d'un g. tradito* (MANZONI) | (*est.*) Serio proposito: *far g.*

giuscibernètica [comp. di *gius*- (dal lat. *iūs* 'diritto') e *cibernetica*] **s. f.** • Scienza che studia il razionale ordinamento enciclopedico dei vocaboli attinenti al diritto.

giusdicènte [vc. dotta, comp. del lat. *iūs* 'diritto' e *dīcens*, genit. *dīcentis*, part. pres. di *dīcere* 'dire'; 1551] **s. m. e f.** (f. -*a*) • (*raro, lett.*) Giudice.

giuseppinìsmo o **giuseppìsmo** [1928] **s. m.** • Giurisdizionalismo attuato da Giuseppe II d'Asburgo nel XVIII sec.

giuseppino [da *Giuseppe*, n. del santo titolare] **s. m.** (f. -*a*) • Appartenente a una delle congregazioni religiose, maschili e femminili, intitolate a San Giuseppe.

giuslavorista [comp. del lat. *iūs* 'diritto (2)' e *lavoro*, sul modello di *civilista, penalista* e sim.; 1984] **s. m. e f.** (**pl. m.** -*i*) • Avvocato esperto in diritto del lavoro.

giusnaturalìsmo [adattamento della loc. giur. lat. *iūs naturāle* 'diritto naturale' con -*ismo*; av. 1926] **s. m.** • Dottrina filosofico-giuridica, il cui caposcuola è U. Grozio (1583-1645), che distingue un diritto valido per natura, intrinseco alla ragione umana, anteriore a un diritto positivo voluto dagli uomini.

†**giùso** • V. *giù*.

giuspatronàto [lat. mediev. *iūs patronātūs* 'diritto (*iūs*, nt.) di patronato'; av. 1606] **s. m.** • Istituto giuridico di diritto canonico, consistente in una somma di privilegi e di oneri che, per concessione della Chiesa, competono ai fondatori di chiese, di cappelle e di benefici, e ai loro eredi.

giusquiàmo [lat. *iusquiāmu*(m), *hyoscyāmu*(m), in gr. *hyoskýamos*, lett. 'fava (*kýamos*) di porco (*hỳs*, genit. *hyós*)', perché si riteneva che i maiali potessero mangiarla senza pericolo, benché velenosa; 1340 ca.] **s. m.** • Pianta erbacea annuale o biennale delle Solanacee con fusto peloso, vischioso, fiori gialli venati di viola, dai cui semi si estraggono alcaloidi (*Hyoscyamus niger*) | *G. bianco*, con fiori gialli a fondo verde (*Hyoscyamus albus*).

giùsta o (*dial.*) †**giùsto** (2) [lat. *iūxta*, che, nel senso primitivo di 'tanto vicino da poter essere toccato', si allaccia alla famiglia di *iúngere* 'giungere'; av. 1292] **prep.** 1 (*bur.*) Conforme, secondo: *g. il decreto*; *g. la sentenza*; *g. gli accordi stabiliti* | Anche nella loc. prep. **g. a**: *facendo a lui, giusto al potere, onore* (BOCCACCIO). 2 †*Presso, vicino.*

giustacuòre [fr. *justaucorps*, propr. 'giusta (*just*) al (*au*) corpo (*corps*) per la sua attillatezza, ma intesa nell'ultima parte come -*cuore*; 1668] **s. m.** • Corpetto del costume maschile, molto aderente, con o senza maniche, abbottonato davanti, lungo sino al ginocchio, usato spec. nel XVII e XVIII secolo.

giustappórre [fr. *juxtaposer*, comp. di *juxta*- 'giusta (nel sign. 2)' e *poser* 'porre'; 1950] **v. tr.** (coniug. come *porre*) • Porre accanto senza unire o fondere insieme (*anche fig.*): *g. due tinte, due concetti.*

giustapposizióne [fr. *juxtaposition*, comp. di *juxta*- 'giusta (nel sign. 2)' e *position* 'posizione'; av. 1855] **s. f.** 1 Il giustapporre, il venire giustapposto. 2 (*ling.*) Accostamento di due o più termini da cui risulta un composto improprio.

giustappósto [1920] **part. pass.** di *giustapporre*; anche **agg.** • Nei sign. del v.

giustappùnto o **giust'appùnto** [av. 1956] **avv.** • Proprio, per l'appunto: *stavo pensando g. a te* | Come risposta energicamente affermativa (*anche iron.*): '*Era questo che volevi?*' '*Giustappunto!*'.

giustézza [da *giusto*; 1632] **s. f.** 1 Carattere di ciò che è esatto, preciso, appropriato: *la g. del peso, della mira, di un'idea.* 2 (*tipogr.*) Lunghezza d'una linea di composizione espressa in unità tipografiche.

giustificàbile [av. 1562] **agg.** • Che si può giustificare: *assenza g.* | **giustificabilménte**, **avv.** (*raro*) In modo giustificabile.

giustificànte [1585] **part. pres.** di *giustificare*; anche **agg.** 1 Nei sign. del v. 2 *Grazia g.*, quella che, per i soli meriti del Cristo, cancella il peccato.

♦**giustificàre** [lat. *iustificāre*, propr. 'rendere (da *făcere* 'fare') giusto (*iūstus*)'; 1342] **A v. tr.** (*io giustífico, tu giustífichi*) 1 Rendere giusto o legittimo: *un avvenimento così eccezionale giustifica questo provvedimento.* **SIN.** Legittimare. 2 Spiegare in modo accettabile ciò che appare illegittimo o riprovevole: *g. un'assenza, un ritardo*; *g. una reazione.* | *G. una spesa*, documentarne la necessità | Motivare, argomentare: *g. un giudizio, una congettura.* 3 Ritenere qlcu. privo di responsabilità o di colpa: *non lo si può g.: è stato un autentico villano!* | Ritenere qlco. valido, regolare: *il tribunale ha giustificato il nostro operato.* **SIN.** Scagionare, discolpare. 4 (*relig.*) Perdonare, restituire alla grazia per i meriti del Cristo. 5 (*tipogr.*) Portare alla giustezza desiderata una o più linee di testo mediante un opportuno aumento o diminuzione dello spazio tra le parole o i caratteri. **B v. rifl.** (+ *con* qlcu., + *per*, + *di*, qlco.) • Dare ragione del proprio operato: *si è giustificato con il preside*; *ti devi g. per il ritardo*; *si giustificava del consiglio che aveva dato* (FOGAZZARO) | Scusarsi, discolparsi: *non importa che ti giustifichi per il ritardo.*

giustificativo [1647] **A agg.** • Che serve a giustificare: *documento g.* **B s. m.** • Documento giustificativo | *G. di pubblicità*, copia di pubblicazione inviata all'inserzionista, per consentirgli il controllo dell'avvenuta iscrizione.

giustificàto [1304] **part. pass.** di *giustificare*; anche **agg.** • Nei sign. del v. || **giustificataménte**, **avv.** Con fondati motivi.

giustificatóre [lat. tardo *iustificatōre*(m), da *iustificātus* 'giustificato'; av. 1342] **A s. m.** (f. -*trice*) • (*raro*) Chi (o Che) giustifica.

giustificatòrio [1869] **agg.** • Di giustificazione | Che fornisce una giustificazione.

giustificazióne [lat. tardo *iustificatiōne*(m), da *iustificātus* 'giustificato'; av. 1342] **s. f.** 1 Il giustificare, il giustificarsi | Argomentazione a favore di una data opinione o di un dato fatto: *gli darei uno schiaffo, senz'addurre alcuna g.* (SVEVO). 2 Prova addotta a discolpa | Documento che contiene tale prova: *presentare la g.* 3 (*tipogr.*) L'operazione del giustificare.

giustificazionìsmo [da *giustificazione*; 1983] **s. f.** • Tendenza a cercare e ad addurre giustificazioni a eventi, comportamenti e sim. che presentano aspetti negativi.

giustificazionìsta [1983] **s. m. e f.**; anche **agg.** (**pl. m.** -*i*) • Chi (o Che) si ispira a, o è caratterizzato da giustificazionismo.

giustiniàna [dal n. del letterato veneziano L. Giustinian (1388-1446), considerato l'iniziatore del genere; 1525] **s. f.** • Componimento poetico del XV sec. in forma di canzonetta d'argomento amoroso, scritto in veneziano italianizzato, destinato a essere accompagnata dalla musica.

giustinianèo [1740 ca.] **agg.** • Di, relativo a Giustiniano I, imperatore d'Oriente (482-565): *codice g.*

♦**giustìzia** o †**iustìzia** [lat. *iustĭtĭa*(m), da *iūstus* 'giusto'; av. 1294] **s. f.** 1 Virtù per la quale si giudica rettamente e si riconosce e si dà a ciascuno ciò che gli è dovuto: *operare secondo g.*; *richieste fondate sulla g.*; *in tutti i tempi alberga la g.* (CAMPANELLA) | *G. distributiva*, quella che assegna a ciascuno proporzionalmente ai suoi meriti | *G. sociale*, quella che attua l'uguaglianza sostanziale dei diritti e dei doveri di tutti i membri di una determinata società, spec. con l'equa distribuzione dei beni economici | (*est.*) Conformità a tale regola: *la g. di questa decisione è esemplare.* **SIN.** Equità, imparzialità. 2 Nella teologia cattolica, una delle quattro virtù cardinali e uno degli attributi di Dio. 3 Il potere, la facoltà di realizzare il diritto mediante l'applicazione della legge: *amministrare la g.*; *la g. segue il suo corso*; *intralciare il corso della g.* | *Rendere g.*, statuire da parte dell'autorità giudiziaria sul caso concreto dedotto in giudizio | *Governare con g.*, secondo diritto. 4 Autorità giudiziaria, magistratura: *corte di g.*; *consegnare, assicurare qlcu. alla g.*; *g. civile, penale* | *Palazzo di g.*, l'edificio sede degli uffici giudiziari | *Ministero di grazia e g.*, ministero che cura la pubblicazione e l'archiviazione delle leggi, l'organizzazione e il funzionamento dei servizi relativi alla giustizia, ed esplica altre funzioni | (*est.*) Gli organi della polizia che eseguono le decisioni della magistratura: *arriva la g.*; *essere ricercato dalla g.* 5 Atto col quale la giustizia si realizza: *chiedere, ottenere, negare g.* | *Far g. da sé, farsi g.*, punire direttamente qlcu. senza attendere che lo faccia l'autorità competente | *Far g. al merito*, riconoscerlo | *G. divina*, la potenza suprema di Dio, imperscrutabile e immancabile, che giudica, premia e punisce | (*est.*) Pena o punizione inflitta, e relativa esecuzione: *g. è fatta.* 6 Una delle figure nel gioco dei tarocchi.

giustiziàle [av. 1444] **agg.** • Relativo alle norme, al potere e all'organizzazione della giustizia.

giustizialìsmo [sp. *justicialismo*, da *justicia* 'giustizia'; 1952] **s. m.** 1 Ideologia e prassi politica di J. D. Perón (presidente dell'Argentina negli anni 1946-55 e 1973-74) e del movimento politico da lui fondato, caratterizzate da un forte nazionalismo e populismo. 2 Spec. nel linguaggio giornalistico, tendenza ad utilizzare la magistratura come strumento per raggiungere obiettivi politici.

giustizialìsta [1952] **A agg.** • Relativo al giustizialismo. **B s. m. e f.** (**pl. m.** -*i*) • Fautore, sostenitore del giustizialismo.

giustiziàre o †**iustiziàre** [da *giustizia*; av. 1292] **A v. tr.** (*io giustízio*) 1 Punire eseguendo una condanna a morte: *fu giustiziato all'alba.* 2 (*iperb.*) † Ridurre qlcu. o qlco. in pessimo stato. **B v. rifl.** (*raro*) Castigarsi da sé.

giustiziàto [av. 1311] **A part. pass.** di *giustiziare*; anche **agg.** 1 Nei sign. del v. 2 †Condannato a morte. **B s. m.** (f. -*a*) • Chi ha subito l'esecuzione capitale.

giustizière o †**giustizièro** [ant. fr. *justicier* 'ufficiale esecutore delle sentenze della giustizia (*justice*)'; av. 1292] **A s. m.** (f. -*a*, raro) 1 Esecutore di condanne capitali. **SIN.** Boia, carnefice. 2 Chi pretende di farsi giustizia da sé, di vendicare torti fatti a sé o ad altri. 3 †Giudice. **B agg.** • †Che ha la potestà di emettere o di eseguire giudizi e condanne.

♦**giùsto** (1) o †**iùsto** [lat. *iūstu*(m) 'conforme al diritto (*iūs*: V. *giure*)'; av. 1250] **A agg.** 1 Che è conforme a giustizia e legittimo: *pena, sentenza, critica giusta*; *g. premio*; *fare parti giuste*; *g. desiderio*; *via giusta* | Che giudica e agisce con giustizia: *giudice, esaminatore, tribunale, uomo g.*; *umano sei, non g.* (PARINI) | *Siamo giusti!*, esortazione a giudicare senza passione. **SIN.** Equo, imparziale. 2 Vero: *osservazione giusta*; *quello che hai detto è g.* | *Dirle giuste, a dirla giusta*, parlare con sincerità | *Ridurre una storia alle giuste proporzioni*, riportarla nei limiti del vero. 3 Adeguato, appropriato, conveniente: *interpretazione giusta*; *età giusta per fare qlco.*; *g. rilievo*; *arrivi al momento g.*; *un g. pentimento* | *Statura, corpo-*

799 glìceride

ratura giusta, normale. **4** Esatto, preciso: *misura, bilancia giusta; peso, prezzo g.; conto, calcolo g.; ora giusta* | *Colpo g.*, che prende nel segno | Che non eccede né è in difetto: *giusta cottura; pietanza giusta di sale*. CFR. orto-. **5** (*mus.*) Detto degli intervalli di quarta, quinta e ottava che non hanno alternative di maggiore o minore. SIN. Perfetto. CONTR. Imperfetto. || **giustaménte**, avv. **1** Con giustizia, in modo equo: *decidere giustamente*. **2** A buon diritto, a ragione: *giustamente, s'è risentito*. **3** Esattamente: *rispondere giustamente*. **B** avv. **1** Esattamente, con precisione: *rispondere g.* | *Mirare, colpire g.*, (*fig.*) nel segno | *Stare g.*, calzare bene, andare perfettamente, detto di abiti o altri oggetti d'abbigliamento. **2** Proprio, per l'appunto: *ho g. bisogno di te; g. te cercavo; è arrivato g. adesso; volevo g. dirti una cosa* | Come risposta energicamente affermativa (*anche iron.*): *'Non è ora di pulire qui?' 'g.!'; 'Lo chiedo a Giovanni?' 'Sì, g. a lui!'* | Appena, soltanto: *ho g. finito di lavorare; vado un attimo da lui, g. per salutarlo* | *Giust'appunto*, V. *giustappunto*. **3** Circa, quasi: *saranno g. le otto; penso che abbia g. vent'anni*. **C** s. m. **1** (f. *-a*) Chi pensa e vive in modo retto | (*fig.*) *Dormire il sonno del g.*, placidamente e profondamente | (*relig., fig.*) *Dormire il sonno dei giusti, del g.*, godere del riposo eterno nella pace del Signore, detto di chi è morto dopo avere rettamente vissuto. SIN. Onesto, probo. **2** Ciò che è dovuto secondo giustizia: *chiedere, esigere, dare il g.*

†giùsto (2) ● V. *giusta*.

glàbro [vc. dotta, lat. *glăbru(m)*, con corrispondenza germ.; 1499] agg. ● Senza peli: *foglia glabra* | Imberbe: *gota glabra* | Rasato: *viso g.* | (*est.*) Liscio.

glacé /fr. gla'se/ [vc. fr., part. pass. di *glacer* 'ghiacciare', da *glace* 'ghiaccio'; 1866] agg. inv. **1** Detto di ciò che è molto lucido, brillante, di aspetto simile al ghiaccio: *guanti, borsetta di capretto g.* **2** Candito, glassato: *marron glacé*.

glaciàle [vc. dotta, lat. *glaciāle(m)*, agg. di *glăcies* (V. *ghiaccio* (*1*)), tendente a sostituire *gĕlidus* 'gelido', che andava affievolendo il sign. originario; av. 1492] agg. **1** Di ghiaccio, gelato: *clima g.* | (*geol.*) *Periodo g.*, intervallo di tempo della storia della Terra in cui avvenne una forte espansione dei ghiacciai. **2** (*est.*) Molto freddo: *vento g.; temperatura g.* **3** Simile al ghiaccio | (*chim.*) *Acido acetico g.*, acido acetico allo stato anidro, poiché cristallizza facilmente in una massa vetrosa simile a ghiaccio. **4** (*fig.*) Insensibile e indifferente al massimo grado: *uomo g.* | Che dimostra ostilità: *accoglienza, silenzio g.* || **glacialménte**, avv. (*fig.*) Con molta freddezza.

glacialìṣmo [da *glaciale*] s. m. ● (*geol.*) Teoria dello sviluppo e ritiro dei ghiacciai e studio delle loro azioni | Complesso di fenomeni riguardanti la formazione e le azioni dei ghiacciai.

glacialità [1890] s. f. ● Caratteristica di chi (o di ciò che) è glaciale (*spec. fig.*).

glaciazióne [dal lat. *glaciātu(m)*, part. pass. di *glaciāre* 'ghiacciare'; 1912] s. f. ● (*geol.*) Espansione delle calotte glaciali terrestri | Periodo glaciale.

glaciologìa [comp. del lat. *glăcies* 'ghiaccio (1)' e *-logia*] s. f. ● Scienza che si occupa dei fenomeni della glaciazione e spec. dei ghiacciai.

gladiatóre [vc. dotta, lat. *gladiatōre(m)*, da *glădius* 'gladio', come *vindemiātor* 'vendemmiatore' da *vindēmia* 'vendemmia'; sec. XIV] s. m. **1** Nella Roma antica, schiavo o volontario, mantenuto a spese dello Stato o di privati, che combatteva in duelli nel circo, per pubblico spettacolo | *Gesto da g.*, (*fig.*) posa fiera | (*est.*) †Uomo violento, di sangue. **2** (f. *-trice*) (*est.*) Chi si batte con grande grinta e determinazione, spec. in ambito sportivo: *i difensori sono stati i soliti gladiatori*. **3** Nel linguaggio giornalistico, appartenente all'organizzazione Gladio.

gladiatòrio [vc. dotta, lat. *gladiatōriu(m)*, da *gladiātor* 'gladiatore'; sec. XIV] agg. **1** Di, da gladiatore. **2** (*est., spec. iron.*) Fiero, ostentatamente bellicoso: *atteggiamento g.*

glàdio [vc. dotta, lat. *glădiu(m)*, di prob. orig. celt.; sec. XIV] **A** s. m. ● Spada corta a doppio taglio con lama larga, robusta e appuntita, tipica dei legionari romani. **B** s. f. inv. ● Organizzazione segreta paramilitare, collegata alla Nato, attiva in Italia a partire dal 1950 ca., con compiti di difesa anti-sovietica e anticomunista.

gladìolo o (*raro*) **gladiòlo** [vc. dotta, lat. *gladĭolu(m)*, propr. 'piccola spada (*glădius* 'gladio')', per allusione alle sue foglie taglienti; 1499] s. m. ● Pianta delle Iridacee con fiori disposti a spiga, coltivata in varietà ornamentali di diversi colori (*Gladiolus segetum*). ➡ ILL. **piante**/11.

glagolìtico [dall'ant. slavo *glagolŭ* 'parola', di orig. indeur.; 1869] agg. (pl. m. *-ci*) ● (*ling.*) Di antico alfabeto usato nella letteratura paleoslava e in particolare nei testi liturgici delle diocesi slave cattoliche sulla costa orientale dell'Adriatico.

glamour /ingl. 'glæmə*/ [vc. ingl., propr. 'magia', dall'ingl. ant. *gramarye* 'dottrina, dottrina occulta', dal lat. *grammătica(m)* 'grammatica'; 1953] s. m. inv. ● Fascino intenso, irresistibile, spec. femminile.

glànde [vc. dotta, lat. *glănde(m)* 'ghianda', di orig. indeur.; 1583] s. m. ● (*anat.*) Parte terminale del pene. CFR. balano-. ➡ ILL. p. 2124 ANATOMIA UMANA.

glàndola e *deriv.* ● V. *ghiandola* e *deriv.*

glàndula e *deriv.* ● V. *ghiandola* e *deriv.*

glàsnost /'glaznost, russo 'glɯasnʌsʲtʲ/ [vc. russa, propr. 'comunicazione, informazione', da *glas* 'voce'; il termine è tradotto comunemente con 'trasparenza', forse per l'assonanza con l'ingl. *glass*, il fr. *glace*, il ted. *Glas* 'vetro'; 1986] s. f. inv. ● Libertà di espressione e di informazione, come presupposto indispensabile per rendere trasparenti i rapporti politico-sociali; costituisce uno dei punti fondamentali della riforma avviata dallo statista sovietico M. S. Gorbaciov negli anni 1985-1991. SIN. Trasparenza.

glàssa [adatt. del fr. *glace*, propr. 'ghiaccio', della stessa orig. dell'it. *ghiaccia*; 1905] s. f. ● Sciroppo di zucchero con chiara d'uovo o altro, usato dai pasticcieri per decorare torte, rivestire pasticcini e sim. SIN. Ghiaccia.

glassàre [fr. *glacer* 'ghiacciare' da *glace* 'ghiaccio'; 1905] v. tr. ● Ricoprire dolci con glassa o cioccolato fuso | Cospargere la carne di gelatina.

glassàto [1905] part. pass. di *glassare*; anche agg. **1** Nei sign. del v. **2** Ricoperto di uno strato lucido: *guanti glassati*. SIN. Glacé.

glassatùra [1968] s. f. ● Il glassare | Strato di glassa.

glauberite [dal n. del medico e chimico ted. J. R. *Glauber* (1604-1668) e *-ite* (*2*)] s. f. ● (*miner.*) Solfato sodico calcico in cristalli tabulari o prismatici, comune nei depositi salini.

glàuco [vc. dotta, lat. *glăucu(m)*, dal gr. *glaukós*: per fraintendimento della prima parte dell'epiteto di Atena, *glaukôpis*, propr. 'dagli occhi di civetta (*glâux*, genit. *glaukós*)' (?); 1340] agg. (pl. m. *-chi*) ● (*lett.*) Di colore azzurro chiaro tra il verde e il celeste: *glauche selve d'ulivi* (CARDUCCI).

glaucòfane o **glaucofàne** [ted. *Glaukophan*, comp. di *glauko* 'glauco' e *-phan*, dal gr. *pháinein* 'mostrare, apparire'] s. m. ● (*miner.*) Anfibolo di magnesio, alluminio e sodio, in cristalli aciculari raggiati di colore azzurro, presente nelle rocce metamorfiche.

glaucòma [vc. dotta, lat. *glaucōma* (nom. nt.), dal gr. *gláukōma*, da *glaukós* 'l'azzurro (assunto dall'occhio irrigidito)'; 1547] s. m. (pl. *-i*) ● (*med.*) Malattia caratterizzata da incremento della pressione intraoculare, che può portare al danneggiamento della struttura e della funzione dell'occhio.

glaucòmio [comp. del gr. *glaukós* 'cilestrino' e *mŷs*, genit. *myós* 'topo'; 1956] s. m. ● Mammifero roditore americano frugivoro, notturno, fornito di patagio con cui plana (*Glaucomys*).

glauconìte [vc. dotta, comp. di *glauco* col suff. *-ite* (*2*)] s. f. ● (*miner.*) Silicato idrato con struttura a strati, contenente alluminio, ferro e potassio, in minuti cristalli lamellari di colore verde-azzurro, frequente in sabbie d'origine marina.

glaucòpide [gr. *glaukôpis*, genit. *glaukṓpidos* 'con l'occhio (*ṓps*, genit. *ōpós*) di civetta (*glâux*, genit. *glaukós*)'; 1589] agg. ● (*lett.*) Che ha gli occhi cerulei | *La g.*, epiteto omerico di Pallade Atena: *la g. Minerva* (MONTI).

glèba o **†ghièva** [vc. dotta, lat. *glēba(m)*, di orig. indeur.; av. 1292] s. f. **1** (*lett.*) Zolla di terra: *giovenchi invitti / a franger glebe* (CARDUCCI) | *Servitù della g.*, nel diritto feudale, istituto per cui i contadini, privi di diritti politici e civili, erano legati di padre in figlio a un terreno senza poterlo abbandonare. **2** (*bot.*) Parte interna dei funghi Gasteromiceti, contenente le spore.

glebóṣo [vc. dotta, lat. *glebōsu(m)*, da *glēba* 'gleba'; 1550] agg. ● (*raro, lett.*) Pieno, ricco di zolle: *dalla glebosa Tarne era venuto / Festo* (MONTI).

gledìssia o **gledìccia** [dal lat. sc. *Gleditschia triacanthos*, dal n. del botanico ted. J. G. *Gleditsch* (1714-1786); 1813] s. f. ● (*bot.*) Spino di Giuda, triacanto.

glène o **glèna** [vc. dotta, gr. *glḗnē* 'pupilla', poi 'incavo delle ossa', di etim. incerta; 1820] s. f. ● (*anat.*) Cavità articolare ovoidale.

glenoidàle [1834] agg. ● (*anat.*) Glenoideo.

glenòide [da *glene*] **A** agg. ● (*anat.*) Che ha forma di glene. **B** s. f. ● (*anat.*) Superficie articolare concava che accoglie un condilo.

glenoidèo [1834] agg. ● (*anat.*) Riferito a un glenoide. SIN. Glenoidale | *Fossa glenoidea*, superficie articolare con cui l'omero si connette alla cintura toracica.

gleucòmetro [comp. del gr. *glêukos* 'mosto' e *-metro*; 1834] s. m. ● Strumento per misurare in modo approssimativo il grado zuccherino del mosti d'uva. SIN. Mostimetro.

♦**gli** (1) /*ʎi/ o †**li** (1) [lat. *(ĭl)li* 'quelli', nom. pl. di *ĭlle* 'quello, egli', comp. di una particella iniziale e di un antico dimostr., l'uno e l'altro di etim. incerta; av. 1294] art. det. m. pl. Si usa davanti a parole m. pl. che cominciano per vocale, *gn, ps, s impura, x* e *z* e a *dei* (pl. di *dio*); per l'uso davanti a parole che cominciano per *pn*, V. *lo*. Si può apostrofare solo davanti a parole che cominciano per *i*: *gli automobilisti; gli errori; gli orsi; gli uomini; gli gnomi; gli psicologi; gli scoiattoli; gli xenofobi; gli zaini; gl'individui* | Fondendosi con le prep. proprie semplici dà origine alle prep. art. m. pl. *agli, cogli, dagli, degli, negli*, poet. *pegli, sugli* ● Forma pl. di 'lo' (V. nota d'uso ELISIONE e TRONCAMENTO).

♦**gli** (2) /*ʎi/ o (*poet.*) †**i** (2), †**li** (2) [lat. *(ĭl)lī* 'a quello', dativo sing. di *ĭlle* 'quello, egli' (V. *gli* (*1*)); av. 1290] **A** pron. pers. atono di terza pers. m. sing. (formando gruppo con altri pron. atoni si premette a *si* e a *se ne*: *gli si dice la verità?; gli se n'è formato un altro*. Seguito dai pron. atoni *la, le, li, lo* e dalla particella *ne*, assume le forme *gliela, gliele, glieli, glielo, gliene*) ● A lui, a esso (come compl. di termine, encl. e procl.): *gli ho detto di fare in fretta; devo parlargli subito; mi sdebiterò mandandogli in dono un libro; vagli incontro e fagli festa*. **B** pron. pers. atono di terza pers. f. sing. ● (*fam.*) A lei, a essa (come compl. di termine, encl. e procl.): *gli parlerò con fermezza non appena la vedrò; quando vedi tua sorella, non dirgli niente*. **C** pron. pers. atono di terza pers. m. e f. pl. ● (*fam.*) A essi, a esse, a loro (come compl. di termine, encl. e procl.): *chi si cura di costoro a Milano? Chi gli darebbe retta* (MANZONI). L'uso di *gli* come pronome personale di terza persona plurale è sempre più comune e accettato, soprattutto nella lingua parlata. Meno comune è il termine *loro*: *ho incontrato Mario e Anna e ho consegnato loro i biglietti* suona certamente più formale che *gli ho consegnato*. Si usi quindi *loro* solo in determinati contesti specialmente nella lingua scritta. Si deve invece mantenere la distinzione, al sing., fra *gli*, maschile, e *le*, femminile: *gli* (= a lui) *ho promesso di venire; le* (= a lei) *ho affidato un incarico*. (V. nota d'uso ELISIONE e TRONCAMENTO.)

gli (3) /*ʎi/ ● V. *egli*.

†gli (4) /*ʎi/ ● V. *li* (*1*).

gḷìa [gr. *glía* 'colla', di orig. espressiva; 1933] s. f. ● (*anat.*) Nevroglia.

gḷiadìna [da *glia*; 1834] s. f. ● Sostanza gelatinosa che, con la glutenina, costituisce il principale componente del glutine di frumento.

gḷiàle o **gḷiàre** [1956] agg. ● (*anat.*) Di, relativo a, glia.

gḷicemìa [comp. del gr. *glykýs* 'dolce' e un deriv. di *hâima* 'sangue' col suff. di astratti *-ía*; 1918] s. f. ● (*med.*) Quantità di glucosio presente nel sangue.

gḷicèmico [1933] agg. (pl. m. *-ci*) ● Di glicemia: *tasso g.*

gḷiceràto [comp. di *glicer(ina)* e *-ato* (*2*); 1869] s. m. ● Alcolato ottenuto per sostituzione con metalli, degli atomi di idrogeno degli ossidrili della glicerina | Ogni etere della glicerina con alcoli.

gḷicèrico [1869] agg. (pl. m. *-ci*) ● Di ossiacido monobasico ottenuto per ossidazione della glicerina.

gḷicèride [da *glicer(ina)*, con sostituzione del

suff.; 1911] s. m. ● Estere della glicerina con acidi grassi | *G. semplice*, quando i gruppi alcolici vengono esterificati da un solo tipo di acido grasso | *G. misto*, quando i gruppi alcolici vengono esterificati da differenti acidi grassi.

glicerina [fr. *glycérine*, tratto dal gr. *glykerós* 'dolce', col suff. *-ine* '-ina'; 1829] s. f. ● Alcol alifatico trivalente ottenuto dalla saponificazione dei grassi, prodotto anche per sintesi dal propilene, usato nell'industria chimica, in preparati farmaceutici e cosmetici come emolliente e diluente.

glicero- [dal gr. *glykerós* 'dolce', var. di *glykýs* 'dolce' (d'orig. sconosciuta)] primo elemento ● In parole composte della terminologia chimica indica relazione con la glicerina: *glicerofosfato*.

glicerofosfàto [comp. di *glicero-* e *fosfato*; 1901] s. m. ● Sale dell'acido glicerofosforico, usato in terapia come ricostituente: *g. di calcio*.

glicerofosfòrico [comp. di *glicero-* e *fosforico*; 1959] agg. (pl. m. *-ci*) ● Detto di acido bibasico ottenuto per condensazione di una molecola di glicerina con una di acido fosforico.

glicerolàto [da *glicerolo*] s. m. ● (*chim.*, *farm.*) Farmaco per uso esterno a base di glicerina.

gliceròlo [comp. di *glicero-* e di *-olo* (*1*)] s. m. ● (*chim.*) Glicerina.

glicide o **glucide** [vc. dotta, da *glic(erina)* col suff. *-ide*; 1869] s. m. ● (*chim.*) Ogni composto a funzione mista, alcolica-aldeidica o alcolica-chetonica, formato da carbonio, idrogeno e ossigeno: *gli zuccheri, la cellulosa, l'amido sono glicidi*.

glicìdico o **glucìdico** [1970] agg. (pl. m. *-ci*) ● (*chim.*) Di, relativo a glicide.

glicìmetro [comp. del gr. *glykýs* 'dolce' e *-metro*] s. m. ● Strumento per misurare la quantità di zucchero contenuto in un liquido.

glicina [comp. del gr. *glykýs* 'dolce' e *-ina*] s. f. ● (*chim.*) Glicocolla.

glicine [dal gr. *glykýs* 'dolce' (V. *glico-*), per il sapore del tubero di questa pianta; 1815] s. m. o *region.* f. ● Arbusto rampicante delle Leguminose con fiori azzurro-violacei in grappoli penduli (*Wistaria sinensis*). ➡ ILL. **piante**/7.

glicirriza [vc. dotta, lat. *glycyrrīza(m)*, dal gr. *glykýrriza* 'radice (*ríza*) dolce (*glykýs*)'; 1550] s. f. ● (*lett.*) Liquirizia.

glico- [dal gr. *glykýs* 'dolce', di etim. incerta] primo elemento ● In parole composte della terminologia scientifica, significa 'dolce': *glicocolla, glicogenesi*.

glicocòlla [comp. di *glico-* e *colla* (*2*); 1869] s. f. ● (*chim.*) Capostipite degli amminoacidi, costituente della fibroina e di altre sostanze proteiche da cui è ottenuta per idrolisi, efficace nella cura di atrofie muscolari, nei casi di fragilità capillare e per ottenere un migliore rendimento cardiaco. SIN. Glicina.

glicogènesi [comp. di *glico-* e *genesi*] s. f. inv. ● (*med.*) Produzione di glucosio nell'organismo, spec. nel fegato.

glicògeno [comp. di *glico-* e *-geno*; 1893] s. m. ● (*biol.*) Polisaccaride ramificato di riserva degli organismi animali, formato dall'unione di molte molecole di glucosio | *G. vegetale*, reperibile nel mondo vegetale, spec. nelle alghe e nei Funghi.

glicogenòsi [comp. di *glicogen(o)* e del suff. *-osi*] s. f. inv. ● (*med.*) Malattia da accumulo del glicogeno che provoca disordini metabolici a carico di fegato, miocardio, reni, muscolo scheletrico ecc.

glicol o **glicole** [ingl. *glycol*, comp. di *glyc(erine)* 'glicerina' e (*alcoh*)*ol* 'alcol'; 1869] s. m. ● (*chim.*) Alcol alifatico bivalente | *G. etilenico*, usato come antigelo per radiatori d'auto.

glicòlico o **glucòlico** [da *glicol*; 1869] agg. (pl. m. *-ci*) ● Detto di ossiacido monobasico, ottenuto per blanda ossidazione del glicol etilenico o per riduzione elettrolitica dell'acido ossalico, impiegato nella stampa dei tessuti.

glicolìpide [comp. di *glico-* e *lipide*] s. m. ● (*biol.*) Composto organico la cui molecola è costituita da una porzione glicidica (idrofila) e da una porzione lipidica (idrofoba).

glicòlisi [comp. di *glico-* e del gr. *lýsis* 'soluzione'] s. f. inv. ● (*biol.*) Processo metabolico consistente nella demolizione del glucosio con liberazione di modeste quantità di energia; in assenza di ossigeno è nota anche come fermentazione.

glicometrìa [comp. di *glico-* e *-metria*] s. f. ● Misura degli zuccheri nei liquidi organici.

gliconèo o **glicònio** [gr. *glykṓneios*, dal n. del poeta gr. cui è attribuita l'invenzione, *Glýkōn*, genit. *Glýkōnos*, da *glykýs* 'dolce'; 1586] s. m. ● Verso greco e latino di otto sillabe, di cui comunemente le prime tre variabili, le ultime fisse.

glicoprotèico agg. (pl. m. *-ci*) ● (*biol.*) Relativo a glicoproteina.

glicoprotèide o **glucoprotèide** [comp. di *glico-* e *proteide*] s. m. ● (*biol.*) Glicoproteina.

glicoproteina [comp. di *glico-* e *proteina*; 1986] s. f. ● (*biol.*) Proteina coniugata con glicidi. SIN. Glicoproteide.

glicorrachìa [comp. di *glico-*, *rachi-* e del suff. *-ia*] s. f. ● (*med.*) Presenza di glucosio nel liquido cerebrospinale.

glicosamminoglicàno [comp. di *glicos(io)*, *ammin(a)* e *glicano* (a sua volta dal gr. *glykýs* 'dolce')] s. m. ● (*chim.*) Mucopolisaccaride.

glicoside ● V. *glucoside*.

glicòsio ● V. *glucosio*.

glicòso ● V. *glucosio*.

glicosùria o **glicosurìa** [comp. di *glicosio* e di un deriv. del gr. *ôuron* 'urina'; 1881] s. f. ● (*med.*) Presenza di glucosio nelle urine.

glièla /*ˈʎela/ o (*lett.*) **glie la**, forma pronominale ● È composta dal pron. pers. *gli* (come compl. di termine con i sign. di *a lui*, *a lei*, (*fam.*) *a loro*) e dal pron. pers. f. sing. *la* (come compl. ogg.): *vuole giocare un po' con la palla: dagliela*; *g. comperi la bicicletta?*.

glièle /*ˈʎele/ o (*lett.*) **glie le**, forma pronominale ● È composta dal pron. pers. *gli* (come compl. di termine con i sign. di *a lui*, (*fam.*) a lei, (*fam.*) *a loro*) e dal pron. pers. f. pl. *le* (come compl. ogg.): *le hai prese in prestito, ma ora devi restituirgliele*; *g. hai promesse!*.

glièli /*ˈʎeli/ o (*lett.*) **glie li**, forma pronominale ● È composta dal pron. pers. *gli* (come compl. di termine con i sign. di *a lui*, (*fam.*) *a lei*, (*fam.*) *a loro*) e dal pron. pers. m. pl. *li* (come compl. ogg.): *g. manderò appena possibile*; *restituiscigleli subito*.

♦**glièlo** /*ˈʎelo/ o (*lett.*) **glie lo** forma pronominale ● È composta dal pron. pers. *gli* (come compl. di termine con i sign. di *a lui*, (*fam.*) *a lei*, (*fam.*) *a loro*) e dal pron. pers. m. sing. *lo* (come compl. ogg.): *devo andarci poiché gliel'ho promesso*; *ricordaglielo se vuoi*.

gliène /*ˈʎene/ o (*lett.*) **glie ne**, forma pronominale ● È composta dal pron. pers. *gli* (come compl. di termine con i sign. di *a lui*, (*fam.*) *a lei*, (*fam.*) *a loro*) e dalla particella pronominale *ne* (come compl. di specificazione o come compl. partitivo con i sign. di *di lui*, *di esso*, *di lei*, *di essa*, *di loro*, *di essi*, *di esse*, *di ciò*): *g. ho dette di tutti i colori*; *prova a parlargliene tu*.

glifo [fr. *glyphe*, dal gr. *glyphḗ* '(in)taglio', da *glýphein* '(in)tagliare', di orig. indeur.; 1681] s. m. *1* (*arch.*) Scanalatura verticale ornamentale del triglifo. *2* (*ferr.*) Guida per corsoio mobile | ***Distribuzione a g.***, nelle motrici a vapore alternative, quella caratterizzata dalla possibilità di variare durante la marcia il grado di introduzione del vapore e ottenere inoltre l'inversione del moto. *3* Segno di base di antichi sistemi di scrittura consistente in un'immagine associata a un fonema. *4* (*est.*) Nei testi esoterici, segno grafico indicante emblemi astrologici, concetti alchemici o lettere di alfabeti segreti. *5* (*est.*) Nel linguaggio giornalistico, simbolo: *il g. dell'euro*.

glioblastòma [comp. di *gli(a)* e *blastoma*; 1986] s. m. (pl. *-i*) ● (*med.*) Tumore di origine gliale; è il più frequente fra i tumori intracranici.

gliòma [comp. di *gli(a)* e *-oma*] s. m. (pl. *-i*) ● (*med.*) Tumore della glia.

gliòmmero /*ˈʎɔmmero/ [lat. *glŏmus*, genit. *glŏmeris* 'gomitolo', di etim. incerta; av. 1389] s. m. *1* Componimento poetico giocoso in dialetto napoletano, destinato alla recitazione, di argomento diverso, in uso nei secc. XV e XVI. *2* †Gomitolo. *3* (*fig.*) †Intrigo, imbroglio.

gliossàle [comp. di *gli(col)*, *oss(idato)* e del suff. *-ale* (*3*)] s. f. ● (*chim.*) Aldeide alifatica in forma di cristalli finissimi di colore giallo; impiegata a livello industriale spec. come colorante o, in soluzione acquosa, come agente conservante.

gliptica ● V. *glittica*.

gliptico ● V. *glittico*.

glipto- ● V. *glitto-*.

gliptodónte [comp. del gr. *glyptós* 'inciso' (V. *glitto-*) e *odṓn*, genit. *odóntos* 'dente'] s. m. ● Mammifero appartenente all'ordine degli Sdentati, erbivoro, provvisto di corazza esterna rigida, corpo tozzo e arti corti, tipico dei primi tempi dell'era quaternaria (*Glyptodon clavipes*).

gliptogènesi [comp. di *glipto-* e *genesi*] s. f. inv. ● (*geol.*) Insieme dei fenomeni chimico-fisici di degradazione delle rocce.

gliptografìa ● V. *glittografia*.

gliptògrafo ● V. *glittografo*.

gliptotèca ● V. *glittoteca*.

glissàndo [dal fr. *glisser* 'scivolare', dall'ant. fr. *glier*, di orig. germ. (**glīdan*), con sovrapposizione di *glacer*, dal lat. *glaciāre*, l'uno e l'altro con l'ant. sign. di 'scivolare'; 1940] s. m. inv. ● (*mus.*) Effetto che consiste in un veloce scivolamento sui suoni di una scala, previsto in molti strumenti quali il pianoforte, l'organo, l'arpa, la tromba | Nella tecnica degli strumenti ad arco, effetto speciale provocato dal dito che scivola sulla corda.

glissàre [fr. *glisser* (V. *glissando*); 1983] v. intr. (aus. *avere*) *1* Sorvolare su un argomento parlando, evitare di approfondirlo: *ha glissato sull'accaduto*; *invece di rispondermi, glissò*. *2* (*mus.*) Glissando.

glissàto [da *glissare*] s. m. inv. ● (*mus.*) Glissando.

glìttica o **glìptica** [da (*arte*) *glittica*; av. 1798] s. f. ● Arte di intagliare e incidere le pietre dure e preziose.

glìttico o **glìptico** [vc. dotta, gr. tardo *glyptikós*, da *glyptós* 'inciso' (V. *glitto-*); 1869] **A** agg. (pl. m. *-ci*) ● Della, relativo alla glittica. **B** s. m. ● Intagliatore di pietre dure e preziose.

glitto- o *glipto-* [dal gr. *glyptós* 'inciso', agg. del v. *glýphein* '(in)tagliare', di orig. indeur.] primo elemento ● In parole composte dotte e della terminologia scientifica, significa 'intaglio, incisione': *glittografia, glittoteca*.

glittografìa o **gliptografìa** [comp. di *glitto-* e *-grafia*; av. 1798] s. f. ● Studio, descrizione delle pietre dure incise.

glittògrafo o **gliptògrafo** [comp. di *glitto-* e *-grafo*; av. 1798] s. m. (f. *-a*) ● Studioso, esperto di glittografia.

glittotèca o **gliptotèca** [comp. di *glitto-* e del gr. *thḗkē* 'custodia'; 1867] s. f. ● Collezione di pietre dure incise | Luogo in cui tali pietre sono raccolte.

globàle [fr. *global*, da *globe* 'globo'; 1900] agg. *1* Complessivo, totale: *spesa, imposta g.* | ***Metodo g.***, in pedagogia, metodo didattico, usato specialmente per l'apprendimento della lettura e della scrittura, secondo cui l'allievo percepisce in maniera unitaria senza avere distinte capacità di analisi e sintesi. *2* Che interessa e riguarda tutto il globo terrestre: *politica g.*; *sistema di comunicazione g.* SIN. Planetario, mondiale | ***Mercato g.***, mercato non limitato da confini nazionali o regionali | ***Villaggio g.***, V. *villaggio* | ***Riscaldamento g.***, l'aumento della temperatura della Terra per l'effetto serra. *3* (*mat.*) Che si riferisce all'intero spazio. || **globalménte**, avv.

globalìsmo [1963] s. m. ● (*psicol.*) Globalizzazione, metodo globale.

globalità s. f. ● Complesso degli elementi che costituiscono un tutto | ***Nella sua g.***, nella sua interezza. SIN. Totalità.

globalizzazióne [fr. *globalisation* per l'acquisto 'globale' (*global*) della realtà da parte del fanciullo; 1956] s. f. *1* (*psicol.*) Processo conoscitivo proprio dell'età infantile tendente a cogliere innanzitutto l'insieme di un oggetto e a differenziare solo successivamente gli elementi che lo compongono. *2* Tendenza di fenomeni economici, culturali e di costume ad assumere una dimensione mondiale, superando i confini nazionali o regionali.

globe-trotter /glɔb'trɔtter, *ingl.* 'gləub,trɒtə/ [vc. ingl., propr. 'colui che gira (*trotter*, dal v. (*to*) *trot*, deriv. dall'ant. fr. *troter*, propr. 'andare al trotto') il mondo (*globe* 'globo')'; 1905] s. m. e f. inv. (pl. ingl. *globe-trotters*) ● Chi viaggia per il mondo, spec. con mezzi di fortuna, e anche a piedi.

globicèfalo [comp. di *globo* e *cefalo*, per la forma tondeggiante della testa] s. m. ● Cetaceo dei Delfinidi dal capo molto grande, nero con una macchia bianca cuoriforme sulla parte inferiore del collo, che vive in branchi nei mari boreali (*Globicephala melaena*).

globifórme [comp. di *globo* e *-forme*] agg. ● (*raro*) Che ha forma di globo.

globigerina [comp. del lat. *glŏbus* 'corpo rotondo' e un deriv. di *gĕrere* 'portare', con il suff. *-ina*; 1899] **s. f.** ● Genere di Protozoi foraminiferi i cui gusci calcarei formano spessi sedimenti sui fondi oceanici (*Globigerina*).

globina [vc. dotta, tratta da (*emo*)*globina*; 1956] **s. f.** ● (*biol.*) Costituente proteico dell'emoglobina.

♦**glòbo** [vc. dotta, lat. *glŏbu(m)*, di etim. incerta; av. 1292] **s. m.** **1** Qualunque corpo a forma di sfera: *le biglie sono piccoli globi* | ***G. del lume***, palla di vetro o cristallo per difendere la fiamma dal vento o, se opaco, per attenuare e distribuire la luce | ***G. oculare***, bulbo oculare | ***G. celeste***, sfera sulla cui superficie è rappresentato il cielo stellato | ***G. terrestre, terracqueo***, la Terra: *tutto il g. terrestre* (BRUNO). **2** (*per anton.*) La Terra: *fare un giro attorno al g.* | (*raro*) Mappamondo. || **globétto**, **dim.** | **globettino**, **dim.** | **globicino**, **dim.**

globòide [comp. di *globo* e un deriv. del gr. *êidos* 'forma'] **s. m.** ● Corpo che ha forma simile a un globo.

globosità o †**globositàde**, †**globositàte** [vc. dotta, lat. *globositāte(m)*, da *globōsus* 'globoso'; av. 1519] **s. f.** ● Caratteristica di ciò che ha forma di globo.

globóso [vc. dotta, lat. *globōsu(m)*, da *glŏbus* 'globo'; 1499] **agg.** ● Di globo: *forma, figura globosa*.

globulàre [da *globulo*; 1788] **agg.** **1** Che ha forma di globo: *struttura g.* | ***Ammasso g.***, ammasso stellare a forma globosa; cluster. **2** (*med.*) Che si riferisce ai globuli rossi del sangue | ***Valore g.***, quantità media di emoglobina contenuta in un globulo rosso.

globulària [dal lat. *glŏbulus* 'globulo', per la forma dei suoi capolini; 1834] **s. f.** ● Pianta erbacea delle Globulariacee comune sulle rocce con fiori a corolla azzurra in infiorescenza (*Globularia vulgaris*).

Globulariàcee [vc. dotta, comp. di *globularia* e *-acee*] **s. f. pl.** (**sing.** *-a*) ● Nella tassonomia vegetale, famiglia di piante erbacee simili alle Labiate con frutto ad achenio (*Globulariaceae*).

globulina [comp. del lat. *glŏbulus* 'pallina, globulo' e *-ina*; 1869] **s. f.** ● (*biol.*) Proteina presente nel latte, nell'albume d'uovo e, in grande quantità, nel plasma sanguigno dove è associata a processi difensivi e immunitari.

glòbulo [vc. dotta, lat. *glŏbulu(m)* 'piccola sfera (*glŏbus* 'globo')'; 1499] **s. m.** **1** Piccolo globo, sferetta. **2** (*biol.*) Elemento corpuscolato del sangue | ***G. rosso***, contenente emoglobina, destinato al trasporto dell'ossigeno e dell'anidride carbonica. **SIN.** Emazia, eritrocita | ***G. bianco***, avente funzione fagocitaria e di difesa dell'organismo. **SIN.** Leucocita. || **globulétto**, **dim.**

globulóso [av. 1519] **agg.** ● Che ha forma di globulo.

glo glo /glo(g)'glɔ*, -o*/ ● V. *glu glu*.

gloglottàre o †**glugluttàre** [onomat. da *glo glo*; av. 1924] **v. intr.** (*io gloglòtto*; aus. *avere*) ● Fare glu glu: *il tacchino e la faraona gloglottano* | (*est.*) Gorgogliare: *l'acqua gloglottava scorrendo*.

gloglottìo **s. m.** ● Verso dell'animale che gloglotta | Gorgoglio: *il g. del ruscello*.

glòmere o **glomèride** [vc. dotta, lat. *glŏmeris*, genit. di *glŏmus* 'gomitolo', di etim. incerta] **s. m.** ● Piccolo artropode dei Miriapodi, dal corpo tozzo, che vive nei luoghi umidi e si appallottola se stimolato (*Glomeris marginata*).

glomerulàre [da *glomerulo*] **agg.** **1** (*anat.*) Detto di struttura o di organo conformato come un minuto gomitolo o contenente minuti gomitoli: *strato g. della corteccia surrenale*. **2** (*anat.*) Riferito al glomerulo del nefrone.

glomèrulo [dim. del lat. *glŏmus*, genit. *glŏmeris* 'gomitolo', per la forma; 1906] **s. m.** **1** (*bot.*) Infiorescenza globulare costituita da numerosi fiori inseriti l'uno accanto all'altro e quasi privi di peduncolo. **2** (*anat.*) Nel rene, ognuno dei minuti gomitoli costituiti da capillari arteriosi, localizzati nei corpuscoli del Malpighi.

glomerulonefrite [comp. di *glomerulo* e *nefrite*] **s. f.** ● (*med.*) Affezione renale di natura infiammatoria che colpisce i glomeruli alterandone le capacità di filtrazione.

glòmo [vc. dotta, lat. *glŏmus* (nt.) 'gomitolo', equivalente a *glŏbus* e, come questo, di etim. incerta; 1598] **s. m.** **1** (*anat.*) Voluminoso gomitolo di capillari sanguigni, per lo più arteriosi | ***G. carotideo***, piccolo corpicciolo posto alla biforcazione delle arterie carotidi, che regola la pressione sanguigna. **2** (*veter.*) Ciascuna delle due espansioni globose dei rami del fettone.

♦**glòria** (**1**) [vc. dotta, lat. *glōria(m)*, di etim. incerta; sec. XII] **s. f.** **1** Grandissima fama, rinomanza e onore che si ottiene per capacità, opere o meriti eccezionali: *vera, falsa, effimera, eterna g.*; *essere avido di g.*; *aspirare, pervenire alla g.*; *ciascun segnor gentil e valoroso / la g. cerca* (BOIARDO) | ***Coprirsi di g.***, acquistarne molta | (*scherz.*) ***Lavorare per la g.***, senza retribuzione | ***Oscurare la g. di qlcu.***, conseguirne di più, per azioni analoghe | Onore militare: *la g. della bandiera, del reggimento*. **SIN.** Celebrità. **2** Vanto, orgoglio | ***Vecchia g.***, personaggio, spec. del mondo sportivo o dello spettacolo, un tempo famoso | (*est.*) Persona o cosa che è fonte di gloria e di vanto: *Virgilio è una g. dei latini* | Impresa o fatto glorioso: *chi trattiene le mie glorie è mio nemico* (METASTASIO). **3** Condizione dei beati nel paradiso, secondo la teologia cattolica: *g. di Dio, dei santi, del paradiso* | ***Salire alla g.***, al paradiso | ***Che Dio l'abbia in g.***, escl. di riverenza nei confronti di un defunto (*anche iron.*) | ***A g. di Dio***, a celebrazione della sua grandezza | (*fig., disus.*) ***Andare in g.***, tripudiare | (*pop., fig.*) ***Essere in g.***, essere ubriaco | Opera di pittura o scultura raffigurante la maestà divina o la beatitudine celeste. **4** Tessuto di seta e cotone per ombrelli e soprabiti. || **glorietta**, **dim.** | **gloriòla**, **dim. spreg.** | **gloriùccia**, **gloriùzza**, **dim.**

glòria (**2**) [vc. dotta, lat. *glōria* (nom.), che ricorre in salmi (prima parola del versetto finale), preghiere e inni liturgici (dell'annuncio della nascita di Gesù nel Vangelo); sec. XIV] **s. m. inv.** **1** Canto o preghiera di glorificazione di Dio e dei Santi. **2** Parte della Messa in cui si recita il Gloria | Composizione musicale, gener. per voci e orchestra, ispirata a tale inno: *i due G. di Vivaldi*. || **PROV.** Tutti i salmi finiscono in gloria.

gloriàre [vc. dotta, lat. *gloriāri*, da *glōria* 'gloria (1)'; av. 1292] **A** **v. tr.** (*io glòrio*) ● (*lett.*) Esaltare, magnificare. **B** **v. intr. pron.** e †**intr.** **1** Compiacersi e gioire di un merito, di una conquista e sim.: *gloriarsi della propria scaltrezza, di un premio*; *gloriarsi nella sofferenza*. **SIN.** Lodarsi, vantarsi. **2** (*lett.*) Godere della beatitudine del paradiso.

gloriette /*fr.* glɔ'ʀjɛt/ [vc. fr., *gloriette*, dim. di *gloire* 'gloria (1)', originariamente 'cabina di un battello', prob. perché arricchita d'un qualche ornamento] **s. f. inv.** ● Padiglione ornato di piante rampicanti.

glorificàre [vc. dotta, lat. tardo *glorificāre*, comp. di *glōri(a)* 'gloria (1)' e *-ficāre* '-ficare'; sec. XII] **A** **v. tr.** (*io glorìfico, tu glorìfichi*) **1** Esaltare con lode, rendere glorioso: *g. un'impresa eroica, un martire* | ***G. la nazione***, renderla illustre, coprirla di onore | ***G. Dio***, celebrare la gloria di Dio. **SIN.** Celebrare, onorare. **2** Innalzare alla gloria del paradiso: *Dio glorifica i buoni*. **B** **v. rifl.** e **intr. pron.** ● Vantarsi.

glorificatìvo [sec. XIV] **agg.** ● Atto a glorificare.

glorificatóre [1304] **s. m.**; anche **agg.** (**f.** *-trice*) ● Chi (o Che) glorifica.

glorificazióne [vc. dotta, lat. tardo *glorificatiōne(m)*, da *glorificātus* 'glorificato'; av. 1342] **s. f.** **1** Il glorificare: *assistere alla g. di qlcu.*; *la g. di un poeta*. **2** Il venire glorificati in cielo: *la g. dei beati*. || **glorificazioncèlla**, **dim.**

glorióso [vc. dotta, lat. *gloriōsu(m)*, da *glōria* 'gloria (1)'; av. 1243 ca.] **agg.** **1** Illustre per gloria: *un antenato g.*; *imprese, gesta gloriose*; *la gloriosa bandiera*; *gli anni gloriosi del Risorgimento* | ***Un'epopea di gloriosa memoria***, di cui si venera il ricordo. **2** Che dà gloria: *un atto g.* | ***Essere g. di qlcu. o qlco.***, esserne molto fiero | (*iron.*) ***G. e trionfante***, di chi ostenta soddisfazione per azione meschina. **3** Che ha gloria in cielo: *le anime gloriose dei beati* | ***Misteri gloriosi***, gli ultimi cinque del Rosario dedicati alle glorie della Vergine. **4** (*raro, lett.*) Fanfarone, millantatore. || **gloriosétto**, **dim.** || **gloriosaménte**, **avv.**

†**glòsa** o **glòsa** e *deriv.* ● V. *glossa* (*1*) e *deriv.*

glòssa (**1**) o †**glòsa** [vc. dotta, lat. tardo *glōssa(m)*, dal gr. *glôssa*, 'lingua' propr. 'puntuta' (da *glōchís* 'punta', di etim. incerta) e anche 'espressione linguistica (rara)'; av. 1347] **s. f.** **1** Presso gli antichi Greci, espressione oscura o difficile di un testo da esplicare | (*est.*) Parola o locuzione non usuale. **2** Annotazione marginale o interlineare a testi biblici, letterari, o giuridici, tipica dell'esegesi medievale: *glosse a margine*; **SIN.** Chiosa, postilla | (*per anton.*) Nota esplicativa apposta ai testi giuridici della compilazione giustinianea dai giuristi della scuola di Bologna | (*est.*) Raccolta delle annotazioni di un glossatore. **3** (*est.*) Nota esplicativa in genere, commento.

†**glòssa** (**2**) o (*raro*) **glòtta** [Cfr. *glossa* (*1*)] **s. f.** ● Lingua.

glossàre o †**glosàre** [da *glossa* (*1*); sec. XIV] **v. tr.** (*io glòsso*) **1** Fornire di glosse. **2** Annotare.

glossàrio [vc. dotta, lat. tardo *glossāriu(m)*, da *glōssa* 'glossa (1)'; 1664] **s. m.** ● Raccolta di voci non usuali o appartenenti a specifici settori scientifici, tecnici e sim., completa di spiegazione e in ordine alfabetico.

glossatóre [vc. dotta, lat. mediev. *glossatōre(m)*, da *glōssa* 'glossa (1)'; 1471] **s. m.** (**f.** *-trice*) ● Autore di glosse, nel Medioevo, spec. su testi giuridici.

glossèma [vc. dotta, lat. *glossēma*, dal gr. *glṓssēma*, da *glôssa* 'glossa (2)'; 1720] **s. m.** (**pl.** *-i*) **1** Voce o espressione oscura o non usuale | Nota esplicativa di tale voce. **2** Nella glossematica, la più piccola unità linguistica.

glossemàtica [ingl. *glossematics*, da *glosseme* 'glossema'; 1963] **s. f.** ● Teoria linguistica, diffusa dal linguista danese L. Hjelmslev (1899-1965) e dalla sua scuola, in base alla quale ogni sistema linguistico è basato sulle relazioni tra un numero finito di unità invarianti fondamentali, i glossemi.

glossemàtico [1966] **agg.** (**pl. m.** *-ci*) ● (*ling.*) Che si riferisce ai glossemi.

glòssico [da *glossa* (*2*); 1681] **agg.** (**pl. m.** *-ci*) ● Linguale.

glossina [da *glossa* (*2*) per il rostro simigliante a una 'lingua'; 1914] **s. f.** ● Insetto dell'ordine dei Ditteri molto diffuso nell'Africa equatoriale, al cui genere appartiene la mosca tse-tse trasmettitrice di tripanosomi (*Glossina*).

glossite [comp. di *glossa* (*2*) e *-ite* (*1*); 1853] **s. f.** ● (*med.*) Infiammazione della lingua.

glòsso-, -glòsso [dal gr. *glôssa* 'lingua', in composizione *glôsso-*] primo e secondo elemento ● In parole composte della terminologia scientifica, significa 'lingua' o 'linguaggio': *glossolalia, ipoglosso*.

glossodinia [comp. di *gloss(a)* (*2*) e *-odinia*] **s. f.** ● (*med.*) Affezione cronica dolorosa della lingua senza alterazioni anatomiche.

glossofaringèo o (*raro*) **glossofaringeo** [comp. di *glossa* (*2*) e *faringeo*; 1820] **agg.** ● (*anat.*) Relativo alla lingua e alla faringe.

glossografia [da *glossografo*; 1834] **s. f.** ● Studio delle glosse.

glossogràfico [1834] **agg.** (**pl. m.** *-ci*) ● Della, relativo alla, glossografia.

glossògrafo [gr. *glōssográphos*, comp. di *glôssa* 'glossa (2)' e *-gráphos* '-grafo'; av. 1729] **s. m.** ● Nel mondo classico e medievale, compilatore di glosse.

glossolalìa [comp. di *glosso-* e *-lalia*] **s. f.** **1** Articolazione di parole senza senso composte da sillabe spesso eufoniche, tipica del linguaggio infantile, che si può inoltre riscontrare in alcuni casi di schizofrenia nell'adulto. **2** (*relig.*) Facoltà di esprimere la devozione religiosa con un linguaggio incomprensibile tipica del cristianesimo primitivo (dove era definita *dono delle lingue*), e di alcune denominazioni cristiane attuali.

glossomanìa [comp. di *glosso-* e *-mania*] **s. f.** ● Delirio verbale di alcuni malati maniaci, caratterizzato da giochi verbali privi di sistematicità.

glossoplegìa [comp. di *glossa* (*2*) e un deriv. del gr. *plēgḗ* 'colpo, percossa'; 1789] **s. f.** ● (*med.*) Paralisi dei muscoli linguali, associata a disturbi della fonazione e della deglutizione.

glòtta [dal gr. *glôtta*, var. attica di *glôssa* (V. *glossa* (*2*)); 1834] **s. f.** **1** V. *glossa* (*2*). **2** (*anat.*) Glottide.

glottàle **agg.** ● (*ling.*) Linguale.

glottidàle **agg.** ● (*ling.*) Laringeo.

glòttide [gr. *glōttís*, genit. *glōttídos*, da *glôtta*, var. attica di *glôssa* 'lingua'; 1757] **s. f.** ● (*anat.*) Spazio compreso tra le corde vocali. ➡ **ILL.** p. 2127 ANATOMIA UMANA.

glòtto-, -glòtto [dal gr. *glôtta* (attico per *glôssa*) 'lingua'] primo o secondo elemento ● In parole composte della terminologia scientifica, significa 'lingua, linguaggio': *glottologia*, *glottologo*; *alloglotto*.

glottocronologìa [comp. di *glotto-* e *cronologia*; 1969] s. f. ● (*ling.*) Metodo di indagine usato per stabilire l'epoca in cui due o più lingue imparentate si sono separate da una lingua originaria comune.

glottodidàttica [comp. di *glotto-* e *didattica*; 1969] s. f. ● Insegnamento scientifico delle lingue straniere, che utilizza i contributi della moderna ricerca linguistica e dell'antropologia sociale.

glottologìa [comp. di *glotto-* e *-logia*; 1867] s. f. ● Studio scientifico, prevalentemente storico, dei sistemi linguistici: *g. indoeuropea*. SIN. Linguistica.

glottològico [av. 1912] agg. (pl. m. *-ci*) ● Della, relativo alla glottologia.

glottòlogo [1876] s. m. (f. *-a*; pl. m. *-gi*) ● Studioso, esperto di glottologia.

glottotècnica [comp. di *glotto-* e *tecnica*; 1942] s. f. ● Scienza che studia la formazione dei neologismi secondo determinati principi linguistici.

gloxinia [dal n. del botanico ted. B. P. *Gloxin* (sec. XVIII)] s. f. ● Pianta erbacea delle Tubiflorali con fusto e foglie pubescenti e bellissimi fiori a corolla imbutiforme di colore variabile dal bianco al rosso scarlatto (*Gloxinia speciosa*).

glucìde ● V. *glicide*.

glucìdico ● V. *glicidico*.

glucina [comp. del gr. *glykýs* 'dolce', e *-ina*; 1819] s. f. ● Sostanza organica di color bruno pallido, surrogato della saccarina.

glucòlico ● V. *glicolico*.

glucomannàno s. m. ● (*chim.*) Polisaccaride gelificante formato da glucosio e mannosio impiegato come coadiuvante nelle diete dimagranti.

glucòmetro [comp. del gr. *gleûkos* 'mosto', e *-metro*; 1940] s. m. *1* Apparecchio che serve a misurare il tenore zuccherino di un mosto o di un vino. *2* Apparecchio per la misura del tasso di glucosio nel sangue, impiegato in particolare per controllare la terapia dietetica o insulinica nei pazienti diabetici.

gluconeogènesi [comp. di *gluco(sio)*, *neo-* e *genesi*, propr. 'neoformazione di glucosio'] s. f. inv. ● (*chim.*) Processo metabolico di sintesi del glucosio a partire dai prodotti ultimi della glicolisi.

glucoprotèide ● V. *glicoproteide*.

glucosìde o **glicosìde** [da *glucosio*, col suff. *-ide*; 1869] s. m. ● Sostanza organica complessa di origine vegetale o artificiale nella cui struttura è contenuto uno zucchero, per lo più glucosio, separabile per idrolisi.

glucòsio o **glicòsio**, **glicòso**, **glucòso** [fr. *glucose*, dal gr. *gleûkos* 'mosto' con sovrapposizione di *glykýs* 'dolce' e il suff. *-ose* '-osio'; 1869] s. m. ● Zucchero semplice presente in molti frutti, ottenuto industrialmente per idrolisi di amidi e sim., usato nell'industria dolciaria, in farmacia e in medicina.

glucurònico [da *glucosio*] agg. (pl. m. *-ci*) ● (*chim.*) Detto di un acido organico derivato dall'ossidazione del glucosio, prodotto nel fegato dove viene utilizzato nei processi di inattivazione della tossicità di sostanze di origine sia endogena che esogena.

glu glu /glu(g)'glu*/ o **glo glo** [vc. onomat.; 1869] **A** inter. *1* Riproduce il rumore di un liquido che esce a intermittenza dal collo di una bottiglia o di un recipiente con stretta imboccatura. *2* Riproduce il rumore che si genera in gola bevendo a garganella. *3* Riproduce il verso del tacchino e della gallina faraona. **B** in funzione di s. m. ● Gloglottio: *il glu glu di una vasca da bagno che si vuota*.

†**gluglutàre** ● V. *gloglottare*.

glùma [vc. dotta, lat. *glūma(m)*, da *glūbere* 'togliere la scorza'; 1765] s. f. ● (*bot.*) Ciascuna delle brattee che racchiudono la spighetta delle Graminacee.

glumétta o **glumèlla** [da *gluma*; 1906] s. f. ● (*bot.*) Ciascuna delle brattee interne alle glume, che alla loro ascella portano un fiore e sovente sono munite di reste.

Glumiflòre [comp. di *gluma* e del lat. *flōs*, genit. *flōris* 'fiore'; 1956] s. f. pl. (sing. *-a*) ● Nella tassonomia vegetale, ordine di piante erbacee delle Monocotiledoni comprendente la sola famiglia delle Graminacee (*Glumiflorae*). ➡ ILL. piante/10.

gluóne [ingl. *gluon*, da *glue* 'colla', dal fr. *glu* 'colla, vischio', che è il lat. tardo *glūte(m)* (stessa etim. di *glūten* 'glutine'); 1983] s. m. ● (*fis.*) Ipotetica particella subnucleare che si ritiene responsabile delle interazioni forti fra quark.

glusfèra [vc. dotta, comp. di *glu(one)* e *sfera*; 1998] s. f. ● (*fis.*) Particella costituita da gluoni.

glutammàto [1956] s. m. ● Sale dell'acido glutammico | *G. di sodio*, usato per accentuare gli aromi di prodotti alimentari.

glutàmmico [ingl. *glutamic* 'glutine (lat. *glūten*) amidico (*amic*)'; 1906] agg. (pl. m. *-ci*) ● (*chim.*) Detto di composto derivabile dal glutine | ***Acido g.***, acido bicarbossilico omologo superiore dell'acido aspartico, presente in tutte le proteine, utilizzato come ricostituente e tonificante del sistema nervoso.

glutammina [da (acido) *glutamm(ico)* e *-ina*] s. f. ● (*chim.*) Amminoacido presente nelle proteine; è l'ammide dell'acido glutammico.

glutenìna [comp. del lat. *glūten*, genit. *glūtinis* 'glutine' e *-ina*] s. f. ● Proteina contenuta nel mais e nel frumento, che, insieme con la gliadina, costituisce il principale componente del glutine di frumento.

glùteo [originariamente agg. del gr. *gloutós* 'natica', di orig. indeur.; 1681] **A** s. m. ● (*anat.*) Muscolo della natica: *grande*, *piccolo*, *medio g.* | ***I glutei***, le natiche. **B** anche agg.: *regione glutea*. ➡ ILL. p. 2122 ANATOMIA UMANA.

glutinàre [vc. dotta, lat. *glutināre*, da *glūten* 'glutine'; 1563] v. tr. (*io glùtino*) ● Arricchire di glutine, spec. una pasta alimentare.

glutinàto [1499] part. pass. di *glutinare*; anche agg. ● Arricchito di glutine: *pasta glutinata*.

glùtine [vc. dotta, lat. *glūtinis*, genit. di *glūten*, di orig. indeur.; sec. XIV] s. m. *1* Miscuglio di sostanze proteiche contenuto nelle cariossidi dei cereali e nei semi di alcune leguminose, impiegato nella preparazione di paste glutinate, nell'industria per l'apprettatura della carta e dei tessuti. *2* (*disus.*) Sostanza vischiosa, collosa.

glutinosità [da *glutinoso*; av. 1758] s. f. ● Caratteristica, aspetto di ciò che è glutinoso.

glutinóso [vc. dotta, lat. tardo *glutinōsu(m)*, da *glūten* 'glutine'; sec. XIV] agg. *1* Che ha l'aspetto di glutine, che contiene glutine. *2* (*est.*) Colloso, appiccicoso.

†**gnacchera** ● V. *nacchera*.

†**gnàffe** [etim. incerta; 1353] inter. ● (*pop.*) In fede mia (rafforza o dà enfasi a una risposta): *g.*, *disse ser Ciappelletto, messer sì* (BOCCACCIO).

gnàgnera [etim. discussa: dal verso del gatto (*gnao*), secondo il presunto sign. originario di 'lamento noioso (per malessere o capriccio)' (?); av. 1712] s. f. *1* †Voglia, capriccio. *2* (*region.*) Intonazione di voce lagnosa, cantilenante.

gnàis /gnais, *ɲais/ ● V. *gneiss*.

gnam [vc. onomat.] inter. ● Riproduce, spec. nella forma ripetuta *g. g.*, il rumore di chi mangia con golosità.

gnào o **gnàu** [vc. imit.; av. 1400] inter. ● Riproduce il miagolio del gatto.

gnàto-, -gnàto [dal gr. *gnáthos* 'mascella'] primo o secondo elemento ● In parole composte della terminologia scientifica, significa 'mascella, mandibola, guancia': *gnatodinia*, *gnatostomi*; *agnati*, *chetognati*.

gnatodinìa [comp. di *gnato-* e *-(o)dinia*] s. f. ● (*med.*) Dolore alla mandibola o alla mascella.

gnatologìa [vc. dotta, comp. di *gnato-* e *-logia*; 1979] s. f. ● (*med.*) Branca della medicina che studia la morfologia, i movimenti e le forze che regolano l'apparato masticatorio.

gnatoplàstica [comp. di *gnato-* e *plastica*] s. f. ● (*chir.*) Intervento di chirurgia plastica sulla mascella o sulla mandibola.

gnatopòdio [comp. di *gnato-* e del gr. *poús*, genit. *podós* 'piede'] s. m. ● (*zool.*) Nei Crostacei e nei Chilopodi, ognuna delle appendici anteriori del tronco, di supporto funzionale all'apparato boccale.

Gnatòstomi [comp. di *gnato-* e *-stoma*] s. m. pl. (sing. *-o*) ● Nella tassonomia animale, tutti i Vertebrati provvisti di mascelle articolate e organi olfattori pari, che si contrappongono agli Agnati (*Gnathostoma*).

gnaulàre [vc. onomat. (= fare *gnao*); av. 1698] v. intr. (*io gnàulo*; aus. *avere*) ● Miagolare | (*est.*) Lamentarsi fastidiosamente: *La maestra deve far la mamma con loro ... se no poi gnaulano e strillano* (DE AMICIS).

gnaulàta [1869] s. f. ● Miagolata | (*est.*) Lungo lamento.

gnaulìo [1734] s. m. ● Miagolio.

gnàulo [1869] s. m. ● Verso del gatto | Modo di miagolare.

gnaulóne s. m. (f. *-a*) ● (*raro*, *fig.*) Chi si lamenta spesso.

gnèiss (o **gn-**) /gneis, *ɲeis, gnais/ o **gnàis**, **gnèis** /gnais, gneis/ [fr. *gneiss*, dal ted. *Gneis* 'scintilla', di orig. indeur., per la sua lucentezza (?); 1796] s. m. ● (*geol.*) Roccia metamorfica a grana grossa e a frattura grossolana costituita essenzialmente da quarzo, feldspati e miche.

Gnetàli [dal lat. *gnētum*, n. d'una pianta, che è forse un errore di lettura per *cnēcum*, dal gr. *knêkos* (forse d'orig. indeur.)] s. f. pl. (sing. *-e*) ● Nella tassonomia vegetale, ordine delle Gimnosperme comprendente pochi generi, ma importante dal punto di vista della filogenesi perché punto di passaggio fra Gimnosperme e Angiosperme (*Gnetales*).

gnòcca [da *gnocco*] s. f. *1* (*gerg.*) Vulva. *2* (*fig.*) Ragazza, donna molto vistosa e attraente.

♦**gnòcco** o (*tosc.*) †**ignòcco** [parallelo veneto di *nocca*, di orig. longob.; av. 1492] s. m. (pl. *-chi*) *1* (*spec. al pl.*) Ognuno dei pezzetti tondeggianti di un impasto di farina e patate, lessati e conditi spec. con burro o sugo di pomodoro | ***Gnocchi alla romana***, fatti con un impasto di semolino e burro tagliato poi in forme spec. tondeggianti, conditi con burro e gratinati al forno. *2* (*pop.*) Prominenza, bernoccolo: *cadendo si è fatto uno g. in fronte* | Grumo: *farina piena di gnocchi*. *3* (*fig.*) Uomo grossolano, goffo. || **gnoccàccio**, pegg. | **gnocchétto**, dim. | **gnoccóne**, accr.

gnòme [vc. dotta, lat. tardo *gnōme(m)*, dal gr. *gnṓmē*, da *gignṓskein* 'conoscere', di orig. indeur.; av. 1643] s. f. ● (*lett.*) Sentenza, motto, proverbio.

gnòmico [vc. dotta, lat. tardo *gnōmicu(m)*, dal gr. *gnōmikós* 'pertinente alla *gnome* (*gnṓmē*)'; 1843] **A** agg. (pl. m. *-ci*) *1* Detto di forma verbale (ad es. l'aoristo greco) usata in sentenze e motti. *2* Contenente precetti morali: *poesia gnomica*. **B** s. m. (pl. *-ci*) ● Autore di poesie gnomiche, spec. nell'antica letteratura greca.

♦**gnòmo** [vc. dotta, lat. umanistico *gnōmum*, tratto prob. dal gr. *gnṓmē* 'intelligenza' (V. *gnome*); av. 1739] s. m. ● Nelle mitologie nordiche e nelle tradizioni popolari, spiritello benevolo e sapiente, dall'aspetto di nano barbuto, che conosce il futuro, opera miracoli e custodisce i tesori delle miniere e del mondo sotterraneo | (*fig.*) ***Gli gnomi di Zurigo***, nel linguaggio giornalistico-economico, i banchieri svizzeri che operano nel mercato internazionale dell'oro e dei cambi.

gnomologìa [gr. *gnōmología*, comp. di *gnṓmē* 'gnome' e *-logía* '-logia'; 1675] s. f. ● Genere di eloquenza sentenziosa | (*raro*) Raccolta di sentenze.

gnomóne [vc. dotta, lat. tardo *gnomōne(m)*, nom. *gnōmon*, dal gr. *gnṓmōn* 'giudice, indicatore', propr. 'che ha conoscenza (*gnṓmē*)'; 1561] s. m. ● Asta o stilo la cui ombra indica l'ora nelle meridiane.

gnomònica [vc. dotta, lat. tardo *gnomōnica(m)*, sottinteso *ārte(m)*, dal gr. *gnōmonikḗ* (*téchnē*) '(arte di costruire) degli gnomoni'; 1556] s. f. ● Tecnica di fabbricazione degli orologi solari.

gnor no /*ɲor'nɔ*/ ● V. *signornò*.

gnornò ● V. *signornò*.

†**gnòro** [per (*i*)*gnoro*, da *ignorare*, con riferimento al sin. *ignorante*; av. 1571] agg. ● Ignorante: *quella benigna / stella, che alzato m'ha dal vulgo g.* (CELLINI).

gnòrri [var. espressiva di (*i*)*gnoro* con la *-i* propria dei cognomi; av. 1698] s. m. e f. inv. ● (*fam.*) Solo nella loc. ***fare lo***, ***la g.***, fingere di non capire o di ignorare qlco.: *non fare lo g.*

gnor sì ● V. *signorsì*.

gnorsì ● V. *signorsì*.

gnoseologìa (o **gno-**) [comp. del gr. *gnôsis*, genit. *gnóseōs* 'conoscenza, gnosi' e *-logia*; 1903] s. f. ● Parte della filosofia che si occupa del problema della conoscenza | Teoria della conoscenza.

gnoseològico (o **gno-**) [1903] agg. (pl. m. *-ci*) ● Che concerne o interessa la gnoseologia.

gnòsi (o **gnò-**) [vc. dotta, dal gr. *gnôsis* 'conoscenza', da *gignṓskein* 'conoscere', di orig. indeur.; 1869] s. f. inv.

1 Conoscenza perfetta, superiore e salvifica del divino, propria degli gnostici. *2* Gnosticismo.

-gnoṣia [dal gr. *gnôsis* 'ricerca, conoscenza', dal v. di orig. indeur. *gignṓskein* 'conoscere'] secondo elemento ● In parole composte di origine dotta, significa 'conoscenza': *farmacognosia*.

gnòstica [vc. dotta, lat. tardo *gnōstice(m)*, dal gr. *gnōstikḗ* (sottinteso *epistḗmē*) '(la scienza) conoscitiva', da *gnōstikós* 'gnostico'; 1865] **s. f.** ● Parte della medicina che mira a conoscere la natura delle malattie.

gnosticiṣmo [da *gnostico*; 1844] **s. m.** ● Complesso di dottrine filosofico-religiose diffusesi nel Vicino Oriente nel sec. II, che si caratterizzavano per la tendenza a porre un netto dualismo tra Dio e il mondo terreno e limitavano la salvezza spirituale a un ristretto gruppo di eletti, destinatari del dono divino della gnosi.

gnòstico [vc. dotta, lat. tardo *gnōsticu(m)*, dal gr. *gnōstikós*, da *gnōstós* 'conosciuto' (V. *gnome*); 1584] **A agg.** (**pl. m.** *-ci*) ● Che concerne o interessa lo gnosticismo. **B s. m.** (**f.** *-a*) ● Chi segue o si ispira all'indirizzo filosofico religioso dello gnosticismo.

gnu /*ɲu*/ [fr. *gnou*, da una vc. ottentotta, oppure dal grido caratteristico dell'animale; 1802] **s. m.** ● Grande antilope africana dal corpo simile a quello di un cavallo e dalle robuste corna arcuate verso l'alto (*Connochaetes gnu*). ➡ **ILL. animali**/13.

gnùcca [da *nuca* con sovrapposizione di *zucca*; av. 1700] **s. f.** *1* (*fam.*) Nuca, zucca. *2* (*est.*) Cervello, ingegno.

gnùcco [da *gnucca* 'nuca, zucca'; 1996] **s. m.** (**f.** *-a*; **pl. m.** *-chi*); anche **agg.** ● (*sett.*) Persona ottusa, tarda a capire.

gnùdo [da *ignudo*, per aferesi di *i-*; av. 1313] **agg.** ● (*ant. o dial.*) Nudo.

go /gɔ*/ [vc. cinese] **s. m. inv.** ● Antichissimo gioco giapponese di strategia, di origine cinese, che si fa disponendo le proprie pedine su un tavoliere cercando di conquistare più territorio dell'avversario.

GOA [sigla di *G(iudice) O(norario) A(ggregato)*] **s. m. e f. inv.** ● (*dir.*) Giudice onorario aggregato.

goal /gɔl, *ingl.* goul/ [vc. ingl., propr. 'meta', dal medio ingl. *gol* 'limite, confine', di etim. incerta; 1897] **s. m. inv.** ● Gol.

gòbba [f. di *gobbo* (*1*); 1563] **s. f.** *1* Gibbo | ***Spianare la g. a qlcu.***, bastonarlo. *2* (*est.*) Prominenza, rigonfiamento, curvatura: *la g. del naso*; *la g. della lima*. || **gobbàccia**, **pegg.** | **gobbétta**, **dim.** | **gobbettina**, **dim.** | **gobbina**, **dim.** | **gobbóne**, **accr. m.**

gòbbia [lat. tardo *gŭbia(m)*, di orig. celtica; sec. XV] **s. f.** ● Sgorbia.

gobbista [da *gobbo* (*2*); 1983] **s. m. e f.** (**pl. m.** *-i*) ● (*cine, tv*) Operatore tecnico che, in uno studio cinematografico o televisivo, è addetto alla manovra di un gobbo.

gòbbo (**1**) [lat. parl. **gŭbbu(m)*, parallelo di *gĭbbu(m)*, che voleva rendere il gr. *kyphós* 'curvato in avanti'; av. 1350] **A agg.** *1* Che ha la gobba, detto spec. di persona: *un vecchio g.* | (*est.*) Che ha o sta con le spalle curve: *andare, stare g.*; *diventare g. a tavolino*. *2* Curvo, convesso: *schiena gobba*; *naso g.* | (*scherz.*) ***Colpo g.***, mossa astuta e traditrice; mossa fortunata, scaltra. **B s. m.** *1* (**f.** *-a*) Persona che ha la gobba. *2* Protuberanza, gobba, rigonfiamento: *un g. al piede*; *il vestito qui fa un g.* | (*raro*) ***Spezzare il g. a qlcu.***, bastonarlo forte | (*fig., pop.*) ***Avere qlcu., qlco. sul g.***, doversene occupare, doverne sostenere il peso | ***Togliersi qlcu., qlco. dal g.***, (*fig., pop.*) liberarsene. *3* (*spec. al pl.*) Germogli delle piante di carciofo e delle foglie di cardo coperti con terra o paglia perché imbianchino. || **gobbàccio**, **pegg.** | **gobbettàccio**, **pegg.** | **gobbettino**, **dim.** | **gobbétto**, **dim.** | †**gobbiccio**, **dim.** | **gobbino**, **dim.** | **gobbùcio**, **gobbùzzo**, **dim.**

gòbbo (**2**) [adatt. dell'ingl. d'America *gobo*, di orig. sconosciuta; 1942] **s. m.** *1* (*cine*) Telaio di legno nero che ripara lateralmente dalla luce dei proiettori durante le riprese di un film. *2* (*cine, tv*) Lavagna, cartellone e sim., su cui sono scritte le battute da dire durante le riprese di un film o una trasmissione televisiva, collocato in modo da non essere inquadrato dalla macchina da presa o dalla telecamera.

gobbóni o (*raro*) **gobbóne** [da *gobbo* (*1*); 1951] **avv.** ● (*raro*) Con le spalle incurvate come chi è gobbo: *camminare, stare g.*

gobelin /*fr.* gɔ'blɛ̃/ [vc. fr., dal n. della famiglia dei *Gobelins*, celebri tintori; 1892] **A s. m. inv.** *1* Tessuto ad arazzo intrecciato a mano, di alto pregio. *2* (*raro*) Arazzo. **B** in funzione di **agg. inv.** (posposto al s.) ● Nella loc. ***punto g.***, punto di ricamo eseguito con fili di lana, seta o cotone su canovaccio e usato come fondo nella tappezzeria.

gobióne [vc. dotta, lat. *gobiōne(m)*, nom. *gōbio*, dal gr. *kōbiós*, di prob. orig. mediterr.; sec. XV] **s. m.** ● Pesce osseo dei Cipriniformi con due barbigli sul labbro superiore, frequente in piccoli branchi nelle acque interne (*Gobio gobio*). **SIN.** Ghiozzo di fiume.

♦**góccia** [da *gocciare*; sec. XIV] **s. f.** (**pl.** *-ce*) *1* Particella di liquido in forma tondeggiante che si separa da una massa: *una g. d'acqua, di pioggia*; *dalla ferita escono gocce di sangue* | ***Somigliarsi come due gocce d'acqua***, essere perfettamente simili | ***La g. che fa traboccare il vaso***, di fatto o avvenimento che sia la causa ultima del prodursi di un effetto intollerabile | ***La g. scava la pietra***, (*fig.*) la costanza e la perseveranza in un'azione producono grandi risultati | ***A g. a g.***, a poco a poco | ***Una g. dopo l'altra***, lentamente, con costanza | ***Fino all'ultima g.***, fino in fondo | ***Fichi con la g.***, il cui umore zuccherino si raccoglie sul fondo e ne trapela sotto forma di goccia semisolida. *2* Goccia di pioggia: *già cadono le prime gocce*; *non è un temporale, sono solo due gocce*. *3* Piccola quantità di un liquido: *dagli una g. di vino*; **SIN.** Goccio. *4* Ornamento pendente in lampadari, orecchini e sim. tagliato e lavorato a forma di goccia. *5* (*arch.*) Nell'ordine dorico, ciascuno degli elementi decorativi di forma conica, cilindrica o piramidale, applicati sotto l'epistilio in corrispondenza dei triglifi o sotto i mutuli. ➡ **ILL.** p. 2117 ARCHITETTURA. *6* (*miner.*) ***G. d'acqua***, varietà di topazio limpido e incolore usata come gemma. *7* ***G. d'oro***, varietà coltivata di susino con frutto grosso e polpa gialla, dolce, succosa. || **gocćetta**, **dim.** | **goccettina**, **dim.** | **goccettino**, **dim. m.** | **goccina**, **dim.** | **gocciola**, **dim.** (V.).

†**gocciaménto** [av. 1729] **s. m.** ● Stillicidio.

gocciàre [lat. parl. **guttiāre*, parallelo di *guttāre*, da *gŭtta* 'goccia', di orig. espressiva; 1313] **v. tr.** e **intr.** (*io góccio*; aus. *avere* riferito al recipiente, *essere* riferito al liquido) ● (*raro*) Gocciolare.

góccio [1553] **s. m.** ● Piccola quantità di un liquido, di una bevanda: *aggiungi alla salsa un g. d'olio*; *vorrei ancora un g. di vino*. **SIN.** Gocciolo. || **goccétto**, **dim.** | **goccino**, **dim.**

gócciola [av. 1292] **s. f.** *1* Dim. di *goccia*. *2* Ornamento che pende a forma di goccia in gioielli, lampadari di cristallo e sim. *3* †Fessura di tetto o di muro da cui entra l'acqua a gocce. || **gocciolétta**, **dim.** | **gocciolina**, **dim.**

gocciolaménto [sec. XIV] **s. m.** ● Il gocciolare | Gocciolìo.

gocciolàre [da *gocciola*; 1336 ca.] **A v. tr.** (*io gócciolo*) ● Fare cadere a gocciole: *la tettoia gocciola acqua piovana*. **B v. intr.** (aus. *essere* nel sign. 1, *avere* nel sign. 2) *1* Uscire a gocciole: *il vino gocciolava dalle botti*. **SIN.** Stillare. *2* Emettere, lasciar uscire un liquido a gocciole: *il rubinetto gocciola*.

gocciolatóio [av. 1502] **s. m.** *1* (*arch.*) Parte della cornice dei fabbricati consistente in una larga fascia con molto aggetto, con incavatura nella parte inferiore, avente lo scopo di impedire che l'acqua scorra sulla parete inferiore. *2* (*raro*) Utensile di varie forme sul quale si mette a gocciolare qlco.

gocciolatùra **s. f.** ● Il gocciolare | Segno o macchia lasciata da gocciole cadute.

gocciolìo [1869] **s. m.** ● Gocciolamento continuo.

gócciolo [da *gocciola*; 1313] **s. m.** ● Esigua quantità di un liquido: *un g. di acqua* | Sorsetto: *bere un g.* **SIN.** Goccio. || **gocciolino**, **dim.** | **gocciolóne**, **accr.** (V.).

gocciolóne [1353] **s. m.** *1* Accr. di *gocciolo*. *2* Grossa goccia di pioggia, spec. temporalesca. *3* (**f.** *-a*) (*fam.*) Persona a cui gocciola spesso il naso. *4* (**f.** *-a*) (*fig., raro*) Ingenuo, sciocco.

godè [1940] **s. m.** ● Adattamento di *godet* (V.).

godènte [1313] **part. pres.** di *godere*; anche **agg.** *1* Nei sign. del v. *2* (*raro*) Gaudente: *Frati godenti fummo, e bolognesi* (DANTE *Inf.* XXIII, 103).

♦**godére** o †**gaudére** [lat. *gaudēre*, di orig. indeur.; av. 1237] **A v. intr.** (**pres.** *io gòdo*; **pass. rem.** *io godéi*, o *godètti* (o *-étti*), *tu godésti*; **fut.** *io godrò*, raro *goderò*; **condiz. pres.** *io godrèi*, raro *goderèi*; aus. *avere*) *1* (assol.; + *a*; + *di*; + *in*; + *per*) Essere profondamente felice: *Argo è il solo che sappia veramente g. e ridere* (SVEVO); *godo a vedere tanta generosità, di vedervi in buona salute, nel sentirvi vicini*; *g. della ricchezza, per la buona parola di qlcu.* | (*est.*) Gioire, compiacersi, rallegrarsi: *g. dell'affetto, dell'amicizia, della compagnia di qlcu.*; *g. del male altrui, della discordia*. *2* (+ *di*) Beneficiare di qlco. di gradito o di utile: *g. di alcuni giorni di ferie*; *è una città che gode di un magnifico panorama*; *gode di una rendita fissa*. *3* (+ *a* seguito da inf.) Provare piacere coi sensi: *g. a stare a letto, a mangiar bene* | (*assol.*) Provare l'orgasmo sessuale | (*est.*) Gozzovigliare: *non pensa che a g.* **B v. tr.** *1* Adoperare o possedere per il proprio utile o godimento: *g. un bene, le ricchezze*; *g. i frutti del proprio lavoro, una cospicua rendita*; *g. una buona salute, una bella vista, la popolarità, le gioie della famiglia* | ***G. una buona reputazione, un buon nome***, essere stimato | ***G. poco credito***, (*fig.*) avere cattiva fama | ***G. i diritti civili***, esserne titolare | ***Godersela***, spassarsela, divertirsi | ***Godersi qlco.***, trarne grande piacere e soddisfazione: *godersi un concerto*. *2* Gustare, assaporare: *g. un po' di tranquillità, di pace, il fresco, il sole*; *g. un solo / minuto di vita* (UNGARETTI). || **PROV.** Tra i due litiganti il terzo gode.

goderéccio [1441] **agg.** (**pl. f.** *-ce*) ● Che dà piacere, che fa godere | Che è dedito ai piaceri, spec. dei sensi.

godet /*fr.* gɔ'dɛ/ [vc. fr., propr. 'tipo di veste femminile svasata', che ricordava il vaso chiamato *godet*, dal medio neerlandese *kodde* 'ceppo, cilindro di legno', di orig. indeur.; 1901] **s. m. inv.** ● Svasatura della gonna realizzata tagliando la stoffa di sbieco.

†**godévole** [da *godere*; av. 1311] **agg.** ● Che si può godere | Che può dar godimento: *vita g.*; *g. fatica* (BARTOLI).

godèzia [dal n. del botanico svizzero Ch.-H. *Godet* (sec. XIX); 1956] **s. f.** ● Genere di piante erbacee ornamentali delle Enoteracee con fiori dai vivaci colori raccolti in infiorescenze (*Godetia*).

godìbile [av. 1673] **agg.** ● Che si può godere: *frutto g.* | Piacevole: *spettacolo g.* | (*region.*) ***Persona g.***, gaia, allegra.

godibilità [1957] **s. f.** ● Caratteristica di ciò che è godibile.

godiménto o †**gaudiménto** [da *godere*; sec. XIII] **s. m.** *1* Felicità profonda e completa: *g. dello spirito*; *provo un vivo g. nell'ascoltare quella musica*. **SIN.** Diletto, gioia, piacere. *2* Ciò che è fonte di piacere, diletto: *procurarsi a tutti i costi ogni g. materiale*. *3* (*dir.*) Facoltà, del titolare di un diritto, di esercitare lo stesso traendone tutte le possibili lecite utilità | ***Diritto reale di g.***, diritto reale su cosa altrui che limita il potere del proprietario di godere della stessa.

†**godio** [1930] **s. m.** ● Godimento, piacere continuo.

goditóre [av. 1342] **agg.**; anche **s. m.** (**f.** *-trice*) ● (*raro*) Che (o Chi) gode.

godronàre [da *godrone*; 1983] **v. tr.** (*io godróno*) ● (*tecnol. mecc.*) Zigrinare mediante il godrone, con riferimento a pezzi metallici cilindrici.

godronatùra **s. f.** ● (*tecnol. mecc.*) Operazione del godronare.

godróne [fr. *godron*, all'orig. 'ornamento in forma ovale, allungata', propr. dim. di *godet* 'ornamento dei bordi del vasellame d'argento', d'orig. olandese] **s. m.** ● (*tecnol. mecc.*) Utensile costituito da uno o più rulli girevoli recanti una serie di rilievi per zigrinare al tornio.

godùria [da *godere*, secondo il modello di *bellu-ria*, *incuria*, *lussuria*, *penuria* e simili; 1942] **s. f.** ● (*scherz.*) Godimento.

goduriòso [comp. di *godur(ia)* e del suff. *-oso* (*3*); 1985] **agg.** ● (*fam., scherz.*) Che ama i godimenti, i piaceri sensuali | Molto piacevole, voluttuoso.

godùto [av. 1375] **part. pass.** di *godere*; anche **agg.** ● Nei sign. del v.

goethiàno /ge'tjano/ [1889] **agg.** ● Dello scrittore tedesco J. W. Goethe (1749-1832), relativo alle sue opere e alla sua poetica.

goffàggine [da *goffo* con suff. spreg.; 1532] **s. f.** *1* Caratteristica di chi (o di ciò che) è goffo: *lo* *guardò con voglia di ridere per tanta g. sguaiata* (BACCHELLI). SIN. Grossolanità, impaccio. *2* Azione o discorso goffo.

gofferìa [1550] s. f. ● (*raro*) Goffaggine.

goffétto [1905] s. m. *1* Dim. di *goffo*. *2* Gioco a carte simile alla primiera.

gòffo [etim. incerta; av. 1480] **A** agg. *1* Detto di chi si muove o si comporta in modo impacciato, maldestro e sim.: *ragazzo timido e g.* | †***Rimanere g.***, attonito e beffato | (*lett.*) Sciocco, inetto: *insomma, tu sei g. insieme e tristo* (TASSO). *2* Sgraziato, inelegante: *maniere goffe*; *andatura goffa*; *abito g.* || **goffaménte**, avv. **B** avv. ● (*raro*) Goffamente: *vestire g.* **C** s. m. ● (*tosc.*) Primiera | †Combinazione delle quattro carte dello stesso seme al gioco di primiera. || †**gofferèllo**, dim. | **goffétto**, dim. (V.) | **goffóne**, accr.

goffràggio [fr. *gaufrage*, da *gaufrer* 'goffrare'; 1933] s. m. ● Goffratura.

goffràre [fr. *gaufrer*, denom. di *gaufre* 'dolce preparato su piastre divise in cellule', in orig. 'favo di miele' (dal francone **Wāfla*); 1933] v. tr. (*io gòffro*) ● Realizzare in rilievo mediante pressione l'impronta di un disegno su carta, alluminio, tessuto, gomma, cuoio, materia plastica.

goffràto **A** part. pass. di *goffrare*; anche agg. ● Nei sign. del v. **B** s. m. ● Tessuto con superficie simile al picchè, ma ottenuta mediante compressione a caldo anziché per effetto di tensione diversa dei fili.

goffratrice [1933] s. f. ● Macchina per goffrare.

goffratùra [fr. *gaufrure*, da *gaufrer* 'goffrare'; 1933] s. f. ● Operazione del goffrare | Disegno in rilievo.

goffrè agg. inv. ● Adattamento di *gaufré* (V.).

gógna [da un precedente *gonghia* (dal lat. parl. **coniŭngula* 'cinghia del giogo'), con sovrapposizione di *vergogna*; sec. XIV] s. f. *1* Collare di ferro che si stringeva attorno alla gola dei condannati alla berlina. *2* (*est.*) Berlina | ***Mettere qlcu. alla g.***, (*fig.*) esporlo alla derisione e allo scherno pubblico. *3* (*fig.*) †Vergogna, miseria. *4* (*poet.*, *fig.*) Vincolo: *preso nelle amorose crudel gogne* (POLIZIANO).

gogo ● V. *à gogo*.

goi /ebr. goi/ [vc. ebr. *gō(w)y*, orig. 'popolo', poi 'straniero, non ebreo'; 1940] **A** s. m. e f. inv. (f. ebr. *gōyiah*; pl. m. *gōyim*; pl. f. *gōyiot*) ● Nome con cui gli ebrei chiamano coloro che non appartengono al loro popolo: *quello ... era sparito, persuaso d'avere risparmiato all'onorato Ezechiele la visita d'un 'goi' malintenzionato* (BACCHELLI). CFR. Gentile (2). **B** anche agg. inv.

go-kàrt /go'kart, *ingl.* 'gəʊ,kɑːt/ [vc. ingl., propr. 'veicolo (*cart*, di area germ.) per andare (*go*)'; 1962] s. m. inv. (pl. ingl. *go-karts*) ● Piccolo autoveicolo monoposto, munito soltanto del telaio e dei meccanismi essenziali alla marcia, usato per svago e in gare sportive.

♦**gol** /gɔl/ [adattamento it. dell'ingl. *goal*; 1936] s. m. inv. ● Punto conseguito da una squadra di calcio e sim. quando uno dei suoi componenti invia il pallone dentro la porta avversaria | ***Gol della bandiera***, l'unico realizzato da squadra che perde con un pesante punteggio. SIN. Rete. || **gollétto**, dim.

♦**góla** [lat. *gŭla(m)*, di orig. indeur.; av. 1294] s. f. *1* (*anat.*) Apertura posteriore della cavità orale che mette in comunicazione questa con la laringe e la faringe, attraverso la quale passa il cibo e dove hanno sede le corde vocali: *infiammazione, mal di g.* | ***Avere un nodo alla g.***, (*fig.*) essere sul punto di piangere per commozione | ***Rimanere in g.***, (*fig.*) detto di cose invano desiderate. *2* Con riferimento alle funzioni nutritive, dà origine a varie locc. | ***Col boccone in g.***, appena mangiato | ***Essere, restare a g. asciutta***, non aver mangiato né bevuto; (*fig.*) essere privo di qlco. che si desidera molto | ***Mentire per la g.***, sfacciatamente. *3* Con riferimento alla funzione vocale, dà origine a varie locc. | ***Gridare a piena g.***, con forza | ***Ricacciare in g. le parole, le offese a qlcu.***, ribatterle con forza | (*fig.*) ***G. profonda***, nel gergo giornalistico, chi rivela notizie riservate; informatore, spia. *4* (*est.*) Parte anteriore del collo | ***Prendere per la g.***, (*fig.*) costringere qlcu. a fare qlco. controvoglia, approfittando della sua debolezza | ***Avere l'acqua alla g.***, (*fig.*) essere in una grave difficoltà | ***Mettere il coltello alla g. di qlcu.***, (*fig.*) costringerlo a fare qlco. con la forza. *5* Nella teologia cattolica, uno dei sette vizi capitali, consistente nello smodato desiderio di alimenti: *la g., il sonno e l'oziose piume / hanno del mondo ogni virtù sbandita* (PETRARCA) | (*est.*) Golosità | (*fig.*) ***Prendere per la g.***, indurre qlcu. a qlco. approfittando della sua golosità | (*fig.*) ***Fare g.***, suscitare forte desiderio, bramosia e sim.: *una carica che gli fa g.* *6* (*fig.*) Stretta apertura, passaggio angusto: *la g. del camino, della fornace* | ***La g. di un burrone, di un fossato e sim.***, la parte più stretta e profonda | ***La g. di un vaso, di un recipiente***, la parte più stretta, subito sotto la bocca | (*mil.*) Apertura per la quale si accede a un bastione, a un ridotto o a simili opere dell'antica fortificazione | ***Fronte di g.***, nella moderna organizzazione difensiva del terreno, parte del caposaldo opposta a quella che sbarra la direzione d'attacco del nemico. *7* (*geogr.*) Stretto passaggio tra due monti. ➡ ILL. p. 2130, 2132 SCIENZE DELLA TERRA ED ENERGIA. *8* In varie tecnologie, scanalatura, incavo: *la g. di una carrucola, della puleggia* | (*mar.*) Forcella posta all'estremità di un'antenna per consentirne l'articolazione all'albero. *9* (*arch.*) Modanatura classica la cui sezione ha profilo formato da due archi di cerchio raccordati in modo da formare una S. || PROV. Ne ammazza più la gola che la spada. || **golàccia**, pegg. | **golétta**, dim. (V.) | **golétto**, dim. m. | **golino**, dim. m.

gòlden boy /golden'bɔi, *ingl.* 'gəʊldn 'bɔɪ/ [loc. ingl., propr. 'ragazzo (*boy*) d'oro (*golden*)'; 1970] loc. sost. m. inv. (pl. ingl. *golden boys*) ● Giovane uomo ricco e di grande successo.

gòlden delicious /'gɔlden de'liʃus, *ingl.* 'gəʊldn dɪ'lɪʃəs/ [ingl., da *delicious* (V.) con l'agg. *golden*, propr. 'aureo' (da *gold* 'oro', di orig. indeur.), frequentemente attribuito a qualità superiore di mele] **A** loc. sost. m. inv. ● Varietà coltivata di melo dal frutto di color giallo e dal sapore delicato. **B** loc. sost. f. inv. ● Il frutto di tale albero.

gòlden gol /'gɔlden'gɔl/ [dall'ingl. *golden* 'd'oro' (*gold* 'oro') e *gol*; 1997] loc. sost. m. inv. ● (*sport*) In alcuni tornei di calcio e di altri sport, il primo gol, segnato nel corso dei due tempi supplementari, che decide l'incontro terminato in parità nei tempi regolamentari.

golden retriever /'golden ri'triver, *ingl.* gəʊldn rɪ'triːvəɹ/ [loc. ingl., propr. 'cane da riporto (*retriever* dal v. *to retrieve* 'recuperare, ritrovare') d'oro (*golden*)'] s. m. inv. (pl. ingl. *golden retrievers*) ● (*zool.*) Cane dotato di una folta pelliccia di colore biondo dorato, adatto all'addestramento per l'indole docile e per l'intelligenza vivace.

golden share /*ingl.* 'gəʊldn 'ʃɛəɹ/ [loc. ingl., propr. 'quota (*share*) d'oro (*golden*)'; 1989] loc. sost. f. inv. (pl. ingl. *golden shares*) ● (*econ.*) Quota azionaria che conferisce a un azionista di minoranza il diritto di veto su certe decisioni relative all'impresa.

goldoniàno [1765] agg. ● Che si riferisce al commediografo C. Goldoni (1707-1793) e al suo stile | Dell'epoca e della società rappresentata nelle commedie di Goldoni.

goleada /*sp.* gole'aðа/ [vc. sp., da *golear* 'segnare reti', da *gol* 'gol'; 1970] s. f. (pl. *goleade* o sp. *goleadas*) ● (*sport*, *gerg.*) Grande numero di gol realizzati in una partita di calcio, spec. da una sola delle due squadre: *fare una g.*

goleador /*sp.* golea'ðɔr/ [vc. sp., da *gol*, sul modello di *toreador* (V.); 1945] s. m. inv. (pl. sp. *goleadores*) ● Nel calcio, giocatore, spec. attaccante, che segna molti gol. SIN. Cannoniere nel sign. 2.

goleàta s. f. ● Adattamento di *goleada* (V.).

gòlem [dal nome attribuito, nella leggenda giudaica, all'essere creato magicamente dai Cabalisti; 1931] s. m. inv. ● Creatura senza spirito, automa.

golèna [etim. discussa: da *gola* (dell'argine) (?); av. 1710] s. f. ● Terreno compreso entro gli argini dei fiumi, invaso dalle acque in periodi di piena.

golenàle agg. ● Di golena: *argine g.*

goleria [1869] s. f. ● (*raro*) Ghiottoneria.

golétta (1) [av. 1529] s. f. *1* Dim. di *gola*. *2* (*tosc.*) Striscia di tessuto bianco o piccolo colletto fissato al giro del collo | Striscia di tela finissima smerlata e ricamata, che le donne portavano al collo | †Collare dei preti. *3* Nelle antiche armature, gorgiera. *4* †Collana, monile. *5* Taglio di carne bovina, tratto dalla parte anteriore del collo. || **golettàccia**, pegg. | **golettina**, dim. | **golettóna**, accr.

golétta (2) [fr. *goélette*, da *goéland*, con mutato suff., propr. 'gabbiano', di orig. bretone; 1824] s. f. ● Imbarcazione a vela a due alberi, con albero maestro di uguale altezza o più basso del trinchetto. SIN. Schooner | ***G. a palo***, con tre alberi a vele auriche | ***G. a gabbiola***, con una vela quadra armata sul trinchetto.

golf (1) /gɔlf/ [ingl. *golf*, dal neerl. *kolf* 'bastone'; 1825] s. m. ● Gioco consistente nell'inviare, attraverso una successione di colpi effettuati con appositi bastoni, una pallina di materiale compresso in buche sistemate lungo un percorso naturale variamente attrezzato e curato. ➡ ILL. p. 2154 SPORT.

golf (2) /gɔlf/ [ingl. *golf(-coat)* '(giacca da) golf'; 1915] s. m. ● Indumento di maglia di lana o altro filato, chiuso o abbottonato sul davanti, con maniche lunghe. || **golfétto**, dim. | **golfettino**, dim. | **golfino**, dim. || **golfóne**, accr.

golfàre o †**golfàro** [gr. *gomphárion*, dim. di *gómphos* 'cavicchio', di orig. indeur.; 1889] s. m. ● (*mar.*) Anello metallico solidamente fissato sul ponte di una nave. SIN. Spina.

golfista [1955] s. m. e f. (pl. m. *-i*) ● Chi pratica il gioco del golf.

golfistico agg. (pl. m. *-ci*) ● Relativo al gioco del golf: *club g.* || **golfisticaménte**, avv. (*raro*) Dal punto di vista del gioco del golf: *una nazione golfisticamente progredita*.

gólfo (1) [gr. tardo *kólphos* per il class. *kólpos*, con mutamento di difficile spiegazione; 1321] s. m. *1* (*geogr.*) Seno di mare con larga apertura e seni minori, baie, anse, cale: *g. di Genova, di Napoli* | ***Corrente del Golfo***, (*per anton.*) ampia e potente corrente marina che parte dal golfo del Messico e attraverso l'oceano Atlantico settentrionale arriva alle coste nord-europee portandovi acque calde d'origine equatoriale | (*mar.*) ***A g. lanciato***, per linea retta, da un capo all'altro di un golfo, da una punta all'altra della costa. *2* (*mus.*) ***G. mistico***, nella sala di un teatro, spazio riservato ai suonatori dell'orchestra, situato a un livello inferiore a quello della platea.

†**gólfo** (2) [da *gonfio* con sovrapposizione di *bolso* (?); av. 1388] agg. ● (*raro*) Comodo, fornito di agi.

goliardàta [comp. di *goliard(o)* e del suff. *-ata*; 1985] s. f. ● Azione che riflette lo spirito libero e gaudente della goliardia | (*est.*) Scherzo, burla, bravata.

goliardìa [1947] s. f. *1* Insieme dei goliardi. *2* Tradizione goliardica | Spensieratezza e spirito da goliardi.

goliàrdico [1905] agg. (pl. m. *-ci*) ● Di, da goliardo: *canto g.* | ***Berretto g.***, cappello degli studenti universitari, con la tesa anteriore appuntita e variamente colorato a seconda della facoltà che rappresenta. || **goliardicaménte**, avv. In modo tipico da goliardo.

goliàrdo [ant. fr. *gouliard*, da *Golia*, il personaggio biblico che nel Medioevo rappresentava il diavolo protettore dei dissoluti clerici vaganti, i quali chiamavano sé stessi della famiglia di Golia (*familia Goliae*), con sovrapposizione di *goule* 'gola' nel senso di 'ingordigia'; sec. XIV] s. m. *1* Nel Medioevo, studente ecclesiastico che, trasferitosi nei centri cittadini per compiere gli studi universitari, progressivamente si laicizzava finendo per condurre una vita irregolare e gaudente | (f. *-a*) In epoca moderna, studente universitario, con riferimento alla vita libera e spensierata che si ritiene caratteristica del periodo degli studi. *2* (*est.*, *raro*) Cappello goliardico.

gollismo [dal n. del generale Ch. De Gaulle (1890-1970), con adatt. dovuto all'acquisizione orale; 1948] s. m. ● Tendenza politica che si ispira alle idee del generale francese Charles De Gaulle, improntata cioè al nazionalismo e a un forte accentramento di poteri nelle mani del capo dello Stato.

gollista [1942] **A** agg. (pl. m. *-i*) ● Proprio di De Gaulle e dei suoi sostenitori: *politica g.*; *partito g.* **B** s. m. e f. (pl. m. *-i*) ● Fautore del gollismo.

goloseria [1933] s. f. ● Golosità.

golosità o †**golositàde**, †**golositàte** [da *goloso*; av. 1292] s. f. *1* Caratteristica di chi è goloso: *una g. proverbiale*. SIN. Ghiottoneria. *2* Cosa ghiotta: *piatto pieno di g.* | (*fig.*) Ciò che suscita vivo desiderio e curiosità: *questa notizia è una vera g.* SIN. Ghiottoneria.

♦**golóso** [lat. *gulōsu(m)*, da *gŭla* 'gola'; 1300 ca.] **A** agg. *1* Che ha il vizio della gola | Ghiotto: *g. di dolciumi, di cibi piccanti.* *2* (*fig.*) Avido, voglioso: *g. di pettegolezzi.* **3** (*raro*) Appetitoso: *cibo g.* || **golosaménte**, avv. Con golosità. **B** s. m. (f. *-a*) ● Persona golosa. || **golosàccio**, pegg. | **golosétto**, dim. | **golosino**, dim. | **golosóne**, accr.

†**gólpe** (**1**) ● V. *volpe* (*1*).

gólpe (**2**) o **vólpe** (**2**) [da *golpe* (*1*): per l'aspetto della spiga, simile a una coda di volpe (?); av. 1749] s. f. ● (*bot.*) Carbone, nel sign. A4.

golpe (**3**) /sp. ˈgolpe/ [vc. sp., propr. 'colpo', sottinteso *de Estado* 'di Stato'; 1960] s. m. inv. (pl. sp. *golpes*) ● Colpo di Stato, spec. quando sia attuato dagli alti ufficiali delle Forze Armate in un paese dell'America Latina | (*polit.*) *G. bianco*, sovvertimento degli assetti costituzionali attuato senza l'uso della forza da parte delle forze di governo.

†**golpeggiàre** ● V. *volpeggiare.*

golpìsmo [da *golpe* (*3*); 1978] s. m. ● Tendenza ad attuare o favorire un golpe.

golpista [da *golpe* (*3*); 1966] s. m. e f. (pl. m. *-i*) ● Autore o fautore di un golpe.

golpistico [1983] agg. (pl. m. *-ci*) ● Relativo a un golpe: *tentativi golpistici.*

†**golpóne** ● V. *volpone.*

gomarìsmo [dal n. del teologo fiammingo F. *Gomar* (1563-1641) con il suff. *-ismo*] s. m. ● (*relig.*) Dottrina teologica sviluppatasi nell'ambito del calvinismo olandese che sostiene una interpretazione rigida della predestinazione.

†**gómbito** e *deriv.* ● V. *gomito* e *deriv.*

gòmena (o *-ó-*), (*evit.*) **gomèna**, (*raro*) **gómona** [etim. incerta; 1445] s. f. ● (*mar.*) Grosso canapo formato da tre corde intrecciate, usato per ormeggio o rimorchio | Un tempo, misura di lunghezza, pari a un decimo del miglio marino.

†**gomicciolo** [da *gomitolo* con sovrapposizione di *gomicello*; av. 1562] s. m. ● (*tosc.*) Piccolo gomitolo.

†**gomicèllo** [lat. parl. **glomiscĕllu(m)*, dim. di *glŏmu(m)* 'ghiomo, gomitolo'; av. 1294] s. m. ● Gomitolo.

†**gomire** ● V. *vomire.*

gomitàre [da *gomito*; 1943] v. tr. (*io gòmito*) ● (*raro*) Colpire col gomito, spingere a gomitate: *nella calca uno degli spettatori lo gomitò nella schiena.*

gomitàta o (*tosc.*) †**gombitàta** [da *gomito*; 1525] s. f. ● Colpo di gomito: *dare, ricevere una g.* | ***Fare a gomitate***, farsi largo a fatica tra la folla; (*fig.*) cercare di superare gli altri con ogni mezzo, di andare avanti ad ogni costo.

gomitièra [1959] s. f. ● Nella scherma di sciabola e nell'hockey su ghiaccio, parte dell'equipaggiamento in cuoio o tela imbottita, fissato al gomito per proteggerlo da eventuali colpi.

gómito o (*tosc.*) †**gómbito**, †**góvito** [lat. *cŭbitu(m)*, di etim. incerta; 1336 ca.] s. m. (pl. *-i*, m., †*gomita*, f.) **1** (*anat.*) Regione dell'arto superiore in cui il braccio si articola con l'avambraccio: *stare con i gomiti sulla tavola*; *dolore di g.* | (*fig.*) ***Lavorare g. a g. con qlcu.***, a stretto contatto | ***G. del tennista***, processo infiammatorio che colpisce l'articolazione del gomito, frequente nei giocatori di tennis | ***Farsi avanti a forza di gomiti***, dando gomitate; (*fig.*) cercare di ottenere qlco. a tutti i costi | (*fig.*) ***Alzare il g.***, bere in modo eccessivo | ***Stare gomito a gomito, a contatto di gomito***, stare molto vicino, a stretto contatto | ***Darsi di g.***, urtare leggermente qlcu. nel braccio per sottolineare con malizia una circostanza o richiamare la sua attenzione su fatti o persone | (*fig.*) ***Olio di g.***, energico impegno in un lavoro manuale. **2** (*est.*) Parte della manica che copre il gomito: *il vestito ha i gomiti molto sciupati.* **3** (*est.*) Elemento, dispositivo, raccordo e sim., di struttura angolata, simile a un gomito: *il g. di un tubo* | ***Fare un g.***, piegarsi ad angolo | ***A g.***, fortemente angolato: *curva a g.*; *albero a g.* | ***G. di mare***, canale marino, braccio di mare. || †**gomitèllo**, dim.

gomitolo [dim. di †*ghiomo* (con sovrapposizione di *gomito* (?)); sec. XIII] s. m. **1** Palla formata da filo o spago avvolto ordinatamente su sé stesso: *g. di lana, di cotone*; *fare, disfare un g.* | ***Capo del g.***, estremità del filo | (*est.*) Viluppo approssimativamente rotondo di qlco.: *fare un g. con i propri abiti* | ***Far g.***, raggomitolarsi. **2** †Raggiro. || **gomitolétto**, dim. | **gomitolino**, dim. | **gomitolóne**, accr.

gómma [lat. **gŭmma(m)*, per *gŭmmi* o *cŭmmi*, dal gr. *kómmi*, di orig. egiz.; av. 1350] s. f. **1** Liquido denso e vischioso, generato dalla metamorfosi di alcuni tessuti di certe piante, che fuoriesce da incisioni, e indurisce a contatto con l'aria: *g. arabica, adragante* | ***G. della seta***, sericina | ***G. lacca***, V. anche *gommalacca* | ***G. gutta***, V. anche *gommagutta* | ***G. americana***, chewing-gum | ***G. naturale, elastica***, caucciù | ***G. sintetica***, ottenuta per polimerizzazioni di monomeri, di diversa composizione chimica ma di caratteristiche fisiche simili a quelle della gomma naturale. **2** Pezzetto di gomma per cancellare: *g. da inchiostro, da matita* | ***G. pane***, molto morbida. **3** Pneumatico di un veicolo: *le gomme dell'automobile, della bicicletta* | ***G. a terra***, pneumatico sgonfio | ***G. rigenerata***, rifusa e riplasmata | ***Vincere di una g.***, nel linguaggio ciclistico, imporsi di pochissimo in una volata | ***Trasporto su g.***, quello effettuato con camion e autotreni sulla rete stradale (distinto da quello per ferrovia). **4** (*med.*) Formazione patologica nodosa, a evoluzione erosiva, di origine infettiva: *g. luetica, tubercolare, lebbrosa.* || **gommìna**, dim. (V.) | **gommino**, dim. m. (V.).

gommage /fr. gɔˈmaʒ/ [vc. fr., deriv. del v. *gommer* 'cancellare o attenuare le impurità della pelle' con il suff. *-age*; 1992] s.m. inv. ● Trattamento cosmetico mediante apposite creme per una pulizia approfondita della pelle spec. del viso. CFR. Peeling | La crema stessa.

gommagùtta o **gómma gùtta** [fr. *gommegutte*, propr. 'goccia (dal lat. *gŭtta*) di gomma (*gomme*)'; 1677] s. f. ● Gommoresina di alcune garcinie, usata come colorante e, scarsamente, in medicina.

gommàio [1920] s. m. (f. *-a*) ● (*tosc.*) Gommista.

gommalàcca o **gómma làcca** [per *gomma lacca*, perché *'lacca* estratta per incisione al modo stesso della *gomma'*; 1721] s. f. (pl. *gommalàcche*) ● Resina ottenuta su certi alberi asiatici dalla secrezione di alcuni insetti; usata per vernici, ceralacca, mastici, come isolante elettrico, nella concia del cuoio, nella preparazione di tessuti chimicamente resistenti.

gommapiùma® [da intendersi *gomma* (leggera come una) *piuma*; 1950] s. f. (pl. *gommepiùme*) ● Prodotto di sintesi spugnoso, a pori finissimi, leggero, elastico e resistente, usato per materassi, cuscini, rivestimenti protettivi e sim.

gommàre [da *gomma*; av. 1519] v. tr. (*io gómmo*) **1** Spalmare di gomma: *g. la carta, un tessuto.* **2** Munire di pneumatici: *g. un'auto.*

gommarèsina o **gommarésina** ● V. *gommoresina.*

gommaspùgna [comp. di *gomma* e *spugna*] s. f. ● Gommapiuma.

gommàto [av. 1519] part. pass. di *gommare*; anche agg. **1** Spalmato di gomma | ***Tessuto g.***, indurito, irrigidito o impermeabilizzato con appretti a base di gomma o resina. **2** Fornito di pneumatici: *ruota gommata.*

gommatùra [1956] s. f. **1** Operazione del gommare: *g. di un tessuto, della carta.* **2** Complesso di gomme di cui è fornito un autoveicolo: *g. nuova, vecchia.*

gommìfero [comp. di *gomma* e *-fero*; av. 1597] agg. ● Che produce gomma.

gommifìcio [1963] s. m. ● Stabilimento in cui si lavora la gomma.

gommìna [1987] s. f. **1** Dim. di *gomma.* **2** Piccola gomma per cancellare. **3** *Gommina*®, sostanza gelatinosa che si mette sui capelli per irrigidirli e fissarne la pettinatura.

gommìno [dim. di *gomma*; 1963] s. m. ● Oggetto di gomma di piccole dimensioni, spec. per la chiusura ermetica di bottiglie contenenti medicinali, profumi e sim.

gommista [1959] s. m. e f. (pl. m. *-i*) ● Chi vende, ripara o monta pneumatici.

gommonàuta [comp. di *gommo(ne)* e *-nauta*; 1979] s. m. e f. (pl. m. *-i*) ● Chi possiede o guida un gommone.

gommóne [1964] s. m. ● Battello pneumatico. || **gommoncino**, dim.

gommorèsina o **gommorésina**, **gommarèsina** [comp. di *gomma* e *resina*; 1754] s. f. ● Miscuglio di gomma, resine e talvolta oli essenziali, prodotto dall'essudazione di diverse piante, impiegato spec. nelle preparazioni farmaceutiche e in profumeria.

gommòsi [comp. di *gomm(a)* e *-osi*; 1884] s. f. inv. ● (*bot.*) Disgregazione dei tessuti vegetali con formazione di sostanze mucillaginose dovuta all'azione di Funghi o di batteri: *g. della barbabietola, dell'ulivo.*

gommosità [1576] s. f. ● Proprietà di ciò che è gommoso.

gommóso [1499] agg. **1** Che ha, produce gomma. **2** (*est.*) Simile alla gomma: *sostanza gommosa.*

†**gómona** ● V. *gomena.*

gònade [vc. dotta, dal gr. *gonḗ*, *gónos* 'generazione, riproduzione', dal v. *gignésthai* 'generare', di orig. indeur., con l'aggiunta di un elemento *-ade* tratto dall'equivalente lat. *gónas*, pl. *gónades*; 1933] s. f. ● (*anat.*) Ghiandola della riproduzione sessuale, che produce gli elementi germinali maschili o femminili.

gonadectomìa [comp. di *gonad(e)* e un deriv. del gr. *ektomḗ* 'taglio', da *ektémnein* 'tagliar (*témnein*) via (*ek-*)'] s. f. ● (*med.*) Castrazione.

gonadectomizzàre v. tr. ● (*med.*) Castrare.

gonàdico [da *gonade*] agg. (pl. m. *-ci*) ● (*anat.*) Riferito alle gonadi.

gonadotropìna [comp. di *gonad(e)*, *tropo-* e *-ina*] s. f. ● (*med.*) Ormone che promuove lo sviluppo delle ghiandole sessuali.

gonadòtropo [comp. di *gonad(e)* e *-tropo*] agg. ● Detto di ormone prodotto spec. dal lobo anteriore dell'ipofisi, che presiede alle funzioni delle gonadi.

gonalgìa [comp. del gr. *góny* 'ginocchio', di orig. indeur., e *-algia*; 1834] s. f. ● (*med.*) Dolore al ginocchio.

gonartrite [comp. del gr. *góny* 'ginocchio', di orig. indeur., e *artrite*] s. f. ● (*med.*) Artrite del ginocchio.

góndola [etim. discussa: gr. *kondóura* '(nave dalla) coda (*ourá*) corta (*kontḗ*)' con sovrapposizione di *dondola(re)* (?); 1314] s. f. **1** Barca lunga, piatta, sottile, con scafo asimmetrico, tipica della laguna veneta, da trasporto e spec. da diporto per la circolazione nei canali, ornata di un pettine a prua e talvolta di felze al centro. **2** (*aer.*) Membratura di un aereo ben carenata per alloggiare un qualche dispositivo. **3** Nei supermercati, scaffalatura lunga e bassa per l'esposizione della merce. || **gondolétta**, dim. | **gondolina**, dim.

gondolièra s. f. ● (*mus.*) Composizione molto simile alla barcarola, ispirata all'ambiente veneziano.

gondolière o (*raro*) **gondolièro** [1584] s. m. ● Rematore della gondola.

gonfalóne o †**confalóne** [fr. ant. *gonfalon*, per dissimilazione da *gonfanon*, in francone **gundfano* 'bandiera (*fano*) di guerra (*gund*)'; av. 1292] s. m. **1** Bandiera delle antiche milizie. **2** (*est.*) Insegna degli antichi comuni, o di determinate magistrature o corporazioni cittadine | Vessillo di associazioni, enti, società, confraternite | Stendardo degli attuali comuni, province e regioni italiane.

gonfalonieràto [1525] s. m. ● Titolo, ufficio e dignità di gonfaloniere | Durata di tale carica.

gonfalonière o †**confalonière**, †**gonfalonièri**, †**gonfalonièro** [ant. fr. *gonfalonier*, da *gonfanon* 'gonfalone'; av. 1292] s. m. **1** Chi porta il gonfalone. SIN. Alfiere, vessillifero. **2** Magistrato dei comuni medievali, dapprima con specifiche funzioni e, in seguito, capo del governo civile: *g. di giustizia*; *gran g.* **3** (*est.*) †Guida, capo.

gonfiàbile [1929] agg. ● Che si può gonfiare: *canotto g.*

gonfiàggine [sec. XIV] s. f. **1** Boria ridicola. **2** †Gonfiore.

gonfiàggio [da *gonfi(o)* con il suff. negativo *-aggine*] s. m. **1** (*raro*) Gonfiatura (*anche fig.*). **2** (*fig.*) | Aumento artificioso, maggiorazione: *il g. di un prezzo, di una stima patrimoniale.*

gonfiagòte [comp. di *gonfia(re)* e il pl. di *gota*; av. 1729] s. m. e f. inv. ● (*disus.*) Persona boriosa.

gonfiaménto [av. 1348] s. m. **1** (*raro*) Il gonfiare, il gonfiarsi. **2** (*fig.*) Adulazione. **3** (*raro*) Gonfiezza, gonfiore.

gonfianùvoli o (*raro, tosc.*) **gonfianùgoli** [comp. di *gonfia(re)* e il pl. di *nuvolo*; 1618] s. m. e f. inv. ● (*disus.*) Persona boriosa e vanagloriosa | Chi è facile a promesse che poi non mantiene.

♦**gonfiàre** [lat. *conflāre* 'riunire assieme (*cŭm*) col soffiare (*flāre*, di prob. orig. espressiva)', poi sin. di *inflāre* 'soffiare (*flāre*) dentro (*ĭn*)'; 1313] **A** v. tr. (*io gónfio*) **1** Dilatare con fiato, gas o aria una cavità dalle pareti elastiche: *g. un pallone, le gomme di* *una bicicletta* | ***G. il vetro***, soffiarlo | ***G. le gote***, con l'aria dei polmoni, chiudendo la bocca | ***G. le vele***, detto del vento che, soffiandovi sopra, le distende e rende convesse | †***G. le trombe***, soffiarvi dentro col fiato. ***2*** (*est.*) Aumentare il volume di qlco.: *il cibo eccessivo gonfia lo stomaco*. ***3*** (*fig.*) Far apparire qlcu. o qlco. più importante di quello che è | ***G. una persona***, accrescerne i meriti | ***G. una notizia***, esagerarne la portata. **C** v. intr. e intr. pron. (aus. *essere*) (assol.; + *di*; let.. + *da*) ***1*** Diventare gonfio aumentando di volume: *i fiumi gonfiano con le piogge troppo abbondanti*; *con l'umidità il legno si gonfia*; *mi si è gonfiata una mano* | Riempirsi, accrescersi: *i suoi occhi si gonfiarono di lacrime*; *molte città continuano a gonfiarsi di miserabili bidonvilles*. ***2*** (*fig.*) Insuperbire, inorgoglire: *si gonfia quando gli fanno complimenti*; *Si gonfia dal contento* (GOLDONI). **C** v. intr. (aus. *essere*) ● (*raro, fig.*) Provare rabbia o stizza.

gonfiàto [1313] part. pass. di *gonfiare*; anche agg. ***1*** Nei sign. del v. | (*fig.*) Esagerato, montato: *una notizia gonfiata*. ***2 Pallone g.***, (*fig.*) persona che si vanta e gode di considerazione molto superiore al suo valore. || **gonfiataménte**, avv.

gonfiatóio [sec. XV] s. m. ● Strumento per gonfiare gomme, palloni e sim.

gonfiatóre [av. 1557] agg.; anche s. m. (f. *-trice*) ● (*raro*) Che (o Chi) gonfia.

gonfiatùra [1563] s. f. ***1*** Operazione del gonfiare. ***2*** (*fig.*) Esagerazione, montatura: *la g. di un fatto di cronaca*. ***3*** (*fig.*) Adulazione.

gonfiétto [av. 1601] s. m. ***1*** Dim. di *gonfio*. ***2*** (*tosc.*) Gonfiatoio.

gonfiézza [av. 1565] s. f. ***1*** Condizione o stato di ciò che è gonfio | ***G. di un torrente***, ingrossamento | (*fig.*) ***G. di stile***, ampollosità ***2*** (*fig., raro*) Boriosità, alterigia.

♦**gónfio** [per *gonfi(at)o*; 1350] **A** agg. (assol.; + *di*; + *da*) ***1*** Gonfiato: *occhi gonfi di sonno, di pianto*; *gli occhi gonfi dal sonno* (PIRANDELLO) | ***Fiume, torrente g.***, ingrossato dalla piena: *il fiume g. e feroce tra le rive gelate* (BACCHELLI) | ***Stomaco g.***, appesantito dal cibo | ***Vena gonfia***, dilatata | ***Andare a gonfie vele***, (*fig.*) procedere nel migliore dei modi. ***2*** (*fig.*) Pieno, traboccante: *individuo g. di superbia*; *animo g. di orgoglio*; *parole gonfie d'ira*; *si sentiva il cuore g. dal disprezzo* (VERGA). ***3*** (*fig.*) Ampolloso, ridondante: *stile g.*; *frasi gonfie*. ***4*** (*fig.*) Borioso, vanitoso, tronfio. ***5*** (*pop.*) Gravido: *donna gonfia*. || **gonfiaménte**, avv. **B** s. m. ***1*** Gonfiezza, rigonfiamento: *l'abito gli faceva un g. sulla spalla*. ***2*** (*raro*) Gonfiore: *avere un g. nella nuca*. || **gonfiétto**, dim. (V.) | **gonfióne**, accr. (V.) | **gonfiùccio**, dim.

gonfióne [1869] s. m. (f. *-a*) ***1*** Accr. di *gonfio*. ***2*** (*spreg.*) Persona grassa ma flaccida. ***3*** (*fig.*) Persona boriosa o irascibile. || **gonfionàccio**, pegg.

gonfióre [1734] s. m. ***1*** Tumefazione. ***2*** Malattia di alcuni formaggi a pasta dura dovuta a fermentazioni anomale.

gonfrèna [vc. dotta, lat. *gromphǣna(m)*, dal gr. *grómphaina*, propr. 'pianta da maiali' (*gromphás* 'scrofa', di orig. espressiva); 1834] s. f. ● Pianta erbacea ornamentale delle Amarantacee con infiorescenze a capolino rosso-violacee (*Gomphrena*).

gong /gɔng/ [malese *gugg*: di orig. imit. (?); 1823] s. m. ● Strumento a percussione originario dell'Asia orientale, formato da una piastra metallica rotonda, leggermente concava, che viene messa in vibrazione battendovi con un mazzuolo. ➡ ILL. **musica**.

gongolaménto [1869] s. m. ● Il gongolare.

gongolànte [av. 1803] part. pres. di *gongolare*; anche agg. ● Che manifesta grande soddisfazione e contentezza: *è tutto g.*

gongolàre [vc. onomat.; 1353] v. intr. (*io góngolo*; aus. *avere*) ● Manifestare visibilmente un sentimento intimo di soddisfazione, di contentezza: *g. di gioia*; *Santo … gongolava, guardando i capelli rossi della sposa* (VERGA).

gongorìsmo [sp. *gongorismo*, dal n. del poeta L. de Argote y *Góngora* (1561-1627); 1909] s. m. ● Stile letterario barocco e prezioso, proprio del poeta spagnolo L. de Argote y Góngora.

gongorista [av. 1869] s. m. e f.; anche agg. (pl. m. *-i*) ● Seguace del gongorismo.

góngro ● V. *grongo*.

-gonia [gr. *-gonía*, in astratti corrispondenti ai s. in *-gónos*, dalla radice indeur. *g'n* 'generare'] secondo elemento ● In parole composte dotte della terminologia scientifica, significa 'generazione', 'origine': *cosmogonia, sporogonia, teogonia*.

gonìdio [dal gr. *gonḗ* 'nato, generato', da *gignésthai* 'generare', di orig. indeur.] s. m. ● (*bot.*) Cellula verde che si trova isolata nel tallo dei licheni, costituita da un'alga unicellulare che, in simbiosi con un fungo, costituisce appunto il lichene ed esplica la funzione clorofilliana.

gònio- [gr. *gōnía* 'angolo' (in rapporto con *góny* 'ginocchio', di orig. e diffusione indeur.)] primo elemento ● In parole composte della terminologia scientifica e tecnica, significa 'angolo': *goniografo, goniometro*.

gònio [gr. *gónos* 'generazione'] secondo elemento ***1*** In parole composte della terminologia biologica, indica cellule germinali maschili o femminili: *oogonio*. ***2*** In parole composte della terminologia botanica, indica un organo che dà origine a cellule riproduttive: *archegonio, sporogonio*.

goniògrafo [comp. di *gonio-* e *-grafo*; 1933] s. m. ● Strumento destinato a tracciare direttamente gli angoli.

goniometrìa [comp. di *gonio-* e *-metria*; 1820] s. f. ● Misurazione degli angoli.

goniomètrico [da *goniometria*; 1869] agg. (pl. m. *-ci*) ● Relativo alla goniometria.

goniòmetro [comp. di *gonio-* e *-metro*; 1828] s. m. ● Strumento per misurare gli angoli.

♦**gònna** o **gònna** [lat. tardo *gŭnna(m)* 'pelle, pelliccia', di orig. straniera (gallico); 1321] s. f. ***1*** Indumento femminile che copre la parte del corpo dalla vita in giù, di foggia e lunghezza variabili a seconda della moda: *g. a pieghe, svasata, diritta* | ***G. pantalone***, V. *pantalone* (*1*). ***2*** †Pelle d'animale. ***3*** †Tunica dell'occhio. ***4*** †Spoglio. ***5*** (*autom., spec. al pl.*) Protezione montata lateralmente e posteriormente alle ruote di un camion per evitare, in caso di pioggia, la formazione di una scia d'acqua. || **gonnèlla**, dim. (V.).

gonnèlla [1182] s. f. ***1*** Dim. di *gonna*. ***2*** Gonna, sottana | ***Stare attaccato alla g. della mamma***, (*fig.*) starle sempre vicino e obbedirle in tutto | (*fig., iron.*) ***In g.***, per attribuire genere grammaticale femminile a professioni prevalentemente maschili: *è una donna molto energica, un vero sergente in g.* ***3*** (*est.*) Donna: *qui comandano le gonnelle* | ***Rincorrere le gonnelle***, essere un donnaiolo. || **gonnellàccia**, pegg. | **gonnellétta**, dim. | **gonnellina**, dim. | **gonnellino**, dim. m. (V.) | **gonnellóna**, accr.

gonnellino [av. 1446] s. m. ***1*** Dim. di *gonnella* | Gonna piccola, corta (spec. di pattinatrici, tenniste e sim.). ***2*** Vestito lungo portato un tempo dai bambini molto piccoli. ***3*** Gonna corta maschile tipica del costume tradizionale scozzese. SIN. Kilt.

gòno- [gr. *gónos* 'seme' (V. *-gonia*)] primo elemento ● In parole composte della terminologia scientifica, spec. biologica, significa 'seme', o indica relazione con l'atto generativo: *gonocito*.

-gono [gr. *-gōnos*, corrispondente nei comp. a *gōnía* (V. *gonio-*)] secondo elemento ● In parole composte della terminologia matematica, significa 'angolo': *pentagono, poligono*.

gonocito o **gonocita** [comp. di *gono-* e *-cito*] s. m. ● (*biol.*) Cellula germinativa, da cui trae origine la cellula sessuale.

gonocòccico agg. (pl. m. *-ci*) ● (*biol.*) Riferito a gonococco.

gonocòcco [comp. di *gono(rrea)* e *cocco*; 1885] s. m. (pl. *-chi*) ● (*med.*) Batterio di forma ovale, agente specifico della gonorrea.

gonocorìsmo [comp. di *gono-* e del gr. *chōrismós* 'separazione'] s. m. ● (*biol.*) Condizione che definisce una categoria sistematica nella quale i sessi sono separati.

gonorrèa [vc. dotta, lat. tardo *gonorr(h)ōea(m)*, dal gr. *gonórroia*, comp. di *gónos* 'seme' e *róia* 'flusso'; 1561] s. f. ● (*med.*) Blenorragia.

gonorròico [vc. dotta, lat. tardo *gonorr(h)ōicu(m)*, dal gr. *gonorroïkós* 'relativo alla gonorrea (*gonórroia*)'; 1834] **A** agg. (pl. m. *-ci*) ● Della, relativo alla, gonorrea. **B** agg.; anche s. m. ● Che (o Chi) è affetto da gonorrea.

gonzaghésco agg. (pl. m. *-schi*) ● Relativo alla famiglia dei marchesi Gonzaga di Mantova: *signoria gonzaghesca*.

gónzo [etim. discussa: lat. *verecŭndiu(m)* 'verecondo, vergognoso' con caduta della prima parte *vere-* (?); 1536] agg.; anche s. m. (f. *-a*) ● Che (o Chi) è credulone e facile da ingannare: *quel ragazzo è un g.*; *gabbare i gonzi è facile*. SIN. Sciocco, sempliciotto.

goodbye /gud'bai, gub'bai, *ingl.* ˌgʊd'bae, gə(b)'bae/ [vc. ingl., dalla loc. *God be with you* 'Dio sia con voi'; 1886] inter.; anche s. m. inv. ● Addio, arrivederci.

goodwill /*ingl.* 'gud 'wɪl/ [vc. ingl., propr. 'buona volontà, benevolenza'; 1985] s. m. inv. ● (*econ.*) Avviamento.

gòra [etim. discussa: da una radice mediterr. **gaura* (?); 1281] s. f. ***1*** Fossato o canale che serve a scopi diversi, spec. a portare l'acqua da un fiume a un mulino | Canale murato in cui si conserva l'acqua. SIN. Bottaccio. ***2*** (*lett.*) Stagno, palude (*anche fig.*): *Mentre noi corravam la morta g.* (DANTE *Inf.* VIII, 31); *questa morta g. / ch'ha nome vita* (ARIOSTO) | (*gener.*) Pozzanghera di liquido versato: *il latte ha formato una g. sul pavimento*. ***3*** Traccia che resta su una stoffa male smacchiata | (*est.*) Traccia di sudicio sul viso lasciata da sudore o lacrime | Macchia. || **gorèlla**, dim. | **gorèllo**, dim. m. | **goricina**, dim.

gòrbia [lat. tardo *gŭlbia(m)* per *gūbia(m)* 'sgorbia', di orig. celt.; sec. XIV] s. f. ***1*** Puntale metallico che si applica all'estremità inferiore di bastoni, lance o aste di bandiera per conficcarle in terra. ***2*** Scalpello a taglio semicircolare per intagliare e tornire. SIN. Sgorbia.

gordiàno [dal mitico re frigio *Gordio*, in lat. *Gŏrdiu(m)*, dal gr. *Górdios* e della città da lui fondata; 1499] agg. ● Nella loc. ***nodo g.***, quello inestricabile che, secondo la leggenda, Alessandro Magno tagliò con un colpo di spada; (*fig.*) questione, problema e sim., estremamente difficile e complesso.

gòrdio [dal nodo di *Gordio* (V. *gordiano*), per il suo inviluppo; 1834] s. m. ● Verme acquatico dei Nematomorfi, sottile e filamentoso, di colore bruno (*Gordium aquaticus*).

Gòre-Tex® [dal nome di B. *Gore* che nel 1969 utilizzò in campo tessile un metodo inventato dal padre W. L. Gore (1912-1986) per isolare i cavi elettrici; 1986] s. m. inv. ● Membrana a base di politetrafluoroetilene (PTFE) espanso dotata di elevate caratteristiche di impermeabilità all'acqua e permeabilità al vapore acqueo, utilizzata in diversi settori quali quello tessile, industriale, elettronico e medicale.

†**górga** [lat. tardo *gŭrga(m)*, forma pop. di *gŭrges* 'gorgo'; sec. XIV] s. f. ● Canna della gola. SIN. Strozza.

gorgàta [da *gorga*; av. 1853] s. f. ● (*raro*) Quantità di liquido che si può ingerire a gola aperta. SIN. Sorsata.

gorgheggiaménto [1635] s. m. ● Il gorgheggiare | Gorgheggio.

gorgheggiàre [comp. di *gorga* e *-eggiare*; av. 1562 ca.] **A** v. intr. (*io gorghéggio*; aus. *avere*) ● Cantare eseguendo gorgheggi: *l'usignolo, il canarino, gorgheggia*; *la cantante gorgheggiava*. **B** v. tr. ● Cantare gorgheggiando: *g. una canzone*.

gorgheggiatóre [1618] agg.; anche s. m. (f. *-trice*) ● Che (o Chi) gorgheggia.

gorghéggio (1) [av. 1704] s. m. ● (*mus.*) Fioritura vocale virtuosistica consistente in rapidissime scale o arpeggi.

gorgheggìo (2) [1869] s. m. ● Gorgheggiare continuo, insistente.

gòrgia [fr. *gorge*, della stessa orig. di *gorga* (V.); sec. XIII] s. f. (pl. *-ge*) ***1*** (*lett.*) Gola. ***2*** Parlata gutturale | ***G. toscana***, l'aspirazione del *c* duro e d'altre consonanti caratteristica di gran parte delle parlate toscane. ***3*** †Gorgheggio, trillo.

gorgièra [ant. fr. *gorgière*, da *gorge* 'gorgia, gola'; 1287] s. f. ***1*** Nelle antiche armature, parte posta a protezione della gola | Parte inferiore della maschera che serve a proteggere il collo dello schermidore. ***2*** Collare di tela finissima adorna di pizzi e di ricami in uso nel XVII sec. | Nell'abbigliamento femminile medievale, striscia di tela che fasciava il collo e il mento. ***3*** (*zool.*) †Gola, collo. || **gorgierina**, dim.

górgo [lat. parl. **gŭrgu(m)* per *gŭrges* (V. *gorga*), di orig. onomat.; 1313] s. m. (pl. *-ghi*) ***1*** Punto in cui il letto di un corso d'acqua, abbassandosi, forma cavità di piccole dimensioni | (*est.*) Vortice, mulinello d'acqua: *cadere in un g.* | †***I gorghi del cuore***, i ventricoli. ***2*** (*fig.*) Abisso morale che travolge: *non buttiamo già in un g. senza fondo / le* *nostre vite randagie* (MONTALE) | (*fig.*, *lett.*) ***Gettarsi nel g. dei vizi***, abbandonarsi a una vita dissoluta. **3** (*lett.*) Fiume. || **gorghétto**, **dim.**

gorgogliaménto [sec. XIV] **s. m.** ● (*raro*) Il gorgogliare.

gorgogliàre [lat. parl. **gurguliāre*, denom. di *gurgŭlio* 'esofago', vc. espressiva a raddoppiamento intens.; 1313] **v. intr.** (*io gorgóglio* (o -ò-); aus. *avere*) **1** Rumoreggiare, come fa un liquido che esce da un recipiente o da una stretta apertura, o come l'acqua che passa fra i sassi: *la fontana gorgogliava; il rivo strozzato che gorgoglia* (MONTALE) | (*est.*) Fare uscire la voce tenendo un liquido in gola (ad es. facendo i gargarismi). **2** Brontolare degli intestini. **3** (*chim.*) Di gas quando viene fatto passare in un liquido e lo attraversa in forma di bollicine.

gorgóglio (**1**) (o -ò-) [da *gorgogliare*; 1547] **s. m.** ● Rumore che produce un liquido gorgogliando.

gorgoglìo (**2**) [1717] **s. m.** ● Il gorgogliare continuato.

gorgogliòne [lat. *gurguliōne(m)*, var. di *curculiōne(m)*, vc. espressiva con raddoppiamento intens.; sec. XIV] **s. m.** ● (*zool.*) Afide | Curculionide.

gorgóne o †**gorgóna** [vc. dotta, lat. *Gŏrgona*, dal gr. *Gorgóna*, accr. tratto da *Gorgónes*, pl. di *Gorgṓ* '(mostro dallo) sguardo terribile (*gorgós*, di etim. incerta)'; 1313] **s. f.** **1** Nella mitologia greco-romana, ciascuna delle tre mostruose figlie di Forco, dalla testa orrenda, monocole e con potere di pietrificare chi le guardava. **2** (*fig.*, *lett.*) Donna orrenda o dall'aspetto estremamente sciatto e malcurato.

†**gorgòneo** o **gorgonèo** [vc. dotta, lat. *Gorgŏneu(m)*, dal gr. *Gorgónios*, 'della Medusa (*Gŏrgo*, genit. *Gŏrgonis*)'; 1340] **agg.** **1** Delle Gorgoni. **2** (*fig.*) Spaventoso, orrendo.

gorgònia [vc. dotta, lat. *Gorgŏnia(m)*, dal gr. *Gorgóneion* '(nato dal sangue) della *Gorgona*'; av. 1498] **s. f.** ● Celenterato degli Antozoi che forma colonie cespugliose, vivacemente colorate, con scheletro assiale calcareo o corneo, sui fondi dei mari caldi (*Gorgonia media*).

gorgonzòla [dal n. della città lombarda un tempo di maggior produzione, *Gorgonzola*, dal lat. **Corcondiŏla(m)*, deriv. dal n. della dea *Concŏrdia* o dal personale *Concŏrdius*; 1875] **s. m. inv.** ● Formaggio lombardo, preparato con latte intero, di pasta molle e burrosa, profumo intenso, gusto molto forte e piccante, con venature verdastre dovute alle muffe di stagionatura | ***G. bianco***, pannarone.

†**gorgózza** [lat. parl. **gurgŭtia(m)*, di orig. onomat.] **s. f.** ● Gorgozzule.

gorgozzùle [da †*gorgozza*; sec. XIV] **s. m.** ● (*lett.* o *scherz.*) Canna della gola: *era lunghissimo e magro, con uno smisurato g.* (SACCHETTI) | (*est.*) Gola.

gorilla [dal gr. *Gorillai* (nom. pl.) 'esseri selvaggi femminili', dalla radice senegalese *gor, kor, gur* 'uomo' (?); nel sign. 3, calco sul fr. *gorille*; 1864] **s. m. e f. inv.** **1** Scimmia antropomorfa africana, alta più di un uomo e con pelo bruno-nerastro (*Gorilla gorilla*). ➡ **ILL. animali**/14. **2** (*fig.*) Uomo grande e grosso, di modi rozzi e volgari. **3** (*fig.*) Persona robusta, addetta alla protezione di un personaggio pubblico.

goriziàno [1858] **A agg.** ● Di Gorizia. **B s. m.** (**f.** *-a*) ● Abitante, nativo di Gorizia.

goscìsmo **s. m.** ● Adattamento di *gauchisme* (V.).

goscìsta **agg.**; anche **s. m. e f.** ● Adattamento di *gauchiste* (V.).

gospel /'gɔspel, *ingl.* 'gɒspḷ/ [abbr. dell'ingl. *gospel song*, propr. 'canto biblico', comp. di *gospel* 'vangelo' (alla lettera 'buon annunzio', comp. di *good* 'buono' e *spell* 'formula') e *song* 'canto' (vc. germ. d'orig. indeur.)] **s. m. inv.** ● Canto corale popolare di ispirazione biblica, sviluppatosi tra i neri americani delle grandi città a partire dal sec. XVIII, parallelamente al genere spiritual; è basato su una formula di 'chiamata e risposta' ed è considerato una forma preparatoria del jazz. **CFR.** Spiritual.

gossip /'gɔssip, *ingl.* 'gɒsɪp/ [vc. ingl., propr. 'chiacchiera'; 1957] **s. m. inv.** ● Spec. nel gergo giornalistico, pettegolezzo, chiacchiera.

góta [lat. parl. **gāuta(m)*, di orig. gallica; av. 1292] **s. f.** **1** (*lett.*) Guancia: *le gote bianche paion di cristallo* (L. DE' MEDICI) | †***Stare, sedere in gote***, pieno di contegno. **2** (*lett.*, *fig.*) †Lato. || **gotàccia**, **pegg.** | **gotellina**, **dim.** | **gotina**, **dim.** | **gotino**, **dim. m.** | **gotóne**, **accr. m.** | **gotùzza**, **dim.**

†**gotàta** [1304] **s. f.** ● (*raro*) Colpo dato con la mano sulla gota: *Orlando gli menava una g. / che in sul viso la man riman segnata* (PULCI).

gotàzza ● V. *gottazza*.

Gotha /*ted.* 'go:ta/ [dal n. della città ted. di *Gotha*, dove si pubblicò dal 1763 al 1944 un celebre annuario genealogico di case regnanti e famiglie aristocratiche; 1925] **s. m. inv.** ● Cerchia ristretta di persone che, in un determinato settore di attività, si distinguono per qualità superiori: *il G. del ciclismo europeo*.

gòtico [vc. dotta, lat. *Gŏthicu(m)* 'proprio dei Goti (*Gŏthi*)'; 1554] **A agg.** (**pl. m.** *-ci*) **1** Dei Goti: *lingua gotica* | ***Scrittura gotica***, in uso in tutta l'Europa occidentale dal sec. XII al XV e in Germania fino alla Seconda Guerra Mondiale, caratterizzata dalla spezzatura delle curve, dall'angolosità del tratteggio, dalla riduzione al minimo delle aste ascendenti e discendenti, dalla fusione dei tratti complementari | ***Linea gotica***, linea difensiva predisposta dalle truppe tedesche in Italia nel 1944-45 lungo la dorsale appenninica, tra la Versilia e Rimini. **2** (*est.*, *lett.*) Astruso, barbarico: *io solo ... mi serbavo alieno da tali gotiche credenze* (NIEVO). **3** Detto di ogni prodotto riconducibile nelle sue linee generali alle correnti artistiche sviluppatesi in Europa dal XII agli inizi del XVI sec., e di ogni artista che ad esse si adeguò: *architettura, pittura, scultura gotica*; *architetto, pittore g.* | ***Arco g.***, a sesto acuto | ***G. fiammeggiante***, V. *fiammeggiante* | ***Romanzo g.***, quello nato in Inghilterra nella seconda metà del XVIII sec. che racconta vicende orride, macabre e violente, ambientate in un fantastico, cupo e torbido Medioevo. ➡ **ILL.** p. 2118, 2119 ARCHITETTURA. **B s. m.** solo **sing.** **1** Lingua antica del gruppo germanico, parlata dai Goti. **2** Nella storia dell'arte, periodo che si svolge in Europa dal XII al XVI sec. e che presenta caratteri di estrema varietà nella scultura, nella pittura e nelle arti minori, e soprattutto nell'architettura, che si distingue per la tendenza all'elevazione verticale, con colonne sottili, archi a sesto acuto e volte a crociera: *g. fiammeggiante, fiorito, ornato, internazionale.* ➡ **ILL.** p. 2118, 2119 ARCHITETTURA. **3** Forma particolare, ora abbandonata, assunta dai caratteri dell'alfabeto latino nell'Europa centro-settentrionale | (*fig.*) Scrittura o linguaggio incomprensibile: *ma questo è g.!*

goticùme [comp. di *gotico* e *-ume*; 1869] **s. m.** ● (*spreg.*) Maniera gotica.

gòto [vc. dotta, lat. *Gŏthu(m)*, di etim. discussa: dalla radice *geut-* 'spandere, diffondere' (in got. *giutan*)?; 1441] **s. m.** (**f.** *-a*) ● Ogni appartenente a un'antica popolazione germanica originariamente stanziata nel territorio corrispondente all'odierna Svezia meridionale | ***Goti orientali***, quelli che migrando dalle sedi originarie si fissarono nella Russia meridionale, nella regione compresa fra il Don e il Dnjester, e successivamente invasero varie regioni dell'Europa, stanziandosi definitivamente nell'odierna Spagna. **SIN.** Ostrogoti | ***Goti occidentali***, quelli che, distaccandosi dai Visigoti, si stanziarono dapprima nella Pannonia e nel Norico, invadendo successivamente l'Italia ove stabilirono la loro sede definitiva. **SIN.** Visigoti.

gótta o **gòtta** [lat. *gŭtta(m)* 'goccia' (di orig. espressiva), perché nella medicina mediev. si credeva causata da una 'goccia' umorale; sec. XIII] **s. f.** **1** Malattia dovuta ad abnorme deposito di acido urico nei tessuti, particolarmente in quelli articolari. **2** †Goccia.

†**gottàre** [da *gotto*; sec. XVII] **v. tr.** ● Aggottare.

gottàzza o **gotàzza** [da *gotto*, per la forma; sec. XIV] **s. f.** ● (*mar.*) Cucchiaio per aggottare. **SIN.** Sassola. || **gottazzina**, **dim.**

gòtto [lat. *gŭttu(m)*, di orig. incerta, con sovrapposizione d'altra vc. con *o*; sec. XIV] **s. m.** ● (*region.*) Tazza o bicchiere, con o senza manico, e senza piede | (*est.*) Il contenuto di un gotto: *bere un g. di vino, di birra*.

gottóso [da *gotta*; av. 1347] **A agg.** ● Della gotta. **B agg.**; anche **s. m.** (**f.** *-a*) ● Che (o Chi) è affetto da gotta.

gouache /*fr.* gwaʃ/ [vc. fr., dall'it. *guazzo*] **s. f. inv.** **1** Pittura a guazzo. **2** Tipo di colore diluibile in acqua, di composizione simile all'acquerello.

gourde /*fr.* 'gurdə/ [vc. fr., orig. *piastre gourde* 'moneta d'argento sp.', di etim. discussa: sp. *gorda* 'grossa' (dal lat. *gŭrdus* 'ottuso')?] **s. f. inv.** ● Unità monetaria circolante in Haiti.

gourmandise /*fr.* gurmã'diz/ [vc. fr., da *gourmand* 'ghiottone'; 1985] **s. f. inv.** ● Ghiottoneria, leccornia, cibo raffinato.

gourmet /*fr.* gur'mɛ/ [vc. fr., 'ghiottone', dall'ingl. ant. *grom* 'ragazzo, valletto'; 1985] **s. m. inv.** ● Intenditore di cibi e di vini, raffinato buongustaio.

governàbile [adatt. del lat. *gubernābile(m)*, da *gubernāre* 'governare'; 1824] **agg.** ● Che si può governare | Che si governa con facilità.

governabilità [1979] **s. f.** ● Caratteristica di ciò che è governabile | Possibilità di governare un Paese in modo stabile e durevole.

†**governadóre** ● V. *governatore*.

governàle [ant. provz. *governal*, dal lat. *gubernācul(m)* 'che serve a governare (*gubernāre*) la nave'; sec. XIII] **s. m.** **1** †Timone. **2** †Governatore, guida, educatore. **3** (*aer.*) Impennaggio di bomba aerea, missile e sim. **SIN.** Stabilizzatore. **4** (*al pl.*) Complesso dei piani mobili o fissi per il governo di un aereo, missile, siluro e sim.

†**governaménto** [av. 1292] **s. m.** **1** Il governare, il governarsi. **SIN.** Governo. **2** Educazione.

governànte (**1**) [sec. XIV] **A part. pres.** di *governare*; anche **agg.** ● Nei sign. del v. **B s. m. e f.** ● (*spec. al pl.*) Chi ricopre cariche governative.

governànte (**2**) [fr. *gouvernante*, da *gouverner* 'governare'; 1643] **s. f.** ● Donna stipendiata che si occupa dei bambini o provvede al buon andamento della casa: *scegliere una g. tedesca, francese, inglese*; *una vecchia signora con la sua g.*

◆**governàre** o †**gubernàre** [lat. *gubernāre*, propr. 'reggere il timone (*gubernāculum*)', dal gr. *kybernân*, vc. isolata di etim. incerta; av. 1292] **A v. tr.** (*io govèrno*) **1** (*spec. lett.*) Guidare, condurre (*anche in senso fig.*): *g. il cocchio*; *molti credono che la provvidenza governi le azioni degli uomini*; *lasciarsi g. dai vizi, dalle passioni, dai cattivi consiglieri* | (*mar.*) Dirigere una nave o un'imbarcazione usando il timone | (*aer.*) Pilotare, manovrare, mantenere in equilibrio un aereo. **2** Amministrare esercitando il potere esecutivo (*anche assol.*): *g. uno Stato, una nazione*; *g. bene, male, con giustizia, dispoticamente*; *il Pontefice governa la Chiesa*; *il re regna ma non governa*; *g. saggiamente* | (*est.*) Amministrare con i massimi poteri: *g. una banca, una società* | ***G. un esercito***, comandarlo | (*lett.*) Regolare: *né da te, dolce amico, udrò più il verso / e la mesta armonia che lo governa* (FOSCOLO). **SIN.** Reggere. **3** Aver cura di qlcu. o qlco.: *g. un bambino* | Provvedere all'alimentazione di animali domestici: *g. i polli, i cavalli, i buoi* | ***G. il grano***, liberarlo dalle erbacce | ***G. un terreno***, concimarlo | ***G. il fuoco***, alimentarlo | ***G. la casa***, curarne il buon funzionamento | †Conciare, condire. **4** †Preparare una vivanda | Correntemente, accudire alle varie fasi della vinificazione: *g. il vino*. **B v. intr.** (aus. *avere*) ● (*mar.*) Detto di imbarcazione, rispondere ai comandi, mantenere la rotta. **C v. rifl.** ● Comportarsi, regolarsi: *è ... securissima cosa, nel modo del vivere e nel conversare, governarsi sempre con una certa onesta mediocrità* (CASTIGLIONE).

governatìvo o †**gubernatìvo** [lat. *gubernatīvu(m)*, da *gubernātus* 'governato'; av. 1617] **agg.** **1** Del governo: *decreto g.* | (*disus.*) Dello Stato: *istituto, impiegato g.* **2** †Atto a governare.

governatóra **s. f.** **1** (*pop.*, *scherz.*) Donna che governa. **2** (*pop.*, *raro*) Moglie del governatore.

governatoràto [1581] **s. m.** **1** Titolo, ufficio e dignità di governatore | Durata di tale ufficio: *dieci anni di g.* **2** Circondario sottoposto alla giurisdizione di governatore.

governatóre o †**governadóre** [lat. *gubernatōre(m)*, da *gubernātus* 'governato'; 1312] **s. m.** (**f.** *-trice*, pop. scherz. *-tora*) **1** (*raro*) Chi governa. **2** Alto funzionario di Stato che rappresenta il governo centrale in dipartimenti, regioni e sim.: *g. civile, militare* | Capo dell'esecutivo di ciascuno degli Stati che formano gli Stati Uniti: *il G. della Florida* | Nel linguaggio dei giornali, il presidente di una Regione italiana. **3** Sovraintendente generale di un istituto finanziario o un'amministrazione dello Stato e sim.: *g. della Banca d'Italia*. **4** (*raro*) Precettore: *era il g. del principe ereditario*.

governatoriàle [1942] **agg.** ● Di, relativo a, governatore o governatorato.

governatùra [1869] s. f. ● Operazione, lavoro, pratica del governare gli animali, i terreni o il vino.

governìcchio [1983] s. m. *1* Dim. di *governo*. *2* (*spreg.*) Governo debole, non in grado di svolgere le proprie funzioni in modo efficiente, destinato a durare breve tempo.

governìme [da *governare*, nel senso di 'accudire al bestiame'; 1803] s. m. ● Cibo che si dà agli animali domestici.

governìssimo [da *governo* col suff. *-issimo* del superl.; 1989] s. m. ● Nel linguaggio giornalistico, governo comprendente tutte le principali forze politiche rappresentate in Parlamento.

♦**govèrno** [lat. *gubĕrnu(m)*, prob. da *gubernāre* 'governare'; sec. XIII] s. m. *1* Il governare | Direzione, guida, comando: *responsabilità di g.*; *avere, prendere il g. della nave, di un aereo*; *assumere il g. di un paese* | †Timone | (*aer.*) ***Superfici di g.***, parti dell'aeroplano, come timoni e alettoni, che, azionate dal pilota, impartiscono al velivolo un movimento di rotazione intorno a uno dei suoi assi variandone l'assetto e la traiettoria. *2* (spesso scritto con iniziale maiuscola) Organo statale complesso che determina l'indirizzo politico dello Stato nei rapporti interni e internazionali | ***G. balneare, d'affari, ponte, tecnico***, privo di un progetto politico a lungo termine, costituito solitamente per il disbrigo delle questioni correnti | ***G. fantoccio***, V. *fantoccio* | ***G. fantasma***, V. *fantasma* | ***G. ombra***, V. *ombra*, sign. B1 | ***G. misto***, composto da rappresentanti di vari partiti politici | ***G. di coalizione***, basato sull'alleanza di due o più partiti. *3* Forma di organizzazione politica di uno Stato: *g. monarchico, assoluto, repubblicano, democratico, oligarchico, costituzionale*. CFR. -archia. *4* Cura diligente, assidua attenzione con cui si amministra, si dirige o si alleva qlcu. o qlco.: *il g. di una casa*; *il g. del gregge, dei polli*. CFR. -nomia | ***Attendere al g. dei figli***, alla loro educazione e sostentamento | (*est.*) Assistenza, servizio | (*enol.*) Pratica, un tempo molto diffusa in Toscana, consistente nell'aggiungere al vino nuovo una piccola quantità di mosto ricavato da uve semi-appassite, così da provocare una nuova fermentazione e ottenere un vino più morbido e fragrante | †Trattamento | †***Fare aspro g.***, scempio, strazio. *5* †Regola, norma: *per mio g.* *6* (*elab.*) Capacità di interpretare istruzioni e di operare sulla base di esse, o di eseguire le operazioni necessarie quando intervengono determinate condizioni | ***Unità di g.***, parte dell'hardware di un elaboratore che, al ricevere un'istruzione completa, la interpreta e avvia le operazioni richieste. || **governàccio**, pegg. | **governétto**, dim. | **governìcchio**, dim. (V.) | **governùccio**, dim., spreg. | **governùcolo**, dim.

govóne ● V. *gavone*.

gozzaniàno [1930] agg. ● Che si riferisce al poeta G. Gozzano (1883-1916), al suo stile, alle sue opere.

gózzo (1) [etim. discussa: m. di (*gor*)*gozza* (?); av. 1300] s. m. *1* (*pop.*) Ingluvie. *2* (*est., fam.*) Stomaco dell'uomo: *è felice solo quando ha il g. pieno* | ***Riempirsi il g.***, mangiare troppo e avidamente | ***Avere qlco. sul g.***, non mandar giù un'offesa o, in genere, una cosa sgradevole. *3* (*med.*) Aumento di volume della ghiandola tiroide | ***G. endemico, g. diffuso***, malattia tipica degli abitanti di certe regioni montagnose.

gózzo (2) [etim. incerta; 1774] s. m. ● Scafo tradizionale di piccole dimensioni, di forme diverse adatte al tipo di mare della zona (la Liguria) dove viene costruito, con propulsione a remi o a motore, talvolta anche con vela latina. ➡ ILL. **pesca**.

gozzovìglia o **gozzovìglia** [da *gozzovigliare*; 1353] s. f. ● Baldoria di persone che bevono e mangiano smodatamente e chiassosamente: *ha dissipato in gozzoviglie un ingente patrimonio*; *si rappattumò con lui, e più volte insieme fecer poi g.* (BOCCACCIO).

gozzovigliàre o **gozzovigliàre** [etim. discussa: da *gozzo* (*1*), con *-iv-* immesso in **gozzigliare* (?); 1598] v. intr. (*io gozzovìglio* o *gozzovìglio*; aus. *avere*) ● Far baldoria, stravizi. SIN. Bagordare, bisbocciare.

gozzovigliàta o **gozzovigliàta** [1585] s. f. ● Gozzoviglia.

gozzovigliatóre [1905] s. m. (f. *-trice*) ● Chi gozzoviglia, chi ama gozzovigliare.

gozzùto [da *gozzo* (*1*); av. 1375] agg. ● Che ha il gozzo: *ebbe veduto per la sala e in terreno certi contadini gozzuti* (SACCHETTI).

GPS [sigla ingl. di *G*(*lobal*) *P*(*ositioning*) *S*(*ystem*) 'sistema di posizionamento globale'; 1987] **A** s. m. inv. ● Sistema di posizionamento a copertura mondiale basato sul rilevamento contemporaneo dei segnali emessi da 4 o 5 satelliti, usato spec. nella navigazione marittima e aerea. **B** anche agg.: *navigatore GPS*.

gràbber /'grabber, *ingl.* 'ɡɹæbəɹ/ [vc. ingl., da *to grabb* 'afferrare'; 1994] s. m. inv. ● (*elab.*) Dispositivo per l'acquisizione digitale di immagini televisive.

gràcchia [lat. *grăcula*(*m*), di orig. onomat. (dal *gr* della sua voce); av. 1484] s. f. *1* Femmina del gracchio | (*region.*) Cornacchia. *2* †(*fig.*) Chiacchierone, ciarlone.

gracchiaménto [1639] s. m. ● Il gracchiare | Gracchìo.

gracchiàre [da *gracchio* (*2*); av. 1348] v. intr. (*io gràcchio*; aus. *avere*) *1* Cantare emettendo un verso roco, caratteristico di alcuni uccelli: *le si era levato davanti uno stormo di corvi, gracchiando* (PIRANDELLO) | Gracidare: *le ranocchie gracchiano* | (*raro*) Frinire: *la cicala gracchia*. *2* (*fig.*) Chiacchierare o brontolare fastidiosamente: *smettila di g.!* | ***G. al vento***, a vanvera | Emettere rumori stridenti: *quella vecchia radio gracchia*.

gracchiàta [av. 1749] s. f. ● Atto del gracchiare.

gracchiatóre [av. 1604] s. m.; anche agg. (f. *-trice*) ● (*lett.*) Chi (o Che) gracchia (*anche fig.*).

gracchìo (1) [da *gracchiare*; av. 1449] s. m. ● Verso emesso da corvi, cornacchie e sim.

gràcchio (2) [lat. *grăculu(m)*, di orig. onomat. (da *gr-*, che riproduce il suo verso abituale); av. 1512] s. m. ● Grosso uccello montano dei Passeracei, nero con riflessi verdi, becco giallo arancio e zampe rosse (*Pyrrhocorax graculus*). CFR. Crocidare, gracchiare. | ***G. corallino***, simile al gracchio comune ma con il becco rosso (*Pyrrhocorax pyrrhocorax*) | ***G. bronzato***, dell'America settentrionale, nero con occhio chiaro (*Quisqualus scula*).

gracchìo (3) s. m. ● Il gracchiare frequente e prolungato.

gracidaménto [av. 1893] s. m. ● Il gracidare | Gracidìo.

gracidàre [lat. tardo *gracitāre*, onomat. del gridare dell'oca; 1313] v. intr. (*io gràcido*; aus. *avere*) *1* Emettere il verso caratteristico delle rane | (*raro*) Chiocciare | (*raro*) Gracchiare. *2* (*fig.*) Parlare in modo noioso, con voce lamentosa e stridula.

gracidatóre [sec. XIV] s. m.; anche agg. (f. *-trice*) ● Chi (o Che) gracida (*anche fig.*).

gracidìo [1869] s. m. ● Il gracidare prolungato e continuo.

gracilària [dal lat. *grăcilis* 'gracile, sottile'] s. f. *1* Genere di alghe rosse dalle cui pareti cellulari si ricava l'agar-agar (*Gracilaria*). *2* Genere di Lepidotteri una cui specie, allo stato larvale, è parassita del fogliame di salici e pioppi (*Gracilaria*).

gràcile [vc. dotta, lat. *grăcile(m)*, prob. da un v. **gracēre*, di etim. incerta; 1336 ca.] agg. *1* Di sottile e delicata struttura fisica: *un ragazzo g.* | Debole: *salute, fibra, organismo g.* | ***Fiori gracili***, non resistenti, che periscono subito. SIN. Esile, fragile. *2* (*fig.*) Privo di forza e di vigore: *ingegno, volontà g.* SIN. Debole, fragile. || **gracilétto**, dim. | **gracilìno**, dim. || **gracilménte**, avv.

gracilità o †**gracilitàde**, †**gracilitàte** [vc. dotta, lat. *gracilitāte(m)*, da *grăcilis* 'gracile', sul modello dell'equivalente gr. *ischnótēs*, da *ischnós*; 1499] s. f. ● Condizione, caratteristica di chi (o di ciò che) è gracile: *un fisico di sorprendente g.*; *g. dell'ingegno*. SIN. Debolezza, fragilità.

gracimolàre v. tr. (*io gracìmolo*) ● (*tosc.*) Racimolare.

gracìmolo [av. 1729] s. m. ● (*tosc.*) Racimolo.

gràcola o **gràcula** [adatt. del lat. *grăcula* 'gracchia'] s. f. ● Uccello dei Passeracei dell'Asia orientale di colore nero a riflessi viola-verdi con caruncole gialle sotto gli occhi, capace, se addomesticato, di ripetere parole e frasi (*Gracula religiosa*).

†**gràda** (1) ● V. *grata*.

†**gràda** (2) [Cfr. *grado* (*2*)] s. f. ● Gradino | Grado.

†**gradàle** (1) [vc. dotta, lat. tardo *gradāle(m)*, da *grădus* 'passo' (V. *grado* (*2*))] agg. ● Che va a grado a grado.

gradàle (2) [etim. discussa: da *gradāle(m)* 'vaso', secondo un passaggio semantico poco chiaro (?); av. 1449] s. m. ● Coppa, vaso, recipiente, spec. quello che Gesù usò nell'Ultima Cena o quello in cui, secondo la leggenda, ne venne conservato il sangue da Giuseppe d'Arimatea, conosciuto come *Santo Gral*.

†**gradàre** [vc. dotta, lat. *grădi* 'muovere il passo (*grădus* 'grado (2)')', collocato nella coniug. in *-are*; sec. XIV] **A** v. tr. ● Graduare: *gradar la longitudine* (GALILEI). **B** v. intr. (aus. *essere* e *avere*) ● (*lett.*) Essere disposto a gradi. SIN. Digradare.

gradassàta [1858] s. f. ● Millanteria da gradasso.

gradàsso [dal n. di *Gradasso*, rinomato guerriero saraceno nei poemi cavallereschi; av. 1708] s. m. (f. *-a*) ● Fanfarone, millantatore, smargiasso | ***Fare il g.***, minacciare qlcu. ostentando un coraggio che non si ha.

gradàto [sec. XIII] part. pass. di †*gradare*; anche agg. ● Nei sign. del v. || **gradataménte**, avv. Per gradi, poco alla volta: *l'economia migliora gradatamente*; *diminuire, crescere gradatamente*.

gradazióne [vc. dotta, lat. *gradatiōne(m)*, propr. 'gradino' (da *grădus* 'grado (2)') poi usata in retorica a tradurre il corrisp. gr. *klîmax*; av. 1574] s. f. *1* Serie a gradi: *porre vari oggetti in g. dal più grande al più piccolo* | Passaggio graduale: *passare dagli esercizi più facili ai più difficili con g. della difficoltà* | ***G. dei colori***, differenza cromatica graduale | ***G. vocalica***, apofonia | (*mus.*) Disposizione graduata delle parti di una composizione: *g. di una sinfonia* | (*geol.*) Successione regolare di granuli a diametro crescente o decrescente dalla base al tetto di uno strato di roccia sedimentaria. *2* (*ling.*) Figura retorica per la quale si esprime un'idea con più frasi o parole aventi un'intensità gradatamente crescente o decrescente. CFR. Climax, anticlimax. *3* ***G. alcolica***, percentuale in volume di alcol contenuta nei vini e nei liquori. *4* (*fot.*) Attitudine di un'emulsione a rendere più o meno i contrasti.

grader /'grader, -eider *ingl.* 'ɡɹeɪdəɹ/ [vc. ingl., 'macchina livellatrice'] s. m. inv. ● Macchina per il movimento terra, fornita di lama orientabile, adibita al livellamento dei terreni spec. nei lavori stradali. SIN. Livellatrice stradale.

graderìsta /grade'rista, grei-/ s. m. e f. (pl. m. *-i*) ● Manovratore di grader.

gradévole [lat. parl. **gratībile(m)*, da *grātu(m)* 'grato (1)'; 1342] agg. ● Che possiede tutti i requisiti per riuscire gradito: *soggiorno, compagnia g.*; *effetto g.*; *far cosa g.* SIN. Piacevole. || **gradevolménte**, avv. In modo gradevole; piacevolmente: *rimase gradevolmente sorpreso*.

gradevolézza [1869] s. f. ● Caratteristica di chi (o di ciò che) è gradevole.

gradiènte [fr. *gradient*, dal lat. *gradiĕnte(m)*, part. pres. di *grădi* '†gradare'; 1930] s. m. ● (*mat.*) Variazione di una grandezza rispetto a una direzione | Vettore che ha per componenti le derivate di una grandezza scalare rispetto alle coordinate | ***G. termico***, rapporto fra la differenza di temperatura in due punti dell'atmosfera posti sulla stessa verticale e la loro distanza | ***G. barometrico*** o ***barico***, rapporto fra la differenza di pressione di due isobare e la loro distanza | ***G. geotermico***, rapporto fra la differenza di temperatura e la distanza di due punti posti sulla stessa verticale all'interno della crosta terrestre | ***G. di potenziale***, differenza di potenziale per unità di lunghezza, calcolata nella direzione in cui tale differenza risulta massima.

gradiménto [da *gradire*; 1661] s. m. ● Senso di intimo compiacimento provocato da persone o cose di nostro gusto: *mostrare il proprio g.* | (*est.*) Accoglimento favorevole: *la tua proposta incontrerà il loro g.* | ***G. di un diplomatico***, la sua accettazione da parte dello Stato ospite | ***Vendita con g.***, quando il compratore si riserva di approvare la qualità della merce | ***Indice di g.***, valutazione statistica percentuale del favore del pubblico per uno spettacolo radiofonico o televisivo.

gradìna [da *grado* (*2*); 1550] s. f. ● Tipo di scalpello a più denti usato in scultura per lavorare il marmo o la pietra | Segno lasciato dalla gradina e che si leva via con la lima storta.

gradinaménto s. m. ● Nell'alpinismo, operazione del gradinare. SIN. Scalinatura.

gradinàre (**1**) [da *gradina*; 1550] v. tr. ● Lavorare, rifinire con la gradina.

gradinàre (**2**) [da *gradino*; 1956] v. tr. ● Nell'alpinismo, tagliare gradini nel ghiaccio usando la piccozza. SIN. Scalinare.

gradinàta [da *gradino* col suff. collett. di *scalinata*; 1630] s. f. **1** Ordine di gradini spec. molto ampi. SIN. Scalinata. **2** Negli anfiteatri e negli stadi, ordine di posti, costituiti da alti gradini spec. in pietra su cui siedono gli spettatori; CFR. Tribuna | (*est.*) Il pubblico che assiste a uno spettacolo, a una partita e sim. da tali posti: *tutta la g. era in piedi e applaudiva.*

gradinatùra [1550] s. f. ● Lavoro del gradinare, nel sign. di *gradinare* (*1*) | Segno lasciato dalla gradina.

♦**gradino** [dim. di *grado* (*2*); 1630] s. m. **1** Ciascuno dei ripiani scavati o costruiti per superare un dislivello: *un g. di pietra, di roccia; un viottolo a gradini; i gradini dell'autobus* | (*fig.*) ***Salire, scendere i gradini della scala sociale***, (*fig.*) aumentare, diminuire nella posizione sociale | ***Essere al primo g.***, (*fig.*) agli inizi di qlco. SIN. Scalino. **2** Nell'alpinismo, intaccatura praticata con la piccozza su neve dura o ghiaccio, per procedere su pendii ripidi: *tagliare gradini.* **3** (*mar.*) Dislivello nel fondo della carena di uno scafo veloce o di un idroplano per facilitare la planata. **4** (*miner.*) Dislocazione rettilinea interna o al bordo di un cristallo, dovuta a interruzione della crescita o a spostamento degli atomi.

♦**gradire** [da *grado* (*1*); av. 1294] **A** v. tr. (*io gradìsco, tu gradìsci*) **1** Accogliere di buon grado, ricevere con piacere: *g. un dono, una visita, una proposta; g. un dolce, una bevanda, un invito a pranzo* | ***Gradite, vogliate g.*** e sim., espressione di cortesia usata per fare accettare cibi, bevande e sim. | ***Accettiamo tanto per g.***, per mostrare di apprezzare l'offerta | (*est.*) Trovare piacevole, desiderare: *gradirei un po' di vino; gradirei sapere chi vi autorizza a parlare; molte piante gradiscono il terreno umido.* **2** †Ricompensare, contraccambiare. **B** v. intr. (aus. *essere*) ● (*lett.*) Essere, riuscire, gradito | Andare a genio: *il tuo comportamento non mi gradisce.* SIN. Garbare, piacere.

gradito [sec. XIV] part. pass. di *gradire*; anche agg. ● Bene accetto: *un dono g.; una gradita sorpresa* | ***Poco g., non g.***, sgradito: *un visitatore poco g.*

gràdo (**1**) o †**gràto** (**2**) [parallelo sett. di *grato*; 1312] s. m. **1** (*lett.*) Piacere, compiacenza, benevolenza | ***Di buon g.***, volentieri: *accettare di buon g.; fare qlcu. di buon g.* | (*lett.*) ***A suo, a mio g.***, a suo, a mio piacimento | †***Ci è a g.***, gradito | †***Di proprio g.***, di sua volontà | †***Per mio g.***, per mio piacere | †***Venire in g.***, riuscire gradito. **2** †Gratitudine, riconoscenza: *a lui rimaneva il g. della liberazione e a loro la ingiuria della cattura* (MACHIAVELLI) | (*lett.*) ***Saper, aver g.***, serbare riconoscenza | (*lett.*) ***Render g.***, ringraziare | †***Sapere il buon g.***, conservare la gratitudine | †***Avere in g.***, ritenere caro | †***A g.***, gratis.

♦**gràdo** (**2**) [lat. *grădu(m)* 'scalino', di orig. indeur.; av. 1294] s. m. **1** †Scalino, gradino: *vidi una porta, e tre gradi di sotto / per gire ad essa* (DANTE *Purg.* IX, 76-77) | ***I gradi del teatro***, gradinate usate anche come sedili | †Predella dell'altare | (*sport*) In ginnastica, ciascuno dei pioli che compongono la spalliera. **2** Qualsiasi punto intermedio attraverso cui si passa per procedere da uno stato a un altro, da una posizione a un'altra e sim.: *crescere, aumentare di g.; diminuire di g.; andare per gradi; g. di cultura; un alto g. di perfezionamento* | ***A g. a g.***, poco per volta, lentamente e sim. | ***Al massimo, al più alto g., in sommo g.***, (*fig.*) moltissimo: *essere dotto in sommo g.* | (*dir.*) ***Gradi del giudizio***, i successivi giudizi, da parte di diverse autorità giudiziarie, di una stessa causa: *giudizio di primo, secondo, terzo g.* | (*raro*) Gradazione, sfumatura. **3** (*ling.*) Variazione che assume un aggettivo o un avverbio per connotare particolari funzioni all'interno di un contesto: *g. positivo; g. comparativo; g. superlativo* | ***Di g. superlativo***, (*fig.*) eccellente | ***G. di subordinazione***, rapporto di dipendenza di una proposizione subordinata dalla principale o da un'altra subordinata: *subordinata di primo, secondo, terzo g.* **4** In una graduatoria di valori, il posto che ognuno di essi occupa rispetto agli altri: *scuola di primo, di secondo g.; ustioni di terzo g.; stabilire il g. di parentela, di nobiltà* | ***Interrogatorio di terzo g.***, (*ellitt.*) ***terzo g.***, interrogatorio poliziesco condotto con metodi molto duri; (*fig.*) serie incalzante di domande: *ha sottoposto il marito ad un terzo g.* | (*ling.*) ***G. apofonico***, ognuno dei differenti aspetti di una data serie apofonica | Nell'alpinismo e nel canoismo, ciascuna delle misure di difficoltà stabilite nella relativa scala, con una valutazione globale della difficoltà tecnica dei passaggi, della loro continuità, della esposizione e sim. | ***Sesto g.***, V. *sesto* (*1*) | (*mus.*) Nome che si dà in genere ai singoli suoni della scala diatonica. **5** (*fig.*) Posizione di una persona in seno a una gerarchia, un'amministrazione e sim.: *i gradi militari; essere promosso di g.; essere al g. più alto della carriera* | ***Distintivo di g.***, (*ellitt.*) ***grado***, gallone, ricamo, stelletta e sim., applicato sul berretto, sulla spallina o sulla manica dell'uniforme, specifico per ogni livello della gerarchia militare. **6** (*mat.*) ***G. di un monomio***, somma degli esponenti con cui compaiono le variabili | ***G. di un polinomio***, massimo dei gradi dei vari monomi | ***G. d'una equazione algebrica***, grado del polinomio che, uguagliato a zero, dà l'equazione. **7** Unità di misura degli angoli | Correntemente, grado sessagesimale. SIMB. ° | ***G. centesimale***, quattrocentesima parte dell'angolo giro. SIMB. gon oppure ^{g} | ***G. sessagesimale***, trecentosessantesima parte dell'angolo giro | (*fig.*) ***A 360 gradi***, a tutto campo, in tutte le direzioni: *le indagini continuano a 360 gradi* | (*geogr.*) ***G. di latitudine***, 1/360 di meridiano | (*geogr.*) ***G. di longitudine***, 1/360 della circonferenza equatoriale. **8** Unità di misura enologica | ***G. alcolico***, unità di misura del contenuto di alcol delle soluzioni alcoliche corrispondente a 1 cm^3 di alcol puro contenuto in 100 cm^3 di soluzione alla temperatura di riferimento di 15 °C. **9** Misura in diottrie della potenza di una lente da occhiali. **10** Unità di misura della temperatura | ***G. centigrado, g. Celsius***, (*ellitt.*) ***grado***, proprio della scala centigrada del termometro Celsius. SIMB. °C. **11** Unità di misura della durezza dell'acqua | ***G. di durezza idrotimetrico***, tenore di sali di calcio e magnesio, in genere espresso in grammi di carbonato di calcio, per cento litri d'acqua. **12** Valore o rapporto, indicativo o di riferimento di grandezze o enti | ***G. igrometrico***, valore percentuale del vapor dell'acqua contenuto nell'aria riferito al valore di saturazione | ***G. di dissociazione***, rapporto fra il numero di molecole dissociate e il numero di quelle presenti prima della dissociazione in una soluzione o in un gas. **13** Livello sociale, rango: *passaggio di g.; salire, scendere di g.; conservare gelosamente i privilegi del proprio g.* | (*est.*) Ceto sociale: *g. di nobiltà* | †***Tenere g.***, stare contegnoso. **14** Condizione, stato, possibilità: *essere, trovarsi, mettere in g. di agire; non sono in g. di decidere; non è ancora in g. di uscire.* **15** †Passo: *deh ferma un poco il g.* (BOCCACCIO). || **gradino**, dim. (V.) || **gradóne**, accr. (V.).

-grado [dall'uso agg. del lat. *grădu(m)*, da *grădi* 'camminare'] secondo elemento ● In parole composte, per lo più scientifiche, significa 'che cammina' (in un dato modo, specificato dal primo elemento compositivo): *plantigrado, tardigrado.*

gradonaménto s. m. ● Sistemazione di terreni declivi con creazione di ripiani o gradoni. SIN. Banchinamento, terrazzamento.

gradonàta [da *gradone*] s. f. ● Scalinata costituita da ampi gradini in pendenza.

gradóne [accr. di *grado* (*2*) nel senso di '(striscia di) terreno piano (come un *gradino*)'; av. 1306] s. m. **1** Striscia di terreno orizzontale tipica del gradonamento. SIN. Ripiano, terrazzo. **2** Ciascuno dei ripiani di una tribuna di uno stadio, di un anfiteatro o di un circo, più grandi dei gradini normali, che servono come posti a sedere per il pubblico | (*arch.*) Ciascuno dei tre ripiani che costituiscono lo stilobate del tempio greco, nei quali venivano intagliati i gradini di accesso al tempio.

graduàbile [1585] agg. ● Che si può graduare.

graduabilità [1869] s. f. ● Possibilità di graduazione.

graduàle [ampliamento agg., poi sost., in *-ale* del lat. *grădu(m)* 'grado (2)'; sec. XIV] **A** agg. **1** Che si fa o si verifica per gradi: *insegnamento g.* | ***Estinzione g. di un debito***, un tanto per volta. **2** (*ling.*) ***Opposizione g.***, i cui fonemi sono caratterizzati da diversi gradi della stessa particolarità. || **gradualménte**, avv. Di grado in grado; in modo graduale: *procedere gradualmente.* **B** s. m. **1** Nella Messa, il gruppo di versetti che si cantano o recitano dopo l'Epistola. **2** Il libro che raccoglie i graduali dell'anno liturgico.

gradualìsmo [1922] s. m. ● Tendenza ad avanzare, ad agire per gradi, spec. nel campo politico e sociale: *il g. di certe riforme.*

gradualista [1922] s. m. e f.; anche agg. (pl. m. *-i*) ● Chi (o Che) procede per gradi.

gradualìstico agg. (pl. m. *-ci*) ● Di, da gradualista | Inerente al gradualismo.

gradualità [1869] s. f. ● Caratteristica di ciò che è graduale: *g. dell'insegnamento, della riforma.*

graduàre [dal lat. *grădu(m)* 'grado (2), gradino'; sec. XIV] v. tr. (*io gràduo*) **1** Dividere in gradi: *g. un termometro, un barometro.* **2** Ordinare per gradi: *g. le difficoltà* | ***G. l'insegnamento***, in rapporto alle capacità dell'allievo | ***G. i premi***, secondo i meriti | (*est.*) Stabilire una graduatoria fra più persone seguendo particolari criteri: *g. gli aspiranti a un incarico, i partecipanti a una prova.* **3** Conferire un grado militare. **4** (*mat.*) Eseguire una graduazione.

graduàto [1340] **A** part. pass. di *graduare*; anche agg. **1** Diviso in gradi: *scala graduata.* **2** Ordinato per grado: *esercizi graduati.* **B** s. m. ● Militare di truppa con grado da appuntato a caporal maggiore.

graduatòria [f. sost. di *graduatorio*; av. 1742] s. f. ● Elenco di persone, ordinato secondo il merito, l'anzianità, ecc. | (*est.*) Ordine di successione dei concorrenti a una gara, un concorso e sim. secondo i punti di merito ottenuti da ciascuno di essi: *essere primo, secondo in g.*

graduatòrio [da *graduare*; 1777] agg. ● Atto a graduare.

graduazióne [av. 1557] s. f. **1** Ordinamento, regolazione per gradi: *g. delle difficoltà in un esercizio.* **2** Indicazione dei gradi in uno strumento di misura: *la g. del termometro.* **3** (*mat.*) Applicazione d'una curva o sim. in un insieme di numeri | Operazione consistente nel segnare dei numeri in corrispondenza di alcuni punti d'una curva.

grafèma [dal gr. *gráphein* 'scrivere' col suff. produttivo nella terminologia linguistica contemporanea, *-ema*; 1956] s. m. (pl. *-i*) ● (*ling.*) La più piccola unità distintiva di un sistema grafico.

grafemàtica [1970] s. f. ● (*ling.*) Studio dei grafemi. SIN. Grafemica.

grafemàtico [1978] agg. (pl. m. *-ci*) ● (*ling.*) Relativo a grafema.

grafèmica [da *grafema* sul modello dell'ingl. *graphemics*; 1970] s. f. ● (*ling.*) Grafematica.

gràffa o (*raro*) **gràppa** (**1**) nei sign. 1 e 3 [longob. **krapfo* 'uncino', corrispondente al got. *krappa* (V. *grappa* (*1*)); 1940] s. f. **1** Piccola lamina metallica, curvata a forma di U, usata per l'unione stabile di due parti di un imballaggio o altro. **2** Segno grafico che unisce più righe o racchiude un'espressione letterale o numerica: { } **3** †Artiglio. || **graffétta**, dim. (V.).

graffàre [1956] v. tr. ● Riunire o chiudere con una graffa.

graffatrìce [da *graffare*] s. f. **1** Aggraffatrice. **2** Cucitrice.

graffatùra [1956] s. f. ● Cucitura delle cinghie piatte di trasmissione mediante graffe | Riunione dei bordi delle lamiere con ripetute piegature.

graffétta [1956] s. f. **1** Dim. di *graffa.* **2** Piastrina metallica a forma di semicerchio usata per fissare piccoli cavi a un muro. **3** Punto metallico | (*med.*) Elemento di metallo che viene posto a chiusura di una ferita. **4** Piccolo fermaglio di metallo per tenere uniti fogli di carta.

graffiaménto [sec. XVI] s. m. ● (*raro*) Il graffiare | Graffio.

graffiànte [sec. XIV] part. pres. di *graffiare*; anche agg. **1** Che graffia. **2** (*fig.*) Che colpisce, che lascia il segno: *satira g.; una g. presa in giro dell'accaduto.* SIN. Pungente.

♦**graffiàre** [lat. parl. **graphiāre*, denom. di *grăphiu(m)*, attest. col senso di 'stilo per incidere la cera delle tavolette da scrivere' (dal gr. *graphíon*), forse con influsso di *graffa*; av. 1294] **A** v. tr. (*io gràffio*) **1** Lacerare la pelle con le unghie o strumenti appuntiti: *g. il viso, una mano* | (*est.*) Scrostare o intaccare superficialmente un oggetto: *g. il muro con un coltello.* **2** (*fig.*) Offendere, ferire con parole: *è sempre capace di g. con le sue battute.* **3** (*fam., raro*) Rubare: *riuscì a g. dal cassetto una forte somma.* **B** v. rifl. ● Ferirsi con graffi:

si graffiò in un impeto di rabbia. **C** v. rifl. rec. ● Lacerarsi l'un l'altro con graffi: *durante il litigio si graffiarono con violenza.* **D** v. intr. pron. ● Riportare dei graffi, delle scalfitture: *la borsa si è tutta graffiata.*

graffiàta [sec. XIV] s. f. ● Atto del graffiare | Graffio. || **graffiatina**, dim.

graffiatóre [av. 1686] agg.; anche s. m. (f. *-trice*) *1* (*raro*) Chi (o Che) graffia | Cattivo incisore. *2* (*fig.*) Critico maldicente e mordace.

graffiatùra [av. 1304] s. f. *1* Segno sulla pelle lasciato da un graffio: *avere il corpo pieno di graffiature* | Ferita leggera e superficiale: *la caduta si risolse con qualche g.* *2* Incisione fatta su una superficie: *sul tavolo erano rimaste molte graffiature.*

graffiétto [1681] s. m. *1* Dim. di *graffio.* *2* Strumento di acciaio tagliente usato da falegnami e argentieri per far solchi e incisioni di lieve profondità sui materiali di loro lavorazione | (*mecc., raro*) Truschino.

graffignàre ● V. *sgraffignare.*

♦**gràffio** (**1**) [da *graffiare*; 1313] s. m. ● Lacerazione lieve della pelle prodotta dalle unghie o strumenti appuntiti | (*est.*) Scalfittura, incisione: *la macchina nuova ha già un g. sulla portiera.* || **graffiétto**, dim. (V.).

†**gràffio** (**2**) [longob. **krapfo* 'uncino' con sovrapposizione di *raffio*; av. 1533] s. m. ● Strumento di ferro a più branche per uncinare: *corse lo spirto all'acque, onde tirollo / Caron nel legno suo col g. adunco* (ARIOSTO).

graffire [estratto da *graffito*, inteso in funzione di part. pass.; av. 1952] v. tr. (*io graffisco, tu graffisci*) ● Eseguire un graffito.

graffitàro [da *graffit(o)* con il suff. region. *-aro*; 1995] s. m. (f. *-a*) ● Graffitista nei sign. 1 e 2.

graffitìsmo [1983] s. m. *1* Arte di realizzare graffiti. *2* Movimento artistico nato in America negli anni '80 del Novecento, con il nome *graffiti-art*, i cui aderenti si esprimevano con pitture murali realizzate con bombolette spray, ispirandosi ai graffiti spontanei apparsi sui muri delle grandi città.

graffitista [1972] s. m. e f. (pl. m. *-i*) *1* Autore di graffiti. *2* Appartenente al movimento artistico del graffitismo. *3* Operaio edile specializzato nelle decorazioni a graffito.

graffito [da *grafio* col raddoppiamento presente in *graffio, graffiare*; nel sign. 2 per calco sull'ingl. *graffito* 'graffito', dal titolo del film "American Graffiti"; 1550] **A** s. m. *1* Disegno o scrittura incisi con una punta dura su laterizio, intonaco, pietra, cera, metallo e sim. | Tecnica decorativa che consiste nell'incidere con una punta una superficie dura per fare apparire uno strato sottostante di colore diverso: *disegno a g.* *2* Disegno o scrittura murale eseguiti con vernice spray. *3* (*fig., spec. al pl.*) Rievocazione nostalgica di modi di vita, atteggiamenti di costume e sim. di un recente passato: *i graffiti degli anni Sessanta.* **B** agg. ● Inciso, scolpito: *ceramica graffita.*

grafìa [fr. *graphie*, da un deriv. del gr. *graphḗ* 'scrittura'; 1864] s. f. ● Modo di rappresentare le parole nella scrittura: *g. erronea, antiquata, equivoca, illeggibile* | La scrittura stessa.

-grafìa [dal gr. *-graphía*, da *gráphein* 'scrivere, tracciare dei segni', di orig. indeur.] secondo elemento ● In parole composte, significa 'scrittura', 'disegno', 'descrizione', 'studio', 'scritto': *crittografia, fotografia, radiografia, geografia, monografia, tipografia.*

gràfica [f. sost. di *grafico*, sul modello del ted. *Graphik*; 1820] s. f. *1* Tecnica dell'impostazione tipografica, spec. di libri. *2* Insieme delle arti grafiche e della loro produzione. *3* (*tv*) Immagine che presenta tabelle, grafici, dati ordinati e sim.

gràfico [vc. dotta, lat. *grăphicu(m)*, dal gr. *graphikós* 'relativo alla scrittura (*graphḗ*)'; av. 1600] **A** agg. (pl. m. *-ci*) *1* Relativo alla grafia, alla scrittura: *la forma grafica di una parola* | ***Varianti grafiche***, differenti modi di scrivere una stessa parola. *2* Che si esprime mediante un disegno: *rappresentazione grafica* | ***Arti grafiche***, della stampa, incisione, litografia, fototipia e sim. | ***Segni grafici***, disegni o linee particolari che in un testo servono di contrassegno per certe parole, o gruppi, o categorie di parole. *3* (*mat.*) Di rappresentazioni e metodi basati sul tracciamento di figure | ***Calcolo g.***, eseguito prevalentemente con mezzi grafici. *4* (*elab.*) Relativo all'elaborazione di immagini su computer: *interfaccia, risoluzione, scheda grafica.* *5* (*raro*) Simile a un disegno. || **graficaménte**, avv. *1* Per quanto concerne la grafia: *le due parole hanno suono identico ma sono graficamente diverse.* *2* Per mezzo di accorgimenti grafici: *rappresentare graficamente il decorso di una malattia.* **B** s. m. *1* Rappresentazione grafica di un fenomeno: *il g. della produzione industriale* | (*stat.*) ***G. a torta***, areogramma. CFR. -gramma. *2* (*mat.*) Rappresentazione geometrica d'un ente, d'un sistema, d'un fenomeno | ***G. d'una funzione d'una variabile***, curva luogo dei punti la cui ordinata è il valore preso dalla funzione allorché la variabile assume il valore dell'ascissa. *3* (f. *-a*) Chi, nel settore dell'editoria, si occupa dell'impaginazione di testi e illustrazioni. *4* (*spec. al pl.*) Chi lavora nell'industria grafica: *il contratto di lavoro dei grafici.*

-gràfico secondo elemento ● Forma aggettivi derivati dai sostantivi in *-grafia* e *-grafo*: *biografico, monografico.*

†**gràfio** [vc. dotta, lat. *grăphiu(m)*, dal gr. *graphéion* 'stilo per scrivere (*gráphein*)'; 1834] s. m. ● Stilo di ferro o bronzo per scrivere su tavolette cerate.

grafìsmo [da *graf(ico)*] s. m. ● (*raro*) In un'opera d'arte, tendenza a far prevalere sugli altri gli elementi grafici.

grafitàggio [1974] s. m. ● Operazione del grafitare, nel sign. 1.

grafitàre [da *grafite*; 1963] v. tr. *1* Trattare con grafite, spec. gli organi di trasmissione di un autoveicolo per renderne più sciolto il movimento. *2* (*elettr.*) Stendere un sottile strato di grafite su un oggetto per renderne conduttrice di elettricità la superficie.

grafitazióne [1930] s. f. *1* (*elettr.*) Operazione del grafitare, nel sign. 2. *2* (*geol.*) Trasformazione in grafite del carbonio contenuto nel carbon fossile.

grafite [ted. *Graphit*, dal gr. *gráphein* 'scrivere', perché minerale usato per matite da scrivere, col suff. *-ite* (*2*); 1817] s. f. ● Carbonio esagonale in masserelle lamellari molto tenere, untuose al tatto, di colore grigio scuro, usate in numerose lavorazioni industriali.

grafitizzàre [da *grafite*] v. tr. ● Trasformare materiali carboniosi in grafite.

gràfo [da (diagramma) *graf(ic)o* (?); 1969] s. m. ● (*mat.*) Ente matematico costituito da un insieme discreto di punti (vertici o nodi) e dai segmenti che li connettono tutti o in parte (lati o spigoli); si usa per risolvere problemi logici, topologici e di calcolo combinatorio.

gràfo- [dal gr. *gráphein* 'scrivere', propr. 'scalfire', di orig. indeur.] primo elemento ● In parole composte, significa 'scrivere', 'scrittura': *grafologia, grafomania.*

-grafo [gr. *-graphos* in un grande numero di comp. di senso attivo ('che scrive') o passivo ('che è scritto'), da *graphḗ* 'scrittura', di orig. indeur.] secondo elemento ● In parole composte in correlazione coi termini in *-grafia*, indica persona che scrive, narra, disegna e sim.: *biografo, commediografo, scenografo*; o strumento, apparecchiatura di registrazione, scrittura, o analoghe funzioni: *cronografo, sismografo* | In alcuni aggettivi spesso sostantivati, ha valore passivo e significa 'che è scritto': *autografo, olografo.* CFR. -metro, -scopio.

grafòfono [ingl. *graphophone*, comp. di *grapho-* 'grafo' e *-phone* '-fono'] s. m. ● (*disus.*) Fonografo.

grafologìa [fr. *graphologie*, comp. di *grapho-* 'grafo-' e *-logie* '-logia'; 1878] s. f. ● Studio che, tramite l'esame della grafia di una persona, cerca d'individuarne determinate caratteristiche psicologiche e morali.

grafològico [1930] agg. (pl. m. *-ci*) ● Della, relativo alla, grafologia: *esame g.* || **grafologicaménte**, avv. Per quanto riguarda la grafologia.

grafòlogo [1920] s. m. (f. *-a*; pl. m. *-gi*) ● Studioso, esperto di grafologia.

grafòmane [da *grafo-* e *mania*; 1772] s. m. e f. ● Affetto da grafomania | (*est., anche scherz.*) Chi scrive molto e con scarsi risultati.

grafomanìa [comp. di *grafo-* e *mania*; av. 1810] s. f. ● (*psicol.*) Desiderio ossessivo di scrivere | (*est., anche scherz.*) Mania di scrivere.

grafomanzìa [comp. di *grafo-* e del gr. *mantéia* 'arte di indovinare'] s. f. ● Tecnica divinatoria che presume di ricavare la conoscenza del futuro o del carattere di una persona attraverso l'esame della sua scrittura.

grafòmetro [fr. *graphomètre*, comp. di *grapho-* 'grafo-' e '*-mètre*' '-metro'; 1834] s. m. ● Antico strumento topografico per misurare angoli orizzontali, formato da due regoli per traguardare gli oggetti e un cerchio graduato; utilizzato un tempo in agrimensura e in marina.

graforrèa [comp. di *grafo-* e *-(r)rea*] s. f. ● (*psicol.*) Bisogno irresistibile di scrivere in ogni occasione e su qualsiasi argomento.

grafospàsmo [comp. di *grafo-* e *spasmo*; 1908] s. m. ● (*med.*) Crampo dei muscoli dell'avambraccio e della mano che insorge appena si tenta di scrivere. SIN. Crampo degli scrivani, mogigrafia.

gragnòla o (*lett.*) **gragnuòla** [lat. parl. **grandeŏl(m)*, dim. di *grăndine(m)* 'grandine'; av. 1292] s. f. *1* (*meteor.*) Precipitazione di grani sferoidali di neve granulosa rivestita da un involucro di ghiaccio semitrasparente con diametro da due a cinque millimetri | (*raro, region.*) Grandine. *2* (*fig.*) Serie ininterrotta e rapida di percosse e sim.: *non sapeva più come difendersi da quella g. di colpi.* *3* Pastina simile a piccoli chicchi di grandine, per minestre. || PROV. Suocera e nuora tempesta e gragnola.

gragnolàre [av. 1646] v. intr. impers. (*gragnòla*; aus. *essere* o *avere*) ● (*raro*) Grandinare.

gragnuòla ● V. *gragnola.*

gramàglia [sp. *gramalla* 'lunga veste dei magistrati', dal cat. *gramalla*, di etim. incerta, con sovrapposizione di *gramo* nel sign. it.; 1505] s. f. *1* (*raro*; *spec. al pl.*) Drappi da lutto usati in funerali per addobbare catafalchi e chiese (*anche fig.*): *le stelle e i pianeti non mancano di nascere e di tramontare, e non hanno preso le gramaglie* (LEOPARDI). *2* (*lett.*) Abito da lutto | ***Essere in gramaglie***, in lutto | (*fig., lett.*) ***Il cielo di gramaglie***, oscurato da nuvole.

†**gramàre** [da *gramo*; av. 1374] v. tr. ● Addolorare, attristare: *una umil donna grama un dolce amico* (PETRARCA).

†**gramàtica** e *deriv.* ● V. *grammatica* e *deriv.*

†**gramézza** [ant. fr. *gramece*, da *graim* 'gramo', dal francone *gram* 'triste, afflitto'; sec. XIII] s. f. ● Stato di infelicità, di afflizione.

gramicidina [vc. dotta, comp. di *gram*(-positivo) e *-cid(a)* col suff. *-ina*; 1947] s. f. ● (*farm.*) Antibiotico polipeptidico per uso topico impiegato spec. nel trattamento delle infezioni batteriche cutanee.

gramìgna [lat. *gramĭnea(m)* '(piena) d'erba (*grămen*, genit. *grăminis*, di orig. indeur.)'; 1319] s. f. *1* Erba perenne delle Graminacee che produce gravi danni alle colture (*Cynodon dactylon*). SIN. Malerba | ***G. dei prati***, erba perenne delle Graminacee comunissima nei prati naturali, che costituisce un ottimo foraggio (*Poa pratensis*) | ***G. dei medici***, erba infestante delle Graminacee il cui rizoma contiene sostanze mucillaginose ed è usato per decotti emollienti (*Agropyrum repens*) | ***G. bianca***, erba delle Graminacee assai diffusa nei prati (*Trisetum subspicatum*) | ***Attaccarsi come la g.***, essere molesto, fastidioso | ***Crescere come la g.***, diffondersi con rapidità. ➡ ILL. **piante**/10. *2* Tipo di pasta per minestre, generalmente fresca, simile a corti spaghetti arricciati.

Graminàcee [vc. dotta, comp. del lat. *grămen*, genit. *grăminis* 'erba', di orig. indeur., e *-acee*; 1809] s. f. pl. (sing. *-a*) ● Nella tassonomia vegetale, famiglia di piante erbacee delle Monocotiledoni con fusti quasi sempre cavi, fiori molto piccoli, racchiusi da glume, riuniti in spighette e queste in spighe o pannocchie, con frutti a cariosside (*Graminaceae*). ➡ ILL. **piante**/10-11.

graminàceo agg. ● Di, relativo a Graminacee.

gràmma ● V. *grammo.*

-gràmma [dal gr. *-gramma*, da *gráphein* 'scrivere'] secondo elemento ● In parole composte, ha il significato di 'dispaccio', 'comunicazione' (*fonogramma, telegramma*) o di 'grafico' (*cardiogramma*).

grammaèstro ● V. *gran maestro.*

♦**grammàtica** o †**gramàtica** [vc. dotta, lat. *grammătica(m)*, sottinteso *ărte(m)*, trascrizione del gr. *grammatikḗ* (*téchnē*) '(arte) delle lettere (*grámmata*, da *gráphein* 'scrivere')'; av. 1292] s. f. *1* (*ling.*) L'insieme e la descrizione sistematica delle regole riguardanti gli elementi costitutivi di una lingua, e cioè suoni, forme, parole, sintagmi | ***G. descrittiva*** (o ***sincronica***), quella che descrive le strutture grammaticali di una lingua | ***G. storica*** (o ***diacronica***), quella che ne descrive gli sviluppi nel tempo | ***G. normativa***, quella che formula le regole da rispettare nel parlare e nello scrivere | ***G. generativa***, teoria linguistica che considera la grammatica come un insieme finito di regole che generano un'infinità di frasi ben formate e le loro relative descrizioni strutturali. **2** Il libro che tratta di questa disciplina: *g. italiana, greca, francese*; *g. per le scuole*. **3** Correttezza nell'uso della propria lingua: *la sua g. è molto approssimativa.* **4** (*est.*) L'insieme delle regole di una scienza, di un'arte e sim. **5** †Il latino in quanto contrapposto ai volgari | †Studio della lingua latina, per scriverla, parlarla, ecc. | †***G. greca***, la lingua greca. || **grammaticàccia**, pegg. | **grammatichétta**, dim. | **grammatichìna**, dim. | **grammaticóna**, accr. | **grammaticùccia**, **grammaticùzza**, dim.

grammaticàle [vc. dotta, lat. tardo *grammaticāle(m)* 'relativo alla *grammatica*'; sec. XIII] agg. ● Che riguarda la grammatica | ***Analisi g.***, quella che identifica la funzione grammaticale delle parole che compongono la proposizione. || **grammaticalménte**, avv. Dal punto di vista grammaticale.

grammaticalità [1912] s. f. ● (*ling.*) Il fatto che una frase di una data lingua sia ben formata rispetto alle regole grammaticali della lingua stessa | ***Giudizio di g.***, emesso dal parlante e basato su un sistema di regole generali interiorizzate durante l'apprendimento della lingua.

grammaticaliẓẓàre [da *grammaticale*; 1988] **A** v. tr. ● (*ling.*) Attribuire a un elemento lessicale funzione di elemento grammaticale. **B** v. intr. pron. ● (*ling.*) Assumere funzione grammaticale.

grammaticaliẓẓazióne [da *grammaticalizzare*] s. f. ● (*ling.*) Processo attraverso il quale un elemento lessicale assume funzione di elemento grammaticale.

grammaticherìa [av. 1729] s. f. ● (*spreg.*) Esagerata minuzia grammaticale: *le sue grammaticherie annoierebbero chiunque.*

grammàtico o †**gramàtico** [vc. dotta, lat. *grammăticu(m)*, dal gr. *grammatikós* 'appartenente alle lettere (*grámmata*, da *gráphein* 'scrivere')'; av. 1294] **A** s. m. (f. *-a*; pl. m. *-ci*) **1** Studioso di grammatica. **2** (*est., spreg.*) Letterato o critico pedante che attribuisce una eccessiva importanza alle regole grammaticali e alle costruzioni sintattiche. **3** †Letterato erudito. **B** agg. **1** (*raro*) Grammaticale. **2** (*tosc.*) †Ben vestito, elegante. || **grammaticaménte**, avv. **1** (*raro*) Da grammatico. **2** Secondo la grammatica, grammaticalmente. || **grammaticàstro**, pegg.

grammatiṣìa o †**gramatiṣìa** [av. 1294] s. f. ● Pedantesca istruzione letteraria.

grammatìsta [vc. dotta, lat. *grammatĭsta(m)*, dal gr. *grammatistḗs*, propr. 'maestro che insegna le lettere dell'alfabeto (*grámmata*)'; 1584] s. m. e f. (pl. m. *-i*) **1** Nell'antica Grecia, maestro che insegnava a leggere e scrivere. **2** (*lett.*) Maestro di grammatica.

grammatìstica [av. 1729] s. f. ● Insegnamento della grammatica elementare.

grammatologìa [comp. del gr. *grámmata* 'lettere (dell'alfabeto)' e *-logia*; 1969] s. f. ● Studio della rappresentazione grafica dei fatti linguistici.

grammatològico agg. (pl. m. *-ci*) ● Che riguarda la grammatologia. || **grammatologicaménte**, avv.

grammatùra [1942] s. f. ● Il peso in grammi di una carta, stoffa e sim., calcolato per m^2: *la g. della normale carta per giornali è di grammi 60.*

grammelot /gram'lo*/ [vc. pseudofrancese; cfr. fr. *grommeler* 'mormorare'; 1977] s. m. inv. ● (*teat.*) Emissione di suoni simili, nel ritmo e nell'intonazione, a espressioni di una lingua, senza la pronuncia di parole reali, che caratterizza la recitazione comica o farsesca di alcuni attori: *Il g. più antico è senz'altro quello dello Zanni* (FO).

gràmmo o (*raro*) **grámma** [fr. *gramme*, dal lat. *grămma* 'piccolo peso', dal gr. *grámma*, propr. 'lettera alfabetica', da *gráphein* 'scrivere', passato nella terminologia medica a indicare una 'piccolissima quantità'; 1796] s. m. **1** (*fis.*) Unità di misura di massa nel sistema CGS definita come 1/1000 della massa del kilogrammo campione. SIMB. g | ***G. massa***, in passato usato per grammo | ***G. forza***, unità di forza pari a 1/1000 del kilogrammo forza | ***G. atomo***, V. *grammo-atomo* | ***G. molecola***, V. *grammo-molecola*. **2** (*fig.*) Quantità minima: *vi fu nelle sue parole un g. di sincerità* (FOGAZZARO).

grammo- [da *grammo* in uso agg.] primo elemento ● In parole della terminologia scientifica, indica, espresso in grammi, il peso del secondo elemento della parola composta: *grammo-molecola*.

-gràmmo secondo elemento ● In metrologia, indica multipli o sottomultipli del grammo: *decagrammo, centigrammo*.

gràmmo-àtomo o **grammoàtomo** [comp. di *grammo-* e *atomo*; 1930] s. m. (pl. *gràmmi-àtomo, grammoàtomi*) ● (*chim.*) Quantità in grammi di un elemento che corrisponde al peso atomico dell'elemento stesso.

grammo-equivalènte o **grammoequivalènte** [sul modello dell'ingl. *gram equivalent*] s. m. (pl. *gràmmi-equivalènte, grammoequivalènti*) ● (*chim.*) Quantità in grammi di un composto o di un elemento pari all'equivalente chimico del composto o dell'elemento.

grammofònico [1928] agg. (pl. m. *-ci*) ● Relativo al grammofono: *disco g.* SIN. Fonografico nel sign. 2.

grammòfono [ted. *Grammophon*, comp. di *Grammo* (dal gr. *grámma* 'segno') e *-phon* '-fono', propr. 'scrittura del suono'; 1908] s. m. ● Apparecchio usato spec. un tempo per la riproduzione dei suoni incisi su dischi fonografici. SIN. Fonografo meccanico.

grammo-ióne o **grammoióne** [vc. dotta, comp. dei due elementi *grammo* e *ione*] s. m. (pl. *grammi-ióne, grammoióni*) ● (*chim.*) Quantità in grammi di uno ione pari al peso molecolare dello ione stesso.

gràmmo-molècola o **grammomolècola** [comp. di *grammo-* e *molecola*] s. f. (pl. *gràmmi-molècola, grammomolècole*) ● (*chim.*) Quantità in grammi di una sostanza che corrisponde al peso molecolare della sostanza stessa.

gràm-negativo [dal n. del medico danese H. Ch. J. *Gram*, con *negativo*] agg. ● (*biol.*) Detto di un tipo di batterio che, sottoposto a una particolare tecnica batteriologica basata sul trattamento con un colorante basico, reagisce non trattenendo il colorante stesso.

gràmo [prob. di orig. germ.: *gram 'affanno, cordoglio'; sec. XIII] agg. **1** Povero e doloroso: *vita grama* | Misero, meschino: *tempi grami*; *M'accori, dolente rinverdire, / odore dell'infanzia / che grama gioia accolse* (QUASIMODO). **2** (*lett.*) Infelice, dolente: *molte genti fé già viver grame* (DANTE *Inf.* I, 51).

gràmola [etim. discussa: di orig. imit. (?); av. 1406] s. f. **1** Utensile con cui i pastai battevano la pasta per renderla soda: *g. a stanga, a molazza, a coltelli.* **2** Macchina per separare le fibre tessili della canapa e del lino dalle legnose. SIN. Maciulla.

gramolàre [etim. discussa: da *gramola* (?); sec. XIV] v. tr. (*io gràmolo*) **1** Lavorare la pasta con la gramola o con la gramolatrice: *gramolava un po' di pasta su una tavola bassa* (DELEDDA). **2** Maciullare il lino o la canapa con la gramola.

gramolàta [da *gramolare*, nel senso di 'rompere (il ghiaccio)' (?); 1791] s. f. ● Granita.

gramolàto [da *gramolare*; 1918] s. m. ● Neve granulare, formata da fiocchi addensati, che costituisce i nevai.

gramolatrìce [da *gramolare*] s. f. ● Gramola.

gramolatùra [av. 1826] s. f. ● Operazione del gramolare.

gramolìsta s. m. e f. (pl. m. *-i*) ● Operaio addetto alla gramolatura della pasta.

gràm-poṣitìvo [dal n. del medico danese H. Ch. J. *Gram*, con *positivo*] agg. ● (*biol.*) Detto di un tipo di batterio che, sottoposto a una particolare tecnica batteriologica basata sul trattamento con un colorante basico, reagisce trattenendo stabilmente il colorante stesso.

gramsciàno [1963] agg. ● Che si riferisce al pensatore e politico A. Gramsci (1891-1937).

gràna (**1**) [lat. *grāna* (nt.), pl. di *grānu(m)* 'grano'; av. 1465 ca.] s. f. **1** Particella separata, granello di una determinata sostanza. **2** (*fot.*) Granulosità. **3** Struttura, costituzione interna di un corpo come appare se rotto o tagliato: *g. minuta, grossa, ruvida* | ***Di g. grossa***, (*fig.*) grossolano, rozzo | (*est.*) Scabrosità della superficie di un corpo, naturale o provocata. **4** Piccola quantità di oro fuso rimasto nel crogiuolo | ***Incastonatura a g.***, tecnica del fermare le pietre preziose per mezzo di palline addossate al bordo della pietra. **5** (*conciar.*) In una pelle conciata, il disegno tipico che compare sul fiore, dovuto alla forma e alla disposizione delle papille dei peli eliminati con le operazioni di concia. **6** (*fig., fam.*) Seccatura, fastidio: *per quel fatto ha avuto delle grane* | ***Essere pieno di grane***, essere nei guai | ***Piantare grane***, provocarle. **7** (*miner.*) Dimensione media dei singoli minerali costitutivi di una roccia.

gràna (**2**) [da *grana* (*1*) secondo un passaggio semantico incerto; av. 1276] s. f. ● Colore carminio: *un abito tinto in g.* | Chermes, cocciniglia: *Viso de neve colorato in g.* (GUINIZZELLI).

gràna (**3**) [etim. incerta; 1952] s. f. ● (*gerg.*) Denaro: *Andarono ... a farsi un litro con la g. del Picchio* (PASOLINI) | ***Essere pieni di g.***, molto ricchi | ***Scucire la g.***, sborsare una certa somma.

gràna (**4**) [sta per l'espressivo, di orig. dial. lombarda, (*formaggio di*) *grana*, per la granulosità; 1851] s. m. inv. ● Formaggio semigrasso a pasta dura, cotto, delle zone tipiche dell'Emilia e della Lombardia, così chiamato per i minutissimi grumi del coagulo: *g. padano*. CFR. Parmigiano.

granadìglia [sp. *granadilla*, dim. di *granada* 'melograno'; 1623] s. f. ● (*bot.*) Arbusto rampicante delle Passifloracee, originario del Brasile, coltivato per ornamento e per i frutti commestibili (*Passiflora edulis*). SIN. Maracujá | Il frutto di tale pianta, simile per aspetto e sapore alla melagrana. SIN. Frutto della passione, maracuja.

granagliàre [av. 1571] v. tr. (*io granàglio*) ● Ridurre l'oro e l'argento in granaglie.

granàglie [da *grano* col suff. collett. *-aglia*; av. 1388] s. f. pl. **1** Semi di cereali per alimentazione umana e animale. **2** Piccolissime palline d'oro e d'argento usate per lavori di oreficeria.

granàio o †**granàro** [lat. *granāriu(m)*, da *grānum* 'grano'; 1312] s. m. **1** Locale o edificio destinato al deposito di grano | (*est.*) Solaio della casa colonica, adibito a magazzino. ➡ ILL. p. 2113 AGRICOLTURA. **2** (*fig.*) Regione o paese a forte produzione granaria: *l'Egitto fu il g. dell'Impero Romano.*

granaiòlo o †**granaiuòlo** [sec. XIV] **A** agg. ● Di alcuni uccelli che si nutrono di solo grano. SIN. Granivoro. **B** s. m. ● †Negoziante di grano al minuto.

†**granàre** [da *grano*; sec. XV] v. tr. e intr. ● Granire.

granàrio [av. 1311] agg. ● Relativo al grano: *commercio g.*

†**granàro** ● V. *granaio*.

granàta (**1**) [per la pannocchia *granata* della pianta (la saggina), dalla quale si ricava; 1364] s. f. ● (*tosc.*) Scopa formata da mazzetti di saggina essiccati e legati attorno a un bastone | ***Benedire col manico della g.***, (*fig.*) bastonare. || **granatàccia**, pegg. | **granatèllo**, dim. m. | **granatétta**, dim. | **granatìna**, dim. | **granatìno**, dim. m. | **granatóne**, accr. m. | **granatùccia**, **granatùzza**, dim.

granàta (**2**) [da (*mela*)*granata*, alla quale originariamente assomigliava; 1612] s. f. ● Originariamente, palla di ferro vuota all'interno e che, riempita di polvere e munita di un accenditore cui si dava fuoco all'atto dell'impiego, veniva lanciata a mano e scoppiava giungendo al segno | Proiettile d'artiglieria cilindrico-ogivale, contenente una carica di scoppio e munito di una spoletta che ne determina l'esplosione urtando contro il terreno: *g. a percussione, a doppio effetto, perforante.*

granàta (**3**) [da (*mela*)*granata*, in lat. tardo (*mālum*) *granātum* 'mela (*mālum*) con molti gran(ell)i (*grāni*)'; sec. XIV] **A** s. f. **1** Frutto del melograno. **2** Pietra preziosa di colore rosso cupo. SIN. Granato. **B** s. m. e f. inv. ● Chi gioca nella squadra di calcio del Torino. **C** in funzione di agg. inv. ● (posposto al s.) Detto di un colore rosso scuro simile a quello dei semi del melograno: *un tappeto g.* | Detto di giocatore o sostenitore della squadra di calcio del Torino.

granatière [adatt. del fr. *grenadier*, da *grenade* 'granata (2)'; 1670] s. m. **1** Soldato scelto che nei reggimenti di fanteria del XVII e XVIII sec. aveva il compito di portare e lanciare granate contro il nemico, precedendo i reparti avanzati | Negli eserciti moderni, soldato di un corpo scelto di fanteria, di statura superiore alla media. **2** (*fig., scherz.*) Persona alta e robusta.

granatiglio [sp. *granadillo*: perché legno di color rosso granato (*granado*) (?); av. 1646] **s. m.** ● Legno durissimo di color rosso granato, per impiallacciature, intarsi, strumenti musicali.

granatina [propr. bibita con sciroppo di (*mela*) *granata*] **s. f.** ● Sciroppo di melagrane | Bibita di granatina o altro sciroppo con ghiaccio tritato.

granatino (1) [da *granato* 'relativo al grano'; av. 1638] **s. m.** ● (*raro*) Mercante di grano.

granatino (2) [adatt. dello sp. *granadillo* 'granatiglio'; av. 1597] **s. m.** ● Granatiglio.

granàto (1) [lat. *granātu(m)* 'che ha molti grani', da *grānum* 'grano' (specie sottintendendo *mālum* 'mela'); av. 1347] **A agg.** *1* Che ha molti grani: *melo g.* | Ridotto in granelli. *2* Che ha granelli rossi come grana: *mela granata* | (*est.*) Di colore rosso scuro | ***Vino g.***, rosso rubino. **B s. m.** *1* (*bot.*) Melograno. *2* (*miner.*) Pietra semi-preziosa di colore variabile, gener. rosso cupo, usata per anelli e collane | ***I granati***, famiglia di silicati dalla formula variabile, in bei cristalli di colore rosso, verde, giallo, nero, usati talora come pietre semi-preziose.

†**granàto** (2) [da *grano*; av. 1294] **agg.** ● (*raro*) Maturo, forte.

†**granbèstia** o **gran bèstia** [comp. di *gran(de)* e *bestia*; sec. XIV] **s. f.** ● (*zool.*) Alce.

grancancellière [comp. di *gran(de)* e *cancelliere*; av. 1573] **s. m.** ● Titolo di antico magistrato o dignitario di corte.

grancàssa [comp. di *gran(de)* e *cassa* col sign. dello sp. ('tamburo'); 1841] **s. f.** ● Il tamburo di dimensioni maggiori nell'orchestra | ***Battere la g.***, (*fig.*) fare propaganda chiassosamente per sé o per altri. ➡ **ILL. musica.**

grancèvola o **grancèola**, **grancèvola**, **gransèola** [venez. *granséola*, di etim. discussa: comp. di *granso* 'granc(h)io' e *séola* 'cipolla', per la forma (?); 1563] **s. f.** ● Crostaceo decapode marino con dorso spinoso e chele piccole, ricercato per le sue carni (*Maja squinado*). ➡ **ILL. animali**/3.

granché o **gran che** [av. 1704] **A pron. indef.** ● Ciò che possiede caratteristiche eccezionali (solo in frasi negative): *il film non è stato un g.* | ***Non ne sappiamo un g.***, non ne sappiamo molto. **B avv.** ● Molto (solo in frasi negative): *questo film non è poi g.*; *non mi è piaciuto g.*

granchiésco [1869] **agg.** (**pl. m.** *-schi*) ● (*raro*) Di, da granchio (*anche fig.*): *faceva ridere tutti il suo g. modo di camminare.* ‖ **granchiescaménte**, **avv.** (*raro*) In modo granchiesco.

♦**grànchio** [lat. *cāncru(m)*, di orig. ed estensione indeur., attrav. tarde modificazioni formali (*crancus*, *crancrus*); sec. XIII] **s. m.** *1* (*zool.*) Ogni crostaceo appartenente ai Decapodi Brachiuri | ***G. comune***, con corazza trapezoidale, liscia, olivastra, chele ben sviluppate e zampe con apici a punta (*Carcinides maenas*) | ***G. di fiume***, vivente nelle acque dolci di alcune regioni d'Italia (*Potamon fluviatile*). ➡ **ILL. animali**/3; **zoologia generale.** *2* (*fig.*) Errore, abbaglio: *prendere un g.* *3* Attrezzo da falegname, che serve da morsa, con testa corta e munito di denti che si conficcano nel pezzo da lavorare | Penna del martello da falegname. *4* (*fam.*, *raro*) Crampo. *5* (*med.*) †Cancro. ‖ **granchiétto**, **dim.** | **granchiolino**, **dim.** | **granchióne**, **accr.**

grància e *deriv.* ● V. *grangia e deriv.*

granciporro [venez. *gransipòro*, comp. di *granso* 'granc(h)io' e del gr. *págouros* 'granchio dall'estremità (*ourá*) rigida, dura (*págos*)'; av. 1535] **s. m.** *1* (*zool.*) Granchio paguro. *2* (*fig.*, *raro*) Errore, svista.

grancollàre [comp. di *gran(de)* e *collare*; 1869] **s. m.** ● Altissimo grado di alcuni ordini cavallereschi | Chi è investito di tale grado.

grancordóne [comp. di *gran(de)* e *cordone*; 1869] **s. m.** ● Grancollare.

grancróce [comp. di *gran(de)* e *croce*; 1590] **s. f.** ● Il più alto grado della maggior parte degli ordini cavallereschi | Chi è rivestito di questo grado | ***Cavaliere di grancroce***, decorato con il più alto grado di un ordine cavalleresco.

grandangolàre [comp. di *grande* e *angolo*, con suff. agg.; 1956] **A s. m.** ● Obiettivo fotografico o cinematografico di focale più corta di quella dell'obiettivo normale e perciò con un più ampio angolo di campo. **B** anche **agg.**: *obiettivo g.*

grandàngolo [comp. di *grand(e)* e *angolo*; 1973] **s. m.** ● Grandangolare.

grand commis /*fr.* ˌgʀɑ̃kɔˈmi/ [loc. fr., propr. 'grande commesso'; 1987] **s. m. inv.** (**pl.** fr. *grands commis*) ● Altissimo funzionario di un'amministrazione pubblica.

♦**grànde** [lat. *grănde(m)*, di etim. incerta; sec. XII] **A agg.** Si può troncare in *gran* davanti a parole sia maschili che femminili che cominciano per consonante: *gran giocatore*, *gran capo*, *gran cantante*, *gran donna.* Davanti a *s impura*, *z*, *x*, *gn*, *ps* e *pn* di regola non c'è troncamento: *grande spavento*, *grande psichiatra*; tuttavia nell'uso è frequente anche la forma tronca: *gran scalatore*, *gran stima.* La forma tronca è normale anche al plurale: *gran sospiri.* Davanti a nomi sia maschili che femminili che cominciano per vocale, *grande* si può elidere in *grand'*: *grand'uomo*, *grand'attrice*; prevale oggi nell'uso la forma senza elisione: *grande artista*, *grande avvocato.* Il comparativo di maggioranza è *più grànde* o *maggióre*; il superlativo è *grandìssimo* o *màssimo.* (V. nota d'uso ELISIONE e TRONCAMENTO) *1* Superiore alla misura ordinaria per dimensioni, durata, quantità, intensità, forza, difficoltà e sim.: *sala, strada, teatro g.*; *costruire un g. palazzo*; *fare grandi viaggi*; *passavano grandi periodi dell'anno in montagna*; *al popol tutto / favola fui gran tempo* (PETRARCA); *ci fu un gran concorso di gente*; *avere un g. giro d'affari*; *fare grandi guadagni*; *si fece un gran parlare su cose di poco conto*; *avere una g. superbia*; *disporre di un g. coraggio*; *avere una g. sete, fame, febbre*; *sono ostacoli molto grandi per noi*; *le grandi difficoltà ci scoraggiano* | ***Andare di gran passo***, (*fig.*) senza risparmio di energie e speditamente | ***Famiglia g.***, numerosa. **CFR.** macro-, maxi-, mega-, megalo-, giganto-. **CONTR.** Piccolo. *2* Di persona che eccelle sugli altri per scienza, per dignità, per virtù, per potenza e sim.: *onorare un g. poeta, filosofo, scrittore*; *è stato il pittore più g. del suo tempo* | Preposto a un nome proprio: *il g. Galilei*; *il g. Bach*; *il g. Augusto* | Posposto al nome di sovrani particolarmente illustri e potenti: *Alessandro il Grande*; *Pietro il Grande* | Di persona superiore al livello medio per ricchezze, condizioni sociali e sim.: *sono i grandi personaggi della vecchia società*; *è una gran dama* | Preposto a titoli di dignità: *gran ciambellano*; *gran cancelliere*; *gran maestro*; *g. ammiraglio.* *3* Alto, grosso, robusto: *è un uomo g.*; *è un albero dal fusto g.* *4* Solenne, importante, rilevante: *oggi è festa g.*; *congresso, adunanza g.*; *le grandi invenzioni e scoperte dell'era moderna* | ***Il g. giorno***, quello di un avvenimento rilevante | ***Consiglio g.***, generale | ***G. Oriente***, supremo consiglio della massoneria in ciascuno Stato | ***Gran cosa***, ciò che possiede eccezionali caratteristiche (spec. in frasi negative): *questo gioiello non è poi gran cosa* | ***Gran che***, V. *granché.* *5* Con funzione rafforzativa seguito da un sostantivo o da un aggettivo sostantivato: *un grand'uomo*; *un gran bugiardo* | (*med.*) ***G. male***, accesso convulsivo generalizzato nell'epilessia. *6* Anteposto a un aggettivo, gli conferisce valore superlativo: *un gran bel quadro.* ‖ **grandeménte**, **avv.** Molto, assai: *apprezzare grandemente gli sforzi di qlcu.* **B s. m.**; anche **f.** nei sign. 1 e 2. *1* Persona adulta: *la camera dei grandi*; *si comportano come i grandi*; *l'ingresso è consentito solo ai grandi* | ***Da g.***, in età adulta: *cosa farai da g.?* *2* Chi eccelle per scienza, dignità, potenza, ricchezze e sim.: *i grandi della terra*; *attenersi all'esempio dei grandi*; *un g. dispregia sempre onori e glorie* | ***Farsi g.***, presumere, vantarsi. *3* Titolo spettante ai maggiori vassalli della Corona spagnola: *g. di Spagna.* *4* (*solo sing.*) Grandezza, magnificenza: *ammirare il g. nell'arte* | ***Riprodurre in g.***, ingrandire | ***Fare le cose in g.***, senza economia | ***Alla g.***, con grande ricchezza di mezzi; (*est.*) in modo straordinario, brillante: *vincere alla g.* ‖ **grandàccio**, **pegg.** | **grandétto**, **dim.** | **grandicèllo**, **dim.** | **grandicino**, **dim.** | **grandino**, **dim.** | **grandóne**, **accr.** | **grandòtto**, **accr.**

grandeggiàre [av. 1313] **v. intr.** (*io grandéggio*; aus. *avere*) *1* (*lett.*) Essere, apparire grande | Eccellere per grandezza: *l'edificio grandeggiava al centro della piazza*; *è un uomo che grandeggia ovunque.* *2* Ostentare boria | Darsi arie di gran signore: *sono persone cui piace g.*

grandeur /*fr.* gʀɑ̃ˈdœːʀ/ [vc. fr., propr. 'grandezza'] **s. f. inv.** *1* Grandiosità, grandezza della Francia, spec. con riferimento alla politica di esaltazione del ruolo della Francia nel mondo propugnata dal generale Ch. De Gaulle negli anni 1950-60. *2* (*est.*) Senso di superiorità, mania di grandezza.

♦**grandézza** [da *grande*; av. 1250] **s. f.** *1* Complesso delle dimensioni di un corpo | Insieme delle sue misure: *la g. di un edificio, di un fiume, di un albero*; *la g. di una statua* | ***Riproduzione in g. naturale***, nelle dimensioni che l'oggetto ha in realtà. *2* (*scient.*) Quantità che si può confrontare e sommare con altre della stessa specie | ***Grandezze omogenee***, della stessa specie | ***G. stellare***, magnitudine | ***Stella di prima g.***, che ha maggiore luminosità; (*fig.*) chi eccelle nella sua attività ed è molto famoso | ***G. di un'eclisse***, il rapporto tra la superficie occultata e l'area totale del disco dell'astro eclissato. *3* Condizione, caratteristica di ciò che è grande: *la g. della piazza era impressionante*; *essere spaventati dalla g. dell'impresa*; *essere sopraffatti dalla g. degli avvenimenti.* *4* Altezza, nobiltà, eccellenza connesse con la condizione sociale, intellettuale e sim.: *l'antica g. di Roma* | ***La g. di Dio***, la sua infinita potenza e misericordia: *le virtù, gli arcani e le grandezze / di Dio* (CAMPANELLA) | ***Vostra g.***, titolo d'onore | ***G. d'animo***, magnanimità. *5* Fasto, prestigio, onori: *manie di g.*; *tutte le sue grandezze non gli impediscono di aver bisogno di noi.*

grandezzàta [1869] **s. f.** ● (*raro*) Atto di ostentata grandezza.

grand-guignol /*fr.* ˌgʀɑ̃giˈɲɔl/ [vc. fr., comp. di *grand* 'grande' e *Guignol*, n. di una marionetta lionese (un setaiolo?); 1918] **s. m. inv.** ● Rappresentazione teatrale in cui predominano scene terrificanti.

grandguignolésco /graŋgiɲɲoˈlesko/ o **granghignolésco**, **granguignolésco** [1916] **agg.** (**pl. m.** *-schi*) ● Orribile, terrificante, truculento.

grandiflòra [comp. del lat. *grăndis* 'grande' e di un deriv. di *flōs*, genit. *flōris* 'fiore'; 1813] **agg.** solo **f.** ● Detto di pianta a fiori grandi.

grandigia [da *grande*; sec. XIII] **s. f.** (**pl.** *-gie* o *-ge*) *1* (*lett.*) Superbia, alterigia. *2* †Potenza.

grandìglia [sp. *grandilla*, da *grande* 'grande'; av. 1462] **s. f.** ● Collare alto e pieghettato portato dalle donne spec. nel sec. XVII.

grandiglióne [1869] **s. m.** (**f.** *-a*) ● (*fam.*, *tosc.*) Ragazzo grande e grosso ma ancora infantile: *si lanciò d'un salto su quel g.* (DE AMICIS). ‖ **grandiglionàccio**, **pegg.**

grandiloquènte [da *grandiloquo*, sul tipo di *magniloquente*; 1784] **agg.** ● (*lett.*) Che ha grandiloquenza.

grandiloquènza [da *grandiloquente*, sul tipo di *magniloquenza*; 1708] **s. f.** ● (*lett.*) Magniloquenza.

grandìloquo [vc. dotta, lat. *grandĭloquu(m)*, comp. di *grăndis* 'grande' e *-loquus* (V. *ventriloquo*); av. 1508] **agg.** ● (*raro*, *lett.*) Grandiloquente.

grandinàre [lat. *grandināre*, da *grăndo*, genit. *grăndinis* 'grandine'; 1353] **A v. intr. impers.** (*gràndina*; aus. *essere* o *avere*) ● Cadere, venire giù, detto della grandine: *ha grandinato tutto il giorno*; *era grandinato su tutta la regione.* **B v. intr.** (aus. *essere*) ● (*fig.*) Cadere violentemente e in abbondanza come la grandine: *bombe e proiettili grandinavano tutt'intorno*; *dopo tanti incidenti le multe grandineranno.* **C v. tr.** ● †Scagliare con forza e in abbondanza come la grandine: *i difensori a grandinar le pietre / da l'alte mura … incominciaro* (TASSO).

grandinàta [f. sost. di *grandinato*, part. pass. di *grandinare*; av. 1779] **s. f.** *1* Il grandinare | Scroscio di grandine: *la g. di ieri è stata breve ma violenta* | (*fig.*) Scarica, gragnola: *una g. di pugni, di insulti.* *2* La grandine caduta.

♦**gràndine** [lat. *grăndine(m)*, nom. *grăndo*, di etim. incerta; 1282] **s. f.** *1* (*meteor.*) Precipitazione violenta di chicchi sferoidali di ghiaccio, con diametro superiore ai cinque millimetri, o di pezzi irregolari di ghiaccio durante forti temporali | (*est.*) L'insieme dei chicchi o dei pezzi irregolari di ghiaccio caduti durante tale precipitazione | ***G. secca***, senza pioggia. *2* (*fig.*) Scarica fitta e violenta: *una g. di ingiurie, di improperi, di pugni, di calci, di sassi, di frecce.* *3* Pastina da minestra simile ai chicchi di grandine.

grandinìfugo [comp. di *grandine* e *-fugo*; 1935] **agg.** (**pl. m.** *-ghi*) ● Di mezzo o protezione contro la grandine.

grandìnigeno [comp. di *grandin(e)* e *-geno*]

agg. ● Che produce la caduta della grandine: *nubi grandinigene*.

grandìnio [1934] s. m. ● Un grandinare violento e insistente.

grandinóso [vc. dotta, lat. *grandinōsu(m)* 'carico di grandine, soggetto a grandine', da *grăndo*, genit. *grăndinis* 'grandine'; 1499] agg. ● Misto a grandine: *pioggia grandinosa*.

grandiosità o †**grandiositàde**, †**grandiositàte** [1696] s. f. *1* Caratteristica di grandioso: *g. di uno spettacolo*; *g. di stile, di progetti*. *2* Manifestazione di ostentata grandezza: *le sue g. mi infastidiscono*.

grandióso [da *grande*, come *glorioso* da *gloria*, e sim.; 1540] agg. *1* Di cosa che desta impressione per le sue proporzioni, la sua ricchezza e sim.: *un monumento, un edificio, uno spettacolo g.*; *progetti, preparativi grandiosi*. *2* Di persona che ostenta ricchezza, generosità nello spendere, e sim. || **grandiosaménte**, avv.

grandisonànte [da †*grandisono*; av. 1642] agg. ● (*raro, lett.*) Di molto effetto | Altisonante: *eloquenza, discorso g.*

†**grandìsono** [vc. dotta, lat. tardo *grandĭsonu(m)*, comp. di *grăndis* 'grande' e *sŏnus* 'suono'; av. 1642] agg. ● Grandisonante.

Grand Marnier® /fr. grɑ̃mar'nje/ [n. propr. fr., 'il grande (*grand*) Marnier', n. del produttore; 1988] loc. sost. m. inv. ● Liquore francese ottenuto dal distillato di bucce d'arancia amara fermentate con aggiunta di cognac e invecchiato.

grand prix /fr. ˌgrɑ̃'pri/ [loc. fr., propr. 'gran premio'; 1981] loc. sost. m. inv. (pl. fr. *grands prix*) ● (*sport*) Gran premio.

grandùca [comp. di *gran(de)* e *duca*; av. 1557] s. m. (pl. *-chi*) *1* Sovrano di un granducato: *il g. di Toscana*; *il g. di Lussemburgo*. *2* Persona insignita del grado di nobiltà inferiore a quello di re e superiore a quello di duca: *g. di Cracovia*. *3* Principe della casa imperiale russa. || **granduchino**, dim. (V.).

granducàle [1587] agg. ● Del granduca, del granducato.

granducàto [da *granduca*; av. 1557] s. m. ● Titolo e dignità del granduca | Durata del governo di un granduca | Stato retto da un granduca.

granduchéssa [comp. di *gran(de)* e *duchessa*; 1584] s. f. *1* Sovrana di un granducato: *la g. di Toscana*; *la g. di Cracovia*. *2* Moglie o figlia di granduca.

granduchìno s. m. *1* Dim. di *granduca*. *2* Figlio, spec. giovane, di un granduca.

granufficiàle o **grand'ufficiàle** [comp. di *grand(e)* e *ufficiale* (*2*); 1869] s. m. ● In vari ordini cavallereschi, grado superiore a quello di commendatore | La persona insignita di tale grado.

gràndula [etim. incerta; av. 1871] s. f. ● Genere di Uccelli dei Columbiformi di media grandezza, con ali molto lunghe e zampe piumate (*Pterocles*).

granèlla [1587] s. f. *1* Insieme dei chicchi di grano o di altri cereali, separati dalla paglia dopo la trebbiatura. *2* Pezzetti di cioccolato, amaretti, meringa o frammenti di mandorle, nocciole e sim. usati in pasticceria.

granellàre [da *granello*] v. tr. (*io granèllo*) *1* Ridurre in granelli. *2* Spolverare torte e sim. con mandorle tritate. *3* †Raggranellare le olive rimaste dopo il raccolto.

granèllo [dim. di *grano*; 1308] s. m. *1* Chicco di grano o di altri cereali | Seme di alcuni frutti: *i granelli delle pere* | *G. d'uva*, (*fam.*) acino. *2* (*est.*) Qualsiasi oggetto tondeggiante di piccole dimensioni: *g. di sabbia, d'incenso*. *3* (*al pl.*) Testicoli di pollo, vitello, agnello: *una frittura di granelli*. *4* (*fig.*) Quantità minima, briciolo, particella di qlco.: *c'è un g. di pazzia anche nei più savi*. || **granellétto**, dim. | **granellino**, dim. | **granellùccio**, **granellùzzo**, dim.

granellosità s. f. ● Caratteristica, proprietà di ciò che è granelloso.

granellóso [1340 ca.] agg. ● Pieno di granelli | Ruvido, scabro: *superficie granellosa*.

†**grànfa** ● V. *granfia*.

†**granfàtto** o †**gran fàtto** [da dividere *gran(de) fatto*; av. 1292] avv. *1* (*raro*) Certamente (in espressioni negative) | *G. fia?*, possibile? *2* (*raro*) Molto.

grànfia o †**grànfa** [longob. *krampf* 'uncino', da un agg. germ. **krampa-* 'curvo, storto', di orig. indeur.; 1499] s. f. *1* Zampa armata di unghioni e di artigli: *le granfie del gatto, dell'aquila, del leone* | *Cadere nelle granfie di qlcu.*, (*fig.*) in suo potere. SIN. Grinfia. *2* †Arpione, uncino. || **granfiàccia**, pegg.

granfiàre [da *granfia*; 1499] v. tr. (*io grànfio*) ● (*raro*) Prendere con le granfie.

granfiàta [1869] s. f. *1* Colpo inferto con le granfie, e segno che ne resta: *il leone colpì con una g. la sua preda*. *2* (*raro, fig.*) Quantità di cose che si possono afferrare con le mani: *una g. di dolci*.

granghignolésco ● V. *grandguignolesco*.

gràngia o **grància** [ant. fr. *granche* 'luogo di deposito del grano' e poi 'fattoria (specie di monastero)', dal lat. parl. **grānica* 'granaio', da *grānum* 'grano'; 1363] s. f. (pl. *-ge*) *1* Nel Medioevo, podere annesso a un'abbazia benedettina. *2* Tipo di costruzione rurale di struttura simile a un capannone: *nella solitudine della campagna senza g. li tentava le anime* (GADDA). *3* (*sett.*) Pascolo per l'alpeggio del bestiame, e relative costruzioni rurali.

grangière o **grancière** [1379] s. m. ● Fattore di una grangia.

granguàrdia [comp. di *gran(de)* e *guardia*; 1512] s. f. ● Anticamente, distaccamento di truppe con compiti di vedetta e di prima difesa dal nemico del grosso dell'esercito.

granguignolésco ● V. *grandguignolesco*.

granìcolo [da *grano* col suff. di orig. dotta di (*agr*)*icolo*; 1956] agg. ● Attinente alla coltivazione e produzione del grano.

granicoltùra [1955] s. f. ● Coltivazione del grano.

granìfero [comp. di *grano* e *-fero*; 1499] agg. ● Che produce molto grano: *zona granifera*; *terreno g.*

granigióne [1803] s. f. ● (*tosc.*) Il granire dei cereali: *le spighe sono arrivate alla g.*

granìglia [da *grano* col suff. collett. *-iglia*; 1936] s. f. ● Tritume di pietra che, impastato con cemento, dà una pietra artificiale, di basso costo, usata spec. per piastrelle.

granìre (**1**) [da *grano*; sec. XIII] **A** v. intr. (*io granisco, tu granisci*; aus. *essere*) *1* Fare i chicchi, i granelli, detto del grano o di altri cereali: *a maggio la biada è già granita*. *2* (*tosc.*) Formarsi, detto dei denti dei bambini. **B** v. tr. *1* Ridurre in grani. *2* Rendere scabro e ruvido, detto di superficie metallica. *3* (*mus.*) Nell'esecuzione di un passaggio musicale, fare udire le note ben distinte le une dalle altre.

granìre (**2**) [da *grana* (*2*)] v. tr. (*io granisco, tu granisci*) ● In tintoria, dare la grana.

granìta [da *granire* (*1*), per il ghiaccio ridotto in *grani*; 1858] s. f. *1* Gelato granuloso ottenuto per congelamento di succhi di arancia o limone e sim. o di caffè. *2* Correntemente, bibita di sciroppo e ghiaccio finemente tritato. SIN. Ghiacciata.

granìtico [da *granito* (*2*); 1817] agg. (pl. m. *-ci*) *1* Che ha la natura o la composizione del granito. *2* (*fig.*) Saldo, incrollabile: *carattere g.*; *compattezza granitica*.

granìto (**1**) [1863] part. pass. di *granire* (*1*); anche agg. *1* Nei sign. del v. | Che ha messo i grani, detto di cereale. *2* (*fig., raro*) Sodo, robusto | ***Donna granita***, ben formata.

granìto (**2**) [dal part. pass. di *granire* (*1*), per la sua struttura granulare; av. 1502] s. m. ● Roccia eruttiva costituita prevalentemente da quarzo, ortoclasio e biotite e talvolta anche da muscovite, plagioclasi e orneblenda, di colore variabile a seconda della composizione | (*fig.*) Simbolo di resistenza, saldezza, tenacia e sim.: *volontà di g.*

granitóio [da *granire* (*1*); 1868] s. m. ● Tipo di cesello con la cima piana coperta di tanti puntini vicinissimi per fare graniture.

granitóre [1834] s. m. (f. *-trice*, raro) ● Incisore addetto ai lavori di granitura.

granitùra [da *granire* (*1*); 1798] s. f. *1* Operazione del ridurre in grani. *2* Operazione del granire una lastra metallica o di vetro con polvere di pomice o di smeriglio. *3* (*tipogr.*) Trattamento della superficie della pietra litografica e della lastra offset volto ad aumentarne la ricettività all'acqua. *4* (*bot.*) Il granire dei cereali.

granìvoro [comp. di *gran(o)* e *-voro*; 1887] agg. ● Che si nutre di grano o di altri cereali.

gran maèstro o **grammaèstro** [av. 1558] loc. sost. m. (pl. *gran maèstri* o *grammaèstri*) *1* Alto dignitario di corte: *gran maestro di Francia*; *gran maestro delle cerimonie*. *2* Massimo grado gerarchico nella massoneria, in alcuni ordini cavallereschi e nell'artiglieria del XVI e del XVII sec. *3* (*lett.*) Personaggio molto autorevole e influente.

†**granmercé** /grammer'tʃe*/ o †**gran mercé** [comp. di *gran(de)* e *mercé*, sul modello del fr. *grand merci*; 1353] inter. ● Molte grazie: *il proposto tutto lieto disse*: *Madonna, gran mercé* (BOCCACCIO).

♦**gràno** [lat. *grānu(m)*, di orig. indeur.; sec. XII] s. m. (pl. *-i*, m., †*granora*, f.) *1* Pianta annua delle Graminacee, presente in varie specie coltivate, alta fino a 1 m, con fusto molto rigido perché ricco di sostanze minerali, foglie poco numerose e spiga a forma quadrangolare con cariossidi molto fitte (*Triticum*). SIN. Frumento | (*est.*) La cariosside di tale pianta, dalla quale, per macinazione, si ricava la farina usata nell'alimentazione | ***G. duro***, destinato alla preparazione di paste alimentari | ***G. tenero***, destinato alla panificazione | ***Germe di g.***, nell'uso alimentare e nella fitoterapia, l'embrione del frumento, ricco di sostanze di riserva e vitamine. ➡ ILL. piante/10. *2* Denominazione di altre piante delle Graminacee | ***G. saraceno***, pianta annua erbacea delle Poligonacee, con fusto eretto e rossastro, frutto ad achenio, dai cui semi si ricava una farina (*Fagopyrum esculentum*) | ***G. turco***, V. *granturco*. *3* Chicco, granello: *g. di pepe, d'incenso, di miglio, di pera*. *4* Ciascuna delle pallottoline che compongono una corona del rosario, una collana, e sim. *5* (*fig.*) Minima parte di qlco.: *non hanno un g. di buon senso*; *un g. di pazzia*. *6* Misura di peso per farmaci da usare in dosi minime | Unità di peso usata per pietre preziose, equivalente a un quarto di carato o a un ventesimo di grammo. SIMB. gr. *7* Moneta di rame napoletana coniata per la prima volta da Ferdinando II d'Aragona | Nel sistema monetario del sovrano ordine di Malta, moneta il cui valore era pari alla ventesima parte di un tari. ➡ ILL. moneta. *8* (*mecc.*) Bullone filettato di piccole dimensioni, senza testa e terminante a punta, usato per bloccare. *9* (*gerg.*) Quattrini. || **granàccio**, pegg. | **granèllo**, dim. (V.) | **granóne**, accr. (V.).

granóne [1799] s. m. *1* Accr. di *grano*. *2* (*region.*) Granoturco, mais.

granóso (**1**) [da *grana* (*3*); 1957] agg. ● (*gerg.*) Ricco.

granóso (**2**) [vc. dotta, lat. *granōsu(m)*, da *grānu(m)* 'grano'; sec. XIV] agg. *1* (*raro*) Granuloso: *aspetto g.*; *superficie granosa*. *2* Abbondante, fecondo di grano: *campo g.*; *granosi paschi* (FOSCOLO).

gran prèmio loc. sost. m. (pl. *gran prèmi*) ● (*sport*) Gara, corsa molto importante, spec. nell'automobilismo.

granseòla ● V. *grancevola*.

♦**grantùrco** o **gran tùrco**, **granotùrco**, **gràno tùrco** [comp. di *gran(o)* e di *turco* nel senso di 'esotico, forestiero'; 1687] s. m. (pl. *-chi*) *1* Graminacea con fusto robusto, infiorescenze maschili in pannocchia terminale e femminili in spighe all'ascella delle foglie avviluppate da brattee, i cui frutti gialli sono commestibili e utili come foraggio (*Zea mays*). SIN. Frumentone, granone, mais. ➡ ILL. piante/10. *2* La cariosside di tale pianta, dalla quale, per macinazione, si ottiene una farina usata nell'alimentazione, spec. per fare la polenta: *farina di g.*; *pane di g.*

granturismo o **gran turismo** [comp. di *gran(de)* e *turismo*; 1970] **A** agg. inv. ● Detto di automobile o motocicletta con caratteristiche sportive. **B** anche s. f. inv.: *una g. rossa*.

granulàre (**1**) [da *granulo*; 1798] v. tr. (*io grànulo*) ● Ridurre in granuli.

granulàre (**2**) [da *granulo*; 1798] agg. ● Costituito da grani o granelli | (*miner.*) ***Struttura g.***, quella di una roccia i cui minerali essenziali sono caratterizzati da cristalli di dimensioni quasi uguali.

granularità s. f. ● (*fot.*) Nelle emulsioni fotografiche, grandezza dei granuli dell'argento metallico annerito | Misura di tale grandezza.

granulàto [1779] part. pass. di *granulare* (*1*); anche agg. *1* Ridotto in granuli. *2* Ruvido, scabroso.

granulatóre s. m. *1* (f. *-trice*) Frantoista. *2* (f. *-trice*) In varie tecnologie, chi è addetto alla granulazione. *3* Macchina per la triturazione della roccia con cui si ottiene una ghiaia di pezzatura uniforme, per costruzioni, strade e sim. *4* Macchina che agglomera in granelli sostanze pulverulente prima inumidite.

granulazióne [1834] s. f. *1* Operazione mediante la quale si riduce in grani o in granelli qlco. *2* (*biol.*) Peculiare condizione di una cellula (es. granulocita) o di un tessuto caratterizzati dalla presenza di numerosi granuli | *Tessuto di g.*, tessuto di riparazione in una ferita o attorno a un corpo estraneo, ricco di capillari che gli danno un aspetto granulare. *3* *G. solare*, aspetto della fotosfera del Sole, simile a una moltitudine di piccoli granelli. ➡ ILL. p. 2144 SISTEMA SOLARE.

grànulo [vc. dotta, lat. *grānulu(m)*, dim. di *grānum* 'grano'; 1901] s. m. *1* Granello. *2* Preparazione farmaceutica, in forma di piccola pillola, contenente dosi minime di medicamenti. *3* (*bot.*) *G. pollinico*, piccolissimo granulo prodotto dalle piante fanerogame e disperso in vari modi, contenente i gameti maschili e una o pochissime cellule sterili.

granulocita o **granulocito** [comp. di *granulo* e *-cita*] s. m. (pl. *-i*) ● (*biol.*) Qualsiasi cellula che possiede granulazioni citoplasmatiche; in particolare cellula ematica di tipo leucocitario, ameboide, ad attività fagocitaria, con nucleo lobato colorabile: *g. neutrofilo*, *g. basofilo*, *g. eosinofilo*.

granulòma [da *granulo* e *-oma*; 1881] s. m. (pl. *-i*) ● (*med.*) Formazione nodulare, di natura infiammatoria, costituita da tessuto di granulazione.

granulomatòsi [comp. di *granuloma* e del suff. *-osi*] s. f. inv. ● (*med.*) Condizione caratterizzata dalla presenza di molteplici granulomi.

granulomatóso [da *granuloma*] agg. ● Relativo a granuloma | Che ha le caratteristiche del granuloma: *tessuto g.*

granulometrìa s. f. *1* Misurazione delle dimensioni e determinazione della forma dei granuli che formano una miscela incoerente. *2* Distribuzione delle dimensioni dei granuli che formano una miscela incoerente, espressa mediante le percentuali di granuli di determinate dimensioni.

granulomètrico agg. (pl. m. *-ci*) ● Relativo alla granulometria | *Esame g.*, operazione di analisi della distribuzione delle dimensioni in un insieme di granuli, e risultato di tale operazione.

granulosità [1926] s. f. *1* Caratteristica, proprietà di ciò che è granuloso. *2* (*fot.*) Caratteristico aspetto dell'immagine fotografica, spec. della stampa, prodotto dalla percezione visiva dei granuli d'argento annerito dovuti alla granularità dell'emulsione. SIN. Grana (1).

granulóso [av. 1779] agg. ● Che presenta, contiene granuli.

graphic design /ingl. 'ɡræfɪk dɪ'zaen/ [loc. ingl., comp. di *graphic* 'grafico' e *design* 'disegno, progetto'; 1983] s. m. inv. ● Attività di progettazione e realizzazione grafica, spec. nella pubblicità e nell'editoria.

gràppa (1) [got. *krappa 'uncino'; 1598] s. f. *1* Pezzo di ferro, di svariate forme, per collegare fra loro conci in lavori di muratura, parti di costruzione, legnami, e sim. SIN. Zanca. *2* V. *graffa* nei sign. 1 e 3. || **grappétta**, dim. (V.) | **grappino**, dim. m. (V.).

gràppa (2) [lombardo *grapa* (dal francone *raspôn* (V. *raspo*), con sovrapposizione di *grappolo*) 'raspo d'uva', dal quale è ricavata; 1876] s. f. ● Acquavite ad alta gradazione alcolica, ottenuta per distillazione delle vinacce. || **grappino**, dim. m. (V.).

†**grappàre** [da *grappa* (*1*); av. 1294] v. tr. ● Aggrappare.

grappétta s. f. *1* Dim. di *grappa* (*1*). *2* (*spec. al pl.*) Ferri a più punte che gli alpinisti fissano al tacco degli scarponi per poter camminare sul terreno gelato.

grappino (1) [dim. di *grappa* (*1*); av. 1798] s. m. *1* Ancora a 4 marre fisse, senza ceppo e con fusto allungato | Ferro per aggrappare | (*mar.*) *G. di arrembaggio*, per afferrare il sartiame delle navi nemiche durante l'arrembaggio | *G. da cima*, da gettare dall'alto con catene | Strumento con dentiera di ferro per raspare sul fondo del mare | Ancoretta a 4 marre e senza ceppo, da battelli. *2* Amo per la pesca a due o più punte.

grappino (2) [dim. di *grappa* (*2*); 1905] s. m. ● Bicchierino di grappa.

†**gràppo** [da *grappare*; av. 1380] s. m. ● Grappolo.

♦**gràppolo** [dim. di *grappo*; sec. XIV] s. m. *1* Infiorescenza o infruttescenza formata da fiori o frutti peduncolati sopra un asse centrale allungato. CFR. botrio- (2), stafilo-. SIN. Racemo. *2* (*fig.*) Insieme di persone, animali, cose che si raggruppano insieme a mo' di grappolo: *un g. di api*; *un g. umano* | †*Nuovo g.*, sciocco. || **grappolétto**, dim. | **grappolino**, dim. | **grappolóne**, accr. | **grappolùccio**, dim.

graptòliti [comp. del gr. *graptós* 'inciso, scolpito' (dal v. *gráphein*) e *líthos* 'pietra'; 1933] s. m. pl. (sing. *-e*) ● Invertebrati coloniali fossili che popolavano i mari dell'era paleozoica. ➡ ILL. paleontologia.

grascèlla ● V. *grassella*.

grascéta [da *grascia*; 1803] s. f. ● (*ant.* o *region.*) Terreno grasso e ricco di erba.

gràscia [lat. parl. *crăssia (agg. sost. nt. pl.), da *crăssium per il class. *crăssu(m)* 'grasso'; 1353] s. f. (pl. *-sce*) *1* †Grasso, sugna, spec. di maiale o bue | *Andare alla g.*, dileguarsi come i grassi sul fuoco. *2* (*spec. al pl.*) In epoca medievale, vettovaglie, spec. biade, vino, olio | Le relative gabelle che si pagavano per introdurle in città e commerciarle. *3* In epoca medievale, magistratura preposta agli approvvigionamenti di viveri, nelle città, che sovrintendeva anche ai prezzi, ai pesi e alle misure. *4* †Regalia di uova e di polli che i contadini dovevano ai padroni oltre alla parte del raccolto. *5* †Abbondanza, utile.

grasciòla ● V. *grassella*.

gràser [sigla tratta da *g(amma) ra(y) (la)ser* 'laser a raggi gamma'; 1983] s. m. inv. ● Particolare tipo di laser che emette un flusso di raggi gamma così intenso da folgorare a distanza un essere vivente, oppure da innescare una bomba a neutroni.

gràspo [germ. *raspōn 'raccogliere alla rinfusa, mettere insieme', con prob. influsso di *gra(ppolo)*; sec. XIV] s. m. *1* (*tosc.*) Raspo. *2* (*ven.*) Grappolo.

grassàggio [da *(in)grassaggio*; 1955] s. m. ● (*mecc.*) Lubrificazione mediante grasso di varie parti di un veicolo, spec. di quelle articolate o snodate.

grassatóre [vc. dotta, lat. *grassatōre(m)*, da *grassātus*, part. pass. di *grassāri*, intens. durativo di *grădi* 'avanzare, procedere' con una sfumatura pegg.; 1673] s. m. (f. *-trice*) ● Chi effettua rapine a mano armata | Brigante da strada.

grassazióne [vc. dotta, lat. *grassatiōne(m)*, da *grassātus* (V. *grassatore*); 1673] s. f. ● Rapina a mano armata.

grassèlla o **grascèlla**, **grasciòla** [etim. incerta; av. 1548 ca.] s. f. ● (*zool.*) Regione dell'arto posteriore di Bovini ed Equini, corrispondente alla parte anteriore dell'articolazione della rotula.

grassèllo (1) [dim. di *grasso*; av. 1698] s. m. ● Pezzetto di grasso contenuto nella carne, cruda o cotta: *g. di salame*.

grassèllo (2) [dim. di *grasso*, per la somiglianza con i pezzettini di *grasso*; sec. XV] s. m. ● Calce spenta trattata con acqua, usata in mescolanza con sabbia per preparare una malta impiegata per diversi usi nelle costruzioni.

grassétto [dim. di *grasso*; 1905] agg.; anche s. m. ● (*tipogr.*) Neretto.

grassézza [1342] s. f. *1* Caratteristica di persona o animale grasso: *la g. gli impedisce i movimenti*. SIN. Adiposità, pinguedine. CONTR. Magrezza. *2* Fertilità del terreno. *3* (*lett.*) Abbondanza, opulenza, ricchezza: *vivere, nuotare nella g.*; *rifidatosi nella fortezza del sito e nella g. della terra, si provvedeva alla difesa* (MACHIAVELLI). *4* (*raro*) Parte untuosa e viscosa di un corpo liquido: *la g. dell'olio*.

♦**gràsso** [lat. *grăssu(m)*, var. tarda di *crăssu(m)*, di etim. incerta, per sovrapposizione di *grŏssu(m)* 'grosso'; av. 1292] **A** agg. *1* Che presenta abbondante sviluppo del tessuto adiposo: *è una donna molto grassa*; *avere il viso, il collo g.*; *in mezzo a due donne camminava un uomo g. e tarchiato* (SVEVO). SIN. Obeso, pingue. CONTR. Magro | *Piante grasse*, con foglie e fusti carnosi, ingrossati per la presenza di tessuti acquiferi, adatte a climi aridi. *2* Che contiene grassi: *carne grassa*; *pesci grassi*; *cibi grassi* | *Cucina grassa*, in cui si fa molto uso di grassi, eccedendo nei condimenti | *Brodo g.*, con bollicine oleose alla superficie | *Formaggio g.*, butirroso. CONTR. Magro. *3* (*chim.*) Detto di sostanza simile per aspetto o proprietà ai grassi | *Olio g.*, non volatile | *Serie grassa*, alifatica | *Acido g.*, acido monocarbossilico saturo. *4* Ricco di sostanze: *terreno g.*; *calce grassa* | *Calcestruzzo g.*, con alta dose di cemento | *Carbone g.*, particolarmente ricco di sostanze volatili | *Argilla grassa*, ricca di minerali argillosi e colloidi, molto plastica | In enologia, di vino piacevolmente untuoso e di corpo, che riempie bene la bocca; di vino affetto dalla malattia del grassume. *5* Opulento, ricco: *fare grassi guadagni*; *la grassa Bologna* | *Popolo g.*, nell'antico comune di Firenze, i ricchi borghesi | *Annata grassa*, per l'abbondante raccolto | *Grasse risate*, sfrenate, di gusto | (*fam.*) *A farla grassa*, a dir molto | *Settimana grassa*, l'ultima settimana di carnevale | *Martedì grasso*, l'ultimo martedì di carnevale, che precede il mercoledì delle Ceneri. *6* Utile, vantaggioso: *ricevere grasse proposte*. *7* Untuoso, oleoso, viscoso: *olio g.*, *pelle grassa*, *capelli grassi*. *8* (*fig.*) Sboccato, licenzioso, grossolano: *discorsi grassi*; *dov'è, in questa novella, la grassa sensualità e lascivia ...?* (CROCE). || **grassaménte**, avv. *1* Con abbondanza: *guadagnare grassamente*. *2* Grossolanamente. **B** s. m. *1* Tessuto adiposo dell'uomo o dell'animale: *g. di montone*, *di maiale*, *di oca*; *il g. e il magro del prosciutto* | *Mangiare di g.*, nutrirsi a base di carni e grassi animali. CFR. lipo-, steato-. *2* Sostanza untuosa, oleosa, viscosa: *togliere le macchie di g. dalla giacca*, *dai pantaloni*. *3* (*chim.*) Estere di un acido grasso con la glicerina, sostanza solida a temperatura ambientale ove predominano i gliceridi derivati da acidi a più di dieci atomi di carbonio | *G. animale*, caratterizzato dalla presenza di colesterolo | *G. vegetale*, caratterizzato dalla presenza di fitosterolo | *G. idrogenato*, sostanza solida ottenuta per idrogenazione di grassi liquidi non saturi, di largo impiego come grasso alimentare. CFR. oleo-. *4* *G. di montone*, qualità rara e pregiata di giada. *5* (f. *-a*) Persona grassa. || **grassàccio**, pegg. | **grassèllo**, dim. (V.) | **grassétto**, dim. (V.) | **grassòccio**, accr. (V.) | **grassóne**, accr. (V.) | **grassottèllo**, dim. | **grassòtto**, accr.

grassòccio [1473] agg. (pl. f. *-ce*) *1* Accr. di *grasso*: *un bambino grasso*. *2* (*fig.*, *raro*) Grossolano, volgare, licenzioso: *discorsi grassocci*.

grassóne [accr. di *grasso*; 1585] s. m. (f. *-a*) ● Persona esageratamente grassa.

grassùme [da *grasso* e *-ume*; av. 1311] s. m. *1* Eccesso di materia grassa e densa. *2* Oleosità del vino alterato. SIN. Filante. *3* (*raro*) Concime animale.

gràsta [lat. tardo *gāstra(m)* 'vaso panciuto', dal gr. *gástra*, da *gastḗr* 'ventre' per la forma; 1353] s. f. ● (*merid.*) Vaso di terracotta in cui si coltivano fiori e piante: *innaffiava le graste di basilico e di garofani su pei terrazzini* (CAPUANA).

gràta o †**gràda** (1) [lat. *crāte(m)* 'graticcio', di etim. incerta; 1353] s. f. ● Chiusura di finestre o altri vani costituita da elementi di metallo o di legno incrociati, che lascia passare aria e luce: *la g. della prigione*, *del confessionale*. || **gratèlla**, dim. (V.) | **gratina**, dim.

gratèlla [1391] s. f. *1* Dim. di *grata*. *2* Graticola da cucina: *cuocere la carne*, *il pesce sulla g.* || **gratellétta**, dim. | **gratellina**, dim. | **gratellùccia**, dim.

graticcia [V. *graticcio*; sec. XIV] s. f. (pl. *-ce*) *1* †Nassa. *2* Grata che costituisce il soffitto del palcoscenico e alla quale si appendono luci o elementi scenici.

graticciàre [da *graticcio*; 1834] v. tr. (*io graticcio*) ● Ingraticciare.

graticciàta [1681] s. f. ● Insieme di graticci posti uno di seguito all'altro per chiudere, proteggere, riparare qlco.

graticciàto [1617] **A** part. pass. di *graticciare*; anche agg. ● Nei sign. del v. **B** s. m. ● Superficie costituita da più graticci per seccare o conservare la frutta.

graticcio o †**craticcio** [lat. *cratīciu(m)*, in orig. agg. di *crāte(m)* 'graticcio' (V. *grata*); av. 1306] s. m. *1* Elemento di vimini o di canne variamente intrecciati o incrociati, usato per proteggere, chiudere, sostenere qlco. *2* Stuoia intessuta di vimini o di canne per seccare frutta o allevare bachi da seta. || **graticcino**, dim. | **graticciuòla**, dim. f.

graticola o †**craticola** [lat. *cratīcula(m)*, dim. di *crātis* 'graticcio' (V. *grata*); av. 1350] s. f. *1* Utensile di cucina costituito da spranghette di ferro, talvolta concave, su un telaietto e sim., o da una lastra metallica scanalata, per arrostire vivande. SIN. Gratella, griglia. *2* Piccola grata o inferriata. *3* Strumento per il supplizio del rogo, costituito da un telaio di ferro su cui il condannato veniva lentamente bruciato. *4* Reticolato di fili tesi su un telaio che si sovrappone a un quadro, a un disegno e sim. per riprodurlo nelle dimensioni desiderate. || **graticolétta**, dim. | **graticolina**, dim.

graticolàre [da *graticola*; sec. XVI] v. tr. (*io gratìcolo*) *1* Riprodurre un quadro, un disegno e sim. con la graticola. *2* (*raro*) Chiudere con una graticola.

graticolàto [1476] **A** part. pass. di *graticolare*; anche agg. *1* Chiuso con una graticola. *2* Fatto a graticola: *chiusura graticolata.* **B** s. m. *1* Chiusura fatta con sbarre di metallo, legno e sim. variamente incrociate. *2* Struttura costituita di legname opportunamente sistemato per sostenere piante, pergolati e sim. *3* (*mar.*) Struttura formata da elementi lunghi e traversi messi come piattaforma dello scalo in un cantiere.

gratìfica [da *gratificare*; 1945] s. f. ● Compenso straordinario che il datore di lavoro corrisponde al lavoratore dipendente in aggiunta alla retribuzione ordinaria, per riconoscimento di meriti, per incentivo o in particolari occasioni: *dare, riscuotere la g.*

gratificànte [1427] part. pres. di *gratificare*; anche agg. ● Che procura intima soddisfazione, appagamento: *un lavoro, un'attività g.*

gratificàre [vc. dotta, lat. *gratificāri*, comp. di *grātus* 'grato (1)' e *-ficāri* '-ficare'; 1441] **A** v. tr. (*io gratìfico, tu gratìfichi*) *1* Concedere un compenso straordinario oltre il normale stipendio: *g. i dipendenti* | *G. qlcu. di ingiurie, di titoli*, (*iron.*, *fig.*) affibbiarglieli | (*lett.*) *Gratificarsi qlcu.*, rendersel amico, ingraziarselo: *avevano presa occasione di volerlo spogliare per gratificarsi i guelfi di Italia* (MACHIAVELLI). *2* Dare intima soddisfazione, compiacimento, appagamento e sim.: *il successo del suo primo film l'ha molto gratificato* | *Sentirsi gratificato*, sentirsi compiaciuto, soddisfatto di sé: *si sente gratificato dal possedere quel quadro.* *3* †Avere a grado. **B** v. intr. (aus. *avere*) ● (*lett.*) †Piacere, fare cosa grata. **C** v. rifl. ● (*lett.*) †Rendersi gradito, ingraziarsi: *gratificarsi a qlcu.*

gratificazióne [vc. dotta, lat. *gratificatiōne(m)*, dal part. pass. di *gratificāri* 'gratificare'; 1540] s. f. *1* (*raro*) Gratifica. *2* Sensazione di appagamento, di soddisfazione per sé e per la propria attività. || **gratificazioncèlla**, dim.

gratìle [etim. incerta; 1607] s. m. ● (*mar.*) Cavetto cucito internamente all'infeltitura della vela, per assicurare lo scorrimento e la tenuta nelle canalette di alberi e stralli cavi | Cavetto di rinforzo fissato ai bordi delle vele.

gratin /fr. gra'tɛ̃/ [vc. fr., da *gratter* 'grattare', perché la crosta deve essere *grattata* via; 1926] s. m. inv. ● Crosta | *Al g.*, sistema di cottura al forno di pasta, verdura, carne o pesce ricoperti di besciamella, formaggio e pane grattugiato, in modo da formare una sottile crosta dorata: *maccheroni al g.*; *pomodori al g.*

gratinàre [da *gratin*; 1965] v. tr. ● Cuocere al gratin.

gratinàto [1545] part. pass. di *gratinare*; anche agg. ● Cotto al gratin: *cozze gratinate.*

♦**gràtis** [contraz. di *grātiis*, abl. pl. di *grātia* 'grazia', con valore avv. ('graziosamente'); av. 1306] avv. ● Gratuitamente: *lavorano g.*; *lo hanno curato g.*; *vado al cinema g.* | (*scherz.*) Con valore raff. nella loc.: *g. et amore Dei*, *g. et amore*, gratuitamente e per amore di Dio.

gratitùdine [vc. dotta, lat. tardo *gratitūdine(m)*, da *grātus* 'grato (1)'; av. 1348] s. f. (assol.; + *per*; + *verso*; + *a*) *1* Sentimento di affetto e di riconoscenza per un bene ricevuto: *serbare, nutrire g.*; *debito, dovere, vincolo di g.*; *non mancai alla g. ch'io doveva alla mia compagna* (GOLDONI); *Egli ebbe un movimento di tenera g. per sua moglie* (FOGAZZARO); *prova un sentimento di g. verso chi lo ha aiutato*; *Se non altro per g. al dottor Giannottini* (SVEVO). *2* †L'essere gradito.

gràto (1) [lat. *grātu(m)*, di orig. indeur. con prob. valore religioso; av. 1292] agg. *1* (assol.; + *a*) Conforme ai propri gusti | Accetto, gradito, piacevole: *ospite, dono, soggiorno g.*; *sono venuto unicamente per fare una cosa grata a lei* (PIRANDELLO). *2* (assol; + *a* qlcu.; + *di*, + *per*, qlco.) Che è memore dei benefici ricevuti | Riconoscente: *gli uomini comunemente non sono grati* (GUICCIARDINI); *essere grati ai propri maestri*; *ti sono g. di questo, per l'informazione*; *vi siamo grati di averci aiutati in un momento difficile, per averci insegnato molto.* SIN. Obbligato. || **grataménte**, avv. Con animo grato.

†**gràto** (2) ● V. *grado* (*1*).

grattacàcio [comp. di *gratta(re)* e *cacio*; sec. XV] s. m. ● (*region.*) Grattugia.

grattacàpo [comp. di *gratta(re)* e *capo*; av. 1530] s. m. (pl. *grattacàpi*) ● Fastidio, preoccupazione: *avere molti grattacapi*; *dare continui grattacapi a qlcu.* SIN. Cruccio, noia.

grattachécca [da *grattare* (*il ghiaccio*); non chiaro il secondo elemento] s. f. ● (*region.*) Granita, ghiacciata.

grattaciélo [comp. di *gratta(re)* e *cielo*, come trad. dell'ingl. *skyscraper*, da (*to*) *scrape* 'grattare, raschiare', e *sky* 'cielo'; 1908] s. m. (pl. *grattacièli*) ● Edificio altissimo a molti piani.

gràtta e vinci [loc. imperat. formata dai due v. *grattare* e *vincere*; 1994] loc. sost. m. inv. ● Lotteria istantanea con premi a quota fissa vinti da chi, grattando la vernice che copre una serie di simboli stampati sul biglietto, trova una delle combinazioni vincenti.

grattaménto [sec. XIV] s. m. ● (*raro*) Il grattare, il grattarsi.

grattapùgia [ant. provz. *grataboyssa* 'gratta (da *gratar*) e pulisci (da *bouissar*)', da *bois* 'strumento di legno'; av. 1492] s. f. (pl. *-gie*) *1* Mazzetto di sottili fili di vetro o di ottone legati insieme usato per pulire la superficie degli oggetti prima della doratura, argentatura o smaltatura. *2* In tipografia, analogo strumento per la pulitura dei punzoni.

♦**grattàre** [germ. **krattōn*, forse attrav. il provz. *gratar*; av. 1306] **A** v. tr. *1* Sfregare la pelle con le unghie per far cessare il prurito: *grattarsi il naso, il collo, le braccia, le mani* | *Grattarsi il capo*, in segno di imbarazzo, preoccupazione e sim. | *Grattarsi la pancia*, (*assol.*) *grattarsi*, (*pop.*) starsene in ozio, non far niente | *G. il corpo alla cicala*, (*fig.*, *disus.*) stuzzicare qlcu. per farlo parlare. *2* (*est.*) Raschiare, graffiare: *g. un mobile con la carta vetrata*; *g. la vernice con un raschietto* | *G. il pane, il formaggio*, (*fam.*) grattugiarlo | *G. uno strumento*, (*scherz.*) suonarlo male | *Gratta gratta*, (*fig.*) a ben vedere, indagando a fondo: *Gratta gratta anche in Lei c'è il consorte* (CARDUCCI). *3* (*fig.*, *pop.*) Rubare: *grattavano tutto ciò che era a portata di mano.* **B** v. rifl. ● Sfregarsi la pelle per fare cessare il prurito: *smetti di grattarti.* **C** v. intr. (aus. *avere*) *1* Stridere sfregando su qlco. in modo anormale. *2* (*pop.*) Ingranare male la marcia di un autoveicolo, provocando anormali e rumorosi sfregamenti degli ingranaggi del cambio.

grattàta [1565] s. f. *1* Atto del grattare o del grattarsi. *2* Nel gergo degli automobilisti e sim., rumore secco e raschiante, provocato da un uso improprio del cambio di velocità. || **grattatìna**, dim.

grattatìccio [1688] s. m. ● (*raro*) Grattatura.

grattàto [sec. XV] part. pass. di *grattare*; anche agg. *1* Nei sign. del v. *2* Grattugiato | *Pan g.*, V. *pangrattato.*

grattatóre [av. 1686] s. m. (f. *-trice*) ● Chi gratta.

grattatùra [av. 1449] s. f. *1* Il grattare. *2* Segno che resta sulla superficie grattata.

grattìno [da *gratta(re)*, per l'uso; 1869] s. m. *1* Strumento a lama triangolare usato dagli incisori per levare il riccio che il bulino lascia allo staccarsi del truciolo. *2* Raschietto a piccola lama comunemente ovale per cancellare uno scritto.

grattùgia [ant. provz. *gratusa*, da *gratar* 'grattare'; av. 1388] s. f. (pl. *-gie*) ● Utensile da cucina, in lamiera bucata e lievemente curva, scabra dal lato superiore per gli orli alzati dei buchi, su cui si grattano formaggio, pane secco e sim. | Analogo utensile di vetro per ridurre in poltiglia la frutta. || **grattugiétta**, dim. | **grattugìna**, dim.

grattugiaformàggio [comp. di *grattugia(re)* e di *formaggio*; 1983] s. m. inv. ● Elettrodomestico per grattugiare il formaggio, spec. parmigiano-reggiano e grana.

grattugiàre [da *grattugia*; 1353] v. tr. (*io grattùgio*) ● Sminuzzare qlco. passandola su e giù per la grattugia: *g. il pane secco, il formaggio, la noce moscata.*

†**gratuìre** [inf. tratto da *gratuito*, con richiamo, però, al sign. originario; av. 1563] v. tr. ● Gratificarsi, ingraziarsi qlcu.

gratuità [da *gratuito*; 1598] s. f. ● Caratteristica di ciò che è gratuito: *la g. dell'insegnamento, dei servizi pubblici*; *g. di un'ipotesi, di un'osservazione.*

gratùito o (*raro*, *lett.*) **gratuìto** [vc. dotta, lat. *gratuītu(m)*, da *grātus* 'grato (1)'; 1321] **A** agg. *1* Che si fa, si dà o si riceve senza alcun compenso: *posto, ingresso g.*; *le scuole sono gratuite*; *assistenza gratuita* | (*dir.*) *G. patrocinio*, istituto giuridico che consente ai non abbienti di usufruire dell'assistenza legale | *Prestito g.*, senza la richiesta dell'interesse. *2* Nella teologia cattolica, detto di bene o aiuto che è dato da Dio per grazia e senza meriti della creatura: *dono g.* *3* (*fig.*) Che è privo di fondamento, arbitrario, ingiustificato, discutibile: *asserzioni, affermazioni, critiche gratuite*; *offesa, ingiuria del tutto gratuita.* || **gratuitaménte**, avv. Senza compenso: *lavorare gratuitamente*; (*fig.*) senza scopo, ragione, prove: *provocare, affermare, accusare gratuitamente.* **B** in funzione di avv. ● †Gratuitamente.

gratulàre [vc. dotta, lat. *gratulāri* 'render grazie (*grātiae*)', prob. attrav. un agg. **grātulus*; 1321] v. intr. (*io gràtulo*) ● (*lett.*) Congratularsi: *da indi abbraccia il servo, gratulando / per la novella, tosto ch'el si tace* (DANTE *Par.* XXIV, 149-150).

gratulatòrio [vc. dotta, lat. tardo *gratulatōriu(m)*, dal part. pass. di *gratulāri* 'gratulare'; av. 1547] agg. ● (*lett.*) Di congratulazione: *lettere gratulatorie.*

†**gratulazióne** [vc. dotta, lat. *gratulatiōne(m)*, dal part. pass. di *gratulāri* 'gratulare'; sec. XIV] s. f. ● Congratulazione.

gràva [prob. vc. di orig. preindeur.; 1834] s. f. ● Nel Veneto, vasta pianura ghiaiosa su cui non cresce vegetazione.

gravàbile [vc. dotta, lat. tardo *gravābile(m)*, da *gravāre* 'gravare'; sec. XIV] agg. *1* (*raro*) Che può essere gravato di imposta o di ipoteca: *beni, redditi gravabili.* *2* †Gravoso.

gravàme [vc. dotta, lat. tardo *gravā(m)e(n)*, da *gravāre* 'gravare'; 1483] s. m. *1* Peso, carico | (*spec. fig.*): *g. di lavoro.* *2* Imposta che grava su beni, rendite e sim.: *g. fiscale.* *3* (*dir.*) Impugnazione | Contenuto di un atto di impugnazione.

†**gravaménto** [1338 ca.] s. m. *1* Il gravare | Peso, gravezza. *2* (*fig.*) Angheria, soperchieria.

gravàre [vc. dotta, lat. *gravāre*, da *grāvis* 'grave'; sec. XIII] **A** v. tr. (qlcu. o qlco.; qlcu. o qlc.o + *di*) *1* Caricare con un peso, appesantire (*spec. fig.*): *un rimorso ancora grava la mia coscienza*; *g. qlcu. di lavoro, di responsabilità*; *g. il bilancio di spese eccessive* | *G. la mano su qlcu.*, punirlo, rimproverarlo e sim. con eccessiva durezza. *2* Caricare di tributi, tasse e sim.: *g. il popolo di imposte, di gabelle.* *3* †Colpire con pignoramento: *g. un bene del debitore.* *4* †Aggravare. **B** v. intr. (aus. *essere*) *1* (+ *su*) Premere fortemente: *il peso della volta gravava per intero su di un muro* | (*fig.*) Pesare: *su di lei grava una responsabilità, il peso della famiglia* | (*fig.*) Costituire un gravame: *su quella casa grava un'ipoteca.* *2* (*fig.*, *lett.*) Rincrescere, recare dispiacere: *men grava e morde / il mal che n'addolora / del tedio che n'affoga* (LEOPARDI). **C** v. rifl. (+ *di*) ● Sottoporsi a un peso (*spec. fig.*): *gravarsi di responsabilità.* **D** v. intr. pron. ● †Lagnarsi | †Affliggersi.

gravàto [av. 1292] part. pass. di *gravare*; anche agg. *1* Che è sottoposto a un gravame (*spec. fig.*): *coscienza gravata di colpe.* *2* Detto di ciò su cui esiste una tassa, un'imposta e sim.: *edificio g. da ipoteca*; *merci non gravate da dazio.*

♦**gràve** [vc. dotta, lat. *grăve(m)*, di orig. indeur.; av. 1250] **A** agg. *1* (*fis.*) Che subisce gli effetti della forza di gravità: *corpo g.* *2* (assol.; + *di*; + *per*) (*est.*) Pesante, faticoso: *carico, fardello g.*; *una g. soma* | Greve: *sentirsi la testa g. per il raffreddore*; *avere le palpebre gravi di sonno* | (*raro*, *fig.*) *Cibo, vino g.*, che non si digerisce facilmente. CONTR. Leggero. *3* (+ *di*) (*lett.*) Carico, onusto: *e terre e mari avete, sì g. d'armi, a gran periglio scorso?* (COLONNA) | *Essere g. d'anni, d'età*, essere vecchio. *4* †Gravido, pieno. *5* (*mus.*) Detto di suono di bassa frequenza, contrapposto ad acuto: *nota g.* | Indicazione dinamica equivalente all'adagio, con tono serio e solenne | *Corda g.*, che produce suoni gravi. *6* (*ling.*) *Accento g.*, V. *accento* (V. nota d'uso ACCENTO). *7* (assol.; + *da* seguito da inf.) (*fig.*) Che è duro o difficile da affrontare o sopportare: *sacrificio, disturbo, disagio* *g.*; *ma la tua festa / ch'anco tardi a venir non ti sia g.* (LEOPARDI); *un problema g. da risolvere* | (*lett.*) ***Non vi sia g.***, non vi dispiaccia | (*raro*) Spiacevole, sgradevole: *odore, sapore g.* **8** (*fig.*) Intenso, fiero, forte: *morbo, furore, sdegno g.*; *discordia, inimicizia g.*; *è stato un danno molto g.*; *abbiamo subito gravi perdite*. CONTR. Lieve. **9** (*fig.*) Che è caratterizzato da cause, svolgimento o conseguenze sfavorevoli, dannose, pericolose e sim.: *malattia, colpo, accusa, mancanza g.*; *indizi, sintomi gravi*; *essere in g. pericolo*; *commettere un peccato g.*; *macchiarsi di un g. delitto* | ***Malato g.***, la cui guarigione è dubbia, le cui condizioni sono preoccupanti e sim. | Preoccupante, pericoloso: *la situazione è g.*; *è g. che avvengano fatti simili* | ***Caso g.***, particolarmente complesso e difficile | ***Parole gravi***, che esprimono senza mezzi termini le difficoltà della situazione | ***G. decisione***, ardua, difficile e gravida di conseguenze non tutte prevedibili. **10** (*fig.*) Autorevole, serio, ponderato: *atteggiamento, contegno, atto, pensiero g.* | Contegnoso, sostenuto: *portamento g.*; *voce g.* | ***Stile g.***, dignitoso e solenne. CONTR. Frivolo. **11** (*raro, fig.*) Arduo, difficile da capire. **12** (*lett., fig.*) Importante, rilevante: *gravi studi*. **13** (*fig.*) Lento, tardo: *movimenti gravi*; *membra gravi* | (*lett.*) Pigro, neghittoso: *anima g.* || **gravemènte**, avv. Con gravità; in modo serio, solenne; †difficilmente. **B** s. m. **1** Corpo soggetto alla forza di gravità: *i gravi discendenti è dubbio se si muovono di moto retto* (GALILEI). **2** (*solo sing.*) Cosa, fatto grave: *il g. è che non si tratta della prima volta*. **3** (*solo sing., raro*) Contegno grave | ***Stare sul g.***, darsi importanza. || **gravàccio**, pegg. | **gravacciòne**, accr. | **gravòccio**, dim. | **gravùccio**, dim.

graveolènte [vc. dotta, lat. *graveolĕnte(m)*, comp. di *grăvis* 'grave' e del part. pres. di *olēre* 'odorare'; 1793] agg. ● (*lett.*) Che emana uno sgradevole odore.

graveolènza [1714] s. f. ● (*lett.*) Caratteristica di ciò che è graveolente.

gravézza [av. 1294] s. f. **1** (*raro*) Peso, pesantezza (*anche fig.*): *la g. di un cibo*; *pensieri di indicibile g.* **2** (*fig.*) Travaglio, afflizione, noia | †Lentezza, pigrizia, indolenza. **3** †Rigidità, austerità. **4** †Imposizione, tributo: *i sudditti italiani … ebbero a pagare un terzo delle gravezze dell'imperio* (CATTANEO). **5** †Difficoltà.

gràvi- [da *gravitazione*] primo elemento ● In parole composte della terminologia scientifica, significa 'gravitazionale', 'relativo alla gravità' e sim.: *gravimetria, gravimetro*.

†gravicèmbalo (o †-è-) [var. di *clavicembalo* per sovrapposizione di *grave*, richiamato dalla 'gravità' del suono; sec. XV] s. m. ● Clavicembalo.

gravidànza [da *gravido*; sec. XIV] s. f. ● (*fisiol.*) Periodo necessario allo sviluppo completo del feto, dal concepimento al parto. SIN. Gestazione.

†gravidàre [vc. dotta, lat. *gravidāre*, da *grăvidus* 'gravido'; av. 1349] **A** v. tr. ● Rendere gravida. **B** v. intr. ● Ingravidare.

†gravidézza [av. 1348] s. f. ● Gravidanza.

gravìdico agg. (pl. m. *-ci*) ● Di, relativo a, gravidanza.

gravidìsmo s. m. ● (*med.*) Insieme dei sintomi che accompagnano la gravidanza.

gràvido [vc. dotta, lat. *grăvidu(m)*, deriv. di *grăvis* 'grave, pesante', attrav. un v. **gravēre* 'essere grave, pesante'; 1282] agg. **1** Detto della femmina dei Mammiferi, e spec. della donna, che è in stato di gravidanza: *è gravida di cinque mesi*. **2** (+ *di*) (*est.*) Pieno, abbondante (*anche fig.*): *nubi gravide di tempesta*; *certi uomini tronfi, gravidi di boria* (PIRANDELLO); *l'avvenimento è g. di significati*.

gravimetrìa [comp. di *gravi-* e *-metria*; 1933] s. f. **1** Parte della geofisica che misura le forze di gravità. **2** (*chim.*) Complesso dei metodi dell'analisi gravimetrica.

gravimètrico [1907] agg. (pl. m. *-ci*) ● (*chim.*) Della, relativo alla, gravimetria | ***Analisi gravimetrica***, determinazione per via chimica della quantità di un elemento contenuto in una sostanza, mediante pesata del prodotto finale del procedimento.

gravìmetro [comp. di *gravi-* e *-metro*; 1869] s. m. **1** Strumento per misurare lievi variazioni dell'accelerazione di gravità. **2** Areometro.

gravina (**1**) [etim. discussa: var. di *caravina* per **cavarina*, da (*s*)*cavare* (?); av. 1566] s. f. ● Attrezzo per terreni pietrosi, con lama a forma di zappa da una parte e con grosso dente o piccone dall'altra.

gravina (**2**) [da *grava*, di orig. mediterr.; 1952] s. f. ● Lungo e tortuoso crepaccio frequente in terreni calcarei.

gravióne ● V. *gravitone*.

gravisonànte [comp. di *grave*, nel sign. 5 e *sonante*; av. 1729] agg. ● (*poet.*) Che rumoreggia in modo notevole: *il g. oceano*.

gravità o **†gravitàde**, **†gravitàte** [vc. dotta, lat. *gravitāte(m)*, da *grăvis* 'grave'; av. 1311] s. f. **1** (*fis.*) Forza che attira i corpi verso il centro della Terra: *legge, forza di g.* CFR. bari-. **2** Caratteristica di ciò che è grave, serio, preoccupante: *g. di un'accusa, di una malattia*; *erano notizie di estrema g.* **3** (*mus.*) Qualità del suono basso, in rapporto alla grossezza delle corde o delle canne, alla lunghezza del diametro, alla massa del corpo sonoro. **4** (*raro*) Importanza, sussiego: *g. dottorale, accademica, burocratica*. **5** Fierezza, austerità: *g. dei costumi, del portamento*; *di solito si comportava con molta g.* | (*raro, lett.*) Prudenza, assennatezza: *dove è la insolenza, la cecità … non è cognizione di virtù … non g. di misurare quello che convenga* (GUICCIARDINI). CONTR. Leggerezza.

gravitàre [trad. dell'ingl. (*to*) *gravitate*, dal part. pass. del v. deriv. dal lat. *grăvitas* 'gravità'; 1632] v. intr. (*io gràvito*; aus. *essere* o *avere*) (+ *intorno a*; + *nell'orbita di*; + *su*) **1** Muoversi verso un punto o girare attorno a esso secondo la legge di gravitazione universale | Orbitare. **2** (*fig.*) Muoversi nella sfera di influenza di qlco. o qlcu., soprattutto di un'idea, una organizzazione politica, culturale e sim.: *spesso gli Stati più deboli gravitano intorno a quelli più forti*; *una moneta che gravita nell'orbita del dollaro*; *molte città dell'hinterland gravitano sulla capitale*. **3** Premere col proprio peso: *il portico gravita su esili colonne*.

†gravitàte ● V. *gravità*.

gravitazionàle [1933] agg. ● (*fis.*) Proprio della, relativo alla, gravitazione.

gravitazióne [ingl. *gravitation*, da (*to*) *gravitate* 'gravitare'; 1731] s. f. ● (*fis.*) Attrazione fra due o più corpi | ***Legge di g. universale***, per la quale due corpi si attraggono con forza direttamente proporzionale al prodotto delle loro masse e inversamente proporzionale al quadrato della loro distanza.

gravitìno [da *gravitone* con sostituzione del suff. *-one* con *-ino* di valore opposto; 1992] s. m. ● (*fis.*) Secondo la teoria della supersimmetria, particella elementare partner del gravitone.

gravitóne o **gravióne** [comp. di *gravit*(*à*) e *-one* (*3*); 1956] s. m. ● (*fis.*) Quanto del campo gravitazionale.

gravosità [av. 1729] s. f. ● Caratteristica di ciò che è gravoso.

gravóso [av. 1292] agg. **1** Che grava col proprio peso | (*fig.*) Faticoso, oneroso, pesante: *lavoro, incarico, ufficio g.*; *vuol portare fino all'ultimo quella sua croce, che gli è stata sempre tanto gravosa!* (PIRANDELLO). **2** (*raro*) Detto di persona molesta, insopportabile: *è un individuo molto g.* || **gravosaménte**, avv.

gray /grei/ [dal n. del fisico inglese L. H. *Gray* (1905-1965); 1986] s. m. inv. ● (*fis.*) Unità di misura della dose assorbita nel Sistema Internazionale, definita come la dose assorbita di qualsiasi radiazione ionizzante che cede 1 joule di energia al kilogrammo di materia attraversata. SIMB. Gy.

♦**gràzia** [lat. *grātia(m)*, da *grātus* 'grato (1)'; 1250] s. f. **1** Sensazione di piacere che destano le cose per la loro naturalezza, semplicità, delicatezza, armonia | Leggiadria: *ha una g. che innamora*; *la g. del volto, della parola, del movimento* | (*fig.*) Gradevolezza di profumi, di odori, di sapori e sim.: *è un profumo di rara g.* | (*al pl.*) Atteggiamento femminile amabile e seducente: *affascinò tutti con le sue grazie* | (*spec. lett.*) ***Concedere le proprie grazie***, concedersi a un rapporto amoroso. **2** Garbo, gentilezza nei rapporti con gli altri: *salutare, accogliere con g.*; *offrire, ricevere con g.* | ***Con vostra buona g.***, con il vostro permesso | ***Di g.***, per piacere | ***In g. di***, per merito di, in virtù di | ***Senza garbo né g.***, grossolano. **3** ***Le tre Grazie***, nella mitologia greca e romana, le tre dee, Aglaia, Eufrosine e Talia, che presiedevano all'amabilità, alla giocondità e alla bellezza muliebre. **4** Titolo dato dagli Inglesi ai loro regnanti | ***Cavaliere di g.***, persona ammessa a titolo onorifico in certi ordini cavallereschi, benché sprovvista della prescritta appartenenza alla nobiltà. **5** (*lett.*) Amicizia, benevolenza | ***Acquistare, godere la g. di qlcu.***, goderne i favori | ***Essere nelle grazie di qlcu.***, essere benvoluto | ***Avere nelle grazie qlcu.***, essere ben disposto nei suoi confronti | (*raro, lett.*) Popolarità: *quegli che per ricchezze o per parentado hanno più g.* (MACHIAVELLI). **6** Nella teologia cattolica, aiuto soprannaturale e gratuito che Dio concede alla creatura per guidarla nella salvezza, che si consegue anche attraverso i meriti delle opere; CFR. Abituale, attuale | Nella teologia protestante, complesso dei doni gratuiti che, derivando dalla sola incarnazione e morte di Gesù e non necessitando della cooperazione delle opere, portano alla salvezza individuale | Redenzione dal peccato originale | ***Anno di g.***, (*disus.* o *scherz.*) anno dell'era volgare (perché solo con la nascita e la redenzione di Cristo l'uomo ha riacquistato la grazia divina). **7** Concessione straordinaria fatta con disinteressata e magnanime generosità; nel cattolicesimo, ciò che è concesso per meriti, per preghiera, per puro dono di Dio: *concedere una g. speciale, particolare*; *accordare una g.*; *implorare, ottenere una g.*; *dare, fare g. della vita*; *fatemi questa g.* | ***Essere fuori dalla g. di Dio***, (*fig.*) essere furibondo | ***Per g. di Dio***, (*fam.*) per fortuna | ***Stato di g.***, (*fig.*) eccellente condizione psichica o fisica | ***G. di Dio***, (*fam.*) cibo, nutrimento e sim.: *quanta g. di Dio!* | ***Per g. ricevuta***, formula con la quale si accompagnano gli ex-voto | ***A titolo di g.***, senza obbligo | ***Fare g. a qlcu. di qlco.***, dispensarlo da un obbligo, sollevarlo da una responsabilità | ***Colpo di g.***, V. *colpo*, sign. 1 | ***Troppa g.*** (***Sant'Antonio***)!, di cosa concessa con troppa abbondanza | (*dir.*) Provvedimento mediante il quale il Capo dello Stato condona, in tutto o in parte, o commuta la pena principale inflitta a una persona con sentenza irrevocabile. CFR. Amnistia, indulto | (*dir.*) ***Termine di g.***, ***periodo di g.***, proroga. **8** Gratitudine, riconoscenza | ***Rendere g.***, ***rendere grazie***, ***a qlcu.***, ringraziarlo, manifestargli la propria riconoscenza. **9** (*tipogr., spec. al pl.*) Sottili tratti terminali delle lettere, nei caratteri tipografici di certi stili. **10** (*al pl.*) †Merito. || **graziàccia**, pegg. | **graziétta**, dim. | **grazina**, dim. | **graziùccia**, dim.

graziàbile [av. 1705] agg. ● (*raro*) Che si può graziare.

graziàre [da *grazia*; sec. XIV] v. tr. (*io gràzio*) **1** Liberare qlcu. dalla conseguenza di una condanna col provvedimento di grazia: *furono graziati tutti i condannati politici*; *era stato graziato per buona condotta*. **2** (*raro*) Regalare, concedere: *g. di un saluto, di un sorriso qlcu.* **3** †Esaudire per grazia.

graziàto [av. 1600] **A** part. pass. di *graziare*; anche agg. **1** Nei sign. del v. **2** †Aggraziato. **B** s. m. (f. *-a*) ● Chi ha ottenuto una grazia.

♦**gràzie** [pl. di *grazia*; 1801] **A** inter. **1** Esprime ringraziamento, gratitudine, riconoscenza: *tante g.!*; *mille g.*; *g. infinite*; *g. di cuore*; *g. di tutto*; *g. per la vostra cortesia*; *g., presenterò!* | Si usa come risposta di cortese assenso o rifiuto per qlco. che viene offerto: *'posso offrirle un caffè?' 'g.', 'g. sì o g. no?'*; *'Una sigaretta?' 'g., ma non fumo'*. **2** (*iron.*) Si usa come risposta a una domanda o a un'osservazione ovvia: *'quello di Carlo è il regalo più bello' 'g.!, lui è ricchissimo!'* | Con valore raff.: *g. tante!* | Con valore raff. (*pop.*): *g. al cavolo!* **3** Nella loc. prep. *g. a*, per merito di, con l'aiuto di: *sono riuscito g. al vostro appoggio*; *tutto è andato bene g. a te* | ***G. a Dio***, ***g. al Cielo***, espressioni di soddisfazione e di compiacimento per ciò che si ha o per l'esito positivo di qlco.: *g. al Cielo sei arrivato!* **B** s. m. inv. ● Ringraziamento: *un g. di tutto cuore*; *per ora, un semplice g.*

graziòla [da *grazia*, per le sue qualità terapeutiche; 1550] s. f. ● Erba delle Scrofulariacee delle zone acquitrinose euroasiatiche con azione purgativa ed emetica (*Gratiola officinalis*). SIN. Tossicaria.

graziosìssimo agg. **1** Sup. di *grazioso*. **2** Appellativo dato ai sovrani inglesi.

graziosità o **†graziositàde**, **†graziositàte** [vc. dotta, lat. *gratiositāte(m)*, da *gratiōsus* 'grazioso'; sec. XIV] s. f. ● Caratteristica di chi (o di ciò che) è grazioso.

♦**grazióso** [vc. dotta, lat. *gratiōsu(m)*, da *grātia* 'grazia'; av. 1250] **A** agg. **1** Che risulta gradito per la grazia, la delicatezza, e sim. che lo caratterizzano: *aspetto, viso, sorriso g.*; *quadro g.*; *immagine graziosa* | Piacevole: *un film, un aneddoto g.* | †Amato, ben visto. **2** Che è fatto con grazia: *un g. inchino*. SIN. Amabile. **3** (*lett.*) Che fa, concede grazie: *fate graziose*; *la vostra graziosa sovrana*. **4** (*lett.*) Spontaneo, generoso, benigno: *dono g. di sua maestà* | ***Prestito g.***, gratuito. || **graziosìssimo**, superl. (V.). || **graziosaménte**, avv. **1** Con grazia. **2** Con cortesia, con benevolenza. **3** (*lett.*) Con generosità. **B** s. m. (f. *-a*) ● Spiritoso, buffo, spec. nella loc. ***fare il g.*** || **graziosétto**, dim. | **graziosìno**, dim.

grèca [f. sost. di *greco*; 1869] s. f. **1** Linea ininterrotta che, piegandosi ad angolo retto, forma un motivo geometrico ornamentale. **2** Sopravveste femminile aperta sul davanti, usata spec. in passato, con maniche larghe e corte, comunemente orlata di ricami geometrici. **3** Distintivo di grado dei generali in uso fino al secondo conflitto mondiale, ora rimasto solo sulle maniche della giubba nell'uniforme da sera.

grecàggio [da *grecare*] s. m. ● Operazione del grecare. SIN. Tracciatura.

grecalàta [1889] s. f. ● Lo spirare del grecale | (*est.*) Mareggiata provocata dal grecale.

grecàle [vc. dotta, lat. tardo *Graecāle(m)* 'relativo alla Grecia (*Grāecia*)', la regione di provenienza; 1584] **A** s. m. ● Forte vento da nord-est, che nella stagione fredda spira sul Mediterraneo centrale o orientale | La direzione stessa in cui spira. **B** anche agg.: *vento g.*

grecànico [vc. dotta, lat. *Graecānicu(m)*, da *Grāecus*, sul tipo di *Tuscānicus* 'Etrusco'; 1546] agg. (pl. m. *-ci*) **1** Connesso all'antica Grecia, in un rapporto di origine, imitazione, ispirazione, spec. con riferimento ai Greci immigrati o abitanti nella Magna Grecia e in Sicilia: *arte grecanica*; *toga grecanica* | (*est.*) Non schiettamente greco. **2** (*ling.*) Detto di ogni dialetto greco parlato fuori della Grecia, e della popolazione che lo parla: *canzoniere g. salentino*.

grecàre [fr. *grecquer*, da *grecque* 'greca', in specifico senso tecnico; 1956] v. tr. (*io grèco, tu grèchi*) ● In legatoria, praticare nel dorso di un volume i solchi per gli spaghi.

grecàstro [av. 1694] agg.; anche s. m. (f. *-a*) ● Giudeo nato in Grecia.

grecàto [da *greca*] agg. ● Di elemento per costruzioni che ha la forma di una greca: *lamiera grecata*.

grécchia ● V. *crecchia*.

†**grecésco** ● V. †*grechesco*.

grecheggiàre [1578] v. intr. (*io grechéggio*; aus. *avere*) **1** Imitare i Greci, nella lingua, nelle arti, nel costume. **2** †Inclinare verso la direzione del grecale, cioè verso nord-est, detto della lancetta della bussola.

†**grecherìa** [av. 1803] s. f. ● (*spreg.*) Grecismo.

†**grechésco** o †**grecésco** [av. 1294] agg. ● (*raro*) Greco | Grecanico | ***Alla grechesca***, all'uso greco.

grechétto [dim. di *greco*, come 'vino (orig.) di Grecia'; av. 1698] s. m. ● Vitigno diffuso spec. in Umbria, che produce un'uva di color giallo chiaro, ed entra nella produzione di diversi vini, tra cui l'Orvieto e il Vin Santo | Vino bianco secco profumato, con una sfumatura di dolce, ottenuto dall'uva prodotta dal vitigno omonimo: *G. di Todi*.

†**grechizzàre** ● V. *grecizzare*.

greciènse [vc. dotta, lat. *Graeciēnse(m)* 'della Grecia (*Grāecia*)'] agg. ● Grecanico.

grecìle o **gricìle** [vc. rom. d'etim. incerta; 1938] s. m. ● (*centr.*) Ventriglio di pollo.

grecìsmo [av. 1600] s. m. ● Parola o locuzione propria del greco, entrata in un'altra lingua.

grecìsta [av. 1712] s. m. e f. (pl. m. *-i*) ● Studioso della lingua e della letteratura greca antica.

grecità [vc. dotta, lat. tardo *graecitāte(m)*, da *Grāecus* 'greco'; 1798] s. f. **1** Caratteristica di ciò che è greco: *la g. di una locuzione*. **2** La civiltà greca nel suo complesso letterario, artistico e storico | Tutta la nazione greca.

grecizzànte [1819] part. pres. di *grecizzare*; anche agg. ● Che imita i Greci, che si ispira alla cultura greca.

grecizzàre o †**grechizzàre** [vc. dotta, lat. tardo *graecizāre*, parallelo del più ant. e freq. *graecissāre*, da *Grāecus* 'greco'; av. 1527] **A** v. tr. ● Ridurre in forma greca: *il Forteguerri grecizzò il suo nome in Carteromaco* | Conformare al modello greco, per quanto attiene la lingua, i costumi ecc.: *g. l'Oriente*. **B** v. intr. (aus. *avere*) ● Imitare i greci nella lingua, nell'arte, nei costumi.

grecizzazióne s. f. ● Il grecizzare, il venire grecizzato.

♦**grèco** [lat. *Grāecu(m)*, dal gr. *Graikós*, designazione pop., proveniente forse dall'Illiria, degli antichi *Héllēnes*; sec. XIII] **A** agg. (pl. m. *-ci*, †*-chi*) ● Della Grecia, antica e moderna: *civiltà, arte greca*; *città greche* | ***Naso g.***, diritto, che forma una linea continua con quella della fronte | ***Profilo g.***, di proporzioni classicamente perfette | ***Croce greca***, semplice, con i bracci uguali | ***Rito g.***, quello dei cattolici greci rimasti fedeli alla Chiesa di Roma malgrado lo scisma d'Oriente | ***Alla greca***, (*ellitt.*) secondo l'uso greco. || **grecaménte**, avv. **1** In modo greco; (*est.*) elegantemente. **2** In lingua greca. **B** s. m. **1** (f. *-a*) Abitante, nativo della Grecia. **2** Grecale. **3** Vitigno coltivato in Calabria e in Campania, che dà un'uva bianca di colore grigio ambrato | Il vino bianco, secco o da dessert, che se ne ricava: *G. di Bianco*; *G. di Tufo*. **C** s. m. solo sing. ● Lingua della famiglia indoeuropea, parlata in Grecia: *g. antico*; *g. moderno* | ***Parlare g.***, ***in g.***, (*fig.*) in modo incomprensibile. || **grechétto**, dim. (V.) | **grechìno**, dim. | **grecùccio**, dim.

grèco- primo elemento ● In parole composte, fa riferimento alla Grecia o ai Greci: *greco-ortodosso*, *greco-romano*.

grecòfono [comp. di *greco* e *-fono*] agg. e s. m. (f. *-a*) ● Che (o Chi) parla la lingua greca.

†**grècolo** ● V. *greculo*.

grèco-ortodòsso [av. 1835] agg. e s. m. (f. *-a*) ● Appartenente alla Chiesa cristiana greca, in quanto ritenuta dai suoi fedeli depositaria dell'autentica fede dei primi grandi concili ecumenici.

grecoromanìsta [deriv. di (*lotta*) *greco-romana*; 1972] s. m. (pl. *-i*) ● Atleta specialista nella lotta greco-romana.

grèco-romàno [av. 1798] agg. ● Relativo ai Greci e ai Romani | ***Lotta greco-romana***, specialità della lotta nella quale i colpi vengono effettuati solo con le braccia.

grèculo o †**grècolo** [vc. dotta, lat. *Grāeculu(m)*, dim., a senso spreg. e ironico di *Grāecus* 'greco'; av. 1597] agg.; anche s. m. ● (*lett.*, *spreg.*) Nell'antica Roma, detto di ciascuno di quei filosofi e letterati depositari di una troppo pedante forma di sapere.

green /grin, *ingl.* gɹiːn/ [vc. ingl., propr. 'verde', poi 'prato' (in particolare *golf green* 'campo da golf')] s. m. inv. ● (*sport*) In un campo da golf, area ben rasata dove è sistemata ciascuna buca del percorso | (*est.*) Campo da golf. ➡ ILL. p. 2154 SPORT.

green keeper /grin'kiper, *ingl.* 'gɹiːn,kiːpə*/ [vc. ingl. comp. di *green* (V.) e di *keeper* 'custode' (da (*to*) *keep* 'tenere', d'orig. sconosciuta)] loc. sost. m. e f. inv. (pl. ingl. *green keepers*) ● (*sport*) Addetto alla manutenzione di un campo da golf.

green shoe /grin'ʃu, *ingl.* 'gɹiːn,ʃuː/ [loc. ingl., propr. 'scarpa (*shoe*) verde (*green*)' di oscura motivazione; 1994] loc. sost. f. inv. (pl. ingl. *green shoes*) ● (*econ.*) Nelle offerte pubbliche di vendita, quantitativo di azioni che l'emittente si riserva di mettere sul mercato per incrementare la quantità offerta.

gregàle [vc. dotta, lat. *gregāle(m)*, propr. 'che appartiene al gregge (*grĕx*, genit. *grĕgis*)', quindi 'comune, volgare'; 1557] agg. ● (*raro*) Di, del gregge | Che sta, si riunisce in un gregge: *cervi gregali* | ***Istinto g.***, che induce alcune specie animali a raggrupparsi in greggi.

gregàrio [vc. dotta, lat. *gregāriu(m)* 'che appartiene, relativo al gregge (*grĕx*, genit. *grĕgis*)'; av. 1347] **A** s. m. **1** (*lett.*) Soldato semplice | (*est.*) Membro di un partito o di altra organizzazione, con funzioni di esecutore subalterno. **2** Componente di una squadra ciclistica che ha il compito di aiutare il caposquadra. **B** agg. **1** Di, da gregario: *imitazione gregaria*. **2** Detto di animali che vivono in branchi, stormi e simili aggregazioni.

gregarìsmo [1950] s. m. **1** Tendenza ad accettare un ruolo passivo e di completa dipendenza da altri. **2** Tendenza di taluni animali a vivere in branchi, stormi e sim.

grégge (o *-è-*) [vc. dotta, lat. *grĕge(m)*, di orig. indeur.; sec. XIII] s. m. o lett. †f. (pl. f. *gréggi* (o *-è-*) o lett. *grégge* (o *-è-*); pl. m. raro *gréggi* (o *-è-*)) **1** Gruppo di pecore o capre adunate sotto la custodia di un pastore: *guidare, pascere il g.* | (*lett.*) ***G. lanuto***, pecore | (*lett.*) ***G. barbato***, capre | (*lett.*) ***Il g. marino***, l'insieme degli animali marini | †Branco di animali in genere: *g. di cavalli, porci, polli* | (*est.*) †Ovile. **2** (*fig.*) Moltitudine di persone: *un g. di schiavi*; *fui servo e fui tra g. / d'ancelle* (TASSO) | ***Il g. cristiano, del Signore***, i fedeli | ***G. dei fedeli, di Cristo***, popolo dei cristiani retti da Cristo buon pastore; insieme dei fedeli in rapporto al loro capo ecclesiastico. **3** (*fig., spreg.*) Moltitudine di gente servile e passiva | ***Uscire di, dal g.***, distinguersi dalla massa. || **greggiuòlo**, dim.

†**gréggia** [1313] s. f. ● (*lett.*) Gregge.

gréggio o (*sett.*) **grézzo** [etim. discussa: lat. parl. **grĕgiu(m)* 'che è proprio del gregge (*grĕx*, genit. *grĕgis*), comune' (?); av. 1600] **A** agg. (pl. f. *-ge*) ● Di ciò che è allo stato naturale, che non ha subìto puliture o lavorazioni: *diamante, metallo g.*; *pietra greggia* | ***Cuoio g.***, non conciato | ***Petrolio g.***, non raffinato | ***Tela greggia***, non imbiancata né ammorbidita | ***Riso g.***, non mondato | ***Lavoro g.***, non ancora perfezionato | ***Materia greggia***, non elaborata | ***Seta greggia***, come esce dalle filande, col suo colore naturale. **B** s. m. ● Petrolio greggio.

grégna [lat. *grĕmia*, nt. pl. di *grĕmium* 'ciò che si prende in una bracciata', di orig. indeur.; 1499] s. f. ● Bica di covoni di cereali.

gregoriàno [vc. dotta, lat. tardo *Gregoriānu(m)* 'pertinente a Gregorio (*Gregōriu(m)*, dal gr. *Grēgórios*, da *grḗgoros* 'sveglio', deriv. dal v. di orig. indeur. *egéirein* 'vegliare')'; av. 1597] agg. ● Proprio di personalità storiche, spec. pontefici, di nome Gregorio | ***Canto g.***, forma di canto, monodico e senza accompagnamento strumentale, della liturgia latina codificata in un vasto repertorio eterogeneo che una leggenda attribuisce a Gregorio I Magno (535 ca.-604) | ***Riforma gregoriana***, innovazioni volute, e in parte attuate, da Gregorio VII (1020 ca.-1085) per il risanamento della Chiesa e del clero | ***Calendario g.***, quello attualmente in uso, entrato in vigore il 4 ottobre 1582 con la riforma di Gregorio XIII; rispetto al calendario giuliano, eliminò dal novero degli anni bisestili quelli divisibili per 100, tranne quelli divisibili per 400 | ***Codice g.***, compilazione delle costituzioni, dall'imperatore Adriano in poi, fatta nel III sec. dal giurista Gregorio (o Gregoriano), che servì alla successiva compilazione di Giustiniano.

gre gre /gre'gre*/ [vc. onomat.; 1900] **A** inter. ● Riproduce il gracidare delle rane e delle raganelle. **B** in funzione di s. m. inv. ● Il gracidare: *nei campi / c'è un breve gre gre di ranelle* (PASCOLI).

grembialàta ● V. *grembiulata*.

grembiàle ● V. *grembiule*.

grembiàta [1305 ca.] s. f. ● (*raro*) Quanta roba può essere tenuta in grembo. || **grembiatèlla**, dim.

grèmbio [sec. XIV] s. m. **1** V. *grembo*. **2** (*tosc.*) Grembiule.

grembiulàta o **grembialàta** [sec. XIV] s. f. ● Quanto può essere contenuto in un grembiule.

♦**grembiùle** o **grembiàle** [da *grembio*; 1353] s. m. **1** Indumento, con o senza pettorina, che si indossa sopra agli abiti per proteggerli. **2** Sopravveste indossata dai bambini, da addetti a certi lavori, da commesse e sim. **3** Protezione, copertura di macchine utensili. **4** (*sport, disus.*) Nel kayak, fascia di plastica o sim. stretta intorno ai fianchi del rematore e al pozzetto, che impedisce l'entrata dell'acqua nell'imbarcazione. **5** (*mar.*) Lato inferiore libero di una vela. || **grembiulìno**, dim. | **grembiulóne**, accr.

grèmbo o **grémbo**, (*tosc.*) **grèmbio** [lat. *grĕmiu(m)* 'bracciata (di legna, erbe, o altro)', di orig. indeur., con sovrapposizione d'altra vc. con *-mb-* (*lembo*); sec. XIII] s. m. **1** L'incavo che si forma nell'abito fra le ginocchia e il seno, quando una persona, spec. una donna, è seduta: *il bambino dorme col capo in g. alla madre* | (*fig.*) †***A g. aperto***, spontaneamente e generosamente | (*est.*) †Grembiulata: *levossi in piè con di fior pieno un g.* (POLIZIANO). **2** Ventre materno: *portare un figlio in g.* **3** (*mar.*; *disus.*) Parte più piena e marcata della vela gonfia dal vento. **4** (*fig.*) La parte più intima e nascosta di qlco.: *la terra accoglie le* *sementi nel suo g.* | ***In g. a qlco., nel g. di qlco.***, dentro | (*fig.*) ***Morire nel g. della S. Chiesa***, in grazia di Dio | ***In g. a Dio***, nella Chiesa | (*fig.*) ***Buttarsi, mettersi in g. a qlcu.***, affidarglisi completamente. *5* (*fig., lett.*) Insenatura, avvallamento | ***Il fiume fa g.***, si allarga | ***Il monte fa g.***, si avvalla | (*raro, lett.*) Letto di lago.

†**grèmio** [1476] s. m. ● (*lett.*) Grembo.

gremire [etim. discussa: longob. **krammian* 'riempire' (?); 1598] **A** v. tr. (*io gremìsco, tu gremìsci*) ● Riempire fittamente | Affollare un luogo: *una moltitudine di giovani gremiva la piazza.* **B** v. intr. pron. (+ *di*) ● Diventare pieno, affollato: *l'aula si gremì di studenti.*

gremito [1600] part. pass. di *gremire*; anche agg. (assol.; + *di*) ● Affollato, pieno zeppo: *stadio g.*; *una piazza gremita di manifestanti.*

gremlin /'gremlin, *ingl.* 'gɹemlɪn/ [vc. ingl., propr. 'folletto', 'spiritello maligno'; 1985] s. m. inv. ● Mostriciattolo.

gréppia [francone **krippja*, che ha un parallelo longob. **kruppja*, egualmente attestati nei dial. dell'Italia sett. e centr.; 1481] s. f. *1* Nelle stalle, rastrelliera soprastante la mangiatoia, dove si mette il fieno | (*est.*) Mangiatoia. *2* (*est., fig.*) Impiego, spec. pubblico, fonte di guadagni considerati facili e sicuri | ***Essere devoto alla g.***, lavorare soltanto per lo stipendio.

gréppo [da una radice **krepp-*, **grepp-* 'luogo scosceso', di ampia diffusione; 1313] s. m. *1* (*lett.*) Fianco dirupato e ripido di un'altura: *io me n'andai … / il traditor cercando per quei greppi* (ARIOSTO). *2* (*fig., lett.*) Bolgia infernale: *Qui li trovai … / … quando piovvi in questo g.* (DANTE *Inf.* XXX, 94-95). *3* †Umile tugurio.

gres /grɛs/ [fr. *grès*, dal francone **griot* 'ghiaia, sabbia'; 1819] s. m. inv. ● Tipo di ceramica colorata e a pasta compatta che cuoce ad alta temperatura, costituita da un impasto di argilla, caratterizzata da grande durezza e resistenza agli agenti corrosivi, suscettibile di svariati impieghi spec. nell'industria chimica e nell'edilizia.

gréto [riduzione di *ghiareto* 'terreno coperto di ghiaia (*ghiara*)', con influenza di *grava*; sec. XIII] s. m. ● Parte del letto del fiume che rimane scoperta dall'acqua: *sul g. pascolano svogliatamente i buoi, rari, infangati sino al petto* (VERGA) | †Alveo del fiume.

grétola [dim. del lat. *clētru(m)*, per *clātru(m)*, pl. *clātra*, 'graticciato', dal gr. dial. *klâithron*, da *kléis* 'strumento per chiudere', di orig. indeur. (?); av. 1449] s. f. *1* Ciascuno dei bastoncini o fili di ferro che formano una gabbia | (*tosc.*) Stecca di persiana. *2* †Scheggia. *3* (*fig., tosc.*) Cavillo, sotterfugio, pretesto.

gretóso [da *greto*; 1550] agg. ● (*raro*) Che ha greto: *fiume g.*

gretteria [av. 1704] s. f. ● (*raro*) Grettezza | Comportamento, atto da persona gretta. SIN. Meschinità, tirchieria.

grettézza [1551] s. f. ● Eccessiva parsimonia, tirchieria | Meschinità nell'agire e nel pensare: *la sua g. è proverbiale.*

grétto [dall'it. merid. *crettu* (V. *cretto*) che, oltre al sign. principale di 'crepato' detto del terreno 'arido, sterile', ha anche quello deriv. di 'magro, gracile'; 1554] **A** agg. *1* Di chi è eccessivamente tirato nello spendere. SIN. Tirchio. *2* (*fig.*) Meschino, dalla mentalità angusta, limitata: *idee grette*; *educazione gretta*; *animo g.* || **grettaménte**, avv. **B** s. m. *1* (f. *-a*) Persona gretta. *2* (*raro*) Grettezza, tirchieria.

grève o †**griève** [lat. parl. **grĕve(m)*, var. di *grăve(m)* 'pesante' per sovrapposizione oppos. di *lĕve(m)* 'lieve'; av. 1300] agg. *1* Grave, pesante: *g. come piombo* | ***Aria g.***, afosa, opprimente. *2* (*lett.*) Doloroso, penoso: *non ti paia grieve fare quello di che tu sarai lodata* (ALBERTI). *3* Volgare, grossolano: *una battuta g.* || **greveménte**, avv.

greyhound /*ingl.* 'greɪhaond/ [vc. ingl., 'levriere', propr. 'cane (*hound*) grigio (*grey*)'; 1913] s. m. inv. *1* Levriero inglese a pelo raso. *2* Negli Stati Uniti, autobus che collega le città principali.

grézzo [av. 1557] **A** agg. *1* V. *greggio*. *2* (*fig.*) Non ancora formato, non ancora educato: *ingegno g.*; *mente grezza* | ***Persona grezza***, grossolana, rozza. **B** s. m. *1* (*miner.*) Materiale utile così come viene estratto dalla miniera e prima che subisca qualsiasi trattamento. *2* (*miner.*) Pietra preziosa o semi-preziosa al naturale, prima della lavorazione che la trasforma in gemma.

gribàna [fr. *gribane*, dal medio neerlandese *kribben* 'raschiare', con passaggio semantico incerto; 1869] s. f. ● Piccola nave fiamminga a fondo piatto, senza chiglia, con due alberi, usata spec. per la navigazione lungo le coste e i fiumi.

griccio (1) [da *riccio* per sovrapposizione di altra vc. con *gr-*; av. 1712] **A** agg. (pl. f. *-ce*) *1* †Arricciato, increspato, accartocciato. *2* (*region.*) Tirchio. **B** s. m. (f. *-a*) ● (*region.*) Persona tirchia.

†**griccio** (2) [vc. espressiva; av. 1386] s. m. ● Capriccio, ghiribizzo.

gricile ● V. *grecile*.

grico [otrantino *grico* 'greco' da una ricostruita vc. gr. **grêkos, grîkos*] **A** agg. (pl. m. *-ci*) ● Detto di lingua neogreca che si parla in Terra d'Otranto e in altre località dell'Italia meridionale | Che è detto o scritto in tale lingua: *canzone grica.* **B** s. m. solo sing. ● Lingua grica.

♦**grida** [da *gridare*, col genere dei n. collett.; 1344] s. f. (pl. *gride*, *evit.*) *grida*) *1* (*st.*) Bando, editto, decreto che era annunziato dal banditore: *le gride delle autorità.* *2* †Voce pubblica, fama. *3* †Sgridata, grido.

gridacchiàre [sec. XVII] v. intr. (*io gridàcchio*; aus. *avere*) ● Gridare poco e spesso, spec. per brontolare.

♦**gridàre** [lat. parl. **critāre* per il tardo *quir(r)itāre* 'grugnire', di orig. onomat.; av. 1292] **A** v. intr. (aus. *avere*) *1* Strepitare con la voce per ira e sim. o per richiamare l'attenzione degli altri: *g. a gran voce, a squarciagola, a più non posso, con quanto fiato si ha in gola* | ***G. contro, verso qlcu.***, inveire | (*est.*) Parlare a voce troppo alta: *non c'è bisogno di g. così!* | Protestare, lamentarsi: *gridino quanto vogliono, io ormai ho deciso.* SIN. Sbraitare, urlare. *2* Emettere il proprio verso caratteristico, detto degli animali. *3* (*raro*) Litigare | (*raro, lett.*) Schiamazzare, tumultuare. **B** v. tr. *1* Dire, proferire con alte grida: *scappando mi gridò q. c. che non capii*; *g. evviva, abbasso, al fuoco, aiuto* | †***G. accorriuomo***, chiamare qlcu. a soccorso | (*fig.*) Invocare: *un delitto che grida vendetta* | ***G. vittoria***, (*fig.*) esultare pensando di avere già vinto. *2* Annunziare qlco. ad alta voce: *g. un bando* | ***G. qlco. ai quattro venti***, farlo sapere a tutti | †Bandire: *g. un torneo* | (*est., poet.*) Render famoso, celebrare il valore: *La fama che la vostra casa onora, / grida i segnori e grida la contrada* (DANTE *Purg.* VIII, 124-125). *3* (*raro, lett.*) Acclamare: *g. qlcu. imperatore, capo.* *4* (*poet.*) Declamare, predicare. *5* (*fam.*) Riprendere, sgridare: *il padre ha gridato il bambino.*

gridàrio [1842] s. m. ● (*st.*) Raccolta di gride: *ecco il linguaggio che nei gridari milanesi si usava* (EINAUDI).

gridàta [sec. XIV] s. f. *1* (*raro*) Grido. *2* Rimprovero, sgridata. || **gridatàccia**, pegg. | **gridatina**, dim.

gridàto [av. 1375] part. pass. di *gridare*; anche agg. ● Nei sign. del v. | (*fig.*) Eccessivo, sopra le righe.

gridatóre [av. 1334] **A** agg.; anche s. m. (f. *-trice*) *1* (*raro*) Che (o Chi) grida. *2* †Che (o Chi) celebra, esalta. **B** s. m. ● †Banditore.

gridellino o **grisellino** [fr. *gris-de-lin*, propr. '(del colore) grigio (*gris*) del (*de*) lino (*lin*)'; 1668] **A** s. m. ● Delicato colore viola pallido, d'una tonalità intermedia fra il grigio e il rosa. **B** agg. ● Di ciò che è di tale colore: *fiore travidi g.* (D'ANNUNZIO).

gridio [av. 1587] s. m. ● Un gridare frequente e di molte voci insieme: *successe un g., un fuggi fuggi per tutta la stradicciuola* (VERGA).

♦**grido** [da *gridare*; sec. XIII] s. m. (pl. *grida*, f. quelle dell'uomo, *gridi*, m. quelli degli animali e quelli dell'uomo intesi come emissione di voce puramente materiale) *1* Suono alto di voce emesso con forza: *le grida dei bambini che giocano*; *il g. del venditore ambulante, del banditore*; *un g. di dolore, di morte* | ***A grida di popolo***, per pubblica acclamazione | ***G. di guerra***, con cui i soldati accompagnano ed esaltano lo slancio nell'assalto e nella carica | (*banca*) ***Contrattazione alle grida***, metodo di quotazione e scambio di titoli in Borsa, ora sostituito dagli strumenti telematici | ***Recinto delle grida***, luogo dove si svolgevano tali contrattazioni | (*poet.*) ***Il g. dei flutti***, il fragore del mare | (*est.*) Strepito, tumulto | †***Mettere a g.***, a rumore. SIN. Urlo. *2* (*fig.*) Invocazione: *il g. dei popoli oppressi.* *3* (*ant.*) Fama, voce pubblica | ***Di g.***, famoso: *i matematici di maggior g. di diversi paesi* (GALILEI) | (*fig.*) ***L'ultimo g. della moda***, l'ultima novità | †***Di g. in g.***, di bocca in bocca | †***Andar presso alle grida***, seguire la voce pubblica. SIN. Rinomanza. *4* Verso di animale: *il g. degli uccelli notturni, degli sciacalli.* *5* (*al pl.*) Violenti rimproveri: *tacque e ascoltò le grida paterne.* || **gridétto**, dim. | **gridolino**, dim.

†**grièvе** ● V. *greve*.

grifàgno [ant. provz. *grifanh*, dal ted. *grīfan* 'afferrare'; av. 1292] agg. *1* (*lett.*) Detto di uccello da rapina, con becco adunco e occhi rossi e lucidi. *2* (*lett., fig.*) Fiero e minaccioso: *facendo lampeggiare ora il bianco, ora il nero di due occhi grifagni* (MANZONI).

†**grifàre** [longob. *grīfan* 'prendere, ghermire'; 1353] v. tr. *1* Immergere il grifo nel truogolo. *2* (*fig.*) Mangiare con avidità animalesca.

griffa [dal longob. *grīfan* 'acchiappare'; sec. XIV] s. f. *1* Organo meccanico uncinato per trattenere o trascinare qlco. | Nelle macchine da presa e nei proiettori cinematografici, dente che trascina la pellicola, agganciandola dai fori laterali. *2* Organo che aggancia il pattino a rotelle alla scarpa. *3* Chiodo uncinato che si applica alla suola delle scarpe da montagna, per aumentarne l'aderenza al terreno.

griffàre [da *griffe*; 1985] v. tr. ● Dare, apporre la propria griffe a un prodotto.

griffàto [1985] part. pass. di *griffare*; anche agg. *1* Detto di capo d'abbigliamento o di altro oggetto firmato da uno stilista. *2* (*est.*) Detto di chi abitualmente indossa abiti e usa accessori d'abbigliamento firmati da uno stilista: *una donna tutta griffata.*

griffe /*fr.* grif/ [vc. fr., propr. 'artiglio'; 1987] s. f. inv. *1* Firma, marchio, etichetta con cui uno stilista o un fabbricante contraddistingue un prodotto | (*est.*) Chi firma il prodotto: *una g. della moda maschile.* *2* Corona di punte metalliche che tengono legata una pietra preziosa.

griffóne o **grifóne** [fr. *griffon*, propr. 'grifone'; 1882] s. m. ● Denominazione corrente che accomuna tre varietà di cani da caccia simili allo spinone, indipendentemente dalle loro diverse caratteristiche morfologiche.

grifo (1) [lat. tardo *grȳpu(m)* 'nasone' (dal gr. *grypós* 'che ha il naso ricurvo') incrociato con *grifare* (V. *grifo* (3)); av. 1294] s. m. *1* (*lett.*) Grugno. *2* (*spreg., spec. lett.*) Viso umano | ***Rompere il g.***, rompere il muso. || **grifàccio**, pegg.

†**grifo** (2) o **gripo** [gr. *grîphos*, originariamente 'nassa', poi 'barca da pesca con le nasse', di etim. incerta; 1728] s. m. ● Rete da pesca a sacco, usata specialmente dai pescatori chioggiotti.

grifo (3) [vc. dotta, lat. *grīphu(m)*, tarda e volg. latinizzazione del gr. *grýps*, genit. *grypós*, 'curvo'; av. 1327] s. m. ● (*zool.*) Grifone.

grifòide [comp. di *grifo* (*1*) e di un deriv. dal gr. *êidos* 'forma'] agg. ● (*raro*) Che ha forma di grifo, nel sign. di grifo (1).

grifóne [accr. di *grifo* (*3*); av. 1292] s. m. *1* Grande rapace diurno dei Falconiformi, con piumaggio cinerino e capo coperto di piumino bianco (*Gyps fulvus*). ➡ ILL. **animali**/8. *2* (*zool.*) V. *griffone*. *3* Mostro alato mitologico usato talvolta come elemento decorativo di mobili rinascimentali, barocchi e neoclassici. *4* †Ceffone.

grifósi [vc. dotta, tratta dal gr. *grypós* 'adunco'; 1820] s. f. inv. ● (*med.*) Alterato accrescimento dell'unghia per cui questa si incurva a uncino sul polpastrello.

grigerógnolo (o *-ò-*) [av. 1786] agg. ● (*raro*) Di colore che tende al grigio.

grigia [f. sost. di *grigio*] s. f. (pl. *-gie* o *-ge*) ● (*gerg.*) Brutta figura: *fare una g.*; *che g. all'esame!*

grigiàstro [fr. *grisâtre*, da *gris* 'grigio' col suff. di attenuazione di colore *-âtre* '-astro'; 1772] agg. ● Di un grigio non bello.

grigiazzùrro [1901] **A** agg. ● Che è di colore grigio tendente all'azzurro: *occhi grigiazzurri.* **B** s. m. ● Colore grigiazzurro.

♦**grigio** [ant. provz. *gris*, dal francone **grīs*, di area germ.; 1292] **A** agg. (pl. f. *-gie* o *-ge*) *1* Di colore formato da una mescolanza di bianco e nero: *l'aria è grigia di pioggia* (SABA) | ***G. azzurro, perla, ferro, piombo***, varie sfumature di grigio | ***G. verde***, V. *grigioverde* | Nuvoloso, nebbioso: *cielo g.*; *giornata grigia* | ***Capelli grigi***, di chi comincia a incanutire | (*anat.*) ***Materia, sostanza grigia***, parte del tessuto nervoso di aspetto grigiastro, formata dai pirenofori delle cellule nervose, che costituisce la corteccia cerebrale e cerebellare e la parte interna del midollo spinale; (*fig.*) intelligenza: *non avere materia grigia*. **2** (*fig.*) Uniforme, scialbo, monotono: *una vita grigia* | ***Momento g.***, triste, scoraggiante. **B s. m. 1** Il colore grigio: *un abito di un brutto g.*; *vestire in, di g.* **2** Tipo di mantello equino costituito da un insieme di peli neri e bianchi.

grigióne (**1**) [dal colore della livrea] **s. m.** ● Piccolo mammifero dei Mustelidi con pelame bruno rado, assai feroce e aggressivo (*Grison vittatus*).

grigióne (**2**) ● V. *grigionese*.

grigionése o (*st.*) **grigióne** (**2**) [romancio *grischùn* di origine prelatina; 1540] **A s. m. e f.** ● Abitante, nativo del cantone della Svizzera orientale dei Grigioni. **B** anche **agg.**: *banca g.*; *dominazione grigiona in Valtellina*.

grigióre [da *grigio* col suff. di qualità; 1917] **s. m. 1** Caratteristica di ciò che è grigio: *il g. del cielo autunnale*. **2** (*fig.*) Monotonia, tristezza: *il g. di una giornata solitaria* | (*fig.*) Mediocrità: *un festival all'insegna del g.*

grigiovérde o **grigio-vérde** [comp. di *grigio* e *verde*; 1897] **A agg.** (pl. *grigiovérdi* o *grigiovérde*) ● Che ha colore grigio sfumato di verde. **B s. m.** ● Colore dell'uniforme dell'esercito italiano, usato fino all'ultima guerra mondiale | (*est.*, *disus.*) La divisa stessa: *vestire il g.* **SIN.** Verdegrigio.

griglia [fr. *grille*, dal lat. *cratīcula(m)* 'graticola'; av. 1798] **s. f. 1** Graticola: *carne, pesce alla g.* | In vari apparati termici, parte del focolare che sostiene il combustibile solido e permette il passaggio dell'aria per la combustione e lo scarico delle ceneri. **2** Inferriata, grata | Persiana. **3** Telaio a barre trasversali o longitudinali o di lamiera perforata. **4** (*fis.*) Elettrodo componente, col catodo e la placca, il triodo ove ha funzione di controllo | ***G. schermo***, uno degli elettrodi di un pentodo. **5** Foglio opportunamente traforato o reticolato per la lettura o la scrittura di testi cifrati | In tecniche di controllo, spec. statistico, tabella opportunamente predisposta, gener. a doppia entrata, che consente di evidenziare le variazioni di un fenomeno: *la g. dei risultati* | (*est.*) Schema di interpretazione di un testo letterario. **6** (*est.*, *autom.*) Ordine secondo il quale sono schierate le vetture alla partenza di una corsa automobilistica, stabilito in base ai tempi ottenuti durante le prove.

grigliàre [da *griglia*, sul modello del fr. *griller*; 1966] **v. tr.** (*io griglio*) ● Cuocere, arrostire sulla griglia.

grigliàta [da *griglia*; 1980] **s. f.** ● Piatto di carne, pesce o verdure cotti sulla griglia: *una g. mista*.

grigliàto s. m. 1 Pannello, riparo e sim. fatti a griglia. **2** (*mar.*) Portello dei boccaporti, fatto a griglia allo scopo di permettere il passaggio dell'aria.

grigliatùra [da *grigliare* in senso tecn.] **s. f.** ● (*min.*) Operazione consistente nel separare con griglie i pezzi più grossi di un minerale da quelli più piccoli.

grignolìno [vc. piemontese, *grignulin*, dim. di *grignola* 'vinacciolo' (dal lat. parl. **graniŏla(m)* 'granello'), per l'abbondanza dei vinaccioli negli acini; 1887] **s. m.** ● Vino rosso secco, leggermente amarognolo, prodotto nell'Astigiano e nel Monferrato dal vitigno omonimo.

grill /gril, *ingl.* gɹɪl/ [forma ridotta di *grillroom*; 1963] **s. m. inv. 1** Graticola, griglia: *arrostire la carne sul g.* **2** (*est.*) Cibo, spec. carne, arrostito sul grill: *un g. misto con patate*. **3** Accorc. di *grill-room*: *cenare in un g.*; *il g. di un albergo*.

grillàia [luogo da *grilli*; 1552] **s. f.** ● (*lett.*) Luogo in cui si trovano solo grilli | (*lett.*) Terreno sterile, incolto.

grillànda ● V. *ghirlanda*.

grillàre [lat. tardo *grillāre* 'stridere del grillo (da *grĭllus*)'; sec. XIV] **v. intr.** (aus. *avere*) ● **1** †Riferito al grillo, emettere il suo tipico cri-cri. **2** (*tosc.*) Gorgogliare bollendo o fermentando: *l'olio grilla nella padella*; *un vino molto giovine, che grilla e gorgoglia e ribolle* (MANZONI). **3** (*tosc.*, *fig.*) Frullare: *che gli grilla in testa?* **4** †Guizzare: *il pesce grilla*. **5** (*fig.*) †Esultare.

grillàstro [da *grillo*] **s. m.** ● (*zool.*) Genere di Insetti degli Ortotteri diffuso in Europa, in Etiopia e in Asia (*Decticus*).

grillettàre [ampliamento con infisso iter. di *grillare*; 1869] **A v. intr.** (*io grillétto*; aus. *avere*) ● Stridere, strepitare, sfrigolare: *la salciccia messa sul fuoco grilletta*. **B v. tr.** ● Friggere nell'olio.

grillétto [1771] **s. m. 1** Dim. di *grillo*. **2** Levetta che nelle armi da fuoco portatili trasmette la pressione del dito allo scatto provocando lo sparo. **3** (*mus.*) Punta della linguella dello scacciapensieri, con in cima una piccola ripiegatura che si percuote col dito per cavarne il suono. **4** (*volg.*) Clitoride. || **grillettino**, **dim.**

♦**grillo** [lat. *grĭllu(m)*, di orig. onomat.; av. 1294] **s. m. 1** Piccolo insetto degli Ortotteri di color nero, con zampe posteriori atte al salto, il cui maschio sfregando le elitre produce un caratteristico suono (*Gryllus campestris*). **CFR.** Stridere. ➡ **ILL. animali**/2 | ***G. canterino***, grillo | ***Mangiare come un g.***, poco e niente | ***Andare a sentir cantare i grilli***, (*fig.*) morire | ***Indovinala g.!***, quando non si riesce a spiegare qlco. e non si sa cosa accadrà | (*fig.*) ***G. parlante***, chi ama fare il saccente, il moralizzatore. **2** (*fig.*) Capriccio, ghiribizzo: *gli è saltato il g. di collezionare cartoline* | ***Avere dei grilli per la testa***, essere pieno di fantasie e di idee strane. **3** (*tosc.*) Nel linguaggio del gioco delle bocce, il pallino. **4** Elemento metallico di collegamento a forma di U con due fori alle estremità attraverso cui passa un perno a vite o a baionetta. || **grillétto**, **dim.** (V.) | **grillino**, **dim.** | **grillolino**, **dim.** | **grillóne**, **accr.** | **grillùccio**, **dim.**

Grilloblattoidei [comp. di *grillo* e *blattoidei*] **s. m. pl.** (sing. *-o*) ● Nella tassonomia animale, ordine di Insetti atteri con lunghe antenne filiformi e apparato masticatore (*Grylloblattoidea*).

grillotàlpa [comp. di *grillo*, per l'aspetto, e *talpa*, per l'abilità escavatoria; av. 1698] **s. m.** o **f.** (**f.** *grillotàlpe*; raro *grillitàlpa*. **m.**) ● Insetto degli Ortotteri di colore bruno con forti zampe scavatrici, voracissimo e molto dannoso alle coltivazioni (*Gryllotalpa gryllotalpa*). **SIN.** Rufola, zuccaiola. ➡ **ILL. animali**/2.

grillòtti [fr. *grillots*, originariamente 'sonagli' (dal medio alto ted. *grillen* 'gridare'), poi 'pendenti (come sonagli)'; 1869] **s. m. pl.** ● Fili intrecciati, d'oro, argento o seta, per spalline di ufficiali o frange di parati.

grillroom /'grilrum, *ingl.* 'gɹɪl,ɹu(u)m/ [vc. ingl., propr. 'stanza (*room*, di ampia area germ.) da griglia (*grill*, m. tratto da *grille* 'graticola', di orig. fr.)'] **s. m. inv.** ● Locale dove si cucinano cibi alla griglia | Rosticceria.

grimaldèllo [da *Grimaldo*, n. di un inventore o perfezionatore dello strumento; av. 1338] **s. m.** ● Strumento di ferro variamente uncinato che serve per aprire serrature senza la chiave.

grimo [germ. **grim* 'impetuoso, iracondo', di area germ.; 1534] **A s. m.** (**f.** *-a*) ● (*region.*) Padre | Vecchio. **B agg.** ● (*region.*) Grinzoso: *vecchio g.*

grimpeur /*fr.* gʀɛ̃'pœːʀ/ [vc. fr., propr. 'arrampicatore', da *grimper*, di etim. incerta; 1905] **s. m. inv.** (**f.** fr. *grimpeuse*) ● Nel ciclismo, scalatore.

grinder /*ingl.* 'graendə/ [vc. ingl., propr. 'macinatore', dal v. *to grind* 'macinare'; 1992] **s. m. e f. inv.** ● (*mar.*) Membro dell'equipaggio addetto alla manovra del coffee grinder sulle grandi barche a vela da regata.

grinfia o (*pop.*) **sgrinfia** [longob. *grīfan* 'afferrare ghermire'; 1623] **s. f.** ● Artiglio, granfia: *il gatto aveva un topo tra le grinfie* | (*fig.*) ***Finire, cadere nelle grinfie di qlcu.***, in suo potere: *cadere nelle grinfie di un usuraio*.

gringo /*sp.* °'griŋgo/ [var. ant. di *griego*, propr. 'greco', usato come 'straniero', oltre che come 'lingua incomprensibile'; 1887] **s. m.** (**f.** sp. *-a*, **pl. m.** *-os*, **pl. f.** *-as*) ● (*spreg.*) Per gli abitanti dell'America latina, forestiero di madrelingua non spagnola, spec. inglese o nordamericano.

grinta [got. **grimmitha*, che si fa deriv. da un agg. **grimus* 'irato, tremendo' (V. *grimo*); av. 1850] **s. f. 1** Faccia truce e arcigna: *ha una g. che spaventa* | ***A g. dura***, con severità. **2** (*est.*) Volontà combattiva, comportamento risoluto, deciso: *ha avuto molta g. nell'affrontare quel problema*; *un atleta di g.*; *agire con g.* **3** (*raro*) Faccia tosta. || **grintàccia**, **pegg.**

grintóso [1546] **agg.** ● Combattivo, aggressivo: *attaccante g.*; *un manager g.* || **grintosaménte**, **avv.** Con grinta.

grinza [da **grinzare*, dal longob. **grimmizōn* 'corrugare la fronte (perché adirato: V. *grimo*)'; av. 1484] **s. f.** ● Piega, ruga della pelle: *un viso pieno di grinze* | (*fig.*, *tosc.*) ***Levarsi le grinze dal corpo***, riempirsi tanto di cibo da far tendere la pelle | (*est.*) Increspatura di tessuti e sim.: *un abito macchiato e pieno di grinze* | ***Non fa una g.***, di abito che calza a pennello; (*fig.*) di ragionamento, discorso e sim. che non ha difetti o lacune. || **grinzèllo**, **dim. m.** | **grinzètta**, **dim.** | **grinzolino**, **dim. m.**

grinzo [1364] **agg.** ● Grinzoso: *pelle grinza*; *vecchio, abito g.*

grinzosità [1869] **s. f.** ● Caratteristica di ciò che è grinzoso | (*est.*) Insieme di grinze: *togliere le g. da un abito*.

grinzóso [av. 1471] **agg.** ● Che ha o fa grinze: *un vecchio dalla pelle grinzosa* | ***Vestito g.***, pieno di pieghe. **SIN.** Rugoso. || **grinzosétto**, **dim.** | **grinzosino**, **dim.**

grinzùme [av. 1850] **s. m.** ● (*raro*, *spreg.*) Insieme di grinze o di cose grinzose.

†**grinzùto** [1570] **agg.** ● Grinzoso.

griòtta ● V. *agriotta*.

grip /grip, *ingl.* gɹɪp/ [vc. ingl., dal v. *to grip* 'afferrare', di provenienza germ.; 1991] **s. m. inv. 1** (*autom.*) Aderenza dello pneumatico al terreno. **2** Impugnatura di un attrezzo sportivo, come il bastone da golf, la racchetta da tennis e sim.

gripo ● V. †*grifo* (*2*).

grippàggio [fr. *grippage*, da *gripper* 'grippare'; 1941] **s. m.** ● Blocco di un organo meccanico contro un altro per dilatazione dovuta a surriscaldamento.

grippàre [fr. *gripper*, dal francone **grīpan* 'afferrare'; 1939] **A v. tr.** ● Provocare il blocco del motore per mancanza di lubrificazione e quindi surriscaldamento: *g. il motore*; (anche assol.) *Luigi ha grippato*. **B v. intr.** e **intr. pron.** (aus. intr. *avere*) ● Di un organo meccanico, bloccarsi contro un altro a contatto del quale scorre o ruota, per dilatazione dovuta a surriscaldamento.

grippe /*fr.* gʀip/ [vc. fr., forse da *gripper* 'afferrare', perché malattia che prende all'improvviso; 1788] **s. f. inv.** ● Influenza.

grippia [etim. incerta; 1607] **s. f.** ● (*mar.*) Cima legata da un lato al diamante dell'ancora e dall'altro a un galleggiante o a bordo, che aiuta il recupero dell'ancora stessa.

grippiàle [ampliamento di *grippia*; 1889] **s. m.** ● (*mar.*) Galleggiante legato alla grippia che indica il punto in cui l'ancora è sommersa.

grisàglia [1913] **s. f.** ● Adattamento di *grisaille* (V.).

grisaille /*fr.* gʀi'zajə/ [vc. fr., da *gris* '(di colore) grigio'; 1886] **s. f. inv. 1** Tecnica decorativa pittorica a svariate tonalità di grigio usata in ceramica, negli smalti e nella mobilia, spec. di stile neoclassico | Dipinto eseguito con tale tecnica. **2** Correntemente, qualsiasi tessuto, spec. di lana di filati grigi, o bianchi e neri con effetto di grigio.

grisantèmo ● V. *crisantemo*.

grisatóio [adatt. del fr. *grésoir*, da *gréser*, dall'ol. *gruizen* 'macinare'; 1550] **s. m.** ● Arnese di ferro con cui i vetrai rodono il margine della lastra di vetro già incisa dal diamante.

grisbì /*fr.* gʀiz'bi/ [vc. fr., comp. di una prima parte che risale a *gris(et)* 'nome di una moneta di colore scuro (*gris* 'grigio')' e di una seconda parte di orig. ignota] **s. m. inv.** ● (*gerg.*) Refurtiva, malloppo.

grisèlla [genov. *grixelle* 'graticole', dal lat. **craticĭllae*, dim. di *crātis* (V. *grata*), per la forma reticolata; 1798] **s. f.** ● (*mar.*, *spec. al pl.*) Ciascuna delle traversine, in cavo, legno o metallo, montate sulle sartie a formare dei gradini per salire sugli alberi.

grisellino ● V. *gridellino*.

†**grisètta** [fr. *grisette*, dapprima 'vestito di stoffa grigia (*gris*)', poi 'giovane vestita di grisette'; 1789] **s. f.** ● Stoffa leggera di tutta lana, o mista con seta.

†**grisòstomo** ● V. *crisostomo*.

grisou /*fr.* gʀi'zu/ [vc. fr., *grisou*, dal dial. (vallone) (*feu*) *grisou* '(fuoco) greco'; 1875] **s. m. inv.** ● Miscuglio esplosivo di gas metano e aria, che si sviluppa nelle miniere di carbone, zolfo, salgemma ecc.

grissineria s. f. ● Grissinificio.

grissinificio [1963] **s. m.** ● Fabbrica di grissini.

grissino [piemontese *grissin*, var. di *ghersin* 'filo di pane', dim. di *ghersa* 'fila (di oggetti)', di etim. incerta; 1858] **s. m.** ● Bastoncello friabile di pane croccante.

grisù [av. 1936] **s. m.** ● Adattamento di *grisou*

(V.).

grisùmetro [comp. di *grisù* e *-metro*; 1970] s. m. ● Apparecchio, per lo più portatile, con cui i minatori controllano l'eventuale presenza di grisou nei cantieri di miniera.

grisutóso agg. ● Di miniera in cui si riscontra sviluppo di grisù.

grivna /*ucraino* 'grivna/ [vc. russa, in orig. 'collana, anello, monile'] s. f. (pl. ucraino *grivny*) ● Unità monetaria dell'Ucraina, divisa in 100 copechi; ha sostituito il karbovanez.

grizzly /*ingl.* 'gɹɪzli/ [vc. ingl., propr. 'grigi(astr)o', da *grizzle* 'grigio', deriv. dal fr. *grisel*, dim. di *gris* 'grigio', con richiamo a *grisly* 'orribile, spaventoso'; 1875] s. m. inv. (pl. ingl. *grizzlies*) ● Grande orso americano dei Carnivori Ursidi, la più grossa fra tutte le specie dell'ordine, molto feroce, attualmente esistente solo nei parchi nazionali (*Ursus horribilis*).

grò /grɔ*/ [1868] s. m. ● Adattamento di *gros* (V.).

groenlandése [1751] A agg. ● Della Groenlandia. B s. m. e f. ● Abitante, nativo della Groenlandia.

grog /*ingl.* gɹɒg/ [dal soprannome dell'ammiraglio ingl. E. Vernon (*Old Grog* 'Vecchio Grog', perché vestito di *grog(ram)* 'grò'), che aveva ordinato la distribuzione ai marinai di rum annacquato; 1828] s. m. inv. ● Ponce a base di rum o cognac in acqua bollente zuccherata, con scorza di limone.

groggy /*ingl.* 'gɹɒgi/ [propr. 'ubriaco, ebbro', agg. di *grog*; 1927] agg. inv. ● Detto del pugile che, stordito dai colpi dell'avversario, non è più in grado di reagire | (*est.*) Persona molto provata, molto stanca.

grogiolàre ● V. *crogiolare*.

grogrè s. m. ● Adattamento di *gros-grain* (V.).

gròla [lat. *grāulu(m)*, var. di *grāculu(m)* (attestato anche al f.; V. *gracchia*); 1951] s. f. ● (*sett.*) Denominazione di vari uccelli della famiglia dei Corvidi, come il corvo e la cornacchia.

gròlla [vc. valdostana (*gròla*), di etim. incerta; 1963] s. f. ● Caratteristica coppa in legno della Valle d'Aosta.

†**grollàre** ● V. *crollare*.

gròma [vc. dotta, lat. *grōma(m)*, prestito pop. dissimilato dal gr. *gnômа*, per *gnômōn* 'gnomone'; 1834] s. f. ● Strumento simile a un goniometro a traguardo, usato anticamente dai Romani per misurare e scompartire superfici agrarie e accampamenti militari.

gromàtico [da *groma*] agg. (pl. m. *-ci*) ● Relativo all'agrimensura.

grómma [etim. discussa: lat. parl. **grūmma(m)* per **grūma(m)*, collett. di *grūmu(m)* 'grumo', cioè 'complesso di grumi' (?); 1321] s. f. **1** Incrostazione prodotta dal vino nelle botti. SIN. Gruma. **2** (*est.*) Incrostazione che si forma per il lungo uso nel caminetto delle pipe | Incrostazione nelle tubazioni dell'acqua.

grommàre [da *gromma*; 1313] A v. intr. e intr. pron. (*io grómmo*; aus. *essere*) ● Incrostarsi di gromma. B v. tr. ● Ingrommare.

grómmo [av. 1685] s. m. ● Grumo, coagulo.

grommóso [1336 ca.] agg. ● Pieno di gromma.

grónchio [etim. discussa: da *granchio* con sovrapposizione di altra vc. (?); 1869] agg. ● (*lett.*) Rattrappito, detto spec. delle mani intirizzite dal freddo.

grónda [lat. parl. *grūnda(m)*, di etim. incerta; sec. XIII] s. f. **1** Orlo del tetto che sporge in fuori, perché da esso coli la pioggia senza toccare il muro. **2** Ognuno degli embrici collocati a copertura della gronda. **3** (*est.*) Tutto ciò che per forma o inclinazione sia simile a una gronda | ***Cappello a g.***, con tesa larga e inclinata | †Rami estremi degli alberi che si protendono sui campi altrui. **4** (*spec. al pl.*) Covoni esterni della bica inclinati per facilitare lo scolo dell'acqua piovana. **5** Parte posteriore dell'elmo che proteggeva la nuca. **6** Margine di un lago o palude. **7** (*fig.*) †Cipiglio.

grondàia [da *gronda*; av. 1449] s. f. **1** Canale, a sezione semicircolare o sagomato, sospeso con ferri a collo d'oca ai correntini del tetto, per raccoglier l'acqua piovana e portarla ai pluviali | Gronda. **2** Lo spazio nel quale scorre l'acqua, tra due filari di embrici.

grondànte [av. 1597] part. pres. di *grondare*; anche agg. ● Che gronda | Intriso, zuppo: *g. di sudore*.

grondàre [da *gronda*; av. 1250] A v. intr. (*io gróndo*; aus. *essere* nel sign. 1, *avere* nel sign. 2) **1** Cadere dell'acqua dalla grondaia | (*est.*) Colare abbondantemente: *la pioggia grondava dai rami*. **2** (+ *di*) Essere intrisi e colare, di sudore, sangue e sim.: *g. di lacrime, di sangue, di pioggia*; *ecco l'acciaro, / che gronda ancor del suo sangue fumante* (ALFIERI). B v. tr. ● Lasciar colare in notevole quantità: *il viso dell'uomo grondava sudore*.

grondatùra [1869] s. f. **1** (*raro*) Il grondare. **2** Il liquido che gronda.

grondóne [1890] s. m. ● Doccione di terracotta o lamiera che si applica alla gronda.

grondongrondóni o **grondón grondóni** [da *grondare* 'cadere giù', col suff. avv. *-oni*; 1869] avv. ● (*raro, tosc.*) Con la persona curva, lentamente e in modo fiacco: *camminare, andare, avanzare g.*

grόngo o **cóngro**, **góngro** [lat. *grŏngu(m)*, dal gr. *góngros*, che gli antichi accostavano al v. *grân* 'divorare', forse per etim. pop.; av. 1557] s. m. (pl. *-ghi*) ● Pesce osseo degli Anguilliformi con corpo subcilindrico a pelle nuda, molto aggressivo (*Conger conger*).

groom /*ingl.* gɹu(u)m/ [vc. ingl., di etim. incerta; 1828] s. m. inv. **1** Garzone di stalla, stalliere. **2** Giovane servitore in livrea, in case signorili o in alberghi.

gróppa [germ. **kruppa* 'massa rotonda', forse attrav. il provz. *cropa*; sec. XIII] s. f. **1** Regione dei quadrupedi compresa tra i lombi, i fianchi, le cosce, la coda e le natiche. **2** (*fam., scherz.*) Dorso dell'uomo | ***Avere molti anni sulla g.***, essere di età avanzata | †***Non portare in g. qlco.***, (*fig.*) non tollerarla | ***Rimanere sulla g.***, (*fig.*) riferito a qlco. di cui non ci si riesce a disfare. **3** Nella ginnastica, ciascuna delle due parti, a destra e a sinistra delle maniglie, nel cavallo con maniglie. **4** (*raro*) Vetta montana di forma arrotondata. || **groppóne**, accr. m. (V.).

groppàta s. f. ● Sgroppata.

groppièra [1526] s. f. **1** Striscia di cuoio lungo la groppa, attaccata con una fibbia alla sella e che gira intorno alla coda. **2** Nel Medioevo, gualdrappa, coperta per la groppa del cavallo.

gróppo o **gròppo** [germ. **kruppa* (V. *groppa*); 1313] s. m. **1** Viluppo intricato, nodo ingarbugliato | ***Far g.***, di filo e sim. che si ingarbuglia | (*fig.*) ***Avere, sentire un g. alla gola***, avere la gola chiusa spec. per intensa commozione | †***Aver fatto il g.***, non crescere più | (*region.*) Nodo del legname e sim. **2** (*fig., lett.*) Difficoltà. **3** Perturbazione meteorologica con improvvisa variazione e intenso aumento del vento, accompagnato da precipitazioni | ***Vento di g.***, vento forte turbinoso che cambia improvvisamente, ma per pochi minuti, direzione e intensità ed è accompagnato da pioggia, grandine e temporale. **4** †V. *gruppo*.

gropponàta [av. 1890] s. f. ● (*raro*) Colpo dato con la groppa.

groppóne [1313] s. m. **1** Accr. di *groppa*. **2** (*fam., scherz.*) Schiena dell'uomo | ***Avere tanti anni sul g.***, essere in età avanzata | ***Piegare il g.***, sgobbare, adattarsi a un lavoro penoso e umiliante.

gros /*fr.* gʀo/ [1905] s. m. inv. ● Accorc. di *gros-grain*.

Groschen /*ted.* 'gʀɔʃn/ [vc. ted., di provenienza dial., dal ceco *groš*, in lat. mediev. (*denāriu(m)*) *grŏssum* 'grosso' moneta] s. m. inv. (pl. ted. inv.) ● (*numism.*) Antica moneta d'argento tedesca del XV sec. | Attualmente, moneta corrispondente a un centesimo dello scellino austriaco.

gros-grain /*fr.* ˌgʀo'gʀɛ̃/ [loc. fr., propr. 'a grana (*grain*) grossa (*gros*)'; 1549] s. m. inv. **1** Tessuto pesante di seta e lana lavorato a sottilissime coste. **2** Nastro rigido, a coste verticali, adatto a sostenere dall'interno cinture e sim.

gròssa (1) [sottinteso *dormita*, perché è la più lunga; 1561] s. f. ● Terza dormita dei bachi da seta | (*fig.*) ***Dormire della g.***, profondamente.

gròssa (2) [fr. *la grosse*, sottinteso *douzaine*, 'la (dozzina) grossa'; 1582] s. f. ● Unità di misura corrispondente a dodici dozzine, usata spec. nel commercio delle ferramenta e delle uova.

†**grossàggine** [av. 1475] s. f. ● Goffaggine | Ignoranza.

grossagràna [trad. del fr. *gros-grain*, propr. 'a grossa (*gros*) grana (*grain*)'; sec. XIV] s. m. inv. ● Gros-grain.

grosserìa [fr. *grosserie*, da *gros* 'grosso, grossolano, non minuto'; av. 1528] s. f. **1** †Balordaggine, scempiaggine: *bella g. udi' dir io da un Bresciano* (CASTIGLIONE). **2** Lavorazione in oro e argento di oggetti di grossa mole come vasellame, figure e sim. | (*est.*) Gli oggetti stessi.

grossetàno A agg. ● Di Grosseto. B s. m. (f. *-a*) ● Abitante, nativo di Grosseto.

grossézza [av. 1292] s. f. **1** Dimensione di qlco. spec. riguardo al volume o allo spessore: *valutare la g. di un oggetto*; *una vipera di notevole g.* **2** Dimensione superiore al normale: *g. del fegato, della milza* | (*fig., disus.*) ***G. d'animo***, rancore. **3** †Pregnezza, gravidanza. **4** (*fig., raro*) Rozzezza, ignoranza.

grossier /*fr.* gʀo'sje/ [vc. fr., da *gros* 'grosso'; 1819] agg. inv. (f. fr. *grossière*; pl. m. *grossiers*; pl. f. *grossières*) ● Grossolano, rozzo.

†**grossière** [fr. (*marchand*) *grossier*, da (vendre en) *gros* '(vendere) all'ingrosso'; 1476] A agg. ● Grossolano, ignorante. B s. m. ● Venditore all'ingrosso.

grossista [1869] s. m. e f. (pl. m. *-i*) ● Chi esercita il commercio all'ingrosso.

♦**gròsso** [lat. *grŏssu(m)*, vc. pop. con var. prob. espr. e paralleli in altre lingue indeur.; 1282] A agg. **1** Che supera la misura ordinaria per massa, per volume: *stabile, fabbricato g.*; *è più g. di un ippopotamo*; *era la nave più grossa della flotta*; *è un cocomero molto g.* | ***Fiume, lago, mare g.***, gonfio per la piena, per la tempesta, per la marea. CFR. macro-, maxi-, mega-. **2** (*est.*) Di notevole entità, capacità e sim.: *dirige un g. complesso industriale*; *possedere un g. appezzamento di terreno*; *mettere insieme una grossa fortuna*; *viviamo in un g. paese*; *abitare in una grossa città* | ***Artiglieria grossa***, di grande calibro | ***Caccia grossa***, quella data agli animali selvaggi di notevoli dimensioni. SIN. Grande. CONTR. Piccolo. **3** Di notevole spessore, diametro e sim.: *filo, spago g.*; *libro, cartone g.*; *colonna grossa* | ***Sale g.***, di grana non fine | (*anat.*) ***Intestino g.***, crasso | ***Dito g.***, pollice, alluce | ***Pasta grossa***, maccheroni, lasagne, cannelloni e sim. **4** Denso: *vino g.* | ***Aria grossa***, pesante | ***Acqua grossa***, torbida, melmosa | ***Tempo g.***, che si prepara al brutto | ***Fiato g.***, affannoso. **5** Robusto: *un uomo grande e g.*; *un cane, un cavallo g.*; *è un g. omaccione*; *essere, diventare g.* | ***Donna grossa***, (*pop.*) incinta. **6** Numeroso, fitto: *famiglia, schiera grossa*; *le genti di Nicolò ... trovavano i nemici grossi* (MACHIAVELLI) | Ricco: *attendere una grossa eredità*. **7** Di grande rilievo, importanza e sim.: *si tratta di un g. esponente della cultura*; *è un g. affare*; *è uno dei più grossi successi cinematografici* | ***Pezzo g.***, persona importante, autorevole. **8** Grave, difficile da sopportarsi: *fare una grossa fatica*; *incontrare grosse difficoltà*; *correre grossi rischi*; *commettere un g. errore*; *è un guaio troppo g.* | ***Dire, pronunciare parole grosse***, offensive, minacciose | ***Dirle grosse***, dire bugie, panzane: *questa poi è grossa!* | ***Farla grossa***, commettere uno sproposito. **9** (*fig., lett.*) Privo di finezza, raffinatezza e sim.: *gente grossa*; *contadino, villano g.* | ***Uomo di pasta grossa***, tardo di intelligenza e di comprendonio | ***G. di mente, d'ingegno***, ottuso | ***Essere g. d'udito***, essere un po' sordo | ***G. modo***, V. *grossomodo*. || **grossaménte**, avv. (*raro*) In modo sommario e approssimativo; in modo grossolano. B in funzione di avv. **1** (*raro*) In modo grosso | Marcatamente, con tratto pesante: *una penna che scrive g.* | (*raro, fig.*) ***Bere g.***, essere creduloni, non guardare tanto per il sottile | (*raro*) ***A un di g.***, pressappoco, grossolanamente | (*raro*) ***In g.***, in generale. **2** ***Di g.***, in grande misura, in modo rilevante: *sbagliare di g.* | (*fig.*) ***Sparare g.***, esagerare. C s. m. **1** Parte più grossa: *il g. della gamba, della coscia*. **2** Parte più numerosa: *il g. del pubblico non è ancora entrato* | (*mil.*) Aliquota principale delle forze di una unità che ne abbia distaccato una parte per compiti sussidiari: *il g. della fanteria* | Nel ciclismo, tutto il gruppo: *segue il g. a tre minuti*. **3** Persona importante, spec. nella loc. ***fare il grande e il g.***, darsi delle arie. **4** Moneta d'argento di valore diverso secondo i luoghi, coniata per la prima volta a Venezia nel XIII sec., poi in tutti gli altri Stati italiani ed europei. ➡ ILL. moneta. **5** Peso di 10 grammi, usato un tempo a Milano dai tabaccai per il tabacco da fiuto. || PROV. Il pesce grosso mangia il minuto. || **grossàccio**, pegg. | **grosserèllo**, dim. | **grossettìno**, dim. | **grossèt-**

to, dim. | grossicino, dim. | grossino, dim. | grossòccio, accr. | grossóne, accr. | grossòtto, accr. | grossùccio, dim.

grossolanità [1639] s. f. *1* Caratteristica, condizione di chi (o di ciò che) è grossolano. SIN. Rozzezza. *2* Atto, gesto, parola da persona grossolana.

♦**grossolàno** [da *grosso* nel sign. A9 con doppio suff. (*-olo-* e *-ano*); sec. XIV] agg. *1* Detto di cosa rozza, ordinaria, non rifinita: *lavoro g.*; *stoffa grossolana*. *2* (*fig.*) Privo di grazia e di finezza, volgare: *uomo dai modi grossolani*; *lineamenti grossolani*; *le idee più grossolane e più trite dell'antico empirismo* (DE SANCTIS) | ***Parole grossolane***, volgari | ***Errore g.***, enorme, madornale | ***Scherzo g.***, di pessimo gusto. || grossolanaménte, avv.

grossomòdo o **gròsso mòdo** [loc. lat. mediev., propr. 'in maniera (*mŏdo*, abl. di *mŏdus* 'modo, maniera') grossa, generica (*grŏsso*, abl. di *grŏssus*)'; 1657] avv. ● A un di presso, più o meno, pressappoco, a grandi linee.

grossulària [dal fr. ant. *groselle*, fr. mod. *groseille* 'ribes', per la forma tonda dei granuli; 1869] s. f. ● (*miner.*) Granato di calcio e alluminio, bianco se puro, più spesso giallo, arancio o verde; se limpide, le varietà colorate sono usate come gemme.

grossùme [da *grosso* col suff. *-ume*; sec. XIV] s. m. *1* Parte più densa o pesante di qlco., spec. di un liquido che si deposita sul fondo dei recipienti. *2* †Cosa alquanto grossa | Insieme di cose grosse.

†**grossùra** [av. 1306] s. f. ● Grossezza, ignoranza.

♦**gròtta** [lat. parl. *crŭpta(m)*, per *crȳpta(m)*, dal gr. *kryptḗ* (sottinteso *kamára*) '(stanza a) volta, coperta, sotterranea', da *krýptein* 'nascondere'; sec. XIII] s. f. *1* Cavità naturale più lunga che ampia, di solito in rocce calcaree, dovuta prevalentemente all'azione chimica delle acque: *esplorare le grotte dei trogloditi*; *una g. sotterranea*; *Platone ... dice dopo i ... diluvi ... aver gli uomini abitato nelle grotte sui monti* (VICO). CFR. Caverna, speleo-. ➡ ILL. p. 2130, 2133 SCIENZE DELLA TERRA ED ENERGIA. *2* (*sett.*) Locale sotterraneo usato come cantina; (*est.*) osteria | †Abitazione sotterranea. *3* (*raro*) Nel gioco del biliardo e delle bocce, sponda. *4* (*lett.*) †Dirupo, burrone | (*est.*) Argine alto di terra. || grottàccia, pegg. | grotterèlla, dim. | grotticèlla, dim. | grotticina, dim. | grottino, dim. m. (V.) | grottóne, dim. m.

grottaióne [etim. incerta] s. m. ● (*zool.*) Gruccione.

grotteggiàre [da *grotta* nel sign. 3; 1881] v. intr. (*io grottéggio*; aus. *avere*) ● Nel gioco del biliardo, colpire la palla in modo che rasenti la sponda.

grottésca [dalle curiose figurazioni (scoperte alla fine del Quattrocento) delle *grotte*, com'erano pop. chiamati i resti della *Domus Aurea*, in Roma; 1550] s. f. ● Decorazione fantastica con mascheroni, meduse, pesci alati, foglie, armi e sim.

grottésco [da *grottesca*, in quanto pittura bizzarra; 1587] **A** agg. (pl. m. *-schi*) ● Di ciò che è ridicolo per stranezza, bizzarria, deformità o goffaggine: *abbigliamento g.*; *figura grottesca* | †***A grottesca***, (*ellitt.*) a capriccio. || grottescaménte, avv. **B** s. m. *1* Ciò che è grottesco | Particolare effetto di comicità che deriva da ciò che è bizzarro, strano e sim.: *recitazione con toni di g.*; *situazione che ha del g.* *2* Genere teatrale sorto in Italia nel primo dopoguerra, basato sulla deformazione delle situazioni, in bilico fra dramma e ironia. *3* (*tipogr.*, *spec. al pl.*) Tipo di ornato capriccioso con foglie, fiori, frutti e sim.

grottino s. m. *1* Dim. di *grotta*. *2* (*region.*) Osteria.

gròtto [da *grotta*; av. 1406] s. m. *1* †Balzo, dirupo. *2* (*region.*) Cantina | Osteria.

†**grottóso** [av. 1375] agg. ● Fatto a grotte | Pieno di grotte.

groupage /fr. gru'paːʒ/ [vc. fr., da *grouper* 'raggruppare', da *groupe* 'gruppo', a sua volta dall'it. *groppo*; 1989] s. m. inv. ● Pratica degli spedizionieri di raggruppare vari piccoli colli, in relazione ai quali viene emessa una polizza di carico collettiva.

groupware /ingl. 'gɹuːp,wɛəɹ/ [vc. ingl., comp. di *group* '(lavoro di) gruppo' e *-ware*, che sta per (*soft*)*ware*; 1991] s. m. inv. ● (*elab.*) Insieme di programmi integrati per la gestione del lavoro d'ufficio che consente a più utenti di lavorare contemporaneamente sugli stessi dati.

grover /ingl. 'gɹəʊvəɹ/ [dal n. del suo inventore inglese (?)] s. f. inv. ● (*mecc.*) Accorc. di *rondella grover*.

grovièra ● V. *gruviera*.

groviglio [da *roviglia*, n. di pianta, dal lat. *ervĭlia(m)* 'cicerchia', pianta che s'aggroviglia, con influenza dell'iniziale e, nel genere, di *groppo*; sec. XV] s. m. ● Garbuglio di fili | (*est.*) Intrico disordinato e confuso di cose varie (*anche fig.*): *un g. di rottami, di idee*; *giravano al largo i grovigli dell'alighe / e tronchi d'alberi alla deriva* (MONTALE).

growl /ingl. gɹaʊl/ [vc. ingl., da *to growl* 'ringhiare, brontolare'; 1956] s. m. inv. ● (*mus.*) Nel jazz, effetto provocato da colpi di lingua o sordina contro il padiglione di trombe e tromboni.

grrr /grrr/ [vc. onomat.] inter. *1* Riproduce il ringhio di una belva o di un animale domestico. *2* Esprime collera repressa.

♦**gru** /gru*/ o †**grùa**, †**grùe** [vc. dotta, lat. *grūe(m)*, di orig. espressiva e di ambito indeur.; av. 1292] s. f. o †m. *1* Grosso uccello dei Ralliformi con lunghe zampe e collo e becco lunghi, che vive nelle zone ricche d'acqua (*Grus grus*). ➡ ILL. animali/8. *2* Macchina per sollevare pesi, provvista di un braccio girevole lungo che ricorda il collo dell'uccello omonimo, con una carrucola munita di cavo o catene cui si aggancia il peso. ➡ ILL. p. 2136, 2138 SCIENZE DELLA TERRA ED ENERGIA; p. 2171 TRASPORTI. *3* Carrello mobile da ripresa cinematografica, talvolta di proporzioni gigantesche, con un grosso braccio mobile all'estremità del quale è collocata la cinepresa con sedili per il regista e l'operatore. *4* Antica macchina da guerra che, collocata sulle mura di una città assediata, calava delle grosse tenaglie sulle macchine d'assedio nemiche per danneggiarle o distruggerle. || gruétta, dim.

grùccia o (*lett.*) †**crùccia** [etim. discussa: longob. **krukkja* 'bastone a punta uncinata' (?); av. 1311] s. f. (pl. *-ce*) *1* Lungo bastone terminante all'estremità superiore con un appoggio opportunamente modellato per sostenere all'ascella chi non può reggersi da sé sulle gambe: *camminare colle grucce* | (*fig.*) ***Argomenti che si reggono sulle grucce***, molto deboli. SIN. Stampella. *2* Oggetto o strumento a forma di gruccia per usi diversi, spec. per appendere abiti | Sostegno su cui si posano gli uccelli da richiamo | (*fig.*) †***Tenere qlcu. sulla g.***, tenerlo nell'incertezza riguardo a qlco. *3* †Sostegno per gambe amputate. *4* (*agr.*) Strumento che serviva per piantare barbatelle o talee di viti. || gruccétta, dim. | gruccettina, dim.

grucciàta [1853] s. f. ● (*raro*) Colpo di gruccia.

gruccióne [etim. discussa: dalle *grucce*, cui assomigliano le penne caudali (?); 1831] s. m. ● Uccello dei Coraciformi con lungo becco curvo e piumaggio a vivaci colori, ghiotto di api (*Merops apiaster*). SIN. Grottaione.

†**grùe** ● V. *gru*.

†**grufàre** [etim. discussa: dal lat. parl. **grūphu(m)*, parallelo di *grȳphu(m)* 'grifo (del maiale)' (?); 1483] **A** v. tr. ● Togliere, sottrarre. **B** v. intr. ● Grufolare.

grufolàre o †**ruffolàre**, †**rufolàre** [iter. di †*grufare*; av. 1400] **A** v. intr. (*io grùfolo*; aus. *avere*) *1* Frugare con il grifo emettendo grugniti: *il maiale grufola nel truogolo*. *2* (*fig.*, *spreg.*) Mangiare con grande avidità e in modo rumoroso | (*fig.*) Frugare: *g. nei cassetti di qlcu.* **B** v. rifl. ● Avvoltolarsi nel sudiciume (*anche fig.*): *grufolarsi nel letamaio, negli scandali*.

grugàre [dall'onomat. *gru* (*gru*); 1869] v. intr. (*io grùgo, tu grùghi*; aus. *avere*) ● Tubare: *i piccioni grugano*.

grugnàre [av. 1565] v. intr. (aus. *avere*) ● Grugnire.

grugnìre [lat. *grunnīre*, con sovrapposizione del parallelo parl. **grunniāre*, l'uno e l'altro di orig. onomat.; 1353] **A** v. intr. (*io grugnisco, tu grugnisci*; aus. *avere*) *1* Emettere grugniti: *il maiale, il cinghiale grugnisce*. *2* (*fig.*) Parlare in modo sgradevole o sconveniente. **B** v. tr. ● Borbottare, dire qlco. in modo poco chiaro: *grugnì un saluto e si allontanò*.

grugnito [dal part. pass. di *grugnire*; 1532] s. m. *1* Verso caratteristico del maiale e del cinghiale. *2* (*fig.*) Incomprensibile borbottio: *li trattava ... con brevi parole o grugniti di approvazione* (MORAVIA).

grùgno [lat. tardo *grŭniu(m)*, prob. da **grunīre* per *grunnīre* 'grugnire', di orig. onomat.; 1340 ca.] s. m. *1* Muso del maiale, del cinghiale e (*raro*) di altri animali. *2* (*spreg.*) Faccia dell'uomo | ***Rompere il g. a qlcu.***, picchiarlo | ***Dirgliela, contargliela sul g.***, sulla faccia. *3* (*fig.*, *fam.*) Broncio, espressione corrucciata | ***Tenere il g.***, essere arrabbiato con qlcu. | ***Fare il g.***, mostrare stizza, ira e sim. || grugnàccio, pegg. | grugnétto, dim. | grugnino, dim.

grugnóne [1869] s. m. *1* (f. *-a*) Chi sta sempre imbronciato. *2* †Colpo nel grugno. *3* †Riccio vuoto della castagna.

Gruifórmi [comp. del lat. *grūs*, genit. *grŭis* 'gru' e del pl. di *-forme*] s. m. pl. (sing. *-e*) ● (*zool.*) Ralliformi.

gruìsta [da *gru*; 1950] s. m. e f. (pl. m. *-i*) ● Addetto alla manovra e alla manutenzione di una gru meccanica.

grullàggine [1869] s. f. *1* Caratteristica, condizione di chi è grullo. SIN. Balordaggine, stupidità. *2* Cosa da grullo. SIN. Balordaggine, stupidità.

grulleria [1856] s. f. *1* (*raro*) Grullaggine. *2* Parola, azione da grullo: *non dire, non fare grullerie*. SIN. Balordaggine, stupidità.

grùllo [etim. incerta; 1598] agg.; anche s. m. (f. *-a*) *1* Che (o Chi) è stupido, ingenuo e credulone. SIN. Balordo, sciocco. *2* (*tosc.*) Lento e torpido nel movimento, nei pensieri e sim.: *quanto sei g. oggi!* || grullàccio, pegg. | grullerèllo, dim. | grullerellóne, accr. | grullino, dim. | grullóne, accr.

grùma [lat. parl. **grūma(m)*, forma collettiva di *grūmu(m)* 'grumo' (V. *gromma*); 1584] s. f. ● Gromma, tartaro | Incrostazione del fornello della pipa in seguito all'uso.

grumèllo [dal n. della località di produzione, *Grumello*, dim. del lat. *grūmus* 'grumo' nel senso di 'altura'; 1905] s. m. ● Vino rosso, dal profumo vinoso e dal sapore asciutto, vellutato, prodotto in Valtellina dal vitigno Chiavennasca (denominazione locale del Nebbiolo).

grumerèccio [etim. incerta; 1803] **A** s. m. ● Fieno serotino più corto e più tenero del maggese. **B** anche agg. (pl. f. *-ce*): *fieno g.*

grùmo [vc. dotta, lat. *grūmu(m)*, propr. 'monticello di terra', di etim. incerta; 1499] s. m. *1* Piccola quantità di liquido rappreso, spec. sangue. SIN. Coagulo. *2* (*est.*) Pallottola che si forma negli impasti male amalgamati, in minestre cremose, in passati di verdura e sim.: *i grumi della polenta*. *3* †Bocciolo del fiore. || grumettino, dim. | grumétto, dim.

grùmolo [vc. dotta, lat. *grūmulu(m)*, dim. di *grūmu(m)*, passato dal sign. di 'zolla' a quello di 'garzuolo'; av. 1597] s. m. ● Gruppo delle foglie centrali del cespo di una pianta, più tenere delle altre | ***G. del cocomero***, parte più interna, cuore.

grumolóso [da *grumolo*; av. 1729] agg. ● Di pianta che forma grumolo | Di cosa solida a forma di grumolo.

grumóso (1) [da *gruma*; 1550] agg. ● Grommoso | ***Pipa grumosa***, incrostata.

grumóso (2) [da *grumo*; av. 1698] agg. ● Pieno di grumi: *polenta grumosa*.

grunge /ingl. gɹʌndʒ/ [vc. dell'ingl. d'America, di arbitraria formazione, propr. 'sghangherato, stropicciato', con riferimento al modo di vestire che in orig. identificava gli appartenenti al movimento; 1993] **A** s. m. e f. inv. ● Chi appartiene a un movimento alternativo, di origine americana, favorevole alla non violenza e all'ecologismo | Chi si veste in modo trascurato, con accostamenti insoliti di colori e di capi d'abbigliamento. **B** anche agg. inv.: *movimento g.*; *moda g.*

grunt /grunt, ingl. gɹʌnt/ inter. ● Esprime forte disappunto, ira repressa e sim.

grup ● V. *crup*.

gruppàle [1956] agg. ● (*psicol.*) Che si riferisce al gruppo.

grùppe ● V. *crup*.

gruppettàro [da *gruppetto*, qui nel sign. di 'gruppuscolo', col suff. *-aro* di *benzinaro* e sim.; 1969] s. m. (f. *-a*) ● (*gerg.*) Chi fa parte di un gruppuscolo | Aderente a un movimento della sinistra extraparlamentare.

gruppétto [1535 ca.] s. m. *1* Dim. di *gruppo*. *2* (*mus.*) Abbellimento consistente in una figurazione di quattro note in cui la nota essenziale si alterna con le adiacenti superiore e inferiore. || gruppettino, dim.

gruppista [da *gruppo*; 1980] **s. m. e f.** (pl. m. *-i*) ● (*gerg.*) Chi fa da intermediario fra imprenditore e lavoratore a domicilio.

♦**grùppo** o †**gròppo** nel sign. 1 [lat. tardo *crŭppa(m)* 'grosso cavo', che riproduce un germ. *kruppa*; 1481] **s. m.** *1* Insieme di cose o di persone riunite, accostate una all'altra: *un g. di case, di alberi, di oggetti da esporre*; *un g. di amici in festa, di turisti, di ballerini che danzano* | ***G. fotografico***, ritratto di più persone riunite | ***G. fonetico***, complesso di due o più suoni | ***G. montuoso***, insieme di montagne vicine | (*mil.*) ***G. tattico***, complesso di forze di una o più armi, corrispondente a un battaglione: *g. tattico di fanteria*; *g. tattico corazzato* | (*aer.*) Unità organica comprendente più squadriglie *2* (*tecnol.*) Insieme di elementi che svolgono una determinata funzione | (*elettr.*) ***G. motore generatore***, insieme di un motore e di un generatore elettrico accoppiato direttamente | (*elettr.*) ***G. di continuità***, alimentatore ausiliario, collegato a un impianto elettrico, che si inserisce automaticamente al momento di un'interruzione dell'erogazione della corrente di rete | Nella bicicletta, cambio. *3* Nel ciclismo, la maggior parte dei corridori o un buon numero d'essi che procedono insieme: *staccare il g.*; *riprendere il g.*; *g. di testa*; *arrivo in g.* *4* Insieme di persone unite fra loro da vincoli naturali, da rapporti di interesse, da scopi o idee comuni e sim.: *g. famigliare*; *l'associazione si è divisa in vari gruppi*; *costituire un g. letterario d'avanguardia*; *un nuovo g. musicale*; *lavoro di g.* | ***G. di pressione, di interesse***, che esercita una pressione politica sul governo e sul Parlamento in difesa sia di interessi economici che di valori ideali | ***G. di potere***, legato dal comune interesse di mantenere ed esercitare l'autorità di cui è investito | ***G. parlamentare***, insieme di membri del Parlamento, uniti da più stretti legami di idee che perseguono un particolare programma politico | ***G. primario***, in sociologia, quello che ha grande importanza nella formazione della personalità, come la famiglia, gli amici, il vicinato e sim. | ***G. secondario***, in sociologia, quello che svolge un ruolo secondario nella formazione della personalità | (*elab.*) ***G. di discussione***, insieme di persone interessate a un particolare argomento che dialogano tramite reti telematiche, spec. Internet. *5* Insieme di società collegate fra loro da partecipazioni azionarie comuni o facenti parte delle partecipazioni della stessa società capogruppo: *g. economico, finanziario*. *6* Ogni suddivisione di ordinamenti o classificazioni fondata su criteri scientifici, amministrativi, gerarchici e sim. | ***G. chimico***, insieme di elementi o di composti con analoghe proprietà e caratteristiche comuni | ***G. sanguigno***, che riunisce tipi di sangue in base alla reazione di agglutinazione dei globuli rossi | ***G. di simmetria***, in mineralogia, quello che comprende sistemi di cristallizzazione che hanno in comune una stessa proprietà | ***G. cristallino***, in mineralogia una delle tre divisioni maggiori dei cristalli in base all'uguaglianza o meno dei parametri. *7* (*mat.*) Struttura algebrica individuata da una legge di composizione ovunque definita, associativa, tale che esista un elemento neutro valido per tutti gli elementi, ed ogni elemento ammetta un inverso | Insieme dotato della struttura di gruppo. *8* (*geol.*) Unità stratigrafica più generale, che comprende i terreni formati durante un'era. *9* (*mus.*) Complesso di più appoggiature legate tra loro. *10* (*psicol.*) ***Analisi***, (***psico***)***terapia di g.***, metodo di cura dei disturbi mentali in cui più pazienti vengono trattati da uno o più psicoterapeuti con particolari tecniche di gruppo | ***Dinamica di g.***, nella teoria di K. Lewin (1890-1947), l'insieme di forze, equilibri e bisogni che determinano i comportamenti e l'evoluzione dei gruppi. || **gruppétto**, **dim.** (V.) | **gruppóne**, **accr.**

gruppuscolarìsmo [da *gruppuscolo*; 1982] **s. m.** ● (*polit.*) Tendenza a organizzarsi o a frazionarsi in gruppuscoli.

gruppùscolo [fr. *groupuscule* 'gruppetto', propr. dim. di *group* 'gruppo', con la term. di vc. come (*corp*)*uscule*, (*min*)*uscule* e sim.; 1968] **s. m.** ● Formazione politica spec. extraparlamentare di ridotta consistenza numerica.

gruvièra o **grovièra** [adatt. del fr. *gruyère*, dal n. della regione svizzera di produzione *Gruyère*, propr. 'luogo frequentato da *gru*'; 1887] **s. m. inv.** o **s. f.** ● Formaggio a pasta dura cotta, simile all'emmental ma con buchi più piccoli e preparato con latte parzialmente scremato, usato anche per la preparazione della fondue | Impropriamente, emmental.

gruyère /fr. gʀy'jɛːʀ/ [vc. fr., V. *gruviera*] **s. m. inv.** ● Gruviera.

†**grùzzo** [dal longob. **gruzzi* 'cruschello, cosa tritata' o 'mucchio di roba inservibile'; av. 1367] **s. m.** ● Mucchio.

grùzzolo [dim. di †*gruzzo*; av. 1400] **s. m.** *1* Quantità di denaro spec. accumulato poco alla volta: *avere messo da parte un bel g.* *2* †Gruppo. || **gruzzolétto**, **dim.**

gua' /gwa, gwa*/ [per *gua(ta)*, imperativo di *guatare* 'guardare'; 1618] **inter.** ● (*tosc.*) Esprime meraviglia, sorpresa, impazienza, noncuranza, rassegnazione e sim.: *gua' chi si rivede!*; *gua', ci sei anche tu?!*

guàcco [vc. onomat.; 1902] **s. m.** (pl. *-chi*) ● (*zool.*) Tarabusino.

guàco [sp. *guaco*, presa prob. da una lingua indigena dell'America Centr.; 1598] **s. m.** (pl. *-chi*) ● Pianta erbacea tropicale delle Composite dotata di proprietà medicamentose.

guàda (*1*) [longob. **wada*, propr. 'intrecciata', dalla radice germ. **vedh* 'tessere'; av. 1523] **s. f.** ● Rete da pesca quadrata di circa due metri per lato. || **guadino**, **dim. m.** (V.).

guàda (*2*) [germ. **walda* (rappresentato nella var. *gualda* e in altre analoghe forme dial. e romanze) con influsso di *guado* (*2*), altra, ma diversa, pianta tintoria; 1813] **A s. f.** ● (*bot.*) Luteola, guaderella. **B** anche **agg.** solo f.: *erba g.*

guadàbile [da *guadare*; 1582] **agg.** ● Che si può guadare.

guadagnàbile [av. 1348] **agg.** *1* (*raro*) Che si può guadagnare. *2* †Idoneo a produrre guadagni.

♦**guadagnàre** [francone **waidhanjan* 'portare al pascolo (**waidha*)', traendone profitto; av. 1292] **A v. tr.** *1* Trarre da un lavoro o da un'attività un compenso o un profitto: *g. uno stipendio scarso, buono, notevole*; *g. una percentuale su ogni vendita* | ***Guadagnarsi il pane col sudore della fronte***, ottenere di che vivere con molta fatica | ***Guadagnarsi la vita***, industriarsi per campare | ***Va a guadagnarti il pane!***, va a lavorare | (*est.*) Procurarsi utilità, vantaggi (*anche fig.*): *c'è tutto da g. e nulla da perdere* | (*iron.*) Prendersi, buscarsi: *guadagnarsi un potente raffreddore*. *2* Riuscire a ottenere, a conquistare (*anche fig.*): *g. una promozione, il favore del popolo, l'amicizia di qlcu.*; *cose acerbissime e piene di malinconie, che ... sarebbe meglio perdere che ... g.* (ALBERTI) | ***G. qlcu. alla propria causa***, farselo amico e alleato | ***G., guadagnarsi l'animo di qlcu.***, ottenerne la completa fiducia | ***G. terreno***, occuparlo (detto di un esercito); (*est.*) aumentare il proprio vantaggio sugli inseguitori; (*fig.*) affermarsi sempre di più: *è un'idea che guadagna terreno* | ***G. tempo***, ottenere una dilazione | Nel linguaggio sportivo, conquistare un certo vantaggio sugli avversari: *g. due punti, tre minuti* | ***G. la testa***, in una gara di corsa, passare in prima posizione. *3* (*fig.*) Raggiungere, spec. con difficoltà: *g. il mare aperto, il porto, la soglia di casa* | ***G. il vento, al vento***, navigare di bolina fino a raggiungere un punto sopravvento rispetto a quello di partenza | ***G. il sopravvento***, portarsi sopravvento rispetto a un'altra imbarcazione. *4* (*est.*) Meritare: *g., guadagnarsi una medaglia*; *g. un premio*. **SIN.** Conquistare, ottenere. *5* Vincere: *g. un premio, una scommessa*; *g. una bella somma al gioco*. **B v. intr.** (aus. *avere*) ● Fare migliore figura, apparire meglio: *g. molto con un vestito chiaro, scuro, con la barba*; *un quadro che guadagnerebbe in una luce migliore*.

guadagnàta **s. f.** *1* †Guadagno. *2* In antichi giochi a palla, il limite toccando il quale si aveva partita vinta | ***Passar la g.***, (*fig.*) eccedere i limiti, passare sopra la convenienza.

guadagnàto [sec. XIV] **A part. pass.** di *guadagnare*; anche **agg.** ● Nei sign. del v. **B s. m.** ● Guadagno: *conservare il g.*; *quel poco che ricaveremo, è tutto di g.* | ***Tanto di g.!***, tanto meglio.

guadagnatóre [av. 1292] **s. m.** (f. *-trice*) ● (*raro*) Chi guadagna parecchio.

♦**guadàgno** [da *guadagnare*; 1274] **s. m.** *1* Il guadagnare: *pensa solo al g.* | Ciò che si trae in denaro o altro da un'attività, a titolo di compenso o di lucro: *g. lecito, turpe, lauto, pingue*; *misero g.*; *g. netto, lordo* | Vincita al gioco. *2* (*fig.*) Vantaggio, utilità: *è questo il tuo g.?*; *sperare g. de' disordini d'altri* (GUICCIARDINI) | ***È più lo scapito che il g.***, son più gli svantaggi che i vantaggi | ***Bel g.!***, (*iron.*) bel vantaggio! **SIN.** Tornaconto. *3* (*elettron.*) Fattore di amplificazione in un circuito o sistema elettronico. *4* †Preda. *5* †Larga buca dove si raccoglie l'acqua. || **guadagnerèllo**, **dim.** | **guadagnétto**, **dim.** | **guadagnùccio**, **dim.** | **guadagnùzzo**, **dim.**

guadagnucchiàre [1869] **v. tr.** (*io guadagnùcchio*) ● Guadagnare poco e a fatica.

guadàre [lat. tardo *vadāre*, da *vădum* 'guado (1)', col *gua-* di *guado*; av. 1292] **v. tr.** ● Passare a guado: *g. un fiume a piedi, a cavallo*.

guaderèlla [dim. di *guada* (*2*); 1798] **s. f.** ● Pianta erbacea delle Resedacee con fusto cavo, fiori gialli in racemi e frutto a capsula, usata in tintoria (*Reseda luteola*). **SIN.** Gualda, luteola, reseda dei tintori.

guadino [dim. di *guada* (*1*); 1936] **s. m.** ● Retino di forma conica, munito di manico fisso o telescopico, che serve al recupero del pesce preso con l'amo. ➡ **ILL. pesca.**

guàdo (*1*) [lat. *vădu(m)* 'guado', collegato con *vādere* 'andare', di orig. indeur., con sovrapposizione del francone **wadh* 'luogo poco profondo'; av. 1292] **s. m.** *1* Il guadare: *tentare il g. di un fiume* | ***Passare a g.***, guadare | In un corso d'acqua, zona poco profonda che può essere attraversata a piedi, a cavallo o con veicoli vari: *i buoi che passavano il g. lentamente, col muso nell'acqua scura* (VERGA) | ***Essere a metà del g.***, (*fig.*) essere nel momento più difficile di una situazione di passaggio, di transizione. *2* (*fig., lett.*) Passaggio. *3* †Fondo.

guàdo (*2*) [longob. **waid(a)* 'erba tintoria', di orig. indeur.; 1274] **s. m.** *1* Pianta erbacea delle Crocifere con piccoli fiori gialli e foglie che, macerate, si usavano in tintoria (*Isatis tinctoria*). *2* Colorante turchino estratto dall'omonima pianta | ***Dare il g.***, tingere col guado, in turchino.

guadóso [lat. *vadōsu(m)*, da *vădum* 'guado (1)'; av. 1311] **agg.** ● Guadabile.

guaglióne [etim. discussa: lat. *ganeōne(m)* 'frequentatore di taverne (*gāneae*, vc. pop. di etim. incerta)' (?); 1857] **s. m.** (f. *-a*) *1* (*dial., merid.*) Ragazzo. *2* (*tosc.*) †Briccone, ingannatore.

†**guagnèle** [dal lat. (*E*)*vangēlia* 'i Vangeli' con sostituzione d'influsso germ. di *gua-* a *va-*; av. 1292] **s. f. pl.** *1* (*raro*) Vangeli | ***Giurare alle sante Dio g.***, per i santi Vangeli di Dio. *2* Nella loc. inter. ***alle g.!***, per i Vangeli: *alle g. ... dico il vero* (BOCCACCIO).

guài [francone **wai*, di orig. onomat.; 1224 ca.] **inter.** *1* (assol.; + *a*) Si usa in escl. per esprimere minaccia o per indicare qlco. che potrebbe avere conseguenze spiacevoli: *g. a te se continui ancora!*; *g. a voi!*; *g. ai vinti!*; *stai zitto, se no, g.!*; *g.! non toccarlo!*; *g. quando manca il rispetto per i vecchi!*; *G. se potesse vedere sé stesso, come sarà un giorno* (BUZZATI) | ***G. a me***, ahimè. *2* (+ *a* seguito da inf.) Esprime, in forma gener. più attenuata del caso precedente, il pericolo del compiere una data azione: *g. a lasciarlo fare!*; *g. a lasciarlo solo! ne fa di tutti i colori!*

guaiàco [sp. *guayaco*, *guayacán*, da una l. indigena; 1499] **s. m.** (pl. *-chi*) ● Genere di alberi tropicali delle Zigofillacee con foglie coriacee, fiori di vario colore e legno durissimo e resinoso (*Guajacum*).

guaiacòlo [da *guaiaco*, col suff. chim. *-olo* (*1*); 1902] **s. m.** ● Sostanza organica, principale componente del creosoto dal quale è ricavabile per distillazione, prodotto anche per sintesi; è usato, sotto forma di sali, come prosciugante e disinfettante delle vie respiratorie.

guaiàva [dallo sp. *guayaba*, vc. caraibica; av. 1557] **s. f.** ● (*bot.*) Alberello delle Mirtacee, originario dell'America tropicale e coltivato nelle regioni calde (*Psidium guayava*) | Il frutto di tale pianta. **SIN.** Guava.

guàime [fr. ant. *gaïm*, di orig. germ.; sec. XIV] **s. m.** ● Erba tenera che rinasce nei prati dopo la falciatura.

guàina o, etimologicamente più corretto ma meno diffuso, **guaìna** [ant. provz. (*gu*)*aïna*, dal lat. *vagīna* con sostituzione d'influsso germ. di *g(u)a-* a *va-*; 1300 ca.] **s. f.** *1* Fodero in materiali vari, destinato a contenere spade, pugnali o altri arnesi da taglio | ***Rimettere la spada nella g.***, (*fig.*) cessare dal compiere atti ostili | (*est.*) Astuccio custodia di vari oggetti: *la g. della vela, della bandiera.* **2** (*anat.*) Qualsiasi sottile membrana di rivestimento. **3** Indumento intimo femminile di tessuto elastico per modellare il corpo. **4** Orlatura in cui si passa un nastro o un cordoncino per raccogliere in dimensione più ridotta un tessuto. **5** (*bot.*) *G. fogliare*, parte inferiore delle foglie che abbraccia il fusto inserendosi al nodo. || **guainétta**, dim.

guainànte [1906] agg. ● (*bot.*) Detto di foglia che abbraccia il fusto a mo' di guaina.

♦**guàio** [sostantivazione del presunto pl. *guai* (V.); av. 1292] s. m. **1** Malanno, disgrazia: *passare un g.; trovarsi in un brutto g.* | *Andare in cerca di guai*, (*fig.*) procurarseli da sé | V. anche *guai*. **2** Impiccio, fastidio: *Che g., ho perso la chiave!* **3** (*spec. al pl.*) †Lamenti alti e acuti: *Quivi sospiri, pianti e alti guai / risonavan per l'aere sanza stelle* (DANTE *Inf.* III, 22-23).

guaiolàre [da *guaire*, sul tipo iter. di *miagolare, gnaulare*, e sim.; av. 1406] v. intr. (*io guàiolo*; aus. *avere*) ● Emettere guaiti leggeri e sommessi | (*fig.*) Lamentarsi.

guaìre [da *guai*, come escl. di dolore; sec. XV] v. intr. (*io guaisco, tu guaisci*; aus. *avere*) **1** Mandare guaiti, abbaiare lamentosamente: *il cane guaiva per il dolore.* **2** (*fig., spreg.*) Lamentarsi | (*est.*) Parlare o cantare con toni lamentosi e striduli. **3** †Vagire.

†**guàita** [ant. fr. *guaite*, dal francone **wahta* 'guardia, sentinella'; 1158] s. f. **1** Guardia: *vegliate, o guaite, intorno al re prigioniero* (PASCOLI). **2** (*est.*) Luogo di guardia.

guaìto [dal part. pass. di *guaire*; 1867] s. m. ● Abbaio lamentoso, di dolore | (*est.*) Lamento | (*spreg.*) Canto sgraziato.

guaiùle o **guayùle** [sp. *guayule*, dalla vc. indigena messicana *cuauh-uli*, propr. 'albero che produce gomma'; 1979] s. m. ● (*bot.*) Suffrutice delle Composite spontaneo e coltivato nelle regioni meridionali degli Stati Uniti, dai cui rami si ricava una gomma elastica poco pregiata (*Parthenium argentatum*).

gualca s. f. ● (*raro*) Operazione del gualcare.

gualcàre [francone **walkan* 'rotolare, muovere di qua e di là', di orig. indeur.; 1305] v. tr. (*io guàlco, tu guàlchi*) ● (*raro*) Follare con la gualchiera.

gualcatóre s. m. ● (*raro*) Gualchieraio.

†**gualchièra** [da *gualcare*; 1265] s. f. ● Follone tessile ad acqua, i cui magli battevano la stoffa, trattata con acqua, sapone, argilla, per conferirle la consistenza del feltro.

gualchieràio [1305] s. m. (f. *-a*) **1** (*raro*) Follatore. **2** †Proprietario di una gualchiera.

gualcìbile [da *gualcire*; 1953] agg. ● Che può gualcirsi.

gualcibilità [da *gualcire*] s. f. ● Caratteristica di ciò che è gualcibile.

gualcìre [longob. **walkjan*, parallelo del francone **walk(j)an* 'gualcare'; av. 1562 ca.] v. tr. e intr. pron. (*io gualcisco, tu gualcisci*) ● (*raro*) Sgualcire.

gualcìto [av. 1642] part. pass. di *gualcire*; anche agg. **1** (*raro*) Sgualcito. **2** (*lett.*) Appassito, avvizzito: *È l'alba: si chiudono i petali / un poco gualciti* (PASCOLI).

guàlda [var. di *guada* (2); 1869] s. f. ● (*bot.*) Guaderella.

†**gualdàna** [etim. discussa: da †*gualdo* 'bosco', vale a dire 'imboscata' (?); av. 1292] s. f. ● Scorreria e razzia compiuta a cavallo in territorio nemico.

†**guàldo** [longob. **wald*, di area germ.; av. 1348] s. m. ● Bosco.

gualdràppa [da *guardanappa*, con influenza di *drappo* e dissimilazione di *-ardr-* in *-aldr-*; 1533] s. f. ● Drappo attaccato alla sella che copre la groppa del cavallo per riparo e spec. per ornamento: *una g. di velluto, ricamata.* ➡ ILL. p. 2153 SPORT.

gualdrappàto [av. 1907] agg. ● (*raro*) Che porta la gualdrappa.

†**guàle** ● V. *uguale*.

†**gualèrcio** o †**gualèrchio** [comp. di *gua(tare)* e *lercio*; 1300 ca.] agg. **1** Guercio | Losco. **2** Lercio, sporco.

†**gualìvo** [da *(e)guale*; av. 1389] agg. ● Uguale, piano.

guanàco [sp. *guanaco*, dal n. indigeno *wanáku*; 1546] s. m. (pl. *-chi*) **1** Lama non addomesticabile delle Ande dal mantello giallo rossiccio (*Lama guanicoe*). **2** Fibra tessile ricavata dalla pelliccia dell'animale omonimo.

♦**guància** [longob. **wankja*, con il sign. primitivo di '(parte) curva', di orig. indeur.; sec. XIII] s. f. (pl. *-ce*) **1** Parte laterale della faccia, tra lo zigomo e il mento: *avere le guance rosse, rosee, lacrimose.* CFR. gnato-, -gnato | *Porgere l'altra g.*, (*fig.*) sopportare le offese senza reagire, in conformità all'insegnamento evangelico | (*est., lett.*) Faccia, volto. **2** Parte carnosa della testa di bestia macellata, che si vende con le frattaglie. **3** (*raro*) Faccia o lato di un oggetto, costruzione e sim.: *la g. dell'argine* | *G. del fucile*, la parte larga del calcio del fucile, su cui si appoggia la guancia. || **guancina**, dim. | **guanciòna**, accr. | **guancióne**, accr. m. (V.).

guancialàio [av. 1923] s. m. (f. *-a*) ● (*disus.*) Nelle stazioni ferroviarie, noleggiatore di guanciali.

guancialàta [1618] s. f. ● (*raro*) Colpo di guanciale dato per gioco.

guancìale [dalla *guancia*, che vi si appoggia; sec. XIII] s. m. **1** Cuscino rettangolare imbottito di lana, piuma o altri materiali, su cui si appoggia la testa quando ci si corica: *cambiare la federa al g.*; *Fillide secura dorme / stesa su candidi molli guanciali* (PARINI) | *Dormire fra due guanciali*, (*fig.*) non avere preoccupazioni. **2** Parte dell'elmo che difende la guancia. **3** (*centr.*) Lardo della guancia del maiale. || **guancialétto**, dim. (V.) | **guancialino**, dim. (V.) | **guancialóne**, accr.

guancialétto [av. 1375] s. m. **1** Dim. di *guanciale*. **2** Imbottitura del vestito per correggere qualche difetto di chi lo indossa. **3** Cuscinetto imbevuto d'inchiostro per timbri e sim.

guancialìno [av. 1498] s. m. **1** Dim. di *guanciale*. **2** Cuscinetto | *G. da cucire, da spilli*, imbottito, per appuntarvi aghi o spilli. **3** *Fare a g.*, quando due persone tendono le braccia e intrecciano le mani stringendo uno i polsi dell'altro per formare quasi un seggiolino.

guanciàta [sec. XIII] s. f. ● (*tosc.*) Schiaffo. || **guanciatina**, dim.

guàncio [sp. *guanche*, prob. di orig. berbera: *u aexex* 'figlio giovane'] **A** s. m. (f. *-a*; pl. f. *-ce*) ● Ogni appartenente a un'antica popolazione autoctona delle Canarie, estintasi in seguito alla conquista spagnola (sec. XV). **B** agg. ● Dei Guanci. **C** s. m. solo sing. ● Lingua degli antichi guanci.

guancióne [1585] s. m. **1** Accr. di *guancia*. **2** †Schiaffo, ceffone.

guanidìna [da *guanina*, dalla quale si forma; 1869] s. f. ● Composto organico azotato, di cui si usano alcuni derivati in terapia come disinfettanti intestinali, antimalarici e protettivi contro la fragilità vasale.

guanièra s. f. ● Deposito di guano.

guanìna [da *guano*, dal quale si estrae; 1869] s. f. ● (*chim.*) Base azotata purinica presente negli acidi nucleici; nel DNA si appaia specificamente con la citosina.

guàno [sp. *guano*, da una vc. indigena *wánu* 'sterco'; 1864] s. m. ● Deposito di escrementi di uccelli acquatici lungo le coste e in alcune isole del Perù e del Cile, contenente azoto, fosforo e potassio e utilizzato come concime.

guantàio [1561] s. m. (f. *-a*) ● Chi fabbrica o vende guanti.

guantàto [1840] agg. ● Inguantato: *con le due mani guantate sul volante … Matteo guidava con una prudenza eccessiva* (MORAVIA).

guanterìa [1844] s. f. ● Fabbrica di guanti | (*raro*) Negozio di guanti.

guantièra [dai *guanti*, che vi si riponevano o posavano; 1618] s. f. **1** Scatola elegante per tenere i guanti. **2** Vassoio per dolci, sorbetti, e sim. || **guantierina**, dim.

♦**guànto** [ant. fr. *guant*, dal francone **want*; 1265] s. m. **1** Accessorio dell'abbigliamento maschile e femminile che riveste e protegge la mano: *guanti di pelle, di filo, di seta, di lana; guanti imbottiti; guanti a rete; infilare, mettersi, calzarsi, togliersi i guanti* | *Guanti lunghi*, che coprono in parte o interamente il braccio | *Mezzi guanti*, che lasciano scoperte le dita | *Guanti di gomma*, impermeabili, usati a protezione della mano dai medici o da chi maneggia sostanze nocive | *Guanti di ferro*, parte delle antiche armature che copriva la mano | *Calzare come un g.*, adattarsi perfettamente | *Avere il pugno di ferro nel g. di velluto*, (*fig.*) agire con fermezza e decisione ma con apparente dolcezza | *In guanti gialli*, (*fig.*) in abito da cerimonia | *Ladro in guanti gialli*, ladro in abito e con tratti da gentiluomo | *Mandare, gettare il g.*, un tempo, sfidare a duello; (*fig.*) proporre una sfida, una competizione | *Raccogliere il g.*, un tempo, accettare il duello; (*fig.*) accettare la sfida | *Trattare qlcu. coi guanti*, (*fig.*) con molti riguardi | †*Dare nel g.*, capitare in mano altrui | †*Mangiarsi i guanti*, struggersi di passione amorosa. **2** Nel gioco del bracciale, bracciale. **3** (*est., gerg.*) Preservativo. || **guantino**, dim. | **guantóne**, accr. (V.).

guantóne [1598] s. m. **1** Accr. di *guanto*. **2** Guanto di cuoio imbottito, usato dai pugili | *Incrociare i guantoni*, disputare un incontro di pugilato | *Appendere i guantoni al chiodo*, (*fig.*) abbandonare lo sport attivo, ritirarsi dall'attività pugilistica.

guapperìa [1841] s. f. ● Insieme di guappi | Azione da guappo.

guàppo [lat. *văppa(m)* 'uomo corrotto', da cui alcune forme dial.; la var. con *gua-* (per influenza del got. *hwapjan*) è propria del fr. ant.; 1841] **A** s. m. ● (*nap.*) Camorrista | (*est.*) Persona violenta e senza scrupoli: *comportarsi, agire da g.* **B** agg. **1** Sfrontato, arrogante: *maniere guappe.* **2** Di eleganza pacchiana, volgare.

guàr [vc. ingl. di orig. indiana] s. m. ● Polvere inodora bianco-giallastra ottenuta dai semi di una pianta delle Leguminose, usata come additivo alimentare.

guaracha /sp. °gwa'ratʃa/ [vc. indigena (?)] s. f. inv. (pl. sp. *guarachas*) ● Ballo d'origine cubana simile alla rumba ma di ritmo più lento.

guaràna [sp. *guaraná*, dal n. tupi dell'arbusto (*waraná, guaraná*)] s. f. ● Liana brasiliana delle Sapindacee da cui si ricava la droga omonima, ricca di caffeina (*Paullinia cupana*).

guaranì [sp. *guaraní*, dal n. del popolo (*Guaranís*); così chiamato perché discendente di *Guaraní*, propr. 'il guerriero'(?); 1789] **A** agg. ● Appartenente o relativo a una popolazione indigena del Paraguay. **B** s. m. (anche f. nel sign. 1) **1** Chi appartiene alla popolazione guaranì. **2** Unità monetaria circolante in Paraguay. **C** s. m. solo sing. ● Lingua indigena dell'America meridionale.

†**guarantìre** ● V. *guarentire*.

†**guàrda** ● V. *guardia*.

guàrda- [tratto da *guardare*] primo elemento ● In parole composte, indica persone addette alla custodia, alla sorveglianza di qlco. o qlcu., oppure oggetti con funzione protettiva: *guardamacchine, guardapetto* | In alcuni composti presenta la variante *guardia-*, per influenza del s. f. *guardia*: *guardalinee* o *guardialinee*.

guardabarrière [comp. di *guarda(re)* e il pl. di *barriera*; av. 1956] s. m. e f. inv. ● Agente addetto alla protezione dei passaggi a livello.

guardàbile [da *guardare*; 1873] agg. ● Che si può guardare | Gradevole, piacevole a guardarsi: *una commedia, un quadro g.*

guardabòschi [comp. di *guarda(re)* e il pl. di *bosco*, sul tipo dell'equivalente fr. *garde-bois*; 1771] s. m. e f. inv. ● Addetto alla sorveglianza dei boschi per proteggerli da furti di legname e danneggiamenti d'ogni genere | (*raro*) Guardacaccia.

guardabuòi [comp. di *guarda(re)*, nel senso del fr. *garder* ('custodire') e il pl. di *bue*, che libera dai parassiti, come il fr. *gardeboeufs*] s. m. inv. ● Uccello dei Ciconiformi molto simile alla garzetta (*Bubalculus ibis*).

guardacàccia o **guardiacàccia** [comp. di *guarda(re)* e *caccia*, come il fr. *garde-chasse*; 1886] s. m. e f. inv. ● Guardia giurata incaricata di far rispettare leggi e regolamenti sulla caccia | Guardia di una riserva di caccia privata.

guardacànapo [comp. di *guarda(re)* e *canapo*] s. m. ● (*mar.; raro*) Anello di metallo per difendere dall'attrito un canapo e renderne facile lo scorrere | *G. dello strallo*, a ferro di cavallo o ad anello, al quale s'impiomba il piede dello strallo per poterlo tesare.

guardacatèna [comp. di *guarda(re)* e *catena*; 1868] s. m. inv. ● Fermacorda dell'orologio.

guardacàvo [comp. di *guarda(re)* e *cavo*] s. m. (pl. *-i*) ● (*mar., raro*) Fasciatura per difendere una cima dall'attrito.

guardacènere [comp. di *guarda(re)* e *cenere*; 1561] s. m. inv. ● Riparo di rame o ferro che impedisce alla cenere o al carbone di uscir fuori dal focolare. SIN. Parafuoco.

guardacorpo

guardacòrpo [comp. di *guarda(re)* e *corpo*, come il corrisp. fr. *garde-corps*; 1889] s. m. inv. ● (*mar.*) Corda tesa tra due sostegni in coperta, per tenervisi quando la nave è instabile per moto ondoso.

guardacòste o **guardiacòste** [comp. di *guarda(re)* e il pl. di *costa*, sul modello del fr. *garde-côte*, sottinteso *vaisseau* 'vascello'; 1655] s. m. inv. **1** (*mar.*) Nave in servizio di vigilanza costiera. **2** Milizia che sorveglia la costa | Soldato di questa milizia.

guardadighe [comp. di *guarda(re)* e il pl. di *diga*] s. m. e f. inv. ● Persona incaricata di sorvegliare una diga e tutte le sue installazioni.

guardafìli o **guardiafìli** [comp. di *guarda(re)* e il pl. di *filo*; 1923] s. m. ● Operaio che ha l'incarico di individuare a vista, percorrendo il tracciato di una palificazione, guasti ai circuiti aerei causati da rotture e sim.

†**guardaforzàti** [comp. di *guarda(re)* e il pl. di *forzato*] s. m. inv. ● Milite che, un tempo, stava a guardia dei condannati nei bagni, nelle darsene, negli arsenali.

†**guardafuòco** [comp. di *guarda(re)* e *fuoco*; 1869] s. m. ● (*mar.*) Riparo di tavole poste intorno a un'imbarcazione durante le operazioni di calafataggio per proteggerla dalla fiamma.

guardainfànte ● V. *guardinfante*.

guardalàto [comp. di *guarda(re)* e *lato*, nel senso di 'fianco (dell'imbarcazione)'; 1869] s. m. ● (*mar.*; *raro*) Parabordo.

guardalìnee o **guardialìnee** nel sign. 2 [comp. di *guarda(re)* e il pl. di *linea*; 1903] s. m. e f. inv. **1** Cantoniere ferroviario con compito di vigilanza di un tratto di linea per accertare l'idoneità del binario ai fini della circolazione dei treni. **2** Nel calcio, ciascuno dei collaboratori dell'arbitro che controllano lo svolgimento del gioco dalle e lungo le linee laterali. SIN. Segnalinee.

guardamàcchine o **guardiamàcchine** [comp. di *guarda(re)* e il pl. di *macchina*; 1966] s. m. e f. inv. ● Addetto alla sorveglianza di un parcheggio per autovetture.

guardamàno [comp. di *guarda(re)* e *mano*; 1869] s. m. inv. **1** Parte dell'impugnatura della spada o della sciabola, tra la crociera e il pomo, a protezione della mano che la impugna | Nel fucile, ponticello meccanico che ripara il grilletto. **2** Manopola da lavoro, a protezione della mano. **3** (*mar.*, *raro*) Corrimano che veniva teso in coperta durante le tempeste.

†**guardaménto** [av. 1292] s. m. **1** Il guardare | Sguardo: *amore si nutrica co' dolci guardamenti* (BOCCACCIO). **2** Riguardo. **3** Ripostiglio.

†**guardamèrci** [comp. di *guarda(re)* e il pl. di *merce*] s. m. e f. inv. ● Personale addetto alla vigilanza sui magazzini merci nonché all'assistenza alle operazioni di carico e scarico dai treni.

guardanìdio o **guardanìdo** [comp. di *guarda-* e *nidio*, variante di *nido*; 1869] s. m. ● Endice, nidiandolo.

guardapàlma [comp. di *guarda(re)* e *palma*] s. m. inv. ● (*mar.*) Manopola di cuoio, con palma metallica, usata dai velai per spingere l'ago da vele.

guardapàrco [comp. di *guarda(re)* e *parco*; 1970] s. m. e f. inv. ● Guardia di un parco nazionale: *i g. del Gran Paradiso*.

guardapésca o **guardiapésca** [comp. di *guarda(re)* e *pesca*, come il fr. *garde-pêche*; 1965] s. m. e f. inv. ● Guardia giurata incaricata di far rispettare leggi e regolamenti sulla pesca spec. fluviale | Guardia di una riserva di pesca privata.

guardapètto [comp. di *guarda(re)* e *petto*; 1834] s. m. ● Pezzo di legno talvolta armato di ferro che si mette a protezione del petto quando si adopera il trapano.

guardapìnna [comp. di *guarda(re)* e *pinna*; av. 1729] s. m. inv. ● Granchiolino dei Pinnoteridi che vive entro la conchiglia di Molluschi bivalvi ma specialmente nella pinna (*Pinnotheres pinnotheres*). SIN. Pinnotero.

guardapòrta [comp. di *guarda(re)* e *porta*, sul modello del fr. *garde-porte*; 1858] s. m. e f. inv. ● (*merid.*) Portiere, portinaio.

guardapòrto [comp. di *guarda(re)* e *porto*; av. 1729] s. m. **1** (*anche s. f. inv.*) Chi sopraintende alla custodia di un porto. **2** Imbarcazione situata all'ingresso di un porto, che alloggia il personale addetto alla sorveglianza.

guardaportóne [comp. di *guarda(re)* e *portone*; 1725] s. m. e f. inv. ● Portiere in livrea di palazzi signorili, di grandi teatri e di pubblici edifici in genere.

♦**guardàre** [francone *wardôn* 'stare in guardia (*warda*)'; av. 1250] **A** v. tr. **1** (*qlco.* o *qlcu.*; + *che* seguito da indic.) Rivolgere lo sguardo per vedere: *g. attentamente, distrattamente, fisso*; *g. di traverso, storto, in cagnesco*; *g. la televisione*; *g. un film*; *guardo il passaggio quieto delle nuvole sulla luna* (UNGARETTI) | *G. di buono, di mal occhio*, con benevolenza, con malevolenza | *G. con la coda dell'occhio*, sbirciare | *G. qlcu. in viso*, affrontarlo senza timore | Considerare con interesse: *g. una donna*; *nessuno lo guarda* | *Non lo guardo neppure*, non mi curo di lui | *Non g. in faccia qlcu.*, fingere di non conoscerlo | *Non g. in faccia a nessuno*, agire con imparzialità | (*est.*) Considerare, valutare: *guarda che l'appuntamento era alle sette*; *guarda che una simile fortuna forse non ti capiterà due volte* (PIRANDELLO) | *Guarda! guarda! guarda!*, escl. di meraviglia | *Guarda caso!*, escl. che esprime ironia o sorpresa | *Guarda che roba!*, escl. di sorpresa o disappunto | *Stare a g.*, assistere passivamente agli avvenimenti. **2** Esaminare, osservare attentamente: *g. una mostra, un quadro, una statua* | *G. troppo per il sottile*, prendere in considerazione ogni minimo particolare, farsi eccessivi scrupoli. **3** Custodire, difendere: *g. la casa, il podere* | Controllare, tenere d'occhio: *g. il bambino mentre sono via* | †*G. la salute del corpo*, curare | †*G. la fede*, mantenersi fedele | †*G. in casa*, tenere presso di sé | (*raro*) Preservare, tener lontano dai pericoli: *g. qlcu. dai pericoli* | *Dio me ne guardi!*, detto di qlcu. o di qlco. che si vuole evitare | Fare la guardia: *g. il ponte, la porta d'accesso, la vigna* | *G. a vista qlcu.*, non perderlo d'occhio | (*lett.*) Proteggere: *non aspettò di entrare in quella città con lo esercito suo che la guardasse* (MACHIAVELLI). **4** †Osservare: *g. i comandamenti di Dio*; *g. le feste* | Seguire: *g. le orme di qlcu.* **5** †Assistere, vegliare: *g. il morto, l'ammalato* | †*G. il letto, una camera*, stare a letto per indisposizione. **B** v. intr. (*aus. avere*) **1** (+ *a*; + *di* seguito da inf.) Badare, fare attenzione: *g. ai fatti propri*; *non g. a spese*; *guarda a quello che fai!*; *guarda di non farlo più* | *Guardarsi intorno, in giro*: osservare con attenzione (*anche fig.*); *non è facile trovare un lavoro, tu comincia a guardarti intorno*. **2** (+ *di* seguito da inf.; + *che* seguito da congv.) Procurare, fare in modo di: *guarda di studiare, di farti amare dagli altri*; *Guarda che non sia / sentito da nessun ciò che m'hai detto* (BOCCACCIO). **3** (+ *a*) Rivolgersi con la mente, far riferimento: *ho sempre guardato a lui come a un amico*; *è una considerazione che guarda al futuro*. **4** (+ *a*; + *su*; + *verso*) Riferito a edifici, stanze, finestre e sim., essere rivolto, avere la vista verso una data direzione: *la casa guarda a levante*; *le finestre guardano sulla piazza*; *il terrazzo guarda verso la valle*. **C** v. rifl. **1** (+ *a*; + *in*) Osservare il proprio corpo: *guardarsi allo* (o *nello*) *specchio*. **2** (+ *da*; *lett.* + *di*) Astenersi: *guardati da parenti simili calunnie*; *Guardati di seguirmi* (METASTASIO) | Preservarsi, difendersi: *guardarsi dalle cattive amicizie*; *guardati dalle lusinghe degli adulatori* | Diffidare, stare in guardia: *guardati da quell'individuo: è pericoloso!* | *Guardarsi alle spalle*, (*fig.*) dalle insidie nascoste. **D** v. rifl. rec. (*assol.*; + *in*) ● Scambiarsi gli sguardi, osservarsi l'un l'altro: *si guardavano e si studiavano reciprocamente*; *si guardano teneramente negli occhi* | *Stare a guardarsi*, stare in ozio | *Non guardarsi più*, (*fig.*) aver rotto ogni rapporto di amicizia.

guardarèni o **guardarèini** [comp. di *guarda(re)* e (*le*) *reni*; 1707] s. m. inv. ● Nelle antiche armature, parte della falda posteriore fatta di lamiere snodate a protezione delle reni.

guardaròba [fr. *garde-robe*, comp. di *garde* 'guarda' e *robe* 'veste', poi i 'vestiti' stessi, ivi custoditi; sec. XIII] s. m. inv. (pl. *guardaròba*, †*guardaròbi*, *guardaròbe* f.) **1** Armadio per la biancheria e il vestiario | Stanza ove si tengono riposti abiti che servono all'uso di casa | Anticamera di teatri e locali pubblici in genere ove si depositano cappotti, borse, ombrelli, e sim. **2** Complesso di abiti e altri generi d'abbigliamento di cui una persona dispone: *ha un g. molto elegante*. **3** †Guardarobiere.

guardarobière [da *guardaroba*; 1598] s. m. (f. -*a*) **1** Persona di servizio, spec. donna, che ha cura degli abiti e della biancheria. **2** Chi, in un pubblico locale, è assegnato al guardaroba.

guardasàla [comp. di *guarda(re)* e *sala* (1), adatt. del fr. *garde-salle*; 1885] s. m. e f. inv. ● Sorvegliante di una sala, ad es. di un museo | Ferroviere addetto alla sorveglianza delle sale d'aspetto nelle stazioni.

guardascàmbi [comp. di *guarda(re)* e il pl. di *scambio*; av. 1944] s. m. e f. inv. ● Chi, nelle ferrovie, è addetto al controllo degli scambi.

guardasigìlli [comp. di *guarda(re)* e il pl. di *sigillo*; 1630] **A** s. m. inv. ● In passato, alto funzionario di corte che aveva il compito di custodire e apporre i sigilli del sovrano; attualmente, il ministro di Grazia e Giustizia in quanto controfirma i decreti muniti del sigillo dello Stato. **B** anche agg. inv.: *Ministro g.*

guardaspàlle [comp. di *guarda(re)* e il pl. di *spalla*; av. 1631] s. m. inv. (anche f. nel sign. 1) **1** Chi è addetto alla protezione di una persona importante. **2** (*mar.*) Cavo tesato tra gli amantigli a protezione dei marinai che lavorano alle vele.

guardastìva [comp. di *guarda(re)* e *stiva*; 1834] s. m. e f. inv. ● (*mar.*; *disus.*) Nelle navi, chi ha cura della stiva e delle cose in essa contenute, come gomene, ormeggi, bagagli e sim.

guardàta [1660] s. f. ● Sguardo, spec. rapido e superficiale: *non ha studiato la lezione, le ha dato solo una g.* || **guardatàccia**, pegg. | **guardatìna**, dim.

guardatèsta [comp. di *guarda(re)*, nel senso fr. di 'salvare', e *testa*] s. m. inv. ● (*mar.*; *disus.*) Rete di grosse corde che si tendeva sul cassero delle navi al fine di preservare il personale di bordo dalla caduta di oggetti gravi dalle coffe.

guardatóre [av. 1292] s. m. (f. -*trice*) **1** (*raro*) Chi guarda | †*G. di stelle*, astrologo. **2** †Custode, guardiano: *Elpino di capre, Logisto di ... pecore g.* (SANNAZARO).

guardatràma [comp. di *guarda(re)* 'salvaguardare' e *trama*] s. m. inv. ● (*tess.*) Dispositivo che blocca il telaio automatico allorché si rompe un filo della trama.

guardatùra [av. 1294] s. f. **1** Modo di guardare: *g. losca, acciglìata, buona*; (*raro*) Sguardo: *una cotal g. amorevole* (LEOPARDI). **2** †Custodia, guardia.

guardavìa [comp. di *guarda(re)* e *via*; 1963] s. m. inv. ● Guardrail.

guardavivànde [comp. di *guarda(re)* e il pl. di *vivanda*; 1798] s. m. inv. ● Coprivivande.

♦**guàrdia** o †**guàrda** [got. *wardja*, dal v. germ. *warôn* 'prestare attenzione'; av. 1292] **A** s. f. **1** Attività del custode, del vigilante e sim.: *fare la g.*; *essere di g.*; *montare la g.*, *dare di g.*; *fare buona, cattiva g.*; *cane da g.*; *rimanere a g. di qlco.* | †*Rendere g.*, aver cura | *G. medica, ostetrica*, servizio medico od ostetrico continuativo per prestazioni d'urgenza | *Medico di g.*, medico che effettua turni di sorveglianza in un ospedale. **2** Nucleo di soldati per il servizio di vigilanza armata a edifici, impianti, stabilimenti militari o civili: *la g. di una caserma* | *Corpo di g.*, insieme di soldati che partecipano allo stesso turno di vigilanza | *Posto, corpo di g.*, edificio o locale dove alloggiano i soldati del corpo di guardia | *Cambiamento, cambio della g.*, rotazione di personale nel servizio di guardia; (*fig.*) avvicendamento di persone spec. al vertice di una gerarchia | *G. d'onore*, reparto militare che rende omaggio a grandi personalità e presidia monumenti ed edifici pubblici insigni. ● ILL. p. 2120 ARCHITETTURA. **3** Soldato in servizio di guardia, sentinella: *la g. di una polveriera*. **4** Corpo armato, militare o paramilitare, con compiti di custodia, protezione e vigilanza | *G. di finanza*, corpo militare dello Stato addetto al servizio delle dogane, con compiti, gener., alla prevenzione, ricerca, denuncia delle evasioni e violazioni finanziarie | *G. nazionale, civica*, nell'Ottocento, corpo armato di cittadini che difendeva le pubbliche libertà e l'indipendenza nazionale | *G. campestre*, corpo speciale di agenti addetti alla sorveglianza dei campi coltivati | *G. forestale*, antica denominazione dell'attuale Corpo Forestale dello Stato, con compiti di difesa del patrimonio boschivo nazionale | *G. svizzera*, corpo di soldati pontifici scelti tra i cantoni svizzeri ai quali fin dal XVI sec. è affidata la protezione del Pontefice | *G.* (*del corpo*), nucleo di truppe speciali aventi la funzione di proteggere l'incolumità di capi di Stato o di alte personalità: *g. imperiale*; *g. a cavallo*; *reggimenti della g.* (V. anche sign. 6) | (*fig.*) ***La vecchia g.***, i primi, più fedeli e convinti seguaci di un partito, un movimento letterario e sim. (dalla loc. fr. 'vieille garde', denominazione della Guardia imperiale creata da Napoleone nel 1804) | ***Guardie rosse***, in Russia, soldati dell'esercito rivoluzionario comunista durante la rivoluzione del 1917 e negli anni immediatamente successivi; in Italia, membri dei sindacati e delle leghe operaie durante il periodo dell'occupazione delle fabbriche e degli scioperi fra il 1919 e il 1921; in Cina, giovani, spec. studenti, raggruppati in movimento per sostenere la rivoluzione culturale del 1966. ***5*** Ciascuno degli appartenenti a tali corpi: *g. svizzera* | ***G. di finanza***, finanziere. ***6*** (*gener.*) Chi svolge azione di vigilanza | ***G. di pubblica sicurezza***, nel soppresso ordinamento di polizia, grado sostituito dalla nuova qualifica di agente | ***G. notturna***, chi è addetto alla sorveglianza della proprietà privata nelle ore notturne | ***G. di città***, antica denominazione del vigile urbano | (*fam., per anton.*) Agente di polizia, vigile urbano | ***G. del corpo***, chi scorta un personaggio importante per proteggerne l'incolumità. SIN. (*fam.*) Gorilla | ***G. giurata***, che non fa parte dei corpi di polizia ed è alle dipendenze di privati. SIN. (*fam.*) Sceriffo, vigilante | ***Guardie e ladri***, gioco infantile in cui i partecipanti scelti per sorteggio come guardie devono inseguire e catturare quelli scelti come ladri, secondo le regole del gioco stesso | †***G. del sepolcro***, guardia da nulla, inutile come quelle che erano al sepolcro di Cristo | †***G. morta***, spaventapasseri. ***7*** (*mar.*) Il complesso dei servizi tecnici e dei compiti di sorveglianza disimpegnati a bordo di una nave per governarla durante la navigazione e in porto: *marinai di g.*, *ufficiale di g.*; *turni di g.* | Ciascuna delle due parti in cui si divide alternativamente l'equipaggio nell'eseguire i servizi a bordo della nave. ***8*** Nella scherma e nel pugilato, posizione assunta per la difesa: *g. alta*, *g. bassa* | ***G. stretta***, ***chiusa***, tale da non offrire punti vulnerabili | ***Mettersi***, ***stare in g.***, assumere una posizione difensiva (*anche fig.*) | ***Mettere qlcu. in g. contro qlco.***, avvertirlo di un pericolo imminente, metterlo sull'avviso | ***Abbassare la g.***, abbandonare la posizione di difesa; (*fig.*) allentare la vigilanza | ***In g.!***, comando dato ai duellanti o ai pugili perché assumano posizione difensiva, usato anche come avvertimento. ***9*** Parte della spada che va dalla coccia al pomo, esclusa la lama. ➡ ILL. p. 2150 SPORT. ***10*** (*tess.*) Nel telaio automatico, dispositivo che mantiene la spola nella giusta posizione. ***11*** Parte inferiore del morso del cavallo che porta la campanella. ***12*** (*idraul.*) ***Livello, segnale di g.***, (*ellitt.*) ***guardia***, limite graduato posto sull'argine di un fiume indicante il livello cui l'acqua può giungere senza pericoli di tracimazione, e che richiede perciò particolare vigilanza: *il fiume ha raggiunto, ha superato la g.*, *il livello di g.*; (*fig.*) limite massimo di tolleranza, livello pericoloso: *il tasso di disoccupazione ha superato il livello di g.* ***13*** Foglio bianco tra la copertina e il frontespizio di un libro. ***14*** (*sport*) Nella pallacanestro, giocatore che in attacco gioca all'esterno. ***15*** †Custodia, prigione. ***16*** †Riparo, difesa, propugnacolo. **B** s. m. inv. ● (*tosc.*) Accorc. di *guardiacaccia* e *guardiaboschi*. || **guardiàccia**, pegg.

guardiacàccia ● V. *guardacaccia*.

guardiacòste ● V. *guardacoste*.

guardiafili ● V. *guardafili*.

guardialinee ● V. *guardalinee*.

guardiamàcchine ● V. *guardamacchine*.

guardiamarina [sp. *guardia marina*, comp. di *guardia* e il f. dell'agg. *marino*, come il fr. *garde-marine*; 1684] s. m. inv. ● Grado della marina militare equivalente a quello di sottotenente nell'esercito.

guardianàggio [da *guardiano*] s. m. ● (*raro*) Servizio, prestazione di un guardiano.

guardianàto [av. 1562] s. m. ***1*** Nei conventi, ufficio e carica del padre guardiano. ***2*** †Ufficio di guardiano.

guardiania s. f. ***1*** (*raro*) Ufficio di guardiano | Ufficio e giurisdizione del padre guardiano. SIN. Guardianato. ***2*** Servizio di custodia e sorveglianza in impianti, cantieri e sim.

♦**guardiàno** [got. *wardjan*, acc. di *wardja* 'guardia'; av. 1306] s. m. ***1*** (f. *-a*) Chi ha l'incarico di custodire, vigilare, curare qlco. o qlcu.: *g. dei campi*, *della villa*, *di bestie*, *di porci* | ***G. notturno***, che vigila durante la notte. SIN. Custode, sentinella. ***2*** Priore o padre superiore di convento di monaci, soprattutto di francescani | †Sagrestano. ***3*** (*raro*) Secondino. ***4*** ***G. dei coccodrilli***, uccelletto africano dei Caradriformi, con elegante piumaggio nero, grigio e bianco (*Pluvianus aegyptius*). || **guardianèllo**, dim.

guardiapésca ● V. *guardapesca*.

guardina [dim. di (posto di) *guardia*; 1905] s. f. ● (*disus.*) Camera di sicurezza dove vengono trattenute, temporaneamente, persone fermate dalla polizia | (*fam.*) Prigione: *finire in g.*

guardinfànte o **guardainfànte** [sp. *guardainfante*, comp. di *guard(ar)* 'guardare' e *infante*; av. 1665] s. m. ● Cerchio di ferro o vimini che si portava un tempo per tenere scostata dal corpo la gonna.

guardingo [da *guardare* col suff. di orig. germ. *-ingo* (da *-ing*); 1336 ca.] agg. (pl. m. *-ghi*) ● Di chi procede cauto e circospetto preoccupandosi di non essere sorpreso o colto in fallo: *andare*, *avanzare g.*; *agire in modo g.* | †Diligente nella custodia. || **guardingaménte**, avv. (*raro*) In modo guardingo.

guardiòla [da *guardia*; av. 1442] s. f. ***1*** Piccolo locale riservato al portiere situato all'ingresso di edifici pubblici e privati. ***2*** Nelle antiche fortificazioni, piccola opera a torretta sporgente dall'alto delle mura, specie nei salienti, per le sentinelle destinate a vigilare sull'esterno.

guàrdo [da *guardare*; sec. XIII] s. m. ***1*** (*poet.*) Sguardo: *pur se tace la bocca il g. prega* (MARINO). ***2*** †Guardia, vigilanza | †***Essere ai guardi***, vigilare.

guàrdolo [da *guardare* col sign. di 'salva(guarda)re (la scarpa)' (?); 1561] s. m. ● Striscia di pelle o cuoio che viene cucita intorno allo spigolo esterno e interno della calzatura su cui viene cucita la suola di una scarpa.

guardóne [da *guard(are)* e *-one* (*1*) nel sign. 2; 1964] s. m. (f. *-a*) ● (*pop.*) Chi per morbosa curiosità spia le nudità o gli atti sessuali altrui. SIN. Voyeur.

guardrail /gard'reil, *ingl.* 'gɑːdˌɹeɪl/ [vc. ingl., propr. 'sbarra (*rail*) dall'ant. fr. *reille*, dal lat. *rēgula* ('regola') per proteggere (*to guard*, dall'ant. fr. *guarder* 'guardare' in senso specifico)'; 1961] s. m. inv. ● Robusta barriera di lamiera o di elementi in cemento posta ai margini delle strade per impedirne l'uscita dei veicoli in caso di sbandamento. SIN. Guardavia.

guarentìgia [da *guarentire*; 1357] s. f. (pl. *-gie* o *-ge*) ● Garanzia assicurata dalla legge | ***Guarentigie costituzionali***, garanzie statuite dalla Costituzione a favore della libertà dei cittadini | ***Legge delle guarentigie***, quella con cui, nel 1871, lo Stato italiano intese garantire l'immunità personale, l'indipendenza politica e altre prerogative al Papa, dopo la presa di Roma.

guarentire o †**guarantire** [ant. fr. *guarantir*, da *guarant* 'garante'; sec. XIII] **A** v. tr. (*io guarentìsco, tu guarentìsci*) ● (*lett.*) Garantire. **B** v. intr. pron. ● (*lett.*) Garantirsi.

†**guàri** [ant. fr. *guaires*, dal francone **waigaro* 'molto'; sec. XIII] **A** avv. ● (*lett.*) Molto (spec. in espressioni negative): *non stette là con essi g.* (DANTE *Inf.* VIII, 113) | ***Or non è g.***, non è molto tempo | ***Non andò g.***, non passò molto tempo | ***Non g.***, non lontano. **B** agg. indef. ● (*lett.*) Molto, assai: *dopo non g. spazio passò della presente vita* (BOCCACCIO).

guaribile [av. 1712] agg. ● Che può guarire: *con le opportune cure, quella malattia è g. in pochi giorni.*

guaribilità [da *guaribile*] s. f. ● Possibilità di guarire: *malattia ad alta g.*

guarigióne o †**guerigióne** [ant. fr. *guarisun*, da *guarir*, della stessa orig. di 'guarire'; sec. XIII] s. f. ***1*** Il ristabilirsi in salute: *g. perfetta*, *miracolosa*; *tutto quell'affanno e quel dolore preludiarono alla g.* (SVEVO) | ***Essere in via di g.***, essere quasi completamente guarito. ***2*** Il restituire la salute: *è un medico che opera molte guarigioni.*

†**guariménto** o †**gueriménto** [sec. XIV] s. m. ● Guarigione.

♦**guarire** o †**guerire** [germ. **warjan* 'mettere riparo, tenere lontano' e anche 'difendere'; av. 1272] **A** v. tr. (*io guarìsco, tu guarìsci*) ***1*** Risanare, riportare in salute: *g. qlcu. dalla scarlattina* | †***G. un'acqua***, purificarla dall'inquinamento | Far passare una malattia: *una terapia per g. la polmonite.* ***2*** (*fig.*) Rendere qlcu. libero da un vizio e sim.: *g. qlcu. dalla pigrizia*, *dalla caparbietà.* **B** v. intr. (aus. *essere*) ***1*** Rimettersi in salute: *è guarito per le cure.* ***2*** (*fig.*) Liberarsi da un vizio e sim.: *è guarito dal vizio del gioco*, *del fumo.* ***3*** Esaurirsi, passare: *l'infiammazione guarirà in un mese.* || PROV. Il tempo guarisce i mali.

guaritóre [sec. XIV] s. m. (f. *-trice*) ***1*** (*raro*) Chi opera una guarigione. ***2*** Chi pretende di avere la capacità di guarire varie malattie valendosi di mezzi empirici, o non scientificamente riconosciuti.

guarnàcca o **guarnàccia** [ant. provz. *guarnacha*, dal lat. *gaunăca(m)*, dal gr. *kaunákēs* 'specie di pelliccia persiana', di orig. assira; av. 1292] s. f. ***1*** Sopravveste medievale spesso con fodera di pelliccia e cappuccio indossata spec. dagli uomini per ripararsi dal freddo e dalla pioggia. ***2*** Grossa e lunga veste da fatica per contadini.

guarnèllo [da *guarnacca* con sovrapposizione di *gonnello* (?); av. 1300] s. m. ***1*** †Panno tessuto di filo greggio e cotone, usato per fodera. ***2*** Sottana o sottoveste senza maniche e molto scollata, usata in passato dalle contadine di alcune regioni italiane.

guarnigióne o †**guernigióne** [ant. fr. *garnison*, da *garnir* 'guarnire'; sec. XIII] s. f. ***1*** Corpo di truppa a guardia di una fortezza, di una piazzaforte, di una città, in pace o in guerra. ***2*** Il luogo ove ha sede la guarnigione | †Fortificazione. ***3*** Complesso degli archibugieri o moschettieri che fiancheggiavano il battaglione di picche nei secc. XVI e XVII. ***4*** †Guarnimento, corredo, finimento.

guarniménto o †**guerniménto** [sec. XII] s. m. ***1*** (*raro*) Il guarnire. ***2*** (*raro*) Guarnizione: *adorno è il ricco g. / di pietre e perle* (BOIARDO). ***3*** (*mar.*; *raro*) Insieme degli accessori che si usano per assicurare gli alberi, sostenere e manovrare i pennoni, spiegare e serrare le vele. ***4*** †Complesso delle opere, degli armamenti, delle truppe che servono a munire un luogo per difenderlo o presidiarlo. ***5*** †Squadra di armati.

guarnire o †**guernire** [germ. **warnjan* 'avvertire (un pericolo o una minaccia)', quindi 'provvedere (alla difesa)'; sec. XIII] v. tr. (*io guarnìsco, tu guarnìsci*) (qlco.; qlco. + *di*) ***1*** Munire, corredare di tutto quanto è necessario: *g. l'esercito di armi e munizioni*; *g. una città di mura* | ***G. una nave***, dotarla dell'attrezzatura. ***2*** Ornare: *g. un cappello di piume* | (*assol.*) Essere di ornamento: *sono accessori che guarniscono molto.* ***3*** (+ *con*) (*cuc.*) Inserire in un piatto alcuni elementi di contorno, anche per ottenere un effetto estetico: *g. il brasato con carote al burro.*

guarnito o †**guernito** [av. 1292] part. pass. di *guarnire*; anche agg. (assol.: + *di*; + *con*) ***1*** Nei sign. del v.: *un luogo ben g.*; *un cappellone di paglia, g. di nastri di velluto nero* (VERGA); *una torta guarnita con panna montata* | ***Essere ben g.***, ben provvisto di denaro. ***2*** ***Cavallo g.***, fornito di tutti i finimenti.

guarnitóre [av. 1347] agg.; anche s. m. (f. *-trice*) ● Che (o Chi) guarnisce.

guarnitùra o †**guernitùra** [1566] s. f. ***1*** (*raro*) Il guarnire. ***2*** (*lett.*) Guarnigione, ornamento | (*raro*) Fattura e spesa della guarnizione. ***3*** Rivestimento di tavole o fascine disposto sulle pareti delle gallerie di miniera, tra l'armatura e la roccia. ***4*** (*mar.*; *disus.*) Tutto il cordame che si adopera nei velieri per assicurare gli alberi e per il gioco dei pennoni e delle vele.

guarnizióne o †**guernizióne** [1533] s. f. ***1*** Tutto ciò che serve a guarnire: *un abito con una g. di trine*; *una tenda con una g. di fregi d'oro.* ***2*** Il contorno di una pietanza: *un arrosto con g. di patate.* ***3*** Elemento di varia forma, per lo più sottile, di gomma, cuoio, fibra, amianto, piombo, rame o altro, per assicurare la tenuta di un recipiente, di un condotto e sim. | (*mecc.*) ***G. della testata***, interposta fra la testata e il blocco cilindri dei motori a combustione interna.

guasconàta [fr. *gasconnade*, da *gascon* 'guascone', etnico popolarmente preso per 'spaccone'; 1673] s. f. ● Gesto da guascone | Millanteria.

guascóne [fr. *gascon*, dal lat. *Vascōne(m)*, nom. *Vāsco*, attrav. un adatt. germ. **Wasco*; sec. XIII]

A agg. ● Della Guascogna. **B** s. m. (f. *-a*) *1* Abitante della Guascogna. *2* (*fig.*) Fanfarone, smargiasso.

†**guastàda** [lat. parl. **gastrāta(m)*, da *gastra(m)* per *grasta(m)* 'grasta', con sovrapposizione d'altra vc.; sec. XIII] s. f. ● Caraffa: *gli venne nella finestra veduta questa g. d'acqua* (BOCCACCIO).

guastafèste [comp. di *guasta(re)* e il pl. di *festa*; 1618] s. m. e f. inv. *1* Chi guasta l'atmosfera allegra di un ambiente parlando a sproposito o tenendo comunque un comportamento fuori luogo | (*est.*) Persona di carattere scontroso e poco socievole che turba il buonumore generale. *2* (*fig.*) Chi (o ciò che), sopraggiungendo d'improvviso e a sproposito, sconvolge l'attuazione di un piano prestabilito: *sei il solito g.*

†**guastalàrte** [comp. di *guasta(re)* e *l'arte*; 1553] s. m. e f. ● Guastamestieri.

guastaménto [av. 1292] s. m. *1* (*raro*) Il guastare. *2* (*raro, lett.*) Devastazione. *3* (*raro, fig.*) Corruzione.

guastamestièri [comp. di *guasta(re)* e il pl. di *mestiere*; av. 1613] s. m. e f. inv. *1* Chi esercita male una qualsiasi attività | Chi intralcia l'operato altrui. *2* Chi in commercio danneggia i concorrenti onesti. SIN. Imbroglione.

♦**guastàre** [lat. *vastāre*, da *văstu(m)* nel senso di 'spopolato, devastato', di orig. indeur., con sovrapposizione della sillaba iniziale del germ. **wōstjan*'; 1282] **A** v. tr. (part. pass. *guastàto*) *1* Ridurre in cattivo stato, mandare in rovina: *la grandine ha guastato il raccolto* | (*fig.*) †***G. la coda al fagiano***, tralasciare il più bello di un racconto | †***G. l'arte, il mestiere***, esercitarli molto male | Rendere inservibile: *g. il meccanismo di un orologio, una serratura, il registratore* | Ridurre flaccido, mandare a male: *il caldo eccessivo guasta la carne*; *l'eccessiva maturazione ha guastato la frutta* | (*est.*) Privare un cibo del proprio sapore caratteristico: *aggiungendo pepe hanno guastato la salsa* | Alterare, danneggiare: *g. la salute, lo stomaco, l'appetito* | ***G. il sangue***, intossicarlo | ***Guastarsi il sangue, il fegato*** (*fig.*) andare in collera | †***G. la creatura***, abortire | Rendere brutto: *le cicatrici guastano il suo viso*. SIN. Rovinare, sciupare. *2* (*fig.*) Turbare: *g. il discorso, la conversazione con interventi inopportuni*; *la mia passione ... andò al segno di guastarmi la quiete* (ALFIERI) | ***G. l'amicizia, l'accordo***, porvi termine | ***G. i sogni a qlcu.***, turbare la felicità di qlcu. | (*est.*) Rendere confuso, disordinato. *3* (*fig.*) Corrompere, pervertire: *g. l'animo, il cuore di qlcu.*; *è stato guastato dalle cattive compagnie*; *la mitologia guasta il sentimento della natura* (DE SANCTIS). *4* (*raro*) Disfare qlco. per rifarla o per utilizzarne in qualche modo il materiale: *g. un vecchio abito*. *5* (*raro, lett.*) Devastare, saccheggiare: *g. una città, un territorio* | Demolire, distruggere: *g. un castello col ferro e col fuoco* | (*est.*) †***G. un patrimonio***, dissiparlo. *6* †Mutilare, offendere nella persona | †***G. la razza***, farla degenerare. *7* (*assol.*) Riuscire sgradito e dannoso: *in simili casi una parola gentile non guasta mai*; *un po' di peperoncino non guasta*; *un temporale, dopo tanto caldo, non guasta certo!* **B** v. intr. pron. *1* Rompersi, non funzionare più: *l'orologio si è guastato* | Andare a male, diventare fracido: *con questo caldo la frutta si guasta*. *2* (*fig.*) Cambiare in peggio, corrompersi: *era una buona ragazza ma ora si è guastata*. *3* (*fig.*) Volgere al brutto, detto spec. del tempo: *temo che il tempo si guasti*. **C** v. rifl. rec. ● Rompere l'amicizia, l'accordo: *da grandi amici che erano, ora si sono guastati* | †***Guastarsi l'un l'altro***, uccidersi. || PROV. Troppi cuochi guastano la cucina.

†**guastastòmaco** [comp. di *guasta(re)* e *stomaco*] s. m. (pl. *-chi* o *-ci*) ● (*fam.*) Bevanda o cibo che danneggia lo stomaco.

guastatóre [sec. XIII] agg.; anche s. m. (f. *-trice*, pop. disus. *tora*) *1* (*raro*) Che (o Chi) guasta. *2* Fante o geniere specializzato nell'attaccare, danneggiare o distruggere opere fortificate, in azioni di sabotaggio e sim. | (*fig.*) Sabotatore di una trattativa, di un accordo e sim. *3* (*raro, lett.*) Devastatore: *guastatori e predon, tutti tormenta / lo giron primo* (DANTE *Inf.* XI, 38-39). *4* †Dissipatore, prodigo.

guastatùra [sec. XIV] s. f. ● (*raro*) Il guastare | Guasto.

♦**guàsto** (1) [per *guast(at)o*; av. 1292] agg. *1* Che è stato o si è alterato, danneggiato: *orologio, frigorifero g.* | Di cibo andato a male: *pere, uova guaste* | ***Stomaco g.***, malato, rovinato | ***Dente g.***, cariato. *2* (*fig.*) Corrotto, depravato: *gioventù guasta* | (*fig.*) ***Avere il sangue g. con qlcu.***, essere arrabbiato. *3* (*raro, lett.*) Devastato. *4* †Innamorato cotto: *un garzonastro, già g. d'una sorella sua, se l'aveva tolta per moglie* (ARETINO).

♦**guàsto** (2) [da *guastare*; av. 1311] s. m. *1* Rottura, danno: *mancò la luce per un g. all'impianto elettrico*. SIN. Avaria. *2* (*fig.*) Corruzione: *in questa società c'è del g.* SIN. Depravazione, vizio. *3* (*fig.*) Contrasti, dissapori: *c'è del g. tra noi*. *4* †Devastazione, saccheggio | †***Menare a g. e a morte***, mettere a ferro e a fuoco.

guatàre [dall'ant. *gua(i)tare*, da *guaita* 'guardia, sentinella', dal francone **wahta*; 1294] **A** v. tr. *1* (*lett.*) Guardare a lungo e insistentemente in modo minaccioso o mostrando stupore, interesse, disprezzo o paura: *come quei che con lena affannata / ... / si volge a l'acqua perigliosa e guata* (DANTE *Inf.* I, 22-24). *2* †Badare, considerare. *3* (*poet.*) Vedere: *e cavalcando poi meglio la guata / molto esser bella* (ARIOSTO). **B** v. rifl. rec. ● (*lett.*) Guardarsi fisso con meraviglia o timore.

†**guatatùra** [sec. XIII] s. f. ● Guardatura, sguardo: *una g. strana e torta* (PULCI).

guatemalése [da *Guatemal(a)* col suff. *-ese* (*1*)] agg.; anche s. m. e f. ● (*raro*) Guatemalteco.

guatemaltèco [sp. *guatemalteco*, comp. del n. del paese (*Guatemala*) col suff. etnico *-eco*, di provenienza azteca; 1955] **A** agg. (pl. m. *-chi*) ● Del Guatemala. **B** s. m. (f. *-a*) ● Abitante, nativo del Guatemala.

†**guàto**, †**guàtio** [da *guatare*; sec. XIII] s. m. *1* Appostamento, agguato, insidia | ***Stare a g.***, in agguato | (*est.*) Gente appostata | (*est.*) Luogo dell'agguato. *2* (*raro*) Guatatura, sguardo.

guàttero ● V. *sguattero*.

guattìre [sovrapp. di *squittire* a *guaire*; 1723] v. intr. (*io guattìsco, tu guattìsci*; aus. *avere*) ● (*lett.*) Abbaiare, detto dei cani da caccia che inseguono la selvaggina | (*est., lett.*) Emettere un verso acuto e stridulo, detto di altri animali.

guàtto ● V. *quatto*.

guàva s. f. ● (*bot.*) Guaiava.

guayùle ● V. *guaiule*.

guàzza [lat. parl. **aquācea(m)* o **aquātia(m)*, agg. sost. di *ăqua*, che sottintende '(luogo) acquoso'; av. 1484] s. f. *1* Rugiada che bagna come pioggia il terreno e le piante: *bagnarsi nella g.*; *campi di stoppie biancastre e luccicanti dalla g.* (MANZONI). *2* (*tosc.*) †Denaro | †***Venir la g.***, guadagnare.

guazzabùglio [comp. di deriv. dei v. *guazzare* e *(gar)bugliare*; 1481] s. m. *1* Miscuglio confuso di cose diverse (*anche fig.*): *g. di ingredienti, di colori, di idee*; *questo g. del cuore umano* (MANZONI). *2* (*raro*) Acqua mescolata a neve che si liquefà appena.

†**guazzaménto** [1678] s. m. ● Diguazzamento.

guazzàre [da *guazzo*; av. 1444] **A** v. intr. (aus. *avere*) ● (*raro*) Sguazzare: *g. nell'acqua*; *il vino guazza nelle botti* | ***G. nell'oro, nel denaro***, (*fig.*) averne in abbondanza, essere ricchi. **B** v. tr. *1* (*tosc.*) Passare a guado: *g. l'acqua, un fiume* | ***G. un cavallo***, farlo entrare in un corso d'acqua perché si rinfreschi. *2* (*fig.*) †Scialacquare, sperperare.

guazzàta [1869] s. f. ● (*raro*) Caduta della guazza | La guazza caduta.

guazzatóio [sec. XIV] s. m. *1* (*tosc.*) Luogo sulla riva dell'acqua, dove si conducono ad abbeverare gli animali. *2* (*tosc.*) Luogo dove si lava la lana delle pecore vive.

guazzétto [1314] s. m. *1* Dim. di *guazzo*. *2* Manicaretto in umido, con abbondante sugo: *rane in g.*; *cuocere in g.* | (*fig.*) †***Andare in g.***, andare in solluchero. || **guazzettino**, dim.

guàzzo [dal senso originale di *guazza*; 1313] **A** s. m. *1* Notevole quantità di liquido, spec. acqua, sparso nel terreno: *la strada è piena di g. e fango*; *ha rovesciato il catino e ha fatto un gran g. per terra* | ***Un g. di sangue***, una pozza | ***Essere in un g. di sudore***, grondare. *2* †Straripamento di fiume causato dalla pioggia. *3* (*tosc.*) Guado: *passare un fiume a g.* | (*fig.*) †***Passare qlco. a g.***, tralasciare di parlarne | (*fig.*) †***Passarla a g.***, fare qlco. in modo sconsiderato. *4* (*tosc.*) Liquore in cui si conservano ciliegie, pesche, e sim. in vaso | ***Ciliegie, pesche in g.***, sotto spirito. *5* Tecnica di pittura, usata spec. in scenografie, per cartelloni e sim., in cui i colori vengono impastati con gomma arabica e acqua | Opera dipinta con tale tecnica. **B** agg. ● †Guasto, andato a male: *uova guazze*. || **guazzétto**, dim. (V.) | **guazzino**, dim.

guazzóso [1336 ca.] agg. *1* Bagnato di guazza. *2* (*raro*) Umido, molle, pieno di guazza: *terreno g.*

gubàna [n. slov. del dolce] s. f. ● (*cuc.*) Tipico dolce friulano di pasta sfoglia con un ripieno di uvetta, pinoli e canditi, aromatizzato con acquavite.

gùbbia [lat. *cōpula(m)* 'coppia' (V.); av. 1328] s. f. ● (*region.*) Insieme di tre cavalli o muli attaccati a un barroccio.

†**gubernàre** ● V. *governare*.

†**gùcchia** ● V. *agucchia*.

†**gucchiùme** ● V. *cocchiume*.

†**guèffa** (1) [da **gueffo* 'altana', prob. dal longob. **waifa*; sec. XIV] s. f. *1* Gabbia | (*fig.*) Prigione: *mille gueffe / ho meritato già per questo* (PULCI). *2* Muro, bastione.

†**guèffa** (2) o **guèffa** [longob. **wiffa* 'piccolo involto, matassa', di orig. indeur.; 1313] s. f. ● Matassa.

guelfìsmo [1869] s. m. ● Ideologia guelfa.

guèlfo [dal capostipite della casa di Baviera *Welf* (propr. 'piccolo del cane o di un animale selvatico') di orig. indeur., come il n. comune della stessa radice *Wolf* 'lupo'; sec. XIII] **A** s. m. *1* Nel Medioevo, partigiano della casa di Baviera contro gli Hohenstaufen, all'epoca della lotta per il titolo imperiale. *2* Sostenitore delle vedute teocratiche del Papa contro gli interessi del partito favorevole all'imperatore nell'Italia dei secc. XIII e XIV. CFR. Ghibellino. *3* Neoguelfo. *4* Moneta d'argento coniata in Firenze nel XIV secolo. **B** agg. ● Dei guelfi: *partito g.*; *parte guelfa* | ***Merlo g.***, a forma di parallelepipedo.

guêpière /fr. gɛ'pjɛːʀ/ [vc. fr., da *guêpe* 'vespa' (dal lat. *vĕspa* con sovrapposizione di altre vc. germ. con *gue-* da *we-*) attraverso il paragone *taille de guêpe* 'vita, vitino da vespa'; 1953] s. f. inv. ● Bustino femminile munito di stecche e di stringhe, per assottigliare la vita.

guercézza [sec. XIV] s. f. ● (*raro*) Caratteristica di chi è guercio.

guèrcio [etim. discussa: got. *thwairhs* 'storto', 'collerico' (?); 1306] **A** agg. (pl. f. *-ce*) *1* Strabico: *occhi, sguardo g.* | (*est.*) Privo di un occhio. *2* (*fig.*) †Che non sa discernere, distinguere. **B** s. m. (f. *-a*) ● Chi, per difetto fisico, è affetto da strabismo o ha la vista comunque difettosa. || **guercino**, dim.

guerèza [amarico *gu(i)rēza* 'scimmia dalla coda bianca'] s. f. ● Scimmia dei Cercopitecidi, africana, dalla pelliccia nera molto ricercata, con maschera bianca e lunghi peli bianchi sul dorso (*Colobus polykomos*). SIN. Colobo abissino.

guéridon /fr. geri'dɔ̃/ [vc. fr., dal n. proprio del personaggio isolato e immobile in un balletto, vagamente raffigurato in questo tipo di mobile, che aveva anche una posizione isolata nell'arredamento; 1905] s. m. inv. *1* Tavolino da salotto, di solito rotondo, retto da un treppiede o da una figura scolpita. *2* (*cuc.*) Apparecchio usato per preparare piatti alla fiamma.

†**guerìre** e *deriv.* ● V. *guarire* e *deriv.*

†**guernìre** e *deriv.* ● V. *guarnire* e *deriv.*

♦**guèrra** [germ. *werra* 'mischia', da collegarsi con l'ant. alto-ted. *(fir-)wërran* 'avviluppare'; av. 1294] s. f. *1* Situazione di conflitto armato tra due o più Stati: *g. aerea, navale, terrestre*; *g. atomica, batteriologica, chimica, nucleare*; *g. lunga, breve, aspra, feroce*; *g. offensiva, difensiva*; *vincere, perdere la g.*; *danni di g.*; *invalidi, mutilati, prigionieri di g.*; *tempo di g.*; *stato di g.* | ***G. partigiana***, condotta da formazioni partigiane | ***G. intestina***, di classi sociali o partiti entro una stessa nazione | ***G. civile***, combattuta tra opposte fazioni di cittadini | ***Fare la g.***, guerreggiare | ***Dichiarare, intimare***, †***indire, bandire la g.***, darne avviso al nemico, dichiarandone ufficialmente i motivi | †***Pubblicare, scoprire la g.***, dichiararla | ***Muovere g. a, contro qlcu.***, essere i primi a farla | ***Entrare in g. contro qlcu.***, intraprenderla | ***G. totale***, condotta con tutti i mezzi e senza risparmiare le popolazioni civili | ***G. lampo***, condotta con irruente violenza e con la massima concentrazione di potenza per raggiungere un fulmineo e risolutivo successo | *G. di logoramento*, che tende a esaurire il nemico | *G. di posizione, di trincea*, in cui gli eserciti sono attestati su due linee fortificate che si fronteggiano | *Leggi di g.*, promulgate durante la guerra per cause da essa determinate | *Teatro di g.*, zona geografica nella quale si svolge la guerra | *Criminale di g.*, militare autore di efferatezze, spec. contro i civili, durante un conflitto | *Zona di g.*, dove si svolgono le operazioni belliche | *Bandiera di g.*, quella dei reggimenti e delle navi della marina militare | *Tribunale di g.*, per giudicare dei reati militari in tempo di guerra | †*Stare in su la g.*, combatterla | *Essere in assetto, sul piede di g.*, essere pronti a dare inizio alle ostilità | *Uomo di g.*, soldato | *Canti di g.*, che celebrano imprese militari | *Grido di g.*, che incita al combattimento | *Partito della g.*, che la favorisce | *G. coloniale*, per la conquista di colonie | *G. di indipendenza, di liberazione*, contro l'oppressore | *G. mondiale*, cui partecipano le maggiori potenze del mondo | *G. santa*, per la riconquista dei luoghi sacri o fatta in nome di una religione | *G. di successione*, per una successione al trono | (*est.*) Assalto, combattimento | *Guerre stellari*, nel linguaggio giornalistico, denominazione di un progetto statunitense relativo a un sistema di difesa e controllo spaziale antimissile, chiamato anche *scudo stellare*. **2** Contrasto fra Stati, condotto non con le armi ma con altri mezzi di pressione, economici, politici e sim. | *G. doganale, di tariffe*, attuata in campo economico per danneggiare un Paese elevando i dazi o instaurando divieti | *G. economica*, per ridurre o neutralizzare il potenziale economico di un Paese nemico e mantenendo o accrescendo il proprio | *G. psicologica*, impiego coordinato della propaganda per deprimere il morale del nemico | *G. fredda*, stato di acuta tensione fra due Stati senza ostilità militari | *G. dei nervi*, combattuta con la diffusione di notizie allarmistiche. **3** (*fig.*) Stato di discordia esistente fra due o più persone: *mettersi in g. con qlcu.*; *aizzare la g.* | *G. domestica*, fra parenti | *G. a coltello*, aspra, feroce | *G. a colpi di spillo*, caratterizzata da continui dispetti e malignità. SIN. Dissidio, lotta. **4** (*fig.*) Lotta accanita: *dichiarare g. alla malavita, alla corruzione, agli sprechi, alla droga*. **5** (*poet.*) Travaglio, fatica: *e io sol uno / m'apparecchiava a sostener la g. / sì del cammino e sì de la pietate* (DANTE *Inf.* II, 3-5). || **guerricciòla**, **guerricciuòla**, dim. | **guerrùcola**, pegg.

guerrafondàio [dalla loc. *guerra (a) fondo*; 1896] **agg.**; anche **s. m.** (f. *-a*; pl. m. *guerrafondài*) ● (*spreg.*) Che (o Chi) è sostenitore a oltranza della guerra. CONTR. Pacifista.

guerraiòlo o †**guerraiuòlo** [1909] **s. m.**; anche **agg.** (f. *-a*) ● (*disus., spreg.*) Chi (o Che) sostiene fanaticamente la guerra.

guerreggiànte [sec. XIV] **A** part. pres. di *guerreggiare* ● Nei sign. del v. **B** s. m. e f. ● Chi fa la guerra.

guerreggiàre [av. 1292] **A** v. intr. (*io guerréggio*; aus. *avere*) ● Fare la guerra: *g. con, contro qlcu.* o *qlco.* **B** v. tr. ● (*raro*) Combattere: *g. il nemico* | (*fig.*) Trattare ostilmente. **C** v. rifl. rec. ● Combattersi, farsi guerra.

guerreggiatóre [sec. XIV] **s. m.**; anche **agg.** (f. *-trice*) ● (*raro*) Chi (o Che) fa la guerra | Chi (o Che) ama guerreggiare.

†**guerrèro** ● V. *guerriero*.

guerrésco [av. 1348] **agg.** (pl. m. *-schi*) ● Di, relativo alla, guerra: *armi guerresche*; *apparecchi guerreschi* | Incline alla guerra: *era un uomo dall'animo g.* || **guerrescaménte**, avv.

♦**guerrièro** o †**guerrèro**, †**guerrière** [ant. fr. *guerrier*, da *guerre* 'guerra'; av. 1290] **A s. m.** (f. *-a*) ● Uomo d'arme, spec. dell'antichità o della leggenda: *guerrieri del Medioevo*. **B agg. 1** Bellicoso: *animo, principe g.* | Uso alla guerra, valente nella guerra: *popolo, gioventù guerriera*. **2** (*est.*) Combattivo, fiero: *quella modestia un po' guerriera delle contadine* (MANZONI). **3** †Avversario, nemico.

guerrìglia [sp. *guerrilla*, propr. dim. di *guerra*; 1573] **s. f.** ● Forma di lotta condotta da formazioni irregolari di armati che combattono un esercito regolare | *G. urbana*, attuata in una città da piccoli gruppi mediante azioni di violenza o di vandalismo.

guerriglièro [sp. *guerrillero*, da *guerrilla* 'guerriglia'; 1839] **s. m.** (f. *-a*) ● Combattente civile o militare che svolge la guerriglia inquadrato in apposite formazioni.

guest house /gest'aus, *ingl.* 'gest,haos/ [vc. ingl. comp. di *guest* 'ospite' e *house* 'casa'; 1992] **loc. sost. f. inv.** (pl. ingl. *guest houses*) ● Locanda, piccolo albergo.

guest star /ges'tar, *ingl.* 'ges(t),sta:/ [loc. ingl., comp. di *guest* 'ospite' e *star* (V.); 1966] **loc. sost. m. e f. inv.** (pl. ingl. *guest stars*) ● Attore famoso che partecipa a un film senza interpretare una parte di primo piano o interviene in una trasmissione televisiva in qualità di ospite d'onore | Attore molto noto che compare soltanto in un episodio o in pochissimi episodi di una serie di telefilm o di sceneggiati.

guevarìsmo /geva'rizmo/ [1980] **s. m.** ● Insieme delle concezioni politiche e dei metodi di lotta armata del guerrigliero rivoluzionario sudamericano E. Guevara (1928-1967), detto el Che.

gufàggine [da *gufo*, nel sign. 2; 1841] **s. f.** ● Tendenza di una persona a vivere isolata. SIN. Misantropia.

gufàre [da *gufo*; av. 1480] **A v. intr.** (aus. *avere*) **1** Emettere il proprio grido caratteristico, detto del gufo. **2** Imitare il verso del gufo | (*est.*) Soffiare mangiando troppo avidamente. **B v. tr. 1** †Beffare qlcu. soffiando nel pugno della mano | Beffeggiare: *a te per toccare il cielo, / quando un po' mi gufi o gabbi* (L. DE' MEDICI). **2** (*gerg.*) Portare sfortuna, augurarsi il male altrui. **C v. rifl.** ● (*dial.*) †Starsene coperto, nascosto, spec. nel letto.

guffìno [da *GUF*, sigla dei *G(ruppi) U(niversitari) F(ascisti)*] **agg.**; anche **s. m.** (f. *-a*) ● Durante il fascismo, aderente a un GUF.

♦**gùfo** [lat. *būfo* (nom.), di fondamento onomat., con sostituzione della consonante iniziale per diversa imitazione del grido dell'uccello; av. 1313] **s. m. 1** Correntemente, rapace notturno degli Strigiformi con capo grande, occhi frontali, becco breve e adunco, piume morbide e due ciuffi di penne erettili sul capo (*Bubo*). CFR. Bubolare, gufare. ➡ ILL. **animali**/9 | *G. reale*, di aspetto imponente con occhi molto grandi (*Bubo bubo*) | *G. comune*, piccolo, comune in Europa e in Asia (*Asio otus*) | *G. selvatico*, allocco. **2** (*fig.*) Persona poco socievole. || **gufàccio**, pegg.

gùglia [per (*a*)*guglia* (*2*), che ant. aveva il senso di *ago*; 1306] **s. f. 1** Elemento terminale di una costruzione a forma conica o piramidale con angolo al vertice molto acuto posta spec. a scopo ornamentale in coperture di chiese, in campanili, torri e cupole. ➡ ILL. p. 2118, 2119 ARCHITETTURA. **2** Snella formazione rocciosa dalla punta aguzza e i fianchi dirupati.

gugliàta [deriv. dell'ant. *agugli*a 'ago', dal provz. ant. *agulha*, che rappresenta il lat. parl. **acūcula(m)* 'piccolo (*-ŭla*) ago (*ăcus*)'; av. 1304] **s. f.** ● Pezzo di filo che si passa nell'ago per cucire | Quantità di lana che la filatrice a mano trae dalla rocca prima di raccoglierla sul fuso. || **gugliatina**, dim.

guglielmìno [1929] **agg.** ● Che riguarda Guglielmo II, imperatore di Germania e re di Prussia dal 1888 al 1918, e la sua epoca.

♦**guìda** [da *guidare*; 1313] **A s. f. 1** Azione del guidare (*anche fig.*): *essere alla g. di un'organizzazione*; *studiare sotto la g. di eccellenti maestri* | Azione del guidare un veicolo: *la g. dell'automobile, di un motoscafo* | *Prendere lezioni di g.*, imparare a condurre un automezzo | *Posto di g.*, il posto occupato dal guidatore di un autoveicolo, davanti al quale si trovano gli strumenti di controllo del funzionamento e i comandi per la manovra | *Cabina di g.*, in cui prende posto il macchinista di treni e autotreni | Modo di guidare un veicolo: *g. tranquilla, nervosa, sportiva, sicura*. **2** Ciò che guida o ha funzione di guidare (*anche fig.*): *le stelle e la bussola sono la g. dei naviganti*; *il nostro esempio sia la vostra g.* **3** Insieme di strumenti, apparecchiature e sim. che permettono di guidare un autoveicolo: *g. a destra*; *g. a sinistra*; *g. interna, esterna* | (*raro, est.*) Guidatore, conducente. **4** Libro che si propone di insegnare i primi elementi di un'arte o di una tecnica: *g. alla pittura, allo studio delle scienze, al disegno industriale* | Opera a stampa per il turista, contenente la descrizione sistematica delle strade e delle caratteristiche di regioni, città e sim.: *g. della Francia, dell'Italia, della Toscana, di Roma, di Parigi* | *G. del Touring Club, Baedeker, Murray*, così chiamate dal nome degli editori | *G. telefonica*, elenco telefonico. **5** Chi, precedendo o accompagnando altri, mostra o insegna loro la via da seguire: *fare da g. a qlcu.*; *prendere qlcu. per g.*; *avere una g. esperta, abile, coraggiosa* | (*est.*) Chi per mestiere illustra ai turisti le caratteristiche di una città, di un museo e sim.: *g. autorizzata*. SIN. Cicerone | *G. alpina*, che accompagna gli escursionisti in scalate di una certa difficoltà | *G. naturalistica*, che accompagna in ambienti naturali chi è interessato alle caratteristiche geologiche, faunistiche e botaniche di un territorio. **6** (*fig.*) Chi con il proprio esempio o il proprio ascendente mostra ad altri la strada da percorrere: *è stato per molti anni la g. del suo popolo*; *il popolo riconosceva in lui la sua g.* SIN. Maestro. **7** Ragazza appartenente a un'associazione femminile analoga a quella maschile dei boy scout. CFR. Scout. **8** In varie tecnologie, oggetto o struttura atti a mantenere qlco. nella sua sede, a facilitarne lo scorrimento o il funzionamento, e sim. | *G. di una vetrina, di un'imposta*, verga di ferro scanalato su cui si fanno scorrere vetrine, imposte | *G. del cassetto*, striscia di legno che aggancia il cassetto nell'apposita scanalatura, permettendone lo scorrimento | (*mar.*) *G. d'inferitura*, fighiera | *G. per l'innesto*, in agricoltura, strumento per ottenere tagli della stessa inclinazione. **9** (*elettr.*) *G. d'onda*, tubo metallico, gener. di sezione circolare o rettangolare, che convoglia la propagazione di onde elettromagnetiche lungo un percorso ben definito. **10** Tappeto lungo e stretto, disteso su scale, in corridoi, stanze e sim.: *camminare sulla g.*; *distendere una g. di velluto rosso*. **11** (*al pl.*) Briglie, redini. **12** (*spec. al pl., mil.*) Sergenti a capo di un drappello o di un battaglione nelle antiche milizie italiane | Corpi armati un tempo gener. di scorta a comandanti in capo. **B** in funzione di **agg. inv.** (posposto al s.) **1** Che costituisce una sicura indicazione per il ricercatore, lo studioso e sim.: *fossile g.* | *Livello g., orizzonte g.*, strato o livello di roccia con caratteri litologici e paleontologici facilmente distinguibili, che perciò indica con precisione la posizione stratigrafica dei sedimenti in cui si trova. **2** Che indica la via da seguire, che detta o impone norme o principi ideologici cui altri devono uniformarsi: *Stato g.*; *partito g.* | *Linea g.*, V. *linea*.

guidàbile [1579] **agg.** ● Che si può guidare.

guidafilo o **guidafili** [comp. di *guida(re)* e *filo*; sul tipo del corrisp. fr. *guide-fil*] **s. m.** (pl. inv. o *-i*) ● Dispositivo dei telai meccanici per avviare i fili sugli aspi.

guidàggio [1948] **s. m.** ● (*min.*) Insieme dei dispositivi che impediscono alle gabbie di estrazione di oscillare lateralmente nei pozzi di miniera.

guidaiòlo o (*lett.*) **guidaiuòlo** [sec. XIV] **A s. m.** (f. *-a*) ● Bestia del branco che guida le altre precedendole | (*scherz.*) Chi fa la guida. **B agg.** ● Che fa da guida: *pecora, vacca guidaiola*.

guidalésco [longob. **widarrist* 'garrese' col suff. sovrapposto *-esco*; sec. XIV] **s. m.** (pl. *-schi*) **1** Escoriazione o piaga prodotta spec. dall'attrito dei finimenti o del basto sul garrese di animali da tiro. **2** (*scherz.*) Sbucciatura della pelle umana. **3** (*fig., scherz.*) Incomodo, male fisico o morale. **4** †Garrese.

guidàna [da *guida*] **s. f.** ● (*tess.*) Prova di saggio del titolo della seta | Portata di 80 fili di seta.

†**guidapòpolo** [comp. di *guida(re)* e *popolo*; av. 1729] **s. m.** ● Demagogo.

♦**guidàre** [germ. **wītan* 'indirizzare', prob. attrav. la risposta gotica *widan*; av. 1292] **A v. tr. 1** Precedere o accompagnare qlcu. fungendo da guida: *g. un gruppo di turisti, un cieco, il bestiame*; *le stelle e la bussola guidano i marinai* | Nel linguaggio sportivo, essere in testa: *g. il gruppo, la classifica*. **2** Condurre qlcu. o qlco. regolandone i movimenti o agendo sui comandi: *g. i cavalli, l'automobile, l'aeroplano* | *G. la schiera, la truppa*, comandarle | (*assol.*) Condurre un automezzo: *ho imparato a g.* **3** (*fig.*) Dirigere, educare con l'esempio o fungendo da consigliere e maestro: *g. i giovani sulla via dell'onestà*; *g. al bene* | Indirizzare verso una meta precisa: *g. un popolo verso il benessere, verso la maturità civile e politica*. **4** (*mus.*) *G. il tempo*, determinarlo, fissarlo. **5** Amministrare: *g. una città, una provincia, uno Stato, un'azienda* | *G. un affare*, dirigerlo con avvedutezza | †*G. la vita*, tirare avanti. **B v. rifl.** ● (*raro*) Regolarsi, condursi.

guidasilùri [comp. di *guida(re)* e il pl. di *siluro*; 1937] **s. m. inv.** ● (*mar.*) Apparato direzionale automatico di un siluro.

guidàto [1308] **part. pass.** di *guidare*; anche **agg.** *1* Nei sign. del v. *2* Che si svolge sotto la guida di qlcu. o secondo uno schema prestabilito: *visita guidata; esercizi didattici guidati*.

guidatóre [av. 1292] **A agg.** ● Che guida: *mano, stella, bussola guidatrice*. **B s. m.** (f. *-trice*) *1* Conducente di un veicolo: *g. di un carro, dell'automobile; un g. abile e sicuro* | Nel bob, componente dell'equipaggio che siede davanti e controlla la corsa del mezzo | Nella corsa al trotto, chi guida il sulky. *2* (*fig., lett.*) Chi indirizza o consiglia gli altri. *3* †Amministratore.

guideline /ˈgaidˈlain, *ingl.* ˈgaed,laen/ [vc. ingl., propr. 'linea (*line*) di guida (*guide*)'; 1982] **s. f. inv.** ● (*est.*) Linea guida, direttiva generale.

guiderdonàre [da *guiderdone*; 1294] **v. tr.** (*io guiderdóno*) ● (*lett.*) Ricompensare, rimunerare.

guiderdóne [francone **widharlōn* 'ricompensa, dono' (comp. di *widhar* 'contro' e *lōn* 'mercede'); 1211] **s. m.** *1* (*lett.*) Ricompensa, rimunerazione: *preceda a i servigi il g.* (TASSO) | (*iron.*) Cattiva ricompensa: *per tutta ricompensa ricevette un g. di improperi*. *2* †Interesse, frutto del capitale.

guidóne (1) [ant. provz. *guidon*, da *guide* '(che) guida'; av. 1565] **s. m.** *1* †Guida, guidatore, duce. *2 G. del mare*, raccolta di leggi e disposizioni marittime in uso in Francia nel XVI sec. *3* (*mar.*) Bandiera triangolare da segnali o insegna di comando per ufficiali superiori. *4* Piccolo stendardo colorato che i sergenti d'ala dell'antico esercito italiano portavano per indicare l'allineamento ai soldati inquadrati | †Gonfalone, bandiera. *5* (*al pl.*) Soldati raccolti sotto un guidone.

†**guidóne (2)** [etim. discussa: della stessa orig. di *guitto* con sovrapposizione di un n. abbastanza frequente, come *Guido(ne)* (?); 1545] **s. m.** ● Furfante | Vagabondo.

guidoslitta [comp. di *guida(re)* e *slitta*, sul modello dell'ingl. *bob-sleigh*; 1941] **s. f.** ● (*raro*) Bob.

guidrigildo [vc. germ., longob. **widregild* 'ricompensa' (comp. di *widre* 'contro' e *gild* 'mercede, denaro'); av. 1876] **s. m.** ● Nell'antico diritto germanico, somma che l'uccisore doveva pagare, a titolo di risarcimento, alla famiglia dell'ucciso.

†**guiggia** [ant. fr. *guige*, dal francone **withthja* 'nastro per legare lo scudo al collo del cavaliere'; sec. XIV] **s. f.** (pl. *-ge*) *1* Imbracciatura in cuoio dello scudo. *2* (*spec. al pl.*) Strisce di cuoio per allacciare i sandali.

†**guigliottina** ● V. *ghigliottina*.

guigne /fr. giɲ/ [vc. fr., da *guigner*, propr. 'far segno con l'occhio', poi 'guardare di traverso', dal francone **wingjan* '(ac)cennare'; 1905] **s. f. inv.** ● Sfortuna al gioco.

guinàre [port. *guiñar* 'straorzare'; 1889] **v. intr.** (aus. *avere*) ● (*mar.; disus.*) Guizzare.

guinàta [1934] **s. f.** ● (*mar.; disus.*) Guizzata.

guindolo [medio alto ted. *winde*, da *winden* 'avvolgere', di orig. indeur.; sec. XIV] **s. m.** ● Arcolaio, specie quello orizzontale del setaiolo, per avvolgervi il filo che si trae dai bozzoli.

guineàno [1973] **A agg.** ● Della Guinea. **B s. m.** (f. *-a*) ● Abitante, nativo della Guinea.

Guinness® /ˈgines, *ingl.* ˈgɪnəs/ [vc. ingl., da *The Guinness Book of Records*, opera edita dalla Guinness Publishing Limited e contenente i primati conseguiti nei più svariati campi di attività; 1985] **s. m. inv.** ● Raccolta di primati ottenuti spec. in gare sportive o in prove particolari e bizzarre.

guinzagliàre [da *guinzaglio*; 1953] **v. tr.** (*io guinzàglio*) ● (*raro*) Legare al guinzaglio.

◆**guinzàglio** o †**guinzàle**, †**vinzàglio** [medio alto ted. *wintseil* 'fune per legare un levriero'; sec. XIII] **s. m.** ● Laccio di cuoio o catenella di metallo che si usa per tenere legati cani o altri animali: *tenere il cane al g.* | *Tenere al g. qlcu.*, (*fig.*) tenerlo sotto controllo | *Lasciarsi portare al g.*, (*fig.*) sottomettersi passivamente | †*Stare in g.*, (*fig.*) avere pazienza | (*est., raro*) Danda. || **guinzagliétto**, dim.

guipure /fr. giˈpyːʀ/ [vc. fr., da *guiper* 'rivestire di seta', dal francone **wīpan* 'cingere, avvolgere intorno'; 1905] **s. f. inv.** ● Antico merletto a fuselli o ad ago eseguito con refe e filo ritorto di seta, d'oro o d'argento.

guìsa [germ. **wīsa* 'modo, maniera'; av. 1250] **s. f.** *1* (*lett.*) Modo, maniera: *in questa o quella g.; in molte, poche, tante guise; in g. niuna / ei non m'abbia, che morta* (ALFIERI) | *In, di g. che*, in modo che | *In tal g.*, in tal modo | *Di questa g.*, in questo modo | *A g. di*, a modo di | †*A sua g.*, a suo capriccio. *2* †Uso, foggia, moda: *alla g. francese*.

†**guitterìa** [av. 1650] **s. f.** ● Azione, vita, comportamento da guitto | Spilorceria.

guìtto [etim. discussa: ant. fr. *guiton*, caso obliquo di *guit*, dal francone **wiht* 'essere, creatura' (?); 1566] **A agg.** ● Che vive in modo misero | (*tosc.*) Gretto, meschino: *animo g.* **B s. m.** (f. *-a*) *1* Persona meschina, che vive sordidamente: *sei un g.; vivere da g.* *2* Attore scarsamente preparato e di bassa categoria, generalmente nomade | (*spreg.*) Attore da strapazzo.

guizzànte [av. 1375] **part. pres.** di *guizzare*; anche **agg.** ● Nei sign. del v.

guizzàre o (*pop.*) **sguizzàre** [etim. discussa: vc. onomat. (?); av. 1306] **A v. intr.** (aus. *avere* nei sign. 1 e 3, *essere* nel sign. 2) *1* Muoversi rapidamente, a scatti: *i pesci, i serpenti, le fiamme guizzano*. *2* (*fig.*) Fuggire, liberarsi abilmente: *g. dalle mani dei nemici* | Balzare di scatto: *è guizzato dal letto*. *3* (*mar.; disus.*) Oscillare orizzontalmente a destra e a sinistra con la prua, per il vento, le correnti e sim., detto di nave. **B v. tr.** *1* †Vibrare con forza: *g. la spada, il dardo*. *2* (*mar.; disus.*) Brattare.

guizzàta [av. 1375] **s. f.** *1* Guizzo. *2* (*mar.; disus.*) Oscillazione orizzontale di una nave a destra e a sinistra con la prua.

guìzzo (1) [da *guizzare*; 1313] **s. m.** *1* Movimento rapido e brusco: *g. argenteo della trota / controcorrente* (MONTALE) | *Dare un g.*, guizzare. *2* †Oscillazione, vibrazione.

†**guìzzo (2)** ● V. *vizzo*.

gùlag /ˈgulag, *russo* guˈɫɐk/ [dal russo *GULag*, abbr. di *G(lavnoe) U(pravlenie ispravitel'notrudovych) Lag(erej)* 'amministrazione generale dei campi di lavoro correzionale'; 1974] **s. m. inv.** (pl. russo *gulaghi*) *1* Campo di lavoro forzato nell'Unione Sovietica. *2* (*est.*) Sistema od organizzazione politica, statuale e sim. chiusa, coatta, repressiva.

gulasch /*ted.* ˈgolaʃ, ˈguː-/ [ungh. *gulyás* (sottinteso *hus*) '(carne) del mandriano (da *gulya* 'mandria di bovini')' attraverso il ted.; 1892] **s. m. inv.** (pl. ted. *Gulasche*) ● Spezzatino di manzo, stufato con lardo, cipolle e paprica, tipico della cucina ungherese.

gùlo [dal lat. tardo *gŭlo*, nom., 'ghiottone', da avvicinare a *gŭla* 'gola'] **s. m.** ● (*zool.*) Ghiottone.

gulp /gulp, *ingl.* gʌlp/ [vc. ingl., onomat.; 1930] **inter.** ● Riproduce il rumore che si fa deglutendo a vuoto per sorpresa, paura e sim.

gunite® [marchio registrato] **s. f.** ● Intonaco formato da un impasto di cemento e sabbia, che viene applicato sulla superficie da ricoprire mediante apposita spruzzatrice ad aria compressa.

GUP [sigla di *G(iudice dell') U(dienza) P(reliminare)*; 1989] **s. m. e f. inv.** ● (*dir.*) Giudice dell'udienza preliminare.

†**gùrge** o (*poet.*) †**gùrgite** [vc. dotta, lat. *gŭrgite(m)*, nom. *gŭrges*, vc. espressiva col sign. originario di 'inghiottire'; 1321] **s. m.** ● Gorgo, vortice: *riprofondavan sé nel miro gurge* (DANTE *Par.* XXX, 68).

gùrgle /ˈgurgle, *ingl.* ˈgəːgəl/ [vc. ingl., 'gorgoglio', di orig. onomat.] **A inter.** ● Riproduce, spec. nel linguaggio dei fumetti, il rumore di un liquido che scorre o bolle lentamente. **B s. m. inv.** ● Il rumore stesso.

gùrkha o **gùrka** [1922] **s. m. e f.** (pl. inv. o *gùrkhas*) *1* Appartenente a una popolazione asiatica di stirpe indoaria, insediatasi nel sec. XVIII nel Nepal, dove ancora oggi costituisce il gruppo etnico e linguistico principale. *2* Mercenario nepalese che presta servizio nell'esercito britannico.

gùru [indostano *gurū* 'maestro, prete', dall'ant. indiano *gurúh*, propr. 'grave', di orig. indeur.; per recente allargamento semantico nella moda occ. anche il tipo di 'veste' indossato; 1956] **s. m. inv.** *1* In India, maestro spirituale o capo religioso | (*est.; anche f.*) Capo carismatico di un movimento o di un gruppo di persone. *2* Abito a casacca, lungo fin quasi alle ginocchia, con maniche lunghe e accollato.

guscétto [1869] **s. m.** *1* Dim. di *guscio*. *2* Seta che rimane dopo la dipanatura dei bozzoli, usata per confezionare nastri e cordoncini. || **guscettino**, dim.

◆**gùscio** [etim. discussa: gr. *kýstion*, dim. di *kýstis* 'vescica' di orig. indeur. (?); av. 1311] **s. m.** (pl. *gusci*, m., †*guscia*, f.) *1* Rivestimento esterno di certi frutti e delle uova di certi uccelli e rettili: *il g. delle noci, delle mandorle, delle castagne* | *G. dell'uva, dei piselli, dei limoni*, buccia | *G. dei chicchi di grano*, pula | †*G. dell'anima*, il corpo | *G. di noce, d'uovo*, (*fig.*) casa minuscola o barchetta fragile e leggera | *A g. d'uovo*, detto di porcellane sottilissime, d'origine cinese | *Al g.*, à la coque: *uova al g.* | Conchiglia dei Molluschi | *Chiudersi, vivere nel proprio g.*, (*fig.*) vivere ritirati | *Uscire dal g.*, (*fig.*) uscire dal proprio ambiente, aprirsi a nuove esperienze. *2* (*est., tosc.*) Sacco di traliccio, contenente lana o crine per materassi o guanciali. *3* (*est.*) In varie tecnologie, tipo di struttura, in cui gli sforzi sono sopportati dal materiale di rivestimento: *g. resistente; struttura a g.* *4* Carcassa, ossatura: *il g. di una carrozza, di una nave*. *5* (*arch.*) Cavetto | *Modanatura a g.*, a profilo concavo. *6* †Piatto della bilancia. || **guscétto**, dim. (V.) | **gusciolino**, dim. | **guscióne**, accr.

gùsla ● V. *guzla*.

gustàbile [vc. dotta, lat. tardo *gustābile(m)*, da *gŭstus* 'gusto'; 1499] **agg.** ● Che si può gustare.

◆**gustàre** [lat. *gustāre*, da *gŭstus* 'gusto'; av. 1294] **A v. tr.** *1* Distinguere il sapore di qlco. mediante il senso del gusto: *il raffreddore impedisce di g. qualsiasi cosa* | Mangiare o bere cibi o bevande in piccola quantità per sentirne il sapore: *gustate questo vino e questo dolce, sono ottimi; né raro vidi chi né pur g. / puote alcun cibo* (ALBERTI). *2* Assaporare con piacere cibi o bevande gradite al palato: *g. un gelato, un bel pranzo, un bel piatto; gustarsi una buona pizza; per g. meglio i cibi è necessario assaporarli lentamente*. *3* (*fig.*) Godere spiritualmente, apprezzare: *g. la dolcezza, il piacere della pace; g. gli scritti dei buoni autori; gustarsi un brano di musica*. *4* †Intendere bene: *g. le parole, il consiglio*. **B v. intr.** (aus. *essere*, raro *avere*) ● Piacere, garbare, riuscir gradito: *il loro comportamento non mi gusta; vi gusterebbe un bibita ghiacciata?* **C v. intr. pron.** ● †Prendere piacere di qlco.

gustatìvo [av. 1406] **agg.** ● Concernente il senso del gusto: *facoltà gustativa* | Atto a far gustare: *organi gustativi* | *Papille gustative*, particolari formazioni anatomiche della lingua atte a percepire i sapori.

gustatóre [vc. dotta, lat. tardo *gustatōre(m)*, da *gustātus* 'gustato'; 1336 ca.] **s. m.** (f. *-trice*) ● Chi gusta da intenditore.

gustatòrio [vc. dotta, lat. *gustatōriu(m)*, da *gustātus* 'gustato'; 1678] **agg.** ● Relativo alla funzione del gusto.

gustévole [av. 1535] **agg.** ● (*raro*) Gradito al gusto: *cibo g.* | (*fig.*) Piacevole: *compagnia, discorso, libro g.* || **gustevolménte**, avv. Con gusto.

◆**gùsto** [lat. *gŭstu(m)*, di orig. indeur.; av. 1294] **s. m.** *1* Senso che permette di avvertire il sapore dei cibi attraverso le papille gustative. ➡ ILL. p. 2127 ANATOMIA UMANA. *2* Sensazione dovuta al sapore di cibi, bevande e sim.: *g. fine, delicato, grossolano; medicina di gradevole g.* | *Fare il g. a qlco.*, abituarcisi | (*est.*) Sapore: *questo gelato è al g. di fragola; è un cibo privo di g.; è un vino dal g. inconfondibile* | (*est.*) Sensazione piacevole che si prova nell'assaporare cibi o bevande gradite: *mangiare di g.; è di mio g.* *3* Piacere, soddisfazione: *ridere di g.; ci siamo tolti il g. di esprimere liberamente il nostro parere; ci ho g. a sapere che non sono il solo a sopportarli; avrei un g. matto se la vostra impresa fallisse; non c'è g. a parlare con te; che g. ci trovi a stuzzicarlo?*; (*antifr.*) *sai che bel g., viaggiare tutta la notte!* | *Prendere g. a qlco.*, incominciare a provarci piacere. *4* Inclinazione, voglia: *mi è venuto il g. del gioco; hanno il g. della pesca, della caccia* | Modo soggettivo di sentire, apprezzare, giudicare le cose: *sui gusti non si discute; è questione di gusti; sanno fare solo scherzi di pessimo g.* *5* Attitudine a discernere pregi e difetti di un'opera d'arte | Sensibilità a ciò che è bello: *formarsi, educare il g.; avere il g. della musica, della pittura, della poesia; avere un g. fine, grossolano; scrivere, esprimersi con g.* | *Essere di buon g.*, apprezzare le cose belle e goderne | Eleganza, distinzione: *vestiva con semplicità, ma con g.*; *il loro appartamento era arredato con g. fine e signorile.* **6** Complesso delle tendenze estetiche che caratterizzano il modo di giudicare e di esprimersi di un'epoca, di una scuola, di un autore: *è un'opera di g. barocco, neoclassico, romantico; gli impressionisti hanno il g. del colore; ha il g. della prosa d'arte, del frammento lirico* | Stile: *è il g. di Parigi, di Vienna.* || **gustàccio**, pegg. | **gustino**, dim.

GUSTO
nomenclatura

gusto (cfr. bocca, sapore)

• *caratteristiche*: raffinato = fine ⇔ grossolano, acuto ⇔ ottuso, delicato ⇔ rozzo; salato ⇔ dolce ⇔ amaro, acido;

• *azioni*: assaggiare = saggiare = provare, assaporare = pregustare, gustare = degustare ⇔ disgustare, nauseare = stomacare; avere, esercitare, perdere, riacquistare, formare, educare, raffinare il gusto;

• *organo del gusto*: lingua, papille gustative;

• *difetti del gusto*: ipergeusia ⇔ ipogeusia; parageusia, cacofagia; ageusia.

---

gustosità [1869] s. f. • Caratteristica di ciò che è gustoso.

♦**gustóso** [1613] agg. **1** Gradevole al gusto: *liquore, cibo g.* SIN. Saporito. **2** Piacevole, divertente: *lettura gustosa; compagnia gustosa; libro, racconto g.* SIN. Ameno. || **gustosaménte**, avv. In modo gustoso; di gusto: *ridere gustosamente.*

guttapèrca [comp. delle due voci malesi *jëtah* 'gomma' e *përcáh* 'nome dell'albero', attrav. l'ingl. *gutta-percha*; 1861] s. f. • Sostanza flessibile e plastica contenuta nel latice di alcune Sapotacee, usata spec. come isolante elettrico, in odontotecnica, in galvanoplastica e in chirurgia.

guttazióne [vc. dotta, ted. *Guttation*, dal lat. *gŭtta* 'goccia', *guttāre* 'gocciolare'; 1906] s. f. • (*bot.*) Uscita di acqua dagli stomi dei vegetali. SIN. Traspirazione.

Guttifere [comp. del lat. *gŭtta* 'goccia' e *-fer* '-fero'; 1869] s. f. pl. (sing. *-a*) • Nella tassonomia vegetale, famiglia di piante delle Dicotiledoni per lo più legnose, che forniscono latici gommosi e pregevole legno da costruzione (*Guttiferae*). SIN. Ipericacee.

gùtto [vc. dotta, lat. *gŭttu(m)* 'gotto', d'incerta etim.; av. 1539] s. m. • (*archeol.*) Piccolo vaso di argilla o altri materiali, con collo lungo e stretto, usato nell'antichità per distribuire profumi e oli ai convitati.

gutturàle [vc. dotta, deriv. del lat. *gŭttur*, genit. *gŭtturis* 'gola', vc. espressiva; 1643] **A** agg. **1** (*ling., disus.*) Velare. **2** Correntemente, di gola, articolato nella gola: *voce g.*; *grida gutturali.* || **gutturalménte**, avv. **B** s. f. • (*ling.*) Suono gutturale.

gutturalismo [av. 1733] s. m. • Difetto per cui si pronunciano i suoni in gola.

gutturalizzazióne s. f. • (*ling.*) Trasformazione per la quale un suono diventa gutturale.

guttùrnio [etim. sconosciuta] s. m. • Vino di color rosso granato, un tempo frizzante e amabile, oggi per lo più tranquillo e secco, prodotto nella zona dei colli piacentini con uve Barbera e Bonarda.

gùzla /ˈguzla/ o **gùsla** [serbocroato *gusla*, vc. di orig. e area slava (slavo *gudu*, *gusti* 'suonare la cetra'); av. 1803] s. f. • Specie di violino a una sola corda, tipico dei popoli serbi e croati.

gymkhana /ingl. ʤɪmˈkɑːnʌ, -ænʌ/ • V. *gincana.*

gymkhanista /ʤimkaˈnista/ • V. *gincanista.*

h, H

La lettera *H* non ha in italiano un valore fonetico proprio. I suoi usi principali sono i tre seguenti: come segno distintivo della pronuncia 'dura' della *C* o della *G* nei gruppi *che*, *chi*, *ghe*, *ghi* (comprese le forme raddoppiate *cche*, *cchi*, *gghe*, *gghi*); come lettera muta, per residuo etimologico, in quattro voci del verbo *avere* (*ho* /ɔ*/, *hài* /ai/, *ha* /a*/, *hànno* /'anno/) e anche in alcuni nomi di luogo e cognomi (es. *Thiène* /'tjɛne/, *Dehò* /de'ɔ*/); e come elemento caratteristico di parecchie esclamazioni, dove pure è di solito muta (es. *bah* /ba/, *ohibò* /oi'bɔ*/). In forestierismi non adattati, spec. voci inglesi, la lettera *H* può avere valore consonantico, rappresentando l'approssimante laringale /h/, e può pure far parte di svariati digrammi e trigrammi (es. *ch* /fr. ʃ, ingl. tʃ/, *sh* /ingl. ʃ/, *sch* /ted. ʃ/).

h, (maiusc.) **H** [1516] s. f. o m. ● Ottava lettera dell'alfabeto italiano (nome per esteso *àcca*): *h minuscola, H maiuscolo* | Nella compitazione spec. telefonica it. e internazionale *h come hotel* | *Vitamina H*, V. *vitamina*.

ha (1) /ha?/ [vc. espressiva; sec. XVI] **inter.** ● Esprime sarcasmo e risentimento: *ha! credevi di farmela?* | Spec. se ripetuta, riproduce una risata: *ha, ha, questa è bella!*

ha (2) ● V. *avere* (1).

habanera /sp. aβa'nera/ [vc. sp., '(ballo) dell'Avana (*Habana*)'] **s. f.** (**pl. sp.** *habaneras*) ● Canzone e danza spagnola di origine cubana.

hàbeas còrpus /lat. 'abeas 'kɔrpus/ [lat., propr. 'che tu abbia (*hàbeas*) la tua persona (*còrpus*)', sottinteso 'libera'] **loc. sost. m. inv.** ● (*dir.*) In Inghilterra e nell'America del Nord, mandato di comparizione dell'arrestato di fronte al magistrato che decide della legalità dell'arresto | (*est.*) L'insieme delle libertà personali garantite al cittadino dalle leggi costituzionali.

habillé /fr. abi'je/ [vc. fr., part. pass. di *habiller* 'abbigliare, vestire'; 1986] **agg. inv.** (f. fr. *habillée*; **pl. m.** *habillés*; **pl. f.** *habillées*) ● Elegante, raffinato.

hàbitat /lat. 'abitat/ [vc. lat., propr. 'egli abita', dal v. *habitāre* 'abitare'; 1933] **s. m. inv.** 1 (*biol.*) Complesso dei fattori fisici e chimici che caratterizzano l'area e il tipo di ambiente in cui vive una data specie di animale o di pianta. 2 (*fig.*) Ambiente particolarmente congeniale ai propri gusti, alle proprie aspirazioni e sim. 3 (*urban.*) Spazio attrezzato in cui l'uomo abita.

habitué /fr. abi'tɥe/ [vc. fr., propr. 'abituato', dal v. *habituer* 'abituare'; 1883] **s. m. e f. inv.** (f. fr. *habituée*; **pl. m.** *habitués*, **pl. f.** *habituées*) ● Frequentatore abituale, cliente assiduo.

hàbitus /lat. 'abitus/ [vc. lat., propr. 'abito'; 1929] **s. m. inv.** (**pl. lat. inv.**) 1 (*biol.*) Insieme dei caratteri che determinano l'aspetto caratteristico di un vegetale o di un animale. 2 (*med.*) Costituzione esterna del corpo espressiva di determinati stati morbosi. 3 (*est.*) Comportamento, carattere abituali.

hac /ha?k/ [vc. onomat.; av. 1587] **inter.** ● Riproduce il suono di un colpo di tosse.

haché /fr. a'ʃe/ [vc. fr., propr. 'tritata', dal v. *hacher*] **agg. inv.** ● (*cuc.*) Detto di carne cotta e finemente tritata, impiegata, insieme con varie salse, spec. come farcia o guarnizione.

hacienda /sp. a'θjenda, a'sje-/ [vc. sp., lat. *facienda*, propr. 'facende', nt. pl. del part. fut. *hacer* 'fare, operare' (in sp. *hacer*); 1887] **s. f.** (**pl. sp.** *haciendas*) ● Grande fattoria tipica dell'America meridionale.

hacker /ingl. 'hækəɹ/ [vc. ingl., da *to hack* 'fare a pezzi, rompere'; 1986] **A s. m. e f. inv.** ● Chi, mediante il proprio computer, s'inserisce abusivamente nella memoria o nei programmi di un altro computer. **B** in funzione di **agg. inv.** ● Relativo agli hacker.

hàfnio /'afnjo/ ● V. *afnio*.

Hag® /ag/ [sigla ted. del n. della ditta produttrice, la (*Coffee*) H(*andels*) A(*ktien*)g(*esellschaft*) 'Società per Azioni per il commercio del caffè'] **A s. m. inv.** ● Nome commerciale di un caffè decaffeinato. **B** anche **agg.**

†**hài** (1) /?ai/ [vc. espressiva; av. 1375] **inter.** ● Esprime dolore, meraviglia, gioia, commozione.

hài (2) ● V. *avere* (1).

hàik /aik, ar. hɑ(:)ik/ [ar. ḥāʾik, dal verbo ḥāka 'tessere'; 1910] **s. m. inv.** (**pl. ar.** *haikàt*) ● Veste bianca dei berberi.

haikai /giapp. ˌhaikai/ ● V. *haiku*.

haiku /giapp. ˌhaiku/ o **haikai** [vc. giapp. giunta attrav. l'ingl.; 1923] **s. m. inv.** ● Breve poesia giapponese, composta di 17 sillabe ripartite in tre gruppi di 5, 7 e 5, avente per argomento spec. la contemplazione individuale della natura.

hairstylist /er'stailist, ingl. 'hɛəɹˌstaɪlɪst/ [loc. ingl., propr. 'stilista (*stylist*) di capelli (*hair*)'] **s. m. e f. inv.** ● Barbiere, parrucchiere che crea acconciature secondo i dettami dell'ultima moda.

haitiàno /ai'tjano/ [1819] **A agg.** ● Di Haiti. **B s. m.** (f. -*a*) ● Abitante, nativo di Haiti.

halér /ceco 'ɦalɛr/ [vc. ceca, V. *Heller*] **s. m. inv.** ● (*econ.*) Heller.

half-duplex /alf'dupleks, ingl. 'hæfˌdʊpleks/ [vc. ingl., propr. '*duplex* usato a metà (*half*)'] **s. m. inv.** ● (*elettron.*) In una trasmissione seriale, collegamento effettuato con un solo canale e che permette, alternativamente, l'invio di informazioni nei due sensi.

halibut /'alibut, ingl. 'hælɪbət/ [vc. ingl., in ingl. *halybute* 'pesce piatto (*butte*), che si mangia in giorno festivo (*haly, agg. holy*)', comp. di due elementi di area germ.] **s. m. inv.** ● (*zool.*) Ippoglosso.

halite /a'lite/ ● V. *alite* (1).

hall (1) /ɔl, ol, ingl. hɔːl/ [vc. ingl., di orig. indeur.; 1749] **s. f. inv.** ● Ampia sala d'ingresso e soggiorno in alberghi, ritrovi, case signorili.

Hall (2) /ingl. hɔːl/ [vc. ingl., prob. da n. proprio] **agg. inv.**; anche **s. f. inv.** ● (*mar.*) Tipo di ancora utilizzato dalle navi con una robusta marra incerniera al diamante e due tozze patte.

hallalì /fr. ala'li/ o **allalì** [da una base onomat. *hall-*; 1887] **inter.** ● Nelle antiche battute di caccia, grido d'incitamento.

hallo /e(:)'lo, a(:)'lo, ingl. həˈloʊ/ o **hello** ingl., da un precedente *hollo*, dall'inter. *holla*, di orig. discussa: dal fr. *holà* (?); 1963] **inter.** ● Si usa per richiamare l'attenzione di qlcu., o, nelle comunicazioni telefoniche, in luogo del più usato 'pronto'.

Halloween /alo'win, ingl. hæləˈwɪn/ [vc. ingl., *Hallow-e'en*, riduzione di *All-Hallow-Even* 'vigilia di Ognissanti'; 1984] **s. m. inv.** ● La notte fra il 31 ottobre e il 1° novembre, dedicata, spec. negli Stati Uniti, a scherzi e travestimenti a tema macabro e a processioni con zucche svuotate e illuminate all'interno; secondo un'antica credenza celtica, quella notte comparivano fantasmi, folletti e streghe.

†**hàlo** /'alo/ ● V. *alone* (1).

hamàda /a'mada, ar. hɑˈmæːda/ o **hammàda** [ar. *ḥamāda*, giuntoci attrav. il fr. o l'ingl.; 1895] **s. m. inv.** (**pl. ar.** *hamadàt*) ● Tipo di deserto roccioso, consistente di un basamento di roccia nuda e corrosa dal vento, e reso accidentato da relitti d'erosione.

hambùrger /am'burger, ingl. 'hæmˌbɜːɹɡəɹ/ [vc. ingl., abbr. di *hamburger steak*, propr. 'bistecca (*steak*, di orig. nordica) di Amburgo (*hamburger*, agg. etnico di *Hamburg*)'; 1963] **s. m. inv.** ● Specie di medaglione, di carne bovina o suina, tritata e variamente speziata, cotta in padella o ai ferri, servita spec. entro un panino tondo di pasta soffice.

hamburgherìa /amburge'ria/ [1986] **s. f.** ● Locale dove si vendono e si consumano hamburger.

hammàda /am'mada/ ● V. *hamada*.

hammàm /am'mam/ [ar. *ḥammām* 'bagno turco'; 1990] **s. m. inv.** (**pl. ar.** *hammamàt*) ● Luogo dove si possono fare bagni turchi, massaggi, cure fisiche: *gli h. di Istambul.*

hammerless /ingl. 'hæməɹləs/ [vc. ingl., propr. 'senza (-*less*, in orig. agg. col senso di 'libero da') cane (*hammer*, propr. 'martello', di orig. indeur.)', perché nascosto; 1930] **s. m. inv.** ● Fucile da caccia a cani interni.

hamster /ingl. 'hæmstəɹ/ [vc. di area germ. e orig. slava (slavo ecclesiastico *choměstorŭ*, dall'ir. *hamāestar-* 'che si getta (*maēth*-) a derubare (*ham-*)'; 1956] **s. m. inv.** ● (*zool.*) Criceto | Pelliccia di tale animale.

han /?an, han/ [vc. espressiva] **inter.** ● Esprime in forma interr. dubbio o richiesta di conferma: *non è vero, han?*

handball /ingl. 'hændˌbɔːl/ [vc. ingl., comp. di *hand* 'mano' e *ball* 'palla'; 1985] **s. m.** solc **inv.** ● (*sport*) Pallamano.

handicap /'endikap, 'an-, ingl. 'hændiˌkæp/ [vc. ingl., originariamente 'gioco, nel quale la posta era tenuta con la mano (*hand*) in (*in*) un berretto (*cap*)'; 1898] **A s. m. inv.** 1 (*sport*) Competizione in cui, per equiparare le possibilità di vittoria, si assegna uno svantaggio al concorrente ritenuto superiore o un vantaggio a quello ritenuto inferiore mediante aumenti di punteggio, di peso, di colpi, abbuoni di distanza e sim. 2 Il vantaggio o lo svantaggio assegnato in tale competizione. 3 (*est.*, *fig.*) Condizione di svantaggio, d'inferiorità nei confronti degli altri: *la mancanza di un diploma è per lui un grave h.* 4 (*med.*) Incapacità di provvedere da sé, interamente o parzialmente, alle normali necessità della vita individuale e sociale, determinata da una deficienza, congenita o acquisita, fisica o psichica, e da una conseguente incapacità a livello della persona, e avente conseguenze individuali, familiari e sociali | *Portatore di h.*, handicappato. SIN. Invalidità, minorazione. **B** in funzione di **agg. inv.** nel sign. 1: *corsa h.*

handicappàre /endikap'pare, an-/ o **andicappàre** [1908] **v. tr.** 1 (*sport*, *raro*) Gravare di un handicap. 2 (*fig.*) Mettere in una situazione d'inferiorità, di svantaggio, rispetto agli altri: *il suo carattere incostante lo handicappa*.

handicappàto /endikap'pato, an-/ o **andicappàto** [1973] **A part. pass.** di *handicappare*; anche **agg.** ● Nei sign. del v. **B s. m.** (f. -*a*) ● (*med.*) Persona affetta da handicap | *Inserimento degli handicappati*, integrazione di questi nelle istituzioni ordinarie, soprattutto scolastiche.

handicapper /ingl. 'hændiˌkæpəɹ/ [vc. ingl., da *handicap* col suff. di agente -*er* (da *hand* 'mano', d'area germ. e orig. incerta)] **s. m. inv.** ● (*sport*, *ra*-

ro) Periziatore.

handling /*ingl.* 'hændlıŋ/ [vc. ingl., propr. 'trattamento', dal v. *to handle* 'maneggiare' nel senso specifico di 'trattare, occuparsi'; 1983] **s. m. inv.** *1* Complesso di servizi atti a soddisfare le esigenze dell'assistenza a terra, agli aerei e ai passeggeri, durante la sosta negli aeroporti. *2* (*org. az.*) In un magazzino, l'insieme delle operazioni manuali di prelievo e predisposizione all'imballo delle merci in vista della spedizione.

hangar /'aŋgar, *fr.* ɑ̃'gaːʀ/ [etim. discussa: francone **haimgard* 'recinto (*gard*) intorno alla casa (*haim*)' (?); 1908] **s. m. inv.** ● Aviorimessa.

hànno ● V. *avere* (*1*).

Hannukkah /*ebr.* xanuk'ka/ ● V. *Hanukkah*.

hanseniàno /anse'njano/ [dal n. del medico norv. G. H. *Hansen* (1841-1912), che scoprì l'agente patogeno della lebbra; 1963] **A agg.** ● (*med.*) Relativo alla lebbra. **B s. m.** (f. *-a*) ● (*med.*) Malato di lebbra.

Hanukkah /*ebr.* xanu'ka/ o **Hannukkah** o **Hanukkà** [vc. ebr., *ḥanukkāh*, propr. 'consacrazione'; 1969] **s. f. inv.** (pl. ebr. inv.) ● Festa religiosa ebraica, nota anche come Festa delle Luci, che cade in novembre o dicembre, caratterizzata dall'accensione rituale e progressiva delle candele della menorah; celebra la riedificazione del Tempio a opera dei Maccabei e la riconquista della libertà.

hàpax /*lat.* 'apaks, *gr.* 'hapaks/ **s. m. inv.** ● Accorc. di *hapax legomenon*.

hapax legomenon /*gr.* 'hapaks le'gɔmenon/, (*evit.*) **àpax legòmenon** [loc. gr., propr. 'detto (*legómenon*, part. pass. nt. di *légein* 'dire') una sola volta (*hápax*, comp. di *ha-* 'uno' e della stessa radice del v. *pēgnýnai* 'fissare')'; 1892] **loc. sost. m. inv.** (pl. gr. *hàpax legòmena*) ● (*ling.*) Parola o forma di cui è attestato un solo esempio all'interno del sistema di una lingua o di un'opera letteraria.

happening /'ɛppenin(g), *ingl.* 'hæpnıŋ/ [vc. ingl., propr. 'avvenimento', dal v. *to happen* 'accadere, avvenire', da *hap* 'sorte, fortuna' con qualche riscontro anche al di fuori dell'area germ.; 1964] **s. m. inv.** ● Genere artistico fondato sull'estemporaneità dell'azione, spesso caratterizzato da gestualità o da interventi sulle cose, e accompagnato da azioni di tipo teatrale, mimico, pittorico, musicale e a cui il pubblico è chiamato a partecipare | (*est.*) Festa, ritrovo e sim. aperti all'improvvisazione e all'iniziativa dei partecipanti.

happy end /'ɛppi 'ɛnd, *ingl.* 'hæpi,ɛnd/ [loc. pseudoingl. per *happy ending*, propr. 'lieto fine'; 1940] **loc. sost. m. inv.** ● Felice conclusione di un film, di un romanzo, di una vicenda e sim.

happy hour /epi'awər, *ingl.* ˌhæpɪ'aʊəɹ/ [loc. dell'ingl. d'America, propr. 'ora (*hour*) felice (*happy*)'; 1992] **A loc. sost. f. inv.** (pl. ingl. *happy hours*) ● Fascia oraria nella quale alcuni locali pubblici (spec. bar, pub, ristoranti) praticano sconti. **B** anche **loc. agg. inv.**: *aperitivo happy hour.*

harakiri /kara'kiri, *giapp.* ˌha'rakiri/ o, più diffuso ma meno corretto, **karakiri** [vc. giapp., propr. 'tagliare (*kiri*) il ventre (*hara*)'; 1889] **s. m. inv.** ● Suicidio compiuto squarciandosi il ventre con una spada, tipico dei samurai giapponesi | (*fig.*) Azione che arreca grave danno a chi la compie.

hard /ard, *ingl.* hɑːɹd/ [vc. ingl., propr. 'duro, rigido', di orig. indeur.; 1980] **A agg. inv.** *1* Detto di ciò che ha toni forti, decisi, duri; che è aspro e crudo, spec. in contrapposizione a *soft*: *atteggiamento, musica h.* *2* Accorc. di *hard-core*: *un film h.* **B s. m. inv.** ● Accorc. di *hard discount.*

hard-boiled /*ingl.* 'hɑːɹd,bɔɪld/ [vc. ingl., propr. 'bollito (*boiled*, part. pass. di *to boil*) (fino a diventare) sodo, duro (*hard*)', e fig. 'indurito dall'esperienza, realistico'; 1962] **s. m. inv.** ● Genere narrativo statunitense, che tratta temi polizieschi con toni crudamente realistici e violenti.

hard bop /*ingl.* 'hɑːɹd,bɒp/ [loc. ingl., da *be-bop*, con sostituzione di *hard* 'duro' a *be*] **loc. sost. m. inv.** ● Stile jazzistico statunitense nato negli anni 1955-60 all'interno del recupero del be-bop, rispetto al quale presenta accentuazioni ritmiche più marcate e sonorità più accese.

hard copy /*ingl.* 'hɑːɹd,kɒpi/ o **hardcopy** [loc. ingl., comp. di *hard* 'duro, rigido' e *copy* 'copia'; 1985] **s. f. inv.** (pl. ingl. *hard copies*) ● (*elab.*) Rappresentazione permanente di un'immagine visualizzata sullo schermo di un computer, che viene generata da un dispositivo di stampa ed è direttamente prelevabile dall'utente.

hard-core /ard'kɔr, *ingl.* 'hɑːɹd,kɔːɹ/ [vc. ingl., comp. di *hard* (V.) e *core* 'centro, nucleo' (vc. di orig. incerta): la vc. significò dapprima 'il militante più attivo, fedele fino alla morte, di un gruppo, un'organizzazione, un movimento'; 1975] **agg. inv.** ● Detto di un genere cinematografico pornografico molto spinto, in cui le situazioni sullo schermo vengono rappresentate con assoluto realismo.

hardcover /ard'kɔver, *ingl.* 'hɑːɹd,kʌvəɹ/ [vc. ingl., comp. di *hard* 'duro, rigido' e *cover* 'copertina'; 1985] **s. m. inv.** ● Libro con copertina rigida.

hard discount /ardis'kaunt, *ingl.* 'hɑːɹd-ˌdɪskaʊnt/ [loc. ingl. comp. di *hard* 'forte' e *discount* 'sconto' ellitt. per *'hard discount store'*; 1993] **loc. sost. m. inv.** ● Supermercato che vende prodotti di largo consumo di marche poco note o sconosciute a prezzi competitivi, grazie alla rapida rotazione delle scorte, alla riduzione del personale e ai risparmi sui costi pubblicitari. **CFR.** Discount.

hard disk /ar'disk, *ingl.* 'hɑːɹd,dɪsk/ [loc. ingl., comp. di *hard* 'duro, rigido' e *disk* 'disco'; 1985] **loc. sost. m. inv.** (pl. ingl. *hard disks*) ● (*elab.*) Disco rigido.

hard rock /*ingl.* 'hɑːɹd,ɹɒk/ [loc. ingl., comp. di *hard* 'duro' e *rock* (V.); 1982] **loc. sost. m. inv.** ● Genere di musica rock affermatosi negli anni 1965-75, caratterizzato da una sonorità molto aggressiva, esasperata mediante accorgimenti elettronici.

hardtop o **hard top** /ard'tɔp, *ingl.* 'hɑːɹd,tɒp/ [vc. ingl., propr. 'tetto, parte superiore (*top*, di vasta area, ma di orig. incerta) rigido (*hard* (V.))'; 1981] **s. m. inv.** ● (*autom.*) Tetto di metallo o di plastica di cui è munito un autoveicolo o che può essere applicato su un autoveicolo, spec. fuoristrada, in sostituzione della capote di tela.

hardware /'ardwɛr, -er, *ingl.* 'hɑːɹd,wɛəɹ/ [vc. ingl., propr. 'oggetti (*ware*, di area germ.) di metallo (*hard* (V.))', nella speciale applicazione di 'componenti fisici di un apparato'; 1969] **s. m. inv.** *1* (*elab.*) L'insieme delle unità fisiche che compongono un sistema di elaborazione dati, cioè le apparecchiature considerate in antitesi ai programmi, e quindi al software. *2* (*est.*) L'insieme delle macchine e degli strumenti necessari per una determinata attività.

Hàre Krishna /'are 'kriʃna, 'ha-, *sanscrito* 'fiʌre 'krṣṇʌ/ [adattamento, sul modello della grafia ingl., della vc. sanscrita *Hare*, evocante la potenza devozionale di Dio, e della vc. sans. *Krishna* 'l'Infinitamente Affascinante', ambedue ricorrenti in un mantra vedico che significa quindi 'O Dio infinitamente affascinante, o potenza di Dio, Ti prego di impegnarmi a servirTi con devozione'; 1983] **loc. sost. m. e f. inv.** ● (*relig.*) Aderente all'Associazione Internazionale per la Coscienza di Krishna, comunità spirituale, di origine indiana e di cultura vedica, che raggruppa i devoti di Krishna, una delle incarnazioni del dio Visnù da essi considerato come il sommo e unico Dio.

hàrem /'arem, a'rɛm/ o **arèm**, **àrem**, (*raro*) **arèmme** [dal turco *harem*, a sua volta dall'ar. *ḥarīm* 'luogo inviolabile, sacro'; av. 1764] **s. m. inv.** *1* Parte dell'abitazione musulmana riservata esclusivamente alle donne e ai bambini | (*est.*) L'insieme delle donne dell'harem. *2* (*est.*, *scherz.*) L'insieme di più donne con cui un uomo ha contemporaneamente relazioni amorose.

harmònium /ar'mɔnjum, *fr.* aʀmɔ'njɔm/ ● V. *armonium.*

hascemita /aʃʃe'mita/ ● V. *hashimita.*

hascimita /aʃʃi'mita/ ● V. *hashimita.*

hashimita /aʃʃi'mita/ o **hascemita** o **hascimita** [da *Hāshim* ibn 'Abd Manāf', bisnonno di Maometto; 1956] **A agg.** (pl. m. *-i*) ● Detto di un'antica dinastia di sceriffi arabi della Mecca, oggi regnante in Giordania. **B s. m. e f.** ● Membro di tale dinastia.

hashish /aʃ'ʃiʃ, *ingl.* 'hæʃiʃ/ o **ascisc**, **haschisch** /*ted.* 'haʃiʃ, ha'ʃiːʃ/, **hascisc** [ar. *ḥašīš* (collett.) 'erbe', dalla radice di *ḥašša* 'tagliare'; 1860] **s. m. inv.** ● Stupefacente ottenuto estraendo le resine contenute nei germogli della *Cannabis indica* dopo averli opportunamente essiccati.

hasìdico /a'sidiko/ e *deriv.* ● V. *cassidico* e *deriv.*

hàssio /'assjo/ [da *Hessen* 'Assia', nome della regione tedesca dove opera un istituto di ricerca in cui è stato scoperto nel 1984] **s. m.** ● Elemento chimico transuranico artificiale di numero atomico 108. **SIMB.** Hs.

hastellòy® /astel'lɔi/ [marchio registrato] **s. m. inv.** ● Gruppo di leghe a base principalmente di nichel e molibdeno, particolarmente resistenti alle alte temperature e agli agenti corrosivi.

hatha-yoga /'ata 'jɔga, *sanscrito* 'fiaːthʌ 'joːgʌ/ [vc. sans., propr. 'yoga (V.) basato sull'esercizio fisico (*hata*)'] **s. m. inv.** ● Forma di yoga che tende a raggiungere lo stato mistico attraverso il superamento delle sensazioni corporee, realizzato con la pratica di opportuni esercizi fisici e respiratori.

Hausmusik /*ted.* 'haosmuˌziːk/ [loc. ted., propr. 'musica (*Musik*) domestica, da casa (*Haus*)'] **s. f. inv.** (pl. ted. *Hausmusiken*) ● (*mus.*) Nei Paesi tedeschi, pratica musicale domestica, esercitata attivamente in contrapposizione alla musica di consumo.

haute /*fr.* oːt/ [vc. fr., propr. 'alta', sottinteso 'società', sul modello del fr. *haute société*; 1858] **s. f. inv.** ● Il complesso delle persone ricche e influenti o prestigiose, appartenenti ai ceti socialmente più elevati | Alta società (*spec. iron.*).

haute couture /*fr.* ˌotku'tyːʀ/ [vc. fr., propr. 'alta (*haute*, f. di *haut*, dal lat. *altus* con *h-* dell'agg. germ. dello stesso sign.) moda (*couture*, propr. 'cucitura', dal lat. parl. **co(u)sutūra* 'costura')'; 1965] **loc. sost. f.** ● Alta moda | Lavoro e ambiente delle sartorie di lusso.

haute cuisine /*fr.* ˌotkɥi'zin/ [loc. fr., propr. 'alta cucina'] **loc. sost. f. inv.** ● Arte del cucinare pietanze raffinate, di difficile preparazione.

hawaiàno /ava'jano, awa-/ **A agg.** ● Delle isole Hawaii | *Chitarra hawaiana*, ukulele. **B s. m.** (f. *-a*) ● Abitante, nativo delle isole Hawaii.

hazard /'adzdzard, *ingl.* 'hæzəɹd/ [vc. ingl., propr. 'azzardo' nel senso specifico di 'pericolo'; 1988] **s. m. inv.** ● (*autom.*) Sistema per attivare il lampeggio di tutti gli indicatori di direzione per segnalare un pericolo o per indicare che il veicolo è fermo.

he /ʔɛ, ʔe, hɛ/ [vc. espressiva] **inter.** ● Esprime rassegnazione o dubbio in un sign. analogo a *perché no, non dico di no*: *he! sarà così!*

head-hunter /ed'anter, *ingl.* 'hæd,hʌntəɹ/ [loc. ingl., propr. 'cacciatore (*hunter*) di teste (al sing. *head*)'; 1989] **s. m. e f. inv.** ● (*org. az.*) Cacciatore di teste.

headline /*ingl.* 'hɛd,laen/ [vc. ingl., propr. 'linea (*line*) di testa (*head*)'; 1972] **s. m. inv.** *1* Titolo, intestazione di un annuncio pubblicitario, che sintetizza il tema della campagna pubblicitaria ed è scritto in modo da attirare l'attenzione del pubblico. *2* Testata o titolo di giornale.

hearing /*ingl.* 'hıəɹıŋ/ [vc. ingl., da *to hear* 'udire, sentire, ricevere notizie' (vc. di orig. germ.); 1973] **s. m. inv.** ● Indagine conoscitiva.

heavy metal /ɛvi'mɛtal, *ingl.* 'hɛvi 'mɛtḷ/ [loc. ingl., propr. 'metallo (*metal*) pesante (*heavy*)'; 1983] **loc. sost. m. inv.** ● Genere di musica rock affermatosi negli anni 1975-85, derivato dall'hard rock, caratterizzato da sonorità violente e da ritmi veloci e ossessivi.

hedge fund /edʒ'fand, *ingl.* 'hɛdʒ,fʌnd/ [loc. ingl. comp. di 'fondo (*fund*) di protezione (*hedge*)'; 1997] **loc. sost. m. inv.** (pl. ingl. *hedge funds*) ● (*econ.*) Fondo comune che ricerca rendimenti elevati tramite investimenti speculativi ad alto rischio.

hegelianìsmo /egelja'nizmo, he-/ o **hegelianèsimo** /egelja'nezimo, he-/ [av. 1855] **s. m.** ● (*filos.*) Hegelismo.

hegeliàno /ege'ljano, he-/ [1867] **A agg.** ● Che concerne o interessa il sistema filosofico di G. W. F. Hegel (1770-1831). ‖ **hegelianaménte**, **avv.** **B s. m.** (f. *-a*) ● Chi segue o si ispira alla filosofia di G. W. F. Hegel.

hegelìsmo /ege'lizmo, he-/ [1887] **s. m.** *1* Complesso delle dottrine che costituiscono il sistema filosofico di G. W. F. Hegel. *2* Tendenza a richiamarsi ai capisaldi del sistema filosofico di G. W. F. Hegel.

hei /ei/ [vc. espressiva; av. 1406] **inter.** ● Si usa per attirare l'attenzione o per esprimere meraviglia o stupore (*anche iron.*): *hei! tu!*, *hei! ce l'ho fatta!*

Helànca® /e'lanka/ [marchio registrato] **s. m. inv.** ● Fibra sintetica di fili di nylon elasticizzati.

hèlion® /'ɛljon/ [marchio registrato] **s. m. inv.** ● Altra denominazione del nylon.

helisky /*fr.* elis'ki/ [1983] **s. m. inv.** ● Eliskì.

Heller /*ted.* 'hɛlʌ/ [vc. ted., da un precedente medio alto ted. *Haller* (sottinteso *pfennig*) '(moneta) di *Hall*' (località sveva di coniazione)] **s. m. inv.** (**pl.** ted. **inv.**) ● Moneta d'argento medievale tedesca | Moneta cecoslovacca (oggi della Repubblica ceca e della Slovacchia) del valore di 1/100 di corona. **SIN.** Haléř.

hello /e(l)'lo*, *ingl.* hə'ləʊ/ ● V. *hallo*.

help /ɛlp, *ingl.* hɛlp/ [vc. ingl., propr. 'aiuto, soccorso'; 1988] **s. m. inv.** ● (*elab.*) In un programma applicativo, funzione che offre all'utente informazioni e istruzioni operative sul funzionamento del programma stesso.

hem /ʔɛm, hɛm, m̩/ [vc. espressiva; av. 1525] **inter.** ● Serve per richiamare l'attenzione, per interrompere un discorso, per esprimere titubanza, incertezza, avvertimento, velata minaccia, ecc.: *hem, penso di doverti una spiegazione*; (spesso ripetuta) *hem, hem, scusa se ti interrompo*.

hènna /'ɛnna/ o **ènna** [ar. *ḥinnā'*, n. di una pianta usata per tingere di rosso le stoffe; 1548] **s. f.** ● Alberetto spinoso delle Borraginacee dalle cui foglie si ricava una materia colorante rossa usata come tintura per capelli, tessuti, legni (*Lawsonia alba*) | (*est.*) Tintura di henna.

henné /*fr.* e'ne/ [av. 1557] **s. m. inv.** ● Henna.

hènry /*ingl.* 'hɛnɹi/ [dal n. del fis. amer. J. *Henry* (1797-1878); 1905] **s. m. inv.** ● (*elettr.*) Unità di induttanza elettrica, corrispondente a quella di un circuito nel quale si produce l'impulso di tensione di un voltsecondo quando la corrente in esso varia di un ampere. **SIMB.** H.

hèrpes /*lat.* 'ɛrpes/ [vc. dotta, lat. *hĕrpete(m)*, nom. *hĕrpes*, dal gr. *hérpēs*, dal v. *hérpein* 'strisciare', perché malattia che striscia e si diffonde sulla pelle; 1493] **s. m. inv.** (**pl.** lat. *herpetes*) ● (*med.*) Una delle numerose affezioni cutanee, di origine virale, caratterizzata dalla formazione di grappoli di vescicole acquose su una base infiammatoria. **SIN.** Erpete | ***H. semplice***, uno dei più comuni tipi di herpes, localizzato spec. ai bordi delle labbra, delle narici, nei genitali | ***H. zoster***, tipo di herpes caratterizzato da vescicole che danno una dolorosa sensazione di bruciore cutaneo, lungo il decorso dei nervi. **SIN.** Fuoco di Sant'Antonio | ***H. virus***, virus responsabile di tutte le malattie erpetiche.

hertz /ɛrts, *ted.* hɛʌts/ [dal n. del fis. ted. H. R. *Hertz* (1857-1894); 1937] **s. m. inv.** ● (*fis.*) Unità di frequenza, corrispondente a un ciclo al secondo. **SIMB.** Hz.

hertziàno /er'tsjano/ o **erziàno** [1905] **agg.** ● Del fisico H. R. Hertz | ***Onde hertziane***, onde elettromagnetiche di lunghezza superiore a 300 micron.

hesitation /*ingl.* ˌhɛzɪ'tɛɪʃn̩/ [vc. ingl., propr. 'esitazione', da *to hesitate* 'esitare', di orig. lat.; 1923] **s. f. inv.** ● Valzer all'inglese.

hevèa /e'vɛa/ [da una lingua degli indigeni di Esmeraldas (Ecuador): *hyévé*; 1933] **s. f.** ● Genere di piante sudamericane delle Euforbiacee coltivate nei paesi intertropicali (*Hevea*) | ***H. brasiliensis***, i cui tronchi incisi lasciano sgorgare il lattice da cui si ottiene il caucciù. **SIN.** Albero della gomma. ➡ **ILL. piante**/2.

hezbollàh /ezbol'la*, *ar.* ħizbʊl'lɑː, *iran.* hezbol'lɒː/ [dal persiano ant. *hezbollah*, in ar. *hizbullāh*, 'partito (*ḥezb, ḥizb*) di Dio (*Allāh*)'; 1985] **s. m. inv.** ● Denominazione di alcuni movimenti islamisti radicali sciiti di ispirazione iraniana, spec. di un movimento attivo nel Libano, dotato di milizie armate.

hi /iː, hiː, ʔiː/ [vc. espressiva nel sign. 1; onomat. nel sign. 2; 1353] **inter.** **1** Esprime sorpresa, noncuranza, incredulità, apprezzamento ironico: ... *hi, meccere: ecco onesto uomo* (BOCCACCIO). **2** Riproduce, ripetuta due o più volte, il suono di un riso o di un pianto molto acuto.

hic et nunc /*lat.* ik et'nunk/ [loc. lat., propr. 'qui (*hīc*) e ora (*nūnc*)'] **A avv.** ● Qui e adesso, subito, immediatamente. **B loc. sost. m. inv.** ● L'accadere di un fenomeno o di un processo nel momento stesso in cui si verifica: *l'hic et nunc di una seduta psicoanalitica*.

hickory /'ikori, *ingl.* 'hɪkəɹi/ [vc. ingl., abbr. di *poka-hickory*, dall'algonchino della Virginia *pawcohiccora* 'preparato di noci tritate'; 1933] **s. m. inv.** (**pl.** ingl. *hickories*) ● Genere di alberi delle Iuglandacee originari del Canada, che dà un legno duro e compatto | (*est.*) Il legno di tale albero, un tempo molto usato per fabbricare sci.

hidalgo /*sp.* i'ðalɣo/ [sp., propr. 'figlio (*hijo*) di (*d'*) qualcuno (*algo*, che può anche essere inteso come 'ricchezza, beni di fortuna')'; 1506] **s. m.** (**pl.** sp. *hidalgos*) ● Membro della piccola nobiltà spagnola.

hi-fi /ai'fai, *ingl.* 'hae 'fae/ [1962] **loc. sost. f. inv.** ● Accorc. di *high-fidelity*.

highball /*ingl.* 'hae,bɔːɫ/ [vc. dell'ingl. d'America, che all'orig. indicava una specie di poker, comp. di *high* 'alto' (V. *high*) e *ball* 'palla' (perché giocato con delle palle); 1953] **s. m. inv.** **1** Long drink allungato con bibite gasate. **2** (*est.*) Caratteristico bicchiere molto capiente in cui si servono bevande di questo tipo.

high fidelity /*ingl.* 'hae fɪ'dɛləṭi/ [ingl., propr. 'alta (*high*) fedeltà (*fidelity*)'; 1962] **loc. sost. f. inv.**; anche **loc. agg. inv.** ● Alta fedeltà.

high life /*ingl.* 'hae,laef/ [ingl., propr. 'alta (*high*) vita (*life*)'; 1832] **loc. sost. f. inv.** ● Alta società, gran mondo.

high school /*ingl.* 'hae,skuːɫ/ [loc. ingl., propr. 'scuola alta'; 1987] **s. f. inv.** (**pl.** ingl. *high schools*) ● Nei Paesi di lingua inglese, scuola secondaria superiore.

high society /*ingl.* 'hae sə'saeəṭi/ [ingl., propr. 'alta (*high*) società (*society*)'; 1966] **loc. sost. f. inv.** ● Il complesso delle persone ricche e influenti o prestigiose, appartenenti ai ceti socialmente più elevati | Alta società.

high-tech /*ingl.* 'hae 'tʰɛk/ [1985] **A s. f.** o **m. inv.** **1** Accorc. di *high technology*. **2** Stile di architettura che attribuisce grande importanza alla componente tecnologica. **B agg. inv.** ● Altamente tecnologico o realizzato con una tecnologia avanzata: *industria, mobile high-tech*.

high technology /*ingl.* 'hae tɛk'nɒlədʒi/ [loc. ingl., propr. 'alta tecnologia'; 1983] **loc. sost. f. inv.** ● Tecnologia avanzata, che utilizza procedimenti e attrezzature altamente sofisticati.

hi ho /iː'ɔː/ [vc. onomat.] **inter.** ● Riproduce il raglio dell'asino.

hijacking /ai'dʒekin(g), *ingl.* 'haɪ,dʒækɪŋ/ [vc. ingl., propr. 'dirottamento', dal v. *to hijack* 'trafficare illegalmente', 'depredare', 'dirottare'; 1989] **s. m. inv.** ● Dirottamento o sequestro illegale di un mezzo di trasporto, spec. di un aereo.

himalayàno /imala'jano/ o **imalaiàno** **agg.** ● Relativo, appartenente, all'Himalaya: *massiccio h.* | ***Alpinismo h., alpinismo in stile h.***, quello che, per particolari condizioni come accesso lungo e difficile, enormi dislivelli, quote assai elevate, utilizza tecniche collaudate in Himalaya, come portatori, campi intermedi, attrezzatura con corde fisse di lunghi tratti di parete.

hindi /*hindi* 'hindi/ [persiano *hindī*, propr. 'indiano', da *Hind* 'India' col suff. agg. *-ī*] **A agg. inv.** ● Detto di una grande famiglia di dialetti parlati dagli Indù nell'Unione Indiana. **B s. m.** solo **sing.** ● Varietà di dialetto hindi, lingua nazionale dell'Unione Indiana.

hindu /'hindu/ e *deriv.* ● V. *indù* e *deriv.*

hindustàni /indus'tani/ [urdu e persiano *hindūstānī*, da *Hindūstān* 'Indostan'] **A s. m.** solo **sing.** ● Varietà linguistica del gruppo neo-indiano. **B** anche **agg. inv.**: *lingua h.*

hinterland /'interland, *ted.* 'hɪntʌ,lant/ [vc. ted. comp. di *hinter* 'dietro', di area germ., e *Land* 'paese, terra', di orig. indeur.; 1890] **s. m. inv.** (**pl.** ted. *Hinterländer*) **1** Nel diritto internazionale dell'Ottocento, il territorio interno di una regione costiera, spec. africana, occupato da una potenza coloniale europea, sul quale questa poteva avanzare pretese di sovranità ad esclusione di ogni altra. **2** (*geogr.*) Area circostante un grande porto marittimo, fluviale o lacuale a cui fornisce merci di esportazione e da cui riceve quelle di importazione. **3** (*urban.*) Fascia di territorio circostante un grande centro urbano, di cui subisce l'influenza sociale ed economica e alla quale fornisce il prodotto della propria attività.

hip /*ingl.* hɪp/ [di orig. onomat.; 1939] **inter.** ● Solo nella loc. inter. ***hip hip hip, urrà***, si usa come escl. di plauso e di esultanza collettiva (qlcu., specificando a chi deve andare l'applauso, lancia il triplice grido a cui tutti rispondono 'urrà'): *'per il vincitore: hip hip hip urrà!'*

hip-hop /*ingl.* 'hɪp,hɒp/ [probabile reduplicazione di *to hop* 'saltare' con alternazione vocalica; 1983] **s. m. inv.** ● Movimento nato negli Stati Uniti negli anni 1970-80 spec. da giovani neri, che perseguono una politica di non violenza attraverso la pratica di nuove forme d'arte, come i graffiti, la musica rap e la break dance.

hippy /*ingl.* 'hɪpi/ o **hippie** /'ippi, *ingl.* 'hɪpi/ [dall'ingl. d'America *hippy*, dapprima nello slang, formato da *hip* 'alla moda, aggiornato' col suff. *-y*; 1967] **A s. m.** e **f. inv.** (**pl.** ingl. *hippies*) ● Appartenente a un movimento, sorto negli anni 1965-70, di contestazione non violenta verso la società dei consumi, che proponeva modelli di vita alternativi, ideali di pace e di libertà e che si manifestava anche attraverso espressioni esteriori, come i capelli lunghi negli uomini e i vestiti variopinti. **B** anche **agg. inv.**: *giovane h.*; *movimento h.*

hit /*ingl.* hɪt/ [vc. ingl., propr. 'colpo', poi 'colpo messo a segno', 'cosa azzeccata, incovinata' (d'orig. germ.); 1970] **s. m. inv.** ● Nell'industria discografica, canzone di successo di cui si vendono molti esemplari riprodotti su dischi o cassette.

hitleriàno /itle'rjano, hi-/ [1933] **A agg.** ● Che si riferisce al dittatore tedesco A. Hitler (1889-1945) e ai suoi seguaci. **B s. m.** (**f.** *-a*) ● Seguace di A. Hitler | Nazista.

hitlerismo /itle'rizmo, hi-/ [1933] **s. m.** ● Sistema politico di A. Hitler e dei suoi seguaci | Nazionalsocialismo, nazismo.

hit-parade /itpa'rɛid, *ingl.* 'hɪtpəˌɹɛɪd/ [loc. ingl., propr. 'sfilata, parata di cose di successo', comp. di *hit* (V.) e *parade* 'parata, sfilata'; 1970] **loc. sost. f. inv.** (**pl.** ingl. *hit-parades*) ● Classifica delle canzoni di maggior successo in un dato periodo di tempo, stabilita sulla base dei dischi venduti o delle richieste di ascolto radiofonico.

hittita /it'tita/ ● V. *ittita*.

HIV /akkaiv'vu*/ [sigla dell'ingl. *Human Immuno-deficiency Virus* 'virus dell'immunodeficienza umana'; 1985] **s. m. inv.** ● (*biol.*) Virus dell'immunodeficienza umana, il retrovirus agente causale dell'AIDS.

hm /hm̩, ʔm̩, m̩/ [vc. espressiva; 1881] **inter.** **1** Esprime assenso: *hm, andiamo pure*; *hm, facciamo pure come vuoi tu*. **2** Esprime perplessità dubbio: *hm, il tuo discorso non mi convince*.

hmm /hm̩, m̩'hm̩, hm̩'hm̩, m̩h/ ● V. *mm*.

ho ● V. *avere* (*1*).

hobbesiàno /obbe'zjano, ho-/ [1764] **agg.** ● Che riguarda il filosofo inglese T. Hobbes (1588-1679) e il suo pensiero.

hobbista /ob'bista/ [da *hobby*; 1978] **s. m.** e **f.** (**pl. m.** *-i*) ● Chi si dedica con continuità a un hobby, spec. di tipo manuale.

hobbistica /ob'bistika/ [1983] **s. f.** ● Settore produttivo specializzato in articoli da hobby.

hobbistico /ob'bistiko/ [1983] **agg.** (**pl. m.** *-ci*) ● Relativo a hobby.

♦**hòbby** /'ɔbbi, *ingl.* 'hɒbi/ [vc. ingl., abbr. di *hobbyhorse* 'cavallo (*horse*, di orig. e area germ.), cavalluccio (*hobby*, di etim. incerta)', in orig. 'cavallo della giostra' o usato come giocattolo; 1956] **s. m. inv.** (**pl.** ingl. *hobbies*) ● Svago, passatempo preferito | Occupazione a cui ci si dedica nel tempo libero, come dilettanti: *avere un h.*; *fare qlco. per h.*; *ha l'h. del giardinaggio, della falegnameria*.

hobo /'obo, *ingl.* 'hoʊ,boʊ/ [vc. dell'ingl. d'America, prob. dal richiamo *ho, boy!* dei distributori della posta dai treni diretti nell'Ottocento verso nord-ovest; 1968] **s. m.** e **f. inv.** (**pl.** ingl. *hoboes, hobos*) ● Vagabondo e disoccupato (spec. con riferimento agli Stati Uniti durante gli anni che seguirono la depressione economica del 1929).

hoc, ad ● V. *ad hoc*.

hockeista /okke'ista/ [1955] **s. m.** e **f.** (**pl. m.** *-i*) ● Giocatore di hockey.

hockeistico /okke'istiko/ **agg.** (**pl. m.** *-ci*) ● Che si riferisce al gioco dell'hockey.

hòckey /'ɔkei, *ingl.* 'hɒki/ [etim. incerta; 1927] **s. m. inv.** ● Gioco a squadre, con regole simili a quelle del calcio, che si svolge su un terreno erboso, su piste di ghiaccio o di cemento, e in cui i giocatori sono provvisti di uno speciale bastone ricurvo per colpire il disco o la palla e inviarla nella porta avversaria: *h. su prato, su ghiaccio, su pista*.

hoi /ʔɔi, hɔi, ɔiʔ, oiʔ/ [vc. espressiva; av. 1250] **inter.** ● Esprime dolore, tristezza, disappunto: *hoi, che pasticcio!*

hòlding /'ɔldin(g), *ingl.* 'hoʊldɪŋ/ [vc. ingl. (più estesamente *holding company*), propr. part. pres. di *to hold* 'stringere, tenere' (di area germ., influenzato, nei sign., dal corrisp. lat. *tenēre* e fr. *tenir*) e, quindi 'controllare'; 1931] **s. f. inv.** ● Società finanziaria che detiene la maggioranza azionaria di un gruppo di imprese, controllandone le attività.

hollywoodiàno /olliwu'djano/ [1952] agg. ● Di Hollywood, centro dell'industria cinematografica americana | (*est.*) Sfarzoso, spettacoloso, privo di sobrietà e misura, secondo il gusto considerato tipico degli ambienti di Hollywood.

hòlmio /'ɔlmjo/ ● V. *olmio*.

holter /'ɔlter, *ingl.* 'həʊltəɹ/ [dal n. di N. J. *Holter* che la ideò nel 1961; 1985] s. m. o f. inv. ● (*med.*) Tecnica di registrazione elettrocardiografica continua mediante apparecchio portatile | (*est.*) L'apparecchio stesso.

home /om, *ingl.* həʊm/ [vc. ingl., propr. 'casa'] s. m. inv. ● (*elab.*) Tasto, contrassegnato da una freccia rivolta in alto a sinistra, che determina in genere lo spostamento del cursore all'inizio della riga corrente.

home banking /*ingl.* 'həʊm 'bæŋkɪŋ/ [loc. ingl., propr. 'attività bancaria in casa'; 1983] loc. sost. m. inv. ● Insieme di operazioni bancarie che si possono eseguire da casa mediante un terminale.

home base /*ingl.* 'həʊm 'beɪs/ [loc. ingl., propr. 'casa (*home*) base (*base*)'] loc. sost. f. inv. (pl. ingl. *home bases*) ● (*sport*) Nel baseball, casa base.

home computer /*ingl.* 'həʊm kəm'pjuːtəɹ/ [loc. ingl., propr. 'computer da casa'; 1983] loc. sost. m. inv. (pl. ingl. *home computers*) ● Personal computer per uso domestico.

homeless /'omles, *ingl.* 'həʊmlɪs/ [vc. ingl., propr. 'senza (*-less*) casa (*home*)'; 1987] s. m. e f. inv.; anche agg. ● Chi (o Che) non ha casa e vive per strada.

home page /*ingl.* 'həʊm,peɪdʒ/ [loc. ingl. propr. 'pagina (*page*) di casa (*home*)' nel sign. tecnico particolare che i due termini hanno in informatica; 1995] loc. sost. f. inv. (pl. ingl. *home pages*) ● (*elab.*) In Internet, videata di presentazione di un sito.

home theatre /om'tiatər, *ingl.* 'həʊm 'θɪətəɹ/ o **home theater** [loc. ingl., propr. 'teatro (*theatre*) in casa (*home*)'; 1998] loc. sost. m. inv. (pl. ingl. *home theatres*) ● Sistema audio e video per la riproduzione domestica di immagini televisive su grande schermo.

home video /om'video, *ingl.* 'həʊm 'vɪdiəʊ/ [loc. ingl., propr. 'video da casa'; 1982] loc. sost. m. inv. (pl. ingl. *home videos*) **1** Film o programma registrato su videocassetta e destinato a essere visto in casa. **2** Settore che si occupa della produzione e del commercio di videocassette.

hominem, ad ● V. *ad hominem*.

homing /*ingl.* 'həʊmɪŋ/ [vc. ingl., da *home* 'casa' (d'orig. germ.)] s. m. inv. **1** (*aer., mil.*) Guida automatica di un missile, un siluro e sim. verso un bersaglio fisso o mobile, mediante informazioni ricevute direttamente dal bersaglio stesso. **2** (*zool.*) Capacità posseduta da talune specie di animali, gener. uccelli o pesci, di ritornare o di tendere a ritornare in un luogo noto, da cui si siano o siano state allontanate, orientandosi verso di esso da qualsiasi direzione.

hòmo /*lat.* 'ɔmo/ [vc. lat., di orig. indeur. (V. *uomo*)] s. m. inv. (pl. lat. *homines*) ● Uomo, in varie loc.: *h. faber*; *h. oeconomicus*; *h. sapiens*.

hòmo fàber /*lat.* 'ɔmo 'faber/ [loc. lat., comp. di *hŏmo* (V.) e *făber* 'artefice' (V. *fabbro*); 1965] loc. sost. m. solo sing. ● L'uomo in quanto artefice, ideatore, trasformatore della realtà circostante per adeguarla alle sue necessità.

hòmo hàbilis /*lat.* 'ɔmo 'abilis/ [loc. lat., comp. di *homo* (V.) e *habilis* 'abile'] loc. sost. m. solo sing. ● Specie di Ominidi vissuti da due milioni a un milione di anni fa circa, capaci di fabbricare utensili.

hòmo nòvus /*lat.* 'ɔmo 'nɔvus/ [loc. lat., comp. di *homo* (V.) e *novus* 'nuovo'] loc. sost. m. (pl. lat. *homines novi*) **1** Nell'antica Roma, chi per primo nella propria famiglia giungeva ad alte cariche pubbliche. **2** (*est.*) Chi arriva a un'alta carica senza percorrere i gradini intermedi | Chi raggiunge una posizione di prestigio pur avendo origini sociali modeste.

hòmo oeconòmicus /*lat.* 'ɔmo eko'nɔmikus/ [loc. lat., comp. di *hŏmo* (V.) e *oeconŏmicus* 'economo (V.)'; av. 1937] loc. sost. m. solo sing. ● Per gli economisti, l'uomo concepito astrattamente come avulso dall'ambiente sociale e mosso solo dallo stimolo di soddisfare i suoi bisogni materiali.

hòmo sàpiens /*lat.* 'ɔmo 'sapjens/ [loc. lat., comp. di *hŏmo* (V.) e *săpiens* 'sapiente' (V. *sapere* (*1*)); 1906] loc. sost. m. solo sing. ● Secondo la classificazione di Linneo, specie dei Primati comprendente tutte le razze umane.

homùnculus /*lat.* o'muŋkulus/ [lat. *homūnculu(m)*, dim. di *hŏmo*, genit. *hŏminis* 'uomo'] s. m. inv. (pl. lat. *homunculi*) **1** Secondo gli antichi alchimisti, essere dotato di poteri straordinari o soprannaturali, che si presumeva di ottenere per alchimia. **2** (*fisiol.*) Rappresentazione schematica proporzionale delle funzioni motorie o sensitive relative a varie regioni della corteccia cerebrale umana.

honduréгno /ondu'reɲɲo, -eɲɲo/ o **ondurègno** [1983] **A** agg. ● Dell'Honduras. **B** agg. e s. m. (f. *-a*) ● Abitante, nativo dell'Honduras.

honing /*ingl.* 'həʊnɪŋ/ [vc. ingl., da *hone* 'cote, lapidello'] s. m. inv. ● (*tecnol.*) Finitura superficiale di un pezzo ottenuta mediante il moto rotativo e alternativo di pietre abrasive spinte da molle contro il pezzo e migliore di quella ottenibile usualmente con la rettifica. SIN. Lisciatura.

hònky-tònky /oŋki'tɔŋki, *ingl.* 'hɒŋki 'tɒŋki/ o **hònky-tònk** [vc. ingl., di orig. incerta] s. m. inv. ● Locale malfamato degli Stati Uniti spec. del Sud, riservato ai sottoproletari neri, dei primi decenni del '900 | La musica, spec. per pianoforte, che si suonava in tale locale.

honorem, ad ● V. *ad honorem*.

honòris càusa /*lat.* o'nɔris 'kauza/ [loc. lat., propr. 'per causa (*cāusa*) di onore (*honōris*)'; 1937] loc. agg. ● Detto di laurea conferita per meriti eccezionali.

hook /*ingl.* hʊk/ [vc. ingl., propr. 'uncino', di estesa area germ.; 1935] s. m. inv. ● (*sport*) Nel pugilato, gancio, crochet, cross (1).

hooligan /'uligan, *ingl.* 'huːlɪgən/ [vc. ingl. di etim. non accertata, anche se si dice dal n. di una turbolenta famiglia irlandese, vissuta a Londra verso la fine dell'Ottocento; 1985] s. m. e f. inv. **1** Chi fa parte di una banda di teppisti. **2** (*est.*) Tifoso facinoroso e violento.

hop /hɔp/ [vc. onomat.; 1891] inter. ● Voce che incita al salto o ne sottolinea l'esecuzione. CFR. Op là.

hòpi /'ɔpi/ [n. indigeno, propr. 'buono, pacifico'; 1985] s.m. e f. inv.; anche agg. inv. ● Popolazione amerindia dell'Arizona, appartenente al più ampio gruppo dei pueblo.

hoplà /op'la*, ɔp-, 'opla*, 'ɔp-, h-, 'h-/ ● V. *op là*.

horror /'ɔrror, *ingl.* 'hɒɹəɹ/ [vc. ingl., propr. 'orrore'; 1977] s. m. inv. ● Genere letterario o cinematografico il cui contenuto è prevalentemente costituito da immagini, scene e situazioni che provochino violente sensazioni di paura, raccapriccio, ripugnanza.

hòrror vàcui /*lat.* 'orror 'vakui/ [loc. lat., propr. 'paura (*hŏrror*) del vuoto (*văcui*)'] loc. sost. m. inv. **1** Terrore dello spazio vuoto, disadorno o troppo silenzioso. **2** Nel linguaggio della critica d'arte, tendenza al decorativismo | (*est.*) Tendenza a riempire gli spazi con un eccesso di decorazioni, ornamenti, oggetti: *quel salotto è un monumento all'horror vacui*.

hors-d'oeuvre /or'dœvr, *fr.* ,ɔʀ'dœːvʀə/ [vc. fr., propr. 'fuori (*hors*) di (*d'*, per *de*) opera (*oeuvre*)', tre parole di orig. lat., dapprima riferite a costruzioni erette fuori dalla costruzione principale, quindi 'parte accessoria'; 1901] loc. sost. m. inv. (pl. fr. inv.) ● Antipasto.

horsepower /*ingl.* 'hɔːs,paʊəɹ/ [vc. ingl., 'cavallo vapore', propr. 'potenza, forza (*power*) di un cavallo (*horse*)'] s. m. inv. (pl. ingl. inv.) ● (*ing.*) Unità di misura della potenza nei sistemi anglosassoni, pari a 745,7 watt. SIMB. hp.

hors ligne /*fr.* ,ɔʀ'liɲ/ [fr., propr. 'fuori (*hors*, dal lat. *fŏras*, con mutamento di *f-* in *h-* prob. in posizione intervoc., come in *defŏras* 'di fuori') linea (dal lat. *līnea*)'] loc. agg. ● Fuori dell'ordinario, eccezionale: *avvenimento hors ligne*.

hospice /'ɔspis, *ingl.* 'hɒspɪs/ [vc. ingl., propr. 'ospizio, ricovero'; 1989] s. m. inv. ● Istituto per il ricovero di malati terminali, dove si pratica spec. la terapia del dolore, caratterizzato da una struttura aperta alla presenza dei familiari.

host /ost, *ingl.* həʊst/ s. m. inv. ● Accorc. di *host computer*.

hostaria /osta'ria/ [var. antica di *osteria* (V.), ripresa per ricercatezza nel linguaggio pubblicitario e commerciale odierno; 1842] s. f. ● Trattoria con una certa pretesa di eleganza.

host computer /ost kom'pjuter, *ingl.* həʊst kəm'pjuːtəɹ/ [loc. ingl., comp. di *computer* 'computer' e *host* 'ospite'; 1994] loc. sost. s. m. inv. ● (*elab.*) Elaboratore che mette a disposizione le proprie risorse ad altri elaboratori collegati in rete.

hòstess /'ɔstes, *ingl.* 'həʊstɪs/ [ant. fr. *hostesse*, da *hoste* 'ospite' (V.); 1950] s. f. inv. (pl. ingl. *hostesses*) **1** Assistente di volo a bordo degli aerei di linea. **2** (*est.*) Accompagnatrice, guida turistica | Addetta al ricevimento e all'assistenza di chi partecipa a congressi e sim.

hosting /'ostin(g), *ingl.* 'həʊstɪŋ/ [vc. ingl., dal v. *to host* 'ospitare'; 1996] s. m. inv. ● Servizio fornito da un provider che consiste nell'ospitare nei propri computer un sito Internet. CFR. Housing.

hot dog /ɔt'dɔg, *ingl.* 'hɒt,dɒg/ [vc. ingl. (slang amer.), propr. 'cane (*dog*, d'incerta orig.) caldo (*hot*, di orig. indeur.)', ironica allusione pop.; 1950] loc. sost. m. inv. (pl. ingl. *hot dogs*) **1** Panino di forma allungata con würstel caldo e mostarda di senape. **2** (*sport*) Nello sci, specialità del free style.

♦**hotèl** /o'tel, *ingl.* həʊ'tel/ o **hôtel** /*fr.* o'tɛl, ɔ-/ [ant. fr. *hostel*, dal lat. tardo *hospitāle(m)* 'ospitale', nel senso vicino all'etim. (da *hŏspes*, genit. *hŏspitis* 'ospite'); 1813] s. m. inv. ● Albergo.

hot jazz /ɔt'dʒets, *ingl.* 'hɒt,dʒæz/ [comp. ingl., propr. 'jazz (V.) caldo (*hot*, di orig. indeur.)'; 1940] loc. sost. m. inv. ● Stile di jazz caratterizzato da una particolare intensità espressiva e da una accentuata tensione ritmica.

hot line /ɔt'lain, *ingl.* 'hɒt,laɪn/ [loc. ingl., comp. di *hot* 'caldo' e *line* 'linea (telefonica)'; 1989] loc. sost. f. inv. (pl. ingl. *hot lines*) **1** Linea telefonica per comunicazioni di emergenza o di particolare importanza politica o sociale **2** Linea telefonica che offre, a pagamento, un servizio di scambio di messaggi erotici.

hot money /ɔt'mani, *ingl.* 'hɒt 'mʌni/ [loc. ingl., propr. 'moneta calda', 'denaro scottante'] s. m. inv. **1** (*econ.*) Capitali a breve termine che vengono spostati da un Paese all'altro alla ricerca dei tassi d'interesse più proficui o di una maggiore stabilità monetaria | Capitali di investitori che vengono spostati da un investimento all'altro al variare dei tassi di rendimento. **2** Moneta che va rapidamente svalutandosi a causa dell'alto tasso di inflazione e che si cerca di sostituire al più presto con altra valuta o con beni che danno maggiore garanzia di stabilità.

hot pants /ɔt'pents, *ingl.* 'hɒt,pænts/ [vc. dell'ingl. d'America, comp. di *hot* 'caldo' (d'orig. germ.), prob. con riferimento al desiderio sessuale che suscitano, e *pants* 'calzoni' (da *pantaloons* 'calzoni lunghi, pantaloni'); 1971] s. m. pl. ● Pantaloncini femminili molto corti e aderenti.

hot rodding /*ingl.* 'hɒt 'ɹɒdɪŋ/ [loc. dell'ingl. d'America, da *hot rod* 'automobile con motore maggiorato'] loc. sost. m. inv. ● (*sport*) Competizione motoristica diffusa spec. negli Stati Uniti, basata su prove di pura accelerazione tra dragster o motociclette appositamente elaborate.

house boat /auz'bɔt, *ingl.* 'haʊs,bəʊt/ [comp. ingl. di *house* 'casa' (di orig. indeur.) e *boat* 'imbarcazione' (di orig. nordica); 1956] loc. sost. f. inv. (pl. ingl. *house boats*) ● Imbarcazione, spec. per fiumi e laghi, costituita da un pontone galleggiante su cui appoggia una struttura attrezzata per abitazione anche abituale o prolungata.

house music /*ingl.* 'haʊs,mjuːzɪk/ [loc. ingl. comp. di *music* 'musica' e *house* tratto da *Warehouse*, n. di un locale di Chicago dove veniva suonata questa musica; 1990] loc. sost. f. inv. ● (*mus.*) Genere musicale da discoteca che combina elementi di tradizione afro-americana con la musica elettronica.

house organ /aus'ɔrgan, *ingl.* 'haʊz,ɔːgən/ [loc. ingl. 'giornale (*organ*) dell'azienda (*house*)'; 1987] loc. sost. m. inv. (pl. ingl. *house organs*) ● Giornale aziendale.

housing /'auzin(g), *ingl.* 'haʊzɪŋ/ [vc. ingl., propr. 'alloggio, alloggiamento'; 1996] s. m. inv. ● Servizio che permette al proprietario di un sito web di installare un host computer che lo contiene presso la sede di un provider che ne cura il collegamento a Internet. CFR. Hosting.

hovercraft /'ɔverkraft, *ingl.* 'hɒvəɹ,kɹɑːft/ [vc. ingl., propr. 'natante (*craft*, prop. 'potenza', di area germ., usata nell'espr. *a vessel of small craft* 'natante di piccola potenza') che si libra (dal v. *to hover*, di etim. incerta)'; 1961] s. m. inv. ● Veicolo che, leggermente sollevato dalla superficie del terreno o dell'acqua da potenti getti d'aria, viene mosso da eliche e timoni aerei o getti d'aria direzionali.

hub /ingl. hʌb/ [vc. ingl., propr. 'mozzo della ruota' e in senso fig. 'punto centrale'; 1990] **s. m. inv.** anche **agg. inv. 1** (*elab.*) Dispositivo per la gestione di più linee di comunicazione. **2** (*aer.*) Nodo di interscambio aeroportuale cui fanno capo più rotte aeree.

huc /huk, ʔuh/ [vc. onomat.] **inter.** ● Riproduce il suono di un colpo di tosse.

hùco /'uko/ [etim. incerta] **s. m.** ● Pesce simile alla trota, originario del Danubio e introdotto nel Reno (*Hucho hucho*). SIN. Salmone del Danubio.

hùi /ʔui, hui, ui?/ [vc. espressiva; 1319] **inter.** ● Esprime rammarico, dolore, meraviglia.

hula /'ula/ o **hula hula** [vc. hawaiana (raro nella reduplicazione *hulahula*, che vuol dire piuttosto 'sala da ballo'); 1933] **s. f. inv.** ● Danza polinesiana in cui uomini e donne ballano ornati di fiori.

Hula-Hoop® /'ula'ɔp, -'up, ingl. 'houlə,hʊup/ [vc. ingl. comp. del n. della danza polinesiana *hula* (V.) e di *hoop* 'cerchio'; 1958] **s. m. inv.** ● Cerchio grande e sottile che viene fatto ruotare attorno alla vita muovendo ritmicamente i fianchi.

huligàno ● V. uligano.

hully-gully /alli'galli, ingl. 'hʌli 'gʌli/ [vc. ingl. di orig. caribica (?); 1967] **loc. sost. m. inv.** ● Ballo originario del sud degli Stati Uniti d'America, caratterizzato da figure eseguite contemporaneamente dai ballerini.

hum /hm, m, ʌm, hʌm/ [vc. espressiva nel sign. 1; onomat. nel sign. 2; 1875] **inter. 1** Esprime perplessità, dubbio, sospetto: *hum, non ci vedo chiaro in questa faccenda*. **2** Riproduce, ripetuta due o più volte, il suono di un colpo di tosse o di raschiamento di gola.

humage /fr. y'ma:ʒ/ [vc. fr., propr. 'aspirazione', dal v. onomat. *humer* 'sorbire un liquido, aspirandolo'] **s. m. inv.** ● (*med.*) Tecnica per curare le disfunzioni dell'apparato respiratorio, consistente nel far inalare al paziente soltanto gas sulfureo.

human relations /ingl. 'hjoumən ɹɪ'leɪʃnz/ [loc. ingl., propr. 'relazione (*relation*) umana (*human*)', comp. di due latinismi, passati attraverso il fr.; 1963] **loc. sost. f. pl.** ● Teoria e tecnica di organizzazione aziendale che rivaluta l'elemento umano nel lavoro come fattore produttivo e tende a migliorare i rapporti tra imprenditore e lavoratore.

hùmico /'umiko/ ● V. umico.

humour /'jumor, ingl. 'hjouməɹ/ [ant. fr. (h)*umor*, dal lat. (h)*umōre*(m) (V. umore); 1766] **s. m. inv.** ● Senso dell'umorismo: *avere h.; mancare di h.*

hùmus /lat. 'umus/ o (*raro*) **ùmus** [lat., propr. 'suolo, terra', di orig. indeur.; 1798] **s. m.** o, più correttoma raro, **f. inv. 1** Insieme di sostanze organiche del terreno, decomposte o in via di decomposizione. **2** (*fig.*) Complesso di elementi spirituali, culturali, sociali e sim. da cui qlco. trae origine e sviluppo.

hunter /'anter, ingl. 'hʌntəɹ/ [vc. ingl. propr. 'cacciatore', dal v. *to hunt*, di orig. germ.] **s. m. inv.** ● Razza equina irlandese di tipo mesomorfo particolarmente usata per la caccia al galoppo.

hurling /ingl. 'həːɹlɪŋ/ [vc. ingl., da *to hurl* 'scagliare, lanciare violentemente'; 1989] **s. m. inv.** ● (*sport*) Gioco tradizionale irlandese, simile all'hockey su prato.

huroniàno o **uroniàno** [ingl. *huronian*, dal n. del Lago *Huron*, nel Nord-America; 1940] **agg.** ● (*geol.*) Detto di un periodo dell'era arcaica.

hurrà ● V. urrà.

hurràh /'ur'ra*/ ● V. urrà.

husky /'aski, ingl. 'hʌski/ [vc. ingl., propr. 'eschimese', prob. da *Esky*, abbr. di *Eskimo*; 1973] **s. m. inv.** (**pl.** ingl. *huskies*) **1** Cane da slitta grande e robusto, tipico dei Paesi nordici. **2** ®Nome commerciale di un giaccone trapuntato.

hussita ● V. ussita.

hussitìsmo ● V. ussitismo.

hùtu /'utu, ingl. 'houtou/ [n. indigeno; 1956] **s. m.** e **f. inv.**; anche **agg.** ● (*antrop.*) Popolazione bantu stanziata nella regione dei grandi laghi africani, nel Burundi, Ruanda, Uganda.

hybris /gr. 'hybris/ [vc. dotta, gr. *hýbris* 'violenza, oltraggio', di orig. oscura; 1947] **s. f. inv.** (**pl.** gr. *hýbreis*) ● Nella cultura dell'antica Grecia, la tracotanza dell'uomo che, credendosi potente e invincibile, giunge a sfidare gli dei infrangendo le loro leggi.

hydrobob /idro'bɔb, ingl. 'haedɹəʊ,bɒb/ [vc. ingl., propr. 'bob d'acqua'] **s. m. inv.** ● (*raro*) Hydrospeed.

hydrofining /ingl. 'haedɹə,faenɪŋ/ [vc. ingl., comp. di *hydro*(*genation*) 'idrogenazione' e *fining* 'raffinazione', dal v. *to fine* 'raffinare', da *fine* 'puro, bello', di orig. romanza] **s. m. inv.** ● (*chim.*) Idrogenazione di benzina per aumentarne il numero d'ottano.

hydroforming /ingl. 'haedɹə,fɔːɹmɪŋ/ [vc. ingl., comp. di *hydro*(*genation*) 'idrogenazione' e (*re*)*forming* 'rif(orm)are, trasformare'; 1983] **s. m. inv.** ● (*chim.*) Raffinazione delle benzine, con incremento del contenuto in idrocarburi aromatici e conseguente aumento del numero d'ottano.

hydrospeed /ingl. 'haedɹə,spiːd/ [vc. ingl., propr. 'velocità (*speed*) sull'acqua (*hydro*-)'; 1995] **s. m. inv.** ● (*sport*) Attrezzo in materiale plastico, simile a un bob, usato per discendere impetuosi torrenti | (*est.*) Lo sport praticato con tale mezzo. SIN. Hydrobob.

hyphenation /aifə'neʃʃon, ingl. 'haɪfə,neɪʃn/ [vc. ingl., dal v. *to hyphenate*, deriv. di *hyphen* 'segno diacritico di composti, trattino', dal gr. *hýphein* 'insieme', con il suff. verb. -*ate*; 1997] **s. f. inv.** ● (*elab.*) Nei programmi di trattamento testi, la divisione in sillabe delle parole.

hysteron proteron /gr. 'isteron 'prɔteron, 'hysteron 'prɔteron/ [vc. dotta, tardo lat., che trascrive il gr. *hýsteron próteron*, propr. 'l'ultimo (è posto per) primo', due elementi di orig. indeur.; 1950] **loc. sost. m. inv.** solo sing. ● (*ling.*) Figura retorica che consiste nell'invertire la sequenza logico-temporale di due o più azioni, ponendo prima quella che dovrebbe stare dopo: *tu non avresti in tanto tratto e messo / nel foco il dito* (DANTE *Par.* XXII, 109-110).

i, I

La lettera *I* ha in italiano tre valori fondamentali: quello di vocale, quello d'approssimante, o semiconsonante, e quello di semplice segno diacritico. La vocale rappresentata dalla lettera *I* è la più chiusa delle vocali anteriori o palatali /i/, che può essere accentata (es. *vìno* /'vino/, *vìtto* /'vitto/) oppure non-accentata (es. *tòri* /'tɔri/, *tirò* /ti'rɔ*/). Quando la vocale è accentata, la lettera può portare un accento scritto, che è obbligatorio per le vocali accentate finali di determinati monosillabi e di tutte le parole polisillabe (es. *sì* /si*/ affermazione, *capì* /ka'pi*/, raro e facoltativo negli altri casi (es. *balìa* /ba'lia/, volendo distinguere da *bàlia* /'balja/). L'accento scritto più frequente è grave, ma andrebbe evitato per rispettare la fonetica, mettendolo quindi acuto (sull'*i* e sull'*u*, oltre che sull'*e* e sull'*o* di timbro chiuso). La lettera *I* può anche portare un accento circonflesso, quando si trovi in fine di parola dopo consonante e abbia valore di vocale non-accentata, derivata da vera o supposta contrazione di due *i* (es. *prèmi*, *prèmi'* o *prèmî* /'premi/ o anche *prèmii* /'premii/). L'uso di *-î*, di *-i'* e di *-ii* è in decadenza di fronte al generalizzarsi delle forme con *-i* semplice. Il secondo suono rappresentato dalla lettera *I* è quello dell'approssimante, o semiconsonante, anteriore o palatale /j/, che si può avere solo davanti a vocale diversa da *i* (es. *ièri* /'jɛri/, *fiòcco* /'fjɔkko/, *bùio* /'bujo/, *càrie* /'karje/, *più* /pju*/), giacché un'*i* seguita da una consonante o da un'altra *i* non può essere se non vocale. Nelle stesse posizioni in cui prevale il valore consonantico, si possono avere casi di *i* vocalica in determinate parole (es. *bjènne* /bi'ɛnne/, *carrìola* /karri'ɔla/, di contro a *bièco* /'bjɛko/, *corrìamo* /kor'rjamo/) oppure in varianti poetiche latineggianti di parole di formazione dotta (es. *occasióne* /okka'zjone/, *plenilùnio* /pleni'lunjo/, alterati per ragioni metriche in /okkazi'one/, /pleni'lunio/). Il terzo valore della lettera *I* è quello di segno distintivo della pronuncia 'dolce' di *C, G, GL, SC*, nei gruppi *cia, cio, ciu, gia, gio, giu* (comprese le forme raddoppiate *ccia, ccio, cciu, ggia, ggio, ggiu*), *glia, glie, glio, gliu, scia, scio, sciu* (es. *lància* /'lanʧa/, *frància* /'franʧa/, *paglia* /'paʎʎa/, *Péscia* /'peʃʃa/). Come lettera muta, inserita per ragioni etimologiche o analogiche l'*i* compare eccezionalmente in parole coi gruppi *cie, gie* (comprese le forme raddoppiate *ccie, ggie*), *scie, gnia* (es. *sòcie* /'sɔʧe/, *Ruggièri* /ruʤ'ʤɛri/, *scienza* /ʃ'ʃɛntsa/, *disegniàmo* /diseɲ'ɲamo/). Anche qui, si possono avere casi di *i* vocale in determinate parole (es. *sciatóre* /ʃia'tore/, *bugiùccia* /buʤi'uʧʧa/, di contro a *sciacquàre* /ʃak'kware/, *bugiàrdo* /bu'ʤardo/) oppure in varianti poetiche latineggianti di parole di formazione dotta (es. *règio* /'rɛʤo/, *religióne* /reli'ʤone/), alterati per ragioni metriche in /'rɛʤio/, /reliʤi'one/). In tutti i modi, nella pronuncia tipo, un'*i* preceduta da *c, g, gl, gn,* sc non ha nessun valore fonico. La *i* può fungere anche da vocale prostetica: spec. in passato, si usava metterla, per motivi eufonici, davanti a parola iniziante per *s* seguita da consonante (ad es. *Ispagna, istrada; per iscritto*).

i (1), (*maiusc.*) **I** /i*/ [av. 1292] **s. f.** o **m.** ● Nona lettera dell'alfabeto italiano: *i minuscola, I maiuscolo* | Nella compitazione spec. telefonica it. *i come Imola*; in quella internazionale *i come India* | *I lunga, i lungo,* la lettera *j* | *I greca, i greco,* la lettera *y* | *Mettere i puntini sulle i,* V. *puntino*.

i (2) /i/ o (*tosc.*) **†e'** (2) [lat. (*ill*)*i*. V. *il*; 1321] **art. det. m. pl.** (si usa davanti a parole **m. pl.** che cominciano per consonante che non sia *gn, ps, x, s* impura, *z*: *i bambini; i cavalli; i dadi; i fiori; i genitori; i santi;* per l'uso davanti a parole che cominciano per *pn,* V. *il*. Fondendosi con le **prep.** proprie semplici, dà origine alle **prep. art. m. pl.** *ai, coi, dai, dei, nei, pei, sui*) ● Forma pl. di 'il'.

i (3) /i/ ● V. *gli* (2).

†i (4) /i/ ● V. *li* (1) nel sign. B.

†i (5) /i/ **avv.** ● (*poet.*) Forma tronca di 'ivi'.

†i' /i/ **pron. pers. m.** e **f.** di prima pers. sing. ● (*poet.* o *pop. tosc.*) Forma tronca di 'io'.

-ìa (1) [Cfr. seguente] **suff.** ● Forma sostantivi astratti indicanti qualità, per lo più di origine latina o tratti da aggettivi: *allegria, astuzia*.

-ia (2) [allargamento d'uso dell'originario suff. gr., adottato anche in lat. *-ia*, solitamente impiegato per la formazione di astratti di genere f.] **suff.** **1** Forma sostantivi in maggioranza astratti, indicanti per lo più qualità o stato, di origine greca o latina o tratti generalmente da aggettivi (*allegria, astrologia, baronìa, borghesìa, cortesia, filosofia, follia, gelosia, geometria, leggiadria, magia, malattìa, pazzia, stregoneria, tirannia*). **2** Forma nomi di locali tratti da sostantivi in *-tore* (*esattoria, ricevitoria, trattoria*) e di grandi regioni geografiche (*Albania, Bulgaria*).

iaborandi ● V. *jaborandi*.

iacèa [vc. di orig. sconosciuta; sec. XIV] **s. f.** ● Pianta erbacea perenne delle Composite, con foglie alterne, fiori bianchi o porpora in capolini solitari e frutto ad achenio (*Centaurea iacea*). **SIN.** Stoppone.

†iacere e *deriv*. ● V. *giacere* e *deriv*.

iacobsite [dal n. della località di *Jacobsberg* in Svezia, ove si trova] **s. f.** ● Minerale monometrico di color nero, che si presenta in cristalli costituiti di ossido di ferro e manganese.

†iàcolo ● V. *†iaculo*.

iaculatóre [vc. dotta, lat. *iaculatōre(m)*, da *iaculātus*, part. pass. di *iaculāri*, da *iāculu(m)* 'iacolo'; sec. XIV] **s. m.** ● Negli antichi eserciti, lanciatore di dardi o giavellotto.

†iaculatòria ● V. *giaculatoria*.

†iàculo o **†iàcolo** [vc. dotta, lat. *iāculu(m)*, da *iācere* 'lanciare, gettare', di orig. indeur.; 1313] **s. m.** **1** (*zool.*) Aconzia. **2** Dardo, freccia, giavellotto.

iafètico o **giafètico, giapètico** [1843] **agg.** (pl. m. *-ci*) **2** Che si riferisce a Iafet, patriarca biblico a cui discendenza, secondo la Bibbia, popolò l'Europa e l'Asia | *Razza iafetica,* antica denominazione della razza caucasica ed europea. **2** (*ling.*, *raro*) Secondo la teoria del linguista russo Marr, detto di ciascuna delle lingue caucasiche.

iafètide o **giafètide, giapètide** [1819] **s. m.** e **f.** ● Discendente del patriarca biblico Iafet.

†iaguaro ● V. *giaguaro*.

-iàle ● V. *-ale* (1).

ialinizzazióne [da *ialino*] **s. f.** ● (*med.*) Processo che porta una struttura anatomica a conseguire aspetto ialino.

ialino [vc. dotta, lat. tardo *hyălinu(m)*, dal gr. *hyălinos*, agg. di *hyálos* 'vetro' (V. *ialo-*); 1539] **agg.** **1** (*lett.*) Che ha l'aspetto e la trasparenza del vetro: *pietra ialina*. **2** (*miner.*) Detto di minerale limpido, trasparente e incolore | *Quarzo i.*, cristallo di rocca. **3** In petrografia, vetroso | *Vulcanite ialina*, contenente un'alta percentuale di vetro. **4** (*biol., med.*) Trasparente, caratterizzato da aspetto e consistenza vitrei; detto di strutture e di organi che presentano tale carattere o di processi che lo determinano | *Degenerazione ialina*, trasformazione patologica dei tessuti, che acquistano aspetto vetroso.

ialinòsi [comp. di *ialin*(o) e del suff. *-osi*] **s. f. inv.** ● (*med.*) Degenerazione ialina.

ialite [ted. *Hyalit*, comp. di *ial*(o)- e *-ite* (2); 1819] **s. f.** **1** (*miner.*) Varietà incolore di opale. **2** Varietà di vetro a imitazione del marmo.

ìalo- [dal gr. *hýalos* 'vetro, cristallo', di etim. incerta] primo elemento ● In parole composte della terminologia scientifica, significa 'vetro' o indica relazione con vetro: *ialografia, ialoplasma*.

ialografìa [vc. dotta, comp. di *ialo-* e *-grafia*; 1841] **s. f.** **1** Arte di incidere il vetro, usando acido fluoridrico. **2** Tecnica di stampa che utilizza tali incisioni su vetro | (*est.*) La stampa così ottenuta.

ialòide [comp. di *ial*(o)- e *-oide*; 1819] **agg.** ● (*biol.*) Detto di struttura o di tessuto relativamente trasparente e con consistenza simile a quella del vetro.

ialòmero [comp. di *ialo-* e *-mero*] **s. m.** ● (*biol.*) Regione trasparente e scarsamente colorabile di una piastrina.

ialòmma [comp. del gr. *hýalos* 'vetro' (V. *ialo-*), e *ómma* 'occhio' (da una radice indeur. che significa 'vedere')] **s. f.** ● Genere di zecche parassite di dromedari, buoi, cavalli e asini, cui possono trasmettere pericolose malattie (*Hyalomma*).

ialoplàṣma [vc. dotta, comp. di *ialo-* e *plasma*] **s. m.** (pl. *-i*) ● (*biol.*) Parte del citoplasma che al microscopio ottico appare indifferenziata.

ialosòma [comp. di *ialo-* e *-soma*] **s. m.** (pl. *-i*) ● (*biol.*) Formazione cellulare di aspetto amorfo e omogeneo.

ialotipìa [comp. di *ialo-* e *-tipia*] **s. f.** ● Tecnica di stampa che utilizza lastre di zinco sulle quali sono riportate incisioni fatte su lastre di vetro col sistema della ialografia.

ialurgìa [vc. dotta, comp. di *ial*(o)- e *-urgia*] **s. f.** ● Arte di fabbricare e lavorare il vetro.

ialurònico [comp. di *ial*(o)- e (*acido*) (*gluc*)*uronico*] **agg.** (pl. m. *-ci*) ● (*chim.*) Detto di acido organico a elevato peso molecolare costituente la sostanza fondamentale del tessuto connettivo, presente anche nell'umor vitreo dell'occhio, nel liquido sinoviale e nella cute. **CFR.** Ialuronidasi.

ialuronidàṣi [comp. di *ialuroni*(co) e *-asi*] **s. f. inv.** ● (*chim.*) Enzima idrolitico prodotto da numerose specie batteriche, in grado di scindere le molecole di acido ialuronico, presente anche negli spermatozoi, di cui facilita la penetrazione nella cellula uovo.

iamatologìa o **yamatologìa** [comp. di *Yamato* 'Giappone', propr. 'il paese della montagna (*yama*)', provincia di residenza dell'imperatore, uno degli antichi nomi del 'Giappone', e *-logia*; 1935] **s. f.** ● Studio della lingua, della cultura e della civiltà giapponese.

iamatòlogo o **yamatòlogo** [1956] **s. m.** (f. *-a*; pl. m. *-gi*) ● Studioso, esperto di iamatologia.

†ìambo e *deriv*. ● V. *giambo* e *deriv*.

†iannìzzero ● V. *giannizzero*.

†ìano ● V. *giano*.

-iàno [ampliamento del suff. *-ano* (1) sulla scia degli agg. derivati da s. in *-io, -ia*] **suff.** derivativo ● Forma aggettivi, talora sostantivati, tratti generalmente da nomi propri: *cristiano, danubiano, foscoliano, pirandelliano, vesuviano*.

iarda 836

iàrda [1790] s. f. ● Adattamento di *yard* (V.).

iarovizzàre [da *iarovizzazione*] v. tr. ● (*raro*) Vernalizzare.

iarovizzazióne o **jarovizzazióne** [comp. del russo *jarovizacija* (deriv. da *jarovoj* 'primavera', vc. di orig. rurale) e *-zione*] s. f. ● (*bot.*) Vernalizzazione.

-iași [gr. *-íasis*, tratto da v. in *-iáō*, che esprimono spesso infermità fisiche o mentali] suff. ● Nella terminologia medica, indica malattia dovuta a parassita: *amebiasi, ossiuriasi*.

iatagàn ● V. *yatagan*.

iatàle (o **ia-**) [da *iat(o)* col suff. agg. *-ale* (*1*)] agg. ● (*anat.*) Riferito a iato | ***Ernia i.***, protrusione di parte dello stomaco nella cavità toracica attraverso lo iato esofageo.

iàto (o **ià-**) [vc. dotta, lat. *hiātu(m)*, da *hiāre* 'aprirsi, avere aperture', di orig. indeur.; av. 1292] s. m. *1* (*anat.*) Apertura | ***I. esofageo***, apertura del diaframma attraverso cui l'esofago passa dal torace nell'addome. *2* (*fig.*) Interruzione nell'ambito di una continuità temporale o spaziale: *uno i. tra due periodi storici*. *3* (*ling.*) Incontro di due vocali pronunciate separatamente (ad es. *folli-a*; *cre-are*) (V. nota d'uso SILLABA).

-iàtra [dal gr. *iatrós* 'medico', dal v. *iâsthai* 'guarire', di etim. incerta] secondo elemento ● In parole composte della terminologia medica, significa 'medico', 'che cura': *odontoiatra, pediatra*.

-iatrìa [dal n. gr. del trattamento medico *iatréia*, da *iatrós* 'medico' (V. *-iatra*)] secondo elemento ● In parole composte della terminologia medica, significa 'cura': *odontoiatria, pediatria, psichiatria*.

-iàtrico secondo elemento ● Forma aggettivi corrispondenti ai sostantivi in *-iatra*, *-iatria*: *odontoiatrico, pediatrico, psichiatrico*.

iàtro- [dal gr. *iatrós* 'medico' (V. *-iatra*)] primo elemento ● In parole composte della terminologia medica, indica relazione con la medicina: *iatrogeno*.

iatrògeno [comp. di *iatro-* e *-geno*; 1973] agg. ● (*med.*) Che è in relazione con una terapia medicamentosa | ***Malattia iatrogena***, provocata dall'effetto secondario, nocivo di un farmaco.

iattànza [vc. dotta, lat. tardo *iactántia(m)*, da *iactāre* 'vantarsi'; 1321] s. f. ● Ostentato vanto di sé, dei propri meriti, capacità e sim. SIN. Arroganza, millanteria, tracotanza.

iattazióne [vc. dotta, lat. *iactatiōne(m)*, da *iactātus*, part. pass. di *iactāre* 'vantarsi'; av. 1342] s. f. *1* †Vanteria, iattanza. *2* (*psicol.*) Disturbo tipico degli stati ansiosi, consistente nel gesticolare disordinatamente e senza scopo.

iattùra [vc. dotta, lat. *iactūra(m)*, da *iăctu(m)* 'getto' (spec. di merci dalla nave in pericolo), da *iăcere*, di orig. indeur.; 1321] s. f. ● Danno, disgrazia, rovina.

ibèrico [vc. dotta, lat. *Hibēricu(m)*, dal gr. *Ibērikós* 'relativo all'*Iberia*'; 1718] agg. (pl. m. *-ci*) *1* Che si riferisce a un'antica popolazione preindoeuropea, stanziatasi in parte nei territori dell'attuale Spagna e Portogallo: *città iberiche* | ***Penisola iberica***, comprendente Spagna e Portogallo. *2* (*est.*) Spagnolo e portoghese: *tradizioni iberiche*; *Stati iberici*; *lingue iberiche* | (*est.*) Spagnolo: *folclore i.*

iberìșmo [da *iberico*] s. m. ● Parola o locuzione propria delle lingue iberiche entrata in un'altra lingua.

iberista s. m. e f. (pl. m. *-i*) ● Studioso delle lingue, della letteratura, della civiltà dei popoli iberici.

ibernaménto [1956] s. m. ● Ibernazione.

ibernànte [1824] part. pres. di *ibernare*; anche agg. *1* Nei sign. del v. *2* (*bot.*) Detto di gemma che si forma in primavera e si sviluppa solo nella primavera successiva | Detto di organo qualsiasi, quale una spora, che persiste durante l'inverno grazie alle protezioni di cui è provvisto.

ibernàre [vc. dotta, lat. *hibernāre* 'svernare', da *hibērnus* 'inverno', di orig. indeur.; av. 1939] A v. intr. (*io ibèrno*; aus. *avere*) ● (*zool.*) Svernare in uno stato di vita latente, al riparo dalle condizioni ambientali sfavorevoli. B v. tr. *1* (*med.*) Sottoporre a ibernazione. *2* (*fig.*) Bloccare una situazione o un progetto.

ibernazióne [vc. dotta, lat. tardo *hibernatiōne(m)*, da *hibernātus*, part. pass. di *hibernāre*, da *hibērnus* 'inverno', di orig. indeur.; 1824] s. f. *1* (*biol.*) Fenomeno per cui certi animali, quando la temperatura scende sotto il limite compatibile con le attività vitali, cadono in uno stato di torpore o di sonno. *2* (*med.*) Abbassamento artificiale della temperatura corporea durante particolari interventi chirurgici per diminuire le attività organiche. SIN. Ipotermia. *3* (*tecnol.*) Esposizione dell'argilla estratta agli agenti atmosferici per migliorarne le caratteristiche, spec. quando è destinata alla produzione di laterizi e ceramiche.

ibèrnia [dal n. lat. dell'Irlanda, *Hibĕrnia(m)* (?)] s. f. ● Lepidottero con femmine prive di ali che in autunno depongono le uova sui rami degli alberi, così che le larve in primavera rodono foglie e fiori (*Hibernia defoliaria*).

ìbero [da *iberico*; 1481] A agg.; anche s. m. (f. *-a*) ● Appartenente agli Iberi, antiche popolazioni della Spagna. B agg. ● (*raro, lett.*) Proprio della penisola iberica.

ibèro- primo elemento ● In parole composte, fa riferimento alla penisola iberica e ai suoi abitanti: *ibero-americano*.

ibèro-americàno [comp. di *ibero-* e *americano*; 1988] agg. ● Che riguarda i Paesi americani nei quali si parla una lingua iberica (spagnolo o portoghese).

iberoromànzo [comp. di *ibero-* e *romanzo* (*1*)] A s. m. solo sing. ● (*ling.*) Gruppo linguistico romanzo diffuso nella penisola iberica, costituito principalmente dallo spagnolo, dal portoghese e dal catalano. B agg. ● Che appartiene o si riferisce a tale gruppo linguistico: *dialetti iberoromanzi*; *fenomeni fonetici iberoromanzi*.

ibi ● V. *ibis*.

ìbice [vc. dotta, lat. *ĭbice(m)*, vc. alpina di etim. incerta; 1476] s. m. ● (*zool., raro*) Stambecco.

ìbidem [vc. dotta, lat. *ibīdem* 'nello stesso luogo', comp. di *ĭbi* 'qui' e *-dem* raff.; 1827] avv. ● Nell'identica opera o nell'identico passo di un'opera, detto con riferimento a un'antecedente citazione bibliografica che si ha occasione di ripetere nel corso di un testo o scritto, spec. di ricerca scientifica.

-ìbile [lat. *ībile(m)* con funzione agg.] suff. ● Forma aggettivi, sia di senso attivo che passivo, di origine latina tratti da verbi in *-ere* e *-ire*: *deperibile, estinguibile, fattibile, indicibile, punibile, sensibile*.

ibis o **ibi** [vc. dotta, lat. *ĭbi(m)*, dal gr. *îbis*, di orig. egiz. (*hīb*); av. 1292] s. m. ● Uccello dei Ciconiformi con lungo becco sottile e ricurvo | ***I. sacro***, africano, con testa e collo nudi e neri e piumaggio bianchissimo con penne remiganti sfrangiate e nerastre (*Threskiornis aethiopicus*) | ***I. rosso***, americano, con piumaggio rosso vivo (*Guara guara*). ➡ ILL. **animali**/7.

ibisco [vc. dotta, lat. *hibĭscu(m)*, di orig. celtica (?); av. 1484] s. m. (pl. *-schi*) *1* Genere di Malvacee tropicali con molte specie, alcune coltivate per ornamento, altre per ricavare fibre tessili e per uso alimentare (*Hibiscus*). CFR. Abelmosco, carcadè. ➡ ILL. **piante**/4. *2* Fibra tessile ricavata da tali piante.

iblèo [vc. dotta, lat. *hyblāeu(m)*, dal gr. *Hyblâios* 'proprio (della città) di *Ibla*'; av. 1543] agg. ● Di Ibla, antica città siciliana famosa per l'abbondanza dei fiori e delle api che se ne nutrivano: *api iblee*; *miele i.*

†**ibòrnio** [var. di *eburneo*, dal lat. *ebărneu(m)* per *ebŭrneu(m)* 'di avorio'] agg. ● (*poet.*) Bianco, pallido, eburneo.

ibridàre [da *ibrido*; 1884] v. tr. (*io ìbrido*) ● Fecondare pianta o animale con altra di razza o varietà diversa.

ibridatóre [1942] s. m. (f. *-trice*) ● Chi compie ibridazioni su animali o piante.

ibridazióne [da *ibridare*; 1875] s. f. ● Incrocio tra razze o varietà diverse.

ibridìșmo [1839] s. m. *1* Condizione di ciò che è ibrido. *2* L'insieme dei fenomeni che si riferiscono alla produzione degli ibridi. *3* (*fig.*) Commistione non omogenea di elementi differenti: *l'i. di una corrente filosofica*.

ibridizzazióne [da *ibrido*; 1972] s. f. ● (*chim.*) Trasformazione delle proprietà geometriche ed energetiche di un insieme di orbitali atomici all'atto della combinazione con altri atomi.

ìbrido [vc. dotta, lat. *hĭbrida(m)*, di etim. incerta; 1342] A agg. *1* Dovuto a ibridazione: *pianta ibrida*; *fiore, animale i.* *2* (*fig.*) Che deriva dall'unione di elementi eterogenei (spec. con connotazione negativa): *linguaggio i.*; *ibrida alleanza politica*. *3* (*elab.*) ***Calcolatore i.***, qualsiasi sistema misto di elaborazione dati, in cui organi di calcolo analogici e organi di calcolo digitali sono combinati tra loro. || **ibridaménte**, avv. B s. m. *1* Animale o vegetale generato dall'incrocio di individui di specie diversa o della stessa specie ma di razza o varietà differente | ***I. d'innesto***, ramo sviluppatosi sul callo cicatriziale dell'innesto, che presenta caratteri diversi sia dall'innesto sia dalla marza. SIN. Chimera. *2* (*fig.*) Commistione, mescolanza, incrocio (spec. con connotazione negativa): *uno strano i. di superficialità e di ingegno*. *3* (*ling.*) Parola composta di elementi di diverse lingue.

ibridologìa [comp. di *ibrido* e *-logia*; 1972] s. f. ● (*biol.*) Ramo della biologia che studia gli ibridi.

ibridòma [comp. di *ibrid(o)* e *-oma*] s. m. (pl. *-i*) ● (*biol.*) Elemento cellulare risultante dalla fusione in laboratorio di cellule appartenenti a linee diverse.

ibseniàno [1903] agg. ● Di, relativo al, drammaturgo norvegese H. Ibsen (1828-1906) e alla sua opera.

-icàre [adozione dall'uso lat. (di oscura partenza) di trarre da nomi nuovi verbi o di dare ad altri già esistenti una sfumatura intensiva] suff. ● Forma verbi tratti per lo più da aggettivi e sostantivi o di origine latina, di senso frequentativo o diminutivo, o indicanti manifestazione, attività: *biascicare, incespicare, morsicare, nevicare, pizzicare, rampicare, spilluzzicare, stuzzicare, zoppicare*.

icàrio [vc. dotta, lat. *Icăriu(m)*, dal gr. *Ikários* 'di Icaro', personaggio della mitologia greca, figlio di Dedalo, che fuggì dal labirinto di Creta, volando con ali attaccate con la cera, ma, avvicinatosi troppo al Sole, la cera si sciolse ed egli cadde in mare; av. 1749] agg. ● (*lett.*) Di, relativo a Icaro: *mare i.*

icàstica [vc. dotta, gr. *eikastikḗ* (sottinteso *téchnē*) '(arte) rappresentativa', da *eikázein* 'rappresentare', di orig. indeur.; 1869] s. f. ● (*lett.*) Arte di rappresentare il reale con immagini.

icasticità [da *icastico*; 1964] s. f. ● Caratteristica di ciò che è icastico.

icàstico [V. *icastica*; 1586] agg. (pl. m. *-ci*) ● (*lett.*) Che ritrae la realtà per mezzo di immagini con evidenza rappresentativa | (*est.*) Molto evidente, efficace, incisivo: *stile, discorso i.* || **icasticaménte**, avv.

-icchiàre suff. ● Ha valore attenuativo e serve per formare verbi derivati da altri verbi: *canticchiare, mordicchiare*.

-ìccio [lat. *-īciu(m)*, orig. applicato ai part. per trarne i corrispondenti agg., ma poi esteso anche a radici nominali] suff. derivativo o alterativo ● Forma aggettivi, talora sostantivati, e alcuni sostantivi, che esprimono approssimazione, somiglianza più o meno perfetta, stato di impurità, diminuzione, degenerazione (di colori in particolare): *avanzaticcio, bruciaticcio, imparaticcio, malaticcio, massiccio, molliccio, terriccio, umidiccio, bianchiccio, gialliccio, nericcio, rossiccio*.

-icciòlo [doppio suffisso, *-iccio*, che già in parecchi agg. aveva assunto un valore attenuativo, e *-olo* dim.] suff. (f. *-icciola*) ● Ha valore alterativo in sostantivi diminutivi, vezzeggiativi o spregiativi: *letticciolo, libricciolo, muricciolo, omicciolo, donnicciola, guerricciola, stradicciola, testicciola, vesticciola*.

iceberg /'aizberg, *ingl.* 'aes,bɜːg/ [vc. ol. *ijsberg*, propr. 'monte (*berg*, da una base indeur. col senso di 'alto') di ghiaccio (*ijs*, di area germ.)'; 1887] s. m. inv. ● Grande massa di ghiaccio galleggiante | ***La punta dell'i.***, la parte emergente, pari a 1/9 dell'intera massa glaciale; (*fig.*) la parte conosciuta di fenomeni, avvenimenti e sim., spec. di segno negativo, che ne lascia intuire una ben maggiore portata.

ice-field /*ingl.* 'aes,fiːld/ [vc. ingl., propr. 'campo (*field*, da una base indeur. col senso di 'piano, piatto') di ghiaccio (*ice*, di area germ.)'; 1937] s. m. inv. ● Campo di ghiaccio.

-icèllo [accumulo di due suff. lat., *-ic(o)-* e *-ĕllu(m)* '-ello'] suff. alterativo ● Conferisce ad aggettivi e sostantivi valore diminutivo: *campicello, fiumicello, praticello, grandicello, monticello, venticello*.

Ici [sigla di *I(mposta) C(omunale sugli) I(mmobili)*] s. f. inv. ● Tributo locale, istituito nel 1992, che colpisce la proprietà di immobili (fabbricati e terreni) ubicati nel territorio di un comune.

-iciàttolo [coagulazione di diversi suff.: *-ici(no)*, *-atto* e *-olo*, tutti con valore dim., e piuttosto neg.] suff. alterativo ● Conferisce a sostantivi valore peggiorativo o spregiativo: *fiumiciattolo, libriciattolo, mostriciattolo, omiciattolo.*

-icino [da *-icello* per la corrispondenza nel valore dimin. di *-ello* e *-ino*] **suff.** (f. *-icina*) *1* Ha valore alterativo in sostantivi diminutivi o vezzeggiativi: *cuoricino, festicina, fiumicino, lumicino.* *2* Ha valore derivativo in aggettivi: *carnicino.*

icnèumone, (*evit.*) **icneumóne** [vc. dotta, lat. *ichnĕumone(m)*, nom. *ichnĕumon*, dal gr. *ichnéumōn* 'icneumone', da *ichnéuein* 'seguire la traccia' (*íchnos*, di etim. incerta), sottinteso dei coccodrilli, di cui cerca le uova; 1481] **s. m.** ● Piccolo carnivoro africano, affine alla mangosta, astuto, prudente, che aggredisce piccoli animali e spec. i serpenti (*Herpestes ichneumon*) | ***I. indiano***, mungo.

Icneumònidi [comp. di *icneumone* e *-idi*; 1834] **s. m. pl.** (sing. *-e*) ● Nella tassonomia animale, famiglia di Imenotteri con lunghe antenne sottili, zampe slanciate che depongono le uova nel corpo di larve o pupe di altri insetti (*Ichneumonidae*).

icnografìa [vc. dotta, lat. tardo *ichnographĭa(m)*, dal gr. *ichnographía*, comp. di *íchnos* 'traccia, pianta' e *-graphía* '-grafia'; av. 1502] **s. f.** ● Proiezione orizzontale | Pianta di un edificio.

icnogràfico [1754] **agg.** (pl. m. *-ci*) ● Di, relativo a, icnografia.

icnologìa [comp. del gr. *íchnos* 'traccia' e *-logia*, secondo l'ingl. *ichnology*] **s. f.** ● Scienza che studia le impronte dei fossili.

-ico [lat. *-ĭcu(m)*, di orig. indeur., inizialmente usato nella terminologia politico-amministrativa] **suff.** *1* Ha valore derivativo in numerosi aggettivi, talora sostantivati di origine latina o tratti da sostantivi, indicanti maniera, appartenenza: *accademico, autentico, bellico, chimerico, civico, comico, sferico, simpatico, storico, balcanico.* *2* In chimica organica, indica numerosi composti di varia natura: *acido acetico, etere etilico, aldeide formica, alcol benzilico* | In chimica inorganica, indica quei composti di un elemento in cui questo compare con la, o le, valenze superiori: *ferrico, clorico, perclorico.*

icóna (o *-ò-*) [vc. dotta, lat. tardo *icōna(m)*, dal gr. *eikṓn*, acc. *eikóna* 'immagine', dall'inf. perfetto *eikénai* 'essere simile, apparire', di etim. incerta; av. 1500] **s. f.** *1* Effigie di santo dipinta spec. su tavola, tipica dell'arte religiosa russa e bizantina | (*est., lett.*) Immagine sacra dipinta o scolpita. *2* In semiologia, segno che è in un rapporto di somiglianza con la realtà che rappresenta, della quale evoca alcune caratteristiche (p. es. un segnale stradale o un ideogramma). *3* (*elab.*) Nei sistemi operativi a interfaccia grafica, rappresentazione grafica di un programma o di un file che possono essere attivati mediante puntamento con il cursore.

iconicità [1962] **s. f.** ● Il complesso dei segni esteriori espressivi di una data realtà.

icònico [vc. dotta, lat. *icōnicu(m)*, dal gr. *eikonikós*, da *eikṓn* 'immagine'; 1669] **agg.** (pl. m. *-ci*) ● Che si riferisce all'immagine, che si fonda sull'immagine: *linguaggio i.* | (*ling.*) Detto di un segno linguistico che ha un rapporto di somiglianza con la realtà denotata. || **iconicaménte**, avv.

iconìsmo [da *icon(a)* con il suff. *-ismo*; av. 1852] **s. m.** ● Tendenza a ricorrere a immagini per esprimere concetti, rappresentare la realtà, inviare un messaggio e sim.

icòno- [dal gr. *eikṓn* 'immagine' (V. *icona*)] primo elemento ● In parole composte dotte o della terminologia scientifica e tecnica, significa 'immagine', 'immagine sacra', 'ritratto': *iconologia, iconoscopio, iconoteca.*

iconoclàsta o (*raro*) **iconoclàste** [gr. *eikonoklástēs*, comp. di *eikṓn* 'immagine' e di un deriv. dal v. gr. *kláein* 'rompere'; av. 1694] **A** s. m. e f. (pl. m. *-i*) *1* (*st.*) Nell'VIII sec. d.C., seguace dell'iconoclastia. *2* (*est., fig.*) Chi mira alla distruzione di immagini, simboli o comunque di ogni realizzazione tangibile propria di una dottrina, di un'ideologia, di uno Stato e sim. | (*fig.*) Chi è contrario a convenzioni, opinioni e istituzioni acquisite e proprie di una società. **B** agg. ● Proprio degli iconoclasti | Che è caratterizzato o animato da un violento istinto di distruzione: *furia i.*; *furore i.*

iconoclastìa [da *iconoclasta*; 1833] **s. f.** *1* Dottrina e movimento contro il culto delle immagini sorti nella Chiesa orientale nel sec. VIII. *2* (*fig.*) Moto di reazione e violento contrasto nei confronti di credenze e istituzioni di una determinata società.

iconoclàstico [1869] **agg.** (pl. m. *-ci*) ● Di, da iconoclasta (*anche fig.*): *eresia iconoclastica* | ***Furia iconoclastica***, atteggiamento dominato da un impulso aspramente distruttivo. || **iconoclasticaménte**, avv.

iconodulìa [comp. di *icono-* e del gr. *doulía* 'servitù'] **s. f.** ● (*relig.*) Culto esagerato o superstizioso delle immagini sacre.

iconografìa [vc. dotta, lat. tardo *iconogrăphia(m)*, dal gr. *eikonographía*, comp. di *eikṓn* 'immagine' e *-graphía* '-grafia'; av. 1796] **s. f.** *1* Parte dell'iconologia che si occupa dell'elencazione sistematica delle raffigurazioni relative ad un soggetto. *2* Complesso delle immagini visive attinenti a discipline, argomenti o personaggi particolari: *i. dantesca*; *l'i. garibaldina, risorgimentale*; *l'i. ufficiale del regime.* *3* Il complesso delle illustrazioni di un libro.

iconogràfico [1798] **agg.** (pl. m. *-ci*) ● Della, relativo alla, iconografia. || **iconograficaménte**, avv. Dal punto di vista dell'iconografia.

iconògrafo [gr. *eikonográphos*, comp. di *eikṓn* 'immagine' e *-gráphos* '-grafo'; 1869] **s. m.** (f. *-a*) *1* Studioso di iconografia. *2* Autore di opere iconografiche. *3* Tecnico editoriale addetto alla scelta delle illustrazioni di un libro e, gener., di una pubblicazione.

iconolàtra [comp. di *icono-* e di un deriv. del gr. *latréus* 'servo, schiavo'; 1835] **A** s. m. e f. (pl. m. *-i*) ● Adoratore di icone o immagini sacre. **B** agg. ● Proprio dell'iconolatria e degli iconolatri.

iconolatrìa [comp. di *icono-* e del gr. *latréia* 'schiavitù, servitù'; 1839] **s. f.** ● Adorazione superstiziosa delle immagini sacre.

iconologìa [gr. *eikonología* 'linguaggio figurato', comp. di *eikṓn* 'immagine' e *-logía* '-logia'; av. 1686] **s. f.** *1* Scienza che ha come oggetto l'interpretazione di simboli, figure allegoriche, emblemi e sim. *2* Nella moderna critica d'arte, metodo interpretativo dell'opera figurativa che ricerca, attraverso l'analisi degli elementi formali, il significato culturale del sistema di simboli proposto dall'artista.

iconològico [av. 1798] **agg.** (pl. m. *-ci*) ● Della, relativo alla iconologia. || **iconologicaménte**, avv.

iconologìsta [av. 1686] **s. m. e f.** (pl. m. *-i*) ● Studioso di iconologia.

iconoscòpio [comp. di *icono-* e *-scopio*; 1939] **s. m.** ● Tubo elettronico posto dietro l'obiettivo della telecamera, che trasforma l'immagine luminosa ricevuta attraverso l'obiettivo stesso in una serie di segnali elettrici.

iconostàsi o **iconòstasi** [neogr. *eikonóstasis*, comp. di *eikṓn* 'icona' e *stásis* 'azione di porre', da *histánai* 'collocare'; 1939] **s. f. inv.** ● Nelle chiese bizantine e russe, tramezzo di divisione fra celebranti e fedeli, variamente ornato con icone e statue.

iconotèca [comp. di *icono-* e *-teca*; 1963] **s. f.** ● Raccolta di icone | Luogo in cui tale raccolta è collocata.

icóre [gr. *ichṓr* 'sangue degli dei, siero', di etim. discussa: di orig. straniera (?); 1583] **s. m.** *1* (*mitol.*) Sangue degli dei. *2* (*med., raro*) Pus.

icosaèdrico [1681] **agg.** (pl. m. *-ci*) ● (*mat.*) Di, relativo a icosaedro | Che ha forma di icosaedro.

icosaèdro [vc. dotta, lat. tardo *icosăhedru(m)*, dal gr. *eikosáedros*, comp. di *éikosi* 'venti' e un deriv. di *hédra* 'sedile'; av. 1617] **s. m.** ● (*mat.*) Poliedro con venti facce | ***I. regolare***, le cui facce sono triangoli regolari uguali. ➡ ILL. **geometria.**

icoságono [vc. dotta, gr. *eikoságōnos*, comp. di *éixosi* 'venti' e di *-gōnos* 'angolo'] **s. m.** ● (*mat.*) Poligono dotato di 20 lati.

icosidodecaèdro [comp. del gr. *éikosi* 'venti' (d'orig. indeur.) e *dodecaedro*] **s. m.** ● (*mat.*) Poliedro costituito da dodici pentagoni regolari e venti triangoli equilateri.

icositetraèdro [comp. del gr. *éikosi* 'venti' (V. *icosidodecaedro*) e *tetraedro*] **s. m.** ● (*mat.*) Poliedro a ventiquattro facce, che possono essere o tutte quadrilateri non parallelogrammi o tutte pentagoni non regolari.

ics [1887] **s. f. o m.** ● Nome della lettera *x*.

ictiosàuro ● V. *ittiosauro.*

ictiòsi ● V. *ittiosi.*

ictus [vc. dotta, lat. *ĭctu(m)* 'colpo', deriv. del v. *īcere* 'colpire, percuotere', di etim. incerta; 1905] **s. m. inv.** (pl. lat. inv.) *1* (*ling.*) In metrica, percussione del piede o della mano per segnare il tempo forte del piede o del metro | Accento metrico. *2* (*mus.*) Tempo forte di una battuta. *3* (*med.*) Qualsiasi manifestazione morbosa insorta in modo improvviso | Emorragia cerebrale: *i. apoplettico.*

Id [vc. dotta, lat. *ĭd*, propr. 'esso, questo', di orig. indeur.] **s. m.** ● (*psicol.*) Nella psicoanalisi, Es.

idàlgo **s. m.** (pl. *-ghi*) ● Adattamento di *hidalgo* (V.).

idàlio [vc. dotta, lat. *Idăliu(m)*, dal gr. *Idálion* 'Idalio, promontorio e città di Cipro': di orig. pregreca (?); 1623] **agg.** ● (*lett.*) Di Idalio, monte e antica città di Cipro, sacri a Venere: *Venere idalia.*

idantoìna [ted. *Hydantoin*, comp. di *hyd(ro-)* 'idro-' e *(All)antoin* 'allantoina'] **s. f.** ● (*farm.*) Composto eterociclico di origine vegetale i cui derivati sono usati come farmaci antiepilettici.

idàtide [gr. *hydatís*, genit. *hydatídos*, da *hýdōr* 'acqua'; 1684] **s. f.** *1* (*med.*) Stadio moltiplicativo dell'echinococco, nell'ospite intermedio. *2* (*anat.*) Qualsiasi formazione cistica.

idatidèo **agg.** ● (*med.*) Relativo all'idatide | ***Cisti idatidea***, cisti di echinococco.

idàtodo [comp. del gr. *hýdōr*, genit. *hýdatos* 'acqua' (di orig. indeur.) e *hodós* 'strada' (V. *odeporico*)] **s. m.** ● (*bot.*) Apparato escretore esistente in talune foglie e destinato all'eliminazione di acqua sotto forma di goccioline.

†iddèa ● V. *dea.*

†iddeità ● V. *deità.*

†iddèo ● V. *dio* (*1*).

†iddìa ● V. *dea.*

Iddìo ● V. *Dio* (*1*).

-ide [fr. *-ide*, dalla seconda parte di (*ox*)*ide*, ritenuta suff.] **suff.** ● In chimica, indica numerosi composti di diversa natura: *ammide, glucoside.*

♦**idèa** [lat. *ĭdea(m)*, dal gr. *idéa*, da *idéin* 'vedere', di orig. indeur.; sec. XIII] **s. f.** *1* (*filos.*) Essenza intelligibile, archetipo immutabile ed eterno delle cose sensibili. *2* (*filos.*) Rappresentazione intellettuale che riassume in sé una serie di conoscenze possibili. *3* (*psicol.*) Contenuto mentale | ***I. fissa, coatta***, idea, generalmente infondata, che viene mantenuta nonostante l'evidenza contraria | (*est.*) Pensiero ricorrente, ossessivo. *4* Correntemente, qualunque rappresentazione della mente, ogni entità mentale: *avere l'i. di pianta, di tempo, di spazio*; *avere le idee sconnesse, ordinate*; *avere un'i. chiara e distinta di qlco.*; *avere l'i. e non saperla esprimere*; *i. espressa in immagine, tradotta in parole.* *5* Pensiero astratto, spec. in quanto contrapposto ai dati della realtà: *solo l'i. di quella crudeltà ci faceva rabbrividire*; *le idee non ci interessano poiché sono i fatti che contano*; *sono idee che vi fanno perdere di vista la realtà*; *incominciavo ad avere la terribile i. che morisse* (FOGAZZARO) | ***Neanche per i.***, nemmeno a pensarci, assolutamente no | ***Associazione di idee***, collegamento fra concetti per somiglianza o affinità. *6* Motivo di fondo, contenuto razionale, culturale o fantastico, che caratterizza un'opera, uno scritto e sim.: *l'i. guida di un film*; *non sono riuscito ad afferrare l'i. centrale del suo discorso*; *libro, opera povera di idee.* *7* Ideologia, ideale, credo, dottrina, spec. in quanto animatori di movimenti politici, religiosi, culturali e sim.: *l'i. della non-violenza*; *l'i. cristiana, marxista, liberale*; *un'i. rivoluzionaria, utopistica*; *l'i. che è in me non muore*; *molti si sacrificarono per l'i.*; *dare la propria vita per un'i.* *8* Conoscenza elementare, approssimativa, sommaria: *avere di qlco. un'i. vaga, generale, imprecisa* | ***Farsi un'i. di qlco., di qlcu.***, cercare di conoscere, di sapere | ***Non averne i., la più pallida i., la minima i.***, non saperne assolutamente nulla. SIN. Impressione. *9* Valutazione soggettiva, convincimento, opinione, giudizio: *ho solo qualche i. sull'argomento*; *sei libero di esprimere le tue idee*; *questa è un'i. del tutto personale*; *evidentemente è un uomo d'idee conservatrici*; *condivido le vostre idee*; *è una persona completamente priva di idee* | ***Avere idee larghe, ristrette***, essere di vedute larghe, ristrette. *10* Intenzione, inclinazione, proposito, progetto: *vagheggiare un'i.*; *accarezzare un'i.*; *avere l'i. di scrivere un libro, di fondare un partito.* *11* Trovata, invenzione, iniziativa: *avere un'i. luminosa, balorda, sciocca, inutile*; *un'i. geniale*; *bella i., la vostra*; *che i.!* | Ispirazione: *captare, concretizzare un'i.*; *non è un'i. molto originale*; *artista povero d'idee.*

12 Capriccio, ghiribizzo: *è stata un'i. vostra; non è possibile dare retta a tutte le tue strane idee.* *13* Apparenza, impressione esteriore: *dare l'i. del bianco, del nero; non mi dà l'i. di una persona seria* | ***Un'i. di***, un poco: *è tutta verde con un'i. di rosso* | (*raro*) Tratti generali del volto, lineamenti, fattezze: *ha qualche i. del padre.* *14* (*raro*) Abbozzo, schema. || **ideàccia**, pegg. | **ideìna**, dim. | **ideóna**, accr. | **ideùccia**, **ideùzza**, dim.

ideàbile [1869] agg. ● Che si può ideare, pensare, immaginare.

♦**ideàle** [vc. dotta, lat. tardo *ideāle(m)*, da *ĭdea* 'idea'; 1321] **A** agg. *1* Che concerne l'idea | Che non ha esistenza se non nella fantasia o nell'immaginazione: *mondo i.; luoghi, personaggi ideali.* CONTR. Reale. *2* Che riunisce tutte le perfezioni che la mente umana può concepire indipendentemente dalla realtà: *governo, stato, società i.; forma, bellezza i.* | ***Perfezione i.***, assoluta | (*est., fis.*) ***Gas i.***, gas perfetto. *3* (assol.; + *a*; + *per*) (*fam.*) Che appaga ogni sogno, esigenza, aspirazione e sim.: *lavoro i.; situazione i.; marito, donna i.; clima i. alla salute; la giornata è i. per una gita.* SIN. Perfetto. || **idealménte**, avv. **B** s. m. *1* Ciò che esiste solo nel pensiero. CONTR. Reale. *2* Modello di assoluta perfezione, in cui l'uomo crede e al quale tende per realizzarlo, conquistarlo e sim.: *avere un i. di vita; cercare di realizzare un i.; i. politico, religioso, sociale; i. di bellezza, di virtù; lottare, combattere, morire per un i. di giustizia, di libertà.* *3* Aspirazione di natura morale, spec. in contrapposizione agli interessi materiali: *i. nobile, alto; uomo privo di ideali; società senza ideali* | Finalità o scopo pratico: *il suo i. è la tranquillità, la vita comoda.* *4* La cosa migliore, la situazione ottimale: *l'i. sarebbe che tutti fossero presenti; una scuola così organizzata sarebbe l'i.* SIN. Perfezione.

idealeggiàre [1869] **A** v. intr. (*io idealéggio*; aus. *avere*) ● (*raro*) Seguire un ideale | Mostrare, con una certa ostentazione, di seguire un ideale. **B** v. tr. ● (*raro*) Idealizzare.

idealìsmo [da *ideale*; 1818] s. m. *1* Ogni teoria filosofica secondo cui l'oggetto della conoscenza si riduce a rappresentazione o a idea. *2* Corrente filosofica tedesca della prima metà del XIX secolo secondo la quale tutta la realtà si risolve nel processo di uno spirito infinito inteso come autocoscienza assoluta. *3* Modo di pensare, di vivere, di agire proprio di chi crede in un ideale e tende a realizzarlo, conquistarlo e sim. CONTR. Materialismo. *4* Mancanza di concretezza, di senso della realtà e sim.: *peccare di eccessivo i.* CONTR. Realismo.

idealìsta [av. 1754] **A** s. m. e f. (pl. m. *-i*) *1* (*filos.*) Chi segue o si ispira all'idealismo. *2* Chi crede in un ideale e tende alla sua realizzazione, conquista e sim. *3* Chi pensa e agisce secondo schemi astratti ed è privo di concretezza, di senso della realtà e sim. SIN. Sognatore. CONTR. Realista. **B** anche agg.: *un filosofo i.*

idealìstico [1872] agg. (pl. m. *-ci*) *1* Che concerne o interessa l'idealismo. CONTR. Realistico. *2* Proprio degli idealisti. || **idealisticaménte**, avv.

idealità [1845] s. f. *1* Caratteristica, condizione di ciò che è ideale. *2* Sentimento nobile ed elevato: *un uomo privo di i.*

idealizzàbile [1970] agg. ● Che si può idealizzare.

idealizzàre [1819] v. tr. ● Trasfigurare col pensiero la realtà rivestendola coi caratteri propri dell'ideale: *i. una donna, l'amore.*

idealizzàto [av. 1827] part. pass. di *idealizzare*; anche agg. ● Rappresentato o concepito secondo un modello ideale.

idealizzazióne [av. 1872] s. f. ● L'idealizzare | Rappresentazione di qlcu. o qlco. secondo un modello ideale.

ideàre [da *idea*; sec. XIII] v. tr. (*io idèo*) *1* Concepire con la mente qlco. da realizzare: *i. un poema, un'opera, una poesia; i. uno scherzo, uno stratagemma* | Inventare: *i. un congegno.* SIN. Immaginare. *2* Proporsi qlco., stabilire, progettare: *i. un viaggio.*

ideatìvo agg. ● Che concerne l'ideazione. SIN. Ideatorio.

ideatóre [1877] s. m. (f. *-trice*) ● Chi ha ideato o inventato qlco.

ideatòrio agg. ● (*raro*) Ideativo.

ideazióne [1673] s. f. *1* L'ideare: *i. di un congegno, di un progetto, di un'impresa.* *2* (*psicol.*) Funzione del pensiero che ne esprime la capacità di concatenazione e coordinazione.

ìdem [lat., propr. 'la stessa cosa (di prima)', di incerta composizione; 1798] **A** pron. dimostr. inv. ● Stesso, medesimo, spesso abbreviato in *id.*, usato per evitare le ripetizioni di nomi, indicazioni, citazioni e sim. in tavole, tabelle, bibliografie o altro. **B** in funzione di avv. ● (*fam., scherz.*) Ugualmente, parimenti, allo stesso modo: *i. come sopra.*

identicità [1812] s. f. ● Caratteristica di ciò che è identico.

idèntico [vc. dotta, lat. mediev. *idĕnticu(m)*, da *ĭdem*; sull'es. di *identità* (V.); 1639] agg. (pl. m. *-ci*) (assol.; + *a*) ● Completamente uguale: *è i. all'originale; situazioni identiche* | ***È i.***, non c'è differenza. CFR. tauto-. CONTR. Differente, diverso | Con valore raff.: *sono le stesse identiche raccomandazioni che ho sentito poco fa.* || **identicaménte**, avv. In modo completamente uguale.

identificàbile [1912] agg. ● Che si può identificare.

identificàre [comp. di *identic(o)* e *-ficare*; 1585] **A** v. tr. (*io identìfico, tu identìfichi*) *1* Considerare identico: *i. due concetti, due teorie.* CONTR. Differenziare, diversificare. *2* Riconoscere, scoprire, accertare l'identità di qlcu.: *i. un ladro, un assassino, un cadavere* | Individuare, determinare: *i. i motivi di un avvenimento.* **B** v. rifl. (+ *in*; + *con*) ● Sentirsi identico ad un'altra persona | Immedesimarsi: *molti ragazzi si identificano in quel cantante; riesce a identificarsi perfettamente con il personaggio che interpreta.* **C** v. intr. pron. ● Essere identico: *le due posizioni si identificano nella sostanza.* SIN. Coincidere. CONTR. Differenziarsi.

identificatóre [av. 1952] **A** agg. (f. *-trice*) ● Che identifica. **B** s. m. *1* (f. *-trice*) Chi identifica. *2* Ciò che serve per identificare. *3* (*elab.*) Carattere o gruppo di caratteri usati per identificare o designare un dato elementare ed eventualmente per indicare certe sue proprietà | In un linguaggio di programmazione, qualsiasi unità lessicale che denomini un oggetto del linguaggio.

identificazióne [av. 1855] s. f. *1* L'identificare, l'identificarsi: *l'i. di due concetti* | Accertamento dell'identità di qlcu.: *l'i. di un cadavere.* *2* Immedesimazione | (*psicoan.*) Processo psicologico per il quale un soggetto si considera uguale a un altro, assumendo totalmente o parzialmente l'identità di un'altra persona o trasferendo una parte della propria identità in un'altra persona.

identikìt /identi'kit, *ingl.* ae'denṭi,kɪt/ [vc. ingl. 'apparecchiatura (*kit*, di provenienza ol. e etim. incerta) per l'identificazione (*identification*, abbr. *identi-*)'; 1963] s. m. inv. *1* Sistema di identificazione criminale che consente di ricostruire i tratti somatici di un volto sovrapponendo disegni o diapositive rispondenti ai dati somatici dello stesso forniti dai testimoni o dalla vittima | L'immagine così ricostruita. *2* (*fig.*) Il complesso dei requisiti necessari a delineare l'immagine ideale dell'esponente tipico di una data categoria di persone: *tracciare l'i. del perfetto cittadino.*

♦**identità** [vc. dotta, lat. tardo *identitāte(m)*, da *ĭdem* '(proprio quello) stesso'; 1385] s. f. *1* Uguaglianza completa e assoluta: *rilevare l'i. di due posizioni; i. di vedute* | (*filos.*) ***Principio di i.***, principio logico in base al quale ogni concetto risulta essere identico a sé stesso. SIN. Coincidenza. CONTR. Differenza, diversità. *2* Insieme di caratteristiche che rendono qlcu. quello che è, distinguendolo da tutti gli altri: *riconoscere, provare l'i. di qlcu.; tessera d'i.* | ***Carta d'i.***, documento di riconoscimento rilasciato dal municipio | Carattere peculiare, distintivo, di qlco.: *l'i. di un insieme di atomi; l'i. culturale di un popolo.* *3* (*psicol.*) Consapevolezza di sé in quanto individuo stabile nel tempo e differenziato dagli altri: *formazione dell'i.* | ***Crisi d'i.***, conflitto tipico dell'adolescenza e di fasi critiche della vita in cui prevalgono confusione e incertezza. *4* (*mat.*) Uguaglianza contenente delle variabili, verificata per ogni valore attribuibile a queste | Biiezione che fa corrispondere ad ogni elemento del dominio sé stesso | Applicazione identica.

idèo [vc. dotta, lat. *Idāeu(m)*, dal gr. *Idâios* 'del monte *Ida*'; av. 1420] agg. ● (*lett.*) Del monte Ida: *campi idei.*

idèo- [da *idea*] primo elemento ● In parole composte della terminologia scientifica e filosofica, significa 'idea', 'che si riferisce all'idea': *ideocrazia, ideografia, ideogramma.*

ideocrazìa [comp. di *ideo-* e *-crazia*] s. f. ● Forma di governo fondata sull'imposizione di una determinata ideologia.

ideografìa [comp. di *ideo-* e *-grafia*; 1869] s. f. ● Sistema di scrittura mediante ideogrammi.

ideogràfico [1833] agg. (pl. m. *-ci*) ● Detto di scrittura i cui segni rappresentano direttamente il significato. || **ideograficaménte**, avv. Mediante la scrittura ideografica.

ideogràmma [comp. di *ideo-* e *-gramma*; 1895] s. m. (pl. *-i*) *1* (*ling.*) Carattere grafico che corrisponde a un'idea: *gli ideogrammi della scrittura cinese, dei geroglifici egiziani.* *2* Rappresentazione grafica di dati statistici mediante figure di grandezza diversa. ➡ ILL. **diagramma.**

ideogrammàtico agg. (pl. m. *-ci*) ● (*ling.*) Detto di sistema linguistico nel quale i grafemi fanno riferimento ai morfemi, rappresentando idee, nozioni e sim.

ideologìa [comp. di *ideo-* e *-logia*, sul modello del fr. *idéologie*; 1818] s. f. *1* Corrente filosofica francese della prima metà del XIX secolo che proseguendo sulla via del sensismo illuministico si proponeva lo studio delle idee, intese come stati di coscienza, e delle loro origini. *2* Nella teoria marxista, giustificazione teorica dei rapporti sociali esistenti in una determinata società: *i. borghese.* *3* L'insieme dei principi e delle idee che stanno alla base di un movimento politico, religioso e sim.: *i. marxista; i. cattolica; i. liberale.*

ideològico [1819] agg. (pl. m. *-ci*) *1* Che concerne o interessa la corrente filosofica dell'ideologia. *2* Proprio di, fondato su, una o più ideologie: *posizione ideologica; lotta ideologica; contrasti ideologici* | (*est.*) Detto della tendenza a fornire spiegazioni in base alla sola ideologia, trascurando un'analisi concreta. || **ideologicaménte**, avv. Per quanto riguarda l'ideologia.

ideologìsmo [1846] s. m. *1* Sistema filosofico dell'ideologia. *2* Tendenza di chi vede e cerca di risolvere i problemi spec. politici in chiave esclusivamente ideologica.

ideologìsta [av. 1827] s. m. e f. (pl. m. *-i*) ● (*raro*) Ideologo.

ideologizzàre [1961] v. tr. ● Nel linguaggio politico, sindacale e sim., impostare i problemi in chiave esclusivamente ideologica | Ricondurre a uno schema ideologico: *i. un fenomeno sociale.*

ideologizzàto [av. 1937] part. pass. di *ideologizzare*; anche agg. ● Permeato di ideologia.

ideologizzazióne [1966] s. f. ● L'ideologizzare.

ideòlogo [1832] s. m. (f. *-a*; pl. m. *-gi*) *1* Chi segue o si ispira alla corrente filosofica dell'ideologia. *2* Chi analizza, svolge o elabora un'ideologia: *l'i. del partito.* *3* (*spreg.*) Chi si dedica ad astrazioni inconcludenti.

id est /*lat.* i'dest/ o **idest** [loc. lat., propr. 'ciò è'; 1481] loc. avv. ● (*lett.*) Cioè (anche abbr. *i.e.*).

ìdi [vc. dotta, lat. *ĭdus* (nom. pl.), di etim. incerta, con adattamento alla più comune desinenza pl. it.; sec. XIV] s. f. o m. pl. ● Nel calendario romano, quindicesimo giorno dei mesi di marzo, maggio, luglio, ottobre e tredicesimo degli altri.

-idi [gr. *-is*, genit. *-ídos*, suff. propr. patronimico] suff. m. pl. (sing. *-ide*) ● Nella sistematica zoologica, indica una famiglia: *Bovidi, Canidi.*

idìllico [1869] agg. (pl. m. *-ci*) *1* Che si riferisce all'idillio: *componimento i.* *2* Che si ispira alla serenità, spesso ingenua, vagheggiata negli idilli: *visione idilliaca; concezione idilliaca dell'esistenza.* SIN. Calmo, quieto. || **idilliacaménte**, avv. (*raro*) In modo idilliaco.

idìllico [1870] agg. (pl. m. *-ci*) ● Idilliaco. || **idillicaménte**, avv.

idìllio [vc. dotta, lat. *idȳlliu(m)*, dal gr. *eidýllion* 'poemetto', dim. di *éidos* 'ampio componimento', da *idéin* 'vedere', di orig. indeur.; av. 1590] s. m. *1* Componimento poetico solitamente di carattere pastorale e campestre. *2* (*est., fig.*) Vita tranquilla e felice, esente da preoccupazioni e dolori. *3* (*fig.*) Amore delicato, avvolto in un'atmosfera sognante e intrisa di sentimentalismo: *tessere, filare un i.* | (*est.*) Accordo, intesa: *è già finito l'i. tra governo e sindacati.*

idio- [dal gr. *ídios* 'proprio, particolare', di etim. incerta] primo elemento ● In parole composte della terminologia scientifica, significa 'proprio, particolare': *idioblasto, idiocultura, idioelettrico.*

-idio [gr. *-ídion*, ampliamento del suff. dim. *-ion*, tratto da vc. che avevano *-id-* come proprio elemento costitutivo] **suff.** ● Nella biologia animale e vegetale e nella sistematica zoologica e botanica, ha valore diminutivo: *anteridio.*

idioblàsto [comp. di *idio-* e del gr. *blastós* 'germoglio'; 1884] **s. m.** *1* (*bot.*) Cellula vegetale che si trasforma per esercitare funzioni meccaniche nei canali aeriferi. *2* (*miner.*) Cristallo di roccia metamorfica dotato di forma più o meno perfetta e distinta.

idiocromàtico [comp. di *idio-* e *cromatico*] **agg.** (**pl. m.** *-ci*) ● (*miner.*) Detto di un solido che mantiene sempre il proprio colore.

idiocultùra [comp. di *idio-* e *cultura*; 1983] **s. f.** ● Cultura propria di una minoranza di persone: *l'i. degli zingari.*

idioelèttrico [comp. di *idio-* e *elettrico*; 1816] **agg.** (**pl. m.** *-ci*) ● (*elettr.*) Detto di corpo che ha elettricità propria o è elettrizzabile per strofinio.

idiòfono [comp. di *idio-* e *-fono*] **A agg.** ● Detto di strumento musicale, quale la campana, nel quale il corpo vibrante è lo stesso corpo dello strumento. **CFR.** Aerofono, cordofono. **B** anche **s. m.**

idioglossia [comp. di *idio-* e un deriv. del gr. *glôssa* 'lingua' (V. *glossa* (*1*)); 1972] **s. f.** ● (*med.*) Emissione di suoni inarticolati e privi di senso.

idiogràfico [comp. di *idio-* e *-grafico*; 1983] **agg.** (**pl. m.** *-ci*) ● Detto di studio o ricerca aventi per oggetto casi particolari o singoli, in contrapposizione allo studio o alla ricerca di leggi e teorie generali che regolino una intera classe di casi.

idiolètto [ingl. *idiolect*, da *idio-* sul modello di *dialect* 'dialetto'; 1966] **s. m.** ● (*ling.*) L'insieme degli usi di una lingua caratteristico di un dato individuo.

idiòma [vc. dotta, lat. tardo *idiōma* (nt.), dal gr. *idíōma* 'peculiarità', 'carattere particolare' (*ídios*); 1321] **s. m.** (**pl.** *-i*) *1* (*lett.*) Lingua propria di una comunità: *l'i. italiano, inglese* | Dialetto: *gli idiomi della vallata alpina.* *2* (*poet.*) Linguaggio: *sì dolce i. / le diedi, e un cantar tanto soave* (PETRARCA).

idiomàtico [gr. *idiōmatikós* 'relativo all'*idioma* (*idíōma*)'; 1824] **agg.** (**pl. m.** *-ci*) ● Che è proprio di un idioma | ***Frasi idiomatiche***, modi di dire peculiari di una data lingua. || **idiomaticaménte**, **avv.**

idiomatiṣmo **s. m.** ● (*ling., raro*) Idiotismo.

idiomòrfo [gr. *idiómorphos*, comp. di *ídios* 'proprio' e di un deriv. da *morphḗ* 'forma'; av. 1730] **agg.** ● (*miner.*) Cristallo di roccia eruttiva che ha forma sua propria. **CONTR.** Allotriomorfo.

idiopatìa [comp. di *idio-* e *-patia*; 1798] **s. f.** ● Malattia di origine sconosciuta e che non può essere correlata con altro processo morboso.

idiopàtico [av. 1686] **agg.** (**pl. m.** *-ci*) ● Che non deriva da altre malattie: *cefalea idiopatica.*

idiosincraṣìa [gr. *idiosynkrasía* 'speciale mescolanza di umori e temperamento risultante da essa', comp. di *ídios* 'proprio' e *sýnkrasis* 'mescolanza', a sua volta connesso con *kerannýnai* 'mescolare', di orig. indeur.; av. 1730] **s. f.** *1* (*med.*) Particolare sensibilità di alcuni individui a determinate sostanze medicamentose o alimentari. *2* (*est., fig.*) Forte avversione per qlco. o per qlcu.: *ha una vera i. per la matematica.* **SIN.** Incompatibilità, ripugnanza.

idiosincràtico [1912] **agg.** (**pl. m.** *-ci*) ● Di idiosincrasia | Caratterizzato da idiosincrasia.

♦**idiòta** [vc. dotta, lat. *idiōta*(*m*) 'ignorante', dal gr. *idiṓtēs*, passato dal sign. primitivo di 'particolare, privato (da *ídios* 'proprio, personale')' a quello di 'popolare, plebeo' e poi 'ignorante'; av. 1306] **A s. m. e f.** (**pl. m.** *-i*) *1* (*med.*) Chi è affetto da idiozia. *2* (*est.*) Persona stupida e insensata: *comportamento da i.; parlare, agire come un i.* **SIN.** Beota, ebete. *3* †Persona rozza e incolta. **B agg.** *1* (*med.*) Che è affetto da idiozia. *2* (*est.*) Stupido, insensato, balordo: *espressione i.; discorso i.* || **idiotaménte**, **avv.** (*raro*) In modo idiota.

idiotàggine [sec. XIV] **s. f.** ● (*raro*) Idiozia.

idiotipo [comp. di *idio-* e *-tipo*, sul modello dell'ingl. *idiotype*] **s. m.** *1* (*biol.*) Il genotipo proprio di un individuo. *2* (*biol.*) L'insieme dei determinanti antigenici presenti su una molecola di immunoglobulina.

idiotiṣmo (1) [da *idiota*; av. 1769] **s. m.** ● (*med.*) Idiozia.

idiotiṣmo (2) [vc. dotta, lat. *idiotīsmu*(*m*), dal gr. *idiōtismós*, da *idiōtízein* 'pronunciare in modo particolare', da *ídios* 'proprio'; 1573] **s. m.** ● (*ling.*) Costruzione linguistica propria di una data lingua o dialetto, che non possiede alcun corrispondente in un'altra lingua o dialetto: *i. francese, inglese; idiotismi romaneschi, milanesi.*

idiozìa [fr. *idiotie*, da *idiot* 'idiota', sul modello del gr. *idiōtéia* 'vita privata', 'stoltezza', da *idiṓtēs* 'individuo, ignorante' (V. *idiota*); 1908] **s. f.** *1* (*med.*) Grave ritardo dello sviluppo mentale. *2* (*est.*) Stupidità, imbecillità | Azione o discorso da idiota.

Idnàcee [comp. del gr. *hýdnon* 'tubero', di etim. incerta, e del suff. di famiglia botanica *-acee*] **s. f. pl.** (**sing.** *-a*) ● Nella tassonomia vegetale, famiglia di Funghi a lamina o con cappello, che portano aculei o verruche rivestiti dall'imenio (*Hidnaceae*).

ido [vc. della lingua ido, propr. 'discendente (dall'esperanto)'] **A s. m. solo sing.** ● (*ling.*) Lingua artificiale derivata dall'esperanto e costruita come mezzo di comunicazione nei rapporti internazionali. **B** anche **agg. inv.**: *lingua ido.*

idolàtra [vc. dotta, lat. tardo *ido*(*lŏ*)*latra*(*m*), dal gr. *eidōlátrēs*, comp. di *éidōlon* 'figura, idolo' e di un deriv. da *latréuein* 'servire, rendere omaggio'; 1313] **A s. m. e f.** (**pl. m.** *-i*) *1* Adoratore di idoli. *2* Chi dimostra un'ammirazione eccessiva o un amore esaltato per qlcu. o qlco.: *i. della donna amata, della ricchezza.* **SIN.** Fanatico. **B agg.** *1* Che adora gli idoli: *popolo i.* *2* (*fig.*) Che ammira e si dedica a qlcu. o qlco. con fanatismo: *studioso i. della sua disciplina.* *3* Di, da idolatra: *culto, ammirazione i.*

idolatràre [da *idolatra*; 1354] **A v. tr.** *1* Adorare idoli. *2* (*fig.*) Amare incondizionatamente: *i. la propria madre* | Ammirare con fanatismo: *i. i potenti; i. un campione, una diva.* **B v. intr.** (aus. *avere*) ● †Peccare di idolatria.

idolatrìa [vc. dotta, lat. tardo *ido*(*lo*)*latrīa*(*m*), dal gr. *eidōlolatría* (V. *idolatra*); av. 1292] **s. f.** *1* In varie religioni, culto fondato sull'adorazione degli idoli | (*est.*) Paganesimo: *cadere, vivere in i.* *2* (*fig.*) Ammirazione spinta all'eccesso: *i. del pubblico per un famoso attore* | Adorazione amorosa: *fu preso da una vera i. per quella donna.*

idolàtrico [vc. dotta, lat. tardo *ido*(*lo*)*lātricu*(*m*), da *ido*(*lo*)*latrīa* 'idolatria'; av. 1557] **agg.** (**pl. m.** *-ci*) *1* Di, da idolatra: *venerazione, ammirazione idolatrica.* *2* Che riguarda l'idolatria.

idoleggiaménto [av. 1952] **s. m.** ● (*raro*) L'idoleggiare.

idoleggiàre [av. 1808] **A v. tr.** (*io idoléggio*) *1* Esaltare nella propria immaginazione qlcu. o qlco., adorandolo quasi come un idolo. *2* (*lett.*) Rappresentare con immagini o simboli un concetto astratto. **B v. intr.** (aus. *avere*) ● †Adorare gli idoli.

ìdolo [vc. dotta, lat. *īdōlu*(*m*) (tardo *īdolu*(*m*) col senso attuale), dal gr. *éidōlon* 'figura, simulacro', da *êidos* 'forma, aspetto'; sec. XII] **s. m.** *1* Simulacro, immagine o statua di divinità adorati o venerati come sede reale della divinità medesima: *il culto degli idoli; abbattere, rovesciare, spezzare gli idoli.* *2* (*fig.*) Persona o cosa molto amata per la quale si professa una specie di culto: *è l'i. della folla; il denaro è il suo i.* *3* (*filos.*) Falsa nozione, pregiudizio. *4* (*raro, lett.*) Rappresentazione, immagine di un oggetto o di un'idea. || **idolétto**, **dim.**

idoneatìvo [da *idoneo*; 1980] **agg.** ● (*bur.*) Di idoneità: *giudizio i.* | Che riconosce l'idoneità a una professione o a una carriera: *concorso i.*

idoneità o †**idoneitàde**, †**idoneitàte** [vc. dotta, lat. tardo *idoneitāte*(*m*), da *idōneus* 'idoneo'; sec. XIV] **s. f.** (assol.: + *a*) ● Condizione, caratteristica di chi (o di ciò che) è idoneo a o per qlco.: *i. alla guida di autoveicoli, all'insegnamento; i test cercheranno di accertare la sua i. a svolgere quel compito* | ***Esami di i.***, per accertarla. **SIN.** Attitudine, capacità.

♦**idòneo** o †**idònio** [vc. dotta, lat. *idōneu*(*m*), di etim. incerta; av. 1292] **agg.** *1* (+ *a*) Che ha le qualità o i requisiti necessari per qlco.: *essere i. all'insegnamento, al servizio militare.* **SIN.** Atto. *2* (+ *per*; + *a*) Adatto, conveniente, adeguato: *è il luogo i. per una vacanza; è uno strumento i. a raggiungere lo scopo.* || **idoneaménte**, **avv.**

ìdra [vc. dotta, lat. *hȳdra*(*m*), dal gr. *hýdra* 'serpente d'acqua (*hýdōr*)', di orig. indeur.; 1313] **s. f.** *1* Nell'antica mitologia greco-romana, mostruoso serpente con molte teste che, tagliate, rinascevano: *l'i. di Lerna.* *2* (*lett., fig.*) Calamità o cosa estremamente nociva: *l'i. della guerra.* *3* Piccolo celenterato di acqua dolce con lunghi tentacoli, che si riproduce normalmente per gemmazione e ha un grandissimo potere di rigenerazione (*Hydra vulgaris*). *4* Moneta d'argento di Ercole I, coniata nel XV sec. dalla zecca di Ferrara con la raffigurazione dell'idra sul rovescio. *5* (*bot.*) Varietà di cipero.

idràcido [comp. di *idr*(*o*)- e *acido*; 1820] **s. m.** ● Acido inorganico, che non contiene ossigeno, quali l'acido cloridrico, cianidrico e sim.

idragògo [comp. di *idr*(*o*)- e del gr. *agōgós* 'conduttore'; 1684] **agg.** (**pl. m.** *-ghi*) ● (*farm.*) Detto di farmaco che favorisce l'eliminazione dell'acqua.

idralcòlico [comp. di *idr*(*o*)- e *alcolico*; 1983] **agg.** (**pl. m.** *-ci*) ● Composto di acqua e alcol: *soluzione idralcolica.*

idràmnio [comp. di *idr*(*o*)- e (acido) *amnio*(*tico*)] **s. m.** ● (*med.*) Aumento anormale del liquido amniotico.

idrangèa [comp. di *idro-* e del gr. *angêion* 'vaso' (di orig. sconosciuta); 1798] **s. f.** ● Genere di piante delle Sassifragacee, tipiche delle zone temperate, cui appartiene l'ortensia (*Hydrangea*).

idrànte [ingl. *hydrant*, comp. del gr. *hýdōr* 'acqua' e del suff. di orig. lat. *-ant* '-ante'; 1895] **s. m.** *1* Apparecchio installato su una tubazione d'acqua, che permette l'attacco di una lancia per l'estinzione d'incendi, annaffiamento di strade e sim. | Tubo usato per lanciare getti d'acqua. ➡ **ILL. vigili del fuoco.** *2* Autobotte con impianto autonomo di presa, deposito o getto d'acqua.

†**idrargìrio** [vc. dotta, lat. *hydrărgyru*(*m*), dal gr. *hydrárgyros* 'argento (*árgyros*) acqueo (da *hýdōr* 'acqua')'; 1563] **s. m.** ● Mercurio.

idrargiriṣmo [comp. di *idrargir*(*io*) e *-ismo*; 1906] **s. m.** ● (*med.*) Intossicazione cronica da mercurio, caratterizzata principalmente da nevriti e fenomeni psichici. **SIN.** Mercurialismo, idrargirosi.

idrargiròṣi [1752] **s. f. inv.** ● (*med.*) Idrargirismo.

idràrtro [comp. di *idr*(*o*)- e del gr. *árthron* 'articolazione'; 1820] **s. m.** ● (*med.*) Raccolta sierosa nella cavità articolare. **SIN.** Idrartrosi.

idrartròṣi [1834] **s. f. inv.** ● (*med.*) Idrartro.

idràste [dal gr. *hydrástina* 'canapa silvestre', prob. prestito da una lingua straniera] **s. f.** ● Piccola pianta erbacea delle Berberidacee, dal cui rizoma si estrae l'idrastina (*Hydrastis canadensis*).

idrastìna [comp. di *idrast*(*e*) e *-ina*] **s. f.** ● Alcaloide estratto dai rizomi dell'idraste, che si presenta in cristalli incolori dotati di azione vasocostrittrice.

idratàbile **agg.** ● (*chim.*) Che può essere idratato.

idratànte [1869] **A part. pres.** di *idratare*; anche **agg.** *1* Nei sign. del v. *2* Detto di prodotto cosmetico avente lo scopo di ristabilire il giusto grado di umidità della cute o di un tessuto cutaneo: *crema i.; cura i.* **B s. m.** ● Prodotto idratante.

idratàre [da *idrato*; 1869] **v. tr.** *1* (*chim.*) Fare adsorbire o assorbire acqua, fare imbevere d'acqua | Addizionare molecole d'acqua a una sostanza | Trasformare un composto anidro nel corrispondente composto idrato. *2* Riportare al giusto grado di umidità: *i. la pelle.*

idratàṣi [vc. dotta, comp. di *idrat*(*are*) e del suff. *-asi*] **s. f. inv.** ● (*biol.*) Enzima che catalizza una reazione di addizione di una molecola di acqua a un substrato.

idratazióne [1869] **s. f.** ● L'idratare, il venire idratato | (*chim.*) Reazione dalla quale si formano idrati e idrossidi | (*chim., tecnol.*) ***I. del cemento***, l'insieme delle reazioni che avvengono nel cemento dopo l'impasto fra i composti che lo costituiscono e l'acqua.

idràto [fr. *hydrate*, dal gr. *hýdōr* 'acqua' col suff. *-ate* '-ato (2)'; 1820] **A agg.** (*chim.*) *1* Detto di sostanza contenente una o più molecole d'acqua. **CONTR.** Anidro. *2* Detto di ossido che si è idratato trasformandosi in idrossido: *calce idrata.* **B s. m.** (*chim.*) *1* Idrossido. *2* Il solvato quando il solvente è l'acqua. *3* ***I. di carbonio***, glucide.

idràulica [da *idraulico*; av. 1710] **s. f.** ● Scienza e tecnica che si occupa dei liquidi, spec. dell'acqua, in quiete o in moto.

idraulicità [dall'agg. *idraulico*] **s. f.** ● (*edil.*) Proprietà di alcuni leganti di fare presa a contatto con l'acqua.

♦**idràulico** [vc. dotta, lat. *hydrāulicu(m)*, dal gr. *hydraulikós*, da *hýdraulos*, comp. di *hýdōr* 'acqua' e *aulós* 'tubo, canna'; 1336 ca.] **A** agg. (pl. m. *-ci*) **1** Della, relativo all'idraulica: *fenomeno i.* | Che si occupa di idraulica: *tecnico, ingegnere i.* **2** Che consente lo scorrimento, la distribuzione e sim. delle acque: *impianto i.* | ***Colonna idraulica***, per rifornire d'acqua il tender delle locomotive. **3** ***Calce idraulica***, materiale da costruzione capace di indurirsi e far presa sott'acqua. **4** Che utilizza l'acqua o altri liquidi per muoversi, agire, funzionare e sim.: *torchio i.*; *freno i.* || **idraulicaménte**, avv. Per mezzo dell'acqua. **B** s. m. (f. *-a*) ● Tecnico addetto alla messa in opera, manutenzione e riparazione delle condutture d'acqua per gli impianti igienici e di approvvigionamento degli edifici.

idrazide [comp. di *idrazi(na)* e *(amm)ide*] s. f. ● (*chim.*) Derivato ammidico dell'idrazina di interesse medico e industriale.

idrazina [comp. di *idr(ogeno)*, *az(oto)* e *-ina*; 1905] s. f. ● Composto organico costituito da due atomi di azoto e quattro d'idrogeno, usato nell'industria chimica e per propellenti in missilistica.

idrazóne [ted. *Hydrazon*, comp. di *Hydraz(in)* 'idrazina' e del suff. *-on* '-one'] s. m. ● (*chim.*) Composto organico derivato dall'idrazina per reazione con aldeidi o chetoni.

idremia o **idroemia** [comp. di *idr(o)-* ed *-emia*] s. f. ● (*med.*) Aumento del contenuto idrico del sangue con diluizione dei suoi componenti.

ìdria [vc. dotta, lat. *hydria(m)*, dal gr. *hydría* 'brocca, boccale d'acqua (*hýdōr*)'; av. 1342] s. f. ● (*archeol.*) Vaso per acqua di produzione greca, a due anse orizzontali ed una verticale.

ìdrico [dal gr. *hýdōr* 'acqua'; 1905] agg. (pl. m. *-ci*) ● Di acqua: *riserva idrica* | ***Dieta idrica***, dieta liquida a base di acqua.

-idrico [comp. di *-idr-* (da *idrogeno*) e del suff. *-ico*] suff. ● In chimica, indica gli idracidi: *bromidrico*, *fluoridrico*.

idro-, **-idro** [dal gr. *hýdōr* 'acqua', di orig. indeur.] primo o secondo elemento (davanti a vocale, *idr-*) **1** In parole composte dotte o scientifiche, significa 'acqua': *idrografia*, *idrostatico*; *anidro*. **2** Nella terminologia chimica, primo elemento che indica presenza di idrogeno: *idrocarburo*.

idroaerogiro [comp. di *idro-* e *aerogiro*] s. m. ● (*aer.*) Aerogiro che può decollare dall'acqua o scendervi.

idroalcòlico o **idroalcoòlico** [comp. di *idro-* e *alcolico*; 1965] agg. (pl. m. *-ci*) ● Che è composto di acqua e alcol.

idròbio [comp. di *idro-* e *-bio*] s. m. **1** (*biol.*) Insieme di organismi animali e vegetali che popolano le acque. **2** (*zool.*) Genere di Insetti dei Coleotteri abitatori della vegetazione immersa in acque stagnanti (*Hydrobius*).

idrobiologia [comp. di *idro-* e *biologia*; 1909] s. f. ● Studio degli esseri viventi nell'ambiente acquatico.

idrobiològico agg. (pl. m. *-ci*) ● Della, relativo all'idrobiologia.

idrobiòlogo [comp. di *idro-* e *biologo*] s. m. (f. *-a*; pl. m. *-gi*) ● Studioso di idrobiologia.

idrobròmico [comp. di *idro(geno)* e dell'agg. di *bromo*, secondo il tipo fr. *hydrobromique*] agg. (pl. m. *-ci*) ● (*chim.*, *raro*) Bromidrico.

idrocarbùrico [1956] agg. (pl. m. *-ci*) ● (*chim.*) Relativo agli idrocarburi: *catena idrocarburica* | ***Gruppo i.***, ciò che resta di un idrocarburo a cui è stato sottratto un atomo d'idrogeno | ***Resine idrocarburiche***, resine ottenute per polimerizzazione di idrocarburi aromatici e usate per la preparazione di vernici, adesivi e mescole di gomma. SIN. Resine idrocarboniche.

idrocarbùro [comp. di *idro(geno)* e *carburo*; 1847] s. m. ● (*chim.*) Composto organico contenente solo carbonio e idrogeno; costituente fondamentale del petrolio e dei gas naturali si può presentare allo stato gassoso, liquido o solido | ***Idrocarburi alifatici, aciclici***, quelli in cui gli atomi di carbonio sono disposti a catena aperta | ***Idrocarburi saturi, paraffinici***, idrocarburi alifatici in cui gli atomi di carbonio presentano legami semplici | ***Idrocarburi insaturi***, idrocarburi alifatici in cui gli atomi di carbonio presentano doppi o tripli legami | ***Idrocarburi aliciclici, naftenici***, quelli in cui gli atomi di carbonio presentano una struttura ciclica | ***Idrocarburi aromatici***, quelli costituiti da uno o più anelli benzenici.

Idrocaritàcee [dal gr. *hydrocharḗs* 'che gioisce (dal v. *cháirein*, di orig. indeur.) nell'acqua (*hýdōr*)' e *-acee*] s. f. pl. (sing. *-a*) ● Nella tassonomia vegetale, famiglia di Monocotiledoni acquatiche sommerse o natanti con fiori maschili e femminili separati (*Hydrocharitaceae*).

idrocefalìa [da *idrocefalo*; 1899] s. f. ● (*med.*) Alterazione morbosa caratterizzata da idrocefalo.

idrocefàlico [1880] **A** agg. (pl. m. *-ci*) ● (*med.*) Di, pertinente a idrocefalo. **B** s. m. (f. *-a*); anche agg. ● (*med.*) Chi (o Che) è affetto da idrocefalo.

idrocèfalo [gr. *hydroképhalos*, comp. di *hýdōr* 'acqua' e *kephalḗ* 'cervello, testa'; av. 1698] s. m. ● (*med.*) Aumento del liquido cefalorachidiano nei ventricoli cerebrali e negli spazi subaracnoidei.

idrocèle [comp. di *idro-* e *-cele*; 1583] s. m. ● (*med.*) Accumulo di liquido nella tunica vaginale del testicolo.

idroceràmica [comp. di *idro-* e *ceramica*] s. f. ● Ceramica a pasta porosa, non vetrinata, usata spec. per produrre vasi atti a mantenere fresca l'acqua contenuta in essi grazie all'evaporazione attraverso la loro superficie.

idrochinóne [comp. di *idro-* e *chinone*; 1869] s. m. ● (*chim.*) Fenolo bivalente ottenuto industrialmente per riduzione del relativo chinone, usato spec. in fotografia come sviluppatore.

idrocoltùra [comp. di *idro-* e *coltura* nel senso di 'coltivazione'; 1963] s. f. ● (*bot.*) Coltivazione di piante mediante immersione delle radici in acqua. SIN. Enidrocoltura.

Idrocoràlli [comp. di *idro-* e il pl. di *corallo*] s. m. pl. (sing. *-o*) ● Nella tassonomia animale, classe di Idrozoi marini coloniali, polimorfi, con scheletro calcareo (*Hydrocorallinae*).

idrocorìa [comp. di *idro-* e di un deriv. da *chōrêin* 'allontanarsi da un luogo (*chôros*)', 'separarsi'] s. f. ● (*bot.*) Dispersione dei semi operata dall'acqua.

idrocòro [comp. di *idro-* e di un deriv. di *chōrêin* 'allontanarsi da un luogo (*chôros*)', 'separarsi'; 1932] agg. ● Detto di pianta che affida all'acqua i semi o i frutti per la disseminazione.

idrocortisóne [comp. di *idro-* e *cortisone*] s. m. ● (*chim.*) Derivato del cortisone dotato di azione antinfiammatoria. SIN. Cortisolo.

idrodegradazióne [comp. di *idro-* e *degradazione*; 1983] s. f. ● Processo di degradazione chimica che ha luogo a opera dell'acqua.

idrodinàmica [comp. di *idro-* e *dinamica*; av. 1764] s. f. ● Parte dell'idraulica che studia il moto dei liquidi.

idrodinàmico [1775] agg. (pl. m. *-ci*) **1** Della, relativo all'idrodinamica. **2** Detto di ciò che ha forma tale da incontrare scarsa resistenza al moto nell'acqua.

idroelèttrico [comp. di *idro-* e *elettrico*; 1905] agg. (pl. m. *-ci*) ● Relativo alla trasformazione dell'energia cinetica dell'acqua in energia elettrica: *bacino, impianto i.*; *centrale idroelettrica*.

idroemia ● V. *idremia*.

idroestrattóre [comp. di *idro-* e un deriv. di *estrarre* 'portar via, asportare'; 1941] s. m. ● (*tecnol.*) Dispositivo, funzionante per centrifugazione, compressione o aspirazione, destinato a eliminare l'acqua da tessuti e sim.

Idròfidi [comp. di *idro-* e del gr. *óphis* 'serpente'] s. m. pl. (sing. *-e*) ● Nella tassonomia animale, famiglia di Rettili acquatici marini velenosi ma non aggressivi che vivono nell'Oceano Pacifico e nell'Oceano Indiano (*Hydrophiidae*).

idrofilìa [comp. di *idro-* e *-filia*; 1956] s. f. **1** (*bot.*) Impollinazione di piante acquatiche per mezzo dell'acqua. SIN. Idrogamia. **2** (*chim.*) Affinità di una sostanza o di un gruppo atomico per l'acqua.

idròfilo [comp. di *idro-* e *-filo*; 1820] **A** agg. **1** (*chim.*) Detto di sostanza o corpo che tende ad adsorbire o assorbire acqua, a imbibirsi d'acqua: *cotone i.* **2** (*chim.*) Detto di colloide liofilo nel caso in cui il solvente sia l'acqua. **3** (*chim.*) Detto di gruppo atomico che costituisce un dipolo elettrico e che tende quindi a legarsi ai dipoli elettrici dell'acqua. **4** (*bot.*) Detto di pianta amante dei luoghi umidi o che affida il polline all'acqua | ***Impollinazione idrofila***, idrofilia. CONTR. Idrofobo. **B** s. m. ● (*zool.*) ***I. piceo***, coleottero a corpo ovale, appuntito, nero, che vive fra la vegetazione di acque stagnanti trattenendo l'aria fra i peli (*Hydrophilus piceus*).

idrofinitùra [comp. di *idro-* e *finitura*; 1972] s. f. ● (*metall.*) Trattamento per rendere satinata una superficie metallica, proiettandovi sotto pressione un liquido carico di polveri abrasive.

idròfita [comp. di *idro-* e *-fita*; 1829] s. f. ● Pianta che vive nell'acqua.

idrofobìa [vc. dotta, lat. *hydrophŏbia(m)*, dal gr. *hydrophobía*, comp. del gr. *hýdōr* 'acqua' e di un deriv. da *phóbos* 'paura'; 1494] s. f. **1** (*chim.*) Idrorepellenza. **2** (*med.*) Rabbia | Manifestazione clinica di tale malattia, caratterizzata da spasmo della glottide e paralisi dei muscoli della deglutizione; è scatenata dalla vista o dal rumore dell'acqua | (*psicol.*) Avversione patologica e immotivata per l'acqua. **3** (*fig.*) Furiosa avversione per qlcu. o q. c.

idrofòbico [1970] agg. (pl. m. *-ci*) ● Della, relativo all'idrofobia | ***Spasmo i.***, spasmo faringeo doloroso nel malato di rabbia, che insorge nel tentativo o al pensiero di bere.

idròfobo [vc. dotta, lat. tardo *hydrŏphobu(m)*, dal gr. *hydrophóbos* 'che ha paura (*phóbos*) dell'acqua (*hýdōr*)'; av. 1730] agg. **1** (*chim.*) Detto di sostanza o corpo che presenta idrorepellenza, e cioè su cui l'acqua non aderisce ma si raccoglie in gocce. **2** (*chim.*) Detto di colloide liofobo quando il mezzo disperdente sia l'acqua. **3** (*chim.*) Detto di gruppo atomico o di molecola che, essendo privi di polarità elettrica, non tendono a legarsi ai dipoli elettrici dell'acqua. SIN. Idrorepellente. **4** (*med.*) Che è affetto da idrofobia. **5** (*fig.*, *fam.*) Furioso, rabbioso: *sembrare, diventare i.*

idrofònico agg. (pl. m. *-ci*) ● (*mar.*) Relativo all'idrofono: *boa idrofonica*.

idrofonista s. m. e f. (pl. m. *-i*) ● (*mar.*) Addetto all'impiego dell'idrofono.

idròfono [comp. di *idro-* e *(tele)fono*; 1937] s. m. ● Apparecchio per la ricezione di suoni, rumori e segnali subacquei, che serve a scoprire a distanza la presenza e la direzione di navi e sommergibili.

idròforo [gr. *hydrophóros* 'che porta (dal v. *phérein*) acqua (*hýdōr*)'; 1869] agg. ● Che porta acqua | ***Macchina idrofora***, usata per il trasporto di acqua in zone paludose.

idroftàlmo [comp. di *idro-* e del gr. *ophthalmós* 'occhio'] s. m. ● (*med.*) Aumento del volume dei liquidi nel globo oculare. SIN. Buftalmo.

idròfugo [comp. di *idro-* e *-fugo*; 1869] **A** agg. (pl. m. *-ghi*) ● Impermeabile: *tessuto i.* | Detto di materiale che costituisce un mezzo isolante rispetto all'umidità. **B** anche s. m.

idrògama [comp. di *idro-* e del f. di *-gamo*] agg. f. ● (*bot.*) Detto di impollinazione in cui il trasporto del polline è opera dell'acqua.

idrogamìa [comp. di *idro-* e *-gamia*] s. f. ● (*bot.*) Idrofilia.

idrogenàre [da *idrogeno*; 1869] v. tr. (*io idrògeno*) ● Introdurre in una molecola organica atomi di idrogeno.

idrogenàto [da *idrogenare*] agg. ● Detto di sostanza, spec. organica, che è stata sottoposta a idrogenazione.

idrogenazióne [1829] s. f. ● Operazione dell'idrogenare.

idrogenióne s. m. ● Ione idrogeno.

idrògeno o **idrògene** [comp. del gr. *hýdōr* 'acqua' e *-geno*; 1795] s. m. ● Elemento chimico noto anche nei suoi isotopi deuterio e trizio, incolore, inodore, infiammabile, riducente per eccellenza, ottenuto industrialmente per elettrolisi dell'acqua; materia prima di molti processi industriali, è il più leggero dei gas. SIMB. H | ***I. arsenicale***, arsina | ***Perossido di i.***, acqua ossigenata | ***I. solforato***, acido solfidrico | ***I. fosforato***, fosfina | ***I. pesante***, deuterio.

idrogeologìa [comp. di *idro-* e *geologia*; 1978] s. f. ● (*geol.*) Studio delle acque superficiali e sotterranee, in quanto costituenti dei terreni e agenti esogeni di fenomeni geologici.

idrogeològico [1972] agg. (pl. m. *-ci*) **1** Relativo alla idrogeologia: *studi idrogeologici*. **2** Che concerne il rapporto tra le acque e le condizioni del terreno: *dissesto, equilibrio i.*

idrogeotèrmico [comp. di *idro-* e *geotermico*] agg. (pl. m. *-ci*) ● Che proviene dallo sfruttamento del calore e delle acque della Terra: *energia idrogeotermica*.

idrogètto [comp. di *idro-* che sostituisce *avio-* in *aviogetto*; 1970] s. m. ● (*mar.*) Propulsore per imbarcazioni in cui la spinta è ottenuta mediante un getto d'acqua aspirata attraverso una bocca di presa e una condotta di adduzione, accelerata mediante una pompa ed espulsa a poppa attraverso un ugello orientabile.

idrografìa [comp. di *idro-* e *-grafia*; av. 1555] **s. f.** *1* Scienza che studia mari, fiumi, laghi e sim. della Terra | ***I. di una regione***, descrizione di tutte le sue acque. *2* (*est.*) Trattato di idrografia.

idrogràfico [1771] **agg.** (**pl. m.** *-ci*) ● Concernente l'idrografia: *studi idrografici*; *rilevamento i.*; *sistema i.* | ***Bacino i.***, V. *bacino*, sign. 4. || **idrograficaménte**, **avv.** Dal punto di vista dell'idrografia.

idrògrafo [comp. di *idro-* e *-grafo*; 1614] **s. m.** (**f.** *-a*) ● Studioso di idrografia.

idroguìda [comp. di *idro-* e *guida*; 1983] **s. f.** ● (*autom.*, *tecnol.*) Servosterzo in cui il martinetto idraulico fa parte della scatola di guida, insieme alla valvola di comando.

idrolàbile **agg.** ● (*med.*) Tendente a subire variazioni quantitative dei liquidi organici.

idrolabilità [comp. di *idro-* e *labilità*] **s. f.** ● (*med.*) Tendenza di un organismo a subire notevoli perdite di acqua.

idrolàṣi [comp. di *idrol*(*isi*) e *-asi*] **s. f. inv.** ● (*chim.*) Qualsiasi enzima che catalizza le reazioni idrolitiche.

idrolàto [comp. di *idro-* e (*distil*)*lato*] **s. m.** ● (*chim.*) Soluzione contenente i principi attivi di alcune piante, ottenuta distillando in acqua le parti della pianta (radici, rizoma, corteccia) contenenti il principio stesso.

idròliṣi [comp. di *idro-* e del gr. *lýsis* 'soluzione'; 1911] **s. f. inv.** ● (*chim.*) Scissione di una sostanza per effetto dell'acqua | ***I. acida***, effettuata con l'aiuto di un acido | ***I. alcalina***, effettuata con l'aiuto di un alcali | ***I. enzimatica***, effettuata con l'aiuto di enzimi.

idrolìtico [1933] **agg.** (**pl. m.** *-ci*) ● Relativo all'idrolisi. || **idroliticaménte**, **avv.** Mediante idrolisi.

idrolìto [comp. di *idro-* e del gr. *lytós* 'solubile'] **s. m.** ● Soluzione acquosa di sostanze medicamentose.

idrolizzàre [1956] **v. tr.** ● (*chim.*) Operare un'idrolisi.

idròlo [da *idro-*] **s. m.** ● (*chim.*) Molecola d'acqua, spec. del vapore acqueo, di formula H_2O.

idrologìa [comp. di *idro-* e *-logia*; 1754] **s. f.** ● Studio della natura e delle proprietà chimiche e fisiche delle acque continentali, sia di superficie che sotterranee | ***I. medica***, scienza che studia le malattie che si curano mediante le acque minerali | ***I. agraria***, studio del comportamento dell'acqua nel terreno | ***I. vegetale***, studio dei fenomeni che regolano i rapporti tra acqua e piante.

idrològico [1779] **agg.** (**pl. m.** *-ci*) ● Che riguarda l'idrologia.

idròlogo [1835] **s. m.** (**f.** *-a*; **pl. m.** *-gi*) ● Studioso di idrologia.

idròma ● V. *igroma*.

idromànte [vc. dotta, lat. tardo *hydromănte*(*m*), dal gr. *hydrómantis* 'indovino (*mántis*) per mezzo dell'acqua (*hýdōr*)'; av. 1327] **s. m. e f.** ● Cultore di idromanzia.

idromanzìa [vc. dotta, lat. *hydromantīă*(*m*), comp. del gr. *hýdōr* 'acqua' e *mantéia* 'arte divinatoria'; 1354] **s. f.** ● Antica tecnica divinatoria consistente nel trarre presagi dai movimenti dell'acqua versata in calici o in bacini o lasciata scorrere sul suolo.

idromassàggio [comp. di *idro-* e *massaggio*; 1983] **s. m.** ● (*med.*) Massaggio eseguito con getti di acqua calda e aerata, allo scopo di rilassare i muscoli e stimolare la circolazione.

idromeccànica [comp. di *idro-* e *meccanica*; 1970] **s. f.** ● (*fis.*) Meccanica dei liquidi.

idromedùṣa [gr. *hydromédousa*, comp. di *hýdōr* 'acqua' e *médousa* 'medusa'] **s. f.** ● Ogni medusa appartenente alla classe degli Idrozoi. **SIN.** Medusa craspedota.

idromèle [vc. dotta, lat. *hydrŏmeli* (nt.), dal gr. tardo *hydrómeli* 'bevanda di acqua (*hýdōr*) e miele (*méli*)'; 1340 ca.] **s. m.** ● Bevanda alcolica tratta dal miele diluito con acqua e fermentato con lungo e lento calore.

idrometallurgìa [comp. di *idro-* e *metallurgia*; 1972] **s. f.** ● (*metall.*) Estrazione per via elettrolitica di metalli previa solubilizzazione dei loro minerali.

idrometèora [comp. di *idro-* e *meteora* nel senso generico di 'fenomeno atmosferico'; 1915] **s. f.** ● Meteora costituita da particelle di acqua liquida o solida che cadono o sono in sospensione o vengono sollevate dal vento, come nebbia, foschia, pioggia, grandine, nevischio e sim.

idròmetra [comp. di *idro-* e dello stesso deriv. da *metrêin* 'misurare', che si trova in *geometra*; 1754] **s. f.**, raro **m.** (**pl. m.** *-i*) ● Emittero abilissimo nel camminare sulla superficie dell'acqua grazie al corpo sottile ed alle lunghissime zampe (*Hydrometra stagnorum*). ➡ **ILL. animali**/2.

idrometrìa [comp. di *idro-* e *-metria*; 1660 ca.] **s. f.** ● Parte dell'idraulica che si occupa degli apparecchi e dei procedimenti per misurazioni di livello o di pressione o di velocità o di portata.

idromètrico [av. 1710] **agg.** (**pl. m.** *-ci*) ● Concernente l'idrometria.

idròmetro [comp. di *idro-* e *-metro*; 1908] **s. m.** ● Scala metrica che segna il livello delle acque nei porti, nei canali, nei fiumi.

idròmide [comp. di *idro-* e di un deriv. dal gr. *mŷs* 'topo'] **s. m.** ● Roditore australiano simile al ratto delle chiaviche ma con zampe posteriori palmate, caratteristico delle zone d'acqua, carnivoro predatore notturno (*Hydromys chrysogaster*).

idromodèllo [comp. di *idro-* e *modello*; 1946] **s. m.** ● (*idraul.*) Modello in scala di bacini naturali, impianti, opere o dispositivi idraulici.

idronefròṣi [comp. di *idro-* e *nefrosi*] **s. f. inv.** ● (*med.*) Dilatazione della pelvi e dei calici renali come risultato di ostruzione dell'uretere.

idronimìa [da *idronimo*] **s. f.** ● (*ling.*) Studio dei nomi di corsi d'acqua o di laghi.

idrònimo [comp. di *idr*(*o*)- e *-onimo*, sul modello dell'ingl. *hydronimy*; 1957] **s. m.** ● (*ling.*) Nome di corso d'acqua o di lago.

idronomìa [comp. di *idro-* e *-nomia*; 1983] **s. f.** ● Disciplina che studia i vari sistemi di rimboschimento e di difesa delle acque montane.

ìdrope o **idròpe** [vc. dotta, lat. *hydrōpe*(*m*), dal gr. *hýdrōps* 'che ha l'aspetto (*ōps*) di umore (*hýdōr*)'; 1583] **s. m.** ● (*med.*) Raccolta di liquido trasudatizio nei tessuti interstiziali, nelle cavità sierose o in organi cavi.

idropericàrdio [comp. di *idro-* e *pericardio*] **s. m.** ● (*med.*) Raccolta di liquido trasudatizio nella cavità pericardica.

idroperitonèo [vc. dotta, comp. di *idro-* e *peritoneo*] **s. m.** ● (*med.*) Ascite.

idroperòssido [comp. di *idro-* e *perossido*] **s. m.** ● (*chim.*) Composto molto reattivo contenente un legame tra ossigeno e ossigeno e uno tra ossigeno e idrogeno.

idropessìa [comp. di *idro-* e *-pessia*] **s. f.** ● (*med.*) Incameramento di acqua da parte dei tessuti organici.

idròpico [vc. dotta, lat. *hydrōpicu*(*m*), dal gr. *hydropikós*, da *hýdrōps* 'idrope'; av. 1292] **A agg.** (**pl. m.** *-ci*) ● Relativo a idropisia. **B agg.** e **s. m.** (**f.** *-a*) ● Malato di idropisia.

idropìnico [comp. di *idro-* e di un deriv. dal gr. *pínein* 'bere'] **agg.** (**pl. m.** *-ci*) ● (*med.*) Relativo ad acque minerali da bersi per cura: *cure termali e idropiniche*.

idropinoterapìa [comp. di *idro-*, di un deriv. dal v. gr. *pínein* 'bere' e di *terapia*] **s. f.** ● (*med.*) Cura con acque minerali.

idropiṣìa [dal gr. *hýdrōps* 'idrope' (V.); av. 1306] **s. f.** *1* (*med.*) Raccolta patologica di liquido nella cute, nelle cavità sierose o in organi cavi. *2* (*bot.*, *est.*) Malattia delle piante caratterizzata da eccessiva presenza di umori.

idropittùra [comp. di *idro-* e *pittura*; 1970] **s. f.** ● Tipo di vernice che si diluisce con acqua, usata per tinteggiare intonaci, infissi, mobili e sim.

idroplàno [comp. di *idro-*, che sostituisce *aero-* di (*aero*)*plano*; 1907] **s. m.**; anche **agg.** ● (*mar.*) Natante con particolare carena o alette laterali tali da permettere allo scafo di sollevarsi riducendo l'immersione e, quindi, la resistenza al moto.

idropneumàtico [comp. di *idro-* e *pneumatico*; av. 1861] **agg.** (**pl. m.** *-ci*) *1* (*mecc.*) Detto di meccanismi, dispositivi e sim. mossi dall'interazione di mezzi liquidi e gassosi. *2* (*chim.*) ***Bagno i.***, dispositivo che è usato per raccogliere un gas prodotto da una reazione chimica e in cui la tenuta del gas è assicurata da un liquido non reagente con il gas da raccogliere. *3* (*mil.*) ***Freno i.***, sistema di frenatura delle artiglierie, spec. navali, il quale assorbe l'energia di rinculo facendo fluire dell'olio attraverso orifizi e riporta il cannone in posizione di sparo mediante gas compressi.

idropneumotoràce [comp. di *idro-* e *pneumotorace*; 1972] **s. m.** ● (*med.*) Raccolta di trasudato e aria nella cavità pleurica.

idropònica [comp. di *idro-* e del gr. (*geo*)*ponikós* 'relativo alla coltivazione della terra'; 1950] **s. f.** ● Procedimento per la coltivazione delle piante che consiste nel tenere immerse le radici in soluzioni acquose di sali nutritizi.

idropònico [1949] **agg.** (**pl. m.** *-ci*) ● Che concerne l'idroponica.

idropòrto [comp. di *idro*(*volante*) e (*aero*)*porto*; 1940] **s. m.** ● Idroscalo.

idropulsóre [comp. di *idro-* e dell'ingl. *pulser*, da *to pulse* 'pulsare'] **s. m.** ● Apparecchio per l'igiene dentale che spruzza una serie di piccoli getti d'acqua.

idroreattóre [comp. di *idro*(*volante*) e *reattore*; 1970] **s. m.** ● (*mar.*) Idrogetto.

idrorepellènte [comp. di *idro-* e del part. pres. di *repellere* nel senso etim. di 'respingere'; 1949] **A agg.** *1* Detto di tessuti o materiali vari trattati in modo da diventare impermeabili all'acqua. *2* (*chim.*) Detto di gruppo atomico, di natura idrocarburica, che è privo di affinità verso l'acqua e che è presente in numerosi composti di impiego pratico quali i tensioattivi e gli impermeabilizzanti. **B** anche **s. m.**

idrorepellènza [comp. di *idro-* e *repellenza*; 1974] **s. f.** ● (*chim.*) Proprietà dei corpi e delle sostanze che presentano scarsa affinità con l'acqua.

idroricognitóre [comp. di *idro*(*volante*) e *ricognitore*] **s. m.** ● Idrovolante da ricognizione.

idroṣadenìte [da *idro-* e *adenite*; 1972] **s. f.** ● (*med.*) Infiammazione delle ghiandole sudoripare apocrine, spec. di quelle ascellari.

idrosalìno [comp. di *idro-* e *salino*] **agg.** ● Che riguarda l'acqua presente nell'organismo umano e i sali minerali in essa contenuti: *ricambio, equilibrio i.*

idrosanitàrio [comp. di *idro-* e *sanitario*] **agg.** ● (*edil.*) Detto di impianto destinato alla pulizia personale e allo smaltimento di ogni tipo di materie di rifiuto organico, comprendente lavabi, lavandini, latrine, bidè, docce e sim.

idroscàfo [comp. di *idro-* e *scafo*] **s. m.** ● Nave con propulsione a reazione d'acqua.

idroscàla [comp. di *idro-* e *scala*] **s. f.** ● (*agr.*) Piattaforma mobile, a comando idraulico, usata per operazioni di potatura, raccolta della frutta e sim.

idroscàlo [comp. di *idro*(*volante*) e (*aero*)*scalo*; 1927] **s. m.** ● Aeroscalo per idrovolanti.

idroscì [comp. di *idro-* e *sci*; 1935] **s. m.** ● Sci acquatico.

idrosciatóre [comp. di *idro-* e *sciatore*] **s. m.** (**f.** *-trice*) ● Chi pratica lo sci acquatico.

idrosciìstico [1970] **agg.** (**pl. m.** *-ci*) ● Relativo all'idroscì: *gara idrosciistica*.

idroscivolànte [comp. di *idro-* e *scivolante*; 1929] **s. m.** ● Imbarcazione generalmente propulsa con elica aerea, il cui scafo ha carena pianeggiante con uno o più gradini trasversali.

idroscòpio [comp. di *idro-* e *-scopio*; 1940] **s. m.** ● Specie di cannocchiale per esplorare il fondo del mare.

idroservostèrzo [comp. di *idro-* e *servosterzo*] **s. m.** ● (*autom.*, *tecnol.*) Servosterzo in cui il martinetto idraulico è distinto dalla scatola di guida ma la valvola di comando fa parte di esso.

idrosfèra [comp. di *idro-* e della seconda parte di comp., come (*atmo*)*sfera*, (*strato*)*sfera*; 1869] **s. f.** ● (*geogr.*) Complesso delle acque giacenti e in movimento sulla superficie terrestre. ➡ **ILL.** p. 2129 SCIENZE DELLA TERRA ED ENERGIA.

idrosiluránte [comp. di *idro*(*volante*) e *silurante* (da *silurare* 'lanciare siluri'); 1942] **s. m.** ● Idrovolante silurante.

idrosoccórso [comp. di *idro*(*volante*) e *soccorso*; 1972] **s. m.** *1* Soccorso, aiuto prestato da idrovolanti. *2* Idrovolante appositamente attrezzato per azioni di soccorso.

idrosòl [comp. di *idro-* e *sol* (2); 1972] **s. m.** ● (*chim.*) Colloide preparato per dispersione di una sostanza in acqua.

idrosolfàto [comp. di *idro*(*geno*) e *solfato*; 1835] **s. m.** ● Composto chimico risultante dall'unione di una base organica con l'acido solforico.

idrosolfito [comp. di *idro(geno)* e di un deriv. da *solfo*, nell'uso chim. var. di *zolfo*; 1957] **s. m.** ● Sale dell'acido idrosolforoso, preparabile per elettrolisi del corrispondente solfito, con proprietà riducenti. **SIN.** Iposolfito.

idrosolfòrico [comp. di *idro(geno)* e *solforico*] **agg.** (pl. m. *-ci*) ● (*chim.*) *Acido i.*, acido solfidrico.

idrosolforóso [comp. di *idro(geno)* e *solforoso*; 1970] **agg.** ● Detto di ossiacido dello zolfo, la cui molecola contiene 2 atomi di idrogeno, 2 di zolfo, 4 di ossigeno.

idrosolùbile [comp. di *idro-* e *solubile*; 1937] **agg.** ● Detto di sostanza solubile in acqua.

idrossiàcido [comp. di *idrossi(do)* e *acido*; 1987] **s. m.** ● (*chim.*) Nella chimica organica, ossiacido.

idròssido [comp. di *idro(geno)* e *ossido*; 1873] **s. m.** ● Composto inorganico contenente uno o più gruppi ossidrilici | *I. di magnesio*, ottenuto per precipitazione con alcali caustici dalle soluzioni di sali di magnesio, usato spec. in medicina come antiacido e lassativo | *I. di potassio*, potassa caustica | *I. di sodio*, soda caustica | *I. di ammonio*, base debole che si forma quando l'ammoniaca gassosa si scioglie nell'acqua e che esiste solo in soluzione.

idrossìle **s. m.** ● (*chim.*, *raro*) Ossidrile.

idrostàtica [comp. di *idro-* e *statica*; av. 1685] **s. f.** ● (*idraul.*) Parte dell'idromeccanica che studia l'equilibrio dei liquidi in genere.

idrostàtico [dal gr. *hydrostátēs*, comp. di *hýdōr* 'acqua' e *statikós*, dal v. *histánai* 'rendere fermo, stabile'; 1697] **agg.** (pl. m. *-ci*) ● Che si riferisce all'idrostatica e ai fenomeni che le sono propri | (*autom.*, *tecnol.*) *Guida idrostatica*, guida servoassistita in cui gli organi di comando e le ruote sterzanti non sono collegate da organi meccanici | (*fis.*) *Bilancia idrostatica*, bilancia di Archimede.

idrotassìa o **idrotàssi** [1987] **s. f.** ● (*biol.*) Idrotattismo.

idrotattìsmo [1987] **s. m.** ● (*biol.*) Tattismo in risposta a stimoli determinati dalla presenza di acqua. **SIN.** Idrotassia.

idroterapèutico [1869] **agg.** (pl. m. *-ci*) ● (*med.*) Idroterapico.

idroterapìa [comp. di *idro-* e *terapia*; 1852] **s. f.** ● (*med.*) Impiego dell'acqua naturale, medicata o termale a fini terapeutici per applicazione esterna o immersione.

idroteràpico [1863] **agg.** (pl. m. *-ci*) ● (*med.*) Relativo all'idroterapia.

idrotermàle [comp. di *idro-* e *termale*; 1907] **agg.** **1** Che si riferisce alle acque termali: *sorgente i.* **2** (*geol.*) Detto dell'ultima fase del consolidamento magmatico, in cui cristallizzano i minerali abbandonati da acque termali provenienti dal plutone, entro filoni e fratture delle rocce.

idrotimetrìa [comp. del gr. *hydrótēs* 'umidità, umore (*hýdōr*)' e *-metria*; 1869] **s. f.** ● (*chim.*) Determinazione della durezza delle acque mediante precipitazione dei sali di calcio e magnesio con soluzione saponosa titolata.

idrotimètrico **agg.** (pl. m. *-ci*) ● (*chim.*) Relativo all'idrotimetria.

idrotìmetro [comp. del gr. *hydrótēs* 'umidità' e *-metro*] **s. m.** ● (*chim.*) Strumento per misure idrotimetriche, consistente in una provetta graduata nella quale si versa l'acqua in esame e poi, a goccia a goccia, la soluzione saponosa titolata.

idrotoràce [comp. di *idro-* e *torace*; av. 1888] **s. m.** ● (*med.*) Accumulo di liquido trasudatizio nella cavità pleurica.

idrotropìsmo [comp. di *idro-* e *tropismo*] **s. m.** ● (*biol.*) Reazione degli organismi allo stimolo scatenato dalla presenza dell'acqua.

idrovìa [comp. di *idro-* e *via*, sul modello di *ferrovia*; 1941] **s. f.** ● Via di comunicazione costituita da corsi d'acqua navigabili.

idrovolànte [comp. di *idro-* e *volante* (da *volare*); 1917] **s. m.** ● Velivolo a motore capace di partire e posarsi in velocità su idonee superfici d'acqua, mediante scafi, galleggianti e sim. | *I. d'altomare*, grande, atto a partire e a posarsi in mare aperto e relativamente agitato.

idròvora [f. sost. di *idrovoro*; 1963] **s. f.** ● Qualunque pompa atta a sollevare acque, spec. in opere di bonifica, casi di alluvione e sim.

idròvoro [comp. di *idro-* e *-voro*, seconda parte di vari comp., dal lat. *voràre* 'divorare, inghiottire'; 1869] **agg.** ● Atto a sollevare acqua, a scopo di prosciugamento, spec. in opere di bonifica: *impianto i.*; *pompa idrovora* | *Terreno i.*, che assorbe acqua.

idrozincìte (o **-z-**) [da *idro-* e *zinco*] **s. f.** ● (*miner.*) Carbonato basico di zinco, comune nella zona d'alterazione dei giacimenti di solfuri.

Idrozòi [comp. di *idro-* e del pl. di *zôion* 'animale'] **s. m. pl.** (sing. *-zoo*) ● Nella tassonomia animale, classe di Celenterati molto semplici con forme di medusa o di polipo, spesso raggruppati in colonia (*Hydrozoa*).

idruntino [dal n. lat., di orig. gr., della città: *Hydruntu(m)*] **A** **agg.** ● Di Otranto. **B** **s. m.** (f. *-a*) ● Abitante, nativo di Otranto.

idrùro [comp. di *idro(geno)* e *-uro*; 1795] **s. m.** ● Composto dell'idrogeno con metalli alcalini, alcalino-terrosi e delle terre rare, ora preparato per sintesi sotto pressione dagli elementi, usato nell'industria come riducente.

ièlla [vc. dial., di etim. incerta; 1927] **s. f.** ● (*fam.*) Disdetta, sfortuna: *avere*, *portare i.*

iellàto [1962] **agg.** ● (*fam.*) Sfortunato.

iemàle [vc. dotta, lat. *hiemāle(m)*, da *hīems* 'inverno', di orig. indeur.; 1336 ca.] **agg.** **1** (*lett.*) Invernale: *immune / dal sole e dai venti iemali* (D'ANNUNZIO) | *Sito i.*, posto a tramontana. **2** (*bot.*) Detto di pianta sempreverde.

iemalizzàre [da *iemale*; 1963] **v. tr.** ● (*agr.*) Vernalizzare.

iemalizzazióne [da *iemalizzare*; 1972] **s. f.** ● (*agr.*) Vernalizzazione.

ièna [vc. dotta, lat. *hyāena(m)*, dal gr. *hýaina*, propr. 'scrofa' (f. di *hŷs* 'porco', di orig. indeur.), per la somiglianza delle setole; av. 1292] **s. f.** **1** Mammifero dei Carnivori con testa massiccia, tronco più sviluppato anteriormente, odore sgradevolissimo (*Hyaena hyaena*). **CFR.** Ululare. ➡ **ILL. animali**/14. **2** (*fig.*) Persona efferatamente crudele e vile.

-ièra [corrispondente f. del suff. *-iere* (V.)] **suff.** derivativo ● Forma sostantivi indicanti attività professionali e sim., tratti in genere da altri nomi (*cameriera*, *carriera*, *giardiniera*, *infermiera*) e anche sostantivi indicanti oggetti, analogamente formati (*fruttiera*, *pattumiera*, *zuppiera*).

†**ieràrca** e *deriv.* ● V. *gerarca* e *deriv.*

ieraticità [1956] **s. f.** ● (*raro*) Caratteristica di ciò che è ieratico | Apparenza ieratica.

ieràtico [vc. dotta, lat. *hierāticu(m)*, dal gr. *hieratikós* 'sacerdotale', da *hierós* 'sacro', di orig. indeur.; 1499] **A** **agg.** (pl. m. *-ci*) **1** Sacerdotale, sacro | *Scrittura ieratica*, quella usata dai sacerdoti nell'antico Egitto. **2** (*fig.*) Grave e solenne: *atteggiamento*, *gesto i.* || **ieraticaménte**, avv. **B** **s. m.** ● Scrittura ieratica.

-ière [fr. *-ier* (dal lat. *-ārius* '-a(r)io')] **suff.** derivativo ● Forma sostantivi indicanti attività professionali e sim., tratti in genere da altri nomi (*barbiere*, *banchiere*, *bersagliere*, *cameriere*, *cannoniere*, *corriere*, *doganiere*, *giardiniere*, *gioielliere*, *infermiere*, *pasticciere*, *portiere*, *usciere*) e anche sostantivi indicanti oggetti, analogamente formati (*braciere*, *candeliere*).

♦**ièri** [lat. *hĕri*, di orig. indeur.; 1313] **A** **avv.** ● Nel giorno che precede immediatamente l'oggi: *i. ero in casa*; *prima di i. non li conoscevo*; *fino a i. lavoravo qui*; *i. mattina ero in ufficio*; *i. notte è piovuto* | *L'altro i.*, ierlaltro | *I. a otto*, una settimana fa, partendo da ieri | *Da i. a oggi*, nello spazio di tempo delle ultime ventiquattro ore; (*fig.*) in un tempo brevissimo | *Nato i.*, (*fig.*) di persona senza esperienza, ingenua e poco maliziosa. **B** **s. m. inv.** **1** Il giorno precedente a quello del quale si parla: *non la vedo da i.* **2** (*est.*) Un'epoca indeterminata del passato, più o meno vicina nel tempo: *il mondo di i.*; *le generazioni di i.*

ièri l'àltro ● V. *ierlaltro*.

ièri mattìna ● V. *iermattina*.

ièri nòtte ● V. *iernotte*.

ièri séra ● V. *iersera*.

ierlàltro o **ièri l'àltro**, **ier l'àltro** [comp. di *ier(i)* e *l'altro*; av. 1311] **avv.** ● Nel giorno precedente a ieri: *ci siamo visti i.*

iermattìna o **ièri mattìna** [comp. di *ier(i)* e *mattina*; 1336 ca.] **avv.** ● Nella mattinata di ieri: *dove va venire i.*

iernòtte o **ièri nòtte**, **ier nòtte** [comp. di *ier(i)* e *notte*; 1313] **avv.** ● Nella nottata di ieri: *dove sei stato i.?*

ièro- o **gèro-** (2) [dal gr. *hierós* 'sacro, sacerdotale', di etim. incerta] primo elemento ● In parole composte dotte, significa 'sacro', 'sacerdotale': *ierocrazia*, *ierofante*.

-ièro [forma parallela di *-iere*, accostata alla serie più frequente dei m. in *-o*] **suff.** derivativo ● Forma aggettivi tratti da sostantivi: *battagliero*, *costiero*, *mattiniero*, *manifatturiero*, *veritiero*.

ierocràtico o **gerocràtico** [av. 1937] **agg.** (pl. m. *-ci*) ● Relativo a ierocrazia. || **ierocraticaménte**, avv.

ierocrazìa o **gerocrazìa** [comp. di *iero-* e *-crazia*; av. 1869] **s. f.** ● Dominio politico della classe sacerdotale.

ierodulìa [gr. *hierodoul(e)ía*, da *hieródoulos* 'ierodulo'; 1619] **s. f.** ● Schiavitù sacra in uso presso le antiche religioni semitiche e diffusasi anche in Grecia, consistente nella consacrazione alla divinità di uomini e donne addetti ai servizi del culto e all'esercizio della prostituzione sacra.

ieròdulo [gr. *hieródoulos*, comp. di *hierós* 'sacro' e *dôulos* 'schiavo'] **s. m.** (f. *-a*) ● Schiavo addetto a pratiche di ierodulia.

ierofanìa [dal gr. *hierós* 'sacro' (prob. d'orig. indeur.), sul modello di *teofania*; 1957] **s. f.** ● Manifestazione del sacro in una realtà profana.

ierofànte o **gerofànte** [vc. dotta, lat. tardo *hierophănthe(m)*, dal gr. *hierophántēs* 'colui che mostra (dal v. *phâinein* 'far vedere') le cose sacre (*hierá*)'; av. 1597] **s. m.** ● Nella liturgia degli antichi Greci, sommo sacerdote, spec. nei misteri di Eleusi.

ierofàntico o **gerofàntico** [gr. *hierophantikós* 'proprio dello ierofante (*hierophántēs*)'; av. 1712] **agg.** (pl. m. *-ci*) ● (*lett.*) Di, da ierofante.

†**ierofàntide** o †**gerofàntide** [gr. *hierophántis*, genit. *hierophantídos*, f. di *hierophántēs* 'ierofante'] **s. f.** ● Sacerdotessa greca o egizia.

ierogamìa [comp. di *iero-* e *-gamia*] **s. f.** ● Rito religioso che evoca le nozze tra due divinità o tra una divinità e un essere umano.

†**ieroglìfico** ● V. *geroglifico*.

†**ieròglifo** ● V. †*geroglifo*.

ierologìa [dal gr. *hierología*, comp. di *hierós* 'sacro' e *-logía*] **s. f.** ● (*relig.*) Scienza del sacro.

ieromànte [gr. *hierómantis*, comp. di *hierós* 'sacro' e *mántis* 'indovino'] **s. m. e f.** ● Nell'antica Grecia, chi praticava la ieromanzia.

ieromanzìa [da *ieromante*] **s. f.** ● Forma di divinazione che consiste nel trarre presagi dall'osservazione delle viscere dell'animale sacrificato.

†**ieromìrto** [gr. *hierómyrtos*, propr. 'mirto (*mýrtos*) sacro (*hierós*)'] **s. m.** ● Mirto sacro.

ieroscopìa [comp. del gr. *hierós* 'sacro' e di un deriv. da *skopêin* 'osservare'] **s. f.** ● (*raro*, *lett.*) Extispicio.

†**ierosolimitàno** ● V. *gerosolimitano*.

iersèra o †**ersèra**, **ièri séra**, **ièr séra** [comp. di *ier(i)* e *sera*; av. 1250] **avv.** ● Nella serata di ieri: *è partito proprio i.*

ietògrafo [comp. del gr. *hyetós* 'pioggia' e *-grafo*, sul modello dell'ingl. *hyetograph*] **s. m.** ● Pluviografo.

iettàre [risoluzione nap. del lat. *eiectāre* 'gettare' (V.); 1841] **v. tr.** (*io iètto*) ● (*dial.*) Gettare l'influsso malefico su qlcu.

iettàto [1931] **part. pass.** di *iettare*; anche **agg.** **1** Che è colpito da una iettatura. **2** (*fig.*) Che è perseguitato dalla cattiva sorte e da continue disgrazie. **SIN.** Scalognato, sfortunato.

iettatóre [propr. 'gettatore (V. *iettare*)', sottinteso 'del malocchio'; 1788] **s. m.** (f. *-trice*) ● Persona cui viene attribuita la facoltà di esercitare influssi malefici. **SIN.** Menagramo.

iettatòrio [1887] **agg.** ● Da iettatore: *sguardo i.*

iettatùra [propr. 'gettatura (V. *iettare*)', sottinteso 'di malocchio'; 1787] **s. f.** **1** Influsso malefico che alcuni ritengono possa venire esercitato anche involontariamente, da talune persone o cose. **SIN.** Malocchio. **2** (*est.*) Sfortuna, disdetta: *quel poveretto sembra avere la i. addosso.*

ifa [gr. *hyphḗ* 'tessuto', di orig. indeur.; 1813] **s. f.** ● (*bot.*) Ciascuno dei filamenti, costituiti da una o più cellule cilindriche disposte una in capo all'altra, che formano il corpo vegetativo dei funghi o parte del tallo dei licheni.

-ìfico [dal lat. *-ficere*, parallelo atono di *făcere*, con la vocale tematica unitiva *-i-*] **suff.** ● Forma aggettivi che indicano modo di essere o capacità di fare, creare, produrre: *magnifico*, *pacifico*, *prolifico*.

Ifomicèti [comp. del gr. *hýphos* 'tessuto', di orig.

indeur., e *mýkētes*, pl. di *mýkēs* 'fungo', di orig. indeur.] s. m. pl. (sing. *-e*) ● (*bot.*) Moniliali.

-igiàno [accumulo di colorito sett. di due suff. lat.: *-ēnsis* '-ese' e *-ānus* '-ano', entrambi usati nella formazione di etnici, funzione orig. e tuttora più frequente di questo doppio suff.] suff. ● In aggettivi e sostantivi indica appartenenza a una entità geografica, cittadinanza (*lodigiano, marchigiano, parmigiano*), oppure stato, condizione, categoria professionale (*artigiano, cortigiano, partigiano*).

♦**igiène** [gr. *hygieinḗ*, sottinteso *téchnē* '(arte) salutare', da *hygíeia* 'salute'; 1820] s. f. spec. al sing. *1* Branca della medicina che mira a mantenere lo stato di salute dell'individuo e della collettività spec. prevenendo l'insorgere e il diffondersi delle malattie | ***I. mentale***, relativa a tutti quegli aspetti della vita individuale e sociale che concorrono a mantenere, sviluppare la salute psichica, a prevenire le malattie mentali e ad attenuarne i danni | ***I. zootecnica***, insieme di norme per mantenere gli animali in buona salute, in condizioni ottimali di produttività e per prevenire l'insorgere e il diffondersi delle malattie, spec. epidemiche, negli allevamenti. *2* (*est.*) Il complesso delle norme riguardanti la pulizia e la cura della persona, degli ambienti e sim.: *curare, trascurare l'i.; l'i. del corpo; prodotti per l'i. della bocca.*

igienicità [1986] s. f. ● Caratteristica di ciò che è igienico.

igiènico [1829] agg. (pl. m. *-ci*) *1* Che si riferisce all'igiene: *condizioni, precauzioni igieniche; assorbente i.* *2* Che è conforme a quanto l'igiene prescrive: *cibo i.; abitazione igienica* | (*edil.*) ***Impianti igienici***, destinati alla pulizia personale e allo smaltimento di ogni tipo di materie di rifiuto organico, comprendenti lavabi, lavandini, latrine, bidè, docce e sim. | (*est.*) Salubre, salutare: *clima i.* *3* (*fig., fam.*) Opportuno, conveniente, consigliabile: *è i. evitare di parlargli.* || **igienicaménte**, avv. In modo igienico; dal punto di vista dell'igiene.

igienico-sanitàrio agg. ● Che riguarda l'igiene e la sanità | ***Impianti igienico-sanitari***, impianti igienici (V. *igienico*).

igienista [1857] s. m. e f. (pl. m. *-i*) *1* (*med.*) Chi si dedica allo studio sistematico dell'igiene e delle norme ad essa relative, promuovendone la divulgazione. *2* Chi osserva le norme igieniche con eccessiva scrupolosità. *3* (*med.*) Collaboratore tecnico dello studio dentistico che si occupa dell'igiene orale.

igienizzàre [da *igien(e)* col suff. *-izzare*; 1986] v. tr. ● Rendere sicuro dal punto di vista igienico: *toilette igienizzata automaticamente.*

iglò s. m. ● Adattamento di *igloo* (V.).

igloo /i'glu*, *ingl.* 'ɪglu/ [vc. ingl., dall'eschimese *iglu* 'casa'; 1942] s. m. inv. (pl. ingl. *igloos*) ● Abitazione eschimese: *i. di pelle, di legno, di pietre* | Abitazione invernale eschimese, costruita a cupola con blocchi di neve pressata.

iglù s. m. ● Adattamento di *igloo* (V.).

ignàme [sp. *(i)ñame*, da una lingua ant. francone: di orig. onomat. (?); av. 1557] s. m. ● Pianta erbacea tropicale a fusto volubile con radici a tubero contenenti amido (*Dioscorea batatas*).

ignàro [vc. dotta, lat. *ignāru(m)*, comp. di *in-* priv. e *gnārus* 'che sa', della fam. di *(g)nōscere* 'conoscere', di orig. indeur.; 1336 ca.] agg. (assol.; + *di*; + *che* seguito da indic. o da congv.) *1* Che non conosce: *essere i. degli avvenimenti; i. che così facendo danneggiava sé stesso; da un artefice i. che la sua opera dovesse tanto sopravvivere* (PIRANDELLO). SIN. Inconsapevole. *2* (*raro, lett.*) Ignorante: *i. delle lettere, dell'arte; io mi son presupposto di parlare con artefici non in tutto ignari* (CELLINI). || **ignaraménte**, avv.

ignàvia [vc. dotta, lat. *ignāvia(m)*, da *ignāvus* 'ignavo'; av. 1292] s. f. ● (*lett.*) Pigrizia, lentezza nell'agire, infingardaggine.

ignàvo [vc. dotta, lat. *ignāvu(m)*, da *in-* neg. e *(g)nāvus* 'diligente, attivo'; 1441] agg.; anche s. m. (f. *-a*) ● (*lett.*) Pigro, indolente, infingardo (*anche fig.*): *te l'i. tepor lusinga e molce* (PARINI). || **ignavaménte**, avv.

ignaziàno [1789] agg. ● Che si riferisce a S. Ignazio di Loyola (1491-1556) e alla Compagnia di Gesù da lui fondata.

†**igne** [vc. dotta, lat. *īgne(m)*, di orig. indeur.; 1319] s. m. ● (*lett.*) Fuoco: *come li vide ... / venir con vento e con nube e con i.* (DANTE *Purg.* XIX, 101-102).

ìgneo [vc. dotta, lat. *īgneu(m)*, da *īgnis* 'igne, fuoco'; av. 1320] agg. *1* (*lett.*) Di fuoco. *2* (*fig., lett.*) Acceso, impetuoso, infiammato.

ignìfero [vc. dotta, lat. *ignĭferu(m)*, comp. di *īgni(s)* 'igne, fuoco' e *-fer* '-fero', secondo un modello gr.; av. 1714] agg. *1* (*raro*) Che porta fuoco. *2* †Acceso, infuocato.

ignifugàre [da *ignifugo*; 1942] v. tr. (*io ignìfugo, tu ignìfughi*) ● Sottoporre a ignifugazione: *i. il legno, un tessuto.*

ignifugazióne [1942] s. f. ● Trattamento con speciali sostanze al quale si sottopone un materiale, spec. il legno e i suoi derivati, allo scopo di renderlo resistente al fuoco.

ignìfugo [vc. dotta, comp. del lat. *īgnis* 'igne, fuoco' e *-fugo*; 1942] agg. (pl. m. *-ghi*) ● Detto di sostanza non infiammabile usata per impedire o limitare la combustione di materiali facilmente combustibili | (*est.*) Fabbricato con sostanze ignifughe: *tuta ignifuga.*

ignimbrite [vc. dotta, comp. del lat. *īgnis* 'fuoco' e *īmber*, genit. *īmbris* 'pioggia dirotta'] s. f. ● (*geol.*) Roccia vulcanica di aspetto tufaceo prodotta dal consolidamento di una nube ardente.

ignipuntùra [vc. dotta, comp. del lat. *īgnis* 'fuoco' e *puntura*] s. f. ● (*med.*) Moxibustione.

ignìto [vc. dotta, lat. *ignītu(m)*, da *īgnis* 'igne, fuoco'; av. 1306] agg. ● (*lett.*) Acceso, infiammato: *d'igniti strali / ferreo turcasso agli omeri sospeso* (MONTI).

ignitróne o **ignitron** [comp. del lat. *īgnis* 'fuoco' e della seconda parte di *(elet)trone*, d'uso freq. nella terminologia elettrica e chimica] s. m. ● Tubo elettronico di potenza, formato da un catodo di mercurio, da un anodo e da un particolare dispositivo per l'innesco, impiegato come raddrizzatore, convertitore di frequenza, e sim.

ignìvomo [vc. dotta, lat. tardo *ignĭvomu(m)*, comp. di *īgnis* 'fuoco' e del tema di *vŏmere* 'vomitare'; 1584] agg. ● (*lett.*) Che vomita fuoco, detto spec. di vulcani.

ignizióne [ingl. *ignition*, dal lat. tardo *ignīre* (*ignītus* al part. pass.), da *īgnis* 'igne, fuoco'; 1609] s. f. *1* (*antrop.*) Combustione totale o parziale della salma. *2* (*chim.*) Accensione | ***Temperatura di i.***, temperatura di accensione.

-igno [lat. *-īneu(m)* e *-īgnu(m)*, dalla radice *gen-*, che in *gĭgnere* 'nascere, procedere' dimostra il suo proprio sign. 'che genera, produce'] suff. derivativo o alterativo ● Forma aggettivi che esprimono approssimazione, somiglianza più o meno perfetta, degenerazione: *asprigno, dolcigno, ferrigno, rossigno, sanguigno, olivigno.*

ignòbile [vc. dotta, lat. *ignōbile(m)*, comp. di *in-* neg. e *(g)nobile(m)* 'nobile', ma propr. 'sconosciuto (senza *nōmen* 'nome')'; 1336 ca.] **A** agg. ● Che denota meschinità d'animo o volgarità: *gente, figura, linguaggio i.; una brutale e ignobil fede* (BRUNO). || **ignobilménte**, avv. **B** s. m. e f. ● (*raro, lett.*) Chi non è di nobile origine: *molti ignobili ... hanno con la virtù loro illustrato la posterità* (CASTIGLIONE).

ignobiltà [vc. dotta, lat. *ignobilitāte(m)*, da *ignōbilis* 'ignobile'; 1308] s. f. *1* Volgarità, meschinità. *2* (*raro, lett.*) Bassa condizione sociale.

†**ignòcco** ● V. *gnocco.*

ignomìnia [vc. dotta, lat. *ignomĭnia(m)*, comp. di *in-* priv. e *(g)nōmen* 'nome'; av. 1342] s. f. *1* Disonore e disprezzo generale in cui cade chi ha commesso un'azione vergognosa: *coprirsi d'i.; cadere nell'i.; la fama d'un gentilom ... se una volta ... si denigra per codardia ... sempre resta vituperosa al mondo e piena d'i.* (CASTIGLIONE). SIN. Infamia, obbrobrio. *2* Persona o cosa che è causa di disonore. *3* (*fig., scherz.*) Cosa contraria all'estetica e al buon gusto: *quella statua è una vera i.*

ignominióso [vc. dotta, lat. tardo *ignominiōsu(m)*, da *ignomĭnia* 'ignominia'; sec. XIV] agg. *1* Che causa disonore e vergogna: *atto, comportamento i.; ignominiosa e perpetua servitù* (GUICCIARDINI). SIN. Infamante, obbrobrioso. *2* (*raro*) Disonorato, svergognato. || **ignominiosaménte**, avv. (*raro*) In modo ignominioso.

ignoràbile [vc. dotta, lat. *ignorābile(m)*, da *ignorāre* 'ignorare'; 1869] agg. ● Che si può ignorare.

ignorantàggine [1612] s. f. *1* Condizione di ignoranza abituale: *la sua i. lo distingue sempre.* *2* (*raro*) Azione o discorso da ignorante.

ignorànte [av. 1311] **A** part. pres. di *ignorare*; anche agg. (assol.; + *di*; + *in*) *1* Che non sa, che non conosce: *E il popolo i. l'ascolta, e tutto crede* (GOLDONI); *i. di musica; sono del tutto i. in fatto di musica.* *2* Che ignora o conosce male quello che per la sua arte o la sua professione dovrebbe sapere: *è un medico i.* SIN. Incompetente. *3* Privo di istruzione: *il volgo i.; è uno studente molto i.* SIN. Illetterato, incolto. CONTR. Sapiente. *4* Chi manca di educazione | Zotico, maleducato: *sei proprio il più i. di tutti!* || **ignorantemente**, avv. Da ignorante. **B** s. m. e f. *1* Chi è privo di istruzione. CONTR. Sapiente. *2* Chi manca dei principi della buona educazione. || **ignorantàccio**, pegg. | **ignorantèllo**, dim. | **ignorantóne**, accr. | **ignorantùccio**, **ignorantùzzo**, dim.

ignorànza o †**ignorànzia** [vc. dotta, lat. *ignorāntia(m)*, da *ignorāre* 'ignorare'; 1308] s. f. (assol.; + *di*; + *in*) *1* Condizione di chi non sa, non conosce, non ha avuto notizia di determinati fatti, avvenimenti e sim.: *la legge non ammette i.; cullarsi, bearsi nell'i.; la maraviglia è figliuola dell'i.* (VICO); *i. del diritto, delle belle arti; ammetto la mia i. in materia.* *2* Mancanza di istruzione: *i. crassa, supina; vivere nell'i.* | ***I. colpevole***, l'ignorare cose che si dovrebbero sapere. CONTR. Sapienza. *3* Maleducazione: *comportarsi con grande i.* | Rozzezza, zoticaggine. || PROV. La superbia è figlia dell'ignoranza.

♦**ignoràre** [vc. dotta, lat. *ignorāre*, da *ignārus* 'ignaro'; 1336 ca.] **A** v. tr. (*io ignòro*) *1* Non conoscere, non sapere, non avere notizie: *i. la storia, la geografia; i. le cause, gli effetti di un avvenimento; ignoravo che si fosse sposata* | ***I. le gioie, i dolori***, non averli mai provati. *2* Fingere di non conoscere, di non sapere: *i. una persona; i. i problemi di qlcu.* | Non dare importanza, sottovalutare, trascurare: *ha ignorato i miei consigli.* **B** v. rifl. rec. ● Fingere di non conoscersi.

ignoràto [1336 ca.] part. pass. di *ignorare*; anche agg. *1* Nei sign. del v. *2* Sconosciuto: *le ragioni del suo gesto sono tuttora ignorate* | Che non ha, o non ha avuto, la considerazione e l'apprezzamento che avrebbe meritato: *artista i.*

†**ignòscere** [vc. dotta, lat. *ignōscere*, di incerta composizione] v. tr. ● Perdonare, indulgere, condonare.

ignòto [vc. dotta, lat. *ignōtu(m)*, comp. di *in-* neg. e *(g)nōtu(m)* 'noto', part. pass. di *(g)nōscere* 'conoscere', di orig. indeur.; 1321] **A** agg. (assol.; + *a*) ● Non conosciuto: *paese i.; regione ignota; un autore i. a molti lettori; Ignote a noi / Furon sempre quest'armi* (METASTASIO) | Mai conosciuto o visto prima: *un sentimento i.; ignoti vezzi sfuggono / dai manti e dal negletto / velo* (FOSCOLO). SIN. Ignorato, oscuro. CONTR. Noto. || **ignotaménte**, avv. (*raro*) In modo ignoto. **B** s. m. *1* Tutto ciò di cui non si sa nulla: *andare verso l'i.; temere l'i.* CONTR. Conosciuto, noto. *2* (f. *-a*) Persona ignota: *i soliti ignoti.*

ignudàre [1723] **A** v. tr. ● (*lett.*) Rendere ignudo (*anche fig.*): *i. qlcu.; l'inverno ignuda gli alberi.* **B** v. rifl. ● (*lett.*) Spogliarsi.

ignùdo [da *nudo* raff. con pref. d'altra vc.; sec. XIII] **A** agg. *1* (*lett.*) Parzialmente o totalmente privo di abiti | ***I. nato***, senza alcun indumento: *fece spogliare ignuda nata comar Gemmata* (BOCCACCIO) | ***Coi piedi, le piante ignude***, scalzo | ***Ferro, spada ignuda***, sguainata | (*fig.*) ***Terra ignuda***, priva di vegetazione | †***I. della mitra, del manto***, privo di essi | (*est.*) Di animale privo di piume o peli. *2* (*fig.*) Privo: *i. di virtù, di cognizioni* | †***Capitello i.***, senza foglie | †***Muraglia ignuda***, senza decorazioni | †***Lettera ignuda***, senza busta. *3* (*lett.*) Indifeso, scoperto. *4* †Palese, manifesto. || **ignudaménte**, avv. Nudamente, sinceramente. **B** s. m. (f. *-a*) ● (*lett.*) Persona nuda.

†**ignùno** ● V. *niuno.*

igrina [comp. di *igr(o)-* e *-ina*] s. f. ● Alcaloide che si isola dalle foglie della coca.

igro- [dal gr. *hygrós* 'umido'] primo elemento ● In parole composte della terminologia scientifica, significa 'acquosità', 'umidità': *igrofita, igrometro, igroscopio.*

igròfilo [comp. di *igro-* e *-filo*] **A** agg. ● Detto di organismo animale o vegetale che predilige climi umidi. **B** s. m. (f. *-a*) ● Organismo animale o vegetale igrofilo.

igròfito [comp. di *igro-* e *-fito*] **A** agg. ● Detto di organismo vegetale che vive in ambienti umidi. **B** s. m. (f. *-a*) ● Organismo vegetale igrofito.

igrògrafo [comp. di *igro-* e *-grafo*] s. m. ● Strumento registratore dell'umidità atmosferica.

igrogràmma [comp. di *igro(grafo)* e *(dia)gramma*] s. m. (pl. *-i*) ● (*meteor.*) Diagramma tracciato da un igrografo.

igròma o **idròma** [vc. dotta, comp. di *igr(o)-* e *-oma*; 1834] s. m. (pl. *-i*) ● (*med.*) Infiammazione cronica di una borsa sierosa.

igrometrìa [comp. di *igro-* e *-metria*; 1816] s. f. ● Ramo della meteorologia che effettua la misurazione dell'umidità assoluta o relativa dell'aria.

igromètrico [av. 1811] agg. (pl. m. *-ci*) ● Della, relativo all'igrometria.

igròmetro [comp. di *igro-* e *-metro*; 1681] s. m. ● Apparecchio atto a determinare con vari sistemi il grado igrometrico.

igroscopìa [comp. di *igro-* e *-scopia*; 1828] s. f. ● Osservazione dell'umidità atmosferica.

igroscopicità [av. 1860] s. f. ● Proprietà di una sostanza o di un corpo di essere igroscopici.

igroscòpico [da *igroscopia*; av. 1860] agg. (pl. m. *-ci*) ● Detto di sostanza o corpo capace di assorbire l'umidità dell'aria | ***Movimenti igroscopici***, movimenti di curvatura di organi vegetali provocati dal rigonfiamento di materiali igroscopici cellulari.

igroscòpio [comp. di *igro-* e *-scopio*; 1681] s. m. ● Strumento che, basandosi sulla variazione di colore di alcune sostanze al variare dell'umidità, indica approssimativamente l'umidità ambientale.

igròstato [comp. di *igro-* e *-stato*] s. m. ● Strumento che regola automaticamente l'umidità dell'aria di un ambiente.

†**iguàle** e *deriv.* ● V. *uguale* e *deriv.*

iguàna [sp. *iguana*, dalla vc. indigena delle Antille *iwana*; 1600] s. f. ● Grosso rettile dei Sauri arboricolo, che vive nell'America centro-meridionale, verdastro, con lunga coda e cresta sul dorso (*Iguana iguana*). ➡ ILL. **animali**/5.

iguanodónte [comp. di *iguana* e della seconda parte di *(masto)donte*; 1839] s. m. ● Dinosauro erbivoro presente nei periodi cretaceo e giurassico, eretto sulle zampe posteriori (*Iguanodon*). ➡ ILL. **paleontologia**.

iguvìno [vc. dotta, lat. *Iguvīnu(m)* 'di Gubbio (*Igūvium*, n. umbro dell'antica città)'; av. 1757] agg. ● Di Gubbio. SIN. Eugubino.

ih (**1**) /?ih, i?/ [av. 1716] inter. **1** Esprime stupore, raccapriccio, disgusto, stizza e sim.: *ih quante storie!*; *ih che schifo!* **2** Esprime canzonatura scherzosa, disprezzo ironico, ostentazione di noncuranza e sim. (*spec. iter.*): *ih, ci sei cascato!* | Riproduce il suono stridulo di una risata ironica o di un frignare insistente.

ih (**2**) /?ih, i?/ [av. 1930] inter. ● Si usa come voce d'incitamento alle bestie da soma, spec. al cavallo: *ih! va!*

ikebàna /giapp. ˌi'keˌbaˌna/ [giapp., propr. 'fiore (*hana*) che prende vita (*ike*) posto in acqua'; 1963] s. m. inv. ● Arte giapponese di disporre elementi vegetali su vari supporti con finalità a un tempo estetiche e simboliche | Composizione ottenuta disponendo tali elementi vegetali.

♦**il** o †**'l** [lat. *ĭl(lum)* 'quello', comp. di due elementi di etim. incerta; 1211] **A** art. det. m. sing. (si usa davanti a parole m. sing. che cominciano per consonante che non sia *gn, ps, x, s impura, z* o che non costituisca un gruppo consonantico raro come *cn-, ct-, ft-, mn-, pt-*; si usa anche davanti a parole che cominciano per *i, y, j* (se quest'ultima ha suono di consonante), seguite da vocali: *il bue, il plettro, il fiore, il whisky*; davanti a parole che cominciano per *pn*, l'uso colto prevede l'art. *lo*, l'uso comune sempre più spesso l'art. *il*: *lo pneumatico, il pneumatico* | (*poet.*) Con aferesi dopo parole che finiscono per vocale: *Galeotto fu 'l libro e chi lo scrisse* (DANTE *Inf.* V, 137) | Fondendosi con le prep. proprie semplici, dà origine alle prep. art. m. sing. *al, col, dal, del, nel, pel, sul* (V. anche *lo*)). **1** Indica e determina una cosa o una persona distinta da ogni altra della stessa specie: *prendi il treno delle quindici e trenta*; *passami il piatto*; *hai fatto il bagno?*; *finalmente ho incontrato il maestro* | (*region.* o *bur.*) Davanti a nome proprio di persona o a cognome: *alla festa c'erano anche il Carlo, il Giuseppe*; *il Ferri Antonio ha già deposto*; *mi chiami il Rossi* | Si può premettere al cognome di personaggi celebri: *il Mazzini*; *il Manzoni*; *il Foscolo*; *il Petrarca* | Si premette sempre a un nome proprio o cognome preceduto da un titolo, che non sia però 'san', 'don', 'mastro', 'fra', 'ser': *il dottor Bianchi*; *il conte Rossi* | Si premette a 'più' nel superlativo relativo: *è il più bravo ragazzo che conosca.* **2** Indica e determina una specie, una categoria, un tipo: *il bambino va educato*; *l'anziano deve essere aiutato e protetto*; *il carbone è un minerale* | Indica l'astratto o il generico: *quel ragazzo non distingue il bene dal male*; *odio il ballo*; *ha una grande passione per il teatro.* **3** Questo, quello (con valore dimostr.): *Napoleone il grande*; *Plinio il giovane*; *sentitelo il coraggioso!*; *fra tutti i libri che ho visto, spero di averti preso il giusto.* **4** Ogni, ciascuno (con valore distributivo): *riceve il giovedì*; *gli costa quasi cinquecento euro il mese*; *costa due euro il kilo.* **5** Nel, durante il (con valore temp.): *vengo il pomeriggio*; *l'ho visto il giorno seguente*; *partirò il mese prossimo*; *gli ho scritto il due maggio.* **B** pron. dimostr. e pers. di terza pers. m. sing. ● (*poet.*) †Lo, ciò (come compl. ogg., riferito a persona o a cosa): *natura il fece, e poi roppe la stampa* (ARIOSTO); *Io sentia d'ogne parte trarre guai, / e non vedea persona che 'l facesse* (DANTE *Inf.* XIII, 22-23).

ìla [vc. dotta, gr. *hýlē* 'selva' (dove solitamente vive), di etim. incerta; 1820] s. f. ● (*zool.*) Raganella.

ilàre (**1**) [vc. dotta, lat. *hĭlare(m)*, dal gr. *hilarós*, da *hiláskesthai* 'placare, allietare', di orig. indeur., con allineamento alla desinenza dell'opposto *trīste(m)*; 1485 ca.] agg. ● (*lett.*) Che è di buon umore, che mostra contentezza: *volto i.*; *la notizia lo rese i.* SIN. Allegro, lieto. CONTR. Mesto.

ilàre (**2**) [da *ilo*] agg. **1** (*anat.*) Riferito all'ilo di un organo | ***Vaso i.***, arteria o vena che penetra in un organo o esce da questo transitando attraverso il suo ilo. **2** (*bot.*) Relativo all'ilo del seme.

ilarità o †**ilaritàde**, †**ilaritàte** [vc. dotta, lat. *hilaritāte(m)*, dal gr. *hilarótēs* 'ilarità, letizia', da *hilarós* (V. *ilare*); av. 1293] s. f. ● Propensione alla gaiezza, al riso: *la sua i. non mi parve sincera* | (*est.*) Risata, spec. di più persone: *la chiassosa i. del pubblico* | ***Destare l'i. generale***, far ridere tutti i presenti. SIN. Allegria. CONTR. Mestizia.

ilarodìa [gr. *hilarōidía*, comp. di *hilarós* 'giocondo' e di un deriv. da *ōidḗ* 'canto'; 1834] s. f. ● Presso gli antichi Greci, azione scenica popolare di carattere contenuto e dignitoso.

ìlatro [etim. discussa: di orig. mediterr. (?); 1547] s. m. ● (*bot.*) Fillirea.

ilcinése **A** agg. ● Di Montalcino, in provincia di Siena. **B** s. m. e f. ● Abitante, nativo di Montalcino.

†**ìle** (**1**) [gr. *ílē*, da *eilêin* 'stringere assieme', di orig. indeur.] s. f. ● Presso gli antichi Greci, squadrone di cavalleria.

ìle (**2**) [vc. dotta, lat. tardo *hýle(m)*, dal gr. *hýlē*, originariamente 'selva, bosco' (di etim. incerta), poi 'materia'; sec. XIV] s. f. solo sing. ● (*filos.*) Caos.

-ile (**1**) [lat. *-īle(m)*, originariamente impiegato per formazione di agg. verb. con l'idea di 'capacità, qualità, attitudine', poi talvolta, come in it., sost.] suff. ● Forma aggettivi, talora sostantivati, di origine latina o tratti da sostantivi o verbi: *civile, febbrile, gentile, giovanile, sedile.*

-ile (**2**) [fr. *-yle*, dal gr. *hýlē* 'materia, sostanza', di orig. incerta, usato la prima volta nel comp. *benzoyle* 'benzoile'] suff. ● In chimica organica, indica i radicali idrocarburici monovalenti (*metile, benzile*) o i radicali acidi (*acetile*).

ileàle [da *ileo*] agg. ● (*anat.*) Nel sistema digerente, riferito all'ileo.

ilèite [comp. di *ile(o)* e *-ite* (*1*)] s. f. ● (*med.*) Infiammazione dell'intestino ileo | ***I. terminale***, particolare forma di infiammazione dell'ultimo tratto dell'ileo.

ilemorfìsmo o **ilomorfìsmo** [vc. dotta, comp. del gr. *hýlē* 'materia' (*hýlo-* in composizione) e di *morphḗ* 'forma', col suff. *-ismo*] s. m. ● (*filos.*) Nella filosofia aristotelica e scolastica, dottrina secondo cui ogni sostanza è costituita di materia e di forma.

ìleo [vc. dotta, lat. *ĭleu(m)*, dal gr. *ileós* 'volvolo', da *eilêin* 'torcere'; 1493] s. m. **1** (*anat.*) Porzione di intestino tenue compresa tra il digiuno ed il cieco. ➡ ILL. p. 2125 ANATOMIA UMANA. **2** (*anat., zool.*) Osso pari dorsale della cintura pelvica. CFR. Ischio, pube. SIN. Ilio. ➡ ILL. p. 2122 ANATOMIA UMANA. **3** (*med.*) Stato patologico caratterizzato dall'arresto della progressione del contenuto intestinale.

ileocecàle [comp. di *ileo* e di un deriv. da *c(i)eco*; 1833] agg. ● Pertinente all'ileo ed all'intestino cieco | ***Valvola i.***, che regola il passaggio del contenuto intestinale dall'ileo nel cieco.

ileostomìa [comp. di *ileo* e *-stomia*] s. f. ● (*chir.*) Intervento chirurgico con cui si ottiene un ano artificiale mediante abboccamento dell'ultima ansa dell'ileo alla cute della parete addominale.

ilìaco (**1**) [vc. dotta, lat. *Ilĭacu(m)*, dal gr. *Iliakós* 'proprio di Ilio'; 1807] agg. (pl. m. *-ci*) ● (*lett.*) Dell'antica Troia o Ilio.

ilìaco (**2**) [vc. dotta, lat. tardo *ilĭacu(m)*, agg. di *īlia* (pl.) 'ilio'; 1681] agg. (pl. m. *-ci*) ● (*anat.*) Dell'ileo: *ala, arteria, iliaca.*

ilìade [vc. dotta, lat. *Ilĭade(m)*, dal gr. *Iliás* genit. *Iliádos*, sottinteso *póiēsis* '(poema che tratta) di Ilio'; 1554] s. f. ● (*raro, lett.*) Lunga serie di guai, vicissitudini e sim.: *in questa sola parola sa leggere un'intera i. di mali* (BARTOLI).

ìlice [vc. dotta, lat. *īlice(m)*, di etim. incerta; 1340] s. f. ● (*bot.*) Leccio.

ìlio [vc. dotta, lat. *īliu(m)*, tratto dal più freq. pl. *īlia*, di etim. incerta; sec. XIV] s. m. ● (*anat.*) Ileo nel sign. 2.

†**illacciàre** [comp. di *in-* (*1*) e *laccio*; av. 1342] v. tr. **1** Avvolgere in un laccio o come in un laccio. **2** (*fig.*) Irretire, raggirare.

illacrimàbile [vc. dotta, lat. *illacrimābile(m)*, comp. di *in-* neg. e *lacrimābile(m)* 'lagrimevole'; 1869] agg. ● (*lett.*) Che non è degno di essere pianto.

illacrimàto [vc. dotta, lat. *illacrimātu(m)*, comp. di *in-* neg. e *lacrimātus* '(com)pianto'; 1803] agg. ● (*lett.*) Privo di compianto, di lacrime.

illaidìre [comp. di *in-* (*1*) e *laido*; 1639] v. tr. (*io illaidìsco, tu illaidìsci*) ● (*raro, lett.*) Rendere laido.

illanguidiménto [av. 1712] s. m. ● L'illanguidire, l'illanguidirsi: *l'i. di qlcu., dello stomaco, della mente* | Languore.

illanguidìre [comp. di *in-* (*1*) e *languido*; 1630] **A** v. tr. (*io illanguidìsco, tu illanguidìsci*) ● Rendere languido, debole, fiacco: *il lungo digiuno lo illanguidì*; *i. la mente, l'attenzione.* **B** v. intr. e intr. pron. (aus. *essere*) ● Divenire languido, debole, fiacco: *illanguidirsi per gli stenti.*

illaqueàre [vc. dotta, lat. *illaqueāre*, comp. di *in-* concl. e *laqueāre*, da *lăqueus* 'laccio', di etim. incerta; av. 1342] v. tr. (oggi difett. usato solo all'inf. pres. e al part. pass.) ● (*lett.*) Avvolgere in un laccio | (*fig.*) Irretire, raggirare.

†**illascivìre** [comp. di *in-* (*1*) e *lascivire*; 1611] v. intr. ● Divenir lascivo.

illatìvo [vc. dotta, lat. *illatīvu(m)*, da *illātus* 'illato'; 1669] agg. **1** Che inferisce, conclude | ***Congiunzione illativa***, conclusiva (ad es. *dunque, pertanto, quindi*). **2** Che indica moto reale o figurato verso un luogo o all'interno di un luogo, oppure dall'alto verso il basso: *complemento i.* | ***"In-" i.***, prefisso che significa 'dentro' (ad es. in *inoculare, inumare*). || **illativaménte**, avv.

†**illàto** [vc. dotta, lat. *illātu(m)* 'portato', part. pass. di *infĕrre*, comp. di *in-* 'dentro' e *fĕrre* 'portare', di orig. indeur.; 1499] agg. ● Inferto | Argomentato.

†**illatóre** [vc. dotta, lat. tardo *illatōre(m)*, da *illātus* 'portato' (V. †*illato*)] s. m. ● Chi riferisce, reca: *i. d'ingiurie, d'offese.*

illaudàbile [vc. dotta, lat. *illaudābile(m)*, da *illaudātus* 'illaudato'; sec. XIV] agg. ● (*lett.*) Indegno di lode.

illaudàto [vc. dotta, lat. *illaudātu(m)*, comp. di *in-* neg. e *laudātu(m)* 'lodato', come l'equivalente gr. *atímētos*; 1547] agg. ● (*lett.*) Senza lode, non lodato.

illazióne [vc. dotta, lat. *illatiōne(m)*, da *illātus* 'portato (dentro, in fine)' (V. †*illato*); 1363] s. f. **1** Deduzione di una conclusione da una o più premesse: *ricorrere alle illazioni* | La conclusione dedotta: *trattare un'i.*; *la sua i. resta nulla* (GALILEI). **2** Supposizione arbitraria, priva di fondamento: *le sue sono soltanto illazioni.*

†**illècebra** [vc. dotta, lat. *illĕcebra(m)*, da *inlĭcium* 'esca, seduzione', dal v. *inlĭcere* 'attirare (*-lĭcere*, da *lăcere*) in (*in-*) trappola'; av. 1342] s. f. ● (*spec. al pl.*) Allettamento, lusinga: *in compagnia di queste illecebre qualche costume virtuoso* (CASTIGLIONE).

illeceità ● V. *illiceità.*

illécito o †**illìcito** [comp. di *in-* (*3*) e *lecito*, come il lat. *illĭcitus*; 1308] **A** agg. ● Contrario alle norme giuridiche, morali o religiose: *commercio i.*; *amori, mezzi illeciti.* || **illecitaménte**, avv. **B** s. m. ●

(*dir.*) Atto compiuto in violazione di una norma giuridica: *i. civile*; *i. internazionale* | ***I. penale***, reato | ***I. amministrativo***, punito con l'irrogazione di una sanzione amministrativa.

illegàle [comp. di *in-* (*3*) e *legale*; 1688] **agg.** ● Che è contrario alla legge: *procedimento, arresto, deliberazione i.* | ***Processo i.***, che non era legislativamente esperibile nel caso concreto o che si è svolto con formalità non ammesse dalla legge. || **illegalménte**, **avv.**

illegalismo [comp. di *in-* (*3*) e *legalismo*; 1924] **s. m.** ● Comportamento politico non conforme alle leggi e alla Costituzione di uno Stato.

illegalità [1689] **s. f.** ● Caratteristica di ciò che è illegale: *l'i. di un atto* | Atto illegale: *commettere delle i.* | Condizione, situazione illegale: *vivere nell'i.*

illeggiadrire [comp. di *in-* (*1*) e *leggiadro*; av. 1604] **A v. tr.** (*io illeggiadrisco, tu illeggiadrisci*) ● Rendere bello e aggraziato. **SIN.** Ornare. **B v. intr. e intr. pron.** (aus. *essere*) ● Divenire leggiadro.

illeggìbile [comp. di *in-* (*3*) e *leggibile*; 1817] **agg.** ● Impossibile o difficile a leggersi: *firma i.* | (*est.*) Che non si riesce a leggere perché tortuoso, mediocre e sim.: *un testo pieno di illeggibili banalità*. **SIN.** Incomprensibile, indecifrabile. || **illeggibilménte**, **avv.**

illeggibilità [av. 1952] **s. f.** ● Condizione di ciò che è illeggibile.

illegittimità [1757] **s. f.** ● Caratteristica, condizione di illegittimo: *l'i. di un atto, di un figlio* | ***I. costituzionale***, non conformità alla Costituzione delle leggi ordinarie o degli atti aventi forza di legge: *la i. costituzionale è dichiarata dalla Corte Costituzionale*.

illegìttimo [vc. dotta, lat. tardo *illegĭtimu(m)*, comp. di *in-* neg. e *legĭtimus* 'legittimo'; av. 1342] **A agg.** *1* Che è contrario o non conforme alla legge, che non è legalmente valido: *atto i.*; *governo, potere i.* | ***Figlio i.***, un tempo, quello non riconosciuto legalmente da uno o da entrambi i genitori. *2* Contrario a ciò che è giusto, onesto e sim.: *pretesa illegittima*. *3* Non giustificato, privo di fondamento: *supposizioni, conclusioni illegittime*. || **illegittimaménte**, **avv.** In modo non legittimo. **B s. m.** (f. *-a*) ● Figlio illegittimo.

illeonito [comp. di *in-* (*1*) e un deriv. agg. di *leone*] **agg.** ● (*arald.*) Detto del leopardo rampante, che è positura propria del leone.

illeopardito [comp. di *in-* (*1*) e un deriv. agg. di *leopardo*] **agg.** ● (*arald.*) Detto del leone passante con la testa in maestà, che è positura propria del leopardo.

illèpido [vc. dotta, lat. *illĕpidu(m)*, comp. di *in-* neg. e *lĕpidus* 'lepido'; 1766] **agg.** ● (*raro, lett.*) Sgraziato, goffo.

†**illesìbile** [vc. dotta, lat. tardo *illaesībile(m)* 'invulnerabile', comp. di *in-* neg. e **laesĭbilis*, da *lāesus* (V. *illeso*); 1869] **agg.** ● Che non può essere leso.

illéso [vc. dotta, lat. *illāesu(m)*, comp. di *in-* neg. e del part. pass. di *lǣdere*, di etim. incerta; 1342] **agg.** ● Di chi (o di ciò che) non subisce danni, offese o lesioni: *uscire i. da*, *rimanere i. in un grave incidente*. **SIN.** Indenne, incolume, intatto.

illetteràto o †**illitteràto** [vc. dotta, lat. *illitterātu(m)*, comp. di *in-* neg. e *litterātus* 'letterato'; av. 1342] **agg.**; anche **s. m.** (f. *-a*) *1* Analfabeta | (*est.*) Che (o Chi) ha ricevuto un'istruzione molto scarsa. *2* †Che (o Chi) non intendeva e non usava il latino. || **illetterataménte**, **avv.**

illibatézza [av. 1729] **s. f.** ● (*lett.*) Condizione di illibato: *l'i. della sua vita, dei suoi costumi* | Verginità. **SIN.** Integrità, purezza.

illibàto [vc. dotta, lat. *illibātu(m)*, comp. di *in-* neg. e del part. pass. di *libāre* 'toccare, sfiorare, assaggiare'; av. 1306] **agg.** ● (*spec. lett.*) Integro e puro, senza macchia: *cuore, onore i.*; *costumi illibati* | ***Donna illibata***, vergine. || **illibataménte**, **avv.** (*raro*) In modo illibato.

illiberàle [vc. dotta, lat. *illiberāle(m)*, comp. di *in-* neg. e *liberālis* 'liberale'; sec. XIV] **agg.** *1* Che è contrario ai principi liberali: *legge, atteggiamento i.* *2* (*lett.*) Privo di generosità: *comportamento meschino e i.* *3* †Rozzo, rustico, plebeo | ***Arti illiberali***, (*lett.*) i mestieri manuali. || †**illiberalménte**, **avv.** Senza liberalità.

illiberalità [vc. dotta, lat. *illiberalitāte(m)*, comp. di *in-* neg. e *liberālitas*, genit. *liberalitātis* 'liberalità'; sec. XIV] **s. f.** ● Condizione, caratteristica di chi (o di ciò che) è illiberale: *l'i. di una disposizione, di un atto*.

illibertà [comp. di *in-* (*3*) e *libertà*; 1939] **s. f.** ● (*lett.*) Mancanza di libertà | Atteggiamento, principio contrario alla libertà: *quello che la coscienza morale riprova e respinge … non è mai libertà, ma sempre i.* (CROCE).

illiceità o (*raro*) **illeceità** [comp. di *in-* (*3*) e *liceità*; av. 1855] **s. f.** ● Caratteristica, condizione di ciò che è illecito | ***I. penale***, contrasto di un fatto, che perciò si qualifica reato, con un precetto del diritto penale.

illicenziabilità [comp. di *in-* (*3*) e *licenziabilità*; 1987] **s. f.** ● Condizione di chi non può essere licenziato da un impiego o da un servizio.

†**illìcito** ● V. *illecito*.

illico et immediàte [loc. lat. propr. 'subito (*illico*) e immediatamente (*immediāte*)'; 1762] **loc. avv.** ● Sul posto e subito; sottolinea, spec. in modo scherzoso, la pronta esecuzione di un'azione.

illimitatézza [av. 1926] **s. f.** ● Mancanza di limiti: *l'i. di un territorio, di un potere*.

illimitàto [vc. dotta, lat. tardo *illimitātu(m)*, comp. di *in-* neg. e *limitātus* 'limitato'; 1619] **agg.** *1* Privo di limiti, infinito: *l'universo è i.*; *un continente che si credeva i.*; *contemplo / l'i. silenzio* (UNGARETTI) | ***Congedo i.***, ai militari che hanno compiuto il servizio di leva e possono essere richiamati. *2* Senza riserve: *fiducia, autorità illimitata*. **SIN.** Assoluto, immenso. || **illimitataménte**, **avv.** Senza limitazioni o riserve.

illimpidire [comp. di *in-* (*1*) e *limpido*; 1894] **A v. tr.** (*io illimpidisco, tu illimpidisci*) ● (*raro*) Rendere limpido (*anche fig.*). **B v. intr. e intr. pron.** (aus. *essere*) ● Diventare limpido, chiaro, nitido (*anche fig.*).

illiquidire [comp. di *in-* (*1*) e *liquido*; sec. XIII] **v. intr.** (*io illiquidisco, tu illiquidisci*; aus. *essere*) *1* (*raro*) Diventare liquido: *con l'aumento della temperatura il ghiaccio illiquidì*. *2* (*fig.*) †Venire meno.

illiquidità [comp. di *in-* (*3*) e *liquidità*; 1673] **s. f.** ● (*econ.*) Mancanza o carenza di denaro liquido e impossibilità di procurarselo mediante la vendita di beni mobili o immobili.

illìrico [av. 1320] **agg.** (pl. m. *-ci*) ● Dell'Illiria, antica regione balcanica compresa fra i confini d'Italia e la Macedonia.

†**illitteràto** ● V. *illetterato*.

illividiménto [1773] **s. m.** ● Modo e atto dell'illividire.

illividire [comp. di *in-* (*1*) e *livido*; 1623] **A v. tr.** (*io illividisco, tu illividisci*) *1* Far livido: *il gelo gli illividiva le mani*. *2* Coprire di lividure: *gli illividirono il volto con percosse*. **B v. intr. e intr. pron.** (aus. *essere*) ● Diventare livido: *i. per il freddo*; *gli si è illividito un occhio*.

illocutivo [ingl. *illocutive*, deriv. di *illocution*, comp. di *in-* 'in- (1)' e *locution* 'locuzione'] **agg.** ● (*ling.*) Detto di ogni enunciato che realizza l'azione in esso citata (ad es. l'enunciato *ti ordino di uscire* realizza l'azione di ordinare). **SIN.** Illocutorio.

illocutòrio [ingl. *illocutionary*, da *illocution*, comp. di *in-* 'in- (1)' e *locution* 'locuzione'] **agg.** ● (*ling.*) Illocutivo.

illodàbile [comp. di *in-* (*3*) e *lodabile*, come il lat. *illaudābilis*; av. 1729] **agg.** ● (*raro, lett.*) Che è indegno di lode.

illogicità [1863] **s. f.** *1* Condizione, caratteristica di illogico: *l'i. delle sue affermazioni era palese*. *2* Atto o detto illogico: *le tue continue i. mi stupiscono*. **SIN.** Assurdità.

illògico [comp. di *in-* (*3*) e *logico*; 1833] **agg.** (pl. m. *-ci*) ● Che è contrario alla logica, alla ragione: *insistere su argomentazioni illogiche*. || **illogicaménte**, **avv.**

illo tempore, in ● V. *in illo tempore*.

♦**illùdere** [vc. dotta, lat. *illūdere*, comp. di *in-* raff. e *lūdere* 'scherzare', da *lūdus* 'gioco, scherzo', di orig. etrusca (?); 1598] **A v. tr.** (pass. rem. *io illùsi, tu illudésti*; part. pass. *illùso*) ● Ingannare qlcu. facendo credere ciò che non è o promettendo invano: *la illuse dicendo che sarebbe ritornato*. **SIN.** Lusingare. **B v. rifl.** (+ *di* seguito da inf.; + *che* seguito da congv. o, raro, indic.) ● Ingannarsi con vane speranze e sim.: *si illusero di poter ritentare l'impresa*; *non bisogna illudersi che l'emergenza sia finita*; *Non può più illudersi che, la mattina dopo, … si scrollerà d'addosso il ricordo di quei momenti* (SVEVO) | ***Non c'è da illudersi, non è il caso di illudersi***, non è il caso di nutrire speranze infondate.

illuminàbile [vc. dotta, lat. tardo *illumināblle(m)*, da *illumināre*; 1584] **agg.** ● (*raro*) Che si può illuminare.

illuminaménto [av. 1292] **s. m.** *1* L'illuminare | (*raro*) Lume, luce. *2* (*fis.*) Rapporto fra il flusso luminoso, o il flusso di una radiazione elettromagnetica non luminosa, ricevuto da una superficie e l'area della superficie stessa.

illuminànte [1321] **part. pres.** di *illuminare*; anche **agg.** ● Che illumina: *gas i.* | (*fig.*) Che illumina la mente, che fa capire: *una spiegazione i.*; *parole illuminanti*.

♦**illuminàre** [vc. dotta, lat. *illumināre*, comp. di *in-* raff. e *lūmen*, genit. *lūminis* 'lume, luce'; av. 1292] **A v. tr.** (*io illùmino*) *1* Rendere chiaro o luminoso diffondendo luce: *il Sole illumina la Terra*; *il lampadario illuminava l'atrio*; *un fuoco che la illumina con molti riverberi* (VASARI) | ***I. a giorno***, con una luce così intensa e forte da eguagliare quella del sole | (*raro*) Accendere i lumi per rischiarare un ambiente: *i. un sotterraneo*. **CONTR.** Oscurare. *2* (*fig.*) Donare un'espressione radiosa, ravvivando: *il sorriso illumina lo sguardo*; *un presagio di felicità le illuminò il volto*. *3* (*fig.*) Liberare la mente dall'ignoranza facendo comprendere la verità: *quanto disse bastò a illuminarmi la mente* | (*fig., est.*) Informare, istruire: *i. i popoli sulla necessità della pace*; *non ne so nulla: illuminami tu*. **CONTR.** Ottenebrare. **B v. intr. pron.** *1* Diventare luminoso: *la stanza s'illuminò di colpo*. **CONTR.** Oscurarsi. *2* (*fig.*) Acquistare un'espressione più viva, raggiante: *illuminarsi di contentezza*.

illuminativo [av. 1342] **agg.** ● (*raro*) Che ha il potere di illuminare.

♦**illuminàto** [1308] **A part. pass.** di *illuminare*; anche **agg.** *1* Nei sign. del v. *2* (*fig.*) Rischiarato dalla luce dell'intelligenza, della sapienza: *menti illuminate* | ***Secolo i.***, (*per anton.*) il Settecento, secolo dell'illuminismo | ***Sovrano i.***, promotore di un programma di riforme sociali, spec. nel sec. XVIII. **CONTR.** Ottenebrato. **B s. m.** ● Seguace di una setta mistica sorta in Spagna nel XVI sec. | Seguace di una delle sette illuministiche e massoniche sorte in Baviera e in Olanda nel XVIII sec.

illuminatóre [vc. dotta, lat. tardo *illuminatōre(m)*, da *illuminātus*, part. pass. di *illumināre* 'illuminare'; sec. XIV] **A agg.** (f. *-trice*) ● Che illumina. **B s. m.** *1* (*raro*) Chi illumina. *2* †Miniatore, illustratore. *3* (*elettr.*) Dispositivo del microscopio ottico che serve per illuminare il campo di osservazione | ***I. per teatro***, proiettore per luci sceniche e speciali effetti luminosi. *4* (*tv*) In un'antenna parabolica, dispositivo per la ricezione dei segnali installato nel fuoco della parabola.

illuminazióne [vc. dotta, lat. tardo *illuminatiōne(m)*, da *illuminātu(m)*, part. pass. di *illumināre* 'illuminare'; sec. XIV] **s. f.** *1* L'illuminare: *i. di una piazza, di una città, del porto*. **CONTR.** Oscuramento. *2* Il complesso degli apparecchi e dei mezzi usati per illuminare artificialmente: *i. a gas, a petrolio, elettrica, diretta, indiretta* | Apparato di molti lumi per una festa pubblica: *l'i. in onore del santo protettore del paese*. *3* (*relig.*) Improvvisa apertura dell'intelletto alla conoscenza del vero per opera della grazia. *4* (*fig.*) Lo schiudersi improvviso della mente alla verità o alla concezione di un'idea: *l'ultima sua poesia è nata da un'i. improvvisa*. *5* (*tess.*) Processo di stampa dei tessuti di cotone, con cui si fanno corrosioni, applicando contemporaneamente dei coloranti nelle zone corrose. *6* (*fis.*) Illuminamento.

illuminèllo [da *illuminare*; 1884] **s. m.** ● (*raro*) Luminello, nel sign. di *luminello* (*1*).

illuminismo [fr. *illuminisme*, da *lume* 'lume (della ragione)'; 1870] **s. m.** ● Movimento filosofico-culturale del XVIII secolo, di dimensione europea che si proponeva di combattere l'ignoranza, il pregiudizio, la superstizione, applicando l'analisi razionale a tutti i possibili campi dell'esperienza umana.

illuminista [fr. *illuministe*, da *lume* 'lume (della ragione)'; 1919] **A s. m. e f.** (pl. m. *-i*) ● Chi segue o si ispira alle dottrine dell'illuminismo. **B agg.** ● Illuministico.

illuminìstico [1921] **agg.** (pl. m. *-ci*) ● Che si riferisce all'illuminismo: *pensiero, movimento i.* || **illuministicaménte**, **avv.** Secondo le teorie dell'illuminismo.

illuminòmetro [comp. di *illuminare* e *-metro*; 1941] **s. m.** ● Dispositivo per la misurazione diretta dell'illuminamento di una superficie.

illuminotècnica [comp. di *illuminare* e *tecnica*; 1942] **s. f.** ● Tecnica degli impianti di illuminazione | Tecnica dell'illuminazione della scena nelle forme di spettacolo contemporaneo, spec. per ottenere effetti suggestivi o estetici.

illuminotècnico [1984] **A agg.** (pl. m. *-ci*) ● Che riguarda l'illuminotecnica. **B s. m.** (f. raro *-a*) ● Esperto di illuminotecnica.

illùne [vc. dotta, lat. *illūne(m)*, comp. di *in-* (3) e *lūna*, sul modello del corrisp. gr. *asélēnos*; 1894] **agg.** ● (*lett.*) Non rischiarato dalla luna: *navigando nell'alta notte i. / noi vedremo rilucere la riva* (D'ANNUNZIO).

♦**illuṣióne** [vc. dotta, lat. *illusiōne(m)*, da *illūdere* 'illudere'; sec. XIV] **s. f. 1** Errore, inganno dei sensi per cui una falsa impressione viene creduta realtà: *la rappresentazione plastica di quell'affresco crea l'i. del movimento* | ***Illusioni ottiche***, errori di interpretazione delle sensazioni visive, che intervengono nel giudicare grandezze e forme in determinate condizioni. **2** Ingannevole rappresentazione della realtà, secondo cui si attribuisce consistenza ai propri sogni e alle proprie speranze: *distruggere, dissipare, perdere le illusioni*; *del decreto della riforma si diceva esser una pura e mera i.* (SARPI) | ***Farsi illusioni***, sperare invano. CONTR. Delusione, disinganno. **3** †Derisione, dileggio.

illuṣionìṣmo [fr. *illusionisme*, da *illusion* 'illusione'; 1936] **s. m.** ● Arte ed esercizio di abilità, consistenti nel far apparire come reali illusioni ottiche e sensorie in genere | Percezione di realtà apparente realizzata attraverso l'arte dell'illusionismo.

illuṣionista [fr. *illusioniste*, da *illusion* 'illusione'; 1901] **s. m. e f.** (pl. m. *-i*) ● Chi dà spettacolo di illusioni ottiche. SIN. Prestigiatore.

illuṣionìstico [av. 1952] **agg.** (pl. m. *-ci*) ● Dell'illusionismo. || **illuṣionisticamènte**, avv.

illuṣìvo [da *illuso*; 1669] **agg.** ● (*lett.*) Che illude, che mira o tende a illudere. SIN. Illusorio. || **illuṣivamènte**, avv.

illùṣo [av. 1446] **A part. pass.** di *illudere*; anche **agg.** ● Nei sign. del v. **B s. m.** (f. *-a*) ● Chi coltiva delle illusioni: *non è altro che un povero i.*

illuṣóre [vc. dotta, lat. tardo *illusōre(m)*, da *illūsus*, part. pass. di *illūdere* 'illudere'; av. 1342] **s. m.** (f. *illuditrice*) ● (*raro, lett.*) Chi illude e inganna gli altri.

illuṣorietà [da *illusorio*; 1983] **s. f.** ● Caratteristica, condizione di ciò che è illusorio.

illuṣòrio [vc. dotta, lat. tardo *illusōriu(m)*, da *illūsus*, part. pass. di *illūdere* 'illudere'; 1619] **agg. 1** Che serve a illudere: *speranze, promesse illusorie*. SIN. Ingannevole. **2** Che è frutto di un'illusione: *felicità illusoria*. SIN. Fallace, falso. || **illuṣoriamènte**, avv.

♦**illustràre** [vc. dotta, lat. *illustrāre*, comp. di *in-* raff. e *lustrāre*, da **lūstrum* nel senso e della stessa orig. di *lūmen* 'luce'; 1308] **A v. tr. 1** Corredare un testo di figure, disegni, fotografie e sim. **2** (*fig., est.*) Chiarire con commenti, spiegazioni o esempi: *i. una poesia*; *ci illustrò gli scopi della sua ricerca*. SIN. Spiegare. **3** (*raro*) Rendere illustre e famoso | ***I. il proprio nome***, con gra di opere e imprese. **4** †Far diventar lucido e splendente: *i. un brillante* | †Illuminare: *un non so che di luminoso appare, / che … / la notte illustra* (TASSO). **B v. intr. pron.** ● (*raro*) Diventare illustre e famoso.

illustratìvo [1869] **agg.** ● Che serve a illustrare e a chiarire: *disegni illustrativi*; *tavole, note illustrative*.

illustràto [1869] **part. pass.** di *illustrare*; anche **agg.** ● Corredato di figure, fotografie e sim: *giornale i.*; *cartolina illustrata*.

illustratóre [vc. dotta, lat. tardo *illustratōre(m)*, da *illustrātus*, part. pass. di *illustrāre* 'illustrare'; 1483] **s. m.** (f. *-trice*) **1** Chi illustra un testo. **2** (*raro*) Chi commenta un'opera letteraria o artistica.

♦**illustrazióne** [vc. dotta, lat. *illustratiōne(m)*, da *illustrātus*, part. pass. di *illustrāre* 'illustrare'; 1579] **s. f. 1** L'illustrare | (*fig.*) Spiegazione, commento: *l'i. di quell'oscuro passo è dovuta a un eminente filologo*. **2** Figura, disegno, stampa, fotografia che viene inserita in un testo o in un periodico, a scopo ornamentale o esplicativo: *un libro ricco di illustrazioni*. **3** (*raro, scherz.*) Motivo di lustro.

illùstre o (*pop.*) **lùstre** [vc. dotta, lat. *illūstre(m)* 'luminoso', da **lūstrum* (V. *illustrare*); av. 1294] **agg. 1** Che gode grande e meritata fama per qualità o per opere notevoli: *medico, scienziato, cittadino i.*; *tutti … eran … nemici e collegati per rovina di quell'i. città* (MURATORI) | ***I. sconosciuto***, (*scherz.*) persona priva di notorietà | ***I. signore***, spec. in passato, intestazione complimentosa di indirizzi o lettere. SIN. Celebre, chiaro, insigne. CONTR. Oscuro. **2** †Luminoso. || **illustrissimo**, superl. **1** Che è più illustre di tutti. **2** Chiarissimo, eccellentissimo, spec. come titolo onorifico o formula di cortesia: *Vostra Signoria Illustrissima*; *illustrissimo presidente*. || †**illustremènte**, avv.

illutazióne [dal v. lat. *illutāre*, comp. di *in-* concl. e *lutāre* 'sporcare di fango (*lŭtu(m)*, di orig. indeur.)'; 1834] **s. f.** ● (*disus.*) Applicazione di fanghi a scopo curativo.

illuviàle [da *illuvio*] **agg.** ● (*geol.*) Di, relativo a illuvio.

illuviàre [da *illuvie*; av. 1827] **v. tr.** (*io illùvio*) ● (*lett.*) Inondare, allagare.

illuviazióne [da *illuvio*; 1983] **s. f.** ● (*geol.*) L'insieme dei processi che determinano la precipitazione o la flocculazione delle sostanze nell'illuvio.

illùvie [vc. dotta, lat. *illŭvie(m)*, da *illŭere* (?), comp. di *in-* 'dentro' e *lăvere* 'bagnare', parallelo di *lavāre*; 1499] **s. f. inv. 1** (*lett.*) Sporcizia, sudiciume. **2** (*lett.*) Inondazione, allagamento | (*est.*) Grande afflusso di persone.

illùvio [vc. dotta, lat. scient. *illuvium*. V. *illuvie*; 1972] **s. m.** ● (*geol.*) Orizzonte del suolo in cui tendono a precipitare o flocculare le sostanze provenienti dal soprastante orizzonte eluviale.

illuvióne [vc. dotta, lat. tardo *illuviōne(m)*, da *illŭvies* 'illuvie'; 1513] **s. f.** ● (*lett.*) Inondazione, alluvione.

ilmenìte [dal n. dei Monti *Il'men'* negli Urali] **s. f.** ● (*miner.*) Ossido di ferro e titanio in cristalli tabulari di color nero ferro.

ilo [vc. dotta, lat. *hīlu(m)*, vc. espressiva di etim. incerta; 1798] **s. m. 1** (*bot.*) Area che circonda la cicatrice indicante il punto di attacco del seme al funicolo. **2** (*anat.*) Orificio attraverso cui vasi, nervi ed altre formazioni penetrano in un organo: *ilo epatico, polmonare*.

ilobàtidi [vc. dotta, da *ilobate*, dal gr. *hylobátēs* 'che frequenta (dal v. *baínein*) i boschi (*hýlē*)', con la terminazione propria delle famiglie zoologiche] **s. m. pl.** (sing. *-e*) ● Nella tassonomia animale, famiglia di Mammiferi dei Primati alla quale appartengono i gibboni.

ilomorfiṣmo ● V. *ilemorfismo*.

ilor /'ilor/ [sigla di *I(mposta) LO(cale sui) R(edditi)*] **s. f. inv.** ● Tributo diretto, ormai soppresso, riscosso dallo Stato e inizialmente destinato a finanziare gli enti locali, che colpiva il possesso di un reddito di impresa o di capitale.

ilòta [gr. *héilōs*, genit. *héilōtos* 'ilota, schiavo spartano', di etim. incerta; 1551] **s. m. e f.** (pl. m. *-i*) **1** (*st.*) Schiavo spartano. **2** (*fig.*) Persona soggetta a dura servitù morale o materiale.

†**ilòto** **s. m.** ● Ilota.

iloẓoìṣmo [comp. del gr. *hýlē*, genericamente 'materia', e un deriv. da *zōḗ* 'vita'; 1820] **s. m.** ● Concezione filosofica secondo la quale la materia è vivente e animata.

iloẓoista [1933] **s. m. e f.** (pl. m. *-i*) ● Chi segue o si ispira all'ilozoismo.

iloẓoìstico [1898] **agg.** (pl. m. *-ci*) ● Che concerne o interessa l'ilozoismo.

†**imàge** [fr. *image*, dall'ant. fr. *imagene* 'immagine'; 1321] **s. f.** ● (*poet.*) Immagine.

image maker /ingl. 'ɪmɪʤ,meɪkə/ [loc. ingl., comp. di *image* 'immagine' e *maker* 'creatore, artefice' (di orig. germ.); 1980] **loc. sost. m. e f. inv.** (pl. ingl. *image makers*) ● Chi crea o cura l'immagine di un personaggio, di un'azienda o di un prodotto.

imàgine e *deriv.* ● V. *immagine* e *deriv.*

imaginìfico ● V. *immaginifico*.

imaginiṣmo [dal russo *imažinism*, deriv. dal lat. *imāgine(m)*; 1936] **s. m.** ● Movimento poetico russo, attivo tra il 1919 e il 1924, che privilegiava l'immagine e la forma poetica rispetto ai contenuti; tra i suoi esponenti il poeta S.A. Esenin (1895-1925).

imagiṣmo [ingl. *imagism*, da *imagist* 'imagista'; 1950] **s. m.** ● Movimento poetico inglese e americano dei primi decenni del Novecento, che si basava sulla concezione per cui l'immagine non è un ornamento, bensì la sostanza stessa della poesia.

imagista [ingl. *imagist*, deriv. di *image* 'immagine'; 1960] **s. m. e f.** (pl. m. *-i*) ● Seguace dell'imagismo.

imàgo ● V. *immagine*.

imalaiàno ● V. *himalayano*.

imàm o **iman** [ar. *imām* 'capo', da *amma* 'egli precede, marcia in testa'; 1562] **s. m. 1** Presso i musulmani sciiti, ciascuno dei discendenti diretti di Alì, genero di Maometto, riconosciuti come legittimi sovrani e capi spirituali per diritto divino, in numero di 7 o 12 a seconda delle sette. **2** Fedele musulmano che dirige la preghiera nella moschea. **3** Nel mondo islamico, chi eccelle per particolare erudizione e cultura in qualche campo delle lettere o delle scienze.

imamita [da *imam*] **s. m. e f.**; anche **agg.** (pl. m. *-i*) ● Appartenente a un ramo dei musulmani sciiti che riconosce la serie dei dodici imani.

imàn ● V. *imam*.

imanàto [1869] **s. m.** ● Titolo, ufficio e dignità di imam, nel sign. 1 | Durata di tale carica.

imàno [1562] **s. m.** ● Adattamento di *imam* (V.).

imàtio o **imàtion** [gr. *himátion* 'sopravveste, mantello' (dim. fam. di *hêima*, dal v. *hennýnai* 'vestir(si)', di orig. indeur.); 1903] **s. m.** ● Nell'antica Grecia, veste di lana portata da uomini e donne.

imbacàre [comp. di *in-* (1) e *bacare*; 1625] **A v. tr.** (*io imbàco, tu imbàchi*) ● (*raro*) Riempire di bachi. **B v. intr.** (aus. *essere*) ● (*raro*) Bacarsi.

imbacatùra [av. 1811] **s. f.** ● (*raro*) Bacatura.

imbachìre [comp. di *in-* (1) e del denom. di *baco*; 1799] **v. intr.** (*io imbachisco, tu imbachisci*; aus. *essere*) ● (*raro*) Bacarsi.

imbacuccàre [comp. di *in-* (1) e *bacucco* (2); av. 1549] **A v. tr.** (*io imbacùcco, tu imbacùcchi*) ● Coprire la testa e il corpo avvolgendoli in abiti pesanti o voluminosi: *i. qlcu. in una pelliccia, in un mantello*. SIN. Infagottare. **B v. rifl.** ● Coprirsi bene con abiti pesanti: *imbacuccarsi in uno scialle*; *s'imbacuccava ben bene nel ferraiuolo* (NIEVO).

imbacuccàto [av. 1535] **part. pass.** di *imbacuccare*; anche **agg.** ● Avvolto in abiti pesanti: *si presentò tutto i.*

†**imbagasciàre** [comp. di *in-* (1) e *bagascia*; 1765] **v. tr.** ● Ridurre alla condizione di bagascia | (*fig.*) Corrompere.

imbalconàto [comp. di *in-* (1) e di un deriv. da *balco* 'violacciocca', di etim. incerta, con sovrapposizione dell'omonimo *balco(ne)*; sec. XIV] **agg.** ● (*raro*) Di un rosa vivace, tra il rosso e il bianco.

imbaldanzìre [comp. di *in-* (1) e *baldanza*; av. 1367] **A v. tr.** (*io imbaldanzisco, tu imbaldanzisci*) ● Rendere baldanzoso: *il successo lo ha imbaldanzito*. **B v. intr. e intr. pron.** (aus. *essere*) ● Prendere baldanza, diventare baldanzoso: *i. per le lodi ricevute*; *i. per il favore popolare*. CONTR. Avvilirsi.

†**imbalìre** [comp. di *in-* (1) e *balia* (2)] **v. tr.** ● Dare, consegnare in balia.

imballàggio [fr. *emballage*, da *emballer* 'imballare'; 1798] **s. m. 1** Operazione dell'imballare, nel sign. di *imballare* (1): *l'i. di una merce, del cotone, della lana*; *occuparsi dell'i.* | Ciò che serve per imballare. **2** Tecnica di disporre le merci entro contenitori per la spedizione, il magazzinaggio e la vendita. **3** La spesa dell'imballaggio: *merce esente da tasse di trasporto e i.* **4** Cassa o pacco o altro materiale con cui viene confezionato il prodotto finito per la spedizione: *i. a perdere, a rendere*; *i. di conservazione* | ***I. di presentazione***, destinato a conferire un aspetto esteticamente gradevole a merci di largo consumo esposte al pubblico.

imballàre (1) [fr. *emballer*, comp. di *en-* 'dentro' e *balle* 'balla'; 1534] **v. tr. 1** Confezionare in balle: *i. la lana, il cotone*. **2** Sistemare le merci entro contenitori adatti per il trasporto, il magazzinaggio e la vendita: *i. libri, vetri, porcellane*.

imballàre (2) [fr. *emballer*, dal sign. di 'portar via (rapidamente)', derivato dal senso mercantile di *balle* 'balla, collo (di mercanzia)'; 1918] **A v. tr.** ● (*autom.*) Nella loc. ***i. il motore***, portarlo a un numero di giri superiore a quello corrispondente alla sua potenza massima. **B v. intr. pron. 1** (*autom.*) Salire a un numero eccessivo di giri, detto di motore. **2** (*sport, gerg.*) Riferito a un atleta, perdere agilità e scioltezza nei movimenti.

imballàto (1) [1534] **part. pass.** di *imballare* (1);

anche **agg.** ● Nel sign. del v.

imballàto (2) [1952] **part. pass.** di *imballare* (2); anche **agg.** *1* Nel sign. del v. *2* (*sport, gerg.*) Detto di atleta che non è più agile nei movimenti | (*est., fam.*) Fuori fase, in tilt.

imballatóre [da *imballare* (1); 1598] **s. m.** (f. *-trice*) ● Addetto all'imballaggio delle merci.

imballatrice [da *imballare* (1); 1970] **s. f.** *1* Macchina che esegue l'imballaggio delle merci. *2* Macchina per comprimere e legare in balle di forma regolare fieno o paglia. SIN. Pressaforaggi. ➡ ILL. p. 2115 AGRICOLTURA.

imballatùra (1) [da *imballare* (1); 1882] **s. f.** ● (*raro*) Imballaggio.

imballatùra (2) [da *imballare* (2)] **s. f.** ● L'imballarsi di un motore.

imbàllo [da *imballare* (1); 1940] **s. m.** *1* Imballaggio. *2* Tessuto per imballare: *i. di iuta.*

imbalordire [comp. di *in-* (1) e *balordo*; 1483] **A** **v. tr.** (*io imbalordisco, tu imbalordìsci*) ● (*raro*) Stordire, confondere. **B** **v. intr.** (aus. *essere*) ● Divenire balordo.

imbalsamàre [comp. di *in-* (1) e *balsamo*; av. 1342] **v. tr.** (*io imbàlsamo*) *1* Preparare con sostanze speciali cadaveri d'uomo o di animali per sottrarli ai naturali processi di decomposizione. *2* (*est.*) Impagliare un animale morto per conservarlo. *3* (*fig.*) Rendere duraturo, conservare indenne nel tempo: *sbarazzarsi dell'eroismo vivente … imbalsamandolo in frasi storiche* (D'ANNUNZIO). *4* (*fig.*) Irrigidire spec. una dottrina o un'ideologia in uno schema fisso e ripetitivo, ormai privato di vitalità o funzionalità: *il rischio è che, morto lui, il suo pensiero venga imbalsamato.* *5* †Profumare con odori balsamici. *6* (*lett., fig.*) Allietare: *ogni sorso del vino … m'imbalsamava … di voluttà* (FOSCOLO) | Confortare. *7* (*lett.*) Pervadere di aromi, di profumi: *il profumo delle rose imbalsamava l'aria.*

imbalsamàto [av. 1348] **part. pass.** di *imbalsamare*; anche **agg.** ● Nei sign. del v.

imbalsamatóre [1841] **s. m.** (f. *-trice*) ● Chi è addetto all'imbalsamazione.

imbalsamatùra [av. 1869] **s. f.** ● (*raro*) Imbalsamazione.

imbalsamazióne [av. 1758] **s. f.** *1* Operazione dell'imbalsamare: *l'i. dei cadaveri.* *2* Tassidermia.

imbambagiàre [comp. di *in-* (1) e *bambagia*; 1888] **v. tr.** (*io imbambàgio*) ● (*raro*) Avvolgere nella bambagia | (*raro*) Foderare con bambagia.

imbambinire [comp. di *in-* (1) e *bambino*; 1869] **v. intr.** (*io imbambinisco, tu imbambinìsci*; aus. *essere*) ● (*raro*) Rimbambinire.

imbambolàre [comp. di *in-* (1) e *bambola*; 1481] **A** **v. intr.** (*io imbàmbolo*; aus. *essere*) ● (*raro, lett.*) Assumere un'espressione smarrita. **B** **v. intr. pron.** *1* Rimanere assorto, incantarsi: *imbambolarsi a guardare una vetrina.* *2* †Intenerirsi.

imbambolàto [1481] **part. pass.** di *imbambolare*; anche **agg.** *1* Che è come assorto, incantato: *rimase i. a guardare* | Che mostra un'espressione fissa e attonita: *sguardo i.* *2* †Intenerito.

†**imbancàre** [comp. di *in-* (1) e *banco*; 1937] **v. tr.** e **intr. pron.** ● (*mar.*) Arenare, arenarsi su un banco di sabbia.

imbandieraménto [av. 1910] **s. m.** ● L'imbandierare | (*raro*) Ornamento di bandiere.

imbandieràre [comp. di *in-* (1) e *bandiera*; av. 1557] **A** **v. tr.** (*io imbandièro*) ● Ornare di bandiere: *i. la città a festa, in segno di lutto* | *I. la nave*, pavesarla. **B** **v. intr. pron.** ● Ornarsi di bandiere: *la città si era imbandierata a festa.*

imbandieràto [1835] **part. pass.** di *imbandierare*; anche **agg.** ● Ornato di bandiere.

imbandigióne o †**bandigióne** [sett., da *bandire*; av. 1292] **s. f.** ● (*lett., raro*) L'imbandire | (*est.*) Il complesso delle vivande imbandite: *una squisita i.*

imbandire [da *bandire* 'convocare con *bando* (a banchetto)' con *in-* (1); av. 1548] **v. tr.** (*io imbandìsco, tu imbandìsci*) ● Preparare e disporre i cibi sulla mensa con una certa sontuosità: *i. un pranzo succulento.*

imbandito [sec. XV] **part. pass.** di *imbandire*; anche **agg.** ● Preparato sontuosamente: *tavola imbandita.*

imbanditóre [av. 1548] **s. m.**; anche **agg.** (f. *-trice*) ● Chi (o Che) imbandisce.

imbàndo [dalla loc. (mollare) *in bando* 'in (ab)bando(no)'; 1889] **s. m.** ● (*mar.*) Parte di una cima che durante una manovra viene allentata e resta libera | *Mollare l'i.*, allentare, lasciar libera una cima | *Recuperare l'i.*, tesare la parte allentata di una cima.

imbarazzaménto [av. 1527] **s. m.** ● (*raro*) Imbarazzo.

imbarazzànte [av. 1729] **part. pres.** di *imbarazzare*; anche **agg.** ● Che mette in imbarazzo, a disagio: *una domanda, una situazione i.*

♦**imbarazzàre** [sp. *embarazar* 'impedire', dal port. *embaraçar*, da *baraça* 'laccio', di etim. incerta; av. 1557] **A** **v. tr.** *1* Rendere difficile impacciando: *i. i movimenti* | Ingombrare: *troppi mobili imbarazzano la stanza* | *I. lo stomaco*, appesantirlo mangiando cose indigeste. SIN. Intralciare. *2* (*fig.*) Mettere qlcu. in una situazione di disagio, confusione e sim.: *le sue domande lo hanno imbarazzato.* **B** **v. intr. pron.** *1* Essere preso da imbarazzo: *davanti a estranei s'imbarazza subito.* SIN. Confondersi. *2* (*tosc.*) Impicciarsi: *non imbarazzarti di codeste cose.*

imbarazzàto [1535 ca.] **part. pass.** di *imbarazzare*; anche **agg.** *1* Impacciato | *Stomaco i.*, appesantito. *2* (*fig.*) Che è in una situazione di disagio, di confusione: *davanti a quella personalità si sentiva i.* || **imbarazzataménte**, **avv.**

♦**imbaràzzo** [da *imbarazzare*; 1535 ca.] **s. m.** *1* Impaccio, ingombro nei movimenti o nell'agire: *tanti bagagli mi sono di i.* | *I. di stomaco*, pesantezza causata da cibo non digerito. SIN. Difficoltà, impedimento. *2* Stato di disagio, confusione, turbamento e sim., dovuto a varie cause: *essere, trovarsi, mettere in i.*; *sosteneva che fosse una fissazione in lei … l'i. che diceva di provare davanti a tutti gli uomini* (PIRANDELLO). SIN. Impaccio. *3* Perplessità, incertezza: *provare l'i. della scelta fra cose ugualmente desiderabili.* || **imbarazzùccio**, **dim.**

†**imbarbarescàre** [comp. di *in-* (1) e *barbaresco*; 1639] **v. tr.** ● Imbarbarire.

imbarbariménto [1724] **s. m.** ● Progressiva decadenza verso una condizione di barbarie, ignoranza e sim.: *i. dei costumi, della lingua.* CONTR. Incivilimento, progresso.

imbarbarire [da *barbaro* con *in-* (1); av. 1604] **A** **v. tr.** (*io imbarbarìsco, tu imbarbarìsci*) ● Ridurre a uno stato di barbarie, rozzezza, ignoranza e sim.: *i. una nazione* | *I. una lingua*, introdurvi barbarismi, forestierismi. CONTR. Incivilire. **B** **v. intr.** e **intr. pron.** (aus. *essere*) *1* Diventare barbaro: *nel Medioevo i Romani imbarbarirono.* *2* (*fig.*) Decadere dal punto di vista civile, sociale, intellettuale. SIN. Guastarsi, regredire.

imbarbogire [da *barbogio* con *in-* (1); av. 1563] **v. intr.** (*io imbarbogisco, tu imbarbogìsci*; aus. *essere*) ● (*raro*) Divenire barbogio, rimbambito per l'età.

imbarcadèro [fr. *embarcadère*, dallo sp. *embarcadero*, da *embarcar* 'imbarcare'; 1858] **s. m.** ● Molo per imbarcare e sbarcare passeggeri e merci. SIN. Embarcadero.

imbarcaménto [av. 1566] **s. m.** *1* Deformazione di tavole di legno fresco durante l'essiccamento. *2* Imbarco.

imbarcàre [da *barca* (2) con *in-* (1); av. 1276] **A** **v. tr.** (*io imbàrco, tu imbàrchi*) *1* (*mar.*) Caricare o prendere a bordo di una nave e gener. di un'imbarcazione cose, persone o animali: *i. le merci, i rifornimenti; i. truppe, passeggeri.* *2* (*est.*) Caricare o far salire animali, persone o cose su un qualunque mezzo di trasporto diverso da una nave: *i. i soldati sui camion, su un aereo; hanno imbarcato tutto su un autotreno.* *3* (*mar.*) *I. acqua*, (*anche assol.*) ricevere in coperta, o lasciar penetrare sotto coperta, le onde e gener. l'acqua del mare, per la tempesta o da una falla, detto di nave e gener. di imbarcazione. *4* (*fig.*) Mettere qlcu. in una situazione difficile, pericolosa o troppo impegnativa per i suoi mezzi o capacità. *5* †Fare innamorare. **B** **v. rifl.** *1* Salire a bordo di una nave come passeggero o componente l'equipaggio: *imbarcarsi su una motonave; imbarcarsi per l'Africa; imbarcarsi come mozzo.* *2* (*est., scherz.*) Salire su un veicolo: *imbarcarsi su una vecchia automobile.* *3* (*fig.*) Intraprendere un'attività rischiosa, difficile e sim.: *s'è imbarcato in una strana faccenda; ti stai imbarcando in una brutta avventura.* SIN. Impegnarsi. *4* (*aer.*) Eseguire un'imbarcata. **C** **v. intr. pron.** *1* (*fam.*) Iniziare una relazione amorosa. *2* †Entrare in collera. *3* Incurvarsi, arcuarsi, detto di assi di legno e sim.

imbarcàta [1929] **s. f.** *1* (*aer.*) Evoluzione aerea, volontaria o no, che prevede dopo una prolungata picchiata il passaggio alla condizione di volo rovescio. *2* (*fam.*) Cotta, innamoramento: *prendersi un'i. per qlcu.*

imbarcatóio [adatt. dello sp. *embarcador*, da *embarcar* 'imbarcare'; av. 1800] **s. m.** ● Imbarcadero, spec. a moli mobili o ponti allungati.

imbarcatóre [1871] **s. m.** ● Chi imbarca (*anche fig.*).

imbarcatùra [da *imbarcare*, nel sign. C3] **s. f.** ● (*raro*) Incurvamento: *i. del legno.*

imbarcazióne [sp. *embarcación*, da *embarcar* 'imbarcare'; sec. XVIII] **s. f.** *1* Struttura galleggiante in grado di spostarsi sull'acqua con mezzi propri, di dimensioni piccole o medie, azionata a vela, a motore o a remi | *I. da diporto*, secondo la normativa ufficiale, quella con lunghezza fuori tutto inferiore a 24 metri e superiore a 7,5 metri se a motore o a 10 metri se a vela. *2* (*raro*) Imbarco.

imbàrco [sp. *embarco*, da *embarcar* 'imbarcare'; 1602] **s. m.** (pl. *-chi*) *1* L'imbarcare, l'imbarcarsi: *assistere, accompagnare all'i.*; *l'i. delle truppe.* *2* Il salire a bordo come membro dell'equipaggio | Durata dell'imbarco: *un i. di un anno* | Contratto di imbarco: *ottenere l'i. per New York.* *3* Luogo da cui ci si imbarca: *l'i. è a Napoli.* *4* †Impresa, faccenda. *5* †Innamoramento.

†**imbardàre** (1) [comp. di *in-* (1) e *bardare*; sec. XIII] **A** **v. tr.** *1* Bardare. *2* Caricare, mettere sulla barda. **B** **v. intr.** e **intr. pron.** (aus. *essere*) ● Innamorarsi.

imbardàre (2) [fr. *embarder*, dal provz. *embardar* 'coprire di fango (*bart*)'; 1929] **v. tr.**, **intr.** e **intr. pron.** (aus. intr. *avere*) ● (*aer.*) Eseguire un'imbardata.

imbardàta [da *imbardare* (2); 1929] **s. f.** ● (*aer.*) Rotazione di un aereo o di una nave intorno al proprio asse verticale: *i. a sinistra, a destra.*

imbarilàre [comp. di *in-* (1) e *barile*] **v. tr.** ● Mettere in barile: *i. le aringhe.*

imbaṣaménto [av. 1502] **s. m.** *1* Base, zoccolo di un edificio o altro: *i. di pietra, di bronzo.* *2* (*geol.*) Strato roccioso su cui poggiano le rocce superficiali. *3* (*ing.*) Strato di pietrame che viene gettato sul fondale marino e successivamente spianato per costituire il piano di posa di elementi prefabbricati di opere marittime.

imbaṣàre [comp. di *in-* (1) e *basare*, da *base*; 1706] **A** **v. tr.** ● (*raro*) Mettere sopra una base. **B** **v. intr.** e **intr. pron.** (aus. *essere*) ● (*raro*) Stare appoggiato su una base.

imbasciàta e *deriv.* ● V. *ambasciata* e *deriv.*

imbastardiménto [av. 1589] **s. m.** ● L'imbastardire, l'imbastardirsi (*anche fig.*). SIN. Corruzione, degenerazione.

imbastardire [comp. di *in-* (1) e *bastardo*; av. 1320] **A** **v. tr.** (*io imbastardisco, tu imbastardìsci*) *1* Rendere bastardo: *i. una stirpe.* *2* (*fig.*) Alterare, guastare, corrompere | *I. una lingua*, introdurvi parole e costrutti stranieri. **B** **v. intr.** e **intr. pron.** (aus. *essere*) *1* Perdere la natura e i caratteri della propria razza, divenire bastardo. *2* (*fig.*) Corrompersi, tralignare, degenerare: *col tempo molte tradizioni si imbastardiscono.*

imbastardito [sec. XIV] **part. pass.** di *imbastardire*; anche **agg.** ● Nei sign. del v.: *una specie imbastardita; una lingua imbastardita.*

imbastàre [comp. di *in-* (1) e *basto*; 1550] **v. tr.** ● (*raro*) Mettere il basto a una bestia da soma: *i. un asino.*

†**imbastiménto** [av. 1597] **s. m.** ● L'imbastire.

imbastire [comp. di *in-* (1) e *bastire*; 1420] **v. tr.** (*io imbastìsco, tu imbastìsci*) *1* Unire a punti lunghi due lembi di tessuto, prima della cucitura definitiva a mano o a macchina. *2* (*fig.*) Tracciare, delineare per sommi capi, abbozzare: *i. un dramma, lo schema di un'opera, un piano d'azione* | Tramare, ordire: *i. una burla, uno scherzo ai danni di qlcu.* | Mettere insieme, inventare lì per lì: *i. una scusa, una giustificazione.* *3* (*tess.*) Ridurre in falde il pelo per feltro da cappelli, avvolgendolo intorno al tamburo di una macchina imbastitrice. *4* (*tecnol.*) Eseguire l'imbastitura di una costruzione metallica. *5* †Imbandire vivande.

imbastito [av. 1337] **part. pass.** di *imbastire*; anche **agg.** *1* Nei sign. del v. *2* Nel gergo sportivo, detto di atleta colpito da una imbastitura o cotta.

imbastitóre s. m. (f. *-trice*) ● (*tecnol.*) Addetto all'imbastitura.

imbastitrice [1940] s. f. ● (*tess.*) Nell'industria della confezione, macchina cucitrice attrezzata per eseguire l'imbastitura | Nella fabbricazione dei cappelli, macchina destinata ad eseguire l'imbastitura.

imbastitùra [av. 1665] s. f. *1* Lavoro dell'imbastire | Cucitura provvisoria a punti lunghi. *2* (*raro, fig.*) Schema, traccia, abbozzo: *i. di un romanzo.* *3* (*raro*) Stato di sfinimento in cui cade un atleta nel corso di una gara per scarsa preparazione o per eccessivo sforzo. *4* (*tecnol.*) Montaggio provvisorio di una costruzione metallica, allo scopo di determinare i riferimenti o eseguire i fori o le saldature destinati al collegamento definitivo.

imbàttersi [comp. di *in-* (*1*) e *battere*; av. 1327] v. intr. pron. (+ *in*) *1* Incontrare per caso (*anche fig.*): *i. in un vecchio amico*; *i. in un ostacolo insuperabile.* *2* Ottenere in sorte: *i. in un insegnante molto severo* | (*assol.*) ***I. bene, male***, capitare bene, male.

imbattìbile [adatt. del fr. *imbattable*, comp. di *in-* neg. e di un deriv. da *battre* 'battere, vincere'; 1923] agg. ● Detto di chi (o di ciò che) non si riesce a battere: *concorrente i.*; *campione i.*; *squadra i.* | ***Prezzi imbattibili***, vantaggiosissimi. SIN. Insuperabile, invincibile.

imbattibilità [1962] s. f. ● Caratteristica di chi è imbattibile | (*est.*) Condizione di una squadra, un atleta e sim. che, in assoluto o relativamente a un dato periodo di tempo, non hanno subito sconfitte.

imbàtto [da *imbattersi*; sec. XVI] s. m. *1* †Incontro casuale | Impedimento. *2* (*aer. mil.*) Impatto. *3* (*mar.*) ***Vento d'i.***, che spira dal mare verso le spiagge.

imbattùto [comp. di *in-* (*3*) e *battuto*; 1959] agg. ● Che non è mai stato sconfitto: *pugile i.*; *la squadra ha terminato il campionato imbattuta* | ***Terreno, campo i.***, quello di una squadra che non è mai stata sconfitta in casa nel corso di un campionato.

imbaulàre [comp. di *in-* (*1*) e *baule*; av. 1756] v. tr. (*io imbaùlo*) ● (*raro*) Mettere in un baule o più bauli: *i. i libri.*

imbavagliaménto [da *imbavagliare*] s. m. ● L'imbavagliare, il venire imbavagliato (*spec. fig.*): *i. della stampa, della televisione.*

imbavagliàre [comp. di *in-* (*1*) e *bavaglio*; av. 1370] v. tr. (*io imbavàglio*) *1* Mettere il bavaglio: *i ladri imbavagliarono la vittima.* *2* (*fig.*) Impedire a qlcu. di parlare, pensare o scrivere liberamente: *i. gli intellettuali*; *i. la stampa.*

imbavagliàto [av. 1400] part. pass. di *imbavagliare*; anche agg. ● Nei sign. del v.

imbavàre [comp. di *in-* (*1*) e *bava*; av. 1506] v. tr. *1* (*raro*) Imbrattare di bava. *2* (*tipogr.*) In legatoria, incollare una segnatura o una tavola in un libro.

imbeccàre [comp. di *in-* (*1*) e *becco*; av. 1292] v. tr. (*io imbécco, tu imbécchi*) *1* Nutrire volatili che non sono in grado di farlo da soli, introducendo il cibo nel loro becco: *i. i pulcini.* *2* (*fig.*) Dare l'imbeccata: *i. un attore*; *i. i testimoni* | (*est.*) Istruire qlcu. perché ripeta macchinalmente qlco.: *la madre imbeccava il figlioletto.* SIN. Suggerire.

imbeccàta [da *imbeccare*; av. 1342] s. f. *1* Quantità di cibo messo in bocca a un uccello in una volta: *i. grossa, piccola.* *2* (*fig.*) Nel gergo teatrale, suggerimento di una battuta: *l'attore aspetta l'i.* | (*est.*) Complesso di insegnamenti e consigli forniti a qlcu. perché parli o si comporti nel modo voluto: *i testimoni parleranno dopo aver ricevuto l'i.*; *il piccolo aspetta l'i. dalla madre.* *3* (*tosc.*) †Raffreddore.

imbeccatóio [da *imbeccare*; av. 1597] s. m. ● Recipiente in cui si mette il becchime in gabbie, pollai e sim.

imbecheràre [etim. discussa: comp. di *in-* (*1*) e una variante (per sovrapposizione di *bicchiere*) di *pecchero* (?); av. 1543] v. tr. (*io imbéchero*) ● (*pop., tosc.*) Subornare, sopraffare qlcu. con lusinghe.

imbecillàggine [1869] s. f. ● Imbecillità.

imbecìlle [vc. dotta, lat. *imbecìlle(m)*, propr. 'debole, senza forza': da *in-* neg. e *băculum* 'bastone' (?); 1584] **A** agg. *1* (*psicol.*) Affetto da imbecillità. *2* (*fig., spreg.*) Detto di persona che si rivela poco intelligente negli atti o nelle parole. SIN. Scemo, stupido. ‖ **imbecilleménte**, avv. (*raro*) Da imbecille. **B** s. m. e f. *1* (*psicol.*) Chi è affetto da imbecillità. *2* (*fig., spreg.*) Persona che si comporta scioccamente o commette stupidaggini: *passare da i., per un i.*; *fare la figura dell'i.* ‖ **imbecillóne**, accr. | **imbecillòtto**, dim.

imbecillìre [da *imbecille*; 1441] v. tr. e intr. (*io imbecillisco, tu imbecillisci*; aus. intr. *essere*) ● Rimbecillire.

imbecillità [vc. dotta, lat. *imbecillitāte(m)*, da *imbecìllis* 'imbecille'; 1438] s. f. *1* (*psicol.*) Insufficienza congenita dello sviluppo psichico, meno grave dell'idiozia. *2* (*fig., spreg.*) Carattere di chi (o di ciò che) è imbecille: *l'i. delle cose umane* (SARPI) | Azione, discorso da imbecille: *fare, dire una grossa i.* SIN. Scemenza, stupidità.

imbèlle [vc. dotta, lat. *imbělle(m)* 'inetto (*in-* neg.) alla guerra (*běllum*)'; 1520] agg. *1* (*lett.*) Disadatto alla guerra: *nazione, popolo i.* *2* (*est.*) Timido, vile, fiacco: *animo, vita i.*

imbellettaménto [1580] s. m. ● (*raro*) Imbellettatura.

imbellettàre [comp. di *in-* (*1*) e *belletto*; 1493] **A** v. tr. (*io imbellétto*) *1* Coprire, ornare di belletto: *i. il viso, le guance.* *2* (*fig.*) Ornare con artifici: *i. un'opera letteraria.* **B** v. rifl. *1* Mettersi il belletto. *2* (*raro, fig.*) Adornarsi artificiosamente.

imbellettàto [av. 1535] part. pass. di *imbellettare*; anche agg. ● Ornato di belletto.

imbellettatùra [1869] s. f. *1* (*raro*) L'imbellettare e l'imbellettarsi | Belletto. *2* (*fig., spreg.*) Orpello.

imbellìre [comp. di *in-* (*1*) e *bello*; av. 1292] **A** v. tr. (*io imbellisco, tu imbellisci*) ● Far bello o più bello, abbellire: *i. il viso*; *è un'acconciatura che ti imbellisce.* CONTR. Imbruttire. **B** v. intr. e intr. pron. (aus. *essere*) ● Diventare più bello: *i. di giorno in giorno*; *con l'adolescenza si è imbellita.* **C** v. rifl. ● †Abbellirsi.

†**imbelvàre** [comp. di *in-* (*1*) e *belva*; 1608] **A** v. tr. ● Rendere simile a belva. **B** v. intr. pron. ● (*raro*) Arrabbiarsi, imbestialirsi.

†**imbendàre** [comp. di *in-* (*1*) e *bendare*; sec. XIV] v. tr. ● Cingere con benda.

imbèrbe [vc. dotta, lat. *imbĕrbe(m)*, comp. di *in-* neg. e *bărba* 'barba (1)'; 1499] agg. *1* Che non ha ancora la barba: *viso i.*; *giovinetto i.* | (*fig., scherz.*) Inesperto, ingenuo, immaturo. *2* †Sbarbato, raso. *3* (*bot.*) Detto di pianta o di sua parte priva di peli.

imberciàre [comp. di *in-* (*1*) e di **berciare, berzare*, dall'ant. fr. *berser* 'bersagliare' (dal francone **birson* 'cacciare, andare a caccia'); av. 1388] v. tr. (*io imbèrcio*) ● (*raro, pop., tosc.*) Colpire nel segno | (*fig.*) Indovinare: *non imberciarne una.*

imberrettàre [comp. di *in-* (*1*) e *berretta*; av. 1803] **A** v. tr. (*io imberrétto*) ● (*raro*) Mettere il berretto. **B** v. rifl. ● Mettersi il berretto.

imberrettàto [av. 1400] part. pass. di *imberrettare*; anche agg. ● Nel sign. del v.

†**imbertescàre** [comp. di *in-* (*1*) e *bertesca*; sec. XIV] v. tr. *1* Fortificare con bertesche. *2* (*fig.*) Aggirare, ingannare.

imbertonìre [comp. di *in-* (*1*) e *bertone* nel sign. 2; av. 1613] v. intr. e intr. pron. (*io imbertonisco, tu imbertonisci*; aus. *essere*) ● (*raro*) Innamorarsi | Rimminchionire.

imbestialìre [comp. di *in-* (*1*) e *bestiale*; 1598] **A** v. tr. (*io imbestialisco, tu imbestialisci*) ● (*raro*) Fare andare in bestia: *le sue parole lo imbestialirono.* **B** v. intr. e intr. pron. (aus. *essere*) ● Andare in bestia, arrabbiarsi all'eccesso. SIN. Infuriarsi.

imbestialìto [av. 1311] part. pass. di *imbestialire*; anche agg. ● Fuori di sé dall'ira, dalla rabbia.

imbestiàre [comp. di *in-* (*1*) e *bestia*; 1319] **A** v. intr. e intr. pron. (*io imbéstio*; aus. *essere*) *1* (*lett.*) Trasformarsi in bestia. *2* (*fig.*) Abbrutirsi, degradarsi: *il popolo … s'imbestia nella più stupida, nella più corrotta ignoranza* (CARDUCCI). *3* (*raro, fig.*) Inferocirsi, adirarsi. **B** v. tr. ● (*lett.*) Ridurre come una bestia.

imbestiàto [da *imbestiare*; 1319] part. pass. di *imbestiare*; anche agg. ● Nei sign. del v. | (*fig., lett.*) Furibondo.

imbesuìto [vc. milan. d'orig. sconosciuta; 1967] agg. ● (*region.*) Istupidito.

†**imbeveràre** [comp. di *in-* (*1*) e (*ab*)*beverare*; sec. XV] **A** v. tr. ● Imbevere, inzuppare, abbeverare. **B** v. intr. pron. ● Imbeversi, inzupparsi.

imbévere o †**imbibere** [dal lat. *imbĭbere* 'assorbire'; sec. XV] **A** v. tr. (coniug. come *bere*) *1* Bagnare, inzuppare, impregnare: *i. un biscotto nel latte.* *2* (*raro*) Assorbire: *i muri porosi imbevono l'umidità.* **B** v. intr. pron. *1* Lasciarsi penetrare da un liquido: *imbeversi di acqua, di umidità.* SIN. Impregnarsi, inzupparsi. *2* (*fig.*) Assimilare qlco. in profondità: *imbeversi di idee, dottrine, concetti.*

imbevìbile [comp. di *in-* (*3*) e *bevibile*; 1964] agg. ● Che non si può bere, che è di sapore talmente sgradevole da non potersi bere: *questo vino è i.*

imbeviménto [av. 1673] s. m. ● (*raro*) L'imbevere, l'imbeversi.

imbevùto part. pass. di *imbevere*; anche agg. ● Impregnato: *un panno i. d'acqua* | (*fig.*) Pieno: *i. di pregiudizi.*

imbiaccàre [comp. di *in-* (*1*) e *biacca*; av. 1446] **A** v. tr. (*io imbiàcco, tu imbiàcchi*) *1* Coprire, tingere di biacca. *2* (*fig., raro*) Imbellettare **B** v. rifl. *1* Tingersi di biacca. *2* (*fig., raro*) Truccarsi il viso in modo troppo vistoso.

†**imbiadàre** [comp. di *in-* (*1*) e *biada*; 1940] v. tr. ● Seminare di biada.

imbiancaménto [av. 1364] s. m. ● L'imbiancare, l'imbiancarsi.

imbiancàre [comp. di *in-* (*1*) e *bianco*; av. 1292] **A** v. tr. (*io imbiànco, tu imbiànchi*) *1* Far divenire bianco: *la neve ha imbiancato le cime* | ***I. le pareti***, darvi il bianco di calce | (*est.*) Rischiarare, illuminare: *l'alba imbiancava l'orizzonte.* *2* (*raro*) Lavare: *i. i panni* | Candeggiare: *i. un tessuto, un filato.* *3* (*raro, fig., tosc.*) Respingere, rifiutare, bocciare qlco.: *i. una legge, un voto.* *4* (*pop.*) †Subornare, ingannare. **B** v. intr. e intr. pron. (aus. *essere*) *1* Diventare bianco: *gli alberi si erano imbiancati per la neve* | Incanutire: *cominciò a i.* *2* (*fig.*) Impallidire: *i. improvvisamente in volto*; SIN. Sbiancare | (*est.*) Diventare chiaro o più chiaro: *il cielo imbiancò a poco a poco*; *l'orizzonte si imbiancava.* SIN. Scolorire.

imbiancàto [av. 1292] part. pass. di *imbiancare*; anche agg. *1* Nei sign. del v. *2* ***Sepolcro i.***, (*fig.*) persona ipocrita, falsa (secondo quanto Gesù nel Vangelo dice agli Scribi e ai Farisei, paragonandoli a sepolcri imbiancati che, belli all'aspetto esteriore, internamente sono pieni di ogni marciume).

imbiancatóra [da *imbiancare* nel sign. A 2] s. f. ● (*raro, tosc.*) Donna che lava la biancheria fine | (*est.*) Lavandaia.

imbiancatóre [da *imbiancare*; av. 1494] s. m. (f. *-trice*, pop. disus. *-tora*) *1* Operaio addetto al candeggio dei tessuti. *2* (*raro*) Imbianchino.

imbiancatrice s. f. ● Macchina per imbiancare il riso, liberandolo dalla pula.

imbiancatùra [1550] s. f. *1* Operazione dell'imbiancare, spec. la biancheria. *2* Tinteggiatura di una parete, solitamente in bianco di calce | (*est.*) Coloritura dei muri esterni o interni di un edificio.

imbianchiménto [av. 1829] s. m. *1* L'imbianchire. *2* Processo di decolorazione di un prodotto industriale. *3* Pratica agricola eseguita per rendere bianche le parti commestibili di certi ortaggi, rincalzandoli o ricoprendoli con terra, carta, paglia o altro materiale: *i. di cardi, sedani, finocchi.*

imbianchìno [da *imbiancare* (i muri); 1817] s. m. (f. *-a*) *1* Chi per mestiere imbianca o tinteggia i muri. *2* (*spreg.*) Cattivo pittore.

imbianchìre [comp. di *in-* (*1*) e *bianco*; av. 1468] **A** v. tr. (*io imbianchisco, tu imbianchisci*) *1* Rendere bianco: *appresta / ad imbianchir le guance* (PARINI). *2* Scolorire, decolorare: *i. una tela* | Schiarire carne o verdura, scottandola in acqua bollente e raffreddandola poi di colpo. **B** v. intr. (aus. *essere*) ● Diventare bianco | Incanutire.

imbibènte **A** part. pres. di *imbibire*; anche agg. ● Nei sign. del v. **B** s. m. ● Soluzione usata in tintoria e in fotografia per favorire l'imbibizione.

†**imbìbere** ● V. *imbevere.*

imbibìre [vc. dotta, lat. *imbibĕre* 'imbevere', con cambio di coniugazione; 1499] **A** v. tr. (*io imbibisco, tu imbibisci*) ● (*fis.*) Rendere possibile l'assorbimento di un liquido da parte di un corpo solido. **B** v. intr. pron. ● (*lett.*) Impregnarsi, inzupparsi, imbeversi.

imbibìto [av. 1553] part. pass. di *imbibire*; anche agg. ● Nei sign. del v.

imbibizióne [av. 1694] s. f. *1* (*lett.*) L'imbibirsi. *2* (*fis.*) Assorbimento di un liquido da parte di un solido senza conseguente reazione chimica.

imbiellàggio [fr. *embiellage*, da *bielle* 'biella'] s. m. *1* Montaggio e messa a punto delle bielle. *2* Nei motori stellari o a più file di cilindri, accoppiamento di più bielle al bottone di manovella della biella madre.

imbietolire [comp. di *in-* (*1*) e *bietola*, nel senso fig. di 'dappoco, senza vigore'; 1643] **v. intr.** (*io imbietolisco, tu imbietolisci*; aus. *essere*) ● (*raro*) Diventare uno sciocco.

imbiettàre [comp. di *in-* (*1*) e *bietta*; av. 1685] **v. tr.** (*io imbiétto*) ● Fermare con biette.

†imbigiàre [comp. di *in-* (*1*) e *bigio*; 1605] **v. intr.** e **intr. pron.** ● Diventare bigio.

imbiondàre [comp. di *in-* (*1*) e *biondo*; av. 1568] **A v. tr.** (*io imbióndo*) **1** (*lett.*) Fare diventare biondo: *il sole imbionda sì la viva lana / che quasi dalla sabbia non divaria* (D'ANNUNZIO). **2** (*lett.*) †Fare biondeggiare le messi. **B v. intr.** e **intr. pron.** (aus. *essere*) ● (*raro, lett.*) Imbiondire.

imbiondire [comp. di *in-* (*1*) e *biondo*; av. 1348] **A v. tr.** (*io imbiondisco, tu imbiondisci*) ● Rendere biondo: *l'acqua ossigenata imbiondisce i capelli.* **B v. intr.** e **intr. pron.** (aus. *essere*) ● Diventare biondo: *con la salsedine i capelli imbiondiscono*; *il grano si imbiondisce al sole.*

imbirbonire [comp. di *in-* (*1*) e *birbone*; av. 1850] **A v. intr.** (*io imbirbonisco, tu imbirbonisci*; aus. *essere*) ● Diventare birbone. **B v. tr.** ● Fare diventare birbone.

†imbiṣacciàre [comp. di *in-* (*1*) e *bisaccia*; sec. XVI] **v. tr.** ● Mettere roba in una bisaccia.

imbitumàre [comp. di *in-* (*1*) e *bitume*; sec. XIII] **v. tr.** (coniug. come *bitumare*) ● (*raro*) Bitumare: *i. un viale, un marciapiedi.*

imbiutàre [comp. di *in-* (*1*) e *biuta*; 1340 ca.] **v. tr.** ● Spalmare o riempire di biuta o gener. di altro materiale untuoso.

imbiẓẓarriménto [sec. XIV] **s. m.** ● (*raro*) L'imbizzarrirsi.

imbiẓẓarrire [comp. di *in-* (*1*) e *bizzarro*; av. 1348] **A v. intr.** e **intr. pron.** (*io imbizzarrisco, tu imbizzarrisci*; aus. *essere*) **1** Diventare bizzarro, detto spec. di cavalli. **2** (*fig.*) Incollerire o diventare all'improvviso irrequieto, detto di persona. **B v. tr. 1** (*raro*) Rendere irrequieto, irritabile. **2** †Rendere frizzante.

imbiẓẓarrito [av. 1406] **part. pass.** di *imbizzarrire*; anche **agg.** ● Nei sign. del v.

imbiẓẓire [comp. di *in-* (*1*) e *bizza*; 1716 ca.] **v. intr.** (*io imbizzisco, tu imbizzisci*; aus. *essere*) **1** (*raro, tosc.*) Montare in bizza: *i rimproveri lo fanno i.* **2** Diventare irrequieto, detto spec. di cavalli. **SIN.** Imbizzarrire.

imboccaménto [av. 1557] **s. m.** ● (*raro*) L'imboccare: *i. di un bambino.*

imboccàre [lat. parl. **imbuccāre* 'porre in (*in-*) bocca (*bŭcca*)'; av. 1363] **A v. tr.** (*io imbócco, tu imbócchi*) **1** Mettere il cibo in bocca a qlcu. che non è in grado di farlo da solo: *i. un bambino, un ammalato.* **2** (*fig., raro*) Imbeccare, istruire, suggerire: *i. i testimoni.* **3** Adattare alla bocca uno strumento a fiato per suonarlo: *i. il sassofono.* **4** Entrare in un luogo da percorrere: *i. il porto, la valle*; *i. una strada, un sentiero* | ***I. una strada pericolosa***, (*fig.*) mettersi in una situazione difficile. **5** †Tenere in bocca: *i. cibo* | (*fig.*) Apprendere, imparare. **6** †Intraprendere. **B v. intr.** e **†intr. pron.** (raro nei tempi composti; aus. intr. *avere*) **1** (*raro*) Sboccare: *la strada imbocca in una piazza.* **2** Entrare, adattarsi bene: *il turacciolo imbocca nella bottiglia* | Incastrarsi, ingranare perfettamente, detto di organi meccanici.

imboccàto [1618] **part. pass.** di *imboccare*; anche **agg. 1** Nei sign. del v. **2** (*mar.*; *disus.*) Detto del cavo di una carrucola bloccato nel movimento dall'accidentale incunearsi nella carrucola stessa di un altro cavo.

imboccatùra [1631] **s. f. 1** Apertura da cui si entra, si passa in qualche luogo: *l'i. di un canale, di una strada, del porto, di una valle.* **2** Apertura di un oggetto o di un congegno, in cui si inserisce, si incastra qlco.: *l'i. della damigiana, di un tubo.* **3** Parte di uno strumento a fiato a cui il suonatore adatta la bocca per suonare: *l'i. del sassofono* | (*est.*) Maniera di adattare le labbra a uno strumento a fiato: *buona, cattiva i.*; *ha perso l'i. per poco esercizio.* **4** La parte del morso che si mette in bocca al cavallo. ➡ **ILL.** p. 2152 SPORT.

imbócco [da *imboccare*; av. 1739] **s. m.** (pl. *-chi*) ● Imboccatura, entrata: *l'i. di una galleria.*

imboiaccàre [comp. di *in-* (*1*) e *boiacca*] **v. tr.** (*io imboiàcco, tu imboiàcchi*) ● (*edil.*) Cospargere di boiacca.

†imbolàre ● V. *involare* (*1*).

imbolsiménto [sec. XIV] **s. m.** ● (*raro*) L'imbolsire.

imbolsire [comp. di *in-* (*1*) e *bolso*; av. 1320] **v. intr.** e **intr. pron.** (*io imbolsìsco, tu imbolsìsci*; aus. *essere*) **1** Diventare bolso. **2** (*fig.*) Diventare fiacco, privo di vigore.

imbonàre [comp. di *in-* (*1*) e *b(u)ono*; 1813] **v. tr.** (*io imbòno*) ● (*mar.*; *disus.*) Portare a misura esatta qualunque elemento dello scafo, durante la costruzione, togliendone il superfluo.

imboniménto [da *imbonire*; 1912] **s. m. 1** Discorso che fa l'imbonitore per convincere il pubblico ad acquistare. **2** (*est.*) Ogni discorso elogiativo su cose di pregio spesso inesistente.

imbonire [comp. di *in-* (*1*) e *b(u)ono*; 1640] **v. tr.** (*io imbonisco, tu imbonisci*) **1** Esaltare i pregi di una merce o di uno spettacolo, cercando di convincere il pubblico con discorsi appropriati. **2** (*est.*) Cercare di persuadere qlcu. della buona qualità di qlco. **3** †Quietare, abbonire | †Sedurre.

imbonitóre [av. 1905] **s. m.** (f. *-trice*) ● Chi imbonisce.

imbonitòrio **agg.** ● (*spreg.*) Da imbonitore: *discorso i.* | (*est.*) Enfatico, altisonante.

imbòno [da *imbonare*; 1889] **s. m.** ● (*mar.*) Quanto eccede, e va tolto, quanto manca, e va aggiunto, per rendere a misura un pezzo di costruzione nelle navi in legno.

†imborgàrsi [comp. di *in-* (*1*) e *borgo*; 1321] **v. intr. pron.** (*io m'imbórgo tu t'imbórghi*) ● Riempirsi di città: *quel corno d'Ausonia che s'imborga / di Bari e di Gaeta e di Catona* (DANTE *Par.* VIII, 61-62).

imborgheṣiménto [av. 1952] **s. m.** ● L'imborghesire, l'imborghesirsi.

imborgheṣire [comp. di *in-* (*1*) e *borghese*; 1882] **A v. tr.** (*io imborghesisco, tu imborghesisci*) ● Rendere borghese: *i. i propri gusti, le proprie abitudini.* **B v. intr.** e **intr. pron.** (aus. *essere*) ● Acquistare modi, gusti e consuetudini di vita borghese (*spesso spreg.*): *i. intellettualmente.*

imborgheṣito [av. 1930] **part. pass.** di *imborghesire*; anche **agg. 1** Nei sign. del v. **2** (*est., spreg.*) Che ha perduto gli interessi, gli stimoli, le motivazioni ideali che determinavano un precedente comportamento: *un intellettuale i.*

imborsàre [comp. di *in-* (*1*) e *borsa*; 1313] **v. tr.** (*io imbórso*) **1** (*raro*) Mettere nella borsa: *i. il denaro* | ***†I. le schede delle votazioni***, metterle nell'urna. **2** (*lett.*) Accogliere in sé | Serbare. **3** †Comprendere, ritenere.

imborsatùra [av. 1558] **s. f.** ● (*raro*) L'imborsare.

imboscaménto [av. 1304] **s. m. 1** L'imboscare, l'imboscarsi. **2** Periodo della quinta muta del baco da seta allorché si porta sulle ramaglie per tesservi il bozzolo.

imboscàre [comp. di- *in-* (*1*) e *bosco*; nel rifl. adatt. del fr. *s'embusquer* 'inoltrarsi in mezzo (*en-*) al bosco (ant. fr. *busche*)'; 1374] **A v. tr.** (*io imbòsco, tu imbòschi*) **1** Nascondere animali o persone in un bosco | (*est.*) Nascondere qlcu. per sottrarlo al servizio militare, occultare qlco. per salvarla da una requisizione. **2** Imboschire. **3** (*raro*) Costruire lo scheletro d'una nave in legno sullo scalo. **B v. rifl. 1** Inoltrarsi in un bosco, nascondendosi: *le fiere s'imboscano* | (*est.*) Appartarsi, nascondersi spec. per tendere un agguato a qlcu. **2** (*est.*) Sottrarsi all'obbligo militare o a un servizio pericoloso | Sottrarsi a compiti, impegni, responsabilità particolarmente gravosi o pericolosi: *a cinquant'anni si imboscò in un ufficio più tranquillo.* **3** Andare al bosco, detto dei bachi da seta. **C v. intr. pron. 1** Diventare folto come un bosco | Detto di un albero, produrre in modo disordinato rami e foglie. **2** †Imbrogliarsi.

imboscàta [da *imboscare*; 1544] **s. f. 1** Agguato teso al nemico dove e quando meno se lo aspetta: *fare, tendere una i.*; *cadere in una i.* **2** (*raro, fig.*) Insidia.

imboscàto [1916] **A part. pass.** di *imboscare*; anche **agg.** ● Nei sign. del v. **B s. m. 1** Chi, spec. in tempo di guerra, si nasconde per sottrarsi al servizio militare o fa in modo da tenersi lontano dal fronte. **2** †Bosco.

imboscatóre [1918] **s. m.** (f. *-trice*) ● (*raro*) Chi aiuta i soldati a imboscarsi.

imboschiménto [1779] **s. m.** ● L'imboschire | Rimboschimento.

imboschire [comp. di *in-* (*1*) e *bosco*; av. 1459] **A v. tr.** (*io imboschisco, tu imboschisci*) ● Trasformare un terreno a bosco. **B v. intr.** e **intr. pron.** (aus. *essere*) **1** Coprirsi di bosco | Infoltirsi come un bosco. **2** (*fig.*) †Diventare rozzo e ignorante.

†imbossolàre e *deriv.* ● V. *imbussolare* e *deriv.*

imbottaménto [comp. parasintetico di *botte*, col pref. *in-* (*1*)] **s. m.** ● (*ing., raro*) Sifonamento.

imbottàre [comp. di *in-* (*1*) e *botte*; 1353] **A v. tr.** (*io imbótto*) ● Mettere in una botte: *i. il vino, il tabacco* | (*fig.*; *disus.*) ***I. nebbia***, stare senza fare nulla | (*fig.*) ***†Essere da i.***, non avere più dubbi su qlco. **B v. intr.** (aus. *avere*) ● †Bere eccessivamente.

imbottàto [av. 1449] **A part. pass.** di *imbottare*; anche **agg.** ● Nei sign. del v. **B s. m.** ● Antica imposta di fabbricazione sul vino.

imbottatóio [1477] **s. m.** ● (*region.*) Imbottavino.

imbottatóre [1477] **s. m.** (f. *-trice*) ● Chi imbotta vino o altri liquidi | Addetto all'imbottatura delle foglie di tabacco da trasportare alla manifattura.

imbottatùra [1625] **s. f.** ● (*raro*) Operazione dell'imbottare | (*raro*) Periodo in cui si imbotta il vino.

imbottavino [comp. di *imbotta(re)* e *vino*; 1834] **s. m. inv.** ● Grosso imbuto per imbottare il vino. **SIN.** Pevera.

imbótte [da *botte* d'impiego architettonico; 1681] **s. f.** ● (*arch.*) Superficie concava di un arco o di una volta. **SIN.** Intradosso.

imbottigliaménto [1887] **s. m. 1** Operazione dell'imbottigliare: *l'i. del vino.* **2** (*fig.*) Situazione in cui si è chiusi, accerchiati, senza una via d'uscita: *il reparto tentò di sfuggire all'i.* | (*fig.*) Ingorgo, congestione: *l'i. del traffico cittadino nelle ore di punta.*

imbottigliàre [adatt. del fr. *embouteiller*, comp. di *en-* 'in, dentro' e da *bouteille* 'bottiglia'; 1789] **A v. tr.** (*io imbottiglio*) **1** Mettere in bottiglia: *i. il vino, un liquore, l'acqua minerale.* **2** (*est., mil.*) Costringere qlcu. o qlco. in un luogo chiuso o con uscite obbligate, mediante il controllo di queste o un completo accerchiamento: *i. la flotta in un porto, l'esercito in una sacca* | (*est.*) Privare qlcu. o qlco. di ogni possibilità di movimento, manovra, reazione e sim.: *i. l'avversario*; *le auto erano imbottigliate al casello d'uscita.* **B v. intr. pron.** ● Rimanere bloccato in un luogo stretto senza potersi muovere, detto spec. di veicoli.

imbottigliàto **part. pass.** di *imbottigliare*; anche **agg.** ● Nei sign. del v.

imbottigliatóre [1956] **s. m. 1** (f. *-trice*) Chi imbottiglia vino o liquori per mestiere. **2** Apparecchio per riempire le bottiglie.

imbottigliatrice [1940] **s. f.** ● Macchina per imbottigliare liquidi. ➡ **ILL.** **vino.**

imbottinàre [comp. di *in-* (*1*) e *bottino* (*2*)] **v. tr.** ● Concimare con il letame liquido del pozzo nero.

imbottire [sp. *embutir*, ant. *embotir* 'riempire come un otre (*boto*)'; 1481] **A v. tr.** (*io imbottisco, tu imbottisci*) (qlco.: qlco. + *di*, + *con*) **1** Riempire di lana, crine, gommapiuma, ovatta o altro materiale adatto, vari oggetti o indumenti, per renderli più soffici o più caldi, per ottenere particolari effetti estetici, ecc.: *i. un divano, una poltrona, un materasso*; *i. una giacca a vento, una coperta*; *i. la spalla del cappotto*; *i. un rivestimento con materiale isolante* | (*est.*) ***I. un panino***, tagliarlo a metà e mettervi carne, salume, formaggio e sim. | ***†I. il giubberello***, (*fig.*) bastonare. **2** (*fig.*) Riempire, colmare, rimpinzare: *i. il cervello, la mente di qlcu. di chiacchiere*; *gli hanno imbottito la testa di idee sbagliate.* **B v. rifl. 1** Indossare molti indumenti o indumenti molto caldi. **2** (+ *di*) (*fig.*) Riempirsi in modo eccessivo: *si è imbottito di dolci, di medicine.*

imbottita [da *imbottito*; 1869] **s. f.** ● Coperta da letto riempita di lana, piume e sim.

imbottito [av. 1517] **A part. pass.** di *imbottire*; anche **agg.** ● Nei sign. del v. | (*fig.*) Riempito, pieno: *panino i.*; *ha la testa imbottita di idee strane.* **B s. m.** ● (*raro*) Imbottitura | Parte imbottita di mobili o altro.

imbottitùra [1598] **s. f. 1** Operazione dell'imbottire: *finire l'i. di un divano.* **2** Materiale soffice o elastico, di varia natura, impiegato per imbottire. **3** Nell'industria tessile, trama inserita nei tessuti doppi.

imbozzacchire [comp. di *in-* (*1*) e *bozzacchio*;

1853] v. intr. (*io imbozzacchìsco, tu imbozzacchìsci*; aus. *essere*) ● Intristire, crescere stentato, detto di piante e animali | Guastarsi sull'albero ad opera di un fungo, detto della susina.

imbozzàre [comp. di *in-* (*1*) e *bozza*; 1813] v. tr. (*io imbòzzo*) ● (*mar.*) Mettere una bozza a un cavo o a una catena.

imbozzatùra [1889] s. f. ● Qualsiasi ormeggio usato per imbozzare.

imbozzimàre [comp. di *in-* (*1*) e *bozzima*; 1308] **A** v. tr. (*io imbòzzimo*) **1** Trattare i filati con la bozzima. **2** (*est., raro*) Spalmare o insudiciare qlco. con una sostanza appiccicosa. **B** v. rifl. ● Imbrattarsi | (*raro, scherz.*) Imbellettarsi.

imbozzimatóre [1834] s. m. (f. *-trice*) ● Operaio tessile addetto all'imbozzimatura.

imbozzimatrice s. f. ● Macchina che compie l'imbozzimatura.

imbozzimatùra s. f. ● Operazione dell'imbozzimare.

imbozzolàre [comp. di *in-* (*1*) e *bozzolo*] v. tr. e rifl. (*io imbòzzolo*) ● Tessere il bozzolo, detto dei bachi.

imbràca o **imbràga** [dal modo freq. (mettere) *in braca*; 1743] s. f. **1** Parte del finimento dei cavalli da tiro costituita da una lunga striscia di cuoio che pende sotto la groppiera intorno alle cosce, e serve per trattenere il carro in discesa | ***Buttarsi sull'i.***, del cavallo che per stanchezza vi si appoggia rinculando e rifiutando il tiro. **2** Catena metallica o sostegno di corde per sollevare e spostare oggetti pesanti. **3** (*raro*) Fasciatura per neonati. **4** Cintura di sicurezza del muratore che si cala lungo i muri della fabbrica, in un pozzo e sim.

imbracàre o **imbragàre** [da *imbraca*; 1584] v. tr. (*io imbràco, tu imbràchi*) **1** Cingere con corde o catene un oggetto pesante che deve essere sollevato e trasportato: *i. un sacco, una botte* | ***I. un cannone***, fermarlo perché non rinculi. **2** (*raro*) Mettere la fasciatura a un neonato.

imbracatóre o **imbragatóre** s. m. (f. *-trice*) **1** Manovale addetto all'imbracatura. **2** Nell'industria siderurgica, operaio laminatore che aggancia e sgancia i profilati caldi dalle gru nelle varie fasi di lavorazione.

imbracatùra o **imbragatùra** [1589] s. f. ● Operazione dell'imbracare | Sistema di funi con le quali si imbraca qlco. | Cintura spesso munita di bretelle e cosciali a cui gli alpinisti fissano la corda che li lega in cordata e gli attrezzi per l'arrampicata. ➡ ILL. p. 2160 SPORT.

imbracciàre [comp. di *in-* (*1*) e *braccia*; 1336 ca.] v. tr. (*io imbràccio*) ● Mettere, infilare qlco. al braccio: *i. lo scudo* | ***I. il fucile***, appoggiarlo alla spalla, metterlo in posizione di tiro.

imbracciatùra [av. 1527] s. f. **1** Atto e modalità dell'imbracciare. **2** Parte, congegno, oggetto e sim. che serve per imbracciare qlco.: *l'i. dello scudo*.

imbrachettàre o **imbraghettàre** [comp. di *in-* (*1*) e *brachetta*; 1863] v. tr. (*io imbrachétto*) ● (*edit.*) In legatoria, unire un inserto, spec. tavola fuori testo, a una segnatura, mediante una striscia di carta incollata metà sull'inserto e metà a cavallo della segnatura.

imbrachettatùra o **imbraghettatùra** s. f. ● (*edit.*) L'operazione dell'imbrachettare.

imbragàre e *deriv.* ● V. *imbracare* e *deriv.*

imbraghettàre e *deriv.* ● V. *imbrachettare* e *deriv.*

imbràgo [etim. incerta; 1937] s. m. (pl. *-ghi*) ● (*dir.*) Locazione di una nave: *concludere un contratto di i.*

imbranatàggine [da *imbranat(o)* con il suff. *-aggine*; 1991] s. f. ● (*fam.*) Caratteristica di chi è imbranato. SIN. Goffaggine.

imbranàto [dial. sett. **imbranà* 'imbrigliato', 'preso dalla briglia (*brana*, dal lat. parl. **rĕtina* con sovrapposizione di *briglia*)' (?); 1945] agg.; anche s. m. (f. *-a*) ● Che (o Chi) appare goffo, tonto, balordo nell'agire o nell'esprimersi, spec. per un impaccio momentaneo.

imbrancàre [comp. di *in-* (*1*) e *branco*; av. 1722] **A** v. tr. (*io imbrànco, tu imbrànchi*) **1** Mettere nel branco, riunire in branco: *i. le pecore*. **2** (*est.*) Mettere insieme, in gruppo cose o persone. **B** v. rifl. ● (*spreg. o scherz.*) Mettersi in branco, in gruppo: *imbrancarsi in cattive compagnie*. SIN. Intrupparsi.

imbrandire [comp. di *in-* (*1*) e *brandire*; 1607] v. tr. (*io imbrandìsco, tu imbrandìsci*) ● (*raro*) Brandire.

imbrascatùra [vc. dial. lombarda (*imbrascadura*): da *brasca* 'bragia spenta' per l'aspetto dei grumi bruciati nell'interno della forma (?)] s. f. ● Alterazione del formaggio grana che si manifesta con macchie o annerimento della pasta.

imbrattacàrte [comp. di *imbratta(re)* e il pl. di *carta*; 1563] s. m. e f. inv. ● (*spreg.*) Scrittore di poco valore.

imbrattafògli [comp. di *imbratta(re)* e il pl. di *foglio*; 1869] s. m. e f. inv. ● (*spreg.*) Imbrattacarte.

imbrattaménto [av. 1539] s. m. ● (*raro*) L'imbrattare: *quel poco d'i. che fa il bronzo all'oro* (CELLINI) | Macchia, sporcizia.

imbrattamùri [comp. di *imbratta(re)* e il pl. di *muro*; 1869] s. m. e f. inv. ● (*spreg.*) Decoratore o pittore di affreschi senza nessuna abilità.

imbrattàre [etim. discussa: genov. *bratta* 'fango', di orig. mediterr., con *in-* (*1*) (?); 1342] **A** v. tr. ● Insudiciare con liquidi o materie appiccicose: *il fango, la vernice, l'inchiostro imbrattano le mani, gli abiti* | ***I. tele, muri, fogli, carte***, (*fig., spreg.*) essere un cattivo pittore, decoratore o scrittore | (*est.*) Sporcare (*anche assol.*): *i. una stanza*; *questo sangue, ch'io spargo, / non imbratta, anzi lava* (L. DE' MEDICI) | ***Imbrattarsi le mani di sangue***, (*fig.*) macchiarsi di un delitto. **B** v. rifl. ● Insudiciarsi, sporcarsi: *imbrattarsi camminando nel fango*. || PROV. Chi imbratta, spazzi.

†**imbrattarèllo** [da *imbrattare*; 1427] s. m. ● Frode, inganno.

†**imbrattascène** [comp. di *imbratta(re)* e il pl. di *scena*; av. 1745] s. m. e f. inv. ● (*spreg.*) Cattivo attore.

imbrattatèle [comp. di *imbratta(re)* e il pl. di *tela*; 1868] s. m. e f. inv. ● (*spreg.*) Pittore di scarsa abilità.

imbrattatóre [av. 1571] s. m. (f. *-trice*) ● Chi imbratta.

imbrattatùra [av. 1400] s. f. ● (*raro*) L'imbrattare | Ciò che imbratta.

imbràtto [da *imbrattare*; av. 1400] s. m. **1** (*raro*) Imbrattamento. **2** (*spreg.*) Scritto o dipinto di nessun pregio: *che i. è questo che tu m'hai dipinto?* (SACCHETTI). **3** Cibo che si dà al maiale nel truogolo | (*est., spreg.*) Vivanda mal preparata e poco appetitosa. **4** †Debito. **5** †Inganno.

imbrecciàre [comp. di *in-* (*1*) e *breccia* (*1*); av. 1798] v. tr. (*io imbréccio*) ● Pavimentare una strada con breccia.

imbrecciàta [1869] s. f. ● Strato di breccia che si stende su di una strada sterrata.

imbrecciatùra [1869] s. f. ● Stesura di uno strato di breccia o ghiaia sulla massicciata stradale prima di asfaltare.

imbrèntano o **imbréntano** [etim. incerta] s. m. ● Arbusto delle Cistacee che abbonda in molte zone della macchia mediterranea (*Cistus monspeliensis*).

†**imbreviàre** [comp. di *in-* (*1*) e *breve*; av. 1312] v. tr. (*io imbrèvio*) **1** Abbreviare, detto spec. di scrittura. **2** (*est.*) Protocollare.

imbreviatùra [da *imbreviare*, secondo l'uso notarile ant.; 1309] s. f. ● In epoca medievale, minuta notarile trascritta nel protocollo e contenente soltanto gli elementi essenziali di un negozio giuridico.

imbriacàre [da *imbriaco*; sec. XIV] v. tr. e rifl. (*io imbriàco, tu imbriàchi*) ● (*region.*) Ubriacare (*anche fig.*).

imbriacatùra [av. 1536] s. f. **1** (*region.*) Ubriacatura (*anche fig.*). **2** †Eccessivo inzuppamento in un liquido.

imbriàco [var. di (*u*)*briaco* con accostamento alla più ricca serie di n. in *imb-*; av. 1327] agg.; anche s. m. (f. *-a*; pl. m. *-chi*) ● (*region.*) Ubriaco.

imbricàre ● V. *embricare*.

imbricàto ● V. *embricato*.

imbricconire [comp. di *in-* (*1*) e *briccone*; 1707] **A** v. tr. (*io imbricconisco, tu imbricconisci*) ● (*raro*) Rendere briccone. **B** v. intr. e intr. pron. (aus. *essere*) ● Diventare briccone.

†**imbrice** e *deriv.* ● V. *embrice* e *deriv.*

imbrìfero [vc. dotta, lat. *imbrĭferu(m)*, comp. di *ĭmber* 'pioggia' e *-ferum* '-fero'; av. 1484] agg. ● (*geogr.*) Che apporta pioggia, che raccoglie pioggia | ***Bacino i.***, zona che raccoglie le acque piovane che alimentano un fiume o un torrente.

†**imbrigàre** [comp. di *in-* (*1*) e *brigare*; av. 1306] **A** v. tr. (*io imbrìgo, tu imbrìghi*) **1** Intrigare, imbrogliare. **2** Mettere in ansia. **B** v. intr. pron. ● Occuparsi senza diritto di faccende altrui.

imbrigliaménto [av. 1598] s. m. ● L'imbrigliare (*anche fig.*).

imbrigliàre [comp. di *in-* (*1*) e *briglia*; av. 1431] **A** v. tr. (*io imbrìglio*) **1** Mettere le briglie: *i. un cavallo*. **2** (*est.*) Tenere a freno (*anche fig.*): *i. il nemico*; *i. la fantasia, le passioni*. **3** Rinforzare, sostenere o comprimere con briglie: *i. il bompresso, le sartie*; *i. un edificio pericolante, un terreno franoso* | ***I. un corso d'acqua***, costruire briglie, opere destinate a trattenere terreni franosi e a regolare il deflusso delle acque torrenziali. **B** v. intr. pron. ● Avvolgersi nelle redini, detto delle gambe del cavallo.

imbrigliatùra [sec. XIV] s. f. **1** (*raro*) Imbrigliamento. **2** (*mar.*) Manovra di paranchi stesi da lato a lato sulle sartie verso la cima di albero maggiore, per avvicinarle e dar maggior tensione.

imbrillantinàre [comp. di *in-* (*1*) e *brillantina*; 1950] v. tr. e rifl. ● Cospargere i capelli di brillantina.

imbroccàre (**1**) [comp. di *in-* (*1*) e *brocca*, nel senso di 'segno'; 1532] **A** v. tr. (*io imbròcco, tu imbròcchi*) **1** Colpire nel segno | (*est.*) Indovinare, azzeccare: *l'ha imbroccata giusta*; *non ne imbrocca una* | (*raro*) Incontrare chi si cercava: *i. una persona importante*. **2** †Contrariare, avversare. **B** v. intr. (aus. *avere*) **1** Mettere i germogli, detto di ulivo | (*est.*) Mettere le gemme, detto di pianta da frutto. **2** Nel linguaggio dei cacciatori, posarsi sui rami degli alberi, detto di uccelli. **C** v. intr. pron. ● †Affissarsi con lo sguardo su qlco.

imbroccàre (**2**) [comp. di *in-* (*1*) e *brocco* 'chiodo'; 1309] v. tr. (*io imbròcco, tu imbròcchi*) ● Inchiodare con brocche | ***I. la tomaia***, appuntarla con le brocche sulla forma per poi lavorarla.

imbrodàre [comp. di *in-* (*1*) e *brodo*; av. 1492] v. tr. e rifl. (*io imbròdo*) ● (*raro*) Imbrodolare. || PROV. Chi si loda s'imbroda.

imbrodolaménto [1869] s. m. ● (*raro*) Imbrodolatura.

imbrodolàre [comp. di *in-* (*1*) e *brodo*; 1481] **A** v. tr. (*io imbròdolo*) ● Sporcare di brodo: *i. la camicia* | (*est.*) Insudiciare con un liquido o altra sostanza qualsiasi. **B** v. rifl. **1** Imbrattarsi di brodo | (*est.*) Macchiarsi, sporcarsi: *imbrodolarsi di minestra al sugo*. **2** (*raro, lett.*) Invischiarsi in qlco. di disonorevole.

imbrodolatùra [av. 1672] s. f. **1** L'imbrodolare, l'imbrodolarsi | Sbrodolamento. **2** Sostanza di cui una cosa è imbrodolata.

†**imbròdolo** [da *imbrodolare*; 1869] s. m. ● (*spreg.*) Vivanda brodosa.

imbrogliàre [comp. di *in-* (*1*) e *brogliare*; 1531] **A** v. tr. (*io imbròglio*) **1** Mescolare disordinatamente più cose modificandone la primitiva regolare disposizione: *i. le carte, i fili* | ***I. la matassa***, (*fig.*) creare volutamente disordine e confusione in una faccenda. SIN. Ingarbugliare. **2** (*mar.*) Chiudere le vele, a mezzo degli imbrogli, per sottrarle all'azione del vento. **3** (*fig.*) Creare ostacoli o difficoltà in qlco.: *i. un affare, una faccenda* | (*raro*) Ingombrare: *tanti mobili imbrogliano l'ingresso*. SIN. Intralciare. **4** (*fig.*) Dare a intendere cose non vere a qlcu. | (*est.*) Ingannare qlcu. per il proprio interesse o vantaggio: *i. un concorrente in affari*; *i. i clienti nel peso, nella qualità della merce*. SIN. Frodare, raggirare, truffare. **B** v. intr. pron. **1** Mescolarsi, sovrapporsi, intrecciarsi disordinatamente: *i fili della matassa si sono imbrogliati*. SIN. Ingarbugliarsi. **2** Sbagliarsi, smarrirsi, fare confusione e sim.: *imbrogliarsi nelle moltiplicazioni, nelle questioni burocratiche*; *imbrogliarsi nel parlare, nel raccontare qlco.* **3** (*fig.*) Complicarsi: *la faccenda si è molto imbrogliata* | ***Il tempo si sta imbrogliando***, si sta guastando. **4** (*raro*) Invischiarsi, impegolarsi: *imbrogliarsi in un affare losco*.

imbrogliàta [1965] s. f. ● Atto da imbroglione | Grave inganno.

imbrogliàto [1655] part. pass. di *imbrogliare*; anche agg. ● Complicato, confuso. || **imbrogliataménte**, avv. (*raro*) In modo imbrogliato, confuso.

imbròglio [da *imbrogliare*; av. 1311] s. m. **1** Viluppo, groviglio: *i. di fili metallici* | (*fig., raro*) Complicazione, intralcio: *quell'i. ci ha fatto perdere del tempo*. **2** (*fig.*) Situazione confusa o difficile: *essere, cadere, cacciarsi in un i.* | †*A paz-*

zo i., alla peggio. SIN. Pasticcio. *3* (*fig.*) Truffa, frode, raggiro, inganno: *tutta la faccenda è un i.* *4* (*mar.*) Ciascuna delle cime che, manovrate dalla coperta, servono a chiudere rapidamente le vele per sottrarle all'azione del vento. || **imbrogliàccio**, pegg. | **imbrogliùccio**, dim.

imbroglióne [1585] s. m.; anche agg. (f. *-a*) ● Chi (o Che) abitualmente imbroglia gli altri: *vivere, agire da i.*; *commerciante, negoziante i.* SIN. Impostore, truffatore. CONTR. Galantuomo. || **imbroglionàccio**, pegg. | **imbroglioncèllo**, dim.

imbroncàre [etim. incerta; 1889] v. tr. (*io imbrónco, tu imbrónchi*) ● (*mar.*; *disus.*) Inclinare trasversalmente i pennoni dei velieri, in modo che formino un angolo acuto con l'albero.

imbronciàre [comp. di *in-* (*1*) e *broncio*; av. 1573] v. intr. e intr. pron. (*io imbróncio*; aus. *essere*) ● Assumere l'espressione infastidita e contrariata di chi fa il broncio: *imbronciarsi per ogni piccola contrarietà*; *è un ragazzo che si imbroncia di rado* | (*fig.*) *Il cielo si è imbronciato*, si è rannuvolato, si è fatto scuro. SIN. Corrucciarsi.

imbronciàto [1726] part. pass. di *imbronciare*; anche agg. ● Infastidito, corrucciato | (*fig.*) *Tempo, cielo i.*, nuvoloso.

imbroncìre [1755] v. intr. e intr. pron. (*io imbroncìsco, tu imbroncìsci*; aus. *essere*) ● (*raro, tosc.*) Imbronciare.

imbrunàre [comp. di *in-* (*1*) e *bruno*; 1319] **A** v. intr. e intr. pron. (aus. *essere*) ● (*lett.*) Divenire bruno: *come l'aria intorno a noi se imbruna, / così dentro se anera il pensier mio* (BOIARDO) | (*est.*, *poet.*) Annerire, detto dell'uva che matura. **B** v. tr. ● (*raro*) Far diventare bruno.

imbruniménto [da *imbrunire* (*1*)] s. m. ● (*bot.*) Alterazione di parti aeree delle piante che assumono un colore bruno, spesso per effetto di parassiti.

imbrunìre (**1**) [comp. di *in-* (*1*) e *bruno*; av. 1292] **A** v. intr. e intr. pron. (*io imbrunìsco, tu imbrunìsci*; aus. *essere*) ● Diventare bruno: *il cielo imbrunisce*; *la pelle comincia a imbrunirsi per il sole.* **B** v. intr. impers. (aus. *essere*) ● Farsi sera: *comincia appena a i.* SIN. Annottare. **C** v. tr. *1* (*raro*) Rendere bruno. *2* †Brunire un metallo.

imbrunìre (**2**) [da *imbrunire* (*2*); 1625] in funzione di s. m. (pl. *-i*) ● L'ora del giorno che segue immediatamente il tramonto | ***Sull'i.***, verso sera.

†**imbruschìre** [comp. di *in-* (*1*) e *brusco*; 1683] v. intr. *1* Diventare brusco. *2* (*fig.*) Stizzirsi.

imbrutiménto [1869] s. m. ● (*raro*) Abbrutimento.

imbrutìre [comp. di *in-* (*1*) e *bruto*; av. 1315] v. intr. e intr. pron. (*io imbrutìsco, tu imbrutìsci*; aus. *essere*) ● (*raro*) Diventare simile a un bruto.

†**imbruttàre** [comp. di *in-* (*1*) e *brutto*; av. 1347] v. tr. e rifl. ● Bruttare.

imbruttiménto [1869] s. m. ● L'imbruttire.

imbruttìre [comp. di *in-* (*1*) e *brutto*; av. 1380] **A** v. tr. (*io imbruttìsco, tu imbruttìsci*) ● Rendere brutto: *decorazioni che imbruttiscono una stanza*; *cappello che imbruttisce chi lo porta.* CONTR. Imbellire. **B** v. intr. e intr. pron. (aus. *essere*) ● Diventare brutto: *ultimamente è assai imbruttita*; *con l'adolescenza si è imbruttita.*

imbubbolàre [comp. di *in-* (*1*) e *bubbola*; av. 1698] **A** v. tr. (*io imbùbbolo*) ● (*pop., tosc.*) Ingannare con bubbole. **B** v. intr. pron. ● (*pop., tosc.*) Infischiarsi: *imbubbolarsi di qlcu., di qlco.*

imbucàre [comp. di *in-* (*1*) e *buca*; 1325 ca.] **A** v. tr. (*io imbùco, tu imbùchi*) *1* Mettere nella buca della posta (*anche assol.*): *i. una lettera, un plico*; *ho dimenticato di i.* SIN. Impostare. *2* Infilare qlco. in un buco per nasconderla | (*fam.*) Riporre qlco. in un luogo in cui sia difficile trovarla: *i. gli occhiali nei posti più impensati.* **B** v. rifl. ● Infilarsi in una buca | (*est.*) Nascondersi, rintanarsi: *vorrei sapere dove si sono imbucati i tuoi amici* | Entrare di soppiatto, intrufolarsi.

imbucàto [sec. XIV] part. pass. di *imbucare*; anche agg. *1* Nei sign. del v. *2* (*gerg.*) Persona che si reca ad una festa o sim., non invitata.

imbudellàre [comp. di *in-* (*1*) e *budella*; av. 1584] v. tr. (*io imbudèllo*) ● Insaccare carne tritata per farne salumi.

imbufalìre [comp. di *in-* (*1*) e *bufalo*; 1789] v. intr. e intr. pron. (*io imbufalìsco, tu imbufalìsci*; aus. *essere*) ● (*fam.*) Arrabbiarsi, adirarsi violentemente. SIN. Imbestialire.

imbufalìto [1958] part. pass. di *imbufalire*; anche agg. ● Nel sign. del v.

imbuggeràrsi [comp. di *in-* (*1*) e *buggerare*; av. 1802] v. intr. pron. (*io m'imbùggero*) ● (*pop.*) Non curarsi di qlcu.

imbuìre (**1**) [comp. di *in-* (*1*) e *bue*, in senso fig.] v. intr. (*io imbuìsco, tu imbuìsci*; aus. *essere*) ● (*raro*) Diventare ignorante e stolido come un bue.

†**imbuìre** (**2**) [vc. dotta, lat. *imbŭere* 'impregnare', di etim. incerta, con passaggio ad altra coniug.; 1576] v. tr. ● (*raro, lett.*) Imbevere (*anche fig.*).

imbullettàre [comp. di *in-* (*1*) e *bulletta*; 1631] v. tr. (*io imbullétto*) ● Fissare o guarnire con bullette.

imbullettatùra s. f. ● Operazione dell'imbullettare | Le bullette applicate a una scarpa e sim.

imbullonàre [comp. di *in-* (*1*) e *bullone*; 1954] v. tr. (*io imbullóno*) ● Fissare, collegare mediante bulloni.

†**imburchiàre** [comp. di *in-* (*1*) e *burchio*; av. 1542] v. tr. *1* Aiutare qlcu. con suggerimenti a dire o a fare qlco. *2* Copiare, riprendere scritti, composizioni e sim. di altri.

imburràre [comp. di *in-* (*1*) e *burro*; 1863] v. tr. *1* Spalmare di burro: *i. il pane*; *i. una teglia* | Condire con burro: *i. le fettuccine.* *2* (*fig., fam., tosc.*) Adulare.

imburràto [1946] part. pass. di *imburrare*; anche agg. ● Spalmato di burro.

imbuscheràrsi [comp. di *in-* (*1*) e *buscherare*; 1853] v. intr. pron. (*io m'imbùschero*) ● (*raro, fam.*) Infischiarsi, ridersi di qlcu.

imbusecchiàre [comp. di *in-* (*1*) e *busecchia*; av. 1698] v. tr. (*io imbusécchio*) ● (*tosc.*) Mettere in budelli carne tritata per farne salumi | (*raro, est.*) Rimpinzare di cibo.

imbussolaménto s. m. ● (*raro*) Imbussolazione.

imbussolàre o †**imbossolàre** [comp. di *in-* (*1*) e *bussolo*, nel senso di 'urna'; 1447] v. tr. (*io imbùssolo*) ● Introdurre in un bossolo, in un'urna e sim. biglietti, numeri, schede o altro: *i. i nominativi da estrarre a sorte*; *i. le schede elettorali.*

imbussolazióne o †**imbossolazióne** [av. 1540] s. f. ● L'imbussolare.

imbustàre [comp. di *in-* (*1*) e *busta*; 1885] v. tr. ● Mettere in una busta.

imbustàto [comp. di *in-* (*1*) e *busto*; av. 1798] agg. ● Che è stretto in o da un busto particolarmente rigido: *corpo i.*; *donna imbustata.*

imbustatrice [da *imbustare*; 1970] s. f. ● Macchina per imbustare la corrispondenza o per confezionare oggetti di piccole dimensioni in buste spec. di cellofan.

imbustinatrice [1983] s. f. ● (*tecnol.*) Macchina automatica destinata al dosaggio e alla successiva chiusura di polveri o granulati, per es. dello zucchero, in bustine di carta e sim.

†**imbùsto** [da *busto*; av. 1348] s. m. ● Busto.

imbutifórme [comp. di *imbuto* e *-forme*; av. 1730] agg. ● Che ha forma conica, simile a quella dell'imbuto.

imbutìre [fr. *emboutir* 'tirare a capo (*bout*)'] v. tr. (*io imbutìsco, tu imbutìsci*) ● Lavorare, foggiare mediante imbutitura.

imbutitóre s. m. (f. *-trice*) ● (*tecnol.*) Operaio addetto all'imbutitura delle lamiere.

imbutitrice s. f. ● Pressa che esegue l'imbutitura.

imbutitùra [da *imbutire*; 1927] s. f. ● (*tecnol.*) Lavorazione di deformazione plastica a freddo con la quale si passa dalla lamiera piana al corpo cavo di forma, schiacciando la lamiera contro una matrice mediante un punzone | La deformazione così ottenuta.

imbùto o †**embùto** [vc. dotta, lat. **imbūtu(m)*, dal part. pass. di *imbŭere* 'imbevere, (ri)empire', di etim. incerta; av. 1320] s. m. ● Utensile a forma di cono rovesciato e terminante in un cannello cavo, per travasare un liquido in bottiglia, fiasco e sim. | ***A i.***, che ricorda la forma di un imbuto: *rete, vaso, nuvola, valle a i.* || **imbutìno**, dim. | **imbutóne**, accr.

imbuzzàre [comp. di *in-* (*1*) e *buzzo* (*1*); 1951] v. tr. e intr. pron. ● (*fam., tosc.*) Rimpinzarsi.

imbuzzìrsi [comp. di *in-* (*1*) e *buzzo* (*3*); av. 1698] v. intr. pron. (*io mi imbuzzìsco, tu ti imbuzzìsci*; aus. *essere*) ● (*pop., tosc.*) Mettere il broncio.

imenàico [vc. dotta, lat. tardo *Hymenāicu(m)* 'pertinente al canto *imeneo* (*Hymeneius*)'; 1869] agg. (pl. m. *-ci*) ● (*lett.*) Che si riferisce alle nozze | ***Dimetro i.***, nella metrica greca e latina, verso usato nei carmi nuziali.

imène (**1**) [vc. dotta, lat. tardo *hȳmene(m)*, dal gr. *hymḗn* 'membrana, pellicola', di orig. indeur.; av. 1730] s. m. ● (*anat.*) Membrana che nella donna vergine chiude parzialmente l'imbocco della vagina.

imène (**2**) [vc. dotta, lat. *hȳmene(m)*, dal n. del dio dei matrimoni, *Imene*; 1761] s. m. ● (*fig., lett.*) Nozze.

imenèo [vc. dotta, lat. *Hymenāeu(m)* 'Imene, dio delle nozze', dal gr. *hyménaios* 'concernente le nozze, o Imene (*Hymḗn*)'; 1342] **A** s. m. *1* (*spec. al pl., lett.*) Nozze, matrimonio: *si ulando esserne acceso, spera / celebrarne i legittimi imenei* (ARIOSTO). *2* †Canto nuziale. **B** agg. ● (*raro, lett.*) Nuziale, matrimoniale: *canto i.*

imènio [gr. *hyménion*, dim. di *hymḗn* 'imene'; 1813] s. m. ● Nei Funghi, insieme delle cellule che portano e contengono le spore.

Imenomicèti [comp. di *imenio* e del gr. *mýkēs*, genit. *mýkētos* 'fungo'] s. m. pl. (sing. *-e*) ● Nella tassonomia vegetale, ordine di Funghi dei Basidiomiceti caratterizzati dall'imenio esposto all'esterno (*Hymenomycetes*).

imenoplàstica [comp. di *imen(e)* (*1*) e *plastica*; 1972] s. f. ● (*chir.*) Intervento di chirurgia plastica sull'imene.

Imenòtteri [gr. *hymenópteros* 'con l'ala (*pterós*) a membrana (*hymḗn*)'; 1798] s. m. pl. (sing. *-o*) ● Nella tassonomia animale, ordine di Insetti a metamorfosi completa, che comprende numerose specie sociali con accentuato polimorfismo, con apparato boccale atto a mordere o a lambire, quattro ali e ovopositore a volte trasformato in pungiglione (*Hymenoptera*).

imidàzolo [vc. dotta, comp. di *imid(e)*, forma alterata di *amide*, di *azo(to)* e del suff. *-olo* (*1*)] s. m. ● (*chim.*) Composto eterociclico azotato a cinque atomi, presente come costituente di numerose molecole biologiche.

imitàbile [vc. dotta, lat. *imitābile(m)*, da *imitāre* 'imitare'; av. 1492] agg. ● Che si può o si deve imitare: *esempio i.* | Che si imita con facilità: *stile i.* SIN. Ripetibile, riproducibile.

♦**imitàre** [vc. dotta, lat. *imitāri* (†*-e*) 'imitare', freq. di un v. **imāre* (donde anche *imāgo*, genit. *imāginis* 'immagine'), di etim. incerta; 1308] v. tr. (*io ìmito*, *raro imìto*) *1* Adeguare la propria personalità o il proprio comportamento a un determinato modello: *i. il proprio padre*; *i. l'esempio, le azioni di qlcu.* SIN. Seguire. *2* Riprodurre con la maggiore approssimazione possibile: *i. un modello letterario, artistico*; *io credo … esser la poesia l'arte di imitare o di dipingere in versi le cose* (PARINI). SIN. Copiare. *3* Simulare: *il pappagallo imita la voce dell'uomo* | Contraffare: *i. la firma di qlcu.* *4* Possedere l'apparenza di qlco.: *questo vetro lavorato imita l'alabastro.*

imitatìvo [vc. dotta, lat. tardo *imitatīvu(m)*, da *imitātus* 'imitato'; 1798] agg. *1* Che imita | (*ling.*) Onomatopeico: *'belare' e 'trillo' sono voci imitative.* *2* Di imitazione: *capacità, doti imitative.*

imitatóre [vc. dotta, lat. *imitatōre(m)*, da *imitātus* 'imitato'; 1342] **A** s. m. (f. *-trice*) *1* Chi imita: *gli imitatori del Boccaccio* | Attore che riproduce molto fedelmente voci o rumori. *2* (*raro*) Seguace. **B** agg. ● (*raro*) Che imita qlcu. o qlco.: *ingegno i.*; *animale i.*

imitatòrio [vc. dotta, lat. tardo *imitatōriu(m)*, da *imitātus* 'imitato'; 1728] agg. ● (*raro*) Imitativo.

imitazióne [vc. dotta, lat. *imitatiōne(m)*, da *imitātus* 'imitato'; av. 1311] s. f. *1* L'imitare un determinato modello: *istinto di i.* | ***Gioiello d'i.***, che imita più o meno fedelmente un gioiello autentico. *2* Ciò che si ottiene imitando: *una cattiva i. del velluto* | Pietra falsa ottenuta con vetro colorato da ossidi metallici | (*lett.*) Rifacimento di un'opera con varianti: *un'i. dell'Orlando Innamorato.* *3* (*mus.*) Nella polifonia, procedimento compositivo per cui una parte o voce riproduce più o meno esattamente un frammento o una frase di un'altra parte o voce | ***I. all'ottava***, con intervallo di ottava fra le parti | ***I. per moto retrogrado***, se la frase è ripetuta all'inverso, dall'ultima nota alla prima | ***I. all'unisono***, nello stesso grado. || **imitazioncèlla**, dim.

immacchiàrsi [comp. di *in-* (*1*) e *macchia* (*2*); 1532] v. intr. pron. (*io m'immàcchio*) ● (*raro*) Entrare in una folta macchia | (*est., lett.*) Nascondersi.

immacolàto o †**immaculàto** [vc. dotta, lat. *im-*

maculātu(m), comp. di *in-* neg. e *maculātus* 'macchiato'; av. 1243] **agg.** *1* Chi non è macchiato di colpa | ***Vita immacolata***, assolutamente onesta. **SIN.** Incontaminato, puro. *2* (*relig.*) ***Immacolata Concezione***, dogma cattolico secondo il quale la Madonna fu concepita esente dal peccato originale | (*per anton.*) ***L'Immacolata***, titolo di Maria Vergine concepita senza peccato originale; titolo di chiesa a lei dedicata; il giorno dell'8 dicembre in cui ne ricorre la festa. *3* Che ha colore bianco abbagliante: *biancheria immacolata.* || **immacolataménte**, **avv.** (*raro*) In modo immacolato.

immagazzinàbile [1970] **agg.** ● Che può essere immagazzinato.

immagazzinàggio [da *immagazzinare*; av. 1907] **s. m.** ● Immagazzinamento.

immagazzinaménto [av. 1915] **s. m.** ● Operazione dell'immagazzinare.

immagazzinàre [comp. di *in-* (*1*) e *magazzino*; 1831] **v. tr.** *1* Mettere in magazzino: *i. il grano.* *2* (*fig.*) Accumulare, accogliere in modo disordinato: *i. energia, idee.* *3* (*elab.*) Introdurre o conservare informazioni in un apposito dispositivo.

immaginàbile o (*lett.*) **imaginàbile** [vc. dotta, lat. tardo *imaginābile(m)*, da *imagināre* 'immaginare'; av. 1332] **A agg.** *1* Che si può immaginare: *gli hanno praticato tutte le cure possibili e immaginabili*; *fare tutti gli sforzi immaginabili.* **SIN.** Concepibile, pensabile. *2* (*est.*) Che si può credere, ammettere: *non è i. che abbia reagito così violentemente.* || **immaginabilménte**, **avv.** In modo immaginabile. **B s. m.** ● (*raro*) Tutto ciò che si può immaginare: *ha fatto il possibile e l'i. per salvarli.*

immaginaménto o (*lett.*) **imaginaménto** [sec. XIII] **s. m.** ● (*raro*) L'immaginare.

immaginànte o (*lett.*) **imaginànte** [sec. XIV] **part. pres.** di *immaginare*; anche **agg.** ● (*lett.*) Incline a immaginare.

♦**immaginàre** (*1*) o (*lett.*) **imaginàre** [vc. dotta, lat. *imaginārī*, e più tardo *imagināre*, da *imāgo*, di etim. incerta; av. 1294] **v. tr.** (*io immàgino*) (qlco.; + *di* seguito da inf.; + *se*; + *che*) *1* Rappresentarsi con la mente: *i. un cerchio perfetto, un albero enorme* | Concepire con la fantasia: *immaginate per un momento di essere in vacanza*; *è il più grande dolore che si possa i.* | (*fam.*, *intens.*) ***Immaginarsi***, figurarsi: *provate ad immaginarvi la nostra gioia*; *immaginatevi se potevo tacere*; *immaginatevi se nel villaggio e pei casali foresti ci furono dei batticuori* (NIEVO) | Si usa assol. come risposta o come vigorosa affermazione: *posso entrare?*, *s'immagini!* *2* Ideare, inventare, escogitare con la mente: *i. una macchina, un poema*; *i. nuovi sistemi di lavoro.* *3* Credere, pensare, supporre, presumere: *immagino che tu non abbia agito così*; *non mi immaginavo che fossero così cattivi*; *immagino che ti abbia avvertito del suo arrivo*; *immaginai che fuor che tu altr'esser non potea* (BOCCACCIO) | Illudersi: *s'immagina di poter riuscire in tutto* | Intuire: *appena lo vidi, immaginai subito cosa pensava.*

immaginàre (*2*) [da *immaginare* (*1*); 1338 ca.] **s. m.** ● (*lett.*) Immaginazione, pensiero, idea.

immaginàrio o (*lett.*) **imaginàrio** [vc. dotta, lat. *imaginārĭu(m)*, da *imāgo*, genit. *imāginis* 'immagine'; 1354] **A agg.** *1* Dell'immaginazione, che è effetto dell'immaginazione: *essere i.*; *persona, figura immaginaria*; *vivere in un mondo i.*; *timori immaginari*; *malattia immaginaria*; *lo riscuotevano lampi o campanelli immaginarii nel pieno della notte* (MORANTE) | Fittizio: *bisogni immaginari.* **SIN.** Apparente, illusorio. *2* (*mat.*) Detto di numero complesso il cui quadrato è costituito da un numero reale negativo. || **immaginariaménte**, **avv.** **B s. m.** solo **sing.** ● (*antrop.*, *psicol.*) Insieme delle rappresentazioni del mondo, delle fantasie e dei modelli di comportamento tipici di un individuo, di un gruppo o della collettività: *i. femminile, collettivo* | (*psicoan.*) Nella teoria di J. Lacan (1901-1981), una delle tre dimensioni del campo psicoanalitico, insieme con il reale e il simbolico.

immaginativa o (*lett.*) **imaginativa** [da *immaginativo*; 1308] **s. f.** ● Potenza o facoltà dell'immaginare: *avere molta, poca i.*; *Governiamo l'i., e staremo bene quasi dappertutto* (PELLICO). **SIN.** Fantasia, inventiva.

immaginativo o (*lett.*) **imaginativo** [da *immaginare* (*1*); sec. XIV] **agg.** *1* Che concerne l'immaginazione: *facoltà, virtù, potenza immaginativa.* *2* Che è provvisto di immaginazione: *è uno scrittore troppo i.*; *ha una mente immaginativa.* **SIN.** Fantastico. || **immaginativaménte**, **avv.** In fantasia.

immaginatóre o (*lett.*) **imaginatóre** [1566] **agg.**; anche **s. m.** (f. *-trice*) ● (*raro*) Che (o Chi) immagina.

♦**immaginazióne** o (*lett.*) **imaginazióne** [vc. dotta, lat. *imaginatiōne(m)*, da *imaginātus*, part. pass. di *imagināre* 'immaginare'; av. 1294] **s. f.** *1* Facoltà di immaginare, di elaborare liberamente e con fantasia i dati dell'esperienza sensibile e i pensieri: *avere un'i. ricca, feconda, calda, inesauribile*; *eccitare l'i.*; *la freschezza, la vivacità dell'i.*; *il fondamento dell'i. è la conoscenza che abbiamo di molte cose* (DE SANCTIS) | La mente in quanto ha la facoltà di immaginare: *tutte queste idee sono effetto della sua i.*; *quest'idea stramba esiste solo nella tua i.* | ***Neanche per i.***, neanche per sogno. *2* Atto dell'immaginare: *essere occupato nell'i.*; *l'i. è il suo forte.* *3* La cosa immaginata: *è una semplice i.*; *si tratta di una vostra i.* **SIN.** Invenzione.

♦**immàgine** o (*lett.*) **imàgine**, (*poet.*) **imàgo**, (*poet.*) **immàgo** [vc. dotta, lat. *imāgine(m)*, di etim. incerta; 1291] **s. f.** **I** In senso concreto. *1* Forma esteriore di un corpo percepita coi sensi, spec. con la vista: *i. ingrandita, rimpicciolita*; *riflettere, rispecchiare, riprodurre un'i.*; *l'immagin d'una cervia altera e bella* (POLIZIANO). **CFR.** icono-. *2* (*fis.*) In un sistema ottico, riproduzione reale o apparente di un oggetto secondo le leggi dell'ottica geometrica | ***I. reale***, formata dalla convergenza dei raggi | ***I. virtuale***, formata dalla convergenza dei prolungamenti dei raggi | ***I. elettronica***, immagine di un oggetto ottenuta con i mezzi dell'ottica elettronica | ***I. latente***, immagine invisibile di un soggetto che si forma in uno strato di emulsione fotografica e che è resa visibile dal processo di sviluppo. *3* Rappresentazione grafica o plastica di un oggetto reale: *dal suo pennello escono immagini perfette*; *i. digitale*; *i. votiva*; *le sacre immagini*; *il culto delle immagini* | ***Immagini degli antenati***, maschere funebri degli antenati, in cera o materia preziosa, che i Romani custodivano gelosamente e veneravano. **SIN.** Figura. *4* (*est.*) Riproduzione esatta o estremamente simile di un essere o di una cosa: *quel bambino è l'i. vivente di suo nonno*; *l'uomo fu creato a i. e somiglianza di Dio* | (*est.*, *fig.*) Rappresentazione o espressione concreta di un'idea astratta: *un'i. di vita, di potenza*; *immagini di gioia*; *immagini di giovinezza* | (*est.*, *fig.*) Modo di presentarsi, idea che qlcu. o qlco. dà di sé agli altri: *l'i. di un'azienda*; *un attore che cura la propria i.* | ***Ritorno d'i.***, aumento del prestigio, della considerazione di cui gode un'azienda, o una persona, in seguito a iniziative, campagne pubblicitarie e sim. *5* Figura che evoca una specifica realtà: *è l'i. della salute, del dolore, della disperazione* | Rappresentazione simbolica: *il sonno è l'i. della morte*; *quella sozza imagine di froda* (DANTE *Inf.* XVII, 7) | Figura retorica che rappresenta un oggetto con espressioni vive ed efficaci. **SIN.** Ipotiposi. *6* (*mat.*) Rappresentazione | ***I. d'un elemento del dominio in una applicazione***, l'elemento che l'applicazione associa all'elemento dato | ***I. d'un sottoinsieme del dominio in un'applicazione***, insieme i cui elementi sono le immagini del suddetto sottoinsieme. *7* (*zool.*) Ultimo stadio nella metamorfosi di alcuni Insetti che corrisponde all'insetto perfetto. **II** In senso astratto. *1* Rappresentazione mentale rievocata dalla memoria: *serbare viva l'i. dei propri genitori*; *le scolorite immagini di un lontano passato*; *evocare, cancellare, scacciare un'i.* *2* Prodotto della fantasia, dell'immaginazione: *immagini illusorie*; *le incoerenti immagini del sogno*; *mille immagini popolavano la sua mente.* **SIN.** Visione. *3* (*poet.*) †Potenza e forza immaginativa. || **immaginétta**, **dim.** (V.) | **immaginìna**, **dim.**

immaginétta **s. f.** *1* Dim. di *immagine.* *2* Piccola immagine di carattere sacro. **SIN.** Santino.

immaginìfero [vc. dotta, lat. *imaginĭferu(m)*, comp. di *imāgo*, genit. *imāginis*, e *-ferum* '-fero'; 'portatore d'immagini'; 1585] **s. m.** ● Portainsegne dell'esercito romano.

immaginìfico o **imaginìfico** [comp. del lat. *imāgine(m)* 'immagine' e *-fico*; 1728] **agg.** (pl. m. *-ci*) ● (*lett.*) Detto di poeta o scrittore dotato d'immaginazione feconda, inesauribile | ***L'Immaginifico***, (*per anton.*) Gabriele D'Annunzio.

immaginìsmo [1927] **s. m.** ● Tendenza a usare molte, o troppe, metafore nello scrivere o nel parlare.

immaginóso o (*lett.*) **imaginóso** [vc. dotta, lat. *imaginōsu(m)*, da *imāgo*, genit. *imāginis* 'immagine'; 1532] **agg.** *1* Che è dotato di fervida immaginazione: *scrittore i.*; *è un ingegno i.* **SIN.** Fantasioso. *2* Che abbonda di immagini: *stile, linguaggio i.*; *poesia, narrazione immaginosa*; *una trattazione immaginosa di concetti e di contrasti concettuali* (CROCE). || **immaginosaménte**, **avv.**

immàgo ● V. *immagine.*

immalinconìre o **immelanconìre** [comp. di *in-* (*1*) e *malinconia*; av. 1342] **A v. tr.** (*io immalinconìsco, tu immalinconìsci*) ● Fare diventare malinconico: *alcuni ricordi m'immalinconiscono.* **B v. intr.** e **intr. pron.** (aus. *essere*) ● Diventare malinconico: *è un ragazzo che s'immalinconisce facilmente.*

immalizzìre [comp. di *in-* (*1*) e *malizia*; 1869] **A v. tr.** (*io immalizzìsco, tu immalizzìsci*) ● (*raro*) Rendere malizioso. **B v. intr.** (aus. *essere*) ● Diventare malizioso.

immancàbile [comp. di *in-* (*3*) e *mancabile*, come il corrisp. fr. *immanquable*; 1672] **agg.** *1* Che non può mancare: *l'i. cenone di fine d'anno.* *2* Che accadrà in modo certo, sicuro: *l'i. vittoria.* **SIN.** Indubbio, inevitabile. || **immancabilménte**, **avv.** Sicuramente, infallibilmente.

†**immanchévole** [comp. di *in-* (*3*) e *manchevole*; 1823] **agg.** ● Immancabile.

immàne [vc. dotta, lat. *immāne(m)*, comp. di *in-* neg. e dell'arc. *mānus* 'buono', di etim. incerta; av. 1472] **agg.** *1* (*lett.*) Di smisurate proporzioni. *2* Terribile, spaventoso, enormemente grave: *disastro i.*

immaneggiàbile [comp. di *in-* (*3*) e *maneggiabile*; 1868] **agg.** ● (*raro*) Che non si può maneggiare.

immanènte [vc. dotta, lat. tardo *immanēnte(m)*, part. pres. di *immanēre* 'rimanere', comp. di *in-* 'dentro' e *manēre* 'restare'; 1584] **agg.** *1* (*filos.*) Di ciò che fa parte della sostanza di una cosa e che non sussiste fuori di essa. **CONTR.** Trascendente. *2* Che rimane o è inerente a qlco.: *principio, proprietà i.* | Che è e resta nella natura e nell'uomo. || **immanenteménte**, **avv.**

immanentìsmo [da *immanente*; 1908] **s. m.** *1* Dottrina filosofica che risolve tutta la realtà nella coscienza e rifiuta pertanto ogni principio di trascendenza. *2* Indirizzo cattolico modernistico che fonda la verità religiosa sulle aspirazioni ed esigenze dell'anima umana e dell'esperienza individuale.

immanentista [1922] **s. m.** e **f.** (pl. m. *-i*) ● Chi segue o si ispira all'immanentismo.

immanentìstico [1911] **agg.** (pl. m. *-ci*) ● Che concerne o interessa l'immanentismo. || **immanentisticaménte**, **avv.**

immanènza [1865] **s. f.** ● Caratteristica di ciò che è immanente. **CONTR.** Trascendenza.

immanére [vc. dotta, lat. *immanēre*, comp. di *in-* raff. e *manēre* 'restare', 'rimanere' (V.); 1936] **v. intr.** (oggi difett. usato solo all'inf. **pres.** e nelle terze pers. sing. e **pl.** del **pres.** e **imperf. indic.** *immàne, immàngono, immanéva, immanévano*) ● (*lett.*) Essere, restare immanente a qlco.

immangiàbile [comp. di *in-* (*3*) e *mangiabile*; 1889] **agg.** ● Che non si può mangiare, perché andato a male o disgustoso.

immanicàto [comp. di *in-* (*1*) e *manico*; av. 1566] **agg.** ● (*raro*) Che è fornito di manico, o comunque di impugnatura: *coltello i.* | (*fig.*, *raro*) Ammanigliato.

†**immanifèsto** [vc. dotta, lat. tardo *immanifēstu(m)*, comp. di *in-* neg. e *manifēstus* 'manifesto (1)'; sec. XIV] **agg.** ● Non manifesto | Oscuro, dubbioso.

immanità [vc. dotta, lat. tardo *immanitāte(m)*, da *immānis* 'immane'; 1441] **s. f.** *1* Enormità mostruosa o spaventosa: *l'i. del disastro.* *2* (*raro*, *lett.*) Crudeltà, ferocia: *l'i. dei tormenti*; *la fiera i. di Federigo Barbarossa* (GUICCIARDINI).

immantinènte o †**immantenènte** [vc. dotta, lat. *in mānu tenĕnte*, propr. 'in mano (*in mănu*) tenendo (*tenĕnte*)', attraverso il fr. *maintenant*; sec. XIII] **avv.** ● (*lett.*) Subito, senza indugio, nel momento stesso: *confessare, obbedire i.*; *eseguire i. un ordine*; *se n'avvide i.*

immarcescìbile [vc. dotta, lat. eccl. *immarcescĭbile(m)*, comp. di *in-* neg. e *marcescĭbilis*, da *marcēre* 'essere avvizzito', di orig. indeur.; av. 1597] **agg. 1** (*lett.*) Che non può marcire. **2** (*lett.*, *fig.*) Inalterabile, imperituro: *gloria i.* | (*scherz.*) Che è sempre sulla breccia: *un politico i.* **SIN.** Inossidabile. || **immarcescibilménte**, **avv.** (*raro*) Durevolmente.

†**immarcìre** [comp. di *in-* (2) e *marcire*; av. 1342] **v. intr.** ● Marcire, imputridire.

†**immascheraménto** [av. 1742] **s. m.** ● Mascheramento.

immascheràre [comp. di *in-* (1) e *maschera*; av. 1511] **v. tr. e rifl.** (*io immàschero*) ● (*raro, lett.*) Mascherare.

immascheratùra [1679] **s. f.** ● (*raro*) Il mascherare, il mascherarsi.

immateriàle [vc. dotta, lat. tardo *immateriāle(m)*, comp. di *in-* neg. e *materiālis* 'materiale'; sec. XIV] **agg. 1** Non materiale | (*dir.*) ***Bene i.***, bene incorporale. **2** (*est.*) Incorporeo, spirituale, delicato. || **immaterialménte**, **avv. 1** In modo immateriale. **2** (*est.*) Spiritualmente.

immaterialìsmo [da *immateriale*; 1847] **s. m.** ● Nella filosofia di G. Berkeley, dottrina secondo la quale ogni realtà corporea si riduce a idea e pertanto esiste solo in quanto può essere percepita.

immaterialìsta [1834] **s. m. e f.** (**pl. m.** *-i*) ● Chi segue o si ispira all'immaterialismo.

immaterialìstico [1834] **agg.** (**pl. m.** *-ci*) ● Che concerne o interessa l'immaterialismo.

immaterialità [1486] **s. f. 1** Caratteristica, condizione di ciò che è immateriale: *la luce ... potente per la sua non so se io debbo dire sottilità, rarità, i.* (GALILEI). **2** (*est.*) Incorporeità, spiritualità.

immatricolàre [comp. di *in-* (1) e *matricola*; 1853] **A v. tr.** (*io immatrìcolo*) ● Iscrivere in un registro pubblico per la prima volta, assegnando alle persone e agli oggetti elencati un numero di matricola: *i. un'auto, uno studente.* **B v. rifl.** ● Farsi registrare nella matricola, detto spec. di studenti che vengono iscritti al primo anno di Università.

immatricolazióne [1885] **s. f.** ● L'immatricolare, l'immatricolarsi | L'accogliere e il registrare per la prima volta uno studente all'Università: *tassa, tessera d'i.*

†**immatrimoniàre** [comp. di *in-* (1) e *matrimonio*; av. 1556] **A v. tr.** ● Congiungere in matrimonio. **B v. rifl. e rifl. rec.** ● Unirsi in matrimonio.

immaturità [vc. dotta, lat. *immaturitāte(m)*, comp. di *in-* neg. e *matūritas* 'maturità'; 1598] **s. f. 1** Caratteristica di chi (o di ciò che) è immaturo | (*fig.*) Insufficiente grado di sviluppo della cultura e delle doti intellettuali di un popolo o un individuo: *i. politica, sociale*; *l'i. di un candidato.* **2** (*med.*) Stato di debolezza congenita del bambino che non raggiunge i 2,500 kg di peso alla nascita.

immatùro [vc. dotta, lat. *immatūru(m)*, comp. di *in-* neg. e *matūrus* 'maturo'; 1499] **agg.**; anche **s. m.** nei sign. 2 e 3 **1** Non arrivato ancora a maturazione: *frutto i.* | (*fig.*) ***Età immatura***, l'adolescenza o la prima giovinezza. **SIN.** Acerbo. **2** (*med.*) Di neonato che presenta immaturità. **3** (*fig.*) Di persona che non ha raggiunto un completo sviluppo fisico o mentale: *ragazza immatura*; *studente i.* **4** Precoce, prematuro: *nascita, morte immatura* | Non ancora opportuno: *un provvedimento i.* || **immaturaménte**, **avv. 1** Prima del tempo giusto o stabilito. **2** Con precocità.

†**immeccànico** [comp. di *in-* (3) e *meccanico*; 1747] **agg.** ● Non dipendente da forze meccaniche.

immedesimàre [comp. di *in-* (1) e *medesimo*; 1659] **A v. tr.** (*io immedésimo*) ● Fare una medesima cosa di due o più cose distinte: *i. due idee in un solo concetto.* **SIN.** Fondere, unire. **B v. rifl.** ● Rendersi uguale, identificarsi: *recitare immedesimandosi nella propria parte* | ***Immedesimarsi nel dolore di qlcu.***, sentirlo profondamente come proprio.

immedesimazióne [1747] **s. f.** ● L'immedesimare, l'immedesimarsi. **SIN.** Identificazione.

immediatézza [1819 ca.] **s. f.** ● Caratteristica di ciò che è immediato.

♦**immediàto** [vc. dotta, lat. tardo *immediātu(m)*, comp. di *in-* neg. e *mediātus* 'mediato'; 1294] **A agg. 1** Che è in diretta relazione con qlcu. o qlco., senza interposizioni: *contatto i.*; *nelle immediate vicinanze*; *si propose anch'egli di ... restituire alla poesia l'immediata verità e semplicità di natura* (DE SANCTIS) | ***Superiore i.***, quello che, in una scala gerarchica, viene subito al di sopra. **CONTR.** Indiretto. **2** Che avviene subito dopo, senza intervalli temporali: *intervento, pagamento i.* | ***Conoscenza immediata***, quella che coglie intuitivamente un'idea o una rappresentazione. **SIN.** Pronto. **3** (*fig.*) Non meditato, istintivo: *la sua reazione immediata fu negativa.* **4** (*bot.*) Detto dell'inserzione di un organo vegetale direttamente sull'asse. || **immediataménte**, **avv. 1** Senza nessuna frapposizione o interruzione: *nella lista vieni immediatamente dopo di me.* **2** Senza ritardo o indugio: *vieni immediatamente qui!* **B s. m.** solo **sing.** ● Nella loc. ***nell'i.***, nel futuro più prossimo, per il momento: *nell'i. non ho intenzione di trasferirmi* | †Immediatamente.

immedicàbile [vc. dotta, lat. *immedicābile(m)*, comp. di *in-* neg. e *medicābilis* 'medicabile'; av. 1543] **agg.** ● (*lett.*) Che non si può medicare: *ferita i.* | (*fig.*) ***Peccato i.***, tanto grave che non può essere perdonato: *quando i peccati sono immedicabili, ... son puniti con eterni tormenti* (TASSO). || **immedicabilménte**, **avv.** (*raro*) Senza rimedio.

immeditàto [vc. dotta, lat. tardo *immeditātu(m)*, comp. di *in-* neg. e *meditātus* 'meditato'; 1618] **agg.** ● (*raro*) Non ponderato abbastanza: *discorso i.*; *azione immeditata.* || **immeditataménte**, **avv.** (*raro*) Senza considerazione.

†**immegliàre** [comp. di *in-* (1) e *meglio*, nel senso di 'migliore'; 1321] **A v. tr.** ● Rendere migliore. **B v. intr. pron.** ● Divenire migliore: *chinandomi a l'onda / che si deriva perché vi s'immegli* (DANTE *Par.* XXX, 86-87).

immelanconìre ● V. *immalinconire.*

†**immelàre** [comp. di *in-* (1) e *m(i)ele*; av. 1470] **v. tr.** ● Spargere di miele.

immelensìre [comp. di *in-* (1) e *melenso*; 1849] **A v. tr.** (*io immelensìsco, tu immelensìsci*) ● (*raro*) Fare diventare melenso. **B v. intr.** (aus. *essere*) ● Diventare melenso.

immellettàre [comp. di *in-* (1) e *melletta*; 1869] **A v. tr.** (*io immellétto*) ● (*raro, tosc.*) Imbrattare di melletta. **B v. rifl.** ● (*raro*) Insudiciarsi di melletta.

immelmàre [comp. di *in-* (1) e *melma*; av. 1367] **A v. tr.** (*io imméImo*) ● (*raro*) Coprire di melma. **B v. rifl.** ● Sporcarsi di fango (*anche fig.*).

immemoràbile [vc. dotta, lat. *immemorābile(m)*, comp. di *in-* neg. e *memorābilis* 'memorabile'; 1598] **agg.** ● Che non si può ricordare, tanto è antico e lontano nel tempo: *avvenimento i.* | ***Epoca i.***, remota | ***Da tempo i.***, da tempo remotissimo. || †**immemorabilménte**, **avv.** In epoca molto remota.

immèmore [vc. dotta, lat. *immĕmore(m)*, comp. di *in-* neg. e *mĕmor* 'mèmore'; 1499] **agg. 1** Che ha perduto o mostra di non aver memoria di qlco.: *i. dell'antica amicizia, dei benefici ricevuti.* **SIN.** Dimentico. **2** (*poet.*) Privo di ogni moto di coscienza: *stette la spoglia i., / orba di tanto spiro* (MANZONI).

immemoriàle [fr. *immémorial*, da un lat. mediev. *immemoriālis*, da *ĭmmemor*, genit. *immĕmoris* 'immemore'; 1644] **agg.** ● (*raro*) Di cosa che è impossibile ricordare tanto è antica.

immensità [vc. dotta, lat. *immensitāte(m)*, da *immēnsus* 'immenso'; av. 1306] **s. f. 1** Caratteristica di ciò che è immenso: *l'i. dello spazio, dell'Oceano.* **2** Grande moltitudine: *un'i. di gente, di affari.*

♦**imménso** [vc. dotta, lat. *immēnsu(m)*, comp. di *in-* neg. e *mēnsus*, part. pass. di *metīri* 'misurare', di orig. indeur.; 1319] **A agg. 1** Che si estende senza limiti nello spazio o nel tempo, tanto da non potersi misurare: *le immense distanze interstellari*; *tutte le nazioni ... per immensi spazi di luoghi e tempi tra loro lontane* (VICO). **SIN.** Illimitato, sconfinato, sterminato. **2** (*iperb.*) Molto esteso, molto grande: *folla, sala, ricchezza immense* | (*fig.*) Molto intenso: *odio, dolore i.*; *un i. / desiderio di festa / traeva gli uomini* (D'ANNUNZIO) | †***In i.***, immensamente. **SIN.** Enorme, profondo. || **immensaménte**, **avv. 1** Smisuratamente, infinitamente. **2** Enormemente, assai: *distanza immensamente maggiore.* **B s. m.** ● (*lett.*) Immensità degli spazi.

immensuràbile [vc. dotta, lat. tardo *immensurābile(m)*, comp. di *in-* neg. e di un deriv. di *mensurāre* 'misurare'; 1308] **agg. 1** (*lett.*) Che non si può misurare (*anche fig.*): *profondità i.*; *amore i.* **2** †Impercettibile. || **immensurabilménte**, **avv.** (*raro*) In modo immensurabile: *immensurabilmente piccolo, grande.*

immensurabilità **s. f.** ● (*raro*) Caratteristica di ciò che è immensurabile.

†**immensuràto** [vc. dotta, lat. tardo *immensurātu(m)*, comp. di *in-* neg. e *mensurātus*, part. pass. di *mensurāre* 'misurare'; av. 1855] **agg.** ● Immenso, infinito.

♦**immèrgere** [vc. dotta, lat. *immĕrgere*, comp. di *in-* 'dentro' e *mĕrgere* 'immergere', di orig. indeur.; 1499] **A v. tr.** (**pres.** *io immèrgo, tu immèrgi*; **pass. rem.** *io immèrsi, tu immergésti*; **part. pass.** *immèrso*) **1** (qlcu. o qlco. + *in*) Mettere qlco. in un liquido: *i. un solido nell'acqua.* **SIN.** Tuffare. **2** Fare penetrare, cacciare dentro (*anche fig.*): *i. la spada, il pugnale nel corpo*; *la disgrazia l'ha immerso in una profonda crisi*; *il black-out immerse il quartiere nel buio.* **SIN.** Affondare, ficcare. **B v. rifl.** (+ *in*) **1** Entrare in un liquido: *si immerse nelle acque del torrente* | (*est.*) Penetrare in un luogo: *immergersi in una foresta* | ***Immergersi tra la folla***, sottrarsi alla vista addentrandosi tra la folla | ***Immergersi nelle tenebre***, sottrarsi alla vista procedendo nel buio | ***Immergersi nel sonno, nel riposo***, abbandonarsi completamente al sonno, al riposo. **2** Discendere sotto la superficie marina (*anche assol.*): *il sommozzatore, il sommergibile si immerse.* **3** (*fig.*) Dedicarsi totalmente a qlco., senza permettersi svaghi, distrazioni e sim.: *immergersi nello studio, nella meditazione, nel lavoro.*

immergìbile [av. 1628] **agg. 1** (*raro*) Che si può immergere. **2** †Che non si può affondare.

immeritàto [comp. di *in-* (3) e *meritato*; 1694] **agg.** ● Non meritato: *premio i.* | Ingiusto: *biasimo, castigo i.* || **immeritataménte**, **avv. 1** Senza merito: *essere lodati immeritatamente.* **2** Senza colpa.

immeritévole [comp. di *in-* (3) e *meritevole*; 1427] **agg.** ● Non meritevole: *i. di indulgenza.* **SIN.** Indegno. || **immeritevolménte**, **avv. 1** Senza nessun merito. **2** Senza colpa.

†**immèrito** [vc. dotta, lat. *immĕritu(m)*, comp. di *in-* neg. e *mĕritus*, part. pass. di *merēre* 'meritare', di orig. indeur.; av. 1243] **agg.** ● Indegno. || **immeritaménte**, **avv.** (*lett.*) In modo ingiusto.

immersióne [vc. dotta, lat. tardo *immersiōne(m)*, comp. di *in-* 'dentro' e *mĕrsio*, genit. *mersiōnis*, da *mergere* 'immergere'; 1499] **s. f. 1** L'immergere, l'immergersi | Discesa sotto la superficie dell'acqua: *studiare l'i. di un sommergibile*; *l'i. di un pescatore subacqueo* | ***Battesimo per i.***, quello in cui il capo del battezzando viene immerso direttamente nell'acqua | ***Linea d'i.***, segnata dal livello dell'acqua sulla carena della nave | ***Navigare in i.***, detto spec. di sommergibile che si muove sotto il livello dell'acqua; **CONTR.** Emersione. **2** Direzione verso la quale pende uno strato di roccia. **3** (*astron.*) La sparizione di un astro all'inizio di una eclissi o occultazione. **4** (*raro*) Bagno | ***Gara di i.***, prova di resistenza sott'acqua, sia di durata che di profondità. **5** (*mar.*) Profondità di un corpo parzialmente immerso dalla linea di galleggiamento alla sua estremità inferiore.

immèrso [1499] **part. pass.** di *immergere*; anche **agg. 1** Nei sign. del v.: *piedi immersi nell'acqua.* **2** (*fig.*) Coperto, avvolto: *paesino i. nel buio* | (*fig.*) Assorbito, intento: *i. nel lavoro, nello studio.*

immeschinìre [comp. di *in-* (1) e *meschino*; av. 1907] **A v. tr.** (*io immeschinìsco, tu immeschinìsci*) ● Rendere meschino. **SIN.** Immiserire, svilire. **B v. intr. e intr. pron.** (aus. *essere*) ● Diventare meschino. **SIN.** Immiserirsi, svilirsi.

immésso [sec. XIV] **part. pass.** di *immettere*; anche **agg.** ● Nei sign. del v.

immèttere [adatt. del lat. *immĭttere*, comp. di *in-* 'dentro' e *mĭttere* 'mettere'; 1340 ca.] **A v. tr.** (coniug. come *mettere*) (qlcu. o qlco. + *in*) ● Mandare dentro, fare entrare: *i. gente nella sala delle riunioni* | ***I. aria, ossigeno nei polmoni***, inspirare aria, ossigeno. **SIN.** Introdurre. **B v. intr.** (aus. intr. *avere*) (+ *in*) ● Condurre, portare a: *il corridoio immette nell'atrio dell'albergo.* **C v. intr. pron.** ● Introdursi, confluire. **D v. rifl.** (+ *in*) ● Entrare: *a quel punto ti immetti nell'autostrada.*

immezzìre [comp. di *in-* (1) e *mezzo* (1); 1834] **v. intr. e intr. pron.** (*io immezzìsco, tu immezzìsci*; aus. *essere*) ● Diventare mézzo, tra il maturo e il fradicio: *è frutto che immezzisce rapidamente.*

†**immiàrsi** o †**inmiàrsi** [da *in me*; 1321] **v. intr.**

immigrante

pron. ● Immedesimarsi in me con l'intelletto: *Già non attendere' io tua dimanda, / s'ïe m'intuassi, come tu t'inmii* (DANTE *Par.* IX, 80-81).

immigrànte [1858] *part. pres.* di *immigrare*; anche *agg.* e *s. m.* e *f.* ● Che (o Chi) Chi immigra, spec. per trovare lavoro.

immigràre [vc. dotta, lat. *immigrāre*, comp. di *in-* 'verso l'interno' e *migrāre* 'trasferirsi', di orig. indeur.; 1869] *v. intr.* (aus. *essere*) ● Entrare in un paese straniero o in un'altra regione della propria nazione per stabilirvisi: *i. temporaneamente, definitivamente; i. per lavoro.*

immigràto [1869] *part. pass.* di *immigrare*; anche *agg.* e *s. m.* (*f. -a*) ● Che (o Chi) si è stabilito in un paese straniero o in un'altra regione della propria nazione.

immigratòrio [da *immigrare* sul modello di *emigratorio*; 1970] *agg.* ● Relativo all'immigrazione o agli immigrati: *movimento i.*

immigrazióne [fr. *immigration*, da *immigrer* 'immigrare'; 1851] *s. f.* ● L'immigrare, spec. considerato come fenomeno sociale: *la loro i. fu causata da motivi economici; l'i. dai Paesi del Terzo Mondo* | *I. interna*, quella che avviene, spec. a scopo di lavoro, all'interno di una stessa nazione | Il complesso degli individui immigrati: *l'i. è diminuita.*

immillàre o †**inmillàre** [comp. di *in-* (1) e *mille*; 1321] **A** *v. tr.* ● (*lett.*) Moltiplicare a migliaia (*anche fig.*): *il gran lampadario … immilla nel quarzo le buone cose di pessimo gusto* (GOZZANO). **B** *v. intr. pron.* ● †Moltiplicarsi a migliaia: *eran tante, che 'l numero loro / più che 'l doppiar de li scacchi s'immilla* (DANTE *Par.* XXVIII, 92-93).

imminchionìre [comp. di *in-* (1) e *minchione*; 1957] *v. intr.* e *intr. pron.* (*io imminchionisco, tu imminchionisci*; aus. *essere*) ● (*raro*) Rimminchionire.

imminènte [vc. dotta, lat. *imminĕnte(m)*, *part. pres.* di *imminēre* 'essere sospeso al di sopra', comp. di *in-* 'sopra' e di *minēre*, da *mĭnae* (pl.) 'creste sporgenti dei muri, merli', di etim. incerta; av. 1363] *agg.* **1** (*lett.*) Che sporge, sovrasta: *la roccia i.* **2** (*fig.*) Che accadrà in un prossimo futuro: *pericolo, guerra, pubblicazione i.* CONTR. Remoto.

imminènza [vc. dotta, lat. tardo *imminĕntia(m)*, da *ĭmminens*, genit. *imminĕntis*, 'imminente'; av. 1667] *s. f.* ● Vicinanza, prossimità di un avvenimento: *l'i. di un conflitto*.

◆**immischiàre** [comp. di *in-* (1) e *mischiare*; 1729] **A** *v. tr.* (*io immìschio*) ● Coinvolgere indebitamente qlcu. in un'attività, in una faccenda e sim.: *lo immischiarono in un losco affare*. **B** *v. intr. pron.* ● Intromettersi in modo inopportuno in faccende estranee: *era necessario che non si immischiassero; di solito gli uomini non s'immischiano in … liti di donne* (VERGA). SIN. Impicciarsi.

immiscìbile [comp. di *in-* (3) e *miscibile*] *agg.* ● (*chim.*) Detto di due o più sostanze liquide incapaci di formare miscele omogenee.

immiscibilità *s. f.* ● (*chim.*) Proprietà di due o più sostanze immiscibili.

immisericordióso [comp. di *in-* (3) e *misericordioso*; av. 1667] *agg.* ● (*raro, lett.*) Che non ha misericordia.

immiserimènto [1839] *s. m.* ● L'immiserire, l'immiserirsi (*anche fig.*).

immiserìre [comp. di *in-* (1) e *misero*; 1848] **A** *v. tr.* (*io immiserìsco, tu immiserìsci*) ● Fare diventare misero: *la crisi economica immiserì il popolo* | (*est., fig.*) Privare di vigore e utilità: *il gelo immiserisce le piante*. SIN. Impoverire. **B** *v. intr.* e *intr. pron.* (aus. *essere*) ● Divenire misero (*anche fig.*): *i. nella vecchiaia; immiserirsi spiritualmente*.

immìşi ● V. *immettere*.

immissàrio [vc. dotta, lat. *immissāriu(m)*, comp. di *in-* 'dentro' e un deriv. di *mĭttere* 'mettere'; 1697] *s. m.* ● Corso d'acqua che alimenta, sfociandovi, un lago o un bacino. CONTR. Emissario.

immissióne [vc. dotta, lat. *immissiōne(m)*, comp. di *in-* 'dentro' e *mĭssio*, genit. *missiōnis*, dal *part. pass.* (*mĭssus*) di *mĭttere* 'mettere'; av. 1483] *s. f.* **1** L'immettere, l'immettersi. SIN. Introduzione, afflusso. **2** (*dir.*) ● *I. sul fondo altrui*, qualunque propagazione di fumo, rumore, scuotimento e sim. proveniente da un fondo vicino. **3** (*mecc.*) Nei motori a combustione interna, aspirazione della miscela.

immistióne [comp. di *in-* (1) e *mistione*; av. 1342] *s. f.* **1** Il mescolare | Mescolanza. **2** (*fig.*) Arbitraria ingerenza in qlco.: *la sua i. fu più dannosa che altro*.

immìsto (1) [vc. dotta, lat. tardo *immĭxtu(m)*, comp. di *in-* neg. e *mĭxtus* 'misto'; av. 1420] *agg.* ● (*lett.*) Non mescolato con altre materie. SIN. Puro.

immìsto (2) [vc. dotta, lat. *immĭxtu(m)*, *part. pass.* di *immiscēre* 'frammischiare', in raff. e *miscēre* 'mescolare'; 1749] *agg.* ● (*lett.*) Mescolato con altre materie | Confuso con altre persone.

immisuràbile [comp. di *in-* (3) e *misurabile*, come il lat. tardo *immensurābĭlis* 'immensurabile'; av. 1321] *agg.* ● Che non si può misurare: *un'area i.* || †**immisurabilménte**, *avv.*

immisurabilità *s. f.* ● (*raro*) Caratteristica di ciò che è immisurabile.

immìte [vc. dotta, lat. *immīte(m)*, comp. di *in-* neg. e *mītis* 'dolce, mite'; av. 1470] *agg.* ● (*lett.*) Feroce, crudele.

immitigàbile [vc. dotta, lat. tardo *immitigābĭle(m)*, comp. di *in-* neg. e di un deriv. da *mitigāre*; av. 1712] *agg.* ● (*raro, lett.*) Che non si può mitigare.

◆**immòbile** [vc. dotta, lat. *immōbĭle(m)*, comp. di *in-* neg. e *mōbĭlis* 'mobile'; 1308] **A** *agg.* ● Che non si muove o non si può muovere: *la Terra per i tolemaici rimaneva i. al centro dell'universo; la realtà … non è ma vivente* (CROCE) | *Bene i.*, che non può essere spostato da un luogo all'altro senza che ne resti alterata la struttura o la destinazione (es. case, terreni e sim.). SIN. Fermo, fisso. **2** **immobilménte**, †**immobilménte**, *avv.* **1** Senza che si possa muovere o possa essere mosso. **2** †Immutabilmente. **B** *s. m.* ● Bene immobile.

immobiliàre [fr. *immobilier*, comp. di *in-* neg. e *mobilier* '(bene) mobile'; av. 1835] **A** *agg.* ● Che riguarda beni immobili: *pignoramento i.* | *Unità i. urbana*, nel catasto edilizio, ciascuna parte di immobile atta a produrre una propria rendita catastale | *Società i.*, avente come oggetto sociale l'investimento di capitale nella costruzione di beni immobili e la loro gestione | *Patrimonio i.*, costituito da beni immobili | (*banca*) *Credito i.*, credito relativo a investimenti immobiliari. **B** *s. f.* ● Società immobiliare.

immobiliarìsta [1983] *s. m.* e *f.* (*pl. m. -i*) ● Operatore economico nel settore immobiliare.

immobilìşmo [da *immobile*; 1850] *s. m.* ● Politica che evita i problemi lasciandoli insoluti | (*est.*) Tendenza a conservare le cose come stanno; SIN. Misoneismo.

immobilìsta [1983] *s. m.* e *f.* (*pl. m. -i*) ● Fautore, sostenitore dell'immobilismo.

immobilìstico [1965] *agg.* (*pl. m. -ci*) ● Ispirato ad immobilismo.

immobilità o †**immobilitàde**, †**immobilitàte** [vc. dotta, lat. *immobilitāte(m)*, da *immōbĭlis* 'immobile'; av. 1375] *s. f.* **1** Condizione, caratteristica di ciò che è immobile: *i medici lo costringono all'i.* SIN. Fissità. **2** (*fig.*) Situazione priva di sviluppi: *i. politica*.

immobilitàre [da *immobilità*; av. 1639] **A** *v. tr.* (*io immobìlito*) ● (*raro*) Immobilizzare. **B** *v. intr. pron.* ● Diventare immobile.

†**immobilitàte** ● V. *immobilità*.

immobilizzàre [fr. *immobiliser*, da *immobile*; 1853] **A** *v. tr.* **1** Rendere immobile: *quella caduta lo immobilizzò a letto per molto tempo* | *I. un arto*, con una fasciatura, un'ingessatura o altro. **2** Investire in beni immobili: *i. i propri capitali*. **B** *v. intr. pron.* ● Bloccarsi, arrestarsi.

immobilizzàto [1905] *part. pass.* di *immobilizzare*; anche *agg.* ● Che non è in grado di muoversi: *ha un braccio i.*

immobilizzatóre [da *immobilizzare*] *s. m.* ● (*autom.*) Antifurto elettronico che impedisce la messa in moto di un autoveicolo; si basa su un codice numerico memorizzato nella chiave di avviamento oppure nel telecomando di apertura delle porte.

immobilizzazióne [fr. *immobilisation*, da *immobiliser* immobilizzare; 1847] *s. f.* **1** L'immobilizzare, il venire immobilizzato. **2** (*econ.*) Componente del capitale destinato a restare durevolmente nell'azienda come strumento di produzione.

immobilìzzo [da *immobilizzare*; 1963] *s. m.* ● Immobilizzazione, spec. nel sign. 2.

†**immoderànza** [vc. dotta, lat. tardo *immoderāntia(m)*, comp. di *in-* neg. e *moderāri* 'moderare'; 1563] *s. f.* ● Incontinenza.

immoderatézza [comp. di *in-* (3) e *moderatezza*; 1853] *s. f.* **1** Mancanza di moderazione. **2** (*raro*) Eccesso.

immoderàto [vc. dotta, lat. *immoderātu(m)*, comp. di *in-* neg. e *moderātus* 'moderato'; sec. XIV] *agg.* **1** Di persona che non ha moderazione, misura: *i. nel mangiare, nel parlare.* **2** Che oltrepassa la misura: *desiderio, affetto i.; arse l'ira e di rabbia immoderata, immensa* (TASSO). SIN. Eccessivo. || **immoderataménte**, *avv.* Senza moderazione.

immodèstia [vc. dotta, lat. *immodĕstia(m)*, comp. di *in-* neg. e *modĕstia* 'modestia'; 1441] *s. f.* **1** Mancanza di modestia. SIN. Presunzione, vanità. CONTR. Umiltà. **2** (*raro*) Mancanza di pudore. SIN. Sfacciataggine.

immodèsto [vc. dotta, lat. *immodĕstu(m)*, comp. di *in-* neg. e *modĕstus* 'modesto'; 1441] *agg.* **1** Privo di modestia: *un individuo i.* Che rivela una esagerata stima di sé: *discorso, comportamento i.* CONTR. Umile. **2** (*raro*) Che non ha pudore: *ragazza immodesta.* || **immodestaménte**, *avv.*

immodificàbile [comp. di *in-* (3) e *modificabile*; av. 1855] *agg.* ● Che non si può modificare, che non può essere cambiato: *una situazione i.* || **immodificabilménte**, *avv.*

immodificàto [comp. di *in-* (3) e *modificato*; av. 1910] *agg.* ● Non modificato, invariato.

immolàre [vc. dotta, lat. *immolāre*, comp. di *in-* 'sopra' e *mŏla*, la 'farina di farro con sale', che si spargeva sopra la vittima; av. 1374] **A** *v. tr.* (*io immòlo*) (qlcu. o qlco.; qlcu. o qlco. + *a*) **1** Nel rito degli antichi Greci e Romani, spargere sulla vittima sacrificale il farro macinato e il sale. **2** Sacrificare (*anche fig.*): *i. una giovenca, dei prigionieri; alla più vera ambizion d'un inumano padre, vidi i. il sangue mio* (ALFIERI). **B** *v. rifl.* (+ *per*; + *a*) ● Darsi in olocausto: *immolarsi per la redenzione degli uomini; immolarsi alla patria combattendo.*

immolatóre [vc. dotta, lat. *immolatōre(m)*, da *immolātus*, *part. pass.* di *immolāre*; av. 1694] *s. m.*; anche *agg.* (*f. -trice*) ● (*raro*) Chi (o Che) immola.

immolazióne [vc. dotta, lat. *immolatiōne(m)*, da *immolāre* 'immolare'; sec. XIV] *s. f.* **1** (*raro*) Sacrificio. **2** Sacrificio dell'ostia nella Messa.

immollàre [comp. di *in-* (1) e *molle*; av. 1292] **A** *v. tr.* (*io immòllo*) **1** (*raro*) Bagnare, immergendo in acqua o in un altro liquido | (*raro*) Mettere in mollo: *i. il cuoio*. **2** †Ammollire. **B** *v. intr. pron.* ● Infradiciarsi.

immondézza [1582] *s. f.* **1** Caratteristica di ciò che è immondo (*spec. fig.*): *l'i. di un vizio, della coscienza.* **2** (*raro*) Immondizia.

immondezzàio [1846] *s. m.* **1** Luogo di raccolta delle immondizie. **2** (*raro, fig.*) Ambiente corrotto.

◆**immondìzia** [vc. dotta, lat. *immundĭtia(m)*, comp. di *in-* neg. e *mundĭtia*, da *mŭndus* 'mondo (1)'; 1306] *s. f.* **1** Sporcizia, spazzatura, rifiuti: *il deposito delle immondizie.* **2** Nel linguaggio biblico, condizione di impurità della puerpera. **3** (*raro*) L'essere immondo | (*fig.*) Disonestà. **4** (*fig.*) †Turpiloquio.

immóndo [vc. dotta, lat. *immŭndu(m)*, comp. di *in-* neg. e *mŭndus* 'mondo (1)'; 1306] *agg.* **1** Sudicio, sozzo, repellente: *luogo, individuo i.* SIN. Lordo. **2** In molte religioni, impuro, contaminato, escluso dal contatto con il sacro | *Animali immondi*, quelli che, in base alla legge levitica, gli Ebrei non possono consumare | *Spiriti immondi*; i demoni. **3** (*fig.*) Impuro, sconcio: *vizio i.* | Depravato, perverso, corrotto: *animo i.* || **immondaménte**, *avv.* (*raro*) In modo immondo.

◆**immoràle** [fr. *immoral*, comp. di *in-* neg. e *moral* 'morale'; 1726] **A** *agg.* **1** Che offende la morale: *discorso, libro, spettacolo i.* SIN. Lice zioso. **2** Che agisce in modo contrario alle norme morali: *individuo i.* SIN. Corrotto, depravato, turpe. || **immoralménte**, *avv.* **B** *s. m.* e *f.* ● Persona immorale.

immoralìşmo [fr. *immoralisme*, da *immoral* 'immorale'; 1843] *s. m.* **1** Nella filosofia di F. Nietzsche, dottrina etica che, fondandosi su presupposti contrari a quelli della morale corrente, tenta un radicale rovesciamento dei valori. **2** (*raro*) Immoralità.

immoralìsta [fr. *immoraliste*, da *immoral* 'immorale'; av. 1952] *s. m.* e *f.* (*pl. m. -i*) ● Chi professa l'immoralismo.

immoralità [fr. *immoralité*, da *immoral* 'immorale'; 1793] **s. f.** *1* Caratteristica di ciò che è immorale: *l'i. di una persona, di una dottrina.* *2* Azione immorale: *condannare le i.*

immorbidire [comp. di *in-* (*1*) e del denom. di *morbido*; av. 1292] **A v. tr.** (*io immorbidisco, tu immorbidisci*) ● (*raro*) Rendere morbido. **B v. intr. e intr. pron.** (aus. *essere*) ● (*raro*) Farsi morbido.

immorsàre (**1**) [comp. di *in-* (*1*) e *morsa*; 1834] **v. tr.** (*io immòrso*) ● Incastrare, calettare | Collegare due murature mediante immorsature.

immorsàre (**2**) [comp. di *in-* (*1*) e *morso*; av. 1580] **v. tr.** (*io immòrso*) ● (*lett.*) Mettere il morso al cavallo.

immorsatùra [da *immorsare* (*1*); av. 1570] **s. f.** *1* Calettatura, incastro. *2* Insieme delle sporgenze e rientranze di un muro, lasciate per un futuro collegamento con altra struttura muraria.

immortalàre [da *immortale*; av. 1543] **A v. tr.** ● Rendere eterna la memoria di qlcu. o di qlco.: *immortalò il suo genio nel grande poema.* **SIN.** Perpetuare. **B v. intr. pron.** ● Diventare immortale per fama: *immortalarsi con le proprie opere.*

immortàle [vc. dotta, lat. *immortāle(m)*, comp. di *in-* neg. e *mortālis* 'mortale'; sec. XIII] **A agg.** *1* Non soggetto a morte: *essere i.*; *l'anima i.* | *Mondo i.*, (*eufem.*) l'oltretomba | ***Bene i.***, (*eufem.*) il paradiso. **SIN.** Eterno. *2* Perenne: *riconoscenza, odio i.*; *ciò che in poesia vive d'una vita i., è la forma, qualunque si sia l'idea* (DE SANCTIS) | Di fama imperitura: *artista i.* **CONTR.** Caduco, effimero. || **immortalménte**, **avv.** (*raro*) Perpetuamente. **B s. m. e f.** ● (*raro*) Divinità pagana: *gli immortali dell'Olimpo.*

immortalità [vc. dotta, lat. *immortalitāte(m)*, deriv. di *immortālis*; 1308] **s. f.** *1* Condizione di ciò che è immortale: *l'i. dell'anima.* **SIN.** Eternità. *2* Fama imperitura: *un'opera degna dell'i.*

immotàre [comp. di *in-* (*1*) e *mota*; av. 1584] **v. tr.** (*io immòto*) ● (*raro, tosc.*) Insudiciare, sporcare di mota: *i. le scarpe, i calzoni.*

immotivàto [comp. di *in-* (*3*) e *motivato*; 1931] **agg.** ● Senza motivo: *il tuo rifiuto è i.* || **immotivataménte**, **avv.**

immotivazióne [1949] **s. f.** ● (*raro*) Caratteristica di immotivato: *l'imperfezione o l'i. dell'enunciato* (CROCE).

immòto [vc. dotta, lat. *immōtu(m)*, comp. di *in-* neg. e *mōtus*, part. pass. di *movēre* 'muovere'; 1321] **agg.** ● (*lett.*) Che non ha nessun movimento: *rimanere i.*; *immote, asciutte, le pupille figge / nel duro suol* (ALFIERI).

immucidire [comp. di *in-* (*1*) e *mucido*; av. 1597] **v. intr.** (*io immucidisco, tu immucidisci*; aus. *essere*) ● Diventare mucido. **SIN.** Ammuffire.

immùne [vc. dotta, lat. *immūne(m)* 'non soggetto (*in-*) a obbligo (*mūnus*)', da una radice indeur. col senso di '(s)cambio'; av. 1306] **agg.** (+ *da*) *1* Che non è soggetto a un obbligo: *i. dalle imposte, da un pagamento.* *2* (*est.*) Esente, libero: *non è i. da difetti, da colpe.* *3* (*med.*) Caratterizzato da immunità.

immunità [fr. *immunité*, dal lat. *immunitāte(m)*, da *immūnis* 'immune'; av. 1348] **s. f.** (assol.; + *da*) *1* Condizione libera da obbligo: *i. da imposte, dal servizio militare.* **SIN.** Esenzione. *2* (*dir.*) Speciale condizione di favore relativamente a eventuali procedimenti penali, assicurata a persone che adempiono funzioni e ricoprono uffici di particolare importanza: *i. parlamentare, diplomatica, ecclesiastica.* *3* (*med., biol.*) Stato di resistenza specifica di un organismo nei confronti di un determinato antigene, acquisito attraverso una risposta umorale (anticorpi) o cellulare | ***I. attiva***, se acquisita con l'infezione o con la vaccinazione | ***I. passiva***, se ottenuta per somministrazione di sieri o per la presenza di anticorpi materni.

immunitàrio [1928] **agg.** ● (*med., biol.*) Relativo all'immunità | ***Reazione immunitaria***, reazione antigene-anticorpo | ***Risposta immunitaria***, risposta difensiva dell'organismo nei confronti di antigeni tendente a bloccarne l'effetto nocivo mediante la produzione di anticorpi | ***Sistema i.***, l'insieme dei meccanismi difensivi che proteggono il corpo dagli invasori esogeni (antigeni) o da proprie componenti alterate o anormali.

immunizzànte **part. pres.** di *immunizzare*; anche **agg.** ● Che serve a immunizzare: *vaccino i.*

immunizzàre [fr. *immuniser* 'dar l'immunità (*immunité*)'; 1900] **A v. tr.** *1* (*med.*) Provocare immunità a un organismo. *2* (*est.*) Rendere immune, insensibile spec. rispetto a ogni evento esterno ritenuto lesivo. **B v. rifl.** ● Rendersi immune da malattie e sostanze tossiche | (*fig.*) Preservarsi, salvaguardarsi.

immunizzazióne [da *immunizzare*; 1893] **s. f.** ● (*med.*) Risposta immunitaria ad antigeni di individui della stessa specie ma geneticamente diversi.

immùno- [da *immun(ità)*] primo elemento ● In parole composte della terminologia medica, fa riferimento allo stato di immunità dell'organismo: *immunologia, immunoterapia.*

immunochìmica [vc. dotta, comp. di *immuno-* e *chimica*] **s. f.** ● (*chim.*) Studio dei processi biochimici alla base dei fenomeni immunitari.

immunocitochìmica [comp. di *immuno-* e *citochimica*; 1972] **s. f.** ● (*biol., med.*) Tecnica della microscopia che consente di individuare nelle cellule particolari sostanze, utilizzando la specificità del legame tra antigene e anticorpo.

immunocompetènte **agg.** ● (*biol.*) Di, relativo a immunocompetenza: *cellula i.*

immunocompetènza [comp. di *immuno-* e *competenza*] **s. f.** ● (*biol.*) Specializzazione funzionale caratteristica delle cellule e degli organi deputati alla produzione di anticorpi.

immunocomplèsso [comp. di *immuno-* e *complesso* (*2*)] **s. m.** ● (*biol.*) Complesso che si forma da una reazione antigene-anticorpo.

immunodeficiènza [comp. di *immuno-* e *deficienza*; 1980] **s. f.** ● (*med.*) Insufficienza immunitaria caratterizzata da un minor stato di difesa dell'organismo verso le infezioni: *sindrome da i. acquisita.*

immunodepressióne [comp. di *immuno-* e *depressione*; 1985] **s. f.** ● Riduzione delle risposte immunitarie di un individuo in conseguenza di trattamento farmacologico, di infezione o radiazioni.

immunodeprèsso [comp. di *immuno-* e *depresso*; 1985] **agg.**; anche **s. m.** (f. *-a*) ● Che (o Chi) manifesta riduzione delle difese immunitarie.

immunodepressóre [vc. dotta, comp. di *immuno-* e *depressore*] **s. m.**; anche **agg. m.** ● Agente chimico o fisico che riduce le difese immunitarie dell'individuo. **CFR.** Immunosoppressore.

immunodiffusióne [vc. dotta, comp. di *immuno-* e *diffusione*] **s. f.** ● (*chim.*) Procedimento analitico usato in sierologia, basato sulla diffusione in agar o in altro supporto poroso di un antigene e degli anticorpi specifici.

immunoelettroforèsi [comp. di *immuno-* ed *elettroforesi*] **s. f. inv.** ● (*chim.*) Tecnica di analisi che sfrutta la reazione di precipitazione antigene--anticorpo per il riconoscimento delle componenti proteiche di un campione (per esempio del siero) separate mediante elettroforesi.

immunoematologìa [comp. di *immuno-* ed *ematologia*; 1972] **s. f.** ● (*med.*) Ramo della medicina che studia i meccanismi immunitari, sia umorali che cellulari, connessi alla patogenesi, alla diagnosi e al trattamento di malattie del sangue e dei tessuti immunopoietici.

immunoenzimàtico [comp. di *immuno-* ed *enzimatico*; 1989] **agg.** (pl. m. *-ci*) ● (*chim.*) Inerente alle tecniche analitiche basate sulla reazione antigene-anticorpo e sull'impiego di enzimi per la rivelazione della reazione.

immunofluorescènza [comp. di *immuno-* e *fluorescenza*] **s. f.** ● (*med.*) Tecnica di indagine immunologica che utilizza sostanze fluorescenti, impiegata nella diagnosi di alcune malattie infettive.

immunògeno [vc. dotta, comp. di *immuno-* e *-geno*; 1990] **agg.** ● (*biol.*) Detto di qualsiasi agente, gener. proteico, capace di stimolare una risposta immunitaria.

immunoglobulìna [comp. di *immuno-* e *globulina*; 1980] **s. f.** *1* (*biol.*) Gammaglobulina del plasma sanguigno o delle secrezioni a prevalente funzione anticorpale. *2* (*farm.*) Gammaglobulina nel sign. 2.

immunoistochìmica [comp. di *immuno-* e *istochimica*; 1986] **s. f.** ● (*biol., med.*) Tecnica della microscopia ottica, mediante la quale è possibile riconoscere nei tessuti particolari sostanze, grazie alla specificità del legame tra antigene e anticorpo.

immunologìa [comp. di *immune* e *-logia*; 1921] **s. f.** ● (*med., biol.*) Studio dei fenomeni inerenti all'immunità.

immunològico [1957] **agg.** (pl. m. *-ci*) ● Concernente l'immunologia. || **immunologicaménte**, **avv.**

immunòlogo [1956] **s. m.** (f. *-a*; pl. m. *-gi*) ● Studioso di immunologia.

immunomodulatóre [vc. dotta, comp. di *immuno-* e *modulatore*; 1987] **s. m.**; anche **agg.** (f. *-trice*) ● (*farm.*) Immunoregolatore.

immunopatologìa [comp. di *immuno-* e *patologia*] **s. f.** ● (*med.*) Ramo dell'immunologia che studia le patologie del sistema immunitario o a esso connesse, quali le allergie, le malattie autoimmunitarie e le immunodeficienze.

immunopoièsi [comp. di *immuno-* e *-poiesi*] **s. f. inv.** ● (*biol.*) Processo di produzione degli anticorpi da parte delle cellule immunocompetenti.

immunopoiètico **agg.** (pl. m. *-ci*) ● (*biol.*) Di, relativo a immunopoiesi: *organo i., tessuto i.*

immunoprecipitazióne [vc. dotta, comp. di *immuno-* e *precipitazione*] **s. f.** ● (*chim.*) Reazione tra un antigene e un anticorpo con formazione di un complesso insolubile.

immunoprofilàssi [comp. di *immuno-* e *profilassi*; 1957] **s. f. inv.** ● (*med.*) Prevenzione di una malattia infettiva mediante immunizzazione passiva (siero) o attiva (vaccino).

immunoreazióne **s. f.** ● (*biol.*) Reazione antigene-anticorpo.

immunoregolatóre [vc. dotta, comp. di *immuno-* e *regolatore*] **s. m.**; anche **agg.** (f. *-trice*) ● Farmaco in grado di regolare la risposta immunitaria. **SIN.** Immunomodulatore.

immunosièro o **immunsièro** [comp. di *immun(o)-* e *siero*; 1918] **s. m.** ● (*med.*) Siero immunizzato.

immunosoppressióne [comp. di *immuno-* e *soppressione*] **s. f.** ● Abolizione parziale o totale delle risposte immunitarie di un individuo indotta da farmaci o infezioni.

immunosoppressivo [1985] **agg.** ● Di, relativo a farmaco o altro agente che causa immunosoppressione.

immunosopprèsso **agg.**; anche **s. m.** (f. *-a*) ● Che (o Chi) manifesta abolizione parziale o totale delle difese immunitarie.

immunosoppressóre [comp. di *immuno-* e *soppressore*; 1985] **A s. m.** ● Farmaco o altro agente in grado di sopprimere le difese immunitarie dell'individuo, che viene impiegato nelle malattie autoimmuni o nel trapianto; può esporre a maggior rischio di malattie infettive e tumori. **B** anche **agg. m.**: *farmaco i.* **CFR.** Immunodepressore.

immunostimolànte [vc. dotta, comp. di *immuno-* e *stimolante*; 1990] **agg.**; anche **s. m.** ● (*chim.*) Detto di sostanza che stimola le risposte immunitarie verso qualsiasi antigene.

immunoterapìa [comp. di *immuno* e *terapia*; 1936] **s. f.** ● (*med.*) Cura delle malattie infettive mediante anticorpi specifici.

immunotollerànza [vc. dotta, comp. di *immuno-* e *tolleranza*] **s. f.** ● (*med.*) Tolleranza del sistema immunitario verso un determinato antigene.

immunotossìna [vc. dotta, comp. di *immuno-* e *tossina*] **s. f.** ● (*chim.*) Complesso molecolare costituito da un anticorpo unito a una tossina, capace di riconoscere specificamente determinate cellule bersaglio, in particolare cellule neoplastiche, distruggendole.

immunsièro ● V. *immunosiero.*

immuraménto [av. 1797] **s. m.** ● (*raro*) Immurazione.

immuràre [comp. di *in-* (*1*) e *muro*; av. 1816] **v. tr.** ● Sottoporre al supplizio dell'immurazione.

immurazióne [da *immurare*] **s. f.** ● Antico supplizio consistente nel murare vivo il condannato in uno spazio ristretto, sino a provocarne la morte | Antica forma di penitenza volontaria di religiosi, consistente nella reclusione perpetua in una cella, con la porta murata e soltanto una piccola apertura per il rifornimento dei viveri.

immusìre [comp. di *in-* (*1*) e *muso*; 1869] **v. intr.** (*io immusisco, tu immusisci*; aus. *essere*) ● (*raro*) Imbronciarsi, mettere, fare il muso.

immusonìrsi [comp. di *in-* (*1*) e *musone*; 1924] **v. intr. pron.** (*io m'immusonisco, tu t'immusonisci*) ● (*fam.*) Imbronciarsi, mettere, fare il muso.

immusonito [1892] **part. pass.** di *immusonirsi*;

anche agg. ● Imbronciato.

immutàbile [vc. dotta, lat. *immutābile(m)*, comp. di *in-* neg. e *mutābilis* 'mutabile'; 1342] agg. *1* Che non muta: *propizio et immutabil vento* (ARIOSTO) | Che non si può mutare: *proposito, decreto i.* SIN. Costante, fisso, stabile. *2* (*raro*) Perpetuo, eterno: *Dio i.* || **immutabilménte**, †**immutabileménte**, avv.

immutabilità [vc. dotta, lat. *immutabilitāte(m)*, comp. di *in-* neg. e *mutabĭlitas* 'mutabilità'; av. 1364] s. f. ● Condizione di ciò che è immutabile: *l'i. di una decisione.* SIN. Costanza, stabilità.

immutàre [vc. dotta, lat. tardo *immutāre*, comp. di *in-* neg. e *mutāre* 'mutare'; av. 1342] v. tr. ● (*raro, lett.*) Mutare, modificare.

immutàto [vc. dotta, lat. *immutātu(m)*, part. pass. di *immutāre* 'immutare'; sec. XIV] agg. ● Che non ha subìto cambiamenti o alterazioni: *l'orario dei treni è i.*; *fisionomia immutata*; *con i. affetto.*

immutazióne [vc. dotta, lat. *immutatiōne(m)*, da *immutātus*, part. pass. di *immutāre* 'immutare'; sec. XIV] s. f. ● (*raro*) Cambiamento, modificazione.

ìmo [vc. dotta, lat. *īmu(m)*, di etim. incerta; 1313] **A** agg. *1* (*lett.*) Che si trova nel punto, nella posizione e sim. più bassa, più interna o più profonda: *un tremor gelido / per l'ossa ime gli corse* (CARDUCCI) | (*raro*) ***La valle ima***, il fondo della valle. *2* (*lett., fig.*) Di infima condizione. **B** s. m. *1* (*lett.*) Il punto più basso, più interno o più profondo di qlco. | ***Ad imo***, in fondo. CONTR. Sommità. *2* (*raro*) Infima condizione sociale.

imoscàpo [comp. del lat. *īmus* 'imo, inferiore' e *scāpus* 'scapo, tallo'; sec. XVIII] s. m. ● (*arch.*) Diametro inferiore di una colonna.

impaccàggio [1964] s. m. ● Operazione dell'impaccare.

impaccaménto [da *impaccare* col sign. del corrispondente ingl. *packing*, da *to pack* 'premere, stipare', in vari sensi tecnici; 1970] s. m. ● (*elab.*) Densità di registrazione dei dati su un nastro magnetico.

impaccàre [comp. di *in-* (*1*) e *pacco*; 1640] v. tr. (*io impàcco, tu impàcchi*) ● Involtare qlco. facendo un pacco: *i. i libri* | Mettere in un pacco: *i. la merce.*

impaccatóre s. m. (f. *-trice*) ● Operaio che confeziona pacchi.

impaccatrìce [da *impacca(re)* col suff. *-trice*] s. f. ● (*tecnol.*) Macchina automatica o semiautomatica che confeziona pacchi di determinati prodotti.

impaccatùra s. f. ● Operazione dell'impaccare.

impacchettaménto [1972] s. m. ● Operazione dell'impacchettare. SIN. Impacchettatura.

impacchettàre [comp. di *in-* (*1*) e *pacchetto*; 1561] v. tr. (*io impacchétto*) *1* Involtare qlco. formando un pacchetto: *i. della frutta* | Mettere in un pacchetto. *2* (*est., fam.*) Ammanettare, imprigionare.

impacchettatóre s. m. (f. *-trice*) ● Chi impacchetta merci o materiali vari.

impacchettatrìce [1980] s. f. ● (*tecnol.*) Macchina automatica o semiautomatica che confeziona pacchetti di determinati prodotti.

impacchettatùra s. f. ● Impacchettamento.

†**impacciaménto** [av. 1292] s. m. ● Impaccio.

impacciàre [ant. provz. *empachar*, dall'ant. fr. *empeechier*, dal lat. tardo *impedicāre* 'intralciare', da *pĕdica* 'laccio, trappola (tesa al *piede*: *pēs*, genit. *pĕdis*)'; av. 1292] **A** v. tr. (*io impàccio*) *1* Impedire, intralciare, ostacolare l'azione o il movimento: *quelle valigie lo impacciano* (*nei movimenti*), *gli impacciano i movimenti.* *2* (*fig.*) Dare imbarazzo, disagio: *la sua presenza mi impaccia.* *3* †Sequestrare, trattenere. **B** v. intr. pron. ● (*raro*) Impicciarsi | ***Impacciarsi con qlcu.***, essere in rapporto con lui: *chi s'impaccia con voi, corre pericolo di pentirsi d'averlo fatto* (GOLDONI) | †Occuparsi, preoccuparsi di qlco.

impacciàto [av. 1292] part. pass. di *impacciare*; anche agg. *1* Impedito nei movimenti. *2* (*fig.*) Imbarazzato, confuso, esitante: *atteggiamento, discorso i.* | (*est., fig.*) Goffo: *un'andatura impacciata.* || **impacciataménte**, avv.

impàccio [da *impacciare*; 1353] s. m. *1* Condizione di chi è impacciato: *non sapeva nascondere il proprio i.* SIN. Imbarazzo. CONTR. Disinvoltura. *2* Ostacolo, impedimento, intralcio: *quegli impacci ci impedirono di partire.* *3* (*est.*) Situazione che procura noia, fastidio o imbarazzo: *trovarsi in, uscire da un, i.*; *trarsi d'i.* *4* Nella moda femminile del passato, entrave.

impaccióne [1869] s. m. (f. *-a*) ● (*raro, tosc.*) Impiccione.

impaccióso [1688] agg. ● (*raro, tosc.*) Impiccione.

†**impacciucàre** [comp. di *in-* (*1*) e del dial. *pacciucco* 'intruglio', di orig. espressiva] v. tr. ● Imbrattare, impiastrare.

impàcco [da *impaccare*; 1876] s. m. (pl. *-chi*) ● Applicazione di garze o panni intrisi di acqua calda o fredda o di sostanze medicamentose su parti del corpo.

impaciàre [comp. di *in-* (*1*) e *pace*; 1869] v. tr. e intr. (*io impàcio*; aus. intr. *essere*) ● (*raro, tosc.*) Terminare alla pari una o più partite, spec. nei giochi di carte.

impadellàre [comp. di *in-* (*1*) e *padella*; av. 1944] **A** v. tr. (*io impadèllo*) ● (*region.*) Sporcare di macchie d'unto. **B** v. intr. pron. ● (*region.*) Sporcarsi di macchie d'unto.

impadronìrsi [comp. di *in-* (*1*) e *padrone*; 1540] v. intr. pron. (*io mi impadronisco, tu ti impadronìsci*) (+*di*) *1* Impossessarsi, appropriarsi di qlco., spesso con la violenza o l'inganno: *i nemici s'impadronirono di tutte le città vicine* | (*fig.*) Prendere possesso di qlcu.: *una grande tenerezza s'impadronì di lui* (PIRANDELLO). *2* (*fig.*) Arrivare a conoscere a fondo un argomento, una disciplina: *s'impadronì in pochi mesi della lingua francese.*

†**impaesàrsi** [comp. di *in-* (*1*) e *paese*; 1869] v. intr. pron. ● (*raro*) Entrare in un paese per stabilirvisi.

impagàbile [comp. di *in-* (*3*) e *pagabile*, sul tipo del corrisp. fr. *impayable*; 1640] agg. ● Che vale molto più di quanto possa pagarsi: *un collaboratore i.* | (*est.*) Straordinario, impareggiabile: *uno spettacolo i.* || **impagabilménte**, avv.

impaginàre [comp. di *in-* (*1*) e *pagina*; 1798] v. tr. (*io impàgino*) *1* (*edit.*) Progettare sul menabò l'aspetto e la struttura di una pagina di una pubblicazione. *2* (*edit.*) In tipografia, disporre, montare in forma regolare di pagina distribuendo opportunamente le colonne di testo già composte e intercalandole di spazi, margini, illustrazioni, didascalie e sim.

impaginàto [av. 1907] **A** part. pass. di *impaginare*; anche agg. ● Nei sign. del v. **B** s. m. ● (*edit.*) Bozza tipografica disposta in forma di pagina.

impaginatóre [1869] s. m. (f. *-trice*); anche agg. ● (*edit.*) Chi (o Che) impagina.

impaginatùra [1742] s. f. ● Impaginazione.

impaginazióne [1895] s. f. ● (*edit.*) L'impaginare.

impagliàre [comp. di *in-* (*1*) e *paglia*; 1640] v. tr. (*io impàglio*) *1* Coprire, rivestire o imbottire di paglia o sim. qlco.: *i. i fiaschi, le seggiole* | Imballare con paglia oggetti fragili per renderne agevole e sicuro il trasporto: *i. cristalli, piatti, specchi.* *2* Riempire di paglia pelli conciate di animali morti per conservarne la forma e l'aspetto: *i. un uccello esotico.* SIN. Imbalsamare.

impagliàta (*1*) [da *paglia*] s. f. *1* Mangime per bestiame, con paglia e fieno triturati. *2* Rivestimento di paglia in capanne e sim., per riparo dal freddo.

impagliàta (*2*) [dalla *paglia* con cui si coprivano superstiziosamente le fessure della stanza, dove giaceva la puerpera, perché i venti non le apportassero danno; av. 1556] s. f. *1* †Puerpera. *2* (*merid.*) Servizio di ceramica che veniva offerto alla puerpera, generalmente composto da una tazza, da un piatto, da una scodella e da una saliera. *3* (*merid.*) Piccolo rinfresco alla buona, in occasione di un parto.

impagliatìno [1869] s. m. ● (*tosc.*) Piano impagliato delle seggiole.

impagliàto [1340 ca.] part. pass. di *impagliare*; anche agg. *1* Nei sign. del v. *2* †Mescolato con paglia. *3* †Biondiccio.

impagliatóre [1869] s. m. (f. *-trice*) *1* Chi ricopre o riveste oggetti con paglia: *i. di fiaschi, di seggiole.* *2* Imbalsamatore di animali.

impagliatùra [1862] s. f. ● Operazione del rivestire o imbottire qlcu. di paglia | Il rivestimento stesso | (*est.*) La trama secondo cui si impagliano le seggiole: *i. a scacchi.*

impàla [vc. indigena (*-mpala*), dal protobantu *mpala*] s. m. inv. ● Agile ed elegante antilope africana con zampe sottilissime, i cui maschi hanno grandi corna a lira (*Aepyceros melampos*). SIN. Melampo.

impalaménto [da *impalare*; 1869] s. m. ● (*raro*) L'impalare, come forma di antico supplizio.

impalancàto [comp. di *in-* (*1*) e *palanca*; av. 1956] s. m. ● Chiusura fatta con pali, armi e sim.

impalàre [comp. di *in-* (*1*) e *palo*; 1483] **A** v. tr. *1* Provocare la morte di qlcu. infilzandolo su un palo aguzzo, secondo una forma di antico supplizio. *2* Mettere pali e fili a sostegno di piante arboree o erbacee: *i. le viti, i pomodori.* **B** v. intr. pron. ● Stare fermo e dritto come un palo: *impalarsi sull'attenti, in attesa di ordini.*

impalàto [av. 1745] part. pass. di *impalare*; anche agg. ● Che sta fermo e dritto come un palo: *dammi una mano, invece di rimanere lì i.!*

impalatùra [av. 1735] s. f. *1* (*raro*) Impalamento. *2* Lavoro del mettere in opera pali di sostegno: *i. delle viti.*

impalcaménto [sec. XVIII] s. m. ● (*raro*) L'impalcare.

impalcàre [comp. di *in-* (*1*) e *palco*; 1482] v. tr. (*io impàlco, tu impàlchi*) *1* Costruire con assi e travi il palco di una stanza. *2* (*agr.*) Regolare la crescita e la forma di un albero mediante la potatura.

impalcàto [dal part. pass. di *impalcare*; av. 1685] s. m. ● (*edil.*) Insieme dei legnami che formano l'ossatura di un pavimento | Insieme delle travi principali, disposte secondo la direzione della luce da superare, e delle travi secondarie disposte trasversalmente alle prime, che costituiscono il sostegno orizzontale del piano stradale di un ponte.

impalcatùra [da *impalcare*; 1550] s. f. *1* Struttura provvisoria di cantiere in pali o tubi, per sostenere gli operai e i materiali. SIN. Ponteggio | Struttura stabile a sostegno di un'altra non resistente. *2* Appostamento elevato per sparare a uccelli o a grossa selvaggina da pelo: *i. per colombacci.* *3* Punto dove i rami si inseriscono sul tronco e disposizione degli stessi secondo i diversi sistemi di allevamento. SIN. Inforcatura. *4* (*fig.*) Struttura fondamentale su cui reggono organismi, istituzioni e sim.: *l'i. della nostra società, di uno Stato monarchico.* SIN. Base.

impallàre [comp. di *in-* concl. e *palla*; 1863] **A** v. tr. ● (*sport*) Nel biliardo, far terminare le biglie in posizione tale che tra esse risultino frapposti i birilli o il pallino, così da costringere l'avversario a eseguire un tiro di sponda. **B** v. rifl. ● (*fig.*) Trovarsi in difficoltà.

impallatùra s. f. ● (*sport*) Situazione di chi impalla, rimane impallato. SIN. Copertura.

♦**impallidìre** [comp. di *in-* (*1*) e *pallido*; av. 1342] **A** v. intr. (*io impallidisco, tu impallidisci*; aus. *essere*) *1* Divenire pallido: *i. per l'emozione, la paura, un malore.* SIN. Sbiancare. *2* (*fig.*) Turbarsi profondamente, sbigottire: *tutti impallidirono al resoconto di tante atrocità* | ***Cosa da far i. le stelle***, strana, straordinaria. *3* Divenire, parzialmente o totalmente, meno luminoso, splendido, lucido e sim.: *all'alba le stelle impallidiscono.* SIN. Sbiadire, scolorare. *4* (*fig.*) Essere superato per importanza, gravità, fama e sim.: *tutti gli orrori delle guerre impallidiscono innanzi a quelli dell'ultima*; *i. al confronto, al paragone.* SIN. Attenuarsi. **B** v. tr. ● (*raro*) Rendere pallido, smorto.

impallinaménto [1957] s. m. *1* L'impallinare. *2* (*bot.*) Acinellatura.

impallinàre [comp. di *in-* (*1*) e *pallino*; 1713] v. tr. *1* Colpire qlcu. o qlco., anche per errore, sparando cartucce a pallini. *2* (*fig.*) Nel linguaggio politico, provocare l'imprevista sconfitta di qlcu. mediante critiche improvvise, votazioni a sorpresa e sim.

impallinàta [da *impallinare*; 1906] s. f. ● L'impallinare | Scarica di pallini da cui si viene colpiti: *prendersi un'i.* SIN. Impallinatura.

impallinatùra [av. 1920] s. f. ● Impallinata.

impalmàre (*1*) [comp. di *in-* (*1*) e *palma* (*1*), stretta in atto di accordo; sec. XIV] **A** v. tr. *1* (*lett.*) Impegnare una fanciulla con promessa di matrimonio | (*est.*) Sposare una donna. *2* †Promettere in sposa | †***I. la morte***, (*fig.*) votarsi alla morte. *3* †Impugnare, prendere, stringere. **B** v. rifl. rec. ● †Stringersi l'un l'altro la mano, come segno di solenne promessa: *tutti s'accordarono, e alla mensa s'impalmarono, e giurarono insieme* (SACCHETTI). **C** v. intr. pron. ● (*raro*) Andare sposa, detto della donna: *s'è impalmata di recente.*

impalmàre (2) [sp. *empal(o)mar* 'unire con la fune chiamata *paloma* (di etim. incerta)'; 1937] v. tr. *1* Legare con giri di spago la cima di una fune o di un cavo, perché non si sfilacci. *2* (*mecc.*) Congiungere cavi metallici spec. di funivie o teleferiche mediante intreccio dei trefoli.

impalmatùra [da *impalmare* (2); 1937] s. f. ● Connessione delle estremità di due cavi metallici eseguito intrecciandone i trefoli.

impalpàbile [comp. di *in-* (3) e *palpabile*; 1385] agg. ● Che sfugge alla percezione del tatto (*anche fig.*): *l'aria è i.*; *in poesia il generale sta come anima ... invisibile e i.* (DE SANCTIS) | ***Polvere, velo i.***, estremamente fine e sottile. ‖ **impalpabilménte**, avv.

impalpabilità [av. 1537] s. f. ● Caratteristica di ciò che è impalpabile.

impaludaménto [1754] s. m. ● L'impaludarsi.

impaludàre [comp. di *in-* (1) e *palude*; 1313] **A** v. tr. ● Ridurre a palude: *i. una pianura.* **B** v. intr. e intr. pron. (aus. *essere*) *1* Divenire palude, trasformarsi in palude: *sul fiume impaludato in magre stagnazioni plumbee* (CAMPANA). *2* (*fig.*) Bloccarsi, impantanarsi: *il discorso s'impaludò in un silenzio* (PAVESE).

impaludàto (1) [av. 1555] part. pass. di *impaludare*; anche agg. ● Nei sign. del v.

impaludàto (2) [comp. di *in-* (1) e *paludato*; 1909] agg. ● Vestito con abiti sontuosi: *era tutta impaludata di broccato*; *essere i. in un ricco vestito.*

†**impaludìre** v. intr. e intr. pron. ● Impaludare.

impanàre (1) [comp. di *in-* (1) e *pane* (1); 1829] v. tr. ● Passare nel pangrattato prima di friggere: *i. le cotolette.*

impanàre (2) [comp. di *in-* (1) e *pane* (2); 1899] v. tr. ● Fare l'impanatura di una vite, filettarla.

impanàto [av. 1862] part. pass. di *impanare* (*1*); anche agg. ● Nel sign. del v.: *braciola, crocchetta impanata.*

impanatùra (1) [da *impanare* (*1*)] s. f. ● L'impanare | Filettatura.

impanatùra (2) [da *impanare* (*2*); 1803] s. f. ● Disposizione della spirale di una vite.

impancàre [comp. di *in-* (1) e *panca*; 1470] **A** v. tr. (*io impànco, tu impànchi*) ● †Porre qlcu. o qlco. su una panca. **B** v. intr. pron. e †intr. *1* †Mettersi a giacere, a sedere su una panca | (*est.*) Porsi a sedere a tavola. *2* (*fig.*) Assumere presuntuosi atteggiamenti da giudice, critico e sim.: *impancarsi a maestro di vita e di morale.*

impaniàre [comp. di *in-* (1) e *pania*; av. 1320] **A** v. tr. (*io impànio*) *1* Rivestire di pania o vischio bacchette o rametti di legno, per catturare uccelli | Catturare uccelli con la pania. *2* (*fig.*) Ingannare. **B** v. intr. pron. *1* Rimanere preso alla pania, detto di uccello. *2* (*fig.*) Mettersi in condizioni difficili e senza via d'uscita: *impaniarsi in una lite, in un affare sballato*; *si è impaniato con una donna che non fa per lui.* SIN. Invischiarsi.

impaniàto [1313] part. pass. di *impaniare*; anche agg. *1* Nei sign. del v. *2* (*est.*) Detto di lingua ricoperta superiormente da una patina biancastra.

impaniatóre [1728] s. m.; anche agg. (f. *-trice*) ● Chi (o Che) impania.

impaniatùra [1724] s. f. ● L'impaniare | Rivestimento di pania o vischio su bacchette e sim., per catturare uccelli.

impannàre [comp. di *in-* (1) e *panno*; 1504] v. tr. *1* (*raro, region.*) Tessere panni. *2* Mettere l'impannata a una finestra.

impannàta [da *impannare*; av. 1519] s. f. ● Riparo di tela, panno o carta posto alla finestra per difesa dal freddo | (*est.*) Infisso con vetri.

impantanàre [comp. di *in-* (1) e *pantano*; sec. XIII] **A** v. tr. ● Rendere pantanoso, ridurre come pantano: *i. una stanza, un campo.* **B** v. intr. pron. *1* Entrare, sprofondare in un pantano, nel fango: *ci siamo impantanati con la macchina alle porte della città.* *2* (*fig.*) Invischiarsi in qlco., in modo da non sapere come uscirne: *si è impantanato in un mare di debiti.* SIN. Impegolarsi, ingolfarsi | (*fig.*) Bloccarsi, arenarsi: *la trattativa s'è impantanata.* *3* (*raro*) Tramutarsi in pantano.

impaperàrsi [comp. di *in-* (1) e *papera*, in senso fig.; 1905] v. intr. pron. (*io m'impàpero*) ● Prendere delle papere, incagliarsi nel parlare e spec. nel recitare: *durante la rappresentazione si è impaperato due volte.*

impapocchiàre [nap. *'mpapucchià*, da *papocchia* 'pappa molle', poi 'imbroglio, pasticcio' (cfr. *pappa*), con passaggio semantico analogo a quello di *pastetta*; 1841] v. tr. (*io impapòcchio*) ● (*merid.*) Abbindolare, gabbare, darla a bere | Eseguire in modo maldestro o pasticciato.

impappinàre [comp. di *in-* (1) e *pappina*, in senso fig.; 1863] **A** v. tr. ● (*raro*) Far confondere qlcu. nel parlare, nel rispondere. **B** v. intr. pron. ● Imbrogliarsi, confondersi nel parlare, recitare, rispondere: *era tanta la paura che ci siamo impappinati entrambi.*

impappolàre [comp. di *in-* (1) e *pappola*, forma dim. di *pappa*; av. 1859] v. tr. (*io impàppolo*) *1* (*raro*) Impiastrare, imbrattare di pappa o altra sostanza simile. *2* (*fig., tosc.*) Ingannare mentendo.

imparàbile [comp. di *in-* (3) e *parabile*; 1912] agg. ● Detto di tiro, di pallone e sim. impossibile a pararsi. ‖ **imparabilménte**, avv.

imparacchiàre [da *imparare*; av. 1606] v. tr. (*io imparàcchio*) ● Imparare poco e male.

imparadişàre [comp. di *in-* (1) e *paradiso*; 1321] v. tr. ● (*raro, lett.*) Colmare di sublime felicità, rendere beato come in paradiso.

imparagonàbile [comp. di *in-* (3) e *paragonabile*; av. 1694] agg. ● Che non ammette paragoni. SIN. Impareggiabile, incomparabile. ‖ **imparagonabilménte**, avv.

♦**imparàre** [lat. parl. **imparāre* 'prendere (*parāre*) in (*in-*) possesso, acquistare'; 1319] v. tr. (qlco.; + *a* seguito da inf.; + *che* seguito da indic.) *1* Acquisire una serie di conoscenze mediante lo studio, l'esercizio, l'osservazione: *i. la storia, la grammatica*; *i. l'educazione, le buone maniere*; *i. a leggere, a scrivere*; *i. come si fa qlco.*; *è necessario i. a difendersi da soli* | (*est.*) Di animali, apprendere qlco. mediante l'educazione o la ripetizione abitudinaria degli atti: *il cavallo ha imparato la strada di casa*; *il pappagallo può imparare qualche parola.* *2* Apprendere qlco. per mezzo dell'esperienza: *i. a vivere, a comportarsi bene*; *i. a rispettare le regole*; *da lei impara il dolce andar soave* (POLIZIANO); *ho imparato a mie spese che talvolta è meglio tacere*; *col suon de le parole / ne le quali io imparai che cosa è amore* (PETRARCA). *3* (*region.*) Venire a sapere: *ho imparato per caso che domani partirete.* *4* (*merid.*) Insegnare. ‖ PROV. Errando s'impara; chi molto pratica molto impara; impara l'arte e mettila da parte.

imparatìccio [comp. di *imparato*, part. pass. di *imparare*, e *-iccio*; av. 1712] s. m. *1* Lavoro portato a termine da un principiante in fase di addestramento. *2* Complesso di nozioni apprese in modo frettoloso e superficiale.

imparchettatùra [dall'ant. fr. *emparquier*, da *parquet* 'intelaiatura'; 1965] s. f. ● Sistema di rinforzi, costituiti da elementi spec. di legno, applicati sul retro dei dipinti su tavola per preservarli da deformazioni.

impareggiàbile [comp. di *in-* (3) e *pareggiabile*; 1659] agg. ● Che non ha pari: *simpatia, bellezza i.* | (*est.*) Unico, prezioso, insostituibile: *amico i.*; *consiglio i.*; *l'integrale dei fuggenti attimi è l'ora: l'ora i.* (GADDA). SIN. Incomparabile, ineguagliabile. ‖ **impareggiabilménte**, avv.

imparentàre [comp. di *in-* (1) e *parente*; 1312] **A** v. tr. (*io imparènto*) ● (*raro*) Fare, diventare parente, spec. con matrimonio. **B** v. intr. pron. (+ *con*) ● Diventare parente, spec. per mezzo del matrimonio: *si è imparentata con una buona e ricca famiglia*; *vogliono farmi i. con loro ... per l'appoggio del parentado* (VERGA).

ìmpari o †**impàri** [vc. dotta, lat. *ĭmpare(m)*, comp. di *in-* neg. e *pār*, genit. *păris*, di etim. incerta; sec. XIII] agg. *1* Non pari, non uguale | (*est.*) Inferiore per forza, valore, qualità e sim.: *l'esercito nemico attaccò con forze i.* *2* (*mat.*) Dispari: *numeri i.* *3* (*anat.*) Detto di formazione o di organo che è presente in una sola metà laterale del corpo, quale il fegato, o in posizione mediana, il naso. ‖ †**imparimènte**, avv. Disugualmente.

imparidigitàto [comp. di *impari* 'dispari' e *digitato*; 1940] agg. ● Detto di animale in cui le dita sono in numero dispari.

imparipennàto [comp. di *impari* 'dispari' e *pennato*; 1813] agg. ● Detto di foglia pennata con foglioline in numero dispari.

imparisìllabo [comp. di *impari* 'dispari' e *sillaba*; av. 1810] **A** agg. ● Che è costituito da sillabe in numero dispari: *verso i.* | Nella grammatica latina, detto di aggettivo e sostantivo in cui il numero delle sillabe varia dal nominativo agli altri casi. **B** anche s. m.: *la declinazione degli imparisillabi.*

imparità [vc. dotta, lat. tardo *imparitāte(m)*, da *ĭmpar* 'impari'; 1551] s. f. ● (*raro, lett.*) Disuguaglianza | Inferiorità.

†**imparnassìre** [comp. di *in-* (1) e *Parnasso*; av. 1704] **A** v. intr. ● Entrare in Parnaso. **B** v. intr. pron. ● Farsi poeta.

imparruccàre [comp. di *in-* (1) e *parrucca*; av. 1914] **A** v. tr. (*io imparrùcco, tu imparrùcchi*) *1* Mettere la parrucca. *2* (*fig.*) Coprire di bianco: *la neve imparruccava i colli circostanti.* **B** v. rifl. ● (*scherz.*) Mettersi la parrucca.

imparruccàto [1694] part. pass. di *imparruccare*; anche agg. *1* Nei sign. del v. *2* (*fig.*) Antiquato, retorico: *stile, linguaggio i.*

†**impartìbile** [vc. dotta, lat. tardo *impartĭbile(m)*, comp. di *in-* neg. e *partĭbilis* (da *pārs*, genit. *pārtis* 'parte') 'divisibile'; 1584] agg. ● Che non si può dividere: *questo insieme ... immobile, i.* (BRUNO).

impartìre [vc. dotta, lat. tardo *impartīre*, per *impertīre* 'fare parte di, dare una parte di', comp. di *in-* raff. e *partīre*, da *pārs*, genit. *pārtis* 'parte'; 1320 ca.] v. tr. (*io impartisco* o raro *impàrto, tu impartisci* o raro *impàrti*) ● Dare, distribuire, assegnare: *i. l'insegnamento, gli ordini, la benedizione* | Concedere: *i. grazie, dispense.*

imparucchiàre [da *imparare*; 1869] v. tr. (*io imparùcchio*) ● Imparacchiare.

imparziàle [comp. di *in-* (3) e *parziale*; 1672] agg. *1* Detto di chi opera o giudica in modo obiettivo ed equanime, senza favorire nessuna delle parti: *giudice, critico, storico i.* SIN. Giusto, equo, spassionato. *2* (*est.*) Che mostra equità di giudizio: *considerazioni imparziali.* ‖ **imparzialménte**, avv.

imparzialità [comp. di *in-* (3) e *parzialità*; 1765] s. f. ● Caratteristica di chi è imparziale: *giudicare con i.* | Condizione di ciò che è imparziale: *l'i. di una decisione.* SIN. Equità, giustizia.

impasse /fr. ɛ̃'pas/ [vc. fr., comp. di *in-* neg. e di un deriv. da *passer* 'passare'; 1899] s. f. inv. *1* Situazione senza via d'uscita, vicolo cieco, grave difficoltà: *trovarsi in un'i.*; *superare un'i.* *2* Nel bridge, giocata basata sull'aspettativa che una carta sia in mano al difensore che gioca per primo piuttosto che all'altro.

impassìbile [vc. dotta, lat. tardo *impassĭbile(m)*, comp. di *in-* neg. e di un deriv. da *pāssus*, part. pass. di *pāti* 'soffrire (di orig. indeur.?)'; 1336 ca.] agg. *1* (*raro, lett.*) Che è insensibile al dolore fisico. *2* (*est.*) Che non si lascia vincere da nessuna emozione, che non mostra alcun turbamento: *rimase i. di fronte alla tragedia*; *viso i.*; *occhiata i.*; *eccovi un'anima / deserta / uno specchio i. / del mondo* (UNGARETTI). SIN. Imperturbabile, inalterabile. ‖ **impassibilménte**, avv.

impassibilità [vc. dotta, lat. tardo *impassibilitāte(m)*, da *impassĭbilis* 'impassibile'; av. 1342] s. f. ● Caratteristica di chi (o di ciò che) è impassibile. SIN. Imperturbabilità, inalterabilità.

impassìre [comp. di *in-* (1) e *passo* (2); av. 1577] v. intr. (*io impassisco, tu impassisci*; aus. *essere*) ● (*lett.*) Appassire, seccarsi: *sente impassir la scorza* (PASCOLI).

impastàbile [av. 1704] agg. ● (*raro*) Che si può impastare.

impastaménto [av. 1712] s. m. *1* Nel pastificio, formazione della pasta mediante le impastatrici. *2* (*tipogr.*) Difetto di stampa consistente in una mancanza di nitidezza. *3* (*elettr.*) Guasto che ha luogo in un microfono a carbone quando i granuli, per assorbimento di umidità, aderiscono fra loro perdendo ogni mobilità. *4* (*med.*) Nella massoterapia, manovra eseguita sui tessuti con movimenti simili a quelli compiuti nell'impastare il pane.

♦**impastàre** [comp. di *in-* (1) e *pasta*, 1431 ca.] **A** v. tr. *1* Amalgamare a mano o a macchina una o più sostanze fino a formare una pasta omogenea: *i. il pane, la creta, la terra* | ***I. i colori***, mescolarli e diluirli sulla tavolozza. *2* (*raro*) Coprire di colla | (*est.*) Incollare. *3* †Legare fra loro in modo piacevole voci e suoni. **B** v. intr. pron. *1* Mescolarsi in un impasto. *2* (*fig.*) Risultare poco nitido, spec. per eccesso d'inchiostro, detto di testo a stampa o di riproduzione di immagini.

impastàto [1353] part. pass. di *impastare*; anche agg. *1* Nei sign. del v. *2* Pieno di pasta: *mani impastate* | (*est.*) Ricoperto, imbrattato di un materiale pastoso: *abiti impastati di fango, di terra* | ***Sentirsi la lingua impastata***, sentirla patinosa. **3** (*tipogr.*) ***Stampa impastata***, quella che presenta il difetto dell'impastamento. **4** (*fig.*) Fatto, costituito, formato: *uomo i. di egoismo*; *animo i. di pregiudizi, di malignità* | ***Essere i. di sonno***, essere un dormiglione; avere molto sonno | ***Occhi impastati di sonno***, che si chiudono per il sonno.

impastatóre [av. 1704] s. m. (f. *-trice*) ● Chi impasta il pane o altre sostanze.

impastatrice [1940] s. f. ● In varie lavorazioni industriali, macchina per impastare: *i. per farina*; *i. per malta e calcestruzzo*.

impastatùra [av. 1667] s. f. ● Operazione dell'impastare | Impasto.

impasticcàrsi [comp. parasintetico di *pasticca*, col pref. *in-* (*1*); 1971] v. rifl. (*io m'impasticco, tu t'impasticchi*) ● (*gerg.*) Fare uso di sostanze stupefacenti | (*est.*) Fare largo uso di farmaci in pastiglie.

impasticcàto [1967] part. pass. di *impasticcarsi*; anche agg. e s. m. (f. *-a*) ● (*gerg.*) Che (o Chi) fa uso di sostanze stupefacenti. SIN. Drogato.

impasticciàre [comp. di *in-* (*1*) e *pasticcio*; av. 1704] **A** v. tr. (*io impasticcio*) **1** Manipolare varie sostanze per farne un pasticcio. **2** (*fig.*) Lavorare male, in modo frettoloso e disordinato: *i. un dramma, un discorso* | Imbrogliare, scombinare: *i. una faccenda*. **3** (*raro*) Insudiciare, impiastrare. **B** v. rifl. ● Insudiciarsi, imbrattarsi.

impàsto (**1**) [da *impastare*; 1821] s. m. **1** Operazione dell'impastare. **2** Amalgama di una o più sostanze, variamente manipolate, per usi diversi: *un i. di calce e sabbia*. **3** (*fig.*) Miscuglio, mescolanza, combinazione: *quel romanzo è un brutto i. di stili diversi*. **4** Insieme dei colori di un quadro. **5** (*raro, fig.*) Fusione di suoni, di voci.

†**impàsto** (**2**) [vc. dotta, lat. *impāstu(m)* 'non sazio, non pasciuto', comp. di *in-* neg. e *pāstus*, part. pass. di *pāscere* 'nutrire', di orig. indeur.; av. 1533] agg. ● (*lett.*) Digiuno: *i. leone in stalla piena, / che lunga fame abbia smagrito e asciutto / uccide, scanna, mangia* (ARIOSTO).

impastocchiàre [comp. di *in-* (*1*) e *pastocchia*; 1612] v. tr. (*io impastòcchio*) ● (*raro*) Cercare pretesti, raccontare bugie allo scopo di ingannare gli altri e di togliere sé stessi da una situazione fastidiosa | ***I. qlcu.***, raggirarlo.

impastoiàre [comp. di *in-* (*1*) e *pastoia*; av. 1342] v. tr. (*io impastóio*) **1** Legare con le pastoie: *i. un cavallo*. **2** Impedire i movimenti di qlcu. (*spec. fig.*): *i pregiudizi gli impastoiano la mente* | (*fig.*) Ostacolare, frenare: *i. le attività produttive*. SIN. Impacciare, inceppare, intralciare.

impastranàre [comp. di *in-* (*1*) e *pastrano*] v. tr. e rifl. ● (*disus.*) Avvolgere o avvolgersi strettamente nel pastrano.

impataccàre [comp. di *in-* (*1*) e *patacca*; av. 1767] **A** v. tr. (*io impatàcco, tu impatàcchi*) ● (*fam.*) Insudiciare con grosse macchie: *i. il vestito, la cravatta, la tovaglia*. **B** v. rifl. ● Insudiciarsi, macchiarsi: *s'è tutto impataccato mangiando*. **C** v. rifl. rec. ● (*tosc.*) †Rappacificarsi.

impattàre (**1**) [comp. di *in-* (*1*) e *patta*; 1524] v. tr. e intr. (aus. *avere*) ● Terminare alla pari, senza vincere né perdere: *i. una partita* | ***Impattarla con qlcu.***, (*fig., fam.*) riuscire a uguagliarlo in qlco.

†**impattàre** (**2**) [comp. di *in-* (*1*) e *patto*, nel senso di 'pattume'; 1803] v. intr. ● Stendere paglia o altro per fare il letto alle bestie.

impattàre (**3**) [denom. di *impatto*; 1966] v. intr. (aus. *avere*) **1** Urtare, scontrarsi. **2** (*fig.*) Avere un impatto, un effetto.

impàtto (**1**) [adatt. dell'ingl. *impact*, dal lat. *impāctus*, part. pass. di *impìngere* 'spingere (*pàngere*) contro (*in-*)'; 1950] s. m. **1** (*fis.*) Urto. **2** (*aer. mil.*) Urto di un corpo in movimento, come bomba, missile, proiettile, aeromobile e sim., contro una superficie | Punto in cui tale urto si verifica, spec. quello in cui un proiettile incontra il bersaglio | ***Angolo di i.***, formato dalla traiettoria con la superficie del bersaglio nel punto di impatto. **3** (*est.*) Urto, scontro, collisione | (*fig.*) Brusca presa di contatto: *l'i., con la nuova classe, con i nuovi insegnanti*. **4** (*fig.*) Influsso, effetto: *l'i. di una civiltà su un'altra*; *l'i. di una promozione pubblicitaria* | ***I. ambientale***, complesso di modificazioni o alterazioni dell'ambiente naturale in conseguenza di nuove costruzioni, opere pubbliche, insediamenti industriali.

†**impàtto** (**2**) [da *impattare* (*2*); 1823] s. m. ● Giaciglio per il bestiame.

†**impauràre** [1282] v. tr. e intr. ● (*lett.*) Impaurire.

♦**impaurìre** [comp. di *in-* (*1*) e *paura*; 1312] **A** v. tr. (*io impaurisco, tu impaurisci*) ● Riempire di paura: *i. qlcu. con grida, minacce*; *il buio lo impaurisce*. SIN. Allarmare, spaventare. **B** v. intr. e intr. pron. (aus. *essere*) ● Spaventarsi.

impavesàre [comp. di *in-* (*1*) e *pavese*; 1470] v. tr. (*io impavéso*) **1** (*mar.*) Munire una nave dell'impavesata. **2** Innalzare il pavese su un nave.

impavesàta [f. sost. del part. pass. di *impavesare*; 1614] s. f. ● (*mar.*) Alto parapetto del ponte di coperta, per il riparo delle persone | Cassone entro il quale si riponevano le brande dell'equipaggio, nelle antiche navi militari. SIN. Bastingaggio.

impàvido [vc. dotta, lat. *impăvidu(m)*, comp. di *in-* neg. e *păvidus* 'pavido'; 1499] agg. ● Che non ha paura, che mostra grande coraggio: *cuore i.*; *soldato, lottatore i.*; *affrontò i. il nemico*. SIN. Ardito, coraggioso. || **impavidaménte**, avv. Senza paura.

impazientàre [da *impaziente* (*1*); av. 1685] v. tr. e intr. pron. (*io impaziènto*) ● (*raro*) Impazientire.

♦**impaziènte** (**1**) [vc. dotta, lat. *impatiĕnte(m)*, nom. *impătiens*, comp. di *in-* neg. e *pătiens* 'paziente'; 1338 ca.] agg. **1** (*lett.*) Insofferente, intollerante: *essere i. di fatica, di freno*. **2** Che manca di pazienza e s'incollerisce facilmente: *essere i. coi figli* | Che denota impazienza: *gesto, sguardo i.* SIN. Nervoso. **3** Che desidera fortemente fare qlco. e non riesce a sopportare l'attesa: *i ragazzi erano impazienti di rivedere i genitori*. SIN. Ansioso. || **impazienteménte**, avv. In modo impaziente; senza pazienza.

impaziènte (**2**) [da *impaziente* (*1*), perché i suoi frutti si aprono di scatto non appena toccati; 1834] s. f. ● (*bot.*) Noli-me-tangere.

impazientìre [da *impaziente* (*1*); av. 1705] **A** v. tr. (*io impazientisco, tu impazientìsci*) ● (*raro*) Rendere impaziente: *l'attesa l'ha impazientito*. **B** v. intr. e intr. pron. (aus. *essere*) ● Diventare impaziente. SIN. Innervosirsi, inquietarsi.

impaziènza [vc. dotta, lat. *impatiĕntia(m)*, comp. di *in-* neg. e *patiĕntia* 'pazienza'; av. 1342] s. f. ● Caratteristica di chi (o di ciò che) è impaziente: *mostrare, dare segni di i.*; *frenare l'i.*; *nei versi di costui sentite ... la tristezza dell'esilio, l'i. del riscatto* (DE SANCTIS). SIN. Insofferenza, intolleranza.

impazzàre [comp. di *in-* (*1*) e *pazzo*; av. 1294] **A** v. intr. (aus. *essere* nei sign. 1 e 3, *essere* e *avere* nel sign. 2) **1** (*lett.*) Impazzire: *la donna sentiva sì fatto dolore, che quasi n'era per i.* (BOCCACCIO). **2** Fare allegramente chiasso, confusione e sim.: *la folla impazza nelle strade*. **3** (*cuc.*) Impazzire. **B** v. tr. ● †Rendere pazzo.

impazzàta [da *impazzare*; 1525] s. f. **1** (*lett.*) Pazzia, colpo di testa. **2** Nella loc. avv. ***all'i.***, precipitosamente, in maniera pazza, senza riflettere: *correre, fuggire all'i.*; *menare colpi all'i.*

impazziménto [av. 1908] s. m. **1** (*raro*) Il diventare pazzo. **2** Ciò che costituisce motivo di affanno, preoccupazione e sim.: *che i. questo lavoro!*

♦**impazzìre** [comp. di *in-* (*1*) e *pazzo*; av. 1306] **A** v. intr. (*io impazzisco, tu impazzisci*; aus. *essere* nei sign. 1, 3 e 4; *essere* e raro *avere* nei sign. 2) **1** Diventare pazzo, uscir di senno: *per il dolore impazzì*. SIN. Ammattire. CONTR. Rinsavire. **2** (*est.*) Essere travolto da una passione: *i. d'amore*; *i. per qlco.*; *i. di desiderio* | ***I. per qlco., dietro a qlco.***, desiderarla moltissimo. **3** (*fig.*) Perdere la testa in attività particolarmente difficili o noiose: *questa traduzione mi fa i.*; *sono impazzito per risolvere il problema*. **4** Perdere le normali capacità di funzionamento, detto di strumenti o apparecchiature spec. di informazione e controllo, quando forniscono dati e indicazioni errate | ***La bussola è impazzita***, non segna più il Nord | (*est.*) Divenire caotico e inestricabile, detto del traffico stradale. **5** (*cuc.*) Raggrumarsi durante la preparazione, detto di salse e creme. **B** v. tr. ● †Rendere pazzo.

impazzìto part. pass. di *impazzire*; anche agg. **1** Che è diventato pazzo o ha perso la testa (*anche iperb. e fig.*): *i. dal dolore, di gioia, d'amore*. **2** Che non è possibile controllare, regolare, disciplinare: *traffico i.* | (*fig.*) ***Scheggia impazzita***, V. *scheggia*. **3** (*cuc.*) Raggrumato, privo di omogeneità: *maionese impazzita*.

impeachment /im'pitʃment, *ingl.* ɪm'pʰiːtʃmənt/ [vc. ingl., da *to impeach* 'mettere sotto accusa', dal fr. ant. *empechier*, che continua il lat. tardo *impedicāre* 'impastoiare', comp. parasintetico di *pĕdica* 'pastoia, lacciuolo', deriv. di *pēs*, genit. *pĕdis* 'piede'; 1974] s. m. inv. ● Negli Stati Uniti d'America, incriminazione di un ufficiale civile, compreso il presidente, che si sia reso colpevole di tradimento, corruzione o crimini.

impeccàbile [vc. dotta, lat. tardo *impeccābile(m)*, comp. di *in-* neg. e un deriv. da *peccāre* 'inciampare, fare un passo falso', di etim. incerta; av. 1342] agg. **1** (*raro*) Nella teologia cattolica, che non può peccare, non soggetto a peccare. **2** (*fig.*) Irreprensibile, perfetto: *comportamento i.* | ***Vestito i.***, sobrio ed elegante | ***Forma i.***, corretta, raffinata. || **impeccabilménte**, avv. In maniera impeccabile.

impeccabilità [1674] s. f. **1** Caratteristica, condizione di chi (o di ciò che) è impeccabile. **2** (*raro*) Impossibilità di peccare.

impecettàre [comp. di *in-* (*1*) e *pecetta*; 1869] v. tr. (*io impecétto*) **1** (*pop.*) Applicare pecette, cerotti. **2** (*est.*) Insudiciare con materia attaccaticcia.

impeciaménto [av. 1589] s. m. ● (*raro*) Impeciatura.

impeciàre [comp. di *in-* (*1*) e *pece*; 1306] **A** v. tr. (*io impécio*) ● Spalmare di pece o altra sostanza simile | Imbrattare di pece: *impeciarsi le mani*. **B** v. intr. pron. ● (*raro, fig.*) Restare invischiato in qlco. di spiacevole: *impeciarsi in un imbroglio*.

impeciatùra [1562] s. f. ● L'impeciare.

impecorìre [comp. di *in-* (*1*) e *pecora*, in senso fig.; 1584] **A** v. intr. (*io impecorisco, tu impecorìsci*; aus. *essere*) ● (*raro*) Diventare docile come una pecora: *le prime difficoltà lo fecero presto i.* **B** v. tr. ● (*raro*) Rendere docile e vile.

impedantìre [comp. di *in-* (*1*) e *pedante*; av. 1883] **A** v. tr. (*io impedantisco, tu impedantisci*) ● (*raro*) Rendere pedante. **B** v. intr. (aus. *essere*) ● (*raro*) Diventare pedante.

impedènza [ingl. *impedance*, dato *impede* 'impedire, ostruire', di orig. lat. (*impedīre*); 1905] s. f. **1** (*elettr.*) In un circuito a corrente alternata, rapporto, espresso in un numero complesso, fra il valore della tensione e l'intensità di corrente. **2** (*fis.*) ***I. generalizzata***, o (*ellitt.*) ***impedenza***, rapporto fra una grandezza fisica e un'altra proporzionale alla prima: *i. acustica, i. idraulica*.

impedenzometria [comp. di *impedenz(a)* e *-metria*; 1984] s. f. **1** (*fis.*) Insieme delle tecniche impiegate per la misura dell'impedenza elettrica. **2** (*med.*) Tecnica diagnostica, usata in audiometria, che permette di misurare la resistenza alla trasmissione delle vibrazioni sonore.

impedìbile [av. 1729] agg. ● (*raro*) Che si può impedire.

†**impedicàre** [vc. dotta, lat. tardo *impedicāre* 'afferrare', comp. di *in-* 'dentro' e di un deriv. da *pĕdica* 'trabocchetto', da *pēs*, genit. *pĕdis*, di orig. indeur.; sec. XIII] v. tr. **1** Impastoiare, avviluppare, allacciare | ***I. le lettere***, intercettarle. **2** Distrarre, distogliere.

impediènte [av. 1320] part. pres. di *impedire*; anche agg. ● (*dir.*) ***Impedimento i.***, V. *impedimento*.

†**impedimentàre** [av. 1306] v. tr. ● Impedire, arrestare.

impediménto [vc. dotta, lat. *impedimĕntu(m)*, da *impedīre* 'impedire'; av. 1294] s. m. **1** L'impedire. SIN. Opposizione. **2** Ostacolo, difficoltà, contrarietà: *un i. imprevedibile*; *frapporre, rimuovere, superare ogni i.*; *essere d'i.* **3** (*med.*) Minorazione fisica che riduce o annulla le funzioni di un organo, di un arto e sim. | (*raro*) ***I. d'urina***, ritenzione d'urina. **4** (*dir.*) Ogni condizione o circostanza che, nel diritto canonico, rende secondo i casi nullo, imperfetto, irregolare un atto, come il matrimonio, l'ordinazione sacerdotale, l'entrata in un ordine religioso | ***I. impediente***, impedimento al matrimonio che ne rende illecita la celebrazione ma non ne comporta la nullità | ***I. dirimente***, impedimento al matrimonio che ne comporta illiceità e nullità. **5** (*lett., al pl.*) Carriaggi, bagagli, salmerie al seguito di un esercito in marcia.

♦**impedìre** [vc. dotta, lat. *impedīre*, comp. di *in-* 'fra' e di un deriv. da *pēs*, genit. *pĕdis*, di orig. indeur.; 1306] v. tr. (*io impedisco, tu impedisci*) (a qlcu. + *di* seguito da inf.; + *che* seguito da congv.; lett. qlcu. + *da*) **1** Rendere impossibile qlco. a qlcu.: *gli impediro-*

no di parlare liberamente; voi mi vorreste i. che io amassi Mirandolina?* (GOLDONI); *la stanchezza dello svenimento la impediva dal rizzarsi* (NIEVO). SIN. Vietare. **2** Frapporre ostacoli: *una frana impedì il traffico per alcuni giorni* | ***I. la bocca di un porto***, chiuderla. **3** Rendere difficoltoso: *quel busto gli impedisce i movimenti.* SIN. Impacciare, intralciare. **4** (*raro*) Debilitare, inabilitare: *la malattia gli ha impedito le braccia.*

impeditivo [av. 1459] **agg.** ● (*raro*) Che serve a impedire.

impedito [1294] **part. pass.** di *impedire*; anche **agg.** **1** Nei sign. del v. **2** (*fam.*) Impacciato | Minorato, invalido. || **impeditaménte**, **avv.** (*raro*) In modo impedito.

†impeditóre [vc. dotta, lat. tardo *impeditōre(m)*, da *impedītus* 'impedito'; sec. XIV] **s. m.**; anche **agg.** (f. *-trice*) ● Chi (o Che) impedisce.

♦impegnàre [comp. di *in-* (*1*) e *pegno*; sec. XIII] **A** **v. tr.** (*io impégno*) **1** Dare in pegno qlco. (*anche fig.*): *i. i gioielli, una somma di denaro, un immobile*; *i. il proprio onore.* **2** Vincolare qlcu. con promesse, incarichi, occupazioni e sim.: *i. una ragazza promettendole il matrimonio* | ***I. un ballo***, scambiare con qlcu. la promessa di ballarlo | Riservare qlco. per sé o per altri: *i. una camera d'albergo.* **3** Tenere occupato in un'attività: *la rimozione della frana ha impegnato numerosi operai*; *il corso lo ha impegnato per oltre due mesi.* **4** (*mil.*) Obbligare il nemico a combattere, attaccandolo | Fare entrare in combattimento proprie unità | ***I. il combattimento***, iniziarlo | Nel linguaggio sportivo, costringere l'avversario al massimo sforzo: *i. la difesa avversaria, il portiere, i compagni di fuga.* **5** (*mar.*) Impigliare, intrigare. **B** **v. rifl.** **1** (+ *a* seguito da inf.; + *con* qlcu. o qlco.; + *per* qlco.) Assumere l'impegno di portare qlco. a buon fine: *si impegnò a terminare gli studi entro l'anno*; *si è impegnata per una giusta causa* | Obbligarsi, vincolarsi: *mi sono impegnato con la ditta fino al prossimo autunno.* **2** (+ *a* seguito da inf.; + *in*) Mettersi in un'impresa con impegno, energia e decisione: *si impegnarono a sconfiggere il nemico*; *impegnarsi a fondo*; *impegnarsi nella lotta*; *impegnarsi nel lavoro, nello studio.* **3** Indebitarsi. **4** (*mecc.*) Detto di perno, nottolino, chiavistello ecc., inserirsi. **5** Detto di cavo o catena, ingranare. **6** †Caricarsi di pegni. **C** **v. intr.** (aus. *essere*) ● †Scommettere.

impegnativa [f. sost. di *impegnativo*; 1983] **s. f.** ● Nel sistema sanitario pubblico, autorizzazione a un ricovero ospedaliero o a prestazioni varie, rilasciata da un ente mutualistico: *chiedere, ottenere, rilasciare l'i.*

impegnativo [av. 1712] **agg.** **1** Che richiede applicazione e impegno: *lavoro i.* **2** Che comporta l'assunzione di un obbligo: *promessa impegnativa* | ***Regalo i.***, che richiede un impegno finanziario a chi lo fa o crea un obbligo a chi lo riceve. **3** Elegante, formale: *abito i.*; *cena impegnativa.* || **impegnativaménte**, **avv.**

♦impegnàto [av. 1685] **part. pass.** di *impegnare*; anche **agg.** **1** Nei sign. del v. **2** Detto di intellettuale o movimento culturale che prende posizione sui problemi politici e sociali del momento | Detto di opera in cui vengono dibattuti tali problemi: *un romanzo i.* **3** ***Paesi non impegnati***, non allineati.

♦impégno [da *impegnare*; nel sign. 4, sul modello del fr. *engagement*; 1640] **s. m.** **1** Obbligo, obbligazione, promessa: *assumere, contrarre un i.* | ***Senza i.***, senza un obbligo preciso | (*per anton.*) Obbligazione cambiaria: *soddisfare gli impegni.* **2** Compito, incombenza: *avere molti impegni*; *liberarsi da un i.* | (*raro*) Appuntamento: *mancare a un i.* **3** Impiego diligente e volonteroso delle proprie forze e capacità nel fare qlco.: *lavorare, studiare con i.* SIN. Diligenza, fervore, zelo. **4** Attivo interessamento ai problemi sociali e politici da parte dell'uomo di cultura: *l'i. degli scrittori nel secondo dopoguerra.* **5** (*fisiol.*) Fase del parto in cui il feto scende dall'utero alla vagina e alla vulva dilatate per venire alla luce. || **impegnàccio**, **pegg.** | **impegnùccio**, **dim.**

impegolàre [comp. di *in-* (*1*) e *pegola* 'pece'; sec. XIV] **A** **v. tr.** (*io impégolo*) ● Spalmare, impiastrare di pece. **B** **v. rifl.** ● Mettersi, cacciarsi, spec. in situazioni spiacevoli o imprese rischiose: *impegolarsi nei guai, in una brutta faccenda.* SIN. Impantanarsi, ingolfarsi, invischiarsi.

impelagàrsi [comp. di *in* (*1*) e *pelago*; av. 1574] **v. rifl.** (*io m'impèlago, tu t'impèlaghi*) ● Impegolarsi: *si è impelagato nei debiti.*

impelàre [comp. di *in-* (*1*) e *pelo*; 1319] **v. tr.** (*io impélo*) **1** (*raro*) Coprire di peli | Spargere peli qua e là, detto di animali: *il cane ha impelato tutta la casa.* **2** †Mettere la barba.

impellènte [av. 1416] **part. pres.** di †*impellere*; anche **agg.** ● (*fig.*) Che spinge e stimola ad agire: *ragione, motivo i.* | ***Necessità i.***, urgente, pressante; (*eufem.*) bisogno fisiologico.

impellènza [av. 1904] **s. f.** ● Necessità impellente. SIN. Urgenza.

†impèllere [vc. dotta, lat. *impĕllere* 'spingere', comp. di *in-* raff. e *pĕllere*, di orig. indeur.; 1321] **v. tr.** (difett. usato solo al **pass. rem.** *io impùlsi, tu impellésti*, al **part. pres.** *impellènte* e al **part. pass.** *impùlso*) ● (*lett.*) Spingere con forza: *nel ciel velocissimo m'impulse* (DANTE *Par.* XVII, 29).

impellicciàre (**1**) [comp. di *in-* (*1*) e *pelliccia*; 1584] **A** **v. tr.** (*io impellìccio*) ● Coprire, rivestire di pelliccia | (*raro*) Foderare di pelliccia. **B** **v. rifl.** ● (*spec. scherz.*) Indossare una pelliccia.

impellicciàre (**2**) [comp. di *in-* (*1*) e *piallaccio* con sovrapposizione di *pelliccia*; 1863] **v. tr.** (*io impellìccio*) ● Impiallacciare.

impellicciàto (**1**) [1600] **part. pass.** di *impellicciare* (*1*); anche **agg.** **1** Nei sign. del v. **2** Vestito, abbigliato con una pelliccia: *una donna tutta impellicciata.*

impellicciàto (**2**) [av. 1798] **part. pass.** di *impellicciare* (*2*); anche **agg.** ● Impiallacciato.

impellicciatùra (**1**) **s. f.** ● (*raro*) L'impellicciare (1).

impellicciatùra (**2**) **s. f.** ● Impiallacciatura.

†impendènte [dal part. pres. di †*impendere*; av. 1547] **agg.** ● Imminente: *un male i.* | Dubbioso, sorpreso.

†impèndere [vc. dotta, lat. *impĕndere* 'pendere in', comp. di *in-* 'sopra' e *pĕndere*; av. 1294] **A** **v. tr.** **1** (*lett.*) Impiccare, appendere: *con le mie mani impender per la gola* (ARIOSTO). **2** Spendere. **B** **v. rifl.** ● Impiccarsi.

impenetràbile [vc. dotta, lat. tardo *impenetrābile(m)*, comp. di *in-* neg. e *penetrābilis* 'penetrabile'; av. 1494] **agg.** (assol.; + *a*) **1** (*fis.*) Dotato di impenetrabilità. **2** Che non può essere penetrato (*anche fig.*): *quel terreno è i. all'acqua*; *i. alla pietà*; *sono del tutto inabile e i. all'odio* (LEOPARDI) | Di luogo attraverso il quale non si può passare: *muraglia, bosco i.* **3** (*fig.*) Detto di chi (o di ciò che) non si può intendere o spiegare: *discorso, segreto i.* | ***Persona i.***, che non lascia indovinare i suoi pensieri | ***Viso i.***, ***espressione i.***, che non lascia capire i sentimenti. SIN. Incomprensibile, indecifrabile, oscuro. **4** (*est.*) †Invulnerabile: *corpo, eroe i.* || **impenetrabilménte**, **avv.**

impenetrabilità [1632] **s. f.** **1** (*fis.*) Proprietà generale dei corpi per cui lo spazio occupato da un solido non può essere nello stesso tempo occupato da un altro. **2** Caratteristica di ciò che (o di chi) è impenetrabile.

impenetràto [comp. di *in-* (*3*) e *penetrato*; av. 1644] **agg.** ● (*raro*) Non penetrato.

impenitènte [vc. dotta, lat. eccl. *impaenitĕnte(m)*, nom. *impāenitens*, comp. di *in-* neg. e *pāenitens* 'penitente'; av. 1498] **agg.** **1** Che non è disposto a pentirsi: *peccatore i.* **2** (*est.*) Che persiste nelle sue idee e nei suoi propositi: *scapolo i.* | (*scherz.*) Incorreggibile, ostinato, incallito: *bevitore i.*

impenitènza [vc. dotta, lat. eccl. *impaenitĕntia(m)*, comp. di *in-* neg. e *paenitĕntia* 'penitenza'; av. 1342] **s. f.** ● (*raro*) Condizione di chi è impenitente.

†impenitùdine [comp. di *in-* (*3*) e del lat. *paenitūdo*, genit. *paenitūdinis* 'pentimento', da *paenitēre* 'pentir(si)'; av. 1342] **s. f.** ● Impenitenza.

impennacchiàre [comp. di *in-* (*1*) e *pennacchio*; 1536] **A** **v. tr.** (*io impennàcchio*) ● Guarnire, ornare di pennacchi: *i. il cappello.* **B** **v. rifl.** ● Ornarsi il capo di penne, frange e sim. | (*est., scherz.*) Vestirsi in modo ridicolo, carico di ornamenti: *ogni volta che esce si impennacchia.*

impennàggio [da *impennare* (*1*); 1919] **s. m.** ● (*aer.*) Complesso dei piani fissi e mobili, generalmente disposti in coda a un aeromobile a scopo di stabilità e governo: *i. orizzontale, verticale* | ***I. della freccia***, l'insieme delle alette poste al fondo per stabilizzarne la traiettoria. ➡ ILL. p. 2175 TRASPORTI.

impennàre (**1**) [comp. di *in-* (*1*) e *penna*; 1321] **A** **v. tr.** (*io impénno*) **1** Dotare, rivestire di penne | †***I. le ali***, renderle idonee al volo | (*fig.*) †***I. il piede***, mettere le ali ai piedi, correre velocemente | (*fig., poet.*) ***I. le ali a qlcu.***, renderlo capace di innalzarsi anche spiritualmente. **2** Cospargere di penne: *le galline hanno impennato tutto il giardino.* **3** †Prendere la penna per scrivere | (*est.*) Scrivere, descrivere. **4** (*raro*) Dotare di impennaggio: *i. una freccia, un missile, una bomba.* **B** **v. intr. pron.** ● (*raro*) Coprirsi di penne.

impennàre (**2**) [adattamento per sovrapposizione di *penna*, dello sp. *empinar*, da *pino* 'alzato, puntato verso l'alto', prob. dal n. dell'albero, come *inalberare*; 1917] **A** **v. tr.** (*io impénno*) ● (*aer.*) Cabrare un aereo bruscamente oppure fino ad alti angoli di assetto e di traiettorie: *il pilota impenna l'aereo.* **B** **v. intr. pron.** **1** Eseguire un'impennata: *il cavallo si impenna*; *l'aereo si impennò all'improvviso.* **2** (*fig.*) Inalberarsi, risentirsi: *impennarsi per futili motivi.* **3** (*fig.*) Salire bruscamente e in modo considerevole: *data la scarsità del raccolto, i prezzi si impennarono.*

impennàta (**1**) [da *penna*] **s. f.** ● (*raro*) Quantità di inchiostro che può contenere una penna.

impennàta (**2**) [da *impennare* (*2*); 1696] **s. f.** **1** Movimento con cui l'animale, spec. il cavallo, si solleva sugli arti posteriori. **2** (*aer.*) Cabrata brusca per cui la posizione dell'aereo si inclina da orizzontale a pressoché verticale colla fusoliera rivolta in alto. **3** (*est., mar.*) Brusco movimento della nave e gener. di un'imbarcazione, che si inclina fortemente con la prua rivolta verso l'alto | (*est.*) Manovra consistente nell'alzare la ruota anteriore di una bicicletta o motocicletta, continuando a procedere solo su quella posteriore. **4** (*fig.*) Reazione: *i. d'orgoglio* | Collera improvvisa: *carattere facile alle impennate.* **5** (*est., fig.*) Brusco e notevole rialzo di un valore economico: *l'i. dei prezzi, l'i. del dollaro.*

impennatùra [da *impennare* (*1*); av. 1572] **s. f.** **1** (*raro*) L'insieme delle penne di un volatile. **2** Penne poste all'estremità posteriore della freccia per equilibrarla nella traiettoria.

Impènni o **Impénni** [dal lat. *pĕnna* con *in-* neg., sul modello di *implūmis* 'implume'] **s. m. pl.** (**sing.** *-e*) ● Nella tassonomia animale, ordine di Uccelli marini inetti al volo, aventi stazione eretta, zampe palmate, ali simili a palette atte al nuoto, cui appartengono i pinguini (*Impennes*). SIN. Sfenisciformi.

impensàbile [comp. di *in-* (*3*) e *pensabile*; av. 1565] **agg.** **1** (*lett.*) Che non si può pensare perché supera le capacità della ragione umana. SIN. Incomprensibile, inconcepibile. **2** Che non si può nemmeno immaginare: *è i. che riesca a farcela.* SIN. Assurdo, incredibile. || **impensabilménte**, **avv.**

impensàta [da *impensato*, sottinteso *alla* (*maniera*)] **s. f.** ● Nella loc. avv. †***all'i.***, improvvisamente, inaspettatamente.

impensàto [comp. di *in-* (*3*) e *pensato*; 1476] **agg.** ● Imprevisto, inaspettato: *una fortuna impensata* | (*est.*) Improvviso. || **impensataménte**, **avv.** **1** Senza averci pensato. **2** Inaspettatamente.

impensierìre [comp. di *in-* (*1*) e *pensiero*; 1548] **A** **v. tr.** (*io impensierisco, tu impensierìsci*) ● Mettere in pensiero, in condizione di preoccupazione: *la situazione attuale impensierisce molti cittadini*; *il vostro lungo silenzio ci impensierisce.* SIN. Inquietare. **B** **v. intr. pron.** ● Turbarsi, preoccuparsi, inquietarsi.

impensierìto [av. 1686] **part. pass.** di *impensierire*; anche **agg.** ● Preoccupato, turbato.

†impensióne [dal lat. tardo *impēnsu(m)*, part. pass. di *impĕndere* 'impendere'; sec. XVI] **s. f.** ● Impiccagione.

impepàre [comp. di *in-* (*1*) e *pepe*; 1598] **v. tr.** (*io impépo*) ● Condire con pepe | Rendere piccante (*anche fig.*): *i. un cibo*; *i. un discorso con arguzie.*

impepàta [da *impepare*] **s. f.** ● Piatto della cucina napoletana, preparato con cozze cucinate in tegame con un po' di acqua di mare e condite con molto pepe o peperoncino.

†impeperàre [comp. di *in-* (*1*) e *pepe(re)*] **v. tr.** ● Impepare.

†imperadóre ● V. *imperatore.*

†imperadrice ● V. *imperatrice.*

imperànte [sec. XIV] **part. pres.** di *imperare*; anche

agg. ● Che impera | (*fig.*) Dominante: *la corruzione i.*

imperàre [vc. dotta, lat. *imperāre*, comp. di *in-* 'verso (uno scopo)' e *parāre* 'fare i preparativi', secondo il senso originario del v.; sec. XIII] **v. intr.** (*io impèro*; aus. *avere*) **1** (*raro*) Essere investito dell'autorità imperiale ed esercitarla: *Augusto imperò a lungo.* **2** Essere più forte ed esercitare la propria supremazia: *Roma imperò sui popoli del Mediterraneo*; *i. sui mari* | Avere forza, potere: *qui impera la legge*; *a quel tempo imperava l'anarchia* | (*lett.*) Comandare. **SIN.** Dominare. **3** (*fig.*) Predominare, prevalere: *una moda che impera da tempo*; *un'attività culturale in cui impera la superficialità.*

imperativàle **agg.** ● Detto di elemento linguistico che contiene un imperativo: *composto i.* (ad es. *prendinota*).

imperativìsmo [comp. di *imperativ(o)* e *-ismo*; 1972] **s. m.** ● Corrente di pensiero della filosofia del diritto secondo la quale le norme giuridiche si distinguono dalle altre per il loro carattere coercitivo.

imperatività [da *imperativo*, da *imperare*, nel senso originario lat. di 'imporre un comando'; 1898] **s. f.** ● (*dir.*) Inderogabilità del diritto positivo | Contenuto impositivo di un obbligo di date disposizioni legislative.

imperativo [vc. dotta, lat. tardo *imperatīvu(m)*, da *imperātus* 'imperato'; sec. XIV] **A agg.** **1** Che contiene o esprime un comando: *un discorso i.*; *modo i. del verbo* | (*dir.*) ***Norme imperative***, che impongono un preciso inderogabile obbligo positivo o negativo. **2** (*est.*) Rigido, aspro, severo: *tono i.* **3** †Obbligatorio. || **imperativamente**, **avv.** **B s. m.** **1** (*ling.*) Modo finito del verbo che esprime un comando o un'esortazione (ad es. *corri!*, *alzatevi!*). **2** In filosofia morale, formula che esprime un comando, una norma che la ragione impone a sé stessa | Nella filosofia di Kant: ***i. ipotetico***, comando condizionato al raggiungimento di un determinato fine; ***i. categorico***, comando assoluto e incondizionato che la ragion pratica dà a sé stessa. **3** (*dir.*) Imperatività.

♦**imperatóre** o †**emperadóre**, (*poet.*) †**imperadóre** [vc. dotta, lat. *imperatōre(m)*, da *imperātus* 'imperato'; 1248] **A s. m.** (**f.** *-trice*, V.) **1** Nell'antica Roma, titolo di chi era investito di una suprema autorità di comando | Appellativo con cui venivano acclamati sul campo i generali vittoriosi | Capo dell'impero romano. **2** Sovrano di un impero: *l'i. della Cina, del Giappone.* **3** Una delle figure nel gioco dei tarocchi. **B** in funzione di **agg. inv.** ● (posposto al s.) Nella loc. ***pesce i.***, luvaro.

imperatòrio [vc. dotta, lat. *imperatōriu(m)*, da *imperātus* 'imperato'; 1483] **agg.** ● (*raro*) Relativo, proprio di un imperatore | (*est.*) Imperativo.

imperatrice [lat. *imperatrīce(m)*, parallelo f. di *imperatōre(m)* 'imperatore'; av. 1282] **s. f.** **1** Sovrana di un impero. **2** Moglie di un imperatore. **3** Una delle figure nel gioco dei tarocchi.

impercepibile [comp. di *in-* (*3*) e *percepibile*; 1869] **agg.** ● (*raro*) Impercettibile. || **impercepibilménte**, **avv.**

impercettìbile [comp. di *in-* (*3*) e *percettibile*; av. 1581] **agg.** **1** Che non può essere percepito dai sensi: *differenza i.*; *alzò le spalle con un movimento quasi i.* (SVEVO). **SIN.** Inafferrabile. **2** (*est.*) Così piccolo, lieve o sfuggente che si percepisce o si avverte con difficoltà: *segno, rumore i.* || **impercettibilménte**, **avv.**

impercettibilità [av. 1694] **s. f.** ● (*raro*) Caratteristica di ciò che è impercettibile.

†**imperché** [comp. di *in-* (*2*) e *perché*; sec. XIII] **A cong.** ● (*raro*) Perché. **B** in funzione di **s. m.** ● Ragione, motivo, causa: *lo 'mperché non sanno* (DANTE *Purg.* III, 84).

†**imperciò** [comp. di *in-* (*2*) e *perciò*; av. 1243] **cong.** ● Perciò.

†**imperciocché** [comp. di *imperciò* e *che* (*2*); sec. XIII] **cong.** **1** (*lett.*) Per il fatto che, in quanto (introduce una prop. causale o dichiarativa con il v. all'indic.). **2** (*raro*, *lett.*) Affinché (introduce una prop. finale con il v. al congv.).

impercorrìbile [comp. di *in-* (*3*) e *percorribile*; 1957] **agg.** ● Che non si può percorrere.

imperdìbile [comp. di *in-* (*3*) e *perdibile*; 1546] **agg.** ● Che non si può perdere.

imperdonàbile [comp. di *in-* (*3*) e *perdonabile*; 1546] **agg.** ● Che non si può perdonare, che non merita perdono: *errore, colpa i.*; *distrazione, leggerezza i.* **SIN.** Ingiustificabile. **CONTR.** Scusabile. || **imperdonabilménte**, **avv.** Senza possibilità di perdono.

imperdonabilità **s. f.** ● Condizione di ciò che è imperdonabile.

imperfettìbile [comp. di *in-* (*3*) e *perfettibile*; 1849] **agg.** ● (*raro*) Non perfettibile.

imperfettibilità [1849] **s. f.** ● (*raro*) Caratteristica di ciò che è imperfettibile.

imperfettivo [da *imperfetto*; 1869] **agg.** ● (*ling.*) Detto dell'aspetto verbale di un'azione vista nel suo svolgimento (ad es. *stavo leggendo*).

imperfètto [vc. dotta, lat. *imperfĕctu(m)*, comp. di *in-* neg. e *perfĕctus* 'perfetto', part. pass. di *perfĭcere* 'portare a termine'; 1308] **A agg.** **1** Non ancora finito, completato: *un'opera imperfetta* | (*gramm.*) ***Tempo i.***, tempo della coniugazione del verbo che, nel modo indicativo, esprime un'azione continuata o ripetuta nel passato (ad es. *studiavo*; *a Parigi prendevo il métro*); nel modo congiuntivo, esprime contemporaneità in dipendenza da un tempo passato (*pensai che fosse stanco*) o da un condizionale (*verrei, se potessi*) oppure, in proposizioni indipendenti, esprime desiderio, augurio e sim. (*fosse già domani!*). **2** Difettoso in qualche parte: *meccanismo i.*; *imperfetta esecuzione musicale*; *conati imperfetti della verità filosofica* (CROCE). **3** (*mus.*) Detto degli intervalli di terza e sesta che possono essere maggiori o minori, in contrapposizione all'intervallo giusto o perfetto | ***Consonanza imperfetta***, detto di accordo di terza, o sesta, minore | ***Cadenza imperfetta***, in armonia, detto quando l'accordo risolutivo di tonica si presenta in posizione di rivolto. || **imperfettaménte**, **avv.** In maniera imperfetta. **B s. m.** ● Tempo imperfetto del verbo: *i. indicativo, congiuntivo* | ***I. ludico***, frequente nelle finzioni infantili, equivale a un presente (ad es.: *allora, io ero il re, e tu la regina*) | ***I. attenuativo***, con funzioni di cortesia, equivale a un condizionale (*volevo due etti di pancetta*).

imperfezióne [vc. dotta, lat. tardo *imperfectiōne(m)*, da *imperfĕctus* 'imperfetto'; 1308] **s. f.** **1** Caratteristica, condizione di ciò che è imperfetto: *lavoro di assoluta i.* **2** Difetto, manchevolezza, deficienza: *una i. della vista*; *gemma con qualche i.*; *astraendo tutte le imperfezioni della materia* (GALILEI).

imperforàbile [comp. di *in-* (*3*) e *perforabile*; av. 1909] **agg.** ● Detto di ciò che non può essere perforato.

imperforabilità [1983] **s. f.** ● Proprietà, caratteristica di ciò che è imperforabile.

imperforàto [comp. di *in-* (*3*) e *perforato*; 1684] **A agg.** ● Non perforato. **B s. m.** ● (*zool.*) Protozoo foraminifero il cui guscio calcareo presenta una sola apertura.

imperforazióne [da *imperforato*; 1834] **s. f.** ● (*anat.*) Occlusione congenita di qualche canale o apertura: *i. anale, esofagea.*

impergolàre [comp. di *in-* (*1*) e *pergola*; sec. XIII] **v. tr.** (*io impèrgolo*) ● Tendere i tralci sull'intelaiatura del pergolato.

†**impergolàta** **s. f.** ● Pergolato.

imperiàle (**1**) [vc. dotta, lat. tardo *imperiāle(m)*, da *imperāre* 'comandare'; 1308] **A agg.** **1** Relativo, appartenente all'imperatore, all'impero: *dignità, residenza i.*; *il dominio i.* **2** (*est.*) Maestoso, grandioso. **3** (*zool.*) ***Luccio i.***, sfirena | ***Pesce i.***, luvaro. || **imperialménte**, **avv.** (*raro*) In modo imperiale. **B s. m.** **1** Denaro d'argento coniato da Federico Barbarossa a Milano e poi da molte zecche dell'Italia settentrionale. **2** (*spec. al pl.*) Partigiani dell'imperatore, del Sacro Romano Impero | Milizia dell'imperatore.

imperiàle (**2**) [fr. *impériale*, perché posto in alto; 1790] **s. m.** ● Parte superiore del tetto di torpedoni e diligenze, attrezzata in modo da contenere bagagli e, nelle diligenze di un tempo, anche alcuni passeggeri. || †**imperialino**, **dim.**

imperialésco [1524] **agg.** (**pl. m.** *-schi*) ● (*raro*, *spreg.*) Imperiale.

imperialìṣmo [ingl. *imperialism*, da *imperial* 'pertinente all'impero (*empire*, ma anche, latinamente, *imperius*)'; 1901] **s. m.** ● Tendenza di uno Stato a espandere i propri domini e a esercitare la propria egemonia su altre nazioni spec. per assicurare sbocchi commerciali alla propria produzione.

imperialista [ingl. *imperialist*, da *imperial* 'pertinente all'impero (*empire*, ma anche, latinamente, *imperius*)'; 1869] **A s. m. e f.** (**pl. m.** *-i*) **1** Sostenitore dell'impero. **2** Fautore della politica e delle idee dell'imperialismo. **B agg.** ● Imperialistico.

imperialìstico [1903] **agg.** (**pl. m.** *-ci*) ● Proprio dell'imperialismo: *politica imperialistica.* || **imperialisticaménte**, **avv.**

imperialrègio o **imperial-règio** [da dividere *imperial(e)* (e) *regio*, secondo il modulo ted. *kaiserlich-königlich*; 1915] **agg.** (**pl. f.** *-gie*) ● Nell'impero austroungarico e nelle province a esso soggette, detto degli organi del governo e dell'amministrazione civile e militare.

†**impericolòṣire** [da *pericol(os)o*; sec. XIV] **A v. tr.** ● (*raro*) Porre in pericolo. **B v. intr.** ● Correre pericolo.

imperiéṣe **A agg.** ● Di Imperia. **B s. m. e f.** ● Abitante, nativo di Imperia.

†**impèrio** ● V. *impero* spec. nel sign. A3.

imperioṣità [1549] **s. f.** ● Caratteristica di chi (o di ciò che) è imperioso | Atto imperioso.

imperióṣo [vc. dotta, lat. *imperiōsu(m)*, da *impĕrium* 'imperio'; 1364] **agg.** **1** Superbo e deciso nel comandare: *un capo i.* **2** Che ha l'autorità d'imporsi: *tono, atteggiamento i.* **3** (*fig.*) Che costringe irresistibilmente a fare qlco.: *bisogni imperiosi.* **SIN.** Impellente. || **imperioṣaménte**, **avv.**

imperito [vc. dotta, lat. *imperītu(m)*, comp. di *in-* neg. e *perītus* 'perito'; av. 1342] **agg.** ● (*lett.*) Che non ha pratica, abilità ed esperienza nel suo lavoro o nelle pratiche della vita: *avendo … condotti pochi fanti utili, ma molta turba imbelle ed imperita* (GUICCIARDINI). || **imperitaménte**, **avv.** (*raro*) Senza perizia.

imperitùro [vc. dotta, comp. di *in-* (*3*) e *peritūrus*, part. fut. di *perīre* 'morire'; 1858] **agg.** ● (*lett.*) Che non potrà perire: *gloria imperitura.* || **imperituraménte**, **avv.**

imperìzia [vc. dotta, lat. *imperītia(m)*, comp. di *in-* neg. e *perītia* 'perizia'; av. 1498] **s. f.** **1** Mancanza di abilità, esperienza, pratica e sim. in ciò che si dovrebbe conoscere. **2** (*dir.*) Insufficiente preparazione o inettitudine che può generare responsabilità a titolo di colpa.

imperlàre [comp. di *in-* (*1*) e *perla*; 1374] **A v. tr.** (*io impèrlo*) **1** (*raro*) Adornare con perle: *i. un abito da sera.* **2** (*fig.*) Cospargere di gocce simili a perle: *la rugiada imperla le foglie*; *il sudore imperla la fronte.* **B v. intr. pron.** ● Coprirsi di goccioline simili a perle: *imperlarsi di rugiada, di sudore.*

impermaliménto [1869] **s. m.** ● (*raro*) L'impermalire, l'impermalirsi.

impermalire [comp. di *in-* (*1*) e dell'espressione (*avere*) *per male*; 1824] **A v. tr.** (*io impermalìsco, tu impermalìsci*) ● Far risentire, offendere, crucciare: *la tua risposta l'ha impermalito.* **B v. intr. pron.** ● Aversela a male, indispettirsi, adontarsi, risentirsi: *impermalirsi per ogni critica.*

♦**impermeàbile** [fr. *imperméable*, dal lat. tardo *impermeābile(m)* 'che non può essere attraversato', comp. di *in-* neg. e *permeābilis*, da *permeāre*; 1816] **A agg.** (assol.; + *a*) ● Che non lascia passare sostanze fluide: *terreno, tessuto i.*; *i. all'acqua, ai gas* | ***Orologio i.***, la cui cassa, munita di accorgimenti particolari, protegge il movimento da ogni infiltrazione d'acqua | (*fig.*) Refrattario, insensibile: *un uomo politico i. alle critiche, alle polemiche.* || **impermeabilménte**, **avv.** **B s. m.** ● Indumento in tessuto di fibra vegetale, animale o artificiale, reso impenetrabile all'acqua, che si indossa sull'abito per difendersi dalla pioggia.

impermeabilità [comp. di *in-* (*3*) e *permeabilità*; av. 1647] **s. f.** ● Proprietà dei corpi solidi a non lasciarsi penetrare da liquidi o gas.

impermeabilizzànte [1943] **A part. pres.** di *impermeabilizzare*; anche **agg.** ● Nel sign. del v. **B s. m.** ● Preparato, materiale usato per impermeabilizzare.

impermeabilizzàre [1929] **v. tr.** ● Rendere impermeabile.

impermeabilizzàto **part. pass.** di *impermeabilizzare*; anche **agg.** ● Nel sign. del v.: *tessuto, soffitto i.*

impermeabilizzazióne [1942] **s. f.** ● Operazione dell'impermeabilizzare.

impermutàbile [vc. dotta, lat. tardo *impermutābile(m)*, comp. di *in-* neg. e *permutābilis* 'permutabile'; 1353] **agg.** ● (*raro*) Che non è permutabile |

Immutabile. || **impermutabilménte**, avv.

impermutabilità [av. 1698] s. f. ● Condizione, caratteristica di ciò che è impermutabile.

impermutàto [vc. dotta, lat. tardo *impermutātu(m)*, comp. di *in-* neg. e *permutātus* 'permutato'; 1857] agg. ● (*raro*) Non permutato | Immutato.

imperniàre o (*raro*) **impernàre** [comp. di *in-* (*1*) e *perno*; sec. XV] **A** v. tr. (*io impèrnio*) (qlco. + *su*) **1** Fissare, fermare o collegare qlco. mediante uno o più perni | Adattare qlco. su un perno. **2** (*fig.*) Basare: *tutto il racconto è imperniato su questo concetto.* **B** v. intr. pron. (+ *su*; raro + *in*) **1** Fissarsi su un perno: *Come se tutt'intorno l'universo s'imperniasse in quel lampione rotto* (PIRANDELLO). **2** (*fig.*) Basarsi, fondarsi: *una tesi che si impernia su pochi concetti.*

imperniatùra [1550] s. f. ● L'imperniare | Insieme dei pezzi che imperniano qlco.

♦**impèro** o (*lett.*) †**impèrio** spec. nel sign. 5 [lat. *impĕriu(m)*, da *imperāre* 'comandare'; 1225 ca.] **A** s. m. **1** Forma di governo monarchico avente a capo un imperatore: *le lotte tra il papato e l'i.* | (*per anton.*) ***Primo i., secondo i.***, quello rispettivamente di Napoleone I e Napoleone III. **2** Stato, Paese che ha per sovrano un imperatore: *l'i. d'Austria*; *l'i. del Giappone* | ***Imperi centrali***, quelli di Germania e d'Austria, al centro dell'Europa, sino al 1918. **3** L'insieme dei Paesi sottoposti ad un'unica autorità: *conquistare, fondare un i.*; *la caduta dell'i. romano d'occidente*; *il Sacro Romano i.*; *l'i. napoleonico*; *l'i. austro-ungarico*; *l'i. britannico*; *il crollo degli imperi coloniali.* **4** Nazione, società politica che esercita la sua autorità ed egemonia su popoli conquistati: *l'i. hitleriano è stato effimero.* **5** (*lett.*) Potere, autorità, dominio assoluto (*anche fig.*): *l'i. della ragione, della volontà sugli istinti*; *tre lustri già della tua casta vita / servito hai di Diana il duro i.* (L. DE' MEDICI) | (*econ.*) ***Prezzi d'imperio***, stabiliti dall'autorità statale in contrapposizione a quelli formatisi per libera legge di mercato. **6** Sfera, ambito di espansione o supremazia estesa e profonda, spec. nel settore economico: *l'i. industriale della FIAT.* **B** in funzione di agg. inv. ● (posposto al s.) Detto di stile ornamentale neoclassico fiorito nel XIX sec., ispirato a suppellettili, ornati e linee greche, romane, etrusche ed egizie: *stile i.*; *mobili i.* | ***Abito i.***, a vita alta, e di linea morbida e drappeggiata.

†**imperò** [comp. di *in-* (*2*) e *però*; sec. XIII] cong. **1** Perciò (con valore concl.). **2** Però (con valore avversativo).

†**imperocché** o †**imperò che** /imperok'ke*, impe'rɔkke*/ [comp. di *imperò* e *che* (*2*); sec. XIII] cong. ● (*lett.*) Imperciocché.

imperscrutàbile [vc. dotta, lat. tardo *imperscrutābile(m)*, comp. di *in-* neg. e di un deriv. da *perscrutāri* 'perscrutare'; av. 1342] agg. ● Che non si può indagare, scrutare: *ragioni imperscrutabili*; *un effetto soprannaturale, e perciò miracoloso e i. dagl'intelletti umani* (GALILEI). SIN. Impenetrabile, oscuro. || **imperscrutabilménte**, avv. Senza possibilità di indagine.

imperscrutabilità [1869] s. f. ● Caratteristica di ciò che è imperscrutabile.

impersonàle [vc. dotta, lat. tardo *impersonāle(m)*, comp. di *in-* neg. e *personālis* 'personale'; 1561] **A** agg. **1** (*ling.*) Che è privo di un soggetto determinato: *verbo i.* (ad es. *grandinare*); *costruzione i. di un verbo* (ad es. *si racconta, si dice, si pensa*) | ***Modi impersonali***, modi del verbo che non comportano una flessione indicante la persona, e cioè l'infinito, il participio e il gerundio. **2** Che non si riferisce a nessuna persona determinata: *una critica i.* | ***Mantenersi i. nei giudizi***, astenersi dai riferimenti personali cercando di essere obiettivo. **3** Privo di originalità, di carattere: *uno stile i.* SIN. Comune, piatto. || **impersonalménte**, avv. **1** Senza riferimento a una determinata persona: *parlare, criticare impersonalmente.* **2** In modo poco originale: *scrivere impersonalmente.* **B** s. m. ● Verbo impersonale.

impersonalismo [da *impersonale*; 1916] s. m. ● Concezione filosofica che nega qualsiasi pretesa di autonomia della persona umana. CONTR. Personalismo.

impersonalità [av. 1582] s. f. ● Caratteristica di chi (o di ciò che) è impersonale: *i. di una critica, di un giudizio, dello stile.*

impersonàre [comp. di *in-* (*1*) e *persona*; 1858] **A** v. tr. (*io impersóno*) **1** Dare concreta personalità a una qualità o a un concetto astratto: *la Sapìa di Dante impersona l'invidia.* **2** Interpretare una parte, detto di attori: *i. Otello.* **B** v. rifl. ● Immedesimarsi di un attore nella propria parte. **C** v. intr. pron. ● Incarnarsi: *in lei si impersona l'avarizia.*

impersuadìbile [comp. di *in-* (*3*) e di un deriv. da *persuadere*, da *impersuaso*; 1594] agg. ● (*raro*) Che non si lascia persuadere.

impersuasìbile [1599] agg. ● Impersuadibile.

impersuasìvo [comp. di *in-* (*3*) e *persuasivo*; av. 1852] agg. ● (*raro, lett.*) Non persuasivo: *i tentativi ... riuscivano impersuasivi e miserabili, tanto che si finì col tacerne* (CROCE).

impersuàso [comp. di *in-* (*3*) e *persuaso*; 1827] agg. ● (*raro*) Non persuaso.

imperterrìto [vc. dotta, lat. *impertĕrritu(m)*, comp. di *in-* neg. e *pertĕrritus*, part. pass. di *perterrēre*, intens. di *terrēre* 'atterrire'; 1499] agg. ● Che non si spaventa o non si lascia turbare: *nonostante i fischi, continuò i. a cantare.* SIN. Impassibile, imperturbabile. || **imperterritaménte**, avv.

impertinènte [vc. dotta, lat. tardo *impertinĕnte(m)*, nom. *impĕrtinens*, comp. di *in-* neg. e *pĕrtinens*, part. pres. di *pertinēre*, 'pertinente'; av. 1342] **A** agg. **1** Di persona poco riguardosa, sfacciata e sim.: *un giovane i.* | Di atto o discorso insolente e irrispettoso: *comportamento, frase i.* **2** †Che non è pertinente | Che è fuori di proposito, sconveniente, inopportuno: *domanda i.* || **impertinenteménte**, avv. **1** In modo insolente e sfacciato: *rispondere impertinentemente.* **2** †Importunamente. **B** s. m. e f. ● Persona sfacciata e insolente. || **impertinentèllo**, dim. | **impertinentùccio**, †**impertinentùzzo**, dim.

impertinènza [av. 1566] s. f. **1** Caratteristica di chi (o di ciò che) è impertinente: *la sua i. gli procurerà qualche guaio.* SIN. Sfacciataggine. **2** Atto, discorso sconveniente, irrispettoso: *fare, dire impertinenze.* SIN. Insolenza.

imperturbàbile [vc. dotta, lat. tardo *imperturbābile(m)*, comp. di *in-* neg. e di un deriv. da *perturbāre*; av. 1364] agg. **1** Di persona che non si turba o non perde la calma: *un carattere i.* SIN. Impassibile, imperterrito. **2** Che non può essere turbato, detto di cosa: *calma, serenità i.* || **imperturbabilménte**, avv.

imperturbabilità [av. 1667] s. f. ● Condizione di chi (o di ciò che) è imperturbabile. SIN. Impassibilità.

imperturbàto [vc. dotta, lat. *imperturbātu(m)*, comp. di *in-* neg. e *perturbātus*, part. pass. di *perturbāre* 'perturbare'; sec. XIV] agg. ● Non perturbato. SIN. Calmo, sereno, tranquillo.

†**imperturbazióne** [vc. dotta, lat. tardo *imperturbatiōne(m)*, da *imperturbātus* 'imperturbato'; av. 1729] s. f. ● Tranquillità, serenità.

imperversaménto [av. 1704] s. m. ● (*raro*) L'imperversare.

imperversàre [comp. di *in-* (*1*) e *perverso*; 1353] v. intr. (*io impervèrso*; aus. *avere*) **1** Agire, infierire con violenza: *i. contro una persona.* **2** Infuriare, manifestarsi con veemenza, detto di elementi naturali, malattie, catastrofi e sim.: *la tempesta imperversò distruggendo il raccolto*; *imperversava nella regione una epidemia di colera.* **3** (*scherz.*) Diffondersi senza freno e misura, detto di mode, costumi e sim.: *imperversano le gonne corte.*

imperviètà [1951] s. f. ● Caratteristica di ciò che è impervio.

impèrvio [vc. dotta, lat. *impĕrviu(m)*, comp. di *in-* neg. e *pĕrvius* 'accessibile, praticabile', da *pĕr* 'attraverso' e *vĭa* 'strada'; 1499] agg. **1** Di luogo difficilmente raggiungibile o transitabile: *una strada impervia.* SIN. Impraticabile, malagevole | (*mar.*) ***Reti impervie***, quelle usate per ostruire i porti e proteggere dai siluri le navi alla fonda, durante le operazioni belliche. **2** (*med.*) Detto di organo cavo parzialmente o totalmente occluso. **3** (*ottica*) Opaco.

impestàre [comp. di *in-* (*1*) e *peste*; av. 1525] v. tr. (*io impèsto*) ● (*pop.*) Appestare.

impetecchìto [comp. di *in-* (*1*) e un deriv. di *petecchia*; av. 1742] agg. ● (*raro*) Coperto di petecchie.

impetìgine o **empetìgine**, **impetìggine** [vc. dotta, lat. *impetīgine(m)*, nom. *impetīgo*, comp. di *in-* (raff.?) e *petīgo* 'specie di erpete o di eruzione cutanea', di etim. incerta; av. 1320] s. f. ● (*med.*) Infezione contagiosa della pelle caratterizzata da pustole giallastre che si disseccano in croste.

impetiginóso [vc. dotta, lat. tardo *impetigĭnōsu(m)*, comp. di *in-* (raff.?) e *petiginōsus* 'pieno di eruzioni', da *petīgo* (V. *impetigine*); av. 1557] agg. ● Relativo all'impetigine | Affetto da impetigine.

ìmpeto [vc. dotta, lat. *ĭmpetu(m)*, di formazione incerta; 1308] s. m. **1** Pressione o moto violento: *l'i. della corrente*; *la nave lotta contro l'i. delle onde* | ***Fare i. contro qlco.***, premere | Assalto rapido e veemente: *l'i. degli attaccanti travolse ogni difesa*; *resistere all'i. del nemico* | ***Fare i. contro qlcu.***, attaccarlo, assalirlo con veemenza. **2** (*fig.*) Impulso improvviso e incontrollato dell'animo: *un i. d'odio, d'amore*; *in un i. d'ira si gettò su di lui* | ***I. oratorio***, foga, concitazione del discorso | ***†A i.***, con impeto | ***Agire d'i.***, d'impulso. SIN. Foga, slancio.

impetràbile [vc. dotta, lat. *impetrābile(m)*, comp. di *in-* (*1*) e *patrābilis*, da *patrāre* (V. *impetrare* (*1*)); 1499] agg. ● (*raro*) Che si può impetrare.

impetràre (**1**) [vc. dotta, lat. *impetrāre*, comp. di *in-* (*1*) e *patrāre*, originariamente 'compiere un atto in qualità di padre (*pāter*)', poi gener. 'condurre a termine' e 'ottenere'; sec. XIII] v. tr. (*io impètro*) **1** (*lett.*) Ottenere con preghiere: *i. una grazia, un favore*; *se di vecchiezza / la detestata soglia / evitar non impetro* (LEOPARDI). **2** Domandare supplicando: *impetriamo la loro considerazione.*

impetràre (**2**) ● V. *impietrare.*

impetratóre [vc. dotta, lat. tardo *impetratōre(m)*, da *impetrātus*, part. pass. di *impetrāre* 'impetrare (1)'; sec. XIV] s. m.; anche agg. (f. *-trice*) ● (*raro, lett.*) Chi (o Che) impetra, supplica.

impetratòrio [av. 1694] agg. ● (*raro, lett.*) Che tende, serve a impetrare.

impetrazióne [vc. dotta, lat. *impetratiōne(m)*, comp. di *in-* raff. e *patrātio* 'conclusione', da *patrātus*, part. pass. di *patrāre* (V. *impetrare* (*1*)); av. 1348] s. f. ● (*lett.*) L'impetrare | Supplica, preghiera.

†**impetrìre** ● V. *impietrire.*

†**impètro** [da *impetrare* (*1*); av. 1494] s. m. ● Preghiera.

impettìrsi [comp. di *in-* (*1*) e *petto*; av. 1842] v. intr. pron. (*io m'impettìsco, tu t'impettìsci*) ● (*raro*) Sporgere il petto in fuori, tenendo il busto rigido, per lo più in segno di boria, tracotanza e sim.

impettìto [comp. di *in-* (*1*) e *petto*; sec. XVII] agg. ● Detto di persona che sta eretta e col petto in fuori, spec. in segno di orgoglio o di superbia: *un vecchio signore dignitoso e i.*; *camminava tutta impettita.*

impetuosità [sec. XIV] s. f. ● Caratteristica di chi (o di ciò che) è impetuoso. SIN. Focosità, irruenza, violenza.

impetuóso [vc. dotta, lat. tardo *impetuōsu(m)*, da *ĭmpetus* 'impeto'; 1313] agg. **1** Che agisce con impeto, violenza e aggressività: *vento, corrente impetuosi*; *la gente ... impetuosa e ratta / allor quanto più puote affretta i passi* (TASSO) | Furioso, veemente: *assalto i.* **2** Detto di persona che si lascia trasportare istintivamente da sentimenti improvvisi: *un ragazzo i.*; *carattere, temperamento i.* SIN. Ardente, focoso, irruente. CONTR. Flemmatico. **3** Detto di azione, discorso e sim., pieni di foga, di impeto: *gesto i.*; *requisitoria impetuosa.* || **impetuosaménte**, avv. Con impeto.

†**impiacevolìre** [comp. di *in-* (*1*) e *piacevole*; 1499] **A** v. tr. ● Rendere piacevole | (*fig.*) Blandire. **B** v. intr. e intr. pron. ● Mostrarsi compiacente | (*est.*) Arrendersi.

impiagaménto [av. 1587] s. m. ● (*raro*) Formazione di piaghe.

impiagàre [comp. di *in-* (*1*) e *piaga*; 1441] **A** v. tr. (*io impiàgo, tu impiàghi*) **1** Coprire di piaghe: *la ferita gli ha impiagato una gamba.* **2** (*lett.*) Ferire. **B** v. intr. pron. ● Coprirsi di piaghe | Diventare, fare piaga.

impiagatùra [av. 1556] s. f. **1** (*raro*) Impiagamento. **2** (*raro*) Piaga.

impiallacciàre [comp. di *in-* (*1*) e *piallaccio*; av. 1597] v. tr. (*io impiallàccio*) **1** Rivestire con fogli sottili di legno pregiato: *i. qlco. in mogano.* **2** (*est.*) Rivestire con sottili lastre di marmo pilastri di pietra o di cotto, facciate di edifici, e sim.

impiallacciàto [av. 1798] part. pass. di *impiallacciare*; anche agg. ● Nei sign. del v.

impiallacciatóre [1869] s. m. (f. *-trice*) ● Operaio addetto all'impiallacciatura.

impiallacciatùra [1574] s. f. **1** Tecnica decora-

impianellare

tiva usata dagli ebanisti per arricchire un mobile con sottili fogli di legno pregiato e talvolta con squame di tartaruga applicate sulla superficie di legno comune. SIN. Impellicciatura. **2** Materiale usato in tale tecnica decorativa.

impianellàre [comp. di *in-* (1) e *pianella* nel sign. 2; 1681] **v. tr.** (*io impianèllo*) ● Coprire di pianelle un pavimento o un tetto.

impianellàto [sec. XVI] **A part. pass.** di *impianellare*; anche **agg.** ● Nei sign. del v. **B s. m.** ● Rivestimento o pavimento di pianelle.

impiantaménto [av. 1673] **s. m.** ● (*raro*) Impianto.

impiantàre [comp. di *in-* (1) e *piantare*, come il lat. tardo *implantāre*; 1508] **v. tr. 1** Sistemare opportunamente i pezzi e i congegni di una macchina o altra struttura allo scopo di costruirla: *i. un motore elettrico* | Mettere in opera, installare: *i. una caldaia.* **2** (*est.*) Avviare, fondare, istituire: *i. un'azienda commerciale, una scuola* | *I. una discussione, un dibattito*, fissarne le linee principali. **3** (*region.*) Mettere a dimora piante arboree, fare una piantagione. **4** (*chir.*) Inserire nell'organismo strutture gener. artificiali ben tollerate, allo scopo di mantenere o ripristinare la funzione di tessuti, organi o parti di essi alterati.

impiantìre [comp. di *in-* (1) e *pianta*; 1803] **v. tr.** (*io impiantìsco, tu impiantìsci*) ● (*raro*) Dotare di impianto.

impiantìsta [da *impianto*; 1957] **A s. m. e f.** (pl. m. *-i*) ● Tecnico specializzato in impiantistica. **B** anche **agg.**: *disegnatore, ingegnere, tecnico i.*

impiantìstica [1971] **s. f.** ● (*tecnol.*) Progettazione, costruzione ed esercizio degli impianti industriali, con particolare riguardo, oltre che agli aspetti funzionali, anche a quelli economici.

impiantìstico [1973] **agg.** (pl. m. *-ci*) ● Relativo agli impianti o all'impiantistica.

impiantìto [dal part. pass. di *impiantire*; 1838] **s. m.** ● Pavimento di legno, mattoni, marmo e sim. su un letto di malta.

◆**impiànto** [da *impiantare*; 1698] **s. m. 1** Operazione dell'impiantare, fase iniziale dell'organizzazione di un'attività: *l'i. di una fabbrica* | *Spese di i.*, quelle che si sostengono per iniziare un'attività industriale, commerciale o sim. **2** Complesso di attrezzature necessarie per qlco.: *i. di riscaldamento; i. frigorifero, telefonico; impianti igienici, sanitari, idrosanitari* | *I. elettrico*, complesso di opere atte alla generazione, al trasporto e all'utilizzazione dell'energia elettrica | *I. sportivo*, stadio o complesso di campi di gioco e sim. con le opportune attrezzature per la pratica di attività sportive. **3** (*org. az.*) Complesso costruttivo fisso installato nella fabbrica, che costituisce il mezzo tecnico per le lavorazioni industriali secondo il processo produttivo: *i. produttivo; spese per macchinari e impianti.* **4** (*fig.*) Struttura, impostazione, organizzazione: *un'opera priva di i. scientifico.* **5** (*biol.*) Annidamento dell'uovo fecondato | Trapianto, spec. per scopi sperimentali. **6** (*med.*) Sostituzione di un organo o di una sua parte con una struttura artificiale. **7** (*mar.*) Installazione di cannoni di grosso calibro. **8** †Pretesto, cavillo.

impiantologìa ● V. *implantologia.*

impiastracàrte [comp. di *impiastra*(*re*) e del pl. di *carta*] **s. m. e f. inv.** ● (*raro*) Imbrattacarte.

impiastraménto [av. 1692] **s. m.** ● (*raro*) L'impiastrare, l'impiastrarsi | Imbrattamento.

impiastràre [lat. tardo *emplastrāre*, da *emplastrum* 'impiastro'; sec. XIV] **A v. tr. 1** Spalmare di materia untuosa o attaccaticcia, simile a un impiastro: *i. una carta di catrame.* **2** (*est.*) Insudiciare, imbrattare: *i. il sopràbito di fango* | (*scherz.*) Dipingere male: *i. tele* | (*spreg.*) *Impiastrarsi il viso*, imbellettarsi. **B v. rifl.** ● Ungersi con sostanze oleose o attaccaticce. **C v. rifl. rec.** ● (*fig.*) †Legarsi, mettersi d'accordo: *io credo che la ragione perché Inghilterra si impiastrasse con Francia, fosse per vendicarsi contro a Spagna* (MACHIAVELLI).

impiastratóre [av. 1571] **s. m.** (f. *-trice*) ● Chi impiastra. | (*spreg.*) Cattivo pittore.

impiastricciaménto [av. 1568] **s. m.** ● (*raro*) L'impiastricciare | Imbrattamento.

impiastricciàre [da *impiastrare*; av. 1528] **v. tr.** (*io impiastrìccio*) ● (*spreg.*) Impiastrare, imbrattare qua e là.

impiastriccicàre [1684] **v. tr.** (*io impiastrìccico, tu impiastrìcchi*) ● (*tosc.*) Impiastricciare.

impiàstro o **empiàstro** [lat. *emplǎstru*(*m*), dal gr. *émplastron*, da *emplássein*, comp. di *en-* 'dentro' e *plássein* 'modellare'; av. 1292] **s. m. 1** (*med.*) Mistura medicamentosa simile a una pasta che viene distribuita sulla parte malata e si ammorbidisce al calore corporeo aderendo alla cute sottostante. **2** (*raro, fig.*) Rimedio, spec. inutile. **3** (*fig., fam.*) Persona seccante e noiosa | Persona di salute cagionevole. **4** (*raro, fig.*) Lavoro fatto male. **5** †Opera di fattucchiera. || **impiastràccio**, pegg. | **impiastrìno**, dim.

impiccàbile [av. 1827] **agg.** ● (*raro*) Che può essere impiccato.

impiccagióne [av. 1907] **s. f.** ● Esecuzione capitale in cui il condannato viene impiccato.

impiccaménto [1879] **s. m. 1** (*raro*) L'impiccare, l'impiccarsi | Impiccagione. **2** (*raro, fig.*) Vincolo gravoso.

impiccàre [comp. di *in-* (1) e *picca*, av. 1292] **A v. tr.** (*io impìcco, tu impìcchi*) **1** Sospendere qlcu. con un laccio intorno alla gola, dandogli così la morte: *i. qlcu. a un albero, a una trave* | †*I. sulla croce*, crocifiggere | (*fam.*) *Neanche se mi impiccano*, (iperb.) per nessuna ragione al mondo: *non lo farò, neanche se mi impiccano.* **2** (*raro, est.*) Appendere, collocare qlco. troppo in alto: *i. un quadro.* **3** (*fig., raro*) assoggettare a un vincolo gravoso. **B v. rifl.** ● Sospendersi con un laccio intorno al collo, dandosi così la morte: *impiccarsi alle sbarre della finestra* | *Impiccàti!, che s'impicchi!*, va, che vada, al diavolo | †*I. impiccarla bene*, a dir molto **2** (*fig., raro*) Assumere un vincolo gravoso.

impiccàto [sec. XIV] **A part. pass.** di *impiccare*; anche **agg. 1** Nei sign. del v. **2** (*fig.*) Rigido come un impiccato: *sentirsi i. in un abito troppo stretto* | (*fig.*) Assillato, pressato, messo in difficoltà: *sentirsi i. dai tempi, dalle scadenze.* **B s. m.** (f. *-a*) **1** Chi ha ricevuto la morte con l'impiccagione: *l'i. penzolava dalla forca.* **2** †Individuo degno della forca.

†**impiccatóio** [1546] **agg.** ● Meritevole di impiccagione.

impiccatóre [av. 1342] **s. m.**; anche **agg.** (f. *-trice*, raro) ● (*raro*) Chi (o Che) impicca | Chi (o Che) condanna o manda molte persone all'impiccagione.

impiccatùra [av. 1311] **s. f.** ● (*raro*) Impiccatura impiccio.

impicciàre [ant. fr. *empeechier*, dal lat. *impedicāre* 'impedire, perché preso coi piedi in trappola' (*pèdica*, da *pes*, genit. *pědis* 'piede'); sec. XIII] **A v. tr.** (*io impìccio*) ● Impacciare, intralciare, ostacolare (anche assol.): *i vestiti stretti impicciano i movimenti*; *potrebbe anche dare una mano, ...in vece di venir tra' piedi a piangere e a i.* (MANZONI) | Ingombrare: *i. la strada, il passaggio.* **B v. intr. pron.** ○ Immischiarsi, intromettersi: *impicciarsi degli affari altrui; di che t'impicci?*

impicciatìvo [av. 1712] **agg.** ● (*raro*) Che procura impiccio.

impicciàto [sec. XIV] **part. pass.** di *impicciare*; anche **agg. 1** Nei sign. del v. **2** (*raro*) Detto di persona che si trova negli impicci, nei guai o è imbarazzato e confuso | Occupato in varie faccende, oberato da diversi impegni: *oggi sono molto i.* **3** (*fam.*) Intricato, difficile da sbrogliare: *è un affare alquanto i.*

impiccinìre [comp. di *in-* (1) e *piccino*; av. 1597] **A v. tr.** (*io impiccinìsco, tu impiccinìsci*) ● Far diventare piccino | (*fig.*) Rendere misero, meschino: *i. un ideale.* **B v. intr. e intr. pron.** (aus. *essere*) ● Farsi piccolo o più piccolo.

impìccio [da *impicciare*; av. 1565] **s. m. 1** Ingombro, intralcio, ostacolo: *essere d'i.* | (*est.*) Briga, seccatura, fastidio: *procurare impicci* | (*raro*) Imbarazzo: *cavarsi d'i.* **2** Affare imbrogliato: *essere negli impicci; cavare, togliere qlcu. dagli impicci.* SIN. Guaio. **3** (*raro*) Debito, ipoteca. || **impiccerèllo**, (raro) **impiccerello**, dim.

impicciolìre [comp. di *in-* (1) e *picciolo* (1); 1336 ca.] **v. tr. intr. e intr. pron.** (*io impicciolìsco, tu impicciolìsci*; aus. *essere*) ● (*raro*) Impiccolire.

impiccióne [da *impicciare*; 1817] **s. m.** (f. *-a*) ● Chi s'impiccia abitualmente delle faccende altrui. SIN. Ficcanaso. || **impiccionàccio**, pegg.

impiccoliménto [1684] **s. m.** ● L'impiccolire, il venire impiccolito.

impiccolìre [comp. di *in-* (1) e *piccolo*; 1629] **A v. tr.** (*io impiccolìsco, tu impiccolìsci*) ● Far diventare o far sembrare più piccolo: *i. l'immagine.* CONTR. Ingrandire. **B v. intr. e intr. pron.** (aus. *essere*) ● Diventare, apparire piccolo o più piccolo: *le cose si impiccoliscono allontanandosi.* CONTR. Ingrandirsi.

impidocchiàre [comp. di *in-* (1) e *pidocchio*; 1900] **A v. tr.** (*io impidòcchio*) ● Riempire di pidocchi | Attaccare i pidocchi a qlcu. **B v. intr. pron.** ● Riempirsi di pidocchi.

impidocchìre [comp. di *in-* (1) e *pidocchio*; av. 1597] **v. intr. e intr. pron.** (*io impidocchìsco, tu impidocchìsci*; aus. *essere*) **1** Diventare pieno di pidocchi: *impidocchirsi per la sporcizia*; *queste piante si impidocchiscono facilmente.* **2** (*fig.*) Cadere nella miseria e nello squallore morale.

impiegàbile [1673] **agg.** ● Che si può impiegare: *somma, denaro i.*

◆**impiegàre** [lat. *implicāre* 'avvolgere, vincolare', comp. di *in-* 'dentro' e *plicāre* 'piegare, ripiegare', intens. di *plěctere*, di orig. indeur.; 1353] **A v. tr.** (*io impièdo, tu impièghi*) **1** Adoperare, usare, utilizzare per uno scopo: *i. ogni diligenza nell'eseguire i propri compiti; i. il tempo libero a leggere* | *I. un quarto d'ora*, metterci un quarto d'ora | Spendere, investire: *i. i soldi in cose futili; i. i risparmi in titoli di Stato.* **2** Assumere qlcu. per un lavoro temporaneo o fisso: *i. due giardinieri per potare gli alberi; l'hanno impiegato in banca.* **B v. rifl. 1** Ottenere un impiego: *mi sono impiegato alle poste.* **2** (*lett., raro*) Applicarsi.

impiegatìzio [1922] **agg.** ● Che riguarda gli impiegati: *rapporto i.; classe impiegatizia.*

impiegatizzazióne [da *impiegato*; 1971] **s. f.** ● Trasformazione di una libera professione in un lavoro impiegatizio.

◆**impiegàto** [1342] **A part. pass.** di *impiegare*; anche **agg.** ● Nei sign. del v. **B s. m.** (f. *-a*) ● Dipendente addetto a lavori non manuali in uffici pubblici o privati | *I. di concetto*, con mansioni di collaborazione intellettuale amministrativa o tecnica | *I. d'ordine*, con mansioni di collaborazione, eccettuata ogni prestazione semplicemente manuale | *I. pubblico*, impiegato dello Stato o di altro ente pubblico. || **impiegataccio**, pegg. | **impiegatino**, dim. | **impiegatùccio**, **impiegatùzzo**, dim. | **impiegatùcolo**, dim., **spreg.**

impiegatùme [da *impiegato* col suff. spreg. *-ume*; 1851] **s. m.** ● (*spreg.*) Complesso di impiegati.

◆**impiègo** [da *impiegare*; 1581] **s. m.** (pl. *-ghi*) **1** Uso, utilizzazione di qlco.: *fare un i. razionale del tempo; un i. redditizio del denaro.* **2** Occupazione, posto di lavoro stabile in un ufficio: *i. fisso, incerto; i. pubblico, privato; aveva perduto un i. discreto rispettabile con somma fatica* (SVEVO) | *Pieno i.*, situazione di mercato in cui l'offerta di lavoro è pari o inferiore alla richiesta di lavoro con conseguente eliminazione della disoccupazione. **3** (*dir.*) Rapporto di dipendenza di un impiegato dal datore di lavoro: *legislazione sull'i. privato, pubblico.* || **impiegùccio**, dim.

impietosìre [comp. di *in-* (1) e *pietoso*; 1614] **A v. tr.** (*io impietosìsco, tu impietosìsci*) ● Muovere a pietà: *il cuore di qlcu.; disgrazie che impietosirebbero chiunque.* SIN. Commuovere. **B v. intr. pron.** ● Sentire pietà: *impietosirsi al racconto di casi tristi.* SIN. Commuoversi.

impietóso [comp. di *in-* (3) e *pietoso*; 1499] **agg.** ● Crudele, disumano, spietato. || **impietosaménte**, avv. Senza pietà.

†**impietraménto** [1686] **s. m.** ● Impietrimento.

impietràre o (*lett.*) **impetràre** (2) [1313] **v. tr. e intr.** (*io impiètro*; aus. *essere*) ● Impietrire: *Io non piangea, sì dentro impetrai* (DANTE *Inf.* XXXIII, 49).

impietriménto [av. 1730] **s. m.** ● Pietrificazione | (*fig.*) Induramento.

impietrìre o †**impetrìre** [comp. di *in-* (1) e *pietra*; av. 1597] **A v. tr.** (*io impietrìsco, tu impietrìsci*) **1** Trasformare in pietra: *la Gorgone impietriva chi la guardava.* **2** (*fig.*) Far diventare duro e insensibile: *la disgrazia improvvisa l'ha impietrito.* | (*est.*) Rendere immobile, attonito. **B v. intr. e intr. pron.** (aus. *essere*) **1** Diventare pietra. **2** (*fig.*) Diventare duro e insensibile, come di pietra: *vedere gli i.* | (*est.*) Restare immobile, attoniti (per stupore, spavento e sim.): *impietrì per la paura; sembrava impietrito.*

impietrìto part. pass. di *impietrire*; anche **agg. 1** Diventato di pietra o duro come pietra: *vanghe pian-*

tate in mucchi impietriti di calcina (MORAVIA). **2** (*fig.*) Reso insensibile o incapace di emozioni e sentimenti: *anima impietrita dal dolore* | Bloccato, immobilizzato, inerte: *restò un momento quasi i. dall'ira* (CALVINO).

impigliàre [propr. *'pigliare* dentro (*in-*)'; av. 1280] **A** v. tr. (*io impìglio*) **1** Trattenere impedendo i movimenti: *i rovi le impigliarono le vesti*; *i. un pesce nella rete* | (*fig., raro*) Circuire. **2** †Ingombrare, occupare. **3** †Imprendere, iniziare. **B** v. intr. pron. ● Rimanere preso, avviluppato: *impigliarsi negli ingranaggi di una macchina* | (*fig., lett.*) Rimanere coinvolto in qlco.

impignoràbile [comp. di *in-* (*3*) e *pignorabile*; 1963] agg. ● (*dir.*) Che non può essere sottoposto a pignoramento: *bene i.*

impignorabilità [1938] s. f. ● Condizione di ciò che è impignorabile.

impigrìre [comp. di *in-* (*1*) e *pigro*; av. 1332] **A** v. tr. (*io impigrìsco, tu impigrìsci*) ● Rendere pigro e torpido: *l'ozio impigrisce la mente ed il corpo.* SIN. Impoltronire. **B** v. intr. e intr. pron. (aus. *essere*) ● Diventare pigro: *i cani da caccia impigriscono senza esercizio*; *si è impigrito per la noia.* SIN. Impoltronirsi.

†**impìgro** [vc. dotta, lat. *ĭmpigru(m)*, nom. *ĭmpiger*, comp. di *in-* neg. e *pĭger* 'pigro'; av. 1543] agg. ● Sollecito, diligente, operoso.

impilàbile [da *impilare*; 1993] agg. ● Che si può impilare: *sedie impilabili.*

impilàggio [da *impilare*, sul modello del corrispondente fr. *empilage* (da *empiler*); 1957] s. m. **1** L'impilare. **2** Pila di oggetti.

impilàre [comp. di *in-* (*1*) e *pila* (*1*); 1957] v. tr. ● Porre ordinatamente vari oggetti uno sopra l'altro: *i. imballaggi, pellami.*

impillaccheràre [comp. di *in-* (*1*) e *pillacchera*; 1854] **A** v. tr. (*io impillàcchero*) ● (*tosc.*) Imbrattare con schizzi di fango: *mi sono impillaccherato il vestito.* **B** v. rifl. ● Infangarsi.

†**impìngere** [vc. dotta, lat. *impĭngere*, comp. di *in-* 'dentro' e *păngere* 'piantare', da cui 'stabilire solidamente, concludere', di orig. indeur.; 1282] **A** v. tr. ● Spingere avanti, contro | (*est.*) Caricare, assalire. **B** v. intr. pron. ● Spingersi contro | Opporsi.

impinguaménto [sec. XVII] s. m. ● L'impinguare, l'impinguarsi.

impinguàre [vc. dotta, lat. tardo *impinguāre*, comp. di *in-* (*1*) e *pĭnguis* 'grasso, pingue'; 1321] **A** v. tr. (*io impìnguo*) **1** (*raro*) Rendere pingue, grasso. **2** (*fig.*) Arricchire: *i. le tasche di qlcu.*; *i. le casse di una ditta* | (*fig.*) ***I. un racconto, una descrizione***, abbondare nelle spiegazioni e nei richiami. **B** v. intr. e intr. pron. (aus. *essere*) **1** (*raro*) Ingrassare: *Dall'ultima visita era impinguata ancora* (ALERAMO). **2** (*fig., lett.*) Arricchirsi spiritualmente: *u' ben s'impingua se non si vaneggia* (DANTE *Par.* X, 96).

impinguatóre [av. 1729] s. m.; anche agg. (f. *-trice*) ● (*raro*) Che impingua.

†**impinguazióne** [vc. dotta, lat. tardo *impinguatiōne(m)*, da *impinguātus* 'impinguato'; 1673] s. f. ● Ingrassamento.

impinguiménto [1970] s. m. ● Impinguamento.

impinguìre [comp. di *in-* (*1*) e *pingue*; 1598] v. intr. e intr. pron. (*io impinguìsco, tu impinguìsci*; aus. *essere*) ● Diventare pingue.

impinzàre [lat. parl. **impinctiāre* per *impĭngere* 'spingere (*păngere*) dentro (*in-*)'; 1554] **A** v. tr. ● Riempire di cibo: *alla cena l'hanno impinzato di leccornie* | (*fig.*) Rendere pieno, saturo: *i. un ragazzo di nozioni inutili.* **B** v. rifl. ● Rimpinzarsi.

†**ìmpio** e *deriv.* ● V. *empio* (*1*) e *deriv.*

impiombàre [dal lat. tardo *implumbāre* 'saldare con piombo', comp. di *in-* (*1*) e *plumbāre*, da *plŭmbum* 'piombo'; 1550] **A** v. tr. (*io impiómbo*) **1** Fermare o saldare con piombo: *i. un anello nel muro*; *i. un tubo* | Rivestire di piombo: *i. un tetto.* **2** Munire di sigillo di piombo o di piombini la chiusura di pacchi, casse e simili: *i. un baule, un carro ferroviario.* **3** (*mar.*) Congiungere mediante impiombatura. **4** In odontoiatria, piombare. SIN. Incordonare. **B** v. intr. pron. ● †Diventare pesante come il piombo.

impiombàto [av. 1321] part. pass. di *impiombare*; anche agg. ● Nei sign. del v.

impiombatùra [1715] s. f. **1** Operazione dell'impiombare: *l'i. di un pacco*; *l'i. di un dente* | Il piombo per impiombare. **2** (*agr.*) Virosi della vite. **3** Collegamento permanente, realizzato mediante intreccio dei trefoli, tra le estremità di due cime o cavi metallici o tra un'estremità e la cima o il cavo stesso così da formare un anello.

impiotaménto s. m. ● Lavoro dell'impiotare.

impiotàre [comp. di *in-* (*1*) e *piota*; 1957] v. tr. (*io impiòto*) ● Ricoprire un terreno, spec. giardini e aiuole, con piote erbose.

impipàrsi [comp. di *in-* (*1*) e *pipare* 'fumare la pipa', in senso fig.; 1842] v. intr. pron. ● (*fam.*) Non curarsi di qlcu. o di qlco.: *me ne impipo di quello che possono dire.*

impippiàre [comp. di *in-* (*1*) e *pippio*, nel senso di 'becco', come *imbeccare*; av. 1698] **A** v. tr. (*io impìppio*) ● (*raro, tosc.*) Imbeccare uccelli, polli e sim. | (*est.*) Suggerire. **B** v. intr. pron. ● (*raro, tosc.*) Rimpinzarsi.

†**impìreo** ● V. *empireo.*

†**impìrio** ● V. *empireo.*

impitonìre [dal *pitone* ipnotizzato dall'incantatore di serpenti; 1989] v. tr. (*io impitonìsco, tu impitonìsci*) ● (*gerg.*) Incantare, ammaliare.

impiumàre [comp. di *in-* (*1*) e *piuma*; av. 1557] **A** v. tr. **1** Fornire o coprire di piume: *i. il nido*; *i. le ali* | Ornare di piume: *i. l'elmo, il cimiero.* **2** (*tess.*) ***I. lana, seta, pelli***, secondo un antico procedimento, immergerle in un primo bagno colorante leggerissimo. **B** v. intr. pron. ● Mettere le penne: *gli uccellini cominciano a impiumarsi.*

impiumatùra [1869] s. f. ● (*tess.*) Procedimento e spesa dell'impiumare.

impiùmo [da *impiumare*, nel sign. A 2; sec. XIX] s. m. ● Primo fondo di colore un tempo dato a tessuti da tingere.

implacàbile [vc. dotta, lat. *implacābile(m)*, comp. di *in-* neg. e *placābilis*, da *placāre*; av. 1342] agg. **1** Che non si può o non si vuole placare: *nemico, odio i.* | Che non dà tregua: *sole, tempesta i.* SIN. Inesorabile, ostinato. **2** (*est.*) Duro, severo: *sentenza, critica i.* || **implacabilménte**, avv. In modo implacabile; inesorabilmente.

implacabilità [vc. dotta, lat. tardo *implacabilitāte(m)*, da *implacābilis* 'implacabile'; av. 1547] s. f. ● Caratteristica di implacabile: *l'i. di un nemico*; *l'i. del clima torrido dell'estate.* SIN. Inesorabilità.

implacàto [vc. dotta, lat. *implacātu(m)*, comp. di *in-* neg. e *placātus*, part. pass. di *placāre* 'placare'; 1810] agg. ● (*raro*) Che persiste nell'ira e nel risentimento | (*lett.*) Implacabile.

implantazióne [ingl. *implantation*, da *to implant* 'piantare, fissare, impiantare'] s. f. ● (*fis.*) ***I. di ioni***, introduzione di impurezze nelle regioni prossime alla superficie di un cristallo per mezzo di un fascio di atomi.

implantologìa o **impiantologìa** [dal lat. tardo *implantāre* 'impiantare', col suff. *-logia*; 1972] s. f. **1** (*chir.*) Innesto di ciocche di capelli sulla cute, come rimedio contro la calvizie. **2** (*chir.*) ***I. orale, i. endossea***, in odontoiatria, tecnica che permette di sostituire i denti mancanti con una protesi fissa, mediante l'inserimento di supporti metallici nelle ossa mascellari e mandibolari.

implantòlogo [1983] s. m. (f. *-a*; pl. m. *-gi*) ● Odontoiatra specializzato in implantologia.

implementàre [ingl. *to implement*, dal lat. *implēre* 'riempire, adempiere'; 1983] v. tr. (*io impleménto*) ● Rendere operante, attivo, passando dalla fase di progetto alla realizzazione, detto spec. di impianti, sistemi, programmi informatici.

implementazióne [1983] s. f. ● L'implementare, il venire implementato.

implicànza [da *implicare*; 1617] s. f. **1** †Contraddizione. **2** Implicazione.

implicàre [vc. dotta, lat. *implicāre* 'avvolgere', comp. di *in-* 'dentro' e *plicāre* 'piegare'; av. 1374] **A** v. tr. (*io ìmplico*, poet. *implìco, tu ìmplichi*, poet. *implìchi*) **1** Comprendere in sé, comportare: *l'amicizia implica stima e fiducia reciproche* | Sottintendere: *l'adesione ad una fede politica implica il rifiuto di altre.* **2** Coinvolgere, rendere qlcu. partecipe o corresponsabile in una situazione negativa o rischiosa, anche suo malgrado: *lo hanno implicato in una lite, in uno scandalo, in un delitto.* **3** (*raro, lett.*) Avvolgere, inviluppare: *il mare implica le terre.* **B** v. intr. pron. ● Coinvolgersi in qlco. | Mettersi in una situazione spesso spiacevole o complicata: *implicarsi in uno scandalo.*

implicàto [av. 1311] part. pass. di *implicare*; anche agg. **1** Nei sign. del v. | Coinvolto: *è rimasto i. in una truffa.* **2** (*ling.*) Detto di vocale in sillaba chiusa | Detto di sillaba, che termina per consonante.

implicatóre [av. 1406] s. m.; anche agg. (f. *-trice*) ● (*raro*) Chi (o Che) implica.

implicazióne [vc. dotta, lat. *implicatiōne(m)*, da *implicātus* 'implicato'; av. 1406] s. f. **1** L'implicare | Conseguenza: *un gesto dalle gravi implicazioni* | (*est.*) Rapporto, connessione: *le implicazioni politiche, sociali di un avvenimento*; *le implicazioni storiche, filosofiche, politiche di un romanzo.* **2** In logica, relazione formale intercorrente tra l'antecedente e il conseguente di una proposizione in base alla quale è possibile stabilire che se è vero l'antecedente allora è vero anche il conseguente. **3** †Intrico, viluppo | Difficoltà, impiccio.

†**implicitézza** s. f. ● Condizione di ciò che è implicito.

implìcito [vc. dotta, lat. *implĭcitu(m)*, altro part. pass. di *implicāre* 'implicare'; 1499] agg. **1** Di ciò che non è stato espresso, ma è sottinteso e contenuto nei fatti: *biasimo, rifiuto i.* **2** (*ling.*) ***Proposizioni implicite***, quelle che hanno per predicato una forma indefinita del verbo. **3** (*mat.*) Rappresentato non direttamente, ma attraverso relazioni opportune. **4** †Nascosto, occulto. || **implicitaménte**, avv.

implòdere [da *esplodere*, con cambio di pref.; 1983] v. intr. (coniug. come *esplodere*) **1** Rompersi in seguito a implosione: *l'apparecchio è imploso.* **2** (*psicol.*) Operare un'implosione.

imploràbile [vc. dotta, lat. *implorābile(m)*, da *implorāre* 'implorare'; 1745] agg. ● (*raro*) Che si può implorare.

imploránte [1664] part. pres. di *implorare*; anche agg. ● Che rivela, esprime implorazione: *occhi imploranti*; *voce i.*

imploràre [vc. dotta, lat. *implorāre*, comp. di *in-* (*1*) e *plorāre* 'lamentarsi', di etim. incerta; av. 1368] v. tr. (*io implòro*) ● Domandare, chiedere con preghiera: *i. la grazia, clemenza* | Invocare piangendo: *i. Dio per avere una grazia.* SIN. Supplicare.

imploratóre [av. 1646] s. m.; anche agg. (f. *-trice*) ● (*raro*) Chi (o Che) implora: *un i. di grazie*; *sguardo i.*

implorazióne [vc. dotta, lat. *imploratiōne(m)*, da *implorātus* 'implorato'; 1639] s. f. ● (*raro*) L'implorare | La preghiera o la supplica con cui si implora qlcu.

implosióne [comp. sul modello di *esplosione* con sostituzione di pref. a sign. opposto] s. f. **1** (*fis.*) Rottura subitanea di un recipiente sotto vuoto che cede alla pressione esterna, con proiezione dei frammenti verso l'interno. **2** (*ling.*) Movimento di chiusura del canale vocale nell'articolazione delle occlusive | Prima fase della pronuncia di una consonante occlusiva. **3** (*psicol.*) Atteggiamento di chi si chiude in sé stesso, senza badare agli altri, trascurandoli e non comunicando con essi.

implosìva [f. sost. di *implosivo*] s. f. ● (*ling.*) Consonante implosiva.

implosìvo [comp. sul modello di *esplosivo*, con sostituzione di pref. a sign. opposto; 1957] agg. ● (*ling.*) Articolato con implosione: *suono i.* | ***Consonante implosiva***, quella che si trova dopo la vocale o il nucleo sillabico, e che corrisponde quindi alla fase di tensione decrescente della sillaba; anche, quella la cui articolazione è limitata alla prima fase di pronuncia.

implùme [vc. dotta, lat. *implūme(n)*, comp. di *in-* neg. e di un deriv. da *plūma* 'piuma'; 1766] agg. ● Che non ha le piume o le penne | ***Uccelli implumi***, che non hanno messo ancora le piume.

implùvio [vc. dotta, lat. *implŭviu(m)*, da *implŭere* 'piovere (*plŭere*) dentro (*in-*)'; 1875] s. m. **1** (*archeol.*) Nell'atrio della casa signorile romana, bacino rettangolare nel quale si raccoglieva l'acqua piovana defluita dal compluvio. **2** (*geogr.*) ***Linea di i.***, in una valle, quella che riunisce i punti più bassi di ogni profilo trasversale di essa.

impoètico [comp. di *in-* (*3*) e *poetico*; 1821] agg. (pl. m. *-ci*) ● (*lett.*) Che non è poetico: *componimento i.* | Che non rispetta i canoni della versificazione: *rima impoetica.* || **impoeticaménte**, avv.

†**impolàrsi** [comp. di *in-* '(fermo) nel' e *polo*; 1321] v. intr. pron. ● Essere fornito di poli: *non è in loco e non s'impola* (DANTE *Par.* XXII, 67).

impoliticità [av. 1952] s. f. ● Caratteristica di ciò che è impolitico.

impolìtico [comp. di *in-* (*3*) e *politico*; 1793] agg.

(pl. m. *-ci*) **1** Contrario a una politica abile e opportuna: *discorso, provvedimento i.* **2** Imprudente, inopportuno, incauto, malaccorto: *mossa impolitica.* ‖ **impoliticaménte**, avv. In modo non politico; con scarsa accortezza.

†**impolito** [vc. dotta, lat. *impolītu(m)*, comp. di *in-* neg. e *polītus*, part. pass. di *polīre* 'pulire, levigare', di etim. incerta; 1499] agg. ● Rozzo, imperfetto. ‖ †**impolitaménte**, avv. Rozzamente, imperfettamente.

impollinàre [comp. di *in-* (*1*) e *polline*; 1940] v. tr. (*io impòllino*) ● (*bot.*) Fecondare il fiore con il polline.

impollinatóre [1957] agg.; anche s. m. (f. *-trice*) ● (*zool.*) Detto di insetto o sim. che provoca l'impollinazione.

impollinazióne [1874] s. f. ● (*bot.*) Trasporto del polline sullo stigma o sull'ovulo nudo di un fiore | *I. diretta*, autogamia | *I. indiretta, incrociata*, allogamia.

†**impollùto** [vc. dotta, lat. *impollūtu(m)*, part. pass. di *impollŭere*, comp. di *in-* neg. e *pollŭere* 'sporcare', connesso con *lŭtum* 'fango', di orig. indeur.; 1499] agg. ● Non macchiato | (*est.*) Illibato.

impolpàre [comp. di *in-* (*1*) e *polpa*; 1659] **A** v. tr. (*io impólpo*) ● Rendere più grasso o più muscoloso: *i. le gambe* | (*fig.*) Rendere più ricco: *i. un patrimonio esausto*; *i. un discorso di citazioni.* **B** v. intr. pron. ● Ingrassare.

impoltronìre [comp. di *in-* (*1*) e *poltrone*; av. 1363] **A** v. tr. (*io impoltronìsco, tu impoltronìsci*) ● Rendere poltrone o pigro: *l'inattività impoltronisce l'uomo.* SIN. Impigrire. **B** v. intr. e intr. pron. (aus. *essere*) ● Divenire poltrone: *impoltronire col passare degli anni*; *con la vita sedentaria s'impoltronisce.* SIN. Impigrirsi.

impolveràre [comp. di *in-* (*1*) e *polvere*; av. 1320] **A** v. tr. (*io impólvero*) **1** Coprire, sporcare di polvere: *questa strada mi ha impolverato le scarpe* | †*I. uno scritto*, cospargerlo di polverino. **2** (*agr.*) Trattare le viti con polvere di zolfo per difenderle dall'oidio. **B** v. intr. pron. ● Coprirsi, sporcarsi di polvere: *quel vestito si è tutto impolverato.* **C** v. rifl. ● (*scherz.*) Incipriarsi.

impolveràto [av. 1519] part. pass. di *impolverare*; anche agg. ● Coperto di polvere: *mobile i.*

impolveratrice [da *impolverare*; 1970] s. f. ● (*agr.*) Macchina per distribuire prodotti antiparassitari in polvere: *i. a soffietto, a zaino, a trazione.* SIN. Solforatrice.

impomatàre [comp. di *in-* (*1*) e *pomata*; 1869] **A** v. tr. ● Ungere con pomata: *i. la pelle.* **B** v. rifl. ● (*scherz. o spreg.*) Cospargersi i capelli di brillantina: *si è tutto impomatato.*

impomatàto [1716] part. pass. di *impomatare*; anche agg. **1** Unto con pomata. **2** (*scherz. o spreg.*) Di persona eccessivamente curata: *uscire tutto lisciato e i.*

impomiciàre [comp. di *in-* (*1*) e *pomice*; 1342] v. tr. (*io impómicio*) ● Strofinare, pulire con pomice.

imponderàbile [comp. di *in-* (*3*) e *ponderabile*; 1818] **A** agg. **1** Che ha peso tanto piccolo da non poter essere registrato dalle comuni bilance: *fluidi imponderabili.* **2** (*fig.*) Che non si può valutare o prevedere: *causa, motivo i.*; *esito i.* ‖ **imponderabilménte**, avv. **B** s. m. ● Ciò che non si può determinare o prevedere: *temere l'i.*

imponderabilità [1869] s. f. **1** Carattere di ciò che è imponderabile. **2** (*fis.*) Assenza di peso dovuta all'assenza di forza di gravità.

imponderàto [comp. di *in-* (*3*) e *ponderato*; 1869] agg. ● (*raro*) Che non è stato pesato | (*fig.*) Che non è stato bene meditato.

imponènte [av. 1810] part. pres. di *imporre*; anche agg. **1** Che incute rispetto e riverenza: *personaggio i.* **2** (*est.*) Enorme, grandioso, solenne: *teatro i.*; *corteo i.* ‖ **imponenteménte**, avv.

imponènza [da *imponente*; 1530] s. f. **1** Gravità, austerità, detto di persona: *un vecchio di grande i.* **2** Enormità, solennità grandiosa: *l'i. di un edificio*; *l'i. di una manifestazione.*

†**impónere** [vc. dotta, lat. *impōnere*, comp. di *in-* 'dentro' e *pōnere* 'porre'; 1476] v. tr., rifl. e intr. pron. ● Imporre.

impóngo ● V. *imporre.*

imponìbile [da *imponere*; av. 1835] **A** agg. **1** Che può essere imposto. **2** Che può essere gravato d'imposta: *reddito i.*; *La cavata netta, o rendita i. o parte dominicale* (EINAUDI). **B** s. m. ● Ciò che è soggetto a imposta: *accertare il valore dell'i.* | *I. di mano d'opera*, obbligo imposto dalla legge o dai contratti collettivi ai datori di lavoro di assumere un dato numero di lavoratori proporzionale alle dimensioni dell'impresa.

imponibilità [av. 1861] s. f. **1** Caratteristica di ciò che è imponibile. **2** Entità dell'imponibile di un contribuente.

impopolàre [comp. di *in-* (*3*) e *popolare* (*2*); 1787] agg. ● Che non gode del gradimento dell'opinione pubblica, del popolo: *tassa, legge i.* | (*est.*) Non molto gradito in un dato ambiente: *un insegnante piuttosto i.* | (*est., raro*) Non conosciuto o diffuso: *opera i.* ‖ **impopolarménte**, avv.

impopolarità [1828] s. f. ● Carattere di ciò che non gode il favore del popolo: *l'i. di un provvedimento, di una legge.*

impoppàre [comp. di *in-* (*1*) e *poppa* (*2*); 1889] **A** v. tr. e intr. (*io impóppo*) ● Appoppare. **B** v. intr. pron. ● Pendere dalla parte di poppa.

impoppàta [comp. di *in-* (*1*) e *poppa* (*2*); 1937] s. f. ● (*mar.*) Accelerazione che un'imbarcazione a vela subisce grazie a un aumento del vento da poppa | Rotta percorsa con il vento in poppa.

imporcàre [comp. di *in-* (*1*) e *porca*; sec. XV] v. tr. (*io impòrco, tu impòrchi*) ● (*agr.*) Lavorare il terreno a porche.

imporporàre [comp. di *in-* (*1*) e *porpora*; av. 1575] **A** v. tr. (*io impórporo*) ● Tingere di porpora o del colore della porpora: *i. una stoffa*; *il tramonto imporpora il cielo.* SIN. Arrossare. **B** v. intr. pron. ● Diventare rosso come la porpora: *vedi come al sapore della lode / le s'imporpora il viso* (SABA). SIN. Arrossarsi.

imporràre [ant. fr. *empourrir*, comp. di *en-* illativo e *pourrir*, dal lat. *putrē(sce)re* 'putrefare'; av. 1604] v. intr. (*io impòrro*; aus. *essere*) ● Cominciare a marcire, ad ammuffire, detto spec. di alberi o legnami: *il legno all'aperto imporra.*

♦**impórre** [var. assimilata di *impon(e)re*; 1219] **A** v. tr. (coniug. come *porre*) **1** (*lett.*) Porre sopra: *i. una corona in testa* | *I. un nome, un soprannome a qlcu.*, dargli, mettergli un nome, un soprannome | †*I. la tela*, ordirla per tesserla. **2** (qlco.; qlco. + *a*) Fare osservare, fare rispettare qlco.: *i. condizioni, patti*; *i. una legge, una tassa*; *i. la propria volontà ai presenti* | *I. il silenzio*, far tacere per forza. **3** (a qlcu. qlco.; a qlcu. + *di* seguito da inf.; + *che* seguito da congv.) Comandare, ingiungere, intimare: *i. a qlcu. di ubbidire, di giurare*; *pur nuova legge impone oggi i sepolcri / fuor de' guardi pietosi* (FOSCOLO); *si è imposto di tacere sull'argomento*; *la penitenza ch'egli si è imposta* (NIEVO) | Esigere, richiedere di necessità: *la situazione impone una scelta rapida*; *le circostanze impongono che si agisca subito.* **4** (*relig.*) *I. la mano, le mani, sul capo*, per benedire, per consacrare | *I. il galero*, investire i cardinali della loro dignità. **5** †Attribuire, imputare: *i. una colpa, un merito.* **B** v. rifl. (assol.; + *su*) ● Farsi valere con la propria autorità sugli altri: *è una persona che sa imporsi* | (*est.*) Affermarsi, avere successo: *una moda che si è imposta da poco* | *Imporsi all'attenzione generale*, suscitare grande interesse | (*sport*) Vincere: *si è imposto prima del limite.* **C** v. intr. pron. ● Diventare necessario: *questioni, problemi che s'impongono per la loro urgenza*; *si impone una pausa di riflessione.*

imporrìre [V. *imporrare*; 1913] v. intr. (*io imporrìsco, tu imporrìsci*; aus. *essere*) ● Imporrare.

import /ˈimport, *ingl.* ˈɪmpɔːɹt/ [vc. ingl., da *to import* 'importare'; 1983] s. m. inv. ● (*econ., comm.*) Importazione.

importàbile (**1**) [vc. dotta, lat. tardo *importābile(m)*, da *importāre* 'importare'; av. 1375] agg. **1** Che si può importare: *merce i.* **2** †Intollerabile, insopportabile: *fierissima e i. passion d'amore* (BOCCACCIO).

importàbile (**2**) [comp. di *in-* (*3*) e *portabile*; av. 1320] agg. ● Che non si può portare, che non si può indossare: *questo vestito è veramente i.*

♦**importànte** [part. pres. di *importare*; 1484] **A** agg. **1** Che ha grande interesse e rilevanza: *questione, affare i.*; *è l'avvenimento più i. dell'anno*; *sono fatti poco importanti.* **2** Caratterizzato da un certo prestigio e da una certa eleganza: *serata, occasione, pranzo i.*; *è un abito troppo i. per stasera.* **3** (*raro*) Che si nota, fa spicco: *naso i.* **4** Detto di persona, che possiede autorevolezza e prestigio: *un funzionario, un uomo d'affari i.* ‖ †**importanteménte**, avv. In modo importante. **B** s. m. ● La cosa, l'elemento essenziale: *l'i. è aver buona salute.*

♦**importànza** [1476] s. f. **1** Carattere di ciò che è importante: *notizie della massima i.* SIN. Interesse, rilievo. **2** Valore, credito, peso, considerazione: *dare i. a qlcu. o qlco.* | *Darsi i.*, ostentare una falsa autorevolezza e gravità | †*Essere l'i.*, la parte essenziale o di maggior valore: *l'i. del detto calice eran le tre figure d'oro* (CELLINI). **3** †Importo di una somma.

♦**importàre** [vc. dotta, lat. *importāre*, comp. di *in-* 'dentro' e *portāre*, anche con trapasso analogo ad *apportare* (sottinteso interesse); 1308] **A** v. tr. (*io impòrto*) **1** Far entrare nel proprio Paese merci provenienti da un Paese straniero: *l'Italia importa carbone, petrolio, caffè* | (*fig.*) *I. nuove idee, mode*, introdurle in un ambiente, in una cultura. **2** (*raro*) Richiedere, comportare: *lavoro che importa forti spese.* **3** (*raro*) Ammontare: *i. cinquecento euro.* **4** (*raro, lett.*) Significare. **B** v. intr. (aus. *essere*) **1** Premere, interessare, stare a cuore: *la tua salute importa a tutti.* **2** (*raro*) Valere (*anche fig.*): *è una merce che non importa.* **C** v. intr., spec. impers. (aus. *essere*) **1** Interessare: *non me ne importa*; *chi se ne importa* | *Non me ne importa nulla, un accidente, un fico secco*, sono completamente indifferente. **2** Essere necessario, occorrere: *devo venire anch'io o non importa?*

importatóre [1757] agg.; anche s. m. (f. *-trice*) ● Che (o Chi) introduce merci in un Paese: *società importatrice*; *gli importatori di materie prime.*

♦**importazióne** [av. 1547] s. f. ● L'introduzione di merci da Paesi stranieri: *prodotti d'i.* CONTR. Esportazione | (*spec. al pl.*) Il complesso dei prodotti importati: *aumentare, ridurre le importazioni* | (*fig.*) Introduzione in un ambiente, in una cultura: *i. di nuove idee, di una nuova moda.*

import-export /ˈimport ˈɛksport, *ingl.* ˈɪmpɔːɹt ˈɛkspɔːɹt/ [vc. ingl., comp. di *import* 'importazione' ed *export* 'esportazione'; 1962] **A** s. m. inv. ● (*econ., comm.*) Attività di importazione e di esportazione di prodotti. **B** agg. inv. ● Che si occupa di importazioni ed esportazioni: *ditta import-export.*

impòrto [da *importare*; 1812] s. m. **1** Ammontare complessivo: *l'i. di una spesa, della parcella* | Costo, prezzo: *non conoscere l'i. di qlco.* **2** (*est.*) Somma di denaro: *investire un grosso i.*

importunàre [da *importuno*; av. 1481] v. tr. ● Recare fastidio o molestia: *i. qlcu. con domande noiose*; *i. una donna per strada.* SIN. Disturbare, infastidire, seccare.

importunità [vc. dotta, lat. *importunitāte(m)*, in oppos. a *opportunitāte(m)*, da *importūnus* 'importuno'; av. 1342] s. f. ● Caratteristica di ciò che è importuno. SIN. Insistenza, molestia.

importùno [vc. dotta, lat. *importūnu(m)*, 'che non (*in-*) è opportuno (*op*)*portūnu(m)*'; sec. XIII] **A** agg. **1** Che reca molestia per il comportamento insistente e indiscreto: *essere, riuscire i.* | Fastidioso, seccante, detto di cosa: *pioggia, nebbia importuna.* **2** Intempestivo, inopportuno: *visitatore i.* | †*Morte importuna*, immatura. ‖ **importunaménte**, avv. In modo importuno, fastidioso. **B** s. m. (f. *-a*) ● Chi importuna, infastidisce gli altri. SIN. Disturbatore.

importuóso [vc. dotta, lat. *importuōsu(m)*, comp. di *in-* neg. e *portuōsus*, da *pŏrtus*, di orig. indeur.; sec. XIV] agg. ● (*raro*) Privo di porti: *riviera importuosa* | Non adatto ad avere porti: *litorale i.*

impósi ● V. *imporre.*

impositìvo [da *impŏsitus*, part. pass. di *impōnere* 'imporre'; 1983] agg. ● (*raro*) Che contiene un'imposizione.

†**impositóre** [vc. dotta, lat. *impositōre(m)*, da *impŏsitus*, part. pass. di *impōnere* 'imporre'; av. 1694] s. m. ● Chi impone.

imposizióne [vc. dotta, lat. *impositiōne(m)*, da *impŏsitus*, part. pass. di *impōnere* 'imponere'; av. 1342] s. f. **1** L'imporre (*anche fig.*): *procedere all'i. di nuove tasse*; *l'i. di un nome*; *l'i. della propria volontà su qlcu.* | *I. delle mani*, consacrazione che fa il vescovo ponendo le mani sulla testa del fedele, per benedire o per conferire gli ordini | *I. del nome*, rito con il quale, in molte religioni, si attribuisce il nome al neonato. **2** Comando, ordine, ingiunzione: *non tollerare imposizioni.* **3** (*gener.*) Tassa, imposta, tributo: *elevare nuove* *imposizioni a carico dei cittadini.* **4** (*raro*) Soperchieria, prepotenza: *ottenere qlco. con una i.*

impossessaménto [1904] s. m. ● L'impossessarsi: *l'i. illecito dei beni di qlcu.*

impossessàrsi [comp. di *in-* (*1*) e *possesso*; av. 1500] v. intr. pron. (*io m'impossèsso*) ● Appropriarsi e prendere possesso di qlco. o di qlcu.: *i. di un terreno abbandonato*; *i. di una posizione nemica*; *i. degli ostaggi* | (*fig.*) Acquistare piena conoscenza di qlco.: *i. di una lingua.*

♦**impossìbile** [vc. dotta, lat. tardo *impossĭbile*(*m*), comp. di *in-* neg. e *possĭbilis*, da *pŏsse* 'potere'; av. 1294] **A** agg. (assol.; + *a*, + *da* seguiti da inf.) **1** Che non è o non sembra possibile: *un'impresa i.*; *cosa i. a dirsi, a farsi*; *questo dubbio è i. a solvere* (DANTE); *un programma i. da realizzare*; *volendo fare un romanzo ... moderno, e ignoto e i. da farsi o da concepirsi agli antichi* (LEOPARDI). SIN. Inattuabile, irrealizzabile | Assurdo, inammissibile: *non fare ipotesi impossibili* | ***Non è i.***, non è da escludere | ***Pare i.***, è strano, ma è proprio così: *pare i., ma è sempre in ritardo!* **2** (*est., fam.*) Così sgradevole, strambo o cattivo da sembrare insopportabile: *cibo i.*; *carattere, traffico i.* | ***Arriva sempre a ore impossibili***, inopportune. **3** (*dir.*) ***Reato i.***, quando per l'inidoneità dell'azione o per l'inesistenza dell'oggetto di essa è impossibile l'evento dannoso o pericoloso | ***Condizione i.***, quando è certo che l'evento dedotto non si avvererà. **4** (*mat.*) ***Equazione i.***, priva di soluzioni. || **impossibilménte**, avv. (*raro*) In modo impossibile. **B** s. m. ● Ciò che non è realizzabile | ***Tentare, fare l'i.***, impegnarsi a fondo senza lasciare niente di intentato.

impossibilità [vc. dotta, lat. tardo *impossibilitā-te*(*m*), comp. di *in-* neg. e *possibĭlitas* (V. *impossibile*); 1308] s. f. ● Condizione di ciò che è impossibile: *riconoscere l'i. di un'azione* | (*est.*) Incapacità di fare qlco.: *i. materiale di alzarsi*; *trovarsi nell'i. di fare fronte ai debiti.*

impossibilitàre [da *impossibilità*; av. 1653] v. tr. (*io impossibilito*) **1** Rendere impossibile qlco.: *la ferita gli impossibilitava il movimento.* SIN. Impedire. **2** Mettere qlcu. nell'impossibilità di fare qlco.: *i. qlcu. a parlare.*

impossibilitàto [av. 1729] part. pass. di *impossibilitare*; anche agg. ● Che non ha la possibilità di fare qlco.: *sono i. a uscire*; (*assol.*) *i. a venire, vi prego di scusarmi.*

♦**impósta** (o -ó-) [vc. dotta, lat. *impŏsita*(*m*), originariamente agg. f., dal part. pass. di *impōnere* 'imporre'; av. 1292] s. f. **1** Ciascuno di due sportelli girevoli su cardini che servono a chiudere porte o finestre: *i. di legno*; *i. scolpita*; *aprire, chiudere le imposte* | ***I. di finestra***, scuro, scuretto. **2** (*dir.*) Parte di ricchezza che ciascuno deve allo Stato o ad altro ente pubblico in ragione della propria capacità contributiva e il cui gettito, contrariamente a quello della tassa, è destinato a soddisfare esigenze proprie della collettività nel suo insieme: *i. diretta, indiretta*; *i. reale, personale*; *i. proporzionale, progressiva*; *i. sul valore aggiunto* | ***Tasso d'i.***, misura unitaria di imposta fissata dalla legge. **3** (*arch.*) Elemento sporgente dallo stipite o dal pilastro dal quale si inizia l'arco | ***Piano di i.***, superficie di contatto tra una struttura spingente, arco o volta, e il relativo piedritto. **4** †Ingiunzione, comando. || **imposticina**, dim. | **impostina**, dim.

impostàre (**1**) [comp. di *in-* (*1*) e *posto*; 1550] **A** v. tr. (*io impòsto*) **1** Sistemare le basi, le fondamenta, le strutture di una qualunque costruzione: *i. una volta, delle arcate, le mura di un edificio.* **2** Porre le basi o le premesse per avviare o svolgere una certa attività o realizzare un determinato lavoro: *i. una organizzazione di vendita a domicilio*; *i. un servizio di assistenza automobilistica* | ***I. la voce***, intonarla e sostenerla | ***I. un'operazione matematica***, disporre cifre e segni per eseguirla | ***I. un giornale***, stabilirne a grandi linee l'indirizzo e le caratteristiche | (*fig.*) ***I. un problema, una questione***, stabilire premesse e dati per risolverli. **3** (*elab.*) Formare, battendo i relativi tasti, sulla tastiera numerica di una macchina da calcolo il numero che dovrà essere operato dalla macchina stessa. **B** v. intr. pron. **1** Atteggiare il proprio corpo nel modo più funzionale per svolgere un lavoro o compiere uno sforzo: *impostarsi per saltare, per sollevare un peso.* **2** †Appostarsi. **3** †Porsi in atto di sparare.

impostàre (**2**) [comp. di *in-* (*1*) e *posta*; 1804] v. tr. (*io impòsto*) ● Introdurre nella buca delle lettere la corrispondenza perché venga recapitata. SIN. Imbucare.

impostatùra [da *impostare* (*1*); 1681] s. f. **1** (*raro*) L'impostare: *l'i. di un arco.* **2** (*raro*) Positura della persona.

impostazióne (**1**) [da *impostare* (*1*); 1839] s. f. **1** L'impostare: *l'i. di un arco* | Determinazione delle premesse o delle basi per svolgere un'attività, risolvere qlco e sim.: *la corretta i. del problema è stata difficile* | Modo di essere impostato, organizzato: *l'i. di un dizionario*; SIN. Impianto. **2** (*ling.*) Catastasi.

impostazióne (**2**) [da *impostare* (*2*); 1848] s. f. ● Atto dell'imbucare lettere: *cassetta per l'i.*; *l'ora dell'i.*

impósto [1294] part. pass. di *imporre*; anche agg. ● Nei sign. del v.: *una pace imposta.*

impostóre [vc. dotta, lat. tardo *impostōre*(*m*), da *impŏsitus*, part. pass. di *impōnere*, nel senso di 'gabbare, ingannare'; av. 1342] s. m. (f. *-tora*) ● Chi, per malafede o interesse, abitualmente racconta menzogne o falsifica la verità dei fatti: *chi ha messo in giro certe calunnie è un i.* | (*est.*) Chi sostiene o difende teorie o dottrine false, approfittando della buona fede altrui: *è un i. che sostiene di saper curare certe malattie.* SIN. Bugiardo, ciarlatano, imbroglione. || **impostoràccio**, pegg.

impostùra [vc. dotta, lat. tardo *impostūra*(*m*), da *impŏsitus*, part. pass. di *impōnere* col senso di 'dar da intendere, gabbare'; 1584] s. f. **1** (*raro*) Consuetudine o abitudine alla menzogna e all'inganno: *vivere nell'i.* **2** Menzogna, frode: *raccontare imposture*; *Le due grandi imposture del nostro tempo: l'architettura e la sociologia* (SCIASCIA).

imposturàre [da *impostura*; av. 1767] v. tr. ● (*raro*) Ingannare servendosi d'imposture (*anche assol.*).

impotènte [vc. dotta, lat. *impotĕnte*(*m*), comp. di *in-* neg. e *potĕnte*(*m*), nom. *pŏtens*, part. pres. di *pŏsse* 'potere'; 1312] **A** agg. ● Che non ha la capacità, la forza, i mezzi per fare qlco.: *i. a resistere agli attacchi del nemico*; *i. a dominare la folla*; *i. a risolvere un problema* | ***Odio, ira i.***, che non ha possibilità di sfogarsi. || **impotenteménte**, avv. Senza potenza. **B** agg.; anche s. m. ● (*med.*) Che (o Chi) è affetto da impotenza sessuale.

impotènza [vc. dotta, lat. *impotĕntia*(*m*), comp. di *in-* neg. e *potĕntia*, da *pŏsse* 'potere'; 1336 ca.] s. f. **1** Condizione in cui si trova chi è impotente: *l'i. dell'uomo davanti alla morte* | ***Ridurre qlcu. all'i.***, metterlo nell'impossibilità di fare qlco., di nuocere, di intervenire e sim. SIN. Debolezza. **2** (*med.*) Incapacità di un organo, di un apparato o di un individuo a espletare una determinata funzione | ***I. sessuale***, (*ellitt.*) ***impotenza***, incapacità di un individuo adulto a compiere il coito per mancata o insufficiente erezione o a fecondare l'oocita per difetti degli spermatozoi.

impoveriménto [av. 1499] s. m. ● L'impoverire, l'impoverirsi (*anche fig.*): *l'i. di un terreno, di un fiume*; *l'i. del patrimonio artistico di una nazione.*

impoverire [comp. di *in-* (*1*) e *povero*; av. 1342] **A** v. tr. (*io impoverisco, tu impoverisci*) ● Rendere povero: *i. un patrimonio con investimenti sbagliati* | ***I. un terreno***, sfruttarlo con coltivazioni irrazionali | ***I. un corso d'acqua***, fare derivare canali o altro diminuendone la portata. CONTR. Arricchire. **B** v. intr. e intr. pron. (aus. *essere*) ● Diventare povero (*anche fig.*): *chi vive al disopra dei propri mezzi impoverisce*; *si è impoverito con speculazioni sbagliate*; *impoverirsi intellettualmente.* CONTR. Arricchirsi.

impraticàbile [comp. di *in-* (*3*) e *praticabile*; av. 1503] agg. ● Difficile, inadatto al transito; che non si può percorrere: *una montagna i.*; *il mare Oceano ... fino ab antico si credé essere i. a navigare* (BARTOLI); *luogo, strada i.* | (*sport*) ***Terreno, campo i.***, su cui non si può gareggiare | (*raro, fig.*) ***Persona i.***, che ha carattere o fama pessimi | (*fig.*) ***Ipotesi, progetto i.***, poco fondato | (*raro, fig.*) ***Rimedio, cura i.***, che non è conveniente o possibile usare.

impraticabilità [1673] s. f. ● Condizione di ciò che non è praticabile: *i. del campo.*

impratichire [comp. di *in-* (*1*) e *pratico*; 1561] **A** v. tr. (*io impratichisco, tu impratichisci*) ● Rendere pratico o abile in un'attività: *i. qlcu. nell'uso delle armi.* **B** v. intr. pron. ● Diventare pratico: *impratichirsi in un lavoro, a tradurre, a cavalcare*; *impratichirsi di un luogo.*

imprecàre [vc. dotta, lat. *imprecāri*, comp. di *in-* 'contro' e *precāri* 'pregare'; av. 1342] **A** v. intr. (*io imprèco, tu imprèchi*; aus. *avere*) ● Inveire, lanciare insulti: *i. contro i calunniatori*; *i. contro le malattie.* **B** v. tr. ● (*raro, lett.*) Augurare qlco. di male a qlcu.: *i. morte e disgrazie a un nemico.*

imprecativo [av. 1694] agg. ● Che costituisce o contiene una imprecazione: *discorso, tono i.*

imprecatóre [1693] agg.; anche s. m. (f. *-trice*) ● (*raro*) Che (o Chi) impreca | Che (o Chi) lancia imprecazioni per abitudine.

imprecatòrio [av. 1907] agg. ● (*raro*) Imprecativo.

imprecazióne [vc. dotta, lat. *imprecatiōne*(*m*), da *imprecātus* 'imprecato'; 1554] s. f. ● L'imprecare: *astenersi dall'i.* | Parola, frase con cui si impreca: *lanciare imprecazioni contro tutti.* SIN. Maledizione.

imprecisàbile [comp. di *in-* (*3*) e *precisabile*; 1930] agg. ● Che non si può precisare: *causa i.* || **imprecisabilménte**, avv.

imprecisàto [comp. di *in-* (*3*) e *precisato*; 1936] agg. ● Non precisato: *particolare i.* | Che non si può conoscere o determinare con esattezza e precisione: *a un'ora imprecisata della notte*; *una circostanza imprecisata.*

imprecisióne [comp. di *in-* (*3*) e *precisione*; 1869] s. f. **1** Mancanza o scarsezza di precisione: *lavoro, disegno eseguito con i.* CONTR. Accuratezza, fedeltà. **2** Inesattezza, indeterminatezza, approssimazione: *i. di linguaggio*; *riferire qlco. con i.*

imprecìso [comp. di *in-* (*3*) e *preciso*; 1869] agg. **1** Che manca di precisione, di accuratezza: *essere i. nell'eseguire gli ordini.* **2** Indeterminato, inesatto, non appropriato: *definizione imprecisa* | Approssimato: *calcolo i.* || **imprecisaménte**, avv.

†**impregiudicàbile** [comp. di *in-* (*3*) e *pregiudicabile*; 1869] agg. ● Che non si può, si deve pregiudicare.

impregiudicàto [comp. di *in-* (*3*) e *pregiudicato*; 1869] agg. **1** (*dir.*) Detto di questione giuridica relativamente alla quale non è stata ancora emessa alcuna pronuncia giurisdizionale | (*raro*) Detto di persona a carico della quale mai si sono avute in passato accuse o condanne penali. **2** (*est.*) Che è ancora aperto a diverse soluzioni: *malgrado le numerose polemiche, la questione resta impregiudicata*; *... preferisce lasciare la cosa impregiudicata?* (BUZZATI).

impregnaménto [av. 1304] s. m. ● (*raro*) L'impregnare, l'impregnarsi.

impregnàre [vc. dotta, lat. tardo *impraegnāre*, comp. di *in-* concl. e *praegnāre*, da *prāegnis* 'pregno'; 1313] **A** v. tr. (*io imprégno*) (qlco.; qlco. + *di*) **1** Imbevere, intridere: *i. il cotone idrofilo di alcol, la spugna d'acqua.* **2** (*est.*) Riempire (*anche fig.*): *i. l'aria di esalazioni*; *i. la mente di pregiudizi.* **3** Fecondare o ingravidare la femmina, detto spec. di animali. **B** v. intr. pron. **1** (+ *di*) Imbeversi, intridersi (*anche fig.*): *la terra si è impregnata di acqua piovana*; *la religione ... s'impregna di umanismo e di naturalismo* (DE SANCTIS). **2** Diventare gravida, detto spec. di femmina di animali: *la mucca si è impregnata.*

impregnàto [1319] part. pass. di *impregnare*; anche agg. (+ *di*) **1** Imbevuto, intriso, inzuppato: *terreno i. di pioggia*; *Egli dal mare tornava tutto i. di sali* (D'ANNUNZIO). **2** Pieno, saturo (*anche fig.*): *locale i. di fumo*; *la rinascita delle dottrine intellettualistiche impregnate di materialismo* (PIRANDELLO).

impregnazióne [av. 1468] s. f. ● (*raro*) Impregnamento | Trattamento impiegato per rendere più resistenti materiali quali il legno o la carta.

impremeditàto [vc. dotta, lat. tardo *impraemeditātu*(*m*), comp. di *in-* neg. e *praemeditātus*, part. pass. di *praemeditāri* 'premeditare'; av. 1472] agg. **1** (*raro*) Non premeditato: *delitto i.* **2** (*raro*) Improvviso, impensato. || †**impremeditataménte**, avv.

impremeditazióne [comp. di *in-* (*3*) e *premeditazione*; 1869] s. f. ● (*raro*) Mancanza di premeditazione.

†**imprendènza** [da *imprendere*; av. 1776] s. f. ● Intraprendenza.

imprèndere [lat. parl. **imprehĕndere*, comp. di

in- concl. e *prehëndere* 'prendere'; av. 1292] **v. tr.** (coniug. come *prendere*) *1* (*lett.*) Intraprendere, incominciare: *i. una spedizione, una ricerca*; *i. a costruire una casa*. *2* †Apprendere, imparare (*anche assol.*): *ad imprender filosofia il mandò ad Atene* (BOCCACCIO). *3* †Riprendere, rimproverare.

imprendìbile [comp. di *in-* (*3*) e *prendibile*; av. 1817] **agg.** ● Che non si può prendere | *Posizione i.*, inespugnabile. || **imprendibilménte**, **avv.**

imprendibilità [da *imprendibile*; 1960] **s. f.** ● Condizione di chi (o di ciò che) è imprendibile.

imprendiménto [da *imprendere*; sec. XIV] **s. m.** *1* (*raro, lett.*) L'iniziare un'opera, un'attività. *2* †Apprendimento.

imprenditóre [da *imprendere*; av. 1348] **s. m.** (f. *-trice*; V. nota d'uso FEMMINILE) *1* (*raro*) Chi imprende. *2* Chi esercita professionalmente un'attività economica organizzata al fine della produzione e dello scambio di beni o di servizi: *piccolo i.*; *i. agricolo, commerciale, industriale*.

imprenditorìa [1984] **s. f.** *1* Categoria degli imprenditori, classe imprenditoriale: *i. torinese*; *i. privata, locale*. *2* Attività degli imprenditori.

imprenditoriàle [1953] **agg.** ● Di, relativo a, imprenditore | *Classe i.*, il complesso degli imprenditori di un determinato Paese o d'una data zona. || **imprenditorialménte**, **avv.**

imprenditorialità [1979] **s. f.** ● Il complesso delle capacità e delle caratteristiche proprie degli imprenditori | (*est.*) L'insieme degli imprenditori di una determinata zona: *l'i. italiana*.

†imprénta [ant. fr. *empreinte*, dal part. pass. di *empreindre* 'imprimere'; 1321] **s. f.** ● (*lett.*) Impressione, impronta, figura.

†imprentàre [da *imprenta*; 1321] **A v. tr.** (*io imprènto*) ● (*lett.*) Improntare, suggellare (*anche fig.*): *la divina bontà, che 'l mondo imprenta* (DANTE *Par.* VII, 109). **B v. intr. pron.** ● (*lett.*) Improntarsi, imprimersi.

impreparàto [vc. dotta, lat. tardo *impraeparā̆tu(m)*, comp. di *in-* neg. e *praeparātus*, part. pass. di *praeparāre* 'preparare'; 1520] **agg.** ● Che non è preparato a qlco.: *andare i. agli esami*; *nazione impreparata alla guerra*.

impreparazióne [da *impreparato*; 1910] **s. f.** ● Mancanza di preparazione.

♦**imprésa** (*1*) [f. sost. del part. pass. di *imprendere*; av. 1276] **s. f.** *1* Opera, azione che si comincia e si ha intenzione di condurre a termine: *valutare l'importanza dell'i.* *2* Azione, attività, iniziativa di una certa difficoltà ed importanza, ma che si presenta spesso di esito dubbio: *accingersi, mettersi in un'i.*; *abbandonare l'i.*; *i. eroica, rischiosa* | ***I. militare***, spedizione di guerra | ***Le grandi imprese***, le gesta eroiche | ***È un'i.!***, è molto difficile, troppo rischioso!; *è un'i. senza speranza rivestire un uomo di parole* (LEVI). *3* (*econ.*) Organismo che coordina prestazioni di lavoro e strumenti adeguati, per il conseguimento di finalità economiche | ***I. commerciale***, per la vendita di uno o più beni | ***I. industriale***, per la produzione di beni in un certo settore | ***I. marginale***, che lavora con margini d'utile assai ristretti. *4* †Commissione, incarico, cura. *5* †Iniziativa, audacia. || PROV. È più la spesa che l'impresa. || **impresàccia**, **pegg.** | **impresùccia**, **dim.**

imprésa (*2*) [sp. *empresa*, da *emprender* 'imprendere (un proposito, cui allude la figura o il motto)'; av. 1529] **s. f.** *1* Segno che una dama dell'età medievale donava al cavaliere perché si impegnasse a difenderne l'onore e a comportarsi con valore, come una sciarpa, una catena e sim. | (*est.*) †Monile, ornamento. *2* (*arald.*) Figura o frase esplicita o cifrata, che esprime allegoricamente e sinteticamente una massima o una sentenza.

impresàrio [da *impresa* (*1*); 1714] **s. m.** (f. *-a*) *1* Chi dirige o gestisce un'impresa | Imprenditore | ***I. di pompe funebri***, chi gestisce una ditta di onoranze funebri. *2* (*est.*) Chi si occupa dell'organizzazione spec. di uno spettacolo, concerto e sim.: *i. teatrale*.

imprescindìbile [comp. di *in-* (*3*) e *prescindibile*; 1766] **agg.** ● Da cui non si può prescindere e che non si può perciò trascurare: *il mangiare è una necessità i.* || **imprescindibilménte**, **avv.** In maniera imprescindibile.

impresciuttìre ● V. *improsciuttire*.

imprescrittìbile [comp. di *in-* (*3*) e *prescrittibile*; 1644] **agg.** ● Non soggetto a prescrizione: *diritto i.* || **imprescrittibilménte**, **avv.** Senza prescrizione.

imprescrittibilità [1869] **s. f.** ● Condizione di ciò che è imprescrittibile.

imprescrìtto [comp. di *in-* (*3*) e *prescritto*; 1869] **agg.** ● (*raro*) Non prescritto.

impresentàbile [comp. di *in-* (*3*) e *presentabile*; 1951] **agg.** ● Che non si può presentare: *ricorso i.* | (*est.*) Che si trova in una situazione tale da non poter apparire in pubblico: *con questi capelli oggi sono i.* || **impresentabilménte**, **avv.**

impresenziàto [comp. di *in-* (*3*) e del part. pass. di *presenziare*; 1952] **agg.** ● (*bur.*) Che non prevede la presenza continuativa di personale o è chiuso al pubblico: *stazione ferroviaria impresenziata*; *sportello i.*

impréso [1308] **part. pass.** di *imprendere* ● Nei sign. del v.

impressionàbile [1869] **agg.** ● Che s'impressiona facilmente: *temperamento, fantasia i.* SIN. Emotivo.

impressionabilità [da *impressionabile*; av. 1866] **s. f.** ● Disposizione a subire facilmente emozioni e impressioni. SIN. Emotività.

impressionànte [av. 1934] **part. pres.** di *impressionare*; anche **agg.** ● Che impressiona fortemente: *una scena i.* | (*iperb.*) Eccezionale, straordinario: *ha una memoria i.* || **impressionanteménte**, **avv.**

♦**impressionàre** [da *impressione*; 1632] **A v. tr.** (*io impressióno*) *1* Provocare impressione su qlcu., colpendo la sua fantasia o turbandolo profondamente: *l'annuncio ha impressionato l'opinione pubblica*; *i. qlcu. col racconto delle proprie disgrazie*. SIN. Scuotere, toccare. *2* Fare una buona o cattiva impressione: *il testimone ha favorevolmente impressionato la corte*; *quel ragazzo mi ha bene, male, impressionato*. *3* (*fot.*) Far agire la luce sulle sostanze che costituiscono l'emulsione sensibile. **B v. intr. pron.** *1* Turbarsi, spaventarsi: *si impressiona facilmente durante i temporali*. *2* Subire l'azione della luce, detto di pellicola fotografica.

impressionàto [av. 1566] **part. pass.** di *impressionare*; anche **agg.** ● Nei sign. del v. | ***Sono rimasto bene, male, favorevolmente, sfavorevolmente i.***, ho subìto impressione positiva o negativa da qlcu. o qlco.

♦**impressióne** [vc. dotta, lat. *impressiōne(m)*, comp. di *in-* 'sopra' e *prèssio*, genit. *pressiōnis*, da *prĕssus*, part. pass. di *prĕmere*; 1282] **s. f.** *1* L'imprimere | (*est.*) Impronta, segno: *i. del sigillo*; *i. del dito sulla creta, sulla cera*. *2* (*raro*) Stampa, edizione, ristampa: *quinta i.*; *i. nitida, difettosa* | Indicazione del nome del tipografo, del luogo e dell'anno di stampa. *3* (*fig.*) Sensazione fisica provocata da agenti esterni: *i. di freddo, di caldo*. *4* (*fig.*) Effetto psichico o emotivo provocato da un aspetto della realtà esterna: *i. di meraviglia, di terrore*; *i. violenta, debole*; *l'incidente ha provocato grande i. negli astanti*; *la vista del sangue mi fa i.*; *l'i. fu terribile* (FOGAZZARO) | ***Fare buona, cattiva i.***, suscitare opinione positiva, negativa | (*assol.*) ***Fare i.***, meravigliare, colpire. *5* Giudizio dato d'istinto, opinione soggettiva: *ho l'i. che avremo delle brutte sorprese*; *non sempre conta la prima i.* *6* (*raro, biol.*) Imprinting. *7* †Influsso contagioso. *8* (*mil.*) †Effetto che risulta dall'urto di una schiera contro un'altra. || **impressioncèlla**, **dim.**

impressionìsmo [fr. *impressionnisme*, da *impressioniste* 'impressionista'; 1883] **s. m.** ● Movimento affermatosi nelle arti figurative della seconda metà del XIX sec. come ricerca del vero mediante la trascrizione sintetica delle impressioni, ottenuta con varie tecniche: *l'i. di Manet, di Renoir* | (*est.*) Tendenza alla rappresentazione coloristica ed evocativa dell'immediata suggestione della realtà, anche in musica e in letteratura: *l'i. di Debussy*.

impressionìsta [fr. *impressionniste*, dal titolo di uno scritto (*Exposition des impressionistes*) del critico L. Leroy, illustrativo di una mostra, dove C. Monet (1840-1926) aveva esposto il suo quadro *Impression, Soleil levant*; 1883] **A s. m. e f.** (pl. m. *-i*) ● Esponente, seguace dell'impressionismo. **B agg.** ● Impressionistico.

impressionìstico [1893] **agg.** (pl. m. *-ci*) ● Che concerne l'impressionismo e gli impressionisti. || **impressionisticaménte**, **avv.**

impressìvo [dal lat. *imprĕssum* (V. *impresso*), nel sign. 2, calco sul fr. *impressif* e sull'ingl. *impressive* 'che impressiona'; 1427] **agg.** *1* (*raro*) Capace di trasmettere impressioni o imprimere un movimento. *2* (*lett.*) Capace di impressionare, di commuovere. || **impressivaménte**, **avv.**

imprèsso [1319] **part. pass.** di *imprimere*; anche **agg.** ● Nei sign. del v.: *un'orma impressa sulla sabbia*; *il suo ricordo è rimasto i. nel mio cuore*.

impressóre [dal part. pass. di *imprimere*; av. 1525] **s. m.** ● (*disus.*) Stampatore, tipografo.

imprestàre [da *imprestito*; sec. XIV] **v. tr.** (*io imprèsto*) ● (*fam.*) Prestare, dare in prestito.

imprèstito [comp. di *in* e *prestito*; av. 1547] **s. m.** ● (*raro*) Prestito.

impreterìbile [da *preterire*, col pref. *in-* (*3*); 1737] **agg.** ● (*raro, lett.*) Che non si può omettere o tralasciare: *obbligo i.* | Detto di persona di cui non si può mai prevedere il comportamento: *un tipo i.* || **impreteribilménte**, **avv.** Senza possibilità di omissione.

imprevedìbile [comp. di *in-* (*3*) e *prevedibile*; 1804] **agg.** ● Che non si può prevedere: *caso, evento i.* || **imprevedibilménte**, **avv.**

imprevedibilità [1983] **s. f.** ● Caratteristica, condizione di chi (o di ciò che) è imprevedibile.

impreveduto [comp. di *in-* (*3*) e *preveduto*, coesistente con *previsto*; sec. XIV] **agg.** ● (*raro*) Imprevisto. || **imprevedutaménte**, **avv.**

imprevidènte [comp. di *in-* (*3*) e *previdente*, sul modello del fr. *imprévoyant*; 1819] **agg.** ● Che manca di previdenza e si lascia cogliere di sorpresa dagli avvenimenti. || **imprevidenteménte**, **avv.** Senza previdenza.

imprevidènza [comp. di *in-* (*3*) e *previdenza*, sul modello del fr. *imprévoyance*; 1841] **s. f.** ● Mancanza di previdenza e di riflessione | Sconsideratezza, avventatezza.

†imprevisìbile [fr. *imprévisible*, comp. di *in-* neg. e *prévisible*, da *préviser*, da *prévision* 'previsione'; 1869] **agg.** ● Imprevedibile.

imprevìsto [comp. di *in-* (*3*) e *previsto*; 1520] **A agg.** ● Non previsto, non immaginato: *una conclusione imprevista*. SIN. Inaspettato, inatteso. **B s. m.** ● Evento non prevedibile: *arriverò domani salvo imprevisti*.

impreziosìre [comp. di *in-* (*1*) e *prezioso*; av. 1705] **A v. tr.** (*io impreziosìsco, tu impreziosìsci*) ● Rendere prezioso: *i. un diadema di gemme* | (*fig.*) Ornare, arricchire: *i. una tovaglia di ricami*; *i. una prosa con metafore*. **B v. intr. pron.** ● (*scherz.*) Fare il prezioso | Diventare prezioso.

imprigionaménto [1819] **s. m.** ● L'imprigionare, il venire imprigionato. SIN. Carcerazione.

♦**imprigionàre** [comp. di *in-* (*1*) e *prigione*; 1312] **v. tr.** (*io imprigióno*) *1* Mettere o far mettere in prigione: *i. una banda di rapinatori* | Fare prigioniero | (*est.*) Rinchiudere: *i. un uccellino in gabbia*. SIN. Incarcerare. *2* (*fig.*) Obbligare a stare in un luogo da cui è difficile uscire: *il ghiaccio imprigionò gli scalatori sulla montagna* | Bloccare nei movimenti: *le macerie gli imprigionavano le gambe*.

†imprigionatóre [sec. XIV] **agg.**; anche **s. m.** (f. *-trice*) ● Che (o Chi) imprigiona.

†imprìma [comp. di *in-* (*1*) e *prima*; av. 1250] **avv.** ● Prima di tutto, dapprima, prima: *tu le dirai i. i. che le voglio le mille moggia di quel buon bene* (BOCCACCIO) | Anche nella loc. avv. ***all'i.***

imprimàtur [vc. lat., propr. 'si stampi, venga impresso', congv. pres. pass. di *imprĭmere* 'imprimere, stampare'; 1869] **s. m. inv.** ● Formula della licenza di stampare o pubblicare un libro sottoposto all'autorità del censore ecclesiastico | (*est.*) Approvazione di uno scritto: *l'articolo ha ottenuto l'i. della redazione*.

imprimé /fr. ɛ̃pri'me/ [vc. fr., propr. 'stampato', part. pass. di *imprimer* 'imprimere, stampare'; 1936] **A s. m. inv.** ● Stoffa di seta o cotone stampata a colori. **B** anche **agg. inv.**: *stoffa i.*

♦**imprìmere** [vc. dotta, lat. *imprĭmere*, comp. di *in-* 'sopra, dentro' e *prĕmere*; 1319] **A v. tr.** (**pass. rem.** *io impressi, tu imprimésti*; **part. pass.** *imprèsso*) *1* (qlco. + *in*, + *su*) Premere in modo da lasciare un segno, una traccia, un marchio (*anche fig.*): *i. il marchio, il suggello*; *i. orme nella terra bagnata*; *i. la propria personalità in un'opera*. *2* (qlco. + *in*, + *su*) Fissare in modo indelebile: *i., imprimersi, un ricordo nella mente*. *3* (*raro*) Riprodurre per mezzo della stampa: *i. una bella xilografia sulla* *copertina del libro.* **4** (qlco. + *a*) Trasmettere, comunicare (*anche fig.*): *i. moto a un corpo*; *motore che imprime una velocità di 80 km all'ora*; *i. un forte impulso all'economia.* **B** v. intr. pron. (+ *in*) ● Fissarsi in modo indelebile (*spec. fig.*): *la scrittura violetta le s'imprimeva su la pelle* (D'ANNUNZIO); *le parole di lui si impressero nella sua memoria.*

imprimìbile [1869] agg. ● (*raro*) Che si può imprimere.

imprimitùra [da *imprimere*; av. 1519] s. f. ● Apposita preparazione stesa dai pittori su tavole, tele e sim. per renderle idonee a ricevere i colori facilitandone la scorrevolezza e l'inalterabilità: *i. a gesso e colla*; *i. a olio.*

imprinting /im'printin(g)/, *ingl.* ɪm'pɹɪntɪŋ/ [ingl., propr. 'impressione, stampa', da *to imprint* 'stampare, imprimere' (dal fr. ant. *empreinte* 'impronta'). La vc. è stata coniata dall'etologo K. Lorenz, come calco sul ted. *Prägung* 'azione dell'imprimere (*prägen*)'; 1961] s. m. inv. ● (*biol.*) Forma rapida e limitata di apprendimento, che si verifica durante un periodo precoce della vita, mediante cui i piccoli di certe specie apprendono, venendo a contatto con i genitori o con altri individui della specie, le proprie caratteristiche specifiche.

improbàbile [vc. dotta, lat. *improbābile(m)* 'degno di essere disapprovato o rigettato', comp. di *in-* neg. e *probābilis*, da *probāre* 'approvare'; 1499] agg. **1** Che potrà accadere molto difficilmente: *la sua venuta è i.* | ***Non è i.***, può accadere. **2** Poco credibile, inattendibile: *sono tesi del tutto improbabili.* SIN. Dubbio, incerto. CONTR. Probabile. || **improbabilménte**, avv. (*raro*) Senza probabilità.

improbabilità [1598] s. f. ● Caratteristica di ciò che è improbabile | Cosa improbabile: *lasciando mill'altre i. che vi sono, due sole esperienze vi arreco in contrario* (GALILEI). SIN. Incertezza.

†**improbàre** [vc. dotta, lat. *improbāre*, comp. di *in-* neg. e *probāre* 'approvare, trovare buono', da *prŏbus* 'probo, buono'; av. 1332] v. tr. ● Disapprovare.

improbità [vc. dotta, lat. *improbitāte(m)*, comp. di *in-* neg. e *prŏbitas*, da *prŏbus* 'probo'; av. 1342] s. f. ● (*lett.*) Malvagità, disonestà: *i. di vita.*

ìmprobo [vc. dotta, lat. *ĭmprobu(m)*, comp. di *in-* neg. e *prŏbus* 'probo'; sec. XIV] agg. **1** (*lett.*) Malvagio, tristo, disonesto: *costumi, uomini improbi.* **2** Eccessivo, duro o mal ricompensato: *lavoro, fatica improba.*

improcedìbile [comp. di *in-* (*3*) e di un deriv. di *procedere* nel sign. giuridico; 1963] agg. ● (*dir.*) Di giudizio ammissibile ed efficacemente proposto, che per un accidente processuale sopravvenuto non può più avere corso ulteriore.

improcedibilità [1963] s. f. ● (*dir.*) Condizione di improcedibile.

improcrastinàbile [comp. di *in-* (*3*) e *procrastinabile*; 1884] agg. ● (*lett.*) Che non si può procrastinare, rimandare ad altra data. || **improcrastinabilménte**, avv.

improcrastinabilità s. f. ● (*lett.*) Condizione di ciò che è improcrastinabile.

improducìbile [comp. di *in-* (*3*) e *producibile*; 1965] agg. ● Che non si può produrre.

improduttività [1919] s. f. ● Carattere di ciò che non è produttivo: *l'i. di un'impresa commerciale.*

improduttìvo [comp. di *in-* (*3*) e *produttivo*, sul modello del fr. *improductif*; 1819] agg. ● Che non produce o dà un utile (*anche fig.*): *investimento, capitale i.*; *terreno i.*; *ingegno i.* SIN. Infruttifero, sterile. || **improduttivaménte**, avv.

improferìbile [comp. di *in-* (*3*) e *proferibile*; 1892] agg. ● (*raro*) Che non si può proferire, dire, pronunciare, spec. in quanto sconveniente, volgare, offensivo: *parole, frasi improferibili.*

†**impromèssa** [comp. di *in-* (*1*) e *promessa*; av. 1292] s. f. ● Promessa: *tanti lacciuol, tante impromesse false* (PETRARCA).

†**improméttere** [comp. di *in-* (*1*) e *promettere*; sec. XIII] v. tr. ● Promettere.

impromptu /*fr.* ɛ̃prɔ̃p'ty/ [vc. fr., propr. 'improvviso, improvvisazione', dalla loc. lat. *in prōmptu* 'sottomano'; 1884] s. m. inv. (pl. fr. *impromptus*) ● (*mus.*) Nome francese per improvviso.

imprónta (**1**) [da *improntare* (*1*); 1554] s. f. **1** Segno, traccia che rimane su una superficie su cui si sia esercitata una pressione: *lasciare un'i.*; *cancellare un'i.*; *l'i. della testa sul cuscino* | ***I. digitale***, segni lasciati dai polpastrelli delle dita, che costituiscono un mezzo di identificazione personale | Modello, calco: *l'i. di una scultura*; *prendere l'i. dell'arcata dentaria per una protesi.* **2** (*numism.*) Immagine impressa nel conio dal maschio | Prova di conio delle medaglie e delle monete | Stemma in ceralacca ottenuto da un anello a sigillo. **3** (*fig.*) Marchio, segno caratteristico: *la Gioconda reca l'i. del genio di Leonardo*; *l'i. della miseria, del vizio.* SIN. Orma. **4** (*raro, biol.*) Imprinting.

imprónta (**2**) [da *impronto* (*2*); 1968] s. f. ● Solo nella loc. avv. ***all'i.***, a prima vista: *tradurre all'i. dal francese.*

†**improntaménto** [da *improntare* (*1*); av. 1685] s. m. **1** Azione dell'improntare. **2** Richiesta importuna.

improntàre (**1**) [var. di *imprentare* per sovrapposizione di *pronto*; sec. XIV] **A** v. tr. (*io imprónto*) **1** (qlco. + *in*) (*raro*) Segnare con impronta: *i. il sigillo nella cera.* SIN. Imprimere. **2** (*numism.*) Imprimere nel conio, col maschio di acciaio temperato, la femmina | Fare la prova di conio delle medaglie e delle monete. **3** (qlco. + *a*) (*fig.*) Dare un tono o un'espressione peculiare: *i. il volto a dolore*; *i. il discorso a una certa severità.* **4** (*mus.*) Leggere ed eseguire, senza preparazione, un brano. **B** v. intr. pron. (+ *a*) ● (*fig.*) Assumere un tono o un atteggiamento: *il volto le s'improntò a commozione.*

†**improntàre** (**2**) [comp. di *in-* (*1*) e *pronto*; 1319] v. tr. ● Preparare, approntare.

†**improntàre** (**3**) [fr. *emprunter*, dal lat. tardo *promutuāri*, comp. di *prō* 'in cambio' e *mutuāri* 'prendere a prestito' (V. *mutuare*); av. 1294] v. tr. ● Prestare | Prendere a prestito.

improntàto [sec. XIII] part. pass. di *improntare* (*1*); anche agg. (+ *di*; + *da*; + *a*) **1** (*lett.*) Segnato con un'impronta: *e però la loro moneta è improntata del suo nome* (VILLANI) | (*fig.*) Segnato, caratterizzato: *mani improntate di vizio* (D'ANNUNZIO); *tele improntate da un vibrante cromatismo.* **2** (*fig.*) Ispirato, modellato: *modo di comportarsi i. a distinzione*; *rapporti improntati a una certa cordialità*; *il mio accento fu i. a tale sincerità* (SVEVO).

improntitùdine [da *impronto* (*1*) sul modello di *beatitudine* (da *beato*), di *ingratitudine* (da *grato*), *rettitudine* (da *retto*) e sim.; sec. XIII] s. f. ● Insistenza indiscreta | Sfacciataggine: *è di un'i. incredibile.*

imprónto (**1**) [per *impront(at)o*; av. 1294] agg. ● (*lett.*) Insistente e indiscreto nel chiedere | Importuno, sfacciato, impertinente. || **improntàccio**, pegg. || **improntaménte**, avv. Con improntitudine.

imprónto (**2**) [vc. dotta, lat. *ĭn* 'in' *prōmptu* 'pronto', sottinteso *ĕsse* 'essere' o *habēre* 'avere'; 1782] s. m. ● Solo nella loc. avv. ***all'i.***, a prima vista, in modo estemporaneo: *tradurre all'i.*

impronunciàbile o **impronunziàbile** [comp. di *in-* (*3*) e *pronunciabile*; av. 1651] agg. ● Che non si può o non si deve pronunciare: *per gli ebrei il nome di Dio era i.* | Che è molto difficile da pronunciare: *ha un nome i.*

†**improperàre** [vc. dotta, lat. *improperāre* 'rimproverare', termine pop., di etim. incerta; sec. XIV] v. tr. **1** (*raro*) Rimproverare. **2** (*raro*) Insultare.

impropèrio [vc. dotta, lat. *impropĕriu(m)* 'rimprovero', da *improperāre* 'improperare'; 1308] s. m. **1** Ingiuria grave, insulto: *caricare d'improperi*; *avevano dimenticato tutti gli improperi che si erano detti* (VERGA). **2** (*al pl.*) Antifone e responsori che, prima della riforma liturgica del Concilio Ecumenico Vaticano Secondo, si cantavano il venerdì santo e contenevano i presunti rimproveri di Gesù agli Ebrei.

†**impròpio** ● V. *improprio.*

improponìbile [comp. di *in-* (*3*) e di un deriv. di *proporre* nel sign. giuridico; 1764] agg. **1** (*dir.*) Detto di giudizio che non può essere instaurato, o atto processuale che non può essere ammesso a produrre effetti perché privo dei requisiti legislativamente richiesti: *appello i.*; *azione i.* **2** Che non è possibile, o opportuno proporre: *soluzione i.*

improponibilità [1957] s. f. ● Condizione di improponibile: *i. di un atto processuale.*

improprietà [vc. dotta, lat. tardo *improprietā-te(m)*, comp. di *in-* neg. e *proprĭetas* 'proprietà, particolarità, qualità di una cosa', da *prŏprius* 'proprio'; av. 1576] s. f. **1** Mancanza di proprietà e precisione nell'esprimersi: *parlare, scrivere con i.* **2** Locuzione, vocabolo improprio: *discorso pieno di i.*

impròprio o (*pop.*) †**impròpio** [vc. dotta, lat. *imprŏpriu(m)*, comp. di *in-* neg. e *prŏprius* 'proprio, particolare'; sec. XIV] **A** agg. **1** Non proprio o non appropriato | ***Parole, locuzioni improprie***, non usate a proposito o nel giusto significato | ***Preposizione impropria***, V. *preposizione* | ***Arma impropria***, qualsiasi oggetto o strumento che, pur avendo altra destinazione, è atto a essere usato come arma | (*est.*) Sconveniente, non adatto: *linguaggio, tono i.*; *abbigliamento i.* **2** (*mat.*) ***Frazione impropria***, in cui il numeratore è maggiore del denominatore. || **impropriaménte**, avv. In modo improprio; senza proprietà di lingua: *parlare impropriamente.* **B** in funzione di avv. ● (*raro*) In modo improprio.

improrogàbile [comp. di *in-* (*3*) e *prorogabile*; 1869] agg. ● Che non si può differire: *termine i. per presentare le domande.* CONTR. Dilazionabile. || **improrogabilménte**, avv. In modo improrogabile: *arriverò improrogabilmente domani*; senza proroga: *la consegna è fra dieci giorni improrogabilmente.*

improrogabilità [1983] s. f. ● Condizione di ciò che è improrogabile.

improsciuttìre o (*pop., tosc.*) **impresciuttìre** [comp. di *in-* (*1*) e *prosciutto*, in senso fig.; av. 1928] v. intr. (*io improsciuttìsco, tu improsciuttìsci*; aus. *essere*) ● (*fam., raro*) Diventare asciutto e magro come un prosciutto, detto di persona: *andò a battere con forza negli stinchi impresciuttiti del povero Geppetto* (COLLODI).

improtestàto [comp. di *in-* (*3*) e *protestato*; 1966] agg.; anche s. m. (f. *-a*) ● Che (o Chi) non ha subito un protesto cambiario.

†**improvedènza** ● V. *improvvidenza.*

†**impròvido** ● V. *improvvido.*

†**improvvedùto** [comp. di *in-* (*3*) e *provveduto*; av. 1311] agg. ● Sprovveduto. || †**improvvedutaménte**, avv. **1** Senza avvedutezza. **2** Alla sprovvista.

improvvidènza o †**improvedènza** [vc. dotta, lat. *improvidĕntia(m)*, comp. di *in-* neg. e *providĕntia* 'previdenza', da *providēre* (V. *provvedere*); av. 1294] s. f. ● (*raro, lett.*) Imprevidenza, inconsideratezza.

impròvvido o †**impròvido** [vc. dotta, lat. *imprŏvidu(m)*, comp. di *in-* neg., e *prōvidus* 'previdente', da *providēre* (V. *provvido*); 1300 ca.] agg. ● (*lett.*) Imprevidente: *essere i. del futuro* | (*est.*) Incauto, inconsiderato: *consiglio i.* || **improvvidaménte**, avv.

†**improvviṣaménto** [av. 1597] s. m. ● Improvvisazione.

improvviṣàre [da *improvviso*; 1547] **A** v. tr. **1** Tenere un discorso, comporre versi o musica per immediata ispirazione, senza studio o preparazione: *i. stornelli, canzoni* | Anche assol.: *quel compositore preferisce i.* **2** Allestire, combinare, preparare in fretta, all'ultimo momento: *i. una cena, una festa.* **B** v. rifl. ● Assumersi un ruolo, una funzione insolita, senza preparazione specifica: *improvvisarsi presentatore, cameriere, cuoco.*

improvviṣàta [f. sost. di *improvvisato*; 1789] s. f. ● (*fam.*) Avvenimento piacevole che giunge inatteso: *fare una bella i. a qlcu.* | ***Brutta i.***, sorpresa sgradita.

improvviṣàto [av. 1837] part. pass. di *improvvisare*; anche agg. ● Nei sign. del v. | (*spreg.*) Fatto alla meno peggio, abborracciato: *un lavoro i.*

improvviṣatóre [1722] s. m. (f. *-trice*) **1** Chi è abile nell'improvvisare | Poeta estemporaneo. **2** (*spreg.*) Chi fa qlco. senza una pratica specifica e con faciloneria.

improvviṣazióne [1877] s. f. **1** L'improvvisare | Ciò che si improvvisa | (*spreg.*) Fretta, faciloneria: *un lavoro frutto di i.* **2** Nella musica colta e popolare, invenzione ed esecuzione estemporanea di un pezzo, libera esecuzione di un pezzo non scritto, esecuzione e variazione di un pezzo scritto.

♦**improvvìṣo** [vc. dotta, lat. *improvīsu(m)*, comp. di *in-* neg. e *provīsus* 'previsto', da *providēre* (V. *provvedere*); 1336 ca.] **A** agg. **1** Che avviene o si manifesta d'un tratto, del tutto inatteso: *ritorno i.*; *fuga, disgrazia, notizia improvvisa*; *un'idea improvvisa / mi strinse il cuore* (SABA). SIN. Impensato, imprevisto, inaspettato. **2** (*est.*) Subitaneo, repentino, brusco: *ira, simpatia improvvisa*; *i. cambiamento d'umore* | ***All'i., d'i.***, improvvisamente, d'un tratto, in modo inaspettato: *partire all'i.*; *è accaduto all'i.* **3** (*raro*) Improvvisato, estemporaneo: *canto i.*; *musica improvvisa.* || **improvvisaménte**, avv. In modo imprevedibile e inaspettato: *assalire qlcu. improvvisamente*; *arrivare improvvisamente.* **B** s. m. ● (*mus.*) Composizione, spec. pianistica, di forma varia e libera, con carattere di improvvisazione, diffusa nel periodo romantico: *gli improvvisi di Chopin.* **C** avv. ● (*lett.*) †Improvvisamente | †Immediatamente.

†improvvisto [comp. di *in-* (*3*) e *provvisto*, nel duplice senso di 'fornito' e 'preparato'; av. 1494] agg. ● Sprovveduto, impreparato: *assaltare lo inimico i.* (MACHIAVELLI). || **†improvvistaménte**, avv. Disavvedutamente.

†impruàre [comp. di *in-* (*1*) e *prua*; 1890] **A** v. tr. ● Fare inclinare eccessivamente la prua di una nave per un'errata distribuzione del carico o una manovra sbagliata. **B** v. intr. pron. ● Andare giù con la prua.

imprudènte [vc. dotta, lat. *imprudĕnte(m)*, comp. di *in-* neg. e *prudĕnte(m)*, nom. *prūdens* 'prudente, che prevede', per *provĭdens* (V. *provvedere*); sec. XIV] **A** agg. **1** Detto di chi manca di prudenza perché non considera i rischi e i pericoli connessi alle sue azioni: *ragazzo, corridore i.* SIN. Sventato, temerario. CONTR. Cauto, riflessivo. **2** Detto di ciò che rivela imprudenza: *parola, consiglio i.* SIN. Avventato, azzardato, incauto. || **imprudentèllo**, dim. | **†imprudentùccio**, dim. || **imprudenteménte**, avv. Con imprudenza: *agire imprudentemente*; senza cautela: *parlare imprudentemente.* **B** s. m. e f. ● Persona imprudente.

imprudènza [vc. dotta, lat. *imprudĕntia(m)*, comp. di *in-* neg. e *prudĕntia*, per *providĕntia* (V. *provvidenza*); av. 1332] s. f. **1** Mancanza di prudenza: *è un'i. guidare l'automobile avendo sonno.* SIN. Leggerezza, sconsideratezza. **2** Atto inconsiderato e rischioso: *commettere un'i.* || **imprudenzùccia**, dim. | **imprudenzuòla**, dim.

imprunàre [comp. di *in-* illativo e *pruno*; sec. XIII] v. tr. **1** (*lett.*) Chiudere, cingere con pruni. **2** (*est., fig.*) †Porre ostacoli.

impubblicàbile [comp. di *in-* (*3*) e *pubblicabile*; 1934] agg. ● Che non si può pubblicare, che non ha i requisiti per la pubblicazione: *un articolo, un saggio i.*

impùbere o (*lett.*) **impùbe** [vc. dotta, lat. *impūbere(m)*, comp. di *in-* neg. e dell'agg. *pūbes*, genit. *pūberis* 'adulto' (V. *pube*); 1388] agg.; anche s. m. e f. ● (*lett.*) Che (o Chi) non è ancora nella pubertà: *giovane i.*; *l'età degli impuberi.*

impudènte [vc. dotta, lat. *impudĕnte(m)*, comp. di *in-* neg. e *pudĕnte(m)*, nom. *pŭdens*, part. pres. del lat. *pudēre* 'vergognarsi', di etim. incerta; av. 1342] agg.; anche s. m. e f. ● Che (o Chi) non sente pudore o ritegno: *domanda, menzogna i.*; *sei un i.!* SIN. Sfacciato, sfrontato. || **impudenteménte**, avv.

impudènza [vc. dotta, lat. *impudĕntia(m)*, comp. di *in-* neg. e del lat. tardo *pudĕntia*, da *pudēre* 'vergognarsi', di etim. incerta; sec. XIV] s. f. ● Mancanza di pudore | Sfacciataggine, sfrontatezza: *ha l'i. di un vero ciarlatano.*

impudicìzia [vc. dotta, lat. *impudicĭtia(m)*, comp. di *in-* neg. e *pudicĭtia*, connesso con *pudēre*, di etim. incerta; sec. XIV] s. f. **1** Mancanza di pudore: *l'i. del loro comportamento era insopportabile.* **2** (*spec. al pl.*) Parola, gesto, atto impudichi.

impudìco [vc. dotta, lat. *impudīcu(m)*, comp. di *in-* neg. e *pudīcus* 'pudico', da *pudēre* 'vergognarsi', di etim. incerta; sec. XIV] agg. (pl. m. *-chi*, †*-ci*) ● Che manca del senso del pudore o denota tale mancanza: *uomo i.*; *donna impudica*; *sguardo, discorso i.* SIN. Inverecondo, lascivo. || **impudicaménte**, avv.

impugnàbile [da *impugnare* (*2*); 1673] agg. **1** (*dir.*) Che si può contestare. **2** †Irremovibile.

impugnabilità [1957] s. f. ● (*dir.*) Condizione di ciò che è impugnabile, contestabile: *l'i. di una sentenza, di una dichiarazione.*

impugnàre (1) [lat. parl. **impugnāre*, comp. di *in-* 'dentro' e *pŭgnus* 'pugno'; sec. XIV] **A** v. tr. ● Stringere in pugno: *i. la spada, il pugnale* | *I. le armi*, prepararsi a combattere. SIN. Afferrare. **B** v. intr. ● †Formare il pugno.

impugnàre (2) [vc. dotta, lat. *impugnāre*, comp. di *in-* (*1*) e *pugnāre* 'combattere'; av. 1292] v. tr. **1** Contestare con valide ragioni un'accusa, un parere: *i. un'opinione, una teoria.* **2** (*dir.*) Chiedere al giudice designato dalla legge il riesame totale o parziale di un processo, o la riforma totale o parziale di un provvedimento giurisdizionale: *i. una sentenza* | (*est.*) Addurre in giudizio l'invalidità o un motivo di rescissione o di risoluzione di un atto: *i. un contratto*; *i. un testamento.* **3** †Combattere, assalire: *forse a lui vien che dispiaccia / ch'altri impugni la fé de' suoi parenti* (TASSO). **4** †Tentare.

impugnatìva [1933] s. f. ● (*dir.*) Istanza con cui si propone un mezzo di impugnazione: *redigere una i.*

impugnatìvo [da *impugnare* (*2*); av. 1683] agg. ● (*dir.*) Che si riferisce all'impugnazione, che è diretto a impugnare: *azione impugnativa.*

impugnatóre [vc. dotta, lat. *impugnatōre(m)*, da *impugnātus* 'impugnato'; av. 1363] s. m. (f. *-trice*) ● (*raro*) Chi impugna o contesta e contraddice.

impugnatùra [da *impugnare* (*1*); av. 1557] s. f. **1** Il modo di stringere in pugno: *ha una i. salda* | L'atto dell'impugnare: *esercitarsi nell'i. d'un attrezzo ginnico.* **2** Parte di un oggetto che deve essere stretta nella mano: *l'i. della frusta*; *i. del coltello.*

impugnazióne [vc. dotta, lat. *impugnatiōne(m)*, da *impugnātus* 'impugnato'; av. 1342] s. f. ● (*dir.*) L'impugnare: *l'i. di una sentenza.*

impulciàre [comp. di *in-* (*1*) e *pulce*; 1887] **A** v. tr. (*io impùlcio*) ● Riempire di pulci. **B** v. intr. pron. ● Riempirsi di pulci.

impulìto [comp. di *in-* (*3*) e *pulito*, come il lat. *impolītus* e il fr. *impoli*; av. 1565] agg. **1** (*raro*) Non sgrassato. **2** (*fig., raro*) Rozzo, scortese.

impulsàre [vc. dotta, lat. tardo *impulsāre*, freq. di *impĕllere* 'spingere (*pĕllere*) dentro (*in-*)'; calco sull'ingl. *to pulse* nel sign. 2; 1499] v. tr. **1** †Sospingere | Percuotere | (*fig.*) Incitare, sollecitare. **2** (*elettron., tecnol.*) Far funzionare a impulsi un apparecchio o un dispositivo.

impulsatóre [1957] s. m. ● (*elettron.*) Apparecchio o circuito generatore di impulsi elettrici.

impulsióne [vc. dotta, lat. *impulsiōne(m)*, comp. di *in-* 'contro' e *pulsiōne(m)*, nom. *pŭlsio* 'colpo', da *pŭlsus*, part. pass. di *pĕllere*, di orig. indeur.; 1308] s. f. **1** (*mecc.*) Azione di una forza che spinge, urtandolo, un corpo. **2** (*raro, fig.*) Impulso.

impulsività [1903] s. f. ● Caratteristica di ciò che è impulsivo: *l'i. di un gesto*; *i. di carattere* | Tendenza a compiere atti impulsivi: *frenare, dominare l'i.*

impulsìvo [da *impulso* (*1*); sec. XIV] **A** agg. **1** (*fis.*) Relativo a un impulso | Relativo a un sistema sul quale le forze agiscono per brevissimi intervalli di tempo imprimendo sensibili variazioni di velocità senza che nel frattempo muti in modo significativo la configurazione del sistema: *moto i.* **2** Detto di chi agisce o parla seguendo i propri impulsi, senza riflettere su ciò che fa, senza dominarsi: *persona impulsiva* | Proprio di una persona impulsiva: *carattere, temperamento i.* | Che rivela impulsività: *gesto, atto i.* CONTR. Riflessivo. || **impulsivaménte**, avv. Con impulsività. **B** s. m. (f. *-a*) ● Chi è dotato di carattere impulsivo.

impùlso (1) [vc. dotta, lat. *impŭlsu(m)*, comp. di *in-* 'contro' e *pŭlsus* 'colpo', da *pŭlsus*, part. pass. di *pĕllere*, di orig. indeur.; sec. XIV] s. m. **1** Spinta, forza esercitata per comunicare il moto di un corpo su di un altro: *la locomotiva ha dato un i. violento ai vagoni.* **2** (*fis.*) ***I. elementare di una forza***, grandezza fisica espressa dal prodotto della forza agente su un corpo per il tempo durante il quale la forza ha agito | ***I. elettrico***, tensione o corrente che esiste in un circuito durante un intervallo di tempo di durata finita ma brevissima o infinitesima. **3** (*fig.*) Stimolo, spinta, incremento: *dare i. all'industria, ai commerci* | (*dir.*) ***I. processuale***, compimento delle attività necessarie perché sorga o abbia svolgimento un processo. **4** (*fig.*) Moto istintivo dell'uomo che lo spinge ad atti anche irriflessivi: *sentì l'i. di picchiare*; *abbandonarsi ai propri impulsi*; *reagire d'i.* | (*est.*) Tendenza, disposizione naturale: *è mosso da un costante i. a fare il bene.* **5** (*fisiol.*) ***I. nervoso***, insieme di fenomeni chimici e fisici che interessano tratti successivi di un cilindrasse o di un dendrite nel corso della trasmissione nervosa.

†impùlso (2) [av. 1375] part. pass. di †*impellere*; anche agg. ● (*raro*) Nei sign. del v.

impùne [vc. dotta, lat. *impūne(m)*, comp. di *in-* neg. e un deriv. di *pōena* 'pena'; 1521] **A** agg. ● (*lett.*) Non punito: *malfattori impuni si aggirano tra noi.* || **impuneménte**, avv. Senza pena; senza danno: *attraversare impunemente il fuoco.* **B** avv. ● †Impunemente: *sbagliare i.*

impunìbile [comp. di *in-* (*3*) e *punibile*; av. 1729] agg. ● Detto di persona a carico della quale, in presenza di date circostanze, non può essere emessa una condanna penale | ***Reato i.***, commesso da persona non assoggettabile a condanna penale.

impunibilità [1957] s. f. ● Condizione di chi (o di ciò che) è impunibile: *i. di una persona, di un reato.*

impunità [vc. dotta, lat. *impunitāte(m)*, da *impūnis* 'impune'; 1353] s. f. ● Condizione di chi è esente da pena: *godere l'i.*; *garantire l'i.*

impunìto [vc. dotta, lat. *impunītu(m)*, comp. di *in-* neg. e *punītus*, part. pass. di *punīre* 'punire'; 1312] **A** agg. ● Immune da pene, sfuggito alla giusta pena: *delitto, malfattore i.* || **†impunitaménte**, avv. Impunemente. **B** s. m. (f. *-a*); anche agg. ● (*centr.*) Sfacciato, sfrontato, birbante: *atteggiamento da i.*

impuntaménto [da *impuntar(si)*, in senso tecnico; av. 1712] s. m. ● (*mecc.*) Nel taglio dei metalli alle macchine utensili, difetto che consiste nello strisciamento del dorso dell'utensile sulla superficie lavorata, con conseguente surriscaldamento e danneggiamento dell'utensile stesso. SIN. Tallonamento.

impuntàre [comp. di *in-* (*1*) e *punta*; 1526] **A** v. intr. (aus. *avere*) **1** (*raro*) Inciampare: *i. ad ogni passo.* **2** (*raro, fig.*) Incespicare nel parlare: *i. per balzuzie, emozione, imbarazzo.* **B** v. intr. pron. **1** Rifiutarsi di andare avanti puntando i piedi a terra per non essere trascinato, detto di bambini o animali. **2** (*fig.*) Ostinarsi con puntiglio: *si è impuntato a dire di no.* **3** Balbettare o bloccarsi nel parlare.

impuntatùra [av. 1850] s. f. ● L'impuntarsi | Puntigliosa ostinazione.

impuntigliàrsi [comp. di *in-* (*1*) e *puntiglio*; av. 1879] v. intr. pron. (*io m'impuntiglio*) ● (*raro*) Ostinarsi in un puntiglio | Ingegnarsi in qlco. con puntiglio.

impuntìre [comp. di *in-* (*1*) e *punto*; 1750] v. tr. (*io impuntisco, tu impuntisci*) **1** Fermare con punti fitti un tessuto o altro materiale, mettendolo doppio o applicandolo su altro tessuto o materiale di sostegno: *i. il bavero, i risvolti*; *i. la doppia suola.* **2** Trapuntare: *i. un materasso, un'imbottita.*

impuntitùra [1798] s. f. ● Operazione dell'impuntire.

impuntùra [per *impunt(it)ura*, da *impuntire* (come *impuntatura*, da *impuntare*), per sovrapposizione di *puntura*; 1605] s. f. **1** Cucitura a punti visti e uguali sia sul diritto che sul rovescio del tessuto, usata per guarnire, rifinire o impuntire. **2** (*mar.*; *disus.*) Ciascuno degli angoli per cui una vela è fissata a un pennone o un'antenna.

impunturàre [1957] v. tr. ● Cucire mediante impunture.

impunturàto [1965] part. pass. di *impunturare*; anche agg. ● Nel sign. del v.

impupàrsi [da *pupa*; av. 1936] v. rifl. ● (*zool.*) Rinchiudersi nel pupario, detto di larva di Insetti che resta all'interno del suo ultimo involucro trasformandosi in pupa.

impurézza [vc. dotta, lat. *impurĭtia(m)*, comp. di *in-* neg. e un deriv. di *pūrus* 'puro'; 1869] s. f. **1** Impurità. **2** (*miner.*) Atomo estraneo alla formula chimica ideale di un minerale che, inserendosi in una qualsiasi posizione del reticolo cristallino di questi, ne modifica le proprietà | Difetto di una pietra preziosa, costituito da inclusioni, ghiacciature e sim., che ne diminuiscono il valore. SIN. Impurità.

impurità [vc. dotta, lat. *impuritāte(m)*, comp. di *in-* neg. e *pūritas* 'purezza', da *pūrus* 'puro'; 1308] s. f. **1** Condizione di ciò che non è puro: *l'i. dell'aria, dell'acqua*; *l'i. di una lingua.* **2** Ciò che rende impuro qlco.: *liberare un liquido dalle impurità* | Difetto della pietra preziosa costituito da inclusioni, ghiacciature e sim., che ne diminuiscono il valore. **3** (*fig.*) Mancanza di purezza morale o spirituale: *i. di costumi* | Atto impuro.

impùro [vc. dotta, lat. *impūru(m)*, comp. di *in-* neg. e *pūrus* 'puro'; av. 1342] **A** agg. **1** Che non è puro in quanto contiene elementi eterogenei o è mescolato ad altra sostanza: *pietra preziosa impura*; *acqua impura*; *rame, ferro i.* | ***Lingua impura***, ricca di parole, locuzioni e sim. provenienti da una lingua diversa; lingua piena di errori | ***Vocabolo i.***, ***locuzione impura***, che provengono da altre lingue | ***Razza impura***, mista. *2* Detto della lettera *s*, quando è seguita da una consonante: *esse impura*. *3* Che offende la purezza, la castità: *costumi, pensieri, desideri impuri*. SIN. Immondo, immorale. || **impuraménte**, avv. **B** s. m. ● (*raro*) Stato di ciò che non è puro: *corpi semplicissimi per natura ... esenti dal corruttibile e dall'i.* (BARTOLI).

imputàbile [da *imputare*; 1673] **A** s. m. e f.; anche agg. ● (*dir.*) Chi (o Che) ha la capacità d'intendere e di volere e pertanto può essere punito per un fatto previsto dalla legge come reato o può rispondere delle conseguenze prodotte dall'illecito civile commesso: *soggetto ritenuto non i. perché minorenne*. **B** agg. *1* (+ *di*) Che è o si può ritenere responsabile di qlco.: *siamo senz'altro imputabili di leggerezza*; *siete imputabili del guasto*. *2* (+ *a*) Che si può imputare a qlcu. o a qlco.: *errore i. a distrazione*; *la svista è i. a noi*. SIN. Attribuibile.

imputabilità [av. 1835] s. f. *1* Caratteristica di ciò che è imputabile. *2* (*dir.*) Condizione personale di chi è imputabile.

imputàre [vc. dotta, lat. *imputāre*, comp. di *in-* (*1*) e *putāre*, dal senso primitivo di 'ripulire (da *pūtus*, parallelo arc. di *pūrus*) gli alberi', a quello di 'ripulire, assestare i conti' ed infine a 'mettere in conto, attribuire, giudicare'; av. 1292] v. tr. (*io imputo*, raro *impùto*) *1* (*dir.*) Promuovere l'azione penale contro qlcu. | (*est.*) Contestare un'imputazione: *i. qlcu. di omicidio*. *2* (*est.*) Considerare responsabile, accusare, incolpare: *i. il capo del fallimento di un'impresa*. *3* Ascrivere, attribuire a titolo di colpa: *i. la disgrazia al guidatore*; *i. l'incidente a colpa, a leggerezza*. SIN. Addebitare. *4* Assegnare a un determinato conto | ***I. un costo a un esercizio***, considerare quel costo come componente di reddito di quell'esercizio. *5* †Ascrivere a merito.

imputàto [av. 1600] **A** part. pass. di *imputare* ● Nei sign. del v. **B** s. m. (f. *-a*) ● (*dir.*) Persona nei cui confronti è esercitata l'azione penale e pertanto è instaurato e svolto il processo penale: *colloqui del difensore con l'i. detenuto*. SIN. Accusato.

imputazióne [vc. dotta, lat. tardo *imputatiōne(m)*, da *imputātus* 'imputato'; av. 1348] s. f. *1* L'imputare | ***I. della spesa***, in contabilità, assegnazione e ripartizione della spesa fra i diversi conti. *2* (*dir.*) Attribuzione a una persona della qualità di autore di un reato al fine di ottenerne la condanna: *rispondere dell'i. di omicidio*; *capo d'i.* *3* Attribuzione di somme di denaro o del valore di dati beni a un dato patrimonio al fine di estinguere un debito.

imputrefàtto [comp. di *in-* (*3*) e *putrefatto*; 1628] agg. ● (*raro*) Che non si è putrefatto.

imputrescìbile [comp. di *in-* (*3*) e *putrescibile*; 1869] agg. ● (*raro, lett.*) Che non imputridisce.

†imputrìbile [vc. dotta, lat. eccl. *imputrĭbile(m)*, comp. di *in-* neg. e *putrĭbilis*, da *putrēre* (V. *putrido*); sec. XIV] agg. ● Imputrescibile.

imputridiménto [1869] s. m. ● L'imputridire | Decomposizione chimica e biologica delle materie organiche, con sviluppo di gas dall'odore nauseabondo e di sostanze tossiche.

imputridìre [comp. di *in-* (*1*) e *putrido*; 1310] **A** v. intr. (*io imputridìsco, tu imputridìsci*; aus. *essere*) ● Diventare putrido: *il pesce imputridisce facilmente* | (*fig., lett.*) Degenerare, imbarbarire. SIN. Corrompersi, guastarsi, marcire. **B** v. tr. ● Rendere putrido.

imputridìto [av. 1597] part. pass. di *imputridire*; anche agg. ● Putrefatto, putrido (*anche fig.*).

impuzzàre [comp. di *in-* (*3*) e del denom. di *puzza*; sec. XIV] v. tr. e intr. (aus. intr. *essere*) ● (*disus., region.*) Impuzzire.

impuzzìre [comp. di *in-* (*1*) e *puzzo*; av. 1364] **A** v. intr. (*io impuzzìsco, tu impuzzìsci*; aus. *essere*) ● Diventare puzzolente. **B** v. tr. *1* Rendere puzzolente. *2* (*raro*) Appuzzare.

impuzzolentìre [comp. di *in-* (*1*) e *puzzolente*; 1957] v. tr. (*io impuzzolentìsco, tu impuzzolentìsci*) ● Far diventare puzzolente | Riempire di puzzo, di fetore: *il tiglio imputridì nei maceri che impuzzolentiscono il paese* (BACCHELLI).

impuzzolìre [comp. di *in-* (*1*) e *puzzo*; av. 1320] **A** v. intr. (*io impuzzolìsco, tu impuzzolìsci*; aus. *essere*) ● Prendere un cattivo odore. **B** v. tr. ● (*raro*) Comunicare un cattivo odore.

♦in (*1*) o **†en** (*1*) [lat. *ĭn*, pref. e prep., di orig. indeur.; sec. XII] prep. propria semplice. (Fondendosi con gli art. det. dà origine alle prep. art. m. sing. *nel*, *nello*; m. pl. *nei*, *negli*; f. sing. *nella*; f. pl. *nelle*). **I** Stabilisce diverse relazioni dando luogo a molti complementi. *1* Compl. di stato in luogo (*anche fig.*): *oggi resto in casa*; *troviamoci in piazza*; *comprerò una casa in montagna*; *il gatto dorme in grembo al padrone*; *abbiamo fiducia in quel ragazzo*; *sta in voi decidere*; *se fossi in te, accetterei* | Dentro: *non tenere le mani in tasca*; *lo porto nel cuore*; *l'amore diventò in lui rabbia, odio, furore* (NIEVO). *2* Compl. di moto a luogo (*anche fig.*): *l'hanno mandato in esilio*; *vanno in America*; *la nave sta entrando in porto*; *vai subito in casa*; *l'hanno gettato in mare*; *mettilo nel ripostiglio*; *versami un po' di vino nel bicchiere*; *si è buttato in un'impresa disperata*; *l'ho mandato in malora*; *non metterti in testa certe idee* | Contro: *ho inciampato in una radice*; *ho sbattuto in un ostacolo*; *ha urtato in uno spigolo* | Indica anche il luogo, il punto, la condizione verso cui si compie un movimento, un passaggio, uno spostamento (spec. in correl. con la prep. 'di'): *vado di strada in strada, di città in città*; *andiamo di male in peggio!*; *gli affari vanno di bene in meglio*. *3* Compl. di moto attraverso luogo (*anche fig.*): *lo inseguirono nella pianura*; *il corteo passa nella via principale*; *tanti ricordi mi passano nella mente*. *4* Compl. di tempo determinato: *questo avvenne nel primo secolo a. C.*; *sono nato nel 1941*; *verrò in autunno* | †Nelle date: *in dì quindici di settembre*. *5* Compl. di tempo continuato (esprime durata e limite di tempo): *in gioventù è stata una grande ballerina*; *in un mese ho fatto grandi progressi*; *mi spiccio in un attimo, in quattro e quattr'otto, in un baleno* | In correl. con la prep. 'di': *lo aspettiamo di giorno in giorno*. *6* Compl. di modo o maniera: *camminate in punta di piedi*; *lavora in silenzio*; *disponetevi in cerchio*; *scrivi in corsivo*; *non guardarmi in cagnesco*; *lasciami in pace*; *sono in forse*; *è un'anima in pena*; *resta pure in pantofole e in maniche di camicia*; *era vestito in grigio*; *è ancora in fasce*; *carne in umido*; *riso in bianco*; *tagliare in due*; *dividere in quattro*; *farsi in quattro* | Si prepone al cognome del marito per indicare lo stato coniugale di una donna: *Maria Bianchi in Rossi*. *7* Compl. di mezzo o strumento: *viaggerò in aeroplano*; *pago in contanti*; *te lo dico in poche parole*; *sa abbozzare un ritratto in pochi tratti*. *8* Compl. di limitazione: *sei bravo in matematica?*; *è un esperto in storia orientale*; *è commerciante in vini*; *sono studenti in legge*. *9* Compl. di materia: *vendono calchi in gesso e sculture in bronzo*; *è un'edizione rilegata in cuoio con fregi in oro*. *10* Compl. di scopo o fine: *ti mando un libro in dono*; *spendono molto in pranzi e feste*; *vorrei avere questo volume in visione*; *danno una festa in onore della figlia*; *parleremo in tuo favore*. *11* Compl. di causa: *si tormenta nel dubbio e nel rimorso*; *gioisco nel ricordo di quel momento*. *12* Compl. di stima: *tenere qlcu. in grande, poco conto*; *lo ha in grande considerazione*. *13* Compl. distributivo: *di dieci in dieci*. **II** Ricorre con diverso valore e funzione in molte espressioni. *1* Con valore determinativo, indica una quantità: *si presentarono in venti*; *erano in quattro*; *accorsero in folla, in gran numero*. *2* Con valore asseverativo: *in fede mia*; *in verità*; *in coscienza* | Esprimendo supplica, preghiera e sim.: *in nome del cielo*; *in nome di Dio*. *3* Con valore temporale, seguito da un v. al modo infinito, equivale ad un gerundio: *nel dire così*; *in così dire*; *nel fare ciò*; *nell'udire la notizia* | (*pleon.*) †Premesso ad un gerundio: *però pur va, e in andando ascolta* (DANTE *Purg.* V, 45). *4* (*lett., pleon.*) Con valore raff. davanti a 'su': *in sulla fine del secolo*; *in sul principio del discorso*; *in sul far del giorno*; *Vero è che 'n su la proda mi trovai* (DANTE *Inf.* IV, 7). *5* Con valore pleon.: *partita di calcio in notturna*; *scalata in artificiale, in invernale*. *6* (*lett.*) †Con valore di 'fra' indica relazione, reciprocità e sim.: *in noi è perfetta armonia*. **III** Ricorre nella formazione di molte loc. *1* Loc. prep.: *in compagnia di*; *in cima a*; *in seguito a*; *in quanto a*; *in fondo a*; *in relazione a*; *in virtù di* e sim. *2* Loc. avv.: *in qua*; *in là*; *in su*; *in giù*; *in sopra*; *in sotto*; *in dentro*; *in fuori*; *in alto*; *in basso*; *in avanti*; *in fondo*; *in apparenza*; *in concreto*; *in astratto*; *in breve*; *in fretta e furia*; *di quando in quando*; *di volta in volta* e sim. *3* Loc. cong.: *nel tempo che*; *nell'istante che*; *in quanto che*; *nel caso che*; *nella maniera che* e sim.

in (*2*) /ingl. ɪn/ [ingl. *in* 'dentro'; 1965] **A** avv. ● Nella loc. ***essere in***, fare parte dell'ambiente che conta e che decide le mode, spec. nell'ambito culturale e mondano: *per essere in ci si deve vestire in un certo modo*. CONTR. Out. **B** anche agg. inv.: *la gente in*; *frequenta un giro molto in*. CONTR. Out.

in- (*1*) [dalla prep. lat. *ĭn*, di orig. indeur., che già in lat. indicava, premessa ai v., un movimento verso un luogo o stato] pref. (si ha assimilazione quando la composizione avviene con parole che iniziano con *l-*, *m-*, *r-*; la *-n-* diventa *-m-* davanti a *b-* e *p-*; subisce talvolta il raddoppiamento (*-nn-*) davanti a parole che iniziano con vocale; tende a ridursi a *-i-* davanti a *s* seguita da consonante) ● È usato nella derivazione di verbi, di origine latina o di formazione posteriore, da aggettivi (*tenero - intenerire*), da sostantivi (*fiamma - infiammare*, *lume - illuminare*, *raggio - irraggiare*, *buca - imbucare*, *pacco - impaccare*, *amore - innamorare*), o da altri verbi: *indurre*, *infondere*, *immettere*, *istruire* (in quest'ultimo caso la derivazione generalmente è già avvenuta in latino e il pref. mantiene per lo più il significato di 'dentro' della prep. lat. *in*; valore che si ritrova in taluni derivati da sostantivi: *incarcerare*, *insaccare*. CFR. Illativo).

in- (*2*) [ampliamento del lat. parl. del valore di *in-* (*1*)] pref. ● Con valore rafforzativo spec. nella formazione di congiunzioni antiche: *incontrario*, *imperò*, *imperciò*, *impertanto* (con passaggio di *-n-* a *-m-*).

in- (*3*) [lat. *in-* (dalla stessa radice indeur. presente nella neg. *nĕ*), talvolta usato per rendere l'alfa neg. dei Greci] pref. (si ha assimilazione quando la composizione avviene con parole che iniziano con *l-*, *m-*, *r-*; la *-n-* diventa *-m-* davanti a *b-* e *p-*) ● Presente in numerose parole di origine latina o di formazione posteriore, ha valore negativo ed è per lo più premesso ad aggettivi o sostantivi: *inabile*, *inabilità*; *infedele*, *infedeltà*; *illegittimo*, *illogico*, *immorale*, *irregolare*, *imbelle*, *impotente*.

-ina [lat. *-īna(m)* con valore di appartenenza, f. inizialmente applicato agli agg. in *-īnu(m)*, poi sostantivato; quando ha sign. collett. è ripreso dal corrispondente fr. *-aine*] suff. *1* Forma nomi di ambienti e locali in genere: *cucina*, *officina*, *vetrina*. *2* Forma sostantivi femminili tratti da temi maschili: *gallina*, *regina*. *3* Forma nomi numerali con valore collettivo: *decina*, *quindicina*, *ventina*, *quarantina*, *sessantina*, *cinquina*, *dozzina*. *4* Ha valore derivativo in nomi tratti da sostantivi: *abetina*, *collina*. *5* Ha valore alterativo in nomi femminili diminutivi o vezzeggiativi: *bruciatina*, *camerina*, *cosina*, *donnina*, *fermatina*, *occhiatina*, *parolina*, *signorina*, *stiratina*, *vecchina*, *vocina*. *6* In chimica, indica spec. ammine e sostanze di natura basica: *adrenalina*, *morfina*, *cocaina*.

inabbordàbile [comp. di *in-* (*3*) e *abbordabile*, secondo il modello del fr. *inabordable*; 1914] agg. ● Di persona che non è facile avvicinare.

inàbile [vc. dotta, lat. *inhăbile(m)*, comp. di *in-* neg. e *hăbilis* 'che sa tenere (*habēre*) bene'; av. 1420] agg. *1* (+ *a*) Che non ha le qualità richieste per eseguire un dato compito: *i. al lavoro*, *alle fatiche* | ***È stato dichiarato i. al servizio militare***, riformato per malattia o difetto fisico. SIN. Inadatto, incapace. *2* (*assol.*) (*raro*) Maldestro, poco accorto: *la sua è una mossa i.*

inabilità [1486] s. f. ● Condizione di chi non ha le capacità o i requisiti richiesti per l'esecuzione di un dato compito: *i. temporanea, permanente*. SIN. Incapacità.

inabilitàndo [1963] s. m. (f. *-a*) ● (*dir.*) Colui nei cui confronti è in corso un procedimento per inabilitazione.

inabilitànte [1673] part. pres. di *inabilitare*; anche agg. ● Che comporta inabilità: *un difetto organico i.*

inabilitàre [comp. di *in-* (*3*) e *abilitare*; 1673] **A** v. tr. (*io inabìlito*) *1* Rendere inabile: *i gravi difetti fisici lo inabilitano al lavoro*. *2* (*dir.*) Limitare, a opera dell'autorità giudiziaria, la capacità di agire di qlcu. **B** v. rifl. ● (*raro*) Rendersi volontariamente inabile: *inabilitarsi al servizio militare*.

inabilitàto [av. 1835] **A** part. pass. di *inabilitare*;

anche agg. ● Nei sign. del v. **B** s. m. (f. *-a*) ● (*dir.*) Colui che per legge o per provvedimento del giudice è stato dichiarato limitatamente capace d'agire così da non potere compiere atti eccedenti l'ordinaria amministrazione del proprio patrimonio.

inabilitazióne [1673] s. f. ● (*dir.*) L'inabilitare | Condizione di chi è inabilitato.

inabissaménto [av. 1712] s. m. ● L'inabissare, l'inabissarsi. SIN. Sprofondamento.

inabissàre [comp. di *in-* (*1*) e *abisso*; av. 1306] **A** v. tr. ● Sprofondare in un abisso, sommergere (*anche fig.*): *la tempesta stava per i. la nave.* **B** v. intr. pron. ● Andare a fondo, cadere in un abisso (*anche fig.*): *il natante colpito si inabissò in poche ore*; *la sua azienda si inabissò nei debiti.*

inabitàbile [vc. dotta, lat. *inhabitābile(m)*, comp. di *in-* neg. e *habitābilis*, da *habitāre* 'abitare'; sec. XIV] agg. ● Di luogo o ambiente in cui l'uomo non può vivere: *gran parte delle terre emerse sono inabitabili* | (*est.*) Estremamente scomodo, pericoloso o antigienico da abitare: *casa i.*

inabitabilità [1940] s. f. ● Condizione di ciò che è inabitabile.

inabitàto [comp. di *in-* (*3*) e *abitato*; 1342] agg. ● (*lett.*) Senza abitanti.

inabrogàbile [comp. di *in-* (*3*) e *abrogabile*; 1957] agg. ● Che non può essere abrogato.

inaccessìbile [vc. dotta, lat. *inaccessĭbile(m)*, (comp. di *in-* neg. e *accessĭbilis*, da *accēdere* 'avvicinarsi'); av. 1364] agg. *1* Che è molto difficile o impossibile da raggiungere o da percorrere: *il rifugio era situato a un'altezza quasi i.*; *montagna, deserto i.* | (*fig.*) ***Spesa i.***, impossibile per le disponibilità finanziarie di qlcu. *2* (*fig.*) Di persona difficile da avvicinare: *quel ministro è i.* | ***Essere i. alle lusinghe, alle preghiere***, e sim., non lasciarsi commuovere o impietosire da niente | Di cosa difficile o impossibile da capire: *un mistero i.*; *le nozioni matematiche per me sono inaccessibili.* || **inaccessibilménte**, avv.

inaccessibilità [vc. dotta, lat. tardo *inaccessibilitāte(m)*, da *inaccessĭbilis* 'inaccessibile'; av. 1738] s. f. ● Condizione di chi (o di ciò che) è inaccessibile.

inaccèsso [vc. dotta, lat. *inaccēssu(m)*, comp. di *in-* neg. e *accēssus*, part. pass. di *accēdere* 'avvicinarsi'; 1584] agg. ● (*lett.*) Di luogo a cui nessuno ha mai potuto avvicinarsi | Inaccessibile.

inaccettàbile [comp. di *in-* (*3*) e *accettabile*; 1749] agg. (assol.; + *per*; + *che* seguito da congv.) ● Che non può essere accolto: *proposta, modifica i.* | Che non si può accettare, tollerare: *usare un tono i.*; *un comportamento i. per noi*; *una proposta i. per la maggioranza dei cittadini*; *è i. che quest'argomento venga trattato in modo demagogico* | (*est.*) Incredibile, inverosimile: *resoconto i.* || **inaccettabilménte**, avv.

inaccettabilità [1914] s. f. ● Caratteristica di ciò che è inaccettabile.

inaccordàbile [comp. di *in-* (*3*) e *accordabile*; av. 1683] agg. *1* Che non si può concedere: *un favore i.* *2* Di strumento che non può essere accordato.

inaccòrto [comp. di *in-* (*3*) e *accorto*; 1532] agg. ● (*lett.*) Che è privo di avvedutezze e di esperienze.

inaccostàbile [comp. di *in-* (*3*) e *accostabile*; 1640] agg. ● (*raro*) Che non può essere avvicinato | (*fig., disus.*) ***Prezzo i.***, proibitivo.

inaccuràto [comp. di *in-* (*3*) e *accurato*; av. 1798] agg. ● Non accurato, poco accurato: *un lavoro i.*

inaccuṣàbile [vc. dotta, lat. *inaccusābile(m)*, comp. di *in-* neg. e *accusābilis* 'accusabile', da *accusāre* 'accusare'; av. 1494] agg. ● (*raro*) Che non si può accusare.

†**inacerbàre** [1538] v. tr. e intr. pron. ● Inacerbire.

inacerbìre [vc. dotta, lat. tardo *inacerbāre*, comp. di *in-* raff. e *acerbāre*, da *acĕrbus* 'aspro, acerbo'; 1312] **A** v. tr. (*io inacerbisco, tu inacerbisci*) ● Rendere più acerbo, più doloroso: *i. una piaga, un dispiacere* | Portare all'esasperazione: *i. gli animi, gli uomini, una lite.* SIN. Esacerbare, inasprire. **B** v. intr. e intr. pron. (aus. *essere*) ● Inasprirsi, esacerbarsi: *alimentato dai continui ricordi, il suo dolore s'inacerbì.*

†**inacetàre** [av. 1535] v. tr. e intr. ● Inacetire.

inacetìre [comp. di *in-* (*1*) e *aceto*; av. 1320] **A** v. intr. (*io inacetìsco, tu inacetìsci*; aus. *essere*) ● Diventare aceto, farsi aspro come l'aceto: *col caldo il vino inacetisce.* **B** v. tr. ● Rendere il vino acido, con sapore d'aceto: *l'aria inacetisce il vino.*

inacidiménto [1887] s. m. ● L'inacidire.

inacidìre [comp. di *in-* (*1*) e *acido*; av. 1597] **A** v. tr. (*io inacidìsco, tu inacidìsci*) *1* (*chim., raro*) Acidificare. *2* Rendere acido (*anche fig.*): *le continue delusioni hanno inacidito il suo animo* | (*fig.*) ***I. il sangue***, guastarlo con rancori, offese e sim. SIN. Inasprire. **B** v. intr. e intr. pron. (aus. *essere*) *1* Diventare acido, prendere un sapore acido: *d'estate i cibi inacidiscono facilmente.* *2* (*fig.*) Diventare aspro e scostante: *il suo carattere si è molto inacidito.*

inacidìto [av. 1730] part. pass. di *inacidire*; anche agg. ● Diventato acido (*anche fig.*): *vino i.*; *una vecchia inacidita.*

†**inacquàre** ● V. *annacquare.*

inacutìre [comp. di *in-* (*1*) e *acuto*; av. 1642] **A** v. tr. (*io inacutìsco, tu inacutìsci*) ● (*raro*) Rendere più acuto | ***I. il tono***, passare da una nota bassa a una acuta | (*fig.*) Acutizzare. **B** v. intr. pron. ● Diventare più acuto (*spec. fig.*): *il dolore si è inacutito.*

inadattàbile [comp. di *in-* (*3*) e *adattabile*; av. 1712] agg. ● Che non si può adattare: *è una costruzione i. a usi scolastici* | Di chi è incapace di adattarsi: *sono i. al vostro ambiente.*

inadattabilità [av. 1712] s. f. *1* Caratteristica, condizione di chi (o di ciò che) è inadattabile. *2* †Incapacità, insufficienza.

inadàtto [comp. di *in-* (*3*) e *adatto*; 1858] agg. *1* Che non è adatto a qlco.: *mezzi inadatti allo scopo*; *abito i. a una cerimonia.* *2* Che non ha disposizione, inclinazione a qlco.: *essere i. allo studio.* *3* Inopportuno, fuor di luogo, sconveniente: *rivolgersi a qlcu. con parole inadatte.*

inadeguatézza [1914] s. f. ● Caratteristica di chi (o di ciò che) è inadeguato.

inadeguàto [comp. di *in-* (*3*) e *adeguato*; 1657] agg. ● Di ciò che è inidoneo, insufficiente o sproporzionato rispetto a qlco.: *mezzi inadeguati*; *capacità, preparazione inadeguata* | Detto di persona, inadatto, che non è all'altezza: *essere i. a un lavoro.* || **inadeguataménte**, avv.

inadempìbile [comp. di *in-* (*3*) e *adempibile*; av. 1712] agg. ● (*raro*) Che è difficile o impossibile da adempiere: *incarico i.*

inadempiènte [comp. di *in-* (*3*) e *adempiente*, part. pres. di *adempiere*; 1917] agg.; anche s. m. e f. ● (*dir.*) Che (o Chi) non adempie a un dovere, a un impegno o non esegue una prestazione a cui era obbligato.

inadempiènza [da *inadempiente*; 1877] s. f. ● Mancata attuazione di qlco. da parte di chi vi si era impegnato. SIN. Inosservanza.

inadempiménto [comp. di *in-* (*3*) e *adempimento*; 1723] s. m. ● Mancato adempimento: *i. di un obbligo, di una promessa* | (*dir.*) Mancata esecuzione della prestazione da parte del debitore: *risolvere un contratto per i.*

inadempìto [1869] agg. ● (*raro*) Inadempiuto.

inadempiùto [comp. di *in-* (*3*) e *adempiuto*; 1869] agg. ● Che non ha avuto adempimento: *fatto, obbligo i.*

inadopràbile [comp. di *in-* (*3*) e *adoprabile*; 1869] agg. ● (*raro*) Che non si può adoperare.

inafferràbile [comp. di *in-* (*3*) e *afferrabile*; 1892] **A** agg. *1* Di persona che non si riesce a catturare, a prendere: *la leggenda della i. Primula Rossa.* *2* (*fig.*) Che si capisce con difficoltà | Che non può essere capito. SIN. Incomprensibile, oscuro. || **inafferrabilménte**, avv. **B** s. m. solo sing. ● (*fig.*) Ciò che non può essere capito.

inafferrabilità [1936] s. f. ● Caratteristica, condizione di chi (o di ciò che) è inafferrabile.

inaffiàre e *deriv.* ● V. *annaffiare e deriv.*

inaffidàbile [comp. di *in-* (*3*) e *affidabile*; 1980] agg. ● Detto di persona di cui non ci si può fidare o di cosa che non dà garanzie di buon funzionamento.

inaffidabilità [1983] s. f. ● Condizione di chi (o di ciò che) è inaffidabile.

inaffondàbile [comp. di *in-* (*3*) e *affonda(re)* con il suff. *-abile*; 1972] agg. *1* Che non può essere affondato: *una nave i.* *2* (*fig., scherz.*) Detto di personaggio politico, di alto funzionario e sim. che, nonostante traversie e vicissitudini, riesce a conservare nel tempo il suo incarico.

inaggregàbile [comp. di *in-* (*3*) e *aggregabile*; 1869] agg. ● (*raro*) Che non si può aggregare.

inagguagliàbile [comp. di *in-* (*3*) e *agguagliabile*; av. 1803] agg. ● (*raro*) Ineguagliabile.

inagìbile [comp. di *in-* (*3*) e *agibile*; 1980] agg. *1* Detto di luogo pubblico, attrezzatura sportiva e sim. che manca temporaneamente dei requisiti richiesti dalla legge per poter ospitare la manifestazione a cui è destinato: *a causa dell'incendio il teatro è i.* *2* (*est.*) Impraticabile | Inservibile, inutilizzabile.

inagibilità [1980] s. f. ● Condizione di ciò che è inagibile.

inagrestìre [comp. di *in-* (*1*) e *agresto* (*2*); av. 1347] v. intr. (*io inagrestìsco, tu inagrestìsci*; aus. *essere*) *1* Non giungere a maturazione, detto dell'uva. *2* Divenire agro come l'uva acerba.

inagrìre [comp. di *in-* concl. e *agro* (*1*); av. 1320] **A** v. tr. (*io inagrìsco, tu inagrìsci*) ● (*raro*) Rendere agro. **B** v. intr. (aus. *essere*) ● (*raro*) Diventare agro.

inalànte **A** part. pres. di *inalare*; anche agg. *1* Che si usa per inalazione: *farmaco i.* *2* Basato su inalazioni: *terapia i.* **B** s. m. ● Prodotto farmaceutico che si assume per inalazione.

inalàre [vc. dotta, lat. *inhalāre*, comp. di *in-* 'dentro' e *halāre* 'soffiare', di etim. incerta (V. *alito*); 1940] v. tr. ● Inspirare: *i. gas venefici* | (*med.*) Assorbire un medicamento per inalazione.

inalatóre [1886] s. m. ● Apparecchio per inalazioni | (*aer.*) ***I. di ossigeno***, impianto che fornisce al pilota di un aeromobile, in volo ad alta quota, ossigeno a pressione opportuna.

inalatòrio [sec. XIX] **A** agg. ● Di inalazione. **B** s. m. ● Gabinetto per inalazioni.

inalazióne [vc. dotta, lat. tardo *inhalatiōne(m)*, da *inhalāre* 'inalare'; 1884] s. f. ● ***L'inalare, l'inspirare*** | (*med.*) Tecnica con cui si introducono a scopo di cura nelle vie respiratorie sostanze gassose, volatili o liquide vaporizzate o soluzioni di sostanze solide.

inalbàre [vc. dotta, lat. *inalbāre*, comp. di *in-* (*1*) e *albāre*, da *ălbus* 'bianco', di orig. indeur.; av. 1311] **A** v. tr. ● (*lett.*) Imbiancare: *vien poi l'aurora e l'aura fresca inalba* (PETRARCA). **B** v. intr. e intr. pron. (aus. *essere*) *1* (*raro*) Diventare bianco. *2* (*raro, lett.*) Diventare torbido e di colore bianchiccio.

inalberaménto [1834] s. m. ● L'inalberare, l'inalberarsi.

inalberàre [comp. di *in-* (*1*) e *albero*; av. 1400] **A** v. tr. (*io inàlbero*) *1* Alzare una bandiera, elevare un'insegna sull'albero di una nave, su un'antenna, un'asta, un'altura e sim.: *la nave inalberò la bandiera in segno di resa*; *sull'edificio più alto della città fu inalberato il vessillo tricolore* | ***I. l'insegna, il vessillo, la bandiera della sommossa***, (*fig., lett.*) farsene promotore | †***I. i remi***, levarli ritti sul banco in segno di saluto o per accingersi a vogare | †***I. le vele***, collocarle sull'albero di una nave | †***I. una nave***, dotarla dell'alberatura necessaria. *2* (*raro*) Brandire un'arma: *inalberando le baionette i soldati si lanciarono all'assalto.* *3* †Far adirare qlcu. **B** v. intr. pron. *1* Impennarsi: *è un cavallo che s'inalbera facilmente.* *2* (*fig.*) Adirarsi, irritarsi: *non gli si può parlare che subito s'inalbera.* *3* (*raro*) Insuperbirsi. *4* †Salire su un albero. *5* †Gettarsi tra gli alberi. *6* †Riempirsi di alberi.

inalberàta [da *inalberare*; 1920] s. f. ● Impennata.

in àlbis [loc. lat., propr. 'in (*īn*) bianchi (dall'agg. *ălbus*, di orig. indeur.)', sottinteso vestiti (*vĕstibus*, abl. pl. di *vĕstis* 'veste')] loc. agg. ● Detto della prima domenica dopo la Pasqua | Detto della settimana che precede tale domenica.

inalidìre [comp. di *in-* (*1*) e *alido*; av. 1580] **A** v. tr. (*io inalidìsco, tu inalidìsci*) ● (*tosc.*) Disseccare, asciugare: *i. un terreno, una pianta, il legname, i panni fradici.* **B** v. intr. e intr. pron. (aus. *essere*) ● (*tosc.*) Diventare asciutto.

inalienàbile [comp. di *in-* (*3*) e *alienabile*; 1679] agg. *1* (*dir.*) Che non può essere trasferito ad altri: *bene i.*; *diritto i.* *2* †Inseparabile. || **inalienabilménte**, avv.

inalienabilità [av. 1712] s. f. ● (*dir.*) Condizione di ciò che è inalienabile: *i. dei beni demaniali, dei beni dotali.*

inalteràbile [comp. di *in-* (*3*) e *alterabile*; 1561] agg. ● Che non è soggetto ad alterazioni o mutamenti (*anche fig.*): *colore, tinta, forma i.*; *affetto, amicizia i.*; *si soffrono tormentosissime pene con* *i. pazienza* (VICO) | (*raro*) Detto di persona che si mantiene sempre calma, che non si adira. || **inalterabilménte**, **avv.** In modo inalterabile, senza cambiamenti.

inalterabilità [1631] **s. f.** ● Caratteristica di ciò che è inalterabile: *la necessità dell'i. del cielo* (GALILEI). **SIN.** Immutabilità.

inalteràto [comp. di *in-* (*3*) e *alterato*; 1632] **agg.** ● Che non ha subìto alcuna alterazione: *situazione inalterata* | (*est.*) Costante: *seguire qlcu. con interesse i.* **SIN.** Immutato. || **inalterataménte**, **avv.**

in àlto lòco [loc. lat., propr. 'in (*ĭn*) alto (*ăltu(m)*) luogo (*lŏcu(m)*)'; av. 1294] **loc. avv.** ● (*fig.*) Tra le persone più importanti: *avere amicizie in alto loco* | (*fig.*) Da parte di chi ricopre incarichi elevati: *decisioni prese in alto loco.*

inalveaménto [av. 1783] **s. m.** ● Inalveazione.

inalveàre [comp. di *in-* (*1*) e *alveo*; 1499] **A v. tr.** (*io inàlveo*) ● Immettere in un alveo: *i. un fiume, le acque di un lago.* **SIN.** Incanalare. **B v. intr. pron.** ● (*raro*) Entrare o scorrere in un alveo.

inalveazióne [av. 1710] **s. f.** ● Insieme di opere per inalveare un corso d'acqua. **SIN.** Inalveamento.

inalveolàre [comp. di *in-* (*1*) e di *alveolo*] **v. intr.** e **intr. pron.** (*io inalvèolo*; aus. *essere*) ● (*anat.*) Impiantarsi, crescere negli alveoli, detto dei denti.

inalzàre e *deriv.* ● V. *innalzare* e *deriv.*

inamàbile [vc. dotta, lat. *inamābile(m)*, comp. di *in-* neg. e *amābilis* 'amabile', da *amāre* 'amare'; 1583] **agg.** ● (*lett.*) Che risulta spiacevole, sgradevole. || **inamabilménte**, **avv.**

inamabilità [1869] **s. f.** ● (*raro, lett.*) Caratteristica di chi (o di ciò che) è inamabile.

inamarìre [comp. di *in-* (*1*) e *amaro*; av. 1565] **A v. tr.** (*io inamarìsco, tu inamarìsci*) **1** (*lett.*) Amareggiare (*spec. fig.*): *tu le sue liete / dolcezze inamaristi* (TASSO). **2** (*raro*) Affliggere. **B v. intr. pron. 1** (*lett.*) Diventare amaro (*spec. fig.*). **2** (*raro*) Affliggersi.

inàmbu [dal tupi *inambú* 'pernice'; 1967] **s. m.** ● Uccello sudamericano, gregario, simile a una grossa faraona (*Rhynchotus rufescens*).

inamèno [vc. dotta, lat. *inamōenu(m)*, comp. di *in-* neg. e *amōenus* 'ameno', di etim. incerta; sec. XIV] **agg.** ● (*lett.*) Triste e desolato: *paese, luogo i.*

inamidàre [comp. di *in-* (*1*) e *amido*; 1640] **v. tr.** (*io inàmido*) **1** Immergere un tessuto in una salda d'amido affinché acquisti una speciale durezza alla stiratura: *i. una camicia, un colletto, un paio di polsi.* **2** (*chim.*) Imbevere con soluzione bollita di amido la carta da filtro da usare come indicatore per lo iodio.

inamidàto [1618] **part. pass.** di *inamidare*; anche **agg. 1** Nei sign. del v. **2** (*fig., scherz.*) Che è rigido e pieno di sussiego: *camminava impettito, i.*

inamidatùra [av. 1742] **s. f.** ● Operazione dell'inamidare.

inammaccàbile [comp. di *in-* (*3*) e *ammaccabile*; 1942] **agg.** ● Che non conserva le tracce di ammaccature e sim.: *tessuto, velluto i.*

inammissìbile [vc. dotta, lat. *inamissĭbile(m)*, comp. di *in-* neg. e *admissĭbilis* 'ammissibile', da *admĭttere* (V. *ammettere*); 1662] **agg. 1** Che non si può accogliere, ammettere: *progetto, condizioni inammissibili* | Improponibile: *appello i.*; *domanda giudiziale i.* | **Prova i.**, che non può essere raccolta o utilizzata nel processo. **2** Che non si può accettare, tollerare: *contegno i.*; *è i. che si esprima in quel modo!* || **inammissibilménte**, **avv.**

inammissibilità [1798] **s. f.** ● Caratteristica o condizione di ciò che è inammissibile.

inamovìbile [comp. di *in-* (*3*) e *amovibile*; av. 1750] **agg.** ● (*dir.*) Che non può essere rimosso o trasferito arbitrariamente dall'ufficio o carica che ricopre: *i magistrati sono inamovibili.*

inamovibilità [1800] **s. f.** ● (*dir.*) Condizione di inamovibile: *i. dei magistrati.*

inàne [vc. dotta, lat. *ināne(m)*, comp. di *in-* neg. e un secondo termine di etim. incerta; av. 1332] **agg.** ● (*lett.*) Che è vano e inutile: *i. fu il tuo vanto, o folle* (MONTI).

inanellaménto [av. 1862] **s. m.** ● (*zool.*) Applicazione di un anello alla zampa degli uccelli per controllarne gli spostamenti migratori.

inanellàre o †**innanellàre** [comp. di *in-* (*1*) e *anello*; 1319] **A v. tr.** (*io inanèllo*) **1** Arricciare a forma di anello: *i. la chioma.* **2** †Infilare qlco. in un anello: *i. il chiavistello.* **3** †Mettere l'anello nuziale: *Siena mi fé, disfecemi Maremma / salsi colui che 'nnanellata pria / disposando m'avea con la sua gemma* (DANTE *Purg.* V, 134-136). **4** (*fig.*) Dire, raccontare uno dopo l'altro: *i. aneddoti, frottole* | Raccogliere, collezionare in serie: *i. successi, trofei* | **I. giri di pista**, farne uno dopo l'altro. **5** Munire gli uccelli migratori di un anello di alluminio alla zampa, per studiarne gli spostamenti. **B v. intr. pron.** ● (*raro*) Prendere la forma di un anello.

inanellàto [sec. XIV] **part. pass.** di *inanellare*; anche **agg. 1** Nei sign. del v. **2** Adorno di anelli: *tese verso di lui la mano inanellata.*

inanimàre [comp. di *in-* (*1*) e *anima*; 1312] **A v. tr.** (*io inànimo*) ● (*lett.*) Animare, incoraggiare: *collo sguardo ella m'inanimava a ricordarmi di quanto le aveva promesso* (NIEVO). **B v. intr. pron. 1** (*lett., fig.*) Rincuorarsi. **2** †Sdegnarsi.

†**inanimàto** (**1**) [sec. XIV] **part. pass.** di *inanimare*; anche **agg.** ● Nei sign. del v.

inanimàto (**2**) [vc. dotta, lat. tardo *inanimātu(m)*, comp. di *in-* neg. e *animātus* 'animato'; 1294] **agg. 1** Che non ha vita: *i minerali sono cose inanimate.* **2** Privo di sensi, che non dà segno di vita: *cadde a terra i.* **SIN.** Esanime.

†**inànime** [vc. dotta, lat. *inănime(m)*, comp. di *in-* neg. e un deriv. di *ănima* 'anima'; 1669] **agg.** ● Senz'anima.

inanimìre [comp. di *in-* (*1*) e *animo*; 1483] **A v. tr.** (*io inanimìsco, tu inanimìsci*) **1** (*raro, lett.*) Confortare, incoraggiare. **2** †Eccitare, spronare. **B v. intr.** e **intr. pron.** (aus. *essere*) ● (*raro, lett.*) Prendere coraggio, ardire.

inanità [vc. dotta, lat. *inanitāte(m)*, da *inānis* 'inane'; av. 1712] **s. f.** ● (*lett.*) Caratteristica di ciò che è inane: *I bianchi muri avrebbero seguitato a cuocere nella loro i. calda* (GADDA).

inanizióne [vc. dotta, lat. tardo *inanitiōne(m)*, da *inanītus*, part. pass. di *inanīre* 'rendere vuoto'; 1583] **s. f. 1** (*med.*) Esaurimento, indebolimento fisico causato da insufficienza o mancanza di alimentazione. **2** †Inutilità, inanità.

inanònimo [comp. di *in-* (*3*) e *anonimo*; 1931] **A agg.** ● (*bur.*) Non anonimo. **B s. m.** ● (*spec. al pl.*) Negli avvisi pubblicitari, chi rende note le proprie generalità: *rispondesi solo inanonimi.*

†**inànte** ● V. †*innante.*

†**inànti** ● V. †*innante.*

in àntis [loc. lat. da completarsi *in antis esse*, detto di templi che avevano sul (*in*) davanti dei pilastri (*antae*, abl. pl. *antis*, di orig. indeur.)] **loc. agg.** ● Detto di tempio greco con portico limitato anteriormente da due colonne e da due pilastri posti al termine dei muri laterali.

†**inànzi** ● V. *innanzi.*

inappagàbile [comp. di *in-* (*3*) e *appagabile*; av. 1694] **agg.** ● Difficile o impossibile da appagare, soddisfare: *brama, desiderio i.* **SIN.** Insaziabile.

inappagaménto [comp. di *in-* (*3*) e *appagamento*; 1903] **s. m.** ● Stato d'animo di chi non è appagato, soddisfatto: *sentiva in sé un profondo i.* **SIN.** Insoddisfazione.

inappagàto [comp. di *in-* (*3*) e *appagato*; 1894] **agg.** ● Che è insoddisfatto e deluso: *rimase i. in tutte le sue speranze.*

inappannàbile [comp. di *in-* (*3*) e *appannabile*; av. 1704] **agg. 1** Che non si appanna: *vetro, specchio i.* **2** (*raro, fig.*) Che non si può offuscare: *merito, nome i.*

inappellàbile [comp. di *in-* (*3*) e *appellabile*; av. 1588] **agg. 1** (*dir.*) Che non può essere impugnato in sede di appello: *sentenza i.*; *giudizio i.* **2** (*est., fig.*) Che non si può rivedere, rimettere in discussione e sim.: *decisione i.* || **inappellabilménte**, **avv.**

inappellabilità [1869] **s. f.** ● Condizione di ciò che è inappellabile.

inappetènte [comp. di *in-* (*3*) e *appetente*; 1618] **agg.** ● Che soffre d'inappetenza, che è privo di appetito. **SIN.** Disappetente.

inappetènza [comp. di *in-* neg. e *appetenza*; 1583] **s. f.** ● Mancanza o perdita dell'appetito o del desiderio di alimentarsi.

inapplicàbile [comp. di *in-* (*3*) e *applicabile*; av. 1739] **agg.** ● Che non si può mettere in atto, in pratica: *pena, decisione, rimedio i.* || **inapplicabilménte**, **avv.**

inapplicabilità [1848] **s. f.** ● L'essere inapplicabile.

inapplicàto [comp. di *in-* (*3*) e *applicato*; 1869] **agg.** ● Che non è stato applicato, che non ha trovato applicazione: *metodi, sistemi inapplicati*; *norme rimaste inapplicate.*

inapprendìbile [comp. di *in-* (*3*) e *apprendibile*; 1803] **agg.** ● (*raro*) Che è molto difficile, o impossibile, da apprendere: *lingua i.*

inapprensìbile [vc. dotta, lat. tardo *inapprehensĭbile(m)*, comp. di *in-* neg. e *apprehensĭbilis* 'apprendibile', da *apprehĕndere* 'apprendere'; av. 1642] **agg.** ● Di impossibile o difficilissima comprensione: *nozioni inapprensibili.* || †**inapprensibilménte**, **avv.** (*raro*) In modo inapprensibile.

inapprensibilità [1869] **s. f.** ● (*raro*) Caratteristica di ciò che è inapprensibile.

inapprezzàbile [comp. di *in-* (*3*) e *apprezzabile*; 1712] **agg. 1** Che ha un valore così grande che non può essere apprezzato giustamente: *amico, dono i.* **SIN.** Impagabile, inestimabile. **2** Di nessun valore: *danno i.* **SIN.** Trascurabile. || **inapprezzabilménte**, **avv.**

inapprezzàto [comp. di *in-* (*3*) e *apprezzato*; 1890] **agg.** ● Che non è apprezzato: *virtù, doti inapprezzate.*

inapprodàbile [comp. di *in-* (*3*) e *approdabile*; 1957] **agg.** ● (*mar.*) Di luogo che non si presta all'approdo.

inappropriàto [comp. di *in-* (3) e *appropriato*; 1963] **agg.** ● Che non è appropriato.

inappuntàbile [comp. di *in-* (*3*) e *appuntabile*; 1750] **agg. 1** Incensurabile, irreprensibile, detto di persona: *impiegato i.* **2** Privo di difetti, tale da non offrire appiglio a critiche o censure, detto di cosa: *lavoro, servizio i.*; *è un ragionamento i.* | (*est.*) Perfettamente adatto al momento, all'occasione: *vestito i.* || **inappuntabilménte**, **avv.**

inappuntabilità [1832] **s. f.** ● Caratteristica di chi (o di ciò che) è inappuntabile.

inappuràbile [comp. di *in-* (*3*) e *appurabile*; av. 1712] **agg.** ● Che non si può appurare, accertare: *chiacchiere inappurabili.* **CONTR.** Verificabile.

inaràbile [comp. di *in-* (*3*) e *arabile*; av. 1704] **agg.** ● (*raro*) Che non si può arare: *terreno, campo i.*

inaràto [v. dotta, lat. *inarātu(m)*, comp. di *in-* neg. e *arātus*, part. pass. di *arāre* 'arare'; av. 1595] **agg.** ● (*lett.*) Che non è arato.

inarcaménto [av. 1730] **s. m.** ● L'inarcare, l'inarcarsi | (*mar.*) **I. di chiglia**, deformazione che uno scafo assume sulla cresta di un'onda quando, per eccessivo carico a prua e a poppa, la parte centrale risulta più alta delle estremità.

inarcàre [comp. di *in-* (*1*) e *arco*; 1550] **A v. tr.** (*io inàrco, tu inàrchi*) ● Curvare a forma d'arco | **I. le ciglia**, alzarle in atto di meraviglia | **I. la schiena**, piegarla per sostenere sforzi, pesi e sim. **B v. intr. pron.** ● Divenire curvo come un arco: *le assi del pavimento si sono inarcate per l'umidità.*

inarcatùra [da *inarcare*; av. 1681] **s. f.** ● (*ling.*) In metrica, enjambement.

inardìre [comp. di *in-* (*1*) e *ardire* (*1*), come l'ant. fr. *enhardir*] **A v. tr.** (*io inardìsco, tu inardìsci*) ● †Rendere ardito, animoso. **B v. intr. pron.** ● (*lett., raro*) Prendere ardire.

inargentàre o †**inarientàre** [vc. dotta, lat. *inargentāre*, comp. di *in-* raff. e *argentāre*, da *argĕntum* 'argento'; av. 1544] **A v. tr.** (*io inargènto*) **1** Argentare. **2** (*fig.*) Rendere argenteo, illuminare di splendore argenteo: *la luna inargenta il mare.* **B v. intr. pron.** ● Acquistare riflessi d'argento: *i suoi capelli già si inargentano.*

inargentàto o †**inarientàto** [av. 1292] **part. pass.** di *inargentare*; anche **agg.** ● Nei sign. del v.

inargentatóre [1585] **s. m.** (f. *-trice*) ● Argentatore.

inargentatùra [av. 1755] **s. f.** ● Argentatura.

inaridiménto [1862] **s. m.** ● L'inaridire, l'inaridirsi (*anche fig.*).

inaridìre [comp. di *in-* (*1*) e *arido*; av. 1356] **A v. tr.** (*io inaridìsco, tu inaridìsci*) **1** Rendere secco e sterile: *il gelo inaridisce i raccolti.* **2** (*fig.*) Impoverire o svuotare di sentimenti, energia, vigore e sim.: *il dolore l'ha inaridito*; *i. la mente, il cuore di qlcu.* **B v. intr.** e **intr. pron.** (aus. *essere*) ● Diventare arido, perdere ogni freschezza (*anche fig.*): *la sorgente è inaridita*; *in poco tempo il suo ingegno s'inaridì.* **SIN.** Seccarsi.

inaridìto [av. 1332] **part. pass.** di *inaridire*; anche **agg.** ● Nei sign. del v.

†**inarientàre** e *deriv.* ● V. *inargentare* e *deriv.*

inarmònico [comp. di *in-* (*3*) e *armonico*; 1780] **agg.** (pl. m. *-ci*) ● (*lett.*) Privo di armonia. || **inar-**

monicaménte, avv. (*raro*) In modo inarmonico.

inarniaménto [comp. parasintetico di *arnia*, col pref. *in-* (*1*)] s. m. ● (*zoot.*) Introduzione di uno sciame di api naturale o artificiale in un'arnia, allo scopo di popolarla.

†**inarràre** o †**innarràre** [comp. di *in-* (*1*) e *arra*; av. 1276] v. tr. ● Accaparrare, assicurare con patto, pegno e sim. | (*fig., poet.*) Impegnare una lotta e sim.: *col cielo e co le stelle e co la luna / un'angosciosa e dura notte innarro* (PETRARCA).

inarrendévole [comp. di *in-* (*3*) e *arrendevole*; av. 1704] agg. ● (*raro*) Che non si arrende facilmente.

inarrendevolézza [av. 1704] s. f. ● Caratteristica di chi (o di ciò che) è inarrendevole.

inarrestàbile [comp. di *in-* (*3*) e *arrestabile*; 1600] agg. ● Che è impossibile da arrestare: *il corso i. degli eventi umani*; *pianto i.* || **inarrestabilménte**, avv.

inarrivàbile [comp. di *in-* (*3*) e *arrivabile*; 1632] agg. *1* Che non si può raggiungere: *altezza, montagna i.* *2* (*fig.*) Impareggiabile, inimitabile, ineguagliabile: *persona di talento e ingegno inarrivabili.* || **inarrivabilménte**, avv.

inarsicciàre [comp. di *in-* (*1*) e *arsicciare*; av. 1405] v. tr. (*io inarsìccio*) ● (*lett.*) Abbruciacchiare, arsicciare.

inarsicciàto [1342] **A** part. pass. di *inarsicciare*; anche agg. ● Nei sign. del v. **B** s. m. ● Segno di bruciatura.

inarticolàto [vc. dotta, lat. tardo *inarticulātu(m)*, comp. di *in-* neg. e *articulātus*, part. pass. di *articulāre* 'articolare'; av. 1565] agg. ● Privo di articolazioni, connessioni: *non parla, emette solo suoni inarticolati.* || **inarticolataménte**, avv.

in articulo mòrtis [loc. lat., propr. 'in punto di morte', dove *artĭculu(m)* ha il sign. di 'momento decisivo'; av. 1850] loc. avv. ● Nel momento della morte: *assolvere, assoluzione in articulo mortis.*

inascoltàbile [da *ascoltare*, col pref. *in-* (*3*); 1627] agg. ● Che non si può ascoltare: *un disco i.* |Che non merita di essere ascoltato: *un'esecuzione i.*

inascoltàto [comp. di *in-* (*3*) e *ascoltato*; 1640] agg. ● Non ascoltato, non esaudito: *avvertimento, consiglio i.*; *desiderio rimasto i.*

inasinìre [comp. di *in-* (*1*) e *asino*; sec. XV] **A** v. tr. (*io inasinisco, tu inasinisci*) ● (*lett., raro*) Far diventare asino. **B** v. intr. e intr. pron. (aus. *essere*) ● Diventare asino, ignorante: *il ragazzo si inasiniva sempre più.*

inaspàre ● V. *innaspare*.

†**inasperàre** ● V. †*inasprare*.

inaspettàto [comp. di *in-* (*3*) e *aspettato*, part. pass. di *aspettare*; 1520] agg. ● Che giunge o si verifica al di fuori delle attese o previsioni di qlcu.: *arrivo, guadagno, premio i.*; *giunsero inaspettati a farci visita.* SIN. Imprevisto, inatteso. || **inaspettataménte**, avv. In modo inaspettato, all'improvviso.

†**inaspràre** o †**inasperàre** **A** v. tr. ● Inasprire. **B** v. intr. e intr. pron. ● Inasprirsi.

inaspriménto [av. 1642] s. m. *1* L'inasprire, l'inasprirsi | Aggravamento: *i. di una situazione* | Irrigidimento, esasperazione. *2* (*fig.*) Intensificazione, aumento: *i. delle tasse.*

inasprìre o †**inasperìre**, †**innasprìre** [comp. di *in-* (*1*) e *aspro*; 1300 ca.] **A** v. tr. (*io inasprisco, tu inasprisci*) *1* †Rendere ruvido al tatto. *2* Rendere più aspro, più doloroso o duro: *i. la disciplina, la prigionia, il dolore, lo sdegno, l'ira* | Esasperare, esacerbare: *la gelosia ha inasprito il suo carattere* | Irritare: *trattandolo così male lo inaspriscono inutilmente* | *I. le tasse*, aumentarle. **B** v. intr. e intr. pron. (aus. *essere*) ● Diventare più aspro (anche *fig.*): *il sapore dell'aceto si è inasprito*; *il suo animo si inasprisce a causa dei molti dolori* | Aumentare d'intensità: *quell'inverno il freddo si inasprì*; *il vento si è inasprito.*

inassimilàbile [comp. di *in-* (*3*) e *assimilabile*; 1902] agg. ● Che non si può assimilare.

inastàre o **innastàre** [comp. di *in-* (*1*) e *asta*; av. 1476] v. tr. ● Collocare qlco. all'estremità di un'asta: *i. una bandiera* | *I. la baionetta*, sulla canna del fucile.

inastàto o **innastàto** [av. 1536] part. pass. di *inastare*; anche agg. *1* Nel sign. del v. *2* (*fig., lett.*) Dritto, eretto, rigido.

inattaccàbile [comp. di *in-* (*3*) e *attaccabile*; 1699] agg. *1* Che non si può attaccare: *porto, fortezza i.* | Che non si lascia corrodere: *sostanza i. dagli acidi.* *2* (*fig.*) Che non si può mettere in discussione o sminuire: *gode di una posizione i. in seno al congresso*; *la sua fama è i.* | ***Persona i.***, integra, incensurabile, irreprensibile.

inattaccabilità [1945] s. f. ● Condizione di chi (o di ciò che) è inattaccabile.

inattendìbile [comp. di *in-* (*3*) e *attendibile*; 1798] agg. ● Che non è attendibile, che non si può prendere seriamente in considerazione: *voce, notizia i.*; *fonte, testimone i.* SIN. Incredibile, inverosimile. || **inattendibilménte**, avv.

inattendibilità [1855] s. f. ● Condizione di chi (o di ciò che) è inattendibile.

inattènto [comp. di *in-* (*3*) e *attento*; 1869] agg. ● (*raro*) Che non è attento.

inattenzióne [comp. di *in-* (*3*) e *attenzione*; 1834] s. f. ● (*raro*) Mancanza di attenzione.

inattéso [comp. di *in-* (*3*) e *atteso*; av. 1807] agg. ● Inaspettato, impensato, imprevisto: *arrivo i.*; *la notizia giunse inattesa.* || **inattesaménte**, avv.

inattingìbile [comp. di *in-* (*3*) e *attingibile*; 1960] agg. ● (*raro*) Che non si può attingere: *acque inattingibili* | (*lett.*) Irraggiungibile: *l'anelito del Machiavelli va verso un'i. società di uomini buoni e puri* (CROCE).

inattìnico [comp. di *in-* (*3*) e *attinico*; 1940] agg. (pl. m. *-ci*) ● (*fis.*) Che è incapace di agire sulle sostanze che costituiscono una emulsione sensibile: *colore i.*; *luce inattinica.*

inattitùdine [comp. di *in-* (*3*) e *attitudine*; av. 1555] s. f. ● Mancanza di attitudine, disposizione, capacità: *mostrare i. al lavoro manuale.*

inattivàre [comp. di *in-* (*3*) e *attivare*; 1831] v. tr. ● Rendere inattivo: *i. un catalizzatore* | Disattivare: i. un esplosivo.

inattivazióne [1932] s. f. *1* L'inattivare. *2* (*biol.*) Distruzione dell'attività di una sostanza o della capacità infettante di un virus.

inattività [comp. di *in-* (*3*) e *attività*; av. 1758] s. f. ● Condizione di chi (o di ciò che) è inattivo: *l'incidente lo costrinse a un lungo periodo di i.*; *la fase di i. di un vulcano.*

inattìvo [comp. di *in-* (*3*) e *attivo*; av. 1764] agg. *1* Che non agisce: *persona inattiva* | ***Starsene i.***, inoperoso. SIN. Inerte. *2* Che non è in attività, in eruzione: *vulcano i.* | (*chim.*) Che non reagisce più, che è privo di attività: *catalizzatore i.*

inàtto [comp. di *in-* (*3*) e dell'agg. *atto* 'adatto'; av. 1571] agg. *1* (*raro*) Che manca di attitudine a far qlco. *2* †Disadatto.

inattuàbile [comp. di *in-* (*3*) e *attuabile*; 1869] agg. ● Che non si può mettere in atto, di impossibile esecuzione: *proposta, progetto i.* SIN. Irrealizzabile.

inattuabilità [1869] s. f. ● Condizione di ciò che è inattuabile.

inattuàle [comp. di *in-* (*3*) e *attuale*; 1932] agg. ● Che non è adeguato alle esigenze del momento: *argomentazione i.*

inattualità [comp. di *in-* (*3*) e *attualità*; 1883] s. f. ● Condizione di ciò che è inattuale.

inaudìbile [av. 1558] agg. ● (*raro*) Che non si può udire.

inaudita àltera pàrte [loc. lat., propr. 'non sentita l'altra parte'] loc. avv. ● (*dir.*) Senza previa convocazione della controparte davanti al giudice: *provvedimento concesso inaudita altera parte.*

inaudìto o (*raro*) **inudìto** [vc. dotta, lat. *inaudī̆tu(m)*, comp. di *in-* neg. e *audītus*, part. pass. di *audīre* 'udire, ascoltare', di etim. incerta; av. 1342] agg. ● (*raro*) Che non si è mai udito: *esempio unico e fino allora i.* (LEOPARDI) | (*est.*) Straordinario, incredibile, molto grave: *lo trattò con crudeltà inaudita* | *È i.!*, escl. che denota grande stupore e forte biasimo. || **inauditaménte**, avv.

inauguràle [1754] agg. ● Di, relativo a, inaugurazione: *discorso, festa, seduta i.* | ***Dissertazione i.***, prolusione.

inauguràre [vc. dotta, lat. *inaugurāre*, comp. di *in-* (*1*) e *augurāre* 'prendere gli auspici dal volo degli uccelli', da *āugur*, da *augēre* 'far crescere', di orig. indeur.; 1819] v. tr. (*io inàuguro*) *1* Compiere il rito dell'inaugurazione. *2* Iniziare, rinnovare o mettere in esercizio con solennità: *i. l'anno accademico, un teatro, una nuova autostrada* | ***I. una mostra, un'esposizione***, aprirla al pubblico | ***I. un tempio, una chiesa***, consacrarla | ***I. una statua, un monumento***, scoprirli con cerimonia solenne | (*fig., scherz.*) ***I. un cappello, un ombrello***, usarli per la prima volta | ***I. il regno, il governo***, fare i primi atti ad esso relativi. *3* (*fig.*) Avviare, dare inizio a qlco.: *quel trattato inaugurò un lungo periodo di pace.*

inaugurativo [1869] agg. ● (*raro*) Inaugurale.

inauguràto (*1*) [av. 1861] part. pass. di *inaugurare*; anche agg. ● Nei sign. del v.

inauguràto (*2*) [comp. di *in-* (*3*) e *augurato* (in senso favorevole); 1619] agg. ● (*raro, lett.*) Malaugurato.

inauguratóre [1852] agg.; anche s. m. (f. *-trice*) ● Che (o Chi) inaugura (*anche fig.*).

inaugurazióne [vc. dotta, lat. tardo *inauguratiōne(m)*, da *inaugurātus* 'inaugurato'; 1819] s. f. *1* Nell'antica Roma, rito che consisteva nel consacrare agli dei una persona, una cosa, un luogo o un tempio, dopo aver tratto l'augurio secondo le tecniche divinatorie. *2* L'inaugurare | Cerimonia dell'inaugurare: *i. solenne di un tempio, di una linea ferroviaria, del monumento ai caduti.*

inauràre [vc. dotta, lat. *inaurāre*, comp. di *in-* (*1*) e *āurum* 'oro'; 1532] **A** v. tr. (*io inàuro*) ● (*poet.*) Dorare. **B** v. intr. pron. ● (*poet.*) Prendere il colore e la lucentezza dell'oro.

inauràto [av. 1306] part. pass. di *inaurare*; anche agg. ● (*poet.*) Nei sign. del v.

†**inauratóre** [sec. XIV] agg.; anche s. m. (f. *-trice*) ● (*raro*) Che (o Chi) indora.

inauspicàto [vc. dotta, lat. *inauspicātu(m)* 'senza auspici', comp. di *in-* neg. e *auspicātus*, part. pass. di *auspicāri* (V. *auspicare*); av. 1808] agg. ● (*lett.*) Che comincia sotto cattivi auspici. || **inauspicataménte**, avv. (*raro, lett.*) In modo inauspicato.

inautenticità [1965] s. f. ● Condizione di ciò che è inautentico.

inautèntico [comp. di *in-* (*3*) e *autentico*; 1964] agg. (pl. m. *-ci*) ● Che non è autentico, che è privo di autenticità.

inavvedutézza [comp. di *in-* (*3*) e *avvedutezza*; av. 1639] s. f. ● Mancanza di sagacia, d'accortezza | Azione inavveduta, malaccorta. SIN. Sbadataggine.

inavvedùto [comp. di *in-* (*3*) e *avveduto*; 1615] agg. ● Che manca di accortezza: *lettore, gesto i.*; *decisione inavveduta.* SIN. Sbadato. || **inavvedutaménte**, avv. Senza accortezza; sbadatamente.

inavvertènza [comp. di *in-* (*3*) e *avvertenza*, nel senso di 'avvedimento, cautela'; av. 1446] s. f. ● Mancanza di avvedutezza e di attenzione: *l'incendio avvenne per i. del padrone di casa* | Azione incauta, sbadata: *commettere un'i.* SIN. Distrazione, sbadataggine.

inavvertìbile [comp. di *in-* (*3*) e *avvertibile*; av. 1909] agg. ● Che non si può percepire, spec. di suono.

inavvertìto [comp. di *in-* (*3*) e *avvertito*; 1528] agg. *1* Che non è o non è stato visto, considerato: *un pericolo i. li sovrastava* | ***Passare i.***, sfuggire all'attenzione. *2* †Sconsiderato. || **inavvertitaménte**, avv. Senza volere, per mancanza di attenzione: *lo urtarono inavvertitamente.*

inavvicinàbile [comp. di *in-* (*3*) e *avvicinabile*; av. 1930] agg. ● Di persona con cui è difficile o impossibile prendere contatto: *oggi il direttore è i.* | Di ciò che, per varie ragioni, non è alla portata di tutti: *il caviale è un cibo i.*

inazióne [comp. di *in-* (*3*) e *azione*; 1710] s. f. *1* Mancanza di azione, di attività: *il nostro esercito fu costretto a un lungo periodo di i.* SIN. Inerzia, ozio. *2* (*med.*) Riduzione delle forze vitali in genere.

inazzurràre [comp. di *in-* (*1*) e *azzurro*; av. 1817] **A** v. tr. ● Tingere d'azzurro: *l'erbe novelle / che inazzurravano l'ombre / de' … colonnati* (D'ANNUNZIO). **B** v. intr. pron. ● Colorarsi lievemente d'azzurro: *le cime dei monti s'inazzurravano all'orizzonte.*

inbreeding /im'bridin(g), *ingl.* 'inbɹiːdɪŋ/ [vc. ingl., propr. 'riproduzione (dal v. *to inbreed*) fra consanguinei'; 1940] s. m. inv. ● (*biol.*) Inincrocio.

inca o **inka** [vc. sp., dal quechua *inka* 're, principe, maschio di sangue reale'; 1818] **A** s. m. e f. inv. (pl. sp. *incas*) *1* Nel Perù precolombiano, il sovrano dell'impero omonimo. *2* (*spec. al pl.*) Suddito del detto impero; anche la casta dominante da cui proveniva il sovrano. **B** agg. inv. ● Incaico.

†**incacàre** [comp. di *in-* (*1*) e *ca(c)ca*; sec. XIII] v. tr. ● (*volg.*) Imbrattare di sterco.

incacchiàrsi [comp. di *in-* (*1*) e *cacchio* (*1*);

1964] v. intr. pron. (*io m'incàcchio*) ● (*eufem.*) Adirarsi, arrabbiarsi. SIN. Incavolarsi. CFR. Incazzarsi.

incaciàre [comp. di *in-* (*1*) e *cacio*; av. 1541] v. tr. (*io incàcio*) ● (*raro, tosc.*) Cospargere di cacio grattugiato: *i. la minestra.*

incadaveriménto [1887] s. m. ● L'incadaverire.

incadaverìre [comp. di *in-* (*1*) e *cadavere*; 1673] v. intr. (*io incadaverìsco, tu incadaverìsci*; aus. *essere*) **1** Assumere un aspetto cadaverico. **2** Diventare cadavere (*anche fig.*): *una società che incadaverisce a poco a poco.* **3** †Andare in putrefazione.

incagliaménto [1736] s. m. ● L'incagliare, l'incagliarsi (*anche fig.*).

incagliàre [sp. *encallar*, dal catalano *encallar* 'porsi in' (*en-*) un passo stretto (*call*, dal lat. *càllis* 'calle, sentiero'); 1483] **A** v. tr. (*io incàglio*) ● (*raro*) Ostacolare, intralciare: *i. il commercio.* **B** v. intr. e intr. pron. (aus. *essere*) **1** (*mar.*) Dare in secco, fermarsi per impedimento. **2** Fermarsi per ostacoli o difficoltà improvvise (*anche fig.*): *il traffico si è incagliato*; *le trattative per quell'affare si incagliarono* | ***Incagliarsi nel parlare***, incepparsi, balbettare.

incàglio [da *incagliare*; av. 1698] s. m. **1** L'incagliarsi (*anche fig.*). **2** Ostacolo, intoppo: *i. in un commercio, in un pagamento, nello svolgimento di una trattativa.*

incagnàrsi [comp. di *in-* (*1*) e *cagna*; av. 1536] v. intr. pron. ● (*region.*) Arrabbiarsi, stizzirsi come un cane.

incagnire [av. 1342] v. intr. e intr. pron. (*io incagnìsco, tu incagnìsci*; aus. *essere*) ● (*raro*) Incagnarsi.

incàico [da *Inca*, vc. di orig. quechua col sign. letterale di 'nobile, principe'; 1957] agg. (pl. m. *-ci*) ● Degli Incas: *impero i.*

incalappiàre [comp. di *in-* (*1*) e *calappio*; av. 1523] **A** v. tr. (*io incalàppio*) ● (*raro*) Accalappiare. **B** v. intr. pron. ● (*fig.*) Rimanere accalappiato in un imbroglio e sim.

incalciatùra [da *calcio* (*2*); 1887] s. f. ● Forma del calcio del fucile.

incalcinàre [comp. di *in-* (*1*) e *calcina*; sec. XV] **A** v. tr. ● Ricoprire qlco. di calcina: *i. un muro* | ***I. le viti, i tronchi degli alberi***, pennellarli con latte di calce per distruggere muschi e licheni. **B** v. intr. pron. ● Sporcarsi con la calcina.

incalcinatùra [1681] s. f. ● Operazione dell'incalcinare | Strato di calcina che ricopre qlco.

incalcolàbile [comp. di *in-* (*3*) e *calcolabile*; 1516] agg. ● Difficile o impossibile da calcolare: *spesa, valore i.* | (*est.*) Enorme, immenso, inestimabile: *vantaggio i.* ‖ **incalcolabilménte**, avv.

†**incaliginàre** [av. 1730] **A** v. tr. ● Coprire ed offuscare di caligine. **B** v. intr. ● Incaliginire.

†**incaliginire** [comp. di *in-* (*1*) e *caligine*; sec. XIV] v. intr. ● Coprirsi o riempirsi di caligine.

incalliménto [av. 1698] s. m. ● L'incallire, l'incallirsi (*anche fig.*).

incallìre [comp. di *in-* (*1*) e *callo*; av. 1519] **A** v. tr. (*io incallìsco, tu incallìsci*) **1** Rendere calloso: *i. le mani.* **2** (*fig.*) Rendere duro, insensibile, inesorabile: *il dolore gli ha incallito il cuore.* **B** v. intr. e intr. pron. (aus. *essere*) **1** Diventare calloso, fare il callo: *le zampe di alcuni animali incalliscono facilmente*; *incallisce al vomere la mano* (PARINI). **2** (+ *in*) (*fig.*) Assuefarsi a un'abitudine dannosa, a una condizione negativa: *incallirsi nel vizio, negli ozi.*

incallìto [1543] part. pass. di *incallire*; anche agg. **1** Nei sign. del v. **2** (*fig.*) Accanito e impenitente: *peccatore i.*; *fumatore, bevitore i.*; *criminale i.* ‖ **incallitaménte**, avv.

incaloriménto [da *incalorire*; 1765] s. m. ● Riscaldo.

incalorìre [comp. di *in-* (*1*) e *calore*; av. 1644] **A** v. tr. (*io incalorìsco, tu incalorìsci*) **1** (*raro*) Riscaldare, infiammare. **2** (*fig.*) Accalorare: *il suo intervento servì ad i. la discussione.* **B** v. intr. pron. ● Infervorarsi eccessivamente: *nel corso della partita si erano alquanto incaloriti.* SIN. Infiammarsi.

incalvìre [comp. di *in-* (*1*) e *calvo*; sec. XIV] v. intr. (*io incalvìsco, tu incalvìsci*; aus. *essere*) **1** (*raro*) Diventare calvo. **2** (*est., fig.*) †Imbiancarsi di neve.

incalzaménto [sec. XIV] s. m. ● (*raro*) L'incalzare | Caccia, inseguimento.

incalzàndo s. m. inv. ● (*mus.*) Accelerando.

incalzànte [av. 1673] part. pres. di *incalzare*; anche agg. **1** Che incalza | Che preme, che urge: *un pericolo i.* **2** Ripetuto, insistente: *domande incalzanti.* ‖ **incalzanteménte**, avv.

incalzàre [lat. parl. **incalciāre* 'stare alle (*in-*) calcagna (*càlces*, f. pl., di prob. orig. etrusca)'; av. 1250] **A** v. tr. **1** Inseguire senza dare tregua: *l'esercito vittorioso incalzava il nemico in fuga* | (*fig.*) Sollecitare qlcu. in modo pressante e insistente: *i. qlcu. con domande.* **2** (*fig.*) Premere da vicino, farsi urgente, sollecitare (*anche assol.*): *il tempo ci incalza*; *la necessità, il pericolo incalza* | (*assol.*) Susseguirsi con rapidità: *gli avvenimenti incalzavano.* **3** (*mus.*) Accelerare. **4** †Incitare, stimolare. **5** †Calcare, stivare. **B** v. rifl. rec. ● (*raro*) Succedersi l'un l'altro, con rapidità.

†**incàlzo** [da *incalzare*; sec. XIV] s. m. ● Incalzamento.

incameràbile [da *incamerare*; 1869] agg. ● Che si può incamerare.

in càmera caritàtis [loc. lat., propr. 'nella camera della carità', cioè con procedura segreta e ispirata a comprensione] loc. avv. ● Detto di rimproveri, ammonizioni e sim. dati amichevolmente e con riservatezza, o di giudizi, notizie e sim. comunicati confidenzialmente: *leggi a lui … questa lettera, benché scritta in fretta ed in camera caritatis* (FOSCOLO).

incameraménto [1647] s. m. ● L'incamerare.

incameràre [comp. di *in-* (*1*) e *camera* (spec. quella *del tesoro*); av. 1478] v. tr. (*io incàmero*) **1** Assumere deliberatamente nel proprio patrimonio, con provvedimento unilaterale, detto spec. dello Stato e dei suoi organi finanziari: *lo Stato ha incamerato i loro beni.* **2** Nelle antiche armi da fuoco, restringere la camera o modellarla in modo da darle un diametro inferiore a quello dell'anima, per esercitare una più forte pressione sulla palla. **3** †Mettere in camera di sicurezza.

†**incamerellàto** [comp. di *in-* (*1*) e *camerella*, dim. di *camera*; av. 1375] agg. ● Fatto a camerelle.

incamiciàre [comp. di *in-* (*1*) e *camicia*; 1609] v. tr. (*io incamìcio*) **1** In varie tecnologie, rivestire con una camicia: *i. i cilindri di un motore a scoppio*; *i. una caldaia.* **2** Rivestire qlco., come con una camicia, di calce, intonaco o altro materiale: *i. un muro, le pareti inferiori del pozzo* | ***I. le vele***, mettere la fodera. **3** (*mil.*) Rivestire di muraglia un terrapieno per contenerlo e rafforzarlo.

incamiciatùra [1630] s. f. **1** Operazione dell'incamiciare | Strato di materiale o fodera che riveste l'oggetto incamiciato: *la porta ha un'i. di vernice.* **2** (*mil.*) Rivestimento in metallo speciale dei proiettili delle armi portatili moderne | †Rivestimento in muratura di un terrapieno.

†**incamminaménto** [1646] s. m. ● L'incamminare, l'incamminarsi.

♦**incamminàre** [comp. di *in-* 'verso' e *cammino*; av. 1389] **A** v. tr. **1** Mettere qlco. in cammino, in movimento: *spero di aver incamminato bene l'affare.* SIN. Avviare. **2** (*fig.*) Indirizzare, instradare, guidare: *i. una persona in un'arte, in una professione.* **B** v. intr. pron. **1** Mettersi in cammino: *si incamminarono lentamente sulla strada polverosa.* **2** (*fig.*) Avviarsi: *si sta incamminando alla, verso la rovina*; *un gran borgo al giorno d'oggi, e che s'incammina a diventar città* (MANZONI).

†**incampanàre** [comp. di *in-* (*1*) e *campana*] v. tr. ● Dare forma conica, svasata, alla camera di una bocca da fuoco.

incamuffàre [comp. di *in-* (*1*) e *camuffare*; av. 1556] v. tr. ● (*raro*) Camuffare.

incanagliàrsi [comp. di *in-* (*1*) e *canaglia*; av. 1907] v. intr. pron. (*io m'incanàglio*) ● (*raro*) Diventare canaglia, mescolarsi o confondersi con la canaglia.

incanaglìre [comp. di *in-* (*1*) e *canaglia*; 1958] **A** v. intr. e intr. pron. (*io incanaglìsco, tu incanaglìsci*; aus. *essere*) ● Divenire canaglia, confondersi con la canaglia. **B** v. tr. ● †Far diventare canaglia.

incanaglìto [1985] part. pass. di *incanaglire*; anche agg. **1** Nei sign. del v. **2** Fortemente incollerito, incattivito.

incanalaménto [1761] s. m. ● L'incanalare.

incanalàre [comp. di *in-* (*1*) e *canale*; 1728] **A** v. tr. **1** Raccogliere acqua in un canale: *da tempo si parla di i. le acque piovane* | (*est.*) Obbligare qlco. a scorrere su un tracciato fisso: *i. il traffico.* **2** Convogliare, dirigere: *i. una colonna di prigionieri, la folla dei dimostranti verso qlco.* | (*fig.*) Indirizzare, avviare: *i. le proprie energie verso un obiettivo.* **B** v. intr. pron. **1** Raccogliersi in un canale. **2** (*est.*) Muoversi in una certa direzione: *la folla si incanalò verso l'uscita di sicurezza.*

incanalàto [av. 1797] part. pass. di *incanalare*; anche agg. **1** Nei sign. del v. **2** (*geol.*) ***Acque incanalate***, le acque superficiali che scorrono in un alveo.

incanalatùra [1869] s. f. **1** Operazione dell'incanalare. **2** Canale in cui le acque scorrono.

incancellàbile [comp. di *in-* (*3*) e *cancellabile*; av. 1673] agg. ● Che non si può cancellare: *un segno i.* | (*fig.*) Che non si può fugare, dissipare: *un ricordo i.* SIN. Indelebile. ‖ **incancellabilménte**, avv.

incancellàto [sec. XV] agg. ● (*raro*) Che non è stato cancellato, eliminato (*spec. fig.*).

incancherìre [comp. di *in-* (*1*) e *canchero*; av. 1548] **A** v. intr. e intr. pron. (*io incancherìsco, tu incancherìsci*; aus. *essere*) ● Incancrenire (*anche fig.*): *la piaga incancherisce.* **B** v. tr. **1** (*raro*) Rendere cancherosa, inguaribile, una malattia e sim. **2** (*fig., raro*) Rendere costante, persistente un sentimento o un vizio | †Irritare.

incancrenìre [comp. di *in-* (*1*) e *cancrena*; 1691] v. intr. e intr. pron. (*io incancrenìsco, tu incancrenìsci*; aus. *essere*) **1** (*med.*) Gangrenare. **2** (*fig.*) Divenire sempre più grave, radicato, irrimediabile: *il suo odio incancrenì.*

incandescènte [vc. dotta, lat. *incandescĕnte(m)*, part. pres. di *incandēscere* 'diventar bianco, incandescente', comp. di *in-* raff. e *candēscere*, incoativo di *candēre* 'bruciare', di orig. indeur.; 1499] agg. **1** Detto di corpo o sostanza riscaldata fino all'incandescenza: *metallo i.* **2** (*fig.*) Ardente, molto accalorato: *polemiche incandescenti.*

incandescènza [da *incandescente*; 1788] s. f. ● Emissione di luce da una sostanza, causata dalla sua alta temperatura.

†**incandìre** [lat. parl. **incandēre*, comp. di *in-* intens. e *candēre* 'bruciare, ardere', di orig. indeur., con mutamento di coniug.; av. 1642] v. tr. (*io incandìsco, tu incandìsci*) ● Fare risplendere di luce candida: *il sole incandisce la luna.*

incannàggio [1869] s. m. ● Incannatura.

incannàre [comp. di *in-* (*1*) e *canna*; av. 1449] v. tr. **1** (*tess.*) Svolgere filo da una matassa o da una spola e avvolgerlo su un rocchetto o su una rocca o su bobina | ***I. la botte***, mettervi la cannella. **2** †Allacciare, avvolgere. **3** †Ingollare, trangugiare. **4** (*volg.*) Ingannare, trombare.

incannàta [1869] s. f. **1** La quantità di filato che può stare sulla bobina o sul rocchetto. **2** Complesso di due reti da pesca, una verticale che serve a circondare uno specchio d'acqua, l'altra fatta a tramaglio con canne intrecciate, che rimane distesa orizzontalmente all'esterno. **3** Parete di canne per delimitare colture, campi, pollai, aie.

incannatóio [1798] s. m. ● (*tess.*) Macchina che compie l'operazione di incannatura.

incannatóre [1714] s. m. (f. *-trice*, pop. disus. *-tora*) ● Operaio che incanna il filato.

incannatùra [av. 1808] s. f. ● (*tess.*) Operazione dell'incannare.

incannellàre [comp. di *in-* (*1*) e *cannello*; 1887] v. tr. (*io incannèllo*) ● Far entrare in un cannello | Fornire di cannella, riferito a botte di vino.

incanniccià̀ta [da *canniccio* 'tessuto di cannucce'; av. 1652] s. f. **1** Lavoro di canne intrecciate. **2** Chiusa di fiumi o canali, fatta con cannicci, per prendere pesci.

incannicciatùra [da *incanniccíata*; 1688] s. f. ● Stuoia di canne intonacata, posta sotto un soffitto per nasconderne le travi.

incannucciàre [comp. di *in-* (*1*) e *cannuccia*; sec. XV] v. tr. (*io incannùccio*) **1** Chiudere o coprire con cannucce. **2** Sostenere con cannucce una pianta perché cresca diritta. **3** (*med.*) †Fasciare con l'incannucciata.

incannucciàta [av. 1652] s. f. **1** Struttura di canne intrecciate, usata per sostegno, recinzione, riparo e sim.: *il convolvolo s'arrampica sull'i.* **2** (*med.*) Fasciatura con assicelle e stecche, usata un tempo in caso di frattura. **3** Incannata nel sign. 2.

incannucciatùra [1692] s. f. **1** Operazione dell'incannucciare | Struttura di cannucce. **2** Sistema di fabbricazione con canne intrecciate del sedile o della spalliera di un mobile.

†**incantadiàvoli** [comp. di *incanta(re)* (*1*) e il pl. di *diavolo*; sec. XVI] s. m. e f. inv. ● Stregone, mago.

†**incantadóre** ● V. *incantatore*.

incantagióne o **incantazióne** [vc. dotta, lat. tardo *incantatiōne(m)*, da *incantātus* 'incantato'; 1336 ca.] s. f. ● (*raro, lett.*) Fattura, incantesimo: *io farò stanotte insieme con Buffalmacco la 'ncantagione sopra le galle* (BOCCACCIO).

incantaménto [vc. dotta, lat. tardo *incantamĕntu(m)*, comp. di *in-* 'dentro' e *cantamĕntu(m)*, da *cantāre* (V. *incantare* (*1*)); av. 1292] s. m. *1* †Incanto, magia. *2* (*fig.*) L'incantare, l'incantarsi | Condizione di chi è come incantato.

incantàre (1) [vc. dotta, lat. *incantāre*, comp. di *in-* 'dentro, sopra' e *cantāre* nel senso originario di 'recitare formule magiche', freq. di *cănere* 'cantare', di orig. indeur.; av. 1292] A v. tr. *1* Soggiogare per mezzo di incantesimi o arti magiche. *2* (*fig.*) Affascinare, ammaliare: *la fatica degli accademici si riduce ... ad incantar per un'ora le pazienti orecchie degli ascoltatori* (MURATORI) | ***I. i serpenti***, affascinarli con la musica. *3* (*fig.*) Soggiogare, rapire, estasiare per meraviglia, diletto e sim.: *musica, poesia, grazia, maniere che incantano* | Avvincere, sedurre con particolari qualità o con lusinghe: *ormai quella donna l'ha incantato*; *non farti i. dalle sue promesse*. B v. intr. pron. *1* Restare trasognato, estatico: *incantarsi per lo stupore, la meraviglia*; *incantarsi a guardare qlcu. o qlco.* | Rimanere immobile, come intontito: *spesso s'incanta mentre studia*. *2* Arrestarsi, fermarsi: *il meccanismo è difettoso perché spesso s'incanta*.

†**incantàre** (2) [da *incanto* (*2*); av. 1361] v. tr. ● Mettere all'asta, all'incanto.

♦**incantàto** [1312] part. pass. di *incantare* (*1*); anche agg. *1* Dotato di proprietà magiche: *anello i.*, fatato, magico | ***Castello i.***, sorto per forza di magia. *2* (*fig.*) Incantevole, suggestivo, quasi magico: *paesaggio i.* *3* Assorto, rapito, trasognato: *restammo incantati ad ascoltare la celebre violinista* | Imbambolato: *su, dai una mano, non restare lì i.!*

incantatóre o †**incantadóre** [vc. dotta, lat. tardo *incantatōre(m)*, da *incantātus* 'incantato'; sec. XIII] A agg. (f. *-trice*) ● Affascinante, incantevole, seducente: *sorriso, modo, sguardo i.* B s. m. (f. *-trice*) *1* Chi opera incantesimi | ***I. di serpenti***, chi li addomestica con la musica. *2* (*fig.*) Chi affascina, conquista, ammalia: *i. di fanciulle*.

incantazióne ● V. *incantagione*.

incantesimàto [da *incantesimo*] agg. ● (*raro, region.*) Che ha subìto un incantesimo.

♦**incantésimo** o (*poet.*) **incantésmo** [da *incantare* (*1*); av. 1348] s. m. *1* Atto di magia con cui si incanta qlcu.: *credere agli incantesimi* | (*fig.*) Fascino, suggestione: *l'i. di una notte stellata*; *quell'armonia seduttrice ch'è il fisico i. della poesia* (METASTASIO) | ***Rompere l'i.***, interrompere un momento o uno stato d'animo piacevole. SIN. Incanto, sortilegio. *2* Forza che ammalia, incanta, seduce (*anche fig.*): *liberarsi da un i.*; *il potente i. della musica* | (*fig., spec. al pl.*) Mezzi, artifici di seduzione: *gli incantesimi di un dongiovanni da strapazzo*.

incantévole [1819] agg. ● Che incanta, che desta piacere, ammirazione: *luogo, soggiorno, grazia i.*; *una ragazza i.* || **incantevolménte**, avv. (*raro*) In modo incantevole.

incànto (1) [da *incantare* (*1*); per calco sull'ingl. *charm*, nel sign. 3; av. 1306] s. m. *1* Incantesimo, magia: *compiere, fare un i.* | ***Rompere l'i.***, annullarne gli effetti | ***Come per i.***, tutto a un tratto, quasi per opera magica | ***Sorto per i.***, (*fig.*) in modo rapido e imprevedibile | ***D'i.***, a meraviglia, a perfezione. *2* (*fig.*) Sommo piacere: *l'i. della musica* | Cosa o persona deliziosa: *quella fanciulla è un i.*; *la sua casa è un i.* | Situazione, atmosfera incantata, fascino: *l'i. di una notte primaverile* | ***Rompere l'i.***, interrompere un momento o uno stato d'animo piacevole. *3* (*fis.*) Charm.

incànto (2) [ant. provz. *encant*, dal lat. mediev. *inquāntum*, comp. di *ĭn* 'in' e *quāntum* 'quanto', nella domanda: *ĭn quāntum?* 'a quanto (si vende)?'; av. 1292] s. m. ● (*dir.*) Procedura prevista per la stipulazione dei contratti dello Stato, costituita da una gara tra più concorrenti in cui risulterà aggiudicatario chi offre condizioni più favorevoli per lo Stato | ***Vendita all'i.***, vendita al miglior offerente, fatta secondo formalità disciplinate dalla legge, costituente una fase del processo di esecuzione.

incantucciàre [comp. di *in-* (*1*) e *cantuccio*; 1813] A v. tr. (*io incantùccio*) ● (*raro*) Riporre in un cantuccio. B v. intr. pron. ● Mettersi da parte, in disparte.

incanutiménto [sec. XIV] s. m. ● L'incanutire.

incanutìre [comp. di *in-* (*1*) e *canuto*; sec. XIV] A v. intr. (*io incanutìsco, tu incanutìsci*; aus. *essere*) ● Divenire canuto: *i. per gli anni* | (*poet., fig.*) Imbiancare: *incanutisce la nevosa bruma* (MARINO). B v. tr. ● Rendere, far diventare canuto: *quello spavento lo ha incanutito*.

incapàce [vc. dotta, lat. tardo *incapāce(m)*, comp. di *in-* neg. e *căpax*, genit. *capācis*, da *căpere* 'prendere', di orig. indeur.; 1483] A agg. (assol.; + *di*; lett. + *a*) *1* Che non sa, non è capace di fare qlco.: *un giovane i. di mentire*; *è i. di organizzarsi*; *si rende i. a poterle più sperimentare* (LEOPARDI) | Che non sa svolgere bene la propria attività: *un tecnico assolutamente i.* | SIN. Disadatto, inabile. *2* (*dir.*) Che non è in grado di attendere alla cura dei propri interessi. B s. m. e f. *1* Individuo inetto, inabile. *2* (*dir.*) Chi non è in grado di attendere alla cura dei propri interessi: *circonvenzione di i.*

incapacità [vc. dotta, lat. tardo *incapacitāte(m)*, da *ĭncapax*, genit. *incapācis* 'incapace'; av. 1540] s. f. (assol.; + *di*; raro + *in*; + *a* seguito da inf.) *1* Mancanza di attitudine, capacità o idoneità: *confessare la propria i.*; *i. di mentire*; *dimostrare i. nella gestione economica*; *i. a rappresentare adeguatamente la realtà*. SIN. Inabilità. *2* (*dir.*) Mancanza di capacità: *i. d'agire*; *i. giuridica*; *i. processuale* | ***I. naturale***, mancanza della capacità d'intendere e di volere. *3* (*med.*) Inadeguatezza o insufficienza fisica o mentale. *4* (*mar.*; *raro*) Angustia di spazio: *i. della stiva*.

†**incapaménto** [da *incapare* 'mettersi (ostinatamente) in *capo*'; av. 1704] s. m. ● Ostinazione.

incapannàre [comp. di *in-* (*1*) e *capanna*; 1887] v. tr. ● (*raro*) Mettere in una capanna: *i. il fieno*.

incapannatùra [1887] s. f. ● Lavoro dell'incapannare.

incaparbìre [comp. di *in-* (*1*) e *caparbio*; 1441] v. intr. e intr. pron. (*io incaparbìsco, tu incaparbìsci*; aus. *essere*) ● Diventare caparbio, ostinarsi.

†**incapàre** [comp. di *in-* (*1*) e *capo*; av. 1558] A v. tr. ● Mettere in capo | (*est.*) Deliberare. B v. intr. pron. ● (*tosc.*) Ostinarsi, incaponirsi.

incapatùra [comp. parasintetico di *capo*; 1940] s. f. ● Misura della circonferenza interna di cappelli, berretti e sim.

incapestràre [vc. dotta, lat. tardo *incapistrāre* 'incapestrare, irretire', comp. di *in-* 'dentro' e *capistrāre*, da *capĭstrum* 'capestro', di etim. incerta; av. 1320] A v. tr. (*io incapèstro* o *incapéstro*) ● Legare con la cavezza, al capestro, un animale. B v. intr. pron. ● (*raro*) Di animale, intrigarsi, spec. con le zampe nel capestro.

incapestratùra [da *incapestrare*; sec. XVI] s. f. ● (*zoot.*) Lesione lacero-contusa che si produce sulla faccia posteriore delle regioni inferiori degli arti quando l'animale rimane impigliato in una corda, nella cavezza o in una redine.

incapiènte [comp. di *in-* (*3*) e *capiente*] agg. *1* (*dir.*) Incapace di coprire determinate passività, detto di una somma. *2* (*raro, bur.*) Non capiente.

incapiènza [comp. di *in-* (*3*) e *capienza*] s. f. ● (*dir., bur.*) Caratteristica di ciò che è incapiente.

incapocchiàre [comp. di *in-* (*1*) e *capocchia*] A v. tr. (*io incapòcchio*) ● Munire di capocchia: *i. spilli, fiammiferi*. B v. intr. pron. ● (*fam.*) Intestardirsi, incaponirsi.

incapocchiatrìce [comp. di *in-* (*1*) e di un deriv. di *capocchia*] s. f. ● Nella fabbricazione dei fiammiferi, macchina che prepara la capocchia applicando la miscela infiammabile all'estremità dei fuscelli di legno.

†**incapocchìre** [comp. di *in-* (*1*) e *capocchia*] A v. tr. ● Fare la capocchia. B v. intr. pron. ● Ostinarsi, intestardirsi.

incaponiménto [da *incaponirsi*; 1943] s. m. ● Fissazione, ostinazione.

incaponìrsi [comp. di *in-* e *capone* (*1*); 1639] v. intr. pron. (*io m'incaponìsco, tu t'incaponìsci*) ● Ostinarsi, incaparbirsi: *i. in una cosa*; *i. a dire, a volere qlco.*

incaponìto [1683] part. pass. di *incaponirsi*; anche agg. ● Ostinato.

incappàre [comp. di *in-* (*1*) e *cappa* (*1*); 1334] A v. tr. *1* (*raro*) Coprire, vestire con la cappa. *2* †Acchiappare, impigliare, prendere. B v. intr. (aus. *essere*) (+ *in*) ● Incorrere o imbattersi in qlco. o qlcu. pericoloso, insidioso e sim.: *i viaggiatori incapparono nei briganti*; *i. in una difficoltà, in un agguato*; *credendosi la morte fuggire, in essa incapparono* (BOCCACCIO). C v. rifl. rec. ● (*raro*) Urtarsi o ferirsi l'un l'altro.

incappellàggio [da *incappellare*; 1937] s. m. ● (*mar.*) Collare metallico o di cima che cinge l'estremità di un albero, alberetto o pennone, a cui si fissano le manovre dormienti.

incappellàre [comp. di *in-* (*1*) e *cappello*; 1321] A v. tr. (*io incappèllo*) *1* †Coprire il capo di qlcu. con un cappello | †Fare qlcu. cardinale. *2* (*mar.*) Sistemare un incappellaggio all'estremità di un albero, asta o antenna. SIN. Incoccare | Infilare una gassa su una bitta e sim. B v. rifl. e intr. pron. ● †Coprirsi con un cappello | †Inghirlandarsi: *questa di verde gemma s'incappella* (POLIZIANO). C v. intr. e intr. pron. (aus. *essere*) *1* †Divenire cardinale. *2* (*fig., fam.*) Impermalirsi, stizzirsi, offendersi.

incappellàta [da *cappello* in senso fig.; 1937] s. f. ● (*mar.*) Violento colpo di mare sulla prua di un natante, che passa la murata e si infrange in coperta.

incappellatùra [av. 1861] s. f. ● (*mar.*) Incappellaggio.

incappiàre [comp. di *in-* (*1*) e *cappio*; av. 1500] v. tr. (*io incàppio*) ● Serrare, stringere con un cappio.

incappottàre [comp. di *in-* (*1*) e *cappotto*; 1869] A v. tr. (*io incappòtto*) ● Avvolgere bene in un cappotto. B v. rifl. ● Intabarrarsi, imbacuccarsi.

incappucciaménto [1585] s. m. *1* (*raro*) L'incappucciare, l'incappucciarsi. *2* (*agr.*) Isolamento con sacchetti di carta delle infiorescenze di piante per impedirne la fecondazione con polline estraneo. *3* (*agr.*) Batteriosi del trifoglio pratense, raramente di altre piante, che si manifesta in modo più evidente sulle foglie.

incappucciàre [comp. di *in-* (*1*) e *cappuccio*; av. 1400] A v. tr. (*io incappùccio*) ● Coprire col cappuccio | (*fig.*) Ammantare di neve la sommità di un monte e sim.: *l'inverno ha incappucciato di neve le colline*. B v. rifl. *1* Coprirsi con un cappuccio: *mi sono incappucciato perché ho freddo* | (*fig.*) Ammantarsi. *2* Detto di un cavallo, portare l'apice della testa verso la base del collo e non sentire più il morso. *3* †Farsi frate.

incappucciàto [av. 1475] A part. pass. di *incappucciare*; anche agg. ● Che ha la testa coperta dal cappuccio | (*fig.*) Che ha la cima coperta di nubi o neve. B s. m. (f. *-a*) ● Chi indossa un'uniforme o un abito dotati di cappuccio | ***Gli incappucciati***, (*per anton.*) gli affiliati al Ku Klux Klan.

incaprettaménto [da *incaprettare*; 1983] s. m. ● Modo di uccisione praticato dalla mafia per punire chi non ha rispettato le sue leggi, consistente nel legargli mani e piedi dietro la schiena facendo passare la corda anche intorno al collo, in modo che la vittima, quando i muscoli delle gambe o delle braccia cedono, si strangoli da sola.

incaprettàre [comp. di *in-* (*1*) e *capretto*, con riferimento al modo in cui vengono legati i capretti quando sono portati al macello; 1984] v. tr. (*io incaprétto*) ● Sottoporre a incaprettamento.

incaprettàto [1919] A part. pass. di *incaprettare*; anche agg. ● Nel sign. del v. B s. m. (f. *-a*) ● Chi ha subìto l'incaprettamento.

incapricciàrsi [comp. di *in-* (*1*) e *capriccio*; 1598] v. intr. pron. (*io m'incapriccio*) ● Invaghirsi di qlco. o qlcu.: *i. di un gioiello, di una donna*.

incapriccìrsi [1613] v. intr. pron. (*io m'incapriccìsco, tu t'incapriccìsci*) ● (*raro*) Incapricciarsi.

incapsulaménto [1957] s. m. ● Operazione dell'incapsulare.

incapsulàre [comp. di *in-* (*1*) e *capsula*; 1915] v. tr. (*io incàpsulo*) *1* Rivestire con una capsula: *i. una medicina*; *i. un dente*. *2* Chiudere un recipiente con una capsula: *i. una bottiglia*.

incapsulatóre s. m. (f. *-trice*) ● (*tecnol.*) Addetto alla chiusura a mano o a macchina mediante capsule di bottiglie, barattoli e sim.

†**incaràre** [comp. di *in-* (*1*) e *caro*; av. 1306] A v. tr. e intr. (aus. intr. *essere*) ● Rincarare. B v. intr. pron. ● (*poet.*) Divenire caro.

incarbonchìre [comp. di *in-* (*1*) e *carbonchio*; 1767] v. intr. e intr. pron. (*io incarbonchìsco, tu incarbonchìsci*; aus. *essere*) ● (*agr.*) Detto del grano, ammalarsi di carbonchio.

incarbonimènto [1886] s. m. ● L'incarbonire.

incarbonire [comp. di *in-* (1) e *carbone*; 1623] **A** v. tr. (*io incarbonìsco, tu incarbonìsci*) ● (*raro*) Carbonizzare. **B** v. intr. e intr. pron. (aus. *essere*) ● (*raro*) Diventare carbone.

†**incarcàre** e deriv. ● V. incaricare e deriv.

incarceramènto [sec. XIV] s. m. **1** (*raro*) Car₋ cerazione. **2** (*med.*) **I. dell'ernia**, stato di irriducibilità per aderenza del viscere al sacco erniario, senza strozzamento | **I. della placenta**, ritenzione di essa nella cavità dell'utero.

incarceràre [vc. dotta, lat. tardo *incarcerāre* 'porre in (*in-*) carcere (*cărcer*, genit. *cărceris*)'; 1308] **v. tr.** (*io incàrcero*) **1** Rinchiudere in carcere: *lo incarcerarono subito dopo il processo*. **SIN.** Imprigionare. **2** (*fig.*) Rinchiudere come in un carcere.

incarcerazióne [av. 1363] s. f. ● (*raro*) Carcerazione.

incardinàre [comp. di *in-* (1) e *cardine*; 1858] **A** v. tr. (*io incàrdino*) **1** Mettere sui cardini: *i. una porta*. **2** (*fig.*) Fondare, basare sopra un principio che faccia da cardine: *i. una teoria su dati scientifici*. **3** Ascrivere un ecclesiastico a una diocesi. **B** v. intr. pron. ● Impermarsi e reggersi su un certo ordine di principi teorici: *la sua cultura si incardina sulla filosofia classica tedesca*.

incardinazióne [av. 1748] s. f. **1** (*raro*) L'incardinare | Il punto in cui qlco. si incardina. **2** Nel diritto canonico, obbligatoria ascrizione e appartenenza di ogni ecclesiastico secolare a una determinata diocesi.

incaricàre o (*poet.*) †**incarcàre** [comp. di *in-* (1) e *caricare*; sec. XIII] **A** v. tr. (*io incàrico, tu incàrichi*) **1** (qlcu. + *di*) Investire qlcu. di un incarico, di una incombenza, missione o sim.: *l'hanno incaricato di seguire tutte le pratiche d'ufficio*. **SIN.** Deputare, delegare. **2** †Aggravare con grave carico (*anche fig.*). **3** †Incolpare. **4** †Offendere, svillaneggiare. **B** v. intr. pron. (+ *di*) ● Assumersi l'incarico, l'incombenza: *si incaricarono di finire i lavori prima dell'autunno* | (*region.*) **Non incaricarsene**, non darsene pensiero.

incaricàto o (*poet.*) †**incarcàto** [1757] **A** part. pass. di *incaricare*; anche agg. **1** Che è investito di un incarico. **2** *Professore i.*, figura, non più prevista dall'attuale ordinamento universitario, di studioso cui è stato attribuito un incarico temporaneo di insegnamento per una disciplina non ricoperta da docenti di ruolo. **B** s. m. (f. *-a*) **1** Persona cui è affidato un incarico: *un i. del municipio, della banca*. **2** Professore incaricato | Docente universitario incaricato. **3** *I. d'affari*, agente diplomatico di rango inferiore a cui è affidato l'incarico, temporaneo o stabile, di dirigere una rappresentanza diplomatica il cui titolare legittimo, ambasciatore o ministro plenipotenziario, è assente o non è stato nominato.

incàrico o (*lett., poet.*) **incàrco** [da *incaricare*; 1319] s. m. (pl. *-chi*) (assol.; + *di*, anche seguito da inf.) **1** Commissione importante, ufficio temporaneo e speciale, compito, missione: *prendere, assumere, ricevere, eseguire un i.*; *i. grave, grato, onorevole, sgradito* | *Cattedra data per i.*, senza concorso e senza nomina di titolare | Incombenza: *ho ricevuto l'i. di portarvi i suoi saluti*; *si era assunto l'i. del funerale* (PIRANDELLO) | (*per anton., polit.*) Compito di formare il nuovo governo (o, nel caso di incarico esplorativo, di accertare se ne esistono le condizioni): *il Presidente della Repubblica ha affidato l'i. all'on. Mario Rossi*. **2** Posto di professore o docente non di ruolo: *ottenere un i. annuale*. **3** †Carico, peso | (*fig.*) †Danno, offesa grave | (*fig.*) †Affanno d'amore.

†**incaritatévole** [comp. di *in-* (3) e *caritatevole*; 1869] agg. ● Impietoso, ingeneroso.

incarnàre [vc. dotta, lat. tardo *incarnāre*, comp. di *in-* illativo e un deriv. da *căro*, genit. *cărnis* 'carne', di orig. indeur.; 1305] **A** v. tr. **1** Dare corpo e figura, rappresentare concretamente e con efficacia: *i. un concetto, un'idea, un'immagine, un tipo*; *uno scrittore che incarna nelle sue opere gli ideali di libertà*. **2** †Ferire penetrando nella carne. **B** v. intr. pron. **1** Prendere carne e figura umana | (*est.*) Concretarsi: *l'idea s'incarna nell'interpretazione dell'artista*. **2** Detto del figlio di Dio, Gesù, che assume carne umana in Maria Vergine. **3** †Attaccarsi, unirsi fortemente (*fig.*) | †Entrare e vivere intensamente nell'animo. **4** Incarnirsi.

incarnativo [sec. XIV] **A** agg. ● Che ha colore roseo come l'incarnato della persona in salute. **B** s. m. ● Colore roseo.

incarnàto (1) [av. 1250] **A** part. pass. di *incarnare*; anche agg. ● Nei sign. del v. | *Unghia incarnata*, incarnita. **B** s. m. (f. *-a*) ● †Consanguineo.

incarnàto (2) [dal colore della *carne*; sec. XIV] **A** agg. ● Di colore rosa carne: *una rosa incarnata* | *Sangue i.*, rosso vivo. **B** s. m. ● Colore roseo: *l'i. delle guance*; *dalle gote di un i. così vivo che la bianca pelle pareva macchiata* (CAPUANA).

incarnazióne [vc. dotta, lat. tardo *incarnatiōne(m)*, da *incarnātus* 'incarnato'; av. 1292] s. f. **1** In molte religioni, forma umana che assumono le divinità, a scopo salvifico | Mistero fondamentale del Cristianesimo, per cui la seconda persona della Trinità, Gesù Cristo, assume natura umana per operare il riscatto del genere umano dal peccato originale | *Anni dell'i.*, computo del tempo che inizia dall'Annunciazione fatta a Maria Vergine, a cominciare dal 25 marzo. **2** (*fig.*) Espressione concreta, personificazione di concetti, idee e sim.: *quell'uomo è l'i. della malvagità*.

†**incarnieràre** [comp. di *in-* (1) e *carniere*] v. tr. (*io incarnièro*) ● Mettere, porre nel carniere, detto spec. di selvaggina.

incarnire [comp. di *in-* (1) e *carne*; 1589] **A** v. tr. (*io incarnìsco, tu incarnìsci*) ● †Conficcare nella carne, spec. di artigli. **B** v. intr. e intr. pron. (aus. *essere*) **1** Crescere dentro la carne: *le unghie spesso incarniscono, si incarniscono*. **2** (*fig., raro*) Penetrare profondamente.

incarnito part. pass. di *incarnire*; anche agg. ● Nei sign. del v.: *un'unghia incarnita*.

incarognire [comp. di *in-* (1) e *carogna*; av. 1742] v. intr. e intr. pron. (*io incarognìsco, tu incarognìsci*; aus. *essere*) **1** Diventare una carogna, un mascalzone | Diventare vecchio e inutile: *quel vecchio cavallo ormai si è incarognito* | (*raro*) Divenire fiacco, ozioso, incapace: *s'è incarognito nella miseria*. **2** (*fig.*) Ostinarsi, intestardirsi | (*raro*) Diventare cronico, detto di malattia.

incarognito [1676] part. pass. di *incarognire*; anche agg. **1** Nei sign. del v. **2** (*fig.*) Caparbiamente determinato, intestardito.

incarrucolàre [comp. di *in-* (1) e *carrucola*; 1681] **A** v. tr. (*io incarrùcolo*) ● Mettere la fune nella scanalatura della carrucola. **B** v. intr. pron. ● Incastrarsi nella cassa della carrucola, detto della fune.

incartamènto [da *incartare*, con valore collett.; 1399] s. m. **1** Insieme di carte e documenti relativi a una pratica d'ufficio: *gli incartamenti per il rilascio del passaporto*. **2** Prima fase di essiccazione delle paste alimentari, in cui si elimina l'acqua esterna.

incartapecorire [comp. di *in-* (1) e *cartapecora*; 1869] v. intr. e intr. pron. (*io incartapecorìsco, tu incartapecorìsci*; aus. *essere*) **1** Divenire secco e giallo come cartapecora: *il suo viso si è incartapecorito*. **2** (*fig.*) Inaridirsi.

incartapecorìto [av. 1850] part. pass. di *incartapecorire*; anche agg. ● Diventato come cartapecora | (*est.*) Che ha la pelle secca e gialla: *un vecchio i.* | (*fig.*) Inaridito: *cervello i.*

incartàre [comp. di *in-* (1) e *carta*; 1534] **A** v. tr. **1** Avvolgere qlco. nella carta: *i. un pacco*. **2** †Distendere come carta. **3** (*lett., fig.*) †Azzeccare, cogliere sul segno. **B** v. intr. pron. **1** Nel gioco del bridge, rimanere con delle carte che non possono più essere utilizzate per andare in mano al compagno. **2** (*fig.*) Confondersi, smarrirsi nel fare qlco.

incartàta [1940] s. f. **1** L'incartare alla meglio. **2** †Impannata di carta alla finestra. || **incartatìna**, dim.

incartàto [av. 1597] part. pass. di *incartare*; anche agg. **1** Nei sign. del v. **2** (*fig.*) Confuso, imbrogliato, senza via d'uscita: *una situazione incartata*.

incartatóre [1957] s. m. (f. *-trice*) ● Operaio o commesso che incarta gli oggetti prodotti o venduti.

incartatrice [1964] s. f. ● Macchina che esegue l'incarto.

incàrto [da *incartare*; 1869] s. m. **1** Operazione dell'incartare | Involucro di carta che avvolge un qualsiasi prodotto: *l'i. dei biscotti, della cioccolata*. **2** (*bur.*) Incartamento. **3** (*tess.*) Indurimento dei tessuti per eccesso di salda. **4** (*zoot.*) Consistenza come di carta ben collosa che hanno i boz₋

zoli dei bachi da seta.

incartocciàre [comp. di *in-* (1) e *cartoccio*; 1598] **A** v. tr. (*io incartòccio*) **1** Mettere in un cartoccio: *i. le castagne*. **2** (*raro*) Accartocciare. **B** v. intr. pron. ● Accartocciarsi.

incartonàre [comp. di *in-* (1) e *cartone*; 1868] v. tr. (*io incartòno*) **1** Imballare in cartoni. **2** (*tess.*) Interporre cartoni fra le falde di tessuto da sottoporre alla pressatura. **3** In legatoria, eseguire l'incartonatura.

incartonatrice [1972] s. f. ● (*tess.*) Macchina destinata all'incartonatura dei tessuti.

incartonatùra [1933] s. f. **1** (*tess.*) Operazione dell'incartonare un tessuto. **2** In legatoria, applicazione dei cartoni della coperta al libro da legare, assicurandoli con le cordicelle usate per la cucitura.

incascolìto [comp. parasintetico di *cascolo*; 1869] agg. ● (*agr.*) Che non è maturato bene, stentato, detto dell'uva.

incasellamènto [1972] s. m. ● L'incasellare.

incasellàre [comp. di *in-* (1) e *casella*; 1887] **v. tr.** (*io incasèllo*) **1** Mettere nella casella, disporre in casellario: *i. i numeri, la posta*. **2** (*fig.*) Riunire ordinatamente: *i. con metodo le proprie cognizioni*.

incasellatóre [da *incasellare*; 1957] s. m. (f. *-trice*) ● Impiegato postale addetto a smistare la corrispondenza nel casellario.

incasermàre o **incaşermàre** [comp. di *in-* (1) e *caserma*; 1869] v. tr. (*io incasèrmo* o *incaşèrmo*) ● (*raro*) Sistemare, alloggiare in caserma o come in una caserma. **SIN.** Accasermare.

incaşinamènto s. m. ● (*fam.*) L'incasinare | Confusione, scompiglio.

incaşinàre [comp. di *in-* (1) e *casino* nel sign. 6; 1983] v. tr. ● (*fam.*) Creare confusione, disordine, scompiglio, intralcio e sim.: *hai incasinato la mia scrivania*; *questo fatto m'incasina tutta la giornata*.

incaşinàto [1983] part. pass. di *incasinare*; anche agg. ● (*fam.*) Pieno di confusione, di disordine: *un pomeriggio i.* | Riferito a persona, che si trova in una situazione intricata, in mezzo a una serie di impegni che si accavallano, e sim.: *oggi sono molto incasinata*.

incassàbile [da *incassare*; 1987] agg. ● Che si può incassare.

incassamènto [sec. XVI] s. m. ● (*raro*) Sistemazione in casse.

incassànte agg. ● (*geol.*) Detto di roccia in cui viene iniettato un magma o che circonda un plutone.

incassàre [comp. di *in-* (1) e *cassa*, anche in senso fig.; 1495] **A** v. tr. **1** Collocare in casse: *i. libri, stoviglie* | (*est.*) Sistemare in una cavità apposita: *i. la tubatura, un meccanismo* | Incastonare: *i. una gemma, le pietre del mosaico* | **I. un pezzo d'artiglieria**, metterlo sull'affusto | **I. un fiume**, chiuderlo fra due argini | (*est., ling.*) Inserire: *i. una frase*, inserire una frase in un'altra. **2** Riscuotere, ricevere, introitare: *i. una somma, un acconto*. **CONTR.** Sborsare. **3** Nel pugilato, subire colpi dell'avversario senza diminuzione della capacità di lottare | **I. tre reti**, nel calcio, subirle. **4** (*fig.*) Sopportare senza reagire attacchi, accuse, offese e sim.: *è stato costretto a i. un'offesa gravissima*. **B** v. intr. pron. (aus. *avere*) ● Adattarsi perfettamente nell'incassatura. **C** v. intr. pron. ● Restringersi in basso tra due ripide alture: *il fiume, la strada, la valle si incassavano profondamente tra le rocce*.

incassàto [av. 1597] part. pass. di *incassare*; anche agg. **1** Collocato in casse | Sistemato nell'incassatura: *un armadio i.* | **Un sentiero i. tra le montagne**, chiuso, stretto. **2** Ricevuto in pagamento.

incassatóre [1927] s. m. (f. *-trice*) **1** Addetto all'incassatura di merci o prodotti industriali. **2** Pugile dotato di grande resistenza ai colpi dell'avversario. **3** (*fig.*) Chi sa sopportare senza scomporsi offese, ingiustizie ecc.: *è senza dubbio un ottimo i.*

incassatrice s. f. ● (*tipogr.*) In legatoria, macchina utilizzata nell'incassatura per l'applicazione automatica o semiautomatica della coperta preventivamente preparata al libro già cucito e rifilato su tre lati.

incassatùra [1550] s. f. **1** Operazione del collocare qlco. in casse o dell'inserirla in apposite ca₋

vità: *l'i. di una partita di merce, di un diamante* | (*est., ling.*) Inserimento di una frase in un'altra. **2** Cavità dove una cosa s'incassa: *hanno fatto nel muro un'i. per la libreria* | (*edil.*) Solco o cavità eseguito in una muratura per inserirvi conduttori o apparecchi, quali interruttori e prese di un impianto elettrico. **3** In legatoria, operazione, eseguita a mano o a macchina, mediante la quale un libro cucito viene unito alla coperta.

incassettatrice [1974] **s. f.** ● (*tecnol.*) Macchina destinata a disporre bottiglie e sim. in cassette o in cestelli.

incàsso [da *incassare*; 1812] **s. m.** **1** Riscossione di una somma: *presentare un assegno per l'i.* | ***I. di effetti***, riscossione di effetti di proprietà di terzi per loro conto | (*est.*) La somma che si riscuote: *oggi abbiamo avuto un forte i.* **2** (*edil.*) Incassatura | ***Da i.***, detto di elemento atto a essere inserito in un'apposita cavità di una muratura o di una struttura preesistenti: *elettrodomestici da i.*; *lavello da i.*

incastellaménto [da *incastellare*; 1889] **s. m.** ● Un tempo, complesso di torri e altre costruzioni poste a difesa di un territorio.

†**incastellàre** [comp. di *in-* (*1*) e *castello*; av. 1363] **A v. tr.** **1** Munire di castelli, fortificazioni e sim. **2** Nell'antica marineria, fortificare la prua e la poppa con castelli. **B intr. pron.** ● Fortificarsi con castelli | Accamparsi.

incastellàto [av. 1363] **part. pass.** di *incastellare*; anche **agg.** **1** Nei sign. del v. **2** †Rinchiuso, rifugiato in un castello. **3** (*veter.*) Detto di piede di cavallo in cui l'unghia chiude eccessivamente il fettone determinandovi una costrizione dolorosa.

incastellatùra [da *incastellare*; 1527] **s. f.** **1** Aggregato di travi unite fra loro in una ossatura di sostegno. **2** (*veter.*) Difetto di piede incastellato.

incastigàto [comp. di *in-* (*3*) e *castigato*; 1550] **agg.** ● (*lett.*) Non punito, non castigato.

incastonàre [comp. di *in-* (*1*) e *castone*; 1612] **v. tr.** (*io incastóno*) **1** Fermare nel castone, nelle griffe, le pietre preziose. **2** (*fig.*) Inserire, collocare in qlco.: *ha incastonato nel suo racconto molte raffinatezze linguistiche.*

incastonàto **part. pass.** di *incastonare*; anche **agg.** **1** Fissato nel castone: *diamante i.* **2** (*fig.*) Inserito con gusto e ricercatezza: *citazione incastonata nel discorso.*

incastonatóre [1957] **s. m.** (f. *-trice*) ● Artigiano che incastona pietre preziose.

incastonatùra [sec. XIV] **s. f.** ● L'incastonare | Modalità con cui una pietra preziosa è incastonata.

incastraménto [av. 1673] **s. m.** ● (*raro*) L'incastrare.

♦**incastràre** [lat. parl. **incastrāre*, propr. 'porre in (*in-*) un intaglio (da *castrāre* 'tagliare')'; av. 1400] **A v. tr.** **1** Connettere due o più pezzi, introducendoli a forza uno dentro l'altro in modo da farli combaciare perfettamente: *se non incastri bene il supporto, il ripiano non resisterà al peso* | ***I. una gemma***, incastonarla. **2** (*fig., fam.*) Mettere qlcu. nei pasticci | Mettere qlcu. in una situazione senza via d'uscita: *si è lasciato i. come un novellino.* **B v. intr. pron.** ● Inserirsi, ficcarsi in qlco. in modo da non poterne uscire: *la vite si è incastrata e non riesco a toglierla.* **C v. intr.** (aus. *avere*) ● Adattarsi, ingranare perfettamente: *un ingranaggio che incastra bene.*

incastràto [1340 ca.] **part. pass.** di *incastrare*; anche **agg.** ● Nei sign. del v.: *è rimasto con un piede i. nel binario del tram.*

incastratrice [da *incastrare*, dal tipo di operazione impiegato] **s. f.** ● (*min.*) Macchina usata per eseguire intagli verticali in rocce tenere così da facilitarne l'abbattimento.

incastratùra [sec. XIV] **s. f.** ● L'incastrare | La cavità, l'intaglio in cui qlco. s'incastra.

incàstro [da *incastrare*; av. 1654] **s. m.** **1** L'incastrare | Apertura, cavità o intaglio per cui un pezzo può inserirsi perfettamente in un altro e rimanervi fissato. **2** Punto in cui due o più elementi si incastrano. **3** Inserzione di un brano o di righe in un pezzo di giornale già composto. **4** Gioco enigmistico consistente nell'incastrare una parola in un'altra, in modo da formarne una terza (p. es. vaglia + EST = vESTaglia). **CFR.** Intarsio. **5** ***Arrampicata a i.***, nell'alpinismo, moderna tecnica di arrampicata libera che utilizza l'incastro degli arti in fessure di varia larghezza. **6** (*veter.*) Strumento usato dal maniscalco per ultimare e raffinare il pareggio della suola del piede. **7** ***Celata da i.***, nelle armature antiche, quella provvista alla base di scanalatura anulare che, incastrata e scorrevole sull'orlo superiore della goletta, consentiva all'uomo d'arme i movimenti laterali del capo.

incatarràre [comp. di *in-* (*1*) e *catarro*; 1734] **v. intr.** e **intr. pron.** (aus. *essere*) ● (*raro*) Diventare catarroso.

incatenacciàre [comp. di *in-* (*1*) e *catenaccio*; av. 1400] **v. tr.** (*io incatenàccio*) ● (*raro*) Chiudere mediante catenaccio.

incatenaménto [sec. XVI] **s. m.** ● L'incatenare | (*raro*) Concatenazione.

incatenàre [comp. di *in-* (*1*) e *catena*; sec. XIV] **A v. tr.** (*io incaténo*) **1** Legare con catene: *i. i prigionieri, i galeotti* | Mettere alla catena: *i. il cane* | Sbarrare qlco. per mezzo di catene: *i. l'entrata del porto, la foce del fiume, lo stretto.* **2** Annodare due o più fili e sim. insieme, come in una catena | ***I. le maglie***, sovrapporle l'una all'altra. **3** (*fig.*) Soggiogare, vincolare: *i. i cuori, il sentimento di qlcu.* | Impedire, inceppare: *i. la libertà, il progresso.* **B v. rifl.** ● Legarsi con catene a qlco.: *incatenarsi per protesta a un cancello.* **C v. rifl. rec.** **1** Congiungersi strettamente. **2** (*raro, fig.*) Concatenarsi.

incatenàto [1340] **part. pass.** di *incatenare*; anche **agg.** **1** Nei sign. del v. **2** ***Rima incatenata***, rima tipica delle terzine dantesche, in cui il primo verso rima col terzo, il secondo col quarto e col sesto, il quinto col settimo e il nono e così via.

incatenatùra [da *incatenare*; av. 1519] **s. f.** ● Allacciamento o legamento fatto con catene, con fili metallici e sim. | †Insieme delle catene, spec. di un edificio.

incatorzolire [comp. di *in-* (*1*) e *catorzolo*; av. 1597] **v. intr.** e **intr. pron.** (*io incatorzolisco, tu incatorzolisci*; aus. *essere*) **1** Detto di frutti, non giungere a maturità e indurire come catorzoli. **SIN.** Imbozzacchire. **2** (*lett., fig.*) Ingalluzzirsi: *Alessandro s'incatorzoliva tutto per la contentezza* (NIEVO).

incatramàre [comp. di *in-* (*1*) e *catrame*; 1612] **v. tr.** Ricoprire e spalmare qlco. di catrame: *i. la barca, il canapo, una strada.* **2** Sottoporre a catramatura una massicciata stradale.

incatramàto [av. 1698] **part. pass.** di *incatramare*; anche **agg.** ● Spalmato, ricoperto di catrame.

incatricchiàre [comp. parasintetico di *catricola*, var. tosc. di 'graticola'; 1864] **v. tr.** (*io incatrìcchio, tu incatricchi*) ● (*pop., tosc.*) Arruffare, spec. capelli.

†**incattivàre** [sec. XIV] **v. tr.** ● Incattivire.

incattivire [comp. di *in-* (*1*) e *cattivo*; 1300 ca.] **A v. tr.** (*io incattivìsco, tu incattivìsci*) ● Rendere cattivo: *maltrattandolo lo incattiviscono sempre più.* **B v. intr.** e **intr. pron.** (aus. *essere*) ● Diventare cattivo: *il nostro cane, se lo stuzzicano, s'incattivisce subito* | (*raro*) Guastarsi.

incattivito [sec. XIV] **part. pass.** di *incattivire*; anche **agg.** ● Che è diventato cattivo.

incàuto [vc. dotta, lat. *incàutu(m)*, comp. di *in-* neg. e *càutus* 'cauto', da *cavēre* 'guardarsi', di orig. indeur.; 1336 ca.] **agg.** ● Privo di cautela, avvedutezza, prudenza: *persona, azione incauta; atteggiamento i.* | ***I. acquisto***, acquisto di cose sospettabili di provenire da reato, senza averne accertata la legittima provenienza. **SIN.** Malaccorto, sconsiderato. || **incautaménte**, **avv.**

incavalcàre [comp. di *in-* (*1*) e *cavalcare*; 1659] **v. tr.** e **rifl.** (*io incavàlco, tu incavàlchi*) **1** (*raro*) Accavallare. **2** Disporre una bocca da fuoco sul proprio affusto.

incavalcatùra [1834] **s. f.** ● (*raro*) L'incavalcare.

incavallàre [comp. di *in-* (*1*) e *cavallo*; 1624] **A v. tr.** ● (*raro*) Accavallare. **B v. intr. pron.** ● †Mettersi a cavallo | †Fornirsi di cavalli.

incavallatùra [da *incavallare*; 1464] **s. f.** ● (*edil.*) Capriata.

incavàre [vc. dotta, lat. *incavāre*, comp. di *in-* 'dentro' e *cavāre*, da *cāvus* 'cavo', di orig. indeur.; 1546] **v. tr.** ● Rendere parzialmente o totalmente cavo: *i. un tronco, una pietra durissima.*

incavàto [1499] **part. pass.** di *incavare*; anche **agg.** **1** Che presenta una cavità. **2** ***Occhi incavati***, infossati | ***Guance incavate***, smunte.

incavatùra [av. 1557] **s. f.** ● L'incavare | (*est.*) La cavità che ne risulta.

incavernàre [comp. di *in-* (*1*) e *caverna*; av. 1646] **A v. tr.** (*io incavèrno*) **1** (*raro*) Scavare a caverne: *l'acqua incaverna le rocce.* **2** Sistemare in caverne: *i. artiglierie.* **B v. intr. pron.** **1** Entrare in una caverna (*anche fig.*). **SIN.** Rintanarsi. **2** Gettarsi e scorrere in luoghi sotterranei: *le acque si incavernano.*

incavernàto [1438] **part. pass.** di *incavernare*; anche **agg.** **1** Nei sign. del v. **2** (*raro*) ***Occhi incavernati***, profondamente infossati.

incavezzàre [comp. di *in-* (*1*) e *cavezza*; 1909] **A v. tr.** (*io incavézzo*) ● Munire di cavezza, legare con la cavezza: *i. un cavallo.* **B v. rifl.** ● (*fig.*) †Stringersi come con la cavezza.

incavicchiàre [comp. di *in-* (*1*) e *cavicchio*; av. 1416] **v. tr.** (*io incavìcchio*) ● Assicurare con un cavicchio: *i. due travi.*

incavigliàre [comp. di *in-* (*1*) e *caviglia*; sec. XIII] **A v. tr.** (*io incavìglio*) ● Attaccare a una caviglia o mediante una caviglia. **B v. intr. pron.** ● †Collegarsi.

incavigliatrice [1974] **s. f.** ● (*ferr.*) Macchina usata per avvitare le caviglie destinate a fissare le rotaie alle traversine.

incavigliatùra [1834] **s. f.** ● Collegamento mediante una caviglia.

incàvo, **incavo** [da *incavare*; 1550] **s. m.** **1** Cavità, incavatura: *fare un i.*; *l'i. di una pietra* | Solco, scanalatura. **2** Vuoto nell'oro preparato per l'incastonatura della gemma | ***Lavoro d'i.***, incisione in vuoto nelle pietre come figurazioni, suggelli e scritture.

incavogràfico [comp. di *incavo* e *-grafico*; 1983] **agg.** (pl. m. *-ci*) ● Detto di procedimento di stampa in cui le parti incavate del cilindro, in cui si raccoglie l'inchiostro, costituiscono l'elemento stampante.

incavolàrsi [comp. di *in-* (*1*) e *cavolo* nel sign. eufem. di *cazzo*; 1961] **v. intr. pron.** (*io m'incàvolo*) ● (*eufem.*) Adirarsi, arrabbiarsi. **SIN.** Incacchiarsi.

incavolàto [1970] **part. pass.** di *incavolare*; anche **agg.** ● Nel sign. del v.

incavolatùra [1970] **s. f.** ● (*eufem.*) Arrabbiatura.

incazzàrsi [comp. di *in-* (*1*) e *cazzo*, nel senso fig. di 'furia, ira'; 1908] **v. intr. pron.** ● (*volg.*) Adirarsi, arrabbiarsi.

incazzàto [1921] **part. pass.** di *incazzarsi*; anche **agg.** ● (*volg.*) Molto arrabbiato: *essere i.*; *essere i. nero.*

incazzatùra [da *incazzarsi*; 1961] **s. f.** ● (*volg.*) Forte arrabbiatura.

incazzóso [da *incazzarsi*; 1982] **agg.** ● (*volg.*) Che si arrabbia con facilità: *un uomo, un tipo i.* || **incazzosaménte**, **avv.**

incazzottàre [comp. di *in-* (*1*) e (piegatura a) *cazzotto*; 1937] **A v. tr.** (*io incazzòtto*) ● (*mar.*) Piegare una bandiera fermandola con una sagola in modo da poterla spiegare di colpo. **B v. rifl. rec.** ● (*raro*) Scambiarsi cazzotti.

incèdere (**1**) [vc. dotta, lat. *incēdere*, comp. di *in-* 'verso' e *cēdere* 'camminare', di etim. incerta; 1499] **v. intr.** (coniug. come *cedere*; aus. *avere*) ● Camminare con solennità e gravità.

incèdere (**2**) [da *incedere* (*1*); 1892] **s. m.** ● Portamento maestoso e solenne: *camminava con l'i. di una dea.*

incedibile [comp. di *in-* (*3*) e *cedibile*; 1957] **agg.** ● Che non può essere ceduto.

incedibilità [1988] **s. f.** ● Condizione di ciò che è incedibile.

incelàre ● V. *incielare.*

†**incelebràto** [vc. dotta, lat. tardo *incelebrātu(m)*, comp. di *in-* neg. e *celebrātus*, part. pass. di *celebrāre*, da *cĕleber*, genit. *cĕlebris* 'celebre'; av. 1707] **agg.** ● Oscuro, ignoto.

†**incèlebre** [vc. dotta, lat. tardo *incĕlebre(m)*, comp. di *in-* neg. e *cĕleber*, genit. *cĕlebris* 'celebre', di etim. incerta; 1504] **agg.** ● Oscuro, ignoto: *questo mio dir non i.* (SANNAZARO).

incellofanàre [comp. di *in-* (*1*) e *cellofan*; 1988] **v. tr.** (*io incellòfano*) ● Avvolgere nel cellofan, rivestire con un foglio di cellofan: *i. libri, riviste, prodotti alimentari.*

incèndere [vc. dotta, lat. *incĕndere*, comp. di *in-* 'dentro' e *càndere* 'far bruciare', di orig. indeur.; av. 1250] **A v. tr.** (pass. rem. *io incési, tu incendésti*; part. pass. †*incéso*, †*incènso*) ● (*lett.*) Incendiare, ardere, bruciare (*anche fig.*): *il sol … / … di tal luce in facia colorato, / che ne incendeva tutta la* *marina* (BOIARDO). **B** v. intr. (aus. *essere*) **1** (*lett.*) Ardere, bruciare. **2** (*lett.*) †Dispiacere forte. **C** v. intr. pron. ● (*lett.*) Incendiarsi, accendersi, infiammarsi (*anche fig.*).

†incendiaménto [1683] s. m. **1** Incendio. **2** (*fig.*) Stimolo, attizzamento.

incendiàre [da *incendio*; 1680] **A** v. tr. (*io incèndio*) **1** Dare alle fiamme, distruggere col fuoco: *i. una nave, un deposito di carburante, una casa.* SIN. Bruciare. **2** (*fig.*) Eccitare, entusiasmare, infiammare: *i. gli animi con parole veementi.* **B** v. intr. pron. ● Prender fuoco: *la paglia si incendiò per autocombustione.*

incendiàrio [vc. dotta, lat. *incendiāriu(m)*, da *incĕndere* 'incendere'; av. 1292] **A** agg. **1** Che suscita o può suscitare un incendio (*anche fig.*): *armi incendiarie*; *scritti, discorsi, proclami incendiari.* **2** (*fig.*) Che accende passioni ardenti: *occhi incendiari*; *bellezza incendiaria*; *sguardo i.* **B** s. m. (f. *-a*) ● Chi volontariamente dà inizio a un incendio: *gli incendiari sono attivamente ricercati.*

incendiatóre [1761] agg.; anche s. m. (f. *-trice*) ● (*raro*) Che (o Chi) incendia.

♦**incèndio** [vc. dotta, lat. *incĕndiu(m)*, da *incĕndere* 'incendere'; 1159] s. m. **1** Fuoco di grandi proporzioni, che brucia e distrugge ogni cosa: *l'i. di un bosco, di un quartiere, di una casa*; *morire in un i.*; *domare, isolare, circoscrivere, spegnere l'i.* **2** (*fig.*) Rovina, disastro, conflagrazione: *l'i. della guerra distrusse intere nazioni.* **3** (*fig.*) Commozione, entusiasmo o sentimento infuocato, travolgente: *è difficile spegnere gli incendi dell'odio e dell'amore.*

†incenditìvo [av. 1406] agg. ● Atto ad accendere.

†incenditóre [av. 1306] s. m.; anche agg. (f. *-trice*) ● Chi (o Che) incendia | (*raro*) Chi (o Che) brucia col cauterio.

incendìvo [sec. XIV] s. m. **1** Elemento, ad es. una miccia, usato per accendere fuochi d'artificio. **2** Innesco.

inceneràre [comp. di *in-* (*1*) e *cenere*; av. 1292] **A** v. tr. (*io incénero*) **1** (*raro*) Coprire, spargere, imbrattare di cenere: *incenerarsi il capo in segno di lutto.* **2** †Incenerire. **B** v. intr. pron. ● †Ridursi in cenere.

inceneriménto [av. 1683] s. m. ● L'incenerire | Procedimento di combustione dei rifiuti urbani.

incenerìre [comp. di *in-* (*1*) e *cenere*; av. 1544] **A** v. tr. (*io incenerisco, tu incenerisci*) **1** Ridurre in cenere: *il fulmine incenerì la quercia* | Sottoporre a incenerimento. **2** (*fig.*) Annientare, distruggere: *lo incenerì con uno sguardo.* SIN. Fulminare. **3** (*chim.*) Bruciare una sostanza organica e quindi calcinarla finché rimanga solo l'eventuale residuo inorganico. **B** v. intr. pron. ● Ridursi in cenere, diventare cenere.

inceneritóre [1970] s. m. ● Impianto che distrugge per combustione rifiuti e immondizie spec. nei grandi centri urbani.

incensaménto [1554] s. m. **1** L'incensare. **2** (*fig.*) Adulazione, lode esagerata.

incensàre [da *incenso*; av. 1350] **A** v. tr. (*io incènso*) **1** Nelle cerimonie religiose, spargere il fumo dell'incenso su persone, immagini e simboli sacri: *i. l'altare, l'ara, il SS. Sacramento.* **2** (*fig.*) Adulare, lodare esageratamente: *i. qlcu. per interesse.* **B** v. rifl. e rifl. rec. ● Adularsi, lodarsi esageratamente: *smettila di incensarti!*; *sono due ipocriti che si incensano continuamente.*

incensària [da *incenso* per l'acutezza del suo odore; 1813] s. f. ● (*bot.*) Mentastro.

incensàta [av. 1704] s. f. **1** L'incensare. **2** (*fig., raro*) Lode eccessiva e adulatrice. || **incensatìna**, dim.

incensatóre [1566] s. m. (f. *-trice*) ● Chi incensa (*spec. fig.*).

incensatùra [da *incensare*; 1673] s. f. ● Lode adulatrice.

incensazióne [1680] s. f. ● Atto liturgico dell'incensare.

incensière [av. 1350] s. m. ● Recipiente con coperchio traforato, in metallo e più raramente in ceramica, spesso artisticamente lavorato, nel quale si brucia l'incenso. SIN. Turibolo.

incènso (**1**) [vc. dotta, lat. *incēnsu(m)*, sost. del part. pass. di *incĕndere* 'incendere'; sec. XIII] s. m. **1** Gommoresina raccolta da incisioni praticate su alberi delle Terebintali spontanei in Asia ed Africa, che si brucia nelle cerimonie di molte religioni, fin dai tempi antichi. **2** (*lett.*) Aroma, profumo. **3** (*fig., lett.*) Adulazione | ***Bruciare l'i.***, (*fig.*) lodare per adulare.

†incènso (**2**) [av. 1311] part. pass. di *incendere*; anche agg. ● Nei sign. del v.

†incensomànna [comp. di *incenso* e *manna*, secondo il modello del corrisp. gr. *libanománna*; av. 1729] s. m. ● Incenso prezioso.

incensuràbile [comp. di *in-* (*3*) e *censurabile*; av. 1729] agg. ● Immeritevole di critica o censura: *condotta, persona i.* SIN. Irreprensibile. || **incensurabilménte**, avv.

incensurabilità [1931] s. f. ● Condizione di chi è incensurabile.

incensuràto [comp. di *in-* (*3*) e *censurato*; 1890] agg. **1** Che non è mai stato sottoposto a critiche o censure. **2** (*dir.*) Che non ha mai subìto condanne penali.

incentivànte [1985] part. pres. di *incentivare*; anche agg. ● Detto di provvedimenti economici o legislativi che tendono a migliorare il rendimento di un dipendente pubblico o privato: *premio, fondo i.*

incentivàre [da *incentivo*; 1963] v. tr. (*io incentìvo*) ● Stimolare, promuovere, favorire mediante incentivi: *i. la produzione dell'acciaio*; *i. le vendite con premi.*

incentivazióne [1963] s. f. ● L'incentivare.

incentìvo [vc. dotta, lat. *incentīvu(m)* 'incitamento', da *incĭnere* 'risuonare, echeggiare', comp. di *in-* raff. e *cănere* 'cantare'; av. 1342] **A** s. m. **1** Stimolo, spinta, incitamento: *essere d'i. al peccato, alla passione*; *molti … motivi ognun de' quali può essere agli animi nostri bastevole i. per le belle imprese* (MURATORI) | Occasione, pretesto: *quel dolore gli ha dato l'i. per cominciare a bere.* **2** Misura o provvedimento rivolti a indirizzare l'attività o l'iniziativa di qlcu. in una direzione desiderata: *i. all'acquisto, agli investimenti* | Premio dato da un'azienda a propri dipendenti in relazione al raggiungimento di un obiettivo prefissato. **B** agg. ● †Stimolante.

incentràre [comp. di *in-* (*1*) e *centro*; av. 1306] **A** v. tr. (*io incèntro* (o *-é-*)) ● (*raro*) Porre o collocare nel centro. **B** v. intr. pron. ● (*raro*) Accentrarsi | †Entrare nel centro | (*fig.*) Imperniarsi: *sull'idillio dei protagonisti s'incentra tutta la commedia.*

incèntro (o *-é-*) [comp. di *in-* di *in(scritto)* e *centro*; 1937] s. m. ● (*mat.*) Punto d'incontro delle tre bisettrici d'un triangolo, dov'è il centro del cerchio inscritto al triangolo.

inceppaménto [1765] s. m. **1** L'inceppare, l'incepparsi. **2** (*est.*) Impedimento, ostacolo.

inceppàre [comp. di *in-* (*1*) e *ceppo*; 1420] **A** v. tr. (*io incéppo*) **1** (*ant.*) Mettere in ceppi, imprigionare. **2** Impedire, ostacolare l'andamento, lo sviluppo di qlco.: *i. il commercio con dazi assurdi* | Impacciare: *questo vestito mi inceppa i movimenti.* **3** (*mar.*) Mettere il ceppo all'ancora. **B** v. intr. pron. **1** Bloccarsi (*anche fig.*): *la mitragliatrice si è inceppata*; *incepparsi nel parlare.* **2** †Congiungersi in un sol blocco, come in un ceppo.

inceppàto part. pass. di *inceppare*; anche agg. **1** Nei sign. del v. **2** ***Stile i.***, (*fig.*) non scorrevole | (*tosc.*) ***Essere i.***, avere pesantezza di testa.

inceppatùra [1860] s. f. **1** (*raro*) Inceppamento. **2** (*tosc.*) Pesantezza di testa.

incéppo [da *inceppare*; 1968] s. m. ● (*lett., raro*) Impedimento, intralcio, ostacolo: *speriamo che tutto proceda senza inceppi.*

inceralaccàre [comp. di *in-* (*1*) e *ceralacca*; 1882] v. tr. (*io inceralàcco, tu inceralàcchi*) ● Chiudere, sigillare con ceralacca: *i. un pacco.*

inceràre [vc. dotta, lat. tardo *incerāre*, comp. di *in-* raff. e *cerāre*, da *cēra* 'cera (1)', di etim. incerta; av. 1484] v. tr. (*io incéro*) **1** Spalmare, impregnare di cera: *i. lo spago, la stoffa* | ***I. il pavimento, un mobile***, lucidarlo con la cera. **2** Macchiare di cera.

inceràta [vc. dotta, lat. *incerāta(m)* 'spalmata di cera', part. pass. di *incerāre* 'incerare'; 1437] s. f. **1** Tela o tessuto impermeabilizzato: *tovaglia d'i.* **2** Giaccone o lunga casacca, talora con pantaloni, in tessuto impermeabile, usata spec. da marinai e naviganti.

inceratìno [av. 1803] s. m. ● Striscia di tessuto o cuoio incerato.

inceràto [1342] **A** part. pass. di *incerare*; anche agg. **1** Nei sign. del v. **2** †Forte, resistente. **B** s. m. ● Incerata.

inceratóio [1868] s. m. ● (*tess.*) Bastone incerato per dar la cera all'ordito e abbassare la peluria.

inceratùra [1535] s. f. **1** Operazione dell'incerare | Strato di cera su una superficie. **2** Apprettatura di tessuti con sostanze cerose.

incerchiàre [comp. di *in-* (*1*) e *cerchio*; av. 1320] **A** v. tr. (*io incérchio*) **1** Cingere con cerchi: *i. un tubo per renderlo più resistente.* **2** †Accerchiare, circondare. **B** v. intr. pron. ● †Prendere forma di cerchio.

incerconiménto [da *incerconire*; 1889] s. m. ● (*ant.*) Malattia del vino. SIN. Girato.

incerconìre [comp. di *in-* (*1*) e *cercone*; av. 1604] v. intr. (*io incerconisco, tu incerconisci*; aus. *essere*) ● (*ant.*) Guastarsi, detto del vino.

incernieràre [comp. parasintetico di *cerniera*; 1983] v. tr. (*io incernièro*) ● (*tecnol.*) Munire di cerniera | Collegare mediante cerniere.

incernieràto [da *incernierare*] agg. ● Munito di cerniera | Collegato mediante cerniere.

inceronàre [comp. di *in-* (*1*) e del denom. di *cerone*; 1939] **A** v. tr. (*io inceróno*) ● (*teat.*) Applicare il cerone, spec. al viso. **B** v. rifl. ● Applicarsi il cerone.

incerottàre [comp. di *in-* (*1*) e *cerotto*; av. 1921] **A** v. tr. (*io incerótto*) ● Coprire con uno o più cerotti: *i. una ferita.* **B** v. rifl. ● Medicarsi con uno o più cerotti.

incerottàto [1886] part. pass. di *incerottare*; anche agg. **1** Nei sign. del v. **2** (*raro*) Impomatato.

incerottatùra [1988] s. f. **1** L'incerottare, l'incerottarsi. **2** Insieme dei cerotti con cui si medica una ferita, una parte lesa.

incertézza [av. 1364] s. f. **1** Caratteristica di ciò che è incerto: *l'i. di una notizia*; *l'i. di un risultato*; *l'i. del futuro* | ***I. di stile, di lingua***, parola o espressione che mancano di precisione e sicurezza. **2** Esitazione, dubbio, perplessità: *avere delle incertezze sulla validità di un'azione*; *vivere, stare nell'i.*; *tenere qlcu. nell'i.*; *togliere qlcu. dall'i.* | Irresolutezza, indecisione: *avere un'i. sul da farsi.*

†incertitùdine [av. 1342] s. f. ● Incertezza.

♦**incèrto** [vc. dotta, lat. *incĕrtu(m)*, comp. di *in-* neg. e *cĕrtus* 'certo', di orig. indeur.; 1319] **A** agg. (assol.; + *su*; + *se*; lett. + *di*) **1** Privo di certezza, sicurezza e sim.: *indizio i.*; *data incerta* | (*fig.*) ***Tempo i.***, variabile, instabile | (*est.*) Non ben conosciuto, noto: *autore, periodo i.* | ***Esito, avvenire i.***, che lascia in apprensione perché non prevedibile o sicuro | (*est.*) Dubitabile: *animale di sesso i.* | Ambiguo: *comportamento i.* | ***Sguardo i.***, privo di franchezza | †***All'incerta***, (*ellitt.*) in maniera dubbia. **2** Malsicuro, instabile: *scrittura, guida incerta* | ***Avanzare con passo i.***, esitante. SIN. Titubante. **3** Indeciso, dubbioso: *rimanere, essere, mostrarsi i. sul da farsi*; *sono i. sulla risposta*; *sono i. se venire con voi o rimanere a casa*; *amendue incerti / di nostra via* (DANTE *Purg.* x, 19-20); *dimorò sospeso e i. di partire o di restare* (LEOPARDI). **4** Di ciò che è privo di un'esatta delimitazione, definizione o determinazione: *forma, immagine incerta*; *suono i.* | ***Confini incerti***, non ben tracciati | ***Luce incerta***, debole, fiacca, che non rischiara abbastanza | ***Colori incerti***, sfumati. SIN. Impreciso, vago. || **incertaménte**, avv. In modo incerto, con incertezza. **B** s. m. **1** L'essere incerto: *l'i. della fortuna* | (*est.*) Cosa eventuale, possibile ma non prevedibile con sicurezza: *fondarsi sull'i.*; *lasciare il certo per l'i.* | ***Gli incerti della vita, del mestiere***, danni e pericoli eventuali. **2** (*lett., spec. al pl.*) Guadagni che si aggiungono alla retribuzione fissa. || **incertarèllo, incerterèllo**, dim. | **incertùccio**, dim. | **incertuòlo**, pegg.

†incéso [av. 1311] part. pass. di *incendere*; anche agg. ● Nei sign. del v.

incespicàre [comp. di *in-* (*1*) e *cespicare*; 1312] v. intr. (*io incéspico, tu incéspichi*; aus. *avere*) **1** Urtare col piede contro un ostacolo, inciampare: *i. in uno scalino, in una radice*; *attento a non i.* **2** (*fig.*) Mancare di speditezza e sicurezza, spec. nel parlare: *i. nel leggere.*

incessàbile [vc. dotta, lat. tardo *incessābile(m)*, comp. di *in-* neg. e un deriv. di *cessāre*, freq. di *cēdere*, di etim. incerta; 1336 ca.] agg. **1** (*lett.*) Che non può cessare: *l'i. fluire del tempo*; *curiosità i. e smisurata* (LEOPARDI). SIN. Ininterrotto, perpetuo. **2** †Inevitabile. || **incessabilménte**, avv.

incessànte [vc. dotta, lat. tardo *incessānte(m)*, comp. di *in-* neg. e *cessāre* (V. *incessabile*); sec. XIV] agg. ● Che non cessa: *pioggia i.* | Che non dà requie: *cure, pensieri incessanti.* || **incessante-**

mente, avv.

incèsso [vc. dotta, lat. *incēssu(m)*, da *incēdere*, comp. di *in-* raff. e *cēdere* 'camminare', di etim. incerta; av. 1342] s. m. ● (*lett.*) Modo di camminare, passo maestoso e solenne.

incestàre [comp. di *in-* (*1*) e *cesta*; 1618] v. tr. (*io incésto*) ● Mettere in cesti: *i. l'uva.*

incèsto [vc. dotta, lat. *incēstu(m)*, dall'agg. *incēstu(m)*, comp. di *in-* neg. e *cāstus* 'casto'; av. 1348] s. m. *1* (*dir.*) Reato commesso da chi ha rapporti sessuali con un discendente o un ascendente, o con un affine in linea retta, ovvero con una sorella o un fratello, in modo che ne derivi pubblico scandalo. *2* Correntemente, rapporto sessuale tra persone tra cui esiste uno stretto legame di sangue.

incestuóso [vc. dotta, lat. tardo *incestuōsu(m)*, da *incēstus* 'incesto'; sec. XIV] agg. *1* Che costituisce incesto: *relazione incestuosa*; *legame i.* *2* Colpevole di incesto: *padre i.* *3* Derivante da incesto: *figlio i.* || **incestuosaménte**, avv. Mediante incesto.

incètta [da *incettare*; 1520] s. f. ● L'incettare: *fare i. di metalli preziosi* | (*est.*, *anche fig.*) Raccolta: *i. di voti.* SIN. Accaparramento | †Guadagno | †*Per i.*, di proposito.

incettàre [vc. dotta, lat. *inceptāre*, non col senso del suo doppione fam. *incĭpere* 'imprendere', comp. di *in-* raff. e *căpere* 'prendere', di orig. indeur., ma di *acceptāre* 'accettare, ricevere', con sostituzione del pref.; sec. XV] v. tr. (*io incètto*) *1* Acquistare o procurarsi la maggior quantità possibile di una merce, spec. per venderla a prezzo di speculazione in condizione di monopolio o quasi: *i. il grano, l'oro.* SIN. Accaparrare. *2* (*fig.*) Procacciarsi, raccogliere: *i. voti, applausi.*

incettatóre [sec. XV] agg.; anche s. m. (f. *-trice*) ● Che (o Chi) fa incetta. SIN. Accaparratore.

incheccaménto [da un **checch(e)* imit.] s. m. ● (*raro*, *tosc.*) Difetto di chi parla tartagliando.

†inchèsta ● V. *inchiesta.*

inchiappettàre [comp. di *in-* (*1*) e *chiappa* (*1*); 1986] v. tr. (*io inchiappétto*) *1* (*volg.*) Sodomizzare. *2* (*fig.*, *pop.*) Tamponare con l'automobile. *3* (*fig.*, *pop.*) Imbrogliare, raggirare.

inchiavacciàre [comp. di *in-* (*1*) e *chiavaccio*; 1869] v. tr. (*io inchiavàccio*) ● (*tosc.*) Serrare o chiudere con il chiavaccio.

inchiavardàre [comp. di *in-* (*1*) e *chiavarda*; av. 1729] v. tr. ● (*raro*) Chiudere con chiavarde.

†inchiavàre [comp. di *in-* (*1*) e del denom. di *chiave*; av. 1561] v. tr. ● Chiudere con una chiave (*anche fig.*): *parmi ogni alegrezza un stral pungente / che in triste angoscia il cor dolente inchiave* (BOIARDO).

†inchiavellàre [comp. di *in-* (*1*) e *chiavello*; sec. XIII] v. tr. ● Inchiodare.

inchiavistellàre [comp. di *in-* (*1*) e *chiavistello*; 1869] v. tr. (*io inchiavistèllo*) ● Chiudere con il chiavistello.

†inchièdere [lat. **inquaerere*, per *inquīrere*, per ritorno etim. a *quaerere* 'cercare', di etim. incerta; 1319] v. tr. ● Chiedere, richiedere, domandare | (*est.*) Investigare.

♦inchièsta o **†inchèsta** [f. sost. del part. pass. di *inchiedere*; av. 1332] s. f. *1* (*dir.*) Indagine disposta dall'autorità competente onde accertare un dato fatto o situazione e individuare gli eventuali responsabili: *commissione d'i.*; *ordinare un'i.* | *I. giudiziaria*, istruzione nel processo penale. *2* Investigazione o ricerca giornalistica che si propone di appurare lo svolgimento di certi avvenimenti o lo stato di determinate situazioni: *svolgere, chiudere un'i.* *3* In sociologia, ricerca di informazioni relative a un certo fatto o comportamento. *4* †Richiesta.

†inchièsto part. pass. di *†inchiedere* ● (*raro*) Nei sign. del v.

inchinaménto o **†inclinaménto** [av. 1578] s. m. *1* (*raro*) L'inchinare, l'inchinarsi. *2* †V. *inclinamento.*

inchinàre o **†inclinàre** nel sign. B [lat. *inclināre*, comp. di *in-* 'su' e *clināre* 'piegare', di orig. indeur.; av. 1294] **A** v. tr. *1* Chinare, volgere in basso | *I. la fronte, la testa*, in segno di riverenza, pentimento, sottomissione: *ratto inchinai la fronte vergognosa* (PETRARCA). *2* (*lett.*) Riverire, ossequiare: *vidi lui inchinarla e porgerle la mano* (GIACOSA). *3* †Umiliare, sottomettere. *4* †V. *inclinare.* **B** v. intr. pron. e †intr. *1* Chinarsi, piegarsi (*anche fig.*): *quella altiera / a preghi né a pietate mai se inchina* (BOIARDO) | Far l'inchino a qlcu. o qlco. per riverenza: *inchinarsi davanti alla tomba di un martire, verso l'altare, ad una signora* | (*fig.*) Rendere omaggio, riverire: *mi inchino alla sua bravura.* *2* Rassegnarsi, accondiscendere, cedere: *inchinarsi ai voleri divini.* *3* V. *inclinare.* *4* (*raro*, *lett.*) Cedere nel combattimento, nella lotta.

inchinévole o **inclinévole** [da *inchinare*; av. 1311] agg. *1* (*lett.*) Propenso, incline: *i. all'amore ma lontano da ogni sconcezza* (GIUSTI) | †*Cuore i.*, volonteroso. *2* †Che è in declivio. || †**inchinevolménte**, avv. Pieghevolmente.

inchino (*1*) [da *inchinare*; av. 1328] s. m. ● Segno di riverenza che si compie piegando la persona o solo il capo (in alcuni casi, spec. un tempo, anche spostando leggermente all'indietro la gamba sinistra): *un piccolo, grande i.*; *fare un i.*; *salutare con un i.* SIN. Riverenza.

†inchino (*2*) [da *inchinare*; 1282] agg. ● Chino, piegato.

inchiodaménto [1746] s. m. ● (*raro*) L'inchiodare.

inchiodàre o **†inchiovàre** [comp. di *in-* (*1*) e *chiodo*; av. 1306] **A** v. tr. (*io inchiòdo*) *1* Fermare, unire mediante chiodi: *i. una cassa* | *I. alla croce*, crocifiggere | *I. la nave*, arenarla nelle secche o tra i ghiacci | *I. i pezzi di artiglieria*, renderli inservibili per il nemico, nelle antiche artiglierie piantando un chiodo nel focone, oggi asportando una parte essenziale dell'otturatore. *2* (*veter.*) Configgere i chiodi nel vivo del piede durante la ferratura. *3* (*fig.*) Tener fermo, immobile, come inchiodato: *è un lavoro che mi inchioda tutto il giorno a tavolino*; *la malattia l'ha inchiodato a letto*; *i. qlcu. alle sue responsabilità* | *I. l'automobile*, frenare di colpo. *4* (*fig.*, *fam.*) Lasciare con crediti insoddisfatti: *hanno inchiodato parecchi negozianti, e sono scomparsi.* **B** v. rifl. ● (*fig.*, *fam.*) Indebitarsi: *s'è inchiodato per la malattia del figlio.* **C** v. intr. pron. ● Bloccarsi: *mi si è inchiodata la frizione.*

inchiodàta [da *inchiodare*] s. f. ● (*fam.*) Frenata brusca, decisa.

inchiodàto [av. 1306] part. pass. di *inchiodare*; anche agg. *1* Nei sign. del v. *2* Nel gioco degli scacchi, detto di pedone o altro pezzo che non viene mosso per proteggere il re.

inchiodatóre [av. 1646] s. m. (f. *-trice*) ● Chi inchioda.

inchiodatrice [da *inchiodare*] s. f. ● Macchina per inchiodare automaticamente tra loro pezzi in legno, casse e sim.

inchiodatùra o **†inchiovatùra** [1550] s. f. *1* Operazione dell'inchiodare | Punto in cui si conficcano i chiodi. *2* Complesso di chiodi che tengono insieme, fermano o chiudono qlco.: *l'i. mi sembra insufficiente.*

inchiostràre [da *inchiostro*; 1598] **A** v. tr. (*io inchiòstro*) *1* Macchiare, impregnare d'inchiostro | *I. fogli*, scrivere. *2* (*tipogr.*) Deporre un velo d'inchiostro sulla matrice. **B** v. intr. pron. ● Sporcarsi d'inchiostro.

inchiostratóre [1937] s. m. *1* (f. *-trice*) (*tipogr.*) Operaio addetto all'inchiostrazione. *2* (*tipogr.*) Rullo che stende l'inchiostro sulla composizione da stampa.

inchiostratùra [da *inchiostrare*; 1957] s. f. ● Inchiostrazione.

inchiostrazióne [1937] s. f. ● (*tipogr.*) Deposizione di un velo d'inchiostro sulla matrice | *Complesso d'i.*, l'insieme dei meccanismi e dei rulli che trasferiscono l'inchiostro dal calamaio alla matrice. SIN. Inchiostratura.

♦inchiòstro o **†incòstro** [lat. *encăustu(m)*, dal gr. *énkauston* 'encausto' (V.), sovrapposizione di una vc. con *-cl-* '-ch-' e della serie di parole in *-stro*; av. 1294] s. m. *1* Sostanza di composizione varia, nera o colorata, usata per scrivere e per stampare: *i. nero, rosso, verde, blu*; *i. lavabile, copiativo, indelebile* | *I. di china*, impasto di nerofumo con gomma o gelatina profumato con muschio, essiccato in cilindretti e stemperato con acqua | *I. da stampa*, in generale composto di oli o resine, cui si aggiunge nerofumo | *I. simpatico*, di varia composizione, per tracciare segni che si rendono visibili solo con opportuni trattamenti | *I. elettronico*, denominazione del sistema di visualizzazione di testo e immagini nei libri elettronici | *Nero come l'i.*, molto nero; (*fig.*) di pessimo umore | *Sprecar l'i.*, scrivere inutilmente | (*fig.*) *Versare fiumi d'i. su qlco.*, scrivere moltissimo su un dato argomento. *2* (*zool.*) Liquido nerastro che seppie e calamari spruzzano verso i loro inseguitori per intorbidare l'acqua e nascondersi. *3* (*bot.*) *Mal dell'i.*, malattia fungina del castagno caratterizzata dalla presenza di macchie nere sotto la corteccia.

†inchiovàre e *deriv.* ● V. *inchiodare* e *deriv.*

inchiùdere [lat. *inclūdere* 'chiuder (*claudere*) dentro (*in-*), rinchiudere'; sec. XIII] **A** v. tr. (coniug. come *chiudere*) ● (*lett.*) Includere. **B** v. intr. pron. ● †Essere compreso.

†inchiùso [av. 1250] part. pass. di *inchiudere*; anche agg. ● Nei sign. del v.

†inciampaménto s. m. ● L'inciampare | (*est.*) Ostacolo.

♦inciampàre [comp. di *in-* (*1*) e *ciampa*, var. di *zampa*; av. 1342] v. intr. (aus. *essere* e *avere*) *1* Urtare col piede in un ostacolo mentre si cammina: *i. in un sasso.* SIN. Incespicare. *2* (*fig.*) Imbattersi all'improvviso in qlcu. che si sarebbe preferito non incontrare o in qlco. di spiacevole o di difficile risoluzione: *i. in un attaccabrighe, i. in una difficoltà* | *I. nella legge, nel codice penale*, (*fig.*) commettere un reato, spec. inavvertitamente | †*I. nelle cialde, nelle ragnatele*, (*fig.*) trovare ostacoli dove non vi sono. SIN. Intoppare. *3* (*fig.*) Incespicare nel parlare o nello scrivere.

inciampàta [1869] s. f. ● Atto dell'inciampare: *dare un'i. e cadere.* || **inciampatèlla**, dim.

inciampicàre [iter. di *inciampare*; av. 1698] v. intr. (*io inciàmpico, tu inciàmpichi*; aus. *avere*) ● Camminare inciampando spesso: *inciampicava per l'ubriachezza.*

inciampicóne [av. 1921] s. m. *1* Urto, scossa molto violenta presa inciampando. *2* (f. *-a*) Persona che cammina in modo goffo e traballante.

inciàmpo [da *inciampare*; av. 1367] s. m. *1* Ostacolo su cui è facile inciampare: *erbe, sassi che fanno i.* *2* (*fig.*) Intoppo, difficoltà: *mettere inciampi alla realizzazione di un progetto* | Impedimento, contrarietà, contrattempo: *essere d'i. a qlcu.*; *la pratica procede senza inciampi*; *superare tutti gli inciampi.* || **inciampóne**, accr.

inciccìàre [comp. di *in-* (*1*) e *ciccia*; sec. XV] v. tr. (*io incìccio*) *1* (*region.*) Ferire nel vivo. *2* (*fig.*, *region.*) Coinvolgere qlcu. in una accusa e sim.

incidentàle [da *incidente* (*1*); av. 1872] agg. *1* Che avviene per caso: *fatto i.*; *disgrazia i.* SIN. Accidentale. *2* Accessorio, secondario: *questo è un argomento i. rispetto al problema in discussione* | (*dir.*) *Questione i.*, che sorge nel corso di un processo e deve essere risolta dal giudice con apposito provvedimento | (*ling.*) *Proposizione i.*, proposizione inserita in un'altra, ma indipendente da essa (ad es. *per questi motivi, come ti ho spiegato, non posso accettare*). || **incidentalménte**, avv. *1* (*raro*) Per caso. *2* Per inciso, come digressione.

incidentalità [1987] s. f. ● Caratteristica di ciò che è incidentale.

incidentàto [da *incidente* (*1*); 1963] agg. ● (*bur.*) Che ha subìto o è stato coinvolto in un incidente, spec. stradale: *automobile incidentata.*

♦incidènte (*1*) [1308] **A** part. pres. di *incidere* (*1*); anche agg. *1* Nei sign. del v. | (*fis.*) *Raggio i.*, nei fenomeni di riflessione o rifrazione, il raggio che proviene dalla sorgente luminosa. *2* (*mat.*) Detto di ognuna delle rette o curve aventi un punto comune. *3* (*ling.*) *Proposizione i.*, incidentale. *4* (*dir.*) *Dolo i.*, quello che, nella conclusione di un negozio giuridico, induce ad accettare condizioni meno favorevoli. || **incidenteménte**, avv. (*lett.*) Incidentalmente. **B** s. m. *1* Evento negativo, disgrazia, infortunio: *è rimasto vittima di un i. d'auto*; *nell'i. aereo vi sono stati molti morti*; *i. sul lavoro* | (*est.*, *fig.*) *I. di percorso*, casuale, fortuito, tale da non pregiudicare la riuscita o il compimento di un'azione. *2* Disputa marginale che si verifica nel corso di una discussione: *provocare un i. su questioni personali*; *chiudere l'i.* | *I. processuale*, questione incidentale. *3* (*dir.*) *I. probatorio*, attività istruttoria compiuta, nel corso di un procedimento penale, prima dell'apertura del dibattimento per motivi previsti dalla legge.

incidènte (*2*) [av. 1693] part. pres. di *incidere* (*2*) ● Nei sign. del v.

incidènza [vc. dotta, lat. tardo *incidĕntia(m)*, dal part. pres. di *incīdere* (V. *incidente* (*1*)); av. 1519] s. f. *1* (*mat.*) Influenza quantitativa d'un fenomeno su un altro | ***Angolo d'i.***, angolo formato dal raggio incidente con la normale alla superficie nel punto di incidenza. **2** (*fig.*) L'influsso che qlco. determina su un fenomeno o una situazione: *la denutrizione ha una forte i. sulla mortalità infantile* | Il peso, il gravame: *l'i. delle spese alimentari sul bilancio familiare.* **3** (*lett.*) Digressione: *fare un'i. in un discorso* | ***Per i.***, in modo accessorio.

♦**incìdere** (**1**) [vc. dotta, lat. *incĭdere* 'cadere (*cădere*) dentro o sopra (*in-*)'; 1931] **v. intr.** (**pass. rem.** *io incìsi, tu incidésti*; **part. pass.** *incìso*; aus. *avere*) **1** (+ *su*) Gravare, pesare, influire: *i. sulle spese*; *un'esperienza che ha dolorosamente inciso sul suo animo.* **2** (*fis.*) Giungere, pervenire: *il fascio di luce incide su uno specchio.* **3** (*mat.*) Passare per un medesimo punto.

♦**incìdere** (**2**) [vc. dotta, lat. *incīdere* 'tagliare in, incidere, intagliare', comp. di *in-* 'dentro' e *caedere*, termine pop., prob. causativo di *cădere*, di etim. incerta; 1319] **v. tr.** (**pass. rem.** *io incìsi, tu incidésti*; **part. pass.** *incìso*) **1** Aprire con un taglio netto: *i. la corteccia di un albero* | †Recidere. **2** (*med.*) Provocare chirurgicamente una dieresi dei tessuti: *i. un ascesso, la cute.* **3** Tagliare in incavo: *i. la pietra, il rame, il legno*; *i. su una lapide un'iscrizione* | ***I. il, su marmo***, scolpire | ***I. il, su legno***, intagliare | ***I. in, su una parete, sulla roccia***, graffire | (*fig.*) Imprimere in modo indelebile: *i. qlco. nella memoria.* **4** Registrare, su appositi materiali e con particolari tecniche, suoni, voci e sim. in modo da poterli poi riprodurre: *i. una canzone, un disco* | (*est.*) Eseguire brani musicali perché vengano riprodotti mediante dischi o nastri magnetici: *quel violinista ha inciso un ricco repertorio concertistico.* **5** (*fig.*) Intaccare, cominciare a consumare: *i. i risparmi, le provviste di riserva.*

incielàre o **incelàre** [comp. di *in-* (*1*) e *cielo*; 1260] **A v. tr.** (*io incièlo*) ● (*lett.*) Collocare in cielo, in Paradiso. **B v. intr. pron.** ● †Salire in cielo.

incignàre [lat. tardo *encaeniāre* 'inaugurare', da *encaenia*, dal gr. *enkáinia* 'feste dell'inaugurazione', da *kainós* 'nuovo'; sec. XV] **v. tr.** ● (*region.*) Cominciare a usare qlco. di nuovo: *i. un vestito* | ***I. la botte, il fiasco***, cominciare a spillarne vino.

†**incìgnere** ● V. †*incingere*.

incìle [vc. dotta, lat. *incīle(m)* 'fossa da condurre acqua, rigagnolo', prob. deriv. di *incīdere* 'incidere (2)'; 1499] **s. m.** ● (*idraul.*) Derivazione di un canale da altra corrente.

incimurrìre [comp. di *in-* (*1*) e *cimurro*; av. 1936] **v. intr.** (*io incimurrìsco, tu incimurrìsci*; aus. *essere*) ● (*raro*) Ammalarsi di cimurro | (*scherz.*) Raffreddarsi.

incincignàre [da *incignare* con sovrapposizione di *cencio*; 1869] **v. tr.** ● (*tosc.*) Sgualcire malamente, ridurre come un cencio.

incineràre [comp. di *in-* (*1*) e *cenere*; 1598] **v. tr.** (*io incìnero*) **1** (*chim.*) Ridurre in cenere sostanze organiche mediante combustione. **2** Cremare: *i. un cadavere.*

incinerazióne [sec. XIV] **s. f. 1** (*chim.*) Operazione dell'incinerare. **2** Pratica funeraria che consiste nel bruciare le spoglie dei defunti e, generalmente, nel conservarne le ceneri in urne dette cinerarie.

†**incìngere** o †**incìgnere** [vc. dotta, lat. *incĭngere* 'cingere (*cĭngere*) intorno (*in-*)'; 1260] **A v. tr.** ● Cingere, recingere. **B v. intr.** e **intr. pron.** ● (*lett.*) Diventare gravida: *Alma sdegnosa, / benedetta colei che 'n te s'incinse!* (DANTE *Inf.* VIII, 44-45).

†**incinghiàre** [1940] **v. tr.** ● Cinghiare.

†**incinquàrsi** [comp. di *in-* (*1*) e *cinque*; 1321] **v. intr. pron.** ● Ripetersi cinque volte.

incìnta [vc. dotta, lat. *incĭncta(m)* 'cinta intorno', part. pass. di *incĭngere*, nel senso di 'gravida', adatt. paretimologico di *inciēnte(m)*, di prob. orig. gr.; av. 1306] **agg. f.** (**m.** scherz. *-o*) ● Di donna nel periodo della gravidanza: *essere i. di tre mesi* | ***Rimanere i.***, essere fecondata.

†**incìnto** [av. 1306] **part. pass.** di †*incingere* ● (*raro*) Nei sign. del v.

incipiènte [vc. dotta, lat. *incipiĕnte(m)*, part. pres. di *incĭpere* 'cominciare, imprendere', comp. di *in-* raff. e *căpere* 'prendere', di orig. indeur.; av. 1698] **agg.** ● Che sta iniziando, che comincia a manifestarsi: *paralisi, calvizie i.*

ìncipit [vc. lat., propr. 'incomincia (qui)', da *incĭpere*, formato come 'imprendere'; 1957] **s. m. inv. 1** Voce verbale latina premessa al titolo di un'opera negli antichi manoscritti e stampati. **2** Primi versi di poesia, inizio di brano prosastico o sim. CONTR. Explicit | Prime note o battute iniziali di un brano musicale.

incipitàrio [da *incipit*, con la desinenza di *rimario*, *ammario* e sim.; 1963] **s. m.** ● Raccolta di incipit di opere letterarie o di composizioni musicali.

incipollìre [comp. di *in-* (*1*) e *cipolla*, per l'aspetto; 1869] **v. intr.** (*io incipollìsco, tu incipollìsci*; aus. *essere*) ● Rammollirsi e sfaldarsi come una cipolla per l'umidità, detto spec. di legname.

inciprìare [comp. di *in-* (*1*) e *cipria*; 1765] **A v. tr.** (*io incìprio*) ● Spargere di cipria: *i. il viso, il collo, la parrucca.* **B v. rifl.** ● Darsi la cipria.

incipriàto [av. 1768] **part. pass.** di *incipriare*; anche **agg.** ● Cosparso di cipria.

inciprignìre [vc. d'orig. sconosciuta; av. 1565] **A v. tr.** (*io inciprignìsco, tu inciprignìsci*) ● (*raro*) Irritare, esasperare (*anche fig.*): *i. una piaga*; *i. l'umore di qlcu.* **B v. intr.** e **intr. pron.** (aus. *essere*) ● Inasprirsi (*anche fig.*): *bisogna curare la piaga altrimenti inciprignisce*; *il suo carattere s'è inciprignito.*

incìrca o **in cìrca** [comp. di *in-* e *circa*; av. 1499] **avv.** ● (*raro*) Circa, pressappoco: *ci vorranno due ore i.* | ***All'i.***, pressappoco: *sarà all'i. mezzogiorno.*

incirconcìso [vc. dotta, lat. tardo *incircumcīsu(m)*, comp. di *in-* neg. e *circumcīsus* 'circonciso', part. pass. di *circumcīdere* 'circoncidere'; sec. XIV] **agg.** ● Non sottoposto al rito religioso della circoncisione, detto, spec. nel linguaggio neotestamentario, dei non Ebrei e (*est.*) dei non Cristiani.

incircoscrittìbile [comp. di *in-* (*3*) e *circoscrittibile*; av. 1342] **agg.** ● Nella teologia scolastica, che non può essere circoscritto in limiti di spazio.

incircoscrìtto [vc. dotta, lat. tardo *incircumscrīptu(m)*, comp. di *in-* neg. e *circumscrīptus* 'circoscritto'; av. 1311] **agg.** ● (*raro*) Che non è circoscritto, che non ha limiti. SIN. Illimitato, infinito.

†**incischiàre** ● V. *cincischiare*.

incìsi ● V. *incidere* (*1*), *incidere* (*2*).

incisióne [vc. dotta, lat. *incisiōne(m)*, da *incīsus* 'inciso'; 1499] **s. f. 1** Taglio netto praticato su una superficie: *gli alberi presentavano profonde incisioni sulla corteccia.* CFR. glitto-, -tomìa. **2** Arte di disegnare in incavo in una lastra di rame o altro materiale per ricavarne delle riproduzioni a stampa: *i. a bulino, all'acquaforte, all'acquatinta* | (*est.*) Riproduzione così ottenuta. **3** Decorazione di gioielli e scavi per smalti ottenuta con ciappole e bulino. **4** Registrazione del suono su supporti di varia natura, come un disco fonografico, un filo magnetico, un nastro magnetico, una pellicola cinematografica. **5** †Sincope.

incisività [1954] **s. f.** ● Caratteristica di chi (o di ciò che) è incisivo (*spec. fig.*). SIN. Efficacia.

incisìvo [dal part. pass. di *incidere* (*2*); av. 1320] **A agg. 1** Che ha forza e capacità d'incidere, di tagliare | ***Dente i.***, ognuno dei quattro denti frontali, due da ciascun lato della linea mediana delle mascelle, con prevalente azione di taglio dei cibi. **2** Nel linguaggio fotografico, nitido: *immagine incisiva.* **3** (*fig.*) Di grande vivezza, precisione, energia: *stile i.*; *parole incisive.* SIN. Efficace, icastico. ‖ **incisivaménte**, **avv.** In modo incisivo, efficace. **B s. m.** ● Dente incisivo. ➡ ILL. p. 2127 ANATOMIA UMANA.

incìso (**1**) **part. pass.** di *incidere* (*1*); anche **agg. 1** Nei sign. del v. **2** ***Contribuente i.***, che sopporta definitivamente l'onere dell'imposta.

incìso (**2**) [sec. XIV] **A part. pass.** di *incidere* (*2*); anche **agg.** ● Nei sign. del v. **B s. m. 1** (*ling.*) Frase o sintagma che si inserisce in un contesto restandone indipendente | ***Per i.***, incidentalmente: *per i. vi faccio notare che non ci rimane molto tempo.* **2** (*mus.*) La più piccola unità melodico-ritmica di una frase musicale.

incisóre [vc. dotta, lat. tardo *incisōre(m)*, da *incīsus* '(in)tagliato, inciso'; 1598] **A agg.** ● (*raro*) Che incide e taglia: *denti incisori.* **B s. m.** ● Chi esegue incisioni artistiche: *i. in legno, in rame* | Chi fa lavori di incisione: *i. di metallo.*

incisorìa [1943] **s. f.** ● Laboratorio dell'incisore.

incisòrio [1787] **agg.** ● Che riguarda l'incisione, che serve a incidere | ***Sala incisoria***, per dissezioni anatomiche.

incistaménto [1940] **s. m.** ● (*med., biol.*) L'incistarsi.

incistàrsi [comp. di *in-* (*1*) e *cisti*; 1950] **v. rifl. 1** (*biol.*) Avvolgersi in una cisti, detto di alcuni organismi animali e vegetali in certe fasi del ciclo vitale o per resistere a condizioni ambientali avverse. **2** (*med.*) Formarsi nei tessuti ed avvolgere un corpo estraneo o un processo infiammatorio, detto di un involucro fibroso.

incisùra [vc. dotta, lat. tardo *incisūra(m)* 'incisione, taglio', da *incīdere* 'incidere (2)'; 1499] **s. f. 1** †Incisione. **2** (*anat.*) Incavatura nelle linee di contorno di un organo.

incitàbile [vc. dotta, lat. *incitābile(m)*, da *incitāre* 'incitare'; 1834] **agg.** ● Che si può incitare.

incitaménto [vc. dotta, lat. *incitamĕntu(m)*, da *incitāre* 'incitare'; av. 1347] **s. m.** ● Esortazione o stimolo a fare qlco.: *essere d'i. per i giovani.*

incitàre [vc. dotta, lat. *incitāre*, comp. di *in-* 'in, avanti' e *citāre*, freq. intens. di *ciēre* 'chiamare', di orig. indeur.; 1340] **v. tr.** (*io ìncito* o *incìto*) ● Indurre qlcu. con esortazioni e sim. a fare qlco.: *i. il popolo alla rivolta, i giovani allo studio.* SIN. Esortare, spingere, stimolare.

†**incitatìvo** [av. 1406] **agg.** ● Atto a incitare.

incitatóre [vc. dotta, lat. tardo *incitatōre(m)*, da *incitātus* 'incitato'; 1351] **agg.**; anche **s. m.** (**f.** *-trice*) ● Che (o Chi) incita: *discorsi incitatori*; *l'i. della sommossa è stato arrestato.* SIN. Stimolatore.

†**incitazióne** [vc. dotta, lat. *incitatiōne(m)*, da *incitātus* 'incitato'; av. 1363] **s. f.** ● Incitamento.

incitrullìre [comp. di *in-* (*1*) e *citrullo*; 1869] **A v. tr.** (*io incitrullìsco, tu incitrullìsci*) ● Ridurre come un citrullo: *quei continui rumori lo hanno incitrullito.* SIN. Rimbecillire. **B v. intr.** e **intr. pron.** (aus. *essere*) ● Diventare citrullo: *con gli anni si è incitrullito.*

inciuccàre [comp. di *in-* (*1*) e *ciucca*, nel senso di 'sbornia'; 1958] **A v. tr.** (*io inciùcco, tu inciùcchi*) ● (*pop.*) Ubriacare. **B v. intr. pron.** ● (*pop.*) Prendere la sbornia.

inciucchìre ● V. *ingiucchire*.

inciuchìre [comp. di *in-* (*1*) e *ciuco*; 1869] **v. intr.** (*io inciuchìsco, tu inciuchìsci*; aus. *essere*) ● Diventare ignorante come un ciuco.

inciùcio [nap. *'nciucio* di orig. onomat.; 1990] **s. m. 1** (*dial.*) Chiacchiericcio, pettegolezzo. **2** Nel linguaggio giornalistico, accordo pasticciato, pateracchio.

incivettìre [comp. di *in-* (*1*) e *civetta* in senso fig.; av. 1566] **v. intr.** (*io incivettìsco, tu incivettìsci*; aus. *essere*) **1** Diventare civetta: *è una ragazza che incivettisce ogni giorno di più.* **2** †Imbaldanzirsi.

incivìle [vc. dotta, lat. *incivīle(m)*, comp. di *in-* neg. e *civīlis* 'civile', da *cīvis* 'cittadino', di orig. indeur.; sec. XIV] **A agg. 1** Che ha un basso livello di civiltà: *popolazioni incivili* | Che non è conforme alla civiltà e alla giustizia: *leggi, costumi incivili.* SIN. Barbaro, selvaggio. **2** Contrario alle consuetudini sociali: *atto, comportamento i.* | (*est.*) Grossolano, villano, rozzo, screanzato: *gesto e parole incivili.* ‖ **incivilménte**, **avv. B s. m.** e **f.** ● Chi ignora le più elementari norme dell'educazione e della buona creanza: *comportarsi da i.*; *questi sono modi da i.*

incivilìménto [1773] **s. m.** ● L'incivilire, l'incivilirsi.

incivilìre [comp. di *in-* (*1*) e *civile*; 1584] **A v. tr.** (*io incivilìsco, tu incivilìsci*) ● Rendere civile: *i. una tribù di barbari* | (*est.*) Rendere più gentile, meno rozzo: *le nuove amicizie lo hanno incivilito*; *i. i costumi.* **B v. intr. pron.** ● Diventare civile: *è un popolo che si è rapidamente incivilito* | (*est.*) Divenire più gentile, meno rozzo: *i suoi modi si inciviliscono di giorno in giorno.*

inciviltà [vc. dotta, lat. *incivilitāte(m)*, comp. di *in-* neg. e *civīlitas*, genit. *civilitātis*, da *civīlis* 'civile'; 1584] **s. f.** ● Condizione di chi (o di ciò che) è incivile: *l'i. di un popolo, di una legge, di un atto* | (*est.*) Azione incivile: *deturpare i monumenti è un'i.*; *commettere un'i.*

inclassificàbile [comp. di *in-* (*3*) e *classificabile*; 1832] **agg. 1** Che non si può, non si riesce a classificare: *lavoro, spesa i.* **2** (*fig.*) Pessimo, estremamente scorretto, scadente, tanto da non meritare nemmeno una classificazione: *comportamento, azione i.*; *compito in classe i.*

incleménte [vc. dotta, lat. *inclemĕnte(m)*, comp. di *in-* neg. e *clēmens*, genit. *clemĕntis* 'clemente'; av. 1535] **agg. 1** Che è privo di clemenza e quindi inflessibile, inesorabile: *giudice, sentenza i.* | Aspro, duro: *destino i.* **2** (*fig.*) Caratterizzato da condizioni meteorologiche non favorevoli: *sta-*

gione i.; *tempo i.* ‖ **inclementeménte**, avv.

inclemènza [vc. dotta, lat. *inclemĕntia(m)*, comp. di *in-* neg. e *cleméntia* 'clemenza'; sec. XIV] s. f. *1* Crudeltà, durezza: *l'i. di un giudice, dei vincitori verso gli sconfitti.* CONTR. Mitezza. *2* (*fig.*) Asprezza, avversità: *l'opera di salvataggio fu ritardata a causa dell'i. del tempo.*

inclinàbile [vc. dotta, lat. *inclinābile(m)*, comp. di *in-* 'su' e un deriv. di *clināre* 'piegare'; sec. XIII] agg. ● Che si può inclinare | (*fig.*) †Propenso.

inclinamènto o †**inchinamènto** [vc. dotta, lat. *inclinamĕntu(m)*, comp. di *in-* 'su' e un deriv. di *clināre* 'piegare', di orig. indeur.; av. 1342] s. m. *1* (*raro*) Inclinazione, pendenza. *2* (*fig.*) †Propensione.

inclinàre o †**inchinàre** [vc. dotta, lat. *inclināre*, comp. di *in-* 'su' e *clināre* 'piegare', di orig. indeur.; sec. XIV] **A** v. tr. *1* Piegare qlco. obliquamente, dall'alto verso il basso: *i. un recipiente per versarne il contenuto* | †*I. il capo, le orecchie*, (*fig.*) fare attenzione. CONTR. Raddrizzare. *2* (*fig., lett.*) Volgere, disporre: *i. l'animo al perdono.* **B** v. intr. (aus. *avere*) *1* Pendere, piegare: *il quadro inclina a destra*; *la nave inclina a sinistra.* *2* (+ *a*; raro, lett. + *di*) (*fig.*) Essere propenso: *inclino a credere che abbia ragione lui*; *i. alla pigrizia*; *Ma vostra moglie non inclina di star insieme* (GOLDONI). **C** v. intr. pron. e †intr. ● V. *inchinare* nel sign. B.

†**inclinativo** [vc. dotta, lat. *inclinatīvu(m)*, da *inclināre*; av. 1498] agg. ● Atto a inclinare | ***Particella inclinativa***, enclitica.

inclinàto [sec. XIII] part. pass. di *inclinare*; anche agg. *1* Nei sign. del v. *2* Obliquo, sbieco | ***Piano i.***, superficie piana che forma con il piano dell'orizzonte un angolo minore di 90°. *3* (*fig.*) Incline, disposto, propenso: *animo i. al bene.*

inclinazióne [vc. dotta, lat. *inclinatiōne(m)*, da *inclinātus* 'inclinato'; sec. XIV] s. f. *1* Pendenza: *i. della strada, di una superficie piana.* CFR. clino-, -clino. *2* (*mat.*) ***I. d'una retta, d'un piano***, angolo formato con il piano orizzontale | ***I. d'una curva o d'una superficie in un punto***, inclinazione della retta o del piano tangente nel punto | (*fis.*) ***I. magnetica***, angolo che l'asse dell'ago calamitato fa con il piano dell'orizzonte di un punto sulla superficie terrestre | (*astron.*) ***I. dell'asse di rotazione***, angolo tra l'asse di rotazione di un pianeta ed il piano della sua orbita | ***I. dell'orbita***, angolo tra il piano dell'orbita e uno di riferimento | Nel tiro di artiglieria, l'angolo che la bocca da fuoco, puntata, forma con l'orizzonte del pezzo. *3* (+ *a*; + *per*) (*fig.*) Attitudine, disposizione, propensione: *i. al commercio, per il disegno, per la musica*; *i. al gioco, allo studio, alla vita solitaria*; *i. a dire quello che si pensa, a lasciarsi suggestionare* | (*est.*) Moto di affetto, desiderio, interesse, verso qlcu.: *sentire, avere una profonda i. per qlcu.* *4* †Declinazione, decadenza.

incline [vc. dotta, lat. tardo *inclīne(m)*, comp. di *in-* 'su' e di un deriv. da **clīnus* 'china', da una radice indeur. col senso fondamentale di 'piegare, chinare'; 1803] agg. (+ *a*) ● Che ha una temporanea o duratura inclinazione per qlco.: *i. alla generosità, alla magnanimità*; *si sentì i. al perdono*; *genti sempre state inclini alle burle e ai detti mordaci* (BACCHELLI). SIN. Disposto, favorevole, propenso.

inclinévole ● V. *inchinevole.*

inclinòmetro [comp. di *inclin(azione)* e *-metro*; 1893] s. m. ● Strumento per misurare l'inclinazione trasversale di una nave o di un aereo. SIN. Sbandometro.

ìnclito [vc. dotta, lat. *ĭnclitu(m)*, arc. *ĭnclutu(m)*, comp. di *in-* raff. e di un deriv. da *cluēre* 'aver fama', di orig. indeur.; 1321] agg. ● (*lett.*) Illustre, famoso, glorioso: *ove dorme il furor d'inclite gesta* (FOSCOLO) | ***Noto al colto (pubblico) e all'inclita (guarnigione)***, (*scherz.*) noto a tutti (V. *colto* (*1*), sign. 2). ‖ **inclitaménte**, avv.

inclùdere [vc. dotta, lat. *inclūdere*, comp. di *in-* 'dentro' e *clāudere* 'chiudere'; sec. XIII] v. tr. (pass. rem. *io inclùṣi, tu includésti*; part. pass. *inclùṣo*) *1* Chiudere dentro qlco.: *i. una lettera, un foglio in un plico.* SIN. Inserire, introdurre. *2* Comprendere o far entrare in un gruppo, in una totalità e sim.: *i. in una lista*; *l'hanno incluso fra i membri della giuria*; *il prezzo include il trasferimento all'aeroporto.* *3* Implicare, racchiudere: *il suffisso -accio include una connotazione negativa.*

incluṣióne [vc. dotta, lat. *inclusiōne(m)*, da *inclūsus* 'incluso'; av. 1540] s. f. *1* L'includere, il venire incluso. *2* Corpo estraneo presente in un cristallo, metallo o lega. *3* (*mat.*) Relazione intercorrente fra due insiemi, allorché tutti gli elementi del primo fanno parte del secondo | Relazione soddisfacente le proprietà formali dell'inclusione.

†**incluṣiva** [1653] s. f. ● Atto dell'includere.

†**incluṣive** [av. 1536] avv. ● (*raro*) Inclusivamente, con inclusione nel numero: *fino al decimo giorno i.*

inclusive tour /ingl. ɪŋ'kʰlousɪv,tʊəɹ/ [loc. ingl., comp. di *inclusive* 'che comprende, che include' e *tour* 'giro'; 1968] loc. sost. m. inv. (pl. ingl. *inclusive tours*) ● Viaggio turistico organizzato da una compagnia di viaggi nel cui prezzo, oltre al trasferimento, sono inclusi alberghi, ristoranti, escursioni e sim.

incluṣivo [av. 1458] agg. ● Che comprende, include: *prezzo i. delle spese di trasporto.* ‖ **incluṣivaménte**, avv. In modo inclusivo, con inclusione nel numero.

inclùṣo [av. 1250] **A** part. pass. di *includere*; anche agg. ● Nei sign. del v. | Accluso: *un assegno i. nella lettera* | (*fig.*) Compreso: *servizio i. nel prezzo.* **B** s. m. ● (*biol.*) ***I. citoplasmatico***, ognuno dei microscopici depositi di materiale, di riserva o di rifiuto, presenti nel citoplasma.

incoagulàbile [comp. di *in-* (*3*) e *coagulabile*; 1957] agg. ● (*raro*) Che non si coagula: *liquido i.*

incoagulabilità [1957] s. f. ● (*raro*) Proprietà di ciò che non si coagula.

incoàre [vc. dotta, lat. *incohāre* 'incominciare', di etim. incerta; 1584] v. tr. (difett. usato solo all'inf. pres., al part. pass. *incoato* e, raro, nei tempi composti) ● (*dir.*) Incominciare: *i. un processo, un lavoro.*

incoativo [vc. dotta, lat. *incohatīvu(m)*, da *incohāre* 'incoare'; 1561] agg. ● Che esprime inizio | (*ling.*) ***Verbo i.***, che indica l'inizio di un'azione (ad es., in latino, il verbo *fructescere*, che significa 'cominciare a mettere frutti'; in italiano si rende con costrutti come 'sto per uscire' e sim.).

incoccàre [comp. di *in-* (*1*) e *cocca* (*3*); 1483] **A** v. tr. (*io incòcco* o *incócco, tu incòcchi* o *incócchi*) *1* Mettere la freccia con la cocca contro la corda dell'arco, per tenderlo. *2* Fermare il filo alla cocca del fuso. *3* (*mar.*) Incappellare. **B** v. intr. pron. ● (*raro, lett.*) Incepparsi nel parlare.

incoccatùra [da *incoccare*; 1889] s. f. ● (*mar.*) Estremità che riceve l'anello o nodo o sim.

incocciàre [comp. di *in-* (*1*) e un deriv. del dial. *coccia* 'testa'; 1602] **A** v. tr. (*io incòccio*) *1* (*mar.*) Infilare l'estremità di un cavo e sim. in un anello o sim. *2* (*region.*) Incontrare qlcu. o urtare qlco.: *i. un conoscente*; *i. uno spigolo.* **B** v. intr. pron. ● (*region.*) Ostinarsi, incaponirsi. **C** v. intr. (aus. *essere*) *1* (*centr.*) Imbattersi, capitare: *è incocciato male.* *2* (*fam., tosc.*) Impermalirsi, stizzirsi.

incocciatùra [da *incocciare*; 1660] s. f. *1* (*region.*) Ostinazione caparbia, cocciutaggine, testardaggine. *2* (*fam., centr.*) Risentimento, arrabbiatura.

incodardire [comp. di *in-* (*1*) e *codardo*; av. 1704] v. intr. (*io incodardìsco, tu incodardìsci*; aus. *essere*) ● (*raro*) Diventare codardo.

incoercìbile [comp. di *in-* (*3*) e *coercibile*; 1816] agg. *1* (*fis.*) Non comprimibile. *2* Che non si può costringere, coartare: *pensiero, coscienza i.* *3* Che non si può impedire o reprimere: *vitalità, slancio i.* | ***Vomito i.***, inarrestabile, tipico della gravidanza. ‖ **incoercibilménte**, avv. In modo incoercibile, inarrestabile.

incoercibilità [1848] s. f. ● Condizione, caratteristica di ciò che è incoercibile.

incoerènte [vc. dotta, lat. *incohaerĕnte(m)*, da *in-* neg. e *cohǣrens*, genit. *cohaerĕntis*, part. pres. di *cohaerēre*, comp. di *cŭm* 'assieme' e *haerēre* 'aderire', di etim. incerta; av. 1694] agg. (assol.; + *con*) *1* Privo di compattezza e coesione, sciolto, non cementato: *terreno, materiali incoerenti.* *2* (*fis.*) Non coerente. *3* (*fig.*) Privo di nessi logici, contraddittorio e incostante: *discorso, condotta, individuo i.*; *proposta i. con le premesse.* SIN. Illogico, incongruente. ‖ **incoerenteménte**, avv. Senza coerenza, in modo incoerente.

incoerènza [av. 1694] s. f. *1* Mancanza di coesione e compattezza: *l'i. dei terreni sabbiosi.* *2* (*fis.*) Mancanza di coerenza. *3* (*fig.*) Mancanza di coerenza logica: *l'i. delle sue affermazioni è incredibile*; *l'i. di un comportamento.* *4* Affermazione, atto e sim. incoerente: *un ragionamento pieno di incoerenze.* SIN. Contraddizione, incongruenza.

incògliere o (*poet.*) †**incòrre** [comp. di *in-* (*1*) e *cogliere*; av. 1348] **A** v. tr. (coniug. come *cogliere*) ● (*lett.*) Cogliere di sorpresa: *qui lo incolse disgrazia* | (*raro, lett.*) Afferrare, raggiungere. **B** v. intr. (aus. *essere*) ● (*raro*) Accadere, capitare o sopravvenire impensatamente: *mal gliene incolse.*

incògnita [f. sost. di *incognito*; av. 1754] s. f. *1* (*mat.*) Quantità o elemento non noto, che compare in un'equazione o in un problema: *equazione a una, a più incognite.* *2* Evento, fatto o situazione non prevedibile: *la vita è piena d'incognite* | ***È un'i.***, si dice di persona che non si sa come possa reagire di fronte a determinate situazioni.

incògnito [vc. dotta, lat. *incŏgnitu(m)*, comp. di *in-* neg. e *cŏgnitus* 'noto', part. pass. di *cognōscere* 'conoscere'; 1319] **A** agg. *1* (*raro*) Che è del tutto sconosciuto: *cause incognite*; *per l'incognite contrade / fe' loro scorta e agevolò le strade* (ARIOSTO) | ***Autore i.***, ignoto, anonimo. *2* †Ignorante, ignaro. ‖ **incognitaménte**, avv. **B** s. m. *1* Condizione o stato di chi nasconde la propria reale identità: *viaggiare in i.*; *conservare l'i.* *2* Ignoto: *temere l'i.*

incoiàre o †**incroiàre**, **incuoiàre** [comp. di *in-* (*1*) e *c(u)oio*; sec. XIV] **A** v. tr. (*io incuòio*) ● (*raro*) Foderare di cuoio. **B** v. intr. e intr. pron. (aus. *essere*) ● (*raro*) Diventare duro come il cuoio.

ìncola [vc. dotta, lat. *ĭncola(m)*, comp. di *ĭn-* 'dentro' e *-cola(m)*, usato solo nei comp., da *cōlere* 'abitare, coltivare', di orig. indeur.; 1342] s. m. e f. (pl. m. *-i*) *1* Nel diritto romano, chi ha domicilio presso una comunità di cui non è originario. *2* †Abitante.

incolàto [vc. dotta, lat. tardo *incolātu(m)*, da *ĭncola* 'incola'; sec. XIV] s. m. *1* Nel diritto romano, situazione giuridica dell'incola. *2* †Abitazione.

incollàggio [da *incollare* (*1*); 1957] s. m. ● In numerose lavorazioni industriali, operazione dell'incollare e relativa tecnica.

incollamènto [1550] s. m. ● (*raro*) L'incollare, l'incollarsi.

†**incollanàre** [comp. di *in-* (*1*) e *collana*; 1963] v. tr. ● Ornare di collana.

♦**incollàre** (**1**) [comp. di *in-* (*1*) e *colla* (*2*); av. 1320] **A** v. tr. (*io incòllo*) *1* Far aderire mediante colla o materiali simili: *i. tavole, manifesti*; *i. qlco. al muro, sulla carta.* *2* Ricoprire qlco. con uno strato di colla | ***I. la carta da stampa***, per impedire che si imbeva d'inchiostro | ***I. il feltro***, per fare i cappelli. *3* (*elab.*) In un programma di elaborazione testi o di grafica, inserire nel documento un blocco di dati precedentemente copiato in un'apposita area di memoria. **B** v. intr. pron. (assol.; + *a*) ● Attaccarsi per mezzo della colla: *il francobollo non si è incollato bene* | (*est.*) Appiccicarsi, aderire strettamente: *le vesti bagnate le si incollavano al corpo.* **C** v. rifl. (+ *a*) ● (*fig.*) Tenersi vicinissimo a qlcu. o qlco., spec. per paura, per cercare protezione e sim.: *il bambino si era incollato alla madre*; *incollarsi al muro durante il temporale.*

incollàre (**2**) [comp. di *in-* (*1*) e *collo* (*1*); 1787] v. tr. (*io incòllo*) ● (*region.*) Caricare sulle spalle, mettere in collo un peso.

incollàto [sec. XV] part. pass. di *incollare*; anche agg. *1* Nei sign. del v. | Attaccato, appiccicato. *2* (*fig.*) Che sta molto vicino a qlcu. o a qlco. come se non riuscisse a staccarsene: *sta sempre i. davanti al televisore.*

incollatóre [da *incollare* (*1*); 1834] s. m. (f. *-trice*) ● Operaio addetto a lavori di incollaggio.

incollatrice [1965] s. f. ● In varie tecnologie, macchina per incollare.

incollatùra (**1**) [da *incollare* (*1*); av. 1537] s. f. *1* Operazione dell'incollare | Punto o superficie incollata. *2* Operazione dell'industria tessile consistente nell'applicare all'ordito una colla, facilmente eliminabile col lavaggio, per aumentare la resistenza dei fili e diminuirne l'attrito durante la tessitura.

incollatùra (**2**) [da *incollare* (*2*); av. 1803] s. f. *1* Nei cavalli, punto d'attacco del collo alle spalle | Nell'ippica, misura che comprende la lunghezza della testa e del collo di un cavallo, usata per indicare il distacco fra due animali all'arrivo di una gara: *vincere di una, di mezza i.* *2* (*mar.*; *disus.*) Grossezza dei madieri nel mezzo e dove posano sulla chiglia.

incollerire [comp. di *in-* (*1*) e *collera*; 1583] v. intr. e intr. pron. (*io incollerisco, tu incollerisci*; aus. *es-*

sere) ● Montare in collera: *incollerirsi senza un grave motivo*. SIN. Adirarsi, arrabbiarsi.

incollerito [av. 1563] part. pass. di *incollerire*; anche agg. ● Irato, arrabbiato.

incollocàto [comp. di *in-* (*3*) e *collocato*] **A** agg. ● (*bur.*) Detto di lavoratore che l'Ufficio di collocamento non ha avviato al lavoro. **B** s. m. (f. *-a*) ● Lavoratore incollocato.

incolmàbile [comp. di *in-* (*3*) e *colmabile*; 1909] agg. ● Che non si può colmare, riempire e sim. (*spec. fig.*): *svantaggio i.*; *lasciare un vuoto i.* | ***Distacco i.***, irrecuperabile. || **incolmabilménte**, avv.

incolmabilità [da *incolmabile*; 1957] s. f. ● Caratteristica di ciò che è incolmabile.

incolonnaménto [1940] s. m. ● L'incolonnare, l'incolonnarsi.

incolonnàre [comp. di *in-* (*1*) e *colonna*; 1905] **A** v. tr. (*io incolónno* (o *-ò-*)) ● Mettere in colonna: *i. le cifre, una composizione tipografica* | Disporre e far procedere in colonna, spec. i soldati di un reparto o più reparti inquadrati: *i. i prigionieri, le reclute*. **B** v. intr. pron. ● Disporsi in colonna.

incoloràre [comp. di *in-* (*1*) e *colore*; av. 1367] v. intr. e intr. pron. (*io incolóro*; aus. *essere*) ● (*raro, lett.*) Diventare colorito, prender colore.

incolóre o **incolóro** [fr. *incolore*, dal lat. *incolōre(m)*, comp. di *in-* neg. e *cŏlor*, genit. *colōris*, di orig. indeur.; 1870] agg. **1** Privo di colore: *sostanza i.*; *l'acqua è i.* **2** (*fig.*) Privo di interesse, vivacità, cambiamenti e sim.: *vita i.*; *giornate incolori* | ***Viso i.***, insignificante | ***Interpretazione i.***, mediocre, impersonale. SIN. Monotono, scialbo.

incolpàbile (**1**) [da *incolpare*; av. 1292] agg. ● Che si può incolpare: *testimone i. di falso*.

incolpàbile (**2**) [vc. dotta, lat. tardo *inculpābile(m)*, comp. di *in-* neg. e *culpābilis* 'colpevole'; sec. XIV] agg. ● (*lett.*) Che è privo di colpa. || **incolpabilménte**, avv. Senza colpa.

incolpabilità [1866] s. f. ● (*raro*) Condizione di chi è incolpabile.

incolpaménto [av. 1294] s. m. ● (*raro*) L'incolpare.

incolpàre [vc. dotta, lat. tardo *inculpāre*, comp. di *in-* raff. e *culpāre*, da *cŭlpa* 'colpa'; av. 1250] **A** v. tr. (*io incólpo*) (qlcu. + *di*) ● Ritenere qlcu. colpevole di qlco. e addossargliene le responsabilità: *i. qlcu. di un delitto, degli errori altrui, della rovina di una famiglia*; *i. a ragione, a torto*; *non altrui incolpando che me stesso* (PETRARCA). SIN. Accusare. **B** v. rifl. (+ *di*) ● Accusare sé stesso: *ci incolpammo della disgrazia*. **C** v. rifl. rec. ● Gettare uno addosso all'altro la colpa di qlco.: *da che li hanno presi, si incolpano a vicenda*. **D** v. intr. (aus. *essere*) ● †Aver colpa.

incolpazióne [vc. dotta, lat. tardo *inculpatiōne(m)*, da *inculpātus* 'incolpato'; sec. XIV] s. f. ● (*raro*) Imputazione di colpa.

incolpévole [comp. di *in-* (*3*) e *colpevole*, come il corrisp. lat. tardo *inculpābilis* 'incolpabile (2)'; av. 1543] agg. ● Che è senza colpa. SIN. Innocente. || **incolpevolménte**, avv. (*raro*) In modo incolpevole.

incolpevolézza [1939] s. f. ● Mancanza di colpa.

incòlse ● V. *incogliere*.

incoltézza [da *incolto* (*1*); 1659] s. f. **1** (*raro*) Condizione di ciò che non è coltivato: *i. del terreno*. **2** (*fig., lett.*) Rozzezza, ignoranza.

incoltivàbile [comp. di *in-* (*3*) e *coltivabile*; av. 1498] agg. ● Che non è coltivabile, che non può essere coltivato: *un terreno i.*

incòlto (**1**) o (*lett.*) **incùlto** [vc. dotta, lat. *incŭltu(m)*, comp. di *in-* neg. e *cŭltus*, part. pass. di *cŏlere* 'abitare, coltivare', di orig. indeur.; sec. XIV] **A** agg. **1** Che non è coltivato: *terreno, paese i.* **2** (*fig.*) Sciatto, non curato: *barba incolta*; *capelli incolti*. SIN. Trascurato. **3** (*fig.*) Privo di istruzione o di cultura: *uomo i.* SIN. Ignorante. || **incoltaménte**, avv. In modo incolto, senza cultura. **B** s. m. ● Terreno che è lasciato brullo, non soggetto a coltivazione.

†**incòlto** (**2**) [av. 1686] part. pass. di *incogliere*; anche agg. ● (*raro*) Nei sign. del v.

incòlume [vc. dotta, lat. *incŏlume(m)*, comp. di *in-* intens. e **cŏlumis* col prob. senso di 'salvo'; av. 1484] agg. ● Illeso: *è uscito i. dall'incidente*; *solo due passeggeri sono rimasti incolumi* | Intatto, indenne (*anche fig.*): *la casa uscì i. dal terremoto*; *mantenere i. il proprio onore*.

incolumità [vc. dotta, lat. *incolumitātem*, da *incŏlumis* 'incolume'; sec. XIV] s. f. ● Condizione di chi (o di ciò che) è incolume: *attentare all'i. di qlcu.*

incombènte [av. 1642] **A** part. pres. di *incombere*; anche agg. ● Che incombe | (*fig.*) Imminente: *pericolo i.* **B** s. m. ● (*raro*) Obbligo o dovere d'ufficio.

incombènza [da *incombere*; 1541] s. f. ● Incarico di una certa importanza: *sbrigare un'i.*; *difficile, triste i.*; *non avevo alcun diritto di lamentarmi per questa i. che m'era affidata* (NIEVO).

incómbere [vc. dotta, lat. *incŭmbere*, comp. di *in-* 'sopra' e **cŭmbere* 'giacere', di etim. incerta; 1531] v. intr. (*io incómbo*; pass. rem. *io incombéi* o *incombètti* (o *étti*), *tu incombésti*; difett. del part. pass. e dei tempi composti) **1** (assol.; + *su*) Essere soprastante, imminente: *Incombe già l'ombra della sera* (PIRANDELLO); *l'uragano incombeva sulla regione*. **2** (+ *a* qlcu.; + *di* seguito da inf.) Spettare come ufficio, dovere e sim.: *gli incombeva un triste compito*; *a lui incombeva di fornire le prove della sua innocenza* | †***I. in qlco.***, attendervi.

incombustìbile [comp. di *in-* (*3*) e *combustibile*; av. 1537] agg. ● Che non è soggetto a combustione: *sostanza i.*

incombustibilità [1795] s. f. ● Proprietà di ciò che è incombustibile.

incombùsto [comp. di *in-* (*3*) e *combusto*; av. 1514] agg. ● Non combusto.

incominciaménto [av. 1250] s. m. ● (*lett.*) Inizio, principio.

♦**incominciàre** [comp. di *in* (*1*) e *cominciare*; av. 1249] **A** v. tr. (*io incomìncio*) ● Cominciare: *incominciò il racconto*; *il Soldini disse che stava bene e incominciò il suo discorso* (FOGAZZARO); *ha incominciato a lavorare* | (*lett., assol.*) Cominciare a dire: *E un di loro incominciò: "Chiunque / tu se', così andando, volgi 'l viso ..."* (DANTE *Purg.* III, 103-104). CONTR. Finire, terminare. **B** v. intr. e †intr. pron. (aus. *essere*) (assol.; + *con*; + *da*) ● Avere inizio: *lo spettacolo incomincia tardi*; *la sua carriera incominciò con un incarico di assistente*; *incominciamo dai problemi più semplici*. CONTR. Finire, terminare.

incominciàto [av. 1249] **A** part. pass. di *incominciare*; anche agg. ● Nei sign. del v. **B** s. m. ● †Principio, impresa.

†**incomìncio** [da *incominciare*; av. 1300] s. m. ● Cominciamento.

incommensuràbile [vc. dotta, lat. tardo *incommensurābile(m)*, comp. di *in-* neg. e *commensurābilis* 'commensurabile'; av. 1572] agg. **1** Privo di un adeguato termine di paragone | (*est.*) Che non è possibile misurare, calcolare e sim., perché così grande da eccedere i normali mezzi di valutazione: *una i. quantità di stelle*; *statua di i. bellezza e perfezione*. **2** (*mat.*) Non commensurabile: *grandezze incommensurabili*. || **incommensurabilménte**, avv. In modo incommensurabile; smisuratamente: *incommensurabilmente grande*.

incommensurabilità [av. 1642] s. f. **1** Proprietà, caratteristica di ciò che è incommensurabile. **2** (*mat.*) Impossibilità di trovare una grandezza che sia sottomultipla di entrambe le grandezze considerate.

incommerciàbile [comp. di *in-* (*3*) e *commerciabile*; 1869] agg. ● (*dir.*) Detto di bene che non può essere oggetto di operazioni commerciali: *bene demaniale i.*

incommerciabilità [1957] s. f. ● Condizione di ciò che è incommerciabile.

incommestìbile [comp. di *in-* (*3*) e *commestibile*; av. 1956] agg. ● Che non è commestibile, che non si può mangiare: *funghi incommestibili*.

†**incòmmodo** ● V. *incomodo* (*1*).

incommutàbile [vc. dotta, lat. *incommutābile(m)*, comp. di *in-* neg. e *commutābilis* 'commutabile'; 1336 ca.] agg. **1** (*lett.*) Immutabile. **2** Che non si può commutare: *pena, voto i.* || **incommutabilménte**, avv. Senza mutamenti; in modo incommutabile.

incommutabilità [vc. dotta, lat. *incommutabilitāte(m)*, da *incommutābilis* 'incommutabile'; av. 1364] s. f. ● (*raro*) Impossibilità di essere commutato: *l'i. di una pena, di un bene*.

incomodàre [vc. dotta, lat. *incommodāre*, comp. di *in-* neg. e *commodāre*, da *cŏmmodum* 'comodo'; 1545] **A** v. tr. (*io incòmodo*) ● Disturbare, importunare, infastidire: *i. qlcu. telefonandogli a ore insolite* | ***Scusi se l'incomodo***, formula di scusa | ***Incomodo?***, disturbo? **B** v. rifl. ● Prendersi incomodo, disturbo, spec. per usare una cortesia, fare un regalo e sim.: *perché vi siete incomodati?* | ***Non s'incomodi!***, formula di cortesia con cui si prega l'ospite di restar seduto, di non offrire nulla e sim.

incomodàto [1655] part. pass. di *incomodare*; anche agg. **1** Nei sign. del v. **2** Indisposto.

incomodità [vc. dotta, lat. *incommoditāte(m)*, comp. di *in-* neg. e *commŏditas* (V. *comodità*); sec. XIII] s. f. **1** (*raro*) Condizione o stato di ciò che è incomodo: *l'i. di una stanza d'albergo, di una poltrona* | Cosa incomoda. **2** (*raro*) Indisposizione di salute.

incòmodo (**1**) o †**incòmmodo** [vc. dotta, lat. *incŏmmodu(m)*, comp. di *in-* neg. e *cŏmmodus* 'comodo'; 1520] agg. ● Che è causa di disagio, danno o molestia: *viaggio, letto i.*; *né sia chi stimi le ricchezze se non faticose e incommode a chi non sa bene usarle* (ALBERTI) | ***Ora incomoda***, inopportuna | ***Il terzo i.***, chi sopravviene quando e dove due persone vorrebbero star sole. SIN. Fastidioso, molesto. || **incomodaménte**, avv. In modo scomodo.

incòmodo (**2**) [vc. dotta, lat. *incŏmmodu(m)*, comp. di *in-* neg. e di *cŏmmodum* 'comodo'; sec. XIV] s. m. **1** Disagio, disturbo: *recare i. a qlcu.* | Fastidio, imbarazzo, seccatura: *essere d'i. per qlcu.* | ***Togliere, levare l'i.***, accomiatarsi | ***Scusi l'i.***, scusi il disturbo. **2** (*raro*) Corrispettivo di servizio prestato: *quant'è il vostro i.?* **3** Disturbo o indisposizione molesta ma non grave: *gli incomodi della vecchiaia*. SIN. Acciacco. || **incomodùccio**, dim.

incomparàbile [vc. dotta, lat. *imcomparābile(m)*, comp. di *in-* neg. e *comparābilis* 'comparabile'; 1336 ca.] agg. ● Che non si può comparare con niente o nessuno: *bontà, amico i.*; *di somma e i. continenza* (ARIOSTO). SIN. Impareggiabile, unico. || **incomparabilménte**, †**incomparabileménte**, avv.

incomparabilità [1869] s. f. ● Condizione di ciò che è incomparabile.

incompatìbile [comp. di *in-* (*3*) e *compatibile*; av. 1540] agg. (assol.; + *con*) **1** Che non si concilia o non può conciliarsi con qlco.: *violenza e bontà sono i due lati incompatibili della sua personalità*; *il nuovo incarico è i. con quello precedente* | ***Caratteri incompatibili***, che non vanno d'accordo | ***Cariche incompatibili***, che non possono essere contemporaneamente ricoperte da una stessa persona. **2** (*raro*) Di ciò che non si può sopportare o tollerare: *si è reso colpevole di una i. negligenza*. **3** (*mat.*) Di sistema che non ammette soluzioni o di relazioni che non possono essere verificate simultaneamente. || **incompatibilménte**, avv.

incompatibilità [av. 1540] s. f. **1** Caratteristica di ciò che è incompatibile: *i. delle premesse con le conseguenze*; *i. di due colori*; *i. di carattere* | ***I. farmacologica***, antagonismo farmacologico che impedisce la somministrazione contemporanea di certi farmaci | ***I. di gruppo sanguigno***, impossibilità di mescolanza tra determinati gruppi sanguigni per agglutinazione dei globuli rossi | ***I. materno-fetale***, tra madre con fattore Rh-negativo e feto Rh-positivo. **2** (*dir.*) Condizione per cui due situazioni giuridiche sono tra loro incompatibili. **3** (*bot.*) Nelle Angiosperme, condizione per cui l'ovario inibisce lo sviluppo del tubo pollinico.

incompàtto [comp. di *in-* (*3*) e *compatto*; 1869] agg. ● (*raro*) Privo di compattezza (*anche fig.*). || †**incompattaménte**, avv. Senza fermezza e consistenza.

incompenetràbile [comp. di *in-* (*3*) e *compenetrabile*; 1782] agg. ● Impenetrabile.

incompenetrabilità [1951] s. f. ● Impenetrabilità.

incompensàbile [comp. di *in-* (*3*) e *compensabile*; av. 1667] agg. ● (*raro*) Che non è possibile compensare in modo appropriato: *eroismo i.*

incompetènte [comp. di *in-* (*3*) e *competente*; 1657] **A** agg. **1** Che è privo di competenza e di preparazione rispetto a un'arte, scienza e sim. e quindi non può trattarne, parlarne e sim.: *essere i. in materia di pittura* | ***Dichiararsi i. in materia***, in quel settore di cui si tratta | (*est.*) Che manca di capacità nel proprio lavoro: *è un tecnico i.* **2** (*dir.*) Che non ha competenza: *organo giudiziario i.*; *il giudice si è dichiarato i.* **3** (*med.*) Di organo o apparato incapace di svolgere la propria funzione | ***Collo uterino i.***, cervice uterina che non è in grado di mantenere il feto all'interno dell'utero e provoca aborto o parto prematuro. || **incompetentemente**, avv. In modo incompetente, senza competenza. **B** s. m. e f. ● Chi manca di preparazione in una determinata disciplina, argomento e sim.: *sono un i. in medicina*; *essere un i. in materia di calcio.*

incompetènza [1337] s. f. *1* Mancanza di competenza in un determinato settore: *è nota la nostra i. in fatto di musica, di poesia, di sport.* *2* (*dir.*) Inidoneità di un organo giurisdizionale a statuire su una data lite o di un organo amministrativo a emanare un dato atto, per mancanza di competenza.

incompiànto [comp. di *in-* (*3*) e *compianto*; 1813] agg. ● (*lett.*) Di chi muore senza essere compianto.

incompiutézza [1897] s. f. ● Caratteristica di ciò che è o resta incompiuto.

incompiùto [comp. di *in-* (*3*) e *compiuto*; 1304] agg. ● Non compiuto, non terminato, non completato: *poesia, sinfonia incompiuta.* || **incompiutaménte**, avv.

incompletézza [av. 1910] s. f. ● Caratteristica di ciò che non è completo | In logica matematica, proprietà di un sistema formale in cui non è possibile dimostrare tutte le proposizioni che sono vere nel suo modello.

incomplèto [vc. dotta, lat. tardo *incomplētu(m)*, comp. di *in-* neg. e *complētus*, part. pass. di *complēre*, comp. di *cŭm* 'con' e *plēre* 'riempire', di orig. indeur.; av. 1758] agg. ● Che non è completo in tutte le sue parti: *testo i.*; *ponte i.*; *spesa incompleta* | (*zool.*) ***Dentatura incompleta***, che manca di uno dei tre tipi di denti | ***Metamorfosi incompleta***, tipica di alcuni insetti in cui manca lo stadio di pupa | (*bot.*) ***Fiore i.***, che manca di calice o di corolla o di stami o di pistillo | ***Stame i.***, che manca di filamento | In logica matematica, che ha la proprietà dell'incompletezza. || **incompletaménte**, avv.

incomportàbile [comp. di *in-* (*3*) e *comportabile*, nel senso di 'tollerabile'; 1353] agg. ● (*lett.*) Che non si può sopportare, tollerare: *noia, insolenza i.*; *parole odiose ed incomportabili* (ALBERTI). || **incomportabilménte**, avv. In modo intollerabile, sconveniente.

†**incomportabilità** [1959] s. f. ● Insopportabilità.

incompostézza [av. 1705] s. f. ● Caratteristica di chi (o di ciò che) è incomposto.

incompósto o †**incompòsito** [vc. dotta, lat. *incompŏsitu(m)*, comp. di *in-* neg. e *compŏsitus* 'composto'; av. 1375] agg. *1* Di ciò che è confuso, disordinato, arruffato: *una massa incomposta di oggetti*; *capelli incomposti* | ***Abito i.***, non decoroso né elegante. *2* (*fig.*) Privo di garbo e decoro: *risa incomposte*; *movimenti incomposti* | ***Stile i.***, senza ordine o correttezza | Indecente: *atti incomposti.* *3* †Non composto. || **incompostaménte**, avv.

†**incomprendibile** [comp. di *in-* (*3*) e *comprendibile*, come il corrisp. lat. tardo *incomprehensĭbilis* 'incomprensibile'; sec. XIV] agg. ● Che non può essere compreso, incluso in qlco.: *attività i. in una categoria particolare.*

incomprensìbile [vc. dotta, lat. tardo *incomprehensĭbile(m)*, comp. di *in-* neg. e *comprehensĭbilis* 'comprensibile'; av. 1292] agg. ● Difficile o impossibile da intendere, capire: *discorsi incomprensibili*; *mistero i.* | ***Uomo i.***, chiuso in sé o le cui azioni sono strane, inesplicabili | (*raro*) Che non si riesce a sentire, distinguere: *suoni incomprensibili.* SIN. Impenetrabile, oscuro. || **incomprensibilménte**, avv. *1* In modo incomprensibile. *2* Stranamente, senza un motivo valido: *incomprensibilmente ha rifiutato il mio invito.*

incomprensibilità [sec. XIV] s. f. ● Carattere di ciò che è incomprensibile: *i. di un discorso* | ***L'i. di Dio***, impossibilità di comprendere Dio nella sua infinita grandezza.

incomprensióne [comp. di *in-* (*3*) e *comprensione*; 1572] s. f. ● Mancanza di comprensione: *i. familiare*; *sentimenti mutilati dall'i. della lingua e delle sue sfumature* (GRAMSCI).

†**incomprensivaménte** [av. 1306] avv. ● Incomprensibilmente.

incompréso [vc. dotta, lat. tardo *incomprehēnsu(m)*, comp. di *in-* neg. e *comprehēnsus* 'compreso'; 1598] agg. ● Di chi (o di ciò che) non è compreso, capito: *giovane, sacrificio, amore i.* | ***Genio i.***, (*iron.*) chi presume altamente di sé, e ritiene che gli altri non lo stimino abbastanza.

incompressìbile [comp. di *in-* (*3*) e *compressibile*; 1697] agg. ● (*fis.*) Che è caratterizzato da incompressibilità.

incompressibilità [comp. di *in-* (*3*) e *compressibilità*; 1869] s. f. ● (*fis.*) Proprietà dei corpi a volume costante che non variano il loro volume qualunque sia l'azione sollecitatrice.

incomprimìbile [comp. di *in-* (*3*) e *comprimibile*; 1915] agg. *1* (*raro*) Incompressibile. *2* (*fig.*) Impossibile o difficile da reprimere o frenare: *l'i. violenza di un sentimento.* || **incomprimibilménte**, avv.

incomprimibilità [1957] s. f. ● (*raro*) Caratteristica di ciò che è incomprimibile.

incomputàbile [comp. di *in-* (*3*) e *computabile*; 1858] agg. ● Impossibile a computarsi: *differenze incomputabili* | Che non merita d'essere calcolato: *diminuzione i. di profitti.* || **incomputabilménte**, avv.

incomunicàbile [vc. dotta, lat. tardo *incommunicābile(m)*, comp. di *in-* neg. e *communicābilis* 'comunicabile'; 1585] agg. *1* Difficile o impossibile a comunicarsi: *titolo, notizia, sentimento i.* *2* †Che non si può esportare per la sua fragilità. || **incomunicabilménte**, avv.

incomunicabilità [av. 1956] s. f. *1* Caratteristica di ciò che è incomunicabile. *2* Impossibilità di stabilire un rapporto umano con chi vive accanto a noi.

inconcepìbile [comp. di *in-* (*3*) e *concepibile*; 1573] agg. ● Di ciò che la mente umana non può concepire, immaginare, pensare e sim., perché contrario al buon senso e alla ragione: *una soluzione del genere è assolutamente i.*; *stravolto allo spettacolo di quella cosa i.* (PIRANDELLO) | Incredibile, inammissibile: *tanta presunzione, in un giovane alle prime armi, è i.* || **inconcepibilménte**, avv.

inconcepibilità [av. 1712] s. f. ● Caratteristica di ciò che è inconcepibile.

inconciliàbile [comp. di *in-* (*3*) e *conciliabile*; 1786] agg. ● Impossibile da conciliare: *avversario i.*; *punti di vista tra loro inconciliabili.* || **inconciliabilménte**, avv.

inconciliabilità [1858] s. f. ● Caratteristica di chi (o di ciò che) è inconciliabile.

inconciliàto [comp. di *in-* (*3*) e *conciliato*; 1870] agg. ● (*lett.*) Che non è conciliato.

†**inconcinno** [vc. dotta, lat. *inconcĭnnu(m)* 'non in armonia, sconveniente, maldestro', comp. di *in-* neg. e *concĭnnus* 'concinno'; 1499] agg. ● (*lett.*) Scomposto, rozzo, disadorno.

inconcludènte [comp. di *in-* (*3*) e *concludente*; 1611] **A** agg. ● Che non conclude o non porta a nessuna conclusione: *discorsi, sforzi inconcludenti* | ***Uomo i.***, che non fa niente di buono, di utile. SIN. Irresoluto. || **inconcludenteménte**, avv. **B** s. m. e f. ● Persona inconcludente.

inconcludènza [1819] s. f. ● Caratteristica di chi (o di ciò che) è inconcludente.

inconclùso [comp. di *in-* (*3*) e *concluso*; 1618] agg. ● (*raro*) Privo di conclusione, compiutezza.

inconcùsso [vc. dotta, lat. tardo *inconcŭssu(m)* 'non scosso, fermo', comp. di *in-* neg. e *concŭssus* 'concusso'; 1499] agg. ● (*lett.*) Che non si può muovere, scuotere o abbattere (*spec. fig.*): *fede, onestà inconcussa*; *principi inconcussi.*

incòndito [vc. dotta, lat. tardo *incŏnditu(m)* 'non riposto, disordinato, rozzo', comp. di *in-* neg. e *cŏnditus* 'còndito'; 1504] agg. ● (*lett.*) Disordinato, privo di grazia: *stile i.*; *que' santi piè … fermaronsi / al suon della mia voce aspra e incondita* (SANNAZARO).

incondizionàto [comp. di *in-* (*3*) e *condizionato*; 1866] agg. ● Che è privo di limitazioni restrittive e quindi pieno ed assoluto: *approvazione, adesione incondizionata*; *rifiuto i.* | ***Resa incondizionata***, assoluta, senza patti preventivi, a discrezione del nemico. || **incondizionataménte**, avv.

inconferènte [1986] agg. ● Che non riguarda l'argomento in discussione; non pertinente: *argomentazione i.*

inconfessàbile [comp. di *in-* (*3*) e *confessabile*; 1892] agg. ● Che non si può confessare o rivelare senza provare vergogna: *pensiero i.* | (*est.*) Turpe, vergognoso: *peccato i.* || **inconfessabilménte**, avv.

inconfessàto [comp. di *in-* (*3*) e *confessato*; 1898] agg. ● Detto di ciò che non si è confessato a nessuno e che si è cercato di relegare nel fondo della propria coscienza, per timore, vergogna o altro: *proposito i.*; *desideri inconfessati.*

inconfèsso [vc. dotta, lat. *inconfĕssu(m)*, comp. di *in-* neg. e *confĕssus* 'confess(at)o'; 1686] agg. ● (*raro*) Che non ha confessato: *reo i.*

inconfondìbile [comp. di *in-* (*3*) e *confondibile*; 1905] agg. ● Che non si può confondere o scambiare con altro per le sue stesse caratteristiche: *andatura, stile, voce i.* || **inconfondibilménte**, avv.

inconfortàbile [comp. di *in-* (*3*) e *confortabile*] agg. ● (*raro*) Che non può ricevere conforto, consolazione: *angoscia, dolore i.*

inconfortévole [comp. di *in-* (*3*) e *confortevole*; 1972] agg. ● Privo di comodità.

inconfutàbile [comp. di *in-* (*3*) e *confutabile*; 1869] agg. ● Che non è possibile confutare, contestare: *ragioni, argomenti, accuse inconfutabili.* SIN. Inoppugnabile. || **inconfutabilménte**, avv.

inconfutabilità [1990] s. f. ● Caratteristica di ciò che è inconfutabile.

inconfutàto [comp. di *in-* (*3*) e *confutato*; 1910] agg. ● (*raro*) Indiscusso.

incongelàbile [vc. dotta, lat. tardo *incongelābile(m)*, comp. di *in-* neg. e un deriv. di *congelāre* 'congelare'; 1598] agg. ● Che non si congela: *sostanza i.*

incongruènte [vc. dotta, lat. *incongruĕnte(m)*, comp. di *in-* neg. e *cŏngruens*, genit. *congruĕntis* 'congruente'; 1632] agg. ● Che manca di congruenza o di coerenza logica: *parole incongruenti*; *risposta i.* SIN. Contraddittorio. || **incongruenteménte**, avv.

incongruènza [vc. dotta, lat. tardo *incongruĕntia(m)*, comp. di *in-* neg. e *congruĕntia* 'congruenza'; 1632] s. f. ● Caratteristica di chi (o di ciò che) è incongruente: *l'i. di un'obiezione, di una persona*; *questo … è il principio delle incongruenze ch'io stimo essere tra la Luna e la Terra* (GALILEI) | (*est.*) Ciò che manca di congruenza, di collegamenti logici: *ha esposto una tesi piena di incongruenze.*

incongruità [vc. dotta, lat. tardo *incongruitāte(m)*, della stessa orig. e sign. di *incongruĕntia(m)* 'incongruenza'; 1584] s. f. ● Caratteristica di ciò che è incongruo.

incòngruo [vc. dotta, lat. tardo *incŏngruu(m)*, comp. di *in-* neg. e *cŏngruus* 'congruo'; 1483] agg. ● Che non è proporzionato né conveniente: *ricompensa incongrua* | (*raro*) Incoerente: *discorso i.* || **incongruaménte**, avv.

inconocchiàre [comp. di *in-* (*1*) e *conocchia*; 1342] v. tr. (*io inconòcchio*) ● Mettere sulla rocca una conocchia di lino, canapa o cotone da filare.

inconoscìbile [vc. dotta, lat. *incognoscĭbile(m)*, comp. di *in-* neg. e *cognoscĭbilis* 'conoscibile', da *cognōscere* 'conoscere'; av. 1595] **A** agg. *1* Che non si può, non si riesce a conoscere. *2* Nel linguaggio filosofico, detto di tutto ciò che è inaccessibile alle possibilità della conoscenza umana e che pertanto può solo essere oggetto di fede. || **inconoscibilménte**, avv. **B** anche s. m. nel sign. 2.

inconoscibilità [av. 1698] s. f. ● Carattere di ciò che è inconoscibile.

†**inconosciùto** [comp. di *in-* (*3*) e *conosciuto*; av. 1580] agg. ● Incognito, sconosciuto: *lasciami omai por ne la terra il piede / e veder questi inconosciuti lidi* (TASSO).

inconsapévole [comp. di *in-* (*3*) e *consapevole*; 1818] agg. ● Che non è a conoscenza o non si rende conto di qlco.: *i. del pericolo, del rischio* | ***I. di sé stesso***, che non ha coscienza di sé. SIN. Ignaro. || **inconsapevolménte**, avv. In modo inconsapevole, senza sapere qlco.

inconsapevolézza [comp. di *in-* (*3*) e *consapevolezza*; 1869] s. f. ● Condizione di chi è inconsapevole: *i. delle proprie condizioni fisiche*; *il Nilo / che mi ha visto / nascere e crescere / e ardere d'i.* (UNGARETTI).

incònscio [vc. dotta, lat. tardo *incōnsciu(m)*, comp. di *in-* neg. e *cōnscius* 'conscio'; 1353] **A** agg. (pl. f. *-sce* o lett. *-scie*) ● Che non è cosciente: *atto, comportamento i.* | †Ignaro. || **inconsciaménte**, avv. **B** s. m. ● (*psicoan.*) Insieme dei processi psichici che non hanno accesso alla coscienza | ***I. personale***, nella teoria di C. G. Jung, i contenuti dell'attività mentale un tempo consci, poi dimenticati o rimossi | *I. collettivo*, nella teoria di C. G. Jung, i contenuti dell'attività mentale non derivanti dall'esperienza, ma ereditati dall'individuo.

inconseguènte [vc. dotta, lat. tardo *inconsequĕnte(m)*, comp. di *in-* neg. e *cŏnsequens*, genit. *consequĕntis*, part. pres. di *cŏnsequi* 'conseguire'; av. 1686] **agg.** ● Di ciò che è privo di legami o nessi logici con quanto precede: *deduzioni inconseguenti* | Di chi è privo di coerenza: *persona i.* || **inconseguentemènte**, **avv.**

inconseguènza [vc. dotta, lat. *inconsequĕntia(m)*, comp. di *in-* neg. e *consequĕntia* 'conseguenza'; av. 1604] **s. f.** ● Mancanza di conseguenza o coerenza: *l'i. di un ragionamento, di un individuo* | (*est.*) Ciò che manca di corrispondenza con quanto precede: *una vita, una teoria piena di inconseguenze.*

inconsideràbile [comp. di *in-* (*3*) e *considerabile*; av. 1330] **agg.** *1* Che non merita considerazione: *obiezione, importanza, cifra i.* **SIN.** Trascurabile. *2* †Che non si può pensare e intendere.

inconsideratézza [av. 1642] **s. f.** ● Caratteristica di chi (o di ciò che) è inconsiderato: *l'i. giovanile* | Atto inconsiderato: *commettere delle inconsideratezze.* **SIN.** Inavvertenza.

inconsideràto [vc. dotta, lat. *inconsiderātu(m)*, comp. di *in-* neg. e *considerātus*, part. pass. di *considerāre* 'considerare'; av. 1292] **agg.** *1* Di chi non considera o non riflette abbastanza sulle conseguenze dei propri atti e quindi agisce in modo imprudente e temerario: *giovane i.* **SIN.** Inavveduto. *2* Di ciò che è avventato e imprudente: *risposte, parole inconsiderate.* **SIN.** Azzardato, incauto. || **inconsideratamènte**, **avv.** In modo inconsiderato, imprudente; a caso e senza riflettere.

inconsiderazióne [vc. dotta, lat. tardo *inconsideratiōne(m)*, da *inconsiderātus* 'inconsiderato'; av. 1400] **s. f.** ● (*raro*) Mancanza di riflessione, prudenza e sim.

inconsistènte [comp. di *in-* (*3*) e *consistente*, sul modello del fr. *inconsistant*; 1632] **agg.** ● Privo di consistenza e valore, solidità (*anche fig.*): *patrimonio, materiale i.*; *prove inconsistenti.* || **inconsistentemènte**, **avv.**

inconsistènza [comp. di *in-* (*3*) e *consistenza*, sul modello del fr. *inconsistance*; 1572] **s. f.** ● Caratteristica di ciò che è inconsistente (*anche fig.*): *l'i. di un'accusa.*

inconsolàbile [vc. dotta, lat. *inconsolābile(m)*, comp. di *in-* neg. e *consolābilis*, da *consolāri* 'consolare'; 1499] **agg.** ● Che non si riesce a consolare, alleviare: *persona, dolore i.* **SIN.** Disperato. || **inconsolabilmènte**, **avv.**

inconsolàto [comp. di *in-* (*3*) e *consolato*; 1618] **agg.** ● (*raro*) Sconsolato.

inconsonànte [vc. dotta, lat. tardo *inconsonănte(m)*, comp. di *in-* neg. e *cŏnsonans*, genit. *consonăntis*; av. 1590] **agg.** ● (*mus.*) Discordante: *suono i.*

†**inconstànzia** ● V. *incostanza.*

inconsuèto [vc. dotta, lat. tardo *inconsuētu(m)*, comp. di *in-* neg. e *consuētus* 'consueto'; av. 1508] **agg.** *1* Che è fuori delle consuetudini comuni: *fatto i.*; *cerimonia inconsueta.* **SIN.** Insolito, inusitato, strano. *2* (*lett.*) Di persona o cosa non conosciuta o sperimentata. || **inconsuetamènte**, **avv.**

inconsùlto [vc. dotta, lat. *inconsŭltu(m)*, comp. di *in-* neg. e *consŭltus* 'consulto', part. pass. di *consŭlere*; av. 1363] **agg.** ● Che manca di prudenza e riflessione: *atto, moto, gesto i.* | (*est.*) Temerario: *impresa inconsulta.* || **inconsultamènte**, **avv.** In modo sconsiderato o temerario.

inconsumàbile [comp. di *in-* (*3*) e *consumabile*; 1499] **agg.** *1* Che non si può consumare. *2* (*dir.*) Di bene suscettibile di un godimento successivo e continuato. *3* †Interminabile.

inconsumàto [vc. dotta, lat. tardo *inconsummătu(m)*, comp. di *in-* neg. e *consummātus*, part. pass. di *consummāre* 'consumare'; av. 1588] **agg.** *1* (*raro, lett.*) Che non si è consumato. *2* (*raro*) Che non si è compiuto.

inconsùnto [vc. dotta, lat. *inconsūmptu(m)*, comp. di *in-* neg. e *consūmptus*, part. pass. di *consūmere* (V. *consunto*); 1822] **agg.** ● (*lett.*) Intatto.

inconsùtile [vc. dotta, lat. eccl. *inconsūtile(m)*, comp. di *in-* neg. e *consūtilis*, da *consūere*, comp. di *cŭm* 'insieme' e *sŭere* 'cucire', di orig. indeur.; 1336 ca.] **agg.** ● (*lett.*) Privo di cuciture | *Tunica i.*, la veste del Cristo, non cucita, simbolo dell'unità dei Cristiani e dell'umanità redenta.

incontaminàbile [vc. dotta, lat. crist. *incontaminābile(m)*, comp. di *in-* neg. e *contaminābilis*, da *contamināre* 'contaminare'; sec. XIV] **agg.** ● (*lett.*) Che non si può o non si deve contaminare.

incontaminatézza [av. 1694] **s. f.** ● (*raro*) Stato di chi (o di ciò che) è incontaminato.

incontaminàto [vc. dotta, lat. *incontaminātu(m)*, comp. di *in-* neg. e *contaminātus*, part. pass. di *contamināre* 'contaminare'; sec. XIV] **agg.** ● Intatto, puro: *nome i.*; *virtù, fama incontaminata.* || **incontaminatamènte**, **avv.**

†**incontanènte** o †**contenènte** (*3*), †**incontinènte** (*2*) [vc. dotta, lat. *incontinĕnti* (sottinteso *tĕmpore* 'tempo'), abl. dell'agg. *incŏntinens*, genit. *incontinĕntis* 'che non trattiene, incontinente', comp. di *in-* neg. e *cŏntinens*, part. pres. di *continēre* 'contenere'; 1294] **A avv.** ● Senza por tempo in mezzo, subito: *i. intesi e certo fui / che questa era la setta d'i cattivi* (DANTE *Inf.* III, 61-62). **B** nella **loc. cong.** *i. che* ● Appena che (introduce una prop. temp. con il v. all'indic.).

incontemplàbile [vc. dotta, lat. eccl. *incontemplābile(m)*, comp. di *in-* neg. e *contemplābilis* 'contemplabile', da *contemplāre* 'contemplare'; sec. XIV] **agg.** ● (*lett.*) Detto di ciò che lo sguardo non può contemplare a lungo.

incontenìbile [comp. di *in-* (*3*) e *contenibile*; 1929] **agg.** ● Che non si può limitare, frenare o trattenere: *dolore, felicità i.* || **incontenibilmènte**, **avv.**

incontentàbile [comp. di *in-* (*3*) e un deriv. del v. *contentare*; sec. XIV] **A agg.** ● Difficile o impossibile da accontentare: *ragazza, avidità, desiderio i.* | Molto esigente con gli altri e con sé stesso: *professore, artista i.* || **incontentabilmènte**, **avv. B s. m. e f.** ● Persona incontentabile.

incontentabilità [av. 1729] **s. f.** ● Caratteristica di chi non si contenta mai: *l'i. di una donna, di un cliente* | Desiderio persistente della perfezione: *l'i. di quel pittore è proverbiale.*

incontestàbile [comp. di *in-* (*3*) e un deriv. del v. *contestare*; av. 1712] **agg.** ● Che non si può contestare: *verità i.*; *prove incontestabili* | (*est.*) Evidente, sicuro: *tuttociò che egli diceva, pareva avesse lo stesso valore i. della sua bellezza* (PIRANDELLO). || **incontestabilmènte**, **avv.**

incontestabilità [1940] **s. f.** ● Condizione di ciò che è incontestabile.

incontestàto [1884] **agg.** ● Che non è stato oggetto di contesa, discussione e sim.: *è un suo i. diritto.*

incontinènte (*1*) [vc. dotta, lat. *incontinĕnte(m)*, comp. di *in-* neg. e *cŏntinens*, genit. *continĕntis*, part. pres. di *continēre* 'contenere'; sec. XIV] **A agg.** *1* Incapace di contenersi, frenarsi o imporsi un limite: *persona, lingua i.* **SIN.** Intemperante. *2* (*med.*) Che è affetto da incontinenza || **incontinentemènte**, **avv.** Senza misura. **B s. m. e f.** *1* Persona smodata, intemperante. *2* (*med.*) Chi è affetto da incontinenza.

†**incontinènte** (*2*) ● V. †*incontanente.*

incontinènza [vc. dotta, lat. *incontinĕntia(m)*, comp. di *in-* neg. e *continĕntia*, da *continēre* 'contenere'; 1313] **s. f.** *1* Intemperanza, smodatezza: *i. dei desideri, delle passioni* | *Peccati di i.*, peccati che si originano dal disordinato uso degli istinti, come gola, lussuria, avarizia e ira. *2* (*med.*) Incapacità totale o parziale di chiusura di uno sfintere, spec. anale o vescicale, dovuta a cause patologiche o a diminuzione del tono muscolare.

†**incònto** o **incònto** [vc. dotta, lat. *incŏmptu(m)*, comp. di *in-* neg. e *cŏmptus*, part. pass. di *cŏmere* '(ad)ornare'; av. 1514] **agg.** ● (*lett.*) Disadorno, inelegante.

†**incóntra** ● V. *incontro* (*2*).

♦**incontràre** [dal lat. tardo *incŏntra*, comp. di *ĭn* e *cŏntra* 'contro'; sec. XII] **A v. tr.** (*io incóntro*) *1* Trovare davanti a sé, per caso o deliberatamente: *i. un amico per strada, per le scale, alla stazione*; *dobbiamo incontrarlo domani, per affari.* *2* Avere di fronte qlco., a un certo momento e nostro malgrado: *i. pericoli, disagi, morte* | *I. una spesa*, trovarsi nella imprevista necessità di sostenerla. *3* (*fig.*) Trovare, gener. in senso favorevole: *i. una buona moglie, la lode, la fortuna, il favore di qlcu.* | *I. il genio, il gusto altrui*, corrispondervi | (*assol.*) Ottenere approvazione, successo, piacere: *libro, attore, moda che incontra molto.* *4* †Mettere contro, vicino. *5* (*sport*) Disputare una partita, misurarsi con un avversario. *6* (*mar., raro*) Frenare il movimento di orzata o di poggiata cambiando vivamente la barra del timone, affinché la prua non cambi la direzione voluta. **B v. intr.** (aus. *essere*; anche **impers.**, nel sign. 2) *1* Corrispondere, stare sulla medesima direzione: *porte, finestre che incontrano.* *2* (*raro*) Capitare, accadere. **C v. intr. pron.** (+ *con*; raro + *in*) ● Trovarsi con qlcu.: *domani mi incontro con l'amministratore* | (*raro*) Imbattersi, incappare in qlcu.: *incontrarsi in una persona onesta.* **D v. rifl. rec.** *1* Vedersi con qlcu.: *incontriamoci domani al caffè* | (*est.*) Fare conoscenza: *si incontrarono in vacanza.* *2* Affrontarsi: *le due squadre finaliste si incontrano domani per il titolo.* *3* (*fig.*) Essere d'accordo con qlcu. riguardo a idee, gusti e sim.: *incontrarsi nella scelta di qlco., nelle idee politiche.* **SIN.** Coincidere. *4* Confluire, unirsi: *due strade che si incontrano.*

incontràrio [comp. di *in-* (*2*) e *contrario*; 1766] **avv.** ● (*fam.*) Solo nella loc. avv. *all'i.*, al contrario, all'opposto, a rovescio, in modo diverso: *fa tutto all'i.*; *ogni cosa mi va all'i.*

incontrastàbile [comp. di *in-* (*3*) e un deriv. di *contrastare*; 1294] **agg.** ● Che non si può contrastare o impedire: *avanzata, passo i.* | *Legge, comando i.*, inoppugnabile | *Verità, ragione i.*, indiscutibile | *Destino i.*, ineluttabile. || **incontrastabilmènte**, **avv.** Senza possibili contrasti ed opposizioni.

incontrastàto [comp. di *in-* (*3*) e *contrasto*; av. 1729] **agg.** ● Privo di contrasti, opposizioni, difficoltà e sim.: *dominio i.*; *verità incontrastata* | *Vittoria incontrastata*, riportata da un atleta o da una squadra senza difficoltà.

incontrìsta [da *incontro* (*1*); 1955] **s. m. e f.** (**pl. m.** *-i*) *1* (*sport*) Nel pugilato, atleta abile nel portare colpi d'incontro. *2* (*sport*) Nel calcio, centrocampista con il compito di contrastare la manovra avversaria e rilanciare velocemente la propria. **SIN.** Mediano di interdizione.

♦**incóntro** (*1*) [da *incontrare*; 1530] **s. m.** *1* Circostanza dell'incontrare o dell'incontrarsi con qlcu.: *i. piacevole, sgradito, casuale, voluto, inopportuno, imprevisto* | *Fare un brutto i.*, trovare dei malviventi sulla propria strada o una persona che non si desidera incontrare | Riunione, convegno: *i. di ministri, di capi di Stato* | (*raro*) Appuntamento: *mancare all'i.* *2* (*raro, est.*) Ciò che si incontra | Punto in cui due cose si incontrano | (*fig.*) *Cercare un punto d'i.*; un compromesso, un accordo. *3* (*raro*) Favore, gradimento: *moda di grande, poco i.* *4* (*raro*) Scontro, spec. armato: *l'i. dei due eserciti fu terribile* | *Colpo d'i.*, nel pugilato, quello portato mentre l'avversario conduce un attacco | (*calcio*) *Mediano d'i.*, mediano d'interdizione. *5* Gara, competizione sportiva: *i. di calcio, di pugilato*; *i. internazionale*; *i. triangolare*; *disputare un i.* *6* (*raro, fig.*) Occasione, caso: *i. fortunato, felice* | †Accidente.

♦**incóntro** (*2*) o (*poet.*) †**incóntra**, †**in cóntro** [dal lat. parl. **incŏntra*, comp. di *in-* raff. e *cŏntra* 'contro'; 1319] **A** nella **loc. prep.** *i. a.* *1* Verso, in direzione di (con v. di moto): *andare, farsi, correre i. a qlcu. per accoglierlo*; *andare i. alla brutta stagione*; *andare i. a brutte sorprese, a grossi guai, a forti spese*; *andare i. alla morte sorridendo* | *Andare, venire i. a qlcu.*, (*fig.*) concedergli un aiuto, materiale o morale, cercare di agevolarlo: *cerchi di venirmi i. nel prezzo* | *Andare, venire i. ai desideri di qlcu.*, (*fig.*) soddisfarli almeno in parte | (*lett.*) †Con un pron. pers. encl.: *essa incontrogli da tre gradi discese* (BOCCACCIO). *2* (*raro*) Contro (in senso ostile): *mi si fece i. minaccioso* | †*Essere i. a qlcu.*, essergli contrario, avverso | †Nei confronti di: *perché quel popolo è sì empio / incontr'a' miei in ciascuna sua legge?* (DANTE *Inf.* X, 83-84). *3* †Dirimpetto a. **B avv.** *1* (*raro*) Di fronte, dirimpetto: *sono venuti ad abitare proprio qua i.* *2* (*raro, lett.*) Al contrario, invece | (*fam.*) Anche nella loc. avv. *all'i.*, al contrario; †in cambio. *3* †Contro | †Davanti a sé.

incontrollàbile [comp. di *in-* (*3*) e *controllabile*; 1941] **agg.** ● Impossibile da controllarsi o verificarsi: *grido i.*; *dicerie incontrollabili.* || **incontrollabilmènte**, **avv.**

incontrollabilità [1985] **s. f.** ● Condizione di ciò che è incontrollabile.

incontrollàto [comp. di *in-* (*3*) e *controllato*; 1921] **agg.** ● Privo di controllo: *ira incontrollata* |

Non accertato: *voci incontrollate sparsero il panico.* || **incontrollataménte**, avv.

incontrovèrso [vc. dotta, lat. *incontrovĕrsu(m)*, errata lettura di *in controvĕrsiis* o *sine controvĕrsiis* 'senza controversie'; 1786] agg. ● Che non si discute, che non è oggetto di obiezioni o critiche: *principi, diritti incontroversi.*

incontrovertìbile [comp. di *in-* (3) e *controvertibile*; av. 1704] agg. ● Che è impossibile discutere o negare: *sentenza, principio i.* || **incontrovertibilménte**, avv. Senza possibilità di controversia.

incontrovertibilità [1968] s. f. ● Condizione di ciò che è incontrovertibile.

♦**inconveniènte** [vc. dotta, lat. *inconveniĕnte(m)*, comp. di *in-* neg. e *convĕniens*, genit. *conveniĕntis*, part. pres. di *convenīre* 'convenire'; 1308] **A** agg. ● (*raro*) Che manca di convenienza od opportunità, che è contrario ad esse: *risposta i. all'oggetto, alla persona* | (*raro*) Che non è vantaggioso: *prezzo i.* || **inconvenientemènte**, avv. In modo inconveniente; senza convenienza. **B** s. m. ● Avvenimento o circostanza spiacevole, che ostacola, arreca danno, disturbo e sim.: *i. grave, serio, leggero; schivare, far nascere un i.* | (*est.*) Svantaggio, elemento negativo: *la tua soluzione presenta un solo i.*

inconveniènza [vc. dotta, lat. tardo *inconveniĕntia(m)*, comp. di *in-* neg. e *conveniĕntia*, da *convĕniens*, genit. *conveniĕntis* 'conveniente'; av. 1342] s. f. ● Carattere di ciò che è inconveniente | (*raro*) Atto che si oppone alla convenienza, all'onestà, alla ragione.

inconvertìbile [vc. dotta, lat. tardo *inconvertĭbile(m)*, comp. di *in-* neg. e *convertĭbilis*, da *convĕrtere* 'convertire'; av. 1498] agg. *1* (*raro*) Di persona che non si può convertire al bene. *2* (*econ.*) Detto di una valuta che non può essere convertita in metallo prezioso né in altra valuta | Detto di valori mobiliari che non possono essere convertiti in altri valori mobiliari.

inconvertibilità [vc. dotta, lat. tardo *inconvertibilitāte(m)*, comp. di *in-* neg. e un deriv. di *convertĭbilis*, da *convĕrtere* 'convertire'; 1869] s. f. *1* (*raro*) Caratteristica di chi è inconvertibile. *2* (*econ.*) Caratteristica di titoli o valute inconvertibili.

inconvincìbile [vc. dotta, lat. tardo *inconvincĭbile(m)*, comp. di *in-* neg. e un deriv. di *convĭncere* 'convincere'; 1834] agg. *1* Che è impossibile o difficile convincere con ragionamenti. *2* †Invincibile.

incoordinazióne [comp. di *in-* (3) e *coordinazione*; 1952] s. f. ● Mancanza di coordinazione nei movimenti, nelle azioni e sim. | *I. motoria*, mancanza di armonia nell'esecuzione dei movimenti muscolari.

incoraggiaménto [sec. XIV] s. m. ● L'incoraggiare | Incitamento: *parole d'i.* | *Premio d'i.*, in una competizione, quello assegnato ai non vincitori meritevoli di menzione.

incoraggiànte [1919] part. pres. di *incoraggiare*; anche agg. ● Che infonde coraggio, fiducia: *parole incoraggianti; prospettiva i.*

♦**incoraggiàre** [comp. di *in-* (1) e *coraggio*; sec. XIII] **A** v. tr. (*io incoràggio*) *1* Incitare qlcu. infondendogli coraggio e dandogli fiducia: *i. un timoroso, le truppe all'assalto* | Spronare, stimolare: *i. un giovane a continuare gli studi* | (*est.*) Indurre a qlco. di negativo: *certi spettacoli incoraggiano i giovani alla violenza.* *2* Promuovere, secondare, favorire: *i. nuovi tentativi diplomatici.* **B** v. intr. pron. e †intr. ● Prendere coraggio: *incoraggiarsi al proseguimento di un'impresa.*

incoraggiatóre [1831] s. m.; anche agg. (f. *-trice*) ● (*raro*) Chi (o Che) incoraggia.

incoràre ● V. *incuorare.*

incordaménto [1635] s. m. ● (*raro*) Incordatura.

incordàre [comp. di *in-* (1) e *corda*; sec. XIV] **A** v. tr. (*io incòrdo*) ● Fornire della o delle corde: *i. l'arco, il mandolino, la racchetta* | †Legare con una o più corde. **B** v. intr. pron. ● Divenire rigido come una corda: *mi si è incordato un muscolo.*

incordatùra [sec. XIV] s. f. *1* L'incordare. *2* (*mus.*) Insieme delle corde di uno strumento musicale. *3* (*est.*) Insieme delle corde di una racchetta da tennis. *4* (*med.*) Difficoltà di flessione muscolare.

incordonàre [comp. di *in-* (1) e *cordone*; 1957] v. tr. (*io incordóno*) ● (*mar.*; *disus.*) Impiombare.

incordonàto [av. 1952] part. pass. di *incordonare*; anche agg. ● Nel sign. del v.

incornàre [comp. di *in-* (1) e *corna*; 1506] **A** v. tr. (*io incòrno*) *1* Colpire con le corna: *il toro incornò il torero.* *2* (*raro*) Afferrare e tenere per le corna un bovino. *3* Nel gergo calcistico, colpire il pallone di testa: *i. in rete.* *4* (*fig.*, *pop.*) Tradire il proprio coniuge. *5* (*scherz.*) †Dileggiare. **B** v. intr. pron. ● (*fig.*, *pop.*) Ostinarsi.

incornàta [1968] s. f. *1* Colpo dato dal toro con le corna. *2* Nel gergo calcistico, colpo di testa.

incornatùra [da *incornare* nel sign. B; av. 1767] s. f. *1* (*raro*, *pop.*) Ostinazione. *2* (*fig.*, *raro*) Indole.

incorniciàre [comp. di *in-* (1) e *cornice*; 1605] v. tr. (*io incornìcio*) *1* Mettere in cornice: *i. un quadro, una stampa* | *Da i.*, (*fig.*) memorabile, degno di apprezzamento: *un gol, un'azione da i.* | In tipografia, racchiudere con uno speciale filetto detto cornice. *2* (*fig.*) Contornare come una cornice: *i lunghi capelli le incorniciavano il viso.*

incorniciàto [av. 1597] part. pass. di *incorniciare*; anche agg. ● Nei sign. del v.

incorniciatùra [av. 1686] s. f. *1* L'incorniciare: *provvedere all'i. di un dipinto.* *2* Cornice (*anche fig.*): *i. elegante.*

incoronaménto [av. 1431] s. m. ● (*raro*) Incoronazione.

incoronàre [comp. di *in-* (1) e *corona*; sec. XIII] v. tr. (*io incoróno*) *1* Cingere qlcu. solennemente di corona, investendolo della dignità regale o imperiale: *incoronarono il principe con gran fasto* | (*est.*) Inghirlandare: *gli antichi usavano i. le vittime prima di sacrificarle; i. un poeta d'alloro.* *2* (*fig.*) Attribuire un merito, una dignità: *questa lirica basterebbe da sola a incoronarlo poeta.* *3* (*fig.*) Cingere come una corona: *le torri e le mura incoronano la città* | (*fam.*, *scherz.*) *I. il marito, la moglie*, tradirli. *4* (*mus.*) Mettere il punto coronato.

incoronàta s. f. ● (*mus.*) Punto coronato sopra una nota.

incoronàto [av. 1292] part. pass. di *incoronare*; anche agg. ● Nei sign. del v.

incoronazióne [av. 1527] s. f. ● Cerimonia solenne nella quale un sovrano o un pontefice è investito della sua dignità mediante l'imposizione della corona o della tiara, simboli del potere.

incorporàbile [vc. dotta, lat. tardo *incorporābile(m)*, comp. di *in-* (1) e un deriv. di *cŏrpus* 'corpo', di etim. incerta; av. 1320] agg. *1* Che si può incorporare a o in qlco. *2* †Incorporeo.

incorporàle [vc. dotta, lat. tardo *incorporāle(m)*, comp. di *in-* neg. e *corporālis* 'corporale'; av. 1294] agg. *1* (*raro*) Incorporeo. *2* (*dir.*) Detto di ogni creazione dello spirito umano, che appartiene a titolo originario a chi l'ha prodotta: *beni incorporali; cosa i.* || †**incorporalménte**, avv. Incorporeamente.

incorporaménto [sec. XIV] s. m. ● (*raro*) L'incorporare, l'incorporarsi | Incorporazione.

incorporànte [1963] part. pres. di *incorporare*; anche agg. *1* Che incorpora. *2* (*ling.*) *Lingue incorporanti*, che uniscono strettamente gli elementi della frase in una espressione unica.

incorporàre [vc. dotta, lat. tardo *incorporāre*, comp. di *in-* 'dentro' e *corporāre* 'dare un corpo', da *cŏrpus*, di etim. incerta; 1305] **A** v. tr. (*io incòrporo*) *1* Mescolare due o più elementi in modo da formare una sola massa, con caratteristiche proprie: *incorporando l'acqua col sale e la farina si ottiene una pasta; i. le uova e il burro nello zucchero.* *2* (*fig.*) Immettere in una struttura o in un organismo più vasto: *i. una provincia in un regno, un piccolo comune in una grande città, le leggi vecchie nel nuovo codice* | Annettere: *i. una società.* SIN. Includere. *3* Assorbire, assimilare, ritenere (*anche fig.*): *la calce incorpora acqua; i. un profumo.* *4* (*mil.*) Assumere a ruolo in un corpo o reparto le reclute assegnate. **B** v. rifl. rec. ● Unirsi in modo da formare un tutto omogeneo (*anche fig.*): *sostanze che si sono incorporate.* **C** v. intr. pron. ● †Incarnarsi.

incorporatóre [av. 1565] agg.; anche s. m. (f. *-trice*) ● Che (o Chi) incorpora.

incorporazióne [vc. dotta, lat. *incorporatiōne(m)*, da *incorporātus* 'incorporato'; 1529] s. f. *1* L'incorporare, l'incorporarsi (*anche fig.*): *i. di una provincia* | *I. di società*, fusione attuata mediante assorbimento di una società da parte di un'altra | *I. tra Stati*, estinzione di uno Stato il cui popolo e il cui territorio, già sottoposti alla sua sovranità, passano sotto il dominio di uno o più Stati preesistenti. *2* †Incameramento, confisca.

incorporeità [1614] s. f. ● Caratteristica, condizione di ciò che è incorporeo.

incorpòreo [vc. dotta, lat. tardo *incorpŏreu(m)*, comp. di *in-* neg. e *corpŏreus* 'corporeo', da *cŏrpus*, di etim. incerta; 1308] agg. ● Che non ha corpo, che è privo di consistenza materiale. || **incorporeaménte**, avv. Senza corpo.

in còrpore vili [loc. lat., propr. 'su (*īn*) un corpo (*cŏrpus*) senza importanza (*vīle(m)*)'] loc. avv. ● A titolo di esperimento, come esperienza rischiosa per chi la subisce (con riferimento a esperimenti clinici eseguiti un tempo su animali, condannati a morte o persone di umile condizione).

incòrporo [da *incorporare*; 1701] s. m. ● (*bur.*) Incameramento di beni, rendite e sim.

†**incòrre** ● V. *incogliere.*

incorreggìbile [vc. dotta, lat. tardo *incorrigĭbile(m)*, comp. di *in-* neg. e un deriv. di *corrĭgere* 'correggere'; av. 1342] agg. *1* Difficile o impossibile da correggere: *un compito i. per i troppi errori; difetto fisico i.* | Che non si riesce a migliorare o emendare: *carattere i.* *2* Incallito, irriducibile: *un giocatore i.* || **incorreggibilménte**, avv.

incorreggibilità [av. 1342] s. f. ● Carattere di chi (o di ciò che) è incorreggibile.

incórrere [vc. dotta, lat. *incŭrrere*, comp. di *in-* 'dentro' e *cŭrrere* 'correre'; 1312] **A** v. intr. (coniug. come *correre*; aus. *essere*) *1* (+ *in*) Andare a finire, venirsi a trovare in qlco. di spiacevole e spesso di imprevisto: *i. in un pericolo, nella censura, nella scomunica.* SIN. Incappare. *2* †Procedere rapidamente verso un determinato fine: *una certa passion languidetta, che promette poter facilmente i. e convertirsi in amore* (CASTIGLIONE). *3* (*raro*) Assaltare. *4* †Accadere, capitare, avvenire. **B** v. tr. ● †Commettere: *i. un errore* | Subire: *i. il biasimo.*

incorrettézza [comp. di *in-* (3) e *correttezza*; 1887] s. f. ● (*raro*) Scorrettezza.

incorrètto [vc. dotta, lat. *incorrēctu(m)*, comp. di *in-* neg. e *corrēctus* 'corretto', part. pass. di *corrĭgere* 'correggere'; av. 1388] agg. ● Che non ha ricevuto o subìto necessarie correzioni: *bozze, pagine incorrette; stampa incorretta* | (*raro*) *Peccatore i.*, che non si è emendato. || **incorrettaménte**, avv.

incorrezióne [av. 1557] s. f. ● (*raro*) Caratteristica di ciò che è incorretto: *l'i. di una lettura.*

†**incorrottìbile** ● V. *incorruttibile.*

†**incorrottibilità** ● V. *incorruttibilità.*

incorrótto [vc. dotta, lat. *incorrŭptu(m)*, comp. di *in-* neg. e *corrŭptus*, part. pass. di *corrŭmpere* 'corrompere'; av. 1311] agg. *1* Che non ha subìto putrefazione, alterazione: *corpo i.; salma incorrotta.* SIN. Intatto. *2* (*fig.*) Incontaminato: *gioventù, fede incorrotta.* SIN. Puro. *3* (*fig.*) Che non si è fatto corrompere: *giudice, magistrato i.* SIN. Onesto. || **incorrottaménte**, avv. Con purezza e integrità.

incorruttìbile o †**incorrottìbile** [vc. dotta, lat. eccl. *incorruptĭbile(m)*, comp. di *in-* neg. e *corruptĭbilis* 'corruttibile'; 1308] agg. *1* (*raro*) Che non si corrompe o non si sciupa: *legno odoroso e i.; bellezza i.* SIN. Inalterabile. *2* (*fig.*) Che non si lascia corrompere: *giudice i.; soltanto una terrazza ... ci era vietata dall'i. custodia di Gregorio* (NIEVO). || **incorruttibilménte**, avv.

incorruttibilità o †**incorrottibilità** [vc. dotta, lat. eccl. *incorruptibilitāte(m)*, comp. di *in-* neg. e *corruptibĭlitas*, da *corruptĭbilis* 'corruttibile'; sec. XIV] s. f. ● Condizione, caratteristica di chi (o di ciò che) è incorruttibile.

incorsàre [vc. dotta, lat. *incursāre*, comp. di *in-* 'contro' e *cursāre*, freq. di *cŭrrere* 'correre'; 1868] v. tr. (*io incórso*) ● (*tess.*) Far passare i fili di ordito nelle maglie dei licci.

incorsatóio [da *incorsare* nel senso di '(s)correre dentro'; 1834] s. m. ● Pialla munita di due ferri, usata per il taglio degli incastri a tenone e a mortasa.

incorsatóre [1957] s. m. (f. *-trice*) ● Operaio tessile addetto all'incorsatura.

incorsatùra [1834] s. f. ● (*tess.*) Operazione dell'incorsare.

incórso (1) [av. 1527] part. pass. di *incorrere* ● Nei sign. del v.

†**incórso** (2) [vc. dotta, lat. *incŭrsu(m)*, propr. part. pass. di *incŭrrere* 'correre (*cŭrrere*) sopra

(*in-*)' il territorio nemico; sec. XIV] s. m. ● Incursione.

incortinàre [comp. di *in-* (*1*) e *cortina*; 1353] v. tr. ● (*raro*) Circondare con, di cortine: *i. le finestre, il letto.*

incosciènte [comp. di *in-* (*3*) e *cosciente*; 1833] **A** agg. *1* Privo di coscienza: *rimanere i. per uno svenimento.* *2* Di fenomeno non avvertito dalla coscienza: *impulso i.* SIN. Inconscio. *3* Di chi agisce senza consapevolezza delle proprie azioni e delle loro conseguenze: *automobilista, ragazzo i.* SIN. Irresponsabile. ‖ **incoscienteménte**, avv. **B** s. m. e f. ● Persona che agisce senza pensare a ciò che fa o alle conseguenze dei propri atti: *comportarsi, agire da i.* SIN. Irresponsabile.

incosciènza [vc. dotta, lat. tardo *inconsciĕntia(m)*, comp. di *in-* neg. e *consciĕntia* 'coscienza'; 1884] s. f. *1* Stato di chi, per qualche ragione, perde i sensi: *uscire dall'i.* *2* Mancanza di coscienza circa le proprie azioni, insensibilità morale: *la tua i. supera i limiti del sopportabile* | (*est.*) Atto, comportamento da incosciente.

†**incospìcuo** [vc. dotta, lat. tardo *inconspĭcuu(m)*, comp. di *in-* neg. e *conspĭcuus* 'cospicuo'; av. 1642] agg. ● Poco appariscente: *astro i.*

incostànte [vc. dotta, lat. *inconstănte(m)*, comp. di *in-* neg. e *cōnstans*, genit. *constăntis* 'costante'; av. 1327] **A** agg. ● Variabile, disuguale: *durata i.* | Mutevole, instabile: *stagione, indole i.* | Volubile: *un giovane i.* ‖ **incostanteménte**, avv. In modo incostante, mutevole. **B** s. m. e f. ● Persona volubile e leggera: *io, lascio un i.; / tu, perdi un cor sincero* (METASTASIO).

incostànza o †**inconstànzia** [vc. dotta, lat. *inconstăntia(m)*, comp. di *in-* neg. e *constăntia* 'costanza'; av. 1348] s. f. ● Instabilità, volubilità, leggerezza, variabilità: *l'i. della stagione, dei propositi di qlcu., della fortuna; o incostanzia de le umane cose* (PETRARCA).

incostituzionàle [comp. di *in-* (*3*) e *costituzionale*, sul tipo del corrispondente fr. *inconstitutionnel*; 1797] agg. ● Detto di norma contraria a una specifica disposizione o a un principio della Costituzione. ‖ **incostituzionalménte**, avv.

incostituzionalità [1799] s. f. ● Condizione di ciò che è incostituzionale: *i. di una norma.*

†**incòstro** ● V. *inchiostro.*

incòtto [av. 1406] **A** part. pass. di *incuocere*; anche agg. ● (*raro*) Nei sign. del v. **B** agg.; anche s. m. ● Detto di calcare non ben calcinato durante la cottura.

incravattàre [comp. di *in-* (*1*) e *cravatta*; 1858] v. tr. ● Fornire qlcu. di cravatta.

incravattàto [av. 1921] part. pass. di *incravattare*; anche agg. *1* Nel sign. del v. *2* (*scherz.*) Di uomo vestito impeccabilmente, elegante in modo eccessivo: *apparve lustro e i. sulla soglia.*

increànza [comp. di *in-* (*3*) e *creanza*; 1685] s. f. ● Mancanza di creanza, di educazione: *trattare qlcu. con i.*

increàto [vc. dotta, lat. tardo *increātu(m)*, comp. di *in-* neg. e *creātus* 'creato (1)'; av. 1292] agg. ● (*lett.*) Non creato, detto della natura divina.

incrèbbe ● V. *increscere.*

♦**incredìbile** [vc. dotta, lat. *incredĭbile(m)*, comp. di *in-* neg. e *credĭbilis*, da *crēdere* 'credere'; av. 1294] agg. (assol.; + *a* seguito da inf.) ● Difficile o impossibile a credersi: *storia i. ma vera; ricchezza, impresa, crudeltà i.; i. a dirsi, a credersi; cose incredibili a narrare* (BOCCACCIO). SIN. Assurdo, inconcepibile | (*iperb.*) Enorme, eccezionale: *una folla i.; una memoria i.* ‖ **incredibilménte**, avv.

incredibilità [vc. dotta, lat. tardo *incredibilitāte(m)*, comp. di *in-* neg. e un deriv. di *credĭbilis* 'credibile'; av. 1451] s. f. ● Caratteristica di ciò che è incredibile: *i. di un racconto.* SIN. Inverosimiglianza.

increditaménto [da *accreditamento*, con cambio di pref.] s. m. ● (*raro*) Accreditamento.

increditàre [da *accreditare*, con cambio di pref.] v. tr. (*io incrédito*) ● (*raro*) Accreditare.

incredulità [vc. dotta, lat. tardo *incredulitāte(m)*, comp. di *in-* neg. e *credŭlitas* 'credulità'; sec. XIII] s. f. *1* Atteggiamento di chi non è propenso a credere: *ascoltava il racconto con grande i.* | Scetticismo: *sorriso d'i.* *2* Mancanza di fede religiosa. SIN. Miscredenza.

incrèdulo [vc. dotta, lat. *incrēdulu(m)*, comp. di *in-* neg. e *crēdulus* 'credulo'; 1342] **A** agg. *1* Che non crede o crede difficilmente: *spirito i. in, di tutto* | Scettico, sospettoso: *sguardo, sorriso i.* *2* Di chi non ha fede religiosa: *gioventù incredula.* **B** s. m. (f. *-a*) *1* Chi non ha religione o fede. SIN. Miscredente. *2* Chi non ha la fede cristiana, nei riguardi dei credenti di altre religioni.

incrementàle [da *incremento*; 1931] agg. ● Relativo a un incremento | (*mat.*) ***Rapporto i.***, rapporto fra l'incremento di una funzione e il corrispondente incremento della variabile.

incrementàre [vc. dotta, lat. tardo *incrementāre*, da *increměntu(m)* 'incremento'; 1499] v. tr. (*io increménto*) ● Aumentare, fare sviluppare: *i. l'attività industriale, la ricerca scientifica.*

incrementatìvo [da *incrementat(o)* con il suff. *-ivo*; 1985] agg. ● Che provoca un incremento o uno sviluppo, spec. economico.

incrementìvo agg. ● (*raro*) Rivolto a incrementare.

increménto [vc. dotta, lat. *increměntu(m)*, comp. di *in-* 'dentro' e *creměntu(m)*, da *crēscere*, di orig. indeur.; av. 1498] s. m. *1* Accrescimento, aumento: *i. delle esportazioni, del mercato automobilistico; promuovere l'i. della produzione nazionale* | ***I. della popolazione***, in statistica, variazione in più della consistenza di un gruppo demografico. CONTR. Decremento. *2* (*ling.*) Accrescimento di una parola per mezzo di suffissi e desinenze. *3* (*mat.*) Differenza fra un valore generico e un valore fissato di una quantità variabile.

†**increpàre** [vc. dotta, lat. *increpāre*, comp. di *in-* 'contro' e *crepāre* 'brontolare'; sec. XIV] v. tr. ● Sgridare, rimbrottare.

†**increpóre** [da *increpare*; av. 1348] s. m. ● Stizza, dispetto.

incréscere [vc. dotta, lat. *incrēscere*, comp. di *in-* 'sopra, oltre' e *crēscere* 'aumentare'; sec. XII] v. intr. (coniug. come *crescere*; aus. *essere*) ● (*lett.*) Rincrescere, dispiacere.

increscévole [sec. XIV] agg. ● (*raro*) Increscioso. ‖ **increscevolménte**, avv.

incresciόso [da *increscere*; 1505] agg. ● Che causa noia o spiacevoli inconvenienti: *argomento, lavoro i.; situazione, faccenda incresciosa.* ‖ **incresciosaménte**, avv.

increspaménto [1598] s. m. ● L'increspare, l'incresparsi.

increspàre [vc. dotta, lat. *incrispāre*, comp. di *in-* 'dentro' e *crispāre*, da *crĭspus* 'crespo'; sec. XIV] **A** v. tr. (*io incréspo*) ● Rendere crespo o leggermente ondulato: *i. i capelli, un tessuto; il vento increspa il mare* | ***I. la fronte***, corrugarla | ***I. la pelle***, renderla grinzosa | ***I. la bocca***, storcerla per disgusto. **B** v. intr. pron. ● Diventare crespo o leggermente ondulato: *quando le frutta avvizziscono la loro buccia s'increspa; il lago s'increspava per la brezza.* SIN. Raggrinzare, corrugarsi.

increspàto [av. 1356] part. pass. di *increspare*; anche agg. ● Che presenta crespe: *una stoffa increspata* | ***Mare i.***, leggermente mosso.

increspatóre [1940] s. m. *1* (f. *-trice*) Operaio addetto alla fabbricazione della carta increspata. *2* Accessorio della macchina da cucire per fare crespe.

increspatùra [av. 1584] s. f. *1* L'increspare. *2* Crespa, o insieme di crespe, spec. nei lavori di cucito: *una camicetta ornata d'increspature.*

incretiniménto [1883] s. m. ● L'incretinire, l'incretinirsi.

incretinìre [comp. di *in-* (*1*) e *cretino*; 1873] **A** v. tr. (*io incretinisco, tu incretinisci*) ● Rendere cretino, incapace di connettere: *caldo, fatica, chiacchiere che incretiniscono.* SIN. Rimbecillire, rincitrullire. **B** v. intr. e intr. pron. (aus. *essere*) ● Rimbecillirsi, rincitrullirsi: *col troppo lavoro ci siamo incretiniti.*

incretinìto [1872] part. pass. di *incretinire*; anche agg. ● Nel sign. del v.

incrèto [vc. dotta, lat. *incrētu(m)*, part. pass. di *incĕrnere*, da *cĕrnere* 'passare al setaccio', con infl. *incretion*; 1957] s. m. ● (*fisiol.*) Prodotto elaborato dalle ghiandole a secrezione interna.

incriminàbile [1883] agg. ● Che si può incriminare.

incriminàre [comp. di *in-* (*1*) e †*criminare*; 1309] v. tr. (*io incrìmino*) ● (*dir.*) Accusare qlcu., in giudizio, di un reato.

incriminàto [1476] part. pass. di *incriminare*; anche agg. *1* Accusato in giudizio di un reato. *2* Che è servito per commettere un reato: *arma incriminata.* *3* (*est., spec. scherz.*) Che è oggetto di critica, censura o discussione: *sono queste le frasi incriminate.*

incriminazióne [vc. dotta, lat. tardo *incriminatiōne(m)* 'mancanza di materia d'accusa', comp. di *in-* (*1*) e *criminātio*, da *criminātus*, part. pass. di *crimināre*, da *crīmen*, genit. *crīminis* 'delitto, crimine'; 1862] s. f. ● L'incriminare: *i. di un teste.*

incrinàre [comp. di *in-* (*1*) e *crena* 'spaccatura, fessura', con sovrapposizione di *inclinare*; av. 1250] **A** v. tr. *1* Fendere un oggetto fragile con una crepa sottile ma profonda: *i. un vetro, uno specchio, una terracotta.* *2* (*fig.*) Intaccare, compromettere, guastare: *il loro comportamento sta incrinando i nostri rapporti.* **B** v. intr. pron. *1* Fendersi, aprirsi in fessure: *il muro si incrina per il gelo; odo schianti fievoli come di legno che si risenta, di vetro che s'incrini* (D'ANNUNZIO). *2* (*fig.*) Guastarsi: *la loro amicizia s'è irrimediabilmente incrinata.*

incrinàto [1618] part. pass. di *incrinare*; anche agg. ● Nei sign. del v.

incrinatùra [da *incrinare*; 1869] s. f. *1* Crepa sottile ma profonda in un oggetto. *2* (*fig.*) Alterazione, indebolimento: *la sua onorabilità ha subito qualche i.* | (*fig.*) Screzio, dissenso che può compromettere una crisi: *l'i. nella compagine governativa.*

†**incristallàre** [comp. di *in-* (*1*) e *cristallo*; av. 1492] v. tr. *1* Congelare l'acqua a guisa di cristallo | (*poet.*) Rendere vitreo: *l'acqua corrente e querula incristalla / il ghiaccio* (L. DE' MEDICI). *2* (*raro*) Lavorare cristalli.

incriticàbile [comp. di *in-* (*3*) e *criticabile*; av. 1729] agg. ● (*raro*) Che non si può o non si deve criticare.

incrociaménto [av. 1667] s. m. *1* L'incrociare, l'incrociarsi | (*raro*) Incrocio. *2* (*tess.*) Specie di graticolato che formano tra loro i fili della seta innaspata per le varie obliquità dei giri.

♦**incrociàre** [comp. di *in-* (*1*) e *croce*; 1570] **A** v. tr. (*io incrócio*) *1* Mettere una cosa di traverso a un'altra: *i. le mani, le gambe* | ***I. le braccia***, (*fig.*) astenersi dal lavoro per sciopero | ***I. le armi***, (*fig.*) combattere | ***I. il ferro, la spada con qlcu.***, battersi in duello | ***I. il fuoco***, disporre i pezzi o le armi in modo che le loro traiettorie si incrocino, aumentando l'efficacia del tiro. *2* Attraversare trasversalmente: *la ferrovia incrocia la carrozzabile.* *3* Incontrare un veicolo diretto in senso opposto: *abbiamo incrociato numerosi autotreni.* *4* (*biol.*) Accoppiare animali o vegetali appartenenti a specie diverse: *i. due razze di cani, due varietà di rose.* **B** v. intr. (aus. *avere*) ● (*mar., aer.*) Navigare o volare in su e in giù nelle diverse direzioni mantenendosi in uno stesso tratto di mare o d'aria: *i. al largo; i. sull'obiettivo.* **C** v. rifl. rec. *1* Attraversarsi o intersecarsi a croce: *in quel punto le strade si incrociano; due rette che si incrociano; i loro sguardi si incrociano* | ***Le battute si incrociano***, sono rapidamente scambiate tra diverse persone riunite in uno stesso luogo. *2* Passare nello stesso tempo in un dato luogo, andando in direzioni opposte: *ci siamo incrociati esattamente davanti alla galleria; i due treni si incroceranno dopo il tunnel.* *3* (*biol.*) Accoppiarsi con un individuo di razza diversa: *piante, animali che si sono incrociati.*

incrociàto [1536] part. pass. di *incrociare*; anche agg. *1* Nei sign. del v. *2* ***Fuoco i.***, prodotto da armi che sparino in direzione reciproca obliqua | ***Parole incrociate***, cruciverba.

incrociatóre [da *incrociare*, in senso mar., secondo il modello del corrispondente fr. *croiseur* (da *croix* 'croce'); 1798] s. m. ● Nave da guerra molto veloce, molto armata e con protezione minore della corazzata | ***I. leggero***, con dislocamento inferiore alle 7 000 tonnellate | ***I. da battaglia***, con dislocamento superiore alle 20 000 tonnellate | ***I. ausiliario***, nave mercantile armata con cannoni, con equipaggio militare.

incrociatùra [av. 1616] s. f. ● L'incrociare, l'incrociarsi | Punto in cui avviene l'incrocio.

incrocicchiaménto [sec. XVI] s. m. ● (*raro*) L'incrocicchiare, l'incrocicchiarsi | Crocicchio.

incrocicchiàre [var. di *incrociare* per sovrapposizione di *crocicchio*; 1312] **A** v. tr. (*io incrocìcchio*) ● (*raro*) Incrociare, spec. in modo complicato, cose sottili: *i. corde, fili di ferro* | ***I. le dita***, intrecciarle. **B** v. rifl. rec. ● Incrociarsi più volte, intrecciarsi.

incrocicchiatùra [av. 1566] s. f. ● Incrocicchiamento | Punto d'incrocio.

♦**incrócio** [da *incrociare*; 1900] s. m. *1* L'incrociare, l'incrociarsi: *i. di pali, viottoli, travi, treni* | Punto di intersezione, spec. di strade: *hanno messo un semaforo all'i.* *2* (*biol.*) Accoppiamento di due animali o di due vegetali appartenenti a specie affini o a sottospecie della stessa specie | Il prodotto di tale accoppiamento. *3* (*fig.*) Misto, mescolanza, via di mezzo: *un i. tra la farsa e la commedia.* *4* (*ling.*) Nascita di una forma nuova dalla contaminazione di due elementi: *'cipiglio' è il probabile i. di 'ciglio' e 'piglio'.* *5* (*mus.*) Nella polifonia, inversione della posizione originaria delle parti | Negli strumenti a tastiera, inversione delle mani, per cui la parte acuta è eseguita dalla sinistra e la grave dalla destra.

incrodàrsi [comp. di *in* (*1*) e *croda*; 1934] v. intr. pron. (*io mi incròdo*) ● Nell'alpinismo, venirsi a trovare in parete in una posizione tale da non poter più né salire né scendere. SIN. Arrocciarsi.

†**incroiàre** ● V. *incoiare.*

incrollàbile [comp. di *in-* (*3*) e un deriv. del v. *crollare*; 1666] agg. *1* Che non può rovinare, cadere: *torre, muro, edificio i.* *2* (*fig.*) Che non può essere scosso, smosso: *fede i.* SIN. Fermo, saldo. || **incrollabilménte**, avv.

incrollabilità [1862] s. f. ● Condizione, caratteristica di ciò che è incrollabile (*spec. fig.*).

incrostaménto [1564] s. m. ● L'incrostare, l'incrostarsi | (*est.*) Concrezione.

incrostàre [vc. dotta, lat. *incrustāre*, comp. di *in-* 'in- (1)' e *crŭsta* 'crosta'; 1550] A v. tr. (*io incròsto*) *1* Ricoprire come con una crosta: *la salsedine ha incrostato la chiglia del battello* | (*est.*) Otturare o intasare condotti, tubature e sim. con incrostazioni: *il calcare e la ruggine hanno incrostato tutto l'impianto.* *2* Ornare con un rivestimento di materiali pregiati: *i. di madreperla uno scrigno.* B v. intr. pron. ● Rivestirsi come di una crosta: *il ferro si incrosta di ruggine.*

incrostàto [1550] part. pass. di *incrostare*; anche agg. ● Nei sign. del v.: *un tubo i.*; *un diadema i. di perle.*

incrostatùra [1550] s. f. ● Incrostazione.

incrostazióne [vc. dotta, lat. tardo *incrustatiōne(m)*, da *incrustātus* 'incrostato'; av. 1555] s. f. *1* Formazione di strato o depositi simili a crosta: *bisogna evitare l'i. delle condutture*; *i. calcarea, salina*; *i. di tartaro sui denti* | Lo strato stesso: *eliminare le incrostazioni con un acido.* *2* Tecnica decorativa per incrostare monili, mobili e sim. | Materiale pregiato usato per incrostare. *3* Applicazione di pizzi o altro su abiti e sim.

incrudeliménto [sec. XIV] s. m. ● (*raro*) L'incrudelire.

incrudelìre [comp. di *in-* (*1*) e *crudele*; 1312] A v. tr. (*io incrudelìsco, tu incrudelìsci*) *1* (*raro*) Rendere crudele o più crudele. *2* †Rendere crudo, non duttile o lavorabile: *i. un metallo, la pietra.* B v. intr. (aus. *avere* nel sign. 1, *essere* nel sign. 2) *1* Diventare crudele. *2* Infierire con grande crudeltà: *i. contro i prigionieri, sugli innocenti* | (*fig., lett.*) ***La tempesta incrudelisce***, infuria. *3* (*lett.*) Irritarsi, inasprirsi: *la piaga incrudelisce sempre più.* C v. intr. pron. *1* Diventare crudele. *2* (*raro, lett.*) Esasperarsi, inasprirsi, esacerbarsi.

incrudiménto [da *incrudire*; 1957] s. m. ● Proprietà dei metalli di assumere un comportamento quasi perfettamente elastico, quando siano stati precedentemente sollecitati sino al limite di elasticità.

incrudìre [comp. di *in-* (*1*) e *crudo*; 1354] A v. tr. (*io incrudìsco, tu incrudìsci*) *1* Rendere crudo: *l'eccesso di calcare incrudisce l'acqua* | (*fig.*) Rendere aspro: *i. le violenze di parte, la pronuncia*; *una di quelle offese che il tempo invece di cancellare incrudisce* (SCIASCIA). *2* Sottoporre a processo di incrudimento: *i. un metallo.* B v. intr. e intr. pron. (aus. *essere*) *1* Diventare aspro, rigido: *il tempo incrudisce.* *2* (*tosc.*) Rimanere duro, indurirsi, riferito a cibi di cui è stata interrotta l'ebollizione dell'acqua di cottura o che sono stati cotti troppo a lungo. *3* Nella tecnologia dei materiali metallici, perdere di malleabilità e duttilità.

incruènto [vc. dotta, lat. *incruĕntu(m)*, comp. di *in-* neg. e *cruĕntus* 'cruento'; 1686] agg. ● Che non comporta spargimento di sangue: *vittoria incruenta.* || **incruenteménte**, avv.

incrunàre [comp. di *in-* (*1*) e *cruna*; av. 1380] v. tr. ● Mettere il filo nella cruna dell'ago.

incrunatùra [1899] s. f. ● Traccia che la cruna dell'ago lascia nei tessuti perforandoli.

incruscàre [comp. di *in-* (*1*) e *crusca*; av. 1712] A v. tr. (*io incrùsco, tu incrùschi*) ● Cospargere o riempire di crusca | (*fig., lett.*) ***I. uno scritto***, usare parole e costrutti approvati dalla Crusca. B v. intr. pron. *1* (*lett., scherz.*) Diventare membro dell'Accademia della Crusca | Seguire nello stile i dettami della Crusca. *2* †Perdersi in cose di poco conto.

incubàre [vc. dotta, lat. *incubāre*, comp. di *in-* 'sopra' e *cubāre* 'giacere'; 1499] v. tr. (*io incùbo* o *ìncubo*) ● Mantenere in incubazione.

incubatóre o **incubatóio** [da *incubare*; 1957] s. m. *1* Locale, edificio che ospita impianti d'incubazione. *2* Azienda che assiste altre aziende in fase di avvio o di sviluppo fornendo locali, impianti, servizi e consulenza.

incubatrice [vc. dotta, lat. tardo *incubatrīce(m)*, da *incubātus*, part. pass. di *incubāre* 'incubare'; 1891] s. f. *1* Apparecchio che effettua l'incubazione artificiale di uova. *2* Piccolo ambiente chiuso, ricoperto di vetro o plastica, a temperatura e umidità costante, in cui i nati prematuri vengono curati durante i primi giorni di vita. ➡ ILL. **medicina e chirurgia.**

incubazióne [vc. dotta, lat. *incubatiōne(m)*, da *incubātus*, part. pass. di *incubāre* 'incubare'; av. 1660] s. f. *1* Negli animali ovipari, tempo necessario perché dall'uovo si sviluppi in particolari condizioni il nuovo individuo | Negli uccelli, cova. *2* (*med.*) Periodo che intercorre tra il contatto con un agente infettivo e la comparsa dei sintomi della malattia. *3* (*fig.*) Periodo in cui un avvenimento importante si va preparando senza ancora manifestarsi: *la crisi costituzionale è da tempo in i.*

incube [da *incubo*, sul modello di *succubo - succube*] agg.; anche s. m. e f. ● (*raro*) Che (o Chi) esercita su altri un forte potere di suggestione. CONTR. Succube.

♦**incubo** [vc. dotta, lat. *ĭncubu(m)*, comp. di *in-* 'sopra' e un deriv. da *cubāre* 'giacere', riferito allo spirito maligno che si credeva posarsi sul dormiente; 1354] s. m. *1* Senso di affanno e di apprensione provocato da sogni che spaventano e angosciano: *incubi notturni* | Il sogno stesso. *2* (*fig.*) Pensiero angoscioso che inquieta: *vivere sotto l'i. degli esami* | Persona fastidiosa, quasi opprimente: *da quando è malato è diventato un i.*

incùdine [vc. dotta, lat. tardo *incūdine(m)*, comp. di *in-* 'sopra' e un deriv. da *cūdere* 'battere, pestare', di orig. indeur.; av. 1306] s. f. *1* Attrezzo del fucinatore formato da un blocco in acciaio con due appendici laterali dette corni, avente lo scopo di resistere agli urti impressi dalla mazza usata per i lavori di fucinatura | (*fig.*) ***Essere, trovarsi fra l'i. e il martello***, avere di fronte due alternative ugualmente sgradite o pericolose. *2* (*anat.*) Uno dei tre ossicini dell'orecchio medio. ➡ ILL. p. 2126 ANATOMIA UMANA. || **incudinétta**, dim. || PROV. Dura più l'incudine che il martello.

inculàre [comp. di *in-* (*1*) e *culo*; av. 1910] v. tr. *1* (*volg.*) Sodomizzare. *2* (*fig., volg.*) Raggirare, imbrogliare.

inculàta [av. 1950] s. f. ● (*volg.*) Atto di sodomia | (*fig., volg.*) Raggiro, imbroglio, fregatura.

inculcàre [vc. dotta, lat. *inculcāre*, comp. di *in-* 'dentro' e *calcāre* 'calcare (1)'; av. 1498] v. tr. (*io incùlco, tu incùlchi*) ● Imprimere qlco. nella mente o nell'animo di qlcu. con la persuasione e l'insistenza: *i. il sentimento del dovere, del rispetto altrui* | †***I. istanza***, replicarla.

inculcatóre [vc. dotta, lat. *inculcatōre(m)*, da *inculcātus* 'inculcato'] agg.; anche s. m. (f. *-trice*) ● (*raro*) Che (o Chi) inculca.

†**inculcazióne** [vc. dotta, lat. tardo *inculcatiōne(m)*, da *inculcātus*, part. pass. di *inculcāre* 'inculcare'; av. 1375] s. f. ● Ripetizione di parole, frasi, lettere: *la moltitudine e inculcazion delle lettere* (TASSO).

incùlto ● V. *incolto* (*1*).

incultùra [comp. di *in-* (*3*) e *cultura*; 1623] s. f. ● Mancanza di cultura.

inculturazióne [da *acculturazione*, con cambio di pref. (*in-* (*1*)); 1983] s. f. ● (*sociol.*) Processo mediante il quale l'individuo diventa membro della cultura o della società che lo circonda.

incunabolista [1957] s. m. e f. (pl. m. *-i*) ● Studioso, esperto di incunaboli.

incunàbolo o **incunàbulo** [vc. dotta, lat. *incunābula* (nt. pl.), propr. 'fasce', comp. di *in-* 'dentro' e *cunābula*, dim. di *cūnae* 'culla'; 1832] s. m. *1* Libro stampato nel XV sec., quando l'arte della stampa era appena nata. *2* (*fig., lett.*; *al pl.*) Le prime testimonianze, le prime origini: *gli incunaboli della letteratura italiana.*

incuneàre [comp. di *in-* (*1*) e *cuneo*; av. 1730] A v. tr. (*io incùneo*) ● Conficcare e far penetrare qlco. saldamente e profondamente, come un cuneo (*anche fig.*): *i. il braccio della leva sotto il masso.* B v. intr. pron. ● Penetrare o inserirsi profondamente in qlco. (*anche fig.*): *la lunga trave s'incunea nella parete*; *incunearsi nelle linee nemiche*; *un dubbio gli si incuneò nella mente.*

incuòcere [vc. dotta, lat. *incŏquere*, comp. di *in-* 'dentro' e *cŏquere* 'cuocere'; av. 1342] v. tr. (coniug. come *cuocere*) *1* (*raro*) Cuocere in modo leggero e superficiale (*anche fig.*). *2* Scottare, bruciare, detto dell'azione del gelo sulle piante.

incuoiàre ● V. *incoiare.*

incuoràre o **incoràre** [comp. di *in-* (*1*) e *cuore*, nel senso di 'animo, coraggio'; sec. XIII] A v. tr. (*io incuòro*, o *incòro*; in tutta la coniug. di *incorare* la *o* dittonga preferibilmente in *uo* se tonica) ● (*lett.*) Incoraggiare, confortare. B v. rifl. ● (*lett.*) Incoraggiarsi.

incupiménto [1825] s. m. ● (*raro*) L'incupirsi.

incupìre [comp. di *in-* (*1*) e *cupo*; 1797] A v. tr. (*io incupìsco, tu incupìsci*) ● Rendere cupo, scuro: *è meglio i. leggermente l'azzurro delle pareti* | (*fig.*) Rendere triste, pensieroso: *quella notizia lo ha incupito.* B v. intr. e intr. pron. (aus. *essere*) ● Divenire cupo o più cupo (*anche fig.*): *il tempo si è incupito*; *il viso gli si incupì di sdegno.*

incuràbile [vc. dotta, lat. tardo *incurābile(m)*, comp. di *in-* neg. e *curābilis* 'curabile', da *cūra*, di etim. incerta; 1342] A agg. *1* Impossibile da curare: *malattia, morbo i.* SIN. Insanabile. *2* (*fig.*) Incorreggibile: *vizio, difetto i.* || **incurabilménte**, avv. B s. m. e f. ● Chi è affetto da malattia incurabile.

incurabilità [1869] s. f. ● Condizione di chi (o di ciò che) è incurabile (*anche fig.*): *i. di un male, di un vizio.*

incurànte [comp. di *in-* (*3*) e del part. pres. di *curare*; 1832] agg. ● Di chi non si preoccupa di ciò che lo riguarda personalmente: *persona i. della propria salute, del pericolo, delle critiche.* SIN. Dimentico, disinteressato. || **incuranteménte**, avv.

incurànza [da *incurante*; av. 1421] s. f. ● Disinteresse, noncuranza, negligenza.

†**incuràto** [vc. dotta, lat. *incurātu(m)*, comp. di *in-* neg. e *curātus*, part. pass. di *curāre* 'curare'; av. 1527] agg. ● Privo di cure, non medicato.

incùria [vc. dotta, lat. *incūria(m)*, comp. di *in-* neg. e un deriv. di *cūra* 'cura'; sec. XIV] s. f. ● Negligente trascuratezza: *i. nell'adempimento di un dovere* | Sciatteria: *abiti che rivelano una grande i.*

incuriosìre [comp. di *in-* (*1*) e *curioso*; 1887] A v. tr. (*io incuriosìsco, tu incuriosìsci*) ● Far diventare curioso: *la vicenda incuriosì il vicinato.* B v. intr. pron. ● Diventare curioso, desideroso di sapere: *ci incuriosimmo per* (*o di*) *quell'accenno misterioso ai fatti accaduti.*

incuriosìto [av. 1930] part. pass. di *incuriosire*; anche agg. ● Preso da curiosità: *sono i.: raccontami tutto* | Che rivela curiosità: *mi guardò con occhi incuriositi.*

incurióso (**1**) [comp. di *in-*(*3*) e *curioso*, 1870] agg. *1* (*lett.*) Che non ha o non dimostra curiosità. *2* (*lett.*) Che non desta curiosità | ***Non i.***, piuttosto interessante: *una poesia non incuriosa* (CARDUCCI).

incurióso (**2**) [vc. dotta, lat. *incuriōsu(m)*, da *incūria* 'negligenza'] agg. ● (*lett.*) Caratterizzato da negligenza, incuria, apatia.

incursióne [vc. dotta, lat. *incursiōne(m)*, comp. di *in-* 'dentro' e un deriv. di *cŭrrere* 'correre'; 1441] s. f. *1* (*mil.*) Improvviso attacco di uomini e mezzi armati in territorio nemico: *respinsero due incursioni notturne della cavalleria*; *le incursioni aeree erano precedute dal suono della sirena* | (*est.*) Irruzione di ladri, e sim.: *i rapinatori hanno fatto un'i. in banca* | Nel linguaggio sportivo, discesa, attacco degli avanti di una squadra sotto la porta avversaria: *pericolosa i.* *2* (*fig., fam.*) Inaspettato sopraggiungere di molti ospiti: *abbiamo subito l'i. dei nostri parenti.* *3* (*fig.*) Breve esperienza professionale o artistica al di fuori del proprio campo: *un attore che ha fatto qualche i. nella regia*. **4** †Inondazione.

incursóre [da *incursione*, con sovrapposizione di *cursore*; 1683] **A agg. m.** ● Che compie un'incursione. **B s. m.** ● Membro di speciali corpi delle Forze Armate regolari che viene sbarcato da mezzi navali od aerei in territorio nemico od occupato dal nemico, per compiervi atti di guerra non tradizionale.

incurvàbile (1) [vc. dotta, lat. tardo *incurvābile(m)*, comp. di *in-* neg. e *curvābilis*, da *curvāre* 'curvare'; 1623] **agg.** ● (*raro*) Che non si può curvare.

incurvàbile (2) [da *incurvare*; 1957] **agg.** ● Che si può incurvare.

incurvaménto [1619] **s. m.** ● L'incurvare, l'incurvarsi | Forma curva di ciò che è incurvato.

incurvàre [vc. dotta, lat. *incurvāre*, comp. di *in-* raff. e *curvāre*, da *cŭrvus*, di orig. indeur.; 1321] **A v. tr.** **1** Piegare formando una curva: *i. un'asta metallica*; *i. le spalle* | ***I. la schiena***, (*fig.*) sottomettersi servilmente. **2** (*lett.*) Piegare: *ond'io levai li occhi a' monti / che li 'ncurvaron pria col troppo pondo* (DANTE *Par.* XXV, 38-39). **B v. intr. pron.** ● Farsi, diventare curvo: *il legno si incurva con l'umidità*; *incurvarsi per l'età avanzata*.

incurvàto [av. 1519] **part. pass.** di *incurvare*; anche **agg.** ● Nei sign. del v. | Che ha una forma curva.

incurvatùra [1499] **s. f.** ● Curvatura.

†**incurvazióne** [vc. dotta, lat. tardo *incurvatiōne(m)*, da *incurvātus* 'incurvato'; av. 1519] **s. f.** ● Curvatura.

incurvire [comp. di *in-* (*1*) e *curvo*; 1869] **A v. tr.** (*io incurvìsco, tu incurvìsci*) ● (*raro*) Far diventare curva la persona: *gli anni e le fatiche lo hanno incurvito*. **B v. intr.** e **intr. pron.** (aus. *essere*) ● Diventare curvo nella persona.

†**incùrvo** [vc. dotta, lat. *incŭrvu(m)*, comp. di *in-* raff. e *cŭrvus* 'curvo'; av. 1533] **agg.** ● (*lett.*) Curvo: *le man rapaci, e l'ugne incurve e torte* (ARIOSTO).

incùsso [1869] **part. pass.** di *incutere* ● Nei sign. del v.

incustodito [vc. dotta, lat. *incustodītu(m)*, comp. di *in-* neg. e *custodītus*, part. pass. di *custodīre* 'custodire'; 1598] **agg.** ● Privo di custodia: *lasciare qlco. incustodita* | ***Passaggio a livello i.***, privo di sbarre. **SIN.** Abbandonato, indifeso.

incùtere [vc. dotta, lat. *incŭtere* 'picchiare, scagliare, incutere', comp. di *in-* 'sopra' e un deriv. di *quătere* 'scuotere', di etim. incerta; sec. XIV] **v. tr.** (**pass. rem.** *io incùssi, tu incutésti*; **part. pass.** *incùsso*) ● Infondere o suscitare, grazie a una posizione di superiorità, prestigio o predominio, un sentimento di paura, soggezione e sim.: *i. timore, spavento, rispetto a qlcu.*

ìndaco o †**ìndico** [lat. *Ĭndicu(m)* 'proprio dell'*India*'; 1300] **A s. m.** (**pl.** *-chi*) **1** Uno dei sette colori dell'iride tra l'azzurro e il violetto. **2** Materia colorante azzurra ottenuta per macerazione delle foglie di alcune indigofere o per sintesi chimica. **B** in funzione di **agg. inv.** ● (posposto al s.) Che ha il colore azzurro cupo proprio dell'indaco: *cielo azzurro i.*; *vestito i.*

indaffaràto [dalla loc. (aver) *da fare* con *in-* (*1*); 1887] **agg.** ● Che ha e si dà molto da fare. **SIN.** Affaccendato. || **indaffaratamente**, **avv.**

indagàbile [vc. dotta, lat. *indagābile(m)*, da *indagāre* 'indagare'; 1690] **agg.** ● Che si può indagare: *mistero i.*

indagàre [vc. dotta, lat. *indagāre*, da *indāgo*, genit. *indāginis*, comp. del pref. *ind-*, raff. di *in-* (*1*) e della radice indeur. *ăg-* 'spingere', perché il sign. originario, proprio della lingua dei cacciatori, era 'spingere la selvaggina nei recinti di caccia'; 1499] **A v. tr.** (*io indàgo, tu indàghi*) **1** Ricercare con attenzione e diligenza: *i. il mistero, le cause, le origini remote, i motivi di qlco.* | Sottoporre a indagine, a inchiesta. **2** †Cercare, scoprire, spec. a fiuto, la selvaggina. **B v. intr.** (aus. *avere*) ● Compiere ricerche: *la commissione d'inchiesta indaga sulle cause del sinistro*; *i. intorno ai misteri della natura*; *la polizia indaga*. **SIN.** Investigare.

indagàto [1499] **A part. pass.** di *indagare*; anche **agg.** ● Nei sign. del verbo. **B s. m.** (**f.** *-a*) ● Persona sottoposta a indagini in merito a un reato | ***Registro degli indagati***, rubrica nella quale il pubblico ministero iscrive il nome delle persone sottoposte a indagine.

indagatóre [vc. dotta, lat. *indagatōre(m)*, da *indagātus* 'indagato'; 1499] **agg.**; anche **s. m.** (**f.** *-trice*) ● Che (o Chi) indaga, ricerca, scruta: *un attento i. dei fenomeni naturali*; *mi guardava con occhi indagatori*.

†**indagazióne** [vc. dotta, lat. *indagatiōne(m)*, da *indagātus* 'indagato'; sec. XIV] **s. f.** ● Indagine: *questa i. ha servito e serve più a essercitare gli ingegni che a trovare la verità* (GUICCIARDINI).

♦**indàgine** [vc. dotta, lat. *indāgine(m)*, da *indagāre* 'indagare'; 1499] **s. f.** **1** Ricerca diligente, sistematica e approfondita: *compiere un'i. per scoprire le cause di un fenomeno* | Studio, analisi: *i. storica, filosofica* | Inchiesta: *l'i. poliziesca è fallita*. **2** Investigazione: *le indagini della polizia proseguono*.

indaginóso [da *indagine*; 1881] **agg.** ● (*lett.*, *scient.*) Che richiede un'indagine approfondita | Difficile, complicato.

indantrène® [comp. di *ind(aco)* per il suo colore più tipico e *antr(ac)ene*; 1952] **s. m.** ● (*chim.*) Classe di coloranti artificiali derivati dall'antrachinone e caratterizzati da ottima stabilità alla luce, agli agenti atmosferici e ai detergenti.

indantrènico [1983] **agg.** (**pl. m.** *-ci*) ● Del, relativo all'indantrene.

indantróne [ingl. *indanthrone*, comp. di *ind(aco)* e *-anthrene* '-antrene', sul modello di *indantrene*, con sostituzione del suff. *-ene* col suff. *-one* (*2*)] **s. m.** ● (*chim.*) Sostanza organica di colore azzurro, molto usata come colorante di grande stabilità.

indàrno [etim. incerta; 1294] **A avv.** ● (*lett.*) Invano, inutilmente: *tentare i.*; *lottare i.* **B** in funzione di **agg. inv.** ● (*lett.*) Inutile, vano: *essere i.*; *Italia mia, benché 'l parlar sia i.* (PETRARCA).

†**inde** ● V. *indi*.

†**indebilire** ● V. *indebolire*.

indebitaménto [1524] **s. m.** ● L'indebitarsi | Debito.

indebitàre [comp. di *in-* (*1*) e *debito*; av. 1294] **A v. tr.** (*io indébito*) ● Caricare di debiti: *le spese eccessive lo hanno indebitato*. **B v. rifl.** ● Coprirsi di debiti: *indebitarsi con amici, banche, usurai*; *indebitarsi fino ai capelli, fino al collo*.

indebitàto [sec. XIV] **part. pass.** di *indebitare*; anche **agg.** ● Gravato di debiti.

indébito [vc. dotta, lat. *indēbitu(m)*, comp. di *in-* neg. e *dēbitus* 'dovuto', part. pass. di *debēre* 'dovere'; 1308] **A agg.** ● Che non è dovuto in quanto non si fonda su un obbligo regolarmente assunto: *pagamento, esazione indebita* | (*est.*) Immeritato, ingiusto: *onori indebiti*; *accusa, condanna indebita* | Illecito, abusivo: *appropriazione indebita*. || **indebitaménte**, **avv.** Senza che sia dovuto: *esigere indebitamente un tasso*; in modo ingiusto, immeritato, illegittimo: *aggravare indebitamente un'accusa*; *appropriarsi indebitamente di qlco.* **B s. m.** ● Prestazione eseguita nell'erronea convinzione di doverla: *pagamento dell'i.*

indeboliménto [av. 1294] **s. m.** **1** L'indebolire, l'indebolirsi: *i. della vista, dei muscoli*; *i. organico, psichico*. **CONTR.** Rafforzamento. **2** (*ling.*) Passaggio di un suono a un'articolazione meno distinta così da perdere alcuni suoi caratteri. **3** (*fot.*) Procedimento con cui viene ridotta la densità di una superficie sensibile sviluppata.

indebolire o (*poet.*) †**indebilire** [comp. di *in-* (*1*) e *debole*; 1300] **A v. tr.** (*io indebolìsco, tu indebolìsci*) ● Privare in tutto o in parte della forza, rendere debole o fiacco: *i. i nervi, la vista, i muscoli*; *i. la disciplina, l'autorità, l'esercito, il governo*; *i. una colonna, i pilastri di un portico* | ***I. la resistenza del nemico***, fiaccarla. **SIN.** Debilitare, svigorire. **CONTR.** Rafforzare. **B v. intr.** e **intr. pron.** (aus. *essere*) ● Diventare debole: *indebolirsi per una malattia, per il digiuno*; *la vista gli si è indebolita*. **SIN.** Deperire, infiacchirsi. **CONTR.** Rafforzarsi.

indebolito [av. 1342] **part. pass.** di *indebolire*; anche **agg.** ● Che è diventato debole.

indecènte [vc. dotta, lat. *indecĕnte(m)*, comp. di *in-* neg. e *dĕcens*, genit. *decĕntis* 'decente'; av. 1498] **agg.** ● Che è contrario, che non è conforme al pudore, alla morale: *discorso, abito i.* | Che offende il decoro, in quanto disordinato, sporco e sim.: *la tua camera è i.*; *quelle tende sono indecenti, vanno lavate subito* | Inaccettabile: *una paga i.* | ***Prezzo i.***, eccessivo. **SIN.** Sconveniente. || **indecenteménte**, **avv.**

indecènza [vc. dotta, lat. *indecĕntia(m)*, comp. di *in-* neg. e *decĕntia* 'decenza'; 1598] **s. f.** ● Mancanza di decenza o di decoro: *non s'era mai vista una simile i.!* (PIRANDELLO) | Comportamento, discorso indecente: *commettere, dire delle indecenze* | Cosa sconveniente: *questo film è un'i.* | Cosa vergognosa, inaccettabile: *è un'i. far aspettare delle persone anziane all'aperto sotto la pioggia!*; *ma che i.!*; *è una vera i.!*

indecidibile [comp. di *in-* (*3*) e di *decidibile*; 1957] **agg.** **1** Che non può essere deciso. **2** In un sistema logico, detto di proposizione di cui non è possibile dimostrare né la verità né la falsità. **CONTR.** Decidibile.

indecidibilità [da *indecidibil(e)* col suff. di qualità *-ità*; 1959] **s. f.** ● Proprietà, carattere di ciò che è indecidibile. **CONTR.** Decidibilità.

indecifràbile [comp. di *in-* (*3*) e *decifrabile*; 1869] **agg.** ● Difficile o impossibile da decifrare: *scrittura, messaggio i.* | (*fig.*) Che non si riesce a capire, a intendere: *uomo i.* **SIN.** Oscuro. || **indecifrabilménte**, **avv.**

indecifrabilità [av. 1963] **s. f.** ● Caratteristica di ciò che è indecifrabile.

indecifràto [comp. di *in-* (*3*) e *decifrato*; 1960] **agg.** ● (*raro*) Che non è stato decifrato.

indecisióne [comp. di *in-* (*3*) e *decisione*; 1806] **s. f.** ● Condizione di chi è indeciso, irresoluto, mancanza di decisione: *perenne, pericolosa i.*; *è stato vittima della propria i.* **SIN.** Dubbio, incertezza, titubanza.

indeciso [comp. di *in-* (*3*) e *deciso*; 1521] **agg.** **1** Di persona che non sa decidersi, per incertezza o altro: *un uomo i. in tutte le sue azioni*. **SIN.** Irresoluto, perplesso, titubante. **2** Che mostra incertezza, titubanza, dubbio: *atteggiamento i.* **3** (*fig.*) Incerto, impreciso, sfumato: *tempo i.*; *colori tenui e indecisi*; *situazione indecisa*. **4** Di ciò che non ha ricevuto soluzione: *la questione è ancora indecisa*.

indeclinàbile [vc. dotta, lat. *indeclinābile(m)*, comp. di *in-* neg. e *declinābilis* 'declinabile'; sec. XIV] **agg.** **1** (*ling.*) Detto di parola che non è soggetta a declinazione. **2** (*lett.*) Che non si può evitare o eludere: *dovere, necessità, obbligo i.* **3** †Che non si piega. || **indeclinabilménte**, **avv.**

indeclinabilità [av. 1712] **s. f.** ● (*ling.*) Condizione di indeclinabile.

indecomponibile [comp. di *in-* (*3*) e un deriv. di *decomporre*; av. 1835] **agg.** **1** (*mat.*) Che non si può scomporre. **2** (*chim.*) Che non si può decomporre.

indecompósto [comp. di *in-* (*3*) e del part. pass. di *decomporre*; 1822] **agg.** ● (*chim.*) Che non ha subìto la decomposizione ed è rimasto inalterato.

†**indecòro** [vc. dotta, lat. *indecōru(m)*, comp. di *in-* neg. e *decōrus* 'decoro'; 1549] **A agg.** ● Disonorevole, indecente, sconveniente. **B s. m.** ● (*fig.*) Indecenza.

indecoróso [vc. dotta, lat. tardo *indecorōsu(m)*, comp. di *in-* neg. e *decorōsus* 'decoroso'; av. 1604] **agg.** ● Che è privo o contrario al decoro: *condotta indecorosa*; *una gazzarra indecorosa*. **SIN.** Indegno, sconveniente. || **indecorosaménte**, **avv.**

indeducibile [comp. di *in-* (*3*) e *deducibile*; 1952] **agg.** ● Che non si può dedurre: *imposta i.* **CONTR.** Deducibile.

indeducibilità **s. f.** ● Condizione, caratteristica di ciò che non è deducibile, in particolare dall'imponibile: *i. delle spese*.

indefèsso [vc. dotta, lat. *indefĕssu(m)*, comp. di *in-* neg. e *defĕssus* 'defesso, stanco'; av. 1381] **agg.** ● Assiduo, instancabile: *lavoro, zelo, studio i.*; *un lavoratore i.* || **indefessaménte**, **avv.** In modo assiduo e infaticabile: *lavorare indefessamente*.

indefettibile [comp. di *in-* (*3*) e *defettibile*; sec. XIV] **agg.** **1** (*spec. lett.*) Che non è soggetto a venir meno: *le indefettibili necessità della vita*. **2** (*lett.*) Che non può patire difetto: *vita, perfezione i.* || **indefettibilménte**, **avv.** (*raro*) In modo indefettibile.

indefettibilità [1798] **s. f.** ● (*lett.*) Condizione di ciò che è indefettibile.

indeficiènte [vc. dotta, lat. eccl. *indeficiĕnte(m)*, comp. di *in-* neg. e *deficiens*, genit. *deficiĕntis* 'deficiente'; av. 1342] **agg.** ● (*lett.*) Che non viene mai meno, che è costante, continuo e sempre uguale: *ricchezza, amicizia, lealtà, carità i.* || †**indeficienteménte**, **avv.** In modo costante e inesausto.

indeficiènza [vc. dotta, lat. eccl. *indeficiĕntia(m)*, comp. di *in-* neg. e *deficiĕntia* 'deficienza'; av. 1694] **s. f.** ● (*raro*) Condizione di ciò che è indeficiente.

indefinìbile [comp. di *in-* (*3*) e *definibile*; 1623] **agg.** ● Che è difficile o impossibile definire o interpretare con esattezza: *questione i.*; *uomo, carattere i.*; *sentimento, espressione, sorriso i.* ‖ **indefinibilménte**, **avv.**

indefinibilità [1878] **s. f.** ● Caratteristica di chi (o di ciò che) è indefinibile.

indefinitézza [av. 1729] **s. f.** ● Carattere di ciò che è indefinito.

indefinìto [vc. dotta, lat. tardo *indefinītu(m)*, comp. di *in-* neg. e *definītus* 'definito'; 1294] **A agg.** **1** Indeterminato: *tempo, spazio i.*; *problema i.*; *grandezza indefinita*; *correre per la via, spinto da un'agitazione vaga, indefinita* (SVEVO) | (*ling.*) ***Modo i.***, che non ha determinazione di numero e persona (come l'infinito, il gerundio, il participio) | ***Aggettivo, pronome i.***, che dà un'indicazione indeterminata o approssimativa (ad es. *alcuni, qualche*; *qualcuno, qualcosa*). **2** Non risolto: *controversia, questione indefinita.* ‖ **indefinitaménte**, **avv.** Senza determinazione, limite o limitazioni di sorta. **B s. m.** **1** Ciò che è vago, impreciso, indeterminato: *temere qlco. d'i.* **2** (*filos.*) Ciò che, pur essendo finito, non è determinato.

indeformàbile [comp. di *in-* (*3*) e *deformabile*; 1929] **agg.** ● Che non si deforma: *tessuto ingualcibile e i.* ‖ **indeformabilménte**, **avv.**

indeformabilità [1950] **s. f.** ● Caratteristica, proprietà di ciò che è indeformabile.

†**indegnàre** e *deriv.* ● V. *indignare* e *deriv.*

indegnità o †**indignità** [vc. dotta, adatt. del lat. *indignitāte(m)*, comp. di *in-* neg. e *dīgnitas*, genit. *dignitātis* 'dignità'; av. 1342] **s. f.** **1** Condizione o stato di chi (o di ciò che) è indegno: *essere destituito, deposto per i.* **2** Azione iniqua, turpe, odiosa e sim.: *è stata un'i. trattarlo in quel modo.*

indégno o (*poet.*) †**indigno** [vc. dotta, adatt. del lat. *indĭgnu(m)*, comp. di *in-* neg. e *dĭgnus* 'degno'; 1313] **A agg.** **1** Che non è degno di qlco. o qlcu., che non merita qlco. o qlcu.: *essere i. della considerazione, della stima, dell'affetto degli altri*; *quell'uomo è i. di lei* | Degenere: *figlio i.*; *è i. della famiglia da cui proviene* | (*assol.*) Spregevole, turpe, abietto: *un i. individuo*; *è una persona veramente indegna.* **2** Detto di cosa, che non si conviene, non si addice a qlcu. o qlco., in quanto riprovevole: *queste parole sono indegne di te*; *sono atti indegni di un popolo civile* | Iniquo, vergognoso, che merita biasimo: *frasi, calunnie indegne*; *è un'accusa indegna!* **3** †Sprezzante, sdegnoso. ‖ **indegnaménte**, **avv.** Senza merito o colpa: *essere indegnamente accusati*; in modo indegno, biasimevole: *governare indegnamente un paese.* **B agg.**; anche **s. m.** (f. *-a*) ● (*dir.*) Chi è escluso per legge da una successione o donazione, quando abbia commesso gravi atti contro la persona del defunto o del donante.

indeiscènte [comp. di *in-* (*3*) e *deiscente*; 1869] **agg.** ● (*bot.*) Detto di frutto che non si apre a maturità per lasciar uscire i semi. **CONTR.** Deiscente.

indeiscènza [1940] **s. f.** ● (*bot.*) Caratteristica dei frutti indeiscenti.

indelèbile [vc. dotta, lat. *indelēbile(m)*, comp. di *in-* neg. e *delēbilis* 'delebile'; av. 1429] **agg.** **1** Che non si può cancellare: *macchia, inchiostro i.* **2** (*fig.*) Indimenticabile, perpetuo, perenne: *ricordo i.* ‖ **indelebilménte**, **avv.**

indeliberàto [vc. dotta, lat. tardo *indeliberātu(m)*, comp. di *in-* neg. e *deliberātus* 'deliberato'; av. 1694] **agg.** ● (*raro*) Mancante di previa deliberazione: *vi prego di non far nulla d'i.* | ***Atto i.***, impulsivo, subitaneo | ***Danno i.***, causato senza una precisa volontà. ‖ **indeliberataménte**, **avv.** Senza deliberazione, intenzione o proposito: *danneggiare qlcu. indeliberatamente.*

indeliberazióne [comp. di *in-* (*3*) e *deliberazione*; av. 1694] **s. f.** ● (*raro*) Mancanza di proposito determinato.

indelicatézza [comp. di *in-* (*3*) e *delicatezza*, attraverso il corrispondente fr. *indélicatesse*; 1864] **s. f.** **1** Caratteristica di chi (o di ciò che) è indelicato: *agire con i.* **2** (*est.*) Atto indelicato: *guardare nelle carte altrui è un'i.* **SIN.** Indiscrezione.

indelicàto [comp. di *in-* (*3*) e *delicato*, attraverso il fr. *indélicat*; 1823] **agg.** ● Privo di discrezione, sensibilità e tatto: *comportamento, domanda indelicata.* ‖ **indelicataménte**, **avv.** Senza delicatezza.

indemagliàbile [fr. *indémaillable*, comp. di *in-* (*3*) e *démailler* 'smagliare'; 1942] **agg.** ● Che non deve o non dovrebbe smagliarsi: *tessuto, calza i.*

indemaniaménto [av. 1928] **s. m.** ● (*raro*) Indemaniazione.

indemaniàre [comp. di *in-* (*1*) e *demanio*; 1869] **v. tr.** (*io indemànio*) ● (*dir.*) Immettere un bene nella categoria dei beni demaniali con la conseguente sottoposizione alla relativa disciplina.

indemaniazióne [da *indemaniare*; 1965] **s. f.** ● (*dir., raro*) Trasferimento al demanio.

indemoniàre [comp. di *in-* (*1*) e *demonio*; av. 1305] **v. intr.** e **intr. pron.** (*io indemònio*; aus. *essere*) **1** (*raro*) Essere posseduto dal demonio. **2** (*fig., raro*) Diventare furibondo.

indemoniàto [av. 1292] **A part. pass.** di *indemoniare*; anche **agg.** **1** Nei sign. del v. **2** (*scherz.*) Vivacissimo: *è un ragazzino i.* **B s. m.** (f. *-a*) **1** Chi è in preda a forze demoniache. **2** (*fig.*) Chi è molto inquieto e agitato | Chi dimostra estrema vivacità.

indènne [vc. dotta, lat. tardo *indĕmne(m)*, comp. di *in-* neg. e un deriv. di *dămnum* 'danno (1)'; av. 1380] **agg.** **1** Che non ha subìto alcun danno: *sono uscito i. da quell'incidente.* **SIN.** Illeso, incolume | (*med.*) Che non ha subìto lesioni, alterazioni. **2** Privo di agenti nocivi: *latte i.* **3** †Che non fa danno.

◆**indennità** [vc. dotta, lat. tardo *indemnitāte(m)*, comp. di *in-* neg. e un deriv. di *dămnum* 'danno (1)'; sec. XIV] **s. f.** **1** (*raro*) Salvezza, scampo. **2** (*dir.*) Attribuzione patrimoniale dovuta al prestatore di lavoro dal datore o da un Ente previdenziale, con funzione retributiva, di rimborso spese, assistenziale e sim.: *i. di trasferta, di contingenza, di licenziamento* | ***I. parlamentare***, retribuzione spettante ai deputati e ai senatori per l'esplicazione delle loro funzioni. **3** (*dir.*) Compenso dovuto per il sacrificio dell'altrui diritto disposto dall'autorità competente per ragioni di pubblico interesse: *i. di guerra* | Prestazione in denaro dovuta a titolo di risarcimento per la lesione di un interesse o diritto altrui.

indennitàrio [da *indennit(à)*, col suff. *-ario*; 1985] **agg.** ● (*dir.*) Che ha funzione di indennità o indennizzo: *pagamento a titolo i.*

indennizzàbile [1965] **agg.** ● Che si può o si deve indennizzare. **SIN.** Risarcibile.

indennizzàre [fr. *indemniser*, da *indenne* 'indenne'; 1629] **v. tr.** ● Risarcire danni sofferti mediante indennizzo.

indennìzzo [da *indennizzare*; 1812] **s. m.** ● Somma pagata a titolo di risarcimento di danni.

indentàre [comp. di *in-* (*1*) e *dente*; 1834] **v. intr.** (*io indènto*; aus. *avere*) **1** (*raro*) Mettere i primi denti. **2** Entrare in presa, detto di ruote dentate, ingranaggi e sim.

indentazióne [comp. di *in-* (*1*) e *dente*] **s. f.** ● (*geol.*) Leggera rientranza in una costa, simile all'effetto prodotto dal morso dei denti in un oggetto: *le indentazioni della Bretagna.*

indentràrsi [da *indentro*; av. 1817] **v. intr. pron.** (*io m'indéntro*) ● (*raro*) Addentrarsi.

indéntro o **in déntro**, (*pop.*) †**indrénto**, †**indréto** [comp. di *in-* e *dentro*; av. 1320] **A avv.** ● All'interno: *spingilo i.*; *è troppo i.* | ***All'i.***, verso l'interno. **CONTR.** Infuori. **B** in funzione di **agg. inv.** ● Infossato, incavato: *ha occhi i.*

indeprecàbile [vc. dotta, lat. *indeprecābile(m)*, comp. di *in-* neg. e *deprecābilis* 'deprecabile'; 1869] **agg.** ● (*raro*) Che non si può allontanare o scongiurare con preghiere e sim.: *i. malanno.*

inderogàbile [comp. di *in-* (*3*) e *derogabile*; 1922] **agg.** ● Detto di ciò a cui non si può derogare: *termine, scadenza, impegno i.*; *norma, disposizione i.* ‖ **inderogabilménte**, **avv.** Senza possibilità di deroga.

inderogabilità [1954] **s. f.** ● Condizione di ciò che è inderogabile.

indescrivìbile [comp. di *in-* (*3*) e *descrivibile*; av. 1704] **agg.** ● Difficile o impossibile a descriversi: *entusiasmo, confusione, disordine i.* **SIN.** Indicibile, inenarrabile. ‖ **indescrivibilménte**, **avv.**

indesideràbile [comp. di *in-* (*3*) e *desiderabile*; 1931] **agg.** ● Non desiderabile: *relazioni, amicizie indesiderabili* | ***Persona i.***, non gradita per motivi politici, penali e sim.

indesiderabilità [1972] **s. f.** ● Caratteristica di chi (o di ciò che) è indesiderabile.

indesideràto [comp. di *in-* (*3*) e *desiderato*; 1957] **agg.** ● Che è contrario o non confacente ai desideri o alla necessità di qlcu.: *visita indesiderata.* ‖ **indesiderataménte**, **avv.**

indessicàle [dall'ingl. *indexical* 'indicativo' da *index* 'che indica'; 1977] **agg.** ● (*ling.*) Detto di espressione interpretabile soltanto grazie al contesto nel quale è pronunciata. **CFR.** Deittico | ***Funzione i.***, quella per la quale l'intonazione e altri tratti prosodici rivelano le caratteristiche (età, sesso, gruppo sociale, professione) di chi parla o scrive.

†**indestinàre** [comp. parasintetico di *destino*, col pref. *in-* (*1*); av. 1547] **v. tr.** ● Destinare, fissare in modo ineluttabile.

indeterminàbile [vc. dotta, lat. tardo *indeterminābile(m)*, comp. di *in-* neg. e *determinābilis* 'determinabile'; 1598] **agg.** ● Che è impossibile determinare o precisare: *periodo i. di tempo.* ‖ **indeterminabilménte**, **avv.**

indeterminabilità [1869] **s. f.** ● Condizione di ciò che è indeterminabile.

indeterminatézza [1858] **s. f.** **1** Caratteristica di ciò che è indeterminato: *l'i. delle idee, delle espressioni.* **SIN.** Imprecisione. **2** (*fig.*) Mancanza di determinazione, di decisione, e sim.: *l'i. dei propositi di qlcu.* **SIN.** Incertezza, irresolutezza.

indeterminativo [1957] **agg.** ● Che non determina | ***Articolo i.***, che dà al nome un'indicazione indefinita.

indeterminàto [vc. dotta, lat. tardo *indeterminātu(m)*, comp. di *in-* neg. e *determinātus* 'determinato'; sec. XIV] **agg.** **1** Privo di determinazione o definizione: *spazio i.* | ***A tempo i.***, senza limiti precisi | Astratto, vago, impreciso: *idee indeterminate* | Irresoluto: *assumere una posizione indeterminata.* **2** (*mat.*) Detto di equazione con infinite soluzioni. ‖ **indeterminataménte**, **avv.**

indeterminazióne [vc. dotta, lat. tardo *indeterminatiōne(m)*, da *indeterminātus* 'indeterminato'; av. 1588] **s. f.** **1** Imprecisione | (*fis.*) ***Principio di i.***, principio fondamentale della meccanica quantistica, secondo il quale non è possibile misurare con precisione una grandezza osservabile senza rendere imprecisa la misura di altre grandezze osservabili. **2** Indecisione, irresolutezza: *i. di propositi.*

indeterminìsmo [comp. di *in-* (*3*) e *determinismo*; 1840] **s. m.** ● Dottrina filosofica secondo la quale la volontà umana non è determinata né da fenomeni di ordine fisico né da quelli di ordine psichico.

indeterminìstico [av. 1952] **agg.** (pl. m. *-ci*) ● Che concerne o interessa l'indeterminismo.

indetonànte [comp. di *in-* (*3*) e del part. pres. di *detonare*; 1957] **agg.** ● Di carburante che, per aggiunta di antidetonante, sopporta alti valori del rapporto di compressione senza detonare.

indetraìbile [comp. di *in-* (*3*) e *detraibile*; 1986] **agg.** ● Che non è detraibile, che non può essere detratto: *spese indetraibili dalle imposte.* **CONTR.** Detraibile.

indetraibilità [1985] **s. f.** ● Condizione, caratteristica di ciò che non è detraibile, in particolare dall'imposta da pagare: *i. dell'Iva.*

indettàre [lat. parl. **indictāre* 'indicare', comp. di *in-* intens. e *dictāre* 'dettare'; av. 1390] **A v. tr.** (*io indétto*) ● (*raro*) Istruire qlcu. su quello che deve dire o fare: *i. i testimoni*; *era sua madre Maruzza che la indettava, e la mandava apposta dalle parti* (VERGA). **B v. rifl. rec.** ● Accordarsi in precedenza su come rispondere o regolarsi intorno a qlco.: *ci siamo indettati sul da fare.*

indétto o †**inditto** [av. 1527] **part. pass.** di *indire*; anche **agg.** ● Deciso, proclamato: *lo sciopero i. per lunedì.*

indeuropèo e *deriv.* ● V. *indoeuropeo* e *deriv.*

indevòto [vc. dotta, lat. *indevōtu(m)*, comp. di *in-* neg. e *devōtus* 'devoto'; sec. XIV] **agg.** ● (*raro*) Che è privo di devozione religiosa. ‖ †**indevotaménte**, **avv.** Senza devozione.

indevozióne [vc. dotta, lat. *indevotiōne(m)*, comp. di *in-* neg. e *devōtio*, genit. *devotiōnis* 'devozione'; sec. XIV] **s. f.** ● (*raro*) Mancanza di devozione.

indi o †**inde** [lat. *ĭnde*, di etim. incerta; 1312] **avv.** **1** (*lett.*) Dopo, di poi, quindi, in seguito (con valore temporale): *gli dissi ciò che dovevo, i. me ne andai*; *i. s'ascose* (DANTE *Inf.* X, 121) | ***I. a poco***, dopo poco | ***I. a un anno***, di lì a un anno | ***Da i.***

in qua, da allora in poi: *Da i. in qua mi fuor le serpi amiche* (DANTE *Inf.* XXV, 4). **2** (*poet.*) Da quel luogo: *poder di partirs'i. a tutti tolle* (DANTE *Inf.* XXIII, 57) | ***Da i. in qua, in là, in su, in giù***, da quel luogo in qua, in là, in su, in giù | †***Per i.***, per quel luogo.

indiàna [sottinteso *tela*, originariamente proveniente *dall'India*; 1674] **s. f.** ● Stoffa di cotone stampata a vivaci colori per abiti e tappezzerie.

indianìsmo [1957] **s. m.** ● Elemento linguistico, culturale e sim. proprio dell'India e della sua civiltà.

indianìsta [av. 1869] **s. m. e f.** (**pl. m.** *-i*) ● Studioso della cultura e della civiltà indiana.

indianìstica [1935] **s. f.** ● Disciplina che studia la lingua, la letteratura, le religioni, la filosofia e la storia dell'India nel periodo precedente alla penetrazione europea.

indianìstico [1952] **agg.** (**pl. m.** *-ci*) ● Della, relativo alla, indianistica.

♦**indiàno** [vc. dotta, lat. tardo *indiānu(m)*, da *Ĭndia* 'India'; 1336 ca.] **A agg.** **1** Della, relativo all'India: *lingue indiane*; *elefante i.*; *oceano I.* **2** Che concerne gli indigeni dell'America, spec. dell'America del Nord: *tribù indiane* | (*fig.*) ***Camminare, avanzare in fila indiana***, disposti uno dietro l'altro. **B s. m.** (**f.** *-a*) **1** Abitante dell'India | (*fig.*) ***Fare l'i.***, far finta di non sapere nulla. **2** Indigeno dell'America. **SIN.** Amerindio | ***Indiani delle praterie***, vasto raggruppamento di pellirosse che vivevano in una vastissima zona del centro del Canada e degli Stati Uniti. || **indianèllo**, **dim.** | **indianino**, **dim.**

indiàre [comp. di *in-* (*1*) e *Dio*; 1321] **A v. tr.** (*io indìo*) ● (*lett.*) Innalzare a livello divino. **B v. intr. pron.** ● (*lett.*) Avvicinarsi a Dio immedesimandosi nella sua contemplazione: *D'i Serafin colui che più s'india* (DANTE *Par.* IV, 28).

indiavolaménto [av. 1584] **s. m.** ● (*raro*) L'indiavolare, l'indiavolarsi | †Diavoleria.

indiavolàre [comp. di *in-* (*1*) e *diavolo*; av. 1492] **A v. tr.** (*io indiàvolo*) ● (*raro*) Mettere qlcu. in agitazione, qlco. a soqquadro. **B v. intr.** (**aus.** *avere*) ● Avere il diavolo in corpo, essere in grande agitazione | ***Far i. qlcu.***, farlo arrabbiare. **C v. intr. pron.** ● Arrabbiarsi, infuriarsi: *s'indiavola per un nonnulla.*

indiavolàto [1427] **part. pass.** di *indiavolare*; anche **agg.** **1** Infuriato | Molto vivace: *un ragazzino i.* **2** Frenetico: *ritmo i.* | Violento, eccessivo: *vento, caldo, rumore i.*; *baraonda indiavolata.* || **indiavolataménte**, **avv.**

indiavolìre [comp. di *in-* (*1*) e *diavolo*; 1947] **v. intr. e intr. pron.** (*io indiavolìsco, tu indiavolìsci*; **aus.** *essere*) ● (*raro*) Diventare furioso, furibondo.

indicàbile [vc. dotta, lat. tardo *indicābile(m)*, da *indicāre* 'indicare'; 1745] **agg.** ● Che si può indicare perché utile, opportuno e sim.: *rimedio i.*

♦**indicàre** [vc. dotta, lat. *indicāre*, da *ĭndex*, genit. *ĭndicis* 'che mostra, che indica', da una radice indeur. col sign. di 'mostrare'; 1441] **v. tr.** (*io ìndico, tu ìndichi*) **1** Mostrare qlco. a qlcu. puntando l'indice, con un cenno o con parole: *i. una vetrina, la direzione da seguire, un passante*; *i. la strada a qlcu.*; *mi indicò l'uscita.* **SIN.** Additare | (*est.*) Mostrare, segnalare, detto di strumenti e sim.: *la bussola indica il Nord*; *il faro indica il porto* | Precisare: *sul biglietto da visita non è indicato l'indirizzo.* **2** Dire, suggerire, consigliare: *mi ha indicato un ottimo albergo*; *il medico mi ha indicato un nuovo farmaco.* **3** Denotare, rivelare, manifestare: *il suo silenzio indicava imbarazzo*; *la tua reazione indica che ti senti in colpa* | Detto di un vocabolo, significare, esprimere, designare: *il prefisso 'a-' indica mancanza, assenza e sim.*

indicatìvo [vc. dotta, lat. tardo *indicatīvu(m)*, da *indicāre* 'indicare'; 1308] **A agg.** **1** Che serve a indicare: *gesto i.* | (*ling.*) ***Aggettivo i.***, che esprime una determinazione specifica | ***Modo i.***, modo finito del verbo che presenta obiettivamente l'idea verbale. **2** Che costituisce un chiaro segno di qlco.: *sintomo oltremodo i.* **SIN.** Significativo. **3** Che fornisce un'indicazione sommaria, approssimativa: *prezzo i.*; *valutazione indicativa.* || **indicativaménte**, **avv.** **B s. m.** **1** (*ling.*) Modo indicativo: *coniugare un verbo all'i.*; *presente i., imperfetto i., futuro i.* **2** Nei sistemi di trattamento automatico delle informazioni, elemento dell'informazione che permette di individuarla e classificarla. **3** (*tel.*) Codice che identifica un'area geografica nelle chiamate internazionali: *l'i. dell'Italia è 39* | ***I. interurbano***, un tempo, cifra o combinazione di cifre che seguivano il prefisso zero e precedevano il numero dell'utente nelle chiamate interurbane.

indicàto [av. 1698] **part. pass.** di *indicare*; anche **agg.** **1** Nei sign. del v. **2** (*est.*) Appropriato, efficace: *rimedio i.* | ***È la persona più indicata per questo compito***, più adatta a svolgerlo.

indicatóre (**1**) [vc. dotta, lat. tardo *indicatōre(m)*, da *indicātus* 'indicato'; 1526] **A agg.** (**f.** *-trice* (V.)) ● Che indica, rivela qlco.: *strumento i.*; *freccia indicatrice* | ***Cartello i.***, posto al margine della strada, recante indicazioni, prescrizioni, avvertimenti o divieti relativi alla circolazione. **B s. m.** **1** In varie tecnologie, indice, lancetta, barra, sagoma, filo e sim. per dare, generalmente a distanza, l'indicazione o la misura di qlco.: *i. di livello del carburante* | ***I. di direzione***, luce intermittente azionata da automobilisti o motociclisti per segnalare spostamenti o cambiamenti di direzione | Cavalierino, targhetta | ***I. di conteggio***, teletaxe. ➡ **ILL.** p. 2164, 2165, 2166 TRASPORTI. **2** (*econ.*) Indice rappresentativo dell'andamento di un particolare settore dell'economia, o della situazione economica in generale. **3** Titolo di prontuari, guide, pubblicazioni periodiche e sim.: *l'i. economico.* **4** (*chim.*) Sostanza che, col cambiamento di colore, indica lo stato acido o alcalino di una soluzione, identifica determinate sostanze o segna la fine di una reazione. **5** (*chim., nucl.*) ***I. radioattivo***, tracciante radioattivo. **6** (*ling.*) ***I. sintagmatico***, rappresentazione della struttura sintattica di una frase, data in forma di albero o di successione di parentesi.

indicatóre (**2**) [da *indicare*] **s. m.** ● Uccello apivoro tropicale africano dei Piciformi, bruno, con coda lunga e corpo slanciato (*Indicator indicator*).

indicatrìce [agg. sostantivato dal f. di *indicatore*] **s. f.** ● (*miner.*) Superficie scelta a rappresentare le proprietà ottiche dei cristalli | ***I. uniassica***, ellissoide di rotazione, con un solo asse ottico | ***I. biassica***, ellissoide avente tre semiassi diversi e a cui corrispondono due assi ottici.

♦**indicazióne** [vc. dotta, lat. *indicatiōne(m)*, da *indicātus* 'indicato'; 1583] **s. f.** **1** Atto dell'indicare | Designazione. **2** Cenno, informazione, notizia: *chiedere un'i.*; *seguire un'i. falsa, precisa, inesatta*; *l'i. della strada, della pagina, della ditta.* **3** (*med.*) Prescrizione di rimedio appropriato.

ìndice [vc. dotta, lat. *ĭndice(m)*, comp. di *in-* 'verso' e una radice *-dex*, di orig. indeur., col senso di 'mostrare'; sec. XIV] **A s. m.** **1** Secondo dito della mano tra il pollice e il medio: *stringere qlco. tra il pollice e l'i.* | ***Mettere l'i. sulla bocca***, far segno di tacere | ***Mettere l'i. su qlco.***, (*fig.*) richiamarvi l'attenzione. **2** Negli strumenti di misurazione, lancetta o altro dispositivo che indica sul quadrante i valori della grandezza misurata: *i. di temperatura, velocità, sbandamento*; *l'i. è al massimo, al minimo.* **3** (*fig.*) Indizio, segno, espressione: *quel pallore è un i. di malattia*; *simile risposta è i. di ignoranza.* **4** Elenco ordinato dei capitoli, o comunque delle varie parti, di un libro, recante il titolo di ciascuno e l'indicazione del corrispondente numero di pagina: *consultare, scorrere l'i.*; *cercare un brano nell'i.*; *i. generale*; *i. delle illustrazioni* | ***I. analitico***, elenco alfabetico degli argomenti trattati in un libro, spec. di carattere scientifico o didattico, ciascuno col numero della pagina ove viene sviluppato | Catalogo | ***I. dei libri proibiti***, elenco che, fino al Concilio Vaticano II, conteneva i titoli delle opere e i nomi degli autori condannati dalla Chiesa Cattolica perché contrari alla fede o alla morale e la cui lettura era proibita ai fedeli se non per giustificati motivi | ***Mettere all'i.***, (*fig.*) considerare riprovevole e quindi proibire, vietare. **5** (*mat.*) Simbolo di cui viene munita una lettera per distinguere fra più valori che ad essa si possono assegnare | (*mus.*) ***I. acustico***, numero che veniva collocato sotto i nomi delle note per indicare l'esatta posizione di ciascuna nella scala generale dei suoni. **6** Numero, rapporto, che esprime una proprietà in modo qualitativo o quantitativo: *i. di rifrazione* | ***I. climatico***, numero convenzionale per caratterizzare un clima in funzione di determinati elementi climatici. **7** (*stat.*) Rapporto tra due entità quantitative, che possono riferirsi anche allo stesso fenomeno considerato in due tempi diversi, espresse l'una nei termini dell'altra: *i. di produzione* | ***I. del costo della vita*** (*o ISTAT*), indice statistico dal quale risulta l'andamento dell'inflazione, calcolato sull'andamento dei prezzi al consumo | (*borsa*) ***I. di Borsa***, numero indice, basato sui prezzi dei titoli quotati in una borsa valori, con il quale si evidenziano le variazioni percentuali dell'andamento del mercato | ***I. d'ascolto***, misura della quantità di pubblico che segue una trasmissione radiotelevisiva | ***I. di gradimento***, misura del grado di popolarità raggiunto da una trasmissione radiofonica o televisiva | (*farm.*) ***I. terapeutico***, rapporto fra l'efficacia terapeutica di un farmaco e la sua attività tossica | (*med.*) Misura di una funzione organica: *i. di sedimentazione* | ***I. di Katz***, valore medio della velocità di sedimentazione dei globuli rossi. **B agg.** **1** Che indica: *segno i.*; *dito i.* **2** ***Numeri indici***, rapporti statistici che vengono istituiti tra le intensità o le frequenze di un fenomeno in tempi o luoghi diversi e un'intensità o frequenza che il fenomeno ha presentato ad una certa data o in un determinato luogo e che viene assunto come base di riferimento.

indicìbile [comp. di *in-* (*3*) e *dicibile*; av. 1342] **agg.** ● Che non si può dire o descrivere in modo adeguato: *tormento, gioia i.* **SIN.** Inenarrabile. || **indicibilménte**, **avv.** In maniera indicibile.

†**indìcio** ● V. *indizio.*

indicizzàbile [1983] **agg.** ● Che si può indicizzare.

indicizzàre [da *indice* nel sign. 7; 1976] **v. tr.** ● (*econ.*) Collegare il valore di un bene o di una prestazione alle variazioni di un indice di riferimento, quale, per es., il tasso d'inflazione, il livello dei prezzi e sim.: *i. le obbligazioni, il prezzo del petrolio*; *i. i salari al costo della vita.*

indicizzàto [1963] **part. pass.** di *indicizzare*; anche **agg.** ● Nel sign. del v.: *mutuo i.*

indicizzazióne [1974] **s. f.** ● Operazione dell'indicizzare.

ìndico [vc. dotta, lat. *ĭndicu(m)*, da *Ĭndia* 'India'; 1319] **A agg.** (**pl. m.** *-ci*) ● (*raro, lett.*) Indiano. **B s. m.** ● † V. *indaco.*

in dièbus illis [loc. lat., propr. 'in quei giorni', ricorrente espressione evangelica. V. *busillis*; 1582] **loc. avv.** ● A quel tempo, in quei giorni lontani (*spec. scherz.*).

indietreggiaménto [1985] **s. m.** ● L'indietreggiare (*anche fig.*): *i progressi e gli indietreggiamenti della vita.*

♦**indietreggiàre** [iter. di *indietro*; sec. XIV] **v. intr.** (*io indietréggio*; **aus.** *essere* o *avere*) ● Tirarsi indietro: *i. davanti al nemico, al pericolo.* **SIN.** Arretrare, retrocedere.

♦**indiètro** o †**indrèto**, †**indrièto** [comp. di *in-* e *dietro*; sec. XIII] **A avv.** **1** Alle spalle, nella direzione di ciò che è alle spalle: *il capoclasse faccia due passi i.*; *tenetevi i.*; *resta sempre i.*; *non voltarti i.*; *prova a guardare i.* | ***Avanti e i.***, da un punto a un altro dello stesso luogo | ***Questo orologio è, rimane i.***, ritarda | ***Mettere i. l'orologio***, spostarne le lancette in senso antiorario | ***Dare i. qlco.***, restituirla | ***Domandare, volere i. qlco.***, chiederne, pretenderne la restituzione | ***Rimandare i. un dono***, respingerlo, rifiutarlo | ***Tirarsi i.***, (*fig.*) sottrarsi a impegni presi o a responsabilità assunte | ***Lasciare i. qlco.***, ometterla | ***Tornare un passo i.***, (*fig.*) riprendere un racconto, un'esposizione da un dato punto per inserirvi un particolare dimenticato | ***Fare un passo avanti e uno i.***, (*fig.*) non progredire | ***Essere, rimanere i. col lavoro, nello studio*** e sim., essere lontani dal punto a cui si dovrebbe essere giunti | (*fam.*) ***Essere i.***, (*fig.*) capire poco | ***Punto i.***, punto di cucito realizzato facendo rientrare l'ago nel foro da cui era uscito nel punto precedente | (*mar.*) ***Dare i.***, invertire il moto delle macchine per fermare la nave abbrivata o farla procedere con la poppa | ***Fare macchina, marcia i.***, (*fig.*) rimangiarsi la parola, ritirarsi da un'impresa e sim. **CONTR.** Avanti, innanzi. **2** Nella loc. avv. ***all'i.***, a ritroso: *camminare all'i.* | ***Cadere all'i.***, sulla schiena | ***Andare all'i.***, (*fig.*) regredire. **B** in funzione di **inter.** ● Si usa come comando o esortazione a una o più persone perché retrocedano: *i.! fate largo!* | (*mar.*) ***I. adagio, i. mezza, i. tutta***, ordini per l'andatura durante la manovra del dare indietro.

indifendìbile [comp. di *in-* (*3*) e *difendibile*; av. 1451] **agg.** ● Che non si può difendere: *un capo-*

saldo i. | (*fig.*) Insostenibile: *ragioni indifendibili.* || †**indifendibilménte**, avv.

indifèso [vc. dotta, adatt. del lat. *indefēnsu(m)*, comp. di *in-* neg. e *defēnsus* 'difeso'; 1513] agg. *1* Privo di difesa: *lasciare i. un punto del confine.* SIN. Incustodito, scoperto. *2* (*fig.*) Incapace di difendersi e quindi bisognoso di protezione: *un fanciullo, un vecchio i.* SIN. Inerme. *3* Disarmato: *soldato i.*

♦**indifferènte** [vc. dotta, lat. *indifferĕnte(m)*, comp. di *in-* neg. e *dĭfferens*, genit. *differĕntis* 'differente', come il corrispondente gr. *adiáphoros*; av. 1342] **A** agg. *1* (*lett.*) Imparziale. *2* (assol.; + *a*; raro + *su*) Che non prova, non sente e non esprime particolari interessi o emozioni per qlcu. o qlco.: *la sua reazione mi lascia del tutto i.*; *un uomo i. a tutto ciò che accade*; *essere i. alla bellezza*; *Sua madre strepitò di questo disegno sul quale pochi mesi prima sembrava affatto i.* (NIEVO). SIN. Apatico, freddo, insensibile. *3* (assol.; + *per*; + *a*) Che non presenta interesse, non ha importanza, significato, valore e sim.: *problemi, questioni, domande indifferenti*; *un atteggiamento i. per la bellezza dell'espressione* (PIRANDELLO); *quel ragazzo mi è del tutto i.*; *il lor modo di essere è i. al resto d'Europa* (LEOPARDI) | *È i.*, è uguale, non ha importanza: *partire o restare è i.*; *per me è i. che tu parta o resti* | ***Non i.***, notevole, rilevante: *una spesa non i.* SIN. Irrilevante. *4* (*ling.*) ***Sillaba i.***, ancipite. *5* †Non differente. || **indifferentemente**, avv. **B** s. m. e f. ● Persona apatica ed insensibile | ***Fare l'i.***, ostentare noncuranza.

indifferentìsmo [da *indifferente*; av. 1896] s. m. *1* (*filos.*) Indeterminismo. *2* Atteggiamento d'indifferenza da parte di chi evita di prendere posizione in merito ai problemi religiosi, politici o sociali.

♦**indifferènza** [vc. dotta, lat. tardo *indifferĕntia(m)*, comp. di *in-* neg. e *differĕntia* 'differenza'; sec. XIV] s. f. *1* Condizione o atteggiamento di chi è indifferente: *guardare qlco. o qlcu. con i.*; *bene non seppi, fuori del prodigio / che schiude la divina Indifferenza* (MONTALE). *2* †Eguaglianza, somiglianza.

indifferenziàbile [comp. di *in-* (*3*) e *differenziabile*; av. 1952] agg. ● (*raro*) Che non può essere differenziato.

indifferenziàto [comp. di *in-* (*3*) e *differenziato*; 1908] agg. ● Che non si distingue da altri, che non presenta elementi caratteristici di distinzione. || **indifferenziatamente**, avv.

indifferìbile [comp. di *in-* (*3*) e *differibile*; av. 1694] agg. ● Che non si può differire, che non ammette dilazione: *impegno i.* SIN. Improrogabile. || **indifferibilménte**, avv.

indifferibilità [1985] s. f. ● Condizione di ciò che è indifferibile.

indigenàto [av. 1799] s. m. ● (*raro*) Stato o condizione di indigeno.

indìgeno [vc. dotta, lat. *indĭgenu(m)*, per *indĭgena(m)*, da **endo-gena*, comp. di *endo-* 'dentro' e *-gena*, dal v. *gĭgnere* 'produrre, generare'; 1499] **A** agg. ● Che è originario del luogo in cui vive, si trova, circola e sim.: *flora, fauna, popolazione indigena*; *prodotti indigeni* | ***Cavallo i.***, nell'ippica, cavallo nato nel Paese in cui corre e appartenente a una scuderia dello stesso. **B** s. m. (f. *-a*) *1* Aborigeno, nativo: *gli indigeni del Borneo* | (*est.*) Selvaggio: *vivere fra gli indigeni.* *2* Cavallo indigeno: *gara riservata agli indigeni.*

indigènte [vc. dotta, lat. *indigĕnte(m)*, part. pres. di *indigēre* '†indigere'; 1336 ca.] agg.; anche s. m. e f. ● Che (o Chi) si trova in stato di assoluta povertà. SIN. Bisognoso.

indigènza [vc. dotta, lat. *indigĕntia(m)*, da *indigēre* '†indigere'; av. 1342] s. f. ● Povertà assoluta, mancanza dei mezzi per vivere: *vivere nell'i.*; *essere ridotto all'i.* | (*lett.*) Mancanza, penuria.

†**indìgere** [vc. dotta, lat. *indigēre*, comp. del pref. *ind-*, raff. di *in-* (*1*) e di *egēre* 'aver bisogno', di etim. incerta; 1321] v. intr. ● Aver bisogno di qlco.

indigeribile [comp. di *in-* (*3*) e *digeribile*; sec. XVII] agg. *1* Che non si può digerire: *cibo i.* *2* (*fig.*) Insopportabile, noioso: *una persona i.*; *un discorso i.*

indigeribilità [1879] s. f. ● Carattere di ciò che è indigeribile.

indigestióne [vc. dotta, lat. tardo *indigestiōne(m)*, comp. di *in-* neg. e *digĕstio*, genit. *digestiōnis* 'digestione'; sec. XIV] s. f. ● Alterata digestione alimentare | (*est.*) Disturbo gastrico o enterico causato spec. da eccessiva ingestione di alimenti | ***Fare un'i.***, (*fam.*) mangiare troppo | (*fig.*) ***Fare un'i. di film, di concerti, di romanzi***, averne visti, ascoltati, letti in eccesso.

indigèsto [vc. dotta, lat. *indigĕstu(m)* 'disordinato, non digerito', comp. di *in-* neg. e *digĕstus*, part. pass. di *digĕrere* 'digerire'; av. 1320] agg. *1* Difficile a digerire: *cibo i.* *2* (*fig.*) Difficile da sopportare, tollerare e sim.: *persona, musica, lettura indigesta.* SIN. Molesto, pesante. *3* (*fig., lett.*) Confuso, disordinato: *massa indigesta.* || **indigestaménte**, avv.

indigete [vc. dotta, lat. *indĭgete(m)*, di etim. incerta; sec. XIV] **A** s. m. ● (*lett.*) Nel culto degli antichi Romani, ciascuno degli dei o degli eroi divinizzati venerati come protettori di determinati luoghi. **B** anche agg.: *nume i.*

indignàre o †**indegnàre** [vc. dotta, lat. *indignāri*, comp. di *in-* neg. e *dignāri*, da *dĭgnus* 'degno'; av. 1294] **A** v. tr. ● Muovere a sdegno: *questo articolo ha indignato i lettori.* **B** v. intr. pron. e †intr. ● Sdegnarsi, adirarsi, risentirsi: *indignarsi per l'ingiustizia* | (*fig., lett.*) ***Il vento s'indigna***, infuria.

indignàto o †**indegnàto** [av. 1292] part. pass. di *indignare*; anche agg. ● Pieno di indignazione: *essere i. contro qlcu. per qlco.* | Che esprime indignazione: *una reazione indignata.* || **indignataménte**, avv.

indignazióne o †**indegnazióne** [vc. dotta, lat. *indignatiōne(m)*, da *indignātus* 'indignato'; av. 1294] s. f. ● Vivo risentimento e sdegno: *muovere, suscitare la pubblica i.*; *sentiva un'indignazione santa, per la turpe persecuzione della quale era divenuta l'oggetto* (MANZONI).

†**indìgno** e *deriv.* ● V. *indegno* e *deriv.*

indigòfera [comp. di *indigo*, var. di *indaco*, e *-fero*, perché fornitrice della sostanza colorante; 1815] s. f. ● Pianta delle Leguminose di origine africana, con foglie pennate, fiori rosei o rossi, coltivata per l'estrazione dell'indaco (*Indigofera tinctoria*).

indigotìna [comp. di *indigo* (V. *indigofera*) e *-ina* col *-t-* eufonico intermesso] s. f. ● Principio colorante dell'indaco naturale | Indaco di sintesi.

†**indigròsso** o †**in di gròsso** [comp. di *in*, *di* e *grosso*; av. 1565] avv. *1* (*raro*) All'ingrosso | Senza precisione. *2* Molto, grandemente.

indilatàbile [comp. di *in-* (*3*) e *dilatabile*; 1970] agg. ● Che non si dilata.

indilatàto [comp. di *in-* (*3*) e *dilatato*; 1972] agg. ● (*raro*) Che non si è dilatato.

indilazionàbile [comp. di *in-* (*3*) e *dilazionabile*; 1858] agg. ● Che non si può dilazionare o differire: *impegno, termine i.* SIN. Improrogabile. || **indilazionabilménte**, avv.

indiligènte [vc. dotta, lat. *indiligĕnte(m)*, comp. di *in-* neg. e *dīligens*, genit. *dīligĕntis* 'diligente'; av. 1907] agg. ● (*raro*) Negligente.

†**indiligènza** [vc. dotta, lat. *indiligĕntia(m)*, comp. di *in-* neg. e *diligĕntia* 'diligenza'; 1441] s. f. ● Negligenza.

♦**indimenticàbile** [comp. di *in-* (*3*) e *dimenticabile*; 1786] agg. ● Che è impossibile dimenticare: *offesa, favore, episodio i.* | Che ha lasciato un ricordo vivo, estremamente piacevole: *incontro, serata i.* SIN. Incancellabile. || **indimenticabilménte**, avv. In maniera indimenticabile.

indimenticàto [comp. di *in-* (*3*) e *dimenticato*; 1890] agg. ● (*lett.*) Che è ancora presente, vivo nella memoria.

indimostràbile [vc. dotta, adatt. del lat. tardo *indemonstrābile(m)*, comp. di *in-* neg. e *demonstrābilis* 'dimostrabile'; 1631] agg. ● Che non si può dimostrare: *verità i.* || **indimostrabilménte**, avv.

indimostrabilità [1869] s. f. ● (*raro*) Condizione di ciò che è indimostrabile.

indimostràto [comp. di *in-* (*3*) e *dimostrato*; av. 1642] agg. ● Che non si fonda su precise dimostrazioni: *ipotesi indimostrate.*

ìndio (**1**) [sp. *indio* 'abitante delle *Indie* occidentali'; 1572] **A** s. m. (f. *india*, pl. m. *indi* o sp. *indios*) ● Nativo delle Americhe, dal Messico alla Terra del Fuoco: *un i. dell'Amazzonia.* **B** anche agg.: *cultura, civiltà india.*

ìndio (**2**) [dal colore *indaco* della sua linea nello spettro; 1869] s. m. ● Elemento chimico, metallo di color argenteo, molle, accompagnato in natura a minerali sulfurei, usato spec. per elettrodeposizioni su materiali antifrizione e per leghe dentarie. SIMB. In.

♦**indipendènte** [comp. di *in-* (*3*) e *dipendente*, sul modello del corrisp. fr. *indépendant*; 1585] **A** agg. *1* Che è libero, che non è soggetto a vincoli di alcun genere: *uomo i.*; *rendersi economicamente i.*; *essere i. dai genitori*; *carattere, spirito i.* SIN. Autonomo | Detto di Stato, nazione e sim. non soggetti al dominio di altri Stati o nazioni: *repubblica i.* | (*est.*) Non legato a partiti politici: *giornale, stampa i.* *2* Che non deriva da altre cose, che non è determinato da altre cause: *i due fatti sono indipendenti tra loro*; *la malattia è i. dal trauma subito.* *3* (*ling.*) ***Proposizione i.***, che non dipende da nessun'altra. || **indipendenteménte**, avv. In modo indipendente, senza rapporto di dipendenza: *pensare, vivere indipendentemente*; all'infuori, a prescindere da: *abbiamo vinto indipendentemente da ogni accordo.* **B** s. m. e f. ● (*polit.*) Chi, pur condividendo l'orientamento dei partiti di una determinata area, non è tuttavia iscritto a nessun partito: *presentarsi come i. nelle liste di un partito*; *i. di sinistra.*

indipendentìsmo [1955] s. m. ● Atteggiamento politico volto all'indipendenza di uno Stato o di una regione.

indipendentìsta [1802] **A** s. m. e f. (pl. m. *-i*) ● Sostenitore dell'indipendentismo. **B** agg. ● Indipendentistico.

indipendentìstico agg. (pl. m. *-ci*) ● Dell'indipendentismo, degli indipendentisti.

♦**indipendènza** [comp. di *in-* (*3*) e *dipendenza*, sul modello del fr. *indépendance*; 1589] s. f. ● Condizione di chi (o di ciò che) è indipendente: *i. politica, economica, ideologica*; *essere gelosi, orgogliosi della propria i.* | ***Guerre d'i.***, quelle combattute nel Risorgimento dal Regno di Sardegna, e poi dal Regno d'Italia, contro l'Austria, per il raggiungimento dell'indipendenza nazionale.

indìre [vc. dotta, lat. *indīcere*, comp. di *in-* intens. e *dīcere* 'dire'; av. 1527] v. tr. (imperat. *indìci*; coniug. come *dire*) ● Stabilire pubblicamente e d'autorità: *i. un referendum, le elezioni, un concorso* | ***I. la guerra***, dichiararla.

indirètto [vc. dotta, lat. *indirēctu(m)*, comp. di *in-* neg. e *dirēctus* 'diretto'; 1308] agg. *1* Che non procede in modo diretto: *è preferibile agire per via indiretta*; *causa indiretta*; *utile i.* | ***Offesa indiretta, rimprovero i.***, che colpisce di riflesso l'interessato | (*dir.*) ***Elezioni indirette***, quelle a più gradi, in cui l'elettore non designa direttamente il proprio rappresentante ma un gruppo di persone che a loro volta, successivamente, eleggeranno il rappresentante | (*mil.*) ***Tiro i.***, nelle artiglierie terrestri, quello effettuato contro un obiettivo non visibile | (*sport*) ***Punizione indiretta, tiro i.***, nel calcio, punizione di seconda. *2* (*ling.*) ***Complementi indiretti***, quelli diversi dal complemento oggetto, che in italiano si uniscono al sostantivo o al verbo reggenti mediante una preposizione | (*ling.*) ***Discorso i.***, quello altrui che si riferisce facendolo dipendere da un verbo avente il significato di 'dire'. *3* (*econ.*) ***Costo i.***, che deve essere imputato al complesso della gestione aziendale | (*econ.*) ***Imposta indiretta***, che colpisce i trasferimenti di beni e i consumi. || **indirettaménte**, avv. In maniera indiretta.

indirizzaménto [av. 1566] s. m. ● (*raro*) L'indirizzare | Avviamento.

indirizzàre o †**indrizzàre** [lat. parl. **indirectiāre*, comp. di *in-* 'verso' e *dirēctus* 'diritto'; 1336] **A** v. tr. *1* Dirigere o inviare in una direzione: *i. il cammino, i passi verso il caffè* | (*fig.*) ***I. le mire***, appuntare il proprio desiderio su qlco. o qlcu. | (*est.*) Mandare qlcu. o qlco. in un luogo o presso una persona determinata: *l'ho indirizzato dal mio dentista.* *2* (*fig.*) Instradare, avviare, guidare: *i. la gioventù agli studi, verso il bene*; *i. bene, male i propri affari, la propria attività.* *3* (*fig.*) Rivolgere: *i. il pensiero, la parola a qlcu.* *4* Corredare dell'indirizzo: *i. un pacco* | Spedire a un dato indirizzo: *la domanda va indirizzata all'ufficio del catasto.* **B** v. rifl. *1* Dirigersi, incamminarsi: *indirizzarsi verso casa.* *2* (*fig.*) Rivolgersi a qlcu. per consiglio, assistenza, aiuto: *mi sono indirizzato a te nella speranza che tu possa aiutarmi.*

indirizzàrio [1942] s. m. ● Ordinato elenco di indirizzi | Apposita rubrica per indirizzi.

♦**indirìzzo** o (*lett.*) †**indrìzzo** [da *indirizzare*; 1546] s. m. *1* L'insieme delle indicazioni relative al nome e al domicilio di una persona, necessarie per poterlo trovare e per inviargli la corrispondenza: *chiedere, dare l'i.*; *i. chiaro, illeggibile*; *lettera senza i.*; *i. del mittente, del destinatario* | ***All'i. di qlcu.***, (*fig.*) contro o verso qlcu.: *lanciare una sequela di improperi all'i. di qlcu.* | (*elab.*) Indicazione per individuare la posizione in memoria di un dato. ***2*** (*fig.*) Criterio informatore e direttivo, condotta: *seguire un buon i. di studi*; *l'attuale i. politico* | Tendenza, orientamento: *i. filosofico, letterario*; *i più recenti indirizzi della moda*; *gittare critica e poesia in un falso i.* (DE SANCTIS). ***3*** Discorso o messaggio a carattere ufficiale rivolto a personalità politiche, civili o religiose per esprimere omaggio, felicitazioni, adesioni e sim.: *un i. di saluto*.

indiscernìbile [comp. di *in-* (3) e *discernibile*; av. 1519] **agg.** ● Che non si può discernere, notare: *differenza i. all'occhio, al tatto.* || †**indiscernibilménte**, **avv.**

†**indiscernibilità** **s. f.** ● Condizione di ciò che è indiscernibile.

indisciplìna [vc. dotta, lat. tardo *indisciplīna(m)* 'mancanza di educazione, d'istruzione', comp. di *in-* neg. e *disciplīna* 'disciplina'; av. 1803] **s. f.** ● Mancanza di disciplina.

indisciplinàbile [comp. di *in-* (3) e un deriv. di *disciplinare*; 1561] **agg.** ● Difficile o impossibile a disciplinarsi: *traffico caotico e i.* | Indocile, riottoso: *carattere, soldato i.* || **indisciplinabilménte**, **avv.** (*raro*) In modo indisciplinabile.

indisciplinabilità **s. f.** ● Caratteristica di chi (o di ciò che) è indisciplinabile.

indisciplinatézza [1869] **s. f.** ● Carattere o condizione di chi è indisciplinato, insubordinato | (*est.*) Atto indisciplinato.

indisciplinàto [vc. dotta, lat. tardo *indisciplinā-tu(m)*, comp. di *in-* neg. e *disciplinātus* 'disciplinato'; sec. XIV] **agg.** ***1*** Che non obbedisce a una disciplina: *soldato i.* **SIN.** Insubordinato. ***2*** Che non sa o non vuole imporsi una disciplina (*anche fig.*): *ragazzo i.*; *ingegno i.* **SIN.** Indocile, ribelle. ***3*** Disordinato, confuso, caotico: *nelle ore di punta il traffico diventa i.* || **indisciplinataménte**, **avv.**

indiscretézza [1750] **s. f.** ● (*raro*) Indiscrezione.

indiscréto [vc. dotta, lat. tardo *indiscrētu(m)* 'inseparato, indistinto, indifferenziato', comp. di *in-* neg. e *discrētus* 'discreto'; 1308] **agg.** ***1*** Che è privo di tatto, di riguardo, di discrezione: *sei stato i. a chiedere tanti particolari* | ***Una persona indiscreta***, troppo curiosa | ***Se non sono i., non vorrei essere i.***, formula di cortesia che si premette a domande di carattere delicato. ***2*** Di ciò che è sconveniente e importuno: *un'occhiata indiscreta*; *parlare al riparo da orecchie indiscrete*; *curiosità, domanda indiscreta.* **SIN.** Indelicato. ***3*** †Irragionevole, stolto: *giudizio i.* || **indiscretùccio** **dim.** || **indiscretaménte**, **avv.** Senza discrezione.

indiscrezióne [vc. dotta, lat. tardo *indiscretiō-ne(m)*, da *indiscrētus* 'indiscreto'; 1308] **s. f.** ***1*** Caratteristica di chi (o di ciò che) è indiscreto: *peccare di i.*; *la sua i. non ha limite.* **SIN.** Indelicatezza | (*est.*) Curiosità sfacciata e insistente | Atto, comportamento indiscreto: *commettere una grave, un'imperdonabile i.* ***2*** Rivelazione di notizia riservata: *il giornalista ha raccolto alcune indiscrezioni*; *la notizia si basa su indiscrezioni circolate in tribunale.*

indiscriminàto [comp. di *in-* (3) e *discriminato*; 1915] **agg.** ● Che è privo di oculatezza, che è posto in essere senza distinzioni di sorta: *violenza, repressione indiscriminata*; *aiuto i.*; *agire in modo i.* || **indiscriminataménte**, **avv.**

indiscùsso [vc. dotta, lat. tardo *indiscŭssu(m)*, comp. di *in-* neg. e *discŭssus* 'discusso'; sec. XIV] **agg.** ***1*** Che non è stato dibattuto: *questione ancora indiscussa.* ***2*** Riconosciuto da tutti: *autorità, superiorità indiscussa.*

indiscutìbile [comp. di *in-* (3) e un deriv. di *discutere*; 1869] **agg.** ● Che non si può mettere in discussione perché è chiaro, sicuro ed evidente: *verità, teoria i.*; *ha una competenza i. in questo campo.* || **indiscutibilménte**, **avv.**

indiscutibilità [av. 1959] **s. f.** ● Caratteristica di ciò che è indiscutibile.

†**indisiàre** [comp. parasintetico di *disio*, col pref. *in-* (1); av. 1547] **v. tr.** ● Rendere desideroso, stimolare il desiderio.

♦**indispensàbile** [comp. di *in-* (3) e un deriv. di *dispensare*; av. 1498] **A agg.** ● Di chi (o di ciò che) è assolutamente necessario: *consenso, presenza, intervento i.*; *ognuno è utile, nessuno è i.* | ***Tempo i.***, quello che occorre per fare qlco. || **indispensabilménte**, **avv.** Necessariamente. **B s. m.** ● Ciò che è assolutamente necessario: *vi chiedo solo l'i. per vivere*; *portare con sé lo stretto i.*

indispensabilità [av. 1712] **s. f.** ● (*raro*) Caratteristica di chi (o di ciò che) è indispensabile.

indispettìre [comp. di *in-* (1) e *dispetto*; av. 1808] **A v. tr.** (*io indispettisco, tu indispettisci*) ● Mettere in dispetto, irritare: *il tuo modo di fare lo ha indispettito.* **B v. intr. pron.** e **intr.** (aus. *essere*) ● Adirarsi, stizzirsi, irritarsi.

indispettìto [1798] **part. pass.** di *indispettire*; anche **agg.** ● Pieno di dispetto, stizzito.

indisponènte [1957] **part. pres.** di *indisporre*; anche **agg.** ● Che indispone, che irrita: *un atteggiamento i.* || **indisponenteménte**, **avv.**

indisponìbile [comp. di *in-* (3) e *disponibile*; 1957] **A agg.** ***1*** Che non è libero, che non può essere utilizzato, usato, occupato e sim.: *materiale, veicolo i.*; *la stanza per il momento è i.* | (*dir.*) ***Bene, diritto, credito i.***, di cui il titolare non può disporre mediante atti giuridici | (*dir.*) ***Quota i.***, parte dell'asse ereditario riservata dalla legge ai legittimari e di cui il testatore non può liberamente disporre. ***2*** Che non è disposto a fare qlco.: *siamo indisponibili a, per, un accordo.* **B s. f.** ● (*dir.*) Quota indisponibile. **SIN.** Legittima.

indisponibilità [1957] **s. f.** ● Condizione, caratteristica di ciò che è indisponibile.

indispórre [comp. di *in-* (3) e *disporre* col senso del fr. *indisposer*; av. 1808] **v. tr.** (coniug. come *porre*) ● Irritare, indispettire (*anche assol.*): *metodi, sistemi che mi indispongono*; *ha un modo di fare che indispone.*

indisposizióne [da *indisposto* (2); sec. XIII] **s. f.** ***1*** Lieve infermità: *essere impedito da una leggera i.* **SIN.** Malore. ***2*** (*raro*) Stato d'animo sfavorevole verso qlcu. ***3*** †Disordine | †Inopportunità. || **indisposizioncèlla**, **dim.** | **indisposizionùccia**, **dim.**

indispósto (**1**) [vc. dotta, lat. tardo *indispŏsitu(m)* 'disordinato, impreparato', comp. di *in-* neg. e *dispŏsitus* 'disposto'; av. 1306] **agg.** ***1*** (*lett.*) Mal disposto, ostile: *non lo guardò neppure tanto era i. verso di lui.* ***2*** †Inetto, disadatto.

indispósto (**2**) [1503] **part. pass.** di *indisporre*; anche **agg.** ● Colpito da indisposizione, leggermente malato: *essere, sentirsi i.*; *non può venire alla riunione perché è i.*

indisputàbile [vc. dotta, lat. tardo *indisputābile(m)*, comp. di *in-* neg. e *disputābilis* 'disputabile'; av. 1712] **agg.** ● (*raro*) Che non è soggetto a disputa: *punto, principio i.* **SIN.** Indiscutibile. || **indisputabilménte**, **avv.** Senza disputa.

indisputàto [comp. di *in-* (3) e *disputato*; 1869] **agg.** ● (*lett.*) Indiscusso.

indissociàbile [comp. di *in-* (3) e *dissociabile*; 1584] **agg.** ● Che non si può scindere, separare: *immagini, concetti indissociabili.*

indissolùbile [vc. dotta, lat. *indissolūbile(m)*, comp. di *in-* neg. e *dissolūbilis* 'dissolubile'; av. 1332] **agg.** ● Di ciò che non può sciogliersi (*spec. fig.*): *nodo, catena, amicizia i.*; *la fé che una bell'alma cinga / del suo tenace indissolubil nodo* (ARIOSTO). || **indissolubilménte**, **avv.**

indissolubilità [1598] **s. f.** ● Carattere di ciò che è indissolubile: *l'i. del matrimonio.*

indistinguìbile [comp. di *in-* (3) e *distinguibile*; 1832] **agg.** ● (*raro*) Che non si può distinguere, discernere, percepire: *differenza i. di colori* | Indistinto. || **indistinguibilménte**, **avv.**

indistinguibilità **s. f.** ● (*raro*) Caratteristica di ciò che è indistinguibile.

indistìnto [vc. dotta, lat. *indistīnctu(m)*, comp. di *in-* neg. e *distīnctus* 'distinto'; 1308] **agg.** ***1*** Di ciò che è o appare privo di elementi differenziatori: *una massa indistinta si profilava all'orizzonte*; *quella bellezza indistinta della somma bontà* (CASTIGLIONE). ***2*** (*est.*) Vago, confuso, indeterminato: *suoni, colori indistinti.* || **indistintaménte**, **avv.** Senza fare distinzioni: *trattare tutti indistintamente*, in modo confuso: *vedere indistintamente.*

†**indistinzióne** [comp. di *in-* (3) e *distinzione*; av. 1406] **s. f.** ***1*** Mancanza di netta distinzione | Confusione, mescolanza. ***2*** Mancanza di discernimento.

indistruttìbile [comp. di *in-* (3) e *distruttibile*; 1766] **agg.** ● Che non può essere distrutto (*anche fig.*): *un nuovo materiale i.*; *fede, speranza i.* | (*iperb.*) Molto resistente, solidissimo: *tegame, tessuto i.* || **indistruttibilménte**, **avv.**

indistruttibilità [1869] **s. f.** ● Proprietà, caratteristica di ciò che è indistruttibile: *l'i. della materia.*

indisturbàto [comp. di *in-* (3) e *disturbato*; 1876] **agg.** ● Senza disagi, incomodi e sim.: *lasciatemi i. mentre lavoro* | Senza avere fastidi o difficoltà: *i ladri sono fuggiti indisturbati.*

†**inditto** ● V. *indetto.*

indìvia o **endìvia** [etim. discussa: gr. *entýbi(on)*, di orig. incerta, secondo la pronuncia mediev. *endivi* (?); av. 1320] **s. f.** ● Pianta erbacea delle Composite, glabra, di cui si mangiano le foglie giovani, a rosetta, che possono essere molto frastagliate o a lamina espansa (*Cichorium endivia*): *i. riccia*; *i. scarola.*

individuàbile [1964] **agg.** ● Che si può individuare: *un errore facilmente, difficilmente i.*

♦**individuàle** [av. 1578] **agg.** ***1*** Del, relativo all'individuo, alla persona singola: *qualità, libertà, interesse i.* | ***Gara, sport i.***, non a squadre ma condotta da singoli atleti | ***Gioco, azione i.***, in alcuni sport di squadre, quelli condotti senza la collaborazione dei compagni | ***Marchio i.***, che contraddistingue i prodotti di una sola impresa. ***2*** Personale, particolare, singolare, originale: *commento, interpretazione molto i.* || **individualménte**, **avv.** In modo individuale, singolarmente, individuo per individuo.

individualìsmo [1843] **s. m.** ***1*** (*filos.*) Dottrina che riconosce all'individualità un valore autonomo irriducibile all'ordine naturale, politico e morale di cui fa parte. ***2*** Tendenza a considerare prevalenti i diritti, i fini, le iniziative e le azioni dell'individuo su quelli collettivi e dello Stato. ***3*** Egoismo, eccessiva o esclusiva considerazione di sé: *peccare di i. nei rapporti sociali.*

individualìsta [1881] **A s. m. e f.** (pl. m. *-i*) ***1*** Chi segue o si ispira alle teorie politiche e morali dell'individualismo. ***2*** Persona che tende a dare assoluta prevalenza alle proprie esigenze rispetto a quelle della società, gruppo o squadra: *è sempre stato un i.* ***3*** (*sport*) Chi partecipa a una gara a titolo individuale. **B agg.** ● Dell'individualismo | Tipico degli individualisti.

individualìstico [1898] **agg.** (pl. m. *-ci*) ● Dell'individualismo | Tipico degli individualisti. || **individualisticaménte**, **avv.**

individualità [1673] **s. f.** ***1*** Carattere o condizione di ciò che è singolo. ***2*** Complesso di caratteristiche e condizioni proprie di un singolo individuo, che lo rendono diverso dagli altri: *avere una spiccata i.* | Personalità, originalità: *riesce a imporre a tutti la sua eccezionale i.* ***3*** Personaggio che si distingue tra gli altri per importanza, autorità, capacità e sim.: *una delle più brillanti i. nel campo della fisica atomica.* ***4*** †Individuazione.

individualizzàre [fr. *individualiser*, da *individual* 'proprio di un individuo'; 1844] **v. tr.** ***1*** (*raro*) Individuare, specificare. ***2*** (*assol.*) Considerare individualmente: *quando si ricercano delle responsabilità è necessario i.* **CONTR.** Generalizzare. ***3*** Adattare alle esigenze del singolo individuo, personalizzare: *i. l'insegnamento.*

individualizzazióne [1877] **s. f.** ***1*** L'individualizzare. ***2*** Adattamento di qlco. alle esigenze e necessità individuali.

♦**individuàre** [da *individuo*; 1308] **A v. tr.** (*io indivìduo*) ***1*** Attribuire a qlco. o qlcu. forme, caratteristiche ed elementi suoi propri: *l'autore individua perfettamente il carattere del protagonista.* ***2*** Determinare con precisione e sicurezza: *hanno individuato la posizione del relitto, l'epicentro del terremoto.* **SIN.** Distinguere | Scoprire, identificare: *i responsabili della rapina non sono stati ancora individuati.* **B v. intr. pron.** ● Prendere o acquisire un carattere determinato e distinto: *lo stile di uno scrittore spesso s'individua col passare del tempo.*

individuazióne [1584] **s. f.** ● L'individuare, il venire individuato: *i. di idee, di una persona* | (*filos.*) ***Principio di i.***, ciò che conferisce a un essere un'esistenza concreta e individuale.

♦**indivìduo** [vc. dotta, lat. *indivĭduu(m)*, comp. di *in-* neg. e *divĭduus* 'divisibile', da *divĭdere* 'dividere'; av. 1348] **A agg.** ● (*lett.*) Indiviso o indivisibile | Individuabile, singolo. || †**individuaménte**, **avv.**

Individualmente; in modo indiviso. **B** s. m. *1* (*biol.*) Organismo animale o vegetale, unicellulare o pluricellulare, che non può essere suddiviso senza che vadano perduti i suoi caratteri strutturali e funzionali: *ogni specie animale comprende un numero enorme di individui* | (*miner.*) *I. cristallino*, porzione di sostanza cristallina chimicamente e fisicamente omogenea ma priva di forma definita | (*chim.*) *I. chimico*, un elemento o un composto, e cioè una specie chimica omogenea e avente composizione definita e costante. *2* Persona singola, spec. considerata rispetto alla società umana: *non guardare agli individui, ma agli interessi della collettività* | (*est.*, *spreg.*) Persona sconosciuta, figuro: *c'è fuori un i. che vuole parlarti.* *3* (*stat.*) Unità statistica. *4* †Particolare di una cosa | †*In i.*, singolarmente, particolarmente.

†**indivinàre** e *deriv.* ● V. *indovinare* e *deriv.*

indivisìbile [vc. dotta, lat. tardo *indivisībile(m)*, comp. di *in-* neg. e *divisībilis* 'divisibile'; 1336 ca.] agg. *1* Che non si può dividere, scindere in parti più piccole: *l'atomo era considerato i.* | (*dir.*) *Cosa i.*, che non può essere divisa in più parti senza alterarne la destinazione economica, o senza ledere gli interessi della produzione nazionale | *Obbligazione i.*, la cui prestazione ha per oggetto cosa o fatto non suscettibile di divisione per sua natura o volontà delle parti. *2* (*mat.*) Che non si può dividere esattamente, cioè che non ha resto nullo. *3* Che non può essere separato da qlcu. o qlco.: *amici indivisibili*; *effetto i. dalla causa.* || **indivisibilménte**, avv.

indivisibilità [1308] s. f. ● Caratteristica, proprietà o condizione di ciò che è indivisibile.

indivìso [vc. dotta, lat. *indivīsu(m)*, comp. di *in-* neg. e *divīsus* 'diviso'; av. 1364] agg. *1* Che non è o non è stato diviso: *capitale, patrimonio i.* *2* (*bot.*) Di foglia intera, senza incisioni. *3* †Indivisibile. || †**indivisaménte**, avv.

indiziàre [da *indizio*; av. 1712] v. tr. (*io indìzio*) ● Indicare qlcu. come sospetto o colpevole in base a indizi sfavorevoli: *i. di reato.*

indiziàrio [av. 1799] agg. ● Che può valere come indizio: *testimonianza indiziaria* | *Processo i.*, che si fonda solo su indizi, in mancanza di prove.

indiziàto [av. 1680] **A** part. pass. di *indiziare*; anche agg. ● Nel sign. del v. **B** s. m. (f. *-a*) ● (*dir.*) Chi, nella fase processuale della preistruzione, è sospettato della commissione di un reato: *ricercare prove contro l'i.*

♦**indìzio** o †**indìcio** [vc. dotta, lat. *indĭciu(m)*, da *īndex*, genit. *īndicis* 'indice'; sec. XII] s. m. *1* Segno o situazione per mezzo dei quali è possibile ricostruire un fatto già accaduto o prevederne uno con fondatezza: *l'irrequietezza degli animali è un i. di cattivo tempo.* SIN. Sintomo. *2* (*dir.*) Fatto certo da cui il giudice del processo penale può argomentare la prova della sussistenza o meno di altro fatto rilevante per l'accertamento della verità: *valutare gli indizi*; *esistono gravi indizi contro di lui.* *3* †Segnale, segno.

indizionàle [1957] agg. ● Relativo a un'indizione | *Cifra i.*, numero ordinale indicante ognuno dei quindici anni compresi in una indizione.

indizióne [vc. dotta, lat. *indictiōne(m)* 'dichiarazione', da *indīctus*, part. pass. di *indīcere*, comp. di *in-* 'a' e *dīcere* 'dire'; 1294] s. f. *1* L'indire: *l'i. del Concilio.* *2* Ciclo di quindici anni il cui riferimento è parte essenziale della datazione di gran parte dei documenti medievali. *3* †Intimazione.

†**indo** [vc. dotta, lat. *Īndu(m)*, dal gr. *Indós* 'indiano'; 1319] agg.; anche s. m. ● Indiano.

indo- primo elemento ● In parole composte, significa 'indiano' o 'relativo all'India': *indocinese*; *indoeuropeo.*

indoàrio [comp. di *indo-* e *ario*; 1972] **A** agg. ● (*ling.*) Detto delle lingue indoeuropee parlate nell'India. **B** s. m. (f. *-a*); anche agg. ● Appartenente alle popolazioni dell'India che parlano lingue indoeuropee.

indòcile [vc. dotta, lat. *indŏcile(m)*, comp. di *in-* neg. e *dŏcilis* 'docile'; 1598] agg. ● Che non è docile: *cavallo i.* | Che si rifiuta di applicarsi allo studio e non sopporta le discipline: *ragazzo i.* SIN. Ribelle. || **indocilménte**, avv. (*raro*) Senza docilità.

indocilìre [comp. di *in-* (*1*) e *docile*; 1610] **A** v. tr. (*io indocilìsco, tu indocilìsci*) ● Rendere docile | (*raro*) *I. la terra*, renderla coltivabile. **B** v. intr. e intr. pron. (aus. *essere*) ● Diventare docile.

indocilità [vc. dotta, lat. tardo *indocilitāte(m)*, comp. di *in-* neg. e *docĭlitas*, genit. *docilitātis* 'docilità'; 1589] s. f. ● Caratteristica di chi (o di ciò che) è indocile.

indocinése [comp. di *indo-* e *cinese*, secondo il tipo formativo di *indoeuropeo*; 1929] **A** agg. ● Dell'Indocina: *lingua i.* **B** s. m. e f. ● Abitante, nativo dell'Indocina. **C** s. m. solo sing. ● Gruppo linguistico cui appartiene la maggior parte delle lingue dell'Asia sud-orientale.

indoeuropeìsta o **indeuropeìsta** [1957] s. m. e f. (pl. m. *-i*) ● Chi studia la linguistica indoeuropea.

indoeuropeìstica o **indeuropeìstica** [1950] s. f. ● Scienza glottologica relativa alle lingue indoeuropee.

indoeuropèo o **indeuropèo** [comp. di *indo-* e *europeo*; 1854] **A** agg. *1* Detto di una famiglia di lingue europee e asiatiche che presentano caratteri di stretta somiglianza fonetica, morfologica e lessicale, e di ognuna di esse: *lingue indoeuropee.* *2* Detto di ogni individuo o popolazione parlante una di tali lingue: *popoli indoeuropei.* **B** s. m. solo sing. ● Famiglia di lingue europee e asiatiche geneticamente affini | La supposta lingua archetipa di tale famiglia linguistica. **C** s. m. (f. *-a*) ● Ogni individuo di lingua indoeuropea.

indogangètico [comp. di *indo-* e *gangetico*; 1972] agg. (pl. m. *-ci*) ● Relativo alla pianura indiana attraversata dai fiumi Indo e Gange.

indoirànico [comp. di *indo-* e *iranico*; 1930] agg. (pl. m. *-ci*) ● Proprio delle antiche popolazioni arie dell'India e dell'Iran: *lingue indoiraniche*; *cultura indoiranica.*

indolciménto [1935] s. m. ● L'indolcire.

†**indolcìre** v. tr. ● Indolcire.

indolcìre [comp. di *in-* (*1*) e *dolce*; av. 1292] **A** v. tr. (*io indolcìsco, tu indolcìsci*) *1* Far diventare dolce: *i. il caffè.* *2* Nella tecnica alimentare, privare le olive o i lupini destinati al consumo delle sostanze astringenti, mediante opportuno trattamento chimico. *3* (*raro*, *fig.*) Mitigare, attenuare | (*fig.*) †Rendere benevolo: *i. qlcu. con promesse.* *4* (*fig.*) †Rendere pieghevole e malleabile un metallo: *i. l'acciaio col fuoco.* **B** v. intr. e intr. pron. (aus. *essere*) ● Diventare dolce: *col sole la frutta indolcisce.*

ìndole [vc. dotta, lat. *īndole(m)*, propr. 'accrescimento', comp. di *in-* 'dentro' e un deriv. di *ălere* 'nutrire', di orig. indeur.; 1438] s. f. *1* Temperamento di un individuo costituito dall'insieme delle inclinazioni naturali che lo caratterizzano: *i. mite, violenta*; *comportarsi secondo la propria i.*; *con maravigliosa i. cominciò a promettere tanto di sé quanto non parea che fusse licito sperare da un uomo mortale* (CASTIGLIONE) | *Per i.*, per natura. SIN. Carattere, inclinazione. *2* (*est.*) Qualità specifica, natura di qlco.: *delitto di i. politica*; *l'i. della nostra lingua.*

indolènte [vc. dotta, lat. *indolĕnte(m)* 'insensibile al dolore', comp. di *in-* neg. e *dŏlens*, genit. *dolĕntis* 'dolente'; 1710] **A** agg. *1* Che evita gli sforzi e gli impegni, che è apatico, lento e svogliato nell'agire: *allievo i.*; *carattere i.* SIN. Molle, pigro, neghittoso. *2* (*med.*, *raro*) Che non procura dolore: *tumore i.* | (*lett.*) Che non sente dolore. || **indolenteménte**, avv. In modo indolente; con indolenza. **B** s. m. e f. ● Persona apatica, pigra, svogliata. || **indolentóne**, accr.

indolènza o †**indolènzia** [vc. dotta, lat. *indolĕntia(m)* 'assenza di ogni dolore, insensibilità', comp. di *in-* neg. e *dolĕntia* 'dolore, doglienza'; av. 1535] s. f. *1* Caratteristica di chi (o di ciò che) è indolente: *alzarsi con i. da una poltrona*; *i. di carattere.* SIN. Apatia, neghittosità, pigrizia. CONTR. Operosità, solerzia. *2* (*med.*, *raro*) Mancanza di dolore.

indolenziménto [1869] s. m. ● Sensazione di intorpidimento e pesantezza muscolare.

indolenzìre [comp. di *in-* (*1*) e un deriv. di *dolente* (**dolenza*); 1354] **A** v. tr. (*io indolenzìsco, tu indolenzìsci*) ● Produrre indolenzimento: *pedalare a lungo mi ha indolenzito le gambe.* **B** v. intr. e intr. pron. (aus. *essere*) ● Esser preso da indolenzimento: *il braccio è indolenzito dopo la ginnastica*; *mi si è indolenzito il collo.*

indolenzìto [av. 1400] part. pass. di *indolenzire*; anche agg. *1* Nel sign. del v. *2* Dolente, dolorante: *braccio i. per la stanchezza.*

indoliménto [av. 1758] s. m. ● Leggera sensazione di dolore diffuso | Indolenzimento.

indolìre [comp. di *in-* (*1*) e *dolere*, con la var. d'altra coniug. *dolire*; 1587] **A** v. tr. (*io indolìsco, tu indolìsci*) ● (*raro*) Produrre un dolore lento e continuo. **B** v. intr. e intr. pron. (aus. *essere*) ● (*raro*) Diventare dolente.

indòlo [da *indaco*, nel sign. 2, a cui è chimicamente correlato; 1957] s. m. ● (*chim.*) Molecola eterociclica aromatica azotata dotata di una debole basicità; presente negli oli di gelsomino e di arancio.

indolóre o **indolòro** [vc. dotta, lat. *indolōre(m)*, comp. di *in-* neg. e un deriv. di *dŏlor*, genit. *dolōris* 'dolore'; 1952] agg. ● Che non dà dolore: *puntura i.* | *Parto i.*, che avviene con la partecipazione attiva della partoriente mediante il controllo della respirazione e dei muscoli volontari, con conseguente riduzione del dolore.

indomàbile [vc. dotta, lat. *indomābile(m)*, comp. di *in-* neg. e *domābilis* 'domabile'; av. 1364] agg. *1* Che non si può domare: *tigre i.* *2* (*fig.*) Che non si può vincere, piegare: *volontà, fierezza, animo i.* || **indomabilménte**, avv.

♦**indomàni** [comp. di *in* e *domani*; 1310] s. m. inv. ● Il giorno seguente a quello cui ci si riferisce (sempre preceduto dall'art. det.): *rimandare un affare all'i.*; *l'i. dell'avvenimento le cose apparvero molto diverse*; *disse che lo avrebbe fatto l'i.*

indomàto [comp. di *in-* (*3*) e *domato*; 1810] agg. ● (*lett.*) Fiero, indomito: *segno … / d'inestinguibil odio / e d'i. amor* (MANZONI).

indomenicàto [comp. parasintetico di *domenica*; 1879] agg. *1* (*raro*, *lett.*) Vestito dell'abito della domenica | Lustro, agghindato. *2* (*lett.*, *fig.*) Innaturale, inutilmente o ingenuamente pomposo.

indòmito [vc. dotta, lat. *indŏmitu(m)*, comp. di *in-* neg. e *dŏmitus* 'domato'; 1319] agg. ● (*lett.*) Che non è stato possibile domare (*anche fig.*): *coraggio i.* || **indomitaménte**, avv. (*raro*) In modo indomito.

indómo o **indòmo** [av. 1367] agg. ● (*raro*, *poet.*) Indomito.

indonesiàno [1933] **A** agg. ● Dell'Indonesia. **B** s. m. (f. *-a*) ● Abitante, nativo dell'Indonesia. **C** s. m. solo sing. ● Gruppo di lingue della famiglia maleopolinesiaca, parlate in Indonesia.

†**indonnàrsi** o †**endonnàrsi** [comp. di *in-* (*1*) e *donno*; av. 1306] v. intr. pron. ● Insignorirsi.

indoor /in'dɔr, *ingl.* 'ɪn,dɔːɹ/ [vc. ingl., propr. 'dentro la porta' e quindi 'dentro un edificio, al coperto'; 1953] agg. inv. ● Detto di riunione sportiva, spec. di atletica leggera, che si svolge in stadi coperti | *Record i.*, conseguito in uno stadio coperto.

indoraménto [av. 1667] s. m. ● L'indorare (*spec. fig.*).

indoràre [comp. di *in-* (*1*) e *dorare*; av. 1342] **A** v. tr. (*io indòro*) *1* Stendere su qlco. uno strato d'oro: *i. la copertura di un libro* | *I. la pillola*, (*fig.*) attenuare un dispiacere con parole opportune | (*cuc.*) *I. la frittura*, intriderla nell'uovo sbattuto e metterla al fuoco. *2* (*fig.*) Fare risplendere o diventare del colore dell'oro: *il sole indora le cime dei monti, le messi* | (*fig.*) *I. i capelli*, tingerli di biondo. **B** v. intr. pron. ● (*lett.*) Prendere un colore dorato.

indoràto [av. 1294] part. pass. di *indorare*; anche agg. ● Nei sign. del v.

indoratóre [1585] s. m.; anche agg. (f. *-trice*) ● Chi (o Che) indora.

indoratùra [av. 1566] s. f. ● Doratura.

indormentìre [comp. di *in-* (*1*) e *dormente*; sec. XIV] **A** v. tr. (*io indormentisco, tu indormentisci*) ● (*region.*) Intormentire. **B** intr. pron. (aus. *essere*) ● Intormentirsi.

indorsàre [comp. di *in-* (*1*) e *dorso*; 1957] v. tr. (*io indòrso* o *io indórso*) ● Arrotondare il dorso di un libro da rilegare.

indorsatùra [1933] s. f. *1* L'indorsare. *2* Dorso arrotondato di un libro.

♦**indossàre** [da *indosso*; av. 1503] v. tr. (*io indòsso*) ● Avere o mettersi addosso: *i. un abito elegante*; *i. l'uniforme, la tonaca.* SIN. Vestire.

indossatóre [da *indossare*; 1936] s. m. *1* (f. *-trice*) Chi indossa e presenta al pubblico, spec. in una sfilata, i nuovi modelli di una casa di moda | *I. fisso*, che lavora esclusivamente per una casa di moda | *I. volante*, non legato da un contratto ad una sola casa di moda. *2* Piccolo mobile appositamente modellato sul quale, svestendosi, si appoggiano gli indumenti, spec. da uomo.

indòsso o **in dòsso** [comp. di *in* e *dosso*, propr.

'sul dorso'; sec. XIII] **avv.** ● Addosso, sulla persona (spec. con riferimento a indumenti e ornamenti): *portare i. un pesante cappotto; aveva i. moltissimi gioielli.*

indostàno [dal n. indigeno *Hindūstānī*, tratto dal persiano *Hindūstān* 'il paese (*stān*) del fiume Indo (*Hindū*)'; 1860] **A agg.** ● Dell'Indostan, regione posta a oriente dell'Indo e a occidente del Gange | (*est.*) Dell'India. **B s. m.** (f. *-a*) ● Abitante, nativo dell'Indostan | (*est.*) Indiano.

indòtto (1) [vc. dotta, lat. *indŏctu(m)*, comp. di *in-* neg. e *dŏctus* 'dotto'; sec. XIV] **agg.** *1* (*lett.*) Che non è dotto | (*est.*) Ignorante. *2* †Ignaro. || **indottaménte**, **avv.** (*raro*) Da persona indotta.

indòtto (2) o †**indùtto** [vc. dotta, adatt. del lat. *indūctu(m)*, part. pass. di *indūcere* 'condurre dentro, spingere', comp. di *in-* 'dentro, verso' e *dūcere* 'condurre', di orig. indeur.; av. 1338] **A part. pass.** di *indurre*; anche **agg.** *1* (+ *a*) Spinto, istigato: *un ragazzo ingenuo, i. a mentire dalle circostanze.* *2* (assol.; + *da*) Determinato, provocato da cause esterne: *violenza indotta da certi spettacoli; dermatite indotta dalla luce* | ***Bisogno i.***, non spontaneo, creato dalla pubblicità. *3* (*elettr.*) ***Elettricità indotta***, che si manifesta sotto forma di separazione delle cariche elettriche di segno contrario, su di un conduttore al quale si avvicini un corpo elettrizzato | ***Corrente indotta***, la corrente prodotta in un circuito immerso in un campo magnetico, dalla variazione del flusso di induzione magnetica concatenato col circuito stesso | ***Magnetismo i.***, induzione magnetica. *4* (*econ.*) Detto di ogni attività produttiva, di piccola o media dimensione, generata dalla lavorazione di un grande complesso industriale, allo scopo di fornirgli beni e servizi. **B s. m.** *1* Parte di una macchina elettrica comprendente l'insieme degli avvolgimenti che diventano sede di forze elettromotrici indotte. *2* (*econ.*) Complesso di attività e lavorazioni indotte: *il calo dell'occupazione nell'i. FIAT.* *3* †Istigazione.

†**indottrinàbile** [comp. di *in-* (3) e *dottrinabile*; sec. XIV] **agg.** ● Impossibile o difficile ad addottrinare.

indottrinaménto [sec. XIII] **s. m.** ● L'indottrinare, il venire indottrinato.

indottrinàre [comp. di *in-* (1) e *dottrina*; av. 1306] **v. tr.** ● Addottrinare, istruire, spec. ai fini della propaganda politica.

†**indovàrsi** [comp. di *in-* (1) e *dove*; 1321] **v. intr. pron.** (*io m'indóvo, tu t'indóvi*) ● Mettersi in un luogo: *veder voleva come si convenne / l'imago al cerchio e come vi s'indova* (DANTE *Par.* XXXIII, 137-138).

indóve [comp. di *in-* (2) e *dove*; 1869] **avv.** ● (*raro, dial.*) Dove.

indovinàbile [av. 1712] **agg.** ● Che si riesce a indovinare con facilità: *mistero i.*

indovinaménto o †**indivinaménto** [av. 1342] **s. m.** *1* (*raro*) L'indovinare. *2* †Sortilegio, divinazione astrologica.

♦**indovinàre** o †**indivinàre** [lat. parl. **indivināre*, comp. di *in-* raff. e *divināre* 'predire il futuro'; sec. XIII] **v. tr.** *1* Conoscere e dichiarare il futuro o l'ignoto attraverso la divinazione, grazie all'intuizione personale, basandosi su indizi, e sim.: *i. il futuro, le cose a venire; i. il nome, il desiderio di qlcu.; indovina chi ho incontrato* | ***I. il pensiero di qlcu.***, intuirlo | ***I. l'esito di qlco.***, prevederlo | (*assol.*) ***Tirare a i.***, rispondere alla meno peggio sperando di dare la risposta esatta | ***Chi l'indovina è bravo***, di cosa oscura o difficile che non tutti sono in grado di spiegare | (*assol.*) ***Ci vuole poco a i.***, quando si vede con chiarezza quello che può succedere. **SIN.** Presentire, prevedere, pronosticare. *2* Azzeccare, colpire nel segno: *i. l'abito adatto per ogni occasione; a parlare bene di lui ci si indovina sempre* | ***Non ne indovina una***, di persona a cui niente riesce bene. **SIN.** Imbroccare. *3* †Predire. *4* †Dare indizio, segno di qlco.

indovinàto [av. 1558] **part. pass.** di *indovinare*; anche **agg.** *1* Nei sign. del v. *2* Ben riuscito, ben fatto, che ha avuto successo: *uno spettacolo, un film i.*

indovinatóre o †**indivinatóre** [av. 1347] **s. m.** (f. *-trice*) ● (*raro*) Chi indovina | †Indovino.

†**indovinazióne** o †**indivinazióne** [av. 1342] **s. f.** ● L'indovinare | Divinazione. || †**indovinazioncèlla**, **dim.**

♦**indovinèllo** [da *indovinare*; 1364] **s. m.** *1* Quesito enigmistico, talvolta in forma di breve componimento in versi, presentato con parole equivoche o ambigue e con una perifrasi riguardante la cosa da indovinare | Gioco enigmistico in genere. *2* (*est., raro*) Discorso di cui non si capisce bene il senso e il fine. **SIN.** Enigma, rebus.

indovìno o †**indivìno** [da *indovinare*; av. 1292] **A s. m.** (f. *-a*) ● Chi pretende di riuscire a svelare il futuro in virtù di un rapporto speciale con il mondo soprannaturale | ***Gioco dell'i.***, gioco infantile consistente nel riconoscere con occhi bendati il compagno toccato tra quelli che stanno intorno | (*est.*) Chi coglie nel segno nel prevedere qlco.: *sono stato i. a dire che non sarebbe venuto.* **CFR.** -mante. **SIN.** Astrologo, divinatore. **B agg.** *1* (*lett.*) Che indovina: *la mente, indovina de' lor danni* (TASSO). *2* (*lett.*) Divinatorio.

indovùto [comp. di *in-* (3) e *dovuto*, come il corrispondente *indebito*; sec. XIV] **agg.** ● (*raro*) Che non è dovuto.

indragàre o †**indracàre** [comp. di *in-* (1) e *drago*; 1321] **A v. tr.** (*io indràgo, tu indràghi*) ● (*raro, lett.*) Mutare in drago | (*fig.*) Rendere feroce. **B v. intr. pron.** ● (*lett.*) Trasformarsi in drago | (*fig.*) Diventare feroce come un drago.

indrappellàre [comp. di *in-* (1) e *drappello*; sec. XIV] **v. tr.** (*io indrappèllo*) ● (*raro*) Schierare, mettere in drappello: *i. i soldati.*

†**indrénto** ● V. *indentro.*

†**indrèto** ● V. *indietro.*

indri [malgascio *indri*, escl. ('guarda!'), fraintesa come n. dell'animale; 1839] **s. m. inv.** ● Scimmia arboricola dei Lemuridi che vive nel Madagascar, con muso aguzzo, arti lunghi e pelame abbondante (*Indri brevicaudata*).

†**indrièto** ● V. *indietro.*

†**indrizzàre** e *deriv.* ● V. *indirizzare* e *deriv.*

indù [fr. *hindou*, dal persiano *hindū*, dal n. indiano del fiume *Indo* (*Sindhu*); 1875] **A s. m.** e **f.** ● Abitante dell'India, di religione non islamica. **B agg.** ● Relativo agli indù, alla loro religione e civiltà: *templi i.*

†**indubbiàre** [comp. di *in-* (1) e *dubbiare*; av. 1585] **v. intr.** ● Dubitare.

indùbbio [vc. dotta, lat. tardo *indŭbiu(m)*, comp. di *in-* neg. e *dŭbius* 'dubbio'; av. 1476] **agg.** ● Che non provoca dubbi: *uomo di indubbia fede* | ***In modo i.***, in modo certo, evidente. || **indubbiaménte**, **avv.** Senza dubbio; certamente.

indubitàbile [vc. dotta, lat. tardo *indubitābile(m)*, comp. di *in-* neg. e *dubitābilis* 'dubitabile'; av. 1330] **agg.** ● Di cui non si può o non si deve dubitare: *buonafede i.; risultato i.* **SIN.** Certo. || **indubitabilménte**, **avv.** Senza possibilità di dubbio; certamente.

indubitabilità [av. 1673] **s. f.** ● Condizione di ciò che è indubitabile.

indubitàto [comp. di *in-* (3) e *dubitato*, part. pass. di *dubitare*; sec. XIV] **agg.** ● Che non è posto in dubbio: *circostanza indubitata* | ***Verità indubitata***, innegabile. **SIN.** Certo, sicuro. || **indubitataménte**, **avv.** In modo certo, sicuro.

inducènte [1869] **part. pres.** di *indurre*; anche **agg.** *1* (*raro*) Che induce. *2* (*elettr.*) Di corpo o altra entità, la cui presenza determina modificazioni di stato in un altro: *campo, circuito i.*

†**indùcere** ● V. *indurre.*

inducìbile **agg.** ● Che può subire induzione | (*biol.*) ***Gene i.***, gene la cui trascrizione è attivata dalla presenza di particolari sostanze dette induttori | (*biol.*) ***Enzima i.***, enzima la cui sintesi può essere stimolata dalla presenza di un induttore.

†**induciménto** [av. 1294] **s. m.** ● L'indurre qlcu. a fare qlco.: *per suo i.* (VILLANI).

indugiàndo **s. m. inv.** ● (*mus.*) Rallentando. **CONTR.** Accelerando.

indugiàre [lat. parl. **indutiāre*, da *indūtiae* (nom. pl.) 'tregua', di etim. incerta; 1225] **A v. tr.** (*io indùgio*) *1* (*raro, lett.*) Differire, ritardare: *i. la data della partenza; mi pare … che sie meglio i. a settembre il tuo venire* (MICHELANGELO). *2* †Fare aspettare. **B v. intr.** (aus. *avere*, †*essere*) (assol.; + *a*, + *in*, seguiti da inf.; + *su*) *1* Esitare, tardare, aspettare a fare o dire qlco.: *perché indugi?; i. a rispondere; i. nel concedere qlco.* | (*fig.*) Trattenersi, attardarsi: *i. in un pensiero, su un argomento; il crepuscolo indugiava sulle vette dei gran pioppi* (BACCHELLI); *La donna indugiava a strascicar le ciabatte per la stanza* (VERGA); *indugiava nell'assettare sul basto dell'asinello le bisacce* (VERGA). *2* (*mus.*) Rallentando. **CONTR.** Accelerare. **C v. intr. pron.** (+ *a* seguito da inf.; lett. + *in*) ● Trattenersi, soffermarsi (*anche fig.*): *si indugiava a guardare le vetrine; E tuttavia … s'indugiava nella finzione* (D'ANNUNZIO).

indùgio [da *indugiare*; 1314] **s. m.** ● Esitazione, ritardo nel fare o nel dire qlco.: *frapporre indugi; perdersi in indugi; troncare gli indugi* | ***Senza i.***, subito: *senza altro i. si pone a camino* (BOIARDO). **SIN.** Arresto.

induìsmo [da *indù*; av. 1937] **s. m.** ● Movimento religioso e filosofico sorto, in India, dopo il Brahmanesimo.

induìsta [1942] **A s. m.** e **f.** (pl. m. *-i*) ● Seguace dell'induismo. **B** anche **agg.**: *religione i.*

induìstico [1970] **agg.** (pl. m. *-ci*) ● Che si riferisce all'induismo o agli induisti.

indulgènte [1438] **part. pres.** di *indulgere*; anche **agg.** ● Che comprende, che perdona facilmente: *un giudice, una madre i.* | Che rivela indulgenza: *risposta, sorriso i.* || **indulgenteménte**, **avv.** Con indulgenza.

indulgènza [vc. dotta, lat. *indulgĕntia(m)*, da *indulgēre* 'indulgere'; av. 1348] **s. f.** *1* Caratteristica di chi (o di ciò che) è indulgente: *sperare nell'i. di qlcu.; invocare l'i. della corte; la sua giustizia non mi negherà l'i. che merita la difficoltà della commissione* (METASTASIO) | Inclinazione a perdonare: *l'i. materna, paterna, di un giudice.* **SIN.** Clemenza, condiscendenza, mitezza. **CONTR.** Severità. *2* Nella teologia cattolica, remissione della pena temporale dei peccati, accordata dalla Chiesa ai vivi a titolo di assoluzione e ai morti a titolo di suffragio | ***I. plenaria***, totale remissione dei peccati.

indùlgere [vc. dotta, lat. *indulgēre*, di etim. incerta, con trapasso di coniug.; 1321] **A v. intr.** (pres. *io indùlgo, tu indùlgi*; pass. rem. *io indùlsi, tu indulgésti*; part. pass. *indùlto*; aus. *avere*) (+ *a*; + *in*) ● Essere, mostrarsi accondiscendente: *i. alle richieste di qlcu.* | (*est.*) Lasciarsi prendere da un'inclinazione, spec. negativa: *i. al vizio del bere, a polemiche ingiustificate; i. in un eccessivo moralismo.* **B v. tr.** *1* (*lett.*) †Permettere, accordare. *2* (*lett.*) †Perdonare.

indùlto (1) [vc. dotta, lat. tardo *indŭltu(m)*, s. del part. pass. di *indulgēre* 'indulgere'; 1602] **s. m.** *1* (*dir.*) Provvedimento con cui, a tutti coloro che si trovano nelle condizioni stabilite, viene condonata in tutto o in parte, o commutata, la pena principale inflitta. **CFR.** Amnistia, grazia | Anticamente, perdono generale che si concedeva ai soldati ammutinati o fuggitivi per indurli a tornare alla bandiera. *2* Nell'antico diritto della Chiesa, privilegio concesso a persone fisiche o a enti morali dalla sede apostolica o da un'autorità religiosa fuori o in contrasto della legge.

indùlto (2) [1598] **part. pass.** di *indulgere* ● Nei sign. del v.

♦**induménto** [vc. dotta, lat. tardo *induméntu(m)*, da *indŭere* 'vestire', di orig. indeur.; 1499] **s. m.** ● Capo di abbigliamento che si indossa: *i. leggero, pesante; distribuire gli indumenti ai profughi* | ***Indumenti intimi***, quelli che si portano a diretto contatto con la pelle.

induràbile **agg.** ● (*raro*) Che può diventare duro.

induraménto [av. 1320] **s. m.** ● (*lett.*) Indurimento.

†**induràre** [vc. dotta, lat. *indurāre*, comp. di *in-* (1) e *durāre*, da *dūrus* 'duro'; av. 1292] **A v. tr.** ● Indurire (*anche fig.*): *essendo propria natura delle miserie i. e corrompere gli animi* (LEOPARDI). **B v. intr.** e **intr. pron.** *1* Indurirsi | (*fig.*) Diventare resistente alle fatiche, ai disagi. *2* Ostinarsi, impuntarsi.

indurènte **A** **part. pres.** di *indurire*; anche **agg.** ● Nei sign. del v. **B s. m.** ● Additivo che serve per indurire una sostanza.

indurimento [av. 1758] **s. m.** *1* L'indurire, l'indurirsi | Nei leganti idraulici, fenomeno prolungato nel tempo che segue la presa e per cui l'impasto acquista resistenza meccanica. *2* (*med.*) Aumento di consistenza di un organo o di un tessuto principalmente per processi di sclerosi | **CFR.** sclero-. *3* (*chim.*) Trasformazione mediante idrogenazione di sostanze, spec. di grassi, tale che il prodotto ottenuto passi da uno stato più o meno liquido allo stato solido e sia utilizzabile economicamente.

indurire [comp. di *in-* (1) e *duro*; 1441] **A v. tr.** (*io* *indurìsco, tu indurìsci*) *1* Rendere duro, sodo: *i. la creta, il cemento*; *i. i muscoli con l'esercizio* | (*est.*) Assuefare, abituare: *i. il corpo alle fatiche*. CONTR. Ammorbidire. *2* (*fig.*) Rendere insensibile: *le delusioni lo hanno indurito*. **B** v. intr. e intr. pron. (aus. *essere*) ● Diventare duro (*anche fig.*): *la creta senz'acqua indurisce*; *dopo le ingiustizie subite si è indurito*; *indurirsi in un rifiuto*.

indùrre o †**indùcere** [vc. dotta, lat. *indūcere* 'condurre dentro, spingere', comp. di *in-* 'dentro, verso' e *dūcere* 'condurre', di orig. indeur.; sec. XIII] **A** v. tr. (pres. *io indùco, tu indùci*; fut. *io indurrò*; pass. rem. *io indùssi, tu inducésti*; condiz. pres. *io indurrèi, tu indurrésti*; part. pass. *indótto*, †*indùtto*) *1* (qlcu. + *a*; qlcu. + *in*) Persuadere, muovere, spingere, trascinare qlcu. a fare qlco.: *i. qlcu. alla compassione, al male, in errore, in tentazione*; *i. qlcu. a partire, a parlare*; *io sol te indussi la promessa a fare* (BOIARDO) | Costringere, piegare: *i. qlcu. alla sottomissione, a una dolorosa decisione*. *2* (qlco. + *in*) (*raro*) Ispirare, destare un sentimento o una sensazione: *i. una speranza, una convinzione, un moto di repulsione in qlcu.* | ***I. un sospetto***, insinuarlo. *3* (qlco. + *da*) (*filos.*) Inferire da determinate osservazioni o esperienze particolari il principio generale in esse implicito. *4* †Portare, condurre | †Mettere in scena o introdurre in una narrazione. *5* †Addurre. *6* (*fis.*) Determinare in un corpo uno stato senza trasmetterlo direttamente: *i. elettricità, magnetismo*. **B** v. intr. pron. (+ *a*) ● Risolversi, decidersi a fare qlco.: *indursi a lasciare una città*.

indùsio [vc. dotta, lat. *indūsiu(m)* 'veste femminile', dal gr. *éndysis*, da *endýein* 'indossare', comp. di *en* 'in' e *dýein*, di etim. incerta; 1813] s. m. *1* Nell'antica Roma, tunica aderente al corpo, propria dell'abbigliamento femminile. *2* (*bot.*) Sottile lamina che nelle felci protegge e ricopre i sori.

indùstre [vc. dotta, lat. *indūstriu(m)* (V. *industria*), con mutato suff.; sec. XIV] agg. ● (*lett.*) Industrioso: *le api, le formiche industri*; *l'i. artier sta fiso / allo scarpello* (PARINI). || †**industreménte**, avv. Industriosamente.

♦**indùstria** [vc. dotta, lat. *indūstria(m)*, da *endo-* 'dentro' e *strūere* 'costruire', da *stĕrnere*, di orig. indeur.; 1308] s. f. *1* Processo organizzato di trasformazione di materie prime e semilavorati in merci, mediante l'impiego di macchine e lavoro salariato, e l'utilizzo di investimenti di capitale finanziario. *2* Organizzazione di uomini e mezzi avente per finalità la produzione in un certo settore: *industrie belliche, tessili, metalmeccaniche*; *industria estrattiva* | ***I. pesante***, complesso delle industrie meccaniche, metallurgiche e siderurgiche | ***I. leggera***, complesso delle industrie che producono beni di piccola mole e largo consumo | ***I. manifatturiera***, quella che trasforma materie prime e semilavorati in prodotti finiti di consumo | ***Grande i.***, insieme dei più importanti complessi industriali | ***Piccola i.***, quella con pochi dipendenti e limitato capitale | ***I. culturale***, la cultura di massa considerata sia dal punto di vista delle sue strutture organizzative che da quello dei suoi contenuti concettuali | ***I. del crimine***, il complesso delle organizzazioni e delle attività criminali. *3* (*spec. lett.*) Operosità ingegnosa abituale o volta al raggiungimento di uno scopo specifico: *l'i. umana*; *l'i. delle api*; *m'avidi in nostra i. e diligenza … stare il potersi acquistare ogni laude* (ALBERTI) | (*raro*) ***Con ogni i.***, con ogni accorgimento. || **industriòla**, †**industriuòla**, dim.

industrial design /*ingl.* ɪn'dʌstɹiəl dɪ'zaen/ [ingl., propr. 'disegno (ma *design* ha applicazione più ampia: 'progetto, modello, tipo' e sim.) industriale (*industrial*, latinismo passato attraverso il fr.)'; 1963] loc. sost. m. inv. ● Progettazione di manufatti, apparecchi, strumenti e sim., da prodursi industrialmente in serie che, ai requisiti tecnici funzionali, uniscono pregi estetici.

industrial designer /*ingl.* ɪn'dʌstɹiəl dɪ'zaenəɹ/ [loc. ingl., propr. 'disegnatore industriale'; 1959] loc. sost. m. e f. inv. (pl. ingl. *industrial designers*) ● Chi si occupa professionalmente di industrial design.

♦**industriàle** [1790] **A** agg. ● Dell'industria, pertinente all'industria: *progresso i.* | ***Credito i.***, quello concesso a imprese industriali | ***Corrente i.***, a uso delle industrie | ***Chimica i.***, applicata all'industria | ***Zona i.***, zona in cui vi sono agevolazioni per le industrie che vi si impiantano | ***Costo i.***, riferito al solo ciclo produttivo, escludendo le spese generali amministrative e di distribuzione | ***Ciclo i.***, sequenza completa di operazioni elementari necessaria a svolgere una specifica attività o un compito particolare o a produrre un pezzo | ***Piante industriali***, quelle che producono materie prime per l'industria | ***Su scala i.***, con metodi industriali; (*est.*) in gran quantità, in serie | ***Quantità industriali***, (*fig., iperb.*) enormi quantità: *mangia quantità industriali di yogurt* | ***Rivoluzione i.***, la radicale trasformazione tecnologica ed economica dovuta all'introduzione delle macchine nell'industria, nel periodo compreso tra la fine del sec. XVIII e la prima metà del XIX; (*est.*) ogni trasformazione profonda del sistema di produzione industriale dovuta principalmente allo sviluppo tecnico. || **industrialòtto**, dim., spreg. || **industrialménte**, avv. Nei modi relativi alle attività dell'industria. **B** s. m. e f. ● Imprenditore o proprietario di un'impresa industriale.

industrialìsmo [fr. *industrialisme*, da *industrial* 'industriale'; av. 1835] s. m. ● Predominio dell'industria sulle altre attività economiche.

industrializzàre [fr. *industrialiser*, da *industrial* 'industriale'; 1910] **A** v. tr. *1* Sostituire, applicare criteri dell'industria a un'attività economica: *i. l'allevamento dei polli*. *2* Trasformare l'assetto economico di un Paese o di una regione impiantandovi nuove industrie o potenziando quelle già esistenti. **B** v. intr. pron. ● Trasformarsi economicamente dotandosi di strutture o tecniche industriali.

industrializzàto [1932] part. pass. di *industrializzare*; anche agg. ● Nei sign. del v.

industrializzazióne [1914] s. f. ● Trasformazione in senso industriale di un Paese, zona, settore e sim.: *l'i. delle aree depresse*.

industriàrsi [da *industria*; av. 1420] v. intr. pron. (*io m'indùstrio*) ● Adoperarsi con i mezzi del proprio ingegno o con l'abilità per ottenere qlco.: *i. con l'astuzia e con la frode*; *i. in ogni modo per campare*. SIN. Ingegnarsi.

industrióso [vc. dotta, lat. tardo *industriōsu(m)*, da *indūstria* 'industria'; 1342] agg. *1* Di chi è laborioso, capace, ingegnoso: *artigiano i.*; *usava questo i. artefice di far primieramente un modelletto di cera* (CELLINI). *2* †Manieroso, garbato. || **industriosaménte**, avv. *1* In modo industrioso. *2* (*raro*) A bella posta.

induttànza [fr. *inductance*, dal lat. *indūctu(m)* 'indotto'; 1905] s. f. *1* (*elettr.*) Coefficiente di autoinduzione espresso dal rapporto tra il flusso concatenato di induzione, prodotto dalla corrente che percorre un circuito, e l'intensità della corrente stessa. *2* (*elettr.*) Componente elettrico costituito da un avvolgimento di filo isolato eseguito su un nucleo di ferro o anche di materiale non magnetico, usato per creare l'induttanza in un circuito.

induttività [da *induttivo*; 1957] s. f. ● (*fis.*) Permeabilità magnetica.

induttìvo [vc. dotta, lat. tardo *inductīvu(m)* 'ipotetico', da *indūcere* 'indurre'; 1351] agg. *1* (*filos.*) Che è fondato sul procedimento dell'induzione: *metodo i.* CONTR. Deduttivo. *2* (*dir.*) ***Accertamento i.***, valutazione, compiuta dal fisco, del reddito di un contribuente, fondandosi su presunzioni di fatto e non su documenti. *3* (*elettr.*) Che concerne l'induzione elettrica o magnetica. *4* †Persuasivo, suggestivo. || **induttivaménte**, avv.

†**indùtto** ● V. *indotto* (*2*).

induttòmetro [comp. di *indutt(anza)* e *-metro*; 1970] s. m. ● Strumento per la misurazione di induttanze.

induttóre [vc. dotta, lat. *inductōre(m)* 'chi applica, iniziatore', da *indūctus*, part. pass. di *indūcere* 'indurre'; 1308] **A** agg. (f. *-trice*) ● Che induce: *circuito i.* **B** s. m. *1* (*elettr.*) Circuito di eccitazione di una macchina elettrica in cui circola corrente che genera il flusso magnetico utilizzato dall'indotto. *2* Componente di circuito elettrico con comportamento prevalentemente induttivo. *3* †Chi induce. *4* (*biol.*) Sostanza in grado di stimolare l'espressione di un gene e di conseguenza la biosintesi di una proteina, gener. un enzima.

induzióne [vc. dotta, lat. *inductiōne(m)*, da *indūctus* 'indotto'; 1308] s. f. *1* (*filos.*) Procedimento logico che consiste nel ricavare da osservazioni ed esperienze particolari i principi generali in esse impliciti. CONTR. Deduzione | (*raro, est.*) Congettura, supposizione: *la sua è una semplice i.* *2* (*fis.*) Fenomeno per cui un corpo o un particolare agente induttore, per la vicinanza con un altro, crea o modifica determinate proprietà di questo | ***I. elettromagnetica***, comparsa di una forza elettromotrice in un circuito, generato dal variare del flusso magnetico che l'attraversa | ***I. elettrostatica***, ridistribuzione delle cariche di un corpo sotto l'azione di un campo elettrostatico | ***I. magnetica***, magnetizzazione di un pezzo di ferro, acciaio, nichel, posto nel campo magnetico creato da una corrente elettrica o da una calamita | ***I. residua***, misura della magnetizzazione restante nei materiali ferromagnetici dopo la scomparsa del campo magnetico esterno. *3* Istigazione: *i. alla prostituzione*.

inebbriàre (o **-brià-**) e *deriv.* ● V. *inebriare* e *deriv.*

inebetìre [comp. di *in-* (*1*) e *ebete*; 1872] **A** v. tr. (*io inebetisco, tu inebetìsci*) ● Rendere ebete o simile a un ebete: *il dolore l'ha inebetito*. **B** v. intr. e intr. pron. (aus. *essere*) ● Diventare ebete.

inebetìto [1908] part. pass. di *inebetire*; anche agg. ● Ridotto come un ebete | Stordito, attonito: *la notizia lo lasciò i.*

inebriaménto (o **-bria-**) o **inebbriaménto**, †**innebbriaménto**, †**innebriaménto** [av. 1306] s. m. ● L'inebriare, l'inebriarsi | Stato di ebbrezza spirituale.

inebriànte (o **-brià-**) o **inebbriànte**, †**innebbriànte**, †**innebriànte** [sec. XIV] part. pres. di *inebriare*; anche agg. ● Che inebria: *vino i.*; *musica i.*

inebriàre (o **-briàre**) o **inebbriàre**, †**innebbriàre**, †**innebriàre** [vc. dotta, lat. *inebriāre*, comp. di *in-* raff. e *ebriāre* 'rendere ebbro'; av. 1292] **A** v. tr. (*io inèbrio*) *1* Procurare uno stato di ebbrezza: *questo vino mi inebria*. *2* (*fig.*) Provocare esaltazione, godimento o diletto: *gli applausi del pubblico lo inebriano*; *la lettura di quel libro lo aveva inebriato*. *3* (*lett.*) †Bagnare, imbevere, di lagrime: *La molta gente e le diverse piaghe / avean le luci mie sì inebriate* (DANTE *Inf.* XXIX, 1-2). **B** v. intr. pron. e †intr. ● Ubriacarsi | (*fig.*) Sentire un piacere intenso per qlco.: *inebriarsi alla vista di un quadro*.

inebriàto (o **-brià-**) o **inebbriàto**, †**innebbriàto**, †**innebriàto** [1294] part. pass. di *inebriare*; anche agg. ● Ebbro (*anche fig.*).

ineccepìbile [comp. di *in-* (*3*) e un deriv. di *eccepire*; 1831] agg. ● Che non può essere soggetto a critiche o commenti sfavorevoli: *vita i.*; *persona i.* | Corretto, esatto: *un ragionamento i.*; *gli addendi sono a posto, ineccepibili, / ma la somma?* (MONTALE). SIN. Irreprensibile. || **ineccepibilménte**, avv.

ineccepibilità [av. 1956] s. f. *1* Caratteristica di chi (o di ciò che) è ineccepibile. *2* (*dir.*) Impossibilità di proporre nel processo una determinata eccezione.

ineccitàbile [lat. *inexcitābile(m)*, comp. di *in-* neg. e *excitābilis* 'eccitabile, eccitante'; av. 1530] agg. ● (*raro*) Che non è eccitabile.

inèdia [vc. dotta, lat. *inēdia(m)*, comp. di *in-* neg. e un deriv. di *ĕdere* 'mangiare', da una radice **ed-*, di orig. indeur.; 1499] s. f. ● Lungo digiuno con conseguente deperimento: *essere esaurito per l'i.* | ***Morire d'i.***, (*fig.*) trovarsi in uno stato di grande noia e apatia.

inedificàbile [comp. di *in-* (*3*) e *edificabile*; 1957] agg. ● Detto di terreno, area e sim. sui quali vige il divieto di costruire edifici.

inedificabilità [1957] s. f. ● Divieto di costruire edifici: *area soggetta a i.*

inèdito [vc. dotta, lat. *inēditu(m)*, comp. di *in-* neg. e *ēditus* 'edito'; sec. XIII] **A** agg. *1* Che non è stato ancora pubblicato: *scritto, romanzo i.* | ***Autore i.***, le cui opere non sono ancora state stampate | (*raro*) Pubblicato non per volontà e iniziativa dell'autore: *gli scritti inediti del Tasso, del Leopardi* | (*raro*) Di materiale scientifico non ancora raccolto e descritto in pubblicazioni particolari: *monete, piante esotiche inedite*. *2* Ancora sconosciuto: *particolare i.* | Nuovo, insolito: *un'inedita proposta gastronomica*; *La guerra richiama con violenza un ordine i. nel pensiero degli uomini* (QUASIMODO). **B** s. m. ● Scritto non pubblicato: *un raro i. del Carducci*.

ineducàbile [comp. di *in-* (*3*) e *educabile*; 1869] agg. ● Che non si può educare | (*raro*) Che è difficile educare.

ineducàto [comp. di *in-* (*3*) e *educato*; 1797] agg. ● Che non è educato: *ragazzo i.* | (*est.*) Che manca di esercizio e disciplina: *ingegno, intelletto i.* || **ineducataménte**, avv.

ineducazióne [comp. di *in-* (*3*) e *educazione*; 1843] s. f. ● Mancanza di educazione.

ineffàbile [vc. dotta, lat. *ineffābile(m)*, comp. di *in-* neg. e *effābilis* 'effabile'; 1294] agg. *1* Che non si può esprimere per mezzo di parole, spec. in riferimento a sensazioni o sentimenti piacevoli: *bontà, dolcezza i.* SIN. Indicibile, inesprimibile. *2* (*est.*) Eccezionale, straordinario | (*iron.*) Incomparabile, impareggiabile, spec. per qualità negative. || **ineffabilménte**, avv.

ineffabilità [vc. dotta, lat. tardo *ineffabilitāte(m)*, comp. di *in-* neg. e un deriv. di *effābilis* 'effabile'; 1308] s. f. ● Caratteristica di ciò che è ineffabile.

ineffettuàbile [comp. di *in-* (*3*) e un deriv. di *effettuare*; 1683] agg. ● Che non si può effettuare: *progetto i.* SIN. Inattuabile.

ineffettuabilità [1957] s. f. ● (*raro*) Condizione di ciò che è ineffettuabile.

ineffettuàto [comp. di *in-* (*3*) e *effettuato*; 1907] agg. ● (*raro*) Che non è stato effettuato.

†**ineffettuazióne** [comp. di *in-* oppos. e *effettuazione*; 1673] s. f. ● (*raro*) Mancata effettuazione di qlco.

inefficàce [vc. dotta, lat. *inefficāce(m)*, comp. di *in-* neg. e *ĕfficax*, genit. *efficācis* 'efficace'; 1479] agg. ● Che non è efficace: *rimedio i.* | Che è senza effetto in vista di un determinato scopo: *riuscire i.*; *preghiera, esortazione i.* SIN. Inutile, vano. || **inefficaceménte**, avv.

inefficàcia [vc. dotta, lat. tardo *inefficācia(m)*, comp. di *in-* neg. e del lat. tardo *efficācia* 'efficacia'; 1598] s. f. (pl. *-cie*) ● Mancanza di efficacia.

inefficiènte [comp. di *in-* (*3*) e *efficiente*; 1869] agg. ● Che non è efficiente: *impiegato i.* | ***Organizzazione i.***, di scarso o nessun rendimento. || **inefficienteménte**, avv.

inefficiènza [comp. di *in-* oppos. e *efficienza*; 1869] s. f. ● Mancanza di efficienza.

ineguagliàbile o **inuguagliàbile** [comp. di *in-* (*3*) e *eguagliabile*; 1955] agg. ● Che non è possibile uguagliare. SIN. Impareggiabile. || **ineguagliabilménte**, avv.

ineguagliànza o **inuguagliànza** [comp. di *in-* (*3*) e *eguaglianza*; 1686] s. f. ● Mancanza di uguaglianza: *i. dei diritti degli uomini* | Irregolarità: *i. di un livello, di una superficie* | (*raro, est.*) Variabilità, incoerenza: *i. di umore.*

ineguagliàto [comp. di *in-* (*3*) ed *eguagliato*] agg. ● Che non è stato uguagliato: *un primato ancora oggi i.*

inegualè o †**inequàle**, **inugualè** [lat. *inaequāle(m)*, comp. di *in-* neg. e *aequālis* 'uguale'; 1282] agg. ● Non uguale: *lati ineguali* | Non uniforme: *durata i.* | (*est.*) Variabile, incostante, discontinuo: *temperamento i.* | (*est.*) Irregolare: *moto i.*; *passi ineguali* | ***Polso i.***, aritmico. || **inegualménte**, avv.

inegualità o †**inequalità**, **inugualità** [lat. *inaequalitāte(m)*, comp. di *in-* neg. e *aequālitas*, genit. *aequalitātis* 'egualità'; av. 1342] s. f. ● (*raro*) Ineguaglianza: *in quella città dove è grande i. di cittadini non si può ordinare repubblica* (MACHIAVELLI).

inelasticità [comp. di *in-* (*3*) ed *elasticità*; av. 1910] s. f. ● (*econ.*) Anelasticità.

inelàstico [comp. di *in-* (*3*) ed *elastico*; 1983] agg. (pl. m. *-ci*) ● Rigido, fisso. SIN. Anelastico nel sign. 2.

inelegànte [vc. dotta, lat. *inelegānte(m)*, comp. di *in-* neg. e *ēlegans*, genit. *elegāntis* 'elegante'; 1575] agg. ● Che non è elegante: *vestito i.* | (*est.*) Rozzo: *stile, disegno i.* || **inelegantemente**, avv.

inelegànza [lat. tardo *inelegāntia(m)*, comp. di *in-* neg. e *elegāntia* 'eleganza'; 1598] s. f. ● Mancanza di eleganza.

ineleggìbile o (*lett.*) **ineligìbile** [comp. di *in-* (*3*) e *eleggibile*; 1798] agg. ● Che non può venire eletto: *i. a deputato, a consigliere* | (*raro, lett.*) Che non può essere scelto, preferito, accettato: *sistema, soluzione i.*

ineleggibilità o (*lett.*) **ineligibilità** [comp. di *in-* (*3*) e *eleggibilità*; 1869] s. f. ● Condizione di chi manca dei requisiti necessari per essere eletto.

ineligìbile e *deriv.* ● V. *ineleggibile* e *deriv.*

ineliminàbile [comp. di *in-* (*3*) ed *eliminabile*; 1914] agg. ● Che non è eliminabile, che non può essere eliminato: *ostacoli, difetti ineliminabili.*

ineloquènte [vc. dotta, lat. tardo *ineloquĕnte(m)*, comp. di *in-* neg. e *elŏquens*, genit. *eloquĕntis* 'eloquente'; av. 1567] agg. ● (*raro*) Che non è eloquente: *oratore, narratore i.* || **ineloquenteménte**, avv. (*raro*) Senza eloquenza.

ineludìbile [comp. di *in-* (*3*) e dell'agg. verbale di *eludere*; 1962] agg. ● Che non si può eludere: *una questione, una scelta i.*

ineludibilità [da *ineludibil(e)* col suff. di qualità *-ità*; 1932] s. f. ● Condizione di ciò che è ineludibile. SIN. Inevitabilità.

ineluttàbile [vc. dotta, lat. *ineluctābile(m)*, comp. di *in-* neg. e *eluctābilis* 'superabile', da *eluctāri*, comp. di *e-* 'da' e *luctāri* 'lottare'; 1665] **A** agg. ● Di ciò contro cui non si può lottare: *destino, necessità i.* SIN. Inevitabile. || **ineluttabilménte**, avv. **B** s. m. solo sing.: *si piegò a lasciar libero corso all'i. e infine si dimise* (CROCE).

ineluttabilità [1903] s. f. ● Condizione di ciò che è ineluttabile: *l'i. della morte.* SIN. Inevitabilità.

inemendàbile [vc. dotta, lat. *inemendābile(m)*, comp. di *in-* neg. e *emendābilis* 'emendabile'; av. 1514] agg. ● Che è impossibile emendare | ***Vizio i.***, che non si può sradicare. SIN. Incorreggibile. || **inemendabilménte**, avv. (*raro*) Senza possibilità di correzione.

inemendàto [vc. dotta, lat. *inemendātu(m)*, comp. di *in-* neg. e *emendātus* 'emendato'; av. 1547] agg. ● (*raro*) Che non è stato emendato, corretto: *edizione inemendata*; *vizio i.*

inenarràbile [vc. dotta, lat. *inenarrābile(m)*, comp. di *in-* neg. e *enarrābilis* 'enarrabile'; sec. XIV] agg. ● Che non si può narrare, gener. per le caratteristiche negative: *strazio, dolore, angoscia i.*; *o primo entrar di giovinezza, o giorni / vezzosi, inenarrabili* (LEOPARDI). SIN. Indescrivibile, indicibile | (*lett.*) Inesprimibile: *una donna di i. bellezza.* || **inenarrabilménte**, avv.

†**inequàle** e *deriv.* ● V. *ineguale* e *deriv.*

inequivocàbile [comp. di *in-* (*3*) e *equivocabile*; 1925] agg. ● Che non consente equivoci: *risposta i.* | Chiaro, netto: *atteggiamento i.* || **inequivocabilménte**, avv.

inerbiménto [1957] s. m. ● Operazione dell'inerbire.

inerbire [comp. di *in-* (*1*) e *erba*; 1761] v. tr. (*io inerbìsco, tu inerbìsci*) ● Coprire d'erba: *i. un terreno.*

inerènte [vc. dotta, lat. *inhaerĕnte(m)*, part. pres. di *inhaerēre* 'inerire'; av. 1535] agg. ● Che riguarda, è connesso o riferibile a qlco.: *indagini inerenti al delitto.* || **inerenteménte**, avv. (*raro*) Conformemente.

inerènza [av. 1535] s. f. ● Caratteristica, proprietà di ciò che è inerente.

inerire [vc. dotta, lat. *inhaerēre*, comp. di *in-* 'a' e *haerēre* 'aderire', di etim. incerta, con passaggio ad altra coniug.; 1619] v. intr. (*io inerisco, tu inerisci*; difett. del part. pass. e dei tempi composti) *1* (*raro*) Essere unito, connesso con qlco.: *i doveri che inieriscono al nostro ufficio.* *2* †Aderire, acconsentire: *i. ai desideri, al volere di qlcu.*

inèrme [vc. dotta, lat. *inĕrme(m)*, comp. di *in-* neg. e un deriv. di *ărma* 'arma'; av. 1374] agg. ● Che è senza armi e senza difesa (*anche fig.*): *nemico, nazione i.*; *è i. di fronte alla cattiveria altrui.* SIN. Disarmato, indifeso.

inerpicàrsi [comp. di *in-* (*1*) e *erpice* ('fare come l'erpice', che avanza aggrappando la terra coi denti) (?); 1659] v. intr. pron. e †intr. (*io m'inèrpico* (o *-è-*), *tu t'inèrpichi* (o *-è-*)) ● Arrampicarsi con sforzo aiutandosi con le mani e i piedi: *i. su un albero, su una scogliera.*

inerpicàto [1819] part. pass. di *inerpicarsi*; anche agg. ● Che sta in un luogo alto e scosceso: *un paesetto i. sulla montagna.*

†**inerrànte** [vc. dotta, lat. *inerrănte(m)*, comp. di *in-* neg. e *ĕrrans*, genit. *errăntis* 'errante'; av. 1565] agg. *1* Immobile, fisso. *2* (*fig.*) Infallibile.

inerrànza [dal lat. *inerrănte(m)*, comp. di *in-* neg. e *ĕrrans*, genit. *errăntis*, part. pres. di *errāre* 'errare'; 1847] s. f. ● Nella teologia cattolica, infallibilità ed esenzione da ogni errore che competono alle Sacre Scritture come ispirate da Dio.

inèrte [vc. dotta, lat. *inĕrte(m)*, comp. di *in-* neg. e un deriv. di *ărs*, genit. *ărtis* 'arte': propr., dunque, 'senza arte'; 1342] agg. *1* Inattivo: *trascorre l'intera giornata seduto sul divano, i., a causa di una grave forma di depressione.* SIN. Inoperoso, ozioso. CONTR. Attivo. *2* (*est.*) Immobile: *la caduta lo obbligò a starsene i. a letto* | ***Acqua i.***, stagnante. *3* Che si trova nello stato di inerzia: *materia i.* | (*est.*) Privo di movimento: *braccio, organo i.* | ***Peso i.***, (*fig.*) di chi sta inoperoso ed è di peso per gli altri. *4* (*chim.*) Di elemento o composto che nel corso di un processo chimico non reagisce. *5* Di materiale costituente il calcestruzzo, privo di funzione legante. *6* (*med.*) Colpito da inerzia.

inertizzàre [comp. di *inert(e)* e *-izzare*; 1988] v. tr. ● Trattare scorie industriali tossiche con procedimento atto a renderle inerti.

inerudito [vc. dotta, lat. *inerudītu(m)*, comp. di *in-* neg. e *erudītus* 'erudito'; 1551] agg. ● (*lett.*) Che non è erudito in generale o in qualche particolare settore. || **ineruditaménte**, avv. (*raro*) Da inerudito.

inerudizióne [vc. dotta, lat. tardo *ineruditiōne(m)*, comp. di *in-* neg. e *erudītio*, genit. *eruditiōnis* 'erudizione'; 1743] s. f. ● (*raro*) L'essere inerudito.

inèrzia [vc. dotta, lat. *inĕrtia(m)*, da *inĕrte(m)* 'inerte'; 1441] s. f. *1* Condizione di chi è inerte, inoperoso: *i. abituale, forzata*; *giacere nell'i.*; *esci dalla tua i.!* SIN. Inoperosità, oziosità. CONTR. Attività. *2* (*med.*) Diminuita capacità contrattile di un organo muscolare: *i. uterina, vescicale.* *3* (*fis.*) Tendenza dei corpi a perseverare nello stato di quiete o di moto rettilineo uniforme finché non subentri una forza esterna | ***Principio d'i.***, primo principio della dinamica che afferma che un corpo persevera nel suo stato di quiete o di moto rettilineo uniforme finché non interviene una forza dall'esterno | ***Momento d'i.***, V. *momento* | ***Forza di i.***, quella delle forze apparenti che si manifestano in sistemi di riferimento ruotanti, come la forza centrifuga | ***Fare qlco. per i., per forza di i.***, (*fig.*) per abitudine senza una scelta attiva.

inerziàle [1957] agg. ● (*fis.*) Relativo all'inerzia o al principio d'inerzia | ***Riferimento i.***, sistema di riferimento costituito da una terna cartesiana rigidamente connessa alle stelle fisse o in moto rettilineo uniforme rispetto a esse, in cui valgono il principio d'inerzia, la geometria euclidea e il concetto di tempo universale. || **inerzialménte**, avv.

inesattézza [1765] s. f. *1* Caratteristica di ciò che è inesatto: *i. di una citazione.* *2* (*est.*) Errore, sbaglio: *compito pieno di inesattezze.*

inesàtto (*1*) [comp. di *in-* (*3*) e *esatto* (*1*); 1782] agg. ● Che manca di precisione, di esattezza: *citazione, notizia inesatta* | Erroneo: *risposta inesatta.* || **inesattaménte**, avv.

inesàtto (*2*) [comp. di *in-* (*3*) e *esatto* (*2*); 1662] agg. ● Che non è stato riscosso: *quota inesatta*; *tributo i.*

inesaudìbile [comp. di *in-* (*3*) e *esaudibile*; 1887] agg. ● (*raro*) Che non può essere esaudito: *volontà, richiesta i.*

inesaudito [comp. di *in-* (*3*) e del part. pass. di *esaudire*; 1306] agg. ● (*raro*) Che non è stato esaudito: *invocazione inesaudita.* SIN. Inascoltato.

inesauribile [comp. di *in-* (*3*) e un deriv. di *esaurire*; 1705] agg. ● Che non può essere esaurito (*anche fig.*): *fonte, miniera i.*; *bontà, misericordia i.* | (*est.*) Abbondantissimo: *ricchezza i.* || **inesauribilménte**, avv.

inesauribilità [1924] s. f. ● Caratteristica di ciò che è inesauribile (*anche fig.*): *l'i. di una sorgente*; *l'i. della vostra energia.*

inesàusto [vc. dotta, lat. *inexhāustu(m)*, comp. di *in-* neg. e *exhāustus* 'esausto'; 1528] agg. ● (*lett.*) Che non è mai esausto | ***Sorgente inesausta***, perenne | ***Terreno i.***, sempre fertile. || **inesaustaménte**, avv.

†**inescàre** e *deriv.* ● V. *innescare* e *deriv.*

inescogitàbile [vc. dotta, lat. tardo *inexcogitābile(m)*, comp. di *in-* neg. e un deriv. di *excogitāre* 'escogitare'; sec. XIV] agg. ● (*raro*) Che non può essere concepito o pensato | Che eccede la mente umana.

inescusàbile [vc. dotta, lat. *inexcusābile(m)*, comp. di *in-* neg. e *excusābilis* 'escusabile'; sec. XIV] agg. ● (*lett.*) Che non può essere scusato: *negligenza, colpa, ignoranza i.* || **inescusabilménte**, avv. (*raro*) In modo inescusabile.

inescusabilità s. f. ● (*raro*) L'essere inescusabile.

inescusàto [da *inescusabile*; 1869] agg. ● (*raro*) Che non è scusato: *mancanza inescusata* | Non degno di scusa: *villania inescusata.*

ineseguìbile [comp. di *in-* (*3*) e *eseguibile*;

1647] agg. ● Non eseguibile: *compito, dovere i.*

ineseguito [comp. di *in-* neg. e *eseguito*; av. 1626] agg. ● Che non è o non è stato eseguito.

inesercitàbile [vc. dotta, lat. tardo *inexercitābile(m)*, comp. di *in-* neg. e *exercitāre* 'esercitare'; av. 1667] agg. *1* (*raro*) Che non può essere esercitato: *arte, professione, mestiere i.* *2* †Non praticabile.

inesercitàto [vc. dotta, lat. *inexercitātu(m)*, comp. di *in-* neg. e *exercitātus* 'esercitato'; sec. XIV] agg. ● (*raro*) Che manca di esercizio in qlco.: *corpo i. alla ginnastica*; *ingegno i.* | (*raro, est.*) Ozioso, inerte: *restare a lungo i.*

inesigìbile [comp. di *in-* (3) e un deriv. del v. *esigere*; 1745] agg. ● Che non si può esigere, riscuotere: *credito i.*

inesigibilità [1662] s. f. ● Impossibilità di essere riscosso: *l'i. dei crediti.*

inesistènte [comp. di *in-* (3) e *esistente*; 1584] agg. ● Che non esiste: *ricchezza i.*; *patrimonio i.* | Insussistente, infondato: *colpa i.*; *accusa i.* | (*est.*) Immaginario: *il malato accusa sintomi inesistenti.*

inesistènza [1765] s. f. *1* Condizione di ciò che non esiste: *i. di un reato.* SIN. Insussistenza. *2* (*dir.*) Mancanza dei requisiti che rendono un atto giuridico riconoscibile come tale: *i. di un negozio giuridico.*

inesitàto [comp. del pref. neg. *in-* (3) e del part. pass. in uso agg. del v. *esitare* (2)] agg. ● (*bur.*) Detto di pacco o di corrispondenza che le poste non hanno fatto giungere a destinazione: *raccomandata inesitata.*

inesoràbile [vc. dotta, lat. *inexorābile(m)*, comp. di *in-* neg. e *exorābilis* 'esorabile', da *exorāre* 'pregare'; 1374] agg. *1* Di chi non si lascia piegare e muovere dalle preghiere o dalla pietà: *giudice i.* | ***Critico i.***, che non risparmia critiche negative. SIN. Crudele, implacabile. *2* Di ciò che è impossibile evitare o a cui non ci si può sottrarre: *destino i.*; *l'i. scorrere del tempo*; *il sistema è i., come il fato* (DE SANCTIS). || **inesorabilménte**, avv. In modo inesorabile; senza misericordia: *colpire inesorabilmente.*

inesorabilità [vc. dotta, lat. tardo *inexorabilitāte(m)*, comp. di *in-* neg. e di un deriv. da *exorābilis* 'esorabile'; av. 1639] s. f. ● Caratteristica di chi (o di ciò che) è inesorabile.

inesoràto [vc. dotta, lat. tardo *inexorātu(m)*, comp. di *in-* neg. e *exorātus*, part. pass. di *exorāre* 'esorare, pregare'; 1810] agg. ● (*raro, lett.*) Che non si è lasciato smuovere dalle suppliche, dalle preghiere.

inesperiènza [vc. dotta, lat. tardo *inexperiĕntia(m)*, comp. di *in-* neg. e *experiĕntia* 'esperienza'; 1520] s. f. ● Mancanza di esperienza, di pratica in qualche particolare settore: *i. giovanile*; *sbagliare per i.*; *verrete a certificarvi che non per ignoranza o i. sono indutti a seguir tale opinione* (GALILEI).

†**inesperimentàto** [comp. di *in-* (3) e (*e*)*sperimentato*; 1869] agg. ● (*raro*) Che non è stato sperimentato.

inespèrto [vc. dotta, lat. *inexpĕrtu(m)*, comp. di *in-* neg. e *expĕrtus* 'esperto'; av. 1342] agg. (assol.; + *di*; + *in*) *1* Privo di esperienza in qlco.: *un ragazzo timido e i.*; *benché i. di calcoli e dimostrazioni* (GALILEI); *è i. in politica estera*; *inesperti nel guerreggiare e nel commandare* (TASSO) | (*est.*) Che non conosce ancora gli uomini e le difficoltà del mondo: *giovane, ragazzo i.* *2* Che non ha pratica in qlco.: *medico, avvocato i.*; *ai pittori inesperti sono li orli della superficie non conosciuti* (ALBERTI) | ***Mano inesperta***, poco abile. || **inespertaménte**, avv.

inespiàbile [vc. dotta, lat. *inexpiābile(m)*, comp. di *in-* neg. e *expiābilis* 'espiabile'; 1598] agg. ● Che non è possibile espiare a causa della sua estrema gravità: *colpa, delitto i.* || **inespiabilménte**, avv. (*raro*) In modo inespiabile.

inespiàto [vc. dotta, lat. tardo *inexpiātu(m)*, comp. di *in-* neg. e del lat. tardo *expiātus* 'espiato'; 1832] agg. ● Non espiato: *crimine i.* | Che non viene espiato secondo la sua gravità: *errore i.*

inesplicàbile [vc. dotta, lat. *inexplicābile(m)*, comp. di *in-* neg. e *explicābilis* 'esplicabile'; 1540] agg. ● Che non si riesce a spiegare, a capire: *enigma, mistero, fenomeno i.*; *la voce dell'uomo gl'inesplicabili pensieri della nostra mente espone come interprete* (MARINO). SIN. Impenetrabile, incomprensibile, inspiegabile. || **inesplicabilménte**, avv.

inesplicabilità [1909] s. f. ● Caratteristica di ciò che è inesplicabile: *l'i. della sua condotta sorprende tutti.*

inesplicàto [vc. dotta, lat. tardo *inexplicātu(m)*, comp. di *in-* neg. e *explicātus*, part. pass. di *explicāre* 'esplicare'; av. 1544] agg. ● Che non è stato spiegato: *mistero i.* | ***Rimanere, restare i.***, privo di una logica spiegazione | Incomprensibile: *fatto i.* || **inesplicataménte**, avv.

inesploràbile [comp. di *in-* (3) e *esplorabile*; 1869] agg. *1* Che non può essere esplorato: *territorio selvaggio e i.* *2* (*fig.*) Che non si può conoscere a fondo: *intenzioni, progetti inesplorabili.* || **inesplorabilménte**, avv. (*raro*) In modo inesplorabile.

inesploràto [vc. dotta, lat. *inexplorātu(m)*, comp. di *in-* neg. e *explorātus* 'esplorato'; 1864] agg. ● Che non è stato ancora esplorato: *caverna inesplorata* | (*fig.*) Che non è stato ancora conosciuto, esaminato: *testo i.*; *archivio i.*

inesplòso [comp. di *in-* (3) e *esploso*; 1939] agg. ● Che non è esploso al momento previsto: *proiettile, ordigno i.*

inespressivo [comp. di *in-* (3) e *espressivo*, sul modello del fr. *inexpressif*; 1920] agg. ● Che è privo di espressione: *viso, sguardo i.* | Scialbo, inefficace: *stile i.* || **inespressivaménte**, avv.

inesprèsso [comp. di *in-* (3) e *espresso*, part. pass. di *esprimere*; 1623] agg. ● Che non viene espresso: *odio i.*

inesprimìbile [comp. di *in-* (3) e *esprimibile*; 1710] agg. *1* Che è difficile o impossibile esprimere con parole adeguate: *dolore, gioia i.* SIN. Indicibile. *2* (*est.*) Vago, indefinito: *un senso i. di scontentezza.* || **inesprimibilménte**, avv.

inespugnàbile [vc. dotta, lat. *inexpugnābile(m)*, comp. di *in-* neg. e *expugnābilis* 'espugnabile'; 1336 ca.] agg. ● Che non è possibile espugnare: *fortezza, città i.* | (*est.*) ***Difesa i.***, invincibile | (*fig.*) Incorruttibile, inflessibile: *fermezza i.* || **inespugnabilménte**, avv. (*raro*) Invincibilmente.

inespugnabilità [av. 1674] s. f. ● Caratteristica di ciò che è inespugnabile (*anche fig.*): *l'i. di una fortezza*; *l'i. delle convinzioni morali.*

inespugnàto [vc. dotta, lat. tardo *inexpugnātu(m)*, comp. di *in-* neg. e *expugnātus*, part. pass. di *expugnāre* 'espugnare'; 1869] agg. ● Che non è stato espugnato (*anche fig.*): *postazione nemica inespugnata*; *volontà inespugnata.*

inessenziàle [comp. di *in-* (3) ed *essenziale*; av. 1883] agg. ● Che non è essenziale, fondamentale, indispensabile.

inessiccàbile [comp. di *in-* (3) e un deriv. di *essiccare*; 1532] agg. ● (*lett.*) Che non può prosciugarsi (*anche fig.*): *fonte i.*; *fantasia i.* || **inessiccabilménte**, avv.

inestensìbile [comp. di *in-* (3) e *estensibile*; 1957] agg. ● Che non può estendersi (*anche fig.*): *materia i.*; *prerogativa i.*

inestensibilità [1957] s. f. ● Proprietà, caratteristica di ciò che è inestensibile.

inestensióne [comp. di *in-* (3) e *estensione*; av. 1855] s. f. ● (*raro*) Caratteristica di ciò che è inesteso.

inestéso [comp. di *in-* (3) e *esteso*; av. 1744] agg. ● (*raro*) Che non è esteso.

inestètico [comp. di *in-* (3) e *estetico*; 1898] agg. (pl. m. *-ci*) ● (*raro*) Antiestetico.

inestetìsmo [da *inestetico*; av. 1934] s. m. ● Difetto o disturbo fisico lieve e, in genere, temporaneo: *la forfora, il rossore, sono inestetismi.*

inestimàbile [vc. dotta, lat. *inaestimābile(m)*, comp. di *in-* neg. e *aestimābilis* 'estimabile'; 1336 ca.] agg. ● Che non si può stimare, valutare pienamente per il suo grandissimo valore: *ricchezza, valore, bene i.* | (*est., lett.*) Incalcolabile, grandissimo: *difficoltà i.* || **inestimabilménte**, avv.

inestimàto [vc. dotta, lat. giuridico *inaestimātu(m)*, comp. di *in-* neg. e *aestimātus* 'estimato'; 1940] agg. *1* Che non è o non è stato stimato nel suo giusto valore. *2* †Impensato, improvviso.

inestinguìbile [vc. dotta, lat. tardo *inextinguībile(m)*, comp. di *in-* neg. e *extinguĭbilis* 'che può essere estinto'; 1336 ca.] agg. ● Che non si può estinguere: *incendio, fuoco i.* | (*fig.*) Perenne, perpetuo: *rancore i.*; *inestinguibili odi che si lasciarono lunga età in retaggio a' vegnenti* (VICO). || **inestinguibilménte**, avv.

inestìnto [vc. dotta, lat. *inexstĭnctu(m)*, comp. di *in-* neg. e *exstĭnctus*, part. pass. di *exstĭnguere* 'estinguere'; 1640] agg. ● (*raro, lett.*) Non estinto.

inestirpàbile [vc. dotta, lat. *inexstirpābile(m)*, comp. di *in-* neg. e un deriv. di *exstirpāre* 'estirpare'; 1554] agg. ● Che non può essere estirpato (*spec. fig.*): *male, cancro i.*

inestricàbile [vc. dotta, lat. *inextricābile(m)*, comp. di *in-* neg. e un deriv. di *extricāre* 'estricare'; sec. XIV] agg. ● Che non si può districare, sbrogliare (*anche fig.*): *nodo i.*; *questione, dubbio i.* || **inestricabilménte**, avv.

inestricàto [vc. dotta, lat. tardo *inextricātu(m)*, comp. di *in-* neg. e *extricātus*, part. pass. di *extricāre* 'estricare'] agg. ● (*raro*) Che non è stato districato.

inettézza [sec. XIV] s. f. ● (*raro*) Inettitudine: *escusare la propria codardia ed i. alle speculazioni* (GALILEI).

inettitùdine [vc. dotta, lat. *ineptitūdine(m)*, da *inĕptus* 'inetto'; av. 1565] s. f. *1* Mancanza di attitudine per un determinato lavoro o attività: *avere, rivelare i. per la carriera artistica*; *i. allo studio.* SIN. Incapacità. *2* (*est.*) Mancanza di capacità, dappocaggine: *conosco la sua i.*

inètto [vc. dotta, lat. *inĕptu(m)*, comp. di *in-* neg. e un deriv. di *ăptus* 'atto', part. pass. di *ăpere* 'attaccare', di orig. indeur.; 1441] **A** agg. (assol.; + *a*; raro, lett. + *in*) *1* Di chi non ha attitudine per una certa attività: *essere i. alle armi, al comando* | (*est.*) Incapace a svolgere adeguatamente il proprio lavoro, o professione: *operaio, medico i.* | (*spreg.*) Che vale poco, manca assolutamente di capacità e di energia: *uomo i.* *2* †Sconveniente, sgarbato. || **inettaménte**, avv. **B** s. m. (f. *-a*) ● Chi è incapace di svolgere un determinato compito | (*est.*) Persona di poco o nessun valore.

ineùnte [vc. dotta, lat. *ineŭnte(m)*, part. pres. di *inīre* 'cominciare, entrare (*ire*) dentro (*in-*)'; 1910] agg. ● (*lett.*) Che ha principio, che comincia: *classicismo i.* CFR. Exeunte.

inevàso [comp. di *in-* (3) e *evaso*; 1812] agg. ● (*bur.*) Detto di documento, pratica e sim. non sbrigati.

inevidènte [comp. di *in-* (3) e *evidente*; av. 1519] agg. ● (*raro*) Che è privo di evidenza o di chiarezza: *dimostrazione i.*

inevidènza [1834] s. f. ● (*raro*) Caratteristica di ciò che è inevidente.

inevitàbile [vc. dotta, lat. *inevitābile(m)*, comp. di *in-* neg. e *evitābilis* 'evitabile'; 1342] **A** agg. ● Detto di ciò che non è possibile evitare: *male, pericolo i.*; *la morte è i.* SIN. Ineluttabile. || **inevitabilménte**, avv. Immancabilmente, necessariamente; con certezza. **B** s. m. ● Ciò che non si può evitare: *andare incontro all'i.*

inevitabilità [1763] s. f. ● Caratteristica di ciò che è inevitabile. SIN. Ineluttabilità.

in extènso [loc. lat., propr. 'in (*ĭn*) estensione (*extēnsu(m)*)', dal v. *extĕndere*'] loc. avv. ● Per esteso, integralmente: *riferire, citare in extenso.*

in extrèmis [propr. 'negli (*ĭn*) ultimi (*extrēmis*, abl. pl. di *extrēmus* 'estremo'), sottinteso momenti della vita'; 1618] loc. avv. *1* Negli estremi momenti, in fin di vita, sul punto di morte: *confessione in extremis*; *assoluzione in extremis* | ***Matrimonio in extremis***, cui si provvede liturgicamente nell'incombenza di morte e in condizione di rischio estremo. *2* Negli ultimi istanti di una data situazione, all'ultimo momento: *sfuggire in extremis all'esecuzione.*

inèzia [vc. dotta, lat. *inĕptia(m)*, da *inĕptus* 'inetto'; sec. XIV] s. f. *1* Cosa priva di ogni importanza o valore: *litigare per un'i.*; *questa traduzione per me è un'i.*; *gioielli a cui la moda / di viver concedette un giorno intero / tra le folte d'inezie illustri tasche* (PARINI) | ***Mi è costato un'i.***, molto poco. SIN. Bazzecola, minuzia, sciocchezza. *2* †Inettezza.

†**infacèto** [vc. dotta, lat. *infacētu(m)*, comp. di *in-* neg. e *facētus* 'faceto'; 1528] agg. ● Insulso, privo di arguzia, di spirito: *acciocché il mio parlar di facezie non sia i. e fastidioso, forse buon sarà differirlo insino a domani* (CASTIGLIONE). || **infacetaménte**, avv. Insulsamente.

infacóndia [vc. dotta, lat. tardo *infacūndia(m)*, comp. di *in-* neg. e *facūndia* 'facondia'; av. 1646] s. f. ● (*raro, lett.*) Scarsa abilità e perizia nell'esprimersi, spec. pubblicamente.

infacóndo [vc. dotta, lat. *infacūndu(m)*, comp. di *in-* neg. e *facūndus* 'facondo'; av. 1585] agg. ●

(*lett.*) Che manca di facondia: *conferenziere noioso e i.* || †**infacondaménte**, avv. Senza facondia.

infagottàre [comp. di *in-* (*1*) e *fagotto*; av. 1712] **A** v. tr. (*io infagòtto*) *1* (*raro*) Avvolgere qlco. formando un fagotto. *2* (*fig.*) Mettere addosso a qlcu. indumenti pesanti e voluminosi per proteggerlo dal freddo: *i. un bambino in scialli e coperte* | (*fig.*) Vestire in modo inelegante e disadatto: *quell'abito lo infagottava.* **B** v. rifl. ● Avvolgersi in abiti pesanti o in coperte | (*fig.*) Vestirsi in modo sgraziato e con abiti inadatti al proprio corpo.

infagottàto [av. 1742] part. pass. di *infagottare*; anche agg. ● Avvolto in abiti pesanti | Vestito in modo inelegante e goffo.

infaldàre [comp. di *in-* (*1*) e *falda*; 1834] v. tr. ● Eseguire l'infaldatura.

infaldatóre s. m. ● Dispositivo meccanico delle macchine tessili atto a eseguire l'infaldatura.

infaldatùra [1931] s. f. ● Operazione consistente nel disporre le pezze di tessuto in falde sovrapposte.

infallànte [comp. di *in* (*3*) e *fallante*, part. pres. di *fallare*; sec. XIV] agg. ● (*raro, lett.*) Infallibile, sicuro, certo. || **infallanteménte**, avv.: *mezzi ... per procurarsi infallantemente il successo* (MONTALE).

infallìbile [comp. di *in-* (*3*) e *fallibile*; 1294] agg. *1* Che non è soggetto a sbagliare: *Dio è i.*; *l'uomo non è i.*; *dottrina, verità i.* | **Tiratore i.**, che non manca mai il bersaglio. *2* (*est.*) Sicuro, certo: *rimedio i.*; *segno i. di burrasca* | (*raro*) Immancabile: *promessa, successo i.* || **infallibilménte**, avv. Senza possibilità di sbagliare; in modo certo; (*raro*) immancabilmente.

infallibilità [comp. di *in-* (*3*) e *fallibilità*; 1619] s. f. ● Caratteristica di chi (o di ciò che) è infallibile: *l'i. di Dio, di una regola* | Impossibilità di sbagliare: *l'i. di un tiratore* | **Dogma dell'i.**, proclamato nel Concilio Vaticano I, a sostenere che la Chiesa e il Papa, in virtù della speciale assistenza di Dio, non possono ingannarsi in materia di fede e di morale.

infalsificàbile [comp. di *in-* (*3*) e *falsificabile*; 1888] agg. ● (*raro*) Che non si può falsificare: *documento i.*

infamànte [1777] part. pres. di *infamare*; anche agg. ● Che infama, che disonora: *un'accusa i.* | **Pena i.**, quella che, nel Medioevo, rendeva il colpevole infame di fronte a tutti.

infamàre [vc. dotta, lat. *infamāre*, comp. di *in-* neg. e un deriv. di *fāma* 'fama'; av. 1250] **A** v. tr. *1* (*raro*) Coprire d'infamia: *la sua condotta e i suoi delitti lo hanno infamato.* *2* Compromettere gravemente il buon nome di qlcu. con accuse o calunnie: *i. qlcu. con chiacchiere subdole*; *i nemici de' Cerchi cominciarono ad infamarli a' Guelfi* (COMPAGNI). SIN. Disonorare, screditare. *3* †Dare fama pubblica. **B** v. intr. pron. ● Coprirsi d'infamia: *infamarsi con una vita viziosa.*

infamàto [av. 1292] part. pass. di *infamare*; anche agg. ● Coperto di infamia.

infamatóre [vc. dotta, lat. tardo *infamatōre(m)*, da *infamātus* 'infamato'; av. 1292] agg.; anche s. m. (f. *-trice*) ● (*raro*) Che (o Chi) diffonde infamie su qlcu.

infamatòrio [da *infamatore*; sec. XIII] agg. ● Che reca infamia: *scritto i.*

infàme [vc. dotta, lat. *infāme(m)*, comp. di *in-* neg. e un deriv. di *fāma* '(buona) fama'; av. 1342] **A** agg. *1* Che merita il generale disprezzo, il pubblico discredito, a causa della sua pessima fama: *gente i.*; *casa i.*; *nome i.* | Che disonora, che copre d'infamia: *calunnia i.*; *terror di tradimento i.* (ALFIERI). SIN. Ignobile, scellerato, turpe. *2* (*scherz.*) Pessimo: *cena, viaggio, tempo i.* | **Fatica i.**, intollerabile | **Componimento, scritto i.**, malfatto. || **infamóne**, accr. || **infameménte**, avv. **B** s. m. e f. ● Persona ignobile, scellerata | (*gerg.*) Traditore, spia.

infàmia [vc. dotta, lat. *infāmia(m)*, da *infāmis* 'infame'; av. 1294] s. f. *1* Pubblico biasimo per qlco. che rende spregevoli o disonorevoli: *macchiarsi d'i.*; *dar i. a qlcu.*; *nulla si truova onde tanto facile surga disonore e i. quanto dall'ozio* (ALBERTI) | **Marchio d'i.**, (*fig.*) segno di pubblico disprezzo | **Senza i. e senza lode**, detto di qlcu. o qlco. privi di originalità, caratterizzati da mediocrità. SIN. Disonore, ignominia. *2* Azione o cosa infame o che rende infame: *il tuo atto è un'i.*; *non dire infamie.* SIN. Nefandezza, scelleratezza. *3* (*scherz.*) Lavoro mal fatto: *questo compito è un'i.* | Cosa bruttissima, pessima e sim.: *quel film è una vera i.* *4* †Sdegno.

infamità [1673] s. f. *1* Caratteristica di chi (o di ciò che) è infame. *2* Azione, parola, discorso infame: *commettere un'i.*

infanatichìre [comp. di *in-* (*1*) e *fanatico*; 1799] **A** v. intr. e intr. pron. (*io infanatichìsco, tu infanatichìsci*; aus. *essere*) ● Diventare fanatico per qlco. o qlcu.: *i. per le partite di calcio*; *si è infanatichito del, per il, jazz* | (*est.*) Invaghirsi, incapricciarsi: *infanatichirsi di qlcu.* **B** v. tr. ● (*raro*) Rendere fanatico.

infangaménto [1957] s. m. ● (*raro*) L'infangare.

infangàre [comp. di *in-* (*1*) e *fango*; sec. XIV] **A** v. tr. (*io infàngo, tu infànghi*) *1* Sporcare di fango: *i. gli abiti cadendo.* *2* (*fig.*) Coprire di disonore: *i. il proprio nome.* SIN. Infamare. **B** v. rifl. ● Coprirsi di fango (*anche fig.*): *infangarsi nelle pozzanghere*; *infangarsi con azioni disoneste.*

infangàto [av. 1348] part. pass. di *infangare*; anche agg. ● Nei sign. del v.

infànta [sp. *infanta*: V. *infante* (*2*); av. 1617] s. f. ● Nelle monarchie spagnola e portoghese, titolo delle figlie del re, a eccezione della primogenita, e della moglie dell'infante.

†**infantàre** [vc. dotta, lat. tardo *infantāre* 'nutrire come un bambino', da *īnfans*, genit. *infāntis* 'infante', col senso del corrispondente fr. *enfanter*; sec. XIV] v. tr. ● Partorire | (*est.*) Generare, produrre, creare.

infantastichìre [comp. di *in-* (*1*) e *fantastico*; 1556] **A** v. intr. (*io infantastichìsco, tu infantastichìsci*; aus. *essere*) ● (*raro*) Cedere in modo esagerato alle fantasticherie. **B** v. tr. ● (*raro*) Riempire a qlcu. il capo di fantasticherie.

infànte (**1**) [vc. dotta, lat. *infānte(m)*, comp. di *in-* neg. e *fāns*, genit. *fāntis*, part. pres. di *fāri* 'parlare', di orig. indeur.; sec. XIII] **A** agg. ● (*lett.*) Che si trova nell'infanzia | Detto di cosa che è ai suoi inizi: *la gente prima, che già visse / nel mondo ancora semplice ed i.* (TASSO). **B** s. m. e f. *1* (*lett.*) Bambino piccolissimo | **Il Divino i.**, Gesù Bambino. SIN. Pargolo. *2* †Servo, paggio. *3* †Fante, soldato. || †**infantino**, dim.

infànte (**2**) [sp. *infante*, della stessa orig. di *infante* (*1*); av. 1348] s. m. (f. *-a* (V.)) ● Nelle monarchie spagnola e portoghese, titolo dei principi reali a eccezione del primogenito.

infantìcida [vc. dotta, lat. tardo *infanticīda(m)*, comp. di un deriv. di *īnfans*, genit. *infāntis* 'infante (1)', e *-cida*; 1745] s. m. e f. (pl. m. *-i*) ● Reo d'infanticidio.

infanticìdio [vc. dotta, lat. tardo *infanticīdiu(m)*, comp. di un deriv. da *īnfans*, genit. *infāntis* 'infante (1)', e *-cidio*; 1673] s. m. ● Uccisione di un neonato.

infantigliòle [da *infantile*] s. f. pl. ● (*pop.*) Convulsioni dei bambini, eclampsia infantile.

infantìle [vc. dotta, lat. tardo *infantīle(m)*, da *īnfans*, genit. *infāntis* 'infante (1)'; av. 1342] agg. *1* Relativo ai bambini piccoli e all'infanzia: *scuola, asilo i.*; *ingenuità, grazia i.* | **Letteratura i.**, dedicata e rivolta ai bambini. *2* Che manifesta puerilità, immaturità in una persona adulta: *discorso, azione i.* SIN. Bambinesco. || **infantilménte**, †**infantileménte**, avv.

infantilìsmo [da *infantile*; 1900] s. m. *1* (*med.*) Condizione patologica per cui, nel soggetto che abbia già superato la pubertà, persistono gli attributi morfologici e i caratteri sessuali e intellettuali propri dell'infanzia. SIN. Puerilismo | **I. sessuale**, insufficiente sviluppo degli organi genitali esterni. *2* (*fig.*) Il persistere in un adulto di ingenuità, immaturità o comportamenti di tipo infantile: *i. di un atteggiamento.*

infantilità [sec. XIII] s. f. *1* Condizione di chi (o di ciò che) è infantile: *la sua i. è preoccupante.* *2* Comportamento, discorso da bambino: *fare, dire i.* SIN. Puerilità. *3* †Infanzia.

♦**infànzia** [vc. dotta, lat. *infāntia(m)*, da *īnfans*, genit. *infāntis* 'infante (1)'; 1304] s. f. *1* Periodo della vita che va dalla nascita all'adolescenza, cioè ai 10-12 anni: *prima, seconda i.*; *ricordi d'i.*; *i. felice, infelice.* CFR. nipio-. *2* (*gener.*) L'insieme dei bambini: *educare l'i.*; *letteratura per l'i.* *3* (*fig.*) Periodo iniziale di una civiltà, di un'epoca storica e sim.: *l'i. del Medioevo*; *l'i. dell'arte.*

infarciménto [1869] s. m. ● L'infarcire (*anche fig.*) | Ciò con cui si infarcisce.

infarcìre [vc. dotta, lat. *infarcīre*, comp. di *in-* 'dentro' e *farcīre* 'farcire'; 1598] **A** v. tr. (*io infarcìsco, tu infarcìsci*) ● Riempire di condimento o insaccare carni: *i. un pollo* | (*fig.*) Riempire confusamente: *i. un discorso di citazioni*; *i. la mente di qlcu. con nozioni inutili.* **B** v. intr. pron. ● (*med.*) Infiltrarsi stagnando in un organo, detto di sangue.

infarcitùra [av. 1927] s. f. ● Composto culinario con cui si farcisce. SIN. Farcia, ripieno.

infarinàre [comp. di *in-* (*1*) e *farina*; av. 1400] **A** v. tr. *1* Cospargere di farina: *i. un tegame per cuocervi un dolce* | **I. il pesce**, involtarlo nella farina prima di friggerlo | (*est.*) Cospargere con un'altra sostanza in polvere: *i. un dolce di zucchero* | (*fig.*) Imbiancare: *il tempo gli ha infarinato la barba, i capelli* | (*scherz.*) **Infarinarsi il viso**, incipriarsi. *2* (*fig., raro*) Dare a qlcu. una conoscenza superficiale di una disciplina: *i. qlcu. di letteratura.* **B** v. intr. pron. e rifl. *1* Sporcarsi di farina o sim. *2* (*scherz.*) Incipriarsi.

infarinàto [av. 1494] part. pass. di *infarinare*; anche agg. ● Nei sign. del v.

infarinatùra [av. 1568] s. f. *1* L'infarinare. *2* (*fig.*) Conoscenza superficiale di una disciplina, un'arte, una tecnica e sim.: *un'i. d'inglese, di biologia, di scienze naturali.*

infartectomìa [comp. di *infarto* e del gr. *ektomḗ* 'recisione', da *témnō* 'io taglio'] s. f. ● (*chir.*) Asportazione chirurgica della zona del miocardio irrimediabilmente lesa dall'infarto e sostituzione di questa con particolari sostanze sintetiche.

infàrto [vc. dotta, lat. *infārtu(m)*, part. pass. di *infarcīre* 'insaccare', comp. di *in-* 'dentro' e *farcīre*, con allusione alla mancata circolazione nei tessuti gonfi; av. 1769] s. m. ● (*med.*) Regione di necrosi di un tessuto in un organo per arresto del flusso sanguigno arterioso: *i. cerebrale, intestinale, polmonare* | **I. cardiaco**, necrosi e degenerazione di una parte del muscolo cardiaco in seguito all'arresto della circolazione arteriosa in un ramo delle coronarie | (*per anton.*) Infarto cardiaco: *morire di i.* | **Da i.**, (*fig.*) esorbitante, sbalorditivo: *prezzi da i.*

infartuàle [1983] agg. ● (*med.*) Di, relativo a, infarto: *sindrome i.*

infartuàto [1972] agg.; anche s. m. (f. *-a*) ● (*med.*) Che (o Chi) è stato colpito da infarto cardiaco.

infastidiménto [av. 1694] s. m. ● L'infastidire | (*raro*) Fastidio, noia.

infastidìre [comp. di *in-* (*1*) e del lat. *fastidīre* 'dare fastidio'; av. 1320] **A** v. tr. (*io infastidìsco, tu infastidìsci*) *1* Recare fastidio, noia, disturbo, molestia a qlcu.: *i. qlcu. con le proprie insistenti richieste*; *la ragazza piangeva ancora, cheta cheta per non infastidirlo* (VERGA) | Incomodare: *ho un mal di testa che mi infastidisce molto.* *2* (*raro*) Produrre un senso di dolore o pesantezza: *cibi che infastidiscono lo stomaco.* *3* †Sentire ripugnanza per qlco.: *i. il cibo.* **B** v. intr. pron. ● Provare fastidio o irritazione per qlco.: *infastidirsi per ogni cosa.* SIN. Irritarsi, seccarsi.

infastidìto [av. 1363] part. pass. di *infastidire*; anche agg. ● Irritato, annoiato, seccato.

infaticàbile o †**infatigàbile** [lat. *infatigābile(m)*, comp. di *in-* neg. e *fatigābilis* 'faticabile', con sovrapposizione di *fatica*; av. 1342] agg. ● Che non soffre, non sente la stanchezza: *lavoratore i.* | Di chi persegue senza esitazioni o debolezze un fine: *un i. apostolo della pace.* SIN. Instancabile. || **infaticabilménte**, avv. Senza mai stancarsi; continuamente: *lavorare infaticabilmente.*

infaticabilità [da *infaticabile*; av. 1680] s. f. ● Caratteristica di chi è infaticabile | Tenacia, costanza.

infaticàto [lat. tardo *infatigātu(m)*, part. pass. di *infatigāre*, comp. di *in-* neg. e *fatigāre* 'faticare', con sovrapposizione di *fatica*; 1810] agg. ● (*lett.*) Infaticabile | (*est.*) Costante e tenace nel perseguire o fare qlco.: *ma tu sei veglio i. e strano* (MONTI).

†**infatigàbile** ● V. *infaticabile.*

♦**infàtti** [propr. 'nei (*in*) fatti', cioè 'in realtà'; 1536] cong. ● In realtà, invero (introduce una prop. dichiarativa con il v. all'indic. o al condiz.): *non so come siano andate le cose, i. non ero presente*; *è chiaro che non è colpevole, i., se lo fosse, non si comporterebbe così* | (*iron., anche assol.*) Con valore antifr.: *ha detto che sarebbe venuto, i. non ho visto nessuno!*; *mi aveva assicurato che avrebbe mantenuto la promessa, i.!*

infattìbile [comp. di *in-* (*3*) e *fattibile*; av. 1519] agg. ● (*raro*) Che non si può fare, realizzare.

infatuàre [vc. dotta, lat. *infatuāre*, comp. di *in-* (*1*) e *fătuus* 'van(itos)o', di etim. incerta; av. 1420] **A** v. tr. (*io infàtuo*) **1** (*raro*) Produrre in qlcu. un'ammirazione esagerata o un entusiasmo irragionevole per qlco.: *i. qlcu. di un'impresa, di una teoria.* SIN. Esaltare. **2** †Rendere fatuo, balordo. **B** v. intr. pron. ● Lasciarsi trascinare da un'infatuazione per qlcu. o qlco.: *infatuarsi dei propri amici, di un'idea* | ***Infatuarsi di una donna***, innamorarsene in modo eccessivo ma superficiale | (*raro*) ***Infatuarsi in un discorso, in una discussione***, accalorarsi.

infatuàto [1676] part. pass. di *infatuare*; anche agg. **1** Preso da infatuazione. **2** ***I. di sé***, pieno di sé, compiaciuto delle proprie qualità.

infatuazióne [vc. dotta, lat. tardo *infatuatiōne(m)*, da *infatuātus* 'infatuato'; 1785] s. f. ● Entusiasmo, esaltazione momentanea e irragionevole per qlcu. o qlco.: *avere un'i. per un attore, per la musica leggera; un'i. amorosa di comuni sintomi e di vulgati rituali* (SCIASCIA).

infàusto [vc. dotta, lat. *infaustu(m)*, comp. di *in-* neg. e *faustus* 'fausto'; 1354] agg. **1** Che porta dolore, tristezza, sventura: *giorno i.; previsione infausta; i passi / volgi da questo i. loco* (ALFIERI) | Che si riferisce a fatti tristi, dolorosi: *ricordo i.* SIN. Nefasto, sfortunato. **2** (*eufem.*) Mortale: *prognosi infausta; solitamente la malattia ha esito i.* || **infaustaménte**, avv.

infavàto [da *fava* per il colore assunto dagli acini, simile a quello dei semi di fava] agg. ● (*enol.*) Detto di uva che, per l'azione della muffa Botrytis cinerea (V. *marciume*), ha iniziato un processo di fermentazione prima della vendemmia, da cui si ricava un vino dal gusto caratteristico.

infecondità [vc. dotta, lat. tardo *infecunditāte(m)*, comp. di *in-* neg. e *fecūnditas* 'fecondità'; av. 1342] s. f. ● Caratteristica di infecondo (*anche fig.*): *l'i. di un terreno, di un ingegno.* SIN. Sterilità.

infecóndo [vc. dotta, lat. *infecūndu(m)*, comp. di *in-* neg. e *fecūndus* 'fecondo'; av. 1320] agg. ● Che non è fecondo: *donna infeconda* | ***Terreno, campo i.***, sterile | ***Matrimonio i.***, dal quale non sono nati figli | (*est., fig.*) Che non produce o non è utile a niente: *fantasia, polemica infeconda.* || **infecondaménte**, avv. (*raro*) Sterilmente; infruttuosamente.

infedèle (o -è-) o †**infidèle** (o †-è-) [vc. dotta, lat. *infidēle(m)*, comp. di *in-* neg. e *fidēlis* 'fedele'; 1342] **A** agg. **1** Che non rispetta un impegno di fedeltà: *amico, alleato i.; moglie, marito i.* SIN. Sleale. **2** Che non è conforme all'originale o alla verità: *copia, ritratto i.; storico, interprete, traduttore i.* || **infedelménte**, avv. **B** s. m. e f. **1** Chi è di fede contraria alla propria, spec. i musulmani per i cristiani e questi ultimi per i primi: *predicare agli infedeli; le Crociate contro gli infedeli.* **2** †Eretico.

infedeltà o †**infidelità** [vc. dotta, lat. *infidelitāte(m)*, comp. di *in-* neg. e *fidēlitas* 'fedeltà'; av. 1390] s. f. **1** Caratteristica di chi (o di ciò che) è infedele: *i. coniugale; i. nell'amicizia, nell'amore; i. della versione di un fatto.* **2** Atto sleale con cui si rompe un impegno di fedeltà: *commettere un'i.* SIN. Tradimento. **3** †Incredulità religiosa: *ostinarsi nell'i.*

♦**infelìce** [vc. dotta, lat. *infelīce(m)*, comp. di *in-* neg. e *fēlix*, genit. *felīcis* 'felice'; 1308] **A** agg. **1** Che non è felice, che è afflitto da dolori, avversità, insoddisfazioni e sim.: *padre, donna i.; una famiglia i.; sentirsi i.* | Che procura infelicità: *ricordo i.; giovinezza, esistenza i.; destino i.* | Disgraziato: *l'i. stato romano oppresso da' potenti* (VICO) | ***Amore i.***, sfortunato o non corrisposto. SIN. Misero, sventurato. **2** Che è mal riuscito: *quadro i.; impresa i.; un'idea i.; un matrimonio i.* **3** Negativo, contrario, sfavorevole: *esito i.; stagione, tempo i.* | Poco favorevole: *un albergo situato in una posizione i.* **4** Che non è opportuno, tempestivo: *cogliere, arrivare in un momento i.; domanda i.* || **infeliceménte**, avv. **1** In modo infelice: *vivere infelicemente.* **2** Senza fortuna: *tentativo infelicemente conclusosi.* **B** s. m. e f. ● Chi non è felice | Chi è affetto da un'infermità mentale o fisica: *soccorrere gli infelici.*

infelicità [vc. dotta, lat. *infelicitāte(m)*, comp. di *in-* neg. e *felīcitas*, genit. *felicitātis* 'felicità'; 1342] s. f. **1** Mancanza di felicità: *reagire all'i.; i. grande è essere in grado di non potere aver il bene* (GUICCIARDINI) | Condizione, stato di chi non è felice: *l'i. umana.* SIN. Disgrazia, miseria, sventura. **2** Caratteristica di ciò che è inopportuno, sfavorevole: *l'i. di una domanda, di una richiesta; l'i. delle condizioni storiche, economiche di un'epoca.*

infellonìre [comp. di *in-* (*1*) e *fellone*; sec. XIII] v. intr. (*io infellonisco, tu infellonisci*; aus. *essere*) ● (*lett.*) Diventare crudele, cattivo.

†**infeltràre** [comp. di *in-* (*1*) e *feltro*] v. tr. ● Avvolgere nel feltro.

infeltriménto [1957] s. m. ● L'infeltrire, l'infeltrirsi.

infeltrìre [comp. di *in-* (*1*) e *feltro*; 1869] **A** v. tr. (*io infeltrisco, tu infeltrisci*) ● Ridurre compatto come il feltro. **B** v. intr. e intr. pron. (aus. *essere*) ● Diventare compatto come il feltro: *la lana infeltrisce con l'acqua troppo calda; quel golf si è tutto infeltrito.*

infeltrìto [av. 1811] part. pass. di *infeltrire*; anche agg. **1** Nel sign. del v. **2** (*fig.*) †Invecchiato, indurito: *vizio i.*

infemminìre [comp. di *in-* (*1*) e *femmina*; av. 1347] **A** v. tr. (*io infemminisco, tu infemminisci*) ● (*lett.*) Rendere femmineo. **B** v. intr. e intr. pron. (aus. *essere*) ● (*lett.*) Divenire effeminato.

inferènza [da *inferire* (*2*); 1765] s. f. **1** (*filos.*) Processo logico per il quale, data una o più premesse, è possibile trarre una conclusione. SIN. Deduzione. **2** (*stat.*) Procedimento di generalizzazione dei risultati ottenuti mediante una rilevazione parziale per campioni.

inferenziàle [1985] agg. ● Relativo a inferenza | Basato su un'inferenza.

infèrie [vc. dotta, lat. *infĕriae* (nom.), comp. di *in-* 'a' e un deriv. di *fĕrre* 'portare', di orig. indeur.; 1698] s. f. pl. (lett. anche sing.) **1** Presso gli antichi Romani, sacrificio offerto ai Mani familiari e agli dei inferi. **2** (*poet., fig.*) Vittima espiatoria: *a la grand'alma di Guatimozino / ... / ti mando inferia, o puro, o forte, o bello / Massimiliano* (CARDUCCI).

inferìgno [comp. di *in-* (*1*) e *ferigno*; sec. XIV] agg. ● (*raro*) Detto di pane nero, fatto di cruschello.

♦**inferióre** [vc. dotta, lat. *inferiōre(m)*, da *īnferus* 'infero'; 1342] **A** agg. **1** Che sta più in basso: *la parte i. di un edificio, di una pagina* | ***Gli arti inferiori***, le gambe | ***Corso i. di un fiume***, quello più vicino al mare | ***Paleolitico i.***, il più antico. CFR. ipo-. CONTR. Superiore. **2** Presso gli antichi Romani, detto della parte più lontana da Roma di una provincia: *Gallia, Pannonia i.* **3** Che si trova in una posizione meno elevata in un rapporto quantitativo o qualitativo o di proporzioni fisiche: *statura i.; grado i.; valore, prezzo i.; essere i. a qlcu. per intelligenza, abilità, successo* | ***Scuola media i.***, il triennio di scuola secondaria, a cui si accede dalla scuola elementare e che dà accesso alla scuola media superiore | ***Restare, riuscire, risultare, essere i. all'aspettativa, alla propria fama, ai propri compiti***, essere da meno, al di sotto, e perciò deludere | ***Ufficiali inferiori***, il sottotenente, il tenente e il capitano | ***Animali inferiori***, quelli di struttura meno complessa e che sono classificati all'inizio della scala zoologica. || **inferiorménte**, avv. Nella parte inferiore; di sotto. **B** s. m. e f. ● Chi è di grado gerarchicamente più basso rispetto ad altri: *mostrarsi comprensivo verso i propri inferiori.* CONTR. Superiore.

inferiorità [av. 1642] s. f. ● Caratteristica o condizione di chi (o di ciò che) è inferiore: *conoscere, negare la propria i.; i. manifesta, palese* | ***Complesso d'i.***, necessità viva e continua di rivalutare sé stesso, stimolata dal bisogno di rifarsi su una condizione, reale o supposta, di inferiorità di fronte agli altri. CONTR. Superiorità.

inferìre (**1**) [lat. *infĕrre*, comp. di *in-* 'dentro' e *fĕrre* 'portare', di orig. indeur.; av. 1381] v. tr. (pres. *io inferisco, tu inferisci*; pass. rem. *io infèrsi, tu inferìsti* nel sign. 1, *io inferìi, tu inferìsti*; part. pass. *infèrto*) ● Infliggere, arrecare colpi, danni, ferite: *i. una pugnalata nella schiena a qlcu.* | (*fig.*) Procurare, cagionare: *i. gravi perdite al nemico; la sconfitta ha inferto un duro colpo al morale della squadra.*

inferìre (**2**) [V. *inferire* (*1*)] v. tr. (pres. *io inferisco, tu inferisci*; pass. rem. *io inferìi, tu inferìsti*; part. pass. *inferìto*) ● Dedurre, argomentare, desumere: *i. la colpa di qlcu. da un indizio; dal vosro fondamento s'inferisce il contrario di quel che pensate* (BRUNO).

inferìre (**3**) [V. *inferire* (*1*)] v. tr. (coniug. come *inferire* (*2*)) ● (*mar.*) Introdurre un cavo di rinforzo nel suo alloggiamento | ***I. una vela***, fissarne un bordo all'albero, allo stralIo, al boma nell'apposita scanalatura, oppure tramite garrocci, legacci o altra ferramenta.

inferitóio [1937] s. m. ● (*mar.*) Inferitore.

inferitóre [da *inferire* (*3*); 1889] s. m. ● (*mar.*) Pezzo di cavo piano che serve a legare le bugne superiori delle vele quadre o auriche alla punta del pennone e sim.

inferitùra [da *inferire* (*3*); 1869] s. f. ● (*mar.*) L'inferire | Bordo della vela che viene inferito.

infermàre o †**infirmàre** [vc. dotta, lat. *infirmāre*, da *infĭrmus* 'infermo'; av. 1294] **A** v. tr. (*io inférmo*) **1** (*lett.*) Rendere infermo (*anche fig.*): *era il disio che l'alma dentro inferma* (ARIOSTO). **2** †V. *infirmare*. **B** v. intr. (aus. *essere*) ● (*lett.*) Ammalare | Restare infermo. **C** v. intr. pron. **1** (*lett.*) Diventare infermo. **2** †Infiacchirsi.

infermerìa [da *infermo*; av. 1342] s. f. **1** In ospedali, collegi, caserme, conventi, carceri ecc., ambiente o insieme di locali adibiti alla cura o al ricovero di persone ammalate che non richiedono cure specializzate o interventi chirurgici importanti. **2** †Epidemia, contagio, infermità.

infermìccio [da *infermo*; 1304] agg. (pl. f. *-ce*) ● (*raro*) Che è malato in modo non grave ma piuttosto durevole.

♦**infermière** [da *infermo*; 1305] **A** s. m. (f. *-a*) **1** Operatore sanitario, in possesso di adeguata formazione professionale, responsabile dell'assistenza infermieristica preventiva, curativa e riabilitativa. **2** (*est., fam.*) Chi assiste un malato: *gli ha fatto da infermiera la moglie.* **B** agg. ● Che presta assistenza agli infermi: *suora infermiera; corpo di volontari infermieri.*

infermierìstica [f. sost. di *infermieristico*] s. f. ● Insieme delle cognizioni sanitarie necessarie per svolgere l'attività di infermiere.

infermierìstico [1930] agg. (pl. m. *-ci*) ● Concernente gli infermieri e la loro categoria.

infermità o †**enfertà**, †**infermitàde**, †**infermitàte**, †**infertà**, †**infirmità** [lat. *infirmitāte(m)*, comp. di *in-* neg. e *fĭrmitas*, genit. *firmitātis* 'fermezza'; 1224] s. f. **1** Condizione o stato di chi è infermo: *i. temporanea, permanente, lieve, grave* | Malattia, malanno: *lieve i. alle gambe; essere afflitto, guarire da un'i.; i. mentale.* **2** (*fig., lett.*) Disgrazia, guaio: *ho sempre creduto che sia la donna per l'uomo una i. insopportabile* (GOLDONI). **3** (*fig., raro*) Debolezza e fiacchezza spirituale: *l'i. dell'animo, della volontà.*

infèrmo o †**enfèrmo**, †**infirmo** [lat. *infĭrmu(m)*, comp. di *in-* neg. e *fĭrmus* 'fermo'; av. 1294] **A** agg.; anche s. m. (f. *-a*) ● Che (o Chi) è affetto da una malattia grave o lunga, tale comunque da costringerlo all'immobilità: *cadere, essere i.; i. agli arti; i. di mente; visitare, assistere gli infermi* | ***Sacramento degli infermi***, estrema unzione. **B** agg. **1** (*lett.*) Debole, fiacco, malfermo. **2** †Malsano, insalubre, detto di luogo. || †**infermaménte**, avv. In modo fiacco, debole.

infernàle [vc. dotta, lat. tardo *infernāle(m)*, da *infĕrnus* nel tardo uso di sost.: 'inferno'; 1308] agg. **1** Del, relativo all'inferno: *spirito, mostro, voragine i.* | ***Arte i.***, delle streghe. **2** (*fig.*) Malvagio, diabolico: *malizia, astuzia i.; un piano i.* | ***Macchina i.***, nome dato un tempo alle armi da fuoco | ***Pietra i.***, nitrato d'argento. SIN. Diabolico. **3** (*fig., iperb.*) Insopportabile, terribile: *oggi fa un caldo i.; sete i.; una giornata i.* | ***Un chiasso i.***, ossessivo, assordante. || **infernalménte**, avv. In modo infernale, diabolico.

†**infernalità** [1566] s. f. ● Cosa infernale.

infèrno (**1**) [Cfr. seguente; 1294] agg. ● (*lett.*) †Posto sotto terra | Infernale: *valle, divinità inferna.*

♦**infèrno** (**2**) o †**ninfèrno** [vc. dotta, lat. *infĕrnu(m)*, propr. 'inferiore', doppione di *īnferus* 'infero'; sec. XIII] s. m. **1** In molte religioni antiche, luogo sotterraneo nel quale sono relegati gli spiriti dei morti e dimorano gli dei infernali. **2** Nel cristianesimo, luogo di eterno dolore cui le anime dei peccatori non pentiti sono condannate, con privazione della visione beatifica di Dio | ***Diavolo dell'i.***, (*fig.*) persona cattiva | ***Vita d'i.***, (*fig.*) terribilmente faticosa, dolorosa e sim. | ***Lingua d'i.***, (*fig.*) persona oltremodo pettegola e maligna | (*fig.*) ***Tempo d'i.***, freddo e tempestoso | (*fig.*) ***Caldo d'i.***, insopportabile | ***Soffrire le pene dell'i.***, (*fig.*) di persona che soffre molto, spec. durante una malattia | ***Tizzone d'i.***, (*fig.*) persona malvagia che suscita discordie | ***Va all'i.!***, alla malora | ***Mandare qlcu. all'i.***; (*fig.*) mandarlo alla malora. ***3*** (*fig.*) Tutto ciò che procura dolori, che rende impossibile o insopportabile la vita: *questa casa che è diventata un i.*; *vivere con loro è proprio un i.* SIN. Tormento. ***4*** Locale dell'oleificio dove si raccolgono le acque di vegetazione delle olive. ***5*** (*bot.*) ***Fico d'i.***, ricino. || **infernàccio**, pegg.

infèrno (3) [prob. da un toponimo della Valtellina, dove il vitigno è coltivato; 1890] s. m. ● Vino rosso di color rubino con riflessi mattone e dal sapore equilibrato con caratteristico sentore di nocciola, prodotto in Valtellina dal vitigno Chiavennasca (denominazione locale del Nebbiolo).

ìnfero [vc. dotta, lat. *īnferu(m)*, forse termine dial.; 1499] **A** agg. ***1*** (*lett.*) Inferiore | (*bot.*) ***Ovario i.***, sprofondato nel ricettacolo per cui tutte le altre parti del fiore sono inserite alla sua sommità | †***Mare i.***, Mar Tirreno. ***2*** (*raro*) Infernale. **B** s. m. pl. ● Nella mitologia greco-romana, morti e dei infernali o sotterranei | Regno dei morti: *discendere agli inferi*.

inferocìre [comp. di *in-* (*1*) e *feroce*; 1499] **A** v. tr. (*io inferocisco, tu inferocisci*) ● Rendere feroce (*anche fig.*): *il lungo digiuno aveva inferocito le belve*. **B** v. intr. (aus. *essere* nel sign. 1, *avere* nel sign. 2) ***1*** Divenire feroce | Adirarsi moltissimo. ***2*** Infierire, incrudelire: *i. inutilmente contro i vinti*. **C** v. intr. pron. ● Giungere al parossismo della ferocia, dell'ira e sim.: *la popolazione si inferocì per le continue rappresaglie*.

inferocìto [1600] part. pass. di *inferocire*; anche agg. ● Diventato feroce: *una belva inferocita* | Infuriato, furibondo.

inferraiolàrsi [comp. di *in-* (*1*) e *ferraiolo*; av. 1767] v. rifl. (*io m'inferraiòlo* o lett. *m'inferraiuòlo*; in tutta la coniug. la *o* può dittongare in *uo* se tonica) ● (*raro*) Avvolgersi nel ferraiolo | (*est.*) Imbacuccarsi.

†**inferràre** o †**inferriàre** [comp. di *in-* (*1*) e *ferro*; sec. XIII] v. tr. ● Mettere ai ferri, legare con catene.

†**inferriàre A** v. tr. ● V. †*inferrare*. **B** v. intr. pron. ● Ferirsi in duello sull'arma dell'avversario.

inferriàta [f. sost. del part. pass. di *inferriare*; sec. XV] s. f. ● Chiusura di finestre, cancelli e sim. mediante sbarre di ferro, più o meno grosse, disposte a grata: *l'i. delle prigioni, delle cantine*. SIN. Grata. || **inferriatàccia**, pegg. | **inferriatina**, dim.

infèrsi ● V. *inferire*.

†**infertà** ● V. *infermità*.

infèrtile [vc. dotta, lat. tardo *infĕrtile(m)*, comp. di *in-* neg. e *fĕrtilis* 'fertile'; 1894] agg. ● (*raro*) Che non è fertile, che non dà frutti.

infertilìre [comp. di *in-* (*1*) e *fertile*; av. 1643] v. tr. (*io infertilisco, tu infertilisci*) ● (*raro*) Rendere fertile.

infertilità [vc. dotta, lat. tardo *infertilitāte(m)*, comp. di *in-* neg. e *fertīlitas*, genit. *fertilitātis* 'fertilità'; 1834] s. f. ● (*med.*) Incapacità a concepire, a divenire gravida | Incapacità a fecondare.

infèrto part. pass. di *inferire*; anche agg. ● Dato, assestato: *un duro colpo i. al nemico*.

infervoraménto [av. 1719] s. m. ● L'infervorare, l'infervorarsi.

infervoràre [comp. di *in-* (*1*) e *fervore*; av. 1498] **A** v. tr. (*io infèrvoro* o *infervóro*) ● Suscitare passione, volontà, zelo e sim.: *i. i giovani allo studio, il popolo alla lotta*; *i. qlcu. di carità e amore per gli altri*. SIN. Entusiasmare, eccitare. **B** v. intr. pron. ● Accalorarsi, entusiasmarsi: *infervorarsi nella disputa, alla preghiera*; *s'infervorava nelle lodi* (PIRANDELLO). SIN. Infiammarsi.

infervoràto [av. 1306] part. pass. di *infervorare*; anche agg. ● Nei sign. del v. || **infervorataménte**, avv. Con animo pieno di fervore.

infervorìre [av. 1592] v. tr. e intr. pron. (*io infervorìsco, tu infervorìsci*) ● (*raro*) Infervorare.

inferzàre [comp. di *in-* (*1*) e *ferza*; 1889] v. tr. (*io infèrzo*) ● (*mar.*; *disus.*) Cucire insieme i ferzi per formare una vela o una tenda.

infestaménto [1342] s. m. ● L'infestare, il fatto di essere infestato.

infestànte [av. 1375] part. pres. di *infestare*; anche agg. ***1*** Che infesta. ***2*** ***Pianta i.***, vegetale non utilizzabile, che cresce spontaneamente in grande quantità e con gran vitalità nelle coltivazioni a scapito delle specie utili.

infestàre [vc. dotta, lat. *infestāre* 'attaccare, infestare', da *infēstus* 'infesto'; 1303] v. tr. (*io infèsto*) ***1*** Danneggiare e rovinare un luogo, razziandolo periodicamente, distruggendone le colture e rendendolo comunque inabitabile o estremamente pericoloso: *i pirati infestarono a lungo il Mediterraneo*; *il loglio, la gramigna, la fillossera infestano i campi*; *le vipere, le volpi infestano l'intera regione*; *i parassiti, un morbo contagioso, infestano l'abitato*. ***2*** (*med.*) Colpire con infestazione. ***3*** †Molestare con insistenti richieste | †***I. il nemico***, vessarlo con attacchi improvvisi e continui.

infestàto [av. 1363] part. pass. di *infestare*; anche agg. ***1*** Nei sign. del v. ***2*** Che è ormai preda di germi corruttori (*anche fig.*): *una carogna infestata di vermi*; *una società infestata dai vizi*. ***3*** †Travagliato (*anche fig.*): *i. da disgrazie, contrarietà*.

infestatóre [vc. dotta, lat. *infestatōre(m)*, da *infestātus* 'infestato'; sec. XIV] agg.; anche s. m. (f. *-trice*) ● Che (o Chi) infesta.

infestazióne [vc. dotta, lat. tardo *infestatiōne(m)*, da *infestātus* 'infestato'; sec. XIV] s. f. ***1*** (*raro*) L'infestare | †Molestia grave. ***2*** (*med.*) Associazione tra un organismo ospite e un parassita pluricellulare. SIN. Infestione.

infestióne [da *infesto* con richiamo a *infezione*; 1935] s. f. ● (*med.*) Infestazione.

infèsto [vc. dotta, lat. *infēstu(m)*, comp. di etim. incerta; av. 1384] agg. ● (*lett.*) Dannoso, ostile, nemico: *insetti infesti*; *cibo i. allo stomaco* | ***Acqua infesta***, impura, non bevibile | Molesto, fastidioso: *sete infesta* | †Terribile: *ma sovra ogn'altro feritore i. / sovragiunge Tancredi e lui percote* (TASSO). || **infestaménte**, avv. In modo ostile; fastidiosamente.

infetidìre [comp. di *in-* (*1*) e *fetido*; sec. XIV] **A** v. tr. (*io infetidisco, tu infetidisci*) ● (*raro*) Rendere fetido. **B** v. intr. (aus. *essere*) ● Divenire fetido.

infettàre [vc. dotta, lat. *infectāre* 'avvelenare', da *infĭcere*, propr. 'mettere dentro (un bagno di tintura)', comp. di *in-* 'dentro' e *făcere* 'fare', ma in orig. 'mettere, posare'; 1441] **A** v. tr. (*io infètto*) ***1*** Rendere infetto: *i. una ferita, le acque*. ***2*** (*fig.*) Rendere corrotto, impuro: *i vizi peggiori infettano le società decadenti*. SIN. Contagiare, contaminare. **B** v. intr. pron. ● Essere preso da infezione.

infettàto [av. 1504] part. pass. di *infettare*; anche agg. ● Nei sign. del v.

infettatóre [av. 1667] agg.; anche s. m. (f. *-trice*) ● Che (o Chi) infetta.

infettìvo [vc. dotta, lat. *infectīvu(m)* 'tintorio', da *infĭcere* 'tingere, colorare' (V. *infettare*); sec. XV] agg. ● (*med.*) Che concerne l'infezione | ***Germe i.***, parassita unicellulare patogeno.

infettivologìa [comp. di *infettivo* e *-logia*; 1988] s. f. ● Parte della medicina che studia e cura le malattie infettive.

infettivòlogo [comp. di *infettivo* e *-logo*; 1985] s. m. (f. *-a*; pl. m. *-gi*) ● Medico specializzato in infettivologia.

infètto [vc. dotta, lat. *infĕctus* 'tinto', part. pass. di *infĭcere* (V. *infettare*); av. 1306] agg. ***1*** (*med.*) Colpito da infezione: *piaga infetta*. ***2*** Che costituisce un veicolo d'infezione: *acque infette*. ***3*** (*fig.*) Guasto, corrotto, vizioso: *ambiente i.*

infeudaménto [1869] s. m. ● L'infeudare, l'infeudarsi | (*fig.*) Sottomissione, asservimento.

infeudàre [comp. di *in-* (*1*) e *feudo*; 1540] **A** v. tr. (*io infèudo*) ***1*** Obbligare qlcu. con vincolo feudale, investirlo di un feudo. ***2*** Dare a titolo di feudo: *i. un castello, un possedimento* | (*iron.*) ***I. un ufficio, una carica***, investirne quasi perpetuamente una persona o una famiglia. ***3*** (*fig.*) Sottomettere o asservire ai potenti, a un'autorità e sim.: *i. la coscienza, la penna*. **B** v. rifl. ***1*** Rendersi vassallo. ***2*** (*fig.*) Asservirsi, sottomettersi.

infeudazióne [av. 1598] s. f. ● Infeudamento.

infezióne [vc. dotta, lat. tardo *infectiōne(m)*, da *infĕctus* 'infetto'; av. 1363] s. f. ***1*** (*med.*) Stato morboso causato da germi infettivi. ***2*** Contaminazione, contagio (*anche fig.*).

infiacchiménto [av. 1667] s. m. ● L'infiacchire, l'infiacchirsi: *l'i. delle membra, dell'ingegno*.

infiacchìre [comp. di *in-* (*1*) e *fiacco*; 1598] **A** v. tr. (*io infiacchisco, tu infiacchisci*) ● Rendere fiacco, privo di energia (*anche fig.*): *una malattia che infiacchisce l'organismo*; *l'ozio infiacchisce gli animi*. SIN. Indebolire. **B** v. intr. e intr. pron. (aus. *essere*) ● Diventare fiacco (*anche fig.*). SIN. Indebolirsi.

†**infiagióne** ● V. *enfiagione*.

infialàre [comp. di *in-* (*1*) e *fiala*; 1957] v. tr. ● Mettere in fiale.

infialatrìce s. f. ● Macchina per infialare prodotti liquidi, spec. farmaceutici.

infialettàre [comp. di *in-* (*1*) e *fialetta*; 1950] v. tr. (*io infialétto*) ● Infialare.

infialettatóre s. m. (f. *-trice*) ● Chi infiala prodotti medicinali.

infiammàbile [da *infiammare*; 1499] **A** agg. ***1*** Che si infiamma e brucia facilmente: *liquido, sostanza i.* ***2*** (*fig.*) Facile ad adirarsi, entusiasmarsi per qlcu. o qlco.: *carattere, temperamento i.* **B** s. m. ● (*spec. al pl.*) Materiale infiammabile: *un automezzo per il trasporto degli infiammabili*.

infiammabilità [1745] s. f. ● Proprietà di ciò che è infiammabile: *l'i. della benzina*.

infiammàre [lat. *inflammāre*, comp. di *in-* (*1*) e *flammāre*, da *flămma* 'fiamma'; 1301] **A** v. tr. ***1*** Bruciare producendo fiamme: *i. il fieno, un liquido, un deposito di merci*. SIN. Incendiare. ***2*** (*fig.*) Riempire di fervore, di entusiasmo: *i. il cuore, l'animo d'amore, d'odio, di zelo* | Eccitare: *i. gli uomini alla guerra*. ***3*** Tingere di rosso, colorare di rosso: *i. le guance, il viso di vergogna*; *il sole tramontando infiammava l'orizzonte*. ***4*** (*med.*) Causare infiammazione. **B** v. intr. pron. ***1*** Prendere fuoco, andare in fiamme: *la paglia si infiammò per autocombustione*. SIN. Incendiarsi. ***2*** (*fig.*) Essere o divenire preda di un sentimento molto intenso: *infiammarsi d'amore* | Adirarsi: *è un tipo che s'infiamma per poco*. ***3*** (*fig.*) Farsi rosso come la fiamma: *infiammarsi in viso*; *il mare all'alba s'infiamma*. ***4*** (*med.*) Subire un processo infiammatorio.

infiammàto [av. 1250] part. pass. di *infiammare*; anche agg. ● Nei sign. del v. | (*med.*) Affetto da un processo infiammatorio: *tonsille infiammate*.

infiammatóre agg.; anche s. m. (f. *-trice*) ● (*raro, lett.*) Che (o Chi) infiamma.

infiammatòrio o **inflammatòrio** [1714] agg. ● (*med.*) Di infiammazione.

infiammazióne o †**enfiammagióne**, **inflammazióne** [lat. *inflammatiōne(m)*, da *inflammātus* 'infiammato'; av. 1363] s. f. ***1*** (*raro*) L'infiammare, l'infiammarsi (*anche fig.*): *l'i. di un liquido, degli animi* | (*raro*) Irritazione, sdegno. ***2*** (*med.*) Processo reattivo dei tessuti ad agenti patogeni di qualsiasi natura, caratterizzato da dolore, calore, arrossamento, gonfiore della parte lesa e riduzione delle sue funzioni. SIN. Flogosi.

†**infiàre** e deriv. ● V. *enfiare* e *deriv.*

infiascàre [comp. di *in-* (*1*) e *fiasco*; sec. XVI] v. tr. (*io infiàsco, tu infiàschi*) ● Mettere in fiaschi vino o altri liquidi: *i. l'olio d'oliva* | (*fig.*) †***Infiascarsela***, credere ciecamente a qlco.

infiascatrìce [1970] s. f. ● Macchina per infiascare.

infiascatùra [av. 1811] s. f. ● Operazione dell'infiascare.

infibulaménto [da *infibulo*; 1947] s. m. ● (*chir.*) Tecnica chirurgica di riduzione di una frattura della diafisi di un osso lungo, mediante l'introduzione di un infibulo nel canale midollare dell'osso fratturato.

infibulàre [vc. dotta, lat. *infibulāre* 'infibbiare', da *fībula(m)* 'fibbia'; 1790] v. tr. (*io infìbulo*) ● (*antrop.*) Compiere l'infibulazione.

infibulazióne [da *infibulare*; av. 1758] s. f. ● (*antrop.*) Operazione compiuta sia sulle donne che sugli uomini destinata a impedire i rapporti sessuali; negli uomini mediante la chiusura del prepuzio con una fibula (come presso gli antichi Romani) e nelle donne mediante la cucitura parziale delle labbra vulvari (come tra i Somali).

infìbulo [dal lat. *infibulāre*, a sua volta da *fībula(m)* 'fibbia'] s. m. ● (*chir.*) Barretta di forma e lunghezza opportune che, introdotta nel canale midollare di un osso lungo, riduce una frattura della diafisi.

inficiàre [vc. dotta, adatt. del lat. *infitiāri*, da *infĭtiae* 'negazione', comp. di *in-* neg. e un deriv. di *fatēri* 'confessare'; 1935] v. tr. (*io infìcio*) ● Contestare la validità o l'efficacia di un atto legale, di una asserzione, di una firma e sim.: *i. un atto giurisdizionale, un atto normativo*; *i. le dichiarazioni di qlcu.* SIN. Infirmare | (*est.*) Compromettere, viziare: *il tuo ragionamento è inficiato da precon-*

cetti.

†**infidèle** o **infidéle** e *deriv.* ● V. *infedele* e *deriv.*

infido [vc. dotta, lat. *infĭdu(m)*, comp. di *in-* neg. e *fīdus* 'fido'; 1342] **agg.** *1* Che non è degno di fiducia, che non ispira fiducia: *uomo, amico i.*; *i condottieri infidi / della nave* (FOSCOLO) | Che è malsicuro: *mare i.* *2* (*lett.*) Infedele. || **infidaménte**, **avv.**

in fieri [lat., propr. 'nel (*in*) nascere o divenire (*fieri*, dalla radice di *fŭi*, perfetto di *ĕsse* 'essere')'; av. 1527] **loc. agg. inv.** *1* (*filos.*) In potenza, non in atto. *2* (*est.*) Di cosa ancora non delineata, ma che si sta elaborando, che va prendendo forma e sim.: *progetto in fieri.*

infierire [comp. di *in-* (*1*) e *fiero* nel senso ant. di 'feroce'; av. 1446] **A v. intr.** (*io infierisco, tu infierisci*; aus. *avere*) *1* Operare con particolare asprezza e crudeltà: *i. sulla popolazione inerme, contro i deboli e gli indifesi.* **SIN.** Incrudelire, inferocire. *2* Imperversare con violenza: *la peste, la guerra, la carestia infierivano sul paese.* **SIN.** Infuriare. **B v. tr.** ● †Rendere feroce, simile a una fiera.

infievoliménto [av. 1729] **s. m.** ● (*raro*) Affievolimento.

infievolire [comp. di *in-* (*1*) e *fievole*; av. 1294] **v. tr.** (*io infievolisco, tu infievolisci*) ● (*raro*) Affievolire.

infiggere [vc. dotta, lat. *infīgere*, comp. di *in-* 'dentro' e *fīgere* 'figgere'; av. 1566] **A v. tr.** (coniug. come *figgere*) ● Conficcare, piantare: *i. un coltello nel legno* | (*fig.*) Far penetrare profondamente: *i. qlco. nella mente, nella memoria di qlcu.* **B v. intr. pron.** ● Conficcarsi (*anche fig.*): *la freccia si infisse nel tronco*; *un dubbio gli si infisse nel pensiero, in capo.*

infilacàpi [comp. di *infila(re)* e il pl. di *capo*] **s. m. inv.** ● Infilanastri.

infilacciàta [dal part. pass. di un deriv. di *infilare*; 1584] **s. f.** ● (*centr.*) Spiedo di uccelletti infilati.

infilaguaine o **infilaguàine** [comp. di *infila(re)* e il pl. di *guaina*; 1869] **s. m. inv.** ● Infilanastri.

infilanàstri [comp. di *infila(re)* e il pl. di *nastro*; 1909] **s. m. inv.** ● Ago largo e piatto a cruna molto aperta in cui si infila il nastro da passare in una guaina, o nei buchi di un ricamo. **SIN.** Passanastro.

infilapèrle [comp. di *infila(re)* e il pl. di *perla*; 1957] **s. m. inv.** ● Filo di materiale rigido e resistente, adatto a infilare perle e sim.

♦**infilàre** [comp. di *in-* (*1*) e *filo*; av. 1375] **A v. tr.** *1* Attraversare un ago con il filo, introducendone una gugliata nella cruna | (*est.*) Ordinare su di un filo che le attraversa, perle ed altri oggetti forati: *i. coralli per fare una collana* | (*est.*) Introdurre qlco. in un apposito foro o cavità: *i. la chiave nella toppa, il dito nell'anello* | ***I. il braccio sotto quello di un altro***, prendere qlcu. o mettersi a braccetto di qlcu. | (*fig.*) ***I. una strada***, entrarvi risolutamente | (*fig.*) ***I. la porta***, entrare o uscire, spec. rapidamente, di casa. *2* Indossare: *i. il cappotto*; *depose la penna e s'infilò il soprabito corto corto, alla moda* (SVEVO) | Calzare: *i. le scarpe, i guanti.* *3* Passare da parte a parte, con un oggetto appuntito: *i. il nemico con la lancia, con la baionetta*; *i. le salsicce nello spiedo.* **SIN.** Infilzare, trafiggere. *4* (*fig.*) Imbroccare: *ha infilato la risposta per un vero miracolo* | ***Non infilarne una***, non azzeccare mai la frase, l'azione giusta e sim. | ***I. un errore dopo l'altro, una serie di sciocchezze***, fare continui errori, dire continue sciocchezze. *5* (*mil.*) Battere col tiro di armi da fuoco o di artiglierie una linea difensiva o uno schieramento nel senso della loro maggiore lunghezza. **B v. rifl.** *1* Mettersi dentro qlco.: *si nascose infilandosi in una botte vuota* | ***Infilarsi nel letto***, coricarsi sotto le lenzuola | Introdursi abilmente o furtivamente: *infilarsi tra la folla*; *è riuscito a infilarsi nella banda sotto falso nome.* *2* (*aer.*) Tuffarsi violentemente con l'estremità prodiera dello scafo e dei galleggianti durante le manovre di ammaraggio.

infilàta [av. 1742] **s. f.** ● Insieme di oggetti ordinati su, in, un filo: *un'i. di perle, di panni stesi* | Complesso di cose disposte in fila o sistemate una dopo l'altra nel senso della lunghezza: *un'i. di casse vuote*; *un'i. di stanze* | (*mil.*) ***Battere d'i.***, la posizione nemica nel senso della maggiore lunghezza | ***D'i.***, per tutta la lunghezza: *tiro d'i.*; (*est.*) uno dopo l'altro, in rapida successione | ***Prendere d'i.***, nel linguaggio dei cacciatori, uccidere vari capi di selvaggina con un'unica scarica.

infilatrice [1957] **s. f.** ● Operaia che infila perle o altro, per collane.

infilatùra [1499] **s. f.** ● Operazione dell'infilare | (*raro*) Serie di oggetti infilati.

infiltraménto [1869] **s. m.** ● (*raro*) Infiltrazione.

infiltràre [comp. di *in-* (*1*) e *filtro*; 1833] **A v. tr.** ● (*raro*) Immettere, impregnare | (*fig.*) Far entrare nascostamente in organizzazioni varie allo scopo di spiare, controllare e sim.: *i. un gruppo mafioso con propri agenti.* **B v. intr. pron.** *1* Penetrare sottilmente, poco a poco, in qlco., attraverso fori, crepe, fessure e sim.: *il gas, l'acqua, l'umidità si infiltrano.* *2* (*fig.*) Insinuarsi: *i. nella rete degli informatori.*

infiltrativo [1983] **agg.** ● (*med.*) Di, relativo a, infiltrazione.

infiltràto [1834] **A part. pass.** di *infiltrare*; anche **agg.** *1* Nei sign. del v. *2* (*med.*) Di tessuto o organo che è sede di infiltrazione. **B s. m.** *1* (*med.*) Focolaio infiammatorio a carico di un qualsiasi organo. *2* (f. *-a*) Persona che si è introdotta in un gruppo o un'organizzazione allo scopo di danneggiarli o di carpirne informazioni: *nella banda di malviventi c'era un i. della polizia*; *Dall'Autonomia, scommetto… che poi sono tutti degli infiltrati* (FO).

infiltrazióne [1819] **s. f.** *1* L'infiltrarsi di un gas o di un liquido attraverso gli interstizi di un corpo: *acqua assorbita dal suolo per i.* *2* (*fig.*) Furtiva penetrazione: *un'i. di spie nemiche.* *3* (*med.*) Presenza in un tessuto di sostanze estranee allo stesso.

infilzaménto [av. 1612] **s. m.** ● L'infilzare.

infilzàre [comp. di *in-* (*1*) e *filza*; sec. XIV] **A v. tr.** *1* Riunire più cose insieme formando una filza, una serie: *i. le castagne, i fichi, i bottoni* | (*fig.*) Dire o fare di seguito una stessa cosa: *i. citazioni, esempi, parolacce*; *i. errori.* *2* Infilare qlco. con un oggetto appuntito: *i. polli e uccellini nello spiedo* | Trafiggere: *i. il nemico con la spada.* *3* Cucire con punto a filza, imbastire. **B v. intr. pron., rifl. e rifl. rec.** ● Ferirsi, trafiggersi | ***I. da sé***, (*fig.*) essere causa del proprio danno.

infilzàta [1620] **s. f.** *1* Insieme di cose infilzate: *un'i. di perle, di bottoni.* *2* (*fig.*) Serie: *un'i. di spropositi, di proverbi, di bugie.*

infilzàto [av. 1556] **part. pass.** di *infilzare*; anche **agg.** *1* Nei sign. del v. *2* (*iron., fig.*) ***Madonnina infilzata***, donna pudica e ingenua solo in apparenza (con riferimento alla Madonna dei sette dolori, trafitta da sette spade. **CFR.** Addolorata).

infilzatùra [av. 1650] **s. f.** ● L'infilzare | (*est.*) Filza.

†**infimità** [vc. dotta, lat. tardo *infimitāte(m)*, da *īnfimus* 'infimo'; av. 1311] **s. f.** ● Bassezza, inferiorità.

ìnfimo [vc. dotta, lat. *īnfimu(m)*, da *īnfra*, da *īnferus* 'infero'; av. 1306] **A agg.** ● (*lett.*) Che sta più in basso di ogni altra cosa circostante: *luogo i.*; *valle infima* | Che manca di qualsiasi pregio dal punto di vista materiale, qualitativo e sim.: *uomo d'infima condizione*; *tessuto d'infima qualità.* **CONTR.** Sommo, supremo. || **infimaménte**, **avv.** (*raro*) In infimo luogo. **B s. m.** ● (*lett., spec. al pl.*) Persona del più basso grado.

infinattantoché o **infinattànto che**, **infino a tànto che** [comp. di *in*, *fino a*, *tanto* e *che* (*2*)] **cong.** ● (*lett.*) Fintantoché.

♦**infìne** o (*raro*) **in fine** [comp. di *in* e *fine*; sec. XIII] **avv.** *1* Alla fine, finalmente: *ho telefonato molte volte, e i. sono riuscito a parlargli*; *prova e riprova, i. il risultato è venuto.* *2* Insomma, in conclusione: *i., decidi quello che vuoi fare!*; *i., la vuoi smettere?*

infinestràre [comp. di *in-* (*1*) e *finestra* in senso fig.; 1825] **v. tr.** (*io infinèstro*) ● Contornare con un'infinestratura.

infinestratùra [da *infinestrato*, part. pass. di *infinestrare*; 1825] **s. f.** ● Foglio di carta tagliato come una cornice per incollarlo sui margini di un foglio stampato lacero o guasto.

infingardàggine [1524] **s. f.** *1* Caratteristica di chi è infingardo. **SIN.** Neghittosità, poltroneria. *2* (*est.*) Atto da infingardo.

infingardézza [av. 1694] **s. f.** ● (*raro*) Infingardaggine.

infingardire [da *infingardo*; av. 1585] **A v. tr.** (*io infingardisco, tu infingardisci*) ● Rendere infingardo (*anche assol.*): *un'educazione che infingardisce.* **B v. intr. pron.** e **intr.** (aus. *essere*) ● Diventare infingardo: *oziando si infingardisce sempre più.* **SIN.** Impoltronirsi.

infingàrdo [da *infingere* e *-ardo*; 1340] **A agg.** *1* Di persona che fugge ogni fatica per pigrizia, svogliatezza e sim.: *ragazzo i.* **SIN.** Neghittoso, poltrone. *2* †Finto, simulato | †Inerte, lento. || **infingardaménte**, **avv.** Da infingardo. **B s. m.** (f. *-a*) ● Persona pigra e svogliata: *il mondo non è degli infingardi.* **SIN.** Poltrone. || **infingardàccio**, **pegg.** | †**infingardòccio**, **dim.** | **infingardóne**, **accr.** | **infingardùccio**, **dim.**

infìngere [vc. dotta, lat. tardo *infĭngere* 'inventare', comp. di *in-* raff. e *fĭngere* 'fingere'; 1304] **A v. tr.** (coniug. come *fingere*) ● †Simulare, immaginare, figurare. **B v. intr. pron.** *1* (*lett.*) Simulare: *costui, infingendosi e mostrandosi ben sonnacchioso, al fine si levò* (BOCCACCIO) | ***Non infingersi***, essere franco. *2* (*raro, lett.*) Fingersi: *devoto a Libertà s'infinge* (ALFIERI).

infingiménto [av. 1294] **s. m.** ● (*lett.*) Simulazione, menzogna, falsità.

infinità [vc. dotta, lat. *infinitāte(m)*, da *infinītus* 'infinito'; av. 1330] **s. f.** *1* Caratteristica di ciò che è infinito: *l'i. degli spazi, dell'universo*; *l'i. di Dio.* **SIN.** Illimitatezza, immensità, vastità. *2* (*iperb.*) Quantità grandissima: *un'i. di gente, di noia, di dispiaceri.* *3* (*mat.*) ***I. di un insieme***, potenza di un insieme. *4* †Indeterminatezza.

infinitàrsi [da *infinito*; 1925] **v. intr. pron.** ● (*lett.*) Trascendere il finito, passare dal finito all'infinito: *forse solo chi vuole s'infinita, / e questo tu potrai, chissà, non io* (MONTALE).

infinitesimàle [da *infinitesimo*; 1763] **agg.** *1* Minimo: *parte i. di qlco.* *2* (*mat.*) Pertinente agli infinitesimi | ***Calcolo i.***, complesso del calcolo differenziale e integrale.

infinitèsimo (o *-é-*) [da *infinito* e *-esimo* (*1*); av. 1754] **A s. m.** *1* Parte o quantità infinitamente piccola: *gli diedi un i. di quella somma.* *2* (*mat.*) Variabile reale o complessa che, in determinate circostanze, generalmente quando un'altra tende ad un valore dato, tende a zero. **B agg.** ● Di quantità molto piccola: *una differenza infinitesima*; *io ho ricordata una sola infinitesima parte de' vostri meriti* (PARINI). || **infinitesimaménte**, **avv.**

infinitézza [sec. XIV] **s. f.** ● (*raro*) Caratteristica di ciò che è infinito.

infinitivàle [da *infinitivo*; 1957] **agg.** ● (*ling.*) Detto di elemento che concerne l'infinito.

infinitìvo [vc. dotta, lat. tardo *infinitīvu(m)*, comp. di *in-* neg. e *finitīvus* 'finitivo'; av. 1544] **agg.** ● (*ling.*) Che non ha determinazione di numero e persona: *modo i.* | ***Proposizioni infinitive***, nella sintassi greca e latina, quelle che hanno come soggetto o predicato un verbo all'infinito.

♦**infinìto** [vc. dotta, lat. *infinītu(m)*, comp. di *in-* neg. e *finītus* 'finito', sul modello dei corrispondenti gr. *ápeiron* (in senso filos.) e *aparémphatos* (in senso gramm.); 1304] **A agg.** *1* Che è assolutamente privo di limiti e determinazioni spaziali o temporali: *l'eternità è infinita* | (*est.*) Di ciò che appare illimitato: *l'i. universo*; *il tempo i.* *2* Nelle religioni superiori, attributo di Dio che non ha principio né fine. *3* Di ciò che è estremamente grande, lungo, intenso e sim.: *l'i. oceano si stendeva dinnanzi a lui*; *amore, affetto i.*; *noia, grazia, bellezza infinita*; *non credo io dal pittore si richiegga infinita fatica* (ALBERTI). **SIN.** Enorme, immenso, sterminato. *4* Innumerevole: *lamenti, ringraziamenti infiniti*; *un'infinita varietà di animali popola la Terra.* || **infinitaménte**, **avv.** *1* In modo infinito: *l'universo si estende infinitamente.* *2* Immensamente, enormemente: *ne siamo infinitamente felici*; *infinitamente grande, piccolo*; di gran lunga: *infinitamente migliore, peggiore.* **B avv.** ● †Infinitamente. **C s. m.** *1* Ciò che non ha fine nel tempo e nello spazio: *la tendenza nostra verso un i. che non comprendiamo* (LEOPARDI) | ***All'i.***, in modo infinito, senza fine | ***Andare all'i.***, non finire e non concludersi mai | †***Nell'i.***, all'infinito. *2* (*ling.*) Modo infinitivo che esprime l'idea verbale senza determinazione di numero e persona: *i. presente* (ad es. *andare, mangiare*), *i. passato* (ad es. *essere andato, avere mangiato*); può assumere valore di imperativo (*non ridere*; *tenere la destra*); preceduto dall'articolo, ha la funzione di sostantivo (*il dire, il fare*) | ***I. narrativo***, V. *narrativo.* *3* (*mat.*) Espressione simbolica che denota il limite di funzione o di successione, reale o complessa, se queste possono assumere valori arbitrariamente grandi in modulo.

infino [comp. di *in* e *fino* (*1*); av. 1250] **A** avv. ● (*lett.*) Anche, persino: *hai parlato infin troppo.* **B** prep. ● (*lett.*) Fino: *i. dove la sorte vorrà; L'un lito e l'altro vidi infin la Spagna* (DANTE *Inf.* XXVI, 103) | Anche nella loc. prep. ***i. a***, fino a: *i. al fiume del parlar mi trassi* (DANTE *Inf.* III, 81) | Anche nelle loc. cong. ***i. a che, i. a tanto che***; V. *infinattantoché*.

infino a tànto che /iɱ'fino attanto'ke*, at-'tantoke*/ ● V. *infinattantoché*.

infinocchiàre [comp. di *in-* (*1*) e *finocchio* (*1*), con un passaggio semantico in senso fig. non chiarito; av. 1446] v. tr. (*io infinòcchio*) ● (*fam.*) Ingannare qlcu. con imbrogli, raggiri e sim.: *si è lasciato i. dal primo venuto.* SIN. Imbrogliare, raggirare.

infinocchiatùra [sec. XIV] s. f. ● (*fam.*) Imbroglio, raggiro.

†**infìnta** [f. sost. del part. pass. di *infingere*; av. 1348] s. f. ● Finzione | †***All'i.***, per finzione.

infìnto [av. 1292] part. pass. di *infingere*; anche agg. ● (*raro, lett.*) Nei sign. del v. || **infintaménte**, avv. Con inganno, finzione.

infioccàre [comp. di *in-* (*1*) e *fiocco*; av. 1755] v. tr. (*io infiòcco, tu infiòcchi*) ● Ornare con fiocchi e sim.

infiocchettàre [comp. di *in-* (*1*) e *fiocchetto*; 1900] **A** v. tr. (*io infiocchétto*) **1** Addobbare con fiocchi e fiocchetti. **2** (*fig.*) Ornare il discorso con eccessive ricercatezze ed eleganze. **B** v. rifl. ● Adornarsi, agghindarsi con fiocchi e sim.

infiocchettàto [av. 1938] part. pass. di *infiocchettare*; anche agg. ● Nei sign. del v. (*anche fig.*): *'cliché' letterario … i. di frasi e di parole che fanno quasi sempre presa facile sul pubblico grosso* (GRAMSCI).

infiochìre [comp. di *in-* (*1*) e *fioco*; 1817] **A** v. tr. (*io infiochìsco, tu infiochìsci*) **1** Affiochire. **2** (*fig.*) Indebolire. **B** v. intr. (aus. *essere*) ● Farsi fioco.

infioraménto [av. 1620] s. m. ● L'infiorare, l'infiorarsi.

infioràre [comp. di *in-* (*1*) e *fiore*; 1321] **A** v. tr. (*io infióro*) **1** Ornare, cospargere di fiori: *i. la bara, l'altare, la casa; tesse Flora tra l'erbe / viole, acanti e gigli, / di cui la gonna a primavera infiora* (MARINO). **2** (*fig.*) Abbellire, impreziosire (*anche iron.*): *i. il discorso, lo stile*; *i. un articolo di strafalcioni.* **B** v. rifl. ● Adornarsi con molti fiori: *le fanciulle si infiorarono per il ballo.* **C** v. intr. pron. **1** (*spec. lett.*) Coprirsi, riempirsi di fiori: *a primavera i prati s'infiorano* | (*fig.*) Divenire ricercato, elegante: *qui il suo linguaggio si infiora.* **2** †Mettersi tra i fiori: *schiera d'ape, che s' infiora* (DANTE *Par.* XXXI, 7).

infioràta [f. sost. di *infiorato*, part. pass. di *infiorare*; av. 1875] s. f. ● Ornamento, decorazione di chiese, strade (che in qualche caso ne vengono ricoperte) e sim., fatta con fiori, spec. per particolari solennità: *l'i. della chiesa* | Insieme di fiori usati a tale scopo.

infiorazióne [da *infiorare* in senso rifl.; 1813] s. f. ● (*raro*) Fioritura.

infiorentinàre [1869] v. tr. e intr. pron. ● Infiorentinire.

infiorentinìre [comp. di *in-* (*1*) e *fiorentino*; 1869] **A** v. tr. (*io infiorentinìsco, tu infiorentinìsci*) ● Rendere conforme al modello fiorentino: *i. la lingua, la pronuncia.* **B** v. intr. e intr. pron. (aus. *essere*) ● Diventare fiorentino: *uno straniero che si è infiorentinito rapidamente* | Adeguarsi al modello fiorentino: *la sua pronuncia infiorentinisce sempre più.*

infiorescènza o **inflorescènza** [dal lat. *inflorēscere* 'fiorire', con sovrapposizione di *fiore* e collocazione nella serie dei s. in *-enza*; 1809] s. f. ● (*bot.*) Particolare disposizione dei fiori quando sono raggruppati su ramificazioni della pianta | ***I. a cima bipara***, dicasio. ➡ ILL. **botanica generale.**

infiorettàre [1952] v. tr. (*io infiorétto*) **1** Infiorare. **2** (*fig.*) Ornare il discorso con eccessive ricercatezze ed eleganze. SIN. Fiorettare.

infiorettatùra [1957] s. f. ● (*raro*) L'infiorettare | (*spec. al pl.*) (*fig.*) Ornamenti, abbellimenti eccessivi in un testo, un brano e sim. SIN. Fiorettatura.

infirmàre o †**infermàre** [vc. dotta, lat. *infirmāre*, comp. di *in-* neg. e *firmāre* 'fermare, rafforzare'; 1855] v. tr. **1** Inficiare, invalidare, annullare: *i. un atto* | (*est.*) Confutare, indebolire: *i. l'assunto, l'argomento dell'avversario.* **2** †V. *infermare*.

†**infirmità** ● V. *infermità*.

†**infìrmo** ● V. *infermo*.

infiscalìre [comp. di *in-* (*1*) e *fiscale*; av. 1742] **A** v. intr. (*io infiscalìsco, tu infiscalìsci*; aus. *avere*) ● (*raro*) Usare eccessiva fiscalità: *i. contro qlcu.* **B** v. intr. pron. ● †Diventare fiscale.

infischiàrsi [fr. *s'enficher* (da *ficher* 'ficcare', ma anche, eufem. e con passaggio analogo all'it., 'fregarsene') con sovrapposizione di *fischiare*; 1858] v. intr. pron. (*io m'infìschio*) ● Non curarsi, non fare alcun conto, ridersi di qlco. o qlcu.: *i. delle opinioni altrui* | ***Infischiarsene***, non preoccuparsi di qlco. o qlcu.

infissióne [av. 1963] s. f. ● (*raro*) L'infiggere.

infìsso [1353] **A** part. pass. di *infiggere*; anche agg. ● Nei sign. del v. **B** s. m. **1** (*edil.*) Tutto ciò che in un edificio è stabilmente vincolato alle strutture murarie rispetto alle quali ha funzione secondaria di finimento o protezione | Telaio collegato alla muratura, sul quale si monta il serramento. **2** (*ling.*) Affisso che s'inserisce all'interno di una parola per modificarne il significato.

infistolìre [comp. di *in-* (*1*) e *fistola*; av. 1324] **A** v. intr. e intr. pron. (*io infistolìsco, tu infistolìsci*; aus. *essere*) **1** Diventare fistoloso. **2** (*raro, fig.*) Divenire incorreggibile, inguaribile: *vizi che infistoliscono.* **B** v. tr. ● †Rendere fistoloso.

infittìre [comp. di *in-* (*1*) e *fitto*; 1789] **A** v. tr. (*io infittìsco, tu infittìsci*) ● Rendere più denso, spesso o frequente. CONTR. Diradare, rarefare. **B** v. intr. e intr. pron. (aus. *essere*) ● Divenire sempre più denso, folto, frequente: *la nebbia, le tenebre infittiscono; il mistero s'infittisce; le sue visite si sono infittite.* CONTR. Diradarsi, rarefarsi.

†**inflagióne** ● V. *enfiagione*.

inflammatòrio ● V. *infiammatorio*.

inflammazióne ● V. *infiammazione*.

inflatìvo o **inflattìvo** [ingl. *inflative*, dal lat. *inflātus* (V. *inflazione*); 1974] agg. ● Relativo all'inflazione economica: *processo i.*

inflazionàre [1942] v. tr. (*io inflazióno*) **1** Portare allo stato di inflazione. **2** (*fig.*) Diffondere eccessivamente | (*fig.*) Abusare di qlco.: *i. un termine.*

inflazionàto [1963] part. pass. di *inflazionare*; agg. **1** (*econ.*) Svalutato a causa di una forte inflazione: *moneta inflazionata.* **2** (*fig.*) Eccessivamente diffuso: *una laurea inflazionata* | Ripetuto troppo spesso, abusato: *una battuta inflazionata.*

inflazióne [ingl. *inflation*, dapprima termine mediev. (dal lat. *inflatiōne(m)* 'gonfiamento', da *inflātus*, part. pass. di *inflāre* 'enfiare'), passatoci dal fr.; 1923] s. f. **1** (*econ.*) Processo di costante aumento dei prezzi che determina un persistente declino del potere d'acquisto di una unità monetaria | ***I. strisciante***, minima e poco appariscente, ma continua | ***I. galoppante***, rapidissima | ***I. a due cifre***, superiore, nel tasso di crescita, al nove per cento. **2** (*fig.*) Rapido ed eccessivo accrescersi o propagarsi di qlco.

inflazionìsmo [1957] s. m. ● (*econ.*) Tendenza a promuovere o favorire l'inflazione.

inflazionista [1926] s. m. e f. (pl. m. *-i*) ● Chi sostiene, provoca, promuove l'inflazione economica.

inflazionìstico [1926] agg. (pl. m. *-ci*) ● Di inflazione, che determina inflazione.

inflessìbile [vc. dotta, lat. *inflexĭbile(m)*, comp. di *in-* neg. e *flexĭbilis* 'flessibile'; av. 1342] agg. ● Che non si piega (*spec. fig.*): *animo, volontà, carattere i.* SIN. Rigido. || **inflessibilménte**, avv.

inflessibilità [1665] s. f. ● Caratteristica di chi (o di ciò che) è inflessibile. SIN. Rigidezza.

inflessióne [vc. dotta, lat. *inflexiōne(m)*, da *inflĕxus* 'inflesso'; av. 1498] s. f. **1** (*lett.*) Flessione, piegamento. **2** (*fis.*) Deformazione dovuta alla flessione. **3** Cadenza: *parlare con i. toscana* | (*ling.*) ***I. vocalica***, metafonia. **4** (*mus.*) Piccola modificazione nell'altezza, nel timbro o nell'intensità della voce, base del declamato e usata in modo molto pronunciato in alcune forme di jazz | Nelle salmodie, cesura all'interno di una frase.

inflèsso [1547] part. pass. di *inflettere* ● Nei sign. del v.

inflèttere [vc. dotta, lat. *inflĕctere*, comp. di *in-* 'verso' e *flĕctere* 'flettere, piegare'; av. 1642] **A** v. tr. (pass. rem. *io inflèssi, tu inflettésti*; part. pass. *inflèsso*) ● (*raro*) Flettere, piegare: *i. una linea* | (*fig.*) ***I. la voce***, modularla. **B** v. intr. pron. ● (*raro*) Piegarsi.

infliggere [vc. dotta, lat. *inflīgere*, comp. di *in-* 'contro' e *flīgere* 'urtare', di orig. indeur.; av. 1375] v. tr. (pres. *io inflìggo, tu inflìggi*; pass. rem. *io inflìssi, tu infliggésti*; part. pass. *inflìtto*) ● Far subire pene, punizioni e sim.: *i. una sospensione, una nota di biasimo, due anni di reclusione.*

infliggiménto [av. 1406] s. m. ● (*raro*) L'infliggere.

inflìtto [av. 1342] part. pass. di *infliggere* ● Nel sign. del v.

inflizióne [vc. dotta, lat. tardo *inflictiōne(m)*, part. pass. di *inflīgere* 'infliggere'; 1306] s. f. ● (*raro*) L'infliggere.

inflorescènza ● V. *infiorescenza*.

influènte [av. 1872] **A** part. pres. di *influire*; anche agg. ● Che gode di autorità, potere, prestigio: *ha un amico molto i. al ministero*; *un personaggio i.* **B** s. m. ● †Affluente || **influenteménte**, avv.

♦**influènza** [dal lat. mediev. *influēntia(m)*, propr. lo 'scorrere (dentro)', dal v. *influĕre*, V. *influire*; 1308] s. f. **1** In astrologia, influsso dei corpi celesti sugli esseri animati e sulle cose, e spec. nel destino degli uomini. **2** Azione esercitata da qlco. su luoghi, fenomeni o persone: *l'i. della luna sulle maree*; *l'i. dell'ambiente sul bambino*; *sentire la benefica i. del clima marino* | ***Zona, sfera d'i.***, in cui uno Stato esplica una predominante azione di guida, tutela, controllo e sim. **3** (*fis.*) Facoltà per la quale certi corpi agiscono a distanza su altri | ***I. elettrica***, induzione elettrica. **4** Autorità, ascendente, peso, prestigio: *avere molta i. su qlcu.*; *esercitare la propria i. presso qlcu.* | (*est.*) Potere o capacità di determinare o modificare tendenze culturali, indirizzi letterari, opinioni e sim.: *la letteratura degli ultimi cinquant'anni ha subito l'i. di quell'autore.* **5** (*med.*) Malattia infettiva acuta, contagiosa, spec. delle vie aeree superiori, di origine virale. **6** †Flusso, scorrimento.

influenzàbile [1941] agg. ● Di persona che si lascia facilmente influenzare: *ragazzo i.* SIN. Suggestionabile.

influenzàle [1957] agg. ● (*med.*) Relativo all'influenza: *febbre i.*

influenzaménto [av. 1910] s. m. ● L'influenzare, l'esercitare influenza su qlcu.

influenzàre [da *influenza*; 1812] **A** v. tr. (*io influènzo*) ● Determinare o modificare qlco. esercitando la propria influenza: *i. le idee, le decisioni, la scelta di qlcu.* | ***Lasciarsi i.***, subire l'influenza altrui. **B** v. intr. pron. ● (*med.*) Ammalarsi di influenza. **C** v. rifl. rec. ● Avere influenza l'uno sull'altro.

influenzàto part. pass. di *influenzare*; anche agg. ● Nei sign. del v.

influìre [vc. dotta, lat. *influĕre*, comp. di *in-* 'dentro' e *flŭere* 'fluire'; av. 1498] **A** v. intr. (*io influìsco, tu influìsci*; aus. *avere* nei sign. 1 e 2, *essere* nel sign. 3) **1** Agire direttamente o indirettamente su qlco. o qlcu., in modo da determinare particolari effetti o conseguenze: *il clima influisce sulle abitudini*; *l'esempio influisce sul comportamento umano*; *il suo intervento ha influito sul Tribunale, presso il Ministero* | †***Non influisce niente***, non ha importanza, non c'entra. **2** (*raro*) Affluire, sboccare, mettere foce: *il Po influisce nell'Adriatico.* **B** v. tr. ● †Infondere, cagionare.

inflùsso [vc. dotta, lat. tardo *inflūxu(m)* 'influsso', da *influĕre* 'influire', dapprima riferito agli astri che operano sul destino degli uomini; av. 1419] s. m. **1** In astrologia, azione degli astri su esseri animati o sulle cose. **2** Influenza che si esercita con efficacia su qlco. o qlcu.: *il suo i. è stato determinante*; *sentire il benefico, il malefico i. di qlcu.* **3** †Contagio, influenza. **4** †Scorrimento di un liquido.

info /'info, *ingl.* 'ɪnfəʊ/ [accorc. ingl. di *info(rmation)* 'informazione'; 1994] s. f. inv. (pl. ingl. *infos*) ● Accorc. di informazione o informazioni, spec. negli annunci pubblicitari, nelle locandine, nei manifesti: *i. sul concerto allo 0104019.*

infocàre e *deriv.* ● V. *infuocare* e *deriv.*

infoderàre [comp. di *in-* (*1*) e *fodero*; 1550] **A** v. tr. (*io infòdero*) ● (*raro*) Rimettere nel fodero: *i. la spada, la sciabola.* **B** v. rifl. ● (*fig., raro*) Infagottarsi.

in fòglio loc. agg. inv. ● (*raro*) Adattamento di *in folio* (V.).

infognàrsi [comp. di *in-* (*1*) e *fogna*; 1661] v. intr. pron. (*io m'infógno*) ● (*fam.*) Cacciarsi in faccende da cui non è facile uscire, in questioni insolubili e sim.: *i. nei debiti, con persone disoneste.* SIN. Impantanarsi.

infoiàre [comp. di *in-* (*1*) e *foia*; 1922] **A** v. tr. (*io infòio*) ● (*pop.*) Eccitare sessualmente. **B** v. intr. pron. ● (*pop.*) Eccitarsi sessualmente.

infoiàto [comp. parasintetico di *foia*; 1534] part. pass. di *infoiare*; anche agg. ● (*pop.*) Che si trova in uno stato di forte eccitazione sessuale.

infoibàre [comp. di *in-* (*1*) e *foiba*; 1963] v. tr. (*io infòibo*) ● Gettare o seppellire in una foiba.

infoibatóre [1957] agg.; anche s. m. (f. *-trice*) ● Che (o Chi) infoiba.

infoibazióne [1972] s. f. ● L'infoibare.

in fòlio [lat., propr. 'in (*īn*: sottinteso un solo) foglio (*fŏlio*, abl. di *fŏlium*)'; 1833] **A** loc. agg. ● Di edizione in cui il foglio è stato piegato una volta e alla quale corrispondono determinati e convenzionali limiti di formato. **B** anche s. m. inv.: *l'in folio di Shakespeare.*

infoltiménto [1985] s. m. ● L'infoltire, l'infoltirsi: *cura per l'i. dei capelli.*

infoltìre [comp. di *in-* (*1*) e *folto*; 1660] **A** v. tr. (*io infoltisco, tu infoltìsci*) ● Rendere folto o più folto: *la potatura infoltisce la vegetazione.* CONTR. Diradare. **B** v. intr. (aus. *essere*) ● Diventare folto: *l'erba, i capelli infoltiscono.* CONTR. Diradarsi.

infondatézza [comp. di *in-* (*3*) e *fondatezza*; 1932] s. f. ● Mancanza di fondatezza: *l'i. di una notizia.*

infondàto [comp. di *in-* (*3*) e *fondato*; 1848] agg. ● Privo di fondatezza: *giudizio i.; notizia, affermazione infondata; accusa infondata.* SIN. Falso. || **infondataménte**, avv.

infóndere [vc. dotta, lat. *infŭndere*, comp. di *in-* 'dentro' e *fŭndere* 'fondere, versare'; av. 1306] v. tr. (coniug. come *fondere*) **1** †Mettere in infusione, tenere a bagno. **2** †Allagare, irrigare, bagnare. **3** (*fig.*) Far nascere o suscitare in qlcu. o in qlco.: *i. amore, fiducia, coraggio, idee nuove, volontà.* SIN. Destare, ispirare.

inforcàre [comp. di *in-* (*1*) e *forca*; 1313] **A** v. tr. (*io infórco, tu infórchi*) **1** Prendere con la forca o come con una forca: *i. la paglia.* **2** Montare, mettendosi a cavalcioni: *i. il cavallo, la bicicletta, la moto* | ***I. gli occhiali***, metterli sul naso | ***I. una porta, un paletto***, o (*assol.*) ***inforcare***, nelle gare di slalom, prendere un paletto con la parte interna di uno dei due sci. **B** v. intr. (aus. *avere* nel sign. 1, *essere* nel sign. 2) **1** (*raro*) Marinare la scuola. **2** (*raro*) Biforcarsi.

inforcàta [1940] s. f. **1** (*raro*) L'inforcare | Nello sci, errore di chi inforca una porta. **2** Quantità di materiale raccolto, con la forca, in una sola volta: *un'i. di fieno, di paglia.*

inforcatùra [av. 1348] s. f. **1** L'inforcare. **2** Parte del corpo dove termina il tronco e cominciano le cosce. **3** Punto dell'albero da dove partono i rami per formare la chioma. SIN. Impalcatura. **4** Nel gioco degli scacchi, scacco doppio.

inforestieràre [av. 1604] v. tr., intr. e intr. pron. (*io inforestièro*; aus. *essere*) ● (*raro*) Inforestierire.

inforestierìre [comp. di *in-* (*1*) e *forestiere*; 1726] **A** v. tr. (*io inforestierisco, tu inforestierisci*) ● Modificare su modelli forestieri: *i. i costumi, la lingua, le abitudini.* **B** v. intr. e intr. pron. (aus. *essere*) ● Diventare forestiero.

†**informàbile** [vc. dotta, lat. tardo *informābile*(*m*), da *informāre* 'informare'; 1869] agg. ● Che si può informare.

informàle [comp. di *in-* (*3*) e *formale*; 1963] **A** agg. **1** Privo di formalità, di ufficialità: *pranzo, riunione, colloquio i.* **2** Detto di corrente artistica sviluppatasi dopo la seconda guerra mondiale, che, escludendo ogni forma tradizionale e l'astrattismo di ordine geometrico, cerca di esprimere le forze e le suggestioni della materia presentandole in libere associazioni | (*est.*) Detto di tutto ciò che a essa si riferisce: *quadro i.; artisti informali.* || **informalménte**, avv. **B** s. m. e f. ● Seguace della corrente artistica informale.

informànte [ingl. *informant*, da *to inform* 'informare'; 1321] s. m. e f. ● (*ling.*) Parlante che fornisce informazioni sulla propria madre lingua, rispondendo a questionari di carattere linguistico.

♦**informàre** [vc. dotta, lat. *informāre*, comp. di *in-* (*1*) e *formāre* 'formare, dare forma'; av. 1294] **A** v. tr. (*io infórmo*) **1** (*lett.*) Modellare secondo una forma. **2** (*fig.*) Indirizzare, secondo una certa impronta, certe direttive e sim.: *i. la propria vita a principi di giustizia, alla morale, alla conoscenza.* SIN. Conformare. **3** Ragguagliare qlcu. procurandogli notizie, dati e sim.: *li informammo dell'accaduto, sullo svolgimento dei fatti.* **4** †Mettere nelle forme: *i. il cacio.* **B** v. intr. pron. **1** (+ *da*) (*raro*) Prender forma: *la pelle s'informa dalle ossa.* **2** (assol.; + *di*; + *su*) Procurarsi notizie: *informarsi sulla condotta di qlcu., del decorso della malattia; informatevi se è vero; informarsi dal direttore, presso l'agenzia di viaggio, alla reception.* **3** (+ *a*) Conformarsi a qlco.: *informarsi alle nuove direttive ministeriali.* SIN. Adeguarsi.

informàtica [dal fr. *informatique*, comp. di *inform*(*ation electronique ou autom*)*atique*; 1968] s. f. ● Scienza e tecnica dell'elaborazione dei dati e, gener., del trattamento automatico delle informazioni.

INFORMATICA
nomenclatura

informatica

● *suddivisioni*: elaborazione automatica dei dati (= ADP), elaborazione elettronica dei dati (= EDP), data processing; agronica; automazione; avionica; bionica; cibernetica; computer graphics; intelligenza artificiale; robotica; telematica; teoria dei sistemi; teoria delle comunicazioni; teoria delle informazioni; numerazione binaria, bit, nibble, byte = carattere (numerico, alfanumerico), parola; baud; pixel; componenti logiche = software ⇔ componenti fisiche = hardware;

● *applicazioni*: gestionali ⇔ scientifiche; banca dati, internet, cd-rom, database relazionale ⇔ database gerarchico; calcolo numerico; controllo della produzione; acquisizione dati; gestione di impianti; simulazione (statica ⇔ dinamica); controllo numerico; riconoscimento immagini; riconoscimento testo; trattamento immagini; trattamento testi = word processing; foglio elettronico; automazione dell'ufficio = office automation; istruzione assistita da elaboratore = CAI; progettazione con l'ausilio dell'elaboratore = CAD;

● *strumenti*: elaboratore = calcolatore (elettronico) = computer (cfr.); mainframe; microelaboratore = microcomputer; minielaboratore; personal (computer): portatile, trasportabile, desktop, laptop, notebook, palmtop; calcolatore digitale = numerico ⇔ analogico, ibrido; universale ⇔ specializzato; compatibile;

● *rete locale* = LAN: ad anello = token ring, a bus, a stella; workstation, elaboratore centrale = server, gateway, rooter; protocollo, pacchetto di dati, parola chiave = password, conto = account; teleprocessing; batch; time sharing; interrupt; concorrenza; monoprogrammazione ⇔ multiprogrammazione; monoutente ⇔ multiutente;

● *sistemi operativi*: CP/M, EXEC-8, Mac, MS-DOS, OS/2, UNIX, RSX, VMS; shell = interprete di comandi, comando;

● *linguaggi*: macchina (assembler) ⇔ simbolico = evoluto (Ada, Algol, APL, B, BASIC, BCPL, C, C++, Chill, Cobol, Fortran, IPL, LISP, Logo, Modula 2, Occam, Pascal, Pilot, PL/1, PostScript, Prolog, RPG, Simula, Smalltalk, Snobol); ad alto ⇔ basso livello; conversazionale, interattivo; interprete ⇔ compilatore; compilatore, assemblatore, debugger;

● *programma*: sottoprogramma (= subroutine, routine); job, task, thread; parametrico; sorgente ⇔ oggetto; concatenato; diagnostico; virus; emulatore; di servizio = di utilità; driver di periferica; libreria di programmi; funzione, procedura, modulo; bug;

● *dati logici*: campo, handle, record (a lunghezza fissa ⇔ variabile), indice, chiave, tabella hash, oggetto; archivio = file a blocchi ⇔ file a caratteri, directory (= direttorio), cartella, icona, finestra, volume;

● *programmazione*: analisi, algoritmo, automa a stati finiti, schema a blocchi, diagramma di flusso, listato, editing; programmazione strutturata, orientata agli oggetti; metodo top-down ⇔ bottom-up; lettura, scrittura, assegnazione, assemblaggio, dimensionamento, esecuzione, definizione di funzione, definizione di sottoprogramma, dichiarazione di tipo e formato, chiamata di funzione, chiamata di sottoprogramma, trasferimento, salto, confronto, salto condizionato, iterazione, ciclo = loop, operazione aritmetica o logica, attesa, pausa, arresto. calcolo in virgola fissa ⇔ mobile; logica binaria; algebra di Boole; costanti e variabili: intere, reali (in precisione semplice, doppia, BCD, estesa), complesse, booleane = logiche, alfanumeriche stringa (di caratteri); variabili con indice: vettore, catasta (= pila, stack), matrice; carattere (numerico, alfabetico, alfanumerico);

● *codifica*: interna ⇔ esterna; binaria, ottale, decimale, esadecimale; codice ASCII, EBCDIC, ISO, ANSI; codice a barre; codificare, decodificare; crittografare, decrittare;

● *persone*: informatico, amministratore di sistema, analista, analista di sistemi = sistemista, capocentro, installatore, operatore, programmatore, analista-programmatore, perforatore, tastierista, utente.

informàtico [1972] **A** agg. (pl. m. *-ci*) ● Relativo all'informatica. **B** s. m. (f. *-a*) ● Studioso di informatica, specialista di informatica.

informatìva [f. sost. di *informativo*; av. 1686] s. f. ● (*bur.*) Complesso di informazioni relative a un determinato argomento: *un'i. sulla situazione dell'ordine pubblico.*

informatìvo [da *informare*; 1319] agg. **1** (*lett.*) Che serve a dare la forma o l'impronta morale. **2** Che serve a ragguagliare, a dare notizie: *un articolo i.*

informatizzàre [fr. *informatiser*, da *informatique* 'informatica'; 1981] v. tr. ● Riorganizzare introducendo sistemi informatici: *i. l'anagrafe; i. un archivio.*

informatizzazióne [fr. *informatisation*, da *informatiser* 'informatizzare'; 1981] s. f. ● L'informatizzare.

informàto [sec. XIV] part. pass. di *informare*; anche agg. **1** Nei sign. del v. | (*lett.*) Conformato: *comportamento i. a principi etici.* **2** Messo a conoscenza, tenuto al corrente: *non so come possa essere sempre i. di tutto* | ***Essere bene, male i.***, in possesso di informazioni più o meno esatte: *ambienti bene informati.*

informatóre [vc. dotta, lat. tardo *informatōre*(*m*), da *informātus*, part. pass. di *informāre* 'informare'; 1308] **A** agg. (f. *-trice*) ● (*lett.*) Che dà forma e carattere: *spirito i. della materia; i criteri informatori di un'opera.* SIN. Ispiratore. **B** s. m. (f. *-trice*) ● Chi procura, fornisce notizie, informazioni e sim.: *è un ottimo i.; un i. della polizia* | ***I. medico scientifico, i. scientifico del farmaco***, chi svolge azione di propaganda informativa presso medici e sim. nel settore farmaceutico.

♦**informazióne** [1308] s. f. **1** L'informare, l'informarsi | Ragguaglio, notizia: *rivolgersi all'ufficio informazioni; chiedere informazioni su qlcu., su qlco.; ottenere informazioni buone, pessime, riservate* | ***Servizio informazioni operativo***, insieme degli organi specializzati di un esercito che svolgono attività operative in fase bellica | (*dir.*) ***I. di garanzia***, avviso che il pubblico ministero è tenuto a inviare a chi sia sottoposto a indagini per un reato e alla persona offesa, fin da quando compie un atto al quale ha diritto di assistere il difensore dell'indagato. **2** (*elab.*) Notizia atta a essere formalizzata in dati e destinata a essere trattata da un sistema di trattamento automatico delle informazioni | ***Teoria dell'i.***, studio, su basi matematiche, dei fenomeni relativi alla trasmissione dell'informazione. **3** (*biol.*) ***I. genetica***, quella contenuta in una sequenza di nucleotidi entro una molecola di DNA. **4** †Formazione | †Istruzione. || **informazioncèlla**, dim.

infórme [vc. dotta, lat. *infŏrme*(*m*), comp. di *in-* neg. e un deriv. di *fŏrma* 'forma'; av. 1342] agg. **1** Privo di una forma precisa e caratteristica (*anche fig.*): *massa i.; un progetto i.* **2** (*raro*) Deforme. || **informeménte**, avv.

informicolaménto [1691] s. m. ● Formicolio.

informicolàrsi [av. 1698] v. intr. pron. (*io m'infòrmicolo*) ● Informicolirsi.

informicoliménto [1869] s. m. ● Informicolamento.

informicolìrsi [comp. di *in-* (*1*) e *formicola*; 1863] v. intr. pron. (*io m'informicolisco, tu t'informicolisci*) ● Essere preso da una sensazione di formicolio: *mi si informicoliscono le mani.*

informità [lat. tardo *informitāte*(*m*), comp. di *in-* neg. e *fŏrmitas*, genit. *formitātis*, da *fŏrma* 'forma';

av. 1342] s. f. ● (*raro*) Mancanza di forma.

infornaciàre [comp. di *in-* (*1*) e *fornace*; 1546] v. tr. (*io infornàcio*) ● Mettere a cuocere nella fornace.

infornaciàta [1779] s. f. ● Fornaciata.

infornapàne [comp. di *inforna(re)* e *pane* (*1*); av. 1665] s. m. inv. ● Pala per infornare il pane.

infornàre [comp. di *in-* (*1*) e *forno*; 1353] **A** v. tr. (*io infórno*) **1** Mettere nel forno per la cottura: *i. i biscotti* | (*assol.*) Cuocere il pane: *oggi non infornano.* **2** (*scherz.*) Mangiare con avidità. **B** v. intr. pron. ● †Introdursi in un luogo simile a un forno.

infornàta [av. 1449] s. f. **1** Operazione dell'infornare | Quantità di pane o altro che si mette nel forno in una volta sola. **2** (*fig., scherz.*) Grande quantità: *un'i. di giudici è entrata in Tribunale*; *ce n'è una bella i.!* **3** Nel gergo teatrale, sala gremita di pubblico.

infornatóre [1834] s. m. (f. *-trice*) ● Lavorante che inforna il pane.

†**inforsàre** [dalla loc. *in forse*; av. 1294] **A** v. tr. ● (*lett.*) Mettere in forse. **B** v. intr. pron. ● (*lett.*) Apparire incerto, indeciso, dubbioso: *nulla mi s'inforsa* (DANTE *Par.* XXIV, 87).

infortiménto [da *infortire*; sec. XIV] s. m. **1** Inacidimento. **2** †Rinforzamento.

infortìre [comp. di *in-* (*1*) e *forte*; 1499] **A** v. tr. (*io infortìsco, tu infortìsci*) ● (*raro*) Rinforzare. **B** v. intr. e intr. pron. (aus. *essere*) ● (*raro*) Prendere sapore acido: *questo vino infortirà presto.* SIN. Inacetire, inasprire.

infortunàrsi [da *infortunato*; 1955] v. intr. pron. ● Subire un infortunio: *i. sul lavoro, in un incidente stradale.*

infortunàto [vc. dotta, lat. *infortunātu(m)*, comp. di *in-* neg. e *fortunātus* 'fortunato'; 1313] agg.; anche s. m. (f. *-a*) **1** †Sfortunato, infelice. **2** Che (o Chi) ha sofferto un infortunio, spec. sul lavoro: *lavoratore i.*; *si contano numerosi infortunati.* || †**infortunataménte**, avv. Sfortunatamente.

infortùnio [vc. dotta, lat. *infortūniu(m)*, comp. di *in-* neg. e un deriv. di *fortūna* 'fortuna'; 1336 ca.] s. m. **1** Evento dannoso, violento, imprevisto e imprevedibile: *subire un grave i.*; *i. durante la navigazione* | ***I. sul lavoro***, lesione originata in occasione di lavoro da causa violenta che determina la morte del lavoratore o ne abolisce o menoma la capacità lavorativa: *assicurazione contro gli infortuni sul lavoro.* SIN. Disgrazia. **2** (*fig.*) Errore, atto inopportuno che non ha gravi conseguenze: *quell'intervista è stata un i. del ministro.* **3** (*lett.*) Disgrazia: *confortovi ... a fermare l'animo contro ogni i.* (MACHIAVELLI). SIN. Disastro.

infortunìsta [da *infortunistica*; 1983] s. m. e f. (pl. m. *-i*) ● Esperto di infortunistica.

infortunìstica [f. sost. di *infortunistico*; 1931] s. f. ● Disciplina che studia, sotto l'aspetto giuridico ed economico, la causa e le conseguenze degli infortuni e i mezzi per prevenirli o ridurne le conseguenze.

infortunìstico [da *infortunio*; 1941] agg. (pl. m. *-ci*) ● Che concerne gli infortuni sul lavoro: *legislazione infortunistica* | ***Medicina infortunistica***, ramo della medicina legale che tratta degli infortuni.

inforzàre [comp. di *in-* (*1*) e *forza*; sec. XIII] **A** v. intr. (*io infòrzo*; aus. *essere*) **1** Infortire. **2** †Crescere in forza, intensità e sim. **B** v. tr. ● †Rendere più forte, gagliardo, intenso.

†**infoscaménto** [1869] s. m. ● L'infoscare.

infoscàre [vc. dotta, lat. *infuscāre*, comp. di *in-* (*1*) e *fŭscus* 'fosco, scuro'; av. 1498] **A** v. tr. (*io infósco o infòsco, tu infóschi o infòschi*) ● (*raro*) Rendere fosco. **B** v. intr. e intr. pron. (aus. *essere*) ● Divenire fosco (*anche fig.*): *l'atmosfera andava infoscando*; *par che s'infoschi / quello sguardo* (SABA). SIN. Oscurarsi.

infoschìrsi [da *fosco* con prefisso *in-* (*1*); 1901] v. intr. pron. (*io mi infoschìsco, tu ti infoschìsci*) ● (*lett.*) Diventare fosco.

infossaménto [1858] s. m. ● (*raro*) L'infossare, l'infossarsi | Avvallamento, cavità.

infossàre [comp. di *in-* (*1*) e *fossa*; av. 1294] **A** v. tr. (*io infòsso*) **1** Mettere in una fossa, in una buca: *i. il grano.* **2** †Seppellire. **B** v. intr. pron. **1** Incavarsi: *le guance gli si andavano infossando per i patimenti.* **2** Avvallarsi, sprofondare: *il campo si infossava lentamente.*

infossàto [av. 1597] part. pass. di *infossare*; anche agg. ● Nei sign. del v.

infossatùra [1889] s. f. ● (*raro*) Infossamento | Cavità, incavatura.

infotainment /info'teinmənt, *ingl.* ˌinfəʊ'teɪnmənt/ [loc. ingl., comp. di *info(rmation)* 'informazione' e *(enter)tainment* 'intrattenimento'; 1995] s. m. inv. ● Genere televisivo che abbina l'informazione all'intrattenimento.

infra /'iɱfra, 'iɱfra*/ [vc. dotta, lat. *īnfra* per *īnfera*, abl. f. di *īnferus* 'infero'; av. 1250] **A** avv. ● (*lett.*) Sotto, in basso | ***Vedi i.***, vedi sotto, vedi oltre (in un libro, in un articolo e sim., per rimandare a un passo o a una nota che segue). **B** prep. ● †V. *fra* (*1*).

infra- [dalla prep. lat. *īnfra*. V. vc. precedente] pref. ● In parole composte della terminologia scientifica e tecnica, ha il significato di 'inferiore' o 'situato al disotto', 'posto più internamente' di altra cosa (*infrarosso, infrastruttura, infrasuono*) ovvero indica posizione intermedia fra due cose (*infradito, inframmettere*) | V. anche *intra-*.

infracidàre e *deriv.* ● V. *infradiciare* e *deriv.*

infracidìre [comp. di *in-* (*1*) e *fracido*; av. 1342] v. intr. (*io infracidìsco, tu infracidìsci*; aus. *essere*) **1** (*raro*) Diventare marcio: *frutta che infracidisce facilmente.* **2** (*raro*) Inzupparsi d'acqua.

infradiciaménto o (*raro*) **infracidaménto** [sec. XIII] s. m. ● L'infradiciare, l'infradiciarsi.

infradiciàre o (*raro*) **infracidàre** [comp. di *in-* (*1*) e *fradicio*; 1294] **A** v. tr. (*io infràdicio*) **1** Inzuppare d'acqua: *la pioggia ha infradiciato il fieno raccolto.* **2** Rendere marcio, fradicio: *il caldo infradicia la frutta.* **3** (*fig.*) †Importunare moltissimo. **B** v. intr. pron. **1** Inzupparsi d'acqua: *mi sono infradiciato sotto la pioggia.* **2** Diventare marcio, spec. per eccessiva maturazione: *frutto delicato che si infradicia subito.*

infradiciàta s. f. ● Eccessiva bagnatura: *prendersi una solenne i.*

infradiciàto o (*raro*) **infracidàto** [sec. XV] part. pass. di *infradiciare*; anche agg. **1** Inzuppato, bagnato. **2** Marcio, fradicio.

infradiciatùra o (*raro*) **infracidatùra** [1833] s. f. ● L'infradiciare, l'infradiciarsi | Stato di chi (o di ciò che) è fradicio.

infradito [comp. di *infra-* e *dito*; 1983] s. m. o f. inv. ● Tipo di calzatura estiva, di cuoio, plastica o gomma, in cui il piede è trattenuto da una striscia passante tra l'alluce e il secondo dito.

infraliménto [av. 1320] s. m. ● (*lett.*) L'infralire.

infralìre [comp. di *in-* (*1*) e *frale*; av. 1320] **A** v. tr. (*io infralìsco, tu infralìsci*) ● (*raro, lett.*) Rendere debole, privare del vigore. **B** v. intr. (aus. *essere*) ● (*raro, lett.*) Diventare debole.

inframéttere e *deriv.* ● V. *inframmettere* e *deriv.*

inframezzàre ● V. *inframmezzare*.

inframicròbio [comp. di *infra-* e *microbio*] s. m. ● (*biol., med.*) Virus, nel sign. 1.

inframmettènte o **inframettènte** part. pres. di *inframmettersi*; anche agg. ● Che si inframmette. || †**inframmettenteménte**, avv. Da inframmettente.

inframmettènza o **inframettènza** [da *inframmettere*; 1847] s. f. ● Ingerenza importuna, intromissione in faccende non di propria competenza: *la sua i. è veramente insopportabile* | Atto di chi s'intromette: *tutto ciò è dovuto alle loro inframmettenze.*

inframméttere o **inframéttere** [comp. di *infra-*, inteso come parallelo di *intra* 'fra, in mezzo' e *mettere*; 1225 ca.] **A** v. tr. (coniug. come *mettere*) ● Frammettere, frapporre, interporre: *inframmisero ostacoli al nostro progetto.* **B** v. intr. pron. ● Mettersi in mezzo, intromettersi: *persone disoneste riuscirono a inframmettersi nella vicenda* | (*est.*) Inserirsi inopportunamente in faccende, questioni e sim. non di propria competenza: *non voglio che tu t'inframmetta nei miei affari!*

inframmezzàre o **inframezzàre** [comp. di *in-* (*1*) e *frammezzare*; 1952] v. tr. (*io inframmèzzo*) ● Frammezzare, alternare, intramezzare.

inframmischiàre [comp. di *in-* (*1*) e *frammischiare*; 1749] v. tr. (*io inframmìschio*) ● Frammischiare.

infrancesàre [comp. di *in-* (*1*) e *francese*; 1525] **A** v. tr. (*io infrancéso*) ● (*lett.*) Contaminare con usanze, modi, vocaboli francesi. **B** v. intr. pron. ● (*lett.*) Assumere usanze, modi, parlata francesi.

infranchìre [comp. di *in-* (*1*) e *franco* (*2*)] **A** v. tr. (*io infranchìsco, tu infranchìsci*) ● †Rendere franco. **B** v. intr. pron. ● (*raro*) Prendere coraggio.

†**infranciosàre** [comp. di *in-* (*1*) e *francioso*, ant. var. di *francese*; sec. XV] v. tr. e intr. pron. ● (*lett.*) Infrancesare.

infràngere [lat. parl. **infrăngere*, ricostruzione del comp. di *in-* intens. e *frăngere*, deviata nel classico *infrĭngere*; 1363] **A** v. tr. (coniug. come *frangere*) **1** Spezzare, rompere qlco. in molte parti (*anche fig.*): *i. le olive, un oggetto fragile, la difesa avversaria* | (*fig.*) Annientare, distruggere: *i. le speranze, i sogni di qlcu.* SIN. Frantumare. **2** (*fig.*) Trasgredire, violare: *i. un divieto, un patto, una consuetudine, la tradizione.* **B** v. intr. pron. **1** Frantumarsi contro qlco.: *i marosi si infrangevano sugli scogli.* **2** (*fig.*) Fiaccarsi: *le sue speranze si infransero contro ostacoli insormontabili.*

infrangìbile [comp. di *in-* (*3*) e *frangibile*; 1481] agg. ● Che non si rompe, che è resistente agli urti: *oggetto i.* | ***Vetro i.***, che, avendo subito un processo di tempera, è assai meno fragile del vetro comune, e in caso di rottura si scompone in una massa di piccoli granuli tondeggianti. || †**infrangibilménte**, avv.

infrangiménto [av. 1912] s. m. ● (*raro*) L'infrangere, l'infrangersi.

infrànto [sec. XIV] part. pass. di *infrangere*; anche agg. ● (*raro*) Rotto, spezzato | (*fig.*) ***Cuore i.***, deluso in amore | (*fig.*) ***Idolo i.***, personaggio decaduto nella stima generale.

infrantoiàta [1779] s. f. ● Quantità di olive messe in una sola volta nel frantoio.

†**infrantóio** [comp. di *in-* (*1*) e *frantoio*; av. 1400 ca.] s. m. ● Frantoio, torchio.

†**infrappolàto** [da un dial. *infrappolare*, comp. di *in-* (*1*) e *frappola*, var. dial. di *frappa*; 1427] agg. ● Che ha molte frappe.

infrappórre [comp. di *in-* (*1*) e *frapporre*; av. 1696] v. tr. e intr. pron. ● Frapporre.

infrarósso [comp. di *infra-* e del *rosso* dello spettro; 1933] **A** s. m. ● (*fis.*) Radiazione elettromagnetica la cui lunghezza d'onda è compresa tra 0,6 micron e 1 millimetro, con frequenza variabile tra 3×10^{11} Hz e 5×10^{14} Hz; nello spettro è situato oltre l'estremo rosso, è invisibile all'occhio e dotata di altissimo potere calorifico. **B** anche agg.: *raggi infrarossi.*

infrascàre [comp. di *in-* (*1*) e *frasca*; av. 1498] **A** v. tr. (*io infràsco, tu infràschi*) **1** Disporre le frasche a sostegno di piante rampicanti: *i. i piselli* | ***I. i bachi***, fornire le frasche per la salita al bosco | Coprire, mascherare con frasche: *i. una mitragliatrice.* **2** (*fig., raro*) Caricare di fronzoli: *i. il discorso, lo stile.* **3** †Imbrogliare, avvolgere. **B** v. rifl. ● Nascondersi fra le frasche: *il cinghiale s'infrascò e non si riuscì a stanarlo.*

infrascàto [av. 1400] **A** part. pass. di *infrascare*; anche agg. ● Nei sign. dei v. **B** s. m. ● Capanna, riparo di frasche.

infrascatùra [1691] s. f. **1** Operazione dell'infrascare. **2** Insieme di frasche usate come riparo o sostegno.

infràsco [da *infrascare*; 1887] s. m. (pl. *-schi*) ● Ramo posto a sostegno di piante rampicanti.

infrascrìtto [comp. di *infra-* e *scritto*; 1294] agg. ● (*bur.*) Scritto di sotto, di seguito: *le infrascritte persone dovranno presentarsi fra una settimana* | (*raro*) ***Io i.***, io sottoscritto | †Scritto dentro.

infrasettimanàle [comp. del lat. *īnfra* nel senso deviato di 'fra' e *settimana* col suff. agg. *-ale*; 1950] agg. ● Che ricorre, si verifica durante la settimana: *vacanza, festa i.* || **infrasettimanalménte**, avv.

infrasonòro [comp. di *infra-* e *sonoro*; 1965] agg. ● (*fis.*) Relativo a infrasuono: *onde infrasonore.*

infrastruttùra [comp. di *infra-* e *struttura*; 1952] s. f. **1** Insieme di impianti che condizionano un'attività, spec. economica | ***I. aerea***, complesso degli impianti terrestri necessari per la navigazione aerea. **2** Complesso dei servizi pubblici, quali vie di comunicazione, acquedotti, ospedali, scuole e sim., che costituiscono premessa indispensabile a ogni sviluppo economico di un Paese o di una regione.

infrastrutturàle [1965] agg. ● Relativo all'infrastruttura.

infrasuòno [comp. di *infra-* e *suono*; 1936] s. m. ● (*fis.*) Oscillazione acustica di frequenza troppo bassa per poter essere udita dall'orecchio umano.

infratìre [comp. di *in-* (*1*) e *frate* (*2*); 1872] v. intr. (*io infratìsco, tu infratìsci*; aus. *essere*) ● Non andare al bosco e non fare il bozzolo, detto dei bachi da seta. SIN. Invacchire.

infrattànto [comp. di *in-* (*1*) e *frattanto*; av. 1250] avv. ● (*raro, lett.*) Frattanto.

infrattàre [comp. di *in-* (*1*) e *fratta*; 1963] **A** v. tr. ● (*centr.*) Nascondere, occultare, imboscare (*anche fig.*). **B** v. rifl. ● (*centr.*) Nascondersi, imboscarsi | Appartarsi in luoghi campestri e isolati per amoreggiare.

infravirus [comp. di *infra-* e *virus*] s. m. inv. ● (*biol., med.*) Virus, nel sign. 1.

infravişìbile [comp. di *infra-* e *visibile*; 1950] agg. ● Che non è visibile con i microscopi ordinari.

infrazióne [vc. dotta, lat. *infractiōne(m)* 'il rompere', da *infrăctus*, part. pass. di *infrĭngere* 'infrangere'; 1644] s. f. *1* Trasgressione, violazione: *l'i. di una norma*; *commettere un'i. al codice della strada*. *2* (*med.*) ***I. ossea***, frattura incompleta di un osso.

infreddaménto [av. 1320] s. m. ● Infreddatura.

infreddàre [comp. di *in-* (*1*) e *freddo*; av. 1292] **A** v. tr. (*io infréddo*) ● (*raro*) Raffreddare. **B** v. intr. pron. ● Prendere il raffreddore, un'infreddatura. **C** v. intr. (aus. *essere*) ● Perdere il calore naturale.

infreddàto [av. 1321] part. pass. di *infreddare*; anche agg. ● (*raro*) Raffreddato.

infreddatùra [av. 1541] s. f. ● Leggero raffreddore: *prendersi un'i.*

infreddoliménto [1930] s. m. ● L'infreddolirsi | Sensazione di freddo.

infreddolire [comp. di *in-* (*1*) e *freddo*; 1869] v. intr. e intr. pron. (*io infreddolisco, tu infreddolìsci*; aus. *essere*) ● Essere in preda al freddo; sentire brividi di freddo: *infreddolirsi dormendo all'aperto*.

infreddolito [1869] part. pass. di *infreddolire*; anche agg. ● Che sente freddo, che è preso dal freddo.

infrenàbile [comp. di *in-* (*3*) e *frenabile*; 1587] agg. ● Che non si può frenare (*spec. fig.*): *una passione i.* || **infrenabilménte**, avv.

infrenàre [vc. dotta, lat. *infrenāre*, comp. di *in-* (*1*) e *frenāre* 'frenare'; av. 1292] v. tr. (*io infréno* o *infrèno*) ● (*raro*) Frenare.

infrenellàre [comp. di *in-* (*1*) e *frenello*; av. 1800] v. tr. (*io infrenèllo*) ● (*mar.*; *disus.*) Legare il remo, il timone e sim. col frenello.

infreneşìre [comp. di *in-* (*1*) e *frenesia*; 1719] **A** v. tr. (*io infreneşìsco, tu infreneşìsci*) ● (*raro*) Suscitare in qlcu. un desiderio frenetico per qlco. **B** v. intr. e intr. pron. (aus. *essere*) ● (*raro*) Diventare frenetico.

infrequentàbile [comp. di *in-* (*1*) e *frequentabile*; 1927] agg. ● Che non può o non deve essere frequentato: *un locale i.*; *una compagnia, una persona i.*

infrequènte [vc. dotta, lat. *infrequĕnte(m)*, comp. di *in-* neg. e *frĕquens*, genit. *frequĕntis* 'frequente'; 1640] agg. *1* Che non è frequente: *eventualità i.* | ***Non i.***, abbastanza frequente: *un fenomeno non i.* SIN. Raro, scarso. *2* (*raro, lett.*) Che non è frequentato. || **infrequenteménte**, avv.

infrequènza o †**infrequènzia** [vc. dotta, lat. *infrequĕntia(m)*, comp. di *in-* neg. e *frequĕntia* 'frequenza'; av. 1540] s. f. ● Scarsa frequenza. SIN. Rarità, scarsità.

†**infrescàre** [comp. di *in-* (*1*) e *fresco*; av. 1556] **A** v. tr. ● Rinfrescare. **B** v. rifl. ● Rinfrescarsi.

†**infrigidàre** [vc. dotta, lat. tardo *infrigidāre* 'infreddare', comp. di *in-* (*1*) e *frigidāre*, da *frīgidus* 'freddo'; av. 1311] **A** v. tr. ● Rendere freddo: *fan gli occhi e 'l naso un fonte, e 'l gel lo infrigida* (L. DE' MEDICI). **B** v. intr. pron. ● Divenire frigido, freddo.

infrigidativo [sec. XIV] agg. *1* †Atto a rinfrescare. *2* (*med.*) Che dà frigidità.

infrigidiménto [1754] s. m. ● L'infrigidire, l'infrigidirsi.

infrigidire [da *infrigidare* con mutata coniug.; av. 1292] v. tr., intr. e intr. pron. (*io infrigidisco, tu infrigidìsci*; aus. *essere*) ● (*raro*) Rendere o diventare frigido o freddo.

infrigidito [av. 1742] part. pass. di *infrigidire*; anche agg. ● Nei sign. del v. | ***Terreno i.***, freddo per eccesso di umidità.

infrolliménto [1884] s. m. ● L'infrollire, l'infrollirsi (*anche fig.*).

infrollire [comp. di *in-* (*1*) e *frollo*; av. 1544] **A** v. intr. e intr. pron. (*io infrollisco, tu infrollìsci*; aus. *essere*) *1* Diventare frollo: *la selvaggina deve i. per essere commestibile*. *2* (*fig.*) Divenire fiacco per l'età o i malanni: *i. nell'ozio*. SIN. Indebolire, svigorire. **B** v. tr. ● (*raro*) Fare diventare frollo.

infrollito [av. 1885] part. pass. di *infrollire*; anche agg. ● Nei sign. del v.

infrondàre [comp. di *in-* (*1*) e *fronda*; 1321] **A** v. tr. (*io infróndo*) ● (*region.*) †Rivestire di fronde. **B** v. intr. e intr. pron. (aus. *essere*) ● Diventare frondoso.

infrondire [comp. di *in-* (*1*) e *fronda*; 1481] v. intr. (*io infrondisco, tu infrondìsci*; aus. *essere*) ● (*lett.*) Diventare fronzuto.

infronẓolàre [comp. di *in-* (*1*) e *fronzolo*; 1868] v. tr. (*io infrónẓolo*) ● (*raro*) Ornare di fronzoli.

infruscàre [comp. di *in-* (*1*) e *fosco*, cui si è sovrapposto *brusco*; 1681] **A** v. tr. (*io infrùsco, tu infrùschi*) ● (*raro, tosc.*) Fare confusione. **B** v. intr. pron. ● (*raro, tosc.*) Confondersi.

infruttescènza [da *infiorescenza* con sostituzione di *frutto* a *fiore*; 1938] s. f. ● (*bot.*) Insieme dei frutti e dell'asse che li sostiene, derivato dalla corrispondente infiorescenza | ***I. del banano***, casco. SIN. Fruttescenza.

infruttìfero [vc. dotta, lat. tardo *infructĭferu(m)*, comp. di *in-* neg. e *frūctifer* 'fruttifero'; av. 1375] agg. *1* Sterile, infecondo: *albero i.* *2* (*est.*) Che non dà guadagno o interesse: *capitale i.*

infruttuoşità [vc. dotta, lat. tardo *infructuositāte(m)*, comp. di *in-* neg. e un deriv. di *fructuōsus* 'fruttuoso'; sec. XIV] s. f. ● Carattere di ciò che è infruttuoso, sterile: *l'i. di un campo, di una ricerca*.

infruttuóso [vc. dotta, lat. *infructuōsu(m)*, comp. di *in-* neg. e *fructuōsus* 'fruttuoso'; av. 1342] agg. *1* Che non è fruttuoso: *terreno i.*; *investimento i.* *2* (*fig.*) Che non raggiunge lo scopo ed è quindi inutile, vano: *ricerca, fatica infruttuosa*; *tentativo i.* SIN. Sterile. || **infruttuoşaménte**, avv. Senza utilità o frutto.

ìnfula [vc. dotta, lat. *īnfula(m)*, di orig. dial. e di etim. incerta; sec. XIV] s. f. *1* Presso gli antichi Greci e Romani, fascia bianca o scarlatta, con nastri, portata intorno al capo dai sacerdoti o posta intorno alla testa delle vittime sacrificali. *2* Ciascuna delle due strisce pendenti dalla mitra vescovile | (*est.*) La mitra stessa.

infumàbile [comp. di *in-* (*3*) e *fumabile*; 1920] agg. ● (*raro*) Che non si può fumare: *sigaretta, tabacco i.*

infunàre [comp. di *in-* (*1*) e *fune*; 1681] v. tr. *1* (*raro*) Munire di fune un meccanismo per farlo funzionare. *2* †Legare con una fune.

infunatùra [da *infunare*; 1688] s. f. ● (*raro*) Legatura fatta con funi | In legatoria, accappiatura.

infundìbolo ● V. *infundibulo*.

infundibulifórme [comp. di *infundibulo* e *-forme*; av. 1730] agg. ● (*bot.*) Detto di corolla gamopetala che ha la forma di un imbuto.

infundìbulo o **infundìbolo** [vc. dotta, lat. *infundĭbulu(m)*, da *infūndere* 'infondere'; 1499] s. m. *1* (*archeol.*) Imbuto, vaso a imbuto. *2* (*anat.*) Formazione nervosa a cono della base dell'encefalo cui è congiunta l'ipofisi. *3* (*bot.*) Fiore o parte di esso a forma di imbuto.

infunghire [comp. di *in-* (*1*) e *fungo*; av. 1850] v. intr. e intr. pron. (*io infunghisco, tu infunghìsci*; aus. *essere*) *1* (*tosc.*) Coprirsi di muffa | (*raro, fig.*) Diventare pigro, intristire in un luogo chiuso. *2* †Stizzirsi, arrabbiarsi.

infungìbile [comp. di *in-* (*3*) e *fungibile*; 1927] agg. ● (*dir.*) Detto di cosa dotata di una propria individualità economico-sociale così da non potere essere sostituita con un'altra.

infungibilità [1957] s. f. ● Proprietà di ciò che è infungibile.

infuocaménto o **infocaménto** [1631] s. m. ● (*raro*) L'infuocare, l'infuocarsi | (*fig.*) Fervore.

infuocàre o **infocàre** [comp. di *in-* (*1*) e *fuoco*; av. 1342] **A** v. tr. (*io infuòco* o *infòco, tu infuòchi* o *infòchi*; in tutta la coniug. di *infocare* la *-o-* dittonga preferibilmente in *-uo-* se accentata) *1* Riscaldare qlco. fino a renderla rovente: *i. il metallo, una piastra*. *2* †Incendiare. *3* (*fig.*) †Rendere bruciante di passione e sim.: *i. l'animo di qlcu.* | (*fig.*) Rendere simile al fuoco per calore o rossore: *i. gli occhi, il viso*. SIN. Infiammare. **B** v. intr. pron. *1* Arroventarsi. *2* (*fig.*) Infiammarsi: *infocarsi di sdegno, amore* | (*fig.*) Eccitarsi, accalorarsi, adirarsi.

infuocàto o **infocàto** [1306] part. pass. di *infuocare*; anche agg. *1* Nei sign. del v. *2* (*fig.*) Caldissimo, torrido: *l'aria infuocata d'agosto*. *3* Acceso di rossore: *viso i.*; *guance infuocate*. || **infuocataménte**, avv. Con ardore.

infuòri [comp. di *in* e *fuori*; 1336 ca.] **A** avv. ● In fuori, verso l'esterno, spec. nella loc. ***all'i.***: *un trave sporgente all'i.* CONTR. Indentro. **B** nella loc. prep. ***all'i. di*** ● Eccetto, tranne: *non so altro all'i. di questo*; *all'i. di te non è venuto nessuno*. **C** in funzione di agg. inv. ● Sporgente: *denti i.*

infurbire [comp. di *in-* (*1*) e *furbo*; av. 1613] v. intr. e intr. pron. (*io infurbisco, tu infurbìsci*; aus. *essere*) ● Diventare furbo. SIN. Scaltrirsi, smaliziarsi.

infurfantire [comp. di *in-* (*1*) e *furfante*; 1822] v. intr. (*io infurfantìsco, tu infurfantìsci*; aus. *essere*) ● (*raro*) Diventare furfante.

◆**infuriàre** [comp. di *in-* (*1*) e *furia*; 1313] **A** v. tr. (*io infùrio*) *1* Rendere furioso: *i discorsi sciocchi lo infuriano*. *2* †Suscitare in qlcu. l'ispirazione poetica. *3* †Aizzare. **B** v. intr. (aus. *essere* nel sign. 1, *avere* nel sign. 2) *1* (*raro*) Adirarsi. *2* Infierire, imperversare: *la pestilenza infuria da molti mesi*; *il vento infuria sui monti*. **C** v. intr. pron. ● Diventare furibondo: *si infuria quando non gli si ubbidisce*.

infuriàto [sec. XIV] part. pass. di *infuriare*; anche agg. ● Furente, furibondo. || **infuriataménte**, avv.

infuşìbile [comp. di *in-* (*3*) e *fusibile*; av. 1537] agg. ● Che non è fusibile.

infuşibilità [comp. di *in-* (*3*) e *fusibilità*; 1795] s. f. ● Proprietà di certe sostanze solide di non fondere se sottoposte all'azione del calore.

infuşióne [vc. dotta, lat. *infusiōne(m)*, da *infūsus*, part. pass. di *infūndere* 'infondere'; 1282] s. f. *1* (*raro*) L'infondere | ***I. della grazia, dello Spirito Santo***, nel cattolicesimo, discesa illuminante e trasformante dei doni della grazia, dello Spirito Santo | ***Battesimo per i.***, proprio del rito romano-cattolico, consistente nell'aspergere l'acqua santa e nel farla defluire sulla testa del battezzando. *2* Macerazione in acqua bollente di erbe medicinali. *3* (*est.*) Infuso: *i. di tiglio, di malva*. *4* †Fusione. *5* (*med.*) Somministrazione nel circolo sanguigno di un liquido diverso dal sangue, a scopo terapeutico: *i. di farmaci per endovena*.

infùşo [av. 1718] **A** part. pass. di *infondere*; anche agg. *1* Versato dentro o sopra: *liquido i.* *2* Trasfuso | ***Virtù infuse***, le virtù teologali (fede, speranza e carità) comunicate dalla grazia all'anima attraverso il battesimo | ***Scienza infusa***, posseduta per dono soprannaturale o per grazia e non acquisita | (*iron.*) ***Avere la scienza infusa***, sapere tutto senza aver studiato. **B** s. m. ● Bevanda o soluzione ottenuta per infusione.

infuşóre [da *infondere*] s. m. ● (*med.*) Dispositivo che permette l'immissione lenta di liquidi in una vena o nel parenchima.

Infuşòri [vc. dotta, lat. *infusōriu(m)* non nel tardo senso ant. ('colatoio', da *infūndere* 'infondere'), ma perché conservati in *infusioni*; 1784] s. m. pl. (sing. *-e*) ● (*zool.*) Ciliati.

infustìto [comp. di *in-* (*1*) e *fusto*; sec. XV] agg. ● Detto di indumento, o parte di esso, dotato di una particolare consistenza, per la presenza nel suo interno di un tessuto piuttosto rigido.

†**infuturàre** [comp. di *in-* (*1*) e *futuro*; 1321] **A** v. tr. ● (*poet.*) Estendere nel futuro. **B** v. intr. pron. ● (*poet.*) Prolungarsi, sopravvivere nel futuro: *s'infutura la tua vita / vie più là che 'l punir di lor perfidie* (DANTE *Par.* XVII, 98-99).

inga [tupi *engá, ingá*; 1834] s. f. ● Pianta tropicale delle Mimosacee con foglie pennato-composte, frutti dolci commestibili, usata anche in medicina (*Inga edulis*).

ingabbanàre [comp. di *in-* (*1*) e *gabbano*; 1863] v. tr. e rifl. ● (*raro*) Avvolgere, avvolgersi nel gabbano.

ingabbiaménto [1910] s. m. ● L'ingabbiare, il venire ingabbiato.

ingabbiàre [comp. di *in-* (*1*) e *gabbia*; 1481] v. tr. (*io ingàbbio*) *1* Mettere in una gabbia: *i. un uccello* | Introdurre i vagonetti di miniera nella gabbia di estrazione. *2* Imballare prodotti in gabbie: *i. gli ortaggi*. *3* (*fig.*) Rinchiudere in uno spazio limitato, angusto (*anche fig.*): *i. in collegio un ragazzo indisciplinato*; *i. le proprie idee in rigidi schemi* | (*fig., scherz.*) Mettere in prigione. *4* (*edil.*) Dotare di ingabbiatura. *5* (*mar.*) Formare l'ossatura, il corbame, le costole e tutte le parti curve di uno scafo.

ingabbiàta [1887] s. f. ● (*raro*) L'insieme degli animali che stanno in una gabbia.

ingabbiatóre [1957] s. m. (f. *-trice*) ● (*min.*) Operaio addetto alle operazioni di carico e scarico di materiali e uomini nelle o dalle gabbie. SIN. Ricevitore.

ingabbiatùra [da *ingabbiare* nel sign. 4; 1957] s. f. ● Struttura portante di un edificio, in cemento armato o in acciaio.

ingaggiaménto [da *ingaggiare* sul modello del fr. *engagement*; av. 1787] s. m. ● (*raro*) Ingaggio.

ingaggiàre [ant. fr. *engag(i)er*, da *gage* 'gaggio, pegno'; sec. XIII] **A** v. tr. (*io ingàggio*) **1** †Obbligare con pegno. **2** Arruolare, assoldare, assumere qlcu. con un contratto: *i. soldati mercenari*; *i. l'equipaggio di una nave* | (*sport*) Acquisire un atleta alla propria società e sim.: *i. un calciatore, un corridore*. **3** Dare inizio a qlco., spec. a una lotta: *i. battaglia, combattimento*. SIN. Impegnare, incominciare | (*mar.*) ***I. un'imbarcazione***, raggiungerla in posizione di ingaggio. **4** †Dare in pegno. **B** v. intr. pron. **1** †Impegnarsi in qlco. | (*raro*) Arruolarsi. **2** (*mar.*) Avvilupparsi, agganciarsi, attorcigliarsi, detto di corde, catene e sim.

ingaggiatóre [1742] s. m. (f. *-trice*) ● Chi ingaggia.

ingàggio [da *ingaggiare*; 1742] s. m. **1** L'ingaggiare, il venire ingaggiato: *cercare un i.*; *premio di i.* **2** (*est.*) Somma spettante all'atleta che viene ingaggiato: *premio d'i.* **3** (*sport*) Nell'hockey, azione con cui l'arbitro mette in giro il disco all'inizio della partita o nel caso di interruzione per fallo, lanciandolo tra i bastoni di due giocatori posti uno di fronte all'altro, con le spalle rivolte ciascuno alla propria porta. **4** (*mar.*) Nella regata a vela, condizione che si determina quando un'imbarcazione che sopraggiunge supera con la prua la retta, perpendicolare alla rotta, che si diparte dalla poppa dell'imbarcazione raggiunta e acquisisce così il diritto di precedenza. **5** (*mil.*) ***Norme, regole di i.***, quelle che stabiliscono il comportamento di unità militari, spec. impegnate in missioni di sorveglianza e controllo, con riferimento all'uso della forza.

ingagliardiménto [1834] s. m. ● (*raro*) L'ingagliardire.

ingagliardire [comp. di *in-* (*1*) e *gagliardo*; 1342] **A** v. tr. (*io ingagliardìsco, tu ingagliardìsci*) ● Rendere più gagliardo, forte e robusto: *i. il corpo con una vita sana e sportiva*. SIN. Irrobustire. **B** v. intr. e intr. pron. (aus. *essere*) ● Diventare gagliardo, rinforzarsi (*anche fig.*): *il corpo (s')ingagliardisce con la ginnastica*. SIN. Irrobustirsi.

ingaglioffàre [comp. di *in-* (*1*) e *gaglioffo*; av. 1527] **A** v. tr. (*io ingagliòffo*) ● (*raro*) Rendere gaglioffo, miserabile. **B** v. intr. pron. ● (*raro*) Diventare gaglioffo.

ingaglioffire [comp. di *in-* (*1*) e *gaglioffo*; 1925] **A** v. intr. e intr. pron. (*io ingaglioffìsco, tu ingaglioffìsci*; aus. *essere*) ● (*raro*) Ingaglioffare. **B** v. tr. ● (*raro*) Rendere gaglioffo.

ingalluzzire [comp. parasintetico di *gallo*; 1623] v. tr., intr. e intr. pron. (*io ingalluzzìsco, tu ingalluzzìsci*; aus. *essere*) ● Ringalluzzire.

†ingambàre [da *gamba*; av. 1342] v. intr. **1** Inciampare, pericolare | (*est.*) Aver difetto. **2** Darsela a gambe.

†ingambatùra [da *ingambare*; av. 1527] s. f. ● (*raro*) Impedimento, inciampo: *si comincia a dubitare di qualche i.* (MACHIAVELLI).

†ingàmbo [da *ingambare* nel sign. 1; av. 1444] s. m. ● Pericolo, contrarietà.

ingangheràre [comp. di *in-* (*1*) e *ganghero*; sec. XIV] v. tr. (*io ingànghero*) ● (*raro*) Fermare, stringere per mezzo di gangheri.

ingannàbile [1798] agg. **1** Che può essere ingannato | Che si lascia ingannare con facilità. **2** †Ingannevole.

ingannaménto [sec. XIV] s. m. ● (*raro*) L'ingannare | Inganno.

ingannàre o †**engannàre** [lat. parl. **ingannāre*, dal v. onomat. *gannīre* '(de)ridere' con mutamento di coniug.; sec. XII] **A** v. tr. **1** Trarre in errore (*anche assol.*): *l'apparenza inganna*; *guardate quanto gli uomini ingannano loro medesimi* (GUICCIARDINI) | Indurre in errore mediante imbrogli, raggiri e sim.: *quel negoziante inganna i clienti* | Frodare, truffare: *i. il fisco con false dichiarazioni*; *ha ingannato molte persone con assegni a vuoto* | Tradire, mancare alla fede data: *i. il marito, la moglie*. SIN. Imbrogliare. **2** Deludere: *le speranze, l'aspettazione, la fiducia di qlcu.* | Eludere: *i. la vigilanza*. **3** (*fig.*) Cercare di attenuare sensazioni sgradevoli: *i. l'attesa*; *i. il tempo leggendo il giornale*; *i. la fame*. **B** v. intr. pron. ● Sbagliarsi, prendere un abbaglio, giudicare falsamente: *ingannarsi nel giudizio su qlco.*; *se non m'inganno, abbiamo sbagliato strada*. || PROV. L'apparenza inganna.

ingannàto [sec. XIII] part. pass. di *ingannare*; anche agg. ● Nei sign. del v.

ingannatóre [1336 ca.] agg.; anche s. m. (f. *-trice*) ● Che (o Chi) inganna: *speranza ingannatrice*.

ingannévole [1306] agg. ● Che inganna | ***Consiglio i.***, falso | Illusorio, fallace, insidioso: *speranza, apparenza i.* || **ingannevolménte**, †**ingannevoleménte**, avv. Con inganno.

ingànno o †**engànno** [da *ingannare*; sec. XIII] s. m. **1** Insidia, astuzia fraudolenta che serve a ingannare: *usare l'i. nei confronti di qlcu.*; *riuscire in qlco. con l'i.* | Atto fraudolento, imbroglio, raggiro: *cadere nell'i.*; *cela inganni nel fallace seno* (POLIZIANO). SIN. Frode. **2** Illusione, errore di chi si inganna: *il miraggio è un i. dei sensi*; *rendersi conto del proprio i.*; *deliberò di palesarsi, e trarla dello 'nganno nel quale era* (BOCCACCIO). SIN. Abbaglio. **3** (*mus.*) ***Cadenza d'i.***, risoluzione dell'accordo di dominante diversa da quella cosiddetta perfetta e attesa dall'ascoltatore. **4** (*caccia*) Ogni richiamo per la selvaggina. || PROV. Con arte e con inganno si vive mezzo l'anno; con inganno e con arte si vive l'altra parte. || **ingannerèllo**, dim. | **ingannùzzo**, dim.

ingannóso [av. 1685] agg. **1** (*raro, lett.*) Ingannevole, mendace: *illusione, speranza ingannosa*. **2** (*raro*) Pieno di inganni.

ingarbugliaménto [1869] s. m. ● (*raro*) L'ingarbugliare, l'ingarbugliarsi | Garbuglio.

ingarbugliàre [comp. di *in-* (*1*) e *garbuglio*; 1481] **A** v. tr. (*io ingarbùglio*) **1** Confondere, imbrogliare più cose: *i. i fili di un gomitolo di lana*; *i. i conti* | (*fig.*) Complicare. **2** (*fig.*) Cercare di confondere qlcu. per trarlo in inganno: *i. qlcu. con lunghi discorsi*. **B** v. intr. pron. **1** Confondersi, diventando intricato e confuso (*anche fig.*): *la catena dell'ancora si è ingarbugliata attorno a un pilone*; *la situazione s'ingarbuglia*. **2** (*fig., fam.*) Impappinarsi: *ingarbugliarsi in un discorso difficile, all'esame*.

ingarbugliàto [av. 1569] part. pass. di *ingarbugliare*; anche agg. ● Intricato, confuso (*anche fig.*). || **ingarbugliataménte**, avv.

ingarbuglióne [av. 1646] s. m. (f. *-a*) ● Chi fa confusione o garbugli | (*est.*) Imbroglione.

ingarzullire [etim. discussa: da *ingalluzzire* con sovrapposizione d'altra voce (?); 1869] v. intr. e intr. pron. (*io ingarzullìsco, tu ingarzullìsci*; aus. *essere*) ● (*raro, tosc.*) Assumere allegria e baldanza giovanili.

ingàuno [dal n. del popolo preromano degli *Ingauni*, fondatori e abitanti della città, *Ălbu(m) Ingāunu(m)*] **A** agg. ● Di Albenga. **B** s. m. (f. *-a*) ● Abitante, nativo di Albenga.

ingavonàrsi [comp. di *in-* (*1*) e *gavone*; sec. XVI] v. intr. pron. (*io m'ingavóno*) ● Inclinarsi da un lato per effetto del mare e non riprendere la posizione primitiva, a causa dello spostamento del carico o per l'acqua che si abbatte in coperta, detto di nave.

ingegnàccio [av. 1570] s. m. **1** Pegg. di *ingegno*. **2** (*fig.*) Persona dotata di ingegno bizzarro, incolto, ma ricco e versatile.

†ingegnaménto [av. 1347] s. m. ● Astuzia.

ingegnàrsi [da *ingegno*; av. 1292] **A** v. intr. pron. (*io m'ingégno*) **1** Sforzarsi con l'ingegno per realizzare determinati intenti: *i. a raggiungere un'elevata posizione*; *i. d'imitare i migliori pittori*; *i. di far del male a qlcu.* SIN. Adoperarsi, studiarsi. **2** Ricorrere a ripieghi o ad espedienti più o meno onesti (*anche assol.*): *s'ingegna di far bella figura*; *'Come vive?' 'S'ingegna!'*. SIN. Arrabattarsi, arrangiarsi, industriarsi. **B** v. tr. ● †Congegnare.

♦**ingegnère** [da *ingegno* nel sign. 7; av. 1350] s. m. (f. *-a*, raro; V. nota d'uso FEMMINILE) ● Chi, conseguita la laurea e l'abilitazione professionale, si occupa della progettazione e dirige la realizzazione di opere edilizie, stradali, meccaniche, navali, aeronautiche, industriali e sim. | ***I. militare***, colui che esercitava la scienza di fortificare, attaccare e difendere una piazza | ***I. del suono***, esperto che progetta e cura le caratteristiche acustiche ottimali di un ambiente destinato a spettacoli spec. musicali; esperto che predispone le attrezzature, gli impianti e, gener., le condizioni tecniche per una corretta registrazione sonora, spec. di una esecuzione musicale.

ingegnerìa [av. 1676] s. f. **1** Scienza dell'ingegnere: *laurearsi in i.* | ***I. civile***, relativa a edifici, strade, ponti, acquedotti, fognature | ***I. industriale***, comprendente meccanica, elettrotecnica, elettronica | ***I. chimica***, relativa agli impianti chimici | ***I. aeronautica***, ***i. navale***, relativa rispettivamente agli aerei e alle navi | Professione dell'ingegnere. **2** (*est.*) Progettazione di qlco. in base a tecniche specifiche: *i. costituzionale* | (*biol.*) ***I. genetica***, insieme delle tecniche per la produzione di nuovi geni e la modificazione del corredo cromosomico di un organismo mediante sostituzione o aggiunta di nuovo materiale genetico | ***I. del traffico***, V. *traffico*, sign. 3. CFR. Bioingegneria, engineering.

ingegnerìstico [1984] agg. (pl. m. *-ci*) ● Relativo agli ingegneri o all'ingegneria.

ingegnerizzàre [comp. di *ingegner(e)* e *-izzare*; 1989] v. tr. ● (*econ.*) Programmare la produzione, stabilendo i metodi e i processi attraverso i quali le materie prime vengono trasformate in prodotti finiti.

ingegnerizzàto [1986] part. pass. di *ingegnerizzare*; anche agg. **1** Nel sign. del v. **2** (*biol.*) Che è stato prodotto mediante tecniche di ingegneria genetica: *batterio i.*

ingegnerizzazióne [da *ingegneria*; 1986] s. f. ● Processo di trasposizione di invenzioni, scoperte e metodi dall'ambito della ricerca di laboratorio al mondo della produzione industriale.

†ingegnévole [sec. XIV] agg. ● Ingegnoso.

ingégno o †**ingènio** [lat. *ingĕniu(m)*, comp. di *in-* 'dentro' e *gĕnius*, da *gīgnere* 'generare', di orig. indeur.; av. 1292] s. m. **1** Facoltà dell'intelletto di intuire, escogitare, realizzare, apprendere: *forza, prontezza di i.*; *prodigio, miracolo dell'i.* | Capacità intellettiva: *i. mediocre, tardo, brillante, versatile, felice*; *coltivare, educare l'i.*; *lo i. più che mediocre è dato agli uomini per loro infelicità* (GUICCIARDINI) | Vivacità di mente, acume, capacità creativa: *avere dell'i.*; *abusare dell'i.*; *aguzzare, acuire l'i.* | ***Uomo d'i.***, individuo geniale che ha notevoli capacità intellettive | ***Opere dell'i.***, quelle in cui prevale l'elemento creativo | ***Alzata di i.***, trovata geniale; (*iron.*) idea poco felice. **2** (*lett.*) Inclinazione, disposizione per una attività o una disciplina: *i. politico, oratorio, matematico*. SIN. Cervello, intelligenza | (*lett.*) Indole naturale: *i. facile, pieghevole*; *il parlar ch'ogni aspro i. e fero / facevi umile* (PETRARCA) | (*lett.*) †Istinto, natura: *i. dell'aquila*. **3** (*est.*) Persona che si distingue nel campo filosofico, letterario, artistico: *onorare i più grandi e luminosi ingegni della nazione* | ***Un bell'i.***, persona dotata di intelligenza vivace, ricca, brillante. **4** (*lett.*) Espediente, astuzia, artificio: *cavarsela con l'i.* | †***A i.***, con astuzia | (*raro, lett.*) Sottigliezza di mente, finezza del pensiero: *i. di sofista* | †Inganno. **5** Attrezzo per la pesca del corallo formato da due pezzi di legno incrociati e fatti affondare con una zavorra, ai quali sono attaccate delle reticelle che raccolgono il corallo rotto strisciando sul fondo. **6** Parte della chiave che viene introdotta nella toppa della serratura. **7** †Congegno, ordigno, macchina. || **ingegnàccio**, pegg. (V.) | **ingegnétto**, dim. | **ingegnìno**, dim. | **ingegnóne**, accr. (V.) | **ingegnùccio**, **ingegnùzzo**, pegg. | †**ingegnuòlo**, dim.

ingegnóne s. m. **1** Accr. di *ingegno*. **2** (f. *-a*) (*fam., fig.*) Chi ha notevole ingegno e intelligenza.

ingegnosità [av. 1764] s. f. ● Caratteristica di chi (o di ciò che) è ingegnoso: *un poeta pieno di i.*; *l'i. di un espediente*.

ingegnóso o †**ingenióso** [lat. *ingeniōsu(m)*, da *ingĕnium* 'ingegno'; av. 1292] agg. **1** Che ha ingegno pronto e agile, e quindi adatto a superare difficoltà, trovare nuove soluzioni e sim.: *operaio, artigiano i.* **2** Che denota ingegno sottile e acuto: *soluzione, invenzione, trovata ingegnosa*; *paragone i.* | Che rivela astuzia o una preparazione meticolosa: *azione ingegnosa*. **3** (*lett.*) Di opera letteraria, di stile ricco di artifici o sottigliezze: *una commedia ingegnosa*. SIN. Concettoso. || **ingegnosaménte**, avv. Con ingegno e abilità.

ingelosire [comp. di *in-* (*1*) e *geloso*; 1353] **A** v. tr. (*io ingelosìsco, tu ingelosìsci*) ● Rendere geloso: *il suo comportamento lo ingelosiva* | Insospettire, adombrare: *i nostri successi lo hanno ingelo-*

sito. **B** v. intr. e intr. pron. (aus. *essere*) ● Diventare geloso: *ingelosirsi per la fortuna di un amico; s'ingelosisce per nulla.*

ingemmaménto [av. 1698] s. m. *1* (*raro*) L'ingemmare. *2* (*miner.*) Aderenza di piccoli cristalli alle pietre mescolate con i metalli nei filoni delle miniere.

ingemmàre [comp. di *in-* (*1*) e *gemma*; 1321] v. tr. (*io ingèmmo*) *1* Adornare con gemme (*anche fig.*): *i. l'elsa della spada; il cielo era ingemmato di stelle.* *2* (*bot.*) Gemmare.

ingeneràbile (**1**) [da *ingenerare*] agg. ● (*raro*) Che si può ingenerare.

†**ingeneràbile** (**2**) [comp. di *in-* (*3*) e *generabile*; sec. XIV] agg. ● Non generabile.

ingenerabilità [comp. di *in-* (*3*) e *generabilità*; 1561] s. f. ● Caratteristica di ciò che è ingenerabile.

ingeneràre [vc. dotta, lat. *ingenerāre*, comp. di *in-* (*1*) e *generāre* 'generare'; 1282] **A** v. tr. (*io ingènero*) *1* (*lett.*) Generare, far nascere. *2* (*est.*) Produrre, provocare, cagionare: *tutti questi comandi ingenerano confusione* | (*raro*) Indurre nell'animo: *i. odio, amore, sospetto.* **B** v. intr. pron. ● Avere origine, prodursi: *l'odio si è ingenerato per un sospetto infondato.*

ingeneràto [1282] part. pass. di *ingenerare*; anche agg. *1* Causato, provocato, indotto: *dissapore i. da un equivoco.* *2* (*lett.*) Congenito, innato, connaturato.

ingenerosità [comp. di *in-* (*3*) e *generosità*; 1869] s. f. ● Mancanza di generosità. SIN. Grettezza, meschinità.

ingeneróso [comp. di *in-* (*3*) e *generoso*; 1551] agg. ● Che non è generoso | (*est.*) Che rivela mancanza di comprensione: *azione, parola ingenerosa.* ‖ **ingenerosaménte**, avv. Senza generosità o comprensione.

†**ingègnio** e *deriv.* ● V. *ingegno* e *deriv.*

ingènito (**1**) [vc. dotta, lat. *ingĕnitu(m)*, comp. di *in-* 'dentro' e *gĕnitus* 'genito, nato', part. pass. di *gìgnere* 'generare'; av. 1364] agg. ● (*lett.*) Innato, insito per natura: *vizio i. nell'uomo* | (*est.*) Congenito: *difetto i.; malattia ingenita* | †*Per i.*, per natura. SIN. Connaturato. CONTR. Acquisito.

†**ingènito** (**2**) [vc. dotta, lat. *ingĕnitu(m)* (agg.), comp. di *in-* neg. e *gĕnitus* 'genito'; av. 1311] agg. ● Non creato, detto di Dio. ‖ **ingenitaménte**, avv. (*raro*) In modo ingenito.

ingènte [vc. dotta, lat. *ingĕnte(m)*, di etim. incerta; 1483] agg. ● Molto grande, rilevante, consistente: *fatiche, spese, somme ingenti; ha subito un'i. perdita in borsa.* ‖ **ingenteménte**, avv.

ingentiliménto [1864] s. m. ● L'ingentilire, l'ingentilirsi. SIN. Dirozzamento.

ingentilire [comp. di *in-* (*1*) e *gentile* (*1*); 1294] **A** v. tr. (*io ingentilìsco, tu ingentilìsci*) ● Rendere gentile, meno rozzo: *la civiltà ingentilisce i costumi degli uomini.* SIN. Affinare. **B** v. intr. pron. ● Divenire più gentile o meno rozzo: *si è ingentilito frequentando gente educata.* SIN. Affinarsi. **C** v. intr. (aus. *essere*) ● †Diventare nobile.

ingènua [dalla parte affidatagli di '(giovane) *ingenua*, innocente'; 1869] s. f. ● Nel teatro italiano classico, ruolo di ragazza senza esperienza e non maliziosa.

ingenuità [vc. dotta, lat. *ingenuitāte(m)*, da *ingĕnuus* 'ingenuo'; av. 1535] s. f. *1* Candore d'animo, sincerità, schiettezza, spontaneità: *dice le cose con una i. che disarma* | Semplicità, innocenza, inesperienza: *tutti approfittano della sua i.* | (*spreg.*) Dabbenaggine, semplicioneria: *ha avuto l'i. di credere a quell'imbroglione.* CONTR. Furbizia, scaltrezza. *2* Atto, parola, comportamento da persona ingenua: *è un'i. credere alle sue parole; ha detto delle i. incredibili.* *3* Nell'antica Roma, condizione dell'ingenuo.

ingènuo [vc. dotta, lat. *ingĕnuu(m)* 'indigeno, innato, degno di un uomo', propr. 'nato dentro (a stirpe)', comp. di *in-* 'dentro' e di un deriv. di *gìgnere* 'generare', di orig. indeur.; 1499] **A** agg. *1* Innocente, candido, inesperto: *ragazzo i.* | Semplicione: *un uomo i. e credulone.* CONTR. Furbo, scaltro. *2* Che rivela ingenuità: *sorriso i.; domanda ingenua; animo i.* *3* †*Arti ingenue*, arti liberali. ‖ **ingenuaménte**, avv. **B** s. m. (f. *-a* (V.)) *1* Chi è pronto a credere e accettare tutto: *è un inguaribile i. e tutti ne approfittano* | *Fare l'i.*, fingere di non capire. *2* Nell'antica Roma, chi era libero per nascita.

ingènza [da *ingente*] s. f. ● (*lett.*) Caratteristica di ciò che è ingente.

ingerènza [dal part. pres. di *ingerire*; av. 1667] s. f. ● Intromissione spec. non richiesta e non gradita in cose che non dovrebbero riguardare: *non ammetto ingerenze d'altri riguardo le mie decisioni; i. legittima, indebita; i. diretta, indiretta.*

ingeriménto [1639] s. m. *1* Ingestione: *l'i. di alimenti.* *2* (*raro*) Ingerenza.

ingerire [vc. dotta, lat. *ingĕrere* 'portare dentro', comp. di *in-* 'dentro' e *gĕrere* 'portare', di etim. incerta, con passaggio a diversa coniug.; av. 1498] **A** v. tr. (*io ingerisco, tu ingerisci*; part. pass. *ingerìto*, †*ingèsto*) *1* Mandare giù nello stomaco. SIN. Deglutire. *2* †Introdurre. *3* (*fig.*) †Insinuare, suscitare: *i. un dubbio, un sospetto.* **B** v. intr. pron. ● Intromettersi, immischiarsi, interessarsi in modo inopportuno e fastidioso di cose che non riguardano: *ingerirsi nei segreti, nei fatti altrui; ingerirsi nella politica interna di uno Stato.*

ingessàre [comp. di *in-* (*1*) e *gesso*; 1550] v. tr. (*io ingèsso*) *1* (*raro*) Rivestire di gesso | Murare col gesso: *i. i cardini della finestra.* *2* (*med.*) Rendere immobile mediante ingessatura: *i. un braccio, una gamba.* *3* (*fig.*) Fossilizzare, bloccare, irrigidire.

ingessàto [sec. XIV] part. pass. di *ingessare*; anche agg. ● Nei sign. del v. (*anche fig.*): *arto i.; trattativa ingessata* | (*fig.*) Eccessivamente formale, impacciato, poco disinvolto: *atmosfera un po' ingessata; dialogo i.*

ingessatùra [1798] s. f. *1* Operazione dell'ingessare. *2* (*med.*) Fasciatura rigida intrisa di acqua e gesso per mantenere immobile un arto o parte del corpo fratturato o lussato.

ingessire [comp. di *in-* (*1*) e *gesso*; 1869] v. intr. (*io ingessisco, tu ingessisci*; aus. *essere*) ● Diventar bianco come gesso, detto dei bachi da seta ammalati di calcino.

ingestióne [dal lat. *ingĕstus*, part. pass. di *ingĕrere* 'ingerire'; 1678] s. f. ● Atto dell'ingerire: *una lenta i.; i. di alcol, di farmaci.*

†**ingèsto** [1321] part. pass. di *ingerire*; anche agg. ● Nel sign. A 1 del v.

inghiaiàre [comp. di *in-* (*1*) e *ghiaia*; 1310] v. tr. (*io inghiàio*) ● Coprire, cospargere di ghiaia: *i. una strada.*

inghiaiàto [1803] **A** part. pass. di *inghiaiare*; anche agg. ● Nel sign. del v. **B** s. m. ● (*raro, tosc.*) Ghiaiata, massicciata.

inghiaiatùra [1940] s. f. ● Operazione dell'inghiaiare | (*est.*) Strato di ghiaia che serve da copertura.

inghìbbio ● V. *inghippo.*

†**inghilése** ● V. *inglese.*

inghiottiménto [av. 1681] s. m. *1* L'inghiottire. *2* †Voragine, precipizio.

♦**inghiottire** [lat. tardo *inglutīre*, comp. di *in-* 'dentro' e *glutīre*, di orig. espressiva; av. 1292] v. tr. (*io inghiottìsco* o *inghiótto* spec. nei sign. fig., *tu inghiottìsci* o *inghiótti*) *1* Mandar giù nell'esofago cibo o bevande: *i. un boccone di minestra; non riuscire a i. l'acqua* | ***I. le lacrime, il pianto***, trattenerli. *2* (*fig.*) Assorbire, fare sprofondare: *il silenzio inghiottì le nostre voci; un gorgo aveva inghiottito la barca* | (*fig.*) Consumare: *un investimento sbagliato ha inghiottito il suo patrimonio.* *3* (*fig.*) Sopportare, tollerare: *i. ingiurie, offese, amarezze.*

inghiottitóio [adatt. del dial. sett. *ingiotidór*, propr. 'inghiottitore'; 1916] s. m. *1* (*geogr.*) Orifizio naturale in cui defluiscono le acque sul fondo di una conca, dolina e sim. ➡ ILL. p. 2130 SCIENZE DELLA TERRA ED ENERGIA. *2* †Esofago.

inghiottitóre [av. 1694] agg.; anche s. m. (f. *-trice*) ● (*raro*) Che (o Chi) inghiottisce.

inghiottonire [comp. di *in-* (*1*) e *ghiottone*; av. 1306] **A** v. tr. (*io inghiottonìsco, tu inghiottonìsci*) *1* (*raro*) Rendere ghiotto. *2* †Innamorare. **B** v. intr. e intr. pron. (aus. *essere*) ● Diventare ghiotto.

inghìppo o (*raro*) **inghìbbio** [prob. nap. *nchippo* 'frinzello, punti mal dati', dal lat. parl. **implicāre*, forma metatetica per *implicāre* 'implicare'; 1946] s. m. ● (*centr.*) Espediente truffaldino, imbroglio, trucco: *qui c'è un i.; fare un i.; la faccenda si svolse senza inghippi.*

inghirlandàre o (*pop.*) †**ingrillandàre** [comp. di *in-* (*1*) e *ghirlanda*; 1319] **A** v. tr. *1* Ornare con ghirlanda: *i. il capo d'alloro.* *2* (*lett.*) Cingere come una ghirlanda: *città inghirlandata di mura.* **B** v. rifl. ● Ornarsi, cingersi di ghirlande.

ingialliménto [1869] s. m. ● L'ingiallire.

ingiallire [comp. di *in-* (*1*) e *giallo*; 1598] **A** v. tr. (*io ingiallìsco, tu ingiallìsci*) ● Rendere giallo: *i. i capelli.* **B** v. intr. e intr. pron. (aus. *essere*) ● Diventare giallo: *le biade ingialliscono.*

ingiallìto [av. 1597] part. pass. di *ingiallire*; anche agg. ● Diventato giallo: *un vecchio libro con le pagine ingiallite.*

ingigantire [comp. di *in-* (*1*) e *gigante*; 1679] **A** v. tr. (*io ingigantìsco, tu ingigantìsci*) *1* (*raro*) Ingrandire enormemente. *2* (*fig.*) Rendere qlco. più grande, importante, rischiosa e sim., di ciò che è: *i. una questione; i. i pericoli con l'immaginazione.* SIN. Esagerare. **B** v. intr. e intr. pron. (aus. *essere*) ● Prendere forme, proporzioni gigantesche (*anche fig.*).

ingigliàre [comp. di *in-* (*1*) e *giglio*; 1321] **A** v. tr. (*io ingìglio*) ● (*lett.*) Ornare di gigli. **B** v. intr. pron. *1* †Assumere figura di giglio. *2* †Prendere il giglio come stemma. **C** v. rifl. ● †Ornarsi di gigli.

inginocchiaménto [sec. XIV] s. m. ● Atto dell'inginocchiarsi.

♦**inginocchiàrsi** [vc. dotta, lat. tardo *ingeniculāre*, da *ingenĭculum*, agg., comp. della prep. *in* e *genĭculum* '(piccolo) ginocchio'; 1284 ca.] v. intr. pron. (*io m'inginòcchio*) *1* Mettersi in ginocchio o genuflettersi per devozione, sottomissione e sim.: *i. davanti ad una immagine sacra; i. ai piedi del vincitore.* *2* (*est., fig.*) Sottomettersi, umiliarsi (*anche assol.*). *3* Abbassarsi piegandosi sui ginocchi, detto di animali: *il cammello si inginocchia per fare salire il cammelliere.*

inginocchiàta [1806] s. f. *1* †Genuflessione. *2* Inferriata di finestra, incurvata e sporgente nella parte inferiore | La finestra munita di tale inferriata.

inginocchiatóio [1543] s. m. ● Mobiletto di forma varia, munito in basso di un gradino sul quale si sta in ginocchio a pregare.

inginocchiatùra [sec. XIV] s. f. ● (*raro*) Piegatura a forma di ginocchio flesso.

inginocchióni o **in ginocchióni** [sec. XIII] avv. ● (*fam.*) Ginocchioni.

ingioiàre [comp. di *in-* (*1*) e *gioia*; av. 1565] **A** v. tr. (*io ingiòio*) *1* (*raro*) Ingemmare. *2* †Riempire di gioia. **B** v. rifl. ● (*raro*) Ornarsi di gemme e gioielli.

ingioiellàre [comp. di *in-* (*1*) e *gioiello*; 1640] **A** v. tr. (*io ingioièllo*) *1* Ornare di gioielli. *2* (*fig.*) Ornare di eleganze e preziosità: *i. uno scritto, un sonetto.* **B** v. rifl. ● Ornarsi di gioielli.

ingiovanire o †**ingiovenire** [comp. di *in-* (*1*) e *giovane*; sec. XIV] v. tr., intr. e intr. pron. (*io ingiovanìsco, tu ingiovanìsci*; aus. *essere*) ● (*raro*) Ringiovanire.

ingiù [comp. di *in* e *giù*; 1373] avv. ● In giù, in basso, spec. nelle loc. avv. ***all'i., per i., dall'i.***, verso il basso, dal basso: *andare, correre, cadere all'i.; tirare dall'i. all'insù; lo teneva malamente rivolto per l'i.* CONTR. Insù.

ingiucchiménto [1869] s. m. ● (*raro, tosc.*) Instupidimento.

ingiucchire o **inciucchire** [comp. di *in-* (*1*) e *giucco*; 1869] **A** v. tr. (*io ingiucchìsco, tu ingiucchìsci*) ● (*raro, tosc.*) Rendere sciocco. **B** v. intr. (aus. *essere*) ● (*raro, tosc.*) Diventare balordo.

ingiudicàto [vc. dotta, lat. *iniudicātu(m)*, comp. di *in-* neg. e *iudicātus* 'giudicato'; av. 1527] agg. ● (*raro*) Di questione su cui non è stata ancora emessa dall'autorità competente una pronuncia definitiva.

†**ingiùgnere** ● V. *ingiungere.*

ingiuncàre [comp. di *in-* (*1*) e *giunco*; av. 1374] **A** v. tr. (*io ingiùnco, tu ingiùnchi*) *1* (*raro*) Coprire di giunchi. *2* (*mar.*) Raccogliere il tessuto di spinnaker o altre vele di prua non inferite con fili di lana destinati a rompersi non appena la vela si gonfia | †Legare con giunchi, in legature volanti, spec. le vele latine. **B** v. intr. pron. ● (*raro*) Coprirsi di giunchi o di piante fitte come giunchi | (*est.*) Riempirsi di foglie.

ingiùngere o †**ingiùgnere** [vc. dotta, lat. *iniŭngere* 'unire inserendo, imporre', comp. di *in-* 'dentro' e *iŭngere* 'giungere'; 1353] **A** v. tr. (coniug. come *giungere*) *1* Intimare, imporre d'autorità: *i. l'immediato pagamento di una somma; i. ai testimoni di comparire in giudizio; i. a qlcu. di uscire, di tacere.* SIN. Comandare, ordinare. *2* †Includere, aggiungere, allegare. *3* †Sospendere. **B** v. rifl. ● †Congiungersi, attaccarsi.

ingiuntìvo [da *ingiungere*; 1957] **agg.** ● Che implica, o si riferisce a, un ordine, un comando | (*dir.*) ***Decreto i.***, provvedimento giudiziario con cui il giudice ordina al debitore di adempiere l'obbligazione entro un dato termine.

ingiùnto [1363] **part. pass.** di *ingiungere*; anche **agg.** ● Nei sign. del v.

ingiunzióne [vc. dotta, lat. tardo *iniunctiōne(m)*, da *iniūnctus* 'ingiunto'; av. 1686] **s. f.** *1* Ordine emesso da un privato o da un'autorità: *i. di comparire in giudizio*; *gli fu comunicata l'i. di arrendersi*. **SIN.** Comando, imposizione. *2* (*dir.*) ***Procedimento di i.***, o (*ellitt.*) ***ingiunzione***, particolare procedura destinata a soddisfare le richieste di un creditore, mediante speciali forme abbreviate.

ingiùria o †**iniùria** [lat. *iniūria(m)*, comp. di *in-* neg. e un deriv. di *iūs*, genit. *iūris* 'diritto'; av. 1294] **s. f.** *1* Offesa rivolta al decoro e all'onore altrui (anche come reato perseguibile penalmente, sia che venga rivolta a persona presente sia che venga recata mediante comunicazione telegrafica o telefonica o invio di scritti o disegni): *i. atroce, villana, sanguinosa*; *riparare, cancellare, perdonare le ingiurie*; *querelare qlcu. per ingiurie* | Parola ingiuriosa, contumelia: *lanciare, respingere un'i.*; *vomitare un sacco di ingiurie*. **SIN.** Affronto, insulto, oltraggio. *2* (*lett.*) Danno contro l'integrità o i beni altrui: *hanno fatto i. a quanto aveva di più caro*; *i nobili e grandi cittadini insuperbiti faceano molte ingiurie a' popolari con batterli e con altre villanie* (COMPAGNI) | ***Fare i. a una donna***, tentare di farle violenza | Torto, ingiustizia: *mi si fa i. credendo a queste voci*. *3* (*fig.*) Guasto, danno: *quel palazzo mostra evidenti le ingiurie del tempo*.

ingiuriàre [vc. dotta, lat. *iniurāre*, da *iniūria* 'ingiuria'; av. 1294] **A v. tr.** (*io ingiùrio*) *1* Offendere con ingiurie. **SIN.** Insultare, oltraggiare. *2* Fare torto, danno. **B v. rifl. rec.** ● Scambiarsi ingiurie, offendersi, oltraggiarsi.

ingiuriatóre [sec. XIV] **agg.**; anche **s. m.** (f. *-trice*) ● (*raro*) Che (o Chi) ingiuria.

ingiurióso [vc. dotta, lat. *iniuriōsu(m)*, da *iniūria* 'ingiuria'; av. 1294] **agg.** *1* Che reca ingiuria, offesa: *parole ingiuriose*; *scritto i.* | Che fa torto: *sospetto i.* **SIN.** Oltraggioso. *2* †Nocivo, dannoso, pericoloso. || **ingiuriosaménte**, **avv.**

ingiustificàbile [comp. di *in-* (*3*) e *giustificabile*; 1869] **agg.** ● Che non è possibile giustificare: *azione i.* || **ingiustificabilménte**, **avv.**

ingiustificàto [comp. di *in-* (*3*) e *giustificato*; 1892] **agg.** ● Privo di una qualsiasi giustificazione: *diniego, rifiuto i.*; *assenza ingiustificata*; *critiche ingiustificate*. **SIN.** Immotivato, infondato. || **ingiustificataménte**, **avv.**

♦**ingiustìzia** [vc. dotta, lat. *iniustĭtia(m)*, comp. di *in-* neg. e *iustĭtia* 'giustizia'; sec. XIII] **s. f.** *1* Caratteristica o condizione di chi (o di ciò che) è ingiusto: *l'i. di quella sentenza è palese*; *il re di Francia fu molto ripreso d'i.* (VILLANI). **SIN.** Iniquità. *2* Atto ingiusto: *commettere, subire, soffrire un'i.*; *vendicare un'i.*; *è un'i.!* **SIN.** Offesa, torto.

♦**ingiùsto** o †**iniùsto** [vc. dotta, lat. *iniūstu(m)*, comp. di *in-* neg. e *iūstus* 'giusto'; av. 1292] **A agg.** *1* Che agisce o giudica in modo contrario o non conforme a giustizia: *padre, esaminatore, giudice i.* **SIN.** Iniquo. *2* Che è contrario o non conforme alla giustizia: *condanna, sentenza, legge ingiusta*; *erra chi crede che la vittoria delle imprese consista nello essere giuste o ingiuste* (GUICCIARDINI). **SIN.** Illegittimo. *3* Ingiustificato, immotivato, irragionevole: *pretese ingiuste*; *l'ira ingiusta e l'asprezza non erano per noi* (PIRANDELLO) | Infondato: *sospetto i.*; *critica ingiusta* | Immeritato: *lode, punizione ingiusta*. || **ingiustaménte**, **avv.** **B s. m.** *1* (f *-a*) Chi non è giusto: *spesso patisce il giusto per l'i.* *2* Ingiustizia.

inglése o (*pop.*) †**inghilése** [ant. fr. *angleis* 'proprio degli Angli (*Angles*)'; 1308] **A agg.** *1* Dell'Inghilterra o, correntemente, della Gran Bretagna | Che è tipico dell'Inghilterra, del suo popolo e dei suoi costumi: *flemma, eleganza i.*; *lingua i.*; *letteratura i.* **CFR.** anglo- | ***All'i.***, (*ellitt.*) secondo l'uso degli inglesi | ***Prato all'i.***, quello con erba molto fitta e rasata che gli conferisce il caratteristico aspetto vellutato | ***Giardino all'i.***, che imita un paesaggio naturale | ***Gabinetto all'i.***, V. *gabinetto*, sign. 5 | ***Riso all'i.***, cucinato in bianco | ***Sella all'i.***, senza arcione | ***Colazione all'i.***, V. *colazione* | (*fam.*) ***Andarsene, filarsela all'i.***, in silenzio e senza salutare nessuno. *2* (*est.*) Detto di ciò cui si attribuisce tradizionalmente origine inglese | ***Carattere i.***, carattere tipografico che imita una scrittura corsiva | ***Chiave i.***, attrezzo usato per stringere viti e dadi di vari diametri | ***Ricamo i.***, tipo di punto ricco di trafori bordati a cordoncino semplice | ***Sale i.***, solfato di magnesio, usato spec. come purgante drastico | ***Zuppa i.***, dolce a base di pan di Spagna intriso di liquore e farcito con crema o cioccolato | (*zoot.*) ***Purosangue i.***, razza equina di tipo dolicomorfo allevata in tutto il mondo per le sue doti di galoppatrice e trottatrice. **B s. m. e f.** ● Abitante, nativo dell'Inghilterra, o, correntemente, della Gran Bretagna | (*fam.*) ***Fare l'i.***, fingere di non capire. **C s. m.** solo **sing.** ● Lingua del gruppo germanico parlata in Inghilterra, negli Stati Uniti e in altri Paesi. || **inglesino**, **dim.**

inglesìsmo [comp. di *inglese* e *-ismo*; 1757] **s. m.** ● (*raro*) Anglicismo.

inglesizzàre [comp. di *ingles(e)* e *-izzare*; av. 1950] **A v. tr.** ● Anglicizzare. **B v. intr. pron.** *1* Assumere costumi, gusti inglesi. *2* Assumere forma inglese, detto di un vocabolo.

inglobaménto [1966] **s. m.** ● L'inglobare, il venire inglobato.

inglobàre [comp. di *in-* (*1*) e *globo*; 1499] **v. tr.** (*io inglòbo*) *1* Assimilare elementi esterni in un insieme organico: *l'America ha inglobato uomini di tutte le razze e civiltà*; *L'orrore, il sacro e il mistero vengono inglobati dal turismo* (CALVINO). **SIN.** Incorporare. *2* (*raro*) Conglobare.

ingloriòso [vc. dotta, lat. *ingloriōsu(m)*, comp. di *in-* neg. e *gloriōsus* 'glorioso'; 1575] **agg.** *1* Privo di gloria: *morte ingloriosa*. **SIN.** Oscuro. *2* Ignominioso, vergognoso, indegno: *guerra ingloriosa*. || **ingloriosaménte**, **avv.** *1* Senza gloria. *2* In modo vergognoso.

inglùvie [vc. dotta, lat. *inglŭvie(m)* 'gola, voracità', da **inglŭere*, collegato con *ingluttire* 'inghiottire', di orig. espressiva; av. 1396] **s. f. inv.** *1* (*zool.*) Dilatazione a sacca dell'esofago di molti Uccelli e degli Artropodi. *2* †Gola, voracità.

-ingo o **-éngo** [suff. d'orig. germ. *-ing*] **suff.** ● Presente in parole come: *casalingo, guardingo, ramingo, solingo, invernengo, maggengo*.

ingobbiàre o **ingubbiàre** [comp. di *in-* (*1*) e *gobbio*; av. 1665] **v. tr.** (*io ingòbbio*) ● Rivestire una ceramica con l'ingobbio.

ingòbbio [dal fr. *engobe*, da *engober* 'rivestire di uno strato di terra (*gobe*, vc. dial. di orig. gallica)'; 1927] **s. m.** ● Intonacatura di un impasto ceramico con un velo di terra liquida che copre il colore naturale dell'argilla.

ingobbìre [comp. di *in-* (*1*) e *gobbo*; av. 1294] **v. intr.** e **intr. pron.** (*io ingobbìsco, tu ingobbìsci*; aus. *essere*) ● Diventare gobbo: *ingobbisce a forza di camminare a testa bassa*; *si è ingobbito per una malattia*.

ingobbìto [1959] **part. pass.** di *ingobbire*; anche **agg.** ● Curvo, ricurvo: *un vecchio i.*

†**ingoffàre** (*1*) [da *ingoffo*; av. 1400] **v. tr.** ● Dare ingoffi, picchiare (*anche assol.*): *Mino corre addosso alla donna, e comincia a i.* (SACCHETTI).

ingoffàre (*2*) [comp. di *in-* (*1*) e *goffo*; 1858] **v. tr.** (*io ingòffo*) ● Rendere goffo, far apparire goffo: *questa giacca ti ingoffa*.

ingoffìre [comp. di *in-* (*1*) e *goffo*; 1587] **A v. tr.** (*io ingoffìsco, tu ingoffìsci*) ● Rendere goffo: *quell'abito la ingoffisce*. **B v. intr.** e **intr. pron.** (aus. *essere*) ● Diventare goffo.

†**ingòffo** [vc. espressiva; 1481] **s. m.** *1* Botta, colpo, batosta: *dando e togliendo di maturi ingoffi* (PULCI). *2* Boccone, offa.

ingoiaménto [av. 1694] **s. m.** ● (*raro*) L'ingoiare.

ingoiàre [comp. di *in-* (*1*) e *goio* nel senso, come il suo parallelo *gogio*, di 'gozzo'; 1481] **v. tr.** (*io ingóio* (o *-ò-*)) *1* Mandare giù o inghiottire rapidamente o con avidità: *ha ingoiato un piatto di minestra senza prendere fiato* | ***I. un libro***, (*fig.*) leggerlo avidamente | (*fig.*) Sopportare, tollerare: *i. amarezze, soprusi*; *cosa da non potersi i.* | ***I. un rospo***, essere costretto a subire una cosa particolarmente sgradita senza poter reagire. **SIN.** Ingollare, ingozzare, trangugiare. *2* (*est., fig.*) Assorbire, trascinare giù, fare sprofondare: *il mare ha ingoiato migliaia di navi*.

ingolfaménto [1957] **s. m.** *1* Afflusso eccessivo di benzina nel carburatore, che impedisce l'avviamento del motore per miscela troppo ricca. *2* (*raro*) L'ingolfarsi in qlco.

ingolfàre [comp. di *in-* (*1*) e *golfo*; 1485] **A v. tr.** (*io ingólfo*) *1* (*autom.*) Provocare un ingolfamento. *2* (*fig.*) Impelagare: *ha ingolfato nei debiti persino i fratelli*. **B v. intr. pron.** *1* Formare un golfo, detto del mare che si insinua tra terra e terra: *rombando s'ingolfava / dentro l'arcuata ripa / un mare pulsante* (MONTALE) | (*raro*) Penetrare in acque pericolose. *2* (*fig.*) Impegnarsi, dedicarsi a qlco.: *ingolfarsi nella politica, negli affari* | (*fig.*) Mettersi in situazioni pericolose o scomode: *ingolfarsi nei debiti, nei guai*. *3* (*autom.*) Subire un ingolfamento, detto di carburatori.

ingólla (o *-ó-*) [da *ingollare*; 1863] **s. f.** ● Piccolo canestro con rebbi in cima a una pertica per staccare la frutta dai rami.

ingollàre [comp. di *in-* (*1*) e *gola* con *-ll-* di *collo* sovrappostosi; sec. XIV] **v. tr.** (*io ingóllo* (o *-ò-*)) ● Inghiottire ingordamente o quasi senza masticare o gustare: *ho ingollato la cena in due bocconi* | Mandare giù in fretta: *i. una medicina*. **SIN.** Ingoiare, ingozzare, trangugiare.

ingolosìre [comp. di *in-* (*1*) e *goloso*; 1832] **A v. tr.** (*io ingolosìsco, tu ingolosìsci*) ● Rendere goloso: *è una torta che ci ingolosisce* | (*fig.*) Allettare, attirare (*anche assol.*): *notizie che ingolosiscono il grosso pubblico*; *la confezione ingolosisce più del prodotto*. **B v. intr.** e **intr. pron.** (aus. *essere*) ● Diventare goloso, ghiotto o voglioso di qlco.

ingombraménto [sec. XIV] **s. m.** *1* (*raro*) Atto, effetto dell'ingombrare. *2* (*med., raro*) Stasi fecale.

ingombrànte [1728] **part. pres.** di *ingombrare*; anche **agg.** ● Che ingombra | Che prende molto spazio o è di volume sproporzionato al peso: *pacco i.* **SIN.** Voluminoso | (*fig.*) Che reca disturbo o imbarazzo perché invadente o inopportuno: *un ospite decisamente i.*

ingombràre [ant. fr. *encombrer*, da *combre* 'sbarramento di un fiume', dal celt. **comboros* 'confluenza'; 1294] **v. tr.** (*io ingómbro*) *1* Occupare uno spazio creando ostacolo o intralcio: *i rottami dell'incidente ingombrano la strada*; *i. il tavolo di libri e carte*; *gli omer setosi a Polifemo ingombrano / l'orribil chiome* (POLIZIANO). *2* (*fig.*) Occupare, prendere totalmente: *tristi pensieri mi ingombrano la mente*; *d'amorosi pensieri il cor ne 'ngombra* (PETRARCA). *3* †Confiscare.

†**ingombrìme** [av. 1907] **s. m.** ● Ingombramento: *questo i. di misere dovizie* (CARDUCCI).

†**ingombrìo** [1312] **s. m.** ● Continuo ingombrare: *davano impedimento per lo i. faceano, che impedivano i fanti e andatori* (COMPAGNI).

ingómbro (*1*) [per *ingombr(at)o*; sec. XIV] **agg.** ● Ingombrato, ostruito, impedito: *strada, linea ferroviaria ingombra di frane, di neve* | (*fig.*) ***Mente ingombra di gravi pensieri***, occupata e oppressa. **CONTR.** Sgombro.

ingómbro (*2*) [da *ingombrare*; 1438] **s. m.** *1* L'ingombrare | Impedimento, impaccio: *dare, mettere i.*; *essere d'i.* | Cosa che ingombra, che toglie spazio: *togliere un i. dal pavimento*. **SIN.** Ostacolo. *2* Spazio, volume occupato dalla cosa che ingombra: *un i. di un metro*.

ingommàre [comp. di *in-* (*1*) e *gomma*; 1564] **v. tr.** (*io ingómmo*) ● Attaccare con gomma adesiva: *i. un cartellino con l'indirizzo sul pacco* | Spalmare di gomma: *i. i francobolli, le buste*. **SIN.** Incollare.

ingommatùra [1931] **s. f.** ● (*raro*) L'ingommare | Strato di gomma applicato su qlco.

ingorbiàre [comp. di *in-* (*1*) e *gorbia*; sec. XIV] **v. tr.** (*io ingórbio*) *1* Applicare la gorbia a un'asta, a un bastone e sim. *2* Scanalare il legno.

ingorbiatùra [dal part. pass. di *ingorbiare*; av. 1571] **s. f.** ● Scanalatura | Cavità in cui s'innesta la punta del trapano.

†**ingordàggine** [av. 1610] **s. f.** ● Ingordigia.

ingordìgia [da *ingordo*; 1303] **s. f.** (pl. *-gie*) *1* Caratteristica di chi è ingordo: *peccare d'i.* | Golosità, avidità: *i. di cibi, di bevande*. **SIN.** Voracità. *2* (*fig.*) Cupidigia, bramosia: *i. di denaro e onori*; *i. di piaceri*.

ingórdo [lat. *gŭrdu(m)* 'pesante, goffo', di etim. incerta; 1353] **A agg.** *1* Ghiotto, vorace, insaziabile: *essere i. di dolci* | (*fig.*) Bramoso, voglioso: *i. di guadagni, di divertimenti*. **SIN.** Avido. *2* Che rivela ingordigia (*anche fig.*): *sete ingorda*; *desiderio i.* || **ingordaménte**, **avv.** **B s. m.** (f. *-a*) ● Persona ingorda.

ingorgaménto [av. 1698] s. m. ● Ingorgo.

ingorgàre [comp. di *in-* (*1*) e *gorgo*; sec. XIII] **A** v. tr. (*io ingórgo, tu ingórghi*) ● Intasare, ostruire provocando ingorgo: *il tappo della bottiglia ha ingorgato il lavandino.* **B** v. intr. pron. e †intr. *1* Fare un gorgo, detto di liquidi o acqua corrente | Accumularsi senza avere sfogo (*anche fig.*): *l'acqua s'ingorgherà nella largura* (LEONARDO); *il traffico si è ingorgato al semaforo.* *2* Ostruirsi, intasarsi: *la caldaia si è ingorgata per i depositi dell'acqua; il tubo si è ingorgato per la fuliggine.*

ingórgo [da *ingorgare*; 1598] s. m. (pl. *-ghi*) *1* L'ingorgarsi: *l'i. del tubo di scarico* | ***I. di traffico***, eccessiva affluenza di veicoli che, ostacolandosi, bloccano la circolazione. SIN. Intasamento, ostruzione. *2* (*med.*) Ristagno o aumentato afflusso di sangue o di altri liquidi organici.

ingovernàbile [comp. di *in-* (*3*) e *governabile*; 1846] agg. ● Che non si può governare: *Stato i.* || **ingovernabilménte**, avv.

ingovernabilità [1983] s. f. ● Condizione di ciò che è ingovernabile.

ingozzaménto [da *ingozzare*; 1957] s. m. ● Nutrizione forzata del pollame.

ingozzàre [comp. di *in-* (*1*) e *gozzo*; 1313] **A** v. tr. (*io ingózzo*) *1* Mettere nel gozzo: *i polli ingozzano il mangime* | Inghiottire con ingordigia: *i. un piatto di minestra.* SIN. Ingollare, ingurgitare, trangugiare. *2* (*raro*) Ingoiare con disgusto: *i. una medicina amara* | (*fig.*) Tollerare, sopportare: *i. umiliazioni, amarezze.* *3* Far ingrassare animali nutrendoli a forza e con abbondanza: *i. galline, anitre, oche* | (*est.*) Obbligare qlcu. a mangiare, a nutrirsi: *dopo la malattia lo stanno ingozzando.* **B** v. rifl. ● Rimpinzarsi di cibo, anche mangiando in fretta o con ingordigia.

ingozzàta [da *ingozzare* con allargamento di sign.; sec. XVI] s. f. *1* (*raro*) L'ingozzarsi: *fare un'i. di fichi.* SIN. Scorpacciata. *2* (*raro, tosc.*) Manata sul cappello per farlo calare sugli occhi.

ingozzatrice [1970] s. f. ● Apparecchio per alimentare intensamente il pollame, spec. le oche, sottoposto all'ingrasso.

ingracilire [comp. di *in-* (*1*) e *gracile*; sec. XVI] **A** v. tr. (*io ingracilisco, tu ingracilìsci*) ● Rendere gracile. CONTR. Irrobustire. **B** v. intr. e intr. pron. (aus. *essere*) ● Diventare gracile.

ingraduàbile [comp. di *in-* (*3*) e *graduabile*; 1869] agg. ● (*raro*) Che non è graduabile.

ingranàggio [fr. *engrenage*, da *engrener* 'ingranare'; 1812] s. m. *1* Meccanismo che trasmette il movimento per mezzo di ruote dentate: *i. cilindrico, conico.* *2* (*fig., spec. al pl.*) Andamento o funzionamento quasi meccanico di qlco., che tende a vincolare e opprimere l'individuo: *essere preso nell'i. della mondanità; gli ingranaggi della burocrazia.*

ingranaménto [fr. *engrènement*, da *engrener* 'ingranare'; 1918] s. m. *1* L'ingranare: *l'i. di un motore* | (*fig., raro*) Avviamento: *l'i. di una attività.* *2* (*mecc.*) Impegno reciproco fra i denti di un ingranaggio | Grippaggio.

ingranàre [fr. *engrener*, col sign. derivato da quello originario di 'riempire di grano (*grain*) la tramoggia'; av. 1250] **A** v. intr. (aus. *avere*) *1* (*mecc.*) Essere accoppiati o in presa fra loro, detto di ingranaggi. *2* (*fam., fig.*) Prendere l'avvio, funzionare o rendere nel modo dovuto: *è una collaborazione che ingrana; un ragazzo che non ingrana nel lavoro; stamattina non riesco a i.* **B** v. tr. *1* Porre le ruote dentate di un ingranaggio in posizione tale che i denti facciano presa tra loro e trasmettano il moto | (*autom.*) ***I. la marcia***, innestarla. *2* Grippare.

ingranchire [comp. di *in-* (*1*) e *granchio*; av. 1803] v. tr., intr. e intr. pron. (*io ingranchisco, tu ingranchìsci*; aus. *essere*) ● Aggranchire.

ingrandiménto [1623] s. m. *1* Aumento di grandezza, dimensione e sim.: *l'i. di un quartiere, di una città, di una industria; l'i. della casa mi obbliga ad aumentare i mobili e la servitù* (GOLDONI). SIN. Accrescimento, ampliamento. *2* (*fig., raro*) Esagerazione. *3* (*fis.*) Rapporto tra una dimensione dell'immagine di un oggetto data da uno strumento ottico e la corrispondente dimensione dell'oggetto | ***Lente d'i.***, che fornisce un'immagine ingrandita. *4* Sistema di stampa fotografica mediante il quale viene aumentata la grandezza dell'immagine | (*est.*) La stampa fotografica così ottenuta.

♦**ingrandire** [comp. di *in-* (*1*) e *grande*; 1340 ca.] **A** v. tr. (*io ingrandisco, tu ingrandìsci*) *1* Rendere più grande quanto a dimensioni, numero, sfera d'azione, e sim.: *i. una casa, un regno, un podere; i. il nucleo familiare; i. l'azienda, il giro degli affari.* SIN. Accrescere, ampliare, aumentare. *2* (*fig.*) Esagerare: *i. una difficoltà.* *3* Aumentare la grandezza di un'immagine mediante l'uso di particolari strumenti ottici: *i. qlco. con il microscopio.* *4* Sottoporre a ingrandimento fotografico. *5* (*mus.*) Indicazione dinamica che vale crescendo. **B** v. intr. (aus. *essere*) ● Diventare grande o più grande: *i loro poteri ingrandivano rapidamente; come sono ingranditi i tuoi figli!* SIN. Accrescersi. **C** v. intr. pron. *1* Crescere: *gli alberi si sono ingranditi negli ultimi tempi; il timore s'ingrandisce col passare dei giorni; il paese s'ingrandisce sempre più.* *2* (*fig.*) Incrementare l'attività, l'estensione della propria azienda, e sim.: *mi sono ingrandito per far fronte alle continue richieste dei clienti.* SIN. Espandersi.

ingranditóre [1957] agg.; anche s. m. *1* (f. *-trice*) Che (o Chi) ingrandisce. *2* Apparecchio per eseguire ingrandimenti fotografici.

ingrappàre [comp. di *in-* (*1*) e *grappa* (*1*); 1857] v. tr. ● Collegare, rinforzare mediante grappe.

ingrassabue [comp. di *ingrassa(re)* e *bue* per questa proprietà; 1759] s. m. inv. ● Pianta erbacea delle Composite, annua, con fiori di colore dal giallo al crema, e foglie divise (*Chrysantemum segetum*).

ingrassàggio [da *ingrassare* nel sign. A 3; 1957] s. m. ● (*mecc.*) Grassaggio.

ingrassaménto [av. 1320] s. m. ● L'ingrassare: *l'i. dei polli* | L'ingrassarsi: *fare una dieta per evitare un eccessivo i.*

♦**ingrassàre** [lat. tardo *incrassāre*, comp. di *in-* (*1*) e *crassāre*, da *crăssus* 'grasso'; 1282] **A** v. tr. *1* Rendere grasso: *i. tacchini, oche, maiali; il cibo e la tranquillità lo hanno ingrassato.* *2* Concimare un terreno, spec. con sostanze organiche: *i. i campi col letame* | (*scherz.*) ***Andare a i. i cavoli***, morire. *3* Lubrificare con grasso: *i. il motore.* **B** v. intr. e intr. pron. (aus. *essere*) *1* Diventare grasso o più grasso: *dopo la malattia ingrassa a vista d'occhio; in questi anni si è molto ingrassato.* CONTR. Dimagrire. *2* (*fig.*) Diventare ricco: *ingrassarsi alle spalle altrui.*

ingrassàto [sec. XIII] part. pass. di *ingrassare*; anche agg. ● Nei sign. del v. CONTR. Dimagrito. || **ingrassatino**, dim.

ingrassatóre [1957] **A** agg. (f. *-trice*) ● Che ingrassa. **B** s. m. *1* (f. *-trice*) Chi ingrassa | Operaio addetto alla lubrificazione di macchine e motori. *2* Dispositivo che serve per iniettare il grasso sui punti richiesti dal meccanismo.

ingràsso [da *ingrassare*; 1781] s. m. *1* Ingrassamento di animali: *tenere, mettere all'i.; buoi da i.* *2* (*agr.*) Concimazione: *l'i. di un terreno* | Sostanza usata per migliorare la fertilità del terreno. SIN. Concime, letame.

ingraticciàre [comp. di *in-* (*1*) e *graticcio*; 1663] v. tr. (*io ingraticcio*) ● Chiudere con graticcio | Coprire con graticcio.

ingraticciàta [dal part. pass. di *ingraticciare*; av. 1597] s. f. ● Sostegno di piante o recinzione a forma di graticcio.

ingraticciatùra [1697] s. f. ● L'ingraticciare | Ingraticciata.

ingraticolaménto [av. 1704] s. m. ● L'ingraticolare | Chiusura con un riparo a forma di graticola.

ingraticolàre [comp. di *in-* (*1*) e *graticola*; av. 1320] v. tr. (*io ingraticolo*) ● Chiudere con una graticola: *i. una finestra.*

ingraticolàta [da *ingraticolare*; av. 1597] s. f. ● (*raro*) Inferriata.

ingraticolàto [av. 1527] **A** part. pass. di *ingraticolare*; anche agg. ● Nei sign. del v. **B** s. m. ● (*raro*) Graticolato.

ingraticolatùra [1887] s. f. ● Ingraticolamento.

ingratitùdine [vc. dotta, lat. tardo *ingratitūdine(m)*, comp. di *in-* neg. e un deriv. di *grātus* 'grato'; av. 1292] s. f. *1* Mancanza di gratitudine: *dimostrare i. per un benefattore* | Tendenza a dimenticare o a non ricambiare gli aiuti ricevuti: *l'i. dei figli verso i genitori; non vi spaventi dal beneficare gli uomini la i.* (GUICCIARDINI). CONTR. Riconoscenza. *2* Atto di chi è ingrato: *ripagare con un'i. il bene ricevuto* | (*lett.*) ***Pagare, ricambiare d'i.***, essere ingrato.

ingràto [vc. dotta, lat. *ingrātu(m)*, comp. di *in-* neg. e *grātus* 'grato' sul modello del corrisp. gr. *ácharis*; av. 1306] **A** agg. *1* Che non sente o dimostra gratitudine o riconoscenza: *avere un animo i.; essere i. verso un benefattore; da un figlio i. a me la pace è tolta* (ALFIERI). *2* Di cosa difficile, faticosa, che si fa malvolentieri e non dà soddisfazione: *lavoro, studio i.* | Sgradevole, spiacevole: *aspetto, fisico i.; ricordo i.; verità ingrata.* || **ingrataménte**, avv. **B** s. m. (f. *-a*) ● Chi manca di gratitudine o riconoscenza: *cerca di non essere un i.* || **ingratàccio**, pegg. | †**ingratonàccio**, pegg. | **ingratóne**, accr.

ingravescènte [lat. *ingravescĕnte(m)*, comp. di *in-* d'azione incoativa e *gravēscens*, genit. *gravescĕntis*, part. pres. di *gravēscere*, da *grăvis* 'grave'; 1499] agg. ● Che diviene più grave: *malattia i.*

ingravidaménto [sec. XIV] s. m. ● L'ingravidare, l'ingravidarsi.

ingravidàre [vc. dotta, lat. tardo *ingravidāre*, comp. di *in-* (*1*) e *grăvidus* 'gravido'; av. 1333] **A** v. tr. (*io ingràvido*) ● Rendere gravida. **B** v. intr. e intr. pron. (aus. *essere*) ● Diventare gravida.

ingraziàre [comp. di *in-* (*1*) e *grazia*; av. 1337] v. tr. (*io ingràzio*) ● †Rendere bene accetto, gradito | Ingraziarsi, accattivarsi i potenti: *faceva giocare la bambina soltanto per ingraziarsi i genitori.* SIN. Propiziarsi.

ingrediènte [vc. dotta, lat. *ingrediĕnte(m)*, part. pres. di *ĭngredi*, comp. di *in-* 'verso' e *grădi* 'avanzare', da *grădus* 'passo', di etim. incerta; 1598] s. m. *1* Sostanza singola che entra nella composizione di medicamenti, vivande o altro: *gli ingredienti di una tisana, di una torta, di un cocktail; ingredienti chimici.* *2* (*est.*) Motivo, elemento che entra nella composizione di qlco. (gener. con una connotazione limitativa): *un film poliziesco basato sui soliti ingredienti.*

ingrèssa [da *ingresso* (*1*)] s. f. ● (*sett.*) Parte della liturgia della Messa in cui il sacerdote, recitando i primi versetti di un salmo, fa ingresso all'altare. SIN. Introito.

ingressàre [da *ingresso*] v. tr. (*io ingrèsso*) ● In biblioteconomia, registrare un libro in entrata.

ingressióne [vc. dotta, lat. *ingressiōne(m)* 'entrata', da *ingrĕssu(m)* 'ingresso'] s. f. ● (*geol.*) Fenomeno di sommersione di terre emerse per innalzamento del livello del mare o abbassamento delle terre.

ingressivo [dal lat. *ingrĕssus* nel senso di 'entrata' e 'inizio'; 1957] agg. *1* (*ling.*) Detto di suono la cui articolazione provoca ingresso d'aria nell'apparato di fonazione. *2* (*ling.*) Detto di aspetto del verbo in cui l'azione è presentata nel suo inizio.

♦**ingrèsso** (*1*) [vc. dotta, lat. *ingrĕssu(m)*, da *ĭngredi* (V. *ingrediente*); 1470 ca.] s. m. *1* Entrata, apertura, accesso, varco per cui si penetra in un altro luogo: *i. della casa, del teatro; chiudere, aprire l'i.* | (*arch.*) Locale che si incontra entrando in un appartamento; anticamera. *2* Atto dell'entrare | Entrata solenne: *i. del vescovo nella diocesi; i. trionfale delle truppe nella città* | Prima apparizione: *l'inverno ha fatto il suo i.* | (*lett.*) †***I. di un trattato***, introduzione, principio | (*astrol.*) ***I. planetario***, entrata di un pianeta in un segno zodiacale. *3* Facoltà di accedere a un luogo: *i. libero, vietato; i. gratuito, a pagamento* | ***Biglietto d'i.***, quello che, previa esibizione, permette di accedere a locali, spettacoli, musei | (*ellitt.*) Biglietto di ingresso: *abbiamo prenotato due ingressi per il concerto.* *4* (*elab.*) Input.

†**ingrèsso** (*2*) [ant. fr. *engrés*, dal lat. *ingrĕssus*, part. pass. di *ĭngredi* 'entrare' con la sottintesa sfumatura inizialmente ostile; av. 1249] agg. ● Violento, ostile, fiero.

ingrigire [comp. di *in-* (*1*) e *grigio*; 1954] v. intr. (*io ingrigisco, tu ingrigìsci*; aus. *essere*) ● Farsi grigio, oscurarsi: *il cielo sta ingrigendo* | Diventare grigio di capelli: *nonostante abbia solo trent'anni, già comincia a i.* | (*fig.*) Diventare scialbo, dimesso.

†**ingrillandàre** ● V. *inghirlandare.*

ingrinzire [comp. di *in-* (*1*) e *grinza*; 1367] v. tr., intr. e intr. pron. (*io ingrinzisco, tu ingrinzìsci*; aus. *essere*) ● (*raro*) Aggrinzire.

ingrippàre [comp. di *in-* (*1*) e *grippare*; 1963] v. tr., intr. e intr. pron. (aus. intr. *avere*) ● Grippare.

ingrommàre [comp. di *in-* (*1*) e *gromma*; av. 1566] **A** v. tr. (*io ingrómmo*) ● Coprire, rivestire di gromma. **B** v. intr. e intr. pron. (aus. *essere*) ● Coprirsi di gromma.

ingroppàre (*1*) [comp. di *in-* (*1*) e *groppo*; av. 1506] v. tr. (*io ingròppo* o *ingrὸppo*) **1** (*raro*) Fare groppo. **2** †Attaccare | (*est.*) †Soggiungere, aggiungere.

†**ingroppàre** (*2*) [comp. di *in-* (*1*) e *groppa*; 1630] v. tr. **1** Portare in groppa. **2** (*raro*) Costringere il cavallo a mettere la groppa a terra.

ingrossaménto [av. 1320] s. m. **1** Aumento di grossezza, volume, livello e sim.: *i. di un torrente*. **2** (*med.*) Aumento di volume di un organo: *i. del fegato*. CFR. -megalia.

ingrossàre [comp. di *in-* (*1*) e *grosso*; sec. XIII] **A** v. tr. (*io ingròsso*) **1** Rendere grosso o più grosso: *i. lo spessore di un muro* | Far sembrare più grasso, più robusto: *questo vestito ti ingrossa*; *è un colore che ingrossa* | Accrescere, aumentare: *i. le file di un partito, di un esercito*; *i. il debito, il patrimonio, i propri risparmi*. **2** Gonfiare: *il vento ingrossava il mare*; *lo scioglimento delle nevi ingrossa i torrenti*. **B** v. intr. e intr. pron. (aus. *essere*) **1** Diventare grosso o più grosso: *i picciol frutti ... / che a poco a poco talor tanto ingrossano, / che pel gran peso i forti rami piegano* (L. DE' MEDICI). **2** (*fig.*) †Ostinarsi, incaponirsi. **C** v. intr. (aus. *essere*) ● Detto spec. delle femmine degli animali, diventare gravida.

ingrossatóre [1364] **A** agg.; anche s. m. (f. *-trice*) ● Che (o Chi) ingrossa. **B** s. m. ● Magistrato medievale che effettuava le ingrossazioni.

ingrossatùra [1540] s. f. ● Ingrossamento, rigonfiamento, grossezza.

ingrossazióne [da *ingrossare* nel sign. giuridico mediev. di 'ingrandire (un possesso)'; 1933] s. f. ● Nel diritto medievale, modifica per miglioria dei confini di un fondo, mediante esproprio a carico dei terreni limitrofi.

ingròsso [comp. di *in* e *grosso*; av. 1364] avv. **1** †Grossolanamente, circa | †In grande quantità. **2** Nella loc. avv. ***all'i.***, detto dell'acquisto o vendita di merci in grandi partite: *comprare, vendere all'i.* | ***Commercio all'i.***, quello che si effettua tra produttori, o grossisti, e dettaglianti | (*est.*) Pressappoco, all'incirca, senza cura, a colpo d'occhio e sim.: *fa le cose all'i.*; *tira giù i lavori all'i.*; *così, all'i., saranno cinque kili*.

ingrugnàre [comp. di *in-* (*1*) e *grugno*; sec. XV] v. intr. e intr. pron. (aus. *essere*) ● (*fam.*) Mettere, fare il broncio | Crucciarsi, impermalirsi.

ingrugnatùra [1869] s. f. ● (*raro*) L'ingrugnare | (*fam.*) Broncio, grugno.

ingrugnìre [av. 1837] v. intr. e intr. pron. (*io ingrugnìsco, tu ingrugnìsci*; aus. *essere*) ● Ingrugnare.

ingrugnitùra [1945] s. f. ● Ingrugnatura.

ingrullìre [comp. di *in-* (*1*) e *grullo*; av. 1837] **A** v. tr. (*io ingrullìsco, tu ingrullìsci*) ● (*tosc.*) Rendere grullo, fare ammattire: *quel bambino mi ha ingrullito*. **B** v. intr. (aus. *essere* nel sign. 1, *essere* e raro *avere* nel sign. 2) **1** (*tosc.*) Diventare grullo, scemo: *ingrullisce sempre di più*. **2** (*scherz., fam.*) Ammattire, penare: *c'è da i. per avere quel documento*.

ingrumìrsi [comp. di *in-* (*1*) e *grumo*] v. intr. pron. (*io m'ingrumìsco, tu t'ingrumìsci*) ● (*raro*) Raggrumarsi.

ingruppàre [comp. di *in-* (*1*) e *gruppo*; 1869] v. tr. e rifl. ● (*raro*) Aggruppare.

inguadàbile [comp. di *in-* (*3*) e *guadabile*; 1869] agg. ● Che non si può guadare.

inguaiàre [comp. di *in-* (*1*) e *guaio*; 1949] **A** v. tr. (*io inguàio*) ● (*fam.*) Mettere nei guai: *quell'affare sbagliato lo ha inguaiato*. **B** v. rifl. ● Mettersi nei guai: *si è inguaiato in un mare di debiti*.

inguainaménto [1887] s. m. **1** (*raro*) L'inguainare. **2** (*med.*) Invaginazione.

inguainàre [comp. di *in-* (*1*) e *guaina*; 1584] v. tr. (*io inguaino* o, più diffuso ma meno corretto, *inguàino*) **1** Porre nella guaina | ***I. la spada***, rinfilarla nel fodero | (*raro*) Mettere in un astuccio. CONTR. Sfoderare. **2** (*fig.*) Fasciare strettamente il corpo, detto di indumento molto aderente. **3** Infilare e far scorrere un nastro, un cordone e sim. in una guaina.

†**inguàla** [sp. *iguala!*, imperat. di *igualar*, da *igual* per il precedente *egual* 'uguale'; 1602] inter. ● (*mar.*) Voce di comando ai remi per uguagliare la posizione dei remi o la battuta, nella voga.

ingualcìbile [comp. di *in-* (*3*) e *gualcibile*; 1942] agg. ● Detto di stoffa che non si gualcisce.

ingualcibilità [1983] s. f. ● Caratteristica, proprietà di ciò che è ingualcibile.

ingualdrappàre [comp. di *in-* (*1*) e *gualdrappa*; 1869] v. tr. ● Coprire con gualdrappa: *i. un cavallo*.

inguantàre [comp. di *in-* (*1*) e *guanto*; 1304] v. tr. e rifl. ● Mettere o mettersi i guanti.

inguantàto [av. 1574] part. pass. di *inguantare*; anche agg. ● Coperto da guanti: *mani inguantate* | Che porta i guanti.

inguardàbile [comp. di *in-* (*3*) e un deriv. di *guardare*; av. 1948] agg. ● Che non si può guardare, che è talmente brutto o sgradevole da non potersi guardare: *uno spettacolo, un film i.*

inguarìbile [comp. di *in-* (*3*) e *guaribile*; 1861] agg. ● Che non si può curare e guarire: *male, malattia i.* | (*est.*) Incorreggibile: *vizio i.* SIN. Insanabile. || **inguaribilménte**, avv.

ingubbiàre ● V. *ingobbiare*.

inguinàle [vc. dotta, lat. *inguināle*(*m*), da *ĭnguen* 'inguine'; 1574] agg. ● (*anat.*) Dell'inguine: *canale i.*

ìnguine [vc. dotta, lat. *ĭnguen*, genit. *ĭnguinis* (nt.), originariamente 'ghiandola, gonfiore', di orig. indeur.; sec. XIV] s. m. ● (*anat.*) Regione compresa tra la parte inferiore dell'addome e l'attaccatura della coscia.

ingurgitaménto [av. 1694] s. m. ● (*raro*) L'ingurgitare.

ingurgitàre [vc. dotta, lat. *ingurgitāre* 'gettare in un gorgo, immergere, riempirsi', comp. di *in-* 'dentro' e *gurgitāre*, da *gŭrges*, genit. *gŭrgitis* 'gurge'; av. 1375] v. tr. (*io ingùrgito*) ● Inghiottire in fretta e con ingordigia: *ha ingurgitato dieci gelati* | Trangugiare per non sentire il gusto: *i. una dose di purgante*. SIN. Ingollare, ingozzare.

-ini [pl. del suff. agg. lat. *-īnus* '-ino'] suff. ● Nella sistematica zoologica, indica una sottofamiglia: *Bovini, Suini*.

ìnia [da una vc. indigena (?)] s. f. ● Cetaceo caratteristico dell'alto corso del Rio delle Amazzoni, lungo più di due metri, blu nerastro sul dorso, rosato sul ventre (*Inia geoffroyensis*).

inibìre [vc. dotta, lat. *inhibēre* 'mantenere dentro, arrestare, impedire', comp. di *in-* neg. e di un deriv. di *habēre* 'avere', con mutata coniug.; 1533] **A** v. tr. (*io inibìsco, tu inibìsci*) **1** Impedire con atto d'autorità: *il medico gli ha inibito l'uso di eccitanti* | Proibire, vietare: *i cartelli inibivano l'accesso agli estranei*. **2** (*med.*) Rallentare od abolire la normale attività di un organo, lo sviluppo di un processo morboso e sim. **3** (*psicol.*) Mettere qlcu. nell'impossibilità di compiere spontaneamente un'azione o un gesto | (*est.*) Intimidire, frenare: *il tuo comportamento mi inibisce*. **B** v. rifl. e intr. pron. ● Frenare i propri impulsi o le proprie reazioni | Bloccarsi per timidezza o imbarazzo.

inibìto [1950] **A** part. pass. di *inibire*; anche agg. ● Nei sign. del v. **B** s. m. (f. *-a*) ● (*psicol.*) Chi è affetto da inibizioni.

inibitóre [1899] **A** agg. (f. *-trice*) ● Che inibisce | (*psicol.*) ***Freni inibitori***, meccanismi psichici che controllano o frenano gli impulsi del soggetto. **B** s. m. ● (*chim.*) Sostanza che impedisce lo svolgersi di una reazione.

inibitòrio [1618] agg. **1** Che ha potere di inibire o vietare: *provvedimento i.*; *azione inibitoria*. **2** (*psicol.*) Che produce inibizione o che a essa si riferisce: *freni inibitori*.

inibizióne [vc. dotta, lat. *inhibitiōne*(*m*), da *inhĭbitus*, part. pass. di *inhibēre* 'inibire'; sec. XIV] s. f. **1** L'inibire | Proibizione, divieto. **2** (*dir.*) Azione con cui l'autorità giudiziaria, su richiesta dell'interessato, impedisce la violazione di un obbligo. **3** (*psicol.*) Processo che impedisce, sospende o ritarda la normale attività nervosa e/o psichica: *soffrire di inibizioni*; *avere delle inibizioni* | (*psicoan.*) Repressione delle pulsioni operata dal Super-Io o dall'Io.

inidoneità [comp. di *in-* (*3*) e *idoneità*; av. 1712] s. f. ● Mancanza di idoneità a qlco.: *i. a giudicare*.

inidòneo [comp. di *in-* (*3*) e *idoneo*; 1922] agg. ● Che non è idoneo a un determinato compito o ufficio. SIN. Incapace. || **inidoneaménte**, avv.

iniettàbile [1970] agg. ● Che si può iniettare.

iniettàre [lat. *iniectāre*, comp. di *in-* 'dentro' e dell'iter. di *iăcere* 'gettare'; 1600 ca.] **A** v. tr. (*io iniètto*) **1** (*med.*) Introdurre nelle cavità o nei tessuti, attraverso la cute o per gli orifizi naturali, varie specie di liquidi a scopo curativo o diagnostico. **2** In varie tecnologie, immettere liquidi mediante pressione in spazi chiusi: *i. il combustibile, il vapore, il cemento*. **3** (*est.*) Inoculare, fare entrare: *la vipera inietta il veleno nel sangue*. **B** v. intr. pron. ● Diventare rosso, detto spec. degli occhi che si arrossano per affluenza di sangue nei capillari: *gli si erano iniettati gli occhi di sangue*.

iniettìvo [1970] agg. **1** (*ling.*) Detto di suono la cui articolazione è ingressiva. **2** (*mat.*) Che soddisfa alla definizione di iniezione.

iniettóre [per *iniett*(*at*)*ore* per adatt. del corrisp. fr. *injecteur*; 1864] s. m. ● In varie tecnologie, apparecchio o dispositivo che inietta liquidi in cavità | ***I. del combustibile***, che spruzza combustibile sotto pressione nelle camere di scoppio, nei motori a combustione interna | ***I. d'acqua***, a vapore per alimentare d'acqua le caldaie delle locomotive a vapore.

♦**iniezióne** [lat. *iniectiōne*(*m*), da *iniĕctus*, part. pass. di *inĭcere*, comp. di *in-* 'dentro' e *iăcere* 'gettare', di orig. indeur.; av. 1460] s. f. **1** (*med.*) Tecnica terapeutica consistente nell'immissione diretta dei farmaci nei tessuti o nel sangue: *i. endovenosa, sottocutanea* | (*est.*) Il farmaco stesso da iniettare. **2** In varie tecnologie, immissione di una sostanza liquida, sotto pressione, in una cavità: *i. di cemento per consolidare le fondamenta di un edificio* | ***Stampaggio a i.***, V. *pressoiniezione*. **3** (*mecc.*) ***Motori a i.***, motori a scoppio nei quali il combustibile viene iniettato nei cilindri, mediante l'iniettore, anziché aspirato | ***I. diretta***, quando avviene direttamente nelle camere di combustione | ***I. indiretta***, quando avviene nel condotto d'aspirazione. **4** (*geol.*) Penetrazione di un magma entro certe regioni e certi spazi dell'interno della crosta terrestre | Penetrazione di soluzione mineralizzante lungo superfici di strati o di scistosità. **5** (*mat.*) Applicazione d'un insieme in un altro tale che ogni elemento del secondo non sia mai immagine di più d'un elemento del primo. **6** ***I. in orbita***, in astronautica, atto dell'immissione di una massa nell'orbita desiderata. **7** (*fig.*) Aiuto o conforto materiale o morale in una situazione critica: *le sue parole furono per tutti un'i. di ottimismo*. || **iniezioncìna**, dim.

in illo tèmpore [lat., propr. 'in (*ĭn*) quel (*ĭllo*, abl. di *ĭlle*) tempo (*tĕmpore*, abl. di *tĕmpus*)'; 1869] loc. avv. ● In quel tempo, espressione con la quale sono introdotte alcune narrazioni degli Evangeli latini, passata nell'uso scherz. per indicare un tempo lontano, del quale quasi non si ha memoria.

inimicàre [vc. dotta, lat. *inimicāre*, da *inimīcus* 'non (*in-*) amico (*amīcus*)', 'nemico'; 1294] **A** v. tr. (*io inimìco, tu inimìchi*) **1** Rendere nemico: *l'invidia li ha inimicati per sempre*; *inimicarsi gli amici di un tempo*. **2** †Trattare qlcu. come un nemico. **B** v. intr. pron. ● Diventare nemico di qlcu. provocandone il risentimento e l'odio: *inimicarsi con qlcu. per ragioni finanziarie*. SIN. Guastarsi.

inimicìzia [vc. dotta, lat. *inimicĭtia*(*m*), comp. di *in-* neg. e *amicĭtia* 'amicizia'; 1305] s. f. **1** Sentimento di avversione, di ostilità malevola verso qlcu.: *sopire le inimicizie*; *acquistarsi, procurarsi inimicizie*; *quest'i. avrebbe potuto restare latente per molto tempo* (SVEVO). **2** †Atto di ostilità contro qlcu.

inimìco ● V. *nemico*.

inimitàbile [vc. dotta, lat. *inimitābile*(*m*), comp. di *in-* neg. e *imitābilis* 'imitabile'; 1541] agg. **1** Che è impossibile o molto difficile imitare a causa della sua perfezione o singolarità: *grazia i.*; *attore di bravura i.* SIN. Impareggiabile, ineguagliabile | (*raro*) Che non può essere riprodotto. **2** (*raro*) Che non dev'essere imitato, con riferimento a ciò che è moralmente condannabile: *esempio i.* || **inimitabilménte**, avv.

inimitàto [comp. di *in-* (*3*) e *imitato*; 1869] agg. ● (*raro*) Che non è stato mai imitato da altri: *esempio splendido e i.*

inimmaginàbile [comp. di *in-* (*3*) e *immaginabile*; av. 1565] agg. ● Che non si riesce a immaginare, pensare, concepire: *fasto, lusso i.*; *è da sperare che col progresso del tempo si sia per arrivare a veder cose a noi per ora inimmaginabili* (GALILEI). || †**inimmaginabilménte**, avv.

inimmaginabilità [comp. di *in-* (*3*) e *immaginabilità*; av. 1707] s. f. ● (*raro*) Condizione di ciò che è inimmaginabile.

†**inimmaginàto** [comp. di *in-* (*3*) e *immaginato*; av. 1704] agg. ● Che non è stato mai immaginato.

inincròcio [vc. dotta, comp. di *in* e *incrocio*, sul modello dell'ingl. *inbreeding*] **s. m.** ● (*biol.*) Incrocio tra organismi geneticamente affini. **SIN.** Inbreeding.

ininfiammàbile [comp. di *in-* (*3*) e *infiammabile*; 1957] **agg.** ● (*raro*) Che non è infiammabile: *prodotto i.*

ininfluènte [comp. di *in-* (*3*) e *influente*; 1982] **agg.** ● Che non ha influenza: *un dettaglio i.*

ininfluènza [1983] **s. f.** ● Caratteristica di ciò che è ininfluente.

inintelligènte [comp. di *in-* (*3*) e *intelligente*; 1957] **agg.** ● Che non è intelligente. || **inintelligentemènte**, avv. (*raro*) In modo inintelligente.

inintelligìbile [vc. dotta, lat. tardo *inintelligĭbile*(*m*), comp. di *in-* neg. e *intelligĭbilis* 'intelligibile'; 1308] **agg.** *1* Che non è possibile comprendere perché superiore all'intelligenza umana o perché espresso in modo poco chiaro: *mistero i. di Dio*; *il senso di questa frase è i.* **SIN.** Oscuro. *2* Che non si riesce a intendere con l'udito: *sussurro i.* *3* Illeggibile, difficilmente leggibile, con riferimento a scrittura spec. manoscritta: *scrivere in modo i.* **SIN.** Indecifrabile. || **inintelligibilménte**, avv.

inintelligibilità [comp. di *in-* (*3*) e *intelligibilità*; av. 1712] **s. f.** ● (*raro*) Condizione di ciò che è inintelligibile.

intermediàri [comp. di *in-* (*3*) e il pl. di *intermediario*; 1938] **loc. avv.** ● Nel linguaggio degli annunci economici, senza l'intervento di intermediari o mediatori, con riferimento a trattative, negoziazioni, contrattazioni e sim.

ininterrótto [comp. di *in-* (*3*) e *interrotto*; 1890] **agg.** ● Che non viene interrotto: *andirivieni i.* | ***Rumore i.***, continuo. || **ininterrottamènte**, avv. Senza interruzione; (*est.*) incessantemente, continuamente.

ininvestigàbile [vc. dotta, lat. tardo *ininvestigābile*(*m*), comp. di *in-* neg. e *investigābilis* 'investigabile'; av. 1330] **agg.** ● (*raro*) Che non può essere investigato.

iniquità [vc. dotta, lat. *iniquitāte*(*m*), comp. di *in-* neg. e *āequitas* 'equità'; sec. XIII] **s. f.** *1* Caratteristica di chi (o di ciò che) è iniquo: *i. di una legge.* **SIN.** Ingiustizia. *2* Parola, atto iniquo: *dire i.*; *commettere un'i.* *3* (*lett.*) Avversità, spec. in senso materiale: *l'i. della stagione.* *4* (*raro*) Lavoro pessimo, mal fatto: *quella commedia è un'i.* *5* (*relig.*) Peccato, colpa, scelleratezza.

iniquo [vc. dotta, lat. *inīquu*(*m*), comp. di *in-* neg. e *āequus* 'equo'; av. 1294] **agg.** *1* Che non è giusto, equo: *sentenza iniqua*; *condizioni inique*; *iniqua e ingiusta legge* (VILLANI). *2* (*est.*) Malvagio, scellerato: *pensiero, desiderio i.*; *in me quai basse mire inique / supporre ardisci?* (ALFIERI). *3* (*raro, lett.*) Avverso, calamitoso: *stagione iniqua*; *sorte iniqua.* *4* (*lett.*) Dedito, rivolto al male: *Benigna volontade in che si liqua / sempre l'amor che drittamente spira, / come cupidità fa ne la iniqua* (DANTE *Par.* XV, 1-3). || **iniquamènte**, avv.

†**insperàto** ● V. *insperato.*

initeràbile [comp. di *in-* (*3*) e *iterabile*] **agg.** ● (*raro*) Che non si può ripetere: *il battesimo è un sacramento i.*

in itinere [loc. lat., propr. 'in viaggio' (*ĭter*, genit. *itĭneris*)] **A loc. avv.** ● Durante lo svolgimento di un'attività, di un'indagine, di una ricerca e sim.: *la commissione valuterà in itinere le decisioni da prendere.* **B loc. agg. inv.** *1* Detto di qlco. che è in corso di svolgimento, che sta seguendo il proprio iter: *una pratica in itinere.* *2* Nel linguaggio assicurativo, detto di infortunio che un lavoratore ha subìto durante il percorso per andare o tornare dal lavoro.

†**iniùria** ● V. *ingiuria.*

†**iniùsto** ● V. *ingiusto.*

iniziàbile [1869] **agg.** ● Che può o deve essere iniziato: *lavoro i. entro breve tempo.*

iniziàle [vc. dotta, lat. tardo *initiāle*(*m*), da *inĭtium* 'inizio'; 1749] **A agg.** ● Dell'inizio, relativo all'inizio: *stato, condizione i.* | ***Stipendio i.***, quello con cui è inizialmente retribuito un impiegato | ***Lettera, sillaba i.***, con cui inizia una parola | (*biol.*) ***Cellule iniziali***, quelle che, nei vegetali, si trovano all'apice della radice e sono responsabili dell'accrescimento in lunghezza e in spessore. **CONTR.** Finale. || **inizialmènte**, avv. In principio. **B s. f.** *1* Prima lettera di una parola: *i. maiuscola, minuscola*; *codice con iniziali miniate.* *2* (*spec. al pl.*) Le lettere con cui cominciano il nome e il cognome, spec. come sigla: *ricamare le proprie iniziali sulla biancheria.*

inizializzàre [da *iniziale*; 1991] **v. tr.** ● (*elab.*) Effettuare un'inizializzazione.

inizializzazióne [da *inizializzare*; 1992] **s. f.** ● (*elab.*) Predisposizione al funzionamento di un dispositivo o di un programma: *file di i.* | ***I. di un disco***, formattazione.

iniziaménto [vc. dotta, lat. (nt. pl.) *initiamĕnta* 'iniziamenti (ai sacri misteri)', da *initiāre*; 1710] **s. m.** *1* (*raro*) Inizio. *2* (*raro*) Iniziazione.

iniziàndo [da *iniziare*, sul modello del gerundivo lat.; av. 1788] **s. m.** (**f.** *-a*) ● Chi sta per essere iniziato a un rito, un culto e sim.

♦**iniziàre** [vc. dotta, lat. *initiāre*, da *inĭtium* 'inizio'; 1308] **A v. tr.** (*io inìzio*) *1* Cominciare, intraprendere: *i. un lavoro, un'attività*; *i. a parlare, a scrivere.* **CONTR.** Finire. *2* Avviare alle pratiche di un culto, introdurre alle norme di una società, spec. segreta e sim.: *i. qlcu. alla religione cristiana*; *i. qlcu. ai riti massonici* | (*est.*) Dare a qlcu. i primi insegnamenti ed elementi di un'arte o una disciplina: *i. qlcu. alla pittura, allo studio della matematica.* **SIN.** Avviare. **B v. intr. pron. e intr.** (aus. *essere*) ● Avere inizio: *il processo s'inizierà domani*; *il libro inizia con una descrizione del paesaggio.* **SIN.** Cominciare. **CONTR.** Finire.

iniziàtico [da *iniziare*; 1869] **agg.** (**pl. m.** *-ci*) *1* Che riguarda l'iniziazione a un rito, un mistero, una setta o una dottrina: *cerimoniale i.* *2* (*est.*) Oscuro, incomprensibile ai non iniziati: *regolamento, discorso, linguaggio i.* || **iniziaticamènte**, avv.

iniziativa [fr. *initiative*, tratta dal lat. *initiāre* 'iniziare' col suff. agg. f. *-ative* e applicata alla fine del XVIII sec. al potere del re di mettere in moto il potere legislativo; 1814] **s. f.** *1* Decisione autonoma con cui si promuove un'attività: *prendere, promuovere un'i. commerciale* | (*est.*) L'attività stessa: *un'i. artistica, culturale*; *l'i. si è risolta in un fallimento* | ***Assumersi l'i. di un'impresa***, esserne il promotore e impegnarsi a realizzarla | ***È venuto di propria i.***, in base a una sua autonoma decisione | ***I. privata***, attività economica intrapresa da operatori privati; l'insieme delle attività e degli operatori privati: *fare appello all'i. privata*; *chiedere agevolazioni per l'i. privata.* *2* Attitudine e capacità di intraprendere cose nuove: *persona piena di i.*; *spirito d'i.* *3* (*dir.*) Compimento delle attività necessarie perché sorga un procedimento giudiziario, legislativo, amministrativo: *i. processuale, legislativa* | ***Diritto d'i., i. legislativa***, dei senatori e deputati a proporre leggi, istituzioni e sim. | ***I. popolare*** o (*elvet.*) ***iniziativa***, raccolta di firme volta a proporre leggi o referendum.

iniziàto [1754] **A part. pass.** di *iniziare*; anche **agg.** ● Nei sign. del v. **B s. m.** (**f.** *-a*) *1* Chi ha ricevuto i primi insegnamenti di una dottrina religiosa o è ammesso a far parte di un'associazione, dopo aver superato i riti e le prove dell'iniziazione: *gli iniziati ai misteri orfici*; *gli iniziati alla Carboneria.* *2* Chi possiede una conoscenza piuttosto ampia e approfondita di una disciplina: *linguaggio per iniziati.* **CONTR.** Profano.

iniziatóre [vc. dotta, lat. tardo *initiatōre*(*m*), da *initiātus* 'iniziato'; sec. XIV] **agg.**; anche **s. m.** (**f.** *-trice*) ● (*lett.*) Che (o Chi) inizia: *discorso i.*; *essere l'i. di una sottoscrizione.*

iniziazióne [vc. dotta, lat. *initiatiōne*(*m*), da *initiātus* 'iniziato'; 1745] **s. f.** *1* (*raro*) Inizio. *2* In etnologia religiosa, complesso di cerimonie, prove e rivelazioni di ordine mitologico e morale, attraverso le quali un individuo, generalmente in età puberale, viene a far parte del gruppo degli adulti, o è riconosciuto adatto alla guerra o al matrimonio | In molte religioni primitive e superiori, insieme dei riti e delle prove attraverso le quali un individuo è ammesso in una società segreta o in un'associazione culturale o misterica. *3* (*est.*) Avviamento, introduzione alla conoscenza diretta di qlco., a un'attività e sim.: *i. all'astronomia*; *i. alla vita.*

♦**inìzio** [vc. dotta, lat. *inĭtiu*(*m*), da *inīre* 'entrar (*īre*) dentro (*in-*)'; 1319] **s. m.** *1* Modo e atto con cui comincia qlco.: *avere i.*; *dare i. a qlco.*; *l'i. è stato sfavorevole* | ***All'i.***, dapprincipio. **SIN.** Principio. **CONTR.** Fine. *2* Fase iniziale, primo periodo di qlco.: *l'i. di un capitolo*; *l'i. di uno studio*; *gli inizi sono spesso difficili.* **SIN.** Attacco, avviamento.

ìnka ● V. *inca.*

inlandsis /*sved.* ˈinlands͜is/ [vc. sved., comp. di *inland* 'interno del paese' (cfr. ted. *Land* 'paese') e *is* 'ghiaccio' (vc. di orig. germ.)] **s. m. inv.** ● (*geogr.*) Grande massa di ghiacci che, nelle regioni polari, copre vaste estensioni territoriali.

inlay card /inˈlei kard, *ingl.* ɪnˈleɪ͵kɑːd/ [loc. ingl., propr. 'cartoncino (*card*) da inserire *to inlay*'] **loc. sost. f. inv.** (**pl.** ingl. *inlay cards*) ● Cartoncino stampato gener. a colori che, inserito nel contenitore trasparente di un compact disc, funge da copertina posteriore.

†**inleiàrsi** [comp. di *in-* (*1*) e *lei*; 1321] **v. intr. pron.** ● Penetrare in lei: *prima che tu più t'inlei, / rimira in giù* (DANTE *Par.* XXII, 127-128).

†**inlibràre** [comp. di *in-* (*1*) e *libra* nell'originario senso lat. di 'bilancia'; 1321] **v. tr.** ● Mettere in bilancia, in equilibrio.

in lìmine [loc. lat., propr. 'nella, sulla (*ĭn*) soglia (*lĭmine*, ablat. di *lĭmen*)'] **loc. avv.** ● Sulla soglia, sul limitare (*spec. fig.*) | All'ultimo momento: *arrivare in limine rispetto al termine fissato.*

in lòco [lat., propr. 'nel (*ĭn*) luogo (*lŏco*, abl. di *lŏcus*)'; 1965] **loc. avv.** ● Nello stesso luogo in cui si è verificato qlco., in cui ci si trova e sim.

†**inlùcere** [vc. dotta, lat. *inlucēre*, comp. di *in-* raff. e *lucēre*, con scambio di coniug.] **v. intr.** ● Rilucere, risplendere.

†**inluiàrsi** [comp. di *in-* (*1*) e *lui*; 1321] **v. intr. pron.** ● Internarsi in lui: *Dio vede tutto, e tuo veder s'inluia* (DANTE *Par.* IX, 73).

in mèdias res [loc. lat., propr. 'negli (*ĭn*) argomenti (*rēs*) centrali (*mĕdias*, acc. pl. di *mĕdiu*(*m*) 'mezzo')'] **loc. avv.** ● Nel vivo dell'argomento, senza inutili preamboli: *entrare subito in medias res.*

in memòriam [loc. lat., propr. 'nella, per la (*ĭn*) memoria (*memŏria*(*m*))'] **A loc. avv.** ● In memoria, in ricordo (spec. in iscrizioni sepolcrali o scritti commemorativi). **B** in funzione di **loc. agg. inv.**: *parole, versi in memoriam.*

in mènte Dèi [loc. lat. 'nella (*ĭn*) mente (*mēns*, abl. *mĕnte*) di Dio (*Dĕi*)'] **loc. avv.** ● Nella mente di Dio | ***Essere, trovarsi in mente Dei***, non esistere ancora o essere lontanissimo dalla realizzazione (*spec. scherz.*): *il suo motorino è soltanto in mente Dei.*

†**inmiàrsi** /immiˈarsi/ ● V. †*immiarsi.*

†**inmillàre** /immilˈlare/ ● V. *immillare.*

innacquàre ● V. *annacquare.*

♦**innaffiàre** e *deriv.* ● V. *annaffiare* e *deriv.*

innalzaménto o (*lett.*) **inalzaménto** [sec. XIV] **s. m.** ● L'innalzare, l'innalzarsi (*spec. fig.*): *l'i. di una basilica*; *l'i. della temperatura*; *l'i. al pontificato.*

innalzàre o (*lett.*) **inalzàre** [comp. di *in-* (*1*), con raddoppiamento richiamato dalla serie di v. paralleli con *a*(*d*)-, e *alzare*; sec. XIII] **A v. tr.** *1* Levare verso l'alto (*anche fig.*): *i. il vessillo, l'insegna*; *i. una preghiera, il pensiero a Dio.* *2* Portare a un grado, a un livello più alto: *il caldo ha innalzato la temperatura*; *la massa dei detriti ha innalzato il livello del fiume.* **CONTR.** Abbassare. *3* Erigere: *i. una statua, un obelisco* | (*est.*) Edificare: *i. un monumento, una basilica.* *4* (*fig.*) Accrescere la dignità o il grado, elevare a un'alta carica: *i. qlcu. al trono, al pontificato* | ***I. qlcu. agli onori dell'altare***, santificarlo | Nobilitare, elevare: *i. lo stile, il tono di un'opera letteraria* | (*assol.*) †Insuperbire: *onde i loro avversarii ne presoro ardire, e innalzarono* (COMPAGNI). **B v. intr. pron.** *1* Aumentare di altezza: *le acque del fiume si sono innalzate di due metri.* **SIN.** Salire. *2* Levarsi in alto: *monti che s'innalzano al cielo.* **SIN.** Elevarsi, ergersi. **C v. rifl.** *1* Alzarsi, spostarsi verso l'alto: *gli aquilotti si innalzano ormai da soli*; *dal luogo dell'incendio si innalza una colonna di fumo.* **CONTR.** Abbassarsi. *2* (*fig.*) Acquisire importanza, elevarsi di condizione | (*fig., lett.*) Insuperbirsi e imporsi agli altri con la forza: *siam stretti ad un patto: / maledetto colui che l'infrange, / che s'innalza sul fiacco che piange* (MANZONI).

innalzatóre o (*lett.*) **inalzatóre** [av. 1494] **agg.**; anche **s. m.** (**f.** *-trice*) ● (*raro*) Che (o Chi) innalza.

innamoracchiàrsi [comp. di *in-* (*1*) e *amore* col suff. verb. attenuativo *-acchiare*; 1536] **v. intr. pron.** (*io m'innamoràcchio*) ● (*raro, spreg.*) Innamorarsi in modo passeggero.

innamoraménto [sec. XII] **s. m.** ● L'innamorarsi | Condizione di chi è innamorato: *un forte i.* || **innamoramentùzzo**, dim.

♦**innamoràre** [comp. di *in-* (*1*) e *amore*; sec. XII] **A** v. tr. (*io innamóro*) *1* (*raro*) Suscitare amore in qlcu.: *i. qlcu. con la bellezza, le lusinghe; soave saggia e di dolcezza piena, / da innamorar non ch'altri una sirena* (POLIZIANO). *2* (*est.*) Conquistare, affascinare, sedurre: *bellezza, sorriso che innamorano* | (*est.*) Destare grande piacere, incanto, diletto: *musica, versi che innamorano.* **B** v. intr. pron. e †intr. *1* Essere preso da un sentimento d'amore per una persona: *innamorarsi spesso; innamorarsi di un uomo, di una donna* | †***Innamorarsi in qlcu.***, di qlcu. SIN. Invaghirsi. *2* (*est.*) Provare desiderio, entusiasmo per qlco. che desta grande interesse o piacere: *innamorarsi di una casa, di un libro, di un quadro.* **C** v. rifl. rec. ● Essere presi da amore l'uno per l'altro: *si sono innamorati al primo sguardo.*

innamoràto [av. 1237] **A** part. pass. di *innamorare*; anche agg. ● Che è preso d'amore per qlcu. | ***I. cotto, pazzo***, molto innamorato | Che è preso da entusiasmo per qlco.: *sono i. della tua casa al mare* | ***Essere i. di sé***, essere pieno di sé. || **innamoratamènte**, avv. (*raro*) Con amore. **B** s. m. (f. *-a*) ● Chi prova un sentimento di amore per un'altra persona: *un i. timido* | (*est.*) La persona amata: *incontrarsi con l'i.* || **innamoratèllo**, dim. | **innamoratino**, dim. | **innamoratùccio**, **innamoratùzzo**, dim.

†**innanellàre** ● V. *inanellare.*

†**innànte** o †**enànte**, †**inànte**, †**inànti**, †**innànti** [lat. *inănte*, comp. di *ĭn-* raff. e *ănte* 'davanti'; 1476] avv.; anche prep. ● Innanzi.

†**innanzàre** [ant. provz. *enansar*, da *enans* 'innanzi'] v. tr. ● Aumentare | (*est.*) Innalzare.

innànzi o †**inànzi** [dal lat. *ăntea* 'prima, per l'addietro', raff. da *in-*; 1211] **A** avv. *1* (*spec. lett.*) Avanti: *fatevi i.* | ***Tirare i.***, (*fig.*) vivere alla meno peggio | ***Essere i. negli anni***, essere anziano. CONTR. Indietro. *2* (*spec. lett.*) Poi, oltre, in seguito (indica posteriorità): *come vedremo i.; di qui i.; d'ora i.; da quel giorno i.* *3* (*spec. lett.*) Prima, nel passato (indica anteriorità): *questo l'abbiamo già detto i.* **B** Nelle loc. cong. ***i. di, i. che.*** *1* (*disus.*) Prima di, prima che (introducono una prop. temp. con il v. all'inf., nella forma implicita, e al congv., nella forma esplicita): *i. di andare via, passa nel mio studio; i. che tu parta devo parlarti.* *2* (*lett.*) Piuttosto che (introduce una prop. compar.): *i. che lasciarti, preferisco morire.* **C** prep. *1* (*spec. lett.*) Davanti a, al cospetto, in presenza di: *ti aspetto i. casa* | Spec. nella loc. prep. ***i. a***: *l'ho sempre i. agli occhi; si presentò i. al popolo; lo giuro i. a Dio* | (*lett.*) †A paragone di: *i. a lui io sono un debole.* *2* (*spec. lett.*) Prima di: *mi svegliai i. l'alba* | ***I. tutto***, V. *innanzitutto* | ***I. tempo***, prima del tempo. **D** in funzione di agg. inv. ● (posposto a un s.) Precedente, anteriore: *la mattina, il giorno i.* **E** in funzione di s. m. inv. ● Il tempo precedente: *non l'avevo mai sentito ricordare per l'i.* | Il tempo futuro: *ricordatelo bene per l'i.*

innanzitùtto o **innànzi tutto** [sec. XIV] avv. ● Prima di tutto, prima di ogni altra cosa: *i. fai i compiti, poi vai a giocare.*

innàrio [da *inno* col suff. di (*brevi*)*ario* e sim.; av. 1375] s. m. ● Nel cattolicesimo e nelle Chiese orientali, libro liturgico contenente gli inni e le loro melodie.

†**innarràre** ● V. †*inarrare.*

innaspàre o **inaspàre** [comp. di *in-* (*1*) e (*n*)*aspo*; av. 1400] v. tr. e intr. (aus. *avere*) ● (*raro*) Annaspare.

†**innasprire** ● V. *inasprire.*

innastàre e *deriv.* ● V. *inastare* e *deriv.*

innatiṣmo [comp. di *innato* e *-ismo*; av. 1852] s. m. *1* Dottrina filosofica che considera presenti nell'uomo idee o principi innati, tali cioè che non derivano dall'esperienza. *2* (*psicol.*) Teoria secondo cui i comportamenti dell'individuo sono determinati dal patrimonio genetico. CONTR. Ambientalismo.

innatista **A** s. m. e f. (pl. m. *-i*) ● Sostenitore dell'innatismo. **B** agg. ● Innatistico.

innatìstico [1957] agg. (pl. m. *-ci*) ● Relativo all'innatismo.

innàto [vc. dotta, lat. *innātu*(*m*), comp. di *in-* 'dentro' e *nātus* 'nato'; 1308] agg. ● Che si possiede per natura e non viene acquisito con l'educazione o l'esperienza: *facoltà, bontà innata; difetto i.* | (*filos.*) ***Idee innate***, quelle che non derivano dall'esperienza ma che anzi la precedono e la rendono possibile | (*est.*) Spontaneo, naturale, istintivo: *allegria innata.* || **innataménte**, avv.

innaturàle [vc. dotta, lat. tardo *innaturāle*(*m*), comp. di *in-* neg. e *naturālis* 'naturale'; 1481] agg. ● Che non è naturale: *posa, atteggiamento i.* | ***Andatura i.***, priva di naturalezza. || **innaturalménte**, avv.

†**innaturàrsi** [comp. di *in-* (*1*) e *natura*; 1282] v. intr. pron. ● Connaturarsi.

innavigàbile [vc. dotta, lat. *innavigābile*(*m*), comp. di *in-* neg. e *navigābilis* 'navigabile'; av. 1446] agg. *1* Che non si può navigare: *canale, fiume i.* *2* (*raro, lett.*) Che non è adatto alla navigazione: *nave i.*

innavigabilità [1957] s. f. ● Condizione di ciò che è innavigabile.

†**innebbriàre** (o **-brià-**) e *deriv.* ● V. *inebriare* e *deriv.*

†**innebriàre** (o **-brià-**) e *deriv.* ● V. *inebriare* e *deriv.*

innegàbile [comp. di *in-* (*3*) e *negabile*; av. 1712] agg. ● Che non si può negare: *verità, miracolo i.; truffa i.* | (*est.*) Chiaro, evidente: *è i. che avete torto.* || **innegabilménte**, avv.

inneggiaménto [1869] s. m. ● (*raro*) L'inneggiare | Lode, esaltazione.

inneggiànte part. pres. di *inneggiare*; anche agg. ● Che inneggia, che esalta: *folla i. al vincitore.*

inneggiàre [adatt. del lat. tardo *hymnizāre* 'cantar inni (*hўmni*)'; av. 1729] **A** v. intr. (*io innéggio*; aus. *avere*) *1* (*raro*) Cantare un inno: *i. al Creatore* | (*raro*) Comporre un inno. *2* (*fig.*) Celebrare, esaltare con manifestazioni di giubilo: *i. alla vittoria, alla pace* | Lodare in modo servile, adulare: *i. al dittatore.* **B** v. tr. ● †Esaltare, adulare.

inneggiatóre [1925] agg.; anche s. m. (f. *-trice*) ● (*raro*) Che (o Chi) inneggia.

inneità [fr. *innéité*, da (*idées*) *inné*(*es*) 'idee innate'; av. 1852] s. f. ● (*filos.*) Caratteristica essenziale delle idee innate.

†**inneràre** [comp. di *in-* (*1*) e *nero*; 1493] v. intr. ● Divenir nero.

innervàre [comp. di *in-* (*1*) e *nervo*; av. 1557] **A** v. tr. (*io innèrvo*) ● (*anat.*) Dare connessione nervosa a un organo o tessuto. **B** v. intr. (aus. *essere*) ● †Diventare robusto, vigoroso.

innervazióne [1905] s. f. ● (*anat.*) Disposizione dei nervi nel corpo e nei singoli organi.

♦**innervoṣire** [comp. di *in-* (*1*) e *nervoso*; 1949] **A** v. tr. (*io innervoṣisco, tu innervoṣisci*) ● Rendere nervoso, inquieto: *questa pioggia continua mi innervosisce.* **B** v. intr. pron. ● Diventare nervoso.

innervoṣito [1953] part. pass. di *innervosire*; anche agg. ● Diventato nervoso.

innescaménto o †**inescaménto** [av. 1857] s. m. ● Operazione dell'innescare.

innescànte [1957] part. pres. di *innescare*; anche agg. ● Che innesca | ***Esplosivo i.***, esplosivo dirompente molto sensibile all'urto, usato per detonatori.

innescàre o †**inescàre** [comp. di *in-* (*1*) ed *esca* (*1*) nel senso di 'materia infiammabile'; 1584] **A** v. tr. (*io innésco, tu innéschi*) *1* Fornire di un'esca: *i. l'amo.* *2* Applicare l'esca o altro mezzo di accensione alla carica di lancio di un'arma da fuoco o alla carica di scoppio di un proiettile o di un ordigno esplosivo: *i. una bomba.* *3* (*fig.*) Provocare, suscitare: *la decisione del governo ha innescato una serie di reazioni; i. una reazione a catena.* **B** v. intr. pron. ● (*fig.*) Avviarsi a causa di condizioni propizie, detto di un fenomeno, di un processo e sim.

innésco [da *innescare*; 1905] s. m. (pl. *-schi*) *1* Congegno che serve per provocare l'accensione di una carica di lancio di un'arma da fuoco, lo scoppio della carica di un proiettile, di un ordigno esplosivo e sim. SIN. Fulminante, incendivo. *2* (*est.*) Ciò che provoca l'inizio di un fenomeno fisico: *i. di una scarica elettrica, di una reazione a catena* | (fig.) Evento che dà inizio a un fenomeno; causa iniziale: *l'imposizione della nuova tassa costituì l'i. di una rivolta popolare.*

innestàbile [1822] agg. ● (*raro*) Che si può innestare.

innestaménto o †**annestaménto** [av. 1320] s. m. ● (*raro*) Innesto.

innestàre o (*tosc.*) †**annestàre** [lat. parl. **insitāre*, comp. di *insitāre*, intens. di *inserĭre* 'piantare', con *in-* raff.; 1340 ca.] **A** v. tr. (*io innèsto*) *1* (*agr.*) Trasportare una parte di una pianta dotata di gemme su una pianta radicata al suolo, favorendone la saldatura e lo sviluppo, in modo da formare un solo individuo | (*assol.*) Sottoporre a innesto: *pianta da i.* *2* (*mecc.*) Stabilire l'accoppiamento fra un organo motore ed un organo destinato a essere mosso da questo | ***I. la marcia***, azionare il cambio di velocità | (*est.*) Inserire l'una nell'altra le due parti di un congegno: *i. la presa di corrente, la spina del telefono.* *3* (*med.*) Praticare un innesto. *4* (*fig.*) Inserire, introdurre: *i. nella tradizione nazionale elementi culturali stranieri.* **B** v. intr. pron. ● Immettersi, inserirsi: *la strada comunale si innesta nella provinciale* | (*fig.*) Inserirsi in qlco. di preesistente: *motivi moderni si innestano in una struttura narrativa di tipo tradizionale.*

innestatóio [1877] s. m. ● (*agr.*) Coltello per innestare.

innestatóre [av. 1811] s. m. (f. *-trice*) ● (*agr.*) Chi fa innesti.

innestatùra o †**annestatùra** [av. 1320] s. f. *1* (*agr.*) Operazione e modalità dell'innestare | Punto in cui si pratica l'innesto. *2* (*raro, fig.*) Congiunzione: *l'i. di due epoche diverse.*

innèsto o †**annèsto** [da *innestare*; 1340 ca.] s. m. *1* (*agr.*) Operazione dell'innestare | ***Soggetto dell'i.***, pianta su cui si esegue tale operazione | ***I. per approccio, per approssimazione***, unione delle marze con un soggetto della stessa forza, eseguito troncandoli entrambi con un taglio netto, obliquo, facendo combaciare le due superfici di sezione e fasciando bene il punto di unione | ***I. a marza***, ottenuto inserendo numerose marze nel fusto troncato di un soggetto più sviluppato, avendo cura che le cortecce combacino | ***I. a occhio, a gemma***, incastrando, sotto la corteccia del soggetto, invece della marza, una sola gemma unita a un pezzo di corteccia, fatto a scudo | ***I. ad anello***, togliendo al soggetto un anello di corteccia che si sostituisce con uguale anello della varietà prescelta, provvisto di gemma | (*est.*) Parte gemmifera da innestare: *un i. di ciliegio, di albicocco* | (*est.*) Risultato di tale pratica agraria: *un ottimo i.; un i. molto fruttifero.* ➡ ILL. **agricoltura e giardinaggio.** *2* (*mecc.*) Dispositivo che permette di stabilire o disinserire il collegamento fra due organi meccanici (spec. due alberi coassiali): *i. a denti, a frizione, idraulico* | Attacco: *obiettivo con i. a vite, a baionetta.* *3* (*med.*) Trasporto di un frammento o di una porzione più o meno ampia di un tessuto o di un organo da una parte all'altra dell'organismo senza che vengano conservate connessioni vascolari immediate | (*raro*) Vaccinazione: *i. del vaiolo.* *4* (*elettr.*) Presa di corrente. *5* (*fig.*) Inserimento, introduzione.

innevaménto [1957] s. m. ● Presenza di neve in una determinata zona | ***I. artificiale delle piste da sci***, ottenuto con neve di riporto o con cannoni sparaneve.

innevàre [comp. di *in-* (*1*) e *neve*; 1869] **A** v. tr. (*io innévo*) ● Ricoprire di neve: *i. artificialmente una pista da sci.* **B** v. intr. pron. ● Coprirsi di neve: *le montagne si sono tutte innevate.*

innevàto [1869] part. pass. di *innevare*; anche agg. ● Coperto di neve: *pista ben innevata; cime innevate.*

inning /*ingl.* 'ɪnɪŋ/ [vc. ingl., propr. 'raccolto (sistemato in luogo chiuso)', dall'ant. ingl. *innian* 'porre dentro', da *inn* 'in, dentro'; 1953] s. m. inv. ● (*sport*) Nel baseball, ciascuna delle nove parti di una partita nelle quali le squadre si alternano all'attacco e in difesa.

inno [vc. dotta, lat. *hўmnu*(*m*), dal gr. *hýmnos*, di etim. discussa: da *Hymḗn* 'Imene, dio del matrimonio', in onore del quale si cantava (?); av. 1294] s. m. *1* Nella liturgia romana, canto, con o senza accompagnamento di organo, inserito nell'ufficio canonico e dedicato alla celebrazione di Dio, della Vergine e dei Santi | In molte religioni, composizione metrica in onore di dei o di eroi, usata in cerimonie: *inni del Rigveda; inni orfici.* *2* (*letter.*) Composizione strofica in vario metro di elevato argomento, patriottico, mitologico, religioso e sim.: *gli Inni Sacri del Manzoni.* *3* (*mus.*) Composizione patriottica per canto e strumenti, di carattere concitato e solenne: *i. nazionale; i. di guerra, di trionfo.* *4* (*fig.*) Discorso elogiativo o celebrativo: *la sua requisitoria è un i. alla libertà.*

♦**innocènte** [vc. dotta, lat. *innocĕnte*(*m*), comp. di *in-* neg. e *nŏcens*, genit. *nocĕntis* 'nocente'; sec.

XIII] **A** **agg.** *1* Che è esente da colpa: *l'imputato è i.*; *proclamarsi i.* CONTR. Colpevole | ***Sangue i.***, quello di chi è senza colpa: *io non bagnai mie mani / nell'i. sangue* (ALFIERI). *2* Che non conosce il male perché non ne ha esperienza o è privo di malizia: *bambino, fanciulla i.*; *affetto, piacere i.* | (*est.*) Ingenuo, candido | Che rivela mancanza di malizia: *discorso, libro, domanda i.* *3* †Che non nuoce, non fa alcun male: *pèra colui che primo osò la mano / armata alzar sull'i. agnella* (PARINI). || **innocenteménte**, **avv.** *1* Con innocenza. *2* †Senza colpa. **B** **s. m. e f.** *1* Chi è esente da colpa. CONTR. Colpevole. *2* (*est.*) Bambino | ***Strage degli innocenti***, l'uccisione, ordinata da Erode, dei bambini al di sotto dei due anni. *3* (*tosc.*, *spec. al pl.*) Orfanelli, trovatelli allevati da un ospizio. || **innocentino**, **dim.** (V.) | **innocentóne**, **accr.**

innocentino **s. m.** (f. *-a*) *1* Dim. di *innocente*. *2* (*iron.*) Chi vuole apparire ingenuo, innocente, senza esserlo: *non fare l'i.!* *3* (*tosc.*) Bambino affidato a un brefotrofio.

innocentismo [1970] **s. m.** ● Atteggiamento di chi è innocentista.

innocentista [1950] **s. m. e f.** (pl. m. *-i*) ● Chi, riguardo a un processo, si schiera con i sostenitori dell'innocenza dell'imputato; è usato spec. in contrapposizione a *colpevolista*.

innocenza [vc. dotta, lat. *innocĕntia(m)*, da *ĭnnocens*, genit. *innocĕntis* 'innocente'; 1321] **s. f.** *1* Caratteristica, condizione di chi è innocente, per incapacità di commettere il male o per ignoranza del male stesso: *conservare, perdere l'i.* | ***L'età dell'i.***, l'infanzia | (*est.*) Ingenuità, semplicità, candore: *domanda fatta con i.* | ***Beata i.!***, con riferimento a parole sconvenienti pronunciate senza malizia. *2* Non colpevolezza: *proclamare l'i. di qlcu.*; *dimostrare la piena i. dell'imputato.*

innocuità [av. 1789] **s. f.** ● Caratteristica di chi (o di ciò che) è innocuo.

innòcuo [vc. dotta, lat. *innŏcuu(m)*, comp. di *in-* neg. e *nŏcuus* 'nocuo, nocivo'; av. 1375] **agg.** *1* Che non nuoce: *medicinale i.*; *scherzo i.*; *non riguardando all'età né al sesso i., crudelmente l'uccise* (BOCCACCIO) | ***Animale i.***, inoffensivo | (*spreg.*) ***Individuo i.***, inetto. CONTR. Nocivo. *2* †Innocente. || **innocuaménte**, **avv.**

innodia [gr. *hymnoidía*, comp. di *hýmnos* 'inno' e *ōidḗ* 'canto'; 1745] **s. f.** *1* Canto di inni religiosi. *2* Insieme degli inni di una religione, di una nazione e sim.

innografia [da *innografo*; 1869] **s. f.** *1* Arte di comporre inni. *2* Raccolta di inni.

innogràfico [1887] **agg.** (pl. m. *-ci*) ● Che concerne l'innografia.

innògrafo [gr. tardo *hymnográphos*, comp. di *hýmnos* 'inno' e *-gráphos* '-grafo'; 1820] **s. m.** ● Scrittore di inni.

innologia [gr. *hymnología*, comp. di *hýmnos* 'inno' e *-logía* '-logia'; 1820] **s. f.** ● Studio degli inni spec. religiosi | Arte di comporre inni.

innòlogo [vc. dotta, lat. tardo *hymnŏlogu(m)*, dal gr. *hymnológos*, comp. di *hýmnos* 'inno' e *-lógos* '-logo'; 1834] **s. m.** (f. *-a*; pl. m. *-gi*) ● Studioso, esperto di innologia.

†innoltràre ● V. *inoltrare*.

†innomàbile **agg.** ● Innominabile.

†innomàre [comp. di *in-* (*1*) e del denom. di *nome*] **v. tr.** ● Nominare.

innominàbile [vc. dotta, lat. tardo *innominābile(m)*, comp. di *in-* neg. e un deriv. di *nōmen*, genit. *nōminis* 'nome'; sec. XIV] **A** **agg.** *1* Che non può essere nominato per rispetto alla morale e alla decenza: *vizio, colpa, azione i.* SIN. Turpe, vergognoso. *2* †Che non può definirsi con un nome, spec. in riferimento a Dio. *3* †Inenarrabile. **B** anche **s. m. e f.**

†innominàre [comp. di *in-* (*1*) e *nominare*; sec. XIV] **v. tr.** ● Nominare.

innominàto [vc. dotta, lat. tardo *innominātu(m)*, comp. di *in-* neg. e *nominātus* 'nominato'; sec. XIV] **A** **agg.** *1* Di persona di cui non si vuol dire o si ignora il nome | Di cosa che non possiede ancora un nome: *quantità incommensurabili, da noi inesplicabili ed innominate* (GALILEI). *2* (*anat.*) ***Osso i.***, osso iliaco | ***Vene innominate***, particolari vene del cuore | †***Cartilagine innominata***, cricoide | †***Ghiandole innominate***, lacrimali | †***Nervo innominato***, nervo trigemino | †***Tonaca innominata***, sclerotica. *3* (*dir.*) Atipico: *contratto i.* *4* †Anonimo. || **innominataménte**, **avv.** (*raro*) Senza determinazione del nome della persona. **B** **s. m.** ● (*raro*) Persona di cui si ignora il nome | ***L'Innominato***, (*per anton.*) personaggio dei Promessi Sposi nel quale il Manzoni adombrò Bernardino Visconti.

†innondàre ● V. *inondare*.

innovaménto [av. 1364] **s. m.** ● Innovazione.

innovàre [vc. dotta, lat. *innovāre*, comp. di *in-* (*1*) e *novāre*, da *nŏvus* 'nuovo'; 1319] **A** **v. tr.** (*io innòvo*) *1* Modificare qlco. aggiungendovi elementi nuovi: *i. l'istruzione superiore, le leggi sull'agricoltura.* SIN. Riformare. *2* (*lett.*) Rinnovare, ripristinare: *una legge la quale innovava gli ordini della giustizia* (MACHIAVELLI). **B** **v. intr. pron.** ● (*raro*) Rinnovarsi, prendendo un altro aspetto.

innovatività [1985] **s. f.** ● Caratteristica di ciò che è innovativo.

innovativo [1957] **agg.** ● (*raro*) Che mira ad innovare: *piano i.*

innovàto [av. 1406] **part. pass.** di *innovare*; anche **agg.** ● Nei sign del v.

innovatóre [vc. dotta, lat. tardo *innovatōre(m)*, da *innovātus* 'innovato'; 1513] **A** **agg.** ● Che innova: *provvedimento i.* **B** **s. m.** (f. *-trice*) ● Chi innova o sostiene la necessità di introdurre delle innovazioni in qualche campo specifico: *un i. molto audace*; *un i. nel settore dell'edilizia industriale*; *molte delle opinioni de' moderni innovatori s'averebbero potuto tollerare, se le avessero asserite con modestia* (SARPI). SIN. Riformatore.

innovazióne [vc. dotta, lat. tardo *innovatiōne(m)*, da *innovātus* 'innovato'; sec. XIV] **s. f.** *1* L'innovare | Modificazione che comporta elementi di novità: *i. della costituzione*; *fare innovazioni in un porto, in un impianto.* SIN. Riforma. *2* Elemento nuovo, novità: *il testo contiene alcune innovazioni.*

in nùce [loc. lat., propr. 'in una noce', con allusione a un passo di Plinio il Vecchio in cui si riferisce di un esemplare dell'*Iliade* le cui dimensioni microscopiche ne avrebbero permessa la collocazione *in una noce*] **loc. agg. e avv.** *1* Detto di ciò che è esposto, enunciato e sim. in modo particolarmente succinto e sintetico. *2* Detto di fenomeni che si presentano allo stato iniziale, embrionale.

innumeràbile [vc. dotta, lat. *innumerābile(m)*, comp. di *in-* neg. e *numerābilis* 'numerabile'; 1308] **agg.** ● (*raro*) Che non si può definire numericamente | (*lett.*) Innumerevole: *le controversie sopra innumerabili dogmi* (SARPI). || **innumerabilménte**, **avv.** Senza definizione del numero.

innumerabilità [vc. dotta, lat. *innumerabilitāte(m)*, comp. di *in-* neg. e di un deriv. di *numerābilis* 'numerabile'; av. 1578] **s. f.** ● (*raro, lett.*) Caratteristica di ciò che è innumerabile: *l'i. degli oggetti visibili* (GALILEI).

innùmere o (*raro, lett.*) **innùmero** [vc. dotta, lat. *innŭmeru(m)*, comp. di *in-* neg. e *nŭmerus* 'numero'; 1499] **agg.** ● (*lett.*) Che è senza numero: *i tuoi innumeri meriti.*

innumerévole [adatt. del lat. *innumerābilis* 'innumerabile'; av. 1348] **agg.** ● Che è in numero così grande che non si riesce a contare: *moltitudine i. di persone*; *ricevere innumerevoli benefici.* || **innumerevolménte**, **avv.**

innùmero ● V. *innumere*.

ino [dal suff. alterativo *-ino* con valore di ripresa o ripetizione espressiva; 1879] **agg.** ● (*tosc.*, *fam.*) Detto di cosa o persona, già espressa in forma diminutiva o vezzeggiativa, di cui si vuole sottolineare ancor più la piccolezza, la graziosità, o comunque la caratteristica: *un ragazzino proprio ino*; *un pezzettino, ma ino ino.*

-ino [lat. *-īnu(m)*, usato con funzione agg. e, nei s., col senso di 'proprio di, appartenente a, della stessa natura di'] **suff.** *1* Ha valore derivativo in aggettivi, per lo più sostantivati, tratti da nomi geografici: *alessandrino, alpino, cadorino, perugino.* *2* Ha valore derivativo in nomi indicanti oggetti, strumenti, apparecchiature, tratti da sostantivi o da verbi: *accendino, cerino, frullino.* *3* Ha valore derivativo in aggettivi, talora sostantivati, indicanti materia, somiglianza, origine, tratti da sostantivi: *argentino, cenerino, cristallino, caprino, marino.* *4* Ha valore derivativo in nomi di attività, tratti da sostantivi o da verbi: *ciabattino, contadino, fattorino, imbianchino.* *5* Ha valore alterativo in sostantivi e aggettivi diminutivi o vezzeggiativi, talora con particolari sfumature ironiche: *fidanzatino, bellino, biondino, bruttino, carino, poverino.*

inobbediènte [vc. dotta, lat. tardo *inoboediĕnte(m)*, comp. di *in-* neg. e *obōediens*, genit. *oboediĕntis* 'obbediente'; sec. XIII] **agg.** ● (*raro*) Disubbidiente.

inobbediènza [vc. dotta, lat. tardo *inoboediĕntia(m)*, comp. di *in-* neg. e *oboediĕntia* 'obbedienza'; av. 1292] **s. f.** ● (*raro*) Disubbidienza.

inobliàbile [comp. di *in-* (*3*) e *obliabile*; av. 1646] **agg.** ● (*lett.*) Che non si riesce a obliare.

inobliàto [comp. di *in-* (*3*) e *obliato*, part. pass. di *obliare*; 1961] **agg.** ● (*lett.*) Non dimenticato, che è rimasto nella memoria.

inocchiàre [lat. tardo *inoculāre*, comp. di *in-* (*1*) e *oculāre*, da *ŏculus* 'occhio'; av. 1340] **v. tr.** (*io inòcchio*) ● (*agr.*, *raro*) Praticare un innesto a gemma o a occhio.

inoccultàbile [comp. di *in-* (*3*) e *occultabile*; 1745] **agg.** ● Che non si può nascondere: *vizio i.*

inoccupàto [comp. di *in-* (*3*) e *occupato*; av. 1869] **A** **agg.** ● (*raro*) Che non è occupato: *posto, luogo i.* **B** **agg.**; anche **s. m.** (f. *-a*) ● Che (o Chi) è in cerca di prima occupazione. CFR. Disoccupato, sottoccupato.

inoccupazióne [comp. di *in-* (*3*) e *occupazione*; 1957] **s. f.** ● Condizione di chi è inoccupato | L'insieme degli inoccupati.

inoculàre [vc. dotta, lat. tardo *inoculāre* 'innestare', comp. di *in-* (*1*) e *ŏculus* 'occhio'; 1499] **v. tr.** (*io inòculo*) *1* (*med.*) Introdurre liquidi contenenti germi o le loro tossine, nell'uomo a scopo profilattico o terapeutico, negli animali da laboratorio a scopo sperimentale: *i. il vaiolo, la tubercolosi, un veleno.* *2* (*fig.*) Insinuare un sentimento cattivo o riprovevole: *i. l'odio, il male nell'animo di qlcu.*

inoculazióne [vc. dotta, lat. tardo *inoculatiōne(m)*, da *inoculātus* 'inoculato'; av. 1764] **s. f.** *1* (*med.*) L'inoculare. *2* (*fig.*) Insinuazione di principi, idee, sentimenti, spec. negativi: *l'i. di un sospetto nell'animo di qlcu.*

inodóre ● V. *inodoro*.

†inodorìfero [comp. di *in-* (*3*) e *odorifero*; av. 1714] **agg.** ● (*letter.*) Che non emana odore o profumo.

inodóro o **inodóre** [vc. dotta, lat. *inodōru(m)*, comp. di *in-* neg. e *odōrus* 'che emette odore (*ŏdor*)'; 1869] **agg.** ● Che è privo di ogni odore: *fiore i.*; *sostanza inodora.*

inoffensìbile [comp. di *in-* (*3*) e *offensibile*; av. 1519] **agg.** ● (*lett.*) Che non può ricevere offese | (*est.*) Invulnerabile.

inoffensìvo [comp. di *in-* (*3*) e *offensivo*; 1823] **agg.** ● Che non offende o non è in grado di offendere: *parole inoffensive*; *rendere i. qlcu.* | (*est.*) Mite: *persona inoffensiva.* SIN. Innocuo. || **inoffensivaménte**, **avv.**

inofféso [vc. dotta, lat. *inoffēnsu(m)*, comp. di *in-* neg. e *offēnsus* 'offeso'; sec. XIV] **agg.** ● (*raro*) Illeso.

inofficiosità [vc. dotta, lat. tardo *inofficiositāte(m)*, comp. di *in-* neg. e *officiōsitas*, genit. *officiositātis* 'officiosità'; 1673] **s. f.** ● (*raro, lett.*) Caratteristica di chi (o di ciò che) è inofficioso.

inofficióso [vc. dotta, lat. *inofficiōsu(m)*, comp. di *in-* neg. e *officiōsus* 'officioso'; 1470 ca.] **agg.** ● (*raro, lett.*) Scortese e trascurato nell'adempiere un dovere. || **†inofficiosaménte**, **avv.**

inoliàre [comp. di *in-* (*1*) e *olio*; av. 1292] **v. tr.** (*io inòlio*) ● Ungere con olio | (*raro*) Condire con olio.

inoliazióne [1957] **s. f.** ● Progressivo arricchimento in olio dell'oliva in fase di maturazione.

inoltraménto [da *inoltrare*; av. 1799] **s. m.** ● (*raro*) Inoltro.

♦**inoltràre** o **†innoltràre** [comp. di *in-* (*1*) e *oltre*; 1321] **A** **v. tr.** (*io inóltro*) ● (*bur.*) Trasmettere una pratica alla persona o all'ufficio incaricato e competente: *i. un reclamo, una domanda* | (*est.*) Avviare qlco. alla destinazione: *i. una lettera al destinatario.* **B** **v. intr. pron.** *1* Procedere addentrandosi (*anche fig.*): *inoltrarsi in un sentiero, in una valle*; *inoltrarsi negli studi giuridici.* *2* Avanzare, progredire: *l'estate si è inoltrata lentamente.*

inoltràto [1665] **part. pass.** di *inoltrare*; anche **agg.** *1* Nei sign. del v. *2* Avanzato, trascorso in gran parte: *a notte inoltrata*; *inverno i.*

♦**inóltre** [comp. di *in-* e *oltre*; 1525] **avv.** ● Oltre a ciò, per di più: *i. bisogna provvedere al necessa-*

rio per il nuovo esperimento; *i. è molto presuntuoso*; *ti comunico i. l'arrivo di tuo fratello*.

inóltro [da *inoltrare*; 1848] **s. m.** ● (*bur.*) L'inoltrare: *l'i. di una pratica*; *i. della corrispondenza*.

inombràre [vc. dotta, lat. *inumbrāre*, comp. di *in-* (*1*) e *umbrāre*, da *ŭmbra* 'ombra'; sec. XIV] **A v. tr.** (*io inómbro*) ● (*lett.*) Coprire di ombra. **B v. intr. pron.** ● (*lett.*) Oscurarsi.

inomogeneità [comp. di *in-* (*3*) e *omogeneità*; av. 1937] **s. f.** ● (*raro*) Mancanza di omogeneità.

inondaménto [1614] **s. m.** ● (*raro*) Inondazione.

inondàre o †**innondàre** [lat. *inundāre*, comp. di *in-* (*1*) e *undāre*, da *ŭnda* 'onda'; av. 1320] **A v. tr.** (*io inóndo*) **1** Allagare, detto di acque che straripano: *il fiume ha inondato i campi circostanti*. **2** Provocare lo straripamento di acque allagando territori: *i. una zona per impedire l'avanzata nemica*. **3** (*fig.*) Bagnare abbondantemente: *le lacrime gli inondavano il viso* | (*lett.*) Coprire completamente, come un'onda: *la voluttà di sentirsi i. dal riverbero della fiamma* (VERGA). **4** (*fig.*) Riversare in grande quantità: *l'Oriente ha inondato l'Italia dei suoi prodotti artigianali*. **5** †Bagnare, irrigare. **B v. intr.** (aus. *essere*) ● †Crescere dilagando (*anche fig.*).

inondàto [1957] **part. pass.** di *inondare*; anche **agg.** ● Nei sign. del v.: *campi inondati*; *volto i. di lacrime*; *campagna inondata di luce*.

inondatóre [1764] **agg.** (f. *-trice*) ● (*lett.*) Che inonda: *morean le schiere ... eguali / a un mar di foco inondator* (MONTI).

♦**inondazióne** [lat. tardo *inundatiōne(m)*, da *inundātus* 'inondato'; av. 1320] **s. f.** **1** Allagamento, alluvione: *le inondazioni periodiche del Nilo*; *l'i. di un territorio a scopo di difesa*. **2** (*fig.*) Grande abbondanza: *c'è una vera i. di turisti*.

†**inonestà** [vc. dotta, lat. tardo *inhonestāte(m)*, comp. di *in-* neg. e *honĕstas*, genit. *honestātis* 'onestà'; av. 1492] **s. f.** ● (*raro*) Mancanza di onestà.

†**inonèsto** [vc. dotta, lat. *inhonĕstu(m)*, comp. di *in-* neg. e *honĕstus* 'onesto'; av. 1300] **agg.** ● (*raro*) Non onesto, contrario all'onestà: *le voglie inoneste a me sempre parsero più tosto furore di mente e vizio d'animo corrotto che vera volontà* (ALBERTI). || †**inonestaménte**, **avv.** In modo disonesto.

inonoràto [vc. dotta, lat. *inhonorātu(m)*, comp. di *in-* neg. e *honorātus* 'onorato'; 1504] **agg.** ● (*lett.*) Che non ha avuto onore, lode: *vita inonorata*.

inope o (*poet.*) **inòpe** [vc. dotta, lat. *ĭnope(m)*, comp. di *in-* neg. e *ŏps*, genit. *ŏpis* 'ricchezza', da una radice di orig. indeur.; 1321] **agg.** ● (*lett.*) Povero, bisognoso: *l'uno in etterno ricco e l'altro i.* (DANTE *Par.* XIX, 111).

inoperàbile [comp. di *in-* (*3*) e *operabile*; 1950] **agg.** ● (*med.*) Detto di affezione che non può essere trattata chirurgicamente | Detto di paziente che non può essere sottoposto a intervento operatorio.

inoperànte [comp. di *in-* (*3*) e *operante*; av. 1646] **agg.** ● Che non è operante, efficiente: *un provvedimento i.*

inoperosità [comp. di *in-* (*3*) e *operosità*; 1823] **s. f.** ● Caratteristica di chi è inoperoso. **SIN.** Inattività, inerzia.

inoperóso [comp. di *in-* (*3*) e *operoso*; 1745] **agg.** ● Che non è operoso, che non agisce, per costrizione o pigrizia: *starsene i. tutto il giorno*; *è rimasto a lungo i. a causa della malattia* | Ozioso: *giornata inoperosa* | ***Capitale i.***, non impiegato, infruttifero. **SIN.** Inerte. || **inoperosaménte**, **avv.** Senza lavorare: *trascorrere la giornata inoperosamente*.

inòpia [vc. dotta, lat. *inŏpia(m)*, da *ĭnops* 'inope'; 1340] **s. f.** ● (*lett.*) Povertà assoluta.

inopinàbile [vc. dotta, lat. *inopinābile(m)*, comp. di *in-* neg. e *opinābilis* 'opinabile'; av. 1332] **agg.** ● (*lett.*) Che non può essere pensato, immaginato, previsto: *cose inopinabili* | (*est.*) Strano, incredibile: *un avvenimento i.* **SIN.** Impensabile, imprevedibile, inimmaginabile. || **inopinabilménte**, **avv.** In modo inopinabile o imprevisto.

inopinàto [vc. dotta, lat. *inopinātu(m)*, comp. di *in-* neg. e *opinātus* 'opinato'; av. 1363] **agg.** ● Che avviene in modo improvviso e inatteso: *accidente, caso i.* || **inopinataménte**, **avv.** Inaspettatamente.

inopponìbile [1973] **agg.** ● (*raro*) Inoppugnabile, incontestabile.

inopportunità [comp. di *in-* (*3*) e *opportunità*; 1608] **s. f.** ● Mancanza di opportunità: *l'i. di una visita, di una proposta*.

inopportùno [vc. dotta, lat. tardo *inopportū̆nu(m)*, comp. di *in-* neg. e *opportūnus* 'opportuno'; sec. XIV] **agg.** ● Che non è opportuno, adatto a una situazione o a un momento particolare: *domanda inopportuna*; *sei stato i. ad arrivare così presto*. **SIN.** Intempestivo. || **inopportunaménte**, **avv.**

inoppugnàbile [comp. di *in-* (*3*) e *oppugnabile*; 1858] **agg.** **1** Che non è oppugnabile o soggetto a critiche, a contestazioni: *testimonianza, argomento, verità i.* **SIN.** Certo, evidente. **2** †Inespugnabile. || **inoppugnabilménte**, **avv.**

inoppugnabilità [comp. di *in-* oppos. e *oppugnabilità*; 1957] **s. f.** ● Caratteristica di ciò che è inoppugnabile.

inoptàto [comp. di *in-* (*3*) e *optato*; 1983] **agg.** ● (*borsa*) Detto di quota non sottoscritta di emissioni di titoli mobiliari.

†**inordinàto** [vc. dotta, lat. *inordinātu(m)*, comp. di *in-* neg. e *ordinātus* 'ordinato'; av. 1342] **agg.** ● Privo di ordine. || **inordinataménte**, **avv.**

inorecchìto [comp. di *in-* (*1*) e *orecchi(o)*; 1882] **agg.** ● (*lett.*) Attento, che sta in orecchi: *e riguardava intorno, i.* (PASCOLI).

inorganicità [comp. di *in-* (*3*) e *organicità*; 1921] **s. f.** ● Caratteristica, condizione di ciò che è inorganico: *l'i. di una sostanza, di un libro*.

inorgànico [comp. di *in-* (*3*) e *organico*; av. 1687] **agg.** (pl. m. *-ci*) **1** Detto di corpo non dotato di capacità vitali, di sostanza che appartiene al regno minerale | ***Chimica inorganica***, riguardante lo studio degli elementi e dei loro composti a eccezione della maggior parte di quelli del carbonio. **2** (*est.*) Che non ha un ordine e una struttura coerente: *discorso, libro i.* || **inorganicaménte**, **avv.** In modo non organico e sistematico.

inorgoglìre [comp. di *in-* (*1*) e *orgoglio*; 1300 ca.] **A v. tr.** (*io inorgoglìsco, tu inorgoglìsci*) ● Rendere orgoglioso, soddisfatto: *i buoni risultati lo hanno inorgoglito*. **SIN.** Insuperbire. **B v. intr. e intr. pron.** (aus. *essere*) ● Acquistare orgoglio o superbia: *inorgoglirsi per un'impresa ben riuscita*.

inornàto [vc. dotta, lat. *inornātu(m)*, comp. di *in-* neg. e *ornātus* 'ornato'; 1476] **agg.** ● (*raro, lett.*) Che non è ornato | (*est.*) Semplice: *scrivere con uno stile i.* || †**inornataménte**, **avv.** In maniera non ornata.

inorpellaménto [1639] **s. m.** ● (*lett., raro*) Abbellimento artificioso.

inorpellàre [comp. di *in-* (*1*) e *orpello*; 1534] **v. tr.** (*io inorpèllo*) **1** †Coprire, ornare con orpello o con orpelli. **2** (*lett., fig.*) Abbellire esteriormente qlco. per nascondere un difetto.

inorpellatóre [1869] **s. m.** (f. *-trice*) ● (*lett., raro*) Chi inorpella.

inorpellatùra [av. 1606] **s. f.** ● (*lett.*) Orpello, falsa apparenza | †Ornamento con orpelli.

inorridìre [comp. di *in-* (*1*) e *orrido*; 1623] **A v. tr.** (*io inorridìsco, tu inorridìsci*) ● Suscitare orrore, spavento: *è uno spettacolo che ha inorridito tutti*. **SIN.** Raccapricciare, spaventare. **B v. intr.** (aus. *essere*) **1** Provare orrore: *solo al racconto inorridisco*. **2** (*lett.*) Rizzarsi dei capelli, per spavento od orrore.

inorridìto [1617] **part. pass.** di *inorridire*; anche **agg.** ● Pieno d'orrore: *essere, restare i.*

inosàbile [comp. di *in-* (*3*) e *osabile*; 1919] **A agg.** ● (*lett.*) Che non deve o non può essere osato: *impresa i.* **B s. m.** solo **sing.** ● Ciò che non è osabile: *osare l'i.*

inòsico [comp. del gr. *ís*, genit. *inós* 'fibra' e *-oso* (*1*); 1869] **agg.** (pl. m. *-ci*) ● (*chim.*) Detto di ossiacido ottenuto per ossidazione dell'inosite.

inosìna [comp. del gr. *ís*, genit. *inós* 'fibra' e *-ina*; 1957] **s. f.** ● (*chim.*) Alcol esavalente ciclico che si trova in vari tessuti animali e in molte piante, usato in farmacologia.

inosìte [comp. del gr. *ís*, genit. *inós* 'fibra' e *-ite* (*2*); 1869] **s. f.** ● (*chim.*) Inosina.

inosìtico [1933] **agg.** (pl. m. *-ci*) ● Di inosite | (*med.*) ***Diabete i.***, con eliminazione di inosite.

inositòlo [comp. di *inosi(te)* e *-olo* (*1*); 1957] **s. m.** ● (*chim.*) Inosina.

inositùria o **inosìturia** [comp. di *inosite* e di un deriv. del gr. *ôuron* 'urina'; 1957] **s. f.** ● (*med.*) Eliminazione di inosite con le urine.

inospitàle [vc. dotta, lat. *inhospitāle(m)*, comp. di *in-* neg. e *hospitālis* 'ospitale'; 1532] **agg.** **1** Che non è ospitale e cortese con gli ospiti: *popolazione, gente i.* **2** Di ciò che è privo di comodità per viverci: *casa i.* | (*est.*) Inabitabile, selvaggio: *zona, regione i.* || **inospitalménte**, **avv.**

inospitalità [vc. dotta, lat. *inhospitalitāte(m)*, comp. di *in-* neg. e *hospitālitas*, genit. *hospitalitātis* 'ospitalità', sul tipo del gr. *axenía*; 1619] **s. f.** ● Caratteristica di chi (o di ciò che) è inospitale.

inòspite o †**inòspito** [vc. dotta, lat. *inhŏspite(m)*, comp. di *in-* neg. e *hŏspes*, genit. *hŏspitis* 'ospite', sul modello del corrisp. gr. *áxenos*; 1374] **agg.** ● (*lett.*) Inospitale, spec. riferito a luoghi: *per boschi inculti e i. campagna* (BOIARDO).

inossàre [comp. di *in-* (*1*) e *osso*; 1834] **A v. tr.** (*io inòsso*) ● †Preparare, con osso ben macinato e ridotto in cenere, tavole da disegnarvi con lo stilo d'argento. **B v. intr. e intr. pron.** (aus. *essere*) ● Formarsi, detto delle parti ossee del corpo | (*est.*) Assumere la durezza, la consistenza e sim. proprie del tessuto osseo.

inosservàbile [vc. dotta, lat. *inobservābile(m)*, comp. di *in-* neg. e *observābilis* 'osservabile'; 1575] **agg.** **1** Detto di ciò cui è impossibile obbedire: *precetto, regola i.* **2** (*raro*) Che è impossibile o molto difficile osservare: *microbo i. senza microscopio*. || **inosservabilménte**, **avv.** (*lett.*) In modo inosservabile.

inosservànte [vc. dotta, lat. tardo *inobservānte(m)*, comp. di *in-* neg. e *obsĕrvans*, genit. *observāntis* 'osservante'; 1521] **agg.** ● Che trasgredisce una legge, una norma o non rispetta precetti morali o religiosi: *essere i. del codice stradale, delle regole del vivere sociale*.

inosservànza [vc. dotta, lat. *inobservāntia(m)*, comp. di *in-* neg. e *observāntia* 'osservanza'; av. 1498] **s. f.** ● Mancata osservanza di leggi, regolamenti, norme morali: *i. grave, leggera, pericolosa*; *i. di un patto*. **SIN.** Inadempienza, trasgressione.

inosservàto [vc. dotta, lat. *inobservātu(m)*, comp. di *in-* neg. e *observātus* 'osservato'; 1654] **agg.** **1** Che non viene notato, che sfugge all'attenzione altrui: *passare, riuscire, allontanarsi i.*; *trarre, dalle guardie i., / fuor del dorico vallo il re troiano* (MONTI). **2** Che non è stato rispettato, adempiuto: *norma rimasta inosservata*. || **inosservataménte**, **avv.**

inossidàbile [comp. di *in-* (*3*) e *ossidabile*; 1886] **agg.** **1** Di sostanza che non subisce il fenomeno dell'ossidazione | ***Acciaio i.***, acciaio speciale contenente notevoli quantità di cromo e nichel, usato spec. nelle apparecchiature domestiche e nell'industria automobilistica. **2** (*fig., scherz.*) Temprato, agguerrito, resistente a ogni avversità | Detto di chi sembra non invecchiare mai: *un campione i.* **SIN.** Immarcescibile.

inossidabilità [comp. di *in-* (*3*) e *ossidabilità*; 1972] **s. f.** ● Proprietà di ciò che è inossidabile.

inostràre [comp. di *in-* (*1*) e *ostro* (*1*); 1374] **A v. tr.** (*io inòstro*) ● (*lett.*) Adornare con ostro | (*raro*) Prendere la porpora cardinalizia. **B v. intr. pron.** ● (*lett.*) Diventare vermiglio, del colore dell'ostro: *mentre che l'Apuana Alpe s'inostra* (D'ANNUNZIO).

inotropìsmo [comp. del gr. *ís*, genit. *inós* 'fibra' e *tropismo*] **s. m.** ● (*med.*) Modificazione o interferenza sulla contrattilità di un muscolo, in particolare del miocardio.

inottemperànza [comp. di *in-* (*3*) e *ottemperanza*; 1983] **s. f.** ● (*bur.*) Mancanza di obbedienza: *i. a una richiesta, a una legge*.

inox /'inoks/ [dal fr. *inoxydable* 'inossidabile'; 1983] **agg. inv.** ● Costruito in acciaio inossidabile: *cucina i.*; *pentole i.*

in pàrtibus [lat., propr. 'nelle (*ĭn*) parti o regioni (*pārtibus*, abl. pl. di *pārs*)', sottinteso 'degli infedeli (*infidēlium*, genit. pl. di *infidēlis*)'] **loc. agg. inv.** ● (*relig.*) Detto, un tempo, di vescovo titolare di una sede dove non poteva risiedere perché sotto il dominio degli Infedeli.

in pèctore [lat., propr. 'nel (*ĭn*) petto (*pĕctore*, abl. di *pĕctus*)'] **loc. agg. inv.** **1** (*relig.*) Detto di cardinale che il Papa, in Concistoro, annuncia di avere creato riservandosi, tuttavia, di tacerne il nome finché lo riterrà opportuno. **2** (*est.*) Detto di persona che si prevede sia candidata a una carica, pur non essendo ancora stata designata ufficialmente.

in perpètuum [lat., propr. 'in (*ĭn*) perpetuo (*per-*

pĕtuum)', sottinteso 'tempo (*tĕmpus*)'] loc. agg. inv. e avv. ● Formula propria dei documenti pubblici medievali, passata poi anche in documenti privati, attestante la validità per sempre della concessione o del negozio giuridico.

in prìmis [loc. lat., propr. 'tra le prime (cose)'; av. 1541] loc. avv. ● Anzitutto, prima di tutto, in primo luogo.

in progress /im'prɔgres, *ingl.* ɪn'pɹəʊɡɹes/ [loc. ingl., propr. 'in progresso'; 1965] loc. agg. inv. ● In corso, in formazione, suscettibile di continui sviluppi: *un progetto in progress*.

input /'imput, *ingl.* 'ɪn,pʊt/ [vc. ingl., propr. 'ciò che è messo (*put*) dentro (*in*)'; 1961] s. m. inv. *1* (*elab.*) Inserimento di dati in un elaboratore elettronico attraverso un apposito dispositivo, come tastiera, mouse, scanner, memoria di massa | I dati stessi così inseriti. *2* (*est.*) Il complesso degli elementi iniziali necessari alla realizzazione di un certo procedimento, quali fattori produttivi, dati, informazioni e sim. | (*gener.*) Dato, informazione, istruzione | (*fig.*) Avvio, spinta. CFR. Output.

inquadraménto [1919] s. m. *1* L'inquadrare | Inquadratura. *2* (*mil.*) Inserimento degli ufficiali e dei sottufficiali in un reparto. *3* Inserimento del personale dipendente in un ruolo, in un organico: *i. di insegnanti nella scuola*.

inquadràre [comp. di *in-* (*1*) e *quadro*; 1623] **A** v. tr. *1* Adattare un quadro, una stampa e sim. in una cornice: *i. una fotografia* | (*fig.*) Incorniciare con un filetto o un fregio: *i. una pagina, un articolo*. *2* (*fig.*) Dare il giusto rilievo a una persona, a un avvenimento, a un fenomeno collocandoli nel contesto adatto: *quella descrizione lo inquadra benissimo*; *i. un'opera, un autore nella letteratura del suo tempo*. *3* Riprendere un soggetto entro i limiti del formato di un apparecchio fotografico o cinematografico: *i. un gruppo*. *4* (*mil.*) Disporre, ordinare truppe in reparti organici dotandole dei quadri, cioè degli ufficiali e sottufficiali necessari per renderle atte ad operare. *5* Organizzare i dipendenti in ruoli e organici di aziende e di amministrazioni pubbliche. *6* †Dividere in quadri. **B** v. intr. pron. ● Inserirsi coerentemente in un contesto più vasto: *il provvedimento s'inquadra nel piano economico di sviluppo*.

inquadràto [av. 1907] part. pass. di *inquadrare*; anche agg. *1* Nei sign. del v. *2* Che accetta totalmente una disciplina o un ruolo assegnato | (*est.*) Ligio alle direttive di un partito, un'organizzazione, un gruppo sociale e sim.

inquadratùra [1939] s. f. *1* L'inquadrare. *2* Spazio, campo visivo ripreso da un obiettivo | Serie di fotogrammi ottenuta con una singola ripresa cinematografica.

inqualificàbile [comp. di *in-* (*3*) e *qualificabile*, sul modello del fr. *inqualifiable*; 1869] agg. ● (*raro*) Che non è possibile determinare | Che non si può qualificare in quanto indegno e riprovevole: *contegno, persona i.* || **inqualificabilménte**, avv.

in quànto o (*raro*) **inquànto** [comp. di *in* e *quanto*; av. 1294] **A** loc. avv. ● Come, in qualità di: *tu, in quanto minorenne, sei soggetto alla patria potestà*. **B** loc. cong. *1* Perché, per il fatto che (introduce una prop. caus. con il v. all'indic.): *non ho potuto parlargli in quanto non l'ho più rivisto* | V. anche *in quanto che*. *2* Quanto (in correl. con 'in tanto', nelle prop. compar.): *in tanto il suo gesto è più ammirevole, in quanto si trova in disagiata situazione economica*. *3* †Se, nel caso che (introduce una prop. condiz. con il v. al congv.). **C** nella loc. prep. *in quanto a* ● Rispetto a, per quel che concerne: *in quanto a me, tacerò*; *in quanto a questo non ci sono problemi*.

in quànto che /iŋkwanto'ke*, iŋ'kwantoke*/ o (*raro*) **inquantoché** [comp. di *in*, *quanto* e *che* (*2*); av. 1907] loc. cong. ● Perché, per il fatto che (introduce una prop. caus. con il v. all'indic.): *è una persona estremamente intelligente e gentile, in quanto che non rifiuta mai di discutere con gli altri*. SIN. In quanto.

inquartàre [comp. di *in-* (*1*) e *quarto*; av. 1685] **A** v. tr. *1* Proporzionare con lega l'oro da affinare riducendo il titolo a un quarto di puro circa, per facilitare l'azione dissolvente dell'acido nitrico sulla lega. *2* (*agr.*) Compiere la quarta aratura del maggese prima della semina. *3* † (*mar.*) Ancorare la nave con quattro gomene. *4* (*arald.*) Dividere lo scudo in quarti per mezzo di due linee intersecantisi al centro che possono essere una verticale e una orizzontale o entrambe diagonali | Introdurre, fra gli altri quarti, quello di una concessione, di un'alleanza, di un feudo, e sim. **B** v. intr. pron. ● (*lett.*) Aumentare di peso, spec. assumendo un aspetto massiccio.

inquartàta [da *in quarta* (guardia), una delle quattro guardie della scherma; 1887] s. f. ● Nella scherma, uscita non più in uso, costituita da una stoccata effettuata spostandosi lateralmente per evitare il colpo dritto dell'avversario.

inquartàto (**1**) [da *inquartare* nel sign. 4; 1637] agg. ● (*arald.*) Detto di scudo con il campo diviso in quattro parti uguali.

inquartàto (**2**) [da *quarto* nell'uso dei macellai ('quarta parte di animale macellato'); 1623] agg. ● (*lett.*) Che è fisicamente robusto: *individuo ben i.*

inquartazióne [da *inquartare*; 1834] s. f. ● Operazione o lavoro dell'inquartare: *l'i. dell'oro, del maggese*.

inquèto ● V. *inquieto*.

inquietànte [av. 1835] part. pres. di *inquietare*; anche agg. ● Che preoccupa, che turba, che impensierisce: *una notizia, una voce i.* | (*est.*) Intrigante, conturbante: *una donna dalla bellezza i.*

♦**inquietàre** [vc. dotta, lat. *inquietāre*, comp. di *in-* neg. e *quietāre* 'rendere quieto'; av. 1292] **A** v. tr. (*io inquièto*) ● Togliere la quiete, rendere inquieto: *il suo ritardo mi inquieta*. SIN. Impensierire, preoccupare, turbare. **B** v. intr. pron. ● Provare preoccupazione per qlco. | Impazientirsi, stizzirsi: *non inquietarti per così poco*.

inquietézza [av. 1620] s. f. ● (*raro*) Inquietudine | (*raro, region.*) Cruccio.

♦**inquièto** o (*raro*) **inquèto** [vc. dotta, lat. *inquiē-tu(m)*, comp. di *in-* neg. e *quiētus* 'quieto'; av. 1342] agg. *1* Che non ha quiete: *il malato è i.*; *animo i.* | ***Notte inquieta***, agitata | ***Ragazzo i.***, irrequieto | Privo di tranquillità: *un periodo i.* *2* (*lett., fig.*) Tempestoso. *3* Preoccupato, ansioso: *tenere i. qlcu.*; *essere i. per i risultati di un affare*. SIN. Impensierito, turbato. *4* Crucciato, stizzito: *sono i. con te oggi*. || **inquietùccio**, dim. || **inquietaménte**, avv. Con inquietudine.

♦**inquietùdine** [vc. dotta, lat. tardo *inquietūdi-ne(m)*, da *inquiētus* 'inquieto'; av. 1342] s. f. *1* Condizione di chi (o di ciò che) è inquieto: *destare i.*; *tenere nell'i.*; *dei sudori freddi, delle inquietudini che lo facevano rizzare all'improvviso sul letto coi capelli irti* (VERGA). SIN. Agitazione, ansia. *2* Ciò che causa inquietudine: *quell'affare è la sua i.* SIN. Preoccupazione.

inquilinàto [vc. dotta, lat. *inquilinātu(m)* 'inquilinato, soggiorno in una casa come inquilino (*inquilīnus*)'; 1673] s. m. ● Stato, condizione di chi è inquilino.

inquilinìsmo [da *inquilino* e *-ismo*; 1957] s. m. ● (*biol.*) Forma di simbiosi caratterizzata dal fatto che individui di specie diversa occupano spazio in comune.

♦**inquilìno** [vc. dotta, lat. *inquilīnu(m)*, da *ĭncola* (V.), da *cŏlere* 'abitare', di orig. indeur.; 1318] s. m. (f. *-a*) *1* Chi abita in casa d'altri pagando l'affitto al proprietario. *2* †Affittuario. *3* †Abitatore avventizio. *4* (*zool.*) Animale che condivide un certo spazio con un altro, spec. animale acquatico che si insedia sul corpo di un altro.

♦**inquinaménto** [vc. dotta, lat. tardo *inquinamĕn-tu(m)*, da *inquināre* 'inquinare'; 1304] s. m. *1* L'inquinare | (*fig.*) Contaminazione, corruzione. *2* (*biol.*) Introduzione nell'ambiente naturale di sostanze chimiche o biologiche, o di fattori fisici, in grado di provocare disturbi o danni all'ambiente stesso: *i. dell'aria, dell'acqua, del suolo*; *i. atmosferico*; *i. marino*; *lotta contro l'i.* | ***I. acustico***, quello provocato dal rumore | ***I. luminoso***, luce diffusa dall'atmosfera proveniente da sistemi di illuminazione non schermati verso l'alto, che ostacola l'osservazione del cielo stellato. *3* (*dir.*) ***I. delle prove***, l'intervenire fraudolentemente sui mezzi di prova giudiziaria allo scopo di alterarli a proprio vantaggio.

inquinànte [1973] part. pres. di *inquinare*; anche agg. e s. m. ● Detto di ciò che produce inquinamento: *composto i.*; *fonti energetiche non inquinanti*; *effetti inquinanti*; *i. organico, chimico*.

♦**inquinàre** [vc. dotta, lat. *inquināre*, comp. di *in-* e di un secondo elemento di etim. incerta; av. 1342] v. tr. *1* Infettare con germi o sostanze nocive: *il veleno ha inquinato l'acqua della sorgente*. *2* (*biol.*) Provocare inquinamento: *i gas di scarico inquinano l'aria delle città*; *gli scarichi urbani hanno inquinato il mare*. *3* (*fig.*) Corrompere, guastare: *i. l'animo di qlcu. con cattivi esempi*.

♦**inquinàto** [sec. XIV] part. pass. di *inquinare*; anche agg. ● Nei sign. del v.: *mare i.*; (*fig.*) *animo i.*; (*dir.*) *prova inquinata*.

inquinatóre [1931] agg.; anche s. m. (f. *-trice*) ● Che (o Chi) inquina.

inquirènte [vc. dotta, lat. *inquirĕnte(m)*, part. pres. di *inquīrere* †'inquirere'; 1800] **A** agg. ● (*dir.*) Di organo giudiziario o amministrativo con poteri ufficiali per la diretta ricerca della verità: *magistratura penale i.*; *commissione i.* SIN. Requirente. **B** s. m. e f. ● Chi dirige o conduce un'inchiesta giudiziaria: *le prove saranno valutate dagli inquirenti*.

†**inquìrere** [vc. dotta, lat. *inquīrere*, comp. di *in-* (*1*) e *quaerere* 'domandare, cercare', di etim. incerta; 1740 ca.] v. tr. ● (*raro*) Fare una ricerca attorno a qlco.: – *Come stiamo a malati nella zona, medico? – inquirì uno dei bevitori* (FENOGLIO).

inquişìbile [1869] agg. ● (*raro*) Che può essere oggetto d'inquisizione | (*raro*) ***Materia i.***, investigabile.

inquişìre [da *inquisītus*, part. pass. di *inquīrere* †'inquirere'; sec. XIV] **A** v. tr. (*io inquişìsco, tu inquişìsci*) *1* Fare oggetto di accurate e minuziose indagini: *i. una persona, un luogo, un problema*. *2* (*dir.*) Sottoporre a un'inchiesta. *3* †Spiare | †Perquisire. **B** v. intr. (aus. *avere*) ● Indagare in modo accurato e ostile: *i. sulla vita di qlcu.*

inquişitìvo [vc. dotta, lat. tardo *inquisitīvu(m)*, da *inquisītus* 'inquisito' (V. *inquisire*); 1598] agg. ● Volto a inquisire: *sistema i.*

inquişìto [vc. dotta, lat. *inquisītu(m)*, propr. part. pass. del v. *inquīrere* 'indagare'; av. 1363] part. pass. di *inquisire*; anche agg. e s. m. (f. *-a*) ● Che (o Chi) è sottoposto a un procedimento, spec. giudiziario, di inchiesta.

inquişitóre [vc. dotta, lat. *inquisitōre(m)*, da *inquisītus* 'inquisito' (V. *inquisire*); av. 1348] **A** agg. (f. *-trice*) *1* Che inquisisce e indaga, spec. con intenzione ostile: *occhio, sguardo i.* | ***Frate i.***, nominato a indagare e a provvedere contro gli eretici dall'autorità ecclesiastica cattolica. *2* (*raro*) Inquisitorio: *attività inquisitrice* | ***Azione inquisitrice***, processo inquisitorio. **B** s. m. *1* Chi inquisisce: *solerte i.* *2* Membro del tribunale del Sant'Uffizio, istituito in Spagna nel XV sec. | ***Grande i.***, capo del tribunale dell'Inquisizione.

inquişitòrio [1785] agg. *1* Di, da inquisitore | Dell'inquisizione: *processo i.* *2* (*est., fig.*) Ostile, severo: *cipiglio i.* *3* (*dir.*) ***Processo i.***, nel quale la ricerca dei fatti e delle prove è affidata a organi giudiziali. CFR. Accusatorio. || **inquişitoriaménte**, avv.

inquişizióne [vc. dotta, lat. *inquisitiōne(m)*, da *inquisītus* 'inquisito' (V. *inquisire*); sec. XIII] s. f. *1* Nel linguaggio giuridico cattolico, ricerca del delitto di eresia da parte dell'autorità ecclesiastica | ***Santa i.***, tribunale ecclesiastico che fu delegato alla ricerca e alla punizione del delitto di eresia | ***I. di Spagna***, Tribunale del Sant'Uffizio costituito in Spagna nel XV sec. *2* (*est.*) Indagine fatta con metodi e procedimenti arbitrari o crudeli. *3* †Indagine, ricerca scientifica. || **inquişizioncèlla**, dim.

inquotàto [comp. di *in-* (*3*) e *quotato*; 1967] agg. ● (*borsa*) Non quotato sul mercato: *titolo i.*

in quòvis [propr. 'in (*īn*) quel (natante) che (*quō*) vuoi (*vīs*, da *vĕlle* 'volere')'] loc. avv. ● (*raro*) Clausola di contratto d'assicurazione marittima senza specificazione della nave, ma con precisazione dei limiti di tempo.

†**inretìre** ● V. *irretire*.

insabbiaménto [1869] s. m. *1* L'insabbiare, l'insabbiarsi, il venire insabbiato (*anche fig.*): *i. di un porto*; *l'i. di una riforma*. *2* (*agr.*) Stratificazione di talee di viti e di altre piante in sabbia per favorirne il radicamento.

insabbiàre [comp. di *in-* (*1*) e *sabbia*, sul modello del corrispondente fr. *ensabler*; 1889] **A** v. tr. (*io insàbbio*) *1* Coprire di sabbia. *2* (*fig.*) Arrestare, fermare lo sviluppo normale di un progetto, un procedimento e sim., spec. per trarne un vantaggio: *i. un disegno di legge, un'inchiesta* | (*est.*) Celare, occultare: *i. uno scandalo*. **B** v. intr. pron. *1* Coprirsi, colmarsi di sabbia: *la foce del fiume si è insabbiata*. *2* Arenarsi, detto di nave: *insabbiar-*

si in una secca. **3** (*fig.*) Non procedere, detto di pratica, proposta e sim.: *la richiesta ufficiale si è insabbiata.* **4** (*lett.*, *fig.*) Andare a vivere in un luogo desertico, appartato.

insabbiatóre [1985] **agg.**; anche **s. m.** (f. *-trice*) ● Che (o Chi) insabbia una pratica, un'inchiesta e sim.

insabbiatùra [1970] **s. f.** ● (*med.*) Sabbiatura.

insaccaménto [1869] **s. m.** **1** L'insaccare, l'insaccarsi (*anche fig.*): *l'i. della carne suina*; *l'i. dei passeggeri in un autobus.* **2** (*agr.*) Metodo per anticipare la maturazione dei frutti sulla pianta chiudendoli in sacchetti.

insaccàre [comp. di *in-* (*1*) e *sacco*; 1313] **A v. tr.** (*io insàcco, tu insàcchi*) **1** Mettere in un sacco: *i. la farina, il grano* | ***I. il pallone***, nel calcio, mandarlo in rete. **2** Mettere la carne di maiale tritata nei budelli per fare salsicce, salami e sim. **3** (*fig.*) Ammucchiare, entro uno spazio ristretto e insufficiente, una grande quantità di cose o persone. **SIN.** Stipare. **4** (*fig.*) Vestire qlcu. con abiti inadatti alla sua figura e che lo rendono goffo: *lo avevano insaccato in un lungo cappotto.* **SIN.** Infagottare. **5** (*mar.*) Gonfiarsi a rovescio, detto delle vele quadre che prendono il vento sulla faccia prodiera. **6** (*fam.*) Mangiare e bere avidamente. **7** †Imborsare. **B v. rifl.** ● (*fig.*) Vestirsi, fasciarsi in abiti goffi o troppo stretti. **SIN.** Infagottarsi. **C v. intr. pron.** **1** (*raro*) Subire un forte contraccolpo in seguito a una caduta. **2** (*fig.*) Pigiarsi in uno spazio ristretto: *i soldati si erano insaccati in una ripida gola.* **3** (*fig., lett.*) Tramontare nascondendosi in una striscia di nebbia densa, detto del sole: *il sole s'insaccò, né tornò fuori* (PASCOLI).

insaccàta [da *insaccare*; 1858] **s. f.** **1** Scossa che si dà al sacco per pigiarne il contenuto. **2** Urto che si riceve cadendo a terra malamente | Contraccolpo che si subisce cavalcando senza assecondare il trotto del cavallo. **3** (*fam.*) Il pigiarsi o l'ammassarsi confuso dei passeggeri in un mezzo pubblico, per una brusca frenata o accelerata del veicolo. **4** (*mar.*) Scossa che danno agli alberi le vele rovesciate indietro dal vento.

insaccàto [1869] **A part. pass.** di *insaccare*; anche **agg.** ● Nei sign. del v. **B s. m.** **1** (*spec. al pl.*) Ogni tipo di salume insaccato. **2** Chi prende parte a una corsa nei sacchi.

insaccatóre [1322] **s. m.** (f. *-trice*) **1** Chi per mestiere insacca merci. **2** Chi è adibito alla preparazione di carni insaccate.

insaccatrìce [1941] **s. f.** ● Macchina per riempire sacchi secondo un peso prestabilito.

insaccatùra [1398] **s. f.** ● Operazione dell'insaccare.

insacchettaménto [1957] **s. m.** ● Operazione dell'insacchettare.

insacchettàre [comp. di *in-* (*1*) e *sacchetto*; 1568] **v. tr.** (*io insacchétto*) ● Preparare prodotti per la vendita mettendoli in sacchetti appositi.

insacchettatrìce [1970] **s. f.** ● Macchina che esegue l'insacchettamento.

in saecula saeculorum /lat. in'sekula seku'lɔrum/ [formula liturgica lat., propr. 'nei secoli dei secoli'; 1390] **loc. avv.** ● Fino alla fine dei secoli, per un tempo interminabile (*spec. scherz.*): *discutere in saecula saeculorum.*

insalamàre [comp. di *in-* (*1*) e *salame*; 1920] **v. tr.** ● (*raro, scherz.*) Ridurre qlcu. come un salame, avvolgendolo strettamente in abiti o coperte.

insalàre [comp. di *in-* (*1*) e *sale*; 1319] **A v. tr.** **1** (*raro*) Condire con sale un cibo per insaporirlo: *i. la carne, la minestra.* **2** (*lett.*) Fare diventare salsa l'acqua dolce. **3** †Fare qlco. con senno e accorgimento: *Rinaldo, … savio uomo ed astuto / che le parole e l'opere sue insala* (PULCI). **B v. intr. pron.** ● †Diventare salso, detto di fiume che sbocca nel mare.

♦**insalàta** [f. sost. del part. pass. di *insalare*; av. 1342] **s. f.** **1** Cibo di erbe commestibili e verdure condite con sale, olio, aceto o limone | ***I. cruda***, di lattuga, indivia, radicchio, cappuccina e sim. | ***I. cotta***, di barbabietole, patate, fagiolini e sim. | ***I. di campo***, ***campagnola***, ***contadina***, di erbe spontanee, non coltivate | ***I. mista***, composta di più verdure | ***I. verde***, quella di cicoria o indivia o lattuga le cui foglie sono verdi | ***I. belga***, V. *belga.* **2** (*est.*) L'insieme delle varietà coltivate di cicoria, indivia, lattuga che di solito si mangiano in insalata: *seminare, raccogliere l'i.*; *l'i. era nell'orto*; *pulire l'i.* **3** (*est.*) Ogni pietanza a base di ingredienti vari, crudi o cotti, che si condiscono con sale, olio, aceto o limone: *i. di riso, di pollo, di pesce* | ***I. di mare***, di frutti di mare | (*fig.*) ***Mangiarsi qlcu. in i.***, vincerlo, superarlo facilmente | ***I. russa***, antipasto di verdure cotte, sottaceti e uova sode a quadretti legati con salsa maionese | ***I. capricciosa***, antipasto a base principalmente di verdure crude tagliate a filettini e salsa maionese | ***In i.***, detto di cibo condito con olio, sale, aceto o limone, con eventuali altre aggiunte: *funghi in i.* | (*raro*) ***I. di frutta***, macedonia. **4** (*fig.*) Confusione, mescolanza di cose: *fare un'i.*; *il tuo tema è un'i. di errori.* || **insalatìna**, **dim.** | **insalatóna**, **accr.** | **insalatùccia**, **insalatùzza**, **dim.**

insalatièra [1843] **s. f.** ● Recipiente cavo, per condire e servire in tavola l'insalata | (*sport, per anton.*) ***I. d'argento***, nel tennis, il trofeo d'argento che premia i vincitori del torneo 'Coppa Davis'.

insalatùra [av. 1347] **s. f.** ● Operazione dell'insalare | †Salatura.

insaldàbile [comp. di *in-* (*3*) e *saldabile*; av. 1667] **agg.** ● (*raro*) Che non si può saldare (*anche fig.*): *crepa i.*; *piaga, inimicizia i.*

insaldàre [comp. di *in-* (*1*) e *saldo* (*1*); 1813] **v. tr.** **1** Dar la salda, l'amido: *i. una camicia.* **2** †Saldare.

insaldatóra [da *insaldare*; 1869] **s. f.** ● (*raro, tosc.*) Stiratrice.

insalivàre [comp. di *in-* (*1*) e *saliva*; av. 1920] **v. tr.** ● Umettare con saliva.

insalivazióne [da *insalivare*; 1833] **s. f.** ● Azione di impasto della saliva con i cibi introdotti nella bocca durante la masticazione.

insalùbre [vc. dotta, lat. *insalūbre(m)*, comp. di *in-* neg. e *salūbris* 'salubre'; av. 1595] **agg.** ● Che è nocivo alla salute: *zona paludosa e i.* **SIN.** Malsano. || **insalubreménte**, **avv.**

insalubrità [comp. di *in-* (*3*) e *salubrità*; 1550] **s. f.** ● Caratteristica di ciò che è insalubre | Mancanza di salubrità.

insalutàto [vc. dotta, lat. *insalutātu(m)*, comp. di *in-* neg. e *salutātus* 'salutato'; 1542] **agg.** ● (*lett.*) Che non è stato salutato | (*scherz.*) ***Partire i. ospite***, andarsene via all'improvviso, senza salutare.

insalvàbile [comp. di *in-* (*3*) e *salvabile*; av. 1729] **agg.** ● Che non si può salvare.

insalvatichìre ● V. *inselvatichire.*

insanàbile [vc. dotta, lat. *insanābile(m)*, comp. di *in-* neg. e *sanābilis* 'sanabile'; 1342] **agg.** **1** Che non può sanare: *piaga i.* **SIN.** Incurabile, inguaribile. **2** (*fig.*) Irriducibile, implacabile: *dolore, odio i.* | Irrimediabile: *dissidio, contrasto i.* || **insanabilménte**, **avv.**

insanabilità [comp. di *in-* (*3*) e *sanabilità*; 1869] **s. f.** ● (*raro*) Condizione di ciò che è insanabile.

insanguinaménto [av. 1519] **s. m.** ● (*raro*) L'insanguinare, l'insanguinarsi.

insanguinàre [comp. di *in-* (*1*) e *sanguinare*; 1319] **A v. tr.** (*io insànguino*) ● Bagnare e sporcare di sangue (*anche fig.*): *insanguinarsi le mani*; *i. la spada*; *le guerre insanguinano il mondo*; *forse l'ossa / col mozzo capo gl'insanguina il ladro* (FOSCOLO). **B v. rifl.** ● Macchiarsi di sangue. **C v. intr.** ● †Sanguinare.

insània [vc. dotta, lat. *insānia(m)*, da *insānus* 'insano'; 1342] **s. f.** **1** (*lett.*) Stato di chi è mentalmente malato: *non è, insomma, amor, se non i.* (ARIOSTO). **SIN.** Demenza, pazzia. **2** Atto insano, folle o da folle: *commettere un'i.* **SIN.** Pazzia.

†**insaniènte** **part. pres.** di *insanire*; anche **agg.** ● Nei sign. del v.

insanìre [vc. dotta, lat. *insanīre*, da *insānus* 'insano'; av. 1306] **A v. intr.** (*io insanìsco, tu insanìsci*; aus. *essere*) ● (*lett.*) Diventare insano, folle: *i. per il terribile spavento.* **B v. tr.** ● †Rendere folle.

insàno [vc. dotta, lat. *insānu(m)*, comp. di *in-* neg. e *sānus* 'sano'; 1313] **agg.** **1** (*lett.*) Di chi è demente, pazzo: *uom per doglia i.* (PETRARCA). **2** Di ciò che rivela pazzia, furia, follia: *azione, passione insana*; *gesto i.*; *a rei delitti aggiugne / l'i. ardir* (ALFIERI). **3** (*fig., lett.*) Tempestoso, agitato. **4** †Malsano, malato. || **insanaménte**, **avv.**

insaponaménto [av. 1722] **s. m.** ● (*raro*) Insaponatura.

insaponàre [comp. di *in-* (*1*) e *sapone*; 1483] **A v. tr.** (*io insapóno*) **1** Coprire, impregnare qlco. di sapone: *i. i panni del bucato* | Cospargere con schiuma di sapone: *insaponarsi il viso* | ***I. una corda***, spalmarla di sapone perché scorra meglio. **2** (*fig., raro*) Adulare qlcu. per ottenere qlco. **B v. rifl.** ● Cospargersi con schiuma di sapone il corpo o il viso.

insaponàta [1936] **s. f.** ● Rapida insaponatura: *dare un'i. alla biancheria.* || **insaponatìna**, **dim.**

insaponatùra [1869] **s. f.** ● L'insaponare, l'insaponarsi | La schiuma di sapone prodotta.

insaporàre [1321] **v. tr.** e **intr. pron.** (*io insapóro*) ● Insaporire.

insapóre ● V. *insaporo.*

insaporìre [vc. dotta, lat. tardo *insaporāre*, comp. di *in-* (*1*) e *săpor*, genit. *sapōris* 'gusto, sapore'; 1554] **A v. tr.** (*io insaporìsco, tu insaporìsci*) ● Dare sapore a una vivanda aggiungendovi un condimento: *i. il brodo con sedano e carota.* **B v. intr. pron.** ● Diventare saporito.

insapóro o **insapóre**, **insapòro** [da *in-* *sapor(a-t)o*, sul tipo di *incoloro* e *inodoro*; 1598] **agg.** ● Che è senza sapore, privo di qualsiasi gusto.

insapùta [comp. di *in-* (*3*) e *saputa*; 1812] **s. f.** ● Solo nella loc. avv. ***all'i.***, ***a i. di***, senza che si sappia, di nascosto, senza informare o mettere al corrente: *ha fatto tutto a mia i.*; *è venuto qui all'i. dei genitori.*

insatanassàre [comp. di *in-* (*1*) e *satanasso*; av. 1755] **v. tr.** ● (*raro, scherz.*) Fare diventare qlcu. un satanasso, una furia.

insatirìto [comp. di *in-* (*1*) e *satiro* (*1*); av. 1850] **agg.** ● (*raro*) Che è diventato lascivo come un satiro.

insaturàbile [vc. dotta, lat. *insaturābile(m)*, comp. di *in-* neg. e *saturābilis* 'saturabile'; 1499] **agg.** **1** (*chim.*) Di soluzione o composto che non può essere saturato. **2** (*raro, lett.*) Insaziabile.

insaturazióne [1957] **s. f.** ● (*chim.*) Proprietà di insaturo.

insàturo [comp. di *in-* (*3*) e *saturo*; 1957] **agg.** ● (*chim.*) Che non ha raggiunto la saturazione | ***Soluzione insatura***, in cui si può sciogliere ulteriore sostanza | ***Idrocarburo i.***, contenente coppie di atomi di carbonio uniti da legami multipli. **CFR.** Saturo.

insaziàbile [vc. dotta, lat. *insatiābile(m)*, comp. di *in-* neg. e di un deriv. di *satiāre* 'saziare'; 1336 ca.] **agg.** ● Che non si sazia mai: *fame, avidità i.* | (*fig.*) Che non si può appagare: *voglia, desiderio i.*; *Sei proprio i. – vuoi mangiare / anche con la mia bocca?* (PASOLINI). **SIN.** Inappagabile. || **insaziabilménte**, **avv.** Senza possibilità di saziarsi.

insaziabilità [vc. dotta, lat. *insatiabilitāte(m)*, da *insatiābilis* 'insaziabile'; av. 1347] **s. f.** ● Caratteristica di ciò che (o di chi) è insaziabile (*anche fig.*): *l'i. della gola*; *l'i. dell'avaro.*

insaziàto [vc. dotta, lat. *insatiātu(m)*, comp. di *in-* neg. e *satiātus*, part. pass. di *satiāre* 'saziare'; sec. XIV] **agg.** ● Che non si è saziato: *appetito i.*

insazietà [vc. dotta, lat. *insatietāte(m)*, comp. di *in-* neg. e *satietas*, genit. *satietātis* 'sazietà'; sec. XIV] **s. f.** ● (*lett.*) Condizione di chi non è mai sazio o appagato.

inscatolaménto [1922] **s. m.** ● Operazione dell'inscatolare.

inscatolàre [comp. di *in-* (*1*) e *scatola*; 1884] **v. tr.** (*io inscàtolo*) ● Rinchiudere in scatola, spec. cibi: *i. carne, verdura.*

inscatolatóre [1957] **s. m.** (f. *-trice*) ● Chi è addetto all'inscatolamento di merci e prodotti, spec. alimentari.

inscatolatrìce [1957] **s. f.** ● Macchina che esegue l'inscatolamento.

inscenaménto [1941] **s. m.** ● (*raro*) L'inscenare.

inscenàre [comp. di *in-* (*1*) e *scena*; 1901] **v. tr.** (*io inscèno*) **1** Mettere in scena, preparare uno spettacolo: *i. una commedia.* **2** (*raro*) Simulare: *i. un'arrabbiatura* | Attuare, promuovere in modo da attirare l'attenzione: *i. una lite, una dimostrazione di piazza.*

†**inschidionàre** [comp. di *in-* (*1*) e *schidione*; av. 1729] **v. tr.** ● Infilare nello schidione.

insciènte [vc. dotta, lat. *insciĕnte(m)*, comp. di *in-* neg. e *scĭens*, genit. *sciĕntis* 'sciente'; sec. XIV] **agg.** ● (*lett.*) Che non sa, non conosce qlco. | (*raro*) ***Me i.***, senza che io lo sapessi. || **inscienteménte**, **avv.** Senza saperlo: *trasgredire un ordine inscientemente.*

insciènza [lat. *insciĕntia(m)*, comp. di *in-* neg. e *sciĕntia* 'scienza'; 1632] **s. f.** ● (*lett.*) Ignoranza su un fatto particolare, una legge, una disposizione.

inscindìbile [comp. di *in-* (*3*) e *scindibile*; 1869] agg. ● Che non si può scindere, separare: *legame i.*; *effetto i. dalla causa.* || **inscindibilménte**, avv.

inscindibilità [1910] s. f. ● (*raro*) Caratteristica di ciò che è inscindibile.

†**inscio** [vc. dotta, lat. *īnsciu(m)*, comp. di *in-* neg. e *scīus* 'che sa', da *scīre* 'sapere', di etim. incerta; 1499] agg. ● (*lett.*) Ignaro, inconsapevole: *i. Achille, non fia che doni io prenda* (MONTI).

inscrittibile [da *inscritto*; 1607] agg. ● (*mat.*) Che può inscriversi, che può essere inscritto.

inscritto [1277] part. pass. di *inscrivere*; anche agg. *1* Nei sign. del v.: *un cerchio i. in un triangolo.* *2* V. *iscritto* (*1*).

inscrivere [vc. dotta, lat. *inscrībere*, comp. di *in-* 'sopra' e *scrībere* 'scrivere'; av. 1617] **A** v. tr. (coniug. come *scrivere*) *1* (*mat.*) Tracciare una figura in un'altra, in modo che i suoi vertici siano sul contorno della prima. *2* V. *iscrivere*. **B** v. rifl. ● V. *iscrivere*.

inscrivìbile [1887] agg. ● (*mat.*) Che si può inscrivere.

inscrizióne [vc. dotta, lat. *inscriptiōne(m)*, comp. di *in-* 'sopra' e *scrīptio*, genit. *scriptiōnis* 'scrizione'; sec. XIV] s. f. *1* (*mat.*) Operazione, azione dell'inscrivere. *2* V. *iscrizione*.

inscrutàbile [vc. dotta, lat. eccl. *inscrutābile(m)*, comp. di *in-* neg. e di un deriv. di *scrutāri* 'scrutare'; av. 1342] agg. ● (*raro*) Che non si può scrutare: *mistero i.* || **inscrutabilménte**, avv. (*raro*) Imperscrutabilmente.

inscrutabilità [av. 1712] s. f. ● (*raro*) Caratteristica di ciò che è inscrutabile.

inscurire o **iscurire** [comp. di *in-* (*1*) e *scuro*; av. 1642] **A** v. tr. (*io inscurisco, tu inscurisci*) ● Rendere più scuro. **B** v. intr. e intr. pron. (aus. *essere*) ● Diventare più scuro.

inscuṣàbile [comp. di *in-* (*3*) e *scusabile*, sul modello del latinismo *inescusabile*; av. 1645] agg. ● (*raro*) Inescusabile.

insecàbile [vc. dotta, lat. tardo *insecābile(m)*, comp. di *in-* neg. e *secābilis*, da *secāre* 'tagliare, dividere'; av. 1563] agg. ● (*raro*) Che non si può dividere o tagliare.

insecchire [comp. di *in-* (*1*) e *secco*; 1550] **A** v. tr. (*io insecchisco, tu insecchisci*) ● Rendere secco (*anche fig.*): *la siccità insecchisce le piante*; *gli anni lo hanno insecchito.* **B** v. intr. (aus. *essere*) ● Diventare secco: *d'autunno le foglie insecchiscono* | Diventare magro: *con l'età è molto insecchito.*

insediaménto [1858] s. m. *1* L'insediare, l'insediarsi: *i. in una carica*; *cerimonia d'i.*; *l'i. del nuovo consiglio comunale.* *2* Presa di possesso stabile di una zona o di un territorio da parte di popoli o gruppi umani organizzati: *studiare gli insediamenti dell'uomo primitivo* | (*est.*) La zona stessa dell'insediamento: *gli insediamenti etruschi dell'alto Lazio.* *3* In antropogeografia, l'insieme dei fenomeni connessi alla distribuzione della popolazione sulla Terra: *i. temporaneo, permanente, urbano, rurale.*

insediàre [comp. di *in-* (*1*) e *sedia* nel senso di 'seggio, sede'; av. 1580] **A** v. tr. (*io insèdio*) *1* Mettere qlcu. in possesso di un ufficio, di una carica importante, spec. con una cerimonia ufficiale: *i. i nuovi assessori, il sindaco, il vescovo.* *2* (*raro*) Installare qlcu. in una sede fissa, in una località determinata. **B** v. intr. pron. *1* Prendere ufficialmente possesso di una carica. *2* Stabilirsi in un luogo: *si è insediato in casa nostra da più di un mese*; *gruppi di profughi si sono insediati in baracche*; *numerosi coloni greci si insediarono nell'Italia meridionale.*

inseducìbile [vc. dotta, lat. eccl. *inseducībile(m)*, comp. di *in-* neg. e di un deriv. di *sedūcere* 'sedurre'; 1869] agg. ● (*raro*) Che non si può sedurre.

inségna [lat. *insīgnia* (nt. pl. di *insīgne*), da *insīgnis* 'che porta (*in-*) il segno (*sīgnum*)'; av. 1294] s. f. *1* Segno o simbolo distintivo del grado e della dignità della persona a cui si riferisce: *l'i. imperiale* | (*spec. al pl.*) Gli abiti o i paramenti che rappresentano un grado o una carica onorifica: *le insegne sacerdotali, reali* | ***Le insegne dei magistrati***, la toga e il berretto | ***Deporre, restituire le insegne***, rinunciare a una carica | (*spec. al pl.*) Le decorazioni simbolo di una onorificenza o di un ordine cavalleresco: *fregiarsi delle insegne della Legion d'onore.* *2* Stemma: *l'i. di Roma è la lupa*; *l'i. dei Medici sono sei palle su uno scudo.* *3* Figura o motto che accompagnano uno stemma, un emblema e sim.: *l'i. di quella famiglia è 'vincere combattendo'* | (*fig.*) Principio a cui si ispira il comportamento di qlcu.: *la sua i. è 'non fare nulla'* | Nella loc. ***all'i. di***, (*fig.*) con la caratteristica di, in modo conforme a: *cibi all'i. della genuinità*; *un discorso all'i. del compromesso.* *4* Vessillo che serviva da riferimento e guida a reparti armati: *l'i. di un manipolo, di una legione* | (*est., spec. al pl.*) Bandiera, distintivo di un reparto militare: *le insegne del quarto battaglione degli Alpini* | ***Abbandonare le insegne***, (*fig.*) disertare. *5* Stendardo, gonfalone: *il carroccio portava l'i. del Comune* | (*est.*) Distintivo, immagine che simboleggia un'associazione, un partito politico e sim.: *l'i. della Croce Rossa, del partito repubblicano* | ***Militare sotto le insegne di un partito***, (*fig.*) esservi iscritto e partecipare attivamente alle sue iniziative. *6* Targa con scritti e figure posta all'esterno di negozi o imprese per distinguersi e richiamare l'attenzione: *i. al neon*; *i. luminosa*; *i. pubblicitaria*; *l'i. di un albergo.* *7* Cartello con l'indicazione del nome di vie, piazze, ecc.: *insegne stradali.* *8* †Corpo di soldati raccolti sotto una medesima bandiera | Alfiere. *9* †Segno, segnale, cenno: *coi dossi de le man faccendo i.* (DANTE *Purg.* III, 102). *10* (*fig.*) †Guida, insegnamento.

insegnàbile [av. 1729] agg. ● Che si può insegnare.

♦**insegnaménto** [av. 1249] s. m. *1* Attività dell'insegnare: *i. proficuo, valido*; *affaticarsi, logorarsi nell'i.* | Materia su cui verte tale attività: *i. dell'italiano, della matematica* | Modo o sistema d'insegnare: *i. teorico, pratico, dimostrativo.* *2* (*est.*) Professione dell'insegnante: *darsi all'i.*; *conseguire l'abilitazione all'i.*; *i. statale, libero, religioso, laico.* *3* Precetto, consiglio, ammaestramento: *trarre i. dall'esperienza.*

♦**insegnànte** [av. 1419] **A** part. pres. di *insegnare*; anche agg. ● Che insegna | ***Corpo i.***, l'insieme dei docenti, degli insegnanti di una scuola. **B** s. m. e f. *1* Chi insegna qlco. *2* Chi, disponendo del necessario titolo di studio, insegna una determinata disciplina sia privatamente sia nei vari ordini di scuole: *i. di matematica, di storia, di chimica, di latino e greco*; *i. elementare, medio*; *i. di liceo, dell'università.* SIN. Docente. CFR. Maestro, professore | ***I. d'appoggio, di sostegno***, V. *sostegno*, sign. 3.

♦**insegnàre** [lat. tardo *insignāre* col senso originario di 'imprimere', comp. di *in-* (*1*) e *signāre* 'segnare'; av. 1250] **A** v. tr. (*io inségno*) *1* Esporre e spiegare in modo progressivo una disciplina, un'arte, un mestiere e sim. a qlcu. perché li apprenda: *i. a scrivere, a leggere*; *i. ginnastica, scherma*; *i. a fare il muratore, il falegname*; *stimava … officio de' padri i. a' figliuoli tutte le virtù* (ALBERTI) | Esercitare la professione di insegnante (*anche assol.*): *i. matematica, scienze, italiano*; *insegna al Liceo Dante, all'Università* | Far imparare a memoria: *i. i versi di una poesia, una preghiera.* *2* Dare consigli, ammaestramenti relativi al comportamento, al modo di vivere, e sim.: *i. ad amare il prossimo*; *i. la buona educazione* | ***Vi insegno io a rigare diritti***, espressione di minaccia rivolta a chi non si comporta bene | ***Come lei m'insegna …***, (*iron.*) inciso cortese oppure ironico che indica cose ovvie, che dovrebbero essere note all'interlocutore | ***Chi ti ha insegnato …?***, per esprimere un rimprovero, un biasimo: *chi ti ha insegnato l'educazione?*; *chi ti ha insegnato a gettare le carte sul pavimento?* *3* Indicare, mostrare: *i. il cammino* | †Rivelare: *i. la verità, un segreto.* *4* †Rendere esperto, dotto. **B** v. intr. (aus. *avere*) ● Esercitare la professione d'insegnante: *i. al liceo da molti anni.*

insegnativo [1661] agg. ● (*raro*) Che serve a insegnare: *metodo i.*; *poesia insegnativa.* SIN. Didattico, didascalico.

†**insegnatóre** [av. 1292] s. m. (f. *-trice*) ● Chi insegna e istruisce: *Cristo di libertade i.* (CARDUCCI). SIN. Insegnante.

insegnucchiàre [1869] v. tr. (*io insegnùcchio*) ● (*raro*) Insegnare qlco. alla meglio.

inseguiménto [1810] s. m. *1* Atto dell'inseguire: *cominciare l'i.*; *gettarsi all'i.* *2* (*sport*) Gara ciclistica, individuale o a squadre, in cui i concorrenti, partendo da punti opposti della pista, cercano di guadagnare vicendevolmente terreno. *3* In varie tecnologie, l'azione di tenere puntato un dispositivo (un'arma, un'antenna) a un oggetto (un aereo, un satellite) in movimento.

♦**inseguire** [lat. *īnsequi*, comp. di *in-* 'verso' e *sĕqui* 'seguire', adattato al semplice *seguire*; 1677] **A** v. tr. (*io inséguo*) *1* Correre dietro a qlcu. per raggiungerlo o fermarlo: *i. i nemici in fuga*; *i. un ladro* | Incalzare (*anche fig.*): *i. la selvaggina con i cani*; *gli incubi lo inseguivano dovunque.* *2* (*fig.*) Sforzarsi di raggiungere cose irreali o astratte: *i. sogni di gloria*; *i. ricordi, speranze.* SIN. Vagheggiare. **B** v. rifl. rec. *1* Corrersi dietro l'un l'altro. *2* (*fig.*) Verificarsi, susseguirsi con molta frequenza: *le notizie si inseguono incalzanti*; *e certi larghi schiamazzi di risa che s'inseguivano* (D'ANNUNZIO).

inseguitóre [1895] s. m.; anche agg. (f. *-trice*) ● Chi (o Che) insegue: *gli inseguitori gli erano alle calcagna*; *il gruppo i. ha raggiunto il fuggitivo* | (*sport*) Atleta specializzato nelle gare di inseguimento.

insellaménto [da *insellare*; 1889] s. m. ● (*mar.*) Deformazione con concavità in basso dello scafo di una nave per carico eccessivo nella parte centrale o quando questa viene a trovarsi nel cavo di un'onda.

insellàre [comp. di *in-* (*1*) e *sella*; av. 1557] **A** v. tr. (*io insèllo*) *1* (*raro*) Mettere la sella: *i. un cavallo.* SIN. Sellare. *2* Curvare qlco. dandogli forma di sella. **B** v. intr. pron. *1* Montare in sella. *2* Incurvarsi.

insellatùra [da *insellare*; 1895] s. f. *1* (*veter.*) Difetto del dorso che si presenta abnormemente incurvato. *2* Depressione in una catena di monti. SIN. Sella. *3* (*mar.*) Concavità del ponte di coperta in senso longitudinale.

inselvàrsi [comp. di *in-* (*1*) e *selva*; 1480] v. intr. pron. (*io m'insèlvo*) *1* (*lett.*) Nascondersi, rifugiarsi in una selva. *2* (*lett.*) Diventare folto come una selva | Coprirsi di alberi.

inselvatichire o (*raro*) **insalvatichire** [comp. di *in-* (*1*) e *selvatico*; av. 1342] **A** v. tr. (*io inselvatichìsco, tu inselvatichisci*) ● Rendere selvatico, detto di piante o di terreno | (*fig.*) Inasprire: *i dolori lo hanno inselvatichito.* **B** v. intr. e intr. pron. (aus. *essere*) *1* Ritornare allo stato selvatico: *gli animali domestici si erano inselvatichiti*; *i campi abbandonati sono inselvatichiti.* *2* (*fig.*) Divenire rozzo, intrattabile: *a forza di vivere da solo quell'uomo è inselvatichito.*

†**insèmbre** [ant. fr. *ensemble*, formato come *ins(i)eme*; 1532] avv. ● Insieme: *e van gli augelli a strette schiere i.* (ARIOSTO).

†**insème** ● V. *insieme*.

insemenzaménto [parallelo semantico e formale di *inseminazione*, ma da *semenza*; 1970] s. m. ● (*med.*) Deposizione di germi in opportuno terreno di coltura per favorirne l'accrescimento.

inseminàre [vc. dotta, lat. *insemināre* 'seminare dentro, fecondare', comp. di *in* 'in (1)' e *semināre* 'seminare'; 1957] v. tr. (*io insémino*) ● (*med.*) Deporre il seme maschile negli organi genitali femminili, spec. con riferimento alla fecondazione artificiale.

inseminàto [comp. di *in-* (*3*) e *seminato*; 1807] agg. ● (*raro, lett.*) Non seminato | (*est., lett.*) Incolto, deserto: *nella Troade inseminata / eterno splende a' peregrini un loco* (FOSCOLO).

inseminazióne [da *inseminato* nel senso del part. pass. del lat. *insemināre*, comp. di *semināre* con *in-* (*1*); 1948] s. f. ● (*med.*) L'inseminare | ***I. artificiale***, fecondazione artificiale.

†**insemitàrsi** [comp. di *in-* (*1*) e *semita* 'sentiero'; av. 1530] v. intr. pron. ● (*raro*) Mettersi in via: *morta sospìrola / e per quell'orme ancor m'indirizzo e insemito* (SANNAZARO).

†**insempràrsi** [comp. di *in-* (*1*) e *sempre*] v. intr. pron. ● (*poet.*) Durare eternamente: *colà dove gioir s'insempra* (DANTE *Par.* X, 148).

insenatùra [comp. parasintetico di *seno*; av. 1742] s. f. ● Braccio di mare, lago o fiume che rientra verso terra.

insensatàggine [av. 1533] s. f. ● (*raro*) Insensatezza.

insensatézza [comp. di *in-* (*3*) e *sensatezza*; av. 1686] s. f. ● Condizione di chi è insensato: *la sua i. lo ha portato alla rovina* | (*est.*) Atto, parola da insensato: *le sue insensatezze sono famose.* SIN. Stoltezza.

insensàto [vc. dotta, lat. eccl. *insensātu(m)*,

comp. di *in-* neg. e *sensātus* 'sensato'; 1321] **A** agg. *1* Che manca di buon senso: *un giovane i.* SIN. Scriteriato, stolto, sventato. *2* Che rivela irragionevolezza o mancanza di giudizio: *passione, cupidigia insensata*; *discorso i.*; *il più sublime lavoro della poesia è alle cose insensate dar senso e passione* (VICO). *3* †Reso insensibile: *i. dallo spavento*. *4* †Che è privo della ragione: *animale i.* | †Stupido, demente, detto di persona. || **insensataménte**, avv. Da insensato; scioccamente. **B** s. m. (f. *-a*) ● Chi rivela mancanza di buon senso: *agitarsi, correre, agire da i.* SIN. Scriteriato, stolido, sventato.

insensìbile [vc. dotta, lat. tardo *insensībile(m)*, comp. di *in-* neg. e *sensĭbilis* 'sensibile'; 1308] agg. (assol.; + *a*) *1* Che non sente o non reagisce a stimoli fisici: *essere i. alla calura, alla fatica* | Che non si commuove, che rimane impassibile: *i. alla pietà, ai rimproveri, all'adulazione, all'affetto* | (*est.*) Indifferente, freddo: *avere un carattere i.* | Che è privo di sensibilità estetica: *è i. all'arte.* *2* Che non è percepito dai sensi tanto è esiguo: *movimento sismico i.* | (*est.*) Che si nota appena: *variazione i. dei prezzi.* SIN. Impercettibile. *3* †Inerte. || **insensibilménte**, avv. In modo impercettibile.

insensibilità [vc. dotta, lat. tardo *insensibilitāte(m)*, da *insensĭbilis* 'insensibile'; av. 1357] s. f. (assol.; + *a*; + *per*) ● Caratteristica di chi (o di ciò che) è insensibile: *persona caratterizzata da assoluta i.*; *i. al dolore fisico, alle disgrazie altrui*; *l'i. per le tante belle e grandiose cose di cui Roma ridonda* (ALFIERI). SIN. Indifferenza | Mancanza di sensibilità: *dimostra una totale i. per la musica.*

insensitivo [comp. di *in-* (*3*) e *sensitivo*; 1561] agg. ● (*lett.*) Privo di sensibilità | (*lett.*) Indifferente, impassibile.

♦**inseparàbile** [vc. dotta, lat. tardo *inseparābile(m)*, comp. di *in-* neg. e *separābilis* 'separabile'; av. 1320] **A** agg. *1* Che non si può separare o disgiungere | Che sta sempre insieme a qlcu. o qlco.: *amici inseparabili.* SIN. Indivisibile. *2* (*est.*) Inerente, inscindibile: *dalla vita è i. l'idea della morte.* || **inseparabilménte**, †**inseparabileménte**, avv. **B** s. m. pl. ● Specie di piccoli pappagalli del genere *Melopsittacus*, così detti per l'abitudine a stare in coppia | Specie di pappagalli del genere *Agapornis*.

inseparabilità [vc. dotta, lat. eccl. *inseparabilitāte(m)*, da *inseparābilis* 'inseparabile'; av. 1396] s. f. ● Condizione di chi (o di ciò che) è inseparabile, inscindibile: *l'i. di due amici*; *l'i. di due concetti.* SIN. Indivisibilità.

inseparàto [vc. dotta, lat. eccl. *inseparātu(m)*, comp. di *in-* neg. e *separātus* 'separato'; sec. XIV] agg. ● (*raro*) Che non è separato | (*est.*) Che è strettamente congiunto.

insepólto o †**insepùlto** [vc. dotta, lat. *insepŭltu(m)*, comp. di *in-* neg. e *sepŭltus* 'sepolto'; sec. XIV] agg. ● Che non ha ancora avuto sepoltura: *cadaveri insepolti*; *ossame i.*

insequestràbile [comp. di *in-* (*3*) e *sequestrabile*; 1869] agg. ● Che non si può sequestrare: *somma i.*; *oggetto i.*

insequestrabilità [comp. di *in-* (*3*) e *sequestrabilità*; 1940] s. f. ● Condizione di ciò che è insequestrabile.

inseribile [1963] agg. ● Che può essere inserito.

inseriménto [1620] s. m. *1* Introduzione di qlco. dentro un'altra: *l'i. di un tassello nel foro* | (*fig.*) Inclusione: *l'i. di un nome in un elenco.* *2* (*fig.*) Integrazione, adattamento: *i. nella vita civile*; *ha avuto qualche problema di i. nella nuova classe.*

♦**inserire** [vc. dotta, lat. *insĕrere*, comp. di *in-* 'dentro' e *sĕrere* 'intrecciare', di orig. indeur., con mutamento di coniug.; 1528] **A** v. tr. (*io inserìsco, tu inserìsci*; part. pass. *inserito*) *1* Introdurre o infilare qlco. in un'altra o tra altre: *i. un tubo nell'altro*; *i. una vite nel foro*; *i. un segnalibro tra le pagine.* *2* (*fig.*) Includere in un insieme già completo qlco. di accessorio o secondario: *i. un episodio in un racconto*; *i. una clausola in un contratto* | *I. un avviso, un annuncio sul giornale*, farlo pubblicare. *3* †Innestare. **B** v. intr. pron. *1* Essere congiunto, attaccato: *la gamba si inserisce nell'anca.* *2* (*fig.*) Far parte: *il provvedimento si inserisce nel piano per l'occupazione* | (*fig.*) Introdursi: *si è inserito nel giro dell'alta finanza* | (*fig.*) Entrare a far parte: *inserirsi nel mondo del lavoro* | (*fig.*) Intervenire, partecipare: *inserirsi in una discussione, in una polemica* | (*fig.*) Integrarsi, adattarsi: *non riesce ad inserirsi nel nuovo ambiente.*

inserito [1540] part. pass. di *inserire*; anche agg. ● Nei sign. del v.

inseritóre [1902] s. m. ● Dispositivo che permette d'inserire o togliere collegamenti in un circuito elettrico.

insèrto [vc. dotta, lat. *insĕrtu(m)*, part. pass. di *insĕrere* 'inserire'; 1441] s. m. *1* Fascicolo o cartella di documenti relativi a una stessa pratica. SIN. Incartamento. *2* Fascicolo o foglio che viene inserito in un volume, in un giornale, una rivista e sim.: *un settimanale con un voluminoso i. illustrato.* *3* Brano di film inserito in un altro di diverso carattere | *I. filmato*, brano cinematografico in un programma televisivo. *4* In un capo d'abbigliamento, applicazione realizzata in materiale o tessuto diverso da quello di fondo: *una giacca con inserti in pelle.* *5* †Innesto.

inservibile [comp. di *in-* (*3*) e *servibile*; 1784] agg. ● Che non serve più o non è più utilizzabile: *automezzo i.*

inservibilità [1916] s. f. ● Condizione di ciò che è inservibile.

inserviènte [vc. dotta, lat. *inserviĕnte(m)*, part. pres. di *inservīre*, comp. di *in-* 'a' e *servīre* 'servire'; 1765] s. m. e f. *1* Chi è addetto ai servizi pesanti in ospedali, istituti e sim. *2* (*relig.*) Chi serve il sacerdote officiante.

♦**inserzióne** [vc. dotta, lat. tardo *insertiōne(m)*, da *insērtus*, part. pass. di *insĕrere* 'inserire'; av. 1492] s. f. *1* Inserimento. *2* Annuncio pubblicitario o economico pubblicato su un giornale o su una rivista. *3* (*anat.*) Punto di attacco di muscoli, tendini, legamenti, alle ossa o ad altri organi. *4* (*tel.*) Inclusione su una linea telefonica | *Apparecchio derivato con i. diretta*, che può connettersi direttamente sulla linea urbana. *5* (*ling.*) Epentesi.

inserzionista [da *inserzione* nel sign. 2; 1941] agg.; anche s. m. e f. (pl. m. *-i*) ● Che (o Chi) fa pubblicare annunci economici o pubblicitari su giornali e riviste: *la ditta i.*; *avviso agli inserzionisti.*

inserzionìstico [1942] agg. (pl. m. *-ci*) ● Che concerne le inserzioni sui giornali.

insessóre [lat. *insessōre(m)* 'che sta seduto sopra', deriv. di *insidēre* 'occupare un luogo', comp. di *in-* e *sidēre* 'sedere'; 1933] agg. m. ● (*zool.*) Detto del piede di ogni uccello che può appollaiarsi sui rami, caratterizzato da un lungo pollice e da dita libere alla base.

insettàrio [1940] s. m. ● Luogo in cui si allevano gli insetti a scopo scientifico o per esposizione.

Insètti s. m. pl. ● Nella tassonomia animale, classe di Artropodi con corpo diviso in capo, torace, addome, tre paia di zampe e riproduzione ovipara con o senza metamorfosi. ➡ ILL. **animali**/2.

♦**insetticida** [comp. di *insetto* e *-cida*; 1869] **A** s. m. (pl. *-i*) ● Sostanza o miscuglio di sostanze impiegate per combattere gli insetti dannosi: *i. in polvere, liquido, gassoso.* **B** anche agg.: *sostanza i.*

insettìfugo [comp. di *insetto* e *-fugo*; 1933] **A** s. m. (pl. *-ghi*) ● Sostanza impiegata per allontanare i parassiti dalla cute dell'uomo o degli animali. **B** anche agg.: *sostanze insettifughe.*

Insettìvori s. m. pl. ● Nella tassonomia animale, ordine di Mammiferi plantigradi, di piccole dimensioni, con dentatura completa e muso aguzzo, che si nutrono prevalentemente di insetti (*Insectivora*). ➡ ILL. **animali**/11.

insettìvoro [comp. di *insetto* e *-voro*, dal lat. *vorāre* '(di)vorare'; av. 1730] **A** agg. ● Detto di animale o pianta che si nutre di insetti. **B** s. m. ● Correntemente, ogni animale dell'ordine degli Insettivori.

♦**insètto** [lat. *insĕctu(m)*, part. pass. di *insecāre*, comp. di *in-* raff. e *secāre* 'tagliare', creato per tradurre il corrispondente comp. gr. *éntomon*, che si riferiva ai 'tagli' frequenti sul corpo di questi animaletti; av. 1498] s. m. *1* Ogni animale appartenente alla classe degli Insetti | *I. foglia*, fillio | *I. della Madonna*, coccinella | *I. stecco*, bacillo di Rossi | CFR. entomo-. *2* (*fig.*, *spreg.*) Persona meschina | *Schiacciare qlcu. come un i.*, umiliarlo profondamente. || **insettàccio**, pegg. | **insettino**, dim. | **insettùccio**, dim. | **insettùcolo**, dim.

insettologìa [comp. di *insetto* e *-logia*; av. 1799] s. f. ● (*raro*) Entomologia.

insettològico [1781] agg. (pl. m. *-ci*) ● (*raro*) Della insettologia.

insettòlogo [comp. di *insetto* e *-logo*; av. 1730] s. m. (f. *-a*; pl. m. *-gi*) ● (*raro*) Entomologo.

insicurézza [comp. di *in-* (*3*) e *sicurezza*; av. 1937] s. f. *1* Caratteristica di ciò che manca di sicurezza: *l'i. di una risposta*; *l'i. della situazione economica.* *2* Condizione di incertezza di chi si sente insicuro, manca di fiducia in sé stesso, è indeciso, e sim.: *vive in uno stato di i.*; *ha trasmesso anche ai colleghi il suo senso di i.*; *non riuscire a nascondere la propria i.* SIN. Incertezza.

insicùro [comp. di *in-* (*3*) e *sicuro*; 1905] **A** agg. ● Che manca di sicurezza o di padronanza di sé: *uomo, ragazzo i.* | Che dimostra insicurezza: *carattere i.*; *situazione insicura.* **B** s. m. (f. *-a*) ● Persona insicura.

insider /in'saider, *ingl.* ɪn'saedəɹ/ [vc. ingl., propr. 'chi sta dentro', da *inside* 'interno, parte interna'; 1966] s. m. e f. inv. ● Chi ha accesso a informazioni riservate prima che esse vengano diffuse pubblicamente.

insider trading /*ingl.* ɪn'saedəɹ 'tɹeɪdɪŋ/ [loc. ingl., comp. di *insider* (V.) e *trading* 'commercio, compravendita'; 1985] loc. sost. m. inv. ● Compravendita di titoli di una società da parte di un membro della stessa società o di istituzioni di intermediazione finanziaria, condotta a proprio vantaggio usando informazioni riservate.

insìdia [vc. dotta, lat. *insĭdia(s)*, da *insidēre*, originariamente 'appostarsi', comp. di *in-* 'sopra' e *sedēre*; 1321] s. f. *1* Inganno, agguato preparato di nascosto contro qlcu.: *porre, tendere un'i.*; *sospettare, temere un'i.*; *schivare, eludere un'i.* SIN. Tranello, trappola. *2* (*est.*) Pericolo non facilmente individuabile: *il mare è pieno d'insidie*; *il sonno è un'i. per i guidatori* | (*fig.*) Lusinga, allettamento a cui è facile cedere: *le insidie della società dei consumi.*

insidiàre [vc. dotta, lat. *insidiāre*, da *insidēre* (V. *insidia*); 1336 ca.] v. tr. e intr. (*io insìdio*; aus. *avere*) ● Tendere insidie, inganni: *guerriglieri isolati insidiavano i reparti in marcia*; *i. alla vita, all'onore di qlcu.*; *gli adulator, che tanti / te insidian* (ALFIERI) | *I. una donna*, tentare di sedurla.

insidiatóre [vc. dotta, lat. *insidiatōre(m)*, da *insidiātus* 'insidiato', part. pass. di *insidiare*; av. 1332] **A** s. m. (f. *-trice*) ● Chi insidia. **B** agg. ● (*raro*) Insidioso, ingannevole.

insidióso [vc. dotta, lat. *insidiōsu(m)*, da *insidēre* (V. *insidia*); 1338 ca.] agg. ● Che tende insidie: *individuo i.* | Che nasconde un inganno, un tranello: *domanda insidiosa* | Che nasconde o comporta dei pericoli: *una malattia insidiosa.* || **insidiosaménte**, avv.

♦**insième** o †**insème** [lat. tardo *īnsimul*, comp. di *in-* raff. e *sĭmul*, da *sĭmilis* 'simile', con sovrapposizione di *sĕmel* 'una volta'; av. 1294] **A** avv. *1* In reciproca compagnia e unione: *ceniamo i.*; *abbiamo fatto il viaggio i.*; *si vedono spesso i.*; *sono sempre i.*; *abitano i.* | *Dormire i.*, nella stessa stanza o nello stesso letto; (*eufem.*) avere un rapporto sessuale | *Mettersi i.*, (*gener.*) unirsi, associarsi; avere una relazione amorosa, spec. con rapporto di convivenza | *Persone, colori, oggetti che stanno bene i.*, che vanno d'accordo, che sono in armonia fra loro. SIN. Assieme. *2* Indica associazione, coesione di più persone o elementi: *cerchiamo di agire i.*; *non riesco a tenere i. questi ragazzi*; *questo libro non sta più i.* | *Mettere i. una certa somma*, raggranellarla | *Mettere i. un patrimonio, una fortuna*, accumularli | *Mettere i. i propri sforzi*, coordinarli | *Mettere i. due idee, una lettera*, e sim., concepire, scrivere | *Mettere i. un esercito*, costituirlo | (*fam.*) *Il latte è andato i.*, è andato a male, si è coagulato | Indica la totalità di persone o cose: *ci riuniamo tutti quanti i.*; *li vendo solo tutti i.* | *Comprare tutto i.*, in blocco | *Considerare tutto i.*, complessivamente. SIN. Assieme. *3* Nello stesso tempo, nello stesso momento, contemporaneamente: *abbiamo finito i.*; *sono arrivati i. al traguardo*; *vuole fare troppe cose i.*; *è un libro divertente e i. istruttivo*; *lo spero e lo temo i.* *4* Vicendevolmente, l'un l'altro: *li unisce i. una grande stima.* || †**insiememénte**, avv. Insieme: *due o tre ne portò insiememente* (BOCCACCIO). **B** nelle loc. prep. *i. con*, *i. a* *1* In unione, in compagnia di: *vive i. con una zia*; *è uscito i. con un amico*; *devi mangiare la carne i. al pane.* SIN. Assieme. *2* Contemporaneamente a: *il treno da Torino è arrivato i. a quello da Milano*; *i due orologi non* *battono mai le ore uno i. all'altro.* **C** **s. m.** **1** Totalità, complesso, unità organica di più parti o elementi: *l'i. dei cittadini, degli elettori*; *l'i. degli edifici di un quartiere*; *l'i. degli attori di una compagnia*; *bisogna considerare le cose nell'i.*; *tutto l'i. non convince molto.* **2** (*mat.*) Collezione, classe, aggregato di elementi che solitamente si individuano o elencandoli o assegnando una proprietà che li caratterizza | ***I. subordinato a un altro***, insieme i cui elementi sono tutti contenuti nell'altro | ***I. vuoto***, insieme senza elementi, insieme al quale s'impone una qualità contraddittoria | ***I. ordinato***, quello contraddistinto sia dall'identità dei suoi elementi sia dall'ordine in cui sono disposti | ***I. di definizione di una funzione***, l'insieme dei valori in cui essa è definita. **3** (*raro*) Accordo, affiatamento, armonia: *suonano con un perfetto i.*; *la squadra manca d'i.* **4** Abito completo le cui parti sono della stessa stoffa o colore, o coordinate fra loro.

insiemistica [da *insieme* nel sign. C2; 1973] **s. f.** ● Studio della matematica condotto secondo i concetti e il simbolismo della teoria degli insiemi.

insiemistico [1970] **agg.** (**pl. m.** *-ci*) ● (*mat.*) Di studio condotto con i concetti e il simbolismo della teoria degli insiemi.

insight /in'sait, *ingl.* 'ɪn,saɛt/ [vc. ingl., propr. 'discernimento, intuito'; 1985] **s. m. inv.** ● (*psicol.*) Capacità di capire i processi mentali propri o di altri | Percezione immediata del significato di un evento. **SIN.** Intuizione.

insigne [vc. dotta, lat. *insīgne(m)*, da *sīgnum*, il 'segno' che distingue una persona; 1441] **agg.** **1** Che si distingue per meriti eccezionali: *scrittore, scienziato, giurista i.*; *la venerata voce dell'i. filosofo* (METASTASIO). **SIN.** Famoso, illustre, ragguardevole. **2** Di grande pregio e valore: *monumento i.*; *chiesa, basilica i.* | ***Città i.***, che vanta un ricco patrimonio storico ed artistico. || †**insignemènte**, **avv.**

insignificàbile [comp. di *in-* (3) e *significabile*; 1881] **agg.** ● (*raro*) Che non si può esprimere in modo adeguato.

insignificànte [comp. di *in-* (3) e *significante*; 1726] **agg.** **1** Che significa poco o nulla: *frase i.*; *occhiata i.* **2** Privo di interesse, di pregi e qualità particolari: *persona i.*; *libro i.* | Senza personalità: *fisionomia, aspetto i.* **SIN.** Banale. **3** Di poca importanza: *differenza i.* **SIN.** Trascurabile. || **insignificantemènte**, **avv.**

insignificànza [da *insignificante*; av. 1764] **s. f.** ● Caratteristica di ciò che è irrilevante, non significativo: *tutti abbiamo notato l'i. del suo intervento* | (*raro*) Condizione di chi è insignificante.

insignìre [vc. dotta, lat. *insignīre*, comp. di *in-* (1) e *sīgnum* 'segno'; 1483] **v. tr.** (*io insignisco, tu insignisci*) ● Onorare qlcu. con un titolo, un'onorificenza: *i. qlcu. della croce di cavaliere.* **SIN.** Fregiare.

insignorìre [comp. di *in-* (1) e *signore*; 1513] **A** **v. tr.** (*io insignorisco, tu insignorisci*) ● (*lett.*) Rendere qlcu. padrone, sovrano di un territorio: *i. qlcu. di un feudo.* **B** **v. intr. pron.** ● (*raro*) Impadronirsi, impossessarsi: *i. del regno.* **C** **v. intr.** e **intr. pron.** (aus. *essere*) ● (*raro*) Diventare ricco.

insilàggio [da *insilare*; 1983] **s. m.** ● Insilamento.

insilaménto [1931] **s. m.** ● Operazione dell'insilare.

insilàre [comp. di *in-* (1) e *silo*; 1935] **v. tr.** ● Immagazzinare cereali o foraggi nel silo.

insilàto **A** **part. pass.** di *insilare*; anche **agg.** ● Nei sign. del v. **B** **s. m.** ● Foraggio immagazzinato in un silo.

insilatrice [1957] **s. f.** ● Macchina per riempire il silo di foraggi trinciati | Macchina che immagazzina e pressa il foraggio trinciato in sili tubolari di plastica. ➡ **ILL.** p. 2115 AGRICOLTURA.

insincerità [comp. di *in-* (3) e *sincerità*; 1640] **s. f.** ● Mancanza di sincerità. **SIN.** Falsità, finzione.

insincèro [vc. dotta, lat. *insincēru(m)*, comp. di *in-* neg. e *sincērus* 'sincero'; 1598] **agg.** ● Privo di schiettezza e sincerità: *atteggiamento i.* **SIN.** Bugiardo, falso. || **insinceraménte**, **avv.**

insindacàbile [comp. di *in-* (3) e *sindacabile*; 1869] **agg.** ● Che non può essere sindacato, sottoposto a controllo o giudizio: *decisione, parere i.*; *potere i.* **CONTR.** Sindacabile. || **insindacabilménte**, **avv.**

insindacabilità [1848] **s. f.** ● Condizione di ciò che è insindacabile.

insino [comp. di *in* (1) e *sino*; sec. XIII] **A** **avv.** ● (*lett.*) Anche, persino. **B** **prep.** ● (*lett.*) Fino, infino | Anche nella loc. prep. ***i. a***, fino a | Anche nelle loc. cong. ***i. a che***, ***i. a tanto***, finché.

insinuàbile [av. 1704] **agg.** ● Che si può insinuare.

insinuànte [1675] **part. pres.** di *insinuare*; anche **agg.** ● Che insinua; subdolo, allusivo: *una domanda fatta con tono i.* | Suadente, carezzevole: *maniere insinuanti*; *voce i.* || **insinuanteménte**, **avv.**

insinuàre [vc. dotta, lat. *insinuāre*, comp. di *in-* 'dentro' e *sĭnus* 'sinuosità', di etim. incerta; 1499] **A** **v. tr.** (*io insìnuo*) **1** Introdurre a poco a poco: *i. la chiave nella toppa*; *i. il grimaldello nella serratura*; *il polipo ... insinua / tentacoli d'inchiostro tra gli scogli* (MONTALE) | Fare penetrare: *il vento insinua il freddo attraverso gli spiragli.* **2** (*fig.*) Suscitare in qlcu., con discorsi ambigui e allusivi, un sospetto, un dubbio, un'idea e sim.: *i. il dubbio sulla fedeltà di qlcu.*; *i. l'odio, la gelosia* | Alludere malignamente: *spero che non vorrai i. che è lui il colpevole*; *che cosa vorresti insinuare?*; *io non insinuo nulla.* **3** (*dir.*) ***I. un credito***, chiedere che un proprio credito sia ammesso al passivo del fallimento e se ne tenga conto nella liquidazione finale. **B** **v. rifl.** o **intr. pron.** **1** Introdursi in uno spazio ristretto: *il gatto riuscì ad insinuarsi tra il divano e la parete*; *il fiordo si insinua all'interno della costa* | Penetrare poco a poco, ma in profondità: *l'umidità s'insinua ovunque.* **2** (*fig.*) Riuscire a penetrare: *il dubbio si è insinuato nella mente di tutti* | ***Insinuarsi nelle grazie di qlcu.***, conquistarne la stima o la benevolenza, spesso con mezzi poco leciti.

insinuatóre [vc. dotta, lat. eccl. *insinuatōre(m)*, da *insinuātus* 'insinuato'; av. 1861] **agg.**; anche **s. m.** (**f.** *-trice*) ● Che (o Chi) insinua.

insinuazióne [vc. dotta, lat. *insinuatiōne(m)*, da *insinuātus* 'insinuato'; 1441] **s. f.** **1** (*raro*) L'insinuare, l'insinuarsi: *i. del cuneo*; *l'i. di un sospetto nella mente di qlcu.*; *i. di un credito.* **2** (*fig.*) Accusa, sospetto che si tenta di far penetrare indirettamente nell'animo altrui: *respingere una i.* | (*est.*) Parole subdole con cui si mette in dubbio qlcu.: *una vile i.* **3** Nella retorica, ragionamento fatto con dissimulazione per guadagnarsi l'animo degli uditori. **4** †Collocazione in archivio della copia di un atto.

insipidézza [1585] **s. f.** **1** Caratteristica di ciò che è insipido (*anche fig.*): *l'i. di un cibo*; *l'i. di un discorso.* **2** (*raro*) Parola, frase insipida: *dire un'i.*

insipidìre [da *insipido*; 1765] **A** **v. intr.** (*io insipidisco, tu insipidisci*; aus. *essere*) ● (*lett.*) Diventar insipido | (*raro*) Perdere il sapore o (*fig.*) la vivacità. **B** **v. tr.** ● (*lett.*) Rendere insipido (*spec. fig.*).

insipidità [av. 1540] **s. f.** ● Insipidezza.

insìpido [vc. dotta, lat. tardo *insĭpidu(m)*, comp. di *in-* neg. e *săpidus* 'sapido'; 1353] **A** **agg.** **1** Poco saporito: *un cibo i.* **SIN.** Sciapo, sciocco, scipito. **CONTR.** Salato. **2** (*fig.*) Di cosa scialba, senza vivacità e immaginazione, o di persona insulsa priva di personalità e carattere: *un romanzo i.*; *ragazza insipida.* **3** (*fig.*) Di cosa che non dà soddisfazione: *vita insipida*; *il presente è piccolo e i. per natura a tutti gli uomini* (LEOPARDI). || **insipidaménte**, **avv.** **B** **s. m.** ● Sapore insipido: *non distinguere il dolce dall'i.*

insipiènte [vc. dotta, lat. *insipiĕnte(m)*, comp. di *in-* neg. e *săpiens*, genit. *sapiĕntis* 'sapiente'; sec. XIV] **agg.** ● Stolto, sciocco: *un ragazzo i. che vuole insegnare agli altri.* || **insipienteménte**, **avv.** (*raro*) Scioccamente.

insipiènza [vc. dotta, lat. *insipiĕntia(m)*, comp. di *in-* neg. e *sapiĕntia* 'sapienza'; sec. XIV] **s. f.** ● (*lett.*) Caratteristica di chi è insipiente.

insistènte [1803] **part. pres.** di *insistere*; anche **agg.** **1** Che insiste; continuo, importuno: *è troppo i. con le sue richieste* | Fatto con insistenza: *domande insistenti.* **2** Che persiste, dura a lungo: *caldo, pioggia, febbre i.* || **insistenteménte**, **avv.**

insistènza [sec. XIV] **s. f.** **1** Caratteristica di chi è insistente: *la loro i. mi ha convinto ad accettare* | Condizione di ciò che è insistente: *l'i. del maltempo.* **2** Richiesta insistente: *ho ceduto alle sue insistenze.*

♦**insìstere** [vc. dotta, lat. *insĭstere*, comp. di *in-* 'su' e *sĭstere* 'stare, fermarsi'; sec. XIV] **v. intr.** (**pass. rem.** *io insistéi* o *insistètti* (*-étti*); **part. pass.** *insistito*; aus. *avere*) **1** (assol.; + *a*; + *in*; + *con*) Continuare con ostinazione o petulanza a dire o a fare qlco.: *insistette nelle sue richieste*; *Lei insiste nel ritenere che il marchese possa ... riacquistare la vista?* (PIRANDELLO); *i. a pregare qlcu., ad aspettare qlco.*; *Il vicario ... insistette con le domande* (MANZONI) | ***Non insisto!***, escl. di chi cede a buone ragioni | (*sport*) ***I. sull'avversario***, esercitare su di lui una pressione incessante a scopo di attacco o di controllo. **2** (+ *su*) (*raro*) Stare al di sopra: *insiste sull'Italia un'area di alta pressione* | (*lett.*) Incombere. **3** (+ *su*) Essere costruito, sorgere su una determinata superficie, detto di un edificio. **4** (+ *su*) (*mat.*) ***Angolo che insiste su un arco di circonferenza***, angolo compreso fra le semirette uscenti dal centro della circonferenza e passanti per gli estremi dell'arco.

insito [vc. dotta, lat. *īnsitu(m)*, part. pass. di *insĕrere* nel senso di 'seminare, piantare (*sĕrere*) dentro (*in-*)'; av. 1306] **agg.** ● Intimamente radicato: *una qualità insita nell'uomo.* **SIN.** Ingenito, innato.

in situ [loc. lat., propr. 'nel sito'; 1957] **loc. avv.** ● Sul posto, nel luogo stesso in cui si è verificato qlco., in cui ci si trova e sim.

insoàve [vc. dotta, lat. *insuāve(m)*, comp. di *in-* neg. e *suāvis* 'soave'; 1320 ca.] **agg.** ● (*lett.*) Spiacevole, sgradito: *voce i.*

insociàbile [vc. dotta, lat. tardo *insociābile(m)*, comp. di *in-* neg. e *sociābilis* 'sociabile'; sec. XIV] **agg.** **1** (*raro*) Che non si adatta a vivere insieme agli altri nella società: *ragazzo i.* **SIN.** Insocievole. **2** (*raro*) Che non si può accordare, unire con qlco. d'altro: *due dottrine insociabili.* || **insociabilménte**, **avv.** (*raro*) In modo insociabile.

insociabilità [1764] **s. f.** ● (*raro*) Caratteristica di chi (o di ciò che) è insociabile.

insociàle [vc. dotta, lat. tardo *insociāle(m)*, comp. di *in-* neg. e *sociālis* 'sociale'; 1796] **agg.** **1** (*raro*) Che non è socievole e non ama la compagnia: *giovane i.* **2** (*raro*) Contrario alle convenienze, ai principi della società. || **insocialménte**, **avv.**

insocialità [1869] **s. f.** ● (*raro*) Caratteristica di insociale.

insociévole [comp. di *in-* (3) e *socievole*; av. 1798] **agg.** ● (*raro*) Che non si adatta alla vita sociale o rifugge la compagnia di altre persone: *individuo, carattere i.* || **insocievolménte**, **avv.** Da persona insocievole.

insocievolézza [av. 1854] **s. f.** ● (*raro*) Caratteristica di chi (o di ciò che) è insocievole.

insoddisfacènte [comp. di *in-* (3) e *soddisfacente*; 1903] **agg.** ● Che non soddisfa, che delude. || **insoddisfacenteménte**, **avv.**

insoddisfàtto o (*lett.*) **insodisfàtto** [comp. di *in-* (3) e *soddisfatto*; 1869] **agg.** (assol.; + *di*; + *per*; raro + *da*) ● Che non ha avuto pieno appagamento in qlco.: *rimase i. dei risultati degli esami* | Che non ha avuto soddisfazione: *desiderio, bisogno i.* **SIN.** Inappagato, scontento.

insoddisfazióne o (*lett.*) **insodisfazióne** [comp. di *in-* (3) e *soddisfazione*; 1911] **s. f.** ● Sentimento di scontentezza di chi è insoddisfatto.

insodisfàtto e *deriv.* ● V. *insoddisfatto* e *deriv.*

insofferènte [comp. di *in-* (3) e *sofferente*; 1671] **agg.** ● Che è incapace di tollerare, di sopportare: *essere i. agli indugi*; *carattere i. di limitazioni.* **SIN.** Impaziente. || **insofferenteménte**, **avv.** Da insofferente.

insofferènza [comp. di *in-* (3) e *sofferenza*; 1762] **s. f.** ● Caratteristica di chi è insofferente: *i. alla disciplina*; *i. dei vincoli, delle imposizioni.* **SIN.** Impazienza.

insoffrìbile [comp. di *in-* (3) e *soffribile*; 1586] **agg.** ● (*raro*) Insopportabile: *individuo i.*; *lungo tedio / e fastidio i.* (PARINI). || **insoffribilménte**, **avv.** (*raro*) Intollerabilmente.

insoffribilità [1745] **s. f.** ● (*raro*) Insopportabilità.

insoggettìre [comp. di *in-* (1) e *soggetto*; 1683] **A** **v. tr.** (*io insoggettisco, tu insoggettisci*) **1** (*raro*) Mettere in soggezione. **2** †Soggiogare, assoggettare. **B** **v. intr. pron.** ● (*raro*) Entrare in soggezione.

insognàre [da *insogno*; sec. XIV] **v. tr.** e **intr.** (*io insógno*; aus. *avere*) ● (*pop.*) Sognare: *ma tu te lo sei insognato!*

insógno [lat. *insŏmniu(m)*, comp. di *in-* intens. e *sŏmnium* 'sogno'; av. 1406] **s. m.** ● (*raro, pop.*) Sogno: *ho fatto uno spaventoso i.*

insolazióne [vc. dotta, lat. *insolatiōne(m)*, da *insolātus*, part. pass. di *insolāre* 'esporre al sole';

1869] s. f. 1 Esposizione di un corpo al sole perché ne riceva la luce e il calore. 2 (med.) Stato patologico provocato da una lunga esposizione al sole con alterazione del sistema termoregolatore dell'organismo e stato di shock. 3 (astron.) Illuminazione di un corpo da parte del sole.

insolcàbile [comp. di in- (3) e solcabile; av. 1569] agg. ● Che non si può solcare.

insolcàre [vc. dotta, lat. tardo insulcāre, comp. di in- raff. e sulcāre 'solcare'; av. 1566] v. tr. (io insólco, tu insólchi) ● (raro, lett.) Solcare | (raro) Segnare limiti spaziali con solchi.

insolcatùra [av. 1730] s. f. ● (raro) L'insolcare.

insolènte [vc. dotta, lat. insolēnte(m), originariamente 'insolito', comp. di in- neg. e di un deriv. di solēre 'essere solito'; 1441] agg. e s. m. e f. ● Che (o Chi) manca di rispetto, è offensivo, arrogante e sim.: *ragazzo i.*; *maniere insolenti*; *sei un i.!*. || **insolentemènte**, avv. Da insolente: *comportarsi insolentemente*; con insolenza: *rispondere insolentemente*.

insolentìre [da insolente; 1600] A v. tr. (io insolentìsco, tu insolentìsci) 1 Apostrofare, trattare qlcu. con insolenza. SIN. Insultare. 2 (raro) Rendere insolente: *il successo lo insolentì*. B v. intr. (aus. essere nel sign. 1, avere nel sign. 2) 1 Diventare insolente. 2 Usare atti e parole insolenti: *insolentì vigliaccamente contro quel vecchio*.

insolènza [vc. dotta, lat. insolēntia(m), da īnsolens, genit. insolēntis 'insolente'; sec. XIV] s. f. 1 Caratteristica di chi è insolente. SIN. Arroganza. 2 Parola o atto insolente: *scagliare un'i. contro qlcu.* SIN. Villania.

insolfàre ● V. inzolfare.

insòlia ● V. inzolia.

insòlito [vc. dotta, lat. insŏlitu(m), comp. di in- neg. e sŏlitus 'solito'; av. 1449] agg. ● Diverso dal solito, non consueto: *discorso, comportamento, avvenimento i.*; *uscire a un'ora insolita* | Straordinario: *un'estate con un caldo i.* | Strano: *un rumore i.*; *ho notato qlco. di i.* || **insolitamènte**, avv. In modo insolito: *lo trovai insolitamente triste*.

†**insollàre** [comp. di in- (1) e sollo; 1319] v. tr. ● Rendere sollo, molle (anche fig.).

†**insollìre** [comp. di in- (1) e sollo; 1282] A v. tr. ● (raro) Insollare. B v. intr. ● (raro) Diventare sollo.

insolùbile [vc. dotta, lat. tardo insolūbile(m), comp. di in- neg. e solūbilis 'solubile'; sec. XIV] agg. 1 Che non si può sciogliere: *legame, impegno, vincolo i.* SIN. Indissolubile. 2 (chim.) Di sostanza che non si scioglie in un determinato solvente: *i. in acqua, in alcol*. 3 (fig.) Che non si può risolvere, decidere: *dubbio, problema, questione i.* SIN. Insolvibile. 4 (raro) Che non può essere riscosso: *somma i.* || **insolubilmènte**, avv. In modo da non potersi sciogliere.

insolubilità [vc. dotta, lat. tardo insolubilitāte(m), da insolūbilis 'insolubile'; 1619] s. f. ● Proprietà, caratteristica di ciò che è insolubile (anche fig.): *l'i. di una sostanza, di un corpo*; *l'i. di una questione*.

insolùto [vc. dotta, lat. insolūtu(m), comp. di in- neg. e solūtus 'soluto, sciolto'; 1812] agg. 1 Non risolto, chiarito, spiegato: *questione rimasta insoluta*. 2 Non sciolto: *sostanza insoluta*. 3 Che non è stato pagato: *debito i.* || **insolutamènte**, avv.

insolvènte [comp. di in- (3) e solvente; 1787] agg. ● (dir.) Che versa in condizione di insolvenza: *imprenditore i.*

insolvènza [da insolvente; 1869] s. f. ● (dir.) Incapacità del debitore di adempiere gli obblighi assunti servendosi dei mezzi ordinari di pagamento | *I. fraudolenta*, reato di chi, dissimulando il proprio stato d'insolvenza, contrae un'obbligazione col proposito di non adempierla e non la soddisfa.

insolvìbile [comp. di in- (3) e solvibile, sul modello del corrispondente fr. insolvable; 1806] agg. 1 Che non può pagare: *debitore i.* 2 (lett.) Insolubile.

insolvibilità [comp. di in- (3) e solvibilità, sul modello del corrispondente fr. insolvabilité, da insolvable 'insolvibile'; av. 1788] s. f. ● Condizione d'insolvibile: *l'i. della ditta*.

◆**insómma** o (raro) **in sómma** [comp. di in e somma; sec. XIII] A avv. ● In breve, infine, in conclusione (con valore concl.): *non occorre i. che io mi dilunghi oltre sull'argomento*; *i., è chiaro che non vuole saperne*; *In somma sappi che tutti fur cherci / e litterati grandi e di gran fama* (DANTE Inf. XV, 106-107). B in funzione di inter. ● Esprime impazienza, irritazione e sim.: *i.! si può sapere cosa vuoi?*; *i., la smettete sì o no?*; *i., basta!*; *i.! qui non si capisce più niente!*; (fam., scherz.) *in somma delle somme!* | Così così, né bene né male (con valore dubitativo): *'Come va?' 'i.!'*

insommergìbile [comp. di in- (3) e sommergibile; av. 1556] agg. ● Che non si può sommergere.

insommergibilità [1957] s. f. ● (raro) Caratteristica di ciò che è insommergibile.

insondàbile [comp. di in- (3) e sondabile, sull'es. del fr. insondable (da sonder 'sondare', da sonde 'sonda'); 1905] agg. ● Che non si può misurare con lo scandaglio: *profondità i.* | (fig.) Che non si può conoscere, capire: *è un mistero i.* || **insondabilmènte**, avv.

insònne [vc. dotta, lat. insŏmne(m), comp. di in- neg. e sŏmnus 'sonno'; 1618] agg. 1 Che non ha sonno o non riesce ad addormentarsi: *essere i. per l'ansia, per la stanchezza* | (est.) Che trascorre, o è trascorso, senza dormire: *notte i.* 2 (est.) Instancabile, alacre: *un ricercatore i.* | Che non permette riposo: *svolgere un'attività i.* || **insonnemènte**, avv.

insònnia [vc. dotta, lat. insŏmnia(m), da insŏmnis 'insonne'; 1832] s. f. ● Impossibilità o difficoltà a prendere sonno o a dormire a sufficienza: *soffrire di i.*

insonnolito [dal part. pass. di *insonnolire, comp. di in- (1) e sonno, ampliato con il suff. vezz. -ol-; 1869] agg. ● Assonnato, mezzo addormentato.

insonorizzànte [1972] A part. pres. di insonorizzare; anche agg. ● Nel sign. del v. B s. m. ● Materiale usato per l'isolamento acustico.

insonorizzàre [comp. di in- (3) e sonorizzare, secondo il fr. insonoriser; 1970] v. tr. ● Rendere impenetrabile ai rumori, isolare acusticamente.

insonorizzàto [1966] part. pass. di insonorizzare; anche agg. ● Dotato di isolamento acustico.

insonorizzazióne [1961] s. f. ● Operazione dell'insonorizzare | Condizione di ciò che è insonorizzato.

insopportàbile [vc. dotta, lat. crist. insupportābile(m), comp. di in- neg. e di un deriv. di supportāre 'sopportare', preso dal fr. insupportable; sec. XIV] agg. 1 Che non si riesce a sopportare o tollerare: *fame, sete i.*; *fatica, sforzo i.*; *caldo, freddo i.*; *che individuo i.!* SIN. Insostenibile, intollerabile. 2 †Insofferente, intollerante. || **insopportabilmènte**, avv.

insopportabilità [av. 1667] s. f. ● Carattere di chi (o di ciò che) è insopportabile.

insopprimìbile [comp. di in- (3) e sopprimibile; 1949] agg. ● Che non si può sopprimere, reprimere o contenere: *necessità i.*; *la libertà è un'aspirazione i.* || **insopprimibilmènte**, avv.

insopprimibilità [da insopprimibile; 1963] s. f. ● (raro) Carattere di ciò che è insopprimibile.

insordìre [comp. di in- (1) e sordo; av. 1698] v. intr. (io insordisco, tu insordisci; aus. essere) ● (raro) Diventare sordo. SIN. Assordire.

insorgènte [1750] part. pres. di insorgere; anche agg. 1 (raro) Che insorge. 2 Che sta iniziando, che comincia a manifestarsi: *pericolo, difficoltà i.*; *aggravamento, complicazione i.*

insorgènza [1702] s. f. ● Manifestazione improvvisa di qlco., spec. di malattia, febbre, complicazioni e sim.

insórgere (o -ò-) o †**insùrgere** [vc. dotta, lat. insŭrgere, comp. di in- 'su' e sŭrgere 'sorgere'; sec. XIV] v. intr. (coniug. come sorgere; aus. essere) 1 Sollevarsi, ribellarsi: *i. contro lo straniero invasore, contro la tirannia* | Levarsi a protestare con forza: *l'assemblea insorse a protestare*; *i commercianti sono insorti contro la nuova tassa*. SIN. Rivoltarsi. 2 Sorgere, apparire, manifestarsi all'improvviso: *il vento e la tempesta insorsero all'alba*; *le difficoltà insorgono all'ultimo momento*.

insorgiménto [av. 1701] s. m. ● (raro) L'insorgere, spec. di ostacoli o cose spiacevoli.

insormontàbile [comp. di in- (3) e sormontabile, sul modello del fr. insurmontable; 1677] agg. ● Che non è possibile superare, vincere: *difficoltà i.* SIN. Insuperabile, invincibile. || **insormontabilmènte**, avv.

insòrsi ● V. insorgere.

insòrto o †**insùrto** [1627] A part. pass. di insorgere; anche agg. 1 Che si è ribellato: *le popolazioni insorte*. 2 Che si è manifestato, che si è venuto a creare: *le difficoltà insorte durante una trattativa*. B s. m. (f. -a) ● Chi partecipa a una insurrezione: *gli insorti penetrarono nel palazzo*.

insospettàbile [comp. di in- (3) e sospettabile, come il fr. insoupçonnable; av. 1571] agg. 1 Che non dà adito a sospetto: *tenere un comportamento i.*; *una persona i.* 2 (est.) Impensato, imprevisto: *in quel frangente ha dimostrato un i. sangue freddo*. || **insospettabilmènte**, avv.

insospettabilità [1893] s. f. ● Condizione di chi (o di ciò che) è insospettabile.

insospettàto [comp. di in- (3) e sospettato, sul modello del fr. insoupçonné; 1889] agg. 1 (raro) Che non ha suscitato sospetti. 2 (est.) Che non si sarebbe mai previsto o supposto: *resistenza, volontà insospettata*. || **insospettatamènte**, avv.

insospettìre [comp. di in- (1) e sospetto; av. 1400 ca.] A v. tr. (io insospettìsco, tu insospettìsci) ● Suscitare sospetto, mettere in sospetto qlcu.: *il suo strano comportamento insospettì le guardie*. B v. intr. pron. e raro intr. (aus. essere) ● Entrare, mettersi in sospetto: *insospettirsi per una telefonata anonima*.

insospettìto [av. 1527] part. pass. di insospettire; anche agg. ● Messo in sospetto.

insostenìbile [comp. di in- (3) e sostenibile; 1695] agg. 1 Che non si può sostenere, affrontare e sim.: *impegno i.*; *spese insostenibili*. 2 Che non si può difendere (anche fig.): *posizione i.*; *tesi i.*

insostenibilità [comp. di in- (3) e sostenibilità; 1910] s. f. ● Carattere di ciò che è insostenibile (spec. fig.): *l'i. di una teoria*; *l'i. di una posizione*.

insostituìbile [comp. di in- (3) e sostituibile; 1929] agg. ● Che non può essere sostituito, per caratteristiche che lo distinguono da altri: *è un pezzo i. della collezione*; *un collaboratore i.* || **insostituibilmènte**, avv.

insostituibilità [av. 1963] s. f. ● Carattere di chi (o di ciò che) è insostituibile.

insozzaménto [1959] s. m. ● (raro) L'insozzare, l'insozzarsi.

insozzàre [comp. di in- (1) e sozzo; sec. XIV] A v. tr. (io insózzo) ● Imbrattare, sporcare, macchiare (anche fig.): *i. un vestito di sangue*; *i. il proprio nome col disonore*. B v. rifl. ● Macchiarsi, sporcarsi (spec. fig.): *insozzarsi di fango, di vergogna*. C v. intr. (aus. essere) ● †Diventare sozzo.

insperàbile [vc. dotta, lat. tardo insperābile(m), comp. di in- neg. e sperābilis 'sperabile'; 1598] agg. ● Che non si può o non è logico sperare: *aiuto, fortuna i.* || **insperabilmènte**, avv. In maniera insperabile.

insperanzìre [comp. di in- (1) e speranza; av. 1803] v. tr. (io insperanzisco, tu insperanzisci) ● (raro, lett.) Confortare, dare speranza.

insperàto o †**inisperàto** [vc. dotta, lat. insperātu(m), comp. di in- neg. e sperātus 'sperato'; 1441] agg. ● Che non si era sperato, che va oltre ogni speranza: *soccorso, successo i.* | (lett.) Improvviso, inaspettato: *Quanto alli accidenti, poiché sono insperati, non si può se non con gli esempli mostrarli e fare gli uomini cauti secondo quegli* (MACHIAVELLI). || **insperatamènte**, avv. In modo insperato, al di là di ogni speranza.

inspessìre e deriv. ● V. ispessire e deriv.

inspiegàbile [comp. di in- (3) e spiegabile; av. 1704] agg. ● Che non si può spiegare: *mistero, fenomeno i.* | Strano, difficile da comprendere: *un ritardo i.*; *si ostina nel suo i. silenzio*. || **inspiegabilmènte**, avv.

inspiràbile ● V. ispirabile.

inspirabilità ● V. ispirabilità.

inspiràre [vc. dotta, lat. inspirāre, comp. di in- 'dentro' e spirāre 'soffiare'; av. 1374] v. tr. 1 Introdurre aria nei polmoni durante la respirazione (anche assol.): *i. ossigeno*; *i. profondamente* | (est.) Introdurre altre sostanze nei polmoni, durante la respirazione: *i. ossido di carbonio, fumo, polvere, sostanze tossiche*. 2 V. ispirare.

inspiràto [1308] part. pass. di inspirare; anche agg. 1 Nei sign. del v. 2 V. ispirato.

inspiratóre [vc. dotta, lat. inspiratōre(m), da inspirātus 'inspirato'; 1806] A agg. 1 (anat.) Detto di muscolo addetto al meccanismo dell'inspirazione. 2 V. ispiratore. B s. m. ● (anat.) Muscolo inspiratore.

inspiratòrio [1957] agg. ● Pertinente all'inspirazione.

inspirazióne o †**ispirazióne** [vc. dotta, lat. tardo *inspiratiōne(m)*, da *inspirātus* 'inspirato'; 1308] **s. f.** *1* Atto dell'inspirare, primo tempo della respirazione, con cui nuova aria viene introdotta dall'esterno nei polmoni. *2* V. *ispirazione.*

instàbile o (*raro*) **istàbile** [vc. dotta, lat. *instābile(m)*, comp. di *in-* neg. e *stābilis* 'stabile'; av. 1342] **agg.** *1* Che non è stabile ed è soggetto a mutamenti di posizione: *a causa dei movimenti del mare il carico nella stiva era i.* | (*fis.*) ***Equilibrio i.***, condizione di un sistema tale che sottoposto a piccoli spostamenti tende ad allontanarsi dalla posizione iniziale. *2* (*est.*) Che è soggetto a improvvise variazioni: *tempo i.*; *stagione i.* **SIN.** Variabile. *3* (*fig.*) Che è mutevole di idee, sentimenti ecc.: *una persona i.*; *è i. nei suoi affetti* | Volubile, incostante, incerto: *volontà, indole, carattere, umore i.*; *sorte, fortuna i.* *4* (*chim.*) Detto di composto chimico che, per azione di calore, luce, reattivi e sim., si trasforma in prodotti diversi da quelli di partenza | Detto di legame chimico che, per azione di calore, luce, reattivi e sim., si rompe o reagisce facilmente. *5* (*fis.*) Detto di atomo o particella elementare che si disintegra spontaneamente in nuclei o particelle di massa inferiore, liberando energia. || **instabilménte**, **avv.**

instabilità o (*raro*) **istabilità** [vc. dotta, lat. tardo *instabilitāte(m)*, comp. di *in-* neg. e *stabĭlitas*, genit. *stabilitātis* 'stabilità'; sec. XIV] **s. f.** ● Condizione di ciò che è instabile: *l'i. delle cose del mondo*; *l'i. della sorte* | (*psicol.*) ***I. emotiva***, tendenza a cambiare rapidamente di umore e di stato emotivo.

♦**installàre** o **istallàre** [comp. di *in-* (*1*) e *stallo*, secondo il fr. *installer*, inizialmente col senso del lat. mediev. *installāre* 'porre sullo *stallo* del coro della chiesa il nuovo beneficiario'; 1622] **A** **v. tr.** *1* Collocare in un luogo e mettere in condizioni di funzionare un apparecchio, una macchina e sim.: *i. il telefono, il televisore, un semaforo* | (*elab.*) ***I. un programma***, trasferirlo, tutto o in parte, nel disco rigido di un computer. *2* (*raro*) Insediare qlcu. in un ufficio, in una carica: *ha installato il suo protetto in un ottimo posto.* *3* (*raro*) Sistemare qlcu. in un alloggio. **B** **v. intr. pron.** ● Insediarsi in un luogo | Accomodarsi in modo stabile in un alloggio (*anche scherz.*): *installarsi in una villa*; *si è installato in casa nostra e non vuole andarsene.*

installatóre o **istallatóre** [fr. *installateur*, da *installer* 'installare'; 1948] **s. m.** (**f.** *-trice*) ● Chi provvede a installare impianti, macchinari, armature metalliche e sim.

installazióne o **istallazióne** [fr. *installation*, da *installer* 'installare'; 1684] **s. f.** *1* (*raro*) Insediamento. *2* Collocazione o montaggio di apparecchi, impianti, attrezzature e sim.: *chiedere l'i. del telefono e del gas* | (*est.*) Impianto, attrezzatura installata: *cambiare l'i. dell'acqua.* *3* Nelle arti visive, forma di espressione artistica realizzata disponendo in un ambiente uno o più elementi secondo uno schema definito dall'artista.

instancàbile [comp. di *in-* (*3*) e *stancabile*; 1660] **agg.** *1* Che non si stanca mai, che ha una grande resistenza alla fatica: *lavoratore i.* **SIN.** Infaticabile. *2* (*est.*) Che non si ferma mai: *attività, impegno, premura i.* **SIN.** Indefesso. || **instancabilménte**, **avv.**

instancabilità [av. 1764] **s. f.** ● (*raro*) Caratteristica di chi (o di ciò che) è instancabile.

instant-book /*ingl.* 'ɪnstənt,bʊk/ [vc. ingl., comp. di *instant* 'istante, istantaneo' e *book* 'libro'; 1982] **s. m. inv.** (**pl.** ingl. *instant-books*) ● Libro su un avvenimento di grande risonanza, pubblicato entro un tempo brevissimo dal verificarsi dell'avvenimento stesso.

instànte o (*raro*) **istànte** (1) [1353] **A** **part. pres.** di *instare*; anche **agg.** *1* (*lett.*) Sovrastante, incombente. *2* (*lett.*) Insistente. || **instanteménte**, **avv.** (*lett.*) Con insistenza. **B** **s. m. e f.** ● (*dir.*) Istante (1).

instant movie /*ingl.* 'ɪnstənt 'muːvi/ [loc. ingl., propr. 'cinema istantaneo'; 1984] **loc. sost. m. inv.** (**pl.** ingl. *instant movies*) ● Film su un avvenimento di grande risonanza, girato e fatto uscire entro un tempo brevissimo dal verificarsi dell'avvenimento stesso.

†**instànza** ● V. *istanza.*

instàre o (*raro*) **istàre** [vc. dotta, lat. *instāre*, comp. di *in-* 'sopra' e *stāre* 'stare'; av. 1250] **v. intr.** (**pres.** *io insto, tu insti*; nelle altre forme coniug. come *stare*; difett. del **part. pass.** e dei tempi composti) *1* (*lett.*) Far pressione, chiedere con insistenza o sollecitare per ottenere qlco.: *i. con minacce, con preghiere*; *instavano li prelati che si desse principio all'opera* (SARPI). **SIN.** Insistere. *2* (*lett.*) Incombere, sovrastare.

instauràre o **istauràre** [vc. dotta, lat. *instaurāre*, di etim. incerta, ripreso dal fr. *instaurer*; av. 1514] **A** **v. tr.** (*io instàuro*) *1* Fondare, stabilire innovando rispetto al passato: *i. un nuovo ordine sociale, un'era di giustizia*; *quel sarto ha instaurato una nuova moda.* *2* (*lett.*) Restaurare, ricostituire | †***I. il vuoto***, colmarlo. *3* (*dir.*) Fare sorgere: *i. un processo.* **B** **v. intr. pron.** ● Prendere avvio, avere inizio: *si instaurò un regime dittatoriale*; *si instaurò un'epoca di giustizia.*

instauràto o **istauràto**, [av. 1498] **part. pass.** di *instaurare*; anche **agg.** ● Nei sign. del v.

instauratóre o **istauratóre** [vc. dotta, lat. tardo *instauratōre(m)*, da *instaurātus* 'instaurato', come il fr. *instaurateur*, 1584] **s. m.** (**f.** *-trice*) ● Chi instaura, dà l'avvio a qlco.

instaurazióne o **istaurazióne** [vc. dotta, lat. tardo *instaurationē(m)*, da *instaurātus* 'instaurato', sul modello del fr. *instauration*; 1520] **s. f.** ● L'instaurare | Istituzione, avvio: *l'i. di una nuova moda*; *l'i. del governo costituzionale.*

insterilìre ● V. *isterilire.*

instigàre e deriv. ● V. *istigare* e deriv.

instillaménto o **istillaménto** [1970] **s. m.** ● (*raro*) L'instillare.

instillàre o **istillàre** [vc. dotta, lat. *instillāre*, comp. di *in-* 'su' e *stillāre*, da *stĭlla* 'goccia'; av. 1342] **v. tr.** *1* Immettere, versare goccia a goccia: *i. alcune gocce di collirio nell'occhio.* *2* (*fig.*) Infondere a poco a poco sentimenti, principi e sim.: *i. odio, amore nell'animo di qlcu.*

instillazióne o **istillazióne** [vc. dotta, lat. *instillatiōne(m)*, da *instillātus* 'instillato'; 1566] **s. f.** *1* L'instillare. *2* (*med.*) Deposizione di piccole quantità di soluzione medicamentosa a contatto di una mucosa.

institóre o **istitóre** [vc. dotta, lat. tardo *institōre(m)*, da *instāre* nel sign. di 'soprastare' (V. *instare*); 1499] **s. m.** ● (*dir.*) Colui che è preposto dal titolare all'esercizio di un'impresa commerciale o di una sede secondaria o di un ramo particolare della stessa.

institòrio o **istitòrio** [vc. dotta, lat. tardo *institōriu(m)*, da *īnstitor*, genit. *institōris* 'institore'; 1869] **agg.** ● Relativo all'institore.

instituìre e deriv. ● V. *istituire* e deriv.

instolidìre [comp. di *in-* (*1*) e *stolido*; 1639] **v. intr.** (*io instolidìsco, tu instolidìsci*; aus. *essere*) ● (*raro*) Diventare stolido.

instradaménto o **istradaménto** [av. 1712] **s. m.** ● L'instradare (*anche fig.*).

instradàre o **istradàre** [comp. di *in-* (*1*) e *strada*; 1662] **A** **v. tr.** *1* Mettere in movimento o far proseguire per una strada determinata: *i. un'autocolonna, un gruppo di turisti.* *2* (*fig.*) Avviare, indirizzare, spec. tramite consigli, suggerimenti e sim.: *i. qlcu. sulla via del bene, del male*; *i. un ragazzo negli studi*; *i. qlcu. verso la ricerca.* **B** **v. intr. pron.** ● Indirizzarsi verso un corso di studi, una carriera e sim.

†**instroménto** ● V. *strumento.*

instruìre e deriv. ● V. *istruire* e deriv.

†**instruménto** ● V. *strumento.*

instupidìre ● V. *istupidire.*

♦**insù** [comp. di *in* ('verso') e *su*; av. 1342] **avv.** ● In su, in alto, spec. nelle loc. avv. ***all'i.***, (*raro*) ***dall'i.***, verso l'alto, dall'alto: *andare all'i.*; *guardare all'i.*; *capelli piegati all'i.*; *voltato all'i.* **CONTR.** Ingiù.

insubordinatézza [1869] **s. f.** ● Caratteristica o tendenza di chi è insubordinato.

insubordinàto [comp. di *in-* (*3*) e *subordinato*; 1803] **agg.**; anche **s. m.** (**f.** *-a*) ● Che (o Chi) trascura l'obbedienza verso i superiori o la sottomissione a una disciplina: *truppe insubordinate*; *equipaggio i.*; *punire gli insubordinati* | (*est.*) Che (o Chi) è indocile e indisciplinato: *scolari, ragazzi insubordinati*; *correggere gli insubordinati.* || **insubordinataménte**, **avv.** Da insubordinato.

insubordinazióne [comp. di *in-* (*3*) e *subordinazione*; 1797] **s. f.** *1* Comportamento di chi viene meno agli obblighi della subordinazione. **SIN.** Indisciplina. *2* Azione da insubordinato: *punire ogni i.* *3* (*dir.*) Reato del militare che usa violenza ad altro militare a lui superiore nel grado o nel comando, ovvero lo minaccia o lo ingiuria.

ìnsubre [vc. dotta, lat. *Īnsubre(m)*, di orig. celt., che viene interpretato 'molto (*in-*) forte, violento (**suebro-*)'; 1623] **agg.** ● (*poet.*) Lombardo: *già la guerra / covre l'i. terra* (CARDUCCI).

insuccèsso [comp. di *in-* (*3*) e *successo*, sul tipo del corrisp. fr. *insuccès*; 1869] **s. m.** ● Cattivo esito, mancato successo di qlco.: *tentativo destinato all'i.* | Opera, impresa che non riscuote approvazione o plauso: *quella commedia è stata un i.* **SIN.** Fallimento, fiasco.

insudiciàre [comp. di *in-* (*1*) e *sudicio*; av. 1446] **A** **v. tr.** (*io insùdicio*) *1* Rendere sudicio, sporcare, imbrattare: *uno schizzo di fango mi ha insudiciato il vestito.* *2* (*fig.*) Disonorare, macchiare: *i. la reputazione, il buon nome di qlcu.* **B** **v. rifl.** *1* Sporcarsi, imbrattarsi: *mi sono insudiciato cadendo.* *2* (*fig.*) Compromettersi, disonorarsi: *non insudiciarti in quelle tresche disoneste.*

insuèto [vc. dotta, lat. *insuētu(m)*, comp. di *in-* neg. e *suētus*, part. pass. di *suēscere* 'abituarsi', di orig. indeur.; av. 1472] **agg.** *1* (*lett.*) Inconsueto, insolito. *2* (*raro*) Che non è avvezzo o assuefatto, detto di persona.

insuetùdine [vc. dotta, lat. tardo *insuetūdine(m)*, comp. di *in-* neg. e *suetūdo*, genit. *suetūdinis*, da *suēscere* 'abituarsi', di orig. indeur.] **s. f.** ● (*raro*) Mancanza di abitudine o assuefazione a qlcu. o qlco.

insufficiènte, (*evit.*) **insufficènte** [vc. dotta, lat. tardo *insufficiĕnte(m)*, comp. di *in-* neg. e *sufficiens*, genit. *sufficiĕntis* 'sufficiente'; 1308] **agg.** *1* Che non è sufficiente o adeguato a un certo scopo o fine: *alimentazione i. per vivere*; *motivi insufficienti a giustificare un errore*; *cifra i. a pagare un debito* | (*est., raro*) Non idoneo: *si è dimostrato i. al compito che l'attende.* *2* Detto di preparazione o risultato scolastico inferiore al minimo prescritto: *all'esame fu giudicato i. in storia*; *riportare un voto i. in una materia.* || **insufficienteménte**, **avv.**

insufficiènza [vc. dotta, lat. tardo *insufficiĕntia(m)*, comp. di *in-* neg. e *sufficiĕntia* 'sufficienza'; 1308] **s. f.** *1* Carattere di ciò che è insufficiente per quantità, numero, qualità: *l'i. della alimentazione ha indebolito l'organismo*; *l'i. dello stipendio non consente una vita decorosa.* *2* Manchevolezza, difetto: *sono emerse molte insufficienze organizzative* | Inidoneità, inettitudine: *il governo ha ammesso la propria i. ad affrontare la crisi.* *3* Votazione scolastica inferiore al minimo prescritto per essere promosso: *prendere un'i. in latino*; *riportare due insufficienze all'esame.* *4* (*med.*) Riduzione dell'attività di un organo al di sotto dei livelli minimi richiesti per mantenere l'equilibrio dell'organismo: *i. cardiaca, renale, epatica, respiratoria.*

insufflàre [vc. dotta, lat. tardo *insufflāre* 'soffiare dentro'; av. 1468] **v. tr.** *1* (*lett.*) Soffiare sopra o dentro: *i. aria in un piffero.* *2* (*med.*) Introdurre aria, a scopo diagnostico o terapeutico, in una cavità naturale. *3* (*lett., fig.*) Infondere, ispirare: *i. sentimenti malvagi in qlcu.*

insufflatóre [1970] **s. m.** ● (*med.*) Strumento per insufflazione.

insufflazióne [vc. dotta, lat. tardo *insufflatiōne(m)*, da *insufflātus*, part. pass. di *insufflāre* 'insoffiare'; 1773] **s. f.** ● (*med.*) Introduzione a scopo terapeutico o diagnostico di un medicamento polverizzato nelle cavità naturali comunicanti con l'esterno.

ìnsula [vc. dotta, lat. *īnsula(m)*, di etim. incerta; 1499] **s. f.** *1* (*archeol.*) Isolato di una città romana. *2* (*anat.*) Area sensoriale della neocorteccia del telencefalo, dove probabilmente terminano le vie gustative.

insulàre [vc. dotta, lat. tardo *insulāre(m)*, da *īnsula* 'insula'; 1499] **A** **agg.** ● Di, relativo a, una o più isole: *clima i.*; *flora, fauna i.* | ***Italia i.***, parte del territorio italiano costituita dalle isole, spec. la Sicilia e la Sardegna | (*geol.*) ***Arco i.***, serie di isole vulcaniche disposte ad arco, costituente una delle grandi strutture della superficie della Terra. **B** **s. m. e f.** ● Abitante, nativo di un'isola: *gli insulari e i peninsulari.*

insularìsmo [1927] **s. m.** *1* Carattere insulare di un territorio. *2* Tendenza di un Paese insulare all'isolamento politico-culturale rispetto ai Paesi del continente: *l'i. della Gran Bretagna.*

insularità [1936] s. f. ● Condizione, caratteristica di ciò che è un'isola o è formato da isole.

insulina [dal n. di 'isole' (lat. *īnsulae*) dato a particolari formazioni del pancreas; 1927] s. f. ● (*med.*) Ormone antidiabetico prodotto dalle isole del pancreas.

insulinico [1955] agg. (pl. m. *-ci*) ● (*med.*) Dell'insulina | ***Shock i.***, ottenuto con insulina, per la cura della schizofrenia.

insulinismo [1973] s. m. ● (*med.*) Intolleranza alla cura insulinica.

insulinoterapia [comp. di *insulin(a)* e *terapia*; 1942] s. f. ● (*farm.*) Terapia eseguita mediante somministrazione di insulina: *i. nel diabete.*

insulsàggine [1758] s. f. **1** Caratteristica di ciò che è insulso: *l'i. di quel lungo discorso ha annoiato tutti.* SIN. Futilità, stupidaggine. **2** Discorso, comportamento da individuo insulso: *non riesco a ridere alle sue insulsaggini.* SIN. Futilità, stupidaggine.

insulsità [vc. dotta, lat. *insulsitāte(m)*, da *insŭlsus* 'insulso'; av. 1540] s. f. ● (*raro*) Insulsaggine.

insùlso [vc. dotta, lat. *insŭlsu(m)*, comp. di *in-* neg. e *sălsus* 'salso, salato', da *săl*, genit. *sălis* 'sale', in senso fig.; av. 1484] agg. **1** (*raro*) Privo di sale, scipito: *sapore, cibo i.* **2** (*fig.*) Sciocco, futile: *discorso, complimento i.* | Privo di attrattiva o interesse: *è una persona insulsa.* || **insulsaménte**, avv. Da insulso; scioccamente.

insultàbile [1869] agg. **1** Che può essere insultato. **2** †Che è soggetto a improvviso assalto militare.

insultànte [av. 1686] part. pres. di *insultare*; anche agg. ● Che costituisce un'offesa, un'ingiuria: *un atteggiamento i.*

insultàre [vc. dotta, lat. *insultāre*, propr. 'saltare (*saltāre*) addosso, contro (*in-*)'; av. 1342] **A** v. tr. **1** Rivolgere ingiuria, offesa grave a qlcu. o qlco.: *i. qlcu. negli affetti più cari*; *i. la memoria di qlcu.* SIN. Ingiuriare, offendere, vituperare. **2** †Assaltare d'impeto un luogo, senza farvi trincea sotto e senza breccia. **B** v. intr. (aus. *avere*) ● (*poet.*) Essere offensivo, ingiurioso | Irridere, schernire: *i. ai deboli.*

insultatóre [vc. dotta, lat. *insultatōre(m)*, da *insultātus*, part. pass. di *insultāre* 'insultare'; 1618] agg.; anche s. m. (f. *-trice*) ● (*raro*) Che (o Chi) insulta: *un volgare i.*; *comportamento i.*; *e la scolta insultatrice / di spavento tramortì* (MANZONI).

insùlto [vc. dotta, lat. eccl. *insŭltu(m)*, da *insultāre* in senso morale; 1309] s. m. **1** Ingiuria, offesa grave lesiva dei sentimenti, dell'onore o della dignità di qlcu.: *i. atroce, sanguinoso*; *parole che costituiscono i. alla sua memoria* | (*fig.*) Danno, usura: *statua esposta agli insulti delle intemperie.* **2** (*med.*) Accesso, colpo: *i. apoplettico.* **3** †Attacco, assalto di armati: *quello i. era simulato e non vero* (MACHIAVELLI). || **insultarèllo**, **insulterèllo**, dim.

insuperàbile [vc. dotta, lat. *insuperābile(m)*, comp. di *in-* neg. e *superābilis* 'superabile'; av. 1396] agg. **1** Che non si può superare od oltrepassare: *un i. fiume in piena.* **2** Che non si può vincere: *ostacolo, difficoltà i.* SIN. Insormontabile. **3** (*fig.*) Eccellente, straordinario, eccezionale: *artigiano i. nel suo mestiere*; *un i. interprete di Bach.* SIN. Imbattibile, inarrivabile. || **insuperabilménte**, avv.

insuperabilità [1745] s. f. ● (*raro*) Carattere di chi (o di ciò che) è insuperabile (*anche fig.*).

insuperàto [vc. dotta, lat. tardo *insuperātu(m)*, comp. di *in-* neg. e *superātus* 'superato'; 1864] agg. ● Che non è stato ancora superato: *record i.*; *qualità insuperata*; *gloria, grandezza insuperata*; *interpretazione teatrale insuperata.* || **insuperataménte**, avv.

insuperbiménto [1639] s. m. ● (*raro*) L'insuperbire.

insuperbìre [comp. di *in-* (*1*) e *superbo*; av. 1292] **A** v. tr. (*io insuperbìsco, tu insuperbìsci*) ● Rendere o fare diventare superbo: *i troppi successi lo hanno insuperbito.* **B** v. intr. e intr. pron. (aus. *essere*) **1** Diventare superbo, altero: *per quella bravata non c'è da insuperbirsi*; *deh, non insuperbir per tua bellezza, / donna*; *ch'un breve tempo te la fura* (POLIZIANO). **2** (*tosc.*) †Montare in collera.

†**insùrgere** ● V. *insorgere.*

insurrezionàle [da *insurrezione*, sul tipo del fr. *insurrectionnel*; 1802] agg. ● Di insurrezione: *moto i.* | Creato dagli insorti: *comitato i.*

insurrezióne [vc. dotta, lat. tardo *insurrectiōne(m)*, da *insurrēctus*, part. pass. di *insūrgere* 'insorgere', ripreso dal fr. *insurrection*; 1598] s. f. ● Sollevazione collettiva spec. contro le autorità costituite e il potere statale: *l'i. popolare si estende in modo fulmineo*; *reprimere un'i. nel sangue.*

†**insusàrsi** [comp. di *in-* (*1*) e *su(so)*; 1321] v. intr. pron. ● Andare in su, in alto: *O cara piota mia che sì t'insusi* (DANTE *Par.* XVII, 13).

insuscettìbile [comp. di *in-* (*3*) e *suscettibile*; 1798] agg. ● (*raro*) Che non è capace di, che non è atto a, subire modificazioni: *tassa i. di aggravio.*

insussistènte [comp. di *in-* (*3*) e *sussistente*; 1618] agg. ● Che non sussiste, che non ha reale fondamento: *pericolo i.*; *affermazione i.* | Falso: *accusa i.* SIN. Inconsistente, inesistente.

insussistènza [comp. di *in-* (*3*) e *sussistenza*; 1585] s. f. **1** Inesistenza: *i. di un reato.* **2** Infondatezza, falsità: *i. di un'accusa.* **3** (*econ.*) Variazione del capitale di un'azienda per inesistenza di valori attivi o passivi, causati da fatti estranei alla gestione.

intabaccàre [comp. di *in-* (*1*) e *tabacco*, in ogni senso; 1481] **A** v. tr. (*io intabàcco, tu intabàcchi*) ● Insudiciare di tabacco. **B** v. intr. pron. ● (*tosc.*) †Invischiarsi, ingolfarsi, spec. in una passione amorosa o nel gioco.

intabarràre [comp. di *in-* (*1*) e *tabarro*; 1546] **A** v. tr. ● Avvolgere in un tabarro | (*est.*) Coprire con indumenti pesanti. SIN. Imbacuccare. **B** v. rifl. ● Avvolgersi in un tabarro | (*est.*) Coprirsi con indumenti pesanti.

intabescènza [dal part. pres. (*intabescĕnte(m)*) del lat. *intabēscere*, comp. di *in-* (*1*) e dell'incoativo di *tabēre* 'fondersi, consumarsi', di orig. indeur.; 1970] s. f. ● (*med.*) Consunzione.

†**intàcca** [1665] s. f. ● Tacca.

intaccàbile [av. 1686] agg. ● Che si può intaccare (*anche fig.*): *superficie i.*; *teoria i.*

intaccaménto [av. 1686] s. m. ● (*raro*) L'intaccare.

intaccàre [comp. di *in-* (*1*) e *tacca*; av. 1320] **A** v. tr. (*io intàcco, tu intàcchi*) **1** Incidere qlco. producendo una o varie tacche: *i. il banco col temperino.* **2** (*est.*) Attaccare, corrodere: *l'acido intacca la stoffa*; *la ruggine intacca il ferro* | ***I. la lama del coltello, del rasoio***, guastarne il filo. **3** Infettare: *il male ha intaccato anche l'altro polmone.* **4** (*fig.*) Cominciare a consumare qlco.: *i. il capitale*; *i. le provviste di riserva.* **5** (*fig.*) Ledere, offendere: *i. l'onore, la reputazione di qlcu.* | (*est., fig.*) Incrinare, recare danno: *i. col dubbio i principi morali di qlcu.* **6** (*mar.*) Battere la superficie del mare sollevando le onde, detto del vento | Cominciare a ricevere la spinta del vento, detto di imbarcazione a vela. **B** v. intr. (aus. *avere*) ● Tartagliare o intoppare nel parlare: *quando è molto stanco intacca un po'.*

intaccatùra [av. 1350] s. f. **1** L'intaccare | Tacca. **2** Incavatura rettangolare all'orlo di un legno spianato e riquadrato al posto dello spigolo. **3** (*mar.*) Crespa dell'acqua percossa dal vento.

intàcco [da *intaccare*; 1635] s. m. (pl. *-chi*) **1** Tacca, intaccatura. SIN. Incavo, incisione. **2** (*raro*) Diminuzione: *i. del capitale.*

intagliàre [comp. di *in-* (*1*) e *taglio*; sec. XIII] v. tr. (*io intàglio*) **1** Scolpire, incidere a rilievo o ad incavo. **2** Togliere, in certi motivi di ricamo, il tessuto superfluo in modo da formare una lavorazione traforata.

intagliatóre [1282] s. m. (f. *-trice*) ● Chi lavora d'intaglio.

intagliatrice s. f. **1** (*raro, min.*) Incastratrice. **2** (*raro, min.*) Tagliatrice. **3** (*mecc.*) Cesoiatrice.

intagliatùra [sec. XIV] s. f. ● Lavoro dell'intagliare | Intaglio.

intàglio [da *intagliare*; sec. XIII] s. m. **1** Arte e lavoro dell'intagliare | In ebanisteria, tecnica decorativa a incisione o scultura molto usata nell'arte del mobile. CFR. glitto-. **2** Oggetto intagliato: *un pregevole i.* **3** (*tecnol.*) Feritoia, cavità, incisione e sim., praticata in un elemento meccanico per svolgere varie funzioni, quali accogliere un risalto, far passare una vite di fissaggio: *gli intagli della mappa di una chiave.* **4** (*est.*) †Taglio, profilo, sagoma.

intaminàto [vc. dotta, lat. *intamināt(u)m*, dal part. pass. di **intamināre*; 1604] agg. ● (*raro, poet.*) Incontaminato.

intanàrsi [comp. di *in-* (*1*) e *tana*; 1367] v. intr. pron. ● (*raro*) Rintanarsi.

intanfìre [comp. di *in-* (*1*) e *tanfo*; 1803] v. intr. (*io intanfìsco, tu intanfìsci*; aus. *essere*) ● (*raro*) Prendere odore di tanfo, di stantio.

intangìbile [comp. di *in-* (*3*) e *tangibile*; av. 1563] agg. ● Che non si può o non si deve toccare | (*est.*) Di cui non si può fare uso o commercio: *diritti intangibili*; *patrimonio, eredità i.* | (*est., fig.*) Inviolabile: *l'i. libertà del cittadino.* SIN. Intoccabile. || **intangibilménte**, avv.

intangibilità [comp. di *in-* (*3*) e *tangibilità*; 1798] s. f. ● Carattere di ciò che è intangibile.

♦**intànto** o (*raro*) **in tànto** [comp. di *in* e *tanto*; sec. XIII] **A** avv. **1** In questo, in quello stesso tempo, nel frattempo: *io devo uscire un momento, tu i. aspettami qui.* **2** Per il momento (con valore avversativo): *fa sempre delle promesse e i. continua a comportarsi male*; *non l'avrò fatto apposta, ma i. io mi trovo nei guai* | (*fam.*) ***Per i.***, per il momento: *per i. può bastare.* **3** Con valore concl., esprimendo la soddisfazione di avere raggiunto o terminato qlco.: *i. anche questo caso è stato chiarito!* | ***E i.***, introduce un'amara constatazione: *e i. noi siamo rovinati.* **B** nella loc. cong. ***i. che*** ● Mentre (introduce una prop. temp. con il v. all'indic.): *i. che aspetti, leggiti questo articolo.*

intarlàre [comp. di *in-* (*1*) e *tarlo*; 1305] v. intr. e intr. pron. (aus. *essere*) ● Essere roso dai tarli.

intarlatùra [1547] s. f. ● Foro prodotto nel legno dal passaggio del tarlo | Polvere di legno prodotta dal tarlo.

intarmàre [comp. di *in-* (*1*) e *tarma*; sec. XV] v. intr. e intr. pron. (aus. *essere*) ● Essere roso dalle tarme: *i tessuti di lana intarmano se lasciati all'aperto.*

intarmatùra [1887] s. f. ● Danno provocato dalle tarme nei tessuti.

intarmolìre [comp. di *in-* (*1*) e *tarmola*, var. di *tarma*; av. 1912] v. intr. (*io intarmolìsco, tu intarmolìsci*; aus. *essere*) ● (*centr.*) Intarlare: *e un'altra vita brulicò nel legno / che intarmoliva* (PASCOLI).

intarsiaménto [av. 1673] s. m. ● (*raro*) L'intarsiare.

intarsiàre [comp. di *in-* (*1*) e *tarsia*; 1539] v. tr. (*io intàrsio*) **1** Lavorare a intarsio: *i. un mobile, un pannello.* **2** (*fig.*) Impreziosire uno scritto con immagini rare e ricercate, eleganze stilistiche e sim.: *i. un testo di dotti riferimenti letterari.*

intarsiàto [sec. XV] part. pass. di *intarsiare*; anche agg. ● Decorato a intarsio.

intarsiatóre [1585] s. m. (f. *-trice*) ● Artigiano che esegue lavori d'intarsio.

intarsiatùra [1659] s. f. ● L'intarsiare | Prodotto del lavoro d'intarsio.

intàrsio [da *intarsiare*; 1869] s. m. **1** In ebanisteria, lavorazione consistente nell'inserire in una superficie lignea pezzetti di legno d'altro colore, scaglie di materiali rari e pregiati, quali tartaruga, madreperla e sim. per ottenere particolari effetti decorativi: *i. geometrico*; *lavorare un mobile a i.* | Prodotto di tale lavorazione, superficie intarsiata: *restaurare un i.* **2** (*est.*) Tessuto di diverso colore o materia, inserito per un effetto decorativo nel tessuto che forma l'abito. **3** (*med.*) ***I. dentario***, forma particolare di otturazione di carie dentaria ottenuta mediante ricostruzione, con metalli e resine, del frammento mancante. **4** Gioco enigmistico che consiste nell'incastrare una parola opportunamente frazionata in un'altra in modo da formarne una terza (p. es. scialo + OTTO = scOiaTTOlo). CFR. Incastro.

intartarìrsi [comp. di *in-* (*1*) e *tartaro*; 1835] v. intr. pron. (*io m'intartarìsco, tu t'intartarìsci*) ● (*med.*) Ricoprirsi di tartaro, detto di denti.

intasaménto o **intasaménto** [av. 1451] s. m. ● L'intasare, l'intasarsi. SIN. Ingorgo, ostruzione.

intasàre [comp. di *in-* (*1*) e *taso*; 1550] **A** v. tr. **1** Ostruire, otturare, occludere fori, fessure, condotti e sim.: *le foglie secche hanno intasato lo scarico della fontana.* **2** (*est.*) Produrre un ingorgo o un arresto nel traffico dei veicoli: *la rottura di un semaforo ha intasato il traffico.* **B** v. intr. pron. ● Ostruirsi, occludersi: *i tubi della caldaia si sono intasati per le incrostazioni* | (*est.*) Prendere un'infreddatura tale da avere il naso completamente chiuso.

intaṣàto o **intaṣàto** [sec. XIV] part. pass. di *intasare*; anche agg. ● Ostruito.

intaṣatóre o **intaṣatóre** [1957] s. m. ● Accovonatore, nel sign. 2.

intaṣatùra o **intaṣatùra** [av. 1666] s. f. *1* Intasamento | Ciò che provoca un intasamento. SIN. Occlusione. *2* (*raro*) Raffreddore, infreddatura.

intascàre [comp. di *in-* (*1*) e *tasca*; av. 1400] v. tr. (*io intàsco, tu intàschi*) *1* Mettere in tasca qlco. | (*est.*) Guadagnare in modo facile o illecito: *ha intascato fior di quattrini in quell'affare*. *2* (*mar.*) Arrotolare brande, vele, o altro.

intassellàre [comp. di *in-* (*1*) e *tassello*; 1881] v. tr. (*io intassèllo*) ● Mettere tasselli | (*raro*) Riparare con tasselli.

intassellatùra [1550] s. f. ● Operazione dell'intassellare.

♦**intàtto** [vc. dotta, lat. *intāctu(m)*, comp. di *in-* neg. e *tāctus*, part. pass. di *tāngere* 'toccare'; 1336 ca.] agg. *1* Che non è mai stato toccato: *vette, nevi intatte* | (*est.*) Non corrotto, puro: *fama intatta*; *verginità, innocenza intatta*. *2* (*est.*) Integro, intero, che non ha subìto danni o manomissioni: *sigillo i.*; *cadavere i.*; *forze intatte*. || **intattaménte**, avv. (*raro*) In modo intatto.

intavolàre [comp. di *in-* (*1*) e *tavola*; 1481] v. tr. (*io intàvolo*) *1* (*raro*) Mettere in tavola o sulla tavola. *2* (*fig.*) Dare inizio, cominciare: *i. una trattativa*; *i. un discorso, una questione*. *3* Nel gioco degli scacchi, ordinare i pezzi prima di incominciare la partita. *4* †Comporre lo scheletro di una nave | Impalcare qlco. con tavole. *5* (*mus.*) Preparare un'intavolatura. *6* †Intarsiare.

intavolàto [av. 1646] **A** part. pass. di *intavolare*; anche agg. *1* Nei sign. del v. *2* †Dipinto su tavola | (*fig.*) †***Vento i.***, disteso, costante. **B** s. m. ● Tavolato, assito.

intavolatùra [1561] s. f. *1* (*raro*) Avvio, inizio. *2* (*mus.*) Nei secc. XVI e XVII, sistema di notazione per strumenti a pizzico e a tastiera in cui al posto delle note vengono segnati numeri o lettere indicanti le dita con cui suonare; oggi, metodo di apprendimento per dilettanti e autodidatti spec. di chitarra.

intavolazióne [av. 1835] s. f. *1* Ordinamento in tabelle o prospetti di dati numerici, statistici e sim. *2* (*dir.*) Nel sistema tavolare, registrazione fondiaria dell'acquisto di un immobile.

inteccherìto [1983] agg. ● (*pop., tosc.*) Intecchito.

intecchìto [var. dial. di *stecchito*; 1902] agg. ● (*pop., tosc.*) Impettito, irrigidito.

intedescàre [comp. di *in-* (*1*) e *tedesco*; 1777] **A** v. tr. (*io intedésco, tu intedéschi*) ● Rendere tedesco quanto ad abitudini, usi, mentalità. **B** v. intr. pron. ● Acquisire usi, caratteri tedeschi.

intedeschìre [av. 1750] v. tr. e intr. pron. (*io intedeschìsco, tu intedeschìsci*) ● Intedescare.

integèrrimo [vc. dotta, lat. *integĕrrimu(m)*, superl. di *ĭnteger*, genit. *ĭntegri* 'integro'; 1483] agg. (superl. di *integro*) ● Particolarmente onesto e incorruttibile: *funzionario, amministratore i.*; *costume i.* || **integerrimaménte**, avv.

integràbile [da *integrare*; 1748] agg. *1* Che si può integrare. *2* (*mat.*) Che ammette l'integrale.

integrabilità [1869] s. f. ● Condizione di ciò che è integrabile.

intègrafo [comp. di *inte(grale)* (*1*) e *-grafo*; 1942] s. m. ● (*mat.*) Strumento atto a tracciare meccanicamente una curva integrale a partire dalla rappresentazione grafica di una funzione.

integràle (**1**) [da *integro*; av. 1320] agg. *1* Intero, totale: *provvedere alla restituzione i. della refurtiva*; *è necessario un i. rimpasto del governo* | ***Edizione i.***, senza alcuna omissione | (*autom.*) ***Trazione i.***, V. *trazione*. *2* Detto di farina di frumento o altri cereali non (o solo parzialmente) abburattata, e dei prodotti da essa ottenuti: *pane, pasta i., biscotti integrali*. *3* (*raro*) Detto di parte integrante di un tutto: *il diritto è un aspetto i. della civiltà*. || **integralménte**, avv. In modo integrale, totale.

integràle (**2**) [vc. di nuova coniazione, tratta dal lat. *ĭnteger*, genit. *ĭntegri* 'intero'; av. 1742] **A** agg. ● (*mat.*) ***Calcolo i.***, studio dell'operazione di integrazione e delle sue applicazioni. **B** s. m. ● (*mat.*) ***I. definito di una funzione F(x)***, area della regione compresa tra il grafico di F(x), l'asse delle ascisse e le due rette a esso perpendicolari, condotte dalle estremità dell'intervallo considerato | ***I. indefinito di una funzione F(x)***, ogni funzione la cui derivata è F(x).

integralìṣmo [da *integrale* (*1*); 1898] s. m. *1* Tendenza ad attuare in modo integrale, senza compromessi, e talvolta con intolleranza, i princìpi della propria dottrina o ideologia nella vita politica, economica e sociale: *i. religioso*. *2* (*polit.*) Nel Partito socialista italiano dei primi anni del Novecento, tendenza a conciliare fra loro indirizzi diversi.

integralìsta [1908] **A** s. m. e f. (pl. m. *-i*) ● Chi si ispira all'integralismo. **B** anche agg.: *movimento i.*

integralìstico [1970] agg. (pl. m. *-ci*) ● Proprio dell'integralismo. || **integralisticaménte**, avv.

integralità [1869] s. f. ● (*raro*) Caratteristica di ciò che è integrale.

integraménto [av. 1907] s. m. ● Integrazione.

integrànte [av. 1642] part. pres. di *integrare*; anche agg. ● Che integra, che completa | ***Parte i.***, indispensabile.

integràre [vc. dotta, lat. *integrāre*, da *ĭnteger*, genit. *ĭntegri* 'integro'; sec. XV] **A** v. tr. (*io integro* o †*intègro*) *1* Rendere qlco. completo, o più valido, più efficace e sim., aggiungendovi ulteriori elementi: *i. l'organico di un ufficio, di un reparto*; *i. un'alimentazione insufficiente con vitamine*. *2* Inserire una persona o un gruppo in un ambiente o in un contesto, in modo che ne diventi parte organica: *i. i lavoratori stranieri nelle organizzazioni sindacali*. *3* (*mat.*) Calcolare l'integrale d'una funzione | ***I. un'equazione differenziale***, risolverla. **B** v. rifl. ● Inserirsi in un determinato contesto, adattandosi a esso: *integrarsi in una comunità*; *si è bene integrato nella nuova classe*. **C** v. rifl. rec. ● Completarsi, fondersi divenendo un tutto compiuto: *integrarsi l'un l'altro*; *integrarsi a vicenda*; *elementi che devono integrarsi*.

integratìvo [1920] agg. ● Che ha la funzione di integrare o completare: *assegno i.* | ***Norma integrativa***, che colma le lacune di precedenti disposizioni | ***Esame i.***, che permette il passaggio a un altro tipo di scuola | ***Corso i.***, della durata di un anno, per permettere l'accesso a tutte le facoltà universitarie anche ai maturati di istituti medi superiori quadriennali. || **integrativaménte**, avv.

integràto [1973] part. pass. di *integrare*; anche agg. *1* Nei sign. del v. *2* Detto di circuito elettronico o elettrico i cui componenti e i relativi collegamenti sono realizzati tutti insieme in una sola operazione.

integratóre [vc. dotta, lat. *integratōre(m)*, da *integrātus* 'integrato'; 1869] **A** agg.; anche s. m. (f. *-trice*) ● Che (o Chi) integra. **B** s. m. *1* (*spec. al pl.*) ***I. alimentare***, insieme di sostanze di origine vegetale, minerale o animale destinate a colmare carenze alimentari. *2* (*mat.*) Integrafo.

integrazióne [vc. dotta, lat. *integratiōne(m)*, da *integrātus* 'integrato'; av. 1578] s. f. *1* L'integrare; completamento di qlco. mediante l'aggiunta di nuovi elementi: *l'i. di una dieta alimentare*; *l'i. di un organico* | Ciò che integra: *i. salariale* | ***Cassa i. salari, cassa i.***, organismo facente parte dell'INPS (Istituto Nazionale di Previdenza Sociale) che, in caso di riduzione o sospensione del lavoro in un'azienda, fornisce ai lavoratori dipendenti, tramite l'azienda stessa, una parte di salario | ***Attività scolastiche di i.***, iniziative degli organismi scolastici attuate allo scopo di ampliare le attività formative degli interessi culturali ed espressivi degli alunni. *2* Inserimento in un ambiente o in un contesto: *i. religiosa, etnica, culturale* | ***I. razziale***, fusione fra diversi gruppi etnici e razziali. *3* Collaborazione sempre più stretta fra vari Stati sul piano economico, politico, militare e sim.: *i. europea*. *4* (*econ.*) Formazione di un mercato unico | Coordinamento o concentrazione di imprese. *5* (*mat.*) Operazione il cui risultato è l'integrale d'una funzione data.

integrazionìṣmo [1963] s. m. ● Movimento o tendenza politica in favore dell'integrazione razziale.

integrazionìsta [1963] **A** s. m. e f. (pl. m. *-i*) ● Chi è favorevole all'integrazione razziale. **B** agg. ● Integrazionistico.

integrazionìstico [1963] agg. (pl. m. *-ci*) ● Proprio dell'integrazionismo.

integrìṣmo [1973] s. m. ● Integralismo (*spec. spreg.*).

integrìsta [av. 1937] agg.; anche s. m. e f. (pl. m. *-i*) ● Integralista (*spec. spreg.*).

integrità [vc. dotta, lat. *integritāte(m)*, da *ĭnteger*, genit. *ĭntegri* 'integro'; 1308] s. f. *1* Stato di ciò che è intero, intatto e completo: *i. fisica*; *difendere l'i. del territorio nazionale*; *salvaguardare l'i. del patrimonio artistico* | (*est.*) Perfezione, purezza: *preservare l'i. di uno stile, di una tradizione*. *2* (*fig.*) Probità, rettitudine: *è un esempio di i. d'animo* | (*est., fig.*) Innocenza, onorabilità: *difendere l'i. del proprio nome*.

íntegro o †**intègro** (o †*-é-*) [vc. dotta, lat. *ĭntegru(m)*, comp. di *in-* neg. e **-tagros*, da *tāngere* 'toccare'; 1313] agg. (superl. *integèrrimo* (V.)) *1* Che è intero, completo, non avendo subìto menomazioni, mutilazioni, danni e sim.: *testo i.*; *statua integra*; *un patrimonio che si è trasmesso i. attraverso i secoli* | Intatto: *forze integre*. *2* (*fig.*) Incorruttibile, probo: *un uomo i. fino all'eccesso*. || **integraménte**, avv. *1* Compiutamente. *2* Con integrità.

integròmetro [comp. di *integr(azione)* e *-metro*] s. m. ● (*mat.*) Integrafo.

integuménto [vc. dotta, lat. *integumĕntu(m)* 'copertura', comp. di *in-* 'sopra' e *tegumĕntum*, da *tĕgere* 'coprire', di orig. indeur.; av. 1698] s. m. ● (*raro*) Tegumento.

intelaiàre [comp. di *in-* (*1*) e *telaio*; 1743] v. tr. (*io intelàio*) ● Mettere su un telaio: *i. i vetri di una finestra* | Formare un telaio: *i. quattro bastoni per reggere una vela* | ***I. una macchina***, predisporne l'ossatura per i successivi montaggi.

intelaiàto [av. 1798] part. pass. di *intelaiare*; anche agg. ● Nei sign. del v.

intelaiatùra [1743] s. f. *1* Operazione dell'intelaiare. *2* Struttura di sostegno o rinforzo formata da vari elementi strettamente uniti fra loro a formare quasi un telaio: *l'i. di un ponte*. *3* (*fig.*) Insieme degli elementi strutturali di qlco.: *l'i. del nostro sistema economico*; *l'i. di un romanzo*.

intelàre [comp. di *in-* (*1*) e *tela*; 1957] v. tr. (*io intélo*) *1* Mettere una tela resistente sotto a un tessuto per dare maggiore sostenutezza all'indumento: *i. un abito*. *2* (*raro*) Rivestire di tela.

intellegìbile ● V. *intelligibile*.

intellettìbile [da *intelletto* (*2*); 1935] agg. ● (*raro*) Intelligibile.

intellettìvo [vc. dotta, lat. tardo *intellectīvu(m)*, da *intellēctus* 'intelletto (2)', attrav. il fr. *intellectif*; 1308] agg. *1* Dell'intelletto, proprio dell'intelletto: *potenza, facoltà intellettiva*. *2* †Che è dotato d'intelligenza: *ente i.*; *creatura intellettiva*. || **intellettivaménte**, avv. In modo intellettivo; per virtù intellettiva.

intellètto (**1**) [vc. dotta, lat. *intellēctu(m)*, da *intellĕgere*, comp. di *ĭnter* 'tra' e *lĕgere* 'leggere, scegliere'; av. 1250] s. m. *1* (*filos.*) Facoltà di intuire le idee, le rappresentazioni e i loro rapporti. *2* Complesso delle facoltà mentali che consentono di intendere, pensare, giudicare: *la forza, il vigore dell'i.*; *velare, offuscare, illuminare l'i.*; *valutare le possibilità dell'i. umano* | Nella teologia cattolica, uno dei sette doni dello Spirito Santo, che apre la mente alla Grazia e alla conoscenza delle verità soprannaturali. SIN. Mente. *3* Capacità di intendere, di ragionare: *avere un i. forte, vigoroso*; *è una persona di scarso i.*; *gli animali sono privi d'i.* | ***Perdere il bene dell'i.***, la capacità di ragionare e di giudicare. SIN. Intelligenza. *4* Persona di grande intelligenza: *si tratta di un i. speculativo* | ***Il primo i.***, Dio. *5* †Cognizione: *Donne ch'avete i. d'amore* (DANTE *Purg.* XXIV, 51). *6* †Indole, personalità. *7* †Significato, senso di una parola, di un'opera: *i. figurato, allegorico, morale*.

†**intellètto** (**2**) [vc. dotta, lat. *intellēctu(m)* nel suo primo sign. di part. pass. di *intellĕgere*, propr. 'trascegliere', quindi 'comprendere'; 1321] agg. ● (*lett.*) Appreso per mezzo della mente umana: *le parole / intellette da noi soli ambedui* (PETRARCA).

†**intellettóre** [vc. dotta, lat. *intellectōre(m)*, da *intellēctus*, part. pass. di *intellĕgere* (V. *intelletto*); av. 1406] s. m.; anche agg. (f. *-trice*) ● Chi (o Che) intende.

♦**intellettuàle** [vc. dotta, lat. tardo *intellectuāle(m)*, da *intellēctus* 'intelletto'; 1308] **A** agg. *1* Che riguarda l'intelletto o, più in generale, il sapere, la cultura: *dote, facoltà i.*; *piacere i.*; *progresso i.*; *attività intellettuali.* **2** (*raro*) Intellettualistico. || **intellettualménte**, avv. Per mezzo dell'intelletto; in modo intellettuale. **B** s. m. e f. **1** Chi si dedica prevalentemente ad attività connesse con il sapere ed il pensiero, ha vasti interessi culturali, produce opere di tipo letterario, artistico, scientifico e sim.: *un gruppo di intellettuali*; *un i. impegnato* | ***I. organico***, che è funzionale a una data istituzione, a una data struttura: *i. organico a un regime, a un partito*; *Il tipo tradizionale e volgarizzato dell'i. è dato dal letterato, dal filosofo, dall'artista* (GRAMSCI). **2** (*iron.*) Chi ostenta interessi culturali solo apparenti: *fare l'i.*; *posare da i.*; *atteggiarsi a i.*

intellettualìsmo [ted. *Intellektualismus*, comp. moderno del lat. tardo *intellectuālis* 'intellettuale' con il suff. di dottrina *-ismus* '-ismo'; 1905] s. m. **1** (*filos.*) Dottrina che attribuisce all'opera intellettuale un ruolo dominante rispetto a quella etica, estetica, gnoseologica e pragmatica. **2** Abuso dei valori intellettuali, compiaciuta ricercatezza del pensiero, della cultura e sim. | Cerebralismo.

intellettualìsta [1898] **A** s. m. e f. (pl. m. *-i*) **1** Chi segue o si ispira all'indirizzo filosofico dell'intellettualismo. **2** Chi nella propria attività antepone sistematicamente i valori dell'intelletto a quelli affettivi, estetici, fantastici e sim. **B** agg. ● (*raro*) Intellettualistico.

intellettualìstico [1908] agg. (pl. m. *-ci*) **1** Che riguarda l'intellettualismo e gli intellettualisti. **2** Che è caratterizzato dall'esagerata importanza attribuita ai valori dell'intelligenza. || **intellettualisticaménte**, avv.

intellettualità [vc. dotta, lat. tardo *intellectualitāte(m)*, da *intellectuālis* 'intellettuale'; sec. XIV] s. f. **1** Condizione di ciò che appartiene all'attività dell'intelletto. **2** La categoria, il complesso degli intellettuali: *al dibattito partecipò tutta l'i. ufficiale.*

intellettualizzàre [1869] v. tr. ● Rendere intellettuale o intellettualistico.

intellettualizzazióne [1951] s. f. ● L'intellettualizzare.

intellettualòide [comp. di *intellettuale* e *-oide*; 1914] agg.; anche s. m. e f. ● Che (o Chi) presume o simula di avere interessi culturali che in realtà non ha: *atteggiamento i.*; *disprezzare gli intellettualoidi.*

intellezióne [vc. dotta, lat. *intellectiōne(m)*, da *intellĕctus*, part. pass. di *intellĕgere* (V. *intelletto*); av. 1563] s. f. **1** (*filos.*) L'atto dell'intendere. **2** †Attività dell'intelletto, conoscenza.

intelligence /in'tɛllidʒəns, *ingl.* ɪn'tɛlɪdʒəns/ [vc. ingl., accorc. di *intelligence service*, propr. 'servizio informazioni'; 1985] s. f. inv. ● Attività di spionaggio.

♦**intelligènte** [vc. dotta, lat. *intellegĕnte(m)*, part. pres. di *intellĕgere* (V. *intelletto*); 1294] agg. **1** Che ha la capacità di intendere, pensare, giudicare: *l'uomo è una natura i.* **2** Di persona dotata di particolari capacità intellettuali: *è uno studente molto i.*; *critico, attore i.* | (*est.*) Di animale che mostra un certo grado di intelligenza, che sa in certa misura capire, apprendere, ricordare e sim.: *la scimmia è un animale i.* **3** Fatto o detto con intelligenza: *richiesta, proposta, suggerimento i.*; *ha portato a termine una ricerca estremamente i.* **4** Che manifesta o rivela intelligenza: *avere uno sguardo, un'espressione i.* **5** (*elab.*) ***Terminale i.***, dotato di autonoma capacità di elaborazione | (*est.*) Detto di macchina o meccanismo automatizzati e il cui funzionamento è affidato a un computer: *missili, semafori intelligenti.* **6** †Di chi ha una conoscenza specifica di un'arte, di una scienza, di una tecnica e sim. | †Intenditore, esperto: *essere i. di musica, di pittura.* || **intelligentìno**, dim. | **intelligentóne**, accr., spreg. | **intelligenteménte**, avv.

♦**intelligènza** o †**intelligènzia** [vc. dotta, lat. *intellegĕntia(m)*, da *intellĕgere* (V. *intelletto*); av. 1276] s. f. **1** Complesso delle facoltà mentali e psichiche che consentono all'uomo di ragionare, di comprendere la realtà, di fronteggiare situazioni nuove | Correntemente, capacità di capire, pensare, giudicare: *è una persona di media i.*; *avere un'i. acuta, tarda, fiacca*; *disporre di un'i. pratica, speculativa* | Caratteristica di chi ha particolari doti intellettuali: *lavorare, studiare con i.*; *dare ripetute prove d'i.* | (*est.*) Perizia con cui si realizza qlco.: *è una ricerca fatta con i.*; *svolgere i propri compiti con rara i.* **2** (*psicol.*) Capacità generale che consente di adattarsi attivamente all'ambiente e che nell'essere umano si manifesta nei comportamenti e nel grado di elaborazione dei processi mentali | ***Livello di i.***, misura della capacità intellettuale relativa a un campione omogeneo di persone | ***Quoziente di i.***, punteggio finale ottenuto da una persona in numerose prove che valutano varie capacità quali il linguaggio, la memoria, la percezione e sim., calcolato statisticamente come deviazioni rispetto al punteggio medio | ***Test di i.***, insieme di problemi la cui soluzione viene usata per misurare il grado individuale di sviluppo mentale | ***I. artificiale***, parte dell'informatica che studia la teoria, i metodi e le tecniche che permettono la realizzazione di sistemi di elaborazione aventi la capacità di eseguire azioni considerate di pertinenza umana. **3** (*est.*) Persona, essere intelligente: *è la più bella i. del nostro tempo* | ***L'i. suprema***, Dio | ***Le intelligenze celesti***, gli angeli. **4** (*lett.*) Intendimento, comprensione, interpretazione: *è un testo di facile i.*; *sono note utili per la retta i. del testo* | (*raro*) Comprensione reciproca. **5** (*mar.*) Bandiera da segnali a strisce verticali bianche e rosse, o segnale luminoso, che si adopera nelle comunicazioni per indicare che si è capito il segnale precedentemente ricevuto | In una regata velica, bandiera issata per indicare che la partenza è posticipata di 15 minuti. **6** (*raro*) Accordo, intesa | Intesa segreta: *fu accusato di i. col nemico.* **7** †Competenza in una determinata arte, scienza, tecnica: *avere i. della pittura, dell'astronomia.*

intellighènzia [dall'italianismo russo *intelligencija*; 1923] s. f. **1** L'insieme degli intellettuali di una nazione: *l'i. italiana nel periodo fra le due guerre.* **2** (*iron.*) L'insieme delle persone che rappresentano la guida intellettuale di un ambiente, un gruppo e sim.

intelligìbile o **intellegìbile** [vc. dotta, lat. *intellegĭbile(m)*, da *intellĕgere* (V. *intelletto* (*1*)); 1308] **A** agg. **1** (*filos.*) Di ciò che può essere conosciuto soltanto dall'intelletto. **2** Chiaro, piano: *linguaggio, scrittura, discorso i.*; *fece una esposizione facilmente i.* SIN. Comprensibile, facile. || **intelligibilménte**, avv. **B** s. m. ● (*filos.*) Ciò che può essere conosciuto mediante il solo intelletto: *l'i. e il sensibile.*

intelligibilità [av. 1565] s. f. ● Condizione di ciò che è intelligibile: *i. di un testo.* SIN. Chiarezza, comprensibilità.

intemeràta [vc. dotta, lat. crist. *O intemerāta*, inizio di una lunga preghiera alla Vergine; av. 1495] s. f. ● (*fam., disus.*) Rimprovero lungo e violento: *fare un'i. a qlcu.* | (*lett.*) Lungo discorso tedioso o spiacevole: *e del tributo e d'ogni cosa disse,/ e replicò tutta la i.* (PULCI).

intemeràto [vc. dotta, lat. *intemerātu(m)*, comp. di *in-* neg. e del lat. tardo *temerātus*, part. pass. di *temerāre* 'profanare', di etim. incerta; sec. XIV] agg. ● Puro, integro, incorrotto: *coscienza, fama intemerata.* || **intemerataménte**, avv.

intemperànte [vc. dotta, lat. *intemperănte(m)*, comp. di *in-* neg. e *tĕmperans*, genit. *temperăntis* 'temperante'; sec. XIV] agg. ● Che è privo di temperanza, moderazione, autocontrollo e sim.: *essere i. nel mangiare, nel bere* | ***Usare un linguaggio i.***, violento e aggressivo. SIN. Smodato. || **intemperanteménte**, avv.

intemperànza [vc. dotta, lat. *intemperăntia(m)*, comp. di *in-* neg. e *temperăntia* 'temperanza'; av. 1292] s. f. **1** Caratteristica di chi (o di ciò che) è intemperante. SIN. Smodatezza. **2** Atto, discorso da intemperante: *tutti questi disturbi sono dovuti alle tue intemperanze.*

intemperàto [vc. dotta, lat. *intemperātu(m)*, comp. di *in-* neg. e *temperātus* 'temperato'; av. 1357] agg. ● (*raro*) Sfrenato, smodato. || **intemperataménte**, avv.

intempèrie [vc. dotta, lat. *intempĕrie(m)*, comp. di *in-* neg. e *tempĕries* 'temperie'; sec. XIV] s. f. inv. (usato spec. al pl.) **1** Qualsiasi tipo di perturbazione atmosferica come pioggia, neve, grandine e sim.: *essere esposto alle i.*; *ripararsi dalle i.* **2** †Alterazione dell'equilibrio degli umori del corpo umano.

intempestività [vc. dotta, lat. *intempestivitāte(m)*, comp. di *in-* neg. e *tempestīvitas*, genit. *tempestivitātis* 'tempestività'; 1584] s. f. ● Caratteristica di intempestivo. SIN. Inopportunità.

intempestìvo [vc. dotta, lat. *intempestīvu(m)*, comp. di *in-* neg. e *tempestīvus* 'tempestivo'; av. 1374] agg. ● Che non si verifica al momento opportuno: *domanda intempestiva*; *discorso i.*; *attacco i.* | †Tardivo: *s'antivedendo ciò timido stai, / è il tuo timore i. omai* (TASSO). || **intempestivaménte**, avv.

intendènte [1647] **A** part. pres. di *intendere* ● Nei sign. del v. **B** s. m. (anche f. nei sign. 1, 2, 3) **1** (*st.*) In alcuni Stati italiani prima dell'unità, capo di una circoscrizione amministrativa provinciale. **2** (*dir.*) Chi è incaricato di dirigere l'esplicazione di pubblici servizi spec. amministrativi: *i. di finanza.* **3** (*mil.*) Chi è a capo di un'intendenza | ***I. generale***, presso il comando supremo.

intendentìzio [1890] agg. ● Relativo all'intendente o all'intendenza.

intendènza [fr. *intendance*, da (*sur*)*intendant* '(sovr)intendente'; 1695] s. f. **1** Organo spec. amministrativo cui è preposto un intendente: *i. di finanza* | (*mil.*) Ufficio di carattere logistico, che sovrintende spec. al rifornimento delle truppe. **2** †Intelligenza, intendimento. **3** (*lett.*) †Passione amorosa | (*est.*) Persona amata.

♦**intèndere** [vc. dotta, lat. *intĕndere*, comp. di *in-* 'verso' e *tĕndere* 'tendere'; sec. XII] **A** v. tr. (coniug. come *tendere*) **1** (*lett.*) Rivolgere le facoltà mentali o sensoriali ad acquisire o ad approfondire la conoscenza di qlco.: *i. lo sguardo, la mente, l'animo.* **2** Comprendere, intuire: *i. la grandezza di Dio*; *penso di aver inteso ciò che voleva dire*; *i. male, a rovescio*; *fatemi i. le ragioni, per le quali stimate la terra muoversi* (BRUNO) | ***Dare a i.***, fare credere, ingannare: *a me non la dai a i.!* | ***Lasciare i.***, fare capire con allusioni | ***M'intendi?***, capisci quello che io dico? | ***I. al volo***, comprendere rapidamente, con esattezza | ***Si intende***, è ovvio, è naturale: *le spese, s'intende, sono a carico tuo.* **3** Udire: *i. un suono, un rumore*; *abbiamo inteso dei passi* | Venire a sapere: *abbiamo inteso voci e chiacchiere strane*; *l'hanno inteso da amici comuni.* **4** (*raro, fig.*) Percepire, avvertire: *intese un brivido corrergli lungo la schiena.* **5** Accettare, ascoltare, eseguire: *ha un caratteraccio e non vuole i. consigli* | ***Non i. ragione***, non lasciarsi convincere da alcun argomento | ***Farsi i.***, dire con energia le proprie ragioni | Esaudire: *speriamo che i santi vogliano i. le nostre preghiere.* **6** Avere intenzione: *intendo dire tutta la verità*; *e adesso che cosa intendete fare?* | Volere, esigere, pretendere: *non intendo sottomettermi a nessuno*; *intendo di provare quel ch'io ti dico* (PULCI). **7** Attribuire un determinato significato a una parola, una frase e sim.: *per 'violenza' tu che cosa intendi?* **B** v. intr. (aus. *avere*) (+ *a*) **1** (*lett.*) Rivolgere l'attenzione | (*lett.*) Attendere con la mente a qlco.: *mentre malcauto al suo lavoro intende* (ARIOSTO). **2** (*lett.*) Tendere, mirare a un fine: *i. al bene, alla felicità.* **C** v. rifl. o rifl. rec. (assol.; + *con* qc; + *su* qlco.) ● Essere o trovarsi d'accordo, accordarsi: *noi ci intendiamo ottimamente*; *vedo che cominciamo a intenderci*; *con lui mi intendo benissimo*; *intendersi sul prezzo* | Capirsi: *Niente affatto. Non ci siamo intesi* (PIRANDELLO) | ***Intendiamoci bene!***, per insistere su un punto che si ritiene essenziale | ***Tanto per intenderci***, per essere d'accordo, per essere chiari | ***Intendersela con qlcu.***, essere segretamente d'accordo con qlcu.; avere una relazione amorosa gener. segreta: *dicono che se la intenda col principale.* **D** v. intr. pron. (+ *di*) **1** Avere conoscenza o esperienza di qlco.: *è un giovane che s'intende di musica e pittura come pochi*; *è uno che se ne intende.* **2** (*lett., raro*) Avere intenzione: *Mi sono inteso… di fare onore alla mia compaesana* (PIRANDELLO). || PROV. Chi ha orecchie per intendere intenda e chi ha denaro spenda.

intendicchiàre [comp. di *intendere* e del suff. attenuativo *-icchiare*; av. 1712] **A** v. tr. (*io intendicchio*) ● (*disus.*) Intendere un poco | Cominciare a intendere. **B** v. intr. pron. ● (*raro*) Avere una conoscenza superficiale: *s'intendicchia di pittura.*

intendiménto [av. 1250] s. m. **1** Proposito, scopo, intenzione: *è nostro i. chiarire i punti oscuri della vicenda.* **2** (*lett.*) Facoltà di intendere, conoscere e giudicare: *è un uomo di acuto i.*; *Iddio, nel* *suo purissimo i., conosce e, conoscendole, cria le cose* (VICO). **3** †Senso, significato | †***Dare i.***, significare | †Notizia. **4** †Passione amorosa | (*est.*) †Persona amata.

intenditóre [av. 1294] **s. m.** (f. *-trice*) **1** Chi si intende di qlco.: *è un i. di musica classica, di elettrotecnica, di arredamento, di vini.* **SIN.** Conoscitore. **2** (*lett.*) †Amante. || **PROV.** A buon intenditor poche parole.

†**intenducchiàre** **v. tr.** e **intr. pron.** ● Intendicchiare.

intenebraménto [av. 1729] **s. m.** ● (*raro*) Modo e atto dell'intenebrare e dell'intenebrarsi.

intenebràre [comp. di *in-* (*1*) e *tenebra*; av. 1342] **A v. tr.** (*io intènebro*) ● (*lett.*) Coprire di tenebre | (*est.*) Oscurare, offuscare: *i. la mente, l'intelligenza; i. la vista.* **B v. intr. pron.** ● (*lett.*) Coprirsi di tenebre, offuscarsi.

intenerimento [av. 1597] **s. m.** ● L'intenerire, l'intenerirsi (*spec. fig.*).

intenerire [comp. di *in-* (*1*) e *tenero*; 1319] **A v. tr.** (*io intenerisco, tu intenerisci*) **1** Rendere tenero | Ammorbidire. **2** (*fig.*) Muovere a pietà, commuovere: *i. il cuore, l'animo* | Rendere meno rigido, meno severo: *il pianto della fanciulla intenerì i genitori.* **B v. intr.** e **intr. pron.** (aus. *essere*) **1** Divenire tenero: *la verdura intenerisce nell'acqua; il ferro s'intenerisce nella fucina.* **2** (*fig.*) Commuoversi, impietosirsi: *è un uomo sensibile, che si intenerisce facilmente; di tua beltà ragiono, / né intenerir mi sento* (METASTASIO).

intenerito [av. 1363] **part. pass.** di *intenerire*; anche **agg.** ● Nei sign. del v.

intensificàre [comp. di *intenso* e *-ficare*, da *fàcere* 'fare', sul modello del fr. *intensifier*; 1901] **A v. tr.** (*io intensìfico, tu intensìfichi*) ● Rendere più intenso: *i. lo studio, il lavoro, la propaganda* | (*est.*) Rafforzare, aumentare | (*mus.*) ***I. un suono***, dargli maggiore intensità, accentarlo, rafforzarlo. **B v. intr. pron.** ● Farsi più intenso: *il ritmo di produzione s'intensificò con rapidità.*

intensificazióne [1898] **s. f.** ● Aumento di intensitivà, vigore, forza e sim.: *i. del freddo, degli sforzi.*

intensìmetro [comp. di *intenso* e *-metro*; 1983] **s. m.** ● Strumento per misurare l'intensità di una radiazione, spec. dei raggi X nella radiografia, allo scopo di regolare il tempo di esposizione. **SIN.** Intensitometro.

intensionàle [da *intensione*; 1961] **agg.** ● (*filos.*) Relativo all'intensione, proprio dell'intensione: *definizione i.*

intensióne [vc. dotta, lat. *intensiōne(m)* 'tensione', da *intĕnsus* (V. *intenso*); av. 1498] **s. f.** **1** (*raro, lett.*) Intensità: *l'eccellenza delle anime importa maggiore i. della loro vita* (LEOPARDI). **2** (*filos.*) L'insieme delle proprietà essenziali del significato di un termine che ne determinano l'applicabilità. **CONTR.** Estensione.

intensità [1620] **s. f.** **1** Caratteristica di ciò che è intenso: *guardare con i.; l'i. del lavoro mina la sua salute* | Energia, forza: *crescere, scemare d'i.; i. del freddo, del caldo.* **2** (*mus.*) Potenza del suono data dall'ampiezza delle vibrazioni e dalla forza con cui lo si provoca | Nelle loc. ***con i.***, indicazione che richiede particolare partecipazione emotiva nell'esecuzione. **3** (*fis.*) ***I. di campo elettrico, magnetico***, la forza che il campo esercita sulla carica elettrica unitaria, o sull'unità di massa magnetica, posta in un punto del campo | ***I. di corrente elettrica***, grandezza elettrica corrispondente alla quantità di carica che attraversa una sezione di un conduttore riferita al tempo durante il quale avviene il passaggio | ***I. luminosa***, rapporto fra l'energia luminosa e l'angolo solido del fascio.

intensitòmetro [comp. di *intensità* e *-metro*; 1916] **s. m.** ● Intensimetro.

intensivo [da *intenso*, secondo una formazione lat. mediev. (*intensīvus*); sec. XIV] **agg.** **1** Che è capace di accrescere l'intensità di qlco. | Che è caratterizzato da intensità: *corso i. di inglese, di francese.* **2** (*ling.*) Che mette in forte rilievo il significato di una parola: *s intensiva* (ad es. in *sbeffeggiare, strascinare, scancellare*); *prefisso i., con valore i.* (ad es. *stra-* in *stracarico*; *super-* in *superaccessoriato*) | ***Accento i.***, ottenuto con un'articolazione più energica. **3** (*agr.*) ***Coltura intensiva***, praticata con largo impiego di mezzi per trarne le più alte produzioni. **CONTR.** Estensivo. **4** (*med.*) ***Terapia intensiva***, cura intensa e protratta dei pazienti che hanno perduto, per lo più acutamente, una o più funzioni vitali, attuata in ambienti opportunamente attrezzati mediante specifici presidi terapeutici. **5** (*fis.*) Detto di grandezza o proprietà caratteristica di un corpo o un sistema la cui misura non dipende dalla quantità di materia presente in quest'ultimo o dalla sua forma: *la densità e l'indice di rifrazione sono grandezze intensive.* **CONTR.** Estensivo. **6** (*urban.*) Detto di zona residenziale caratterizzata da una densità della popolazione residente superiore a 300 abitanti all'ettaro. || **intensivaménte**, **avv.** In modo intensivo; in riferimento all'intensità.

♦**intènso** [vc. dotta, lat. *intĕnsu(m)*, part. pass. di *intĕndere* 'tendere forte'; av. 1374] **agg.** **1** Che si manifesta con forza, energia, efficacia: *caldo, freddo i.; suono i.; volontà, passione intensa* | ***Colore i.***, molto carico, cupo, vivace | ***Sguardo i.***, fisso, penetrante. **2** Che comporta dispendio di energia, grande impegno e sim.: *studio i.; attività intensa* | ***Un pomeriggio i.***, pieno di impegni, di attività. || **intensaménte**, **avv.**

intentàbile (**1**) [comp. di *in-* (*3*) e *tentabile*; 1598] **agg.** ● (*raro*) Che non si può tentare.

intentàbile (**2**) [da *intentare*; 1887] **agg.** ● (*dir.*) Detto di azione giudiziaria, che si può intentare.

intentàre [vc. dotta, lat. *intentāre*, iter. intens. di *intĕndere* 'intendere'; 1673] **v. tr.** (*io intènto*) **1** (*dir.*) Compiere le formalità necessarie per fare sorgere un giudizio: *i. un processo, una lite; i. causa contro qlcu.* **2** †Tentare, cercare di fare.

intentàto [vc. dotta, lat. *intentātu(m)*, comp. di *in-* neg. e *tentātus* 'tentato'; 1499] **agg.** **1** (*raro*) Non tentato | ***Non lasciare nulla di i.***, fare ogni tentativo per raggiungere uno scopo. **2** (*lett.*) Inesplorato, inviolato: *mare, monte i.; miniera, foresta intentata.*

♦**intènto** (**1**) [vc. dotta, lat. *intĕntu(m)*, part. pass. di *intĕndere* 'tendere verso'; av. 1294] **agg.** ● Che è intensamente teso con l'intelletto e con i sensi verso qlco.: *era i. al gioco, allo studio, al lavoro; mentr'io son a mirarvi i. e fiso* (PETRARCA) | †Intenso. **SIN.** Attento. || **intentaménte**, **avv.** Con attenzione.

♦**intènto** (**2**) [vc. dotta, lat. *intĕntu(m)*, s. del part. pass. di *intĕndere*, che ha anche il sign. di 'mirare (ad un fine)'; 1308] **s. m.** **1** Il fine o lo scopo cui tende una determinata azione: *proporsi, raggiungere un i.; agire con intenti nobili, malvagi; riuscire nell'i.; ho agito con l'i. di aiutarti* | (*econ.*) ***Lettera d'intenti***, documento in cui le parti di una trattativa si danno atto reciprocamente del grado di accordo già raggiunto e dell'intenzione di proseguirla e concluderla definendo le clausole ancora mancanti o controverse. **SIN.** Intenzione. **2** †Cura, attenzione | L'oggetto cui è rivolta cura o attenzione.

†**intènza** (**1**) o †**entènza** [ant. provz. *entensa*, dal part. pass. di *entendre a* '(in)tendere, applicarsi a qualcuno', con sign. specializzato; av. 1250] **s. f.** **1** Intenzione, intendimento: *e non sanza gran pianto accomiatossi, / perch'ubbidir di Dio volea la i.* (PULCI). **2** (*filos.*) Concetto di una cosa. **3** (*lett.*) Amore | (*est.*) Persona amata.

†**intènza** (**2**) o †**entènza** [dall'ant. provz. *tensar*, ant. fr. *tencier* 'lottare, combattere'; av. 1306] **s. f.** ● Contrasto, lotta | ***Dare i.***, fomentare discordia.

intenzionàle [1308] **agg.** **1** Fatto o detto con intenzione: *è stata un'offesa i.; i vostri sono errori intenzionali* | ***Fallo i.***, nel calcio e sim., scorrettezza grave. **SIN.** Premeditato, volontario. **2** (*filos.*) Che tende verso qlco. diverso da sé. || **intenzionalménte**, **avv.** Con intenzione; †idealmente.

intenzionalità [av. 1852] **s. f.** **1** Carattere di intenzionale. **2** (*filos.*) La possibilità di una qualsiasi azione umana di tendere verso qlco. di diverso da sé.

intenzionàto [adatt. del fr. *intentionné* 'che ha l'intenzione (*intention*)'; 1619] **agg.** ● Che ha intenzione: *essere i. a, (raro) di, partire; non siamo intenzionati a trattare* | ***Essere bene, male i.***, avere buoni, cattivi propositi. || **intenzionataménte**, **avv.**

♦**intenzióne** [vc. dotta, lat. *intentiōne(m)*, da *intĕntus* 'intento'; 1294] **s. f.** **1** Orientamento, tendenza a compiere un determinato atto: *avere i. di partire; era loro i. fuggire; è mia i. che tu venga; avere una mezza i. di fare qlco.* | Proposito: *manifestare le proprie intenzioni; contrastare le intenzioni di qlcu.; non ho alcuna i. di perdonarlo* | Disposizione d'animo verso un fine: *buone, cattive intenzioni* | ***Con i.***, di proposito | ***Senza i.***, involontariamente | ***Secondo l'i. di qlcu.***, secondo i suoi desideri | ***Fare il processo alle intenzioni***, giudicare qlcu. non in base a ciò che ha fatto ma a ciò che si suppone intenda fare | (*sport*) ***Tiro di prima i.***, tiro al volo | †***Dare i.***, manifestare il proprio intento, promettere. **SIN.** Disegno, intendimento, progetto. **2** (*filos.*) Applicazione dello spirito a un oggetto di conoscenza. **3** †Significato di un concetto, di una parola e sim. | †Il modo in cui parole e concetti vengono intesi. **4** †Tendenza naturale. **5** †Opinione, affermazione, assunto. || **PROV.** La via dell'inferno è lastricata di buone intenzioni. || **intenzionàccia**, **pegg.** | **intenzionùccia**, **dim.**

†**intepidàre** **v. tr.** ● Intiepidire.

intepidire e *deriv.* ● V. *intiepidire* e *deriv.*

inter- [dalla prep. lat. *ĭnter*, comp. di *in-* 'in-' (1)' e del suff. compar. **ter*] **pref.** ● Forma numerosi nomi, aggettivi e verbi composti, fa riferimento a posizione o condizione intermedia fra due cose o fra limiti di spazio e di tempo (*interlinea, interregno, intercostale, intercorrere, interporre*) o indica collegamento, comunanza (*interfacoltà, intercontinentale, internazionale, interprovinciale*) o esprime reciprocità (*interdipendenza*).

interafricàno [comp. di *inter-* e *africano*; 1988] **agg.** ● Che riguarda i rapporti tra gli Stati o i popoli africani.

interagènte [1972] **part. pres.** di *interagire*; anche **agg.** **1** Che interagisce. **2** Interattivo.

interagire [comp. di *inter-* e *agire*; 1957] **v. intr.** (*io interagisco, tu interagisci*; aus. *avere*) ● Esercitare un'influenza reciproca: *due fenomeni che interagiscono* | Provocare o subire un processo di interazione.

interalleàto [comp. di *inter-* e *alleato*; 1919] **agg.** ● Che concerne Stati alleati e i loro rapporti: *comitato i.*

interamericàno [comp. di *inter-* e *americano*, sul modello dell'ingl. *inter-american*] **agg.** ● Che riguarda i rapporti tra gli Stati o i popoli delle Americhe.

interàrabo [comp. di *inter-* e *arabo*; 1985] **agg.** ● Che riguarda i rapporti tra i Paesi o i popoli arabi.

†**interàre** [da *intero*; av. 1565] **v. tr.** ● Fare intero.

interàrme o **interàrmi** [comp. di *inter-* e il pl. di *arma*; 1950] **agg. inv.** ● Detto di manovra che avviene con il concorso di più armi dell'esercito.

interarticolàre [comp. di *inter-* e *articolare* (*2*); 1822] **agg.** ● (*anat.*) Posto tra due superfici articolari: *spazio i.*

interasiàtico [comp. di *inter-* e *asiatico*; 1990] **agg.** (**pl. m.** *-ci*) ● Che riguarda i rapporti tra gli Stati o i popoli asiatici.

interàsse [comp. di *inter-* e *asse* (*2*); 1957] **s. m.** ● (*mecc.*) Distanza fra due assi, di alberi, macchine, veicoli, travi, pilastri, e sim.

interatòmico [comp. di *inter-* e *atomico*; 1920] **agg.** (**pl. m.** *-ci*) ● (*fis.*) Esistente, agente fra gli atomi: *spazio i.; forze interatomiche* | ***Distanza interatomica***, la distanza di equilibrio degli atomi in una molecola.

interatriàle (o **-trià-**) [comp. di *inter-* e *atriale*] **agg.** ● (*anat.*) Detto del setto che nel cuore separa i due atri.

interattività [1981] **s. f.** ● Caratteristica di ciò che è interattivo.

interattivo [da *interazione*; 1962] **agg.** ● Detto di qlco. o qlcu. capace di agire in correlazione o reciprocità con altri | Che si basa o è costituito da elementi che interagiscono tra loro: *arte interattiva* | (*elab.*) Conversazionale. || **interattivaménte**, **avv.**

interaziendàle [comp. di *inter-* e *azienda*, con suff. agg.; 1942] **agg.** ● Che concerne due o più aziende, i loro rapporti e gli accordi.

interazióne [comp. di *inter-* e *azione*; 1950] **s. f.** **1** L'interagire | Azione, influenza reciproca di persone, fenomeni, sostanze. **2** (*fis.*) Azione che si manifesta tra corpi a causa della presenza di una forza | ***I. debole***, quella che produce il decadimento beta | ***I. elettromagnetica***, tra le cariche elettriche, nel caso statico, inversamente proporzionale al quadrato della distanza | ***I. forte***, a corto raggio, tiene insieme i nuclei | ***I. gravitaziona-***

le, tra particelle, dovuta alla gravità, proporzionale direttamente alle loro masse e inversamente al quadrato della loro distanza.

interbancàrio [comp. di *inter-* e *banca*, con suff. agg.; 1963] **agg.** ● Che si svolge tra varie banche: *accordo i.*

interbàṣe [comp. di *inter-* e *base*] **s. m. e f. inv.** ● Nel baseball, giocatore della squadra schierata in difesa, situato fra la seconda e la terza base.

interbèllico [comp. di *inter-* e *bellico* (*1*); 1957] **agg.** (pl. m. *-ci*) ● Che è compreso fra due guerre: *periodo i.*

interbinàrio [comp. di *inter-* e *binario* (*2*); 1952] **s. m.** ● Spazio tra due binari ferroviari adiacenti.

interblòcco (**1**) [comp. di *inter-* e *blocco* (*1*) nel sign. 9; 1983] **s. m.** (pl. *-chi*) ● (*elab.*) Spazio di nastro magnetico lasciato libero fra due blocchi successivi.

interblòcco (**2**) [comp. di *inter-* e *blocco* (*2*); 1983] **s. m.** (pl. *-chi*) ● (*ing.*) Dispositivo che impedisce il funzionamento di un impianto nel caso in cui porte, cancelli e sim. siano lasciati aperti.

intercalàre (**1**) [vc. dotta, lat. *intercalāre*(*m*), dal v. *intercalāre* 'intercalare (2)'; sec. XIV] **A agg.** ● Che si intercala o si interpone | ***Mese i.***, che si aggiungeva all'anno lunare per eguagliarlo a quello solare | ***Giorno i.***, nel calendario gregoriano, il 29 febbraio | ***Coltura i.***, nella pratica agricola, quella eseguita tra due colture principali | ***Verso i.***, inserito a intervalli regolari. **B s. m.** *1* Parola o breve frase che qlcu., senza necessità e in modo meccanico, inserisce spesso nel discorso: *avere un ridicolo i.*; *'dunque' è il suo i.* *2* (*letter.*) Ritornello di un verso alla fine di strofa o stanza. *3* (*geol.*) Strato di roccia sterile interposto tra due strati di minerale. *4* (*med.*) †Giorno di intermittenza nelle malattie accessionali. *5* (*mar.*) †Giorno che si aggiunge o si toglie nei viaggi intorno al mondo, secondo che si va verso ponente o levante.

intercalàre (**2**) [vc. dotta, lat. *intercalāre* 'proclamare un giorno o mese supplementare per correggere le irregolarità del calendario', comp. di *ĭnter* 'tra' e *calāre* 'proclamare', di orig. indeur.; 1640] **v. tr.** ● Interporre, inserire secondo un ordine stabilito: *i. illustrazioni al testo*; *intercala un periodo di studio a una vacanza* | Usare un intercalare nel parlare: *intercala spesso qualche parola dialettale.*

intercalazióne [vc. dotta, lat. *intercalatiōne*(*m*), da *intercalātus* 'intercalato'; 1481] **s. f.** ● L'intercalare | (*raro*) Ciò che viene intercalato.

intercambiàbile [comp. di *inter-* e *cambiabile*; 1918] **agg.** ● Che si può scambiare o sostituire con altra cosa: *automobili che hanno pezzi di ricambio intercambiabili tra loro.* ‖ **intercambiabilménte**, **avv.**

intercambiabilità [1948] **s. f.** ● Carattere di ciò che è intercambiabile.

intercàmbio [comp. di *inter-* e *cambio*] **s. m.** ● (*raro*) Scambio commerciale.

intercapèdine [vc. dotta, lat. *intercapēdine*(*m*), comp. di *ĭnter* 'tra' e *capēdo*, genit. *capēdinis*, parallelo di *căpis*, genit. *căpidis* 'specie di vaso (per i sacrifici)', di formazione incerta; 1499] **s. f.** *1* Spazio compreso tra due spioventi di un tetto, tra due corpi di fabbrica, tra due pareti o fra il terreno e il piano sotterraneo di un edificio. *2* Nelle costruzioni navali, spazio tra il fasciame esterno e quello interno.

intercapillàre [comp. di *inter-* e *capillare*; 1957] **agg.** ● (*anat.*) Che sta tra i vasi capillari.

intercardinàle [comp. di *inter-* e dell'agg. di *cardine*; 1957] **agg.** ● (*geogr.*) Detto di ciascuna direzione intermedia ai quattro punti cardinali.

intercategoriàle [comp. di *inter-* e *categoria*, con suff. agg.; 1957] **agg.** ● Che concerne più categorie di lavoratori.

intercèdere [vc. dotta, lat. *intercēdere*, comp. di *ĭnter* 'in mezzo' e *cēdere* 'andare', di etim. incerta; sec. XIII] **A v. intr.** (coniug. come *cedere*; **part. pass.** *interceduto*, (*lett.*) *intercèsso*; aus. *essere* nei sign. 1 e 3, *avere* nei sign. 2 e 4) *1* (*spec. lett.*) Intercorrere: *tra loro intercedono dieci anni d'età.* *2* Intervenire presso qlcu. in favore di altri: *i. per la grazia, la liberazione di un condannato*; *i. presso Dio con preghiere.* *3* †Accadere. *4* †Intervenire opponendosi a qlco. **SIN.** Negare. **B v. tr.** *1* (*raro*) Cercare di ottenere qlco. a favore di qlcu.: *i. il perdono per un peccatore.* *2* †Interdire.

interceditóre [da *intercedere*; av. 1563] **s. m.** (f. *-trice*) ● (*raro*) Intercessore.

intercellulàre [comp. di *inter-* e *cellula*, con suff. agg.; 1933] **agg.** ● (*anat.*) Che è posto tra le cellule: *spazio, liquido i.*

intercervicàle [comp. di *inter-* e *cervicale*; 1834] **agg.** ● (*anat.*) Che è posto tra le vertebre cervicali.

intercessióne [vc. dotta, lat. *intercessiōne*(*m*), da *intercēssus* 'intercesso'; sec. XI] **s. f.** *1* Intervento presso qlcu. in favore di altri: *per i. di un potente*; *la sua i. è stata provvidenziale.* *2* Nel diritto privato romano, assunzione di un debito altrui da parte di una donna | Nel diritto pubblico romano, opposizione di un magistrato o di un tribuno all'operato di un altro magistrato. *3* †Opposizione.

intercèsso [1803] **part. pass.** di *intercedere* ● (*lett.*) Nei sign. del v.

intercessóre [vc. dotta, lat. *intercessōre*(*m*), da *intercēssus* 'intercesso'; av. 1342] **s. m.** (f. *interceditrìce*) ● Chi intercede presso qlcu. in favore di altri.

intercettaménto [1869] **s. m.** ● (*raro*) Intercettazione.

intercettàre [fr. *intercepter*, da *interception* 'intercezione'; 1521] **v. tr.** (*io intercètto*) *1* Frapporre ostacoli per impedire che qlcu. o qlco. giunga regolarmente a destinazione: *i. i rinforzi nemici*; *i. una lettera, un telegramma* | ***I. una comunicazione telefonica, radiofonica, telegrafica***, riceverla senza impedirne la prosecuzione e all'insaputa del mittente e del destinatario. *2* (*mat.*) Determinare per effetto d'intersezione: *un cerchio intercetta su una retta secante un segmento.*

intercettatóre [1957] **A agg.** *1* (f. *-trice*) (*raro*) Che intercetta. *2* (*aer., mil.*) ***Velivolo, missile i.***, intercettore. **B s. m.** *1* (*aer., mil.*) Intercettore. *2* (*sport*) Nel calcio, giocatore abile nell'interrompere le azioni offensive della squadra avversaria.

intercettazióne [da *intercettare*, parallelo di *intercezione*; 1847] **s. f.** *1* L'intercettare | Attacco contro un mezzo aereo nemico prima che raggiunga l'obiettivo. *2* ***I. telefonica***, ricezione o registrazione di una conversazione telefonica all'insaputa di chi comunica | ***I. ambientale***, registrazione di colloqui, svolti in ambienti chiusi o aperti, effettuata con microfoni spia.

†**intercètto** [vc. dotta, lat. *intercĕptu*(*m*), part. pass. di *intercĭpere*, comp. di *ĭnter* 'tra' e di un deriv. di *căpere* 'prendere', di orig. indeur.; av. 1504] **agg.** *1* Intercettato, impedito | Troncato: *lettera intercetta* | ***Opera intercetta***, perduta, smarrita. *2* Interposto.

intercettóre [da *intercettare*; 1957] **s. m.** ● (*aer., mil.*) Sistema d'arma basato sull'impiego di velivoli e missili e destinato a identificare, attaccare e distruggere velivoli e missili nemici prima che possano raggiungere il loro obiettivo | Velivolo da combattimento atto a intercettare aeromobili nemici | Missile antiaereo o antimissile atto a intercettare aeromobili e missili nemici.

intercezióne [ingl. *interception*, vc. dotta, che si rifà al lat. *interceptiōne*(*m*) 'rapimento, sottrazione', da *intercĕptus* 'intercetto'; av. 1541] **s. f.** ● (*raro*) Intercettazione.

intercìdere [vc. dotta, lat. *intercīdere*, comp. di *ĭnter* 'in mezzo' e *cāedere* 'tagliare', termine pop., di etim. incerta; av. 1290] **v. tr.** (**pass. rem.** *io intercìṣi, tu intercidésti*; **part. pass.** *intercìṣo*) *1* (*lett.*) Tagliare in mezzo | Dividere, interrompere. *2* †Levare di mezzo.

intercìṣo [1321] **part. pass.** di *intercidere* *1* Nei sign. del v. *2* (*med.*) ***Polso i.***, forma di irregolarità del polso. ‖ †**intercisaménte**, **avv.**

intercity /inter'siti/ [comp. di *inter-* e dell'ingl. *city* (V.); 1985] **s. m. inv.** ● (*ferr.*) Treno rapido con orari di partenza cadenzati che effettua collegamenti veloci fra città di una stessa nazione.

interclàsse [comp. di *inter-* e *classe*; 1974] **s. f.** ● Nella scuola elementare, insieme di più classi parallele o dello stesso ciclo o dello stesso plesso, spec. nella loc. ***consiglio di i.***

interclassiṣmo [comp. di *inter-*, *classe* (sociale) e *-ismo*; 1950] **s. m.** ● Teoria e pratica politica che propugna o attua la collaborazione fra le classi sociali.

interclassista [da *interclassismo*; 1950] **A s. m.** e f. (pl. m. *-i*) ● Chi è fautore dell'interclassismo. **B agg.** *1* Favorevole all'interclassismo. *2* Interclassistico.

interclassìstico [da *interclassista*; 1952] **agg.** (pl. m. *-ci*) ● Proprio dell'interclassismo | Caratterizzato dall'interclassismo.

interclùdere [vc. dotta, lat. *interclūdere*, comp. di *ĭnter* 'tra' e *clāudere* 'chiudere'; av. 1342] **v. tr.** (**pass. rem.** *io interclùṣi, tu intercludésti*; **part. pass.** *interclùṣo*) *1* (*lett.*) Chiudere dentro, contenere. *2* (*lett.*) Impedire, ostacolare.

intercluṣióne [vc. dotta, lat. *interclusiōne*(*m*), da *interclūsus*, part. pass. di *interclūdere* 'chiudere (*clāudere*) in mezzo (*ĭnter*), interchiudere'; 1963] **s. f.** ● L'intercludere, il venire intercluso | (*dir.*) ***I. di un fondo***, situazione di un fondo da cui non si può accedere alle vie pubbliche se non attraversando un fondo di proprietà d'altri.

interclùṣo [av. 1498] **part. pass.** di *intercludere*; anche **agg.** ● Nei sign. del v.

intercolùnnio o †**intercolùmnio** [vc. dotta, lat. *intercolŭmniu*(*m*), comp. di *ĭnter* 'tra' e di un deriv. di *colŭmna* 'colonna', di etim. incerta; 1499] **s. m.** ● Spazio libero fra due colonne misurato in corrispondenza del diametro inferiore.

intercompartimentàle [comp. di *inter-* e *compartimentale*; 1985] **agg.** ● Che concerne o interessa i rapporti tra due o più compartimenti amministrativi.

intercomunàle [comp. di *inter-* e *comune* (*2*), con suff. agg.; 1895] **A agg.** ● Che concerne o interessa due o più comuni: *consorzio i.* **B s. f.** ● (*tel., raro*) Interurbana.

intercomunicànte [comp. di *inter-* e *comunicante*; 1921] **A agg.** ● Che è in diretta comunicazione con altra cosa analoga: *stanze, vani intercomunicanti.* **B s. m.** *1* (*ferr.*) Dispositivo che permette il passaggio fra due veicoli contigui. *2* (*tel.*) Apparecchio telefonico derivato interno che ha la possibilità di comunicare direttamente con altri apparecchi dello stesso tipo allacciati al medesimo centralino interno.

interconfederàle [comp. di *inter-* e *confederale*; 1957] **agg.** ● Che riguarda due o più confederazioni: *patto, accordo i.*

interconfessionàle [comp. di *inter-* e *confessione*, con suff. agg.; 1957] **agg.** ● Che concerne più confessioni religiose | ***Servizio i.***, culto comune celebrato da membri di differenti confessioni cristiane.

interconfessionaliṣmo [da *interconfessionale*; 1957] **s. m.** ● Tendenza di più confessioni religiose, spec. di più denominazioni o Chiese cristiane, a trattare e definire questioni comuni di fede, di organizzazione e di apostolato.

interconfessionalìstico **agg.** (pl. m. *-ci*) ● Relativo all'interconfessionalismo.

interconfessionalità [comp. di *inter-* e un deriv. di *confessione* nel senso di 'Chiesa, fede professata'; 1973] **s. f.** ● Carattere interconfessionale, riferito a movimenti e a iniziative di Chiese e denominazioni.

interconnessióne [comp. di *inter-* e *connessione*; 1973] **s. f.** *1* Connessione reciproca. *2* Collegamento tra diverse reti di distribuzione di energia elettrica o di telecomunicazione.

interconnèttere o **interconnéttere** [comp. di *inter-* e *connettere*; 1973] **v. tr.** (coniug. come *connettere*) ● Collegare, connettere reciprocamente.

interconsonàntico [comp. di *inter-* e *consonantico*, sul modello dell'ingl. *inter-consonantic*; 1952] **agg.** (pl. m. *-ci*) ● (*ling.*) Che si trova tra due consonanti: *fonema i.*

intercontinentàle [comp. di *inter-* e *continente*, con suff. agg.; 1861] **agg.** ● Che concerne, unisce e sim. due o più continenti: *aeroporto i.*; *aereo, nave i.*; *zona i.* | (*mil.*) ***Missile i.***, missile balistico avente una gittata compresa fra 8000 e 14 000 km.

intercooler /*ingl.* ˌɪntəˈkhuːlə/ [vc. ingl., comp. di *inter* 'tra' e *cooler* 'refrigeratore'; 1985] **s. m. inv.** ● Nei motori sovralimentati, scambiatore di calore impiegato per ridurre la temperatura dell'aria spinta a pressione elevata dal compressore o turbocompressore nei cilindri.

intercorrènte [sec. XVI] **part. pres.** di *intercorrere*; anche **agg.** *1* Che intercorre: *il rapporto i. tra due insiemi*; *rapporti intercorrenti tra due Stati vicini.* *2* Detto di malattia sopraggiunta durante il decorso di un'altra.

intercórrere [adattamento del lat. *intercŭrrere*, comp. di *ĭnter* 'tra' e *cŭrrere* 'correre'; sec. XIV] **v. intr.** (coniug. come *correre*; aus. *essere*) ● Frapporsi, esserci, passare tra due o più persone o cose: *tra noi intercorrono ottimi rapporti*; *tra una vittoria e l'altra intercorse un anno.*

intercórso [av. 1912] **part. pass.** di *intercorrere*; anche **agg.** ● Nei sign. del v.

intercostàle [comp. di *inter-* e *costa*, con suff. agg.; 1583] **agg.** ● (*anat.*) Che è posto tra le coste: *arteria i.*; *nervo i.*

intercruràle [comp. di *inter-* e *crura*, con suff. agg.; 1973] **agg.** ● (*anat.*) Compreso nello spazio fra gli arti inferiori.

intercultùra [comp. di *inter-* e *cultura*; 1992] **s. f.** ● Insieme di attività tendenti a favorire la conoscenza di culture, concezioni e modi di vita diversi.

interculturàle [comp. di *inter-* e *culturale*, sul modello dell'ingl. *inter-cultural*; 1957] **agg.** ● Relativo all'intercultura, basato sull'intercultura.

interculturalismo [da *interculturale*; 1986] **s. m.** ● Tendenza a favorire scambi e rapporti tra diverse culture.

intercutàneo [comp. di *inter-* e *cute*, con suff. agg.; av. 1406] **agg.** ● (*anat.*) Situato nello spessore della cute.

interdentàle [comp. di *inter-* e *dente*, con suff. agg.; 1952] **A agg.** **1** (*anat.*) Compreso nello spazio fra due denti: *zona i.* | ***Filo i.***, speciale filo che si passa fra i denti per rimuovere i residui di cibo e la placca batterica. **SIN.** Interdentario. **2** (*ling.*) Detto di suono nella cui articolazione la punta della lingua si spinge fra i denti. **B** anche **s. f.**: *le interdentali.*

interdentàrio [comp. parasintetico di *dente*, col pref. *inter-*; 1983] **agg.** ● (*anat.*) Interdentale.

interdétto (1) [1319] **A part. pass.** di *interdire*; anche **agg.** ● Nei sign. del v. **B s. m.** (f. *-a*) **1** Chi è colpito da un divieto, una proibizione e sim.: *un i. non può esercitare i propri diritti.* **2** (*est.*, *fam.*) Sciocco, stupido.

interdétto (2) [da *interdetto* (*1*), secondo un passaggio semantico verificatosi per il fr. (*être dans l'interdit* 'essere nell'interdetto' e 'essere stupito, non sapere dove si è'); 1812] **agg.** ● Sorpreso, perplesso, sconcertato da un fatto improvviso o imprevisto: *rimase i. ad ascoltare*; *la notizia lo lasciò i.*

interdétto (3) [vc. dotta, lat. *interdĭctu(m)*, part. pass. di *interdīcere* 'interdire' (V.), con riferimento al contenuto neg.; 1353] **s. m.** **1** Nel diritto romano, comando del magistrato diretto a imporre un comportamento positivo o negativo a un privato. **2** Pena canonica, che può colpire le persone fisiche o giuridiche privandole di dati diritti o beni spirituali.

interdialettàle [comp. di *inter-* e *dialettale*; 1952] **agg.** ● (*ling.*) Che è comune a più dialetti: *fenomeno i.*

interdicèndo [vc. dotta, lat. *interdicĕndu(m)*, gerundivo in uso d'agg. sost. di *interdīcere* 'interdire'; 1963] **s. m.** (f. *-a*) ● (*dir.*) Colui nei cui confronti è in corso un procedimento per interdizione.

interdigitàle [comp. di *inter-* e *digitale*; 1963] **agg.** ● Situato fra dito e dito | (*zool.*) ***Membrana i.***, la membrana che unisce le dita degli arti posteriori degli Uccelli nuotatori, di numerosi anfibi anuri e di alcuni urodeli.

interdipendènte [comp. di *inter-* e *-dipendente*; 1897] **agg.** ● Di fatti o eventi che si pongono in un rapporto di reciproca dipendenza.

interdipendènza [comp. di *inter-* e *dipendenza*; 1897] **s. f.** ● Relazione di dipendenza tra più fatti o cose: *esiste un'i. tra la richiesta e i prezzi delle merci.*

interdire [adatt. del corrispondente lat. *interdīcere*, comp. di *ĭnter* 'fra' e *dīcere* 'dire (la propria opinione)'; 1319] **v. tr.** (**imperat.** *interdìci*; nelle altre forme coniug. come *dire*) **1** Vietare, proibire d'autorità: *i. il passaggio*, *l'accesso*; *i. qlcu. dal fare qlco.*; *i. a qlcu. di fare qlco.* **2** (*dir.*) Privare qlcu., a opera dell'autorità giudiziaria, della capacità di agire per la cura dei propri interessi. **3** Nel diritto canonico, applicare la pena dell'interdetto generale o personale. **4** (*mil.*) Impedire azioni militari o logistiche del nemico con impegno di armi convenzionali o atomiche. **5** Nel gioco del calcio, intervenire per annullare l'azione avversaria. **6** (*elettron.*) Portare un dispositivo elettronico all'interdizione.

interdisciplinàre [comp. di *inter-* e *disciplina*, con suff. agg.; 1965] **agg.** ● Relativo a interdisciplinarità, caratterizzato da interdisciplinarità | Detto di ciò che è oggetto di indagine di diverse discipline: *una ricerca i. sulle malattie sociali.* || **interdisciplinarmènte**, **avv.**

interdisciplinarità [1972] **s. f.** ● Tendenza a considerare le varie discipline o scienze in reciproca connessione metodologica e culturale.

interdistrettuàle **agg.** ● (*bur.*) Che riguarda due o più distretti: *telefonata i.*

interdittóre, (*evit.*) **interditóre** [da *interdire*] **s. m.** (f. *-trice*) **1** (*raro*) Chi interdice. **2** (*sport*) Calciatore abile nel contrastare l'avversario in possesso del pallone.

interdittòrio [vc. dotta, lat. tardo *interdictōriu(m)*, da *interdĭctor*, genit. *interdictōris* 'che interdice'; 1887] **agg.** ● (*raro*) Che riguarda o ha per fine l'interdizione: *decreto i.*

interdizióne [vc. dotta, lat. *interdictiōne(m)*, da *interdĭctus* 'interdetto'; av. 1685] **s. f.** **1** L'interdire; divieto, proibizione imposta d'autorità | (*dir.*) ***I. dai pubblici uffici***, pena accessoria conseguente alla condanna per determinati delitti | (*dir.*) Stato di incapacità d'agire per la cura dei propri interessi | ***I. legale***, stabilita per legge nei confronti del minore o conseguente di diritto quale pena accessoria a una condanna all'ergastolo o alla reclusione per oltre cinque anni | ***I. giudiziale***, conseguente all'accertamento giudiziale dell'infermità di mente della persona capace d'agire | Nel diritto canonico, interdetto. **2** Ostacolo, impedimento | (*mil.*) ***Tiro d'i.***, tiro d'artiglieria per ostacolare gli attacchi e i collegamenti del nemico | (*sport*) ***Mediano di i.***, nel calcio, incontrista. **3** (*elettron.*) Regime di funzionamento di un dispositivo elettronico, quale un tubo termoelettronico, in cui l'intensità della corrente d'uscita è nulla o quasi nulla e il dispositivo non è in grado di rispondere ad alcun segnale esterno.

interessaménto [da *interessare*; av. 1799] **s. m.** **1** Interesse: *prova grande i. per la sua nuova attività.* **2** Viva partecipazione alle vicende altrui: *lo seguivano negli studi con sincero i.* | ***Ho ottenuto l'impiego grazie al loro i.***, per il loro intervento in mio favore.

♦**interessànte** [part. pres. di *interessare*; 1756] **agg.** ● Che desta interesse: *lavoro*, *affare*, *film*, *libro i.*; *la conversazione è stata molto i.* | Detto di persona che, grazie alle sue caratteristiche spec. interiori, suscita attrazione e interesse negli altri: *un uomo*, *una donna i.*; *non è bella ma è molto i.* | (*fam.*) ***Essere in stato i.***, essere incinta.

♦**interessàre** [da *interesse*; av. 1540] **A v. tr.** (*io interèsso*) (qlcu. o qlco.; qlcu. + *a* qlco.) **1** Essere d'interesse, concernere: *sono argomenti che interessano la religione* | Riguardare da vicino: *il provvedimento interessa larghi strati della popolazione*; *l'area depressionaria interessa l'Italia meridionale*; *l'infiammazione interessa il tendine.* **2** Destare attenzione, interesse, curiosità: *la vicenda interessò l'opinione pubblica*; *il film interessava solo una piccola parte degli spettatori.* **3** Far prendere interesse a qlco.: *occorre i. i lavoratori ai problemi sindacali.* **4** Fare intervenire efficacemente qlcu. a favore nostro o di altri: *interesserò il ministro al tuo caso.* **B v. intr.** (aus. *essere*) ● Avere importanza: *sono queste le cose che interessano a noi.* **SIN.** Importare, premere. **C v. intr. pron.** **1** (+ *a*) Mostrare interesse per qlco.: *interessarsi alla soluzione di un problema*; *interessarsi alla discussione.* **2** (+ *di*) Mostrare un interesse specifico per qlco.: *si interessa di musica*, *di politica*, *di elettronica.* **3** (+ *di*) Prendersi cura, occuparsi di qlcu. o di qlco.: *mi sono interessato personalmente dei tuoi bagagli*; *ora è necessario interessarsi dei feriti* | Occuparsi: *interessarsi di una pratica* | Impicciarsi: *interessatevi degli affari vostri.*

interessàto [sec. XIV] **A part. pass.** di *interessare*; anche **agg.** **1** (+ *a* seguito da sost. o inf.; lett. + *in* seguito da sost.) Che ha interesse a qlco.: *persona interessata allo studio*, *all'arte*, *a fare attività agonistica*; *Che non creda, che … li dei si senteno interessati in quelle cose nelle quali nessuno uomo si sente i.* (BRUNO). **2** (+ *in*) Partecipe, cointeressato: *È i. in quell'affare dell'operazione* (SVEVO). **3** Detto di persona dedita esclusivamente al proprio interesse: *sono ragazze troppo interessate* | Di azione fatta per tornaconto personale: *le vostre sono tutte gentilezze interessate.* **4** (+ *da*) Che risente degli effetti di qlco.: *le zone interessate dal passaggio della perturbazione*; *pazienti non interessati da patologie coronariche.* || **interessataménte**, **avv.** Per motivo d'interesse; in modo interessato. **B s. m.** (f. *-a*) ● Chi ha interesse a qlco. | (*bur.*) La persona in questione, di cui si tratta: *notificare una multa all'i.*; *è indispensabile la presenza dell'i.*

♦**interèsse** [dal v. lat. *interĕsse* 'essere (*ĕsse*) in mezzo (*ĭnter*)', e, quindi, in posizione d'importanza: 'importare'; 1353] **s. m.** **1** (*econ.*) Compenso spettante a chi presta o deposita un capitale per un certo periodo di tempo | ***I. legale***, il cui saggio è determinato dalla legge e applicato quando i privati non dispongano diversamente | ***I. usurario***, che eccede notevolmente l'interesse legale | (*banca*) ***Interessi attivi***, proventi derivanti dagli impieghi finanziari di un ente creditizio | ***Interessi passivi***, oneri sostenuti da una banca o altro soggetto per approvvigionarsi di fondi | ***I. composto***, calcolato anche sugli interessi maturati a scadenze intermedie rispetto al periodo di durata del prestito. **2** (*est.*) Vantaggio, convenienza, utilità: *agire nell'i. di qlcu.*, *nel pubblico i.*; *fare il proprio legittimo i.*; *non hanno alcun i. a calunniarci*; *parliamo esclusivamente nel vostro i.* **3** (*spec. al pl.*) Affare privato o pubblico, complesso di elementi e attività che incidono spec. sulla sfera patrimoniale di un soggetto: *curare i propri interessi*, *gli interessi dello Stato*, *della famiglia*; *contrasto*, *conflitto di interessi*; *accomoderei con essa i miei interessi per tutto il tempo di vita mia* (GOLDONI). **4** Avidità di guadagno, ricerca del tornaconto personale, e sim.: *le sue azioni sono dettate dall'i.*; *quello che fa, lo fa per i.*; *è stato un matrimonio d'i.* **5** Sentimento di viva partecipazione, curiosità e sim. che pervade chi si trova di fronte a cose o persone per lui degne di nota, d'attenzione, d'approfondimento o altro: *ascoltare*, *studiare*, *guardare qlco. con i.*; *mostrare vivo i. per qlco.*, *per qlcu.* | Tendenza ad occuparsi di determinati settori: *avere interessi scientifici*, *artistici*; *ha sempre avuto numerosi interessi in campo culturale.* **6** Capacità di qlcu. o di qlco. di richiamare l'attenzione altrui: *una ricerca di grande i.*; *senza alcun i.* | Importanza: *sono dettagli privi di i.* || **interessàccio**, **pegg.** | **interessino**, **dim.** | **interessùccio**, **dim.** | **interessùcolo**, **dim.**

interessènza [da *interesse*; 1831] **s. f.** ● (*econ.*) Partecipazione agli utili.

interètnico [comp. di *inter-* e *etnico*; 1985] **agg.** (**pl. m.** *-ci*) ● Che riguarda i rapporti fra due o più etnie, che si riferisce a persone appartenenti a razze diverse: *scontri*, *contrasti interetnici*; *comunità interetnica.*

intereuropèo [comp. di *inter-* e *europeo*; 1888] **agg.** ● Che riguarda i rapporti tra gli Stati o i popoli europei.

interézza o (*lett.*) **intierézza** [da *intero*; 1300 ca.] **s. f.** **1** Totalità: *trattare il problema nella sua i.* **2** (*fig.*, *lett.*) Integrità morale: *i. di mente.*

interfàccia [ingl. *interface*, comp. di *inter-* 'tra' e *face* 'faccia', propr. 'superficie tra due spazi, di cui costituisce la connessione'; 1972] **s. f.** (**pl.** *-ce*) **1** (*elab.*) Il complesso dei canali e l'insieme dei circuiti di controllo a esso associati, che assicurano il collegamento fra l'unità centrale e le unità periferiche di un elaboratore elettronico | ***I. utente***, l'aspetto, spec. grafico, con il quale un programma si presenta sullo schermo al suo utilizzatore | ***I. grafica***, interfaccia utente che privilegia la presentazione dei dati in forma grafica, in modo che siano più comprensibili. **2** (*scient.*) L'insieme dei punti in cui vengono a contatto due sostanze o ambienti o mezzi tra i quali esista una qualsiasi differenza. **3** (*fig.*) Tutto ciò che costituisce un collegamento, un punto di contatto fra due diverse entità: *un'i. fra i livelli direttivi e gli organismi sindacali.*

interfacciàbile [da *interfaccia*; 1984] **agg.** ● (*elettron.*) Che può essere collegato tramite un'interfaccia.

interfacciàle [1986] **agg.** ● Relativo a un'interfaccia.

interfacciaménto [1982] s. m. ● L'interfacciare.

interfacciàre [1989] **A** v. tr. (*io interfàccio*) ● Collegare tramite un'interfaccia. **B** v. intr. (aus. *avere*) ● (*gerg.*) Lavorare in stretto collegamento con qlcu. o qlco.

interfacoltà [comp. di *inter-* e *facoltà* (universitaria); 1942] **A** s. f. ● Comitato studentesco composto di membri eletti tra gli iscritti di più facoltà allo scopo di discutere od organizzare attività culturali, di politica universitaria e sim. **B** anche agg.: *comitato i.*

interfàlda [comp. di *inter-* e *falda*] s. f. ● Elemento in cartone ondulato posto all'interno di una cassa allo scopo di separare tra loro i prodotti contenuti e di proteggerli.

interfederàle [comp. di *inter-* e *federale*; 1950] agg. ● Che concerne due o più federazioni.

interfemoràle [comp. di *inter-* e *femorale*] agg. ● (*anat.*) Situato fra le due cosce.

interferènza [adatt. del fr. *interférence*, da *interférant*, part. pres. di *interférer* 'interferire'; 1847] s. f. *1* (*fis.*) Fenomeno per cui due onde luminose o sonore incontrandosi possono elidersi a vicenda | ***I. televisiva, telefonica***, disturbo provocato da segnali estranei | (*est.*) Incontro di azioni o fenomeni che si sovrappongono intralciandosi a vicenda | ***I. linguistica***, ogni mutamento di una lingua, determinato dal contatto con un'altra. *2* (*fig.*) Interferenza, intrusione: *indebite interferenze fra poteri dello Stato*; *non tollero interferenze nel mio lavoro.* *3* (*tecnol.*) In una coppia di ruote dentate, impedimento della rotazione dovuto al fatto che il numero dei denti della più piccola è inferiore a un valore minimo.

interferenziàle [1957] agg. ● Che concerne l'interferenza.

interferìre [adatt. del fr. *interférer*, comp. del lat. *ĭnter* 'fra' e *fĕrre* 'portare'; 1828] v. intr. (*io interferìsco, tu interferìsci*; aus. *avere*) *1* (*fis.*) Sovrapporsi in un punto di due vibrazioni elettromagnetiche, sonore, corpuscolari e sim. che danno luogo a interferenza. *2* (+ *in*) (*fig.*) Inserirsi, intromettersi: *i. nelle decisioni, nel giudizio degli altri.* *3* (+ *con*) Sovrapporsi creando ostacoli o difficoltà: *la nuova inchiesta non interferisce con quella già in corso.*

interferometrìa [V. *interferometro*] s. f. ● (*ottica*) Misura di distanze, lunghezze d'onda, indici di rifrazione e altre grandezze mediante il fenomeno dell'interferenza.

interferomètrico [1948] agg. (pl. m. *-ci*) ● (*ottica*) Relativo all'interferometria.

interferòmetro [fr. *interféromètre*, comp. di *interfér(er)* 'interferire' e *-mètre* '-metro'; 1927] s. m. ● (*ottica*) Strumento per interferometria.

interferóne o **intèrferon** [ingl. *interferon*, da *to interfere* 'interferire': detto così perché interferisce con lo sviluppo dei virus, inibendone la moltiplicazione nell'interno della cellula] s. m. ● (*biol.*) Fattore proteico antivirale prodotto da cellule eucariotiche infettate da virus, che provoca resistenza delle cellule stesse a una nuova infezione con lo stesso virus o con virus differenti.

interfèrro [comp. di *inter-* e *ferro* (magnetico)] s. m. ● (*fis.*) Spazio che separa due elementi di un circuito magnetico. SIN. Traferro.

interfertilità [comp. di *inter-* e *fertilità*; 1957] s. f. ● (*biol.*) Capacità mostrata da organismi sistematicamente non affini di procreare prole non sterile.

interfilàre [comp. di *inter-* e *filare* (2); 1957] **A** s. m. ● (*agr.*) Spazio di terreno fra due filari in un albereto, spesso coltivato a cereali e foraggio. **B** anche agg.: *zappatura i.*

interfogliàceo [comp. di *inter-* e *fogliaceo*; 1834] agg. ● (*bot.*) Detto di organo situato tra due foglie opposte.

interfogliàre o **interfoliàre** [da *interfoglio*; 1846] v. tr. (*io interfòglio*) ● Inserire tra i fogli di un libro, di una rivista e sim. fogli bianchi per aggiunte, correzioni o a scopo protettivo nei riguardi d'illustrazioni.

interfogliatùra o **interfoliatùra** [da *interfogliare*; 1869] s. f. ● L'interfogliare | Il complesso dei fogli inseriti in un volume.

interfòglio o **interfòlio** [comp. di *inter-* e *foglio*; 1869] s. m. ● Pagina o foglio di carta interposto tra fogli di un libro, registro e sim., spec. per contenere aggiunte: *l'i. di un verbale.*

interfoliàre e deriv. ● V. *interfogliare* e deriv.

interfònico [1955] **A** agg. (pl. m. *-ci*) ● Relativo all'interfono: *impianto i.* **B** s. m. ● Interfono.

interfòno [comp. di *inter(no)* e *(tele)fono*; 1963] s. m. *1* Dispositivo acustico per comunicazioni orali a breve distanza, usato fra i vari ambienti di uno stesso edificio, oppure a bordo di aeromobili, treni e sim. *2* (*tel.*) Apparecchio telefonico derivato interno che può comunicare solo con altro apparecchio interno dello stesso tipo.

interfòrze [comp. di *inter-* e del pl. di *forza* (armata); 1965] agg. inv. ● Che riguarda più specialità delle forze armate: *comando, manovra i.*; *reparti i.*

intergalàttico [comp. di *inter-* e *galattico*, sul modello dell'ingl. *intergalactic*; 1973] agg. (pl. m. *-ci*) ● Che si trova tra una galassia e l'altra: *spazio i.*

intergenerazionàle [comp. di *inter-* e *generazionale*; 1987] agg. ● Che riguarda i rapporti tra diverse generazioni: *contrasti intergenerazionali.*

interglaciàle [comp. di *inter-* e *glaciale*; 1933] agg. ● (*geol.*) Detto di ogni periodo compreso fra due delle quattro glaciazioni del Quaternario.

interiettìvo [vc. dotta, lat. tardo *interiectīvu(m)*, da *intericĕre*, comp. di *ĭnter* 'tra' e *iăcere* 'gettare'; 1968] agg. ● (*ling.*) Che si interpone in una frase con valore di interiezione. || **interiettivaménte**, avv.

interiezióne [vc. dotta, lat. *interiectiōne(m)*, da *interiĕctus*, part. pass. di *intericĕre* 'gettare (*iăcere*) in mezzo (*ĭnter*)'; av. 1364] s. f. ● (*ling.*) Parola o locuzione invariabile che serve ad esprimere uno stato d'animo, di gioia, dolore, sdegno, paura ecc. | ***I. propria***, che ha solo valore di interiezione (ad es. *ohimè!*, *ahi!*, *puah!*, *pss*, *etcì*, *sciò!*, *mm*, *diamine!*, *caspiterina!*) | ***I. impropria***, sostantivo, aggettivo, avverbio, verbo o locuzione (chiamata 'locuzione interiettiva') usati come interiezione (ad es. *verme!*, *bravo!*, *presto!*, *scusa!*, *santo cielo!*, *povero me!*, *Dio ce ne scampi!*). SIN. Esclamazione.

interim [vc. lat., 'frattanto, nel frattempo', da *ĭnter* col suff. avv. *-im*; 1582] s. m. inv. *1* Periodo di tempo che intercorre dal momento in cui il titolare di determinate funzioni cessa la sua attività fino a quello in cui il nuovo titolare assume le stesse funzioni (V. *ad interim*). *2* L'incarico affidato provvisoriamente in attesa del nuovo titolare: *assumere l'i. della Giustizia.*

interim, ad ● V. *ad interim*.

interimìstico [ted. *interimistich*, agg. da *interim* nel senso di '(regolamento) provvisorio'; av. 1941] agg. (pl. m. *-ci*) ● (*bur.*) Di nomina o incarico provvisorio e temporaneo.

interinàle [da *interino*; 1772] agg. ● Temporaneo, provvisorio: *incarico i.* | ***Lavoro i.***, V. *lavoro*. || **interinalménte**, avv. Provvisoriamente.

interinàre [fr. *entériner*, dall'ant. fr. *enterin* 'intero, perfetto', da *entier* 'intero'; 1363] v. tr. ● (*dir., ant.*) Vidimare, ratificare un atto o un decreto.

interinàto [da *interino*; 1630] s. m. ● Ufficio, incarico esercitato ad interim | Durata di tale incarico.

interinazióne [av. 1566] s. f. ● (*dir., ant.*) L'interinare.

interino [sp. *interino*, da *ínterin*, dal lat. *interim* 'nel frattempo, intanto'; 1737] agg.; anche s. m. ● Che (o Chi) esercita temporaneamente un ufficio pubblico in assenza del titolare: *medico, ministro i.*

interióra [vc. dotta, lat. *interiōra* (nt. pl.) 'le parti più interne', da *intĕrior*, genit. *interiōris* 'interiore'; 1305] s. f. pl. *1* Intestini e altri visceri contenuti nelle cavità del petto e del ventre degli animali. *2* (*est.*) Vivanda di interiora | ***I. di pollo***, rigaglie.

interióre [vc. dotta, lat. *interiōre(m)*, compar. di **ĭnterus* 'interno', da *ĭnter* 'dentro'; 1308] **A** agg. (*raro*) ● Che sta dentro o nella parte interna: *lato i. di un fabbricato* | (*fig.*) Che appartiene alla sfera dello spirito, della coscienza, dei sentimenti: *mondo, vita i.*; *avere un dolore, un tormento i.* || **interiorménte**, avv. *1* Nell'interno, nella parte interna. *2* (*fig.*) Nell'intimo. **B** s. m. ● (*raro*) La parte interna di qlcu. o di qlco.: *andando una volta per l'i. dell'Africa* (LEOPARDI).

interiorità [1680] s. f. ● Il complesso dei fatti, delle esperienze, delle sensazioni che costituiscono la vita interiore di un individuo: *è un individuo che bada soprattutto all'i.*

interiorizzàre [1958] **A** v. tr. ● Rendere interiore, trasferire all'interno della propria coscienza: *i. le proprie esperienze.* **B** v. intr. pron. ● Acquisire una maggior interiorità.

interiorizzazióne [av. 1952] s. f. ● L'interiorizzare, l'interiorizzarsi.

interista [comp. di *Inter(nazionale foot-ball club)* e *-ista*; 1961] agg.; anche s. m. e f. (pl. m. *-i*) ● Che (o Chi) gioca nella squadra di calcio milanese dell'Inter o ne è sostenitore.

interito (1) [parallelo ant. e dial. di *interato*, part. pass. di †*interare* 'rendere, fare *intero*'; av. 1729] agg. ● (*tosc., pop.*) Impettito, irrigidito | Intirizzito.

†**intèrito** (2) [vc. dotta, lat. *intĕritu(m)*, comp. di *ĭnter*, che introduce idea di morte, e di un deriv. di *īre* 'andare': 'perdersi'; av. 1342] s. m. ● (*lett.*) Morte: *io piango, o Filli, il tuo spietato i.* (SANNAZARO).

interleuchina [comp. di *inter-* e del gr. *kínēsis* 'movimento' col suff. *-ina*, sul modello di *citochina*; 1986] s. f. ● (*biol.*) Qualsiasi peptide secreto dalle cellule immunitarie (linfociti e macrofagi) con azione di mediatore chimico intercellulare.

interlìnea [comp. di *inter-* e *linea*; 1806] s. f. *1* Distanza tra due righe scritte o stampate | ***Leva dell'i.***, nelle macchine per scrivere a carrello mobile, leva che fa ruotare il rullo in modo da lasciare uno spazio tra le linee battute. *2* (*tipogr.*) Nella composizione a piombo, lamina sottile di lega metallica di altezza inferiore al carattere, impiegata per distanziare le linee di una composizione. *3* Linea nera che separa due fotogrammi consecutivi della colonna visiva di un film.

interlineàre (1) [comp. di *inter-* e *linea*; 1363] agg. ● Che sta tra riga e riga di uno scritto | ***Traduzione i.***, quella che sotto a ciascuna parola del testo colloca la corrispondente in altra lingua | ***Note interlineari***, quelle scritte nell'interlinea di un testo.

interlineàre (2) [da *interlinea*; 1520] v. tr. (*io interlìneo*) *1* Distanziare le linee di una composizione mediante un'interlinea. *2* †Scrivere tra riga e riga di uno scritto.

interlineatùra [1673] s. f. ● Operazione dell'interlineare | Misura dell'interlinea.

interlineazióne [1869] s. f. ● (*raro*) L'interlineare.

interlingua (1) [comp. di *inter(nazionale)* e *lingua*; 1912] s. f. *1* Lingua artificiale, che si basa sulla semplificazione del latino, grazie spec. alla soppressione della flessione, proposta dal matematico G. Peano (1858-1932). *2* (*ling., elab.*) Raccolta di codici simbolici che permettono di ridurre in cifre le strutture sintattiche di una qualsiasi lingua, preposti per la traduzione da una lingua all'altra mediante l'uso dell'elaboratore elettronico.

interlingua (2) [da *interlinguistico*] s. f. ● (*ling.*) Lingua artificiale fondata sull'analogia che, per parentela genetica o contatto culturale, caratterizza le strutture di più lingue a diffusione internazionale.

interlinguistica [da *interlinguistico*; 1957] s. f. ● (*ling.*) Branca della linguistica che studia i fenomeni connessi con il rapporto tra lingue diverse, come il plurilinguismo, la traduzione e la creazione di lingue artificiali.

interlinguìstico [comp. di *inter-* e *linguistico*; 1957] agg. (pl. m. *-ci*) ● (*ling.*) Detto di fenomeno linguistico caratteristico di due o più lingue aventi interessi e contatti culturali comuni | Detto di ogni movimento o ricerca che si prefigga lo studio e la creazione di lingue artificiali.

interlocàle [comp. di *inter-* e *locale* (*1*), sul modello dell'ingl. *interlocal*] agg. ● Che riguarda i rapporti tra luogo e luogo, spec. in riferimento a regioni o divisioni amministrative di uno stesso Stato, Stati membri di una confederazione e sim.

interlocutóre [dal lat. *interlocūtus*, part. pass. di *interlŏqui* 'interloquire'; av. 1498] s. m. (f. *-trice*) *1* Chi partecipa attivamente a un dialogo, a una conversazione e sim.: *fu l'i. più brillante del dibattito.* *2* La persona con cui si parla: *controbattere il proprio i.*

interlocutòrio [vc. tratta nel Medioevo dal lat. *interlocūtio*, genit. *interlocutiōnis* 'interlocuzione'; 1309] agg. *1* Che non ha un valore conclusivo, che rimanda a una fase successiva: *una seduta inter-*

locutoria; *un incontro politico a carattere i.*; *ci siamo lasciati in termini interlocutori.* **2** (*dir.*) Detto di sentenza con cui è decisa solo parte delle questioni dedotte nel giudizio civile. || **interlocutoriaménte**, avv.

interlocuzióne [vc. dotta, lat. *interlocutiōne(m)*, da *interlocūtus*, part. pass. di *interlŏqui* 'interloquire'; 1872] s. f. ● (*raro*) L'interloquire.

interloquire [vc. dotta, lat. *interlŏqui*, comp. di *ĭnter* 'tra' e *lŏqui* 'parlare', di etim. incerta; 1780] v. intr. (*io interloquisco, tu interloquisci*; aus. *avere*) ● (*raro*) Essere interlocutore in un dialogo | Intervenire in modo per lo più inopportuno in una conversazione: *smettila di i.!*; *i. a sproposito.*

interlùdio [da *preludio* con sostituzione di *inter-* a *pre-*; 1869] s. m. **1** (*mus.*) Brano organistico improvvisato tra le strofe di un corale o i versetti di un salmo | Brano orchestrale che collega atti o scene di opera. SIN. Intermezzo. **2** (*fig., lett.*) Intermezzo, pausa, diversivo: *è stato un breve ma piacevole i.*

interlùnio [vc. dotta, lat. *interlūniu(m)*, comp. di *ĭnter* 'tra' e un deriv. di *lūna* 'luna'; av. 1472] s. m. ● (*astron.*) Periodo in cui la luna è invisibile.

intermascellàre [comp. di *inter-* e *mascella*, con suff. agg.; 1834] agg. ● (*anat.*) Posto tra le ossa mascellari.

intermediàle [comp. di *inter-* e *mediale* (*3*), sul modello dell'ingl. *intermedial*; 1989] agg. ● Che riguarda diversi mezzi di comunicazione fra loro integrati: *sistemi intermediali.*

intermediàrio [fr. *intermédiaire*, dal lat. *intermĕdius* 'intermedio'; 1764] **A** agg. ● Che ha una funzione di mediazione, di tramite tra più persone o cose: *attività commerciale intermediaria.* **B** s. m. (f. *-a*) ● Mediatore: *fare l'i. in un affare*; *desidero trattare senza intermediari.*

intermediatóre [comp. di *inter-* e *mediatore*; av. 1536] s. m. (f. *-trice*) ● (*raro*) Intermediario.

intermediazióne [comp. di *inter-* e *mediazione*; 1956] s. f. ● Attività intermediaria, spec. nell'ambito di banche e istituti di credito.

intermèdio [vc. dotta, lat. *intermĕdiu(m)*, comp. di *ĭnter* 'tra' e *mĕdius* 'medio, mezzo': 'che sta nel mezzo'; 1524] **A** agg. ● Che si trova in mezzo tra due: *grado, periodo i.*; *punto, colore i.* | ***Quadro i.***, lavoratore dipendente con mansioni in parte simili a quelle di un operaio, in parte a quelle di un impiegato | ***Diritto i.***, il diritto italiano del Medioevo e dell'età moderna (intermedio tra l'antico diritto romano e il diritto italiano d'oggi) | (*sport*) ***Tempo i.***, nelle prove a cronometro, intertempo. CFR. meso-. **B** s. m. **1** †Intermezzo teatrale. **2** Quadro intermedio. **3** (*chim.*) Composto organico ricavato da materie prime quali il catrame, il petrolio e sim., che è a sua volta punto di partenza di molte sintesi organiche industriali.

intermésso [1351] part. pass. di *intermettere*; anche agg. ● Nei sign. del v. | (*lett.*) Interrotto, sospeso | (*lett.*) Intermittente.

intermestruàle [comp. di *inter-* e *mestruale*] agg. ● (*med.*) Detto del periodo di tempo che intercorre tra due cicli mestruali successivi | Che avviene o si manifesta in tale periodo: *emorragia i.*

intermèstruo [comp. di *inter-* e *mestruo*; 1957] s. m. ● (*med.*) Periodo di tempo che intercorre fra due cicli mestruali successivi.

intermetàllico [comp. di *inter-* e *metallico*, sul modello dell'ingl. *intermetallic*] agg. (pl. m. *-ci*) ● (*chim.*) Detto di composto che è formato da due metalli.

interméttere [vc. dotta, lat. *intermĭttere* 'tralasciare, interrompere', comp. di *ĭnter* sia con valore di 'fra' sia con valore di privazione, e *mĭttere* 'mettere, mandare'; 1354] **A** v. tr. (coniug. come *mettere*) ● (*lett.*) Tralasciare, sospendere, interrompere: *senza i. a' suoi soldati o fatica o pena* (MACHIAVELLI). **B** v. rifl. ● †Intromettersi, frapporsi: *Iddio alcune volte pietoso s'intermette* (CELLINI).

†intermezzàre [comp. di *inter-* e *mezzo*; av. 1748] **A** v. tr. ● Intramezzare. **B** v. intr. ● Stare in mezzo.

intermèzzo [adatt. del lat. *intermĕdiu(m)* 'intermedio'; 1532] **A** s. m. **1** Breve spettacolo a carattere leggero tra un atto e l'altro di una rappresentazione | (*est.*) Interruzione, pausa, intervallo. **2** (*mus.*) Brano musicale di carattere buffo che nel teatro musicale del sec. XVIII veniva rappresentato tra un atto e l'altro di un'opera seria | Interludio | Composizione strumentale in forma libera. **B** agg. ● †Intermedio.

intermìnabile [vc. dotta, lat. tardo *intermĭnābile(m)*, comp. di *in-* neg. e *terminābilis* 'terminabile'; sec. XIV] agg. ● (*raro*) Che non ha termine | (*iperb.*) Lunghissimo: *era un viaggio i.*; *una conferenza, un racconto i.* SIN. Eterno, infinito. || **interminabilménte**, avv.

interminàto [vc. dotta, lat. *interminātu(m)*, comp. di *in-* neg. e *terminātus* 'terminato'; av. 1556] agg. **1** (*lett.*) Che non ha termini: *interminati / spazi … / io nel pensier mi fingo* (LEOPARDI). **2** †Indeterminato. || **interminataménte**, avv.

interministeriàle [comp. di *inter-* e *ministero*, con suff. agg.; 1950] agg. ● Relativo, comune a più ministeri: *progetto i.*

intermissióne [vc. dotta, lat. *intermissiōne(m)*, da *intermĭssus* 'intermesso'; 1308] s. f. ● (*lett.*) Interruzione: *s'ordinò a tutti i fornai che facessero pane senza i.* (MANZONI).

intermittènte [1585] part. pres. di *intermettere*; anche agg. ● Discontinuo, soggetto a pause, interruzioni e sim.: *suono, luce i.*; *febbre i.* | (*med.*) ***Polso i.***, che ha pause ineguali e irregolarità di ampiezza. || **intermittenteménte**, avv. Con intermittenza.

intermittènza [da *intermittente*, come il corrispondente fr. *intermittence*; av. 1698] s. f. **1** Caratteristica di ciò che è intermittente | Interruzione, sospensione. **2** Dispositivo elettrico che serve ad accendere e spegnere intermittentemente lampadine, usato ad es. negli indicatori di direzione degli autoveicoli.

intermodàle [ingl. *intermodal*, comp. di *inter-* e *modal*, da *mode* 'maniera di procedere'; 1981] agg. ● Detto di servizio di trasporto, offerto da una singola impresa o da più imprese collegate tra loro, attuato con l'uso di differenti mezzi di trasporto.

intermolecolàre [comp. di *inter-* e *molecola*, con suff. agg.; 1875] agg. ● (*fis.*) Che è o agisce fra le molecole.

intermùndi o **intermóndi** [vc. dotta, lat. *intermundia* (nt. pl.), comp. di *ĭnter* 'tra' e di un deriv. di *mŭndus* 'mondo'; av. 1604] s. m. pl. (sing. raro *-io*) ● Nella filosofia epicurea, gli spazi vuoti fra i mondi in cui dimorano gli dei.

intermuscolàre [comp. di *inter-* e *muscolo*, con suff. agg.; 1834] agg. ● Che è posto tra i muscoli.

internal auditing /ingl. ɪn'tɜːnl 'ɔːdɪtɪŋ/ [loc. ingl., comp. di *internal* 'interno' e *auditing* 'revisione contabile' (da *auditor*. V. *internal auditor*); 1983] loc. sost. m. inv. ● (*econ.*) Attività dell'internal auditor.

internal auditor /ingl. ɪn'tɜːnl 'ɔːdɪtə/ [loc. ingl., comp. di *internal* 'interno' e *auditor*, propr. 'uditore', nella fattispecie 'revisore dei conti' (stessa etim. dell'it. *auditore*); 1967] loc. sost. m. e f. inv. (pl. ingl. *internal auditors*) ● (*econ.*) Chi, nell'ambito di una società commerciale di cui è dipendente, ha il compito di controllare i sistemi contabili e le procedure amministrative della società stessa.

internaménto [av. 1667] s. m. ● L'internare, il venire internato.

internàre [da *interno*; 1321] **A** v. tr. (*io intèrno*) **1** Relegare persone pericolose o sospette in campi di concentramento o in sedi coatte lontane dai confini dello Stato: *tutti i perseguitati politici furono internati.* **2** Rinchiudere in un ospedale psichiatrico: *alla fine si decise di internarla.* **3** (*raro*) Mettere, far penetrare nella parte interna: *i. la radice nella terra.* **B** v. intr. pron. **1** (*raro*) Spingersi all'interno di qlco.: *internarsi in un bosco* | (*lett., fig.*) Addentrarsi con la mente, col pensiero: *è comune al poeta e al filosofo l'internarsi nel profondo degli animi umani* (LEOPARDI). **2** (*raro*) Immedesimarsi nella parte interpretata o recitata.

†internàrsi [comp. di *in-* (*1*) e *terno* 'trino'; 1321] v. intr. pron. ● (*lett.*) Farsi trino.

internàto (**1**) [1887] **A** part. pass. di *internare*; anche agg. ● Nei sign. del v. **B** s. m. (f. *-a*) ● Chi ha subìto l'internamento in sedi coatte, campi di concentramento, ospedali psichiatrici e sim.

internàto (**2**) [fr. *internat*, da *interne* 'interno'; 1942] s. m. **1** Condizione degli alunni interni di un collegio. **2** Collegio che ospita gli alunni interni. **3** Periodo temporaneo di studio o di pratica professionale che uno studente o un medico trascorre in un istituto universitario o in un ospedale.

internàuta [comp. di *inter(net)* e *nauta*; 1995] s. m. e f. (pl. m. *-i*) ● (*elab.*) Chi naviga in Internet.

internavigatóre [comp. di *inter(no)* e *navigatore*; 1973] s. m. (f. *-trice*) ● Lavoratore che è alle dipendenze di una società di navigazione interna.

♦**internazionàle** [comp. di *inter-* e *nazionale*, agg. da *nazione*, sul tipo del fr. *international*; av. 1832] **A** agg. ● Che concerne, interessa, collega più nazioni: *trattato, accordo i.*; *linee internazionali di comunicazione*; *trasporti internazionali* | ***Diritto i. pubblico***, complesso delle norme disciplinanti la comunità internazionale | ***Diritto i. privato***, complesso delle norme con cui uno Stato disciplina i fatti aventi attinenza con gli ordinamenti giuridici di altri Stati. || **internazionalménte**, avv. **B** s. f. ● Associazione internazionale operaia di orientamento spec. socialista e comunista, sorta nel XIX sec. con la finalità di coordinare e svolgere sul piano internazionale la lotta contro il capitalismo: *la prima, la terza I.* | Inno delle associazioni internazionali dei lavoratori socialisti e comunisti, composto nel 1871 durante la Comune di Parigi | (*est.*) Unione fra partiti di nazioni diverse che professano la stessa ideologia: *l'I. liberale, socialista.*

internazionalìsmo [comp. di *inter-* e *nazionalismo*; 1878] s. m. **1** Tendenza a favorire l'unione e la collaborazione fra gli Stati e i popoli di tutto il mondo. **2** Nella tradizione marxista, la lotta politica condotta dal proletariato all'insegna di una solidarietà di classe che non tiene conto delle differenze nazionali.

internazionalista [comp. di *inter-* e *nazionalista*; 1873] **A** agg. (pl. m. *-i*) ● Che favorisce l'internazionalismo | ***Stato i.***, che nella propria costituzione ha disposizioni dirette alla disciplina di pacifici rapporti internazionali. **B** s. m. e f. **1** Fautore dell'internazionalismo. **2** Appartenente all'Internazionale. **3** Esperto di diritto internazionale.

internazionalìstico [da *internazionalista*; 1904] agg. (pl. m. *-ci*) **1** Che riguarda l'internazionalismo. **2** Che concerne l'Internazionale.

internazionalità [comp. di *inter-* e *nazionalità*; 1873] s. f. ● Condizione di ciò che è internazionale: *l'i. della scienza, del socialismo, della religione.*

internazionalizzàre [comp. di *inter-* e *nazionalizzare*; 1915] **A** v. tr. ● Rendere internazionale: *i. una città, un porto.* **B** v. intr. pron. ● Assumere caratteristiche internazionali.

internazionalizzazióne [comp. di *inter-* e *nazionalizzazione*; 1918] s. f. ● L'internazionalizzare, l'internazionalizzarsi.

internebulàre [comp. di *inter-* e *nebulare*; 1961] agg. ● (*astron.*) Che è situato fra le nebulose, che riguarda ciò che è situato fra le nebulose: *spazio i.*

internegativo [comp. di *inter-* e *negativo*; 1973] s. m. ● (*fot.*) Negativo ricavato da una diapositiva allo scopo di moltiplicarne le copie.

♦**Internet** /'internet, inter'net, ingl. 'ɪntəɹ,net/ [vc. ingl., propr. 'rete (*net*) reciproca (*inter-*)'; 1990] **A** s. f. inv. ● Sistema integrato di interconnessione tra computer e reti locali, che consente la trasmissione di informazioni in tutto il mondo. **B** anche agg. inv.: *sito I.*

INTERNET
nomenclatura

Internet

● *generale*: WWW = World Wide Web; ciberspazio; Extranet, Intranet; rete = web; bounce; browser = navigatore, crawler; dominio; nome di dominio = domain name; codice di accesso = password; codice utente; motore di ricerca; navigazione = surfing; pagina web, home page, bookmark = segnalibro, banner; collegamento = link; applet; HTML (Hypertext Markup Language); ipertesto; Java; portale; cookie; server ⇔ client; hosting; housing;

● *comunicazioni*: collegamento = connessione; on line ⇔ off line; linea dedicata ⇔ linea commutata = dial up; larghezza di banda = bandwidth; backbone; provider = fornitore di accesso; ISP (Internet Service Provider); POP (Point of Presence) = Punto di accesso; HTTP (Hypertext Transfer Protocol); ISDN (Integrated Services Digital Network); ADSL (Asymmetric Digital Subscriber Line); WAP (Wireless Application

Protocol); indirizzo (Internet); URL (Universal Resource Locator); TCP/IP (Transmission Control Protocol/Internet Protocol); IP = protocollo Internet; FTP (File Transfer Protocol); Telnet; firewall; bridge, gateway, CGI (Common Gate Interface), PERL (Practical Extraction and Report Language); sito; mirror;
● *posta elettronica* = e-mail; casella (di posta elettronica) = mailbox; indirizzo (di posta elettronica); chiocciola = a commerciale = at; punto = dot; barra = slash; barra inversa = backslash; trattino basso = dash; cancelletto = pound; messaggio; allegato = attachment; risposta = reply, inoltro = forward, cestino = trash; chat; chat room; mailing list; news group = gruppo di discussione; BBS (Bulletin Board Service); e-groups; FAQ (Frequently Asked Questions); lurking; netiquette; emoticon = faccina; junk mail; spamming; bombing; flaming; usenet;
● *e-business, e-commerce* = commercio elettronico; B2B (Business to Business); home banking; trading on line; telelavoro;
● *persone*: webmaster, amministratore di rete, analista web, programmatore Java/PERL/HTML, web designer; moderatore di lista; hacker;
● *azioni*: accedere (a), connettersi (a), collegarsi (a), scollegarsi (da); disconnettersi (da), navigare, allegare; inviare, cifrare = crittare ⇔ decifrare = decrittare; inoltrare; download = scaricare (da) ⇔ upload = caricare (su).

Ìnternet café /ˈinternet kaˈfe*, *ingl.* ˈɪntəːnet kæˈfeɪ/ [loc. ingl., propr. 'bar' (*café*) con *Internet*; 1996] **loc. sost. m. inv.** (pl. ingl. *Internet cafés*) ● Locale pubblico che, oltre al servizio di bar, mette a disposizione dei clienti computer collegati a Internet.

internista [da (medicina) *interna*; 1957] **s. m. e f.** (pl. m. *-i*) ● Medico specializzato in medicina interna.

intèrno [vc. dotta, lat. *intĕrnu(m)*, da *intĕrior* 'interiore'; 1321] **A agg.** (compar. di maggioranza *interiore* o *più intèrno*; superl. *intimo* o raro *internissimo*) **1** Che sta dentro: *elemento, rivestimento i.*; *parte interna*; *organi interni del corpo*. CONTR. Esterno. CFR. endo-, eso- (1), olo- | ***Regione interna***, priva di sbocchi sul mare | ***Navigazione interna***, che si svolge sulle acque interne | ***Acque interne***, fiumi, laghi e sim. di un dato territorio | ***Mare i.***, circondato da terre e comunicante con l'oceano attraverso uno o più stretti | ***Medicina interna***, che cura gli organi interni | ***Numero i.***, che distingue i singoli appartamenti dislocati in una stessa scala | (*fis.*) ***Energia interna***, la somma dell'energia termica delle molecole e dell'energia di interazione fra gli atomi e fra le molecole | ***Alunno i.***, convittore | ***Pianeta i.***, la cui orbita è interna a quella della Terra. **2** Che si compie o produce effetti dentro uno Stato, una comunità, un ente e sim.: *politica interna*; *questioni interne*; *commercio i.*; *comunione interna* | ***Regolamento i.***, cui devono sottostare gli appartenenti a un'organizzazione | ***Dazio i.***, un tempo, quello dovuto per il passaggio di merci da un comune all'altro. **3** (*fig.*) Che riguarda o interessa la sfera interiore dell'individuo: *gioia, emozione interna* | ***Voce interna***, voce della coscienza. SIN. Intimo, profondo. || **internaménte**, avv. Dalla parte di dentro; (*fig.*) nell'anima. **B s. m.** **1** La parte di dentro: *l'i. di un edificio*; *inoltrarsi nell'i. di un bosco* | La zona interna di un Paese, di un territorio: *dopo essere sbarcati, si spinsero nell'i.*; *le popolazioni dell'i.* **2** Numero interno: *scala A, i. 6.* **3** Rivestimento interno di un capo di abbigliamento: *un i. di castorino.* **4** (*fig.*) Sfera interiore, intima, dell'individuo: *penetrare, leggere nell'i. di qlcu.* **5** (f. *-a*) Studente o laureato in medicina che compie il proprio internato. **6** (*sport*) In alcuni giochi di palla a squadre, chi si muove nella zona centrale del campo. **7** Complesso degli affari interni di uno Stato: *Ministero, ministro dell'I., degli Interni.* **8** (*al pl.*) Riprese cinematografiche effettuate nell'interno di un teatro di posa. CONTR. Esterni.

internòdo o **internòdio** [vc. dotta, lat. *internōdiu(m)*, comp. di *ĭnter* 'tra' e di un deriv. di *nōdus* 'nodo'] **s. m.** ● (*bot.*) Tratto di fusto compreso fra due nodi, cioè fra due degli ingrossamenti che si formano nei punti in cui prendono inserzione le foglie.

internogràfato [comp. di *interno* e della seconda parte di simili comp., come (*dattilo*)*grafato*, (*steno*)*grafato*, e sim.; 1957] **agg.** ● Detto spec. di busta per lettere internamente ricoperta di tratti, disegni e sim. fitti e minuti che ne annullano la trasparenza.

ìnter nos [propr. 'fra (*ĭnter*) noi (*nōs*)'; 1839] **loc. avv.** ● Fra noi, in confidenza.

internùnzio [vc. dotta, lat. *internūntiu(m)*, comp. di *ĭnter* 'fra' e *nūntius* 'nunzio'; 1481] **s. m.** **1** Rappresentante o legato, di grado inferiore al nunzio, nominato dalla Santa Sede presso governi stranieri. **2** †Intermediario.

♦**intéro** (o *-è-*) o (*lett.*) **intièro** (o *-é-*) [lat. parl. *intĕgru(m)* per *ĭntegru(m)* 'integro'; av. 1250] **A agg.** **1** Che ha tutte le sue parti: *quantità, somma intera* | ***Latte i.***, non scremato. **2** Considerato in tutta la sua estensione: *una intera provincia*; *un giorno i.* | ***Cento euro interi***, in un solo pezzo | ***Il popolo i.***, nella sua totalità | ***Pagare il biglietto i.***, senza nessuna riduzione. **3** Pieno, assoluto: *manterranno intera la promessa* | Saldo: *avere una fiducia intera in qlcu.* **4** (*lett.*) Integro, illeso, intatto: *non sta a mirar s'intere o rotte / sieno le mura* (ARIOSTO). **5** (*lett.*) Retto: *e 'l giusto Mardoceo, / che fu al dire e al far così i.* (DANTE *Purg.* XVII, 29-30). || **interaménte**, (*lett.*) **intieraménte** avv. Del tutto. **B s. m.** **1** Il tutto, la totalità: *esaminare le parti che costituiscono l'i.* | ***Nel suo i.***, nella sua interezza | ***Per i.***, interamente. **2** (*mat.*) Numero intero. **3** (*mus.*) Semibreve.

interoceànico [comp. di *inter-* e *oceano*, con suff. agg.; 1900] **agg.** (pl. m. *-ci*) ● Che interessa o collega due o più oceani: *canale i.*

interoculàre [comp. di *inter-* e *oculare*; 1970] **agg.** ● (*anat.*) Posto tra i due occhi.

interòsseo [comp. di *inter-* e *osso*, con suff. agg.; 1681] **agg.** ● (*anat.*) Posto tra due ossa: *membrana interossea.*

interparète® [comp. di *inter-* e *parete*; 1985] **s. f.** ● Tipo di parete attrezzata.

interparietàle [comp. di *inter-* e *parietale*] **agg.** ● (*anat.*) Posto fra le ossa parietali: *sutura i.*

interparlamentàre [comp. di *inter-* e *parlamento*, con suff. agg.; 1957] **agg.** **1** Che concerne, o comprende, i due rami del Parlamento, cioè Camera e Senato. **2** Che concerne, o comprende, i rappresentanti dei Parlamenti di diversi Stati.

interpartìtico [comp. di *inter-* e *partitico*; 1944] **agg.** (pl. m. *-ci*) ● Relativo o comune a più partiti. || **interpartiticaménte**, avv.

interpellànte [1869] **A part. pres.** di *interpellare*; anche **agg.** ● (*raro*) Nei sign. del v. **B s. m. e f.** ● Chi muove una interpellanza parlamentare.

interpellànza [da *interpellare*; 1812] **s. f.** ● Domanda fatta dal Parlamento, in veste di un suo membro, al Governo, circa i motivi e gli intendimenti della sua condotta: *rivolgere, presentare una i.* CFR. Interrogazione.

interpellàre [vc. dotta, lat. *interpellāre*, comp. di *ĭnter* e **pellāre*, intens. iter. di *pĕllere* 'spingere', di orig. indeur.; 1441] **v. tr.** (*io interpèllo*) ● Rivolgersi a una persona autorevole o esperta per averne un parere, un consiglio e sim.: *prima di decidere avresti dovuto i. uno specialista*; *è meglio i. un tecnico* | ***I. il governo***, rivolgergli una interpellanza.

interpellàto [1655] **A part. pass.** di *interpellare*; anche **agg.** ● Nei sign. del v. **B s. m.** (f. *-a*) ● Chi è richiesto di un consiglio, un parere e sim.

interpèllo [da *interpellare*] **s. m.** **1** (*dir.*) Attività processuale che consiste nell'interrogatorio di una parte. **2** Diritto del contribuente di richiedere all'amministrazione finanziaria un parere preventivo sull'applicazione delle norme tributarie vigenti.

interpersonàle [comp. di *inter-* e *persona*, con suff. agg.; 1973] **agg.** ● Che si svolge, ha luogo e sim. fra gli individui: *rapporti, differenze interpersonali.*

interpetràre e *deriv.* ● V. *interpretare* e *deriv.*

interpiàno [comp. di *inter-* e *piano* (2); 1957] **s. m.** **1** Spazio o distanza fra due piani, negli edifici e tra superfici aerodinamiche. **2** (*edil.*) Pianerottolo intermedio tra due piani di un edificio.

interplanetàrio [comp. di *inter-* e *planetario*; 1915] **agg.** ● Che si trova o avviene negli spazi tra i pianeti.

Interpòl o **Ìnterpol** [sigla dell'ingl. *inter*(*national criminal*) *pol*(*ice organization*) 'organizzazione di polizia criminale internazionale'; 1983] **s. f.** ● Organizzazione internazionale di polizia, spec. con compiti repressivi di attività criminose svolte a livello internazionale, come il traffico degli stupefacenti.

interpolàbile **agg.** ● Che si può interpolare.

interpolaménto **s. m.** ● (*raro*) Interpolazione.

interpolàre [vc. dotta, lat. *interpolāre*, di etim. discussa: 'pulire (*polīre*) a nuovo (*ĭnter*)' (?); 1629] **v. tr.** (*io intèrpolo*) **1** Inserire in un testo letterario elementi linguistici a esso estranei. **2** (*dir.*) Modificare un testo di legge con l'intento di cambiarne il significato e il valore, per adattarlo a nuove esigenze: *i. un codice.* **3** (*mat.*) Calcolare approssimativamente il valore d'una funzione in un punto compreso fra due altri in cui il valore è noto, quando non si conosce l'espressione della funzione oppure essa è troppo complicata. **4** (*raro, fig.*) Alterare.

interpolàto [sec. XIV] **part. pass.** di *interpolare*; anche **agg.** ● Che presenta interpolazioni: *testo i.*

interpolatóre [vc. dotta, lat. tardo *interpolatōre(m)*, da *interpolātus* 'interpolato'; 1869] **s. m.** (f. *-trice*) ● Chi compie interpolazioni.

interpolazióne [vc. dotta, lat. *interpolatiōne(m)*, da *interpolātus* 'interpolato'; av. 1750] **s. f.** **1** L'interpolare un testo | Parola o locuzione inserita in un testo letterario. **2** (*dir.*) Nel diritto romano, modificazione ufficiale dei testi di legge più antichi per adeguarli alle circostanze dei nuovi tempi.

interpónte [comp. di *inter-* e *ponte*; 1937] **s. m.** ● (*mar.*) In una grande nave, spazio fra due ponti.

interpórre [vc. dotta, lat. *interpōnere*, comp. di *ĭnter* 'fra' e *pōnere* 'porre'; 1308] **A v. tr.** (coniug. come *porre*) **1** Porre in mezzo: *i. ostacoli, difficoltà* | ***I. tempo***, indugiare | ***I. la propria influenza***, adoperarla in favore di qlcu. **2** Proporre a un'autorità giudiziaria o amministrativa un mezzo di reazione contro un dato atto: *i. appello*; *i. ricorso per cassazione*; *i. ricorso al consiglio di Stato.* **B v. intr. pron.** **1** Porsi in mezzo: *l'interporsi della Luna tra il Sole e la Terra determina l'eclissi solare.* **2** Intervenire, intercedere in favore di qlcu. | Porsi tra due contendenti per separarli e rappacificarli: *s'interpose il fratello e la contesa finì.*

interpòrto [comp. di *inter*(*no*) e *porto*; 1971] **s. m.** ● Centro costituito da un insieme di strutture e di servizi per tutte le operazioni e le attività relative al trasporto, lo scalo e la distribuzione di merci viaggianti su strada o su rotaia.

interpositóre [av. 1442] **s. m.** (f. *-trice*) ● (*raro*) Chi interpone | (*raro*) Mediatore, intercessore.

interposizióne [vc. dotta, lat. *interpositiōne(m)*, da *interpŏsitus* 'interposito'; av. 1294] **s. f.** **1** L'interporre, l'interporsi. **2** (*dir.*) Sostituzione di una persona ad un'altra nell'esplicazione di un'attività giuridicamente rilevante, spesso utilizzata per eludere un divieto di legge. **3** (*ling.*) Parentesi, inciso.

interpósto [av. 1375] **A part. pass.** di *interporre*; anche **agg.** ● Posto in mezzo, frapposto | ***Per interposta persona***, con la mediazione di qlcu. **B s. m.** ● †Interiezione.

interpretàbile o (*tosc., lett.*) **interpetràbile** [vc. dotta, lat. tardo *interpretābile(m)*, da *interpretāri* 'interpretare'; sec. XIV] **agg.** ● Che si può interpretare.

interpretaménto o (*tosc., lett.*) **interpetraménto** [vc. dotta, lat. tardo *interpretamĕntu(m)*, da *interpretāri* 'interpretare'; sec. XIV] **s. m.** **1** (*raro*) Interpretazione. **2** (*ling.*) Figura retorica che consiste nel ridire con altre parole una cosa già detta: *Qual felice destin, qual dextro fato* (BOIARDO).

♦**interpretàre** o (*tosc., lett.*) **interpetràre** [vc. dotta, lat. *interpretāri*, da *intĕrpres*, genit. *intĕrpretis* 'interprete'; av. 1294] **v. tr.** (*io intèrpreto*) **1** Intendere in un certo modo e spiegare ciò che è ritenuto oscuro o difficile: *i. un passo controverso*; *i. un'iscrizione*; *i. i sogni, le visioni* | ***I. la legge***, applicarla secondo giustizia. **2** Attribuire un particolare significato a qlco.: *i. in senso buono, cattivo*; *non devi i. quelle parole come un rimprovero.* **3** Intuire i propositi, i sentimenti e le intenzioni di qlcu.: *sono certo di i. nel modo giusto il vostro silenzio*; *crediamo così di i. la volontà di tutti.* **4** Rappresentare esattamente, detto di artista e di espressione artistica: *poesia, poeta che interpreta l'angoscia dell'uomo moderno* | Eseguire, portare sulla scena, rappresentare in pubblico come attore, artista: *i. l'Otello, la Traviata.* **5** †Tradurre: *casa, sive domo, interpretiamo il duomo di Santo Giovanni* (VILLANI).

interpretariàto [fr. *interprétariat*, da *interprète* 'interprete'; 1963] **s. m.** ● Attività, funzione dell'interprete.

interpretativo o (*tosc.*, *lett.*) **interpetrativo** [1619] **agg.** **1** Che serve o è atto all'interpretazione | ***Norma interpretativa***, che tende a spiegare il senso di un'altra norma o di una volontà individuale non chiaramente espressa. **2** Che concerne l'interpretazione. || **interpretativaménte**, **avv.**

interpretàto o (*tosc.*, *lett.*) **interpetràto** [1321] **part. pass.** di *interpretare*; anche **agg.** ● Nei sign. del v.

interpretatóre o (*tosc.*, *lett.*) **interpetratóre** [vc. dotta, lat. tardo *interpretatōre(m)*, da *interpretātus* 'interpretato'; av. 1292] **s. m.** (f. *-trice*) ● (*raro*) Chi interpreta.

interpretazióne o (*tosc.*, *lett.*) **interpetrazióne** [vc. dotta, lat. *interpretatiōne(m)*, da *interpretātus* 'interpretato'; 1342] **s. f.** **1** L'interpretare | Spiegazione: *una dubbia i. dei fatti*; *i. di sogni, prodigi, visioni* | Modo di intendere; attribuzione di un particolare significato a qlco.: *dare un'i. falsa, ambigua.* **2** Modo di interpretare; esecuzione, rappresentazione pubblica di artista o attore: *un'ottima i. musicale*; *la perfetta i. di una commedia, di un personaggio.* **3** (*dir.*) Procedimento logico per accertare il significato di un atto giuridico: *i. della legge, del contratto*; *i. dottrinale*; *i. autentica.* || **interpretazioncèlla**, **dim.**

intèrprete o (*tosc.*, *lett.*) **intèrpetre** [vc. dotta, lat. *intĕrprete(m)*, originariamente 'mediatore, sensale', di etim. incerta; av. 1374] **s. m. e f.** **1** Chi intende in un certo modo e chiarisce il senso di ciò che è ritenuto oscuro o difficile | Espositore, commentatore: *è uno dei più valenti interpreti della Divina Commedia* | ***Farsi i. di qlco. presso qlcu.***, esprimere, manifestare a qlcu. sentimenti o pensieri altrui: *ci faremo interpreti presso di lui della vostra gratitudine*; *farsi i. della protesta popolare.* **2** Chi, spec. per professione, traduce oralmente discorsi fatti in un'altra lingua: *fare l'i. in un grande albergo* | ***I. simultaneo***, chi, in conferenze, congressi e sim., esegue traduzioni simultanee. **3** Chi rappresenta, sostenendovi un ruolo, un'opera teatrale, esegue un brano musicale e sim.: *gli interpreti di un dramma di Ibsen*; *personaggi e interpreti.* **4** (*elab.*) Linguaggio per elaboratori elettronici in cui le istruzioni di un programma, scritte in un linguaggio simbolico, vengono convertite in codice macchina durante l'esecuzione. **5** †Traduttore: *i settanta interpreti della Bibbia.* **6** †Mediatore, messaggero.

interprovinciàle [comp. di *inter-* e *provincia*, con suff. agg.; 1918] **agg.** ● Che interessa più province: *consorzio i.*; *trasporti interprovinciali.*

interpsicologìa [comp. di *inter-* e *psicologia*, sul modello del corrispondente fr. *interpsychologie*] **s. f.** ● Psicologia collettiva, in quanto studio degli individui nelle loro interazioni.

interpùngere [vc. dotta, lat. *interpŭngere*, comp. di *ĭnter* 'fra' e *pŭngere*, di etim. incerta, sul modello del gr. *diakentêin*; av. 1729] **v. tr.** (coniug. come *pungere*) ● (*ling.*) Separare con segni di interpunzione.

interpunzióne [vc. dotta, lat. *interpunctiōne(m)*, da *interpŭnctus*, part. pass. di *interpŭngere* 'interpungere', sull'es. del corrisp. gr. *diakéntēsis*; av. 1647] **s. f.** ● (*ling.*) Separazione degli elementi di una frase o di uno scritto per mezzo di segni grafici. **SIN.** Punteggiatura | ***Segni d'i.***, il punto, la virgola, i due punti e sim.

interpupillàre [comp. di *inter-* e *pupillare*] **agg.** ● (*anat.*) Detto della distanza fra le pupille.

inter-rail /ingl. ˌɪntəˈreɪl/ [vc. ingl., comp. di *inter-* e *rail* 'ferrovia'] **s. m. inv.** ● Tessera ferroviaria che consente ai giovani di viaggiare su tutte le linee ferroviarie europee.

interraménto [av. 1739] **s. m.** ● L'interrare, l'interrarsi.

interràre [comp. di *in-* (*1*) e *terra*; 1550] **A v. tr.** (*io intèrro*) **1** Introdurre nella terra: *i. un seme.* **2** Colmare, riempire con terra, sabbia e sim.: *i. un fiume, un canale.* **3** (*mil.*) Sistemare un pezzo di artiglieria, un'arma, un mezzo corazzato, un automezzo e sim. in uno scavo naturale o artificiale del terreno, per nasconderlo. **B v. intr. pron.** ● Colmarsi, riempirsi di terra.

interràto [av. 1519] **A part. pass.** di *interrare*; anche **agg.** ● Nei sign. del v. **B s. m.**; anche **agg.** ● Piano posto sotto il livello stradale.

interrazziàle o **interrazziàle** [comp. di *inter-* e *razza*, con suff. agg.; 1968] **agg.** ● Relativo a più razze umane.

interré [vc. dotta, lat. *interrēge(m)*, comp. di *ĭnter* 'fra' e *rēx*, genit. *rēgis* 're'; sec. XIV] **s. m.** ● Nell'antica Roma, magistrato che sostituiva il re o un console in attesa dell'elezione del nuovo.

interregionàle [comp. di *inter-* e *regione*, con suff. agg.; 1902] **A agg.** ● Che interessa due o più regioni: *comitato i.* | Che collega due o più regioni: *treno i.* || **interregionalménte**, **avv.** **B** anche **s. m.** ● Treno interregionale.

interrégno [vc. dotta, lat. *interrēgnu(m)*, comp. di *ĭnter* 'fra' e *rēgnum* 'regno'; sec. XIV] **s. m.** **1** Situazione politico-amministrativa che si verifica nel periodo di tempo compreso fra la morte, l'abdicazione o la deposizione di un sovrano e la nomina del successore. **2** Periodo di tempo in cui si verifica tale situazione | (*est.*, *anche scherz.*) Periodo in cui una carica è vacante.

interrelàto [ingl. *interrelated*, part. pass. di *to interrelate* 'mettere in relazione reciproca', comp. di *inter-* e *to relate* 'riferire, mettere in relazione', dal lat. *relātus* (V. *relazione*); 1983] **agg.** ● Che è in rapporto di relazione reciproca con altri elementi analoghi: *problemi interrelati.*

interrelazióne [ingl. *interrelation*, comp. di *inter-* e *relation* 'relazione'; 1957] **s. f.** ● Relazione reciproca: *i. di fatti, di idee.*

interrenàle [comp. di *inter-* e *renale*] **A agg.** ● (*biol.*) Riferito al tessuto ghiandolare endocrino di alcuni gruppi di Vertebrati, localizzato tra i reni e omologo alla corteccia surrenale. **B s. m.** ● (*biol.*) In alcuni gruppi di Vertebrati, tessuto ghiandolare endocrino localizzato tra i reni.

interriménto [var. di *interramento*; av. 1644] **s. m.** ● (*geogr.*) Riempimento di una cavità con terreno o materiali sciolti, spec. trasportati da acque correnti.

interrogànte [sec. XIV] **A part. pres.** di *interrogare*; anche **agg.** ● Che interroga | Che presenta o ha presentato un'interrogazione: *deputato i.* **B s. m. e f.** **1** Chi interroga, chi conduce un interrogatorio: *rispondere all'i.* **2** Chi presenta o ha presentato un'interrogazione parlamentare.

♦**interrogàre** [vc. dotta, lat. *interrogāre*, comp. di *ĭnter* 'fra' e *rogāre* 'chiedere'; 1499] **v. tr.** (*io intèrrogo, tu intèrroghi*) **1** Porre una o più domande a qlcu. per ottenere informazioni, chiarimenti e sim.: *i. un testimone oculare*; *i. qlcu. sullo svolgimento dei fatti* | Porre una serie di domande per accertare il grado di preparazione di uno studente e sim.: *i. in filosofia, in geografia.* **2** Sottoporre a interrogatorio: *i. i testimoni, le parti, l'imputato.* **3** (*fig.*) Consultare, esaminare qlco. per avere una risposta: *i. la storia*; *i. la propria coscienza.*

interrogativa [vc. dotta, lat. *interrogatīva(m)*, agg. f., da *interrogāre* 'interrogare'; av. 1375] **s. f.** ● (*raro*) Interrogazione.

interrogativo [vc. dotta, lat. tardo *interrogatīvu(m)*, da *interrogāre* 'interrogare'; 1551] **A agg.** **1** Che esprime o contiene interrogazione: *frase interrogativa*; *sguardi interrogativi*; *gesti interrogativi.* **2** Che serve a domandare: *aggettivo, pronome i.*; *particella, proposizione interrogativa* | ***Punto i.***, segno che indica il senso interrogativo della proposizione | (*gramm.*) ***Frase interrogativa retorica***, frase interrogativa che non richiede risposta perché la contiene in sé: *è così che risponde una persona educata?* **CFR.** Interrogazione. || **interrogativaménte**, **avv.** **B s. m.** **1** Interrogazione, quesito, dubbio: *gli interrogativi non sono pochi.* **2** (*fig.*) Cosa che non può essere compresa, conosciuta, prevista: *il futuro è per noi un i.* | ***È un i.***, di persona che non si riesce a capire.

interrogàto [1481] **A part. pass.** di *interrogare*; anche **agg.** ● Nei sign. del v. **B s. m.** (f. *-a*) **1** Persona cui è stata rivolta una domanda. **2** (*dir.*) Chi è, o è stato, sottoposto a interrogatorio: *l'i. si rifiuta di rispondere*; *l'i. ha confessato.*

interrogatóre [vc. dotta, lat. tardo *interrogatōre(m)*, da *interrogātus* 'interrogato'; 1584] **s. m.**; anche **agg.** (f. *-trice*) ● (*raro*) Chi (o Che) interroga.

interrogatòrio [vc. dotta, lat. tardo *interrogatōriu(m)*, da *interrogātor*, genit. *interrogatōris* 'interrogatore'; 1561] **A agg.** **1** Che è proprio di chi interroga: *tono i.* **2** (*raro*) Interrogativo. **B s. m.** **1** (*dir.*) Serie di domande rivolte, nel corso di un processo o di un'indagine, agli imputati, alle parti o ai testi al fine di accertare la verità: *sottoporre a i.* | ***I. di terzo grado***, V. *grado* (*2*) nel sign. 4. **2** (*est.*) Serie incalzante di domande: *... mi prese da un lato a quattrocchi e mi fece sostenere uno stranissimo i.* (NIEVO).

interrogazióne [vc. dotta, lat. *interrogatiōne(m)*, da *interrogātus* 'interrogato'; sec. XIV] **s. f.** **1** L'interrogare | Domanda: *rispondere all'i.* **2** Serie di domande volte ad accertare il grado di preparazione di uno studente: *i. di storia, di geografia.* **3** ***I. parlamentare*** o (*assol.*) ***interrogazione***, domanda rivolta per iscritto dal Parlamento, in veste di un suo membro, al Governo, per avere informazioni o spiegazioni sull'attività della Pubblica Amministrazione: *presentare una i.* **CFR.** Interpellanza. **4** (*ling.*) Figura retorica che consiste nell'esprimere sotto forma di domanda quanto invece non ha bisogno di alcuna risposta, perché la risposta è di fatto già implicita nella domanda; è un modo per cercare il consenso dell'interlocutore sulla propria opinione: *La vogliam noi forse / far qui tutti da re?* (MONTI). **5** (*elab.*) Insieme delle condizioni in base alle quali si formula una estrazione selettiva di dati da un database | Il risultato dell'estrazione.

♦**interrómpere** [vc. dotta, lat. *interrŭmpere*, comp. di *ĭnter* 'tra' e *rŭmpere* 'rompere'; av. 1374] **A v. tr.** (coniug. come *rompere*) **1** Sospendere, far cessare in forma temporanea o definitiva: *i. gli studi, le trattative, la conversazione* | ***I. la noia, la monotonia***, detto di ciò che svaga, diverte e sim. **2** (*dir.*) Impedire il compimento di un fatto o di un'azione: *i. la prescrizione.* **3** Intervenire, interloquire impedendo a qlcu. di continuare a parlare (*anche assol.*): *ha la cattiva abitudine di i. chi sta parlando*; *smettila di i.!* **4** Impedire la continuazione, la continuità, lo svolgimento regolare, il funzionamento e sim. di qlco.: *i. il moto, l'attività, lo sviluppo*; *i. una linea telefonica, elettrica*; *i. i rifornimenti*; *l'alluvione ha interrotto in più punti la strada statale* | †***I. una congiura***, cercare di sventarla: *alla congiura non acconsentì, anzi la detestò, e con quello modo che onestamente potette adoperare, la interruppe* (MACHIAVELLI). **B v. intr. pron.** ● Arrestarsi, fermarsi: *si interruppe sul più bello*; *negli ocïosi tempi, / quando nostra fatica s'interrompe* (POLIZIANO).

interrompiménto [1548 ca.] **s. m.** ● (*raro*) Interruzione.

interrótto [1351] **part. pass.** di *interrompere*; anche **agg.** ● Nei sign. del v.: *discorso i.*; *strada interrotta.* || **interrottaménte**, **avv.** In maniera interrotta.

interruttóre [vc. dotta, lat. tardo *interruptōre(m)*, da *interrŭptus* 'interrotto'; 1869] **s. m.** **1** Apparecchio per determinare l'apertura o la chiusura di un circuito elettrico | ***I. automatico, di massima, di minima***, che funziona da sé per effetto della stessa corrente quando l'intensità tende a salire al disopra o a scendere al disotto di limiti prestabiliti | ***I. a tocco, a sfioramento***, microinterruttore | ***I. differenziale***, interruttore automatico dotato di un sensore che apre il circuito quando rileva una differenza tra le correnti di ingresso e di uscita di un circuito elettrico; **SIN.** Salvavita | (*autom.*) ***I. inerziale***, dispositivo di sicurezza che interrompe il flusso del carburante in caso di urto. **2** (f. *-trice*) (*raro*) Chi interrompe un discorso, un'azione e sim.

interruzióne [vc. dotta, lat. *interruptiōne(m)*, da *interrŭptus* 'interrotto'; sec. XIV] **s. f.** ● L'interrompere, l'interrompersi | Cessazione, sospensione: *i. di un lavoro, delle trattative*; *i. di una strada, delle comunicazioni*; *i. di un discorso, di un servizio* | ***Senza i.***, continuamente, ininterrottamente | ***I. di gravidanza***, aborto | Intervento che impedisce la continuazione di un discorso: *le tue continue interruzioni mi impediscono di esporre il mio pensiero.*

interscàlmio [vc. dotta, lat. tardo *interscălmiu(m)*, comp. di *ĭnter* 'fra' e di un deriv. da *scălmus* 'scalmo'; 1889] **s. m.** ● (*mar.*) Spazio tra scalmo e scalmo.

interscambiàbile [comp. di *inter-* e *scambiabile*; av. 1950] **agg.** ● Detto di due o più cose, elementi e sim. che possono essere scambiati reciprocamente. || **interscambiabilménte**, avv.

interscambiabilità [1979] s. f. ● Condizione di ciò che è interscambiabile.

interscàmbio [comp. di *inter-* e *scambio*; 1940] s. m. **1** Scambio commerciale | *I. con l'estero*, complesso delle operazioni d'importazione ed esportazione di un'azienda | *I. provinciale*, relativo alle aziende di una provincia. **2** Complesso di opere stradali a diversi livelli che permette di eliminare i punti di intersezione delle varie correnti di traffico.

interscapolàre [comp. di *inter-* e *scapola*, con suff. agg.; 1835] agg. ● (*anat.*) Posto fra le scapole: *regione i.*

interscolàstico [comp. di *inter-* e *scolastico*] agg. (pl. m. *-ci*) ● Che concerne o interessa due o più scuole: *torneo i.*

interscuòla [comp. di *inter-* e *scuola*] s. f. inv. ● Nella scuola dell'obbligo, spec. a tempo pieno, periodo di tempo intercorrente tra le lezioni mattutine e quelle pomeridiane, solitamente dedicato ad attività di socializzazione (pranzo, svago ecc.).

intersecaménto [1734] s. m. ● (*raro*) Intersecazione.

intersecàre [vc. dotta, lat. tardo *intersecāre*, comp. di *ĭnter* 'fra' e *secāre* 'tagliare'; sec. XIV] **A** v. tr. (*io intèrseco, tu intèrsechi*) **1** Attraversare tagliando: *il meridiano interseca l'orizzonte*; *una fitta rete di canali interseca la pianura*; *ridusse a perfezione il modo di tirare le prospettive … per via d'i. le linee* (VASARI). **2** (*mat.*) Trovare l'intersezione | Trovare gli elementi comuni. **B** v. rifl. rec. **1** Incrociarsi, attraversarsi: *le due strade a un certo punto s'intersecano*. **2** (*mat.*) Avere degli elementi comuni.

intersecazióne [sec. XIV] s. f. ● Intersezione.

intersessuàle [comp. di *inter-* e *sessuale*; 1963] agg.; anche s. m. e f. ● (*biol.*) Che (o Chi) presenta intersessualità.

intersessualità [comp. di *inter-* e *sessualità*] s. f. ● (*biol.*) Coesistenza in un individuo di caratteri sessuali maschili e femminili.

intersettoriàle [comp. di *inter-* e *settore*, con suff. agg.; 1963] agg. ● Che si riferisce a due o più diversi settori: *interessi, studi, intersettoriali*. || **intersettorialménte**, avv.

intersezióne [vc. dotta, lat. *intersectiōne(m)*, da *intersĕctus*, part. pass. di *intersecāre* 'intersecare'; av. 1549] s. f. **1** L'intersecare, l'intersecarsi | Incrocio | Punto in cui due o più elementi si intersecano. **2** (*mat.*) Insieme costituito dagli elementi comuni a più insiemi: *punto d'i.*; *i. di due insiemi*.

intersideràle [comp. di *inter-* e *siderale*; 1961] agg. ● Che sta tra due o più corpi siderali.

intersindacàle [comp. di *inter-* e *sindacale*; 1957] agg. ● Comune a più sindacati od organizzato da più sindacati.

intersoggettività [da *intersoggettiv(o)* col suff. di qualità *-ità*, sul modello dell'ingl. *intersubjectivity*; av. 1966] s. f. ● (*filos.*) Carattere, proprietà di ciò che è intersoggettivo: *la teoria dell'i. di Husserl*.

intersoggettivo [comp. di *inter-* e *soggettivo*; 1963] agg. ● Che avviene fra due o più soggetti, che concerne o interessa due o più soggetti: *rapporto i.*

interspaziàle [comp. di *inter-* e *spaziale*; 1970] agg. ● (*raro*) Interplanetario, interstellare.

interspecifico [comp. di *inter-* e *specifico*; 1981] agg. (pl. m. *-ci*) ● (*biol.*) Detto di qualsiasi tipo di rapporto coinvolgente individui di specie diverse.

interspinàle [comp. di *inter-* e *spinale*; 1834] agg. ● (*anat.*) Posto tra le spine vertebrali.

interstazionàle [comp. di *inter-* e dell'agg. di *stazione*; 1905] agg. ● Relativo al collegamento tra due o più stazioni.

interstellàre [comp. di *inter-* e *stella*, con suff. agg.; av. 1920] agg. ● Che avviene, è, si produce, negli spazi tra le stelle: *materia i.*

interstiziàle [1940] agg. **1** Di interstizio. **2** Posto, situato negli interstizi | (*anat.*) *Ghiandola i.*, posta tra le cellule proprie del testicolo e avente funzione di ghiandola endocrina, produttrice di ormoni sessuali maschili.

interstìzio [vc. dotta, lat. tardo *interstĭtiu(m)*, da *interstāre*, comp. di *ĭnter* 'tra' e *stāre* 'stare'; 1499] s. m. **1** Spazio minimo che separa due corpi o due parti dello stesso corpo: *osservai al microscopio gli interstizi esistenti tra le cellule* | Fessura: *la luce filtrava fra gli interstizi*. **2** (*astron.*) †Solstizio. **3** †Indugio.

intertèmpo [comp. di *inter-* e *tempo*; 1973] s. m. ● (*sport*) In gare individuali a cronometro, spec. di sci o di ciclismo, tempo parziale fatto registrare da un concorrente in una determinata fase della gara. SIN. Tempo intermedio.

intertemporàle [comp. di *inter-* e *temporale* (*1*); 1983] agg. ● Detto di ciò che avviene fra due momenti o due eventi determinati.

†**intertenére** [lat. mediev. *intertenēre*, comp. di *inter-* 'tra' e *tenēre* 'tenere'; 1528] **A** v. tr. ● Trattenere | Intrattenere. **B** v. intr. pron. ● Intrattenersi: *dove il fine non sia che intertenersi parlando* (LEOPARDI).

intertèsto [vc. dotta, comp. di *inter-* e *testo*; 1975] s. m. ● Testo inserito all'interno di un altro testo, in varie forme (fonte, citazione, parodia e sim.).

intertestuàle [comp. di *inter-* e *testuale*; 1982] agg. ● (*ling.*) Che riguarda i rapporti tra più testi.

intertestualità [da *intertestuale*; 1975] s. f. **1** Insieme dei fenomeni legati all'inserimento di un testo all'interno di un altro testo. **2** Relazione esistente tra un intertesto e il testo che lo contiene.

intertrìgine [vc. dotta, lat. *intertrīgine(m)*, comp. di *ĭnter* 'tra' e un deriv. di *tĕrere* '(sof)fregare', di orig. indeur.; 1550] s. f. ● (*med.*) Dermatosi rappresentata da arrossamento ed essudazione delle regioni delle pieghe cutanee.

intertropicàle [comp. di *inter-* e *tropicale*; 1869] agg. ● Situato tra i circoli dei tropici: *regione, pianta i.*

interumàno [comp. di *inter-* e *umano*; av. 1869] agg. ● (*lett.*) Che si riferisce ai rapporti fra gli uomini: *fatti interumani*.

interurbàna [f. sost. di *interurbano*; 1957] s. f. ● Conversazione telefonica scambiata tra due abbonati appartenenti a reti urbane diverse.

interurbàno [comp. di *inter-* e *urbano*; 1902] agg. ● Che unisce due o più città: *trasporti interurbani* | (*tel.*) Che esiste o avviene tra due reti telefoniche diverse: *linee interurbane*; *collegamento i.*; *comunicazione interurbana*.

interusùrio [vc. dotta, lat. tardo *interusūriu(m)*, comp. di *ĭnter* 'tra' e un deriv. di *usūra* 'interesse'; av. 1631] s. m. ● (*dir.*) Nel diritto romano, rimborso spettante al debitore che ha pagato prima della scadenza del termine ignorando l'esistenza dello stesso.

intervallàre (**1**) [vc. dotta, lat. tardo *intervallāre*, da *intervăllum* 'intervallo'; 1499] v. tr. ● Disporre o distanziare con intervalli di spazio o di tempo: *i. le costruzioni, i viaggi, le partenze*.

intervallàre (**2**) [da *intervallo*; 1970] agg. ● Di intervallo | Che è in un intervallo.

♦**intervàllo** [vc. dotta, lat. *intervăllu(m)*, comp. di *ĭnter* 'tra' e *văllum* 'vallo'; 1312] s. m. **1** Spazio, distanza intercorrente tra due cose: *l'i. tra casa e casa*; *procedevano a intervalli di cinque metri l'uno dall'altro*. **2** Periodo di tempo intercorrente tra due fatti, due azioni e sim.: *l'i. tra il primo e il secondo atto di un'opera teatrale* | Pausa, spec. durante le lezioni scolastiche: *ci vediamo durante l'i.*; *ripasserò la poesia nell'i.* | *A intervalli*, con interruzioni più o meno sistematiche o regolari. **3** (*mus.*) Differenza d'altezza fra due suoni: *i. di un tono, di un semitono* | *I. di ottava*, fra due note uguali di due ottave successive. **4** (*mat.*) *I. aperto*, insieme dei numeri reali maggiori d'un numero e minori d'un altro | *I. chiuso*, insieme dei numeri reali maggiori o uguali a un numero e minori o uguali a un altro.

interveniènte o **intervenènte** [av. 1536] **A** part. pres. di *intervenire*; anche agg. ● (*raro*) Nei sign. del v. **B** s. m. e f. **1** (*dir.*) Chi interviene in una causa divenendone parte. **2** (*dir.*) Chi accetta o paga una cambiale tratta per conto dell'obbligato principale.

♦**intervenìre** [vc. dotta, lat. *intervenīre*, comp. di *ĭnter* 'in mezzo' e *venīre* 'venire'; av. 1293] v. intr. (coniug. come *venire*; aus. *essere*) **1** (*lett.* o *raro*) Accadere, succedere, capitare: *intervenne cosa di gran maraviglia* (LEOPARDI); *sono intervenute delle complicazioni*. **2** Intromettersi, frapporsi: *i. in una lite, una discussione* | Ingerirsi: *i. negli affari interni di un Paese* | (*sport*) *I. sulla palla*, nel calcio, raggiungere la palla e colpirla | *I. in attacco, in difesa*, partecipare alle relative azioni | *I. su un avversario*, ostacolarlo, arrestarlo nella sua azione di gioco. **3** Partecipare a cerimonie, riunioni e sim.: *i. alle nozze, alla festa*; *i. al dibattito, all'assemblea*. **4** (*dir.*) Divenire parte in un processo pendente, spontaneamente, su istanza di parte, o per ordine del giudice. **5** Compiere un intervento chirurgico: *il chirurgo non ritenne necessario i.*

interventìsmo [1918] s. m. **1** Tendenza favorevole all'intervento di uno Stato in una guerra combattuta da altri Stati. **2** Indirizzo generale della politica economica favorevole all'estensione dell'intervento dello Stato nell'economia del paese.

interventista [1915] s. m. e f.; anche agg. (pl. m. *-i*) ● Chi (o Che) è favorevole all'interventismo.

interventìstico [1957] agg. (pl. m. *-ci*) ● Relativo all'interventismo, agli interventisti.

♦**intervènto** [vc. dotta, lat. *intervĕntu(m)*, da *intervenīre* 'intervenire'; 1499] s. m. **1** Atto dell'intervenire: *l'i. della forza pubblica* | Partecipazione, presenza: *l'i. delle autorità all'inaugurazione*. **2** (*dir.*) L'intervenire come parte in un processo pendente: *comparsa d'i.*; *i. litisconsortile* | *I. adesivo dipendente*, quello fatto da un terzo per sostenere le ragioni di una parte principale. **3** (*dir.*) *Accettante per i.*, persona indicata dal traente, dal girante o dall'avallante, che accetta o paga una cambiale tratta in vece dell'obbligato principale. **4** Discorso pronunciato in un'assemblea, in un dibattito e sim.: *il suo è stato l'i. più brillante*. **5** Ingerenza autoritaria di uno Stato negli affari interni o esteri di un altro Stato: *i. armato*; *i. diplomatico*; *i. economico* | *Principio del non i.*, principio secondo cui a nessuno Stato è lecito intervenire nella politica interna degli altri Stati. **6** (*med.*) Atto chirurgico, operazione: *i. operatorio*; *subire un grave i.* **7** (*sport*) Azione con cui un giocatore si impossessa della palla e sim. o la respinge.

intervenùto [1869] **A** part. pass. di *intervenire*; anche agg. ● Nei sign. del v. **B** s. m. (f. *-a*) ● Chi partecipa a cerimonie, riunioni e sim.: *salutare gli intervenuti*.

intervenzióne [vc. dotta, dal lat. *interventiōne(m)*, da *intervĕntus*, part. pass. di *intervenīre*; V. *intervenire*; av. 1442] s. f. ● (*raro, lett.*) Intervento.

intervenzionìsmo [da *intervenzione*; 1920] s. m. ● (*econ.*) Corrente di pensiero che afferma la necessità dell'intervento statale in ogni settore dell'economia nazionale.

interversióne [vc. dotta, lat. tardo *interversiōne(m)*, che aveva però il sign. di 'interruzione' e 'malversazione', da *intervĕrsus*, part. pass. di *intervĕrtere* 'volgere in altra direzione', comp. di *inter-* e *vĕrtere* 'volgere'; av. 1876] s. f. ● (*raro*) Inversione | (*dir.*) *I. nel possesso*, mutamento del titolo o della qualifica del possesso per opera di un terzo o per opposizione dell'avente causa.

intervertebràle [comp. di *inter-* e *vertebra*, con suff. agg.; 1806] agg. ● (*anat.*) Che è posto tra le vertebre.

intervia [comp. di *inter-* e *via* (*1*); 1957] s. f. ● (*ferr.*) Interbinario.

intervideo [comp. di *inter(no)* e *video*; 1983] s. m. ● Videocitofono.

intervista [adattamento dell'ingl. *interview*, a sua volta dal fr. *entrevue*, part. pass. f. sost. di *entrevoir* 'intravedere'; 1887] s. f. **1** Colloquio di un giornalista, radiocronista, telecronista e sim. con una persona per ottenerne dichiarazioni, informazioni, opinioni: *fare, chiedere, dare, rilasciare, concedere un'i.* **2** (*est.*) Informazione o serie di informazioni desunte dal colloquio stesso: *smentire, confermare l'i.* | L'articolo giornalistico o la trasmissione radiofonica o televisiva contenente tale colloquio. **3** (*org. az.*) Serie di domande poste a una o più persone per conoscerne opinioni, gusti, attitudini e sim.: *i. d'assunzione*; *i. di gruppo*.

intervistàre [da *intervista*; 1886] v. tr. ● Interrogare in un'intervista: *i. un attore, un ministro*.

intervistàto [1957] **A** part. pass. di *intervistare*; anche agg. ● Nei sign. del v. **B** s. m. (f. *-a*) ● Chi è interrogato in un'intervista.

intervistatóre [1898] s. m. (f. *-trice*) **1** Chi fa un'intervista. **2** Chi compie ricerche di mercato intervistando direttamente i potenziali acquirenti.

inter vivos [lt., propr. 'tra (*înter*) vivi (*vīvos*)' acc. pl. di *vīvus* 'vivo'; av. 1422] **loc. agg. inv.** ● (*dir.*) Detto di negozio giuridico concluso tra persone viventi.

intervocàlico [comp. di *inter-* e *vocalico*; 1957] **agg.** (**pl. m.** *-ci*) ● (*ling.*) Detto di suono consonantico che si trova fra due vocali.

interzàre [comp. di *in-* (*1*) e *terzo*; sec. XIV] **v. tr.** (*io intèrzo*) *1* (*lett.*) Inserire una cosa come terza fra altre due | (*raro*) Alternare | (*raro*) Interporre. *2* (*mar.*; *disus.*) Mettere il terzo rematore. *3* (*agr.*) Compiere la terza aratura del maggese. *4* †Far parte di un terzo cioè di un reggimento | †Mescolare soldati di diversi corpi.

interzàto [da *interzare*; 1940] **A s. m.** ● (*arald.*) Scudo con il campo diviso in tre parti uguali. **B** anche **agg.**: *scudo i.*

interzinàre [comp. di *in-* (*1*) e *terzino*; 1869] **v. tr.** ● (*tosc.*) Mettere vino pregiato in un fiaschetto terzino, corrispondente a un terzo del fiasco comune.

interzonàle [comp. di *inter-* e *zona*, con suff. agg., sul modello dell'ingl. *interzonal*; 1950] **agg.** ● (*raro*) Che riguarda due o più zone.

interzóne [comp. di *inter-* e il pl. di *zona*, in uso agg.; 1938] **agg. inv.** ● Interzonale: *collegamento i.*

intésa [f. sost. di *inteso*; 1699] **s. f.** *1* Accordo tra persone o gruppi di persone: *tutto è regolato da un'i. segreta*; *tacita i.*; *essere, agire d'i.*; *come d'i.* | †***Mettere le intese***, spargere la voce | ***Intese industriali***, accordi tra imprese appartenenti allo stesso ramo di attività economica. **SIN.** Patto. *2* Accordo tra Stati | Complesso degli Stati uniti da un tale accordo: *l'Intesa balcanica* | (*st.*) ***La triplice i.***, (*ellitt.*) ***l'Intesa.***, la Francia, la Gran Bretagna e la Russia, alleate contro gli imperi centrali nella prima guerra mondiale. *3* Collaborazione: *avere un'ottima i. con i compagni di lavoro* | Nel linguaggio sportivo, coordinazione tra i componenti di una squadra nello svolgimento delle azioni: *curare l'i. con i compagni di squadra.* *4* †Attenzione.

♦**intéso** [1294] **A part. pass.** di *intendere*; anche **agg.** *1* Compreso, capito: *parole correttamente intese* | ***Bene, male i.***, bene o mal interpretato; V. anche *beninteso, malinteso.* **CFR.** Frainteso. *2* Che tende a un fine: *un provvedimento i. a ridurre l'inflazione.* *3* Pattuito, convenuto | ***Resta, rimane i. che ...***, è convenuto che ...: *resta i. che le spese sono a carico tuo* | ***Sia bene i.***, sia chiaro: *sia bene i. che io sono contrario!* | (*al pl.*) ***Siamo intesi***, siamo d'accordo: *allora siamo i., ci vediamo alle otto*; (in frasi interrogative, anche con tono di ammonimento) *pagherò tra due mesi, siamo intesi?*; *non uscire a giocare prima di aver terminato i compiti, siamo intesi?* (anche ellitt.: *intesi?*). *4* (*raro*) Informato | ***Non darsi, non darsene per i.***, rifiutare di capire o fingere di non curarsi di qlco. *5* (*lett.*) Intento, dedito, attento: *povera e nuda vai Filosofia, / dice la turba al vil guadagno intesa* (PETRARCA). *6* (*raro, lett.*) Ben concepito, eseguito bene e con gusto: *progetto, edificio bene i.*; *la quale opera ... è fra le più graziose e meglio intese pitture che Francesco facesse mai* (VASARI) | (*lett.*) ***Male i.***, mal fatto. **B s. m.** ● †Intesa, accordo.

intèssere [lat. *intèxere*, comp. di *in-* raff. e *tèxere* 'tessere'; sec. XIV] **v. tr.** (coniug. come *tessere*) *1* Tessere, intrecciare insieme: *i. giunchi per una cesta*; *i. ghirlande* | (*raro*) Inserire per ornamento (*anche fig.*): *i. fili d'oro in qlco.*; *i. ricercatezze in uno scritto.* *2* (*fig.*) Comporre: *i. melodie, panegirici* | (*fig.*) Ordire, tramare: *i. inganni.*

intessitùra [1584] **s. f.** ● (*raro*) Tessitura.

intessùto [av. 1537] **part. pass.** di *intessere*; anche **agg.** ● Nei sign. del v. | (*fig.*) Pieno, costellato: *un resoconto i. di fandonie.*

intestàbile (*1*) [da *intestare*] **agg.** ● Che può essere intestato: *titoli, beni intestabili.*

intestàbile (*2*) [vc. dotta, lat. *intestābile(m)*, comp. di *in-* neg. e *testābilis* 'testabile'] **s. m. e f.** ● (*dir.*) Chi (o Che) non può disporre o ricevere per testamento.

intestardirsi [comp. di *in-* (*1*) e *testardo*; 1886] **v. intr. pron.** (*io m'intestardisco, tu t'intestardisci*) ● Ostinarsi, fissarsi: *si è intestardito e non ammette di sbagliare.* **SIN.** Incaponirsi.

intestàre [comp. di *in-* (*1*) e *testa*; 1812] **A v. tr.** (*io intèsto*) *1* Fornire del titolo o dell'intestazione un libro, un foglio, una lettera e sim.: *i. una busta*; *i. una lettera* | ***I. il foglio del compito in classe***, scrivendovi in alto il nome, il cognome e la data. *2* Attribuire a qlcu. la titolarità di dati diritti od obblighi o, genericamente, di date situazioni, mediante apposite registrazioni: *i. a qlcu. una casa, un debito.* *3* (*tecnol.*) Collegare le testate degli elementi di una struttura: *i. due travi* | (*mecc.*) Effettuare l'intestatura. *4* (*min.*) Iniziare la perforazione di un foro da mina o di un sondaggio. **B v. intr. pron.** ● Intestardirsi, ostinarsi: *si è intestato a voler partire subito.* **SIN.** Fissarsi, incaponirsi.

intestatàrio [da *intestato* (*2*); 1957] **s. m.** (**f.** *-a*) ● Soggetto titolare di dati diritti od obblighi, o genericamente, a cui fa capo una data situazione giuridica.

intestàto (*1*) [1532] **part. pass.** di *intestare*; anche **agg.** *1* Fornito di intestazione | ***Carta intestata***, con gli estremi della persona, ufficio e sim. che la utilizza. *2* Attribuito a un titolare: *appartamento i. alla moglie.* *3* (*raro*) Ostinato.

intestàto (*2*) [vc. dotta, lat. *intestātu(m)*, comp. di *in-* neg. e *testātus* 'testato'; 1308] **A agg.** ● (*dir.*) Che è morto senza aver fatto testamento | ***Successione intestata***, successione legittima che si apre quando manca o è invalido il testamento. **B s. m.** (**f.** *-a*) ● Chi è morto senza aver fatto testamento.

intestatóre [da *intestare*] **s. m.** ● (*mecc.*) Utensile per effettuare l'intestatura al tornio. **SIN.** Sfacciatore.

intestatùra [da *intestare*; 1781] **s. f.** *1* (*raro*) Intestazione. *2* (*tecnol.*) Unione fra le testate di due pezzi da costruzione | Punto in cui i due pezzi sono uniti. **SIN.** Commettitura. *3* (*mecc.*) Tornitura dell'estremità di un pezzo cilindrico o troncoconico allo scopo di renderla piana e perpendicolare all'asse del pezzo stesso. **SIN.** Sfacciatura.

intestazióne [da *intestare*; 1725] **s. f.** *1* L'intestare: *l'i. di un conto.* *2* Dicitura, titolo, nome che si pone all'inizio di libri, scritti, articoli e sim.

intestinàle [da *intestino* (*2*); 1681] **agg.** ● (*anat.*) Dell'intestino: *canale i.*

intestino (*1*) [vc. dotta, lat. *intestīnu(m)*, da *intus* 'dentro', con suff. di orig. indeur.; av. 1363] **agg.** ● (*raro*) Interiore, interno | ***Guerra, discordia intestina***, che avviene all'interno di uno Stato, di una città, di un'organizzazione.

intestino (*2*) [vc. dotta, lat. *intestīnu(m)*, nt. sost. dell'agg. *intestīnus* (cfr. voce precedente); av. 1320] **s. m.** (**pl.** *-i*, **m.** †*-e*, **f.**) ● (*anat.*) Tratto del canale alimentare che fa seguito allo stomaco e sbocca all'esterno con l'orifizio anale | ***I. tenue***, dal piloro alla valvola ileocecale | ***I. crasso, grosso i.***, ultimo tratto del canale intestinale, dalla valvola ileocecale all'ano | ***I. cieco***, prima parte dell'intestino crasso | ***I. retto***, ultimo tratto dell'intestino crasso. **CFR.** entero-. ➡ **ILL.** p. 2123 ANATOMIA UMANA.

intèsto [vc. dotta, lat. *intèxtu(m)*, part. pass. di *intèxere* 'intessere'; av. 1400] **agg.** ● (*lett.*) Intessuto, intrecciato.

intiepidire o **intepidire** [comp. di *in-* (*1*) e *tiepido*; 1338 ca.] **A v. tr.** (*io intiepidisco, tu intiepidisci*) *1* Rendere tiepido: *i. la minestra fredda sul fuoco*; *i. l'acqua bollente con acqua fredda.* *2* (*fig.*) Mitigare, attenuare passioni, desideri e sim.: *i. l'entusiasmo, la passione di qlcu.* **B v. intr. e intr. pron.** (aus. *essere*) ● Diventare tiepido (*anche fig.*): *l'acqua è intiepidita lentamente*; *la sua fede si è intiepidita.*

intièro o **intiéro** e *deriv.* ● V. *intero* e *deriv.*

intifàda [ar. *intifāda* 'sussulto'; 1988] **s. f.** ● Forma di lotta di massa dei Palestinesi, organizzata a partire dal 1987 nei territori della Cisgiordania e di Gaza occupati da Israele, caratterizzata da atti di disobbedienza civile, manifestazioni illegali e uso di armi improprie.

intignàre [comp. di *in-* (*1*) e *tigna*; av. 1342] **A v. intr.** (aus. *essere*) ● (*raro*) Essere roso dalle tignole: *la stoffa di lana intigna facilmente* | (*est.*) Essere attaccato da parassiti: *il grano intigna.* **B v. intr. pron.** *1* (*raro*) Intarlare: *le pellicce si intignano se non sono protette.* *2* Ammalarsi di tigna. *3* (*merid.*) Ostinarsi.

intignatùra [1688] **s. f.** ● (*raro*) L'intignare | Segno lasciato dalle tignole su stoffe, pelli e sim.: *cappotto pieno di intignature.*

†**intignere** ● V. *intingere.*

intima [f. sost. di *intimo*] **s. f.** ● (*anat.*) Strato interno della parete delle arterie e delle vene, a diretto contatto con il sangue: *i. vasale.*

intimàre [vc. dotta, lat. tardo *intimāre*, da *intimus* 'intimo', passato dal sign. originario di 'penetrare, introdurre' a quello di 'annunciare dentro al pubblico'; 1476] **v. tr.** (*io intìmo* o *intimo*) *1* Ordinare o imporre in modo perentorio: *gli intimò di partire entro un'ora*; *i. la resa*; *i. ai testimoni di presentarsi a deporre* | Notificare in forma ufficiale: *i. lo sfratto, il pagamento* | ***I. la guerra***, dichiararla. **SIN.** Comandare, ingiungere. *2* †Rendere intimo, proprio. *3* (*raro*) Annunziare, bandire.

intimatóre [vc. dotta, lat. tardo *intimatōre(m)*, da *intimātus* 'intimato'; av. 1667] **agg.**; anche **s. m.** (**f.** *-trice*) ● (*raro*) Che (o Chi) intima.

intimazióne [vc. dotta, lat. *intimatiōne(m)*, da *intimātus* 'intimato'; 1531] **s. f.** *1* L'intimare | Ordine, ingiunzione: *i. inefficace*; *s'irritò fieramente all'assurda, perentoria i.* (PIRANDELLO) | Notificazione: *i. di sfratto* | ***I. di pagamento***, invito rivolto al debitore di adempiere, pagando il proprio debito. **SIN.** Comando. *2* Mezzo con cui si intima qlco.: *ricevere l'i. di guerra.*

intimidatòrio [da *intimidazione*, secondo un rapporto usuale fra simili coppie di nomi; 1915] **agg.** ● Che tende a intimorire: *discorso i.*; *lettera intimidatoria.*

intimidazióne [fr. *intimidation*, da *intimider* 'intimidire'; 1848] **s. f.** ● Atto o discorso che tende a intimidire: *cedere a un ricatto a causa di crudeli intimidazioni.*

intimidiménto [1869] **s. m.** ● L'intimidire, l'intimidirsi | Senso di timidezza.

intimidire [comp. di *in-* (*1*) e *timido*; av. 1634] **A v. tr.** (*io intimidisco, tu intimidisci*) *1* Rendere timido: *gli estranei lo intimidiscono.* *2* Incutere timore o spavento per imporre qlco. o per distogliere da qlco.: *i. qlcu. con prepotenze e minacce.* **B v. intr. e intr. pron.** (aus. *essere*) ● Diventare timido: *intimidisce davanti ai genitori*; *si è intimidito dovendo parlare in pubblico.*

intimidito [1618] **part. pass.** di *intimidire*; anche **agg.** ● Che prova timidezza, timore, imbarazzo e sim.

intimìsmo [comp. di *intimo* e *-ismo*; 1950] **s. m.** ● Tendenza artistica di chi assume contenuti prevalentemente intimi, personali, interiori, con suggestioni sentimentali.

intimìsta [1925] **s. m. e f.**; anche **agg.** (**pl. m.** *-i*) ● Chi (o Che) segue l'intimismo.

intimìstico [1973] **agg.** (**pl. m.** *-ci*) ● Proprio dell'intimismo: *poesia intimistica* | Caratterizzato da intimismo: *tono i.* || **intimisticaménte**, **avv.** In modo intimistico, con toni intimistici.

intimità [1818] **s. f.** *1* Caratteristica, condizione di ciò che è intimo: *l'i. di un rapporto, di un'amicizia.* *2* Luogo, ambiente intimo (*anche fig.*): *rilassarsi nell'i. della casa*; *l'i. dello spirito* | Carattere intimo di un rapporto amoroso o sessuale: *essere in i. con qlcu.* *3* (*spec. al pl.*) Atti, espressioni confidenziali tra persone legate da rapporti di parentela, amicizia, affetto: *non gradire le i. di qlcu.*

intimo [vc. dotta, lat. *īntimu(m)*, superl. di *intĕrior* 'che è più interno', da *īnter* 'dentro'; 1294] **A agg.** *1* (*raro*) Che è più interno o profondo: *rimase scosso fin nelle intime fibre*; *grotta che scende fin nelle intime profondità del suolo.* *2* Che è radicato nel profondo dell'animo: *intima convinzione, persuasione*; *gli affetti intimi* | ***La vita intima***, quella spirituale. *3* (*fig.*) Che è più nascosto e segreto: *comprendo ogni i. moto del suo animo*; *sentire l'i. significato di una poesia* | ***Biancheria intima***, quella che si indossa direttamente sull'epidermide | ***Parti intime***, zone del corpo che per pudore si tengono coperte | ***Igiene intima***, che riguarda tali parti. *4* (*raro*) Che interessa gli elementi o le strutture fondamentali: *intima coesione molecolare*; *appurare l'intima connessione dei fatti.* *5* Detto di rapporto personale particolarmente stretto o di persona legata ad altri da rapporti molto stretti: *amico i.*; *i. rapporto epistolare*; *intima amicizia* | ***Rapporti intimi***, (*eufem.*) relazione amorosa, sessuale | ***Sorprendere qlcu. in i. colloquio***, (*eufem.*) durante un incontro amoroso | ***Pranzo i., cerimonia intima***, e sim., riservata ai parenti e agli amici più stretti. || **intimaménte**, **avv.** *1* In modo intimo; profondamente, strettamente: *conoscere intimamente.* **2** Nel profondo dell'animo; *essere intimamente convinto di qlco.* **3** In stretta relazione: *due fenomeni intimamente collegati.* **B** s. m. **1** (*solo sing.*) Parte interna | (*fig.*) Zona più segreta e nascosta dell'animo, della coscienza e degli affetti: *nel suo i. non ammise mai di aver sbagliato*; *soffrire, gioire nell'i.* **2** (*spec. al pl.*; f. *-a*) Persona che ha legami di sangue, di affetto, di amicizia con altra o altre: *mise a conoscenza del fatto gli intimi della casa*; *invitare gli intimi alle nozze.* **3** (*solo sing.*) Biancheria intima: *la moda dell'i.* | Il settore produttivo e commerciale relativo a tali indumenti.

intimoriménto [1869] s. m. ● L'intimorire, l'intimorirsi | Stato d'animo di chi è intimorito.

intimorìre [comp. di *in-* (*1*) e *timore*; 1607] **A** v. tr. (*io intimorisco, tu intimorisci*) ● Incutere timore: *i. i bambini con il proprio aspetto severo.* **B** v. intr. pron. ● Essere preso da timore: *un oratore che si intimorisce alla vista del pubblico.*

intimorìto [av. 1644] part. pass. di *intimorire*; anche agg. ● Pieno di timore.

intìngere o †**intìgnere** [vc. dotta, lat. *intĭngere*, comp. di *in-* 'dentro' e *tĭngere* 'bagnare'; 1336 ca.] **A** v. tr. (coniug. come *tingere*) **1** Immergere o bagnare leggermente in un liquido: *i. i biscotti nel latte*; *i. la penna nell'inchiostro* | (*fig.*) ***I. la penna nel fiele***, scrivere con odio, rancore e sim. **2** †Tingere. **B** v. intr. (aus. *avere*) ● (*tosc.*) Attingere | (*fig.*) ***I. in, a un affare***, prendervi parte o trarne utile.

intìngolo [lat. parl. **intĭngulu(m)*, da *intĭngere* sul modello di *iūsculum* 'brodetto' (da *iūs* 'brodo'); 1539] s. m. **1** Salsa, condimento liquido di una vivanda. **2** (*est.*) Vivanda di carne con salsa | Pietanza gustosa con molto sugo: *preparare dei buoni intingoli*; *troppi intingoli guastano lo stomaco.* **3** (*fig.*) Discorso, scritto confuso o raccogliticcio. **4** †Pozione medicamentosa di vari ingredienti.

intìnto [sec. XIV] **A** part. pass. di *intingere*; anche agg. ● Nei sign. del v. **B** s. m. ● (*raro*) Salsa, sugo, intingolo.

intirannìre [comp. di *in-* (*1*) e *tiranno*; av. 1646] v. intr. e intr. pron. (*io intirannisco, tu intirannisci*; aus. *essere*) ● (*raro*) Infierire o comportarsi da tiranno | (*lett., raro*) Diventare tiranno.

intirizziménto (o *-zz-*) [sec. XIV] s. m. ● L'intirizzire, l'intirizzirsi | Perdita di sensibilità dovuta al freddo eccessivo.

intirizzìre [vc. onomat. con richiamo a *interito* 'irrigidito'; 1615] **A** v. tr. (*io intirizzisco* (o *-zz-*), *tu intirizzisci* (o *-zz-*)) **1** Agghiacciare riducendo la sensibilità e la capacità di movimento: *il freddo mi ha intirizzito le mani.* **2** †Rendere rigido, paralizzare. **B** v. intr. e intr. pron. (aus. *essere*) **1** Perdere parzialmente movimento e sensibilità per il freddo eccessivo: *le membra intirizziscono*; *gli si sono intirizzite le mani per il gelo* | ***Le foglie intirizziscono***, cadono per il gelo. **2** (*tosc.*) Stare troppo ritto e impalato nella persona.

intirizzìto (o *-zz-*) [sec. XIV] part. pass. di *intirizzire*; anche agg. ● Nei sign. del v.

intisichìre [comp. di *in-* (*1*) e *tisico*; av. 1300] **A** v. tr. (*io intisichisco, tu intisichisci*) **1** (*raro*) Fare diventare tisico | (*est., raro*) Far ammalare, spossare. **2** (*fig.*) Estenuare, togliere vigore: *la poca luce intisichisce le piante.* **B** v. intr. e intr. pron. (aus. *essere*) **1** (*raro*) Diventare tisico | (*est., raro*) Ammalarsi. **2** (*fig.*) Deperire, intristire, consumarsi.

intitolaménto [av. 1729] s. m. ● Titolo, intestazione, intitolazione.

intitolàre [vc. dotta, lat. tardo *intitulāre*, comp. di *in-* (*1*) e *titulāre* 'titolare', da *tĭtulus* 'titolo'; 1336 ca.] **A** v. tr. (*io intìtolo*) **1** Fornire del titolo un'opera letteraria, teatrale, cinematografica: *Manzoni pensava di i. il suo romanzo 'Fermo e Lucia'.* **2** Dedicare una chiesa, un convento, una collegiata o un qualsiasi ente canonico al nome di uno o di più patroni | (*est.*) Dedicare una strada, una piazza e sim. a personaggi o fatti illustri, attribuendole il loro nome, in segno di omaggio: *i. una via a Cesare Battisti* | (*est.*) Dedicare: *i. un premio a una persona cara.* **3** (*raro*) Conferire titolo onorifico o nobiliare: *i. qlcu. cavaliere.* **4** (*raro, lett.*) Attribuire, assegnare: *i. un'opera a un autore.* **B** v. intr. pron. ● Avere per titolo: *non ricordo più come s'intitolava quel film.* **C** v. rifl. ● (*raro*) Darsi un titolo onorifico o nobiliare.

intitolazióne [1620] s. f. **1** L'intitolare | Parole, dedica, complesso di dati o notizie, e sim., con cui si intitola qlco.: *l'i. di un libro, di un documento.* **2** (*raro*) Titolo onorifico.

intoccàbile [comp. di *in-* (*3*) e *toccabile*; 1598] s. m. e f.; anche agg. ● Chi (o Che) non si può o non si deve toccare. SIN. Intangibile | ***La casta degli intoccabili***, i paria, in India | (*fig.*) Chi (o Che) non può essere soggetto a critiche, attacchi e sim.: *si ritiene un i.*

intoccàto [comp. di *in-* (*3*) e *toccato*; 1965] agg. ● (*raro*) Che non è ancora stato toccato: *giacimenti intoccati.*

intolleràbile [vc. dotta, lat. *intolerābile(m)*, comp. di *in-* neg. e *tolerābilis* 'tollerabile'; 1294] agg. ● Che non si può o non si deve tollerare: *offesa, soperchieria i.* | Insopportabile: *dolore, sete, fatica i.* || **intollerabilménte**, avv. In modo intollerabile, insopportabile.

intollerabilità [vc. dotta, lat. tardo *intolerabilitāte(m)*, comp. di *in-* neg. e di un deriv. da *tolerābilis* 'tollerabile'; 1673] s. f. ● Caratteristica di ciò che è intollerabile.

intolleràndo [vc. dotta, lat. *intolerāndu(m)*, comp. di *in-* neg. e *tolerāndus*, gerundivo di *tolerāre* 'tollerare'; sec. XIV] agg. ● (*raro, lett.*) Che non deve essere tollerato: *oltraggio i.* | (*lett.*) Insopportabile: *tutti / d'i. duolo il cuor compresi / si versâr dalle porte* (MONTI).

intollerànte [vc. dotta, lat. *intolerānte(m)*, comp. di *in-* neg. e *tŏlerans*, genit. *tolerāntis*, part. pres. di *tolerāre* 'tollerare'; 1581] **A** agg. (assol.; + *di*; + *verso*) **1** Che non può o non vuole tollerare: *stomaco i. di alcuni cibi* | Insofferente, impaziente: *un carattere i. di novità* (LEOPARDI). **2** Che non accetta né tollera opinioni o convinzioni diverse dalle proprie: *una persona i. verso ogni forma di dissenso*; *natura, indole i.* **B** anche s. m. e f.: *sei proprio un i.!* SIN. Intransigente. || **intolleranteménte**, avv. Senza tolleranza.

intollerànza [vc. dotta, lat. *intolerāntia(m)*, comp. di *in-* neg. e *tolerāntia* 'tolleranza'; av. 1481] s. f. (assol.; + *per*; lett. + *di*; + *verso*) **1** Caratteristica di chi (o di ciò che) è intollerante: *peccare di i.*; *non riesce a nascondere la sua i. per le chiacchiere*; *l'i. di ogni simulazione e dissimulazione* (LEOPARDI) | ***I. verso un farmaco***, impossibilità di assumere un farmaco per l'insorgenza di una abnorme reazione dell'organismo. SIN. Insofferenza. **2** Atteggiamento di totale rifiuto e di rigida chiusura nei confronti di idee o convinzioni diverse dalle proprie: *i. religiosa, politica, razziale*; *dimostrare i. nei confronti degli avversari politici.*

intonàbile [da *intonare* (*1*); av. 1647] agg. ● Che si può intonare.

intonacaménto [av. 1616] s. m. ● (*raro*) Intonacatura.

intonacàre o †**intonicàre** [comp. di *in-* (*1*) e *tonaca*, anche in senso fig., forse già nel lat. parl.; 1296] v. tr. (*io intònaco, tu intònachi*) **1** Rivestire d'intonaco: *i. un muro.* **2** (*est.*) Ricoprire una superficie con un'altra sostanza: *i. di cera, di pece* | (*fig., scherz.*) Imbellettare, truccare: *i. il viso di cipria.*

intonacàto o †**intonicàto** [sec. XIV] **A** part. pass. di *intonacare*; anche agg. ● Nei sign. del v. **B** s. m. ● (*raro, tosc.*) Intonaco.

intonacatóre [av. 1731] s. m. (f. *-trice*) ● Muratore che provvede a intonacare.

intonacatrìce [1957] s. f. ● Attrezzo del muratore, per intonacare.

intonacatùra [1570] s. f. ● Lavoro dell'intonacare | Intonaco.

intonachìno [1965] s. m. ● L'ultimo strato dell'intonaco, di malta fine.

intonachìsta [1957] s. m. e f. (pl. m. *-i*) ● Intonacatore.

intònaco o †**intònico** [da *intonacare*; av. 1405] s. m. (pl. *-ci* o *-chi*) **1** Strato di malta, di piccolo spessore, con cui si ricoprono le superfici di muri e soffitti per protezione e abbellimento. **2** (*fig., scherz.*) Belletto, trucco: *rifarsi l'i.*

intonàre (**1**) [vc. dotta, lat. mediev. *intonāre*, comp. di *in-* (*1*) e *tŏnus* 'tono (1)'; 1353] **A** v. tr. (*io intòno*) **1** Impostare nel tono giusto la voce o uno strumento musicale: *i. il violino* | Eseguire una nota col tono giusto: *i. un la, un si.* **2** Mettere in accordo più voci o più strumenti su una nota fondamentale | (*fig.*) Accordare, armonizzare: *i. i colori tra loro*; *i. la borsa al vestito*; *i. l'espressione alle circostanze.* **3** Iniziare a cantare le prime parole di un inno, spec. per dare l'avvio agli altri che devono proseguire: *i. il Te Deum, il Magnificat* | (*gener.*) Cominciare a cantare o a suonare: *intonò un motivetto* | (*est., fig.*) Incominciare a parlare con tono alto e solenne: *i. un discorso.* **4** (*lett.*) Musicare, mettere in musica. **5** †Parlare di qlco. in modo vago o per accenni. **6** †Recitare. **B** v. intr. pron. (assol.; + *con*) ● Essere in tono, armonizzare (*spec. fig.*): *colori che non si intonano*; *queste scarpe si intonano con l'abito.*

†**intonàre** (**2**) o †**intuonàre** [comp. di *in-* (*1*) e *tonare*; av. 1375] v. tr. ● Rintronare, intronare.

intonarumóri [comp. di *intona(re)* (*1*) e il pl. di *rumore*; 1913] s. m. inv. ● Nel futurismo, strumento fatto per riprodurre secondo leggi musicali i rumori, come fischi, urli, frastuoni e sim.

intonàto [av. 1936] part. pass. di *intonare*; anche agg. ● Che ha una buona o una corretta intonazione: *un cantante i.*; *un pianoforte non i.* | (*fig.*) Che è in tono, in armonia; che è adatto: *una cravatta intonata alla giacca*; *parole poco intonate alla circostanza.* || **intonataménte**, avv.

intonatóre [1723] s. m. **1** (f. *-trice*) Addetto all'intonazione degli strumenti. **2** †Chi mette in musica un testo poetico.

intonatùra s. f. ● (*raro*) Intonazione.

intonazióne [1499] s. f. **1** L'intonare: *l'i. di un salmo, di uno strumento* | (*fig.*) Disposizione armonica spec. di forme, colori e sim. **2** (*mus.*) Esecuzione esatta dell'altezza dei suoni | Capacità di eseguire esattamente i suoni. **3** (*mus.*) Suono per accordare gli strumenti. **4** Modulazione della voce nella pronuncia di una parola: *quando legge ha un'i. monotona* | Inflessione: *fece le domande con i. ironica.*

intonchiàre [comp. di *in-* (*1*) e *tonchio*; 1613] v. intr. (*io intónchio*; aus. *essere*) ● Essere roso dai tonchi, detto spec. di legumi.

†**intonicàre** e *deriv.* ● V. *intonacare* e *deriv.*

intónso (o *-ò-*) [vc. dotta, lat. *intŏnsu(m)*, comp. di *in-* neg. e *tŏnsus* 'tonso', part. pass. di *tondēre* 'tosare'; 1483] agg. **1** (*lett.*) Non tosato: *chiome e barba intonse.* **2** (*fig.*) Di libro cui non sono state ancora tagliate le pagine: *esemplare i.* | (*est.*) Nuovo, intatto: *libro i.*

intontiménto [1874] s. m. ● L'intontire, l'intontirsi | Stato di stordimento, stupore e sim. proprio di chi è intontito.

intontìre [comp. di *in-* (*1*) e *tonto*; 1863] **A** v. tr. (*io intontisco, tu intontisci*) **1** (*raro*) Rendere tonto. **2** (*est.*) Stordire, inebetire, frastornare: *le esalazioni lo hanno intontito*; *si lascia i. dal lavoro.* **B** v. intr. e intr. pron. (aus. *essere*) ● Diventare tonto, istupidire.

intontìto [av. 1904] part. pass. di *intontire*; anche agg. ● Stordito, frastornato, inebetito.

intoppàre [comp. di *in-* (*1*) e *toppo*; sec. XIII] **A** v. tr. (*io intòppo*) ● (*raro*) Urtare | (*est., raro*) Incontrare in modo inaspettato e improvviso: *i. un creditore.* **B** v. intr. e intr. pron. (aus. *essere* nel sign. 1, *avere* nel sign. 2) **1** Andare a urtare (*anche fig.*): *la nave intoppò in uno scoglio*; *i. in una difficoltà, in una parola illeggibile.* **2** (*tosc.*) Avere difficoltà di pronuncia: *quando è emozionato intoppa.*

intòppo [da *intoppare*; 1319] s. m. **1** Ostacolo, impedimento: *correre senza intoppi*; *non trovare intoppi* | (*fig.*) Difficoltà: *creare intoppi a qlcu.* **2** †Urto, scontro.

intorbaménto [1869] s. m. ● (*tosc.*) Intorbidamento.

intorbàre [1481] v. tr. e intr. pron. (*io intórbo*) ● (*tosc.*) Intorbidare, detto spec. di acque.

intorbidaménto [sec. XIV] s. m. ● L'intorbidarsi | ***I. dei vini***, alterazione di natura biologica o chimica | (*fig.*) Offuscamento.

intorbidàre [comp. di *in-* (*1*) e *torbido*; av. 1292] **A** v. tr. (*io intórbido*) **1** Rendere torbido, far diventare torbido: *la piena ha intorbidato l'acqua del fiume.* **2** (*fig.*) Turbare, agitare, sconvolgere: *i. gli animi* | ***I. le acque***, (*fig.*) provocare confusione per trarne profitto. **3** (*fig.*) Confondere, offuscare: *l'ira gli aveva intorbidato la mente*; *i. la vista.* **B** v. intr. e intr. pron. (aus. *essere*) **1** Diventare torbido. **2** (*fig.*) Diventare confuso, offuscarsi: *il tempo si intorbida*; *il cervello gli si è intorbidato per la malattia.*

intorbidatóre [av. 1519] agg.; anche s. m. (f. *-trice*) ● (*raro*) Che (o Chi) intorbida.

intorbidazióne [av. 1694] s. f. ● (*raro*) Intorbidamento.

intorbidiménto [1918] s. m. ● Intorbidamento.

intorbidire [av. 1566] v. tr., intr. e intr. pron. (*io intorbidisco, tu intorbidisci*; aus. *essere*) ● Intorbidare, detto spec. di liquidi.

intorcinàre [da avvicinare a *torcere* e *attorcigliare*; 1959] **A** v. tr. (*io intòrcino*) ● (*rom.*) Attorcigliare. **B** v. rifl. ● (*rom.*) Contorcersi, dimenarsi, riferito a persona.

intorcinàto [av. 1940] part. pass. di *intorcinare*; anche agg. ● (*rom.*) Attorcigliato | (*fig.*) Confuso, caotico, disordinato: *mi ha fatto un discorso tutto i.*

intormentiménto [1806] s. m. ● (*raro*) Sensazione di intorpidimento.

intormentire [variante di *indormentire* per sovrapposizione di *tormento*; av. 1597] **A** v. tr. (*io intormentisco, tu intormentisci*) ● Rendere torpido, insensibile: *il colpo mi ha intormentito il braccio.* **B** v. intr. pron. ● Perdere sensibilità per freddo, posizione scomoda e sim.: *mi si sono intormentite le gambe a forza di stare seduto.*

intorniàre [da *intorno*; av. 1292] v. tr. (*io intórnio*) **1** (*lett.*) Attorniare, circondare: *i. un giardino con un muro.* **2** (*raro, fig.*) Stare intorno a qlcu. per circuirlo, insidiarlo. **3** †Occupare, invadere.

♦**intórno** [comp. della prep. *in* e di *torno* nel senso di 'giro'; av. 1250] **A** avv. ● In giro, nello spazio, nei luoghi circostanti: *volgere lo sguardo i.*; *guardarsi i.* | Con valore raff. nella loc.: ***tutt'i.***: *tutt'i. crescono erbacce e rovi* | (*iter.*) ***I. i. corre un'alta muraglia***; ***intorno intorno / tutto è silenzio ne l'ardente pian*** (CARDUCCI) | Preceduto da altri avv. di luogo: *non startene qui i.*; *stanno tutti lì i. immobili* | Preceduto da prep.: *volgere lo sguardo all'i.*; *non riesco a levarmi d'i. quel seccatore.* CFR. anfi-. SIN. Attorno. **B** nella loc. prep. ***i. a*** **1** Attorno a: *non voglio nessuno i. a me*; *non mi girare i.*; *i. a lui si radunò molta gente*; *la Terra gira i. al Sole* | ***Stare, mettersi i. a qlcu.***, non abbandonarlo mai; (*fig.*) insistere, importunarlo per ottenere qlco. | (*raro*) Senza la prep. '*a*': *i. la casa c'è un giardino* | (*lett.*) †Con il pron. pers. encl.: *intornogli*, intorno a lui; *intornovi*, intorno a voi | †***I. da, i. di***: *son nel pozzo i. da la ripa* (DANTE *Inf.* XXXI, 32). **2** Riguardo, sull'argomento di: *uno scritto i. alle origini della lingua italiana*; *discutere i. a gravi questioni*; *lavorare i. a un quadro, a un libro.* **3** Circa: *la conversione del Manzoni avvenne intorno al 1810*; *l'ha pagato i. a cinquecento euro* | Verso: *i. a Pasqua*; *i. alla fine dell'anno.* **C** in funzione di agg. inv. ● Circostante: *non c'è una casa in tutta la zona i.*; *i paesi, le province i. sono scarsamente popolati.* **D** In funzione di s. m. **1** (*lett.*) Luogo circostante: *l'i. è deserto*; *la gente viene d'ogni i.* **2** (*mat.*) ***I. d'un punto***, insieme di tutti i punti la cui distanza da un punto dato è inferiore a un valore fissato.

intorpidiménto [1869] s. m. ● L'intorpidirsi | Sensazione di torpidità: *un i. alle dita della mano destra* (PIRANDELLO) | (*fig.*) Perdita di vigore fisico o mentale.

intorpidire [comp. di *in-* (*1*) e *torpido*; av. 1730] **A** v. tr. (*io intorpidisco, tu intorpidisci*) **1** Rendere torpido: *il freddo mi intorpidisce le membra.* **2** (*fig.*) Fare diventare lento, tardo: *il vino intorpidisce il cervello.* **B** v. intr. e intr. pron. (aus. *essere*) **1** Diventare torpido. **2** (*fig.*) Diventare fiacco, inerte: *sono intorpidito nell'ozio*; *la mente si intorpidisce nell'inattività.*

intorpidito [av. 1730] part. pass. di *intorpidire*; anche agg. ● Nei sign. del v.

intortàre [da *intorto*; 1986] v. tr. (*io intórto*) ● (*gerg.*) Imbrogliare, raggirare.

†**intorticciàre** [comp. di *in-* (*1*) e *torticcio*] v. tr. ● Attorcere.

intortigliàre [fr. *entortiller*, da *entort*, ant. part. pass. di *entordre* 'attorcere'; 1499] v. tr. (*io intortìglio*) ● (*raro*) Attortigliare.

intòrto [vc. dotta, lat. *intŏrtu(m)*, part. pass. di *intorquēre* 'torcere (*torquēre*) in dentro (*in-*)'; av. 1320] agg. ● (*lett.*) Attorcigliato, avvolto a spirale | (*est.*) Piegato, contorto: *dalle schiume canute ai gorghi intorti / premere vedemmo tutto il mare* (D'ANNUNZIO).

intoscanire [comp. di *in-* (*1*) e *toscano*; av. 1576] **A** v. tr. (*io intoscanisco, tu intoscanisci*) ● Conformare all'uso toscano: *i. il proprio accento.* SIN. Toscanizzare. **B** v. intr. pron. ● Diventare conforme, adeguarsi all'uso toscano, detto spec. di una lingua o un dialetto.

intossicàre [comp. di *in-* (*1*) e *tossico* (*1*); sec. XIV] **A** v. tr. (*io intòssico, tu intòssichi*) **1** Provocare intossicazioni, danneggiare con sostanze tossiche: *l'alcol intossica l'organismo*; *i. il sangue, i polmoni.* **2** (*fig.*) Corrompere moralmente: *sono spettacoli che intossicano i giovani.* **B** v. rifl. o intr. pron. ● Avvelenarsi: *intossicarsi col fumo.*

intossicàto [av. 1306] **A** part. pass. di *intossicare*; anche agg. ● Nei sign. del v. **B** s. m. (f. *-a*) ● Chi è colpito da intossicazione.

intossicazióne [da *intossicare*; 1877] s. f. ● (*med.*) Stato morboso provocato dall'azione di sostanze tossiche ingerite o assunte: *i. da cibi avariati*, *i. da medicinali* | ***I. professionale***, causata da sostanze tossiche presenti nell'ambiente di lavoro.

in tòto [lo. lat., propr. 'in tutto'] loc. avv. ● Totalmente, interamente, globalmente.

intozzàre [av. 1400] v. intr. e intr. pron. (*io intòzzo*; aus. *essere*) ● Intozzire.

intozzire [comp. di *in-* (*1*) e *tozzo*; 1886] v. intr. e intr. pron. (*io intozzisco, tu intozzisci*; aus. *essere*) ● (*raro*) Diventare tozzo.

†**intra** /ˈintra, ˈintra*/ ● V. *tra.*

intra- [pref. e prep. lat. *īntra-*, dal f. dell'agg. **ĭnteru(m)* 'che sta dentro, nell'interno', da *inter-*] pref. ● In parole composte dotte o della terminologia scientifica, significa 'dentro', 'situato nell'interno', 'che avviene, è effettuato nell'interno' di quanto indicato dal termine cui è aggiunto: *intramuscolare, intradosso, intraprendere, intravedere.*

intracardiaco [comp. di *intra-* e *cardiaco*; 1957] agg. (pl. m. *-ci*) ● (*anat.*) Detto di struttura, funzione o processo localizzati all'interno del cuore.

intracellulàre [comp. di *intra-* e *cellula*, con suff. agg.; 1952] agg. ● (*biol.*) Che è posto all'interno della cellula.

intracerebràle [comp. di *intra-* e *cerebro*, con suff. agg.; 1970] agg. ● (*anat.*) Che è nell'interno del cervello.

intracomunitàrio [comp. di *intra-* e *comunitario*; 1986] agg. ● Che avviene, si svolge, si manifesta all'interno di una comunità, spec. dell'Unione europea: *scambi, rapporti intracomunitari.*

intracrànico [comp. di *intra-* e *cranio*, con suff. agg.; 1970] agg. (pl. m. *-ci*) ● (*anat.*) Che è nell'interno del cranio.

intrada /sp. inˈtɾaða/ [vc. spagnola, propr. 'entrata'] s. f. inv. (pl. sp. *intradas*) ● (*mus.*) Brano strumentale del sec. XVI, lento e maestoso, che apriva cortei e cerimonie, più tardi anche opere e oratori.

intradèrmico [comp. di *intra-* e *derma*, con suff. agg.; 1952] agg. (pl. m. *-ci*) ● (*anat.*) Che è nello spessore del derma | (*med.*) ***Iniezione intradermica***, quella praticata con ago sottilissimo nello spessore del derma.

intradermoreazióne [comp. di *intra-*, *derma* e *reazione*; 1957] s. f. ● (*med.*) Forma di cutireazione ottenuta introducendo il liquido di saggio nello spessore del derma.

intradiegètico [fr. *intradiégétique*, comp. di *intra-* 'intra-' e *diégétique* 'diegetico'; 1990] agg. (pl. m. *-ci*) ● Detto di narrazione in cui il narratore si rivolge non al pubblico ma ad altri personaggi del racconto.

intradòsso [comp. di *intra-* e *dosso*, secondo il modello fr. *intrados*; 1785] s. m. **1** (*arch.*) Superficie interiore concava dell'arco o della volta. **2** (*est.*) Vano interno di porta o finestra, per lo più strombato. **3** Ventre, lato inferiore di un'ala, di un profilo aerodinamico, e sim.

intraducibile [comp. di *in-* (*3*) e *traducibile*; 1703] agg. ● Che non è possibile tradurre: *lingua i.* | (*fig.*) Che non si può esprimere o esplicitare con le parole: *espressione i.*; *gioia i.* ‖ **intraducibilménte**, avv. (*raro*) In modo intraducibile.

intraducibilità [1957] s. f. ● Caratteristica di ciò che è intraducibile: *l'i. di un idioma*; *l'i. di un sentimento.*

intrafamiliàre [comp. di *intra-* e *familiare*] agg. ● Che avviene all'interno della famiglia: *dinamiche, conflitti intrafamiliari.*

intrafèrro [comp. di *intra-* e *ferro* (magnetico); 1957] s. m. ● (*elettr.*) Traferro.

†**intrafinefàtto** o †**intrafinefàtta** [comp. di *intra-*, *fine* (*1*) e *fatto*] avv. **1** Interamente, totalmente. **2** Infinitamente, smisuratamente. **3** Immediatamente, all'istante.

intralciaménto [av. 1547] s. m. ● (*raro*) L'intralciare | Intralcio.

intralciàre [comp. di *in-* (*1*) e *tralcio*; 1353] **A** v. tr. (*io intràlcio*) ● Ostacolare, rallentare, rendere più complesso, difficile e sim.: *la tempesta intralcia le operazioni di salvataggio*; *i. il corso di una pratica con lungaggini burocratiche.* **B** v. rifl. rec. ● Impacciarsi, ostacolarsi: *ci intralciavamo a vicenda per la ristrettezza dello spazio.* **C** v. intr. pron. ● (*raro*) Intricarsi, complicarsi: *le trattative si sono intralciate.*

†**intralciatùra** [sec. XIV] s. f. ● Intralcio.

intràlcio [da *intralciare*; 1779] s. m. **1** (*raro*) L'intralciare. **2** Ostacolo, impedimento, difficoltà: *una legge che provoca grossi intralci al commercio.*

intralicciatùra [da *traliccio*; 1965] s. f. ● Insieme degli elementi metallici angolari che costituiscono il sostegno di linee aeree elettriche.

intrallazzàre [siciliano *'ntrallazzari*, da *'ntrallazzu* 'intrallazzo'; 1946] v. intr. (aus. *avere*) ● Praticare, fare intrallazzi: *per avere quel posto ha intrallazzato in tutti gli ambienti.*

intrallazzatóre [1950] s. m. (f. *-trice*) ● Chi intrallazza.

intrallàzzo [siciliano *'ntrallazzu*, propr. 'viluppo', comp. di *intra* 'tra' e *lazzu* 'laccio'; 1945] s. m. **1** Scambio illecito di beni o favori | Intrigo, imbroglio, maneggio. **2** (*est.*) Attività, rapporto equivoco: *avere intrallazzi ovunque.*

intrallazzóne [da *intrallazzare*; 1986] s. m. (f. *-a*) ● (*fam.*) Intrallazzatore.

†**intràmbo** ● V. *entrambi.*

†**intramendùe** [comp. di *intra-* e *amendue*; 1338 ca.] pron. ● Ambedue, entrambi.

intraméssо [av. 1363] **A** part. pass. di *intramettere* ● (*raro*) Nei sign. del v. **B** s. m. ● (*mar.*) Pezzo di costruzione squadrato, messo tra un baglio e l'altro.

intraméttere [comp. di *intra-* e *mettere*; 1294] **A** v. tr. (coniug. come *mettere*) **1** (*raro*) Mettere o interporre tra due cose. SIN. Frammettere, inframmettere. **2** (*raro*) Interrompere, tralasciare. **B** v. intr. pron. ● (*raro*) Intromettersi | Interporsi.

intramezzàre [comp. di *intra-* e *mezzo* (*2*); av. 1617] v. tr. (*io intramèzzo*) ● Mettere in mezzo. SIN. Inframmezzare, alternare.

intramoenia /lat. intraˈmenja/ [vc. dotta, comp. di *intra-* e del pl. lat. *moenĭa* 'mura'; 1997] agg. inv. ● Intramurale nel sign. 2.

intramolecolàre [comp. di *intra-* e *molecola*, con suff. agg.; 1929] agg. ● (*fis.*) Che sta o avviene fra le molecole.

intramontàbile [da *tramonto*; 1962] agg. ● (*fig.*) Che non tramonta mai: *gloria i.* | (*fig.*) Che non dà segni di declino o di crisi malgrado il passar del tempo: *un cantante, un campione i.* ‖ **intramontabilménte**, avv.

intramuràle [comp. di *intra-* e *murale* (*1*), come equivalente semantico di *parietale*; 1957] agg. **1** (*anat.*) Che è posto nella parete di un organo | ***Uretere i.***, nel tratto che attraversa la vescica. **2** Detto di attività o fenomeno che si svolge all'interno di un edificio | ***Professione i.***, in ambito sanitario, attività di medico libero professionista e dipendente del Servizio Sanitario Nazionale che viene svolta tra le mura della struttura sanitaria pubblica (es. ospedale); SIN. Intramurario.

intramuràrio [comp. di *intra-* e *murario*; 1997] agg. ● Intramurale nel sign. 2.

intramuscolàre [comp. di *intra-* e *muscolo*, con suff. agg.; 1952] **A** agg. ● Che è nell'interno del muscolo | Che si pratica nello spessore del muscolo: *iniezione i.* **B** s. f. ● Iniezione intramuscolare.

intramùscolo [comp. di *intra-* e *muscolo*; 1986] **A** agg. inv. ● Intramuscolare: *iniezione i.* **B** s. f. inv. ● Iniezione intramuscolare.

Intranet /ˈintranet, *ingl.* ˈintɹəˌnet/ [vc. ingl., da *Internet* con sostituzione della parte iniziale; 1995] s. f. inv. ● (*elab.*) Sistema di collegamento in rete realizzato con i protocolli di Internet ma riservato alle comunicazioni all'interno di un'azienda o di un gruppo di aziende.

intransigènte [comp. di *in-* (*3*) e del part. pres.

di *transigere*, sull'esempio dello sp. *intransigente*; 1884] agg.; anche s. m. e f. ● Che (o Chi) non transige e non accetta compromessi: *i. nell'adempimento del proprio dovere*; *giudice i.* | Che (o Chi) è irremovibile nelle proprie idee e nel programma fissato e non concede nulla alle opinioni altrui: *un fanatico i.* || **intransigentemente**, avv.

intransigenza [da *intransigente*, come lo sp. *intransigencia*; 1884] s. f. ● Caratteristica di chi (o di ciò che) è intransigente: *l'i. di un politico*; *l'i. delle tue convinzioni*.

intransitàbile [comp. di *in-* (3) e *transitabile*; 1949] agg. ● Detto di strada, via o valico sui quali o attraverso i quali è impossibile transitare.

intransitabilità [1957] s. f. ● Caratteristica, condizione di ciò che è intransitabile: *l'i. di un passo, di un valico*.

intransitività [1957] s. f. *1* (*ling.*) Proprietà di un verbo intransitivo. *2* (*mat.*) Proprietà di ciò che non è transitivo.

intransitivo [vc. dotta, lat. tardo *intransitīvu(m)*, comp. di *in-* neg. e *transitīvus* 'transitivo'; 1531] agg. ● (*ling.*) Detto di verbo che non ha bisogno di un complemento perché l'azione si compia | (*ling.*) ***Verbo i. pronominale***, verbo intransitivo che presenta la particella pronominale *'si'* (ad es. *arrabbiarsi, pentirsi*). || **intransitivamente**, avv. Con funzione di intransitivo.

intrànsito [comp. di *in-* (3) e di un deriv. del lat. *transīre* 'passare (*īre*) oltre (*trans-*)'; av. 1306] agg. ● Non mai varcato.

intraoculàre [comp. di *intra-* e *oculo*, con suff. agg.; 1957] agg. ● (*anat.*) Che è nell'interno dell'occhio.

intrapèlvico [comp. di *intra-* e *pelvi*, con suff. agg.] agg. (pl. m. *-ci*) ● (*anat.*) Che è nell'interno della pelvi.

intraperitoneàle [comp. di *intra-* e *peritoneo*, con suff. agg.] agg. ● (*anat.*) Che è nell'interno della cavità peritoneale.

intrapersonàle [comp. di *intra-* e *persona*, con suff. agg.; 1983] agg. ● Che si svolge, avviene e sim. nell'intimo dell'individuo: *variabilità i.*

intrapolmonàre [comp. di *intra-* e *polmone*, con suff. agg.; 1957] agg. ● (*anat.*) Che è nell'interno dei polmoni.

intrappolàre [comp. di *in-* (1) e *trappola*; 1515] v. tr. (*io intràppolo*) ● Prendere nella trappola: *i. un topo* | (*fig.*) Truffare, imbrogliare: *quello sprovveduto si è fatto i.*

intraprendènte [1680] part. pres. di *intraprendere*; anche agg. ● Che ha un notevole spirito d'iniziativa: *un ragazzo i.* | Che dimostra iniziativa nei rapporti amorosi: *un innamorato troppo i.* || **intraprendentemènte**, avv.

intraprendènza [1774] s. f. ● Caratteristica di chi è intraprendente; spirito, volontà d'iniziativa.

intraprèndere [comp. di *intra-* e *prendere*, come il fr. *entreprendre*; sec. XIV] v. tr. (coniug. come *prendere*) *1* Cominciare, dare inizio a un'attività, spec. lunga e impegnativa: *i. una spedizione in regioni deserte*; *i. una vasta opera di riforma*; *ho intrapreso a scrivere la mia Vita* (GOLDONI) | ***I. la carriera medica, giudiziaria, ecc.***, abbracciarla. *2* †Comprendere, rinchiudere.

intraprendiménto [av. 1547] s. m. ● (*raro*) L'intraprendere qlco.

intraprenditóre [av. 1798] s. m.; anche agg. (f. *-trice*) ● (*raro*) Chi (o Che) intraprende un'attività | (*raro*) Imprenditore.

intraprésa [da *intraprendere*, sul modello del fr. *entreprise*; sec. XIV] s. f. *1* (*raro*) Opera o attività che s'intraprende: *i. difficile, rischiosa*. *2* (*raro*) Impresa.

intrapréso part. pass. di *intraprendere*; anche agg. ● Nei sign. del v.

intrapsìchico [comp. di *intra-* e *psiche*, con suff. agg.; 1991] agg. (pl. m. *-ci*) ● Che avviene dentro la psiche: *conflitti intrapsichici*.

intràre e *deriv.* ● V. *entrare e deriv.*

intrasferìbile [comp. di *in-* (3) e *trasferibile*; 1957] agg. ● Che non è possibile trasferire: *merce, valuta i.*

intrasferibilità [1957] s. f. ● Condizione di ciò che non è trasferibile.

intrasgredìbile [comp. di *in-* (3) e *trasgredibile*; 1695] agg. ● (*raro*) Che non si può o non si deve trasgredire: *legge, precetto i.*

intrasmutàbile [comp. di *in-* (3) e *trasmutabile*; sec. XIV] agg. ● (*raro*) Che non si può trasmutare.

intraspecìfico [comp. di *intra-* e *specifico*] agg. (pl. m. *-ci*) ● (*biol.*) Detto di qualsiasi tipo di rapporto coinvolgente individui della stessa specie.

intrasportàbile [comp. di *in-* (3) e *trasportabile*; 1966] agg. ● Che non può essere trasportato: *il malato è i.*

intratellùrico [comp. di *intra-* e *tellurico*; 1957] agg. (pl. m. *-ci*) ● Interno alla crosta terrestre | Interno al globo terrestre.

intratestuàle [comp. di *intra-* e *testuale*] agg. ● (*ling.*) Che riguarda gli elementi interni a un testo e il rapporto tra loro intercorrente: *analisi i.*

intratestualità [da *intratestuale*] s. f. ● (*ling.*) Rapporto che intercorre fra gli elementi interni a un testo.

intratoràcico [comp. di *intra-* e *torace*, con suff. agg.; 1887] agg. (pl. m. *-ci*) ● Che è nell'interno della cavità toracica.

intrattàbile [vc. dotta, lat. *intractābile(m)*, comp. di *in-* neg. e *tractābilis* 'trattabile'; sec. XIV] agg. ● Non trattabile | ***Metallo i.***, difficile da lavorare | ***Argomento, problema i.***, scabroso | Di persona che ha carattere duro, scontroso e irascibile: *quando si arrabbia diventa i.*

intrattabilità [av. 1667] s. f. ● Caratteristica di chi (o di ciò che) è intrattabile.

intrattenére [comp. di *intra-* per *inter-* 'in mezzo' e *tenere*, come il fr. *entretenir*; sec. XV] **A** v. tr. (coniug. come *tenere*) *1* (*raro*) Trattenere, fare indugiare. *2* (*fig.*) Far trascorrere a qlcu. il tempo in modo gradevole, spec. con discorsi: *lo intrattenne raccontando gli ultimi avvenimenti* | †***I. qlcu.***, accattivarselo: *Commodo ... si volse a i. li eserciti e farli licenziosi* (MACHIAVELLI). *3* Tenere, mantenere: *i. buoni rapporti con i vicini*. *4* †Reclutare soldati al proprio servizio | †Fornire ai soldati quanto loro necessita per vivere e alloggiare. **B** v. intr. pron. *1* Trascorrere il tempo con qlcu. in modo piacevole: *intrattenersi a discutere con gli amici*. *2* Soffermarsi a parlare su un argomento: *si intrattiene volentieri su argomenti filosofici*.

intratteniménto [da *intrattenere*, prob. sul modello del fr. *entretènement*; 1513] s. m. *1* (*raro*) L'intrattenere. *2* (*est.*) Divertimento, passatempo: *arti che servono all'i. e alla giocondità della vita inutile* (LEOPARDI).

intrattenitóre [da *intrattenere*, per calco sull'ingl. *entertainer* (V.); 1526] s. m. (f. *-trice*) *1* (*raro*) Chi sa intrattenere con una conversazione piacevole. *2* Chi in uno spettacolo intrattiene piacevolmente il pubblico.

intrauterìno [comp. di *intra-* e *utero*, con suff. agg.; 1969] agg. ● (*anat.*) Che è o avviene entro la cavità uterina | ***Vita intrauterina***, periodo di sviluppo del feto entro l'utero.

†**intravagliàre** [comp. di *in-* (1) e *travaglio*; 1868] v. tr. ● Travagliare.

intravascolàre [comp. di *intra-* e *vascolare*] agg. ● (*anat.*) Che è all'interno dei vasi sanguigni.

intravedére o **intravvedére** [comp. di *intra-* per *inter-* 'tra, in mezzo' e *vedere* (1); 1823] v. tr. (coniug. come *vedere*) *1* Vedere in modo incerto e confuso: *mi è parso di i. qlco. sul pelo dell'acqua.* SIN. Scorgere. *2* (*fig.*) Presagire, intuire in modo nebuloso qlco.: *i. la verità*; *i. quello che accadrà*.

intravedùto o **intravvedùto** [1823] part. pass. di *intravedere*; anche agg. ● Nei sign. del v.

intravenìre ● V. *intravvenire*.

intravenóso [comp. di *intra-* e *venoso*; 1957] agg. ● Endovenoso.

intraversàre [comp. di *in-* (1) e *traverso*; 1312] **A** v. tr. (*io intravèrso*) *1* (*raro*) Porre a traverso | Sbarrare con traverse | (*est.*) Ostacolare, impedire. *2* †Attraversare. *3* (*raro*) Piallare il legno di traverso, prima dell'ultima ripulitura. *4* †Trafiggere, trapassare. **B** v. intr. (aus. *essere*) ● †Passare attraverso.

intravertebràle [comp. di *intra-* e *vertebra*, con suff. agg.] agg. ● (*anat.*) Che è all'interno del canale vertebrale.

intravisto o **intravvisto** [av. 1907] part. pass. di *intravedere*; anche agg. ● Nei sign. del v.

intravvedére e *deriv.* ● V. *intravedere e deriv.*

intravvenìre o (*raro*) **intravenìre** [comp. di *intra-* per *inter-* 'in mezzo' e *venire* (1); av. 1306] v. intr. (coniug. come *venire*; aus. *essere*) ● (*pop., tosc.*) Accadere, capitare: *questo è il maggior male e il maggior dispiacere che i. mi possa* (CELLINI).

†**intreàrsi** [comp. di *in-* (1) e *tre*; 1321] v. intr. pron. ● Porsi come terzo tra altri due: *non si disuna / da lui né da l'amor ch'a lor s'intrea* (DANTE *Par.* VIII, 56-57).

intrecciàbile [1728] agg. ● Che si può intrecciare.

intrecciaménto [av. 1574] s. m. ● (*lett.*) L'intrecciare | (*raro*) Intreccio.

♦**intrecciàre** [comp. di *in-* (1) e *treccia*; av. 1342] **A** v. tr. (*io intréccio*) *1* Unire in treccia: *i. i capelli, una corda* | ***I. le mani***, congiungerle incrociando le dita | ***I. le maglie***, accavallarle, mentre si lavora ai ferri. *2* (*est.*) Intessere (*anche fig.*): *i. una ghirlanda di fiori*; *i. vimini, giunchi*; *i. danze* | (*fig.*) ***I. le fila di una commedia, di un racconto e sim.***, svolgerne la trama. *3* (*fig.*) Allacciare, stringere: *i. un'amicizia, una relazione*. **B** v. rifl. rec. ● Avvilupparsi: *i rami si intrecciano* | (*est.*) Incrociarsi: *notizie e smentite si intrecciavano*.

intrecciàto [av. 1311] part. pass. di *intrecciare*; anche agg. *1* Nei sign. del v. *2* (*raro, fig.*) Intricato, confuso: *discorso i.*

intrecciatóre [av. 1729] agg.; anche s. m. (f. *-trice*) ● Che (o Chi) intreccia.

intrecciatùra [av. 1342] s. f. *1* Lavoro dell'intrecciare: *l'i. della paglia* | Sistema, modo di intrecciare: *i. a stuoia, a spirale*. *2* (*raro*) La cosa intrecciata. SIN. Intreccio. *3* Nel lavoro a maglia, chiusura definitiva del lavoro eseguita accavallando le maglie.

intréccio [da *intrecciare*; 1681] s. m. *1* Operazione dell'intrecciare: *essere esperto nell'i.* *2* Complesso di cose intrecciate. *3* Disposizione complessiva dei fili d'ordito e di trama in un tessuto. *4* (*fig.*) Complesso dei fatti che costituiscono la trama di romanzi, drammi, film e sim.: *i. semplice, complicato* | ***Commedia d'i.***, il cui principale interesse risiede nella complessità della trama.

intregnàre [sp. *entrañar* 'addentrare, introdurre', fig. da *entraña* 'entragna'; 1889] v. tr. (*io intrégno*) ● (*mar.*; *raro*) Riempire gli incavi di un canapo torticcio tra cordone e cordone, passandovi filaccio, spago, sagola e sim., per renderlo tondo e liscio.

intrepidézza [1598] s. f. ● Caratteristica di chi è intrepido. SIN. Audacia, baldanza.

intrepidità [1604] s. f. *1* (*raro*) Intrepidezza. *2* (*raro, iron.*) Sfrontatezza.

intrèpido [vc. dotta, lat. *intrĕpidu(m)*, comp. di *in-* neg. e *trĕpidus* 'trepido'; av. 1374] agg. *1* Che non ha paura, che affronta con coraggio i rischi e le prove più gravi: *animo, cuore, eroe i.*; *la fronte intrepida ergi, destati!* (UNGARETTI). SIN. Audace, coraggioso. *2* (*iron., spreg.*) Sfrontato, spudorato. || **intrepidaménte**, avv. *1* In modo intrepido; senza paura. *2* (*iron.*) Con sfrontatezza.

intricaménto [sec. XIV] s. m. ● (*raro*) Intrico.

intricàre o (*sett.*) **intrigàre** nel sign. A [vc. dotta, lat. *intricāre*, comp. di *in-* (1) e *trīcae* 'intrighi', di etim. incerta; 1319] **A** v. tr. (*io intrico, tu intrichi*) *1* (*lett.*) Avviluppare, intrecciare senz'ordine: *i. le corde, i fili, i capelli*. *2* (*fig.*) Complicare, imbrogliare: *il tuo intervento ha intricato ancor più la faccenda*. **B** v. intr. pron. ● Imbrogliarsi, confondersi (*anche fig.*): *il gomitolo si è intricato*; *la questione si va intricando*.

intricàto [av. 1375] part. pass. di *intricare*; anche agg. ● Aggrovigliato: *cespuglio i.* | (*fig.*) Complicato, confuso: *una vicenda intricata*. || **intricataménte**, avv. (*raro*) In modo intricato.

intrico o (*raro*) **intrigo** [da *intricare*; av. 1566] s. m. (pl. *-chi*) ● Groviglio, viluppo (*anche fig.*): *nel bosco vi era un i. di sentieri*; *un i. di sensazioni confuse*.

intridere [sovrapp. del lat. *intrītus*, part. pass. di *intĕrere* 'sminuzzare dentro' (cfr. *tritare*) al lat. mediev. *intrūdere*; av. 1320] v. tr. (pass. rem. *io intrisi, tu intridésti*; part. pass. *intriso*) *1* Stemperare in un liquido sostanze solide o in polvere, riducendole in pasta: *i. la crusca, la farina di acqua* | (*est.*) Inzuppare: *la pioggia gli aveva intriso la giacca* *2* (*fig., lett.*) Impregnare, permeare. *3* †Imbrattare, insozzare.

intrigànte [1684] **A** part. pres. di *intrigare*; anche agg. *1* Che fa intrighi, che trama imbrogli, che si intromette negli affari altrui: *un individuo i.* *2* (*fig.*) Che interessa, incuriosisce, attrae: *un argomento, un film i.* || **intrigantemènte**, avv. **B** s.

m. e f. ● Persona intrigante (nel sign. 1): *tenersi lontano dagli intriganti.* || **intrigantèllo**, dim.

intrigàre [lat. *intricāre* con *-g-* di orig. sett.; calco sull'ingl. *to intrigue* 'affascinare, incuriosire', a sua volta dal fr. *intriguer* nel sign. A 2; 1806] **A** v. tr. (*io intrigo, tu intrìghi*) **1** V. *intricare* nel sign. A. **2** (*fig.*) Affascinare, interessare stuzzicando la curiosità. **B** v. intr. (aus. *avere*) ● Brigare, fare imbrogli e raggiri per trarne vantaggio: *i. per ottenere un aumento di stipendio*; *i. per non pagare tasse.* **C** v. intr. pron. ● (*fam.*) Impicciarsi, immischiarsi, intromettersi in qlco.: *intrigarsi nei fatti altrui*; *si è intrigato in ciò che non lo riguarda.*

intrigàto A part. pass. di *intrigare*; anche agg. ● Nei sign. del v. | (*fig.*) Incuriosito, attratto, interessato. || **intrigataménte**, avv. **B** s. m. ● †Intreccio.

intrigo [da *intrigare*; av. 1420] s. m. (pl. *-ghi*) **1** Macchinazione volta a ottenere un vantaggio e attuata con mezzi segreti, sleali o poco leciti: *essere uso agli intrighi.* **2** Impiccio, situazione imbrogliata: *uscire da un i.*; *entrare, cacciarsi in un brutto i.* SIN. Garbuglio. **3** V. *intrico.*

intrigóne [av. 1686] s. m. (f. *-a*) ● (*fam.*) Chi è o si comporta da intrigante.

intrinsecàre o †**intrinsicàre** [av. 1543] **A** v. tr. (*io intrinseco, tu intrìnsechi*) ● (*lett., raro*) Rendere intrinseco. **B** v. intr. pron. ● (*lett., raro*) Acquistare dimestichezza o familiarità con qlcu.

intrinsechézza ● V. *intrinsichezza.*

intrinsecità [1673] s. f. **1** (*lett., raro*) Familiarità, amicizia. **2** (*raro*) Carattere di ciò che è intrinseco.

intrinseco o †**intrinsico** [vc. dotta, lat. tardo *intrīnsecu(m)*, da *intrīnsecus* (avv.), comp. di **īnt(e)rim* 'internamente' e *sĕcus* 'lungo'; 1342] **A** agg. (pl. m. *-ci*, pop. †*-chi*) **1** Che è proprio di una cosa che è inerente alla sua natura ed essenza: *forza, virtù intrinseca*; *merito i.* | ***Valore i.***, effettivo, reale | ***Causa intrinseca***, congenita | ***†Guerra intrinseca***, intestina. **2** (*spec. lett.*) Intimo, stretto: *amico i.*; *amicizia intrinseca.* || **intrinsecaménte**, avv. **B** s. m. ● L'essenziale, la parte più valida e reale di qlco. | (*est.*) Valore reale: *guardare l'i. delle cose* | (*raro*) ***Nel suo i.***, nell'intimo del proprio animo: *nel suo i. non ammetterà d'aver sbagliato.*

†**intrinsicàre** ● V. *intrinsecare.*

intrinsichézza o (*raro*) **intrinsechézza** [1532] s. f. **1** (*raro*) Intima familiarità e amicizia. **2** (*spec. al pl., raro*) Relazioni, rapporti amichevoli, confidenziali.

†**intrinsico** ● V. *intrinseco.*

intrippàre [comp. di *in-* (*1*) e *trippa*; 1869] **A** v. tr. ● (*pop.*) Rimpinzare. **B** v. intr. pron. ● (*pop.*) Riempirsi di cibo | Mangiare ingozzandosi. SIN. Rimpinzarsi.

intriso [av. 1320] **A** part. pass. di *intridere*; anche agg. **1** Inzuppato: *abito i. d'acqua* | (*fig.*) Permeato: *un'espressione intrisa di dolcezza.* **2** (*lett.*) Implicato: *Lorenzo e Giannozzo in questo particolare involto erano intrisi assai* (MACHIAVELLI). **B** s. m. ● Impasto di farina con acqua o altri liquidi | Miscuglio di crusca e acqua per animali | Miscuglio di gesso ed acqua per stuccare.

intristiménto [1869] s. m. ● (*raro*) L'intristire | Senso di tristezza.

intristire [comp. di *in-* (*1*) e *triste*; av. 1320] **A** v. intr. (*io intristisco, tu intristisci*; aus. *essere*) **1** †Diventare tristo, malvagio: *il mondo invecchia, / e invecchiando intristisce* (TASSO). **2** Diventare triste, rattristarsi: *rievocando gli anni della sua giovinezza, è intristito.* **3** Perdere freschezza e vigore: *le piante intristivano per la siccità* | Deperire: *senza moto quel ragazzo intristisce.* **B** v. intr. pron. ● Diventare triste, immalinconirsi. **C** v. tr. **1** †Rendere tristo, malvagio. **2** (*lett.*) Rattristare: *amo questa pena del giorno che muore. M'intristisce e m'intenerisce* (PIRANDELLO) | (*lett.*) Conferire un aspetto triste: *quell'abito lo intristisce.*

†**intro** ● V. *entro.*

intro- [avv. lat., dall'agg. **interu(m)* 'che sta dentro, nell'interno', da *inter-*] pref. ● In parole composte dotte, significa propriamente 'dentro' e indica movimento, direzione verso l'interno, penetrazione: *introdurre, introflettersi, intromettersi, introverso.*

†**intròcque** [lat. *ĭnter hōc* 'tra questo'; 1306] avv. ● (*tosc.*) Intanto, in quel mentre: *Sì mi parlava, e andavamo i.* (DANTE *Inf.* XX, 130).

introdótto [1353] **A** part. pass. di *introdurre*; anche agg. **1** Nei sign. del v. **2** Esperto, istruito: *i. nella casistica, nelle scienze esatte.* **3** Che dispone di molte aderenze, conoscenze, appoggi e sim.: *uomo molto i. negli ambienti commerciali.* **B** s. m. ● †Mediazione, intervento | †***Per i. di qlcu.***, per opera di qlcu.

introducènte part. pres. di *introdurre*; anche agg. ● Nei sign. del v.

introducìbile [av. 1704] agg. ● Che si può o si deve introdurre.

introducibilità s. f. ● Condizione di ciò che è introducibile.

introduciménto [1336 ca.] s. m. **1** (*raro*) Introduzione: *l'i. della chiave nella toppa.* **2** †Guida, avviamento.

♦**introdùrre** [lat. *introdūcere*, con adattamento alla serie dei comp. con *-dūcere* '-durre'; av. 1342] **A** v. tr. (pres. *io introdùco, tu introdùci*; imperf. *io introducévo*; pass. rem. *io introdùssi, tu introducésti*; fut. *io introdurrò*; congv. pres. *io introdùca*; congv. imperf. *io introducéssi*; condiz. pres. *io introdurrèi, tu introdurrésti*; imperat. pres. *introdùci tu*; part. pres. *introducènte*; ger. *introducèndo*; part. pass. *introdótto*) **1** Far penetrare, mettere dentro: *i. la chiave nella serratura, una moneta nel distributore automatico* | (*est.*) Importare: *i. nel paese merci di contrabbando.* **2** Far entrare: *il maggiordomo introdusse gli invitati* | (*est.*) Rendere attivo nel dialogo o nell'azione rappresentata: *Dante introduce a parlare personaggi antichi e contemporanei* | (*est.*) Accompagnare presso, presentare a qlcu.: *mi introdusse dal Ministro*; *ci ha introdotto presso il direttore con questa lettera* | ***I. qlcu. in società***, presentarlo perché possa in seguito frequentarla. **3** Mettere in uso: *i. vocaboli nuovi, la corrente elettrica, la meccanizzazione nell'agricoltura.* **4** (*fig.*) Iniziare: *i. qlcu. nella filosofia platonica, nelle scienze esatte* | (*fig.*) Avviare: *i. qlcu. all'esercizio di una professione* | Aprire con una introduzione: *i. un dibattito* | ***I. il discorso***, cominciarlo o farlo cadere su un determinato argomento | (*ling.*) Avviare un determinato costrutto sintattico: *la preposizione 'di' introduce numerosi complementi* | (*dir.*) ***I. una lite***, portare in giudizio una controversia facendo sorgere un processo civile. **B** v. intr. pron. o rifl. ● Penetrare, entrare in un luogo, spec. furtivamente: *il ladro si introdusse nell'appartamento* | Inserirsi in un ambiente: *introdursi in società.*

introduttivo [av. 1342] agg. ● Che serve a introdurre: *discorso i.* | ***Coro i.***, di un'opera drammatica. || **introduttivaménte**, avv. In modo introduttivo, come introduzione.

introduttóre [vc. dotta, lat. tardo *introductōre(m)*, da *introdūctus*, part. pass. di *introdūcere* 'introdurre'; 1308] s. m. (f. *-trice*) **1** Chi introduce qlcu. alla presenza di un'autorità. **2** Chi per primo propone qlco. di nuovo o divulga usi, abitudini e sim.: *l'i. di una riforma, di una legge, delle novità della moda.*

introduttòrio [vc. dotta, lat. tardo *introductōriu(m)*, da *introdūctor*, genit. *introductōris* 'introduttore'; 1486] agg. ● (*raro*) Introduttivo.

introduzióne [vc. dotta, lat. *introductiōne(m)*, da *introdūctus*, part. pass. di *introdūcere* 'introdurre'; 1353] s. f. **1** L'introdurre, il venire introdotto: *i. del cibo nell'esofago, di un pezzo nell'incastro* | Immissione, importazione: *i. di nuove usanze, di nuovi sistemi di produzione*; *permesso, divieto d'i. di determinati prodotti.* **2** Presentazione o inserimento in un luogo o ambiente, a carattere più o meno solenne o ufficiale: *l'i. del nuovo senatore nell'aula, dei pellegrini alla presenza del pontefice, di qlcu. in società* | ***Lettera di i.***, di presentazione | (*est.*) †Mediazione, intercessione. **3** Ciò che si dice o scrive all'inizio di un discorso o di un'opera, prima di entrare in argomento: *l'i. del Decamerone*; *il romanzo è totalmente privo di i.* | Trattato introduttivo: *i. alla logica, alla fisica, alla scienza del linguaggio* | Avviamento, guida: *i. alla pratica contabile*; *corso di i.* **4** (*mus.*) Brano premesso a una composizione musicale | Prima scena di un'opera. **5** †Partecipazione, entratura: *i. in un negozio, in un affare.* || **introduzioncèlla**, dim. | **introduzioncina**, dim.

introflessióne [comp. di *intro-* e *flessione*; 1940] s. f. ● (*med.*) Ripiegamento in dentro di un organo o di una sua parte.

introflèsso [1869] part. pass. di *introflettersi*; anche agg. ● (*med.*) Detto di organo o parte di esso piegato dall'esterno all'interno.

introflèttersi [comp. di *intro-* e *flettersi*; 1957] v. rifl. (coniug. come *flettere*) ● (*raro*) Ripiegarsi in dentro.

introgolàre [comp. di *in-* (*1*) e *trogolo*; 1869] v. tr. e rifl. (*io intrògolo*) ● (*tosc.*) Sporcare o sporcarsi con materie liquide.

introgolóne [1869] agg.; anche s. m. (f. *-a*) ● (*tosc.*) Che (o Chi) è solito introgolarsi, insudiciarsi.

introiàre [comp. di *in-* (*1*) e *troia*, come animale molto sporco] **A** v. tr. (*io intròio*) ● (*pop., tosc.*) Insudiciare. **B** v. rifl. ● Insudiciarsi.

introibo [prpr. 'entrerò', da *introīre*, comp. di *īntro* 'nell'interno' e *īre* 'andare', prima parola della messa; 1536] s. m. ● (*relig.*) Introito.

introiettàre [da *introiezione*; 1973] v. tr. (*io introiètto*) ● (*psicoan.*) Sottoporre a introiezione.

introiettàto [da *introiettare*; av. 1957] agg. **1** Nel sign. del v. **2** (*gener.*) Interiorizzato.

introiezióne [comp. di *intro-* e *iezione*, che compare in altri comp. di orig. dotta col senso fondamentale di 'gettare', dal lat. *-iectiōne(m)*, da *iăcere* 'lanciare, buttare'; 1957] s. f. ● (*psicoan.*) Meccanismo mentale inconscio mediante il quale contenuti di pensiero, atteggiamenti, motivi e sim., estranei, cioè appartenenti ad altre persone, vengono accolti nel proprio io.

introitàle agg. ● (*relig.*) Che si riferisce all'introito | ***Processione i.***, ingresso del sacerdote con i ministri all'altare per celebrare la messa.

introitàre [da *introito*; av. 1686] v. tr. (*io intròito*) ● (*bur.*) Percepire come introito: *i. una somma, una rendita, un risarcimento.*

intròito [vc. dotta, lat. *introĭtu(m)* 'ingresso', da *introīre* 'andare (*īre*) nell'interno (*īntro*)'; sec. XIV] s. m. **1** †Ingresso, entrata: *l'i. de' fiumi nelli fiumi* (LEONARDO). **2** Prima parte della Messa cattolica che precede il kyrie. **3** (*mus.*) Composizione che accompagna l'ingresso del sacerdote all'altare per la celebrazione della Messa. **4** (*bur.*) Entrata di cassa: *avere, disporre di, notevoli introiti.*

intromésso [av. 1527] part. pass. di *intromettere*; anche agg. ● Nei sign. del v.

introméttere o †**entrométtere** [vc. dotta, lat. *intromĭttere*, comp. di *īntro* 'nell'interno' e *mĭttere* 'mettere'; 1284 ca.] **A** v. tr. (coniug. come *mettere*) **1** (*raro*) Mettere dentro o in mezzo. SIN. Interporre. **2** †Fare ammettere alla presenza di qlcu., far ricevere da qlcu. SIN. Introdurre. **B** v. rifl. **1** Mettersi in mezzo tra due persone, spec. come paciere: *un comune amico s'intromise ed evitò il peggio.* **2** Voler entrare in faccende che non riguardano direttamente: *non devi intrometterti nei miei affari.* **C** v. intr. pron. ● (*raro, lett.*) Frapporsi, intervenire: *cosa non sarà che s'intrometta / da poteti turbar questo pensiero* (ARIOSTO).

intromissióne [vc. dotta, lat. tardo *intromissiōne(m)*, da *intromĭssus* 'intromesso'; 1564] s. f. **1** †L'intromettersi. **2** Ingerenza: *eliminare, neutralizzare ogni i. straniera.* **3** (*raro*) Mediazione: *i. disinteressata.*

intronaménto [sec. XIV] s. m. **1** L'intronare | Fragore, strepito | Stordimento. **2** †Tremito.

intronàre [comp. di *in-* (*1*) e *tr(u)ono*, variante di *tuono*; 1313] **A** v. tr. (*io intròno*) **1** Assordare con rumori eccessivi: *i. gli orecchi* | (*fig.*) Stordire, intontire: *mi ha intronato con le sue chiacchiere.* **2** Scuotere con forti colpi: *le esplosioni intronarono l'aria* | †Lesionare con colpi: *i. la muraglia.* **B** v. intr. (aus. *avere*, raro *essere*) **1** (*raro*) Rintronare: *la grotta intronava di colpi.* **2** (*raro*) Rimanere stordito (*anche fig.*): *l'ambasciatore quasi intronò di questa risposta* (SACCHETTI). **C** v. intr. pron. ● (*raro*) Rimanere attonito, intontito.

intronàto [av. 1400] part. pass. di *intronare*; anche agg. ● Assordato | (*fig.*) Stordito, intontito: *oggi mi sento tutto i.*

intróne [comp. di *intr(a)-* e *-one* (*3*); 1987] s. m. ● (*biol.*) Sequenza di DNA che compare all'interno di un gene eucariotico che, pur venendo trascritta insieme al gene in cui è presente, non compare più nell'RNA messaggero maturo. CFR. Esone.

intronfiàre [comp. di *in-* (*1*) e *tronfio*; av. 1686] v. intr. (*io intrónfio*; aus. *essere*) ● (*raro*) Diventare tronfio per superbia.

intronizzàre [comp. di *in-* (*1*) e, ampliato col suff. *-izzare*, *trono*; 1363] v. tr. ● Mettere sul trono, investire dell'autorità sovrana.

†**intronizzatùra** [da *intronizzare*; 1688] s. f. ● Aria tronfia e pettoruta, gonfia di vanità.

intronizzazióne [1683] s. f. ● Atto, cerimonia dell'intronizzare.

intròrso [vc. dotta, lat. *intrŏrsu(m)*, (avv.), comp. di *ĭntro* 'all'interno' e *vŏrsum*, variante di *vĕrsum* '(volto) verso'; 1869] agg. **1** Voltato in dentro. **2** (*bot.*) Detto di un'antera nella quale il solco di apertura è volto verso l'interno del fiore.

introspettivo [dal lat. *introspĕctus*, part. pass. di *introspĭcere* 'guardare (*spĕcere*) dentro (*ĭntro*)'; 1930] agg. ● Di introspezione, basato sull'introspezione | Incline all'introspezione. || **introspettivaménte**, avv.

†**introspètto** [vc. dotta, lat. *introspĕctu(m)*, part. pass. di *introspĭcere* 'guardare (*spĕcere*) dentro (*ĭntro*)'; 1673] s. m. ● Introspezione.

introspezióne [dal lat. *introspĕctus*, part. pass. di *introspĭcere* 'guardare (*spĕcere*) dentro (*ĭntro*)'; 1892] s. f. **1** (*letter.*) Analisi del mondo interiore, analisi psicologica: *l'i. nella letteratura del Novecento.* **2** (*psicol.*) Metodo di osservazione delle proprie azioni o dei propri contenuti mentali, con una loro descrizione mediante certe categorie psicologiche.

introspezionismo [da *introspezione* col suff. *-ismo*] s. m. inv. ● (*psicol.*) Corrente della psicologia basata sul metodo dell'introspezione.

introvàbile [comp. di *in-* (*3*) e *trovabile*; av. 1827] agg. ● Che non si può o non si riesce a trovare: *il professore è i.; un testo i.* SIN. Irreperibile.

introvabilità [1970] s. f. ● Condizione di chi (o di ciò che) è introvabile.

introversióne [comp. di *intro-* e *versione*, sul modello di *inversione*; 1806] s. f. **1** (*psicol.*) Atteggiamento psicologico di interesse alla propria interiorità e soggettività. CONTR. Estroversione. **2** †Riversamento di umore al di dentro.

introvèrso [1745] **A** part. pass. di *introvertere*; anche agg. ● Caratterizzato da introversione: *carattere, individuo i.* || **introversaménte**, avv. **B** s. m. (f. *-a*) ● Persona introversa.

introvèrtere [comp. di *intro-* e *vertere*; 1694] **A** v. tr. (pres. *io introvèrto*; part. pass. *introvèrso*; difett. del pass. rem.) ● (*lett., raro*) Volgere in dentro. **B** v. rifl. ● (*psicol.*) Racchiudersi nella propria interiorità e soggettività, in un atteggiamento di rifiuto della realtà esterna.

introvertire [1957] v. tr. e rifl. (*io introvertisco, tu introvertisci*; difett. del pass. rem.) ● (*raro*) Introvertere.

introvertito [1942] part. pass. di *introvertire*; anche agg. ● (*raro*) Introverso.

intrùdere [vc. dotta, lat. mediev. *intrūdere*, comp. di *in-* 'dentro' e *trūdere* 'spingere', di orig. indeur. occid.; 1584] **A** v. tr. (pass. rem. *io intrùsi, tu intrudésti*; part. pass. *intrùso*) ● (*lett.*) Introdurre o inserire a forza, con arbitrio o indebitamente. **B** v. intr. pron. ● (*lett.*) Intromettersi senza esserne richiesto, cacciarsi dentro arbitrariamente: *Per intrudervi voi nel luogo di lui* (GIUSTI).

intrufolàre [comp. di *in-* (*1*) e **trufolo* 'tartufo'; 1897] **A** v. tr. (*io intrùfolo*) ● Introdurre, infilare di nascosto: *i. lestamente una mano nella cesta per rubare la frutta.* **B** v. intr. (aus. *essere*) ● (*tosc.*) †Frugare, raspare, rovistare. **C** v. rifl. ● Infilarsi o introdursi di nascosto: *riuscì ad intrufolarsi tra gli invitati; è un tipo che s'intrufola dovunque.*

intrugliàre [comp. di *in-* (*1*) e, con adattamento della finale, di *troia* e sovrapposizione d'altro v. in *-ugliare*; 1869] **A** v. tr. (*io intrùglio*) **1** (*fam.*) Mescolare malamente più cose, spec. liquidi, traendone un intruglio | ***Intrugliarsi lo stomaco***, guastarselo con cibi indigesti, medicine inutili e sim. **2** (*fig.*) Ingarbugliare, imbrogliare: *i. un discorso, le faccende.* **B** v. rifl. **1** (*fam.*) Insudiciarsi, sbrodolarsi: *mi sono intrugliato tutto!* **2** (*fig.*) Immischiarsi in cose poco pulite.

intrùglio [da *intrugliare*; av. 1775] s. m. **1** Miscuglio mal fatto e sgradevole di vari elementi: *bere, mangiare strani intrugli* | (*est., raro*) Lavoro o scritto mal fatto, pasticciato. **2** (*fig.*) Imbroglio, intrallazzo: *quell'affare è un i. di arruffoni.*

intruglióne [1869] s. m. (f. *-a*) ● (*fam.*) Chi combina pasticci, ordisce imbrogli e sim.

intruppaménto [da *intrupparsi*; 1869] s. m. ● L'intrupparsi | (*est.*) Assembramento.

intruppàre [deformazione paretimologica di *intoppare*; 1957] v. intr. (aus. *avere*) ● (*rom.*) Urtare, sbattere: *i. nella porta, contro uno spigolo* | Andare a sbattere contro un ostacolo con un mezzo di trasporto, spec. con l'automobile: *i. contro un autobus*; (*assol.*) *ho intruppato.*

intruppàrsi [comp. di *in-* (*1*) e *truppa*; av. 1601] v. rifl. ● Inquadrarsi nella truppa | (*est., spec. spreg.*) Accodarsi ad un gruppo, ad una compagnia: *i. con gente equivoca.*

intrusióne [1598] s. f. **1** Introduzione, inserimento indebito di persone estranee in un dato ambiente | Ingerenza, intromissione: *opporsi all'i. di estranei nella propria vita privata.* **2** (*geol.*) Fenomeno per cui un magma occupa una sezione o uno spazio di varia natura intorno alla crosta terrestre.

intrusivo [1940] agg. ● Di, relativo a intrusione.

intrùso [av. 1686] **A** part. pass. di *intrudere*; anche agg. ● (*lett.*) Nei sign. del v. **B** s. m. (f. *-a*) ● Estraneo insinuatosi in modo arbitrario o illecito: *cacciare dal gruppo gli intrusi; essere trattato come un i.* | Persona che, pur essendo nel proprio ambiente, si sente considerato come un estraneo: *in questa casa io sono un i.*

†**intuàrsi** [comp. di *in-* (*1*) e *tuo*; 1321] v. intr. pron. ● Entrare nel tuo pensiero o sentimento: *s'io m'intuassi, come tu t'inmii* (DANTE *Par.* IX, 81).

intubàre [1957] v. tr. **1** (*med.*) Sottoporre a intubazione. **2** (*tecnol.*) Inserire completamente o parzialmente in un tubo: *i. un'elica, un radiatore refrigerante.*

intubazióne [comp. di *in-* (*1*) e un deriv. di azione da *tubo*; 1952] s. f. ● (*tecnol.*) Operazione dell'intubare | (*med.*) Introduzione di un tubo in un canale corporeo o in un organo cavo come la trachea o lo stomaco | ***I. endotracheale***, introduzione nella trachea del paziente di un tubo attraverso il quale viene eseguita la ventilazione dei polmoni spec. durante un'anestesia.

intubettàre [comp. di *in-* (*1*) e *tubetto*; 1965] v. tr. (*io intubétto*) ● Mettere in tubetto.

intubettatrice [1965] s. f. ● Macchina che esegue l'operazione di intubettare.

intugliàre [etim. incerta; 1889] v. tr. (*io intùglio*) ● (*mar.*) Allacciare, aggiuntare con nodi o impiombatura le estremità di due cavi per aumentarne la lunghezza.

intuìbile [av. 1855] agg. ● Che si può intuire. || **intuibilménte**, avv.

intuibilità [av. 1904] s. f. ● Caratteristica di ciò che è intuibile.

intuìre [vc. dotta, lat. *intuēri*, comp. di *in-* 'dentro' e *tuēri* 'osservare', di prob. orig. indeur., con passaggio ad altra coniug.; av. 1855] v. tr. (*io intuisco, tu intuisci*) **1** Cogliere in modo immediato con la mente, senza necessità di ragionamento o prove: *i. una legge scientifica; intuì subito che i danni erano gravi* | (*est.*) Accorgersi, rendersi conto: *intuì di non avere alcuna via di scampo.* **2** (*filos.*) Comprendere attraverso una percezione immediata senza l'aiuto della ragione.

intuitivismo [da *intuitivo*; 1952] s. m. ● (*filos.*) Intuizionismo.

intuitività [1905] s. f. ● Caratteristica di ciò che è intuitivo.

intuitivo [av. 1565] agg. **1** Relativo all'intuito o all'intuizione: *capacità intuitiva; doti intuitive* | ***Metodo i.***, metodo didattico che si fonda sull'intuizione piuttosto che sul ragionamento e sull'analisi | ***Visione intuitiva***, nella terminologia della mistica cristiana, accesso diretto e soprannaturale della mente alle verità divine. **2** Che si capisce o s'intuisce facilmente: *verità intuitiva; acquisire una certezza intuitiva* | ***È i.***, è facilmente comprensibile, evidente, ovvio. **3** Detto di persona dotata d'intuito. || **intuitivaménte**, avv. Per intuito, senza troppi ragionamenti.

intuìto (**1**) part. pass. di *intuire*; anche agg. ● Nei sign. del v.

intùito (**2**) [vc. dotta, lat. *intŭitu(m)*, dal part. pass. di *intuēri* 'intuire'; 1481] s. m. **1** Conoscenza o visione immediata, senza intervento della riflessione, di una realtà non evidente: *sapere, intendere qlco. per i.* **2** Intelligenza acuta e pronta: *essere dotati di un notevole i.; i. pronto, fine, sicuro* | ***I. del bello***, senso del bello. SIN. Perspicacia, prontezza.

intuizióne [vc. dotta, lat. tardo *intuitiōne(m)*, propr. 'immagine riflessa', dal part. pass. di *intuēri* 'intuire'; av. 1806] s. f. **1** Attitudine a conoscere l'intima essenza delle cose, senza dover ricorrere al ragionamento | Intuito: *essere privi di i.; è dotato di un'infallibile i. per i problemi giuridici* | Presentimento: *ebbe l'i. di un pericolo incombente.* **2** (*filos.*) Particolare forma di conoscenza per cui l'oggetto risulta immediatamente presente alla coscienza in quanto non dipende da alcun processo logico e razionale: *il concetto di i. è proprio dell'estetica di Benedetto Croce.* **3** Nella terminologia della mistica cristiana, fruizione beatifica della conoscenza di Dio ad opera della grazia illuminante. **4** (*psicol.*) Insight.

intuizionismo [da *intuizione* nel sign. 2, col suff. di dottrina *-ismo*; 1902] s. m. **1** (*filos.*) Qualunque atteggiamento filosofico-scientifico che pone al centro dell'attività riflessiva la dimensione dell'intuizione intesa in senso lato: *l'i. di Bergson.* **2** Indirizzo del pensiero matematico contemporaneo secondo cui l'esistenza degli enti matematici è definita tramite la loro costruibilità mentale a partire dall'intuizione della serie dei numeri naturali.

intuizionista [1908] s. m. e f. (pl. m. *-i*) ● Chi segue o si ispira alla dottrina filosofica dell'intuizionismo.

intumescènte [vc. dotta, lat. *intumescĕnte(m)*, part. pres. di *intumēscere*, comp. di *in-* (*1*) e dell'incoativo *tumēscere*, da *tumēre* 'gonfiare', di orig. indeur.; 1957] agg. ● (*med.*) Che ha tendenza a gonfiarsi.

intumescènza [da *intumescente*; av. 1698] s. f. **1** (*med.*) Rigonfiamento, gonfiore. **2** (*bot.*) Escrescenza patologica che si forma sulla superficie dei vegetali.

intumidire [comp. di *in-* (*1*) e *tumido*; 1624] v. intr. (*io intumidisco, tu intumidisci*; aus. *essere*) ● (*lett.*) Diventare tumido, gonfio.

†**intumorire** [comp. di *in-* (*1*) e *tumore*; 1869] v. intr. ● Gonfiare in forma di tumore o per tumore.

†**intuonàre** ● V. †*intonare* (*2*).

inturbantàto [comp. di *in-* (*1*) e *turbante*; 1880] agg. ● (*fam., raro*) Coperto da un turbante o come con un turbante: *apparve col capo i. da un asciugamano.*

inturgidiménto [1957] s. m. ● L'inturgidire | Stato di ciò che è turgido.

inturgidire [comp. di *in-* (*1*) e *turgido*; 1752] v. intr. e intr. pron. (*io inturgidisco, tu inturgidisci*; aus. *essere*) ● Diventare turgido, gonfio: *gli si inturgidirono le vene della fronte.*

intussuscezióne [comp. del lat. *ĭntus* 'dentro' e *susceptiōne(m)* 'ricevimento, suscezione'] s. f. **1** †Accrescimento intermuscolare delle sostanze viventi. **2** (*med.*) Invaginazione.

†**inùco** ● V. *eunuco.*

inudito ● V. *inaudito.*

inuguàle e *deriv.* ● V. *ineguale* e *deriv.*

inuit /algonchino ˈʔinuit/ [vc. algonchina, propr. 'popolo', pl. di *inuk* 'uomo'] s. m. e f. inv.; anche agg. inv. ● Chi (o Che) appartiene a una popolazione eschimese stanziata nel Canada.

ìnula [vc. dotta, lat. *ĭnula(m)*, termine pop.: di orig. gr. (?); av. 1498] s. f. ● Pianta erbacea perenne delle Composite comune nei boschi e sassaie, con capolini gialli e frutto ad achenio con pappo (*Inula*).

inulàsi [comp. di *inula* e *-asi*] s. f. inv. ● (*chim.*) Enzima capace di idrolizzare l'inulina.

inulina [comp. di *inula* e del suff. chim. *-ina*; 1834] s. f. ● (*chim.*) Idrato di carbonio, isomero dell'amido, presente in quasi tutte le Composite e in altre piante.

†**inùlto** [vc. dotta, lat. *inŭltu(m)*, comp. di *in-* neg. e *ŭltus*, part. pass. di *ulcīsci* 'vendicare', di etim. incerta; 1336 ca.] agg. ● (*lett.*) Invendicato, impunito: *Rinaldo ha morto, il qual fu spada e scudo / di nostra fede; ed ancor giace i.?* (TASSO).

inumanazióne [vc. dotta, lat. tardo *inhumanatiōne(m)*, comp. di *in-* (*1*) e *humanātio*, genit. *humanatiōnis*, da *humānus* 'umano'; 1957] s. f. ● Nella teologia cattolica, il divenire uomo e l'assumere carne umana, propri del Cristo.

inumanità [vc. dotta, lat. *inhumanitāte(m)*, comp. di *in-* neg. e *humānitas*, genit. *humanitātis* 'umanità'; sec. XIV] s. f. ● Mancanza di umanità | Azione inumana. SIN. Crudeltà.

inumàno [vc. dotta, lat. *inhumānu(m)*, comp. di *in-* neg. e *humānus* 'umano'; 1308] agg. **1** Che è privo delle caratteristiche e dei sentimenti propri dell'uomo, detto di persona: *padrone i.*; *essere i. con i deboli.* SIN. Crudele, spietato. *2* Che dimostra mancanza di umanità, che è caratterizzato da estrema crudeltà: *pena, rappresaglia inumana* | Che è superiore alle forze e alle capacità umane: *ha fatto sforzi inumani per riuscire.* SIN. Disumano. || **inumanaménte**, avv.

inumàre [vc. dotta, lat. *inhumāre*, comp. di *in-* (*1*) e *humāre*, da *hŭmus* 'terra'; 1686] v. tr. ● Seppellire, sotterrare: *i. un cadavere.* CONTR. Esumare.

inumazióne [1774] s. f. ● L'inumare. SIN. Sepoltura.

inumidiménto [1957] s. m. ● L'inumidire, l'inumidirsi.

inumidìre [comp. di *in-* (*1*) e *umido*; sec. XIV] **A** v. tr. (*io inumidisco, tu inumidisci*) ● Rendere umido, bagnare leggermente: *la rugiada inumidisce le piante e la terra*; *inumidirsi le labbra con la saliva* | ***I. il bucato, la biancheria***, spruzzarli d'acqua per poi stirarli. **B** v. intr. pron. ● Diventare umido.

inumidìto [av. 1519] part. pass. di *inumidire*; anche agg. ● Nei sign. del v.

†**inumiliàrsi** [comp. di *in-* (*1*) e *umiliare*; sec. XIV] v. intr. pron. ● (*raro*) Umiliarsi.

inurbaménto [da *inurbarsi*; 1932] s. m. ● Fenomeno per cui gruppi di individui si trasferiscono stabilmente dalla campagna nei grandi centri abitati.

inurbanità [1568] s. f. ● Mancanza di urbanità | Atto scortese, inurbano. SIN. Inciviltà, scortesia.

inurbàno [vc. dotta, lat. *inurbānu(m)*, comp. di *in-* neg. e *urbānus* 'urbano'; 1560] agg. ● Incivile, scortese, rozzo: *tratto, comportamento i.* || **inurbanaménte**, avv.

inurbàrsi [comp. di *in-* (*1*) e del lat. *ŭrbs*, genit. *ŭrbis* 'città'; 1319] v. intr. pron. *1* Venire dalla campagna a vivere in città. *2* (*fig., lett.*) Farsi cittadino nei modi e nelle abitudini.

inurbàto [1939] **A** part. pass. di *inurbarsi*; anche agg. ● Nei sign. del v. **B** s. m. (f. *-a*) ● Chi si è trasferito dalla campagna in città.

inuṣàto [comp. di *in-* (*3*) e *usato*; sec. XIV] agg. ● (*lett.*) Insolito, inusitato.

inuṣitàto [vc. dotta, lat. *inusitātu(m)*, comp. di *in-* neg. e *usitātus* 'usitato'; 1336 ca.] agg. ● Che non rientra nell'uso comune, che è al di fuori della normalità: *espressione, parola inusitata*; *effetto i.*; *sento in mezzo l'alma / una dolcezza inusitata e nova* (PETRARCA). SIN. Insolito. CONTR. Abituale, usuale. || **inuṣitataménte**, avv. (*raro*) In modo inusitato.

†**inùsto** [vc. dotta, lat. *inūstu(m)*, part. pass. di *inūrere*, comp. di *in-* (*1*) e *ūrere* 'bruciare', di orig. indeur.; av. 1714] agg. ● Segnato, impresso col fuoco.

inuṣuàle [comp. di *in-* (*3*) e *usuale*; av. 1787] agg. ● Non usuale, fuori dal comune, insolito: *un fatto i.* || **inuṣualménte**, avv.

♦**inùtile** [vc. dotta, lat. *inūtile(m)*, comp. di *in-* neg. e *ūtilis* 'utile'; 1336 ca.] agg. *1* Che non presenta nessuna utilità, non produce alcun effetto o giovamento: *oggetto, discorso, rimedio, tentativo i.*; *i tuoi sforzi sono inutili*; *sentirsi, essere i.*; *persona, gente i.*; *Quel sentirsi... inutili, con tutto i. intorno* (LEVI). *2* Superfluo, vano: *è i. che tu insista, tanto non mi convinci* | ***Non i.***, che presenta qualche utilità: *il tuo è stato un tentativo non i.* || **inutilménte**, †**inutileménte**, avv.

inutilità [vc. dotta, lat. *inutilitāte(m)*, comp. di *in-* neg. e *utĭlitas*, genit. *utilitātis* 'utilità'; 1520] s. f. ● Mancanza di utilità.

inutilizzàbile [comp. di *in-* (*3*) e *utilizzabile*; 1933] agg. ● Che non si può usare o utilizzare: *una vecchia macchina ormai i.* SIN. Inservibile.

inutilizzàre [comp. di *in-* (*3*) e *utilizzare*; 1849] v. tr. ● Rendere inutile o inservibile: *i. un'arma.*

inutilizzàto [av. 1872] part. pass. di *inutilizzare*; anche agg. ● Non utilizzato: *oggetto i.*

inutilizzazióne [comp. di *in-* (*3*) e *utilizzazione*; av. 1937] s. f. ● L'inutilizzare.

inuzzolìre [comp. di *in-* (*1*) e *uzzolo*; av. 1606] **A** v. tr. (*io inuzzolisco, tu inuzzolisci*) ● (*tosc.*) Rendere voglioso di qlco.: *i. i bambini con promesse.* **B** v. intr. pron. ● (*tosc.*) Invogliarsi, incapricciarsi.

invacchiménto [1881] s. m. ● L'invacchire.

invacchìre [comp. di *in-* (*1*) e *vacca*; av. 1767] v. intr. (*io invacchisco, tu invacchisci*; aus. *essere*) *1* (*zoot.*) Andare in vacca, cioè a male, dei bachi da seta che si gonfiano e ingialliscono, per poi morire. *2* (*pop.*; *disus.*) Diventare grasso e floscio | Intorpidirsi mentalmente.

invadènte [1846] part. pres. di *invadere*; anche agg. e s. m. e f. ● (*fig.*) Che (o Chi) si occupa troppo di ciò che non lo riguarda, si intromette nelle faccende altrui: *non dargli confidenza perché è un i.* SIN. Ficcanaso.

invadènza [1846] s. f. ● Caratteristica di chi (o di ciò che) è invadente.

♦**invàdere** [vc. dotta, lat. *invādere*, comp. di *in-* 'contro' e *vādere* 'andare'; 1334] v. tr. (pass. rem. *io invàṣi, tu invadésti*; part. pass. *invàṣo*, †*invadùto*) *1* Occupare un territorio con la forza penetrandovi in gran numero: *l'esercito invase l'intera regione* | Entrare, occupare in massa (*anche scherz.*): *le cavallette invadono i campi*; *una folla di tifosi invase lo stadio*; *i suoi amici mi hanno invaso la casa* | Inondare: *il fiume invase la campagna* | Contagiare: *l'Europa intera fu invasa dall'epidemia* | (*fig.*) Diffondersi: *le erbacce hanno invaso l'orto*; *prodotti giapponesi che invadono l'Europa.* *2* (*med.*) Infiltrarsi nelle parti e negli organi vicini. *3* (*fig.*) Occupare l'animo, pervadere: *l'ambizione, l'egoismo e i pregiudizi invasero i loro cuori* | (*fig.*) ***Le tenebre invadono l'aria***, la rendono sempre più scura. *4* (*fig.*) Attribuirsi illegittimamente qlco. entrando in ciò che spetta ad altri: *i. i diritti, i poteri, la giurisdizione di qlcu.*

†**invagàre** v. tr. e intr. pron. ● Invaghire: *come chi di ben far sempre s'invaga* (SACCHETTI).

invaghiménto [av. 1694] s. m. ● (*lett.*) L'invaghirsi | Condizione di chi è innamorato.

invaghìre [comp. di *in-* (*1*) e *vago*; 1313] **A** v. tr. (*io invaghìsco, tu invaghisci*) ● (*lett.*) Innamorare: *Amor, che del suo altero lume / più m'invaghisce dove più m'incende* (PETRARCA). **B** v. intr. pron. e †intr. ● Accendersi di desiderio, di amore per qlcu. o per qlco.: *invaghirsi di una fanciulla, di un oggetto artistico.* SIN. Incapricciarsi.

invaginàre [comp. di *in-* (*1*) e *vagina*; 1822] **A** v. tr. (*io invàgino* o, più diffuso ma meno corretto, *invagìno*) ● (*lett.*) Mettere l'arma nella guaina o nel fodero. **B** v. intr. pron. ● (*med.*) Ripiegarsi verso l'interno, come il dito di un guanto: *organo che si invagina.*

invaginazióne [da *invaginare* con ampliamento del sign. di *vagina*; 1834] s. f. ● (*med.*) Ripiegamento di un organo verso l'interno.

invaiàre [comp. di *in-* (*1*) e *vaio*; 1789] **A** v. intr. (*io invàio*; aus. *essere*) ● Diventare scuro e maculato per il fenomeno della maturazione: *la frutta invaia.* **B** v. tr. ● (*raro*) Rendere vaio, scuro: *l'uva ingrossa, e invaia / i chicchi già* (PASCOLI).

invaiatùra [da *invaiare*; 1937] s. f. ● Perdita progressiva del colore verde dei frutti nel primo stadio di maturazione, quando diventano scuri e maculati.

invaiolàre [comp. di *in-* (*1*) e *vaio* col suff. dim. *-olare*; 1625] v. intr. (*io invaiòlo*; aus. *essere*) ● (*lett.*) Invaiare.

invalère [vc. dotta, lat. tardo *invalēre* 'esser forte, prevalere', comp. di *in-* raff. e *valēre* 'aver forza, vigore'; 1528] v. intr. (coniug. come *valere*; aus. *essere*; oggi difett. usato solo nelle terze pers. sing. e pl. e nel part. pass. *invàlso* e nel ger. *invalèndo*) ● Prendere piede, affermarsi: *è invalsa la consuetudine di scambiarsi doni a Natale*; *una moda che è invalsa dieci anni fa.*

invalicàbile [comp. di *in-* (*3*) e *valicabile*; 1640] agg. ● Che è impossibile o difficile valicare: *passo, vetta i.* | (*fig.*) Insuperabile: *difficoltà i.*

invalicabilità [1963] s. f. ● Condizione di ciò che è invalicabile.

invalidàbile [1869] agg. ● Che si può invalidare.

invalidabilità [1957] s. f. ● (*raro*) Carattere o condizione di ciò che è invalidabile.

invalidaménto [1745] s. m. ● Dichiarazione, dimostrazione d'invalidità. SIN. Invalidazione.

invalidànte [1942] part. pres. di *invalidare*; anche agg. *1* Nei sign. del v. *2* (*dir.*) Che rende non valido: *incidente i.*

invalidàre [da *invalido*; av. 1565] **A** v. tr. (*io invàlido*) *1* Rilevare dinanzi all'autorità competente l'invalidità di un atto: *i. un provvedimento giudiziario, un testamento, un contratto.* *2* (*est.*) Dimostrare debole, privo di valore: *i. le obiezioni dell'avversario.* **B** v. intr. pron. ● (*lett.*) Diventare fisicamente invalido.

invalidazióne [1869] s. f. ● Invalidamento.

invalidità [1540] s. f. *1* Mancanza di validità: *l'i. di una tesi.* *2* (*disus.*) Condizione di un atto che non possiede tutti i requisiti legislativamente richiesti così da risultare nullo o annullabile: *i. di un negozio giuridico, di un atto processuale.* *3* Inattitudine al lavoro conseguente a gravi malattie, mutilazioni e sim.: *i. temporanea, permanente* | Condizione giuridica di chi è invalido: *assicurazione per l'i. e la vecchiaia.*

♦**invàlido** [vc. dotta, lat. *invălidu(m)*, comp. di *in-* neg. e *vălidus* 'valido'; 1499] **A** agg. *1* Di chi non può svolgere un'attività lavorativa a causa dell'età, di malattia o di infortunio: *un vecchio i.*; *rimanere i.* *2* (*dir.*) Che non è valido: *atto processuale i.*; *contratto i.*; *elezioni invalide.* || **invalidaménte**, avv. Senza validità. **B** s. m. (f. *-a*) ● Persona invalida, inabile: *posto riservato agli invalidi di guerra e del lavoro.*

invaligiàre [comp. di *in-* (*1*) e *valigia*; 1780] v. tr. (*io invalìgio*) ● (*raro*) Mettere o riporre nella valigia.

invallàrsi [comp. di *in-* (*1*) e *valle*; av. 1776] v. intr. pron. ● Incassarsi, scorrere in una valle: *il fiume s'invalla.*

invàlso [1528] part. pass. di *invalere*; anche agg. ● Frequente, diffuso: *una moda invalsa nel secondo dopoguerra.*

invanìre [comp. di *in-* (*1*) e *vano*; av. 1342] **A** v. tr. (*io invanisco, tu invanisci*) *1* (*raro*) Rendere vanitoso, superbo. *2* †Rendere vano, inutile. **B** v. intr. e intr. pron. (aus. *essere*) *1* (*raro*) Diventare vanitoso, fatuo: *gli uomini deboli ... invaniscono ed inebriano nella fortuna, attribuendo tutto il bene che gli hanno a quella virtù che non conobbono mai* (MACHIAVELLI). *2* †Svanire, mancare, dileguarsi.

invàno o (*raro*) **in vàno** [vc. dotta, lat. crist. *ĭn vānum* 'nel vuoto, per nulla', diffusa col primo comandamento biblico; sec. XIII] avv. ● Senza effetto, inutilmente: *affaticarsi, lottare, pregare, scrivere i.*; *ho tentato i. di persuaderlo*; *com'om che torna a la perduta strada, / che 'nfino ad essa li pare ire in vano* (DANTE *Purg.* I, 119-120) | ***Essere i.***, essere inutile: *tutto è stato i.*

invàr® [abbr. del fr. *invar(iable)* 'invar(iabile)'; 1942] s. m. ● Tipo di acciaio speciale con il 36% di nichel, caratterizzato da un coefficiente di dilatazione quasi nullo.

invarcàbile [comp. di *in-* (*3*) e *varcabile*; av. 1673] agg. ● (*raro*) Che non si può varcare.

†**invarcàrsi** [comp. di *in-* (*1*) e *varcare*] v. intr. pron. ● Gettarsi di un fiume in un altro.

invariàbile [comp. di *in-* (*3*) e *variabile*; av. 1342] agg. *1* Che non subisce variazioni: *temperatura i.*; *condizioni invariabili.* SIN. Costante, fisso. *2* (*ling.*) Detto di parola che non subisce mutazioni nella sua forma. || **invariabilménte**, avv.

invariabilità [comp. di *in-* (*3*) e *variabilità*; 1766] s. f. ● Caratteristica, proprietà di ciò che è invariabile.

invariànte [comp. di *in-* (*3*) e *variante*; 1929] agg. *1* (*mat.*) Detto di ente che, rispetto a uno o più enti variabili, per tutti i valori di tali variabili, conserva sempre il medesimo valore. *2* (*fis.*) Detto di quantità fisica che non cambia valore se viene misurata in diversi sistemi di riferimento.

invariantìvo [da *invariante*; 1957] agg. ● Che non varia | (*mat.*) ***Proprietà invariantiva***, quella della sottrazione, il cui risultato non cambia se si aggiunge o toglie uno stesso numero al sottraendo e al minuendo, e quella della divisione, il cui quoziente rimane invariato se dividendo e divisore sono moltiplicati o divisi per uno stesso numero.

invariànza [comp. di *in-* (*3*) e un deriv. di *variare*; 1950] s. f. ● (*fis.*) Proprietà di sistema chimico-fisico in equilibrio che si ha quando non è possibile far variare alcuno dei parametri che lo caratterizzano senza alterare tale equilibrio.

invariàto [comp. di *in-* (*3*) e *variato*; 1570] agg. ● Che non ha subìto variazioni: *prezzo i.*; *condizioni invariate.* SIN. Costante, immutato. || **invariataménte**, avv. Senza variazioni.

invaṣaménto [1798] s. m. ● Stato di chi è invasato | Infatuazione, esaltazione.

invaṣàre (1) [da *invaso*, part. pass. di *invadere*;

1354] **A** v. tr. ● Impossessarsi di qlcu. sconvolgendone la mente e l'animo: *essere invasato dal demonio, dall'odio, dalla passione.* **B** v. intr. pron. ● (*raro*) Diventare maniaco di qlcu. o qlco.: *invasarsi di un autore.*

invașàre (2) [comp. di *in-* (*1*) e *vaso*; 1532] v. tr. *1* Mettere in vaso | (*est.*) Piantare una pianta in un vaso. *2* Mettere la nave sull'invasatura.

invașàto (1) part. pass. di *invasare* (*1*); anche agg. e s. m. (f. *-a*) ● Che (o Chi) è spiritualmente posseduto, ossessionato da qlcu. o qlco.: *i. dalla furia, dal demonio*; *gridare come un i.* SIN. Ossesso.

invașàto (2) part. pass. di *invasare* (*2*); anche agg. ● Nei sign. del v.

invașatóre [da *invasare* (*1*); av. 1694] agg. (f. *-trice*) ● (*raro*) Che invasa: *demonio, spirito, odio i.*

invașatùra [da *invasare* (*2*); 1889] s. f. *1* Operazione dell'invasare, del mettere qlco. in un vaso. *2* (*mar.*) Incastellatura che forma il letto sul quale poggia una nave in cantiere o un'imbarcazione in secca. SIN. Vaso.

invașióne [vc. dotta, lat. tardo *invasiōne(m)*, da *invāsus*, part. pass. di *invādere* 'invadere'; 1336 ca.] s. f. *1* Occupazione di un territorio e sim. altrui, per ragioni e motivi diversi: *l'i. di un esercito*; *le invasioni barbariche, degli Unni, dei Goti*; *l'i. di un podere da parte degli scioperanti* | (*fig.*) Enorme affluenza: *un'i. di turisti* | ***I. di campo***, quella compiuta dagli spettatori durante o dopo un incontro sportivo, per protesta o per festeggiare la vittoria della propria squadra | ***I. pacifica***, entrata in campo di parte del pubblico per festeggiare la propria squadra vincente | (*sport*) ***Fallo d'i.***, nella pallavolo, quella di chi tocca la rete o penetra nella metà campo avversaria. *2* Inondazione: *l'i. delle acque.* *3* (*fig.*) Massiccia diffusione: *un'i. di prodotti elettronici.*

invașività [da *invasivo*; 1987] s. f. *1* (*med.*) Capacità di un microrganismo di entrare nel corpo e di diffondersi attraverso i tessuti. *2* (*med., biol.*) Proprietà di essere invasivo, detto di procedimenti diagnostici o terapeutici.

invașìvo [da *invaso* (*1*); calco sull'ingl. *invasive* nel sign. 3; 1499] agg. *1* (*raro*) Che serve o tende a invadere: *guerra invasiva* | Aggressivo. *2* †Che ferisce, che offende. *3* (*med., biol.*) Detto di procedimenti diagnostici o terapeutici che possono comportare modificazioni patologiche o genetiche delle strutture biologiche esaminate: *l'ecografia è un esame non i.* | Detto di patologia che tende a diffondersi nell'organismo: *le neoplasie sono invasive.*

invàșo (1) [1340] part. pass. di *invadere*; anche agg. ● Nei sign. del v. | (*fig.*) Pervaso: *sentirsi l'animo i. dal terrore, dalla gelosia.*

invàșo (2) [da *invasare* (*2*); 1957] s. m. *1* Invasatura di una pianta. *2* Capacità utilizzabile di un serbatoio idrico per impianti idroelettrici, per irrigazione o per acqua potabile: *massimo i.*

invașóre [vc. dotta, lat. tardo *invasōre(m)*, da *invāsus*, part. pass. di *invādere* 'invadere'; 1499] agg.; anche s. m. (f. *invaditrice*) ● Che (o Chi) invade: *l'i. è arrivato a due kilometri dalla città*; *l'esercito i. ha travolto le ultime difese.*

invecchiaménto [1817 ca.] s. m. *1* Processo per cui qlcu. o qlco., e in particolare l'organismo umano, con l'avanzare degli anni diventa vecchio o più vecchio: *l'i. di usi e costumi*; *l'i. di un metodo educativo*; *malattie dell'i.*; *in poco tempo ha subìto un forte i.* *2* (*enol.*) Maturazione del vino, che col tempo acquista aroma e perde acidità | ***I. artificiale***, trattamento cui viene sottoposto vino o liquore per accelerarne i processi di maturazione | (*gener.*) Stagionatura: *i. del legname, di un formaggio.* *3* Modificazione nella struttura fisica e chimica di una sostanza | ***I. di un precipitato***, lenta modificazione della sua struttura fisica e chimica tale da non permettere più la solubilizzazione coi metodi usuali.

invecchiàre [comp. di *in-* (*1*) e *vecchio*; av. 1292] **A** v. intr. e †intr. pron. (*io invècchio*; aus. *essere*) *1* Diventare vecchio: *tutti gli organismi viventi invecchiano* | (*est.*) Stagionarsi: *questo vino deve i. per acquistare pregio* | (*est.*) Perdere in freschezza e vigore, sfiorire: *i. anzi tempo*; *come sei invecchiato!* *2* (*fig.*) Perdere di validità, passare di moda: *questo film è invecchiato molto*; *è un'opera che non invecchia.* **B** v. tr. ● Far diventare vecchio: *gli stenti lo hanno invecchiato molto* | Far sembrare vecchio: *la barba invecchia chi la porta* | Sottoporre a invecchiamento: *i. un vino, un formaggio.*

invecchiàto [av. 1292] part. pass. di *invecchiare*; anche agg. *1* Diventato vecchio. *2* Sottoposto al processo dell'invecchiamento: *vino i.* *3* (*fig.*) Superato, sorpassato: *una moda ormai invecchiata.*

♦**invéce** o †**in véce** [comp. di *in* e *vece*; 1313] **A** avv. ● Al contrario: *ero convinto, i., che fosse tutta colpa tua*; *credevo di venire, i. non sono potuto uscire*; *credi di avere ragione e i. hai torto* | (*fam.*) Con valore raff. preceduto da 'ma' o 'mentre': *vorrei stare in casa, ma i. devo uscire*; *sembrava onesto mentre i. si è dimostrato un imbroglione.* **B** nella loc. prep. ***i. di*** ● In luogo di, al posto di, in sostituzione di: *ho preso il tuo libro i. del mio*; *i. di ridere, se l'è presa moltissimo* | ***In vece, in vece di***, V. *vece*, sign. 3.

invedìbile [comp. di *in-* (*3*) e *vedibile*; 1987] agg. ● Che non può essere visto | Che non merita o non è degno di essere visto: *uno spettacolo, un film i.*

†**invéggia** o †**envéa**, †**envèia** [lat. *invĭdia*, di sviluppo pop.; av. 1276] s. f. ● Invidia.

†**inveggiàre** [da *inveggia*; 1321] v. tr. ● Invidiare.

inveìre [lat. *invĕhi*, comp. di *in-* 'contro' e della forma mediale di *vĕhere* 'condurre', di orig. indeur., passata ad altra coniug.; av. 1588] v. intr. (*io inveisco, tu inveisci*; aus. *avere*) ● Rivolgersi contro qlcu. o qlco., protestando, scagliando rimproveri o ingiurie: *i. contro i falsi amici, la vigliaccheria, il malgoverno.*

invelàre [comp. di *in-* (*1*) e *vela*; 1889] **A** v. tr. (*io invélo*) ● (*mar.*) Fornire delle vele: *i. una nave.* **B** v. intr. (aus. *avere*) ● (*mar.*) Spiegare le vele.

invelenìre [comp. di *in-* (*1*) e *veleno*; sec. XIV] **A** v. tr. (*io invelenìsco, tu invelenisci*) ● Rendere qlcu. astioso, irritato: *i. qlcu. con critiche pungenti* | Far diventare una situazione, una discussione e sim. più difficile, aspra, tesa: *i. un rapporto di amicizia*; *i. un confronto politico.* SIN. Esasperare, inasprire. **B** v. intr. e intr. pron. (aus. *essere*) ● Irritarsi, arrabbiarsi: *i. per un nonnulla* | Aggravarsi, inasprirsi: *il quadro politico si è invelenito.*

invelenìto [av. 1363] part. pass. di *invelenire*; anche agg. ● Irritato, pieno di astio | Inasprito.

†**invelocìre** [comp. di *in-* (*1*) e *veloce*; 1798] **A** v. intr. ● Accelerare. **B** v. intr. pron. ● Diventare veloce.

invendìbile [comp. di *in-* (*3*) e *vendibile*, formato come il lat. *invendĭbilis*; 1640] agg. ● Che non si può o non si deve vendere: *merce i. perché deteriorata.*

invendibilità [1952] s. f. ● Condizione di ciò che è invendibile.

invendicàbile [comp. di *in-* (*3*) e *vendicabile*; 1869] agg. ● Che non si può vendicare in modo adeguato: *offesa i.*

invendicàto [comp. di *in-* (*3*) e *vendicato*; 1532] agg. ● Che non è stato vendicato: *oltraggio i.* | Che non è stato punito: *delitto i.*

invendùto [comp. di *in-* (*3*) e *venduto*; 1752] **A** agg. ● Che non è stato venduto: *merce invenduta.* **B** s. m. ● Giacenza di negozio.

†**invènia** [vc. dotta, lat. *ĭn vĕnia* 'in scusa, perdono'; av. 1342] s. f. ● Venia, perdono | (*est.*) Atto d'umiliazione: *le invenie del Botta e del Balbo* (CARDUCCI).

†**inveniménto** s. m. ● Ritrovamento.

†**invenìre** [vc. dotta, lat. *invenīre* 'venire (*venīre*) dentro (*in-*)'; av. 1250] v. tr. *1* Trovare, rinvenire, ricercare. *2* (*fig.*) Inventare.

♦**inventàre** [vc. dotta, lat. parl. **inventāre*, freq. di *invenīre*, formato dal part. pass. *invĕntus*; 1566] v. tr. (*io invènto*) *1* Escogitare col proprio ingegno qlco. di nuovo: *i. la bussola, la polvere da sparo, la stampa, la radio*; *ha inventato un nuovo metodo di analisi, un nuovo sistema di vendita* | (*scherz.*) ***I. l'ombrello, l'acqua calda***, dire o fare qlco. di ovvio e scontato, poco originale. CFR. Scoprire, trovare. *2* Creare qlco. con la propria fantasia utilizzandola spec. per scopi artistici: *i. nuovi accostamenti di colore*; *i. un personaggio, una trama* | (*est.*) Ideare cose strambe, originali e sim.: *ne inventa di tutti i colori.* *3* Immaginare cose inesistenti nella realtà: *i. pericoli, difficoltà, inimicizie* | (*est.*) Raccontare cose immaginate: *i. notizie, frottole, pettegolezzi* | (*fig.*) ***I. di sana pianta***, senza il benché minimo nesso con la realtà.

inventariàbile [1973] agg. ● Che deve essere inventariato: *beni, merci inventariabili.*

inventariàre [da *inventario*; 1550] v. tr. (*io inventàrio*) ● Scrivere o registrare in un inventario: *i. libri, mobili, disegni*; *abbiamo inventariato tutte le merci esistenti nei magazzini.*

inventariazióne [1942] s. f. ● Operazione dell'inventariare.

inventàrio [vc. dotta, lat. tardo *inventāriu(m)*, dal part. pass. (*invĕntus*) di *invenīre* 'trovare'; 1250 ca.] s. m. *1* Rilevazione, generalmente periodica, della quantità, del valore e delle caratteristiche di determinati beni: *i. degli stock*; *fare l'i.*; *i. dei libri, delle stampe di una biblioteca*; *l'i. dei documenti di un archivio.* *2* Verbale in cui sono descritti tutti gli oggetti, beni e documenti relativi al patrimonio di una persona o di un'impresa: *compilare, fare l'i.*; *i. fallimentare* | ***Beneficio d'i.***, V. *beneficio*, sign. 2 | Documento sul quale vengono riportate le quantità delle scorte di magazzino di un'impresa | (*ragion.*) ***Libro degli inventari***, registro obbligatorio vidimato che elenca i conti utilizzati per la redazione del bilancio di esercizio con i relativi saldi | (*mar.*) ***I. di bordo***, uno dei quattro libri che compongono il giornale di bordo. *3* (*fig.*) Enumerazione arida e noiosa: *mi ha fatto l'i. delle sue malattie e dei suoi guai.* SIN. Elenco, lista. *4* Quantità e valore dei beni inventariati.

inventàto [1584] part. pass. di *inventare*; anche agg. *1* Nei sign. del v. *2* Falso, infondato: *notizie inventate.* || **inventataménte**, avv. (*raro*) Per invenzione.

invèntio /lat. in'ventsjo/ [vc. lt., propr. 'reperimento', dal v. *invenīre* 'trovare, ritrovare'; 1973] s. f. inv. (pl. lat. *inventiones*) ● Nella retorica classica, la partizione dell'arte del dire che riguarda l'invenzione, cioè la ricerca degli argomenti idonei a rendere convincente il discorso. CFR. Dispositio, elocutio.

inventìva [f. sost. di *inventivo* 'proprio dell'*inventare*'; 1308] s. f. *1* Fantasia ricca e fertile, potenza immaginativa e creativa: *ha adottato una soluzione che denota scarsa i.* *2* (*lett.*) Espediente astuto, trovata ingegnosa.

inventività [da *inventivo*; 1929] s. f. ● Capacità di inventare, attitudine all'invenzione.

inventìvo [dal lat. *invĕntus*, part. pass. di *invenīre* 'trovare, inventare'; 1308] agg. *1* Di invenzione: *facoltà, potenza inventiva* | Che ha capacità e potere di inventare, immaginoso: *ingegno i.*; *fantasia inventiva.* *2* Che proviene dalla fantasia, che è frutto d'invenzione: *parte inventiva di un romanzo.* || †**inventivaménte**, avv. Per via d'immaginazione, di fantasia.

†**invènto** [1499] **A** part. pass. di †*invenire* ● (*raro, lett.*) Nei sign. del v. **B** s. m. ● Invenzione, ritrovato.

inventóre [vc. dotta, lat. *inventōre(m)*, da *invĕntus*, part. pass. di *invenīre* 'trovare, inventare'; 1351] **A** agg. (f. *-trice*) ● Che inventa, che è ricco di inventiva: *genio i.* SIN. Creatore. **B** s. m. (f. *-trice*) *1* Chi realizza un'invenzione, spec. di grande importanza e utilità: *l'i. della bussola, della stampa, della radio.* SIN. Ideatore, scopritore. *2* (*est., lett.*) Chi, per primo, immagina e introduce nell'uso, nella pratica e sim.: *Mercurio i. delle arti.* *3* †Chi ritrova o rinviene cose nascoste: *l'i. del tesoro ne diventa proprietario.* *4* †Bugiardo. || **inventoràccio**, pegg.

†**inventràrsi** [comp. di *in-* (*1*) e *ventre* in senso fig.; av. 1321] v. rifl. ● Internarsi, addentrarsi come in grembo: *Luce divina sopra me s'appunta, / penetrando per questa in ch'io m'inventro* (DANTE *Par.* XXI, 83-84).

invenustà [da *invenusto*; 1834] s. f. ● (*lett.*) Mancanza di venustà, di grazia.

invenùsto [vc. dotta, lat. *invenŭstu(m)*, comp. di *in-* neg. e *venŭstus* 'venusto'; 1862] agg. ● (*lett.*) Privo di grazia e di bellezza. || **invenustaménte**, avv.

♦**invenzióne** [vc. dotta, lat. *inventiōne(m)*, da *invĕntus*, part. pass. di *invenīre* 'trovare, inventare'; 1308] s. f. *1* Ideazione di qlco. di nuovo: *l'i. della stampa, della radio*; *apparecchio di nuova i.* CFR. Scoperta. *2* Ciò che è stato inventato, spec. scoperta tecnica suscettibile di applicazione industriale: *il telefono è stata una grande i.*; *far fruttare un'i.*; *brevettare un'i.*; *la stoltezza della cre-*

denza che le filosofie siano simili a invenzioni ingegnose e cervellotiche (CROCE) | (*est.*) Espediente, stratagemma: *i. diabolica.* ***3*** Creazione della fantasia, dell'immaginazione: *una i. poetica; un'i. dell'ala sinistra; lavoro d'i.* | Inventiva: *uno scrittore pieno d'i.* ***4*** (*est.*) Notizia o chiacchiera inventata, spec. a danno di qlcu.: *son tutte invenzioni delle male lingue.* SIN. Bugia. ***5*** (*lett.*) Rinvenimento, ritrovamento: *l'i. della reliquia di un santo, della Croce.* ***6*** (*dir.*) Ritrovamento che determina l'acquisto, da parte del ritrovatore, della proprietà di cose mobili smarrite, una volte esperite determinate formalità. ***7*** (*ling.*) Parte della retorica antica che consiste nel trovare gli argomenti dell'orazione. ***8*** (*mus.*) Composizione di carattere imitativo per tastiera o gruppo strumentale, particolarmente usata nel Settecento: *le invenzioni a due voci di Bach.* || **invenzioncèlla**, dim. | **invenzioncina**, dim.

†**invèr** o **invèr'** [1294] prep. ● (*poet.*) Forma tronca di 'inverso'.

inveraménto [1951] s. m. ● (*lett.*) Il fatto di inverarsi.

inveràre [comp. di *in-* (*1*) e *vero*; 1321] **A** v. tr. (*io invéro*) ● (*lett.*) Rendere vero. **B** v. intr. pron. ***1*** (*lett.*) Acquisire realtà, avverarsi, attuarsi. ***2*** (*poet.*) Penetrare nella verità della luce divina: *e quello avea la fiamma più sincera / cui men distava la favilla pura, / credo, però che più di lei s'invera* (DANTE *Par.* XXVIII, 37-39). ***3*** (*filos.*) Secondo Hegel, con riferimento a tesi e antitesi, acquistare realtà nella sintesi che le concilia.

inverdiménto [1963] s. m. ● L'inverdire, l'inverdirsi.

inverdìre [comp. di *in-* (*1*) e *verde*; av. 1565] **A** v. tr. (*io inverdìsco, tu inverdìsci*) ● Rendere verde: *la bella stagione inverdisce i campi.* **B** v. intr. e intr. pron. (aus. *essere*) ● Diventare verde: *i prati inverdiscono; la campagna s'è tutta inverdita.*

inverecòndia [vc. dotta, lat. tardo *inverecŭndia(m)*, comp. di *in-* neg. e *verecŭndia* 'verecondia'; 1598] s. f. ● Mancanza di verecondia, di pudore o di modestia | (*est.*) Sfacciataggine.

inverecóndo [vc. dotta, lat. *inverecŭndu(m)*, comp. di *in-* neg. e *verecŭndus* 'verecondo'; 1470 ca.] agg. ● Privo di verecondia | (*est.*) Sfacciato, spudorato: *lunge il grido e la tempesta / de' tripudi inverecondi* (MANZONI). || **inverecondaménte**, avv.

invergàre [comp. di *in-* (*1*) e *verga*; 1868] v. tr. (*io invérgo, tu invérghi*) ***1*** (*mar.*; *disus.*) Inferire: *i. le vele.* ***2*** (*tess.*) Metter verghe nella croce dell'ordito, per tenere in ordine i fili.

invergatùra [av. 1800] s. f. ***1*** (*mar.*) Il lato delle vele dove si allacciano al pennone. ***2*** (*tess.*) Separazione dei fili di ordito, disposti sul telaio, in relazione all'armatura stabilita, mediante bastoncini di legno detti verghe.

inverificàbile [comp. di *in-* (*3*) e *verificabile*; 1727] agg. ● Che non è verificabile, che non può essere verificato: *un dato, un'ipotesi i.*

inverisìmile e *deriv.* ● V. *inverosimile* e *deriv.*

invermigliàre [comp. di *in-* (*1*) e *vermiglio*; 1499] **A** v. tr. (*io invermìglio*) ● (*lett.*) Tingere di vermiglio. **B** v. intr. pron. ● (*lett.*) Diventare vermiglio.

inverminaménto [av. 1684] s. m. ● L'inverminare.

inverminàre [1305] v. intr. e intr. pron. (*io invèrmino*; aus. *essere*) ● Inverminire.

inverminìre [comp. di *in-* (*1*) e *verm(in)e*; av. 1419] v. intr. e intr. pron. (*io inverminìsco, tu inverminìsci*; aus. *essere*) ***1*** Riempirsi di vermi: *certi formaggi acquistano pregio se inverminiscono.* ***2*** (*raro*) Imputridire.

♦**invernàle** [adatt. del lat. tardo *hibernāle(m)*, da *hibĕrnum* 'inverno'; 1562] **A** agg. ● Dell'inverno | Che avviene o si fa d'inverno: *pioggia, freddo i.; sport, divertimenti invernali* | Che si usa d'inverno: *vestiti, pneumatici invernali.* || **invernalménte**, avv. **B** s. f. ● Nell'alpinismo, ascensione invernale: *scalare una cima in i.*

invernaménto [adattamento (su *inverno*) del latinismo *ibernamento*] s. m. ● (*raro*) Svernamento | ***I. delle api***, insieme di operazioni atte ad agevolare alle api di un alveare il superamento della stagione invernale.

invernàta [sec. XIV] s. f. ● Durata, periodo di un inverno: *l'i. scorsa; un'i. rigida.* || **invernatàccia**, pegg. | **invernatina**, dim.

invernéngo o **invernèngo** [vc. dial. sett., da *inverno* col suff. di orig. germ. *-engo*; 1820] agg. (pl. m. *-ghi*) ● (*lomb.*) Detto di prodotti agricoli che maturano nell'inverno o sono caratterizzati da maturazione tardiva | (*lomb.*) Detto di formaggio grana che si produce da ottobre all'aprile dell'anno successivo.

inverniciaménto s. m. ● (*raro*) Verniciatura.

inverniciàre [comp. di *in-* (*1*) e *vernice*; 1563] **A** v. tr. (*io invernìcio*) ● (*raro*) Verniciare | (*fig.*) †Orpellare. **B** v. rifl. ● (*scherz.*) Imbellettarsi, truccarsi.

inverniciàta [1869] s. f. ● (*raro*) Verniciata | Mano di vernice: *dare un'i.* || **inverniciatina**, dim.

inverniciatóre [1821] s. m. (f. *-trice*) ● (*raro*) Verniciatore.

inverniciatùra [av. 1779] s. f. ● (*raro*) Verniciatura (*anche fig.*).

♦**invèrno** o (*raro, poet.*) **vèrno** (**2**) nel sign. 1 [lat. *hibĕrnu(m)*, sottinteso *tĕmpus* '(tempo) invernale', agg. da *hĭems*, di orig. indeur.; sec. XII] s. m. ● Stagione dell'anno che dura 89 giorni e un'ora, dal 22 dicembre al 21 marzo, corrispondente all'estate nell'emisfero australe: *i. rigido, umido, crudo, nevoso, piovoso; essere nel cuore dell'i., entrare nell'i.* | ***Quartieri d'i.***, quelli dove svernavano le truppe delle antiche milizie, in attesa di riprendere le operazioni al ritorno della buona stagione | ***Giardino d'i.***, V. *giardino*, sign. A 1. || **invernàccio**, pegg. | **invernùccio**, dim.

invéro o (*raro*) **in véro** [comp. di *in* e *vero*; av. 1342] avv. ● (*lett.*) In verità, veramente, davvero: *è un quadro i. molto bello.*

inverosimigliànte o **inverisimigliànte** [comp. di *in-* (*3*) e *verosimigliante*; av. 1956] agg. ● Inverosimile.

inverosimigliànza o **inverisimigliànza** [comp. di *in-* (*3*) e *verosimiglianza*; av. 1712] s. f. ***1*** Caratteristica di ciò che è inverosimile: *l'i. del racconto era evidente.* ***2*** (*spec. al pl.*) Cosa inverosimile o improbabile: *un racconto pieno di incongruenze e inverosimiglianze.*

inverosìmile o (*lett.*) **inverisìmile** [comp. di *in-* (*3*) e *verosimile*; 1614] **A** agg. ● Che non ha apparenza di vero, di reale, di probabile: *fatto, notizia i.* SIN. Inaccettabile, inattendibile, incredibile | (*est.*) Straordinario. || **inverosimilménte**, avv. **B** s. m. solo sing. ● Ciò che è incredibile, assurdo: *il suo racconto rasenta l'i.; la faccenda ha dell'i.; lo stadio è gremito fino all'i.*

inversióne [vc. dotta, lat. *inversiōne(m)*, da *invĕrsus* 'inverso (1)'; 1598] s. f. ***1*** Mutamento di direzione in senso contrario al precedente: *i. di marcia di un reparto militare; i. di rotta* | ***I. di marcia***; ***i. a U***, quella compiuta da un veicolo eseguendo una curva di 180° | ***I. di tendenza***, mutamento dell'andamento di un fenomeno in senso radicalmente opposto al precedente | ***I. termica***, fenomeno atmosferico per cui la temperatura invece di decrescere aumenta dal basso all'alto | ***I. sessuale***, omosessualità | ***I. di parola***, anagramma | ***I. di frase***, gioco enigmistico consistente nello scambiare l'ordine delle parole di una frase, o nel leggerla alla rovescia. ***2*** (*ling.*) Mutamento nella disposizione delle parole nel periodo | ***I. di frase***, gioco enigmistico consistente nel trovare una frase che rimanga identica invertendo l'ordine delle parole: *divenuto ossequente = passato al rispetto rispetto al passato.* ***3*** (*chim.*) Processo per cui alcuni zuccheri, polisaccaridi, si scindono in zuccheri più semplici, monosaccaridi. ***4*** (*chim.*) Processo mediante il quale da una pellicola opportunamente predisposta si ottiene direttamente l'immagine positiva.

inversìvo agg. ***1*** (*raro*) Che serve a invertire. ***2*** (*ling.*) Detto di suffisso o prefisso mediante il quale si dà a una parola significato contrario a quello che ha | ***Lingue inversive***, nelle quali si può facilmente modificare l'ordine delle parole.

invèrso (**1**) [vc. dotta, lat. *invĕrsus*, part. pass. di *invĕrtere* 'invertire'; sec. XIII] **A** agg. ***1*** Rivolto o disposto nel senso contrario rispetto a un altro: *procedere in direzione inversa, in senso i.; ordine i.* | ***Costruzione inversa***, disposizione delle parole, nel periodo, contraria a quella normale (ad es. *lieto fu quell'incontro*) | ***Dizionario i.***, in cui le parole sono elencate in ordine alfabetico inverso. ***2*** (*fig., sett.*) Mal disposto, di cattivo umore. ***3*** (*biol.*) Detto di organo che ha posizione rovesciata, con la base in alto e l'apice in basso. ***4*** (*ling.*) ***Verbi inversi***, quei verbi che, senza alcuna modificazione, possono essere transitivi e intransitivi (ad es. *calare, aspirare, attendere*). || **inversaménte**, avv. In modo inverso, contrario; ***inversamente proporzionale***, con proporzione rovesciata, invertita. **B** s. m. ***1*** Ciò che è opposto o contrario: *fa sempre l'i. di quello che dovrebbe* | ***All'i.***, al contrario. ***2*** (*mat.*) In un insieme dotato d'una legge di composizione, elemento che composto con il dato dia luogo ad un elemento neutro | ***I. di un numero razionale x***, il numero $1/x$.

†**invèrso** (**2**) [vc. dotta, lat. *invĕrsu(m)*, dal part. pass. di *invĕrtere* in uso avv.; sec. XIII] prep. (poet. troncato in *inver* o *inver'*) ***1*** (*poet.*) Verso, nella direzione di: *le ninfe, in piè drizzate, corsero i. Ameto* (BOCCACCIO) | Anche nella loc. prep. *i. di.* ***2*** (*poet., fig.*) In confronto, a paragone di | Anche nella loc. prep. *i. di*: ***'nverso d'ella / ogne dimostrazion mi pare ottusa*** (DANTE *Par.* XXIV, 95-96).

inversóre [da *invertire*; 1933] s. m. ● In varie tecnologie, dispositivo che inverte il senso di movimento, di rotazione e sim., di qlco.

invertàsi [comp. di *invert(ire)* e *-asi*; 1952] s. f. inv. ● (*chim., biol.*) Enzima che scinde il saccarosio in glucosio e fruttosio.

invertebràto [comp. di *in-* (*3*) e *vertebrato*; 1824] **A** agg. ***1*** Detto di animale privo di scheletro interno e di colonna vertebrale. ***2*** (*fig.*) Detto di persona priva di personalità e di volontà. **B** s. m. ***1*** Ogni animale non appartenente al gruppo dei Vertebrati. ***2*** (*fig.*) Persona priva di forza, nerbo, volontà e sim.

invèrter /in'vɛrter, *ingl.* ən'vəːtə/ [vc. ingl., propr. 'invertitore' (dal v. *to invert*); 1986] s. m. inv. ● (*elettr.*) Invertitore.

invertìbile [vc. dotta, lat. tardo *invertĭbile(m)*, da *invĕrtere* 'invertire'; 1869] agg. ***1*** Che si può invertire. ***2*** Detto di una macchina elettrica che può funzionare sia come generatore che come motore. SIN. Reversibile. ***3*** (*fot.*) Detto di pellicola fotografica che, dopo lo sviluppo, dà un'immagine positiva.

invertibilità [vc. dotta, lat. tardo *invertibilitāte(m)*, da *invertĭbilis* 'invertibile'; 1869] s. f. ● Caratteristica, proprietà di ciò che è invertibile.

invertìre [vc. dotta, lat. *invĕrtere*, comp. di *in-* 'al contrario' e *vĕrtere* 'volgere, voltare', di orig. indeur.; 1499] **A** v. tr. (pres. *io invèrto*, raro *invertìsco, tu invèrti*, raro *invertìsci*; pass. rem. *io invertìi*, †*invèrsi*) ***1*** Volgere nel senso contrario: *i. la marcia, il cammino; la sorte ha invertito la nostra situazione* | (*mar.*) ***I. la rotta***, accostare di 180 gradi | ***I. la corrente elettrica***, cambiare il verso in un circuito elettrico | ***I. uno zucchero***, operarne l'inversione. ***2*** Cambiare di posto per ottenere un ordine, una posizione e sim. diverse dalle precedenti: *i. la disposizione degli invitati, la sistemazione delle parole* | ***I. le parti***, fare quello che spetterebbe a un altro | (*mil.*) Rovesciare il normale ordine di successione di reparti in colonna di marcia o schierati. SIN. Capovolgere. **B** v. intr. pron. ● Capovolgersi: *i ruoli si sono invertiti.*

invertìto [1861] **A** part. pass. di *invertire*; anche agg. ***1*** Disposto nel senso contrario. ***2*** (*ling.*) ***Suono i.***, retroflesso | ***Consonanti invertite***, che si articolano nel palato duro con la punta della lingua all'indietro | ***Rime invertite***, quando si succedono in ordine inverso in ciascuna strofa. ***3*** (*chim.*) Detto di composto otticamente attivo che, per un'azione determinata, muta il senso del proprio potere rotatorio. || **invertitaménte**, avv. **B** agg.; anche s. m. ● Che (o Chi) manifesta inversione sessuale.

invertitóre [da *invertire*; 1948] s. m. ***1*** (*mecc.*) Organo che cambia la direzione di moto o di azione di una forza. ***2*** (*elettr.*) Dispositivo che serve a cambiare il verso della corrente mandata in un circuito elettrico, invertendone i punti d'attacco con la sorgente | Apparecchio per convertire una corrente continua in alternata.

invescaménto [1478] s. m. ● (*raro, lett.*) Invischiamento.

invescàre o (*lett.*) †**inviscàre** [comp. di *in-* (*1*) e *vesco* 'vischio'; 1313] **A** v. tr. (*io invésco, tu invéschi*) ● (*lett.*) Invischiare, impaniare | (*fig.*) Attrarre e legare a sé: *gli occhi giovenili invesca / Amor* (POLIZIANO). **B** v. intr. pron. ● (*lett., fig.*) Innamorarsi | (*fig.*) Impelagarsi in pasticci, in beghe.

investibile [da *investire*; 1861] **agg.** ● Che si può investire: *capitale i.*

investibilità [1973] **s. f.** ● Condizione di ciò che è investibile: *l'i. di un reddito.*

investigàbile [vc. dotta, lat. tardo *investigābile(m)*, da *investigāre* 'investigare'; 1308] **agg.** ● Che si può investigare.

investigaménto [sec. XIV] **s. m.** ● (*raro*) Investigazione, ricerca.

investigàre [vc. dotta, lat. *investigāre*, comp. di *in-* raff. e *vestigāre* 'seguire le orme, le vestigia', di etim. incerta; 1336 ca.] **A v. tr.** (*io invèstigo*, †*investìgo*, *tu invèstighi*) ● Cercare, esaminare o indagare con cura e attenzione per scoprire o venire a sapere qlco.: *i. le intenzioni, la volontà di qlcu.*; *i. le origini, la causa di un fatto.* **B v. intr.** (aus. *avere*) ● Svolgere indagini (*anche assol.*): *i. su un episodio di tangenti*; *i. sul racket della prostituzione*; *la polizia sta investigando.*

investigativo [da *investigare*, sul modello dell'ingl. *investigative*; av. 1332] **agg.** ● Che tende o è atto a investigare: *attività investigativa* | ***Agente i.***, agente di Pubblica Sicurezza qualificato per svolgere indagini su crimini.

investigàto [1342] **part. pass.** di *investigare* ● Nei sign. del v.

investigatóre [vc. dotta, lat. *investigatōre(m)*, da *investigātus* 'investigato'; 1353] **agg.**; anche **s. m.** (**f.** *-trice*) ● Che (o Chi) compie ricerche: *ingegno i.*; *è un i. di antiche civiltà* | Che (o Chi) investiga, compie indagini | ***I. privato***, chi, in possesso di licenza, svolge indagini o raccoglie informazioni per incarico di privati.

investigazióne [vc. dotta, lat. *investigatiōne(m)*, da *investigātus* 'investigato'; 1342] **s. f.** ● L'investigare | Ricerca meticolosa e profonda: *investigazioni scientifiche* | Indagine: *le investigazioni della polizia.*

investiménto [1363] **s. m. 1** Incidente stradale in cui qlcu. viene investito da un veicolo: *essere vittima di un grave i.* **2** Impiego di denaro in attività produttive, titoli e sim., allo scopo di ottenere o accrescere un utile o un reddito: *i. di capitale a breve, a lungo termine* | ***Politica degli investimenti***, intesa a promuoverli, a favorirli | ***Fondo di i.***, V. *fondo* | (*est.*) Il denaro così impiegato. **3** (*mar.*) Incaglio in un banco di sabbia o bassofondo. **4** (*mil.*) Complesso di operazioni per isolare una piazzaforte al fine di costringerla alla resa per esaurimento dei mezzi di alimentazione e di difesa.

♦**investire** [vc. dotta, lat. *investīre*, comp. di *in-* 'intorno' e *vestīre* che, oltre al sign. originario di 'coprire (con una *veste*)', ha assunto nel Medioevo quello di 'concedere l'investitura (dando a toccare un lembo della *veste*)' e l'altro, militare, di 'attaccare', circondando di soldati, come d'una *veste*, il nemico; sec. XII] **A v. tr.** (*io invèsto*) **1** †Coprire, rivestire. **2** (qlcu. + *di*) Concedere il dominio, immettere qlcu. solennemente nel possesso d'un feudo, nel godimento d'un beneficio, d'una dignità e sim.: *i. qlcu. di una carica, di un titolo*; *i. qlcu. della dignità vescovile* | ***I. qlcu. dei pieni poteri***, conferirglieli. **3** (qlcu. + *di*) (*dir.*) Incaricare nelle forme di legge un'autorità giudiziaria o amministrativa di provvedere su data questione | (*est.*) Incaricare di un compito specifico: *una commissione parlamentare è stata investita delle indagini* | †Informare: *i. qlcu. di qlco.* **4** (qlco. + *in*; + *su*) Impiegare capitali finanziari o risorse tecniche o umane in un'impresa al fine di conseguire un utile futuro (*anche assol.*): *i. i propri risparmi in titoli di Stato, in azioni*; *i. sul dollaro, sul mattone*; *ha investito con scarsi guadagni* | †Impiegare | (*fig.*) Caricare qlco. o qlcu. di aspettative: *ha investito molto in quella relazione, su quel lavoro.* **5** Urtare, andando addosso con violenza: *il treno ha investito un'auto ferma sui binari*; *i. un ciclista, un passante, un gatto con l'automobile*; *il motoscafo ha investito un bagnante* | Aggredire, assalire, colpire con forza (*anche fig.*): *l'offensiva nemica investe le nostre posizioni*; *lo investì col pugnale*; *i. qlcu. con ingiurie, con domande assillanti.* **B v. rifl. rec.** ● Urtarsi l'un l'altro: *le navi si investirono a causa della nebbia* | Assalirsi, ferirsi: *si investirono con le spade sguainate.* **C v. rifl.** (+ *di*) **1** (*raro*) Appropriarsi di un titolo e sim.: *s'investì del potere regale, eliminando i pretendenti legittimi.* **2** Rendersi intimamente partecipe, prendere su di sé: *investirsi di un dolore, di un affetto* | ***Investirsi di una parte***, rappresentare bene il personaggio, la situazione. **SIN.** Immedesimarsi. **D v. intr.** (aus. *essere*) ● (*mar.*) Urtare contro uno scoglio, una secca o un altro natante.

investito A part. pass. di *investire*; anche **agg.** ● Nei sign. del v. **B s. m.** (**f.** *-a*) ● Persona che ha subìto un investimento.

investitóre [av. 1934] **agg.**; anche **s. m.** (**f.** *-trice*) **1** Che (o Chi) investe: *l'autorità investitrice*; *il veicolo i.*; *gli investitori si sono dileguati.* **2** Che (o Chi) compie un investimento di capitali: *società investitrice*; *gli investitori sono numerosi.*

investitùra [da *investire* nel sign. A 2; sec. XIII] **s. f.** ● Concessione, attribuzione di un feudo, di una carica, di un diritto e sim., spec. mediante atto o cerimonia solenne: *i. ecclesiastica*; *negare l'i.* | ***Lotta per le investiture***, negli anni tra l'XI e il XII sec., contesa fra papato e impero nel corso della quale la Chiesa rivendicò il principio della elezione canonica dei vescovi.

†**inveteràre** [vc. dotta, lat. *inveterāre*, comp. di *in-* (*1*) e *vĕtus*, genit. *vĕteris* 'vecchio'; sec. XIV] **v. intr.** ● Invecchiare.

inveteràto [sec. XIII] **part. pass.** di †*inveterare*; anche **agg.** ● Che è divenuto così abituale da essere difficilmente correggibile o emendabile: *vizio i.*; *abitudine inveterata.* **SIN.** Incallito, radicato. || **inveterataménte**, **avv.**

invetriàre [comp. di *in-* (*1*) e dell'agg. lat. *vĭtreus* 'di vetro'; sec. XIV] **v. tr.** (*io invétrio*) **1** (*raro*) Rendere simile al vetro: *il ghiaccio invetriava le rocce* | †Ridurre in ghiaccio. **2** Rivestire vasi, mattonelle e sim. di vernice vitrea, che conferisce lucentezza e impermeabilità. **3** (*disus.*) Chiudere con vetri, dotare di vetri: *i. le finestre.*

invetriàta [da *invetriare*; 1542] **s. f. 1** Vetrata: *fracassare, chiudere, aprire le invetriate.* **2** (*mar.*; *disus.*) Specie di lanterna per dar luce dal ponte alla parte di sotto della nave.

invetriàto [1313] **part. pass.** di *invetriare*; anche **agg. 1** Nei sign. del v. **2** (*fig.*) ***Occhi invetriati***, vitrei | (*fig.*) ***Faccia invetriata***, faccia tosta, persona impudente.

invetriatùra [sec. XV] **s. f. 1** Smaltatura vitrea di terrecotte | Vernice vitrea. **2** Applicazione di vetri | Vetrata.

invetrire [comp. di *in* (*1*) e *vetro*; av. 1597] **v. intr.** (*io invetrisco, tu invetrisci*; aus. *essere*) ● (*raro*) Diventar di vetro o simile al vetro.

invettiva [vc. dotta, lat. tardo *invectīva(m)*, sottinteso *oratiōne(m)* '(discorso) aggressivo', da *invĕhere* 'inveire'; av. 1381] **s. f.** ● Frase o discorso violento e aggressivo destinato ad accusare, rimproverare o denunciare qlco. o qlcu.: *scagliare, lanciare un'i.*; *sono famose le invettive di Dante.* **SIN.** Apostrofe, diatriba, filippica.

†**invettivo** [vc. dotta, lat. tardo *invectīvu(m)*, da *invĕhere* 'inveire'; av. 1342] **agg.** ● Che serve a inveire: *parole invettive*; *linguaggio i.*

inviàbile [1869] **agg.** ● Che si può inviare.

♦**inviàre** [vc. dotta, lat. *inviāre*, comp. di *in-* 'verso' e *vĭa* 'via, strada'; av. 1250] **A v. tr.** (*io invìo*) **1** Mandare, spedire, indirizzare: *i. un pacco, saluti, un messaggero* | (*fig.*) †***I. l'occhio intorno***, guardare tutt'intorno. **2** †Guidare, condurre. **3** †Avviare: *i. il fuoco, i propri affari.* **B v. intr. pron.** ● (*raro, lett.*) Avviarsi: *già s'inviava, per quindi partire, / la ninfa sopra l'erba, lenta lenta* (POLIZIANO).

inviàto [av. 1306] **A part. pass.** di *inviare*; anche **agg.** ● Nei sign. del v. **B s. m.** (**f.** *-a*) ● Chi viene mandato da un governo, un ente e sim., in un luogo o presso determinate persone con l'incarico di trattare affari importanti o svolgere compiti particolari: *i. d'affari, stabile, straordinario* | ***I. speciale***, giornalista mandato in una località perché riferisca su avvenimenti di grande importanza.

♦**invìdia** [vc. dotta, lat. *invĭdia(m)*, da *ĭnvidus* 'invido'; av. 1294] **s. f. 1** Sentimento di rancore e di astio per la fortuna, la felicità o le qualità altrui: *rodersi d'i.*; *essere roso dall'i.*; *privata i. ed interesse infetta / Italia mia* (CAMPANELLA) | ***Portare i. a qlcu.***, ***sentire i. per qlcu.***, invidiarlo | ***Crepare, morire d'i.***, provarne moltissima | Nella teologia cattolica, uno dei sette vizi capitali. **SIN.** Bile, livore. **2** †Odio | †***I. amorosa***, gelosia. **3** Senso di ammirazione per i beni o le qualità altrui, unito al desiderio di possederne in egual misura: *ha una salute che fa i.*; *un bambino così bello che suscita i.* | ***Essere degno d'i.***, invidiabile, molto felice o fortunato. || **invidiàccia**, **pegg.** | **invidiarèlla**, **dim.** | **invidiétta**, **dim.** | **invidiòla**, **invidiuòla**, **dim.** | **invidiùccia**, **invidiùzza**, **dim.**

invidiàbile [1673] **agg.** ● Che desta invidia, che merita d'essere invidiato o desiderato: *fortuna, salute, appetito, amico i.*; *la sua è una situazione poco i.* || **invidiabilménte**, **avv.** In modo tale da destare invidia.

invidiàre [da *invidia*; av. 1250] **v. tr.** (*io invìdio*) **1** Considerare con invidia: *i. la sorte, la felicità, la ricchezza altrui*; *i. qlcu. per la sua gloria, la sua fama* | (*est.*) Ammirare ed ambire: *invidio la serenità del tuo spirito* | ***Non avere nulla da i. a nessuno***, essere o poter essere contento di sé. **2** †Odiare: *i. i cittadini, il mondo.* **3** † Negare, contrastare, impedire: *i. una cosa a sé stesso*; *i. un'illusione a qlcu.*

invidióso [vc. dotta, lat. *invidiōsu(m)*, da *invĭdia* 'invidia'; sec. XIII] **A agg. 1** Che sente invidia, pieno d'invidia: *colleghi invidiosi*; *il mondo è i.* | Che esprime invidia: *sguardo i.*; *occhiata invidiosa* | †Bramoso. **2** †Che eccita o suscita invidia, invidiato: *un'invidiosa sorte* | †***Raccolto i.***, scarso per alcuni, abbondante per altri. || **invidiosàccio**, **pegg.** | **invidiosèllo**, **dim.** | **invidiosétto**, **dim.** | **invidiosino**, **dim.** | **invidiosùccio**, **dim.** || **invidiosaménte**, **avv.** Con invidia. **B s. m.** (**f.** *-a*) ● Persona rosa perennemente dall'invidia: *gli invidiosi non hanno un attimo di pace e di serenità.*

invido [vc. dotta, lat. *ĭnvidu(m)*, da *invidēre* 'invidiare', 'guardare (*vidēre*) contro (*in-*)'; 1308] **agg.**; anche **s. m.** (**f.** *-a*) ● (*lett.*) Invidioso: *gioìan d'i. riso / le abitatrici olimpie* (FOSCOLO).

invietire [comp. di *in-* (*1*) e *vieto*; 1539] **A v. tr.** (*io invietisco, tu invietisci*) ● (*raro, tosc.*) Rendere vieto, stantio, rancido. **B v. intr.** (aus. *essere*) ● (*raro*) Diventare vieto, stantio | (*fig.*) Avvizzire, sciuparsi.

invigilàre [vc. dotta, lat. *invigilāre*, comp. di *in-* raff. e *vigilāre* 'vigilare'; 1590] **A v. tr.** (*io invìgilo*) ● (*lett., raro*) Sorvegliare, controllare: *i. i propri interessi, il patrimonio di qlcu.* **B v. intr.** (aus. *avere*) ● (*lett.*) Attendere con diligenza: *i. alle cure della famiglia, al benessere dei propri soldati.*

invigliacchire [comp. di *in-* (*1*) e *vigliacco*; av. 1613] **v. intr.** e **intr. pron.** (*io invigliacchìsco, tu invigliacchìsci*; aus. *essere*) ● Diventare vigliacco | (*est.*) Avvilirsi, scoraggiarsi.

invigoriménto [1659] **s. m.** ● L'invigorire | Irrobustimento.

invigorire [comp. di *in-* (*1*) e *vigore*; sec. XIII] **A v. tr.** (*io invigorisco, tu invigorisci*) ● Rendere vigoroso o più vigoroso: *i. il corpo con la ginnastica*; *i. la mente, l'ingegno, lo stile.* **SIN.** Irrobustire, rinforzare. **B v. intr.** e **intr. pron.** (aus. *essere*) ● Diventare vigoroso: *con l'esercizio le membra si invigoriscono* | (*fig.*) Acquistare energia, vitalità.

inviliménto [av. 1375] **s. m.** ● L'invilire, l'invilirsi | (*fig.*) Diminuzione, perdita di pregio, di valore.

invilire [comp. di *in-* (*1*) e *vile*; 1312] **A v. tr.** (*io invilisco, tu invilisci*) **1** (*raro*) Ridurre in uno stato di prostrazione e smarrimento. **SIN.** Umiliare. **2** (*fig.*) Diminuire di pregio, di valore; svilire: *le discordie invilirono gli ideali di unità*; *le istituzioni, la legge.* **SIN.** Degradare. **B v. intr.** e **intr. pron.** (aus. *essere*) **1** (*raro, lett.*) Diventar vile, timoroso, pavido: *uno capitano buono non facilmente s'invilisce* (GUICCIARDINI). **2** Diminuire di pregio, valore, stima: *in una società così corrotta, tutti gli ideali si invilirono.* **SIN.** Degradarsi.

invillanire [comp. di *in-* (*1*) e *villano*; 1300 ca.] **v. intr.** e **intr. pron.** (*io invillanisco, tu invillanisci*; aus. *essere*) ● Diventare zotico, villano.

inviluppaménto [av. 1580] **s. m.** ● L'inviluppare, l'invilupparsi | Groviglio, viluppo.

inviluppàre [comp. di *in-* (*1*) e *viluppo*; 1336 ca.] **A v. tr. 1** Avvolgere più volte in qlco.: *i. qlcu. nel mantello, in uno scialle.* **2** (*fig.*) Mettere in difficoltà, impacci e sim.: *l'hanno inviluppato in una serie di loschi traffici.* **SIN.** Irretire. **B v. rifl. 1** Avvolgersi più volte dentro qlco.: *i. in un ampio pastrano.* **2** (*fig.*) Impelagarsi: *s'è inviluppato in una situazione compromettente.*

invilùppo [av. 1659] **s. m. 1** Intrico che avvolge:

non si poteva uscire da quell'i. di erba e rami. **2** Groviglio, viluppo | (*fig.*) Complicazione, imbroglio. **3** (*mat.*) ***I. di una famiglia di curve***, curva che è tangente a tutte le curve della famiglia.

invincìbile [vc. dotta, lat. tardo *invincībile(m)*, comp. di *in-* neg. e *vincĭbilis* 'vincibile'; 1483] **agg.** **1** Che non si può vincere, sconfiggere: *esercito i.* **SIN.** Imbattibile. **2** (*fig.*) Che non si può superare: *difficoltà, ostacolo i.* **SIN.** Insormontabile | Irrefrenabile: *provo per lui un i. senso di avversione.* || **invincibilménte**, **avv.** In modo invincibile: *sentirsi invincibilmente attratto verso qlcu.*

invincibilità [av. 1604] **s. f.** ● Caratteristica di chi (o di ciò che) è invincibile: *l'i. della Grande Armata, di Alessandro.*

invincidìre [comp. di *in-* (*1*) e *vincido*; sec. XIV] **A v. tr.** (*io invincidisco, tu invincidisci*) ● (*tosc.*) Far diventare vincido, molle per l'umidità. **B v. intr.** (aus. *essere*) ● (*tosc.*) Diventare vincido: *il pane è invincidito.*

invìo [da *inviare*; av. 1676] **s. m.** **1** Atto dell'inviare: *i. di un pacco, di una lettera, di un ambasciatore.* **2** Insieme di merci spedite in una sola volta: *non abbiamo ancora ricevuto il vostro ultimo i.* **3** (*letter.*) Strofa finale della canzone petrarchesca. **SIN.** Commiato, congedo. **4** (*elab.*) Nella tastiera del computer, tasto di conferma dell'operazione corrente, che nei sistemi di trattamento testi funge da tasto di a capo. **SIN.** Enter.

inviolàbile [vc. dotta, lat. *inviolābile(m)*, comp. di *in-* neg. e *violābilis* 'violabile'; 1483] **agg.** **1** Che non si può o non si deve violare: *diritto, principio, patto i.*; *inviolabil fede / per me, per tutti, io qui primier ti giuro* (ALFIERI). **2** (*raro*) Che gode dell'immunità: *la persona del Capo dello Stato è i.* || **inviolabilménte**, **avv.** In modo inviolabile; con intera fede.

inviolabilità [vc. dotta, lat. tardo *inviolabilitāte(m)*, comp. di *in-* neg. e di un deriv. di *violābilis* 'violabile'; 1782] **s. f.** ● Condizione di chi (o di ciò che) è inviolabile: *l'i. del domicilio, dei trattati, di un patto.*

inviolàto [vc. dotta, lat. *inviolātu(m)*, comp. di *in-* neg. e *violātus* 'violato'; 1342] **agg.** ● Che non ha subìto violazione di sorta: *tradizioni inviolate*; *fede inviolata*; *nevi, vette inviolate* | ***Foresta inviolata***, vergine | ***Campo, terreno i.***, quello di una squadra che negli incontri casalinghi non ha mai perso | ***Partita a reti inviolate***, nel calcio, quella in cui non è stato segnato nessun gol. **SIN.** Intatto. || **inviolataménte**, **avv.**

inviperìre [comp. di *in-* (*1*) e *vipera*; 1504] **v. intr.** e **intr. pron.** (*io inviperìsco, tu inviperìsci*; aus. *essere*) ● Diventare cattivo, irritarsi astiosamente. **SIN.** Infuriarsi.

inviperìto [av. 1637] **part. pass.** di *inviperire*; anche **agg.** ● Furibondo, stizzoso.

†**inviscàre** ● V. *invescare.*

invisceràre [vc. dotta, lat. tardo *inviscerāre*, comp. di *in-* 'dentro' e *vīscera* 'viscere'; av. 1643] **A v. tr.** (*io invìscero*) ● †Introdurre nelle viscere: *i. il cibo.* **B v. intr. pron.** **1** †Entrare nelle viscere. **2** (*fig., lett.*) Addentrarsi in qlco. trattandola a fondo: *i. in un autore, in una dottrina.*

invischiaménto [1630] **s. m.** ● (*raro*) L'invischiare, l'invischiarsi.

invischiàre [comp. di *in-* (*1*) e *vischio*; 1364] **A v. tr.** (*io invìschio*) **1** Spalmare di vischio: *i. rami, bacchette di legno.* **2** Catturare col vischio: *i. uccelli.* **3** (*fig.*) Coinvolgere mediante lusinghe qlcu. in situazioni rischiose, compromettenti e sim.: *quella gentaglia lo ha invischiato in un losco traffico.* **B v. intr. pron.** ● Restare preso in qlco. di rischioso o molesto: *invischiarsi in una discussione interminabile, in loschi affari.* **SIN.** Impegolarsi, impantanarsi, ingolfarsi.

inviscidìre [comp. di *in-* (*1*) e *viscido*; 1684] **v. intr.** (*io inviscidìsco, tu inviscidìsci*; aus. *essere*) ● (*raro*) Diventare viscido.

♦**invisìbile** [vc. dotta, lat. tardo *invisībile(m)*, comp. di *in-* neg. e *visĭbilis* 'visibile'; sec. XIII] **A agg.** ● Che non si può vedere o percepire: *l'anima, lo spirito è i.*; *corpuscoli invisibili*; *stella i. a occhio nudo*; *malinconia dolcissima, che ognora / fida vieni e i. al mio fianco* (ALFIERI) | ***Mondo i.***, estraneo a quello sensibile | (*iperb.*) Detto di cosa estremamente piccola: *una macchia i.*; *una didascalia scritta in caratteri invisibili* | (*scherz.*) Di persona introvabile: *si è reso i.* || **invisibilménte**, **avv.** **B s. m.** ● (*raro*) Tessuto finissimo per velette da signora. **C s. f. spec. al pl.** ● (*raro*) Forcine sottilissime per capelli.

invisibilità [vc. dotta, lat. tardo *invisibilitāte(m)*, comp. di *in-* neg. e *visibĭlitas*, genit. *visibilitātis* 'visibilità'; sec. XIV] **s. f.** ● Condizione, caratteristica di chi (o di ciò che) è invisibile.

invìso [vc. dotta, lat. *invīsu(m)*, part. pass. di *invidēre* 'invidiare'; av. 1484] **agg.** ● Malvisto, antipatico: *un individuo i. a tutti.*

invitànte [sec. XIV] **part. pres.** di *invitare* (*1*); anche **agg.** ● Che attrae, che alletta: *una pizza dall'aspetto i.*; *un odore poco i.* | ***Sorriso, sguardo i.***, pieno di sottintesi, di malizia, di seduzione.

♦**invitàre** (**1**) [vc. dotta, lat. *invitāre*, di etim. incerta; sec. XIII] **A v. tr.** (qlcu. + *a* seguito da sost. o inf.) **1** Chiamare qlcu. a partecipare a qlco. che si ritiene gradita: *i. qlcu. a una cerimonia, a cena, a teatro* | (*fig.*) ***I. qlcu. a nozze***, offrirgli l'opportunità di fare ciò che più gli è gradito, gli riesce congeniale e sim. | (*est.*) Convocare: *i membri della commissione sono invitati a presentarsi in sede* | ***I. a battaglia***, sfidare. **2** Indurre, invogliare: *un luogo che invita alla meditazione, al riposo*; *una quiete che invita al sonno* | (*est.*) Esortare, chiamare, incitare: *vi invito a bere alla sua salute*; *l'ora del giorno che ad amar ce invita, / dentro dal petto al cor mi raserena* (BOIARDO) | ***I. qlcu. a parlare***, concedergli, dargli la parola | (*lett.*) Eccitare: *ira lo 'nvita e natural furore / a spiegar l'ugna* (ARIOSTO). **3** Richiedere, pregare: *ti invito a esprimere la tua opinione*; *mi invitò a fare silenzio* | Sollecitare qlcu. d'autorità perché faccia o dica qlco.: *i. il nemico alla resa, gli studenti a rispondere, i creditori a pagare.* **4** (*assol.*) Nel gioco, chiamare una carta o un seme: *i. a coppe, a picche* | Nel poker, effettuare l'invito: *i. di due euro.* **B v. rifl.** ● (*scherz.*) Partecipare a un pranzo, una festa e sim. senza essere stato invitato: *si è invitato da solo e non ho potuto rifiutare.* **C v. rifl. rec.** **1** Farsi inviti l'un l'altro. **2** †Scambiarsi brindisi.

invitàre (**2**) [comp. di *in-* (*1*) e *vite*; 1825] **v. tr.** ● Inserire una vite nella sua sede | Fermare, stringere o unire oggetti per mezzo di una o più viti. **SIN.** Avvitare.

invitàto [sec. XIII] **A part. pass.** di *invitare* (*1*); anche **agg.** ● Nei sign. del v. **B s. m.** (f. *-a*) ● Chi partecipa a feste, pranzi, banchetti o riunioni varie, dietro invito: *gli invitati erano tutti presenti*; *gli ospiti si unirono al brindisi degli invitati.*

invitatóre [vc. dotta, lat. *invitatōre(m)*, da *invitātus* 'invitato'; 1336 ca.] **s. m.** (f. *-trice*) ● (*raro*) Chi invita.

invitatòrio [vc. dotta, lat. tardo *invitatōriu(m)*, da *invitātus* 'invitato'; 1499] **A agg.** ● (*raro*) Che si fa per invitare, che serve da invito. **B s. m.** ● (*relig.*) Versetto o antifona che si recita all'inizio delle liturgie delle ore prima del salmo invitatorio a lodare Dio.

invitatùra [da *invitare* (*2*); 1869] **s. f.** ● (*raro*) Avvitatura.

†**invitazióne** [vc. dotta, lat. *invitatiōne(m)*, da *invitātus* 'invitato'; sec. XIV] **s. f.** ● Invito.

†**invitévole** [da *invitare* (*1*); 1530] **agg.** ● Allettevole, lusinghiero.

♦**invìto** (**1**) [da *invitare* (*1*); 1288] **s. m.** (assol.; + *a* seguito da sost. o inf.; raro + *di* seguito da inf.) **1** Richiesta orale o scritta con cui si invita qlcu.: *i. cordiale, gentile, di convenienza*; *rispondere a un i.*; *ricevere, accettare, rifiutare un i.*; *i. a cena, a teatro*; *i. a fare qlco., a esprimersi liberamente*; *suppose fosse l'i. di recarsi da Maller* (SVEVO) | ***I. a nozze***, (*fig.*) proposta estremamente gradita: *chiedergli di parlare di quell'argomento è per lui un vero i. a nozze* | Biglietto scritto o stampato con cui si invita: *spedire gli inviti.* **2** Esortazione, avvertimento: *si impegna poco nonostante gli inviti dell'insegnante a una maggior attenzione* | Ingiunzione, ordine: *i. a presentarsi in questura, a pagare un debito entro e non oltre otto giorni.* **3** (*fig.*) Richiamo allettante: *non resistere all'i. di una torta appena sfornata* | Stimolo: *il tepore della stanza costituiva un i. al riposo* | †Brindisi. **4** Nella scherma, uno dei quattro atteggiamenti con i quali lo schermidore volontariamente scopre un bersaglio per invitare l'avversario a tirarvi un colpo | In equitazione, elemento che viene posto ai piedi di un ostacolo verticale per facilitarne il salto. **5** Nel poker, somma che il mazziere può aggiungere al cip e che i giocatori devono versare per partecipare al gioco: *i. di due euro.* **6** (*mecc.*) In un accoppiamento meccanico, graduale assottigliamento dell'estremità del pezzo o allargamento del foro in cui va inserito, così da consentire un più facile imbocco. **7** (*arch.*) Primo scalino di una scala che sporge un poco lateralmente dagli altri.

†**invìto** (**2**) [vc. dotta, lat. *invītu(m)*, comp. di *in-* neg. e **vītus*, dalla stessa radice di *vīs* 'tu vuoi', di orig. indeur.; av. 1375] **agg.** ● (*lett.*) Che fa qlco. contro sua voglia.

in vitro [lt., propr. 'nel (*īn*) vetro (*vĭtro*)', abl. di *vĭtrum* 'vetro'; av. 1937] **loc. agg. inv.** e **avv.** ● (*biol.*) Detto di processi biologici che si fanno avvenire per esperimento fuori dell'organismo vivente, in laboratorio: *coltura in vitro*; *fecondazione in vitro.* **CONTR.** In vivo.

invìtto [vc. dotta, lat. *invĭctu(m)*, comp. di *in-* neg. e *vĭctus* 'vinto'; 1282] **agg.** **1** (*lett.*) Che non conosce la sconfitta: *eroe, esercito, condottiero i.*; *la religione armata è invitta, quando è ben predicata* (CAMPANELLA). **SIN.** Insuperabile, invincibile. **2** (*lett., fig.*) Che non si lascia abbattere: *tal tu, buon Federico, i. il core / sempre mostrasti* (COLONNA). || **invittaménte**, **avv.** (*raro*) In modo invitto.

invivìbile [comp. di *in-* (*3*) e *vivibile*; 1972] **agg.** ● Detto di luogo, ambiente e sim. in cui non è possibile vivere (*spec. iperb.*): *un quartiere i.*

invivibilità [1985] **s. f.** ● Condizione di ciò che è invivibile.

in vivo [lt., propr. 'nel (*īn*) vivo (*vīvo*)', abl. di *vīvus*, di orig. indeur.; 1957] **loc. agg.** e **avv.** ● (*biol.*) Detto di osservazioni che si compiono su cellule e tessuti viventi. **CONTR.** In vitro.

invizziménto **s. m.** ● Avvizzimento.

invizzìre [comp. di *in-* (*1*) e *vizzo*; 1834] **v. intr.** (*io invizzìsco, tu invizzìsci*; aus. *essere*) ● Avvizzire.

invocàbile [1869] **agg.** ● Che si può o si deve invocare: *divinità, nome i.*; *autorità non i.*

invocàre [vc. dotta, lat. *invocāre*, comp. di *in-* raff. e *vocāre* 'chiamare'; 1321] **v. tr.** (*io invòco, tu invòchi*) **1** Chiamare con fervore o con desiderio, mediante preghiere e sim.: *i. Dio, i Santi*; *morì invocando il nome di sua madre.* **2** Chiedere con grande insistenza, implorando ad alta voce: *i. la grazia, la clemenza dei giudici, l'aiuto del prossimo* | (*est.*) Ambire, sognare, desiderare vivamente: *i. la pace, la concordia tra gli uomini, la cooperazione tra i popoli.* **3** Chiamare o citare a sostegno delle proprie ragioni o richieste: *i. l'autorità, la legge, il diritto*; *i. un preciso articolo di legge.*

invocatìvo [vc. dotta, lat. tardo *invocatīvu(m)*, da *invocātus* 'invocato'; 1639] **agg.** ● (*lett.*) Che serve a invocare.

invocàto [av. 1294] **part. pass.** di *invocare*; anche **agg.** ● Nei sign. del v.

invocatóre [vc. dotta, lat. tardo *invocatōre(m)*, da *invocātus* 'invocato'; 1336 ca.] **agg.**; anche **s. m.** (f. *-trice*) ● Che (o Chi) invoca.

invocatòrio [1639] **agg.** ● (*raro*) Atto a invocare: *apostrofe invocatoria.* || †**invocatoriaménte**, **avv.**

invocazióne [vc. dotta, lat. *invocatiōne(m)*, da *invocātus* 'invocato'; av. 1304] **s. f.** **1** L'invocare | Parole invocatrici: *da tutto il popolo salivano invocazioni a Dio*; *invocazioni d'aiuto* | Nella liturgia cattolica, una delle preghiere del canone della messa. **SIN.** Istanza, preghiera. **2** (*letter.*) Parte di un'opera letteraria in cui si chiede l'ispirazione e l'aiuto divino: *Cantami, o Diva, del Pelide Achille / l'ira ...* (MONTI). **3** (*dir.*) Nell'alto Medioevo, formula d'intestazione di documenti pubblici nel nome di un'autorità.

†**invòglia** [da *invogliare* (*2*); 1321] **s. f.** **1** Tela per avvolgere fardelli, balle e sim. | Benda da testa. **2** Corteccia, tegumento, involucro.

†**invogliaménto** [da *invogliare* (*1*); av. 1648] **s. m.** ● Voglia.

invogliàre (**1**) [comp. di *in-* (*1*) e *voglia*; 1319] **A v. tr.** (*io invòglio*) ● Mettere voglia, stimolare: *i. qlcu. a parlare, a mangiare* | ***I. l'appetito***, stuzzicarlo. **SIN.** Indurre. **B v. intr. pron.** ● Lasciarsi prendere dal desiderio, dalla voglia di qlco.: *invogliarsi di un abito, di una pelliccia.*

†**invogliàre** (**2**) [lat. parl. **invol(v)iāre*, da *invŏlvere* 'avvolgere'; av. 1250] **v. tr.** ● Involgere, ravvol-

gere, imballare.

invòglio [da *invogliare* (*2*); av. 1547] s. m. *1* (*bot.*) Involucro, tegumento | *I. di un legume*, baccello | *I. di un bulbo*, tunica. *2* †Involto.

involaménto [1745] s. m. ● (*lett.*) L'involare | Furto.

involàre (**1**) o (*tosc.*) †**imbolàre** [vc. dotta, lat. *involāre* 'volare dentro, attaccare, rubare', comp. di *in-* (*1*) e *volāre*, detto propr. degli uccelli predatori; av. 1292] **A** v. tr. (*io invólo*) *1* (*lett.*) Rubare, rapire: *chi l'altrui core invola / ad altrui doni el core* (POLIZIANO); *Bruno e Buffalmacco imbolano un porco a Calandrino* (BOCCACCIO) | (*fig.*) *I. alla vista*, nascondere. *2* †Sorprendere, scoprire. **B** v. intr. pron. ● Dileguarsi, sparire: *involarsi alla vista di qlcu.*; *l'ora, la giovinezza, le speranze s'involano*; *Se la vostra memoria non s'imboli* (DANTE *Inf.* XXIX, 103).

involàre (**2**) [comp. di *in-* (*1*) e *volo*; av. 1793] v. intr. e intr. pron. (*io invólo*; aus. *essere*) ● Prendere il volo, alzarsi in volo, detto di uccelli, aerei, elicotteri e sim.

involatóre [vc. dotta, lat. *involatōre(m)*, da *involātus* 'involato'; 1548] s. m. (f. *-trice*) ● (*raro*) Chi invola.

involgarìre [comp. di *in-* (*1*) e *volgare*; 1959] **A** v. tr. (*io involgarìsco, tu involgarìsci*) ● Rendere volgare, spec. relativamente all'aspetto esteriore: *un abito che involgarisce*. **B** v. intr. e intr. pron. (aus. *essere*) ● Diventare pacchiano, volgare.

invòlgere [lat. *invŏlvere*, comp. di *in-* raff. e *vŏlvere* 'volgere', con sovrapposizione di *volgere*; 1336 ca.] **A** v. tr. (coniug. come *volgere*) *1* Mettere un oggetto dentro qlco. che lo ricopre e racchiude: *i. in un panno di lana, in un drappo di seta*. *2* †Ripiegare più volte qlco. su sé stessa: *i. una fune*. *3* (*raro, fig.*) Trascinare qlcu. in situazioni imbrogliate, complicate, pericolose e sim.: *i. qlcu. nei guai*. SIN. Coinvolgere. *4* (*raro, lett.*) Implicare: *i. errori, contraddizioni*. **B** v. intr. pron. *1* Avvolgersi su sé stesso: *la corda s'è involta*. *2* (*fig., raro*) Essere trascinato, coinvolto in qlco. di pericoloso: *involgersi in una situazione senza via d'uscita*.

involgiménto [1340 ca.] s. m. *1* L'involgere | (*raro*) Materiale in cui un oggetto è involto. *2* †Fasce.

invòlo (**1**) [comp. di *in-* (*1*) e *volo*; 1942] s. m. ● (*aer.*) Decollo non tangenziale: *i. verticale*; *l'i. di un elicottero*.

invòlo (**2**) o (*tosc.*) †**imbòlo** [da *involare* (*1*); av. 1367] s. m. ● Solo nella loc. avv. *d'i.*, furtivamente.

involontàrio [vc. dotta, lat. tardo *involuntāriu(m)*, comp. di *in-* neg. e *voluntārius* 'volontario'; av. 1306] agg. *1* Di ciò che si fa senza intenzione precisa e cosciente: *fallo, colpo, errore i.* | (*raro, lett.*) Di ciò che si fa contro la propria volontà | *Esilio i.*, forzato | *Muscolo i.*, V. *muscolo*. *2* (*psicol.*) Che è al di fuori della volontà, che si svolge senza partecipazione della volontà: *riflesso i.* || **involontariaménte**, avv. Senza volerlo, senza farlo apposta.

involtàre [da *involto*; sec. XIV] **A** v. tr. (*io invòlto*) ● (*fam.*) Racchiudere in un involto: *i. qlco. nella carta, in un tessuto impermeabile*; *aveva involtato le pupette in ogni sorta di stracceria disponibile* (MORANTE). **B** v. rifl. ● Avvolgersi: *si involtarono in un ampio mantello* | (*fig.*) †Impacciarsi.

involtàta [1869] s. f. ● Azione dell'involtare, spec. in modo sommario: *un'i. frettolosa*. || **involtatina**, dim.

involtatùra [1706] s. f. ● L'involtare | Modo in cui una cosa è involtata.

involtìno [av. 1676] s. m. *1* Dim. di *involto* (*2*). *2* Fettina di carne arrotolata, variamente farcita e cotta solitamente in umido.

invòlto (**1**) part. pass. di *involgere*; anche agg. *1* Nei sign. del v. *2* (*lett.*) Contorto: *ramo i.*

invòlto (**2**) [da *involtare*; 1513] s. m. *1* Fagotto, pacco: *portare sotto il braccio un i.* | (*fig.*) Cartoccio: *un i. di castagne arrostite*. *2* (*raro*) Ciò che involge | †Involucro, fodero, guaina. || **involtino**, dim. (V.).

invòlto (**3**) part. pass. di *involvere* ● (*poet.*) Nei sign. del v.

involtùra [av. 1442] s. f. *1* Involgimento | Involto (*anche fig.*) | *I. di parole*, giro di parole. *2* Fascia.

invòlucro o (*poet.*) †**involùcro** [vc. dotta, lat. *involūcru(m)*, da *invŏlvere* 'rotolare'; 1681] s. m. *1* Ciò che ricopre esternamente qlco.: *rompere, spezzare, aprire l'i.* | Confezione: *i. di plastica, di legno*. *2* (*aer.*) Rivestimento esterno impenetrabile, per lo più di tessuto gommato, della camera gas di un dirigibile o che involge complessivamente le varie camere, contenenti gas o aria, di un dirigibile. *3* (*bot.*) Insieme di brattee che circondano gli organi riproduttori di un fiore | Insieme di brattee che stanno alla base dei rami portanti l'ombrella di fiori. *4* (*anat.*) Formazione membranacea che avvolge un organo | *Involucri encefalici*, meningi. || **involucrétto**, dim.

involutìvo [1963] agg. ● Di involuzione: *è una civiltà che attraversa un periodo i.* | Che ha i caratteri dell'involuzione: *processo i.*

involùto [vc. dotta, lat. *involūtu(m)*, part. pass. di *invŏlvere* 'involvere'; av. 1364] agg. *1* Complesso e intricato: *discorso, stile, pensiero i.* SIN. Complicato, contorto. *2* †Avvolto. *3* (*bot.*) Di foglia in cui le due metà longitudinali della lamina si avvolgono su sé stesse in dentro. || **involutaménte**, avv.

involutòrio [1931] agg. ● (*med.*) Dell'involuzione: *processo i.*

involuzióne [vc. dotta, lat. *involutiōne(m)*, da *involūtus* 'involuto'; av. 1342] s. f. *1* Condizione di ciò che è involuto: *l'i. dei concetti è una caratteristica del suo stile*. *2* Regresso e progressivo decadimento verso forme meno compiute e perfette: *il partito, la struttura della società sta subendo una lenta i.* SIN. Declino, degenerazione. *3* (*med.*) Processo regressivo della cellula, dei tessuti e dell'organismo | *I. senile*, che avviene per effetto dell'età.

invòlvere [vc. dotta, lat. *invŏlvere* 'involgere', comp. di *in-* raff. e *vŏlvere* 'volgere'; av. 1292] v. tr. (part. pass. *invòlto* o *involùto*; difett. del pass. rem.) ● (*poet.*) Travolgere, coinvolgere (*spec. fig.*): *involve / tutte cose l'oblio nella sua notte* (FOSCOLO).

invulneràbile [vc. dotta, lat. *invulnerābile(m)*, comp. di *in-* neg. e *vulnerābilis* 'vulnerabile'; 1532] agg. *1* Che non si può ferire o ledere: *eroe, corazza, armatura i.* *2* (*fig.*) Che non si riesce a danneggiare, sminuire, intaccare: *fama, virtù i.*

invulnerabilità [1869] s. f. ● Condizione di chi (o di ciò che) è invulnerabile.

invulneràto [vc. dotta, lat. *invulnerātu(m)*, comp. di *in-* neg. e *vulnerātus* 'vulnerato'; 1855] agg. ● (*raro, lett.*) Che non ha subìto danni, ferite, offese e sim.

inzaccheràre (o -z-) [comp. di *in-* (*1*) e *zacchera*; 1598] **A** v. tr. (*io inzàcchero* (o -z-)) ● Schizzare di fango: *i. gli abiti, le scarpe*. **B** v. rifl. *1* Imbrattarsi di fango. *2* †Impicciarsi, intrigarsi.

inzaccheràto (o -z-) [av. 1828] part. pass. di *inzaccherare*; anche agg. ● Schizzato, sporco di fango.

inzafardàre (o -z-) [etim. incerta; 1734] v. tr. e rifl. ● (*raro*) Insudiciare, insudiciarsi con untume.

inzaffiràre [comp. di *in-* (*1*) e *zaffiro*; 1321] **A** v. tr. ● (*lett.*) Adornare di zaffiri. **B** v. intr. pron. ● †Ingemmarsi di zaffiri o abbellirsi diventando del colore dello zaffiro: *il bel zaffiro / del quale il ciel più chiaro s'inzaffira* (DANTE *Par.* XXIII, 101-102).

inzavorràre [comp. di *in-* (*1*) e *zavorra*; 1602] v. tr. (*io inzavòrro*) ● (*raro*) Caricare di zavorra.

inzeppaménto (o -z-) [av. 1798] s. m. ● (*raro*) L'inzeppare.

inzeppàre (**1**) (o -z-) [comp. di *in-* (*1*) e *zeppo*; av. 1444] v. tr. (*io inzéppo* (o -z-)) *1* Riempire qlco. oltre misura, calcandovi dentro gli oggetti: *ha inzeppato di roba una cassa e due armadi* | (*est.*) Rimpinzare qlcu. di cibo: *l'hanno inzeppato di pane*. *2* (*fig.*) Caricare di errori e sim. SIN. Infarcire.

inzeppàre (**2**) (o -z-) [comp. di *in* (*1*) e *zeppa*; av. 1597] v. tr. (*io inzéppo* (o -z)) ● Fermare o sostenere con zeppe | †*I. un pugno, un calcio*, assestarlo.

inzeppatùra (o -z-) [da *inzeppare* (*2*); 1682] s. f. ● (*raro*) L'inzeppare | La zeppa stessa.

inzigàre (o -z-) [dall'onomatopeico *its* per 'inseguire'; av. 1405] v. tr. (*io inzìgo, tu inzìghi*) ● (*raro*) Aizzare, istigare | (*fam.*) Stuzzicare, irritare.

inzìmino [dalla loc. *in zimino*] s. m. ● (*tosc.*) Pietanza preparata con la salsa detta *zimino*.

inzoccolàto (o -z-) [comp. di *in-* (*1*) e *zoccolo*; av. 1492] agg. ● (*fam., raro*) Che ha gli zoccoli ai piedi.

inzolfaménto (o -z-) [1869] s. m. ● (*raro*) Inzolfatura.

inzolfàre (o -z-) o **insolfàre** [comp. di *in-* (*1*) e *zolfo*; sec. XV] v. tr. (*io inzólfo* (o -z-)) ● Aspergere di zolfo le viti o altre piante per difenderle da malattie crittogamiche | *I. le botti*, facendo sviluppare all'interno vapori di anidride solforosa, per distruggere le muffe o impedirne la formazione.

inzolfatóio (o -z-) [sec. XV] s. m. ● Attrezzo a forma di soffietto per dare lo zolfo alle viti.

inzolfatùra (o -z-) [1869] s. f. ● Operazione dell'inzolfare.

inzòlia o **insòlia** [etim. incerta; av. 1956] s. f. ● (*region.*) Vitigno coltivato spec. in Sicilia, che dà pregiate uve per la produzione di vini bianchi, tra cui il Marsala.

inzotichìre [comp. di *in-* (*1*) e *zotico*; av. 1405] **A** v. tr. (*io inzotichìsco, tu inzotichìsci*) ● (*raro*) Rendere zotico. **B** v. intr. e intr. pron. (aus. *essere*) ● Diventare zotico, rozzo.

inzuccàre (o -z-) [comp. di *in-* (*1*) e *zucca*; 1566] **A** v. tr. (*io inzùcco* (o -z-), *tu inzùcchi* (o -z-)) ● (*fam., scherz.*) Dare alla testa, detto del vino. **B** v. intr. pron. *1* (*fam.*) Ubriacarsi | (*fig., raro*) Innamorarsi. *2* (*fam.*) Ostinarsi.

inzuccheraménto (o -z-) [av. 1667] s. m. ● L'inzuccherare (*anche fig.*).

inzuccheràre (o -z-) [comp. di *in-* (*1*) e *zucchero*; 1534] v. tr. (*io inzùcchero* (o -z-)) *1* Cospargere di zucchero: *i. una torta* | Dolcificare con lo zucchero: *i. il tè* | *I. la pillola*, (*fig.*) cercare di far apparire gradevole qlco. che non lo è. *2* (*fig.*) Rendere dolce, suadente: *i. il tono della voce, un rimprovero*.

inzuccheràta (o -z-) [1887] s. f. ● L'inzuccherare in una sola volta: *dare una rapida i. a qlco.*

inzuccheràto (o -z-) [1481] part. pass. di *inzuccherare*; anche agg. ● Nei sign. del v.

inzuccheratùra (o -z-) [1679] s. f. ● Operazione dell'inzuccherare | Copertura di zucchero.

inzuppàbile (o -z-) [av. 1704] agg. ● Che si può inzuppare.

inzuppaménto (o -z-) [1666] s. m. ● L'inzuppare, l'inzupparsi.

inzuppàre (o -z-) [comp. di *in-* (*1*) e *zuppa*; av. 1342] **A** v. tr. *1* Detto di liquido, bagnare completamente un corpo solido penetrandovi per assorbimento: *la pioggia ha inzuppato i campi appena arati*. SIN. Impregnare. *2* (*est.*) Immergere qlcu. in un liquido perché se ne imbeva (*anche assol.*): *i. i biscotti nel caffelatte*; *pane, gallette da i.* **B** v. intr. pron. (aus. *essere*) ● Impregnarsi completamente di un liquido: *tutta l'aria d'un tratto s'inzuppa / di piogge e venti* (PULCI).

inzuppàto (o -z-) [av. 1472] part. pass. di *inzuppare*; anche agg. *1* Completamente bagnato: *un vestito i. di pioggia*. *2* Imbevuto: *biscotto i. nel vino dolce* | Impregnato: *campo i. d'acqua*.

♦**io** o †**èo** [lat. *ĕgo*, di orig. indeur., attrav. la riduzione pop. *ĕo; 1158] **A** pron. pers. m. e f. di prima pers. sing. (in posizione proclitica, pop. tosc. troncato in *e'*, poet. troncato in *i'*) *1* Indica la persona che parla, e si usa (solo come sogg.; come compl. si usano le forme *me* e *mi*) quando chi parla si riferisce a sé stesso: *io non lo so*; *io, ormai, ho deciso* | Gener. omesso quando la persona è chiaramente indicata dal v., si esprime invece quando il v. è al congv., per evitare ambiguità, quando i soggetti sono più di uno, nelle contrapposizioni, con 'stesso', 'medesimo', 'anche', 'nemmeno', 'proprio', 'appunto' e sim. e, in genere, quando si vuole dare al sogg. particolare evidenza: *pensi forse che io non lo ricordi?*; *credeva che io non lo conoscessi*; *io e il mio amico ci siamo arrangiati*; *mio padre e io siamo in confidenza*; *né io né voi lo sapevamo*; *voi potete permettervelo, io no*; *l'ho visto io stesso*; *voglio venire anch'io*; *nemmeno io ne sono sicuro*; *proprio io devo farlo?* | (*bur.*) Nelle domande, dichiarazioni, e sim.: *io sottoscritto, faccio istanza a codesto ufficio*. *2* In principio di frase, assume particolare rilievo e ha valore enfat.: *io, se fossi in voi, farei così*; *io non ci andrei*; *io glielo farò vedere se sono capace!*; *io fare questo?*; *io parlare così?*; *io fortunato?* | *Io sono io, e tu sei tu*, volendo stabilire o sottolineare una distinzione, una differenza. *3* (*intens.*) Posposto al v. o in fine di frase, evidenzia un fatto o esprime vaga minaccia, desiderio, e sim.: *verrò io*; *glielo spiegherò io*; *ve lo dico io!*; *te lo insegno io a fare il presuntuoso!*; *sono io che ci vado di mezzo*; *so io quello che ho sofferto*; *potessi avere io la tua età*; (*enfat.*) *ricco io?*; *e allora io?* | **Non io**, recisa negazione | **Non sono più io!**, con riferimento a mutamenti delle condizioni di salute o di spirito o come espressione di incredulità, stupore e sim. **4** (*enfat.*) Ripetuto, rafforza un'affermazione: *io vi andrò, io!*; *io devo fare tutto, io!* **B** s. m. inv. **1** Il proprio essere nella coscienza che ha di sé: *ho un forte sentimento dell'io*; *è tutto gonfio del suo io*; *mette il proprio io davanti a tutto* | **Nel proprio io**, dentro di sé: *nel proprio io sa di avere sbagliato.* **2** (*filos.*) Soggetto pensante consapevole delle proprie attività logiche e psicologiche, in contrapposizione al mondo esterno, definito il *non io* | (*est., letter.*) **Io narrante**, il personaggio che racconta in prima persona gli avvenimenti di una narrazione. **3** **Io** (con l'iniziale maiuscola), in psicoanalisi, organizzazione dei processi psichici coscienti che costituisce il mediatore fra l'Es e la realtà. SIN. Ego.

-io (**1**) /io/ [orig. proprio di deriv. dal lat. *-ēriu(m)*, come il corrispondente *-èo*] suff. derivativo ● Forma nomi, tratti per lo più da verbi, che esprimono continuità e intensità: *borbottìo, brulichìo, calpestìo, cigolìo, crepitìo, lavorìo, mormorìo, mugolìo, pigolìo, sciupìo, sussurrìo.*

-io (**2**) /io/ [lat. *-īvu(m)*, suff. agg. che già nel lat. parlato aveva perduto l'elemento consonantico] suff. ● In aggettivi, di formazione latina, indica stato, condizione: *restìo, natìo.*

†**iòco** ● V. *gioco.*

iod /jɔd/ [dall'ebr. *yōd*, n. della decima lettera dell'alfabeto ebraico; av. 1889] s. m. ● Nome della decima lettera degli alfabeti fenicio ed ebraico | (*gener.*) Ogni 'i' semiconsonante.

iodàto (**1**) [da *iodio*; 1869] agg. ● (*chim.*) Detto di composto contenente iodio.

iodàto (**2**) [comp. di *iod(io)* e *-ato* (*2*); 1820] s. m. ● (*chim.*) Sale dell'acido iodico.

iòdico [da *iodio*; 1833] agg. (pl. m. *-ci*) ● Relativo allo iodio | **Acido i.**, acido monobasico, ossigenato, dello iodio.

iodìdrico [comp. di *iod(io)* e *idrico*; 1869] agg. (pl. m. *-ci*) ● (*chim.*) **Acido i.**, composto da un atomo di iodio e uno di idrogeno; gassoso, di odore irritante, usato come riducente in chimica organica.

iodìfero [comp. di *iodi(o)* e *-fero*; 1970] agg. ● Che contiene iodio.

iòdio o †**iòdo** [gr. *iṓdēs* 'violaceo, cupo', da *íon* 'viola', per il colore dei suoi vapori, attraverso il fr. *iode*; 1815] s. m. ● Elemento chimico non metallo, del gruppo degli alogeni, solido grigio-nerastro, lucente, contenuto nella tiroide, in alghe marine e acque minerali dalle quali si estrae; è usato nell'industria chimica e in medicina spec. sotto forma di ioduri alcalini, iodoformio e di composti organici ad azione chemioterapica: *tintura di i.* SIMB. I.

iodìsmo [comp. di *iod(io)* e *-ismo*; 1869] s. m. ● (*med.*) Intossicazione prodotta da abuso di medicamenti contenenti iodio.

†**iòdo** ● V. *iodio.*

iodobenzène [comp. di *iod(i)o* e *benzene*] s. m. ● Composto organico derivato dal benzene per sostituzione di un idrogeno con iodio, importante intermedio di sintesi organiche.

iodofòrmio [comp. di *iod(i)o* e (*cloro*)*formio*; 1869] s. m. ● Sostanza gialla solida di odore caratteristico, ottenuta per reazione di iodio e idrati alcalini con alcol etilico o acetone, usato come antisettico e disinfettante in medicina e chirurgia.

iodometrìa [comp. di *iod(i)o* e *-metria*] s. f. ● (*chim.*) Metodo di analisi quantitativa di tipo volumetrico, fondata sul monitoraggio dello iodio prodotto o consumato da una reazione di ossidoriduzione.

iodòso [comp. di *iod(io)* e *-oso* (*1*); 1869] agg. ● Detto di composto dello iodio trivalente positivo e di taluni composti organici.

iodoterapìa [comp. di *iod(i)o* e *terapia*; 1957] s. f. ● (*med.*) Trattamento con preparati contenenti iodio.

ioduràre [da *ioduro*; 1869] v. tr. ● Trattare con iodio, introdurre uno o più atomi di iodio nella molecola di un composto organico.

iodurazióne [1957] s. f. ● Operazione dello iodurare.

iodùro [comp. di *iod(io)* e *-uro*; 1820] s. m. ● Sale dell'acido iodidrico | **I. di potassio**, usato in fotografia, nell'analisi chimica e in medicina.

iòga s. m.; anche agg. inv. ● Adattamento di *yoga* (V.).

iòghin s. m. ● Adattamento di *yogin* (V.).

ioglòsso [comp. del gr. *hyo(eidḗs)* 'ioide' e di un deriv. di *glôssa* 'lingua'; 1887] agg. ● (*anat.*) Detto di muscolo situato fra l'osso ioide e la lingua: *muscolo i.*

iògurt e *deriv.* ● V. *yogurt* e *deriv.*

ioide (o **iò-**) [gr. *hyoidḗs*, propr. 'che ha la forma (*êidos*) della lettera Y (*hŷ*)'; 1584] s. m. ● (*anat.*) Osso impari mediano, a ferro di cavallo, posto nel collo al disotto della mandibola, tra questa e la laringe.

ioidèo [1834] agg. ● (*anat.*) Relativo allo ioide.

iò iò /jo'jɔ*/ s. m. ● Adattamento di *yo-yo* (V.).

iòle o **yòle** [ingl. *yawl* 'piccola imbarcazione', di etim. incerta; 1798] s. f. **1** (*mar.*) Imbarcazione lunga e sottile, con le scalmiere sugli orli dei fianchi, a due, quattro od otto vogatori. **2** (*mar.*) Imbarcazione di servizio a remi, leggera e sottile | Piccola imbarcazione a remi o a vela per uso costiero.

iòlla [cfr. *iole*; 1905] s. f. ● (*mar.*) Adattamento di yawl (V.).

ionadàttico [forse comp. scherz. di *ionico* (*1*) e *attico*: 'lingua ionia dell'Attica'; av. 1673] **A** agg. (pl. m. *-ci*) ● Detto di un tipo di linguaggio burlesco diffuso a Firenze dalla fine del sec. XVI sino al sec. XVIII, caratterizzato dalla sostituzione di alcune parole con altre comincianti con le stesse lettere (per es. *spago* per *spavento*, *seminato* per *senno*). **B** s. m. solo sing. ● Tale tipo di linguaggio.

ióne [gr. *iṓn*, part. pres. di *iénai* 'andare', di orig. indeur.; 1875] s. m. ● (*fis.*) Atomo o gruppo atomico che, per perdita o acquisto di elettroni, assume carica elettrica | **I. idrogeno**, ione dotato di una carica positiva e originato da un atomo di idrogeno per perdita di un elettrone.

Iòni [lat. *Iōnes*, gr. *Íōnes*, da *Íōn* 'Ione', eroe mitico da cui secondo la tradizione sarebbero discesi] s. m. pl. ● Antica stirpe greca stanziata nell'Attica, nell'Eubea, sulle coste dell'Asia Minore e in alcune isole dell'Egeo.

iònico (**1**) [vc. dotta, lat. *Iōnicu(m)*, dal gr. *Iōnikós* 'proprio del mare Ionio (*Iónios*)', propr. 'il mare degli *Ioni*', ma poi largamente esteso; 1436] **A** agg. (pl. m. *-ci*) ● Della Ionia, antica regione dell'Asia Minore: *colonia ionica* | **Dialetto i.**, antico dialetto parlato in alcune zone dell'antica Grecia | (*ling.*) **Piede i.**, composto da quattro sillabe, due brevi e due lunghe | (*mus.*) **Modo i.**, uno dei modi della musica antica | (*arch.*) **Ordine, stile i.**, stile caratterizzato da colonne scanalate con capitello a due volute laterali | **Capitello i.**, proprio di tale stile | (*filos.*) **Scuola ionica**, denominazione del gruppo dei primi pensatori greci fioriti a Mileto, colonia ionica dell'Asia Minore. ➡ ILL. p. 2117 ARCHITETTURA. **B** s. m. solo sing. **1** Dialetto ionico. **2** (*ling.*) Metro ionico | **I. a minore**, piede metrico della poesia classica formato da due sillabe brevi e da due lunghe | **I. a maiore**, piede formato da due sillabe lunghe e da due brevi. **3** Uno degli ordini architettonici usato inizialmente nelle colonie greche dell'Asia Minore, caratterizzato dalla colonna con base, fusto più snello di quello dorico, scanalato e rastremato, capitello con ovolo e con volute, epistilio diviso in tre fasce orizzontali, fregio continuo.

iònico (**2**) [vc. dotta, lat. *Iōnicu(m)*, dal gr. *Iōnikós*, da *Iōnía*; av. 1642] agg. (pl. m. *-ci*) **1** Del, relativo al, mar Ionio: *costa ionica.* **2** Delle, relative alle, isole Ionie.

iònico (**3**) [da *ione*; 1933] agg. (pl. m. *-ci*) ● (*fis.*) Relativo agli ioni: *legame i.*

iònio (**1**) [vc. dotta, lat. *Iōnium*, dal gr. *Iónios*; av. 1855] agg. ● Della Ionia, degli Ioni.

iònio (**2**) [vc. dotta, lat. *Iōniu(m)*, dal gr. *Iónios*, da *Iōnía*; 1744] **A** agg. ● Detto di quella parte del Mediterraneo racchiusa fra le coste meridionali della penisola italiana, quelle della Sicilia orientale e quelle occidentali dell'Albania e della Grecia | (*est.*) Proprio di questo mare: *coste ionie* | **Isole Ionie**, le sette isole poste tra la costa greca e quella italiana. **B** anche s. m.: *le coste dello Ionio.*

iònio (**3**) [da *ion(e)*; 1935] s. m. ● Elemento radioattivo, isotopo molto stabile del torio, prodotto dalla disintegrazione naturale dell'uranio, forte emittente di particelle alfa.

ionìsmo [comp. di *ionio* (*1*) e *-ismo*; 1798] s. m. ● (*ling.*) Caratteristica del dialetto ionico.

ionizzànte part. pres. di *ionizzare* (*2*); anche agg. ● (*fis.*) Che ionizza, che causa o facilita la ionizzazione.

ionizzàre (**1**) [comp. di *ionio* (*1*) e *-izzare*; 1869] v. intr. (aus. *avere*) ● (*raro, lett.*) Imitare gli Ioni nel linguaggio o negli usi.

ionizzàre (**2**) [comp. di *ione* e *-izzare*; 1933] v. tr. ● (*fis.*) Sottoporre a ionizzazione.

ionizzàto part. pass. di *ionizzare* (*2*); anche agg. ● Nel sign. del v.

ionizzatóre agg. (f. *-trice*) ● (*raro*) Ionizzante.

ionizzazióne [da *ionizzare* (*2*); 1903] s. f. ● (*fis.*) Trasformazione di una sostanza in ioni | **I. dei gas**, mediante radiazioni o campi elettrici | **I. di un elettrolito**, per dissociazione in adatto solvente.

ionoforèsi [comp. di *ione* e del gr. *phórēsis* 'trasporto', da *phorêin* 'portare qua e là'; 1957] s. f. inv. ● (*med.*) Metodica terapeutica che consente l'assorbimento cutaneo, mediante corrente galvanica, di sostanze medicamentose allo stato ionico; è l'applicazione terapeutica dell'elettroforesi. SIN. Ionoterapia.

ionóne [comp. del gr. *íon* 'viol(ett)a' e *-one* (*2*); 1952] s. m. ● Profumo sintetico, surrogato dell'essenza naturale di violetta.

ionosfèra [comp. di *ione* e *sfera* sul modello di *atmosfera*; 1949] s. f. ● Strato superiore dell'atmosfera terrestre rarefatto e ionizzato.

ionosfèrico [1957] agg. (pl. m. *-ci*) ● Relativo alla ionosfera.

ionosónda [comp. di *ione* e *sonda*] s. f. ● Apparecchiatura destinata all'esplorazione delle caratteristiche elettriche della ionosfera mediante l'invio di impulsi radio.

ionoterapìa [comp. di *ione* e *terapia*; 1957] s. f. ● (*med.*) Ionoforesi.

†**iórno** ● V. *giorno.*

iòsa [etim. incerta; 1481] vc. ● Solo nella loc. avv. **a i.**, in grande quantità, in abbondanza: *ce n'è a i.*; *ne abbiamo a i.*

iosciamìna [comp. del lat. *hyoscyămu(m)* 'giusquiamo' e *-ina*; 1869] s. f. ● (*chim.*) Alcaloide del giusquiamo, dotato di azione antispasmodica e sedativa.

iòta (**1**) [gr. *iôta*, di orig. semitica; sec. XIV] s. m. o f. inv. **1** Nome della nona lettera dell'alfabeto greco corrispondente alla *i* latina | (*raro*) Nome della lettera *j*. **2** Una cosa da nulla, di nessuna importanza, un niente: *non credeva un i. delle miserie ch'egli le raccontava* (FOGAZZARO) | **Non sapere un i.**, (*fig.*) non sapere niente, non sapere un'acca.

iòta (**2**) [dalla vc. friulana *iote*, lat. mediev. *iŭtta*, nome di una bevanda forse a base di latte] s. f. ● (*cuc.*) Minestra a base di fagioli e crauti, talora arricchita di orzo e patate, condita con olio, aglio, alloro e comino, tipica delle zone di Trieste e Gorizia.

iotacìsmo [vc. dotta, lat. tardo *iotacĭsmu(m)*, dal gr. *iōtakismós*, da *iôta* 'iota', sul tipo di *soloikismós* 'solecismo', *attikismós* 'atticismo', e simili; 1803] s. m. ● (*ling.*) Itacismo.

iotiroidèo [comp. di *io(ide)* e *tiroideo*; 1834] agg. ● (*anat.*) Detto di muscolo posto tra l'osso ioide e la cartilagine tiroidea della laringe: *muscolo i.*

ipacusìa ● V. *ipoacusia.*

ipàllage [vc. dotta, lat. tardo *hypăllage(m)*, dal gr. *hypallagḗ* '(inter)scambio', dal v. *hypallássein* 'scambiare, porre sotto (*hypó*) ad altro (*állos*)'; 1559] s. f. ● (*ling.*) Figura retorica che consiste nell'attribuire a una parola l'aggettivo che si riferisce ad un'altra nella medesima frase: *Sorgon così tue dive | membra dall'egro talamo* (FOSCOLO).

ìpate [vc. dotta, lat. *hўpate(m)*, dal gr. *hypátē*, sottinteso *chordḗ* '(la corda) più alta, posta all'estremità'] s. f. ● (*mus.*) La corda dal suono più grave nella lira greca.

ipecacuàna [port. *ipecacuanha*, dal n. tupi, che s'interpreta 'arbusto (*ipe*) della foresta (*kaá*), che fa vomitare (*gueê-m-a*)' (?); av. 1718] s. f. ● Arbusto brasiliano delle Rubiacee con radici rampicanti e provviste di rigonfiamenti, da cui si estrae una droga ad azione espettorante ed emetica (*Cephaëlis ipecacuanha*).

iper- [dal gr. *hypér* 'sopra'] **pref.** ● In parole composte dotte o scientifiche, significa 'sopra', 'oltre', o indica quantità o grado superiore al normale o eccessivo: *iperuranio, iperacidità, ipernutrizione.*

iperacidità [comp. di *iper-* e *acidità*; 1931] **s. f.** ● (*med.*) Ipercloridria.

iperacușia [comp. di *iper-* e di un deriv. del gr. *ákousis* 'udito', dal v. *akóuein* 'sentire'; 1834] **s. f.** ● (*med.*) Esaltazione dell'acuità uditiva.

iperacùto [comp. di *iper-* e *acuto*; 1952] **agg.** ● (*med.*) Molto acuto: *morbo i.*

iperaffaticaménto [comp. di *iper-* e *affaticamento*] **s. m.** ● Affaticamento eccessivo: *i. fisico, psichico.*

iperalgeșia [comp. di *iper-*, del gr. *álgesis* 'dolore' e del suff. *-ia*; 1940] **s. f.** ● (*med.*) Sensibilità particolarmente intensa agli stimoli dolorosi.

iperalimentazióne [comp. di *iper-* e *alimentazione*; 1905] **s. f.** **1** (*fisiol.*) Ingestione di alimenti in quantità apprezzabilmente eccedente il fabbisogno. **2** (*med.*) Introduzione orale o somministrazione enterica (con sondino) a fini terapeutici di alimenti in quantità che eccedono il fabbisogno dell'individuo al fine di ristabilire il suo peso forma o la sua massa corporea. **SIN.** Sovralimentazione, superalimentazione. **CFR.** Ipernutrizione.

iperattività [comp. di *iper-* e *attività*; 1983] **s. f.** ● (*dir.*) Teoria giuridica che estende la legittimazione attiva di un soggetto anche per fatti successivi alla cessazione di un suo precedente diritto.

iperattivo [comp. di *iper-* e *attivo*; 1985] **agg.** **1** Attivo più del normale: *impiegato i.* **2** (*psicol.*) Che ha un comportamento molto irrequieto: *bambino i.*

iperaẓotemìa [comp. di *iper-* e *azotemia*; 1937] **s. f.** ● (*med.*) Aumento dell'azoto ureico nel sangue.

iperaẓotùria o **iperaẓotuṛia** [comp. di *iper-* e *azoturia*] **s. f.** ● (*med.*) Eccessiva eliminazione di sostanze azotate, spec. urea, attraverso l'urina.

iperbàrico [comp. di *iper-* e *barico* (*1*); 1980] **agg.** (**pl. m.** *-ci*) ● Di, relativo a pressione superiore a quella atmosferica | ***Camera iperbarica***, quella in cui la pressione dell'aria può essere elevata al di sopra della pressione atmosferica normale; utilizzata per il trattamento dei danni da decompressione, per avvelenamenti da ossido di carbonio e in affezioni gangrenose.

ipèrbato [vc. dotta, lat. *hypĕrbaton*, dal gr. *hypérbaton* 'trasposto', comp. di *hypér* 'sopra' e di un deriv. di *báinein* 'passare', di orig. indeur.; 1559] **s. m.** ● (*ling.*) Figura retorica che consiste nella separazione di due parole normalmente in stretto legame sintattico all'interno di una frase, interponendo altri membri della medesima: *tardo ai fiori / ronzìo di coleotteri* (MONTALE).

iperbilirubinemìa [comp. di *iper-* e *bilirubinemia*] **s. f.** ● (*med.*) Aumento della concentrazione ematica della bilirubina che, a determinati livelli, si manifesta con la comparsa dell'ittero.

ipèrbole [vc. dotta, lat. *hypĕrbole*, dal gr. *hyperbolḗ* 'eccesso, esagerazione', comp. di *hypér* 'sopra' e di un deriv. di *bállein* 'gettare', di orig. indeur.; av. 1375] **A s. f.** (**pl.** *-i*) **1** (*ling.*) Figura retorica che consiste nell'intensificare un'espressione esagerando o riducendo oltremisura la qualità di una persona o di una cosa: *né avorio né albastro può aguagliare / il tuo splendente e lucido colore* (BOIARDO). **2** (*est.*) Esagerazione, eccesso. **B s. m.** o **f.** ● (*mat.*) Luogo dei punti del piano tali che la differenza delle loro distanze da due punti fissi detti fuochi è costante | Curva individuata dall'intersezione di un cono indefinito con un piano parallelo al suo asse.

iperboleggiàre [comp. di *iperbole* e *-eggiare*; av. 1642] **v. intr.** (*io iperboléggio*; aus. *avere*) ● Esprimersi con molte iperboli.

iperbolèo [vc. dotta, lat. *hyperbolăeu(m)*, dal gr. *hyperbólaios*, sottinteso *tónos*, 'tono' (*tónos*) più elevato (da *hyperbolḗ* 'iperbole'); 1834] **agg.** ● Detto del più alto tono della musica greca.

iperbolicità [1957] **s. f.** ● Caratteristica di ciò che è iperbolico (*anche fig.*).

iperbòlico [vc. dotta, lat. *hyperbŏlicu(m)*, dal gr. *hyperbolikós*, agg. di *hyperbolḗ* 'iperbole'; sec. XIV] **agg.** (**pl. m.** *-ci*) **1** (*ling.*) Di iperbole: *espressione iperbolica* | Ricco di iperboli: *linguaggio i.* **2** (*est.*) Esagerato, che eccede la misura: *prezzo i.*; *ammirazione iperbolica.* **3** (*mat.*) Proprio di un'iperbole, relativo a un'iperbole | Detto di configurazione o espressione nella quale v'è una coppia di elementi reali. **4** (*mar., aer.*) Detto del sistema di radionavigazione marittima e aerea basato sulla ricezione di segnali sincroni trasmessi da due stazioni terrestri, di cui si misura la differenza di tempo e il cui luogo dei punti è un'iperbole. || **iperbolicaménte**, **avv.**

iperbolifórme [comp. di *iperbole* e *-forme*] **agg.** ● (*mat.*) Che ha forma d'iperbole.

iperbolòide [comp. di *iperbole* e del gr. *êidos* 'forma'; av. 1710] **s. m.** ● (*mat.*) Quadrica le cui intersezioni con un piano sono delle iperboli | ***I. di rotazione***, ottenuto facendo ruotare un'iperbole intorno a un suo asse.

iperbòreo [vc. dotta, lat. *Hyperbŏreu(m)*, dal gr. *hyperbóre(i)os*, comp. di *hypér* 'sopra, oltre' e di un deriv. di *Boréas* 'Borea' e 'settentrione' (dalla parte donde soffia); sec. XIV] **agg.** ● (*lett.*) Settentrionale: *lingua iperborea.*

ipercalòrico [comp. di *iper-* e di un deriv. di *calore*; 1957] **agg.** (**pl. m.** *-ci*) ● Che contiene o fornisce un numero di calorie particolarmente elevato: *cibo i.*; *dieta alimentare ipercalorica.*

ipercapnìa [comp. di *iper-* e del gr. *kapnós* 'vapore'; 1929] **s. f.** ● (*med.*) Incremento della concentrazione di anidride carbonica nel sangue.

ipercàrica [comp. di *iper-* e *carica*] **s. f.** ● (*fis.*) Uno dei numeri quantici che si conservano nelle interazioni forti fra particelle elementari.

ipercatalèttico o **ipercatalètto** [vc. dotta, lat. *hypercatalĕcticu(m)* o *hypercatalĕctu(m)*, dal gr. *hyperkatálēktos* 'ipercataletto'; 1820] **agg.** (**pl. m.** *-ci*) ● (*ling.*) Detto di verso, greco e latino, che contiene una sillaba in più del normale.

ipercheratòși [comp. di *iper-*, *cherat(o)-* e del suff. *-osi*] **s. f. inv.** ● (*med.*) Eccessivo ispessimento dello strato corneo dell'epidermide per prolungati stimoli meccanici o processi patologici.

iperchilìa [comp. di *iper-*, *chil(o)* (*1*) e del suff. *-ia*] **s. f.** ● (*med.*) Eccessiva secrezione di succo gastrico.

ipercinèși o **ipercineși** [comp. di *iper-* e del gr. *kínēsis* 'movimento', dal v. *kinêin* 'muoversi'; 1834] **s. f. inv.** ● (*med.*) Ipercinesia.

ipercineșìa [1941] **s. f.** ● (*med.*) Insorgenza di movimenti involontari abnormi dei muscoli striati, che si aggiungono a quelli volontari.

ipercinètico [1986] **agg.** (**pl. m.** *-ci*) ● Relativo all'ipercinesia.

ipercloridrìa [comp. di *iper-* e di un deriv. di (*acido*) *cloridrico*; 1902] **s. f.** ● (*med.*) Aumento della concentrazione di acido cloridrico nel succo gastrico.

iperclorùria o **ipercloruria** [comp. di *iper-*, *clor(uro)* e di un deriv. del gr. *ourôn* 'urina'] **s. f.** ● (*med.*) Aumento dei cloruri nelle urine.

ipercolesterolemìa [comp. di *iper-* e *colesterolemia*; 1985] **s. f.** ● (*med.*) Incremento patologico del tasso di colesterolo nel sangue.

ipercolìa [comp. di *iper-*, *col(e)-* e del suff. *-ia*] **s. f.** ● (*med.*) Eccessiva secrezione di bile.

ipercorrettișmo [comp. di *iper-*, *corretto* e *-ismo*; 1957] **s. m.** ● (*ling.*) Forma, pronuncia derivante da ipercorrezione.

ipercorrètto [comp. di *iper-* e *corretto*; 1952] **agg.** ● (*ling.*) Detto di forma o pronuncia caratterizzate da ipercorrezione.

ipercorrezióne [comp. di *iper-* e *correzione*; 1942] **s. f.** ● (*ling.*) Sostituzione di una forma o di una pronuncia o ritenute corrette a un'altra che a torto si suppone errata.

ipercrìtica [comp. di *iper-* e *critica*; 1917] **s. f.** ● Critica troppo severa e minuziosa.

ipercriticișmo [comp. di *ipercritic(o)* e *-ismo*; 1924] **s. m.** ● Tendenza a criticare con eccessiva severità e minuzia.

ipercrìtico [comp. di *iper-* e *critico*; av. 1558] **agg.** (**pl. m.** *-ci*) ● Che eccede nella severità e minuziosità della critica: *atteggiamento i.*; *persona ipercritica.* || **ipercriticaménte**, **avv.**

ipercromìa [comp. di *iper-* e di un deriv. del gr. *chrôma* 'colore'; 1952] **s. f.** ● (*med.*) Aumento eccessivo della pigmentazione: *i. della gravidanza* | ***I. cutanea***, come efelidi e lentiggini | (*med.*) Incremento patologico del contenuto dell'emoglobina negli eritrociti | (*med.*) Aumentata colorabilità che si verifica in alcune strutture, come i nuclei delle cellule tumorali, per l'incremento degli acidi nucleici.

iperdattilìa [comp. di *iper-* e di un deriv. del gr. *dáktylos* 'dito'; 1957] **s. f.** ● (*med.*) Anomalia caratterizzata da un numero superiore alla norma delle dita, alle mani e ai piedi. **SIN.** Polidattilia.

iperdoșàggio [comp. di *iper-* e *dosaggio*; 1957] **s. m.** ● (*raro*) Overdose.

iperdulìa [comp. di *iper-* e del gr. *douleía* 'dulia', da *dôulos* 'schiavo', di etim. incerta; av. 1492] **s. f.** ● Nella teologia cattolica, culto superiore dovuto alla Vergine e non ai Santi.

ipereccitàbile [comp. di *iper-* e *eccitabile*; 1955] **agg.** ● Detto di chi (o di ciò che) è particolarmente eccitabile.

ipereccitabilità [1898] **s. f.** ● Caratteristica, condizione di chi (o di ciò che) è ipereccitabile.

iperemèși [comp. di *iper-* e del gr. *émesis* 'vomito', dal v. *emêin*, di orig. indeur.; 1828] **s. f. inv.** ● (*med.*) Tendenza a vomitare frequentemente: *i. gravidica.*

iperemìa [comp. di *iper-* e di un deriv. del gr. *hâima* 'sangue', di etim. incerta; 1829] **s. f.** ● (*med.*) Aumento della quantità di sangue presente nei capillari di un organo. **SIN.** Congestione.

iperèmico [1911] **agg.** (**pl. m.** *-ci*) ● Che presenta iperemia: *tessuto i.*

iperemiẓẓànte **agg.** ● (*med.*) Detto di farmaco, mezzo fisico e sim. che provoca iperemia.

iperemotività [comp. di *iper-* ed *emotività*; 1991] **s. f.** ● Emotività eccessiva.

iperemotivo [comp. di *iper-* ed *emotivo*] **agg.**; anche **s. m.** (**f.** *-a*) ● Che (o Chi) è eccessivamente emotivo. || **iperemotivaménte**, **avv.**

ipergìa [comp. di *iper-* e del gr. *érgon* 'azione'; 1957] **s. f.** ● (*med.*) Eccessiva sensibilità agli allergeni che comporta una reazione allergica particolarmente intensa e grave.

iperestensióne [comp. di *iper-* ed *estensione*; 1957] **s. f.** ● Estensione eccessiva di un arto o di una sua parte.

iperesteșìa [comp. di *iper-* e di un deriv. del gr. *áisthēsis* 'sensazione' (V. *esteta*); 1828] **s. f.** ● (*med.*) Aumento della sensibilità agli stimoli nervosi. **SIN.** Ipersensibilità.

iperfalangìa [comp. di *iper-* e *falange*] **s. f.** ● (*med.*) Malformazione congenita per cui una o più dita della mano o del piede presentano un numero di falangi superiore al normale.

iperfocàle [comp. di *iper-* e di un deriv. di *f(u)oco* nel sign. 12; 1957] **agg.** ● (*fot.*) Detto di distanza minima a partire dalla quale tutti i soggetti di una presa fotografica risultano a fuoco.

iperfosforemìa [comp. di *iper-* e *fosforemia*] **s. f.** ● (*med.*) Concentrazione di composti del fosforo nel sangue superiore alla norma.

iperfunzionànte [comp. di *iper-* e del part. pres. di *funzionare*; 1957] **agg.** ● (*med.*) Che presenta iperfunzione: *ghiandola i.*

iperfunzióne [comp. di *iper-* e *funzione*; 1957] **s. f.** ● (*med.*) Attività esagerata di un organo.

ipergeușìa [vc. dotta, comp. di *iper-* e del gr. *gêusis* 'gusto'; 1834] **s. f.** ● (*med.*) Modificazione in eccesso della funzione gustativa per condizioni patologiche o per affinamento professionale: *i. degli assaggiatori di vino.*

iperglicemìa [comp. di *iper-* e *glicemia*; 1899] **s. f.** ● (*med.*) Aumento del tasso di glucosio nel sangue.

iperglicèmico [1983] **agg.** (**pl. m.** *-ci*) ● (*med.*) Relativo a iperglicemia | Causato da iperglicemia.

iperglicìdico [comp. di *iper-* e *glicidico*] **agg.** (**pl. m.** *-ci*) ● Riferito a eccessiva presenza di carboidrati: *dieta iperglicidica.*

iperglobulìa [comp. di *iper-* e un deriv. di *globulo*; 1957] **s. f.** ● (*med.*) Aumento del numero di globuli rossi nel sangue.

ipergòlo [comp. di *iper-*, del gr. (*ér*)*gon* 'lavoro' e *-olo* (2); 1949] **s. m.** ● Ogni prodotto combustibile di una classe di prodotti, ad alto potenziale di energia, usabili nella propulsione a razzo.

Ipericàcee [comp. di *iperic(o)* e *-acee*; 1957] **s. f. pl.** ● (*bot.*) Guttifere.

ipèrico [vc. dotta, lat. *hyperīcon*, dal gr. *hypér(e)ikon* 'che sta sotto (*hypó*) l'erica (*er(e)íke*)'; sec. XIV] **s. m.** (**pl.** *-ci*) ● Pianta erbacea delle Guttifere con fiori gialli punteggiati di nero, in corimbi, e frutti a capsula con proprietà medicinali (*Hypericum perforatum*).

iperidròsi [comp. di *iper-*, del gr. *hidr(ôs)* e *-osi*; 1828] s. f. inv. ● (*med.*) Aumento esagerato della secrezione sudorale.

iperinflazióne [comp. di *iper-* e *inflazione*; 1973] s. f. ● (*econ.*) Situazione in cui la massa di moneta circolante cresce così rapidamente da perdere quasi del tutto il suo valore.

iperleucocitòsi [comp. di *iper-* e *leucocitosi*; 1970] s. f. inv. ● (*med.*) Aumento numerico dei globuli bianchi nel sangue.

iperlipemìa o **iperlipidemìa** [comp. di *iper-* e *lipemia*; 1967] s. f. ● (*med.*) Eccessiva presenza di lipidi nel sangue.

ipermarket /iper'market/ [parziale adattamento dell'ingl. *hypermarket*, comp. di *hyper* 'iper-' e *market* (V.); 1985] s. m. inv. ● Ipermercato.

ipermenorrèa [comp. di *iper-* e *menorrea*; 1967] s. f. ● (*med.*) Abnorme incremento della durata o della quantità del flusso mestruale.

ipermercàto [comp. di *iper-* e *mercato*: calco sull'ingl. *hypermarket*; 1973] s. m. ● Centro di vendita al dettaglio con superficie superiore a 2500 m^2, situato fuori dei centri abitati, su vie di grande comunicazione, fornito di tutti i servizi complementari per la clientela. CFR. Superette, supermercato.

ipermetrìa [comp. di *iper-* e *-metria*; 1957] s. f. *1* (*med.*) Esagerata ampiezza di movimento di un arto. *2* (*letter.*) Proprietà di un verso ipermetro.

ipèrmetro [vc. dotta, lat. *hypĕrmeter*, dal gr. *hypérmetros*, comp. di *hypér* 'sopra' e *métron* 'metro, misura'; 1726] agg. ● (*letter.*) Detto di verso avente una sillaba in più del normale che poi, generalmente, si elide con la prima del verso successivo.

ipermètrope [comp. del gr. *hypérmetros* 'che supera (*hypér*) la misura (*métron*)' e un deriv. di *ōps*, genit. *ōpós* 'occhio'; 1933] agg.; anche s. m. e f. ● Che (o Chi) è affetto da ipermetropia.

ipermetropìa [da *ipermetrope*; 1822] s. f. ● (*med.*) Anomalia della vista causata da un vizio di rifrazione per cui i raggi luminosi vengono messi a fuoco dietro la retina. CFR. Presbiopia.

ipermnesìa [comp. di *iper-* e *-mnesia*; 1940] s. f. ● (*med.*) Aumento abnorme della capacità di rievocare i ricordi lontani.

ipernefròma [comp. di *iper-*, *nefr(o)-* e del suff. *-oma*] s. m. (pl. *-i*) ● (*med.*) Carcinoma con cellule simili a quelle della corteccia renale; è la più comune fra le neoplasie renali.

ipernutrìre [1983] v. tr. (coniug. come *nutrire*) ● (*med.*) Superalimentare.

ipernutrizióne [comp. di *iper-* e *nutrizione*; 1917] s. f. *1* (*fisiol.*) Assunzione con la dieta di principi nutritivi, quali proteine, lipidi, zuccheri, in quantità che eccedono il fabbisogno metabolico dell'organismo vivente. *2* (*med.*) Forma di terapia che prevede l'introduzione orale o la somministrazione enterica (con sondino) o parenterale (endovenosa) di nutrienti in quantità che eccedono il fabbisogno dell'individuo al fine di ristabilire il suo peso forma o la sua massa corporea. SIN. Supernutrizione.

iperóne [comp. del gr. *hypér* 'sopra, superiore' e *-one* (2); 1957] s. m. ● (*fis. nucl.*) Particella elementare con massa compresa fra quella del protone e quella del deutone.

iperonimìa [comp. di *iper-* e *-onimia*; 1977] s. f. ● (*ling.*) Rapporto semantico tra un vocabolo di significato più generico ed esteso (detto *iperonimo*) e uno o più vocaboli di significato più specifico e ristretto (detti *iponimi*).

iperònimo [comp. di *iper-* e *-onimo*; 1971] **A** s. m. ● (*ling.*) Vocabolo di significato più generico ed esteso rispetto a uno o più vocaboli di significato più specifico e ristretto, che sono in esso inclusi (per es. *animale* rispetto a *cavallo*, *cane*, *gatto*). **B** anche agg.: *vocabolo, termine i.* SIN. Superordinato.

iperosmìa [comp. di *iper-* e del gr. *osmḗ* 'odore'; 1834] s. f. ● (*med.*) Eccesso di sensibilità olfattiva per alcune sostanze.

iperossìa [comp. di *iper-*, *ossi(geno)* e del suff. *-ia*] s. f. ● (*med.*) Aumentata concentrazione di ossigeno nell'organismo, spec. nel sangue.

iperossiemìa [comp. di *iper-*, *oxýs* 'acido' ed *-emia*; 1957] s. f. ● (*med.*) Termine desueto per indicare l'aumentata acidità del sangue.

iperossigenazióne [comp. di *iper-* e *ossigenazione*; 1985] s. f. ● Apporto di ossigeno in quantità superiore al normale.

iperostòsi [comp. di *iper-*, *ost(eo)-* e del suff. *-osi*; 1834] s. f. inv. ● (*med.*) Aumentata densità di un osso o di una sua parte con deformazione più o meno accentuata dello stesso.

iperparassitìsmo [comp. di *iper-* e *parassitismo*] s. m. ● (*biol.*) Condizione in cui un parassita vive a spese di un altro parassita.

iperpiressìa [comp. di *iper-* e *piressia*; 1957] s. f. ● (*med.*) Elevazione della temperatura corporea molto al di sopra della norma.

iperpirètico [comp. di *iper-* e *piretico*] agg. (pl. m. *-ci*) ● (*med.*) Relativo a iperpiressia.

iperpituitarìsmo [comp. di *iper-*, *pituitar(io)* e del suff. *-ismo*] s. m. ● (*med.*) Eccessiva secrezione degli ormoni della ghiandola ipofisi.

iperplasìa [comp. di *iper-* e del gr. tardo *plásis* 'il plasmare', da *plássein*, di orig. indeur.; 1884] s. f. ● (*biol.*) Aumento di volume di un organo per aumento numerico degli elementi che lo compongono.

iperplàstico o **iperplàsico** [da *iperplasia*] agg. (pl. m. *-ci*) ● (*biol.*) Di, relativo a, iperplasia: *fenomeno i.* | Che presenta iperplasia: *organo i.*

iperpnèa [da *iper-*, sul modello di *apnea* e *dispnea*; 1957] s. f. ● (*med.*) Aumento della ventilazione polmonare, di natura volontaria o riflessa.

iperprotèico [comp. di *iper-* e *proteico*; 1973] agg. (pl. m. *-ci*) ● Ad alto contenuto di proteine: *dieta iperproteica*. SIN. Iperprotidico.

iperprotettività s. f. ● Caratteristica di chi (o di ciò che) è iperprotettivo.

iperprotettìvo [comp. di *iper-* e *protettivo*; 1985] agg. ● Eccessivamente protettivo: *una madre iperprotettiva; atteggiamento i.*

iperprotìdico agg. (pl. m. *-ci*) ● (*biol.*) Iperproteico.

iperrealìsmo [comp. di *iper-* e *realismo*; 1973] s. m. ● Movimento pittorico americano sorto intorno al 1970, caratterizzato dalla rappresentazione della realtà fatta in maniera fotografica e con un'intensificazione ottica tale da rendere l'immagine quasi irreale, come fuori del tempo, e quindi particolarmente allucinante.

iperrealìsta [1973] s. m. e f. (pl. m. *-i*) ● Seguace dell'iperrealismo.

iperrealìstico [1976] agg. (pl. m. *-ci*) ● Relativo all'iperrealismo | Basato sulla tecnica dell'iperrealismo.

iperreattività [comp. di *iper-* e *reattività*] s. f. ● (*med.*) Esagerata reattività dell'organismo verso stimoli di varia natura.

iperrecettività [da *iper-* e *recettivo*] s. f. ● (*med.*) Aumentata ricettività di un organismo nei confronti di una tossina o di un agente infettante.

iperretroattìvo [comp. di *iper-* e *retroattivo*] agg. ● (*dir.*) Che produce effetti su sentenze passate in giudicato.

ipersecrezióne [comp. di *iper-* e *secrezione*] s. f. ● (*med.*) Eccessiva secrezione di una ghiandola.

ipersensìbile [comp. di *iper-* e *sensibile*; 1914] agg. *1* Di chi (o di ciò che) è dotato di eccessiva sensibilità: *ragazza timida e i.; lastra i. alla luce* | (*est.*) Estremamente facile ad offendersi: *bisogna parlargli con molta dolcezza perché è i.* *2* (*med.*) Di soggetto che soffre di ipersensibilità.

ipersensibilità [comp. di *iper-* e *sensibilità*; 1895] s. f. *1* Caratteristica di chi (o di ciò che) è ipersensibile. *2* (*med.*) Iperestesia | (*med.*) Abnorme reattività immunitaria verso un antigene, che si manifesta nei contatti successivi al primo; può essere immediata o ritardata.

ipersomìa [comp. di *iper-* e *-somia*] s. f. ● (*med.*) Corporatura notevolmente superiore alla media.

ipersònico [comp. di *iper-* e *sonico*; 1950] agg. (pl. m. *-ci*) ● (*aer.*) Supersonico: *missile i.* | Di velocità superiore a circa 5 Mach.

ipersònnia [comp. di *iper-* e *sonno*, con suff. di derivazione] s. f. ● (*med.*) Esagerata tendenza al sonno e all'addormentamento profondo.

ipersostentàre [comp. di *iper-* e *sostentare*; 1970] v. tr. (*io ipersostènto*) ● Sottoporre a, fornire di, ipersostentazione.

ipersostentatóre [comp. di *iper-* e *sostentatore*; 1955] **A** agg. (f. *-trice*) ● (*aer.*) Detto di ciò che è atto a ipersostentare qlco.: *dispositivo i.* **B** s. m. ● (*aer.*) Mezzo o dispositivo atto a fornire ipersostentazione, spec. per aumentare la potenza: *i. ad aletta posteriore, a persiana, a getto, a fessura.* ➡ ILL. p. 2175 TRASPORTI.

ipersostentazióne [comp. di *iper-* e *sostentazione*; 1948] s. f. ● (*aer.*) Sostentazione maggiorata o incremento di sostentazione oltre quella dei mezzi normali, ottenuta generalmente con dispositivi ipersostentatori | *I. dinamica*, di un dirigibile, dovuta a forze aerodinamiche.

iperspàzio [comp. di *iper-* e *spazio*; 1940] s. m. *1* (*mat.*) Spazio geometrico avente più di tre dimensioni. *2* Nella fantascienza, dimensione immaginaria raggiungibile viaggiando a una velocità superiore a quella della luce.

iperstàtico [comp. di *iper-* e *statico*; 1908] agg. (pl. m. *-ci*) ● (*mecc.*) Detto di sistema materiale i cui vincoli, esterni o interni, sono in numero superiore a quelli strettamente sufficienti a garantirne l'equilibrio stabile.

iperstenìa [comp. di *iper-* e *stenia*; 1822] s. f. ● (*med.*) Notevole aumento della forza muscolare.

ipersuòno [comp. di *iper-* e *suono*; 1963] s. m. ● (*fis.*) Suono di frequenza estremamente elevata (superiore a 500-1000 megahertz).

ipersurrenalìsmo [comp. di *iper-*, *surrenale* e *-ismo*; 1933] s. m. ● (*med.*) Stato morboso caratterizzato da aumentata attività delle ghiandole surrenali.

ipertelìa (1) [comp. di *iper-* e di un deriv. del gr. *télos* 'sviluppo'] s. f. ● (*biol.*) Esasperato sviluppo di un carattere anatomico, spec. per opera della selezione sessuale.

ipertelìa (2) [comp. di *iper-* e di un deriv. del gr. *thēlos* 'capezzolo'] s. f. ● (*anat.*) Presenza nella specie umana di capezzoli in soprannumero, corrispondenti a rudimenti di mammelle.

ipertèmpra [comp. di *iper-* e *tempra*] s. f. ● (*metall.*) Procedimento di raffreddamento rapidissimo di una lega metallica allo stato liquido per ottenere un prodotto solido amorfo o vetro metallico avente particolari proprietà meccaniche, elettriche e magnetiche.

ipertensióne [comp. di *iper-* e *tensione*; 1901] s. f. ● (*fisiol.*) Aumento eccessivo della tensione o pressione, in particolare dei liquidi o gas delle cavità corporee | (*med.*) Eccessivo aumento della pressione sanguigna o la malattia delle arterie da essa causata o a essa associata: *i. arteriosa, i. venosa, i. polmonare.*

ipertensìvo [da *ipertensione*; 1933] **A** s. m. ● Sostanza atta a produrre un aumento della pressione sanguigna. **B** anche agg.: *farmaco i.*

ipertermàle [comp. di *iper-* e *termale*] agg. ● Detto di acqua minerale che sgorga da una sorgente a una temperatura superiore a 40 °C.

ipertermìa [comp. di *iper-* e di un deriv. del gr. *thermós* 'calore'; 1952] s. f. ● (*med.*) Aumento della temperatura corporea oltre i valori normali.

ipertéso [comp. di *iper-* e *teso*; 1942] agg.; anche s. m. (f. *-a*) ● (*med.*) Che (o Chi) è affetto da ipertensione.

ipertèsto [ingl. *hypertext*, comp. di *hyper-* 'iper-' e *text* 'testo'; 1987] s. m. ● Insieme strutturato di informazioni, costituito da testi, note, illustrazioni, tabelle e sim., uniti fra loro da rimandi e collegamenti logici: *un i. multimediale.*

ipertestuàle [da *ipertest(o)* col suff. *-ale* (1); 1992] agg. ● Che riguarda un ipertesto.

ipertiroidèo [comp. di *iper-* e un deriv. di *tiroide*; 1933] **A** agg. ● Dell'ipertiroidismo. **B** agg.; anche s. m. (f. *-a*) ● Che (o Chi) è affetto da ipertiroidismo.

ipertiroidìsmo [comp. di *iper-* e *tiroidismo*; 1913] s. m. ● (*med.*) Stato morboso dovuto ad aumentata attività della ghiandola tiroide.

ipertonìa [comp. di *iper-* e un deriv. di *tono* (muscolare); 1834] s. f. ● (*med.*) Aumento del tono muscolare.

ipertònico [1834] agg. (pl. m. *-ci*) *1* (*med.*) Dell'ipertonia | Che presenta ipertonia. *2* (*chim.*) Di soluzione che ha pressione osmotica maggiore di un'altra.

ipertòssico [comp. di *iper-* e *tossico* (1); 1957] agg. (pl. m. *-ci*) ● (*med.*) Che produce uno stato di gravissima intossicazione.

ipertricòsi [comp. di *iper-* e *tricosi*; 1895] s. f. inv. ● (*med.*) Eccessivo sviluppo dei peli.

ipertrofìa [comp. di *iper-* e di un deriv. del gr. *tro-*

phê 'nutrimento' e, quindi, 'aumento'; 1828] s. f. ● (*biol.*) Aumento di volume di un organo o tessuto per aumento di volume degli elementi che lo compongono. CFR. -megalia.

ipertròfico [1905] **A** agg. (pl. m. *-ci*) **1** (*biol.*) Di, relativo a, ipertrofia. **2** (*fig.*) Che si è eccessivamente accresciuto: *burocrazia ipertrofica.* **B** agg.; anche s. m. (f. *-a*) ● (*med.*) Che (o Chi) è affetto da ipertrofia.

ipertrofizzàre [1957] **A** v. tr. ● (*raro*) Rendere ipertrofico, anche fig. **B** v. intr. pron. ● (*biol.*) Diventare ipertrofico: *organo che si ipertrofizza.*

iperurànio [gr. *hyperouránios*, comp. di *hypér* 'sopra' e *ouránios* 'celeste', 'relativo al cielo (*ouranós*)'; av. 1852] **A** agg. ● (*lett.*) Situato oltre il cielo. **B** s. m. ● (*filos.*) Luogo ideale posto al di là del cielo in cui Platone colloca il mondo delle Idee intese come sostanze immutabili ed eterne. SIN. Sopramondo.

iperurbanésimo [comp. di *iper-* e *urbano* 'proprio della città', col suff. di caratterizzazione idiomatica *-esimo* (parallelo di *-ismo*); 1942] s. m. ● (*ling.*) Iperurbanismo.

iperurbanismo [comp. di *iper-* e di *urbano* 'proprio della città', col suff. di caratterizzazione idiomatica *-ismo* (parallelo di *-esimo*); 1941] s. m. ● (*ling.*) Adattamento per ipercorrezione di una forma linguistica, spec. dialettale, a un modello ritenuto più colto, spec. perché tipico di un centro urbano in contrapposizione a quello di un centro rurale.

iperurèsi [comp. di *iper-* 'ultra' e del gr. *oúrēsis* 'azione di urinare' (da *ourêin* 'orinare', di orig. indeur.)] s. f. inv. ● (*med.*) Poliuria.

iperuricemìa [comp. di *iper-* e *uricemia*; 1957] s. f. ● (*med.*) Aumento dell'uricemia oltre i valori normali.

iperventilazióne [comp. di *iper-* e *ventilazione* nel sign. med.; 1957] s. f. ● (*med.*) Aumento della ventilazione polmonare dovuto agli atti respiratori più frequenti e più profondi.

ipervitamìnico [comp. di *iper-* e *vitaminico*; 1957] agg. (pl. m. *-ci*) ● Che contiene vitamine in numero o quantità molto elevata: *dieta ipervitaminica.*

ipervitaminòsi [comp. di *iper-* che sostituisce il pref. neg. *a-* di (*a*)*vitaminosi*; 1927] s. f. inv. ● (*med.*) Disturbo da eccessiva introduzione di vitamine.

ipervolemìa [comp. di *iper-*, *vol*(*ume*) ed *-emia*; 1987] s. f. ● (*med.*) Aumento di volume del sangue circolante.

ipètro [gr. *hýpaithros*, comp. di *hypó* 'sotto' e un deriv. di *áithra* 'etra'; av. 1527] agg. ● Detto di edificio greco, spec. tempio, privo di tetto.

ipnagògico [comp. del gr. *hýpnos* 'sonno' e *agōgós* 'conduttore'; 1887] agg. (pl. m. *-ci*) ● (*psicol.*) Detto di immagini visive che si formano mentre ci si addormenta o mentre ci si sveglia: *allucinazione, esperienza, immagine ipnagogica.*

ipno- [dal gr. *hýpnos* 'sonno'] primo elemento ● In parole composte dotte o della terminologia scientifica, significa 'sonno', 'stato di ipnosi': *ipnopedia, ipnotico.*

ipnoanàlisi [comp. di *ipno*(*si*) e (*psico*)*analisi*; 1949] s. f. inv. ● (*med.*) Trattamento psicoterapeutico preceduto dall'induzione di uno stato ipnotico con procedimenti chimici o tramite ipnosi.

ipnògeno [comp. di *ipno-* e *-geno*] agg. ● Che produce sonno.

ipnologìa [ingl. *hypnology*, comp. del gr. *hýpnos* 'sonno' e *-logy* '-logia'; 1834] s. f. ● Studio del sonno e dei fenomeni a esso connessi.

ipnòlogo s. m. (f. *-a*; pl. m. *-gi*) ● Studioso di ipnologia.

ipnopatìa [comp. di *ipno-* e *-patia*] s. f. ● (*med.*) Tendenza patologica al sonno.

ipnopedìa [comp. di *ipno-* e del gr. *paidéia* 'educazione'; 1942] s. f. ● Tecnica di insegnamento per cui si impartiscono nozioni al dormiente per mezzo di registrazioni.

ipnòsi [comp. del gr. *hypnôun* 'addormentare', da *hýpnos* 'sonno', e *-osi*; 1905] s. f. inv. ● (*psicol.*) Stato psicofisico simile al sonno, provocato artificialmente, caratterizzato da un notevole aumento di suggestionabilità nei confronti della persona che lo ha provocato. SIN. Ipnotismo.

ipnoterapìa [comp. di *ipno-* e *terapia*] s. f. ● (*psicol.*) Impiego dell'ipnosi o come ausilio o come mezzo principale per il trattamento di disturbi fisici o psichici.

ipnoterapista [da *ipnoterapia*] s. m. e f. (pl. m. *-i*) ● Chi pratica l'ipnoterapia.

ipnòtico [vc. dotta, lat. *hypnōticu*(*m*), dal gr. *hypnōtikós* 'incline a dormire', da *hypnôun* 'addormentare', da *hýpnos* 'sonno'; 1820] **A** agg. (pl. m. *-ci*) **1** Dell'ipnosi: *stato i.* **2** Che è atto a combattere l'insonnia: *farmaco i.* **3** (*fig.*) Che ammalia, incanta, affascina: *sguardo i.* **B** s. m. ● Farmaco che favorisce o provoca un sonno molto simile a quello naturale, con perdita della coscienza ma con la conservazione di una discreta sensibilità. ‖ **ipnoticaménte**, avv. **1** Mediante ipnotismo. **2** In stato di ipnosi: *esegui l'ordine quasi ipnoticamente.*

ipnotìsmo [ingl. *hypnotism*, da *hypnot*(*ic*) 'ipnotico' col suff. *-ism* '-ismo'; 1860] s. m. ● Ipnosi.

ipnotizzàre [ingl. *hypnotize*, da *hypnot*(*ic*) 'ipnotico' col suff. *-ize* '-izzare'; 1887] v. tr. **1** Indurre in ipnosi. **2** (*fig.*) Incantare, ammaliare.

ipnotizzatóre [1910] s. m. (f. *-trice*) ● Persona capace di indurre in ipnosi.

ipo- [dal gr. *hypó* 'al di sotto, in basso'] pref. **1** In parole composte dotte o della terminologia scientifica, significa 'sotto' o indica quantità o grado inferiore al normale: *ipotalamo, ipocinesia.* CONTR. Iper-. **2** In chimica inorganica, indica, tra i composti ossigenati di un elemento che ha più di due valenze, quelli a valenza minore: *acido ipocloroso, ipoclorito.* CONTR. Per-.

ipoacidità [comp. di *ipo-* e *acidità*; 1973] s. f. ● Condizione di acidità inferiore al normale, come si verifica nella ipocloridria gastrica.

ipoacusìa o *ipacusia* [comp. di *ipo-* e di un deriv. del gr. *ákousis* 'udito', dal v. *akóuein* 'sentire'; 1935] s. f. ● (*med.*) Indebolimento del senso dell'udito.

ipoacùsico [1973] agg. (pl. m. *-ci*) ● Di ipoacusia | Che soffre di ipoacusia: *bambino i.*

ipoalbuminemìa [comp. di *ipo-*, *albumin*(*a*) ed *-emia*] s. f. ● (*med.*) Diminuzione del tasso ematico di albumina; si verifica spec. nelle nefrosi.

ipoalgesìa [comp. di *ipo-*, del gr. *álgesis* 'dolore' e del suff. *-ia*; 1940] s. f. ● (*med.*) Ridotta sensibilità agli stimoli dolorifici.

ipoalimentazióne [comp. di *ipo-* e *alimentazione*; 1933] s. f. ● (*med.*) Alimentazione insufficiente.

ipoallergènico [comp. di *ipo-* e *allergene*] agg. (pl. m. *-ci*) ● Detto di sostanza che ha una probabilità minima di determinare reazioni allergiche: *cosmetici ipoallergenici.*

ipoazotide [comp. di *ipo-* e un deriv. di *azoto*; 1957] s. f. ● Composto ossigenato dell'azoto, gas rosso-bruno di forte potere ossidante, usato per alcuni esplosivi e in chimica organica per reazioni di ossidazione.

ipobàrico [comp. di *ipo-* e *barico* (*1*); 1957] agg. (pl. m. *-ci*) ● Che si riferisce a bassa pressione atmosferica.

ipocalòrico [comp. di *ipo-* e un deriv. di *calore*; 1957] agg. (pl. m. *-ci*) ● Che contiene o fornisce un numero di calorie particolarmente basso: *cibo i.*; *dieta alimentare ipocalorica.*

ipocapnìa [comp. di *ipo-* e del gr. *kapnós* 'vapore'] s. f. ● (*med.*) Riduzione del tasso di anidride carbonica disciolta nel plasma spec. in forma di bicarbonato.

ipocàusto [vc. dotta, lat. *hypocāustu*(*m*), dal gr. *hypókauston*, propr. 'bruciato sotto', comp. di *hypó* 'sotto' e *kaustós*, da *káiein* 'ardere', di orig. indeur.; 1499] s. m. ● (*archeol.*) Luogo sotto il pavimento dei bagni o delle case dove si accendeva il fuoco per il riscaldamento ad aria calda.

ipocèntro (o *-é-*) [comp. di *ipo-* e *centro*; 1917] s. m. **1** (*geol.*) Punto nell'interno della crosta terrestre da cui ha origine un terremoto. **2** Nei primitivi Anfibi estinti, il segmento anteriore del gruppo dei tre elementi scheletrici che complessivamente corrispondono a un corpo vertebrale.

ipochilìa [comp. di *ipo-*, *chil*(*o*) (*1*) e del suff. *-ia*] s. f. ● (*med.*) Ridotta secrezione dei succhi gastrici.

ipocinèsi [comp. di *ipo-* e del gr. *kínēsis* 'movimento', dal v. *kinêin* 'muovere'] s. f. inv. ● (*med.*) Ipocinesia.

ipocinesìa [1952] s. f. ● (*med.*) Riduzione della motilità volontaria dei muscoli striati.

ipocinètico [1957] agg. (pl. m. *-ci*) ● Dell'ipocinesia.

ipocloridrìa [comp. di *ipo-* e un deriv. di (acido) *cloridrico*; 1933] s. f. ● (*med.*) Diminuzione della concentrazione di acido cloridrico nel succo gastrico.

ipoclorito [comp. di *ipo-* e un deriv. di *cloro*; 1869] s. m. ● (*chim.*) Sale dell'acido ipocloroso | *I. di sodio*, ottenuto da cloro e idrato sodico, antisettico, usato come sbiancante sia nell'industria che per usi domestici.

ipoclorόso [comp. di *ipo-* e un deriv. di *cloro*; 1869] agg. ● (*chim.*) Detto di composto ossigenato in cui il cloro è monovalente | ***Ossiacido, acido i.***, monobasico, molto debole e instabile, noto solo in soluzione acquosa e sotto forma di sali ipocloriti, dotato di potere ossidante e di azione sbiancante.

ipocolesterolemìa [comp. di *ipo-* e *colesterolemia*] s. f. ● (*med.*) Diminuzione del tasso ematico del colesterolo al di sotto della norma.

ipocolìa [comp. di *ipo-* e di un deriv. del gr. *cholḗ* 'bile'; 1952] s. f. ● (*med.*) Insufficiente secrezione biliare.

ipocondrìa [vc. dotta, lat. tardo *hypocŏndria*(*m*), dal gr. *hypochóndria* (pl.) 'ipocondrio, addome', regione nella quale gli antichi ritenevano avesse sede la malinconia; sec. XIV] s. f. **1** Erronea convinzione di essere malato, con sensazioni dolorose che non hanno un riscontro obiettivo. **2** (*lett.*) Grave malinconia: *noiosa i. t'opprime* (PARINI).

ipocondrìaco [gr. *hypochondriakós* 'che si riferisce all'addome o ipocondrio (*hypochóndrion*)'; av. 1613] **A** agg. (pl. m. *-ci*) **1** Dell'ipocondria. **2** (*anat.*) Dell'ipocondrio: *la milza è un organo i.* **B** agg.; anche s. m. (f. *-a*) **1** Che (o Chi) è affetto da ipocondria. **2** (*lett.*) Malinconico.

ipocòndrico [1618] agg. (pl. m. *-ci*) ● (*anat.*) Relativo all'ipocondrio.

ipocòndrio [vc. dotta, gr. *hypochóndrion*, comp. di *hypó* 'sotto' e un deriv. di *chóndros* 'cartilagine'; av. 1468] s. m. ● (*anat.*) Parte superiore e laterale dell'addome, limitata in alto dal diaframma e lateralmente e anteriormente dall'arcata costale.

ipocorìstico [gr. *hypokoristikós*, da *hypokorízesthai* 'chiamare con voce carezzevole', comp. di *hypo-* 'ipo-' e *korízesthai* 'coccolare un bambino' (da *kóros* 'fanciullo', d'etim. incerta); 1957] **A** agg. (pl. m. *-ci*) ● (*ling.*) Detto di parola vezzeggiativa. **B** s. m. ● (*ling.*) Appellativo affettuoso, vezzeggiativo, spec. di nomi propri: *Gigi è l'i. di Luigi.*

ipocòtile [comp. di *ipo-* e *cotile*(*done*); 1933] s. m. ● (*bot.*) Asse dell'embrione che collega le cellule iniziali della radice con i due cotiledoni e la gemma apicale.

ipocrateriforme [comp. di *ipo-*, *cratere* e *-forme*] agg. ● (*bot.*) Detto di corolla gamopetala con i lembi quasi spianati e tubo lungo e sottile.

ipocrisìa o †**ipocresìa** [vc. dotta, lat. eccl. *hypŏcrisi*(*m*), dal gr. *hypókrisis*, dal v. *hypokrínesthai* 'rispondere, recitare una parte', comp. di *hypó* 'sotto' e *krínesthai*, da *krínein* 'giudicare'; av. 1292] s. f. ● Simulazione di buoni sentimenti e intenzioni lodevoli allo scopo di ingannare qlcu.: *essere un maestro d'i.*; *io nacqui a debellar tre mali estremi: / tirannide, sofismi, i.* (CAMPANELLA) | ***I. religiosa***, bacchettoneria | (*est.*) Atto ipocrita: *ha guadagnato la sua stima grazie a continue ipocrisie.* SIN. Doppiezza, falsità.

ipocristallino [comp. di *ipo-* e *cristallino*; 1940] agg. ● (*geol.*) Detto di roccia i cui costituenti sono in parte amorfi, in parte cristallini.

ipòcrita [vc. dotta, lat. eccl. *hypócrita*(*m*), dal gr. *hypokritḗs* 'attore, ipocrita', da *hypokrínesthai* 'giudicare (*krínein*) da sotto (*hypó*)'; sec. XIII] **A** agg. (pl. m. *-i*) ● Che rivela ipocrisia: *sguardo, sorriso i.* | Che agisce con ipocrisia: *un uomo sfuggente e i.* SIN. Falso. ‖ **ipocritaménte**, avv. In modo ipocrita, con ipocrisia. **B** s. m. e f. **1** Persona falsa, che si comporta con ipocrisia: *un vile i.*; *O Tosco, ch'al collegio / de l'ipocriti tristi se' venuto* (DANTE *Inf.* XXIII, 91-92). **2** †Commediante, istrione. ‖ **ipocritàccio**, pegg. | **ipocritino**, dim. | **ipocritóne**, accr. | **ipocritùccio**, dim.

†**ipocritico** [vc. dotta, gr. *hypokritikós*, da *hypokritḗs* 'ipocrita'; av. 1729] agg. **1** Detto dell'arte teatrale, rappresentativa. **2** (*raro*) Ipocrita.

†**ipòcrito** [av. 1400] agg.; anche s. m. ● Ipocrita.

ipocromìa [comp. di *ipo-* e *-cromia*; 1957] s. f.

ipocromico

1 (*med.*) Diminuzione al di sotto del valore normale della colorazione di una struttura biologica: *i. cutanea*. **2** (*med.*) Diminuzione del contenuto di emoglobina negli eritrociti al di sotto della norma.

ipocròmico agg. (pl. m. -ci) ● (*med.*) Che presenta ipocromia | *Eritrocita i.*, caratteristico della talassemia.

ipodattilia [comp. di *ipo-* e di un deriv. del gr. *dáktylos* 'dito'; 1957] s. f. ● (*med.*) Malformazione congenita consistente nella mancanza di uno o più dita della mano o del piede.

ipodèrma (**1**) [comp. di *ipo-* e del gr. *dérma* 'pelle'; 1917] s. m. (pl. -*i*) **1** (*zool.*) Negli Anellidi e negli Artropodi, epidermide. **2** (*anat.*) Il tessuto adiposo sottocutaneo. **3** (*bot.*) Tessuto situato sotto l'epidermide di foglia, fusto e radice di varie piante, costituito da uno o più strati di cellule, e svolgente funzioni meccaniche o acquifere.

ipodèrma (**2**) [comp. di *ipo-* e del gr. *dérma* 'pelle' con riferimento al suo insediamento] s. m. (pl. -*i*) ● Dannoso insetto dei Ditteri nero e giallo con corpo peloso le cui larve si sviluppano nella pelle dei bovini formando voluminosi noduli sottocutanei (*Hypoderma bovis*). SIN. Estro bovino.

ipodèrmico [da *ipoderma* (1); 1895] agg. (pl. m. -ci) ● (*anat.*) Dell'ipoderma | *Iniezione ipodermica*, che si pratica al di sotto del derma.

ipodermoclìsi [comp. di *ipoderma* (1) e del gr. *klísis* 'lavatura, lavaggio'; 1865] s. f. inv. ● (*med.*) Introduzione di soluzioni medicamentose nel tessuto sottocutaneo.

ipodermòsi [comp. di *ipoderma* (1) e -*osi*; 1952] s. f. inv. ● (*veter.*) Malattia parassitaria della pelle dei bovini caratterizzata da nodosità sottocutanee.

ipodòrico [adatt. del gr. *hypodṓrios* (sottinteso *tópos* 'modo') 'trasporto in tonalità inferiore (*hypó*) della scala tipica dei Dori (*Dōriêis*)'; sec. XIV] agg. (pl. m. -ci) ● (*mus.*) Nella loc. *modo i.*, scala di la.

ipodotàto [comp. di *ipo-* e *dotato*] agg.; anche s. m. (f. -a) ● (*psicol.*) Detto di soggetto mentale che ha un basso quoziente intellettivo.

ipoestesìa [comp. di *ipo-* e di un deriv. del gr. *áisthēsis* 'sensibilità'; 1900] s. f. ● (*med.*) Diminuzione della sensibilità nelle sue varie forme.

ipofalangìa [comp. di *ipo-* e *falange*] s. f. ● (*med.*) Malformazione congenita consistente nella mancanza di una o più falangi della mano o del piede.

ipofillo [comp. di *ipo-* e del gr. *phýllon* 'foglia'; 1820] s. m. ● (*bot.*) Pagina inferiore delle foglie.

ipofisàrio [1917] agg. ● (*anat.*) Dell'ipofisi: *ormone i.*

ipòfisi [gr. *hypóphysis*, comp. di *hypó* 'sotto' e *phýsis* 'natura', 'accrescimento'; 1833] s. f. inv. ● (*anat.*) Ghiandola endocrina situata alla base dell'encefalo, nella regione diencefalica, che produce numerosi ormoni e regola l'attività di tutte le altre ghiandole endocrine. ➡ ILL. p. 2124, 2125 ANATOMIA UMANA.

ipofisìna [comp. di *ipofisi* e -*ina*; 1912] s. f. ● (*med.*) Estratto del lobo posteriore dell'ipofisi.

ipofonèsi [comp. di *ipo-* e *fonesi*] s. f. inv. ● (*med.*) Ridotta sonorità alla percussione di una parete corporea.

ipofonìa [comp. di *ipo-* e -*fonia*] s. f. ● (*med.*) Diminuita intensità della voce.

ipofosfatemìa [comp. di *ipo-*, *fosfat(o)* ed -*emia*] s. f. ● (*med.*) Concentrazione dei fosfati nel sangue inferiore alla norma.

ipofosfàto [comp. di *ipo-* e *fosfato*; 1952] s. m. ● Sale dell'acido ipofosforico.

ipofosfìto [comp. di *ipo-* e *fosfito*; 1820] s. m. ● Sale dell'acido ipofosforoso.

ipofosforemìa [comp. di *ipo-* e *fosforemia*] s. f. ● (*med.*) Concentrazione di composti del fosforo nel sangue inferiore alla norma.

ipofosfòrico [comp. di *ipo-* e *fosforico*; 1932] agg. (pl. m. -ci) ● (*chim.*) Detto di composto ossigenato del fosforo pentavalente | *Acido i.*, ossiacido del fosforo tetrabasico, ottenuto per lenta ossidazione del fosforo bianco deliquescente che per riscaldamento si decompone negli acidi fosforico e fosforoso.

ipofosforòso [comp. di *ipo-* e *fosforoso*; 1834] agg. ● (*chim.*) Detto di composto ossigenato del fosforo pentavalente | *Acido i.*, ossiacido del fosforo, monobasico, ottenuto per lenta ossidazione della fosfina, dotato di energico potere riducente.

ipofrìgio [gr. *hypophrýgios* (sottinteso *tópos* 'modo') 'trasporto in tonalità inferiore (*hypó*) della scala tipica dei Frigi (*Phrygói*)'; 1561] agg. (pl. f. -*gie*) ● (*mus.*) Nella loc. *modo i.*, scala di sol.

ipoftalmìa [comp. di *ipo-* e di un deriv. del gr. *ophtalmós* 'occhio'; 1825] s. f. ● (*med.*, *raro*) Infiammazione della parte inferiore dell'occhio.

ipofunzionànte [comp. di *ipo-* e del part. pres. di *funzionare*; 1957] agg. ● (*med.*) Che presenta ipofunzione: *ghiandola i.*

ipofunzióne [comp. di *ipo-* e *funzione*; 1957] s. f. ● (*med.*) Attività insufficiente di un organo: *i. della tiroide*.

ipogàstrico [av. 1673] agg. (pl. m. -ci) ● (*anat.*) Relativo all'ipogastrio.

ipogàstrio [vc. dotta, gr. *hypogástrion*, comp. di *hypó* 'sotto' e un deriv. di *gastḗr*, genit. *gastrós* 'ventre'; av. 1673] s. m. ● (*anat.*) Regione inferiore dell'addome.

ipogenitalìsmo [comp. di *ipo-* e *genital(e)* col suff. di condizione -*ismo*] s. m. ● (*med.*) Stato morboso da ridotta funzione endocrina delle ghiandole sessuali.

ipogèo [vc. dotta, lat. *hypogēu(m)*, dal gr. *hypógaios* 'sotterraneo', comp. di *ipo-* e -*geo*; av. 1783] **A** agg. **1** (*zool.*) Di organismo che vive in ambiente sotterraneo. **2** (*bot.*) Detto di qualunque organo vegetale che cresce sotto terra. **3** (*lett.*) Sotterraneo. **B** s. m. ● (*archeol.*) Tomba sotterranea.

ipogeusìa [vc. dotta, comp. di *ipo-* e del gr. *gêusis* 'gusto'] s. f. ● (*med.*) Riduzione del senso del gusto: *i. da ustioni*.

ipogìno [comp. di *ipo-* e di -*gino*; 1813] agg. ● (*bot.*) Di fiore in cui perianzio e androceo sono inseriti più in basso dell'ovario. CONTR. Epigino.

ipoglicemìa [comp. di *ipo-* e *glicemia*; 1931] s. f. ● (*med.*) Riduzione del tasso di glucosio nel sangue.

ipoglicèmico agg. (pl. m. -ci) ● (*med.*) Relativo a ipoglicemia | Causato da ipoglicemia.

ipoglicemizzànte [da *ipo-* e *glicemico*] **A** agg. ● (*farm.*) Detto di qualsiasi agente in grado di determinare una riduzione della glicemia: *farmaco i.*, *ormone i.* **B** anche s. m.

ipoglicìdico [da *ipo-* e *glicide*] agg. (pl. m. -ci) ● Riferito a scarsa presenza di carboidrati: *dieta ipoglicidica*.

ipoglobulìa [comp. di *ipo-* e un deriv. di *globulo*; 1952] s. f. ● (*med.*) Diminuzione del numero di globuli rossi nel sangue.

ipoglòsso [comp. di *ipo-* e un deriv. del gr. *glôssa* 'lingua'; 1806] **A** s. m. ● (*anat.*) Dodicesimo paio di nervi cranici, che innerva i muscoli propri della lingua. **B** anche agg.: *nervo i.*

ipoglòttide [comp. di *ipo-* e *glottide*; 1957] s. f. ● (*anat.*) Parte inferiore della lingua.

ipoidròsi [comp. di *ipo-*, del gr. *hidr(ṓs)* e -*osi*] s. f. inv. ● (*med.*) Diminuzione della secrezione sudorale.

ipoleucocitòsi [comp. di *ipo-* e *leucocitosi*] s. f. inv. ● (*med.*) Leucopenia.

ipolìdio [gr. *hypolýdios* (sottinteso *tópos* 'modo') 'trasporto in tonalità inferiore (*hypó*) della scala tipica dei Lidi (*Lydói*)'; sec. XIV] agg. ● (*mus.*) Nella loc. *modo i.*, scala di fa.

ipolìmnio [comp. di *ipo-* e di un deriv. di *limno-*; 1957] s. m. ● In un lago, la zona più profonda e fredda, sovrastata dall'epilimnio.

ipolipemìa [comp. di *ipo-* e *lipemia*] s. f. ● (*med.*) Concentrazione di lipidi nel sangue più bassa della norma.

ipolipìdico [comp. di *ipo-* e *lipidico*] agg. (pl. m. -ci) ● Riferito a scarsa presenza di lipidi.

ipomèa [comp. del gr. *íps*, genit. *ipós* 'specie di verme' e *hómoios* 'simile'; 1813] s. f. ● (*bot.*) Gialappa.

ipomenorrèa [comp. di *ipo-* e *menorrea*] s. f. ● (*med.*) Presenza di flussi mestruali scarsi o di durata ridotta.

ipòmero [comp. di *ipo-* e -*mero*] s. m. ● (*biol.*) Porzione ventrale del mesoderma dalla quale derivano, tra l'altro, i mesoteli delle pleure, del pericardio e del peritoneo.

ipometrìa [comp. di *ipo-* e -*metria*] s. f. ● (*letter.*) Proprietà di un verso ipometro.

ipòmetro [comp. di *ipo-* e -*metro*; 1983] agg. ● (*letter.*) Detto di verso inferiore alla misura ordinaria.

ipomètrope [da *ipermetrope*, con sostituzione di pref. a sign. opposto (*ipo-*); 1940] agg.; anche s. m. e f. ● Che (o Chi) è affetto da ipometropia.

ipometropìa [da *ipermetropia*, con sostituzione di pref. a sign. opposto (*ipo-*); 1940] s. f. ● (*med.*) Miopia.

†**ipònea** [vc. dotta, gr. *hypónoia*, comp. di *hypó* 'sotto' e un deriv. di *nóos* 'mente', di prob. orig. indeur.; 1588] s. f. ● (*letter.*) Allegoria.

iponimìa [comp. di *ip(o)-* e -*onimia*; 1971] s. f. ● (*ling.*) Rapporto semantico tra un vocabolo di significato più specifico e ristretto (detto *iponimo*) e un vocabolo di significato più generico ed esteso (detto *iperonimo*).

ipònimo [comp. di *ip(o)-* e -*onimo*, sul modello dell'ingl. *hyponym*; 1971] **A** s. m. ● (*ling.*) Vocabolo di significato più specifico e ristretto rispetto a un vocabolo di significato più generico ed esteso, che lo include (per es. *cavallo* rispetto ad *animale*). **B** anche agg.: *vocabolo, termine i.*

Iponomèutidi [dal gr. *hyponomeutḗs* 'minatore', deriv. di *hyponómeuein* 'minare', a sua volta da *hypónomos* 'sotterraneo', comp. di *hypo-* 'ipo-' e -*nomos*, da *némein* 'dividere' (di orig. indeur.)] s. m. pl. (sing. -*e*) ● Nella tassonomia animale, famiglia di piccoli Insetti dei Lepidotteri con ali strette e allungate, alcuni dei quali vivono nelle gemme o nei frutti di piante fruttifere (*Hyponomeutidae*).

iponutrìre [comp. di *ipo-* e *nutrire*] v. tr. (coniug. come *nutrire*) ● Alimentare, nutrire qlcu. in misura inadeguata al suo bisogno, spec. recando conseguenze dannose al suo organismo.

iponutrizióne [comp. di *ipo-* e *nutrizione*; 1917] s. f. ● Nutrizione inadeguata, insufficiente.

ipòpion o (*raro*) **ipòpio** [vc. dotta, gr. *hypópyos*, comp. di *hypó* 'sotto' e *pýos* 'scolo, marcia', di orig. indeur.; 1806] s. m. ● (*med.*) Raccolta di pus nella camera anteriore dell'occhio.

ipopituitarìsmo [comp. di *ipo-*, *pituitar(io)* e del suff. -*ismo*] s. m. ● (*med.*) Ridotta secrezione degli ormoni dell'ipofisi anteriore.

ipoplasìa [comp. di *ipo-* e del gr. tardo *plásis* 'il plasmare', da *plássein*, di orig. indeur.; 1933] s. f. ● (*biol.*) Diminuzione di volume di un organo per riduzione del numero delle cellule o per arresto di sviluppo.

ipoplàstico o **ipoplàsico** [da *ipoplasia*] agg. (pl. m. -ci) ● (*biol.*) Di, relativo a, ipoplasia: *organo i.*

ipoproteìco [comp. di *ipo-* e *proteico*; 1983] agg. (pl. m. -ci) ● A basso contenuto di proteine: *dieta ipoproteica*. SIN. Ipoprotidico.

ipoprotìdico agg. (pl. m. -ci) ● (*med.*) Ipoproteico.

iporàchide [comp. di *ipo-* e *rachide*] s. f. o m. ● (*zool.*) Minuto rachide dotato di un vessillo rudimentale presente in alcuni tipi di penne e di piume.

iporchèma o **ipòrchema** [gr. *hypórchēma*, da *hyporchésthai*, comp. di *hyp(ó)* 'sotto' e *orchésthai* 'danzare'; 1586] s. m. (pl. -*i*) ● (*letter.*) Canto corale in onore di Apollo accompagnato da danze.

iposcènio [gr. *hyposkḗnion* 'parte posta sotto (*hypó*) alla scena (*skēnḗ*)'; av. 1798] s. m. ● Nel teatro greco classico, parte interna e inferiore del palcoscenico.

iposcòpio [comp. di *ipo-* 'sotto' e di un deriv. del gr. *skopéin* 'osservare'; 1935] s. m. **1** (*mil.*) Strumento simile al periscopio, ma a visuale più ridotta, usato su mezzi bellici semoventi. **2** (*med.*) Apparecchio applicato sotto il tavolo radiografico per avere radiografie dal basso verso l'alto dei pazienti coricati.

iposistolìa [comp. di *ipo-*, *sistol(e)* e del suff. -*ia*] s. f. ● (*med.*) Riduzione della forza contrattile del miocardio ventricolare; può causare scompenso cardiaco.

iposmìa [comp. di *ipo-* e del gr. *osmḗ* 'odore'; 1952] s. f. ● (*med.*) Diminuzione, temporanea o permanente, della sensibilità olfattiva.

iposòdico [comp. di *ipo-* e *sodio*] agg. (pl. m. -ci) ● Che contiene poco sodio: *alimenti iposodici*; *dieta iposodica*.

iposolfìto [comp. di *ipo-* e *solfito*; 1829] s. m. **1** (*chim.*) Idrosolfito. **2** Nella terminologia commerciale, tiosolfato: *i. di sodio*.

iposolforòso [comp. di *ipo-* e *solforoso*; 1829] agg. ● (*chim.*) Detto di ossiacido dello zolfo, non conosciuto né libero né in soluzione, noto sotto forma di sali: *acido i.*

iposomia [comp. di *ipo-* e *-somia*] **s. f.** ● (*med.*) Accrescimento corporeo notevolmente inferiore alla norma.

ipospadia [gr. *hypospadías*, comp. di *hypo-* 'ipo-' e un deriv. di *spadízein* 'ritirare (la pelle)' (da *spân* 'tirare', di orig. incerta)] **s. f.** ● (*med.*) Malformazione dell'uretra per cui essa sbocca sulla faccia inferiore del pene, sotto il glande.

ipossia [comp. di *ipo-* e *ossi(geno)*, sul modello di *anossia*; 1974] **s. f.** ● (*med.*) Diminuita utilizzazione dell'ossigeno da parte dei tessuti.

ipossiemia [comp. di *ipo-*, *oxýs* 'acido' ed *-emia*; 1929] **s. f.** ● (*med.*) Termine desueto per indicare la diminuita acidità.

ipòstasi [vc. dotta, lat. *hypŏstasi(m)*, dal gr. *hypóstasis*, comp. di *hypó* 'sotto' e *stásis* 'stasi', come il corrisp. lat. *substāntia* 'sostanza'; sec. XIV] **s. f. inv.** **1** Nella filosofia di Plotino e dei neoplatonici, termine che designa le tre sostanze spirituali, l'Uno, l'Intelletto, l'Anima che insieme alla materia costituiscono il mondo intelligibile. **2** Nella teologia cristiana, persona della Trinità come sostanza assoluta e per sé sussistente | Unione della natura umana e divina. **SIN.** Incarnazione | Nella scienza delle religioni, personificazione di concetti astratti e di nozioni morali in forme divine | (*fig.*, *lett.*) Personificazione concreta di un concetto astratto. **3** (*ling.*) Passaggio di una parola da una categoria grammaticale a un'altra. **4** (*med.*) Ristagno di sangue nelle parti declivi dell'organismo, in cui si raccoglie per effetto della forza di gravità.

ipostàtico [gr. *hypostatikós*, agg. di *hypóstasis* 'ipostasi'; 1584] **agg.** (**pl. m.** *-ci*) **1** (*filos.*) Che concerne o interessa l'ipostasi. **2** (*relig.*) Relativo all'ipostasi | ***Unione ipostatica***, della natura umana e divina nel Verbo. **3** (*med.*) Di ipostasi | ***Macchie ipostatiche***, chiazze sanguigne, violacee, che si formano nelle parti più declivi del cadavere. || **ipostaticaménte**, **avv.**

ipostatizzàre [da *ipostasi*; 1914] **v. tr.** **1** (*filos.*) Trasformare arbitrariamente una entità fittizia e accidentale come una parola, un concetto, in una vera e propria sostanza. **2** (*est.*, *lett.*) Personificare, incarnare | Rappresentare concretamente. **3** (*ling.*) Unire in una sola parola una locuzione, passando da una categoria grammaticale a un'altra.

ipostatizzazióne [1957] **s. f.** ● L'ipostatizzare.

ipostenia [comp. di *ipo-* e *stenia*; 1834] **s. f.** ● (*med.*) Riduzione delle forze muscolari.

ipostènico [1974] **agg.** (**pl. m.** *-ci*) ● Di, relativo a, ipostenia.

ipòstilo [gr. *hypóstylos*, comp. di *hypó* 'sotto' e *-stilo*; 1847] **agg.** ● (*raro*) Detto di sala o cella di un tempio in cui il soffitto è sostenuto da colonne.

iposurrenalismo [comp. di *ipo-*, *surrenale* e *-ismo*; 1933] **s. m.** ● (*med.*) Diminuzione dell'attività delle ghiandole surrenali.

ipotalàmico **agg.** (**pl. m.** *-ci*) ● (*biol.*) Di, relativo a ipotalamo.

ipotàlamo [comp. di *ipo-* e *talamo* nel sign. 4; 1931] **s. m.** ● (*anat.*) Formazione impari e mediana dell'encefalo, che forma la parte inferiore del diencefalo, i cui centri integrano e coordinano molte funzioni somatiche e viscerali.

ipotàssi [gr. *hypótaxis* 'subordinazione', comp. di *hypó* 'sotto' e *táxis* 'ordinamento'; 1957] **s. f. inv.** ● (*ling.*) Procedimento sintattico col quale si uniscono due proposizioni, istituendo fra esse un rapporto di dipendenza. **CONTR.** Paratassi.

ipotàttico [gr. *hypotaktikós* 'subordinato', comp. di *hypó* 'sotto' e *taktikós*, agg. di *táxis* 'ordinamento'; 1956] **agg.** (**pl. m.** *-ci*) ● (*ling.*) Relativo a ipotassi: *proposizione*, *costruzione ipotattica*.

ipotèca [vc. dotta, lat. *hypothēca(m)*, dal gr. *hypothḗkē* 'deposito', dal v. *hypotithénai* 'porre, collocare (*tithénai*) sotto (*hypó*)'; sec. XIV] **s. f.** ● (*dir.*) Diritto reale di garanzia costituito a favore di un creditore su determinati beni immobili o mobili registrati, al fine di assicurargli, mediante la vendita forzata di tali beni, l'adempimento di una obbligazione: *iscrivere un'i.*; *cancellare un'i.* | (*el-vet.*) Mutuo ipotecario: *richiedere*, *concedere un'i.* | (*fig.*) Vincolo posto su qlco.: *un'i. sul futuro* | ***Porre, mettere una seria i. su qlco.***, (*fig.*) essere prossimo ad ottenerla.

ipotecàbile [1673] **agg.** ● Che si può ipotecare (*anche fig.*): *beni ipotecabili*; *futuro i.*

ipotecabilità **s. f.** ● Condizione di ciò che è ipotecabile.

ipotecàre [da *ipoteca*; 1483] **v. tr.** (*io ipotèco*, *tu ipotèchi*) **1** (*dir.*) Concedere ad altri il potere di iscrivere ipoteca su dati beni | Iscrivere ipoteca su dati beni: *ha ipotecato l'immobile*. **2** (*fig.*) Assicurarsi, garantirsi prima del tempo: *ha ipotecato la carica di direttore* | (*fig.*) Assoggettare a un vincolo | (*fig.*) ***I. il futuro***, fare piani, progetti e sim. reputandoli di sicura realizzazione.

ipotecàrio [vc. dotta, lat. *hypothecāriu(m)*, da *hypothēca* 'ipoteca'; 1673] **agg.** ● Di ipoteca: *garanzia*, *iscrizione*, *annotazione ipotecaria* | Garantito da ipoteca: *debito i.*; *creditore i.*

ipotènar o (*raro*) **ipotenàre** [gr. *hypothénar* 'palmo della mano (*thénar*) verso la parte inferiore (*hypó*)', di diffusione greco-germ.; av. 1800] **agg.** ● (*anat.*) Detto del rilievo muscolare del palmo della mano, dalla parte del dito mignolo: *eminenza i.*

ipotensióne [comp. di *ipo-* e *tensione*; 1933] **s. f.** ● (*fisiol.*) Eccessivo abbassamento della tensione o pressione, in particolare di liquidi o gas delle cavità corporee | (*med.*) Pressione sanguigna marcatamente inferiore ai valori fisiologici: *i. arteriosa* | ***I. ortostatica***, caduta della pressione arteriosa nell'assumere la posizione eretta.

ipotensivo [da *ipotensione*; 1933] **A** **s. m.** ● Medicamento atto a produrre ipotensione. **B** anche **agg.**: *farmaco i.*

ipotenùsa [gr. *hypotéinousa*, da *hypotéinein*, comp. di *hypó* 'sotto' e *téinein* 'tendere', di orig. indeur., secondo la definizione mat.: *ē tēn orthēn gōnían hypotéinousa pleurá* 'lato sottoteso all'angolo retto'; sec. XIV] **s. f.** ● (*mat.*) Lato d'un triangolo rettangolo opposto all'angolo retto.

ipotermàle [comp. di *ipo-* e *termale*] **agg.** ● Detto di acqua minerale che sgorga da una sorgente a una temperatura compresa fra 20 e 30 °C.

ipotermìa [comp. di *ipo-* e di un deriv. del gr. *thermós* 'calore'; 1952] **s. f.** ● (*med.*) Abbassamento della temperatura corporea provocato artificialmente con mezzi chimici e fisici per la cura di determinate malattie o per preparazione ad interventi chirurgici. **SIN.** Ibernazione.

♦**ipòtesi** [gr. *hypóthesis*, comp. di *hypó* 'sotto' e *thésis* 'tesi, posizione', come il corrispondente *suppositione*; 1584] **s. f. inv.** **1** Proposizione, dato iniziale ammesso provvisoriamente per servire di base a un ragionamento e per valutarne le conseguenze: *formulare un'i.*; *l'i. di Newton*; *una nuova i. sull'origine del cancro*; *dimostrare l'infondatezza di un'i.*; *Nulla è più vivificante di un'i.* (LEVI) | ***I. di lavoro***, idea che serve come primo orientamento per organizzare una ricerca o un'attività in genere. **2** (*mat.*) In un teorema, affermazione che si suppone vera e da cui si ricava la tesi. **3** (*est.*) Supposizione, congettura volta a spiegare eventi di cui non si ha una perfetta conoscenza: *i. improbabile*; *i. attendibile*; *le i. della polizia sulla rapina alla Cassa di Risparmio*; *tanto per fare un'i.* **4** (*est.*) Caso, eventualità: *prospettare un'i.*; *nell'i. che le cose vadano bene*; *se per i. le cose vanno bene*; *le i. sono due*; *non c'è altra i.* | ***Nella migliore, nella peggiore delle i.***, nel migliore, nel peggiore dei casi | ***In dannata i., nella dannata i. che***, in caso malaugurato, nel caso malaugurato che.

ipotéso [comp. di *ipo-* e del part. pass. di *tendere* in senso medico; 1957] **agg.**; anche **s. m.** (**f.** *-a*) ● (*med.*) Che (o Chi) è affetto da ipotensione.

ipotètico [vc. dotta, lat. *hypothĕticu(m)*, dal gr. *hypothetikós*, da *hypóthetos*, agg. verb. di *hypotithénai* 'porre (*tithénai*) sotto (*hypó*)'; av. 1754] **agg.** (**pl. m.** *-ci*) **1** Fatto, esposto, considerato per ipotesi: *è un ragionamento i.*; *si tratta di casi del tutto ipotetici* | ***Imperativo i.***, V. *imperativo*, sign. B 2. **2** (*est.*) Eventuale, immaginario: *un successo soltanto i.* **3** (*ling.*) ***Periodo i.***, formato dalla protasi (che esprime la condizione) e dall'apodosi (che esprime la conseguenza); ad es.: *se avrò tempo, verrò certamente.* || **ipoteticaménte**, **avv.**

ipotipòsi [vc. dotta, gr. *hypotýpōsis* 'disegno, abbozzo', da *hypotypôun*, comp. di *hypó* 'sotto' e *typôun* 'poggiare, plasmare'; 1669] **s. f. inv.** ● (*ling.*) Figura retorica che consiste nel rappresentare in modo vivo, immediato ed efficace un oggetto, una persona, una situazione e sim., quasi da offrirne l'immagine visiva: *ed el s'ergea col petto e con la fronte / com'avesse l'inferno a gran dispitto* (DANTE *Inf.* X, 35-36).

ipotiroidèo [comp. di *ipo-* e un deriv. di *tiroide*; 1974] **A** **agg.** ● Dell'ipotiroidismo. **B** **agg.**; anche **s. m.** (**f.** *-a*) ● Che (o Chi) è affetto da ipotiroidismo.

ipotiroidismo [comp. di *ipo-* e *tiroidismo*; 1957] **s. m.** ● (*med.*) Stato morboso determinato da insufficiente attività della ghiandola tiroide.

ipotizzàbile [da *ipotizzare*; 1973] **agg.** ● Che si può ipotizzare, che si può supporre.

ipotizzàre [da *ipotesi*; 1894] **v. tr.** ● Considerare, ammettere, come ipotesi.

ipotonia [comp. di *ipo-* e un deriv. di *tono* (muscolare); 1940] **s. f.** ● (*med.*) Diminuzione del tono muscolare.

ipotònico [comp. di *ipo-* e *tonico*; 1909] **agg.** (**pl. m.** *-ci*) **1** (*med.*) Dell'ipotonia | Che presenta ipotonia. **2** (*chim.*) Di soluzione con pressione osmotica minore rispetto a un'altra.

ipotrachèlio [vc,. dotta, lat. *hypotrachēliu(m)*, dal gr. *hypotrachḗlion*, comp. di *hypó* 'sotto' e *tráchēlos* 'collo'; 1676] **s. m.** ● (*arch.*) Ciascuno dei solchi che segnano l'estremità superiore del fusto della colonna dorica, sotto il collarino.

Ipòtrichi [comp. di *ipo-* e *-trico*] **s. m. pl.** (**sing.** *-co*) ● Nella tassonomia animale, gruppo di Ciliati con corpo appiattito provvisti di alcune ciglia sul dorso e di numerosi cirri ventrali, formati da ciglia agglutinate, che servono per la deambulazione (*Hypotricha*).

ipotricòsi [comp. di *ipo-* e *tricosi*; 1918] **s. f. inv.** ● (*med.*) Scarsità, localizzata o generalizzata, di peli.

ipotrofia [comp. di *ipo-* e *-trofia*; 1834] **s. f.** **1** (*med.*) Diminuzione di volume di un organo per diminuzione di volume degli elementi cellulari. **2** (*bot.*) Diminuzione del volume di una cellula o di un organo.

ipotròfico [da *ipotrofia*; 1957] **agg.** (**pl. m.** *-ci*) ● Che concerne l'ipotrofia | Che presenta ipotrofia.

ipovarismo [comp. di *ip(o)-*, *ovar(io)* e del suff. *-ismo*] **s. m.** ● (*med.*) Ridotta secrezione ormonale delle ovaie.

ipovedènte [comp. di *ipo-* e *vedente*] **agg.**; anche **s. m. e f.** ● Che (o Chi) ha una capacità visiva molto ridotta.

ipovitaminòsi [comp. di *ipo-*, che si sostituisce all'*a-* completamente neg. di *(a)vitaminosi*; 1948] **s. f. inv.** ● (*med.*) Stato patologico da insufficiente apporto di vitamine all'organismo.

ipovolemia [comp. di *ipo-*, *vol(ume)* e *-emia*] **s. f.** ● (*med.*) Diminuzione della massa sanguigna.

ipoxantina [comp. di *ipo-* nel sign. 2 e *xantina*] **s. f.** ● (*chim.*) Derivato della purina; è costituente di alcuni acidi nucleici ed è usata per la preparazione di derivati d'importanza biologica.

ippagògo [vc. dotta, lat. *hippagōg(os)* (pl.), dal gr. *hippagōgós*, comp. di *híppos* 'cavallo' e *agōgós* 'conduttore', da *ágein* 'condurre', di orig. indeur.] **s. m.** (**pl.** *-ghi*) ● Antica nave usata per trasportare la cavalleria.

ipparchìa [vc. dotta, gr. *hipparchía*, comp. di *híppos* 'cavallo' e un deriv. di *archḗ* 'comando'; sec. XVI] **s. f.** ● Nell'antica Grecia, squadrone di circa 500 guerrieri a cavallo.

ippàrco [vc. dotta, gr. *hípparchos*, comp. di *híppos* 'cavallo' e un deriv. di *archḗ* 'comando'; 1957] **s. m.** (**pl.** *-chi*) ● Comandante di un'ipparchia.

ippàrio [gr. *hippárion* 'cavallino', dim. di *híppos* 'cavallo'] **s. m.** ● Mammifero fossile, progenitore del cavallo.

ippiatria [gr. *hippiatría*, da *hippiatrós*, comp. di *híppos* 'cavallo' e *iatrós* 'medico'] **s. f.** ● (*raro*) Scienza che studia la patologia degli equini.

ìppica [vc. dotta, gr. *hippikḗ*, sottinteso *téchnē*, 'arte di guidare il cavallo (*híppos*)'; 1918] **s. f.** ● Lo sport dell'equitazione | L'insieme delle gare che si disputano coi cavalli, spec. le corse che si svolgono negli ippodromi | ***Darsi all'i.***, (*fam.*, *scherz.*) cambiare mestiere, andare a fare qualche altra cosa, usato spec. in espressioni esclamative, come invito iron. a chi dimostra la propria incapacità in qlco. ➡ **ILL.** p. 2153 SPORT.

ìppico [vc. dotta, gr. *hippikós*, agg. di *híppos* 'cavallo'; 1869] **agg.** (**pl. m.** *-ci*) ● Relativo ai cavalli da corsa | Che si riferisce all'ippica: *gare ippiche*; *concorso i.*

ippo- [dal gr. *híppos* 'cavallo', di orig. indeur.] primo elemento ● In parole composte della terminologia scientifica, significa 'cavallo' o indica relazione col cavallo: *ippocastano, ippoglosso, ippologia.*

ippobòsca [vc. dotta, gr. *hippoboskós*, comp. di *híppos* 'cavallo' e un deriv. di *bóskein* 'nutrire', con senso, però, rifl. ('che si nutre del cavallo'); 1824] **s. f.** ● Insetto dei Ditteri parassita di molti Mammiferi, spec. cavalli, di colore bruno-giallo, lunghe e robuste zampe, volo rapido e scattante (*Hippobosca equina*). **SIN.** Mosca ragno dei cavalli, mosca cavallina.

ippocàmpo [vc. dotta, lat. *hippocămpu(m)*, dal gr. *hippókampos*, comp. di *híppos* 'cavallo' e *kámpos* 'mostro marino', di etim. incerta; 1563] **s. m.** *1* Pesce osseo marino dei Singnatiformi dalla forma sinuosa con profilo cavallino, che nuota in posizione verticale (*Hippocampus guttulatus*). **SIN.** Cavalluccio marino, ippuro. ➡ **ILL. animali**/6. *2* (*anat.*) Struttura, posta nella superficie mediale dell'emisfero cerebrale, che regola la sensibilità olfattiva e gustativa; è derivato da strati di corteccia cerebrale arrotolati l'uno sull'altro in modo da rassomigliare, in sezione, al profilo di un cavalluccio marino.

Ippocastanàcee [comp. di *ippocastano* e *-acee*; 1965] **s. f. pl.** (**sing.** *-a*) ● Nella tassonomia vegetale, famiglia di piante delle Dicotiledoni legnose con foglie opposte e frutto a capsula (*Hippocastanaceae*). ➡ **ILL. piante**/5.

ippocastàno [comp. di *ippo-* e un deriv. di *castagno*, perché si riteneva che i frutti guarissero malattie di cavalli; 1765] **s. m.** ● Grande albero delle Ippocastanacee con corteccia bruna e screpolata, fiori in appariscenti pannocchie erette e frutti simili alle castagne ma non commestibili (*Aesculus hippocastanum*). **SIN.** Castagno d'India. ➡ **ILL. piante**/5.

ippocràtico [vc. dotta, lat. *hippocrătĭcu(m)*, da *Hippŏcrates* 'Ippocrate' (sec. V a.C.); 1583] **agg.** (**pl. m.** *-ci*) ● (*med.*) Relativo a Ippocrate e alla sua dottrina | ***Scienza ippocratica***, arte medica | ***Metodo i.***, fondato sull'osservazione | ***Giuramento i.***, formula con cui il medico si impegna a rispettare i principi deontologici della medicina.

ippòdromo, (*evit.*) **ippodròmo** [vc. dotta, lat. *hippŏdromu(m)*, dal gr. *hippódromos*, comp. di *híppos* 'cavallo' e *drómos* '(pista di) corsa', da *dramêin* 'correre', di orig. indeur.; sec. XIV] **s. m.** *1* Nel mondo antico, spec. in Grecia, luogo destinato alle corse dei cavalli e dei carri | Percorso, lunghezza di un ippodromo. *2* Impianto in cui si svolgono le corse ippiche.

ippòfago [gr. *hippophágos* 'mangiatore (da *phágein* 'mangiare') di (carne di) cavallo (*híppos*)'; av. 1685] **agg.**; anche **s. m.** (**f.** *-a*; **pl. m.** *-gi*) ● Che (o Chi) si ciba di carne equina.

ippòfilo [comp. di *ippo-* e *-filo*; av. 1907] **agg.**; anche **s. m.** (**f.** *-a*) ● Che (o Chi) ama molto i cavalli.

ippoglòsso [comp. di *ippo-* e di un deriv. dei gr. *glôssa* 'lingua', per la sua forma piatta; 1834] **s. m.** ● Grosso pesce dei Pleuronettidi, che vive nelle profondità dei mari settentrionali ed è cacciato per le carni (*Hippoglossus hippoglossus*). **SIN.** Halibut.

ippogrifo [comp. di *ippo-* e *grifo* (*3*); 1532] **s. m.** *1* Animale fiabesco, cavallo alato con testa di uccello, creato da L. Ariosto nell'*Orlando Furioso*. *2* (*arald.*) Figura consistente in un animale mostruoso metà aquila e metà cavallo.

ippologìa [comp. di *ippo-* e *-logia*; 1818] **s. f.** ● Scienza che studia gli aspetti biologici e il sistema di allevamento del cavallo.

ippòlogo [comp. di *ippo-* e *-logo*; 1887] **s. m.** (**f.** *-a*; **pl. m.** *-gi*) ● Studioso d'ippologia.

ippòmane (**1**) [vc. dotta, gr. *hippomanés*, comp. di *híppos* 'cavallo' e un deriv. di *máinesthai* (V. *mania* (*2*)); av. 1886] **agg.**; anche **s. m. e f.** ● (*raro*) Che (o Chi) è un fanatico amatore dei cavalli.

ippòmane (**2**) [gr. *hippomanés* 'pianta che eccitava l'ardore dei cavalli', comp. di *hippo-* 'ippo-' e un deriv. di *máinesthai* (V. *mania* (*2*)); 1834] **s. f.** ● Pianta erbacea delle Euforbiacee con foglie carnose, fiori in spiga, frutto a drupa, da cui si ricava un latice molto velenoso usato per avvelenare le frecce (*Hippomane mancinella*).

ippomanzìa [comp. di *ippo-* e *-manzia*; 1834] **s. f.** ● Nelle antiche religioni, arte divinatoria di trarre presagi dai nitriti e dai movimenti dei cavalli.

ipponattèo [vc. dotta, lat. *Hipponactēu(m)*, dal gr. *Hippōnákteios*, da *Hippônax*, genit. *Hippónaktos*, propr. 'padrone (*ánax*) di cavallo (*híppos*)', il poeta che per primo l'usò; 1869] **A s. m.** ● Nella metrica classica, trimetro giambico in cui l'ultimo piede è un trocheo o uno spondeo. **B** anche **agg.**: *metro i.*

♦**ippopòtamo** [vc. dotta, lat. *hippopŏtamu(m)*, dal gr. *hippopótamos*, comp. di *híppos* 'cavallo' e *potamós* 'fiume'; av. 1367] **s. m.** ● Grosso mammifero degli Artiodattili non ruminanti, con corpo massiccio e pelle spessa, zampe brevi, amplissima bocca e dentatura completa e robustissima, alimentazione erbivora | ***I. anfibio***, vivente lungo i fiumi africani (*Hippopotamus amphibius*) | ***I. nano***, delle foreste dell'Africa equatoriale (*Choeropsis liberiensis*). ➡ **ILL. animali**/12.

ippoterapìa [comp. di *ippo-* e *-terapia*; 1987] **s. f.** ● (*med.*) Terapia che utilizza l'equitazione come tecnica riabilitativa.

ippotèrio [comp. di *ippo-* e del gr. *thêrion* 'fiera, bestia', propr. dim. di *thêr* 'animale selvaggio', di orig. indeur.; 1940] **s. m.** ● Ippario.

ippòtrago [comp. di *ippo-* e del gr. *trágos* 'capro'; 1957] **s. m.** (**pl.** *-ghi*) ● Grossa antilope africana dalle grandi corna e dal corto pelame (*Hippotragus*).

ippotrainàto [comp. di *ippo-* e *trainato*, part. pass. di *trainare*; 1939] **agg.** ● (*mil., disus.*) Di veicolo trainato dai cavalli.

ippùrico [vc. dotta, comp. del gr. *híppos* 'cavallo' e *ôuron* 'urina'; 1957] **agg.** (**pl. m.** *-ci*) ● (*chim., biol.*) ***Acido i.***, acido presente nelle urine degli animali domestici, più raramente in quelle umane, che forma sali aventi azione ipotensiva e coleretica.

ippurìte [comp. di *ippo-* e del gr. *ourá* 'coda', per la forma allungata; 1819] **s. m.** ● Mollusco fossile dei Bivalvi dalla grossa conchiglia, presente nel Cretaceo (*Hippurites*).

ippùro [vc. dotta, lat. *hippūru(m)*, dal gr. *híppouros* 'con la coda (*ourá*), come di cavallo (*híppos*)'; sec. XV] **s. m.** ● (*zool.*) Ippocampo.

iprìte o **yprite** [dal n. della città belga *Ypres*, nei pressi della quale fu usata per la prima volta (1917), e *-ite* (*2*); 1929] **s. f.** ● Potente aggressivo chimico, tossico e vescicatorio, usato nella prima guerra mondiale, preparato per azione dell'etilene sul cloruro di zolfo.

ipse dixit [lt., propr. 'egli (*ĭpse*, da *i-* per *ĭs* 'egli' con la particella raff. *-pse*) disse (*dīxit*, da *dīcere* 'dire')', formula gr., riferita nel Medioevo ad Aristotele, *autòs épha*, ma in orig. riguardava Pitagora, secondo le affermazioni dei suoi seguaci; av. 1642] **loc. sost. m. inv.** ● Egli lo disse, espressione con cui i filosofi scolastici citavano l'autorità di Aristotele e usata ora per deridere la presunzione di qlcu. o il suo appellarsi all'autorità altrui.

ìpsilon o (*pop.*) **ipsilònne**, (*raro*) **ypsilon** [dal n. della lettera gr. *y* (*i* nella pronuncia tarda), definita 'sottile, semplice (*psilón*)'; questa lettera fu definita semplice quando anche *oi* fu pronunciata *ü*; 1527] **s. f. o m.** *1* Ventesima lettera dell'alfabeto greco. *2* Nome della lettera *y* | ***A i.***, che si biforca: *strada a i.; diramarsi, dividersi a i.*

ipso- [dal gr. *hýpsos* 'altezza, sommità', di orig. indeur.] primo elemento ● In parole composte dotte o scientifiche, significa 'altezza', 'sommità': *ipsocefalia, ipsometria.*

ipsocefalìa [comp. di *ipso-* e *-cefalia*; 1970] **s. f.** ● (*med.*) Forma di cranio alto e aguzzo.

ipsodónte [comp. di *ipso-* e *-odonte*; 1957] **agg.** *1* (*zool.*) Detto di denti o di dentatura ad accrescimento continuo, con corona alta e radici brevi, quali le zanne degli elefanti, gli incisivi dei roditori o i molari dei cavalli. *2* Detto di animale con denti o dentatura ipsodonti.

ipso fàcto [lat., propr. 'nello stesso (*ĭpso*, abl. di *ĭpse*: V. *ipse dixit*) fatto (*făcto*, abl. del part. pass. sost. di *făcere* 'fare')'; av. 1342] **loc. avv.** ● Subito, immediatamente.

ipsofillo [comp. di *ipso-* e *-fillo*; 1957] **s. m.** ● (*bot.*) Foglia modificata che, direttamente o indirettamente, partecipa alla fecondazione e alla formazione dell'embrione.

ipsòfilo [comp. di *ipso-* e *-filo*] **agg.** ● (*biol.*) Detto di pianta o animale che vive nelle zone montane a grandi altitudini.

ipsogràfico [comp. di *ipso-* e di un deriv. del gr. *gráphein* 'scrivere', di orig. indeur.] **agg.** (**pl. m.** *-ci*) ● Detto di linea che, in un diagramma, rappresenta la distribuzione delle aree continentali e oceaniche alle varie altezze e profondità: *curva, linea ipsografica.*

ipso iùre [propr. 'per lo stesso (*ĭpso*, abl. di *ĭpse*: V. *ipse dixit*) diritto (*iūre*, abl. di *iūs* 'giure')'; 1723] **loc. agg. inv.** ● Detto di ciò che si verifica automaticamente per disposizione di legge, senza bisogno di alcuna declaratoria da parte del giudice o di privati.

ipsometrìa [comp. di *ipso-* e *-metria*; 1806] **s. f.** ● (*geogr.*) Determinazione della differenza di livello tra due punti mediante misurazione della pressione atmosferica.

ipsomètrico [1834] **agg.** (**pl. m.** *-ci*) ● Del, relativo all'ipsometro o all'ipsometria.

ipsòmetro [comp. di *ipso-* e *-metro*; 1869] **s. m.** ● Strumento che permette di determinare la differenza di livello fra due punti misurandone la pressione atmosferica e la temperatura corrispondente.

ira [vc. dotta, lat. *īra(m)*, di etim. incerta; av. 1250] **s. f.** *1* Moto dell'animo improvviso e violento che si rivolge contro qlco. o qlcu.: *infiammarsi, accendersi, avvamparе, ardere d'ira; essere accecato dall'ira; lasciarsi trasportare dall'ira; avere uno scatto d'ira; ira repressa; trattenere, placare l'ira; l'ira incita l'anima* (ALBERTI). **SIN.** Rabbia. *2* Nella teologia cattolica, uno dei sette vizi capitali, che consiste nell'ingiusto e smodato desiderio di vendetta. *3* (*disus.*) Odio, rancore: *essere in ira a qlcu.; avere in ira qlcu.* | (*lett., spec. al pl.*) Gravi discordie: *le ire cittadine; le ire di parte.* *4* Collera giusta e punitrice: *l'ira di Dio* | ***È un'ira di Dio***, (*fig., fam.*) per indicare persona o cosa terribile e pericolosa | ***Dire un'ira di Dio di qlcu.***, dirne tutto il male possibile | ***Fare un'ira di Dio***, provocare un grande disordine o rumore | V. anche *iradiddio*. *5* (*fig., lett.*) Furia: *l'ira degli elementi, del mare, del vento* | (*fig.*) ***Essere un'ira scatenata***, di persona infuriata. *6* †Afflizione, dolore.

irachèno o **irakèno** [1949] **A agg.** ● Dell'Iraq: *lingua irachena.* **B s. m.** (**f.** *-a*) ● Abitante, nativo dell'Iraq.

Iracoidèi [comp. del gr. *hýrax*, genit. *hýrakos* 'topo', e di un deriv. di *êidos* 'forma, aspetto'; 1965] **s. m. pl.** (**sing.** *-o*) ● Nella tassonomia animale, ordine di Mammiferi delle dimensioni di un coniglio, plantigradi, con fitto pelame, erbivori ma forniti di incisivi come i roditori (*Hyracoidea*).

iracóndia o †**iracùndia** [vc. dotta, lat. *iracŭndia(m)*, da *īra* 'ira'; 1319] **s. f.** ● Disposizione e facilità all'ira. **SIN.** Irascibilità.

iracóndo o †**iracùndo** [vc. dotta, lat. *iracŭndu(m)*, da *īra* 'ira'; 1308] **agg.** ● Pronto all'ira: *essere i.; avere un carattere violento e i.* | Di ciò che manifesta ira: *sguardo, cipiglio i.* **SIN.** Irascibile, iroso. ‖ **iracondaménte**, **avv.** (*raro*) Irosamente.

iracotèrio [comp. del gr. *hýrax*, genit. *hýrakos* 'topo', e *thêrion* 'belva'] **s. m.** ● Genere di Mammiferi Ungulati dell'Eocene, considerati come i più antichi progenitori degli attuali Equidi (*Hyracotherium*).

†**iracùndia** ● V. *iracondia*.

†**iracùndo** ● V. *iracondo*.

iradiddìo [comp. di *ira* e *Dio*; av. 1594] **s. f. inv.** ● Ira di Dio (*in senso fig.*) | Grande quantità: *c'era un'i. di gente.*

irakèno ● V. *iracheno*.

iraniàno [1941] **A agg.** ● Dell'Iran: *governo, popolo i.* **B s. m.** (**f.** *-a*) ● Abitante, nativo dell'Iran.

irànico [1869] **A agg.** (**pl. m.** *-ci*) ● Dell'Iran, o Persia, spec. antico | ***Lingue iraniche***, gruppo di lingue indoeuropee comprendente il persiano dell'Avesta e delle iscrizioni, il parsi, il persiano medievale e moderno, il curdo, l'afganico e il baluci. **B s. m.** (**f.** *-a*) ● Ogni appartenente a una popolazione indoeuropea stanziatasi fin dall'antichità nell'Iran. **C s. m.** solo **sing.** ● Gruppo delle lingue iraniche.

iranista [av. 1907] **s. m. e f.** (**pl. m.** *-i*) ● Studioso, esperto di iranistica.

iranistica [1941] **s. f.** ● Disciplina che studia la storia e la civiltà dell'antico Iran.

Ìrap **s. f. inv.** ● Tributo erariale, istituito a partire dal 1998, che colpisce, nell'ambito di una regione, il valore della produzione netta derivante dall'esercizio abituale di un'attività di produzione, di scambio di beni o di prestazione di servizi.

†**iràrsi** [da *ira*; av. 1294] **v. intr. pron.** ● Adirarsi, ar-

rabbiarsi.

iràscersi [vc. dotta, lat. tardo *irāscere* per *irāsci*, incoativo da *īra* 'ira'] **v. intr. pron.** ● (*lett.*) Adirarsi: *non si potea l'un uomo vêr l'altro irascere* (SANNAZARO).

irascìbile [vc. dotta, lat. tardo *irascībile(m)*, da *irāsci* 'irascere'; 1308] **agg.** ● Propenso all'ira, facile ad arrabbiarsi: *temperamento, persona i.* **SIN.** Iracondo. || **irascibilménte**, **avv.**

irascibilità [1869] **s. f.** ● Facilità ad adirarsi, propensione all'ira. **SIN.** Iracondia.

iràto [av. 1250] **part. pass.** di †*irarsi*; anche **agg.** *1* Pieno d'ira, adirato. *2 Essere i. in volto*, avere un'espressione irata | (*lett.*) *I. a*, contro. *3* (*fig.*, *lett.*) Scosso da burrasca, tempesta e sim. || **irataménte**, **avv.** Con ira.

ìrbis [russo *irbis*, di orig. mongolica; 1952] **s. m.** ● (*zool.*) Leopardo delle nevi.

ircàno [vc. dotta, lat. *Hyrcānu(m)*, dal gr. *Hyrkanós*, vc. persiana, prob. da *vehrka* 'lupo'; 1340] **agg.** ● (*lett.*) Dell'Ircania, regione dell'antica Persia | *Mare, onda ircana*, il Mar Caspio.

ircìno [vc. dotta, lat. *hircīnu(m)*, da *hīrcus* 'irco'; 1499] **agg.** ● (*lett.*) Di irco, di capra.

ìrco [vc. dotta, lat. *hīrcu(m)*, di etim. incerta; av. 1574] **s. m.** (**pl.** *-chi*) ● (*lett.*) Becco, maschio della capra.

ircocèrvo [comp. di *irco* e *cervo*; 1549] **s. m.** *1* (*lett.*) †Mostro favoloso tra il capro e il cervo. *2* (*fig.*) Cosa assurda, chimerica.

ìre [vc. dotta, lat. *īre*, di orig. indeur.; av. 1294] **A v. intr.** (difett. usato solo nella 2ª pers. pl. del **pres. indic.** e **imperat.** *ite*, nell'imperf. indic. *-ivo, ivi* nella seconda pers. sing. e nella seconda e terza **pl.** del **pass. rem.** *isti, iste, irono*, nel **fut.** †*irò*, nel condiz. *irei*, nella prima pers. sing. del **congv. pres.** †*ea*, nel **part. pass.** *ito* e nei tempi composti; aus. *essere*) ● (*lett.* o *centr.*) Andare: *languenti e pallide vidi ire / le foglie a terra* (L. DE' MEDICI) | (*tosc.*) *Lasciarsi ire*, indursi a qlco. | †*Ire grosso*, in gran numero, in molti | †*Ire su su*, (*fig.*) insuperbire | †*Ire giù, giuso*, (*fig.*) umiliarsi | (*fig.*) †Durare: *non può ire oltre.* **B v. intr. pron.** ● (*lett.* o *centr.*) *Irsene*, andarsene; morire: *se n'è bell'e ito.*

-ire [dalla desinenza lat. dei v. della quarta coniug. (*-īre*)] **suff.** ● Proprio dei verbi della terza coniugazione: *benedire, capire, partire.*

irènico [gr. *eirēnikós* 'proprio della pace (*eirḗnē*)'; 1957] **agg.** (**pl. m.** *-ci*) ● (*lett.*) Ispiratore di pace: *un volto i.*

irenismo [comp. del gr. *eirḗnē* 'pace' e *-ismo*; av. 1956] **s. m.** ● Orientamento teologico che tende all'unione delle differenti confessioni cristiane in base ai loro punti comuni.

irenista [da *irenismo*; 1923] **s. m. e f.** (**pl. m.** *-i*) *1* Seguace, fautore dell'irenismo. *2* (*raro*) Pacifista.

irenistico [1957] **agg.** (**pl. m.** *-ci*) ● Dell'irenismo, dell'irenista.

ìreos [gr. *íris*, genit. (tardo) *íreōs*, propr. 'iride', di orig. indeur.; av. 1320] **s. m.** *1* (*bot.*) Giaggiolo | Iride. *2* Polvere che si ricava dal rizoma del giaggiolo, con odore di mammola, adoperata in profumeria.

ìri [1321] **s. f. inv.** ● (*poet.*) Iride.

Iridàcee [comp. di *iride* 'pianta delle gigliacee' e *-acee*; 1887] **s. f. pl.** (**sing.** *-a*) ● Nella tassonomia vegetale, famiglia di piante delle Monocotiledoni bulbose o rizomatose, con foglie allungate e appiattite, frutto coriaceo che si apre in tre valve (*Iridaceae*). ➡ **ILL. piante**/11.

iridàre [da *iride*; 1883] **A v. tr.** (*io ìrido*) ● (*lett.*) Colorare con i colori dell'iride. **B v. intr. pron.** ● (*lett.*) Tingersi con i colori dell'iride: *s'irida, come d'un sorriso, il lago* (PASCOLI).

iridàto [1798] **A part. pass.** di *iridare*; anche **agg.** *1* Nei sign. del v. *2 Maglia iridata*, bianca, con fascia orizzontale recante i colori dell'iride, assegnata al corridore ciclista vincitore di una specialità ai campionati del mondo | *Campione i.*, campione del mondo di ciclismo e (*est.*) di altra specialità. **B** anche **s. m.** (**f.** *-a*).

ìride [vc. dotta, lat. *īride(m)*, nom. *īris*, dal gr. *íris* 'arcobaleno' e poi, per i loro colori, 'specie di pietra' e 'specie di pianta', di orig. indeur.; av. 1557] **s. f.** *1* (*spec. lett.*) Arcobaleno | *I colori dell'i.*, i sette colori fondamentali (rosso, arancio, giallo, verde, blu, indaco, violetto) visibili nell'arcobaleno; (*est.*) insieme di colori sfumati l'uno nell'altro | *Vestirsi dell'i.*, indossare la maglia iridata di campione del mondo. *2* (*anat.*) Membrana muscolare pigmentata dell'occhio, di colore variabile, a forma e con funzione di diaframma, situata davanti al cristallino. ➡ **ILL.** p. 2127 ANATOMIA UMANA. *3* Cristallo di rocca che presenta all'interno i colori dell'iride. *4* Genere di piante erbacee delle Iridacee coltivate per i fiori viola e azzurri con rizoma ricco di sostanze a proprietà purgative ed emetiche (*Iris*) | Giaggiolo. *5* (*zool.*) Farfalla bellissima e rara il cui maschio ha ali nere dai vivacissimi riflessi, vivente nei boschi dell'Italia settentrionale (*Apatura iris*). *6* (*cine*) Mascherino di forma circolare usato per isolare un particolare dell'inquadratura o per il passaggio a un'inquadratura successiva.

iridèo [1957] **agg.** ● (*anat.*) Relativo all'iride.

iridescènte [da *iride* con applicazione di desinenza propria dei v. in *-escere*; 1817] **agg.** ● Cangiante nei colori dell'iride: *vernice, smalto i.*; *la terra umida esalò una nebbia i.* (LEVI).

iridescènza [da *iridescente*; 1817] **s. f.** ● Fenomeno ottico per cui un fascio di luce si decompone nei colori dell'iride: *l'i. delle perle, delle gemme.*

irìdico [1869] **agg.** (**pl. m.** *-ci*) ● (*chim.*) Detto di composto dell'iridio.

irìdio [dal gr. *íris*, genit. *íridos* 'iride' per i vari colori dei suoi composti; 1819] **s. m.** ● Elemento chimico, metallo bianco lucente, durissimo, che accompagna i minerali del platino, usato in lega con questo per renderlo più resistente. **SIMB.** Ir.

iridociclìte [comp. di *iride* e *ciclite*] **s. f.** ● (*med.*) Infiammazione dell'iride e del corpo ciliare.

iridologìa [comp. di *iride* e *-logia*; 1985] **s. f.** ● Disciplina medica che, mediante l'osservazione della struttura, del colore e della densità dell'iride, valuta le condizioni di salute dell'organismo o di singoli organi.

iridòlogo [comp. di *iride* e *-logo*] **s. m.** (**f.** *-a*; **pl. m.** *-gi*) ● Specialista in iridologia.

iridoscòpio [comp. di *iride* e *-scopio*] **s. m.** ● (*med.*) Strumento per esaminare l'iride.

ìris [vc. dotta, lat. *īris* (nom.), dal gr. *íris*, propr. 'iride', di orig. indeur.; sec. XIV] **s. f.** ● (*bot.*) Iride | Giaggiolo.

Irish coffee /airiʃ'kɔffi, *ingl.* 'aeəɹiʃ 'kɒfi/ [comp. di *irish* 'irlandese' e *coffee* 'caffè'] **loc. sost. m. inv.** (**pl.** ingl. *Irish coffees*) ● Bevanda composta di caffè caldo e whisky irlandese, zuccherata e coperta di panna.

irìte (1) [per *ir(id)ite*, comp. di *ir(ide)* col suff. di malattia infiammatoria *-ite* (1); 1875] **s. f.** ● (*med.*) Infiammazione dell'iride.

irìte (2) [comp. di *iri(dio)* e (*cromi*)*te*] **s. f.** ● Minerale nero e brillante che si presenta in cristalli ottaedrici.

irizzàre [da *IRI* (Istituto per la Ricostruzione Industriale); 1958] **v. tr.** ● Porre un'azienda sotto il controllo dell'I.R.I. (Istituto per la Ricostruzione Industriale), mediante acquisizione da parte di questo della totalità, o di una quota, della proprietà aziendale.

irlandése [1765] **A agg.** ● Dell'Irlanda: *lingua i.* **B s. m. e f.** ● Abitante, nativo dell'Irlanda. **C s. m.** solo **sing.** ● Lingua del gruppo gaelico parlata in Irlanda.

irochése [fr. *iroquois*, di orig. algonchina; 1766] **A s. m. e f.** ● Appartenente a una popolazione indigena dell'America settentrionale, originariamente stanziata nella regione dei laghi Ontario ed Erie e nella valle del San Lorenzo. **B agg.** ● Relativo a tale popolazione.

iròko [vc. della costa del golfo di Guinea] **s. m. inv.** *1* Albero delle Moracee, di dimensioni gigantesche, diffuso nelle foreste dell'Africa tropicale occidentale (*Chlorophora excelsa*). *2* Legno ricavato da tale albero, di colore giallo bruno, resistente all'umidità, usato per costruzioni marittime, strutture esterne e sim.

ìrondine ● V. *rondine.*

ironeggiàre [comp. di *ironia* e *-eggiare*; 1861] **v. intr.** (*io ironéggio*; aus. *avere*) ● Ironizzare.

ironìa [vc. dotta, lat. *ironīa(m)*, dal gr. *eirōnéia*, da *éirōn*, propr. 'colui che interroga (fingendo di non sapere)', di etim. incerta; av. 1375] **s. f.** *1* (*filos.*) Svalutazione eccessiva, reale o simulata, di sé stessi, del proprio pensiero, della propria condizione | *I. socratica*, quella con cui Socrate, fingendo ignoranza, interrogava il suo interlocutore per condurlo alla ricerca della verità. *2* Dissimulazione più o meno derisoria del proprio pensiero: *parlando con sottile i. ci fece comprendere quanto fossimo inopportuni.* *3* (*ling.*) Figura retorica che consiste nel dire il contrario di ciò che si pensa, spec. a scopo derisorio: *Godi, Fiorenza, poi che se' sì grande, / che per mare e per terra batti l'ali* (DANTE *Inf.* XXVI, 1-2). *4* Specie di umorismo sarcastico e beffardo: *non è il caso di fare dell'i. su simili argomenti.* *5* Derisione, scherno: *la sua voce e il suo sguardo erano pieni di i.*; *lodarlo tanto e trattarlo così male è un'i.* | *I. della vita, della sorte, del destino*, si dice a proposito di avvenimenti che, arrecando dolore e danni, paiono prendersi gioco di qlcu.

irònico [vc. dotta, lat. tardo *irōnicu(m)*, dal gr. *eirōnikós*, da *éirōn* 'dissimulatore' (V. *ironia*); 1528] **agg.** (**pl. m.** *-ci*) ● Di chi usa esprimersi con ironia: *quando parla è sempre molto i.* | Di ciò che esprime o manifesta ironia: *sorriso, saluto i.* || **ironicaménte**, **avv.** Con ironia.

ironìsta [fr. *ironiste*, da *ironiser*, da *ironie* 'ironia'; 1904] **s. m. e f.** (**pl. m.** *-i*) ● (*raro*) Chi, specie nei propri scritti, usa abitualmente l'ironia.

ironizzàre [adattamento del fr. *ironiser*, da *ironie* 'ironia'; av. 1686] **A v. tr.** ● (*raro*) Descrivere, esprimere, interpretare con ironia: *i. le sventure altrui.* **B v. intr.** (aus. *avere*) ● Fare dell'ironia su qlco. o qlcu.: *non bisogna i. sui difetti degli altri.*

iróso [da *ira*; av. 1294] **agg.** ● Pronto all'ira: *carattere, uomo i.* | Che mostra ira: *atteggiamento, tono i.*; *espressione irosa.* || **irosaménte**, **avv.** Con ira, in modo iroso.

Irpef /'irpef/ [sigla di *I(mposta sul) R(eddito delle) PE(rsone) F(isiche)*] **s. f. inv.** ● Imposta diretta, istituita nel 1973, di carattere personale e progressivo, che colpisce tutti i redditi delle persone fisiche prodotti nel territorio italiano.

Irpeg /'irpeg/ [sigla di *I(mposta sul) R(eddito delle) PE(rsone) G(iuridiche)*] **s. f. inv.** ● Imposta diretta, istituita nel 1973, di carattere personale e proporzionale, che colpisce tutti i redditi delle persone giuridiche.

irpìno [vc. dotta, lat. *Hirpīnu(m)*, forse da *hīrpus* 'lupo', animale sacro a Marte sotto la cui guida gli Irpini sarebbero immigrati nelle proprie sedi d'Italia; av. 1823] **A agg.** *1* Dell'Irpinia. *2* Che gioca nella squadra di calcio dell'Avellino o ne è sostenitore. **B s. m.** (**f.** *-a*) *1* Abitante, nativo dell'Irpinia. *2* Appartenente alla popolazione sannitica che abitava la regione montuosa tra Benevento, Venosa e Lucera. *3* Giocatore o tifoso della squadra di calcio dell'Avellino.

irraccontàbile [comp. di *in-* (3) e *raccontabile*; av. 1667] **agg.** ● (*raro*) Di ciò che, per le ragioni più varie, non si può raccontare: *avventure, esperienze, avvenimenti irraccontabili.*

irradiaménto [1869] **s. m.** *1* L'irradiare, l'irradiarsi. *2* Propagazione a raggiera.

irradiàre (1) [vc. dotta, lat. tardo *irradiāre*, comp. di *in-* (1) e *rădius* 'raggio', di etim. incerta; av. 1330] **A v. tr.** (*io irràdio*) *1* Pervadere coi propri raggi, rischiarare con la propria luce (*anche fig.*): *la luna irradiava il bosco di candida luce*; *l'amore irradia il suo viso* | (*est.*) Diffondere, sprigionare (*anche fig.*): *la fiamma irradiava un grato calore*; *i. felicità da tutti i pori.* *2* (*fis.*) Sottoporre un materiale o un organismo all'azione delle radiazioni. **B v. intr.** (aus. *essere*) *1* Diffondersi sotto forma di raggi o in modo simile: *una luce intensa irradiava dall'incendio.* *2* (*fig.*) Sprigionarsi: *la gioia che irradia dal tuo viso mi ha contagiato.* **C v. intr. pron.** ● Estendersi e propagarsi in direzioni diverse, partendo da un punto centrale: *da quella piazza si irradiano numerose strade.*

irradiàre (2) [comp. di *in-* (1) e del denom. di *radio* (4); 1942] **v. tr.** (*io irràdio*) ● Trasmettere, diffondere per mezzo della radio: *i. un comunicato.*

irradiatóre [1858] **agg.** (**f.** *-trice*) ● (*raro*) Che irradia.

irradiazióne [vc. dotta, lat. tardo *irradiatiōne(m)*, da *irradiātus* 'irradiato'; 1556] **s. f.** *1* Emissione di raggi, di radiazioni da una sorgente: *i. di luce, di calore.* *2* (*est.*, *fig.*) Diffusione, da un unico punto d'origine, in varie direzioni, spec. in tutto il corpo: *l'i. di una sensazione dolorosa.* *3* Esposizione a una radiazione.

irraggiaménto [da *irraggiare*; av. 1642] **s. m.**

1 L'irraggiare, l'irraggiarsi. *2* (*fis.*) Emissione di radiazioni elettromagnetiche.

irraggiàre [parallelo di *irradiare*, sul modello del quale è stato foggiato; av. 1389] **A** v. tr. (*io irràggio*) *1* Irradiare: *il Sole irraggia i pianeti*. *2* Diffondere tutt'attorno (*lett.*, *anche fig.*): *il ferro rovente irraggia calore*; *fatta … più incantevole dalla coscienza che la irraggiava d'una sicurezza celeste* (NIEVO). **B** v. intr. e intr. pron. (aus. *essere*) ● Irradiare.

irraggiàto [1630] part. pass. di *irraggiare*; anche agg. *1* Irradiato. *2* (*raro*, *lett.*) Fatto a raggi.

irraggiatóre [av. 1729] agg.; anche s. m. (f. *-trice*) ● (*raro*, *lett.*) Che (o Chi) irraggia.

irraggiungìbile [comp. di *in-* (*3*) e un deriv. di *raggiungere*; 1890] agg. ● Impossibile da raggiungere: *meta i.*; *le irraggiungibili vette alpine*; *l'atleta ormai è i.* | Irrealizzabile: *ideale i.* || **irraggiungibilménte**, avv.

irraggiungibilità [1940] s. f. ● Condizione di chi (o di ciò che) è irraggiungibile.

irragionévole [comp. di *in-* (*3*) e *ragionevole*; av. 1419] agg. *1* Privo di ragione, irrazionale: *gli animali sono esseri irragionevoli* | (*est.*) Che non usa il proprio raziocinio o non vuole intendere ragione: *è la persona più i. che io conosco*. *2* Che non è conforme alla ragione: *sospetto*, *timore*, *supposizione i.* | Infondato: *una speranza i.* | Eccessivo: *prezzo i.* || **irragionevolménte**, avv. In modo irragionevole, senza ragione.

irragionevolézza [1598] s. f. ● Carattere di chi (o di ciò che) è irragionevole | (*raro*) Atto irragionevole.

irrancidiménto [av. 1758] s. m. ● L'irrancidire.

irrancidìre [comp. di *in-* (*1*) e *rancido*; av. 1758] v. intr. (*io irrancidìsco*, *tu irrancidìsci*; aus. *essere*) ● Diventare guasto, rancido, stantio (*raro*, *anche fig.*): *i grassi irrancidiscono facilmente*; *questa istituzione è irrancidita*.

irrappreṣentàbile [comp. di *in-* (*3*) e *rappresentabile*; av. 1613] agg. *1* (*raro*, *lett.*) Che non si può esporre e far comprendere: *fantasia contorta*, *i. a una mente sana*. *2* Privo delle qualità e caratteristiche necessarie per la rappresentazione teatrale: *un atto unico i.*

irrappreṣentabilità s. f. ● Condizione di ciò che è irrappresentabile.

irrazionàle [vc. dotta, lat. tardo *irrationāle(m)*, comp. di *in-* neg. e *rationālis* 'razionale'; 1308] **A** agg. *1* Privo di ragione, irragionevole: *animale i.*; *ma di che debbo lamentarmi, ahi lasso, / fuor che del mio desire i.?* (ARIOSTO) | Che agisce senza usare le proprie facoltà razionali: *un uomo i.* *2* Privo di fondamento logico, di ragionata elaborazione: *atteggiamento*, *decisione*, *teoria i.* SIN. Illogico. *3* (*filos.*) Che non si lascia ridurre entro gli schemi della ragione. *4* (*mat.*) Non razionale, detto di numero che non può essere espresso come rapporto fra due numeri interi | Detto di funzione o altro ente matematico che assume valori numerici irrazionali. *5* Inadatto a soddisfare le esigenze pratiche, concrete, che ne costituiscono la ragion d'essere: *l'appartamento è bello ma i.* || **irrazionalménte**, avv. **B** s. m. inv. ● Ciò che non è razionale, che è privo di ragione: *il razionale e l'i.* SIN. Irrazionalità.

irrazionaliṣmo [comp. di *irrazionale* e *-ismo*; 1932] s. m. ● Qualsiasi dottrina filosofica secondo cui il mondo si presenta come manifestazione di un principio irrazionale.

irrazionalìsta [1910] **A** s. m. e f. (pl. m. *-i*) ● Chi segue l'irrazionalismo o s'ispira ad esso. **B** agg. ● Irrazionalistico.

irrazionalìstico [1910] agg. (pl. m. *-ci*) ● Che concerne l'irrazionalismo. || **irrazionalisticaménte**, avv.

irrazionalità [comp. di *in-* (*3*) e *razionalità*; 1561] s. f. ● Caratteristica di chi (o di ciò che) è irrazionale.

irreàle [comp. di *in-* (*3*) e *reale*; 1889] **A** agg. ● Privo di realtà: *visione i.* || **irrealménte**, avv. **B** anche s. m. solo sing.: *vivere nell'i.*

irrealìstico [comp. di *in-* (*3*) e *realistico*; 1985] agg. (pl. m. *-ci*) ● Non realistico, non fondato sulla realtà: *atteggiamento i.*; *ipotesi irrealistiche*. || **irrealisticaménte**, avv. In modo irrealistico.

irrealiẓẓàbile [comp. di *in-* (*3*) e *realizzabile*; 1841] agg. ● Impossibile da realizzare: *sogno*, *piano*, *impresa i.* SIN. Inattuabile. || **irrealiẓẓabilménte**, avv.

irrealiẓẓabilità [1970] s. f. ● Condizione di ciò che è irrealizzabile. SIN. Inattuabilità.

irrealtà [comp. di *in-* (*3*) e *realtà*; 1908] s. f. ● Caratteristica, condizione di ciò che è irreale: *l'i. di un progetto, di una illusione*.

†**irreclamàbile** [comp. di *in-* (*3*) e *reclamabile*; 1869] agg. ● Di ciò contro cui non si può far reclamo: *provvedimento ingiusto ma i.* | Che non si può recuperare: *beni irreclamabili*.

irreconciliàbile o **irriconciliàbile** [comp. di *in-* (*3*) e del lat. *reconciliābilis* 'riconciliabile'; 1618] agg. ● Che non ammette accordi, conciliazioni, compromessi: *opposizione i.*; *questo concilio … ha fatto le discordie irreconciliabili* (SARPI) | Che rifiuta di riconciliarsi con qlcu. o qlco.: *nemici irreconciliabili*. || **irreconciliabilménte**, avv.

irreconciliabilità o **irriconciliabilità** [1696] s. f. ● (*raro*) Condizione di chi (o di ciò che) è irreconciliabile.

†**irreconoscìbile** ● V. *irriconoscibile*.

irrecuperàbile [vc. dotta, lat. tardo *irrecuperābile(m)*, comp. di *in-* neg. e un deriv. di *recuperāre* 'recuperare'; 1336 ca.] agg. ● Che non si può recuperare: *patrimonio*, *felicità*, *salute i.*; *individuo i. alla società*. || **irrecuperabilménte**, avv.

irrecuperabilità [1957] s. f. ● Condizione di chi (o di ciò che) è irrecuperabile.

irrecuṣàbile [vc. dotta, lat. tardo *irrecusābile(m)*, comp. di *in-* neg. e *recusābilis* 'che si può ricusare'; 1818] agg. *1* Che non si può ricusare: *proposta*, *testimonianza i.* *2* Che non si può confutare: *argomento*, *evidenza i.* SIN. Irrefutabile. || **irrecuṣabilménte**, avv.

irrecuṣabilità [1887] s. f. ● Condizione di ciò che è irrecusabile: *i. della prova*.

irredentiṣmo [comp. di *irredento* e *-ismo*; 1884] s. m. ● Movimento politico che si propone di liberare le terre della patria soggette allo straniero, spec. quello sorto in Italia contro l'Austria, attivo prima e durante la guerra del 1915-18.

irredentìsta [1885] **A** s. m. e f. (pl. m. *-i*) ● Sostenitore dell'irredentismo. **B** agg. ● Irredentistico.

irredentìstico [1890] agg. (pl. m. *-ci*) ● Dell'irredentismo, degli irredentisti.

irredènto [comp. di *in-* (*3*) e *redento*; 1877] agg. ● Che non è stato redento, liberato: *una massa irredenta di energia umana* (SCIASCIA) | **Terre, popolazioni irredente**, **Paesi irredenti**, che ancora subiscono una dominazione straniera.

irredimìbile [comp. di *in-* (*3*) e *redimibile*; 1806] agg. *1* Che non si può redimere. *2* (*dir.*) Detto del debito pubblico non rimborsabile che lo Stato ha contratto nei confronti dei cittadini, impegnandosi a corrisponderne gli interessi a tempo indefinito.

irredimibilità [av. 1937] s. f. ● Condizione di debito pubblico irredimibile.

irreducìbile ● V. *irriducibile*.

irrefragàbile [vc. dotta, lat. tardo *irrefragābile(m)*, comp. di *in-* neg. e un deriv. di *refragāri* 'refragare, fare opposizione'; sec. XIV] agg. ● (*lett.*) Che non si può contrastare, oppugnare: *documento*, *tesi i.*; *che attua con irrefragabili esempi virtuosi l'ideale della compagna dell'uomo* (ALERAMO). || **irrefragabilménte**, avv. In modo inoppugnabile, inconfutabile.

irrefragabilità [av. 1686] s. f. ● (*lett.*) Condizione di ciò che è irrefragabile: *i. della prova del documento*.

irrefrenàbile [comp. di *in-* (*3*) e del lat. *refrenābilis* 'raffrenabile'; 1499] agg. ● Che non si può frenare: *sdegno*, *impeto*, *gioia*, *impulso i.*; *la risata gli scattava i.* (PIRANDELLO). SIN. Incoercibile, irreprimibile. || **irrefrenabilménte**, avv.

irrefrenabilità [1957] s. f. ● Condizione, caratteristica di ciò che è irrefrenabile.

irrefutàbile [vc. dotta, lat. tardo *irrefutābile(m)*, comp. di *in-* neg. e *refutābilis*, da *refutāre* 'confutare'; 1858] agg. ● Che non si può confutare o negare: *argomento*, *prova i.* SIN. Inoppugnabile, indiscutibile. || **irrefutabilménte**, avv. In maniera irrefutabile.

irrefutabilità [av. 1956] s. f. ● Condizione di ciò che è irrefutabile.

irreggimentàre [adattamento del fr. *enrégimenter*, comp. di *en-* (*1*) e *régiment* 'reggimento'; 1903] v. tr. (*io irreggiménto*) *1* (*mil.*) Incorporare in un reggimento | Ordinare in reggimento. *2* (*fig.*) Sottoporre qlcu. a una disciplina ferrea, inquadrandone l'attività entro schemi o sistemi rigidi: *hanno irreggimentato tutti i loro adepti*.

irreggimentazióne [av. 1909] s. f. ● L'irreggimentare.

irregolàre [vc. dotta, lat. mediev. *irregulāre(m)*, comp. di *in-* neg. e *regulāris* 'regolare'; av. 1544] **A** agg. *1* Che non è conforme alla regola, alle norme stabilite e sim.: *atto*, *contratto i.* | **Azione, intervento i.**, in vari sport, azione scorretta, fallo | Che contrasta con le consuetudini o le convenzioni morali e sociali: *vita i.*; *condotta i.* *2* Che si discosta dal tipo o dalla forma consueta: *naso*, *bocca i.* | **Stagione i.**, incostante e variabile | **Calice, corolla i.**, quando i sepali o i petali non sono distribuiti simmetricamente rispetto all'asse fiorale | **Galassia i.**, che non ha alcuna particolare forma geometrica | **Milizie irregolari**, corpi militari non inquadrati organicamente nelle forze armate di uno Stato. *3* Detto di fatto linguistico non del tutto conforme ad un tipo considerato dominante: *verbo i.*, *plurali irregolari*; *coniugazione i.* | Detto di figura geometrica che si allontana dalla forma considerata regolare: *poligono i.*; *un edificio della pianta i.* ➡ ILL. **geometria**. *4* Che manca di uniformità, di continuità e sim.: *il fenomeno ha una durata i.*; *sul lavoro abbiamo un rendimento i.* | (*fis.*) **Moto i.**, quello che non mantiene direzione e velocità costanti | (*med.*) **Polso i.**, alterato in uno qualsiasi dei suoi caratteri | Disordinato: *dall'alto appariva un panorama i. di tetti e comignoli*. || **irregolarménte**, avv. In modo irregolare; disordinatamente. **B** s. m. *1* Soldato appartenente alle milizie irregolari. *2* (*zool.*) Ogni individuo appartenente alla sottoclasse degli Irregolari.

Irregolàri s. m. pl. (sing. *-e*) ● Nella tassonomia animale, sottoclasse di Echinoidei con spiccata simmetria bilaterale e corpo appiattito (*Irregularia*).

irregolarità [1598] s. f. *1* Caratteristica di ciò che è irregolare: *i. della figura*, *degli intervalli*, *del documento*. *2* Nel diritto canonico, impedimento perpetuo che vieta la recezione dell'ordine sacro. *3* Atto o procedimento che costituiscono violazione di una norma, di un ordine, di un obbligo: *commettere una i.*; *i. amministrativa* | (*sport*) Fallo o azione scorretta.

irregressìbile [comp. di *in-* (*3*) e un deriv. di *regredire*] agg. ● Che non può regredire.

irrelàto [ingl. *irrelated*, comp. di *in-* (*3*) e di un deriv. del lat. *relātus* (V. *relato*); 1972] agg. ● Che non ha relazione o connessione con altra cosa: *elementi irrelati*. || **irrelataménte**, avv.

irreligióne [vc. dotta, lat. tardo *irreligiōne(m)*, comp. di *in-* neg. e *relĭgio*, genit. *religiōnis* 'religione'; av. 1527] s. f. ● Mancanza di religione, contrarietà o disprezzo verso la religione.

irreligioṣità [vc. dotta, lat. crist. *irreligiositā-te(m)*, comp. di *in-* neg. e *religiōsitas*, genit. *religiositātis* 'religiosità'; sec. XIV] s. f. ● Carattere di chi (o di ciò che) è irreligioso | Atto o comportamento contrario alla religione.

irreligióṣo [vc. dotta, lat. *irreligiōsu(m)*, comp. di *in-* neg. e *religiōsus* 'religioso'; sec. XIV] agg. *1* Privo di sentimenti religiosi o indifferente verso la religione: *un uomo totalmente i.* *2* Contrario alla religione: *le sue idee sono nettamente irreligiose* | Empio: *parole irreligiose*. || **irreligioṣaménte**, avv. Con irreligione.

irremeàbile [vc. dotta, lat. *irremeābile(m)*, comp. di *in-* neg. e *remeābilis* 'remeabile'; av. 1406] agg. ● (*raro*, *lett.*) Che non si può percorrere in senso inverso | Da cui non si può tornare indietro: *la i. porta dell'Averno*.

†**irremediàbile** ● V. *irrimediabile*.

†**irremediévole** agg. ● Irrimediabile.

irremissìbile [vc. dotta, lat. eccl. *irremissĭbile(m)*, comp. di *in-* neg. e *remissĭbilis* 'remissibile'; av. 1342] agg. *1* (*lett.*) Che non si può rimettere, condonare, perdonare: *peccato*, *errore i.* | Di chi non perdona. *2* †Inderogabile. || **irremissibilménte**, avv. Senza remissione o rimedio: *irremissibilmente condannato*, *perduto*.

irremissibilità s. f. ● (*raro*) Condizione di ciò che è irremissibile.

irremovìbile [comp. di *in-* (*3*) e di un deriv. del lat. *removēre* 'rimuovere'; 1765] agg. *1* (*raro*) Impossibile da rimuovere: *difficoltà irremovibili*. *2* (*fig.*) Che non si può mutare, modificare: *vo-*

lontà, proposito i. | Che non si lascia dissuadere; fermo, tenace, ostinato: *è i. nella sua decisione.* || **irremovibilménte**, avv.

irremovibilità [av. 1799] s. f. ● Condizione di ciò che è irremovibile: *l'i. di un proposito, di una condanna* | Carattere di chi è irremovibile.

irremuneràbile [vc. dotta, lat. tardo *irremunerābile(m)*, comp. di *in-* neg. e un deriv. di *remunerāre* 'rimunerare'; av. 1543] agg. ● (*raro*) Che non si può remunerare: *servigio i.*

irremuneràto [vc. dotta, lat. tardo *irremunerātu(m)*, comp. di *in-* neg. e *remunerātus* 'rimunerato'; av. 1375] agg. ● (*raro*) Privo di remunerazione.

irreparàbile [vc. dotta, lat. *irreparābile(m)*, comp. di *in-* neg. e *reparābilis* 'riparabile'; av. 1363] **A** agg. **1** Di ciò a cui non si può porre riparo, rimedio: *sventura, danno, perdita i.* SIN. Irrimediabile. **2** (*raro*) Che non si può evitare: *si sentiva minacciato da una i. rovina.* || **irreparabilménte**, avv. **B** s. m. ● Ciò che è irreparabile: *il timore dell'i.* | (*est.*) La morte di qlcu.: *è accaduto l'i.*

irreparabilità [1651] s. f. ● Caratteristica di ciò che è irreparabile: *l'i. del disastro.*

irreperìbile [comp. di *in-* (*3*) e *reperibile*; av. 1712] agg. ● (*dir.*) Detto dell'imputato di cui non risultino il luogo di abitazione o di esercizio professionale, di dimora o di recapito | (*est.*) Di chi (o di ciò che) non si riesce a reperire, a trovare: *testamento, persona i.* | ***Rendersi i.***, non farsi trovare mai. || **irreperibilménte**, avv.

irreperibilità [1945] s. f. ● Condizione di chi (o di ciò che) è irreperibile: *l'i. di un luogo, di una persona.*

irrepetìbile e *deriv.* ● V. *irripetibile* e *deriv.*

†**irreposcìbile** [vc. dotta, lat. tardo *irreposcĭbile(m)*, comp. di *in-* neg. e un deriv. di *repōscere* 'richiedere', da *pōscere*, di orig. indeur.] agg. ● Che non si può ridomandare.

irreprensìbile [vc. dotta, lat. tardo *irreprehensĭbile(m)*, comp. di *in-* neg. e *reprehensĭbilis* 'riprensibile'; av. 1292] agg. ● Che non merita appunti o critiche di sorta: *vita, condotta, lavoro, giudice i.* SIN. Ineccepibile. || **irreprensibilménte**, avv.

irreprensibilità [sec. XIV] s. f. ● Caratteristica di chi (o di ciò che) è irreprensibile: *è nota a tutti l'i. della sua vita.*

irreprimìbile [comp. di *in-* (*3*) e *reprimibile*; 1932] agg. ● (*raro*) Che non si può contenere, reprimere.

†**irreprobàbile** [comp. di *in-* (*3*) e di un deriv. del lat. tardo *reprobāre* 'riprovare'; av. 1375] agg. ● Che non si può riprovare.

irrepugnàbile [comp. di *in-* (*3*) e di un deriv. del lat. *repugnāre* 'ripugnare'; 1308] agg. **1** (*dir.*) Che non può essere privato di efficacia anche se accertato non veridico: *prova i.* **2** (*lett.*) Inoppugnabile, incontrastabile. || **irrepugnabilménte**, avv.

irrequietézza [1869] s. f. ● Caratteristica di chi (o di ciò che) è irrequieto: *i. d'animo.*

irrequièto [vc. dotta, lat. *irrequiētu(m)*, comp. di *in-* neg. e *requiētus*, part. pass. di *requiēscere* 'riposare'; 1499] agg. ● Che non ha quiete, che è agitato, che è ansioso e sim.: *la lunga attesa lo rese i.*; *malato i.*; *tutta la notte … era un calpestio i., un destarsi improvviso di muggiti e di belati* (VERGA) | Che non rimane tranquillo, che è vivace: *un bambino i.* || **irrequietaménte**, avv.

irrequietùdine [da *irrequieto* sul modello di *inquietudine*; 1782] s. f. ● Condizione d'irrequietezza interiore.

irreṣistìbile [comp. di *in-* (*3*) e un deriv. di *resistere*; av. 1729] agg. ● Di ciò a cui non si può resistere: *argomento, necessità, comicità, fascino i.* | ***Persona i.***, di grande fascino. || **irreṣistibilménte**, avv.

irreṣistibilità [1832] s. f. ● (*raro*) Caratteristica di chi (o di ciò che) è irresistibile.

irreṣolùbile [vc. dotta, lat. tardo *irresolūbile(m)*, comp. di *in-* neg. e *resolūbilis* 'risolubile'; av. 1527] agg. **1** Che non si può sciogliere, disfare: *legame i.* **2** (*fig.*) Che non si riesce a risolvere: *questione i.* || **irreṣolubilménte**, avv.

irreṣolubilità [1952] s. f. ● Caratteristica di ciò che è irresolubile.

irreṣolutézza o **irriṣolutézza**, [av. 1674] s. f. ● Caratteristica di chi è irresoluto.

irreṣolùto o **irriṣolùto** [vc. dotta, lat. *irresolūtu(m)*, comp. di *in-* neg. e *resolūtus* col senso di 'risoluto'; 1513] agg. **1** Privo di risolutezza, di decisione: *una persona irresoluta*; *dunque t'esponi / irresoluta a sì gran passo?* (METASTASIO). SIN. Incerto, indeciso, perplesso. **2** (*lett.*) Insoluto: *problema i.* || **irreṣolutaménte**, avv. Con irresolutezza.

irreṣoluzióne o **irriṣoluzióne** [fr. *irrésolution*, comp. di *in-* neg. e *résolution* 'risoluzione'; 1524] s. f. ● Esitazione, indecisione, perplessità: *non era … in Cesare … negligenza, né i.* (GUICCIARDINI).

irrespiràbile [vc. dotta, lat. *irrespirābile(m)*, comp. di *in-* neg. e un deriv. di *respirāre* 'respirare'; 1869] agg. **1** Che non si può respirare, che è dannoso se respirato: *aria i.*; *miasmi, esalazioni irrespirabili.* **2** (*fig.*) Di luogo, ambiente o situazione insopportabili, estremamente negativi: *un clima politico i.*

irrespirabilità [av. 1827] s. f. ● Condizione di ciò che è irrespirabile: *l'i. dell'aria.*

irresponsàbile [comp. di *in-* (*3*) e *responsabile*; 1816] **A** agg. **1** Di chi non è o non può essere ritenuto responsabile di qlco.: *l'hanno incolpato ma è i.* **2** (*dir.*, *raro*) Che gode di immunità. **3** Che non è cosciente dei propri atti, spec. per malattie o incapacità di mente: *un individuo i.* | (*est.*) Di chi, per leggerezza e incoscienza non considera le conseguenze delle proprie azioni: *un giovane i.* || **irresponsabilménte**, avv. In modo irresponsabile: *comportarsi irresponsabilmente.* **B** s. m. e f. **1** Chi per superficialità o sim. non riflette sulla portata delle proprie azioni: *ti sei comportato da vero i.* **2** (*dir.*) Chi non è imputabile.

irresponsabilità [comp. di *in-* (*3*) e *responsabilità*; av. 1875] s. f. ● Caratteristica di chi è irresponsabile.

†**irrestoràbile** [comp. di *in-* (*3*) e *restorabile*; av. 1595] agg. ● Irreparabile: *il danno della morte è i.* (TASSO).

irrestringìbile [comp. di *in-* (*3*) e *restringibile*; 1886] agg. ● Detto di tessuto in lana o cotone che non si restringe nella lavatura.

irrestringibilità [1957] s. f. ● Proprietà di ciò che è irrestringibile.

irretiménto [1957] s. m. ● (*raro*) L'irretire, il venire irretito.

irretìre o **inretìre** [vc. dotta, lat. *irretīre*, comp. di *in-* (*1*) e *rēte* 'rete'; 1321] v. tr. (*io irretisco, tu irretìsci*) **1** (*raro*) Prendere nella rete | (*fig.*, *lett.*) Impigliare. **2** (*fig.*) Abbindolare, raggirare: *i. gli ingenui* | Sedurre, attrarre: *i. qlcu. col proprio fascino*; *i. con arti sottili*; *quando le sfuggi, tenta di irretirti da lontano* (MORANTE).

irretrattàbile e *deriv.* ● V. *irritrattabile* e *deriv.*

irretroattività [comp. di *in-* (*3*) e *retroattività*; 1917] s. f. ● (*dir.*) Condizione di ciò che è irretroattivo: *i. della legge.*

irretroattivo [comp. di *in-* (*3*) e *retroattivo*; 1965] agg. ● (*dir.*) Non retroattivo: *patto i.*

irreverènte e *deriv.* ● V. *irriverente* e *deriv.*

irreversìbile [comp. di *in-* (*3*) e *reversibile*; 1913] agg. ● Che non si può invertire, che avviene in un solo senso: *processo chimico i.* | Che non ammette ritorni a uno stadio precedente: *il progresso è un fenomeno i.* | ***Malattia, lesione i.***, che non regredisce | (*dir.*) ***Pensione i.***, che non può essere devoluta ad altri che al titolare. || **irreversibilménte**, avv.

irreversibilità [comp. di *in-* (*3*) e *reversibilità*; av. 1342] s. f. ● Caratteristica di ciò che è irreversibile.

irrevocàbile [vc. dotta, lat. *irrevocābile(m)*, comp. di *in-* neg. e *revocābilis* 'revocabile'; av. 1375] agg. ● Che non si può revocare, annullare, modificare e sim.; che è definitivo: *provvedimento, ordinanza i.*; *ordine i.*; *la nostra decisione è i.*; *mandato in i. esilio* (BOCCACCIO) | ***Sentenza i.***, non più soggetta ai mezzi ordinari d'impugnazione. || **irrevocabilménte**, avv.

irrevocabilità [av. 1342] s. f. ● Condizione di ciò che è irrevocabile.

irrevocàto [vc. dotta, lat. *irrevocātu(m)*, comp. di *in-* neg. e *revocātus*, part. pass. di *revocāre* 'revocare'; 1869] agg. **1** Che non ha subìto revoche o cambiamenti: *una disposizione irrevocata.* **2** (*lett.*) Che non è richiamato alla memoria e le si ripresenta in modo spontaneo: *sempre al pensier tornavano / gl'irrevocati di* (MANZONI).

irricevìbile [comp. di *in-* (*3*) e *ricevibile*; 1940] agg. ● (*dir.*) Di istanza, ricorso e sim. che non possono esser presi in considerazione dall'autorità giudiziaria o amministrativa per mancanza di requisiti formali: *appello i.*

irricevibilità [1940] s. f. ● Condizione di ciò che è irricevibile.

irriconciliàbile e *deriv.* ● V. *irreconciliabile* e *deriv.*

irriconoscènte [comp. di *in-* (*3*) e *riconoscente*; 1584] agg. ● Che non mostra riconoscenza, ingrato: *mostrarsi i. verso qlcu., di* (o *per*) *qlco.* || **irriconoscenteménte**, avv.

irriconoscìbile o †**irreconoscìbile** [comp. di *in-* (*3*) e *riconoscibile*; av. 1712] agg. ● Che non si può riconoscere, che si riconosce con difficoltà: *era i. sotto il pesante trucco.* || **irriconoscibilménte**, avv.

irriconoscibilità [1887] s. f. ● Caratteristica di chi (o di ciò che) è irriconoscibile.

irridènte [sec. XIV] part. pres. di *irridere*; anche agg. ● (*lett.*) Che deride, schernisce: *sguardo i.*

irrìdere [vc. dotta, lat. *irrīdēre*, comp. di *in-* 'su' e *rīdēre* 'ridere'; av. 1342] v. tr. e intr. (coniug. come *ridere*; aus. intr. *avere*) ● (*lett.*) Deridere, schernire, dileggiare: *pace, che il mondo irride, / ma che rapir non può* (MANZONI).

irriducìbile o (*lett.*) **irreducìbile** [comp. di *in-* (*3*) e *riducibile*; av. 1704] agg.; anche s. m. e f. nei sign. 2 e 3 **1** Che non si può diminuire, ridurre: *proposta, richiesta, cifra i.* | (*mat.*) ***Frazione i.***, ridotta ai minimi termini, nella quale numeratore e denominatore sono primi fra loro. **2** Che non si può piegare: *volontà, ostinazione i.*; *c'è … un mistero i., qualunque sia l'altezza a cui possa arrivare la scienza* (UNGARETTI). SIN. Incoercibile, inesorabile. **3** (*fig.*) Fermamente convinto delle proprie opinioni, che non desiste dal proprio proposito o difetto: *un terrorista i.*; *un bevitore i.* **4** (*med.*) Di organo o parte di esso che ha perso la sua normale sede e non può essere riposto nella posizione naturale: *ernia i.* || **irriducibilménte**, avv.

irriducibilità [1852] s. f. ● Condizione, proprietà di ciò che è irriducibile. SIN. Incoercibilità, inesorabilità.

irriferìbile [comp. di *in-* (*3*) e *riferibile*; 1961] agg. ● Che non si può riferire, perché sconveniente, indecente, osceno e sim.: *parole irriferibili.* || **irriferibilménte**, avv.

irriflessióne [comp. di *in-* (*3*) e *riflessione*; 1804] s. f. ● Insufficienza o mancanza di riflessione: *agire con impulsività e i.* SIN. Leggerezza.

irriflessività [1949] s. f. ● Caratteristica di chi (o di ciò che) è irriflessivo.

irriflessivo [comp. di *in-* (*3*) e *riflessivo*; av. 1803] agg. ● Di chi è sventato, sconsiderato nell'agire: *ragazzo i.* | Che è fatto senza riflettere, con leggerezza: *movimento i.*; *reazione irriflessiva.* || **irriflessivaménte**, avv.

irriformàbile [comp. di *in-* (*3*) e *riformabile*, sull'esempio del lat. tardo *irreformābilis*; av. 1835] agg. ● (*raro*) Che non si può riformare.

irriformabilità s. f. ● (*raro*) Condizione di ciò che è irriformabile.

irrigàbile [1749] agg. ● Che si può irrigare, che si irriga facilmente: *un terreno fertile e i.*

irrigabilità [1957] s. f. ● Condizione di ciò che è irrigabile.

irrigaménto [1758] s. m. ● Irrigazione.

irrigàre [vc. dotta, lat. *irrigāre*, comp. di *in-* raff. e *rigāre* 'condurre (acqua), bagnare', di etim. incerta; sec. XIV] v. tr. (*io irrìgo, tu irrìghi*) **1** Dare acqua al terreno per assicurare il normale sviluppo delle piante nei periodi di siccità. **2** (*est.*) Attraversare un territorio, una regione, detto di corsi d'acqua: *l'Adige irriga il Trentino e il Veneto.* **3** (*fig.*, *lett.*) Bagnare largamente: *i. di sangue il campo di battaglia.* **4** (*med.*) Trattare con irrigazioni. **5** †Diffondere, spargere.

irrigàto [sec. XIV] part. pass. di *irrigare*; anche agg. ● Nei sign. del v.

irrigatóre [vc. dotta, lat. tardo *irrigatōre(m)*, da *irrigātus* 'irrigato'; 1623] **A** agg. (f. *-trice*) ● Che irriga: *fosso i.* **B** s. m. **1** (*agr.*) Apparecchio per distribuire l'acqua nell'irrigazione a pioggia. ➡ ILL. **agricoltura e giardinaggio.** **2** (*med.*) Strumento per irrigazioni.

irrigatòrio [av. 1835] agg. ● Utile per l'irrigazione: *canale i.*

♦**irrigazióne** [vc. dotta, lat. *irrigatiōne(m)*, da *irrigātus* 'irrigato'; sec. XIV] s. f. **1** (*agr.*) L'irrigare |

Complesso di opere tendenti alla distribuzione di acqua su un territorio agricolo | *Fosso d'i.*, che adduce l'acqua al terreno da irrigare | *I. a pioggia*, per aspersione | *I. a sorso*, quella in cui l'acqua affluisce a impulsi | *I. a goccia*, quella in cui l'acqua cola a piccole quantità e a ritmo lento. **2** (*med.*) Introduzione di liquidi medicamentosi a determinata pressione in una cavità mucosa, nasale, vescicale, vaginale e sim.

irrigidiménto [1788] **s. m.** ● L'irrigidire, l'irrigidirsi: *l'i. di un muscolo, di una pena, di una posizione assunta* | Condizione di chi (o di ciò che) è rigido: *l'i. del cadavere*. **CFR.** sclero-.

irrigidìre [comp. di *in-* (*1*) e *rigido*; av. 1342] **A v. tr.** (*io irrigidìsco, tu irrigidìsci*) ● Rendere rigido o più rigido (*anche fig.*): *il freddo irrigidisce le membra*; *le sofferenze gli hanno irrigidito il cuore* | *I. una pena*, renderla più pesante. **B v. intr. pron.** e raro **intr.** (aus. *essere*) **1** Diventare rigido o più rigido (*anche fig.*): *irrigidirsi per il freddo, lo stupore, la paura*; *la stagione tende ad irrigidirsi*; *lui, così buono e comprensivo, si è irrigidito inspiegabilmente*. **2** Mettersi in una posizione e restarvi immobili: *irrigidirsi sull'attenti, nel saluto*. **3** (*fig.*) Mantenersi inflessibile, ostinato: *si è irrigidito nella, sulla sua posizione*.

irrigidito [av. 1694] **part. pass.** di *irrigidire*; anche **agg.** ● Rigido | (*fig.*) Ostinato, inflessibile.

irriguardóṣo [comp. di *in-* (*3*) e *riguardoso*; 1955] **agg.** ● Di chi (o di ciò che) manca di cortesia, attenzione, riguardo: *un giovane arrogante e i.*; *comportamento, frase, gesto i.* **SIN.** Insolente. || **irriguardoṣaménte**, **avv.** In modo irriguardoso, senza riguardo.

irriguo [vc. dotta, lat. *irrĭguu(m)*, da *irrigāre* 'irrigare'; av. 1342] **agg.** **1** Che si irriga: *terreno i.* **2** Che serve a irrigare: *acque irrigue*.

irrilevànte [comp. di *in-* (*3*) e *rilevante*; 1670] **agg.** **1** Che non ha molta importanza o rilievo: *fenomeno i.* **2** Detto di elemento linguistico che non svolge una funzione differenziatrice. **3** Che non è pertinente. || **irrilevanteménte**, **avv.**

irrilevànza [comp. di *in-* (*3*) e *rilevanza*; 1798] **s. f.** ● Caratteristica di ciò che è irrilevante.

irrimandàbile [comp. di *in-* (*3*) e *rimandare*; 1983] **agg.** ● Che non può essere rimandato ad altra data.

irrimediàbile o †**irremediàbile** [vc. dotta, lat. tardo *irremediābile(m)*, comp. di *in-* neg. e *remediābilis* 'rimediabile'; av. 1363] **agg.** ● Che non ha rimedio, che non si può rimediare: *male, errore, danno i.* **SIN.** Irreparabile. || **irrimediabilménte**, **avv.** Senza rimedio.

irrimediabilità [1821] **s. f.** ● Caratteristica di ciò che è irrimediabile. **SIN.** Irreparabilità.

irrintracciàbile [comp. di *in-* (*3*) e *rintracciabile*; av. 1775] **agg.** ● Che non può essere rintracciato.

irrinunciàbile o **irrinunziàbile** [comp. di *in-* (*3*) e *rinunciabile*; 1956] **agg.** ● Di ciò a cui non si può o non si vuole rinunciare: *richieste, esigenze irrinunciabili*; *formula politica i.* | (*dir.*) Di cui non si può disporre mediante rinuncia: *diritti irrinunciabili*. || **irrinunciabilménte**, **avv.**

irrinunciabilità o **irrinunziabilità** [1970] **s. f.** ● Condizione di ciò che è irrinunciabile.

irrinunziàbile e *deriv.* ● V. *irrinunciabile e deriv.*

irripetìbile o **irrepetìbile** [comp. di *in-* (*3*) e *ripetibile*; 1673] **agg.** **1** Che non si deve ripetere: *oscenità irripetibili* | Che non potrà ripetersi: *esperienza i.* **2** (*dir.*) Non ripetibile. || **irripetibilménte**, **avv.**

irripetibilità o **irrepetibilità** [av. 1966] **s. f.** ● Caratteristica di ciò che è irripetibile.

irriproducìbile [comp. di *in-* (*3*) e *riproducibile*; 1910] **agg.** ● Che è difficile o impossibile riprodurre: *fotografia i.* || **irriproducibilménte**, **avv.**

irriproducibilità [1957] **s. f.** ● Condizione di ciò che è irriproducibile.

irriprovévole [comp. di *in-* (*3*) e *riprovevole*; 1832] **agg.** ● (*raro*) Che non si può biasimare: *comportamento i.* **SIN.** Irreprensibile, incensurabile.

irriṣióne [vc. dotta, lat. *irrisiōne(m)*, da *irrīsus*, part. pass. di *irridēre* 'irridere'; av. 1342] **s. f.** ● Derisione, scherno. **SIN.** Dileggio.

irriṣo [1660] **part. pass.** di *irridere*; anche **agg.** ● (*lett.*) Deriso.

irrisòlto [comp. di *in-* (*3*) e *risolto*; 1955] **agg.** ● Che non è risolto, che non ha ancora una soluzione: *problema i.*

irrisolùto e *deriv.* ● V. *irresoluto e deriv.*

irrisolvìbile [comp. di *in-* (*3*) e *risolvibile*; 1963] **agg.** ● Che non può essere risolto, che non ha soluzione: *problema, enigma i.*

irriṣóre [vc. dotta, lat. *irrisōre(m)*, da *irrīsus*, part. pass. di *irridēre* 'irridere'; av. 1342] **agg.**; anche **s. m.** (f. *-sora*, raro) ● Che (o Chi) irride. **SIN.** Beffeggiatore, schernitore.

irriṣòrio [vc. dotta, lat. tardo *irrisōriu(m)*, da *irrīsor*, genit. *irrisōris* 'irrisore'; 1726] **agg.** **1** (*raro*) Che irride: *frase irrisoria*. **SIN.** Derisorio. **2** Inadeguato: *compenso i.* | Minimo: *prezzo i.* **SIN.** Irrilevante. || **irriṣoriaménte**, **avv.**

irrispettóṣo [comp. di *in-* (*3*) e *rispettoso*; av. 1646] **agg.** ● Di chi (o di ciò che) è privo del dovuto rispetto: *essere i. con* (o *verso*) *qlcu.*; *ragazzo maleducato e i.*; *risposta irrispettosa*. || **irrispettoṣaménte**, **avv.** In modo irrispettoso, senza rispetto.

irritàbile [vc. dotta, lat. *irritābile(m)*, da *irritāre* 'irritare'; sec. XIV] **agg.** **1** Che si irrita con facilità: *carattere, temperamento i.* **SIN.** Eccitabile. **2** (*biol.*) Che è caratterizzato da irritabilità: *cute i.*

irritabilità [vc. dotta, lat. tardo *irritabilitāte(m)*, da *irritābilis* 'irritabile'; av. 1764] **s. f.** **1** Caratteristica di chi (o di ciò che) è irritabile: *aveva periodicamente delle giornate di forte i.* (SVEVO). **2** (*biol.*) Proprietà del protoplasma, e della materia vivente in generale, di reagire agli stimoli esterni o interni secondo modalità che spesso differiscono nei vari tessuti od organi. **SIN.** Eccitabilità.

irritaménto [vc. dotta, lat. *irritamĕntu(m)*, da *irritāre* 'irritare'; av. 1342] **s. m.** ● (*raro*) Irritazione.

irritànte [av. 1698] **part. pres.** di *irritare*; anche **agg.** **1** Che irrita, che indispone: *atteggiamento i.* **2** Detto dell'effetto che contraddistingue una particolare categoria di aggressivi chimici, lacrimogeni e starnutatori.

♦**irritàre** [vc. dotta, lat. *irritāre*, di etim. incerta; sec. XIV] **A v. tr.** (*io ìrrito*, raro *irrìto*) **1** Provocare ira, far perdere la pazienza, la calma: *la vostra ipocrisia mi irrita* | Aizzare, stuzzicare: *non irritatelo con scherzi sciocchi*. **2** Suscitare una reazione fisica di dolore o di fastidio: *sapone che irrita la pelle*; *la luce troppo viva irrita gli occhi* | *I. i nervi*, far innervosire | (*fig.*, *lett.*) *I. la passione*, acuirla, stimolarla | *I. una piaga*, renderla più dolorosa (*anche fig.*). **B v. intr. pron.** **1** Provare ira, sdegno, risentimento: *è molto nervoso e s'irrita per un nonnulla*. **2** Infiammarsi: *mi si è irritata la gola*.

irritativo [da *irritare*; 1619] **agg.** ● Che causa irritazione, infiammazione: *dermatite irritativa*.

irritàto [sec. XIV] **part. pass.** di *irritare*; anche **agg.** **1** Adirato, incollerito. **2** Infiammato: *occhi irritati*. || **irritataménte**, **avv.**

irritatóre [vc. dotta, lat. *irritatōre(m)*, da *irritātus* 'irritato'; av. 1311] **agg.**; anche **s. m.** (f. *-trice*) ● (*raro*) Che (o Chi) irrita, provoca.

irritazióne [vc. dotta, lat. *irritatiōne(m)*, da *irritātus* 'irritato'; 1300 ca.] **s. f.** **1** L'irritarsi: *subire una forte i.* | Stato o condizione di chi è irritato, sdegnato: *sentire, provare i. per qlco., verso qlcu.* **2** (*biol.*) Effetto di uno stimolo su una cellula o su un tessuto | (*gener.*) Infiammazione. || **irritazioncèlla**, **dim.**

irrito [vc. dotta, lat. *ĭrritu(m)*, comp. di *in-* neg. e *rătus*, part. pass. di *rēri* 'credere, calcolare'; sec. XIII] **agg.** **1** (*dir.*) Privo di valore legale perché non compiuto secondo le forme di rito previste dalla legge. **2** (*lett.*) Di nessun valore, vano.

irritrattàbile o **irretrattàbile** [vc. dotta, lat. *irretractābile(m)*, comp. di *in-* neg. e un deriv. di *retractāre* 'ritrattare'; sec. XIV] **agg.** ● (*raro*) Che non si può ritrattare: *confessione, decisione i.* || **irritrattabilménte**, **avv.** In modo da non potersi ritrattare.

irritrattabilità o **irretrattabilità** [1869] **s. f.** ● (*raro*) Condizione di ciò che è irritrattabile.

irritroṣìre [comp. di *in-* (*1*) e *ritroso*; 1364] **v. intr.** e **intr. pron.** (*io irritroṣìsco, tu irritroṣìsci*; aus. *essere*) ● (*raro*) Divenire ritroso, indocile, selvaggio.

irrituàle [comp. di *in-* (*3*) e *rituale*; 1957] **agg.** ● (*dir.*) Non conforme alle regole di rito stabilite dalla legge | *Arbitrato i.*, in cui gli arbitri giudicano quali amichevoli compositori senza osservare le regole previste dal codice di procedura.

irritualità [1963] **s. f.** ● (*dir.*) Carattere di ciò che è irrituale.

irriuscìbile [comp. di *in-* (*3*) e *riuscibile*; av. 1610] **agg.** ● (*raro*) Che non può riuscire: *impresa i.*

irrivelàbile [comp. di *in-* (*3*) e *rivelabile*; av. 1712] **agg.** ● (*raro*) Che non si può o non si deve rivelare: *segreto i.* || **irrivelabilménte**, **avv.**

irrivelabilità [1869] **s. f.** ● (*raro*) Condizione di ciò che è irrivelabile.

irriverènte o (*raro*) **irreverènte** [vc. dotta, lat. tardo *irreverĕnte(m)*, comp. di *in-* neg. e *rĕverens*, genit. *reverĕntis* 'riverente'; 1308] **agg.** ● Privo di reverenza e rispetto: *essere sfacciato e i. verso i superiori*; *allusione, scherzo i.*; *grida irriverenti*. **SIN.** Insolente. || **irriverenteménte**, **avv.** Con irriverenza: *rispondere irriverentemente*.

irriverènza o (*raro*) **irreverènza** [vc. dotta, lat. tardo *irreverĕntia(m)*, comp. di *in-* neg. e *reverĕntia* 'riverenza'; 1308] **s. f.** ● Mancanza di reverenza e rispetto: *comportarsi con i.* | Azione o discorso irriverente: *una i. imperdonabile*. **SIN.** Insolenza, sfacciataggine.

irrobustìre [comp. di *in-* (*1*) e *robusto*; 1911] **A v. tr.** (*io irrobustìsco, tu irrobustìsci*) ● Rendere robusto o più robusto: *la vita sana irrobustisce l'organismo*. **SIN.** Fortificare, invigorire. **B v. intr. pron.** ● Divenire robusto: *praticando quello sport è riuscito a irrobustirsi*.

irrogàbile **agg.** ● (*raro*) Che si può irrogare.

irrogàre [vc. dotta, lat. *irrogāre*, comp. di *in-* 'contro' e *rogāre* 'chiedere'; 1766] **v. tr.** (*io irrògo*, o, più corretto ma meno diffuso, *io ìrrogo, tu irròghi* o, *tu ìrroghi*) ● (*dir.*) Infliggere: *i. una pena, una condanna, una sanzione*.

irrogazióne [vc. dotta, lat. *irrogatiōne(m)*, da *irrogātus* 'irrogato'; 1848] **s. f.** ● (*dir.*) L'irrogare.

irrompènte **part. pres.** di *irrompere*; anche fig. ● (*lett.*) Che irrompe: *empito d'acque / irrompenti* (D'ANNUNZIO).

irrómpere [vc. dotta, lat. *irrŭmpere*, comp. di *ĭn* 'contro, verso' e *rŭmpere* 'rompere'; 1598] **v. intr.** (coniug. come *rompere*; difett. del **part. pass.** e dei tempi composti) ● Entrare a forza, introdursi con impeto (*anche fig.*): *la folla irruppe nel palazzo*; *un sospetto irruppe nel suo animo*.

irroraménto [1499] **s. m.** ● (*raro*) Irrorazione.

irroràre [vc. dotta, lat. *irrorāre*, comp. di *ĭn-* 'sopra' e *rorāre* 'spargere rugiada (*rōs*, genit. *rōris*, di orig. indeur.)'; 1499] **v. tr.** (*io irròro*) **1** Bagnare con gocce di liquido: *i. di rugiada, di sudore, di pianto* | (*est.*) Permeare completamente, giungere in ogni parte di un organo, di un tessuto e sim.: *il sangue irrora tutto l'organismo*. **2** (*agr.*) Spruzzare piante con liquidi antiparassitari e sim.

irroratóre **agg.**; anche **s. m.** (f. *-trice*) ● Che (o Chi) irrora.

irroratrice [1900] **s. f.** ● Macchina per irrorare le piante con liquidi antiparassitari e sim. ➡ **ILL. agricoltura e giardinaggio.**

irrorazióne [vc. dotta, lat. tardo *irroratiōne(m)*, da *irrorātus* 'irrorato'; av. 1468] **s. f.** ● L'irrorare: *i. di un campo* | *I. sanguigna*, vascolarizzazione.

irrotazionàle [comp. di *in-* (*3*) e un deriv. di *rotazione*; 1933] **agg.** ● (*fis.*) Detto di campo vettoriale a rotore nullo.

irrotazionalità **s. f.** ● (*fis.*) Proprietà di ciò che è irrotazionale.

irruènte o (*etimologicamente meno corretto*) **irruènte** [vc. dotta, lat. *irruĕnte(m)*, part. pres. di *irrŭere*, comp. di *ĭn-* 'su, contro' e *rŭere* 'correre', 'cadere addosso', di orig. incerta; 1499] **agg.** ● (*raro*) Che irrompe con forza, con violenza: *folla i.*; *acque irruenti* | (*fig.*) Impetuoso, impulsivo: *discorso, carattere i.*; *uomo generoso e i.* || **irruenteménte**, **avv.** Con irruenza.

irruènza [1848] **s. f.** ● Caratteristica di chi (o di ciò che) è irruente: *l'i. delle acque*; *l'i. di uno scritto, di una persona*. **SIN.** Impeto, violenza.

irrugginìre [comp. di *in-* (*1*) e *ruggine*; av. 1342] **v. tr.** e **intr.** (*io irrugginìsco, tu irrugginìsci*; aus. intr. *essere*) ● (*lett.*) Arrugginire: *il pio strumento irrugginìa su' brevi / solchi* (FOSCOLO).

irrumàre [vc. dotta, lat. *irrumāre* 'offrire la mammella da succhiare', da *rūma* 'mammella'; 1561] **v. tr.** ● Praticare l'irrumazione.

irrumazióne [vc. dotta, lat. *irrumatiōne(m)*, da *irrumāre* (V. *irrumare*); 1905] **s. f.** ● Nel linguaggio medico e forense, coito orale.

irrùppi ● V. *irrompere.*

irruvidiménto [1869] s. m. ● L'irruvidire, l'irruvidirsi: *l'i. della carnagione.*

irruvidire [comp. di *in-* (*1*) e *ruvido*; 1729] **A** v. tr. (*io irruvidisco, tu irruvidisci*) ● Rendere ruvido: *il freddo e l'umidità irruvidiscono la pelle.* **B** v. intr. pron. e intr. (aus. *essere*) ● Diventare ruvido (*anche fig.*): *le si era irruvidito il volto; le sue maniere irruvidiscono sempre più.*

irruzióne [vc. dotta, lat. *irruptiōne(m)*, da *irrŭptus*, part. pass. di *irrŭmpere* 'irrompere'; 1598] s. f. **1** Entrata impetuosa e talvolta violenta in un luogo: *l'i. delle acque; l'i. della polizia in una bisca clandestina* | *Fare i.*, irrompere. **2** (*mil.*) Azione violenta e impetuosa nelle linee nemiche.

irsutìṣmo [da *irsuto*; 1952] s. m. ● (*med.*) Eccessivo sviluppo di peli nella donna in sedi non abituali, con una distribuzione tipica del sesso maschile.

irsùto [vc. dotta, lat. *hirsūtu(m)* 'irto', agg. pop., di etim. incerta; 1336 ca.] agg. **1** Folto di peli ispidi: *barba irsuta; bianchi crini, e 'l petto i.* (L. DE' MEDICI) | (*est.*) Ricco di peli: *uomo i.* **2** (*raro, fig.*) Aspro, rozzo: *individuo i.* **3** †Detto di un astro che scintilla in modo molto appariscente.

irsùzie o †**irsùzia** [vc. dotta, lat. *hirsūtia(m)*, da *hirsūtus* 'irsuto'; av. 1729] s. f. inv. ● (*lett.*) Caratteristica di chi (o di ciò che) è irsuto | (*med., raro*) Irsutismo.

irto [vc. dotta, lat. *hĭrtu(m)*, di etim. incerta; av. 1514] agg. **1** Ispido, irsuto: *chioma, barba irta; mostri in capo, / qual istrice pungente, irti i capegli* (PARINI). **2** Che presenta molte sporgenze acuminate, appuntite e sim.: *i. di chiodi; una costa irta di scogli* | (*fig.*) Pieno di qlco. che costituisce una difficoltà: *impresa irta di ostacoli; discorso i. di citazioni tecniche.* **3** (*fig., lett.*) D'indole aspra e ruvida | Rozzo, incolto.

Irudinei [dal lat. *hirūdo*, genit. *hirūdinis* 'sanguisuga', di etim. incerta; 1887] s. m. pl. (sing. *-o*) ● Nella tassonomia animale, classe di Anellidi comprendente animali succhiatori di sangue, tra cui le sanguisughe, dal corpo piatto muniti di due ventose, boccale e anale (*Hirudinea*). SIN. Discofori.

Irundinidi [dal lat. *hirŭndo*, genit. *hirŭndinis* 'rondine', di etim. incerta; 1961] s. m. pl. (sing. *-e*) ● Nella tassonomia animale, famiglia di Passeriformi insettivori, comprendente le rondini, con piumaggio modesto, ali sviluppatissime e notevole resistenza al volo continuato (*Hirundinidae*).

iṣabèlla (**1**) [fr. *isabelle*, dal n. proprio *Isabelle* 'Isabella' con passaggio semantico non spiegato; 1650] agg. inv.; anche s. m. inv. ● Colore giallo pallido tipico di un mantello equino: *un tessuto giallo i.; sauro i.*

iṣabèlla (**2**) [ingl. d'Amer. *Isabella* (*grape*) '(vite di) *Isabella* (Gibbs)', che ne introdusse la coltivazione; 1869] s. f. ● Vitigno di origine americana, resistente all'oidio, che dà l'uva fragola.

iṣabellino [da *isabella* (*1*); 1957] agg. ● Che ha color isabella: *piumaggio, mantello i.*

iṣadèlfo [comp. di *iso-* e del gr. *adelfós* 'fratello'] s. m. ● (*bot.*) Fiore i cui stami sono raggruppati in due fascetti uguali.

iṣagòge [vc. dotta, lat. *isagōge(n)*, dal gr. *eisagōgḗ*, propr. 'introduzione', comp. di *eis* 'in', di orig. indeur., e *agōgḗ* 'trasporto', da *ágein* 'condurre', di orig. indeur.; 1572] s. f. ● (*lett.*) Scritto che introduce un insegnamento o dottrina.

iṣagògico [vc. dotta, lat. *isagōgicu(m)*, dal gr. *eisagōgikós*, da *eisagōgḗ* 'isagoge'; 1582] agg. (pl. m. *-ci*) ● (*lett.*) Introduttivo.

iṣàgono [comp. di *iso-* e di un deriv. del gr. *gōnía* 'angolo'; 1869] s. m.; anche agg. ● (*mat., raro*) Isogono.

iṣallòbara o **iṣoallòbara** [da *isobara* con inserzione di *-alla-*, dal gr. *állos* 'altro' (sottinteso tempo); 1957] s. f. ● In una rappresentazione cartografica, linea che congiunge i punti della superficie terrestre ove si è avuta una uguale variazione della pressione atmosferica in un determinato periodo di tempo.

iṣallotèrma o **iṣoallotèrma** [da *isoterma* con inserzione di *-alla-*, dal gr. *állos* 'altro' (sottinteso tempo); 1933] s. f. ● In una rappresentazione cartografica, linea che congiunge i punti della superficie terrestre ove si è avuta, in un determinato periodo di tempo, uguale variazione di temperatura.

iṣatàto [comp. di *isat(ico)* e *-ato*; 1869] s. m. ● Sale o estere dell'acido isatico.

iṣàtico [comp. di *isat(ina)* col suff. chim. degli acidi *-ico*; 1869] agg. (pl. m. *-ci*) ● Isatinico.

iṣàtide [vc. dotta, lat. *isătide(m)*, dal gr. *isátis*, di etim. incerta; 1550] s. f. ● Genere di piante delle Crocifere, con molte specie erbacee tipiche della regione mediterranea orientale (*Isatis*).

iṣatina [comp. di *isat(ide)* e *-ina*; 1869] s. f. ● Composto eterociclico che si ottiene per ossidazione dell'indaco, impiegato come intermedio nella preparazione di coloranti sintetici del gruppo dell'indaco.

iṣatìnico [comp. di *isatin(a)* e *-ico*; 1834] agg. (pl. m. *-ci*) ● Detto di acido ottenuto dall'isatina per azione degli alcali, che si presenta come una polvere bianca.

iṣba o **izba** [vc. russa (*izbá*), di prob. orig. germ.; 1895] s. f. ● Casa o capanna rurale della steppa russa interamente costruita in legno e costituita da un'unica vasta stanza riscaldata da una grande stufa.

iṣbàglio ● V. *sbaglio.*

iṣcàcco ● V. *scacco.*

iscariòta [gr. *Iskariṓtēs*, forse dall'ebr. *ĩsh Qĕriyyōt* 'uomo di *Qĕriyyōt*' (n. del suo villaggio d'orig. in Palestina); 1313] agg.; anche s. m. e f. (pl. m. *-i*) ● Abitante, nativo di Keriot, villaggio della Giudea: *Giuda i.* | (*est., lett.*) Traditore.

†**iscèda** ● V. †*sceda.*

ischeletrire [comp. di *i(n)-* (*1*) e *scheletro*; 1803] **A** v. tr. (*io ischeletrisco, tu ischeletrisci*) **1** Ridurre come uno scheletro: *una malattia che ischeletrisce il corpo.* **2** (*fig.*) Stremare, infiacchire: *i. l'ingegno.* **B** v. intr. pron. e intr. (aus. *essere*) ● Ridursi come uno scheletro per eccessiva magrezza: *si è ischeletrito per i troppi patimenti* | (*est.*) Diventare nudo, spoglio: *d'inverno gli alberi ischeletriscono.*

ischemia [dal lat. *ischaemone(m)*, dal gr. *ischaimos* 'emostatico', comp. di un deriv. di *ischein* 'trattenere' e *hâima* 'sangue', di etim. incerta; 1833] s. f. ● (*med.*) Diminuzione o soppressione della circolazione sanguigna in un organo o territorio dell'organismo.

ischèmico [1932] **A** agg. (pl. m. *-ci*) ● (*med.*) Di, relativo a ischemia. **B** agg.; anche s. m. (f. *-a*) ● (*med.*) Che (o Chi) è affetto da ischemia.

ischemizzàre [da *ischemia*; 1965] v. tr. ● (*med.*) Provocare ischemia in una determinata parte del corpo sottoposta a intervento chirurgico.

†**ischerzàre** e *deriv.* ● V. *scherzare* e *deriv.*

ischia ● V. *eschia.*

ischialgia [comp. del gr. *ischíon* 'ischio, anca' e *-algia*; 1828] s. f. ● (*med.*) Dolore nel territorio del nervo sciatico. SIN. Sciatica.

ischiàlgico agg. (pl. m. *-ci*) ● (*med.*) Di ischialgia.

ischiàtica [dal gr. *ischíon* 'ischio, anca'] s. f. ● (*raro*) Sciatica.

ischiàtico [vc. dotta, lat. *ischiădicu(m)*, dal gr. *ischiadikós*, da *ischíon* 'ischio'; 1583] agg. (pl. m. *-ci*) ● (*anat.*) Relativo all'ischio | ***Nervo i.***, V. *sciatico* | ***Forame i.***, apertura formata dalla parte posteriore dell'ischio e da un legamento fibroso.

ischio [vc. dotta, lat. *ĭschia* (pl.), dal gr. *ischíon*, di etim. incerta; av. 1673] s. m. **1** (*anat., zool.*) Osso pari ventrale e posteriore della cintura pelvica. CFR. Ileo, pube. ➡ ILL. p. 2122 ANATOMIA UMANA. **2** (*bot.*) Farnia.

ischitàno [1957] **A** agg. ● Dell'isola di Ischia. **B** s. m. (f. *-a*) ● Abitante, nativo di Ischia.

†**ischiùdere** ● V. *escludere.*

†**isconoscènte** ● V. *sconoscente.*

†**isconvolgiménto** ● V. *sconvolgimento.*

†**iscòrta** ● V. *scorta* nel sign. A.

iscritto (**1**) o (*raro*) **inscritto** [1259] **A** part. pass. di *iscrivere*; anche agg. ● Nei sign. del v. **B** s. m. (f. *-a*) ● Membro effettivo di un gruppo, una società, un partito e sim.: *abbiamo notato un notevole aumento degli iscritti.*

iscritto (**2**) ● V. *scritto.*

♦**iscrivere** o (*raro*) **inscrivere** [lat. *inscrībere* 'inscrivere' (V.); 1342] **A** v. tr. (coniug. come *scrivere*) **1** Registrare o includere in un elenco, lista, registro e sim.: *i. nel registro dei soci; i. una spesa sul bilancio; i. qlcu. all'università.* **2** (*dir.*) Fare oggetto di iscrizione: *i. una causa a ruolo.* **3** (*raro*) Scrivere incidendo su materiale duro: *i. qlco. su una lapide.* **4** (*mat.*) V. *inscrivere.* **B** v. rifl. ● Entrare a far parte di un gruppo, di un'associazione, di un partito e sim.: *iscriversi a un corso di lingue, a una gara di bocce, alla filodrammatica, al partito liberale.*

iscrizióne o (*raro*) **inscrizióne**, †**scrizióne** (**2**) [lat. *inscriptiōne(m)* 'inscrizione' (V.); 1550] s. f. **1** L'iscrivere, l'iscriversi | Atto formale con cui si entra a far parte di un gruppo, di una associazione, di un partito e sim.: *pagare la tassa d'i. all'Università; è ormai certa la sua i. al partito.* **2** (*dir.*) Annotazione in un pubblico registro, idonea a produrre effetti giuridici di pubblicità o costitutivi | ***I. di una causa a ruolo***, annotazione da parte del cancelliere degli estremi di una causa civile su un apposito registro. **3** Qualunque scritto inciso su pietra o metallo: *leggere, decifrare un'i. antica; i. bilingue* | (*raro, est.*) Cartello: *leggere le iscrizioni che costeggiano la strada.* **4** (*spec. al pl.*) Dicitura. || **iscrizionàccia**, pegg. | **iscrizioncèlla**, dim. | **iscrizioncina**, dim. | **iscrizionùccia**, dim.

iscùria o **iscurìa** [vc. dotta, lat. *ischūria(m)*, dal gr. *ischouría* 'ritenzione (da *ischein* 'trattenere') di urina (*ôuron*)'; 1583] s. f. ● (*med.*) Difficoltà di eliminare l'urina, che viene emessa a gocce.

iscurire ● V. *inscurire.*

†**iscuṣàbile** ● V. *scusabile.*

†**iscuṣàre** ● V. *scusare.*

†**iscuṣazióne** ● V. †*escusazione.*

†**iṣèmplo** (o *-é-*) ● V. *esempio.*

iṣernino **A** agg. ● Di Isernia. **B** s. m. (f. *-a*) ● Abitante, nativo di Isernia.

iṣìaco [vc. dotta, lat. *Isĭacu(m)*, dal gr. *Isiakós*, da *Ísis* 'Isi(de)'; 1722] agg. (pl. m. *-ci*) ● Che si riferisce alla dea egiziana Iside e al culto di Iside importato in Grecia e a Roma | ***Tavola isiaca***, lastra bronzea probabilmente da altare, appartenente all'età romana, rappresentante il culto di Iside.

Iṣlàm, **Iṣlam** [ar. *islām* 'sottomissione (da *aslama* 'egli si sottomise', della coniug. di *salima* 'egli fu salvo')', sottinteso alla volontà di Dio; 1869] s. m. ● Religione monoteistica, fondata da Maometto, che predica la totale rassegnazione a Dio e le cui regole sono enunciate nel *Corano* dettato da Maometto stesso | Legge religiosa e anche politica dei Musulmani | Mondo, cultura e civiltà musulmani.

iṣlàmico [1909] **A** agg. (pl. m. *-ci*) ● Che si riferisce all'Islam e all'islamismo. **B** s. m. ● Seguace dell'islamismo.

iṣlamìṣmo [da *Islam* col suff. di dottrina relig. *-ismo*; 1799] s. m. ● Islam.

iṣlamista [1957] s. m. e f. (pl. m. *-i*) ● Studioso di islamistica.

iṣlamìstica [1935] s. f. ● Studio della religione, della civiltà e delle culture islamiche.

iṣlamita [1869] s. m. e f. (pl. m. *-i*) ● (*raro*) Seguace dell'islamismo.

iṣlamìtico [comp. di *islamit(a)* e del suff. *-ico* sul modello dell'ingl. *islamitic*; 1869] agg. (pl. m. *-ci*) ● (*raro*) Islamico.

iṣlamizzàre [1957] **A** v. tr. ● Convertire all'Islam | Rendere islamico. **B** v. intr. pron. ● Convertirsi all'Islam | Acquistare gli usi, la cultura e sim. islamici.

iṣlamizzazióne [1973] s. f. ● L'islamizzare, il venire islamizzato.

iṣlandéṣe [1765] **A** agg. ● Dell'Islanda: *città i.* **B** s. m. e f. ● Abitante, nativo dell'Islanda. **C** s. m. solo sing. ● Lingua del gruppo germanico parlata in Islanda.

iṣmaeliàno [1869] agg.; anche s. m. ● Ismaelita.

iṣmaelita [av. 1375] **A** s. m. e f. (pl. m. *-i*) ● Arabo, come discendente del patriarca biblico Ismaele. **B** anche agg.: *popolazione, città i.*

iṣmailìṣmo [1970] s. m. ● Religione dei Musulmani Ismailiti.

iṣmailita [1929] s. m. e f. (pl. m. *-i*) ● Seguace dell'eresia musulmana sciita, che nel 765 d.C. proclamò Ismail imam occulto.

iṣmània ● V. *smania.*

iṣmo (**1**) ● V. *istmo.*

iṣmo (**2**) [uso sost. del suff. *-ismo*; 1898] s. m. ● (*spec. iron.*) Parola formata con il suffisso *-ismo*, relativa spec. a movimenti politici, culturali e sim. considerati effimeri: *gli ismi degli anni Ottanta.*

-iṣmo o **-éṣimo** (**2**) [gr. *-ismós* (dai v. in *-ízein*), ripreso dal lat. ecclesiastico e poi esteso a molti nuovi comp.] suff. ● Forma sostantivi derivati dal greco o, in maggioranza, di origine moderna, che indicano particolarmente dottrine, tendenze, movimenti religiosi, politici, sociali, filosofici, letterari, artistici (*comunismo, cristianesimo, cubismo, empirismo, fascismo, futurismo, impressionismo, islamismo, protestantesimo, realismo, sindacalismo, socialismo, urbanesimo*) o atteggiamenti, caratteri collettivi o individuali, comportamenti, azioni (*disfattismo, eroismo, fanatismo, ottimismo, dispotismo, patriottismo, scetticismo*) o qualità o difetti morali o fisici (*alcolismo, altruismo, egoismo, strabismo*) o condizioni, aspetti, peculiarità, strutture di cose, sistemi, congegni (*latinismo, magnetismo, meccanismo, organismo, parallelismo*) o attività sportive e sim. (*alpinismo, automobilismo, ciclismo, podismo, turismo*).

†**isnervàre** e *deriv.* • V. *snervare* e *deriv.*

ISO /'izo/ [sigla dell'ingl. *International Organization for Standardization*] **s. m. inv.** • Unità di misura della sensibilità delle pellicole fotocinematografiche.

iso- [dal gr. *ísos* 'uguale', di etim. incerta] primo elemento *1* In parole composte, dotte o scientifiche, ha il significato di 'uguale', 'simile', 'affine': *isobara, isochiona, isocianico, isogamia*. *2* In chimica, indica un isomero del composto nominato: *isoottano*.

isoalina [comp. di *iso-* e del gr. *hálinos* 'salino, del sale (*háls*, genit. *halós*)'; 1917] **s. f.** • In una rappresentazione cartografica, linea che congiunge punti aventi uguale salsedine.

isoalino [comp. di *iso-* e del gr. *hálinos* 'salino', da *háls*, genit. *halós* 'sale', di orig. indeur.; 1938] **agg.** • Che ha la medesima salinità: *linea isoalina*.

isoallòbara • V. *isallobara*.

isoallotèrma • V. *isalloterma*.

isoamile [comp. di *iso-* e del lat. *ămylus* 'amido', nel quale si sovrappone al suff. *-ile*] **s. m.** • (*chim.*) Radicale organico alifatico ramificato a cinque atomi di carbonio.

isoamìlico [da *isoamile*] **agg.** (**pl. m.** *-ci*) • (*chim.*) Detto dell'alcol alifatico saturo a cinque atomi di carbonio; è il sottoprodotto principale della fermentazione alcolica utilizzata per la preparazione di etanolo.

isòbara [comp. di *iso-* e del gr. *báros* 'peso', nell'accezione della terminologia moderna di 'pressione'; 1895] **s. f.** *1* In una rappresentazione cartografica, linea che congiunge punti aventi uguale pressione barometrica | ***Carta delle isobare***, che pone in evidenza, per un determinato livello, le zone di alta e bassa pressione. *2* (*spec. al pl.*) Trasformazione termodinamica a pressione costante | (*est.*) Linea o curva che rappresenta tale trasformazione.

isobàrico [da *isobara*; 1869] **agg.** (**pl. m.** *-ci*) • Isobaro nel sign. 1 | ***Linea isobarica***, isobara.

isòbaro [comp. sul modello del gr. *isobarḗs* 'dello stesso (*ísos*) peso (*báros*)'; 1908] **agg.** *1* Che ha pressione costante: *linea isobara, processo i.* *2* (*fis.*) ***Elementi isobari***, aventi diverso numero atomico, quindi diverse proprietà chimiche, ma peso atomico uguale.

isòbata [comp. sul modello del gr. *isobathḗs* 'della stessa (*ísos*) profondità (*báthos*)'; 1895] **A s. f.** • In una rappresentazione cartografica, linea che congiunge punti aventi la medesima profondità. **B** anche **agg.** solo **f.**: *linea i.*

isobutàno [comp. di *iso-* e *butano*] **s. m.** • Idrocarburo alifatico, isomero del butano al quale si accompagna nel gas di petrolio, usato per la fabbricazione di benzine ad alto numero di ottano.

isobutène [comp. di *iso-* e *butene*] **s. m.** • (*chim.*) Idrocarburo alifatico a quattro atomi di carbonio con un doppio legame.

isochimèna [comp. di *iso-* e di un deriv. del gr. *cheimṓn*, genit. *cheimônos* 'inverno', di orig. indeur.; 1869] **A s. f.** • In una rappresentazione cartografica, linea che congiunge i punti aventi la stessa temperatura minima invernale, dedotta dalla temperatura media del mese più freddo. **B** anche **agg.** solo **f.**: *linea i.*

isochiona [comp. di *iso-* e di un deriv. del gr. *chiṓn*, genit. *chiónos* 'neve', di orig. indeur.] **A s. f.** • In una rappresentazione cartografica, linea che congiunge i punti di uguale durata o spessore del manto nevoso. **B** anche **agg.** solo **f.**: *linea i.*

isocianàto [comp. di *isocian(ico)* e *-ato* (*2*)] **s. m.** • (*chim.*) Sale o estere dell'acido isocianico, usato per la preparazione di materie plastiche.

isociànico [comp. di *iso-* e (acido) *cianico*] **agg.** (**pl. m.** *-ci*) • Detto di acido monobasico, forma tautomera dell'acido cianico, stabile solo al di sotto dello zero, impiegato sotto forma di particolari esteri per la fabbricazione di resine poliuretaniche.

isocìclico [comp. di *iso-* e *ciclico*; 1957] **agg.** (**pl. m.** *-ci*) • (*chim.*) Detto di composti ciclici che contengono anelli di ugual numero di atomi.

isoclìna [comp. sul modello del gr. *isoklinḗs* 'egualmente (*ísos*) inclinato (dal v. *klínein*, di orig. indeur.)'; 1895] **A s. f.** • In una rappresentazione cartografica, linea che congiunge i punti aventi uguale inclinazione magnetica terrestre. **B** anche **agg.** solo **f.**: *linea i.*

isoclinàle [comp. di *iso-* e di un deriv. del gr. *klínein* 'inclinare', di orig. indeur.; 1940] **A s. f.** • (*geol.*) Detto di associazione di pieghe, scaglie tettoniche e sim., parallele, immergenti nello stesso senso e con inclinazione uguale | ***Piega i.***, con due fianchi paralleli. **B** anche **agg.** solo **f.**: *linea i.*

isocòlo [vc. dotta, lat. *isocōlo(n)*, dal gr. *isókōlos*, comp. di *ísos* 'uguale' e *kôlon* 'membro'; av. 1604] **s. m.** • (*ling.*) Figura retorica che consiste nel costruire alla stessa maniera i membri di una frase, di un periodo, di una strofa, di un verso, per ritmo, sintassi e numero di vocaboli: *non il canto del gallo, / non il nitrito del poledro, / non il fiotto del bimbo* (D'ANNUNZIO).

isocòra [comp. di *iso-* e del gr. *chṓra* 'spazio (occupato)'] **s. f.** • Trasformazione termodinamica che avviene a volume costante | Linea, curva, superficie che la rappresentano. **SIN.** Isometrica.

isocoria [comp. di *iso-*, del gr. *kórē* 'pupilla' e del suff. *-ia*] **s. f.** • (*anat.*) Condizione normale in cui le due pupille presentano uguale ampiezza.

isocòrica [comp. di *iso-* e di un deriv. del gr. *chṓros* 'spazio (di terra)'] **A s. f.** • In una rappresentazione cartografica, linea che congiunge tutti i punti a uguale distanza dalla linea costiera. **B** anche **agg.** solo **f.**: *linea i.*

isòcoro o (*raro*) **isocòro** [comp. di *iso-* e del gr. *chṓra* nel senso di 'spazio'; 1929] **agg.** • (*fis.*) Detto di trasformazione termodinamica nella quale si mantiene costante il volume.

isocrìma [comp. di *iso-* e di un deriv. del gr. *krymós* 'gelo', da *krýos* 'freddo', di orig. indeur.] **A s. f.** • In una rappresentazione cartografica, linea che congiunge punti che hanno uguale intensità di gelo. **B** anche **agg.** solo **f.**: *linea i.*

isocromàtico [comp. di *iso-* e *cromatico*; 1869] **agg.** (**pl. m.** *-ci*) • Di uguale colorazione: *anello i.* | ***Lente isocromatica***, lente per occhiali protettivi, avente colorazione uniforme su tutta la superficie. || **isocromaticaménte**, **avv.**

isòcrona [f. sost. di *isocrono*] **s. f.** • In una rappresentazione cartografica, linea che congiunge punti in cui un dato fenomeno avviene nello stesso momento, o ha la stessa durata.

isocrònico **agg.** (**pl. m.** *-ci*) • Relativo a un'isocrona.

isocronìsmo [comp. di *isocrono* e *-ismo*; av. 1764] **s. m.** *1* (*fis.*) Costanza della durata di un processo, o di un fenomeno, al variare di alcune condizioni: *i. delle piccole oscillazioni del pendolo*. *2* (*med.*) Simultaneità delle pulsazioni arteriose.

isòcrono [gr. *isóchronos*, comp. di *ísos* 'uguale' e *chrónos* 'tempo'; av. 1754] **agg.** • Che avviene in tempi uguali: *oscillazioni isocrone*.

isodàttilo [comp. di *iso-* e di un deriv. del gr. *dáktylos* 'dito'; 1965] **agg.** • Detto di animale con dita uguali.

isodinàmica [1917] **s. f.** • Linea isodinamica.

isodinàmico [sul modello del gr. *isodýnamos*, comp. di *ísos* 'uguale' e un deriv. di *dýnamis* 'forza'; 1844] **agg.** (**pl. m.** *-ci*) *1* (*fis.*) In termodinamica, detto di trasformazione senza variazioni di energia interna. *2* In una rappresentazione cartografica, detto della linea che unisce i punti della superficie terrestre i quali mantengono costante, in un dato tempo, uno degli elementi del magnetismo terrestre. *3* Nella scienza delle costruzioni, detto di linea che unisce i punti di uguale sollecitazione.

isòdio [gr. *eisódios*, agg. da *eísodos* 'ingresso', comp. di *eis* 'in' e *odós* 'via', l'uno e l'altro di orig. indeur.; av. 1729] **s. m.** • Nell'antico teatro greco, canto d'ingresso del coro satirico.

isoelèttrico [comp. di *iso-* e *elettrico*; 1952] **agg.** (**pl. m.** *-ci*) • Che ha o presenta differenze nulle di potenziale elettrico.

isoenzìma [comp. di *iso-* ed *enzima*] **s. m.** (**pl.** *-i*) • (*chim.*) Una delle diverse forme molecolari in cui alcuni enzimi si presentano nell'organismo.

isofìllo [comp. di *iso-* e di un deriv. del gr. *phýllon* 'foglia'] **agg.** • Detto di vegetale che ha foglie uguali fra loro.

isòfono [comp. di *iso-* e di un deriv. del gr. *phōnḗ* 'voce'; 1972] **agg.** • (*ling.*) Detto di parola che ha forma fonetica uguale a un'altra, ma significato diverso. **SIN.** Omofono.

isofrequènza [comp. di *iso-* e *frequenza*; 1986] **s. f.** • (*radio*) Sistema di trasmissioni radiofoniche, attuato su alcune autostrade italiane, che permette di ascoltare ininterrottamente, anche nelle zone montuose e nelle gallerie, una specifica stazione che privilegia notiziari sulla viabilità.

isogamète [comp. di *iso-* e *gamete*; 1952] **s. m.** • (*biol.*) Ciascuno dei gameti, maschile e femminile, quando sono identici per forma e dimensioni.

isogamìa [comp. di *iso-* e *-gamia*; 1952] **s. f.** • (*biol.*) Riproduzione che avviene per unione di isogameti. **CFR.** Anisogamia, eterogamia.

isogènesi [comp. di *iso-* e *genesi*] **s. f. inv.** • Origine di una linea cellulare geneticamente omogenea a partire da un elemento progenitore.

isoglòssa [comp. di *iso-* e di un deriv. del gr. *glôssa* 'lingua', 'espressione linguistica'; av. 1907] **s. f.** • (*ling.*) Linea immaginaria che, in una rappresentazione cartografica, delimita l'estensione spaziale di un fenomeno linguistico.

isògona [comp. di *iso-* e di un deriv. del gr. *gōnía* 'angolo', come il gr. *isogṓnios*; 1895] **A s. f.** • In una rappresentazione cartografica, linea che congiunge i punti aventi uguale declinazione magnetica. **B** anche **agg.** solo **f.**: *linea i.*

isogonàle [da *isogono*; 1957] **agg.** • (*mat., geogr.*) Detto di operazione o di rappresentazione che lascia invariati gli angoli. **SIN.** Isogonico, isogono.

isogonìa [1957] **s. f.** *1* In embriologia, accrescimento che lascia invariate le differenze relative di grandezza fra le singole parti. *2* (*geogr.*) Proprietà delle rappresentazioni cartografiche isogonali, che lasciano cioè invariati gli angoli tra meridiani e paralleli.

isogònico [1844] **agg.** (**pl. m.** *-ci*) • (*mat., geogr.*) Isogonale, isogono.

isògono [comp. sull'esempio del gr. *isogṓnios* 'con angolo (*gōnía*) uguale (*ísos*)'; 1820] **A agg.** *1* (*geogr.*) Di, relativo alle isogone. *2* (*mat.*) Detto di figura con gli angoli uguali a un'altra. **B s. m.** • (*mat.*) Figura con angoli uguali a quelli di un'altra.

isografìa [comp. di *iso-* e *grafia*] **s. f.** • (*letter.*) Riproduzione esatta di scritture | Raccolta di riproduzioni d'autografi.

isoièta [comp. di *iso-* e del gr. *hyetós* 'pioggia'; 1895] **A s. f.** • In una rappresentazione cartografica, linea che congiunge i punti in cui l'altezza delle precipitazioni atmosferiche, in uno stesso periodo, raggiunge uguale valore. **B** anche **agg.** solo **f.**: *linea i.*

isoìpsa [comp. sull'esempio del gr. *isóypsos* 'd'uguale (*ísos*) altezza (*hýpsos*)'; 1917] **A s. f.** • In una rappresentazione cartografica, linea che congiunge i punti con la stessa altitudine. **B** anche **agg.** solo **f.**: *linea i.*

♦**ìsola** [lat. *ĭnsula(m)*, di etim. incerta; sec. XIII] **s. f.** *1* Tratto di terra emersa circondata da ogni parte dalle acque del mare, di un lago, di un fiume | ***I. corallina, madreporica***, costituita da coralli o da madrepore. ➡ **ILL.** p. 2133 SCIENZE DELLA TERRA ED ENERGIA. *2* (*est.*) Il complesso degli abitanti di un'isola: *l'intera i. accorse per acclamarlo*. *3* (*fig.*) Territorio che rimane come staccato dai circostanti per le sue peculiari caratteristiche: *i. etnografica, linguistica* | (*fig.*) Luogo o ambiente isolato e tranquillo; oasi: *la casa in campagna è per lei un'i. di pace*. *4* Isolato | ***I. pedonale***, zona del centro storico di una città in cui è vietata la circolazione dei veicoli. *5* Area rialzata, non accessibile ai veicoli, nel mezzo di una carreggiata, di un incrocio stradale, e sim. | ***I. rotazionale***, attorno a cui i veicoli debbono girare | ***I. spartitraffico***, che separa due correnti di traffico di senso uguale od opposto. *6* (*org. az.*) ***I. di montaggio***, sistema di produzione industriale in cui piccoli gruppi di lavoratori operano in modo autonomo rispetto alla catena di montaggio. *7* (*anat.*) ***Isole del Langerhans***, masserelle di cellule sparse nel tessuto del pancreas, a funzione endocrina, che producono l'insulina. || **isolétta**, dim. | **isolina**, dim. | **isolòtto**, dim. m.

isolàbile [1887] agg. ● Che può essere isolato.

isolaménto [1792] s. m. *1* L'isolare, l'isolarsi | Condizione di chi vive appartato: *vivere in totale i.*; *chiudersi nell'i.* | Condizione di chi è isolato: *l'i. di un uomo politico.* SIN. Segregazione. *2* Condizione di uno Stato che non ha rapporti con altri Stati | ***Splendido i.***, quello dell'Inghilterra nel XIX sec. *3* Segregazione di malati affetti da malattie epidemico-contagiose | ***Reparto di i.***, negli ospedali, quello in cui sono isolati i suddetti malati. *4* Complesso di operazioni e di materiali usati allo scopo di ostacolare il propagarsi di onde sonore, o il passaggio del calore e della corrente elettrica: *i. acustico, termico, elettrico.*

isolàno [lat. *insulānu(m)*, da *īnsula* 'isola'; av. 1342] **A** agg. ● Di un'isola o di coloro che la abitano: *economia isolana*; *prodotto, artigianato i.* **B** s. m. (f. *-a*) ● Abitante, nativo di un'isola.

isolànte [av. 1827] **A** part. pres. di *isolare*; anche agg. *1* Nei sign. del v. *2* Di sostanza o materiale che si oppone alla trasmissione del calore, dell'elettricità, del suono, di radiazioni e sim. | ***Nastro i.***, per isolare conduttori elettrici. *3* (*ling.*) ***Lingue isolanti***, che giustappongono elementi semplici assimilabili a delle radici o a dei temi. **B** s. m. ● Materiale cattivo conduttore di calore, suono, corrente elettrica, radiazioni e sim.: *i. elettrico, termico, acustico.*

♦**isolàre** [da *isola*; av. 1597] **A** v. tr. (*io ìsolo*) *1* Separare qlco. da ciò che le sta intorno: *i. la città per proteggerla dal contagio*; *i. con terrapieni la zona minacciata dalle acque* | ***I. uno Stato***, (*fig.*) interromperne i contatti e gli scambi economici, culturali e sim. con altri Stati | Tenere qlcu. lontano dagli altri: *bisogna i. tutti gli ammalati contagiosi* | ***I. una persona***, (*fig.*) farle il vuoto intorno, privandola di amicizie e sim. | (*fig.*) Esaminare a parte, estrapolare: *i. una frase dal contesto.* *2* (*chim.*) Ottenere allo stato puro mediante opportuna separazione: *i. un composto chimico* | (*biol.*) Individuare un agente patogeno: *i. un virus.* *3* (*fis.*) Ostacolare, mediante operazioni e materiali vari, la trasmissione di calore, corrente elettrica, onde sonore e sim. **B** v. intr. pron. ● Ritirarsi in solitudine: *si è isolato nella sua casa di campagna.*

♦**isolàto** (1) [1550] **A** part. pass. di *isolare*; anche agg. *1* Separato dal resto: *un paesino i. a causa della neve.* *2* (*est.*) Riposto, solitario: *vivere in un luogo i.* | ***Caso, fenomeno i.***, particolare, unico | (*ling.*) ***Opposizione isolata***, in cui il rapporto esistente tra i suoi fonemi non si ritrova in altre opposizioni. *3* (*mat.*) Detto di elemento privo di collegamento con i rimanenti elementi dell'insieme: *punto, insieme i.* || **isolataménte** avv. *1* Separatamente, uno per volta. *2* Individualmente, da solo. **B** s. m. (f. *-a*) *1* Persona priva di rapporti con gli altri. *2* (*raro*) Corridore ciclista che non fa parte di alcuna squadra.

♦**isolàto** (2) [da *isola* col senso lat. di 'gruppo di case *isolate*'; av. 1600] **A** agg. ● †Pieno di isole. **B** s. m. ● Edificio a più piani o complesso di edifici tutto circondato da strade. SIN. Isola.

isolatóre [av. 1827] s. m.; anche agg. (f. *-trice*, raro) ● Supporto di materiale dielettrico, come vetro, porcellana e sim., destinato a isolare un conduttore percorso da corrente elettrica: *i. a campana, passante, a sospensione*; *muro i.*

isolazionismo [ingl. d'America *isolationism*, da *isolation* 'politica d'isolamento, di non partecipazione negli affari di altre nazioni'; 1939] s. m. ● Condotta di uno Stato che segue una politica di isolamento politico ed economico rispetto agli altri Stati.

isolazionista [ingl. d'Amer. *isolationist*, da *isolationism* 'isolazionismo'; 1939] s. m. e f.; anche agg. (pl. m. *-i*) ● Chi (o Che) è fautore dell'isolazionismo: *sono degli isolazionisti*; *politica i.*

isolazionìstico [1942] agg. (pl. m. *-ci*) ● Del, relativo all'isolazionismo, agli isolazionisti.

isolecìtico [comp. di *iso-* e del gr. *lékithos* 'tuorlo' col suff. *-ico*] agg. (pl. m. *-ci*) ● (*biol.*) Detto di gamete femminile contenente quantità non abbondanti di deutoplasma uniformemente distribuite nel proprio citoplasma.

isoleucìna [comp. di *iso-* e *leucina*; 1947] s. f. ● (*chim.*) Amminoacido idrofobo isomero della leucina presente nelle proteine, la cui presenza nell'alimentazione dell'uomo e di numerosi animali è considerata essenziale.

isomeràsi [comp. di *isomer(o)* e *-asi*] s. f. inv. ● (*chim.*) Classe di enzimi che catalizzano reazioni di isomerizzazione.

isomerìa [da *isomero*, come il corrisp. gr. *isoméreia* 'eguaglianza'; 1839] s. f. ● (*chim.*) Fenomeno, frequente spec. nei composti organici, per cui due o più sostanze, pur avendo la stessa formula bruta, differiscono nelle loro proprietà fisiche e chimiche a causa della diversa disposizione degli atomi che compongono la loro molecola | ***I. conformazionale***, quella dovuta a diverse disposizioni nello spazio degli atomi di una molecola originate per rotazione attorno a un legame semplice.

isomèrico [da *isomeria*; 1842] agg. (pl. m. *-ci*) ● (*chim.*) Relativo all'isomeria, caratterizzato da isomeria.

isomerizzazióne [1914] s. f. ● (*chim.*) Trasformazione di una sostanza in un suo isomero.

isòmero [comp. sul tipo del gr. *isomerḗs* 'con parte (*méros*) uguale (*ísos*)'; 1917] **A** s. m. ● (*chim.*) Composto che presenta isomeria. **B** anche agg.: *composto i.*

isometrìa [dal gr. *isometría*, comp. di *iso-* 'uguale' e *métron* 'misura'; 1957] s. f. ● (*mat.*) Biiezione fra due spazi metrici che conserva le distanze, tale cioè che per es. la distanza di due punti sia uguale alla distanza dei punti corrispondenti.

isomètrica [1931] s. f. ● Linea isometrica.

isomètrico [comp. di *iso-* 'uguale' e di un deriv. del gr. *métron* 'misura'; 1931] agg. (pl. m. *-ci*) *1* In una rappresentazione cartografica, detto di linea che congiunge i punti nei quali un dato fenomeno si manifesta con la medesima intensità. *2* (*mat.*) Che presenta isometria. *3* ***Versione isometrica***, versione poetica eseguita con la medesima metrica della poesia da cui si traduce.

isomorfismo [comp. di *isomorfo* e *-ismo*; 1852] s. m. *1* (*miner.*) Fenomeno per cui due sostanze solide, analoghe per composizione e struttura, cristallizzano nello stesso sistema e danno soluzioni solide in ogni proporzione dell'una rispetto all'altra. *2* (*mat.*) Omomorfismo che istituisce una corrispondenza biunivoca tra due strutture algebriche.

isomòrfo [comp. di *iso-* e *-morfo*; 1829] agg. ● (*chim., miner.*) Che presenta isomorfismo.

isònefa [comp. di *iso-* e del gr. *néphos* 'nube', di orig. indeur.; 1957] **A** s. f. ● In una rappresentazione cartografica, linea che congiunge punti con uguale nuvolosità media, in un determinato periodo di tempo. **B** anche agg. solo f.: *linea i.*

isoniazìde [comp. di *iso-*, *ni(cotinico)* e *(idr)azide*] s. f. ● (*chim., farm.*) Idrazide di un isomero dell'acido isonicotinico; farmaco fondamentale nel trattamento antitubercolare.

isonomìa [gr. *isonomía*, da *isónomos* 'isonomo'; av. 1835] s. f. ● Uguaglianza di fronte alla legge, spec. nell'antica Grecia.

isònomo [gr. *isónomos*, comp. di *iso-* e *-nomos* '-nomo'] agg. ● Che ha uguali diritti di fronte alla legge, detto spec. dei cittadini dell'antica Grecia.

isoottàno o **isottàno** [comp. di *iso-* e *ottano*; 1952] s. m. ● Idrocarburo alifatico a otto atomi di carbonio, contenuto in diversi petroli, utilizzato per individuare il potere antidetonante delle benzine.

isoperìmetri [comp. di *iso-* e il pl. di *perimetro*; av. 1754] s. m. pl. ● (*mat.*) Figure geometriche di uguale perimetro.

isoperimètrico [1943] agg. (pl. m. *-ci*) ● (*mat.*) Che è proprio degli isoperimetri | ***Problemi isoperimetrici***, estensioni del problema variazionale del trovare, fra tutte le figure geometriche di perimetro assegnato, quella di area massima.

isopètalo [comp. di *iso-* e *petalo*] agg. ● Di fiore che ha i petali uguali fra loro.

isòpo ● V. *issopo.*

isòpodi [comp. di *iso-* e di un deriv. del gr. *póus*, genit. *podós* 'piede', di orig. indeur.; 1887] s. m. pl. (sing. *-e*) ● Nella tassonomia animale, ordine di piccoli Crostacei acquatici o terricoli con corpo depresso, occhi non peduncolati (*Isopoda*).

isoprène [comp. di *iso-* e *pr(opil)ene*; 1869] s. m. ● Idrocarburo alifatico insaturo contenente due legami olefinici, costituente l'anello elementare della macromolecola della gomma naturale.

isopropilammina [comp. di *isopropil(e)* e *ammina*; 1949] s. f. ● (*chim.*) Liquido che si ottiene per reazione dell'alcol isopropilico con l'ammoniaca, usato come agente emulsionante, solubilizzante e sim.

isopropile [comp. di *iso-* e *propile*; 1948] s. m. ● Radicale alifatico monovalente derivabile dal propano per eliminazione di un atomo di idrogeno del gruppo $-CH^2$.

isopropìlico [1929] agg. (pl. m. *-ci*) ● Detto di composto contenente il radicale isopropile o da questo derivabile | ***Alcol i.***, alcol saturo secondario, ottenuto per idratazione catalitica del propilene, usato per preparare diversi composti chimici e come solvente.

isoquànto [comp. di *iso-* e *quanto* per 'quantità'; 1973] s. m. ● (*econ.*) Curva che rappresenta tutte le combinazioni tra due fattori di produzione che danno luogo a una quantità equivalente di prodotto.

isòscele [vc. dotta, lat. tardo *isŏscele(m)*, dal gr. *isoskelḗs*, comp. di *ísos* 'uguale' e un deriv. di *skélos* 'gambo', di orig. indeur.; 1561] agg. ● (*mat.*) Di triangolo o trapezio con due lati uguali. ➡ ILL. geometria.

isosillàbico [dal lat. tardo *isosyllabŭs*, dal gr. *isosýllabos* 'che ha lo stesso (*ísos*) numero di sillabe (*syllabái*)'; av. 1912] agg. (pl. m. *-ci*) ● Detto di verso formato da un numero fisso di sillabe.

isosìsmica [comp. di *iso-* e di un deriv. del gr. *seismós* 'scuotimento, terremoto'; 1917] **A** s. f. ● In una rappresentazione cartografica, linea che congiunge i punti in cui i terremoti hanno uguale frequenza o intensità. **B** anche agg. solo f.: *linea i.*

isostasìa o **isòstasi** [comp. di *iso-* e *stasi*; 1910] s. f. ● Teoria secondo la quale i diversi blocchi della parte superiore della crosta terrestre appoggiano su uno strato inferiore più viscoso con un equilibrio analogo a quello dei corpi galleggianti.

isostàtico [comp. di *iso-* e *statico*; 1909] agg. (pl. m. *-ci*) ● (*mecc.*) Detto di sistema materiale con vincoli strettamente sufficienti all'equilibrio | ***Linee isostatiche***, linee ideali che si possono immaginare passanti in ogni punto del solido elastico sollecitato, alle quali sono tangenti le tensioni ideali in quel punto.

isostenìa [gr. *isosthenía*, comp. di *ísos* 'uguale' e *sthénos* 'forza'; 1957] s. f. ● (*filos.*) Per gli scettici, equivalenza di argomenti a sostegno di due antitetiche soluzioni di un problema filosofico, con conseguente impossibilità di accogliere l'una piuttosto che l'altra.

isostèrico [comp. di *iso-* e del gr. *stereós* 'solido', sul modello dell'ingl. *isosteric*] agg. (pl. m. *-ci*) ● (*scient.*) Detto di trasformazioni in cui il volume per unità di massa è costante.

isosterismo [comp. di *iso-* e *ster(eo)-* col suff. *-ismo*] s. m. ● (*chim.*) Qualità propria di ioni o di molecole diverse dotate dello stesso numero di atomi e della stessa struttura geometrica ed elettronica esterna.

isotàttico [comp. di *iso-* e del gr. *taktikós* 'ordinato', dal v. *tássein*, di etim. incerta; 1965] agg. (pl. m. *-ci*) ● (*chim.*) Detto di polimero in cui quasi tutti gli atomi di carbonio asimmetrici contenuti nella catena polimerica presentano la stessa configurazione: *polipropilene i.*

isòtera [comp. di *iso-* e di un deriv. del gr. *théros* 'estate', di orig. indeur.] **A** s. f. ● In una rappresentazione cartografica, linea che congiunge i punti che hanno una temperatura media uguale. **B** anche agg. solo f.: *linea i.*

isotèrma [1865] s. f. *1* (*geogr.*) Linea isoterma. *2* (*fis.*) Linea, curva isoterma.

isotermìa [1957] s. f. ● Proprietà di un corpo, un sistema e sim. di mantenere invariata nel tempo la propria temperatura.

isotèrmico [comp. di *iso-* e *-termico*; 1841] agg. (pl. m. *-ci*) ● (*fis.*) Detto di fenomeno, spec. trasformazione termodinamica, che avviene a temperatura costante.

isotèrmo [comp. di *iso-* e *-termo*; 1905] agg. *1* Che ha temperatura uguale in tutti i punti | (*geogr.*) ***Linea isoterma***, in una rappresentazione cartografica, linea che congiunge i punti aventi uguale temperatura in un dato istante, o uguale temperatura media in un dato intervallo di tempo. **2** (*fis.*) Isotermico | ***Linea, curva isoterma***, linea o curva che rappresenta graficamente una trasformazione termodinamica che avviene a temperatura costante.

isotipia [comp. di *iso-* e un deriv. di *tipo*; 1957] **s. f.** ● (*chim., miner.*) Proprietà per cui certe sostanze, pur avendo formula chimica e struttura analoghe, non entrano in soluzione solida tra loro.

isotonia [comp. di *iso-* e *-tonia*; 1965] **s. f.** ● (*chim.*) Equilibrio molecolare di due soluzioni, separate da una membrana organica, che si stabilisce in seguito a scambi osmotici attraverso la membrana stessa.

isotònico [da *isotonia*; 1909] **agg.** (**pl. m.** *-ci*) **1** (*chim.*) Detto di soluzioni aventi la stessa pressione osmotica. **2** (*med.*) Detto di soluzioni aventi pressione osmotica e concentrazione molecolare analoga a quella del plasma sanguigno circolante: *siero i.*

isòtono [comp. di *iso-* e *-tono*, sul modello di *isotopo*; 1869] **agg.** ● (*fis.*) Detto di nuclei che hanno lo stesso numero di neutroni e un diverso numero di protoni.

isotopia [da *isotopo*; 1947] **s. f.** ● Proprietà per cui due elementi sono isotopi.

isotòpico [ingl. *isotopic*, comp. di *isotope* 'isotopo' col suff. *-ic* '-ico'] **agg.** (**pl. m.** *-ci*) ● (*chim.*) Di, relativo a un isotopo: *peso i.*

isòtopo [comp. di *iso-* e di un deriv. del gr. *tópos* 'luogo', perché ricoprono il medesimo posto nel sistema periodico di Mendeleev; 1935] **A agg.** ● (*chim.*) Detto di elementi che, pur avendo lo stesso numero atomico, differiscono per peso atomico. **B** anche **s. m.**: *il deuterio è un i. dell'idrogeno* | (*nucl.*) ***I. fissile***, capace di subire la fissione nucleare | ***I. fertile***, che non è fissile ma può diventarlo assorbendo un neutrone.

isotropia [da *isotropo*; 1917] **s. f.** ● (*fis.*) Proprietà delle sostanze isotrope.

isotròpico **agg.** (**pl. m.** *-ci*) ● (*raro*) Isotropo.

isòtropo [comp. di *iso-* e *-tropo*; 1895] **agg.** ● (*fis.*) Detto di sostanza in cui le proprietà fisiche non dipendono dalla direzione.

isottàno ● V. *isoottano*.

Isòtteri [comp. di *iso-* e del gr. *pterón* 'ala', secondo il consueto modo di formazione degli ordini degli Insetti; 1952] **s. m. pl.** (**sing.** *-o*) ● Nella tassonomia animale, ordine di Insetti sociali polimorfi a metamorfosi incompleta (*Isoptera*).

ispanicità [da *ispanico*; 1965] **s. f.** ● Ispanità.

ispànico [vc. dotta, lat. *Hispānicu(m)*, da *Hispānus*, di prob. orig. iberica; 1517] **A agg.** (**pl. m.** *-ci*) **1** Della Spagna, spec. antica. **SIN.** Spagnolo. **2** Che riguarda i Paesi di lingua e civiltà spagnola: *le nazioni ispaniche dell'America latina.* **B s. m.** (**f.** *-a*) ● Abitante, nativo di Paesi di lingua e civiltà spagnola.

ispanismo [comp. di *ispano* e *-ismo*; 1869] **s. m.** ● (*ling.*) Parola o locuzione propria dello spagnolo entrata in un'altra lingua. **SIN.** Spagnolismo.

ispanista [1942] **s. m. e f.** (**pl. m.** *-i*) ● Studioso di lingua, letteratura, cultura spagnola.

ispanistica [da *ispan(o)* con il suff. *-istico*, sostantivato al f.] **s. f.** ● Settore di studi che ha per oggetto la lingua, la letteratura e la cultura spagnola.

ispanità [per *ispan(ic)ità*; 1957] **s. f.** **1** Complesso di elementi che caratterizzano i popoli di lingua e cultura spagnola. **2** Insieme dei popoli di lingua spagnola.

ispanizzàre [1957] **A v. tr.** ● Adattare alla civiltà, alle usanze, alla cultura spagnola: *i. una regione.* **B v. intr. pron.** ● Assumere usanze, parlata, modi spagnoli.

ispanizzazióne [1983] **s. f.** ● L'ispanizzare, l'ispanizzarsi.

ispàno [vc. dotta, lat. *Hispānu(m)*, di prob. orig. iberica; av. 1313] **A agg.** ● (*lett.*) Ispanico, spagnolo: *voi, gente ispana, e voi, gente di Francia* (ARIOSTO). **B s. m.** ● Abitante, nativo dell'antica Spagna.

ispàno- primo elemento ● In parole composte, fa riferimento alla Spagna o agli Spagnoli: *ispano-americano.*

ispàno-americàno [1869] **agg.** **1** Che si riferisce alla Spagna e all'America del Nord, spec. agli Stati Uniti: *guerre ispano-americane* | Che si riferisce alla Spagna e all'America centro-meridionale: *letteratura, poesia ispano-americana.* **2** Che si riferisce ai Paesi dell'America centro-meridionale di lingua e cultura spagnola.

ispanòfono [comp. di *ispan(ic)o* e *-fono*; 1983] **agg.**; anche **s. m.** (**f.** *-a*) ● Che (o Chi) parla lo spagnolo.

ispècie ● V. *specie*.

†**isperàre** ● V. *sperare* (*1*).

†**isperiènza** ● V. *esperienza*.

ispessiménto o **inspessiménto** [1903] **s. m.** ● Aumento di spessore o densità | (*raro, fig.*) Aumento di frequenza.

ispessire o **inspessire** [comp. di *i(n)-* (*1*) e *spesso* 'fitto, denso'; av. 1557] **A v. tr.** (*io ispessìsco, tu ispessisci*) **1** Aumentare lo spessore di qlco.: *i. lo strato di cemento per aumentarne la resistenza.* **2** Rendere più denso: *i. la marmellata con una più lunga bollitura.* **3** (*raro, fig.*) Ripetere più spesso: V. *i. le visite, gli incontri.* **B v. intr. pron.** **1** Divenire più denso. **2** (*raro, fig.*) Divenire più frequente: *i controlli s'ispessivano.*

ispettivo [vc. dotta, lat. tardo *inspectīvu(m)*, da *inspĕctus*, part. pass. di *inspĭcere*, comp. di *in-* 'dentro' e **spĕcere* 'guardare', di orig. indeur.; 1869] **agg.** **1** Di ispezione: *potere i.* | Inerente all'ispezione: *metodo i.* **2** †Speculativo.

ispettoràto [1858] **s. m.** **1** Ufficio, titolo dell'ispettore | Durata di tale ufficio. **2** Ente pubblico esplicante funzioni ispettive, di vigilanza e di controllo su date attività o servizi: *Ispettorato agrario*; *Ispettorato militare* | ***I. del Lavoro***, che esplica funzioni varie tendenti al fine di tutelare i lavoratori. **3** Edificio in cui risiede un ispettore o un ufficio ispettivo: *ignoro il nuovo indirizzo dell'i.*

♦**ispettóre** [vc. dotta, lat. tardo *inspectōre(m)*, da *inspĕctus*, part. pass. di *inspĭcere*, comp. di *in-* 'dentro' e **spĕcere* 'guardare', di orig. indeur.; 1735] **s. m.** (**f.** *-trice*, pop. disus. *-tora*) **1** Chi vigila sulle condizioni e sull'andamento di qlco. | (*cine*) ***I. di produzione***, incaricato di curare l'organizzazione di una produzione cinematografica | ***I. scolastico***, funzionario preposto a dirigere e amministrare una circoscrizione di scuola elementare coordinando e controllando l'azione di più direttori didattici | ***I. centrale***, (*per anton.*) quello con funzioni ispettive sul piano tecnico e didattico presso le scuole secondarie | ***I. di polizia***, (*ellitt.*) ***ispettore***, funzionario, di grado superiore al sovrintendente, con compiti anche di polizia giudiziaria, spec. nel quadro di attività investigative. **2** †Osservatore.

ispezionàre [da *ispezione*; 1841] **v. tr.** (*io ispezióno*) ● Visitare o esaminare a scopo d'ispezione: *i. una scuola, una caserma, un documento*; *i. il funzionamento di un apparecchio.*

ispezióne [vc. dotta, lat. *inspectiōne(m)*, da *inspĕctus*, part. pass. di *inspĭcere* (V. *ispettore*); av. 1683] **s. f.** **1** Esame attento, osservazione diligente, esplorazione minuziosa: *i. anatomica, di una ferita*; *sottoporre un edificio ad un'i. di controllo.* **2** Indagine, controllo o visita effettuata da un ispettore nell'esercizio delle sue funzioni: *compiere un viaggio di i.*; *chiedere, subire, ordinare un'i.* **3** (*med.*) Esame del corpo umano, o di una sua parte, che rivela le modificazioni constatabili con la sola vista. **4** (*raro*) Competenza, appartenenza.

ispidézza [av. 1727] **s. f.** ● Caratteristica di chi (o di ciò che) è ispido (*anche fig.*).

ispido [vc. dotta, lat. *hĭspidu(m)*, di etim. incerta; sec. XIV] **agg.** **1** Che ha peli irti e ruvidi: *barba ispida*; *un cane i. e sporco* | (*est.*) Spinoso: *cardo i.* | (*poet., fig.*) Coperto di cespugli, boschi: *de l'ispida pendice / la costa inaccessibile* (MARINO). **2** (*fig.*) Intrattabile, scontroso: *carattere i.* | (*fig.*) Scabroso: *tema i.* ‖ **ispidaménte**, **avv.**

ispiràbile o (*raro*) **inspiràbile** [1869] **agg.** ● (*raro*) Che si può ispirare.

ispirabilità o (*raro*) **inspirabilità** [da *ispirabile*; av. 1578] **s. f.** ● Possibilità di essere ispirato.

♦**ispiràre** o (*lett.*) **inspiràre** [vc. dotta, lat. *inspirāre*, comp. di *in-* 'su, dentro' e *spirāre*, di orig. onomat. (?); 1342] **A v. tr.** **1** V. *inspirare*. **2** Infondere una particolare impressione o sentimento: *i. antipatia, disgusto, fiducia*; *al cor per gli occhi inspiri / dolce disir* (POLIZIANO) | ***I. timore, reverenza***, incutere | (*fam., assol.*) Interessare: *è un genere di film che non mi ispira, che mi ispira poco.* **SIN.** Suscitare. **3** Suggerire, consigliare: *i. un'idea luminosa*; *i. una soluzione brillante di un problema* | Spingere a fare: *i. un'opera di carità, una buona azione.* **4** Arricchire di poteri soprannaturali: *lo Spirito Santo ispirava gli Apostoli* | (*fig.*) Illuminare: *che Dio ispiri la nostra azione!* | (*est.*) Stimolare la fantasia creatrice dell'artista: *Apollo ispirava i poeti*; *i colori di quel paesaggio ispirarono il pittore.* **5** Guidare, dare l'imbeccata, indurre a un determinato comportamento: *il Ministro ha ispirato una campagna di stampa*; *le risposte dei testimoni sono state ispirate dall'avvocato.* **B v. intr. pron.** **1** Prendere ispirazione: *ispirarsi agli esempi degli uomini illustri.* **2** Conformarsi: *norme che si ispirano ai principi costituzionali.*

ispiràto o (*lett.*) **inspiràto** [1308] **part. pass.** di *ispirare*; anche **agg.** **1** Mosso da ispirazione: *musicista i.*; *profeta i.* **2** Che manifesta ispirazione: *volto i.*; *tono i.* | Ricco di ispirazione: *discorso i.*; *poesia ispirata*; *parole ispirate.* **3** Scritto per ispirazione divina | ***Libri ispirati***, le Sacre Scritture. ‖ **ispirataménte**, **avv.** Con ispirazione, come ispirato.

ispiratóre o (*raro*) **inspiratóre** [vc. dotta, lat. tardo *inspiratōre(m)*, da *inspirātus* 'ispirato'; 1390] **agg.**; anche **s. m.** (**f.** *-trice*) ● Che (o Chi) ispira: *motivo i.*; *quell'uomo è l'i. dei tuoi misfatti.*

ispirazióne o (*lett.*) **inspirazióne** [vc. dotta, lat. tardo *inspiratiōne(m)*, da *inspirātus* 'ispirato'; 1308] **s. f.** **1** V. *inspirazione*. **2** Impulso creativo: *quando gli viene l'i. allora dipinge*; *sono versi tecnicamente perfetti ma privi d'i.* | Motivo, spunto ispiratore: *per il suo romanzo ha tratto i. da alcune leggende.* **3** Consiglio, suggerimento, suggestione: *ho preso i. dal suo comportamento* | (*est.*) Indirizzo, orientamento: *leggi di i. democratica*; *stile di i. neoclassica.* **4** In molte religioni superiori, illuminazione dell'intelletto operata da Dio o da una forza soprannaturale, che concede a una persona la capacità di comunicare le verità superiori agli altri: *i. profetica, divinatoria, di Apollo, delle Muse* | Nella teologia cristiana e biblica, impulso illuminante dato da Dio alla mente | Speciale grazia di Dio che muove la volontà umana. **5** Impulso improvviso, intuizione: *mi è venuta l'i. di telefonarti*; *è stata una felice i.* | ***Come per i.***, d'impulso, spontaneamente.

ispirito ● V. *spirito* (*1*).

†**isportàre** ● V. *esportare*.

ispòsa ● V. *sposa*.

ispòso ● V. *sposo*.

†**isprimére** e *deriv.* ● V. *esprimere* e *deriv.*

israeliàno [1948] **A agg.** ● Relativo allo Stato d'Israele. **B s. m.** (**f.** *-a*) ● Abitante dello Stato d'Israele.

israelita [da *Israele*, ant. n. del popolo ebraico, lat. eccl. *Israēl(is)*, indecl., dal gr. *Israél*, di orig. ebr. (*yśrā'ēl*) con il sign. 'egli contende (*'śārāh*) con Dio (*'Ēl*)'; sec. XIV] **A s. m. e f.** (**pl. m.** *-i*) ● Chi fa parte del popolo ebraico o crede nella sua religione. **SIN.** Ebreo. **B agg.** ● Israelitico. **SIN.** Ebraico, ebreo.

israelitico [1342] **agg.** (**pl. m.** *-ci*) ● Degli israeliti, relativo agli israeliti: *cimitero i.* **SIN.** Ebraico, ebreo.

israèlo- primo elemento ● In parole composte, fa riferimento allo Stato d'Israele o agli Israeliani: *israelo-americano, israelo-egiziano, israelo-palestinese.*

†**issa** (**1**) [lat. *ĭpsa* 'nella stessa', sottinteso *hōra* 'ora'; 1313] **avv.** ● Ora, adesso.

issa (**2**) [dall'imperat. di *issare*; av. 1705] **inter.** ● Si usa come voce d'incitamento reciproco per fare contemporaneamente forza quando, in più persone, si deve sollevare o rimuovere a braccia qlcu. di molto pesante.

issàre [fr. *hisser*, orig. onomat., dal grido d'incitamento ai cani durante la caccia e poi ai marinai; sec. XIV] **A v. tr.** **1** (*mar.*) Alzare su verticalmente, mediante un cavo che scorre in carrucole o sim. **2** (*est.*) Sollevare, spec. con fatica: *i. un pesante carico sul carro merci*; *la cinse alla vita col braccio, e la issò lievemente* (BACCHELLI). **SIN.** Alzare. **B v. intr. pron.** ● Sollevarsi, salire, sistemarsi a fatica in cima a qlco.: *si issarono sul camion.*

-issimo [lat. *-issimu(m)*, da *-(i)mo-*, aggiunto ad agg. per dar loro sign. superl., con un ampliamento *-s-*] **suff.** ● Forma di norma il grado superlativo degli aggettivi: *bellissimo, modestissimo.*

†**isso** [lat. *ĭpsu(m)* 'esso'; av. 1306] **pron.** e **agg. dimostr.** ● Esso, egli stesso | Stesso: *sé i.*

†**issofatto** [av. 1348] **avv.** ● Adattamento di *ipso facto* (V.).

issolite [di formaz. incerta] **s. f.** ● Resina fossile che si trova nelle miniere di carbone.

issòpo o (*raro*) **isòpo** [vc. dotta, lat. *hyssŏpu(m)*, dal gr. *hýssōpos*, di orig. semitica; sec. XIV] **s. m. 1** Pianta cespugliosa delle Labiate, spontanea nella regione mediterranea, utilizzata dalla medicina popolare contro la tosse (*Hyssopus officinalis*). **2** Pianta aromatica di incerta identificazione citata nella Bibbia.

-ista [lat. *-ista(m)*, di orig. gr.] **suff. 1** Forma aggettivi e sostantivi connessi coi termini in *-ismo*: *altruista, ciclista, impressionista, podista, turista*. **2** Forma, per analogia, altri sostantivi indicanti attività, professioni aventi diversa derivazione, o che designano un sostenitore o un giocatore di una squadra di calcio: *barista, dantista, dentista, giornalista, giurista, latinista, pianista, torinista*.

istàbile e *deriv.* ● V. *instabile* e *deriv.*

istallàre e *deriv.* ● V. *installare* e *deriv.*

istamìna o **istammìna** [comp. di *ist(idina)* e *a(m)mina*; 1950] **s. f.** ● Composto organico derivato dall'istidina che induce dilatazione dei vasi sanguigni e contrazione della muscolatura liscia ed è causa di molte reazioni allergiche; è uno dei mediatori chimici dei processi infiammatori.

istamìnico [1957] **agg.** (pl. m. *-ci*) ● Dell'istamina, relativo all'istamina: *shock i.*

istammìna o V. *istamina*.

istantànea [f. sost. (sottinteso *fotografia*) di *istantaneo*; 1892] **s. f.** ● Fotografia presa con un tempo di posa inferiore a 1/20 di secondo.

istantaneità [av. 1704] **s. f.** ● Caratteristica di ciò che avviene in un istante o ha la durata di un istante.

istantàneo [da *istante*; 1582] **agg. 1** Che avviene in un istante: *morte istantanea*; *l'incendio di certe sostanze è i.* | *Caffè, brodo i.*, liofilizzato, rapidamente solubile in acqua. **2** Che dura un istante, un attimo: *luce istantanea*. ‖ **istantaneaménte, avv.** In un istante.

istànte (1) s. m. e f. ● (*dir.*) Chi rivolge domanda o istanza.

istànte (2) o †**stante (2)** [lat. *instănte(m)*, propr. part. pres. di *instāre* 'stare (*stāre*) sopra (*in-*)', 'premere', 'essere imminente'; sec. XIV] **s. m.** ● Momento brevissimo di tempo, attimo: *non indugiare un i.*; *l'esplosione si propagò in un i.*; *pochi istanti hanno bruciato l tutto di noi* (MONTALE) | (*est.*) Breve periodo: *è un dolore che passa in un i.*; *vi prego di aspettare un i.* | *All'i., sull'i.*, immediatamente, subito: *arriverò all'i.*

istànza o †**instànza** (2), †**stànza** (2), †**stànzia** (2) [lat. *instăntia(m)*, da *instāre* nel senso giuridico di 'incalzare (con insistenza)'; sec. XIV] **s. f. 1** (*dir.*) Richiesta rivolta a un organo amministrativo o giurisdizionale di compiere una data attività attinente alla esplicazione della propria funzione: *presentare, accogliere, respingere una i.* | *In ultima i.*, in corte di cassazione; (*fig.*) in conclusione, come prova definitiva e sim. **2** (*est.*) Domanda, richiesta: *fare i. per ottenere qlco.*; *accogliere su i. di qlcu.* **3** (*lett.*) Insistenza o persistenza nel domandare: *chiedere, sollecitare con grande i.* **4** Esigenza, necessità: *le istanze delle classi meno abbienti*. **5** (*filos.*) Replica a un'obiezione.

istàre ● V. *instare*.

istàte ● V. *estate*.

istauràre e *deriv.* ● V. *instaurare* e *deriv.*

ister [dal lat. *hĭster* (nom.) 'istrione', per la loro funzione nel pericolo; 1965] **s. m. inv.** ● Insetto dei Coleotteri con corpo ovale, tegumenti durissimi, zampe brevi, che vive anche allo stato larvale nei mucchi di sterco bovino ed equino (*Hister quadrimaculatus*).

isterectomìa [comp. di *ister(o)*- e *-ectomia*; 1932] **s. f.** ● (*chir.*) Asportazione chirurgica dell'utero.

ìstereşi o (*raro*) **isterèşi** [gr. *hystérēsis* 'mancanza', dal v. *hysterêin* 'venir dopo, posteriormente (*hýsteron*, di orig. indeur.)'; 1902] **s. f. inv.** ● (*fis.*) Ritardo subìto dall'effetto in seguito a variazione della causa | *I. dielettrica, magnetica*, fenomeno per il quale l'induzione dipende anche dalle vicende elettriche o magnetiche precedenti.

isterìa [dal lat. tardo *hystĕra* 'utero', dal gr. *hysté-*

ra. V. *istero-*; 1788] **s. f. 1** (*psicol.*) Isterismo. **2** (*gener., est.*) Stato di eccitazione esagerata e incontrollata, spesso fanatica e collettiva: *al suo arrivo la diva è stata accolta con scene di i.*

istèrico [vc. dotta, lat. *hystĕricu(m)*, dal gr. *hysterikós* 'proprio dell'utero (*hystéra*)'; av. 1699] **A agg.** (pl. m. *-ci*) ● (*med.*) Che è proprio dell'isterismo: *accesso i.*; *crisi isterica*. ‖ **istericaménte, avv. B s. m.**; anche **agg.** (f. *-a*) **1** (*med.*) Chi (o Che) è affetto da isterismo. **2** (*gener., est.*) Chi (o Che) è facile a scatti e crisi di nervi, a reazioni emotive smodate e incontrollate.

isterilimento [1819] **s. m.** ● L'isterilire, l'isterilirsi | Condizione di ciò che è divenuto sterile.

isterilìre o **insterilìre** [comp. di *i(n)*- (1) e *sterile*; 1614] **A v. tr.** (*io isterilìsco, tu isterilìsci*) ● Rendere sterile, improduttivo: *i. il terreno con coltivazioni irrazionali* | (*fig.*) Rendere povero, freddo: *questo dolore le ha isterilito il cuore*. **B v. intr. pron.** ● Divenire sterile (*anche fig.*): *i campi si sono isteriliti per la siccità*; *la sua vena poetica si è isterilita*.

isterismo [comp. di *ister(ia)* e *-ismo*; 1750] **s. m. 1** (*psicol.*) Forma di psiconeurosi caratterizzata da instabilità emotiva, immaturità affettiva e disturbi somatici la cui origine organica non è dimostrabile. **2** (*gener., est.*) Comportamento da isterico, reazione smodata e incontrollata | Eccitazione, esaltazione eccessiva; fanatismo: *i. collettivo*.

ìstero- [dal gr. *hystéra* 'utero', di orig. indeur.] primo elemento (*ister-* davanti a vocale) ● In parole composte della terminologia scientifica, significa 'utero' o indica relazione con l'utero: *isterectomia, isteroscopia*.

isterografìa [comp. di *istero-* e *-grafia*] **s. f.** ● (*med.*) Esame radiografico della cavità uterina.

isteròide [dal gr. *hystér(ico)* e *-oide*; 1967] **agg.** ● (*med.*) Che ha manifestazioni simili a quelle proprie dell'isteria: *comportamento i.*

isterologìa (1) [vc. dotta, lat. tardo *hysterologĭa(m)*, dal gr. *hysterologia*, comp. di *hýsteron* 'posteriore' e *-logía* '-logia'; 1630] **s. f.** ● (*ling.*) Figura retorica che consiste nel dire prima quello che si dovrebbe dire dopo. CFR. *Hysteron proteron*.

isterologìa (2) [comp. di *istero-* e *-logia*; 1834] **s. f.** ● Studio delle affezioni uterine.

isteroptòşi [comp. di *istero-* e *ptosi*; 1834] **s. f. inv.** ● (*med.*) Abbassamento dell'utero. SIN. Metroptosi.

isterosalpingografìa [comp. di *istero-*, *salpinge* e *-grafia*] **s. f.** ● (*med.*) Esame radiologico della cavità uterina e delle salpingi.

isteroscopìa [comp. di *istero-* e *-scopia*] **s. f.** ● (*med.*) Esplorazione visiva della cavità uterina mediante l'isteroscopio.

isteroscòpio [comp. di *istero-* e *-scopio*] **s. m.** ● (*med.*) Strumento che, introdotto attraverso il canale cervicale, permette l'esplorazione visiva della cavità uterina.

isterotomìa [comp. di *istero-* e *-tomia*] **s. f.** ● (*med.*) Incisione della parete dell'utero.

†**istèsso** ● V. *stesso*.

-ìstico [suff. agg. (*-ico*) applicato a s. in *-ist(a)*] **suff. 1** Forma aggettivi connessi coi sostantivi in *-ismo*: *altruistico, ciclistico, egoistico, ostruzionistico, socialistico, turistico*. **2** Forma per analogia altri aggettivi aventi diversa derivazione: *bandistico, caratteristico, stilistico*.

istidìna [dal gr. *histíon* 'tessuto' (d'etim. incerta), col suff. *-ide* dei protidi; 1946] **s. f.** ● (*chim.*) Amminoacido basico presente nelle proteine, precursore dell'istamina, considerato essenziale nell'uomo e in numerosi animali.

istigaménto o (*lett.*) **instigaménto**, †**stigaménto** [1312] **s. m.** ● (*raro*) Istigazione.

istigàre o (*lett.*) **instigàre**, †**stigàre** [vc. dotta, lat. *instīgāre* 'picchiare, pungere (da una var. intensivo-durativa di **stĭngere*, di orig. indeur.) contro (*in-*)'; av. 1364] **v. tr.** (*io istìgo, tu istìghi*) ● Indurre o spingere a qlco. di riprovevole: *i. a un delitto, alla vendetta*; *i. a rubare*.

istigàto o (*lett.*) **instigàto** [sec. XIV] **part. pass.** di *istigare*; anche **agg.** ● Nei sign. del v.

istigatóre o (*lett.*) **instigatóre** [vc. dotta, lat. *instīgātōre(m)*, da *instīgatus* 'istigato'; sec. XIV] **agg.**; anche **s. m.** (f. *-trice*) ● Che (o Chi) istiga: *l'i. della rivolta*; *idea istigatrice di violenza*. SIN. Fomentatore, sobillatore.

istigazióne o (*lett.*) **instigazióne**, †**stigazióne** [vc. dotta, lat. tardo *instīgatiōne(m)*, da *instīgatus* 'istigato'; 1308] **s. f. 1** (*dir.*) Illecito penale consistente in un complesso di attività tali da indurre altri a tenere un dato comportamento: *i. al suicidio, alla prostituzione*; *i. a delinquere*. **2** Incitamento a compiere qlco. di riprovevole: *ha agito per i. di cattivi compagni*.

istillàre e *deriv.* ● V. *instillare* e *deriv.*

istintività [1929] **s. f.** ● Caratteristica di chi (o di ciò che) è istintivo.

istintìvo [1819] **A agg. 1** Dell'istinto, che proviene dall'istinto: *necessità istintive* | Fatto per istinto e non in base a un ragionamento: *movimento i.*, *azione, reazione istintiva*. **2** Detto di persona che agisce prevalentemente per istinto, per impulso e sim.: *ragazzo i.* ‖ **istintivaménte, avv.** Per istinto, in modo istintivo; senza riflessione. **B s. m.** (f. *-a*) ● Chi agisce e parla d'istinto, senza riflettere: *è un i. e non sa controllarsi*.

istìnto [vc. dotta, lat. *instīnctu(m)*, part. pass. di *instīnguere*, da *in-* 'contro' e *stĭng(u)ere* 'pungere', con sovrapposizione di *stĭnguere* 'spegnere' (l'uno e l'altro v. di orig. indeur.), per l'associazione dell'idea di 'ardere', 'bruciare' con quella di 'stimolare'; 1321] **s. m. 1** Inclinazione congenita ed ereditaria che fa parte dell'inconscio e che spinge gli esseri viventi a preservare l'esistenza individuale e la specie: *i. sessuale, sociale, materno*; *l'i. delle api, delle formiche*; *i. di difesa, di conservazione*. **2** (*est.*) Impulso interiore, indipendente dal ragionamento e dalla volontà, che porta l'uomo ad agire in un determinato modo: *lasciarsi dominare dall'i.*; *vincere, reprimere, soffocare i propri istinti*; *cedere all'i.*; *seguire l'i.* | Inclinazione naturale dell'animo umano: *i. basso, nobile, generoso* | Impulso spontaneo e irrazionale: *l'i. del cuore* | *Fare qlco. per i., come per i., d'i.*, senza pensarci o ragionarci sopra. **3** (*raro*) Indole, attitudine: *è nato con l'i. degli affari*.

istintuàle [1835] **agg.** (*psicoan.*) Che si riferisce all'istinto o agli istinti: *sfera i.*; *conflitti istintuali*.

istiocìta o **istiocìto** [comp. del gr. *histíon* 'tessuto' (V. *isto-*) e *-cito*; 1973] **s. m.** (pl. *-i*) ● (*biol.*) Cellula del sistema reticolo-endoteliale attiva nella difesa dell'organismo dai processi infiammatori.

istiòforo [comp. del gr. *histíon* 'vela' e *-foro*; 1834] **s. m.** ● Pesce osseo marino simile al pesce spada con pinna dorsale sviluppatissima, che l'animale usa a volte come una vela lasciandola emergere (*Istiophorus gladius*). SIN. Pesce vela, pesce ventaglio.

istitóre ● V. *institore*.

istitòrio ● V. *institorio*.

istituèndo o (*lett.*) **instituèndo** [1858] **agg.** ● (*raro*) Che deve essere istituito.

istituìre o †**instituìre**, †**stituìre** [vc. dotta, lat. *instituĕre*, comp. di *in-* (1) e *statuĕre* 'stabilire', da *stāre*, con passaggio ad altra coniug.; sec. XIV] **v. tr.** (*io istituìsco, tu istituìsci*) **1** Dare inizio a qlco. di una certa importanza e di durata stabile: *i. una borsa di studio, un premio, un'accademia, una parrocchia* | Fondare: *i. il tribunale delle acque, un ordine religioso, un'accademia* | (*lett.*) Decidere. **2** Costituire, nominare: *i. qlcu. erede*. **3** Iniziare, impostare: *i. un'equazione, un confronto, una ricerca comparativa*. **4** †Educare, istruire: *i. qlcu. nelle scienze matematiche*.

istituìto o (*lett.*) **instituìto** [1441] **part. pass.** di *istituire*; anche **agg.** ● Nei sign. del v.

istitutìvo [1719] **agg.** ● Che istituisce, che ha lo scopo di istituire: *legge istitutiva*.

istitùto o (*lett.*) **institùto** [vc. dotta, lat. *instĭtūtu(m)*, propr. part. pass. di *instituĕre* 'istituire'; 1441] **s. m. 1** Ognuno dei perseguimenti di un dato fine: *i. di assistenza ai profughi* | *I. di credito*, banca | *I. d'emissione*, istituto di credito avente il potere di emettere moneta | *I. d'istruzione*, d'insegnamento di vario grado: *i. magistrale, tecnico, professionale* | *I. superiore*, quello da cui dipendono le scuole secondarie superiori di diverso indirizzo | *I. comprensivo*, quello da cui dipendono le scuole primarie e secondarie inferiori | *Consiglio d'i.*, V. *consiglio*, sign. 5 | *I. di bellezza*, per il trattamento estetico delle persone | (*est.*) Accademia: *l'i. storico italiano*; *l'i.*

di Francia | ***Istituti di vita consacrata***, nel diritto canonico, le associazioni di fedeli istituite dall'autorità ecclesiastica, distinte in istituti religiosi e istituti secolari. **2** ***I. giuridico***, complesso di norme giuridiche che disciplinano uno stesso fenomeno sociale | Il fenomeno stesso: *l'i. della famiglia*. **3** Biblioteca o laboratorio universitario attrezzato per lo studio e la ricerca scientifica in un determinato settore: *i. di anatomia comparata, di diritto internazionale* | (*est.*) Laboratorio privato di notevoli dimensioni e importanza: *i. tipografico, d'arti grafiche*. **4** ***I. universitario***, università costituita da una sola facoltà o caratterizzata da un indirizzo di studi specifico: *i. universitario di lingue moderne*. **5** (*lett.*) Proposito o assunto che si sia stabilito di realizzare. **6** †Insegnamento, istruzione.

istitutóre o †**institutóre** [vc. dotta, lat. tardo *institutōre(m)*, da *institūtus* 'istituito'; sec. XIV] **s. m.** (f. *-trice*) **1** Fondatore: *i. di un centro educativo*. **2** Chi svolge attività educativa in collegi o case private: *è arrivato il nuovo i.* SIN. Precettore.

istituzionàle [1928] **agg.** **1** Relativo a un'istituzione, spec. politica: *referendum i.* **2** Relativo alle nozioni fondamentali di una disciplina: *manuale i.* || **istituzionalménte**, avv.

istituzionalìsmo [dall'ingl. *institutionalism*, denom. di *institution* 'istituzione'; 1986] **s. m.** ● (*econ.*) Corrente di pensiero, sviluppatasi spec. negli Stati Uniti all'inizio del XX sec., secondo la quale la complessità delle forme di organizzazione delle moderne società rende impossibile giungere a leggi di validità universale nel campo dell'economia politica e delle scienze sociali.

istituzionalìsta **s. m. e f.** (pl. m. *-i*) ● Chi è esperto o si occupa di istituzioni.

istituzionalizzàre [1962] **A** **v. tr.** **1** Dare forma giuridica: *i. una consuetudine*. **2** (*est.*) Dare un valore di istituzione: *i. la religione* | (*est.*) Rendere stabile: *i. una cooperazione*. **3** (*bur.*) Immettere in un'istituzione, spec. assistenziale: *i. i bambini negli asili*. **B** **v. intr. pron.** ● Acquisire carattere di istituzione: *la raccomandazione si è ormai istituzionalizzata*.

istituzionalizzàto **part. pass.** di *istituzionalizzare*; anche **agg.** ● Nei sign. del v.

istituzionalizzazióne [1969] **s. f.** ● L'istituzionalizzare, il venire istituzionalizzato.

istituzióne o †**instituzióne**, †**stituzióne** [lat. *institutiōne(m)*, da *institūtus* 'istituito'; sec. XIV] **s. f.** **1** L'istituire | Fondazione, creazione, costituzione: *i. di una festa, di una cerimonia*; *ordine cavalleresco d'antica i.*; *parlava della necessità dell'i. di grandi banche* (SVEVO) | (*dir.*) ***I. di erede***, nomina dell'erede contenuta in un testamento. **2** Insieme degli organismi e delle norme e consuetudini fondamentali su cui si basa un'organizzazione politica, e gener. qualunque comunità o corpo sociale: *l'i. del matrimonio*; *l'i. del papato*; *le istituzioni repubblicane*; *il paese è travagliato da una crisi delle istituzioni*; *le istituzioni internazionali* | ***È un'i.***, (*fig.*, *scherz.*) detto di qlcu. o qlco. radicato da tempo in un luogo, ambiente e sim. così da essere ritenuto fondamentale e talora insostituibile. **3** Ente od organo istituito per determinati scopi pratici: *i. culturale, di assistenza, di beneficenza*. **4** (*spec. al pl.*) Il complesso delle nozioni fondamentali di una scienza o disciplina, spec. giuridica: *istituzioni di diritto privato, civile, pubblico* | (*est.*) Il testo che contiene tali nozioni: *ho appena acquistato le istituzioni di matematica elementare*. **5** †Ammaestramento, istruzione: *i. della gioventù*.

ìstmico [vc. dotta, lat. *īsthmicu(m)*, dal gr. *isthmiakós*, da *isthmós* 'istmo'; sec. XIV] **agg.** (pl. m. *-ci*) ● Dell'istmo, di un istmo | ***Giochi istmici***, nella Grecia antica, gare che si disputavano ogni due anni a Corinto in onore di Posidone.

ìstmo o (*pop. tosc.*) **ìsmo** [vc. dotta, lat. *īsthmu(m)*, dal gr. *isthmós*, di orig. indeur.; av. 1494] **s. m.** **1** Lingua di terra che unisce due continenti o una penisola a un continente e separa due mari: *l'i. di Corinto*. **2** (*anat.*) Parte ristretta del corpo | ***I. delle fauci***, orifizio ristretto al passaggio dalla bocca alla faringe | ***I. dell'encefalo***, parte dell'encefalo che riunisce il cervello al cervelletto e al midollo allungato.

isto- [dal gr. *histós* 'telaio' e 'tela', da *histánai* 'collocare in piedi', di orig. indeur.] primo elemento ● In parole composte della terminologia scientifica, fa riferimento a tessuti organici: *istogenesi, istologia*.

istochìmica [comp. di *isto-* e *chimica*; 1952] **s. f.** ● (*biol.*) Insieme di tecniche della microscopia ottica che tendono a individuare particolari sostanze a livello tissulare. CFR. Citochimica.

istocompatibilità [comp. di *isto-* e *compatibilità*; 1987] **s. f.** ● (*biol.*) Grado di compatibilità antigenica fra i tessuti di un organismo donatore e quelli di un ricevente tale che un trapianto non viene rigettato.

istogènesi [comp. di *isto-* e *genesi*; 1933] **s. f. inv.** ● (*biol.*) Formazione dei tessuti animali o vegetali di norma durante lo sviluppo embrionale, ma in certi casi anche successivamente.

istogràmma [comp. del gr. *histós* 'trama' e *-gramma*; 1931] **s. m.** (pl. *-i*) ● Rappresentazione grafica di un fenomeno che si ottiene riportando, in corrispondenza ai valori della variabile indipendente, dei segmenti paralleli all'asse delle ordinate o dei rettangoli la cui misura dà il valore della variabile dipendente. ➡ ILL. **diagramma.**

istologìa [comp. di *isto-* e *-logia*; 1828] **s. f.** ● (*biol.*) Disciplina che studia i tessuti, adeguatamente preparati, con l'ausilio del microscopio ottico e di quelli elettronici (in trasmissione e in scansione).

istològico [1886] **agg.** (pl. m. *-ci*) ● Dell'istologia: *gabinetto i.* | Relativo a tessuti organici: *esame i.* || **istologicaménte**, avv. Dal punto di vista istologico.

istòlogo [comp. di *isto-* e *-logo*; 1905] **s. m.** (f. *-a*; pl. m. *-gi*) ● Studioso, esperto di istologia.

istóne [da *isto-*; 1957] **s. m.** ● (*biol.*) Tipo di proteina basica associata con il DNA nucleare, mediante un legame con i residui di acido fosforico.

istopatologìa [comp. di *isto-* e *patologia*; 1952] **s. f.** ● (*med.*) Branca della patologia che studia le affezioni tessutali con esami microscopici e ultramicroscopici.

†**istòria** ● V. *storia*.

istoriàre o †**storiàre** (1) [da *istoria*; 1319] **v. tr.** (*io istòrio*) ● Ornare con la rappresentazione figurativa di fatti storici o leggendari: *i. una colonna, la base di un monumento*; *i. una parete con le imprese di Cesare* | (*est.*) Adornare o illustrare con figure: *i. un libro*.

istoriàto [1340] **part. pass.** di *istoriare*; anche **agg.** ● Nei sign. del v.

†**istòrico** ● V. *storico*.

†**istoriévole** **agg.** ● Che riguarda la storia.

istoriografìa e *deriv.* ● V. *storiografia* e *deriv.*

istràda ● V. *strada*.

istradàre e *deriv.* ● V. *instradare* e *deriv.*

†**istràneo** ● V. *estraneo*.

†**istràno** ● V. *estraneo*.

istriàno (o *-strià-*) [1554] **A** **agg.** ● Dell'Istria. **B** **s. m.** (f. *-a*) ● Abitante, nativo dell'Istria. **C** **s. m.** solo **sing.** ● Dialetto italiano dell'area settentrionale, parlato nell'Istria.

ìstrice [vc. dotta, lat. *hȳstrice(m)*, nom. *hȳstrix*, dal gr. *hýstrix* 'dal pelo (*thríx*) in su (**ud*)' (?); 1334] **s. m.** e raro **f.** **1** Tozzo mammifero roditore rivestito di peli nerastri e, sul dorso, di lunghi aculei (*Hystrix cristata*) | (*fig.*) ***Barba, capelli da i.***, molto ispidi. ➡ ILL. **animali**/11. **2** (*fig.*) Persona che ha un carattere difficile e irritabile: *è scontroso come un i.* **3** (*mar.*) Dispositivo antisommergibile a canne multiple, per il lancio di bombe di profondità.

istrióne o †**strióne** [vc. dotta, lat. *histriōne(m)*, di orig. etrusca, da *Hīstria*, prima località di provenienza (?); sec. XIV] **s. m.** (f. *-a*, raro *-éssa*) **1** Attore di teatro, nell'antica Roma. **2** (*spreg.*) Attore di poco conto | Attore che recita con enfasi caricata per suscitare nel pubblico facili e forti emozioni. **3** (*est.*, *fig.*) Persona che si comporta in pubblico come se stesse recitando, assumendo atteggiamenti ostentati o simulati: *non far l'i.*; *da buon i. nasconde bene il dolore*.

istrionésco o †**strionésco** [av. 1742] **agg.** (pl. m. *-schi*) ● (*spreg.*) Degno di istrione: *manifestazioni istrionesche di dolore*; *contegno i.* || **istrionescaménte**, avv.

istriònico o †**striònico** [vc. dotta, lat. tardo *histriŏnicu(m)*, da *hīstrio*, genit. *histriōnis* 'istrione'; av. 1576] **agg.** (pl. m. *-ci*) ● Di istrione: *arte istrionica* | (*spreg.*) Istrionesco: *comportamento, atteggiamento i.* || **istrionicaménte**, avv. Con modi da istrione.

istrionìsmo [1913] **s. m.** ● (*spreg.*) Attitudine a comportarsi da istrione.

†**istroménto** ● V. *strumento*.

istruìre o (*lett.*) **instruìre** [vc. dotta, lat. *instrŭere*, comp. di *in-* 'sopra' e *strŭere* 'costruire', di orig. indeur., con mutamento di coniug.; 1441] **A** **v. tr.** (*io istruìsco, tu istruìsci*; **part. pass.** *istruìto*, lett. *istrùtto*) **1** (qlcu. + *in*) Fare acquisire, mediante insegnamento teorico o pratico, le nozioni di una disciplina, di un'arte, di un'attività: *i. qlcu. nella filosofia*; *i. le reclute nell'uso delle armi*; *i. i nuovi assunti nell'uso del computer* | (*est.*, *raro*) Ammaestrare: *i. un cane, un cavallo*. **2** Fornire dei fondamentali strumenti culturali (*anche assol.*): *è un popolo che deve essere istruito*. **3** (qlcu. + *su*) Dare indicazioni, suggerimenti e sim.: *i. per lettera*; *i. il testimone sulla risposta da dare*; *Agnese appena levata cominciò ... ad istruirla a puntino sul da farsi* (MANZONI) | (*fam.*, *iron.*) Dare l'imbeccata: *t'hanno istruito bene!* **4** (*dir.*) ***I. una causa, un processo*** e sim., compierne l'istruzione. **B** **v. rifl.** **1** (+ *in*) Darsi un'istruzione o migliorare quella che già si possiede: *istruirsi in una disciplina*; *istruirsi con buone letture*. **2** (+ *su*) Informarsi: *istruirsi sul valore di un immobile*; *coloro che, avendo poco cervello, vogliono istruirsi sul modo più acconcio per perderlo* (PIRANDELLO).

istruìto o (*lett.*) **instruìto** [av. 1617] **part. pass.** di *istruire*; anche **agg.** (assol.; + *in*) ● Nei sign. del v. | Che ha una buona istruzione: *un ragazzo i.*; *Un italiano ... i. in tutto ciò che si richiede oggidì* (LEOPARDI).

†**istruménto** e *deriv.* ● V. *strumento* e *deriv.*

istruttìvo [da *istrutto*; 1639] **agg.** ● Che istruisce: *libro i.* | Che dà un utile insegnamento: *esempi istruttivi*. || **istruttivaménte**, avv.

istrùtto o **instrùtto** [1303] **part. pass.** di *istruire*; anche **agg.** **1** (*lett.*) Istruito | Informato. **2** †Fornito. **3** †Ordinato, schierato: *esercito i.*

istruttóre o †**instruttóre** [vc. dotta, lat. *instructōre(m)*, da *instrūctus* 'istrutto'; av. 1498] **A** **agg.** ● Che istruisce | ***Giudice i.***, in un processo, giudice sotto la cui direzione si svolge l'istruzione della causa. **B** **s. m.** (f. *-trice*) ● Chi ha il compito d'istruire in qualche disciplina: *i. di educazione fisica*; *i. militare* | ***I. di volo***, chi insegna a pilotare gli aeromobili.

istruttòria [agg. sost., che sottintende *fase* (*processuale*); 1723] **s. f.** ● (*dir.*) Istruzione: *prove assunte durante l'i.*; *svolgimento dell'i.*

istruttòrio [1869] **agg.** ● (*dir.*) Che riguarda l'istruzione: *atti istruttori*; *fase istruttoria* | ***Provvedimento i.***, contenente disposizioni relative all'istruzione della causa.

♦**istruzióne** o †**instruzióne**, (*pop.*) †**struzióne** [vc. dotta, lat. *instructiōne(m)*, da *instrūctus* 'istrutto'; av. 1375] **s. f.** **1** Attività dell'istruire, dell'istruirsi: *svolgere un intenso periodo d'i.* | Insegnamento scolastico | ***Ministero della Pubblica I.***, ministero che esplica funzioni varie relative al sistema scolastico | ***I. pubblica***, svolta direttamente dallo Stato | ***I. privata***, gestita da privati | ***I. programmata***, V. *programmato*. **2** Il complesso delle nozioni acquisite: *aver ricevuto un'i. pratica e teorica* | Cultura: *avere una buona i.*; *è una persona senza i.*; *l'i. letteraria è stata sempre la base della pubblica educazione* (DE SANCTIS). **3** (*spec. al pl.*) Disposizione, norma o direttiva data a qlcu. relativamente a un'attività, un compito, una funzione: *attenersi alle istruzioni*; *attendere, domandare, comunicare istruzioni* | (*est.*) Indicazioni scritte annesse ad un prodotto di cui insegnano l'uso: *leggere le istruzioni di una medicina*; *attenersi alle istruzioni per l'uso* | Prescrizione medica. **4** (*dir.*) Fase processuale durante la quale si acquisiscono agli atti tutti gli elementi necessari alla decisione | ***I. preventiva***, fase processuale con funzione cautelare durante la quale si assumono elementi di prova a futura memoria | ***I. dibattimentale***, fase del processo penale durante la quale si assumono le prove avanti al giudice del dibattimento. **5** (*elab.*) Componente elementare di un programma che dice all'elaboratore qual è l'operazione da eseguire in quel momento. || **istruzioncèlla**, dim.

istupidiménto [1815] **s. m.** ● L'istupidire, l'istupidirsi | Stato di chi è istupidito.

istupidire o (*raro*) **instupidire** [comp. di *i(n)-* (*1*) e *stupido*; av. 1644] **A** v. tr. (*io istupidìsco, tu istupidìsci*) ● Rendere stupido | Intontire: *il colpo lo ha istupidito*. **B** v. intr. e intr. pron. (aus. *essere*) ● Diventare stupido | (*est.*) Intontirsi: *istupidirsi per, con le troppe chiacchiere; mi sembra che sia istupidito*.

istupidito [sec. XIV] part. pass. di *istupidire*; anche agg. ● Intontito, stordito.

†**ita** (**1**) [vc. dotta, lat. *ĭta*, di orig. indeur.; 1313] avv. ● (*lett.*) Così, sì: *del no, per li denar, vi si fa ita* (DANTE *Inf.* XXI, 42).

ita (**2**) [gr. *ēta*, con la pronuncia moderna (*i*) di *ē*] s. f. ● Nome della lettera greca η secondo la pronuncia moderna.

itacése o **itacènse** [vc. dotta, lat. *ithacēnse(m)*, da *Ĭthaca* 'Itaca'; 1810] **A** agg. ● Di Itaca, isola greca. **B** s. m. e f. ● Abitante, nativo di Itaca | ***L'Itacese***, (*per anton.*) Ulisse.

itacismo [da *ita* (*2*) formata secondo il modello di parole affini, partenti da (*sole*)*cismo*; 1869] s. m. ● (*ling.*) Pronuncia bizantina del greco che dà alla lettera η il valore del suono *i*. SIN. Iotacismo. CONTR. Etacismo. CFR. Reuchliniano.

itacista [1869] s. m. e f. ● Chi segue o sostiene l'itacismo.

itacistico [1957] agg. (pl. m. *-ci*) ● Relativo all'itacismo | Fondato sull'itacismo.

italése ● V. *italiese*.

italianàre [deriv. da *italiano*; 1862] v. tr. e intr. pron. ● (*raro*) Rendere, divenire italiano.

italianeggiàre [comp. di *italian(o)* e *-eggiare*; 1834] v. intr. (*io italianéggio*; aus. *avere*) ● Seguire il modo di parlare, agire e vivere degli italiani | Affettare abitudini italiane.

italianismo [comp. di *italian(o)* e *-ismo*; av. 1667] s. m. ● Parola o locuzione propria dell'italiano entrata in un'altra lingua.

italianista [1853] s. m. e f. (pl. m. *-i*) ● Studioso di lingua, letteratura, cultura italiana.

italianistica s. f. ● Settore di studi che ha per oggetto la lingua e la letteratura italiane: *dipartimento di i.*

italianità [1832] s. f. ● Indole, natura italiana: *i. di origini, di sentimenti*.

italianizzàre [comp. di *italian(o)* e *-izzare*; 1688] **A** v. tr. **1** Rendere italiano per lingua, costumi, cittadinanza chi non lo è per origine. **2** Tradurre in forma italiana: *i. una parola straniera, i nostri antichi*. **B** v. intr. pron. ● Diventare italiano.

italianizzazióne [1972] s. f. ● L'italianizzare, l'italianizzarsi: *i. di un Paese* | Processo di adattamento alla lingua italiana di elementi di un'altra lingua o di un dialetto.

♦**italiàno** [av. 1292] **A** agg. ● Dell'Italia: *regioni, città italiane; popolo i.; cucina italiana* | ***All'italiana***, (*ellitt.*) alla maniera degli italiani. || **italianaménte**, avv. **B** s. m. (f. *-a*) ● Abitante, nativo dell'Italia. **C** s. m. solo sing. ● Lingua del gruppo romanzo parlata in Italia: *il bello dell'i. è questo: che tu come è scritto lo leggi* (SCIASCIA) | ***Professore d'i.***, che insegna la lingua e la letteratura italiana | ***Parlare i.***, (*fig.*) parlare chiaro.

Italian style /italjans'tail, *ingl.* ɪ'tʰæljən 'staɪl/ [loc. ingl., propr. 'stile italiano'; 1986] loc. sost. m. inv. ● All'estero, definizione dello stile di vita o del modo di comportarsi tipico degli italiani.

itàlico [vc. dotta, lat. *Itălicu(m)*, da *Ităla* 'Italia'; 1308] **A** agg. (pl. m. *-ci*) **1** Relativo alle popolazioni residenti in Italia tra l'età del ferro e l'età imperiale romana | ***Lingue italiche***, gruppo di lingue della famiglia indoeuropea. **2** (*lett.*) Italiano: *l'i. suolo* | ***Scuola italica***, denominazione della scuola filosofica pitagorica fiorita nella Magna Grecia nel secolo VI a.C. | ***Carattere i.***, proprio della scrittura italica | ***Scrittura italica***, scrittura in uso nel XV sec. in Italia caratterizzata dal tratteggio sottile, dall'inclinazione verso destra e dall'allungamento delle aste ascendenti e discendenti. || **italicaménte**, avv. Italianamente. **B** s. m. (f. *-a*) ● Ogni appartenente alle antiche popolazioni stanziate in Italia tra l'età del ferro e l'età imperiale romana.

italièse o **italése** [comp. di *itali(ano)* ed *-ese* (*2*); 1966] s. m. solo sing. ● Linguaggio consistente nella mescolanza di vocaboli e costrutti italiani e inglesi, tipico di taluni settori quali la pubblicità, la tecnologia e sim.

italiòta [vc. dotta, gr. *Italiṓtēs*, da *Italía*, di etim. incerta; 1806] **A** agg. (pl. m. *-i*) ● Relativo alla Magna Grecia. **B** s. m. e f. ● Antico abitante della Magna Grecia. **C** agg.; anche s. m. e f. ● (*spreg.*) Italiano, con riferimento agli aspetti deteriori.

itàlma [comp. di *it(aliano)*, *al(luminio)* e *ma(gnesio)*; 1963] s. m. inv. ● (*numism.*) Lega a base di alluminio e magnesio, usata in Italia per monete divisionali.

italo [vc. dotta, lat. *Ĭtalu(m)*, di etim. incerta; 1342] agg. ● (*lett.*) Italiano, italico.

italo- primo elemento ● In parole composte, fa riferimento all'Italia o agli italiani: *italo-americano; confine italo-francese*.

italoamericàno o **italo-americàno** [1950] **A** agg. **1** Relativo all'Italia e all'America, spec. agli Stati Uniti. **2** Degli, relativo agli, italoamericani. **B** s. m. (f. *-a*) ● Cittadino statunitense di origine italiana.

italòfilo [comp. di *ital(ian)o* e *-filo*; 1915] agg.; anche s. m. (f. *-a*) ● Che (o Chi) è favorevole all'Italia e agli italiani.

italòfobo [comp. di *ital(ian)o* e *-fobo*; 1912] agg.; anche s. m. (f. *-a*) ● Che (o Chi) è ostile all'Italia e agli italiani.

italòfono [comp. di *ital(ian)o* e *-fono*; 1963] agg.; anche s. m. (f. *-a*) ● Che (o Chi) parla l'italiano.

-itàre [lat. *-itāre*, orig. con valore freq.] suff. derivativo ● Forma verbi, taluni con valore iterativo, tratti da aggettivi o da verbi: *abilitare, facilitare, nobilitare, seguitare*.

-ite (**1**) [gr. *-îtis*, f. del suff. agg. *-ítes*, sottintendendo il s. *nósos* 'malattia'] suff. ● Nella terminologia medica, indica uno stato di infiammazione di un tessuto o di un organo: *polmonite, epatite*.

-ite (**2**) [gr. *-ítes*, che propr. è applicato a nomi col senso di 'proveniente, derivato da'] suff. ● In parole composte scientifiche e tecniche, spec. di mineralogia e chimica, indica minerali (*magnetite*), leghe (*perlite*), esplosivi (*dinamite*) e alcoli alifatici polivalenti (*mannite*).

-ite (**3**) [V. *-ite* (*1*)] suff. ● In parole composte della terminologia medica spec. istologica, indica unità funzionali: *dendrite* (*2*), *neurite* (*2*), *sternite*.

item (**1**) [vc. dotta, lat. *ĭtem*, da *ĭta*, di orig. indeur.; sec. XII] avv. ● Parimenti, similmente, spec. nel linguaggio giuridico.

item (**2**) /'aitem, *ingl.* 'aɪtəm/ [vc. ingl., dal lat. *ĭtem* 'ugualmente, parimenti' (V. *item* (*1*))] s. m. inv. **1** (*elab.*) Ognuna delle unità programmate con le quali si compongono le sequenze di istruzione. **2** (*ling.*) Ogni elemento di un insieme grammaticale, lessicale e sim. considerato in quanto termine particolare.

iter [vc. lat., propr. 'viaggio', legato al part. pass. (*ĭtus*) di *īre* 'andare'; 1957] s. m. inv. (pl. lat. *itinera*) ● Serie di formalità, passaggi e sim. che una pratica amministrativa o un atto legislativo devono compiere, prima di arrivare a un esatto completamento procedurale: *i. burocratico, legislativo, parlamentare; quando la pratica avrà completato il suo i. riceverete una risposta*.

iteràbile [1970] agg. ● (*lett.*) Ripetibile.

†**iteraménto** [av. 1673] s. m. ● (*raro*) Ripetizione.

iteràre [vc. dotta, lat. *iterāre*, da *ĭterum* 'una seconda volta', di orig. indeur.; 1319] v. tr. (*io ìtero*) ● (*lett.*) Ripetere, replicare.

iterativo [vc. dotta, lat. tardo *iteratīvu(m)*, da *iterāre* 'iterare'; 1869] agg. **1** Che indica ripetizione, iterazione. **2** (*ling.*) Frequentativo: *locuzione iterativa; verbo i.* **3** (*mat.*) Detto di metodo, procedimento di calcolo che giunge al risultato mediante approssimazioni successive. || **iterativamènte**, avv.

iteràto [1532] part. pass. di *iterare*; anche agg. ● (*lett.*) Ripetuto. || **iterataménte**, avv. Reiteratamente.

iterazióne [vc. dotta, lat. *iteratiōne(m)*, da *iterātus* 'iterato'; sec. XIV] s. f. ● Ripetizione.

itifàllico [vc. dotta, lat. *ithyphăllicu(m)*, dal gr. *ithyphallikós*, da *ithýphallos* 'itifallo'; 1865] agg. (pl. m. *-ci*) **1** Detto di verso greco e latino costituito di una tripodia trocaica, tipico dei canti fallici. **2** (*lett.*) Osceno.

itifàllo [vc. dotta, lat. tardo *ithyphallu(m)*, dal gr. *ithýphallos*, comp. di *ithýs* 'eretto', di orig. indeur., e *phallós* 'fallo'; av. 1597] s. m. ● Carme che si cantava nelle feste di Bacco.

itinerànte [vc. dotta, lat. tardo *itinerănte(m)*, propr. 'viaggiatore', da *itinerāri* 'compiere un viaggio' (*ĭter*, genit. *itĭneris*)'; av. 1827] agg. ● Che si muove, si sposta da un luogo all'altro: *mostra, spettacolo i.*

♦**itineràrio** [vc. dotta, lat. tardo *itinerāriu(m)*, da *ĭter*, genit. *itĭneris* 'viaggio', da *īre* 'andare'; sec. XIV] **A** agg. ● (*raro*) Che riguarda il viaggio, la distanza, il percorso | ***Misure itinerarie***, usate per determinare le distanze (ad es. il miglio). **B** s. m. **1** Percorso di un viaggio per lo più diviso in tappe: *i. turistico* | Strada da percorrere: *l'i. di una processione*. **2** Descrizione e rappresentazione di un percorso, spec. a uso turistico: *i. di Roma, di Terra Santa*.

itinere, in ● V. *in itinere*.

ito [sec. XIV] part. pass. di *ire* ● (*lett.* o *tosc.*) Andato | Spacciato, finito, morto: *è bell'e ito*.

-ito (**1**) [suff. alternante, con specificazione di sign. (per gli acidi), di *-ato* (per i sali)] suff. ● In chimica, indica sali, esteri, eteri, derivati da acidi in *-oso*: *ipoclorito, solfito*.

-ito (**2**) [lat. *-ītu(m)* con equivalenze indeur.] suff. ● Forma i participi passati dei verbi in *-ire*: *sbalordito, udito*.

-ito (**3**) [lat. *-ītu(m)*, proprio dei part. pass. dei v. in *-īre*, frequentemente usato per esprimere voci di animali] suff. ● Forma sostantivi indicanti versi d'animali: *barrito, grugnito, muggito, nitrito, ruggito*.

ittèrbio [dal n. della località sved. *Ytterby*, dove fu scoperto; 1930] s. m. ● Elemento chimico, metallo del gruppo delle terre rare. SIMB. Yb.

ittèrico [vc. dotta, lat. *ictĕricu(m)*, dal gr. *ikterikós*, da *íkteros* 'ittero (1)'; 1740 ca.] **A** agg. (pl. m. *-ci*) ● (*med.*) Dell'ittero: *colore i.* **B** agg.; anche s. m. (f. *-a*) ● (*med.*) Che (o Chi) è affetto da ittero.

itterizia [da *itterico*; av. 1327] s. f. ● (*med.*; *disus.*) Ittero (1).

ittero (**1**) [vc. dotta, lat. *ĭcteru(m)*, dal gr. *íkteros*, di etim. incerta; 1901] s. m. ● (*med.*) Condizione patologica dovuta ad accumulo di bilirubina nel sangue, caratterizzata da abnorme colorazione giallo-brunastra di cute, mucose e sclera | ***I. emolitico***, dovuto a eccessiva emolisi | ***I. ostruttivo***, dovuto a ostruzione delle vie biliari.

ittero (**2**) [vc. dotta, lat. *ĭcteru(m)*, dal gr. *íkteros* 'ittero': per la credenza che a guardarlo si guariva dall'itterizia (?); av. 1564] s. m. ● Passeraceo americano, ottimo cantore, di forma snella, con becco appuntito e piumaggio dei maschi vivacemente colorato (*Icterus galbula*).

ittico [dal gr. *ichthyikós* 'relativo al pesce (*ichthýs*)', di orig. indeur.; 1935] agg. (pl. m. *-ci*) ● Relativo ai pesci: *mercato i.*

ittio- [dal gr. *ichthyo-*, da *ichthýs*, genit. *ichthýos* 'pesce'] primo elemento ● In parole composte, significa 'pesce' o indica relazione con i pesci: *ittiologia*.

ittiocòlla [vc. dotta, lat. *ichthyocŏlla(m)*, dal gr. *ichthyókolla*, comp. di *ichthýs* 'pesce' e *kólla* 'colla'; 1828] s. f. ● Colla di pesce.

ittiocoltùra [comp. di *ittio-* e *coltura*] s. f. ● Coltivazione di mitili, pesci o altri prodotti ittici in acque dolci o marine.

ittiofagia [gr. *ichthyophagía*, deriv. di *ichthyophágos* 'ittiofago'; 1834] s. f. ● Nutrizione a base di pesce.

ittiòfago [gr. *ichthyophágos*, comp. di *ichthyo-* 'ittio-' e *-phágos* '-fago'; 1550] agg. (pl. m. *-gi*) ● Che si nutre di pesci.

ittiofàuna [comp. di *ittio-* e *fauna*; 1941] s. f. ● L'insieme delle varie specie di pesci di una data località.

ittiòfilo [comp. di *ittio-* e *-filo*] s. m. (f. *-a*) ● Appassionato raccoglitore di pesci, spec. in acquario.

ittiofòrmio [comp. di *ittio(lo)* e di un deriv. da *forma(ldeide)*] s. m. ● Prodotto di condensazione dell'ittiolo con formaldeide, impiegato in medicina come antisettico intestinale e antidiarroico.

ittiogènico [comp. di *ittio-* e *-genico*] agg. (pl. m. *-ci*) ● Che produce pesce: *stabilimento i.*

ittiòlo [dal gr. *ichthýs* 'pesce (fossile)', dal quale è ricavato; 1886] s. m. ● Sostanza bituminosa, usata in farmacologia, che si ottiene per distillazione di rocce costituite da depositi di pesci fossili.

ittiologia [comp. di *ittio-* e *-logia*; 1754] s. f. ● Branca della zoologia che ha per oggetto lo studio dei pesci, la pesca e la piscicoltura.

ittiològico [1829] agg. (pl. m. -*ci*) ● Riguardante l'ittiologia.

ittiòlogo [comp. di *ittio*- e *-logo*; av. 1828] s. m. (f. -*a*; pl. m. -*gi*) ● Studioso, esperto di ittiologia.

ittiosàuro o **ictiosàuro** [comp. di *ittio*- e del gr. *sâuros* 'lucertola'; 1820] s. m. ● Rettile marino carnivoro del Mesozoico, con cranio molto allungato e arti trasformati in pinne. ▬ ILL. paleontologia.

ittiòsi o **ictiòsi** [comp. di *ittio*- e -*osi*; 1834] s. f. inv. ● (*med.*) Malattia caratterizzata da secchezza e desquamazione della pelle.

ittismo [comp. di *ittio*- e -*ismo*] s. m. ● (*raro*) Intossicazione intestinale causata da ingestione di pesci avariati.

ittita o **hittita**, (*raro*) **ittito** [dal n. ebr. (*Hitti*, pl. *Hittîm*) del popolo che nella propria lingua si chiamava *Hatti*, coi suff. etnico -*ita*; 1915] **A** agg. ● Che si riferisce a un'antica popolazione di origini controverse e di lingua indoeuropea, immigrata e stanziata fin da epoche molto remote nell'Asia Minore: *civiltà, cultura i.*; *re ittiti*. **B** s. m. e f. (pl. m. -*i*) ● Ogni appartenente a questa antica popolazione. **C** s. m. solo sing. ● Lingua della famiglia indoeuropea, parlata dagli Ittiti.

itto [V. *ictus*; 1957] s. m. ● (*med.*) Pulsazione, visibile all'esterno, del cuore o di alcune arterie.

ittrio o **yttrio** [dal n. della località sved. *Ytterby*, dove il chim. Mosander lo scoprì; 1833] s. m. ● Elemento chimico, metallo del gruppo delle terre rare. SIMB. Y.

-itùdine [lat. -*itūdine(m)*] suff. ● Forma sostantivi astratti di origine latina, indicanti qualità, stato: *attitudine, beatitudine, gratitudine*.

†**iùba** e *deriv.* ● V. *giubba* (2) e *deriv.*

†**iubère** o **iùbere** [lat., propr. 'ordinare', di orig. indeur.; 1321] v. tr. (difett. usato solo nella terza pers. sing. dell'indic. pres. *iube*) ● Comandare: *quando Iunone a sua ancella iube* (DANTE *Par.* XII, 12).

iubilàre e *deriv.* ● V. *giubilare* (1) e *deriv.*

iùcca ● V. *yucca*.

IUD /jud/ [sigla dell'ingl. *Intra Uterine Device* 'dispositivo intrauterino'; 1983] s. m. inv. ● (*med.*) Spirale.

†**iudàico** ● V. *giudaico*.

†**iudèo** ● V. *giudeo*.

†**iudicàre** e *deriv.* ● V. *giudicare* e *deriv.*

†**iùdice** e *deriv.* ● V. *giudice* e *deriv.*

iùdice, sub ● V. *sub*.

†**iudìcio** e *deriv.* ● V. *giudizio* e *deriv.*

iùgero [vc. dotta, lat. *iūgeru(m)*, propr. 'superficie lavorata in un giorno da una coppia di buoi al giogo (*iūgum*)'; sec. XIV] s. m. ● Antica misura di terreno pari a circa 2500 m².

luglandàcee ● V. *Juglandacee*.

†**iùgo** ● V. *giogo*.

iugoslàvo o **jugoslàvo** [serbocroato *jugoslaven*, propr. 'slavo (*slaven*) del sud (*jug*)'; 1886] **A** agg. ● Della Iugoslavia: *coste iugoslave, popolazioni iugoslave*. **B** s. m. (f. -*a*) ● Abitante, nativo della Iugoslavia.

iugulàre (1) ● V. *giugulare* (1).

iugulàre (2) o **giugulàre** (2) [lat. *iugulāre*, da *iūgulum*, propr. 'gola dove il collo si unisce (*iūngere*) alle spalle e al petto'; av. 1494] v. tr. (*io iùgulo*) **1** (*raro*) Scannare, strangolare | Prendere per il collo. **2** (*fig.*) Costringere qlcu., con crudeltà e durezza, ad accettare condizioni o situazioni svantaggiose.

iugulatòrio o (*raro*) **giugulatòrio** [1932] agg. ● Che reca in sé costrizioni, condizioni inique, e sim.: *contratto i.*; *accordi iugulatori*. || **iugulatoriaménte**, avv.

iugulazióne o **giugulazióne** s. f. **1** Macellazione mediante recisione delle vene giugulari. **2** (*fig., raro*) Vessazione, ricatto.

†**iùlco** [vc. dotta, lat. *hiŭlcu(m)*, da *hiāre* 'stare a bocca spalancata', di orig. indeur.] agg. ● Detto di suono sguaiato e disarmonico di voce.

iùlo [gr. *íoulos*, specie di 'insetto' coperto di 'lanuggine', detta egualmente *íoulos*, da *oûlos* 'crespo', da *eílêin* 'rotolare, avvolgere', di orig. indeur.; 1834] s. m. ● (*zool.*) Millepiedi.

†**iùngla** ● V. *giungla*.

iùnior agg. ● Adattamento di *junior* (V.).

†**iuràre** e *deriv.* ● V. *giurare* e *deriv.*

†**iùre** e *deriv.* ● V. *giure* e *deriv.*

iùrta o **yùrta** /'jurta, russo 'jurtʌ/ [russo *jurta*, dal turco *yurt* 'abitazione'; 1970] s. f. (pl. russo *iurty*) ● Tenda di feltro dei nomadi mongoli dell'Asia centrale, con pareti cilindriche e copertura a calotta.

iùs [vc. lat., propr. 'diritto'; 1321] s. m. (pl. lat. *iura*) ● Diritto, ordinamento giuridico | *Ius aedificandi*, diritto di edificare | *Ius superveniens*, modifica legislativa che interviene a modificare le norme applicabili in un dato momento | *Ius variandi*, potere del datore di lavoro di modificare unilateralmente le mansioni assegnate a un lavoratore | *Ius primae noctis*, nel Medioevo, pretesa o diritto di un signore feudale di trascorrere con le mogli dei sudditi la loro prima notte di nozze.

iussivo [dal lat. *iūssus*, part. pass. di *iubère* 'comandare' (di orig. indeur.); 1967] agg. ● (*ling.*) Detto di forma verbale, o costruzione, che esprime un comando (come, per es., l'imperativo e il congiuntivo).

†**iustizia** e *deriv.* ● V. *giustizia* e *deriv.*

†**iusto** ● V. *giusto* (1).

iùta o **jùta** [ingl. *jute*, dall'indostano *jhuta* 'crespo': dal sanscrito *jūtah* 'treccia', come il sim. *jaṭā*, di etim. incerta (?); 1875] s. f. ● Fibra tessile che serve per fare cordami e tessuti da imballaggio, ricavata dalle piante delle Tigliacee (*Corchorus capsularis* e *Corchorus textilis*). SIN. Canapa di Calcutta.

iutièro [1941] agg. ● Della iuta, concernente la iuta o la sua industria.

iutifìcio [comp. di *iuta* e *-ficio*, 1922] s. m. ● Stabilimento in cui si lavora la iuta.

†**iuvènculo** [vc. dotta, lat. tardo *iuvĕnculu(m)*, dim. di *iuvĕncus*, agg. tratto dalla stessa radice di *iŭvenis* 'giovane' e con lo stesso sign., anche se spesso riferito a un 'giovane d'animale' (V. *giovenca*)] s. m. ● Giovinetto, giovincello.

iuventìno ● V. *juventino*.

iva (**1**) [lat. *īva(m)*, di orig. gallica; sec. XIV] s. f. ● (*bot.*) Aiuga.

Iva (**2**) /'iva/ [sigla di *I(mposta sul) V(alore) A(ggiunto)*; 1973] s. f. inv. ● Imposta indiretta, istituita in Italia nel 1973, che si applica con aliquote differenziate sulle cessioni di beni e sulle prestazioni di servizi effettuate nel territorio dello Stato nell'esercizio di imprese o di arti e professioni, nonché sulle importazioni; oggetto della tassa è il valore aggiunto che risulta dalla differenza tra il valore dei beni e servizi che un'impresa vende e il valore dei beni e servizi che l'impresa acquista per impiegarli nel processo produttivo.

ivàto [da *IVA* (Imposta sul Valore Aggiunto); 1983] agg. ● Detto di documento contabile assoggettato all'Imposta sul Valore Aggiunto.

ivi [lat. *ĭbi*, di orig. indeur.; av. 1250] avv. (†poet. troncato in *i*) **1** (*lett.*) In quel luogo, lì, là (con v. di stato e di moto): *ivi si trovano molte cose interessanti*; *oh felice colui cu' ivi elegge!* (DANTE *Inf.* I, 129) | †*Presso d'ivi*, vicino a quel luogo | †*Ivi entro*, lì dentro | Si usa nelle citazioni di opere per rimandare a un passo già citato precedentemente. **2** †Allora, in quel momento: *Di penter sì mi pose ivi l'ortica* (DANTE *Purg.* XXXI, 85) | *Ivi a poco tempo*, di lì a poco.

-ivo o **-ativo** [lat. -*īvu(m)*] suff. ● Forma aggettivi, o sostantivi, di origine latina o derivati generalmente dal participio passato (alcuni direttamente dal tema dell'infinito), indicanti capacità, disposizione, qualità: *attivo, consultivo, determinativo, difensivo, furtivo, nocivo*.

ivoriàno [fr. *ivoirien* 'della Costa d'Avorio (*Côte-d'Ivoire*)'; 1963] agg. ● Della Costa d'Avorio.

Ixòdidi [dal gr. *ixódēs* 'vischioso', deriv. di *ixós* 'vischio', di etim. incerta; 1929] s. m. pl. (sing. -*e*) ● Nella tassonomia animale, famiglia di Acari a forte dimorfismo sessuale, ematofagi su molti Vertebrati, cui appartengono le zecche (*Ixodidae*).

izba /'izba, russo iz'bʌa/ ● V. *isba*.

-izia [lat. -*ĭtia(m)*, parallelo, in vc. di orig. dotta, -*ezza*] suff. ● Forma sostantivi per lo più astratti, derivati dal latino e indicanti caratteristica, condizione, stato: *avarizia, giustizia, letizia, pigrizia, primizia*.

-izio [lat. -*īciu(m)*, parallelo, in vc. di orig. dotta, -*eccio*] suff. ● Forma sostantivi derivati dal latino (*giudizio, patrizio, sodalizio, sposalizio*), o aggettivi tratti da sostantivi (*cardinalizio, impiegatizio, prefettizio*).

†**izza** [etim. discussa: vc. onomat., come orig. *issare* (?); av. 1347] s. f. ● Ira, stizza.

-izzàre [variante latinizzata del suff. applicato a v. in orig. di provenienza gr. (-*izein* con valore di 'agire in un certo modo'), popolarmente reso con -*eggiare*] suff. ● Forma verbi, tratti da sostantivi e aggettivi, indicanti attuazione, trasformazione o riduzione: *agonizzare, gargarizzare, nazionalizzare, socializzare, italianizzare*.

j, J

La lettera *J*, la cui introduzione nell'alfabeto italiano fu proposta ai primi del Cinquecento e divenne d'uso comune sul finire del Seicento, ha avuto due valori: quello dell'*I* consonante in principio di parola oppure tra due vocali (es. *jèri* /'jeri/, *vassójo* /vas'sojo/); e quello dell'*I* vocale finale di parola, derivato da vera o supposta contrazione di due *i* (es. *vàrj* /'vari/, *vassój* /vas'soi/). Nell'uso odierno la lettera *J* è in decadenza: generalmente parlando, non esistono casi in cui non possa essere sostituita da un *I* semplice. Come consonante in principio di parola, non è più in uso, tranne che in alcuni nomi di località (ad es. S. Giorgio Jonico); come consonante interna di parola tra due vocali, è usabile solo in pochi casi di nomi propri (es. *Ròia* o *Ròja* /'roja/); con valore vocalico in fine di parola, è del tutto antiquata, sostituita in genere da -*i*, più di rado e solo in certe parole da -*î*, da -*i*', o da -*ii*. Un uso obbligatorio della lettera *J* sopravvive solo in pochi cognomi, sia con la prima delle funzioni sopra indicate (es. *Jèmolo* /'jemolo/), sia con la seconda (es. *Tajòli* /ta'joli/), sia con la terza (es. *Aurèlj* /au'reli/), sia infine col valore di vocale debole preceduta da vocale accentata (es. *Màjno* /'maino/). In forestierismi non adattati la lettera *J* può avere valore consonantico, rappresentando per es. una postalveopalatale: costrittiva, o fricativa, sonora /ʒ/ nelle voci francesi, semiocclusiva, o affricata, sonora /dʒ/ in quelle inglesi.

j, (*maiusc.*) **J** [1529] **s. f. o m.** ● Lettera dell'alfabeto latino medievale e di altri alfabeti moderni; è la decima lettera dell'alfabeto italiano (nome per esteso *i lunga*, o *i lungo*, (*disus.*) *iòta*): *j minuscola*, *J maiuscolo* | Nella compitazione spec. telefonica it. *j come jersey*; in quella internazionale *j come Juliet*.

jab /*ingl.* ʤæb/ [vc. ingl. dal v. *to jab* 'colpire', alterato di *to job* 'lavorare', di orig. incerta; av. 1936] **s. m. inv.** ● (*sport*) Nel pugilato, colpo di disturbo di non grande efficacia, ma che portato in serie ostacola l'avversario nella sua azione.

jaborandi /jabo'randi/ o **iaborandi** [sp. *jaborandi*, di orig. tupi (*yaborandi*); 1956] **s. m. inv.** ● Arbusto brasiliano delle Rutacee, velenoso, di cui si usano le foglie pennate coriacee contenenti pilocarpina (*Pilocarpus jaborandi*).

jabot /*fr.* ʒa'bo/ [vc. fr., originariamente 'rigonfiamento dell'esofago degli uccelli, da una base *ga-ba 'gozzo degli uccelli'; 1905] **s. m. inv.** ● Davantino di batista o sim. ornato di pizzi e ricami, increspato o pieghettato.

jacarànda /jaka'randa/ [sp. e port. *jacarandá*, vc. di orig. tupi; 1972] **s. f.** ● Genere di piante tropicali delle Bignoniacee, alcune delle quali forniscono il legno di palissandro (*Jacaranda*).

j'accuse /*fr.* ʒa'kyːz/ [fr., propr. 'io accuso', dal titolo della lettera aperta dello scrittore E. Zola al Presidente della Repubblica francese dell'epoca, in difesa dell'ufficiale A. Dreyfus, comparsa sul giornale 'L'Aurore' nel 1898 e contenente violente accuse allo stato maggiore francese; 1904] **loc. sost. m. inv.** ● Denuncia, spec. fatta pubblicamente, di un'ingiustizia, un sopruso e sim. e sollecito invito a porvi rimedio: *lanciare un j'accuse*.

jack /*ingl.* ʤæk/ [vc. ingl., che assume vari sign., ma tutti riconducibili, per etim., al n. proprio *Jacke*, soprannome di *Johan* = *John* 'Giovanni'; 1937] **s. m. inv. 1** Spina o più conduttori coassiali usata per collegare apparecchi elettronici tra loro o a particolari accessori. **2** Fante delle carte da gioco francesi. **3** Bandiera esposta a prua sulle navi da guerra.

jackpot /'ʤekpot, *ingl.* 'ʤæk,pɒt/ [vc. ingl., comp. di *jack*, il 'fante', che permette, se doppio, di aprire il gioco nel poker, e *pot* 'pentola' nel senso di 'posta accumulata'; 1985] **s. m. inv.** ● Nei giochi d'azzardo, la posta in gioco che aumenta con le quote del montepremi non distribuite in precedenti giocate | (*est.*) Successo strabiliante.

jacobsite /jakob'site/ [dal n. della località di *Jacobsberg* in Svezia, ove si trova; 1956] **s. f.** ● Minerale composto di ossido di ferro, manganese e magnesio.

jacquard /*fr.* ʒa'kaːʀ/ [dal n. dell'inventore fr. J.-M. *Jacquard* (1752-1834); 1965] **A s. m. inv.** ● Dispositivo che comanda i fili di ordito nel telaio per tessuti operati, la cui armatura, composta di molti fili che tessono in modo diverso, si ripete in un numero limitato di volte. **B agg. inv. 1** Detto di telaio munito di dispositivo jacquard. **2** Detto di punto a maglia eseguito a più colori su disegni geometrici | Detto di indumento lavorato a punto jacquard.

jacquerie /*fr.* ʒak'ʀi/ [vc. fr., da *Jacques* (Bonhomme) 'Giacomo (Buonomo)', soprannome tradizionale del contadino fr.; 1905] **s. f. inv.** ● Sollevazione contadina.

Jacùzzi® /ja'kutstsi, *ingl.* ʤə'khouzi/ [dal n. della ditta americana che la fabbrica; 1987] **s. f. inv.** ● Vasca per idromassaggio.

Jäger /*ted.* 'jɛgəʀ/ [vc. ted., propr. 'cacciatore'; 1952] **s. m. inv.** (pl. ted. inv.) ● Soldato appartenente a corpi speciali dell'esercito austriaco o tedesco.

jàina /'ʤaina/ ● V. *giaina*.

jainismo /ʤai'nizmo/ ● V. *giainismo*.

jais /*fr.* ʒɛ/ [da *jaiet* 'giaietto' (V.); 1884] **s. m. inv.** (pl. fr. inv.) ● V. *giaietto*.

jaleo /*sp.* xa'leo/ [vc. sp., dal v. *jalear* 'ammirare un cantante, accompagnandolo con voci e battiti di mano', da *hala*, inter. di orig. espressiva; 1956] **s. m. inv.** (pl. sp. *jaleos*) ● Danza andalusa simile al bolero, ballata da una sola persona.

jamahiriya /*ar.* ʤæmæhi'rija/ o **jumhūriya** [dall'ar. *ǧamāhīriyya*, nome astratto dall'agg. pl. di *ǧumhūriyya* 'repubblica'; 1983] **s. f. inv.** (pl. ar. *jamahiriyāt*) ● Repubblica: *j. araba libica popolare socialista*.

jamming /*ingl.* 'ʤæmɪŋ/ [vc. ingl., dal v. *to jam* 'disturbare', propr. 'bloccare'; di orig. imit.; 1970] **s. m. inv.** ● Disturbo organizzato delle trasmissioni di una stazione radio, mediante interferenze, rumori e sim.

jam session /ʤem'seʃʃon, *ingl.* 'ʤæm,seʃn/ [loc. ingl., comp. di *jam* 'stretta, compressione (di gente)', ma nello slang musicale amer. anche 'improvvisazione', e *session* 'seduta'; s. f. inv. (pl. ingl. *jam sessions*)] ● Incontro informale di musicisti jazz, per suonare improvvisando, al di fuori degli impegni professionali.

jarabe /*sp.* xa'raβe, h-/ [vc. sp., propr. 'bevanda dolce, sciroppo', dall'ar. *šarāb* 'bevanda, pozione', dal v. *šáriba* 'bere'; 1970] **s. m. inv.** (pl. sp. *jarabes*) ● Danza popolare messicana, simile allo zapateado.

jarovizzazióne /jarovidzdzats'tsjone/ ● V. *iarovizzazione*.

Java /'ʤava/ [dal n. ingl. di un rinomato tipo di caffè (*Java coffee*), attribuito a un linguaggio di computer di altrettanto alta qualità; 1996] **s. m. inv.** ● (*elab.*) Linguaggio di programmazione destinato spec. allo sviluppo di applicazioni ipertestuali da distribuire sul web.

jay /*ingl.* ʤei, *ingl.* ʤeɪ/ **s. f. inv.** ● Nome inglese della lettera *j*. SIN. *I lunga*.

jazz /*ingl.* ʤets*, ʤaz, *ingl.* ʤæz/ [vc. ingl., di etim. incerta; 1919] **A s. m. inv.** ● Genere musicale di origine negro-americana, caratterizzato dall'uso costante del tempo binario, della poliritmia, del libero contrappunto e dal particolare linguaggio melodico. **B** anche **agg. inv.**: *musica j.*

jazz-band /ʤaz'bend, *ingl.* ʤæz,bænd/ [loc. ingl., comp. di *jazz* e *band* 'orchestra' (V. *banda* (3)); 1919] **s. f. o m. inv.** (pl. ingl. *jazz-bands*) ● Orchestra per musica jazz.

jazzista /ʤets'tsista, ʤedz'dz-, ʤats'ts-, ʤadz'dz-/ [1956] **s. m. e f.** (pl. m. -i) ● Suonatore di jazz.

jazzistico /ʤets'tsistiko, ʤedz'dz-, ʤats'ts-, ʤadz'dz-/ [1940] **agg.** (pl. m. -*ci*) ● Relativo al jazz o ai jazzisti. ‖ **jazzisticaménte, avv.**

♦**jeans** /ʤins, *ingl.* ʤiːnz/ [vc. dell'ingl. d'America, da (*blue-*)*jeans*; 1963] **A s. m. inv.** ● Tipo di grossa tela di cotone molto resistente, quasi sempre blu: *un vestito, una giacca, una borsa di j.*; *era tutto vestito di j*. **B** anche **agg. inv.**: *tela j*. **C s. m. pl.** ● Accorc. di *blue jeans* | (*est.*) Pantaloni di taglio simile a quello dei blue-jeans: *un paio di j. di velluto, di fustagno*.

jeanseria /ʤinse'ria/ [da *jeans*, accorc. di *blue-jeans*; 1980] **s. f.** ● (*fam.*) Negozio che vende jeans.

Jeep® /ʤip, *ingl.* ʤiːp/ [lettura della sigla G.P., da *g*(*eneral*) *p*(*urpose*) 'car' (veicolo di) uso generale'; 1943] **s. f. inv.** ● Autovettura scoperta, potente e molto robusta, adatta ai terreni difficili, originariamente di dotazione militare.

jersey /'ʤersi, *ingl.* 'ʤɜːzɪ/ [vc. ingl., dal n. dell'isola *Jersey*, dove sono notevoli fabbriche di questo tipo di maglieria; 1868] **s. m. inv.** ● Tessuto a maglia, spec. di lana.

jet /*ingl.* ʤet/ [vc. ingl., abbr. di *jet airplane* 'aereo (*airplane*) potenziato da un motore a reazione (*jet*)'; 1962] **s. m. inv.** ● Aeroplano a reazione.

jetlag /*ingl.* 'ʤet,læg/ o **jet lag** [vc. ingl., comp. di *jet* (V.) e *lag* 'ritardo, sfasamento'; 1985] **s. m. inv.** ● Stato di malessere dopo un lungo viaggio aereo a causa della differenza dei fusi orari.

jet liner /*ingl.* 'ʤet,laɪnə/ [loc. ingl., propr. 'aereo di linea (*liner*) a reazione (*jet*)'; loc. sost. m. inv. (pl. ingl. *jet liners*)] ● Aereo a reazione per voli di linea.

jet set /ʤet'set, *ingl.* 'ʤet,set/ [vc. ingl., propr. 'società di gente ricca che viaggia frequentemente in jet', comp. di *jet*, propr. 'getto', poi 'aereo' e *set* 'associazione' (vc. d'orig. germ.); loc. sost. m. inv. (pl. ingl. inv.)] ● Jet society.

jet society /ʤet sə'saiəti, *ingl.* 'ʤet sə'saɪətɪ/ [comp. di due vc. ingl. col senso di 'società (*society*, in senso classista di 'alta società') usa a muoversi con aerei a reazione (*jet*)'] **loc. sost. f. inv.** (pl. ingl. inv.) ● L'alta società internazionale che, per spostarsi velocemente da un luogo all'altro, usa il jet.

jeu de massacre /*fr.* ʒødəmasakʀ/ [loc. fr., 'gioco di massacro', propr. il gioco, diffuso nei baracconi delle fiere, di cercare di abbattere i fantocci, lanciando loro contro delle palle; 1989] **loc. sost. m. inv.** ● Gioco simile ai birilli nel quale il bersaglio è costituito da fantocci di stoffa o cartapesta | (*fig.*) Attacco indiscriminato che mira alla distruzione morale dell'avversario. CFR. Gioco nel sign. 1.

jeunesse dorée /*fr.* ʒœˌnɛsdɔ'ʀe/ [fr., propr.

jewel box

'gioventù dorata'; 1905] **loc. sost. f. inv.** ● L'insieme dei giovani figli di genitori ricchi e potenti.

jewel box /ˈʤuːəl bɒks, ingl. ˈʤuːəl‚bɒks/ [loc. ingl., propr. 'astuccio per gioielli'; 1997] **loc. sost. m. inv.** (pl. ingl. *jewel boxes*) ● Contenitore per compact disc, gener. in plastica trasparente.

jiddisch /ˈiddiʃ*, ted. ˈjɪdɪʃ/ ● V. *yiddish*.

jigger /ingl. ˈʤɪgəɹ/ [vc. ingl., propr. 'danzante'; n. di diversi apparecchi a movimenti bruschi (da *jig* 'movimento di ballo': dal fr. *gigue* 'giga' (?)); 1933] **s. m. inv. 1** Apparecchio usato per la tintura dei tessuti. **2** Unità di misura pari a 4 cl, usata nei bar per dosare gli alcolici.

jihad /ʒiˈad, ar. ʤiˈhæːd/ ● V. *gihad*.

jingle /ˈʤingol, ingl. ˈʤɪŋgl/ [vc. ingl., propr. 'tintinnio, scampanellio', di orig. onomat.; 1983] **s. m. inv.** ● Sigla musicale che accompagna la pubblicità televisiva o radiofonica di un prodotto.

job /ingl. ʤɒb/ [vc. ingl., propr. 'lavoro'; 1961] **s. m. inv. 1** Posto di lavoro, occupazione, impiego | Mansione, compito esplicato nell'adempimento di una prestazione lavorativa. **2** (*elab.*) Unità di attività definita da un utente e destinata a essere svolta da un elaboratore.

jobber /ingl. ˈʤɒbəɹ/ [vc. ingl., da *to job* 'fare lavori', 'comprare all'ingrosso'; 1985] **s. m. e f. inv. 1** Operatore che compra e vende titoli presso una borsa valori, trattando non direttamente col pubblico ma con un intermediario o *broker*. **2** Grossista, commerciante all'ingrosso.

job sharing /ingl. ʤɒb ˈʃɛərɪŋ/ [loc. ingl., propr. 'divisione del lavoro', comp. di *job* (V.) e *sharing*, da *to share* 'dividere, distribuire, ripartire'; 1984] **s. m. inv.** ● Divisione di un lavoro a tempo pieno in due o più lavori a tempo parziale, in modo da garantire un minimo di occupazione alla maggior parte dei lavoratori in un periodo di forte disoccupazione.

jockey /ˈʤɔkei, ingl. ˈʤɒki/ [vc. ingl., forma dim. di *Jock*, a sua volta dim. fam. scozzese di *John* 'Giovanni'; 1803] **s. m. inv.** ● Nelle corse al galoppo, fantino.

Jodel /ˈjɔdel, ted. ˈjoːdl/ o **Jodler** [vc. ted., di orig. onomat. ('gridare *jo*'); 1933] **s. m. inv.** (pl. ted. inv.) ● Tecnica vocale caratteristica degli abitanti delle Alpi, spec. tirolesi, ma riscontrabile in altre aree geografiche, consistente nel passare dal registro di petto al falsetto con salti di intervallo diverso e senza interrompere la melodia | Dal XVIII sec., anche canto delle Alpi che utilizza tale tecnica.

jodhpurs /ˈʤɔdpurs, ingl. ˈʤɒdpəɹz/ [dal n. dell'omonima città dell'India, attrav. l'ingl. e il fr.; 1974] **s. m. pl.** ● Calzoni da equitazione.

Jodler ● V. *Jodel*.

jogger /ingl. ˈʤɒgəɹ/ [vc. ingl., da *to jog* 'correre al piccolo trotto, per esercizio', di orig. incerta; 1980] **s. m. e f. inv.** ● Chi pratica il *jogging*.

jogging /ˈʤɔggin(g), ingl. ˈʤɒgɪŋ/ [vc. ingl., da *to jog* 'correre al piccolo trotto, per esercizio', di orig. incerta; 1978] **s. m. inv.** ● Corsa regolare, a piccole falcate e a ritmo lento, spesso alternata alla marcia, fatta a scopo di esercizio fisico.

joint venture /ˈʤoint ˈventʃur, ingl. ˈʤɔɪnt ˌventʃəɹ/ [loc. ingl., comp. di *joint* 'unito, congiunto' (V. *joint*) e *venture* 'impresa rischiosa, speculazione' (V. *ventura*); 1973] **s. f. inv.** (pl. ingl. *joint ventures*) ● (*econ.*) Associazione di due o più imprese, anche di diversa nazionalità, al fine di realizzare uno specifico progetto e destinata, perciò, a esaurirsi nel tempo.

jojoba /ʤoˈʤoba, sp. xoˈxoβa, hoˈho-, ingl. həˈhəʊbə/ [n. locale messicano] **s. f.** ● (*bot.*) Arbusto delle Buxacee originario dell'America centro-settentrionale dai cui frutti si ricava un olio simile allo spermaceti, usato spec. nell'industria dei cosmetici e dei lubrificanti (*Simmondsia chinensis*) | Il frutto di tale pianta.

jolly /ˈʤɔlli, ingl. ˈʤɒli/ [vc. ingl., abbr. di *jolly joker* 'l'allegro (*jolly*, dal fr. *joli*(f) 'giulivo': di orig. scandinava (?)) buffone (*joker*, propr. 'giocatore', di orig. ingl., rappresentato sulla carta)'; 1923] **A s. m. inv.** (pl. ingl. *jollies*) **1** In alcuni giochi di carte, matta. **2** (*est., fig.*) Chi (o ciò che), in un determinato ambito, è in grado di svolgere diverse funzioni: *fare j*. **B** anche in funzione di **agg. inv.** nel sign.

A 2: *venditore, redattore, carattere j*.

jordanóne /ʤordaˈnone/ ● V. *giordanone*.

jota /ˈxota, h-/ [vc. sp.: per l'ant. *sota* 'ballo', dal castigliano ant. *sotar* 'ballare', di orig. lat. (*saltāre*) (?); 1957] **s. f. inv.** (pl. sp. *jotas*) ● Canzone e vivace danza popolare aragonese, accompagnata da chitarra e castagnette.

joule /ʤaul, ingl. ʤuːl/ [dal n. del fisico ingl. J. P. Joule (1818-1889); 1929] **A s. m. inv.** ● (*fis.*) Unità di misura dell'energia del lavoro, pari a 1 newton-metro. **SIMB.** J. **B** in funzione di **agg. inv.** ● Nella loc. *Effetto J.*, fenomeno di trasformazione dell'energia elettrica in energia termica.

joulòmetro /ʤuˈlɔmetro, ʤau-/ o **joulmetro** /ˈʤaulmetro, ˈʤau-/ [comp. di *joule* e -*metro*; 1957] **s. m.** ● (*elettr.*) Denominazione di un wattometro o di un contatore elettrico con la scala tarata in *joule*.

joyciàno /ʤoi(s)ˈsjano/ [1946] **agg.** ● Che si riferisce allo scrittore irlandese J. Joyce (1882-1941) e alle sue opere.

joystick /ˈʤɔistɪk, ingl. ˈʤɔɪˌstɪk/ [vc. del gergo ingl., propr. 'cloche (di aeroplano)', comp. di *joy*, propr. 'gioia' (poi 'soddisfazione, successo') e *stick* 'bastone' (V. *stick*); 1984] **s. m. inv.** ● (*elab.*) Barra di comando, usata spec. nei videogiochi, che consente di variare la velocità e la direzione delle figure sullo schermo.

judò /ʤuˈdo*, giapp. ʤuː dɔː/ [vc. giapp., propr. 'arrendevolezza', 'arte (*dō*) della gentilezza (*jū*)'; 1950] **s. m. inv.** ● Forma sportiva di lotta giapponese derivata dal *jujitsu*.

judoìsta /ʤudoˈista/ o **giudoìsta** [1956] **s. m. e f.** (pl. m. *-i*) ● Judoka.

judoìstico /ʤudoˈistiko/ o **giudoìstico** [1963] **agg.** (pl. m. *-ci*) ● Relativo al *judo* e ai *judoisti*.

judòka /ʤuˈdɔka, giapp. ʤuːdoːka/ [vc. giapp., da *jūdō* col suff. -*ka*, indicante mestiere o professione; 1963] **s. m. e f. inv.** ● Chi pratica la disciplina sportiva del *judo*.

Jugendstil /ted. ˈjuːgn̩tˌstiːl/ [vc. ted., propr. 'stile (*Stil*) della Gioventù (*Jugend*)', intesa come titolo di un periodico illustrato fondato a Monaco nel 1896] **s. m. inv.** (pl. ted. inv.) ● In Germania e in Austria, denominazione dello stile liberty.

Juglandàcee /ʤuglanˈdatʃee/ [vc. dotta, comp. del lat. *iūglans*, genit. *iuglāndis*, dal n. della ghianda (*glāns*) di Giove (*Iŏvis*), e -*acee*; 1933] **s. f. pl.** (sing. *-a*) ● Nella tassonomia vegetale, famiglia di piante arboree delle Dicotiledoni a foglie composte e alterne, fiori unisessuati, frutto con involucro carnoso e nocciolo duro (*Iuglandaceae*). ➠ ILL. piante/2.

jugoslàvo ● V. *iugoslavo*.

jujitsu /ʤuˈʤitsu, giapp. ʤuːdʑitsuː/ o **jūjutsu** /ʤuˈʤutsu, giapp. ʤuːdʑutsuː/ [vc. giapp., propr. 'arte, tecnica (*jutsu*) della gentilezza (*jū*)'; 1908] **s. m. inv.** ● Lotta giapponese basata su prese nei punti più vulnerabili del corpo, nata come metodo di difesa e offesa senz'armi.

jukebòx /ʤubˈbɔks, ingl. ˈʤuːkˌbɒks/ [vc. dell'ingl. d'America, propr. 'scatola (*box*, di orig. lat., come il corrispondente it. *bosso*) da sala di ballo (*juke*, dapprima 'bettola di negri', vc. di orig. ant. fr.)'; 1950] **s. m. inv.** ● Apparecchio automatico, installato in locali pubblici, contenente dischi di musica leggera che si possono ascoltare inserendovi una o più monete.

julienne /fr. ʒyˈljɛn/ [vc. fr., dal n. proprio *Jules, Julien* 'Giulio, Giuliano', ma non si sa per quale ragione abbia preso questo nome; 1942] **s. f. inv.** ● Nella loc. avv. *alla julienne*, detto di alimenti, spec. verdure, tagliate a sottili strisce o bastoncini, e di piatti preparati con tali alimenti: *zuppa (alla) j.*

jumbìsta /ʤumˈbista, ʤam-/ [da *jumbo* 1967] **s. m. e f.** (pl. m. *-i*) ● Pilota di *jumbo-jet*.

jùmbo /ˈʤumbo, ˈʤam-, ingl. ˈʤʌmbəʊ/ [V. *jumbo jet*; 1970] **A s. m.** (pl. ingl. *jumbos*) **1** Accorc. di *jumbo jet*. **2** (*est., fig.*) Accorc. di *jumbo-tram*. **B** in funzione di **agg.** ● (*est., fig.*) Gigantesco, di dimensioni eccezionali: *imballaggio j*.

jumbo jet /ˈʤumbo ˈʤɛt, ˈʤambo ˈʤɛt, ingl. ˈʤʌmbəʊ ˌʤɛt/ [loc. ingl., comp. di *jet* e scherz. dato all'elefante (in orig. a un elefante portato a Londra da P. T. Barnum) e da *jet* (V.); 1967] **loc. sost. m. inv.** (pl. ingl. *jumbo jets*) ● Nome dell'aereo da trasporto a reazione di grande capienza Boeing 747: *prendere il jumbo jet per New York*.

jùmbo-tràm /ˈʤumbo ˈtram, ˈʤam-/ [comp. di *jumbo* e *tram*, sul modello di *jumbo-jet* (V.); 1975] **s. m. inv.** ● In alcune città italiane, vettura tranviaria molto lunga, opportunamente sagomata per non creare intralci alla circolazione, destinata ad accogliere un elevato numero di passeggeri.

jumhùriya /ar. ʤumuhiˈrija/ ● V. *jamahiriya*.

jump /ingl. ʤʌmp/ [sign. particolare, assunto nell'ingl. d'America, di *jump* 'salto'; 1985] **s. m. inv.** ● (*mus.*) Nel jazz, ritmo saltellante tipico di swing e rithm and blues.

jumper /ˈʤamper, ingl. ˈʤʌmpəɹ/ [vc. ingl., propr. 'saltatore', dal v. *to jump* 'saltare'; 1995] **s. m. inv.** ● (*elettr.*) Ponticello.

junghiàno /ʤunˈgjano/ **A agg.** ● Che si riferisce allo psicoanalista C. G. Jung (1875-1961) o alle sue teorie. **B s. m.** (f. *-a*) ● Psicoanalista seguace di C. G. Jung.

jùngla /ˈʤungla/ ● V. *giungla*.

jungle style /ingl. ˈʤʌŋgl̩ˌstael/ [loc. ingl., propr. 'stile (*style*) giungla (*jungle*)'; 1995] **loc. sost. m. inv.** ● (*mus.*) Nel jazz degli anni 1920-30, effetti di trombe e tromboni con sordina, imitanti voci di belve.

jùnior [vc. lat., propr. 'il più giovane', forma comparativa (ant. **iŭvenios*) di *iŭvenis* 'giovane'; 1921] **A agg. inv.** ● Posposto a nomi propri di persona significa 'più giovane', ed è usato in caso di omonimie nell'ambito di una stessa famiglia: *Mario Rossi j.* **CONTR.** Senior. **B agg.**: anche **s. m. e f.** (pl. *juniores*) **1** (*sport*) Che (o Chi) appartiene a una categoria giovanile di età variabile da sport a sport. **2** (*org. az.*) Professionista che ha un'esperienza di lavoro limitata nel tempo, spec. in relazione alla giovane età: *ingegnere, consulente, operatore j.* **CONTR.** Senior.

junk bond /ˈʤʌŋkˌbɒnd/ [loc. ingl., propr. 'titolo spazzatura', comp. di *junk* 'robaccia' e *bond* 'titolo, obbligazione'; 1986] **s. m. inv.** (pl. ingl. *junk bonds*) ● (*banca*) Obbligazione ad alto rischio, che può produrre un notevole rendimento.

junk e-mail /ˌʤʌŋkiˈmeɪl, ingl. ʤʌŋk ˈiːˌmeɪl/ o **junk mail** /ˈʤʌŋkˌmeɪl/ [loc. ingl., propr. 'corrispondenza elettronica (*e-mail*) spazzatura (*junk*)'; 1997] **loc. sost. f. inv.** ● Messaggio di posta elettronica non richiesto dal destinatario, inviato spec. a scopo pubblicitario. **CFR.** Spamming.

Junker /ted. ˈjʊŋkɐ/ [vc. ted., dall'ant. alto ted. *juncherro* 'giovane (*junc*) signore (*hērro*)', l'uno e l'altro elementi di orig. indeur.; 1895] **s. m. inv.** (pl. ted. inv.) ● Membro della nobiltà terriera prussiana, sostenitore, spec. nel XIX sec., di una politica di conservazione sociale a carattere nazionale e militarista.

junk food /ˈʤʌŋkˌfʊd, ingl. ˈʤʌŋkˌfuːd/ [loc. ingl., propr. 'cibo (*food*) spazzatura (*junk*)'; 1992] **loc. sost. m. inv.** (pl. ingl. *junk foods*) ● Alimento caratterizzato da scarso valore nutritivo e alto contenuto calorico, come merendine, snack salati, caramelle, dolciumi confezionati, bevande gassate.

junk mail /ˈʤʌŋkˌmeɪl, ingl. ˈʤʌŋkˌmeɪl/ ● V. *junk e-mail*.

jupe-culotte /fr. ʒypkyˈlɔt/ [vc. fr., comp. di *jupe* 'gonna' (di *cul*) e *culotte* 'calzoni (di *cul*)'; 1918] **s. f. inv.** (pl. fr. *jupes-culottes*) ● Gonna pantalone.

jupon /fr. ʒyˈpɔ̃/ [vc. fr., deriv. di *jupe* 'gonna', della stessa orig. ar. (*ǧubba*) dall'it. *giubba*; 1965] **s. m. inv.** ● Sottogonna.

just in time /ˌʤʌst ɪnˈtaɪm, ingl. ˌʤʌstɪnˌθaem/ [loc. ingl. 'proprio (*just*) in tempo (*in time*)'; 1992] **loc. agg. inv.** ● Detto di metodo di organizzazione del ciclo produttivo che mira a eliminare o ridurre le scorte di magazzino, sincronizzando l'arrivo dei vari componenti con il montaggio del prodotto finito.

jùta /ˈjuta/ ● V. *iuta*.

juventìno /juvenˈtino/ o **iuventìno** [deriv. di *Juventus*; 1964] **agg.**: anche **s. m.** (f. *-a*) ● Che (o Chi) gioca nella squadra di calcio torinese della Juventus o ne è sostenitore.

k, K

In italiano si può incontrare la lettera *K* solo in forestierismi, dove ha sempre lo stesso valore della *C* 'dura' o velare (es. *kantiàno* /kan'tjano/). Delle parole che contengono una *k*, buona parte hanno una variante grafica più italiana con *c* o *ch* (es. *bachelite* o *bakelite* /bake'lite/, *chellerìna* o *kellerìna* /kelle'rina/).

k, (maiusc.) **K** [1524] **s. f.** o **m.** ● Lettera dell'alfabeto greco e latino e di altri alfabeti moderni; è l'undicesima lettera dell'alfabeto italiano (nome per esteso **kàppa**, **càppa**, †**ca**): *k minuscola, K maiuscolo* | Nel linguaggio giornalistico e politico, usata talvolta, con deliberato effettismo, in luogo della *c* per conferire connotazioni di particolare durezza, spietatezza, intransigenza al sign. di alcune parole: *amerikano, kaccia* | Nella compitazione spec. telefonica it. *k come Kursaal*; in quella internazionale *k come kilo* | **Vitamina K**, V. *vitamina*.
kabùki /ka'buki, giapp. ˌka'buki/ [vc. giapp., accostamento dei tre termini: 'poesia (*ka*)', 'danza (*bu*)' e 'arte (*ki*)'; 1957] **s. m. inv.** ● Genere teatrale giapponese con alternanza di dialoghi, melopee, didascalie gestuali.
kafkiàno [1935] **agg. 1** Che è proprio dello scrittore F. Kafka (1883-1924). **2** (*est.*) Allucinante, angoscioso, assurdo.
kafkìsmo [1950] **s. m.** ● Atteggiamento letterario di chi imita, dello scrittore F. Kafka, spec. la tematica angosciosa e allucinante.
kaìnite [ted. *Kainit*, dal gr. *kainós* 'nuovo, recente'; 1930] **s. f.** ● (*miner.*) Cloruro e solfato doppio idrato di magnesio e potassio.
Kaiser /'kaizer, ted. 'kaɛzɐ/ [lat. *Cāesar* (nom.) 'Cesare' e poi 'imperatore'; 1887] **s. m. inv. (pl. ted. inv.)** ● Appellativo dell'imperatore tedesco.
kajal /hindi kʌˈdʒʌl/ [etim. incerta; 1983] **s. m. inv.** ● Cosmetico di colore blu o nero, a base di sostanze vegetali o grassi animali, applicato all'interno della palpebra inferiore per conferire allo sguardo intensità e profondità.
kakèmono /giapp. ˌka'kɛˌmoˌno/ [vc. giapp., propr. 'oggetto (*mono*) da far pendere (*kake*, solitamente detto di stoffe)'; 1933] **s. m. inv.** ● Pittura giapponese su carta, da appendere verticalmente.
kàki ● V. *cachi* (1) e (2).
kalàshnikov /ka'laʃnikof, russo kaˈɫʌɐʃnjɪkʌf/ [dal nome del progettista M. T. *Kalašnikov*; 1984] **s. m. inv. (pl. russo *kalashnikovy*)** ● Fucile mitragliatore di progettazione sovietica, calibro 7,62 o 5,45 mm, dotato di un caratteristico serbatoio curvo da trenta colpi.
kaliemìa [comp. di *kali*, var. di *cali*, 'potassio' ed *-emia*] **s. f.** ● (*med.*) Potassiemia.
kalymàuchi /gr. mod. kali'mafki/ o **kalymàuki** /gr. mod. kali'mafki/ [vc. gr. mod., prob. comp. di *kálymma* 'copertura' (da *kalýptein* 'nascondere', prob. di orig. indeur.) e *auchén* 'collo' (di etim. incerta)] **s. m.** ● Copricapo nero di forma cilindrica portato dai sacerdoti di rito bizantino.
kamala /ingl. 'khæməlʌ/ [ant. indiano *kamalam* 'loto', di prob. orig. dravidica; 1957] **s. f.** ● Colorante rosso-aranciato estratto da una pianta delle Euforbiacee tipica dei Paesi orientali.
kamasùtra /kama'sutra, sanscrito kʌmaˈsutrʌ/ [dal titolo di un antico trattato erotico-religioso indiano, comp. del sans. *kāma* 'amore fisico' e *sūtra*, propr. 'filo (conduttore), regola'; 1985] **s. m. inv.** ● Serie di tecniche e posizioni erotiche.
kamikàze /giapp. ˌka'miˌkaˌze/ [vc. giapp., propr. 'vento (*kaze*) di dio (*kami*), divino'; 1944] **A s. m. inv.** ● Pilota giapponese votato alla morte che, durante la seconda guerra mondiale, guidava un aereo carico di esplosivo a infrangersi contro l'obiettivo nemico (*est.*) Chi compie un'azione militare spec. di tipo terroristico sapendo di non poter salvarsi: *attentato di un k. alla guida di un'autobomba* | *Da k.*, (*fig.*) molto arrischiato e pericoloso. **B** in funzione di **agg. inv.**: *un commando k.*
Kammerspiel /ted. 'kamərˌʃpil/ [comp. ted., propr. 'rappresentazione (*Spiel*) da camera (*Kammer*)'; 1957] **s. m. inv. (pl. ted. *Kammerspiele*) 1** (*letter.*) Genere teatrale, nato in Germania all'inizio del sec. XX, incentrato sull'introspezione psicologica di pochi personaggi, con ridotta azione scenica, rappresentato in locali di piccole dimensioni | Il teatro in cui si svolgono tali rappresentazioni. **2** (*est.*) Opera teatrale o cinematografica che presenta le caratteristiche del genere teatrale tedesco.
kandahàr /pashto kanda'haɑr/ [dal nome dell'ideatore della gara, il generale inglese Lord Roberts of *Kandahar* (nome della città afgana da lui conquistata); 1957] **s. m. inv. 1** Competizione sciistica che include slalom e discesa. **2** ®Marchio registrato di uno speciale attacco per sci, oggi disusato.
kantiàno [av. 1855] **A agg.** ● Che concerne o interessa il filosofo tedesco I. Kant (1724-1804) e il suo pensiero. **B s. m.** ● Chi segue o si ispira alla filosofia di Kant. || **kantianaménte, avv.**
kantìsmo [1817] **s. m. 1** Complesso delle dottrine di I. Kant così come sono passate nella tradizione filosofica. **2** Tendenza a ispirarsi alle dottrine filosofiche di I. Kant.
kaóne comp. di *ka* (simbolo K), che nei multipli vale 1000, e della terminazione di (*mes*)*one*; 1961] **s. m.** ● (*fis.*) Mesone la cui massa è circa mille volte quella dell'elettrone, soggetto a interazione forte. **SIN.** Mesone K.
kapò [vc. ted., di orig. discussa: abbr. del fr. *capo*(*ral*) 'caporale' (?); 1947] **s. m. e f. inv.** ● Nei lager nazisti, internato responsabile dell'ordine interno di una baracca.
kapòk o **capòc**, **capòk**, **kapòc** [malese *kāpoq* 'albero del cotone'; 1706] **s. m.** ● Materiale costituito dai peli lanuginosi che rivestono la parte interna del frutto dell'omonima pianta delle Bombacacee (*Ceiba pentandra*) originaria della Malesia, usato per fare imbottiture o per estrarne la cellulosa.
kappaò [dalla pronuncia delle iniziali della loc. *knock out*, abbr. anche *k.o.*] **s. m. inv.** ● Knock out.
kapùtt [ted. ka'phʊt] o **kaput** [vc. ted., dall'espressione fr., usata nel gioco delle carte; *faire capot* 'vincere senza che l'avversario faccia punto', di etim. incerta; 1918] **agg. inv.**, anche **avv.** ● Rovinato, finito, morto.
karakiri ● V. *harakiri*.
karakùl o **karakul** [vc. russa (*karakul*'): dal toponimo *Karaköl*, *kara kul*', nell'Asia russa; 1935] **s. m. inv.** ● Pecora il cui pelo, usato in pellicceria, è disposto a fiocchi lucenti e di aspetto caratteristico.
karaoke /giapp. ˌka'raoke/ [vc. giapp., arrivata attraverso l'ingl., comp. di *kara* 'vuoto' e *oke*, accorciamento di *oke*(*sutora*) 'orchestra'; 1991] **s. m. inv.** ● Passatempo consistente nel cantare su una base musicale, seguendo il testo che compare su uno schermo | L'apparecchio che ne permette l'esecuzione.
karate /giapp. ˌka'rate/ [vc. giapp., propr. 'mano (*te*) vuota (*kara*)'; 1969] **s. m. inv.** ● Tecnica giapponese di combattimento disarmato che prevede l'uso di tutti gli arti del corpo umano per difendersi e attaccare, e in cui sono caratteristici i colpi portati con il taglio delle mani.
karatè s. m. inv. ● Adattamento di *karate* (V.).
karatèka [da *karate*; 1978] **s. m. e f. inv.** ● Chi pratica il karate.
karité [vc. dell'Africa occidentale, nella lingua wolof *Karité*] **s. m.** ● (*bot.*) Albero delle Sapotacee, originario dell'Africa occidentale, i cui frutti forniscono un grasso detto *burro di k.* (*Butyrospermum parkii*).
karkadè ● V. *carcadè*.
kàrma o **kàrman** [vc. sanscrita, propr. 'opera', dal v. *kenóti* 'fare', di orig. indeur.; 1905] **s. m. inv.** ● Nelle religioni indiane, il peso delle azioni, anche appartenenti alle vite precedenti, che determinano la reincarnazione e il dolore.
kart /kart, ingl. khɑːt/ [1962] **s. m. inv.** ● Accorc. di *go-kart*.
karting /ingl. 'khɑːtɪŋ/ [vc. ingl., da *kart* per *go-kart*; 1967] **s. m. inv.** ● Kartismo.
kartìsmo [1963] **s. m.** ● Sport praticato col kart.
kartìsta [1983] **s. m. e f. (pl. m. -i)** ● Chi pratica lo sport del kart.
kartòdromo [comp. di *kart* e *-dromo*, con *o* di congiunzione eufonica, sul modello di *autodromo*; 1963] **s. m.** ● Pista per corse di kart.
kaṣàk [dal n. di una città dell'Azerbaigian] **s. m. inv.** ● Tappeto fabbricato dai nomadi del Caucaso meridionale, ornato da una serie di poligoni regolari disposti intorno a un poligono centrale.
kaṣba o **kaṣbah** /'kazba, ar. 'qɒsba/ ● V. *casba*.
kasher /ebr. ka'ʃɛr/ o **kosher** [vc. ebr., propr. 'giusto, adatto' (e poi 'ritualmente adatto, puro') di larga parentela lessicale; 1942] **agg. inv.** ● Detto di ogni cibo considerato ritualmente puro, secondo la legge religiosa ebraica.
kashmir /'kaʃmir, kaʃ'mir, ingl. kæʃˈmɪəʳ/ [var. di *cachemire*; 1957] **s. m.** ● (*raro*) Cachemire.
kasko [ted. 'khasko, (evit.) càsco [ted. *Kasko*, riduzione di *Kaskoversicherung*, orig. 'assicurazione sul corpo della nave (*Kasko* 'scafo', di provenienza sp.)'; 1985] **A agg. inv.** ● (*econ.*) Detto di un tipo di assicurazione in cui l'assicuratore si impegna a risarcire danni causati al bene anche se derivanti da responsabilità dell'assicurato: *polizza k.* **B** anche **s. f. inv.**
kat /kat, ar. qɑːt/ ● V. *qat*.
katana /giapp. ˌka'tana/ [vc. giapp., propr. 'spada'] **s. f.** ● Spada giapponese dalla lunga impugnatura e dal taglio affilatissimo, arma tipica dei samurai e degli ufficiali nipponici.
katanghése A agg. ● Della regione africana del Katanga, ora denominata Shaba, nella Repubblica Democratica del Congo. **B s. m. e f.** ● Abitante, nativo del Katanga.
katiùscia o **catiùscia** [n. proprio f. russo (*Katjuša*, da *Katja*, a sua volta da *Ekaterina* 'Caterina') applicato ad arma, secondo un frequente trapasso; 1950] **s. f. (pl. -sce)** ● Lanciarazzi multiplo usato dall'esercito sovietico durante la seconda guerra mondiale.
kàva o **kàva kàva**, **kàwa kàwa** [vc. polinesiana col sign. propr. di 'amaro', n. della pianta e della bevanda con quelle preparata; 1957] **s. f. inv.** ● Distillato di diverse radici, caratteristico delle isole

Hawaii.

kayàk /ka'jak, *inuit* 'qajaq/ o **caiàc, caiàcco, caiàco,** (*evit.*) **cayàk** [vc. di orig. eschimese; 1930] **s. m. inv.** *1* Canoa a un solo posto, raramente a due, mossa dalla pagaia, tipica degli Eschimesi. *2* Tipo di canoa da turismo e competizione.

kayakista /kaja'kista/ [1973] **s. m. e f.** (**pl. m.** *-i*) ● Chi pratica lo sport del kayak.

kay-way /*ingl.* 'kʰeɪ,weɪ/ ● V. *k-way.*

kazàko [da *kazak* 'uomo libero, avventuriero, vagabondo'; av. 1557] **A agg.** *1* Del Kazakistan. *2* Relativo ai Kazaki o al loro dialetto. **B s. m.** (**f.** *-a*) *1* Ogni appartenente a un gruppo di popolazioni stanziate in Kazakistan e nella Mongolia occidentale. *2* (*est.*) Abitante, nativo del Kazakistan. **C s. m.** solo **sing.** ● Dialetto turco parlato dai Kazaki.

kazoo /*ingl.* kə'zuː/ [vc. ingl., forse di orig. onomat.] **s. m. inv.** (**pl.** ingl. *kazoos*) ● Piccolo strumento musicale di origine africana, attraverso il quale si canta, consistente in un tubo aperto all'estremità, con buco laterale coperto da membrana.

kebàb [vc. ar. *kabāb* 'carne arrostita'; 1887] **s. m. inv.** ● (*cuc.*) Spiedino di carne di montone o di agnello, con o senza verdure tra un pezzo e l'altro, cotto alla griglia; specialità della cucina mediorientale.

kedivè o **chedivè** [ar. *ḫidīwī*, in turco *hidiv*, propr. 'signore', dal persiano *khidīw*, da *khudā* 'dio', di etim. incerta; 1891] **s. m.** ● Titolo del Viceré d'Egitto, quando questo paese faceva parte dell'Impero ottomano.

keffiyeh /*ar.* kɪf'fija/ ● V. *kefiah.*

kefiah /*ar.* ke'fija/ o **keffiyeh, kefiyeh, kuffiyah, kufiyah** [ar. *kūfiyya*, forse da avvicinare al lat. tardo *cūfia* 'cuffia'; 1985] **s. f. inv.** (**pl.** ar. *kefiàt*) ● Copricapo arabo, spec. beduino, costituito da un telo di cotone, lana o seta, che si indossa piegandolo a triangolo con due punte cadenti sulle spalle e la terza scendente a proteggere la nuca e il collo.

kèfir o **kefir** ● V. *chefir.*

kèirin [vc. giapp., comp. di *kei* 'gara' e *rin* 'ruota', 'bicicletta'; 1985] **s. m. inv.** ● (*sport*) Nel ciclismo, gara di velocità su pista, in cui i concorrenti percorrono i primi giri nella scia di un motociclo per poi disputare la volata finale negli ultimi 500 metri.

kelène [da *kel(ato)* = *chelato* col suff. *-ene*; 1965] **s. m.** ● (*chim.*) Cloruro di etile.

kellerina ● V. *chellerina.*

kèlvin [ingl. *kelvin*, riduzione corrente di *degree Kelvin* o *Kelvin degree* 'grado Kelvin', dal n. del fisico e inventore ingl. Sir W. Thomson, Lord *Kelvin* (1824-1907); 1957] **A s. m. inv.** ● (*fis.*) Unità di misura della temperatura nel Sistema Internazionale definita come 1/273,16 della temperatura termodinamica del punto triplo dell'acqua. **SIMB.** K. **B agg. inv.** (spec. con l'iniziale maiuscola) ● (*fis.*) Detto di scala termometrica che attribuisce valore 273,15 alla temperatura del ghiaccio fondente e valore 373,15 a quella dell'acqua bollente alla pressione di 1 atmosfera | ***Grado K.***, grado relativo a detta scala, sostituito dal kelvin. **SIMB.** °K. | ***Termometro K.***, quello con scala Kelvin. **CFR.** Scala.

kenàf [n. persiano] **s. m. inv.** ● (*bot.*) Pianta erbacea annuale delle Malvacee, a distribuzione tropicale, coltivata per ricavarne pasta di cellulosa (*Hibiscus cannabinus*).

kendo /'kendo, *giapp.* .keŋ.doː/ [vc. giapponese; 1950] **s. m. inv.** ● Tradizionale scherma giapponese, i cui partecipanti, protetti da caratteristiche armature, sono armati di una spada di bambù.

keniàno [1970] **agg.**; anche **s. m.** (**f.** *-a*) ● Keniota.

keniòta [1970] **A agg.** ● Del Kenya e dei suoi abitanti. **B s. m. e f.** (**pl. m.** *-i*) ● Abitante, nativo del Kenya.

kennediàno [1963] **agg.** ● Relativo a J. F. Kennedy (1917-1963), presidente degli USA dal 1960 al 1963, o a suo fratello Robert e alla loro azione politica.

kèntum ● V. *centum.*

kènzia o (*raro*) **chènzia** [dal n. del floricoltore W. *Kent*; 1933] **s. f.** ● (*bot.*) Nome comune di due specie di Palme con grandi foglie pendenti pennate, con foglioline sottili e appuntite, coltivate come piante da appartamento (*Howeia belmoreana, Howeia forsteriana*).

képi /*fr.* ke'pi/ [vc. fr. (*képi*), dal ted. della Svizzera *Käppi*, da *Kappe* 'berretto' (di orig. lat.: da *cāppa*); 1882] **s. m. inv.** ● Copricapo militare spec. francese, rigido a forma cilindrica con visiera | ***I k. bianchi***, gli appartenenti alla Legione straniera.

kepleriàno [1889] **agg.** ● Che si riferisce all'astronomo tedesco J. Kepler (1571-1630).

kèrmes ● V. *chermes.*

kermesse /*fr.* kɛʀ'mɛs/ [vc. fr., dal fiammingo *kèrkmisse* 'messa (*misse*)', allargatasi poi nel senso di 'festa (patronale) della chiesa (*kerk*, di orig. gr.)'; av. 1796] **s. f. inv.** *1* Festa del patrono, nei paesi delle Fiandre e del Belgio | Sagra, festa popolare. *2* (*est.*) Manifestazione rumorosa di allegria collettiva.

kernite [dal n. della contea di Kern in California, dove è stata scoperta, col suff. *-ite* (*2*)] **s. f.** ● (*miner.*) Minerale che si presenta in cristalli monoclini bianchi o in grandi masse, da cui si estrae il borace.

kerosène ● V. *cherosene.*

ketch /kɛtʃ, *ingl.* kʰɛtʃ/ [vc. ingl., da un precedente *to catch*: dal v. to *catch* 'cacciare', di orig. lat. con mediazione dell'ant. fr. *chacier* (?); 1934] **s. m. inv.** (**pl.** ingl. *ketches*) ● Imbarcazione a vela a due alberi, con quello di prua più alto di quello di mezzana e con l'asse del timone posto a poppavia di quest'ultimo. **CFR.** Yawl.

ketchup /'kɛtʃap, *ingl.* 'kʰɛtʃəp, -ʌp/ [vc. ingl., dal malese *kěchap*: di orig. cin. (?); 1712] **s. m. inv.** ● Salsa piccante a base di pomodoro, aceto, spezie.

KeV /kɛv/ [dalle iniziali di *k(ilo)-e(lectron)-V(olt)*; 1964] **s. m. inv.** ● (*fis.*) Unità di energia corrispondente a 1000 elettronvolt.

Kèvlar® /'kɛvlar, *ingl.* 'kʰɛvlɑːɹ/ [marchio registrato della DuPont de Nemours; 1985] **s. m. inv.** ● (*chim.*) Nome commerciale di fibre di poliammidi aromatiche con elevatissima resistenza e rigidità, usate per la fabbricazione di materiali compositi, per giubbotti antiproiettile e sim.

keynesiàno /keine'zjano/ [1955] **A agg.** ● Che si riferisce alle teorie dell'economista J. M. Keynes (1883-1946). **B s. m.** (**f.** *-a*) ● Seguace delle teorie di Keynes.

keyword /*ingl.* 'kʰiː,wɜːɹd/ [vc. ingl., propr. 'parola (*word*) chiave (*key*)'; 1971] **s. f. inv.** ● (*elab.*) Nei linguaggi di programmazione, sequenza di caratteri cui è assegnata una specifica funzione.

khamsin /kam'sin, *ar.* xam'siːn/ [ar. (*rīḥ al-*) *ḫamsīn* '(il vento che soffia per) cinquanta (giorni, fra marzo e maggio)'] **s. m. inv.** (**pl.** ar. *khamsinàt*) ● (*meteor.*) Vento caldo e secco che soffia da sud nel deserto egiziano.

khan /kan/ [turco *kân*, di orig. mongolica; sec. XIV] **s. m. inv.** ● Titolo ereditario dato ai principi mongoli che governano gruppi di grandi famiglie patriarcali nell'Asia centrale.

khanàto /ka'nato/ o **canàto** [comp. di *khan* e del suff. *-ato* (*1*); 1955] **s. m.** ● Giurisdizione di un khan | Territorio sottoposto a tale giurisdizione.

khat /kat, *ar.* qaːt/ ● V. *qat.*

khmer /kmer, *khmer* khmɛː/ ['cambogiano' nella lingua del luogo; 1957] **A agg. inv.** ● Relativo alla Cambogia, ai suoi abitanti e alla loro civiltà: *popolo k.*; *arte, architettura, lingua k.* | ***Repubblica k.***, la Cambogia. **B s. m. e f. inv.** ● Abitante, nativo della Cambogia | ***K. rossi***, forze partigiane di orientamento comunista operanti in Cambogia.

khomeinismo /komei'nizmo/ [1983] **s. m.** *1* Ideologia e regime politico khomeinista. *2* (*est.*) Atteggiamento o mentalità di chi è intransigente, integralista o sim., spec. in campo religioso o politico.

khomeinista /komei'nista/ [1980] **A s. m. e f.** (**pl. m.** *-i*) ● Seguace dell'ayatollah R. Khomeini (1900-1989) che guidò la rivoluzione iraniana del 1978-79. **B agg.** (**pl. m.** *-i*) *1* Relativo all'ayatollah Khomeini e al regime da lui instaurato in Iran. *2* (*est.*) Integralista, intransigente, spec. in campo religioso o politico.

kibbùtz /kib'buts*, *ebr.* ki'buts/ [vc. ebr. (*qibbûtz*), col sign. fondamentale di 'riunione, assemblea', n. verb. di *qibbētz* 'si è riunito (insieme)'; 1950] **s. m. inv.** (**pl.** ebr. *kibbutzim*) ● Fattoria collettiva dello Stato d'Israele, ispirata inizialmente ai più rigidi principi comunistici.

kick boxing /kik'bɔksin(g), *ingl.* 'kʰɪk,bɒksɪŋ/ [loc. ingl. propr. 'pugilato (*boxing*) a colpo di piede (*kick*)'; 1983] **s. m.** ● Sport di combattimento, di derivazione americana, in cui si colpisce con mani protette da guantoni e con i piedi nudi.

kidnapper /*ingl.* 'kʰɪd,næpəɹ/ [vc. ingl., dal v. to *kidnap* (V. *kidnapping*); 1942] **s. m. e f. inv.** ● Chi si rende colpevole di un kidnapping.

kidnapping /*ingl.* 'kʰɪd,næpɪŋ/ [vc. ingl., dal v. *to kidnap* 'rapire (*nap*, forma dial. di *nab* 'cacciare', di etim. incerta) un bambino (*kid*, propr. 'capretto', di orig. germ.)'; 1957] **s. m. inv.** ● Rapimento spec. di bambini a scopo di estorsione.

kiefer /*ingl.* 'kʰiːfəɹ/ [vc. ingl., dal n. di Adolf *Kiefer*, il campione americano che per primo l'adottò; 1970] **s. f. inv.** ● (*disus.*) Nel nuoto, capovolta.

kilim [turco-persiano *kilīm*] **s. m. inv.** ● Tipo di tappeto anatolico, lavorato con una tecnica simile al ricamo, senza vello annodato come i tappeti tradizionali, caratterizzato da vivaci colori e da fitti motivi decorativi.

killer /'killer, *ingl.* 'kʰɪləɹ/ [vc. ingl., propr. 'uccisore', da *to kill* 'uccidere', isolato nelle lingue germ.; 1934] **A s. m. e f. inv.** ● Assassino | Sicario | (*est.*, *fig.*) Chi compie atti di linciaggio morale, spec. in politica. **B** in funzione di **agg. inv.** ● Che uccide, che distrugge: *le piogge acide contengono sostanze k.*; *zanzara k.*

killeràggio [da *killer* con il suff. *-aggio*; 1981] **s. m.** ● (*fig.*) Linciaggio morale.

kilo s. m. ● Accorc. di *kilogrammo.*

kilo- o *comunemente* **chilo-** [fr. *kilo*, dal gr. *chílioi* 'mille', di orig. incerta] primo elemento (L'uso della variante *chilo-*, preferita in passato, è vietato nei documenti ufficiali; la forma persiste nei termini più diffusi della lingua comune, quali *chilometro*, *chilogrammo* e nei derivati, come *contachilometri*, *chilometraggio*). *1* Anteposto a un'unità di misura, ne moltiplica il valore per mille (cioè per 10^3): *kilogrammo, kilohertz.* **SIMB.** k. *2* (*elab.*) Anteposto a un'unità di misura di quantità di informazioni, la moltiplica per 1024 (cioè per 2^{10}): *kilobyte.* **SIMB.** K.

kilobyte /kilo'bait/ [comp. di *kilo-* e *byte*] **s. m. inv.** ● (*elab.*) Unità di misura della quantità di informazione corrispondente a 1024 (cioè 2^{10}) byte. **SIMB.** kB.

kilocaloria [ingl. *kilocalorie*, comp. di *kilo-* 'chilo-' e di *calorie* 'caloria'; 1964] **s. f.** ● (*fis.*) Unità di misura della quantità di calore pari a 1000 calorie. **SIMB.** kcal.

kilociclo [comp. di *kilo-* e *-ciclo*] **s. m.** ● (*fis.*) Unità di misura di frequenza pari a 1000 cicli | ***K. al secondo***, kilohertz.

kilogràmmetro o **chilogràmmetro** [comp. di *kilogram(mo)* e *-metro*; 1858] **s. m.** ● Unità tecnica di misura di lavoro equivalente al lavoro meccanico per innalzare un kilogrammo all'altezza di un metro nel campo gravitazionale terrestre.

♦**kilogràmmo** o **chilogràmmo** [fr. *kilogramme*, comp. del gr. *chílioi* 'mille' e del fr. *gramme* 'grammo'; 1802] **s. m.** ● (*fis.*) Unità di misura di massa nel Sistema Internazionale definita come la massa del campione di platino-iridio conservato a Sèvres; equivale a 1000 grammi e a 1/1000 di tonnellata. **SIMB.** kg | ***K. massa***, nome a volte usato erroneamente per kilogrammo | ***K. forza***, unità di forza nel sistema tecnico definita come la forza capace di imprimere alla massa di 1 kg l'accelerazione di gravità campione (9,806 m/s^2). **SIMB.** kgf.

kilohèrtz /kilo'ɛrts/ o **chilohèrtz** [comp. di *kilo-* e *hertz*; 1956] **s. m.** ● Unità di misura di frequenza pari a 1000 hertz. **SIMB.** kHz.

kilometràggio o **chilometràggio** [fr. *kilométrage*, da *kilomètre* 'kilometro'; 1890] **s. m.** ● Percorso misurato in kilometri.

kilometràre [1958] **v. tr.** (*io kilòmetro*) ● Misurare una distanza in kilometri.

kilomètrico o **chilomètrico** [1858] **agg.** (**pl. m.** *-ci*) *1* Di kilometri | ***Percorso k.***, misurato in kilometri. *2* (*fig.*) Interminabile, che va per le lunghe: *discorso, processo k.* *3* Nella fotocomposizione, detto di nastro registrato non giustificato.

♦**kilòmetro** o **chilòmetro** [fr. *kilomètre*, comp. del gr. *chílioi* 'mille' e del fr. *mètre* 'metro'; 1802] **s. m.** ● Unità di misura di lunghezza pari a 1000 metri. **SIMB.** km | ***K. lanciato***, nello sci, nel ciclismo, nell'automobilismo e sim., prova di velocità su strada o su pista in cui si tiene conto del tempo impiegato da un dato punto raggiunto a piena velocità, sino alla percorrenza di un kilometro | ***K. da fermo***, la stessa prova con partenza da fermo | (*tel.*) ***Ultimo k.***, V. *ultimo.*

kiloton o **chiloton, kilotóne** [ingl. *kiloton*, comp. di *kilo-*, dal gr. *chílioi* 'mille', e *ton* 'tonnellata'] **s. m.**

● Unità di misura di energia pari all'energia sviluppata dall'esplosione di 1000 tonnellate di tritolo e cioè a 4,2 · 10^{12} joule. SIMB. kt.

kilovòlt o **chilovòlt** [comp. di *kilo-* e *volt*] **s. m.** ● Unità di misura di potenziale elettrico pari a 1000 volt. SIMB. kV.

kilovoltampère /kilovɔltam'pɛr/ o **chilovoltampère** [comp. di *kilo-* (*1*) e *voltampère*] **s. m. inv.** ● Unità di misura di potenza elettrica pari a 1000 voltampere. SIMB. kVA.

kilowatt /'kilovat/ o **chilowatt** [comp. di *kilo* e *watt*; 1913] **s. m.** ● Unità di misura di potenza pari a 1000 watt. SIMB. kW.

kilowattóra /kilovat'tora/ o **chilowattóra** [comp. di *kilowatt* e *ora*; 1943] **s. m. inv.** ● (*fis.*) Unità di misura di energia corrispondente a quella sviluppata o assorbita dalla potenza di 1000 watt in un'ora, pari a 3,6 · 10^6 joule. SIMB. kWh.

kilt /kilt, *ingl.* kɦɪlt/ [vc. scozzese, dal v. di orig. scandinava *kilt* 'alzare la sottana'; 1937] **s. m. inv.** ● Gonnellino pieghettato a quadri di vari colori, parte del costume scozzese.

kimberlite [da *Kimberley* in Sudafrica, località del più importante ritrovamento; 1943] **s. f.** ● (*geol.*) Roccia intrusiva composta di olivina o serpentino, mica scura, diopside verde contenente cromo, piropo rosso e vari minerali accessori, tra cui il diamante, che da essa viene estratto a livello industriale.

kimòno o **chimòno** [vc. giapp.; 1708] **s. m.** (pl. *-no*, raro *-ni*) **1** Abito tradizionale giapponese costituito da una lunga veste di seta o di cotone, ricamata o stampata a colori, con ampie maniche e stretta alla vita da un'alta cintura annodata dietro | ***Manica a k.***, tipo di manica ampia e senza cucitura sulla spalla. **2** Tipico indumento, costituito da pantaloni, lunga casacca e cintura, indispensabile per chi pratica lo sport del judo.

kìna [vc. papuana] **s. f. inv.** ● (*econ.*) Unità monetaria della Papua Nuova Guinea.

Kindergarten /kinder'garten, *ted.* 'kɦɪndʌ,gaʌtn/ [vc. ted., propr. 'giardino (*Garten*) dei bambini (*Kinder*, sing. *Kind*)', l'uno e l'altro elementi di orig. indeur.; 1964] **s. m. inv.** (pl. ted. *Kindergärten*) ● Asilo infantile, giardino d'infanzia.

Kinderheim /*ted.* 'kɦɪndʌ,haem/ [vc. ted., propr. 'casa (*Heim*) di bambini (*Kinder*, sing. *Kind*)', entrambi elementi di orig. indeur.; 1963] **s. m. inv.** (pl. ted. *Kinderheime*) ● Giardino d'infanzia privato, in cui vengono ospitati e sorvegliati bambini, spec. per le vacanze.

kineşiterapìa ● V. *cinesiterapia.*

king /kiŋg, *ingl.* kɦɪŋ/ [vc. ingl., propr. 're, sovrano', dall'ingl. ant. *kyning, cyning*, affine al ted. *König*] **s. m. inv.** ● Gioco di carte simile al bridge che si svolge fra quattro giocatori con un mazzo di carte francesi.

king-size /kin(g)'saiz, *ingl.* 'kɦɪŋ,saez/ [loc. ingl., propr. 'misura regale', comp. di *king* 're' e *size* 'misura, dimensione'; 1963] **loc. agg. inv.** ● Che è di dimensioni più grandi del normale: *panino, bottiglie king-size.*

kìno [da una l. indiana (?); 1813] **s. m.** ● Succo condensato ricco di tannino raccolto dalle incisioni nel tronco di alberi che crescono nelle Indie Orientali.

kip [vc. indigena (thai)] **s. m. inv.** ● Unità monetaria circolante in Laos.

kippàh /*ebr.* ki'pa/ **s. f. inv.** (pl. ebr. *kippot*) ● Copricapo a forma di piccola calotta emisferica, portato dagli ebrei durante i riti religiosi.

Kippùr [vc. ebr., propr. '(digiuno di) espiazione'; 1918] **s. m. inv.** ● Giorno dell'espiazione, del digiuno, nella religione israelitica.

kirghìşo o **chirghìşo** [russo *Kirgiz*, n. dei popoli di lingua turca dell'Asia centrale; 1894] **A agg.** **1** Del Kirghizistan. **2** Relativo ai Kirghisi o al loro dialetto. **B s. m.** (f. *-a*) **1** Ogni appartenente a un gruppo di popolazioni stanziate al confine tra Kirghizistan e Cina. **2** (*est.*) Abitante, nativo del Kirghizistan. **C s. m.** solo **sing.** ● Dialetto turco parlato dai Kirghisi.

Kirsch /kirʃ, *ted.* kɦɪʌʃ/ [vc. ted., che sta per il comp. *Kirschgeist* 'spirito (*Geist*, di ampia area germ. e orig. indiana) di ciliegia (*Kirsche*: stessa etim. dell'it. *ciliegia*)'; 1887] **s. m. inv.** ● Acquavite di marasche.

Kirschwasser /*ted.* 'kɦɪʌʃ,vasʌ/ [propr. 'acqua (*Wasser*, di orig. indeur.) di ciliegia (*Kirsch* (V.))'; 1905] **s. m. inv.** (pl. ted. *inv.*) ● Kirsch.

kit /kit, *ingl.* kɦɪt/ [vc. ingl., 'equipaggiamento, corredo, attrezzatura', di orig. olandese; 1973] **s. m. inv.** **1** Insieme dei pezzi che costituiscono l'attrezzatura necessaria per mettere insieme, da soli, un qualsiasi manufatto, contenuti, di solito, in una apposita scatola: *il kit di una barca.* **2** Confezione che contiene tutti i prodotti necessari ed essenziali per un determinato scopo: *kit da trucco, kit di pronto soccorso.* **3** (*med., biol.*) Insieme di materiale tecnico e dei reattivi usati in una titolazione biologica: *kit per il dosaggio della transaminasi.*

kitsch /kitʃ, *ted.* kɦɪtʃ/ [vc. ted. di orig. incerta; 1929] **A s. m. inv.** (pl. ted. *inv.*) ● Oggetto, azione di cattivo gusto più o meno intenzionale, spec. quando sono prodotti artistici della cultura di massa. **B** anche **agg.**: *spettacolo, abito, quadro k.*

kiù /kju*/ ● V. *kyū.*

kiwàno /ki'wano, -va-/ [vc. di formazione ignota] **s. m.** ● (*bot.*) Pianta erbacea delle Cucurbitacee, spontanea e coltivata nelle regioni intertropicali africane per la sua bacca commestibile (*Cucumis metuliferus*) | Il frutto di tale pianta.

kiwi /'kiwi, -vi/ o **kìvi** [vc. ingl., dal n. maori, di orig. onomat., dell'uccello; passata poi, come soprannome, a designare i neozelandesi e quindi anche i frutti commestibili dell'actinidia, coltivata originariamente spec. nella Nuova Zelanda; 1929] **s. m. inv.** **1** (*zool.*) Uccello ormai raro degli Apterigiformi della Nuova Zelanda, delle dimensioni di un pollo, privo di ali e di coda, rivestito di piume brune, sottili e sfilacciate (*Apteryx australis*). SIN. Atterige. **2** (*bot.*) Nome di una specie di actinidia, coltivata per il frutto commestibile (*Actinidia chinensis*) | Il frutto di tale pianta.

Kleenex® /'klineks/ [marchio registrato, prob. suggerito dal v. ingl. *to clean* 'pulire'] **s. m. inv.** ● Denominazione di sottili fazzoletti di carta, confezionati in pacchetti.

kleiniàno /klai'njano/ [dal n. della psicoanalista M. *Klein* (1882-1960)] **A agg.** ● Che si riferisce alla psicoanalista M. Klein (1882-1960) o alle sue teorie. **B s. m.** (f. *-a*) ● Psicoanalista seguace di M. Klein.

kleksografìa [ted. *Klecksographie*, comp. di *Klecks* 'macchia' e *-graphie* '-grafia'; 1942] **s. f.** ● Disegno particolare ottenuto piegando varie volte un foglio contenente una macchia d'inchiostro.

klèzmer /*ebr.* 'klɛzmɛr/ [vc. yiddish, riduzione dell'ebr. *kĕlēy zemes*, propr. 'strumenti musicali'; 1993] **s. m. inv.** ● (*mus.*) Genere di musica tradizionale degli ebrei del centro-est europeo.

klìmax ● V. *climax.*

klìnker /'kliŋker, *ol.* 'klɪŋkʌ/ ● V. *clinker.*

klystron /*ingl.* 'kɦlaestɹɔn/ [vc. ingl., dal n. commerciale *Klystron*, comp. del gr. *klyst(ḗr)* 'siringa' e della seconda parte di (*elec*)*tron* 'elettrone'; 1946] **s. m. inv.** ● (*elettr.*) Tipo di valvola termoionica per produrre corrente ad altissima frequenza, impiegata ad es. in apparecchiature radar.

knickerbockers /*ingl.* 'nɪkəɹ,bɒkəɹz/ [vc. ingl., dal n. (D. *Knickerbocker*) dello pseudoautore della 'Storia di New York' (1809) di W. Irving, libro illustrato con disegni di olandesi immigrati a New York, che indossavano tale tipo di calzoni; 1865] **s. m. pl.** **1** Calzoni corti alla zuava. **2** Calzettoni alti e pesanti con disegno a quadri.

knock down /*ingl.* 'nɒk,daon/ [vc. ingl. che sta per *knocked* ('abbattuto', di orig. imit.) *down* ('giù', etim. 'da una collina', vc. di orig. indeur.); 1933] **loc. agg. e avv. inv.** ● Detto del pugile che, atterrato dall'avversario, riesce a rialzarsi entro dieci secondi, continuando l'incontro.

knockout /*ingl.* 'nɒk,aot/ [propr. 'colpo che butta (*knock*, di orig. imit.) fuori (*out*, di orig. indeur.) combattimento'; 1911] **A s. m. inv. e agg.** ● Nel pugilato, fuori combattimento: *essere, andare, mettere k.* | (*fig.*) ***Essere, mettere k.***, in condizioni disastrose, completamente a terra. **B s. m. inv.** ● Nel pugilato, colpo che mette fuori combattimento. SIN. Ko.

knödel /*ted.* knødəl/ [vc. ted., dim. di *Knode* 'gnocco' di area indeur.; 1957] **s. m. inv.** (pl. ted. *inv.*) ● (*cuc.*) Nome tedesco del canederlo.

know-how /no'au, *ingl.* 'nəo,hao/ [loc. anglo-americana, propr. 'sai (*know*) come (*how*)'] **s. m. inv.** ● Insieme delle capacità e delle esperienze necessarie per il corretto impiego di una tecnologia.

knut /*russo* knuʊt/ [dall'ant. nordico *knútr* 'nodo (dello staffile)', dalla vc. *knúi* 'noce del piede', di orig. indeur.; 1852] **s. m. inv.** (pl. russo *knuty*) ● Staffile di nervi di bue, tipico dei Cosacchi.

K.O. /kappa'ɔ*, *ingl.* 'kɦeı 'əo/ o **ko avv. e s. m. inv.** (pl. ingl. *K.O.'s*) ● Acronimo di *knock out* (V.). SIN. Kappaò.

koàla o **coàla** [vc. ingl., adattamento del n. indigeno australiano (*kūlla, kūlā*); 1864] **s. m. inv.** ● Marsupiale simile a un orsacchiotto, privo di coda, con piedi prensili muniti di forti unghioni con cui si arrampica sugli alberi per nutrirsi di foglie (*Phascolarctos cinereus*). ➡ ILL. **animali**/10.

kohl /kol, *ar.* koħl/ [ar. *kuḥl* 'antimonio': V. *alcol*] **s. m. inv.** (pl. ar. *akhàl*) ● Polvere di antimonio di colore scuro, usata in Oriente come cosmetico per gli occhi.

koilon /*gr.* 'kɔilon/ [vc. gr. (*kôilon*), sostantivazione del nt. dell'agg. *kôilos* 'cavo', di orig. indeur.; 1937] **s. m. inv.** (pl. gr. *koila*) ● (*archeol.*) Insieme delle gradinate su cui sedevano gli spettatori nel teatro greco.

koinè /koi'nɛ, *gr.* koi'ne/ o **coinè** [vc. dotta, gr. *koinḗ*, f. sost. di *koinós* 'comune' (V. *cenobio*); 1933] **s. f.** **1** La lingua greca comune, basata sul dialetto attico, che si affermò, a partire dal IV sec. a.C., in tutto il Mediterraneo centro-orientale. **2** (*est.*) Comunità linguistica o culturale che si sovrappone a una preesistente pluralità di aree linguistiche o culturali. **3** (*fig.*) L'unione di più popoli in una comunità culturale religiosa e sim.: *k. culturale, religiosa.*

kolchoz /'kɔlkos, -ots*, *russo* kaɫ'xuɵs/ [vc. russa, abbr. di *Kol*(*lektivnoe*) *choz*(*jajstvo*) 'azienda collettiva'; 1933] **s. m. inv.** (pl. russo *kolchozy*) ● Fattoria collettiva a base cooperativistica dell'ex Unione Sovietica. CFR. Sovchoz.

kolchoziàno /kolko'zjano/ ● V. *colcosiano.*

kolòssal /ko'lɔssal, *ted.* kolɔ'saːl/ [vc. ted., di provenienza fr. (*colossal*, propr. 'colossale'); 1964] **A agg. inv.** ● Detto di film, o spettacolo in genere, realizzato con grande impiego di mezzi e grande partecipazione di attori. **B** anche **s. m. inv.**: *un k. anglo-americano.*

kombinat /kombi'nat, *russo* kʌmbji'nuʲat/ [vc. russa di orig. lat.: lat. tardo *combinātus*, part. pass. di *combināre* 'unire (*bināre*, propr. 'a due a due') insieme (*cūm*)'; 1950] **s. m. inv.** (pl. russo *kombinaty*) ● (*econ.*) Nell'economia sovietica, conglomerata.

konjak /*ingl.* 'kɦɒndʒæk/ [dal n. giapp. della pianta, *konya-ku* o *konnyaku*] **s. m. inv.** ● (*bot.*) Pianta erbacea delle Aracee, originaria dell'Asia sudorientale e del Giappone, dal cui tubero si estrae un glucomannano utilizzato come coadiuvante nelle diete dimagranti e nella cura della stitichezza (*Amorphophallus konjak*).

kore /*gr.* 'kɔre/ [vc. gr. (*kórē*), di ampia famiglia, ma di orig. incerta; 1957] **s. f. inv.** (pl. gr. *korai*) ● Statua votiva di giovinetta ammantata, posta negli atri dei templi greci con una mano sollevata a reggere le corone e le offerte alle divinità.

kosher /ko'ʃɛʀ/ ● V. *kasher.*

kosovàro /koso'varo/ **A agg.** ● Del Kosovo, regione autonoma della Serbia con popolazione prevalentemente albanese. **B s. m.** (f. *-a*) ● Abitante, nativo del Kosovo.

kouros /*gr.* 'kuros/ ● V. *kuros.*

kraal /kraal, *afrikaans* kraːɫ/ [vc. afrikaans di orig. port. (da *corral* 'recinto per il bestiame', 'chiusura', di etim. incerta); 1905] **s. m. inv.** ● Tipico stanziamento di alcuni popoli sudafricani, costituito da capanne ad alveare disposte in circolo, che circonda il recinto del bestiame.

kràpfen /'krafen, *ted.* 'kɦʀapfn/ [ted., da *krapfen* 'uncino', di orig. germ., per la originaria forma arcuata; 1891] **s. m. inv.** (pl. ted. *inv.*) ● Frittella di pasta molto lievitata, ripiena spec. di marmellata o crema e spolverata di zucchero.

kren /krɛn, *ted.* kɦʀeːn/ [vc. ted. di orig. slava] **s. m. inv.** ● (*bot.*) Cren.

krill /*ingl.* kɦɹɪɫ/ [vc. ingl. d'orig. norvegese; 1981] **s. m. inv.** ● Insieme di alcune specie di piccoli crostacei planctonici che costituiscono il nutrimento dei Misticeti e dei Cefalopodi pelagici.

kripto ● V. *cripto.*

kriss /kris/ o **kris** [vc. malese (*kĕris*), di orig. giavanese (*kerés*); 1895] **s. m. inv.** ● Corto pugnale a lama serpeggiante, dell'area indo-malese.

Kronprinz /*ted.* 'kɦʀoːn,pʀɪnts/ [vc. ted., propr. 'principe (*Prinz*) della corona (*Krone*)', comp. di due elementi di orig. lat.; 1905] **s. m. inv.** (pl. ted.

Krug

Kronprinzen) ● Principe ereditario nei Paesi di lingua tedesca.

Krug /krug, *ted.* kʰʀuːk/ [etim. incerta; 1905] s. m. inv. (pl. ted. *Krüge*) ● Boccale di terracotta per birra, con ansa e coperchio di metallo.

krypton /'kripton/ ● V. *cripto.*

kuffiyah /ar. kʊfˈfijɑ/ o **kufiyah** /ar. kuˈfijɑ/ ● V. *kefiah.*

kulak /ˈkulak, russo kuˈɫʉak/ [propr. 'pugno', dal turco-tartaro *kulak*, dal turco *kol* 'braccio, mano'; 1929] s. m. (pl. it. e russo *kulàki*) ● Nella Russia del periodo precedente alla collettivizzazione dell'agricoltura, contadino ricco avente alle sue dipendenze altri contadini.

Kulturkampf /ted. kulˈtuʀˌkampf/ [comp. ted., propr. 'lotta (*Kampf*) per la cultura (*Kultur*)'; 1952] s. f. o m. inv. (pl. ted. *Kulturkämpfe*) ● Nella Germania bismarckiana, conflitto che oppose lo Stato alla Chiesa cattolica, determinato dalla necessità di limitare l'influenza del clero sulla vita culturale e sociale della nazione | (*est.*) Complesso di interventi volti a contrastare l'ingerenza della Chiesa nella vita culturale e sociale di una nazione.

kumis o **kumys** [vc. russa (*kumýs*) di orig. turco-tartara (*kumiz*); 1965] s. m. inv. ● Latte di giumenta fermentato, usato in Russia.

kümmel /ted. ˈkʰʏml/ [vc. ted., dal lat. *cumīnu(m)* 'comino' col mutamento di *l* in *n* di altri latinismi; 1887] s. m. inv. (pl. ted. inv.) ● Liquore forte ma dolce, aromatizzato con essenze di comino.

kumquat /kumˈkwat, ingl. ˈkʰʌmˌkwɒt/ [dal cinese *kamkwat* 'arancio (*kwat*) d'oro (*kam*)'] s. m. inv. ● (*bot.*) Alberello delle Rutacee originario dell'Asia meridionale, coltivato per i frutti commestibili (*Fortunella*) | Il frutto di tale pianta.

kumys /russo kuˈmɨis/ ● V. *kumis.*

kung fu /kuŋˈfuˀ, *cin.* ˉkʰuŋˊfu/ [loc. giapp., che rende l'orig. espressione cin. *gongfu*, propr. 'tempo ed energia spesa nel conquistare una capacità'; i giapponesi hanno appreso l'arte marziale dai cinesi e l'hanno diffusa internazionalmente col n. giapp.; 1973] loc. sost. m. inv. ● Tecnica di combattimento di origine cinese che prevede l'uso delle mani e dei piedi sia per attaccare che per difendersi.

kùros o (*gr.*) **kouros** [vc. gr. (*kôuros*), che propr. significa 'giovane', di orig. incerta; 1957] s. m. inv. (pl. gr. *kouroi*) ● Nella scultura greca arcaica, statua votiva che rappresenta un giovinetto nudo.

Kùrsaal /ˈkursal, *ted.* ˈkʰuːʌˌzaːl/ [vc. ted., propr. 'sala (*Saal*) di cura (*Kur*)', con entrambi i componenti di orig. lat.; 1918] s. m. inv. (pl. ted. *Kursäle*) ● Edificio variamente adibito ad albergo, stabilimento termale, casa da gioco, caffè-concerto e sim.

kuskùs ● V. *cuscus.*

kuwaitiàno /kuvaiˈtjano, kuwai-/ [1970] **A** agg. ● Del Kuwait. **B** s. m. (f. -*a*) ● Nativo, abitante del Kuwait.

kvas /russo kvʉɑs/ o **cuas** [vc. russa, propr. 'fermento'] s. m. inv. (pl. russo *kvasy*) ● Bevanda poco alcolica, tipica della Russia, ottenuta versando dell'acqua calda sulla farina d'orzo e lasciando fermentare.

kwacha /ˈkwatʃa/ [vc. locale dello Zambia] s. f. inv. ● (*econ.*) Unità monetaria del Malawi e dello Zambia.

kwanza /ˈkwanza/ [vc. bantu] s. f. inv. ● (*econ.*) Unità monetaria dell'Angola.

K-way® /ˈkeiˈwɛi, kiˈwɛi, *ingl.* ˈkʰɛɪˌwɛɪ/ o **kay-way** [marchio registrato; 1981] s. m. o f. inv. ● Tipo di giacca a vento con cappuccio, leggera e impermeabile che si può ripiegare dentro la sua tasca e allacciare alla vita.

kyat /kjat/ [vc. indigena (*ca*ʾ)] s. m. inv. ● Unità monetaria circolante in Birmania.

kylix /gr. ˈkyliks/ [vc. gr. (*kýlix*), con ampi riscontri indeur., tra cui il lat. *călix* 'calice'; 1957] s. m. inv. (pl. gr. *kylikes*) ● Vaso di produzione greca a forma di coppa con due anse su alto piede e bocca larga.

kyriàle /kiˈrjale/ [dal *Kyrie*, l'inno iniziale; 1970] s. m. ● Libro di canto gregoriano con la musica delle parti invariabili della Messa.

Kýrie /lat. ˈkirje/ [1353] s. m. ● Kyrie eleison.

Kýrie elèison [lat. ˈkirje eˈleison, -zon/ o **Kyrielèison** [lat. crist. *kyrie eleison* (nella Messa e nelle litanie), dal gr. *kýrie elééson* 'Signore abbi pietà'; sec. XIV] loc. sost. m. inv. ● Invocazione liturgica della Messa e delle litanie, sostituita da 'Signore pietà' dopo il Concilio Ecumenico Vaticano Secondo.

kyu /kju*, giapp.* ˌkjuː/ o **kiù** [vc. giapp. (*kyū*); 1964] s. m. inv. ● Allievo di judo, che viene classificato in cinque gradi secondo l'abilità.

I, L

Il suono principale rappresentato in italiano dalla lettera *L* è quello della consonante laterale alveolare /l/, che come tutte le sonanti è sonora. Può essere, secondo i casi, semplice (es. *pòlo* /'polo/, *sèi Lorènzo* /sɛilo'rentso/; *pèrla* /'pɛrla/, *Lorènzo* /lo'rentso/, *són Lorènzo* /sonlo'rentso/) oppure geminata (es. *póllo* /'pollo/, *è Lorènzo* /ɛllo'rentso/). La lettera *L* fa poi parte del trigramma *gli*, che rappresenta in italiano il suono della consonante laterale palatale /ʎ/, anch'essa sonora. Questo suono è scritto semplicemente *gl* davanti alla vocale *i* (es. *figli* /'fiʎʎi/); è scritto invece *gli*, con *i* muta, davanti alle altre vocali (es. *figlia* /'fiʎʎa/, *figlie* /'fiʎʎe/, *figlio* /'fiʎʎo/); non è mai seguito da consonante. Questo suono può essere semplice (es. *gli amìci* /ʎa'mitʃi/, *dàrgli* /'darʎi/, *bèn gli sta* /bɛnʎis'ta*/) o, tra due vocali (o tra vocale e /w/), geminato (es. *àgli amìci* /aʎʎa'mitʃi/, *fórse gli va* /'forseʎ ʎi'va*/, *figli(u)òlo* /fiʎ ʎ(w)ɔlo/). Davanti a lettere diverse da *l*, il gruppo grafico *gl* ha il valore di *G* 'dura' + *L* (es. *glòria* /'glɔrja/, *sìgla* /'sigla/). E può avere questo valore anche davanti alla lettera *I* nei seguenti casi: quando è iniziale d'una parola (es. *glicerìna* /gliʧe'rina/) o d'un elemento di parola composta (es. *geroglìfico* /dʒero'glifico/), fatta eccezione per l'articolo e pronome *gli* e per pochissime altre parole; quando è preceduta da *n* (es. *gànglio* /'gangljo/); nelle voci della famiglia di *negligènte* /negli'dʒɛnte/) e nelle forme del verbo *siglàre* /si'glare/ (es. *sìgli* /'sigli/).

I, (maiusc.) **L** [1321] **s. f. o m.** ● Dodicesima lettera dell'alfabeto italiano (nome per esteso *èlle*): *l minuscola, L maiuscolo* | Nella compitazione spec. telefonica it. *l come Livorno*; in quella internazionale *l come Lima* | **Trave a L**, con sezione ad angolo retto, particolarmente resistente a sforzi di flessione.

†**'l** /l/ ● V. *il*.

◆**la (1)** /la/ [lat. *(il)la(m)*, comp. di etim. incerta; 963] **A art. det. f. sing.** (si usa davanti a tutte le parole f. **sing.** e si elide generalmente davanti a vocale: *la camera; la figlia; la psiche; la spesa; la zavorra; l'anima; l'erba; l'isola; l'onda; l'umidità* | Fondendosi con le **prep.** proprie semplici, dà origine alle **prep. art. f. sing.** *alla, colla, dalla, nella, sulla,* poet. *pella*) **1** Indica e determina una cosa o una persona distinta da ogni altra della stessa specie: *passami la scodella; fatti la barba; ho incontrato la zia* | (fam.) Davanti a nome proprio di persona: *ha telefonato la Marisa?; la Gertrudina trascorreva a qualche atto un po' arrogante* (MANZONI) | (bur.) Davanti a cognomi: *la Rossi Maria ha protestato la propria innocenza* | Si premette a cognomi di personaggi celebri: *la Duse; la Negri* | Si premette sempre a un nome proprio o a un cognome preceduto da un titolo, che non sia però 'santa', 'donna', 'suora': *la contessa Matilde; la professoressa Rossi* | Si premette a 'più' nel superlativo relativo: *è la più semplice delle creature di questo mondo*. **2** Indica in generale una specie, una categoria, un tipo: *la madre ha il compito di educare i figli nei primi anni; la donnola è un animale piccolo, ma crudele* | Indica l'astratto o il generico: *l'avarizia è uno dei mali peggiori; non capisco la pittura*. **3** Questa, quella (con valore dimostr.): *Maria, la studentessa; Isotta, la bionda; guardala, la sfacciata!; ci sono due strade: prendi la più corta*. **4** Ogni, ciascuna (con valore distributivo): *la do-*

menica i negozi sono chiusi; *lo faccio due volte la settimana; quanto costano le uova la dozzina?* **5** Nella, durante la (con valore temporale): *sarò a Roma la settimana prossima; la sera leggo sempre*. **B pron. pers.** e **dimostr. f. sing. 1** Lei, essa (come compl. ogg. riferito a persona o cosa, in posizione sia encl. sia procl.): *la rivedrò domani; non riesco a trovarla; eccola!; te la porterò appena potrò* | Con valore neutro indet.: *dirla grossa; vedersela brutta; ridersela; a farla breve; me l'ha fatta!; smettila!; piantala!; o a che la spacca!* **2** Si usa, in segno di rispettosa cortesia, rivolgendosi a persona, sia di sesso maschile, sia femminile, con cui non si è in familiarità (sempre come compl. ogg.): *La ringrazio, signora; la prego, signore, non si disturbi; arrivederla!* **3** (pop., tosc. e sett., pleon.) Aferesi di 'ella' (come sogg. riferito a persona o cosa): *la mi dica!; la si decida!; l'è una brava ragazza* | Con valore neutro indet.: *l'è dura!; la va male* (V. note d'uso ACCENTO ed ELISIONE e TRONCAMENTO).

la (2) /la*, la/ [lettere iniziali della seconda parte del terzo verso (*solve polluti labii reatum*) dell'inno a S. Giovanni, scelto da Guido d'Arezzo a fondamento della scala musicale; av. 1527] **s. m. inv.** ● (mus.) Sesta nota della scala musicale di *do*, che si suole adoperare per dare l'intonazione | **Dare il la**, dare l'intonazione; (fig.) suggerire come gli altri devono agire (V. nota d'uso ACCENTO).

†**là** /la*/ o (pop., tosc.) †**lae** [lat. *(il)lac*, da *ille*, di etim. incerta; sec. XII] **A avv. 1** In quel luogo (con v. di stato o di moto, con riferimento a un luogo piuttosto lontano da chi parla e da chi ascolta): *andrò là dopo pranzo; posalo là, su quella sedia; ero là per puro caso; eccolo là!* | Spesso in loc. correl. contrapposto a 'qua', 'qui', 'lì' con valore locativo più o meno indeterminato: *qui non c'è posto, mettiti là; vieni via di là per gli uffici; sta un po' qua e un po' là* | Con valore raff. seguito da altri avv. di luogo, dà loro maggiore determinazione: *là dentro; guarda là fuori; vai là sopra* | Unito a pron. pers. e ai pron. e agg. 'quello' con valore raff. e intens.: *tu, là, fatti avanti; passami quel libro là*. **2** Con valore raff. o enfat. in escl. o espressioni di esortazione, comando, sdegno, e sim.: *zitto, là!; guarda là cosa mi va a capitare!; via! là!; ma va' là che lo sappiamo che sei bravo* | (iter.) Esprime impazienza: *là là!, smettetela tutti e due!* | (assol.) Indica la rapidità o la conclusione di un'azione: *là, ora è tutto a posto!* | In escl. o espressioni d'allarme, di intimazione, di richiamo, e sim.: *ehi là, ferma!; alto là!; chi va là?; passa là!; ehi là, dove sei?* **3** (lett.) Circa, approssimativamente (con valore temp.): *là vèr l'aurora* (PETRARCA). **4** Nella loc. avv. **in là**, oltre, da un'altra parte: *farsi, tirarsi in là; voltarsi in là* | **Andare in là**, procedere (anche fig.) | *Non andare, arrivare molto in là*, (fig., fam.) non capire molto | In avanti, oltre (con valore temp.): *da quel giorno in là; essere in là con gli anni*. **5** Nella loc. avv. **di là**, da quel luogo, in quel luogo (indica stato in luogo o moto da luogo, anche fig.): *vieni via di là!* | **Stai di là**, nell'altra stanza | **Il mondo di là, l'al di là**, (fig.) l'altro mondo; V. anche *aldilà* | **Essere più di là che di qua**, (fig.) essere sul punto di morire | **Andare di qua e di là**, in vari luoghi | **Di qua, di là, di su, di giù**, in ogni luogo | **Per di là**, per quel luogo: *passavo per di là*. **6** Nella loc. avv. **là per là**, subito, sul momento: *là per là non ho capito cosa volesse dire; là per là non ho saputo rispondere*. **B** nelle **loc. prep.**

di là da, di là di, in là da, in là di, al di là di ● Oltre: *non andare di là da quella siepe, più in là di quel punto; un risultato al di là di ogni aspettativa* | **È una cosa di là da venire**, di cosa incerta o che deve avvenire in un futuro molto lontano (V. nota d'uso ACCENTO).

†**labàrda** ● V. *alabarda*.

làbaro [vc. dotta, lat. tardo *lăbaru(m)*, di etim. incerta; av. 1574] **s. m. 1** Vessillo imperiale romano costituito da un drappo di seta quadrata applicato a una barra trasversale all'asta. **2** Insegna di associazioni combattentistiche, ex combattentistiche, politiche, religiose. **3** (fig.) Simbolo, vessillo di un'idea o di una fede che accomuna più persone.

làbbia [vc. dotta, lat. parl. *lăbia*, n. pl. di *lăbium(m)* 'labbro', di etim. incerta; 1294] **s. f.** (**pl. inv.** o *-e*) **1** (poet.) †Faccia, aspetto: *e qual è uom di sì secura l., / che fuggir possa il mio tenace vischio?* (POLIZIANO). **2** (raro, est.) Figura umana. **3** (al pl., poet.) Labbra.

làbbo [fr. *labbe*, di etim. incerta; av. 1871] **s. m.** ● (zool.) Stercorario.

labbràta [av. 1767] **s. f.** ● (pop., tosc.) Colpo sulle labbra col dorso della mano: *tirare una l.* || **labbratóne**, accr. m.

†**labbreggiàre** [comp. di *labbr(a)* e *-eggiare*; av. 1625] **A v. intr.** ● Muovere le labbra. **B v. tr.** ● Mormorare, proferire sommessamente: *– Perdono! – labbreggiò la smarrita, giungendo palma con palma* (DOSSI).

labbrifórme [comp. di *labbro* e *-forme*; 1957] **agg.** ● (raro) Che ha forma di labbro.

◆**làbbro** o (poet.) †**labro (1)** [vc. dotta, lat. *lăbru(m)*, di etim. incerta; av. 1294] **s. m.** (**pl. làbbra**, f. nei sign. 1 e 2, **làbbri**, **m.** nei sign. 4, 5 e, lett., †*anche* nei sign. 1 e 2) **1** Ognuna delle due pieghe cutanee, muscolari e mucose, che delimitano l'apertura della bocca: *l. superiore, inferiore; avere un l. spaccato; labbra grosse, sottili, tumide.* CFR. cheilo-, labio- | (med.) **L. leporino**, malformazione congenita in cui il labbro superiore presenta nel mezzo una fenditura longitudinale | **Leccarsi le labbra**, (fig.) detto di chi ha appena gustato un cibo squisito o si prepara a gustarlo | **Bagnarsi le labbra**, bere un sorso. ➡ ILL. p. 2127 ANATOMIA UMANA. **2** (spec. al pl.) Bocca, quale organo della parola: *i rimproveri gli morirono sulle labbra* | **Chiudere le labbra**, tacere | **Avere una parola sulla punta delle labbra, sulle labbra**, non riuscire a ricordarla o pronunciarla | **Mordersi le labbra**, per trattenersi dal parlare o per punirsi di ciò che si è detto incautamente | **Pendere dalle labbra di qlcu.**, ascoltarlo o seguirlo con la massima attenzione | **A fior di labbra**, sussurrando appena | **Morire col nome di Dio sulle labbra**, invocarlo fino all'ultimo respiro. **3** (anat.) Grandi, piccole labbra, nell'apparato genitale femminile, pieghe cutanee che circondano l'apertura vulvare. ➡ ILL. p. 2124 ANATOMIA UMANA. **4** Margine, orlo di una ferita: *i labbri sono ancora aperti*. **5** Orlo, bordo con risalto, ciglio: *il l. di un vaso, di un pozzo, di una conca*. || **labbràccio**, pegg. | **labbrettino**, dim. | **labbrétto**, dim. | **labbricciuòlo**, dim. | **labbrino**, dim. | **labbrolino**, dim. | **labbróne**, accr. | **labbròtto**, accr. | **labbrùccio**, dim.

labdacìsmo ● V. *lambdacismo*.

†**làbe** [vc. dotta, lat. *lābe(m)* 'macchia', di etim. incerta; 1342] **s. f.** ● (lett.) Macchia, sozzura: *ingegni macchiati dalla stessa l.* (CARDUCCI).

labellàto [1957] **agg.** ● (bot.) Detto di fiore munito di labello.

labello 970

labèllo [vc. dotta, lat. *labĕllu(m)*, dim. di *lăbru(m)* 'labbro', di etim. incerta; 1839] **s. m.** ● (*bot.*) Nelle orchidee, tepalo anteriore del fiore, diverso dagli altri, a margine lobato o frastagliato.

†**làbere** [vc. dotta, lat. *lābi* 'scivolare', di etim. incerta, portato alla coniug. in *-ere*; 1321] **v. intr.** ● Scorrere, fluire.

laberinto ● V. *labirinto*.

labiàle [dal lat. *lăbiu(m)* 'labbro', di etim. incerta; 1499] **A agg. 1** (*anat.*) Che riguarda o concerne le labbra. **2** (*ling.*) Detto di suono articolato per mezzo delle labbra: *consonante l.* **B s. f.** ● (*ling.*) Consonante labiale.

labializzàre [comp. di *labial(e)* e *-izzare*; 1873] **A v. tr.** ● (*ling.*) Rendere labiale, sottoporre a labializzazione. **B v. intr. pron.** ● (*ling.*) Diventare labiale.

labializzàto [1957] **part. pass.** di *labializzare*; anche **agg. 1** Nei sign. del v. **2** (*ling.*) Detto di suono nella cui pronuncia intervengono arrotondamento e protrusione delle labbra.

labializzazióne [1888] **s. f.** ● (*ling.*) Trasformazione per la quale un suono diventa labiale (ad es., *n* di fronte a *p* o *b*).

Labiàte [dal lat. *lăbium* 'labbro', di etim. incerta, per la loro forma; 1749] **s. f. pl.** (**sing.** *-a*) ● Nella tassonomia vegetale, famiglia di piante delle Dicotiledoni erbacee con fiori la cui corolla ha l'aspetto di due labbra, comprendente moltissime specie usate in cucina, medicina e profumeria (*Labiatae*). ➡ ILL. **piante**/8-9.

labiàto [dal lat. *lăbiu(m)* 'labbro', di etim. incerta; 1805] **agg. 1** Che ha forma simile a quella delle labbra | (*bot.*) ***Calice l.***, gamosepalo irregolare con una parte inferiore e una superiore separate | (*bot.*) ***Corolla labiata***, gamopetala irregolare con il lembo diviso in un labbro superiore e uno inferiore. **2** (*ling.*) Labializzato.

Labidognàti o (*raro*) **Labidògnati** [comp. del gr. *labís*, genit. *labídos* 'forcipe, pinza' (da avvicinare a *lambánein* 'prendere', prob. di orig. indeur.) e *gnáthos* 'mascella' (V. *ganascia*)] **s. m. pl.** (**sing.** *-o*) ● Nella tassonomia animale, gruppo a cui appartiene la maggior parte dei ragni, caratterizzato da cheliceri i cui artigli si possono incrociare a tenaglia (*Labidognatha*).

làbile o †**làbole** [vc. dotta, lat. tardo *lābile(m)*, da *lābi* 'scivolare', di etim. incerta; 1304] **agg. 1** (*lett.*) Che facilmente viene meno: *la salute, la giovinezza sono beni labili*; *non è la più l. cosa che la memoria di benefici ricevuti* (GUICCIARDINI). **SIN.** Caduco, fugace, passeggero. **2** Debole: *memoria l.* **3** (*psicol.*) Emotivamente fragile e influenzabile. **4** (*scient.*) Instabile: *composto chimico l.* ‖ **labilménte**, **avv.**

labilità [sec. XIV] **s. f. 1** (*lett.*) Caratteristica di ciò che è labile. **SIN.** Caducità, fugacità. **2** Proprietà, stato di ciò che è labile | ***L. di un composto chimico***, mancanza di stabilità.

†**làbio** [lat. parl. *lăbiu(m)*, di etim. incerta; 1499] **s. m.** ● Labbro.

làbio- [dal lat. *lăbiu(m)* 'labbro', di etim. incerta] primo elemento ● In parole composte della terminologia linguistica o medica, significa 'labbro' o indica relazione con le labbra: *labiodentale, labionasale.*

labiodentàle [comp. di *labio-* e *dentale*; 1870] **A agg.** ● (*ling.*) Detto di consonante la cui articolazione comporta un avvicinamento o un contatto del labbro inferiore con gli incisivi superiori. **B s. f.** ● (*ling.*) Consonante labiodentale: *f e v sono labiodentali.*

labiolettùra [comp. di *labio-* e *lettura*; 1965] **s. f.** ● Interpretazione delle parole di chi parla basandosi solo sul movimento delle sue labbra senza udire alcun suono.

labionasàle [comp. di *labio-* e *nasale*; 1957] **agg.** ● (*ling.*) Detto di suono nasale articolato per mezzo delle labbra (ad es. il suono *m*).

labiopalatàle [comp. di *labio-* e *palatale*] **A agg.** ● (*ling.*) Detto di suono che comporta simultaneamente un'articolazione palatale e una labiale. **B s. f.** ● (*ling.*) Suono labiopalatale.

labiovelàre [comp. di *labio-* e *velare*; 1957] **A agg.** ● (*ling.*) Detto di suono che comporta la combinazione di una articolazione velare e di una appendice labiale (ad es. *qu* e *gu* seguiti da vocale). **B s. f.** ● (*ling.*) Suono labiovelare.

labirintèo [av. 1800] **agg.** ● (*lett.*) Labirintico.

labirìntico [da *labirinto*; av. 1696] **agg.** (**pl. m.** *-ci*) **1** Che concerne un labirinto | Simile a un labirinto (*anche fig.*): *quartiere l.*; *ragionamento l.* **2** (*anat.*) Relativo al labirinto.

labirintifórme [comp. di *labirinto* e *-forme*; 1934] **agg.** ● Che ha forma di labirinto.

labirintìte [comp. di *labirinto* nel sign. 5 e *-ite* (*1*); 1894] **s. f.** ● (*med.*) Infiammazione del labirinto.

♦**labirìnto** o (*raro*) **laberìnto** [vc. dotta, lat. *labyrĭnthu(m)*, dal gr. *labýrinthos*, di etim. incerta (mediterr.?); av. 1337] **s. m. 1** Leggendaria reggia di Minosse, dalla quale non si poteva uscire senza guida: *Teseo ebbe da Arianna il filo per non smarrirsi nel l.* | (*est.*) Edificio con una rete intricata di locali e corridoi: *questo palazzo è un vero l.* **2** (*est.*) Luogo o intreccio di strade o passaggi dove è difficile orizzontarsi o da cui è difficile uscire: *perdersi nel l. di vicoli del quartiere del porto* | ***L. di specchi***, nei luna park, intrico di passaggi rivestiti di specchi deformanti. **3** Tipo di giardino con alte siepi e vialetti intricati, nel parco di una villa. **4** (*fig.*) Situazione intricata, confusa e poco chiara: *sono preso nel l. degli affari.* **SIN.** Dedalo. **5** (*anat.*) Insieme di cavità formanti una parte dell'orecchio interno. **6** (*zool.*) In alcuni pesci ossei, organo sussidiario per la respirazione aerea, situato dorsalmente alla camera branchiale. **7** Gioco di pazienza che consiste nel trovare, tra tante strade tortuose disegnate, l'unica che conduce all'uscita.

labirintopatìa [comp. di *labirinto* nel sign. 5 e *-patia*] **s. f.** ● (*med.*) Qualsiasi affezione del labirinto dell'orecchio.

labirintòsi [comp. di *labirint(o)* e del suff. *-osi*] **s. f. inv.** ● (*med.*) Processo degenerativo dell'epitelio sensoriale del labirinto.

†**làbole** ● V. *labile*.

laborantìna ● V. *lavorante*.

†**laboràre** ● V. *lavorare*.

♦**laboratòrio** [dal lat. *laborāre* 'lavorare'; sec. XVII] **s. m. 1** Locale o insieme di locali forniti di attrezzature per ricerche ed esperienze scientifiche | ***L. linguistico***, aula scolastica con attrezzatura elettronica e meccanica per rendere più efficace l'apprendimento delle lingue | (*est., fig.*) Luogo o ambito in cui si elaborano e si producono esperienze innovative: *Vienna fu nei primi decenni del Novecento un l. musicale*; *quella rivista è un vero l. politico.* **2** Locale annesso a un negozio dove si fanno o si riparano gli oggetti in vendita | Locale dove si svolgono attività di carattere artigianale: *l. di sartoria* | ***L. protetto***, centro di lavoro per handicappati.

laboratorìsta [1957] **s. m. e f.** (**pl. m.** *-i*) ● Chi lavora come tecnico o ricercatore in un laboratorio scientifico.

†**labóre** [vc. dotta, lat. *labōre(m)*, di etim. incerta; av. 1294] **s. m.** ● Fatica, travaglio.

laboriosità [da *laborioso*; 1306] **s. f.** ● Caratteristica di chi (o di ciò che) è laborioso: *per … dieci anni si era sopravvissuto in un'indefessa l.* (CROCE).

laborióso [vc. dotta, lat. *laboriōsu(m)*, da *lăbor* 'lavoro', di etim. incerta; 1308] **agg. 1** Che comporta difficoltà, fatica e pena per la sua realizzazione: *indagine laboriosa*; *è stata una traversata laboriosa*; *digestione laboriosa*; *questa guerra fu più laboriosa che alcuna altra* (PULCI) | ***Parto l.***, difficoltoso e prolungato; (*fig.*) opera intellettuale o artistica che ha richiesto grande fatica al suo creatore. **2** Dedito al lavoro, che lavora con passione: *giovane l.*; *popolo pacifico e l.*; *città laboriosa, in cui … nessuno camminava per diporto* (SVEVO). **SIN.** Operoso. **3** Denso di lavoro o di realizzazioni: *giornata laboriosa.* **SIN.** Operoso. ‖ **laboriosaménte**, **avv. 1** Con fatica. **2** Con laboriosità.

laborìsmo e *deriv.* ● V. *laburismo* e *deriv.*

labràce [vc. dotta, gr. *labrákion*, dim. di *lábrax*, genit. *lábrakos*, da *lábros* 'vorace', di etim. incerta; 1728] **s. m.** ● (*zool.*) Spigola.

labradòr o **làbrador** [dalla regione di provenienza, il *Labrador* canadese, dall'ant. denom. port. *Terra de Lavradores* 'terra di schiavi (propr. lavoratori)'; 1942] **s. m. inv. 1** Merluzzo, baccalà proveniente dal Labrador. **2** Razza di cani da riporto, originaria del Labrador ma allevata soprattutto in Inghilterra.

labradorégno A agg. ● Del Labrador, penisola del Canada orientale. **B s. m.** (**f.** *-a*) ● Abitante, nativo del Labrador.

labradorìte [dal n. della regione canadese *Labrador*, con *-ite* (*2*); 1817] **s. f.** ● (*miner.*) Varietà calcica di plagioclasio in cristalli che manifestano una caratteristica iridescenza interna.

†**làbro** (**1**) ● V. *labbro*.

làbro (**2**) [etim. discussa: dal gr. *lábros* 'avido, vorace', di orig. incerta (?); av. 1729] **s. m.** ● Pesce dei Perciformi che vive anche nel Mediterraneo; ha labbra carnose e dimensioni dai 15 ai 35 cm (*Labrus bergylta*).

labrònico [dal n. lat. (ma di orig. etrusca) di una località, *Lăbro*, genit. *Labrōnis*, che sorgeva nei pressi dell'attuale Livorno; 1882] **agg.** (**pl. m.** *-ci*) ● (*lett.*) Livornese.

labrùsca ● V. *lambrusca*.

laburìsmo o **laborìsmo** [ingl. *labourism*, dal n. del 'partito del *lavoro*' (*Labour Party*, l'una e l'altra parola di orig. lat.); 1932] **s. m.** ● Movimento politico di tendenza socialista riformista, sorto in Gran Bretagna agli inizi del XIX sec.

laburìsta o **laborìsta** [ingl. *labourist* (V. *laburismo*); 1912] **A agg.** (**pl. m.** *-i*) ● Del, aderente al laburismo o al partito laburista | ***Partito l.***, partito politico fondato sui principi del laburismo. **B s. m. e f.** (**pl. m.** *-i*) ● Seguace del laburismo | Iscritto al partito laburista.

laburìstico [av. 1952] **agg.** (**pl. m.** *-ci*) ● (*raro*) Che si riferisce al laburismo o ai laburisti.

labùrno [vc. dotta, lat. *labŭrnu(m)*, parola importata, ma di orig. incerta; 1489] **s. m.** ● (*bot.*) Ornello | ***L. fetido***, ***L. puzzolente***, anagiride.

lacaniàno [1983] **A agg.** ● Che si riferisce allo psicoanalista J. Lacan (1901-1981) o alle sue teorie. **B s. m.** (**f.** *-a*) ● Psicoanalista seguace di J. Lacan.

†**làcca** (**1**) [vc. dotta, lat. tardo *lăccu(m)*, dal gr. *lákkos* 'fosso, stagno, cisterna', di orig. indeur.; 1313] **s. f.** ● Costa, pendio.

†**làcca** (**2**) [lat. tardo *lăcca(m)* 'specie di tumore alle gambe degli animali', legato con *lacĕrtus* 'muscolo' (?); sec. XIV] **s. f.** ● Coscia di quadrupede | (*est.*) Natica d'uomo.

làcca (**3**) [ar. *lakk*, dal persiano *lâk*, di orig. sanscrita (* *lākṣā* 'migliaia', con allusione al grande numero degli insetti che la producono); av. 1400] **s. f. 1** Sostanza colorata di origine vegetale, animale o artificiale, usata come rivestimento protettivo od ornamentale di vari oggetti | ***L. del Giappone***, liquido denso, grigio, estratto per incisione da una pianta giapponese | (*est.*) Oggetto ricoperto di lacca: *una collezione di lacche cinesi.* **2** Colore formato per fissazione meccanica o chimica di un colorante organico su di un supporto, in generale inorganico, usato nella pittura, nella stampa dei tessuti e sim. **3** Fissatore per pettinature: *l. colorata.*

laccamùffa [comp. di *lacca* (*3*) e *muffa*, come adattamento del ted. *Lackmus*, dal neerlandese **lakmoes*, comp. di un deriv. da *lēken* 'gocciolare' e *moes* 'verdura'; 1667] **s. f.** (**pl.** *laccamùffe*) ● (*chim.*) Tornasole.

laccàre [da *lacca* (*3*); 1931] **v. tr.** (*io làcco, tu làcchi*) ● Verniciare con lacca.

laccàto [1923] **part. pass.** di *laccare*; anche **agg. 1** Verniciato con lacca: *mobile l.* | ***Unghie laccate***, smaltate | (*cuc.*) Preparato in modo da avere una sottile crosta lucida: *anatra laccata.* **2** (*bot.*) Detto di foglia rivestita su una o entrambe le pagine da una specie di vernice lucida secreta da alcune ghiandole. **3** (*med.*) Detto del sangue che ha assunto un colore rosso acceso e brillante in seguito a emolisi.

laccatóre [1931] **s. m.** (**f.** *-trice*) ● Chi esegue lavori con lacca.

laccatùra [1924] **s. f.** ● Operazione del laccare | Rivestimento di lacca.

lacchè [fr. *laquais*, di etim. incerta; 1605] **s. m. 1** Valletto in livrea che per strada seguiva o precedeva il padrone o la carrozza padronale. **2** (*spreg.*) Persona che si umilia e si disonora in modo servile: *ha l'anima di un l.*; *fare da l. a qlcu.*

lacchézzo [variante dial. di *beccheggio*; 1733] **s. m. 1** (*tosc.*) Boccone ghiotto | (*est.*) Allettamento. **2** (*fig.*) Imbroglio. ‖ **lacchezzìno**, **dim.**

làccia ● V. *alaccia*.

†**lacciàre** [vc. dotta, lat. tardo *laqueāre*, da *lăqueus*, di etim. incerta; av. 1294] **v. tr.** ● Allacciare.

†**lacciatùra** **s. f.** ● Allacciatura.

làccio [lat. parl. **lăciu(m)*, per *lăqueu(m)*, prestito, di etim. incerta; sec. XIII] **s. m. 1** Corda con cappio a nodo scorsoio che si stringe tirando: *prendere una bestia al l.* **2** (*fig.*) Trappola, insidia, inganno: *tendere i lacci*; *è caduto nel l. di un truffatore.* **3** Legaccio, tirante, cordoncino: *tirare i lacci del busto* | ***I lacci delle scarpe***, le stringhe | (*arald.*) ***L. d'amore***, cordone disposto a cerchio, spesso posto attorno allo scudo, intrecciato a nodi | ***L. emostatico***, nastro o sottile tubo stretto attorno agli arti per rallentare la circolazione sanguigna | (*fig.*) Intralcio, vincolo: *i lacci e i laccioli della burocrazia.* **4** (*fig., lett.*) Nodo, vincolo, legame: *ben io costretto in que' soavi lacci* (CARDUCCI); *i lacci dell'amore.* **5** (*disus.*) Capestro: *la pena del l.* | ***Mettere il l. al collo a qlcu.***, (*fig.*) costringerlo, contro la sua volontà, a fare o subire qlco. **6** †Impedimento. || **laccétto**, dim. | **lacciòlo, lacciuòlo**, dim. (V.).

lacciòlo o (*lett.*) **lacciuòlo** [av. 1320] s. m. **1** Dim. di *laccio* | (*fig., lett.*) Trappola, insidia | (*fig.*) Intralcio, vincolo: *lacci e laccioli burocratici.* **2** Laccio per catturare piccoli uccelli. **3** Laccio da scarpe, stringa.

laccolite [comp. del gr. *lákkos* 'cavità, cisterna' e *líthos* 'pietra'; 1895] s. m. o f. ● (*geol.*) Corpo intruso poco profondo a forma di lente più o meno simmetrica o cupola che si insinua generalmente lungo una superficie di strato o altra discontinuità. ➡ ILL. p. 2131 SCIENZE DELLA TERRA ED ENERGIA.

lacedèmone o (*raro*) **lacedemònio** [vc. dotta, lat. *Lacedaèmones* (pl.), dal gr. *Lakedáimōn*, genit. *Lakedáimonos*, di etim. incerta; sec. XIV] agg.; anche s. m. ● (*lett.*) Spartano.

laceràbile [vc. dotta, lat. tardo *lacerābile(m)*, da *lacerāre* 'lacerare'; av. 1704] agg. ● Che si può lacerare.

lacerabilità [1970] s. f. ● Caratteristica di ciò che è lacerabile.

laceraménto [vc. dotta, lat. tardo *laceramĕntu(m)*, da *lacerāre* 'lacerare'; av. 1292] s. m. ● (*raro*) Lacerazione.

lacerànte [sec. XVII] part. pres. di *lacerare*; anche agg. **1** Nei sign. del v. **2** (*fig.*) Che colpisce per la sua forza, intensità e sim.: *urlo, rumore l.* | (*fig.*) Straziante, tormentoso: *un rimorso l.* | (*fig.*) Che provoca lacerazioni, contrasti e sim.: *una scelta l.*

laceràre [vc. dotta, lat. *lacerāre*, di orig. indeur.; 1268] **A** v. tr. (*io làcero*) **1** Ridurre a brandelli: *le schegge gli lacerarono la carne*; *l. un abito.* SIN. Strappare, stracciare. **2** (*fig.*) Straziare, torturare: *un dolore che lacera il cuore*; *un rumore che lacera i timpani*; *era lacerato dal rimorso.* **B** v. intr. pron. ● Strapparsi, squarciarsi: *la vela si è lacerata per un colpo di vento.*

laceratóre [vc. dotta, lat. tardo *laceratōre(m)*, da *lacerātus* 'lacerato'; 1476] agg.; anche s. m. (f. *-trice*) ● Che (o Chi) lacera (*spec. fig.*): *un grido / lacerator di ben costrutti orecchi* (PARINI).

lacerazióne [vc. dotta, lat. *laceratiōne(m)*, da *lacerātus* 'lacerato'; av. 1364] s. f. **1** Il lacerare, il lacerarsi | Strappo, squarcio, rottura | (*med.*) Rottura di un tessuto o di un organo causata da un trauma violento: *l. del collo dell'utero durante il parto.* **2** (*fig.*) Strazio, afflizione | (*fig.*) Contrasto, separazione e sim. molto travagliati e dolorosi.

lacèrna [vc. dotta, lat. *lacĕrna(m)*, d'impronta pop. e di non improbabile orig. etrusca; av. 1498] s. f. ● Presso i Romani, lungo mantello aperto, fermato con una fibbia sulle spalle o sul petto, che si portava sulla tunica e sull'armatura.

làcero [vc. dotta, lat. *lăceru(m)*, di orig. indeur.; av. 1320] **A** agg. **1** Strappato o stracciato in più punti o in più pezzi: *carni lacere*; *abito l.* | ***Ferita lacera***, i cui margini sono privi di continuità per strappamento. **2** (*est.*) Detto di persona che indossa vestiti logori o strappati: *un mendicante tutto l.* SIN. Cencioso. **B** s. m. ● (*raro, tosc.*) Consumo, usura dovuti all'uso.

lacero-contùso /latʃerokon'tuzo/ [1891] agg. ● (*med.*) ***Ferita lacero-contusa***, ferita i cui margini sono privi di continuità, per strappamento e compressione.

Lacèrtidi [comp. del lat. *lacĕrta* 'lucertola' e *-idi*; 1934] s. m. pl. (sing. *-e*) ● Nella tassonomia animale, famiglia di Sauri eurasiatici e africani cui appartengono le lucertole (*Lacertidae*).

lacertifórme [vc. dotta, comp. del lat. *lacerta* 'lucertola' e *-forme*; 1976] agg. ● Detto di animale che ha aspetto, o forma, di lucertola.

lacèrto (1) [vc. dotta, lat. *lacĕrtu(m)*, di etim. incerta; 1313] s. m. **1** (*lett.*) Parte muscolosa spec. del braccio | (*est.*) Brandello di carne. **2** (*anat.*) ***L. fibroso***, larga striscia di membrana fibrosa alla piega del gomito. **3** (*fig., lett.*) Frammento, parte minima di un'opera letteraria spec. antica. **4** (*zool., sett.*) Scombro.

†**lacèrto** (2) [dal lat. *lacĕrta(m)*, di etim. incerta; av. 1556] s. m. ● Lucertola.

†**lacertóso** [vc. dotta, lat. *lacertōsu(m)*, da *lacĕrtus* 'lacerto (1)'; 1499] agg. ● Muscoloso, robusto.

†**lacessito** [vc. dotta, lat. *lacessītu(m)*, part. pass. di *lacĕssere*, intens. di *lăcere*, da una vc. *lăx* col senso di 'esca, inganno', di orig. espressiva; sec. XIV] agg. ● Provocato, stuzzicato, irritato.

†**làci** [lat. parl. *illāce, per il classico *illac*, da *ille* 'quello' con particella locativa; 1319] avv. ● Là: *volto in l.* (DANTE *Purg.* XXIV, 105).

lacinia [vc. dotta, lat. *lacĭnia(m)*, da avvicinare a *lăcer* 'lacero'; 1698] s. f. **1** (*anat.*) Frangia, frastagliatura. **2** (*bot.*) Incisione irregolare. **3** (*zool.*) Lobo interno delle mascelle di molti Insetti, inserito sullo stipite. **4** (*fig., lett.*) Frammento, parte minima di un'opera letteraria spec. antica.

laciniàto [1499] agg. ● (*anat., bot.*) Che presenta lacinie.

làcmo [ol. *lakmoes* 'laccamuffa' (V.)] s. m. ● (*chim.*) Laccamuffa.

†**làco** ● V. *lago*.

laconicismo [av. 1712] s. m. ● Laconismo.

laconicità [1904] s. f. ● Caratteristica di chi (o di ciò che) è laconico. SIN. Concisione, essenzialità, stringatezza.

lacònico [vc. dotta, lat. *Lacōnicu(m)*, dal gr. *Lakōnikós* 'proprio dei Laconi'; 1499] agg. (pl. m. *-ci*) **1** Della Laconia, regione della Grecia in cui si trovava Sparta | Dei Laconi, degli Spartani: *dialetto l.* **2** (*fig.*) Detto di persona poco loquace, estremamente concisa nell'esprimersi | Breve, essenziale: *scritto l.*; *risposta laconica.* || **laconicaménte**, avv. In modo laconico, breve, conciso.

laconismo [vc. dotta, gr. *lakōnismós* 'simpatia per i Lacedemoni', da *lakōnízein* 'laconizzare'; 1556] s. m. **1** (*raro*) Laconicità. **2** Forma tipica del dialetto laconico.

laconizzàre [vc. dotta, gr. *lakōnízein*, da *lákōn* 'lacone, spartano'; 1801] v. intr. (aus. *avere*) ● (*lett.*) Esprimersi in modo laconico.

♦**làcrima** o (*lett.*) **làgrima** [lat. *lăcrima(m)*, di orig. indeur.; 1243] s. f. **1** Liquido acquoso prodotto dalle ghiandole lacrimali dell'occhio. CFR. dacrio- | ***Lacrime calde, cocenti***, frutto di un dolore aspro | ***Lacrime amare, di sangue***, provocate da rimorso, dolore, disperazione | ***Un fiume di lacrime***, un gran pianto | ***Spargere, versare lacrime***, abbandonarsi al pianto | ***Rompere, prorompere, scoppiare in lacrime***, mettersi a piangere all'improvviso | ***Frenare, ingoiare le lacrime***, trattenersi dal piangere | ***Strappare le lacrime***, suscitare il pianto | ***Essere in un mare di lacrime, struggersi in lacrime***, piangere a dirotto e di continuo | ***Avere le lacrime agli occhi***, stare per piangere, per il dolore, la commozione e sim. | ***Con le lacrime agli occhi***, in stato di grande commozione | ***Non avere più lacrime***, (*fig.*) aver sofferto molto | ***Asciugarsi le lacrime***, smettere di piangere | ***Asciugare le lacrime a qlcu.***, consolarlo | ***Lacrime di coccodrillo***, (*fig.*) quelle di chi si pente in modo tardivo o ipocrita (secondo un'antica credenza, i coccodrilli piangerebbero dopo avere divorato una preda) | ***Sciogliersi in lacrime***, piangere a dirotto | ***Costar sudore e lacrime***, fatica e dolore | ***Valle di lacrime***, nel linguaggio della Bibbia, il mondo terreno | (*astron.*) ***Lacrime di San Lorenzo***, Perseidi. **2** (*est.*) Goccia o piccola quantità di liquido: *è rimasta una l. d'olio* | (*est.*) Gocciola, stilla: *una l. di resina.* **3** (*est.*) Oggetto che ha l'aspetto di una lacrima: *una l. di cera.* || **lacrimèlla**, dim. | **lacrimétta**, dim. | **lacrimìna**, dim. | **lacrimóne**, accr. m. | **lacrimùccia, lacrimùzza**, dim.

lacrimàbile o **lagrimàbile** [lat. tardo *lacrimābile(m)*, da *lacrimāre* 'lacrimare'; 1313] agg. ● (*lett.*) Degno di lacrime, di compassione: *rimanendo lagrimabile lo stato del Friuli e dell'Istria* (GUICCIARDINI) | (*lett.*) Che può provocare lacrime.

làcrima Chrìsti /lat. 'lakrima 'kristi/ [vc. lat., propr. 'lagrima (*lăcrima*) di Cristo (*Chrīsti*, genit. di *Chrīstus*)'; 1640] loc. sost. m. inv. ● Vino prodotto con varie uve locali nella zona di Torre del Greco (Napoli); esiste nei tipi bianco secco o liquoroso e rosso secco o rosato.

lacrimàle o **lagrimàle** [sec. XIV] agg. ● Delle lacrime, relativo alle lacrime | (*anat.*) ***Condotto l.***, canalino che dal fornice congiuntivale porta le lacrime al naso | ***Ghiandola l.***, che produce le lacrime | ***Sacco l.***, dilatazione sul decorso del condotto lacrimale | ***Vaso l.***, lacrimatoio | ***Lente l.***, lente corneale.

lacrimàre o **lagrimàre** [lat. *lacrimāre*, da *lăcrima* 'lacrima'; av. 1294] **A** v. intr. (*io làcrimo*; aus. *avere*) **1** Versare lacrime, piangere: *si mise a l. per la commozione* | Emettere lacrime: *il fumo fa l.*; *l. per un bruscolo nell'occhio.* **2** (*est., raro*) Gocciolare, stillare: *i muri lacrimano per l'umidità.* **B** v. tr. ● (*lett.*) Compiangere: *l. la morte di un amico.*

lacrimàto o **lagrimàto** [1294] part. pass. di *lacrimare*; anche agg. ● (*poet.*) Rimpianto, compianto: *la lacrimata figlia di Giocasta* (D'ANNUNZIO) | Desiderato, implorato: *la molt'anni lagrimata pace* (DANTE *Purg.* X, 35).

lacrimatóio o **lacrimatòrio**, **lagrimatóio** [vc. dotta, lat. tardo *lacrimatōriu(m)*, agg. da *lăcrima*, in uso particolare (ed erroneo, perché tali vasetti non servivano affatto per raccogliere le *lacrime* delle prefiche); av. 1519] s. m. ● (*archeol.*) Flaconcino per unguenti.

lacrimatòrio o **lagrimatòrio** [lat. *lacrimatōriu(m)*, da *lacrimātus* 'lacrimato'; av. 1712] **A** agg. ● Della lacrimazione. **B** s. m. ● V. *lacrimatoio*.

lacrimazióne o **lagrimazióne** [lat. *lacrimatiōne(m)*, da *lacrimātus* 'lacrimato'; 1583] s. f. ● (*med.*) Secrezione lacrimale.

lacrimévole o **lagrimévole** [av. 1333] agg. ● Che induce a piangere, che provoca compassione o pietà: *stato, condizione l.* | ***Un film, un racconto l.***, patetico, sentimentalistico. || **lacrimevolménte**, avv.

lacrimògeno o **lagrimògeno** [comp. di *lacrima* e *-geno*; 1918] **A** agg. **1** Che provoca lacrime | ***Gas l.***, che produce infiammazione delle ghiandole lacrimali con conseguente lacrimazione | ***Bomba lacrimogena, candelotto l.***, che sprigiona gas lacrimogeni. **2** (*scherz.*; *disus.*) Commovente, patetico. **B** s. m. ● Candelotto lacrimogeno.

lacrimóso o **lagrimóso** [lat. tardo *lacrimōsu(m)*, da *lăcrima* 'lacrima'; 1313] agg. **1** Pieno, bagnato di lacrime: *occhio l.*; *viso l.* **2** Che è causa di lacrime perché commovente: *storia lacrimosa.* **3** (*raro, est.*) Che gocciola: *pianta lacrimosa.* || **lacrimosaménte**, avv. (*raro*) Lacrimevolmente.

lacrosse /la'krɔs, *ingl.* lə'kɹɒs/ [vc. ingl., dal fr. *la crosse* 'il bastone ricurvo'; 1957] s. m. inv. ● (*sport*) Gioco tradizionale canadese a squadre, in cui la palla viene lanciata o passata servendosi di un bastone ricurvo munito di reticella.

lactagògo ● V. *lattagogo*.

lacuàle [dal lat. *lăcus* 'lago'; 1840] agg. ● Di, relativo a, lago | ***Città l.***, che è sul lago | ***Navigazione l.***, che avviene sul lago. CFR. Lacustre.

lacùna [vc. dotta, lat. *lacūna(m)*, da *lăcus* 'lago', di orig. indeur.; 1321] s. f. **1** In filologia, mancanza di parola, frase o brano, in un testo. **2** (*biol.*) Cavità: *l. dei vasi, dei muscoli* | (*fis.*) ***L. elettronica***, buco elettronico. **3** (*bot.*) Spazio intercellulare che si osserva in tessuti vegetali. **4** (*fig.*) Vuoto dovuto all'assenza di elementi, informazioni o dati che sarebbero necessari: *avere lacune nella propria cultura*; *colmare, riempire una l.*; *una l. della memoria.* || **lacunétta**, dim.

lacunàre [vc. dotta, lat. *lacūnar* (nt.), genit. *lacunāris*, da *lacūna* 'lacuna', per le sue cavità; sec. XIV] s. m. ● (*arch.*) Cassettone. SIN. Laqueare.

lacunosità [1983] s. f. ● Caratteristica di ciò che è lacunoso.

lacunóso [vc. dotta, lat. *lacunōsu(m)* 'pieno di buche, ineguale, incavato', da *lacūna* 'lacuna'; av. 1547] agg. **1** Pieno di lacune: *scrittura lacunosa*; *preparazione lacunosa.* **2** (*bot.*) ***Tessuto l.***, nella foglia, quello posto al di sotto dell'epidermide inferiore che comunica mediante gli stomi con l'esterno. || **lacunosaménte**, avv.

lacùstre [dal lat. *lăcus* 'lago', sul modello di *palustre*; av. 1698] agg. ● Relativo ai laghi: *clima lacustre* | Che sta o vive nei laghi: *piante, animali lacustri* | ***Abitazioni lacustri***, piantate su palafitte nei laghi. CFR. Lacuale.

làdano (1) [vc. dotta, lat. *lădanu(m)*, dal gr. *ládanon*, vc. di orig. semitica; av. 1476] s. m. ● Sostanza costituita da una resina e da un olio essenziale, che essuda dalle foglie di alcune varietà di cisto, e si presenta in masse di color rosso-bruno, dall'o-

ladano 972

dore gradevole.

làdano (2) [vc. da avvicinare al lat. *āttilus* (di orig. sconosciuta); av. 1498] **s. m.** ● Grande storione del Mar Nero, del Caspio e del Mediterraneo orientale (*Huso huso*).

làdar [ingl. *ladar*, sigla di *La*(*ser*) *D*(*etecting*) *A*(*nd*) *R*(*anging*) 'rivelatore e localizzatore mediante laser', sul modello di *radar*] **s. m. inv.** ● Radar ottico che utilizza un fascio di luce laser.

laddóve o **là dóve** [comp. di *là* e *dove*; av. 1249] **A avv.** ● (*lett.*) Dove, nel luogo in cui: *sono andato là dove mi avevi detto di andare*; *uscì d'una camera e quivi venne l. era il conte* (BOCCACCIO). **B cong.** **1** (*lett.*) Mentre, invece (con valore avversativo): *sei stato esageratamente rigido l. avresti potuto mostrarti conciliante.* **2** †Se, perché (introduce una prop. condiz. con il v. al congv.): *là dove io onestamente viva* (BOCCACCIO).

†**laddovùnque** o †**là dovùnque** [comp. di *là* e *dovunque*] **avv.** ● (*raro, lett.*) Dovunque.

ladino (1) [lat. *Latīnu*(*m*) 'appartenente al Lazio, latino' (usato come 'molle', contrapposto a 'barbaro' e 'aspro'), da *Lātium*, di etim. incerta; av. 1556] **agg.** **1** † (*lett.*) Facile, agevole | Pronto. **2** (*region.*) Scorrevole.

ladino (2) [dal romancio *ladin*, propr. 'latino', riferito alla propria parlata romanza in opposizione al ted.; 1873] **A s. m.** solo **sing.** **1** Gruppo dialettale neolatino comprendente le parlate dei Grigioni, di alcune valli dolomitiche e del Friuli. **2** Lingua gergale degli Ebrei spagnoli. **B s. m.** (f. *-a*) ● Abitante, nativo della Ladinia, cioè della zona alpina in cui si parla il ladino. **C agg.** ● Relativo alla Ladinia: *valli ladine* | Relativo ai dialetti ladini.

là dóve /lad'dove*, ˌladdove*, -ve/ ● V. *laddove.*

†**là dovùnque** /laddo'vuŋkwe/ ● V. †*laddovunque.*

làdra [da *ladro* in uso fig.; 1863] **s. f.** ● (*raro, tosc.*) Tasca interna della giacca del soprabito.

ladrerìa [1530] **s. f.** ● Comportamento, azione da ladro: *vendere a questo prezzo è una l.* | Serie di truffe e inganni: *si è arricchito con ladrerie.*

ladrésco [1912] **agg.** (pl. m. *-schi*) ● Da, di ladro: *impresa ladresca.* || **ladrescaménte**, **avv.**

♦**làdro** o †**làtro** [lat. *lātro* (nom.), di etim. incerta; sec. XIII] **A s. m.** (f. *-a*) **1** Chi ruba, chi commette furti: *l. di professione, matricolato*; *l. di automobili* | ***L. di strada***, brigante | ***L. di galline, di polli***, ladruncolo | ***L. in guanti gialli***, con aspetto e modi da persona distinta | ***Essere vestito come un l.***, molto male | ***Al l.!***, grido per richiamare l'attenzione su un ladro che scappa | ***L. di cuori***, conquistatore, rubacuori | ***Tempo da ladri***, molto brutto | ***Aceto dei sette ladri***, V. *aceto.* **2** (*est.*) Chi richiede prezzi o compensi eccessivi: *quel negoziante è un l.!* **3** (*raro, tosc.*) Frammento di lucignolo che cade sulla candela e la consuma in quel punto. **B agg.** **1** Che ruba: *cassiere l.*; *gatto l.*; *la povertà grande fa gli uomini vili, astuti, ladri, insidiosi* (CAMPANELLA) | (*fig.*) ***Occhi ladri***, che incantano e innamorano. **2** (*fig.*) Pessimo, brutto: *tempo l.*; *giornata ladra* | (*raro*) Violento: *sete ladra.* || **PROV.** Chi è bugiardo, è ladro; l'occasione fa l'uomo ladro. || **ladracchiuòlo**, **dim.** || **ladràccio**, **pegg.** | **ladrétto**, **dim.** | **ladróne**, **accr.** | **ladrùccio**, **ladrùzzo**, **dim.** || **ladraménte**, **avv.** (*raro*) Da ladro.

ladrocìnio o **latrocìnio** [vc. dotta, lat. *latrocĭniu*(*m*), da *lātro* nel senso originario di 'mercenario', sul tipo di *tubicĭnium*, da *tubĭcen* 'trombettiere'; sec. XIV] **s. m.** ● Furto, ruberia, spec. compiuti con l'inganno: *commettere l.* | (*est., lett.*) Misfatto: *quella provincia era tutta piena di latrocinii di brighe e di ogni altra ragione di insolenzia* (MACHIAVELLI).

†**ladronàglia** **s. f.** ● Ladronaia.

ladronàia [sec. XV] **s. f.** ● (*raro, tosc.*) Gruppo di ladri | (*raro*) Covo di ladri | (*raro, est.*) Ruberia, saccheggio.

ladronàta [1869] **s. f.** ● (*raro*) Atto da ladro o da ladrone.

ladroncèllo [1353] **s. m.** (f. *-a*) **1** Dim. di *ladrone.* **2** Ladruncolo, ragazzo che compie piccoli furti. || **ladroncellùzzo**, **dim.**

ladróne [vc. dotta, lat. *latrōne*(*m*), originariamente 'mercenario', poi 'brigante', 'ladro' (V.); 1243] **s. m.** **1** (f. *-a*) Ladro abituale, imbroglione: *quel commerciante è un l.* **2** Brigante, ladro di strada, grassatore | ***I due ladroni***, quelli che, secondo il Vangelo, furono crocifissi ai lati di Gesù: *I vepri della barba gli davano il volto d'un l. del Gòlgota, ma collocato a riposo* (GADDA). || **ladroncèllo**, **dim.** (V.).

ladronéccio [lat. parl. **latronĭciu*(*m*), forma metatetica di *latrocĭniu*(*m*) 'latrocinio'; av. 1292] **s. m.** ● (*raro, spec. lett.*) Furto | Ruberia, serie di furti: *di ladronecci e d'altre vilissime cattività era infamato* (BOCCACCIO).

ladroneggiàre [comp. di *ladron*(*e*) e *-eggiare*; sec. XIV] **v. intr.** (*io ladronéggio*; aus. *avere*) ● (*lett.*) Fare vita da ladrone | Commettere ruberie.

ladronerìa [av. 1685] **s. f.** **1** Comportamento da ladro o da ladrone. **2** Grosso furto.

ladronésco [1566] **agg.** (pl. m. *-schi*) ● (*lett.*) Di, da ladrone: *impresa ladronesca*; *con finte e ladronesche lacrime mi disse ...* (CELLINI). || **ladronescaménte**, **avv.** **1** (*raro*) Alla maniera dei ladroni. **2** Con ladroneria.

ladrùncolo [adattamento del lat. *latrŭnculu*(*m*), dim. di *lātro* 'ladro'; 1882] **s. m.** (f. *-a*) ● Ragazzo che ruba | Ladro da poco.

lady /*ingl.* 'leɪdi/ [ant. ingl. *hlǣfdīge* 'padrona di casa', comp. di *hlāf* 'pane' e *dǣge* 'ragazza'; 1668] **s. f. inv.** (pl. ingl. *ladies*) ● Titolo inglese spettante alla moglie o figlia di un lord | Correntemente, signora.

†**làe** ● V. *là.*

lagèna [vc. dotta, lat. *lagēna*(*m*), dal gr. *lágynos*, di orig. straniera; av. 1484] **s. f.** **1** (*archeol.*) Vaso con collo e bocca stretta e ventre rigonfio. **2** (*zool.*) Parte del labirinto dell'orecchio interno dei Rettili e degli Uccelli, in cui è compreso l'organo uditivo.

lagenària [da *lagena*, per la forma; 1834] **s. f.** ● Pianta tropicale delle Cucurbitacee i cui frutti a forma di bottiglia, svuotati e seccati, sono usati come recipienti (*Lagenaria vulgaris*). **SIN.** Zucca da vino.

làger /'lager, *ted.* 'la:gʌ/ [vc. ted., di area germ., dal v. *liegen* 'giacere', di orig. indeur.; 1942] **s. m. inv.** (pl. ted. inv. o *Läger*) **1** Campo di concentramento, per lavoro coatto | Campo di sterminio, nella Germania nazista. **2** (*est.*) Luogo dove vige una dura segregazione, dove si infliggono maltrattamenti, e sim.: *quel manicomio era un l.*

lagerstroèmia /lagers'trɛmja, ladʒer-/ [dal nome del naturalista sved. M. V. *Lagerstroem* (1691-1769); 1813] **s. f.** ● Genere di alberi o arbusti ornamentali tropicali delle Litracee con foglie ovali, opposte e infiorescenze variamente colorate (*Lagerstroemia*).

lagétta [dal n. giamaicano (*lagetto*) del *lace*(*-bark*), così chiamato per l'apparenza di merletto (*lace*) della sua corteccia; 1813] **s. f.** ● Albero delle Timeleacee delle Indie Occidentali, coltivato in Italia per le fibre tessili fornite dal suo libro (*Lagetta lintearia*).

♦**laggiù** o †**laggiùe**, †**laggiùso**, †**là giù** [comp. di *là* e *giù*; 1313] **avv.** ● Là in basso, là verso il basso (con v. di stato e di moto): *bisogna scendere l.*; *la casa è l., in fondo alla valle* | (*est.*) Indica un luogo lontano o posto a sud: *è l. in fondo alla piazza*; *l. in Sicilia sembra sempre primavera.* **CONTR.** Lassù, quassù.

laghista [da *lago*; nel sign. 2, calco sull'ingl. *lakists* 'poeti della *Lake School*'; av. 1797] **agg.**; anche **s. m. e f.** (pl. m. *-i*) **1** (*raro*) Che (o Chi) abita sulla riva di un lago. **2** Denominazione con cui sono designati i tre poeti romantici inglesi del XIX sec. S. T. Coleridge, R. Southey e W. Wordsworth, a causa della loro predilezione per la regione dei laghi del Cumberland, dove dimorarono spesso e da cui trassero motivo di ispirazione per la loro opera.

làgna [da *lagnare*; sec. XIII] **s. f.** **1** †Affanno, pena | Lamento. **2** (*fam.*) Piagnisteo | (*est.*) Cosa lunga e noiosa: *la lezione è stata una l.* | Persona che infastidisce spec. con lunghi discorsi: *quella l. di tua sorella.*

†**lagnaménto** [lat. *laniamĕntu*(*m*), da *laniāre* 'dilaniare', ma nelle lingue romanze 'lagnare'; 1340] **s. m.** ● Lamento.

lagnànza [1574 ca.] **s. f.** ● (*spec. al pl.*) Manifestazione, espressione di malcontento, risentimento e sim.: *muovere l.*; *esporre le proprie lagnanze intorno a qlco., o qlcu.*; *le lagnanze del pubblico.*

lagnàrsi [lat. *laniāre* 'strapparsi (i capelli, come manifestazione di dolore)': da ravvicinare a *lanĭsta* 'lanista, aizzatore', termine etrusco (?); 1313] **v. intr. pron.** e †**intr.** **1** (+*per*) (*raro*) Lamentarsi per un malessere: *il bambino si lagna per il mal di gola.* **2** (assol.; +*di*; +*per*) Risentirsi e mostrare il proprio malcontento: *non hai motivo di lagnarti*; *Hai da lagnarti di me?* (SVEVO); *l. per il trattamento iniquo*; *capiterò all'osteria ... a lagnarmi di non poter rientrare in castello* (NIEVO) | Reclamare: *l. per il cattivo servizio ferroviario* | Dolersi: *l. della propria malasorte* | ***Non mi lagno***, non ho motivo di scontentezza, sono soddisfatto.

†**lagnévole** [av. 1311] **agg.** ● Che si lagna.

lagnìo [sec. XVI] **s. m.** ● (*raro*) Lagno continuo.

làgno [da *lagnare*; sec. XIII] **s. m.** **1** Lamento, lagnanza. **2** †Dolore, pena, afflizione.

lagnóne **agg.**; anche **s. m.** (f. *-a*) ● (*fam.*) Che (o Chi) si lagna continuamente: *bambino, vecchio l.*

lagnóso [1300 ca.] **agg.** **1** Lamentoso, querulo. **2** (*fam.*) Noioso, detto di persone | Pesante, stucchevole, privo di interesse: *un film l.* || **lagnosaménte**, **avv.** (*raro*) In modo lagnoso.

♦**làgo** o †**làco** [vc. dotta, lat. *lăcu*(*m*), di orig. indeur.; av. 1294] **s. m.** (pl. *-ghi*) **1** Massa d'acqua che riempie una cavità della superficie terrestre, senza comunicazione diretta col mare. **CFR.** limno- | ***L. craterico*** o ***vulcanico***, che occupa il cratere di un vulcano spento | ***L. carsico***, che occupa una depressione di origine carsica in regioni calcaree | ***L. chiuso***, senza emissari | ***L. costiero***, chiuso da cordoni litoranei che impediscono all'acqua di scendere al mare | ***L. di frana***, formatosi a monte di una frana che ha sbarrato un corso d'acqua | ***L. glaciale***, che occupa una cavità modellata da un ghiacciaio | ***L. tettonico***, che occupa conche originatesi per sprofondamento della superficie terrestre | ***L. artificiale***, creato da una diga di sbarramento. ➡ ILL. p. 2132 SCIENZE DELLA TERRA ED ENERGIA. **2** (*est.*) Abbondante quantità di liquido sparso: *un l. di sangue*; *fare un l. per terra* | (*fig.*) ***Essere in un l. di sudore***, essere molto sudato. **3** †Cavità, profondità | ***Il l. del cuore***, ventricolo ove s'aduna il sangue. **4** †Profondità, concavità. || **laghettìno**, **dim.** | **laghétto**, **dim.** | **lagoncèllo**, **dim.** | **lagóne**, **accr.** (V.).

LAGO
nomenclatura

lago

● *caratteristiche*: naturale ⇔ artificiale, temporaneo ⇔ permanente; vulcanico, carsico, tettonico di sprofondamento, alluvionale, di frana, morenico, intermorenico, glaciale, di sbarramento; chiuso, relitto, intermittente; navigabile; alpino, montano, costiero, di circo, vallivo, salato, aperto, con affluenti; ghiacciato;

● specchio d'acqua, stagno, pelaghetto, gora, laguna, palude, sabbie mobili, acquitrino, pozzanghera; riva, pelo dell'acqua, epilimnio, ipolimnio; pontile, imbarcatoio, palafitte; piena, risacca, risucchio, correnti lacustri, gronda, sessa; argille colluviali, marne, limnoplancton;

● *azioni*: dilagare, allagare, straripare, stagnare;

● *persone*: limnologo;

● *studio dei laghi*: limnologia, limnimetria, limnimetro.

làgo- [dal gr. *lagṓs* 'lepre'] primo elemento ● In parole composte della terminologia scientifica, significa 'lepre' o indica somiglianza con la lepre: *lagoftalmo, lagostoma.*

lagoftàlmo [vc. dotta, comp. di *lag*(*o*)- e *-oftalmo*, cioè 'occhio di lepre'; 1804] **s. m.** ● (*med.*) Impossibilità di chiusura delle palpebre.

Lagomòrfi [vc. dotta, comp. di *lago-* e il pl. di *-morfo*; 1936] **s. m. pl.** (sing. *-o*) ● (*zool.*) Duplicidentati.

lagóne [sec. XIII] **s. m.** **1** Accr. di *lago.* **2** (*geogr.*) Piccolo bacino in cui si raccoglie l'acqua dei soffioni boraciferi dopo l'emissione.

lagòpode o **lagòpo** [vc. dotta, comp. di *lago-* e del gr. *póus*, genit. *podós* 'piede'; av. 1498] **s. m.** ● (*zool.*) Pernice bianca (*Lagopus mutus*).

lagostàgno [comp. di *lago* e *stagno*] **s. m.** ● Raccolta d'acqua di ampiezza notevole e profondità scarsa.

lagòstoma [comp. di *lago-* e *-stoma*; 1834] **s. m.** (pl. *-i*) ● (*med.*) Labbro leporino.

lagòtrice o **lagòtriche** [comp. di *lago-* e del gr. *thríx*, genit. *trichós* 'pelo'; 1834] **s. f.** ● Genere di scimmie delle Platirrine, robuste, con corpo piuttosto grosso, pelame folto e lanoso e coda prensile (*Lagothrix*).

lagòtto [adatt. del romagnolo (*càn*) *lagòt* '(cane) d'acqua', propr. 'di lago'; 1989] **s. m.** ● (*zool.*) Cane da tartufo di antica razza romagnola, di taglia media, pelo folto e chiaro, carattere docile e vivace.

Làgridi [dal fr. *lagrie*, n., di orig. sconosciuta, di un insetto, con *-idi*] **s. m. pl.** (**sing.** *-e*) ● Nella tassonomia animale, famiglia di Coleotteri dal corpo allungato, con elitre villose, che vivono su sostanze vegetali in decomposizione (*Lagriidae*).

làgrima e *deriv.* ● V. *lacrima* e *deriv.*

lagùna [lat. *lacūna*(*m*), da *lăcus* 'lago'; av. 1304] **s. f.** ● Specchio d'acqua litoraneo, comunicante col mare, dal quale è separato mediante alcune strisce di terra. ➡ **ILL.** p. 2133 SCIENZE DELLA TERRA ED ENERGIA.

lagunàggio [comp. di *lagun*(*a*), come 'bacino d'acqua' e del suff. *-aggio*] **s. m.** ● Processo di depurazione delle acque realizzato in bacini artificiali mediante l'azione di microrganismi.

lagunàre [1869] **A agg.** ● Della, relativo alla, laguna. **B s. m.** ● Nell'esercito italiano, militare di una speciale unità tattica della fanteria che opera su mezzi anfibi.

lài [ant. fr. *lai*, di orig. celt.; 1313] **s. m. inv.** *1* Componimento lirico narrativo d'intonazione mesta, accompagnato dal canto, diffuso in Francia nei secc. XII e XIII. *2* (*al pl.*) (*est.*, *poet.*) Lamenti: *trarre, levare lai.*

laicàle [vc. dotta, lat. tardo *laicāle*(*m*), da *lāicus* 'laico'; av. 1342] **agg.** ● Proprio di un laico o dei laici: *ceto, condizione, stato l.*

laicàto [1869] **s. m.** *1* Ordine dei laici | Condizione di chi è laico. *2* Insieme dei laici.

laicìsmo [1863] **s. m.** ● Atteggiamento ideologico di chi sostiene la piena indipendenza del pensiero e dell'azione politica dei cittadini dall'autorità ecclesiastica.

laicista [1950] **A agg.** (**pl. m.** *-i*) ● Proprio dei laici | ***Stato l.***, che non riconosce e tutela alcuna religione mantenendosi in una posizione areligiosa. **B s. m. e f.** (**pl. m.** *-i*) ● Sostenitore del laicismo.

laicìstico [1937] **agg.** (**pl. m.** *-ci*) ● Relativo al laicismo, ispirato dal laicismo.

laicità [1869] **s. f.** ● Qualità o condizione di chi (o di ciò che) è laico.

laicizzàre [comp. di *laic*(*o*) e *-izzare*; av. 1937] **A v. tr.** ● Rendere laico: *l. la scuola* | ***L. un sacerdote***, ridurlo allo stato laicale. **B v. intr. pron.** ● Divenire laico.

laicizzazióne [1890] **s. f.** ● Il laicizzare, il venire laicizzato.

làico [vc. dotta, lat. eccl. *lăicu*(*m*), dal gr. *laikós* 'popolare', deriv. da *laós* 'popolo'; 1313] **A agg.** (**pl. m.** *-ci*) *1* Che non fa parte del clero, che non ha ricevuto gli ordini sacerdotali. *2* Che si ispira ai principi del laicismo: *idee laiche* | ***Stato l.***, indipendente dall'autorità ecclesiastica. **CONTR.** Confessionale | ***Partito l.***, non fondato su forme di dogmatismo religioso o ideologico. **CFR.** Clericale | (*est.*) Che non è rigidamente inquadrato in un'ideologia: *un pensatore l.* *3* (*est.*) Che non appartiene all'ordine giudiziario, alla magistratura | ***Giudice l.***, giudice popolare della Corte d'Assise | ***Membro l. del Consiglio Superiore della Magistratura***, eletto dal Parlamento. *4* †Ignorante, illetterato. **CFR.** Chierico, nel sign. 2. ‖ **laicaménte**, **avv.** *1* In modo laico, secondo il punto di vista laico. *2* †Con semplicità. **B s. m.** (**f.** *-a*) *1* Chi non fa parte del clero. *2* Converso, frate laico. *3* Sostenitore del laicismo.

†**laidàre** [da *laido*] **v. tr.** ● Laidire.

laidézza [av. 1292] **s. f.** *1* (*lett.*) Caratteristica, condizione di ciò che è laido. *2* (*fig.*, *lett.*) Disonestà, turpitudine | Oscenità, sconcezza: *fare, dire laidezze.*

†**laidire** **v. tr.** ● Bruttare, macchiare, insozzare (*anche fig.*).

†**laidità** [1686] **s. f.** ● Laidezza.

làido [ant. fr. *laid*, dal francone **laith* 'spregevole'; av. 1250] **agg.** *1* (*lett.*) Sporco, o brutto da ispirare ripugnanza: *volto l.* *2* (*lett.*) Turpe, osceno, sconcio: *spettacolo l.*; *la stupida e provocante presunzione di quel l. vecchiaccio* (PIRANDELLO). ‖ **laidaménte**, **avv.**

laidùme [av. 1850] **s. m.** *1* (*lett.*) Sozzura, sudiciume. *2* (*lett.*, *anche fig.*) Ammasso, insieme di cose sporche.

†**laidùra** **s. f.** ● Vergogna, sozzura.

laissez-faire /*fr.* le,se'fɛːʀ/ [loc. fr., propr. 'lasciate fare', seguita da *laissez passer* 'lasciate passare', motto attribuito a vari personaggi fisiocrati e liberali] **loc. sost. m. inv.** *1* (*econ.*) Politica basata sul non intervento dello Stato in questioni economiche. *2* (*est.*) Permissivismo, spec. in campo pedagogico.

-lalia [dai comp. gr. con *-lalía*, derivati dal v., di orig. imitativa, *lalêin* 'chiacchierare', 'parlare'] secondo elemento ● In parole composte, fa riferimento all'atto o al modo di parlare: *ecolalia.*

lallalì **inter.** ● Lallera.

lallarallà [vc. onomat.] **inter.** ● Si usa canticchiando soprapensiero | Esprime anche indifferenza ostentata | V. anche *lallera, larà, trallallera, trallallà.*

lallazióne [vc. dotta, lat. *lallatiōne*(*m*), da *lallātus*, part. pass. di *lallāre*, v. onomat.; 1869] **s. f.** *1* (*psicol.*) Emissione di suoni consonantici o vocalici, da parte del bambino, verso il terzo mese di età, prima dell'articolazione del linguaggio. *2* (*psicol.*, *raro*) Labdacismo.

lallèra o **lallèro** [vc. onomat.; av. 1936] **inter.** ● (*spec. iter.*) Si usa canticchiando soprapensiero senza riferimento a un particolare ritmo o canzone | Esprime anche indifferenza ostentata | (*centr.*) ***Sì, lallero!***, sì, fossi pazzo, te lo sogni, e sim. | V. anche *lallarallà, larà, trallallera, trallallà.*

lalleràre [vc. onomat.] **v. intr. impers.** (*io làllero*) ● (*tosc.*) Spassarsela, godersela.

lallèro ● V. *lallera.*

lalofobìa [comp. di un deriv. del gr. *lalêin* 'balbettare, chiacchierare', di orig. onomat., e *-fobia*] **s. f.** ● (*psicol.*) Timore di parlare.

lalopatìa [comp. di un deriv. del gr. *lalêin* 'balbettare, chiacchierare', di orig. onomat., e *-patia*; 1952] **s. f.** ● (*psicol.*) Stato morboso che impedisce l'articolazione delle parole.

laloplegìa o **lalopegìa** [comp. di un deriv. del gr. *lalêin* 'chiacchierare', di orig. onomat., e *-plegia*; 1970] **s. f.** ● (*psicol.*) Paralisi degli organi vocali.

♦**làma** (**1**) [fr. *lame*, dal lat. *lāmina* 'lamina' (V.); 1516] **s. f.** *1* Parte di un coltello, un rasoio, una spada e sim. destinata a tagliare: *affilare, arrotare la l.*; *l. diritta, aguzza, dentata*; *l. a un taglio, a due tagli* | ***Buona l.***, (*fig.*) buon schermidore | (*est.*, *fig.*) Sottile raggio di luce che entra da uno spiraglio in una zona buia. ➡ **ILL.** p. 2150 SPORT. *2* In varie tecnologie, parte o attrezzo tagliente, spec. incorporato in una macchina: *la l. della livellatrice.* *3* (*sport*) Nel hockey, parte inferiore del bastone, con cui si colpisce il disco o la palla | Lamina metallica del pattino da ghiaccio, scanalata longitudinalmente | Nello sci alpinismo, rampante. *4* (*mar.*) ***L. di deriva***, piano longitudinale, fisso o mobile, posto sotto lo scafo delle imbarcazioni a vela per aumentare la stabilità orizzontale e ridurre lo scarroccio. *5* †Lastra, piastra di metallo. ‖ **lamàccia**, **pegg.** | **lamèlla**, **dim.** (V.) | **lamétta**, **dim.** (V.) | **lamettina**, **dim.**

làma (**2**) [lat. *lāma*(*m*) 'pozzanghera, pantano, palude', di etim. incerta; 1313] **s. f.** *1* Terreno basso che si trasforma in palude o acquitrino per il ristagno di acque | Campagna paludosa | In Piemonte, terra lungo i fiumi messa a prato e fiancheggiata da fossi. *2* †Depressione, avvallamento.

làma (**3**) [fr. *lama*, dal tibet. (*b*)*lama*; 1721] **s. m. inv.** ● Monaco buddista del Tibet o della Mongolia | ***Dalai Lama***, ***Gran Lama***, capo supremo della religione tibetana, onorato come un Dio in terra.

làma (**4**) [sp. *llama*, da una lingua indigena d'America; 1555] **s. m. inv.** ● Camelide americano a corpo snello, collo lungo e arcuato, mantello fittissimo, lungo e morbido, di colore bianco, nero o macchiato, allevato soprattutto in Perù per trasporto, lana e carne (*Lama glama*). ➡ **ILL.** **animali**/12.

lamàico [da *lama* (*3*); 1946] **agg.** (**pl. m.** *-ci*) ● Relativo al lama e al lamaismo. **SIN.** Lamaistico.

lamaìsmo [1884] **s. m.** ● Buddismo tibetano, che riconosce il potere dei lama.

lamaìsta **A s. m. e f.** (**pl. m.** *-i*) ● Seguace del lamaismo. **B agg.** ● Lamaistico.

lamaìstico [1933] **agg.** (**pl. m.** *-ci*) ● Lamaico.

lamantino [fr. *lamantin*, dallo sp. *manatí* (da una lingua indigena delle Antille), con sovrapposizione di *lamenter* 'gemere (dell'animale)'; 1824] **s. m.** ● Mammifero marino dei Sirenidi con coda arrotondata e solo i denti molari (*Trichechus manatus*). **SIN.** Manato.

lamarckìsmo /lamar'kizmo/ [dal n. del naturalista fr. J.-B. *Lamarck* (1744-1829); av. 1952] **s. m.** ● (*biol.*) Dottrina evoluzionistica che sostiene l'ereditarietà dei caratteri acquisiti.

lamàre [da *lama* (*1*)] **v. tr.** ● Lisciare, levigare, smerigliare una superficie: *l. un pavimento di legno.*

lamasserìa [fr. *lamaserie*, da *lama* (*3*); 1937] **s. f.** ● Convento o monastero dei lama buddisti nel Tibet.

lamatùra [da *lama* (*1*); 1970] **s. f.** *1* Operazione di levigatura e livellamento dei pavimenti. *2* (*mecc.*) Alesatura.

lambàda [vc. sp. e port. di orig. sconosciuta: legata, forse, al port. brasiliano *lambada* 'scompostezza'; 1989] **s. f.** ● Danza ritmica di origine brasiliana caratterizzata da movimenti molto sensuali, diffusasi in Europa negli anni 1980-90.

làmbda (**1**) [lat. *lămbda* (indecl.), dal gr. *lámbda*, di orig. semitica; 1561] **A s. m.** o **f. inv.** ● Nome dell'undicesima lettera dell'alfabeto greco. **B** in funzione di **agg. inv.** ● (posposto al s.) ***Iperone l.***, particolare tipo di iperone | ***Linea l.***, temperatura (2,18 K) di passaggio tra le due forme dell'elio liquido.

làmbda (**2**) [da *lambda* (*1*), per la forma che ricorda la lettera greca; 1583] **s. m. inv.** ● (*anat.*) Punto di incontro della sutura tra le ossa parietali con le suture occipitali parietali.

lambdacìsmo o **labdacìsmo** [vc. dotta, lat. *labdacĭsmu*(*m*), da un deriv. del gr. *lá*(*m*)*bda*, n. della lettera *l*, di orig. semitica; 1594] **s. m.** ● (*psicol.*) Difficoltà di pronuncia della lettera *l.*

làmbdico [dalla lettera greca *lambda* (V. *lambda* (*1*)), usata come simbolo della lunghezza d'onda] **agg.** (**pl. m.** *-ci*) ● (*fis.*) Riferito alla lunghezza d'onda, detto di grandezza fisica: *emettenza lambdica.*

lambdòide [comp. di un deriv. del gr. *lámbd*(*a*) e *-oide*; 1583] **s. m.** ● (*anat.*) Sutura lambdoidea.

lambdoidèo [av. 1730] **agg.** ● (*anat.*) Detto della sutura a forma di lambda, tra l'occipite e le ossa parietali.

lambèllo [ant. fr. *la*(*m*)*bel*, originariamente 'frangia', dal francone **labba* 'cencio, straccio'; av. 1552] **s. m.** *1* (*arald.*) Pezza formata da una fascia scorciata, con pendenti in numero da uno a sette, sempre posta orizzontalmente in capo. *2* †Rastrello.

làmbere [V. *lambire*; 1493] **v. tr.** ● (*poet.*) Lambire.

lambert /'lambert/ [dal n. del mat. e fisico alsaziano J. H. *Lambert* (1728-1777); 1933] **s. m. inv.** ● (*fis.*) Unità di misura fotometrica della densità di flusso luminoso corrispondente a 1 lumen al cm^2. **SIMB.** L.

lambiccaménto [av. 1524] **s. m.** ● Il lambiccare, il lambiccarsi (*spec. fig.*): *l. di cervello.*

lambiccàre [da (*a*)*lambicco*; 1524] **A v. tr.** (*io lambìcco, tu lambìcchi*) *1* †Distillare con l'alambicco: *l. acqua, erbe, fiori.* *2* (*fig.*) Esaminare e ponderare accuratamente | ***Lambiccarsi il cervello***, fare sforzi per capire o risolvere qlco., per trovare una soluzione e sim. **B v. intr. pron.** ● Affannarsi, affaticarsi per scoprire, ottenere qlco.: *lambiccarsi per sbarcare il lunario.* **SIN.** Scervellarsi.

lambiccàto [1536] **A part. pass.** di *lambiccare*; anche **agg.** *1* †Distillato con l'alambicco. *2* (*fig.*) Eccessivamente complicato: *soluzione lambiccata* | ***Stile l.***, artificioso. **B s. m.** *1* †Spirito ottenuto per distillazione. *2* (*fig.*) †Quintessenza.

lambiccatóre **s. m.** (**f.** *-trice*) ● (*raro*) Chi lambicca o si lambicca.

lambiccatùra [1835] **s. f.** ● (*fig.*) Sottigliezza, artificio nel ragionare.

†**lambìcco** ● V. *alambicco.*

lambiménto **s. m.** ● (*raro*) Atto del lambire.

lambire [adattamento del lat. *lămbere*, vc. espressiva di area indeur.; 1340] **v. tr.** (*io lambìsco, tu lambìsci*) *1* Leccare leggermente: *il gatto lambiva le dita del bimbo.* *2* (*fig.*) Sfiorare, toccare appena: *l'acqua lambisce le mura della città.*

làmblia [dal n. del suo descrittore, il medico boemo W. D. *Lambl*; 1967] **s. f.** ● Genere di protozoi dal corpo piriforme, parassiti dell'intestino umano, che possono provocare disturbi diarroici (*Lamblia*).

lambliạsi [1957] s. f. inv. • Malattia infettiva dovuta a un protozoo, caratterizzata da disturbi gastrointestinali.

lambrecchino [fr. *lambrequin*, da un dim. del medio neerlandese *lampers* 'velo, stoffa fine'; av. 1798] s. m. *1* (*spec. al pl.*) Frangia ornamentale di baldacchino, finestra e sim. *2* (*arald.*) Svolazzo.

Lambrétta® [da *Lambrate*, n. del luogo di produzione; 1950] s. f. • Tipo di motoretta analogo alla Vespa, prodotto in Italia nel secondo dopoguerra.

lambrì [1890] s. m. • Adattamento di *lambris* (V.).

lambris /fr. lɑ̃'bʀi/ [ant. fr. *lambru*, dal lat. parl. **lambrūscu(m)* 'lambrusca' per l'ornamentazione ispirata alla vite selvatica] s. m. inv. • Rivestimento di una parete con legno, marmo, stucco a scopo decorativo o protettivo.

lambrùsca o **labrùsca** [vc. dotta, lat. *labrŭsca(m)*, di etim. incerta; sec. XIV] s. f. • (*bot.*) Abrostine.

lambrùsco [vc. dotta, lat. *labrŭscu(m)*, da *labrŭsca* 'lambrusca'; av. 1320] s. m. (pl. *-schi*) • Vino emiliano, di colore rosso vivace, frizzante, ricavato dal vitigno omonimo: *l. secco, dolce*; *Lambrusco di Sorbara*.

lamb's wool /ingl. 'læmz,wʊl/ o **lambswool** [loc. ingl., propr. 'lana (*wool*) di ('s) agnello (*lamb*)'; 1965] loc. sost. m. inv. • Lana d'agnello inglese, particolarmente soffice.

lambùrda [fr. *lambourde*, col prob. sign. originario di 'trave (*bourde*) che serve per sostenere una tavola (ant. fr. *laon*, di orig. francone)'; 1957] s. f. • (*bot.*) Ramo fruttifero del pero e del melo di limitato sviluppo, terminante con una gemma a fiore.

lamé /fr. la'me/ [vc. fr., propr. 'stoffa *laminata* (da *lame* 'lamina')'; 1926] **A** s. m. inv. • Tessuto fabbricato con inserimento di sottili fili o lamine dorati o argentati. SIN. Laminato. **B** anche agg.: *tessuto l.*

lameggiàre [dallo splendore della *lam(a)* (*1*) con il suff. *-eggiare*; 1912] v. intr. (*io laméggio*; aus. *avere* o *essere*) • (*lett.*) Mandare un riflesso luminoso: *lameggia nella chiaria / la vasta distesa* (MONTALE).

lamèlla [1640] s. f. *1* Dim. di *lama* (*1*). *2* Sottile lamina di qualsiasi materiale: *l. metallica, di plastica*. *3* (*biol.*) Sottile tessuto cellulare animale o vegetale | Nei Funghi delle Agaricacee, ognuna delle ripiegature della parte inferiore del cappello.

lamellàre [da *lamella*; 1817] agg. *1* Che ha forma di lamella o è costituito di lamelle. *2* (*miner.*) Che si rompe secondo superfici piane. SIN. Lamelliforme.

lamellàto [1869] agg. • (*raro*) Laminato.

Lamellibrànchi [per le *branchie* a forma di piccole lamine (*lamelle*); 1875] s. m. pl. (sing. *-chio*) • Nella tassonomia animale, classe di Molluschi con la conchiglia formata da due valve e le branchie a lamelle (*Lamellibranchia*). SIN. Bivalvi.

lamellifórme [comp. di *lamell(a)* e *-forme*; 1957] agg. *1* Che ha forma di lamella | Disposto in lamelle o costituito da lamelle. *2* (*miner.*) Lamellare.

†**lamentàbile** [vc. dotta, lat. *lamentābile(m)*, da *lamentāre* 'lamentare'; av. 1342] agg. • Querulo, lamentevole | Degno di essere compianto: *molte cose lamentabil dice* (PULCI). || †**lamentabilménte**, avv. Lamentevolmente.

†**lamentabóndo** agg. • Lamentoso, doglioso.

†**lamentaménto** s. m. • Lamento, lagnanza.

†**lamentànza** [sec. XII] s. f. • (*lett.*) Lagnanza, lamento: *sciocche lamentanze sono queste e femminili* (BOCCACCIO).

♦**lamentàre** [vc. dotta, lat. tardo *lamentāre*, per *lamentāri*, da *lamĕntum* 'lamento'; sec. XII] **A** v. tr. (*io laménto*) *1* (*raro*) Trarre da qlco. motivo di dolore, insoddisfazione e sim.: *l. un'offesa, un errore* | Manifestare, accusare: *lamenta un dolore al ginocchio* | Compiangere: *l. la morte di qlcu.* *2* (*impers.*) Nel linguaggio burocratico e giornalistico, constatare qlco. di negativo: *nell'incidente si lamentano numerose vittime*. **B** v. intr. pron. *1* (assol.; + *per*) Dimostrare con lamenti un dolore fisico o morale: *si è lamentato tutta la notte*; *lamentarsi per una ferita*. SIN. Gemere. *2* (assol.; + *di*; + *per*) Dimostrarsi risentito, scontento di qlco. o di qlcu.: *è una persona sempre pronta a lamentarsi*; *lamentarsi del cattivo funzionamento di una macchina*; *lamentarsi con qlcu. per un torto subito*; *era tornata a lamentarsi del figliuolo* (VERGA) | *Non mi lamento, non mi posso l.* e sim., espressioni di contenuta soddisfazione.

†**lamentatìvo** [1869] agg. • Che esprime lamenti.

lamentatóre [vc. dotta, lat. *lamentatōre(m)*, da *lamentātus* 'lamentato'; 1312] s. m. (f. *-trice*) • (*raro*) Chi si lamenta.

†**lamentatòrio** [av. 1342] agg. • Lamentevole.

lamentazióne [vc. dotta, lat. *lamentatiōne(m)*, da *lamentātus* 'lamentato'; av. 1294] s. f. *1* (*raro*) Espressione insistente di dolore: *annoiare qlcu. con le proprie lamentazioni*. SIN. Querimonia. *2* ***Lamentazioni di Geremia***, componimenti elegiaci sulla distruzione di Gerusalemme, inclusi nel libro biblico di Geremia e recitati o cantati nell'ufficio cattolico della settimana santa | Il canto liturgico stesso. *3* (*letter.*) Commo. || **lamentazioncèlla**, dim.

lamentèla [da *lamento*, col suffisso che si trova in *cautela, querela, tutela*; 1881] s. f. *1* Lamento prolungato e insistente: *non sopportare le lamentele di qlcu.* *2* Lagnanza, rimostranza, insoddisfazione: *ci sono state numerose lamentele nei confronti del trattamento alberghiero*.

lamentévole o †**lamentèvile** [forma pop. di *lamentabile*; av. 1294] agg. *1* Che esprime lamento: *voce l.* SIN. Lagnoso, querulo. *2* Degno di compianto: *sorte, destino l.* SIN. Doloroso, lacrimevole. *3* (*raro*) Che si lamenta sempre, detto di persona: *donna l. e noiosa*. || **lamentevolménte**, avv.

lamentìo [1869] s. m. *1* Lamento continuato, prolungato: *il suo l. era insopportabile*. *2* Insieme, coro di lamenti.

♦**laménto** [vc. dotta, lat. *lamĕntu(m)*, di parziale area indeur.; av. 1294] s. m. *1* Voce o grido più o meno forte esprimente dolore o pianto: *un l. pietoso, straziante*; *il l. di un animale ferito*; *la bella ninfa è sorda al mio l.* (POLIZIANO). SIN. Gemito. *2* (*lett.*) Pianto per la morte di qlcu.: *feciono il l., vestendosi tutta sua gente in nero* (VILLANI). *3* Specie di componimento poetico, di argomento storico, che trae occasione da una disfatta, una morte e sim. *4* Lagnanza, rimostranza. *5* (*mus.*) Composizione su lamentazioni funebri sacre o profane | Scena dell'opera italiana del Seicento, precedente la conclusione tragica: *Il l. d'Arianna di Monteverdi*. *6* (*fig.*) †Rumore di tuono.

lamentóṣo [sec. XIII] agg. *1* Pieno di lamenti: *pianto l.* *2* Lamentevole: *voce lamentosa*. || **lamentoṣaménte**, avv. Con voce, espressione lamentosa.

lamétta [1945] s. f. *1* Dim. di *lama* (*1*). *2* Lama affilatissima, spec. a due tagli, che s'innesta sul rasoio di sicurezza: *l. da barba*.

làmia (**1**) [gr. *lámia* (nt. pl.), della stessa orig. di *lamia* (*2*); av. 1375] s. f. • Volta, copertura a volta, caratteristica delle costruzioni rustiche dell'Italia meridionale.

làmia (**2**) o †**làmmia** [vc. dotta, lat. *lămia(m)*, dal gr. *lámia*, di orig. indeur., connesso con *lamyrós* 'vorace'; av. 1300] s. f. *1* Nelle credenze popolari degli antichi romani e del Medioevo, mostro con volto di donna e con corpo di serpente, che si credeva succhiasse il sangue dei bambini. *2* (*est.*) Strega | (*lett.*) Incantatrice, ninfa. *3* (*zool., tosc.*) Canesca | (*merid.*) Rana pescatrice.

lamièra [da *lama* (*1*), attraverso la forma sett. *lamèra*; sec. XIII] s. f. • Lastra di metallo, più o meno sottile, con cui si fanno tettoie, recipienti, rivestimenti, fasciami di navi, e sim.: *l. di ferro, di acciaio, di rame*; *l. galvanizzata, martellata, ondulata*. || **lamierina**, dim. | **lamierino**, dim. m. (V.) | **lamieróne**, accr. m. | **lamierótto**, accr. m.

lamierino [1803] s. m. *1* Dim. di *lamiera*. *2* Lamiera metallica che in genere non supera 1 mm di spessore. *3* Sottile lamiera di lega ferromagnetica usata per la costruzione dei circuiti magnetici laminati.

lamierìsta [1957] s. m. e f. (pl. m. *-i*) • Chi è addetto alla lavorazione di oggetti in lamiera.

làmina [vc. dotta, lat. *lāmina(m)*, di etim. incerta; sec. XIV] s. f. *1* Piastra, falda molto sottile, spec. metallica: *l. d'oro, d'argento*; *l. d'ardesia* | ***L. degli sci***, sottile striscia metallica applicata lungo il bordo della soletta degli sci per aumentarne la tenuta. *2* (*anat.*) ***L. vertebrale***, componente dell'arco vertebrale | ***L. cribrosa***, dell'etmoide, tra cavità nasale e fossa cranica anteriore | ***L. quadrigemina***, parte del mesencefalo. ➡ ILL. p. 2127 ANATOMIA UMANA. *3* (*geol.*) Suddivisione interna a uno strato di roccia. *4* (*bot.*) Lembo fogliare.

laminàre (**1**) [da *lamina*; av. 1779] agg. *1* Che ha forma di lamina | (*est.*) Sottile come una lamina. *2* (*raro*) Composto di lamine. *3* (*fis.*) Detto di moto di fluidi, non vorticoso.

laminàre (**2**) [da *lamina*; av. 1537] v. tr. (*io làmino*) *1* Ridurre in lamine. *2* Coprire con lamine. *3* Calandrare.

laminària [dal lat. *lāmina* 'piastra, lastra sottile', per il loro aspetto; 1834] s. f. • Genere di alghe brune dei mari freddi a forma di grande lamina piatta che si fissa al substrato mediante rizoidi (*Laminaria*). ➡ ILL. **alga**.

laminàto (**1**) [av. 1537] **A** part. pass. di *laminare* (*2*); anche agg. • Nei sign. del v. **B** s. m. • Prodotto siderurgico ottenuto con procedimento di laminazione | ***L. plastico***, materiale ottenuto sottoponendo a forte pressione un supporto impregnato con una resina fluida.

laminàto (**2**) [1961] agg.; anche s. m. • Lamé: *tessuto l.*; *abito in l.*

laminatóio [1803] s. m. • Macchina che serve a ridurre un materiale malleabile in verghe, lastre, fili, profilati vari, mediante il passaggio attraverso cilindri controrotanti.

laminatóre [1903] s. m.; anche agg. (f. *-trice*) • Chi (o Che) è addetto alla laminazione.

laminatùra [1940] s. f. • Operazione del laminare | ***L. degli sci***, applicazione o affilatura di lamine metalliche agli sci.

laminazióne [1910] s. f. • Lavorazione con deformazione plastica di materiali metallici per ottenere lamiere, profilati, barre, nastri, tubi e sim.

laminóṣo [vc. dotta, lat. tardo *laminōsu(m)*, da *lāmina* 'lamina'; sec. XIV] agg. *1* (*raro, lett.*) Composto di lamine sovrapposte. *2* Sottile come una lamina.

làmio [vc. dotta, lat. *lămiu(m)*, tipo di ortica, d'etim. incerta: forse per la forma del fiore che ricorderebbe una *lămia* 'lamia (2)'] s. m. • Genere di piante delle Labiate, con molte specie, alcune delle quali dotate di proprietà medicinali, cui appartiene la milzadella (*Lamium*).

†**làmmia** • V. *lamia* (*2*).

Lamnifórmi [comp. del gr. *lámna*, n. di un 'pesce vorace' e il pl. di *-forme*] s. m. pl. (sing. *-e*) • Nella tassonomia animale, ordine di Pesci dal corpo fusiforme, comprendente i pescicani (*Lamniformes*).

làmpa [vc. dotta, lat. *lămpas* (nom.), dal gr. *lampás*, di orig. iran., forse attraverso il fr. *lampe*; 1321] s. f. *1* (*lett.*) †Lampada. *2* (*fig., lett.*) Luce, splendore: *spenta è del cielo ogni benigna l.* (TASSO).

♦**làmpada** o (*poet.*) †**làmpade**, (*pop., tosc.*) **làmpana** [vc. dotta, lat. *lămpada* (acc.), dal gr. *lampás*, genit. *lampádos*, di orig. iran.; 1296] s. f. *1* Apparecchio per l'illuminazione artificiale: *l. a cera, a petrolio, a kerosene, a gas, elettrica*; *l. da tavolo*; *l. a stelo* | ***L. a incandescenza, a filamento***, in cui la luce è emanata da un filamento metallico reso incandescente dalla corrente elettrica che lo percorre | ***L. ad arco***, in cui la luce è prodotta dall'arco che congiunge due appositi elettrodi | ***L. a luminescenza***, nella quale un gas o vapore, contenuto in un tubo o in un'ampolla di vetro, diviene luminescente quando è attraversato dalla corrente elettrica | ***L. a fluorescenza, l. fluorescente***, nella quale una scarica elettrica che attraversa un gas o vapore rarefatto contenuto in un tubo di vetro provoca l'emissione di radiazioni luminose da parte di una sostanza fluorescente che riveste internamente il tubo | ***L. al quarzo, a raggi ultravioletti, a raggi UVA***, che emette radiazioni ultraviolette nella regione dell'ultravioletto prossimo, capaci di abbronzare la pelle senza determinarvi processi morbosi | ***L. da miniera***, portatile, per l'illuminazione di gallerie di miniera e gener. ambienti sotterranei oscuri | ***L. di sicurezza, di Davy***, da miniera, impiegabile anche in ambienti che contengono grisù perché elimina il pericolo di causare esplosioni grazie all'involucro di rete d'ottone che protegge la fiamma | (*foto*) ***L. al magnesio***, con filamento di magnesio la cui combustione genera flash o lampi di luce | ***L. endoscopica***, usata per endoscopia medica | ***L. frontale***, a incandescenza, di piccole dimensioni, che applicata alla fronte o al berretto del medico, illumina parti profonde del corpo del paziente o del campo operatorio | ***L. scialitica***, impiegata in chirurgia per ottenere un'illuminazione intensa e uniforme del campo operatorio. *2* Lume, un tempo per lo più a olio, oggi spesso elettrico a luce ridotta e continua, posto davanti a un'immagine sacra, una tomba e sim. *3* (*est.*) Apparecchio che, bruciando particolari gas o liquidi, viene usato per scaldare, saldare e sim.: *l. a spirito*; *l. per saldare* | (*cuc.*) Fornello portatile ad alcol o a combustibile solido, usato spec. nei ristoranti per cucinare direttamente al tavolo piatti speciali: *cucina alla l.* *4* (*est.*, *lett.*) Astro, stella. *5* (*est.*, *raro*) Fiamma, bagliore | Fiaccola | ***Corsa delle lampade***, lampadedromia | (*fig.*, *lett.*) ***L. della vita***, il simbolo della sua continuità quale si tramanda di progenie in progenie: *l'opera umana va all'infinito e deve rassegnarsi a che la l. della vita passi ad altre mani* (CROCE). || **lampadétta**, **dim.** | **lampadina**, **dim.** (V.) | **lampadùccia**, **dim.**

♦**lampadàrio** [vc. dotta, lat. tardo *lampadāriu(m)* 'portatore di fiaccola (*lămpas*, genit. *lămpadis*)'; av. 1712] **s. m.** ● Apparecchio appeso al soffitto, dotato di appositi sostegni per lampadine o candele, destinato sia all'illuminazione che all'arredamento dell'ambiente.

†**làmpade** ● V. *lampada*.

lampadedromìa o **lampadodromìa** [gr. *lampadēdromíai*, comp. di un deriv. di *lampás*, genit. *lampádos* 'fiaccola' e un deriv. di *drómos* 'corsa', da *dramêin* 'correre'; 1834] **s. f.** ● Corsa con le fiaccole che aveva luogo in Grecia durante la festa in onore delle divinità collegate col culto del fuoco.

lampadeforìa o **lampadoforìa** [gr. *lampadēphoría*, propr. 'corsa portando (dal v. *phérein*) una torcia (*lampás*, genit. *lampádos*)'; 1900] **s. f.** ● Lampadedromia.

♦**lampadina** [dim. di *lampada*; 1918] **s. f.** ● Corpo illuminante di una lampada elettrica, spec. quello di una lampada a incandescenza.

lampadodromìa ● V. *lampadedromia*.

lampadoforìa ● V. *lampadeforia*.

lampadòforo [gr. *lampadēphóros*, comp. di *lampás*, genit. *lampádos* 'fiaccola' e *-phóros* '-foro'] **s. m.** ● Corridore e portatore di fiaccola, nelle lampadedromie | Statua raffigurante un portatore di fiaccola, che veniva impiegata nelle antiche case romane a scopo decorativo e per l'illuminazione degli ambienti.

làmpana ● V. *lampada*.

lampanàio [av. 1311] **s. m.** (**f.** *-a*) ● (*pop.*, *tosc.*) Chi fabbrica o vende lampade.

†**lampanéggio** **s. m.** ● (*pop.*) Luce lunare o del fuoco | Lampo, baleno.

lampànte [dal part. pres. di *lampare*; av. 1426] **agg.** *1* (*raro*) Limpido, lucente | ***Moneta l.***, coniata di fresco. *2* (*fig.*) Evidente, chiaro: *prova, verità l.* *3* ***Olio l.***, olio ottenuto per affioramento spontaneo dalle acque di vegetazione delle olive, non commestibile, adoperato per le lampade | ***Petrolio l.***, V. *petrolio*. || **lampanteménte**, **avv.**

lampàra [da *lampa* 'lampada'; 1935] **s. f.** ● Grande lampada, elettrica o ad acetilene, fornita di luce molto intensa, usata per pescare di notte determinate specie di pesci: *pescare a l.*; *pesca con la l.* | (*est.*) Barca dotata di tale lampada | (*est.*) Rete alla deriva, con sacco molto largo, usata per tale tipo di pesca. ➡ **ILL. pesca.**

†**lampàre** [gr. *lámpein* 'brillare', di orig. indeur.; sec. XIV] **v. intr. impers.** ● Lampeggiare.

lampasciòne o **lampagiòne** [vc. pugliese, *lampacione*, che è il lat. tardo *lampadiōnem*, di orig. incerta] **s. m.** *1* (*bot.*) Pianta erbacea delle Liliacee, comune nella regione mediterranea, con infiorescenza a grappolo terminante con un ciuffo di fiori sterili, e bulbi ovoidali commestibili (*Leopoldia comosa*). **SIN.** Cipollaccio, lampagione. *2* (*merid.*, *fig.*) Sciocco, minchione.

lampàsso [fr. *lampas*, di etim. incerta; 1772] **s. m.** ● Tessuto di seta originario della Cina, a grandi disegni colorati su fondi cupi, impiegato per tappezzerie e per arredamenti.

lampàzza o **lapàzza** [etim. discussa: dal gr. *lapis* 'piastra metallica' (?); sec. XVII] **s. f.** ● (*mar.*) Rinforzo di legno applicato ad alberi, antenne e sim.

lampeggiaménto [av. 1547] **s. m.** *1* Il lampeggiare (*anche fig.*): *un l. d'occhi*. **SIN.** Bagliore, lampo. *2* Serie di lampi, bagliori e sim.

lampeggiànte [sec. XV] **A** **part. pres.** di *lampeggiare*; anche **agg.** *1* Solcato da lampi: *cielo l.* *2* Che emana luce intermittente: *semaforo l.* *3* (*fig.*, *lett.*) Luminoso, acceso, per gioia, ira o altro sentimento intenso: *occhi, gote lampeggianti*. **B** **s. m.** ● Apparecchio che emette lampi intermittenti, spec. a scopo di segnalazione. **SIN.** Lampeggiatore.

lampeggiàre [iter. da *lampo*; 1319] **A** **v. intr.** (*io lampéggio*; aus. *avere*) *1* Emettere, mandare lampi (*anche fig.*): *le artiglierie lampeggiavano nella notte*; *gli lampeggiano gli occhi* | (*est.*) Risplendere, rilucere: *le spade lampeggiano*. *2* (*autom.*) Mandare sprazzi di luce con i proiettori abbaglianti o anabbaglianti: *l. agli incroci*. **B** **v. tr.** ● (*fig.*, *lett.*) Mandare come un lampo: *lieta / de la vittoria lampeggiava un riso* (TASSO). **C** **v. intr. impers.** (aus. *essere* o *avere*) ● Comparire di lampi nel cielo: *prima del tramonto lampeggiò*. **SIN.** Balenare.

lampeggiatóre [1932] **s. m.** *1* (*autom.*) Indicatore di direzione | Fanale a luce intermittente o rotante sul tetto di particolari veicoli (ambulanze, auto della polizia ecc.). ➡ **ILL.** p. 2162, 2163 TRASPORTI. *2* (*fot.*, *cine*) Dispositivo di illuminazione artificiale mediante emissioni luminose di brevissima durata, isolate o in successione: *l. con lampade lampo a combustione, con lampade lampo a scarica, elettronico, per cinematografia ad alta frequenza*. **SIN.** Lampo fotografico, flash.

lampéggio (1) [da *lampeggiare*; av. 1511] **s. m.** *1* Lampeggiamento | Negli autoveicoli, segnalazione luminosa intermittente simultanea di tutti gli indicatori di direzione, usata spec. durante la sosta ai margini della carreggiata. *2* †Lampo.

lampeggìo (2) [da *lampeggiare*; 1869] **s. m.** ● Un lampeggiare frequente e continuato.

lampionàio [1841] **s. m.** *1* Chi era addetto all'accensione e allo spegnimento di lampioni a gas o a olio nelle città. *2* (*raro*) Chi fabbricava o vendeva lampioni.

lampioncino [av. 1861] **s. m.** *1* Dim. di *lampione*. *2* Piccolo involucro di carta colorata e pieghettata, a forma sferica o cilindrica, contenente un lumino o una candela, usato per luminarie, addobbi e sim.

lampióne [accr. del piemontese *lampia* 'lampada' (?); av. 1673] **s. m.** ● Grosso fanale spec. per l'illuminazione stradale, fissato al muro o sorretto da una colonna di ghisa | ***L. alla veneziana***, tipo di lanterna con involucro di carta pieghettata e variopinta. || **lampioncino**, **dim.** (V.).

lampìride [vc. dotta, lat. *lampȳride(m)*, nom. *lămpyris*, dal gr. *lampyrís*, deriv. di *lámpein* 'lamp(eggi)are'; 1476] **s. m.** ● Coleottero con maschi alati e femmine attere muniti di organi luminosi (*Lampyris noctiluca*) | Lucciola.

lampìsta [fr. *lampiste*, da *lampe* 'lampa(da)'; 1875] **s. m. e f.** (**pl. m.** *-i*) ● Addetto alla lampisteria.

lampisterìa [fr. *lampisterie*, da *lampiste* 'lampista'; av. 1930] **s. f.** ● Deposito di lampade e gener. apparecchi di illuminazione nelle ferrovie, miniere, officine, dove si provvede alla loro custodia e manutenzione.

♦**làmpo** [da †*lampare*; 1319] **A** **s. m.** *1* Fenomeno luminoso che accompagna la scarica elettrica nei temporali | ***Fare lampi e fulmini***, (*fig.*) arrabbiarsi molto | ***Dopo il l., il tuono***, (*fig.*) dopo le minacce, l'atto. *2* Improvviso e intenso bagliore di breve durata: *un l. di luce*; *mandar lampi* | (*est.*, *fot.*, *cine*) ***L. fotografico***, lampeggiatore. *3* (*fig.*) Cosa di brevissima durata: *la giovinezza è un l.* | ***In un l.***, in un attimo: *tutto è accaduto in un l.*; *la mattinata è trascorsa in un l.* **SIN.** Baleno. *4* (*fig.*) Persona o animale molto veloce nel muoversi e nell'agire: *quel cane è un l.*; *correre come un l.* | (*lett.*, *fig.*) Rapidità fulminea: *il l. de' manipoli / e l'onda dei cavalli* (MANZONI). *5* (*fig.*) Intuizione improvvisa della mente o dell'animo: *avere un l. di genio*; *l. di sospetto, di speranza*. || **lampóne**, **accr.** **B** in funzione di **agg. inv.** ● (posposto al s.) Che dura pochissimo, che accade, si svolge, funziona e sim. in brevissimo tempo: *matrimonio l.*; *cerimonia l.*; *guerra l.* | ***Chiusura, cerniera l.***, dispositivo per chiudere rapidamente indumenti, borse, valigie e sim., formato da due strisce di tessuto recanti munito di denti metallici che si ingranano e si liberano con lo scorrere di una piastrina | ***Notizia l.***, riguardante un evento recentissimo ed espressa con poche parole; **SIN.** Flash nel sign. 3. **C** **s. f. inv.** ● (*ellitt.*) Cerniera lampo. **SIN.** Zip.

lampóne [etim. discussa: di orig. mediterr. (?); sec. XIV] **s. m.** ● Frutice spinoso delle Rosacee comune nei boschi di montagna, con rizoma corto e perenne e frutto commestibile (*Rubus idaeus*). ➡ **ILL. piante**/6 | Il frutto di tale pianta, rosso e molto profumato, formato di piccole drupe unite tra loro | ***Rosso l.***, particolare tonalità di rosso intenso, simile a quella dei lamponi. **CFR.** Framboise.

lamprèda [vc. dotta, lat. *°lampr(ā)eda(m)*, di etim. incerta; 1353] **s. f.** ● Ognuno dei Vertebrati acquatici sprovvisti di arco orale articolato in mascella e mandibola che vivono come parassiti esterni di pesci. ➡ **ILL. animali**/5.

lampredòtto (1) [da *lampreda*, col suff. dim. *-otto*; av. 1492] **s. m.** ● Piccola lampreda | Lampreda di fiume.

lampredòtto (2) [da *lampredotto* (*1*), per similigianza di forma; sec. XVI] **s. m.** ● Particolare tipo di trippa, tratta dall'abomaso dei bovini, servita lessata con salsa verde, olio e pepe anche tra fette di pane, tipica della cucina popolare toscana.

Lampridifórmi [comp. del gr. *lamprós* 'brillante' (?), di *-idi* e il pl. di *-forme*; 1965] **s. m. pl.** (**sing.** *-e*) ● Nella tassonomia animale, ordine di Pesci ossei di mare profondo con bocca priva di denti e grandi occhi (*Lampridiformes*).

lampùga [etim. incerta, ma con prob. intervento di *lamp-* 'brillare' per i riflessi dorati della sua livrea; sec. XV] **s. f.** ● (*zool.*) Pesce osseo dei Perciformi, dalle carni apprezzate, con corpo allungato e compresso e con pinna dorsale estesa dalla testa alla coda (*Coryphaena hippurus*).

♦**làna** [vc. dotta, lat. *lāna(m)*, di orig. indeur.; av. 1292] **s. f.** *1* Pelo della pecora o di altri animali. | **CFR.** erio- | ***Buona l.***, (*fig.*) birbante, briccone | ***Essere della stessa l.***, (*fig.*) della stessa indole, natura e sim. | (*fig.*) ***Questioni di l. caprina***, questioni, argomenti futili, vani (da un'Epistola di Orazio, con riferimento allo scarso valore della lana di capra). *2* Fibra tessile animale proveniente dalla tosatura di pecore o di altri animali lanuti | ***L. vergine***, ottenuta esclusivamente per tosatura, e cioè lana nuova. *3* (*est.*) Filato e tessuto ottenuto con tale fibra: *ho scelto una bella l. per il mio cappotto* | ***L. cardata***, tessuto a fibra lunga e corta, non pettinata | ***L. pettinata***, a sola fibra lunga. *4* (*est.*) Fibra artificiale, di aspetto lanoso o serico, ottenuta da vari materiali: *l. artificiale, vegetale* | ***L. di vetro***, ottenuta per fusione e trafilatura del vetro, usata come fibra tessile, come materiale isolante e altro. *5* (*est.*) Prodotto di materiali diversi, con caratteristiche particolari | ***L. d'acciaio***, costituita da sottili filamenti metallici, usata per pulire, raschiare e sim. | ***L. di legno***, trucioli finissimi per imballaggio. *6* (*fam.*) Peluria che si forma sotto i mobili: *raccogliere la l. con uno straccio*. || **PROV.** Meglio dar la lana che la pecora; il diavolo non ha pecore e va vendendo lana. || **lanàccia**, **pegg.** | **lanétta**, **dim.** (V.) | **lanina**, **dim.** (V.) | **lanùzza**, **dim.**

lanàggio [ant. fr. *lainage*, da *laine* 'lana'; 1881] **s. m.** ● Insieme di lane diverse, gregge o lavorate.

lanaiòlo o (*lett.*) **lanaiuòlo** [sec. XIII] **s. m.** (**f.** *-a*) ● Anticamente, colui che professava l'arte della lana come lavorante, mercante e fabbricante | Attualmente, laniere, mercante di lana.

lanàmetro [comp. di *lana* e *-metro*] **s. m.** ● Apparecchio usato per determinare la finezza delle fibre tessili.

lanàrio [ant. fr. *lanier*, propr. 'lanaiolo', poi spreg., 'vile' e (*faucon*)*lanier* valeva appunto '(falco) selvatico'; 1961] **s. m.** ● Piccolo, elegante falco, rossastro sul capo e bruno nerastro sul dorso, usato un tempo per la caccia (*Falco biarmicus*).

†**lanàta** [1433] **s. f.** ● Scovolo.

†**lanàto** [vc. dotta, lat. *lanātu(m)*, da *lāna* 'lana'; 1367] **agg.** ● (*lett.*) Lanuto, lanoso: *Logisto di lanate pecore guardatore* (SANNAZARO).

lanatosìde [deriv. dal n. botanico lat. (*Digitalis*) *lanat(a)* col suff. *-ide*] **s. f.** ● (*chim.*) Glucoside ottenuto dalle foglie di digitale sotto forma di polvere o cristalli bianchi; è impiegata come cardiotonico nella cura dell'insufficienza cardiaca.

†**lanavéndolo** [comp. di *lana* e dello stesso deriv. di *vendere* che si trova in (*erbi*)*vendolo*, (*pesci*)*vendolo*, e simili vc.] **s. m.** ● Venditore di lana.

lànca [etim. discussa: di orig. ligure (?); 1882] **s. f.** ● Relitto di alveo fluviale occupato da acque stagnanti: *le lanche del Po, del Ticino*.

†**lànce** [vc. dotta, lat. *lănce(m)*, di etim. incerta; av. 1374] **s. f.** ● Piatto della bilancia | Bilancia | ***Porre in l.***, (*fig.*) confrontare.

†**lancèlla** [lat. tardo *lancĕlla(m)*, dim. di *lănx*, genit.

lāncis 'lance, piatto della bilancia'; sec. XIV] **s. f.** ● Vaso di terra a due manici per acqua.

lanceolàto [vc. dotta, lat. tardo *lanceolātu(m)*, da *lāncea* 'lancia (1)'; 1803] **agg.** ● (*bot.*) Detto di foglia a forma di ferro di lancia.

lancère ● V. *lanciere*.

♦**lancétta** [sec. XIII] **s. f.** *1* Dim. di *lancia* (*1*). *2* Indice di vari strumenti di misura, spec. degli orologi, a forma di freccia, che, spostandosi sul quadrante, indica i diversi valori: *l. delle ore, dei secondi, dei minuti; la l. di un voltametro.* *3* (*al pl.*) Tipo di pastina da brodo appuntita e schiacciata al centro. *4* Strumento usato un tempo dai chirurghi per praticare salassi, incisioni e sim. *5* Tulipano selvatico. *6* (*zool.*) Anfiosso.

lància (*1*) o †**lànza** [lat. *lăncea(m)*, termine straniero: di orig. celt. (?); sec. XIII] **s. f.** (pl. *-ce*, † *-ci*) *1* Arma da urto o da getto, costituita da un lungo fusto con ferro a punta, impugnatura e calcio con puntale, di dimensioni, fogge e nomi vari attraverso i secoli nei vari Paesi | ***Mettere la l. in resta***, prepararsi a uno scontro con qlcu. (*anche fig.*) | ***Spezzare una l. per, in favore di qlcu.***, (*fig.*) prenderne le difese. *2* (*est., ant.*) Guerriero | Cavaliere armato di lancia | ***Una buona l.***, un abile guerriero. *3* Nel Medioevo, gruppo di combattimento capeggiato da un cavaliere o uomo d'arme assistito da più gregari a cavallo e a piedi. *4* Tipo di fiocina per pescare tonni, delfini e sim. *5* Attrezzo costituito da un tubo attraverso il quale un liquido viene lanciato all'esterno sotto pressione | ***L. irroratrice***, per distribuire liquidi antiparassitari | ***L. termica***, apparecchiatura consistente in tre bombole contenenti gas diversi e in una serie di aste di ferro, usata per produrre fori, per tagliare, per demolire manufatti di ferro, ghisa, pietra, cemento e sim. || **lancétta**, **dim.** (V.) | †**lanciòla**, †**lanciuòla**, **dim.** | **lancióne**, **accr. m.** | **lanciòtto**, **dim. m.** (V.) | **lanciottino**, **dim. m.**

lància (*2*) [da *lancia* (*1*) per il suo aspetto affilato e la sua agilità; 1642] **s. f.** (pl. *-ce*) ● Sottile imbarcazione a remi, a vela o a motore, adibita a vari usi | ***L. di salvataggio***, munita di casse d'aria per renderne impossibile l'affondamento | ***L. di bordo***, imbarcazione ausiliaria di una nave, adibita al trasporto di persone fra questa e la riva. || **lancióne**, **accr. m.** (V.).

lanciabàs [da *lancia(re) b(ombe) a(nti)s(ommergibili)*] **s. m.** ● Mortaio usato per il lancio di bombe antisommergibili.

lanciàbile [da *lanciare*; av. 1704] **agg.** ● Che si può lanciare.

lanciabilità **s. f.** ● (*raro*) Condizione di ciò che è lanciabile.

lanciabómbe [comp. di *lancia(re)* e il pl. di *bomba*; 1915] **s. m. inv.** ● Arma speciale per lanciare bombe a distanza | Sugli aerei, dispositivo per sganciare le bombe.

lanciafiàmme [comp. di *lancia(re)* e il pl. di *fiamma*; 1918] **s. m. inv.** ● Apparecchio che proietta a distanza di qualche decina di metri liquido infiammato.

lanciagranàte [comp. di *lancia(re)* e il pl. di *granata* (*2*); 1963] **s. m. inv.** ● Lanciabombe terrestre.

lanciàio [lat. tardo *lanciāriu(m)*, da *lăncea* 'lancia (1)'; av. 1571] **s. m.** (f. *-a*) ● (*raro, tosc.*) Venditore di coltelli, chiodi, filo di ferro e sim.

lanciaménto [av. 1704] **s. m.** *1* (*raro*) Lancio. *2* †Trafittura di dolore.

lanciamine [comp. di *lancia(re)* e il pl. di *mina* (*1*); 1957] **s. m. inv.** ● Dispositivo usato sulle navi da guerra per lasciar cadere in mare le mine. **SIN.** Lanciatorpedini.

lanciamissili [comp. di *lancia(re)* e il pl. di *missile*; 1965] **A agg. inv.** ● Detto di nave e di ogni altro mezzo da guerra attrezzati per lanciare missili. **B s. m. inv.** ● Apparecchiatura per lanciare missili.

lanciapiattèllo o **lanciapiattèlli** [comp. di *lancia(re)* e del pl. di *piattello*] **A s. m. inv.** ● Dispositivo meccanico che serve a lanciare i piattelli durante le prove di tiro. **B anche agg. inv.**: *macchina l.*

lanciaràzzi [comp. di *lancia(re)* e il pl. di *razzo*; 1957] **A s. m. inv.** *1* Arma portatile per lanciare proiettili autopropulsi. *2* Dispositivo per il lancio di razzi di segnalazione o di soccorso. **B anche agg. inv.**: *pistola, matita l.*

lanciàrdo ● V. *lanzardo*.

♦**lanciàre** [lat. crist. *lanceāre* 'maneggiare la lancia (*lăncea*)'; av. 1250] **A v. tr.** (*io làncio*) *1* Scagliare, tirare con forza qlco. (*anche fig.*): *l. una freccia, un sasso*; *l. accuse, insolenze contro qlcu.* | ***L. un grido***, emettere un grido. **SIN.** Buttare, gettare. *2* (*est.*) Imprimere a qlco. una grande velocità: *l. l'automobile*; *l. un cavallo verso il traguardo* | ***L. un compagno***, nel calcio, passare il pallone a un compagno ben piazzato per sviluppare un'azione in profondità | ***L. la volata***, nel ciclismo, iniziare la volata. *3* (*fig.*) Cercare di imporre all'attenzione del pubblico una persona o un prodotto, servendosi dei mezzi pubblicitari: *l. un cantante, un'attrice*; *l. una nuova moda, un libro*; *l. un nuovo profumo sul mercato* | (*fig.*) ***L. una proposta, un suggerimento***, farli | (*elab.*) ***L. un programma***, caricarlo nella memoria di un computer che lo mette in esecuzione. *4* †Tormentare, addolorare: *e quindi viene il duol che sì li lancia* (DANTE *Purg.* VII, 111). **B v. rifl.** *1* Gettarsi con impeto (*anche fig.*): *lanciarsi nella mischia*; *lanciarsi in un'impresa sbagliata.* *2* (*fig.*) Buttarsi, scagliarsi con forza contro qlcu. o qlco.: *lanciarsi contro le convenzioni.* **C v. tr. e intr.** (aus. intr. *avere*) ● †Scagliare la lancia | †Ferire con la lancia.

lanciarpióne [comp. di *lancia(re)* e *arpione*; 1957] **s. m.** (pl. inv. o *-i*) ● Sulle baleniere, piccolo cannone che lancia un arpione per la cattura delle balene.

lanciasàbbia [comp. di *lancia(re)* e *sabbia*] **s. m. inv.** ● (*ferr.*) Congegno situato nella parte anteriore delle motrici ferrotranviarie, che spruzza sabbia sulle rotaie davanti alla vettura o al convoglio, allo scopo di elevare l'aderenza delle ruote e impedirne lo slittamento.

lanciasàgola [comp. di *lancia(re)* e *sagola*] **s. m. inv.** ● (*mar.*) Cannoncino che lancia un proiettile leggero a cui è attaccata una sagola per realizzare un primo collegamento, utilizzato per ormeggi e salvataggi.

lanciasilùri [comp. di *lancia(re)* e il pl. di *siluro*; av. 1889] **s. m. inv.** ● Meccanismo per scagliare siluri.

lanciàta [lat. *lanceāta(m)*, part. pass. di *lanceāre* 'lanciare'; 1300 ca.] **s. f.** ● (*raro*) Colpo di lancia | Ferita prodotta da una lancia scagliata.

lanciàto [av. 1250] **part. pass.** di *lanciare*; anche **agg.** *1* Nei sign. del v. *2* Detto di veicolo o altro, che corre velocissimo: *auto, moto lanciata a grande velocità.* *3* Detto di prove di velocità in cui il tempo viene misurato a partire dal momento in cui l'atleta, il veicolo e sim., passano in un punto stabilito del percorso: *kilometro l.*

lanciatóio [av. 1547] **agg.** *1* †Atto a essere lanciato. *2* (*raro*) Atto a lanciare: *l'arco è un'arma lanciatoia.*

lanciatóre [lat. tardo *lanceatōre(m)*, da *lanceātus* 'lanciato'; av. 1292] **s. m.** *1* (f. *-trice*) Chi lancia. *2* (f. *-trice*) Nell'atletica leggera, specialista delle gare di lancio: *l. del disco, del giavellotto, del martello, del peso* | Nel baseball, giocatore della squadra schierata in difesa che ha il compito di lanciare la palla al ricevitore. *3* (*aer.*) Vettore spaziale.

lanciatorpèdini [comp. di *lancia(re)* e il pl. di *torpedine* (*2*); 1875] **s. m. inv.** ● (*mar.*) Lanciamine.

lancière o **lancère** [da *lancia* (*1*); sec. XIV] **s. m.** *1* Soldato di cavalleria armato di lancia. *2* (*al pl.*) Ballo figurato affine alla quadriglia, in voga nella seconda metà dell'Ottocento.

lancifórme [comp. di *lanci(a)* (*1*) e *-forme*] **agg.** ● (*raro, lett.*) Che ha forma di lancia.

lancinànte [vc. dotta, lat. *lancinānte(m)*, part. pres. di *lancināre* 'dilaniare, straziare', di orig. incerta; 1499] **agg.** ● Che procura una sofferenza acuta: *male, dolore l.*

làncio [da *lanciare*; av. 1400] **s. m.** *1* Il lanciare | Tiro, getto energico di qlco.: *l. di una bomba, di una pietra* | Il lanciarsi; salto dall'alto: *fare un l. col paracadute* | ***Camera di l.***, locale del sommergibile dove sono poste le apparecchiature per il lancio dei siluri | Nella pesca, proiezione della lenza verso l'acqua: *pesca a l.* *2* Nell'atletica leggera, prova eseguita a mezzo di attrezzi speciali che devono essere scagliati il più lontano possibile con tecniche specifiche: *l. del disco, del giavellotto, del martello, del peso* | Nel calcio, passaggio lungo del pallone a un compagno | Nel baseball, azione del lanciatore che tira la palla al ricevitore. ➡ **ILL.** p. 2146, 2147 SPORT. *3* (*fig.*) Manifestazione pubblicitaria avente lo scopo di far conoscere al pubblico qlco. o qlcu.: *l. di una saponetta*; *l. di un'attrice*; *offerta di l.* *4* Nel gergo giornalistico, ciascuna delle trasmissioni di notizie effettuata da agenzie: *il primo l. della giornata segna l'inizio del servizio, l'ultimo l. la chiusura.*

lanciòla [vc. dotta, lat. tardo *lancĕola(m)*, dim. di *lăncea* 'lancia (1)'; sec. XIV] **s. f.** *1* †Piccola lancia. *2* †Lancetta per operazioni chirurgiche. *3* (*bot.*) Piantaggine.

lancióne [av. 1292] **s. m.** *1* Accr. di *lancia* (*2*). *2* Zatterone per lavori idraulici | Grossa imbarcazione a vela spesso impiegata, un tempo, in azioni di guerra | Lancia a remi e a vela di grosse dimensioni.

†**lanciottàre** [da *lanciotto*; av. 1600] **v. tr.** ● Ferire di lanciotto.

†**lanciottàta** [av. 1600] **s. f.** ● Colpo di lanciotto.

lanciòtto [av. 1342] **s. m.** *1* Nel Medioevo, lancia corta. *2* †Soldato armato di lancia.

Land /land, *ted.* lant/ [vc. ted., propr. 'terra, paese'] **s. m. inv.** (pl. ted. *Länder*) ● Nome dato in Germania alle grandi divisioni regionali con parziale autonomia amministrativa | (*est.*) Provincia, regione tedesca.

lànda (*1*) [celt. **landa* 'luogo piano e deserto'; 1313] **s. f.** *1* Pianura incolta spesso sterile e deserta | Arida e sabbiosa depressione con file di dune al bordo, caratteristica del sud della Francia. *2* (*est.*) Pianura sterile. *3* (*raro*) Campagna, pianura: *per la dolce l. / quinci è un cantare e quindi altro cantare* (D'ANNUNZIO).

lànda (*2*) o **làndra** [etim. incerta; 1889] **s. f.** ● (*mar.*) Ferramenta che in un'imbarcazione a vela collega il sartiame alla struttura dello scafo.

land art /*ingl.* 'lænd,ɑːɹt/ [loc. ingl., 'arte del territorio'; 1972] **loc. sost. f. inv.** ● Tendenza artistica che opera su ampi spazi e su grandi dimensioni, trasformando in vario modo il paesaggio naturale o gli spazi urbani. **SIN.** Arte ambientale.

landau /*fr.* lɔ̃'do/ [vc. fr., dal n. della città bavarese *Landau*; 1883] **s. m. inv.** (pl. fr. *landaus*) ● Carrozza elegante a quattro ruote e due mantici che si chiudono a piacere, tirata da due o quattro cavalli, usata spec. nell'Ottocento e nel primo Novecento.

landgràvio ● V. *langravio*.

-làndia [dal ted. *Land* 'terra' (d'orig. indeur.)] secondo elemento ● In parole composte geografiche o del linguaggio giornalistico, significa 'paese', 'terra': *Thailandia, cinelandia.*

Ländler /'lɛndler, *ted.* 'lɛntlʌ/ [vc. ted., propr. 'contadinesca', 'danza del paese (*Land*)'] **s. m. inv.** (pl. ted. inv.) ● (*mus.*) Danza popolare austriaca, tra i progenitori del valzer, diffusa nei secc. XVII e XVIII e utilizzata anche nella musica colta.

landò [1752] **s. m.** ● Adattamento di *landau* (V.). ➡ **ILL. carro e carrozza.**

làndra ● V. *landa*.

Land Rover® /lɛnd'rɔver, *ingl.* 'lænd,ɹəʊvəɹ/ [dal n. della ditta *Rover* Company Limited, che ideò una vettura adatta per ogni terreno (*land*); 1969] **loc. sost. f. inv.** (pl. ingl. *Land Rovers*) ● Veicolo fuoristrada a quattro ruote motrici in grado di affrontare agilmente anche i terreni più accidentati.

laneria [fr. *lainerie*, da *laine* 'lana'; 1839] **s. f.** ● (*spec. al pl.*) Assortimento di tessuti pettinati e cardati di lana per abbigliamento: *magazzino di lanerie.*

†**lanèro** ● V. *laniero*.

lanétta [1828] **s. f.** *1* Dim. di *lana* | Lana leggera. *2* Cascame di lana. *3* Tessuto misto, di lana e cotone.

lànfa ● V. *nanfa*.

lànga [etim. discussa, comunque di orig. preromana; 1557] **s. f.** ● (*piemontese*) Rilievo collinare o montuoso dal profilo allungato | (*est.*) Regione collinosa dalle tipiche dorsali assottigliate, in origine incolta e coperta di boscaglia | (*est.*) Territorio collinoso.

langaròlo [da *Langhe*; 1970] **agg.** ● Delle, relative alle, Langhe piemontesi: *località langarole.*

†**langobàrdo** ● V. *longobardo*.

†**langóre** ● V. *languore*.

langràvio e (*raro*) **landgràvio** [fr. *landgrave*, dal ted. *Landgraf* 'conte (*Graf*) del paese (*Land*)'; sec. XIV] **s. m.** ● Nella Germania medievale, titolo attribuito ad alcuni conti e feudatari. **CFR.** Margravio.

langue /lang, *fr.* lɑ̃ːg/ [fr. 'lingua'; 1974] **s. f. inv.** ● (*ling.*) Secondo F. de Saussure, oggetto di studio della linguistica e sistema di segni che rappresenta l'aspetto sociale e oggettivo del linguaggio e che si realizza nei singoli atti individuali di *parole* (V.).

†langueggiàre [av. 1306] v. intr. ● Languire.

languidézza [1300 ca.] s. f. ● Caratteristica di ciò che è languido | Fiacchezza (*anche fig.*): *opera letteraria che rivela l.* | Languore: *l. di stomaco.*

lànguido [vc. dotta, lat. *lănguidu(m)*, da *languēre* 'languire'; 1342] agg. **1** Debole, privo di energia (*anche fig.*): *la malattia lo ha reso l. e pallido; ne' languidi / pensier dell'infelice / scendi piacevol alito* (MANZONI) | (*fig.*) ***Stile, verso l.***, fiacco o inefficace | ***Luce languida***, debole, fioca. SIN. Fiacco, molle. **2** Svenevole, sentimentale (gener. riferito ad atteggiamenti che hanno lo scopo di sedurre): *sguardo l.; occhi languidi; posa languida.* || **languidétto**, dim. || **languidaménte**, avv.

†languidóre [sec. XIV] s. m. ● Languore.

†languiménto [av. 1694] s. m. ● Languore.

languìre [vc. dotta, lat. *languēre*, di orig. indeur., adattato alla coniug. dei v. in *-ire*; av. 1250] v. intr. (*io lànguo* o *languìsco, tu làngui* o *languìsci*, ecc.; aus. *avere*) (assol.; + *per*; + *di*) **1** Trovarsi in uno stato di debolezza, di abbattimento, di prostrazione: *l. per una infermità* | ***Sentirsi l.***, provare debolezza allo stomaco | (*fig.*) Struggersi, consumarsi: *l. di desiderio, d'amore per qlcu.; desperato / languivi per colei / ch'or fatta è tua consorte* (MARINO) | ***L. nella miseria***, vivere di stenti. **2** (*fig.*) Diminuire d'intensità, di forza: *la luce languiva in lontananza; la conversazione langue; il commercio langue.*

languóre o **†langóre** [vc. dotta, lat. *languōre(m)*, da *languēre* 'languire'; sec. XIII] s. m. **1** Stato di debolezza, di prostrazione fisica o spirituale: *cadere in uno stato di l.* | ***Sentire un certo l.*** (***di stomaco***), ***un certo languorino***, avere appetito. SIN. Fiacchezza, sfinimento. **2** (*fig.*) Struggimento, abbandono (gener. riferito ad atteggiamenti che hanno lo scopo di sedurre): *sguardo pieno di l.* | (*spec. al pl., fig.*) Smancerie: *essere pieno di moine e languori.* || **languorìno**, dim.

languoróso [1952] agg. ● (*raro, lett.*) Che è pieno di languore, di struggimento. || **languorosaménte**, avv.

langùr [indostano *langūr*, da avvicinare al sanscrito *lāṅgulīn*, propr. 'che ha la coda'] s. m. ● Scimmia dei Cercopitecidi molto comune in India, spesso semi-domestica (*Presbytis entellus*).

†laniaménto [vc. dotta, lat. *laniamĕntu(m)*, da *laniāre* 'laniare'] s. m. ● Sbranamento.

†laniàre [vc. dotta, lat. *laniāre* (V. *lagnare*); sec. XIII] v. tr. ● (*poet.*) Dilaniare, sbranare, lacerare (*anche fig.*): *il cuor mi lania / con piaghe eterne e nuove* (CARDUCCI).

†laniatóre [vc. dotta, lat. *laniatōre(m)*, da *laniātus*, part. pass. di *laniāre* 'laniare'; 1618] agg.; anche s. m. (f. *-trice*) ● Chi (o Che) dilania.

laniccio [da *lana*; 1891] s. m. **1** Peluria che si forma sotto i letti o tra le pieghe di coperte e indumenti di lana. **2** Lanugine prodotta dal baco da seta prima di iniziare il bozzolo.

Lànidi [dal lat. *lănius* 'macellaio, carnefice', ricavato da *laniāre* 'dilaniare, fare a pezzi' (forse di orig. etrusca): la denominazione deriva dalle abitudini feroci di questi uccelli; 1957] s. m. pl. (sing. *-e*) ● Nella tassonomia animale, famiglia di Passeriformi insettivori e predatori cui appartiene l'averla (*Laniidae*).

lanière [da *lana*; 1941] s. m. (f. *-a*) ● Fabbricante od operaio dell'industria laniera.

lanièro o **†lanèro** [1905] agg. ● Della lana, concernente la sua lavorazione o il suo commercio: *industria laniera.*

lanifìcio [vc. dotta, lat. *lanifĭciu(m)*, comp. di *lāna* 'lana', e *-ficium* '-ficio'; 1783] s. m. ● Stabilimento tessile in cui si lavora la lana.

lanìgero [vc. dotta, lat. *lanĭgeru(m)*, comp. di *lāna* 'lana', e un deriv. di *gĕrere* 'produrre'; 1499] agg. ● (*lett.*) Lanoso, lanuto: *gregge l.*

lanina [sec. XVIII] s. f. ● Dim. di *lana* | Lana di qualità inferiore | Mezza lana, lana mista a cotone.

†lanìno [1869] s. m. ● Cardatore di lana.

lanista [vc. dotta, lat. *lanĭsta(m)*, termine tecnico, di orig. etrusca; av. 1292] s. m. (pl. *-i*) ● Presso gli antichi Romani, maestro dei gladiatori.

lànital® o **lanitàl** [comp. di *lan(a)* e *ital(iana)*; 1935] s. m. ● Lana sintetica, utilizzata nel periodo fascista dell'autarchia.

lanizzàre [1970] v. tr. ● Dare a una materia tessile le proprietà della lana.

†làno [da *lana*; sec. XIV] agg. ● Di lana | ***Panno l.***, V. anche *pannolano.*

lanolina [comp. del lat. *lāna(m)* 'lana' e *ŏleu(m)* 'olio'; 1895] s. f. ● Sostanza grassa, giallognola, ottenuta per raffinazione del grasso di lana d'ovini, usata spec. come eccipiente per pomate, unguenti e cosmetici.

lanosità [vc. dotta, lat. tardo *lanositāte(m)*, da *lanōsus* 'lanoso'; 1869] s. f. ● Caratteristica o aspetto di ciò che è lanoso.

lanóso [vc. dotta, lat. tardo *lanōsu(m)*, da *lāna* 'lana'; 1313] agg. **1** (*lett.*) Che è coperto di lana: *armento l.* | (*est., lett.*) Coperto di peluria, di barba: *Quinci fuor quete le lanose gote / al nocchier de la livida palude* (DANTE *Inf.* III, 97-98). **2** Che è simile alla lana: *capelli lanosi.*

lantàna [etim. discussa: dal lat. *lĕntus* 'lento', secondo l'ant. forma *lantana* (?); sec. XIV] s. f. **1** Pianta delle Caprifoliacee, delle zone montuose, con foglie cotonose e finemente dentate, fiori in grosse infiorescenze e frutti neri a drupa (*Viburnum lantana*). SIN. Viburno. **2** Pianta delle Verbenacee, americana, coltivata, con foglie ispide, rugose, di odore sgradevole e bei fiori numerosi di colore dal giallo al rosso (*Lantana hybrida*).

lantànide [comp. di *lantan(io)* e *-ide*; 1951] **A** s. m. ● Ciascuno degli elementi chimici del gruppo delle terre rare, lantanio incluso, con proprietà affini a quelle del lantanio. **B** agg. ● Che appartiene al gruppo delle terre rare: *elemento l.*

lantànio [dal gr. *lanthánein* 'essere nascosto', perché difficilmente rintracciabile nelle terre rare; 1839] s. m. ● Elemento chimico metallo, capostipite del gruppo delle terre rare. SIMB. La.

lantèrna [vc. dotta, lat. *lantĕrna(m)*, mutuato, forse attraverso un intermediario etrusco, dal gr. *lamptḗr*, di orig. iran.; av. 1292] s. f. **1** Lume portatile o fisso, racchiuso in una specie di gabbia protettiva con pareti di vetro: *nel cuore della notte venne a svegliarci con la l. e il mantello sulla faccia* | ***L. di Diogene***, quella che secondo la tradizione il filosofo cinico Diogene recava accesa con sé, anche in pieno giorno, nella sua ricerca dell'Uomo | (*fig., raro*) ***Cercare con la l.***, con cura e ostinazione; V. anche *lanternino* | (*fig.*) ***Prendere lucciole per lanterne***, cadere in un errore madornale, sbagliarsi grossolanamente | ***L. cieca***, provvista di schermi mobili che fanno sì che la luce esca concentrata in un fascio o, all'occorrenza, venga occultata | ***L. cinese***, ***veneziana***, ***di carta***, lampioncino per luminaria. **2** (*teat.*) ***L. di palcoscenico***, apparecchiatura per l'illuminazione scenica, atta a creare particolari effetti di luce. **3** (*mar.*) Apparecchio per segnali luminosi ai naviganti, protetto da invetriate e alloggiato nella parte superiore della torre di un faro | (*est.*) La torre del faro stesso | ***La L.***, (*per anton.*) il faro di Genova | ***La città della L.***, (*per anton.*) Genova. ➡ ILL. p. 2171 TRASPORTI. **4** Parte del diascopio contenente la lampada di proiezione | (*est.*) Il diascopio stesso | ***L. magica***, apparecchio costituito da una scatola contenente una sorgente luminosa con cui si proiettano, ingrandite, su una parete o uno schermo, immagini dipinte a colori su una lastra di vetro. **5** (*mil.*) Canestro fatto a cono, contenente le pietre e gener. i proiettili dell'antico petriere. **6** (*mar.*) Parte inferiore, a sezione ottagonale, di ogni tronco superiore degli alberi, sovrapposta al colombiere, il corrispondente elemento del tronco inferiore. **7** (*arch.*) Struttura a pianta poligonale o circolare, generalmente con vetrate, coperta da calotta, che costituisce la parte superiore della cupola. **8** Lucernario nel tetto per dar luce spec. alla scala. **9** (*spec. al pl., fig., scherz.*) Occhi: *spalancare le lanterne* | (*fam.*) Occhiali: *rompere le lanterne.* **10** (*zool.*) ***L. di Aristotele***, apparato masticatore degli Echinoidi. || **lanternàccia**, pegg. | **lanternétta**, dim. | **lanternina**, dim. | **lanternino**, dim. m. (V.) | **lanternóne**, accr. m. (V.) | **lanternùccia**, **lanternùcola**, **lanternùzza**, dim.

lanternàio [lat. *lanternāriu(m)*, da *lantĕrna* 'lanterna'; 1561] s. m. (f. *-a*) ● (*raro*) Chi fa o vende lanterne.

†lanternàre [da *lanterna*; sec. XIV] v. tr. ● (*raro*) Illuminare.

lanternìno [av. 1915] s. m. **1** Dim. di *lanterna* | ***Cercare qlco. col l.***, (*fig.*) cercare con grande cura, spec. qlco. che è difficile trovare | ***Cercarsele col l.***, andare in cerca di guai e fastidi. **2** †Piccola ruota a gabbia o a pioli, infissa nell'asse della ruota a pale, nel valico del setificio.

lanternóne [1548] s. m. **1** Accr. di *lanterna.* **2** Grossa lanterna portata in cima a un'asta durante le processioni religiose.

†lanternùto [1618] agg. ● Magro, secco, allampanato.

lantopìna [comp. del v. gr. *lanth(ánein)* 'nascondersi' e di un deriv. di *ópion* 'oppio'] s. f. ● (*chim.*) Alcaloide contenuto nell'oppio.

lanùgine o (*raro*) **lanùggine** [vc. dotta, lat. *lanūgine(m)*, da *lāna* 'lana'; av. 1320] s. f. **1** Peluria corta di lana o simile alla lana. **2** Peli morbidi e corti che cominciano ad apparire sulle guance e sul mento dei giovani: *del dilicato mento / la l. molle* (MARINO). **3** (*bot.*) Peluria che riveste organi vegetali diversi. || **lanuginétta**, dim.

lanuginóso [vc. dotta, lat. *lanuginōsu(m)*, da *lanūgo*, genit. *lanūginis* 'lanugine'; 1499] agg. ● Pieno di lanugine: *gote lanuginose.*

lanùto [dal lat. *lanātu(m)* 'lanato (da *lāna*)', con mutato suff.; av. 1311] **A** agg. **1** (*lett.*) Coperto di lana. SIN. Lanoso. **2** (*raro*) Che è simile alla lana nell'aspetto: *capelli lanuti.* **B** s. m. ● (*poet.*) Ovino, bestia lanuta.

†lànza ● V. *lancia* (*1*).

lanzàrda [1923] s. f. ● Lanzardo.

lanzàrdo o **lanciàrdo** [forma dial. di *lacerto*; 1936] s. m. ● (*zool.*) Tipo di scombro con macchie grigioverdastre lungo i fianchi (*Scomber japonicus colias*).

lanzichenécco o **†lanzighenétto**, **†lanzinécco** [ted. *Landsknecht* 'servo (*Knecht*) del paese (*Land*)'; 1521] s. m. (pl. *-chi*) **1** Soldato mercenario tedesco del periodo rinascimentale, componente di un corpo simile alle compagnie di ventura. **2** (*raro*) Giannizzero, cagnotto. **3** Zecchinetta.

lànzo [per *lanz(ichenecc)o*; 1529] s. m. ● Lanzichenecco | (*per anton.*) Lanzichenecco appartenente alla guardia del corpo dei duchi di Firenze | ***Loggia dei Lanzi***, la loggia in cui sostava il corpo di guardia dei lanzichenecchi in piazza della Signoria a Firenze | (*est.*) Sbirro, sgherro.

lào [n. locale] **A** s. m. e f. inv. **1** Appartenente a un gruppo etnico stanziato nella penisola indocinese. **2** Abitante, nativo del Laos. SIN. Laotiano. **B** s. m. solo sing. ● Lingua ufficiale del Laos, appartenente al gruppo thai. **C** agg. inv. **1** Relativo al popolo dei lao: *migrazioni lao.* **2** Che si riferisce alla lingua lao o è scritto in tale lingua: *letteratura lao.*

laónde [comp. di *là* e *onde*; sec. XII] cong. ● (*lett.*) Per la qual cosa, quindi (con valore concl.): *l. egli scampa dalle forche* (BOCCACCIO) | Anche scherz.: *l. per cui vi saluto.*

laotiàno o (*raro*) **laoziàno** [1933] **A** agg. ● Del Laos: *popolo l.* **B** s. m. (f. *-a*) ● Abitante, nativo del Laos.

lapàco [vc. proveniente dall'America meridionale] s. m. (pl. *-chi*) ● Denominazione di alcuni alberi della famiglia delle Bignoniacee dell'America meridionale, i quali forniscono un legno duro e pesante.

lapalissiàno [dal n. del capitano fr. J. de *La Palisse* (1470-1525) celebrato nei versi involontariamente ovvi: *Monsieur de La Palisse est mort, est mort devant Pavie. Un quart d'heure avant sa mort, il était encore en vie.* 'Monsieur de La Palisse è morto, è morto di fronte a Pavia. Un quarto d'ora prima di morire, era ancora in vita'; 1914] agg. ● Che è ovvio, chiaro, inequivocabile: *verità lapalissiana.* || **lapalissianaménte**, avv.

laparatomìa e *deriv.* ● V. *laparotomia* e *deriv.*

làparo- [dal gr. *lapára* 'fianco', 'addome', di etim. incerta] primo elemento ● In parole composte della terminologia medica chirurgica, significa 'ventre', 'addome', 'addominale': *laparoscopia, laparotomia.*

laparocèle [comp. di *laparo-* e *-cele*; 1834] s. m. ● (*med.*) Erniazione del contenuto peritoneale attraverso la parete dell'addome.

laparoscopìa [comp. di *laparo-* e *-scopia*] s. f. ● (*med.*) Celioscopia.

laparoscòpico agg. (pl. m. *-ci*) ● (*med.*) Di, relativo a, laparoscopia.

laparoscòpio s. m. ● (*med.*) Celioscopio.

laparotomìa o **laparatomìa** [comp. di *laparo-* e

-tomia; 1875] **s. f.** ● (*chir.*) Incisione chirurgica della parete addominale con apertura della cavità peritoneale.

laparotòmico o **laparatòmico** [1919] **agg.** (**pl. m.** *-ci*) ● (*med.*) Che concerne la laparotomia.

lapàzio [vc. dotta, lat. *lapăthiu(m)*, dim. di *lăpathum*, dal gr. *lápazon*, di orig. sconosciuta; av. 1320] **s. m.** ● (*bot.*) Romice.

lapàzza ● V. *lampazza*.

lap dance /lap'denz, *ingl.* læp'dæns/ [loc. dell'ingl. d'America, propr. 'ballo (*dance*), che si muove intorno (dal v. *to lap*)'; 1995] **loc. sost. f. inv.** (**pl. ingl.** *lap dances*) ● Tipo di danza erotica eseguita da ballerine seminude a contatto con il pubblico o intorno a una pertica.

lapicida [vc. dotta, lat. *lapicīda(m)*, per *lapi(di)cīda(m)*, comp. di *lăpis*, genit. *lăpidis* 'pietra', di etim. incerta, e *-cida*; 1925] **s. m.** (**pl.** *-i*) ● In epoca romana e medievale, artigiano esperto nella lavorazione della pietra e del marmo | Incisore di iscrizioni su pietra o marmo.

†**làpida** [da *lapide*] **s. f.** ● (*tosc.*) Pietra che serve come coperchio di pozzetti di fogne, cisterne, pozzi.

lapidaménto **s. m.** ● (*raro*) Lapidazione.

lapidàre [vc. dotta, lat. *lapidāre*, da *lăpis*, genit. *lăpidis*, 'pietra', di etim. incerta; sec. XIII] **v. tr.** (*io làpido*) **1** Lanciare ripetutamente contro qlcu. pietre, sassi e sim. fino a ucciderlo. **2** (*fig.*) Inveire contro qlcu. con rimproveri e aspre critiche: *l. gli avversari politici*. **3** (*tecnol.*) Molare, faccettare, pulire metalli, pietre preziose e sim. **SIN.** Lappare.

lapidària [vc. dotta, lat. *lapidăria(m)* 'appartenente alla pietra (*lăpis*, genit. *lăpidis*)'; av. 1683] **s. f.** **1** Arte della lavorazione del marmo e dell'incisione delle iscrizioni | Epigrafia. **2** Arte di molare, faccettare, pulire le pietre preziose.

lapidàrio [vc. dotta, lat. *lapidăriu(m)*, da *lăpis*, genit. *lăpidis* 'pietra, lapide'; av. 1337] **A** **agg.** **1** Delle iscrizioni su lapide: *arte lapidaria* | ***Carattere l.***, ispirato a quello delle iscrizioni monumentali dell'antica Roma. **2** (*fig.*) Incisivo e sentenzioso: *stile l.* ‖ **lapidariamènte**, **avv.** **B** **s. m.** **1** (**f.** *-a*) Operaio che incide marmi, lapidi | Scalpellino. **2** (**f.** *-a*) Artefice che lavora e faccetta diamanti e altre gemme. **3** Museo che raccoglie iscrizioni, lapidi e sim. **4** Libro medievale che tratta di pietre preziose e delle loro virtù soprannaturali.

lapidatóre [vc. dotta, lat. *lapidatōre(m)*, da *lapidătus* 'lapidato'; av. 1342] **agg.**; anche **s. m.** (**f.** *-trice*) ● Che (o Chi) lapida (*anche fig.*).

lapidatrice [vc. dotta, lat. tardo *lapidatrīce(m)*, da *lapidātus* 'lapidato'; 1957] **s. f.** ● Lappatrice.

lapidatùra [1957] **s. f.** ● Lappatura.

lapidazióne [vc. dotta, lat. *lapidatiōne(m)*, da *lapidātus* 'lapidato'; av. 1406] **s. f.** ● Uccisione di qlcu. o esecuzione di un condannato mediante lancio di pietre: *la l. delle adultere*; *la l. di Santo Stefano*.

làpide [vc. dotta, lat. *lăpide(m)*, di etim. incerta; sec. XIII] **s. f.** **1** Pietra sepolcrale, lastra di marmo, di piombo o di altro materiale posta su un sepolcro, a volte con iscrizione. **2** Tavola di marmo o altro materiale con un'epigrafe commemorativa, posta su un pubblico edificio, un monumento, o la facciata di una casa: *lo feci sotterrare ..., di poi gli feci fare una bellissima l. di marmo* (CELLINI). **3** †Pietra preziosa. ‖ **lapidètta**, **dim.** | **lapidìna**, **dim.** | **lapidóna**, **accr.**

lapidellatóre **s. m.** (**f.** *-trice*) ● (*tecnol.*) Operaio o tecnico esperto nell'uso del lapidello.

lapidèllo [da *lapide* nel senso orig. di 'pietra (da levigare)'; 1957] **s. m.** ● (*tecnol.*) Rettificatrice piana.

lapideo [vc. dotta, lat. *lapĭdeu(m)*, da *lăpis*, genit. *lăpidis* 'lapide'; 1351] **A** **agg.** **1** (*lett.*) Di pietra: *sepolcro l.*; *in un'arca lapidea il fé riporre* (BOCCACCIO). **2** (*est.*) Che ha le caratteristiche della pietra: *materiali lapidei*. **3** Relativo alla lavorazione della pietra: *crisi del settore l.* **B** **s. m.** (**f.** *-a*) ● Operaio addetto alla lavorazione della pietra.

lapidescènte [vc. dotta, lat. *lapidescĕnte(m)*, part. pres. del v. *lapidēscere* 'pietrificare', da *lăpide(m)* 'pietra'; 1499] **agg.** **1** Detto di sostanza che produce un'azione incrostante o pietrificante: *una soluzione calcarea l.* **2** Che subisce pietrificazione: *sostanza organica l.*

lapidicolo [vc. dotta, comp. del lat. *lăpis*, genit. *lăpidis* 'pietra' e *-colo*] **agg.** ● (*biol.*) Detto di organismo che vive tra le rocce, sui sassi e sim.

lapidificàre [dal lat. *lăpide(m)* 'pietra' e *-ficare*; 1869] **A** **v. tr.** (*io lapidìfico, tu lapidìfichi*) ● Rendere di pietra o simile alla pietra. **B** **v. intr. pron.** ● Acquisire le caratteristiche della pietra. **SIN.** Pietrificarsi.

†**lapidóso** [vc. dotta, lat. *lapidōsu(m)*, da *lăpis*, genit. *lăpidis* 'pietra, lapide'; 1499] **agg.** ● Sassoso, pietroso.

†**lapillàre** (**1**) [da *lapillo*; av. 1673] **A** **v. tr.** ● Ridurre in lapilli. **B** **v. intr.** e **intr. pron.** ● Prendere la forma di un lapillo | Cristallizzarsi.

lapillàre (**2**) [da *lapillo* con suff. agg.; av. 1758] **agg.** **1** Che ha la forma di un lapillo. **2** Relativo ai lapilli.

lapillo [vc. dotta, lat. *lapĭllu(m)*, dim. di *lăpis*, genit. *lăpidis* 'pietra'; 1321] **s. m.** **1** Cristallo, pezzetto di roccia o altro elemento piroclastico solido, lanciato da un condotto vulcanico. **2** †Pietruzza. **3** †Pietra preziosa.

lapin /fr. la'pẽ/ [vc. fr., da una base preromana **lapparo-* 'coniglio'; 1905] **s. m. inv.** ● Pelliccia di coniglio.

làpis [vc. dotta, lat. *lăpis* (sottinteso *haematītes*, nom.) 'pietra (color di sangue, dal gr. *hâima*, genit. *háimatos*)'; av. 1519] **s. m. inv.** ● Matita: *un l. nero, rosso, turchino*. ‖ **lapissàccio**, **pegg.** | **lapissino**, **dim.**

lapişlàzzuli o **lapişlàzoli**, **lapişlàzuli**, **lapişlàzzoli**, **lapişlàzzoli**, **lapişlàzzuli**, **lapişlàzzulo**, **lapişlàzzulo** ['pietra (lat. *lăpis*) azzurra (persiano *lăžuvardī*)'; sec. XIV] **s. m. inv.** ● (*miner.*) Roccia costituita in prevalenza di lazurite azzurra, pirite gialla e calcite bianca | Pietra semi-preziosa di colore azzurro intenso, usata per intagli, ornamenti, anelli e collane.

làppa [vc. dotta, lat. *lăppa(m)* 'lappola', vc. pop. di etim. incerta; sec. XV] **s. f.** ● (*bot.*) Nome generico di alcune piante che hanno frutti o brattee delle infruttescenze provviste di uncini con cui aderiscono al vello degli animali venendo così dispersi. **SIN.** Lappola.

lappàre (**1**) [lat. pop. **lappāre*, di orig. imit. (**lapp-*); 1598] **v. tr.** e **intr.** (**aus.** *avere*) ● Bere come fanno i cani, succhiando rumorosamente l'acqua con la lingua.

lappàre (**2**) [dall'ingl. *to lap* 'levigare'; 1987] **v. tr.** ● Sottoporre a lappatura.

lappàta [da *lappare* (*1*); av. 1890] **s. f.** ● Bevuta rumorosa tipica dei cani.

lappatóre [1957] **s. m.** (**f.** *-trice*) ● Operaio specializzato nella lappatura.

lappatrice [da *lappare* (*2*); 1973] **s. f.** ● Macchina utensile che serve a eseguire la lappatura. **SIN.** Lapidatrice.

lappatùra [dall'ingl. *lapping* 'smerigliatura', dal v. *to lap*, propr. 'lambire', da una base, ampiamente diffusa, di orig. imit.; 1957] **s. f.** ● Operazione di finitura di superfici per ridurne la scabrosità mediante strisciamento, a bassa velocità, con superfici metalliche analoghe a quella in lavorazione cosparse di fine polvere abrasiva. **SIN.** Lapidatura | Nella tecnologia elettronica, operazione di rettifica eseguita per ottenere una superficie levigata su laminette di materiali semiconduttori o per la regolazione finale dello spessore dei cristalli di quarzo.

làppe [vc. onomat.; 1481] **inter.** **1** (*spec. iter.*) Riproduce il rumore che si fa con la lingua bevendo o leccando rumorosamente come fanno i cani | Riproduce anche il rumore che si fa con la lingua per il desiderio di un cibo gustoso e stuzzicante | ***Far lappe lappe***, avere l'acquolina in bocca. **2** †***Fare lappe, lappe***, (*fig.*) tremare di paura (in riferimento all'apertura delle natiche).

làppola (**1**) [vc. dotta, lat. *lăppula(m)*, dim. di *lăppa* 'lappa'; av. 1294] **s. f.** **1** (*bot.*) Lappa (*Xanthium strumarium*). **SIN.** (*pop.*) Strappalana. **2** (*raro, fig.*) Persona importuna e appiccicaticcia. **3** †Cosa da nulla.

làppola (**2**) [dim. dissimilato di *nappa* nel senso di 'ciuffo di peli'; av. 1406] **s. f.** ● (*raro*) Palpebra.

lappoleggiàre [da *lappola* (*2*); 1868] **v. intr.** (*io lappoléggio*; **aus.** *avere*) ● (*tosc.*) Battere le palpebre: *Mi... mi scusi, – balbettò indignatissimo, lappoleggiando, il signor Martino* (PIRANDELLO).

làppone o **lappóne** [av. 1557] **A** **agg.** ● Della Lapponia e dei suoi abitanti: *usi lapponi*; *lingua l.* **B** **s. m. e f.** ● Abitante, nativo della Lapponia. **C** **s. m.** solo **sing.** ● Lingua del gruppo ugro-finnico, parlata dai Lapponi.

làpsus [vc. lat., propr. part. pass. di *lābi* 'scivolare', di etim. incerta; 1932] **s. m. inv.** (**pl. lat. inv.**) **1** Distrazione, errore involontario nel parlare o nello scrivere. **2** (*psicoan.*) ***L. freudiano***, quello, dovuto a intenzioni inconsce, che esprime tendenze opposte a quanto si sarebbe dovuto scrivere o dire.

làpsus càlami [espressione lat., propr. 'scivolamento (V. *lapsus*) della penna (*călami*, genit. di *călamus*, propr. 'cannuccia (per scrivere)', di orig. gr.)'; 1895] **loc. sost. m. inv.** (**pl. lat. inv.**) ● Errore involontario nello scrivere.

làpsus lìnguae /*lat.* 'lapsus 'liŋgwe/ [espressione lat., propr. 'scivolamento (V. *lapsus*) della lingua (*līnguae*, genit. di *līngua*)'; 1905] **loc. sost. m. inv.** (**pl. lat. inv.**) ● Errore involontario nel parlare.

laptop /*ingl.* 'læp,tɒp/ [vc. ingl., propr. 'in cima (*top*) al grembo (*lap*)'; 1986] **s. m. inv.** ● (*elab.*) Personal computer portatile, alimentato a batteria, di dimensioni e peso contenuti.

laqueàre [vc. dotta, lat. *laqueār* (nt.), secondo un'immagine di discussa interpretazione: per la somiglianza col nodo di un laccio (*lăqueus*) (?); av. 1342] **s. m.** ● (*lett.*) Lacunare.

laqueàrio [vc. dotta, lat. *laqueāriu(m)*, da *lăqueus* 'laccio', di provenienza straniera ed orig. incerta; 1934] **s. m.** ● Gladiatore che si serviva di una specie di laccio, invece della rete, per prendere l'avversario. **SIN.** Laqueatore.

†**laqueàto** [vc. dotta, lat. *laqueātu(m)*, part. pass. di *laqueāre* 'prendere al laccio (*lăqueus*)': V. *laqueare*; 1619] **agg.** ● Ornato di lacunari.

laqueatóre [vc. dotta, lat. *laqueatōre(m)*, da *laqueātus* 'laqueato'] **s. m.** ● Laqueario.

larà o **larì** [vc. onomat.; av. 1566] **inter.** ● Si usa, più volte iter., canticchiando sopra pensiero | Esprime anche ostentata indifferenza verso qlco. o qlcu.: *larà, larà, larì larà, lallera!* | V. anche *lallarallà, lallera, trallallera, trallallà*.

laràrio [vc. dotta, lat. *Larāriu(m)*, da *Lāres*, di orig. etrusca (?); 1587] **s. m.** ● Nella casa degli antichi Romani, altare, edicola o parte destinati al culto dei Lari.

lardàceo [1834] **agg.** ● Simile al lardo.

†**lardaiuòlo** **s. m.** ● Pizzicagnolo.

lardàre [da *lardo*; sec. XIV] **v. tr.** **1** (*raro*) Lardellare. **2** (*mar.*; *disus.*) ***L. la vela***, ungere un telo con stoppa, sego o catrame e stenderlo su una falla per chiuderla | Ingrassare, rinforzare: *l. le corde*.

lardatóio [av. 1859] **s. m.** ● Strumento per lardellare.

lardatùra [sec. XIV] **s. f.** ● Il lardare | Lardellatura.

lardellàre [da *lardello*; sec. XIV] **v. tr.** (*io lardèllo*) **1** Condire con lardelli, introdurre pezzetti di lardo nei tagli fatti alle carni da cuocere. **2** (*fig., scherz.*) Riempire, infiorare: *l. un discorso di citazioni*. **3** †Ungere, impomatare.

lardellatùra [1869] **s. f.** ● Operazione del lardellare | Insieme dei pezzetti di lardo con cui si lardella qlco.

lardèllo [da *lardo* col suff. dim. per designarne una piccola parte; sec. XIV] **s. m.** ● Pezzetto di lardo.

làrdo [lat. *lăr(i)du(m)*, di etim. incerta; av. 1350] **s. m.** **1** Grasso sottocutaneo del dorso del maiale, conservato salato o affumicato | (*fig., disus.*) ***Nuotare nel l.***, vivere nell'abbondanza | ***Essere una palla di l.***, (*fig.*) di persona o animale eccessivamente grasso. **2** (*tosc.*) Strutto. ‖ **PROV.** Tanto va la gatta al lardo che ci lascia lo zampino.

lardóso [av. 1597] **agg.** ● Che ha molto lardo | (*fig.*) Di persona eccessivamente grassa.

làre [vc. dotta, lat. *Lāres*, di orig. etrusca (?); av. 1566] **s. m.** ● (*spec. al pl.*) Presso gli antichi Romani, anime di antenati che, divinizzate, proteggevano la casa e il focolare domestico | ***Tornare ai patrii lari, ai propri lari***, (*fig., scherz.*) in patria o a casa propria.

larènzia [dal n. lat. della Terra Madre (Acca) *Larēntia*, di probabile orig. etrusca; 1891] **s. f.** ● Farfalla diurna dalle ali variegate bianche e nere, frequente nei boschi di betulle (*Larentia hastata*).

largàre [da *largo*; av. 1374] **A** **v. tr.** (*io làrgo, tu làrghi*) ● †Allentare, lasciare | †Sciogliere dal freno: *l. il falcone, i levrieri*. **B** **v. intr.** (**aus.** *avere*) e **intr. pron.** ● (*mar.*) Allontanarsi da una banchina, da un battello, dalla costa e sim.: *largarsi da terra*.

largatìra [comp. di (*al*)*larga*(*re*) 'molla(re)' e *tira*(*re*); 1607] **s. f.** ● (*mar.*; *raro*) Maniera di vogare molto comoda, indugiando, a intervalli.

large /lardʒ, *ingl.* lɑːdʒ/ [vc. ingl., propr. 'largo, grande, ampio'; 1989] **agg. inv.** ● Detto di capo di abbigliamento di taglia grande. **SIMB.** L.

largheggiaménto [av. 1642] **s. m.** ● (*raro*) Il largheggiare | Generosità, liberalità.

largheggiàre [da *largo*, nel sign. di 'liberale, generoso'; 1438] **v. intr.** (*io larghéggio*; aus. *avere*) (assol.; + *di*; + *in*; + *con*) ● Essere generoso e liberale nel dare, nel promettere, nel concedere: *l. di parole, di promesse*; *l. in spiegazioni, in mance, in cortesia*; *avrebbe poi largheggiato con la Chiesa* (DE ROBERTO).

largheggiatóre [1618] **agg.**; anche **s. m.** (f. *-trice*) ● (*raro*) Che (o Chi) largheggia.

larghétto [1826] **A s. m.** *1* Dim. di *largo*. *2* (*mus.*) Indicazione di movimento meno lento e solenne del largo. **B** anche **agg.**: *tempo l.*

♦**larghézza** [da *largo*; sec. XIII] **s. f.** *1* (*mat.*) Misura dei corpi in ampiezza, in prospetto, di traverso, contrapposta alla lunghezza e alla profondità o altezza. *2* Correntemente, ampiezza: *un fiume, una strada di notevole l.* | ***La l. della tavola***, l'estensione del lato minore | ***La l. di un foro, di un vaso***, il loro diametro | ***La l. del torace***, la sua circonferenza | ***L. maggiore***, della nave misurata al baglio maestro. *3* (*fig.*) Mancanza di rigidità, di severità e sim.: *interpretare con l. una norma*; *giudicare con l.* | ***L. di vedute, di idee***, apertura mentale. *4* (*fig.*) Generosità, liberalità: *donare con l.* | Atto generoso: *tutte quelle larghezze sono eccessive per lui.* *5* Abbondanza, dovizia: *con l. di particolari.* *6* (*raro*, *lett.*) Licenza, facoltà.

†**larghità** ● V. †*largità*.

largiménto [vc. dotta, lat. *largimĕntu*(*m*), da *largīri* 'largire'; sec. XIV] **s. m.** ● (*raro*) Largizione.

largìre [vc. dotta, lat. *largīri*, da *lărgus* 'largo, liberale'; 1294] **v. tr.** (*io largisco, tu largisci*) *1* (*lett.*) Concedere con generosa liberalità: *l. favori, benefici, grazie.* *2* †Lasciare libero.

†**largità** o †**larghità**, †**largitàde**, †**largitàte** [vc. dotta, lat. *largitāte*(*m*), da *lărgus* 'largo'; sec. XIV] **s. f.** ● Generosità, larghezza, magnificenza.

largitóre [vc. dotta, lat. *largitōre*(*m*), da *largītus*, part. pass. di *largīri* 'largire'; 1336 ca.] **agg.**; anche **s. m.** (f. *-trice*) ● (*lett.*) Che (o Chi) largisce.

largizióne [vc. dotta, lat. *largitiōne*(*m*), da *largītus*, part. pass. di *largīri* (V. *largire*); av. 1332] **s. f.** ● (*lett.*) Il largire | Ciò che si largisce.

♦**làrgo** [vc. dotta, lat. *lărgus*, di etim. incerta; av. 1294] **A agg.** (pl. m. *-ghi*) *1* Che ha una determinata larghezza: *un fiume l. cento metri* | Che si estende soprattutto in larghezza: *la strada in quel punto è molto larga* | (*est.*) Capace: *vaso l.* | Ampio: *larghi gesti* | Di misura abbondante: *abito l.*; *scarpe larghe* | ***Essere di manica larga***, (*fig.*) essere indulgente | ***Stare l.***, comodo | ***Colonne, alberi larghi***, distanti uno dall'altro | ***A gambe larghe***, divaricate | ***A larghi tratti***, (*fig.*) trascurando i particolari | ***Su larga scala***, (*fig.*) in proporzioni notevoli | ***Avere le spalle larghe***, (*fig.*) essere capace di sopportare avversità, responsabilità e sim. | ***Il mondo è l.***, c'è posto per tutti | (*ellitt.*) ***Alla larga***, lontano, via: *stare alla larga da qlcu.* | ***Prendere qlco. alla larga, prenderla larga***, girandoci attorno, arrivando indirettamente a ciò che si vuole. **CONTR.** Stretto. *2* (*fig.*) Aperto: *vocale larga*; *pronuncia larga.* **CONTR.** Chiuso, stretto. *3* (*fig.*) Non ristretto, non limitato al significato letterale delle parole: *interpretazione larga.* *4* (*fig.*) Abbondante, copioso: *avere una larga parte di utili* | ***Dispendio, guadagno l.***, grande | Consistente: *vincere con l. margine* | ***In larga misura***, in misura notevole: *una tecnologia in larga misura sorpassata.* *5* (+ *di*; + *con*) (*fig.*) Liberale, generoso: *Questo Federigo fu l. e … gentile* (VILLANI); *eri più l. di baci che di parole* (D'ANNUNZIO); *esser l. coi poveri, coi parenti.* *6* (*fig.*) Aperto, libero da preconcetti: *idee larghe*; *persona di larghe vedute.* **CONTR.** Gretto, meschino. *7* (*anat.*) ***Legamento l.***, formazione nastriforme costituita da una piega del peritoneo che tiene in sede l'utero. || **largaménte**, **avv.** Ampiamente, senza risparmio: *provvedere largamente ai bisogni della famiglia*; diffusamente: *ne abbiamo largamente discusso*; *un farmaco largamente usato*; in grande misura: *un autore largamente noto.* **B avv.** *1* Nelle loc. *girare l.*, †*volgere*, *giuocare l.*, tenersi lontano: *gira l.!*; *gira l. da quell'imbroglione.* *2* †Diffusamente: *e se io ne parlo alquanto l.* (BOCCACCIO). *3* †Liberamente, senza riguardi: *molto l. abbiamo delle nostre mogli parlato* (BOCCACCIO). **C** in funzione di **inter.** ● Si usa come intimazione a lasciare libero il passo, a sgombrare (*anche fig.*): *fate l.!*; *l.!*; *l. ai giovani!* **D s. m.** *1* Larghezza | Spazio esteso | Nella loc. avv. ***in lungo e in l.***, in ogni direzione, dappertutto | ***Fare l.***, aprire un passaggio, un varco tra la folla | ***Farsi l.***, aprirsi la strada; (*fig.*) fare carriera. *2* Mare aperto, lontano dalle coste: *farsi portare al l. dalla corrente* | ***Prendere il l.***, allontanarsi dalle coste; (*fig.*) andarsene | ***Tenersi al l.***, (*fig.*) evitare qlco. o qlcu. *3* Piccola piazza posta all'incrocio tra più vie: *troviamoci in Largo Goldoni.* *4* (*mus.*) Indicazione di movimento più lento dell'adagio e con carattere di solennità. *5* (*sport*) In equitazione, ostacolo composto da due piani verticali aventi tra loro una distanza uguale o superiore all'altezza dell'elemento più alto. || **larghétto**, dim. (V.) | **largòccio**, accr.

†**largoveggènte** [comp. di *largo* nel senso di 'lontano' e *veggente*; av. 1729] **agg.** ● Che vede nel futuro. **SIN.** Lungimirante.

†**largùme** **s. m.** ● Spazio largo.

largùra [av. 1347] **s. f.** ● (*raro*, *lett.*) Spazio di terreno ampio ed esteso.

larì ● V. *larà*.

lariàno [dal n. lat. del lago di Como, *Lārius* 'Lario'; 1911] **agg.** ● Del, relativo al, lago di Como e al territorio circostante.

làrice [vc. dotta, lat. *lărice*(*m*), di etim. incerta; av. 1320] **s. m.** ● Conifera che cresce sui monti fino a 2000 metri, con foglie caduche aghiformi riunite in fascetti, legno resistente e di lunga durata, molto usato per costruzioni (*Larix europaea*). ➡ **ILL. piante**/1.

laricéto [1957] **s. m.** ● Bosco di larici.

Larifórmi [vc. dotta, comp. di *laro* e il pl. di *-forme*; 1969] **s. m. pl.** (sing. *-e*) ● Nella tassonomia animale, ordine di Uccelli acquatici, tuffatori, dalle ali lunghe, piedi palmati e becco compresso (*Lariformes*).

laringàle [1957] **agg.** *1* (*anat.*) Della, relativo alla, laringe. **SIN.** Laringeo. *2* (*ling.*) Detto di suono prodotto dalla vibrazione delle corde vocali sotto la pressione dell'aria proveniente dai polmoni.

laringe [gr. *lárynx*, genit. *láryngos* 'fauci, laringe, esofago', di etim. incerta, ma con facile adattamento a *phárinx* 'faringe'; av. 1642] **s. f.** o (*raro*, *med.*) **m.** ● (*anat.*) Primo tratto dell'apparato respiratorio situato nel collo al di sopra della trachea, che ha funzione vocale e di transito dell'aria verso i polmoni. ➡ **ILL.** p. 2125, 2127 ANATOMIA UMANA.

laringectomìa [comp. di *laringe* e di un deriv. del gr. *ektomḗ* 'incisione'; 1912] **s. f.** ● (*chir.*) Intervento chirurgico per l'asportazione parziale o totale della laringe.

laringectomizzàre [da *laringectomia*] **v. tr.** ● (*chir.*) Sottoporre qlcu. a laringectomia.

laringectomizzàto [1978] **A part. pass.** di *laringectomizzare*; anche **agg.** ● Nei sign. del v. **B s. m.** (f. *-a*) ● Chi ha subìto l'asportazione chirurgica della laringe.

laringèo o (*raro*) **laringeo** [da *laringe*; 1875] **agg.** ● (*anat.*) Della laringe, relativo alla laringe: *nervo l.*

laringìsmo [comp. di *laring*(*e*) e *-ismo*] **s. m.** ● (*med.*) Spasmo dei muscoli laringei.

laringite [comp. di *laringe* e *-ite* (*1*); 1828] **s. f.** ● (*med.*) Infiammazione della laringe.

laringo- [dal gr. *lárynx*, genit. *láryngos* 'laringe', di etim. incerta] primo elemento ● In parole composte, spec. della terminologia medica, significa 'laringe': *laringoiatra.*

laringofaringite [comp. di *laringo-* e *faringite*] **s. f.** ● (*med.*) Processo infiammatorio che coinvolge sia la laringe che la faringe.

laringòfono [comp. di *laringo-* e *-fono*; 1937] **s. m.** *1* Microfono speciale posto a contatto della gola in modo da trasmettere le sole vibrazioni della voce eliminando i rumori ambientali. *2* (*med.*) Apparecchio elettronico che applicato alla regione anterolaterale del collo consente ai soggetti laringectomizzati di amplificare i suoni modulati nella parte di laringe residua. ➡ **ILL. medicina e chirurgia.**

laringografìa [comp. di *laringo-* e *-grafia*] **s. f.** ● (*med.*) Studio radiologico della laringe.

laringogràfico **agg.** (pl. m. *-ci*) ● Attinente alla laringografia.

laringoiàtra [comp. di *laringo-* e del gr. *iatrós* 'medico'; 1891] **s. m. e f.** (pl. m. *-i*) ● Medico esperto di malattie della laringe.

laringoiatrìa [1882] **s. f.** ● Branca della medicina che si occupa delle malattie della laringe.

laringoiàtrico **agg.** (pl. m. *-ci*) ● Attinente alla laringoiatria.

laringologìa [comp. di *laringo-* e *-logia*] **s. f.** ● (*med.*) Studio della laringe nei suoi aspetti normali e patologici.

laringològico **agg.** (pl. m. *-ci*) ● Attinente alla laringologia.

laringòlogo [comp. di *laringo-* e *-logo*; 1905] **s. m.** (f. *-a*; pl. m. *-gi*) ● Medico che studia le malattie della laringe.

laringopatìa [comp. di *laringo-* e *-patia*] **s. f.** ● Ogni affezione della laringe.

laringoplegìa [comp. di *laringo-* e *-plegia*] **s. f.** ● (*med.*) Paralisi unilaterale o bilaterale, completa o incompleta dei muscoli laringei.

laringoscopìa [comp. di *laringo-* e *-scopia*; 1865] **s. f.** ● (*med.*) Esame ottico della laringe.

laringoscòpico **agg.** (pl. m. *-ci*) ● Che concerne la laringoscopia.

laringoscòpio [comp. di *laringo-* e *-scopio*; 1905] **s. m.** ● (*med.*) Strumento che permette la visione diretta della laringe.

laringospàsmo [comp. di *laringo-* e *spasmo*] **s. m.** ● (*med.*) Spasmo delle corde vocali con impedimento al transito dell'aria.

laringostenòsi [comp. di *laringo-* e *stenosi*] **s. f. inv.** ● (*med.*) Restringimento dell'apertura laringea.

laringostenòtico **agg.** (pl. m. *-ci*) ● Che concerne la laringostenosi.

laringotomìa [comp. di *laringo-* e *-tomia*; 1733] **s. f.** ● (*chir.*) Incisione della parete laringea.

laringòtomo **s. m.** ● (*chir.*) Strumento per la laringotomia.

laringotracheite [comp. di *laringo-* e *tracheite*; 1952] **s. f.** ● (*med.*) Infiammazione della laringe e della trachea | (*veter.*) ***L. infettiva dei volatili***, malattia dei gallinacei causata da un ultravirus.

laringotracheotomìa [comp. di *laringo-* e *tracheotomia*] **s. f.** ● (*chir.*) Intervento chirurgico eseguito mediante incisione verticale della cricoide e dei primi anelli cartilaginei della trachea.

làro [vc. dotta, lat. tardo *lăru*(*m*), dal gr. *láros*, di orig. onomat.; sec. XIV] **s. m.** ● (*raro*, *lett.*) Gabbiano.

làrva [vc. dotta, lat. *lărva*(*m*): apparentato con *Lăres* 'lari', di orig. etrusca (?); 1319] **s. f.** *1* Presso gli antichi Romani, spettro o fantasma di persona morta, talvolta malefico. *2* (*est.*, *lett.*) Spettro, ombra, fantasma: *corrusche / d'armi ferree vedea larve guerriere / cercar la pugna* (FOSCOLO) | Apparenza vana: *una l. di gloria.* *3* (*poet.*) †Maschera: *come gente stata sotto larve, / che pare altro che prima* (DANTE *Par.* XXX, 91-92). *4* (*fig.*) Persona emaciata, sparuta, malridotta: *è ormai la l. di sé stesso* | (*est.*, *fig.*) Simbolo di inettitudine, inefficienza e sim.: *una l. di governo.* *5* (*zool.*) Stadio giovanile degli animali soggetti a metamorfosi gener. di aspetto completamente diverso dall'adulto: *il bruco è la l. dei Lepidotteri* | ***L. esacanta***, larva provvista di tre paia di uncini che si sviluppa dalla massa interna dell'uovo delle tenie. **SIN.** Oncosfera.

larvàle [vc. dotta, lat. tardo *larvāle*(*m*), da *lărva* 'larva'; 1884] **agg.** ● Di larva | ***Stadio l.***, (*zool.*) quello della larva; (*fig.*) stadio iniziale, non definitivo, di qlco.: *un progetto ancora allo stadio l.*

larvàre [lat. tardo *larvāre* 'stregare', da *lărva* 'larva'; av. 1502] **v. tr.** ● (*raro*, *lett.*) Mascherare (*spec. fig.*).

larvàto [1499] **part. pass.** di *larvare*; anche **agg.** ● (*lett.*, *raro*) Mascherato | (*fig.*) Che si presenta sotto altre apparenze, che non è completamente manifesto: *larve minacce*; *forma larvata di malattia.* || **larvataménte**, **avv.**

larvicìda [comp. di *larva* e *-cida*; 1957] **A s. m.** (pl. *-i*) ● Sostanza in grado di distruggere le larve degli insetti. **B** anche **agg.**: *prodotto l.*

larvìcola [comp. di *larva* e *-cola*] **s. m.** (pl. *-i*) ● Parassita di larve.

larvifórme [comp. di *larva* e *-forme*; 1957] **agg.** ● Che ha forma di larva.

larviparìsmo [da *larviparo*] **s. m.** ● (*zool.*) Particolare riproduzione per ovoviviparismo, caratterizzata dalla deposizione di prole in forma larvale.

larviparità [da *larviparo*] s. f. ● (*zool.*) Condizione di un organismo larviparo.

larviparo [comp. di *larva* (*larvi-* nella composizione scient.) e del lat. *-parus*, tratto da *pàrere* 'partorire'] **A** s. m. ● (*zool.*) Organismo animale che si riproduce per larviparismo. **B** anche agg.: *animale l.*

larvivoro [comp. di *larva* e *-voro*] agg. ● Detto di animale che si ciba prevalentemente di larve di insetti: *la gambusia è un pesce l.*

laṣàgna [lat. parl. **lasània*, da *làsanu(m)* 'pentola, recipiente da cucina', dal gr. *lásanon* (più frequente al pl.), di etim. incerta; av. 1306] s. f. **1** (*spec. al pl.*; *cuc.*) Pasta all'uovo a strisce larghe, che si mangia asciutta | *Lasagne al forno*, lessate e disposte a strati, condite con ragù e besciamella e gratinate al forno | *Lasagne verdi*, in cui alla pasta sono mescolati spinaci lessati e tritati. **2** †Strato di cera che riveste internamente le forme di gesso per gettare in bronzo. ‖ **laṣagnétta**, dim. | **laṣagnóne**, accr. m. (V.) | **laṣagnòtto**, accr. m.

laṣagnòlo [av. 1755] s. m. ● (*region.*) Mattarello per spianare le lasagne.

laṣagnóne [1566] s. m. (f. *-a*) ● (*scherz.*) Persona grossa, goffa e sciocca. SIN. Bietolone.

làsca [longb. **aska* 'temolo', prob. '(di colore) cenere'; 1319] s. f. **1** Pesce dei Ciprinidi con muso prominente caratteristico, che vive nei fiumi dell'Italia settentrionale e centrale (*Chondrostoma genei*). **2** (*pop.*) Pesce | *Essere sano come una l.*, essere in perfetta salute. ‖ **laschétta**, dim.

lascàre [lat. **lascāre*, da *laxicāre*, da *lāxus* 'lasco'; 1715] v. tr. (*io làsco, tu làschi*) **1** (*mar.*) Allentare una cima di manovra, spec. la scotta di una vela. CONTR. Cazzare. **2** Lasciare la briglia sul collo al cavallo.

†**lasciaménto** [lat. *laxamĕntu(m)*, da *lāxus* 'allentato'; av. 1347] s. m. ● Lascito.

†**lasciamistàre** [da dividere: *lasciami stare*; 1534] s. m. e f. inv. ● (*fam., scherz.*) Chi sente svogliatezza o desiderio di quiete.

lasciapassàre [comp. di *lascia(re)* e *passare*; 1825] s. m. inv. **1** Permesso scritto che consente di passare liberamente dove normalmente non è consentito. SIN. Salvacondotto. **2** (*dir.*) *L. doganale*, documento che deve accompagnare le merci al passaggio da una dogana all'altra dello stesso Stato. CFR. Pass, passi.

†**lasciapodére** [comp. di *lascia(re)* e *podere*] s. m. ● Solo nella loc. *fare a l.*, non curare più le cose quando si sta per lasciarne l'uso.

♦**lasciàre** [lat. *lascāre*, da *laxicāre*, da *lāxus* 'allentato'; av. 1250] **A** v. tr. (*io làscio*; fut. *io lascerò*) **1** Cessare di tenere, di stringere: *l. il volante, le briglie, una fune.* SIN. Mollare. **2** Andarsene da un luogo, temporaneamente o definitivamente: *l. il paese, la casa, la scuola*; *lasciarono la città in preda alle fiamme* | *L. il mondo*, morire; (*fig.*) ritirarsi a vita religiosa | Separarsi da qlcu., cessare di avere rapporti: *l. il marito, la moglie, il fidanzato* | *L. la tonaca*, abbandonare l'abito talare | *L. qlcu. in asso*, piantarlo in asso | (*est.*) Perdere: *l. la vita* | *L., lasciarci la pelle*, morire | *Lasciarci una gamba, un braccio*, perderli in guerra, in un incidente e sim. **3** Disporre, assegnare per testamento: *l. qlcu. erede universale*; *ha lasciato tutti i suoi libri a una biblioteca pubblica* | *L. detto, scritto*, dare disposizioni orali o scritte. **4** Far rimanere qlco. o qlcu. in un certo stato o condizione, intenzionalmente, per noncuranza o per forza maggiore: *l. una casa in abbandono*; *l'ho lasciato in buona compagnia*; *lascialo in pace*; *mi ha lasciato nei guai*; *mi hanno lasciato di guardia, di vedetta*; *ho lasciato la porta aperta*; *l. qlco. a bagno* | *L. in dubbio, in forse*, non convincere | *L. in bianco*, non scrivere in tutto o in parte | *L. libero qlcu.*, scioglierlo da un impegno e sim. | *L. libero un luogo*, non occuparlo più | (*est.*) Far rimanere: *l. il segno, l'impronta*; *morendo ha lasciato una famiglia numerosa*; *l. opere, istituzioni benefiche.* **5** Non prendere qlco. con sé, volontariamente o per dimenticanza: *l. la valigia in treno, gli occhiali a casa*; *ho lasciato le chiavi dal portiere* | (*fig.*) *L. la lingua a casa*, tacere | *L. qlco. indietro*, (*fig.*) trascurarla | *L. qlco. da parte*, (*fig.*) non considerarla | *Lasciamo perdere, lasciamo là*, (*fig.*) non parliamone più. **6** Omettere, deporre, rinunciare: *l. l'ira* | *Lasciamo gli scherzi!*, basta con gli scherzi! | *L. un pensiero*, toglierlo dalla propria mente | *L. un luogo a destra, a sinistra*, o *sulla destra, sulla sinistra*, tagliarlo fuori dal proprio percorso o itinerario o costeggiarlo | *L. gli scrupoli*, metterli da parte | *L. il certo per l'incerto*, rinunciare a cose sicure per altre aleatorie | (*O*) *prendere o lasciare*, V. *prendere*, sign. A I 3. **7** In alcuni giochi a carte, astenersi dal prendere o dal continuare il gioco. **8** Dare, concedere, cedere: *l. facoltà, licenza*; *gli ha lasciato la villa per una somma irrisoria.* **9** (+ inf.; + *che* seguito da congv.) Permettere, consentire, concedere: *l. vedere, dire, fare*; *lascia che veda, che dica, che faccia*; *lasciarsi vincere, sedurre, ingannare, persuadere*; *lasciarsi trasportare, prendere dall'ira*; *si lasciava cullare nei suoi pensieri da quella strana musica* (SVEVO) | (*fig.*) *L. dormire una pratica*, insabbiarla | (*fig., fam.*) *L. friggere qlcu.* o *qlco. nel proprio olio*, *l. bollire qlcu.* o *qlco. nel suo brodo*, non intervenire | *L. riposare un liquido*, non agitarlo, né mescolarlo | *L. andare, correre, perdere*, non curarsi, non preoccuparsi, di qlco. | *L. che le cose vadano come vogliono*, non opporsi o comunque non intervenire | *L. credere qlco.*, permettere che si creda | *L. intendere, capire qlco.*, far capire | *Non l. vivere*, (*fig.*) importunare | *L. andare qlcu.*, mandarlo libero | *Lasciarsi andare a qlco.*, farsi prendere, abbandonarsi: *lasciarsi andare ai ricordi* | *Lasciarsi andare*, trascurarsi, abbattersi, scoraggiarsi: *non lasciarti andare così!* | *L. andare un filo, un cavo*, allentarlo | *L. andare un ceffone, un pugno*, darlo | *L. stare qlcu.*, smettere di molestarlo, importunarlo e sim. | *L. stare qlco.*, ometterla o tacerla | *L. stare*, desistere | *Lasciamo stare!*, non parliamone più | *L. a desiderare*, si dice di cosa imperfetta, suscettibile di ulteriori miglioramenti o di persona che presenta difetti, manchevolezze e sim. **10** (+ *di* seguito da inf.) (*spec. lett.*) Smettere, cessare: *l. di suonare, di ridere, di frequentare qlcu.*; *non l. mai di brontolare.* **11** (*assol.*) Ritirarsi da un incarico, da una competizione e sim.: *dopo le accese polemiche, l'ispettore capo lascia.* **B** v. rifl. rec. ● Separarsi: *si sono lasciati dopo molti anni di matrimonio.*

lasciàta [av. 1311] s. f. **1** †Atto del lasciare qlco. **2** (*est.*) Cosa che si lascia. ‖ PROV. Ogni lasciata è persa.

lasciàto [1319] **A** part. pass. di *lasciare*; anche agg. ● Nei sign. del v. **B** s. m. ● Cosa lasciata.

lasciatùra [1853] s. f. **1** (*raro*) Nella composizione tipografica, omissione. **2** (*raro*) Margine interno di una cucitura, che normalmente si lascia libero.

†**lascìbile** [av. 1348] agg. ● Lascivo, dissoluto.

†**làscio** (**1**) [per *lasci(at)o*; av. 1348] s. m. ● Lascito, testamento.

†**làscio** (**2**) [ant. fr. *laisse*, da *laisser* 'lasciar (andare)'; av. 1494] s. m. ● Guinzaglio.

†**lascità** [dal fr. *lâcheté*, da *lâche*, da *lâcher*, dal lat. *lascicāre*, iter. di *laxāre* 'lassare (2)'; sec. XIV] s. f. ● Fiacchezza d'animo.

làscito [da *lasciato*, sull'es. di *battito, gettito*, e sim.; av. 1311] s. m. ● (*dir.*) Legato: *ricevere, accettare un l.*

†**lascivànza** [av. 1306] s. f. ● Lascivia.

†**lascivézza** [1513] s. f. ● Lascivia.

lascìvia [vc. dotta, lat. *lascīvia(m)*, da *lascīvus* 'lascivo'; 1336 ca.] s. f. **1** Sensualità licenziosa e dissoluta: *reprimere la l.*; *agire spinto dalla l.* | Atto sfrenato e licenzioso. SIN. Licenziosità. **2** (*spec. al pl., fig., lett.*) Affettazioni, leziosaggini.

†**lasciviàre** [da *lascivia*] v. intr. ● Lascivire.

†**lascìvio** ● V. *lascivo.*

†**lascivióṣo** [vc. dotta, lat. *lasciviōsu(m)*, da *lascīvus* 'lascivo'; sec. XIV] agg. ● Lascivo, licenzioso, intemperante. ‖ †**lascivioṣaménte**, avv. In modo lascivo, impudico.

†**lascivìre** [vc. dotta, lat. *lascivīre*, da *lascīvus* 'lascivo'; av. 1375] v. intr. ● Comportarsi in modo lascivo e dissoluto.

lascività [vc. dotta, lat. tardo *lascivitāte(m)*, da *lascīvus* 'lascivo'; sec. XIII] s. f. ● (*raro*) Lascivia.

lascìvo o †**lascìvio** [vc. dotta, lat. *lascīvu(m)* 'scherzoso, lascivo, affettato', termine pop. di etim. incerta; av. 1306] agg. **1** Impudico, dissoluto, licenzioso: *gesto, sguardo l.*; *discorsi lascivi*; *i poeti bugiardi e lascivi si devono estinguere* (CAMPANELLA). **2** †Irrequieto, vivace. ‖ **lascivétto**, dim. ‖ **lascivaménte**, avv.

làsco [lat. **lăscu(m)* 'allentato, sciolto, rilassato', da *lāxus*, di orig. indeur.; 1584] **A** agg. (pl. m. *-schi*) **1** (*mecc.*) Detto di collegamento meccanico quando vi è gioco fra i due elementi. **2** (*mar.*) Non tesato | (*est.*) Allentato. **3** †Lento, pigro: *Chi nasce contorto e l., tale rimane* (LEVI). **4** †Rado: *tela lasca.* **B** s. m. **1** (*mar.*) Andatura a vela in cui il vento soffia da 100° a 160° rispetto alla prua: *andare al l.* | *Gran l.*, andatura compresa tra il lasco e l'andatura in poppa piena. ➡ ILL. p. 2155 SPORT. **2** (*lett.*) Terreno ricoperto di arbusti.

làṣer [sigla ingl. tratta dalle iniziali di *L(ight) A(mplification by) S(timulated) E(mission of) R(adiation)* 'amplificazione della luce mediante emissione stimolata di radiazioni'; 1962] **A** s. m. inv. **1** (*fis.*) Dispositivo che permette di ottenere fasci molto concentrati di luce, generando radiazioni elettromagnetiche di uguale frequenza e in fase fra loro; è applicato in vari campi scientifici e tecnologici ed anche in medicina per interventi di grande precisione su bersagli molto piccoli. **2** (*mar.*) Deriva leggera monoposto armata con sola randa. **B** anche in funzione di agg. inv.: *raggio l.* **C** s. f. inv. ● Stampante laser.

laṣerchirurgìa [comp. di *laser* e *chirurgia*; 1985] s. f. ● (*chir.*) Tecnica chirurgica che utilizza come un bisturi il raggio laser, incidendo i tessuti e coagulandone nel contempo il sangue.

laṣerfòto [comp. di *laser* e *foto*; 1980] s. f. ● Fotografia trasmessa mediante apparecchiature a raggi laser | La tecnica relativa.

laṣerista [da *laser*, col suff. di professione *-ista*; 1985] **A** s. m. e f. (pl. m. *-i*) ● Tecnico esperto nell'installazione, l'uso e la manutenzione di apparecchi laser. **B** anche agg.: *tecnico l.*

laṣerpìzio [lat. *laserpīciu(m)*, comp. di *lāc* 'latte' e *sĭrpĭcium*, agg. deriv. da *sīrpe*, corrispondente lat. etrusco del gr. *silphion* 'silfio'; 1476] s. m. ● Arbusto delle Ombrellifere con foglie pennate e fiori bianchi, usato nella medicina popolare (*Laserpitium pruthericum*).

laṣerterapìa [comp. di *laser* e *terapia*; 1984] s. f. ● (*med.*) Cura di malattie o malformazioni mediante l'impiego di raggi laser, spec. nel campo della microchirurgia.

làssa (**1**) [ant. fr. *laisse*, da *laisser* 'lasciare'; 1532] s. f. **1** †Guinzaglio, lasso. **2** Coppia o muta di cani tenuta in riserva.

làssa (**2**) [ant. fr. *laisse*, da *laiss(i)er* 'lasciar (andare il verso, il canto)'; 1883] s. f. ● (*letter.*) Ogni serie di versi, più o meno lunga, con una sola rima o assonanza, di cui si componevano poemi francesi e spagnoli del Medioevo.

†**lassàre** (**1**) [lat. *lassāre*, da *lāssus* 'lasso, stanco'; sec. XIII] v. tr. ● Stancare, infiacchire, ammollire.

†**lassàre** (**2**) [lat. *laxāre*, da *lāxus* 'allentato'] v. tr. ● Lasciare | Sguinzagliare il cane.

lassativo [lat. *laxatīvu(m)*, da *laxāre* 'lassare (2)'; sec. XIV] **A** agg. ● Detto di purgante ad azione blanda. **B** anche s. m.

†**lassazióne** [vc. dotta, lat. *laxatiōne(m)*, da *laxātus*, part. pass. di *laxāre* 'lassare (2)'; sec. XIV] s. f. ● Fiacchezza, rilassamento.

lassézza [1342] s. f. ● (*lett.*) Stanchezza.

lassiṣmo [dal lat. *lāxus* 'lento, rilassato' col suff. *-ismo*; 1834] s. m. **1** Nella storia della morale cattolica, corrente dottrinale e pratica che, spec. nel XVIII sec., modificava, in forme accomodanti e attenuate, il rigore dei precetti cristiani. **2** (*est.*) Atteggiamento improntato a eccessiva indulgenza nei confronti delle norme morali, o religiose, della disciplina e sim.

lassista [1834] **A** s. m. e f. (pl. m. *-i*) **1** Seguace delle dottrine del lassismo. **2** (*est.*) Persona il cui atteggiamento è improntato a lassismo. **B** anche agg.: *corrente l.*; *comportamento l.*

lassìstico agg. (pl. m. *-ci*) ● (*raro*) Relativo al lassismo e ai lassisti.

lassità [av. 1755] s. f. **1** †Rilassatezza, fiacchezza. **2** (*med.*) Rilassamento di un tessuto.

lassitùdine [vc. dotta, lat. *lassitūdine(m)*, da *lāssus* 'lasso (1)'; sec. XIV] s. f. ● (*lett.*) Stanchezza, debolezza | (*lett.*) Rilassamento: *Sollevò … la bestia morta, che aveva gli occhi velati da una l. acherontea* (GADDA).

làsso (**1**) [vc. dotta, lat. *lāssu(m)* 'stanco, affaticato, spossato', termine pop., di etim. incerta; av. 1250] agg. **1** (*lett.*) Stanco, affaticato: *già lassi* *erano entrambi* (TASSO). **2** (*poet.*) Misero, infelice: *L., ch'eo li fui dato!* (GUINIZZELLI) | ***Ahi, ohi l.!***, escl. che esprime pietà, dolore, rammarico e sim.

làsso (2) [vc. dotta, lat. *lăxu(m)*, di orig. espressiva; av. 1374] **agg. 1** (*spec. lett.*) Largo, rilassato, allentato. **2** (*fig., spec. lett.*) Che eccede in indulgenza e sim. **3** Che non presenta compattezza: *tessuti lassi* | ***Ramo l.***, che si piega facilmente | ***Infiorescenza lassa***, con fiori distanziati fra loro.

làsso (3) [lat. *lăpsu(m)*, dal part. pass. di *lābi* 'scivolare', di etim. incerta; 1771] **s. m.** ● Periodo: *lungo, breve, l. di tempo.*

làsso (4) [ingl. *lasso*, dallo sp. *lazo* 'laccio' (V.)] **s. m.** ● Laccio a nodo scorsoio usato per la cattura di animali selvatici o bradi. CFR. Lazo.

♦**lassù** o †**lassùso**, †**là su** [comp. di *là* e *su*; sec. XIII] **avv. 1** Là in alto, là verso l'alto (con v. di stato e di moto): *dobbiamo arrivare l.*; *abito l., all'ultimo piano*; *l. in cima* | ***Di l.***, da quel luogo in alto: *di l. si vede tutta la valle* | (*est.*) Indica un luogo posto a settentrione: *l., in Norvegia, vivono molto diversamente da noi.* CONTR. Laggiù. **2** In cielo, in Paradiso: *'Oh, caro padre ...! ci rivedremo? ...' 'Lassù, spero'* (MANZONI) | ***Di l.***, dal cielo: *Dio ci guarda di l.* CONTR. Quaggiù.

làsta [fr. *last(e)*, dall'ol. *last*, di area germ. col sign. fondamentale di 'caricare'; 1889] **s. f. 1** Unità di misura, di peso e di capacità, diversa a seconda dei Paesi, usata spec. per la portata delle navi nel Nord Europa. **2** (*mar.*) †Zavorra.

last but not least /last bat not list, *ingl.* læ:st bət'nɒt li:st/ [loc. ingl. shakespeariana, propr. 'per ultimo, ma non da meno'] **loc. avv.** ● Per ultimo, ma non di minore importanza: *bravi gli attori, ottima la regia, last but not least originale la scenografia.*

Làstex® [marchio registrato; 1950] **s. m. inv.** ● Fibra tessile elastica costituita da latice di gomma rivestito con un filato.

last minute /last'minət, *ingl.* 'læ:st,mɪnɪt/ [loc. ingl., propr. 'ultimo (*last*) momento (*minute*)'; 1994] **A loc. agg. inv.** ● Detto di biglietto o viaggio acquistato con forte sconto poco prima della partenza: *offerta last minute.* **B** anche **loc. sost. m. inv.**: *le occasioni del last minute.*

làstra (1) [etim. incerta; 1282] **s. f. 1** Corpo solido di poco spessore con le facce maggiori parallele e per lo più rettangolari: *l. di vetro, d'acciaio*; *l. di roccia*; *una strada selciata con lastre di pietra* | Tavola di marmo con o senza iscrizione; (*est., lett.*) lapide, pietra tombale: *lascia la taciturna folla di pietra / per le derelitte lastre* (MONTALE) | ***L. fotografica***, superficie di vetro sulla quale è stesa un'emulsione sensibile sciolta in una sostanza legante. **2** Sottile lamina di zinco, magnesio, plastica e sim. da cui si ricava una matrice di stampa | ***L. stereotipa***, stereotipia. **3** Correntemente, pellicola radiografica | (*fam.*) ***Farsi le lastre***, sottoporsi a un esame radiologico. **4** (*region.*) Vetro di finestra o porta. || **lastrétta**, **dim.** | **lastrettina**, **dim.** | **lastricciòla**, **lastricciuòla**, **dim.** | **lastricina**, **dim.** | **lastrina**, **dim.** | **lastrolina**, **dim.** | **lastróne**, **accr. m.** (V.) | **lastrùccia**, **dim.**

làstra (2) [sp. *lastre*, di orig. it., col senso di 'pietra da costruzione' (?); 1571] **s. f.** ● (*mar.*) Zavorra.

lastràia [da *lastra (1)*] **s. f.** ● (*region.*) Insieme di materiale incoerente, spec. a forma di lastra, che si accumula sui fianchi o ai piedi di una montagna in seguito a frane o a fenomeni di erosione.

lastràio [da *lastra (1)*; 1957] **s. m.** ● Lamierista.

lastràme [da *lastra (1)*] **s. m.** ● Prodotto della frammentazione grossolana di singole lastre di roccia lavorata (marmo, porfido, ecc.), usato spec. per pavimentare e rivestire.

lastràre (1) [da *lastra (1)*; 1292] **v. tr.** ● (*raro*) Spianare i lavori di smalto con una speciale pietra, prima di rimetterli al fuoco per lucidarli.

lastràre (2) [sp. *lastrar*, da *lastre* 'lastra (2)'; sec. XIV] **v. tr.** ● (*mar.*) Collocare le merci sulla nave | Zavorrare la nave.

lastratùra [da *lastra (1)*] **s. f.** ● (*tecnol.*) Applicazione del rivestimento di lamiera sulla scocca di un autoveicolo, mediante saldatura. SIN. Lastroferratura.

lastricàre [da *lastrico*; sec. XIII] **v. tr.** (*io làstrico, tu làstrichi*) ● Rivestire di lastre di pietra: *pietre che tendono al nero, e non servono agli architettori se non a l. tetti* (VASARI).

lastricàto [sec. XIII] **A part. pass.** di *lastricare*; anche **agg.** ● Nei sign. del v. **B s. m.** ● Tipo di pavimentazione stradale a lastre o masselli di pietra di forma regolare.

lastricatóre [av. 1555] **s. m.**; anche **agg.** (**f.** *-trice*) ● Chi (o Che) lastrica.

lastricatùra [av. 1580] **s. f.** ● Operazione del lastricare | Lastricato.

†**lastricazióne** **s. f.** ● Lastricatura.

làstrico [con agglutinazione dell'art. (*l'astrico*), dal lat. volg. *astracu(m)*, deriv. del pl. gr. *tà (ó)straka* 'i cocci'; av. 1435] **s. m.** (**pl.** *-chi* o *-ci*) **1** Copertura a lastre di una strada | (*est.*) Qualsiasi rivestimento stradale: *Egli guarda ... come mettono il l. nelle vie* (SLATAPER). **2** (*est.*) Strada | ***Abbandonare, gettare, ridurre, ridursi sul l.***, (*fig.*) nella più assoluta miseria | (*tosc.*) ***Battere il deretano sul l.***, fallire. **3** (*dir.*) ***L. solare***, tetto piatto e praticabile di un edificio.

lastroferratùra [comp. di *lastratura* e *ferratura*] **s. f.** ● (*tecnol.*) Lastratura.

lastróne [av. 1400] **s. m. 1** Accr. di *lastra (1)*. **2** (*est.*) †Tavola di pietra. **3** Pietra con cui un tempo si chiudeva l'imboccatura del forno. **4** Nell'alpinismo, piastra di roccia o di ghiaccio inclinata quasi priva di asperità.

†**là su** /las'su*/ ● V. *lassù.*

làta [sp. *lata*, della stessa orig. di *latta* 'palo largo'] **s. f.** ● (*mar.*) Baglietto.

latèbra o (*raro*) **làtebra** [vc. dotta, lat. *latĕbra(m)*, da *latēre* 'stare nascosto', di etim. incerta; 1321] **s. f.** ● (*lett.*) Nascondiglio | (*fig.*) Profondità segreta: *negli animi nostri son tante latebre, e tanti recessi* (CASTIGLIONE).

†**latebróso** [vc. dotta, lat. *latebrōsu(m)*, da *latĕbra* 'latebra'; 1485 ca.] **agg.** ● (*lett.*) Pieno di nascondigli: *nel l. bosco* (SANNAZARO).

latènte [vc. dotta, lat. *latĕnte(m)*, part. pres. di *latēre* 'essere nascosto', di etim. incerta; 1321] **agg.** ● Che esiste ma non si manifesta, che è o che rimane nascosto: *forze, energie latenti*; *rivolta, sommossa ancora l.*; *con latenti aguati / per tôrti il regno qualche inganno porta* (POLIZIANO) | (*med.*) ***Carattere l.***, ereditario, che ricompare in remoti discendenti | ***Infezione l.***, le cui cause sono presenti nell'organismo senza manifestazioni evidenti di malattia | (*fis.*) ***Calore l.***, quantità di calore che un sistema riceve o cede durante una transizione di fase senza variazione di temperatura del sistema: *calore l. di vaporizzazione.* || **latentemènte**, **avv.**

latènza [da *latente*; av. 1455] **s. f. 1** Condizione di ciò che è latente. **2** (*psicoan.*) ***Periodo di l.***, in psicoanalisi, periodo dai quattro o cinque anni ai dodici circa, durante il quale gli interessi sessuali sono sublimati.

lateràle [vc. dotta, lat. *laterāle(m)*, da *lătus*, genit. *lăteris*, di etim. incerta; av. 1306] **A agg. 1** Che è posto di fianco, ai lati: *porta, parete, ingresso l.* CFR. latero- | ***Vie laterali***, quelle che si diramano dalla principale | ***Decubito l.***, di persona o animale che dorme coricato su un fianco | (*sport*) ***Linee laterali***, nel calcio e nel tennis, quelle che delimitano il campo di gioco nel senso della lunghezza | ***Fallo l.***, quando la palla è uscita lateralmente dal terreno di gioco | ***Rimessa l.***, rilancio in gioco del pallone da una linea laterale. **2** (*fig., lett.*) Accessorio, secondario: *argomento, problema l.* **3** (*ling.*) Detto di consonante occlusiva per la cui articolazione il contatto fra la lingua e il palato avviene soltanto al centro del canale orale, mentre l'aria fuoriesce liberamente da un lato o da due lati (per es., *l, gl*). || **lateralménte**, **avv.** Di fianco, dai lati. **B s. m.** ● Nel calcio, mediano: *l. destro, sinistro.*

lateralità [fr. *latéralité*, da *latéral* 'laterale'; av. 1926] **s. f. 1** Caratteristica, posizione di ciò che è laterale. **2** (*fisiol.*) Uso preferenziale di un lato del corpo, spec. per compiere atti che richiedono l'uso di una sola mano, di un solo occhio o di un solo piede. CFR. Destrismo, mancinismo.

lateralizzazióne [ingl. *lateralization*, dal v. *to lateralize* 'dirigere o localizzare in una parte, un lato'] **s. f.** ● (*fisiol.*) Specializzazione degli emisferi cerebrali per cui ciascuno controlla funzioni diverse | ***L. del linguaggio***, prerogativa di un emisfero cerebrale, di norma il sinistro, di controllare la comunicazione orale e scritta.

lateranènse [1540] **agg.** ● Di, relativo a S. Giovanni in Laterano e ai palazzi annessi: *canonici lateranensi* | ***Accordi, patti lateranensi***, i tre accordi (trattato, concordato, convenzione finanziaria) dell'11 febbraio 1929 tra lo Stato italiano e la Chiesa cattolica.

latèrcolo [vc. dotta, lat. *latĕrculu(m)* 'mattoncino', dim. di *lătere(m)* 'mattone'; sec. XVIII] **s. m. 1** (*archeol.*) Piccolo mattone, spec. corredato di iscrizioni. **2** Antichissimo gioco enigmistico geometrico tuttora praticato, consistente in uno schema di parole bifronti composte da un uguale numero di lettere e leggibili compiutamente in ognuno dei quattro versi.

†**latére** o **làtere** [vc. dotta, lat. *latēre* 'restare nascosto', di etim. incerta; av. 1348] **v. intr.** ● (*raro*) Stare nascosto.

latere, a ● V. *a latere.*

†**laterina** ● V. *latrina.*

laterite [comp. del lat. *lăter*, genit. *lăteris* 'mattone' e di *-ite (2)*; 1855] **s. f.** ● (*geol.*) Terra rossastra argillosa, prodotta dall'alterazione di diversi allumininosilicati e costituita da idrossidi di ferro e di alluminio.

laterìzio [vc. dotta, lat. *laterĭciu(m)*, da *lăter*, genit. *lăteris* 'mattone', di etim. incerta; 1303] **A agg.** ● Che è fatto di terracotta o di mattoni: *opere, mura laterizie*; *arco, pavimento, materiale l.* | ***Industria laterizia***, che concerne la fabbricazione di mattoni, tegole, embrici e sim. **B s. m.** ● (*spec. al pl.*) Prodotto ceramico non refrattario, fabbricato per cottura di argilla impastata con acqua e impiegato nelle costruzioni edilizie.

laterizzazióne [1936] **s. f.** ● (*geol.*) Alterazione di terreni ricchi di silicati, in climi tropicali, con formazione di minerali di alluminio e di ferro.

làtero- [dal lat. *lătus*, genit. *lăteris* 'fianco', di etim. incerta] **primo elemento** ● In parole composte della terminologia medica, significa 'relativo al fianco', 'laterale': *lateroflessione.*

lateroaddominàle [comp. di *latero-* e *addominale*] **agg.** ● (*anat.*) Relativo all'uno o all'altro lato dell'addome.

laterocervicàle [comp. di *latero-* e *cervicale*] **agg.** ● (*anat.*) Relativo ad ambedue i lati della regione cervicale del tronco o di un organo dotato di una porzione definita collo, come nel caso dell'utero.

laterodorsàle [comp. di *latero-* e *dorsale*] **agg.** ● (*anat.*) Situato nella parte laterale del dorso.

lateroflessióne [comp. di *latero-* e *flessione*; 1957] **s. f.** ● (*med.*) Flessione laterale: *l. uterina.*

lateroventràle [comp. di *latero-* e *ventrale*] **agg.** ● (*anat.*) Relativo all'uno o all'altro lato della superficie ventrale del corpo.

lateroversióne [comp. di *latero-* e *versione*] **s. f.** ● (*med.*) Inclinazione laterale di un organo rispetto al suo asse normale: *l. dell'utero.*

†**latézza** [da *lato (2)*; av. 1306] **s. f.** ● Larghezza, latitudine.

†**latìbolo** [vc. dotta, lat. *latĭbulu(m)*, da *latēre* 'essere nascosto', di etim. incerta; av. 1342] **s. m.** ● Nascondiglio, tana, caverna.

làtice o **làttice** [vc. dotta, lat. *lătice(m)*, di etim. incerta; 1869] **s. m.** ● Liquido denso, vischioso, che stilla da incisioni di certe piante, costituito da un'emulsione di gomme, resine, cere e sim. | ***L. artificiale***, a base di materie plastiche di sintesi.

laticìfero o **latticìfero** [comp. di *latice* (o *lattice*) e *-fero*; 1869] **A agg.** ● (*bot.*) Detto di cellula o complesso di cellule contenenti latice. **B s. m.** ● (*bot.*) Ciascuno dei complessi di cellule contenenti latice che percorrono gli organi di varie piante ramificandosi.

laticlàvio [vc. dotta, lat. *laticlāviu(m)*, comp. di *lātus* 'largo' e *clāvus* 'nodo di porpora e, per estensione, striscia di porpora, che borda la toga', di etim. incerta; av. 1569] **s. m. 1** Larga striscia di stoffa colorata che faceva da bordo a un drappo | Larga striscia di porpora che ornava la tunica dei senatori romani e dei loro familiari | Veste bianca bordata da una larga striscia di porpora, tipica dei senatori romani. **2** (*est.*) Dignità e titolo di senatore | ***Concedere il l.***, nominare senatore.

latifióro [comp. del lat. *lātus* 'largo' e *flōs*, genit. *flōris* 'fiore'] **agg.** ● (*bot.*) Che ha fiori larghi.

latifòglio o **latifòlio** [vc. dotta, lat. *latifŏliu(m)*, comp. di *lātus* 'largo' e *fŏliu(m)* 'foglia, foglio'; 1476] **agg.** ● (*bot.*) Detto di albero o arbusto con foglie a lamina larga.

latifondiàrio **agg.** ● Relativo al latifondo.

latifondista [da *latifondo*; av. 1847] **s. m. e f.** (**pl.**

m. *-i*) ● Chi possiede uno o più latifondi | (*est.*) Ricco proprietario terriero.

latifondìstico [1956] agg. (pl. m. *-ci*) ● Che riguarda il latifondo o i latifondisti | Che ha le caratteristiche del latifondo: *territorio l.*

latifóndo [vc. dotta, lat. *latifŭndiu(m)*, comp. di *lātus* 'largo' e *fŭndus* 'podere, fondo'; sec. XIV] s. m. ● Grande proprietà terriera in cui è praticata spec. un'agricoltura estensiva.

latimèria [dal n. della naturalista ingl. M. E. D. Courtenay-*Latimer* che nel 1938 la scoprì e studiò; 1957] s. f. ● Pesce osseo, unico rappresentante attuale dei Crossopterigi dei Celacantiformi, ritenuti un tempo totalmente estinti; presenta caratteristiche pinne carnose (*Latimeria chalumnae*).

†**latinàggine** [av. 1742] s. f. ● (*scherz.*) Lingua latina.

†**latinàre** [vc. dotta, lat. *latināre* 'esprimere in latino, tradurre in latino (*Latīnus*)'; av. 1502] v. intr. ● Studiare, parlare o scrivere in latino.

latineggiànte [av. 1686] part. pres. di *latineggiare*; anche agg. ● Che ha forme o modi simili a quelli latini: *frase, periodo l.*

latineggiàre [comp. di *latin(o)* e *-eggiare*; 1560] v. intr. (*io latinéggio*; aus. *avere*) ● Fare uso nella propria lingua di costrutti sintattici o procedimenti stilistici propri della lingua latina.

latinènse o **latinése** A agg. ● Di Latina. B s. m. e f. ● Abitante, nativo di Latina.

†**latinìgeno** [comp. di *latino* e *-geno*; av. 1869] agg. ● Derivato dal latino.

latinìsmo [comp. di *latin(o)* e *-ismo*; av. 1612] s. m. ● Parola o locuzione propria del latino entrata in un'altra lingua.

latinista [1735] s. m. e f. (pl. m. *-i*) ● Studioso, esperto di lingua e letteratura latine.

latinità [vc. dotta, lat. *latinitāte(m)*, da *latīnus* 'latino'; av. 1498] s. f. *1* Caratteristica di ciò che è latino | (*est.*) Appartenenza alla cultura latina. *2* Tradizione culturale latina: *bassa, aurea l.* | Il complesso della lingua e della letteratura latina: *scrittore della tarda l.*

latinizzaménto [av. 1729] s. m. ● (*raro, lett.*) Latinizzazione.

latinizzàre [vc. dotta, lat. tardo *latinizāre* 'tradurre in latino', da *latīnus* 'latino'; av. 1600] A v. tr. *1* Rendere latino un popolo per lingua, leggi e consuetudini: *le legioni romane latinizzarono la Gallia e la Germania.* *2* Modificare una parola, dandole forma o terminazione latina: *gli umanisti latinizzavano il loro nome* | Tradurre in lingua latina. B v. intr. (aus. *avere*) ● (*raro*) Latineggiare. C v. intr. pron. ● Assumere modi, lingua e costumi latini.

†**latinizzatóre** [1639] s. m. (f. *-trice*) ● Chi traduce in lingua latina.

latinizzazióne [1885] s. f. ● Il latinizzare, il venire latinizzato | Forma latinizzata.

latin lover /latin'lɔver, *ingl.* 'lætɪn,lʌvəɹ/ [loc. ingl., propr. 'amante (*lover*, dal v. *to love* 'amare', di orig. germ.) latino (*latin*)'; 1963] loc. sost. m. inv. (pl. ingl. *latin lovers*) ● L'uomo dei Paesi latini che appare, o ritiene di apparire, dotato di particolare fascino agli occhi della donna straniera, spec. nordica.

♦**latino** [vc. dotta, lat. *Latīnu(m)*, da *Lătiu(m)*, di etim. incerta; av. 1294] A agg. *1* Relativo al Lazio antico: *popolo l.* | Relativo all'antica Roma: *lingua latina*; *civiltà latina*; *mondo l.* | (*est.*) Relativo ai popoli e alle civiltà neolatine: *spagnoli, francesi e italiani sono tutti latini*; *carattere, temperamento l.* | ***America Latina***, parte centrale e meridionale del continente americano, in quanto colonizzata da spagnoli e portoghesi, popoli neolatini | ***Quartiere L.***, quartiere parigino dove hanno sede gli istituti universitari e dove si raccolgono studenti e intellettuali | (*mar.*) ***Vela latina***, vela di taglio triangolare con il lato maggiore inferito a una antenna o a un cavo, originaria dell'oriente, ma diffusa nel Mediterraneo dopo l'XI sec. *2* (*relig.*) Cattolico romano: *Chiesa latina.* *3* †Italiano. *4* †Chiaro, intelligibile, facile: *sì che raffigurar m'è più l.* (DANTE *Par.* III, 63). *5* †Largo, agiato | †***L. di mano***, (*fig.*) manesco | †***L. di bocca***, loquace. ‖ **latinaménte**, avv. *1* In latino; alla latina. *2* †Agevolmente; †chiaramente. B s. m. *1* (f. *-a*) Abitante dell'antico Lazio o dell'antica Roma. *2* (*fig.*) †Linguaggio: *con aperto, chiaro l.* *3* †Discorso, racconto. C s. m. solo sing. ● Lingua del gruppo italico parlata dalle antiche popolazioni latine: *l. classico, imperiale, della decadenza, medievale* | (*est.*) Lingua e letteratura dell'antica Roma, intesa come materia d'insegnamento e di studio: *professore di l.*; *esame di l.*; *essere bocciato in l.* | (*fig.*) †***Dare altrui il l.***, fare il maestro. ‖ **latinàccio**, pegg. | **latinétto**, dim.

latino- primo elemento ● In parole composte, fa riferimento alla lingua o alla cultura latina o neolatina: *latino-barbaro, latino-americano.*

latino-americàno [comp. di *latino-* e *americano*; 1965] A agg. ● Dell'America Latina. B s. m. (f. *-a*) ● Abitante, nativo dell'America Latina.

latino-bàrbaro [comp. di *latino-* e *barbaro*; av. 1698] agg. (pl. m. *-i*) ● Detto di vocabolo del latino medievale non noto al latino classico.

latinòrum ['dei Latini', ma il valore della vc. sorge dallo sprezzo per la frequente desinenza del genit. pl.; 1827] s. m. inv. ● (*scherz.*) Lingua latina usata in modo volutamente pedantesco e incomprensibile: *"Si piglia gioco di me?" ... "Che vuol ch'io faccia del suo l.?"* (MANZONI).

latinùccio [da *latino* con suff. dim. spreg.; av. 1560] s. m. ● I primi esercizi di traduzione latina proposti agli scolari: *chi era destinato a far loro l'esequie, era ancora in seminario, a fare i latinucci* (MANZONI) | (*disus.*) ***Essere ai latinucci***, all'inizio dello studio del latino o (*est.*) di una scienza.

latìpede [vc. dotta, lat. *latĭpede(m)*, comp. di *lātus* 'largo' e *pēs*, genit. *pĕdis* 'piede'] agg. ● (*zool.*) Che ha piedi larghi.

latirìsmo [comp. di *latir(o)* e *-ismo*; 1929] s. m. ● (*med.*) Intossicazione da abuso di legumi del genere cicerchia, con disturbi alla motilità degli arti inferiori.

làtiro [vc. dotta, lat. *lāthyro(n)*, dal gr. *láthyros*, di etim. incerta; av. 1789] s. m. ● (*bot.*) Genere di Leguminose comprendente erbe annue o perenni con fusti gracili rampicanti e foglie composte paripennate, formate da poche foglioline, terminanti in un cirro (*Lathyrus*) | ***L. dei prati***, erba galletta.

latiròstro [comp. del lat. *lātus* 'largo' e di *rostro*; 1834] agg. ● (*zool.*) Che ha becco largo e piatto.

latitànte [vc. dotta, lat. *latitānte(m)*, part. pres. di *latitāre* 'latitare'; 1723] agg.; anche s. m. e f. *1* (*dir.*) Che (o Chi) volontariamente si sottrae alla custodia cautelare, agli arresti domiciliari, al divieto di espatrio, all'obbligo di dimora o a un ordine di carcerazione. *2* (*fig.*) Che non assolve i propri doveri, che manca di iniziativa: *il ministro è l.*

latitànza [da *latitante*; av. 1563] s. f. *1* (*dir.*) Stato, condizione di chi è latitante | ***Darsi alla l.***, (*est.*) alla clandestinità. *2* (*est., fig.*) Assenza, mancanza di iniziativa: *la l. del governo nella questione della sanità.*

latitàre [vc. dotta, lat. *latitāre*, freq. di *latēre* 'essere nascosto', di etim. incerta; 1340] v. intr. (*io làtito*; aus. *essere*) *1* (*raro, lett.*) Restare nascosto. *2* (*fig.*) Mancare di iniziativa, non assolvere i propri doveri.

latitudinàle [1952] agg. ● Relativo alla latitudine. ‖ **latitudinalmente**, avv.

latitudinàrio (1) agg. ● Latitudinale.

latitudinàrio (2) agg. e s. m. ● (*relig.*) Fautore, seguace del latitudinarismo.

latitudinarìsmo [ingl. *latitudinar(ian)ism*, dall'agg. e s. *latitudinarian*, tratto dal lat. *latitūdine(m)* 'larghezza, ampiezza di vedute' e, quindi, 'tolleranza'; 1728] s. m. ● (*relig.*) Tendenza antidogmatica e tollerante sorta all'interno della Chiesa anglicana nel sec. XVII, per reazione all'intransigenza puritana.

latitùdine [vc. dotta, lat. *latitūdine(m)*, da *lātus* 'largo'; 1282] s. f. *1* (*geogr.*) In un sistema di coordinate sferiche, distanza angolare di un luogo dall'equatore | (*astron.*) ***L. celeste***, una delle due coordinate del sistema di riferimento celeste, definita come distanza angolare di un punto del cielo dall'equatore celeste. SIN. Declinazione. CFR. Longitudine celeste | ***L. terrestre***, distanza angolare di un luogo dall'equatore terrestre, gener. misurata in gradi con valori tra 90° Sud e 90° Nord. CFR. Longitudine terrestre. *2* (*lett.*) Estensione in larghezza. *3* Regione, territorio in relazione alle caratteristiche climatiche dei Paesi che sono alla stessa distanza dall'equatore: *piante, animali che non sopravvivono alle nostre latitudini.*

♦**làto** (1) [vc. dotta, lat. *lătus*, termine it.-celt., di etim. incerta; 1193] s. m. (pl. *làti*, †*làtora*, f.) *1* (*mat.*) Segmento o retta che limita una figura geometrica piana | Segmento che congiunge due vertici consecutivi di un poligono. ➡ ILL. **geometria**. *2* (*est.*) Parte, banda: *il l. destro della strada, di una nave*; *da un l. mi fa rabbia, dall'altro mi fa pena* | ***D'altro l.***, d'altronde | ***A l.***, a fianco | ***Il l. di una medaglia, di una moneta***, la faccia | ***Mettere, mandare a l.***, nel linguaggio calcistico, inviare il pallone oltre una linea laterale | ***Dal l. di madre, di padre***, per parte materna, paterna | ***Dal mio l.***, per parte mia | ***Da un l. o da un altro***, da una parte o dall'altra | Verso, direzione: *mutare l.* *3* (*fig.*) Aspetto, punto di vista: *consideriamo la questione sotto, da tutti i lati*; *il l. politico del problema.* *4* †Fazione politica: *il l. guelfo e quello ghibellino.*

làto (2) [vc. dotta, lat. *lātu(m)*, di etim. incerta; av. 1292] agg. *1* (*lett.*) Largo, spazioso: *per le late campagne* (SANNAZARO). *2* (*fig.*) Ampio, esteso: *intendere una frase in senso l.* | ***Interpretazione lata***, estensiva. ‖ **lataménte**, avv. (*lett.*) In modo lato.

latomìa o **latòmia** [vc. dotta, gr. *latomía*, comp. di *lâas* 'pietra', di etim. incerta, e un deriv. di *témnein* 'tagliare'; av. 1604] s. f. ● (*archeol.*) Cava di pietra riutilizzata poi come prigione: *le latomie di Siracusa.*

latóre [vc. dotta, lat. *latōre(m)*, da *lātus*, part. pass. di orig. indeur. di *fĕrre* 'portare'; 1375 ca.] s. m. (f. *-trice*) ● Chi adempie all'incarico di portare o recapitare qlco. a qlcu.

-làtra [gr. *-látrēs*, in comp. collegati con *latréia* 'latria' (V.)] secondo elemento ● In parole composte, indica persona che pratica un determinato culto: *autolatra, idolatra.*

†**latraménto** [av. 1292] s. m. ● Il latrare.

latràre [vc. dotta, lat. *latrāre*, da un s. non attestato, di orig. indeur.; sec. XIII] v. intr. (aus. *avere*) *1* Abbaiare con forza e insistenza: *il cane latra per avvertire del pericolo.* *2* (*fig.*) Gridare forte | Sbraitare contro qlcu. o qlco.

latràto [vc. dotta, lat. *latrātu(m)*, da *latrāre* 'latrare'; 1353] s. m. ● L'abbaiare intenso e prolungato del cane: *suscitò un'altra volta ... i latrati del cane* (VERGA).

†**latratóre** [vc. dotta, lat. *latratōre(m)*, da *latrātus* 'latrato'; av. 1311] s. m. (f. *-trice*) ● Persona maldicente | Detrattore.

latrèutico [gr. *latreutikós*, da *latréuein* 'servire a pagamento (*látron*, di etim. incerta)'; av. 1855] agg. (pl. m. *-ci*) ● (*lett.*) Relativo a latria.

latrìa [vc. dotta, gr. *latréia*, da *latréuein* 'servire a pagamento (*látron*, di etim. incerta)'; 1321] s. f. ● Forma di culto esterno, in cui il fedele si comporta come servo del suo dio | Nella teologia cattolica, culto che va prestato soltanto a Dio.

-latria [gr. *-latr(e)ía*, da *latréia* 'culto, adorazione, latria (V.)'; av. 1321] secondo elemento ● In parole composte, significa 'culto', 'adorazione': *egolatria, idolatria, monolatria.*

-làtrico secondo elemento ● Forma aggettivi corrispondenti ai sostantivi in *-latra*: *idolatrico.*

Latrìdidi [dal gr. *lathrídios* 'nascosto', della stessa famiglia di *lanthánein* 'essere nascosto', di etim. incerta] s. m. pl. (sing. *-e*) ● Nella tassonomia animale, famiglia di piccolissimi Coleotteri le cui larve e gli adulti vivono nei detriti vegetali e animali (*Lathridiidae*).

latrìna o †**laterìna** [vc. dotta, lat. *latrīna(m)*, per *la(va)trīna(m)* 'stanza da bagno, latrina', da *lavāre*, di orig. indeur.; sec. XIV] s. f. ● (*disus.*) Locale fornito di impianti igienici, spec. a uso pubblico. SIN. Gabinetto, toilette | (*fig., spreg.*) Luogo lurido, sudicio.

†**làtro** ● V. *ladro.*

†**latrocinàre** [vc. dotta, lat. *latrocināri* 'esser soldato mercenario', poi 'darsi al brigantaggio', da *lātro* 'ladro'; av. 1504] v. intr. ● Rubare con violenza.

latrocìnio ● V. *ladrocinio.*

†**latròcino** [da *latrocinare*] agg. ● Brigantesco.

♦**làtta** (1) [dal sign. originario di *latta (2)* (?); 1333] s. f. *1* Sottile lamiera di ferro ricoperta sulle due facce da uno strato di stagno, usata per costruire recipienti di forma e impiego svariatissimi. *2* Recipiente di latta: *una l. di petrolio, di sardine.* ‖ **lattina**, dim. (V.) | **lattóne**, accr. m. (V.).

làtta (2) [lat. tardo *lăttam*, comune col celt. e germ., ma di orig. incerta; 1869] s. f. *1* (*mar.*) Baglietto. *2* (*tosc.*) Colpo dato sul cappello, dall'alto in basso.

lattagògo o **lactagògo** [da *latte*, sul modello di *galattagogo*; 1957] **s. m.**; anche **agg.** (**pl. m.** *-ghi*) ● (*med.*) Galattagogo.

lattàio (**1**) [vc. dotta, lat. *lactāriu(m)* 'che appartiene al latte (*lāc*, genit. *lāctis*, di etim. incerta)'; 1640] **A s. m.** (**f.** *-a*) ● Venditore di latte. **B agg.** ● †Che ha o produce molto latte.

†**lattàio** (**2**) [da *latta* (*1*); 1868] **s. m.** ● Chi fa o vende lavori in latta. **SIN.** Stagnino.

lattaiòlo [da *latte*; 1957] **A s. m.** *1* Dente da latte. *2* (*centr.*) Dolce simile a una crema, a base di latte, uova, zucchero e aromi. *3* (*bot.*) Lattario. **B** anche **agg.** nel sign. 1: *dente l.*

lattalbumina ● V. *lattoalbumina.*

lattàme [comp. di *latt(ico)* e *am(mid)e*] **s. m.** ● (*chim.*) Ammide ciclica.

lattammìde [comp. di *latt(ico)* e *ammide*] **s. f.** ● Ammide dell'acido lattico.

lattànte [vc. dotta, lat. *lactānte(m)*, part. pres. di *lactāre* 'lattare'; av. 1333] **A agg.** ● Di bambino o di piccolo mammifero che ancora prende il latte. **B s. m. e f.** ● Bambino nel primo anno di vita | (*scherz.*) Giovane inesperto o alle prime armi: *si dà arie da campione, ma è ancora un l.!*

†**lattànza** **s. f.** ● Tempo dell'allattamento.

†**lattàre** [vc. dotta, lat. *lactāre*, da *lāc*, genit. *lāctis* 'latte', di etim. incerta; av. 1306] **A v. tr.** ● Allattare (*anche assol.*): *allevano i figli ... per due anni lattando e più* (CAMPANELLA). **B v. intr.** ● Prendere il latte. **SIN.** Poppare.

lattarina [dal lat. *lactārius* 'relativo al latte', col suff. di prodotto chim. *-ina*, sul modello del corrispondente ingl. *lactarine*; 1970] **s. f.** ● Miscuglio gelatinoso di caseina secca, ammoniaca e cloruro ammonico, usato come adesivo.

lattarino ● V. *latterino.*

lattàrio [vc. dotta, lat. *lactāriu(m)*, da *lāc*, genit. *lāctis* 'latte', di etim. incerta; 1957] **s. m.** ● Fungo delle Agaricacee dei boschi di conifere, di colore arancio rossiccio, con cappello depresso al centro (*Lactarius deliciosus*). **SIN.** Lattaiolo.

lattàṣi [comp. di *latt(osio)* e *-asi*; 1931] **s. f. inv.** ● Enzima contenuto nel succo intestinale, che scinde il lattosio in glucosio e galattosio.

†**lattàta** [per il colore di *latte*; av. 1698] **s. f.** ● Bibita preparata stemperando in acqua mandorle o altri semi pesti di orzo, melone, zucca o cocomero. **SIN.** Semata, orzata nel sign. 2.

lattàto (**1**) [vc. dotta, lat. *lactātu(m)*, part. pass. di *lactāre* 'lattare'; av. 1292] **agg.** *1* Bianco come il latte: *bianco l.*; *marmo l.* | *Fiore l.*, fiore d'arancio. *2* †Che contiene o è fatto con latte | ***Uova lattate***, sbattute e mischiate con latte caldo | ***Minestra lattata***, zuppa con brodetto di uova e latte.

lattàto (**2**) [comp. di *latt(e)* e *-ato* (*2*); 1834] **s. m.** ● (*chim.*) Sale o estere dell'acido lattico.

†**lattatrice** [da *lattare*; sec. XIV] **s. f.** ● Allattatrice, balia.

lattazióne [vc. dotta, lat. *lactatiōne(m)*, da *lactātus* 'lattato'; 1955] **s. f.** *1* (*biol.*) Processo di secrezione del latte dalla mammella dopo il parto. *2* (*zoot.*) Produzione di latte di una mucca in un anno.

♦**làtte** [lat. *lācte(m)*, di etim. incerta; 1305] **A s. m.** *1* Liquido bianco e dolce, secreto dalle ghiandole mammarie dei Mammiferi, impiegato come sostanza alimentare. **CFR.** galatto- | ***Fratello di l.***, chi ha avuto la stessa balia di un'altra persona, rispetto a questa | ***Figlio di l.***, chi è stato allattato da una balia, rispetto a questa | ***Di l.***, di animale non ancora svezzato: *maialino di l.* | ***Levare, togliere il l.***, divezzare | ***Denti di l.***, i primi che spuntano ai bambini | ***Avere il l. alla bocca***, (*fig.*) essere ancora nella prima infanzia | ***Sapere, puzzare di l.***, si dice di ragazzi che vogliono fare cose più grandi di loro | ***Succhiare qlco. col l.***, (*fig.*) si dice di principi, insegnamenti e sim. appresi fin dalla prima infanzia | (*fig.*) ***Essere un l.***, di cosa molto tenera o molto bianca | (*fig.*) ***Far venire il l. alle ginocchia***, annoiare, seccare oltre misura | ***Il l. dei vecchi***, (*scherz.*) il vino. *2* Alimento costituito da latte animale munto: *l. di mucca, di bufala, di capra, di pecora, d'asina; centrale del l.* | (*per anton.*) Latte di mucca | ***L. crudo***, appena munto | ***L. pastorizzato***, liberato dai germi patogeni mediante pastorizzazione, conservabile solo per alcuni giorni | ***L. sterilizzato a lunga conservazione***, sottoposto a trattamento termico per distruggerne tutti i microrganismi presenti e garantirne la conservabilità per almeno 4 mesi a temperatura ambiente | ***L. omogeneizzato***, avente i globuli grassi sminuzzati | ***L. umanizzato***, latte di mucca o altro animale trattato in modo da avvicinarlo alla composizione e ai caratteri di quello di donna | ***L. magro, scremato***, privato in tutto o in parte del grasso o della panna | ***L. centrifugato***, che è stato sottoposto a centrifugazione | ***L. uperizzato***, che è stato sottoposto a uperizzazione | ***L. concentrato, evaporato, condensato***, di cui è stato ridotto parzialmente il contenuto d'acqua | ***L. secco, in polvere***, di cui è stato eliminato totalmente il contenuto d'acqua. *3* Alimento a base di latte, contenente latte | ***L. alla crema, alla portoghese, brulé***, crème caramel | ***L. e miele***, V. *lattemiele* | ***L. di gallina***, tuorlo d'uovo stemperato in latte o acqua zuccherata, con aggiunta di cognac o rum | ***Fiore del l.***, la panna del latte | ***Fior di l.***, V. *fiordilatte*. *4* Liquido bianco come il latte: *l. di calce, di magnesia* | ***L. di cocco***, bevanda lattiginosa estratta dalla polpa delle noci di cocco | ***L. di mandorle***, bevanda lattiginosa estratta dalle mandorle dolci | ***L. verginale*** o ***di bellezza***, cosmetico di resine aromatiche sciolte in acqua di rose o latte di mandorle | ***L. detergente***, cosmetico lattiginoso usato per pulire a fondo la pelle. *5* (*bot.*) Succo, latice | ***Albero del l.***, nome popolare attribuito a varie piante, dotate di vasi laticiferi. *6* (*bot.*) ***L. di gallina***, liliacea con cipolla biancastra circondata da cipolline più piccole e fiori a stella di color bianco latte (*Ornithogalum umbellatum*). *7* (*zool.*) ***L. di pesce***, liquido seminale dei pesci | ***Aringhe di l.***, maschi delle aringhe. **B** in funzione di **agg. inv.** ● (posposto al s.) Nella loc. ***bianco l.***, di colore bianco come il latte. ‖ **latticèllo**, **dim.** (V.).

làtte e mièle ● V. *lattemiele.*

latteggiàre [comp. di *latt(e)* e *-eggiare*; 1921] **v. intr.** (*io lattéggio*; aus. *avere*) ● Emettere succhi o umori lattiginosi.

lattemièle o †**lattemèle**, **làtte e mièle**, **lattemmièle** [comp. di *latte* e *miele*; av. 1574] **A s. m. inv.** *1* (*region.*) Panna montata. *2* (*fig., est.*) Situazione, cosa oltremodo piacevole | ***Al l.***, senza vigore, stucchevole: *una conclusione al l.* **B agg. inv.** ● (*fig., est.*) Benevolo, conciliante, bendisposto: *mi sento l. stamattina* (FOGAZZARO) | Oltremodo gentile, affabile, premuroso, sino a dar l'idea dello stucchevole o della simulazione: *essere l.*

làtteo [vc. dotta, lat. *lācteu(m)*, da *lāc*, genit. *lāctis* 'latte'; av. 1375] **agg.** *1* Di latte, a base di latte: *dieta lattea* | ***Farina lattea***®, V. *farina*. *2* (*med.*) ***Febbre lattea***, che compare durante la montata lattea | ***Crosta lattea***, eczema squamoso che colpisce la cute della testa dei lattanti. **SIN.** Lattime | ***Montata lattea***, lattogenesi. *3* Che è simile al latte: *liquido, colore l.* | (*astron.*) ***Via Lattea***, fascia biancastra che si staglia sulla sfera celeste, formata da una enorme quantità di stelle che giacciono su un ramo della galassia spirale cui appartiene il sistema solare.

latterìa [1663] **s. f.** *1* Negozio dove si vendono il latte e i suoi derivati. *2* Stabilimento di lavorazione del latte per la produzione di burro, formaggio e altri latticini | ***L. sociale***, associazione fra produttori di latte | ***Formaggio (di) l.***, formaggio fresco a pasta morbida, di latte vaccino, tipico delle regioni venete. *3* Locale per il deposito del latte da trasformare in burro o in formaggio. ➡ **ILL.** p. 2113 AGRICOLTURA.

latterino o (*rom.*) **lattarino** [forma pop. di *aterina* con sovrapposizione di *latte*; sec. XIV] **s. m.** *1* Piccolo pesce molto simile all'acciuga ma meno pregiato, che vive in branchi nei mari italiani (*Atherina mochon*). *2* (*spec. al pl.*) Minutaglia di pesciolini molto giovani. **SIN.** Bianchetto.

lattescènte [vc. dotta, lat. *lactescĕnte(m)*, part. pres. di *lactēscere*, incoativo di *lactēre*, da *lāc*, genit. *lāctis* 'latte'; 1828] **agg.** ● Di aspetto simile al latte.

lattescènza [1936] **s. f.** ● Caratteristica, aspetto di ciò che è lattescente.

làttice e *deriv.* ● V. *latice* e *deriv.*

latticèllo [propr. dim. di *latte*; 1911] **s. m.** ● Liquido che rimane nella zangola dopo la sbattitura e l'estrazione della crema di un latte inacidito.

latticemia [comp. di (*acido*) *lattic(o)* e di un deriv. del gr. *háima* 'sangue'; 1952] **s. f.** ● (*med.*) Aumento dell'acido lattico nel sangue.

latticìfero ● V. *laticifero.*

latticìnio o (*improprio ma più comune*) **latticìno** [vc. dotta, lat. *lacticīniu(m)*, da *lāc*, genit. *lāctis* 'latte'; sec. XIV] **s. m.** spec. al **pl.** ● Ogni prodotto alimentare derivato dalla lavorazione del latte, come burro, panna, ricotta, yogurt, formaggi spec. freschi e non fermentati: *negozio di latticini*; *una dieta a base di latticini.*

latticino (**1**) ● V. *latticinio.*

latticìno (**2**) [per l'abbondanza di *latice*] **s. m.** ● (*bot.*) Scorzonera.

†**latticinóṣo** ● V. *lattiginoso.*

làttico [comp. di *latt(e)* e *-ico*; 1795] **agg.** (**pl. m.** *-ci*) *1* Di, relativo al latte: *fermento l.* *2* (*chim.*) ***Acido l.***, ossiacido monobasico usato come acidulante, mordente, depilante e caustico | Che produce acido lattico: *fermentazione lattica.*

làttide [comp. di *latt(e)* e *-ide*] **s. m.** ● (*chim.*) Composto ciclico ottenuto dall'acido lattico che, per riscaldamento, si scinde in acetaldeide e ossido di carbonio.

lattièra [da *latte*; 1850] **s. f.** *1* Recipiente per servire a tavola il latte caldo. *2* Recipiente per il latte appena munto.

lattièro [da *latte*; 1950] **agg.** ● Che concerne la produzione, la lavorazione o il commercio del latte: *mercato l.*

lattìfero [vc. dotta, lat. *lactĭferu(m)*, comp. di un deriv. di *lāc*, genit. *lāctis* 'latte' e *-ferum* '-fero'; av. 1698] **agg.** *1* Che ha o produce latte: *vacca lattifera.* *2* Che porta il latte: *canali lattiferi.* *3* Detto di pianta che secerne latice se recisa.

lattìfugo [comp. del lat. *lāc*, genit. *lāctis* 'latte', e di *-fugo*; 1834] **agg.** (**pl. m.** *-ghi*) ● Detto di rimedio che arresta la secrezione lattea.

lattìgeno [comp. del lat. *lāc*, genit. *lāctis* 'latte', e di *-geno*; 1970] **agg.** ● Che produce latte.

lattiginóṣo o †**latticinóṣo** [formazione sul tipo di *caliginoso*, *ferruginoso*, e sim.; sec. XIV] **agg.** *1* Simile al latte per colore, consistenza e sim.: *liquido, succo l.*; *la nuvola, da grigia si fa lattiginosa e lucida* (CALVINO). *2* Che produce latice.

lattìme [dal (velo del) *latte*, cui si rassomiglia; 1353] **s. m.** ● (*pop.*) Crosta lattea.

lattìmo [da *latte*; sec. XV] **s. m.** ● Vetro bianco opaco, fatto a imitazione della porcellana.

♦**lattìna** [da *latta* (*1*); 1973] **s. f.** *1* Dim. di *latta* (*1*). *2* Piccolo recipiente ermeticamente chiuso destinato a contenere spec. prodotti alimentari come bibite e sim. | (*est.*) Quanto può essere contenuto in una lattina: *bere una l. di birra.*

lattivéndolo [comp. di *latte* e un deriv. di *vendere*, proprio di analoghe composizioni; 1869] **s. m.** (**f.** *-a*) ● (*raro*) Lattaio.

†**lattìzio** [da *latte*, per il colore chiaro; av. 1374] **s. m.** ● Pelle di animale poppante.

lattoalbumina o **lattalbumina** [comp. di *latt(e)* e *albumina*; 1929] **s. f.** ● Albumina del latte.

Lattobacillàcee [dal genere *Lactobacillus* (V. *lattobacillo*)] **s. f. pl.** ● (*biol.*) Famiglia comprendente batteri non patogeni diffusi in natura (per es. nei latticini e nei vegetali) e gram-positivi a forma di bastoncino o di cocco, in grado di fermentare il glucosio in acido lattico (*Lactobacillaceae*).

lattobacillo [comp. di *latte* e *bacillo*; 1952] **s. m.** ● Batterio che provoca la fermentazione degli zuccheri con produzione di acido lattico (*Lactobacillus*).

lattodensìmetro [comp. di *latte*, *densi(tà)* e *-metro*; 1952] **s. m.** ● Strumento per determinare la densità del latte.

lattodótto [comp. di *latt(e)* e *-dotto*] **s. m.** ● Impianto di condutture per il trasporto del latte dalle zone di produzione a quelle di raccolta.

lattofermentatóre [comp. di *latte* e *fermentatore*] **s. m.** ● Apparecchio per il controllo sanitario del latte.

lattoflavina [comp. di *latt(e)* e *flavina*] **s. f.** ● (*chim.*) Pigmento giallo isolato dal latte, chimicamente identico alla riboflavina.

lattogènesi [comp. di *latte* e *genesi*; 1970] **s. f. inv.** ● (*biol.*) Flusso latteo alla mammella subito dopo il parto. **SIN.** Montata lattea.

lattogenètico [1970] **A s. m.** (**pl. m.** *-ci*) ● Farmaco, in genere di natura ormonica, capace di indurre la secrezione lattea in mammelle non secernenti. **SIN.** Lattogeno. **B** anche **agg.** (**pl. m.** *-ci*): *sostanza lattogenetica.*

lattògeno [1957] **agg.**; anche **s. m.** ● Lattogenetico.

lattóne (**1**) [da *latte*; 1869] **A agg.** ● (*disus.*) Detto di giovane animale, che prende ancora il latte. **B** s. m. ● Maialino di latte.

lattóne (2) [comp. di *latt(e)* e *-one*] s. m. ● (*chim.*) Composto eterociclico che si ottiene da un ossiacido per disidratazione interna tra il gruppo acido e il gruppo ossidrilico.

lattonerìa [da *lattoniere*] s. f. ● In uno stabilimento industriale, reparto riservato ai lattonieri e ai loro materiali.

lattonière [da *lattone*, accr. di *latta* (*1*); 1883] s. m. ● Stagnaio.

lattònzo [da *latte*, col suff. *-onzo*; 1481] s. m. ● Lattonzolo.

lattònzolo [da *lattonzo*, col suff. ampliato; 1470] s. m. (f. *-a*) **1** Animale che prende ancora il latte, detto spec. di maiale o vitello. **2** (*raro, fig.*) Giovanetto ingenuo e inesperto.

lattoscòpio [comp. di un deriv. dal lat. *lāc*, genit. *lăctis* 'latte' e *-scopio*; 1869] s. m. ● Apparecchio atto a determinare la percentuale di sostanza grassa contenuta nel latte in base al suo grado di opacità.

lattòṣio [fr. *lactose*, dal lat. *lāc*, genit. *lăctis* 'latte' col suff. *-ose* '-os(i)o'; 1902] s. m. ● Disaccaride costituito da galattosio e glucosio contenuto nel latte, usato come eccipiente ed edulcorante e nell'alimentazione dei bambini.

†**lattóṣo** [vc. dotta, lat. tardo *lactōsu(m)*, da *lāc*, genit. *lăctis* 'latte'; av. 1566] agg. ● Abbondante di latte, che dà latte.

lattovàro ● V. *elettuario*.

lattuàrio ● V. *elettuario*.

†**lattùca** ● V. *lattuga*.

lattucàrio [da *lattuca*, sul tipo del lat. *lactucārius(m)* 'venditore di lattughe'; 1869] s. m. ● Latice contenuto in alcune specie di lattuga, impiegato come sedativo, ipnotico debole o disintossicante.

lattùga o †**lattùca** [lat. *lactūca(m)*, f. dell'agg. *lactūcus*, da *lāc*, genit. *lăctis* 'latte' per l'umore contenuto; 1310] s. f. **1** Composita erbacea con foglie dentellate e capolini giallo pallido, coltivata in molte varietà (*Lactuca sativa*) | *L. selvatica*, specie dalla quale sono state ottenute le varietà coltivate (*Lactuca scariola*) | *L. romana*, con lunghe foglie a margini ondulati (*Lactuca scariola* varietà *sativa longifolia*) | *L. velenosa*, spontanea e comune, contiene un latice bianco (*Lactuca virosa*) | *L. di mare*, alga verde, con fronda ovata crespa e ondulata, molto comune sulle coste italiane, ove rappresenta una conseguenza dell'inquinamento (*Ulva lactuca*). ➡ ILL. **alga**; **piante**/9. **2** Volant bianco pieghettato, a più strati con o senza pizzo, che un tempo ornava sul davanti la camicia maschile. || **lattughina**, dim. (V.) | **lattugóne**, accr. m. (V.).

lattughèlla [dim. di *lattuga*; av. 1868] s. f. ● (*bot.*) Dolcetta.

lattughina [dim. di *lattuga*] s. f. **1** Dim. di *lattuga*. **2** (*bot.*) Dolcetta.

lattugóne [1822] s. m. **1** Accr. di *lattuga*. **2** (*bot.*) Cardo selvatico.

†**lattùme** [da *lattime* per influsso del corrispondente sp. *lactumen*; 1528] s. m. ● Lattime.

làuda o †**làude** [vc. dotta, lat. *lāude(m)*, di etim. incerta; 1224] s. f. (pl. *-e* o *-i*) **1** Componimento in lode di Dio o dei Santi, usato nel sec. XIII e seguenti, nel metro della ballata, cantato in coro | *L. drammatica*, a dialogo, che si recitava come un dramma, nelle confraternite. **2** †Lode.

†**laudàbile** [vc. dotta, lat. *laudābile(m)*, da *lāus*, genit. *lāudis* 'lode'; 1294] agg. ● Lodabile. || †**laudabilménte**, avv.

†**laudabilità** [vc. dotta, lat. *laudabilitāte(m)*, da *lāus*, genit. *lāudis* 'lode'; sec. XIV] s. f. ● Lodabilità.

†**laudaménto** [sec. XIII] s. m. ● Lode.

laudanìna [comp. di *laudan(o)* e *-ina*] s. f. ● Alcaloide dell'oppio a notevole azione convulsivante.

làudano [lat. *lādanu(m)*, dal gr. *ládanon*, di orig. semitica, con sovrapposizione di *laudāre* 'lodare', per le sue virtù terapeutiche (?); av. 1698] s. m. ● Medicamento a base di oppio, usato un tempo come analgesico spec. nei dolori di origine addominale.

laudanoṣìna [comp. di *laudano* col suff. di prodotto chim. *-(s)ina*] s. f. ● Alcaloide dell'oppio.

†**laudàre** [vc. dotta, lat. *laudāre*, da *lāus*, genit. *lāudis* 'lode'; av. 1226] v. tr. ● Lodare: *Laudate e benedicete mi' Signore* (FRANCESCO D'ASSISI).

laudàrio [da *laude* col suff. di analoghe raccolte (*antifonario*, *breviario*); 1912] s. m. ● Raccolta di laudi, a uso delle confraternite.

laudatìvo [vc. dotta, lat. *laudatīvu(m)*, da *lāus*, genit. *lāudis* 'lode'; 1549] agg. ● Che serve a lodare: *discorso, orazione laudativa*. || **laudativaménte**, avv.

†**laudatóre** [vc. dotta, lat. *laudatōre(m)*, da *laudātus* 'laudato'; sec. XII] agg.; anche s. m. (f. *-trice*) ● (*raro*) Lodatore.

laudatòrio [vc. dotta, lat. tardo *laudatōriu(m)*, da *laudātus* 'laudato'; 1639] agg. ● (*raro*) Di lode.

laudàtor tèmporis àcti [loc. lat., propr. 'elogiatore del passato', da un verso di Orazio] loc. sost. m. inv. (f. lat. *laudatrix temporis acti*, pl. m. *laudatores temporis acti*, pl. f. laudatrices temporis acti) ● Chi loda il passato e vede solo aspetti negativi nel presente.

†**laudazióne** [vc. dotta, lat. *laudatiōne(m)*, da *laudātus* 'laudato'; av. 1342] s. f. ● Lode, panegirico.

†**làude** ● V. *lauda*.

laudèmio [vc. dotta, lat. mediev. *laudēmiu(m)*, da *laudāre* (nel senso di 'approvare'), come *blasphēmiu(m)*, da *blasphemāre* 'bestemmiare'; 1607] s. m. ● Nel mondo medievale, prestazione, normalmente in denaro, dovuta al concedente dall'enfiteuta al momento del trasferimento del diritto di enfiteusi.

laudéṣe [1284 ca.] s. m. ● Nel Medioevo, autore o esecutore di laude sacre | Membro di confraternite laiche del XIII sec. che si riunivano per cantare laude sacre.

†**laudévole** [da *laudabile* con sovrapposizione di *lodevole*; av. 1294] agg. ● Lodevole. || †**laudevolménte**, avv. Lodevolmente.

†**laudevolézza** [1665] s. f. ● Lodevolezza.

laudista [1834] s. m. e f. (pl. m. *-i*) ● Laudese | Scrittore di laude.

launèddas [vc. sarda, di etim. incerta, forse di orig. prelatina; 1933] s. f. pl. ● Strumento popolare sardo a fiato con tre canne.

launegìldo [comp. di orig. germ., che si analizza 'denaro (nel ted. odierno *Geld*) per compenso (in got. *laun*)'; av. 1876] s. m. ● Nel diritto longobardo, somma od oggetto che il destinatario di una donazione doveva al donatore come corrispettivo simbolico (infatti gli atti di mera liberalità non erano ammessi).

làura [vc. dotta, gr. *láura*, di etim. incerta; av. 1787] s. f. ● (*relig.*) Forma di organizzazione del monachesimo orientale nella quale i religiosi vivevano con regola mista fra la cenobitica e l'eremitica | Il monastero proprio di tale forma monastica.

Lauràcee [vc. dotta, comp. del lat. *lāurus* 'lauro' e del suff. *-acee*; 1933] s. f. pl. (sing. *-a*) ● Nella tassonomia vegetale, famiglia di piante arboree o arbustive delle Dicotiledoni con foglie coriacee, sempreverdi, ricche di oli aromatici (*Lauraceae*). ➡ ILL. **piante**/3.

làurea [vc. dotta, lat. *lāurea(m)*, sottinteso *corōna(m)* '(corona) d'alloro', da *lāurus* 'lauro'; 1336 ca.] s. f. **1** †Corona d'alloro. **2** Titolo di dottore conferito a chi ha compiuto l'intero ciclo di studi universitari previsto per una certa materia: *prendere la l. in medicina, ingegneria, giurisprudenza* | *L. ad honorem*, *l. honoris causa*, titolo di dottore conferito eccezionalmente, per meriti speciali | *L. breve*, diploma universitario ottenibile dopo tre anni di corso | *Esame di l.*, nel quale si discute la propria tesi di laurea | (*est., fam.*) Dissertazione della tesi di laurea: *la mia l. è fissata per domani*. **3** †Laureazione.

làuream, post ● V. *post lauream*.

laureàndo [vc. dotta, lat. *laureāndu(m)*, gerundivo di *laureāre* 'laureare'; 1551] agg.; anche s. m. (f. *-a*) ● Che (o Chi) è in procinto di laurearsi.

♦**laureàre** [vc. dotta, lat. *laureāre*, rifacimento da *laureātus*, da *lāurus* 'lauro'; av. 1406] **A** v. tr. (*io làureo*) **1** (*lett.*) Coronare d'alloro. **2** Addottorare: *l. qlcu. in matematica, in filosofia*. **3** (*sport*) Assegnare un titolo di campione. **B** v. intr. pron. (assol.; + *in*) **1** Ottenere la laurea: *si laureò brillantemente; si è laureato in fisica*. **2** (*sport*) Ottenere un titolo di campione.

laureàto [av. 1446] **A** part. pass. di *laureare*; anche agg. ● Nei sign. del v. **B** s. m. (f. *-a*) ● Chi ha conseguito il titolo di dottore: *tutti i laureati in fisica sono convocati per domani*.

†**laureazióne** [1351] s. f. ● Cerimonia del conferimento della laurea.

laurenziàno (1) [dal lat. *Laurēntiu(m)* 'Lorenzo'; 1834] agg. **1** Di San Lorenzo: *basilica laurenziana*. **2** Di Lorenzo de' Medici (1449-1492) o della famiglia Medici: *biblioteca laurenziana*.

laurenziàno (2) [ingl. *laurentian*, dal n. del fiume *S. Lorenzo*; 1940] agg. ● Del fiume S. Lorenzo dell'America Settentrionale | (*geol.*) *Periodo l.*, il periodo più antico dell'era arcaica.

laurènzio o **lawrèncio**, **lorènzio** [adattamento dell'ingl. *lawrencium*, dal n. del fisico americano E. O. *Lawrence* (1901-1958); 1961] s. m. ● Elemento chimico, metallo transuranico artificiale, di numero atomico 103. SIMB. Lr.

†**làureo** [vc. dotta, lat. *lāureu(m)*, da *lāurus* 'lauro'; 1342] agg. ● Di lauro.

laurèola (1) [vc. dotta, lat. *laureola(m)* 'coroncina di lauro, piccolo trionfo', da *lāurus* 'lauro'; sec. XIV] s. f. ● Arbusto delle Timeleacee sempreverde, con fiori odorosi verde giallognolo e radici purgative (*Daphne laureola*).

†**laurèola (2)** ● V. *aureola*.

lauretàno o **loretàno** [dal n. lat. della città, *Laurētu(m)*, propr. 'laureto'; av. 1667] **A** agg. ● Di, relativo a Loreto, cittadina in provincia di Ancona | Di, relativo al santuario che, in questa località, è dedicato alla Madonna: *litanie lauretane*. **B** s. m. ● Abitante, nativo di Loreto.

laurèto [vc. dotta, lat. *laurētu(m)*, da *lāurus* 'lauro' col suff. collett. *-ētum* '-eto'; av. 1374] s. m. ● Terreno piantato a lauri | Bosco di allori: *un fresco et odorifero l.* (PETRARCA).

làurico [da *laurina*; 1869] agg. (pl. m. *-ci*) ● Detto di acido grasso contenuto spec. nell'olio di lauro e di cocco, che si presenta in cristalli incolori.

†**lauricomo** [vc. dotta, lat. *lauricomu(m)*, comp. di *lāurus* 'lauro' e un deriv. di *cōma* 'chioma'; av. 1729] agg. ● (*poet.*) Che ha la chioma coronata d'alloro: *Apollo l.*

†**laurìfero** [vc. dotta, lat. *laurĭferu(m)*, comp. di *lāurus* 'lauro' e *-ferum* '-fero'; 1476] agg. ● Che produce alloro.

†**laurìgero** [vc. dotta, lat. *laurĭgeru(m)*, comp. di *lāurus* 'lauro' e un deriv. di *gĕrere* 'portare', di etim. incerta; 1521] agg. **1** (*poet.*) Che ha foglie simili a quelle del lauro: *le rose / del l. oleandro* (D'ANNUNZIO). **2** (*raro*) Che porta ornamenti d'alloro.

laurìna [vc. dotta, lat. *laurīna(m)*, agg. f. di *lāurus* 'lauro'] s. f. ● (*chim.*) Trigliceride dell'acido laurico contenuto nell'olio di cocco, di palma e sim.

†**laurìno** [vc. dotta, lat. *laurīnu(m)*, da *lāurus* 'lauro'; sec. XIV] agg. ● Detto di olio medicinale ottenuto per torchiatura delle drupe fresche dell'alloro.

†**lauripotènte** [vc. dotta, lat. *lauripotĕnte(m)* 'dio cui è sacro l'alloro, Apollo', comp. di *lāurus* 'lauro' e *pŏtens*, genit. *potĕntis* 'potente'; 1834] agg. ● (*poet.*) Di Apollo che col ramo di lauro aveva potenza divinatrice.

laurìṣmo [dal n. di Achille *Lauro* (1887-1982), armatore e più volte sindaco di Napoli dal 1951 al 1958] s. m. ● Tipo di politica clientelare e corrotta.

làuro [vc. dotta, lat. *lāuru(m)*, termine mutuato da una lingua indigena mediterr., non indeur.; 1319] s. m. **1** (*lett., bot.*) Alloro | *L. ceraso*, V. anche *laurocераso*. **2** (*lett., fig.*) Emblema di gloria e sim.: *conquistare il l. della vittoria* | *L. poetico*, *l. di Parnaso*, (*ellitt.*) **lauro**, gloria poetica | *L. olimpico*, vittoria ottenuta alle Olimpiadi.

lauroceràso o **làuro céraso** [comp. di *lauro* 'alloro' e *ceraso* 'ciliegio'; av. 1597] s. m. ● Albero o frutice delle Rosacee con foglie persistenti, lucide, coriacee, usate come calmante per la tosse (*Prunus laurocerasus*).

laurotìno [comp. di *lauro* e *tino* (*2*); 1972] s. m. ● (*bot.*) Lentaggine (2).

lautézza [lat. *lautĭtia(m)*, da *lāutus* 'lauto'; 1304] s. f. ● (*raro*) Caratteristica di ciò che è lauto: *la l. di un ricevimento*; *le delizie de' giardini d'Alcinoo, la magnificenza della sua reggia e la l. delle sue cene* (VICO). SIN. Abbondanza, magnificenza.

làuto [vc. dotta, lat. *lāutu(m)* (da *lavāre*), propr. 'bagnato, lavato', poi 'elegante, distinto' e quindi 'ricco', perché anticamente il lavarsi era segno di distinzione; 1441] agg. ● Abbondante, splendido, sontuoso: *pranzo, trattamento l.* || **lautaménte**, avv. In modo lauto: *mangiare lautamente*.

†**lauzzìno** ● V. *aguzzino*.

♦**làva** [vc. nap., dal lat. *lābe(m)* 'caduta, crollo, distruzione', da *labĕre* 'scivolare', di etim. incerta; 1663] s. f. **1** Magma traboccante alla superficie allo stato fluido | Magma solidificato alla superficie, in colate subaeree e subacquee, emesso da un condotto vulcanico. ➡ ILL. p. 2131 SCIENZE DELLA TERRA ED ENERGIA. *2* (*fig.*) †Rivo di sangue | †Masse d'acqua scorrenti.

lavaàuto o **làva àuto** [comp. di *lava(re)* e *auto*; 1973] s. m. e f. inv. ● Chi è addetto al lavaggio delle automobili.

lavabiancheria [comp. di *lava(re)* e *biancheria*; 1955] s. f. inv. ● Macchina per lavare la biancheria.

lavabicchièri [comp. di *lavare* e il pl. di *bicchiere*; 1973] s. m. inv. ● Strumento terminante in una piccola spazzola rotonda, usato, spec. nei bar, per lavare i bicchieri.

lavàbile [av. 1758] agg. ● Che si può lavare senza danni: *guanti lavabili.*

lavabilità [1970] s. f. ● Condizione di ciò che è lavabile.

♦**lavàbo** [vc. dotta, lat. *lavābo*, propr. 'laverò', parola iniziale della formula (dal salmo XXVI) che accompagnava la lavatura delle mani del sacerdote durante la messa, passata poi a designare la 'pila della sacrestia' e quindi, dapprima in fr., il 'lavamano'; 1803] s. m. (pl. *lavàbi* o *lavàbo*) *1* Nella liturgia cattolica, ampolla che contiene l'acqua della quale il celebrante si serve per lavarsi le mani | Acquaio della sagrestia, destinato allo stesso uso | Parte della messa, dopo l'Offertorio, in cui il celebrante si lava le mani recitando il salmo omonimo. *2* Lavandino per lavarsi le mani. *3* Lavamano elegante, solitamente su treppiede smaltato.

lavabottiglie [comp. di *lava(re)* e il pl. di *bottiglia*; 1957] s. m. inv. ● Macchina automatica per lavare e sterilizzare le bottiglie.

†**lavacàpo** [comp. di *lava(re)* e *capo*; 1618] s. m. ● Lavata di capo.

†**lavacàrne** [comp. di *lava(re)* e *carne*; 1605] s. m. inv. ● Sguattero.

lavacassonétti [comp. di *lava(re)* e del pl. di *cassonetto*] **A** s. m. inv. ● Automezzo dotato di dispositivo per il lavaggio e la disinfezione dei cassonetti per i rifiuti solidi urbani. **B** anche agg. inv.: *camion l.*

†**lavacéci** [comp. di *lava(re)* e il pl. di *cece*; 1353] s. m. e f. inv. ● (*tosc.*) Persona dappoco.

lavacristàllo [comp. di *lava(re)* e *cristallo*; 1956] s. m. ● Accessorio montato sugli autoveicoli, che serve a spruzzare acqua sul parabrezza per lavarlo durante la marcia.

lavàcro [vc. dotta, lat. tardo *lavăcru(m)*, da *lavāre* 'lavare', di etim. incerta; 1306] s. m. *1* (*lett.*) Bagno, lavaggio | ***L. di sangue***, martirio. *2* (*lett.*, *fig.*) Purificazione: *il l. delle colpe.* *3* (*lett.*) Recipiente per lavarsi | ***Santo l.***, il fonte battesimale o il Battesimo stesso. *4* (*lett.*) Corso d'acqua: *pe' lavacri / che da' suoi gioghi a te versa Appennino* (FOSCOLO).

lavadita [comp. di *lava(re)* e il pl. di *dito*; 1970] s. m. inv. ● Vaschetta o ciotola con acqua che si mette in tavola per lavarsi le dita alla fine del pasto.

lavafàro o **lavafàri** [comp. di *lava(re)* e *faro*; 1981] s. m. inv. ● Accorc. di *lavatergifaro*.

lavafrùtta [comp. di *lava(re)* e *frutta*; 1957] s. m. inv. ● Vaschetta o ciotola di vetro, cristallo, argento e sim. in cui a tavola si lava la frutta, spec. quella di piccole dimensioni, prima di mangiarla.

lavaggino [da *lavaggio*; 1957] s. m. ● (*disus.*) Lavatore.

lavàggio [fr. *lavage*, da *laver* 'lavare'; 1841] s. m. *1* Operazione del lavare: *il l. del ponte di una nave* | ***L. a secco***, sgrassatura di fibre tessili o di manufatti eseguita con solventi organici, quali trielina, benzina e sim. | (*fig.*) ***L. del cervello***, coercizione psicologica che ha lo scopo di privare una persona del suo patrimonio ideologico abituale, allo scopo di sostituirlo con nuove idee; (*est.*) indottrinamento. *2* Nell'industria tessile, sgrassatura della lana | Operazione che precede e segue il candeggio dei tessuti di cotone da stampare. *3* (*med.*) Tecnica terapeutica consistente nell'immissione in una cavità mucosa di un liquido detersivo o antisettico. *4* (*fot.*) Trattamento per eliminare dal negativo l'iposolfito e i residui dei sali metallici. *5* (*mecc.*) Fase del ciclo di funzionamento del motore a due tempi, in cui i gas combusti residui vengono cacciati dalla camera di combustione da aria o miscela fresca.

lavaggista [1970] s. m. e f. (pl. m. *-i*) ● Lavamacchine.

♦**lavàgna** [dal n. della località ligure dove è estratta, *Lavagna*, prob. dal n. etnico dei *Lāevi* col suff. collett. *-agna*; 1568] s. f. *1* (*geol.*) Ardesia. *2* Lastra di ardesia o di materiale plastico, appositamente montata su un sostegno o appesa al muro, usata per scriverví o disegnarvi col gesso: *ogni aula ha la sua l.*; *scrivere un esercizio alla l.* | ***L. di panno***, sussidio didattico consistente in un panno scuro che si appende al muro o sulla lavagna di ardesia e su cui si collocano figure e simboli vari in cartone adesivo | ***L. bianca***, pannello di laminato plastico di colore bianco, solitamente appeso al muro per scrivervi o disegnarvi con particolari penne a feltro dal segno agevolmente cancellabile | ***L. luminosa***, sussidio didattico consistente in un apparecchio che proietta su schermo disegni o scritti tracciati su fogli di acetato trasparente. || **lavagnàccia**, pegg. | **lavagnétta**, dim. | **lavagnina**, dim.

†**lavagnino** agg. ● Fatto a scaglie come la lavagna.

†**lavagnóso** [1779] agg. ● Lavagnino.

lavallière /fr. lava'ljɛːʀ/ [tardo recupero (sec. XIX) del n. della favorita del re Sole, L.-F. de *La Vallière* (1644-1710); 1922] s. f. inv. ● Larga cravatta morbida, generalmente nera, annodata a fiocco, un tempo portata da artisti o da chi aderiva a ideologie anarchiche o repubblicane.

lavamàcchine [comp. di *lava(re)* e il pl. di *macchina*; 1965] s. m. e f. inv. ● Chi, in un garage e sim., lava le autovetture.

lavamàno o **lavamàni** [comp. di *lava(re)* e *mano*; 1525] s. m. inv. ● Mobile costituito da un treppiede spec. di ferro che sorregge un catino e una brocca di acqua per lavarsi le mani e il viso | Lavabo, lavandino.

†**lavaménto** [1306] s. m. ● Il lavare, il lavarsi | Liquido con cui si lava.

lavamoquètte /lavamo'kɛt/ [comp. di *lava(re)* e *moquette*] s. f. inv. ● Elettrodomestico per lavare pavimenti rivestiti di moquette.

lavànda (**1**) [vc. dotta, lat. *lavănda*, nt. pl. del gerundivo di *lavāre* 'lavare'; av. 1543] s. f. *1* (*lett.*) L'operazione del lavare o del lavarsi | ***Acqua di l.***, sulle navi, acqua dolce non potabile usata per l'igiene personale, il lavaggio della biancheria e sim. *2* (*med.*) Processo di lavaggio a scopo di detersione o disinfezione: *l. vaginale* | ***L. gastrica***, lavaggio dello stomaco con acqua o liquidi appropriati, mediante apposita sonda, per rimuovere sostanze nocive ingerite. *3* Soluzione di farmaci disinfettanti o astringenti, usata per l'irrigazione di mucose. *4* Nella liturgia cattolica e orientale, rito della Settimana Santa, nel corso del quale il sacerdote lava i piedi a dodici poveri | Abluzione delle mani inserita nella liturgia della messa dopo l'Offertorio.

lavànda (**2**) [perché usata per profumare l'acqua per *lavarsi*; 1536] s. f. *1* Genere di piante suffruticose delle Labiate, con fusti cespitosi, foglie opposte lanceolate, fiori blu profumatissimi in spighe terminali, comprendente varie specie (*Lavandula*) | (*per anton.*) Pianta appartenente al genere Lavanda: *fiori di l.*; *un mazzetto di l.* | ***L. bastarda***, lavandino. ➡ ILL. **piante**/8. *2* Profumo a base d'essenza di lavanda, ottenuta per distillazione dai fiori dell'arbusto omonimo.

lavandàia o (*dial.*) †**lavandàra** [1353] s. f. *1* Donna che fa il bucato per mestiere. *2* (*fig.*, *spreg.*) Donna rozza e volgare: *quella donna è una l.* || **lavanderina**, dim.

lavandàio o (*dial.*) †**lavandàro** [dal lat. *lavănda* (nt. pl.) 'cose che devono essere lavate', dal v. *lavāre* 'lavare', col suff. *-aio*, proprio di mestieri; av. 1342] s. m. (f. *-a* (V.)) *1* Chi lava i panni per mestiere. *2* (*tess.*) Candeggiatore di filati o tessuti.

†**lavandàra** ● V. *lavandaia.*

†**lavandàrio** s. m. ● Brocca per sciacquarsi le mani.

†**lavandàro** ● V. *lavandaio.*

♦**lavanderia** [1840] s. f. ● Stabilimento, locale attrezzato appositamente per il lavaggio di biancheria e indumenti in genere | ***L. a secco***, dove si pratica il lavaggio a secco.

lavandéto [da *lavanda* (*2*)] s. m. ● Terreno coltivato a lavanda.

†**lavandière** [1585] s. m. ● Lavandaio.

♦**lavandino** (**1**) [da *lavanda* (*1*), attraverso i dialetti sett.; 1820] s. m. *1* Vaschetta di maiolica, generalmente fissata al muro, alimentata da uno o due rubinetti di acqua corrente e dotata di conduttura di scarico a sifone, usata per la pulizia personale e collocata nella stanza da bagno o, talvolta, nella stanza da letto. *2* Acquaio, lavello: *il l. di cucina*; *l. di maiolica, di acciaio inossidabile.*

lavandino (**2**) [dim. di *lavanda* (*2*)] s. m. ● (*bot.*) Ibrido di lavanda, ottenuto dall'incrocio fra due specie di lavanda (*Lavandula spica* e *Lavandula latifolia*), dal quale si ottiene un olio essenziale dall'odore leggermente canforato usato in profumeria.

lavàndula [dim. di *lavanda* (*2*)] s. f. ● (*bot.*) Lavanda.

lavapaviménti [comp. di *lava(re)* e del pl. di *pavimento*] s. f. inv. ● Elettrodomestico per il lavaggio dei pavimenti.

lavapiàtti [comp. di *lava(re)* e il pl. di *piatto*; 1870] **A** s. m. e f. inv. ● Chi in alberghi, ristoranti e sim. è addetto alla lavatura delle stoviglie. SIN. Sguattero. **B** s. f. inv. ● Lavastoviglie.

lavapièdi [comp. di *lava(re)* e il pl. di *piede*, sul modello del fr. *lave-pieds*; 1957] s. m. inv. ● Recipiente usato spec. un tempo per la pulizia dei piedi.

♦**lavàre** [vc. dotta, lat. *lavāre*, di etim. incerta; av. 1306] **A** v. tr. *1* Pulire con acqua, sapone o altre sostanze detergenti: *l. il bucato, il viso, la verdura*; *lavarsi le mani, i denti*; *l. il pavimento*; *l. i piatti* | ***La pioggia ha lavato i campi, le strade***, ne ha asportato polvere e sporcizia | Fare il bucato: *l. a mano, in lavatrice* | ***L. a secco***, con apposite soluzioni chimiche | (*fig.*) ***Lavarsene le mani***, non volere responsabilità in o per qlco. (con riferimento al gesto di Ponzio Pilato) | (*assol.*) Fare il mestiere della lavandaia: *è una donna che va a l. a domicilio.* *2* (*fig.*, *lett.*) Purificare, riscattare: *l. le colpe, l'onta, il disonore* | ***L. l'anima, qlcu. dalle colpe, dal peccato***, con il battesimo, con la confessione. **B** v. rifl. ● Pulire il proprio corpo: *lavarsi ogni mattina.*

lavarèllo (**1**) [cfr. *lavello*; 1889] s. m. ● (*mar.*) Area del ponte, limitata da un tramezzo, ove si raccoglie l'acqua che cola dalle catene quando si salpano le ancore.

lavarèllo (**2**) o **lavarétto** [fr. *lavaret*, vc. savoiarda che si rifà prob. al lat. tardo *levarīcinu(m)*, parola di orig. oscura, quasi sicuramente giunta in lat. da una lingua straniera; 1963] s. m. ● (*zool.*) Coregono.

lavascàle [comp. di *lava(re)* e il pl. di *scala* (*1*)] s. m. e f. inv. ● Chi, in un edificio di abitazione, svolge il lavoro di pulizia delle scale e altri piccoli servizi.

lavasciùga [comp. di *lava(re)* e *asciuga(re)*; 1985] s. f. inv. ● Lavatrice provvista di dispositivo automatico per l'asciugatura di panni e indumenti. SIN. Lavasciugatrice.

lavasciugatrice [1988] s. f. ● Lavasciuga.

lavascodèlle [comp. di *lava(re)* e il pl. di *scodella*; sec. XIV] s. m. e f. inv. ● Lavapiatti.

lavasécco [comp. di *lav(are)* e *a secco*; 1963] **A** s. m. o f. inv. *1* Lavanderia a secco di abiti e sim. *2* Macchina per il lavaggio a secco: *l. a gettone.* **B** anche agg. inv. nel sign. 2: *macchine l.*

lavastoviglie [comp. di *lava(re)* e il pl. di *stoviglia*; 1942] **A** s. m. e f. inv. ● (*raro*) Sguattero. **B** s. f. ● Macchina per il lavaggio automatico delle stoviglie. SIN. Lavapiatti.

lavàta [f. sost. di *lavato*; 1542] s. f. ● Atto del lavare, del lavarsi | ***Dare una l. di capo***, (*fig.*) rimproverare severamente. || **lavatina**, dim.

lavatergifàro o **lavatergifàri** [comp. di *lava(re)*, *tergere* e *faro*; 1981] s. m. inv. ● Accessorio per autoveicoli, spec. di categoria superiore, consistente in una coppia di minuscoli tergicristalli che agiscono direttamente sulla superficie esterna del vetro dei proiettori.

lavatergilunòtto [comp. di *lava(re)*, *tergere* e *lunotto*; 1979] s. m. inv. ● Tergilavalunotto.

lavatèsta [comp. di *lava(re)* e *testa*; 1973] s. m. inv. ● Recipiente di forma tronco-conica, opportunamente sagomato, su cui si appoggia la testa affinché il parrucchiere possa procedere al lavaggio dei capelli.

lavativo [fr. *lavatif*, da *laver* 'lavare'; 1668] s. m. *1* (*pop.*) Clistere. *2* (f. *-a*) (*fig.*, *fam.*) Persona che non ha voglia di lavorare, fannullone. || **lavativétto**, dim.

lavàto [sec. XIII] part. pass. di *lavare*; anche agg. *1* Nei sign. del v. *2* ***Essere bianco come un panno l.***, essere pallidissimo | (*tosc.*) ***Pan l.***, inzuppato.

lavatóio [vc. dotta, lat. tardo *lavatōriu(m)*, da *lavātus* 'lavato'; sec. XIV] **s. m.** *1* Luogo attrezzato per la lavatura dei panni. *2* Lastra di pietra o tavola sulla quale si lavano i panni | Recipiente in cui si immerge il bucato da lavare.

lavatóre [vc. dotta, lat. *lavatōre(m)*, da *lavātus* 'lavato'; 1309] **A s. m.** *1* (f. *-trice*, pop. disus. *-tora*) Chi lava o esegue operazioni di lavaggio. *2* Apparecchio usato per la depurazione di gas mediante lavaggio. **B agg.** *1* Che lava: *operaio l.* *2* (*zool.*) ***Orsetto l.***, procione.

♦**lavatrice** [da *lavare*; 1930] **s. f.** *1* Macchina che esegue operazioni industriali di lavaggio: *l. automatica per ortaggi.* *2* Lavabiancheria di uso domestico.

lavatùra [av. 1306] **s. f.** *1* Operazione del lavare: *la l. dei panni.* SIN. Lavaggio. *2* Liquido nel quale si è lavato qlco. | ***L. di piatti***, (*fig.*) brodo acquoso e scipito, caffè troppo leggero.

lavavétri [comp. di *lava(re)* e il pl. di *vetro*; 1956] **s. m. inv.** (anche *f.* nel sign. 1) *1* Chi è addetto alla pulizia dei vetri nelle vetrine di negozi e nelle finestre di edifici | Chi, spec. ai semafori delle città, pulisce rapidamente i parabrezza delle auto in cambio di un modesto compenso. *2* Spatola di gomma rigida che si passa su parabrezza, finestrini e lunotti di autoveicoli, su vetrine di negozi e finestre di edifici per ripulirne la superficie.

†**lavazióne** [vc. dotta, lat. *lavatiōne(m)* 'lavatura, bagno', da *lavātus* 'lavato'; sec. XIV] **s. f.** ● Lavatura, lavamento | (*fig.*) Purificazione.

lavéggio [lat. *lapídeu(m)* 'di pietra' (*lăpis*, genit. *lăpidis*), sottinteso *vās* 'vaso'; sec. XIV] **s. m.** *1* (*raro, lett.*) Recipiente: *traendolo fuori dal l., il mise nella bisaccia* (SACCHETTI) | Paiolo. *2* V. *lavezzo.*

lavèllo [vc. dotta, lat. *labĕllu(m)*, propr. 'vaschetta', dim. di *l(av)ăbrum* 'catino, strumento per lavare'; 1561] **s. m.** *1* Lavatoio, lavandino, acquaio. *2* (*poet.*) Tomba: *nei lavelli non sono nemmeno le vecchie ossa* (PASCOLI).

lavézzo o **lavéggio** [variante di *laveggio*; 1819] **s. m.** ● (*miner.*) Cloritoscisto massiccio tenero facilmente lavorabile al tornio per la produzione di pentole.

làvico [da *lava*; 1905] **agg.** (pl. m. *-ci*) ● Di, relativo a, lava: *colata lavica.*

lavìna [lat. tardo *labīna(m)* 'posto scivoloso, frana', da *labĕre* 'scivolare', di etim. incerta; av. 1730] **s. f.** ● Slavina | Frana, smottamento di terra o ghiaia.

lavoràbile [1936] **agg.** ● Che si può lavorare.

lavorabilità [1957] **s. f.** ● (*raro*) Attitudine, da parte di determinati materiali, a essere lavorati.

lavoracchiàre [1566] **v. intr. e tr.** (*io lavoràcchio*; aus. *avere*) ● Lavorare un poco e alla meglio: *lavoracchiava per ingannare il tempo*; *mi dette comodità ch'io potessi l. qualche cosa* (CELLINI).

lavoràccio **s. m.** *1* Pegg. di *lavoro* | Brutto lavoro, lavoro malfatto. *2* Lavoro che mal si sopporta, lavoro ingrato | Lavoro duro, che comporta grande impegno e fatica: *risistemare la biblioteca è stato un l.!*

†**lavoràggio** **s. m.** ● Lavoro, lavorìo.

†**lavoraménto** [av. 1311] **s. m.** ● Lavoro.

lavorànte [av. 1348] **A part. pres.** di *lavorare* ● Nei sign. del v. **B s. m. e f.** (*elvet.* f. anche *laborantina*) ● Dipendente che esegue lavori manuali, spec. in attività artigianali: *passare da garzone a l.* | ***L. finita***, operaia capace di confezionare completamente un vestito.

♦**lavoràre** o †**laboràre** [lat. *laborāre*, da *lăbor*, genit. *labōris* 'lavoro', da *lābi* 'scivolare', di etim. incerta (?); 1288] **A v. intr.** (*io lavóro*; aus. *avere*) *1* Usare le energie fisiche e intellettuali nell'esercizio di un mestiere, un impiego, una professione: *l. otto ore al giorno*; *l. a cottimo, a giornata*; *l. a un quadro, a un libro*; *l. in cotone, in pietre preziose* | ***L. di traforo***, traforare, intagliare in legno sottile | ***L. a maglia, ai ferri***, sferruzzare, fare la calza | ***L. per la gloria***, (*scherz.*) per nulla, senza compenso | ***L. di fantasia***, fantasticare, sognare a occhi aperti | ***L. d'astuzia***, agire astutamente | ***L. di gomiti***, farsi largo tra la folla | ***L. di mano***, rubare | ***L. di ganasce***, mangiare con avidità | ***L. di cervello***, (*fig.*) svolgere attività di carattere intellettuale | ***L. come un negro***, indefessamente | ***L. per il re di Prussia***, agire a vantaggio di altri | (*est.*) Compiere una fatica, uno sforzo fisico, detto degli animali: *i cavalli maremmani lavorano vigorosamente.* *2* Funzionare, detto di macchine, stabilimenti, strumenti, parti del corpo umano e sim.: *l'officina lavora con intensità*; *il tornio ha lavorato tutto il giorno*; *il mio stomaco lavora egregiamente.* *3* Fare affari, avere una vasta clientela, detto di studi, negozi, esercizi pubblici e sim.: *quella drogheria comincia a l. discretamente*; *è un bar che lavora molto* | ***L. su una piazza***, concludere affari in un determinato luogo. *4* Agire di nascosto: *quelli lavorano per rovinarti* | ***L. sott'acqua***, (*fig.*) intrigare. **B v. tr.** *1* Agire su una materia per ridurla alla forma voluta: *l. il ferro, il rame* | ***L. il terreno***, coltivarlo | ***L. la pasta***, amalgamarne gli ingredienti, quali farina, patate, latte, uova, burro e sim. | ***Lavorarsi qlcu.***, (*fig.*) cercare di convincerlo con insistenza e astuzia. *2* Nel pugilato, colpire con azione efficace e continua l'avversario cercando di fiaccarne la resistenza (*anche assol.*): *l. l'avversario ai fianchi*; *l. di destro, di sinistro.*

lavoràta [lat. *laborāta(m)*, part. pass. f. di *laborāre* (V. *lavorare*); av. 1866] **s. f.** ● Lavoro compiuto in una sola volta: *dare una prima l. all'argilla*; *abbiamo fatto una l. di sei ore, senza mai fermarci.* || **lavoratina**, dim.

lavorativo o †**lavoratìo** [da *lavorare*; av. 1311] **agg.** *1* Di periodo di tempo comunemente dedicato al lavoro: *giorno, periodo l.* SIN. Feriale. CONTR. Festivo. *2* (*raro*) Che si presta a essere lavorato: *terreno l.* *3* Di lavoro: *capacità lavorativa* | ***Attività lavorative***, produttive di beni o servizi. || **lavorativamente**, avv. ● Dal punto di vista lavorativo.

lavoràto [1336] **A part. pass.** di *lavorare*; anche **agg.** *1* Che ha subìto una lavorazione: *legname l.*; *pietra lavorata.* CONTR. Greggio. *2* Abbellito da disegni, decorazioni, rilievi e sim.: *un soffitto l. a cassettoni* | (*est.*) Elaborato: *camicetta lavorata.* *3* Coltivato, detto di terreno: *terra lavorata*; *campi lavorati.* **B s. m.** *1* †Manufatto. *2* Oggetto d'oro o d'argento inciso, cesellato, decorato a mano.

♦**lavoratóre** [lat. tardo *laboratōre(m)*, da *laborātus*, part. pass. di *laborāre* (V. *lavorare*); 1273] **A s. m.** (f. *-trice*, pop. disus. *-tora*) *1* Chi impiega le proprie energie fisiche e intellettuali nell'esercizio di un'attività produttrice di beni o servizi, per trarne i mezzi necessari alla propria esistenza: *l. agricolo, dell'industria*; *l. autonomo, subordinato* | (*per anton.*) Chi presta la propria opera alle dipendenze di un imprenditore in cambio di una retribuzione. *2* Chi lavora molto, con assiduità e impegno: *è un l. indefesso, instancabile.* *3* †Contadino. **B agg.** ● Che lavora | Dei lavoratori: *classe lavoratrice.*

lavoratòrio **s. m.** ● (*raro*) Laboratorio.

lavoratùra [1499] **s. f.** ● (*raro*) Lavorazione, spec. di un terreno.

lavorazióne [lat. tardo *laboratiōne(m)*, da *laborātus*, part. pass. di *laborāre* 'lavorare'; 1243] **s. f.** *1* Processo di manipolazione o trasformazione di un dato materiale: *l. del legno, del ferro, della lana*; *lavorazioni industriali, agricole, stagionali*; *interrompere, sospendere la l. di qlco.* | ***Essere in l.***, detto di lavoro iniziato e ancora in corso | ***L. del terreno***, coltivazione. *2* Nel cinema, insieme delle varie fasi di produzione di un film.

lavorétto [sec. XIII] **s. m.** *1* Lavoro di poca importanza, di scarsa entità | Lavoro occasionale. *2* Oggetto lavorato di poco conto, di scarso valore e sim.: *un l. scadente, da poco.* *3* (*eufem.*) Attività poco pulita, disonesta e sim.: *gli hanno affidato un l., un certo l., troppo ben pagato.*

lavoricchiàre [da *lavorare* col suff. attenuativo *-icchiare*; av. 1573] **v. intr.** (*io lavoricchio*; aus. *avere*) *1* Lavorare poco o svogliatamente: *lavoricchia qua e là per tirare avanti.* *2* Svolgere limitata attività per mancanza di lavoro: *è un negozio che lavoricchia.*

lavorièro [da *lavoro*; sec. XIII] **s. m.** *1* Impianto da pesca a labirinto, costruito con canne o pareti di alluminio, nei canali che mettono in comunicazione gli stagni e le lagune col mare. *2* †Lavoro.

lavorìo [av. 1292] **s. m.** *1* Lavoro continuo e intenso: *in città si notava un febbrile l.* *2* (*fig.*) Attività compiuta di nascosto | Intrigo: *l. elettorale*; *l. di corridoio.* *3* †Lavoro, fatica.

lavorista [da (*diritto del*) *lavoro* e *-ista*] **s. m. e f.** (pl. m. *-i*) ● (*dir.*) Chi è esperto di diritto del lavoro | Avvocato che si occupa di cause di lavoro.

♦**lavóro** [da *lavorare*; av. 1250] **s. m.** *1* Impiego di energia per il conseguimento di un determinato fine: *l. umano*; *l. animale*; *spostare tutti quei libri non è stato un l. facile* | Attività socialmente e legalmente regolamentata per la produzione di beni o di servizi, esplicata nell'esercizio di un mestiere, una professione e sim.: *l. facile, difficile, impegnativo, monotono, interessante*; *l. manuale, intellettuale*; *l. domestico, autonomo, subordinato, familiare, a cottimo*; *mettersi al l.*; *raccogliere i frutti del proprio l.* CFR. ergo- | ***L. a domicilio***, quello che il prestatore svolge nella propria abitazione, o in luogo non di pertinenza del datore di lavoro | ***Doppio l.***, lavoro secondario rispetto a quello normalmente svolto | ***L. nero***, quello che si svolge ignorando o violando la normativa contrattuale e legislativa tra lavoratori e datori di lavoro | ***Gruppo di l.***, insieme di persone operanti per uno stesso fine | ***Lavori femminili***, tradizionalmente, cucito, ricamo, maglia | ***Giorno di l.***, feriale, lavorativo | ***Il l. dei campi***, la coltivazione della terra | ***Bestie da l.***, quelle destinate al lavoro dei campi | ***Sul l.***, durante lo svolgimento del lavoro: *incidente, infortunio sul l.* | ***Diritto del l.***, complesso delle norme che disciplinano i rapporti tra lavoratori e datori di lavoro, gli istituti previdenziali e assicurativi obbligatori a favore dei lavoratori, l'organizzazione e l'attività sindacale | ***Contratto individuale di l.***, stipulato tra datore di lavoro e lavoratore subordinato | ***Contratto collettivo di l.***, stipulato fra sindacati contrapposti di lavoratori e di datori di lavoro | ***L. temporaneo, interinale, in affitto***, svolto da dipendenti di agenzie specializzate e autorizzate a favore di aziende che ne facciano richiesta per determinate esigenze | ***L. socialmente utile***, quello svolto da lavoratori precari presso amministrazioni pubbliche spec. nei settori dei servizi e dei beni culturali e ambientali | ***Ministero del l. e della previdenza sociale***, ministero che esplica funzioni varie tendenti a tutelare e a migliorare le condizioni dei lavoratori | ***Lavori forzati***, un tempo, o in ordinamenti giuridici stranieri, tipo di pena per cui il condannato deve attendere a opere assai faticose. *2* (*spec. al pl.*) Serie di attività esplicate da organi collegiali, gruppi di persone e sim.: *i lavori del Parlamento*; *il congresso conclude domani i suoi lavori*; *prendere parte ai lavori*; *abbandonare i lavori in segno di protesta* | (*mil.*) Complesso delle attività che l'arma del Genio svolge sul campo di battaglia | ***Lavori di mina***, per operare interruzioni, demolizioni, distruzioni | ***Lavori in terra***, per la fortificazione campale. *3* Occupazione retribuita: *cercare, trovare l.*; *l. a giornata, a ore, a cottimo*; *vivere del proprio l.*; *restare senza l.*; *perdere il l.* | (*est.*) Luogo in cui ci si dedica a tale occupazione: *andare al l.*; *tornare dal l.* *4* Opera intorno a cui si lavora: *un l. ben fatto, perfetto, insufficiente, tirato via*; *lasciare a mezzo un l.*; *ultimare, portare a termine il l. iniziato*; *l. eseguito da mani maestre* | ***Lavori pubblici***, opere di pubblica utilità finanziate dallo Stato o dagli enti pubblici territoriali | ***Ministero dei lavori pubblici***, ministero che sovraintende allo svolgimento dei lavori spettanti allo Stato | Opera d'arte: *un l. drammatico, comico, narrativo*; *è uno splendido l. dell'oreficeria rinascimentale*; *questo l. è attribuito a De Pisis.* *5* (*est.*) Ogni realizzazione concreta: *avete fatto un ottimo l.*; *mi congratulo per il vostro l.* | (*iron.*) Imbroglio, maneggio, guaio: *hai combinato un bel l.!* *6* (*est.*) La classe dei lavoratori: *trattative tra capitale e l.* *7* (*fis.*) ***L. di una forza***, grandezza scalare, data dal prodotto dello spostamento del punto di applicazione di una forza per la componente della forza lungo la direzione dello spostamento | ***L. motore***, quello che fa compiere lo spostamento | ***L. resistente***, quello che si oppone allo spostamento. CFR. ergo-. *8* (*raro*) Fatica, sforzo: *fare qlco. con gran l.* || **lavoràccio**, pegg. (V.) | **lavoraccióne**, accr. | **lavorétto**, dim. (V.) | **lavorìno**, dim. | **lavoróne**, accr. | **lavorùccio**, **lavorùzzo**, dim. | **lavorucciàccio**, dim.

†**lavoróso** **agg.** ● Che richiede lavoro o dà materia a lavoro.

lavorucchiàre [av. 1850] **v. intr.** (*io lavorùcchio*; aus. *avere*) ● Lavoricchiare.

lawrèncio /lau'rɛntʃo/ ● V. *laurenzio.*

lawsonite /lozo'nite, loso-/ [dal n. del mineralogista amer. A. C. *Lawson*] **s. f.** ● Minerale rombico, incolore oppure bianco o grigiastro, silicato di calcio idrato e alluminio.

lay out /lei'aut, *ingl.* 'leɪ,aot/ [vc. ingl., propr. '(dis)posizione', comp. di *lay* 'porre', di area germ. e *out* 'fuori', di orig. indeur.; 1957] loc. sost. m. inv. (pl. ingl. *lay outs*) **1** Disposizione dei vari elementi grafici componenti un bozzetto. **2** Schema contenente le istruzioni per lo svolgimento di un lavoro. **3** Rappresentazione grafica planimetrica di impianti industriali e di procedimenti produttivi.

laziàle [lat. *Latiāle(m)*, da *Lătium* 'Lazio', di etim. incerta; 1894] **A** agg. ● Del Lazio. **B** s. m. e f. ● Abitante, nativo del Lazio. **C** agg.; anche s. m. e f. ● Che o (Chi) gioca nella squadra di calcio romana della Lazio o ne è sostenitore.

†làzio [vc. dotta, lat. *Lătiu(m)*, di etim. incerta; 1340] agg. ● Latino: *il buon Caro dalle lazie corde / trasse il pio duce su le corde tosche* (PINDEMONTE).

†lazióne [vc. dotta, lat. *latiōne(m)*, da *lātus*, part. pass. di *fĕrre* 'portare', di orig. indeur.; 1585] s. f. ● Portamento, movimento.

làzo (o -ẓ-) /'latstso, *sp.* 'laθo, -so/ [vc. sp., dal lat. parl. **lăcius* per *lăqueus* 'laccio'; 1860] s. m. inv. (pl. sp. *lazos*) ● Nome spagnolo del laccio usato per la cattura di quadrupedi dai mandriani argentini e nordamericani. CFR. Lasso (4).

laẓulite [comp. del lat. mediev. *lazulum* 'azzurro' (V. *lapislazzuli*) e *-ite* (2); 1819] s. f. ● (*miner.*) Fosfato basico di alluminio e magnesio in masse compatte azzurro chiaro.

laẓurite [dal ted. *Lasurith* attraverso l'ingl. *lazurite*, entrambi con riferimento all'avestico *lazward* 'azzurro'; 1957] s. f. ● (*miner.*) Alluminosilicato di sodio contenente zolfo e ione solfato, costituente fondamentale del lapislazzuli.

lazzarétto o **lazzerétto** [dal n. dell'isola venez. (S. Maria di) *Nazarèth* (per il monastero così intitolato, ivi esistente), prima località apprestata per la quarantena, con sovrapposizione del n. del patrono degli appestati, S. *Lazzaro*; av. 1512] s. m. ● Ospedale per lebbrosi | Ospedale per malattie infettive ed epidemiche: *l. per gli appestati, per i colerosi* | Zona di quarantena per merci o persone provenienti da luoghi infetti.

lazzarista [da (San) *Lazzaro*, n. di vari ospedali, originariamente per affetti di peste, il male del *Lazzaro* evangelico; 1869] s. m. (pl. *-i*) ● Religioso della congregazione dei Padri della Missione fondata da S. Vincenzo de' Paoli nel 1625 | Monaco basiliano di rito armeno della comunità dei Mechitaristi dell'isola San Lazzaro, in Venezia.

†làzzaro (**1**) o **†làzzero** [vc. dotta, lat. *Lăzaru(m)*, in gr. *Lázaros*, dall'ebr. *El 'azār*, comp. di *El* 'Dio' e *'azār* 'soccorrere, aiutare': 'Dio è venuto in aiuto'; 1476] s. m. ● Lebbroso | Uomo infermo e coperto di piaghe.

làzzaro (**2**) [sp. *lázaro* 'povero, straccione', dal n. del mendico lebbroso degli Evangeli; 1654] s. m. **1** Popolano napoletano che partecipò alla rivolta di Masaniello nel 1647 | (*est.*) Popolano dell'Italia meridionale. **2** (*est.*, *merid.*) Poveraccio, straccione, pezzente | (*spreg.*) Lazzarone.

lazzaròlo ● V. *lazzeruolo.*

lazzaronàta o **lazzeronàta** [1965] s. f. ● Azione da lazzarone. SIN. Mascalzonata.

lazzaróne o **lazzeróne** [accr. di *lazzaro* (2); 1793] s. m. (f. *-a*) **1** (*raro*) Popolano dell'Italia meridionale | (*est.*) Straccione. **2** Mascalzone, canaglia. **3** (*fam.*) Poltrone, fannullone, scansafatiche.

lazzaronésco [av. 1883] agg. (pl. m. *-schi*) ● (*raro*) Di, da lazzarone.

lazzaroniṣmo [1857] s. m. ● Comportamento da lazzarone.

lazzaruòla ● V. *lazzeruola.*

lazzaruòlo ● V. *lazzeruolo.*

lazzeggiàre o **lazzeggiàre** [freq. da *lazzo* (1); 1750] v. intr. (*io lazzéggio* o *lazzéggio*; aus. *avere*) ● Fare o dire lazzi.

lazzerétto ● V. *lazzaretto.*

†làzzero ● V. *†lazzaro* (*1*).

lazzeròlo ● V. *lazzeruolo.*

lazzeróne e *deriv.* ● V. *lazzarone* e *deriv.*

lazzeruòla o **azzeruòla**, **lazzaruòla** [av. 1547] s. f. ● (*bot.*) Frutto del lazzeruolo, simile a una piccola mela.

lazzeruòlo o **azeruòlo**, **azzeruòlo**, **lazzaròlo**, **lazzaruòlo**, **lazzeròlo** [per *l'azzeruolo*, della stessa orig. del frutto (sp. *acerola*, ar. *az-zu'rūr*); sec. XVI] s. m. ● Albero delle Rosacee con rami spinosi se selvatico, fiori bianchi, profumati e frutti simili a piccole mele (*Crataegus azarolus*).

†lazzézza [da *lazzo* (*2*); av. 1320] s. f. ● Caratteristica di ciò che è lazzo.

làẓẓo (**1**) (o -zz-) [etim. discussa: lat. *āctio* (nom.) 'atto, azione', nelle didascalie dei canovacci della commedia dell'arte (?); 1660] s. m. ● Atto o detto spiritoso e pungente, spesso scurrile: *lazzi arguti* | ***Reggere al l.***, stare al gioco.

làzzo (**2**) [lat. *lăcteu(m)* 'del sapore acidulo del latte (*lăc*, genit. *lăctis*)'; av. 1306] agg. **1** (*lett.*) †Di sapore aspro: *tra li lazzi sorbi / si disconvien fruttare al dolce fico* (DANTE *Inf.* XV, 65-66). **2** (*raro*, *lett.*) Stridente. || †**lazzétto**, dim.

le (**1**) /le/ [lat. *(īl)lae*, f. pl. di *īlle*, comp. di due elementi d'incerta interpretazione; av. 1237] **A** art. det. f. pl. (si usa davanti a tutte le parole f. pl. Nell'uso fam. o poet. si apostrofa davanti a vocale: *le donne*; *le pietre*; *le spire*; *le scarpe*; *le erbe*; fam., lett. *l'erbe*; *l'orme*; *canto l'arme pietose* (TASSO) | Fondendosi con le prep. proprie semplici, dà origine alle prep. art. f. pl. *alle, colle, dalle, delle, nelle, sulle,* raro poet. *pelle*) ● Forma pl. di 'la'. **B** pron. pers. e dimostr. f. pl. **1** Loro, esse (come compl. ogg., riferito a persona o cosa, in posizione sia encl. sia procl.): *le ho incontrate ieri*; *valle a salutare subito*; *te le restituirò al più presto*; *prendile*; *io certe cose non le concepisco* | Con valore neutro indet.: *le spara grosse*; *le pensa tutte.* **2** (*pop.*, *tosc.*, *pleon.*) Aferesi di 'elle' (come sogg. riferito a persona o cosa): *le sono brave ragazze*; *monsignore dice che le son ciance* (MANZONI) (V. nota d'uso ELISIONE e TRONCAMENTO).

le (**2**) /le/ **A** pron. pers. atono di terza pers. f. sing. (formando gruppo con altri pron. atoni, si pospone a *me, te, se, ce, ve*: *ve le restituisco*; *se l'è prese*) **1** A lei, a essa (come compl. di termine, riferito a persona o cosa, encl. o procl.): *le ho detto tutto*; *parlale chiaramente.* **2** Si usa in segno di rispettosa cortesia, rivolgendosi a persona, sia di sesso maschile, sia femminile, con cui non si è in familiarità (sempre come compl. di termine): *Le invierò, signora, ulteriori notizie*; *desidero, signore, esprimerle i miei più vivi ringraziamenti.* **B** pron. pers. atono di terza pers. f. pl. ● (*poet.*) †A esse, a loro (come compl. di termine encl. e procl.) (V. *gli* (*2*) per nota d'uso).

lèa (**1**) ● V. *allea.*

†lèa (**2**) [vc. dotta, lat. *lĕa(m)*, fatta sul m. *lĕo*, genit. *leōnis* 'leone'; sec. XIII] s. f. ● (*raro*) Leonessa.

leacril® [marchio registrato; 1961] s. m. ● Resina metacrilica usata come fibra tessile.

leader /'lider, *ingl.* 'liːdəɹ/ [vc. ingl., dal v. *to lead* 'guidare', di orig. e area germ.; 1834] **A** s. m. e f. inv. **1** Capo di un partito o di uno schieramento politico, di indiscusso prestigio | (*est.*) Esponente di punta di un movimento culturale e sim. o di una squadra sportiva. **2** (*est.*) Nelle corse, atleta, corridore o cavallo che si pone in testa nella gara e fa l'andatura | In una corsa ciclistica a tappe o campionato sportivo, corridore o squadra che è in testa alla classifica. || **leaderino**, dim. (V.). **B** agg. inv. ● Detto di azienda e sim. che è all'avanguardia in un determinato settore: *industria l.*

leaderino /lide'rino/ [1978] s. m. (f. *-a*) **1** Dim. di *leader.* **2** (*spec. iron.*) Capo di un movimento o gruppo giovanile di limitata rilevanza.

leaderiṣmo /lide'rizmo/ [da *leader*; 1985] s. m. ● Atteggiamento di chi, spec. in politica, tende a porsi come leader nelle varie situazioni.

leaderìstico /lide'ristiko/ [da *leaderismo*; 1987] agg. (pl. m. *-ci*) ● Caratterizzato da leaderismo: *atteggiamenti leaderistici.*

leadership /'liderʃip, *ingl.* 'liːdəʃip/ [vc. ingl., comp. di *leader* 'capo, guida', col suff. germ. di qualità di classe *-ship* (da una radice **skop-* col sign. di 'creare, eleggere'); 1893] s. f. inv. ● Egemonia, guida, esercitata da una persona, da un'azienda, da un gruppo o da uno Stato nei confronti di altri.

leàle o **†liàle** [ant. fr. *le(i)al*, dal lat. *legāle(m)* 'conforme alla *legge* (*lēx*, genit. *lēgis*)'; av. 1237] agg. **1** Fedele alla parola data, alle promesse, ai patti: *una persona l.*; *duo leali amanti e sventurati* (BOIARDO) | Schietto, sincero: *comportamento l.* **2** †Legittimo, giusto, onesto. || **lealménte**, avv.

lealiṣmo [adattamento del fr. *loyalisme*, dall'ingl. *loyalism*, deriv. da *loyal* 'legale', di orig. fr.; 1830] s. m. ● Fedeltà verso forme di governo, autorità costituite e sim. | (*st.*) Rapporto di lealtà e fedeltà di popoli colonizzati nei confronti del colonizzatore.

lealista [ingl. *loyalist*, da *loyal* 'leale' (V. *lealismo*) av. 1926] s. m. e f. (pl. m. *-i*) ● Seguace, sostenitore del lealismo.

lealtà o **†lealtàde**, **†lealtàte**, **†lialtà** [da *leale*; av. 1294] s. f. ● Caratteristica di chi (o di ciò che) è leale: *l. d'animo*; *la l. di un discorso, di una dichiarazione.* SIN. Onestà, sincerità.

leàndro ● V. *oleandro.*

†leànza o **†liànza** [da *leale*; av. 1250] s. f. ● Fedeltà, lealtà: *questo è addivenuto per la gran l., la quale io ho trovato in te* (BOCCACCIO).

leàrdo [ant. fr. *liard*, di etim. incerta; 1342] agg. ● Detto di un mantello equino grigio, costituito di peli bianchi e neri.

leaseback /*ingl.* 'liːs,bæk/ [vc. ingl., propr. 'locazione indietro'] s. m. inv. ● (*econ.*) Contratto con cui un bene è contemporaneamente venduto a una società finanziaria e preso in locazione dal venditore.

leaṣing /'lizin(g), *ingl.* 'liːsɪŋ/ [vc. ingl., propr. 'il noleggiare', dal v. *to lease* 'affittare', dal fr. *laisser* (V. *lasciare*); 1970] s. m. inv. ● (*econ.*) Contratto di locazione di beni mobili e immobili, stipulato a scopo di finanziamento, fra una società specializzata che ne è proprietaria e un'impresa od operatore economico che ne ottiene la disponibilità a medio e lungo termine, di solito con la promessa o la possibilità di vendita a suo favore alla scadenza del contratto: *l. finanziario*; *l. immobiliare.*

leàtico ● V. *aleatico.*

lèbbra (o -è-) o (*lett.*) **lèbra**, **†lèpra**, **†lèvra** [lat. tardo *lĕpra(m)*, dal gr. *lépra* 'squama', da *lépein* 'scortecciare, sbucciare', di orig. incerta; sec. XIII] s. f. **1** (*med.*) Malattia infettiva cronica che si manifesta con nodosità dure alla cute, e ulcere distruttive dei tessuti, o con lesioni nervose che determinano l'insensibilità di certe zone cutanee, distruzioni di ossa o parti molli delle estremità, prurito e dolori acuti. SIN. Morbo di Hansen. **2** (*fig.*) Male o vergogna morale: *la l. della servitù, del peccato.* **3** Malattia di alcune piante: *l. delle olive.* **4** (*fig.*) Qualunque processo consuntivo e disgregativo in atto, spec. su opere architettoniche, sculture e sim.

lebbroṣàrio [1895] s. m. ● Luogo di ricovero per lebbrosi.

lebbróṣo o **†lebróso**, **†lepróso** [lat. tardo *leprō-su(m)*, da *lĕpra* 'lebbra'; sec. XIII] **A** agg.; anche s. m. (f. *-a*) ● Che (o Chi) è affetto da lebbra. **B** agg. ● (*lett.*, *fig.*) Scalcinato, scrostato: *pareti nude e lebbrose* (NIEVO).

lèben [dal lat. *Mycoderma lebenis*, l'agente fermentante] s. m. inv. ● (*biol.*) Latte fermentato che si ottiene per azione di micodermi.

lebète [vc. dotta, lat. *lĕbes*, genit. *lebētis*, dal gr. *lébēs* 'caldaia', forse termine straniero; sec. XIV] s. m. ● Antico vaso emisferico in genere sostenuto da un treppiede, usato per la cottura dei cibi, per abluzioni domestiche o dopo i sacrifici, oppure dato in premio ai vincitori di gare ginniche.

lebiste [dal gr. *lebías* 'tipo di pesce d'acqua dolce', di etim. incerta; 1965] s. m. ● Piccolo pesce osseo dei Ciprinodontiformi, di vario colore, spec. allevato in acquari (*Lebistes reticulatus*).

lèbra e *deriv.* ● V. *lebbra* e *deriv.*

lecànio [gr. *lekánion*, dim. di *lekánē* 'piatto, catinella', di etim. incerta; 1965] s. m. ● Genere di cocciniglie dannose a varie colture (*Lecanium*).

lecanomànte [gr. *lekanomántis* 'che predice il futuro con un piatto di metallo', comp. di *lekánion* 'lecanio' e *mántis* 'indovino'; 1561] s. m. e f. ● Chi professa la lecanomanzia.

lecanomanzìa [gr. *lekanomantéia*, comp. di *lekánion* 'lecanio' e *mantéia* 'arte divinatoria'; 1561] s. f. ● Antica divinazione, consistente nell'osservare in fondo a un catino, contenente acqua od olio, il moto e la posizione di pietre preziose, lame d'oro e d'argento segnate con caratteri magici.

lecanòra [comp. del gr. *lekánē* 'bacino, piatto' (V. *lecanio*) e *hṓra* 'grazia' (di orig. indeur.): detta così dall'aspetto dell'apotecio; 1834] s. f. ● Lichene delle Lecanoracee, con tallo formato di corpiccioli rotondeggianti, i quali, trascinati lontano dal vento, vengono usati come alimento da alcune popolazioni delle steppe (*Lecanora esculenta*).

Lecanoràcee [comp. di *lecanor(a)* e *-acee*] s. f. pl. (sing. *-a*) ● Nella tassonomia vegetale, famiglia di licheni con tallo crostoso cui appartiene la lecanora (*Lecanoraceae*).

†lécca [da *leccare*] s. m. inv. ● Lecchino.

leccacùlo [comp. di *lecca(re)* e *culo*; 1967] s. m.

e f. (pl. m. inv. o -*i*; pl. f. inv.) ● (*volg., spreg.*) Chi, spec. allo scopo di trarne vantaggio, mostra servilismo, adulazione e sim. nei confronti di chi detiene un potere.

lécca lécca [dall'imperat., iter., di *lecca(re)*; 1959] loc. sost. m. inv. ● Specie di caramella piatta sostenuta da una stecca.

leccaménto [sec. XIV] s. m. ● (*raro*) Il leccare | (*fig.*) Adulazione.

†leccapestèlli [comp. di *lecca(re)* e il pl. di *pestello*; 1618] s. m. e f. inv. ● Leccone, ghiottone.

†leccapeveràda [comp. di *lecca(re)* e *peverada*; av. 1665] s. m. e f. inv. ● Ghiottone, parassita.

leccapiàtti [comp. di *lecca(re)* e il pl. di *piatto*; 1534] s. m. e f. inv. *1* Persona eccessivamente ghiotta | Parassita, scroccone: *fare il l.* SIN. Leccascodelle. *2* (*raro, lett.*) Servitore di infimo ordine.

leccapièdi [comp. di *lecca(re)* e il pl. di *piede*; 1765] s. m. e f. inv. ● (*spreg.*) Adulatore servile.

leccàrda [da *leccardo*; 1666] s. f. ● Vaschetta di rame o altro materiale posta sotto lo spiedo per raccogliere il grasso che cola dall'arrosto.

†leccardìa [av. 1544] s. f. ● Ghiottoneria, leccornia.

†leccàrdo [comp. di *lecca(re)* e *-ardo*; av. 1315] agg.; anche s. m. ● Ghiottone, goloso.

♦leccàre [etim. discussa: lat. parl. **ligicāre*, intens. di *lĭngere*, di orig. indeur.; sec. XIII] **A** v. tr. (*io lécco, tu lécchi*) *1* Passare ripetutamente la lingua su qlco.: *il cane lecca la mano al padrone*; *il gatto si lecca il pelo*; *l. il gelato*; *non l. il cucchiaio del dolce!* | ***Leccarsi le dita, i baffi***, (*fig.*) trovare molto gustoso un cibo o una bevanda | ***Leccarsi le ferite***, (*fig.*) curare da sé i propri dolori, delusioni e sim. | †Trovare qualche cosa da mangiare: *non guadagnando, ricorrea alcuna volta alle nozze, dove pure alcuna cosa leccava* (SACCHETTI). *2* (*raro, lett.*) Toccare o sfiorare leggermente: *la fiamma lecca gli arbusti*. *3* (*fig.*) Adulare, blandire, lusingare: *l. i potenti* | (*fig.*) ***L. i piedi, le scarpe***, (*volg.*) ***il culo a qlcu.***, adularlo in modo servile. *4* (*fig.*) Rifinire qlco. con cura eccessiva: *l. uno scritto, una rima*. **B** v. rifl. ● (*fig.*) Lisciarsi per apparire bello. || PROV. Al can che lecca cenere non gli fidar farina; il lupo mangia la carne degli altri e lecca la sua; chi va lecca e chi si siede si secca.

†leccasànti [comp. di *lecca(re)* e il pl. di *santo*; 1791] s. m. e f. inv. ● Bigotto, baciapile.

leccascodèlle [comp. di *lecca(re)* e il pl. di *scodella*; sec. XIV] s. m. e f. inv. ● (*raro*) Scroccone. SIN. Leccapiatti.

leccàta [av. 1696] s. f. ● Atto di leccare in una volta | (*fig.*) Atto di servile adulazione. || **leccatina**, dim. (V.).

†leccataglièri [comp. di *lecca(re)* e il pl. di *tagliere*; av. 1587] s. m. e f. inv. ● Leccapiatti.

leccatìna s. f. *1* Dim. di *leccata* | (*fig.*) Breve adulazione. *2* (*fig.*) Colpetto leggero, con la frusta, strisciando, sul cavallo.

leccàto [1525] part. pass. di *leccare*; anche agg. *1* Nei sign. del v. *2* Affettato: *stile l.* || **leccataménte**, avv. Affettatamente.

leccatóre [av. 1243] **A** agg. (f. *-trice*) ● (*raro*) Che lecca. **B** s. m. (f. *-trice*) ● †Ghiottone, scroccone, parassita.

leccatùra [1598] s. f. *1* (*raro*) Il leccare. *2* (*fig.*) Adulazione: *una l. ignobile*. *3* (*fig.*) Eccessiva limatura o rifinitura di qlco.: *leccature di stile*. || **leccaturìna**, dim.

leccazàmpe (o -z-) [comp. di *lecca(re)* e il pl. di *zampa*; 1802] s. m. e f. inv. ● (*raro*) Leccapiedi.

leccése [1740 ca.] **A** agg. ● Di Lecce. **B** s. m. e f. ● Abitante, nativo di Lecce. **C** s. m. solo sing. ● Dialetto parlato a Lecce.

leccéta s. f. ● Lecceto.

leccéto [comp. di *leccio* e *-eto*, come il corrispondente lat. tardo *ilicētum*; 1280] s. m. *1* Bosco di lecci. *2* (*lett., fig.*) Intrigo, situazione imbrogliata: *sono per tuo amore entrato in questo l.* (MACHIAVELLI) | ***Cacciarsi in un l.***, in un ginepraio.

†lecchéggio [da *leccare*; 1869] s. m. ● Leccume, leccornia.

†leccherìa [sec. XIV] s. f. ● Leccornia.

lecchése **A** agg. ● Di Lecco. **B** s. m. e f. ● Abitante, nativo di Lecco.

lecchétto [av. 1609] **A** s. m. ● (*tosc., lett.*) Piccola ghiottoneria | (*fig.*) Attrattiva o allettamento di guadagno. **B** agg. ● †Leccatino, delicato. || **lecchettìno**, dim.

lecchìno [1869] s. m. (f. *-a*) *1* (*tosc., lett.*) Bellimbusto, vagheggino. *2* (*fam., spreg.*) Adulatore, leccapiedi.

léccia (1) [etim. incerta; 1561] s. f. (pl. *-ce*) ● Squalo di mare profondo, slanciato, bruno o nerastro con pelle fortemente zigrinata (*Scymnorhinus licha*). SIN. Lizza.

léccia (2) [da *leccio*; 1961] s. f. (pl. *-ce*) ● Ghianda del leccio.

léccio [lat. *ilĭceu(m)*, agg. (sottinteso *quĕrcu(m)* 'quercia') di *īlex*, genit. *īlicis* 'elce'; sec. XII] s. m. *1* Pianta delle Cupulifere simile alla quercia, sempreverde, con foglie coriacee, ovali, dentato-spinose, lanose inferiormente (*Quercus ilex*). ➡ ILL. **piante**/2. *2* Legno del leccio, usato spec. per lavori di carpenteria | ***Anima di l.***, midollo del leccio, durissimo, usato per fabbricare bastoni.

lécco [da *leccare*; sec. XIV] s. m. (pl. *-chi*) *1* (*tosc.*) Ghiottoneria, leccornia | (*raro, lett.*) Gusto. *2* (*raro*) Nel gioco a piastrelle, ciottolo che si cerca di colpire | Pallino o boccino, nel gioco delle bocce.

leccóne [av. 1292] agg.; anche s. m. (f. *-a*, †*-éssa*) *1* †Ghiottone, goloso. *2* (*fig.*) Adulatore. || **lecconàccio**, pegg. | **lecconcìno**, dim.

leccornìa, (*evit.*) **leccòrnia** [da *leccone* 'ghiottone', attraverso una forma *lecconerìa*, divenuta *leccornìa* per metatesi; sec. XIV] s. f. *1* Cibo ghiotto, molto appetitoso: *questa pietanza è una vera l.* SIN. Ghiottoneria. *2* †Avidità: *per l. di ricchezza*.

†leccùgine [1869] s. f. ● Leccornia.

leccùme [1603] s. m. ● (*tosc.*) Insieme di leccornie.

†lecére o **lécere** ● V. *licere*.

†lecerìa [ant. fr. *lecherie*, da *lechier* 'leccare' (in senso fig.)] s. f. ● Lubricità, lussuria.

†lecièra [da *leceria*] s. f. ● Sgualdrina.

lecìte o **lècite** [dal gr. *lékythos* (V. *lecitina*)] s. m. ● (*biol.*) Deutoplasma.

†lecitézza o **†licitézza** [da *lecito (1)*] s. f. ● Caratteristica, condizione di ciò che è lecito.

lecitìna [comp. del gr. *lékythos* 'tuorlo', di orig. straniera, e *-ina*; 1891] s. f. ● Fosfolipide contenuto in ogni organismo vivente, nei semi vegetali e spec. nel giallo d'uovo, usato in medicina, in conceria, in cosmesi e nell'industria alimentare | ***L. di soia*** estratta dai semi della soia.

lécito (1) o (*lett.*) **†lìcito** [1264] **A** part. pass. di *licere*; anche agg. *1* Che è consentito dalle convenienze sociali, dalle consuetudini, dalle norme morali: *discorso l.*; *la tua domanda è lecita* | ***Non è cosa lecita***, è indecoroso, sconveniente | ***Vi par l.?***, vi sembra giusto, corretto? | ***Se è l., se mi è l.***, se mi è consentito | ***Mi sia l.***, mi si conceda. CONTR. Illecito. *2* (*dir.*) Che non è contrario a norme imperative, all'ordine pubblico o al buon costume: *atto l.* || **lecitaménte**, avv. **B** s. m. ● Ciò che è giusto, corretto, legale: *distinguere il l. dall'illecito*.

lècito (2) s. m. ● Adattamento di *lekythos* (V.).

lecìzio [gr. *lēkýthion* 'ampollina' (dim. di *lḗkythos*), prima parola di un verso di Aristofane preso come esemplare di questo metro; 1957] s. m. ● Verso della metrica greco-latina formato da un dimetro trocaico catalettico.

lèctio /lat. 'lɛktsjo/ [lat., propr. 'lezione'; av. 1803] s. f. inv. (pl. lat. *lectiones*) *1* Nella edizione critica dei testi, lezione | ***Lectio facilior***, nella edizione critica dei testi, la variante più facile di un passo | ***Lectio difficilior***, la variante più difficile, generalmente ritenuta preferibile alla *lectio facilior* di uno stesso brano di cui si dà l'edizione critica. *2* Lettura esplicativa di un testo, nelle antiche università. *3* ***Lectio brevis***, giornata scolastica più breve del solito, spec. in concomitanza con l'inizio di un periodo di vacanza.

lectistèrnio ● V. *lettisternio*.

led /lɛd/ [sigla dell'ingl. *L(ight-) E(mitting) D(iode)* 'diodo che emette luce'; 1980] s. m. inv. ● (*elettron.*) Dispositivo a semiconduttore impiegato come segnalatore luminoso anche in gruppi in grado di formare caratteri alfanumerici.

lèdere [vc. dotta, lat. *laedere*, di etim. incerta; av. 1303] v. tr. (pres. *io lèdo*; pass. rem. *io lési, tu ledésti*; part. pass. *léso* o *lèso*). *1* Danneggiare, pregiudicare, offendere: *l. gli interessi di qlcu.*; *l. la giustizia*; *che mala lingua non t'avesse a l.* (SANNAZARO). *2* (*med.*) Produrre una lesione: *il proiettile ha leso organi vitali*.

lèdo [vc. dotta, gr. *lêdon* 'albero da resina', da *lédanon* 'ladano (1)'; 1834] s. m. ● Genere di piante delle Ericacee, caratteristiche delle torbiere dell'Europa centrale e delle zone artiche, con foglie coriacee, brunastre e inferiormente lanose (*Ledum*).

†leèna [vc. dotta, lat. *leaēna(m)*, dal gr. *léaina*, f. di *léōn* 'leone', di orig. indeur.; 1499] s. f. ● (*lett.*) Leonessa: *mansueta uscir della foresta / feci e lasciare i figli una l.* (ARIOSTO).

léga (1) o (*region.* o *ant.*) **lìga** [da *legare*; sec. XIV] s. f. *1* Associazione tra più Stati, o gruppi sociali, o persone private, per il perseguimento di determinati scopi comuni: *formare una l.*; *unirsi in l. con qlcu.*; *la l. achea*; *l. monetaria*; *l. doganale* | Associazione di lavoratori anteriore agli odierni sindacati: *l. operaia, sindacale*; *le leghe contadine* | ***L. lombarda***, (*st.*) coalizione di comuni lombardi, emiliani e veneti costituitasi nel 1167 contro Federico I Barbarossa | (*polit.*) ***L. Nord***, movimento politico sorto nel 1991 dal coordinamento di movimenti a carattere regionale sviluppatisi negli anni 1970-80 (Liga veneta, Lega lombarda) e diffusi nelle regioni settentrionali; sostiene una politica di autonomie regionali rispetto al prevalere del potere centralizzato. *2* (*est.*) Accordo di più persone che agiscono per conseguire il proprio utile: *far l. con qlcu.* | L'insieme di queste persone: *il mondo è una l. di birbanti contro gli uomini da bene, e di vili contro i generosi* (LEOPARDI). SIN. Combriccola, combutta. *3* Federazione che regola e tutela il regolare svolgimento dei campionati di vari sport: *L. Nazionale Calcio*. *4* (*chim.*) Soluzione solida di un metallo con uno o più elementi chimici, ottenuta spec. per fusione, con proprietà diverse da quelle degli elementi che la costituiscono | ***L. leggera***, costituita in prevalenza da un metallo leggero, come alluminio, magnesio o titanio | ***L. tipografica***, quella di piombo, stagno e antimonio usata per i caratteri mobili, la composizione meccanica, la stereotipia | Parte di rame che si aggiunge all'argento puro e parte di rame e di argento che si aggiunge all'oro o al platino per dar loro maggior durezza | ***Oro, argento di bassa l.***, nei quali c'è un'alta percentuale di metallo poco pregiato | (*fig.*) ***Gente di bassa l.***, di condizione o di animo vile | (*fig.*) ***Scherzo di cattiva l.***, di cattivo gusto. *5* Presa di malta o cemento. *6* Piastra di ferro per collegare insieme due o più pezzi, di ferro, pietra o legno.

léga (2) [ant. provz. *leg(u)a*, dal lat. tardo *lĕuga(m)*, *lĕuca(m)*, di orig. gallica; av. 1292] s. f. ● Unità di misura itineraria non inferiore alle due miglia, variabile secondo i Paesi | ***L. marina***, di circa quattro kilometri e mezzo o cinque kilometri e mezzo.

legàccia s. f. (pl. *-ce*) ● (*dial.*) Legaccio.

legàccio [da *legare (1)* con sovrapposizione di *laccio*; sec. XV] s. m. ● Striscia di stoffa, pelle e sim. per legare o stringere. || **legaccétto**, dim.

legàcciolo [1354] s. m. ● (*tosc.*) Legaccio | (*raro*) Giarrettiera.

†legagióne [lat. *ligatiōne(m)*, da *ligātus*, part. pass. di *ligāre* 'legare (1)'] s. f. ● Legamento.

legàle [vc. dotta, lat. *legāle(m)*, da *lēx*, genit. *lēgis* 'legge'; av. 1306] **A** agg. *1* Della, relativo alla, legge: *questione l.* | ***Studio l.***, quello di un avvocato, procuratore legale, commercialista, da solo o associato ad altri colleghi | ***Ufficio l.***, che ha il compito di curare le questioni giuridiche interessanti l'ente o azienda di cui è parte | ***Procuratore l.***, V. *procuratore* | ***Medicina l.***, V. *medicina*. *2* Conforme alla legge, stabilito dalla legge: *interessi legali*; *domicilio l.*; *presunzione l.* | ***Numero l.***, numero minimo di componenti un organo o ente collegiale che debbono essere presenti a una adunanza o debbono approvare una deliberazione per la validità delle stesse | ***Prova l.***, che la legge ritiene idonea alla dimostrazione del fatto | ***Carta l.***, carta bollata | ***Ora l.***, V. *ora*. *3* Legittimo: *comportamento l.*; *opposizione l.* || **legalménte**, avv. In modo conforme al disposto della legge. **B** s. m. e f. ● Professionista esperto di diritto, idoneo o abilitato a fornire consulenza o assistenza in tale materia: *chiedere il parere di un l.*; *rivolgersi a un l.*

legalìsmo [comp. di *legal(e)* e *-ismo*; av. 1952] s. m. ● Stretta osservanza, spec. formale, della legge.

legalìsta [av. 1956] s. m. e f. (pl. m. *-i*) ● Sostenitore, fautore del legalismo.

legalistico [1935] agg. (pl. m. *-ci*) ● Relativo al legalismo e ai legalisti. || **legalisticamente**, avv.

legalità [da *legale*; av. 1315] s. f. ● Condizione di ciò che è conforme alla legge: *l. di un atto* | Rispetto, osservanza della legge | ***Principio di l.***, secondo cui nessuno può essere punito per un fatto che non sia espressamente previsto come reato dalla legge, né con pene che non siano da essa stabilite | ***Agire con l.***, secondo il disposto della legge.

legalitàrio [1890] agg. ● Che agisce solo con mezzi consentiti dalla legge. || **legalitariamente**, avv.

legalizzàre [adattamento del fr. *légaliser*, da *légal* 'legale'; 1576] v. tr. **1** Rendere ufficiale un atto o un documento proveniente da un privato, certificandone l'autenticità da parte di una pubblica autorità: *l. una firma*. **2** Rendere legale: *l. l'aborto*.

legalizzazióne [dal fr. *légalisation*, da *légaliser* 'legalizzare'; 1710] s. f. ● Il legalizzare, il venire legalizzato.

♦**legàme** o (*disus.*) **ligàme** [adattamento del lat. *ligāmen* (nt.), da *ligāre* 'legare (1)'; av. 1292] s. m. **1** Tutto ciò che serve a legare, a stringere: *l. forte, robusto* | (*fig.*) Vincolo sentimentale, morale: *l. di amicizia, di parentela* | (*psicol.*) ***Doppio l.***, ingiunzione contraddittoria che consiste nell'integrare una richiesta esplicita a un richiamo affettivo in senso contrario, in modo da bloccare il soggetto in una situazione senza uscita. **2** (*fig.*) Nesso, relazione, rapporto: *stabilire un l. tra due avvenimenti*; *il l. della vita col filosofare* (CROCE). **3** (*chim.*) Interazione tra atomi uguali o differenti fra loro che porta alla formazione di molecole o di composti permanenti o comunque stabili per un tempo sufficiente ad accertarne l'esistenza | ***L. ionico***, legame eteropolare | ***L. covalente***, covalenza | ***Doppio l.***, legame covalente formato da due coppie di elettroni | ***L. glucosidico***, quello tra i gruppi alcolici dei monosaccaridi di un polisaccaride. **4** (*mat.*) Relazione alla quale debbono necessariamente soddisfare due o più enti.

legaménto o (*disus.*) **ligaménto** [adatt. del lat. *ligamĕntu(m)*, da *ligāre* 'legare (1)'; 1305] s. m. **1** Il legare | Ciò che serve a legare; legame. **2** (*anat.*) Ispessimento cordoniforme o nastriforme di tessuto connettivo con funzioni di sostegno o di rinforzo | Piega del peritoneo con funzioni di sostegno di organi addominali. CFR. desmo-. **3** (*ling.*) L'inserzione fra due suoni vocalici di un elemento consonantico di sostegno. **4** Nella scherma, contatto della propria lama con quella dell'avversario per farla deviare dal bersaglio. **5** (*mar., spec. al pl.*) Pezzi di costruzione che servono a collegare e fermare l'ossatura e il fasciame dello scafo. **6** (*mus.*) Legatura.

legamentóso o (*disus.*) **ligamentóso** [av. 1698] agg. ● (*anat.*) Che concerne i legamenti.

legànte (**1**) [adattamento del lat. *ligānte(m)*, part. pres. di *ligāre* 'legare (1)'; 1942] s. m. **1** Sostanza, quale cemento, mastice e sim., atta a saldare tenacemente fra loro corpi diversi. **2** (*chim.*) Molecola, ione o gruppo combinati all'atomo centrale in un chelato o in un composto di coordinazione. **3** (*cuc.*) Sostanza, quale farina, fecola, panna e sim. che rende più densi sughi, salse e sim.

legànte (**2**) [vc. dotta, lat. *legānte(m)*, part. pres. di *legāre* 'legare (2)'; 1869] agg.; anche s. m. e f. ● (*dir.*) Che (o Chi) fa un legato nel testamento.

†**legànza** [da *legante* (*2*)] s. f. ● Lega, colleganza.

♦**legàre** (**1**) o (*disus.*) **ligàre** [lat. *ligāre*, di etim. incerta; sec. XIII] **A** v. tr. (*io légo, tu léghi*) **1** Avvolgere, stringere una persona, una cosa o più cose assieme con una fune e sim., per congiungere o immobilizzare: *l. i prigionieri, i capelli*; *l. qlcu. come un salame*; *comandava espressamente che mi legassino e che mi menassino in prigione* (CELLINI) | ***Pazzo da l.***, completamente pazzo; (*scherz. o iron.*) persona stravagante, bizzarra | ***L. le mani e i piedi a qlcu.***, (*fig.*) impedirgli di operare liberamente | ***L. la lingua a qlcu.***, impedirgli di parlare | Stringere con un nodo: *legarsi i capelli* | ***Legarsi le scarpe***, allacciarsele | (*fig.*) ***Legarsela al dito***, tenere bene a mente un torto ricevuto con l'intenzione di rifarsi | ***L. l'avversario***, nel linguaggio pugilistico, tenerlo con le braccia impedendogli di combattere. **2** Attaccare, fermare a qlco. con una fune e sim.: *l. il cane alla catena*, *il cavallo alla greppia*. **3** Unire metalli a formare leghe | Saldare in maniera compatta corpi diversi fra loro. **4** (*cuc.*) Rendere più densi sughi, salse e sim. mediante l'aggiunta di farina, fecola, panna e sim. **5** (*fig.*) Unire, tenere insieme: *li lega un affetto profondo e duraturo*; *è legata a lui da un giuramento* | (*fig., spec. lett.*) Attrarre, avvincere: *lo legò a sé con l'arte della seduzione*. **6** Riunire le segnature di un'opera per costituire il volume. SIN. Rilegare. **7** Incastonare, incastrare: *l. una gemma in un anello*. **8** †Allegare, compiegare. **B** v. intr. e intr. pron. (aus. intr. *avere*) (assol.; + *con*) **1** Far lega, associarsi: *il ferro lega ottimamente col cemento* | (*chim.*) Combinarsi, unirsi, reagire: *atomi che si legano con altri* | (*fig.*) Star bene insieme, fare amicizia: *quei due hanno legato subito*; *non lega con nessuno* | Intonarsi, andare d'accordo: *colori che legano bene*; *la camicetta non lega con la gonna* | Connettersi, collegarsi logicamente: *concetti che legano poco*; *il finale non* (*si*) *lega con il resto del film*. **2** (*bot.*) Allegare. **C** v. rifl. e rifl. rec. (+ *con*; + *in*; + *a* qlcu.) ● Unirsi con un vincolo: *si legarono con una promessa di reciproco aiuto*; *si legarono in matrimonio*; *E se avrò la sbadataggine di legarsi a un di questi... povero lui!* (DE AMICIS) | Unirsi, stringersi affettivamente: *si attaccava a me, voleva legarsi a me* (VERGA) | Obbligarsi con qlcu.

legàre (**2**) [vc. dotta, lat. *legāre* 'disporre secondo la legge', deriv. di *lēx*, genit. *lēgis* 'legge'; av. 1363] v. tr. (*io lègo, tu lèghi*) **1** Lasciare per testamento, in legato: *l. a qlcu. un immobile*. **2** †Delegare: *a queste cose legarono le ventiquattro Arti* (COMPAGNI).

legàta [f. sost. di *legato* (*1*); 1891] s. f. ● Il legare una volta e alla meno peggio. || **legatàccia**, pegg. | **legatina**, dim.

legatàrio [vc. dotta, lat. tardo *legatāriu(m)*, da *legāre* 'legare (2)'; av. 1396] s. m. (f. *-a*) ● (*dir.*) Successore a causa di morte a titolo particolare.

legatizio [lat. tardo *legatīciu(m)* 'riguardante una legazione, un'ambasceria', da *legāre* 'legare (2)'; av. 1869] agg. ● Di, relativo a un legato, spec. pontificio.

♦**legàto** (**1**) o (*disus.*) **ligàto** [1305] **A** part. pass. di *legare* (*1*); anche agg. **1** Nei sign. del v. | ***Avere le mani legate***, (*fig.*) non poter agire liberamente. **2** (*fig.*) Unito da vincoli di amicizia, affetto, interesse ecc.: *quei due sono molto legati*. **3** (*fig.*) Impacciato, privo di scioltezza, di disinvoltura: *essere l. nel muoversi, nel parlare*. **B** s. m. **1** (*mus.*) Indicazione espressiva che richiede un'esecuzione delle note senza alcuna interruzione di suono fra l'una e l'altra | Colpo d'arco degli strumenti ad arco che contiene in una sola arcata una serie di suoni per evitare stacchi bruschi. **2** †Involto, fagotto.

legàto (**2**) **A** part. pass. di *legare* (*2*); anche agg. ● Nei sign. del v. **B** s. m. **1** Nell'antica Roma, ambasciatore, inviato | Amministratore di provincia consolare col pretore e col proconsole. **2** Rappresentante che la Santa Sede nomina presso governi stranieri con il titolo di nunzio, internunzio e delegato apostolico: *l. pontificio*.

legàto (**3**) [vc. dotta, lat. *legātu(m)*, dal part. pass. di *legare* nel senso giuridico di 'dare a qualcuno l'incarico di far qualcosa in base ad un patto (*lēx* 'legge')'; 1286] s. m. **1** (*dir.*) Disposizione testamentaria a titolo particolare che conferisce un bene a persona diversa dall'erede | (*est.*) Il bene stesso. **2** (*fig.*) Retaggio.

†**legatòio** s. m. ● Stanza dei legatori o imballatori.

legatóre [da *legare* (*1*); av. 1642] s. m. **1** (f. *-trice, pop. disus. -tora*) Chi esegue lavori di legatoria. **2** (*mecc.*) Legatrice. **3** (*agr.*) Attrezzo usato per legare i tralci di vite, o di altre piante, ai tutori.

legatorìa [1920] s. f. ● Industria della legatura di libri | Azienda o reparto in cui si svolgono le varie fasi della lavorazione di legatura.

legatrice [da *legare* (*1*) con uso sost. (sottinteso *macchina*); 1970] s. f. ● Macchina d'imballaggio che effettua la legatura di più oggetti in un unico collo.

legatùra o (*disus.*) **ligatùra** [adattamento del lat. tardo *ligatūra(m)*, da *ligāre* 'legare (1)'; av. 1306] s. f. **1** Operazione e modalità del legare | Ciò che serve a legare: *stringere, allentare una l.* | Punto in cui una cosa è legata: *agganciarono il cavo proprio sopra la l.* **2** Operazione, tecnica di riunire le varie segnature di un'opera per costituire il volume e rivestirlo di copertina | Modo e materiale con cui il volume viene legato: *l. a spirale*; *l. in pelle*. **3** (*mus.*) Simbolo grafico costituito da una linea arcuata sopra il pentagramma per indicare il legato: *l. di valore*, *l. di portamento*, *l. di frase*. **4** Operazione dell'incastonare gemme | Montatura. || **legaturàccia**, pegg. | **legaturina**, dim.

†**legazìa** [da *legare* (*2*)] s. f. ● Legazione, nel sign. 3.

legazióne [vc. dotta, lat. *legatiōne(m)*, da *legātus*, part. pass. di *legāre* 'legare (2)'; av. 1294] s. f. **1** Ambasceria, ambasciata. **2** Missione diplomatica retta da un ministro plenipotenziario | (*est.*) Edificio in cui ha sede una legazione | (*est.*) Insieme delle persone e degli uffici di cui è composta una legazione. **3** Ufficio, carica e sede di un legato, spec. pontificio | Durata di tale carica. **4** (*spec. al pl.*) Nell'antico Stato pontificio, ognuna delle province governate da un legato: *legazioni di Romagna*.

legènda [vc. dotta, lat. *legĕnda* (nt. pl.) 'cose che devono essere lette', dal gerundivo di *lĕgere* 'leggere'] s. f. inv. ● Leggenda, nel sign. 4.

♦**lègge** [vc. dotta, lat. *lēge(m)*, di orig. indeur., forse da *lĕgere* 'leggere'; av. 1294] **A** s. f. **1** Ogni norma o complesso di norme che regola la condotta individuale o sociale degli uomini: *le leggi della società, della convivenza*; *la l. morale*; *la l. dell'amicizia*; *la l. del più forte* | ***L. divina***, l'insieme delle norme rivelate da Dio | ***L. naturale***, insieme di diritti ritenuti intrinseci alla natura umana | ***L. positiva***, la norma giuridica emanata dagli organi legislativi | Norma tipica di gruppi particolari di esseri viventi: *la l. della malavita* | ***La l. della giungla***, (*fig.*) quella del più forte | Consuetudine: *la l. dell'omertà*. **2** (*dir.*) Atto normativo emanato dagli organi competenti e in conformità alle regole poste dall'ordinamento giuridico costituzionale dello Stato: *l. in senso sostanziale*, *in senso formale*; *l. costituzionale, ordinaria, speciale, eccezionale*; *l. delegata*; *approvazione delle leggi*; *atto avente forza di l.* CFR. nomo- | ***L. ponte***, emessa in attesa di un'altra legge più organica | ***L. quadro*** o ***cornice***, detto di legge e complesso di leggi che contengono i principi fondamentali relativi all'ordinamento di una determinata materia | ***L. delega***, con la quale il Parlamento delega il Governo a disciplinare una determinata materia con un decreto legislativo | ***L. stralcio***, parte di una legge più generale non ancora approvata dal Parlamento | ***L. Bacchelli***, che prevede l'erogazione di un vitalizio a personalità con meriti eccezionali che si trovano in condizioni economiche disagiate | ***A norma***, ***a termini di l.***, secondo ciò che la legge prescrive, comanda o vieta | ***Lo spirito della l.***, il suo reale significato. **3** (*est.*) Complesso delle norme che costituiscono l'ordinamento giuridico di uno Stato: *la l. è uguale per tutti*; *il potere, l'autorità, la maestà della l.* | ***L. delle 12 tavole***, primo codice di leggi della Roma antica. **4** Scienza giuridica: *laurea in l.*; *essere dottore in l.*; *è iscritto alla facoltà di l.* | ***Uomo di l.***, specialista nella scienza giuridica. **5** Autorità giudiziaria: *ricorrere alla l.*; *chiedere giustizia alla l.* | ***In nome della l.***, formula con cui i rappresentanti dell'autorità giudiziaria intimano a qlcu. di ottemperare a un comando della stessa: *in nome della l., aprite!* **6** (*est.*) Regola fondamentale di una tecnica, di un'arte e sim.: *le leggi della pittura, della scultura* | (*ling.*) ***L. fonetica***, formazione di un regolare mutamento di forme in determinate condizioni. **7** Relazione determinata e costante fra le quantità variabili che entrano in un fenomeno: *le leggi della matematica, della fisica*; *leggi chimiche*; *leggi di Keplero* | ***L. di Archimede***, secondo la quale su ogni corpo immerso in un liquido si esercita una forza diretta verso l'alto, pari al peso del volume di liquido spostato | ***L. di Avogadro***, secondo la quale in uguali volumi di gas diversi, nelle stesse condizioni di pressione e temperatura è contenuto lo stesso numero di molecole | ***L. di Gay-Lussac***, secondo la quale a pressione costante il volume di un gas è direttamente proporzionale alla sua temperatura | ***L. di Dalton***, o ***delle proporzioni multiple***, secondo la quale quando due elementi si combinano fra loro in differenti rapporti, le diverse quantità di uno degli elementi che si combinano con una medesima quantità dell'altro stanno fra loro in rapporti esprimibili mediante numeri interi. *8* (*mat.*) *L. di composizione*, operazione. **B** in funzione di **agg. inv.** ● (posposto al s.) Che ha forza di legge, nella loc. *decreto l.* || **PROV.** Fatta la legge trovato l'inganno. || **leggina**, **dim.** (V.).

♦**leggènda** [vc. dotta, lat. *legĕnda* (nt. pl.) 'cose che si devono leggere', f. del gerundivo di *lĕgere* 'leggere'; sec. XIII] **s. f.** *1* Racconto tradizionale di avvenimenti fantastici o molto lontani nel tempo, arricchiti o alterati dalla fantasia popolare: *la l. della Tavola rotonda* | (*est.*) Evento storico deformato dalla fantasia popolare: *la l. garibaldina.* *2* Nelle religioni, narrazione di natura mitologica, spesso ispirata dalla pietà popolare. *3* (*fig.*) Fandonia, bugia: *le calunnie diffuse su di noi sono leggende* | *L. metropolitana*, *urbana*, storia inventata che ha larga circolazione come vera, talvolta resa più credibile dopo essere stata diffusa da articoli di giornale: *la l. metropolitana dei coccodrilli nelle fogne di New York.* *4* Didascalia, testo di spiegazioni, tabella di abbreviazioni allegata a carte geografiche, grafici e sim. | Iscrizione, motto su medaglie, monete, stemmi, sigilli e sim. ➡ **ILL. moneta**. *5* (*mus.*) Lavoro vocale e strumentale con azione, che non necessita di messa in scena e costumi. || **leggendàccia**, **pegg.** | **leggendùccia**, **leggendùzza**, **dim.**

leggendarietà [1983] **s. f.** ● (*raro*) Caratteristica di ciò che è leggendario.

leggendàrio [av. 1556] **A agg.** *1* Che concerne la leggenda o ne ha i caratteri: *racconto, avvenimento l.* *2* (*est.*) Straordinario, meraviglioso: *le leggendarie imprese di Garibaldi.* || **leggendariaménte**, **avv.** In modo leggendario, sotto forma di leggenda. **B s. m.** ● Raccolta di leggende di santi.

leggera o **leggièra**, **liggèra** [dal primitivo senso, pure gerg., di 'miseria', da *leggerezza* intesa come 'mancanza'; 1908] **A s. f.** ● (*gerg.*) Miseria | Teppa, malavita. **B s. m. e f. inv.** ● (*gerg.*) Chi vive in miseria, campando di espedienti | Malavitoso.

♦**lèggere** [vc. dotta, lat. *lĕgere* 'raccogliere, leggere', termine tecnico, di orig. relig. e politica, indeur.; 1219] **v. tr.** (**pres.** *io lèggo, tu lèggi*; **pass. rem.** *io lèssi, tu leggésti*; **part. pass.** *lètto*) *1* Riconoscere dai segni della scrittura le parole e comprenderne il significato: *imparare, insegnare a l.*; *l. a voce alta, speditamente* | Conoscere, mediante la lettura, il contenuto di un testo: *l. un libro, il giornale, le istruzioni* | *L. il greco, il francese*, capirli correntemente | *Un libro che si fa l.*, che desta interesse, che è piacevole | *L. un autore*, la sua opera | (*assol.*) Dedicarsi alla lettura: *trascorro gran parte della giornata leggendo.* *2* Interpretare certi segni convenzionali o naturali: *i ciechi leggono con le dita*; *l. un diagramma, un grafico, una carta geografica* | (*fig.*) *L. la mano*, ricavare dati sul carattere e sul destino di qlcu. basandosi sulle linee della mano | *L. nel libro del destino*, (*fig.*) prevedere il futuro | (*mus.*) Eseguire un pezzo guardando lo spartito su cui è scritto: *l. a vista, a prima vista.* *3* (*lett.*) Intendere, interpretare uno scritto, un passo: *i critici dell'Ottocento leggevano erroneamente questa strofa* | (*est.*) Interpretare, intendere in base a un particolare punto di vista: *l. Manzoni in chiave strutturalista*; *l. un quadro, un film*; *l. l'ultima crisi ministeriale alla luce della congiuntura economica.* *4* Tenere una pubblica lettura spiegando e commentando un testo: *alla televisione sono stati letti passi dei Promessi Sposi.* *5* †Insegnare da una cattedra. *6* (*fig.*) Intuire osservando: *gli si leggeva il terrore sul volto*; *se a ciascun l'interno affanno / si leggesse in fronte scritto* (METASTASIO) | *L. nel pensiero, negli occhi, nell'animo di qlcu.*, scoprirne i sentimenti. *7* (*elab.*) Prelevare dati da un certo tipo di supporto o di memoria (per es., da un disco magnetico) per trasferirli a un altro (per es., la memoria principale). *8* †Eleggere, preferire.

leggerézza o (*raro*) **leggierézza** [av. 1292] **s. f.** *1* Caratteristica di chi (o di ciò che) è leggero: *ha la l. di una piuma*; *la l. della sua danza è meravigliosa.* *2* (*fig.*) Superficialità, mancanza di responsabilità e di serietà: *comportarsi con l.* | Azione di persona sconsiderata e leggera: *è stata una vera l. lasciarli soli* | (*raro*) Inezia: *io non credeo ... dover consumare tante parole in queste leggerezze* (GALILEI).

leggèri ● V. *leggieri*.

♦**leggèro** o †**leggière**, †**leggièri**, (*letter.*) **leggièro** [dall'ant. fr. *legier*, deriv. dal lat. *lĕvis* 'lieve', attraverso il lat. pop. **leviārius*; av. 1294] **A agg.** *1* Che ha poco peso: *essere l. come una piuma, come un sughero*; *l'olio è più l. dell'acqua*; *in estate si indossano abiti leggeri* | (*est.*) Che non dà sensazione di pesantezza | *Cibo l.*, di facile digestione | *Pasto l.*, frugale | *Aria leggera*, pura | Di scarsa forza o intensità: *una leggera scossa di terremoto*; *spirava un vento caldo e l.* | *Medicina leggera*, che agisce blandamente | *Droghe leggere*, V. *droga* | *Avere il sonno l.*, svegliarsi al minimo rumore. **CFR.** lepto-. **CONTR.** Pesante. *2* (*fig.*) Non grave: *ferita leggera*; *un l. mal di testa* | Che non richiede eccessivo sforzo fisico o mentale: *svolgere un lavoro l.*; *sostenere una fatica leggera* | Di poca importanza: *si tratta solo di un l. ritardo.* **SIN.** Lieve. *3* (*fig.*) Piccolo, modico: *vi sarà un l. aumento di stipendio*; *aveva un l. difetto di pronuncia* | Sottile, delicato: *c'era un l. odore di canfora*; *si sentiva un l. frusciare di foglie* | *Vino l.*, con poco alcol | *Caffè l.*, poco concentrato; **CONTR.** Forte. *4* Poco carico: *nave leggera* | *Tenersi l. di stomaco*, non appesantirlo con molto cibo o con cibi di difficile digestione. *5* Agile, snello, spedito nei movimenti: *essere l. nella danza, nel muoversi* | *Sentirsi l.*, provare un senso di benessere fisico o di sollievo morale. *6* (*fig.*) Di poco giudizio: *ogni volta che uno crede quello che non debbe o male finge quello che vuole persuadere, si può chiamare et leggiere et di nessun prudentia* (MACHIAVELLI) | Poco serio, incostante: *è una testa leggera* | *A cuor l.*, V. *cuore* | *Alla leggera*, senza riflettere. **SIN.** Fatuo, sconsiderato, superficiale. *7* (*mus.*) Detto di un tipo di musica di svago ed evasione costituita da canzonette e ballabili | Nella tecnica pianistica, detto di tocco che dà velocità, timbro chiaro e moderata intensità sonora. *8* (*sport*) *Atletica leggera*, V. *atletica* | *Pesi leggeri*, nel pugilato, categoria di peso compresa tra quelle dei pesi superpiuma e dei pesi superleggeri. || **leggerménte**, **avv.** *1* In modo leggero: *piove leggermente.* *2* Un po', appena appena: *la temperatura è leggermente risalita.* *3* Con leggerezza, con poca serietà: *trattare una questione troppo leggermente.* **B avv.** *1* In modo leggero: *vestirsi l.*; *mangiare l.* | Lievemente: *sorridere l.* *2* †Facilmente. || **leggerino**, **dim.** | **leggerétto**, **dim.** | **leggeróne**, **accr.** (V.).

leggeróne [1952] **s. m.** (f. *-a*) ● (*fam.*) Persona che si comporta con leggerezza e scarsa riflessività.

leggiadrìa [ant. provz. *leujairia* 'leggerezza' (dal lat. parl. **leviārius*, da *lĕvis* 'lieve'), sul tipo di corrispondenza *paire* e *padre*; 1294] **s. f.** *1* Caratteristica di chi (o di ciò che) è leggiadro: *la l. di una fanciulla*; *deposta avea l'usata l.* (PETRARCA). **SIN.** Avvenenza, gentilezza, grazia. *2* †Civetteria.

leggiàdro [da *leggiadria*; av. 1294] **A agg.** *1* Che è, al tempo stesso, bello, aggraziato e gentile: *movenze leggiadre*; *avere un volto, un portamento l.*; *forme leggiadre*; *qualche leggiadra ninfa paurosa* (L. DE' MEDICI). *2* (*lett.*) Splendido, magnifico: *virtù, opere leggiadre.* *3* †Affettato, azzimato. || **leggiadraménte**, **avv.** Con leggiadria. **B s. m.** ● †Bellimbusto, vagheggino. || **leggiadrétto**, **dim.** | **leggiadrino**, **dim.**

†**leggiàio** [da *legge*] **s. m.** ● Caparbio, cavilloso.

†**leggiaiòlo** o †**leggiaiuòlo s. m.**; anche **agg.** *1* Chi (o Che) pretende di imporre la propria volontà usando cavilli. *2* Chi (o Che) si comporta da leguleio.

†**leggiàre** [lat. parl. **leviāre*, da *lĕvis* 'lieve, leggero'] **v. tr.** ● Alleviare.

leggìbile [vc. dotta, lat. tardo *legĭbile(m)*, da *lĕgere* 'leggere'; sec. XIV] **agg.** ● Che si può leggere: *firma l.* | *Poesia, racconto, libro l.*, che, pur essendo privo di grandi pregi, merita di essere letto | (*fig.*) Evidente, facilmente decifrabile. || **leggibilménte**, **avv.**

leggibilità [1856] **s. f.** ● Condizione di ciò che è leggibile.

leggicchiàre [da *leggere* col suff. attenuativo *-icchiare*; av. 1744] **v. tr. e intr.** (*io leggicchio*; aus. *avere*) ● Leggere a stento, o di tanto in tanto | Leggere senza impegno: *l. il giornale.*

leggièra ● V. *leggera*.

†**leggière** ● V. *leggero*.

†**leggièri** o †**leggèri** [sec. XIII] **agg.** *1* V. *leggero*. *2* Nella loc. avv. *di l.*, facilmente, in modo agevole: *Nostra virtù, che di legger s'adona* (DANTE *Purg.* XI, 19).

leggièro e *deriv.* ● V. *leggero* e *deriv.*

leggina [1965] **s. f.** *1* Dim. di *legge.* *2* Legge di pochi articoli, di solito approvata in commissione parlamentare, e non dal parlamento in seduta plenaria.

†**lèggio** (1) [lat. *lĕviu(m)* 'piuttosto leggero (*lĕvis*)'; av. 1566] **A agg.** *1* (*mar.*) Leggero, detto di nave con carico incompleto o del tutto scarica. *2* Molle, soffice, tenero. **B s. m.** ● Tappo sul fondo delle imbarcazioni.

leggìo (2) [lat. *logēu(m)*, dal gr. *logêion* 'pulpito' (da *légein* 'dire, raccontare'), con sovrapposizione di *leggere*; 1284 ca.] **s. m.** *1* Mobile di varia forma e dimensione, fornito di sostegno a piano inclinato, per sostenere il messale, lo spartito musicale e sim. | Sostegno portatile o pieghevole sul quale appoggiare spartiti musicali o sim. *2* †Pulpito, pergamo.

leggista ● V. *legista*.

leggitóre [da *leggere*; av. 1294] **s. m.** *1* (*tecnol.*) Congegno che trasforma in movimenti meccanici o impulsi elettrici particolari segni su carta. *2* (**f.** *-trice*) (*raro*) Lettore.

leggiucchiàre [1832] **v. tr. e intr.** (*io leggiùcchio*; aus. *avere*) ● Leggicchiare: *apro il libro e mi metto a leggiucchiarlo* (PIRANDELLO).

leghìsmo [da *lega* col suff. *-ismo*; 1989] **s. m.** ● (*polit.*) Fenomeno politico e sociale, diffuso spec. nell'Italia settentrionale, consistente nell'associarsi in leghe e, in particolare, nella Lega Nord.

leghista [da *lega* (*1*); 1905] **A s. m. e f.** (**pl. m.** *-i*) *1* Un tempo, operaio o contadino iscritto a una lega. *2* (*polit.*) Militante, sostenitore di una lega, spec. della Lega Nord. **B agg.** ● (*polit.*) Della lega, relativo alla lega, spec. alla Lega Nord, al leghismo: *il fenomeno l.*

lègibus solùtus [loc. lat., propr. 'sciolto dalle (restrizioni imposte dalle) leggi'] **loc. agg.** (**pl. m.** lat. *legibus soluti*, **f.** lat. *legibus soluta*, **pl. f.** lat. *legibus solutae*) ● Libero dall'osservanza delle leggi: *da quando è stato eletto, si considera legibus solutus.*

legiferàre [fr. *légiférer*, dal lat. *legĭferu(m)*, comp. di *lēx*, genit. *lēgis* 'legge' e *-feru(m)* '-fero'; 1499] **v. intr.** (*io legìfero*; aus. *avere*) *1* Emanare, promulgare leggi. *2* (*scherz.*) Dettar legge.

legiferatóre [1909] **agg.**; anche **s. m.** (**f.** *-trice*) ● Che (o Chi) legifera.

legiferazióne [1940] **s. f.** ● (*raro*) Il legiferare.

legionàrio [vc. dotta, lat. *legionāriu(m)*, da *lĕgio*, genit. *legiōnis* 'legione'; 1520] **A s. m.** *1* Soldato di una legione: *i legionari di Cesare* | (*per anton.*) Appartenente alla Legione straniera | (*med.*) *Malattia, morbo del l.*, legionellosi. *2* Membro della Legione d'onore francese. **B agg.** ● Della, relativo alla legione: *truppe legionarie.*

legióne [vc. dotta, lat. *legiōne(m)*, da *lĕgere* 'scegliere, raccogliere (in armi)', secondo un incerto passaggio semantico; av. 1292] **s. f.** *1* Unità tattica fondamentale dell'esercito romano, costituita, secondo i tempi, da circa 3000 a oltre 6000 uomini: *le legioni di Cesare.* *2* Corpo militare che non fa parte dell'esercito regolare del Paese per cui combatte, spec. durante il Risorgimento | *Legione straniera*, costituita in Africa settentrionale agli inizi del sec. XIX e composta di soldati volontari, al servizio della Francia, in maggioranza stranieri, impiegata un tempo spec. in varie guerre coloniali. *3* Unità organica dell'Arma dei Carabinieri e del Corpo della Guardia di Finanza. *4* (*fig.*, *anche scherz.*) Schiera foltissima, moltitudine: *una l. di turisti*; *legioni di cavallette.* *5* *Legion d'onore*, ordine cavalleresco francese istituito per il riconoscimento di meriti civili e militari.

legionellòṣi [detta così perché diffusasi in forma epidemica nell'estate del 1976 durante un raduno a Filadelfia di reduci dell'American *Legion*; 1980] **s. f. inv.** ● (*med.*) Infezione batterica a localizzazione prevalentemente polmonare, caratterizzata da febbre alta, tosse secca, dolore pleurico e diarrea, provocata dalla *Legionella pneumophila* che si diffonde spec. per mezzo dell'acqua.

legislativo [fr. *législatif*, da *législateur* 'legislatore'; av. 1758] **agg.** ● Che concerne la legislazione: *assemblea legislativa* | *Procedimento l.*, svolgimento ordinato delle attività necessarie alla formazione di una nuova legge | *Potere l.*, funzione di emanare atti legislativi; complesso degli organi che normalmente esplicano detta funzione. || **legislativaménte**, **avv.** Dal punto di vista legislativo.

legislatóre [vc. dotta, lat. *legislatōre(m)*, comp. di *lēgis* 'della legge' e *lātor*, da *lātus*, part. pass. di *fĕrre* 'portare'; av. 1498] **A** s. m. (raro, f. *-trice*) ● (*dir.*) Chi formula leggi: *i legislatori dell'antica Grecia* | Organo investito del potere di legiferare | (*per anton.*) Il Parlamento: *interpretazione della legge secondo l'intenzione del l.* **B** agg. ● Che emana leggi o atti aventi forza di legge: *Stato l.*

legislatùra [fr. *législature*, da *législateur* 'legislatore'; av. 1639] s. f. *1* Attività e facoltà di preparare ed emanare leggi. *2* Dignità e ufficio di legislatore. *3* Periodo per il quale è eletta, o durante il quale rimane in carica, un'assemblea legislativa: *la quinta l. della repubblica italiana.*

legislazióne [vc. dotta, lat. tardo *legislatiōne(m)*, comp. di *lēgis* 'della legge' e *lātio*, da *lātus*, part. pass. di *fĕrre* 'portare'; av. 1729] s. f. *1* Formazione di leggi. *2* Ordinamento giuridico: *la l. italiana* | (*per anton.*) Complesso di atti legislativi disciplinanti un dato ramo di attività sociale: *l. del lavoro.*

legisperito [vc. dotta, lat. tardo *legisperītu(m)*, comp. di *lēgis* 'della legge' e *perītus* 'perito'; 1757] s. m. (f. *-a*) ● (*raro, lett.*) Giurisperito.

legista o (*raro*) **leggista** [formaz. mediev. dal lat. *lēx*, genit. *lēgis* 'legge'; 1308] s. m. e f. (pl. m. *-i*) *1* Dotto nelle leggi, giurista. *2* †Legislatore.

legìttima suspicióne [loc. lat. propr. 'per legittimo sospetto'; 1932] loc. sost. f. inv. ● Legittimo sospetto, in particolare riferito all'imparzialità del giudice | Nel procedimento penale, motivo di legittima assegnazione del processo a un ufficio giudiziario diverso rispetto a quello competente secondo le regole ordinarie.

legìttima [vc. dotta, lat. *legĭtima(m)*, sottinteso *pārte(m)*, '(parte) spettante per *legge*'; av. 1370] s. f. ● (*dir.*) Parte del patrimonio ereditario di cui il testatore non può liberamente disporre perché riservata per legge ai legittimari.

legittimàre [da *legittimo*; sec. XIV] v. tr. (*io legìttimo*) *1* Rendere qlcu. idoneo a compiere lecitamente un'attività giuridica | Attribuire a qlcu. la qualifica di legittimo: *l. un figlio.* *2* (*est.*) Giustificare: *l. un'assenza*; *nulla legittima il suo comportamento.*

legittimàrio [da (parte) *legittima*; 1894] s. m. (f. *-a*) ● (*dir.*) Erede necessario.

legittimazióne [sec. XIV] s. f. *1* Il legittimare, il venire legittimato | Potere di agire, di disporre: *documento di l.* | (*dir.*) ***L. dei figli naturali***, attribuzione della qualità di figlio legittimo a chi è nato fuori del matrimonio. *2* (*est., raro*) Giustificazione.

legittimìsmo [da *legittimo* col suff. di dottrina *-ismo*; av. 1872] s. m. ● Dottrina politica sorta nel XIX sec., basata sull'affermazione dell'origine divina della monarchia e della sua conseguente legittimità | (*est.*) Atteggiamento di chi tende a restaurare il regime monarchico dove questo è stato abbattuto.

legittimìsta [1846] **A** s. m. e f. (pl. m. *-i*) ● Chi sostiene il legittimismo. **B** agg. ● Legittimistico: *politica, partito l.*

legittimìstico [av. 1876] agg. (pl. m. *-ci*) ● Relativo al legittimismo o ai legittimisti.

legittimità [1657] s. f. *1* Caratteristica, condizione di ciò che è legittimo: *l. di un'azione, di un desiderio* | (*dir.*) ***L. degli atti amministrativi***, rispondenza dell'attività della Pubblica Amministrazione ai requisiti fissati dalla legge. *2* Conformità alla dottrina del legittimismo.

legìttimo [vc. dotta, lat. *legĭtimu(m)*, da *lēx*, genit. *lēgis* 'legge', col suff. di superl. *-tĭmu(m)*: 'vicinissimo, quasi identico, alla legge'; sec. XIII] agg. *1* Che è conforme alla legge o da essa consentito: *matrimonio, atto l.*; *uso l. delle armi* | ***Figlio l.***, concepito o generato da genitori uniti in regolare matrimonio | ***Legittima difesa***, causa di giustificazione del reato consistente in una reazione (purché proporzionata all'offesa ricevuta) al pericolo attuale di un'offesa ingiusta rivolta contro di sé o contro altri | ***Legittima suspicione***, V. *legitima suspicione* | (*est.*) Che è tale per disposizione della legge: *erede, successore l.* *2* (*est.*) Che risulta conforme alle consuetudini, alle regole prestabilite e sim.: *si tratta di una legittima applicazione della norma*; *vocabolo, termine l.* | Lecito, giustificato: *aspirazione, aspettazione legittima*; *appagare un l. desiderio* | Comprensibile: *sdegno l.* *3* (*fam., disus.*) Genuino: *vino, aceto l.* *4* (*arald.*) Detto di stemma composto secondo le regole del blasone. || **legittimaménte**, avv. *1* In modo legittimo. *2* (*raro, lett.*) Convenientemente.

♦**légna** [lat. *lĭgna* (nt. pl.), da *lĭgnum* 'legno'; sec. XIII] s. f. (pl. *légna* o lett. o tosc. *légne*) ● Legname da ardere: *l. verde, asciutta, secca*; *tagliare, spaccare la l.* | ***Far l.***, raccoglierla nel bosco | ***Mettere, aggiungere l. al fuoco***, (*fig.*) aizzare o fomentare discordie e sim. | (*fig.*) ***Portare l. al bosco***, portare qlco. dove ce n'è già in abbondanza. || **legnàccia**, pegg. | **legnétta**, dim.

legnàceo [av. 1811] agg. ● Di legno | Simile al legno.

†**legnàggio** ● V. *lignaggio.*

legnàia o †**legnàra** [lat. *lignāria(m)* 'appartenente al legno', da *lĭgnum* (V. *legna*); 1598] s. f. ● Locale, deposito per la legna.

legnaiòlo o (*lett.*) **legnaiuòlo** [1280] s. m. *1* Taglialegna addetto anche ai lavori di sgrossamento del legname. *2* (*disus.*) Artigiano che fa lavori grossolani di falegnameria.

legnàme [comp. di *legn(o)* e *-ame*, come il lat. *lignāmen* (nt.) di diverso sign. ('armatura di legno'); sec. XII] s. m. *1* Legno da lavoro: *negoziante, magazzino di l.*; *una partita di l. pregiato* | Insieme di pezzi di legno: *l. da ardere.* *2* (*spec. al pl.*) †Lavori ordinari in legno o mobili di legno | †***Maestro di l.***, falegname.

†**legnàra** ● V. *legnaia.*

†**legnàre** (1) [lat. *lignāre* 'raccoglier legna', da *lĭgnum* 'legno'; av. 1306] v. intr. ● Far legna.

legnàre (2) [da *legno* per 'bastone'; 1863] v. tr. (*io légno*) ● Bastonare | (*fig., fam.*) Stangare.

legnàta [lat. *lignāta(m)*, part. pass. di *lignāre* 'legnare (2)'; 1535 ca.] s. f. ● Colpo dato con un legno | (*est.*) Bastonata: *dar un fracco di legnate a qlcu.*; *qui finisce a legnate!* | (*fig., fam.*) Stangata, batosta. || **legnatìna**, dim.

legnàtico [lat. tardo *lignātĭcu(m)*, da *lĭgnum* 'legno', col suff. *-ātĭcum*, che indicava certi diritti; 1838] s. m. (pl. *-ci*) *1* (*ant.*) Tassa che si pagava al signore di un feudo per far legna nei boschi. *2* Diritto di far legna nei boschi altrui, spec. comunali. SIN. Boscatico.

legnatùra [1869] s. f. ● (*raro*) Bastonatura.

legnino [dal *legno* della botte; 1957] s. m. ● (*disus.*) Sapore sgradevole che il vino prende da una cattiva botte.

♦**légno** [lat. *lĭgnu(m)*, collegato col v. *lĕgere* 'raccogliere (la legna da ardere)'; av. 1294] s. m. *1* (*bot.*) Tessuto vegetale costituito da elementi basali e da cellule parenchimatiche, con pareti lignificate adibite al trasporto della linfa e dei liquidi sia nei fusti che nelle radici | (*est.*) La parte compatta, interna, del fusto e dei rami delle piante: *l. di noce, di ciliegio, di frassino, di tek*; *l. duro, dolce, liscio, nodoso.* CFR. silo-. *2* Correntemente, materia prima fornita dagli alberi e destinata a vari usi: *l. da lavoro, da ardere, da intarsio*; *mobili, pavimento di, in l.*; *avere una gamba di l.* | ***Pasta di l.***, per la fabbricazione della carta | ***L. compensato***, pannello di più strati di legno, incollati a fibre incrociate per aumentarne l'indeformabilità | ***Essere duro come il l.***, durissimo, coriaceo | ***Testa di l.***, (*disus.*) marionetta; (*fig.*) persona poco intelligente o molto ostinata. *3* Pezzo di legno: *raccogliere un l. da terra* | (*est.*) Bastone, mazza: *percuotere, colpire qlcu. con un l.* | Nel golf, tipo di bastone spec. per colpi lunghi. *4* (*mus., al pl.*) Nell'orchestra moderna, gruppo di strumenti a fiato, originariamente in legno, comprendente flauto, ottavino, oboe, corno inglese, clarinetto, clarinetto basso, corno di bassetto, fagotto, controfagotto e sassofono. SIN. Strumentini. *5* (*lett.*) Albero. *6* (*fig., disus.*) Carrozza signorile | Nave: *ci rifugieremo sui legni inglesi* (TOMASI DI LAMPEDUSA). || PROV. Ogni legno ha il suo tarlo. || **legnàccio**, pegg. | **legnerèllo**, dim. | **legnettino**, dim. | **legnétto**, dim. | **legnino**, dim. | **legnòlo**, legnuòlo, dim. | **legnòtto**, accr. | **legnòttolo**, dim. | **legnùccio**, **legnùzzo**, dim.

legnòlo o **legnuòlo** [lat. parl. *lineŏlu(m)*, dim. di *līnea*, originariamente 'filo di lino (*līnum*)', 'cordicella'; 1834] s. m. ● Insieme di più filacce o fili metallici avvolti a spirale. SIN. Trefolo.

legnosità [av. 1704] s. f. ● Caratteristica di ciò che è legnoso.

legnóso [lat. *lignōsu(m)*, da *lĭgnum* 'legno'; av. 1320] agg. *1* Di legno | ***Piante legnose***, alberi ed arbusti | ***Fusto l.***, non erbaceo | ***Sapore l.***, del vino che ha preso sapore di botte. *2* Che ha la durezza del legno, che è simile al legno: *materiali legnosi* | ***Carne legnosa***, molto dura e tigliosa. *3* (*fig.*) Privo di scioltezza, morbidezza, elasticità, disinvoltura e sim.: *andatura legnosa* | ***Gambe legnose***, rigide e prive di mobilità. || **legnosaménte**, avv.

legnuòlo ● V. *legnolo.*

Lègo® [comp. delle vc. danesi *leg* (imperat. del v. *lege* 'giocare') e *go(dt)* (avv. dell'agg. *god* 'buono'), quindi, propr. 'gioca bene'; 1965] s. m. inv. ● Gioco di costruzioni in plastica costituito da piccoli pezzi di forma geometrica a incastro, tali da permettere una grande quantità di combinazioni.

†**leguleìco** [1673] agg. ● Di leguleio.

leguleìo [vc. dotta, lat. *legulēiu(m)*, da *lēx*, genit. *lēgis* 'legge' col doppio suff. *-ul-* (dim.) e *-ēius*; 1657] s. m. (f. *-a*) ● (*spreg.*) Legale cavilloso e sofistico.

legùme [vc. dotta, lat. *legūmen* (nt.) di etim. incerta; 1243] s. m. *1* Baccello. *2* (*al pl.*) Semi commestibili contenuti nei baccelli delle leguminose quali fagioli, piselli, ceci, lenticchie, fave e sim.: *minestra, farina di legumi* | ***Legumi freschi***, che si mangiano verdi | ***Legumi secchi***, conservati previo essiccamento.

legumièra [1950] s. f. ● Piatto di portata o vassoio per legumi.

legumìna [comp. di *legum(e)* e *-ina*; 1862] s. f. ● Proteina vegetale contenuta in varie leguminose.

Leguminóse [dal lat. *legūmen*, genit. *legūminis* 'legume'; av. 1811] s. f. pl. (sing. *-a*) ● Nella tassonomia vegetale, ordine di piante delle Dicotiledoni con fiore a cinque petali, pistillo a un solo carpello, foglie composte e frutto a baccello (*Leguminosae*).

Lehm /lɛm, *ted.* le:m/ [vc. di area germ. e orig. indeur. (da una radice **lei-* col sign. di 'viscido'); 1952] s. m. (pl. ted. *Lehme*) ● (*geol.*) Deposito argilloso-sabbioso incoerente, ricco di ossidi e idrossidi di alluminio e ferro.

♦**lèi** [lat. parl. **illǣi* per †*illae*, che sostituì *illi*, ritenuto solo m.; av. 1250] **A** pron. pers. di terza pers. f. sing. *1* Indica la persona (*lett.* anche l'animale o la cosa) di cui si parla, e si usa al posto di 'ella' e 'essa' nei vari compl.: *devi scrivere a lei*; *se io fossi in lei non lo farei*; *vai tu con lei* | Come compl. ogg. in luogo del pron. 'la', quando gli si vuole dare particolare rilievo: *guardando lei mi pareva di vedere sua madre*; *e lei con braccio maneggiò sì saldo* (TASSO) | (*lett.*) Come compl. di termine senza la prep. 'a': *rispose lei che non poteva* | (*lett.* o *bur.*) In luogo dell'agg. poss. nelle loc. ***la di lei***, ***il di lei***, ***le di lei***, ***i di lei***, la sua, il suo, le sue, i suoi: *la di lei bellezza*; *il di lei padre* | Si pospone a 'anche', 'neanche', 'pure', 'neppure', 'nemmeno', e sim.: *non ho visto neppure lei* | Si pospone a 'ecco' in luogo del pron. encl. 'la', quando gli si vuole dare particolare rilievo: *ecco lei!* *2* Si usa come sogg. (al posto di 'ella' e 'essa') spec. in espressioni enfatiche, ellittiche esclamative, in contrapposizione ad altro sogg. o posposto al verbo con valore enfat. e raff.: *ci vada lei, se vuole*; *l'ha riferito lei in persona*; *lui poverissimo, lei ricca e bella*; *beata lei!*; *lei fortunata!* | Con il v. al modo inf., part., gerundio: *lei accettare questo?*; *accettato lei, accettarono tutti*; *andandosene lei, l'allegria era finita* | Si pospone a 'anche', 'neanche', 'pure', 'neppure', 'nemmeno' e sim.: *verrà anche lei?*; *neppure lei lo sapeva* | Con funzione predicativa: *non sembra più lei*; *non pareva lei* | Si usa dopo 'come' e 'quanto' nelle comparazioni: *io ne sapevo quanto lei.* *3* Si usa (come sogg. e compl.) in segno di deferenza, cortesia, rispetto, rivolgendosi a persone, anche di sesso maschile (e in questo caso il predicato si accorda al genere maschile), con cui non si è in familiarità: *lei è stato molto caro con noi*; *entri pure, lei è attesa.* **B** in funzione di s. m. inv. ● La terza persona: *usare il lei* | ***Dare del lei a qlcu.***, rivolgergli rispettosamente il discorso in terza persona; (*est.*) non essere in rapporto di familiarità. **C** in funzione di s. f. inv. ● (*fam.*) La donna amata: *parla sempre della sua lei.*

leibniziàno /laibnits'tsjano, lei-/ [1761] **A** agg. ● Che concerne o interessa la filosofia di G. W. Leibniz (1646-1716). **B** s. m. (f. *-a*) ● Chi segue la dottrina filosofica di G. W. Leibniz.

leiomiosarcòma [comp. del gr. *lêios* 'liscio', *mio-* e *sarcoma*] s. m. (pl. *-i*) ● (*med.*) Tumore della muscolatura liscia, spec. dell'utero e dello stomaco.

leiòtrico [comp. del gr. *lêios* 'liscio' (di etim. incerta), e *-trico*] **agg.** (pl. m. *-chi*) ● Lissotrico.

leishmània /leiz'manja, liʃ-/ [dal n. dello scopritore, il medico W. B. *Leishman* (1865-1926); 1933] **s. f.** ● Genere di Protozoi flagellati parassiti delle cellule endoteliali e dei leucociti (*Leishmania*).

leishmaniòsi /leizma'njɔzi, liʃ-/ [comp. di *leishmani(a)* e *-osi*; 1928] **s. f. inv.** ● (*med.*) Malattia parassitaria cutanea o viscerale causata da protozoi del genere *Leishmania* trasmessi all'uomo da insetti vettori (gener. *Phlebotomus*) e diffusa soprattutto nelle aree tropicali.

Leitmotiv /laitmo'tiv, *evit.* -'motiv, *ted.* 'laetmoˌtiːf/ [vc. ted., da *leiten* 'guidare, dirigere' (V. *leader*) e *Motiv* 'motivo'; 1884] **s. m. inv.** (pl. ted. *Leitmotive*) **1** (*mus.*) Tema melodico ricorrente che caratterizza fatti, momenti o personaggi nel corso di una composizione. **2** (*est.*) Concetto o argomento a cui si fa costante riferimento o che si ripete, in un'opera letteraria, artistica e sim.: *il L. dell'angoscia nella lirica del Novecento.*

lek /*albanese* lɛk/ [vc. albanese, dal n. proprio *Lek(ë)* 'Alessandro' con allusione ad Alessandro Magno; 1929] **s. m. inv.** (pl. albanese *lekë*) ● Unità monetaria circolante in Albania.

lèkythos /*gr.* 'lɛkyθos/ [gr. *lêkythos*, di etim. sconosciuta (forse vc. di orig. straniera)] **s. f. inv.** (pl. gr. *lèkythoi*) ● (*archeol.*) Tipo di vaso greco usato spec. per unguenti e profumi, avente in genere collo molto allungato collegato al corpo per mezzo di una sola ansa verticale.

†lellàre [vc. imit.; av. 1400] **v. intr.** ● (*tosc.*) Essere lento nel decidersi e nell'agire.

†lèllera ● V. *†ellera*.

Lem /lɛm/ [sigla ingl. di *L(unar) e(xcursion) m(odule)* 'modulo d'escursione lunare'; 1974] **s. m. inv.** ● Veicolo spaziale a due stadi impiegato dalle missioni americane, a partire dal 1969, per la discesa sulla Luna.

lèmbo (1) [lat. *lĭmbu(m)*, termine tecnico, di etim. incerta; 1313] **s. m.** **1** Parte estrema dell'abito: *prendere, trattenere qlcu. per il l. del mantello*; *purpurea vesta d'un ceruleo l. / sparso di rose i begli omeri vela* (PETRARCA) | (*est.*) Orlo, margine: *il l. della strada.* **2** Zona, fascia, parte: *coltivare un piccolo l. di terra.* **3** (*bot.*) Porzione distale espansa e laminare di foglie, sepali, petali. **SIN.** Lamina. || **lembùccio**, **dim.**

†lèmbo (2) [lat. *lĕmbu(m)*, dal gr. *lémbos*, di etim. incerta; sec. XIV] **s. m.** ● Nave leggera da guerra o da pesca.

lèmma [vc. dotta, lat. *lĕmma* 'argomento, tema', dal gr. *lêmma* 'presa', da *lambánein* 'prendere', di etim. incerta; 1581] **s. m.** (pl. *-i*) **1** (*filos.*) Proposizione che funge da premessa di un ragionamento | Proposizione che una scienza assume senza dimostrazione ricavandola da un'altra scienza. **2** (*mat.*) Teorema solitamente d'importanza secondaria, che si premette alla dimostrazione d'un altro. **3** (*ling.*) Vocabolo registrato in un dizionario o in un'enciclopedia, stampato in grassetto e posto all'inizio della definizione. **SIN.** Esponente. **4** †Premessa, argomento.

lemmàrio [1965] **s. m.** ● Complesso dei lemmi di un dizionario e sim. | Lista dei lemmi.

lemmàtico [1674] **agg.** (pl. m. *-ci*) ● Che ha la natura e le caratteristiche del lemma.

lemmatizzàre [1967] **v. tr.** ● Registrare come lemma una parola. **SIN.** Vocabolarizzare.

lemmatizzazióne [1967] **s. f.** ● Il lemmatizzare, il venire lemmatizzato.

lèmme lèmme [etim. incerta; 1615] **loc. avv.** ● (*fam.*) Piano piano, adagio adagio, con flemma: *camminava lemme lemme*; *se ne veniva lemme lemme*; *amandosi e vivendo lemme lemme* (GIUSTI).

lemming /*ingl.* 'lɛmɪŋ/ [vc. ingl., dal norv. *lemming*: col sign. originario 'l'abbaiatore' (?); 1905] **s. m.** ● Piccolo mammifero dei Roditori dell'Europa e dell'Asia settentrionali che compie migrazioni periodiche (*Lemmus lemmus*).

lèmmo [1833] **s. m.** ● Adattamento di *lemming* (V.).

lèmna [gr. *lémna* 'lenticchia d'acqua', di etim. incerta; 1813] **s. f.** ● (*bot.*) Lenticchia d'acqua.

Lemnàcee [comp. di *lemn(a)* e *-acee*; 1957] **s. f. pl.** (sing. *-a*) ● Nella tassonomia vegetale, famiglia di piante acquatiche delle Monocotiledoni dall'aspetto di lamina verde galleggiante con fiori ridottissimi (*Lemnaceae*).

lemniscàta [f. sost. di *lemniscato* 'a forma di lemnisco'; 1834] **s. f.** ● (*mat.*) Curva piana a forma di otto: *l. di Bernoulli.*

lemniscàto [vc. dotta, lat. *lemniscātu(m)*, da *lemnĭscus* 'lemnisco'; 1698] **agg.** ● (*lett.*) Ornato di lemnisco.

lemnisco [vc. dotta, lat. *lemnĭscu(m)*, dal gr. *lēmnískos* 'proveniente dall'isola di Lemno (*Lêmnos*)' (?); av. 1527] **s. m.** (pl. *-schi*) **1** Nell'antica Roma, fascia o nastro in origine di lana poi di materie preziose di cui si ornavano palme e corone trionfali. **2** (*arch.*) Nastro attorto a corone e ghirlande ornamentali. **3** (*anat.*) Ognuna delle principali vie nervose sensoriali che raggiungono i centri superiori: *l. mediale, l. spinale.*

lemòsina ● V. *elemosina.*

lempìra /*sp.* lem'pira/ [dal n. del cacicco di Honduras, *Lempira*, che s'oppose ai conquistatori sp.; 1933] **s. m. inv.** (pl. sp. *lempiras*) ● Unità monetaria circolante in Honduras.

lèmure (1) [vc. dotta, lat. *Lĕmures*, termine non indeur.; 1499] **s. m.** ● Nelle credenze religiose di Roma antica, anima o spettro vagante di defunto che tornava sulla terra per molestare i vivi.

lèmure (2) [dal n. della famiglia, *Lemur(o)idi*, opposto, come proscimmie, alle 'scimmie' o Antropoidi; 1864] **s. m.** ● Genere di Proscimmie caratterizzato da muso aguzzo, lunga coda, pelame morbido, grandi occhi, arti anteriori e posteriori ugualmente lunghi (*Lemur*).

Lemùridi [comp. di *lemur(e)* (2) e *-idi*; 1895] **s. m. pl.** (sing. *-e*) ● Nella tassonomia animale, famiglia di Proscimmie notturne con muso allungato, pelliccia morbida, grandi occhi e lunga coda (*Lemuridae*). ➡ **ILL. animali**/14.

Lemuroidèi [comp. di *lemur(e)* (2) e dal suff. *-oidei*; 1957] **s. m. pl.** ● (*zool.*) Proscimmie.

léna o **lèna** [da *(a)lena(re)*, per *anelare*; av. 1249] **s. f.** **1** Vigoria, energia nell'affrontare le fatiche: *applicarsi allo studio di buona l.*; *ripigliato l., spirito e voce, tornò a' colloqui e agli affetti di prima* (BARTOLI) | ***Opera di lunga l.***, di molta e lunga fatica. **SIN.** Ardore. **2** (*lett.*) Fiato, respiro spec. affannoso: *riprender l. dopo uno sforzo*; *mancare la l.* | ***Con l. affannata***, affannosamente.

†lenànza **s. f.** ● Lena, ardore.

lènci® [dal n. della ditta (fabbrica *Lenci*), che per prima lo produsse, a Torino, dal 1919; 1930] **A s. m. inv.** ● Panno leggero molto compatto in vasta gamma di colori per la fabbricazione di bambole, fiori artificiali, cuscini. **B** anche **agg. inv.**: *panno l.*

lèndine o **léndine** [lat. tardo *lĕndine(m)*, per *lĕnde(m)*, vc. pop. di orig. indeur.; av. 1292] **s. m.** o raro **f.** ● Uovo di pidocchio.

lendinóso [1534] **agg.** ● Che ha lendini, pieno di lendini: *capelli, peli lendinosi*; *il capo l. non se gli lava* (ARETINO).

lène o **†lèno** [vc. dotta, lat. *lēne(m)*, di etim. incerta; sec. XIII] **agg.** **1** (*lett.*) Debole, lieve, soave: *la bianca luna … piovea l. il gentil / tremolar del suo lume* (CARDUCCI). **2** (*ling.*) Detto di consonante che è pronunciata con minore tensione articolatoria rispetto alla corrispondente *forte* (ad es. /b/ rispetto a /p/, /v/ rispetto a /b/) | ***Spirito di l.***, in greco, spirito dolce. || **leneménte**, **avv.** (*lett.*) Dolcemente, soavemente.

lenèo [lat. *Lenāeu(m)*, dal gr. *Lēnâios*: da *lēnós* 'torchio'(?); av. 1566] **agg.** ● Nella mitologia greca, relativo al dio Dioniso.

†lenézza [sec. XIV] **s. f.** ● Lenità.

†lenificàre [comp. di *lene* e *-ficare*; sec. XIV] **v. tr.** ● Rammorbidire, addolcire, lenire.

†lenificativo [av. 1320] **agg.** ● Lenitivo.

leniménto [vc. dotta, lat. *leniméntu(m)*, da *lēnis* 'lene'; 1546] **s. m.** ● Il lenire | Medicamento calmante, lenitivo | (*fig.*) Sollievo. **SIN.** Alleviamento, mitigazione.

leniniàno [1963] **agg.** ● Che si riferisce all'uomo politico russo N. Lenin e alla sua dottrina politica.

leninìsmo [dal n. di N. *Lenin* (pseudonimo di Vladimir Ulianov (1870-1924)), col suff. di dottrina *-ismo*; 1918] **s. m.** ● Revisione, operata da Lenin, della dottrina marxista, per adeguarla ai problemi del secolo ventesimo e a quelli sorti in seguito alla rivoluzione d'ottobre del 1917.

leninista [1917] **A s. m. e f.** (pl. m. *-i*) ● Seguace del leninismo. **B agg.** ● Del leninismo, dei leninisti.

leninìstico [1951] **agg.** (pl. m. *-ci*) ● Relativo al leninismo e ai leninisti.

lenire [vc. dotta, lat. *lenīre*, da *lēnis* 'lene'; av. 1313] **v. tr.** (*io lenisco, tu lenisci*) ● (*lett.*) Mitigare, calmare, placare: *l. le sofferenze, l'ansia*; *l. il dolore.*

†lenità [vc. dotta, lat. *lenitāte(m)*, da *lēnis* 'lene'; av. 1342] **s. f.** **1** (*raro*) Lentezza. **2** Mitezza, dolcezza.

lenitivo [sec. XIV] **A agg.** ● Che lenisce, che calma il dolore: *preparato l.* **B s. m.** ● Farmaco che calma il dolore o attenua i sintomi di una malattia | (*fig.*) Ciò che mitiga una pena: *la solidarietà degli amici fu un l. al suo dolore* | (*est.*) Rimedio provvisorio: *i soccorsi non furono che un l. per l'immane tragedia.*

lenizióne [1912] **s. f.** ● (*ling.*) Mutamento consonantico consistente in un insieme di fenomeni di indebolimento delle consonanti intervocaliche (per es. nel passaggio dal lat. *ripa* all'it. *riva*).

†lèno ● V. *lene.*

lenocinio [vc. dotta, lat. *lenocĭniu(m)*, da *lēno*, genit. *lenōnis* 'lenone'; 1470] **s. m.** **1** (*dir.*) Attività di chi induce o costringe alla prostituzione. **2** (*fig.*) Allettamento, lusinga: *l. di stile*; *uomo intento alla sostanza delle cose e incurante di ogni l.* (DE SANCTIS). **SIN.** Adescamento.

lenóne [vc. dotta, lat. *lenōne(m)*, di etim. incerta; av. 1484] **s. m.** **1** Nell'antica Roma, mercante di schiave. **2** (f. *-a*) (*lett.*) Ruffiano.

†lenonia [1336 ca.] **s. f.** ● (*raro*) Attività del lenone.

lentàggine (1) [da *lento*; av. 1412] **s. f.** ● (*raro*) Lentezza.

lentàggine (2) [da *lantana*; av. 1597] **s. f.** ● Arbusto sempreverde delle Caprifoliacee con foglie coriacee, frutto a drupa di color azzurro, originario delle zone calde e coltivato per siepi (*Viburnum tinus*). **SIN.** Laurotino.

lentàre [vc. dotta, lat. *lentāre* 'allentare', da *lĕntus* 'lento, pieghevole'; 1532] **A v. tr.** (*io lènto*) ● (*pop.* o *lett.*) Allentare: *l. una molla.* **B v. intr. pron.** ● (*pop.*) Allentarsi.

lènte [vc. dotta, lat. *lĕnte(m)* o *lĕnti(m)*, vc. di orig. straniera; av. 1375] **s. f.** **1** Vetro, cristallo o altro materiale solido trasparente, limitato da due superfici curve o da una superficie piana e una curva: *l. concava, convessa* | ***L. d'ingrandimento***, lente convergente usata per osservare oggetti molto piccoli, che sarebbero difficilmente visibili a occhio nudo | ***Lenti a contatto***, ***lenti corneali***, ***lenti lacrimali***, piccole lenti di plastica che aderiscono direttamente all'occhio attraverso un sottile strato di liquido lacrimale e servono per la correzione dei difetti della vista, in sostituzione degli occhiali. **2** (*spec. al pl.*) Occhiali: *usare le lenti*; *lenti montate in oro, in tartaruga.* **3** Estremità inferiore del pendolo degli orologi, di forma rotonda. **4** (*bot.*) Lenticchia. **5** (*anat.*) Cristallino. **6** (*spec. al pl.*) Pasta da minestra simile a lenticchie. || **lentina**, **dim.**

lenteggiàre [comp. di *lent(o)* e *-eggiare*; 1825] **v. intr.** (*io lentéggio*; aus. *avere*) ● (*raro*) Essere molle, male avvitato o teso: *il perno, il bullone lenteggia*; *cordami che lenteggiano.*

lentézza [lat. *lentĭtia(m)*, da *lĕntus* 'lento'; 1342] **s. f.** ● Caratteristica di chi (o di ciò che) è lento: *l. di movimenti, del passo*; *l'esasperante l. della burocrazia* | ***†L. d'animo***, depressione o scoraggiamento. **CONTR.** Rapidità, velocità.

lentia [sp. *lantía* (?); 1822] **s. f.** ● (*mar.*) Imbracatura impiegata per muovere un corpo cilindrico lungo un piano inclinato, costituita da un cavo passato a doppino attorno al corpo stesso.

Lentibulariàcee [vc. dotta, comp. del lat. *lēns*, genit. *lĕntis*, 'lente', *(tū)bulu(m)* 'piccolo tubo', *-ariu(m)* '-ario' e del suff. *-acee*] **s. f. pl.** (sing. *-a*) ● (*bot.*) Famiglia di Angiosperme erbacee di ambienti acquatici o umidi, con foglie modificate per la cattura di insetti (*Lentibulariaceae*).

lenticchia [lat. *lentĭcula(m)*, dim. di *lēns*, genit. *lĕntis* 'lente'; av. 1320] **s. f.** **1** Pianta annua delle Leguminose, con peli vischiosi, fusto eretto, foglie pennate terminanti in un viticcio, frutto a baccello romboidale con due semi schiacciati, commestibili (*Ervum lens*). ➡ **ILL. piante**/7. **2** Seme di tale pianta, usato nell'alimentazione | ***Dare, cedere qlco. per un piatto di lenticchie***, (*fig.*) per nulla. **3** (*spec. al pl.*) Pasta da minestra a forma di lenticchie. **4** (*pop.*) Lentiggine, efelide. **5** ***L.***

d'acqua, pianta piccolissima, che galleggia sugli stagni con l'aspetto di una laminetta verde ovale, con fiori rari e piccolissimi (*Lemna minor*). SIN. Lemna.

lenticèlla [dim. di *lente*; 1875] **s. f.** ● (*bot.*) Formazione puntiforme o allungata sulla corteccia dei rami di varie piante, formata da gruppi di cellule a forma di lente attraversata da una fessura che permette gli scambi gassosi con l'esterno.

lenticolàre [vc. dotta, lat. tardo *lenticulāre(m)* 'a forma di piccola lente (*lentīcula*)'; 1589] **agg.** *1* Che ha forma simile a quella di una lente | ***Ruota l.***, nel ciclismo, ruota che ha, al posto dei raggi, un cerchio di materiale molto leggero e resistente (ad es. carbonio) a forma biconvessa, che consente una migliore penetrazione aerodinamica spec. nelle gare a cronometro. *2* (*aer.*) Di forma appiattita. *3* (*anat.*) ***Apofisi, osso l.***, rigonfiamento dell'incudine, nell'orecchio medio | (*anat.*) ***Nucleo l.***, massa di sostanza grigia alla base dell'encefalo. *4* (*bot.*) Relativo alle lenticelle: *tessuto l.* | Che ha forma di lenticchia. *5* (*chir.*) ***Coltello l.***, ferro chirurgico a punta smussata e tonda.

lentifórme [vc. dotta, comp. di *lente* e *-forme*; av. 1869] **agg.** ● Che ha forma simile a quella di una lente.

lentìggine [vc. dotta, lat. *lentīgine(m)*, da *lēns*, genit. *lĕntis*, nel senso di 'lenticchia' per somiglianza nella forma e nel colore; 1305] **s. f.** ● Ognuna delle piccole macchie cutanee bruno-nerastre causate da incremento di melanociti, che non subiscono variazioni con l'esposizione ai raggi solari; possono essere presenti in qualsiasi parte della pelle. CFR. Efelide.

lentigginóso o †**lintigginóso** [vc. dotta, lat. *lentiginōsu(m)*, da *lentīgo*, genit. *lentīginis* 'lentiggine'; av. 1327] **agg.** ● Che ha lentiggini: *viso l.*

lentìsco o **lentìschio** [vc. dotta, lat. *lentīscu(m)*, vc. di provenienza straniera, ravvicinato a *lentus*, nel senso di 'viscoso' per il succo resinoso che produce; 1340 ca.] **s. m.** (pl. *-schi*) ● Pianta delle Anacardiacee, tipica delle regioni mediterranee, bassa e ramosa, con frutti a drupa rossi, ricchi di olio (*Pistacia lentiscus*). ➡ ILL. **piante**/5.

lentità **s. f.** ● Pieghevolezza, flessibilità.

lentivìrus [comp. di *lent(o)* e *virus*] **s. m. inv.** ● (*biol.*) Ciascun retrovirus che causa malattie infettive negli animali e nell'uomo caratterizzate da una lunga incubazione, decorso lento e spesso mortale; comprende gli agenti eziologici di immunodeficienze come l'AIDS (HIV-1, HIV-2) e di infezioni del sistema nervoso centrale (*Lentivirinae, Retroviridae*).

lènto [vc. dotta, lat. *lĕntu(m)*, di etim. incerta; sec. XIII] **A** **agg.** (assol.; + *a*, + *in*, seguiti da inf.) *1* Che si muove adagio, che impiega troppo tempo: *autobus l.*; *Ed un lontano suon di romanelle / Viene da' canapai l. a morir!* (CARDUCCI); *erano stati ... lenti nel camminare* (GUICCIARDINI) | Privo di sollecitudine, prontezza, velocità e sim.: *un uomo l.*; *mente lenta nell'apprendere*; *camminare a passi lenti*; *danzare un ritmo l.* | ***Polso l.***, in cui il ritmo delle pulsazioni è inferiore al normale | Tardo, torpido: *il bue è un animale l. e pesante*. CFR. bradi-. CONTR. Rapido, veloce. *2* Di lunga durata e poca intensità: *medicina ad azione lenta* | ***Sonno l.***, V. *sonno* | ***Veleno l.***, che tarda a fare effetto | ***Fuoco l.***, basso. *3* Molle, allentato: *fune, vite lenta* | ***Abito l.***, non aderente | (*lett.*) Flessibile, pieghevole: *indi compose / lente ma tenacissime catene* (TASSO). *4* (*fig.*, *lett.*) Di chiome che scendono libere e fluenti | Di parti del corpo rilassate e abbandonate. || **lentaménte**, †**lenteménte**, **avv.** **B** **avv.** ● Piano piano, con lentezza (*anche iter.*): *parlare lento lento*; *camminare lento lento*. **C** **s. m.** *1* (*mus.*) Didascalia che prescrive un'esecuzione molto adagio. *2* Ballo a ritmo lento: *ballare un l.*

lentocrazìa [sovrapposizione di *lento* a *burocrazia*; 1966] **s. f.** ● (*iron.*) Il complesso delle lungaggini burocratiche, che rallentano il disbrigo delle varie pratiche negli uffici pubblici.

lentògeno [comp. di *lent(e)* e *-(o)geno*] **agg.** ● (*anat.*) Relativo allo sviluppo della lente | ***Placode l.***, ispessimento dell'ectoderma dal quale si forma il cristallino.

lentóre [vc. dotta, lat. *lentōre(m)* 'pieghevolezza, morbidezza, viscosità', da *lĕntus* nel senso di 'viscoso'; av. 1612] **s. m.** *1* Lentezza: *un l. l'aveva invasa, e un cerchio di ferro le aveva stretto le tempie* (CAPUANA). *2* Viscosità, densità di un liquido.

†**lentóso** **agg.** ● Lento, pigro.

lènza [lat. *lĭntea(m)* 'di lino', da *lĭnum*, di etim. incerta; sec. XII] **s. f.** *1* Filo sottile, spec. di nylon, alla cui estremità vengono fissati uno o più ami per pescare | †Linea. ➡ ILL. **pesca.** *2* (*agr.*) Striscia di terreno coltivato ricavata per terrazzamento dei fianchi di una collina. *3* (*fig.*, *merid.*) Persona furba che sa trarsi abilmente dai guai, dagli impacci e sim.: *sei una bella l.!* *4* †Benda o fascia di lino. *5* †Lega, alleanza: *far l.*

†**lenzàre** [da *lenza* nel senso di 'fascia'; sec. XIV] **v. tr.** ● Fasciare.

♦**lenzuòlo** o (*pop.*) **lenzòlo** [lat. *lintĕolu(m)*, dim. di *lĭnteu(m)* '(tela) di lino', da *lĭnum*, di etim. incerta; sec. XII] **s. m.** (pl. *lenzuòli*, m. in senso generale, *lenzuòla*, f. con riferimento al paio che si usa nel letto) ● Ciascuno dei due grandi teli che si stendono sul letto e fra i quali si giace: *cambiare le lenzuola*; *il l. di sopra e quello di sotto*; *cacciarsi tra, sotto le lenzuola* | ***L. funebre***, telo in cui si avvolge un cadavere | (*fig.*) ***Il candido l. della neve***, il manto nevoso | ***Essere grande come un l.***, (*fig.*) molto grande rispetto alla misura normale dell'oggetto considerato. || PROV. Il caldo dei lenzuoli non fa bollir la pentola. || **lenzuolàccio**, **pegg.** | **lenzuolétto**, **dim.** | **lenzuolino**, **dim.** | **lenzuolóne**, **accr.**

†**lèo** ● V. *leone (1)*.

†**leofànte** ● V. †*liofante*.

leonardésco [1819] **A** **agg.** (pl. m. *-schi*) ● Di, relativo a Leonardo da Vinci (1452-1519): *maniera leonardesca* | ***Scrittura leonardesca***, ottenuta scrivendo anche con la sinistra e da destra a sinistra. **B** **s. m.** ● Seguace della maniera pittorica di Leonardo da Vinci.

leonàto ● V. *lionato*.

leoncino [av. 1698] **s. m.** *1* Dim. di *leone (1)*, nei sign. 1 e 2. *2* Cucciolo del leone.

♦**leóne** (**1**) o (*poet.*) †**lèo**, (*poet.*) †**lióne** [vc. dotta, lat. *leōne(m)*, ant. termine mutuato dal gr. *léōn*, di etim. incerta; av. 1250] **s. m.** (f. *-éssa* (V.)) *1* Grosso carnivoro dei Felini, tipico delle boscaglie africane, con criniera sul collo e sulle spalle del maschio, coda nuda terminata da un fiocco, unghie retrattili (*Felis leo*). CFR. Ruggire. ➡ ILL. **animali**/14 | (*fig.*) ***Battersi da l., come un l.***, con grande coraggio | (*fig.*) ***Essere un cuor di l.***, molto ardito | (*fig.*) ***Fare la parte del l.***, prendere per sé il meglio o il più di qlco. (da una favola di Esopo; il leone aveva voluto dividere il bottino di una caccia e poi aveva preteso per sé tutte le parti) | ***L. d'America***, puma | ***L. marino***, otaria | ***L. di Giuda***, il popolo di Israele, la potenza del popolo di Israele. *2* (*fig.*) Uomo di eccezionale energia, forza e sim.: *il vecchio l. ha lavorato fino all'ultimo*. *3* ***L. di San Marco***, emblema della Repubblica di Venezia. *4* ***L. d'oro***, denominazione del primo premio al festival cinematografico annuale di Venezia. || **leoncino**, **dim.** (V.).

leóne (**2**) [da *leone*, ch'è nel n. del Paese] **s. m.** ● Unità monetaria circolante in Sierra Leone.

Leóne (**3**) [V. *leone (1)*] **A** **s. m.** *1* (*astron.*) Costellazione dello zodiaco, che si trova fra il Cancro e la Vergine. *2* (*astrol.*) Quinto segno dello zodiaco, compreso fra i 120 e i 150 gradi dell'anello zodiacale, che domina il periodo fra il 23 luglio e il 23 agosto. ➡ ILL. **zodiaco.** **B** **s. m. e f. inv.** ● Persona nata sotto il segno del Leone.

†**leonepàrdo** [comp. di *leone (1)* e *pardo*; av. 1367] **s. m.** ● Leopardo.

leonésco [1536] **agg.** (pl. m. *-schi*) ● (*raro*) Di, da leone.

leonéssa o (*poet.*) †**lionéssa** [1313] **s. f.** *1* Femmina del leone. *2* (*fig.*) Simbolo di grande coraggio: *Brescia l. d'Italia* (CARDUCCI).

†**leonfànte** ● V. †*liofante*.

leonina [dal n. del papa *Leone*] **s. f.** ● Moneta d'oro del valore di due zecchini coniata da papa Leone XII (1760-1829).

leonino (**1**) [vc. dotta, lat. *leonīnu(m)* 'di leone', da *lĕo*, genit. *leōnis* 'leone (1)'; 1313] **agg.** ● Di, da leone: *sguardo l.*; *chioma leonina* | (*dir.*) ***Patto l.***, nelle società quello, nullo per disposizione di legge, con cui uno o più soci sono esclusi da ogni partecipazione agli utili o alle perdite.

leonino (**2**) [1846] **agg.** ● Relativo a personaggi di nome Leone | ***Mura leonine***, cerchia di mura fatte costruire da Leone IV, papa dall'847 all'855, a difesa del Vaticano | ***Città leonina***, il Vaticano e le sue adiacenze.

leonino (**3**) [etim. discussa: dal n. di un poeta (*Leonio* (XII sec.)), che più di altri l'usò (?); 1625] **agg.** ● (*letter.*) Detto di verso latino i cui emistichi rimano tra loro.

leontìasi [gr. *leontíasis*, da *léōn*, genit. *léontos* 'leone (1)', per l'aspetto leonino che assume il volto del malato, con la finale di *elefantiasi*; sec. XVI] **s. f. inv.** ● (*med.*) Forma particolare di lebbra con formazione di nodi alla cute del volto cui danno aspetto leonino.

leòntice [vc. dotta, lat. *leōntice(n)* dal s. gr. f. *leontikḗ*; 1930] **s. f.** ● (*bot.*) Nella tassonomia vegetale, genere di erbe perenni delle Berberidacee, spontanee nel Mediterraneo orientale e nel Medio Oriente, con tuberi di uso medicinale o alimentare; alcune specie sono coltivate per ornamento (*Leontice*).

leontocèbo [comp. del gr. *léōn*, genit. *léontos* 'leone (1)', di etim. incerta, e *cebo*; 1957] **s. m.** ● Genere di scimmie delle Platirrine che vivono nel Sud America con coda lunga pelosa, non prensile, dita lunghe spesso unite da membrane (*Leontocebus*).

leontopòdio [vc. dotta, lat. *leontopŏdiu(m)*, dal gr. *leontopódion*, comp. di *léōn*, genit. *léontos* 'leone (1)', di etim. incerta, e di un deriv. da *póus*, genit. *podós* 'piede', di orig. indeur.; 1561] **s. m.** ● (*bot.*) Stella alpina.

†**leónza** [da *lonza* con sovrapposizione di *leon(essa)*; av. 1292] **s. f.** *1* Lonza. *2* Leonessa.

leopardeggiàre [av. 1907] **v. intr.** (*io leopardéggio*; aus. *avere*) ● (*raro*) Imitare lo stile o gli atteggiamenti di G. Leopardi.

leopardiàno [1853] **agg.** ● Del poeta G. Leopardi (1798-1837): *manoscritto l.* | Proprio del Leopardi: *pessimismo l.*

♦**leopàrdo** [vc. dotta, lat. *leopărdu(m)*, comp. di *lĕo* 'leone (1)' e *pārdus* 'pantera'; sec. XIII] **s. m.** *1* Grosso carnivoro dei Felini, giallo a rosette nere, agile arrampicatore, che vive nelle foreste dell'Africa e dell'Asia | ***A pelle, a macchie di l.***, a chiazze, a macchie; (*fig.*) in modo non uniforme, non omogeneo. ➡ ILL. **animali**/14. *2* La pelliccia di tale animale, di grande pregio. *3* (*arald.*) ***L. in maestà***, quello rappresentato, nello scudo, passante con la testa di fronte | ***L. illeonito***, rappresentato rampante come il leone.

leopoldino [da *Leopoldo* di Toscana; 1869] **agg.** ● Di, relativo a Pietro Leopoldo I (1747-1792) e a Leopoldo II (1797-1870) di Lorena, granduchi di Toscana: *strade leopoldine*; *codice l.*

lèpade [vc. dotta, lat. *lĕpade(m)* 'patella', dal gr. *lepás*, genit. *lepádos*, da *lépas* 'roccia spoglia', da *lépein* 'scortecciare', di prob. orig. indeur.; 1792] **s. f.** ● Crostaceo cirripede marino fornito di lungo peduncolo che lo fissa a un sostegno sommerso (*Lepas anatifera*). ➡ ILL. **animali**/3.

lepidézza [da *lepido*; av. 1676] **s. f.** *1* Caratteristica di lepido. SIN. Arguzia, piacevolezza. *2* Motto arguto e piacevole. SIN. Facezia.

lepìdio [vc. dotta, lat. *lepīdiu(m)*, dal gr. *lepídion*, da *lépein* 'scortecciare, sbucciare', di prob. orig. indeur.; av. 1498] **s. m.** ● Genere di piante erbacee annue o perenni delle Crocifere con foglie alterne, fiori bianchi raccolti in grappoli e frutto a siliquetta (*Lepidium*).

lepidità **s. f.** ● Lepidezza.

lèpido [vc. dotta, lat. *lĕpidu(m)*, da *lĕpos*, genit. *lepōris* 'grazia', di etim. incerta; 1441] **agg.** *1* (*lett.*) Arguto, spiritoso: *un discorso, un autore l.* | (*iron.*, *lett.*) Ridicolo, sciocco. *2* (*raro*, *lett.*) Ameno, piacevole: *luoghi un tempo al mio cor soavi e lepidi* (SANNAZARO). || **lepidaménte**, **avv.**

lèpido- [dal gr. *lepís*, genit. *lepídos* 'squama, scaglia', di prob. orig. indeur.] primo elemento ● In parole composte della terminologia botanica e zoologica, significa 'squamoso': *lepidodendron*, *lepidosirena*.

lepidodèndron [comp. di *lepido-* e del gr. *déndron* 'albero'] **s. m.** ● Grande pianta del Paleozoico con cicatrici fogliari a forma di losanga.

lepidolite [vc. dotta, dal gr. *lepís*, genit. *lepídos* 'scaglie' e *líthos* 'pietra'] **s. f.** ● (*miner.*) Mica contenente litio, caratterizzata da un bel colore rosa e da una facilissima sfaldatura lamellare.

lepidòpo [comp. di *lepido-* e del gr. *ṓps*, genit. *ōpós* 'aspetto' (da una radice indeur. che significa 'vedere')] **s. m.** ● Pesce dei Perciformi dal corpo allungato, con lunga pinna dorsale, e carni apprezzate (*Lepidopus caudatus*).

Lepidosàuri [comp. di *lepido-* e del gr. *sâuros* 'lucertola'; 1933] s. m. pl. (sing. *-o*) ● Nella tassonomia animale, sottoclasse di Rettili che hanno, come comune carattere, la presenza di squame del tegumento (*Lepidosauria*).

lepidosirèna [comp. di *lepido-* e *sirena*; 1970] s. f. ● Pesce dei Dipnoi con corpo brunastro serpentiforme e pinne sottili che vive nel fango di paludi e fiumi sudamericani (*Lepidosiren paradoxa*).

Lepidòtteri [comp. di *lepido-* e del gr. *pterón* 'ala'; 1821] s. m. pl. (sing. *-o*) ● Nella tassonomia animale, ordine di Insetti con quattro ali coperte da squamette, apparato boccale trasformato in proboscide per succhiare (*Lepidoptera*). SIN. (*pop.*) Farfalle.

lepiòta [comp. del gr. *lépion* 'piccola (*-ion*) squama (*lepís*)' e *ôus*, genit. *ōtós* 'orecchio', di orig. indeur.; 1834] s. f. ● Fungo delle Agaricacee che presenta l'anello nella parte alta del gambo.

lepìsma [vc. dotta, gr. *lépisma* 'scorza, buccia', da *lépein* 'scortecciare', di prob. orig. indeur.; 1821] s. f. ● Insetto dei Tisanuri, cosmopolita, notturno, con corpo appiattito, zampe brevi, addome terminato da tre lunghi filamenti, che si nutre di carta e di sostanze amidacee ed è presente spec. nelle biblioteche (*Lepisma saccharina*). SIN. Acciughina, pesciolino d'argento.

lepónzio [vc. dotta, dal n. lat. della popolazione alpina dei *Lepōntii*] A agg. ● Relativo a un'antica popolazione alpina che abitava il territorio compreso tra il San Gottardo e il lago Maggiore: *iscrizioni leponzie*. B s. m. (f. *-a*) ● Ogni appartenente a tale popolazione. C s. m. solo sing. ● Lingua a base preindoeuropea parlata dai Leponzi.

†**leporàrio** [vc. dotta, lat. *leporāriu(m)*, da *lĕpus*, genit. *lĕporis* 'lepre'; av. 1557] s. m. ● Parco riservato per la caccia di lepri, cervi, ecc.

lèpore (1) ● V. *lepre*.

lepóre (2) [vc. dotta, lat. *lepōre(m)*, di etim. incerta; av. 1389] s. m. ● (*raro, lett.*) Lepidezza, graziosità, garbo.

†**lepòreo** [da *lepore* (*1*); 1952] agg. ● Leprino.

Lepòridi [comp. di *lepore* (*1*) e *-idi*; 1933] s. m. pl. (sing. *-e*) ● Nella tassonomia animale, famiglia di Roditori con orecchie lunghe e zampe atte al salto, cui appartengono le lepri (*Leporidae*).

leporino [vc. dotta, lat. *leporīnu(m)*, da *lĕpus*, genit. *lĕporis* 'lepre'; sec. XIV] agg. ● Di lepre, simile a lepre | (*med.*) ***Labbro l.***, malformazione congenita consistente nella divisione del labbro superiore.

†**leppàre** [etim. discussa: di orig. got. (?); 1618] A v. tr. ● (*gerg.*) Rubare. B v. intr. ● (*dial.*) Scappare, fuggire.

†**lèppo** [lat. *lĭppu(m)*, vc. espressiva di estensione indeur.; 1313] s. m. ● Vapore puzzolente: *per febbre aguta gittan tanto l.* (DANTE *Inf.* XXX, 99).

†**lèpra** ● V. *lebbra*.

†**lepràio** [lat. *leporāriu(m)*, da *lĕpus*, genit. *lĕporis* 'lepre'; 1587] s. m. *1* †Leporario. *2* Persona a cui vengono affidate le lepri uccise nelle battute di caccia.

♦**lèpre** o (*raro*) **lèpore** (1), †**lièvre** [lat. *lĕpore(m)*, di etim. incerta; 1313] A s. f. e dial. m. *1* Correntemente, mammifero dei Roditori con lunghe orecchie, pelliccia in genere grigio scura, corta coda e zampe posteriori atte al salto (*Lepus*). CFR. lago- | ***L. europea***, dorsalmente grigiastra, bianca inferiormente, si sposta a salti ed è ricercata dai cacciatori (*Lepus europaeus*) | ***L. di mare***, aplisia | (*fig.*) ***Correre come una l.***, molto velocemente | (*fig., disus.*) ***Dormire come una l.***, con gli occhi aperti, sempre all'erta | ***Pigliare la l. col carro***, (*fig., disus.*) far le cose con gran lentezza | ***La voglia della l.***, (*pop.*) il labbro leporino. ➡ ILL. **animali**/11. *2* ***L. meccanica***, nei cinodromi, dispositivo meccanico a forma di lepre, usato per invogliare i cani alla corsa. *3* (*sport*) Atleta che, nelle corse di fondo e mezzofondo, fa l'andatura per favorire la realizzazione di un buon risultato cronometrico da parte di altri corridori. *4* Carne dell'omonimo animale ucciso, usata come vivanda: *l. in salmì*; *spezzatino di l.* B in funzione di agg. inv. ● (posposto al s.) Detto di veicolo spaziale che deve essere raggiunto da altro analogo veicolo in un appuntamento in orbita: *razzo, satellite l.* || PROV. Una volta corre il cane un'altra la lepre. || **lepràtto**, dim. m. | **leprattino**, dim. m. | **lepràtta**, dim. | **leprétto**, dim. m. | **leprettina**, dim. | **leprettino**, dim. m. | **lepricciuòla**, dim. | **leprina**, dim. | **leproncèllo**, dim. m. | **leproncino**, dim. m. | **lepróne**, accr. m. | **lepròtto**, dim. m. (V.) | **leprottino**, dim. m.

leprino [1561] agg. ● (*raro*) Leporino.

leprologìa [comp. del lat. tardo *lepra* 'lebbra' e *-logia*] s. f. ● Branca della medicina che studia e cura la lebbra.

lepròma [comp. del lat. tardo *lĕpra* 'lebbra' e *-oma*; 1933] s. m. (pl. *-i*) ● (*med.*) Nodulo della cute di origine lebbrosa.

lepròso [dal lat. tardo *lĕpra* 'lebbra'; sec. XIII] agg. ● (*med.*) Della lebbra, tipico della lebbra | ***Nodulo l.***, leproma.

lepròtto [1560] s. m. *1* Dim. di *lepre*. *2* Cucciolo di lepre | Lepre giovane.

lèpto- [dal gr. *leptós* 'leggero', deriv. di *lépein* 'togliere la scorza', di etim. incerta] primo elemento ● In parole composte della terminologia scientifica, significa 'leggero, sottile': *leptomeninge*, *leptone*.

Leptocàrdi [comp. di *lepto-* e del gr. *kardía* 'cuore'; 1891] s. m. pl. (sing. *-io*) ● (*zool.*) Cefalocordati.

leptocèfalo [comp. di *lepto-* e *-cefalo*; 1834] s. m. ● (*zool.*) Stadio larvale delle anguille.

Leptomedùse [comp. di *lepto-* e il pl. di *medusa*] s. f. pl. (sing. *-a*) ● Nella tassonomia animale, gruppo di Idrozoi con meduse a velo ridotto (*Leptomedusae*).

leptomeninge [comp. di *lepto-* e *meninge*; 1957] s. f. ● (*anat.*) Involucro encefalico costituito dalla aracnoide e dalla pia madre.

leptomeningite [comp. di *leptomening(e)* e del suff. *-ite* (*1*)] s. f. ● (*med.*) Infiammazione della leptomeninge.

leptòn /*gr. mod.* lep'tɔn/ [dal gr. *leptón* 'leggera' (sottinteso 'monetina'), nt. dell'agg. *leptós* 'leggero' (V. *lepto-*)] s. m. inv. (pl. gr. *leptá*) ● Nella Grecia moderna, moneta corrispondente a un centesimo di dracma.

leptóne [comp. di *lepto-* e *-one*; 1931] s. m. ● (*fis.*) Ogni particella elementare di spin 1/2 non soggetta all'interazione forte, come l'elettrone, i neutrini, il muone e il tauone.

leptònico agg. (pl. m. *-ci*) ● (*fis.*) Relativo ai leptoni | ***Numero l.***, V. *numero*.

leptoquàrk [comp. di *lepto-* e *quark*; 1997] s. m. inv. ● (*fis.*) Ipotetica particella elementare che combina le caratteristiche dei leptoni e dei quark.

leptorrinia [comp. di *lepto-* e di un deriv. del gr. *rís*, genit. *rinós* 'naso'] s. f. ● (*anat.*) Struttura di naso con cavità stretta.

leptorrino agg. ● (*anat.*) Che presenta leptorrinia.

leptosòmico [comp. del gr. *leptós* 'leggero' (V. *lepto-*) e di un deriv. di *-soma*] agg.; anche s. m. (f. *-a*; pl. m. *-ci*) ● (*med.*) Detto di tipo costituzionale lungo e magro, con le spalle strette e il cranio piccolo.

leptospìra [comp. di *lepto-* e del gr. *speîra* 'spirale'; 1934] s. f. ● (*biol.*) Genere di microrganismi delle Spirochetacee dotati di corpo esile e filamentoso, privo di ciglia o flagelli, diffusi nell'acqua e negli ambienti umidi, agenti di malattie infettive (*Leptospira*).

leptospiròsi [comp. di *leptospir(a)* e *-osi*; 1957] s. f. inv. ● Qualsiasi malattia infettiva causata da un microrganismo del genere Leptospira.

leptotène [comp. del gr. *leptós* 'leggero' (V. *lepto-*) e *tainía* 'nastro' (di orig. incerta); 1948] s. m. ● (*biol.*) Stadio iniziale della meiosi in cui i cromosomi si presentano come filamenti lunghi e sottili.

leptotrice [comp. del gr. *leptós* 'sottile, leggero' (V. *lepto-*) e *-trico*: detta così dal corpo filamentoso; 1884] s. f. ● Genere di batteri con corpo filamentoso avvolto da una specie di capsula, che si trovano normalmente nella bocca umana (*Leptothrix*).

leptotricòsi [comp. di *leptotric(e)* e *-osi*] s. f. inv. ● Qualsiasi malattia causata da batteri del genere Leptotrice.

lerciàre [da *lercio*; sec. XV] v. tr. (*io lèrcio* o *lércio*) ● (*raro*) Imbrattare, sporcare, insozzare.

lèrcio o **lércio** [lat. parl. **hĭrciu(m)* 'proprio della capra (*hĭrcus*)', con sovrapposizione d'altra vc.; sec. XII] A agg. (pl. f. *-ce*) ● Disgustosamente sudicio: *luogo l.*; *quella figura così inzuppata, così infangata, diciam pure così lercia* (MANZONI) | (*fig.*) Immondo, turpe: *un l. individuo*. || **lerciaménte** avv. B s. m. ● Cosa sozza, immonda, turpe.

†**lerciòso** [av. 1730] agg. ● Lercio.

lerciùme [da *lercio* col suff. di altri spreg. analoghi (*grassume, untume*, ...); 1849] s. m. ● Sudiciume, sporcizia (*anche fig.*): *una casa piena di l.*; *nascondere il l. di certi ambienti*.

lèrnia [etim. incerta; 1825] A s. f. ● (*raro, tosc.*) Gusto difficile nel cibo. B agg. ● (*raro, tosc.*) Nella loc. ***bocca l.***, bocca schifiltosa.

lerniùccio s. m. ● (*raro, tosc.*) Ragazzo schizzinoso nel mangiare.

†**lèsbia** [etim. incerta; av. 1729] s. f. ● (*raro*) Antica squadra di piombo.

lesbìaco [vc. dotta, lat. *Lesbĭacu(m)*, da *Lĕsbos* 'Lesbo'; 1889] agg. (pl. m. *-ci*) ● (*lett.*) Relativo all'isola di Lesbo: *venti lesbiaci* (D'ANNUNZIO).

lèsbica [1895] s. f. ● Donna omosessuale.

lèsbico [da *Lesbo*, con allusione ai costumi tradizionalmente attribuiti alle donne di quell'isola; 1851] A agg. (pl. m. *-ci*) *1* Di Lesbo. *2* Relativo a lesbismo: *amori lesbici*; *tendenze lesbiche*. SIN. Saffico. B s. m. solo sing. ● Il più importante degli antichi dialetti eolici dell'Asia minore.

lèsbio [vc. dotta, lat. *Lĕsbiu(m)*, dal gr. *Lésbios*, agg. di *Lésbos*; 1441] A agg. ● (*lett.*) Dell'isola di Lesbo. SIN. Lesbico. B s. m. (f. *-a*) ● Abitante, nativo di Lesbo.

lesbìsmo [1952] s. m. ● Omosessualità femminile. SIN. Saffismo.

lèsbo [riduzione di *lesb(ica)*, come in *omo(sessuale)*; 1987] agg. inv. ● (*gerg.*) Lesbico.

†**lésca** [da una vc. prelat. (**lisca*)] s. f. ● Ordito, filo.

lesèna [lat. parl. **laxēuma*, dal gr. *láxeuma* 'lavoro in pietra', deriv. del v. *laxéuein* 'scolpire' (?); av. 1683] s. f. ● (*arch.*) Pilastro lievemente sporgente da un muro, con funzione ornamentale.

lèsi ● V. *ledere*.

lèsina o **lésina** [germ. **alisno*, di orig. indeur. (**ēlā* col suff. germ. *-s-na*), prob. attraverso il got. **alina*; il sign. 2 deriva dalla *Compagnia della Lesina*, compagnia di avari fondata nel XVI sec. a Firenze, i cui aderenti, per spilorceria, pare avessero l'abitudine di ripararsi le scarpe da sé; 1304] s. f. *1* Ferro leggermente ricurvo con impugnatura in legno che il calzolaio adopera per bucare la pelle o il cuoio per poterli cucire. *2* (*fig.*) Avarizia, spilorceria. *3* (*est., fig.*) Persona avara. SIN. Spilorcio, tirchio.

†**lesinàio** s. m. ● Spilorcio.

lesinàre [da *lesina* nel sign. 2; 1640] v. tr. e intr. (*io lésino* o *lèsino*; aus. *avere*) ● Risparmiare avaramente: *l. sul mangiare, sulla mercede*; *l. il centesimo*.

lesinerìa [av. 1866] s. f. ● (*fam.*) Spilorceria.

lesionàre [da *lesione*; 1858] A v. tr. (*io lesióno*) ● Danneggiare provocando crepe o fenditure: *il terremoto ha lesionato molte case*. B v. intr. pron. ● Restare danneggiato da crepe o fenditure.

lesióne [vc. dotta, lat. *laesiōne(m)*, da *lāesus* 'leso'; av. 1342] s. f. *1* Offesa, violazione, spec. di un valore morale, giuridico, sociale: *una l. alla propria autorità*; *l. della libertà*; *la l. di un trattato internazionale*. *2* (*med.*) Qualsiasi alterazione anatomica o funzionale prodotta in un organo o tessuto da un agente meccanico la cui capacità di offesa è maggiore della capacità di resistenza dell'organismo: *l. nei polmoni*; *l. superficiale del polmone*; *l. alla base destra del polmone*; *lesioni interne*. CFR. -leso. *3* (*dir.*) ***L. personale***, in diritto penale, violenza fisica da cui derivi in chi la subisce una malattia nel corpo o nella mente: *l. personale dolosa, colposa* | In diritto civile, grave sproporzione fra la prestazione patrimoniale di una parte e quella dell'altra. *4* (*edil.*) Fenditura, crepa in una struttura muraria. *5* †Danno, pregiudizio fisico | Torto, offesa personale. || **lesioncìna**, dim.

lesività [1957] s. f. ● Caratteristica di ciò che è lesivo.

lesìvo [da *leso*; av. 1742] agg. ● Che causa o è atto a causare una lesione, un danno e sim.: *comportamento l. del nostro onore, della vostra libertà*. SIN. Dannoso, offensivo. || **lesivaménte**, avv.

lèso o **léso** [1313] part. pass. di *ledere*; anche agg. ● Che ha sofferto una lesione: *muro l.*; *le arterie non sembrano lese* | (*dir.*) ***Parte lesa***, in un giudizio, quella che ha subìto, o afferma d'aver subìto, una lesione dei propri diritti | (*dir.*) ***Delitto di lesa maestà***, in antichi ordinamenti giuridici, ogni delitto contro la vita del sovrano e la sicurezza dello Stato; (*est., scherz.*) comportamento irrispettoso nei confronti di chi è, o si ritiene, superiore.

-lèso [propr. part. pass. del v. *ledere*] secondo elemento ● In aggettivi e sostantivi composti della terminologia medica, indica una lesione o una mutilazione della parte o funzione designata dal primo elemento: *cranioleso*, *audioleso*.

lessàre [lat. tardo *elixāre*, comp. di *ex-* estrattivo e *līxa* 'acqua (calda per la lisciva)', prob. da *liquēre*, della stessa radice di *līnquere*, di orig. indeur.; 1305] **v. tr.** (*io lésso*) ● Cuocere un cibo nell'acqua bollente: *l. il pollo, le patate*.

lessàta [lat. tardo *elixāta*(*m*), part. pass. di *elixāre* 'lessare'; 1869] **s. f.** ● Breve cottura in acqua bollente: *dare una l. alle castagne*.

lessatùra [lat. *elixatūra*(*m*), da *elixāre* 'lessare'; sec. XIV] **s. f.** ● Operazione del lessare.

lessèma [dal gr. *léxis* 'parola' con il suff. di unità linguistica *-ema*; 1966] **s. m.** (**pl.** *-i*) ● (*ling.*) Unità di base del lessico che contiene un significato autonomo (ad es. *dorm-*, *fanciull-*, *brutt-*) | Parola. **SIN.** Morfema lessicale. **CFR.** Monema.

lèssi ● V. *leggere*.

lèssia [fr. *lexie*, dal gr. *léxis* 'parola' (da *légein* 'parlare', d'orig. indeur.)] **s. f.** ● (*ling.*) Unità funzionale significativa del comportamento lessicale e del discorso | ***L. semplice***, costituita da una sola parola (*cane*, *tavolo*) | ***L. composta***, costituita da più parole (*sangue freddo*) | ***L. complessa***, costituita da un sintagma (*fare man bassa*).

lessicàle [1895] **agg.** ● (*ling.*) Che concerne il lessico: *sistema l.* || **lessicalménte**, **avv.** Dal punto di vista del lessico.

lessicalizzàre [da *lessicale*; 1979] **A v. tr.** ● (*ling.*) Trasformare in unità lessicali autonome una serie di elementi retti da rapporti grammaticali: *l. 'usa e getta'*. **B v. intr. pron.** ● (*ling.*) Riferito a elementi grammaticali, assumere carattere e funzione lessicale, divenire unità del lessico: *l'infinito 'dovere' si è lessicalizzato diventando anche sostantivo*.

lessicalizzazióne [1970] **s. f.** ● (*ling.*) Il lessicalizzare | (*ling.*) Processo del lessicalizzarsi. **CONTR.** Grammaticalizzazione.

lèssico [gr. tardo *lexikón*, sottinteso *biblíon* '(libro) di parole', da *légein* 'dire', di orig. indeur.; 1584] **s. m.** (**pl.** *-ci*) **1** Dizionario, spec. di lingue classiche antiche od orientali, o di termini scientifici: *l. armeno*; *l. botanico*. **2** Insieme dei vocaboli e delle locuzioni che costituiscono la lingua di una comunità, di un'attività umana, di un parlante: *l. italiano*; *l. infantile*; *l. economico*, *sportivo*, *politico*; *l. familiare*.

lessicografìa [comp. del gr. *lexikón* 'lessico' e *-grafia*; 1834] **s. f.** **1** Tecnica di composizione dei dizionari | Analisi linguistica di tale tecnica: *la l. ottocentesca*, *contemporanea*. **2** L'insieme delle opere lessicografiche relative a una data lingua: *la l. italiana*, *francese*. **SIN.** Dizionaristica.

lessicogràfico [1819] **agg.** (**pl. m.** *-ci*) ● Concernente la lessicografia: *materiale l.* || **lessicograficaménte**, **avv.** Dal punto di vista della lessicografia.

lessicògrafo [gr. tardo *lexikográphos*, comp. di *lexikós* 'lessico' e *gráphos* 'scrittore'; av. 1676] **s. m.** (**f.** *-a*) ● Chi si occupa di lessicografia | Chi compila dizionari. **SIN.** Vocabolarista.

lessicologìa [comp. del gr. *lexikón* 'lessico' e *-logia*; 1821] **s. f.** ● Studio del lessico considerato nel suo significato e nella sua forma.

lessicològico [1819] **agg.** (**pl. m.** *-ci*) ● Relativo, attinente alla lessicologia: *trattato l.*

lessicòlogo [1965] **s. m.** (**f.** *-a*; **pl. m.** *-gi*) ● Studioso, esperto di lessicologia.

lessicometrìa [comp. di *lessico* e *-metria*] **s. f.** ● (*ling.*) Analisi del lessico generale o di un singolo autore eseguita su basi quantitative e statistiche.

lessicostatìstica [comp. di *lessico* e *statistica*] **s. f.** ● (*ling.*) Applicazione dei procedimenti statistici allo studio del lessico.

lésso [lat. *elīxu*(*m*), comp. di *e* 'da' e *līxus* 'bollito', prob. da *liquēre*, della stessa radice di *līnquere*, di orig. indeur.; sec. XIII] **A agg.** **1** Lessato, bollito nell'acqua sino a cottura: *pesce l.*; *carne lessa*. **2** (*fig.*, *scherz.*) Insulso, scipito | ***Aria da pesce l.***, espressione sciocca, imbambolata. **B s. m.** ● Carne lessa, spec. di manzo | Taglio di carne da lessare.

lestézza [1605] **s. f.** ● Prontezza, agilità: *l. nell'agire, nel decidere, nel saltare*.

lèsto [etim. discussa: ant. fr. *lest* 'allestito, pronto (per partire)', dal sign. originario di 'carico' (?); 1481] **agg.** (assol.; + *a*, + *in*, anche seguiti da inf.) **1** Svelto, abile, destro: *ricevette la sfuriata a capo chino, e intanto accendeva lesta lesta il fuoco* (VERGA); *l. nei movimenti*, *nella rincorsa*; *è stato l. a sfruttare l'occasione favorevole*; *Prima d'allora era stato un po' l. nel sentenziare* (MANZONI) | ***L. di mano***, pronto a rubare o a menar le mani | ***L. di lingua***, nel rispondere. **2** Sbrigativo, rapido: *intervento l.* | ***Alla lesta***, in modo sbrigativo. **3** (*tosc.*) Pronto: *essere l. per il viaggio*, *per il pranzo*. **4** †Astuto, scaltro | ***L. fante***, V. *lestofante*. || **lestino dim.** || **lestaménte**, **avv.** Con destrezza e rapidità; agilmente.

lestofànte o (*raro*) **lèsto fànte** [comp. di *lesto* e *fante* 'uomo, garzone'; 1633] **s. m. e f.** (**pl.** *lestofànti*) ● Imbroglione, persona priva di scrupoli.

lèstra [lat. *ēxtera*, nt. pl. di *ēxter* 'esterno' (V.), sottinteso alla casa; 1923] **s. f.** ● Denso cespuglio, rifugio del cinghiale, spesso in terreno acquitrinoso.

†**lesùra** [vc. dotta, lat. tardo *laesūra*(*m*), da *lāesus* 'leso'; sec. XIV] **s. f.** ● Lesione.

letàle [vc. dotta, lat. *letāle*(*m*), da *lētum* 'morte', di etim. incerta; 1499] **agg.** ● Mortale, che provoca la morte: *effetti letali*; *esito l.*; *ferita l.* || **letalménte**, **avv.**

letalità [1792] **s. f.** **1** Caratteristica di ciò che è letale. **2** (*med.*) Rapporto tra numero di morti per una data malattia e numero di persone affette da quella malattia.

letamàio o †**letamàro** [da *letame*; 1553] **s. m.** **1** Luogo dove si ammucchia il letame. **2** (*est.*) Luogo pieno di sudiciume: *questa stanza è un l.*

†**letamaiuòlo** [av. 1449] **s. m.** ● Chi raccoglie il letame.

letamàre [da *letame*; av. 1320] **v. tr.** ● (*raro*) Concimare un terreno, spargendovi il letame.

†**letamàro** ● V. *letamaio*.

letamazióne **s. f.** ● Concimazione con il letame.

letàme [vc. dotta, lat. *laetāmen* (nt.), da *laetāre* 'concimare', da *lāetus* 'grasso' e poi 'gioioso', di etim. incerta; 1313] **s. m.** **1** (*agr.*) Lettiera ed escrementi del bestiame più o meno decomposti, usati come concime organico | ***L. artificiale***, ottenuto dalla fermentazione di residui vegetali e concimi chimici mescolati, bagnati con acqua e compressi. **2** Immondezza, sudiciume (*anche fig.*): *il l. dei vizi*.

†**letaminàre** [da *letame*, dalla forma del genit. lat. *laetāminis*; 1340 ca.] **v. tr.** ● Spargere letame per concimare | Ingrassare col letame.

†**letaminóso** [sec. XIV] **agg.** ● Concimato con letame.

†**letàna** [var. semidotta di *litania*; 1293] **s. f.** **1** V. *litania*. **2** Corteo di persone che pregano.

†**letanìa** ● V. *litania*.

letargìa o †**litargìa** [vc. dotta, lat. tardo *lethārgia*(*m*), dal gr. *lēthargía*, da *lḗthargos* 'letargo'; sec. XIV] **s. f.** **1** (*med.*) Sonno patologico profondo e prolungato caratteristico di alcune malattie, quale ad es. l'encefalite. **2** (*raro*, *fig.*) Stato di inerzia morale, politica e sim.: *Venezia si destò raccapricciando della sua l.* (NIEVO).

letàrgico [vc. dotta, lat. *lethārgicu*(*m*), dal gr. *lēthargikós* 'proprio del letargo (*lḗthargos*)'; 1598] **agg.** (**pl. m.** *-ci*) **1** Di letargo. **2** (*raro*, *fig.*) Inerte, spento: *seduto al camino, in una letargica sera d'inverno* (BUZZATI).

♦**letàrgo** [vc. dotta, lat. *lethārgu*(*m*), dal gr. *lḗthargos*, di etim. discussa: propr. 'inerte (*argós*) per oblio (*lḗthē*)' (?); 1321] **s. m.** (**pl.** *-ghi*) **1** (*zool.*) Stato di torpore simile a sonno profondo, tipico dei Mammiferi in ibernazione | ***Cadere, andare in l.***, (*fig.*, *scherz.*) piombare in un sonno lungo e profondo. **2** (*bot.*) Stato di quiescenza del vegetale durante il freddo o in periodo di siccità. **3** (*med.*) Stato di obnubilamento del sensorio per malattia o trauma cranico. **4** (*fig.*) Stato di inerzia, oblio o inattività: *una civiltà caduta in l.*; *il l. delle industrie*.

lète [vc. dotta, lat. *Lēthe*(*n*), dal gr. *Lḗthē*, propr. 'oblio', da *lanthánein* 'celarsi', di etim. incerta; 1921] **s. m.** ● (*raro*, *fig.*, *lett.*) Oblio.

letèo [vc. dotta, lat. *Lethāeu*(*m*), dal gr. *Lēthâios*, da *Lḗthē* 'Lete'; sec. XIV] **agg.** **1** Che si riferisce al Lete, fiume della mitologia classica le cui acque facevano dimenticare la vita terrena. **2** (*fig.*, *lett.*) Che fa dimenticare.

leticàre e *deriv.* ● V. *litigare* e *deriv.*

letìfero [vc. dotta, lat. *letĭferu*(*m*), comp. di *lētum* 'morte' e *-feru*(*m*) '-fero'; 1900] **agg.** ● (*lett.*) Letale, mortifero.

letificàre [vc. dotta, lat. *laetificāre*, comp. di *lāetus* 'lieto' e *-ficare*, da *fācere* 'fare'; sec. XII] **v. tr.** (*io letìfico, tu letìfichi*) ● (*lett.*) Render lieto | Consolare.

♦**letìzia** [vc. dotta, lat. *laetĭtia*(*m*), da *lāetus* 'lieto'; av. 1294] **s. f.** ● Sentimento di intima gioia e di serenità spirituale: *occhi pieni di l.*; *agli amici daremo l. e libertà* (ALBERTI) | (*lett.*) Beatitudine celeste: *non fora giustizia / per ben l., e per male aver lutto* (DANTE *Purg.* XVI, 71-72). **SIN.** Esultanza, felicità, gioia.

letiziàre [da *letizia*; sec. XIV] **A v. tr.** (*io letìzio*) ● (*raro*) Rendere lieto. **B v. intr.** ● (*lett.*) †Essere o stare in letizia.

†**letizióso** **agg.** ● Lieto, allegro.

lètro [lat. scient. *lēthrus*, di orig. non accertata] **s. m.** ● Coleottero degli Scarabeidi i cui adulti accumulano in gallerie sotterranee foglie di varie piante per nutrire con esse le larve (*Lethrus asper*).

lètta [f. sost. di *letto* (*1*); av. 1895] **s. f.** ● Lettura rapida, frettolosa: *dare una l. al giornale mentre si prende il caffè*.

♦**lèttera** o **léttera** o (*poet.*) †**lèttra**, †**lìttera** [lat. *lĭttera*(*m*) 'lettera dell'alfabeto', di etim. incerta, forse di deriv. gr. attraverso l'etrusco; 1219] **s. f.** **I** **1** (*ling.*) Ognuno degli elementi grafici di cui è costituito un alfabeto, utilizzati nelle scritture alfabetiche e che possono corrispondere a un suono, a un gruppo di suoni, o anche a nessun suono: *le lettere dell'alfabeto greco*, *latino*, *cirillico* | ***Lettere speciali***, tutte quelle di uso non comune, spec. quelle con segni diacritici utilizzate per traslitterare alfabeti non latini | ***Scrivere qlco. in, a, tutte lettere***, senza abbreviazioni; (*fig.*) senza mezzi termini, senza nascondere nulla | ***A chiare lettere***, chiaramente, apertamente | (*est.*) Forma, tipo e dimensione di tali segni: *l. maiuscola*, *minuscola*, *grande*, *piccola*; *l. capitale*; *lettere gotiche*, *longobarde*, *onciali* | ***Lettere di scatola, cubitali***, di grande formato | ***Cosa da scrivere a lettere d'oro***, (*fig.*) memorabile | (*fig.*) ***Scrivere qlco. a lettere di fuoco***, con tono energico, violento e sim. | (*fig.*) ***Scritto a lettere di sangue***, di ciò che è contrassegnato da un seguito di delitti. **2** (*mat.*) Simbolo generalmente usato per indicare una quantità variabile. **3** (*tipogr.*) Carattere di stampa. **4** †Suono rappresentato da una lettera: *l. dentale*, *gutturale*. **5** (*raro*) Calligrafia, modo particolare di tracciare le lettere scrivendo a mano: *la l. del Petrarca era corta e pingue*. **6** Significato restrittivo e più ovvio della parola di uno scritto, di un testo e sim.: *interpretare il sonetto secondo la l.*; *essere troppo attaccato alla l.* **CONTR.** Spirito | ***Alla l.***, testualmente, nel senso rigoroso della parola | ***La l. della legge***, le parole usate dal legislatore nel formulare le sue disposizioni | (*fig.*) ***Rimanere l. morta***, senza validità, effetto, applicazione e sim.: *tutti i suoi buoni propositi sono rimasti l. morta*. **7** Iscrizione, leggenda di medaglia, stampa e sim. | ***L. numismatica***, maiuscola isolata che, in monete o medaglie, indica il luogo del conio | ***Avanti l.***, V. *ante litteram*, *avantilettera*. **8** (*al pl.*) †Istruzione, cultura: *erra chi dice che le lettere guastano e cervelli degli uomini* (GUICCIARDINI) | †***Uomo senza lettere***, illetterato, senza studi. **9** (*al pl.*) La letteratura, la filologia, la lingua, la storia, spec. considerate come unico settore di studio e di ricerca, in contrapposizione alle materie scientifiche: *dedicarsi alle*, *coltivare le*, *lettere*; *lettere italiane*, *latine* | ***Belle lettere***, studi umanistici | ***Facoltà di Lettere***, o (*assol.*) ***Lettere***, nelle Università, facoltà in cui si studiano le materie umanistiche: *studente in lettere*; *laurearsi in lettere antiche*, *moderne* | (*scherz.*) ***La repubblica delle lettere***, il complesso dei letterati. **10** †La lingua latina. **II** **1** Comunicazione scritta che si invia a persone, enti pubblici e privati e sim.: *scrivere*, *firmare una l.*; *rispondere a una l.*; *l. assicurata*, *raccomandata*, *per via aerea*; *l. di raccomandazione*, *di congedo* | ***Lettere pontificie, apostoliche***, brevi, bolle, encicliche | ***L. anonima***, senza la firma del mittente | ***L. aperta***, (*fig.*) articolo polemico di giornale, in forma di lettera alla persona che si vuol chiamare in causa | ***L. chiusa***, documento di cancelleria imperiale regia o pontificia in forma non solenne. **2** (*al pl.*) Epistolario:

lettere di Cicerone, di Leopardi, di Pavese. **3** Documento giuridico: *lettere credenziali; l. circolare* | **L. citatoria**, libello | **L. di vettura**, documento emesso in diverse copie a prova della spedizione di merci | **L. di pegno**, documento rappresentativo di merce depositata nei magazzini generali, contro anticipazione di parte del suo valore | **L. di credito**, documento con cui la banca dà a un suo cliente facoltà di disporre di una somma su un'altra piazza | (*banca*) **L. di conforto**, con cui una società dichiara a una banca la propria cointeressenza in un'altra società, o la propria opinione sulla sua solvibilità, allo scopo di agevolarla nell'ottenimento di un finanziamento | **L. d'intenti**, V. *intento* (2). **4** In funzione appositiva: *prezzo l.*, in borsa, prezzo al quale un operatore è disposto a vendere titoli o divise estere | *In l.*, in borsa, detto di titolo che viene offerto | (*banca*) *Tasso l.*, tasso di sconto o di interesse al quale una banca o un altro operatore finanziario è disposto a concedere prestiti. CONTR. Denaro nel sign. 6. || **letteràccia**, pegg. (V.) | **letterétta**, dim. | **letterina**, dim. | **letterino**, dim. m. | **letteróna**, accr. | **letteróne**, accr. m. | **letterùccia**, **letterùzza**, dim.

letteràccia [1464] s. f. **1** Pegg. di *lettera* (nel sign. di 'segno grafico') | Lettera mal scritta. **2** Lettera (nel sign. di 'comunicazione') molto dura, polemica od offensiva.

†**letteraggine** s. f. ● (*spreg.*) Erudizione da strapazzo.

†**letteràio** s. m. ● (*spreg.*) Grammatico.

letteràle o †**litteràle** [adattamento del lat. tardo *litterāle(m)*, da *lĭttera* 'lettera'; 1308] agg. ● Che corrisponde, che dà l'esatto significato della parola di un testo e sim.: *intendimento, senso l.* | *Traduzione l.*, fatta parola per parola | *Interpretazione l.*, che si fonda solo sull'esame delle parole usate dall'autore. || **letteralménte**, †**letteralemènte**, avv. **1** Alla lettera: *interpretare letteralmente un testo.* **2** Nel preciso significato della parola: *ormai è letteralmente rovinato.*

letteralità [av. 1956] s. f. ● (*dir.*) Caratteristica del titolo di credito per cui solo ciò che è indicato nel contesto dello stesso determina il contenuto del diritto di credito: *l. delle cambiali.*

letterarietà [av. 1910] s. f. ● Caratteristica o insieme di caratteristiche di ciò che è letterario.

letteràrio o †**litteràrio** [adattamento del lat. *litterāriu(m)*, da *lĭttera* 'lettera'; 1582] agg. **1** Attinente alla letteratura o ai letterati: *storia, critica letteraria; circolo, cenacolo l.; bizze, contese letterarie.* **2** Proprio della lingua colta usata dagli scrittori, dai letterati: *vocabolo l.* || **letterariaménte**, avv.

letteràto o †**litteràto** [av. 1292] **A** agg. **1** Che è istruito in letteratura o è cultore di letteratura: *è un chimico, un fisico l.* **2** †Letterario. || **letterataménte**, avv. Da letterato. **B** s. m. (f. *-a*, lett. spreg. *-éssa*) **1** Chi ha una vasta cultura letteraria. **2** †Grammatico. **3** (*pop., disus.*) Chi sa leggere e scrivere. || **letteratèllo**, dim. | **letteratino**, dim. | **letteratóne**, accr. | **letteratónzolo**, pegg. | **letteratùccio**, **letteratùzzo**, dim. | **letteratùcolo**, pegg.

letteratùme [1869] s. m. ● (*spreg.*) Accolta di letterati.

♦**letteratùra** [adattamento del lat. *litteratūra(m)*, da *lĭttera* 'lettera'; 1534] s. f. **1** Attività indirizzata alla produzione sistematica di testi scritti con finalità prevalentemente estetica e nei quali spesso l'invenzione predomina sulla descrizione della realtà. **2** L'insieme della produzione prosastica e poetica di una determinata civiltà: *l. greca, latina, italiana, inglese, russa.* **3** (*est.*) Complesso di pubblicazioni relative a un particolare ramo scientifico, a uno specifico argomento, a un autore e sim.: *l. giuridica, medica, musicale* | **L. di consumo**, quella intesa a servire come mezzo di svago senza proporsi espressamente fini culturali. SIN. Paraletteratura | *Fare della l. su qlco.*, (*iron.*) scriverne, parlarne, trattarne a vuoto, senza costrutto. **4** Il complesso delle caratteristiche, delle indicazioni terapeutiche e della posologia di un prodotto farmaceutico, accluse, in apposito stampato, nella sua confezione.

letterèccio [da *letto* (2); sec. XIV] agg. (pl. f. *-ce*) ● (*bur., disus.*) Di letto, attinente al letto | *Effetti letterecci*, lenzuola, coperte e sim.

lettering /ˈlettering(g), *ingl.* ˈletəriŋ/ [vc. ingl., da *letter* 'lettera'; 1965] s. m. inv. ● Progettazione grafica di caratteri tipografici e sue applicazioni, spec. nel campo dell'editoria.

letterista [da *lettera*; 1639] s. m. e f. (pl. m. *-i*) **1** Epistolografo **2** Chi pratica l'arte di incidere iscrizioni su lastre metalliche o di marmo | (*est.*) Inventore e realizzatore di decorazioni e scritte su cartelloni o insegne pubblicitarie.

†**letterùto** agg.; anche s. m. (f. *-a*) ● (*spreg.*) Letterato.

lettièra [ant. fr. *litière*, da *lit* 'letto (2)'; av. 1306] s. f. **1** Fusto del letto. **2** Strato di paglia o altro materiale, usato per letto al bestiame | (*est.*) Strato di sabbia o altro materiale usato per assorbire gli escrementi dei gatti domestici. SIN. Lettime, strame.

lettiga [lat. *lectīca(m)*, da *lĕctus* 'letto (2)'; av. 1342] s. f. **1** Portantina coperta in forma di letto, le cui lunghe stanghe poggiavano sulle spalle dei portatori o sul fianco di muli. **2** Barella.

lettighière o †**lettighièro** [av. 1589] s. m. **1** (f. *-a*) Infermiere adibito al trasporto degli ammalati mediante lettighe. **2** Chi un tempo trasportava qlcu. in lettiga.

lettime [da *letto* (2) col suff. *-ime* di altri termini agricoli d'area soprattutto tosc. (*concime, mangime,* ...); 1869] s. m. ● Lettiera, nel sign. 2.

lettino [av. 1566] s. m. **1** Dim. di *letto* (2) | Piccolo letto per bambini | Piccolo letto in un ambulatorio o in uno studio medico. **2** **L. solare**, apparecchiatura per terapia o abbronzatura cosmetica provvista di lampade a raggi UVA. SIN. Solarium nel sign. 2. **3** Specie di branda con tettuccio orientabile, usata spec. sulla spiaggia o per bagni di sole.

lettistèrnio o **lectistèrnio** [vc. dotta, lat. *lectistĕrniu(m)*, comp. di *lĕctus* 'letto (2)', e di un deriv. da *stĕrnere* 'stendere', di orig. indeur.; sec. XIV] s. m. ● Nell'antica Roma, banchetto sacrificale offerto agli dei, le cui statue si ponevano intorno a una tavola imbandita.

lètto (1) part. pass. di *leggere*; anche agg. ● Nei sign. del v. | *Un libro molto l.*, che ha molti lettori.

♦**lètto (2)** [lat. *lĕctu(m)*, di parziale ambito indeur.; av. 1250] **A** s. m. (pl. *letti*, m., †*lètta*, f.) **1** Mobile usato per riposare e dormire, composto da un'intelaiatura solitamente di legno e da reti metalliche, assicelle di legno o molle, che sostengono un materasso, con sopra lenzuola, coperte, guanciale: *la sponda, la testa o spalliera, i piedi del l.; l. a un posto, a una piazza; l. matrimoniale, a due piazze, a una piazza e mezza; letti gemelli; fare, rifare, disfare, rincalzare il l.* | **L. a castello**, a due o più lettiere sovrapposte | **L. ribaltabile**, che si piega per guadagnar spazio | *Andare a l.*, andare a dormire | *Andare a l. con qlcu.*, (*eufem.*) avere rapporti sessuali con qlcu. | (*fig.*) *Andare a l. con le galline*, molto presto | *Rivoltarsi nel l.*, non riuscire a prendere sonno | *Mettersi a l.*, ammalarsi | *Essere buttato giù dal l.*, essere svegliato prima del solito e con decisione | *Morire nel proprio l.*, a casa propria | **L. di dolore**, in cui giace una persona gravemente ammalata | **L. di morte**, in cui è disteso chi è prossimo alla morte o è già morto | **L. di spine**, (*fig.*) situazione estremamente tormentosa o disagiata | **L. di rose, di fiori** (*fig.*) situazione estremamente favorevole o serena | **L. di contenzione**, negli ospedali psichiatrici, quello attrezzato per immobilizzarvi i pazienti agitati | **L. di Procuste** (o **Procruste**), quello su cui un leggendario ladrone e assassino poneva i viandanti che catturava, stirando le loro membra se risultavano corte o mozzandole se erano lunghe; (*fig.*) situazione tormentosa, di assoluta costrizione e sim. **2** (*fig.*) Matrimonio: *figlio di primo, di secondo l.* | **L. coniugale**, vincolo matrimoniale | *Macchiare, profanare il l. coniugale*, commettere adulterio. **3** (*est.*) Giaciglio: *un l. di foglie, di paglia, d'erbe* | **L. funebre**, bara, cataletto | (*med.*) Tavolo: *l. operatorio, anatomico.* **4** Lettiera: *il l. dei buoi* | **L. dei bachi**, strato costituito dai rimasugli della foglia di gelso misti con materia escrementizia. **5** Alveo, fondo su cui stanno o scorrono le acque di mari, laghi, fiumi: *il largo l. del Po; l. sassoso, sabbioso; il fiume si è aperto un nuovo l.* **6** (*est.*) Piano su cui una cosa è posta, scorre, si muove e sim. | **L. di posa**, in architettura, superficie di posa dei conci di pietra da taglio nella muratura, nelle volte e negli archi | In geologia, roccia su cui posa uno strato di altra roccia. CONTR. Tetto | In marina, invasatura per il varo | **L. del vento**, direzione da cui il vento spira. **7** Parte inferiore del sacco di una rete da pesca: *il l. della paranza.* **8** (*chim.*) **L. fluido**, substrato di materiale solido polverizzato, sul quale si compie una reazione chimica su scala industriale | Feccia di vino, e in genere posatura di liquido | *Fare l.*, detto di liquidi, far sedimento. **9** (*cuc.*) Guarnizione di erbe, di fette di pane o altro, sotto una vivanda. **10** (*agr.*) **L. di semina**, terreno pronto per la semina | **L. caldo**, ammasso di sostanze organiche ricoperto di terriccio che fermentando genera calore così da favorire la germinazione dei semi e lo sviluppo anticipato delle piantine | **L. freddo**, preparato come il precedente, ma utilizzando sostanze organiche già fermentate. **11** †Affusto di artiglieria. **B** in funzione di agg. inv. ● (posposto al s.) Detto di mobile che può essere utilizzato come letto, spec. dopo opportune trasformazioni: *divano l.; poltrona l.* || **letterèllo**, dim. | **letticciòlo**, †**letticciuòlo**, dim. | **letticino**, dim. | **lettino**, dim. (V.) | **lettirèllo**, dim. | **lettóne**, accr. | **lettùccio**, dim.

lèttone [dal n. della regione, *Latvija*; 1833] **A** agg. ● Della Lettonia. **B** s. m. e f. ● Abitante, nativo della Lettonia. **C** s. m. solo sing. ● Lingua del gruppo baltico, parlata dai Lettoni.

lettoràto [1673] s. m. **1** (*relig.*) Un tempo, uno degli ordini minori della gerarchia cattolica; dopo la riforma liturgica del 1972, ministero del lettore, che può essere conferito a un laico. **2** Ufficio e carica di lettore nelle università: *l. di spagnolo, di francese* | Durata di tale carica.

♦**lettóre** [lat. *lectōre(m)*, da *lĕctus*, part. pass. di *lĕgere* 'leggere'; av. 1306] **A** s. m. **1** (f. *-trice*) Chi legge: *l. accorto, attento, disordinato; è un assiduo l. di libri, di giornali* | Chi legge a persona impossibilitata a farlo: *fa il l. in un istituto per ciechi.* **2** (*elab.*) Unità di introduzione dei dati sotto forma di dischi magnetici, cd-rom, nastro perforato o direttamente per lettura ottica o magnetica dei documenti | (*elab.*) **L. ottico**, dispositivo per la lettura e il riconoscimento di caratteri. **3** Apparecchio ottico che ingrandisce microfilm di documenti, stampati e sim., per permetterne la lettura. **4** Apparecchio dotato di un dispositivo a raggi laser per l'ascolto di nastri, compact disc e cassette registrate. **5** (f. *-trice*) Laico istituito ministro, avente il compito di leggere la parola di Dio nell'assemblea liturgica. **6** (f. *-trice*) Nell'ordinamento universitario, denominazione attribuita in passato al collaboratore linguistico. **7** †Elettore. **B** agg. ● (*raro*) Che legge | *Padre l.*, professore di teologia nella scuola dei Domenicani e dei Francescani.

†**lèttra** o **lettra** ● V. *lettera.*

♦**lettùra** [1313] s. f. **1** Atto o attività del leggere: *l. ad alta voce; l. assidua; immergersi nella l.; la l. mattutina dei giornali; l. di versi, di poesie; la l. del verbale della riunione precedente; fare la l. del contatore del gas; la l. di uno spartito musicale, di una carta geografica* | *Dare l. di uno scritto, di un documento*, leggerlo ad alta voce per comunicarne il contenuto a uno o più ascoltatori | *Dare una prima l. a uno scritto, a un documento*, scorrerlo velocemente per ricavarne una sommaria conoscenza generale | *Libro di l.*, testo scolastico contenente una scelta di brani su cui si addestrano a leggere gli alunni delle scuole elementari | *Sala di l.*, spec. in una biblioteca pubblica, quella a disposizione di chi vuole leggere o consultare un'opera | **L. spirituale**, quella di testi ascetici ed edificanti compiuta in una comunità religiosa, spec. monastica. **2** Interpretazione, commento di un testo: *dare una l. nuova di un brano* | (*est.*) Esame: *l. di una carta geografica* | **L. di un contatore**, rilevazione | (*fig.*) Interpretazione o valutazione in base a un particolare punto di vista: *la l. di un quadro; la l. dell'ultima crisi di governo secondo la stampa d'opposizione.* **3** Opera, scritto, pubblicazione e sim. che si legge: *è una l. stimolante; letture che parlavano d'estasi e trasfigurazioni* (CALVINO). **4** (*elab.*) Operazione consistente nel prelevare dati da un certo tipo di supporto o di memoria (per es., un disco magnetico) per trasferirli a un altro (per es., la memoria principale). **5** Conferenza: *l. dantesca.* **6** Nelle antiche università, cattedra universitaria | Insegnamento impartito da un docente | Lezione accademica. **7** (*dir.*) *In prima l., in seconda l.*, detto di discussione e votazione di un progetto di legge compiuti in successivi intervalli di tempo dalla medesima assemblea legislativa. || **letturina**, dim.

letturista [1936] s. m. e f. (pl. m. *-i*) ● Addetto alla lettura dei contatori che registrano il consumo di elettricità, gas e acqua dei singoli utenti.

leu /*romeno* lɛu/ [vc. rumena 'leone', latinismo, che riproduce il turco *arslanlī* 'piastra (con l'immagine del leone (*arslan*) e del sole)'; 1935] s. m. inv. ● Unità monetaria circolante in Romania.

leucaferèṣi ● V. *leucoaferesi*.

leucemìa [comp. di *leuco-* ed *-emia*; 1889] s. f. ● (*med.*) Neoplasia acuta o cronica delle cellule bianche del sangue, caratterizzata da distorta proliferazione e sviluppo della serie linfoide o dei precursori dei granulociti e monociti.

leucèmico [da *leucemia*; 1903] **A** agg. (pl. m. *-ci*) ● Della, relativo alla leucemia. **B** agg.; anche s. m. (f. *-a*) ● Che (o Chi) è affetto da leucemia.

leucìna [comp. di *leuc(o)-* e *-ina*] s. f. ● (*chim.*) Amminoacido a sei atomi di carbonio che si trova comunemente nelle proteine.

leucìsco [gr. *leukískos*, n. di un pesce 'piuttosto (*-iskos*) bianco (*leukós*)'; 1834] s. m. (pl. *-schi*) ● Genere di Pesci della famiglia dei Ciprinidi cui appartengono il cavedano (*Leuciscus cephalus*) e il vairone (*Leuciscus souffia*).

leucìte [ted. *Leucit*, comp. del gr. *leukós* 'bianco' e *-it* '-ite (2)'; 1817] s. f. ● (*miner.*) Alluminosilicato di potassio, in cristalli tondeggianti di colore biancastro.

lèuco- [dal gr. *leukós* 'bianco'] primo elemento ● In parole scientifiche composte, e in particolare della terminologia medica, indica colore bianco o chiaro: *leucemia*, *leucocita*, *leucoderma*.

leucoafèreṣi o **leucafèreṣi** [comp. di *leuco(citi)* e *aferesi*] s. f. inv. ● (*med.*) Tecnica di separazione mediante centrifugazione dei leucociti dal sangue di un donatore, impiegata a scopi trasfusionali o eseguita a scopi terapeutici.

leucocìta o **leucocìto** [comp. di *leuco-* e di *-cito* (o *-cita*); 1892] s. m. (pl. *-i*) ● (*biol.*) Globulo bianco.

leucocitàrio [1934] agg. ● Del, relativo al leucocita | ***Formula leucocitaria***, esame ematologico che fornisce la composizione percentuale dei vari tipi di leucociti presenti in un millilitro di sangue.

leucocìto ● V. *leucocita*.

leucocitòliṣi [comp. di *leucocita* e del gr. *lýsis* 'soluzione, dissolvimento'; 1965] s. f. inv. ● (*med.*) Distruzione normale o patologica dei globuli bianchi del sangue.

leucocitopoièṣi [comp. di *leucocito* e *-poiesi*] s. f. inv. ● (*biol.*) Leucopoiesi.

leucocitòṣi [comp. di *leucocit(o)* e *-osi*; 1893] s. f. inv. ● (*med.*) Aumento del numero di globuli bianchi nel sangue.

leucodermìa [comp. di *leuco-* e di un deriv. del gr. *dérma* 'pelle'; 1952] s. f. ● (*med.*) Area biancastra della cute per mancanza di pigmento.

leucòma [gr. *léukōma*, da *leukós* '(macchia) bianca'; 1598] s. m. (pl. *-i*) ● (*med.*) Cicatrice bianco opaca e circoscritta della cornea.

leuconichìa [comp. di *leuco-* e di un deriv. del gr. *ónyx*, genit. *ónychos* 'unghia'; 1923] s. f. ● (*med.*) Macchia biancastra dell'unghia.

leucopenìa [comp. di *leuco-* e *-penia*; 1934] s. f. ● (*med.*) Riduzione dei globuli bianchi nel sangue.

leucoplachìa [comp. di *leuco-* e del gr. *pláx* 'superficie piana'] s. f. ● (*med.*) Ispessimento delle mucose in forma di placca bianco-grigiastra in particolare nella cavità orale, nella laringe e nei genitali femminili. SIN. Leucoplasia.

leucoplaṣìa [comp. di *leuco-* e *-plasia*; 1957] s. f. ● (*med.*) Leucoplachia.

leucoplàsto [comp. di *leuco-* e di un deriv. dell'agg. gr. *plastós* 'modellato'; 1934] s. m. ● (*bot.*) Amiloplasto.

leucopoièṣi [comp. di *leuco-* e del gr. *póiēsis* 'fattura, formazione'; 1967] s. f. inv. ● (*biol.*) Processo di formazione dei globuli bianchi.

leucorrèa [comp. di *leuco-* e di un deriv. del v. gr. *rêin* 'scorrere'; 1788] s. f. ● (*med.*) Aumento di secrezione sieromucosa dai genitali femminili. SIN. Perdite bianche.

leucorròico [1834] agg. (pl. m. *-ci*) ● (*med.*) Della, relativo alla, leucorrea.

leucòṣi [comp. di *leuc(o)-* e *-osi*; 1834] s. f. inv. ● (*veter.*) Malattia virale contagiosa che colpisce Gallinacei e Bovini.

leucotriène [comp. di *leuco(cita)*, *tri-* ed *-ene*] s. m. ● (*chim.*) Sostanza prodotta nell'organismo per trasformazione di acidi grassi essenziali, che agisce da mediatore chimico della reazione infiammatoria e dell'anafilassi.

lèudo (1) [vc. germ., da avvicinare al ted. mod. *Leute* 'gente'; 1910] s. m. ● (*st.*) Nell'età merovingia, chi era alle dipendenze o sotto la protezione del re o di un signore.

lèudo (2) o **leùdo**, **lèuto (2)**, **liùto (2)** [var. di *liuto* per la forma del sartiame, che ricorda lo strumento musicale] s. m. ● (*mar.*) Imbarcazione da carico e da pesca con un albero inclinato verso prua, grande vela latina, bompresso e fiocco, diffusa un tempo in Liguria e in alto Adriatico | In epoca medievale, piccolo veliero da trasporto a due alberi usato spec. in Provenza | (*est.*, *raro*) Alleggio.

†**leùto (1)** ● V. *liuto (1)*.

leùto (2) ● V. *leudo (2)*.

lev /*bulgaro* lɛf/ [vc. bulgara, propr. 'leone', per l'immagine che vi era impressa; V. *leu*; 1942] s. m. inv. (pl. bulgaro *leva*) ● Unità monetaria circolante in Bulgaria. SIMB. L.

♦**lèva (1)** [da *levare (1)*; av. 1400] s. f. **1** Macchina semplice costituita da un'asta dotata di fulcro in un punto, cui viene applicata una potenza per vincere una resistenza | ***Bracci della l.***, distanze fra il fulcro e i punti di applicazione della potenza e della resistenza. **2** (*fig.*) Mezzo capace di rimuovere ostacoli o di stimolare energicamente: *il denaro è una l. potente* | ***Far l. su qlco.***, agire su qlco. per ottenere un certo fine. SIN. Stimolo. **3** Asta per l'azionamento di particolari dispositivi: *l. del deviatoio* | ***L. del cambio***, con la quale il guidatore manovra a mano il cambio di velocità dell'automezzo | ***Leve di, del comando***, (*fig.*) insieme dei mezzi atti a dirigere un'impresa, un'organizzazione e sim. | ***Avere in mano le leve del comando***, (*fig.*) comandare, dirigere, esercitare la propria autorità | (*econ.*) ***L. finanziaria***, (*ellitt.*) ***leva***, transazione economica con effetto moltiplicatore (per es. i contratti futures, che determinano guadagni o perdite assai elevate rispetto alla somma investita; oppure l'acquisto di un'azienda con trasferimento di parte del prezzo di acquisto a debito dell'azienda acquistata); la misura percentuale dell'effetto moltiplicatore stesso. SIN. Leverage. **4** Strumento odontoiatrico per la rimozione di denti e radici. || **levétta**, dim. | **levettina**, dim.

lèva (2) [da *levare (1)* che anticamente aveva anche il sign. di 'arruolare'; av. 1527] s. f. **1** Complesso delle operazioni mediante le quali vengono chiamati alle armi i giovani soggetti all'obbligo del servizio militare | ***Lista di l.***, in cui vengono iscritti tutti i giovani al compimento del 18° anno | ***Essere di l.***, essere iscritto nella lista di leva | ***Visita di l.***, per accertare la presenza o meno dei requisiti psico-fisici per compiere il servizio militare. **2** (*est.*) Insieme di coloro che vanno sotto le armi in un anno: *la l. del 1998*. **3** (*est.*) ***Le nuove leve***, i giovani che intraprendono un'attività e gradualmente subentrano alla generazione precedente: *le nuove leve del cinema*.

†**lèva (3)** [per (mare di) *leva(ta)*, da *levarsi* 'alzarsi (delle onde)'; 1869] s. f. ● Mare grosso con onde lunghe provenienti dal largo, che annuncia tempesta.

levacàpsule [comp. di *leva(re)* (*1*) e il pl. di *capsula*, in accezione particolare; 1970] s. m. inv. ● Apribottiglie.

levafòglio [comp. di *leva(re)* (*1*) e *foglio*] s. m. ● (*tipogr.*) Apparecchiatura meccanica che espelle i fogli stampati e a volte piegati da una macchina da stampa. SIN. Ricevitore.

†**levaldina** [da *levare* (*1*)] s. f. ● (*gerg.*) Furto | Truffa, imbroglio, raggiro.

†**levàme** [sec. XIV] s. m. ● Lievito.

†**levaménto** [vc. dotta, lat. *levamĕntu(m)*, da *levāre* 'levare'; av. 1348] s. m. ● Levata.

levanòccioli [comp. di *leva(re)* (*1*) e il pl. di *nocciolo*; 1970] s. m. inv. ● Utensile da cucina usato per estrarre il nocciolo da olive o ciliegie.

levantàra [da (vento di) *levante*; 1889] s. f. ● Forte vento di levante con grossa mareggiata, tipico dell'Adriatico.

levànte [av. 1292] **A** part. pres. di *levare*; anche agg. ● Nei sign. del v. | ***Sole l.***, che sorge | ***Impero del Sol l.***, il Giappone. **B** s. m. **1** Parte dell'orizzonte da cui si vede sorgere il sole: *il cielo si arrossa a l.*; *Riviera di l.* | ***Vento di l.***, che spira da tale direzione. SIN. Est, oriente. CONTR. Ponente. **2** (*est.*) Vento di levante: *il l. increspa le onde*. **3** ***Il Levante***, (*per anton.*) area geografica posta a oriente dell'Italia, nel bacino del Mediterraneo: *merci provenienti dal Levante*; *gli scali marittimi del Levante*.

levantìna [1834] s. f. ● Tipo di seta per foderare.

levantìno [da *Levante*; 1533] **A** agg. ● Che proviene dai Paesi del Levante: *tabacco*, *profumo l.* | (*fig.*, *spreg.*) Furbo, astuto, particolarmente abile negli affari | (*est.*, *spreg.*) Privo di scrupoli, infido, sleale. **B** s. m. (f. *-a*) ● Chi è nato o abita nei Paesi del Levante.

levapùnti [comp. di *leva(re)* (*1*) e il pl. di *punto*] s. m. inv. ● Piccolo attrezzo che serve per togliere punti metallici infissi in carta, legno e sim.

♦**levàre (1)** [vc. dotta, lat. *levāre*, originariamente 'alleggerire', da *lĕvis* 'lieve, leggero'; 1211] **A** v. tr. (*io lèvo* o poet. †*lièvo*; in tutta la coniug. la *e* può dittongare in *ie*, spec. se tonica, nel linguaggio poet. o arcaico) **1** Alzare, sollevare: *l. le braccia*, *gli occhi al cielo*; *non aver la forza di l. un dito* | ***L. il capo***, (*fig.*) insuperbirsi | ***L. il bollore***, cominciare a bollire | ***L. un grido***, lamentarsi | ***L. al cielo qlcu.***, esaltarlo | ***L. l'ancora***, salpare | ***Leva!***, in marina, voce di comando per riportare la barra del timone in centro. **2** Togliere, rimuovere, portar via: *l. un divieto*, *una tassa*; *l. le macchie*, *l'unto* | ***L. il campo***, ***le tende***, ***l'assedio***, ritirarsi, andarsene | ***L. le tende***, (*fig.*, *fam.*) andarsene | ***L. un dente***, estrarlo | ***L. di mezzo qlco.***, toglierla, eliminarla | ***L. di mezzo qlcu.***, liberarsene, ucciderlo | ***Levarsi di torno***, ***o d'attorno***, ***qlcu.***, allontanarlo | ***L. il fiato***, togliere il respiro (*spec. fig.*) | ***L. la fame***, ***la sete***, sfamare, dissetare | ***L. un desiderio***, appagarlo | ***Levarsi il pane di bocca per qlcu.***, (*fig.*) fare per lui ogni più grave sacrificio | ***L. le parole di bocca a qlcu.***, prevenirlo nel parlare | ***L. il disturbo***, congedarsi | ***L. il saluto a qlcu.***, cessare di salutarlo | ***L. la seduta***, sciogliere l'adunanza | †***L. le mense***, sparecchiare | †***L. dal sacro fonte***, tenere a battesimo. **3** Prelevare: *l. cento euro dalla cassa* | Sottrarre. **4** †Arruolare: *l. gente*, *soldati* | Imbarcare: *quei che leva quando e cui li piace*, / *più volte m'ha negato esto passaggio* (DANTE *Purg.* II, 95-96). **5** †Elevare, eleggere. **6** (*dir.*) Nella loc. ***l. il protesto***, eseguire, redigere l'atto giuridico del protesto. **B** v. rifl. **1** Andare verso l'alto, sollevarsi (*anche fig.*): *levarsi in volo*; *levarsi in piedi*; *levarsi al disopra delle miserie umane* | ***Levarsi contro qlcu.***, ribellarsi | ***Levarsi in armi***, prendere le armi. **2** Alzarsi da letto: *levarsi tardi*, *presto*; *si è levato alle sei*. **3** Allontanarsi: *levarsi da un posto* | ***Levarsi di mezzo***, ***dai piedi***, allontanarsi da un luogo, andarsene. **C** v. intr. pron. ● Sorgere, alzarsi: *si levò un vento fortissimo*; *il sole si leva alto sull'orizzonte*.

levàre (2) [da *levare* (*1*); sec. XIII] s. m. solo sing. **1** (*lett.*) Levata, nel sign. 1: *il l. del sole*; *al l. della luna*. **2** (*mus.*) Nella loc. ***in l.***, che indica i tempi deboli di una battuta. CONTR. In battere.

levàta [av. 1306] s. f. **1** Il levare, il levarsi: *la l. del sole* | L'alzarsi dal letto: *la l. è stabilita per le ore sette* | ***L. della posta***, prelievo della corrispondenza dalle cassette postali per l'inoltro allo smistamento | ***L. di scudi***, (*fig.*) improvviso atto di ribellione. **2** (*raro*, *fig.*) Intelligenza, levatura intellettuale: *studenti di scarsa l.* **3** Inizio della fase di rapido accrescimento primaverile dei culmi dei cereali: *grano in l.* **4** Rilievo grafico di un terreno | ***L. topografica***, rappresentazione grafica convenzionale di una zona di terreno. **5** Acquisto di generi di monopolio presso i magazzini dello Stato: *l. dei tabacchi*. **6** †Leva, chiamata alle armi. **7** (*fig.*) †Importanza: *essere di poca l.* || **levatàccia**, pegg. (V.) | **levatina**, dim.

levatàccia [1863] s. f. (pl. *-ce*) **1** Pegg. di *levata*. **2** L'alzarsi molto presto dal letto. SIN. Alzataccia.

levatàrtaro [comp. di *leva(re)* (*1*) e *tartaro*; 1973] s. m. inv. ● Strumento dentistico con cui si toglie il tartaro dai denti.

levàto [1313] part. pass. di *levare*; anche agg. **1** Nei sign. del v. **2** ***A gambe levate***, a tutta velocità | ***Ben l.!***, espressione d'augurio per chi si è appena alzato da letto. **3** Lievitato, fermentato. **4** (*arald.*) Rampante.

levatóio [sec. XIII] agg. ● Che si può alzare o abbassare a volontà: *ponte l.*

levatóre [1587] agg.; anche s. m. (f. *-trice*) ● (*ra-*

ro) Che (o Chi) leva.

levatrice [da *levare* (*1*) (il fanciullo); sec. XVI] **s. f.** ● (*pop.*) Ostetrica.

levatùra [1353] **s. f.** *1* †Il levare. *2* Grado di elevatezza intellettuale: *uomo di eccezionale l.* | Grado d'importanza; livello culturale: *un romanzo di non grande l.*

†**levaziòne** [vc. dotta, lat. *levatiōne(m)*, da *levātus*, part. pass. di *levāre* 'levare'; sec. XIV] **s. f.** ● Elevazione, innalzamento.

†**lève** ● V. *lieve*.

leverage /'livəredʒ, *ingl.* 'li:vəɹɪdʒ/ [ingl. *leverage* propr. 'azione di una leva, leveraggio'; 1985] **s. m. inv.** *1* Nella tecnica aziendale, grado di indebitamento di un'impresa, dato dal rapporto tra i mezzi propri e il capitale di credito. *2* Leva finanziaria.

leveraged buy-out /*ingl.* 'li:vəɹɪdʒ 'baɪ,aʊt/ [loc. ingl., comp. di *buy-out* 'acquisto' e *leveraged* 'con capitale preso a prestito' (V. *leverage*); 1989] **loc. sost. m. inv.** (pl. ingl. *leveraged buy-outs*) ● (*econ.*) Acquisizione di una società finanziata principalmente con capitale preso in prestito.

leveràggio [ingl. *leverage*, da *lever* 'leva (1)'; 1957] **s. m.** ● (*mecc.*) Sistema di leve usato per trasmettere comandi a distanza, composto di due o più leve disposte in serie in modo che la potenza dell'una sia equilibrata dalla resistenza della successiva: *l. del cambio*.

leviathàn /levja'tan/ o **leviatàn**, **leviatàno** [ebr. *liwjāthān*, propr. 'tortuoso', dalla base *l-w-h* 'torcere', nei vari sign. parzialmente rinvigoriti dall'opera omonima di T. Hobbes; sec. XIV] **s. m.** *1* Mostro biblico immane e distruttore. *2* (*fig.*) Organizzazione statale e politica assolutistica e opprimente. *3* Nell'industria tessile, grande macchina nella quale si compie il lavaggio industriale delle lane gregge.

levigàre [vc. dotta, lat. *levigāre*, da *lēvis* 'liscio', di etim. incerta, formato come *mitigāre*, da *mītis* 'mite'; 1499] **v. tr.** (*io lèvigo, tu lèvighi*) *1* Rendere privo di ogni asperità o ruvidezza (*anche fig.*): *l. il marmo, la pietra, il legno*; *l. un discorso*. **SIN.** Limare, lisciare. *2* (*chim.*) Sottoporre a levigazione. *3* †Polverizzare.

levigatézza [1828] **s. f.** ● Caratteristica di ciò che è levigato.

levigatóre [1957] **s. m.** *1* (f. *-trice*) Operaio addetto alla levigazione. *2* (*chim.*) Apparecchio usato per la levigazione dei miscugli.

levigatrice [1957] **s. f.** ● Macchina che leviga la superficie di metalli, marmi e sim.

levigatùra [1788] **s. f.** *1* Levigazione. *2* (*tecnol.*) Lisciatura.

levigazióne [vc. dotta, lat. *levigatiōne(m)*, da *levigātus* 'levigato'; 1803] **s. f.** *1* Operazione del levigare: *la l. del legno*. *2* Azione del vento, della pioggia e del ghiaccio sulle rocce. *3* (*chim.*) Separazione, in corrente fluida, delle particelle pesanti dalle particelle leggere di un minerale o di una miscela di sostanze solide.

leviràto [dal lat. *lēvir* 'fratello del marito, cognato', di orig. indeur., e *-ato*; 1940] **s. m.** ● Nell'antico diritto levitico ebraico, obbligo del fratello a sposare la cognata vedova e senza figli | Presso alcuni popoli primitivi, analoga istituzione sociale ancora vigente.

levisite ● V. *lewisite* (*1*).

levistico [vc. dotta, lat. tardo *levīsticu(m)*, per *ligūsticum* (V. *ligustico*), così chiamato perché frequente in *Liguria*; sec. XIII] **s. m.** (pl. *-ci*) ● Grande pianta erbacea delle Ombrellifere di cui si usano i frutti aromatici e le radici, utili in medicina (*Levisticum officinale*).

levita (*1*) [vc. dotta, lat. eccl. *Levīta(m)*, dal n. ebr. del capostipite di una delle tribù d'Israele *Lēwī* (propr. 'colui che unisce'); sec. XIII] **s. m.** (pl. *-i*) ● Presso gli antichi Ebrei, membro della tribù di Levi, cui era riservata la funzione di ministro del culto | (*raro*) Nuovo sacerdote.

lèvita (*2*) [fr. *lévite* per la somiglianza con l'ampia veste indossata dal personaggio del sacerdote ebreo nelle rappresentazioni teatrali] **s. f.** ● Specie di rozzo saio degli anacoreti | Veste femminile molto ampia.

levità [vc. dotta, lat. *levitāte(m)*, da *lēvis* 'lieve'; 1308] **s. f.** ● (*lett.*) Leggerezza.

levitàre [da *l(i)evito*; 1364] **v. intr.** (*io lèvito*; aus. *avere* e *essere*) *1* Sollevarsi in aria fisicamente, contro le leggi della gravità. *2* (*raro, lett.*) Lievitare.

levitazióne [dal lat. *lēvitas*, genit. *levitātis* 'levità', sul tipo di *gravitazione*; 1897] **s. f.** *1* Fenomeno consistente nel sollevare e mantenere sospeso in aria o nel vuoto un corpo materiale contro la forza di gravità: *treno a l. magnetica*; *fenomeni parapsicologici di l.* *2* (*raro, lett.*) Lievitazione.

levitico [vc. dotta, lat. eccl. *Levīticu(m)*, da *Levītes* 'levita (1)'; av. 1342] **A agg.** (pl. m. *-ci*) ● Di, relativo a leviti o a levita. **B s. m.** ● *Il Levitico*, terzo libro biblico del Pentateuco.

levogiro [da *destrogiro* con sostituzione a *destro-* del suo opposto *levo-* (dal lat. *lāevus* 'sinistro'); 1869] **agg.** *1* (*chim.*) Detto di composto organico capace di far ruotare a sinistra il piano di polarizzazione di un fascio di luce polarizzata che l'attraversi. *2* (*fis.*) Sinistrorso.

†**levóre** [vc. dotta, lat. *levōre(m)* 'levigatezza', da *lēvis* 'liscio', di etim. incerta; av. 1714] **s. m.** ● Levità, leggerezza.

†**lèvra** ● V. *lebbra*.

levrièro o **levrière** [ant. fr. *levrier*, dal lat. *leporāriu(m)*, sottinteso *cāne(m)*, '(cane) da lepre (*lĕpus*, genit. *lĕporis*)'; av. 1292] **s. m.** ● Cane da corsa con forme snelle ed eleganti e zampe alte e sottili.

levulòsio [fr. *levulose*, dal lat. *lāevus* 'sinistro' col suff. di (*gluc*)*osio*; 1869] **s. m.** ● (*chim.*) Fruttosio.

lewisite (*1*) /lui'zite, levi-/ o **levisite** [dal n. dell'inventore, il chimico amer. W. L. *Lewis* (1847-1926); 1931] **s. f.** ● Liquido oleoso che forma un gas tossico usato come aggressivo chimico.

lewisite (*2*) /lui'zite, levi-/ [dal n. del mineralogista ingl. W. J. *Lewis*; 1931] **s. f.** ● Minerale cristallino, di aspetto dal giallo al bruno, contenente titanio, antimonio, calcio e ferro.

†**lèzia** **s. f.** ● (*raro*) Lezio.

lèzio [da *lezio(so)*; av. 1494] **s. m.** ● (*spec. al pl.*) Smanceria o vezzo affettato: *quanti lezii ha fatto questa mia pazza!* (MACHIAVELLI). ‖ **lezino**, **dim.** | **leziolino**, **dim.**

lezionàrio [1727] **s. m.** ● Libro liturgico che raccoglie le lezioni degli uffici divini dei vari giorni.

♦**lezióne** [vc. dotta, lat. *lectiōne(m)* 'raccolta, lettura, scelta', da *lĕctus*, part. pass. di *lĕgere* 'leggere'; av. 1306] **s. f.** *1* L'insegnamento dato in una volta a una o più persone: *una l. di latino, di matematica*; *frequentare le lezioni di un professore*; *una l. di un'ora sopra le prime righe di Fabio Quintiliano* (VICO) | Insieme di nozioni insegnate o date da imparare in una volta: *capire la l.*; *studiare, ripetere la l. di fisica*. *2* Dissertazione accademica di argomento scientifico o letterario tenuta in pubblico: *l'anno accademico fu inaugurato con una l. sul Petrarca*. *3* (*fig.*) Insegnamento, ammaestramento: *ci ha dato una l. di altruismo*; *non accetto lezioni da nessuno*. *4* (*fig.*) Sgridata, rimprovero, punizione: *è stata una l. dura, ma servirà*; *gli ha impartito una severa l.* *5* †Lettura o istruzione acquisita con lettura: *la cognizione delle azioni delli uomini grandi imparata da me con una lunga esperienza delle cose moderne e una continua l. delle antique* (MACHIAVELLI). *6* Testo tratto dalla Scrittura o dai Padri, che si recita nell'ufficio cattolico di mattutino e nella Messa. *7* Nell'edizione critica di un testo, modo nel quale risultano scritti una parola o un passo nei codici e nelle stampe che di quel testo forniscono testimonianza. **SIN.** Lectio. *8* †Elezione. ‖ **lezionàccia**, **pegg.** | **lezioncèlla**, **dim.** | **lezioncina**, **dim.** | **lezionciòna**, **accr.** | **lezionùccia**, **dim.**

leziosàggine [1640] **s. f.** ● Comportamento o maniera abitualmente leziosa | Parola o atto lezioso. **SIN.** Smanceria, svenevolezza.

leziosità [1716] **s. f.** ● Caratteristica di chi (o di ciò che) è lezioso.

lezióso [lat. (*de*)*liciōsu(m)*, da *delíciae* 'delizie, seduzioni'; sec. XIII] **agg.** *1* Che è caratterizzato da smancerie o vezzi stucchevoli, da una fastidiosa svenevolezza: *bambina leziosa* | Affettato: *discorso l.* **SIN.** Manierato, smanceroso, svenevole. *2* †Grazioso, vezzoso. ‖ **leziosétto**, **dim.** ‖ **leziosaménte**, **avv.**

†**lezzàre** (o -zz-) [per (*o*)*lezzare*; av. 1400] **v. intr.** ● Mandar lezzo.

lézzo (o -zz-) [da *lezzare*; 1313] **A s. m.** *1* Cattivo odore esalato da ciò che è sudicio: *l. caprino, di stalla, di fogna*; *il l. delle lettiere marcite e del nero delle risciacquature che stagnava* (PIRANDELLO) | *Gettar l.*, puzzare. **SIN.** Puzza. *2* Lordura, sudiciume (*anche fig.*): *il l. del vizio, della corruzione*. **B agg.** ● †Fetente.

lezzóne (o -zz-) [1729] **s. m.** (f. *-a*) ● (*tosc.*) Sudicione, sporcaccione | (*fig.*) Persona di cattivi costumi.

lezzonerìa (o -zz-) [1869] **s. f.** ● (*tosc.*) Cosa sudicia o turpe | (*fig.*) Comportamento o atto da lezzone.

†**lezzóso** (o -zz-) [sec. XIV] **agg.** *1* Che fa lezzo, puzzolente. *2* Limaccioso.

lezzùme (o -zz-) [1869] **s. m.** ● (*tosc.*) Sudiciume | (*fig.*) Costumi immondi.

♦**li** (*1*) /li/ o (*tosc., lett.*) †**gli** (*4*) nel sign. B, (*poet.*) †**i** (*4*) nel sign. B [lat. *īlli*, m. pl. di *īlle*, di comp. incerta; av. 1250] **A art. det. m. pl.** *1* †V. *gli* (*1*) e *i* (*1*). *2* Si usa nelle indicazioni di date, spec. in documenti ufficiali: *li 25 ottobre*. **B pron. pers. e dimostr. m. pl.** ● Loro, essi (come compl. ogg., riferito a persona o cosa, in posizione sia encl. sia procl.): *li vedrò domani*; *andrò a trovarli*; *eccoli*; *dammeli*; *li vuoi tu?* (V. nota d'uso ACCENTO).

†**li** (*2*) /li/ ● V. *gli* (*2*).

♦**lì** /li*/ o (*pop., tosc.*) †**lie** [lat. *īllic*, da *īlle*, di comp. incerta, raff. da *-c*; av. 1294] **avv.** *1* In quel luogo (con v. di stato e di moto, con riferimento a un luogo non molto lontano da chi parla e da chi ascolta): *non dovevi stare lì tanto tempo*; *ero lì quando è accaduto il fatto*; *guarda un po' lì, sul tavolo* | *Fino lì*, fino a quel luogo: *vado fino lì e torno indietro* | ***Siamo ancora lì***, (*fig.*) alle solite, al solito punto | ***Se non sono mille siamo lì***, ci manca poco | Contrapposto a 'qua', 'qui', 'là', con valore locativo più o meno indeterminato: *stavano uno lì e uno là*; *ricopia da qui a lì* | Con valore raff. seguito da altri avverbi di luogo dà loro maggiore determinazione: *era lì presso*; *vai lì dentro*; *è lì sotto*; *guarda lì su* | Unito a pron. pers. e al pron. e agg. 'quello', con valore raff. e intens.: *eccolo lì!*; *tu, lì, sbrigati*; *è proprio quello lì*; *dammi quella matita lì*. *2* Con valore raff. o enfat. in escl. o espressioni di esortazione, sdegno e sim.: *zitto lì!*; *fermo lì!*; *guarda lì cosa hai combinato!* | Indica il durare o il ripetersi insistente di qlco.: *e lì con le solite lamentele*; *e lì baci e abbracci*. *3* In quel momento, allora, in quel punto (con valore temporale anche fig.): *la questione è finita lì* | Circa in quel tempo: *si era lì, verso Pasqua* | ***Essere lì per***, ***essere lì lì per***, stare per, essere sul punto di: *era lì per piangere* | ***Fino lì***, fino a quel momento: *fin lì le cose erano andate bene* | ***Di lì a***, dopo: *di lì a poco*; *di lì a tre mesi, partì per la guerra*. *4* Nella loc. avv. ***di***, ***da lì***, da quel luogo, attraverso quel luogo (indica moto da luogo e moto attraverso luogo, anche fig.): *da lì non si entra*; *di lì non si passa* | ***Giù di lì***, pressappoco, circa: *abita vicino alla stazione o giù di lì*; *verrà alle cinque o giù di lì*. *5* Nella loc. avv. ***per lì***, attraverso quel luogo: *per lì non puoi passare* | ***Lì per lì***, sul momento: *lì per lì non avevo capito* (V. nota d'uso ACCENTO).

liaison /*fr.* lje'zõ/ [vc. fr. che continua il lat. tardo *ligatiōne(m)*, da *ligātus*, part. pass. di *ligāre* 'legare (1)'; 1957] **s. f. inv.** *1* (*ling.*) Fenomeno fonetico-sintattico tipico della lingua francese, consistente nel pronunciare due parole consecutive unendo la consonante finale della prima parola (che davanti a consonante non si pronuncia) alla vocale iniziale della parola seguente (per es., *un savant anglais*; *très heureux*). *2* (*fig.*) Legame, relazione sentimentale: *avere una l. con qlcu.*

†**liàle** e *deriv.* ● V. *leale* e *deriv.*

†**liàma** [ant. provz. *liam*, dal lat. *ligāmen* 'legame'] **s. f.** ● (*raro, poet.*) Legame.

liàna [fr. *liene*, *liane*, da *lien* 'legame'; 1838] **s. f.** ● Pianta caratteristica delle foreste tropicali a fusto legnoso, molto allungato e sottile che si appoggia ad altre piante formando un fitto intreccio.

lianóso [1973] **agg.** ● (*raro*) Ricco di liane: *foresta lianosa* | A forma di liana: *pianta lianosa*.

†**liànza** ● V. †*leanza*.

libagióne o (*raro*) **libazióne** [lat. *libatiōne(m)*, da *libātus*, part. pass. di *libāre* 'libare (1)'; 1598] **s. f.** *1* Cerimonia propria di molte religioni antiche, consistente nel versare o spargere latte, vino o altro, in onore degli dei, sull'altare o a terra | (*est.*) Offerta od oblazione sacrificale: *offrire libagioni agli dei*. *2* (*scherz.*) Abbondante bevuta di vino o liquori.

†**libàme** [vc. dotta, lat. *libāmen* (nt.), da *libāre* 'liba-

re (1)'; 1619] s. m. (pl. *libàmi*, m., raro *libàmina*, f.) ● Libagione: *l'are mie … di sacre / opime dapi abbondano mai sempre, / e di libami e di profumi* (MONTI).

†**libaménto** [vc. dotta, lat. *libamĕntu(m)*, da *libāre* 'libare (1)'; sec. XIV] s. m. *1* Il libare. *2* Ciò che si offriva nelle libagioni agli dei.

libanése [1934] A agg. ● Del Libano. B s. m. e f. ● Abitante, nativo del Libano.

libanizzàre [da *Libano*, teatro di lunghi e distruttivi conflitti; 1983] v. tr. *1* Ridurre una città, un territorio o un intero Stato in un campo di battaglia, nel quale si fronteggiano oppositori interni e avversari internazionali. *2* (*fig.*) Provocare una situazione di divisione.

libanizzazióne [1985] s. f. ● Il libanizzare | Condizione di disgregazione, di divisione, di scontro.

libàno [etim. incerta; 1589] s. m. ● Fune di fibre vegetali intrecciate usata dai marinai.

libàre (1) [vc. dotta, lat. *libāre*, di etim. incerta; av. 1484] v. tr. *1* (*lett.*) Versare o spargere un liquido sull'altare o altrove per offrirlo e consacrarlo a una divinità (*anche assol.*): *chi sedea / a libar latte e a raccontar sue pene / ai cari estinti* (FOSCOLO). *2* (*lett.*) Gustare leggermente a fior di labbra (*anche fig.*): *… un gran vecchio che libava il vino, / con gli occhi al cielo* (PASCOLI) | (*assol.*) Brindare.

libàre (2) [lat. tardo *leviāre* 'alleggerire', da *lĕvis* 'leggero'; 1566] v. intr. ● (*mar.*) Allibare.

libatòrio [vc. dotta, lat. *libatōriu(m)* 'vaso per le libagioni', da *libātus* 'libato'; 1584] agg. ● Che serve per le libagioni: *vaso l.*

libazióne ● V. *libagione*.

libbra o **libra** [vc. dotta, lat. *lĭbra(m)* 'oggetto che serve a pesare', da cui 'libbra' e 'bilancia', termine mutuato, di etim. incerta; av. 1294] s. f. *1* Principale unità ponderale presso i Romani e nell'Italia antica, con valori vari | Unità ponderale in Italia nel Medio Evo e in epoca moderna fino all'adozione del sistema decimale, con valori diversi secondo i luoghi. *2* (*fis.*) Unità anglosassone di misura della massa pari a 0,454 kilogrammi. SIMB. lb.

libecciàta [av. 1527] s. f. ● Violento spirare del libeccio | Periodo di tempo in cui soffia il libeccio | (*est.*) Mareggiata provocata dal libeccio.

libéccio [etim. discussa: da una vc. ar. di provenienza gr. (*libýkion*, dim. *libykós*, cioè '(vento leggero) proveniente dalla *Libia*') (?); av. 1292] s. m. *1* Vento da sud-ovest spesso molto violento, caratteristico del Mediterraneo centrale e settentrionale. SIN. Africo. *2* Punto cardinale intermedio Sud-Ovest.

libèlla [vc. dotta, lat. *libĕlla(m)*, dim. di *lĭbra* 'libbra' e 'bilancia'; av. 1292] s. f. ● Piccola moneta romana di rame.

libellìsta [av. 1744] s. m. e f. (pl. m. *-i*) ● Autore di libelli diffamatori.

libèllo [vc. dotta, lat. *libĕllu(m)*, dim. di *lĭber* 'libro'; av. 1292] s. m. *1* †Piccolo libro. *2* Pubblicazione diffamatoria, spesso anonima. *3* (*raro*) Documento contenente il testo di un atto di citazione. SIN. Lettera citatoria. *4* †Libro o sezione di un trattato. *5* †Cartello di sfida. || **libellàccio**, pegg. | **libellùccio**, dim.

libèllula [dim. di *libella* 'bilancetta' per il suo volo librato; 1834] s. f. *1* Insetto appartenente all'ordine degli Odonati, acquatico allo stato larvale, terrestre in quello adulto, con quattro ali, generalmente uguali, trasparenti a nervature reticolate (*Libellula depressa*) | (*est.*) Ogni insetto dell'ordine degli Odonati. ➡ ILL. **animali**/2. *2* (*fig.*) Simbolo di agilità, leggerezza e grazia nei movimenti: *danzare come una l.*

libènte [vc. dotta, lat. *libĕnte(m)*, part. pres. di *libēre* 'piacere essere gradito', da una radice di orig. indeur.; 1321] agg. ● (*lett.*) Volenteroso.

lìbera [da *libero*; 1961] s. f. ● Nell'alpinismo, arrampicata libera | Nello sci, discesa libera.

liberàbile agg. ● Che si può liberare, detto spec. di abitazioni affittate: *appartamento l. a breve scadenza*.

liberal /'liberal, *ingl.* 'lɪbərəl/ [dal lat. *liberāle(m)* 'liberale', 'concernente la libertà'; 1985] A agg. inv. ● Che è di tendenza liberale. B agg. e s. m. e f. inv. ● Negli Stati Uniti, che (o chi) è politicamente orientato a sinistra: *movimento, corrente l.*; *l'influenza dei l. sul governo*.

liberaldemocràtico [comp. di *liberal(e)* e *democratico*; 1963] agg.; anche s. m. (f. *-a*; pl. m. *-ci*) ● Che (o Chi) fa riferimento o si ispira al patrimonio di idee liberali e democratiche dei Paesi occidentali: *concezioni liberaldemocratiche*; *polo l.*; *programma dei liberaldemocratici*.

liberàle [vc. dotta, lat. *liberāle(m)*, da *lĭber* 'libero', di etim. incerta; sec. XIII] A agg. *1* Generoso nel donare: *essere l. verso i poveri, verso le istituzioni culturali*; *essere l. di conforti, di incoraggiamenti* | (*est.*) Di ciò che denota generosità e magnanimità: *gesto, dono l.*; *chiede opportuno e parco / con fronte liberal che l'alma pinge* (PARINI). SIN. Largo, munifico. *2* Che professa principi di libertà civile o è fautore del liberalismo: *pensatore l.*; *leggi, riforme liberali*. SIN. Libertario | (*raro*) Franco, libero. *3* Proprio del, relativo al liberalismo: *idee liberali* | ***Stato l.***, ***economia l.***, che tende a lasciare la massima libertà ai cittadini quali operatori economici. *4* Relativo al Partito Liberale Italiano. *5* (*lett.*) Che si addice a persona libera per condizione o per mentalità: *studi, professioni liberali* | ***Arti liberali***, le sette discipline che formavano il trivio e il quadrivio. *6* †Amorevole. || **liberalménte**, †**liberaleménte**, avv. In modo liberale, generoso. B s. m. e f. *1* Chi segue e sostiene il liberalismo. *2* Appartenente al Partito Liberale Italiano. || **liberalàccio**, pegg. | **liberalóne**, accr.

liberaleggiànte [av. 1850] agg. ● Che tende al liberalismo.

liberalésco [av. 1850] agg. (pl. m. *-schi*) ● (*spreg., disus.*) Di o da liberale: *atteggiamento l.*

liberalìsmo [1819] s. m. ● Dottrina e movimento politico che si fonda essenzialmente sulla garanzia delle libertà individuali da parte dello Stato | ***L. economico***, liberismo.

liberalìstico [1931] agg. (pl. m. *-ci*) ● (*raro*) Liberale, nel sign. A 3.

liberalità [vc. dotta, lat. *liberalitāte(m)*, da *liberālis* 'liberale'; av. 1294] s. f. *1* Larghezza nel dare, nel beneficare. SIN. Generosità, munificenza. *2* Atto di persona generosa e magnanima. *3* (*dir.*) Attribuzione patrimoniale fatta spontaneamente da una parte all'altra con l'intento di arricchirla senza corrispettivo. *4* †Libertà.

liberalizzàre [adattamento dell'ingl. *to liberalize* 'fare o diventare liberale'; 1949] v. tr. *1* Conformare, adeguare ai principi del liberismo: *l. gli scambi, i commerci*. *2* Rendere più libero, consentire un'autonoma manifestazione a forze politiche, culturali e sim.

liberalizzazióne [adattamento dell'ingl. *liberalization*; 1950] s. f. ● Il liberalizzare, il venire liberalizzato | ***L. degli scambi commerciali***, riduzione o eliminazione delle barriere doganali, dei contingentamenti o regolamentazioni di vario genere.

liberalòide [comp. di *liberal(e)* e *-oide*; 1903] agg.; anche s. m. e f. ● (*spreg.*) Che (o Chi) è favorevole al liberalismo, in modo superficiale e approssimativo.

liberalsocialìsmo [comp. di *liberal(ismo)* e *socialismo*; 1945] s. m. ● Dottrina che vuole conciliare i princìpi politici del liberalismo con i princìpi sociali del socialismo.

liberalsocialista [comp. di *liberal(e)* e *socialista*] A agg. ● Relativo al liberalsocialismo. B s. m. e f. (pl. m. *-i*) ● Fautore, sostenitore del liberalsocialismo.

liberaménto [vc. dotta, lat. *liberamĕntu(m)*, da *liberāre* 'liberare'; sec. XIV] s. m. ● (*raro*) Liberazione.

†**liberànza** (1) [ant. fr. *livrame*, da *livrer* 'liberare' (in senso di 'dare liberamente'); av. 1306] s. f. *1* Liberamento. *2* Liberalità, dono.

†**liberànza** (2) [sp. *libranza*, da *librar* 'liberare' (in senso commerciale); av. 1587] s. f. ● Ordine scritto di pagamento, dato ai pagatori o tesorieri da chi soprintende all'economia di guerra.

♦**liberàre** [vc. dotta, lat. *liberāre*, da *lĭber* 'libero'; av. 1306] A v. tr. (*io lìbero*) (qlcu. o q.c; qlcu. o q.c + *da*, lett. + *di*) *1* Render libero, togliendo da impedimenti, sciogliendo da vincoli e sim.: *l. qlcu. dai lacci, dalle catene, da un obbligo, da una promessa*; *con arme li liberò di servitù* (COMPAGNI); *venero a ringraziarmi … dicendomi, ch'io gli ho liberati della miseria* (FOSCOLO) | Sgombrare (*anche fig.*): *l. una stanza, un appartamento*; *l. la mente dai pensieri* | (*est.*) Restituire alla libertà: *l. qlcu. dalla prigionia, dalla schiavitù*. *2* Dare libero sfogo a qlco.: *l. la fantasia, la propria creatività*. *3* Pagare per intero, completamente | ***L. un'azione***, pagare alla società emittente l'intero valore nominale del titolo | (*fig.*) †***L. la fede***, adempiere la promessa fatta. *4* Salvare, sottrarre qlcu. da un pericolo, da un danno, da una minaccia e sim.: *l. qlcu. da preoccupazioni, rimorsi, malattia*. *5* Esimere: *l. dal servizio*. B v. rifl. (+ *di*; + *da*) ● Rendersi libero o esente: *liberarsi di* (o *da*) *un importuno*; *liberarsi dall'angoscia, dalla paura*; *la mia fortuna consisteva … nell'essermi liberato della moglie, della suocera, dei debiti* (PIRANDELLO). C v. intr. pron. ● Diventare libero: *l'appartamento si è liberato*.

liberatìvo [1927] agg. ● Atto a liberare: *intervento l.*

liberàto [av. 1294] A part. pass. di *liberare*; anche agg. ● Nei sign. del v. B s. m. (f. *-a*) ● Chi è reso libero, esente e sim.: *i liberati dalla prigionia*.

liberatóre [vc. dotta, lat. *liberatōre(m)*, da *liberātus* 'liberato'; 1351] agg.; anche s. m. (f. *-trice*) ● Che (o Chi) libera: *guerra liberatrice*; *è stato il l. del paese*.

liberatòria [agg. f. sostantivato di *liberatorio*, sottinteso *dichiarazione*] s. f. ● (*dir.*) Dichiarazione con la quale il creditore afferma che il debitore ha adempiuto l'obbligazione | Dichiarazione con la quale il titolare del diritto di sfruttamento della propria immagine o del proprio nome ne autorizza l'utilizzo da parte di un terzo; è necessaria per lo sfruttamento da parte di quest'ultimo a fini di lucro.

liberatòrio [1673] agg. *1* Che libera da costrizioni fisiche o da ansie, tensioni, inibizioni: *sfogo l.*; *confessione liberatoria*. *2* (*dir.*) Che libera da un'obbligazione: *pagamento l.* | ***Credito l.***, nella terminologia di banca, quello da trasferirsi mediante clearing e che può essere riscosso dal beneficiario anche prima che il clearing presenti disponibilità. *3* (*econ.*) Carattere della moneta legale che la fa accettare obbligatoriamente in pagamento: *potere l. dell'euro*.

liberazióne [vc. dotta, lat. *liberatiōne(m)*, da *liberātus* 'liberato'; 1336 ca.] s. f. *1* Il liberare, il liberarsi, il venire liberato: *guerra di l.*; *ottenere la l. dei detenuti politici*. *2* (*fig.*) Sollievo da uno stato di oppressione, di sofferenza, di preoccupazione: *l. da un tormento, da un rimorso*; *finalmente ho dato l'esame, che l.!*

libèrcolo [vc. dotta mediev. tratta dal lat. *lĭber* 'libro', come *latĕrculus* (per *laterĭculus*) 'piccolo mattone' e poi 'registro', da *lăter*, genit *lăteris* 'mattone'; 1380] s. m. ● (*spreg.*) Libro di poco conto. || **libercolàccio**, pegg. | **libercolétto**, dim. | **libercolìno**, dim. | **libercolùccio**, pegg. | **libercolucciàccio**, pegg.

liberiàno (1) [ingl. *Liberian*, dal n. della regione africana (repubblica dal 1847) in orig. destinata ai negri *liberati* (*Liberia*); 1934] A agg. ● Della Liberia. B s. m. (f. *-a*) ● Abitante, nativo della Liberia.

liberiàno (2) [fr. *libérien*, deriv. di *liber*, dal lat. *lĭber* nel senso originario di 'membrana sottostante alla corteccia dell'albero'; 1884] agg. ● (*bot.*) Che riguarda il libro, nel sign. 6.

liberiàno (3) [1957] agg. ● Di, relativo a, papa Liberio (IV sec.): *basilica liberiana*.

liberìsmo [da *libero* (scambio); 1899] s. m. ● (*econ.*) Dottrina economica che propugna un sistema basato sulla libera concorrenza e che limita l'intervento statale alla difesa del processo competitivo e all'erogazione di servizi di pubblico interesse non ottenibili attraverso i canali del mercato.

liberìsta (1) [1881] A agg. (pl. m. *-i*) ● Del, relativo al, liberismo. B s. m. e f. ● Seguace, sostenitore del liberismo: *liberisti ed individualisti rappresentati dall'anonimo autore della lettera* (EINAUDI).

liberìsta (2) [da *libero* riferito alla discesa o allo stile] s. m. e f. (pl. m. *-i*) ● (*sport*) Sciatore specialista di discesa libera. SIN. Discesista | Nuotatore specialista dello stile libero | Chi pratica la lotta libera.

liberìstico [1922] agg. (pl. m. *-ci*) ● Relativo al liberismo, fondato sul liberismo: *regime l.*

♦**lìbero** [vc. dotta, lat. *lĭberu(m)*, di etim. incerta; av. 1294] A agg. (assol.; + *da*; + *di*, anche seguito da inf.) **I** In senso lato *1* Che ha il potere di decidere in modo autonomo, di agire secondo la propria volontà e sim.: *un popolo l.*; *essere l. da ogni pregiudizio, dalle preoccupazioni*; *essere l. di fare,* *dire, pensare*; *sono l. di intervenire come più mi piace*; *siamo liberi di scegliere il nostro destino*; *ma quelli è l. di paura e da speranza* (BOCCACCIO) | ***L. pensatore***, chi sostiene posizioni antidogmatiche. **2** Che non è sottoposto a vincoli, obblighi, impegni e sim.: *il l. convincimento del giudice*; *documenti in carta libera* | ***Libera docenza***, abilitazione, non più prevista dall'attuale ordinamento universitario, a tenere corsi di insegnamento presso università e istituti superiori | ***L. professionista***, chi è stato abilitato a esercitare in modo autonomo una data professione | ***L. scambio***, regime in cui le merci possono circolare senza restrizioni protezionistiche e vincoli doganali di sorta | ***Interrogatorio l.***, non formale | ***A piede l.***, detto di imputato che non sia in stato di arresto | ***Mercato l.***, esente da vincoli o dazi | ***Mare l.***, zona di mare situata oltre le acque territoriali, non appartenente ad alcuno Stato e aperta alla navigazione di tutti i Paesi | ***Battitore l.***, nel calcio, giocatore della difesa senza specifici compiti di marcatura | ***Liberi tutti***, gioco infantile, simile al nascondino, in cui un ragazzo non ancora preso può liberare i compagni prigionieri. **3** (*est.*) Detto di chi è privo di legami familiari o sentimentali: *uomo l.* | ***Donna libera***, indipendente, emancipata; (*disus.*) donna di facili costumi | Detto di chi non ha impegni particolari: *domani non sono l., è meglio rinviare l'incontro*. **4** (*est.*) Che si compie, si verifica, avviene o si sviluppa al di fuori di ogni costrizione, norma, intervento, riconoscimento e sim.: *attività libera*; *respirazione libera*; *dare l. corso alla fantasia, ai propri pensieri* | ***L. amore***, che non accetta come necessari o indispensabili i legami coniugali | (*est.*) Ardito, audace: *linguaggio l.*; *espressioni alquanto libere*. **II** In senso politico e filosofico **1** Detto di chi (o di ciò che) non è sottomesso ad autorità dispotiche, a norme o sistemi tirannici e sim.: *la natura che ha fatto gli uomini liberi e uguali* (LEOPARDI); *una nazione indipendente e libera*; *elezioni libere*; *liberi di esercitare publicamente il culto divino* (GUICCIARDINI). **2** ***L. arbitrio***, potere in virtù del quale l'essere cosciente può scegliere tra due azioni contrarie senza essere determinato da alcuna necessità. **III** In senso stretto **1** Che non ha padrone, spec. contrapposto a schiavo: *uomini liberi*; *cittadini liberi* | (*fam.*) ***Essere l. come l'aria***, essere assolutamente libero. **2** Che ha piena libertà fisica, di azione, movimento e sim.: *domani i prigionieri saranno liberi* | ***Mani libere***, non impedite | ***Avere le mani libere***, (*fig.*) poter disporre, agire e sim. secondo la propria iniziativa o volontà, senza rendere conto a nessuno | (*sport*) ***Corpo l.***, specialità della ginnastica artistica | ***Esercizio a corpo l.***, esercizio ginnico effettuato senza ausilio di attrezzi o sovraccarichi | ***Ruota libera***, meccanismo, usato spec. sulle biciclette, atto a trasmettere il moto di rotazione alla ruota in un solo senso, lasciandola libera quando i pedali, che imprimono il movimento, sono fermi o girano in senso opposto | (*fig.*) ***A ruota libera***, senza controllo o freno: *spendere a ruota libera*. **IV** Riferito esclusivamente a cose **1** Che è permesso, consentito a tutti, a chi lo vuole: *l. accesso*; *via libera* | ***Dare via libera a qlcu.***, (*fig.*) autorizzarlo a proseguire nell'azione intrapresa e sim. | ***Entrata libera, ingresso l.***, per i quali non si è tenuti a pagare nulla. **2** Che non è occupato, precluso, riservato, che non subisce vincoli, oneri e sim.: *taxi, terreno, telefono l.*; *cercare una stanza libera*; *scusi, è l. questo posto?* | ***Lasciar libera qlco.***, disdirla dopo averla occupata o riservata | ***Tempo l.***, quello che resta dopo il normale periodo di lavoro, giornaliero o settimanale, e di cui si può disporre a proprio piacimento: *i problemi del tempo l.*; *come occupare il tempo l.* | ***Giorno l., sabato l.***, in cui non si lavora | (*chim.*) ***Stato l.***, quello in cui si trova una sostanza non combinata con altre | ***All'aria libera***, all'aperto | ***Arrampicata libera***, V. *arrampicata* | ***Lotta libera***, V. *lotta* | ***Discesa libera***, V. *discesa*. **3** Detto di ciò la cui forma non è imposta, prestabilita, o altro: *traduzione libera*; *l. adattamento di un famoso romanzo* | ***Versi liberi***, sciolti. **4** (*ling.*) Detto di vocale in sillaba aperta, cioè non seguita da consonante. || **liberaménte**, avv. In modo libero e autonomo, con libertà, senza vincoli; francamente: *parla pure liberamente*. **B** in funzione di avv. ● (*raro, lett.*) Liberamente, francamente: *parlare l.* **C** s. m. ● (*ellitt.*) Nel calcio, battitore libero.

liberoscambismo [comp. della loc. sost. *libero scambio* (cfr. seg.), e *-ismo*; 1903] s. m. ● Dottrina che propugna il libero scambio.

liberoscambista [da *libero scambio*, trad. del fr. *libre-échange*, che a sua volta riproduce l'originale ingl. *free-trade* 'libero (*free*) commercio (*trade*)'; 1858] **A** agg. (pl. m. *-i*) ● Proprio del, favorevole al, libero scambio. **B** s. m. e f. ● Seguace, sostenitore del liberoscambismo.

♦**libertà** o †**libertàte** [vc. dotta, lat. *libertāte(m)*, da *līber* 'libero'; av. 1306] s. f. **I** In senso lato **1** Condizione di chi (o di ciò che) non subisce controlli, costrizioni, coercizioni, impedimenti e sim.; possibilità di agire in modo autonomo: *l. di movimenti*; *avere la l. di dire, fare, cercare qlco.*; *conservare, perdere, riconquistare la propria l. d'azione, di pensiero, di giudizio, di parola*; *agire in tutta l., in piena l.*; *difendere la propria l.*; *lasciare a qlcu. molta, poca, troppa l.*; *abusare della l.* **2** (*est.*) Condizione di chi non ha obblighi, impegni, legami e sim.: *essere geloso della propria l.*; *quei rovi e quelle pietre che erano la mia isola e la mia l.* (LEVI) | ***Mettersi in l.***, mettersi abiti da casa, togliersi la giacca, e sim., per stare a proprio agio | ***Perdere la propria l.***, assumere un impegno spec. personale, legarsi a qlcu. | ***Riprendere, riprendersi la propria l.***, sciogliersi da impegni, vincoli, legami e sim. | ***Restituire a qlcu. la sua l.***, detto spec. con riferimento a vincoli sentimentali | ***Prendersi la l.***, permettersi di dire o fare qlco. | ***Prendersi delle l. con qlcu.***, mancargli di rispetto, usare eccessiva confidenza; SIN. Licenza. **II** In senso politico e sociale **1** Potere di agire nell'ambito di una società organizzata, secondo la propria convinzione e volontà, entro i limiti stabiliti dalla legge | ***L. civili***, relative all'esercizio di attività private | ***L. politiche***, inerenti all'esercizio di una funzione pubblica | ***La l.***, (*per anton.*) condizione di piena autonomia e indipendenza nei confronti di potenze straniere e di non soggezione a dittature o poteri tirannici: *lottare, morire, immolarsi per la l.*; *i martiri della l.*; *votarsi alla causa della l.*; *invocare la l. per i popoli oppressi*; *conquistare la l.* **2** Potere specifico, che la legge riconosce all'individuo in un determinato ambito: *l. di associazione, di riunione, di pensiero, di lavoro*; *l. di stampa*; *l. religiosa*; *la l. dei commerci, degli scambi*; *le antiche libertà comunali*. **III** In senso stretto **1** Condizione di chi è libero, spec. in contrapposizione a schiavitù: *dare, concedere la l. ai servi, agli schiavi*. **2** Condizione di chi non è prigioniero: *l. personale*; *rimettere in l. i detenuti*; *dare la l. a un prigioniero* | (*dir.*) ***L. provvisoria***, liberazione concessa all'imputato che si trovi in stato di custodia cautelare in considerazione della sua personalità, delle modalità del fatto imputatogli e della non necessità della sua detenzione | ***L. vigilata***, misura di sicurezza non detentiva consistente nell'imposizione al vigilato di dati obblighi che ne limitano la libertà personale al fine di evitargli occasioni di nuovi reati | ***Tribunale della l.***, V. *tribunale*.

†**libertàre** v. tr. ● Rendere libero.

libertàrio [fr. *libertaire*, da *liberté* 'libertà'; 1898] **A** agg. ● (*lett.*) Liberale, nel sign. A 2: *ideali libertari*. **B** agg.; anche s. m. (f. *-a*) ● Sostenitore di una libertà politica assoluta contro ogni imposizione autoritaria. CFR. Anarchico.

libertarìsmo [da *libertario* col suff. di atteggiamento *-ismo*; av. 1952] s. m. ● Ideologia e pratica libertaria.

†**libertàte** ● V. *libertà*.

liberticìda [comp. del lat. *libertas* 'libertà' e *-cida*, sul modello del corrisp. fr. *liberticide*; 1793] agg.; anche s. m. e f. (pl. m. *-i*) ● Che (o Chi) lede o distrugge la libertà.

liberticìdio [da *libertà* col suffissoide di (*omi*)*cidio* e di altri simili comp., vivi già in lat.; 1952] s. m. ● Soppressione, violazione delle libertà politiche e civili.

libertinàggio [fr. *libertinage*, da *libertin* 'libertino'; 1641] s. m. **1** (*lett.*) Sregolatezza o spregiudicatezza di costumi spec. sessuali | (*est.*) Abuso della libertà: *passare dalla libertà al l.* **2** Assoluta indipendenza di idee, opinioni e sim., spec. in campo religioso o morale. **3** Modo di agire e di pensare proprio dei libertini del XVII secolo.

libertinìsmo [recupero del n. della setta dei *libertini* col suff. di movimento *-ismo*; av. 1789] s. m. ● Corrente di pensiero filosofico e politico, contrario al dogmatismo religioso e alla costrizione moralistica come distruttori della libertà umana, sviluppatosi in Francia e in Italia nella prima metà del XVII secolo.

libertìno [vc. dotta, lat. *libertīnu(m)*, da *libĕrtus* 'liberto', secondo il sign. assunto dal corrisp. fr. *libertin*; av. 1342] **A** agg. **1** (*dir., st.*) Proprio della, relativo alla condizione del liberto e dei suoi discendenti, nell'antica Roma. **2** (*filos., polit.*) Proprio del libertinismo e dei libertini del XVII secolo. **3** (*spec. lett.*) Improntato a costumi spregiudicati o sregolati: *condurre vita libertina*. **B** s. m. (f. *-a*) **1** (*dir., st.*) Nell'antica Roma, lo schiavo liberato nelle forme previste dal diritto civile ed ogni suo discendente. **2** Libero pensatore, spec. in materia religiosa | (*filos., polit.*) Seguace del libertinismo nel XVII secolo. **3** (*spec. lett.*) Chi ha modi di vita sregolati o spregiudicati.

libertìsmo [comp. di *libert(à)* e *-ismo*] s. m. ● (*filos.*) Termine coniato da H. Bergson (1859-1941) per indicare lo spiritualismo francese del XIX sec., di cui egli stesso fu eminente rappresentante. SIN. Filosofia della libertà.

libèrto [lat. *lībĕrtu(m)*, da *līber* 'libero'; av. 1292] s. m. (f. *-a*) ● Nel diritto romano, lo schiavo liberato con forme previste dal diritto civile.

lìberty /'liberti, *ingl.* 'lɪbəʈi/ [dal n. di un magazzino londinese di prodotti di artigianato orientale, fondato da A. L. *Liberty* (1843-1917); 1900] **A** s. m. ● Movimento artistico affermatosi tra la fine dell'Ottocento e l'inizio del Novecento spec. nell'architettura e nella decorazione, caratterizzato dall'uso di forme sinuose ed eleganti ispirate al mondo vegetale e da una predilezione per l'arte orientale. SIN. Jugendstil, stile floreale. **B** anche agg.: *stile, mobile l.*; *decorazione l.*

lìbico [vc. dotta, lat. *Lĭbycu(m)*, da *Lĭbya*, in gr. *Libýē*, dal n. indigeno degli abitanti (*Libi*); 1340] **A** agg. (pl. m. *-ci*) ● Della Libia. **B** s. m. (f. *-a*) ● Abitante, nativo della Libia. **C** s. m. solo sing. ● Lingua di origine camitica degli antichi popoli della Libia.

libìdico [1955] agg. (pl. m. *-ci*) ● (*psicoan.*) Della libido.

†**libidinàre** [vc. dotta, lat. tardo *libidināri*, da *libīdo*, genit. *libīdinis* 'libidine'; av. 1686] v. intr. ● Soddisfare la libidine.

libìdine [vc. dotta, lat. *libīdine(m)*, da *lĭbet* 'piacere', di orig. indeur.; av. 1332] s. f. **1** Voglia smodata di piaceri sessuali: *l. insaziabile*; *soddisfare la propria l.* SIN. Lussuria. **2** (*est.*) Irrequieto e smodato desiderio di qlco.: *la l. del potere, del denaro*.

libidinóso [vc. dotta, lat. *libidinōsu(m)*, da *libīdo*, genit. *libīdinis* 'libidine'; 1336 ca.] agg. ● Lussurioso: *atto, comportamento, discorso l.*; *raro è però che di ragione il morso / libidinosa furia a dietro volga* (ARIOSTO). || **libidinosaménte**, avv. Con libidine.

libìdo [vc. dotta, lat. *libīdo* (nom.) 'piacere', da *lĭbet* 'piace', di orig. indeur.; 1910] s. f. inv. (pl. lat. *libidines*) ● (*psicoan.*) Manifestazione psichica dei bisogni sessuali dell'essere umano | (*gener.*) Desiderio sessuale.

lìbito [vc. dotta, lat. *lĭbitu(m)*, part. pass. di *lĭbet*, da una radice di orig. indeur.; 1313] s. m. ● (*lett.*) Voglia, capriccio: *l. fé licito in sua legge* (DANTE *Inf.* V, 56) | (*raro*) **A l.**, a volontà, a piacere.

libitum, ad ● V. *ad libitum*.

lib-làb /ingl. 'lɪb,læb/ [comp. di *lib(erale)* e *lab(urista)*; 1980] **A** agg. inv. ● Detto di posizione politica che fa proprie ideologie e istanze sia liberali che socialiste. **B** anche s. m. e f. inv.

†**lìbo** [da *libare* (*2*); 1476] s. m. ● (*mar.*) Allibo.

libocèdro o **libocèdro** [comp. del gr. *líb(anos)* 'albero d'incenso' e *kédros* 'cedro'; 1957] s. m. ● Conifera delle Cupressacee con corteccia rossiccia, strobili ovali e foglie squamiformi giallastre (*Libocedrus decurrens*).

lìbra [vc. dotta, lat. *lībra(m)* 'libbra' (V.); av. 1367] s. f. **1** (*lett.*) Bilancia | †***Tenere, mettere in equa l.***, (*fig.*) in equilibrio. **2** (*astron.*) Costellazione della Bilancia. **3** V. *libbra*.

♦**libràio** o †**libràro** [lat. *librāriu(m)*, da *līber*, genit. *lībri* 'libro'; 1368] s. m. **1** (f. *-a*) Chi vende libri, chi gestisce una libreria: *un famoso l.*; *un l. ambulante*. **2** †Amanuense, copista. || **libraino**, dim. | **libraiùccio**, dim.

libràle [vc. dotta, lat. *librāle(m)*, da *lībra* 'libbra';

sec. XIV] **agg.** ● Del peso di una libbra.

libraménto [vc. dotta, lat. *libramentu(m)*, da *librāre* 'librare'; 1499] **s. m.** ● (*raro*) Il librarsi | Oscillazione di un corpo che tende ad assestarsi in equilibrio.

libràre [vc. dotta, lat. *librāre*, da *lībra* 'libbra'; av. 1374] **A** **v. tr.** *1* (*lett.*) Pesare, ponderare. *2* (*lett.*, *fig.*) Giudicare. **B** **v. intr. pron.** ● Mantenersi sospeso o in equilibrio: *librarsi a volo, in aria.*

†**libraria** ● V. *libreria.*

libràrio [vc. dotta, lat. *librāriu(m)*, da *līber*, genit. *lĭbri* 'libro'; av. 1758] **A** **agg.** ● Di, relativo a libro: *commercio, mercato l.* **B** **s. m.** ● (*st.*) Nella legione romana, chi teneva la contabilità dei soldati.

†**libràro** ● V. *libraio.*

libràto [1342] **part. pass.** di *librare*; anche **agg.** ● Nei sign. del v. | (*aer.*) *Volo l.*, volo discendente di un aliante in aria calma, contrapposto a quello veleggiato che sfrutta le correnti ascendenti.

libratóre [vc. dotta, lat. *libratōre(m)*, da *librātus* 'librato'; 1929] **s. m.** *1* (*aer.*) Aliante destinato solo al volo librato, usato fino agli anni intorno al 1930 per addestramento. *2* Antico soldato addetto alla macchina per il lancio dei dardi.

librazióne [vc. dotta, lat. *libratiōne(m)*, da *librātus* 'librato'; 1631] **s. f.** *1* (*astron.*) Leggerissima oscillazione della Luna, dovuta all'orbita ellittica che descrive intorno alla Terra. *2* (*raro*) Ondeggiamento, oscillazione.

●**libreria** o †**libraria** [1483] **s. f.** *1* Negozio in cui si vendono libri: *l. moderna, antiquaria; l. letteraria, teatrale* | *L.* **editrice**, di libraio che è anche editore. *2* Raccolta di libri: *riordinare la l.*; *ha una ricchissima l.* *3* Mobile in cui sono accolti e custoditi i libri: *l. grande, spaziosa* | (*est.*) Biblioteca: *l. grande, piccola.* *4* (*elab.*) Insieme di programmi, sottoprogrammi e routine destinati a svolgere compiti specifici nell'ambito di un'applicazione: *l. grafica.* || **libreriàccia**, **pegg.** | **libreriétta**, **dim.** | **libreriòna**, **accr.** | **libreriùccia**, **dim.**

librésco [adattamento del fr. *livresque*, da *livre* 'libro'; 1918] **agg.** (**pl. m.** *-schi*) ● (*spreg.*) Che deriva dai libri e non dall'esperienza diretta: *cultura libresca.* || **librescaménte**, **avv.**

librettista [1858] **s. m. e f.** (**pl. m.** *-i*) ● Autore del libretto di un'opera musicale.

librettistica [da *libretto* col suff. *-istico* sostantivato al f.] **s. f.** ● Genere letterario concernente i libretti d'opera | Studio di tale genere.

librétto [av. 1519] **s. m.** *1* Dim. di *libro.* *2* Opuscolo: *ha dato alle stampe un interessante l.* | *L.* **rosso**, durante la Rivoluzione culturale, libretto contenente le massime del leader comunista cinese Mao Zedong. *3* Taccuino per appunti, indirizzi e sim. *4* Documento legato in forma di piccolo libro in cui vengono annotati dati, concessioni, documentazioni e sim. | *L.* **di lavoro**, contenente i dati e le generalità del lavoratore e le eventuali occupazioni precedenti | *L.* **universitario**, che riporta la situazione amministrativa dello studente e i voti riportati negli esami | *L.* **sanitario**, quello di ogni cittadino per avviare e condurre a termine le varie pratiche di assistenza medica pubblica | *L.* **di circolazione**, carta di circolazione | *L.* **di costruzione**, che reca dimensioni e pezzi che compongono il corpo della nave | *L.* **di navigazione**, rilasciato ai marittimi per segnarvi l'imbarco, ai fini amministrativi. *5* Documento rilasciato da una banca su cui vengono annotate le operazioni di prelevamento e versamento da un deposito esistente presso la stessa: *l. di deposito a risparmio*; *l. di risparmio* | *L.* **degli assegni**, blocchetto. *6* Testo di un melodramma | Fascicoletto che lo contiene | Trama narrativa per la coreografia di un balletto. *7* †Ciascuna delle parti in cui si divide un libro. || **librettàccio**, **pegg.** | **librettino**, **dim.** | **librettùccio**, **dim.** | **librettucciàccio**, **pegg.**

libriciattolàio [1869] **s. m.** ● Chi stampa o vende libriciattoli.

●**libro** [vc. dotta, lat. *lĭbru(m)*, originariamente 'pellicola tra la corteccia e il legno dell'albero' che, prima dell'uso del papiro, serviva per scrivervi, di etim. incerta; sec. XII] **s. m.** *1* Insieme di fogli che contengono un testo stampato o manoscritto, rilegati e provvisti di copertina: *la pagina di un l.*; *l. di cento pagine*; *l. grande, piccolo*; *l. rilegato in pelle, cuoio, tela, pergamena.* CFR. biblio- | *A l.*, di ciò che si apre come un libro: *scala, tavolo a l.* | (*est.*) Opera o testo scritto: *un l. di storia, di medicina*; *è un l. prezioso, indispensabile, che colma una lacuna* | *L.* **giallo**, romanzo di intreccio poliziesco | *L.* **sacro**, testo, basato su rivelazione o ispirazione divina, che costituisce il fondamento di alcune grandi religioni; in particolare, ciascuna delle parti che compongono la Bibbia | *L.* **canonico**, testo riconosciuto come ufficiale da una Chiesa o da un'organizzazione religiosa | *L.* **di devozione**, nel cattolicesimo, raccolta di preghiere e di esercizi pii | *L.* **dei morti**, testo sacro degli antichi egizi | *L.* **d'ore**, libro di preghiere in cui queste erano distribuite secondo le ore della giornata | *L.* **all'Indice**, quello contenuto in un elenco, detto Indice, in cui comparivano, fino al Concilio Vaticano II, i libri condannati dalla Chiesa Cattolica | *L.* **di testo**, quello adottato dall'insegnante per lo studio di una certa materia | *L.* **gioco**, V. *libro-game* | *L.* **giocattolo**, formato da parti mobili o ripiegate che, combinate variamente fra loro, creano effetti particolari | *L.* **elettronico**, piccolo calcolatore di forma simile a un libro, nel quale è possibile registrare più testi le cui pagine vengono visualizzate sullo schermo come se fossero stampate | *L.* **bianco**, raccolta di documenti, testimonianze e sim. divulgata spec. per denunciare all'opinione pubblica problemi di interesse generale | *L.* **tascabile**, V. *tascabile* | ***Finire un l.***, finire di leggerlo o di scriverlo | ***Il l. dei sogni***, quello che fornisce l'interpretazione dei sogni per la cabala; (*fig.*, *est.*) programma destinato a non realizzarsi mai | (*scherz.*) ***Parlare come un l. stampato***, con eleganza e chiarezza. *2* Ciascuna delle parti o sezioni in cui è divisa un'opera: *l'Eneide è composta di dodici libri*; *i sei libri del codice civile.* *3* (*spec. al pl.*, *fig.*) Studi: *lasciare i libri*; *essere immerso nei libri.* *4* (*fig.*) Oggetto o mezzo di ricordo, osservazione e sim.: *il l. della memoria* | (*fig.*) ***Essere un l. aperto***, detto di chi lascia intendere il proprio pensiero, le proprie intenzioni. *5* Registro su cui sono annotati dati o fatti riguardanti l'attività esercitata da un'impresa commerciale, ente o ufficio: *l. giornale*; *l. degli inventari*; *libri sociali* | *L.* **paga**, V. *paga* nel sign. D | ***Libri di commercio, libri contabili***, scritture contabili | *L.* **dei privilegi**, registro in cui sono raccolti i documenti di concessioni e di esenzioni accordate a un ente o persona dalle autorità civili o ecclesiastiche | *L.* **d'oro**, anticamente, registro sul quale erano scritti, in oro, i nomi delle famiglie nobili; (*fig.*) quello su cui sono degni di essere registrati fatti o personaggi di grande e positivo rilievo: *il l. d'oro dei campioni olimpici*; *il l. d'oro del Giro d'Italia* | ***Libri genealogici***, per l'iscrizione di animali di razze pregiate, di cui si rilevano i caratteri, l'ascendenza, la discendenza e sim. | *L.* **nero**, durante la Rivoluzione francese, lista dei condannati alla ghigliottina; (*est.*) lista di persone sospette, colpevoli o sgradite: *segnare qlcu. sul l. nero*; *hanno messo il suo nome sul l. nero.* *6* (*bot.*) Tessuto vegetale dei fusti e delle radici, costituito da fibre di sostegno e vasi cribrosi che portano la linfa elaborata. || **libèrcolo**, **dim. spreg.** (V.) | **libràccio**, **pegg.** | **libraccióne**, **accr.** | **librétto**, **dim.** (V.) | **libriccino**, **libricino**, **dim.** | **libricciuòlo**, **libricciòlo**, **dim.** | **libriciàttolo**, **dim.** | †**libricolo**, **dim.** | **librino**, **dim.** | **libróne**, **accr.** | **librùccio**, **dim.** | **libruccino**, **dim.** | **librùzzo**, **dim.**

LIBRO
nomenclatura

libro

● *tipi di libro*: volume, tomo, opuscolo, fascicolo, dispensa, manuale, trattato, testo, abaco, almagesto, annuario, prontuario, annali, antologia = florilegio, atlante, bestiario, breviario, calendario, catalogo, catechismo, diario, memoriale, dizionario (monolingue, bilingue, ragionato, inverso, analogico, dei sinonimi e contrari, nomenclatore, enciclopedico), vocabolario, effemeride, erbario, farmacopea, formulario, instant book, remainder, lunario, messale, miscellanea, monografia, saggio, opera omnia, salterio, sillabario, abbecedario, sussidiario, thesaurus, vademecum;

● *caratteristiche*: intonso ⇔ tagliato, nuovo ⇔ usato = d'occasione; buono ⇔ cattivo = libercolo, utile ⇔ dannoso, di scarto; testo, codice, incunabolo, palinsesto, almanacco, manoscritto; best-seller; anonimo, autografo; scientifico, letterario, didattico, di testo, di lettura, di critica; istoriato, miniato, illustrato; fuori commercio, proibito, all'indice, ristampato; brossurato, cartonato, rilegato; tascabile; prima edizione, seconda edizione, nuova edizione, ristampa; inedito, postumo;

● *parti del libro*: custodia, fodera, sopraccoperta, risvolto, seconda di copertina, pagina (di rispetto, di apertura), copertina, canalino, morso, fascetta, risguardo, occhiello, frontespizio, bollatura, capitello, dorso = costola, taglio (colla, copertura), piatto (anteriore, posteriore), corpo, pagine; titolo, dedica, epigrafe, introduzione, prefazione, capitolo, paragrafo, colonna, capoverso, verso, testata, commento, apparato critico, esercizi, avvertenza, sommario, nota (a margine, a pie' di pagina, a fine capitolo), richiamo, appendice, riepilogo, indice (alfabetico, analitico, degli autori, dei nomi, degli argomenti), errata corrige; tavola, illustrazione; ISBN; addenda, addenda e corrigenda, colophon = sotto, carticino, quartino;

● *edizione*: nuova, ultima, esaurita, riveduta e corretta, ampliata, clandestina, critica, annotata = commentata, illustrata, scolastica, tascabile; purgata ⇔ integrale, lussuosa ⇔ economica = popolare; imprimatur;

● *biblioteca*: catalogo, scheda, schedario, scaffale, sala di consultazione, sala di lettura, sala di distribuzione; prestito, malleveria; bibliologia, biblioiatria, bibliofilia;

● *persone*: autore, curatore, commentatore, glossatore, illustratore, miniaturista, editore, redattore, grafico, tipografo; bibliotecario, conservatore, distributore; lettore, critico; libraio; bibliofilo, bibliomane; bouquiniste;

● *azioni*: scrivere, chiosare, esaminare, dedicare, intitolare, leggere, sfogliare, plagiare; sequestrare, catalogare, schedare, consultare.

libro-game /libro'geim, -eim/ [ibrido comp. dell'it. *libro* e dell'ingl. *game* 'gioco'; 1989] **s. m. inv.** ● Libro, per lo più di contenuto avventuroso, che va letto non rispettando le normali sequenze delle pagine, ma scegliendo percorsi differenziati tra le varie possibilità offerte dal testo.

libùrna [vc. dotta, lat. *libŭrna(m)*, sottinteso *nāve(m)*, da *libŭrnus* 'della *Libŭrnia*', antico nome dell'*Illiria*, di etim. incerta; 1547] **s. f.** ● Antica nave da guerra sottile e veloce, con due ordini di remi e un albero, usata prima dai pirati delle coste illiriche, poi nella marina romana.

licantropia [gr. *lykanthrōpía*, da *lykánthrōpos* 'licantropo'; 1598] **s. f.** *1* Nelle credenze popolari, trasformazione dell'uomo in lupo. *2* (*med.*) Forma di isterismo per cui il malato si crede trasformato in lupo e ne imita il comportamento.

licàntropo [gr. *lykánthrōpos*, propr. 'uomo (*ánthrōpos*) lupo (*lýkos*)'; 1598] **s. m.** (**f.** *-a*) ● (*med.*) Chi è affetto da licantropia.

licaóne [vc. dotta, lat. *lycaŏne(m)*, dal n. del re gr. *Lykáōn*, tramutato da Giove in lupo (*lýkos*); 1476] **s. m.** ● Mammifero carnivoro dei Canidi, africano, con lunghe zampe a quattro dita, corpo snello a pelame variegato (*Lycaon pictus*).

licciaiòla [da *liccio* nel senso di 'filo (tagliente)'; 1681] **s. f.** ● Piccola spranga di ferro con una tacca in cima, usata per piegare leggermente i denti della sega verso l'esterno. CFR. Alliccitare.

liccio [lat. *līciu(m)*, termine tecnico, di etim. incerta; 1309] **s. m.** *1* Dispositivo di telaio per tessitura che alza e abbassa i fili dell'ordito per far passare la navetta | ***Alto l.***, quello dei telai per arazzi nel quale i fili sono disposti verticalmente. *2* (*est.*, *raro*) Filo, cordicella.

licciòlo o **licciuòlo** [da *liccio*; av. 1859] **s. m.** ● Ciascuna delle due asticciole orizzontali che sostendono e guidano le maglie del liccio.

liceàle [da *liceo*; 1854] **A** **agg.** ● Di liceo: *corso, esame, studente l.* **B** **s. m. e f.** ● Alunno di un liceo.

licealista [da *liceale*; av. 1952] **s. m. e f.** (**pl. m.** *-i*) ● (*disus.*) Studente di un liceo.

liceità [da *lice*, var. di *lece* più vicina all'originale lat. *lĭcet* 'si può'; 1841] **s. f.** ● Condizione di ciò che è lecito: *l. di un atto.*

licèna [gr. *lýkaina*, f. di *lýkos* 'lupo', di orig. indeur.; 1965] **s. f.** ● Lepidottero con larva dalla testa piccolissima, irta di peli, che origina una bellissima farfalla con ali blu splendenti (*Lycaena arion*).

Licènidi [comp. di *licena* e *-idi*] **s. m. pl.** (**sing.** *-e*) ● Nella tassonomia animale, famiglia di Lepidotteri diurni di piccole dimensioni, spesso con ali diversamente colorate nei due sessi (*Lycaeni-*

licenza

dae).

licènza o (pop.) †**licènzia** [lat. licēntia(m), da līcet 'si può, è permesso', di etim. incerta; av. 1294] s. f. **1** Permesso: domandare, ottenere, dare, accordare l. | *Prendersi l.*, permettersi | *Con vostra l.*, se lo permettete. SIN. Autorizzazione, consenso. **2** Permesso concesso a militari di assentarsi dal servizio: *l. breve; l. ordinaria; l. premio; andare in l.; marinaio in l. eri tornato, l e con quanto entusiasmo mi parlavi l della tua vita ...!* (SABA) | (*est.*) Periodo di tempo per cui tale permesso è valido. **3** Atto col quale il titolare di un brevetto o di un marchio non consente a terzi lo sfruttamento economico | Provvedimento col quale la Pubblica Amministrazione consente l'esercizio di un'attività: *l. di pesca, di commercio; l. di circolazione* | *L. edilizia*, concessione edilizia. **4** (*dir.*) Disdetta: *convalida della l. per finita locazione.* **5** Diploma ottenuto dopo avere superato un esame che conclude un corso di studi. **6** (*raro*) Congedo | *Prender l.*, accomiatarsi | *Dar l.*, accomiatare qlcu. | (*letter.*) Parte della canzone antica (detta anche *commiato, congedo* o *tornata*). **7** Eccessiva confidenza: *chi ti autorizza a prenderti simili licenze?* | Arbitrio, abuso, sfrenatezza: *questa non è più libertà ma l.* | *L. poetica*, deviazione dalle norme consuete della lingua o del metro. **8** (*mus.*) Passo ornamentale, lasciato all'invenzione dell'esecutore, spec. nelle cadenze | Nella loc. **con l.**, indicazione che permette un'esecuzione non rigidamente conforme alla scrittura | Recitativo e aria in omaggio a una personalità. ‖ **licenzina**, dim.

licenziàbile agg. • Che può essere licenziato.
licenziabilità s. f. • Condizione di chi è licenziabile.
licenziaménto [1858] s. m. **1** Il licenziare. **2** Allontanamento definitivo di un lavoratore dipendente da un impiego o servizio per recessione dal contratto da parte del datore di lavoro.
licenziàndo [da *licenziare* con la terminazione propria del gerundivo lat. *-ando* 'che è sul punto di ...'; 1905] agg.; anche s. m. (f. *-a*) • (o Chi), avendo compiuto un corso di studi, sta per conseguirne la licenza.
licenziàre [dal lat. licēntia 'licenza'; av. 1294] **A** v. tr. (*io licènzio*) **1** (*spec. lett.*) Accomiatare, congedare: *l. i convitati, i visitatori* | *L. alla stampa* o *per la stampa*, dar licenza di stampare qlco. **2** Porre fine a un rapporto di lavoro con un lavoratore subordinato, da parte del datore di lavoro: *l. un inserviente, un impiegato; l. qlcu. su due piedi, dall'oggi al domani, in tronco* | (*est.*) Sfrattare: *l'inquilino può essere licenziato; l. l'affittuario.* **3** Dichiarare licenziato da un corso di studi: *quest'anno la nostra scuola licenzierà trecento studenti.* **4** Cedere a qlcu., mediante contratto di licenze, il diritto di sfruttare un brevetto o un marchio. **5** †Rimettere, condonare. **6** †Permettere. **B** v. rifl. **1** (*lett.*) Prendere commiato: *licenziarsi all'improvviso.* **2** Dimettersi da un impiego, da un servizio: *licenziarsi per motivi di salute.* **3** Terminare il corso di studi intrapreso ottenendo il relativo titolo o diploma.
licenziatàrio [1957] s. m.; anche agg. (f. *-a*) • Chi (o Che) ha acquistato, mediante contratto di licenza, il diritto di sfruttare commercialmente e industrialmente un brevetto.
licenziàto [sec. XIV] **A** part. pass. di *licenziare*; anche agg. • Nei sign. del v. • ‖ †**licenziataménte**, avv. Liberamente. **B** s. m. (f. *-a*) **1** Chi ha subito il licenziamento. **2** Chi ha concluso un regolare corso di studi ottenendo la licenza: *i licenziati degli istituti tecnici.*
licenziosità [av. 1574] s. f. **1** Carattere di ciò che è licenzioso | Eccessiva libertà. **2** †Capricciosità.
licenzióso [vc. dotta, lat. licentiōsu(m), da licēntia 'licenza'; 1513] agg. **1** Che offende la morale corrente, il pudore, il ritegno; dissoluto: *costumi licenziosi; vita licenziosa; discorso, linguaggio l.; spettacolo l.* | (*lett.*) Sfrenato: *quella licenziosa libertà che porta seco il nome* (CASTIGLIONE). **2** †Capriccioso. **3** †Corrivo, facile. **4** †Che non ha ritegno | †Che non si può domare: *licenziosa fiamma che m'arde e camina l sì ch'occhio a dietro a pena se le volve* (ARIOSTO). ‖ **licenziosétto**, dim. ‖ **licenziosaménte**, avv. In modo licenzioso.
♦**licèo** [vc. dotta, lat. Lycēu(m), dal gr. Lýkeion, località ateniese, dove si alzava il tempio ad Apollo Liceo (Lýkaios, d'incerta interpretazione), presso il quale usava insegnare Aristotele; 1544] s. m. **1** Celebre scuola di Atene nella quale Aristotele insegnò filosofia. **2** Scuola media superiore, pluriennale, di preparazione all'università: *l. classico, scientifico, artistico* | (*est.*) Edificio in cui tale scuola ha sede. **3** †Studio, scuola, università.
licére o **licere**, †**lecère** [vc. dotta, lat. licēre, di etim. incerta; av. 1294] v. intr. (oggi difett. usato solo nella terza pers. sing. del pres. indic. *lice*, nelle terze pers. sing. e pl. dell'imperf. indic. *licéva, licévano*, nelle terze pers. sing. e pl. dell'imperf. cong. *licésse, licéssero*, nel part. pass. *licito* raro e poet.| della variante *lecere* sono usate solo le forme della terza pers. sing. *léce*, e del part. pass. *lécito*; aus. *essere*), usato anche impers.) • (*poet.*) Essere permesso, concesso o consentito secondo la legge, dalla morale, dalle convenienze o dalla situazione: *né mi lece ascoltar chi non ragiona* (PETRARCA); *non lice a noi vivere uniti / felicemente infino all'ore estreme* (METASTASIO).
licet [lat., propr. 'si può? è permesso?', la domanda di rivolta anticamente dagli scolari al maestro per assentarsi; 1734] s. m. • (*disus., eufem.*) Gabinetto, latrina.
lichen [da *lichene*] s. m. inv. • (*med.*) Alterazione cutanea che presenta papule pruriginose, violacee, dure al tatto, variabili per forma ed estensione.
lichène [vc. dotta, lat. lichēne(m), dal gr. leichēn, propr. 'il lambente', da leíchein 'leccare, lambire', da una radice di orig. indeur.; 1561] s. m. • Organismo vegetale tallofita formato dall'associazione di un'alga con un fungo | *L. canino*, con tallo foglioso, a grandi lobi a cui appartengono varie specie del genere *Peltigera* | *L. delle renne*, con tallo che forma densi cuscini e podezi grigi, ramificati finemente (*Cladonia rangiferina*) | *L. d'Islanda*, con tallo appiattito e ramificato, di sapore amaro, un tempo usato in medicina (*Cetraria islandica*) | *L. geografico*, con tallo crostoso, di colore giallo-verde, comune sulle rocce (*Rhizocarpon geographicum*) | *L. pissidato*, con tallo crostoso e podezi a coppa (*Cladonia pyxidata*). ➡ ILL. **lichene**.
lichenìna [comp. di *lichene* e *-ina*; 1869] s. f. • Polisaccaride presente in grande quantità nel lichene d'Islanda.
lichenografìa [comp. di *lichene* e *-grafia*; 1834] s. f. • Descrizione, studio dei licheni.
lichenòide [comp. di *lichen* e *-oide*] agg. •

(*med.*) Che è simile al lichen.
lichenologìa [comp. di *lichene* e *-logia*; 1821] s. f. • Studio dei licheni.
lichenóso [1912] agg. • Formato da, costituito di, licheni: *vegetazioni lichenose.*
†**lìci** [lat. parl. *illice, per *illic* 'in quel (*ille*) luogo là (*-ce*, particella dimostr.)'; sec. XIII] avv. • Lì: *m'accorsi che 'l passo era li.* (DANTE *Inf.* XIV, 84).
Licidi [dal n. proprio gr. Lýkos, secondo l'abitudine di dare alle famiglie di Insetti nomi greci, di solito mitologici] s. m. pl. (*sing. -e*) • Nella tassonomia animale, famiglia di Coleotteri per lo più tropicali con elitre rossastre, spesso mimetici di Lepidotteri (*Lycidae*).
lìcio (1) [vc. dotta, lat. Lyciu(m), dal gr. Lýkios 'della Licia'; 1340] **A** agg. (pl. f. *-cie*) • Della Licia, antica regione dell'Asia Minore. **B** s. m. (f. *-a*) • Nativo, abitante della Licia. **C** s. m. solo sing. • Lingua antica dell'Asia Minore, parlata in Licia.
lìcio (2) [vc. dotta, lat. lyciu(m), dal gr. lýkion, n. di una pianta proveniente dalla Licia; 1561] s. m. • Genere di piante della Solanacee con calice a cinque denti e corolla imbutiforme, cui appartiene l'agutoli (*Lycium*).
licitàre [vc. dotta, lat. licitāri, freq. di licēri, 'mettere all'incanto'; 1839] v. intr. (*io licito*; aus. *avere*) **1** Offrire un prezzo all'asta | Partecipare a una licitazione. **2** Nel bridge, fare la licitazione.
licitazióne [vc. dotta, lat. licitatiōne(m), da licitātus, part. pass. di licitāri 'licitare'; 1682] s. f. **1** Offerta di prezzo in una pubblica asta | *Mettere in l.*, all'asta | Vendita al miglior offerente. **2** Nel bridge, dichiarazione di punteggio e di seme all'apertura del gioco.
†**licitézza** • V. †*lecitezza.*
†**lìcito** • V. *lecito* (1).
licnìde [vc. dotta, lat. lychnide(m), nom. lychnis, dal gr. lychnís, da lýchnos 'lampada, fiaccola', di orig. indeur., così chiamata perché le sue foglie erano utilizzate come lucignoli; av. 1498] s. f. • Genere di piante erbacee delle Cariofillacee comuni nei luoghi umidi, con fiori rosa o biancastri a cinque petali divisi in lamine ineguali (*Lychnis*).
licopène [ted. Lycopen comp. del lat. Licop(ersicum) 'pomodoro' e il suff. *-en* '-ene'] s. m. • (*chim.*) Idrocarburo a struttura terpenica che costituisce la pigmentazione giallo-rossa responsabile della colorazione dei pomodori e di altri frutti maturi.
Licopodiàli [vc. dotta, comp. di *licopodi(o)* e *-ali*; 1934] s. f. pl. (*sing. -e*) • Nella tassonomia vegetale, ordine di Pteridofite con fusto strisciante lungo, rami eretti densamente rivestiti di foglioline e portanti superiormente lo sporangio simile a una spiga (*Lycopodiales*).
licopòdio [comp. del gr. lýkos 'lupo' e póus, genit. podós 'piede', perché pelosa e vellutata; 1598] s. m. • Pianta erbacea tipica dei luoghi montuosi le cui spore ricche di grassi sono utilizzate come polveri assorbenti (*Lycopodium clavatum*). SIN. Erba strega.
licóre • V. *liquore.*
licoressìa [vc. dotta, comp. del gr. lýkos 'lupo' e órexis 'desiderio, appetito'; 1834] s. f. • Bulimia.
licòsa [dal gr. lýkos 'lupo', poi anche 'specie di ragno' (prob. di orig. indeur.); 1834] s. f. • Genere di ragni dei Licosidi cui appartiene la tarantola (*Lycosa*).
Licòsidi [comp. di *licos(a)* e *-idi*] s. m. pl. (*sing. -e*)

---

lichene

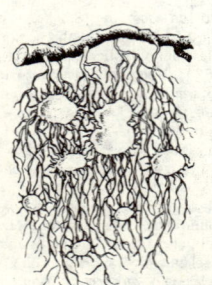
barba di bosco

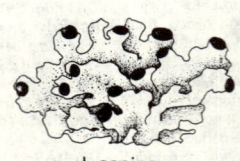
l. canino

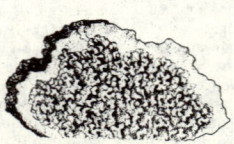
l. geografico

l. delle renne

l. d'Islanda

l. pissidato

1003 Liliacee

● Nella tassonomia animale, famiglia di ragni con cefalotorace allungato e otto occhi, cui appartiene la tarantola (*Lycosidae*).

lida [dal gr. *Lydós* 'lidio': per la singolare maniera di gestire dei *Lidi* (?); 1957] **s. f.** ● Piccolo imenottero con lunghe antenne filiformi ed ali grandi e delicate che depone le uova sulle Rosacee (*Neurotoma flaviventris*).

lidar [vc. ingl., comp. di *li(ght)* 'luce' (vc. germ. d'orig. indeur.) e *(ra)dar*] **s. m. inv.** ● Radar ottico.

lidio [vc. dotta, lat. *Lȳdiu(m)*, dal gr. *Lýdios* 'della Lidia (*Lydía*)'; av. 1498] **A agg.** ● Della Lidia, antica regione dell'Asia Minore | ***Modo l.***, uno dei tre modi fondamentali dell'antica musica greca | ***Pietra lidia***, varietà di diaspro usato come pietra di paragone. **SIN.** Lidite. **B s. m.** (f. *-a*) ● Nativo, abitante della Lidia. **C s. m.** solo sing. ● Lingua antica dell'Asia Minore, parlata in Lidia.

lidite [1952] **s. f.** ● (*miner.*) Pietra lidia.

lido o (*poet.*) **lito** [lat. *lītus* (nt.), di etim. incerta; av. 1306] **s. m.** **1** (*lett.*) Lembo estremo di terra prospiciente il mare o un lago, su cui battono le onde: *lo scoglioso l.* (CARDUCCI); *l'onda ... segnava una striscia, che s'andava allontanando dal l.* (MANZONI) | (*est.*) Litorale del mare. **2** Ciascuna delle lingue di terra emerse parallelamente alla costa che separano i tratti di mare formanti una laguna: *l. di Venezia*. **3** Località marina attrezzata turisticamente: *l. degli Estensi*, *l. di Ostia* | Stabilimento balneare, piscina pubblica. **4** (*lett.*) Territorio, paese, luogo: *di remoti / lidi turbando la quïete antica* (LEOPARDI) | ***Tornare ai patri lidi***, in patria | ***Prendere il volo per altri lidi***, verso altri paesi.

†lie ● V. *lì*.

Lied /lid, *ted.* li:t/ [vc. ted., da una lontana base indeur. *leut-*, originariamente 'canto di lode', come il parallelo lat., della stessa radice *lāus*, genit. *lāudis* 'lode'; 1889] **s. m.** (pl. ted. *Lieder*) ● Poesia per musica e canzone di lingua e cultura tedesca, semplice e melodica, particolarmente coltivata nell'Ottocento come principale forma vocale da camera e più raramente operistica o solo strumentale: *i 567 Lieder di Schubert*.

liederista /lide'rista/ **s. m. e f.** (pl. m. *-i*) ● (*mus.*) Compositore o esecutore di Lieder.

liederìstica /lide'ristika/ [1942] **s. f.** ● L'arte, il genere del Lied.

liederìstico /lide'ristiko/ [1963] **agg.** (pl. m. *-ci*) ● Che concerne i Lieder.

lie detector /laide'tɛktor, *ingl.* 'laedɪ,tʰɛktəɹ/ [ingl., propr. 'rivelatore (*detector*, vc. lat. da *detēctus*, part. pass. di *detĕgere* 'scoprire') di bugia (*lie*, di area germ. e orig. indeur.)'; 1950] **loc. sost. m. inv.** (pl. ingl. *lie detectors*) ● Macchina della verità.

lìeo [vc. dotta, lat. *Lyǣu(m)*, dal gr. *Lyâios* 'lo scioglitore (di affanni)', da *lýein* 'sciogliere', di etim. incerta; av. 1589] **A agg.** ● (*lett.*) Epiteto di Dioniso, dio greco del vino. **B s. m.** ● (*poet.*) Vino: *d'almo l. / coronando il cratere* (MONTI).

lietézza [comp. di *liet(o)* e del suff. *-ezza*; 1340] **s. f.** ● (*lett.*) Stato, senso di contentezza, serenità, gioia: *la sua l. di fanciullo era caduta tra i salici* (D'ANNUNZIO).

♦**lièto** [lat. *lǣtu(m)*, termine pop., col sign. primitivo di 'fertile, fecondo', di etim. incerta; av. 1294] **agg.** **1** Che sente, che esprime contentezza: *gioventù, faccia, espressione lieta* | Felice, beato: *sono oltremodo l. di poterla favorire*; *una giornata bene spesa dà l. dormire* (LEONARDO) | ***Dichiararsi l.***, congratularsi | ***L. di conoscerla***, formula usata nelle presentazioni. **SIN.** Allegro, contento, gaio. **CONTR.** Mesto. **2** Che riempie di gioia, che dà allegrezza: *avvenimento l.*; *cena, giornata, speranza lieta* | ***L. evento***, la nascita di un bambino | ***L. fine***, felice conclusione di una vicenda, di una rappresentazione e sim. | (*lett.*) Ameno: *campi, colli lieti* | (*raro*) Prospero: *vita lieta*. **SIN.** Gioioso. **3** †Fertile, rigoglioso. || **lietaménte**, avv. In modo lieto, con letizia.

♦**liève** o †**lève** [lat. *lĕve(m)*, che, spesso contaminato con un altro gruppo di sign. diverso, risulta di orig. indeur.; sec. XII] **A agg.** **1** Poco pesante: *l. come una piuma* | Leggero: *un carico l.* | ***Ti sia l. la terra***, iscrizione sepolcrale o augurio di pace a un defunto. **2** (*fig.*) Che è facile, che non costa fatica o non desta preoccupazione: *compito, impegno l.* | †***Di l.***, facilmente. **3** Tenue, scarso, impercettibile: *scossa, oscillazione l.*; *in l. discesa* | ***L. cenno***, gesto appena accennato | †***Cena l.***, parca. **4** †Basso, povero, umile. **5** †Vacuo, frivolo. || **lieveménte**, avv. **1** Leggermente; debolmente, dolcemente. **2** Scarsamente, impercettibilmente. **3** †Facilmente, comodamente. **4** A poco a poco, gradatamente. **B** in funzione di avv. **1** (*poet.*) Lievemente. **2** Facilmente, comodamente. **C s. m.** ● †Ciò che è leggero.

lievità [lat. *levitāte(m)*, da *lĕvis* 'lieve'; sec. XII] **s. f.** **1** Leggerezza: *la l. di un tessuto, di una carezza*. **2** (*fig., lett.*) Incostanza, vanità: *l. di idee* | Debolezza, pochezza: *l. di concetti*.

lievitàre [da *lievito*; sec. XIV] **A v. intr.** (*io lièvito*; aus. *essere*) **1** Gonfiarsi della pasta per effetto del fermento che la rende morbida e atta a essere trasformata in pane. **SIN.** Fermentare. **2** Gonfiarsi e disfarsi della calce viva lasciata con poca acqua nel truogolo. **3** (*fig.*) Accrescersi: *il malcontento lievita fra i ceti poveri*; *i prezzi lievitano*. **B v. tr.** ● Amalgamare con il lievito: *l. la pasta*.

lievitatùra [1891] **s. f.** ● (*raro*) Lievitazione.

lievitazióne [1942] **s. f.** ● Gonfiamento della pasta per effetto della fermentazione prodotta dal lievito | (*fig.*) Aumento: *l. dei prezzi*.

lievitifórme [comp. di *lievit(o)* e *-forme*] **agg.** ● (*biol.*) Che è simile a lievito.

lièvito [lat. parl. **lĕvitu(m)*, parallelo di *levātu(m)*, part. pass. di *levāre* 'alzare'; sec. XIV] **s. m.** **1** Complesso di miceti unicellulari che sono in grado di provocare, mediante gli enzimi da essi prodotti, una fermentazione | ***L. del pane***, ottenuto dalla fermentazione di una pasta di acqua e farina | ***L. di birra***, prodotto industriale ottenuto da colture di batteri usato nella preparazione del pane e della birra. **2** (*biol.*) Micete unicellulare di forma ovale o allungata, che si riproduce per gemmazione, largamente distribuito in natura. **3** (*fig.*) Ciò che costituisce causa di eccitazione, agitazione, fermento: *la penuria alimentare costituì il l. della rivolta*.

†lièvre ● V. *lepre*.

lifeboat /*ingl.* 'laef,bout/ [vc. ingl., comp. di *life* 'vita' e *boat* 'barca, battello'] **s. f. inv.** ● (*mar.*) Grossa imbarcazione a motore insommergibile, concepita per salvataggi in mare in qualsiasi condizione di tempo | Scialuppa di salvataggio.

lifo [sigla ingl., tratta dalle iniziali della loc. *l(ast) i(n), f(irst) o(ut)*, propr. 'l'ultimo dentro, il primo fuori'; 1965] **s. m. inv.** ● Criterio di valutazione delle scorte di magazzino basato sulla presunzione che le ultime unità immagazzinate siano le prime a essere prelevate | Sistema di magazzinaggio ad accatastamento, per cui l'ultima unità entrata è la prima a essere prelevata. **CFR.** Fifo.

lift /*ingl.* lɪft/ [vc. ingl., dal v. *to lift* 'salire, sollevare', da una base germ., col sign. di 'aria', di etim. incerta; nel sign. 1 è accorc. di *liftboy*; 1908] **s. m. inv.** **1** Inserviente addetto al funzionamento dell'ascensore. **2** Nel tennis, colpo eseguito con la racchetta leggermente inclinata in avanti così da imprimere alla palla un movimento rotatorio.

liftàre [dall'ingl. *lift* 'sollevamento, spinta' (V. *lift*); 1964] **v. tr.** ● Nel tennis, eseguire un colpo con la tecnica del lift.

liftàto [1986] **part. pass.** di *liftare*; anche **agg.** **1** Nel sign. del verbo: *palla liftata*. **2** Sottoposto a operazione di lifting: *un'attrice liftata*.

lifting /*ingl.* 'lɪftɪŋ/ [vc. ingl., propr. 'sollevamento', termine usato impropriamente in it. al posto dell'ingl. *face-lift* (V. *lift*); 1946] **s. m. inv.** ● Eliminazione chirurgica delle rughe del viso e del collo, mediante innalzamento e tensione della pelle. **SIN.** Ritidectomia.

liga ● V. *lega*.

†ligàre e *deriv.* ● V. *legare* (*1*) e *deriv.*

ligèo [gr. *lygâios*, propr. 'oscuro', da *élygē*, di etim. incerta, per il suo colore scuro; 1834] **s. m.** ● Genere di Insetti degli Emitteri con corpo allungato e rostro robusto che per lo più si nutrono di linfa vegetale (*Lygaeus*).

liggèra ● V. *leggera*.

light /*ingl.* laet/ [vc. ingl., propr. 'leggero', di orig. indeur.; 1988] **agg. inv.** ● Detto di prodotto alimentare a basso contenuto calorico: *mozzarella l.* | Detto di sigaretta a basso contenuto di nicotina e residui catramosi.

light pen /lait'pen, *ingl.* ˌlaɪt'pʰɛn/ [loc. ingl., propr. 'penna (*pen*) sensibile alla luce (*light*)'; 1981] **loc. sost. f. inv.** (pl. ingl. *light pens*) ● (*elab.*) Penna ottica.

†ligiàre [fr. *liser* 'lisciare', dal lat. *lixāre* con sovrapposizione di *allīsus* 'sbattuto' (part. pass. di *allīdere*, comp. di *ad* e *lǣdere*); sec. XV] **v. tr.** ● (*tess.*) Ripiegare il panno a pieghe alternate, come un ventaglio, dopo la seconda risciacquatura | Rendere liscio con la mano il pelo ritto.

lìgio [ant. fr. *lige*, da una radice germ. **let-* 'libero-'; av. 1306] **agg.** (pl. f. *-gie* o *-ge*) **1** Nel diritto feudale, detto di vassallo legato al suo signore da giuramento di fedeltà assoluta. **2** (+ *a*; + *in*) (*est.*) Che è strettamente legato a una persona, a interessi e sim.: *l. al sovrano, al partito* | Scrupolosamente fedele, rispettoso: *essere l. alle norme, alle consuetudini, alle tradizioni*; *l. nei controlli*; *l. nell'applicare il regolamento* | †Soggetto, sottoposto: *farsi uom l. altrui* (TASSO).

lignàggio o †**legnàggio** [ant. fr. *lignage*, deriv. di *ligne* 'successione dei membri della stessa famiglia', dal lat. *līnea* 'linea (di discendenza)'; av. 1292] **s. m.** ● (*lett.*) Discendenza, schiatta, famiglia | Stirpe: *volgiti agli avi tuoi, guasto legnaggio* (LEOPARDI).

lìgneo [vc. dotta, lat. *lĭgneu(m)*, da *lĭgnum* 'legno'; av. 1320] **agg.** ● Di legno: *cupola lignea* | Simile a legno: *materiale di consistenza lignea*.

lignificàre [comp. del lat. *lĭgnum* 'legno' e *-ficare*; 1884] **A v. tr.** (*io lignìfico, tu lignìfichi*) ● (*bot.*) Trasformare col processo della lignificazione. **B v. intr. pron.** ● Subire il processo della lignificazione.

lignificazióne [1884] **s. f.** ● (*bot.*) Modificazione, per infiltrazione di lignina, di tessuto vegetale, con irrigidimento delle cellule.

lignìna [ingl. *lignin*, comp. con il lat. *lĭgnum* 'legno' e il suff. chim. *-in* '-ina'; 1906] **s. f.** ● Costituente del legno, sostanza amorfa giallo-bruna responsabile della lignificazione del tessuto vegetale.

lignìte [comp. del lat. *lĭgnum* 'legno' e *-ite* (*2*); 1817] **s. f.** ● Carbone fossile con pezzi legnosi ancora ben conservati, dal colore bruno o nero lucido e con una caratteristica frattura concoide.

lìgre [comp. di *l(eone)* e *(t)igre*] **s. m.** ● (*zool.*) Animale ibrido prodotto dall'incrocio di un leone con una tigre femmina.

ligroìna [etim. incerta; 1952] **s. f.** ● Miscela di idrocarburi derivati dal petrolio, variamente utilizzata nell'industria.

lìgula [vc. dotta, lat. *lĭgula(m)* 'cucchiaio, piccola lingua', da *lĭngere*, da una radice di orig. indeur.; 1598] **s. f.** **1** Tipo di cucchiaio usato nell'antica Roma. **2** (*zool.*) Parte dell'apparato boccale con cui l'ape operaia raccoglie il nettare. **3** (*bot.*) Piccola ramificazione della foglia delle Graminacee nel punto di distacco fra la guaina e il lembo | Biforcazione che a volte si forma fra l'unghia e la lamina del petalo.

ligulàto [vc. dotta, lat. *li(n)gulātu(m)*, da *lĭ(n)gula*, dim. di *lĭngua*; 1839] **agg.** ● (*bot.*) Detto di corolla gamopetala irregolare con lembo a forma di linguetta laterale.

ligulìna [comp. di *ligu(stro)* e *-ina* con *-l-* intermesso] **s. f.** ● Materia colorante rosso-cremisi, contenuta nel ligustro.

liguorìno o **liguoriàno** [dal n. del fondatore S. Alfonso M. de' *Liguori* (1696-1787)] **s. m.** ● Prete della Congregazione dei Redentoristi. **SIN.** Redentorista.

lìgure [vc. dotta, lat. *Lĭgure(m)*, da un tema **ligus-* preindeur.; 1342] **A agg.** **1** Della Liguria. **2** Detto di quella parte del Mediterraneo racchiusa fra le coste della Liguria, della Corsica, della Toscana e della Francia. **B s. m. e f.** ● Abitante, nativo della Liguria. **C s. m.** solo sing. ● Dialetto gallo-italico parlato in Liguria.

ligùstico (1) [vc. dotta, lat. *ligŭsticu(m)*, propr. 'ligure', dal tema prelat. **ligus-*; 1567] **s. m.** (pl. *-ci*) ● (*bot.*) Levistico.

†ligùstico (2) [vc. dotta, lat. *Ligŭsticu(m)*, da *Lĭgus*, forma più ant. di *Lĭgur* 'Ligure'; 1476] **agg.** (pl. m. *-ci*) ● (*lett.*) Ligure.

ligùstro [vc. dotta, lat. *ligŭstru(m)*, di orig. prelat. (V. *ligure*); 1342] **s. m.** ● Alberetto delle Oleacee, con foglie opposte, lanceolate, intere e fiorellini bianchi in fitte pannocchie, coltivato per formare siepi (*Ligustrum vulgare*). ➡ **ILL. piante**/8.

lilangeni /lilaŋ'geni/ [vc. della lingua locale siswati] **s. m. inv.** (pl. siswati *emalangeni*) ● (*econ.*) Unità monetaria dello Swaziland.

Liliàcee [vc. dotta, lat. tardo *liliāceu(m)*, da *līlium*: da una lingua mediterr. (?); 1813] **s. f. pl.** (sing. *-a*) ● Nella tassonomia vegetale, famiglia di piante erbacee con bulbo sotterraneo, fiori regolari a sei tepali e frutto a capsula, usate per alimentazione e ornamento (*Liliaceae*). SIN. Gigliacee. ➡ ILL. piante/11.

liliàceo [vc. dotta, lat. *liliăceu(m)*, da *līliu(m)* 'giglio'; 1499] agg. ● (*lett.*) Che si riferisce al giglio | Che è simile al giglio. SIN. Gigliaceo.

liliàle [dal lat. *līlium* 'giglio'; 1884] agg. ● (*lett.*) Candido e delicato come un giglio: *purezza l.*; *la veste l. / risplendea di lontano* (D'ANNUNZIO).

†**liliàto** [dal lat. *līlium* 'giglio'; sec. XIV] agg. ● Ornato di gigli. SIN. Gigliato.

Liliflòre [comp. con le vc. lat. *līlium* 'giglio' e *flōs*, genit. *flōris* 'fiore'; 1957] s. f. pl. (sing. *-a*) ● Nella tassonomia vegetale, ordine di piante delle Monocotiledoni con perianzio di sei tepali, fiore regolare, sei stami e semi contenenti albume (*Liliiflorae*). ➡ ILL. piante/11.

lilion® [marchio registrato; 1954] s. m. inv. ● Resina poliammidica impiegata come fibra tessile.

lilla o *raro* **lillà** [fr. *lilas*, dal persiano *līlak*, var. di *nīlak* 'azzurrino', da *nīl* 'indaco'; 1869] **A** agg. inv. ● Detto di colore tra il rosa e il viola, tipico di alcune specie del fiore omonimo. SIN. Gridellino. **B** anche s. m. inv.: *il cielo si coloriva di l. all'imbrunire*.

lillà o *raro* **lilla** [V. voce precedente; 1761] s. m. inv. ● Frutice delle Oleacee originario della Persia, coltivato per le belle pannocchie di fiori profumati bianchi o lilla (*Syringa vulgaris*). SIN. Siringa. ➡ ILL. piante/8.

lilleri [forse vc. onomat. che ricorda il suono delle monete; av. 1936] s. m. pl. ● (*tosc., scherz.*) Denari, soldi contanti.

lillipuziàno [fr. *lilliputien*, dall'ingl. *Lilliputian* 'piccolissimo abitante del paese di *Lilliput*' immaginato da J. Swift nel romanzo satirico *I viaggi di Gulliver*, 1737] **A** agg. ● Che ha statura o dimensioni molto inferiori al normale. **B** s. m. (f. *-a*) ● Persona di statura bassissima.

†**lillo** [per (*gin*)*gillo* con assimilazione (?); 1427] s. m. ● (*tosc.*) Gingillo.

lima (1) [vc. dotta, lat. *līma(m)*, di etim. incerta; av. 1292] s. f. **1** Utensile a mano formato da una sbarretta d'acciaio dentata e rigata di solchi che s'incrociano, per assottigliare, lisciare, sagomare ferro, legno, pietra e sim.: *l. tonda, mezza tonda, quadra, triangolare*; *l. a grana grossa, media, piccola* | ***L. sorda***, speciale tipo di lima che sega senza far rumore; (*fig.*) pensiero angoscioso, o anche persona che lavora copertamente, spec. tessendo inganni | ***L. per manicure, per unghie***, assai piccola per la cura delle unghie | ***Lavoro di l.***, (*fig.*) correzione, rifinitura e perfezionamento di uno scritto. **2** (*fig., lett.*) Affanno, preoccupazione, tormento: *Amor tutte sue lime / usa sopra 'l mio core afflitto tanto* (PETRARCA). || **limàccia**, pegg. | **limèlla**, dim. | **limellina**, dim. | **limétta**, dim. (V.) | **limùccia**, **limùzza**, dim.

lima (2) [adattamento dell'ingl. *lime*] s. f. ● (*bot.*) Limetta (2).

limàccia [lat. *limāce(m)*, di etim. incerta, con adatt. alla terminologia più propr. dei f.; av. 1463] s. f. (pl. *-ce*) ● (*zool.*) Lumaca.

limaccina o **limacina** [comp. di *limaccia* 'lumaca' e *-ina*; 1869] s. f. ● Sostanza bianca, terrosa, estratta dalle lumache per trattamento con acido nitrico prima e ammoniaca dopo.

limàccio [lat. tardo *limāceu(m)*, da *līmus* 'limo, fango', di orig. indeur.; av. 1292] s. m. ● Mota, fanghiglia.

limacciòso [av. 1320] agg. **1** Fangoso, melmoso: *il fondo l. di uno stagno*; *le acque limacciose di un torrente*. **2** (*fig., raro*) Oscuro, torbido.

Limàcidi [comp. del lat. *līmax*, genit. *limācis* 'lumaca', e *-idi*] s. m. pl. (sing. *-e*) ● Nella tassonomia animale, famiglia di Molluschi dei Gasteropodi polmonati terrestri che possiedono una conchiglia rudimentale sotto il tegumento della regione retrocefalica e vivono in luoghi umidi (*Limacidae*).

limacifórme [comp. del lat. *līmax*, genit. *limācis* 'lumaca', e *-forme*] agg. ● (*raro*) Che ha forma, aspetto e sim. di lumaca.

limacina ● V. *limaccina*.

limacografia [comp. del gr. *léimax*, genit. *leimākos* 'lumaca' e *-grafia*; 1839] s. f. ● Descrizione dei Gasteropodi terrestri.

limacologia [comp. del gr. *léimax*, genit. *leimākos* 'lumaca' e *-logia*; 1952] s. f. ● Studio dei Gasteropodi terrestri.

limàglia [da *lima* col suff. collett. *-aglia*, adattamento del corrisp. fr. *limaille*; 1922] s. f. ● (*raro*) Limatura.

liman /*russo* lji'muɲan/ [vc. russa di orig. tc. (*liman* 'porto', dal gr. moderno *liméni*, dal dim. del gr. ant. *limḗn*, *liménion*); 1930] s. m. inv. (pl. russo *limany*) ● (*geogr.*) Laguna costiera, situata alla foce di grandi fiumi, invasa periodicamente dalle acque di marea; è tipica della costa settentrionale del mar Nero.

limànda [fr. *limande*, di etim. incerta] s. f. ● Pesce osseo dei Pleuronettidi con corpo appiattito e carni molto apprezzate che vive nei mari nordici (*Pleuronectes limanda*).

limàntria [dal gr. *lymantḗr* 'dannoso', da *lýmē* 'danno (1)'; 1957] s. f. ● Genere di farfalle dei Limantridi caratterizzate da uno spiccato dimorfismo sessuale, dannosissime alle piante sia da bosco che da frutto (*Lymantria*). SIN. Liparide.

Limàntridi [vc. dotta, comp. di *limantri(a)* e *-idi*; 1932] s. m. pl. (sing. *-e*) ● Nella tassonomia animale, famiglia di Lepidotteri notturni i cui bruchi sono caratterizzati da lunghi peli spesso urticanti (*Lymantridae*).

limàre [vc. dotta, lat. *limāre*, da *līma* 'lima'; sec. XIII] v. tr. **1** Passare la lima su una superficie per levigarla o assottigliarla. **2** (*fig., raro*) Consumare, rodere: *l'ostinata nera orrenda barbara malinconia che mi lima e mi divora* (LEOPARDI) | Affaticare: *l. l'ingegno*. **3** (*fig.*) Correggere e perfezionare continuamente: *l. uno scritto*.

†**limatézza** s. f. ● Stato o condizione di ciò che è limato (*anche fig.*).

limàto part. pass. di *limare*; anche agg. **1** Nei sign. del v. **2** (*fig.*) Accurato, elaborato, ripulito, detto spec. di scritti letterari: *una poesia eccessivamente limata* | Elegante, raffinato: *stile l.*

limatóre [vc. dotta, lat. *limatōre(m)*, da *limātus*, part. pass. di *limāre* 'limare'; 1598] agg.; anche s. m. (f. *-trice*) ● Che (o Chi) lima (*anche fig.*).

limatrice [1934] s. f. ● Macchina ad asportazione di truciolo con utensile a moto rettilineo alternativo, usata per rendere piane superfici continue o per eseguire scanalature.

limatùra [vc. dotta, lat. *limatūra(m)*, da *līma* 'lima'; sec. XIV] s. f. **1** Operazione del limare (*anche fig.*). **2** Polvere o trucioli minuti che si staccano dalla cosa limata: *l. di ferro, d'argento*.

limbàle [1962] agg. ● Relativo al limbo.

limbèllo [dal dim. mediev. del lat. *līmbus* 'lembo'; 1688] s. m. ● Ritaglio, piccolo lembo di pelle o di stoffa. || **limbellùccio**, dim.

limbo [vc. dotta, lat. *līmbu(m)* 'orlo estremo (dell'Inferno)' (V. *lembo*); 1306] s. m. **1** Nella tradizione cattolica, luogo in cui si trovano le anime di coloro che sono morti portando la sola colpa del peccato originale, in particolare dei bambini non battezzati. **2** (*fig.*) Stato o condizione non ben definita, di incertezza e sim.: *si trova in una sorta di l.* **3** †Lembo.

lime /laim, *ingl.* laem/ [vc. ingl. di orig. fr. (*lime*), a sua volta dal n. ar. *līm*] s. m. inv. **1** (*bot.*) Limetta (2). **2** Essenza o succo estratti dal frutto della limetta | Bevanda a base del succo stesso.

limenìtide [gr. *limenîtis*, genit. *limenîtidos* 'che abita nel porto (*limḗn*, di etim. incerta)'] s. f. ● Farfalla con ali bruno-nere a fascia bianca, dorsalmente e ventralmente grigiastre macchiettate, e bruchi con livrea rossa e verde (*Limenitis sibilla*).

limerick /*ingl.* 'lɪmərɪk/ [da *Limerick*, città della Repubblica Irlandese: pare che il sign. di 'filastrocca' derivi dal ritornello di una canzone che diceva 'vuoi venire a Limerick?'; 1973] s. m. inv. ● Filastrocca inglese formata di cinque versi anapestici, di cui il primo, il secondo e il quinto hanno tre accenti e la stessa rima, mentre il terzo e il quarto hanno la stessa rima ma soltanto due accenti.

limétta (1) [av. 1566] s. f. **1** Dim. di *lima*. **2** Lima sottile, in metallo o carta vetrata, usata per limare le unghie.

limétta (2) [dim. dello sp. *lima* 'specie di limone', della stessa orig. ar. (*līma*) di *limón* 'limone'; 1931] s. f. ● Alberetto delle Rutacee, originario della regione indo-malese, dai cui frutti si estrae un olio essenziale (*Citrus aurantifolia* o *Citrus limetta*) | Il frutto di tale pianta. SIN. Lima, lime.

limìcolo [vc. dotta, lat. *limĭcolu(m)*, 'che vive (V. *-cola*) nel fango (V. *limo*)'; 1957] agg. ● Detto di animale che abita prevalentemente luoghi melmosi, cibandosi di microrganismi presenti nel fango: *fauna limicola*.

†**limière** [ant. fr. *liemier* 'cane tenuto al guinzaglio (*liem*, dal lat. *ligāmen* 'legame')'; 1548] s. m. ● (*zool.*) Bracco.

limina, ad ● V. *ad limina*.

liminàle [dall'ingl. *liminal*, dal lat. *līmen*, genit. *līminis* 'soglia'; 1913] agg. ● (*psicol.*) Detto di fenomeno o stimolo di intensità sufficiente a provocare una reazione percettiva cosciente.

liminàre [vc. dotta, lat. tardo *limināre(m)*, da *līmen* 'limine'; 1556] agg. **1** (*lett.*) Appartenente alla soglia, al limitare. **2** (*scient.*) Detto di un valore limite.

limine [vc. dotta, lat. *līmen*, genit. *līminis*, di etim. incerta; 1499] s. m. **1** (*lett.*) Soglia | (*relig.*) ***Visita ai limini***, quella alle soglie del sepolcro dei Santi Pietro e Paolo in Roma, cioè al Papa e alla Curia romana, che i vescovi cattolici devono compiere, per obbligo canonico, ogni cinque anni. **2** (*mar.*) †Ingresso del porto.

limine, in ● V. *in limine*.

lìmio [da *limare*; 1919] s. m. ● Un limare insistente e continuato | Il rumore che ne deriva: *nel cuore durava il l. / delle cicale* (UNGARETTI).

limitàbile [da *limitare* (2); 1869] agg. ● Che si può o si deve limitare.

limitabilità [av. 1855] s. f. ● Condizione di ciò che è limitabile.

limitaménto [vc. dotta, lat. tardo *limitamĕntu(m)*, da *limitāre* 'limitare (2)'; av. 1589] s. m. ● (*raro*) Limitazione.

limitàneo [vc. dotta, lat. tardo *limitāneu(m)*, da *līmes*, genit. *līmitis* 'limite'; 1598] agg. ● (*lett.* o *st.*) Dei confini, delle frontiere: *truppe limitanee*.

limitànte part. pres. di *limitare*; anche agg. **1** Nei sign. del v. **2** Che pone un limite, una condizione, un ostacolo, anche psicologico: *barriera l.*

limitàre (1) [vc. dotta, lat. *limitāre(m)* 'appartenente alla soglia', da *līmes*, genit. *līmitis* 'limite'; av. 1356] s. m. **1** (*lett.*) Soglia dell'uscio: *fermarsi sul l.* | (*est.*) Margine, estremità: *ci sedemmo al l. del bosco*. **2** (*fig., lett.*) Momento iniziale o finale: *essere sul l. della gioventù, degli studi*.

♦**limitàre** (2) [vc. dotta, lat. *limitāre*, da *līmes*, genit. *līmitis* 'limite'; 1308] **A** v. tr. (*io limito*) **1** Circoscrivere entro certi limiti: *l. l'estensione di qlco. nello spazio, la durata di qlco. nel tempo*; *limitarono con filo spinato la zona infetta*. **2** (*fig.*) Determinare o porre nei suoi limiti precisi: *l. con esattezza una questione*. **3** Ridurre, restringere, diminuire: *l. le spese, le proprie ambizioni*. **B** v. rifl. (+ *in*, + *a*, anche seguiti da inf.) ● Mantenersi entro limiti determinati: *limitarsi nel bere, nelle spese*; *limitarsi allo stretto indispensabile* | ***Limitarsi a qlco.***, non fare che quella: *non aveva tempo e si limitò a quel sorriso* (SVEVO); *limitarsi a dire, a fare qlco.*; *egli si limitò a vuotare un bicchiere di vino* (VERGA) | Non eccedere (*anche assol.*): *bisogna sapersi l.* SIN. Contenersi.

limitatézza [da *limitato*; 1869] s. f. ● Pochezza, esiguità: *l. di vedute, di idee*.

limitatìvo [1643] agg. ● Che serve o che tende a limitare: *provvedimento l.*; *giudizio l.*; *aggettivo, avverbio con valore l.* || **limitativaménte**, avv. In modo limitativo.

limitàto [1308] part. pass. di *limitare* (2); anche agg. **1** Contenuto entro certi limiti: *un l. periodo di tempo*. **2** Non ampio, non pieno: *facoltà limitata*; *poteri limitati*. SIN. Definito, precisato. **3** (*est.*) Che non oltrepassa certi limiti: *un atleta l. nelle sue prestazioni*. **4** Esiguo, scarso, modesto: *disporre di limitate risorse economiche*; *avere un'intelligenza limitata*. || **limitataménte**, avv. In modo limitato: *divertirsi limitatamente*; entro certi limiti: *limitatamente a questo problema possiamo prendere una decisione*; in casi limitati: *il permesso è concesso limitatamente ai residenti*.

limitatóre [vc. dotta, lat. tardo *limitatōre(m)*, da *limitātus* 'limitato'; 1308] **A** agg.; anche s. m. (f. *-trice*) ● Che (o Chi) limita. **B** s. m. ● (*elettr.*) Apparecchio per la protezione degli impianti elettrici dagli sbalzi repentini e pericolosi della corrente o della tensione | (*mecc.*) Dispositivo che impedisce di superare determinati valori prefissati, pericolosi e non, di grandezze fisiche connesse al funzionamento di macchine e impianti: *l. di corsa, di velocità* | ***L. di coppia massima***, giunto di sicurezza.

limitazióne [vc. dotta, lat. *limitatiōne(m)*, da *limitātus* 'limitato'; av. 1380] s. f. **1** Il limitare | Restrizione: *la nostra libertà non subì alcuna l.* | Riduzione: *è una l. delle spese* | Misura di controllo: *l. degli armamenti*; *l. delle nascite* | ***Complemento di l.***, indica il limite entro cui vale ciò che si dice (es. *star bene in salute*; *quanto a memoria è insuperabile*). **2** Condizione che limita: *porre una l. di tempo, di spazio*.

♦**limite** [vc. dotta, lat. *līmite(m)*, di etim. incerta; av. 1276] **A** s. m. **1** Confine, barriera: *il vallo costituiva un l. insuperabile* | ***L. kilometrico***, pietra miliare | ***Punizione dal l.***, nel calcio, quella tirata appena fuori dall'area di rigore | ***Vittoria prima del l.***, nel pugilato, quella conquistata prima che siano state disputate tutte le riprese | ***L. di cambio***, nelle corse a staffetta, quello che segna il punto in cui si dà il cambio al compagno di gara | ***L. della vite, dell'ulivo***, linea ideale che delimita la zona dove può crescere una determinata pianta | ***L. della vegetazione arborea***, linea ideale che in montagna segna l'altitudine massima alla quale possono crescere gli alberi | ***L. delle nevi persistenti***, linea ideale al di sopra della quale la neve caduta nel periodo più freddo non arriva a sciogliersi tutta nel periodo più caldo | ***L. di carico***, massimo peso di merce che può essere caricata su carro | ***L. di velocità***, velocità massima consentita ai veicoli | ***L. di sosta***, tempo massimo per cui è consentita. **2** Grado ultimo, linea estrema: *vi sono insuperabili limiti di spazio e di tempo* | ***L. di età***, determinato dalla legge per scopi di vario genere | ***Entro certi limiti***, fino a un certo punto | ***Al l.***, nell'estrema ipotesi. **3** Ambito ed estensione assegnati a qlco.: *i limiti della mente umana, della propria forza*; *il movimento … avrebbe trovato il suo l. nelle applicazioni politiche e sociali* (DE SANCTIS) | Termine, grado che non si può o non si deve superare: *uscire dai limiti della decenza*; *tutto ha un l.*; *la mia pazienza ha un l.* | ***Nei, entro i limiti del possibile***, nell'ambito delle possibilità di qlcu. | ***Vanità, bontà, senza l.***, estremamente grande | Insufficienza, mancanza: *un saggio storico con molti limiti*. **4** (*astron.*) Uno dei due punti dell'orbita in cui un pianeta raggiunge la sua massima distanza dall'eclittica | ***L. dell'universo fisico***, la distanza dal Sole alla quale la velocità di recessione delle galassie è pari a quella della luce. **5** (*mat.*) ***L. d'una funzione in un punto***, numero al quale i valori della funzione si mantengono arbitrariamente vicini, se la variabile indipendente si mantiene abbastanza prossima al punto assegnato | ***L. d'una successione***, numero al quale i termini della successione si mantengono arbitrariamente vicini, scegliendoli di volta in volta successivi a termini opportunamente fissati. **B** in funzione di agg. inv. (posposto al s.) **1** (*mat.*) Nella loc. ***punto l.***, nel quale concorrono le rette che in una data rappresentazione sono le immagini di rette parallele. **2** (*fig.*) Detto di ciò che rappresenta il massimo dell'improbabilità, che sta ai confini del possibile: *caso l.*; *ipotesi l.*

limitrofo [vc. dotta, lat. tardo *limĭtrophu(m)*, comp. del lat. *līmes*, genit. *līmitis* 'limite' e di un deriv. dal gr. *tréphein* 'nutrire', perché designava il terreno che offriva i viveri alle truppe di confine; 1723] agg. ● Che è vicino ai confini: *paese l.* SIN. Confinante, finitimo.

limivoro [comp. di *limo* e *-voro*; 1930] agg. ● (*biol.*) Detto di organismo acquatico che ingerisce fango per nutrirsi dei detriti in questo contenuti.

limma [vc. dotta, lat. tardo *līmma* (nom.), dal gr. *lêimma* 'residuo', da *léipein* 'lasciare', di orig. indeur.; 1581] s. m. (pl. *-i*) ● (*mus.*) Intervallo molto piccolo che risulta dalla differenza matematica fra due intervalli di maggiore entità.

limnèa [dal gr. *limnâios* 'che sta nella palude (*límnē*, di etim. incerta)'; 1828] s. f. ● Mollusco dei Gasteropodi polmonato con conchiglia sottile, bruna, che vive nelle acque dolci (*Limnea stagnalis*). ➡ ILL. **animali**/3.

limnètico [dal gr. *limnêtēs* 'palustre, del lago (*límnē*, di etim. incerta)'] agg. (pl. m. *-ci*) ● Relativo ai laghi.

limni- ● V. *limno-*.

limnimetria o **limnometria** [comp. di *limni-* e *-metria*; 1957] s. f. ● Misurazione dei laghi e delle loro variazioni.

limnimetro o **limnòmetro** [comp. di *limni-* e *-metro*] s. m. ● Scala graduata per misurare il livello delle acque di un lago.

limno- o **limni-** [dal gr. *límnē* 'lago', di etim. incerta] primo elemento ● In parole composte della terminologia scientifica, significa 'lago' o esprime relazione con l'acqua dolce: *limnofilo*.

limnòbio [comp. di *limno-* e *-bio*; 1929] s. m. ● (*biol.*) Il complesso degli organismi viventi nelle acque dolci.

limnòfilo [comp. di *limno-* e *-filo*] s. m. ● Insetto dei Tricotteri con corpo allungato le cui larve vivono in un involucro che si costruiscono con sabbia, resti di conchiglie e sim. in acque basse e stagnanti.

limnologìa [comp. di *limno-* e *-logia*; 1754] s. f. ● Studio dei laghi, degli organismi che li popolano e della sedimentazione lacustre.

limnòlogo [comp. di *limno-* e *-logo*; 1957] s. m. (f. *-a*; pl. m. *-gi*) ● Studioso, esperto di limnologia.

limnometria ● V. *limnimetria*.

limnòmetro ● V. *limnimetro*.

limnoplàncton [comp. di *limno-* e *plancton*] s. m. ● (*biol.*) Plancton lacustre.

limo [vc. dotta, lat. *līmu(m)*, di orig. indeur.; av. 1292] s. m. **1** Fango, mota. **2** (*geol.*) Terriccio molto fine che si trova in sospensione nelle acque o che viene deposto da esse.

limodòro [gr. *leimódōron* 'dono (*dôron*) del prato (*leimṓn*)'; 1834] s. m. ● Genere di piante delle Orchidacee, tipiche dei prati alpini, comprendente una sola specie (*Limodorum*).

limòla [fusione di *lima* e *mola*] s. f. ● Utensile montato su una limolatrice, costituito da un disco rotante d'acciaio tagliente e fortemente abrasivo.

limolatrice [da *limolare*, denom. di *limola*] s. f. ● Macchina utensile, simile alla molatrice, che sfrutta l'azione di una limola per asportare le scabrosità superficiali dei pezzi metallici.

limonàia [da *limone*; av. 1912] s. f. ● Serra o stanzone per conservare durante l'inverno le piante di limone in vaso.

limonàio [1825] s. m. (f. *-a*) ● Chi vende limoni.

limonàre [prob. da *limone*, ma con passaggio semantico non chiaro; 1961] v. intr. (*io limóno*; aus. *avere*) ● (*region.*) Amoreggiare con qlcu.

limonàta [1668] s. f. **1** Bibita analcolica preparata con acqua, succo di limone, zucchero, anidride carbonica e aromatizzata con essenza di limone | Bevanda preparata con acqua e succo di limone. **2** Preparazione liquida a base spec. di acido citrico.

limonàto agg. ● (*raro*) Del colore del limone.

limoncèlla [1553] s. f. **1** Varietà di mela piccola, con buccia giallognola o verdognola, polpa bianca e profumata dal sapore acidulo. **2** (*bot., tosc.*) Melissa.

limoncèllo [sec. XIV] **A** s. m. **1** Limetta (2). **2** Liquore ottenuto dalla macerazione di scorze di limone in alcol che, dopo essere stato filtrato, viene diluito con sciroppo. SIN. Limoncino. **B** agg. ● Di colore giallo limone.

limoncino [av. 1484] **A** agg. ● (*bot.*) ***Erba limoncina***, cedrina. **B** s. m. ● Limoncello nel sign. A2.

♦**limóne** [ar. *laymūn* e *līma*, dal persiano *līmū(n)*; sec. XIV] **A** s. m. ● Alberetto sempreverde delle Rutacee, spinoso allo stato selvatico, con foglie coriacee e seghettate, fiori bianchi, frutti a esperidio giallo pallido (*Citrus limonum*) | Frutto del limone utilizzato per le essenze estratte dalla buccia e per il succo acidulo: *buccia, scorza, succo di l.*; *tè al l.*; *condire la verdura con olio e l.* | ***Essere giallo, pallido, come un l.***, essere molto pallido per una forte emozione | (*scherz.*) ***Garantito al l.***, certo, sicuro, incontrovertibile, inoppugnabile | ***L. spremuto***, (*fig.*) persona che viene messa da parte dopo essere stata sfruttata. ➡ ILL. **piante**/5. **B** in funzione di agg. inv. ● (posposto a un s.) Detto del colore giallo-verde caratteristico della buccia del frutto omonimo: *un vestito color l.*; *un golfino giallo l.* || **limoncino**, dim. (V.).

limonèa [1561] s. f. ● (*region.*) Limonata.

limonéto [av. 1944] s. m. ● Terreno coltivato a limoni.

limonicolo agg. ● Che si riferisce ai limoni e alla loro coltivazione: *produzione limonicola*.

limonicoltóre [comp. di *limone* e *-coltore*] s. m. (f. *-trice*) ● Chi si occupa di limonicoltura.

limonicoltùra o **limonicultùra** [comp. di *limone* e *-coltura*] s. f. ● Coltivazione di limoni.

limonite [fr. *limonite*, da *limon* 'fango, terra alluvionale', dal lat. *līmus* 'limo'; 1839] s. f. ● (*miner.*) Roccia a grana fine, costituita da una mescolanza di ossidi e idrossidi di ferro, minerali argillosi e impurezze varie, di colore da giallo a rosso a bruno e nero.

limonitizzazióne [dall'ingl. *limonitization*, deriv. di *limonite* 'limonite'] s. f. ● (*geol.*) Processo di trasformazione meteorica di rocce contenenti ferro con formazione di limonite.

limòsina e *deriv.* ● V. *elemosina* e *deriv.*

limosìno [fr. *limousin*, dal lat. *Lemovicīnu(m)* 'regione dei *Lemovīces*', popolazione gallica; 1585] **A** agg. ● Della città o della regione di Limoges: *un poeta l.* | ***Razze limosine***, di buoi e cavalli. **B** s. m. (f. *-a*) ● Abitante, nativo della città o della regione di Limoges. **C** s. m. solo sing. ● Dialetto di Limoges, assurto a lingua letteraria nel Medioevo.

limosità [vc. dotta, lat. tardo *limositāte(m)*, da *limōsus* 'limoso'; av. 1739] s. f. ● Caratteristica di ciò che è limoso.

limóso [vc. dotta, lat. *limōsu(m)*, da *līmus* 'limo'; av. 1292] agg. ● Che è pieno di limo: *terreno l.*; *acqua limosa*. SIN. Fangoso.

limousine /fr. limu'zin/ [vc. fr., *limousine*: da *limousine* 'mantello di stoffa grossolana' (fabbricato a *Limoges*), a cui poteva rassomigliare questo tipo di automobile chiusa; 1908] s. f. inv. ● Grossa automobile chiusa, a quattro porte e talvolta con strapuntini ribaltabili fra i sedili anteriori e posteriori.

limpidézza [1532] s. f. ● Proprietà o caratteristica di ciò che è limpido.

limpidità [vc. dotta, lat. *limpiditāte(m)*, da *līmpidus* 'limpido'; 1566] s. f. ● (*raro*) Limpidezza | Lucentezza.

♦**limpido** [vc. dotta, lat. *līmpidu(m)*, di etim. incerta; 1342] agg. ● Chiaro e trasparente: *cristallo, vino, liquore l.*; *acque, fonti, sorgenti limpide*; *nei limpidi quasi vitrei occhi azzurrini il solito sorriso gli brillava per me* (PIRANDELLO) | ***Cielo, orizzonte l.***, non offuscato da brume, nubi e sim. | (*fig.*) ***Occhio, sguardo l.***, puro e sincero | Chiaro e sonoro: *voce limpida* | Spontaneo, schietto: *vena limpida di poesia*; *scrittore, stile l.* || **limpidétto**, dim. || **limpidaménte**, avv. Con limpidezza; con estrema chiarezza: *esporre limpidamente le proprie idee*.

limulo [vc. dotta, lat. *līmulu(m)* 'obliquo', dim. di *līmus*, di etim. incerta] s. m. ● Artropode marino della classe dei Merostomi, col corpo protetto da corazza rotondeggiante che si prolunga in un lungo aculeo caudale (*Limulus polyphemus*).

Linàcee [comp. di *lin(o)* e *-acee*; 1839] s. f. pl. (sing. *-a*) ● Nella tassonomia vegetale, famiglia di piante erbacee delle Dicotiledoni con foglie sessili e intere, fiore a cinque sepali e cinque petali (*Linaceae*). ➡ ILL. **piante**/4.

linàio [da *lino*, di cui era fatta; 1937] s. m. ● Rete da pesca di lino, a sacco centrale.

linaiòla [dal lat. *līnum* 'lino'; 1813] s. f. ● (*bot.*) Linaria.

linaiòlo o (*lett.*) **linaiuòlo** [dal lat. *linārium*, da *līnum* 'lino'; sec. XIII] s. m. (f. *-a*) ● Chi lavora o vende il lino.

linària [dal lat. *līnum* 'lino'; 1550] s. f. ● Pianta erbacea perenne delle Scrofulariacee comune nei campi, con fiori gialli a fauce aranciata (*Linaria vulgaris*). SIN. Linaiola.

lince [vc. dotta, lat. *lўncem*, nom. *lўnx*, dal gr. *lýnx*, di orig. indeur.; av. 1494] s. f. ● Grosso felino europeo con pelo morbidissimo, orecchie a punta sormontate da un ciuffo di peli (*Lynx lynx*) | ***Occhi di l.***, acutissimi. SIN. Lupo cerviero. ➡ ILL. **animali**/14.

linceo (**1**) o (*lett.*) **lincèo** [vc. dotta, gr. *lýnkeios* (lat. *lyncēus*), da *lýnx*, genit. *lynkós* 'lince'; 1524] agg. **1** (*raro*) Che ha natura di lince | (*fig.*) ***Occhi lincei***, acuti e penetranti. **2** (*fig., est.*) Acuto, perspicace, ingegnoso.

lincèo (**2**) [dalla *lince*, assunto come simbolo di acutezza della vista ed, estensivamente, dell'indagine scientifica; av. 1642] **A** s. m. **1** (*al pl.*) Nella loc. ***Accademia Nazionale dei Lincei***, o ***Accademia dei Lincei***, fondata a Roma nel 1603 e tuttora esistente, costituita da insigni studiosi di discipline fisiche, matematiche, naturalistiche e morali, storiche, filologiche. **2** Ogni membro dell'Accademia dei Lincei. **B** agg. ● Proprio della, concernente l'Accademia dei Lincei.

†**linci** [lat. *illinc*, da *ille*, secondo un tipo incerto di formazione; 1319] avv. ● Di lì, da quel luogo: *Noi montavam, già partiti di l.* (DANTE *Purg.* XV, 37).

linciàggio [fr. *lynchage*, da *lyncher* 'linciare';

1905] s. m. *1* Esecuzione sommaria non preceduta da regolare processo, compiuta da privati cittadini nei confronti di chi sia o sia ritenuto colpevole di certi reati. *2* (*fig.*) Persecuzione accanita e instancabile, che mira al definitivo annientamento di qlcu.: *l. morale, politico.*

linciaménto s. m. ● (*raro*) Linciaggio.

linciàre [fr. *lyncher*, adatt. dell'ingl. *to lynch*, dal n. del capitano americano W. *Lynch* (1742-1820) che fece approvare una legge per l'esecuzione sommaria (*Lynch law*); 1877] v. tr. (*io lincio*) ● Uccidere per linciaggio: *furono linciati dalla folla inferocita.*

linciatóre [1899] s. m. (f. *-trice*) ● Chi prende parte attiva a un linciaggio.

lindézza [sp. *lindeza*, da *lindo*; 1526] s. f. ● Pulizia scrupolosa | (*fig.*) Grande proprietà, accuratezza: *l. di stile.*

lìndo [sp. *lindo*, da **lidmo*, dal lat. *legìtimus* 'secondo la legge, la regola', 'convenevole', attraverso *l(e)id(e)mo*; 1499] agg. *1* Molto pulito e ordinato (*anche fig.*): *abito l.*; *quaderno l. e ben tenuto.* *2* (*lett.*) Che mostra un'eleganza affettata, una cura eccessiva: *un l. zerbinotto*; *componimento poetico l. e poco originale.* || **lindino**, dim. || **lindaménte**, avv.

lindóre [da *lindo*; 1963] s. m. ● Caratteristica di ciò che è lindo: *il l. di una camicia.*

lindùra [sp. *lindura*, da *lindo*; 1640] s. f. ● (*raro*) Lindezza, lindore.

line /lain, *ingl.* laen/ [vc. ingl., propr. 'linea' (V.); 1970] s. f. inv. ● (*org. az.*) Legame di gerarchia operativa fra un superiore e uno o più subordinati diretti.

♦**linea** [vc. dotta, lat. *līnea(m)*, da *līneu(m)*, agg. di *līnum* 'lino', di etim. incerta: 'filo di lino'; 1282] s. f. **I** In senso statico. *1* Segno sottile tracciato, inciso e sim. su qlco.: *tirare una l. su un foglio*; *disegnare una l.*; *l. orizzontale, verticale*; *sottolineare una parola con una l.* | ***Le linee della mano***, ognuno dei piccoli solchi che attraversano il palmo della mano, contraddistinti in chiromanzia da nomi diversi (linea della vita, del cuore, della fortuna, ecc.) | ***L. di fede***, tratto segnato su uno strumento di misura per consentire la lettura di una misurazione o di una direzione | ***L. di partenza***, quella da cui prendono il via i partecipanti a una gara di corsa | ***L. d'arrivo***, traguardo | ***Linee di fondo***, nel calcio e nel tennis, quelle che delimitano il campo di gioco nel senso della larghezza | ***L. di meta***, nel rugby, una delle linee che delimitano il campo di gioco | In musica, uno dei tratti orizzontali del rigo musicale | (*astron.*) ***L. equinoziale***, antica denominazione dell'equatore celeste | ***L. meridiana***, la retta su cui giace la proiezione dello gnomone al mezzogiorno vero | (*elettron.*) In televisione, riga. *2* (*mat.*) Figura descritta da un punto la cui posizione è funzione continua del tempo: *l. retta, curva*; *linee parallele, perpendicolari*; *linee isobare, isoterme.* *3* Limite: *l. di confine, di separazione*; *l. delle nevi perpetue* | ***L. doganale***, quella il cui attraversamento comporta il pagamento dei diritti doganali sulle merci ad essi soggette | (*anat.*) ***L. alba***, linea mediana della parete addominale anteriore lungo la quale avviene l'incrociamento delle fibre delle due metà | (*geogr.*) ***L. di valle***, quella che congiunge i punti più bassi di una valle dalla sorgente di un fiume alla sua foce | ***L. di vetta***, spartiacque | (*edil.*) ***L. di gronda***, la linea formata dal ciglio esterno della gronda di un tetto. *4* Nei termometri, ognuno dei dieci piccoli tratti che segnano i decimi di grado di temperatura: *avere qualche l. di febbre*; *la febbre è salita, è scesa, di due linee.* *5* (*est.*) Contorno, lineamenti, tratti del viso o del corpo umano: *la l. dolce del suo profilo*; *le linee dei fianchi, delle spalle*; *una faccia misteriosa dalle linee precise e dolci* (SVEVO) | ***Conservare, mantenere la l.***, mantenersi agile e snello | (*fig.*) ***Descrivere qlco. a grandi linee, nelle linee essenziali***, in modo generico, sommario. *6* Nelle schede bibliografiche, segno convenzionale che, posto dopo la parola d'ordine, significa continuazione, a capo riga, ripetizione. *7* Taglio, modello di un abito: *giacca di l. classica*; *cappotto di l. sportiva* | (*est., fig.*) Eleganza, classe: *avere molta, poca l.*; *mancare di l.* *8* (*mil.*) Fronte di un reparto, di un'unità o di un esercito schierati in battaglia: *andare in l.*; *in prima l.*; *vittoria su tutta la l.* | ***Fanteria di l.***, un tempo, la fanteria propriamente detta, per distinguerla dagli altri corpi di fanteria speciali | ***Essere in prima l.***, (*fig.*) di cose o persone che sono avanti a tutte le altre per merito o per importanza | ***Passare in seconda l.***, (*fig.*) detto di persone o cose ritenute meno importanti di prima rispetto ad altre | ***Vittoria, sconfitta, disfatta su tutta la l.***, (*fig.*) piena, totale, definitiva | ***L. del Piave***, (*fig.*) limite estremo e invalicabile da mantenere fermo se si vogliono evitare danni irrimediabili. **II** In senso dinamico. *1* Conduttura per la trasmissione e distribuzione dell'energia elettrica o di altro: *le linee dell'alta tensione* | ***L. telegrafica, telefonica***, (*assol.*) ***linea***, per il contatto telegrafico o telefonico, fra le centrali e fra gli utenti: *Milano è in l.*; *è caduta la l.* | ***Prendere la l.***, riuscire a collegarsi | ***Essere in l.***, essere in collegamento telefonico con la persona o la località richiesta | ***Restare, attendere in l.***, non interrompere un collegamento telefonico | ***L. calda***, (*fig.*) collegamento telefonico diretto tra la Casa Bianca e il Cremlino; (*est.*) collegamento telefonico per comunicazioni di emergenza o riservate ad altissimo livello | ***L. di contatto***, per il passaggio della corrente elettrica dalla linea stessa al veicolo mosso da tale corrente | ***L. aerea***, i cui conduttori o fili sono tesi esternamente o superiormente al profilo della sagoma limite | (*tel.*) ***L. commutata***, collegamento telematico realizzato mediante l'impiego temporaneo di comuni linee telefoniche | (*elab.*) ***L. dedicata***, collegamento telematico realizzato mediante l'impiego di una linea specificamente destinata a tale scopo. *2* Tracciato immaginario che indica una direzione o si sviluppa in una direzione: *avanzare in l. retta*; *seguire la l. della strada* | ***L. di forza***, quella che indica la direzione di una forza operante in un campo elettrico o magnetico, o in genere in cui si esercita un'azione a distanza | ***L. di campo elettrico***, quella che è in ogni suo punto tangente al vettore campo elettrico | ***L. di campo magnetico***, quella che risulta in ogni suo punto tangente al vettore campo magnetico | ***In l.***, in una determinata direzione | ***Mettersi in l.***, nella scherma, mettersi in posizione di guardia | (*mil.*) ***L. di operazione***, direzione offensiva di un esercito verso un dato obiettivo | ***Combattere per linee interne***, nel pugilato, colpendo di diretto e di montante | ***Combattere per linee esterne***, colpendo con sventole e ganci | ***L. mediana***, nel calcio, quella che divide in due parti uguali il terreno di gioco | ***L. di mira***, la visuale che, passando per la tacca d'alzo e il mirino di un'arma da fuoco, congiunge l'occhio del tiratore con il bersaglio | ***L. di tiro***, quella rappresentata dal prolungamento della bocca da fuoco puntata per il tiro. *3* (*fig.*) Modo di comportarsi, norma seguita, indirizzo di fondo: *avere, assumere, mantenere una certa l. di condotta*; *seguire una precisa l. politica*; *essere in l. con le direttive del proprio partito*; *sostenere una l. morbida, dura* | ***In l. di massima***, in generale, nel complesso | ***In l. di principio***, dal punto di vista dei principi, della teoria | ***In l. di fatto***, per quanto attiene ai fatti, alla realtà | ***L. guida***, orientamento di massima, principio ispiratore. *4* Percorso, itinerario seguito da mezzi pubblici di locomozione e trasporto: *l. aerea, marittima*; *la l. del tram, degli autobus* | ***L. ferroviaria***, tratto di ferrovia, spec. se individuato col nome delle due stazioni estreme: *l. ferroviaria Firenze-Viareggio*; *l. ferroviaria a doppio binario, a binario unico* | ***Di l.***, detto di mezzo di trasporto pubblico che compie regolarmente un dato tragitto: *pullman, aereo di l.* *5* (*fig.*) Sviluppo logico della narrazione in una sceneggiatura cinematografica o televisiva, o in un testo teatrale: *l. d'azione.* *6* Lenza. **III** In senso analogico. *1* Complesso di persone, animali od oggetti, disposti in fila: *una l. d'alberi, di cespugli*; *la l. delle dune* | ***Mettersi in l.***, allinearsi | ***L. d'attacco, di difesa***, nel calcio, la serie dei giocatori schierati in attacco o in difesa | (*mil.*) ***L. difensiva***, (*assol.*) ***l.***, quella costituita da diverse opere di fortificazione, distribuita lungo un fronte di operazioni, spesso indicata con nomi convenzionali: *ritirarsi dietro una l. difensiva*; *l. Maginot, Sigfrido.* *2* (*tipogr.*) Complesso delle parole o frasi contenute nella giustezza. *3* Rapporto genealogico intercorrente tra due persone: *l. ascendente*; *l. discendente*; *l. collaterale*; *l. retta* | Successione di parentela: *con lui si è estinta la l. maschile della famiglia regnante.* *4* (*biol.*) Discendenza | ***L. pura***, gruppo di individui nei quali il campo di variabilità è molto limitato, per cui non è più possibile praticarne la selezione. *5* (*org. az.*) Impostazione della lavorazione secondo la successione delle operazioni indicate dal ciclo del prodotto, realizzata disponendo macchine e posti di lavoro secondo tale successione. *6* (*elab.*) ***In l., fuori l.***, modo di funzionamento di un'unità periferica di un elaboratore elettronico collegata direttamente con l'unità centrale mediante una linea di trasmissione o, rispettivamente, che può operare anche autonomamente. *7* Serie di prodotti dotati di caratteristiche analoghe, contrassegnati da uno stesso nome, tesi a ottenere un medesimo risultato e sim.: *la nuova l. di bellezza della casa X*; *questa l. di trucco è l'ultimo grido della moda.* || **lineàccia**, pegg. | **lineétta**, dim. (V.) | **lineìna**, dim. | **lineùccia**, **lineùzza**, dim.

†**lineàle** [vc. dotta, lat. tardo *lineāle(m)*, da *līnea* 'linea'; sec. XIV] agg. ● Lineare. || †**linealménte**, avv. Linearmente.

lineaménto [vc. dotta, lat. *lineamĕntu(m)*, da *lineāre* 'lineare (2)'; 1353] **A** s. m. ● (*raro*) Linea | Disposizione di linee. **B** al pl. (†*lineaménta*, f.) *1* Fattezze del volto umano: *lineamenti delicati, grossolani.* SIN. Fisionomia. *2* (*fig.*) Elementi essenziali di una dottrina: *lineamenti di storia.*

lineàre (1) [vc. dotta, lat. *lineāre(m)*, da *līnea* 'linea'; av. 1406] agg. *1* Di linea, proprio delle linee | ***Misure lineari***, quelle di lunghezza | (*mat.*) ***Espressione l.***, quella in cui la variabile considerata compare alla prima potenza | Che procede per linea retta: *tracciato l.* | (*mat.*) Detto di operazione, operatore o funzione il cui effetto sulla somma di più elementi è uguale alla somma degli effetti, e il cui effetto sul prodotto di un elemento per una costante è uguale alla costante moltiplicata per l'effetto sull'elemento | (*mat.*) ***Spazio l.***, spazio vettoriale | ***Combinazione l.***, somma di elementi di un insieme, ognuno dei quali sia moltiplicato per un coefficiente costante | (*elettr.*) ***Circuito elettrico l.***, quello composto da resistenze, induttanze e capacità costanti | (*archeol.*) ***Scrittura l.***, (*ellitt.*) ***lineare***, antica scrittura in uso a Creta, nelle isole dell'Egeo e nel Peloponneso durante il periodo minoico e miceneo, caratterizzata dall'uso di segni lineari e non più da pittogrammi. *2* (*fig.*) Che si sviluppa, si svolge e sim. secondo una direzione o un indirizzo stabile e coerente: *comportamento l.* | ***Discorso l.***, chiaro e coerente. || **linearménte**, avv.

lineàre (2) [vc. dotta, lat. *lineāre*, da *līnea* 'linea'; av. 1468] v. tr. (*io lìneo*) *1* (*raro*) Segnare, tracciare linee | Disegnare. *2* (*lett.*) †Descrivere.

†**lineàrio** [vc. dotta, lat. *lineāriu(m)*, da *līnea* 'linea'; av. 1642] agg. ● Lineare.

linearìsmo [da *linear(e)* col suff. *-ismo*; 1957] s. m. ● Nelle arti figurative, spec. nella pittura, il predominio espressivo della linea sulle altre componenti dell'opera, in particolare sul colore: *il l. del Pollaiolo.*

linearità [1936] s. f. ● Proprietà di ciò che è lineare | (*fig.*) Chiarezza, coerenza.

†**lineatùra** [1614] s. f. *1* Linea, striscia. *2* Linea genealogica. *3* (*al pl.*) Concorso di linee | (*est.*) Lineamenti, fattezze.

†**lineazióne** [vc. dotta, lat. *lineatiōne(m)*, da *lineātus* 'lineato', part. pass. di *lineāre* 'lineare (2)'; av. 1455] s. f. ● Disegno.

lineétta [1820] s. f. *1* Dim. di *linea.* *2* Trattino convenzionale che serve a unire due parole o due elementi di una stessa parola, per introdurre una frase incidentale o un discorso diretto | Segno grafico usato in fine di riga dove si interrompe la parola. || **lineettìna**, dim. (V. nota d'uso TRATTINO).

linèico [da *linea*] agg. (pl. m. *-ci*) ● (*fis.*) Riferito alla lunghezza, detto di grandezza fisica: *ionizzazione lineica.*

linerìa [da *lino* (*1*); 1891] s. f. ● Vendita all'ingrosso di tessuti di lino | Scelta, assortimento di tessuti di lino.

linéto [comp. di *lin(o)* (*1*) e *-eto*; 1865] s. m. ● Campo coltivato a lino.

linfa [vc. dotta, lat. *lýmpha(m)* 'acqua', termine di orig. pop. (*lŭmpa*), accostato al gr. *nýmphē* 'divinità acquatica'; av. 1492] s. f. *1* (*bot.*) Liquido circolante nei vasi vegetali con composizione variabile a seconda delle stagioni e delle necessità della pianta | ***L. greggia***, che sale dalle radici alle foglie nei vasi del legno | ***L. elaborata***, contenente sostanze organiche, che scende nei vasi del libro. **2** (*med.*) Liquido chiaro, lattescente, che circola nei vasi linfatici. **3** (*fig.*) Ciò che alimenta e sostiene idee, principi e sim.: *la l. vitale dell'ispirazione artistica*. **4** (*poet.*) †Acqua: *se tu vien' tra queste chiare linfe, / sia teco il tuo amato e caro figlio* (L. DE' MEDICI).

linfadenìa o **linfoadenìa** [comp. di *linf(o)-* e *adenia*] **s. f.** ● (*med.*) Linfadenopatia.

linfadenìte o **linfoadenìte** [comp. di *linf(o)-* e *adenite*; 1875] **s. f.** ● Infiammazione dei linfonodi.

linfadenòma o **linfoadenòma** [comp. di *linf(o)-* e *adenoma*; 1875] **s. m.** (**pl.** *-i*) ● (*med.*) Tumefazione neoplastica dei linfonodi.

linfadenopatìa o **linfoadenopatìa** [comp. di *linf(o)-* e *adenopatia*; 1970] **s. f.** ● (*med.*) Affezione dei linfonodi.

linfadenopàtico o **linfoadenopàtico** agg. (**pl. m.** *-ci*) ● (*med.*) Che è affetto da linfadenopatia.

linfadenòsi o **linfoadenòsi** [comp. di *linf(o)-*, *aden(o)-* e del suff. *-osi*] **s. f. inv.** ● (*med.*) Condizione patologica caratterizzata da iperplasia o neoplasia del tessuto linfatico.

linfangiòma o **linfoangiòma** [comp. di *linf(o)-* e *angioma*; 1929] **s. m.** (**pl.** *-i*) ● (*med.*) Neoformazione benigna, spesso congenita, costituita da ammassi di vasi linfatici neoformati.

linfangìte o **linfoangìte** [comp. di *linf(o)-* e *angite*; 1829] **s. f.** ● (*med.*) Infiammazione dei vasi linfatici | (*veter.*) **L. epizoòtica**, farcino.

linfaticìsmo [da *linfatico*; 1869] **s. m.** ● (*med.*, *raro*) Linfatismo.

linfàtico [vc. dotta, lat. *lymphăticu(m)* 'forsennato, pazzo', da *lýmpha*, una trad. del gr. *nymphólēptos* 'invasato (dal v. *lambánein* 'prendere') dalle ninfe (*nýmphai*)'; 1666] **A** agg. (**pl. m.** *-ci*) ● Della linfa | *Sistema l.*, il complesso dei vasi, delle cisterne e dei dotti che riconducono la linfa al circolo venoso. **B** agg.; anche **s. m.** (**f.** *-a*) ● Che (o Chi) è affetto da linfatismo.

linfatìsmo [per *linfat(ic)ismo*; 1886] **s. m.** ● (*med.*) Stato di debolezza costituzionale caratterizzato da aumento del tessuto linfatico e del timo.

linfedèma o **linfoedèma** [comp. di *linf(o)-* e *edema*] **s. m.** (**pl.** *-i*) ● (*med.*) Edema causato dall'accumulo di linfa nei tessuti.

linfeurìsma [comp. di *linf(o)-* e di un deriv. del gr. *éurōs* 'larghezza'] **s. m.** (**pl.** *-i*) ● (*med.*) Dilatazione patologica di un vaso linfatico.

linfo- [nei comp. corrisponde per lo più a *linfa* (V.)] primo elemento (*linf-*, davanti a vocale) ● In parole scientifiche composte, spec. della terminologia medica, significa 'linfa' o indica relazione con la linfa e il sistema linfatico: *linfocita*, *linfoghiandola*.

linfoadenìa ● V. *linfadenia*.
linfoadenìte ● V. *linfadenite*.
linfoadenòma ● V. *linfadenoma*.
linfoadenopatìa ● V. *linfadenopatia*.
linfoadenopàtico ● V. *linfadenopatico*.
linfoadenòsi ● V. *linfadenosi*.
linfoangiòma ● V. *linfangioma*.
linfoangìte ● V. *linfangite*.
linfoblàsto [comp. di *linfo-* e *-blasto*] **s. m.** ● (*biol.*) Cellula immatura destinata a differenziarsi come linfocita o a moltiplicarsi per dare altri linfoblasti.

linfochìna [comp. di *linfo-* e del gr. *kínēsis* 'movimento' col suff. *-ina*, sul modello di *citochina*] **s. f.** ● (*biol.*) Ciascuna sostanza di natura glicoproteica secreta dai linfociti che è coinvolta nelle risposte immunitarie.

linfocìta o **linfocìto** [comp. di *linfo-* e *-cita* (o *-cito*); 1896] **s. m.** (**pl.** *-i*) ● (*biol.*) Particolare tipo di globuli bianchi, importanti nella difesa immunitaria dell'organismo.

linfocitàrio agg. ● Relativo ai linfociti: *popolazioni linfocitarie*.

linfocitopenìa [comp. di *linfocito* e del suff. *-penia*] **s. f.** ● (*med.*) Linfopenia.

linfocitopoièsi [comp. di *linfocito* e *-poiesi*; 1957] **s. f. inv.** ● (*biol.*) Linfopoiesi.

linfocitòsi [comp. di *linfocito* e *-osi*; 1934] **s. f. inv.** ● (*med.*) Aumento relativo dei linfociti nel sangue.

linfodermìa [comp. di *linfo-* e di un deriv. del gr. *dérma* 'pelle'] **s. f.** ● (*med.*) Affezione cutanea da alterazione del sistema linfatico.

linfodrenàggio [comp. di *linfo-* e *drenaggio*; 1985] **s. m.** ● Tecnica fisioterapica che favorisce il drenaggio linfatico; indicata nelle distrofie del tessuto adiposo (es. cellulite) o nell'insufficienza linfatica.

linfoedèma o **linfoèdema** ● V. *linfedema*.
linfoepiteliàle [comp. da *linfo-* e *epiteliale*] agg. ● (*anat.*) Costituito da tessuto linfatico e tessuto epiteliale.

linfoghiàndola [comp. di *linfo-* e *ghiandola*; 1957] **s. f.** ● (*anat.*) Linfonodo.

linfoghiandolàre [1957] agg. ● Della linfoghiandola.

linfogranulòma [comp. di *linfo-* e *granuloma*; 1910] **s. m.** (**pl.** *-i*) ● Malattia che colpisce il sistema linfatico con formazione di particolare tessuto granulomatoso nei linfonodi: *l. benigno*, *maligno* | **L. venereo**, malattia infettiva venerea causata da *Chlamydia trachomatis*.

linfòide [comp. di *linf(o)-* e *-oide*; 1931] agg. ● (*anat.*) Pertinente al sistema linfatico: *tessuto l.*

linfologìa [comp. di *linfo-* e *-logia*; 1970] **s. f.** ● (*med.*) Studio della linfa e dei vasi linfatici.

linfòma [comp. di *linfo-* e *-oma*; 1889] **s. m.** (**pl.** *-i*) ● (*med.*) Qualsiasi neoplasia gener. maligna dei tessuti linfoidi o derivata da cellule linfoidi (linfocitari).

linfomatòsi [da *linfoma*] **s. f. inv.** ● Malattia caratterizzata dalla presenza di linfomi.

linfomatòso agg. ● (*med.*) Di linfoma.

linfonòdo [comp. di (*tessuto*) *linf(atic)o* e *nodo*, per la forma; 1957] **s. m.** ● (*anat.*) Nodulo di tessuto linfatico intercalato sul decorso dei vasi linfatici.

linfopenìa [comp. di *linfo(cita)* e di *-penia*; 1957] **s. f.** ● (*med.*) Diminuzione dei linfociti nel sangue. SIN. Linfocitopenia.

linfopoièsi [comp. di *linfo-* e *-poiesi*; 1957] **s. f. inv.** ● (*biol.*) Processo di formazione dei linfociti nel sangue.

linforragìa [comp. di *linfo-* e del gr. *rĕgnýnai* 'rompere'] **s. f.** ● (*med.*) Fuoriuscita di linfa dai vasi linfatici.

linfosarcòma [comp. di *linfo-* e *sarcoma*; 1880] **s. m.** (**pl.** *-i*) ● (*med.*) Tumore maligno del tessuto linfatico.

lingerìa [1618] **s. f.** ● Adattamento di *lingerie* (V.).

lingerie /lɛnʒeˈri*, *evit.* lɛ̃ʒ-, *fr.* lɛ̃ʒəˈʀi/ [vc. fr., deriv. col suff. *-erie* '-eria' da *linge* 'lino'; 1918] **s. f. inv.** ● Biancheria intima, spec. femminile.

lingerìsta [da *lingeria* col suff. di occupazione *-ista*; av. 1916] **s. f.** ● Biancherista.

†**lìngio** [fr. *linge*, dal lat. *līneus* '(tessuto) di lino'; sec. XIV] **s. m.** ● Tovaglia, tovagliolo.

lingottièra [fr. *lingotière*, da *lingot* 'lingotto'; 1853] **s. f.** ● Forma di ferro nella quale si versa l'oro fuso per fare lingotti. **2** Forma di ghisa, senza fondo, poggiata su piastra anch'essa di ghisa, nella quale si cola l'acciaio fuso per farlo solidificare.

lingòtto [fr. *lingot*, dall'ingl. *ingot* (con *l'* dell'art.), di etim. incerta; 1673] **s. m.** ● Blocco di metallo ottenuto per fusione e colatura in apposito stampo. **2** (*tipogr.*) Nella composizione tipografica a caldo, interlinea da 12 punti.

♦**lìngua** [lat. *līngua(m)*, con rassomiglianze con altre lingue indeur.; av. 1250] **s. f.** ▮ Con riferimento all'organo anatomico **1** Organo muscolare ricoperto di mucosa, mobile, posto nella cavità boccale, che partecipa alle funzioni della suzione, della masticazione, della deglutizione e della fonazione. CFR. *glosso-*, *-glosso* | **L. biforcuta**, (*fig.*) di persona doppia e insincera | *Mordersi la l.*, (*fig.*) sforzarsi di tacere o pentirsi di aver parlato | *Sciogliere la l.*, (*fig.*) incominciare a parlare senza mai interrompersi | *Avere la l. lunga*, (*fig.*) V. *lungo* nel sign. A 2 | *Non avere peli sulla l.*, parlare con estrema sincerità | *Avere la l. in bocca*, (*fig.*) sapere esporre le proprie ragioni | *Frenare la l.*, (*fig.*) controllarsi nel parlare | *Mettere l.*, parlare, dire la propria opinione, spec. intervenendo in una discussione: *in questo problema, non metto l.* | *Avere qlco. sulla punta della l.*, (*fig.*) stare per dirla ma sul momento non ricordarla | *Avere la l. tagliente, velenosa*, (*fig.*) essere pronto a dir male di qlcu., a rispondere sgarbatamente e con asprezza | *È una l. bugiarda*, (*fig.*) un bugiardo. ➡ ILL. p. 2127 ANATOMIA UMANA. **2** Lingua di animale, solitamente di bue o vitello, cotta per vivanda: *l. salmistrata, affumicata; una fetta di l. con insalata*. **3** Tutto ciò che ha forma più o meno simile a quella di una lingua: *lingue di fuoco guizzavano nel camino* | **L. di Menelik**, **delle donne**, giocattolo formato di un tubo di carta arrotolata, terminante in un ciuffo di strisce variopinte, che, soffiandovi dentro, si snoda fischiando | **Lingue di gatto**, biscottini sottili da tè, talvolta coperti di cioccolato | **Lingue di suocera**, biscotti simili ai precedenti, ma più lunghi | **Lingue di passero**, o **di passera**, linguine | (*geogr.*) **L. di terra**, piccolo tratto di terra a forma allungata che si protende nel mare, in un lago o in un fiume | **L. di ablazione**, lingua glaciale | **L. glaciale**, parte di un ghiacciaio che scende al di sotto del bacino collettore insinuandosi in una valle. ➡ ILL. p. 2132, 2133 SCIENZE DELLA TERRA ED ENERGIA. **4** (*zool.*, *raro*) Sogliola. **5** (*bot.*) **L. cervìna**, felce delle zone umide e ombrose con foglie coriacee e lucenti, intere e ondulate ai margini (*Scolopendrium officinarum*). SIN. Scolopendrio | **L. di cane**, cinoglossa | **L. d'acqua**, erba delle Potamogetonacee che cresce galleggiando sulle acque a lento fluire (*Potamogeton natans*). ➡ ILL. piante/1. **6** (*bot.*) **L. di bue**, fungo basidiomicete a forma di clava, carnoso, di color rosso sangue (*Fistulina hepatica*) | Buglossa. ▮▮▮ Con riferimento alla funzione che l'organo anatomico adempie nella fonazione **1** Sistema grammaticale e lessicale per mezzo del quale gli appartenenti ad una comunità comunicano tra loro: *l. italiana, francese, inglese, tedesca*. CFR. *glotto-*, *-glotto* | **Le lingue classiche**, il greco e il latino | **L. materna**, acquisita dal parlante sin dall'infanzia | **L. morta**, non più in uso come mezzo di comunicazione orale o scritta | **L. viva**, attualmente in uso nella comunicazione orale o scritta | **L. madre**, dalla cui evoluzione derivano altre lingue; (*est.*) madrelingua | **Madre l.**, V. *madrelingua* | **L. artificiale**, lingua convenzionale per la comunicazione gergale o internazionale | **L. franca**, lingua parlata fino al XIX sec. nei porti mediterranei avente come base l'italiano centrale e comprendente vari elementi delle lingue romanze; (*est.*) ogni mezzo di comunicazione fra gruppi o genti, comunemente accettato | **Lingue monosillabiche**, **agglutinanti**, **flessive**, rispetto alla struttura della parola e alla morfologia | **Confusione delle lingue**, il sorgere della molteplicità delle lingue in occasione della costruzione della torre di Babele, secondo la narrazione biblica. **2** Modo di esprimersi proprio di un ambiente, di un mestiere, di una scienza, di uno scrittore: *l. furbesca, letteraria, popolare, giuridica; la l. dei medici; la l. di Dante, del Pascoli*. **3** (*assol.*) Lingua italiana: *la questione della l.* | *Parlare in l.*, in italiano, spec. in contrapposizione a 'in dialetto' | *Testo di l.*, scritto in buona lingua e ritenuto esemplare dall'Accademia della Crusca. **4** (*al pl.*) Complesso delle lingue straniere: *studiare, insegnare lingue*. **5** (*fig.*) Nazione: *gente di ogni l., della stessa l.* **6** †Informazione, avviso, notizia: *dar l.; aver l.* | *Prender l.*, informarsi. ▮ PROV. La lingua batte dove il dente duole. ‖ **linguàccia**, pegg. (V.) | **linguèlla**, dim. (V.) | **linguètta**, dim. (V.) | **linguìna**, dim. (V.) |

linguàccia [av. 1494] **s. f.** (**pl.** *-ce*) **1** Pegg. di *lingua* | (*al pl.*) Smorfia che si fa tirando fuori la lingua: *fare le linguacce*. **2** (*fig.*) Persona maldicente.

linguacciùto [av. 1347] agg. ● Che ha la lingua lunga (*in senso fig.*): *donna linguacciuta; un omino giallo e magro …, vanesio e l.* (SVEVO). SIN. Maldicente, pettegolo.

†**linguàdro** ● V. *linguardo*.

♦**linguàggio** [ant. provv. *lengatge*, da *lenga* 'lingua'; av. 1202] **s. m.** **1** Capacità peculiare della specie umana di comunicare per mezzo di un sistema di segni vocali che mette in gioco una tecnica fisiologica complessa la quale presuppone l'esistenza di una funzione simbolica e di centri nervosi geneticamente specializzati. CFR. *logo-*, *glotto-*, *-glotto* | *Parlare lo stesso l.*, (*fig.*) intendersi, essere di idee, gusti, tendenze simili o analoghe | (*est.*) Sistema di segnali per mezzo dei quali gli animali comunicano tra di loro: *il l. delle api*. **2** (*est.*) Particolare modo di parlare di determinati individui e ambienti: *l. scientifico, forense, infantile*. **3** (*est.*) Particolare significato che l'uomo riconosce o attribuisce a determinati segni, gesti, oggetti, simboli e sim. e facoltà di esprimersi mediante il loro uso: *il l. degli occhi;*

il l. dell'arte, della natura; il l. dei fatti, delle cose | ***L. dei fiori***, consistente nel dare un particolare significato a ogni varietà e colore di questi | (*est.*) Nella programmazione dei sistemi elettronici per l'elaborazione dei dati, insieme di simboli e regole utilizzato per la redazione dei programmi di elaborazione: *l. simbolico, base* | ***L. macchina***, quello impiegato dall'elaboratore. ***4*** †Nazione.

linguàio [lat. *linguāriu(m)* 'multa sulla chiacchiera', da *līngua* 'lingua'; av. 1764] **s. m.** (**f.** *-a*) ● (*raro*) Linguaiolo: *quel libro faceva passare la questione della lingua dai grammatici e linguai agli intendenti e critici d'arte* (CROCE).

linguaiòlo o (*lett.*) **linguaiuòlo** [da *lingua* con suff. spreg.; 1828] **s. m.** (**f.** *-a*) ● (*spreg.*) Chi si occupa di questioni grammaticali e linguistiche con eccessiva pedanteria.

linguàle [av. 1726] **agg.** ***1*** (*anat.*) Della, relativo alla, lingua: *arteria l.* ***2*** (*ling.*) Detto di suono la cui articolazione comporta l'intervento della lingua.

†**linguàrdo** o †**linguàdro** [comp. di *lingua* e *-ardo*; sec. XIV] **agg.** ● Linguacciuto.

linguàta [1957] **s. f.** ***1*** Colpo di lingua. ***2*** (*region.*) Sogliola.

†**linguàtico** [sec. XIV] **agg.** ● Linguacciuto.

linguàto [vc. dotta, lat. tardo *linguātu(m)*, da *līngua* 'lingua'; av. 1292] **agg.** ***1*** †Linguacciuto, facondo. ***2*** (*arald.*) Detto di animale con la lingua di smalto diverso dal corpo.

linguàtula [da *lingua*, per la forma, attraverso il lat. tardo *linguātulus* 'provvisto di (molta) lingua'] **s. f.** ● Invertebrato vermiforme dei Linguatulidi, con due paia di uncini vicino alla bocca, parassita di Mammiferi (*Linguatula serrata*).

Linguatùlidi [comp. di *linguatul(a)* e *-idi*] **s. m. pl.** (**sing.** *-e*) ● Nella tassonomia animale, gruppo di vermiformi invertebrati parassiti dei Vertebrati (*Linguatulida*).

lingueggiàre [comp. di *lingu(a)* e *-eggiare*; 1304] **v. intr.** (*io linguéggio*; aus. *avere*) ● (*raro, lett.*) Chiacchierare, cicalare | ***L. della fiamma***, vibrare, tremolar come lingua.

linguèlla s. f. ***1*** Dim. di *lingua*. ***2*** Piccola striscia di carta trasparente e gommata per attaccare i francobolli da collezione sull'album. ***3*** Striscia laterale che nei guanti di pelle costituisce il fianco delle dita. ***4*** Striscia di feltro usata un tempo per filtrare un liquido facendolo passare da un vaso in un altro.

linguètta [av. 1306] **s. f.** ***1*** Dim. di *lingua*. ***2*** (*est.*) Qualsiasi piccolo oggetto di forma più o meno simile a quella di una lingua: *chiudere una busta incollando la l.* | ***L. delle scarpe***, striscia di pelle posta sotto l'allacciatura. ***3*** (*mus.*) Ancia. ***4*** (*mecc.*) Pezzo a sezione prismatica, da inserire in apposita cava tra albero e mozzo per renderli solidali. ***5*** (*agr.*) Tipo di innesto a doppio spacco o all'inglese. ‖ **linguettàccia**, **pegg.** | **linguettina**, **dim.** | **linguettóne**, **accr. m.**

†**linguettàre** [da *linguetta*; av. 1342] **v. intr.** ● Tartagliare.

linguifórme [comp. di *lingua* e *-forme*; 1752] **agg.** ● Che ha forma di lingua: *foglia l.*

linguina [1952] **s. f.** ***1*** Dim. di *lingua*. ***2*** (*spec. al pl.*) Tagliatelle più sottili delle comuni.

linguista [fr. *linguiste*, dal lat. *līngua* 'lingua' col suff. d'orig. gr. *-iste* '-ista'; 1765] **s. m. e f.** (**pl. m.** *-i*) ***1*** Studioso, esperto di linguistica. ***2*** (*disus., spreg.*) Purista.

linguìstica [fr. *linguistique*, da *linguiste* 'linguista'; 1839] **s. f.** ● Studio scientifico e sistematico del linguaggio e delle lingue naturali: *l. generale, l. storica, l. strutturale*. **SIN.** Glottologia.

linguìstico [fr. *linguistique* 'pertinente alla linguistica (V.)'; 1886] **agg.** (**pl. m.** *-ci*) ● Della, relativo alla lingua | Della, relativo alla linguistica | ***Liceo l.***, quello in cui si studiano principalmente le lingue straniere. ‖ **linguisticaménte**, **avv.** Dal punto di vista linguistico.

lìngula [vc. dotta, lat. *līngula(m)*, dim. di *līngua* 'lingua'; sec. XIII] **s. f.** ***1*** (*anat.*) Formazione stretta e allungata, simile a una piccola lingua: *l. polmonare*. ***2*** Brachiopodo marino con conchiglia oblunga, bruna, a due valve, che vive fissandosi al fondo sabbioso mediante un lungo peduncolo (*Lingula anatina*).

†**linguòla s. f.** ● Ago della bilancia.

†**linguóso** [vc. dotta, lat. *linguōsu(m)* 'chiacchierone, linguacciuto', da *līngua* 'lingua'; av. 1311] **agg.** ● Chiacchierone, maldicente.

linicoltùra [comp. di *lin(o)* e *-coltura*] **s. f.** ● Coltivazione del lino.

linièro [da *lino* (*1*) sul modello di *laniero*, da *lana*; 1881] **agg.** ● Del, relativo al lino: *produzione liniera*.

linifero [vc. dotta, lat. *linĭferu(m)*, comp. di *līnum* 'lino (1)' e *-ferum* '-fero'; 1869] **agg.** ● Che produce lino.

linificio [comp. di *lino* (*1*) e *-ficio*; 1834] **s. m.** ● Stabilimento tessile per la lavorazione del lino.

liniménto [vc. dotta, lat. *linimĕntu(m)*, da *linīre* 'ungere'; sec. XIV] **s. m.** ● Preparazione a base di olio medicinale, da applicare o frizionare sulla parte ammalata.

linite [da *lino* (*1*), per l'apparenza del tessuto parietale della parte colpita, e *-ite* (*1*); 1957] **s. f.** ● (*med.*) ***L. plastica***, infiltrazione tumorale della parete gastrica che la trasforma in tessuto simile a ruvida tela.

linizzàre [da *lino* (*1*); 1955] **v. tr.** ● Conferire a un tessuto l'aspetto del lino.

linizzazióne [1955] **s. f.** ● Operazione tessile del linizzare.

link /liŋk, *ingl.* lɪŋk/ [vc. ingl., propr. 'anello (di una catena)'; 1986] **s. m. inv.** ***1*** (*elab.*) Concatenamento tra moduli software per la realizzazione di programmi completi. ***2*** (*elab.*) In una pagina web o in un messaggio di posta elettronica, collegamento a un'altra pagina o indirizzo che l'utente può attivare mediante un doppio clic.

linkage /*ingl.* 'lɪŋkɪʤ/ [vc. ingl., propr. 'concatenazione', da *link* 'anello d'una catena' (d'orig. germ.); 1932] **s. m. inv.** ● (*biol.*) Coesistenza di due o più geni sullo stesso cromosoma. **SIN.** Associazione | (*est., fig.*) Legame, collegamento.

linnèa [dal n. del naturalista sved. C. *Linneo*; 1779] **s. f.** ● Pianta delle Caprifoliacee con fiori profumati, campanulati, portati da peduncoli bifidi all'apice (*Linnaea borealis*). ➡ **ILL. piante**/9.

linneàno o **linneiàno** [1765] **agg.** ● Di Linneo (1707-1778): *classificazione linneana*.

linneóne [dal n. di C. *Linneo*] **s. m.** ● (*biol.*) Denominazione delle specie secondo il concetto di suddivisione della specie di Linneo.

lino (**1**) [vc. dotta, lat. *līnu(m)*, di etim. incerta; av. 1306] **s. m.** ***1*** Pianta annua delle Linacee, a foglie lineari, sparse, corimbo di fiori celesti, capsula con semi bruni, oleosi (*Linum usitatissimum*) | ***Olio di l.***, estratto dai semi, usato per la preparazione di vernici e colori a olio | ***Farina di semi di l.***, usata un tempo per cataplasmi. ➡ **ILL. piante**/4. ***2*** Fibra tessile estratta dalla pianta omonima mediante macerazione del fusto: *tovaglie, lenzuola di l.*; *un abito, una camicia di l.* ***3*** †Biancheria.

†**lino** (**2**) [da *lino* (*1*); sec. XIII] **agg.** ● Detto di tessuto fatto con fibra di lino: *panno l.*

linolèico o **linòlico** [comp. del lat. *līnu(m)* 'lino (1)' e di un deriv. di *ŏleum* 'olio'; 1933] **agg.** (**pl. m.** *-ci*) ● (*chim.*) Detto di acido grasso insaturo monobasico, usato nella preparazione di emulsionanti, come essiccativo per vernici e sim.

linoleina [comp. dei n. lat. di 'olio *ŏl(eum)* di lino *līn(um)*' e *-ina*; 1957] **s. f.** ● (*chim.*) Gliceride dell'acido linoleico, principale componente dell'olio di lino.

linoleista [comp. di *linole(um)* e *-ista*; 1957] **s. m. e f.** (**pl. m.** *-i*) ● Operaio edile che pone in opera pavimenti di linoleum, resine sintetiche, gomma.

linolènico [da (*acido*) *linoleico*] **agg.** (**pl. m.** *-ci*) ● (*chim.*) Detto di acido grasso insaturo monobasico, dotato di proprietà siccative.

linoleografia [comp. di *linole(um)* e *-grafia*; 1950] **s. f.** ● Tecnica di stampa analoga alla silografia, in cui un foglio di linoleum sostituisce la tavoletta di legno. **SIN.** Linoleumgrafia.

linòleum [ingl. *linoleum*, dal n. lat. dell'olio di lino (*līn(i) ŏleum*); 1862] **s. m. inv.** ● Materiale di rivestimento impiegato per pavimenti, pareti e sim., ottenuto pressando su tela robusta un impasto formato da colofonia, olio di lino ossidato, farina di sughero e materie coloranti.

linoleumgrafia [comp. di *linoleum* e *-grafia*; 1961] **s. f.** ● Linoleografia.

linòlico ● V. *linoleico*.

linóne [fr. *linon*, da *linomple* 'lino (*lin*) unito (*omple*, di etim. incerta)'; 1770] **s. m.** ● Tessuto finissimo di lino | Tessuto trasparente più fine della garza.

linósa [av. 1597] **s. f.** ● Coltura di lino da seme | (*est.*) Seme del lino da cui si estraggono l'olio e la farina di lino.

†**linóso** [da *lino* (*1*); av. 1617] **agg.** ● Di lino, simile al lino: *materia linosa*.

linotipia [da *linotype*; 1927] **s. f.** ● Composizione tipografica realizzata mediante la linotype | Azienda che eseguiva composizioni mediante linotype.

linotipista [da *linotipia*; 1905] **s. m. e f.** (**pl. m.** *-i*) ● Operatore della linotype.

linotype® /lino'taip, *ingl.* 'laenə,taep/ [da *line of type* 'linea di (composizione) tipo(grafica)'; 1893] **s. f. inv.** ● Nella composizione tipografica in piombo, sistema che forniva linee intere fuse in un unico blocchetto | Marchio registrato di una macchina che realizzava tale sistema di composizione.

linséme [comp. di *lino* (*1*) e *seme*; av. 1421] **s. m.** ● Seme di lino, nel linguaggio commerciale.

lìnteo [vc. dotta, lat. *līnteu(m)*, da *līnum* 'lino (1)'; sec. XIV] **A agg.** ● (*lett.*) Di lino | ***Libri lintei***, anticamente, registri ufficiali dei magistrati, su tela. **B s. m.** ● †Panno di lino.

lintèrno [lat. *alatĕrnu(m)*, di etim. incerta; 1813] **s. m.** ● Frutice sempreverde delle Ramnacee con foglie cuoiose e lucenti e drupe rosse (*Rhamnus alaternus*).

†**lintigginóso** ● V. *lentigginoso*.

lintro [vc. dotta, lat. *līntru(m)*, di etim. discussa: gr. *plyntḗr* 'mastello, lavatoio', da *plýnein* 'lavare' (?); 1499] **s. m.** ● (*archeol.*) Barchetta formata con poche tavole usata in acque piuttosto basse.

lio- [dal v. gr. *lýein* 'dissolvere, distruggere', di formazione indeur.] primo elemento ● In parole composte della terminologia chimica, significa 'liquido', 'soluzione', oppure 'solvente': *liofilo*.

†**liocòrno** [ant. fr. *licorne*, dal lat. *unicŏrnis*, trad. del gr. *monókerōs* '(animale fiabesco) ad un solo (*mónos*) corno (*kéras*)'; sec. XIV] **s. m.** ● Unicorno.

†**liofànte** o †**leofànte**, †**leonfànte**, †**lionfànte** [da *elefante* per sovrapposizione di *lio(ne)*; av. 1294] **s. m.** (**f.** *-éssa*) ● Elefante.

liofilizzàre [da *liofilo*; 1957] **v. tr.** ● Sottoporre a liofilizzazione.

liofilizzàto [1967] **A part. pass.** di *liofilizzare*; anche **agg.** ● Nei sign. del v. **B s. m.** ● Prodotto sottoposto a liofilizzazione.

liofilizzatóre [1965] **s. m.** ● Apparecchio per essiccamento mediante liofilizzazione.

liofilizzazióne [1957] **s. f.** ● Essiccamento sotto vuoto, a temperature inferiori allo zero, di prodotti biologici, farmaceutici e alimentari, allo scopo di evitarne l'alterazione. **SIN.** Crioessiccazione.

liòfilo [comp. di *-lio-* e di *-filo*; 1952] **agg.** ● (*chim.*) Detto di colloide che ha molta tendenza ad assorbire acqua, o in generale il liquido disperdente.

liòfobo [comp. di *-lio-* e di *-fobo*; 1957] **agg.** ● (*chim.*) Detto di colloide che ha scarsa tendenza ad assorbire acqua, o in generale il liquido disperdente.

lionàto o **leonàto** [da *lione*, var. di *leone*; av. 1517] **agg.** ● Che ha il colore fulvo caratteristico del pelo del leone.

†**lióne** ● V. *leone* (*1*).

†**lionéssa** ● V. *leonessa*.

†**lionfànte** ● V. †*liofante*.

lionìstico [1966] **agg.** (**pl. m.** *-ci*) ● Relativo, appartenente all'associazione internazionale del Lions Club.

lipacidemia [comp. di *lip(o)-*, *acid(o)* e un deriv. del gr. *hâima* 'sangue'] **s. f.** ● (*med.*) Aumento del tasso di acidi grassi nel sangue.

lipàride [dall'agg. gr. *liparós* 'grasso', da *lípos* (s.), di origine indeur.; 1834] **s. f.** ***1*** (*zool.*) Limantria. ***2*** (*bot.*) Genere di piante delle Orchidacee con fiori molto piccoli.

liparite [comp. del n. dell'isola siciliana di *Lipari* e *-ite* (*2*); 1895] **s. f.** ● (*geol.*) Roccia effusiva di colore chiaro, costituita da quarzo, sanidino, biotite e minutissimi frammenti vetrosi.

lipàsi [comp. di *lip(o)-* e *-asi*; 1934] **s. f. inv.** ● (*chim.*) Enzima capace di scindere gli esteri degli acidi grassi superiori in glicerina e acidi grassi.

lipectomia [comp. di *lipo-* ed *-ectomia*] **s. f.** ● (*chir.*) Asportazione chirurgica di parti di tessuto adiposo allo scopo di diminuire l'obesità.

lipemania [vc. dotta, comp. del gr. *lýpē* 'dolore'

(prob. d'orig. indeur.) e *-mania*; 1834] **s. f.** ● (*psicol.*) Stato patologico caratterizzato da avvilimento, angoscia, depressione | Malinconia, tristezza, sconforto.

lipemìa [comp. di *lipo-* e di un deriv. del gr. *hâima* 'sangue'; 1909] **s. f.** ● (*med.*) Quantità di grassi contenuta nel sangue.

lipèmico **agg.** (pl. m. *-ci*) ● (*med.*) Di, relativo a, lipemia.

lipìde [comp. di *lip(o-)* e il suff. chim. *-ide*; 1942] **s. m.** ● (*biol.*, spec. *al pl.*) Gruppo di sostanze organiche naturali di origine animale e vegetale, costituite da esteri di acidi grassi superiori.

lipìdico [1957] **agg.** (pl. m. *-ci*) ● Di, relativo a, lipide.

lipidogràmma [vc. dotta, comp. di *lipid(e)* e *-gramma*] **s. m.** (pl. *-i*) ● (*med.*) Tracciato ottenuto mediante l'analisi densitometrica delle concentrazioni delle lipoproteine plasmatiche separate con processo di elettroforesi.

lipizzàno [dalla località di provenienza, *Lipizza*, in Slovenia, dallo slov. *lipa* 'tiglio' con suff. dim.; 1947] **agg.**; anche **s. m.** ● Detto di una prestigiosa razza di cavalli per tiro leggero e sella con mantello grigio o bianco, derivante da un incrocio di razze italiane e orientali.

lipo- [dal gr. *lipos* 'grasso', da una base indeur. **lip-*] primo elemento ● In parole scientifiche composte e in particolare della terminologia medica, significa 'grasso', 'tessuto adiposo' e sim.: *lipemia, liposarcoma, liposolubile.*

lipoaspirazióne [comp. di *lipo-* e *aspirazione*] **s. f.** ● (*chir.*) Liposuzione.

lipogràmma [comp. del gr. *léipein* 'mancare' e *grámma* 'lettera, scritto'; 1957] **s. m.** (pl. *-i*) ● Componimento letterario in cui per artificio retorico, si omettono intenzionalmente una determinata lettera o gruppo di lettere.

lipogrammàtico [da *lipogramma*, sul modello del fr. *lipogrammatique* e dell'ingl. *lipogrammatic*; 1825] **agg.** (pl. m. *-ci*) ● Relativo al lipogramma: *opera lipogrammatica.*

lipogrammatìsmo [da *lipogramma*, sul modello dell'ingl. *lipogrammatism*] **s. m.** ● Artificio retorico su cui si fonda un'opera lipogrammatica.

lipòide [comp. di *lipo-* e *-oide*; 1934] **s. m.** ● Sostanza simile ai lipidi.

lipòlisi [comp. di *lipo-* e *-lisi*; 1957] **s. f. inv.** ● (*fisiol.*) Processo di scissione enzimatica dei lipidi che consente la mobilizzazione e il consumo delle riserve grasse dell'organismo.

lipolìtico [1994] **agg.** (pl. m. *-ci*) ● (*chim.*) Che provoca lipolisi.

lipòma [comp. di *lipo-* e *-oma*; 1821] **s. m.** (pl. *-i*) ● (*med.*) Tumore benigno formato da tessuto adiposo.

lipomatòsi [comp. di *lipoma* e *-osi*; 1908] **s. f. inv.** ● (*med.*) Affezione caratterizzata dalla presenza di lipomi diffusi.

lipomatóso [1891] **A** **agg.** ● Che concerne la lipomatosi. **B** **agg.**; anche **s. m.** (f. *-a*) ● Che (o Chi) è affetto da lipomatosi.

lipomerìa [comp. del gr. *léipein* 'mancare' e di un deriv. di *méros* 'parte'] **s. f.** ● (*med.*) Mancanza di una parte del corpo.

lipoproteìna [comp. di *lipo-* e *proteina*; 1957] **s. f.** ● (*chim.*) Proteina coniugata il cui gruppo prostetico è costituito da molecole lipidiche.

liposarcòma [comp. di *lipo-* e *sarcoma*; 1957] **s. m.** (pl. *-i*) ● Tumore maligno del tessuto adiposo.

liposolùbile [comp. di *lipo-* e *solubile*; 1950] **agg.** ● Che può sciogliersi nei grassi: *sostanza l.*

liposòma [comp. di *lipo-* e *soma* (*2*); 1989] **s. m.** (pl. *-i*) **1** (*biol.*) Incluso lipidico endocellulare. **2** (*biol.*) Ognuna delle minute formazioni vescicolari che prendono origine quando molecole di fosfolipidi vengono poste in acqua.

liposuzióne [comp. di *lipo-* e *suzione*; 1986] **s. f.** ● (*chir.*) Intervento di chirurgia estetica che consente l'aspirazione del grasso superfluo localizzato e della cellulite, mediante l'inserimento sottocutaneo di apposite cannule collegate a un apparecchio aspiratore. **SIN.** Lipoaspirazione.

lipotimìa [comp. del gr. *léipein* 'mancare' e di un deriv. di *thymós* 'animo'; 1500] **s. f.** ● (*med.*) Perdita di coscienza di breve durata; svenimento.

lipotìmico **agg.** (pl. m. *-ci*) ● (*med.*) Di, affetto da lipotimia.

lipòtropo [comp. di *lipo-* e di un deriv. del gr. *trépein* 'far volgere (indietro)'; 1957] **s. m.** ● (*med.*) Sostanza capace di prevenire o far regredire l'accumulo abnorme di grassi nel fegato.

lìppa [vc. infant. (?); 1524] **s. f.** ● Gioco infantile consistente nel far saltare un corto pezzetto di legno affusolato battendolo su una estremità con una paletta, per poi ribatterlo al volo e gettarlo il più lontano possibile.

lippitùdine [vc. dotta, lat. *lippitūdine(m)*, da *lĭppus* 'lippo'; sec. XIV] **s. f.** ● (*med.*) Cispa.

†**lìppo** [vc. dotta, lat. *lĭppu(m)*, da una radice di orig. indeur.; av. 1374] **agg.**; anche **s. m.** ● Che (o Chi) ha corta vista | Cisposo.

lipsanotèca [comp. del gr. *léipsanon* 'reliquia' (propr. 'avanzo', dal v. *léipein* 'lasciare') e *thḗkē* 'custodia'; 1957] **s. f.** ● Teca preziosa per la conservazione di reliquie.

lipstick /*ingl.* 'lɪpˌstɪk/ o **lip-stick** [vc. ingl., propr. 'bastoncino (*stick*) per labbro (*lip*)'] **s. m. inv.** ● Rossetto per labbra.

lipùria o **lipurìa** [comp. di *lip(o)-* e *-uria*] **s. f.** ● (*med.*) Presenza di grassi nell'urina.

†**liquàbile** [vc. dotta, lat. tardo *liquābile(m)*, da *liquāre* †'liquare'; 1499] **agg.** ● Che si può liquefare.

†**liquabilità** [av. 1537] **s. f.** ● Proprietà di corpo solubile.

liquàme [vc. dotta, lat. *liquāmen*, da *liquāre* †'liquare'; 1562] **s. m.** **1** Liquido che scola da materie organiche in decomposizione. **2** Liquido putrido formato dalle acque di rifiuto, convogliato nella rete fognaria. **3** †Cosa liquida a uso di condimento.

†**liquàre** [vc. dotta, lat. *liquāre*, da *liquēre* 'esser liquido'; 1321] **A** **v. tr.** ● (*raro*) Liquefare. **B** **v. intr. pron.** **1** Struggersi, liquefarsi. **2** (*fig.*) Risolversi, manifestarsi: *Benigna volontade in che si liqua / sempre l'amor che drittamente spira* (DANTE *Par.* XV, 1-2).

liquazióne [vc. dotta, lat. tardo *liquatiōne(m)*, da *liquātus*, part. pass. di *liquāre* †'liquare'; 1834] **s. f.** ● (*metall.*) Fenomeno che avviene durante la solidificazione di una massa composta da leghe a diverso punto di fusione, per cui i componenti più fusibili tendono a concentrarsi verso il cuore della massa che solidifica per ultimo.

liquefacènte **part. pres.** di *liquefare*; anche **agg.** ● Nei sign. del v.

liquefacìbile [da *liquefare*] **agg.** ● Che può essere liquefatto: *gas l.*

liquefàre o †**liquefàcere** [per *liquefacere* con sostituzione di *fare* a *facere*; av. 1320] **A** **v. tr.** (pres. *io liquefàccio* o *liquefò*, raro *liquèfo*, *tu liquefài*, *egli liquefà*, raro *lìquefa*, *noi liquefacciàmo*, *voi liquefàte*, *essi liquefànno*, raro *liquèfano*; per le altre forme coniug. come *fare*) **1** Far passare un gas o un solido allo stato liquido: *l. l'ossigeno*; *il calore liquefà la neve* | Fondere: *l. i metalli.* **2** (*fig.*, *raro*) Dilapidare, scialacquare: *ha liquefatto in poco tempo ogni sua ricchezza.* **B** **v. intr. pron.** **1** Diventare liquido: *i ghiacci si liquefanno in primavera.* **SIN.** Fondersi, sciogliersi. **2** (*fig.*) Struggersi in sudore: *con quest'afa ci si liquefà.* **3** (*fig.*, *raro*) Ridursi a nulla: *il suo capitale si è liquefatto in un momento.*

liquefattìbile **agg.** ● Liquefacibile.

liquefàtto **part. pass.** di *liquefare*; anche **agg.** **1** Nei sign. del v.: *gas l.*; *burro l.* **2** †Ridotto in poltiglia.

liquefazióne [vc. dotta, lat. tardo *liquefactiō-ne(m)*, da *liquefăctus* 'liquefatto'; av. 1537] **s. f.** ● Il liquefare, il liquefarsi.

liquerìzia ● V. *liquirizia.*

liquescènte [vc. dotta, lat. *liquescĕnte(m)*, part. pres. di *liquēscere*, incoativo di *liquēre*, da *liquāre* †'liquare'; av. 1557] **agg.** ● Che tende a passare allo stato liquido.

liquescènza [1957] **s. f.** ● Condizione di ciò che è liquescente | Stato liquido di un corpo.

lìquida **s. f.** ● (*ellitt.*) Consonante liquida.

liquidàbile [1869] **agg.** ● Che si può liquidare.

liquidabilità [1970] **s. f.** ● (*raro*) Condizione di chi (o di ciò che) è liquidabile.

liquidàmbar o **liquidàmbra** [sp. *liquidambar*, comp. di *liquido* 'liquido' e *ámbar* 'ambra'] **s. m.** ● (*bot.*) Genere di alberi delle Amamelidacee originari dell'America e dell'Asia (*Liquidambar*); da alcune specie si ricava la resina detta storace o ambra liquida.

liquidàmbra ● V. *liquidambar.*

liquidàre [vc. dotta, lat. *liquidāre* 'rendere liquido', da *liquidus* 'liquido'; 1516] **v. tr.** (*io lìquido*) **1** †Rendere liquido. **2** Appurare un rapporto di tipo patrimoniale con calcoli e indagini accurate, riconoscendone la legittimità e stabilendone l'importo in denaro: *l. il credito, il conto, l'eredità* | ***L. la pensione a qlcu.***, renderne esecutiva la riscossione | ***L. un fallimento***, accertarne l'attivo e il passivo. **3** Pagare: *l. tutti i propri debiti.* **4** Vendere a basso prezzo: *l. tutti i fondi di magazzino, le rimanenze*; *aveva finito col dover l. la sua azienda in condizioni disastrose* (SVEVO). **5** (*fig.*) Risolvere definitivamente: *l. una questione, un'affare* | ***L. una società***, scioglierla | ***L. una persona***, sbarazzarsene; ucciderla | (*fig.*) Stroncare, criticare aspramente: *il suo ultimo romanzo è stato liquidato in poche righe* | Nel linguaggio sportivo, battere nettamente un avversario: *l'ha liquidato con un doppio 6-0.*

†**liquidàstro** **agg.** ● Che tende al liquido.

liquidatóre [1846] **agg.**; anche **s. m.** (f. *-trice*) ● (*dir.*) Che (o Chi) è incaricato di procedere a una liquidazione.

liquidatòrio [da *liquidare*; 1985] **agg.** **1** Relativo a una liquidazione: *procedura liquidatoria.* **2** (*fig.*) Che tende a criticare aspramente, a stroncare: *un commento dal tono l.* **SIN.** Stroncatorio.

liquidazióne [da *liquidare*; 1517] **s. f.** **1** Procedimento di definizione di un rapporto patrimoniale che ne stabilisce spec. l'importo in denaro: *la l. di una società, di un debito, di un patrimonio* | ***L. coatta amministrativa***, procedura amministrativa applicata in caso di insolvenze di banche, imprese di assicurazione e sim. **2** Pagamento: *l. della pensione, dell'indennità di licenziamento* | Indennità corrisposta dal datore di lavoro al lavoratore all'atto della fine di un rapporto di lavoro: *riscuotere la l.* **3** Vendita a basso prezzo di merci varie: *una l. di scarpe, tessuti, confezioni.* **4** (*banca*) Esecuzione del contratto di borsa a termine. **5** †Liquefazione. **6** (*chim.*) Processo idratante usato nella preparazione di saponi per favorire la omogeneizzazione.

liquidézza **s. f.** ● (*raro*) Liquidità.

†**liquidìre** [da *liquido*; 1562] **v. intr.** ● Diventare liquido | (*est.*) Struggersi, consumarsi.

liquidità [vc. dotta, lat. *liquiditāte(m)*, da *lĭquidus* 'liquido'; av. 1320] **s. f.** **1** Stato o condizione di ciò che è liquido. **2** Entità delle riserve monetarie disponibili per la spesa possedute, in un certo momento, da un soggetto economico. **3** Possibilità di far fronte prontamente agli impegni economici scadenti a breve termine | ***Indice di l.***, rapporto fra crediti e debiti a breve scadenza.

♦**lìquido** [vc. dotta, lat. *lĭquidu(m)*, da *liquēre* 'essere liquido', di orig. indeur.; av. 1333] **A** **agg.** **1** (*fis.*) Detto di stato della materia la cui massa possiede volume proprio ma assume la forma del recipiente che la contiene | (*lett.*) ***Elemento l.***, il mare | (*lett.*) ***Via liquida***, rotta marina | ***Stato l.***, condizione di un corpo liquido. **CFR.** lio-. **2** Fuso, disciolto, liquefatto: *pece, colla, lava liquida*; *metallo l.* | ***Dieta liquida***, a base di alimenti liquidi quali brodo, latte e sim. **3** (*fig.*) Detto di denaro in contanti e di credito o debito di importo e scadenza determinabili. **4** (*ling.*) Detto dei suoni consonantici *l* e *r*, probabilmente perché nella metrica classica quando erano in nesso con altre consonanti (per es. *pr*, *cl*), la sequenza così composta non determinava l'allungamento della vocale contigua della sillaba precedente, comportandosi di fatto le due consonanti come una consonante semplice, dunque come se i suoni *l* e *r* fossero liquidi, cioè non facessero ostacolo. **5** (*fig.*, *lett.*) Chiaro, puro, terso: *voce, pupilla liquida*; *un l. fonte / che mormorando cade giù dal monte* (ARIOSTO). || **liquidaménte**, **avv.** **1** (*lett.*) In maniera liquida. **2** Chiaramente; facilmente. **B** **s. m.** **1** (*fis.*) Corpo che, in condizioni ordinarie di temperatura e di pressione, si trova allo stato liquido. **2** Fluido di viscosità e composizione diversa, con funzioni fisiologiche o destinato a usi tecnici, farmaceutici e sim. | (*anat.*) ***L. organico***, soluzione acquosa di origine biologica quale plasma, urina, liquor ed essudato | (*anat.*) ***L. cefalorachidiano***, presente nei ventricoli cerebrali e negli spazi meningei | (*anat.*) ***L. amniotico***, contenuto nell'interno dell'amnio | ***L. di governo***, quello di mantenimento in cui sono immersi gli alimenti destinati a essere conservati per un periodo più o meno lungo. **3** (*ellitt.*) Denaro contante. || **liquidétto**, **dim.**

liquigàs® [marchio registrato; 1941] **s. m.** ● Miscela di propano e butano, usata in bombole come combustibile domestico.

liquirizia o **liquerizia** o **liquorizia** [vc. dotta, lat. tardo *liquiritia(m)*, deformazione pop. del gr. *glykýrriza* 'radice (*ríza*) dolce (*glykýs*)'; sec. XIV] **s. f.** *1* Pianta erbacea o suffruticosa delle Papilionacee con rami flessibili e pubescenti, fiori azzurrognoli, foglie paripennate con foglioline ellittiche (*Glycyrrhiza glabra*). SIN. Glicirriza. ➡ ILL. **piante**/6. *2* Droga vegetale estratta dalle radici di tale pianta, usata come emmenagogo, emolliente, espettorante, diuretico. *3* La radice di tale pianta. *4* Caramella o pasticca a base di liquirizia.

liquor [vc. lat., propr. 'fluidità' (dal v. *liquāre* 'filtrare' e 'rendere liquido'); 1931] **s. m. inv.** (pl. lat. *liquores*) ● (*anat.*) Liquido cefalorachidiano.

liquoràle [da *liquor*] **agg.** ● (*biol.*) Riferito al liquor contenuto nelle cavità del nevrasse.

liquóre o (*poet.*) **licóre** [vc. dotta, lat. *liquōre(m)* 'liquido', da *liquēre* 'essere liquido'; 1319] **s. m.** *1* Bevanda alcolica dolcificata e aromatizzata con essenze vegetali. *2* (*lett.*) Sostanza liquida come l'acqua: *quel salutar licore aspro e indigesto* (PARINI) | ***Il dolce l. di Bacco***, il vino. *3* Soluzione medicamentosa da somministrarsi a gocce. || **liquorino**, **dim.** (V.).

liquorerìa [1901] **s. f.** *1* Negozio dove si vendono liquori. *2* Industria e tecnica della preparazione dei liquori | Fabbrica di liquori | Assortimento di liquori.

liquorièro [1963] **agg.** ● Dei, relativo ai, liquori: *produzione liquoriera*.

liquorino **s. m.** ● (*fam.*) Bicchierino di liquore.

liquorista [1869] **s. m. e f.** (pl. m. *-i*) ● Chi fabbrica o vende liquori.

liquoristico [1950] **agg.** (pl. m. *-ci*) ● Relativo ai liquori.

liquorizia ● V. *liquirizia*.

liquoróso [da *liquore*; 1789] **agg.** ● Simile al liquore, per alcolicità, dolcezza, aroma e sim.: *vino l.*

♦**lira** (*1*) [lat. *lĭbra(m)*, di orig. preindeur., attraverso un sett. **lí(v)ira*; sec. XIII] **s. f.** *1* Unità monetaria italiana: *la l. si rafforza sul dollaro, sul marco*; *mille, centomila lire*; *svalutazione della l.* | Unità monetaria circolante in vari Paesi, in particolare in Egitto, Libano, Turchia. SIMB. L | ***L. verde***, valore convenzionale della moneta italiana che, prima dell'introduzione dell'euro, determinava i prezzi dei prodotti agricoli nell'ambito dell'Unione europea | ***L. sterlina***, sterlina circolante nel Regno Unito. *2* (*est.*) Denaro | ***Non avere una l.***, essere senza denaro, essere al verde, in bolletta | ***Non valere una l.***, non valere nulla. *3* (*numism.*) Moneta, introdotta da Carlo Magno, pari a 20 soldi o 240 denari | Moneta italiana d'argento, circolante dalla fine del XV sec. in poi, di valore diverso secondo gli Stati. *4* Libra. || **lirétta**, **dim.** (V.) | **liróne**, **accr. m.** (V.).

♦**lira** (*2*) [vc. dotta, lat. *lўra(m)*, dal gr. *lýra*, termine tecnico, di orig. mediterr.; 1321] **A** **s. f.** (*Lira* nel sign. 3) *1* Antico strumento musicale a corde in numero che nel tempo è variato da quattro a diciotto, fissate sul guscio a un ponticello | Denominazione degli strumenti a corda a giogo | ***L. tedesca***, ghironda. ➡ ILL. **musica**. *2* (*lett.*) Poesia lirica: *l. greca* | (*lett.*) Attività poetica. *3* (*astron.*) Costellazione nell'emisfero boreale. *4* (*zool.*) Uccello lira. *5* Motivo ornamentale diffuso nei mobili neoclassici, la cui forma ricorda lo strumento antico. *6* Strumento per sminuzzare la cagliata nella preparazione del formaggio. **B** in funzione di **agg. inv.** ● (posposto al s.) Nella loc. ***uccello l.***, V. *uccello*. || **liróne**, **accr. m.** (V.).

†**lira** (*3*) [vc. dotta, lat. *līra(m)*, di orig. indeur.; av. 1348] **s. f.** ● Solco, confine, limite.

liràto [da *lira* (*2*); 1813] **agg.** ● (*raro*) Che ha forma di lira, nel sign. di *lira* (*2*).

liràzza [vc. veneta, spreg. di *lira* (*1*)] **s. f.** ● Moneta d'argento veneziana del XVI secolo.

lirétta **s. f.** *1* Dim. di *lira* (*1*). *2* Antica moneta veneta.

lirica [vc. dotta, lat. *lўrica(m)*, dal gr. *lyrikós* 'appartenente alla lira (*lýra*)'; av. 1375] **s. f.** *1* (*letter.*) Nell'età classica, forma di poesia cantata con accompagnamento musicale | Nell'età moderna, forma di poesia ove prevale l'espressione di temi soggettivi, come stati d'animo ed esperienze interiori. *2* (*est.*) Ogni singolo componimento di tale genere poetico: *una l. di Saffo, del Leopardi*. *3* La poesia lirica di un autore, di un'epoca e sim., considerata nel suo complesso: *la l. romantica*. *4* (*mus.*) Il genere musicale del melodramma, dell'opera lirica: *un patito della l.*; *la l. di Verdi* | Lied, romanza: *una l. di Schubert*.

liricità [av. 1915] **s. f.** ● Lirismo.

liricizzàre [comp. di *lirico* e *-izzare*; 1912] **v. tr.** ● Conferire un carattere, un'intonazione lirica a un discorso e sim.: *l. un racconto*.

lìrico [vc. dotta, lat. *lўricu(m)*, dal gr. *lyrikós*, da *lýra* 'lira (2)'; av. 1375] **A** **agg.** (pl. m. *-ci*) *1* In età classica, detto di poesia da cantarsi al suono della lira: *componimento l.* | In età moderna, detto di poesia che esprime emozioni e sentimenti soggettivi: *poesia lirica* | ***Genere l.***, lirica. *2* Detto di chi compone liriche: *poeta l.* *3* (*est.*) Di ciò che ricorda il carattere della poesia lirica, per ricchezza di ispirazione e di sentimento: *slancio, impeto l.*; *prosa lirica*. *4* (*mus.*) ***Opera lirica***, melodramma per voci e strumenti dall'Ottocento in poi | ***Cantante l.***, di opere liriche | ***Teatro l.***, adibito alla rappresentazione di opere liriche. || **liricaménte**, **avv.** In forma lirica. **B** **s. m.** (f. *-a*) ● Poeta lirico.

lìrio [vc. dotta, lat. tardo *līrion* (nt.), dal gr. *léirion*, termine deriv. da una lingua mediterr. orient.; 1953] **s. m.** ● (*bot.*) Giglio bianco.

liriodèndro [comp. del gr. *léirion* 'giglio' e *-dendro*; 1821] **s. m.** ● Grande albero delle Magnoliacee, americano, utilizzato per il legno giallo e leggero, ornamentale per le grandi foglie lobate cartilaginose ed i fiori simili a tulipani (*Liriodendron tulipifera*). SIN. Tulipifera.

liriope [dal n. propr. lat., di orig. gr., *Liríope*, di una ninfa dall'aspetto (gr. *óps*, genit. *opós*) di giglio (gr. *léirion*); 1834] **s. f.** *1* Medusa marina degli Idrozoi con l'ombrello dal margine intero (*Liriope*). *2* Pianta delle Liliacee i cui grossi tuberi aromatici vengono usati in medicina (*Liriope spicata*).

lirìsmo [fr. *lyrisme* (per *lyricisme*), da (*poésie*) *lyrique* '(poesia) lirica'; 1853] **s. m.** *1* Caratteristica del poeta lirico e della poesia lirica. *2* (*est.*) Tono ispirato, lirico: *descrivere qlco. con l.*

lirista [vc. dotta, lat. *lyrīste(n)*, dal gr. *lyristés* 'suonatore di lira (*lýra*)'; av. 1642] **s. m. e f.** (pl. m. *-i*) ● Suonatore di lira.

†**liròldo** [da *lira* (*2*) col suff. spreg. *-aldo* in veste sett. (*-oldo*); 1605] **s. m.** ● Musico girovago suonatore di lira.

liróne (*1*) **s. m.** *1* Accr. di *lira* (*1*). *2* Lirazza.

liróne (*2*) **s. m.** *1* Accr. di *lira* (*2*). *2* Strumento ad arco di registro grave con gran numero di corde, inventato nel XVI sec.

lirùro [propr. 'dalla coda (gr. *ourá*) a forma di *lira* (gr. *lýra*)'; 1967] **s. m.** ● Uccello dei Galliformi, i cui maschi hanno coda a lira e una caruncola rossa e sfrangiata sopra gli occhi (*Lyrurus tetrix*).

lisàre [1962] **v. tr.** ● (*biol.*) Sottoporre a lisi, provocare la lisi: *l. un tessuto cellulare*.

lisàto [da *lisi*; 1561] **A** **part. pass.** di *lisare*; anche **agg.** *1* Nel sign. del v. *2* (*biol.*) Detto di sospensione contenente il citoplasma, gli organelli subcellulari e altri componenti, come membrane, di cellule sottoposte a lisi. **B** **s. m.** ● (*biol.*) Materiale prodotto in seguito alla lisi di un tessuto o di altro materiale biologico causata da agenti chimici, fisici o biologici.

lisbonése [adattamento del port. *lisbonense*] **A** **agg.** ● Di Lisbona. **B** **s. m. e f.** ● Abitante, nativo di Lisbona.

lisca (*1*) [lat. tardo *līsca(m)*, di etim. incerta; av. 1320] **s. f.** ● Materia legnosa che cade in forma di schegge dal lino e dalla canapa durante la gramolatura.

lisca (*2*) [lat. *arīsta(m)* '(a)resta' con sovrapposizione d'altra vc.; av. 1492] **s. f.** *1* Colonna vertebrale e qualunque spina dei pesci. *2* (*tosc., fam.*) Quantità piccolissima di qlco.: *una l. di pane* | ***Non sapere una l.***, non sapere niente. *3* (*raro, tosc.*) Coltello da tasca di notevoli dimensioni. *4* (*pop.*) Difetto di pronuncia relativo alla consonante *s*: *parlare con la l.* || PROV. Ogni pesce ha le sue lische. || **lischétta**, **dim.** | **lischettina**, **dim.** | **lischina**, **dim.**

†**liscénte** [sec. XIV] **agg.** ● Liscio.

liscézza [da *liscio*; sec. XV] **s. f.** *1* Caratteristica di ciò che è liscio: *l. del velluto*. SIN. Levigatezza. *2* (*fig., lett.*) Scorrevolezza, fluidità: *la l. di un verso*.

liscia [da *lisciare*; sec. XV] **s. f.** (pl. *-sce*) *1* Utensile usato un tempo per lisciare il cuoio. *2* (*cart.*) ***L. di macchina***, speciale tipo di calandra per lisciare il foglio di carta.

lisciaménto [1304] **s. m.** *1* Il lisciare, il lisciarsi. *2* (*fig.*) Lode falsa ed esagerata. SIN. Adulazione, piaggeria. *3* †Belletto.

†**lisciàrdo** **s. m.**; anche **agg.** (f. *-a*) ● Persona che si liscia. SIN. Vanitoso.

lisciàre [etim. incerta; av. 1311] **A** **v. tr.** (*io lìscio*; fut. *io liscerò*) *1* Rendere liscio, liberando da scabrosità: *l. il marmo, una tavola di legno*. SIN. Levigare. *2* (*est.*) Sfregare, strofinare leggermente | ***Lisciarsi la barba, i capelli***, ravviarsi, pettinarsi. *3* (*est.*) Accarezzare: *l. il pelo al gatto* | (*fig.*) ***L. lo stile***, curarlo in modo eccessivo e lezioso | ***L. il pallone***, nel calcio, colpirlo di striscio, mancando il tiro. *4* (*fig.*) Adulare, lusingare: *l. una persona importante* | ***L. il pelo a qlcu.***, cercarne il favore; (*antifr.*) picchiarlo. *5* (*assol.*) Nel gioco del tressette, strisciare sul tavolo una carta di poco valore, affinché il compagno ne giochi una analoga | Nel gioco del bridge, non prendere pur avendone la possibilità. **B** **v. rifl.** ● Curarsi eccessivamente nella persona, vestendosi elegantemente o imbellettandosi.

lisciàta [f. sost. del part. pass. di *lisciare*; av. 1566] **s. f.** *1* (*raro*) Lisciamento | Il lisciare o il lisciarsi rapidamente e una sola volta: *dare, darsi una l. all'abito*. *2* (*fig.*) Lusinga, adulazione. *3* Nel tressette, giocata di una carta bassa, strisciata sul tavolo. || **lisciatina**, **dim.**

lisciàto [av. 1342] **part. pass.** di *lisciare*; anche **agg.** *1* Levigato. *2* (*fig.*) Curato eccessivamente: *passeggiava per il corso tutto l.*; *stile l.*

lisciatóio [1803] **s. m.** ● Strumento che serve per lisciare | Oggetto preistorico in pietra, che serviva per levigare i manufatti.

lisciatóre [1834] **s. m.** (f. *-trice*) ● Nell'industria della lana, della concia e della carta, operaio addetto alla lisciatura.

lisciatrice [da *lisciare*, sottintendendo 'macchina'; 1933] **s. f.** ● Macchina che esegue la lisciatura.

lisciatùra [1659] **s. f.** *1* Operazione del lisciare | (*fig., raro*) Adulazione. *2* (*raro*) Ornamento, ricercatezza eccessiva nella cura della propria persona. *3* (*tecnol.*) Finitura della superficie di un pezzo ottenuta mediante il moto rotativo e alternativo di pietre abrasive spinte da molle contro il pezzo stesso. SIN. Honing, levigatura. *4* (*tess.*) Operazione di lavaggio ed essiccazione dei nastri di lana pettinata.

♦**lìscio** [da *lisci(at)o*; av. 1320] **A** **agg.** (pl. f. *-sce*) *1* Privo di ruvidezze e scabrosità alla superficie: *pietra liscia*; *l. come la seta* | ***Pelle liscia***, senza rughe | ***Capelli lisci***, non crespi | ***Fucile a canna liscia***, senza rigatura. CFR. lisso-. CONTR. Ruvido. *2* (*fig.*) Che non presenta difficoltà od ostacoli: *l'affare non è l.*; *tutto è andato, è filato l.*; *le cose non sono andate del tutto lisce* | (*fig.*) ***L. come l'olio***, di cose che si svolgono nel modo più tranquillo e regolare possibile | ***Passarla liscia***, evitare castighi, punizioni, difficoltà e sim. | ***Andare per le lisce***, per le spicce. *3* Detto di bevanda alcolica servita senza aggiunta di seltz o di ghiaccio: *whisky l.* | ***Caffè l.***, privo di ogni aggiunta di alcol o di latte | (*est.*) Detto di acqua minerale non gasata. *4* (*pop.*) Detto di ballabile non sincopato (quale il valzer, il tango, la polka) che si esegue senza alzare troppo i piedi da terra. *5* (*anat.*) Privo di rugosità o di striature | ***Muscolo l.***, V. *muscolo*. || **lisciaménte**, **avv.** In modo semplice e piano. **B** **s. m.** *1* †Belletto, cosmetico | (*raro, est.*) Cura eccessiva della propria persona. *2* ***Fare un l.***, nel calcio, sfiorare il pallone sbagliando il tiro. *3* Ballo liscio: *una serata di l.*; *festival del l.*

†**lisciùme** [1869] **s. m.** ● Esagerata affettazione.

†**lisciùra** **s. f.** ● Liscezza.

liscìvia o (*pop.*) **lisciva** [lat. tardo *lixīvia(m)*, da *līxa*, sottinteso *āqua*, 'acqua per colorare la lisciva', di etim. incerta; sec. XIV] **s. f.** ● Soluzione a media concentrazione di idrati e carbonati alcalini, usata per lavare, imbiancare tessuti.

lisciviàle [sec. XVII] **agg.** ● Della, relativo alla, lisciva.

lisciviàre [da *liscivia*; 1803] **v. tr.** (*io liscìvio*) *1* Lavare, imbiancare con la liscivia. *2* Separare una sostanza da altre, sfruttando la differenza di solubilità, mediante immersione in opportuni solventi o soluzioni.

lisciviatóre [1931] **s. m.** *1* Apparecchio in cui si

effettua la lisciviazione. *2* (f. *-trice*) Operaio che fabbrica liscivia o esegue operazioni di lisciviatura.

lisciviatrice [1943] s. f. ● Impianto usato un tempo per fare il bucato.

lisciviatùra [1957] s. f. *1* Trattamento di purificazione e decolorazione delle fibre cellulosiche per la fabbricazione della carta. *2* Lavatura del cotone con liscivia.

lisciviazióne [1795] s. f. *1* Operazione del lisciviare. *2* (*geol.*) Migrazione di elementi solubili del terreno (sostanze organiche, minerali) dagli strati superiori a quelli inferiori del suolo per azione delle acque meteoriche.

liscivióso [da *liscivia*; av. 1698] agg. ● Che ha caratteristiche di liscivia.

liscóso [da *lisca* (*2*); 1630] agg. *1* Pieno di lische: *pesce l.* *2* (*raro*) Detto di persona molto magra.

lisèrgico [comp. di (*idro*)*lisi*, mediante la quale si ottiene, e *èrgo*(*t*)-, la 'segala cornuta' degli alcaloidi impiegati, col suff. di agg. chim. *-ico*; 1957] agg. (pl. m. *-ci*) ● (*chim.*) Detto di acido aromatico, monocarbossilico, costituente degli alcaloidi della segale cornuta dai quali si ottiene per idrolisi: *l'LSD è un derivato di sintesi dell'acido l.*

liseuse /fr. li'zøːz/ [vc. fr., propr. 'lettrice', da *lire* 'leggere', perché usata da signora *che legge* a letto; 1931] s. f. inv. *1* Piccola giacca o mantellina femminile da letto, spesso lavorata a maglia, che copre spec. le spalle e le braccia. *2* Tavolino settecentesco francese per libri, spesso di tipo girevole.

lìsi [gr. *lýsis*, da *lýein* 'sciogliere', di etim. incerta; 1828] s. f. inv. *1* (*chim.*) Scissione, spec. enzimatica, di una sostanza. *2* (*biol.*) Processo di distruzione di un batterio, di un qualsiasi tipo cellulare o di un tessuto, causato da agenti di varia natura: *l. batterica* | Morte della cellula a causa della rottura della membrana cellulare. *3* (*med.*) Risoluzione lenta, graduale, di una malattia o dei sintomi.

-lìsi /lizi, 'lizi/ [dal gr. *lýsis* 'lisi' (V.)] secondo elemento ● In parole composte della terminologia scientifica, significa 'soluzione', 'scomposizione', 'separazione' o 'distruzione': *analisi, dialisi, elettrolisi, idrolisi, paralisi, pericardiolisi.*

lisièra [fr. *lisière*, che risale al lat. *līciu*(*m*) 'filo torto a guisa di spago, per alzare e abbassare le fila dell'ordito nel tessere le tele' (V. *liccio*)] s. f. ● (*tess.*) Cimosa.

lisifobìa [comp. del gr. *lýsis* 'scioglimento, dissoluzione' (V. *lisi*) e *-fobia*] s. f. ● (*psicol.*) Timore di lasciare questioni in sospeso.

lisimàchia [vc. dotta, lat. *lysimăchia*(*m*), dal gr. *lysimachía*, dal n. del suo leggendario scopritore, *Lysímachos* 'scioglitore (da *lýsis* 'lisi') di battaglia (*máchē*)', re di Tracia; sec. XIV] s. f. ● (*bot.*) Nummolaria.

lisìna [comp. di *lis*(*o*)- e *-ina*; 1929] s. f. ● (*chim.*) Amminoacido basico presente soprattutto nelle proteine animali: è considerato essenziale nell'alimentazione dell'uomo e di numerosi animali.

♦**lìso** [lat. *elīsu*(*m*), part. pass. di *elīdere* 'rompere'; av. 1735] agg. ● Consumato, logoro dall'uso, detto spec. di tessuti, abiti, biancheria: *cappotto, asciugamano l.* SIN. Consunto, frusto.

lìso- [dal gr. *lýsis* 'soluzione, scioglimento'. V. *lisi*] primo elemento ● In parole composte della terminologia scientifica, significa 'soluzione, scioglimento': *lisina, lisocitina.*

lisocitìna [comp. di *liso-*, del gr. *kýtos* 'cavità' (ma nella terminologia scient. 'cellula') e *-ina*; 1933] s. f. ● Tossina emolitica.

lisofòrmio [comp. di *liso*(*lo*) e un deriv. di *formolo*, l'acido che entra in composizione; 1911] s. m. ● Soluzione di sapone di potassio in cui si fa gorgogliare aldeide formica, usato come antisettico, disinfettante e deodorante.

lisogenìa [comp. di *liso-* e *-genia*] s. f. ● (*biol.*) Integrazione di un virus temperato allo stato di profago in un batterio, con acquisizione, da parte di quest'ultimo, della proprietà ereditabile di poter essere lisato, quando si creino condizioni opportune per la lisi.

lisògeno [comp. di *liso-* e *-geno*; 1957] agg. ● (*biol.*) Detto di un ceppo batterico che ha acquistato la proprietà ereditabile della lisogenia.

lisòlo [ingl. *lysol*, comp. del gr. *lýsis* 'lisi' e del suff. *-ol*, dal lat. *ŏl*(*eum*) 'olio'; 1957] s. m. ● Liquido sciropposo bruno, velenoso, ottenuto per saponificazione dei gliceridi dell'olio di lino, usato come disinfettante.

lisosòma [comp. di *liso-* e *-soma*] s. m. (pl. *-i*) ● (*biol.*) Piccolo organo subcellulare contenente enzimi idrolitici che intervengono nella digestione di materiali sintetizzati dalla cellula stessa o incorporati dall'ambiente extracellulare e quindi eliminati.

lisozìma [ingl. *lysozym*, comp. di *lyso*(*l*) 'lisolo' e della seconda parte di (*en*)*zym* '(en)zima'; 1948] s. m. (pl. *-i*) ● Enzima batteriolitico presente nei tessuti animali, dotato di attività antibatterica, analgesica, e sim.

Lisp /ingl. lɪsp/ [sigla ingl. di *Lis*(*t*) *P*(*rocessing*) 'elaboratore a liste'; 1995] s. m. inv. ● (*elab.*) Linguaggio per la programmazione dei calcolatori elettronici, adatto alla gestione simbolica di dati astratti.

lìssa (*1*) [vc. dotta, gr. *lýssa* 'rabbia, furore', di etim. incerta] s. f. ● (*med.*) Idrofobia.

lìssa (*2*) [var. dial. di *liscia*, da *lisciare*] s. f. ● Nell'industria calzaturiera, macchina per lucidare cuoi e pellami.

lissencèfalo [comp. di *liss*(*o*)- ed *encefalo*] agg.; anche s. m. ● (*zool.*) Detto dei Vertebrati che possiedono emisferi cerebrali a superficie liscia.

lìsso [vc. dotta, gr. *lissós*, da *lis* 'liscio', di etim. incerta; 1965] s. m. ● Piccolo coleottero dal corpo allungato e cilindrico che danneggia numerose piante coltivate (*Lissus paralepticus*).

lìsso- [dal gr. *lissós* 'liscio', di etim. incerta] primo elemento ● In parole composte della terminologia scientifica, significa 'liscio': *lissencefalo, lissotrico.*

lissofobìa [vc. dotta, comp. di *lissa* (*1*) e *-fobia*; 1908] s. f. ● (*psicol.*) Timore morboso di contrarre la rabbia.

lissòtrico [comp. di *lisso-* e *-trico*] agg. (pl. m. *-chi*) ● Detto dei capelli diritti e piuttosto grossi, a sezione circolare, caratteristici delle razze mongoloidi. CFR. Cimotrico, ulotrico.

♦**lista** [germ. *lîsta* 'striscia, frangia'; 1312] s. f. *1* Striscia lunga e stretta di carta, stoffa o anche di materiale rigido o pieghevole: *una l. di carta, di pelle* | (*est.*) Riga, linea tracciata con qlco. e di colore contrastante con lo sfondo: *un disegno a liste bianche.* *2* Foglio di carta in cui si elencano cose o persone: *fare la l. della spesa, degli invitati* | (*est.*) Elenco: *l. di leva, di collocamento* | ***Mettere in l.***, inserire fra altri il nome di qlcu. | ***Segnare nella l. nera***, (*fig.*) segnare il nome di qlcu. fra quelli delle persone sospette o da evitare | ***L. delle vivande***, (*per anton.*) **lista**, carta, menu | ***L.*** (***di***) ***nozze***, elenco di regali graditi che i futuri sposi lasciano in un negozio, spec. per evitare doppioni | ***L. elettorale***, elenco degli elettori, compilato dagli organi di ciascun comune e sottoposto a revisione annuale; elenco dei candidati che ciascun partito presenta alle elezioni | ***Rappresentante di l.***, delegato del partito a tutelarne gli interessi al seggio elettorale | ***Rimborso a pie' di l.***, rimborso di spese documentate | ***L. d'attesa***, elenco di persone che attendono di essere imbarcate, ricevute, visitate ecc. *3* (*disus.*) Conto: *la l. della sarta*; *pagare la l.* *4* (*elab.*) Listato. *5* †Fila, schiera | (*est.*) †Partito. *6* †Ciocca di capelli che scende sul petto. *7* (*raro, fig.*) †Durata: *non fia lunga la l. / dello amor vostro* (BOIARDO). || **listàccia**, pegg. | **listarèlla**, **listerèlla**, dim. | **listèlla**, dim. | **listèllo**, dim. m. (V.) | **listerellina**, dim. | **listétta**, dim. | **listina**, dim. | **listino**, dim. m. (V.) | **listóna**, accr. | **listóne**, accr. m. (V.) | **listùccia**, dim.

listàre [da *lista*; 1321] **A** v. tr. *1* Fregiare, ornare con una o più liste: *l. qlco. di rosso, di giallo*; *l. dei biglietti da visita a lutto* | Rinforzare con una o più liste. *2* (*assol.*) †Registrare, porre in una lista. *3* (*elab.*) Eseguire un listato. **B** v. intr. pron. ● †Essere segnato, attraversato da una lista.

listàto [sec. XIV] **A** part. pass. di *listare*; anche agg. ● Nei sign. del v. | ***Carta listata a lutto***, carta da lettere con una striscia nera intorno, in segno di lutto | (*est.*) Rigato: *muro l. di rosso.* **B** s. m. ● (*elab.*) Elenco di dati stampati in sequenza da un elaboratore.

listatùra s. f. ● Operazione e modalità del listare.

listellàre agg. ● Costituito da listelli | ***Pannello l.***, quello che si ottiene incollando una serie di listelli paralleli su una base di legno o di compensato.

listèllo [1570] s. m. *1* Dim. di *lista.* *2* Sottile striscia, spec. di legno, usata in funzione ornamentale, di rinforzo e sim. *3* Modanatura a sezione rettangolare che separa due membrature architettoniche. *4* Piccola trave di legno su cui poggiano le tegole del tetto.

listèria [dal n. del chirurgo ingl. J. *Lister* (1827-1912)] s. f. ● (*biol.*) Genere di batteri comprendente specie bacillari gram-positive, mobili, aerobie, che non producono spore e che crescono abitualmente sui comuni terreni di coltura; agente causale di listeriosi (*Listeria monocytogenes*).

listeriòsi [comp. di *listeri*(*a*) e del suff. *-osi*] s. f. inv. ● (*med.*) Malattia infettiva causata dal batterio *Listeria monocytogenes*, causa di setticemia, meningoencefalite e aborto, trasmessa gener. attraverso cibi contaminati (latticini).

listìno [1859] s. m. *1* Dim. di *lista* nel sign. 2. *2* Nota, elenco | ***L. di borsa***, documento ufficiale che riporta le quotazioni dei titoli e dei cambi | ***L. dei cambi***, documento che riporta i corsi ufficiali o liberi delle valute estere | ***L. dei prezzi***, documento che riporta i prezzi delle merci vendute da una impresa.

listóne o (*dial.*) **listòn** nel sign. 4 [1743] s. m. *1* Accr. di *lista.* *2* Ciascuna delle lunghe tavole di legno massello grezzo o prefinito impiegate per la composizione di parquet: *l. da incollaggio, a incastro.* *3* (*st.*) Lista nazionale presentata dai fascisti alle elezioni politiche del 1924, comprendente anche candidati liberali e democratici. *4* A Venezia, ampia pavimentazione lastricata di marmo lungo la quale si svolge il passeggio in Piazza S. Marco | (*est.*) Tipico marciapiede a lastroni adibito tradizionalmente a luogo di ritrovo e di pubblico passeggio in varie città del Veneto e di regioni limitrofe | La strada o la piazza stessa. *5* (*mar.*) Solida fascia di legno, sagomata e dipinta esternamente, che si incastra sulle estremità superiori delle coste della nave per rinforzo e ornamento. || **listoncino**, dim.

lìstrico [vc. dotta, comp. del gr. *lístron* 'raschiatoio' e del suff. *-ico*; 1975] agg. (pl. m. *-ci*) ● (*geol.*) Detto di elemento tettonico staccato dalla falda di ricoprimento e avanzato per sovrascorrimento.

†**lita** ● V. *lite.*

-lita ● V. *-lito* (*1*) e *-lito* (*2*).

litanìa o (*lett.*) †**letània**, (*pop.*) †**letania** [vc. dotta, lat. *litanīa*(*m*), dal gr. *litanéia*, deriv. di *litanéuein* 'pregare, supplicare', ampliamento di *líssesthai*, di etim. incerta; sec. XIII] s. f. *1* Nella liturgia cattolica, preghiera di supplicazione formata da una serie di invocazioni a Dio, alla Vergine, ai Santi cui corrisponde la richiesta *Ora pro nobis* | Processione con accompagnamento di litanie | Canto e musica che accompagna tale preghiera. *2* (*est., fig.*) Serie lunga e noiosa: *una l. di nomi, di titoli.* SIN. Filastrocca, sequela.

litanïàre [av. 1854] v. intr. (*io litànio*; aus. *avere*) ● (*lett.*) Recitare, cantare litanie.

litànico [av. 1956] agg. (pl. m. *-ci*) ● Di, relativo a, litania.

litantràce [comp. del gr. *líthos* 'pietra' e *ánthrax*, genit. *ánthrakos* 'antrace'; 1563] s. m. ● Carbone fossile compatto, di colore bruno nerastro, facilissimo a bruciare.

†**litàre** [vc. dotta, lat. *litāre* 'placare gli dei con sacrifici'; 1321] v. intr. ● Sacrificare.

†**litargìa** ● V. *letargia.*

litargìrio [vc. dotta, lat. *lithărgyru*(*m*), dal gr. *lithárgyros*, comp. di *líthos* 'pietra', di etim. incerta, e *árgyros* 'argento', di orig. indeur.; av. 1313] s. m. ● (*chim.*) Ossido di piombo, giallo o rossastro, usato nell'arte ceramica e in farmacia.

lìtchi /'litʃi/ [cinese *li-chi*, vc. giunta prob. attrav. l'ingl.; 1721] s. m. inv. ● Pianta legnosa delle Sapindacee coltivata in Oriente i cui frutti commestibili sono conosciuti anche in Europa (*Litchi chinensis*). SIN. Nefelio | Il frutto commestibile di tale pianta, piccolo, tondeggiante, di colore rosso, con polpa bianca, dolce e aromatica. SIN. Prugna cinese.

lìte o †**lita** [vc. dotta, lat. *līte*(*m*), di etim. incerta; av. 1294] s. f. *1* (*dir.*) Causa civile: *muovere, intentare l.* | ***L. pendente***, processo in via di svolgimento | ***Vincere la causa e perdere la l.***, non risolvere nulla. *2* Violento contrasto con ingiurie e offese (*anche fig.*): *placare, aizzare la l.*; *della scultura non vi prometto voler parlarne, atteso che s'appiccherebbe una l.* (VASARI). SIN. Alterco, contesa, litigio.

-lite ● V. *-lito* (*1*).

litiaṣi [gr. *lithíasis*, da *líthos* 'pietra', di etim. incerta, col suff. di stato o condizione *-asis*; 1494] **s. f. inv.** ● (*med.*) Calcolosi.

litiàṣico **agg.** (pl. m. *-ci*) ● (*med.*) Della, relativo alla, litiasi.

liticàre e *deriv.* ● V. *litigare* e *deriv.*

litico (**1**) [da *litio*] **agg.** (pl. m. *-ci*) ● Del, relativo al litio.

litico (**2**) [gr. *lytikós*, da *lytós* 'solubile', dal v. *lýein* 'sciogliere'] **agg.** (pl. m. *-ci*) ● (*chim.*) Che produce lisi.

litico (**3**) [gr. *lithikós* 'relativo alla pietra (*líthos*)'; 1869] **agg.** (pl. m. *-ci*) ● Di pietra | ***Armi litiche***, di popoli preistorici o di natura.

-litico (**1**) [cfr. *litico* (*3*)] secondo elemento ● In parole composte, fa riferimento ai periodi dell'età della pietra determinati dal primo elemento: *eneolitico, neolitico, paleolitico*.

-litico (**2**) secondo elemento ● Forma aggettivi scientifici composti corrispondenti ai sostantivi in *-lisi* da cui derivano.

litigànte o (*tosc.*) **leticànte**, (*raro*) **liticànte** [sec. XIV] **A** part. pres. di *litigare*; anche agg. ● Nei sign. del v. **B** s. m. e f. **1** Chi litiga, contrasta con qlcu.: *separare i litiganti*. SIN. Contendente. **2** (*dir.*) Parte di una lite. || PROV. Fra i due litiganti il terzo gode.

♦**litigàre** o (*tosc.*) **leticàre**, (*raro*) **liticàre** [vc. dotta, lat. *litigāre*, da *līs*, genit. *lītis* 'lite'; av. 1294] **A** v. intr. (*io lìtigo, tu lìtighi*; aus. *avere*) **1** Venire a contrasto con qlcu. in modo violento e ingiurioso: *hanno litigato per motivi di denaro* | (*est.*) Rompere i rapporti con qlcu.: *hanno litigato, non si frequentano più*. **2** Essere parte di una lite: *l. per un risarcimento di danni*. **B** v. tr. ● (*raro*) Disputarsi, contendersi qlco.: *l. un terreno*; *litigarsi un premio*. **C** v. rifl. rec. ● (*fam.*) Venire a contrasto, a contesa, con qlcu.: *non fanno altro che litigarsi*; *si litigano per qualsiasi motivo*.

litigàta [da *litigare*; 1932] **s. f.** ● Litigio violento: *fare una l. con qlcu.*

litigatóre [vc. dotta, lat. *litigatōre(m)*, da *litigātus* 'litigato'; av. 1547] **agg.**; anche **s. m.** (f. *-trice*) ● (*raro, lett.*) Che (o Chi) litiga, spec. abitualmente.

†**litigazióne** [vc. dotta, lat. tardo *litigatiōne(m)*, da *litigātus* 'litigato'; sec. XIV] **s. f.** ● Litigio.

litighino o (*tosc.*) **letichino** [1869] **s. m.** (f. *-a*) ● Chi cerca liti o litigi. SIN. Attaccabrighe.

litighio o (*tosc.*) **letichio**, (*raro*) **litichio** [1965] **s. m.** ● Un litigare continuo e chiassoso.

♦**litigio** [vc. dotta, lat. *lītigiu(m)*, da *litigāre* 'litigare'; 1321] **s. m.** ● Animato contrasto verbale tra due o più persone | (*lett.*) Contesa. SIN. Alterco, bisticcio, lite.

litigioṣità [1900] **s. f.** ● (*raro*) Carattere di chi è litigioso.

litigióṣo [vc. dotta, lat. *litigiōsu(m)*, da *lītigium* 'litigio'; av. 1342] **agg.** **1** Che litiga con facilità: *famiglia litigiosa*; *indole litigiosa*. SIN. Attaccabrighe. **2** (*dir.*) Che è oggetto di una lite. || **litigioṣaménte**, avv.

litigóne o (*tosc.*) **leticóne**, (*raro*) **liticóne** [av. 1686] **s. m.** (f. *-a*) ● (*fam.*) Chi ama litigare.

litio [gr. *líthion*, dim. di *líthos* 'pietra', di etim. incerta, perché usato in medicina contro il mal della *pietra* o calcolosi; 1821] **s. m.** ● Elemento chimico, metallo alcalino, leggerissimo, usato in metallurgia, in farmacia, nell'industria ceramica. SIMB. Li.

litióṣo [1957] **agg.** ● Del litio | Che contiene litio o composti del litio: *acque litiose*.

litisconsòrte [dalla formula giuridica *lītis cōnsors* (genit. *consōrtis*), propr. 'attore con altri della lite'; 1952] **s. m. e f.** ● (*dir.*) Chi è attore o convenuto in un giudizio.

litisconsortile [da *litisconsorte*] **agg.** ● (*dir.*) Relativo al litisconsorzio.

litisconsòrzio [dalla formula giuridica *lītis consŏrtium*, propr. 'unione di parti della lite'; 1902] **s. m.** ● (*dir.*) Presenza di più attori o di più convenuti in un processo civile: *l. necessario, facoltativo*.

litispendènza [dalla formula giuridica *lītis pendĕntia* 'pendenza della lite'; 1931] **s. f.** ● (*dir.*) Situazione processuale caratterizzata dalla contemporanea pendenza di due processi identici avanti a giudici diversi | Fase in cui il procedimento giudiziario è in corso di svolgimento.

†**lito** ● V. *lido*.

lito-, **-lito** (**1**) o **-lita**, **-lite** [dal gr. *líthos* 'pietra'] primo o secondo elemento ● In parole composte, spec. della terminologia scientifica, significa 'pietra', 'roccia', 'calcare': *litografia, litoteca*; *aerolite, crisolito, monolito*.

-lito (**2**) o **-lita** [dal gr. *lytós* 'solubile', dal v. *lýein* 'sciogliere'] secondo elemento ● In parole composte della terminologia fisica e chimica, indica la capacità di alcune sostanze di trovarsi in soluzione a certe condizioni e modalità: *elettrolito, anfolito*.

litoceràmica [comp. di *lito-* e *ceramica*; 1957] **s. f.** ● Ceramica molto resistente simile al gres, usata per opere di rivestimento e pavimentazione.

litòclaṣi [comp. di *lito-* e del gr. *klásis* 'frattura'; 1940] **s. f. inv.** ● (*geol.*) Fratturazione subita da una roccia sottoposta a forze tettoniche.

litoclastia [comp. di *lito-* e di un deriv. del gr. *klân* 'rompere, spezzare'] **s. f.** ● (*med.*) Litotripsia.

litoclàsto **s. m.** ● (*med.*) Strumento per la litoclastia.

†**litocòlla** [gr. *lithókolla* 'cemento', comp. di *líthos* 'pietra' e *kólla* 'colla'; 1563] **s. f.** ● Colla per unire frammenti di marmo o sim.

litocromia [comp. di *lito-* e *-cromia*; 1834] **s. f.** ● Cromolitografia.

litodìaliṣi [comp. di *lito-* e *dialisi*; 1970] **s. f. inv.** ● (*med.*) Metodo di cura per la dissoluzione dei calcoli vescicali.

litòdomo [gr. *lithodómos* 'costruttore', comp. di *líthos* 'pietra' e di un deriv. di *démein* 'fabbricare', di orig. indeur.; 1834] **s. m.** ● (*zool.*) Litofaga.

litòfaga [1957] **s. f.** ● Mollusco commestibile dei Lamellibranchi con conchiglia oblunga color bruno, che vive in fori della roccia da lui scavati (*Lithodomus lithophagà*). SIN. Dattero di mare, litodomo.

litòfago [comp. di *lito-* e *-fago*; 1771] **agg.** (pl. m. *-gi*) ● Di animale, spec. mollusco, capace di perforare la roccia calcarea.

litofania [comp. di *lito-* e di un deriv. del gr. *phaínein* 'apparire', perché le immagini appaiono sulla porcellana; 1891] **s. f.** **1** In molte religioni, manifestazione della divinità in forma di pietra. **2** Decorazione trasparente su porcellana o vetro opaco.

litòfita [comp. di *lito-* e *-fita*; 1813] **s. f.** ● Pianta che vive sulle rocce.

litòfono [comp. di *lito-* e *-fono*; 1957] **s. m.** **1** (*med., raro*) Sonda che fa sentire il contatto con il calcolo. **2** (*mus.*) Denominazione degli strumenti idiofoni in pietra.

litofotografia [comp. di *lito-* e *fotografia*; av. 1860] **s. f.** ● Fotolitografia.

litofotogràfico **agg.** (pl. m. *-ci*) ● Relativo alla litofotografia.

litogèneṣi [comp. di *lito-* e *genesi*; 1839] **s. f. inv.** ● (*geol.*) Ogni processo di formazione di una roccia.

litogenètico [1970] **agg.** (pl. m. *-ci*) ● Relativo alla litogenesi.

litoglifia [gr. *lithoglyphía*, comp. di *líthos* 'pietra' e un deriv. di *glýphein* 'intagliare'; 1499] **s. f.** ● Arte di incidere pietre preziose.

litòglifo [gr. *lithoglyphḗs*, comp. di *líthos* 'pietra' e un deriv. di *glýphein* 'intagliare'; 1834] **s. m.** ● Incisione su pietra | Pietra incisa.

litografàre [da *litografia*; av. 1836] **v. tr.** (*io litògrafo*) ● Stampare con il sistema litografico.

litografia [comp. di *lito-* e *-grafia*; 1819] **s. f.** ● Sistema di stampa artistico e industriale in cui la matrice, originariamente in pietra finissima e oggi in metallo, viene inchiostrata solo nei punti voluti mediante trattamento chimico, senza essere incisa: *l. su pietra, su lastra di zinco* | Stabilimento in cui si stampa con questo sistema | Stampa così ottenuta.

litogràfico [1818] **agg.** (pl. m. *-ci*) ● Di, relativo alla, litografia. || **litograficaménte**, avv.

litògrafo [comp. di *lito-* e *-grafo*; 1828] **s. m.** (f. *-a*) ● Chi stampa in litografia.

litòide [gr. *lithoeidḗs*, comp. di *líthos* 'pietra' e un deriv. di *éidos* 'forma, aspetto'; 1869] **agg.** ● Roccioso | Di roccia dura e compatta.

litolàtra [1957] **s. m. e f.**; anche **agg.** (pl. m. *-i*) ● Adoratore delle pietre.

litolatria [comp. di *lito-* e *-latria*; 1957] **s. f.** ● Culto delle pietre.

litolàtrico [1957] **agg.** (pl. m. *-ci*) ● Relativo a litolatria e a litolatra.

litòliṣi [comp. di *lito-* e *-lisi*; 1970] **s. f. inv.** ● (*med.*) Dissoluzione dei calcoli mediante l'uso di acque minerali o altre sostanze.

litologia [comp. di *lito-* e *-logia*; 1660] **s. f.** **1** (*geol.*) Insieme dei caratteri chimici e fisici di una roccia. **2** (*med.*) Studio delle affezioni litiasiche.

litològico [1779] **agg.** (pl. m. *-ci*) ● Relativo alla litologia.

litòlogo [comp. di *lito-* e *-logo*; av. 1783] **s. m.** (f. *-a*; pl. m. *-gi*) ● (*med.*) Chi si occupa di litologia.

litonefròṣi [comp. di *lito-* e di un deriv. del gr. *nefrós* 'rene'] **s. f. inv.** ● (*med.*) Affezione renale da calcoli.

litopèdio [comp. di *lito-* e di un deriv. del gr. *pâis*, genit. *paidós* 'bambino'] **s. m.** ● (*med.*) Feto morto, calcificato per la lunga ritenzione nell'utero.

litopóne o **litopono** [fr. *lithopone*, comp. del gr. *líthos* 'pietra' e *pónos* 'fatica', secondo un'incerta interpretazione semantica; 1934] **s. m.** ● (*chim.*) Miscela bianca di solfato di bario e solfuro di zinco, usata per vernici, inchiostri da stampa e nella fabbricazione di tele cerate, cuoio artificiale e sim. come riempitivo.

litoràle o (*raro*) **littoràle** [vc. dotta, lat. *litorāle(m)*, da *lītus* 'lido'; 1476] **A** **agg.** ● Che è posto lungo la costa: *città l.* **B** **s. m.** ● Parte di spiaggia i cui limiti sono definiti dai livelli di alta e bassa marea | (*est.*) Zona costiera.

litoràneo o (*raro*) **littoràneo** [da *litorale* col suff. d'altra vc.; 1321] **agg.** ● Che si stende lungo il litorale: *ferrovia litoranea* | ***Strada litoranea***, (*ellitt.*) *litoranea*, che corre lungo la costa, lungo il litorale; SIN. Strada costiera | ***Cordone l.***, banco sabbioso di detriti fluviali parallelo a una costa e spesso delimitante una laguna.

†**litoràno** [da *litorale* col suff. proprio di etnico *-ano* (*1*); 1321] **agg.**; anche **s. m.** ● Abitatore di regione costiera.

litorina o **littorina** (**1**) [dal gr. *líthos* 'pietra', sulla quale vive; 1930] **s. f.** ● Piccolo mollusco dei Gasteropodi che vive lungo i litorali rocciosi dei mari settentrionali (*Litorina neritoides*).

litoscòpio [comp. di *lito-* e *-scopio*; 1834] **s. m.** ● (*med., raro*) Strumento per evidenziare i calcoli.

litosfèra [comp. di *lito-* e *sfera*; 1934] **s. f.** ● (*geol.*) Parte esterna, più consistente, della Terra, comprendente la crosta e parte del mantello superiore, fino alla profondità di 100 km | Crosta terrestre. ➡ ILL. p. 2129 SCIENZE DELLA TERRA ED ENERGIA.

litostratigrafia [comp. di *lito-* e *stratigrafia*; 1970] **s. f.** ● (*geol.*) Ramo della geologia che suddivide le rocce secondo la successione della loro formazione in base ai loro caratteri litologici.

litostratigràfico [1970] **agg.** (pl. m. *-ci*) ● Relativo alla litostratigrafia.

litostròto [vc. dotta, lat. *lithostrōtu(m)*, dal gr. *lithóstrōtos*, comp. di *líthos* 'pietra' e un deriv. di *strōnnysthai* 'stendere'; 1476] **s. m.** ● (*archeol.*) Pavimento in mosaico.

litòte o (*raro*) **litote** [vc. dotta, lat. *lītotes*, dal gr. *litótēs*, da *litós* 'semplice', di etim. incerta; 1526] **s. f.** ● (*ling.*) Figura retorica che consiste nell'attenuare un concetto mediante la negazione del suo contrario: *non è uno stupido*; *e non torceva li occhi / da la sembianza lor ch'era non buona* (DANTE *Inf.* XXI, 98-99).

litotèca [comp. di *lito-* e *teca*; 1952] **s. f.** ● Raccolta, collezione di minerali.

litotècnica [comp. di *lito-* e *tecnica*; 1970] **s. f.** ● Tecnica della lavorazione della pietra, quale si presentava nelle varie culture preistoriche.

litotomia [vc. dotta, lat. tardo *lithotŏmia(m)*, dal gr. *lithotomía* 'il cavare o tagliare pietra', comp. di *líthos* 'pietra' e un deriv. del v. *témnein* 'tagliare'; 1660] **s. f.** ● (*chir.*) Intervento chirurgico di apertura di un dotto o di una cavità viscerale per l'asportazione di calcoli.

litotòmico [gr. *lithotomikós*, da *lithotómos* 'litotomo'] **agg.** (pl. m. *-ci*) ● Di litotomia.

litotomista [av. 1726] **s. m. e f.** (pl. m. *-i*) ● (*raro*) Chi pratica la litotomia.

litòtomo [gr. *lithotómos*, comp. di *líthos* 'pietra' e un deriv. di *témnein* 'tagliare'; 1834] **s. m.** ● Strumento per la litotomia.

litotripsia o **litotrissia** [comp. di *lito-* e di un deriv. del gr. *trípsis* 'sfregamento'; 1879] **s. f.** ● (*chir.*) Frammentazione minuta dei calcoli delle vie urinarie mediante uno strumento a pinza (litotritore) introdotto nell'uretra, così da facilitarne l'eliminazione spontanea o provocata mediante lavaggio | ***L. a onde d'urto***, tecnica di frantumazione dei calcoli mediante onda d'urto generata da scariche elettriche emesse da due elettrodi immersi nell'acqua.

litotrissìa ● V. *litotripsia*.

litotritóre [da *litotripsia*, sul tipo del corrispondente fr. *lithotriteur*; 1940] **s. m.** ● (*chir.*) Strumento per la litotripsia: *l. a pinza, l. a onde d'urto*.

Litràcee [comp. del gr. *lýthron* 'sangue spesso, confuso a polvere' (di vasta famiglia indeur.) e *-acee*; 1934] **s. f. pl.** (sing. *-a*) ● Nella tassonomia vegetale, famiglia di piante erbacee delle Dicotiledoni con calice persistente e petali inseriti alla sommità del calice (*Lythraceae*).

♦**litro** [fr. *litre*, dal precedente *litron*, deriv. del gr. *lítra*, di orig. medit.; 1796] **s. m.** **1** Unità di misura di volume equivalente a 1 dm^3. SIMB. l. **2** Recipiente o bottiglia bollata della capacità di un litro, usata spec. in passato per la vendita al minuto di vino o latte | Quantità di liquido in essa contenuto.

-litro secondo elemento ● In metrologia, indica multipli o sottomoltipli del litro: *ettolitro, centilitro*.

†**litta** (**1**) [lat. parl. **lĭgita(m)* 'fango, melma', di orig. incerta (gallica?)] **s. f.** ● Minutissima rena di fiumi e torrenti.

litta (**2**) [vc. dotta, lat. *lýtta(m)* 'verme sulla lingua dei cani', dal gr. *lýtta*, var. di *lýssa* 'rabbia', provocata, secondo la credenza, da quel vermicello; 1834] **s. f.** ● (*zool.*) Cantaride.

†**littera** e *deriv.* ● V. *lettera* e *deriv.*

littoràle ● V. *litorale*.

litteram, ad ● V. *ad litteram*.

littoràneo ● V. *litoraneo*.

littóre [vc. dotta, lat. *lictōre(m)*, comunemente connesso con *ligāre* 'legare (1)' (perché portatore di fasci di verghe *legate*); sec. XIV] **s. m.** **1** Nell'antica Roma, chi accompagnava in pubblico magistrati e sacerdoti portando il fascio littorio. **2** Nel periodo fascista, vincitore dei ludi littoriali.

littoriàle [da *littorio*; 1926] **A agg.** ● Del littorio | ***Ludi littoriali***, nel periodo fascista, competizioni sportive, culturali e sim. **B s. m. pl.** ● (*ellitt.*) Ludi littoriali.

littorina (**1**) ● V. *litorina*.

littorina (**2**) [da (fascio) *littorio*; 1935] **s. f.** ● (*ferr.*) Automotrice con motore Diesel, a elevata velocità, entrata in servizio negli anni 1930-40.

littòrio [vc. dotta, lat. *lictōriu(m)*, da *lĭctor*, genit. *lictōris* 'littore'; 1562] **A agg.** **1** Dei, relativo ai littori | ***Fascio l.***, quello, formato da un gruppo di verghe più una scure, che i littori romani portavano sulla spalla, assunto come simbolo dal fascismo. **2** (*est.*) Fascista: *casa littoria*. **B s. m.** ● Emblema del fascismo | ***Gioventù del Littorio***, gioventù fascista.

lituàno [dal n. della regione, *Lietuva*, di orig. incerta; 1532] **A agg.** ● Della Lituania. **B s. m.** (f. *-a*) ● Abitante, nativo della Lituania. **C s. m.** solo sing. ● Lingua del gruppo baltico, parlata in Lituania.

lituo [vc. dotta, lat. *lĭtuu(m)*: termine etrusco (?); sec. XIV] **s. m.** **1** Bastone ricurvo con cui il sacerdote etrusco limitava lo spazio sacro. **2** Tipo particolare di antica tromba simile alla buccina. ➡ ILL. **musica**.

litùra [da *lĭnere* 'ungere', di orig. indeur.; 1528] **s. f.** **1** Cancellazione di scrittura su cera mediante spianamento, o di iscrizione lapidaria mediante martellamento. **2** Nel linguaggio dei filologi, cancellatura.

liturgìa [gr. *leitourgía*, da *leitourgós* 'liturgo'; 1587] **s. f.** **1** Nelle religioni, complesso degli atti cerimoniali pubblici destinati al culto | Nel cristianesimo, insieme degli atti attraverso i quali la comunità dei fedeli, unita a Cristo, professa pubblicamente la sua fede e tributa il culto a Dio | Insieme delle cerimonie cultuali pubbliche proprie di ciascuna confessione cristiana o di singole Chiese: *l. luterana, anglicana, cattolica, ambrosiana, mozarabica, benedettina* | ***L. delle ore***, nella pratica cattolica, recita dei salmi assegnata alle varie ore della giornata | ***L. della parola***, nella pratica cattolica, prima parte della messa, dall'inizio fino all'offertorio dove si leggono brani dell'Antico e Nuovo Testamento | (*fig.*) Cerimoniale, rituale: *la l. delle assemblee studentesche*. **2** Nell'antica Grecia, obbligo incombente ai cittadini più facoltosi di sostenere a proprie spese determinate cariche pubbliche o funzioni pubbliche religiose o civili.

litùrgico [gr. *leitourgikós* 'servizievole', da *leitourgós* 'liturgo'; av. 1745] **agg.** (pl. m. *-ci*) ● Della, relativo alla, liturgia | ***Anno l.***, quello comprendente le feste della Chiesa a partire dalla prima domenica dell'Avvento fino a quella dell'anno successivo | ***Lingua liturgica, libri, indumenti liturgici***, prescritti dalla liturgia | ***Pittura liturgica***, rappresentante cerimonie sacre | ***Musica liturgica***, musica sacra | ***Formule liturgiche***, quelle che ricorrono spesso nei testi delle funzioni | ***Dramma l.***, tipo di rappresentazione che utilizza i testi della liturgia. || **liturgicaménte**, **avv.** Secondo la liturgia.

liturgista [1768] **s. m. e f.** (pl. m. *-i*) ● Studioso di liturgia.

litùrgo [gr. *leitourgós* 'servo pubblico, operaio', comp. di *lêos*, var. di *laós* 'popolo', di etim. incerta, e un deriv. della radice *erg-*, di orig. indeur.; 1821] **s. m.** (pl. *-ghi* o *-gi*) ● Nell'antica Grecia, cittadino che sosteneva l'onere di una liturgia.

liutàio [da *liuto* (*1*); 1640] **s. m.** (f. *-a*) ● Chi fabbrica e ripara liuti o altri strumenti a corda.

liuterìa [1878] **s. f.** **1** Arte dei liutai. **2** Laboratorio, bottega di liutaio.

liutista [1581] **s. m. e f.** (pl. m. *-i*) **1** Chi suona il liuto. **2** (*raro*) Chi compone musica per liuto.

liùto (**1**) o †**leùto** (**1**) [ant. fr. *leut*, dall'ar. *'ūd* '(strumento di) legno' preceduto dall'art. (*al*); av. 1292] **s. m.** ● Strumento musicale a corde, con manico talvolta incurvato all'indietro, cassa armonica a forma di pera dal fondo panciuto, che si suona a pizzico | Denominazione di una complessa famiglia di strumenti a corda. ➡ ILL. **musica**.

liùto (**2**) ● V. *leudo* (*2*).

livàrda [fr. *livarde*, dall'ol. *lijwaarts*, propr. 'sotto il vento'; 1889] **s. f.** ● (*mar.*) Balestrone.

live /laiv, *ingl.* laev/ [vc. ingl., propr. '(dal) vivo'; 1979] **A agg. inv.** **1** Detto di programma televisivo o radiofonico trasmesso in diretta e non registrato precedentemente, oppure registrato in presenza di pubblico e non negli studi: *spettacolo l.* **2** Detto di esecuzione canora che fa a meno della base musicale preregistrata. **3** Detto di registrazione discografica eseguita direttamente durante un concerto e non in sala d'incisione: *album l.* **B s. m. inv.** ● Il prodotto stesso della registrazione: *un l. di De Gregori*.

livèlla [lat. *lībĕlla(m)*, dim. di *lībra* 'bilancia'; av. 1504] **s. f.** ● Apparecchio atto a stabilire l'orizzontalità di una retta, di una superficie | ***L. a bolla*** (***d'aria***), quella in cui la bolla d'aria contenuta in un tubo di vetro riempito di liquido indica la posizione orizzontale disponendosi al centro del tubo stesso | ***L. a cannocchiale***, livello, nel sign. 6 | ***L. ad acqua***, dove la posizione orizzontale è indicata dalla identica altezza dell'acqua in due ampolle comunicanti.

livellaménto [da *livellare* (*1*); 1598] **s. m.** ● Operazione del livellare: *il l. di un terreno* | (*fig.*) Riduzione a uno stesso livello: *l. dei salari, del grado di istruzione di una nazione*. SIN. Appiattimento.

livellàre (**1**) [da *livella*, sull'es. del corrispondente fr. *niveler* (da *livel(l)er*); sec. XVI] **A v. tr.** (*io livèllo*) ● Ridurre allo stesso livello (*anche fig.*): *l. un terreno; l. le entrate e le uscite di un'azienda; la morte livella i potenti e gli umili*. SIN. Uguagliare, pareggiare. **B v. intr. pron.** ● Disporsi a uno stesso livello (*anche fig.*): *i liquidi nei vasi comunicanti si livellano; le retribuzioni si sono livellate*.

livellàre (**2**) [da *livello* (*1*); av. 1519] **agg.** ● Di livello: *linea l.*

livellàre (**3**) [da *livello* (*2*); av. 1547] **v. tr.** (*io livèllo*) ● Anticamente, concedere in godimento un terreno mediante un contratto di livello, nel sign. di *livello* (*2*).

livellàre (**4**) [da *livello* (*1*) col suff. agg. *-are*, sul modello del corrispondente lat. tardo *libellārius*; 1871] **agg.** ● (*dir.*) Relativo al contratto di livello, nel sign. di *livello* (*2*): *canoni livellari*.

†**livellàrio** [lat. tardo *libellāriu(m)*, da *libĕllus* 'livello'; av. 1250] **A agg.** ● (*dir.*) Livellare, nel sign. di *livellare* (*4*). **B s. m.** ● Colui a cui è stato dato a livello un terreno.

livellatóre [da *livellare* (*1*); 1740] **agg.**; anche **s. m.** (f. *-trice*) **1** Che (o Chi) compie operazioni di livellamento. **2** Che (o Chi) tende ad abolire qualsiasi discriminazione spec. politica, sociale o economica: *un provvedimento l.*

livellatrice [1950] **s. f.** ● Macchina per il movimento terra, adibita al livellamento dei terreni spec. nei lavori stradali.

livellatùra [1586] **s. f.** ● (*raro*) Livellamento, livellazione.

livellazióne [1528] **s. f.** ● Insieme di operazioni e calcoli che permettono di determinare il dislivello fra due punti del terreno.

livellétta [da *livello* (*1*); av. 1873] **s. f.** ● Tratto di linea ferroviaria, strada, condotta forzata e sim. in cui non si ha una variazione di pendenza.

♦**livèllo** (**1**) [da *livellare* (*1*); av. 1494] **s. m.** **1** Superficie libera di un fluido | ***L. del mare***, piano della superficie delle acque marine, al quale sono riferite le altitudini e le profondità | ***L. freatico***, dell'acqua in un pozzo alimentato da una falda freatica | ***L. di guardia***, V. *guardia*, nel sign. A 12. **2** Altezza di un punto sopra una superficie | ***Curva di l.***, isoipsa. **3** Quota di un piano orizzontale rispetto a un altro piano di riferimento | ***L. di miniera***, ciascuno dei piani orizzontali su cui si sviluppa la rete delle gallerie principali della miniera | ***Passaggio a l.***, incrocio sullo stesso piano fra una strada e i binari di una ferrovia. **4** (*geol.*) Strato o insieme di strati con caratteri litologici o paleontologici che li rendono facilmente distinguibili entro le altre rocce. **5** (*fig.*) Condizione, grado, valore: *l. sociale, economico; alto l. d'intelligenza; nel paese c'è un alto l. di vita* | ***Mettere tutto, tutti allo stesso l.***, non fare distinzioni di valore fra cose, fatti, persone diverse | ***Ad alto l.***, di cosa molto importante, di persona qualificata, e sim.: *lavoro ad alto l.; conferenza ad alto l.* | ***Conferenza al più alto l.***, tenuta tra capi di Stato | ***A l. di***, relativamente al grado, alle mansioni, alle competenze e sim. delle persone cui si fa riferimento: *riunione a l. di ministri degli Esteri; incontro a l. tecnico; a l. di insegnanti la scuola è molto valida* | ***A l., a l. di***, sotto il profilo, dal punto di vista: *a l. organizzativo non li batte nessuno; a l. di comportamento lascia molto a desiderare*. **6** Strumento topografico usato nella livellazione, che permette di definire visuali giacenti in un piano orizzontale. **7** (*ling.*) Ognuna delle diverse unità che costituiscono una lingua, gerarchicamente subordinate le une alle altre a partire da un'unità superiore (enunciato): *l. fonematico, morfematico, frastico*. **8** (*fis.*) Ciascuno degli stati energetici che un elettrone può assumere in un atomo.

livèllo (**2**) [lat. *libĕllu(m)* 'libretto', dim. di *lĭber*, genit. *lĭbri* 'libro', sul quale era trascritto il contratto relativo; sec. XIII] **s. m.** **1** Anticamente, contratto simile a quello d'enfiteusi. **2** (*raro*) Canone di un contratto fondiario. **3** †Limite posto dalla Pubblica Autorità al prezzo di un bene.

†**liveràre** [ant. fr. *livrer*, dal lat. *liberāre* 'lasciar libero'] **A v. tr.** **1** Lasciare, abbandonare. **2** Finire, spacciare, consumare. **3** Condannare. **B v. intr.** ● Andarsene, morire.

liviàno [vc. dotta, lat. *Liviānu(m)*, da *Livius* '(Tito) Livio', di etim. incerta; 1521] **agg.** ● Dello, relativo allo, storico latino T. Livio (59 a.C.-17 d.C.).

†**lividàre** [vc. dotta, lat. tardo *lividāre*, da *lĭvidus* 'livido'; av. 1294] **v. tr.** ● Lividire.

lividàstro [1779] **agg.** ● Di un brutto color livido, tendente al livido: *mani intirizzite dal freddo e lividastre*.

lividézza [av. 1406] **s. f.** **1** Colore, aspetto di ciò che è livido: *l. cadaverica*. **2** †Invidia, livore.

lividiccio [sec. XVI] **agg.** (pl. f. *-ce*) ● Che è piuttosto livido.

†**lividigno** [sec. XIV] **agg.** ● Di colore che tende al livido.

†**lividire** **v. tr.** ● Illividire.

livido [vc. dotta, lat. *lĭvidu(m)*, da *livēre* 'essere livido, pallido', di parziale area indeur.; 1313] **A agg.** (assol.; + *di*; + *da*; + *per*) **1** Detto della colorazione bluastra della pelle umana per contusioni o percosse: *carni livide* | (*fig.*) Detto di persona molto turbata, il cui volto assume un aspetto pallido, quasi cadaverico: *La faccia paonazza del Notajo … diventò livida dalla stizza* (PIRANDELLO) | (*est.*) Che manifesta livore: *un'occhiata livida*. **2** (*est.*) Di colore plumbeo, tra il turchino cupo e il nero: *cielo l. di pioggia; gli occhi lividi per lo soverchio piangere* (SANNAZARO). **3** (*raro, lett.*) Invidioso, maligno. || **lividétto**, **dim.** || **lividaménte**, **avv.** **1** (*raro*) In modo livido. **2** (*raro*) Con livore. **B s. m.** ● Macchia bluastra che si forma sulla pelle per contusioni o percosse.

lividóre [1342] **s. m.** ● Lividezza: *il l. della pelle; le rughe precoci dei giorni senza pane, il l.*

delle notti stanche (VERGA).

†lividóso [av. 1342] agg. ● Livido.

lividùme [av. 1735] s. m. ● (*raro*) Larga macchia di colore livido.

lividùra [sec. XIV] s. f. ● Livido, lividore.

living /'livin(g), *ingl.* 'lɪvɪŋ/ [riduzione it. dell'ingl. *living room*; 1986] s. m. inv. ● Stanza di soggiorno: *pranzare nel l.*

living theatre /*ingl.* 'lɪvɪŋ 'θɪətəɹ/ [loc. ingl., propr. 'teatro (*theatre*) vivente (*living*, da *to live* 'vivere', d'orig. germ.)'; 1961] loc. sost. m. solo sing. ● Forma moderna di rappresentazione teatrale in cui gli spettatori sono invitati a partecipare attivamente allo spettacolo che si sta svolgendo sulla scena.

livóre [vc. dotta, lat. *livōre(m)*, da *livēre* 'illividire', di orig. indeur.; av. 1292] s. m. *1* Invidia astiosa e maligna: *cupo l.*; *il l. degli avversari.* SIN. Astio, rancore. *2* †Livido, lividore.

livornése [1476] **A** agg. ● Di Livorno | ***Alla l.***, (*ellitt.*) alla maniera dei livornesi; detto di pietanza condita con pomodoro, cipolla, aglio, pepe: *triglia, cacciucco, trippa alla l.* | ***Razza l.***, la più produttiva razza di galline ovaiole | ***Gallina l.***, di razza livornese. **B** s. m. e f. ● Abitante, nativo di Livorno. **C** s. f. ● Gallina livornese.

†livoróso [da *livore*; av. 1686] agg. ● Invidioso. || **†livorosaménte**, avv. Con livore.

livrèa [fr. *livrée*, sottinteso *robe*, '(veste) consegnata, fornita (da *livrer* e sottinteso 'dal signore al servo')'; av. 1424] s. f. *1* Uniforme, divisa, portata un tempo dai dipendenti delle grandi case signorili: *camerieri, cocchieri, staffieri, in l.* | (*disus.*) ***Uomo di due livree***, servitore di due padroni; (*fig.*) chi ha una condotta ambigua e falsa. *2* (*zool.*) Aspetto di un animale, spesso variabile nel corso dell'anno, dovuto ai colori del piumaggio, del pelame o della pelle. *3* †Alloggio destinato agli ospiti. || **livreina**, dim.

livreàto [av. 1907] agg. ● (*raro*) Che porta la livrea.

livre de chevet /*fr.* ˌlivʀədəʃə'vɛ/ [loc. fr., propr. 'libro (*livre*) da capezzale (*chevet*)'] loc. sost. m. inv. (pl. fr. *livres de chevet*) ● Libro preferito, che si tiene a portata di mano.

livre de poche /*fr.* ˌlivʀədə'pɔʃ/ [loc. fr., propr. 'libro (*livre*) da tasca (*poche*)'; 1989] loc. sost. m. inv. (pl. fr. *livres de poche*) ● Libro tascabile.

lizza (1) [fr. *lice*, dal francone *līstja* 'barriera'; av. 1388] s. f. *1* †Palizzata, steccato. *2* Spazio recintato entro cui si svolgevano le giostre all'epoca della cavalleria | (*mil.*) Nell'antica fortificazione, spazio antistante il fosso, protetto verso la campagna da una palizzata. *3* (*est.*, *lett.*) Campo di combattimento: *nel mezzo della l. entrambi accinti / presentârsi* (MONTI) | (*fig.*) Lotta, contesa | ***Entrare, scendere in l.***, (*fig.*) prendere parte a una gara, a una discussione e sim.

lizza (2) [sp. *lija*, di etim. discussa: da *lijo* 'sporcizia' per le fitte squame che la ricoprono (?); av. 1557] s. f. ● (*zool.*) Leccia.

lizza (3) [da una forma dial. sett. (con assimilazione) *l'ilza*, dal lat. tardo *hēlcia* 'corda da trainare (*hélkein*, in gr.)'; 1905] s. f. ● Slitta o piano inclinato in legno per il trasporto dei blocchi di marmo.

lizzàre [da *lizza* (3); av. 1912] v. tr. ● Trasportare con la lizza: *l. il marmo.*

lizzatùra [1954] s. f. ● Operazione del lizzare il marmo.

llano /*sp.* 'ʎano, 'ja-/ [vc. sp., propr. 'pianura', dal lat. *plānus* 'piano'; 1862] s. m. (pl. sp. *llanos*) ● Formazione vegetale del tipo della savana caratteristica del Venezuela.

Lloyd /lɔid, *ingl.* lɔɪd/ [vc. ingl., da E. *Lloyd*, n. del proprietario del caffè londinese dove nel sec. XVII convenivano e stringevano accordi gli assicuratori; 1839] s. m. inv. ● Nome di società armatoriali o di assicurazioni: *L. triestino.*

♦lo /lo/ [lat. *(il)lu(m)* 'quello', di etim. incerta nei suoi componenti; sec. XII] **A** art. det. m. sing. (si usa davanti a parole m. sing. che cominciano per vocale o per *gn*, *ps*, *s impura*, *x*, *z* e anche davanti a parole che cominciano per *i*, *y*, *j* (se quest'ultima ha suono di vocale) seguite da vocale; davanti a parole che cominciano con gruppi consonantici rari come *cn-*, *ct-*, *ft-*, *mn-*, *pt-*; davanti a parole che cominciano per pn, l'uso colto prevede l'art. *lo* (*lo pneuma*; *lo pneumococco*); l'uso comune sempre più spesso l'art. *il* (*il pneumatico*); si elide generalmente davanti a parole che cominciano per vocale o, più raramente, per semiconsonante: *lo gnaulìo*; *lo pneumatico*; *lo psicologo*; *lo xilografo*; *lo sfregio*; *lo sciroppo*; *lo scialle*; *lo schianto*; *lo zucchero*; *lo iodio*; *l'ieri*; *l'errore*; *l'uomo*; *lo jugoslavo*, *lo juventino*; *lo yeti* | (*lett.*) †Si usa anche davanti a consonante semplice in sostituzione di 'il', spec. all'inizio di un verso o di una frase; oppure se è preceduto da una parola che termina per consonante; oggi si ha la sopravvivenza di tale impiego nelle loc. ***per lo più***, ***per lo meno***: *lo bello stilo* (DANTE *Inf.* I, 87); *rimirar lo passo* (DANTE *Inf.* I, 26) | Fondendosi con le prep. proprie semplici, dà origine alle prep. art. m. sing. *allo*, *collo*, *dallo*, *dello*, *nello*, *sullo*, poet. *pello*) ● Ha gli stessi sign. e impieghi di 'il'. L'uso dell'una e dell'altra forma è regolato solo dalle norme fonetiche. V. anche *'il'*. **B** pron. dimostr. e pers. di terza pers. m. sing. *1* Lui, esso (come compl. ogg. riferito a persona o cosa, in posizione sia encl. sia procl.): *lo vide venire*, *pallido e stralunato* (VERGA); *eccolo che arriva*; *non l'ho più visto*; *te lo porterò*; *restituiscimelo subito!* *2* Ciò (con valore neutro in posizione sia encl. sia procl.): *tu lo sapevi*; *dillo*; *lo dicevo io!*; *per la contradizion che nol consente* (DANTE *Inf.* XXVII, 120) | (*pleon.*) Con valore raff. in principio di frase: *lo si dice*; *lo si pensa* | Con valore pleon. e raff.: *lo sapevo che saresti venuto!* *3* Tale (davanti al v. 'essere'): *si ritiene furbo ma non lo è*; *si credono indispensabili e invece non lo sono* (V. nota d'uso ELISIONE e TRONCAMENTO).

loader /*ingl.* 'loudəɹ/ [vc. ingl., dal v. *to load* 'caricare'; 1989] s. m. inv. ● (*elab.*) Caricatore.

lob /*ingl.* lɒb/ [vc. ingl., dal v. *to lob* 'lanciare in alto ad arco', di prob. orig. straniera e etim. incerta; 1930] s. m. inv. ● Nel tennis, pallonetto.

lobàre [da *lobo*; 1834] agg. *1* Che ha forma di lobo o è costituito da lobi. *2* Relativo a un lobo.

lobàto [1802] agg. ● Foggiato a lobi.

lòbbia [lombardo *lobia*, con sovrapposizione del nome del deputato C. *Lobbia*, divenuto famoso per un processo intentatogli nel 1869 dalla Regia dei Tabacchi; 1905] s. f. o raro m. ● Cappello maschile di feltro morbido con la calotta segnata da una infossatura sul senso della lunghezza, e la tesa più o meno larga.

lobbìsmo [da *lobby* sul modello dell'ingl. *lobbyism*; 1985] s. m. ● Sistema praticato da gruppi di interesse, tendente a influenzare attraverso pressioni di vario tipo le scelte di chi detiene il potere decisionale, allo scopo di ricavarne vantaggi particolaristici, spec. economici e finanziari.

lobbìsta [da *lobby*, sul modello dell'ingl. *lobbyist*; 1985] s. m. e f. (pl. m. *-i*) ● Chi fa parte di una lobby o ne difende gli interessi.

lobbìstico [1987] agg. (pl. m. *-ci*) ● Relativo a lobby o al lobbismo: *intrallazzi lobbistici.*

lòbby /'lɔbbi, *ingl.* 'lɒbi/ [vc. ingl., originariamente 'passaggio coperto (in un monastero)', dal lat. mediev. *lāubia* 'loggia' (V.), di orig. germ.; 1929] s. f. inv. (pl. ingl. *lobbies*) *1* Salone principale delle banche dove si svolgono le principali operazioni. *2* (*fig.*) Gruppo di persone che, sebbene estranee al potere politico, hanno la capacità di influenzarne le scelte, soprattutto in materia economica e finanziaria.

lobbying /'lɔbin(g), *ingl.* 'lɒbɪŋ/ [vc. ingl. dal v. *to lobby* 'fare pressione, influenzare'; 1985] s. m. inv. ● Attività diretta a tutelare gli interessi di un'azienda o di una categoria economica.

lobectomia [comp. del gr. *lobós* 'lobo' e un deriv. di *ektomḗ* 'taglio', da *ektémnein* 'tagliar (*témnein*) via (*ek-*)'; 1957] s. f. ● (*chir.*) Asportazione di un lobo: *l. polmonare, cerebrale.*

lobèlia [dal n. latinizzato (*Lobēlius*) del botanico fiammingo M. de *Lobel* (1538-1616); 1834] s. f. *1* Pianta erbacea delle Lobeliacee formante cespi compatti con numerosi piccoli fiori blu, originaria dell'Africa meridionale e coltivata per ornamento (*Lobelia erinus*). *2* Pianta erbacea officinale americana delle Lobeliacee con foglie pelose e piccoli fiori bianchi in grappoli (*Lobelia inflata*).

Lobeliàcee [da *lobelia* col suff. *-acee*; 1934] s. f. pl. (sing. *-a*) ● Nella tassonomia vegetale, famiglia di piante tropicali delle Dicotiledoni simili alle Campanulacee ma con corolla irregolare (*Lobeliaceae*).

lobelìna [da *lobelia*, da cui è estratto, col suff. chimico *-ina*; av. 1862] s. f. ● Alcaloide della lobelia usato come antiasmatico e potente analettico.

lòbo [gr. *lobós*, di etim. controversa; 1697] s. m. *1* (*biol.*) Ciascuna delle parti in cui un organo animale o vegetale viene diviso da solchi. *2* (*anat.*) Porzione tondeggiante di un organo: *l. cerebrale* | ***L. polmonare***, parte del polmone delimitata dalla scissura | ***L. dell'orecchio***, parte inferiore, molle, del padiglione auricolare.

lobotomia [comp. di *lobo* e *-tomia*; 1957] s. f. ● (*chir.*) Intervento chirurgico che ha lo scopo di interrompere totalmente le connessioni tra il lobo frontale e il resto del cervello, spec. il talamo, nel trattamento di alcune malattie mentali.

lobotomizzàre [1983] v. tr. ● Sottoporre qlcu. a lobotomia.

lobotomizzàto part. pass. di *lobotomizzare*; anche agg. e s. m. (f. *-a*) ● Che (o Chi) è stato sottoposto a lobotomia.

lobulàre (1) [da *lobulo*] v. tr. (*io lòbulo*) ● Suddividere in lobuli.

lobulàre (2) [da *lobulo*, col suff. agg. *-are*] agg. ● Di, relativo a, lobulo.

lobulàto [1869] part. pass. di *lobulare*; anche agg. *1* Nel sign. del v. *2* (*anat.*) A forma di lobulo | Costituito da lobuli: *il rene è un organo l.*

lòbulo [da *lobo*, con il suff. dim. di tipo latino che si trova in *globulo*; 1834] s. m. ● (*anat.*) Piccolo lobo.

♦locàle (1) [vc. dotta, lat. *locāle(m)*, agg. deriv. da *lŏcus* 'luogo', sost. dapprima in fr. (*local*); av. 1294] **A** agg. *1* (*raro*) Di luogo: *un prefisso, un avverbio con valore l.* | Che è proprio di un luogo o limitato a un determinato luogo: *divinità, genio l.*; *intervennero le autorità locali*; *ferrovia, traffico l.* | ***Treno l.***, treno regionale o interregionale | ***Stampa l.***, i giornali di una città | ***Colore l.***, il complesso degli elementi che caratterizzano un certo luogo | ***Ente l.***, la cui azione è circoscritta a parte del territorio dello Stato | ***Finanza l.***, degli enti locali. *2* (*med.*) Che concerne o interessa solo una parte determinata del corpo umano: *malattia l.*; *cura l.* | ***Anestesia l.***, che interessa una parte limitata del corpo, con conservazione della coscienza | ***Uso l.***, di medicinale che dev'essere impiegato all'esterno, sulla parte malata | (*fig.*) ***Far mente l.***, concentrarsi su un determinato argomento. *3* (*astron.*) Che appartiene alla nostra galassia, cioè a quella di cui fa parte il sistema solare. || **localménte**, **†localeménte**, avv. In un determinato luogo o parte; in modo circoscritto. **B** s. m. e f. ● (*spec. al pl.*) Abitante di un determinato luogo: *come sono i tuoi rapporti con i locali?* **C** s. f. ● (*med.*) Anestesia locale.

♦locàle (2) [sostantivazione di *locale* (1), secondo l'uso fr.; 1802] s. m. *1* Parte di un edificio destinata a un uso determinato: *locali spaziosi e pieni di sole*; *il l. caldaie è nel sottosuolo.* *2* Luogo pubblico di ritrovo e di divertimento: *è un l. elegante ed economico* | ***L. notturno***, in cui si beve e si balla fino a tarda ora della notte. *3* Treno regionale. || **localino**, dim.

localìsmo [da *local(e)* col suff. *-ismo*; 1982] s. m. ● Indirizzo politico ed economico volto a favorire determinate aree geografiche, spec. a svantaggio di interessi più generali.

localìsta [1987] s. m. e f. (pl. m. *-i*) ● Fautore, sostenitore del localismo.

localìstico [av. 1913] agg. (pl. m. *-ci*) ● Relativo al localismo.

♦località [vc. dotta, lat. tardo *localitāte(m)*, da *locālis* 'locale (1)', secondo l'esempio del fr. *localité*; 1663] s. f. ● Luogo o piccolo centro urbano caratterizzati da dati geografici o da aspetti ambientali.

localizzàbile [1955] agg. ● Che si può localizzare.

localizzàre [fr. *localiser* 'rendere locale (*local*)'; 1864] **A** v. tr. *1* Individuare il luogo in cui si è verificato o ha avuto origine qlco.: *l. l'epicentro del terremoto*; *l. un dolore* | Scoprire, determinare con vari mezzi la posizione di qlco.: *l. un aereo, una nave con il radar.* *2* Circoscrivere, restringere, isolare: *l. l'incendio, l'epidemia, l'infezione.* *3* Situare: *l. uno stabilimento industriale in un'area depressa.* **B** v. intr. pron. (+ *in*; + *a*) ● Manifestarsi in una zona determinata, restare circoscritto: *la larva si localizza nell'intestino*; *il dolore si è localizzato alla regione epatica.*

localizzàto [av. 1872] part. pass. di *localizzare*; anche agg. ● Nei sign. del v.

localizzatóre [1946] **A** agg. (f. *-trice*) ● Che ha la capacità di localizzare. **B** s. m. ● Strumento, attrezzatura per localizzare: *l. d'atterraggio.*

localizzazióne [fr. *localisation*, da *localiser* 'localizzare'; 1857] s. f. *1* Individuazione del luogo d'origine o della posizione di qlco.: *l. di un oggetto mediante il radar* | Ubicazione in un ambito determinato: *un'infezione a l. polmonare.* *2* (*psicol.*) Processo con cui si percepisce l'esatta posizione di un oggetto. *3* (*ling.*) Particolarità di punto di articolazione.

locànda [vc. dotta, lat. *locānda(m)* (sottinteso *dŏmu(m)* 'casa'), part. fut. passivo f. di *locāre*, usata spesso in avvisi di case d'affittare (*est locanda* 'è da locare'); 1526] **A s. f.** ● Trattoria con alloggio | Pensione, albergo di bassa categoria | Spec. in passato, albergo, anche di lusso. **B agg.** solo f. ● (*disus.*) Da affittare, spec. nelle loc. ***casa l., camera l.***

locandière [1686] **s. m.** (f. *-a*) ● Gestore o proprietario di una locanda | Albergatore, oste.

locandina [dal sign. di 'affisso per stanza da affittare (*locanda*, secondo l'accezione del gerundio lat. di *locāre*)'; 1942] **s. f.** *1* Piccolo manifesto pubblicitario appeso in luoghi pubblici spec. allo scopo di reclamizzare spettacoli. *2* Civetta nel sign. 3.

locàre [vc. dotta, lat. *locāre* 'collocare, dare in affitto', da *lŏcus* 'luogo'; av. 1294] **A v. tr.** (*io lòco, tu lòchi*) *1* Dare in locazione: *l. una cosa mobile, immobile.* **SIN.** Affittare. *2* †Collocare, allogare. **B v. rifl.** ● †Collocarsi, trovare luogo: *amarissima allor la ricordanza / locommisi nel petto* (LEOPARDI).

locatàrio [vc. dotta, lat. *locatāriu(m)* 'appaltatore', da *locātus* 'locato'; 1796] **s. m.** (f. *-a*) ● (*dir.*) Chi riceve una cosa in locazione: *il l. di un appartamento.* **SIN.** Conduttore, inquilino.

locativo (1) [fr. *locatif*, deriv. dotta dal lat. *locāre* 'dare in affitto'; 1841] **agg.** ● (*dir.*) Di, relativo a, locazione | ***Valore l.***, reddito ricavabile dalla locazione di un dato bene.

locativo (2) [fr. *locatif*, dal lat. *lŏcus* 'luogo'; 1869] **A agg.** ● (*ling.*) Detto di caso della declinazione indoeuropea indicante lo stato in luogo o il tempo determinato (in latino il caso oblativo o genitivo: *Athenis* 'ad Atene'; *Romae* 'a Roma'; *domi bellique* 'in pace e in guerra'). **B s. m.** ● Caso locativo.

locatizio [av. 1943] **agg.** ● Relativo alla locazione: *canone l.*

locàto [1294] **A part. pass.** di *locare*; anche **agg.** ● Nei sign. del v. **B s. m.** ● †Cosa posta in un dato luogo.

locatóre [vc. dotta, lat. *locatōre(m)*, da *locātus* 'locato'; av. 1428] **s. m.** (f. *-trice*) ● (*dir.*) Chi dà una cosa in locazione.

locatòrio [da *locatore*] **agg.** ● (*dir.*) Che si riferisce a locazione | Che si riferisce al locatore.

locazióne [vc. dotta, lat. *locatiōne(m)*, da *locātus* 'locato'; 1298] **s. f.** ● (*dir.*) Contratto con cui una parte (*locatore*) concede a un'altra (*locatario*) il godimento di una cosa mobile o immobile per un certo tempo dietro un corrispettivo determinato.

†lòcco ● V. *allocco.*

†locèllo [vc. dotta, lat. *locĕllu(m)*, dim. di *lŏculus* (V. *loculo*); av. 1375] **s. m.** ● Loculo sepolcrale: *tre ordini di locelli scavati nelle pareti* (D'ANNUNZIO).

lòchi [gr. *lochêia* (nt. pl.), da *lóchos* 'parto', da *léchetai* 'posare, giacere', di orig. indeur.; sec. XIV] **s. m. pl.** ● (*med.*) Liquidi che fuoriescono dai genitali della donna durante il puerperio.

lochiàno ● V. *lockiano.*

lochiazióne [da *lochi*; 1933] **s. f.** ● (*med.*) Espulsione dei lochi.

lochìsmo ● V. *lockismo.*

lockiàno o **lochiàno A agg.** ● Che concerne la filosofia di J. Locke. **B s. m.** ● Chi segue o si ispira alla filosofia di J. Locke.

lockìsmo o **lochìsmo s. m.** ● Complesso delle dottrine di J. Locke (1632-1704) considerate come tipica espressione dell'empirismo.

lòco (1) ● V. *luogo.*

lòco (2) [gr. *lóchos* 'compagnia', da *léchetai* 'posare, accamparsi', di orig. indeur.; sec. XVII] **s. m.** (pl. *-chi*) ● Reparto della falange greca.

loco, in ● V. *in loco.*

locomòbile [comp. di *loco* (*1*) e *mobile*, sull'es. del fr. *locomobile* 'che si può muovere per cambiare di posto'; 1869] **s. f.** ● Macchina a vapore montata su carro, spostabile per mezzo di traino, usata in passato in agricoltura o nelle piccole industrie.

†locomotilità [comp. di *loco* (*1*) e *motilità*, sull'es. del fr. *locomobilité*, da *locomobile*; 1848] **s. f.** ● Facoltà di locomozione.

locomotìva [ingl. *locomotive* (sottinteso *engine*) '(macchina) che può muoversi da un luogo' (V. *locomotivo*); 1826] **s. f.** ● (*ferr.*) Veicolo a ruote provvisto di apparato motore destinato al traino su rotaie di un certo numero di altri veicoli: *l. a vapore, elettrica.* **SIN.** Locomotore, locomotrice | ***Sbuffare come una l.***, (*scherz.*) di persona che ansima perché affaticata | ***Fumare come una l.***, (*scherz.*) fumare moltissimo, continuamente | (*fig.*) ***Fare da l., essere una l.***, precedere, guidare qlcu. o qlco. con effetto trainante. ➡ **ILL.** p. 2169 TRASPORTI.

locomotìvo [fr. *locomotif*, dal lat. dei filosofi umanisti *lŏco motīvum*, propr. 'che si muove da un luogo'; 1677] **agg.** ● (*disus.*) Atto a muovere o a muoversi.

locomotóre [da *locomozione*, sul tipo del corrispondente fr. *locomoteur*; 1828] **A agg.** (f. *-trice*) ● Che concerne la locomozione | (*anat.*) ***Apparato l.***, insieme degli organi destinati al movimento del corpo. **B s. m.** ● Locomotiva elettrica.

locomotòrio [1958] **agg.** ● Relativo alla locomozione fisiologica.

locomotorista [1957] **s. m.** e **f.** (pl. m. *-i*) ● (*ferr.*) Guidatore di locomotori.

locomotrice [da *locomotore*, come il fr. *locomotrice* da *locomoteur*; 1941] **s. f.** ● Locomotiva elettrica.

locomozióne [fr. *locomotion*, da *locomotif* 'locomotivo'; 1822] **s. f.** *1* Spostamento di persone, animali o cose da un luogo a un altro mediante veicoli | ***Mezzo di l.***, qualsiasi veicolo. *2* (*fisiol.*) Facoltà propria dell'uomo e degli animali di spostarsi da un luogo a un altro con particolari cicli di movimento, di cui i più importanti sono quelli della deambulazione, del nuoto e del volo.

lòculo [vc. dotta, lat. *lŏculu(m)*, dim. di *lŏcus* 'luogo'; sec. XIV] **s. m.** *1* Nicchia del colombario destinata a ricevere la bara, in un cimitero. *2* Celletta esagonale del vespaio. *3* (*bot.*) Loggia.

locupletàre [vc. dotta, lat. *locupletāre* 'arricchire', da *lŏcuples*, genit. *locuplētis* 'ricco (di terre)', comp. di *lŏcus* 'luogo (posseduto)' e *-plē-t-s*, dal v. *plēre* 'fare pieno'; av. 1557] **v. tr.** (*io locuplèto*) ● (*raro, lett.*) Arricchire.

locupletazióne [vc. dotta, lat. *locupletatiōne(m)*, da *locupletātus*, part. pass. di *locupletāre* 'locupletare'; 1673] **s. f.** ● (*raro*) Arricchimento, spec. nella loc. (*dir.*) ***l. ingiusta***, arricchimento senza causa a danno di altri.

lòcus [lat. 'luogo', di etim. incerta; 1932] **s. m. inv.** ● (*biol.*) Posizione fissa che un determinato gene occupa sul cromosoma.

locùsta [vc. dotta, lat. *locŭsta(m)*, di etim. incerta; sec. XIII] **s. f.** *1* (*zool.*) Denominazione di varie specie di Insetti degli Ortotteri | (*gener.*) Cavalletta | ***L. di mare***, aragosta. ➡ **ILL.** **animali**/2. *2* (*fig., lett.*) Persona molesta, dannosa e avida.

Locustoidèi [comp. di *locusta* e di un deriv. del gr. *éidos* 'forma'] **s. m. pl.** (sing. *-o*) ● Nella tassonomia animale, sottordine di Insetti degli Ortotteri, di forma slanciata, con zampe del terzo paio lunghe e adatte al salto e lunghe antenne filiformi (*Locustoidea*).

locustóne [accr. di *locusta*; 1957] **s. m.** ● Locusta di colore giallo con macchie brune dannosa per alcune colture, spec. vite e ortaggi (*Decticus verrucivorus*).

locutìvo [ingl. *locutive*, dal lat. *locūtu(m)*, part. pass. del v. *lŏqui* 'parlare'] **agg.** ● (*ling.*) Detto di atto linguistico che consiste nel produrre un enunciato dotato di significato. **SIN.** Locutorio.

locutóre [vc. dotta, lat. tardo *locutōre(m)*, da *lŏqui* 'parlare' (V. *loquela*); 1942] **s. m.**; anche **agg.** (f. *-trice*) *1* (*lett.*) Chi (o Che) parla, annuncia. *2* (*ling.*) Parlante.

locutòrio [av. 1342] **A agg.** ● (*ling.*) Locutivo. **B s. m.** ● †Parlatorio.

locuzióne [vc. dotta, lat. *locutiōne(m)*, da *locūtus*, part. pass. di *lŏqui*, di etim. incerta; av. 1294] **s. f.** *1* †Favella, loquela. *2* (*ling.*) Unità lessicale costituita di due o più parole (ad es. *all'impazzata*). **CFR.** Polirematica. *3* Espressione d'uso ricorrente, modo di dire (*rompere il ghiaccio*).

†lòda ● V. *lode.*

lodàbile [lat. *laudābile(m)*, da *laudāre* 'lodare'; av. 1431] **agg.** ● Che è degno di lode | (*poet.*) †Consigliabile. || **lodabilménte**, **avv.** Lodevolmente.

lodabilità [lat. *laudabilitāte(m)*, da *laudābilis* 'lodabile'; av. 1729] **s. f.** ● (*raro*) Condizione di chi (o di ciò che) è lodabile.

†lodaménto [av. 1306] **s. m.** ● Il lodare | Lode.

lodàre [lat. *laudāre*, da *lāus*, genit. *lāudis* 'lode', di etim. incerta; 1224] **A v. tr.** (*io lòdo*) *1* Esaltare con parole di lode, di approvazione e sim.: *l. la modestia, il coraggio di qlcu.* | ***Non posso certo lodarvi***, vi biasimo | Approvare: *lodarono incondizionatamente l'esecuzione dell'opera.* **SIN.** Elogiare. *2* Celebrare con preghiere, con espressioni di riverenza e sim.: *l. Dio* | ***Sia lodato il cielo!***, escl. che esprime sollievo o soddisfazione per il verificarsi di ciò che si desiderava | ***Dio sia lodato!***, finalmente | ***Sia lodato Gesù Cristo!***, formula di saluto, tra religiosi | ***Sempre sia lodato!***, risposta alla precedente formula. *3* (*poet.*) †Consigliare: *lodo solo … ch'alcun s'invii / nel campo ostil* (TASSO). **B v. rifl.** ● Esaltare sé stesso, la propria opera e sim. **C v. intr. pron.** ● (*lett.*) Parlare bene di qlcu. o esserne soddisfatto.

lodatìvo [lat. *laudatīvu(m)*, da *laudāre* 'lodare'; 1560] **agg.** ● Atto a lodare: *parole lodative.* **SIN.** Elogiativo.

lodàto [av. 1347] **part. pass.** di *lodare*; anche **agg.** ● Nei sign. del v. | Celebrato, decantato (con valore enfatico, iron. o scherz.): *scrittore di lodate opere; il non mai abbastanza l. signor* X | ***Su l.***, V. *sullodato.* || **†lodataménte**, **avv.** Con lode.

lodatóre [lat. *laudatōre(m)*, da *laudātus* 'lodato'; av. 1347] **agg.**; anche **s. m.** (f. *-trice*) ● Che (o Chi) loda, spec. per ottenere vantaggi.

lòde o **†lòda** [lat. *lāude(m)*, di etim. incerta; av. 1294] **s. f.** *1* Approvazione incondizionata, elogio, plauso: *ottenere, ricevere, meritare grandi lodi; essere degno di l.; lodi eccessive, sperticate, false; parlare, scrivere in l. di qlcu.* | ***Tornare a l. di qlcu.***, di azione e sim. particolarmente encomiabile | ***Superiore a ogni l.***, di chi (o di ciò che) può vantare meriti eccelsi | ***Senza infamia e senza l.***, mediocre | ***Cantare, tessere le lodi di qlcu., di qlco.***, esaltarne i pregi. *2* Preghiera o altra manifestazione con cui si celebra o si onora la divinità: *dar l. a Dio; innalziamo una l. alla Vergine.* *3* †Vanto, merito, virtù: *commemorare le lodi di qlcu.* | (*lett.*) Azione gloriosa o comunque encomiabile. *4* Particolare nota di merito, oltre ai pieni voti assoluti, in un esame universitario: *trenta e l.; laurearsi con la l.*

lòden /ˈlɔden, *ted.* ˈloːdn̩/ [vc. ted., di area esclusivamente germ. e di etim. incerta; 1895] **s. m. inv.** (pl. ted. *inv.*) *1* Panno di lana piuttosto pesante, fortemente follato e a pelo lungo e disteso, reso impermeabile con particolari trattamenti. *2* (*est.*) Cappotto confezionato con tale tessuto.

lodévole [lat. *laudābile(m)*, da *laudāre* 'lodare', con mutato suff.; 1342] **A agg.** ● Meritevole di lode: *condotta l.; persona l. per costanza.* **SIN.** Encomiabile. || **lodevolménte**, **avv.** In modo degno di lode. **B agg.**; anche **s. m.** ● Un tempo, valutazione scolastica indicante il massimo livello.

†lodevolézza [av. 1644] **s. f.** ● Caratteristica di lodevole.

lodge /*ingl.* lɒdʒ/ [vc. ingl., che etimologicamente corrisponde a *loggia*; 1984] **s. f. inv.** ● Residenza turistica, per lo più di dimensioni limitate.

lodigiàno [da *Lodi* (in lat. *Lāude(m) Pompēia(m)*, perché il console Gneo Pompeo Strabone vi dedusse una colonia romana) col suff. etnico *-igiano*; av. 1552] **A agg.** ● Di, relativo a, Lodi. **B s. m.** *1* (f. *-a*) Abitante, nativo di Lodi. *2* Formaggio grana fabbricato a Lodi. **C s. m.** solo sing. ● Dialetto lombardo parlato a Lodi.

lòdo [da *lodare* nel senso giuridico mediev. di 'approvare'; 1283] **s. m.** *1* †Lode: *visser sanza 'nfamia e sanza l.* (DANTE *Inf.* III, 36). *2* (*dir.*) Decisione assunta da arbitri sull'esito di un arbitrato che può acquisire efficacia esecutiva con decreto del tribunale.

lòdola [riduzione di (*al*)*lodola*; 1342] **s. f.** ● Allodola | ***L. del deserto***, uccelletto degli Alaudidi, grigio-rossiccio, che vive nel deserto svolazzando presso il suolo (*Ammomane deserti*) | ***L. dalla gola gialla***, caratteristica del Nord Europa (*Eremophila alpestris flava*) | ***L. dei prati***, uccelletto dei Passeriformi assai comune, spec. nelle zone collinose (*Lullula arborea*). **SIN.** Mattolina | ***L. capelluta***, passeriforme ad ampia area di diffusione, simile alla lodola, ma più piccolo (*Galerida cristata*). || **lodolétta**, **dim.**

lodolàio [dalle *lodole*, che caccia; 1831] s. m. ● Correntemente, falco cacciatore di allodole (*Falco subbuteo*).

Loess /ted. lœs, lø:s/ o **Löss** [etim. discussa: ted. dial. *lösch* '(terreno) instabile' (?); 1875] s. m. inv. (pl. ted. *Loesse*) ● (*geol.*) Siltite poco coerente, leggermente calcarea, giallastra, di deposito eolico e di origine eluviale.

lòffa o **lòffia** [vc. onomat.; 1536] s. f. ● (*region.*) Fuoriuscita silenziosa di gas dall'intestino. SIN. Vescia (1).

lòffio [vc. onomat. affine a *loffa*; av. 1742] agg. ● (*tosc.*) Floscio, cascante | (*fam.*) Fiacco, insulso.

Lofifòrmi [comp. di *lofo-* e il pl. di *-forme*; 1965] s. m. pl. (sing. *-e*) ● Nella tassonomia animale, ordine di Pesci ossei spesso abissali presenti nei mari tropicali e temperati (*Lophiiformes*).

lòfio [gr. *lóphion*, dim. di *lóphos* 'ciuffo' (V. *lofo-*) per le appendici erettili; av. 1799] s. m. ● (*zool.*) Rana pescatrice.

lòfo- [dal gr. *lóphos* 'ciuffo, pennacchio', di etim. incerta] primo elemento ● In parole composte della terminologia scientifica, spec. zoologica, significa 'ciuffo', 'dotato di ciuffo': *lofiformi*, *lofoforo*.

Lofobrànchi [comp. di *lofo-* e *branchia*] s. m. pl. (sing. *-chio*) ● Nella tassonomia animale, gruppo di Pesci ossei con muso allungato, tubolare e apparato branchiale ridotto (*Lophobranchii*).

lofòcero [comp. di *lofo-* e un deriv. del gr. *kéras* 'corno' per il suo becco dentellato (?); 1965] s. m. ● Uccello dei Coraciformi con becco vivacemente colorato (*Lophoceros*).

lofòforo [comp. di *lofo-* e *-foro*; 1932] s. m. ● Grosso fagiano delle foreste dell'Himalaya con maschio dai colori splendenti e ciuffo sul capo (*Lophophorus impeyanus*).

Lofòpodi [comp. di *lofo-* e *-podo*; 1983] s. m. pl. (sing. *-io*) ● Nella tassonomia animale, classe di Briozoi d'acqua dolce i quali formano colonie di consistenza coriacea o gelatinosa (*Lophopoda*).

lofòte [gr. *lophōtós* 'munito di cresta (*lóphos*)'; 1834] s. m. ● Pesce osseo oceanico con corpo nudo, allungato, argenteo e pinna dorsale molto estesa, rossa, con primo raggio duro e altissimo (*Lophotes cepedianus*).

lofòtrico [comp. di *lofo-* e del gr. *thríx*, genit. *trichós* 'pelo, capello'; 1930] **A** agg. (pl. m. *-ci*) ● (*biol.*) Detto di batterio con un ciuffo di flagelli a una estremità o da un lato. **B** s. m. ● Batterio lofotrico.

loft /ingl. lɒft/ [vc. ingl., propr. 'soffitta, magazzino', dall'ant. norv. *lopt* 'aria, soffitto'; 1974] s. m. inv. ● Magazzino, capannone o sim. ristrutturato e trasformato in abitazione.

log /ingl. lɒg/ [av. 1751] s. m. inv. ● (*mar.*) Solcometro.

logaèdico [vc. dotta, lat. *logaoedicu(m)*, dal gr. *logaoidikós*, comp. di *lógos* 'parola' e *aoidé* 'canto', nel senso che i metri usati stanno fra la 'prosa' e la 'poesia'] agg. (pl. m. *-ci*) ● Detto di verso composto di dattili e di trochei.

logaèdo s. m. ● Nella metrica classica, verso nel quale il dattilo in alcune sedi è sostituito dal trocheo.

†**logàggio** [ant. provz. *logatge*, dal lat. **locāticum*, deriv. del v. *locāre* 'locare'; sec. XIII] s. m. ● Locazione.

logaiòlo [da *l(u)ogo* nel senso di 'podere, appezzamento di terreno'; 1928] s. m. (f. *-a*) ● (*tosc.*) Mezzadro.

Loganiàcee [dal n. del botanico americano J. H. *Logan* (1908-1988) col suff. *-acee*; 1929] s. f. pl. (sing. *-a*) ● Nella tassonomia vegetale, famiglia di arbusti tropicali dicotiledoni a foglie opposte con stipole (*Loganiaceae*).

logarìtmico [av. 1730] agg. (pl. m. *-ci*) ● (*mat.*) Proprio dei logaritmi | *Curva logaritmica*, diagramma della funzione log x.

logaritmo [coniazione moderna secondo il gr. *lóg(on) arithmós* 'il numero (*arithmós*) della ragione (*lógon*)'; 1638] s. m. ● (*mat.*) Esponente del quale occorre munire un numero fisso base per ottenere il numero proposto | *L. decimale*, di base dieci.

logèion /gr. lo'gejon/ [vc. gr. (*logêion*), da *lógos* 'parola, discorso', perché destinato all'attore che doveva recitare a lungo; 1932] s. m. inv. (pl. gr. *logèia*) ● (*arch.*) Praticabile lungo e stretto dei palcoscenici degli antichi teatri greci, nel quale gli attori si disponevano per recitare.

loggètta [1353] s. f. **1** Dim. di *loggia*. **2** Organismo architettonico ornamentale composto da un colonnato o da una serie di arcate, eretto gener. per arricchire parti di edifici accessorie alla costruzione principale.

lòggia [fr. *loge*, dal francone *laubja* 'pergola'; sec. XIII] s. f. (pl. *-ge*) **1** Edificio aperto su uno o più lati con pilastri o con colonne, destinato ad accogliere persone riunite per scopi commerciali e sim. e posto a livello del piano stradale o lievemente rialzato | (*fig.*) †*Tener l.*, sindacare i fatti altrui | (*fig.*) †*Tenere a l. qlcu.*, tenerlo a bada | †*Comparire a l.*, in pubblico | †*A l.*, in abbondanza. **2** Galleria ai piani superiori, finestrata e prospiciente il cortile. **3** Luogo di adunanza di una società massonica | (*est.*) L'insieme degli appartenenti a una società massonica | (*est.*) Riunione di massoni | *Gran l.* (o *Grande Oriente*), organo da cui dipende un gruppo di logge. **4** (*anat.*) Cavità in cui è allogato un organo o una parte di organo. **5** (*bot.*) Ciascuna delle cavità interne di un organo vegetale. SIN. Casella, loculo. **6** (*dial.*) Altana. **7** †Alloggio. ‖ **loggètta**, dim. (V.).

†**loggiaménto** [fr. *logement*, da *loger* 'alloggiare', ant. 'accampare', dal sign. di 'tenda, capanna (per soldati)' ed ancor prima da *loge* 'pergola'; sec. XIV] s. m. ● Alloggiamento.

loggiàto [da *loggia*; 1669] s. m. ● Serie, sequenza di logge.

loggióne [accr. di *loggia* nel senso particolare di 'palco nel teatro'; 1819] s. m. **1** Settore più alto di posti nel teatro, il più lontano dal palcoscenico e quindi il più economico. **2** (*est.*) Il complesso degli spettatori che lo occupano: *gli applausi, i fischi del l.*

loggionista [1965] s. m. e f. (pl. m. *-i*) ● Spettatore che assiste dal loggione agli spettacoli teatrali.

-logia [gr. *-logía* in comp. astratti corrispondenti a quelli in *-lógos* '-logo'] secondo elemento ● In parole composte, significa 'discorso', 'espressione' (*analogia*, *tautologia*) o 'studio', 'teoria', 'trattazione' (*archeologia*, *glottologia*, *zoologia*).

♦**lògica** o †**lòica** [vc. dotta, lat. *lŏgica(m)*, dal gr. *logikḗ* (sottinteso *téchnē*) '(l'arte) del discorrere (*légein*, di orig. indeur.)'; av. 1294] s. f. **1** Parte della filosofia che studia le condizioni di validità di un'argomentazione: *l. deduttiva*, *induttiva* | *L. formale*, la logica che studia le forme dell'argomentazione, indipendentemente dal suo contenuto | *L. matematica*, *l. simbolica*, disciplina che formalizza in linguaggio matematico le operazioni logiche | (*elab.*) *L. sfumata*, sistema logico nel quale la transizione tra vero e falso non è determinata necessariamente dal superamento di una soglia da parte delle singole condizioni, ma anche da una valutazione complessiva dello stato di tutte le condizioni. SIN. Fuzzy logic, logistica | *L. trascendentale*, nella filosofia di I. Kant, parte della filosofia critica che studia le condizioni a priori del processo conoscitivo. **2** Trattato di logica, sistema logico: *la l. di Aristotele*. **3** Coerenza, rigore di un ragionamento: *l. inesorabile*, *stringente*; *persona priva di l.* | *A fil di l.*, *a rigor di l.*, secondo la logica | Coerenza di un'azione, consequenzialità e sim.: *un comportamento privo di l.* | *La l. degli avvenimenti*, il modo del loro svolgimento | Modo di ragionare: *la sua l. mi è estranea*. ‖ **logichètta**, dim.

†**logicàle** [av. 1406] agg. ● Della logica. ‖ †**logicalménte**, avv.

†**logicàre** o †**loicàre** [da *logica*; 1768] v. tr. ● Disputare con logica e sottilmente.

logicìsmo [1902] s. m. **1** Corrente di pensiero, sorta alla fine del secolo XIX a opera spec. di G. Frege (1848-1925) e B. Russell (1872-1970), secondo cui la matematica è un'applicazione della logica. **2** Tendenza a considerare tutte le cose dal punto di vista logico.

logicista [av. 1952] s. m. e f. (pl. m. *-i*) ● Seguace, sostenitore del logicismo.

logicìstico [av. 1952] agg. (pl. m. *-ci*) ● Del, relativo al, logicismo.

logicità [1905] s. f. ● Caratteristica di ciò che è logico.

♦**lògico** o †**lòico** [vc. dotta, lat. *lŏgicu(m)*, dal gr. *logikós* 'proprio della ragione (*lógos*, da *légein*, di orig. indeur.)'; 1308] **A** agg. (pl. m. *-ci*) **1** Proprio della logica | Che è conforme alle leggi del pensiero razionale: *criterio l.* | *Calcolo l.*, metodo per dedurre delle proposizioni da altre con metodi algebrici | *Analisi logica*, V. *analisi* sign. 1. **2** Correntemente, razionale: *un principio di derivazione logica* | Ragionevole: *conseguenza logica* | *È l.*, è ovvio, è chiaro. **3** Detto di persona dotata di logica: *un uomo l.* | *Siamo logici*, invito a ragionare con logica e coerenza. ‖ **logicaménte**, avv. **1** In modo logico. **2** Naturalmente, ovviamente: *ho tardato all'appuntamento e lei logicamente se l'è presa*. **B** s. m. (f. *-a*) **1** Chi sa di logica, chi si dedica allo studio della logica: *fu uno de' migliori loici che avesse il mondo* (BOCCACCIO). **2** Chi ragiona con assennatezza e coerenza.

login /lo'gin, ingl. 'lɒg,ɪn/ [comp. ingl. di *log* 'registrazione' e *in* 'dentro'; 1992] s. m. inv. ● (*elab.*) Procedura di accesso a un sistema che prevede l'inserimento di una password | (*est.*) La password stessa. SIN. Logon.

logiṣmografia [comp. del gr. *logismós* 'calcolo, ragionamento', da *légein* 'discorrere', e di *-grafia*; 1886] s. f. ● (*ragion.*) Antico metodo di registrazione contabile.

logista [vc. dotta, lat. *lŏgista(m)*, dal gr. *logistḗs*, da *légein* 'discorrere'; 1821] s. m. (pl. *-i*) ● Nell'antica Grecia, revisore dei conti a cui i magistrati uscenti dovevano rispondere del proprio operato.

logistica [vc. dotta, gr. *logistikḗ* (sottinteso *téchnē* 'arte'), da *légein* 'discorrere'; 1821] s. f. **1** Branca dell'arte militare che tratta le attività intese ad assicurare alle forze armate quanto abbisogna per vivere, muovere e combattere nelle migliori condizioni di efficienza | (*est.*) Attività di coordinamento e sincronizzazione di movimenti e spostamenti di persone o cose in una struttura collettiva, spec. di tipo industriale. **2** (*disus.*) Logica simbolica o matematica. **3** Anticamente, parte dell'aritmetica che si occupava delle operazioni elementari sui numeri interi.

logistico [vc. dotta, gr. *logistikós*, da *légein* 'discorrere'; 1829] agg. (pl. m. *-ci*) ● Di, relativo a, logistica | (*est.*) Relativo all'organizzazione di qlco., alla sistemazione di persone, e sim.: *i problemi logistici di un convegno*. ‖ **logisticaménte**, avv. Per quanto riguarda la logistica o gli aspetti logistici.

logliàto agg. ● (*raro*) Loglioso.

loglierèlla [da *loglio*; av. 1811] s. f. ● Pianta delle Graminacee, spesso coltivata, con spiga eretta di fiori verdi, ottima foraggera (*Lolium perenne*).

lòglio o **lòglio** [lat. *lŏliu(m)*, di etim. incerta; 1319] s. m. ● Pianta annua delle Graminacee, spontanea fra le messi, con fiori a spiga rossa, le cui cariossidi rendono velenosa la farina (*Lolium temulentum*). SIN. Zizzania | *Distinguere il grano dal l.*, (*fig.*) separare il buono dal cattivo. ➡ ILL. piante/10.

logliòṣo [sec. XIV] agg. ● (*raro*) Pieno di loglio: *grano l.*

lògo (1) ● V. *luogo*.

lògo (2) ● V. *logos*.

lògo (3) s. m. inv. ● Accorc. di *logotipo* nel sign. 2.

lògo- [dal gr. *lógos*, da *légein* 'dire, discorrere', di orig. indeur.] primo elemento ● In parole composte dotte e della terminologia scientifica, significa 'parola', 'linguaggio', 'discorso': *logografo*, *logomachia*, *logopatia*.

-logo [gr. *-lógos* 'uno che parla in una certa maniera', da *légein* 'dire, parlare'] secondo elemento ● Forma aggettivi e sostantivi composti, in cui significa 'discorso' (*analogo*, *decalogo*) o sostantivi composti indicanti gli studiosi di una data disciplina e corrispondenti ai sostantivi astratti in *-logia* (*astrologo*, *fisiologo*).

logoclonia [comp. di *logo-* e di un deriv. dal gr. *klónos* 'tumulto', dal v. *kélesthai*, di etim. incerta; 1940] s. f. ● (*med.*) Disturbo del linguaggio consistente nella ripetizione automatica delle sillabe finali di una parola.

logografia [comp. di *logo-* e *-grafia*; 1821] s. f. **1** Arte del logografo. **2** Scrittura a base di logogrammi.

logogràfico [1831] agg. (pl. m. *-ci*) ● Che concerne la logografia.

logògrafo [vc. dotta, lat. *logŏgraphu(m)*, dal gr. *logográphos*, comp. di *lógos* 'discorso (in prosa)' e *-graphos* 'scrittore'; 1871] s. m. **1** Nella letteratura greca più antica, storico, mitografo. **2** Nella Grecia classica, retore che scriveva, a pagamento, orazioni giudiziarie.

logogràmma [comp. di *logo-* e *gramma*] s. m.

(pl. -*i*) ● (*ling.*) Nelle scritture ideogrammatiche, disegno corrispondente a una nozione o alla sequenza fonica costituita da una parola.

logogrifo, (*evit.*) **logògrifo** [comp. di *logo-* e di un deriv. del gr. *grîphos* 'rete da pescatore', e, fig., 'enigma', di etim. incerta; 1764] s. m. ● Gioco enigmistico consistente nello scomporre una parola per formare con le sue lettere o le sue sillabe una serie di altre parole di lunghezza inferiore (ad es. da *canestro*: *contesa*, *strano*, *antro*, *oste*, *ora*, ecc.).

logomachìa [gr. *logomachía* 'disputa (a parole)', comp. di *lógos* 'discorso' e di un deriv. di *máchesthai* 'combattere', di etim. incerta; 1598] s. f. ● (*lett.*) Disputa di parole o sulle parole.

logon /lo'gɔn, *ingl.* 'lɒg,ɒn/ [comp. ingl. di *log* 'registrazione' e *on* 'su, dentro'; 1992] s. m. inv. ● (*elab.*) Login.

logopatìa [comp. di *logo-* e *-patia*; 1957] s. f. ● (*med.*) Qualsiasi disturbo del linguaggio causato da malattie del sistema nervoso centrale.

logopàtico [1974] **A** agg. (pl. m. -*ci*) ● Di, relativo a, logopatia. **B** agg.; anche s. m. (f. -*a*) ● Che (o Chi) è affetto da logopatia.

logopedìa [da *logo-* sul modello di *ortopedia*; 1957] s. f. ● (*med.*) Branca della medicina che studia la correzione dei difetti dell'articolazione della parola e della formulazione del linguaggio.

logopedista [1975] s. m. e f. (pl. m. -*i*) ● Chi applica metodi correttivi o riabilitativi per le anomalie del linguaggio o della articolazione della parola.

logoplegìa [comp. di *logo-* e *-plegia*; 1952] s. f. ● (*med.*) Paralisi degli organi della parola.

logoràbile [1957] agg. ● Che si può logorare | Facile a logorarsi.

logorabilità [1957] s. f. ● Caratteristica di ciò che è logorabile.

†**logoracuòri** [comp. di *logora(re)* e il pl. di *cuore*; av. 1729] agg. ● Angoscioso, tormentoso.

logoraménto [av. 1694] s. m. *1* Il logorare, il logorarsi | Consumo, sciupio. *2* (*fig.*) Affaticamento | Deterioramento: *l. dei rapporti fra i partiti della maggioranza.* *3* (*tecnol.*) Usura.

logorànte [av. 1896] part. pres. di *logorare*; anche agg. *1* Nei sign. del v. *2* (*fig.*) Che stanca, affatica: *vita l.* | Snervante, stressante: *un'attesa l.*

logoràre o †**logràre** [lat. *lucrāre* 'lucrare' (V.); 1344] **A** v. tr. (*io lógoro*) *1* Consumare gradualmente per troppo uso: *l. le scarpe, i tacchi; tra gli argini, a notte, l'acqua morta / logora i sassi* (MONTALE) | (*fig.*) Ridurre in cattivo stato: *logorarsi la vista, i nervi, la salute* | (*fig.*) ***L. le proprie forze***, nel lavoro estenuante. SIN. Guastare. *2* †Adoperare, usare, impiegare. *3* †Guadagnare rubando. **B** v. rifl. ● Consumarsi, sciuparsi (*anche fig.*): *il Tasso cerca l'eroico, il serio, il reale ... e si logora in questi tentativi* (DE SANCTIS). **C** v. intr. pron. ● Divenire logoro | (*fig.*) Deteriorarsi.

logoràto [av. 1422] part. pass. di *logorare*; anche agg. *1* Consumato, reso logoro, sciupato. *2* (*fig.*) Abusato | (*fig.*) Esaurito, stressato | (*fig.*) Deteriorato.

logoratóre [av. 1342] agg.; anche s. m. (f. -*trice*) ● Che (o Chi) logora.

logorìo [1891] s. m. ● Consumo o deterioramento intenso e continuato (*anche fig.*): *il l. di un congegno*; *il l. dei nervi.*

lógoro (**1**) [per *logor(at)o*; 1342] agg. *1* Consunto, sciupato: *abiti logori*; *con indosso una veste logora e rappezzata* (BARTOLI) | (*fig.*) Abusato, trito; superato: *idee logore* | (*fig.*) Deteriorato: *un rapporto ormai l.* *2* †Speso.

lógoro (**2**) [da *logorare*; av. 1313] s. m. *1* (*raro*) Logoramento. *2* (*raro, fig.*) Sperpero, sciupio.

lógoro (**3**) [ant. provz. *loire*, dal francone **lothr* 'esca, richiamo'; 1313] s. m. ● Corto bastone ornato di ali d'uccello, che si lanciava in aria per richiamare il falcone sul pugno del falconiere.

logorrèa [gr. *logo(diá)rroia*, comp. di *lógos* 'discorso' e *diárroia*, dal v. *rêin* 'scorrere, fluire'; 1905] s. f. *1* (*med.*) Rapido flusso di parole, caratterizzato da un bisogno incoercibile di continuare un enunciato, tipico di alcuni malati afasici sensoriali. *2* (*fig.*) Loquacità eccessiva, difetto di chi parla troppo o troppo a lungo (*anche scherz.*): *smettila con questa tua l.!*

logorròico [1967] agg. (pl. m. -*ci*) *1* (*med.*) Di logorrea | Affetto da logorrea. *2* (*fig.*) Che ha il vizio o il difetto di parlare troppo (*anche scherz.*): *oratore l.* || **logorroicaménte**, avv.

lògos o **lògo** (**2**) [vc. dotta, dal gr. *lógos*, deriv. dal v. *légein* 'discorrere', di orig. indeur.; 1891] s. m. (pl. gr. *lògoi*) *1* (*filos.*) La ragione intesa sia come attività propria dell'uomo che come causa e sostanza del mondo. *2* Nella teologia cristiana, il Verbo incarnato, la seconda persona della Trinità.

logosemeiòtico [comp. del gr. *lógos* 'discorso' e un deriv. di *sēmêion* 'segno'; 1970] agg. (pl. m. -*ci*) ● Concernente i segni grafici del linguaggio: *amnesia logosemeiotica.*

logotachigrafìa [comp. di *logo-* e *tachigrafia*] s. f. ● Tachigrafia.

logoterapèuta [comp. di *logo-* e *terapeuta*] s. m. e f. (pl. m. -*i*) *1* Logopedista. *2* Psicoterapista che pratica la logoterapia.

logoterapìa [comp. di *logo-* e *terapia*; 1963] s. f. ● (*psicol.*) Trattamento psicoterapeutico elaborato da V. E. Frankl, che si propone di restituire significato alla vita del paziente accettandone empaticamente la sofferenza.

logoterapista [comp. di *logo-* e *terapista*] s. m. e f. (pl. m. -*i*) ● Logopedista.

logotèta [gr. biz. *logothétēs*, originariamente 'ufficiale posto (dal v. *tithénai*) sopra i conti (*lógoi*)'; av. 1555] s. m. (pl. -*i*) ● Rappresentante supremo dell'autorità imperiale nei territori bizantini.

logotìpo [ingl. *logotype*, comp. di *logo-* e *type* 'lettera' (V. *tipo*); 1937] s. m. *1* (*edit.*) Carattere tipografico che comprende due o più lettere. SIN. Politipo. *2* (*org. az.*) Nella pubblicità, forma grafica progettata e realizzata per una parola o una sigla allo scopo di renderla il simbolo fisso in cui il cliente o l'utente identificano l'immagine commerciale di un'azienda o di un prodotto.

†**logràre** ● V. *logorare.*

logudorése **A** agg. ● Del Logudoro, regione storica della Sardegna nordoccidentale. **B** s. m. e f. ● Abitante, nativo del Logudoro. **C** s. m. solo sing. ● Varietà del dialetto sardo, di cui costituisce il nucleo più conservativo, parlato nel Logudoro e in una parte della Sardegna centrale.

lòia [etim. discussa: emiliano *lòia* 'sporcizia', da *lòi* 'loglio' (?); av. 1464] s. f. ● (*tosc.*) Sudiciume untuoso della pelle e degli abiti.

†**lòica** e *deriv.* ● V. *logica* e *deriv.*

loiétto [dim. di *loio*, var. dial. di *loglio*; 1934] s. m. ● (*bot.*) Loglio.

loiolésco [da S. Ignazio di *Loyola* (1491-1556), fondatore dell'ordine dei Gesuiti; 1853] agg. (pl. m. -*schi*) ● (*lett., spreg.*) Da ipocrita, da gesuita. || **loiolescaménte**, avv. (*raro*) Ipocritamente.

lolìsmo [dal lat. *lŏlium* 'loglio', col suff. *-ismo*; 1957] s. m. ● (*med.*) Avvelenamento da loglio.

lolita [dal n. della protagonista dell'omonimo romanzo di V. Nabokov (1899-1977); 1963] s. f. (m. -*o*) ● Giovinetta che, con la precoce femminilità e il comportamento provocante, suscita desiderio spec. negli uomini maturi. SIN. Ninfetta.

lòlla o **lólla** [etim. incerta; 1340 ca.] s. f. *1* Rivestimento dei chicchi dei cereali. SIN. Loppa, pula. *2* †Mancanza di forze, energie e sim. | (*fig.*) ***Esser di l.***, debole, fiacco.

lombàggine [vc. dotta, lat. tardo *lumbāgine(m)*, da *lŭmbus* 'lombo'; 1663] s. f. ● Dolore muscolare, più frequente nella regione lombare, di origine reumatica, nevralgica e sim.

lombalgìa [comp. di *lomb(o)* e *-algia*] s. f. ● Qualsiasi stato doloroso della regione lombare.

Lòmbard /'lɔmbard, *ingl.* 'lɒmbɑ:d/ [in ted. *Lombard(zinfuss)* '(tasso d'interesse dei) crediti su pegno', dal n. dato nel Medioevo ai banchieri dell'Italia sett., chiamati generalmente 'lombardi'] s. m. inv. ● (*econ.*) Tasso Lombard.

lombardàta [da *lombardo* nel sign. ant. di 'muratore'; 1767] s. f. ● Fila di muratori che si passano mattoni o altri materiali gettandoseli dall'uno all'altro.

lombardésco [sec. XIII] agg. (pl. m. -*schi*) ● (*raro*) Di uso lombardo: *espressione lombardesca.*

lombardìsmo [1758] s. m. ● (*ling.*) Idiotismo lombardo.

lombàrdo [lat. tardo *Longobārdu(m)* 'Longobardo' (V.); av. 1294] **A** agg. ● Della Lombardia. **B** s. m. (f. -*a*) ● Abitante, nativo della Lombardia. **C** s. m. solo sing. ● Dialetto gallo-italico, parlato in Lombardia.

lombàre [lat. *lumbāre(m)*, da *lŭmbus* 'lombo'; av. 1698] agg. *1* Del lombo, dei lombi: *regione l.* *2* Che è situato nella zona dei lombi: *vertebre, nervi lombari* | Che si effettua nella zona dei lombi: *massaggio l.* | ***Puntura l.***, rachicentesi.

lombàta [da *lombo*; av. 1712] s. f. ● Taglio di carne staccato dai lombi dell'animale macellato, da cucinarsi spec. arrosto: *l. di vitello.* || **lombatina**, dim. (V.).

lombatina [1869] s. f. *1* Dim. di *lombata*. *2* Braciola di lombata.

lómbo [lat. *lŭmbu(m)*, di orig. indeur.; av. 1292] s. m. *1* (*anat.*) Parte posteriore dell'addome, tra la dodicesima costa e il margine superiore dell'osso iliaco. *2* (*est.*) Fianco | ***Aver buoni lombi***, essere forte. *3* (*lett.*) Zona del corpo preposta alla riproduzione | (*est.*) Famiglia, stirpe: *giovin signore, o a te scenda per lungo / di magnanimi lombi ordine il sangue / purissimo, celeste* (PARINI). *4* Lombata: *una bistecca di l.*

lombosacràle [comp. agg. di *lombo* e *sacrale* (*2*); 1957] agg. ● (*anat.*) Che è pertinente alla regione lombare e sacrale | ***Plesso l.***, insieme delle radici nervose che fuoriescono dal tratto lombare e sacrale della colonna vertebrale e dei nervi da esse formati.

lombricàio [da *lombrico*; av. 1850] **A** s. m. *1* Terreno umido dove vivono molti lombrichi. *2* (*fig., disus.*) Luogo immondo o putrido: *un l. di teppisti e malefemmine.* **B** agg. ● †Lombricale.

lombricàle [av. 1673] agg. ● Che ha forma di lombrico | (*anat.*) ***Muscolo l.***, piccolo muscolo sottile e allungato della mano e del piede che determina i movimenti delle dita.

lombricicoltóre [comp. di *lombrico* e *coltore*; 1983] s. m. (f. -*trice*) ● Chi si dedica all'allevamento dei lombrichi.

lombricicoltùra [comp. di *lombrico* e *coltura*; 1982] s. f. ● Lombricoltura.

lombrìco, (*evit.*) **lómbrico** [lat. *lumbrīcu(m)*, di etim. incerta; sec. XIV] s. m. (pl. -*chi*) ● Comunissimo Anellide degli Oligocheti ermafrodito che vive nei terreni umidi nutrendosi di sostanze contenute nel terriccio, che espelle sotto forma di piccoli caratteristici cumuli (*Lumbricus terrestris*). || **lombrichétto**, dim. | **lombrichino**, dim. | **lombricóne**, accr. | **lombricùzzo**, dim.

lombricoltùra [comp. di *lombri(co)* e *coltura*] s. f. ● Allevamento di lombrichi per la produzione di humus o per alimentazione animale. SIN. Lombricicoltura.

lombrosiàno [1889] **A** agg. ● Relativo allo psichiatra e antropologo di scuola positivista C. Lombroso (1835-1909), alla sua produzione scientifica e alle sue teorie sulla criminalità | (*est.*) ***Viso, tipo l.***, i cui tratti somatici richiamano le fisionomie di delinquenti studiate da C. Lombroso. **B** s. m. (f. -*a*) ● Seguace della teoria di C. Lombroso.

loménto [vc. dotta, lat. *lomĕntu(m)* 'sapone di farina di fave e riso per lavare', da *lāutus*, poi *lōtus*, agg. verb. di *lavāre*, secondo un passaggio semantico non immediatamente afferrabile; 1813] s. m. ● (*bot.*) Frutto secco che si apre per setti trasversali.

lómpo [adattamento del disusato n. ingl. *lump*, oggi *lumpfish*, forse di orig. neerl.] s. m. ● (*zool.*) Pesce della famiglia dei Ciclotteridi, molto comune nell'Atlantico settentrionale, le cui uova vengono usate come surrogato del caviale (*Cyclopterus lumpus*).

lonchite [vc. dotta, lat. *lonchītide(m)*, nom. *lonchītis*, dal gr. *lonchîtis*, da *lónchē* 'lancia', di etim. incerta] s. f. ● Felce montana con foglie coriacee composte di foglioline dentato-spinose (*Aspidium lonchitis*).

londinése [vc. dotta, lat. *Londiniēnse(m)*, da *Londīniu(m)* 'Londra', da una radice **londo-* 'selvatico, ardito', passato a n. di tribù ivi stanziata; 1860] **A** agg. ● Di Londra. **B** s. m. e f. ● Abitante, nativo di Londra.

lònga mànus [loc. lat., propr. 'lunga (*lŏnga*, f. dell'agg. *lŏngus*) mano (*mănus*)'; 1915] loc. sost. f. inv. (pl. lat. *longae manus*) ● Persona od organizzazione che agisce nascostamente per conto di altri.

longànime o †**longànimo** [vc. dotta, lat. *longănime(m)*, comp. di *lŏngus* 'lungo, paziente' e *ănimus* 'animo'; av. 1342] agg. ● (*lett.*) Che usa grande indulgenza e clemenza | (*raro*) Che sa avere pazienza e sopportazione. SIN. Indulgente, tollerante. || **longanimeménte**, avv. Con longanimità.

longanimità [vc. dotta, lat. tardo *longanimitāte(m)*, da *longănimis* 'longanime'; av. 1292] s. f. ● (*lett.*) Caratteristica di chi è longanime: *io rivol-*

go gli occhi a remirar la vostra l. (BRUNO). SIN. Indulgenza, tolleranza.

†**longànimo** ● V. *longanime*.

†**longàre** ● V. *†lungare*.

longarina ● V. *longherina*.

longaróne ● V. *longherone*.

long drink /lɔn'driŋk, *ingl.* 'lɒŋ,dɹiŋk/ [loc. ingl., propr. 'bevanda (*drink*, di area germ.) lunga (*long*, pure di area germ.)'; 1966] loc. sost. m. inv. (pl. ingl. *long drinks*) ● Bevanda alcolica diluita con acqua o succhi di frutta, servita ghiacciata in grandi bicchieri.

longevità [1761] s. f. ● Lunga durata della vita: *la l. di alcune piante si conta a decine di secoli*.

longèvo [vc. dotta, lat. *longǣvu(m)*, comp. di *lŏngus* 'lungo' e *ǣvum* 'evo, età'; 1321] agg. ● Che vive molto a lungo: *uomo l.*; *pianta longeva*.

longherina o **longarina**, **lungarina**, **lungherina** [fr. *long(ue)rine*, da *long* 'lungo' (?); 1890] s. f. *1* Lunga trave di ferro che funge da architrave. *2* Trave lignea o metallica per l'appoggio longitudinale delle rotaie.

longheróne o **longaróne**, **lungheróne** [vc. dotta, lat. *longuriōne(m)*, da *lŏngus* 'lungo', sull'esempio del corrispondente fr. *longeron*; 1929] s. m. ● Trave metallica di sezione varia che, posta in senso longitudinale nelle strutture di aerei, automobili e sim., sostiene il carico. ➡ ILL. p. 2174 TRASPORTI.

lòngi- [dal lat. *lŏngus* 'lungo'] primo elemento ● In parole composte della terminologia scientifica, significa 'lungo': *longilineo*.

†**longiàre** [da *lungi*, con adattamento] v. tr. ● (*raro*) Tener lontano, allontanare.

longilineo [comp. di *longi-* e *linea*, sul modello di *rettilineo*; 1929] agg.; anche s. m. (f. *-a*) ● Tipo costituzionale in cui prevale lo sviluppo degli arti sul tronco e dei diametri longitudinali su quelli trasversali.

†**longinquità** [vc. dotta, lat. *longinquitāte(m)*, da *longīnquus* 'longinquo'; 1504] s. f. ● Lontananza.

†**longìnquo** [vc. dotta, lat. *longīnquu(m)*, da *lŏnge* 'lungi', deriv. da *lŏngus* nel senso di 'lontano'; av. 1342] agg. ● Remoto, distante: *curano la cosa come cosa longinqua e che non appartenga loro* (MACHIAVELLI).

†**longità** [dal lat. *lŏngus* nel senso di 'distante, lontano', come il corrispondente lat. tardo *longĭtia*; av. 1294] s. f. *1* Lunghezza. *2* Lontananza.

†**longitàno** [lat. parl. **longitānu(m)*, da *lŏngus* nel senso di 'lontano'] agg. ● Lontano.

longitìpico [1937] agg. (pl. m. *-ci*) ● (*anat.*) Di longitipo.

longitìpo [comp. di *longi-* e *tipo*; 1937] s. m. ● (*anat.*) Tipo costituzionale longilineo.

longitudinàle [da *longitudine*; 1499] agg. ● Che è disposto o si sviluppa nel senso della longitudine: *proiezione l.*; *asse l.* ‖ **longitudinalménte**, avv. In maniera o con disposizione longitudinale.

longitùdine [vc. dotta, lat. *longitūdine(m)*, da *lŏngus* 'lungo'; 1282] s. f. *1* In un sistema di coordinate sferiche, distanza angolare di un punto dal meridiano di riferimento | (*astron.*) ***L. celeste***, una delle due coordinate del sistema di riferimento celeste, definita come distanza angolare di un punto del cielo dal meridiano celeste di riferimento. CFR. Latitudine celeste | ***L. terrestre***, distanza angolare di un luogo dal meridiano di Greenwich (Londra), gener. misurata in gradi tra 180° Est e 180° Ovest. CFR. Latitudine terrestre. *2* Estensione in lunghezza.

†**lòngo** o **lóngo** ● V. *lungo*.

longobàrdico [av. 1750] agg. (pl. m. *-ci*) ● Dei Longobardi: *costume l.*

♦**longobàrdo** o †**langobàrdo** [vc. dotta, lat. *Longobărdu(m)* 'dalla lunga (ted. *lang*) lancia (ted. *Barte*)' (?); 1321] **A** s. m. (f. *-a*) ● Ogni appartenente a un'antica popolazione germanica stanziatasi nell'Italia settentrionale fra il VI e l'VIII sec. d.C. **B** agg. ● Dei Longobardi. **C** s. m. solo sing. ● Antica lingua del gruppo germanico occidentale, parlata dai Longobardi.

long-play /lon(g)'plei, *ingl.* 'lɒŋ,pleɪ/ [1952] s. m. inv.; anche agg. inv. ● (*fam.*) Long-playing.

long-playing /*ingl.* 'lɒŋ,pleɪɪŋ/ [loc. ingl., propr. 'che suona (*playing*, dal v. *to play* 'recitare, eseguire') lungamente (*long*)'] **A** agg. inv. ● Di audizione a lunga durata, detto di dischi microsolco a trentatré giri al minuto. **B** s. m. inv. ● Disco fonografico dotato di tali caratteristiche.

long seller /lon(g)'sɛler, *ingl.* 'lɒŋ,sɛlə/ [vc. ingl., propr. 'di lunga vendita': V. *best seller*; 1980] s. m. inv. ● Libro che continua a mantenere un notevole livello di vendita per un periodo molto lungo: *un best seller trasformatosi in long seller*.

longuette /*fr.* lõ'gɛt/ [vc. fr., da *longue*, f. di *long* 'lungo'; 1970] s. f. inv. ● Abito o gonna femminile la cui lunghezza arriva tra il ginocchio e il polpaccio.

†**longùria** [vc. dotta, lat. *longŭriu(m)*, termine tecnico, da *lŏngus* 'lungo' (?); sec. XIV] s. f. *1* Asta, pertica. *2* Travicello, corrente.

♦**lontanànza** [da *lontano*; av. 1276] s. f. *1* Condizione di chi (o di ciò che) è lontano | ***In l.***, da lontano. CONTR. Vicinanza. *2* Assenza: *lunghi anni di l.* *3* Stato d'animo di chi è lontano da ciò che ama, desidera e sim.: *soffrire per la l.*

lontanàre [1319] **A** v. tr. ● (*lett.*) Allontanare: *quanto potea con mano, come che poca forza n'avesse, la lontanava* (BOCCACCIO). **B** v. intr. e intr. pron. (aus. *essere*) ● (*lett.*) Allontanarsi.

†**lontanézza** s. f. ● Lontananza.

♦**lontàno** [lat. parl. **longitānu(m)*, da *lŏngus* 'lungo' e anche 'distante, lontano'; av. 1250] **A** agg. *1* Che è separato da un lungo spazio rispetto a un punto di riferimento: *paese l.*; *regioni lontane*; *il l. Oriente*; *il villaggio è ancora l.* | Che si trova a una certa distanza: *l'albergo è l. qualche kilometro, pochi metri, dieci miglia* | ***L. da qui a lì***, poco lontano | ***L. un miglio***, (*enfat.*) lontanissimo: *un fetore che si sente l. un miglio* | (*iperb.*) ***L. anni luce***, lontanissimo. CFR. tele-. SIN. Distante. CONTR. Vicino. *2* Distante nel tempo (nel passato o nel futuro): *lontani ricordi*; *siamo ancora lontani dalla buona stagione*; *i vostri lontani discendenti, cosa ne diranno?* *3* Assente: *ricordare gli amici lontani*. *4* (*fig.*) Che non è legato da vincoli, rapporti, relazioni e sim., particolarmente stretti rispetto alla persona di cui si parla: *un l. parente* | ***Alla lontana***, superficialmente, in modo non intimo e sim.: *essere parenti alla lontana*; *conoscersi alla lontana*. *5* (*fig.*) Diverso, divergente, discordante: *abbiamo idee piuttosto lontane* | ***Siamo lontani, siamo ancora lontani***, e sim., non vi è possibilità di accordo, non ci intendiamo e sim. | ***Essere l., ben l., dalla perfezione***, essere decisamente imperfetto. *6* (*fig.*) Che è alieno, che rifugge da qlco.: *siamo lontani dal credere che ciò sia vero*; *sono l. dal sospettare che tu menta*. *7* (*fig.*) Immune, salvo | ***Tenere qlcu. l. da qlco.***, preservarlo, difenderlo e sim. | ***Tenersi l. da qlcu., da qlco.***, preservarsi da qlcu., da qlco. *8* (*fig.*) Vago, indeterminato, incerto: *un l. sospetto*; *c'è una lontana somiglianza tra loro*; *non ho la più lontana idea di ciò che sta succedendo* | ***Alla lontana***, in modo vago, indiretto, cominciando dagli elementi più generici: *me ne ha parlato, ma alla lontana*. *9* (*raro*, *lett.*) Durevole, duraturo: *fama lontana quanto il mondo*; *silenzio l.*; *vendetta lontana*. ‖ **lontanino**, dim. | **lontanùccio**, dim. ‖ **lontanaménte**, avv. Da lontano; (*fig.*) in modo vago e indeterminato: *non ci penso neanche lontanamente*. **B** avv. *1* A lunga distanza, in un luogo distante, remoto (con v. di stato e di moto): *stare, abitare, vivere l.*; *correre l.* | ***Andare l.***, (*fig.*) far carriera, aver successo | ***Mirare l.***, (*fig.*) ambire grandi cose, prefiggersi alti scopi | ***Vedere l.***, (*fig.*) essere lungimirante | ***Tenere l. qlcu.***, evitarlo | (*iter.*) Con valore intens.: *fuggiremo lontano lontano*. SIN. Distante. CONTR. Vicino. *2* Preceduto da prep. nelle loc. avv. ***da***, ***di***, (*raro*) ***per l.*** (indicando stato in luogo, moto da luogo o moto attraverso luogo): *vengo da l.*; *arriverà di l.*; *parto per l.* | ***Rifarsi da l.***, incominciare una narrazione da fatti remoti. **C** nella loc. prep. ***l. da*** ● A grande distanza da: *abita l. da qui*; *vive l. da casa*; *si tiene l. da tutti*; *cerca di stare l. dai guai*. | ***Tenersi l. da qlcu., da qlco.***, evitarlo. **D** s. m. *1* (*relig.*, *eufem.*) †Miscredente. *2* (*lett.*) Luogo distante; lontananza. ‖ PROV. Lontan dagli occhi, lontan dal cuore.

lóntra [lat. *lŭtra(m)*, con sovrapposizione del corrispondente gr. *énydris*, propr. 'che sta in acqua (*hýdōr*)', prob. entrato anticamente in lat. per il tramite etrusco; 1313] s. f. *1* Carnivoro dei Mustelidi con pelliccia, corpo lungo, zampe corte e palmate, agilissimo nuotatore a caccia di pesci e di ogni animale acquatico (*Lutra lutra*). ➡ ILL. **animali**/14. *2* Pelliccia, folta e morbida, dell'animale omonimo.

lontràto agg. ● Detto di pelle di castoro conciata come quella di lontra.

lónza (**1**) [lat. parl. **lŭncea(m)*, da *lýnx*, genit. *lýncis* 'lince'; sec. XIII] s. f. ● Presso gli scrittori medievali, felino identificabile con la lince o il leopardo.

lónza (**2**) [ant. fr. *longe*, di etim. discussa: da un lat. parl. **lŭmbeu(m)* 'appartenente ai lombi' (?); 1200 ca.] s. f. ● (*sett.*) Lombata, spec. quella di maiale | Salume fatto insaccando la lombata disossata | (*centr.*) Parti secondarie (labbra, coda, guance) del bovino | (*centr.*) Collo e parti magre del maiale | (*centr.*) Coppa, capocollo.

lònzo [etim. incerta; 1618] agg. ● (*raro*) Floscio, debole, snervato: *stile l.*

look /*ingl.* luk/ [vc. ingl., propr. 'aspetto, stile'; 1970] s. m. inv. ● Aspetto esteriore di un individuo, di un prodotto e sim., appositamente studiato per darne l'immagine voluta: *quel cantante ha cambiato l.*

loop /*ingl.* lu:p/ [vc. ingl., propr. 'cappio, anello'; 1980] s. m. inv. *1* (*elettron.*) Circuito chiuso, spec. elettrico. *2* (*elab.*) Sequenza di istruzioni di un programma che viene ripetuta ciclicamente.

looping /*ingl.* 'lu:pɪŋ/ [vc. ingl., propr. 'allacciando', dall'espressione *looping the loop* 'allacciando il laccio', di etim. incerta; 1913] s. m. inv. ● (*aer.*) Gran volta.

lòppa [ant. fr. *loupe*, da una base *loop-* 'oggetto debolmente appeso'; av. 1320] s. f. *1* Pula, lolla. *2* (*fig.*) Roba di nessun valore, cosa da nulla. *3* (*metall.*) Scoria fluida galleggiante sulla superficie della ghisa liquida: *l. d'alto forno*.

lòppio o **lóppio** [da separarsi in *l'oppio*, dal lat. *ŏpulu(m)*: vc. celt. (?); 1779] s. m. ● (*bot.*) Acero campestre.

loppóne [accr. di *lopp(i)o*; 1834] s. m. ● (*bot.*; *tosc.*) Acero montano, acero fico.

loppóso [da *loppa*; sec. XVI] agg. ● (*raro*) Che ha molta loppa.

loquàce [vc. dotta, lat. *loquāce(m)*, da *lŏqui* 'parlare', di etim. incerta; 1342] agg. *1* Che parla molto, che ha la parola facile: *donna l.* SIN. Chiacchierone, ciarliero. CONTR. Taciturno. *2* (*lett.*) Garrulo: *uccelletti loquaci*. *3* (*fig.*) Eloquente, significativo: *gesto l.*; *fra noi vi fu un silenzio l.* ‖ **loquaceménte**, avv.

loquacità [vc. dotta, lat. *loquacitāte(m)*, da *lŏquax*, genit. *loquācis* 'loquace'; sec. XIV] s. f. ● Disposizione o tendenza a parlare molto: *la fastidiosa l. di molte persone*. SIN. Chiacchiera, parlantina.

loquèla [vc. dotta, lat. *loquēla(m)*, da *lŏqui* 'parlare', di etim. incerta; 1308] s. f. *1* (*lett.*) Facoltà di parlare. *2* (*lett.*) Modo di parlare.

†**loquènte** [vc. dotta, lat. *loquĕnte(m)*, part. pres. di *lŏqui* 'parlare', di etim. incerta; 1566] agg. ● Che parla | Eloquente.

†**loquènza** [per (*e*)*loquenza*; av. 1294] s. f. ● Loquela, eloquenza.

lòran [abbr. ingl. di *lo(ng)-r(ange) a(id) to n(avigation)* 'assistenza a vasto raggio alla navigazione'; 1957] s. m. ● (*radio*) Sistema di radionavigazione marittima e aerea di portata superiore alle 1000 miglia, di tipo iperbolico, per la determinazione della posizione.

Lorantàcee [comp. del gr. *lôron* 'cinghia' (di provenienza lat.) e *ánthos* 'fiore' (per la loro forma), col suff. di famiglia botanica *-acee*; 1875] s. f. pl. (sing. *-a*) ● Nella tassonomia vegetale, famiglia di Dicotiledoni parassite, con foglie opposte e coriacee e frutto a bacca vischiosa (*Loranthaceae*). ➡ ILL. **piante**/3.

lorànto [comp. del gr. *lôron* 'cinghia' e *ánthos* 'fiore', per la forma e per il loro attaccarsi a rami e tronchi; 1821] s. m. ● Pianta cespugliosa delle Lorantacee parassita delle querce, con fiori vistosi (*Loranthus europaeus*). ➡ ILL. **piante**/3.

†**loràre** [dal lat. *lōrum* 'correggia', di orig. indeur.; 1869] v. tr. ● Cingere con corregge di cuoio.

loràrio [vc. dotta, lat. *lorāriu(m)*, da *lōrum* 'correggia', di orig. indeur.; 1834] s. m. ● Nella Roma antica, schiavo armato di corregge di cuoio, incaricato di incitare i gladiatori nel circo e di fustigare gli schiavi pigri o colpevoli di qualche mancanza.

†**lorché** o †**lor che** [da (*al*)*lor(a) che*; 1861] cong. ● Allorché.

lord /lɔrd, *ingl.* lɔ:d/ [dall'anglosassone *hláford* 'guardiano (*ward*) del pane (*hlaf*)'; 1668] s. m. inv. *1* Titolo attribuito in Gran Bretagna ai pari del regno e, per ossequio, ai figli dei duchi e dei marchesi, ai primogeniti dei conti e ad alcuni grandi ufficiali dello stato | *L. Mayor*, sindaco di Londra e di altre grandi città inglesi | *L. dell'Ammiragliato, del Tesoro*, membro del consiglio supremo di questi uffici. *2* (*pop., fig.*) Persona ricca, di gusti raffinati, che fa sfoggio di eleganza | ***Vestirsi come un l.***, (*fig.*) con estrema ricercatezza.

lordàre [da *lordo*; av. 1311] **A** v. tr. (*io lórdo*) ● Imbrattare, sporcare: *l. un muro con scritte* | (*fig.*) Insudiciare moralmente: *l. la memoria di qlcu.* **B** v. rifl. ● Insudiciarsi (*anche fig.*).

lordatóre [1869] agg.; anche s. m. (f. *-trice*) ● (*lett.*) Che (o Chi) lorda (*anche fig.*).

lordézza [av. 1342] s. f. ● Sporcizia, immoralità | (*fig.*) Turpitudine.

†**lordìzia** [av. 1311] s. f. ● Lordezza.

lórdo [lat. parl. **lŭrdu(m)* per *lūridu(m)* 'molto pallido, livido', da *lūror*, genit. *lurōris*, di etim. incerta, con sovrapposizione del gr. *lordós* 'incurvato', di orig. indeur. (?); av. 1306] **A** agg. *1* (*spec. lett.*) Sporco, imbrattato: *l. di fango, di sangue* | ***Metallo l.***, misto a scorie. *2* (*fig., lett.*) Impuro, vizioso: *vita, coscienza lorda*; *si veggono gli uomini smaniare e dilettarsi delli luoghi fetidi e lordi* (CAMPANELLA). *3* Detto di peso dal quale non si è detratta la tara o di importo da cui non si siano defalcate certe somme: *pagammo la merce in base al peso l.* CONTR. Netto. **B** s. m. ● Peso o importo lordo | ***Al l.***, compresa la tara; senza togliere le spese o sim.: *stipendio al l. delle ritenute.* || **lordaménte**, avv. In modo sporco.

lordòsi [gr. *lórdōsis* 'l'essere curvato in avanti', da *lordóun*, da *lordós* 'incurvato', di orig. indeur.; 1752] s. f. inv. ● (*med.*) Curva a concavità posteriore della colonna vertebrale, fisiologica entro certi limiti. CFR. Cifosi, scoliosi.

lordòtico [1957] agg. (pl. m. *-ci*) ● Che presenta lordosi.

lordùme [av. 1704] s. m. ● Quantità di cose lorde | Sporcizia, sozzura (*anche fig.*).

lordùra [da *lordo*; av. 1292] s. f. *1* Stato o condizione di ciò che è lordo (*anche fig.*): *la l. di quella casa è indicibile.* *2* Sporcizia, sozzura (*anche fig.*): *un quartiere pieno di lordure*; *l. morale* | (*est.*) Insieme di persone immorali o disoneste: *ruffian, baratti e simile l.* (DANTE *Inf.* XI, 60).

lorenése [dalla regione fr. della *Lorena*, in fr. *Lorraine*, dal germ. *Lothringen* (lat. *Lotharĭngia*) 'la regione di Lotario'; 1615] **A** agg. ● Della Lorena. **B** s. m. e f. ● Abitante, nativo della Lorena. **C** s. m. solo sing. ● Dialetto francese parlato in Lorena.

lorènzio ● V. *laurenzio*.

loretàno ● V. *lauretano*.

lorgnette /fr. lɔrˈɲɛt/ [da *lorgner* 'adocchiare', dall'ant. fr. *lorgne*, dal germ. **lurni-* 'che sta in agguato, spia'; av. 1794] s. f. inv. ● Occhialetto con cerchio e manico di tartaruga o metallo, per signora | (*est.*) Binocolo da teatro con manico.

lòri [port. *louro* 'scimmia', di etim. incerta (?); 1803] s. m. inv. ● Piccola proscimmia indiana con tronco esile, capo piccolo e tondeggiante e grandissimi occhi rosso-giallastri, luminescenti (*Loris gracilis*).

lorìca [vc. dotta, lat. *lorīca(m)*, di etim. incerta; av. 1374] s. f. *1* Leggera corazza dei soldati romani. *2* (*zool.*) Cuticola rigida dei Rotiferi suddivisa in piastre.

loricària [vc. dotta, lat. *loricāria(m)*, agg. di *lorīca* 'lorica'] s. f. ● Pesce brasiliano dei Siluridi con corpo corazzato, pinna dorsale alta e vistosa, e pinna caudale con due prolungamenti filiformi (*Loricaria parva*).

Loricàti [V. *loricato*; 1891] s. m. pl. (sing. *-o*) ● (*zool.*) Nella tassonomia animale, ordine di Rettili lacertiformi di mole considerevole, con corpo rivestito da piastre ossee e cornee; comunemente detti coccodrilli | Placofori | Gruppo di Rotiferi rivestiti di cuticola rigida.

loricàto [vc. dotta, lat. *loricātu(m)*, da *lorīca* 'lorica'; av. 1527] **A** agg. ● Armato di lorica. **B** s. m. ● (*zool.*) Ogni individuo dell'ordine dei Loricati.

lorichétto [da *lori(o)* con sovrapposizione di (*perroc*)*chetto*; 1934] s. m. ● Pappagallo con livrea a colori vivacissimi, facilmente addomesticabile, che, libero, si nutre di nettare (*Trichoglossus*). SIN. Lorio.

lorìculo [dim. dello sp. *loro* 'pappagallo' (V. *lorio*)] s. m. ● Piccolo parrocchetto dell'Asia orientale, che si riposa attaccato agli alberi con il capo in basso, come i pipistrelli (*Loriculus vernalis*).

lòrio [dal pl. (*lori*) dello sp. *loro*, da una lingua dei Caraibi, dove l'animale era noto col n. di *roro*; 1970] s. m. ● (*zool.*) Lorichetto.

♦**lóro** [lat. *illōrum*, genit. pl. da *ille*, di etim. incerta; 1211] **A** pron. pers. di terza pers. m. e f. pl. (*lett.* o *disus.* troncato in *lor*) *1* Indica le persone (fam. anche gli animali o le cose) di cui si parla e si usa al posto di 'essi', 'esse' nei vari compl.: *c'erano alcuni di l.*; *lo dirai a l.*; *è stato mandato da l.*; *vado con l.*; *fallo per l.*; *bisticciano spesso fra l.* | Come compl. ogg. in luogo dei pron. atoni 'li', 'le' quando gli si vuole dare particolare rilievo: *ho interrogato l., non voi* | Come compl. di termine più spesso senza la prep. 'a': *rispondi l. che non sai nulla* | (*lett.* o *bur.*) In luogo dell'agg. poss. nelle loc. ***il di l., i di l., la di l., le di l.***: *le di l. figlie* | Si pospone a 'anche', 'neanche', 'pure', 'neppure', 'nemmeno', e sim.: *non ho visto neppure l.* | Posposto a 'ecco' in luogo del pron. encl. 'li' o 'le' quando gli si vuole dare maggiore rilievo: *ecco l.!* *2* Essi, esse (come sogg., spec. nella lingua parlata e fam., in espressioni enfatiche, ellittiche, esclamative, in contrapposizione ad altro sogg., posposto al verbo, con valore enfat. e raff.): *questo lo dicono l.*; *sono stati l. a proporlo*; *ci vadano l., se vogliono*; *contenti l., contenti tutti!*; *beati l.!* | Seguito da un agg. num.: *l. due vanno d'accordo* | Con un v. al modo inf., part. o gerundio: *l. preoccuparsi!*; *partiti l. è tornata la pace in famiglia*; *essendo qui l. non potevo parlare* | Si pospone a 'anche', 'neanche', 'pure', 'neppure', 'nemmeno', e sim.: *lo sostengono anche l.*; *neppure l. sono d'accordo* | Con funzione predicativa: *non sembrano più l.* | Si usa dopo 'come' e 'quanto' nelle comparazioni: *siamo responsabili quanto l.* *3* Si usa (come sogg. e compl.) in segno di deferenza, cortesia, rispetto, rivolgendosi a persone sia di sesso maschile, sia femminile, con cui non si è in familiarità: *come Loro comprendono bene, la cosa mi è impossibile*; *mi rivolgo a l., signore, chiedendo comprensione e aiuto*; *lor signori sono serviti?* **B** agg. poss. di terza pers. pl. *1* Che appartiene ad essi, ad esse (indica proprietà, possesso anche relativi): *la l. ricchezza è enorme*; *questo è il l. appartamento*; *I cavalli normanni alle lor poste* (PASCOLI) | Con valore enfat. e raff., posposto a un s.: *stiano a casa l.!* *2* Che è a essi o ad esse peculiare (indica appartenenza con riferimento all'essere fisico o spirituale o a sue facoltà, espressioni, manifestazioni e sim.): *i l. cuori*; *i l. arti*; *la l. voce*; *le l. anime*; *i l. desideri*; *le l. pene* | (*est.*) Con riferimento a parole, atti e sim. che procedano da essi e da esse: *il l. ultimo lavoro*; *i l. discorsi sono insulsi* | Con valore enfat. e raff., posposto a un s.: *badino ai fatti l.!* *3* Di essi, di esse (indica relazioni di parentela, di amicizia, di conoscenza, di dipendenza e sim.; nel caso in cui indichi relazione di parentela, respinge l'art. quando il s. che segue l'agg. poss. sia sing., non alterato e non accompagnato da attributi o opposizioni; fanno eccezione i s. 'mamma', 'babbo', 'nonno', 'nonna', 'figliolo', 'figliola' che possono anche essere preceduti dall'art.): *i l. genitori*; *il l. unico figlio*; *l. nipote*; *l. padre*; *il l. paese*; *la l. patria*; *il l. legale*; *il l. medico*; *la l. maestra* | Preposto o posposto a un s. si usa in formule di cortesia e di cerimoniale: *le signorie l.*; *le loro maestà*; *le loro altezze!* *4* Che è abituale, consueto a essi o a esse: *fanno sempre la l. brava passeggiata*; *hanno il l. tema di conversazione.* **C** pron. poss. di terza pers. m. e f. pl. *1* Quello che a essi o a esse appartiene, è proprio o peculiare o che comunque a essi si riferisce (sempre preceduto dall'art. det.): *la nostra biblioteca è più modesta della l.* *2* (*assol.*) Ricorre, con ellissi del s., in alcune espressioni e locuzioni particolari, proprie del linguaggio fam.: *campano, vivono del l.*, del loro patrimonio, del loro avere | ***Abitano coi l.***, con i loro familiari, parenti | ***È uno dei l.***, uno dei loro amici, compagni e sim. | ***Vogliono sempre dire la l.***, la loro opinione | ***Tiene, sta, è dalla l.***, dalla loro parte, a loro favore | ***Hanno passato, visto le l.***, le loro disavventure, amarezze e sim. | ***Ne combinano sempre una delle l.***, una delle loro azioni sventate | ***Abbiamo avuto la l. del mese scorso***, la loro lettera (V. *gli* (2) per nota d'uso).

losànga [fr. *losange*, di etim. incerta; 1803] s. f. *1* Rombo (2) nei sign. 1 e 3. *2* (*arald.*) Pezza in forma di rombo.

losangàto [1803] agg. ● (*arald.*) Detto di scudo coperto di losanghe di due smalti alternati.

lósca [etim. incerta; 1889] s. f. ● (*mar.*) Foro nel paramezzale e nella coperta attraverso il quale passa l'asse del timone.

loschézza [1869] s. f. ● (*raro*) Caratteristica di losco.

lósco o (*lett.*) †**lùsco** [lat. *lŭscu(m)*, vc. pop., di etim. incerta; av. 1315] agg. (pl. m. *-schi*) *1* (*raro*) Che ha uno sguardo bieco | Che guarda per traverso, per invidia o risentimento. *2* (*fig.*) Di onestà e moralità dubbie, tali da dare adito a sospetti: *individuo, affare l.* SIN. Equivoco. *3* †Debole di vista. || **loschétto**, dim. || **loscaménte**, avv.

Löss /ted. lœs, løːs/ ● V. *Loess*.

lossàrtro [comp. del gr. *loxós* 'obliquo' e *árthron* 'articolazione'] s. m. ● (*med., raro*) Deviazione dell'asse di un arto o di un'articolazione.

lossodromìa o **lossodròmia** [comp. del gr. *loxós* 'obliquo' e un deriv. di *drómos* 'corsa, strada'; 1803] s. f. ● Linea che unisce due punti della superficie terrestre tagliando i meridiani con lo stesso angolo.

lossodròmico [1803] agg. (pl. m. *-ci*) ● Di lossodromia | ***Linea lossodromica***, lossodromia.

lossopsìa [comp. del gr. *loxós* 'obliquo' e un deriv. di *óps* 'aspetto'; 1834] s. f. ● (*med.*) Difetto visivo per cui si ha percezione solo laterale.

lotaringio [dal n. mediev. (*Lotharingia*, propr. 'il regno di Lotario') della Lorena; av. 1595] **A** agg. (pl. f. *-ge* o *-gie*) ● Della Lotaringia, antico nome dell'odierna Lorena. **B** s. m. (f. *-a*) ● Abitante, nativo della Lotaringia.

loti /ˈlɔti/ [vc. della lingua locale sesotho] s. m. inv. (pl. sesotho *maloti*) ● (*econ.*) Unità monetaria del Lesotho.

lòto (1) [gr. *lōtós*, di etim. incerta; 1499] s. m. *1* (*bot.*) Nome volgare dato a varie specie di piante molto diverse fra loro | ***L. sottile***, ginestrino, trifoglina | ***L. indiano***, pianta acquatica delle Ninfeacee con rizomi serpeggianti sul fondo e foglie emergenti (*Nelumbo nucifera*). SIN. Nelumbo | ***L. bianco d'Egitto, egiziano***, ninfea bianca | ***L. del Giappone***, cachi | ***L. bianco***, sicomoro | ***L. falso, l. d'Egitto***, albero di S. Andrea. ➡ ILL. **piante**/3. *2* (*lett.*) Mitica pianta i cui frutti davano l'oblio a chi ne mangiava | ***Mangiare il l.***, dimenticare.

lòto (2) o **lòto, lùto** [lat. *lŭtu(m)*, di orig. indeur.; av. 1292] s. m. *1* (*lett.*) Fango, mota: *mi spoglio quella veste cotidiana, piena di fango et di l.* (MACHIAVELLI) | Luogo fangoso. *2* Impasto di terra argillosa e altri ingredienti, usato in passato per otturare fessure e fori.

lotòfago [vc. dotta, lat. *Lotŏphagu(m)*, dal gr. *lōtophágos*, comp. di *lōtós* 'loto (1)' e *-phagos* '-fago'; 1575] agg.; anche s. m. (pl. m. *-gi*) ● (*lett.*) Che (o Chi) si ciba di loto, nel sign. (1).

lotolènto ● V. *lutulento*.

lotóso o †**lutóso** [lat. *lutōsu(m)*, da *lŭtum* 'loto (2)'; sec. XIII] agg. *1* (*raro, lett.*) Fangoso: *acqua lotosa.* *2* †Sporco, imbrattato.

♦**lòtta** o (*poet.*) †**lùtta** [lat. tardo *lŭcta(m)*, da *luctāre*, *luctāri*, 'lottare'; av. 1375] s. f. *1* Combattimento a corpo a corpo senza uso di armi: *ingaggiare una l. mortale con un nemico* | (*est.*) Mischia, zuffa tra persone o animali: *il duello si trasformò in una l. confusa*; *la l. tra il cobra e la mangusta.* CFR. -machia. *2* Combattimento sportivo corpo a corpo in cui si vince o ai punti o mettendo l'avversario con le spalle e la schiena al tappeto: *l. greco-romana, giapponese* | ***L. libera***, quella praticata portando i colpi sia con le braccia che con le gambe. *3* Contrasto fra persone o gruppi in cui le parti si sforzano al massimo per ottenere un predominio: *la l. di due eserciti*; *la l. politica*; *l'eterna l. degli sciocchi e de' furbi* (DE SANCTIS) | ***L. di classe***, V. *classe*, nel sign. 2 | ***L. per l'esistenza***, secondo Darwin, quella per la conquista dell'alimento e dello spazio unita alla resistenza ai fattori ambientali avversi; (*est.*) quella che l'uomo conduce per farsi strada nella società o raggiungere un determinato benessere | ***L. senza quartiere***, che non concede tregua | ***L. contro il cancro, contro l'analfabetismo*** e sim., misure di comune impegno per debellare queste calamità | ***L. biologica***, quella condotta per controllare l'espansione degli organismi nocivi, spec. animali, impiegando i loro nemici naturali allo scopo di evitarne o limitarne i danni | (*agr.*) ***L. integrata***, tecnica agricola che tende a eliminare l'impiego di pesticidi chimici grazie alla selezione genetica delle specie e all'introduzione di antagonisti dei parassiti. **SIN.** Battaglia, combattimento, contesa. **4** Disaccordo, discordia: *essere in l. con tutti.*

♦**lottàre** [lat. *luctāre*, *luctāri*, freq. con radice di etim. incerta; sec. XIV] **v. intr.** (*io lòtto*; aus. *avere*) (assol.; + *con*; + *contro*; + *per*) ● Essere impegnato in una lotta (*anche fig.*): *ricordai di essere stato capace di afferrare, di tenere, di l.* (SVEVO); *l. corpo a corpo con il nemico*; *l. per la libertà*; *l. contro la povertà* | ***L. contro sé stesso***, per dominare i propri impulsi o sentimenti | ***L. contro la morte***, essere in agonia. **SIN.** Combattere.

lottatóre [lat. *luctatōre(m)*, da *luctātus*, part. pass. di *luctāre*, *luctāri*, 'lottare'; sec. XIV] **A s. m.**; anche **agg.** (f. *-trice*) ● Chi (o Che) lotta, combatte (*anche fig.*): *i lottatori si affrontarono in campo aperto*; *un abile l. politico.* **B s. m.** (f. *-trice*) ● Chi pratica lo sport della lotta.

lotterìa [da *lotto*; 1640] **s. f.** ● Gioco a premi che consiste nel sorteggio di numeri corrispondenti a biglietti venduti, spesso abbinato a corse di cavalli e sim. | ***L. di beneficenza***, organizzata da un ente morale | ***L. istantanea***, quella i cui biglietti non vengono sorteggiati, ma contengono indicazioni che, opportunamente seguite, consentono di scoprire subito l'eventualità e la consistenza di una vincita | (*fig.*) Vicenda il cui esito è in gran parte determinato dalla fortuna, dal caso: *la l. dei rigori per decidere una partita.*

lottìsta [1963] **s. m. e f.** (pl. m. *-i*) **1** Ricevitore del lotto. **2** Organizzatore di bische clandestine, lotterie non autorizzate e sim.

lottìstico [1934] **agg.** (pl. m. *-ci*) ● Relativo al gioco del lotto.

lottizzàbile **agg.** ● Che può essere lottizzato.

lottizzàre [da *lotto*; 1935] **v. tr.** **1** Dividere in lotti | ***L. un terreno***, stabilire, in base a un piano regolatore particolareggiato, le dimensioni e i confini delle singole aree edificabili. **2** (*fig.*) Assegnare cariche di particolare importanza spec. nell'ambito degli enti pubblici spartendole fra esponenti delle varie forze e correnti politiche, a scapito del criterio di professionalità: *l. le presidenze delle banche, degli enti previdenziali.*

lottizzàto [1977] **part. pass.** di *lottizzare*; anche **agg.** **1** Nei sign. del v. **2** (*fig.*) Detto di persona, ente o istituzione rientrante a vario titolo nel meccanismo di divisione delle cariche pubbliche operato dai partiti per assicurarsi il controllo dei centri di potere: *un dirigente, un telegiornale l.*

lottizzatóre [1978] **agg.**; anche **s. m.** (f. *-trice*) ● Che (o Chi) lottizza.

lottizzatòrio [1984] **agg.** ● Relativo alla lottizzazione: *meccanismo, sistema l.*

lottizzazióne [ant. fr. *lotization* 'sorteggio di lotti (*lots*)'; 1963] **s. f.** **1** Suddivisione in lotti. **2** Pratica politica del lottizzare.

lòtto [fr. *lot* 'parte divisa', da **lot* 'sciolto, staccato'; 1812] **s. m.** **1** Gioco d'azzardo che consiste nell'estrarre, per ciascuna delle dieci ruote, cinque dei novanta numeri imbussolati e nell'assegnare un premio in denaro a chi ne indovina uno o più: *giocare cinque numeri al l.*; *banco, botteghino, ricevitoria del l.* | ***Dare i numeri*** (***del lotto***), (*fig.*) parlare senza riflettere, sconclusionatamente | ***Vincere un terno al l.***, (*fig.*) beneficiare di un inatteso colpo di fortuna. **2** Parte di un tutto diviso: *un l. di terreno* | Quantità di merce: *un l. di tessuti all'ingrosso.*

loure /fr. luːʀ/ [vc. fr., lat. tardo *lūra(m)* 'otre', passato a indicare in fr. la 'cornamusa' e quindi il 'ballo' eseguito al suono di quella; 1957] **s. f. inv.** ● Antico ballo popolare francese, a ritmo ternario.

love affair /lʌv aˈfɛr, *ingl.* ˈlʌvəˌfɛə/ [loc. ingl., propr. 'relazione (*affair*) d'amore (*love*)'; 1989] **loc. sost. m. inv.** (pl. fr. *love affairs*) ● Relazione amorosa, anche di breve durata. **CFR.** Love story.

love story /lʌvsˈtɔri, *ingl.* ˈlʌv ˈstɔːɹi/ [loc. ingl., propr. 'storia d'amore', titolo di un romanzo di E. Segal tradotto in italiano nel 1971; 1974] **loc. sost. f. inv.** (pl. ingl. *love stories*) ● Relazione amorosa, storia d'amore: *avere una love story con qlcu.*; *la nostra love story è finita.* **CFR.** Love affair.

lozióne [lat. tardo *lotiōne(m)* 'lavaggio', da *lōtus* 'bagnato', agg. verb. di *lavāre* 'lavare'; 1788] **s. f.** **1** Soluzione acquosa o idroalcolica di sostanze medicamentose, usata per l'igiene, spec. della pelle o del cuoio capelluto: *l. astringente, per capelli.* **2** †Abluzione.

LP /ɛlleˈpi*/ o **lp** [1964] **s. m. inv.** ● Sigla di *long-playing.*

LSD /ɛlleɛsseˈdi*/ [sigla dell'ingl. *Lysergic Acid Diethylamide*; 1961] **s. m. inv.** ● (*chim.*) Derivato dell'acido lisergico; sostanza psicoattiva, classificata fra gli allucinogeni e dotata di spiccata attività sul sistema nervoso centrale.

luàsso [vc. genov., propr. 'lupaccio', accr. spreg. di *lô* 'lupo'] **s. m.** ● (*zool.*, *genov.*) Spigola.

†**lubègine** [etim. incerta; 1869] **s. f.** ● (*spec. al pl.*) Paturnie.

†**lubèrna** [ant. provz. *laberna*, dal lat. parl. *lupicīnu(m)*, dim. di *lŭpus* 'lupo'] **s. f.** ● Pelle di lupo cerviero (o lince).

†**lubricànte** [av. 1771] **A part. pres.** di †*lubricare*; anche **agg.** ● Nei sign. del v. **B s. m.** ● (*med.*) Lassativo.

†**lubricàre** [vc. dotta, lat. tardo *lubricāre*, da *lūbricus* 'lubrico'; 1563] **v. tr.** **1** Rendere lubrico. **2** (*med.*) Curare la stitichezza.

†**lubricatìvo** [sec. XIV] **agg.** ● (*med.*) Lassativo.

†**lubricatóre** **agg.** (f. *-trice*) ● Lubrificatore.

lubricità [vc. dotta, lat. tardo *lubricitāte(m)*, da *lūbricus* 'lubrico'; sec. XIV] **s. f.** ● (*raro*) Caratteristica di chi (o di ciò che) è lubrico (*spec. fig.*): *la l. di un discorso.*

lùbrico o, diffuso ma meno corretto, **lubrico** [vc. dotta, lat. *lūbricu(m)*, propr. 'scivoloso', vc. di origine espressiva, di area indeur.; av. 1342] **agg.** (pl. m. *-ci*) **1** (*lett.*) Che è così liscio da far scivolare. **SIN.** Sdrucciolevole. **2** (*fig.*) Indecente, impudico: *gesto l.*; *favole lubriche*; *le prime poesie del Marino furono sfacciatamente lubriche* (DE SANCTIS). **SIN.** Osceno. **3** †Labile, fallace: *memoria lubrica.* || **lubricaménte**, **avv.** In modo lubrico, lascivo.

lubrificànte [1902] **A part. pres.** di *lubrificare*; anche **agg.** ● Nel sign. del v. **B s. m.** ● Sostanza (olio o grasso) usata per la lubrificazione di parti in movimento.

lubrificàre [adatt. del fr. *lubrifier*, comp. di un deriv. del lat. *lūbricus* 'lubrico' e *-ficāre*, da *fācere* 'fare'; 1895] **v. tr.** (*io lubrìfico, tu lubrìfichi*) ● Interporre un olio o un grasso adatto tra gli elementi a contatto di una macchina, di un meccanismo o di un congegno, per diminuire l'attrito.

lubrificatìvo [1940] **agg.** ● Che serve a lubrificare.

lubrificatóre [da *lubrificare*, come il corrispondente fr. *lubrificateur*; 1913] **A s. m.** ● Ingrassatore. **B agg.** (f. *-trice*) ● Che serve a lubrificare.

lubrificazióne [da *lubrificare*, sul tipo del corrispondente fr. *lubrification*; 1902] **s. f.** ● Operazione del lubrificare.

lucànica ● V. *luganiga.*

Lucànidi [dal lat. *lucānus* 'mattiniero', da *lūx*, genit. *lūcis* 'luce (del mattino)' (?); 1931] **s. m. pl.** (sing. *-e*) ● Nella tassonomia animale, famiglia di grossi Coleotteri con antenne brevi a pettine, caratteristici per il gigantesco sviluppo delle mandibola dei maschi (*Lucanidae*).

lucàno [vc. dotta, lat. *Lucānu(m)*, di prob. orig. osca; 1342] **A agg.** **1** Dell'antica Lucania. **2** Dell'odierna Basilicata. **B s. m.** (f. *-a*) **1** Abitante, nativo dell'antica Lucania. **2** Abitante, nativo dell'odierna Basilicata. **C s. m.** solo **sing.** ● Dialetto italiano meridionale, parlato in Basilicata.

lucarino ● V. *lucherino.*

lucchése [da *Lucca*: da una base celto-ligure *luk* 'paludoso' (?); 1312] **A agg.** ● Di Lucca. **B s. m. e f.** ● Abitante, nativo di Lucca.

lucchesìna [perché originariamente fabbricata a *Lucca*; 1925] **s. f.** ● Pesante coperta bianca da letto.

†**lucchesìno** [perché propr. dei panni di *Lucca*; av. 1481] **A agg.** ● Di color rosso fiammante. **B s. m.** ● Panno rosso di lana pregiata, usato in epoca medievale | Veste di tale panno.

lucchétto [ant. fr. *loquet*, dal medio basso ted. *lūke* 'chiusura' con suff. dim.; av. 1547] **s. m.** **1** Serratura metallica mobile, con gambo diritto o ricurvo da infilare in occhielli, che si applica a bauli, valigie, porte, ecc. | (*fig.*, *fam.*) ***Mettere il l. alla bocca di qlcu.***, imporgli il silenzio. **2** Gioco enigmistico consistente nel togliere la parte finale a una prima parola, l'uguale parte iniziale a una seconda e nel fondere le parti residue formando una terza parola: LUpa, paCCHETTO = lucchetto. **CFR.** Cerniera. || **lucchettìno**, **dim.** | **lucchettóne**, **accr.**

luccicaménto [1676] **s. m.** ● (*raro*) Il luccicare | Luccichìo.

luccicànte [av. 1606] **part. pres.** di *luccicare*; anche **agg.** **1** Che luccica. **2** (*fig.*, *lett.*) Gioioso, festoso: *atmosfera l.*

♦**luccicàre** [lat. parl. **lucicāre*, da *lūx*, genit. *lūcis* 'luce'; sec. XIV] **v. intr.** (*io lùccico, tu lùccichi*; aus. *essere* e *avere*) ● Mandare, riflettere luce attraverso brevi e intermittenti bagliori: *i brillanti, il cristallo, i metalli luccicano*; *luccicar di spade / come tra nebbia lampi* (LEOPARDI) | ***Gli luccicano gli occhi***, di chi è in procinto di piangere | (*fig.*) ***Uno stile che luccica***, che ricerca immagini a effetto. **SIN.** Brillare, scintillare.

luccichìo [av. 1673] **s. m.** ● Il luccicare | Un luccicare tenue e frequente: *si vedeva … il l. dei loro occhi sonnolenti, come una processione di lucciole che dileguava* (VERGA).

luccicóne [da *luccicare*; 1755] **s. m.** ● Grossa lacrima tremolante fra le palpebre di chi sta per piangere: *far venire, avere, i luccicioni agli occhi.*

luccicóre [1727] **s. m.** ● (*raro*) Luccichìo, bagliore, splendore.

†**luccicóso** **agg.** ● Lucente.

lùccio o **lùcio** (2) [lat. *lūciu(m)*, vc. tarda, di etim. incerta; sec. XIII] **s. m.** ● Grosso pesce teleosteo con muso allungato e depresso e forti denti, voracissimo predone delle acque dolci europee (*Esox lucius*) | ***L. di mare***, ***l. imperiale***, sfirena. ➡ **ILL. animali**/6.

♦**lùcciola** [dall'ant. *lucciare* 'luccicare', dal lat. *lucēre* 'rilucere' con mutamento di coniug.; 1313] **s. f.** **1** Insetto dei Coleotteri, bruno, con corsaletto e zampe gialle, caratteristico per la luce intermittente che emette dagli ultimi segmenti dell'addome (*Luciola italica*). **SIN.** Lucia | Lampiride (*Lampyris noctiluca*) | (*fig.*) ***Dare a intendere***, ***prendere***, ***lucciole per lanterne***, una cosa per un'altra | (*fig.*) †***Fare vedere a qlcu. le lucciole***, fare vedere le stelle, per un acuto dolore fisico. ➡ **ILL. animali**/2. **2** Riflettore cinematografico a fascio di luce allargato. **3** (*disus.*) Donna che, nelle sale cinematografiche, accompagna gli spettatori ai loro posti facendo luce con una lampada tascabile. **4** (*eufem.*) Prostituta. || **lucciolétta**, **dim.** | **lucciolìna**, **dim.** | **lucciolóne**, **accr. m.**

lucciolàio [1853] **s. m.** ● (*raro*) Gran quantità di lucciole.

lucciolàre [da *lucciola*; av. 1484] **v. intr.** (*io lùcciolo*; aus. *avere*) **1** (*tosc.*) Luccicare. **2** (*fig.*) Piangere a grosse lacrime.

lucciolìo [av. 1912] **s. m.** **1** (*lett.*) Splendore di lucciole. **2** (*raro*) Il luccicare di cose splendenti.

lùcciolo [da *lucido* con sovrapposizione di *luccicare*] **s. m.** ● Baco da seta con la pelle lucida, affetto da giallume. **SIN.** Lustrino.

lucciolóne [da *lucciolare*; av. 1673] **s. m.** ● (*tosc.*) Luccicone.

luccioperca ● V. *lucioperca.*

lùcco [da separarsi *l'ucco*, dall'ant. fr. *huque*, di orig. germ. (medio basso ted. *huik* 'specie di mantello') (?); av. 1471] **s. m.** (pl. *-chi*) ● Lunga veste maschile chiusa al collo e stretta da una cintura, in voga nel XIV secolo spec. come abito di cerimonia dei magistrati.

♦**lùce** (1) [lat. *lūce(m)*, da una radice **lūc-* 'splendere', di orig. indeur.; av. 1250] **A s. f.** **1** (*fis.*) Radiazione elettromagnetica che comprende le lunghezze d'onda infrarosse, visibili, ultraviolette e i raggi X, la cui velocità, costante universale della fisica, è nel vuoto di 299 792 km al secondo: *l. infrarossa, ultravioletta, visibile* | Intervallo di radiazione comprendente le lunghezze d'onda che vanno da ca. 3900 Å a 7700 Å, percepibili all'occhio umano | ***L. bianca***, sovrapposizione delle radiazioni visibili di tutte le lunghezze d'onda | ***L. nera o di Wood***, illuminazione ultravioletta usata per rendere visibili gli oggetti posti in luogo buio | ***L. monocromatica***, luce di una determinata lunghezza d'onda | ***L. polarizzata***, luce con direzione di oscillazione del vettore e intensità del campo elettrico totalmente o parzialmente limitate | (*fis.*) ***L. di sincrotrone***, radiazione elettromagnetica, emessa da elettroni che percorrono a velocità relativistica una traiettoria circolare all'interno di un sincrotrone o sim., utilizzata per analisi di materiali e diagnostica. **CFR.** foto-. **2** Correntemente, forma di energia che è causa di ogni sensazione della vista: *l. diretta, riflessa*; *la l. del giorno*; *alla l. della luna* | ***L. elettrica***, ottenuta mediante l'energia elettrica | ***L. fredda***, al neon, a gas di mercurio o a fluorescenza | ***Dare alla l.***, (*fig.*) generare, partorire | ***Venire alla l.***, (*fig.*) nascere | ***Venire in l.***, (*fig.*) manifestarsi | ***Rimettere in l.***, (*fig.*) restituire al loro valore persone o cose | ***Far l. su qlco.***, (*fig.*) tentare di chiarirla | ***Mettere in buona*** o ***cattiva l.***, (*fig.*) presentare una persona mettendone in risalto pregi o difetti, a volte con voluta esagerazione | ***Presentare qlcu.*** o ***qlco. nella sua vera l.***, (*fig.*) come realmente sono | ***Mettere in piena l.***, (*fig.*) chiarire | ***Gettare l. sinistra su qlcu.***, (*fig.*) insinuare sospetti | (*fig.*) ***Alla l. di***, in base a, sulla base di: *alla l. dei fatti*; *alla l. dei nuovi elementi emersi dall'inchiesta* | ***Alla l. del sole***, (*fig.*) apertamente | ***Bagno di l.***, esposizione del corpo o di parte di esso alla luce del sole o artificiale a scopo terapeutico. ***3*** Raggi del sole: *stanze piene di l.*; *prendere l. dalla finestra* | (*poet.*) Giorno: *la medesima l. / si pone a camminar* (ARIOSTO) | (*est.*) Vita: *temo del cor che mi si parte, / e veggio presso il fin della mia l.* (PETRARCA). ***4*** Qualsiasi sorgente luminosa: *le stelle sono le luci della notte*; *una l. lontana brillava nel buio* | Ogni apparecchio, e relativo impianto, utilizzato per l'illuminazione artificiale: *accendere, spegnere la l.* | ***Punto l.***, (*spec. al pl.*) sorgente di illuminazione artificiale | ***L. di servizio***, nei teatri, quella che serve per illuminare la scena senza effetti, durante le prove o prima dello spettacolo | ***Luci psichedeliche***, quelle usate per effetto scenografico in discoteche e sim., che vengono erogate da un set di lampadine multicolori e lampeggianti, la cui intermittenza spesso è determinata dalla potenza e dall'altezza dei suoni musicali | ***Luci della ribalta***, (*fig.*) il palcoscenico, il teatro | ***Cinema, locale, sala a luci rosse***, quelli riservati esclusivamente alla proiezione di film pornografici | (*est.*) ***A luci rosse***, detto di tutto ciò che riguarda pornografia o prostituzione: *TV a luci rosse*. ***5*** Nei veicoli, faro, fanale, fanalino | ***L. di targa***, che illumina la targa posteriore | ***Luci d'arresto***, fanalini rossi posteriori che si accendono nella frenata | ***Luci d'incrocio***, fari anabbaglianti | ***Luci di posizione***, fanalini anteriori bianchi e posteriori rossi | ***L. di cortesia***, che si accende all'interno dell'automobile all'apertura di una porta. ➡ **ILL.** p. 2164, 2165, 2168, 2175 TRASPORTI. ***6*** Indicazione luminosa di un segnale: *l. di arresto*; *le luci di pista dell'aeroporto*; *l. fissa, intermittente, lampeggiante*. ***7*** (*est.*) Correntemente, l'energia elettrica, in quanto fornisce l'illuminazione artificiale: *la l. costa cara*; *pagare la bolletta della l.* ***8*** (*est.*) Correntemente, superficie riflettente | ***Armadio a tre luci***, a tre specchi | (*est.*) Riflesso emanato da una pietra preziosa: *questo brillante ha una l. perfetta* | (*est.*) ***Colpi di l.***, ciocche di capelli tinti di biondo rossiccio nelle capigliature, spec. femminili, di colore scuro. ***9*** (*fig.*) Simbolo di ciò che illumina la mente umana e incivilisce i costumi: *la l. della scienza, della ragione, della fede*; *la l. del progresso si diffonde con lentezza*. ***10*** (*fig.*) Dio, inteso come fonte di vita e di verità: *la prima, la vera l.* | ***La l. eterna, perpetua***, la beatitudine celeste | (*raro*) Fulgore delle anime beate. ***11*** (*lett., fig.*) Persona cara, amata. ***12*** (*poet.*) Occhi: *in me volgeva sue luci beate* (FOSCOLO). ***13*** (*arch.*) Distanza orizzontale fra i due piedritti di un ponte o di un arco | Parte aperta nella struttura di una costruzione | Ampiezza, vano di una finestra, di una porta, di una vetrina | (*est.*) Dimensione di una qualsiasi apertura: *luci di dilatazione delle rotaie, luci delle maglie* | (*dir.*) Apertura sul fondo del vicino che dà passaggio alla luce e all'aria ma non permette di affacciarsi sul fondo stesso: *diritto di chiudere le luci*. ***14*** Diametro di tubo, condutture e sim. **B** in funzione di **agg. inv.** ● (posposto al s.) ***Anno l.***, V. *anno*. || **lucetta**, **dim.** | **lucina**, **dim.**

Lùce (**2**) [sigla di *L'Unione Cinematografica Educativa*] **agg. inv.** ● ***Film L.***, ***giornale L.***, programma di attualità e notizie proiettato nelle sale cinematografiche fra uno spettacolo e l'altro, spec. in Italia negli anni 1930-50.

†**lucedòro** [da dividersi *luce d'oro*; av. 1729] **agg.** ● (*poet.*) Che splende con aurea luce.

♦**lucènte** [av. 1276] **A** part. pres. di *lucere*; anche **agg.** ● Che emana luce | Che risplende: *occhi lucenti*. || **lucentemènte**, **avv.** Con lucentezza. **B** s. m. ● †Lucentezza.

lucentézza [sec. XIV] **s. f.** ● Caratteristica di ciò che è lucente. **SIN.** Splendore.

lùcere [vc. dotta, lat. *lucēre*, da una radice **lūc-* 'splendere', di orig. indeur.; av. 1294] **v. intr.** (*io lùco, tu lùci*; difett. del **part. pass.** e dei tempi composti; si usa spec. nelle terze pers. sing. e **pl.** del **pres.** e **imperf. indic.**) ***1*** (*poet.*) Risplendere, rilucere: *in quella parte / ove 'l bel viso di Madonna luce* (PETRARCA). ***2*** (*fig., poet.*) Essere di chiara fama, gloria, bellezza e sim.: *luceva la sua gaia giovinezza* (CARDUCCI). || **PROV.** Non è tutt'oro quello che luce.

lucèrna [lat. *lucĕrna(m)*, da una radice **lūc-* 'splendere', di orig. indeur., prob. adatt. del corrisp. gr. *lýchnos*, sul modello di *lanterna*; sec. XIII] **A s. f.** ***1*** Lume portatile a olio, consistente in una coppa chiusa per il combustibile con uno o più beccucci per i lucignoli. ***2*** (*poet.*) Luce, splendore spec. con riferimento al sole: *Surge ai mortali per diverse foci / la l. del mondo* (DANTE *Par.* I, 37-38). ***3*** (*disus., scherz.*) Cappello a due punte di carabiniere | Specie di berretta portata un tempo dai preti. ***4*** (*poet.*) Occhi. **B** in funzione di **agg. inv.** ● (posposto al s.) Nella loc. ***pesce l.*** (V.). || **lucernàccia**, **pegg.** | **lucernétta**, **dim.** | **lucernina**, **dim.** | **lucernino**, **dim. m.** | **lucernóne**, **accr. m.** (V.) | **lucernùcola**, **dim.**

lucernàio [da *lucerna*; av. 1424] **s. m.** ***1*** (*raro*) Lucernario. ***2*** (*raro*) Lampionaio. ***3*** (*raro*) Candelabro.

lucernàre o **lucernàrio** [lat. eccl. *lucernāriu(m)* 'accensione delle lampade', da *lucĕrna* 'lucerna'; 1834] **s. m.** ● Nella primitiva Chiesa cristiana, rito con cui, all'inizio della preghiera serale, si salutava la luce del giorno che tramontava e quella della lampada che si accendeva | Nella liturgia attuale della Chiesa cattolica, il rito iniziale della celebrazione della veglia pasquale la sera del Sabato Santo.

lucernàrio [da *lucerna*; 1803] **s. m.** ● Apertura nel tetto, provvista di vetrata, per dare luce alle scale o a locali in genere sprovvisti di finestre sufficienti a illuminarli.

lucernière [av. 1525] **s. m.** ● Candeliere di legno formato da un fusto retto da un piede e incavato da buchi a diverse altezze a cui un tempo si appendeva la lucerna o si infilava la fiaccola.

lucernóne [1869] **s. m.** ***1*** Accr. di *lucerna*. ***2*** (*scherz., disus.*) Cappello a due punte | Carabiniere.

†**lucertifórme** [comp. di un deriv. del lat. *lacĕrta* 'lucertola' e di *-forme*; av. 1730] **agg.** ● Che ha forma di lucertola.

♦**lucèrtola** [lat. tardo *lacĕrtula(m)*, dim. di *lacĕrta* 'lucertola'; 1353] **s. f.** ***1*** Piccolo rettile eurasiatico e africano dei Lacertidi, che ha il corpo coperto di scagliette minutissime, il capo di placche ossee, la coda sottile facilmente rigenerabile e la lingua bifida (*Lacerta*) | ***L. verde***, ramarro. ➡ **ILL. animali**/5. ***2*** Pelle conciata di questo animale: *una borsa, un paio di scarpe, di l.* || **lucertolétta**, **dim.** | **lucertolina**, **dim.** | **lucertolóna**, **accr.** | **lucertolóne**, **accr. m.** (V.).

lucèrtolo [lat. *lacĕrtulu(m)*, dim. di *lacĕrtus* 'parte superiore del braccio, muscolo', di etim. incerta; 1869] **s. m.** ● (*tosc.*) Taglio di carne macellata, tra il girello e il soccoscio.

lucertolóne [av. 1698] **s. m.** ***1*** Accr. di *lucertola*. ***2*** (*zool.*) Iguana | Ramarro.

lucherino o **lucarino**, **lugarino**, **lugàro** [etim. incerta; 1481] **s. m.** ● Piccolo passeraceo delle foreste eurasiatiche dal piumaggio giallo verdastro, con voce sottile e armoniosa (*Carduelis spinus*). ➡ **ILL. animali**/9.

lucia [vc. dotta, lat. *Lūcia(m)*, f. di *Lūciu(m)*, da *lūx*, genit. *lūcis* 'luce'; 1834] **s. f.** ● (*pop.*) Lucciola.

†**luciàre** [da *luci* nel senso di 'occhi'; 1869] **v. tr. e intr.** ● Guardare fissamente.

lucidalàbbra [comp. di *lucida(re)* e il pl. di *labbro*; 1982] **s. m. inv.** ● Cosmetico che, spalmato sulle labbra, le rende lucide e talvolta tenuemente colorate.

lucidaménto [av. 1566] **s. m.** ● (*raro*) Il lucidare.

†**lucidàno** **agg.** ● Splendente.

lucidànte **A** part. pres. di *lucidare*; anche **agg.** ● Che lucida: *panno l. per l'argenteria*. **B s. m.** ● Sostanza, prodotto usato per lucidare.

lucidàre [vc. dotta, lat. tardo *lucidāre*, da *lūcidus* 'lucido'; av. 1311] **v. tr.** (*io lùcido*) ***1*** Rendere lucido, gener. sfregando o usando sostanze specifiche: *l. scarpe, pavimenti, mobili*. **SIN.** Lustrare. ***2*** Ricalcare un disegno su carta lucida e trasparente che ne permetta la riproduzione multipla.

lucidatóio [da *lucidare* in senso tecnico] **s. m.** ● Dispositivo costituito da un leggio con piano trasparente e sorgente luminosa sottostante, usato per il ricalco di disegni.

lucidatóre [av. 1850] **s. m.**; anche **agg.** (f. *-trice*) ***1*** Chi (o Che) lucida: *l. di mobili*. ***2*** Lucidista.

lucidatrìce [1955] **s. f.** ***1*** (*tecnol.*) Macchina destinata a conferire lucentezza e buona pulitura a superfici lavorate di metalli, marmi, legno. ***2*** Elettrodomestico a spazzole rotanti usato per la lucidatura dei pavimenti.

lucidatùra [1869] **s. f.** ***1*** Operazione del lucidare: *l. di tessuti, di cuoi*; *l. di mobili*. ***2*** In metallurgia, operazione tendente a migliorare la finitura di una superficie metallica facendovi strisciare nastri sui quali sono fissati con adesivo grani abrasivi. ***3*** Ricalco di un disegno su carta lucida e trasparente.

lucidazióne [vc. dotta, lat. tardo *lucidatiōne(m)* '(de)lucidazione', da *lucidātus*, part. pass. di *lucidāre* 'lucidare'; 1766] **s. f.** ● (*raro*) Lucidatura.

lucidézza [sec. XIV] **s. f.** ● Caratteristica di ciò che è lucido.

lucidista [deriv. di *lucido* (2) nel sign. 3; 1957] **s. m. e f.** (**pl. m.** *-i*) ● Tecnico che esegue lucidi, o che è addetto alla lucidatura di disegni.

lucidità [vc. dotta, lat. tardo *luciditāte(m)*, da *lūcidus* 'lucido (1)'; sec. XIV] **s. f.** ***1*** (*raro*) Lucentezza. ***2*** (*fig.*) Perspicuità, chiarezza: *l. di mente* | Presenza di sé, completo controllo delle proprie facoltà: *agire con piena l.*; *il malato alterna momenti di torpore a momenti di l.*

♦**lùcido** (**1**) [vc. dotta, lat. *lūcidu(m)*, da *lucēre* 'lucere'; 1308] **agg.** ***1*** Di corpo che riflette la luce: *mobili, pavimenti lucidi*; *scarpe lucide* | ***L. come uno specchio***, pulitissimo | ***Occhi lucidi***, per il pianto o la febbre. ***2*** (*lett.*) Splendente, luminoso: *astri lucidi*; *stelle lucide* | (*poet.*) Terso, limpido: *duo freschi e lucidi ruscelli* (POLIZIANO). ***3*** (*fig.*) Chiaro, perspicuo: *ha fatto una lucida esposizione del problema*; *avere la mente lucida*. || **lucidaménte**, **avv.** In modo limpido e chiaro; coscientemente, consapevolmente.

♦**lùcido** (**2**) [da *lucidare*; av. 1519] **s. m.** ***1*** Lucentezza: *perdere il l.* ***2*** Qualsiasi sostanza usata per lucidare: *l. da scarpe*. ***3*** Disegno, spec. tecnico, eseguito su speciale carta semitrasparente, per consentirne la riproduzione eliografica. ***4*** Supporto trasparente usato nella lavagna luminosa.

†**lucidóso** [da *lucido* (*1*); sec. XV] **agg.** ● Lucente.

lucifèrino [av. 1855] **agg.** ***1*** (*raro*) Proprio di Lucifero. ***2*** (*fig.*) Diabolico: *malvagità luciferina*.

lucìfero [vc. dotta, lat. *lucĭferu(m)*, comp., sul modello del corrispondente gr. *phōsphóros* (V. *fosforo*), di *lūx*, genit. *lūcis* 'luce', e *-feru(m)* '-fero'; av. 1306] **A agg.** ● (*lett.*) †Che porta o dà luce. **B s. m.** (*Lucifero* nei sign. 1 e 2) ***1*** (*lett.*) Il pianeta Venere. ***2*** (*relig.*) Angelo della luce, che, secondo la narrazione biblica, divenne il capo degli angeli ribelli | Demonio, capo dei demoni. ***3*** (*raro, fig.*) Persona rabbiosa e cattiva.

†**lucificàre** [vc. dotta, lat. *lucificāre*, comp. di *lūx*, genit. *lūcis* 'luce', e *-ficāre* 'fare' (da *făcere*), come il corrispondente gr. *phōtízein*; sec. XIV] **v. tr.** ● Illuminare.

lucìfugo [comp. di *luce* e *-fugo*; av. 1686] **agg.** (**pl. m.** *-ghi*) ● (*zool.*) Detto di animale che vive preferibilmente in ambienti privi di luce.

lucìgnola [etim. discussa: dal n. propr. *Lucia*, la santa orbata degli occhi, come si ritiene popolarmente sia anche l'*orbettino* (?); 1834] **s. f.** ***1*** (*zool.*) Luscengola. ***2*** (*zool.*) Orbettino.

†**lucignolàre** [da *lucignolo*] **v. tr.** ● Torcere come un lucignolo, uno stoppino | Filare.

lucìgnolo [dim. del lat. parl. **lucīniu(m)*, con sovrapposizione di *lūx* 'luce', dal lat. tardo *licīniu(m)* 'filaccia' (da *līcium* 'liccio'), passato a indicare il 'lucignolo' per influenza di *ellýchnium*, dal gr. *ellýchnion*, comp. di *en* 'in' e *lýchnos* 'lampada, lucerna'; av. 1342] **s. m.** ***1*** Treccia di fili che si mette nell'olio della lucerna o all'interno della candela per essere accesa e illuminare. **SIN.** Stoppino. ***2*** (*fig.*; *disus.*) Persona lunga e magra. ***3*** †Quantità di lana o lino che si metteva sulla rocca per filare. ***4*** (*tess.*) Stoppino. || **lucignolétto**, **dim.** | **lucignolino**, **dim.** | **lucignolóne**, **accr.**

lucilia [dal n. propr. lat. *Lucīlia(m)*, f. di *Lucīliu(m)*, da *lūx*, genit. *lūcis* 'luce'; 1891] **s. f.** ● Insetto dei Ditteri di color verde, che depone le uova su sostanze in decomposizione e sopra le feci (*Lucilia caesar*).

†**luciménto** [da *lucere*; sec. XIII] **s. m.** ● Splendore.

lùcio (1) [dal grido di richiamo *luci luci*; av. 1850] **s. m.** ● (*pop., tosc.*) Tacchino.

lùcio (2) ● V. *luccio*.

lucioperca o **luccioperca** [comp. di *luccio* e *perca*, perché partecipa dei caratteri dei due pesci; 1957] **s. f. o m.** (**pl. f.** *-che*; **pl. m. inv.**) ● Pesce dei Perciformi, grosso e voracissimo, con pinna dorsale doppia, diffuso nelle acque dolci (*Lucioperca lucioperca*). **SIN.** Sandra.

lucivago [comp. di *luce* e *vago* nel sign. di 'desideroso'] **agg.** (**pl. m.** *-ghi*) **1** (*lett.*) †Desideroso di luce. **2** (*bot.*) Eliofilo.

lùco [vc. dotta, lat. *lūcu(m)*, di orig. indeur.; sec. XIV] **s. m.** (**pl.** *-chi*) ● Nella Roma antica, bosco sacro.

lucóre [lat. parl. **lucōre(m)*, da *lucēre*, come *fulgōre(m)* 'folgore', da *fulgēre* 'lampeggiare'; av. 1276] **s. m.** ● (*lett.*) Luce, splendore: *la sveglia / col fosforo sulle lancette / che spande un tenue l.* (MONTALE).

lucràbile [1869] **agg.** ● Che si può lucrare.

lucrabilità **s. f.** ● (*raro*) Caratteristica di ciò che è lucrabile.

lucràre [vc. dotta, lat. tardo *lucrāre* per *lucrāri*, da *lŭcrum* 'lucro'; av. 1306] **v. tr.** (qlco.; qlco. + *su*) ● Ricavare utili in denaro: *sono riusciti a l. considerevoli guadagni* | Guadagnare, spec. *in modo illecito o disonesto*: *è stato accusato di l. su forniture e servizi* | (*fig.*) ***L. le indulgenze***, godere il beneficio delle indulgenze concesse dalla Chiesa cattolica.

lucrativo [vc. dotta, lat. *lucratīvu(m)*, da *lucrātus* 'lucrato'; 1351] **agg.** ● Che serve a dare lucro: *studi lucrativi*; *attività lucrativa*.

lucreziàno [dal n. proprio lat. *Lucrētius*, di orig. etrusca; 1708] **agg.** ● Che si riferisce al poeta latino Tito Lucrezio Caro (98-55 a.C.).

lùcro [vc. dotta, lat. *lŭcru(m)*, di etim. incerta; sec. XIV] **s. m.** ● Guadagno, vantaggio economico (*spec. spreg.*): *fare qlco. per l., a scopo di l.*; *ricavare un l. illecito da un'attività* | ***L. cessante***, V. *cessante*.

lucróso [vc. dotta, lat. *lucrōsu(m)*, da *lŭcrum* 'lucro'; 1483] **agg.** ● Che dà un considerevole guadagno: *attività lucrosa*. ‖ **lucrosaménte**, **avv.** (*raro*) Con lucro.

†**lucubràre** [dal lat. *lucubrāre*; V. *elucubrare*; av. 1552] **v. tr.** ● Elucubrare.

†**lucubrazióne** [1483] **s. f.** ● Elucubrazione.

†**lucolènto** [vc. dotta, lat. *luculĕntu(m)*, originariamente 'splendido' della stessa radice di *lūx*, genit. *lūcis* 'luce', di orig. indeur.; 1321] **agg.** ● (*lett.*) Splendente, luminoso. ‖ †**luculenteménte**, **avv.** Con splendore, chiaramente.

lucullìano [1544] **agg.** ● Detto spec. di ciò che per abbondanza, sfarzo, succulenza e sim. appare degno del buongustaio latino Lucio Licinio Lucullo: *piatto l.*; *pranzo l.* ‖ **lucullianaménte**, **avv.** In modo degno dell'uomo politico e generale romano L. L. Lucullo (106 ca.-57 a.C.), fastoso gaudente e celebre buongustaio.

lucumóne [vc. dotta, lat. *lucumōne(m)*, termine etrusco, scambiato dai Romani per n. proprio; sec. XIV] **s. m.** **1** Supremo magistrato degli Etruschi, che deteneva, oltre al potere politico e militare, anche quello religioso. **2** (*raro, scherz.*) Persona ragguardevole o molto autorevole: *i lucumoni di una città*.

lucumonia [1869] **s. f.** ● Dignità e giurisdizione di lucumone.

luddismo [ingl. *luddism*, dal n. dell'operaio (Ned *Ludd*) che nel 1779 distrusse per protesta una macchina tessile; 1963] **s. m.** ● Movimento operaio inglese dell'inizio del sec. XIX, contrario all'introduzione delle macchine nell'industria perché viste come causa di minor impiego di mano d'opera e quindi di disoccupazione | (*est., spreg.*) Atteggiamento di chi è contrario all'introduzione di nuove macchine o di nuove tecnologie.

luddista [1975] **A** **agg.** e **s. m. e f.** (**pl. m.** *-i*) ● (*st.*) Seguace, fautore del luddismo. **B** **agg.** ● Proprio del luddismo, che si ispira al luddismo: *tendenze sindacali di stampo l.*

†**lùdere** [vc. dotta, lat. *lūdere*, da *lūdus* 'ludo'; 1321] **v. intr.** ● Giocare, far festa.

ludìbrio [vc. dotta, lat. *ludībriu(m)*, da *lūdere*, fatto su *opprŏbrium* 'obbrobrio'; av. 1294] **s. m.** **1** Beffa, scherno: *mettere in l. le istituzioni*. **2** Oggetto di scherno, di derisione: *è stato il l. di tutto il popolo*; *Serse per l'Ellesponto si fuggia, / fatto l. agli ultimi nepoti* (LEOPARDI).

lùdico [1946] **agg.** (**pl. m.** *-ci*) ● Relativo al gioco, al giocare | (*est.*) Gaio, giocoso. ‖ **ludicaménte**, **avv.**

†**lùdicro** [vc. dotta, lat. *lūdicru(m)*, da *lūdus* 'ludo'; av. 1498] **A** **s. m.** ● Gioco, scherno. **B** **agg.** ● Beffardo, scherzoso.

†**ludificàre** [vc. dotta, lat. *ludificāre*, comp. di *lūdus* 'ludo' e *-ficāre* 'ficare'; av. 1342] **v. tr.** **1** Burlare. **2** Ingannare, illudere.

†**ludificazióne** [vc. dotta, lat. *ludificatiōne(m)*, da *ludificātus*, part. pass. di *ludificāre* 'ludificare'; 1354] **s. f.** ● Burla, inganno.

ludimagistro [vc. dotta, lat. *ludimagĭstru(m)*, comp. di *lūdi*, genit. di *lūdus* 'ludo' e *măgister* 'maestro'; av. 1565] **s. m.** ● Nell'antica Roma, maestro di scuola.

ludióne [vc. dotta, lat. *ludiōne(m)* 'attore', da *lūdus* 'ludo'; 1869] **s. m.** ● Galleggiante, a forma di piccolo diavolo, vuoto e con un forellino, che, posto in un recipiente pieno d'acqua chiuso da una membrana, scende o risale a seconda che si prema o no la membrana. **SIN.** Diavoletto di Cartesio.

lùdo [vc. dotta, lat. *lūdu(m)*, propr. 'gioco di pubblico carattere religioso': di orig. etrusca (?); av. 1306] **s. m.** **1** Gara, spettacolo, spec. dell'antica Roma: *ludi circensi, scenici*. **2** (*raro, lett.*) Gioco: *d'amor tra i ludi e le tenzon civili / crebbi* (CARDUCCI).

lùdo- primo elemento ● In parole composte, significa 'gioco': *ludoteca, ludoterapia*.

ludolinguistica [comp. di *ludo-* e *linguistica*; 1998] **s. f.** ● Branca della linguistica che si occupa di giochi di parole e combinazioni lessicali.

ludòlogo [comp. di *ludo-* e *-logo*; 1992] **s. m.** (**f.** *-a*; **pl. m.** *-gi*) ● Studioso, esperto di giochi.

ludotèca [comp. di *ludo-* e *-teca*; 1979] **s. f.** ● Locale opportunamente attrezzato dove, con intenti di servizio sociale ed educativo, sono raccolti e conservati giocattoli e altri mezzi di svago che i bambini possono usare sul luogo o prendere a prestito.

ludotecàrio [da *ludoteca*, sul modello di *bibliotecario*] **s. m.** (**f.** *-a*) ● Animatore e responsabile di una ludoteca.

ludoterapia [comp. di *ludo-* e *terapia*; 1963] **s. f.** ● Tecnica psicoterapeutica basata su attività ricreative opportunamente organizzate e volte soprattutto a favorire la socializzazione.

lùdro (1) [dal ted. *Luder* 'carogna', come ingiuria; 1881] **s. m.** (**f.** *-a*) **1** (*sett.*) Furfante, mascalzone. **2** (*fig., sett.*) Persona ingorda, insaziabile, avida.

lùdro (2) [da *udro* 'otre' con *l-* dell'art. det.; 1674] **s. m.** ● (*sett.*) Otre.

lùe [vc. dotta, lat. *lŭe(m)*, da *lŭere* 'dissolvere'; 1532] **s. f. inv.** **1** (*med.*) Sifilide. **2** (*fig., lett.*) Calamità pubblica, corruzione.

luètico [1905] **A** **agg.** (**pl. m.** *-ci*) ● (*med.*) Della lue: *disturbo l.* **B** **agg.**; anche **s. m.** (**f.** *-a*) ● (*med.*) Che (o Chi) è affetto da lue.

lùffa [vc. dotta, lat. scient. *lŭffa*, dall'ar. *lūf* 'lupa'; 1813] **s. f.** **1** (*bot.*) Genere di pianta erbacea delle Cucurbitacee, rampicante, con fiori bianchi vistosi e frutti oblunghi, tipica dei Paesi tropicali (*Luffa*). **2** (*est.*) Parte interna del frutto di tale pianta da cui si ricava uno strato fibroso e ruvido usato come spugna da bagno.

†**lùffo** [etim. incerta; sec. XIII] **s. m.** ● Batuffolo.

lugàna [dal n. propr. *Lugana*: dall'agg. lat. *lucānus* nel senso di 'relativo al bosco (*lūcus*)' (?); 1957] **s. m. inv.** ● Vino bianco-verdolino, dal profumo caratteristico, secco e un po' asprigno, prodotto nella zona di Lugana, sulla riva meridionale del lago di Garda, con uve Trebbiano locali.

luganése [1885] **A** **agg.** ● Di Lugano. **B** **s. m.** e **f.** ● Abitante, nativo di Lugano.

lugàniga o **lucànica**, **lugànega** [lat. *lucānica(m)* 'salsiccia preparata in *Lucania*'; av. 1315] **s. f.** ● Tipica salsiccia del Veneto e della Lombardia.

lugarino ● V. *lucherino*.

lugàro ● V. *lucherino*.

†**lùgere** [vc. dotta, lat. *lugēre*, propr. 'essere in lutto', di orig. indeur., col sign. primitivo di 'rompere, spezzare' allusivo alle manifestazioni rituali del lutto; av. 1375] **v. intr.** (difett. del **part. pass.** e dei tempi composti) ● Piangere.

lugger /*ingl.* 'lʌgə/ [vc. ingl., retroformazione da *lugsail*, di etim. incerta; 1895] **s. m. inv.** ● (*mar.*) Veliero spec. mercantile, a due alberi a vele auriche.

lugliàtica [sec. XIV] **s. f.** ● (*bot.*) Luglienga.

lugliàtico [da *luglio*; av. 1320] **agg.** (**pl. m.** *-ci*) ● Detto di frutto, spec. uva, che matura in luglio.

lugliénga o **lugliènga** [da *luglio*, mese di maturazione, col suff. di (*magg*)*engo*; 1903] **s. f.** ● Varietà coltivata di uva bianca da tavola a maturazione precoce. **SIN.** Lugliatica.

♦**lùglio** [lat. *lūliu(m)*, sottinteso *mēnse(m)* 'mese', da *Iūlius*, n. (connesso con *Iŏvis* 'Giove'?) della *gēns*, a cui apparteneva Giulio Cesare; 1211] **s. m.** ● Settimo mese dell'anno nel calendario gregoriano, di 31 giorni.

lùgubre o (*poet.*) o **lugùbre** [vc. dotta, lat. *lūgubre(m)*, da *lugēre* nel senso primitivo di 'essere in lutto'; 1336 ca.] **agg.** ● Che esprime o suscita grande tristezza, o che richiama immagini di dolore, lutto, morte: *cerimonia, avvenimento l.*; *spettacolo, visione l.*; *rompon de l'aria mesta / i silenzi lugubri* (MARINO) | ***Faccia l.***, molto triste. ‖ **lugubreménte**, **avv.**

♦**lùi** /'lui/ [lat. tardo (*il*)*lŭi*, per *ĭlli*, da *ĭlle* 'egli', sul modello di *cŭi*; sec. XII] **A** **pron. pers.** di terza **pers. m. sing.** **1** Indica la persona (*lett.* anche l'animale o la cosa) di cui si parla e si usa al posto di 'egli', 'esso' nei vari compl.: *sto scrivendo a lui*; *sono venuto con lui*; *tornerò da lui*; *se io fossi in lui lascerei perdere* | Come compl. ogg. in luogo del pronome atono 'lo', quando gli si vuole dare particolare rilievo: *sto cercando lui, non te*; *voglio proprio lui* | (*lett.*) Come compl. di termine senza la prep. 'a': *per dar lui esperienza piena* (DANTE *Inf.* XXVIII, 48) | (*lett.* o *bur.*) In luogo dell'agg. poss. nelle loc. ***il di lui***, ***i di lui***, ***la di lui***, ***le di lui***, il suo, i suoi, la sua, le sue: *la di lui voce* | Si pospone a 'anche', 'neanche', 'pure', 'neppure', 'nemmeno' e sim.: *ho incontrato anche lui* | Si pospone a 'ecco' in luogo del pron. encl. 'lo', quando gli si vuole dare particolare rilievo: *ecco lui*. **2** Egli (come sogg. sia nella lingua parlata che in quella scritta, spec. in espressioni enfatiche, ellittiche, esclamative, in contrapposizione ad altro sogg. o posposto al verbo con valore enfat. e raff.): *lui non ha fatto alcuna obiezione*; *venga lui se ha coraggio!*; *beato lui!*; *lui è sempre il primo in ogni cosa* | Con il v. al modo inf., part., gerundio: *lui scomodarsi per così poco?!*; *partito lui, la madre rimase sola* | Si pospone a 'anche', 'neanche', 'pure', 'neppure', 'nemmeno' e sim.: *nemmeno lui era al corrente* | Con funzione predicativa: *non mi sembra più lui!* | Si usa dopo 'come' e 'quanto' nelle comparazioni: *io ne so quanto lui*. **B** in funzione di **s. m. inv.** ● (*fam.*) L'uomo amato: *il mio lui*.

luì /lu'i*/ [vc. onomat.; 1481] **s. m.** ● Genere di Uccelli insettivori dei Passeriformi, dal piumaggio olivastro o giallo verdastro, becco corto e sottile (*Phylloscopus*). ➡ **ILL. animali**/9.

luigi [fr. *louis*, da Luigi XIII di Francia che la fece coniare nel 1640; 1668] **s. m. inv.** ● Moneta d'oro francese coniata per la prima volta da Luigi XIII.

luigino [detto così perché recava lo stemma di Luigi XIII di Francia; 1933] **s. m.** ● Moneta frazionaria francese d'argento coniata nel XVII sec.

lùiula [per *alleluia*, in accezione botanica] **A** **s. f.** ● (*bot.*) Acetosella. **B** anche **agg.** solo **f.** ● Nella loc. ***erba l.***, acetosella.

†**lùlla** [lat. *lūnula(m)* 'lunula, mezzaluna', dim. di *lūna* 'luna'; 1313] **s. f.** ● Ognuna delle due parti a semicerchio che formano il fondo della botte.

♦**lumàca** [lat. parl. **limāca(m)*, dal gr. *léimaka*, acc. di *léimax* 'limaccia'; 1313] **s. f.** **1** Mollusco dei Gasteropodi polmonati, onnivoro, con corpo allungato e viscido, conchiglia spesso inesistente o ridotta e situata sotto la pelle del dorso (*Limax agrestis*). ➡ **ILL. animali**/4. **2** Correntemente, chiocciola: *lumache alla genovese*. **3** (*fig.*) Persona lenta e pigra nel muoversi e nell'agire: *essere una l.*; *fare la l.* | (*fig.*) ***Camminare a passo di l.***, molto adagio. **4** (*mat.*) ***L. di Pascal***, podaria d'un punto rispetto a una circonferenza. **5** (*spec. al pl.*) Pasta corta da minestra, di forma simile al guscio delle chiocciole. ‖ **lumachèlla**, **dim.** (V.) | **lumachétta**, **dim.** | **lumachina**, **dim.** | **lumachino**, **dim. m.** | **lumacóne**, **accr. m.** (V.) | **lumacùccia**,

lumacùzza, dim.

lumacàre [da *lumaca*; av. 1910] v. tr. (*io lumàco, tu lumàchi*) ● Allumacare.

lumacatùra [1891] s. f. ● Allumacatura.

†**lumàccia** [1313] s. f. (pl. *-ce*) ● Lumaca: *e li orecchi ritira per la testa / come face le corna la l.* (DANTE *Inf.* XXV, 131-132).

lumachèlla [1754] s. f. *1* Dim. di *lumaca*. *2* (*miner.*) Calcare compatto ricco di gusci di conchiglie.

lumacóne [av. 1449] s. m. *1* Accr. di *lumaca*. *2* (*zool.*) Denominazione di varie specie di Molluschi dei Gasteropodi privi di guscio | ***L. ignudo***, lumaca nel sign. 1. *3* (f. *-a*) (*fig.*) Persona dai movimenti lenti o incerta nell'agire | Persona furba, ma che cerca di apparire goffa e sciocca.

lumacóso [1499] agg. ● (*raro*) Che è sporco di bava di lumaca o di macchie simili.

lumàio [da *lume*; 1808] s. m. (f. *-a*) ● (*disus.*) Fabbricante, venditore di lumi; lampionaio | (*raro*) Lampista.

†**lumàre** (1) [ant. fr. *lumer*, da *lume* 'lampada'; sec. XIII] v. tr. ● Illuminare.

lumàre (2) [milan. *lumà*, prob. da *lumm* 'lume, lucerna'; 1585] v. tr. ● (*sett.*) Guardare, adocchiare, sbirciare.

lumàta s. f. ● (*sett.*) Sguardo, occhiata.

lumbàrd /*lomb.* lũm'ba:rd/ [dalla vc. dialettale mil. *lombàrd*; 1986] **A** s. m. e f. (f. anche *-a*; pl. m. inv.; pl. f. *-e*) *1* Militante della formazione politica denominata Lega lombarda | Sostenitore, simpatizzante di tale formazione *2* (*est.*) Leghista, nel sign. 2. **B** agg. inv. ● Relativo ai militanti o alla politica della Lega lombarda.

♦**lùme** o †**lùmine** [vc. dotta, lat. *lūmen*, da una radice **lūc-* 'splendere', di orig. indeur.; sec. XIII] s. m. *1* Apparecchio non elettrico per illuminare: *l. a olio, a petrolio, a gas, da tavolo* | ***Far l.***, guidare con la luce | ***Tenere, reggere il l.***, (*fig.*) reggere il moccolo (V. *moccolo*) | (*fig.*) ***A l. di naso***, in base all'intuito, a una prima impressione. *2* (*est., poet.*) Stella, astro, corpo luminoso: *fra tanti amici lumi / una nube lontana mi dispiacque* (PETRARCA). *3* Chiarore, luce, sorgente luminosa: *un l. improvviso squarciò le tenebre*; *leggere al l. di candela*. *4* (*est., fig.*) Facoltà visiva, vista: *il l. degli occhi* | ***Perdere il l. degli occhi***, (*fig.*) lasciarsi trasportare dall'ira. *5* Ciò che illumina l'intelletto, l'anima: *il l. della scienza, della fede* | ***Perdere il l. della ragione***, infuriarsi | ***Il secolo dei lumi***, (*per anton.*) il XVIII, secolo dell'illuminismo | (*al pl.*) Chiarimento, consiglio: *chieder lumi*. *6* (*lett.*) Gloria, luminare, persona celebre in un qualsiasi campo: *O de li altri poeti onore e l.* (DANTE *Inf.* I, 82). *7* Ampiezza delle maglie nelle reti da pesca. *8* (*biol.*) Interno di un organo cavo: *l. intestinale*. *9* (*al pl., poet.*) Occhi: *cadde tramortita e si diffuse / di gelato sudore, e i lumi chiuse* (TASSO). || **lumétto**, dim. | **lumettìno**, dim. | **lumicìno**, dim. (V.) | **lumìno**, dim. (V.).

lumeggiaménto [1891] s. m. *1* (*raro*) Tecnica e procedimento del lumeggiare. *2* (*fig., raro*) Chiarimento.

lumeggiàre [1550] v. tr. (*io luméggio*) *1* Dare brillantezza ai rilievi di un oggetto di metallo | Dare rilievo, per mezzo di piccoli tocchi di colore chiaro, alle parti luminose di un quadro, affresco e sim. | In cartografia, dare il senso del rilievo con tratteggi. *2* (*fig.*) Far risaltare per mezzo della parola: *l. una circostanza, un fatto, un'idea*; *non è da questo luogo narrare e nemmeno l. rapidamente la vita del Foscolo* (CROCE). SIN. Illustrare. *3* (*lett.*) Illuminare: *il faro lumeggiava gli scogli*.

lumeggiatùra [1881] s. f. ● (*raro*) Lumeggiamento | (*spec. al pl.*) Nella tecnica pittorica e in cartografia, effetto di rilievo ottenuto con la tecnica del lumeggiamento.

lùmen [dalla radice, di orig. indeur., **lūc-* 'splendere'; 1934] s. m. inv. (pl. lat. *lumina*) ● (*fis.*) Unità di misura di flusso luminoso, corrispondente al flusso emesso, per unità di angolo solido, da una sorgente puntiforme, avente nelle direzioni comprese in tale angolo solido l'intensità luminosa di una candela. SIMB. lm.

lùmen Christi /*lat.* 'lumen 'kristi/ [lat., propr. 'luce (*lūmen*) di Cristo (*Chrĭsti*)'] loc. sost. m. inv. (pl. lat. *lumina Christi*) ● Candela benedetta il Sabato Santo e conservata per essere accesa solo in determinate circostanze.

lumenòmetro [comp. di *lumen* e *-metro*; 1934] s. m. ● (*fis.*) Apparecchio misuratore del flusso luminoso.

lumenóra [comp. di *lumen* e *ora*; 1957] s. m. inv. ● (*fis.*) Unità pratica di misura della quantità di luce, equivalente a quella emessa in un'ora da un flusso luminoso di 1 lumen.

†**lumèra** ● V. *lumiera*.

†**lumèrbio** [forse sovrapp. di *lume* a *superbio* 'superbo'] agg. ● Strano, lunatico.

lumìa [v. *limetta* (2); sec. XIII] s. f. ● (*bot., merid.*) Limetta.

lumicìno [1533] s. m. ● Dim. di *lume* | ***Cercare qlco. col l.***, (*fig.*) con grande diligenza, di cose difficili da trovare | (*fig.*) ***Essere al l.***, stare per finire; essere in fin di vita.

lumièra o †**lumèra** [ant. fr. *lumière*, dal lat. *luminăria*, nt. pl., d'uso più frequente del sing. *luminăre* 'fiaccola'; av. 1250] s. f. *1* †Luce, splendore | †Lume. *2* (*region.*) Lampadario da soffitto a più luci | Candelabro infisso in passato sulla facciata di palazzi, spec. sontuosi, per adattarvi fiaccole o fanali | †Focone.

luminàio [lat. parl. **luminăriu(m)*, agg. di *luminăre* 'luminare (1)'; sec. XIV] s. m. (f. *-a*) *1* Supporto di legno su cui si appoggiava il lume | Rozzo lucerniere, usato spec. nelle campagne. *2* Chi accendeva i lumi nei teatri.

Luminàl® [marchio registrato; 1931] s. m. ● (*chim.*) Derivato dell'acido barbiturico, dotato di azione sedativa, ipnotica e antiepilettica.

†**luminaménto** [da *luminare* (2)] s. m. ● Luce, splendore.

luminànza [da *lumen*; 1957] s. f. ● (*fis.*) Brillanza.

†**luminàra** ● V. *luminaria*.

luminàre (1) [vc. dotta, lat. *lumināre* 'finestra, astro, lampada', da *lūmen* 'lume'; av. 1350] s. m. *1* †Astro, stella: *un l. più bello e più grande che la luna* (BRUNO) | †Lume. *2* (*fig.*) Persona insigne per intelligenza e dottrina: *è un l. delle scienze fisiche*.

luminàre (2) [vc. dotta, lat. tardo *lumināre*, da *lūmen* 'lume'; 1260 ca.] **A** v. tr. (*io lùmino*) ● †Illuminare. **B** v. intr. ● (*lett.*) Risplendere (*anche fig.*).

luminària o (*dial.*) †**luminàra** [lat. *luminăria*, nt. pl., di più freq. impiego, di *lumināre* 'fiaccola'; av. 1292] s. f. *1* Illuminazione pubblica in occasione di feste o ricorrenze particolari. *2* Quantità ingente di lumi accesi: *lasciando i falò e le luminarie accese nel campo* (VILLANI). *3* †Astro, stella.

†**luminatìvo** [av. 1306] agg. ● Illuminativo.

†**luminazióne** [vc. dotta, lat. tardo *luminatiō-ne(m)*, da *luminātus* 'luminato'] s. f. ● Illuminazione.

†**lùmine** ● V. *lume*.

luminèllo (1) [da (*il*)*luminare*; sec. XV] s. m. ● Barbaglio di luce che le superfici lucide colpite dal sole rimandano sugli altri oggetti. SIN. Illuminello.

luminèllo (2) [da *lumino*; 1853] s. m. *1* Cilindretto forato avvitato sul focone delle antiche armi da fuoco ad avancarica. *2* Piccolo anello in cui si infila il lucignolo, nel becco della lucerna | Dischetto di latta che serve di sostegno al lucignolo nei lumi a olio.

luminescènte [dal lat. *lūmen*, genit. *lūminis* 'lume', con la desinenza dei part. pres. incoativo lat., come *putrescente, efflorescente*, e simili; 1934] agg. ● Dotato di luminescenza.

luminescènza [1909] s. f. ● Emissione di luce, da parte di un corpo, per qualsiasi processo chimico o fisico che non sia l'incandescenza: per es. la fosforescenza e la fluorescenza.

†**luminièra** [sec. XIV] s. f. ● Lumiera.

†**luminière** [sec. XIV] s. m. ● Lucerniere.

luminìo [1957] s. m. ● (*lett.*) Luccichio, sfavillio: *l. brillante, duro, cieco come uno specchio* (BACCHELLI).

luminìsmo [dal lat. *lūmen*, genit. *lūminis* 'luce', col suff. di corrente artistica *-ismo*; 1960] s. m. ● Tecnica pittorica fondata su un impiego rigorosamente delineato della luce.

luminìsta [1942] **A** s. m. e f. (pl. m. *-i*) ● Artista che segue il luminismo. **B** agg. ● Luministico.

luminìstica [dal lat. *lūmen*, genit. *lūminis* 'luce', col suff. di arte o tecnica *-istica*; 1963] s. f. ● Parte della messinscena che si occupa della disposizione della luce nello spettacolo teatrale.

luminìstico [1935] agg. (pl. m. *-ci*) ● Del luminismo, dei luministi.

lumìno [av. 1562] s. m. *1* Dim. di *lume*. *2* In passato, piccola lampada a olio con lucignolo galleggiante: *l. da notte*. *3* Basso cilindro di cera con stoppino, che si accende su tombe o dinanzi a immagini sacre, solitamente entro un bicchierino.

luminosità [1308] s. f. *1* Caratteristica di ciò che è luminoso: *la l. di un ambiente, dell'orizzonte, di un quadro*; (*fig.*) *la l. di un sorriso, di un'idea*. *2* (*fis.*) Rapporto fra l'intensità del fascio incidente e la proiezione della superficie della sorgente in direzione perpendicolare al fascio. *3* (*fis.*) Rapporto fra la brillanza di un soggetto e l'intensità di illuminamento della sua immagine fotografica. *4* (*ottica*) Grandezza caratteristica di un obiettivo fotografico, che è proporzionale al quadrato del rapporto fra il suo diametro e la lunghezza focale e alla sua trasparenza e che consente tempi di posa tanto più brevi quanto più è elevata.

♦**luminóso** [vc. dotta, lat. *luminōsu(m)*, da *lūmen* 'lume'; 1308] agg. *1* Che emette luce: *sorgente luminosa* | ***Corpo l.***, che invia luce propria, sorgente primaria di luce | Che è pieno di luce: *oggi c'è un cielo sereno e l.*; *una stanza luminosa, … tutta avvolta entro un fulgore di sole* (PIRANDELLO) | (*fig.*) Smagliante, radioso: *sorriso l.* *2* (*fig.*) Chiaro, manifesto, evidente: *verità, dimostrazione luminosa* | Illustre, eccellente: *esempio l.* | ***Idea luminosa***, ingegnosa. *3* (*ottica*) Detto di obiettivo fotografico con notevole luminosità. *4* †Rilucente, lucido. || **luminosaménte**, avv.

Lumpenproletariat /*ted.* ˌlumpmproleta'rja:t/ [vc. ted., propr. 'proletariato (*Proletariat*) degli stracci (*Lumpen*)'] s. m. inv. (pl. ted. *Lumpenproletariate*) ● Termine con cui Marx qualificò il sottoproletariato urbano privo di coscienza di classe.

lùmpo [adattamento dell'ingl. *lump(fish)*, di probabile orig. ted.] s. m. ● (*zool.*) Pesce degli Scorpeniformi (*Cyclopterus lumpus*).

♦**lùna** [vc. dotta, lat. *lūna(m)*, da una radice **luc-* 'splendere', di orig. indeur.; 1224 ca.] **A** s. f. (con iniziale maiuscola nell'uso scientifico e astronomico) *1* Unico satellite naturale della Terra, intorno alla quale compie una rivoluzione in 29d 12h 44m 3s: *il chiarore, la luce, le fasi della l.*; *un raggio di l.* | ***L. nuova***, quando l'emisfero rivolto verso la Terra non è illuminato dal Sole | ***L. piena***, quando l'emisfero rivolto verso la Terra è completamente illuminato dal Sole | ***Mezza l.***, V. anche *mezzaluna* | ***Volere, chiedere la l.***, pretendere cose assurde, impossibili | ***Con questi chiari di l.***, in questo momento critico | ***Fare vedere la l. nel pozzo***, (*fig.*) ingannare, illudere | ***Abbaiare alla l.***, (*fig.*) gridare, imprecare a vuoto | ***Pietra della l.***, lunaria | ***Mal di l., mal della l.***, (*pop.*) epilessia, licantropia | (*fig.*) ***Faccia di l. piena***, tonda e grassa | (*astrol.*) Pianeta che domina il segno zodiacale del Cancro | (*est.*) Satellite naturale di qualsiasi pianeta: *la scoperta delle nuove lune di Giove* | CFR. seleno-. ➡ ILL. p. 2142, 2144 SISTEMA SOLARE; **zodiaco**. *2* Periodo di tempo che la luna impiega per compiere una rivoluzione attorno alla Terra, della durata di circa un mese: *tornarono dopo tre lune* | (*fig.*) ***L. di miele***, primo periodo di un matrimonio; (*fig.*) periodo di tempo particolarmente felice | (*fig.*) ***Avere la l., le lune, avere la l. per, di traverso***, essere stizzito, di malumore e sim. *3* Mezzaluna. *4* (*fig.*) Regione fantastica, dove si rifugia la mente quando perde il contatto con la realtà | ***Vivere, essere nel mondo della l.***, essere fuori dalla realtà | ***Essere ancora nel mondo della l.***, non essere ancora nato. *5* †Tempo. *6* Carta del gioco dei tarocchi. **B** in funzione di agg. inv. ● (posposto al s.) Nella loc. ***pesce l.*** (V.). || PROV. Gobba a ponente luna crescente, gobba a levante luna calante. || **lunétta**, dim. (V.) | **lunóna**, accr. | **lunóne**, accr. m.

lunàle [fr. *lunal*, che traduce il lat. *lūnula* nella stessa accezione; 1970] s. f. ● Lunula dell'unghia.

luna park /luna'park/ [comp., sul modello americano di *city park, driving park, game park* e diversi altri, di *luna*, come 'luogo fantastico' e *park* 'parco'; 1911] loc. sost. m. inv. ● Parco di divertimenti all'aperto, con attrazioni varie, giostre, otto volanti, tiri a segno, e sim.

lunàre [vc. dotta, lat. *lunāre(m)*, da *lūna* 'luna'; av. 1350] agg. ● Della, relativo alla luna: *le fasi lunari*; *dolce e bianco spicchio l.* (SABA) | ***Mese l.***, lunazione | *Bellezza l.*, eterea | *Temperamento l.*, tipo astrologico in cui prevalgono gli influssi della luna.

lunària (1) [da *lunare* per il colore argenteo del setto; sec. XIV] **s. f.** ● Felce dei pascoli alpini, con foglia formata da due file di foglioline più larghe che lunghe (*Botrychium lunaria*) | Pianta erbacea ornamentale delle Crocifere a fiori violetti (*Lunaria annua*).

lunària (2) [perché si riteneva legato l'aumento o la diminuzione del suo splendore alle fasi *lunari*, come la corrispondente gr. *selēnîtēs*] **s. f.** ● (*miner.*) Varietà di adularia in cristalli opalescenti, usata come gemma. **SIN.** Pietra di luna.

lunàrio [vc. dotta, lat. *lunāre(m)*, sottinteso *tăbula(m)*, '(registro) lunare (delle fasi)'; 1499] **s. m.** *1* Tavola delle fasi lunari, delle lunazioni e dell'anno lunare. *2* Correntemente, libretto che riporta i giorni del mese, le fasi della luna, i santi, le feste, le fiere, con previsioni meteorologiche | *Sbarcare il l.*, riuscire a campare stentatamente. **SIN.** Almanacco, calendario. || **lunarino**, **dim.** | **lunariétto**, **dim.** | **lunariùccio**, **dim.**

lunarista [1618] **s. m. e f.** (**pl. m.** *-i*) ● Chi fa lunari | (*est.*) Chi fantastica, almanacca.

lunàta [da *lunato*; av. 1703] **s. f.** *1* Ansa formata in un fiume dall'erosione o dalla piena delle acque. *2* (*mar.*; *disus.*) Allunamento.

lunaticherìa [da *lunatico*; 1891] **s. f.** ● (*raro*) L'essere lunatico | Atto, parola da lunatico.

lunàtico [vc. dotta, lat. *lunātĭcu(m)* 'colpito da malattia provocata (si credeva) dal mutamento della luna (*lūna*)', sul modello del corrispondente gr. *selēniakós*; sec. XIII] **A agg.** (**pl. m.** *-ci*) ● Detto di persona volubile, incostante, mutevole di umore: *carattere l.* **B s. m.** (**f.** *-a*) ● Chi è di umore variabile o si comporta in modo stravagante e bizzarro.

lunàto [vc. dotta, lat. *lunātu(m)*, part. pass. di *lunāre* 'piegare a forma di luna'; 1340] **agg.** ● Che ha forma ricurva simile a quella di una mezza luna: *stringendo il grano e le lunate falci, / mietean le spighe* (PASCOLI). **SIN.** Falcato.

lunazióne [vc. dotta, lat. tardo *lunatiōne(m)*, da *lunātus* 'lunato'; sec. XIII] **s. f.** ● (*astron.*) Mese sinodico lunare, intervallo tra due consecutivi ritorni della luna alla medesima fase.

lunch /lanʧ, *ingl.* lʌnʧ/ [vc. ingl. d'orig. oscura; 1884] **s. m. inv.** (**pl.** ingl. *lunches*) ● Leggero pasto, spuntino consumato a metà giornata spec. nei Paesi anglosassoni.

luncheonette /*ingl.* ˌlʌnʧəˈnɛt/ [vc. ingl., deriv. di *luncheon* 'pasto leggero' (di etim. incerta)] **s. f. inv.** ● Locale in cui si può consumare rapidamente un pasto o uno spuntino.

♦**lunedì** [lat. *Lūnae dīe(m)*, propr. 'giorno (*dīes*) della Luna (*Lūnae*)', cioè legato alla Luna, secondo l'ant. sistema assiro-babilonese; 1282] **s. m.** ● Primo giorno della settimana civile, secondo della liturgica | *L. grasso*, ultimo lunedì di carnevale.

†**lunedìana** [da *lunedì*] **s. f.** ● Riposo del lunedì di alcuni lavoratori che non potevano farlo la domenica.

†**lunedìare** [1869] **v. intr.** ● Fare festa di lunedì.

lunènse [vc. dotta, lat. *Lunēnse(m)*, agg. di *Lūna*, n. dell'ant. città di Luni; 1896] **agg.** ● Dell'antica Luni o del suo territorio, l'odierna Lunigiana.

lunétta [av. 1502] **s. f.** *1* Dim. di *luna*. *2* Elemento architettonico di una muratura, a forma semicircolare, che sovrasta una porta o una finestra | (*est.*) Opera pittorica o musiva posta all'interno di tale apertura: *una l. di Luca della Robbia*. ➡ **ILL.** p. 2118 ARCHITETTURA. *3* (*mil.*) Nell'antica fortificazione, opera addizionale esterna costituita da un saliente e da due fianchi. *4* (*gener.*) Oggetto o parte di esso a forma di luna falcata, di mezzo tondo o di lente | Nell'utensileria domestica, mezzaluna. *5* (*agr.*) Sistemazione di terreni declivi con ripiani semicircolari sostenuti da muri a secco. *6* (*relig.*) Sostegno dell'ostia consacrata nell'ostensorio, a forma di cerchio o di mezzaluna. *7* Pezzetto di pelle a rinforzo della tomaia nei punti di maggiore sforzo. *8* (*mecc.*) Accessorio del tornio, usato per sostenere pezzi molto lunghi. *9* (*sport*) Nel gioco della pallacanestro, semicirconferenza tracciata di fronte al cesto, da cui si effettuano i tiri liberi.

lùnga [da *lungo*; sec. XIII] **s. f.** *1* †Spazio, periodo di tempo. *2* In alcune loc. avv. *Alla l.*, con il passar del tempo | *Di gran l.*, molto, moltissimo | *Mandare qlco. per le lunghe*, differirla | *Andare per le lunghe*, protrarsi molto nel tempo | †*Alla più l.*, al più tardi.

lungàdige [comp. di *lung(o)* e *Adige* sul modello di *lungarno*, *lungotevere*] **s. m. inv.** ● Strada che si snoda parallelamente al corso del fiume Adige, spec. a Verona e a Trento.

lungàggine [da *lungo* col suff. spreg. *-aggine*; av. 1755] **s. f.** *1* Il mandare troppo per le lunghe qlco.: *le lungaggini della burocrazia*. **SIN.** Indugio, lentezza. *2* (*raro*) Prolissità: *la l. di un discorso*.

lungagnàta [da *lungo* con sovrapposizione di *lagna*; 1842] **s. f.** ● (*fam.*) Discorso o rappresentazione lunga e noiosa | (*est.*) Faccenda che va per le lunghe: *vedo che vuol essere un'altra l.* (MANZONI).

†**lungàgnola** [da *lungo*; av. 1543] **s. f.** *1* Tipo di rete lunga e bassa per la caccia ad animali terrestri. *2* (*raro*, *fig.*) Insidia.

lungagnóne [da *lungo*; av. 1920] **A s. m.** (**f.** *-a*) *1* (*fam.*) Persona alta e magrissima. *2* (*fam.*) Chi si muove e agisce dimostrando eccessiva lentezza e goffaggine. **B agg.** ● Che è molto lento nell'agire, nell'operare.

†**lungàia** [av. 1742] **s. f.** ● Lungaggine, prolissità.

†**lungaménto** [sec. XIV] **s. m.** ● Allontanamento, dilazione.

†**lungàre** o †**longàre** [av. 1294] **v. tr.** ● Allungare.

lungarìna ● V. *longherina*.

lungàrno [comp. della prep. *lungo* e *Arno*; 1739] **s. m.** (**pl.** *-ni*) ● Ogni strada che corre lungo l'Arno, spec. a Firenze.

†**lùnge** ● V. *lungi*.

lungherìa [1534] **s. f.** ● (*raro*) Lungaggine.

lungherìna ● V. *longherina*.

lungheróne ● V. *longherone*.

lunghésso o **lungh'ésso** [da leggere: *lung(o) esso*; 1300 ca.] **prep.** ● (*lett.*) Lungo, accosto a: *Noi eravam l. mare ancora* (DANTE *Purg.* II, 10); *ora lungh'esso il litoral cammina / la greggia* (D'ANNUNZIO).

♦**lunghézza** [da *lungo*, come il lat. tardo *longĭtia(m)*, da *lŏngus* 'lungo'; 1243] **s. f.** *1* (*mat.*) Estensione di un segmento lineare o di una linea curva | (*est.*) Misura di tale estensione: *calcolare la l. dell'apotema*. *2* Estensione massima di qlco. in senso orizzontale: *la l. di una strada*; *la l. di un treno* | *L. di un fiume*, compresa tra la sorgente e la foce | *L. fuoritutto*, misura massima di una nave, misurata tra i punti estremi a prua e a poppa | *L. al galleggiamento*, quella misurata sul piano di galleggiamento medio nel progetto della nave. *3* Caratteristica di ciò che dura a lungo nel tempo: *la l. di una guerra* | (*raro*) *La l. del tempo*, il passar del tempo: *con la l. del tempo si spengono le città e si perdono le memorie delle cose* (GUICCIARDINI). **CONTR.** Brevità. *4* (*est.*) Durata: *la l. di un discorso*. *5* †Lungaggine, indugio. *6* (*sport*) Unità di misura, corrispondente alla lunghezza di un cavallo o di una bicicletta, con cui si valuta il distacco dei concorrenti all'arrivo di una corsa: *vincere per mezza, per una l.* *7* (*fot.*) *L. focale*, V. *focale*. *8* (*fis.*) *L. d'onda*, distanza percorsa dall'onda in un periodo. *9* *L. grafica*, in cartografia, quella misurata sulla carta | *L. oggettiva*, quella reale ridotta all'orizzonte, corrispondente alla lunghezza grafica.

†**lunghièra** [1827] **s. f.** *1* Ragionamento prolisso. *2* Dilazione, indugio.

lunghìno **s. m.** ● (*dial.*, *sett.*) Arginello di risaia.

lunghista [da (salto in) *lungo*; 1964] **s. m. e f.** (**pl. m.** *-i*) ● (*sport*) In atletica leggera, specialista del salto in lungo.

lùngi o †**lùnge** [lat. *lŏnge*, avv. deriv. dall'agg. *lŏngus* 'lungo'; 1294] **A avv.** ● (*lett.*) Lontano (con valore locativo e, più rar., temp.): *non andranno l.*; *gli altri son poco l. in cimitero* (PASCOLI) | *Da, di l.*, da lontano: *vengono da l.* **B** nelle **loc. prep.** *l. da*, †*l. a* ● (*lett.*) Lontano da (*anche fig.*): *è ben l. dalla verità*; (*scherz.*) *l. da me, una simile idea!*; *non molto l. al percuoter de l'onde* (DANTE *Par.* XII, 49) | (*fig.*) *Essere ben l. dal pensare o fare qlco.*, non averne la minima intenzione.

†**lungilucènte** [comp. di *lungi* e *lucente*; av. 1729] **agg.**; anche **s. m. e f.** ● (*poet.*) Che (o Chi) spande all'intorno molta luce.

lungimirànte [comp. di *lungi* e *mirante*, part. pres. di *mirare*; 1918] **A agg.** ● Di persona che ha la capacità di prevedere i futuri sviluppi di un fatto o di una circostanza: *un politico l.* | (*est.*) Di ciò che è compiuto con accortezza e prontezza: *una presa di posizione l.* **B s. m. e f.** ● Chi sa guardare all'avvenire con previdenza e saggezza.

lungimirànza [1942] **s. f.** ● Caratteristica di chi è lungimirante o di ciò che è compiuto con previdenza: *la l. di un politico*; *la l. di quella decisione ha avuto le sue positive conseguenze*.

†**lùngio** [da *lungi*] **agg.** ● Lungo.

†**lungisaettànte** [comp. di *lungi* e *saettante*; av. 1729] **agg.**; anche **s. m.** ● (*poet.*) Che (o Chi) saetta di lontano.

†**lungitàno** [adatt. del lat. parl. **longitānu(m)*, da *lŏngus* 'lungo'] **agg.** ● Lontano.

†**lungivedènte** [comp. di *lungi* e *vedente*, part. pres. di *vedere* (*1*); av. 1956] **agg.**; anche **s. m.** ● Lungimirante, preveggente.

†**lungiveggènte** [comp. di *lungi* e *veggente*] **agg.**; anche **s. m.** ● Lungimirante.

♦**lùngo** o (*dial.*) †**lóngo** [lat. *lŏngu(m)*, di orig. indeur.; av. 1250] **A agg.** (**pl. m.** *-ghi*, †*-gi*) *1* Che ha una determinata lunghezza: *la strada è lunga un kilometro* | Che si estende in lunghezza: *la strada è molto lunga* | *Cadere l. disteso*, col corpo interamente disteso a terra | *Fare il passo più l. della gamba*, compiere, tentare un'impresa superiore alle proprie forze o capacità | (*ellitt.*) †*Per la lunga*, longitudinalmente | (*ellitt.*) †*Della lunga*, di lontano. **CFR.** longi-, dolico-. **CONTR.** Corto. *2* Che ha una considerevole lunghezza: *fila lunga*; *capelli lunghi* | *Tiro l.*, quello che oltrepassa il bersaglio | *Abito l.*, abito femminile da sera che arriva ai piedi | *Calzoni lunghi*, che scendono fino al piede | (*fig.*) *Fare il muso l.*, imbronciarsi | *Avere le mani lunghe*, (*fig.*) rubare, rubare con destrezza; essere molto audace con le donne; esercitare la propria influenza in vari settori | *Avere la lingua lunga*, (*fig.*) essere chiacchierone, pettegolo o maldicente | *Avere le gambe lunghe*, (*fig.*) avere un passo svelto o camminare volentieri | *Avere la vista lunga*, vedere bene da lontano; (*fig.*) essere lungimirante, accorto | (*fam.*) *Saperla lunga*, essere molto furbo o malizioso | (*fam.*) *La dice lunga su qlco.*, di ciò che fa ben comprendere, che rivela qlco.: *la sua reazione la dice lunga sul suo senso di colpa* | (*est.*) Che va o giunge lontano: *givan seguendo e bracchi il l. odore* (POLIZIANO) | *Palla lunga*, *tiro l.*, che oltrepassa il bersaglio. *3* Che si estende in altezza, detto spec. di persona alta e magra | *Essere più largo che l.*, essere molto grasso. *4* Che si estende nel tempo, che dura molto o da molto: *un film troppo l.*; *viaggio l. e faticoso*; *la vita bene spesa lunga è* (LEONARDO) | *A l. andare*, col passare del tempo | *Di lunga data*, da molto tempo: *amico di lunga data* | *A l.*, per molto tempo | *Tirarla in l.*, rimandare continuamente qlco. nel tempo | *Mandare qlco. per le lunghe*, differire, procrastinare | *Farla lunga*, protrarre inopportunamente qlco., spec. una discussione o una questione | *Programma a lunga scadenza*, che si protrarrà nel tempo o si realizzerà a poco a poco | (*est.*) *Giornata lunga*, interminabile, noiosa. **CONTR.** Breve. *5* Lento, tardo: *essere l. nel mangiare, nel vestire, a scrivere*. **CONTR.** Svelto. *6* Di bevanda preparata con sovrabbondanza di acqua: *caffè*, *brodo l.* **SIN.** Allungato. **CONTR.** Ristretto. *7* (*ling.*) Detto di vocale che ha più durata e più intensità di una breve | Detto di segno grafico ripetuto. *8* (*mus.*) *Nota lunga*, nota tenuta. || **lungaménte**, **avv.** Per lungo spazio di tempo, a lungo: *parlare lungamente*. **B** in funzione di **avv.** *1* Nelle loc. avv. *mirare*, *tirare*, *calciare l.*, lontano dal bersaglio o, comunque, oltre il punto cui si vuole arrivare | *Partire l.*, nel ciclismo, iniziare la volata abbastanza lontano dal traguardo. *2* †Lungamente, per molto tempo. **C prep.** *1* Rasente, accosto (con valore locativo): *camminare l. il fiume*; *calarsi l. un muro*; *la ferrovia corre l. la strada* | †Accanto: *i' m'accostai con tutta la persona / l. 'l mio duca* (DANTE *Inf.* XXI, 97-98) | Per tutta la lunghezza, l'estensione di: *procedevano in colonna l. la strada*. *2* Durante (con valore temp.): *l. il corso dei secoli*; *l. il viaggio di ritorno non abbiamo incontrato nessuno*; *l. tutto il Medio Evo*. **D s. m.** ● Lunghezza, distanza | *Misurare qlco. per il l.*, in rapporto alla lunghezza | Nella loc. avv. *in l. e in largo*, in tutte le direzioni, dappertutto. || **PROV.** Le cose lunghe diventano serpi. || **lungàccio**, **pegg.** | **lunghétto**, **dim.** | **lunghìno**, **dim.** | **lungóne**, **accr.** (V.).

lungodegènte [comp. di *lungo* e *degente*, ricalcato sul *lunga degenza*; 1963] **s. m. e f.**; anche **agg.** ●

Ammalato, spec. d'età avanzata, il cui ricovero in ospedale si protrae a lungo nel tempo.

lungodegènza [comp. di *lungo* avv. e *degenza*; 1985] s. f. ● Prolungato periodo di ricovero in luogo di cura | Condizione di chi è lungodegente.

♦**lungofiùme** [comp. della prep. *lungo* e *fiume*; 1940] s. m. (pl. *-mi*) ● Strada che costeggia la riva di un fiume.

lungolàgo [comp. della prep. *lungo* e *lago*; 1932] s. m. (pl. *-ghi*) ● Strada che costeggia la sponda di un lago.

lungolìnea [comp. della prep. *lungo* e *linea*] **A** s. m. inv. ● (*sport*) Colpo, spec. nel tennis, che fa percorrere alla palla una traiettoria parallela a una delle due linee laterali del campo. **B** anche agg. inv.: *rovescio, passante l.*

lungomàre [comp. della prep. *lungo* e *mare*; 1942] s. m. (pl. *-i*) ● Strada che costeggia la riva del mare.

lungometràggio [comp. di *lungo* e *metraggio*; 1939] s. m. (pl. *lungometràggi*) ● Film della normale durata di circa un'ora e mezza, in contrapposizione a cortometraggio.

lungóne [1869] s. m. (f. *-a*) *1* Accr. di *lungo*. *2* (*scherz.*) Persona molto alta e magra. *3* (*fam.*) Chi è lento, tardo nell'agire o nel muoversi.

lungopò [comp. di *lungo* e *Po*: V. *lungadige*; av. 1960] s. m. inv. ● Strada che costeggia il fiume Po, spec. a Torino.

lungosènna [comp. della prep. *lungo* e *Senna*; 1959] s. m. inv. ● A Parigi, strada che costeggia il fiume Senna.

lungotévere [comp. della prep. *lungo* e *Tevere*; 1904] s. m. (pl. *-i*) ● A Roma, strada che costeggia il Tevere.

†**lungùra** s. f. ● Lunghezza, durata.

lunigiàno [dal n. dell'ant. città di *Lun(i)* con il suff. etnico *-igiano*] **A** agg. ● Della Lunigiana, regione tra Liguria e Toscana. **B** s. m. (f. *-a*) ● Abitante, nativo, della Lunigiana.

†**lunipièno** [comp. di *luna* e *pieno*, parallelo del pretto latinismo *plenilunio*; sec. XIV] s. m. ● Plenilunio.

lunisolàre [comp. di *lun(are)* e *solare* (*1*); 1803] agg. ● (*astron.*) Relativo alla Luna e al Sole | ***Anno l.***, anno in cui coincidono le date d'inizio dell'anno lunare e solare.

lunòtto [da *luna*, per la forma di mezzaluna irregolare; 1956] s. m. ● Vetro posteriore dell'automobile | ***L. termico***, provvisto di dispositivo di disappannamento. ➡ ILL. p. 2165 TRASPORTI.

lùnula [vc. dotta, lat. *lūnula(m)*, dim. di *lūna* 'luna'; av. 1617] s. f. *1* Oggetto o figura a forma di luna falcata. *2* (*mat.*) Figura piana limitata da due archi di circonferenza di diverso raggio, aventi gli estremi in comune e situati nella stessa parte di piano rispetto alla corda che congiunge tali estremi. *3* (*anat.*) Macula ovale biancastra alla radice dell'unghia.

lunulàre [da *lunula*] agg. ● Che ha forma di lunula.

lunulàto agg. ● Lunulare.

♦**luògo** o (*poet.*) **lòco** (**1**), (*pop.*) †**lògo** (**1**) [lat. *lŏcu(m)*, di etim. incerta; 1243 ca.] s. m. (pl. *-ghi*) *1* Porzione di spazio idealmente o materialmente delimitata. CFR. topo-, -topo | ***Dio è in ogni l.***, dappertutto | ***Dar l.***, provocare: *le sue dichiarazioni hanno dato l. a malintesi* | ***Far l.***, spostarsi, lasciare libero il passaggio; nella terminologia giuridica, autorizzare | ***Farsi l.***, (*fig.*) farsi strada | ***Non trovare l.***, (*lett.*) non essersi; *dove è amor, ragion non trova loco* (BOIARDO) | ***In l. di***, al posto di, invece di: *in l. del ministro, è intervenuto il sottosegretario; dovrebbe esser contento, in l. di protestare* | (*ling.*) ***Complemento di l.***, che indica una relazione di luogo: *stato in l.; moto a, da, per l.* (V. *moto* (*1*), sign. 2; *stato* (*2*), sign. 1) | (*ling.*) ***Avverbio di l.***, che esprime una relazione di luogo (ad es. *qui, dietro, dove, dovunque*). *2* (*mat.*) ***L. geometrico***, o (*assol.*) **luogo**, insieme dei punti d'uno spazio soddisfacenti a condizioni date. *3* Regione della superficie terrestre: *l. alpestre, pianeggiante; da un l. a un altro* | ***L. aperto***, esposto all'aria e alla luce | ***I luoghi santi***, (*per anton.*) la Palestina | Posto in cui avviene o è avvenuto qlco.: *l. di partenza, di arrivo; visitare i luoghi della battaglia* | (*teat.*) ***Luoghi deputati***, nelle rappresentazioni liturgiche medievali, elementi scenici che simboleggiavano i luoghi dove si svolgeva il dramma; (*est., letter.*) scenari entro i quali si svolge la narrazione | ***L. deputato***, (*fig.*) quello più adatto a qlco. | Città, località, centro abitato: *rispettare i costumi del l.; intervennero le autorità del l.* | (*lett.*) Terreno, fondo, podere: *attraversando i campi, o come dicono colà, i luoghi, se n'andò per viottole* (MANZONI). *4* Costruzione o parte di essa adibita a particolari usi: *l. di culto, di studio, di malaffare, di perdizione* | ***L. di pena***, penitenziario | (*disus.*) ***L. di decenza***, gabinetto, latrina | ***L. pubblico***, luogo normalmente accessibile a tutti | ***L. aperto al pubblico***, luogo in cui chiunque può entrare sotto certe condizioni, spec. di orario e di pagamento | ***L. esposto al pubblico***, luogo tale per cui dall'esterno si può vedere quanto avviene all'interno | †Convento, ospizio. *5* Parte circoscritta di un oggetto, corpo e sim.: *l'abito era scucito in più luoghi*. *6* (*fig.*) Momento opportuno: *queste cose vanno fatte a tempo e l.* | ***Fuori l.***, inopportuno | ***Trovar l.***, pace, riposo | ***Aver l.***, avvenire, accadere, verificarsi | ***Esserci l.***, esserci motivo, possibilità. *7* (*fig., lett.*) Condizione sociale: *nato di basso, di alto l.* | ***D'alto loco***, di alto lignaggio | ***In alto loco***, fra le autorità, fra coloro che comandano | Posto occupato in un determinato ordine: *in primo, in secondo, in terzo l.* | ***In primo l.***, anzitutto. *8* Passo di un libro o di uno scritto: *ha selezionato i luoghi salienti dell'Aminta* | ***L. comune***, frase fatta, argomento banale e scontato. *9* (*dir.*) ***Non l. a procedere***, formula che stabilisce l'inesistenza delle condizioni per avviare un'azione penale. || **luogàccio**, pegg. | **luoghétto**, dim. | **luoghettino**, dim. | **luoghettùccio**, dim. | **luoghicciòlo**, dim.

luogonatività [da *nativo* (*del*) *luogo*; 1950] s. f. ● (*stat.*) Rapporto tra il numero degli abitanti nati in un determinato luogo e il complesso di tutti gli abitanti del luogo stesso.

luogotenènte [adatt. del fr. *lieutenant*, dal lat. *lŏcum tenĕnte(m)* 'che tiene il posto (del comandante generale)'; av. 1363] s. m. (anche f. nel sign. 1) *1* Chi sostituisce temporaneamente un sovrano o un'altra personalità o esercita il potere su un determinato territorio, per loro incarico. *2* Nelle compagnie degli antichi eserciti, ufficiale che faceva le veci del capitano | Grado fra il capitano e il sottotenente, nell'esercito piemontese, dopo il 1849.

luogotenènza [adatt. del fr. *lieutenance*, da *lieutenant* 'luogotenente'; 1677] s. f. ● Ufficio, durata e residenza del luogotenente.

luogotenenziàle [1852] agg. ● Del luogotenente: *decreto l.*

lùpa [vc. dotta, lat. *lŭpa(m)*, f. di *lŭpus* 'lupo'; 1313] s. f. *1* Femmina del lupo | (*region.*) ***Mal della l.***, bulimia. *2* (*fig., lett.*) Meretrice | Donna molto sensuale: *le torme di lupe dalla voce ràuca, che il dopopranzo battèrono i marciapiedi* (DOSSI). *3* (*fig., lett.*) Simbolo di insaziabile cupidigia. *4* (*agr.*) Carie del tronco e dei rami dell'ulivo dovuta a varie specie di Funghi. *5* (*bot.*) Orobanche. *6* (*mar., gerg.*) Burrasca impetuosa ma di breve durata.

lupacchiòtto [dim. di *lupo*; 1745] s. m. (f. *-a*) ● Lupo molto giovane | Cucciolo di lupo.

lupàia (**1**) [da *lupo*] s. f. ● (*raro*) Covo di lupi.

lupàia (**2**) ● V. *luparia*.

†**lupàio** [lat. *lupāriu(m)*, da *lŭpus* 'lupo'; 1808] s. m. ● Cacciatore di lupi.

lupanàre [vc. dotta, lat. *lupānar*, genit. *lupanāris*, agg. di *lupāna*, sottinteso *fēmina*, da *lŭpa*, che ha il doppio senso di 'lupa' e quello fig. di 'prostituta'; 1364] s. m. ● (*lett.*) Postribolo.

†**lupanàrio** [vc. dotta, lat. tardo *lupanāriu(m)*, parallelo di *lupānar* 'lupanare'; av. 1424] s. m. ● Lupanare.

lupàra [da *lupo*, perché usata per la caccia di questo animale; av. 1956] s. f. *1* Cartuccia da caccia caricata a pallettoni. *2* Fucile da caccia a canne mozze. *3* ***L. bianca***, rapimento e assassinio di una persona, seguiti dalla sparizione del corpo, quali vengono praticati dalla mafia e da altre organizzazioni criminose, spec. nel Mezzogiorno d'Italia.

†**lupàrdo** [av. 1370] agg. ● Di lupo.

lupària o **lupàia** (**2**) [da *lupo*, per la credenza antica che fosse erba velenosa per molti animali, spec. per i *lupi*; 1563] s. f. ● (*bot.*) Aconito giallo.

Lupercàli [vc. dotta, lat. *Lupercālia*, da *Lupĕrcus*, divinità corrispondente allo *Zéus Lykáios* degli Arcadi, e comp. di *lŭpus* (cioè il 'dio-lupo'), e di una seconda parte di etim. incerta; sec. XIV] s. m. pl. ● Nell'antica Roma, feste che si celebravano il 15 febbraio in onore del dio Luperco.

lupésco [da *lupo*; sec. XIII] agg. (pl. m. *-schi*) ● Di, da lupo: *fame, crudeltà lupesca*. || **lupescaménte**, avv.

lupétto [1869] s. m. *1* Dim. di *lupo*. *2* Nell'associazione dei giovani esploratori, membro di età compresa tra i 7 e gli 11 anni. CFR. Coccinella. *3* Maglioncino aderente con collo alto.

lupicànte [lat. parl. **lucopante*, dal gr. *lykopánthēr* 'specie di pantera', per l'aspetto e l'aggressività del crostaceo (?); 1565] s. m. ● (*zool.*) Astice.

†**lupicìno** [da *lupo*; 1869] agg. ● Lupesco.

lupigno ● V. *lupino* (*1*).

lupinàio [lat. *lupināriu(m)* 'venditore di lupini', da *lupīnus* 'lupino (2)'; 1618] s. m. (f. *-a*) ● Chi vende lupini.

lupinèlla [da *lupino* (*2*); sec. XIV] s. f. ● Pianta erbacea perenne delle Papilionacee con foglie imparipennate, pelose, fiori rosa in grappoli, ottima foraggera (*Onobrychis viciaefolia*).

lupinellàio [da *lupinella*; av. 1597] s. m. ● Campo di lupinella.

lupinèllo [av. 1567] s. m. ● (*tosc.*) Lupinella.

lupino (**1**) o **lupigno** [da *lupo*; sec. XIII] agg. ● Di lupo: *fame lupina*. || **lupinaménte**, avv. *1* Da lupo. *2* †Malignamente.

lupino (**2**) [vc. dotta, lat. *lupīnu(m)* 'erba da lupi (*lŭpi*)'; av. 1342] s. m. *1* Pianta erbacea delle Papilionacee con foglie composte, digitate, pelose e fiori biancastri in grappoli, utile come foraggio e per i semi commestibili (*Lupinus albus*). ➡ ILL. piante/6. *2* Seme del lupino, utilizzato nell'alimentazione animale e anche umana.

lupinòsi [da *lupino* (*2*), che la provoca, col suff. di malattia *-osi*; 1957] s. f. inv. ● (*veter.*) Avvelenamento causato da particolari lupini tossici, che determina enterite grave e distrofia epatica.

♦**lùpo** [vc. dotta, lat. *lŭpu(m)*, di orig. indeur.; av. 1294] **A** s. m. (f. *-a* (V.)) *1* Mammifero carnivoro dei Canidi, lungo poco più di 1 m, di color grigio-fulvo e nero, con mascelle robuste, collo grosso e coda pendente, caratterizzato da un'eccezionale voracità (*Canis lupus*). CFR. Ululare. ➡ ILL. animali/13 | ***L. d'Alsazia***, pastore tedesco | ***L. delle praterie***, coyote | ***L. cerviero***, lince | ***Fame da lupi***, (*iperb.*) molto forte | ***Tempo da lupi***, (*fig.*) burrascoso, freddo | ***In bocca al l.***, formula d'augurio per chi si espone a un pericolo o affronta una prova impegnativa (formula che prevede come risposta: *crepi il l.!*) | ***Gridare al l.***, (*fig.*) dare un allarme senza che ce ne sia bisogno | ***Il l. e l'agnello***, (*fig.*) persona forte o prepotente che soperchia il più debole | ***Il l. e la volpe***, (*fig.*) la crudeltà e l'astuzia | ***Mettersi, cascare in bocca al l.***, (*fig.*) finire nelle mani del nemico | (*fig.*) ***L. di mare***, marinaio esperto e vecchio del mestiere | ***L. mannaro***, nelle credenze popolari, licantropo. *2* Pelliccia conciata del lupo. *3* Macchina tessile per battere e pulire i cascami di cotone. *4* (*med.*) Lupus. **B** in funzione di agg. inv. ● (posposto al s.) Nelle loc. *pesce l.*, V. *pesce* | ***Cane l.***, pastore tedesco. || PROV. Lupo non mangia lupo; il lupo perde il pelo, ma non il vizio. || †**lupacchino**, dim. | **lupacchiòtto**, dim. (V.) | **lupàccio**, pegg. | **lupàstro**, pegg. | **lupàtto**, dim. | **lupattèllo**, dim. | **lupattino**, dim. | **lupétto**, dim. (V.) | **lupicino**, dim.

lupòma [comp. di *lup(us)* e *-oma*; 1934] s. m. (pl. *-i*) ● (*med.*) Lesione primitiva tipica del lupus, che si presenta come un nodulo molle di color rosso.

luppoléto [1957] s. m. ● Campo coltivato a luppolo.

luppolina [1862] s. f. ● Luppolino.

luppolino [da *luppolo*; 1869] s. m. ● Miscuglio di sostanze amare e resinose contenute nelle ghiandole gialle presenti nelle brattee e nell'ovario dei fiori femminili del luppolo; è usato come aromatizzante nella fabbricazione della birra.

luppolizzàre [1970] v. tr. ● Aggiungere il luppolo alla birra.

luppolizzazióne [1965] s. f. ● Aromatizzazione della birra mediante il luppolo.

lùppolo [lat. tardo *lŭpulu(m)*, dim. di *lŭpus*: col senso di 'erba da lupi (*lŭpi*)' (?); sec. XIV] s. m. ● Erba perenne rampicante delle Urticacee con foglie ruvide e cuoriformi, frutti che sembrano piccole nappe verdi contenenti gli acheni e il luppolino (*Humulus lupulus*). ➡ ILL. piante/2.

lùpus [lat., propr. 'lupo', come '(animale) vorace, divoratore'; 1875] s. m. inv. (pl. lat. *lupi*) ● (*med.*)

Affezione dermatologica di varia natura a carattere destruente: *l. volgare*; *l. eritematoso*.

lùpus in fàbula [loc. lat., propr. 'il lupo nella conversazione', secondo la credenza che certi animali appaiono appena menzionati] loc. inter. (pl. lat. *lupi in fabula*) ● Si usa per sottolineare l'improvvisa comparsa proprio della persona della quale si stava parlando.

lùrco [vc. dotta, lat. *lūrco* (nom.), da *lurcāre*, termine pop., di etim. incerta; 1313] agg.; anche s. m. (pl. m. *-chi*) ● (*lett.*) Che (o Chi) è ingordo, mangione: *là tra li Tedeschi lurchi* (DANTE *Inf.* XVII, 21). ‖ **lurcóne**, accr.

Lùrex® [formazione sconosciuta; 1959] s. m. inv. *1* Fibra tessile sintetica impiegata per ottenere filati dall'aspetto metallico e brillante. *2* Tessuto composto di tali fibre, usato spec. per confezionare giacche da donna, vestiti femminili da sera e sim.

luridézza [1869] s. f. ● Caratteristica di ciò che è lurido.

lùrido [vc. dotta, lat. *lūridu(m)*, da *lūror* 'colore giallo-verdastro', di etim. incerta; av. 1498] agg. ● Disgustosamente sporco, sozzo, schifoso (*anche fig.*): *vestito l.*; *gente lurida*. ‖ **luridaménte**, avv.

luridùme [1884] s. m. *1* Stato di chi (o di ciò che) è lurido (*anche fig.*). *2* Cosa lurida o insieme di cose luride: *strade piene di l.*

luscéngola [lat. *lūsca* 'losca' con sovrapposizione di un derivato da *caecĭlia* 'specie di lucertola', che ha dato vita ad altri n. dial. dello stesso rettile; 1934] s. f. ● Rettile simile alla lucertola, con piccolissime zampe a tre dita (*Chalcides chalcides*).

lùsco [vc. dotta, lat. *lūscu(m)* 'losco', vc. pop., di etim. incerta; 1334] agg.; anche s. m. (pl. m. *-schi*) *1* †V. *losco*. *2* Nella loc. ***fra il l. e il brusco***, all'imbrunire; (*fig.*) in una situazione incerta, con incertezza di umore.

†**luscosità** [da *lusco*; 1551] s. f. ● Caratteristica di losco.

lusìade [port. *Lusiadas*, parallelo di *Lusitanos* 'Lusitani', entrato in uso nel periodo umanistico; 1818] **A** agg. ● Dell'antica Lusitania, odierno Portogallo. **B** s. m. e f. ● Abitante, nativo della Lusitania.

†**lusignòlo** ● V. *usignolo*.

†**lusignuòlo** ● V. *usignolo*.

lusìnga [ant. provz. *lausenga*, dall'ant. fr. *losenge*, dal francone **lausinga* 'bugia'; av. 1294] s. f. *1* Atteggiamento che, mediante parole e atti benevoli e adulatori, mira a carpire la stima, la simpatia e sim. di qlcu. per indurlo a un determinato comportamento: *conoscere ogni tipo di l.*; *servirsi delle lusinghe*; *attirare qlcu. con lusinghe*; *cedere alle lusinghe*; *lusinghe d'amore*. *2* (*lett.*) Speranza illusoria, piacere: *le lusinghe della vita*. *3* †Vezzo, carezza. ‖ **lusinghétta**, dim.

lusingaménto [av. 1292] s. m. ● Il lusingare | (*raro*) Allettamento, blandimento.

†**lusingànza** [sec. XIV] s. f. ● Allettamento.

lusingàre [da *lusinga*; av. 1294] **A** v. tr. (*io lusìngo, tu lusìnghi*) *1* Allettare, illudere con lusinghe: *la lusingarono vilmente* | †*L. il sonno*, conciliarlo: *i venticelli, dibattendo l'ali, / lusingavano il sonno de' mortali* (TASSO). SIN. Adulare, lisciare. *2* Procurare compiacimento, soddisfare: *le sue parole mi lusingano*. **B** v. intr. pron. (+ *di*; + *su*; + *che* seguito da congv. o da fut.) *1* (*raro, lett.*) Illudersi: *ci lusingammo di compiere l'impresa*; *gli consigliava di non lusingarsi di troppo sull'amore di Annetta* (SVEVO). *2* (*raro, lett.*) Sperare, osare credere: *siete un uomo... che da me non può lusingarsi di essere amato* (GOLDONI); *mi lusingo che la festa sia piaciuta a tutti*.

lusingatóre [av. 1250] agg.; anche s. m. (f. *-trice*) ● Che (o Chi) lusinga: *parole lusingatrici*; *è un abile l.*

lusingherìa [av. 1292] s. f. ● (*raro, lett.*) Abitudine a lusingare | †Lusinga prolungata.

lusinghévole [1312] agg. *1* (*lett.*) Pieno di lusinghe: *discorso l.* | (*est.*) Carezzevole: *con atti lusinghevoli presolo per la mano* (BOCCACCIO). *2* (*lett., raro*) Compiacente, lusinghiero: *lode l.* ‖ **lusinghevolménte**, avv.

lusinghièro [ant. provz. *lauzengier*, da *lausenga* 'lusinga'; av. 1292] agg. *1* Che lusinga, alletta: *sguardo l.*; *le fanciullette vivaci, petulanti, e lusinghiere ci passarono dinanzi* (NIEVO). *2* Che dà piacere, soddisfazione, che appaga la vanità e sim.: *complimento l.*; *riportare un l. successo*. ‖ **lusinghieraménte**, avv.

†**lusìngo** [da *lusingare*] s. m. ● Lusinga.

†**lusingóso** [sec. XIV] agg. ● Lusinghevole.

lusìsmo [sp. *lusismo*, da *luso* 'lusitano'; 1975] s. m. ● Parola o locuzione propria del portoghese, passata in un'altra lingua.

lusitanìsta [comp. di *lusitan(o)* e *-ista*] s. m. e f. (pl. m. *-i*) ● Studioso di lingua e letteratura portoghese.

lusitàno [vc. dotta, lat. *Lusitānu(m)*, dal n. del leggendario conquistatore del Portogallo *Lūsus*, figlio di Bacco; av. 1375] **A** agg. ● Dell'antica Lusitania, odierno Portogallo. **B** s. m. (f. *-a*) ● (*lett.*) Portoghese.

lusòfono [comp. dello sp. *luso* 'lusitano' e *-fono*; 1985] agg.; anche s. m. (f. *-a*) ● (*ling.*) Che (o Chi) parla portoghese.

lusòrio [vc. dotta, lat. *lusōriu(m)*, da *lūsor* 'giocatore', da *lūsus*, part. pass. di *lūdere* 'giocare'; 1499] agg. ● (*lett.*) Che serve allo svago, al divertimento | ***Nave lusoria***, da diporto.

†**lussaménto** s. m. ● (*med.*) Lussazione.

lussàre (*1*) [vc. dotta, lat. *luxāre*, da *lūxus* 'lussato, posto di traverso', di orig. indeur.; av. 1698] v. tr. ● (*med.*) Produrre lussazione.

†**lussàre** (*2*) [vc. dotta, lat. *luxāri*, da *lūxus* 'lusso'; av. 1537] v. intr. ● Far lusso.

lussatùra [vc. dotta, lat. tardo *luxatūra(m)*, da *luxāre* 'lussare'; 1869] s. f. ● (*med.*) Lussazione.

lussazióne [vc. dotta, lat. tardo *luxatiōne(m)*, da *luxātus* 'lussato'; av. 1574] s. f. ● (*med.*) Spostamento reciproco permanente dei capi articolari in una articolazione mobile; può avere origine traumatica, congenita o patologica ed è di norma riducibile riposizionando i capi articolari.

lussemburghése [1863] **A** agg. ● Relativo al granducato o alla città di Lussemburgo. **B** s. m. e f. ● Abitante, nativo del granducato o della città di Lussemburgo. **C** s. m. solo sing. ● Dialetto tedesco a influsso olandese e francese parlato nel Lussemburgo.

♦**lùsso** [vc. dotta, lat. *lūxu(m)*, propr. 'eccesso', da *lūxus* 'lussato, posto di traverso', di orig. indeur; av. 1472] s. m. *1* Sfoggio di ricchezza, sfarzo, abbondanza: *ambiente arredato con l.*; *già i greci ammiravano l. e fasto* (VICO) | ***Va di l.***, V. *andare*. SIN. Fasto, pompa. *2* Ricchezza: *vivere nel l.*; *colpire il l. con imposte* | (*est., fig.*) Larghezza, sovrabbondanza: *l. di erudizione, di citazioni*. *3* Cosa o spesa eccessiva o superflua: *quella vacanza all'estero è un l.* | ***Di lusso***, detto di ciò che è molto pregiato e costoso: *scarpe, albergo di l.*; *sono cose troppo di l. per me* | (*fig.*) ***Prendersi il l. di fare qlco.***, permetterselo: *non possiamo prenderci il l. di uscire tutte le sere*.

♦**lussuóso** [fr. *luxueux*, da *luxe* 'lusso'; 1786] agg. ● Di lusso, fatto con lusso: *abito l.*; *rifiniture lussuose*. SIN. Sfarzoso, sontuoso. ‖ **lussuosaménte**, avv. Con lusso, sfarzo.

lussureggiaménto [1891] s. m. *1* (*raro*) Il lussureggiare. *2* (*biol.*) Fenomeno per il quale alcuni ibridi vegetali o animali producono nella prima generazione individui a sviluppo maggiore dei genitori.

lussureggiànte [1575] part. pres. di *lussureggiare*; anche agg. *1* Rigoglioso, prospero: *vegetazione l.* *2* (*fig.*) Copioso, ricco: *stile l.*

lussureggiàre [V. †*lussuriare*; 1614] v. intr. (*io lussuréggio*; aus. *avere*) *1* Essere abbondante, rigoglioso, detto spec. di piante: *la vigna lussureggia di grappoli*. SIN. Prosperare. *2* †Vivere nel lusso, nelle mollezze. *3* †Usare lussuria.

lussùria [vc. dotta, lat. *luxŭria(m)*, da *lūxus* 'lusso'; av. 1294] s. f. *1* Brama sfrenata di piaceri sessuali: *la l. entrò ne' petti e quel furore / che la meschina gente chiama amore* (POLIZIANO) | Nella teologia cattolica, uno dei sette vizi capitali. SIN. Lascivia, libidine. *2* †Atto lascivo, lussurioso.

†**lussuriàre** [vc. dotta, lat. *luxuriāre*, da *luxŭria* 'lussuria'; av. 1294] v. intr. *1* Peccare di lussuria. *2* Vivere nel lusso. *3* Lussureggiare, detto di piante.

†**lussuriésco** [sec. XIV] agg. ● Che mostra lussuria.

†**lussuriévole** agg. ● Lussurioso.

lussurióso [vc. dotta, lat. *luxuriōsu(m)*, da *luxŭria* 'lussuria'; sec. XIII] agg. *1* Che è dominato dalla lussuria: *donna lussuriosa*. SIN. Lascivo, libidinoso. *2* Che rivela lussuria, dissolutezza: *vita lussuriosa*. ‖ **lussuriosaménte**, avv. *1* In modo lussurioso. *2* †Con lusso.

†**lùstra** (*1*) [vc. dotta, lat. *lūstru(m)* 'pantano, tana, luogo selvaggio', di etim. incerta; 1321] s. f. ● Tana, covile.

†**lùstra** (*2*) [da *lustrare* (*1*); av. 1565] s. f. ● Simulazione di ricchezza, potenza o sentimenti di affetto: *le lustre di un adulatore*; *un appoggio che era appena una l.* (BACCHELLI).

lustràle (*1*) [vc. dotta, lat. *lustrāle(m)*, da *lūstrum* 'sacrificio espiatorio', di etim. incerta; 1504] agg. ● Attinente alla cerimonia, alla purificazione e ai sacrifici di lustrazione | ***Acqua l.***, nella religione cattolica, acqua benedetta.

lustràle (*2*) [da *lustro* (*3*)] agg. ● (*lett.*) Che avviene ogni lustro: *festa l.* | Relativo a un periodo di cinque anni.

lustraménto [da *lustrare* (*1*); av. 1704] s. m. *1* Il lustrare, il lucidare. *2* (*fig.*) Adulazione eccessiva.

lustràre (*1*) [vc. dotta, lat. *lustrāre* 'illuminare', da **lūstrum* 'splendore', parallelo di *lūmen*, da una radice **lūc-* 'splendere', di orig. indeur.; 1336 ca.] **A** v. tr. *1* Strofinare la superficie di un oggetto per conferirgli lucentezza: *l. i pavimenti* | ***L. le scarpe a qlcu.***, adularlo | (*fig.*) ***Lustrarsi gli occhi, la vista***, provare piacere nell'osservare qlco. di particolarmente bello, attraente e sim. *2* †Illuminare, rischiarare: *o Febo, che 'l gran mondo lustri* (ARIOSTO). *3* (*tecnol.*) Lucidare tessuti, carta e sim. con la calandra. **B** v. intr. (aus. *avere*; raro nei tempi composti) ● Essere rilucente: *gli lustravano gli occhi dalla commozione*.

lustràre (*2*) [vc. dotta, lat. *lustrāre* 'purificare', da *lūstrum* 'sacrificio espiatorio (in particolare la purificazione, che i censori compivano ogni cinque anni)', di etim. incerta; av. 1530] v. tr. *1* Purificare con il rito della lustrazione. *2* †Perlustrare: *il spacioso dorso de la terra verrà lustrando* (BRUNO).

lustrascàrpe [comp. di *lustra(re)* (*1*) e il pl. di *scarpa*; 1869] s. m. e f. inv. *1* Chi, per mestiere, lucida le scarpe. *2* (*fig.*) Adulatore untuoso.

lustrastivàli [comp. di *lustra(re)* (*1*) e il pl. di *stivale*; 1857] s. m. e f. inv. ● Lustrascarpe (*spec. fig.*).

lustràta [1841] s. f. ● Operazione del lustrare velocemente: *dare una l. alle scarpe*. ‖ **lustratìna**, dim.

lustratùra [1738] s. f. *1* Operazione del lustrare. *2* Operazione di finitura dei tessuti di seta.

lustrazióne [vc. dotta, lat. *lustratiōne(m)*, da *lustrātus* 'lustrato'; av. 1555] s. f. *1* Nell'antica Roma, sacrificio di espiazione e di purificazione. *2* Revisione periodica degli estimi catastali: *Il lungo intervallo di tempo tra una l. e l'altra* (EINAUDI).

lùstre ● V. *illustre*.

lustreggiàre [comp. di *lustro* (*1*) e *-eggiare*; sec. XIV] v. intr. (*io lustréggio*; aus. *avere*) ● (*raro, lett.*) Essere lustro, lucido.

lustrénte agg. ● (*raro, region.*) Lustro.

†**lustrévole** agg. ● Lucente.

†**lustrézza** [av. 1557] s. f. ● Lucentezza.

lustrìno [da *lustro* (*1*); av. 1767] s. m. *1* Dischetto di metallo o materia plastica, dorato, argentato o colorato, utilizzato per ricami su abiti femminili da sera. SIN. Paillette. *2* (*fig.*) Ornamento falso e senza valore. SIN. Orpello. *3* †Tipo di tessuto lucido | Garza apprettata che si utilizza nella confezione degli abiti per irrigidire baveri e risvolti. *4* (*raro, pop.*) Lustrascarpe. *5* (*veter.*) Lucciolo.

†**lustrìssimo** [1747] agg. ● (*lett., pop.*) Illustrissimo.

lùstro (*1*) [per *lustr(at)o*; av. 1420] agg. ● Di superficie lucente: *scarpe, mobili lustri*; *pavimento l.* | ***Occhi lustri***, luccicanti per il pianto, la febbre o per aver bevuto troppo. SIN. Lucido.

lùstro (*2*) [vc. dotta, lat. *lūstru(m)*, da *lustrāre* 'illuminare'; av. 1311] s. m. *1* Lucentezza: *dare l. al marmo, all'ottone*; *e' lustri de' peli de' cavagli* (VASARI). *2* (*lett.*) Splendore: *il l. della fiamma*. *3* (*fig.*) Decoro, gloria, vanto: *un'impresa che dà l. al Paese* | Persona o cosa che costituisce vanto: *è stato il l. della famiglia*.

lùstro (*3*) [vc. dotta, lat. *lūstru(m)*, di etim. incerta; av. 1374] s. m. ● (*lett.*) Spazio di cinque anni: *un giovinetto di tre lustri*; *del di premier del nono l. già sorge l'alba* (ALFIERI). SIN. Quinquennio.

†**lustróre** [da *lustro* (*1*); av. 1250] s. m. ● Splendore.

lutàre [vc. dotta, lat. *lutāre*, da *lŭtum* 'loto, fango'; sec. XIV] v. tr. ● Cementare, otturare, spalmare con loto (V. *loto* (*2*)).

lutatùra s. f. ● Il lutare.
lutazióne s. f. *1* Lutatura. *2* (*med.*) Fangatura.
lutèina [da *luteo*, donde è tratta, col suff. chimico *-ina*; 1891] s. f. *1* (*anat.*) Pigmento giallastro della retina. *2* (*biol.*) Progesterone.
luteìnico [1935] agg. (pl. m. *-ci*) ● (*anat.*) Che riguarda il corpo luteo | (*biol.*) **Ormone l.**, il progesterone.
lùteo [vc. dotta, lat. *lūteu(m)*, da *lūtum* 'color giallo', di etim. incerta; 1499] agg. *1* (*lett.*) Di color giallo zafferano. *2* (*anat.*) **Corpo l.**, corpuscolo giallastro che si forma nel follicolo ovarico dopo l'espulsione dell'uovo.
luteòla [vc. dotta, lat. *lutěola(m)*, agg. f. di *lūtum* 'di colore giallo', di etim. incerta; 1499] s. f. ● (*bot.*) Guaderella.
luteolìna [dalla *luteola*, donde è tratta, col suff. chimico *-ina*; 1834] s. f. ● Sostanza colorante atta a tingere lana e seta, contenuta nella luteola, spec. nelle sommità fiorite.
luteranéṣimo o **luteraniṣmo** [av. 1529] s. m. *1* Dottrina e confessione religiosa cristiana derivanti dalla riforma protestante di Martin Lutero. *2* Complesso, insieme dei luterani: *il l. tedesco*.
luteràno [dal n. del riformatore ted. M. *Luther*, cioè *Lotario*, dal germ. *Chlodochar*, donde (*Ch*)*lotar*, da *hlōda* 'celebre, famoso'; 1524] **A** agg. *1* Relativo a M. Lutero (1483-1546) e al luteranesimo | **Chiesa luterana**, quella riformata diffusasi spec. nei Paesi tedeschi e scandinavi. *2* (*disus.*, *spreg.*) Empio, miscredente (V. nota d'uso STEREOTIPO). **B** s. m. (f. *-a*) ● Chi segue la confessione religiosa luterana.
†**lutère** o †**lutèro** [vc. dotta, lat. tardo *lutēre(m)*, dal gr. *loutēr*, da *lóuein* 'lavare', di orig. indeur.] s. m. ● Vaso, conca, bacino.
lutèzio [dal lat. *Lutētia* (Parisiorum) 'Parigi', di orig. celt.; 1930] s. m. ● Elemento chimico metallo appartenente al gruppo delle terre rare. SIMB. Lu.
†**lutifìgolo** [comp. di *luto* 'fango' e *figolo* 'vasaio'; 1351] s. m. ● (*lett.*) Vasaio.
lùto ● V. *loto* (2).
lutolènto ● V. *lutulento*.
†**lutóṣo** ● V. *lotoso*.
lutoterapìa [comp. di *luto* e *terapia*; 1942] s. f. ● Cura esterna con applicazioni di fanghi termali.
lutrèola [dim. del lat. *lūtra* 'lontra'; 1905] s. f. ● (*zool.*) Visone.
†**lùtta** ● V. *lotta*.
†**luttàre** [da *lutto*] v. intr. ● Rammaricarsi, dolersi.
◆**lùtto** [lat. *lūctu(m)*, dal part. pass. di *lugēre* nel senso primitivo di 'essere in lutto, portare il lutto'; 1300 ca.] s. m. *1* Cordoglio per la morte di qlcu.: *l. di famiglia, cittadino, nazionale*. *2* Segno e dimostrazione di lutto: *monumento parato a l.* | *Abiti da l.*, neri | *Abiti da mezzo l.*, neri, bianchi o grigi | **L. stretto**, di chi veste rigidamente di nero e si astiene dai divertimenti. SIN. Gramaglie. *3* (*dir.*) **L. vedovile**, impedimento imposto per legge alla vedova di contrarre nuovo matrimonio prima che siano trascorsi 300 giorni dalla morte del marito. *4* (*lett.*) Stato, condizione dolorosa: *calende et idi / vi stette, fin che volse in riso il l.* (ARIOSTO). *5* †Causa di lutto.
luttuóṣo [lat. *luctuōsu(m)*, da *lūctus* 'lutto'; av. 1311] agg. ● Che causa lutto: *avvenimento, incidente l.* | Funesto, doloroso: *giorni, tempi luttuosi.* || **luttuoṣaménte**, avv.
lutulènto o (*raro*) **lotolènto**, (*raro*) **lotolènto** [vc. dotta, lat. *lutulēntu(m)*, da *lūtum* 'loto (2)'; 1833] agg. ● (*lett.*) Fangoso: *acqua lutulenta*.
lùvaro [lat. *rūbru(m)* 'rosso' (V. *rubro*), per il colore delle pinne; 1936] s. m. ● Pesce, raro nel Mediterraneo, lungo poco più di 1 m, di color azzurro argenteo con pinne rossastre (*Luvarus imperialis*). SIN. Pesce imperatore, pesce imperiale.
lux [vc. dotta, lat. *lūx* (nom.), da una radice *lūc*- 'splendere', di orig. indeur.; 1934] s. m. inv. (pl. lat. *luces*) ● (*fis.*) Unità di illuminamento, definita come illuminamento dovuto a un flusso uniforme di 1 lumen uniformemente ripartito su 1 m^2 di superficie. SIMB. lx.
luxmetro [comp. di *lux* e *-metro*; 1940] s. m. ● (*fis.*) Illuminometro tarato in lux.
Lycra® /'likra, ingl. 'laekɪʌ/ [marchio registrato della DuPont de Nemours] s. f. inv. ● Nome commerciale di un filato sintetico caratterizzato da grande elasticità, usato nella produzione di calze, collant, costumi da bagno e sim.
lyddite /lid'dite/ [dal n. della città ingl. di *Lydd*, dove fu esperimentato per la prima volta, col suff. *-ite* (2)] s. f. ● Esplosivo costituito spec. da acido picrico, impiegato dagli Inglesi nella prima guerra mondiale.

m, M

Il suono rappresentato in italiano dalla lettera *M* è quello della consonante nasale bilabiale /m/, che come tutte le nasali è sonora. Può essere, secondo i casi, semplice (es. *Róma* /'roma/, *di màre* /di'mare/; *fórma* /'forma/, *màre* /'mare/, *per màre* /per'mare/) oppure geminata (es. *gómma* /'gomma/, *è mare* /ɛm'mare/).

m, (*maiusc.*) **M** [sec. XIII] **s. f.** o **m.** ● Tredicesima lettera dell'alfabeto italiano (nome per esteso *èmme*): *m minuscola*; *M maiuscolo* | Nella compitazione spec. telefonica it. *m come Milano*; in quella internazionale *m come Mike* | *Vitamina M*, V. *vitamina*.

◆**ma** (1) /ma/* [lat. *măgis* 'piuttosto', dalla stessa radice indeur. di *măgnus* 'grande' (V. *magno*); av. 1250] **A cong. 1** Esprime, con valore avvers. più o meno esplicito, contrapposizione tra due elementi di una stessa proposizione o tra due proposizioni dello stesso genere: *è povero ma generoso*; *non per sfiducia ma per precauzione*; *non di te mi lamento ma di lui*; *fai come vuoi, ma ricorda i miei consigli*; *sembra felice, ma non lo è*; *esco volentieri, ma non di sera* | (*fam.*) Con valore raff. in unione con avverbi o con altre cong.: *ma anche*; *ma quando*; *ma però*; *ma tuttavia*; *ma nondimeno*; *ma bene*. **SIN.** Bensì, però, tuttavia. **2** In principio di frase indica, con più forza della cong. 'e', il passaggio ad altro argomento: *ma torniamo al discorso di prima*; *ma ammettiamo, se volete, che sia innocente*; *ma ecco che si avvicina uno sconosciuto* | (*fam.*) Con valore enfat. o anche iron., in espressioni interrogative, dubitative ed esclamative: *ma cosa pretendi?*; *ma se lo sanno tutti!*; *ma cosa mi dici!*; *ma come!*; *ma certo!*; *ma quando mai?*; *ma bravo, bene!*; *ma va là!*; *ma no!*; *ma che bel bambino!*; *ma chi credi di essere?* **3** (*fam.*) Con valore raff. e intens. in unione con aggettivi o avverbi: *ti ho detto che è veloce, ma veloce davvero*; *una persona antipatica, ma veramente antipatica*; *ci vuole gente, ma gente di fegato*. **B s. m. inv.** ● Obiezione, incertezza, difficoltà, ostacolo: *è una persona tutta ma e se*; *non ci sono ma che tengano*: *verrai con me*.

ma (2) /ma, mah, ma?/ ● V. *mah*.

ma' (1) /ma/* **s. f.** ● (*fam.*) Forma tronca di 'mamma'.

†**ma'** (2) /ma/ avv. ● Forma tronca di 'mai'.

màcabro o (*raro*) **macabro** [fr. *macabre*; da (*danse*) *macabre*, alterazione di *danse macabré* 'danza dei Maccabei', eroi biblici il cui culto era avvicinato a quello dei morti; av. 1798] **A agg.** ● Che ricorda la morte o si riferisce alla morte, spec. nei suoi aspetti più impressionanti | Spaventoso, orrido: *scoperta, vista, scena macabra*; *la macabra ferocia di questa pretesa* (PIRANDELLO). **SIN.** Orrendo, raccapricciante. || **macabraménte**, avv. **B s. m.** ● Ciò che è macabro: *rifuggire dal m.*

macàco o (*raro*) **macàcco** [port. *macaco*, vc. proveniente dall'Angola; 1704 ca.] **s. m.** (**pl.** *-chi*) **1** Genere di scimmie dei Cercopitecidi con coda pendente non prensile, callosità nelle natiche e arti anteriori non più lunghi dei posteriori (*Macacus*). ➡ ILL. *animali*/14. **2** (*fig.*) Uomo goffo e sgraziato, o sciocco, stupido.

macadàm [fr. *macadam*, dall'ingl., dal n. dell'ingegnere scozzese J. L. *MacAdam* (1756-1836), che lo inventò; 1875] **s. m.** ● Tipo di massicciata stradale costituita da pietrisco con legante all'asfalto, *al bitume*, pavimentazione stradale eseguita usando bitume o catrame come legante.

macadàmia [dal n. del chimico australiano, nato in Scozia, J. *MacAdam* (1827-1865)] **s. f.** ● (*bot.*) Genere di piante delle Proteacee, originario dell'Australia, comprendente diverse specie, tra cui la cosiddetta *noce del Queensland*, albero sempreverde alto fino a 10-12 m, con frutti simili a una grossa nocciola, dal seme commestibile (*Macadamia*).

macadamizzàre [fr. *macadamiser*, dall'ingl. to *macadamize*, da *macadam*; 1826] **v. tr.** ● Pavimentare le strade col metodo del macadam.

macào (1) [port. *macao*, di orig. indostana] **s. m.** ● (*zool.*) Ara.

macào (2) [fr. *macao*, da *Macau*, ex colonia port. in Cina; 1846] **s. m.** ● Gioco d'azzardo a carte, simile al baccarà: *gioca a m. coi negozianti di bestiame che scendono dalla montagna* (GIACOSA).

macaóne [da *Macaone*, mitico chirurgo in Omero; 1828] **s. m.** ● Farfalla diurna di color giallo venato di nero con una macchia rossa a forma di occhio sulle ali posteriori (*Papilio machaon*). ➡ ILL. *animali*/2.

macarèna [vc. spagn., dal quartiere sivigliano Macarena; 1996] **s. f.** ● Ballo affermatosi intorno al 1995 che richiama i ritmi delle danze latino-americane, caratterizzato da movimenti eseguiti contemporaneamente dai ballerini.

macarónico ● V. *maccheronico*.

màcca [da *maccare*; av. 1449] **s. f.** ● (*tosc.*) Abbondanza: *m. e cuccagna* | †*Avere una m.*, comprar bene | *A m.*, in gran quantità; (*dial.*) *a ufo* | *Entrare a m.*, a scrocco, senza pagare.

maccabèo [da *Maccabeo*, personaggio biblico; 1890] **s. m.** ● (*fam.*) Tanghero, sciocco.

maccalùba [ar. *maqlūb*, propr. 'rivoltato'; 1957] **s. f.** ● Sorgente fangosa con emissioni di metano e anidride carbonica.

†**maccàre** [da *macco*; il primo sign. doveva essere quello di 'impastare, mescolare'; av. 1544] **v. tr.** ● Ammaccare.

maccarèllo [fr. *maquereau*, uso metaforico di *maquereau* 'mezzano, ruffiano', perché, secondo una credenza pop., il maccarello accompagna le aringhe nelle loro migrazioni e avrebbe la funzione di far accoppiare i maschi con le femmine. Il fr. *maquereau* è dal medio ol. *makelâre* 'sensale', da *makeln* 'trafficare', a sua volta da *maken* 'fare', di orig. germ.; av. 1548] **s. m.** ● (*zool.*) Scombro.

maccaróne e *deriv.* ● V. *maccherone* e *deriv.*

maccartismo [dal n. di J. R. *McCarthy* (1909-1957), presidente dal 1950 al '54 della commissione del senato degli Stati Uniti per la repressione delle attività antiamericane di cui erano ritenuti responsabili i comunisti e i loro simpatizzanti; 1954] **s. m.** ● Atteggiamento di chi professa un anticomunismo a oltranza o (*est.*) si accanisce in persecuzioni ideologiche.

maccartista [1955] agg. ● anche **s. m. e f.** (pl. *-i*) ● Seguace, sostenitore del maccartismo.

†**maccatèlla** [da †*maccato*, part. pass. di †*maccare* (V.); sec. XIV] **s. f.** ● Magagna, marachella.

macché o **ma che** [comp. di *ma* (1) e *che* (2); av. 1739] inter. ● Esprime forte e decisa negazione od opposizione: *m. viaggio! sono al verde*.

maccheronàio [1867] **s. m.** ● Fabbricante o venditore di maccheroni.

maccheronàta o (*dial.*) **maccaronàta** [av. 1872] **s. f. 1** Mangiata di maccheroni | Pasto a base di maccheroni | (*est.*) Allegra mangiata tra amici. **2** (*fig.*) Errore grossolano o madornale.

maccheroncìno [1891] **s. m. 1** Dim. di *maccherone*. **2** (*spec. al pl.*) Maccheroni bucati lunghi e stretti.

maccheróne o (*dial.*) **maccaróne** [etim. discussa: da *macco* (?); 1353] **s. m. 1** (*spec. al pl.*) Tipo di pasta a cannelli vuoti o pieni, di varia lunghezza e grossezza, che si mangia asciutta | (*fig.*) *Cascare, essere, piovere come il cacio sui maccheroni*, opportunamente, a proposito. **2** (f. *-a*) (*fig.*) Persona stupida. **SIN.** Babbeo. | **maccheronàccio**, pegg. | **maccheroncìno**, dim.

maccheronèa o (*dial.*) **maccaronèa** [da *maccherone*; era il latino dei cuochi dei conventi; 1527] **s. f.** ● Opera scritta in latino maccheronico.

maccheronésco agg. (pl. m. *-schi*) ● (*raro*) Maccheronico.

†**maccherònica** [1750] **s. f.** ● Maccheronea.

maccherònico o (*raro*) **macarònico**, (*raro*) **maccarònico** [V. *maccheronea*; 1634] agg. (pl. m. *-ci*) **1** Detto di lingua grossolana, parodia del latino classico, il cui lessico consiste di vocaboli latini, volgari e dialettali, ma flessi alla latina, in uso spec. in maccheronee nei secc. XVI e XVII sec. **2** (*est.*) Detto di lingua pronunciata o scritta male da persona ignorante o poco pratica. || **maccheronicaménte**, avv.

◆**màcchia** (1) [lat. *măcula(m)*, di etim. incerta; av. 1306] **s. f. 1** Segno lasciato da grasso, tinta o altro sulla superficie di un corpo: *una m. d'inchiostro, di salsa, di vino*; *una tovaglia piena di macchie* | *Diffondersi a m. d'olio*, (*fig.*) espandersi, allargarsi velocemente, in ogni direzione. **2** Chiazza di differente colore: *un marmo verde con macchie e venature bianche*; *un mio vitellin bianco / che ha una m. nera in su la fronte* (POLIZIANO) | *A macchie di leopardo*, V. *leopardo* | (*astron.*) *M. solare*, area della fotosfera solare, temporaneamente perturbata, con colorazione scura | (*fis.*) *M. catodica*, piccola zona luminosa formantesi sul catodo liquido dei tubi a vapori di mercurio | *M. ionica*, deterioramento localizzato dello schermo di un tubo a raggi catodici | (*anat.*) *M. cieca*, punto della retina insensibile alla luce, dove penetra il nervo ottico | *M. di sangue*, particolare formazione che può riscontrarsi nel tuorlo delle uova. **3** (*fig.*) Colpa, peccato: *quell'individuo deve avere parecchie macchie sulla coscienza* | Offesa, oltraggio: *il tuo comportamento è una m. per l'onore della famiglia* | *Cavaliere senza m. e senza paura*, (*spesso scherz.*) si dice di persona coraggiosa e integerrima. **4** Tecnica pittorica basata sulla giustapposizione di zone di colore con cui sono indicate sinteticamente le masse. || **macchiàccia**, pegg. | **macchiarèlla**, **macchierèlla**, dim. | **macchiétta**, dim. (V.) | **macchiolìna**, dim. | **macchiùccia**, **macchiùzza**, dim.

◆**màcchia** (2) [detta così perché si presenta come una *macchia* sul terreno brullo; 1348] **s. f.** ● Formazione vegetale costituita in prevalenza da una fitta boscaglia di arbusti sempreverdi, caratteristica delle regioni mediterranee | *Darsi, buttarsi alla m.*, (*fig.*) darsi al brigantaggio o nascondersi per evitare la cattura; o, anche, darsi alla lotta partigiana o alla guerriglia | *Fare qlco. alla m.*, (*fig.*) di nascosto, clandestinamente | *Libro, giornale stampato alla m.*, (*fig.*) senza indicazioni o con indicazioni false sulla data o sul nome dell'editore. || **macchióne**, accr. m. (V.)

macchiàbile agg. ● Che si può facilmente macchiare.

macchiaiòlo (*1*) o **macchiaiuòlo** [detto così perché ritrae le cose a *macchie*; 1891] s. m. (f. *-a*) ● Pittore appartenente a un movimento sorto a Firenze verso la metà del XIX sec., caratterizzato da una tecnica pittorica basata sulla giustapposizione di macchie di colore.

macchiaiòlo (*2*) [da *macchia* (*2*); av. 1548] **A** s. m. (f. *-a*) ● (*raro*) Chi lavora alla macchia, chi fa le cose di soppiatto. **B** agg. ● Che nasce o vive nella macchia | ***Suino m.***, maremmano.

macchiaiuòlo ● V. *macchiaiolo* (*1*).

macchiàre [lat. *maculāre*, da *măcula* 'macchia (1), chiazza'; av. 1333] **A** v. tr. (*io màcchio*) ***1*** (qlco.; qlco. + *di*, + *con*) Sporcare o imbrattare con macchie: *m. di vino, d'olio la tovaglia*; *non macchiarti d'inchiostro!*; *non m. con queste tue lacrime sì polite guance* (ARIOSTO) | (*assol.*) Lasciare macchie: *il vino rosso macchia*; *è roba che macchia* | (*est.*) Aggiungere qlco. che muti il colore precedente | ***M. il caffè***, aggiungervi un po' di latte. ***2*** (qlco.; qlco. + *con*) (*fig.*) Arrecare offesa, danno morale e sim.: *ha macchiato l'onore e il buon nome della famiglia con le sue azioni*. ***3*** Dipingere con la tecnica delle macchie di colore. **B** v. intr. pron. e rifl. (+ *di*; + *con*) ***1*** Imbrattarsi di macchie: *il muro s'è macchiato d'unto*; *ti sei macchiato con quell'inchiostro!* ***2*** (*fig.*) Essere responsabile di colpe e sim.: *si è macchiato di un grave delitto*.

macchiàtico [da *macchia* (*2*); sec. XVIII] s. m. (pl. *-ci*) ● Diritto a raccogliere legna o foglie nei boschi comunali | La tassa che si paga per usufruire di tale diritto.

macchiàto (*1*) **A** part. pass. di *macchiare*; anche agg. ***1*** Nei sign. del v. ***2*** Detto di bevanda, cibo e sim. cui è stata aggiunta una quantità minima di una data sostanza | ***Caffè m.***, di latte | ***Latte m.***, di caffè | ***Spaghetti macchiati***, di salsa di pomodoro. ***3*** Sparso di chiazze di più colori: *pelame m.*; *pietra macchiata*. **B** s. m. ● Tecnica pittorica delle macchie, così come è usata dal singolo artista.

†**macchiàto** (*2*) [da *macchia* (*2*); sec. XVI] agg. ● Boscoso.

macchiéto [da *macchia* (*2*); 1952] s. m. ● (*raro*) Terreno boscoso, pieno di macchie.

macchiétta [1598] s. f. ***1*** Dim. di *macchia* (*1*). ***2*** Schizzo, caricatura, bozzetto. ***3*** (*fig.*) Tipo originale, bizzarro, comico: *non hai notato quella m.?* ***4*** In teatro, tipizzazione caricaturale di un personaggio eseguita da un attore: *fare la m. di un uomo politico*. || **macchiettina**, dim.

macchiettàre [da *macchietta*, dim. di *macchia* (*1*); 1879] v. tr. (*io macchiétto*) ● Spargere di piccole chiazze di diverso colore: *m. di rosso un tessuto*.

macchiettàto [1768] part. pass. di *macchiettare*; anche agg. ● Nel sign. del v.

macchiettatùra [1970] s. f. ● Insieme di macchie o di chiazze sparse.

macchiettista [1908] s. m. e f. (pl. m. *-i*) ***1*** Disegnatore di macchiette. ***2*** Attore specializzato nella rappresentazione di macchiette.

macchiettìstico [1922] agg. (pl. m. *-ci*) ● Di, da macchietta: *interpretazione macchiettistica*. || **macchiettisticamente**, avv.

♦**màcchina** o †**màchina** [lat. *māchina(m)*, nom. *māchina*, dal gr. dorico *machanā́* 'macchina, ordigno', di orig. indeur.; av. 1440] s. f. ***1*** Congegno con parti in movimento atto a produrre potenza e lavoro mediante trasformazione di energia o a compiere determinate funzioni altrimenti svolte dall'uomo: *m. motrice, generatrice, operatrice*; *macchina per o da cucire*. CFR. meccano- | ***M. ad acqua, idraulica, a vapore***, azionata da corrente d'acqua o dalla forza di vapore | ***M. elettrica***, capace di trasformare un'energia elettrica in meccanica e viceversa | ***M. fotografica***, atta alla ripresa di fotografie | ***M. da presa, da ripresa***, cinepresa | ***M. da proiezione***, proiettore | (*med.*) ***M. cuore-polmoni***, apparato per la circolazione sanguigna extracorporea costituito da una pompa e da un ossigenatore che permette di escludere in tutto o in parte il cuore e i polmoni dal circolo sostituendone fisiologicamente la funzione | ***M. per*** o ***da scrivere***, macchina munita di tastiera che imprime su carta i caratteri corrispondenti ai tasti premuti | ***M. utensile***, macchina operatrice che lavora per asportazione di truciolo, quale la fresa, il trapano, il tornio | ***M. a controllo numerico***, macchina utensile, fornita di un apparato elettronico digitale che permette il controllo della sequenza delle operazioni | ***M. della verità***, apparecchio che registra alcune reazioni emotive di persone sottoposte a interrogatorio, in modo che si possa dedurre, con buona approssimazione, se le risposte date siano o no sincere. SIN. Lie detector | ***M. teatrale***, usata, spec. un tempo, per ottenere particolari effetti scenici. ***2*** (*est.*) Qualunque strumento, congegno o apparecchio atto a compiere meccanicamente certi lavori od operazioni: *la m. del caffè*; *la m. tritacarne* | (*fam.*) ***Fare una m.***, lavare con la lavabiancheria o la lavastoviglie | ***Il secolo della m.***, il sec. XIX | (*fig.*) ***La m. umana***, il corpo umano | ***Fatto a m.***, di ciò che è realizzato per mezzo di apparecchiature meccaniche. ***3*** (*per anton.*) Automobile: *andare in m.*; *comprare, vendere la m.*; *cambiare la m.*; *farsi la m.*; *una m. fuoriserie, utilitaria, di lusso* | ***Posto m.***, V. *posto* (*2*), sign. 2 | (*ellitt.*) Qualsiasi mezzo di locomozione terrestre, aerea o marittima | ***Fare m. indietro***, indietreggiare, con la locomotiva o con altri veicoli a motore; (*fig.*) rinunciare a quanto si intendeva fare | (*mar.*) Il complesso dei motori di navi o piroscafi: *personale, giornale di m.* ***4*** (*ellitt.*) Macchina per o da scrivere: *battere, scrivere a m.* | ***Scritto a m.***, dattilografato | Macchina da stampa | ***Andare in m.***, procedere alla stampa, spec. di giornali | Macchina calcolatrice: *calcolare a m.* ***5*** (*disus.*) Nell'automobilismo e nel motociclismo, misura della lunghezza del mezzo con cui si valuta il distacco dei concorrenti al traguardo: *vincere per una m.* ***6*** Impalcatura mobile su cui si porta in processione una statua di santo: *la m. di Santa Rosa*. ***7*** (*fig., lett.*) Edificio grandioso e imponente: *vide quella gran m. del duomo* (MANZONI). ***8*** (*fig.*) Persona che agisce meccanicamente, quasi senza aver coscienza di ciò che fa: *quando lavora è una m.*; *parlare, muoversi come una m.* ***9*** (*fig.*) Organismo complesso: *la m. burocratica dello Stato*; *la m. elettorale si è messa in moto* | (*raro, fig.*) Il corpo umano e qualche suo organo: *avere la m. in disordine*. ***10*** (*fig., raro*) Intrigo, macchinazione: *è tutta una m. montata dagli avversari*; *potrebbe / Rovesciarmi le macchine* (DA PONTE). || **macchinàccia**, pegg. | **macchinétta**, dim. (V.) | **macchinina**, dim. | **macchinino**, dim. m. | **macchinóna**, accr. | **macchinóne**, accr. m. | **macchinùccia**, dim.

macchinàle [vc. dotta, lat. *machinăle(m)*, da *māchina* 'macchina'; 1766] agg. ● Automatico, meccanico: *risposta, movimento m.* || **macchinalménte**, avv. In modo macchinale: *rispondere macchinalmente a una domanda*.

macchinaménto [vc. dotta, lat. *machinamĕntu(m)*, da *machinārī* 'macchinare'; av. 1292] s. m. ● (*lett., raro*) Macchinazione.

macchinàre [vc. dotta, lat. *machinārī* 'congegnare, tramare', da *māchina* 'macchina'; sec. XIV] v. tr. (*io màcchino*) ***1*** Ordire o tramare nascostamente a danno di altri (*anche assol.*): *m. un tradimento*; *i ... labbri / appoggia sul ventaglio, arduo pensiere / macchinando tra sé* (PARINI). ***2*** †Inventare macchine o congegni.

macchinàrio [vc. dotta, lat. *machinăriu(m)*, da *machinārī* 'congegnare, macchinare'; 1905] s. m. ● Complesso di macchine usate per un dato lavoro: *il m. di una tipografia, di uno stabilimento tessile*.

macchinàta [da *macchina*; 1975] s. f. ● (*fam.*) Quantità di indumenti o stoviglie che può essere lavata in una volta sola con la lavabiancheria o la lavastoviglie.

†**macchinativo** [vc. dotta, lat. tardo *machinatīvu(m)*, da *machinārī* 'congegnare, macchinare'; av. 1667] agg. ● Macchinatore, intrigante.

macchinatóre [vc. dotta, lat. *machinatōre(m)*, da *machinārī* 'congegnare, macchinare'; sec. XV] agg.; anche s. m. (f. *-trice*) ***1*** (*lett., raro*) Che (o Chi) macchina: *ingegno m. d'inganni*; *un m. di burle feroci*. ***2*** †Inventore.

macchinazióne [vc. dotta, lat. *machinatiōne(m)*, da *machinārī* 'congegnare, macchinare'; av. 1348] s. f. ***1*** Imbroglio, intrigo, trama: *le tue macchinazioni non avranno effetto*. ***2*** †Macchina, ordigno.

macchinerìa [fr. *machinerie*, da *machine* 'macchina'; 1822] s. f. ● Insieme di macchine teatrali.

macchinétta [av. 1793] s. f. ***1*** Dim. di *macchina*. ***2*** (*fam.*) Caffettiera: *questa m. fa un ottimo caffè* | (*fam.*) Accendisigari: *mi si è rotta la m.* | (*fam.*) Apparecchio ortodontico per la correzione delle malformazioni dentarie spec. dei bambini | (*fig.*) ***Parlare come una m.***, rapidamente e ininterrottamente.

macchinismo [comp. di *macchin(a)* e *-ismo*; 1804] s. m. ***1*** (*raro*) Insieme di più congegni meccanici. SIN. Meccanismo | (*disus.*) La società fondata sull'impiego della macchina. ***2*** (*filos., disus.*) Meccanicismo. ***3*** (*letter.*) Nella tragedia greca, intervento delle potenze soprannaturali.

macchinista [1695] s. m. e f. (pl. m. *-i*) ***1*** Chi si occupa della manutenzione e del funzionamento di una macchina, spec. il conducente di una locomotiva o l'addetto all'apparato motore di una nave. ***2*** In teatro e televisione, persona a cui sono affidati il montaggio e gli spostamenti del materiale d'arredamento sul palcoscenico o in studio durante le riprese | ***M. cinematografico***, operaio addetto alla costruzione e allo smontaggio delle scene, agli spostamenti della macchina da presa e sim., che dà il ciak ed esegue effetti scenografici molto semplici. ***3*** †Macchinatore.

macchinosità [1959] s. f. ● Caratteristica di ciò che è macchinoso | Eccessiva complicatezza.

macchinóso [vc. dotta, lat. *machinōsu(m)*, da *machinārī* 'congegnare, macchinare'; 1819] agg. ● (*spreg.*) Eccessivamente elaborato, complicato, complesso: *romanzo, dramma m.* || **macchinosaménte**, avv.

macchióne [av. 1292] s. m. ***1*** Accr. di *macchia* (*2*). ***2*** Selva spinosa e fitta | ***Stare al m., stare sotto al m.***, (*fig., disus.*) non muoversi da un luogo; non deflettere da un proposito, malgrado minacce e sim. || **macchioncèllo**, dim.

†**macchióso** (*1*) [lat. *maculōsu(m)*, da *măcula* 'macchia (1)'; sec. XIV] agg. ● Pieno di macchie. SIN. Macchiato.

†**macchióso** (*2*) [da *macchia* (*2*); av. 1574] agg. ● Pieno di pruni.

màcco [vc. di orig. preindeur.; 1481] s. m. (pl. *-chi*) ***1*** (*ant.*) Vivanda grossolana di fave cotte in acqua e ridotte in poltiglia | Castagne con latte. ***2*** †Strage, uccisione: *un m. ne facea di Filistei* (PULCI). ***3*** †Macca | (*tosc.*) ***A m.***, in abbondanza.

macèa ● V. *macia*.

macèdone [vc. dotta, lat. *macĕdone(m)*, nom. *măcedon*, dal gr. *makedṓn* 'della Macedonia'; av. 1400] **A** agg. ● Della Macedonia: *falange m.* **B** s. m. e f. ● Abitante, nativo della Macedonia. **C** s. m. solo sing. ● Lingua del gruppo slavo, parlata in Macedonia | Antica lingua indoeuropea scarsamente conosciuta.

macedònia [fr. *macédoine*, detta così perché formata con diversi tipi di frutta, con allusione alla eterogeneità di popoli della Macedonia balcanica; 1918] s. f. ***1*** Mescolanza di frutta varia, tagliata a pezzi, con aggiunta di liquore, succo di limone e zucchero. ***2*** (*raro, fig.*) Grande ammasso di cose eterogenee | (*ling.*) ***Parola m.***, quella formata dalla fusione di due o più parole ridotte (ad es. *ferrofilotranviario*).

macedònico [vc. dotta, lat. *macedŏnicu(m)*, dal gr. *makedonikós*, da *Makedonía* 'Macedonia'; 1342] agg. (pl. m. *-ci*) ● Della Macedonia.

macedonite [dal n. di *Macedon*, città australiana, e *-ite* (*2*); 1957] s. f. ● Roccia eruttiva di costituzione assai complessa, classificabile fra le trachiti alcaline.

macellàbile [da *macellare*; 1846] agg. ● Che si può macellare.

macellabilità [1957] s. f. ● (*raro*) L'essere macellabile.

♦**macellàio** o (*dial.*) **macellàro** [lat. *macellāriu(m)*, da *macĕllum* 'macello'; av. 1306] s. m. (f. *-a*) ***1*** Chi macella bestie destinate all'alimentazione | Venditore di carne macellata: *negozio di m.* ***2*** (*fig., spreg.*) Persona violenta, sanguinaria | Comandante spietato, che sacrifica la vita di molti soldati | Chirurgo maldestro.

macellaménto [av. 1729] s. m. ● (*raro*) Il macellare.

macellàre [da *macello*; 1288] v. tr. (*io macèllo*) ***1*** Uccidere animali destinati all'alimentazione umana: *m. buoi, vitelli*. SIN. Mattare. ***2*** (*fig.*) Massacrare un gran numero di persone. SIN. Trucidare.

macellàro ● V. *macellaio*.

macellàto part. pass. di *macellare*; anche agg. ● Nei sign. del v.

macellatóre [da *macellato*, part. pass. di *macellare*; 1891] s. m. (f. *-trice*) ***1*** Chi, nei macelli, uccide e prepara per il consumo gli animali uccisi. ***2*** (*raro, fig.*) Chi ordina o consente stragi di uomini.

macellazióne [1869] s. f. ● Attività, operazione del macellare: *m. clandestina*; *vietare la m. di animali*.

♦**macellerìa** [da *macellaio*; 1768] s. f. *1* Rivendita di carne macellata, negozio del macellaio: *m. bovina, equina*. *2* (*raro*) Mestiere di macellaio. *3* (*raro, fig.*) Strage, macello.

macèllo [lat. *macĕllu(m)* 'mercato di carne', dal gr. *mákellon*, di orig. semitica; av. 1342] s. m. *1* Luogo dove si uccidono gli animali destinati all'alimentazione umana: *portare i vitelli al m.* SIN. Mattatoio. *2* (*raro*) Macelleria. *3* Macellazione: *animali, bestie da m.* *4* (*fig.*) Strage di esseri umani: *fare un m.* | ***Soldati portati al m.***, a morte sicura | ***Andare al m.***, verso la disfatta, la morte | ***Carne da m.***, (*fig.*) si dice di truppe che vengono mandate in battaglia a morte sicura. SIN. Carneficina, massacro. *5* (*fig., iperb.*) Disastro: *il compito in classe è stato un vero m.* | (*fig., fam.*) Caos, finimondo, sconquasso: *i bambini han fatto un vero m.!*

†**macèra** ● V. *maceria*.

maceràbile [1741] agg. ● Che si può macerare.

macerabilità [1970] s. f. ● Condizione di ciò che è macerabile.

maceraménto [av. 1704] s. m. *1* (*raro*) Macerazione. *2* (*raro, fig.*) Afflizione, tormento.

maceránte [1929] part. pres. di *macerare*; anche agg. *1* Nei sign. del v. *2* Che accelera il processo di macerazione: *sostanze maceranti*. *3* (*fig.*) Che è talmente vivo da provocare pena, tormento: *rimorso, desiderio m.*

maceràre [lat. *macerāre*, da un tema **macos*, di etim. incerta; 1301] A v. tr. (*io màcero*) *1* Tenere una sostanza in acqua o in altro liquido, al fine di estrarre qualche costituente solubile o predisporla a eventuali trattamenti successivi: *m. la carne nel vino* | ***M. canapa, lino***, per estrarre le fibre | ***M. droghe vegetali***, per estrarre i principi attivi. *2* (*fig., lett.*) Pestare a furia di percosse: *m. la schiena a qlcu.* | Mortificare con penitenze o digiuni: *m. le carni*. *3* (*fig.*) †Infiacchire, domare. *4* (*fig., lett.*) Affliggere, opprimere, consumare: *l'invidia … sé stessa macera* (SANNAZARO). B v. rifl. *1* Mortificarsi: *macerarsi nella penitenza*. *2* (*fig.*) Rodersi, tormentarsi: *macerarsi nel rimorso*. C v. intr. pron. ● Subire un processo di macerazione.

maceratése [1832] A agg. ● Di Macerata. B s. m. e f. ● Abitante, nativo di Macerata.

maceràto [sec. XIV] A part. pass. di *macerare*; anche agg. ● Nei sign. del v. B s. m. ● Ciò che è messo a macerare.

maceratóio [1741] s. m. ● Fossa o vasca ove si pongono a macerare spec. la canapa e il lino.

maceratóre [1869] A s. m. (f. *-trice*) ● Chi è addetto alla macerazione. B agg. ● Che macera (*anche fig.*): *penitenza maceratrice*.

macerazióne [lat. *maceratiōne(m)*, da *macerāre* 'macerare'; av. 1320] s. f. *1* Il macerare, il venire macerato. *2* Operazione consistente nell'estrazione, mediante appropriati solventi, di alcune fibre tessili vegetali dalle sostanze estranee che le accompagnano nello stelo della pianta. *3* (*med.*) Imbibizione della cute per ristagno di sudore, specie nelle piaghe. *4* (*fig.*) Nell'ascesi, penitenza e mortificazione fisica. *5* (*fig.*) Tormento, angustia, angoscia.

maceréto [1891] s. m. *1* (*raro*) Ammasso di macerie. *2* (*region.*) Ammasso di frammenti rocciosi che si accumulano ai piedi dei pendii o nei canaloni e che, nel tempo, danno origine a un particolare tipo di terreno adatto ad alimentare vegetazioni spontanee quali le Sassifragacee.

macèria o †**macèra** [lat. *macĕria(m)*, da *macerāre* 'macerare'; sec. XII] s. f. *1* (*raro*) Muricciolo di sassi sistemati a secco per sostenere terrapieni o separare campi. *2* (*spec. al pl.*) Ammasso di materiali formato dal crollo di una costruzione: *le macerie dei bombardamenti*; *sgombrare le macerie*; *senti raspar tra le macerie e i bronchi / la derelitta cagna* (FOSCOLO) | †Mucchio di pietre. *3* (*fig., raro*) Sfacelo, rovina: *macerie morali*.

màcero [da *macerare*; av. 1320] A agg. *1* Macerato: *lino m.*; *carne macera*. *2* (*fig.*) Spossato, sfinito: *corpo m. da immani fatiche*. B s. m. *1* Macerazione: *tenere in m.*; *carta da m.* *2* Fosso, vasca per macerarvi materiali con apposite sostanze: *mettere, mandare, portare al m.*

maceróne [lat. *macedŏnicu(m)* '(prezzemolo) della Macedonia', con accostamento a *maceria*; av. 1556] s. m. ● Ombrellifera con tuberi e foglie commestibili, fiori poligami gialli, frutti ad achenio (*Smirnyum olusatrum*).

mach /mak, *ted.* max/ [dal n. del fisico ted. E. Mach (1838-1916); 1948] s. m. inv. ● Unità relativa di velocità, pari al rapporto fra la velocità di un corpo in un fluido e la velocità del suono nel fluido stesso.

ma che /mak'ke*, 'makke*/ ● V. *macché*.

machèra [vc. dotta, lat. *machaera(m)*, nom. *machaera*, dal gr. *máchaira*, di orig. semitica (?); 1587] s. f. ● (*archeol.*) Spada corta, che feriva di punta e di taglio, usata in combattimenti e in sacrifici.

machete /*sp.* ma'tʃete/ [deriv. dallo sp. *macho* 'maglio (V.)'; av. 1936] s. m. inv. (pl. sp. *machetes*) *1* Pesante coltello dalla lama lunga e affilatissima a un solo taglio, usato nel centro e sud dell'America per la raccolta della canna da zucchero, per il disboscamento o come arma. *2* (*mus.*) Strumento a corde, originario del Portogallo, usato spec. per l'accompagnamento del fado.

màchia [da N. *Machia(velli)*] s. f. ● (*tosc.*) Capacità di simulare astutamente: *aver molta m.*

-machìa [gr. *-machía*, dal v. *máchesthai* 'combattere', di etim. incerta] secondo elemento ● In parole composte, per lo più dotte, significa 'lotta', 'combattimento', 'battaglia': *gigantomachia, naumachia, tauromachia, titanomachia*.

machiavellésco [1869] agg. (pl. m. *-schi*) ● (*raro*) Machiavellico. || **machiavellescaménte**, avv.

Machiavèlli [da N. *Machiavelli*, per l'abilità strategica necessaria per vincere; 1980] s. m. inv. ● Gioco di carte, simile al ramino, che si gioca con due mazzi di 54 carte.

machiavelliàno [1941] agg. ● Proprio di N. Machiavelli (1469-1527), del suo pensiero e delle sue opere.

machiavèllico [1834] agg. (pl. m. *-ci*) *1* Relativo, conforme alle dottrine politiche del Machiavelli. *2* (*fig.*) Astuto e privo di scrupoli: *trama, doppiezza machiavellica*. SIN. Scaltro, subdolo. || **machiavellicaménte**, avv.

machiavellìsmo [1765] s. m. *1* Dottrina e prassi politica fondata su una deteriore interpretazione del pensiero machiavelliano, secondo la quale è lecito ricorrere ad ogni mezzo per conseguire un fine. *2* (*est.*) Opportunismo, utilitarismo, cinismo, spec. in campo politico | Comportamento subdolo, privo di scrupoli.

machiavellista [av. 1613] s. m. e f. (pl. m. *-i*) *1* Studioso delle opere e del pensiero politico di N. Machiavelli. *2* Chi agisce seguendo le dottrine di N. Machiavelli | (*spreg.*) Persona astuta e scaltra.

machiavèllo [av. 1879] s. m. *1* (*raro*) Persona astuta, priva di scrupoli. *2* (*merid.*) Astuzia, tranello.

†**màchina** ● V. *macchina*.

machióne [vc. toscana, da *machia* (V.); 1869] s. m. (f. *-a*) ● (*tosc.*) Persona subdola, abile nel simulare. || **machionàccio**, pegg.

machìsmo (1) s. m. ● Il complesso delle teorie del fisico, filosofo ed epistemologo tedesco E. Mach.

machìsmo (2) /ma'tʃizmo/ [vc. dello sp. del Messico, da *macho*; 1977] s. m. *1* Atteggiamento di ostentazione di caratteri virili, mascolini. *2* Maschilismo.

màchmetro /'makmetro, 'max-/ [comp. di (*numero di*) *Mach* e *-metro*; 1957] s. m. ● (*aer.*) Strumento usato per indicare il numero di mach.

macho /*sp.* 'matʃo/ [vc. sp., propr. 'maschio'; 1981] A agg. inv. ● Detto di atteggiamento, comportamento, abbigliamento e sim. che sottolineino ed enfatizzino caratteri virili (*anche spreg.*): *moda m.* B s. m. inv. (pl. sp. *machos*) ● Chi enfatizza o sottolinea nel proprio comportamento o aspetto caratteri virili, maschi.

macìa o (*poet.*) **macèa** [lat. *macĕria(m)* (V. *maceria*); 1563] s. f. ● (*tosc.*) Mucchio di sassi, di macerie: *il bel fanciullo nella lieta ascesa / passò … / presso macee che furono una chiesa* (PASCOLI).

màcie [vc. dotta, lat. *măcie(m)*, dalla radice da cui deriva anche *măcer* 'magro'; av. 1714] s. f. inv. ● (*lett.*) Grande magrezza, macilenza.

macigno [lat. parl. **machĭneu(m)*, agg. di *māchina* 'macina, pietra'; av. 1313] A s. m. *1* (*geol.*) Arenaria quarzosa e micacea a cemento calcareo-marnoso. *2* (*est.*) Masso durissimo e di notevoli dimensioni | ***Duro come un m.***, (*fig.*) di persona ostinata, caparbia, o, anche, tenace, di grande fermezza | ***Pesante come un m.***, (*fig.*) di cosa noiosa, di cibo indigesto | (*fig.*) ***Avere un cuore di m.***, essere insensibile. B agg. ● (*raro*) Di macigno.

†**macignóso** [av. 1686] agg. ● Che ha la durezza o l'aspetto del macigno.

macilènto o †**macilènte** [vc. dotta, lat. *macilĕntu(m)*, da *măcer* 'magro'; sec. XIV] agg. ● Molto magro e debole: *m. per la vecchiaia, per lunga malattia*; *un povero secco, macilente* (VASARI). SIN. Emaciato.

macilènza [da *macilento*; 1598] s. f. *1* Estrema magrezza e debolezza. *2* Malattia del baco da seta.

màcina o (*tosc.*) **màcine** [lat. *māchina(m)* 'macchina, mola'; 1282] s. f. *1* Ciascuna delle grosse mole di pietra usate, una sovrapposta all'altra, per polverizzare i cereali, frangere le olive e sim. SIN. Mola. *2* (*est.*) La macchina per triturare in cui agiscono le macine | (*raro*) Mulino. *3* (*fig., lett.*) Oppressione, affanno | Cosa o situazione pesante, insopportabile. *4* (*raro*) Macinazione. || **macinèlla**, dim. | **macinèllo**, dim. m. (V.) | **macinétta**, dim. | **macinino**, dim. m. (V.).

macinàbile [1879] agg. ● Che si può macinare.

macinabilità [1970] s. f. ● Condizione di ciò che è macinabile.

macinacaffè [comp. di *macina(re)* e *caffè*; 1940] s. m. ● Macinino per il caffè.

macinacolóri [comp. di *macina(re)* e il pl. di *colore*; 1891] A s. m. inv. ● Macchina per la raffinazione dei colori a olio e inchiostri da stampa. SIN. Macinello. B s. m. e f. inv. ● Persona addetta alla macinatura dei colori.

macinadosatóre [comp. di *macina(re)* e *dosatore*; 1963] s. m. ● Apparecchio che provvede alla macinazione del caffè tostato e alla sua dosatura per macchine per caffè espresso da bar.

macinaménto [av. 1558] s. m. ● (*disus.*) Macinazione.

macinànte [1340 ca.] part. pres. di *macinare*; anche agg. *1* Che macina, che serve a macinare. *2* ***Fosso m.***, che porta l'acqua alla macina.

macinapépe [comp. di *macina(re)* e *pepe*; 1891] s. m. inv. ● Macinino per il pepe.

macinàre [lat. *machināri*. V. *macchinare*; 1318] A v. tr. (*io màcino*) *1* Ridurre in farina con la macina: *m. il grano, l'avena*. *2* (*est.*) Tritare minutamente con strumenti simili alla macina: *m. il caffè, il pepe, il sale* | ***M. le olive***, frangerle | (*fig.*) ***M. kilometri***, camminare a lungo, ininterrottamente, percorrendo così grandi distanze | (*fig.*) ***M. azioni***, nel linguaggio sportivo, detto di squadra che svolge un gioco intenso e continuo. *3* (*fig.*) Fissarsi su qlco. in modo continuo e quasi ossessivo: *m. odio, rancore*; *non so che cosa macini in testa*; *Giovannino era da un po' che macinava una sua idea* (CALVINO). *4* (*raro, fig.*) Consumare, spendere: *m. tutti i propri guadagni, risparmi*. B v. rifl. ● Logorarsi, consumarsi. || PROV. Acqua passata non macina più.

macinàta [1869] s. f. ● Il macinare | Quantità di cereali o d'altro che si può macinare in una sola volta: *una m. di caffè, di olive* | ***Dare una m. al pepe***, macinarlo in fretta.

macinàto [1340 ca.] A part. pass. di *macinare*; anche agg. ● Nei sign. del v. B s. m. *1* Ciò che risulta dalla macinazione | †Farina di grano: *in Roma si pativa di m.* (GUICCIARDINI) | ***Imposta, tassa sul m.***, imposizione fiscale sulla macinazione dei cereali in vigore dal Medioevo sino alla fine dell'Ottocento. *2* (*fam.*) Carne tritata.

macinatóio [av. 1519] s. m. ● Macchina, dispositivo e sim. per macinare. SIN. Macina.

macinatóre [av. 1579] A agg. ● Che macina: *congegno m.* B s. m. (f. *-trice*) ● Operaio addetto alla macinazione.

macinatùra [av. 1348] s. f. ● Operazione e modalità del macinare | Il materiale macinato.

macinazióne [av. 1698] s. f. ● Il macinare.

màcine ● V. *macina*.

macinèllo [1550] s. m. *1* Dim. di *macina*. *2* Macinacolori.

macinino [av. 1768] s. m. *1* Dim. di *macina*. *2* Macchinetta azionata a mano o elettricamente che, per mezzo di una ruota dentata, riduce in pol-

vere caffè, pepe, e sim. **3** (*fig., scherz.*) Automobile o altro veicolo vecchio e malridotto.
macinìo [1353] **s. m.** ● Un macinare continuato.
†**màcino** [av. 1869] **agg.**; anche **s. m.** ● Macinato.
màcis [lat. *măcis*, nom. di etim. incerta; 1390 ca.] **s. m. e f.** ● Polpa che avvolge il seme della noce moscata, usata come condimento aromatizzante in liquoreria, in profumeria e raramente in medicina.
macìste [dal n. di un personaggio cinematografico; tratto dal gr. *mákistos*, superl. di *makrós* 'il più grande'. V. *macro-*; 1923] **s. m.** ● Uomo molto robusto e straordinariamente forte. **SIN.** Ercole, sansone.
maciùlla [da *maciullare*; av. 1313] **s. f.** ● (*lett.*) Gramola.
maciullaménto [1965] **s. m.** ● (*raro*) Il maciullare.
maciullàre [lat. parl. **machinulāre*, da *māchina* 'macchina'; av. 1320] **A v. tr. 1** Gramolare, usare la maciulla per separare le fibre legnose di lino, cotone e sim. da quelle utili per la filatura: *m. la canapa, il lino.* **2** (*est.*) Stritolare: *gli ingranaggi della macchina gli hanno maciullato un braccio.* **3** (*raro, fig.*) Mangiare | Masticare velocemente (*anche assol.*). **B v. rifl.** ● (*fig.*) †Fiaccarsi per stanchezza e sim.
maciullatùra [sec. XV] **s. f.** ● Operazione del maciullare canapa, lino e sim. **SIN.** Gramolatura.
maclùra [chiamata così in onore del geologo W. *Maclure*; 1891] **s. f.** ● Albero spinoso delle Moracee con foglie ovate, fiori a petali in racemi e legno di color giallo (*Maclura aurantiaca*).
macò ● V. *makò*.
màcola e *deriv.* ● V. †*macula* e *deriv.*
†**màcolo** ● V. *maculo*.
macramè [genov. *macramè*, dal turco *makramà* 'fazzoletto'; 1617] **s. m. 1** Trina di fili o cordoncini intrecciati e annodati, per passamani, frange, reticelle. **2** Tipo di armatura tessile per asciugamani e tovaglie | (*est.*) L'asciugamano o la tovaglia stessa.
†**macrèdine** [dal lat. *măcer* 'magro'; av. 1673] **s. f.** ● Magrezza.
†**màcro** (**1**) ● V. *magro*.
màcro (**2**) [accorc. di *macrofotografico*; 1973] **A s. m. inv.** ● (*fot.*) Obiettivo adatto per la macrofotografia. **B** anche **agg. inv.**: *obiettivo m.*
màcro (**3**) **s. f. inv.** ● (*elab.*) Accorc. di *macroistruzione*.
macrò [fr. *maquereau*, vc. di orig. neerlandese, da *makeln* 'trafficare' (a sua volta da *maken* 'fare', di orig. germ.); av. 1936] **s. m.** ● Protettore, sfruttatore di prostitute.
màcro- [dal gr. *makrós* 'lungo, esteso'] primo elemento ● In parole composte, per lo più dotte e scientifiche, significa 'grande', 'di notevole estensione', 'lungo', 'che ha sviluppo eccessivo, anormale': *macroblasto, macrocosmo, macroeconomia, macromelia.*
macroanàlisi [comp. di *macro-* e *analisi*] **s. f. inv. 1** (*scient.*) Analisi globale di un fenomeno. **2** (*econ.*) Macroeconomia.
macrobiòtica [dal gr. *makrobiótēs* 'longevità, lunga vita' nel sign. 1; da *macrobiotico* nel sign. 2; 1974] **s. f. 1** (*raro*) Studio della longevità e dei mezzi o condizioni per conseguirla. **2** Tipo di alimentazione quasi completamente vegetariana, basata su cibi macrobiotici come i cereali integrali, spec. il riso, le verdure e la frutta, con esclusione della carne, dello zucchero e, in generale, di tutti i prodotti conservati oppure ottenuti industrialmente.
macrobiòtico [vc. dotta, dal gr. *makrós* 'ampio, grande' e *biotikós* 'vitale, della vita'; 1971] **agg.** (**pl. m.** *-ci*) ● Detto di alimento o alimentazione che serba integrali i componenti biologici di base e il potere nutritivo originario: *dieta macrobiotica* | Che fornisce cibi macrobiotici: *ristorante m.* || **macrobioticaménte**, **avv.**
macrobiòto [vc. dotta, comp. di *macro-* e del gr. *biōtós* 'che può vivere', deriv. di *bíos* 'vita'; 1967] **s. m.** ● Piccolissimo tardigrado terrestre, cosmopolita, noto per la sua resistenza in stato di vita latente (*Macrobiotus hufelandi*).
macroblàsto [comp. di *macro-* e *blasto*; 1957] **s. m. 1** (*bot.*) Ramo laterale di una pianta con foglie inserite a una notevole distanza l'una dall'altra **2** (*biol.*) Normoblasto di dimensioni notevoli.
macrocardìa [comp. di *macro-* e *cardia*] **s. f.** ● (*med.*) Abnorme volume del cuore.
macrocefalìa [da *macrocefalo*; 1918] **s. f.** ● (*med.*) Malformazione per eccessivo sviluppo del cranio di uomini o animali.
macrocèfalo [vc. dotta, gr. *makroképhalos*, comp. di *makrós* 'lungo' e *kephalḗ* 'capo'; 1821] **agg.**; anche **s. m.** (**f.** *-a*) ● (*med.*) Che (o Chi) è affetto da macrocefalia.
macrochèira [vc. dotta, gr. *makrócheir*, genit. *makrócheiros* 'dalle lunghe mani', comp. di *makrós* 'lungo' e *chéir*, genit. *cheirós* 'mano'; 1957] **s. f.** ● Crostaceo dei Decapodi rossastro lungo più di 2 m che vive nei mari del Giappone (*Macrocheira Rampferi*).
macrochilìa [comp. di *macro-* e il gr. *chêilos* 'labbro'; 1957] **s. f.** ● (*med.*) Ipertrofia delle labbra.
Macrochìri [comp. di *macro-* e gr. *chéir*, genit. *cheirós* 'mano' (V. *chiragra*); 1957] **s. m. pl.** (**sing.** *-o*) ● Nella tassonomia animale, ordine di Uccelli comprendente specie con zampe brevi e ali molto lunghe con omero tozzo, cui appartiene il colibrì (*Macrochires*).
macrochirìa [dal gr. *makrócheir* 'dalle lunghe mani'. V. *macrocheira*; 1957] **s. f.** ● (*med.*) Eccessivo sviluppo delle mani.
macrocìto o **macrocìta** [comp. di *macro-* e *-cito* (o *-cita*); 1939] **s. m.** (**pl.** *-i*) ● (*biol.*) Globulo rosso del sangue umano con diametro superiore al normale.
macrocitòsi [comp. di *macrocito* e *-osi*; 1957] **s. f. inv.** ● (*med.*) Presenza di numerosi macrociti nel sangue.
macroclìma [comp. di *macro-* e *clima*; 1957] **s. m.** (**pl.** *-i*) ● (*geogr.*) Il clima considerato nell'ambito di una regione notevolmente estesa.
macrocontèsto [comp. di *macro-* e *contesto*] **s. m. 1** (*ling.*) Contesto ampio di una parola, costituito gener. da una frase, da un paragrafo o da un intero discorso. **2** Insieme dei dati contestuali che il lettore ha presenti quando legge un testo.
macrocòsmo [comp. di *macro-* e *cosmo*, in opposizione a *microcosmo*; 1614] **s. m.** ● L'universo inteso nella sua totalità e considerato come un grande organismo vivente.
macrocristallìno [comp. di *macro-* e *cristallino*; 1940] **agg.** ● Detto di roccia cristallina i cui costituenti sono nettamente visibili a occhio nudo.
macrodattilìa [da *macrodattilo*; 1957] **s. f.** ● (*med.*) Malformazione delle mani caratterizzata da dita esageratamente sviluppate.
macrodàttilo [vc. dotta, gr. *makrodáktylos*, comp. di *makrós* 'lungo' e *dáktylos* 'dito'; 1970] **agg.**; anche **s. m.** (**f.** *-a*) ● (*med.*) Che (o Chi) ha dita esageratamente sviluppate.
macrodistribuzióne [comp. di *macro-* e *distribuzione*] **s. f.** ● (*econ.*) Distribuzione del reddito nazionale ripartito tra ampie categorie reddituali, aree geografiche o gruppi sociali diversi.
macrodónte [comp. di *macro-* e del gr. *odóus*, genit. *odóntos* 'dente'; 1970] **agg.**; anche **s. m.** ● (*med.*) Che (o Chi) ha denti esageratamente sviluppati.
macrodontìsmo [da *macrodonte*; 1957] **s. m.** ● (*med.*) Eccessivo sviluppo dei denti.
macroeconomìa [comp. di *macro-* ed *economia*; av. 1940] **s. f.** ● Parte della scienza economica che studia i grandi problemi economici connessi all'osservazione e all'analisi degli aggregati, quali reddito, consumo, risparmio e sim. **SIN.** Macroanalisi.
macroeconòmico [comp. di *macro-* ed *economico*; 1978] **agg.** (**pl. m.** *-ci*) ● Di relativo alla macroeconomia: *dati macroeconomici.*
macroestesìa [comp. di *macro-* e un deriv. del gr. *áisthēsis* 'sensibilità' (V. *estetica*); 1957] **s. f.** ● (*med.*) Alterazione della sensibilità tattile per cui gli oggetti vengono percepiti più grandi del normale.
macroevoluzióne [comp. di *macro-* ed *evoluzione*; 1957] **s. f.** ● (*biol.*) Evoluzione che porta alla differenziazione di molti caratteri dei grandi gruppi sistematici quali le classi e i tipi.
macròfago [comp. di *macro-* e *-fago*; 1975] **s. m.** (**pl.** *-gi*) ● (*biol.*) Cellula appartenente ai sistemi di difesa dell'organismo; fissa o in grado di migrare, è dotata di spiccate capacità di fagocitosi.
macrofotografìa [comp. di *macro-* e *fotografia*; 1957] **s. f.** ● (*fot.*) Immagine fotografica di un oggetto molto piccolo ingrandito per mezzo dell'obiettivo che funziona da lente d'ingrandimento | La tecnica usata per ottenerla.
macrofotogràfico **agg.** (**pl. m.** *-ci*) ● Relativo alla macrofotografia.
macroftalmìa [da *macroftalmo*] **s. f.** ● (*med.*) Aumento esagerato di volume dei globi oculari.
macroftàlmo [comp. di *macro-* e *oftalmo*] **agg.**; anche **s. m.** (**f.** *-a*) ● (*med.*) Che (o Chi) è affetto da macroftalmia.
macrogamète [comp. di *macro-* e *gamete*; 1957] **s. m.** ● (*biol.*) Il gamete femminile, sempre più grande di quello maschile.
macrogènesi [comp. di *macro-* e *genesi*; 1970] **s. f. inv.** ● (*med., raro*) Gigantismo.
macrogenitosomìa [comp. di *macro-*, *genit(a-li)* e *-somia*; 1975] **s. f.** ● (*med.*) Precoce ed eccessivo sviluppo somatico e sessuale, causato da un abnorme funzionamento di alcune ghiandole endocrine.
macroglòssa [comp. di *macro-* e del gr. *glôssa* 'lingua' (V. *glossa* (*2*)); 1829] **s. f.** ● Farfalla dalla livrea brunastra, con ali strette e lunga tromba per suggere il nettare (*Macroglossa stellatarum*).
macroglossìa [V. *macroglossa*; 1895] **s. f.** ● (*med.*) Sviluppo esagerato della lingua.
macroglòsso [1970] **agg.**; anche **s. m.** (**f.** *-a*) ● (*med.*) Che (o Chi) è affetto da macroglossia.
macroistruzióne [comp. di *macro-* e *istruzione*; 1984] **s. f.** ● (*elab.*) Serie di istruzioni che possono essere eseguite per mezzo di un unico comando.
macrolepidòtteri [comp. di *macro-* e del pl. di *lepidottero*] **s. m. pl.** (**sing.** *-o*) ● (*zool.*) Correntemente, denominazione di tutte le farfalle di grandi dimensioni, per lo più diurne.
macrolìde [da *macro-*] **s. m.** ● (*farm.*) Lattone naturale provvisto di derivati di ammino-zuccheri; prodotto da batteri *Streptomyces*, viene impiegato come antibiotico batteriostatico.
macrolìdico **agg.** (**pl. m.** *-ci*) ● Relativo a macrolide: *antibiotico m.*
macrolinguìstica [comp. di *macro-* e *linguistica*] **s. f.** ● Studio dei fenomeni linguistici di massa, sotto il profilo statistico e quantitativo.
macromelìa [comp. di *macro-* e del gr. *mélos* 'membro'; 1895] **s. f.** ● (*med.*) Esagerato sviluppo degli arti.
macrometeorologìa [comp. di *macro-* e *meteorologia*; 1970] **s. f.** ● Branca della meteorologia che studia i fenomeni atmosferici a grande scala, cioè quelli relativi a un continente, al globo intero e sim.
macromicète [comp. di *macro-* e *micete* (*1*); 1975] **s. m.** ● (*bot.*) Fungo macroscopico. **CONTR.** Micromicete.
macromolècola [comp. di *macro-* e *molecola*; 1957] **s. f.** ● Molecola di dimensioni molto grandi e di peso molecolare molto elevato.
macromolecolàre [comp. di *macro-* e *molecolare*; 1955] **agg.** ● Di, relativo a macromolecola, formato da macromolecole.
macronùcleo [comp. di *macro-* e *nucleo*; 1957] **s. m.** ● (*biol.*) Nucleo maggiore a funzione trofica di alcuni protozoi binucleati.
macronutrïènte [comp. di *macro-* e *nutriente*] **s. m.** ● (*biol.*) Qualsiasi sostanza che l'organismo deve assumere in grandi quantità in quanto indispensabile per il metabolismo, come le proteine, il sodio e sim. **CONTR.** Micronutriente.
macropètalo [comp. di *macro-* e *petalo*; 1970] **agg.** ● Detto di fiore che ha petali grandi.
macroplasìa [comp. di *macro-* e del gr. *plásis* 'formazione'; 1970] **s. f.** ● (*med.*) Eccessivo sviluppo di una parte del corpo.
macropodìa [V. *macropodo*; 1834] **s. f.** ● (*med.*) Esagerato sviluppo dei piedi.
Macropòdidi [comp. del gr. *makrópous* 'dal lungo piede' e *-idi*; 1957] **s. m. pl.** (**sing.** *-e*) ● Nella tassonomia animale, famiglia di Mammiferi marsupiali diffusi in Australia e Nuova Guinea; vi appartiene il canguro (*Macropodidae*).
macròpodo [comp. di *macro-* e del gr. *póus*, genit. *podós* 'piede'; 1834] **s. m.** ● Genere di piccoli pesci asiatici degli Anabantidi con bellissima livrea a fasce trasversali vivacemente colorate, allevati spec. a scopo ornamentale (*Macropus*).
macroprogrammazióne [vc. dotta, comp. di *macro-* e *programmazione*] **s. f.** ● (*elab.*) Programmazione per mezzo di macroistruzioni.
macroprosopìa [dal gr. *makroprósōpos* 'che ha la faccia lunga', comp. di *makrós* 'lungo' e *prósō-*

pon 'faccia'; 1957] **s. f.** ● (*med.*) Sviluppo eccessivo o mostruoso della faccia.

macropsìa [comp. di *macro-* e del gr. *ópsis* 'vista'; 1895] **s. f.** ● (*med.*) Difetto visivo comportante percezione ingrandita degli oggetti.

macroregióne [comp. di *macro-* e *regione*; 1991] **s. f.** ● Territorio che comprende regioni con caratteristiche simili, spec. per quel che riguarda l'economia e la composizione sociale.

macrorrinìa [comp. di *macro-* e del gr. *rís*, genit. *rinós* 'naso'; 1957] **s. f.** ● (*med.*) Sviluppo eccessivo del naso.

macrorrino [1970] **s. m.** (f. *-a*) ● (*med.*) Chi è portatore di macrorrinia.

macroscelìa o **macroschelìa** [dal gr. *makroskelḗs* 'che ha le gambe lunghe', comp. di *makrós* 'lungo' e *skélos* 'gamba'; 1970] **s. f.** ● (*med.*) Eccessivo sviluppo delle gambe.

Macroscèlidi [comp. di *macroscel(ia)* e *-idi*; 1865] **s. m. pl.** (sing. *-e*) ● Famiglia di Mammiferi insettivori africani, con zampe posteriori atte al salto, occhi grandi e rotondi e naso a proboscide, coda lunga come il corpo (*Macroscelides*).

macroschelìa ● V. *macroscelia*.

macroscòpico [comp. di *macro-*, in opposizione a *microscopico*; 1950] **agg.** (pl. m. *-ci*) **1** (*raro*) Che è visibile a occhio nudo: *fenomeno m.* **2** (*fig.*) Che è molto evidente o grossolano: *un errore, un difetto m.* ‖ **macroscopicaménte**, avv.

macrosìsma o **macrosìsmo** [comp. di *macro-* e *sisma*; 1975] **s. m.** (pl. *-i*) ● Moto sismico di rilevante entità, che può essere percepito anche dall'uomo.

macrosistèma [comp. di *macro-* e *sistema*] **s. m.** (pl. *-i*) ● Sistema di livello superiore, comprendente diversi sottosistemi.

macrosmàtico [comp. di *macro-* e di un deriv. del gr. *osmân* 'odorare, fiutare' (V. *ormare*); 1957] **agg.** (pl. m. *-ci*) ● (*zool.*) Detto di animale dotato di grande sensibilità per gli odori, come, per es., il cane. CONTR. Microsmatico.

macrosociologìa [comp. di *macro-* e *sociologia*] **s. f.** ● Parte della sociologia che studia le formazioni sociali globali.

macrosociològico **agg.** (pl. m. *-ci*) ● Relativo alla macrosociologia.

macrosomìa [comp. di *macro-* e un deriv. del gr. *sôma* 'corpo' (V. *somatico*); 1834] **s. f.** ● (*med.*) Esagerato sviluppo del corpo | Condizione del neonato macrosomico.

macrosòmico **agg.** (pl. m. *-ci*) ● (*med.*) Che presenta macrosomia | ***Neonato m.***, il cui peso supera i 4500 grammi.

macrospòra [comp. di *macro-* e *spora*; 1880] **s. f.** ● (*bot.*) La più grande fra i due tipi di spore delle Crittogame, dalla quale deriva il protallo femminile.

macrosporàngio [comp. di *macro-* e *sporangio*] **s. m.** ● (*bot.*) Sporangio che produce le macrospore | La nocella dell'ovulo nelle Fanerogame.

macrosporofìllo [comp. di *macro-* e *sporofillo*; 1931] **s. m.** ● (*bot.*) Brattea che porta macrospo-rangi.

macrostomìa [comp. di *macro-* e del gr. *stóma* 'bocca'] **s. f.** ● (*med.*) Sviluppo esagerato della bocca.

macrostruttùra [comp. di *macro-* e *struttura*; 1974] **s. f.** **1** Struttura cristallina di un metallo, visibile a occhio nudo o con un piccolo ingrandimento | Struttura, spec. edilizia, di grandi dimensioni: *le macrostrutture di Kenzo Tange a Tokyo.* **2** (*est., gener.*) Complesso di organismi o strutture intesi nel loro insieme: *macrostrutture organizzative.*

macrotèsto [comp. di *macro-* e *testo*; 1975] **s. m.** ● (*letter.*) Testo che raggruppa una serie di altri testi dotati di parziale o totale autonomia ma legati tra loro da un disegno complessivo.

macrotìa o **macrozìa** [comp. di *macro-* e di un deriv. del gr. *ôus*, genit. *ōtós* 'orecchio' (di etim. incerta); 1975] **s. f.** ● (*med.*) Sviluppo esagerato del padiglione auricolare.

macròttero [comp. di *macro-* e *-ttero*] **agg.** ● (*zool.*) Detto di insetto dotato di ali lunghe.

macrozìa ● V. *macrotia*.

Macrùri [comp. di *macro-* e del pl. di *-uro*; 1792] **s. m. pl.** (sing. *-o*) ● Nella vecchia tassonomia animale, ordine di Crostacei dei Decapodi con addome allungato e con ampia pinna codale (*Macroura*).

Macrùridi [comp. di *macrur(o)* e *-idi*; 1934] **s. m. pl.** (sing. *-e*) ● Nella tassonomia animale, famiglia di Pesci ossei abissali con le pinne dorsali e anali fuse, lunga coda che termina assottigliandosi come un filo, occhi grandi e talvolta organi luminosi ventrali (*Macrouridae*).

Macrurifórmi [comp. di *macruri* e del pl. di *-forme*; 1965] **s. m. pl.** (sing. *-e*) ● Nella tassonomia animale, ordine di Pesci abissali con coda assottigliata e pinne codale, dorsale, anale unite (*Macrouriformes*).

macùba [da *Macuba*, nella Martinica; 1836] **s. m. e f. inv.** ● Tabacco da fiuto finissimo, profumato con essenza di rosa o violetta, proveniente dalla Martinica.

màcula o **màcola** [vc. dotta, lat. *măcula(m)*. V. *macchia* (*1*); sec. XII] **s. f.** **1** (*lett.*) †Macchia, nel sign. di *macchia* (*1*) | (*fig.*) Colpa, disonore | (*per anton.*) Peccato originale. **2** (*anat.*) Piccola macchia cutanea, visibile a confronto col tessuto circostante | ***M. lutea***, area tondeggiante della retina, situata al polo posteriore del globo oculare, dove la sensibilità visiva è massima. ➡ ILL. p. 2127 ANATOMIA UMANA. **3** Zona di colore diverso, screziatura, venatura che spicca sull'uniformità di una superficie.

†**macolaménto** [sec. XIV] **s. m.** ● Profanazione.

maculàre (**1**) o **macolàre** [vc. dotta, lat. *maculāre*. V. *macchiare*; av. 1292] **v. tr. e intr. pron.** (*io màculo*) **1** (*lett.*) †Macchiare | (*fig.*) Profanare. **2** (*pop., tosc.*) Ammaccare: *frutta che si macola; si è maculato cadendo.*

maculàre (**2**) [da *macula*] **agg.** **1** (*astron.*) Relativo alle macchie solari: *zone maculari.* **2** (*anat.*) Relativo alla macula lutea.

maculàto o **macolàto** [av. 1306] **part. pass.** di *maculare*; anche **agg.** **1** (*lett.*) Nei sign. del v. **2** (*lett.*) Screziato: *una lonza ... / che di pel maculato era coverta* (DANTE *Inf.* I, 32-33).

†**maculatóre** [sec. XIV] **agg.**; anche **s. m.** (f. *-trice*) ● Sacrilego, profanatore.

maculatùra [1957] **s. f.** ● Malattia da virus di diverse piante coltivate che colpisce foglie, tuberi, bacche: *m. del tabacco* | ***M. delle olive***, malattia fungina.

†**maculazióne** [vc. dotta, lat. *maculatiōne(m)*, da *maculāre* 'macchiare'; 1351] **s. f.** **1** (*lett.*) Formazione di macchie | Insieme di macchie. **2** (*fig., lett.*) Impurità, infamia.

†**màculo** o †**màcolo** [per *macul(at)o*, propr. 'macchiato'] **agg.** ● Malconcio, pesto.

macolóso [vc. dotta, lat. *maculōsu(m)*. V. *macchioso* (*1*); sec. XIV] **agg.** ● (*lett.*) Maculato (*anche fig.*): *pelle ... maculosa e sparsa di bianco* (SANNAZARO).

macùmba [vc. port.-brasiliana, di orig. africana, forse connessa al congolese *makumba*, pl. di *kumba* 'ombelico', con riferimento alle danze che accompagnano il rito; 1982] **s. f.** **1** Rito propiziatorio diffuso in Brasile e nelle Antille, accompagnato da musica e danze, caratterizzato dalla fusione di elementi pagani e cristiani. **2** (*est.*) Pratica magica, stregoneria.

madàma [fr. *madame* 'mia signora', comp. di *ma* 'mia' e *dame* 'signora, dama'; 1342] **s. f.** **1** Signora d'alto lignaggio | (*pop.*) Un tempo, termine con cui si indicava la tenutaria di una casa di tolleranza | Titolo oggi usato in tono scherzoso per indicare una donna un po' sussiegosa: *m. desidera qlco.?* **2** (*gerg.*) La polizia: *arriva la m.!* **3** (*merid.*) Crestaia, sarta. ‖ **madamina**, dim.

madamàto [da *madam(a)* nel senso assunto nell'it. coloniale di 'concubina indigena' con il suff. *-ato*; 1937] **s. m.** ● (*st.*) Convivenza di tipo coniugale tra un bianco europeo e un'indigena di una colonia; era considerata reato dalla legislazione italiana durante il regime fascista.

madamigèlla [fr. *mademoiselle*, comp. di *ma* 'mia' e *demoiselle* 'damigella'; 1554] **s. f.** ● Damigella, signorina, oggi scherz. o iron.

madapolàm [fr. *madapolam*, dal n. di una località nei pressi della città indiana di Narasapur in cui questa stoffa era prodotta; 1836] **s. m.** ● Tela di cotone fine e leggera, usata per biancheria.

madaròsi [vc. dotta, gr. *madárōsis*, da *madarós* 'calvo', da *madân* 'cadere' (detto dei capelli, peli e barba), di orig. indeur.; 1821] **s. f. inv.** ● (*med.*) Caduta dei peli, in particolare delle ciglia.

maddaléna (**1**) [dal n. della donna convertita da Gesù, nativa di *Magdala*; 1823] **s. f.** ● Donna traviata che poi si è pentita | (*fig., iron.*) ***Fare la m.***, mostrarsi umile e pentita | (*fig., raro*) ***Fare da Marta e Maddalena***, adempiere ai propri e agli altrui compiti.

maddaléna (**2**) [1869] **s. f.** ● Adattamento di *madeleine* (V.).

maddaleniàno ● V. *magdaleniano*.

maddalenino **A** **agg.** ● Dell'isola della Maddalena, nel mare Tirreno. **B** **s. m.** (f. *-a*) ● Abitante, nativo della Maddalena.

†**madè** ● V. †*madiè*.

made in /ingl. 'meɪd,ɪn/ [loc. ingl., propr. 'fatto in', comp. di *in* e del part. pass. di *to make* 'fare' (d'orig. germ.); 1905] **loc. agg. inv.** ● Fabbricato in, a: *made in Italy.*

made in Italy /medi'nitali, ingl. 'meɪd ɪn'ɪtəli/ [loc. ingl., propr. 'fatto in Italia'; 1984] **s. m. inv.** ● Insieme dei prodotti fabbricati in Italia ed esportati all'estero, spec. con riferimento al mondo della moda.

madeleine /fr. mad'lɛn/ [vc. fr., dal n. di *Madeleine Paulmier* che lo inventò; 1985] **s. f. inv.** **1** Piccolo dolce a base di farina, latte e zucchero, talora al gusto di mandorla, cotto al forno in stampi rotondi e scanalati a forma di conchiglia. **2** (*fig.*) Tutto ciò che ha funzione rievocativa del passato (con riferimento al biscottino citato dallo scrittore francese M. Proust (1871-1922) nel primo romanzo del ciclo narrativo *Alla ricerca del tempo perduto*): *un disco a 45 giri, m. degli anni Sessanta.*

†**madenò** ● V. †*madieno*.

madèra [da *Madera*, isola delle Azzorre; 1819] **s. m. inv.** ● Vino bianco portoghese prodotto nell'isola omonima, dolce, ambrato, di ricco sapore vinoso, 18°-20°.

maderizzazióne [dal fr. *madérisation*, deriv. dal nome del vino bianco di *madère* 'madera'; 1969] **s. f.** ● Degenerazione di un vino spec. bianco che, per anomalo processo di ossidazione o per eccessivo invecchiamento, assume una colorazione ambrata e un sapore che ricorda, in peggio, le caratteristiche del marsala e del madera.

†**madernàle** ● V. *madornale*.

†**madesì** ● V. †*madiesì*.

màdia (**1**) [lat. *măgida(m)* 'specie di piatto di grandi dimensioni', dal gr. *magída*, acc. di *magís* 'cibo impastato, pane, madia', da *mássein* 'impastare'; sec. XIII] **s. f.** ● Mobile da cucina a forma di cassa, fornito di un ripostiglio per cibarie, chiuso da sportelli nella parte inferiore; si usava spec. un tempo per impastarvi e custodirvi il pane. ‖ **madièlla**, dim. (V.) | †**madièllo**, dim. m. (V.) | **madiétta**, dim. | **madiettina**, dim. | **madiùccia**, dim.

màdia (**2**) [sp. *madia*, vc. dell'America merid.] **s. f.** ● Genere di piante erbacee tropicali delle Composite con fusto e foglie vischiosi, dall'odore sgradevole (*Madia*).

màdido [vc. dotta, lat. *mădidu(m)*, da *madēre* 'essere molle, bagnato', di orig. indeur.; av. 1492] **agg.** ● Umido, bagnato: *viso m. di sudore*; *chioma madida di pioggia*; *recessi madidi di muffe* (MONTALE).

†**madiè** o †**madè** [etim. discussa: per *m'ai(ti) Dè(o)* 'Dio mi aiuti' (?); av. 1348] **inter.** ● Si usa come raff. di un'affermazione o di una negazione: *m. sì*; *m. no* | V. anche †*madiesì* e †*madienò*.

madièlla **s. f.** **1** Dim. di *madia* (*1*). **2** Scaffale o bacheca a muro, con sportelli.

†**madièllo** **s. m.** **1** Dim. di *madia* (*1*). **2** Grossa scodella quadra, di legno.

†**madiènò** o †**madenò** [comp. di *madiè* e *no*; 1526] **inter.** ● Esprime energica negazione.

madière [fr. *madrier*, dal provz. *madier*, dal lat. parl. **matĕriu(m)*, da *matĕria* 'materia, legname da costruzione'; 1803] **s. m.** ● Ciascuna delle travi appoggiate sulla chiglia alle quali sono collegati gli elementi trasversali dell'ossatura delle navi di legno | ***Per m.***, disposto trasversalmente alla chiglia.

†**madiesì** o †**madesì** [comp. di *ma(i)*, *Dio* e *sì*; av. 1400] **inter.** ● Esprime energica affermazione: *m., che io gli voglio vedere uscire le budelle di corpo* (SACCHETTI).

†**madióne** [da *madia* (*1*); 1701] **s. m.** ● (*raro*) Proprietario di una piccola bottega allestita provvisoriamente lungo le strade o i portici.

madìsmo e *deriv.* ● V. *mahdismo* e *deriv.*

madison /ingl. 'mædɪsn/ [dalla città di *Madison*

(USA); 1963] **s. m. inv.** ● Ballo figurato originario del sud degli Stati Uniti d'America, a ritmo moderato.

♦**madònna** [comp. di *m(i)a* e *donna*; av. 1250] **A s. f.** (*Madònna* nel sign. 2) **1** (*lett.*) Signora, come titolo di rispetto per donna d'alta condizione preposto al nome: *m. Laura*; *madonne, lo fine del mio amore fu già il saluto di questa donna* (DANTE) | ***Esser donna e m.***, essere padrona assoluta. **2** (*per anton.*) Maria, madre di Gesù: *invocare, pregare la M.* | ***M. dei sette dolori***, Addolorata | ***Il mese della M.***, maggio, che a lei è dedicato | (*est.*) Chiesa o santuario consacrato alla madre di Gesù: *la M. di Lourdes, di Pompei* | (*est.*) Raffigurazione di Maria: *una M. di Raffaello*; *la M. di San Luca* | (*fig.*) ***Esser tutto santi e Madonne***, essere bacchettone | (*pop.*) ***Avere le madonne***, essere di cattivo umore | (*pop., intens.*) ***Della m.***, moltissimo, grandissimo, eccezionale: *dei flagellanti o flagellati, che andando intorno si davano delle pacche della m.* (FO). **3** Donna di casta e dolce bellezza: *viso di m.* **B** in funzione di **inter.** ● Esprime impazienza, stupore, contrarietà, spavento, collera, gioia e, in generale, ogni forte emozione: *m.!, come è brutto!*; *m., che paura!*; *m.!, che spavento m'hai fatto!*; *M. mia!*; *M. santa!*; *Eh la m.!* || **madonnèlla**, **dim.** | **madonnétta**, **dim.** | **madonnina**, **dim.** (V.) | **madonnino**, **dim. m.** | **madonnóne**, **accr. m.**

madonnàro o (*raro*) **madonnàio** [da *Madonna*, perché vende immagini sacre della Madonna; av. 1939] **s. m.** (**f.** *-a*) **1** Venditore d'immagini sacre, spec. della Vergine. **2** Chi dipinge immagini sacre, spec. della Vergine, sui marciapiedi e sulle piazze. **3** Portatore di statue e sim. della Vergine, nelle processioni.

madonnina [1520 ca.] **s. f.** **1** Dim. di *madonna*. **2** Piccola immagine della Vergine | ***Viso di m.***, (*fig.*) raccolto, gentile | (*iron., fig.*) ***M. infilzata***, fanciulla che si atteggia a modello di virtù e non lo è affatto (con riferimento alla Madonna dei sette dolori, trafitta da sette spade) | (*per anton.*) Statua della Madonna collocata sulla guglia più alta del duomo di Milano | ***La città della m.***, (*per anton.*) Milano | ***All'ombra della m.***, (*per anton., fig.*) a Milano | (*est.*) Chiesetta dedicata alla Vergine. **3** Moneta di rame con la figura della Madonna coniata alla fine del XVIII sec. in varie zecche dello Stato Pontificio (anche *madonnino*).

madòqua [vc. abissina; 1934] **s. f.** ● Genere di antilopi africane con corpo agile e flessuoso, grandi occhi neri e cornetti neri nel maschio (*Madoqua*).

madóre [vc. dotta, lat. *madōre(m)*, da *madēre*. V. *madido*; av. 1758] **s. m.** ● Umidità leggera che precede il sudore.

madornàle o †**madernàle** [lat. parl. **maternāle(m)* 'materno', da *māter* 'madre': il termine si riferiva ai rami principali degli alberi, che si staccavano direttamente dal tronco; av. 1292] **agg.** **1** †Materno. **2** †Nato di madre legittima. **3** (*fig.*) Assai grande, spropositato: *errore m.*; *svista m.* || **madornalménte**, **avv.**

madornalità [av. 1704] **s. f.** ● (*raro*) Caratteristica di ciò che è madornale.

madòsca [orig. eufem. per *Madonna!*; 1963] **inter.** ● (*region., pop.*) Esprime ira, disappunto, irritazione, contrarietà, meraviglia e sim.

madràs [dal n. della città indiana di *Madras* (che trae il suo n. dall'ar. *mādrasa* 'luogo di studio'. V. seguente); 1829] **s. m. inv.** ● Tessuto leggero di cotone, a righe o quadrati di colori vivaci, usato per abbigliamento e arredamento.

màdraṣa /'madraza, *ar.* 'mæd-rasa/ [ar. *mādrasa*, propr. 'luogo di studio', comp. del pref. di luogo *ma-* e *dārasa* 'studiare', vc. di orig. aramaico-siriana; 1957] **s. f.** (**pl.** ar. *madàris*) ● Edificio tipico delle civiltà islamiche adibito a scuola di diritto e teologia.

♦**màdre** o (*raro, pop., tosc.*) **màe**, †**màtre** [lat. *mātre(m)*, di orig. indeur.; 1243 ca.] **A s. f.** **1** Genitrice di figli: *una sposa non ancora m.*; *essere una m. amorevole, dolce, accorta, infame, snaturata* | ***Divenir m.***, concepire o partorire | ***Per parte di m.***, per parentela materna | ***Succhiare qlco. col latte della m.***, (*fig.*) imparare qlco. fin dalla più tenera infanzia | ***Fare da m. a qlcu.***, esercitarne le funzioni educative e sim. | ***M. biologica***, donna entro il cui utero si sviluppa una cellula uovo impiantatavi dopo essere stata fecondata in vitro | ***Essere una seconda m. per qlcu.***, prodigargli cure e affetto materni | ***Una buona m. di famiglia***, tutta dedita alla casa e alla famiglia | ***M. spirituale***, madrina | ***M. natura***, la natura in quanto generatrice d'esseri viventi | ***M. lingua***, V. *madrelingua* | ***M. terra***, la terra in quanto generatrice ed alimentatrice d'esseri viventi | ***M. coraggio***, (*fig.*) donna che difende i propri figli impegnandosi in lotte sociali o contro la malavita organizzata (dal titolo di un dramma di B. Brecht) | ***La m. di Dio, di Gesù***, la Vergine Maria | (*fig.*) ***La m. dei viventi***, Eva | (*fig.*) ***La m. Chiesa***, la Chiesa rispetto a tutti i fedeli | (*fig.*) ***La m. dei Santi***, la Chiesa | ***M. nobile***, nelle compagnie teatrali dell'Ottocento, attrice che ricopriva importanti ruoli di donna matura. **2** (*est.*) Femmina di alcuni animali in relazione ai suoi piccoli: *il puledro trotterella accanto alla m.* **3** Titolo attribuito a monache professe: *reverenda m.*; *m. superiora*. **4** (*fig., lett.*) Patria: *m. benigna e pia* (PETRARCA). **5** (*fig.*) Origine, causa: *superbia, m. di crudeltà*. **6** (*fig.*) Nella loc. ***la m. di tutte...***, (*enfat.*) il primo o il più importante fenomeno o avvenimento all'interno di una serie: *la m. di tutte le tangenti* (da *la m. di tutte le battaglie*, cioè la battaglia decisiva, espressione usata durante la guerra del Golfo nel 1991). **7** Attrezzo che porta un'impronta da stampare. **SIN.** Matrice, punzone. **8** Matrice, parte di una bolletta a madre e figlia, destinata a essere conservata come prova della parte staccata e consegnata quale ricevuta. **9** ***M. dell'aceto***, ammasso gelatinoso in cui si addensano i microrganismi acetificanti e che si forma in fondo ai recipienti dell'aceto. **10** (*anat.*) ***Dura m.***, V. *duramadre* | ***Pia m.***, V. *piamadre*. **B** in funzione di **agg.** (posposto al s.) **1** Che è madre, che ha figli: *lavoratrice m.*; *ragazza m.* **2** (*fig.*) Detto di ciò che costituisce l'origine di successivi fatti e fenomeni: *idea, causa m.*; *lingua m.* | ***Chiesa m.***, da cui dipendono altre chiese | ***Casa m.***, sede principale di un ordine religioso; (*econ.*) sede principale di un'azienda | ***Regina m.***, titolo spettante alla madre del re | ***Scena m.***, la scena principale di un dramma, che ne contiene il tema centrale; (*fig., spreg.*) scena melodrammatica, a forti tinte | (*chim.*) ***Acqua m.***, liquido residuo, saturo, che rimane dopo la parziale cristallizzazione del soluto presente in una data soluzione.

madrecicàla [comp. di *madre* e *cicala*; av. 1729] **s. f.** (**pl.** *madricicàle*) ● (*zool.*) Spoglia che la cicala abbandona, raggiunto lo stato adulto alato con la metamorfosi.

†**madrefamiglia** [lat. *mātre(m) famĭlias* 'madre di famiglia'; sec. XIV] **s. f.** ● Madre di famiglia.

madrefórma [comp. di *madre* e *forma*; 1869] **s. f.** ● Forma da getto, per stampa.

madreggiàre [comp. di *madr(e)* e *-eggiare*; 1613] **v. intr.** (*io madréggio*; aus. *avere*) ● Somigliare alla madre, comportarsi come la propria madre.

madrelingua o **màdre lingua** [comp. di *madre* e *lingua*; calco sul ted. *Muttersprache*; av. 1810] **A s. f.** (**pl.** *madrelingue*, o *màdri lingue*) ● La lingua della propria patria, che si è imparata da bambini. **B s. m. e f. inv.** ● Chi parla e insegna la propria lingua madre: *un m. tedesco*.

madrepàtria [comp. di *madre* e *patria*; calco sul ted. *Mutterland*; 1814] **s. f.** (**pl.** *madrepàtrie*) **1** La patria d'origine, in relazione a chi vive in territorio straniero. **2** Il territorio metropolitano, rispetto alla colonia, ai territori d'oltremare e sim.

madrepèrla [comp. di *madre* e *perla*, perché si riteneva che generasse le perle; av. 1492] **s. f.** ● Parte interna della conchiglia di alcuni Lamellibranchi, iridescente, bianca, impiegata nella fabbricazione di svariati oggetti: *fibbie, bottoni, manico di m.*

madreperlàceo [1869] **agg.** ● Di madreperla: *guscio m.* | Che ha il colore o l'aspetto della madreperla: *pelle madreperlacea*.

madreperlàto [1970] **agg.** ● Detto di cosmetico, smalto da unghie o rossetto, con riflessi iridescenti.

madrèpora [comp. di *madre* e *poro*, sul modello di *madreperla*; 1697] **s. f.** ● Ogni specie di Celenterati che costituiscono i Madreporari.

Madreporàri [da *madrepora*; 1934] **s. m. pl.** (**sing.** *-rio*) ● Nella tassonomia animale, ordine di Antozoi, raramente solitari, in gran parte coloniali, provvisti di scheletro calcareo con il quale danno origine alla formazione di barriere, atolli, scogliere nei mari tropicali e sub-tropicali (*Madreporaria*).

madrèpore **s. f. pl.** ● Madreporari.

madrepòrico [1869] **agg.** (**pl. m.** *-ci*) ● Di, costituito da madrepore | ***Piastra madreporica***, madreporite.

madreporite [da *madrepora*, col suff. mineralogico *-ite*; 1806] **s. f.** ● (*zool.*) Placca calcarea esterna, propria di molti Echinodermi, munita di uno o più fori attraverso i quali l'acqua marina comunica con i canali dell'apparato acquifero.

madresèlva [comp. di *madre* e *selva* (*madre* della *selva*); av. 1525] **s. f.** (**pl.** *madrisélve* o *madresélve*) ● (*bot.*) Caprifoglio.

madrevite [comp. di *madre* e *vite*; 1582] **s. f.** (**pl.** *madreviti*) ● Elemento cavo filettato, in cui si adatta il convesso delle spire di una vite | Dado della vite | Utensile per la filettatura delle viti.

madrigàle [lat. tardo *matricāle(m)* 'appartenente alla matrice', poi 'elementare, primitivo', da *māter* 'madre' (?); av. 1370] **s. m.** **1** Breve e semplice componimento poetico, di colorito generalmente idillico e contenuto amoroso, di vario schema metrico. **2** Composizione polifonica profana, fiorita soprattutto nei secoli XVI e XVII: *i madrigali di Monteverdi*.

madrigaleggiàre [comp. di *madrigal(e)* e *-eggiare*; 1618] **v. intr.** (*io madrigaléggio*; aus. *avere*) ● (*lett.*) Cantare, recitare o scrivere madrigali | (*fig., scherz.*) Dire cose galanti e un po' frivole.

madrigalésco [1635] **agg.** (**pl. m.** *-schi*) **1** Di, da madrigale. **2** (*fig.*) Di tono galante e amoroso: *omaggio m.*

†**madrigalèssa** **s. f.** ● (*scherz.*) Madrigale lungo e noioso.

madrigalista [1847] **s. m. e f.** (**pl. m.** *-i*) ● Autore di madrigali.

madrigalìstico [1963] **agg.** (**pl. m.** *-ci*) ● Relativo al madrigale: *raccolta madrigalistica*.

madrigna ● V. *matrigna*.

madrilèno [sp. *madrileño*, agg. di *Madrid*; 1850] **A agg.** ● Di Madrid. **B s. m.** (**f.** *-a*) ● Abitante di Madrid.

madrina [lat. tardo *matrīna(m)*, da *māter* 'madre'; sec. XIV] **s. f.** **1** Donna che tiene a battesimo o a cresima un fanciullo, assumendo i relativi obblighi spirituali di assistenza e sim. **2** (*est.*) Donna che presiede all'inaugurazione di qlco. | ***M. della bandiera***, che ne regge un lembo durante la benedizione | ***M. di guerra***, donna che offriva conforto con lettere e doni a combattenti spesso a lei sconosciuti. **3** †(*region.*) Levatrice.

madrinàggio [da *madrina*; 1957] **s. m.** **1** Condizione di madrina | Insieme dei doveri propri di una madrina. **2** Partecipazione a una cerimonia in veste di madrina.

madrinàto [da *madrina*] **s. m.** ● Assistenza volontaria e gratuita prestata con continuità a persone bisognose.

màe ● V. *madre*.

maelstrom /*ingl.* 'meɪlstɹəm, -ɒm/ [1918] **s. m. inv.** ● Adattamento ingl. di *mälström* (V.).

♦**maestà** o (*lett.*) †**maiestà**, (*lett.*) †**maiestàde**, (*lett.*) †**maiestàte** [vc. dotta, lat. *maiestāte(m)*, da *māior* 'maggiore'; sec. XIII] **s. f.** **1** Imponenza, grandiosità, solennità dovuta all'aspetto esterno o alle qualità intrinseche di qlco.: *la m. di piazza S. Pietro*; *la m. del suo portamento ci stupì*; *la m. dell'Impero romano, della legge divina*. **2** Titolo attribuito a re e imperatori: *Sua Maestà il re di Francia* | ***Le loro m.***, il re e la regina | ***Lesa m.*** o ***delitto di lesa m.***, un tempo, delitto di chi violava la dignità del sovrano o la sicurezza e l'integrità dello Stato. **3** Nell'iconografia cristiana, immagine della Trinità, del Cristo o della Vergine in trono e vista di fronte: *la m. di Duccio, di Giotto, di Cimabue* | (*est.*) Piccola cappella o edicola contenente un'immagine sacra eretta lungo una strada. **4** (*arald.*) Figura umana o animale con la testa rappresentata di fronte.

maestàtico [da *maestà*] **agg.** (**pl. m.** *-ci*) ● (*raro*) Regio, maiestatico.

†**maestévole** [1592] **agg.** ● Maestoso. || †**maestevolménte**, **avv.** In modo maestoso.

maestosità [1869] **s. f.** ● Caratteristica, aspetto di ciò che è maestoso: *la m. del Cervino, di una chiesa*. **SIN.** Imponenza, grandiosità.

♦**maestóso** [da *maestà*; 1615] **agg.** **1** Che è pieno di maestà, di imponenza: *incedere m.*; *panorama m.* **SIN.** Grandioso. **2** (*mus.*) Indicazione di tempo, spesso associata ad altre, che richiede un'esecuzione solenne e grave: *largo m., allegro m.* || **maestosamente**, avv. Con maestà: *scendere maestosamente le scale.*

maestra o **maèstra** [lat. *magĭstra(m)*. V. *maestro*; av. 1484] s. f. *1* Donna che impartisce le prime fondamentali nozioni di qlco.: *m. elementare*; *m. di musica*; *m. di ballo, di cucito* | ***M. d'asilo***, maestra di scuola materna | ***M. di scuola materna***, insegnante di grado preparatorio alla scuola elementare, per bambini dai tre ai sei anni | ***M. giardiniera***, insegnante nei giardini d'infanzia a indirizzo froebeliano. *2* (*per anton.*) Insegnante elementare: *buongiorno, signora m.*; *la m. di quarta è molto giovane.* *3* Donna particolarmente abile in una data attività: *è m. nella conversazione*; *al bridge sei una vera m.* | (*fig.*) Esempio, insegnamento: *la storia è m. di vita.* *4* (*pesca*) Fune principale della rete o della ragna per poterle tendere | Corteccia larghissima di sughero che serve di segnale alla rete da pesca. *5* (*mar.*) Vela principale, centrale e bassa di un veliero a vele quadre | ***Albero di m.***, l'albero principale di un'imbarcazione a vela a più alberi. ➡ ILL. p. 2172, 2173 TRASPORTI. || **maestrina**, dim. | **maestróna**, accr.

maestralàta [1957] s. f. ● Tempesta di maestrale | Colpo di vento maestrale o dell'ago della bussola.

maestràle (1) [da (*vento*) *maestro* 'vento principale'; av. 1424] **A** s. m. *1* Vento da nord-ovest generalmente freddo e secco, caratteristico del Tirreno, che investe per tutta la sua lunghezza la penisola italiana. *2* Direzione cardinale intermedia tra nord e ovest. **B** anche agg.: *vento m.*

†**maestràle** (2) [lat. tardo *magistrāle(m)*, da *magĭster* 'maestro'; 1336 ca.] agg. ● Regale, grande.

maestraleggiàre [comp. di *maestral(e)* (*1*) e *-eggiare*; 1614] v. intr. (*io maestraléggio*; aus. *avere*) ● (*raro*) Stabilizzarsi nella direzione nord-ovest, detto del vento maestrale o dell'ago della bussola.

maestrànza [da *maestro*; 1520] s. f. *1* (*spec. al pl.*) Complesso dei dipendenti di uno stabilimento industriale: *la partecipazione delle maestranze a uno sciopero.* *2* Insieme di operai degli arsenali e dei cantieri, spesso ordinati in compagnie. *3* †Corporazione d'arte o di mestiere. *4* †Maestria.

†**maestràre** [sec. XIV] v. tr. ● Ammaestrare, addottorare.

†**maestràto** [lat. *magistrātu(m)* 'magistrato'; 1336 ca.] s. m. ● Magistrato.

maestrévole [1336 ca.] agg. *1* (*raro, lett.*) Di ciò che è fatto con abilità da maestro: *tu che mostri altrui / come vibrar con maestrevol arco / sul caro legno armoniose fila* (PARINI) | (*est.*) †Eccellente. *2* †Maestoso, grande. || **maestrevolménte**, avv. Con maestria; ingegnosamente; accortamente.

maestria [da *maestro*; av. 1306] s. f. *1* Abilità e perizia: *concerto eseguito con grande, con rara m.*; *in quest'opera appare la m. dell'artista*; *m. di parola e di verso* (CROCE) | (*fig.*) †***M. di nave***, ingegneria navale | (*fig.*) †***M. dell'arma***, arte militare. *2* (*est.*) Accortezza e furberia: *giocar di m.* *3* †Arte, mestiere, professione.

♦**maèstro** o **maéstro** o †**màstro** nei sign. A 1, A 4 e B 1 [lat. *magĭstru(m)*, da **magĭsteros*, comp. di *măgis* 'più' e il suff. *-tero* che indicava opposizione fra due: il *magĭster* era dunque 'il più forte, il maggiore', in contrapposizione a un'altra persona o a un gruppo di persone; sec. XII] **A** s. m. (f. *-a* (V.)) *1* Chi si mostra particolarmente preparato e abile in una data attività, oppure mostra particolari doti di astuzia, accortezza e sim.: *nel suo campo è un m.*; *m. di stile, di eleganza*; *è un vero m. di vita, di comportamento*; *sei m. nell'arte di ingannare* | ***Un lavoro da m.***, veramente ben fatto | ***Un colpo da m.***, eseguito con grande destrezza | ***Farla da m.***, pretendere di saperne più degli altri. *2* Persona che, con l'insegnamento, gli scritti e sim. eccelle in una determinata disciplina, tanto da essere in grado di insegnarla agli altri: *è stato un grande m. di diritto*; *i maestri della medicina.* *3* Insegnante di scuola elementare: *il m. di seconda, di quinta*; *buongiorno, signor m.* | (*est.*) Chi insegna una particolare disciplina o un'attività pratica: *m. di ballo, di musica, di sci, di nuoto, di equitazione.* *4* Artigiano, artefice provetto: *i maestri orafi*; *m. muratore* | ***M. d'ascia***, chi è abilitato alla progettazione e alla costruzione di navi in legno fino a 50 tonnellate di stazza lorda | Pittore o scultore che, anticamente, fu a capo di una scuola artistica | (*al pl.*) Gruppo di artigiani, scalpellini e sim. dalla cui collaborazione sono sorte opere di eccellente valore artistico: *i Maestri Comacini.* *5* (*mus.*) Titolo assegnato ai musicisti professionisti, spec. compositori, direttori d'orchestra, di coro e insegnanti di conservatorio | ***M. di cappella***, un tempo, il direttore del corpo musicale di una chiesa | ***M. sostituto***, nel teatro d'opera, chi collabora col direttore d'orchestra preparando i cantanti. *6* (*fig.*) Chi guida, insegna, costituisce un esempio: *Questi pareva a me m. e donno* (DANTE *Inf.* XXXIII, 28) | ***M. spirituale***, nel noviziato dei monaci, chi provvede alla vita spirituale degli aspiranti | (*per anton.*) ***Il Maestro, il divino Maestro***, Gesù | Titolo di particolari cariche | ***Gran m.***, V. | ***M. venerabile***, capo di una loggia massonica | ***M. di casa***, chi sovrintende all'andamento di case signorili, collegi e sim. | ***M. di cerimonie***, cerimoniere | ***M. di giustizia***, nelle antiche corti, chi presiedeva alle esecuzioni capitali | (*st.*) ***M. di palazzo***, presso i Merovingi, sovrintendente della reggia, con importanti funzioni politiche; SIN. Maggiordomo | †***M. di campo***, grado in uso nelle milizie dei secoli XVI e XVII, corrispondente a quello di colonnello comandante di reggimento | †***M. di campo generale***, nelle milizie del XVII sec., grado gerarchico immediatamente inferiore a quello di generalissimo. *7* (*geogr.*) Direzione cardinale intermedia tra nord e ovest | (*est.*) Vento che soffia in tale direzione | ***Vento di m.***, maestrale. *8* †Magistrato del comune. *9* †Pilota. **B** agg. *1* Principale, più importante: *strada maestra*; *porta, entrata maestra*; *muro m.* | ***Canale m.***, quello che distribuisce l'acqua ad altri canali. *2* Che rivela grande abilità e astuzia: *mossa maestra*; *colpo m.*; *tentare, fare, un tiro m.* *3* (*mar.*) ***Albero m.***, albero di maestra | ***Vela maestra***, vela di maestra | ***Baglio m.***, V. *baglio*. || PROV. Vale più un colpo del maestro che cento del manovale. || **maestràccio**, pegg. | **maestrèllo**, dim. | **maestrino**, dim. | **maestróne**, accr. | **maestrùccio**, pegg. | **maestrùcolo**, pegg.

màfia o †**màffia** [ar. *mahjas* 'millanteria'; 1865] s. f. *1* Organizzazione criminosa sorta in Sicilia nella prima metà del sec. XIX e poi diffusasi anche all'estero, spec. negli Stati Uniti, che pretende di sostituirsi ai pubblici poteri nell'attuazione di una forma primitiva di giustizia fondata sulla legge della segretezza e dell'omertà; ricorre a intimidazioni, estorsioni, sequestri di persona e omicidi allo scopo di proteggere interessi economici privati o di procurarsi guadagni illeciti, spec. nel settore degli appalti, del narcotraffico ecc. | (*est.*) Organizzazione criminosa simile alla mafia siciliana: *la m. russa*; *la m. albanese.* *2* (*est.*) Gruppo, categoria di persone unite per conseguire o conservare con ogni mezzo lecito e illecito, spec. maneggi e intrighi, i propri interessi particolari, anche a danno di quelli pubblici. *3* (*raro*) Prepotenza. *4* (*region., scherz.*) Eleganza ostentata e volgare.

mafiologia [comp. di *mafia* e *-logia*; 1975] s. f. ● Studio del fenomeno della mafia.

mafiòlogo [comp. di *mafia* e *-logo*; 1982] s. m. (f. *-a*; pl. m. *-gi*) ● Studioso, esperto della mafia come fenomeno politico-sociale.

mafiosità [1985] s. f. *1* Condizione di chi (o di ciò che) è mafioso. *2* Atteggiamento, comportamento mafioso.

mafióso [1890] **A** agg. *1* Tipico o caratteristico della mafia: *metodi mafiosi*; *associazione per delinquere di stampo m.* *2* Che fa parte della mafia: *un individuo m.* | (*est.*) Che ha caratteristiche o usa sistemi simili a quelli della mafia. || **mafiosaménte**, avv. In modo mafioso, da mafioso. **B** s. m. (f. *-a*) *1* Membro della mafia | (*est.*) Chi usa sistemi simili a quelli della mafia. *2* (*fam., scherz.*) Chi veste in modo vistoso.

màga [vc. dotta, lat. tardo *măga(m)*, f. di *măgus* 'mago'; av. 1446] s. f. *1* Donna che esercita la magia. *2* (*fig.*) Donna che ammalia col proprio fascino | (*fig.*) Donna molto abile: *ai fornelli è una m.*

magàgna [da *magagna(re)*; sec. XIII] s. f. *1* Imperfezione o difetto fisico, spec. nascosto | Difetto di un oggetto o di un materiale: *legno pieno di magagne.* *2* (*fig.*) Vizio: *non so se compensino queste magagne con altre doti bellissime* (NIEVO) | Colpa, fallo, peccato: *è pieno di magagne nascoste.*

magagnàre [provz. *maganhar*, di orig. germ.; av. 1292] **A** v. tr. *1* (*raro*) Guastare qlco.: *quella mela fradicia ha magagnato tutte le altre.* *2* (*raro, lett.*) Ridurre malconcio qlcu. **B** v. intr. pron. *1* Diventare fradicio, pesto: *la frutta si è magagnata nel paniere.* *2* †Ferirsi.

magagnàto [av. 1348] part. pass. di *magagnare*; anche agg. *1* Ammaccato, guasto. *2* (*raro*) Ferito | Malaticcio, pieno di acciacchi. *3* (*fig.*) †Che ha qualche colpa, difetto. *4* (*fig.*) †Finto, simulato.

†**magàlda** [da *maga* (?); 1542] s. f. ● (*lett.*) Prostituta.

maganzése [dalla casa di *Maganza*, alla quale si credeva appartenesse Gano, nemico e traditore di Carlo Magno; 1483] agg. e s. m. e f. ● (*raro, lett.*) Traditore.

†**magàre** [da *mago*; 1869] v. tr. ● (*lett.*) Ammaliare.

♦**magàri** [gr. *makárie* 'o beato', vocativo di *makários* 'beato'; av. 1250] **A** inter. ● Esprime forte desiderio o speranza: *'ti piacerebbe riposare una settimana?' 'm.!'*; *'vuoi che ti accompagni?' 'm.!'*. **B** cong. *1* Volesse il cielo che, oh se (introduce una prop. ottativa, con il v. al congv.): *m. fosse vero!*; *m. potessi venire anch'io!*; *m. arrivasse in tempo!* *2* Anche se, a costo di (introduce una prop. concessiva con il v. al congv.): *lo farò, dovessi m. impiegarci anni.* **C** avv. *1* Forse, eventualmente: *m. non ne sapeva niente*; *m. non verrà neppure, ma devo ugualmente aspettarlo.* *2* Anche, persino: *sarebbe m. capace di negare tutto.*

magatèllo [milanese, *magatell* (di etim. incerta), propr. 'burattino, fantoccio', poi 'girello', con incerta evoluzione semantica; 1895] s. m. *1* (*lomb.*) Burattino, marionetta | Fantoccio. *2* (*lomb.*) In macelleria, girello.

magazine /ˈmagazin, *ingl.* ˌmægəˈziːn, ˈmægəˌziːn/ [vc. ingl., propr. 'magazzino (di informazioni)'; 1956] s. m. inv. *1* Pubblicazione periodica, gener. illustrata. SIN. Rivista. *2* Supplemento settimanale di un quotidiano, costituito da un rotocalco a colori.

magazzéno o **magazzèno** ● V. *magazzino*.

magazzinàggio [fr. *magasinage*, da *magasin* 'magazzino'; 1803] s. m. ● Il depositare merci in un magazzino | Ciò che si paga per riporre merci in un magazzino non proprio.

magazzinière [fr. *magasinier*, da *magasin* 'magazzino'; 1597] s. m. (f. *-a*) ● Chi sorveglia e cura un magazzino o vi lavora.

♦**magazzino** o (*sett.*) **magazzéno** nel sign. 1 [ar. *mahāzin*, pl. di *máhzan* 'deposito, negozio'; av. 1348] s. m. *1* Edificio o stanza adibita a deposito di merci o materiali svariati: *magazzini militari*; *ogni bottega deve avere il suo m.* | ***M. generale***, luogo pubblico predisposto per il deposito di merci in viaggio destinate normalmente al commercio di cui, su richiesta del depositante, sono rilasciate fedi di deposito o note di pegno | ***M. doganale***, luogo in cui le merci possono essere depositate senza venire gravate da dazio | (*fig.*) ***Essere un m. di erudizione***, avere appreso una quantità rilevante di nozioni. *2* Quantità di merce di cui dispone un negozio o un'azienda: *un m. fornito.* *3* ***Grande m.***, locale di estesa superficie, attrezzato per la vendita di ogni genere di prodotti: *le commesse di un grande m.* SIN. Emporio. *4* (*mar.*) Sulle navi a propulsione meccanica, il locale dove si conservano i materiali di consumo e di ricambio delle macchine e caldaie. *5* Custodia, impenetrabile alla luce, utilizzata per contenere e utilizzare la pellicola fotografica o cinematografica.

magdaleniàno o **maddaleniàno** [fr. *magdalénien*, dal n. della località fr. La *Madeleine*, modellato sul lat. *Magdalēna* 'Maddalena'; 1934] **A** agg. ● Detto della più recente cultura del paleolitico superiore nell'Europa occidentale e centrale, caratterizzata dalla fabbricazione di strumenti in selce, in corno e in osso. **B** s. m. ● Periodo del paleolitico in cui si diffuse la cultura magdaleniana.

magénta [detto così perché venuto di moda dopo la battaglia di *Magenta*, con allusione al sangue che vi fu sparso; 1894] agg.; anche s. m. inv. ● Detto di ciò che ha un colore cremisi molto intenso, risultante dalla combinazione dei colori violetto e rosso.

maggéngo o **maggèngo** [da *maggio* (*1*); 1816] **agg.** (**pl. m.** *-ghi*) ● Di maggio: *fieno m.* | ***Pascolo m.***, pascolo alpino a media quota dove, in primavera, vengono portate le greggi in attesa che la neve sia scomparsa dai pascoli a quota più alta.

maggesàre [da *maggese*; 1803] **v. tr.** (*io maggéso*) ● Lasciare il terreno in riposo, lavorandolo però frequentemente, per seminarvi in epoca opportuna.

maggése [da *maggio* (*1*); 1342] **A agg.** ● (*raro*) Di maggio | ***Fieno m.***, maggengo. **B s. m.** e (*region., lett.*) **f.** ● Pratica agricola per cui un terreno viene lasciato incolto per qualche tempo, ma opportunamente lavorato e concimato, in modo che riacquisti fertilità: *tenere un campo a m.* | ***M. intero***, di un anno | ***Mezzo m.***, di un semestre | (*est.*) Il terreno così trattato: *come l'aratro in mezzo alla m.* (PASCOLI). ➡ ILL. p. 2113 AGRICOLTURA.

maggiaiòlo o †**maggiaiuòlo** [da *maggio* (*1*); av. 1712] **A agg.** ● Di maggio: *festa maggiaiola.* **B s. m.** (**f.** *-a*) ● (*tosc.*) Giovinetto che, in passato, andava cantando maggiolate, portando rami fioriti in mano.

maggiàtico [1759] **A agg.** (**pl. m.** *-ci*) ● (*raro*) Maggese. **B s. m.** ● (*dir.*) Tributo per il pascolo o per la coltivazione della terra un tempo pagato al proprietario nel mese di maggio.

♦**màggio** (**1**) [lat. *māiu(m)* (*mēnsem*) 'mese di Maia', da *Māia*, madre di Mercurio; av. 1202] **s. m.** *1* Quinto mese dell'anno nel calendario gregoriano, di 31 giorni: *m. fiorito, odoroso* | ***Fresca, bella come una rosa di m.***, di fanciulla dotata d'una bellezza fresca e fiorente | ***Un'acqua di m.***, una benefica pioggia | ***Fare il m.***, le devozioni del mese mariano | ***Il 1° m.***, la festa del lavoro | ***M. francese***, quello del 1968, caratterizzato da moti studenteschi e scioperi generali con occupazione di fabbriche e università | ***Aspettar che venga m.***, attendere la buona stagione; (*fig.*) non fare ciò che si dovrebbe, perdere tempo | (*fig.*) ***Il m. della vita***, la giovinezza. *2* V. *maio* (*1*). *3* Caratteristica rappresentazione popolare, con canti e balli, frequente spec. in Toscana. *4* (*bot.*) ***Pallone di m.***, frutice delle Caprifogliacee che a maggio forma infiorescenze di fiori piccoli e completi al centro e grandi, bianchi e sterili alla periferia (*Viburnum Opulus*).

†**màggio** (**2**) o †**màio** (**2**) [lat. *māior*, nom., 'maggiore'; av. 1294] **agg.** ● Maggiore.

maggiociòndolo [comp. di *maggio* (*1*) e *ciondolare*, perché i fiori *ciondolano* (pendono) in *maggio*; 1738] **s. m.** ● (*bot.*) Citiso.

maggiolàta [da *maggio* (*1*), perché era cantata a *calendimaggio*; 1745] **s. f.** *1* (*ant.*) Canzone di calendimaggio. *2* (*est.*) Festa che ha luogo nel mese di maggio.

maggiolino (**1**) [da *maggio* (*1*), mese in cui quest'insetto compare; nel sign. 2, per la somiglianza della carrozzeria con l'insetto omonimo; 1834] **s. m.** *1* Insetto dei Coleotteri molto comune in maggio, nero lucente con elitre castane che si nutre di foglie e le cui larve vivono sottoterra per tre anni nutrendosi di radici (*Melolontha melolontha*). ➡ ILL. **animali**/2. *2* Modello di autovettura utilitaria Volkswagen.

maggiolino (**2**) [dal n. dell'ebanista lombardo G. *Maggiolini* (1738-1814); 1918] **s. m.** ● Mobile neoclassico dal fusto in noce, decorato con finissimi intarsi.

maggioràna [etim. incerta; sec. XIV] **s. f.** ● Pianta mediterranea delle Labiate molto aromatica usata in culinaria (*Origanum majorana*). ➡ ILL. **piante**/9.

maggiorànte [part. pres. di *maggiorare*; 1957] **s. m.** ● (*mat.*) In un insieme ordinato, elemento che segue tutti gli elementi del sottoinsieme considerato.

♦**maggiorànza** [da *maggiore*; 1312] **s. f.** *1* La maggior parte di cose o persone determinate: *la m. del pubblico*; *la m. dei negozi è già chiusa* | ***Nella m. dei casi, in m.***, per lo più, prevalentemente. *2* (*dir., polit.*) In un organo collegiale, l'insieme dei voti necessari per l'approvazione di una deliberazione: *ottenere, avere la m.*; *essere in m.*; *m. grande, schiacciante, esigua, scarsa*; *prendere una decisione a m.*; *partito di m.* | ***M. relativa***, costituita dalla metà più uno dei voti effettivi; (*est.*) quella costituita dal maggior numero di voti rispetto agli altri, pur senza raggiungere la maggioranza assoluta: *il partito di m. relativa* | ***M. assoluta***, costituita dalla metà più uno degli aventi diritto al voto, calcolando quindi anche le astensioni e le assenze; (*est.*) quella costituita dalla metà più uno dei voti espressi | ***M. qualificata***, rappresentata da una frazione di voti superiore alla metà (due terzi più uno, tre quarti più uno, ecc.) | (*est.*) Il gruppo che, in un'assemblea, dispone del maggior numero di voti: *la m. ha respinto la proposta*; CONTR. Minoranza | ***Premio di m.***, quota di seggi attribuita in più, rispetto ai voti effettivamente ottenuti, alla coalizione o al partito che ha avuto la maggioranza dei voti alle elezioni | ***M. silenziosa***, spec. nel linguaggio giornalistico, la parte più conservatrice della popolazione, che si ritiene maggioritaria e non ama esprimere pubblicamente le proprie idee. *3* †Superiorità o preminenza di grado. *4* †Orgoglio, superbia, arroganza: *sia la brigata avvertita di non far quistione, o usar maggioranza* (MACHIAVELLI). *5* †Complesso dei maggiorenti.

maggioràre [fr. *majorer*, dal lat. *māior*, genit. *maiōris* 'maggiore'; 1938] **v. tr.** (*io maggióro*) ● Aumentare: *m. i prezzi, lo stipendio.*

maggiorascàto [1686] **s. m.** ● (*dir.*) Maggiorasco.

maggioràsco o **maioràsco** [sp. *mayorazgo*, da *mayor* 'maggiore'; av. 1587] **s. m.** (**pl.** *-schi*) ● Istituto di diritto successorio feudale per cui il patrimonio veniva trasmesso integralmente dall'ultimo possessore a chi, nell'ambito della stessa famiglia, gli era più prossimo di grado e, in caso di parenti di ugual grado, al maggiore di età.

maggioràta [f. sost. di *maggiorato*; 1955] **s. f.** ● Donna dalle forme prosperose e provocanti: *m. fisica*; *l'epoca delle maggiorate.*

maggioràto [1954] **part. pass.** di *maggiorare*; anche **agg.** ● Aumentato rispetto al solito: *vendere a prezzi maggiorati.*

maggiorazióne [fr. *majoration*, dal lat. *māior*, genit. *maiōris* 'maggiore'; 1927] **s. f.** ● Aumento, aggiunta.

maggiordòmo [lat. tardo *maiōre(m) dŏmus* '(servo) maggiore della casa'; av. 1294] **s. m.** *1* Capo della servitù e dell'amministrazione in una corte o in una casa signorile | (*st.*) Presso i Merovingi, maestro di palazzo. *2* Nell'antica marina, persona cui era affidata la mensa | Ufficiale un tempo addetto al controllo del materiale d'artiglieria.

♦**maggióre** o (*dial.*) †**maióre** [lat. *maiōre(m)*, compar. di *māgnus* 'grande'; 1219] **A agg.** *1* Più grande, quanto ad ampiezza, estensione, intensità, altezza e sim.: *una somma m. del previsto*; *questa piazza è m. delle altre*; *il nostro giardino è m. del vostro* | ***La maggior parte***, la parte più cospicua, più numerosa | ***A maggior ragione***, tanto più | ***Forza m.***, (*gener.*) situazione di necessità a cui non ci si può sottrarre; V. anche *forza*, A, sign. 11 | ***Premessa m.***, V. *premessa*, sign. 2 | (*ellitt.*) ***Andare per la m.***, avere un gran successo | (*mus.*) Detto di uno dei due modi del sistema tonale, contrapposto al minore | ***Intervallo m.***, in musica, quello più ampio fra due intervalli dello stesso nome | ***Accordo perfetto m.***, quello formato da una terza maggiore e da una quinta | ***Scala m.***, quella caratterizzata dall'intervallo di terza maggiore partendo dalla tonica. *2* Di primaria importanza, di notevole rilevanza: *i maggiori poeti del secolo* | ***Dante, Ovidio m.***, le loro opere più importanti | ***Opere maggiori***, rispetto a quelle di minor rilievo di un determinato autore. *3* Di grado superiore: *i maggiori dirigenti della società*; *caporal m.* | ***Stato m.***, corpo costituito da ufficiali tratti dalle varie armi, scelti tra quelli provenienti dalla scuola di guerra, addetti ai comandi delle grandi unità | ***Ordini maggiori***, V. *ordine* | ***Arti maggiori***, V. *arte*. *4* Che è più vecchio d'età rispetto ad altri: *fratello, sorella m.* | ***La m. età***, quella, fissata dalla legge, a partire dalla quale un individuo assume piena capacità giuridica di agire | ***Catone, Scipione m.***, il più vecchio dei due Catoni, dei due Scipioni, contrapposto al più giovane. || **maggiorménte**, **avv.** *1* Molto di più, in riferimento all'intensità o grandezza: *bisogna che tu ti applichi maggiormente per riuscire in qlco.*; *tengo maggiormente a te che a lui.* *2* †Anzi, piuttosto; ***Maggiormente che***, tanto più che. **B s. m. e f.** *1* Chi è più anziano d'età rispetto ad altri: *il m. dei nostri cugini.* CONTR. Minore. *2* Persona che occupa, nella scala gerarchica, un grado superiore a quello d'altri. *3* Nella gerarchia militare, grado intermedio fra quello di tenente colonnello e quello di capitano, e al quale compete il comando di battaglione | La persona che ha tale grado. *4* †Direttore, soprintendente. **C s. m.** al **pl.** *1* (*lett.*) Genitori o progenitori: *la virtù, gli esempi dei nostri maggiori* | Predecessori: *in ossequio al volere dei nostri maggiori.* *2* (*lett.*) Maggiorenti, ottimati. || **maggiorèllo**, **dim.** | **maggiorétto**, **dim.** | **maggiorino**, **dim.**

†**maggioreggiàre** [comp. di *maggior(e)* e *-eggiare*; av. 1446] **v. tr.** ● (*lett.*) Primeggiare, dominare.

maggiorènne [comp. di *maggior(e)* e del suff. *-enne*, ricavato da *decenne*; 1812] **s. m. e f.**; anche **agg.** ● Chi (o Che) ha compiuto la maggiore età e cioè ha acquisito la piena capacità giuridica di agire.

maggiorènte [da *maggiore*; sec. XIII] **s. m. e f.** ● (*spec. al pl.*) Persona influente e importante nell'ambito di una comunità, città e sim.: *il parere dei maggiorenti.*

†**maggiorìa** [av. 1306] **s. f.** ● (*lett.*) Prevalenza, superiorità.

†**maggioringo** [da *maggiore*, sul modello di *camarlingo*; 1513] **s. m.** ● Maggiorente.

maggiorità [lat. tardo *maioritāte(m)*, da *māior*, genit. *maiōris* 'maggiore'; av. 1348] **s. f.** *1* Ufficio di segreteria del comando di reggimento e del comando di battaglione o unità corrispondenti. *2* †Superiorità.

maggioritàrio [fr. *majoritaire*, da *majorité* 'maggioranza'; 1918] **agg.** ● Della maggioranza. CONTR. Minoritario | (*polit.*) ***Sistema m.***, o (*ellitt.*) ***il maggioritario***, sistema elettorale per cui alla lista elettorale che ha ottenuto il maggior numero relativo di voti viene assegnata la totalità dei seggi o, più spesso, un premio in seggi (contrapposto al sistema *proporzionale*): *m. uninominale, plurinominale.* || **maggioritariaménte**, **avv.**

†**maggiornàto** [lat. *maiōre(m) nātu* 'maggiore per età'; 1808] **agg. e s. m.** ● Primogenito.

maggiòstra ● V. *magiostra.*

màghero ● V. *magro.*

maghétto [longob. *magō* 'gozzo'; cfr. ted. *Magen* 'stomaco'; 1961] **s. m.** ● (*sett.*) Ventriglio di pollo | (*al pl.*) Rigaglie.

maghrebino o **magrebino** [ar. *maġribī* 'abitante dell'ovest', da *máġrib* 'luogo del tramonto', da *ġaraba* '(il sole) è tramontato', da *ġarb* 'ovest', vc. di orig. semitica; av. 1536] **A agg.** ● Che concerne il Maghreb cioè la parte nord-occidentale dell'Africa, comprendente i territori di Marocco, Algeria e Tunisia. **B s. m.** (**f.** *-a*) ● Abitante, nativo del Maghreb.

màgi **s. m. pl.** *1* Pl. di *mago* nel sign. 1. *2* ***I re magi***, i sapienti, poi fatti re dalla tradizione, che, secondo il Vangelo, vennero dall'Oriente a Betlemme a salutare il Cristo neonato.

♦**magìa** [lat. *magīa(m)*, nom. *magīa*, dal gr. *mageía* 'religione, magia', da *mágos* 'mago'; sec. XIV] **s. f.** *1* Arte di dominare le forze occulte della natura e di sottoporle al proprio potere per sfruttare la loro potenza a beneficio o a maleficio di uomini e animali | ***M. bianca, naturale***, uso di rituali magici a fine benefico | ***M. nera***, uso di rituali magici malefici, destinati ad arrecar danno agli altri. *2* (*fig.*) Capacità di affascinare o ammaliare qlcu. per dolcezza, bellezza, armonia e sim.: *la m. dei colori, dei suoni*; *la m. del cielo stellato.* SIN. Fascino, incanto.

magiàro o **màgiaro** [ungh. *magyar*, dal n. di una tribù: comp. di *magy-* 'uomo' e del turco *-eri*, *-iri* 'suo'; 1869] **s. m.**; anche **agg.** (**f.** *-a*) ● (*lett.*) Ungherese.

♦**màgico** [vc. dotta, lat. *măgicu(m)*, nom. *măgicus*, dal gr. *magikós*, da *mágos* 'mago'; 1304] **agg.** (**pl. m.** *-ci*) *1* Della magia, dei maghi | ***Parole magiche***, quelle usate negli incantesimi e nelle formule di magia | ***Cerchio m.***, limitazione rituale dello spazio entro il quale l'operatore magico costringe le forze soprannaturali a presentarsi e si difende dalle influenze negative | ***Bacchetta, verga magica***, nelle tradizioni popolari, strumento a mezzo del quale il mago opera miracoli e trasformazioni. *2* Che è prodigioso, straordinario in sé o nell'effetto che provoca: *spettacolo m.*; *visione magica*; *effetto, potere m.* | ***Lanterna magica***, V. *lanterna*, sign. 4 | ***Occhio m.***, V. *occhio*, sign. III, 1. *3* (*fig.*) Affascinante, incantevole: *ci rivolse un m. sorri-*

so; che m. tramonto! **4** (*fig.*) Prodigioso, fantastico: *un m. effetto di luci; le sue parole sortirono un m. effetto.* || **magicaménte**, avv. In modo magico, con magia.

màgio [forma ricavata da *magi*, pl. ant. di *mago*; sec. XIV] s. m. ● Ognuno dei tre re magi che, secondo il Vangelo, vennero dall'Oriente a Betlemme a visitare il Cristo neonato.

magióne [ant. fr. *maison*, dal lat. *mansiōne(m)*, da *mānsus*, part. pass. di *manēre* 'rimanere'; av. 1250] s. f. ● (*lett.*) Abitazione, casa | (*est.*) Sede: *la cui propria m. è nel secretissimo della divina mente* (DANTE) | Oggi scherz.: *ecco la mia m.* || **magioncèlla**, dim. | **magionétta**, dim.

magiòstra o **maggiòstra** [vc. mediterranea, diffusa nell'Italia sett.; cfr. piemontese e lomb. *magiostra* 'fragola'; 1684] **A** s. f. ● (*region.*) Varietà di fragola di grosse dimensioni. **B** anche agg.: *fragola m.*

magiostrina [vc. lombarda di etim. incerta; 1889] s. f. ● (*region.*) Cappello maschile di paglia rigida. SIN. Paglietta.

magismo (1) [da *mago*; av. 1956] s. m. ● Dottrina degli antichi magi.

magismo (2) [da *magico*; 1956] s. m. ● Nel linguaggio della critica letteraria, atmosfera magica, surreale, ricca di effetti bizzarri, spec. con riferimento alle opere narrative della prima metà del Novecento.

magistèro o (*lett.*) **magistèrio** [lat. *magistēriu(m)*, da *magĭster* 'maestro'; 1336 ca.] s. m. **1** Insegnamento autorevole, funzione educatrice: *il prestigioso m. di Freud nella psicologia; il m. della Chiesa; il m. della vita.* **2** Incarico, attività di insegnante in una scuola: *esercitare con dedizione il proprio m.* | ***Facoltà di m.***, (*ellitt.*) ***magistero***, facoltà universitaria che rilasciava una laurea in materie letterarie, in pedagogia, in lingue straniere, trasformata dal 1995 nella facoltà di Scienze della formazione. **3** Maestria, abilità, capacità nel compiere azioni spec. se coronate da successo o fortuna: *il m. dello stile e della lingua; il m. della tecnica; il m. dei colori.* **4** †Espediente accorto, trovata ingegnosa | Frode, inganno. **5** †Macchina, congegno per un dato lavoro | Il lavoro stesso. **6** †(*chim.*) Sale in polvere ottenuto per precipitazione. **7** Carica, ufficio, sede di maestro o gran maestro in un ordine religioso o cavalleresco: *il gran m. dell'ordine di Malta.*

magistràle [vc. dotta, lat. tardo *magistrāle(m)*, da *magĭster* 'maestro'; sec. XIV] **A** agg. **1** Di maestro, dei maestri: *insegnamento m.; concorso m.* | ***Istituto m.***, scuola media superiore per la preparazione dei futuri maestri di scuola elementare | ***Maturità m.***, quella conseguita al termine degli studi nell'istituto magistrale | ***Scuola m.***, corso di studio per la formazione degli insegnanti di scuola materna. **2** Da maestro: *quadro dipinto con pennello m.; tocco m.* | Eccellente, pregevole: *un film m.; un discorso m.* | ***Tono m.***, sentenzioso. **3** (*farm.*) Detto di farmaco preparato all'istante in conformità alla prescrizione del medico. **4** (*mil.*) ***Linea m.***, quella che indica il perimetro esterno di un'opera fortificata. **5** †Principale. || **magistralménte**, avv. **1** Con maestria o abilità: *brano magistralmente recitato.* **2** †Principalmente. **B** s. f. pl. ● Istituto magistrale: *frequentare le magistrali.*

†**magistralità** [av. 1594] s. f. ● Tono e aria magistrale, cattedratica.

magistràto [vc. dotta, lat. *magistrātu(m)*, da *magĭster* 'maestro'; av. 1332] s. m. (f. *-a* nei sign. 1 e 2; V. nota d'uso FEMMINILE) **1** (*st.*) Chi ricopriva una carica pubblica, spec. politica, temporanea, elettiva: *i magistrati delle città medievali* | ***Il primo m.***, ***il sommo m.***, la carica più alta in uno stato e gener. in una comunità autonomamente organizzata. **2** Chi ricopre un ufficio giudiziario o esercita una funzione giudiziaria: *ricorrere al m.; m. di tribunale, di corte d'appello, di cassazione.* SIN. Giudice. **3** (*raro*) Carica politica: *la pretura era un m. dell'antica Roma* | (*st.*) Ufficio pubblico: *m. di polizia; m. di sanità* | ***M. delle acque***, in alcune province italiane, ufficio statale che si occupa delle opere di ingegneria idraulica in materia di acque pubbliche | ***M. del Po***, ***per il Po***, magistrato delle acque avente competenza territoriale sul bacino del Po. **4** (*lett.*) Autorità, comando.

magistratuàle agg. ● Della magistratura, del magistrato: *attività, funzione m.*

magistratùra [1679 ca.] s. f. **1** (*st.*) Carica politica, ufficio pubblico: *le magistrature romane; le magistrature dei comuni medievali* | ***Prima***, ***somma m.***, la più alta carica in uno stato e gener. in una comunità autonomamente organizzata. **2** Complesso degli organi giurisdizionali, costituenti un ordine indipendente e autonomo da ogni altro potere dello Stato | (*per anton.*) Il complesso dei magistrati che esercitano la giurisdizione ordinaria: *m. penale; m. civile; ricorrere, rivolgersi alla m.; i gradi della m.; consiglio superiore della m.* | (*est.*) Il complesso dei magistrati che esercitano la giurisdizione ordinaria, amministrativa, militare. **3** (*lett.*) Autorità, comando | Ascendente autorevole in un certo ambito.

†**magistrévole** agg. ● Magistrale. || †**magistrevolménte**, avv. Magistralmente.

♦**màglia** [provz. *malha*, dal lat. *măcula(m)* 'macchia'; detta così perché una rete sembra un insieme di *macchie*; 1267 ca.] s. f. **1** Ciascuno degli intrecci di uno o più fili continui che, concatenati tra loro a macchina, con i ferri o con l'uncinetto, formano un tessuto: *m. bassa, alta, diritta, rovescia; vestito, cravatta di m.; lavorare a m.* | Il tessuto così ottenuto. **2** Ciascuno degli elementi anulari o d'altra forma, di metallo, corda, nylon e sim. che, uniti tra loro, formano una catena o una rete: *la m. d'acciaio di una catena; rete a maglie fitte* | ***M. a molla***, piccolo anello apribile, usato in oreficeria per unire i due capi di collane, braccialetti e sim. | (*fig.*) ***Cadere nelle maglie di una congiura***, ***di un intrigo***, esserne vittima | (*fig.*) ***Filtrare***, ***passare tra le maglie del nemico***, eluderne la sorveglianza. **3** Capo di maglieria intima lavorato a maglia che si indossa direttamente sulla pelle: *m. di lana, di cotone* | Indumento che si indossa spec. sopra la camicia: *una m. a girocollo.* **4** Indumento di vario colore che gli atleti indossano per indicare a quale squadra appartengono, quale posto occupano in una classifica e sim.: *la m. della Juventus* | ***M. azzurra***, quella tipica della rappresentativa nazionale italiana | ***M. rosa***, ***m. gialla***, portata rispettivamente dal primo in classifica nel giro ciclistico d'Italia e di Francia | ***M. iridata***, ***arcobaleno***, quella che indossano i campioni del mondo di una specialità ciclistica. **5** Nel Medioevo, armatura difensiva formata di cerchietti di ferro concatenati con altri: *camicia, cotta, cuffia di m.* **6** (*tel.*) Insieme di circuiti interurbani che si sviluppano in una determinata area. **7** (*mat.*) Superficie individuata dall'intersezione delle rette di un reticolo. || **magliétta**, dim. (V.) | **maglie̱ttina**, dim. | **maglina**, dim. | **magliòna**, accr. | **maglioncino**, dim. m. | **maglióne**, accr. m. (V.).

magliàio [da *maglia*; 1974] s. m. (f. *-a*) ● Chi produce indumenti a maglia, in proprio o come dipendente di un maglificio.

†**magliàre** v. tr. ● Ammagliare (*anche assol.*): *corda da m.* (ARIOSTO).

magliàro [da *maglia*; 1952] s. m. ● Venditore ambulante di tessuti di cattiva qualità o di dubbia provenienza, presentati come merce di notevole valore | (*est.*) Truffatore.

maglieria [1886] s. f. **1** Complesso degli indumenti e tessuti lavorati a maglia: *esportazioni di m.* **2** Laboratorio di confezioni o tessuti a maglia | Negozio in cui si vendono indumenti di maglia.

MAGLIERIA
nomenclatura

maglieria

● *maglia*: rasata, traforata, passata, accavallata, a catenelle; doppia ⇔ semplice, aumentata ⇔ diminuita, fitta ⇔ rada, stretta ⇔ lenta, a dritto ⇔ a rovescio; incrociata (con filo semplice, con filo triplo, doppia, a catena), a maglie di calza, a maglie passate, a doppie maglie passate, a pippiolini; gettata (semplice, doppia), tubolare; treccia, losanga, traforo, piqué; merletto, rosone, riquadro, jacquard, punto a coste, punto inglese, punto riso;

● *maglia a mano*: uncinetto = crochet, ferri (aghi) da calza;

● *maglia a macchina*: telaio Cotton (aghi, platine), telaio milanese, telaio circolare francese, telaio circolare inglese (ago automatico; ago a becco; barra = pressa, platina).

● *persone*: maglierista = magliaia;

● *azioni*: avviare una maglia, buttare, passare il filo, infilare il ferro, lavorare a maglia, fare la maglia, lavorare ai ferri = sferruzzare, fare la calza; rinfilare, ripigliare, intrecciare, raccogliere, riprendere, raccomodare, smagliare, ribattere, accavallare, scappare = cadere; prendere due maglie insieme, prendere la maglia (da davanti, da dietro), far cadere una maglia, saltarla, perderla, fare un giro dritto, uno rovescio, aumentare ⇔ diminuire; sfilare il ferro, disfare il lavoro, chiudere le maglie, fare la matassa ⇔ sbrogliare la matassa; incatenare, disfare.

maglierista [1965] s. m. e f. (pl. m. *-i*) ● (*raro*) Chi confeziona indumenti di maglia.

♦**magliétta** [1598] s. f. **1** Dim. di *maglia*. **2** Maglia leggera di lana o cotone. **3** Nelle armi da fuoco portatili, anello metallico di forma schiacciata nel quale passa la cinghia per sostenere l'arma in spalla. **4** Piccolo anello fissato alla cornice di un quadro per appenderlo al muro. **5** Occhiello di ferro o a cordoncino, usato nelle allacciature per infilarvi un bottone o un gancetto.

maglificio [comp. di *maglia* e *-ficio*; 1926] s. m. ● Stabilimento per la fabbricazione di tessuti e indumenti a maglia.

maglina [da *maglia*; 1975] s. f. ● Tessuto di jersey leggero e spesso elastico, usato spec. per indumenti femminili.

màglio [lat. *mălleu(m)* 'martello', di orig. indeur.; av. 1320] s. m. **1** Grosso martello di legno a due teste, per battere su pali o scalpelli e, in passato, su cerchi di botte | Pesante mazza di ferro con lungo manico, per fabbri. **2** Macchina per lavorare materiali metallici mediante una mazza battente. **3** Specie di martello con asta assai lunga per il gioco della pallamaglio. **4** (*anat.*) Martello dell'orecchio.

magliòlo o **magliuòlo** [lat. *malleŏlu(m)* 'martelletto' (per la forma), dim. di *mălleus*. V. *maglio*; sec. XIV] s. m. ● (*bot.*) Talea con un corto segmento di legno vecchio alla base a forma di piccolo maglio. ➡ ILL. agricoltura e giardinaggio.

♦**maglióne** [1940] s. m. **1** Accr. di *maglia*. **2** Indumento spec. sportivo lavorato a maglia con lana pesante.

†**magliόso** [da *maglia*; 1634] agg. ● Fatto a maglie.

maglista [da *maglio*; 1957] s. m. e f. (pl. m. *-i*) ● Chi è addetto al funzionamento del maglio, nella lavorazione dei materiali metallici.

magliuòlo ● V. *magliolo*.

màgma [vc. dotta, lat. *măgma*, dal gr. *mágma* 'unguento condensato', da *mássein* 'impastare'; 1790] s. m. (pl. *-i*) **1** (*geol.*) Massa fluida incandescente, a composizione silicatica, spesso contenente frammenti di rocce non fuse, cristalli e gas disciolti, situata sotto la crosta terrestre. ➡ ILL. p. 2131, 2133 SCIENZE DELLA TERRA ED ENERGIA. **2** (*fig.*) Massa confusa e indistinta da cui possono originarsi le più svariate manifestazioni: *il m. dei sentimenti; nel m. dei movimenti giovanili.*

magmàtico [1950] agg. (pl. m. *-ci*) **1** Del magma, relativo al magma | Formato dal consolidamento di un magma: *roccia magmatica.* **2** (*fig.*) Caotico, informe, confuso. || **magmaticaménte**, avv.

magmatismo [da *magma*; 1957] s. m. ● (*geol.*) Insieme dei fenomeni connessi con la genesi, l'azione e il consolidamento dei magmi.

magnàccia [da *magnare*, vc. rom. per 'mangiare'; 1908] s. m. inv. ● (*gerg.*) Protettore di prostitute | (*est.*) Uomo che si fa mantenere da una donna.

magnàlio [comp. di *magn(esio)* e *al(luminio)*; 1905] s. m. ● Lega di alluminio e magnesio, leggerissima e molto resistente, usata per costruzioni aeronautiche, automobilistiche e sim.

magnanimità [vc. dotta, lat. *magnanimitāte(m)*, da *magnănimus* 'magnanimo'; av. 1292] s. f. ● Grandezza d'animo: *la m. dei vincitori impedì che i vinti fossero umiliati.* SIN. Generosità.

magnànimo [vc. dotta, lat. *magnănimu(m)*, comp. di *măgnus* 'grande' e *ănimus* 'anima'; av. 1292] agg. ● Che ha o dimostra nobili ed elevati sentimenti: *eroe m.; perdono m.; tu, m. in tutto, in ciò non l'eri* (ALFIERI). SIN. Generoso. || **magnanimaménte**, avv. Con magnanimità.

magnanina [da *magnano*, per il colore scuro del manto; av. 1871] s. f. ● Passeriforme con livrea grigio-bruna a petto rosso, comune spec. nel centro sud italiano (*Sylvia undata*).

magnàno [lat. parl. *maniānu(m), da mănus 'mano'; 1353 ca.] s. m. *1* (*region.*) Fabbro che esegue lavori minuti come chiavi, serrature, maniglie, cerniere, ringhiere. *2* (*tosc.*) Calderaio: *essere nero come un m.* || **magnanàccio**, pegg. | **magnanino**, dim.

màgna pars [loc. lat., propr. 'gran parte'; 1987] loc. sost. f. inv. (pl. lat. *magnae partes*) ● Chi ha o ha avuto il ruolo più importante in una vicenda o nella realizzazione di qlco.: *è stato lui magna pars nella trattativa.*

magnàre [da una var. arcaica e dial. di *mangiare*; av. 1306] v. tr. ● (*dial.*) Mangiare.

magnaróne [da *magnare*, con suff. accr.; 1957] s. m. ● (*zool.*) Scazzone.

magnàte [lat. tardo *magnātes*, pl. da *măgnus* 'grande'; av. 1348] s. m. e f. nel sign. 3 *1* Appartenente ad una classe di cittadini, per lo più nobile, da cui dipendeva la politica di molti comuni medievali nell'Italia settentrionale. *2* In Polonia, Ungheria e Boemia, grande proprietario terriero che faceva parte del consiglio della Corona per diritto ereditario. *3* (*disus.*) Personalità influente | Pezzo grosso della finanza, dell'industria o del commercio: *i magnati del petrolio.*

magnatìzio [1673] agg. ● Di, da magnate (*anche iron.*): *boria magnatizia.*

magnèṣia [vc. dotta, gr. tardo *magnēsía*, dal n. della città di *Magnesia*, in Turchia; av. 1712] s. f. ● (*chim.*) Ossido di magnesio | ***M. alba***, carbonato basico di magnesio, usato per paste dentifricie, come antiacido, per pulire i metalli e per rivestimenti isolanti | ***M. nera***, diossido di manganese | ***Latte di m.***, sospensione di idrato di magnesio in acqua | ***M. effervescente***, citrato di magnesio.

magneṣìaco o **magnèṣico** [1788] agg. (pl. m. *-ci*) ● Che contiene magnesio, relativo al magnesio.

magneṣìfero [comp. di *magnesi(o)* e *-fero*; 1869] agg. ● Che contiene magnesio.

magnèṣio [da *magnesia*; 1829] s. m. ● Elemento chimico, metallo bianco-argenteo, ottenuto per elettrolisi o per riduzione dei suoi minerali, brucia all'aria con fiamma vivissima; usato per leghe, fotografie al buio, per composti organo-magnesiaci, e in medicina sotto forma di sali, spec. come purgante, colagogo e antiacido. SIMB. Mg | ***Carbonato basico di m.***, magnesia alba | ***Citrato di m.***, usato spec. per la preparazione della limonata citromagnesiaca | ***Solfato di m.***, sale inglese | (*fot.*) ***Lampada al m.***, elettrica, con filamento di magnesio la cui combustione genera flash o lampi di luce utili per scattare fotografie notturne o in ambienti scarsamente illuminati | (*fot.*) ***Lampo al m.***, quello ottenuto per mezzo di una lampada al magnesio.

magneṣìte [comp. di *magnes(io)* e *-ite* (*2*); 1817] s. f. ● (*miner.*) Carbonato di magnesio in aggregati cristallini grigi o più spesso in masse bianche terrose.

màgnetar [vc. ingl. comp. di *magnet(ic)* 'magnetico' e *star* 'stella'; 1992] s. f. o m. inv. ● (*astron.*) Ipotetici oggetti celesti, forse stelle di neutroni, con densità molto elevata e con intensi campi magnetici.

magnète [vc. dotta, lat. *magnēte(m)*, nom. *măgnes*, dal gr. *mágnēs* '(pietra) di *Magnesia*'; 1354] s. m. *1* (*fis.*) Corpo che, per un particolare orientamento dei suoi atomi, è capace di produrre nello spazio circostante quei fenomeni che vengono considerati come manifestazioni di un campo magnetico, fra cui orientarsi rispetto al campo magnetico generato dalla Terra e attrarre i corpi ferromagnetici | ***M. naturale***, la magnetite | ***M. artificiale***, pezzo di metallo, spec. acciaio, che è stato magnetizzato mediante corrente elettrica. *2* (*mecc.*) Dispositivo elettromagnetico che produce la corrente elettrica alternata ad alto potenziale allo scopo di determinare l'accensione delle miscele nei motori a scoppio.

magnètico [vc. dotta, lat. *magnĕticu(m)*, nom. *magnĕticus*, dal gr. *magnētikós*. V. *magnete*; 1632] agg. (pl. m. *-ci*) *1* Relativo al magnete o al magnetismo: *fenomeno m.*; *forza magnetica* | ***Minerali magnetici***, che sono attirati dalla calamita | ***Ago m.***, calamitato | ***Equatore m.***, curva di punti intorno alla Terra che indicano dove l'ago rimane orizzontale | ***Campo m.***, spazio nel quale esistono forze magnetiche | ***Variazione magnetica***, delle forze magnetiche | ***Mina magnetica***, con detonatore agente per effetto magnetico in prossimità di una massa ferrosa. *2* Detto di ogni particolare tipo di supporto a superficie magnetizzabile, per la registrazione di suoni, immagini, dati: *nastro, disco m.* *3* (*fig.*) Che affascina, rapisce: *sguardo, occhio m.* || **magneticaménte**, avv. Con forza magnetica.

magnetìṣmo [comp. di *magnet(e)* e *-ismo*; 1684] s. m. *1* Proprietà di alcune sostanze, dette magnetiche, di attirare e trattenere frammenti di ferro | ***M. terrestre***, insieme dei fenomeni che determinano la presenza intorno alla Terra di un campo magnetico | ***M. residuo***, magnetizzazione restante nei materiali ferromagnetici dopo la scomparsa del campo magnetico esterno | ***M. di bordo***, quello indotto nel ferro e nell'acciaio di una nave dal campo magnetico terrestre. *2* Ramo della fisica che studia i fenomeni magnetici. *3* ***M. animale***, misterioso fluido che si ritiene emani da certe persone o da certi animali, al quale si attribuiscono doti terapeutiche. *4* (*fig.*) Forza di attrazione, capacità di suggestione: *il m. di uno sguardo.*

magnetìsta [fr. *magnétiste*, da *magnétisme* 'magnetismo'; 1870] s. m. e f. (pl. m. *-i*) *1* Operaio specializzato nella fabbricazione di magneti. *2* (*raro*) Chi si dedica a studi e ricerche sul magnetismo animale.

magnetìte [comp. di *magnet(e)* e *-ite* (*2*); 1891] s. f. ● (*miner.*) Spinello ferrifero dalla lucentezza metallica e dal colore nero, con spiccate proprietà magnetiche.

magnetiẓẓàbile [1869] agg. ● (*elettr.*) Che può essere magnetizzato.

magnetiẓẓabilità [1970] s. f. ● Attitudine di un corpo a essere magnetizzato.

magnetiẓẓaménto [1891] s. m. ● Magnetizzazione.

magnetiẓẓàre [fr. *magnétiser*, da *magnétisme* 'magnetismo'; 1829] **A** v. tr. *1* (*fis.*) Sottoporre un corpo a magnetizzazione: *m. un pezzo di metallo.* *2* Provocare effetti magnetici su una persona | (*fig.*) Affascinare, suggestionare: *m. qlcu. con lo sguardo.* **B** v. intr. pron. ● Acquistare proprietà magnetiche.

magnetiẓẓàto [av. 1896] part. pass. di *magnetizzare*; anche agg. *1* Sottoposto a magnetizzazione: *tessera dotata di banda magnetizzata.* *2* (*fig.*) Affascinato.

magnetiẓẓatóre [fr. *magnétiseur*, da *magnétiser* 'magnetizzare'; 1869] s. m. *1* (f. *-trice*) Chi magnetizza. *2* (*fis.*) Elettromagnete con cui si magnetizzano i magneti permanenti.

magnetiẓẓatrìce [da *magnetizzare*] s. f. ● Apparecchiatura per codificare dati su una tessera magnetica.

magnetiẓẓazióne [fr. *magnétisation*, da *magnétiser* 'magnetizzare'; 1860] s. f. *1* (*fis.*) Operazione che conferisce proprietà magnetiche a una sostanza per effetto di un campo di induzione. *2* Processo mediante il quale vengono codificati dati alfanumerici sulla banda magnetica di un'apposita tessera, come il Bancomat.

magnèto- primo elemento ● In parole composte della terminologia scientifica, significa 'magnetico', 'di magnetismo' o indica relazione col magnetismo: *magnetone, magnetometro.*

magnetochìmica [comp. di *magneto-* e *chimica*; 1957] s. f. ● Parte della fisica chimica che studia i rapporti intercorrenti tra magnetismo e chimica.

magnetoelasticità [comp. di *magneto-* ed *elasticità*; 1957] s. f. ● Parte della fisica che studia i rapporti fra le proprietà magnetiche e le proprietà elastiche dei corpi.

magnetoelèttrico [comp. di *magneto-* ed *elettrico*; 1957] agg. (pl. m. *-ci*) *1* (*elettr.*) Detto di dispositivo in cui si compie la trasformazione di energia elettrica in energia magnetica. *2* (*elettr.*) Detto di macchina elettrica che ha come elemento generatore un magnete.

magnetofluidodinàmica [comp. di *magneto-* e *fluidodinamica*; 1974] s. f. ● Parte della fisica che studia il moto dei fluidi conduttori di elettricità in presenza di campi magnetici.

magnetofònico [da *magnetofono*; 1963] agg. (pl. m. *-ci*) *1* Che concerne il magnetofono. *2* Registrato mediante magnetofono.

magnetòfono® [marchio registrato; 1936] s. m. ● Tipo di registratore a nastro magnetico.

magnetògrafo [comp. di *magneto-* e *-grafo*; 1963] s. m. ● (*elettr.*) Magnetometro registratore.

magnetoidrodinàmica [comp. di *magneto-*, *idro-* e *dinamica*; 1963] s. f. ● Scienza che studia l'interazione esistente fra campi magnetici e fluidi conduttori in movimento.

magnetolettóre [comp. di *magneto-* e *lettore*; 1967] s. m. ● (*elab.*) Lettore di schede o di documenti marcati con segni magnetizzati.

magnetolettùra [comp. di *magneto-* e *lettura*; 1967] s. f. ● (*elab.*) Procedimento di lettura basato sul riconoscimento di segni marcati su appositi supporti, come schede, documenti e sim. con matite o inchiostri contenenti materiale magnetizzabile.

magnetomeccànico [comp. di *magneto-* e *meccanico*; 1957] agg. (pl. m. *-ci*) ● (*fis.*) Detto di fenomeno in cui la magnetizzazione di un corpo è causa o effetto di un fenomeno meccanico.

magnetometrìa [comp. di *magneto-* e *-metria*] s. f. *1* Parte della fisica che si occupa delle misurazioni di campi magnetici. *2* Parte della geofisica che si occupa della tecnica di fabbricazione e di utilizzazione dei magnetometri.

magnetòmetro [comp. di *magneto-* e *metro*; 1829] s. m. ● (*elettr.*) Strumento di misura dell'intensità del campo magnetico terrestre.

magnetomotóre [comp. di *magneto-* e *motore*, sul modello di *elettromotore*; 1957] agg. (f. *-trice*) ● (*fis.*) Che ha capacità di mettere in movimento poli magnetici: *forza magnetomotrice.*

magnetóne [da *magnetico*; 1952] s. m. ● (*fis.*) Momento magnetico elementare.

magnetoòttica [comp. di *magneto-* e *ottica*; 1934] s. f. ● Parte dell'ottica che studia l'influenza del campo magnetico sui fenomeni ottici.

magnetopàuṣa [comp. di *magneto-* e *pausa*; 1981] s. f. ● (*astron.*) La zona compresa fra la magnetosfera e la regione in cui si estende liberamente il vento solare.

magnetoresistènza [comp. di *magneto-* e *resistenza*; 1975] s. f. ● (*fis.*) Resistenza variabile al variare del campo magnetico applicato.

magnetoreṣistóre [comp. di *magneto-* e *resistore*; 1973] s. m. ● (*fis.*) Componente di un circuito elettrico che presenta magnetoresistenza.

magnetosfèra [da *magneto-* sul modello di *atmosfera*; 1974] s. f. ● La parte più esterna dell'atmosfera terrestre, in cui si verificano fenomeni dovuti all'azione del campo magnetico terrestre.

magnetostàtica [comp. di *magneto-* e *statica*; 1957] s. f. ● Studio dei magneti e dei relativi campi vettoriali.

magnetostrittìvo [da *magnetostrizione*, sul rapporto *costrittivo-costrizione*; 1970] agg. ● Relativo alla, o che presenta, magnetostrizione.

magnetostrizióne [ingl. *magnetostriction*, comp. di *magneto-* 'magnete' e del lat. tardo *strĭctio*, genit. *strictiōnis* 'costrizione, pressione', da *strĭctus* 'stretto'; 1940] s. f. ● Deformazione dei corpi nel corso della magnetizzazione.

magnetoterapìa [comp. di *magneto-* e *terapia*; 1957] s. f. ● Tecnica terapeutica che si avvale dell'uso di magneti o del magnetismo.

magnetoteràpico [1970] agg. (pl. m. *-ci*) ● Di magnetoterapia.

màgnetron [ingl. *magnetron*, comp. di *magne(to-)* 'magneto-' ed *(elec)tron* 'elettrone'; 1935] s. m. ● (*fis.*) Valvola elettronica in cui la corrente elettronica è regolata da un campo magnetico, usata spec. nella tecnica delle altissime frequenze.

magnificàbile [1970] agg. ● (*raro*) Degno d'essere magnificato.

magnificaménto [av. 1694] s. m. *1* †Lode, glorificazione. *2* (*raro*) Esaltazione (*spec. scherz.*).

magnificàre [vc. dotta, lat. *magnificāre*, da *magnĭficus*. V. *magnifico*; sec. XIII] **A** v. tr. (*io magnìfico, tu magnìfichi*) *1* Celebrare od esaltare con lodi: *m. Dio, la natura, la bellezza del creato.* *2* (*est.*) Vantare od ingrandire con elogi esagerati: *m. le proprie virtù, la propria ricchezza*; *seguitò … a lodare e m. … il valore stragrande del colonnello Alessandro* (NIEVO). SIN. Decantare. **B** v. rifl. ● Vantarsi, gloriarsi dei propri meriti, della propria opera e sim.

magnìficat [dalla prima parola del cantico di Maria: *Magnificat anima mea dominum* 'la mia anima esalta il Signore' (Vangelo di S. Luca I, 46); av. 1342] s. m. inv. (*Magnificat* nei sign. 1 e 2) *1* Cantico che la Vergine intona per rispondere ad Elisabetta, secondo la narrazione evangelica e che inizia, nella Vulgata, con la parola *Magnificat*. *2* Lo stesso canto usato come preghiera e come inno e introdotto nella liturgia cattolica. *3* (*pop., disus.*) Il mangiare, il pranzo.

magnificàto [sec. XIV] **part. pass.** di *magnificare*; anche **agg.** ● Esaltato, celebrato.

magnificatóre [sec. XIV] **agg.**; anche **s. m.** (f. *-trice*) ● Che (o Chi) magnifica, esalta.

magnificazióne [vc. dotta, lat. tardo *magnificatiōne(m)*, da *magnificāre* 'magnificare'; 1939] **s. f.** ● Elogio, esaltazione.

†**magnificènte** [da *magnificenza*; 1618] **agg.** ● Magnifico, splendido. || **magnificentemènte**, **avv.** Con magnificenza.

magnificentissimo [vc. dotta, lat. *magnificentĭssimu(m)*, superl. di *magnĭficus* 'magnifico'; 1441] **agg.** ● (*lett.*) Che dimostra la più grande magnificenza: *principe m.* || †**magnificentissimamènte**, **avv.** Con estrema magnificenza.

magnificènza [vc. dotta, lat. *magnificĕntia(m)*, da *magnĭficus* 'magnifico'; av. 1292] **s. f.** *1* Caratteristica di ciò che eccelle in pregio e bellezza: *la m. di un gioiello* | Grandiosità: *la m. del creato, del firmamento*. *2* Pompa, sfarzo: *la m. della corte medicea*; *una casa arredata con m.* **SIN.** Grandezza, lusso. *3* Caratteristica di chi è generoso, munifico, liberale | (*raro*) Atto o discorso generoso | Titolo attribuito un tempo a principi e sovrani. *4* Cosa splendida, magnifica: *quel monile è una m.*

†**magnifichévole** **agg.** ● Magnificabile.

♦**magnìfico** [vc. dotta, lat. *magnĭficu(m)*, propr. 'che fa grandi cose', comp. di *măgnus* 'grande' e *-ficus* '-fico'; av. 1292] **agg.** (pl. m. *-ci*, †*-chi*; come **superl.** *magnificentissimo* (V.)) *1* (*lett. o raro*) Di chi è generoso, munifico, liberale: *donatore m.* | ***Fare il m.***, ostentare grandezza e magnificenza | Che manifesta generosità e larghezza di mezzi: *pranzo, trattamento m.*; *sono commosso per la vostra magnifica ospitalità*. *2* Che eccelle per bellezza, sfarzo, pregio, grandezza e sim.: *tempo, spettacolo, gioiello m.*; *virtù, impresa magnifica*; *l'uomo nacque … per adoperarsi in cose magnifiche* (ALBERTI) | ***Idea magnifica***, luminosa. *3* Titolo spettante ai patrizi, ma dato nel Rinascimento anche ai signori e attualmente ai rettori delle università. || **magnificaménte**, **avv.** In modo magnifico: *un affare magnificamente riuscito*; con lusso e grandiosità: *sala magnificamente addobbata*; lautamente: *mangiare magnificamente*.

magniloquènte [da *magniloquenza*; av. 1642] **agg.** ● (*lett.*) Che è dotato di grande eloquenza | (*iron.* o *spreg.*) Retorico, ampolloso: *tono, stile, discorso m.* || **magniloquentemènte**, **avv.** (*raro*) In modo magniloquente.

magniloquènza [vc. dotta, lat. *magniloquĕntia(m)*, da *magnĭloquus* 'magniloquo'; av. 1540] **s. f.** ● Caratteristica di chi (o di ciò che) è magniloquente: *rispose in nome di tutti con la m. bolognese il Priore del reggimento* (GUICCIARDINI).

magnilòquio [vc. dotta, lat. tardo *magnilŏquiu(m)*, da *magnĭloquus* 'magniloquo'; 1711] **s. m.** ● (*raro*) Magniloquenza.

†**magnìloquo** [vc. dotta, lat. *magnĭloquu(m)*, comp. di *măgnus* 'grande' e *lŏqui* 'parlare'; av. 1342] **agg.**; anche **s. m.** ● (*iron.* o *spreg.*) Che (o Chi) parla o scrive in tono o in modo grave e ampolloso.

magnitùdine [vc. dotta, lat. *magnitūdine(m)*, da *măgnus* 'grande'; av. 1557] **s. f.** *1* †Grandezza, altezza, eccellenza (*anche fig.*). *2* (*fis.*) Misura convenzionale della luminosità delle stelle che numericamente diminuisce con l'aumentare del flusso luminoso e, per gli astri più brillanti, può anche essere negativa | ***M. apparente***, quella che si misura | ***M. assoluta***, che la stella avrebbe se si trovasse a una distanza di 10 parsec dal Sole | ***M. visuale, fotografica, infrarossa, rossa, blu, ultravioletta***, secondo il campo spettrale usato per determinarla. *3* (*impropr.*) Magnitudo di un terremoto.

magnitùdo [vc. dotta, lat. *magnitudo* 'grandezza'; 1957] **s. f. inv.** (pl. lat. *magnitudines*) ● (*fis., geol.*) In sismologia, parametro che permette di descrivere oggettivamente un terremoto e di dedurre l'energia meccanica associata a esso.

màgno [lat. *măgnu(m)*, di orig. indeur.; av. 1294] **agg.** *1* (*lett.*) Grande: *mi fuor mostrati li spiriti magni* (DANTE *Inf.* IV, 119) | ***In pompa magna***, (*fig., scherz.*) con grande sfarzo, V. anche *pompa* | (*fig.*) ***Mare m.***, V. *mare magnum* | ***Aula magna***, V. *aula*. *2* Appellativo di famosi e grandi personaggi storici: *Carlo m.*; *Pompeo m.*; *Alessandro m.* *3* (*anat.*) ***Arteria magna***, aorta | ***Cisterna magna***, uno degli spazi subaracnoidali.

magnòlia [chiamata così in onore del botanico P. Magnol (1638-1715); 1813] **s. f.** ● Albero delle Magnoliacee con foglie spesse lucenti e fiori bianchi carnosi e profumati (*Magnolia grandiflora*). ➡ **ILL. piante**/3.

Magnoliàcee [comp. di *magnoli(a)* e *-acee*; 1834] **s. f. pl.** (sing. *-a*) ● Nella tassonomia vegetale, famiglia di piante delle Dicotiledoni legnose con fiore dialipetalo (*Magnoliaceae*). ➡ **ILL. piante**/3.

magnósa [vc. d'etim. incerta; 1934] **s. f.** ● (*zool.*) Scillaro.

màgnum [vc. fr., che è il lat. *măgnum*, nt. di *măgnus* 'grande' (V. *magno*); 1983] **s. f. inv.** *1* Grande bottiglia, spec. da champagne, della capacità di due bottiglie normali (circa 1,5 l). *2* Tipo di cartuccia a carica potenziata, per revolver | (*est.*) Ogni revolver adatto a sparare tale tipo di cartuccia.

♦**màgo** [lat. *măgu(m)*, nom. *măgus*, dal gr. *mágos*, dal persiano *magush*; 1313] **A s. m.** (f. *-a* (V.); pl. m. *-ghi* o *-gi* nel sign. 1) *1* Sacerdote dell'antica religione zoroastriana che praticava l'astrologia e la divinazione. *2* Chi esercita la magia. **SIN.** Fattucchiere, stregone | Nelle fiabe, chi ha capacità di operare portenti: *il m. Merlino*. *3* Illusionista, prestidigitatore. *4* (*fig.*) Persona che esercita un grande fascino | Persona dotata di eccezionale abilità tecnica e capacità professionale: *un m. del colore, della penna*; *quell'allenatore è un vero m.* *5* (*raro*) Magio. **B agg.** ● †Magico: *forze assai maggior che d'arti maghe* (PETRARCA). || **magóne**, **accr.**

magolàto [vc. di orig. preindeur. (?); av. 1512] **s. m.** ● Divisione di un terreno agricolo a strisce separate da fossati per lo scolo delle acque, con alberi piantati ai margini di tali fossi. **SIN.** Magolo.

màgolo [1880] **s. m.** ● (*agr.*) Magolato.

magóna [ar. *ma'ūna* 'aiuto, appoggio'; V. *maona* (*2*); av. 1571] **s. f.** *1* In passato, officina in cui si otteneva la ghisa dal minerale grezzo | Ferriera. *2* †Bottega di ferramenta. *3* (*fig., disus.*) Luogo dove si trova di tutto con abbondanza.

magóne [V. *maghetto*; sec. XV] **s. m.** *1* (*sett.*) Ventriglio del pollo. *2* (*fig., sett.*) Accoramento, dispiacere: *avere, far venire, il m.*

màgra [f. sost. di *magro*; 1841] **s. f.** *1* Fase di minima portata di un corso d'acqua. **CONTR.** Piena. *2* (*fig.*) Penuria, scarsezza, di denaro o, in genere, di mezzi: *questi sono tempi di m., di grande m.* *3* (*fam.*) Brutta figura: *fare una m.*; *che m. all'esame!*

magrebino /magre'bino/ ● V. *maghrebino*.

magrédo [da *magro*; 1957] **s. m.** ● Terreno alluvionale molto permeabile e povero di vegetazione, tipico del Friuli.

magrézza [1313] **s. f.** ● Stato o condizione di chi (o di ciò che) è magro (*anche fig.*): *mi impressionò la m. del suo viso*; *non potevo supporre una simile m. di risultati* | ***M. di un terreno***, poca fertilità.

♦**màgro** o †**màcro**, (*pop., tosc.*) **màghero** [lat. *măcru(m)*, dalla radice indeur. **mak* 'sviluppare in lunghezza'; sec. XIII] **A agg.** *1* Scarno, sottile: *corpo m.*; *fianchi, polpacci magri*; *un uomo m. e allampanato* | Smunto, macilento: *non ho mai visto un bambino così m. e patito*. **CONTR.** Grasso. *2* Povero di grassi: *brodo, condimento m.*; *latte, yoghurt m.*; *formaggio m.* | ***Cibi magri***, quelli permessi dalla Chiesa cattolica nei giorni di digiuno | ***Mangiare di m.***, astenersi dalla carne nei giorni prescritti | ***Prosciutto m.***, con poca parte grassa | ***Terra magra***, poco fertile | ***Malta magra***, con molta rena e poca calce. *3* (*fig.*) Povero, scarso: *cena, annata, raccolta magra*; *è stato un ben m. guadagno* | ***Acqua magra***, bassa. *4* (*fig.*) Debole, insufficiente, inadeguato, meschino: *una magra scusa*; *una magra consolazione*; *ottenere magri risultati*. || **magraménte**, **avv.** Scarsamente, poveramente. **B s. m.** *1* Parte magra della carne alimentare: *comprare tre etti di m.* *2* (f. *-a*) Persona magra. || **magrettino**, **dim.** | **magrétto**, **dim.** | **magricciuòlo**, **dim.** | **magrino**, **dim.** | **magrògnolo**, **pegg.** | **magrolino**, **dim.** | **magróne**, **accr.** (V.) | **magròtto**, **dim.** | **magrùccio**, **dim.**

magróne [1625] **s. m.** *1* Accr. di *magro*. *2* Suino di peso compreso fra i trenta e i sessanta kilogrammi. *3* Calcestruzzo con bassa dosatura di cemento, adatto per sottofondi e riempimenti. *4* (*fig.*) †Avaro.

♦**mah** /mah, maʔ/ o **ma** (*2*) [lat. *măgis* 'piuttosto', della stessa radice indeur. da cui deriva *măgnus* 'grande'; 1747] **inter.** *1* Esprime dubbio, incertezza nelle risposte: *'capirà di avere sbagliato?' 'mah, non lo so!'*. *2* Esprime rassegnazione o disapprovazione: *mah! non siete mai contenti di nulla!*; *vuole sempre avere ragione lui! mah!*

maharajàh /ma(a)ra'dʒa*, *ingl.* mɑːhəˈɹɑːdʒʌ, *fr.* maaʀaˈʒa, *hindi* mʌɦaːˈraːdʒʌ/ [dal sanscrito *mahâ* ('grande') *-râjâ* 're'; 1885] **s. m. inv.** ● Titolo dei sovrani dei principati indiani indipendenti, che rimasero tali nominalmente anche durante l'occupazione inglese dell'India.

maharàni /maa'rani, *hindi* mʌɦaˈraːniː/ [vc. indost., 'grande regina', comp. di *mahā-* 'grande', di orig. indeur., e *rānī* 'regina', dal sanscrito *rājñī*, f. di *râjâ* 're' (V. *maharajah*); av. 1916] **s. f. inv.** (pl. hindi *maharaniyā*) ● Titolo della sposa del maharajah.

maharàtto /ma(a)'ratto/ ● V. *maratto*.

mahatma /ma'atma, *hindi* mʌˈɦaːtma/ [dal sanscrito, propr. 'grande spirito', comp. di *mahā-* 'grande' (V. *mahārānī*) e *ātmán* 'soffio, anima', di orig. indeur.; 1927] **agg. inv.** ● Titolo dato in India ad asceti, a santoni e a persone di grandi meriti e di alta spiritualità | Per antonomasia, appellativo di Gandhi.

mahdi /*ar.* mæh'diː/ [ar. *al-mahdī* 'il ben guidato'; 1554] **s. m. inv.** (pl. ar. *mahdiyīn*) ● Nell'islamismo, il profeta occulto che verrà a completare l'opera di Maometto.

mahdismo o **madismo** [1891] **s. m.** ● Qualificazione delle correnti religiose e politiche islamiche che professano la fede nell'avvento del mahdi.

mahdista o **madista** [av. 1889] **s. m.** e **f.** (pl. m. *-i*) ● Seguace del mahdismo.

mah-jong® /*ingl.* 'mɑː 'dʒɒŋ, -'ʒ-/ [vc. ingl., dal cinese *majang*, 'passeri', da *ma* 'canapa' e *jang* 'piccoli uccelli'] **s. m. inv.** ● Gioco simile al domino, composto di moltissimi pezzi decorati con motivi caratteristici dell'Oriente, che si gioca in quattro.

♦**mài** [lat. *mă(gis)*. V. *mah*; 1158] **A avv.** *1* Nessuna volta, in nessun tempo, in nessun caso (di regola in frasi negative, posposto al v. rafforzando la negazione): *non è mai soddisfatto*; *non lo incontro mai*; *non sia mai detto che io lasci correre*; *non si dirà mai di lui che non è un gentiluomo*; *il santo vero / mai non tradir* (MANZONI) | Con valore deprecativo: *non sia mai!*; *non avvenga mai!* | Rafforzato da 'più': *non accadrà mai più*; *mai non vo' più cantar com'io soleva* (PETRARCA) | Con valore negativo in espressioni ellittiche: *questo mai!*; *mai e poi mai!*; *tu se vuoi puoi farlo, io mai!* | Con valore negativo, preposto al v. in espressioni enfatiche: *mai che mi abbia detto una parola gentile!*; *mai una volta che mi abbia chiesto se avevo bisogno*; *mai che arrivi puntuale*; *mai visto!*; *mai sentito dire!* *2* No, affatto (assol. in risposte recisamente negative): *'volete arrendervi?' 'mai!'*; *'puoi perdonargli?' 'mai!'* | Con valore raff.: *mai più*: *'credi che riuscirò?' 'mai più!'*. *3* Qualche volta, in qualche caso (in prop. interr. dirette o indirette, in prop. condizionali e dubitative): *hai mai visto uno spettacolo simile?*; *se mai ti capitasse l'occasione*; *quando mai gli ha negato qualcosa?*; *chi l'avrebbe mai detto?*; *chi mai lo crederebbe?*; *dove mai sarà scappato?*; *come mai non ti ho visto?* | ***Caso mai, se mai***, eventualmente: *non muoverti, caso mai vengo io da te.* *4* In altro tempo, in altra occasione (in espressioni comparative): *gli starò vicino più che mai*; *gli affari vanno peggio che mai*; *ora meno che mai posso credergli*; *l'anima ne traluceva più pura e ardente che mai* (NIEVO) | (*fam., intens.*) In espressioni ellitt. con valore di superlativo: *è bello quanto mai*; *ho un sonno che mai*. *5* (*fam.*) Con valore raff. e intens. dà a un agg. o a un avv. valore superlativo: *ha tante mai idee per la testa!*; *quante mai volte gliel'ho ripetuto!* | (*pleon., lett.*) Sempre mai, mai sempre: *fu il vincer sempre mai laudabil cosa* (ARIOSTO) | (*lett.*) †***Mai sì, mai no***, sì certo, no certo; V. anche †*maisì* e †*mainò*. **B s. m. inv.** ● (*scherz.*) Nelle loc. ***il giorno del mai, il giorno di san mai***, il giorno che non verrà. || **PROV.** Meglio tardi che mai.

màia [gr. *mâia* 'madre', vc. infant.; 1563] **s. f.** ● (*zool.*) Grancevola.

maiàla [1862] **s. f.** *1* Scrofa. *2* (*est.*, *spreg.*) Donna eccessivamente grassa o ingorda | Donna sporcacciona | (*volg.*) Meretrice, prostituta.

maialàta [1891] **s. f.** *1* Azione moralmente riprovevole. *2* Atto, discorso licenzioso od osceno.

maialatùra [da *maiale*; 1869] **s. f.** ● Preparazione delle carni di maiale per conservarle | Tempo in cui si fa tale operazione.

♦**maiàle** [vc. dotta, lat. *maiāle(m)*, detto così perché lo si sacrificava alla dea *Maia* (?); nel sign. 4 per la forma tozza e pesante del mezzo; sec. XIII] **s. m.** *1* (f. *-a*, V.) Mammifero dei Suidi addomesticato dai tempi preistorici, selezionato con diverse razze da carne o da grasso (*Sus domesticus*). **SIN.** Porco. **CFR.** Grugnire, ringhiare, rugliare. ➡ **ILL. animali**/12 | ***Mangiare come un m.***, (*fig.*) mangiare troppo, o con modi grossolani | ***Grasso come un m.***, di persona eccessivamente grassa. *2* (*est.*) Carne macellata di maiale: *braciola, zampone, cotechino di m.* *3* (f. *-a*, V.) (*fig.*) Persona estremamente sporca | Persona eccessivamente grassa o ingorda | Persona moralmente riprovevole | Persona che tiene discorsi o compie atti licenziosi od osceni. *4* Mezzo d'assalto impiegato dalla marina militare italiana nel secondo conflitto mondiale, formato da una specie di siluro, sul quale prendevano posto due persone equipaggiate per dirigerlo in immersione verso la nave nemica, alla quale veniva poi agganciata la carica esplosiva contenuta nella parte anteriore, staccabile, del mezzo stesso. || **maialàccio**, pegg. | **maialétto**, dim. | **maialino**, dim. | **maialóne**, accr. | **maialòtto**, accr., vezz.

maialésco [1940] **agg.** (pl. m. *-schi*) ● Da maiale (*spec. fig.*): *atto m.* || **maialescaménte**, avv.

maiden /*ingl.* 'meɪdn/ [vc. ingl., propr. 'fanciulla, vergine', di orig. germ.; 1895] **s. m.** e **f. inv.** ● Nell'ippica, cavallo che non ha mai vinto premi nelle corse.

maìdico [da *mais*; 1900] **agg.** (pl. m. *-ci*) ● Del mais, che concerne il mais | (*med.*) ***Morbo m.***, pellagra.

maidìcolo [comp. del lat. scient. *māys*, genit. *māydis* 'mais' e *-colo*; 1957] **agg.** ● Relativo alla coltivazione del mais.

maidìsmo [da *mais*; 1940] **s. m.** ● (*med.*, *raro*) Pellagra.

†**maiestà** ● V. *maestà*.

†**maiestàde** ● V. *maestà*.

†**maiestàte** ● V. *maestà*.

maiestàtico [dal lat. *maiēstas*, genit. *maiestātis* 'maestà'; 1869] **agg.** (pl. m. *-ci*) ● Di, della maestà | ***Plurale m.***, prima persona plurale usata di solito nei discorsi ufficiali di personaggi eminenti.

maièutica [vc. dotta, gr. *maieutikḗ* (*téchnē*) 'arte della levatrice', f. sost. di *maieutikós* 'maieutico'; 1834] **s. f.** ● Metodo di ricerca proprio della filosofia socratica, consistente nel mettere in grado l'allievo, mediante il dialogo, di acquistare chiara coscienza delle conoscenze che si formano nella sua mente.

maièutico [vc. dotta, gr. *maieutikós* 'che fa partorire', da *mâia* 'madre, levatrice', vc. infant.; 1942] **agg.** (pl. m. *-ci*) ● Che concerne la maieutica. || **maieuticaménte**, avv.

mail /meil, *ingl.* meɪl/ **s. f. inv.** ● Accorc. di *e-mail*.

mailbox /*ingl.* 'meilboks, 'meɪlbɒks/ [vc. ingl. propr. 'casella (*box*) postale (*mail*)'] **s. f. inv.** (pl. ingl. *mailboxes*) ● (*elab.*) Casella di posta elettronica.

mailing /*ingl.* 'meɪlɪŋ/ [vc. ingl., da *to mail* 'spedire per posta', da *mail* 'posta' (a sua volta dal fr. *malle* 'valigia', d'orig. francone); 1983] **s. m. inv.** ● (*org. az.*) Tecnica pubblicitaria che consiste nell'invio di opuscoli, lettere e sim. relativi a un prodotto direttamente al domicilio del potenziale consumatore.

mailing list /'meilin(g) list, *ingl.* 'meɪlɪŋ,lɪst/ [loc. ingl., propr. 'elenco (*list*) per spedizione postale (*mailing*)'; 1992] **loc. sost. f. inv.** (pl. ingl. *mailing lists*) ● Elenco di indirizzi utilizzabili per l'invio di circolari e sim.

mail order /*ingl.* 'meɪl,ɔːdə/ [loc. ingl., propr. 'ordinazione (*order*) per posta (*mail*)'] **loc. sost. m. inv.** (pl. ingl. *mail orders*) ● Ordinazione inviata per posta a una ditta che effettua vendita per corrispondenza.

maimóne [ar. *maymūn* 'scimmia', propr. 'felice, che porta felicità'; nel sign. 2 dalla forma di scimmia che aveva un tempo; av. 1557] **s. m.** *1* (*zool.*) Macaco. *2* (*mar.*, *disus.*) Pilastro sporgente sul capodibanda o sul trincarino per dar volta alle cime.

mainàre ● V. *ammainare*.

mainàte [fr. *mainate*, da una vc. indo-malese] **s. m.** ● Storno originario dell'India, spesso allevato in domesticità, che ha la capacità di imitare la voce umana (*Gracula religiosa*).

mainframe /*ingl.* 'meɪn,fɪeɪm/ [vc. ingl., comp. di *main* 'principale' e *frame* 'ossatura, struttura' (entrambi d'orig. germ.); 1981] **s. m. inv.** ● (*elab.*) Elaboratore di grande capacità di memoria ed elevata velocità di esecuzione delle istruzioni.

†**mainò** o †**mai no**/ [comp. di *mai* e *no*] **avv.** ● (*intens.*) No certo: *rispose Biondello: 'Mai no; perché me ne domandi tu?'* (BOCCACCIO).

mainstream /*ingl.* 'meɪn,stɹiːm/ [vc. ingl., propr. 'corrente (*stream*) principale (*main*)', inteso come accorc. di *mainstream jazz*; 1985] **s. m. inv.** ● (*mus.*) Stile jazzistico ispirato allo swing, precedente al be-bop.

†**màio** (**1**) o (*raro*) **màggio** (**1**) [V. *maggio* (*1*); sec. XIII] **s. m.** *1* (*tosc.*) Ramoscello fiorito e con doni che un tempo gli innamorati usavano appendere alla finestra o all'uscio della donna amata nella notte di calendimaggio: *tu vuo' appiccare un m. / a qualcuna che tu ami* (L. DE' MEDICI) | (*est.*, *lett.*) Ramo fiorito. *2* Palma di vittoria.

†**màio** (**2**) ● V. †*maggio* (*2*).

maiòlica [da *Maiolica*, forma ant. di *Maiorca*, isola delle Baleari, da dove fu importata; av. 1498] **s. f.** *1* Prodotto ceramico formato da una pasta porosa a base di argilla e di piccole quantità di carbonato di calcio, cotto al forno e quindi ricoperto da uno smalto metallico spec. a base di diossido di stagno. *2* (*est.*) Oggetto di maiolica: *una m. faentina*; *collezionare maioliche*.

maiolicàio o (*dial.*) **maiolicàro** [da *maiolica*; av. 1869] **s. m.** (f. *-a*) ● Chi lavora la maiolica | Chi vende oggetti di maiolica.

maiolicàre [da *maiolica*; 1881] **v. tr.** (*io maiòlico, tu maiòlichi*) *1* Ricoprire con lo smalto proprio della maiolica: *m. una terracotta*. *2* Rivestire con mattonelle di maiolica: *m. le pareti di un bagno*.

maiolicàto [1963] **A part. pass.** di *maiolicare*; anche **agg.** ● Nei sign. del v. **B s. m.** ● Fascia di muro ricoperta di piastrelle di maiolica.

maionèse [fr. *mayonnaise*: da *Port Mahón* nelle Baleari, in ricordo della presa della città da parte del duca di Richelieu nel 1756 (?); 1855] **A s. f.** ● Salsa a base di tuorli d'uovo, olio e aceto o succo di limone. **B** anche **agg.** solo **f.**: *salsa m.*

maiora, ad ● V. *ad maiora*.

maioràsco ● V. *maggiorasco*.

†**maióre** ● V. *maggiore*.

màis [sp. *maiz*, da *mahiz*, di orig. centro-americana; 1519] **s. m.** ● Granturco.

maiscoltóre [comp. di *mais* e *-coltore*, sul modello di *agricoltore*] **s. m.** (f. *-trice*) ● Coltivatore di mais.

maiscoltùra [comp. di *mais* e *-coltura*, sul modello di *agricoltura*] **s. f.** ● Coltivazione del mais.

†**maisì** o †**mài sì** [comp. di *mai* e *sì*; av. 1342] **avv.** ● (*intens.*) Sì certo: *mai sì che io le conosco* (BOCCACCIO).

maison /*fr.* mɛ'zõ/ [vc. fr., propr. 'casa' (V. *magione*); 1863] **s. f. inv.** ● Azienda, spec. di moda | (*eufem.*) Casa di tolleranza.

maître /mɛtr, *fr.* 'mɛtʀə/ [vc. fr., stessa etim. dell'it. *maestro*; 1942] **s. m. inv.** *1* Direttore di sala in un ristorante di lusso | (accorc. di *m. d'hôtel*) Direttore dei servizi di un albergo. *2* Maggiordomo in una casa signorile.

maître à penser /*fr.* ,mɛtʀapɑ̃'se/ [loc. fr., propr. 'maestro per pensare'; 1979] **loc. sost. m. inv.** (pl. fr. *maîtres à penser*) ● Chi con gli scritti, le idee, la parola e sim. orienta e guida il modo di pensare di un gruppo o di una società: *è stato il maître à penser di un'intera generazione*.

maîtresse /*fr.* mɛ'tʀɛs/ [f. di *maître* 'padrone' (stessa etim. dell'it. *maestro*); 1876] **s. f. inv.** ● (*eufem.*) Tenutaria di una casa di tolleranza.

maiùscola [f. sost. di *maiuscolo*; av. 1492] **s. f.** ● Lettera o carattere maiuscolo dell'alfabeto | ***Tutto maiuscole, in maiuscole***, indicazione data al tipografo perché un titolo venga composto in maiuscole.

MAIUSCOLA
nota d'uso

L'uso della maiuscola all'inizio di parola è regolato da precise norme che brevemente ricordiamo. La lettera maiuscola si deve usare:

- all'inizio di un periodo e dopo il punto fermo: *Il traffico era intenso. Le automobili procedevano lentamente*;
- in tutti i nomi propri, in particolare in quelli di persona e di animale, nei nomi geografici e topografici, di vie o di piazze: *Dante Alighieri, Antonio, il signor Bianchi, Italia, il fiume Adige, il Gran Paradiso, la città di Lodi, via* (o *Via*) *Margutta, piazza* (o *Piazza*) *della Scala*; in questa categoria sono compresi i nomi di imprese, prodotti commerciali, marchi registrati e sim.: *Zanichelli editore S.p.A., la Banca Nazionale dell'Agricoltura, la Fiat Punto, la Coca-Cola*;
- all'inizio di un discorso diretto, dopo il segno dei due punti e le virgolette: *D'improvviso mi chiese: 'Che cosa intendi fare?'*;
- dopo il punto esclamativo o interrogativo: *Chi dei due mentiva? Il dubbio e l'incertezza mi tormentavano*. Tuttavia, se la frase che segue rappresenta la continuazione del pensiero precedente, si può usare la lettera minuscola: *Dove avrò lasciato le chiavi? forse nella giacca? o piuttosto sul mobile dell'ingresso?*; *'Giudizio figliuoli! badate bene! siete ancora a tempo'* (A. MANZONI);
- nei nomi di popoli o che indicano gli abitanti di una città o regione: *i Francesi, i Toscani, i Triestini*. Occorre dire che in questo caso l'uso della lettera minuscola tende a diventare comune e va perciò segnalato. Va sempre comunque usata la minuscola nel caso dell'aggettivo o negli usi che non indichino totalità: *gli studenti francesi*; *nella gara mondiale di ciclismo su strada i francesi* (= i ciclisti francesi) *hanno ben figurato*;
- nei titoli: *l'Orlando furioso* (o *l'Orlando Furioso*); *I promessi sposi* (o *I Promessi Sposi*); *il Corriere della Sera*; *Via col vento*;
- nei nomi indicanti festività religiose o civili: *Annunciazione, Natale, Ognissanti, le Ceneri, l'Immacolata Concezione, Primo Maggio*, ecc.;
- nei nomi o aggettivi attinenti alla sfera religiosa: *l'Onnipotente*; *la sapienza di Dio*; *la Vergine*; *l'Addolorata*; *pregare il Signore*; *è salito al Cielo*; *il Creatore dell'universo*; *il Padre, la Madre, il Figlio*; *la Madonna*; *l'incarnazione del Verbo*. Molti di questi nomi o aggettivi, quando sono collocati in un contesto comune, hanno naturalmente l'iniziale minuscola. Si scriverà perciò: *il cielo è grigio*; *si crede onnipotente*; *madonna Laura*; *un creatore di moda*; *il suo dio è il denaro*;
- nei nomi di secoli, di periodi o di avvenimenti storici: *la letteratura dell'Ottocento*; *il Rinascimento*; *la Rivoluzione francese*; *la Resistenza*. Come nel caso precedente, si scriverà invece: *continua la resistenza degli assediati*; *il rinascimento delle arti*;
- nei nomi di istituzioni, enti e sim.: *la Repubblica italiana, la Camera dei deputati, la sicurezza dello Stato, i problemi del Paese*; *Ministero della Pubblica Istruzione*; *il Consiglio Superiore della Magistratura*; *l'Ospedale Maggiore*; *l'universalità della Chiesa*; *le Nazioni Unite*. Si scriverà invece: *una piccola chiesa di campagna*; *abita in un paese di montagna*, e così via;
- nei nomi che indicano particolari cariche, nei titoli onorifici e sim.: *Presidente della Repubblica, Sindaco, Sua Eminenza, Sua Santità il Papa*. Se però tali nomi sono seguiti da nome proprio di persona, si preferisce usare la minuscola: *il presidente Scalfaro, papa Giovanni, il prefetto Bianchi* e così via. In questa categoria si possono inserire gli aggettivi e i pronomi che si riferiscono direttamente alla divinità o le cosiddette maiuscole reverenziali nel linguaggio epistolare: *prego Iddio perché con il Suo aiuto...*; *Le scrivo per ringraziarLa...*;
- nelle personificazioni sia di concetti che di animali o cose: *la Giustizia*; *il Lupo disse alla Volpe*;
- nei nomi geografici relativi ai punti cardinali,

maiuscoletto [dim. di *maiuscolo*; av. 1729] **A** s. m. • (*tipogr.*) Tipo di carattere in cui le lettere sono tutte maiuscole, ma più piccole del carattere maiuscolo vero e proprio. **B** anche agg.

maiùscolo [vc. dotta, lat. *maiŭsculu(m)*, dim. di *māius*, nt., 'maggiore'; 1554] **A** s. m. • Carattere maiuscolo. **B** agg. 1 Detto di qualsiasi scrittura o carattere i cui segni alfabetici siano compresi entro due linee parallele, senza aste che le oltrepassino in alto o in basso: *lettera maiuscola* | **A lettere maiuscole**, (*fig.*) apertamente, con grande schiettezza. 2 (*fig.*) Grande, enorme: *fungo m.* | Eccezionale, straordinario: *l'atleta ha fornito una prova maiuscola* | **Sproposito m.**, madornale. || **maiuscoletto**, dim. (V.)

Maizèna® [vc. ingl. da *maize* 'mais'] s. f. • Amido di fecola di mais usata per alimenti spec. dietetici e in pasticceria.

major /ingl. ˈmeɪdʒə/; [vc. ingl., propr. 'maggiore'; 1985] **s. f. inv.** (pl. ingl. *majors*) **1** Grande società di produzione cinematografica: *le majors di Hollywood*. **2** (*est.*) Impresa, azienda molto importante, spec. nel campo della produzione televisiva o discografica.

majorette /maʒoˈrɛt, ingl. ˌmeɪdʒəˈret, fr. maʒɔˈʀɛt/ [vc. ingl., dim. f. di (*drum*) *major* '(tamburo) maggiore'; 1973] s. f. inv. • Ragazza che, vestita con un costume che ricorda l'uniforme degli antichi tamburini, sfila alla testa dei cortei agitando una mazza con cui segna il passo o la musica.

make-up /ˈmeɪkap, ingl. ˈmeɪkˌʌp/ [vc. ingl., da *to make up* 'truccare, imbellettare', comp. di *to make* 'fare' (vc. germ. di orig. indeur.) e *up* 'sopra' (vc. germ. di orig. indeur.); 1963] s. m. inv. • Trucco del volto.

màki [vc. del Madagascar; 1905] s. m. inv. • Proscimmia dei Lemuridi delle dimensioni di un gatto e con il muso volpino, che vive nel Madagascar (*Lemur*).

makò o **macò** [dalla località di *Makò*, in Egitto, da cui è originario; 1918] **A** s. m. inv. • Cotone pregiato per filati e stoffe. **B** anche agg. *cotone m.*

mal A avv. • Forma tronca di *male* (1): *si è mal comportato*. **B** s. m. inv • Forma tronca di *male* (2): *che mal di testa!*

màla [da *mala*(*vita*); 1960] s. f. • (*gerg.*) Malavita: *il gergo della m.*

malabàrico [1765] agg. (pl. m. *-ci*) • Relativo al Malabar, regione dell'India.

malacàrne o **màla càrne** [comp. del f. di *malo* e *carne*; 1869] **s. f.**; anche **s. m.** nel sign. 2 (pl. *malecàrni*) **1** Carne macellata di qualità scadente. **2** (*fig.*) Persona malvagia; furfante.

malàcca [da *Malacca*, penisola dell'Asia, da cui proviene; 1934] s. f. • Varietà di canna d'India utilizzata per bastoni, fusti di ombrello e sim.

malaccètto o **mal accètto** [comp. di *mal(e)* e *accetto*; 1869] **agg.** • Che non è gradito, che è accettato a malincuore. **SIN.** Sgradito.

malàccio [da *male*; av. 1584] **s. m. 1** (*disus.*) Brutto male, epilessia: *Quel m. tornò a intervalli* (DE ROBERTO). **2** Nella loc. (*fam.*) *non c'è m.!*, va abbastanza bene.

malaccòlto [comp. di *male* e *accolto*; av. 1694] **agg.** • Che riceve o ha ricevuto cattiva accoglienza.

malaccóncio [comp. di *male* e *acconcio*; sec. XIII] **agg.** (pl. f. *-ce*) • Non acconcio, non adatto a qlco. || **malacconciamente**, avv.

malaccortézza [da *malaccorto*; 1927] **s. f.** • Caratteristica di chi è malaccorto. **SIN.** Imprudenza.

malaccòrto [comp. di *male* e *accorto*; 1532] **agg.** • Poco avveduto. **SIN.** Incauto, malavveduto. || **malaccortamente**, avv. In modo incauto, con poca avvedutezza.

malachìte [gr. *molochítis*, da *molóchē*, *maláchē* 'malva', di orig. preindeur. È detta così perché ha il colore della *malva*; av. 1498] **s. f.** • (*miner.*) Carbonato basico di rame, in masse concrezionali di colore verde talora zonato su diversi toni, usato per tavoli e oggetti ornamentali.

malacìa [lat. *malăcia*(*m*), nom. *malăcia*, dal gr. *malakía* 'mollezza, calma del mare', da *malakós* 'molle', di orig. indeur.; av. 1565] **s. f.** (pl. *-cìe*) **1** (*med.*) Rammollimento dei tessuti. **2** Desiderio morboso d'ingerire cibi molto piccanti.

malacitàno [vc. dotta, lat. *Malacitānu(m)*, da *Mālaca* 'Malaga'] **agg.** • (*lett.*) Relativo alla città spagnola di Malaga.

màlaco- [dal gr. *malakós* 'molle', di orig. indeur.] primo elemento • In parole composte della terminologia scientifica, significa 'molle', 'mollusco': *malacocefalo, malacologia*.

malacocèfalo [comp. di *malaco-* e *cefalo*] **s. m.** • Pesce abissale dei Macruridi che vive anche nei mari italiani, con lunga coda filiforme e barbiglio sotto il mento (*Malacocephalus laevis*).

malacologìa [comp. di *malaco-* e *-logia*; 1829] **s. f.** • Ramo della zoologia che studia i Molluschi.

malacològico [1957] **agg.** (pl. m. *-ci*) • Che riguarda la malacologia.

malacòlogo [1957] **s. m.** (f. *-a*; pl. m. *-gi*) • Studioso, esperto di malacologia.

malacontentézza [da *malcontento*; av. 1872] **s. f.** (*raro*) Scontentezza, malcontento.

malacòpia o **mala còpia** [comp. del f. di *malo* e *copia*; 1754] **s. f.** (pl. *malecòpie*) • (*region.*) Minuta.

Malacòstraci o **malacòstrachi** [comp. di *malaco-* e del gr. *óstrakon* 'guscio, conchiglia' (V. *ostracione*); 1834] **s. m. pl.** (sing. *-o*) • Nella tassonomia animale, grande gruppo di Crostacei comprendente forme con il corpo suddiviso in 20-21 segmenti (*Malacostraca*).

Malacòtteri [comp. di *malaco-* e del gr. *ptéryx*, genit. *ptérygos* 'ala, pinna'] **s. m. pl.** (sing. *-o*) • Nell'antica classificazione zoologica, ordine di Pesci a scheletro osseo con i raggi delle pinne molli e non spiniformi (*Malacopterygii*).

†**Malacozòi** [comp. di *malaco-* e del gr. *zôion* 'animale'] **s. m. pl.** • (*zool.*) Molluschi.

malacreànza o **màla creànza** o **malcreànza** [comp. del f. di *malo* e *creanza*; 1580 ca.] **s. f.** (pl. *malecreànze*) • Mancanza di educazione. **SIN.** Ineducazione, scortesia.

maladattàto [comp. di *mal(e)* (1) e *adattato*; 1957] **agg.**; anche **s. m.** (f. *-a*) • (*psicol.*) Disadattato.

†**maladìre** e deriv. • V. *maledire* e deriv.

malafàtta • V. *malefatta*.

malafède o **màla féde** [comp. del f. di *malo* e *fede*; 1566] **s. f.** (pl. *malefédi*, raro) **1** Piena consapevolezza della propria slealtà e della propria intenzione di ingannare: *essere, parlare, agire in m.* **CONTR.** Buonafede. **2** (*dir.*) Consapevolezza di pregiudicare col proprio comportamento un diritto altrui.

malafémmina o **mala fémmina** [comp. del f. di *malo* e *femmina*; av. 1923] **s. f.** (pl. *malefémmine*) • (*merid.*) Prostituta.

malaffàre o (*raro*) **mal affare** [comp. di *mal(o)* e *affare*; sec. XV] **s. m.** • Solo nella loc. agg. *di m.*, relativo a chi conduce vita turpe e disonesta: *gente di m.* | *Donna di m.*, prostituta | *Casa di m.*, postribolo.

†**malaffètto** [comp. di *mal(e)* e *affetto*; av. 1566] **agg.**; anche **s. m.** • (*raro*, *lett.*) Che (o Chi) porta odio.

màlaga [dal n. della città di *Malaga*, in Spagna; 1738] **A** s. m. inv. • Vino spagnolo, rosso o bianco, liquoroso, di solito dolce, ma talvolta anche secco, prodotto nella regione omonima, di 14°-18°. **B** s. f. • Uva da cui si ottiene il vino omonimo.

malagévole [comp. di *mal(e)* e *agevole*; av. 1294] **agg.** • Difficile, duro, faticoso: *salita, sentiero m.* ; *ti riuscirà sempre ... sommamente m. di apprendere o di porre in pratica moltissime cose* (LEOPARDI) | (*fig.*) †*Persona m.*, intrattabile. || **malagevolménte**, avv.

malagevolézza [1342] **s. f. 1** Condizione o stato di ciò che è malagevole. **SIN.** Arduità, difficoltà. **2** †Dolore: *Questi non sentono m. della morte* (CATERINA DA SIENA).

malagiàto [comp. di *mal(e)* e *agiato*; 1590] **agg.** *1* (*raro*) Privo di comodità: *appartamento m.* Scomodo. **2** Privo di agi: *potrà forse rallegrarsi di vedermi povero e m.* (TASSO). **SIN.** Povero.

malagràzia o **màla gràzia** [comp. del f. di *malo* e *grazia*; 1441] **s. f.** (pl. *malegràzie*) • Mancanza di garbo o cortesia: *chiamare qlcu., rivolgersi a qlcu. con m.* | (*raro*) Atto sgarbato. **SIN.** Malacreanza, sgarbatezza.

malagueña /malaˈɡeɲɲa, sp. malaˈɣeɲa/ [vc. sp., propr. 'di Malaga'; 1883] **s. f. inv.** (pl. sp. *malagueñas*) • Danza popolare spagnola, di ritmo ternario.

malalìngua o **màla lìngua** [comp. del f. di *malo* e *lingua*; 1438 ca.] **s. f.** (pl. *malelìngue*) • Persona maldicente.

malaménte (1) • V. *malo*.

malaménte (2) [vc. nap., orig. 'malo, cattivo'; 1991] **s. m. inv.** • Il personaggio del cattivo nella sceneggiata e nel teatro popolare napoletano.

malammìde [comp. di *mal(ico)* e *ammide*; 1957] **s. f.** • (*chim.*) Diammide dell'acido malico.

†**malancònia** e deriv. • V. *malinconia* e deriv.

malandàre [comp. di *mal(e)* e *andare* (1); sec. XIV] **v. intr.** • (oggi difett. usato solo all'inf. **pres.** e al **part. pass.** *malandàto*) • (*raro*) Andare, ridursi in cattivo stato.

malandàto [1605 part. pass. di *malandare*; anche **agg.** • Che si trova in cattivo stato, in cattive condizioni: *essere m. in salute, nel vestire*.

malandrinàggio [1867] **s. m.** • Brigantaggio: *cogli anni prosperi, il m. scemava sul fiume e nelle campagne* (BACCHELLI).

†**malandrinàre** [da *malandrino*; sec. XIV] **v. intr.** • Fare il malandrino | Comportarsi come un malandrino.

malandrinàta [da *malandrino*; 1524] **s. f.** • Azione da malandrino.

malandrinésco [av. 1661] **agg.** (pl. m. *-schi*) • Da malandrino. || **malandrinescaménte**, avv.

malandrìno [comp. di *malo* e *landrino*, dal ted. *landern* 'vagabondare'; av. 1347] **A** s. m. (f. *-a*) *1* (*raro*) Brigante, rapinatore: *tre malandrini assaltarono la corriera* | (*est.*) Persona malvagia. **SIN.** Furfante. *2* (*fig., scherz.*) Ragazzo vivace, furbo. **SIN.** Birichino. **B** agg. **1** Ladro, disonesto: *un negoziante m.* **2** (*fig.*) Birichino, malizioso: *occhi malandrini; sorriso m.*

†**malàndro** [av. 1400] agg. • Malandrino.

malànimo o (*raro*) **mal ànimo** [comp. di *mal(o)* e *animo*; 1464] **s. m.** • Malevolenza o avversità di sentimenti: *agire con m. verso qlcu.* | *Di m.*, contro voglia, a malincuore. **SIN.** Animosità.

malannàggia [nap. ant., propr. 'malanno aggia'. Cfr. *mannaggia*; av. 1337] **inter.** • (*disus.* o *lett.*) Esprime impazienza, irritazione, contrarietà, ira e sim.: *m. la furia! maledetto il mestiere!* (MANZONI). **SIN.** (*dial.*) Mannaggia.

malànno [comp. di *mal(o)* e *anno*; sec. XIII] **s. m. 1** Danno o disgrazia grave: *quel fatto è stato un vero m.* | *Dare il m.*, augurare disgrazie. **2** Male noioso, disturbo fisico: *quando si è vecchi si è pieni di malanni*. **SIN.** Acciacco. **3** (*fig.*) Persona noiosa: *i suoi tre figli sono tre malanni*. || **malannùccio**, dim.

malaparàta o **màla paràta** [comp. del f. di *malo* e *parata*; av. 1555] **s. f.** (pl. *maleparàte*, raro) • (*fam.*) Situazione critica o pericolosa: *vista la m., se ne andò*.

malaparòla o **màla paròla** [comp. del f. di *malo* e *parola*; 1957] **s. f.** (pl. *maleparòle*) • Parola offensiva, insulto, ingiuria: *prendere qlcu. a maleparole*.

malapèna o **màla pèna** [comp. del f. di *malo* e *pena*; 1765] s. f. ● Solo nella loc. avv. ***a m.***, a stento, con fatica: *può a m. camminare*; *riescono a m. a tirare avanti*.

malapiànta o **màla piànta** [comp. del f. di *malo* e *pianta*; 1319] s. f. (pl. *malepiànte*) *1* Pianta inutile o dannosa: *Non aspettate che la terra ingiunchesi / di male piante* (SANNAZARO) | (*lett., fig.*) Cosa nociva o malvagia: *Io fui radice de la mala pianta / che la terra cristiana tutta aduggia* (DANTE *Purg.* XX, 43-44). *2* Fenomeno riprovevole: *la m. della violenza*.

†**malappropòsito** o †**mal a propòsito** [da *ma-l(e) a proposito*; av. 1729] avv. ● (*raro*) A sproposito.

malapropìsmo [ingl. *malapropism* 'storpiatura di una parola, papera', dal n. di *Mrs. Malaprop*, un personaggio della commedia del 1775 *The Rivals* di R. B. Sheridan, che usava spesso una parola per l'altra; 1991] s. m. ● (*ling.*) Storpiatura di una parola che viene resa con un'altra di suono simile (es. *antilopi* per *antipodi*); nell'uso teatrale produce effetti comici.

†**malardito** [comp. di *mal(e)* e *ardito*; av. 1292] agg. ● Temerario, sfrontato.

†**malàre** (1) [da *male*; av. 1363] v. intr. e intr. pron. ● Ammalare, ammalarsi.

malàre (2) [dal lat. *māla* 'mascella'; 1834] agg. ● (*anat.*) Che concerne le guance | ***Osso m.***, osso zigomatico.

malària [comp. del f. di *malo* e *aria*; 1572] s. f. ● Malattia parassitaria causata da plasmodi trasmessi da una zanzara del tipo anofele e caratterizzata da violenti accessi febbrili ricorrenti.

malàrico [1884] **A** agg. (pl. m. *-ci*) ● Che concerne la malaria. **B** s. m. (f. *-a*) ● Chi è affetto da malaria.

malariologìa [comp. di *malaria* e *-logia*; 1935] s. f. ● Parte della medicina che si interessa dello studio della malaria.

malariòlogo [comp. di *malaria* e *-logo*; 1931] s. m. (f. *-a*; pl. m. *-gi*) ● Studioso di malariologia.

malarioterapìa [comp. di *malaria* e *-terapia*; 1941] s. f. ● Cura di determinate malattie mediante gli accessi febbrili provocati dall'inoculazione di plasmodi malarici.

†**malarrivàto** [comp. di *mal(e)* e *arrivato*; av. 1375] agg. ● Infelice, malridotto.

malasanità [comp. dell'agg. *malo* e *sanità*; 1991] s. f. ● Nel linguaggio giornalistico, il complesso delle situazioni e degli episodi che rendono evidente il cattivo funzionamento del sistema sanitario: *la stampa ha denunciato alcuni casi di m.*

malasòrte o **màla sòrte** [comp. del f. di *malo* e *sorte*; av. 1370] s. f. (pl. *malesòrti*) ● Sfortuna | ***Per m.***, per disgrazia.

malassàre [vc. dotta, lat. *malaxāre*, dal gr. *malássein* 'rendere molle', da *malakós* 'molle'. V. *malaco-*; 1563] v. tr. *1* (*raro*) Stemperare e mescolare una sostanza con acqua o altro liquido | Impastare la farina per fare il pane. *2* (*chim.*) Dosare il glutine presente in una data quantità di farina di frumento impastata con acqua dopo aver eliminato l'amido e altri elementi.

malassatrice [1957] s. f. ● (*raro*) Impastatrice.

malassatùra [1957] s. f. ● Operazione del malassare.

malassazióne [vc. dotta, lat. *malaxatiōne(m)*, da *malaxāre* 'malassare'; 1834] s. f. *1* (*raro*) Stemperamento, ammorbidimento. *2* (*med.*) †Violento massaggio dopo bagni freddi.

†**malassètto** [comp. di *mal(o)* e *assetto*] agg. ● Sciatto, trasandato, in disordine.

malassorbiménto [comp. di *mal(e)* e *assorbimento*] s. m. ● (*med.*) Alterato assorbimento delle sostanze nutritive a livello intestinale.

malatestiàno [1894] agg. ● Dei Malatesta, nobile famiglia guelfa che mantenne la signoria di Rimini dal 1295 al 1503: *tempio m.*; *biblioteca malatestiana*.

malatìccio [da *malato*; sec. XIII] agg. (pl. f. *-ce*) ● Di salute malferma: *era m., sottile, con un affanno di petto* (DE SANCTIS).

♦**malàto** (1) o †**malàtto** [lat. *măle hăbitu(m)* 'che si trova in cattivo stato'; la forma lat. ha dato *malatto*, divenuto poi *malato* per analogia con i part. pass. in *-ato*; av. 1250] **A** agg. *1* Che sta male in salute, che è affetto da qualche malattia: *essere m. agli occhi, allo stomaco*; *avere una gamba, una mano malata* | ***Parte malata***, organo malato | (*est.*) Guasto, esaltato: *fantasia, mente malata*. CONTR. Sano. *2* (+ *di*) (*fig.*) Che è dominato da una violenta passione, da un sentimento acceso, e sim.: *essere m. di invidia, d'amore* | (*fig.*) ***Avere il cuore m.***, essere innamorato. *3* (*fig.*) Che è in crisi, in decadenza: *civiltà, economia malata*. **B** s. m. (f. *-a*) (assol.; + *di*) ● Chi sta male in salute, chi ha qualche malattia o indisposizione: *i malati di tifo, d'influenza*. SIN. Infermo. || **malatino**, dim. | **malatùccio**, dim.

malàto (2) [fr. *malate*, da *malique* 'malico'; 1834] s. m. ● (*chim.*) Sale o estere dell'acido malico.

†**malatòlta** [V. *maltolto*; av. 1292] s. f. ● Angheria, vessazione.

malatterùro [comp. di *mala(co-)*, *pter-* e *-uro* (2); 1834] s. m. ● Grosso pesce dei Siluridi che vive nei fiumi africani, munito di organi elettrici disposti lungo i fianchi che emettono forti scariche (*Malapterurus electricus*).

♦**malattìa** [da †*malatto*; av. 1250] s. f. *1* Stato patologico per alterazione della funzione di un organo o di tutto l'organismo: *malattie infettive, congenite, della pelle*. CFR. noso-, pato-, -patia. SIN. Morbo | ***M. da siero***, provocata dall'introduzione di siero in un organismo sensibilizzato al siero stesso | ***M. sistemica***, che interessa tutti gli organi di uno stesso sistema | ***M. venerea***, che si trasmette con i rapporti sessuali | ***M. da decompressione***, ***m. dei cassoni***, condizione, tipica dei subacquei, causata da una rapida riduzione della pressione ambientale con liberazione di bolle gassose, spec. di azoto, nel sangue e nei tessuti | ***M. professionale, del lavoro***, alterazione dello stato di salute di un lavoratore originata da cause inerenti allo svolgimento della prestazione di lavoro | ***Malattie sociali***, quelle collegate a particolari condizioni sociali di vita o che, per la loro vasta diffusione, incidono sulla società nel suo complesso | ***M. diplomatica***, malattia simulata allo scopo di evitare un impegno fastidioso. *2* (*fig.*) Stato di turbamento o tensione emotiva: *l'invidia è una brutta m.* | Tormento, angoscia, idea fissa: *è così disperato per il licenziamento che ne sta facendo una vera m.* *3* (*fig.*) Turbamento, deterioramento, crisi di una collettività: *ogni epoca ha la sua m., alla quale risponde un'altra (ma è probabilmente la stessa) nel campo morale* (SABA) | ***M. del secolo***, quella che, in un dato secolo, la medicina non è in grado di debellare; (*fig.*) tendenza spirituale presente in un determinato periodo. || **malattiàccia**, pegg. | **malattiùccia**, **malattiùzza**, dim.

†**malàtto** ● V. *malato* (*1*).

malauguràto o **mal auguràto** [comp. di *mal(e)* e *augurato*; av. 1194] agg. ● Che è di cattivo augurio, che porta danno o sventura: *incontro, giorno m.* SIN. Infausto, nefasto | Deprecabile, non auspicabile: *nella malaugurata ipotesi che piova, porta con te l'ombrello*. || **malauguratamente**, avv. In modo malaugurato, per disgrazia.

malaugùrio o **mal augùrio** [comp. di *mal(o)* e *augurio*; 1532] s. m. ● Cattivo augurio: *giorno, persona di m.* | (*fig.*) ***Uccello del m.***, persona che porta cattive notizie o fa previsioni nefaste.

malauguróso [da *malaugurio*; av. 1292] agg. ● (*raro*) Che è di cattivo augurio, messaggero di disgrazie: *un tipo m.* || **malaugurosamente**, avv.

malaventùra o **màla ventùra** [comp. del f. di *malo* e *ventura*; sec. XIII] s. f. (pl. *malaventùre*) ● (*raro*) Malasorte, disgrazia | Sciagura | ***Per m.***, disgraziatamente.

malavita [comp. del f. di *malo* e *vita*; av. 1342] s. f. (pl. *malavite*) *1* Vita moralmente e socialmente riprovevole: *darsi alla m.* *2* Il complesso delle persone che vivono svolgendo abitualmente attività in contrasto con la legge, la morale corrente e sim.: *far parte della m.*; *la m. è in allarme*; *il gergo della m.*

malavitóso [da *malavita*; 1972] s. m.; anche agg. (f. *-a*) ● Chi (o Che) fa parte della malavita.

malavòglia o **màla vòglia** [comp. del f. di *malo* e *voglia*; av. 1557] s. f. (pl. *malevòglie*) ● Svogliatezza | ***Di m.***, malvolentieri, svogliatamente | ***Star di m.***, essere annoiato.

†**malavogliènza** ● V. *malevolenza*.

malavvedùto [comp. di *mal(e)* (*1*) e *avveduto*; av. 1348] agg. ● Incauto, improvvido, malaccorto: *è stato m. nel comportarsi così*. || **malavvedutaménte**, avv. Incautamente.

malavventuràto [comp. di *mal(e)* (*1*) e *avventurato*; av. 1347] agg. ● (*lett.*) Disgraziato, sventurato, sfortunato. || **malavventuratamente**, avv. (*lett.*) Sventuratamente.

malavventuróso [comp. di *mal(e)* (*1*) e *avventuroso*; av. 1604] agg. ● (*raro*) Disgraziato, malaugurato, nefasto | Infausto. || **malavventurosamente**, avv. Malauguratamente.

malavvézzo o **màle avézzo** [comp. di *mal(e)* (*1*) e *avvezzo*; 1532] agg. ● Abituato o educato male: *era un ragazzo m., faceva mille monellerie* (DE ROBERTO). SIN. Maleducato, viziato.

malavvisàto [fr. *malavisé* 'male avvisato'; 1864] agg. ● (*lett.*) Incauto, sconsiderato.

malaysiàno /malai'zjano/ [1970] **A** agg. ● Appartenente alla federazione della Malaysia. **B** s. m. (f. *-a*) ● Cittadino della Malaysia.

malazzàto [sovrapposizione di *malaccio* ad *ammalato*; av. 1767] agg. ● (*raro*) Che soffre per continui acciacchi, che non si sente bene: *un vecchio m.*

malbiànco o **mal biànco** [comp. di *mal(e)* (*2*) e *bianco*; detto così perché provocato da ife bianche; 1934] s. m. (pl. *-chi*) ● (*agr.*) Malattia delle piante provocata da un fungo ascomicete. SIN. Oidio, nebbia.

malcadùco [comp. di *mal(e)* (*2*) e *caduco*; calco sul lat. *mŏrbus cadūcus*; 1612] s. m. (pl. *-chi*) ● (*med., disus.*) Epilessia.

malcapitàto o **mal capitàto** [da *mal(e)* (*1*) e *capitato*; 1536] agg.; anche s. m. (f. *-a*) *1* Che (o Chi) capita male o in un momento inopportuno: *il m. giovane*. *2* Che (o Chi) ha subìto sventure ed è malridotto: *i malcapitati provenivano dalla zona allagata*.

malcàuto o **mal càuto** [comp. di *mal(e)* (*1*) e *cauto*; 1516] agg. ● Avventato, inconsiderato, malaccorto: *malcauta gioventù*. || **malcautamente**, avv. Senza prudenza.

malcelàto [comp. di *male* (*1*) e *celato*; av. 1595] agg. ● Nascosto male, non ben dissimulato: *apprese la notizia con malcelata soddisfazione*.

malcèrto o **mal cèrto** [comp. di *mal(e)* (*1*) e *certo*; 1858] agg. ● (*raro*) Incerto, insicuro: *prospettiva malcerta*.

malcollocàto o **mal collocàto** [comp. di *mal(e)* (*1*) e *collocato*; av. 1729] agg. ● (*lett.*) Male impiegato, mal riposto.

malcommésso [comp. di *mal(e)* (*1*) e *commesso*; av. 1907] agg. ● (*lett.*) Mal congegnato.

malcompósto [comp. di *mal(e)* (*1*) e *composto*; sec. XIV] agg. ● Scomposto. || **malcompostamente**, avv. Senza garbo e compostezza.

malcóncio [comp. di *mal(e)* (*1*) e *concio* (*1*); av. 1353] agg. (pl. f. *-ce*) ● Conciato male, ridotto in cattivo stato, malridotto: *era m. per le percosse*.

†**malcondótto** [comp. di *mal(e)* (*1*) e *condotto*; sec. XIII] agg. ● Malandato.

malconoscènte [comp. di *mal(e)* (*1*) e *conoscente*; av. 1388] agg. ● (*raro*) Sconoscente, ingrato.

malconsideràto [comp. di *mal(e)* (*1*) e *considerato*; av. 1472] agg. ● Inconsiderato, incauto.

malconsigliàto [av. 1341] part. pass. di †*malconsigliare* 'consigliare male'; anche agg. ● Malaccorto, incauto.

malcontènto [comp. di *mal(e)* (*1*) e *contento*; 1312] **A** agg. ● Scontento, insoddisfatto: *individuo m.* **B** s. m. *1* (f. *-a*) Chi, per insoddisfazione, si lamenta, mormora e si agita: *il mondo è pieno di malcontenti*. *2* Senso di scontentezza, inquietudine e sim.: *il m. cresce, serpeggia tra la folla*. SIN. Malumore.

malcopèrto o **mal copèrto** [comp. di *mal(e)* (*1*) e *coperto*; sec. XIII] agg. ● (*lett.*) Vestito a mala pena, mezzo ignudo | Mal riparato | (*fig.*) Malcelato.

malcorrispósto o **mal corrispósto** [comp. di *mal(e)* (*1*) e *corrisposto*; av. 1729] agg. ● (*lett.*) Non corrisposto a dovere: *un amore m.* | Non ricompensato.

malcostumàto [comp. di *mal(e)* (*1*) e *costumato*; sec. XIV] agg. ● (*raro*) Male educato.

malcostùme o **mal costùme** [comp. di *mal(o)* e *costume*; 1840] s. m. (pl. *malcostùmi* o raro *màli costùmi*, *malicostùmi*) ● Modo di vivere dissoluto e immorale | Corruzione, disonestà: *combattere il m.*; *il m. delle tangenti, del nepotismo*; *m. politi-*

co, sociale.

malcreànza • V. *malacreanza.*

malcreàto o **mal creàto** [comp. di *mal(e)* (*1*) e *creato*; 1536] **agg.** *1* Screanzato, scostumato: *giovane m.* *2* †Malnato, tristo. || **malcreatèllo**, **dim.**

†**malcubàto** [comp. di *mal(e)* (*1*) e il part. pass. di *cubare* 'giacere'; 1737] **agg.** • Malaticcio.

malcurànte [comp. di *mal(e)* (*1*) e *curante*; 1618] **agg.** • (*raro*) Incurante, noncurante.

†**maldenàro** [comp. di *mal(o)* e *denaro*] **s. m.** • Nell'Italia meridionale, tributo, balzello imposto arbitrariamente | Gabella, balzello sui generi di consumo.

Maldentàti [comp. di *male* (*1*) e *dentato*; 1947] **s. m. pl.** (**sing.** *-o*) • (*zool.*) Sdentati. ➡ **ILL. animali**/11.

♦**maldèstro** [comp. di *mal(e)* (*1*) e *destro*; av. 1363] **agg.** *1* Che manca di destrezza o abilità: *un artigiano m.* | Di ciò che è fatto o eseguito malamente: *tentativo m.* *2* Che è senza malizia né furberia né accortezza: *un giovane timido e m.*; *maldestri approcci.* || **maldestraménte**, **avv.**

†**maldétto** [1582] **A** **part. pass.** di †*maldire*; anche **agg.** • (*raro*) Maledetto. **B** **s. m.** • Parola ingiuriosa.

maldicènte [comp. di *mal(e)* (*1*) e *dicente*, part. pres. di *dire* (*1*); av. 1250] **A** **agg.** • Che sparla degli altri, con accuse, calunnie, pettegolezzi e sim.: *è una donna m.* **B** **s. m. e f.** • Persona che abitualmente sparla e dice male degli altri: *non ascoltare quel m.!* **SIN.** Malalingua.

maldicènza [lat. *maledicĕntia(m)*, comp. di *măle* 'male (1)' e *dīcere* 'dire'; av. 1529] **s. f.** *1* Abitudine di fare discorsi malevoli sugli altri: *la sua incorreggibile m.* *2* Chiacchiera malevola o calunniosa e sim.: *dar luogo a maldicenze senza fine.* **SIN.** Calunnia, diffamazione, mormorazione.

†**maldicitóre** [da *maldire*, sul modello di *dicitore*; sec. XIV] **agg.**; anche **s. m.** (**f.** *-trice*) • Maldicente, calunniatore.

†**maldire** [comp. di *mal(e)* e *dire* (*1*); av. 1250] **v. tr.** • Maledire, detestare.

maldispósto o **mal dispósto** [comp. di *mal(e)* (*1*) e *disposto*; av. 1308] **agg.** • Che è disposto sfavorevolmente nei confronti di qlcu. o qlco.: *il giudizio fu maggiormente negativo perché era m. verso di lui.* **SIN.** Prevenuto, ostile.

maldistribuìto [comp. di *mal(e)* (*1*) e *distribuito*; 1951] **agg.** • Distribuito male: *un'azienda con lavoratori maldistribuiti*; *ricchezze maldistribuite.*

maldiviàno **A** **agg.** • Delle isole Maldive, nell'Oceano Indiano. **B** **s. m.** (**f.** *-a*) • Abitante, nativo delle isole Maldive.

maldòcchio o **mal d'òcchio** [comp. di *mal(e)* *d(i)* *occhio*; 1561] **s. m.** • (*tosc.*) Malocchio.

†**maldurévole** [comp. di *mal(e)* (*1*) e *durevole*; av. 1729] **agg.** *1* Di poca durata. *2* (*lett.*) Insopportabile.

♦**màle** (**1**) [lat. *măle*, da *mălus* 'cattivo'; av. 1158] **A** **avv.** (in posizione proclitica spesso troncato in *mal*; **compar.** di maggioranza *pèggio*; **superl.** *malissimo*, o *pessimaménte*) *1* In modo non giusto, non buono: *comportarsi, agire m.* | ***Abituarsi m.***, prendere cattive abitudini | ***Parlare, dire m. di qlcu.***, sparlarne | ***Trattare, rispondere m.***, con durezza e senza riguardi | ***Sta m. rispondere così a un superiore***, è poco corretto, sconveniente. **CONTR.** Bene. *2* In modo insoddisfacente, svantaggioso, spiacevole: *mangiare, dormire m.*; *riuscire m.*; *si comincia m.!*; *gli è andata m. anche questa volta*; *si è adattato m. alla situazione* | ***Bene o m.***, in un modo o nell'altro: *bene o m. anche questa è passata* | ***Di m. in peggio***, sempre peggio | ***Restare, rimanere m.***, contrariato, deluso | ***Vestire m.***, senza proprietà ed eleganza | ***Stare m.***, essere a disagio o indisposto | ***Stare m. a quattrini***, averne pochi | ***essere messo m.***, (*fig.*) trovarsi in una situazione negativa | ***Essere m. in gamba***, godere poca salute | ***Sentirsi m.***, non star bene in salute; essere colto da improvviso malore | ***Finire m.***, avere un cattivo esito; fare una brutta morte | ***La situazione si mette m.***, evolve in senso negativo | ***Essere m. in arnese***, essere in cattive condizioni, in stato non buono | (*fam.*) ***Non*** (***esser***) ***male***, essere discreto: *quel film non è m.*; *non m., questo vino*; *una ragazza niente m.* **CONTR.** Bene. *3* In modo imperfetto: *l'abito gli sta m.*; *ci sente e vede m.*; *il ritratto è riuscito m.*; *la macchina funziona m.* | ***Parlare, scrivere, pronunciare m.***, in modo scorretto | In modo incompleto (con valore di negazione): *questo particolare mal si accorda con il resto*; *ha risposto con mal celata ironia.* **CONTR.** Bene. **B** in funzione di **inter.** • Esprime biasimo, disapprovazione e sim.: *non vuoi farlo? m.!*; *non hai finito i compiti? Molto m.!* **CONTR.** Bene. || **malino**, **dim.** | **malùccio**, **dim.**

♦**màle** (**2**) [V. precedente; av. 1250] **A** **s. m.** (poet., lett. troncato in *mal*) *1* Ciò che è cattivo, ingiusto e disonesto: *commettere, fare il m.*; *tendere al m.*; *volli cercare il m. / che tarla il mondo* (MONTALE) | ***Genio del m.***, persona particolarmente cattiva | Colpa, peccato: *nel tuo agire non vi è stato m.*; *il m. è tutto lì.* **CONTR.** Bene. *2* Ciò che è inutile, inopportuno, svantaggioso: *non sarà m. avvertirlo* | ***Non c'è niente di m., che m. c'è?***, espressioni usate per ribattere a critiche o preoccupazioni ritenute ingiuste | ***Non c'è m., non c'è malaccio***, abbastanza bene: *'Come stai?' 'Non c'è m.'* | Danno: *fare del m.*; *avere, ricevere m.* | ***Parlare, agire a fin di m.***, per nuocere ad altri | ***Voler m.***, odiare, desiderare il danno altrui | ***Metter m.***, discordia | ***Aversene a m.***, offendersi | ***Andare a m.***, guastarsi. **CONTR.** Bene. *3* Sventura, avversità: *i mali della vita*; *augurare ogni m. a qlcu.* *4* Sofferenza, dolore, sia fisico che morale: *sentire un gran m. al ginocchio*; *mal d'amore* | Nella loc. ***male di vivere***, disagio, sofferenza insita nella condizione umana (espressione usata da E. Montale in una poesia del 1925). *5* (*med.*) Malattia | ***Mal d'auto, d'aria, di mare***, malesseri provocati dal movimento, caratterizzati da nausee, vomito ed emicranie | ***Mal di montagna***, malesseri provocati dalla rarefazione dell'ossigeno con l'aumentare dell'altitudine | (*disus.*) ***Mal caduco***, epilessia | (*disus.*) ***Mal sottile***, tubercolosi | ***Mal di testa, di capo***, emicrania | ***Mal francese***, V. *malfrancese* | (*region.*) ***Mal della lupa***, bulimia | †***Mal dello scimmione***, atrepsia | †***Mal della pietra***, calcolosi vescicale | (*eufem.*) ***Brutto m.***, tumore maligno. *6* (*bot.*) Malattia delle piante | ***M. bianco***, malattia che colpisce i vegetali sulle cui foglie compaiono chiazze bianche dovute a ife di funghi (es. *Phyllactinia suffulta*) delle Erisifacee | ***M. nero***, fumaggine | ***M. dell'inchiostro***, grave malattia del castagno causata da un fungo delle Saprolegnacee (*Blepharospora cambivora*) | ***Mal del piombo***, malattia delle foglie dell'ulivo che assumono un aspetto argentato o piombato. **SIN.** (*raro*) Piombatura. **B** in funzione di **agg. inv.** • Nella loc. (*fam.*) ***non esser m.***, essere discreto, abbastanza bello, buono o sim. (anche ellitt. del v.): *quel film non è m.*; *non m., questo vino* | Anche nelle loc. ellitt. ***niente m., mica m.***: *una ragazza niente m.*; *mica m., quell'attore.* **C** **agg.** • †Malo, cattivo. || **malàccio**, **pegg.** || **PROV.** Non tutto il male viene per nuocere; mal comune, mezzo gaudio; chi è causa del suo mal pianga sé stesso.

maleàto [fr. *maléate*, da *maléique* 'maleico'; 1891] **s. m.** • (*chim.*) Sale o estere dell'acido maleico.

maleavvézzo • V. *malavvezzo.*

†**maledétta** [f. sost. di *maledetto*] **s. f.** • Solo nella loc. ***non saperne una m.***, nulla, e nella loc. ***alla m.***, alla disperata.

maledettìsmo [da *maledetto*; 1960] **s. m.** • (*lett.*) Atteggiamento dissacrante e anticonformistico, proprio dei poeti del decadentismo francese.

♦**maledétto** o (*pop., tosc.*) †**maladétto**, †**malidétto** [av. 1313] **A** **part. pass.** di *maledire*; anche **agg.** *1* Colpito da maledizione | Che è causa di maledizione o sventura: *quel m. giorno non finiva mai.* **SIN.** Funesto, nefasto. *2* Orribile: *tempo m.*; *paura maledetta* | Detestabile: *quel m. barbiere mi ha rovinato la faccia!* *3* (*fig.*) Insopportabile, assai molesto: *fame, sete maledetta*; *ho una voglia maledetta di partire.* *4* ***Poeti maledetti***, denominazione dei poeti del decadentismo francese. || **maledettaménte**, **avv.** *1* (*fam.*) Orribilmente: *piove, lampeggia maledettamente.* *2* Con grande forza, insistenza e sim.: *studio maledettamente da tre mesi.* **B** **s. m.** *1* (**f.** *-a*) Persona da esecrare, da maledire: *quando la finirà quel m.?* *2* (*raro, spec. al pl.*) I dannati.

maledicènte **part. pres.** di *maledire*; anche **agg.** • (*raro*) Nei sign. del v.

malèdico [vc. dotta, lat. *malĕdicu(m)*, comp. di *măle* 'male (1)' e *dīcere* 'dire'; 1520] **agg.** (**pl. m.** *-ci*; come **superl.** *maledicentissimo*) • (*lett.*) Maldicente, calunniatore. || **maledicaménte**, **avv.**

♦**maledire** o (*pop., tosc.*) †**maladire** [lat. *maledīcere* 'dir male, sparlare', comp. di *măle* 'male (1)' e *dīcere* 'dire'; av. 1306] **A** **v. tr.** (**imperf. indic.** *io maledicévo*, pop. *maledìvo*; **pass. rem.** *io maledìssi*, pop. *maledìi*, *tu maledicésti*, pop. *maledìsti*; **imperat.** *maledìci*; per le altre forme coniug. come *dire*) *1* Colpire con una condanna o anatema: *Noè maledisse Cam*; *Dio maledisse Caino.* *2* Considerare degno di esecrazione, di abominio, imprecando o augurando sventura: *m. i tiranni, i malvagi*; *maledirai il giorno in cui sei nato*; *maledissi la sorte* (SABA). *3* †Sparlare. **B** **v. intr.** (aus. *avere*) • (*lett.*) †Augurar male.

maledizióne o †**maladizióne** [vc. dotta, lat *maledictiōne(m)* 'maldicenza, insulto', da *maledīcere*. V. *maledire*; 1304] **A** **s. f.** *1* Il maledire | Condanna, anatema con cui si invoca un castigo su qlcu. o qlco.: *la m. dei genitori pesa sul suo capo* | ***Avere la m. addosso***, non riuscire a trovar bene o pace | Imprecazione: *dalla sua bocca non escono che insulti e maledizioni.* *2* Cosa o persona abominevole o esecrabile, che è fonte di sventure e sim.: *quel vizio è la sua m.*; *sei una m. per chiunque ti avvicini.* **SIN.** Disdetta, disgrazia. *3* †Maldicenza. **B** in funzione di **inter.** • Esprime ira, rabbia, dispetto, disappunto, contrarietà e sim.: *m.! non me ne va bene una oggi!*; *m.! potevano avvertirmi!*; *m.! che fretta!* **SIN.** Dannazione.

maleducàto o (*raro*) **mal educàto** [comp. di *mal(e)* (*1*) ed *educato*; 1881] **agg.**; anche **s. m.** (**f.** *-a*) • Che (o Chi) è privo di educazione e buona creanza: *ragazzo m.*; *se ... date una buona notizia ad un m., gestisce, mugghia* (DE SANCTIS). **SIN.** Screanzato, villano. || **maleducataménte**, **avv.**

maleducazióne [comp. del f. di *malo* ed *educazione*; 1913] **s. f.** *1* Cattiva educazione. **SIN.** Malacreanza, villania. *2* Atto o comportamento da maleducato. **SIN.** Villania.

†**malefaciènte** [vc. dotta, lat. *malefaciĕnte(m)*, part. pres. di *malefăcere* 'fare del male', comp. di *măle* 'male (1)' e *făcere* 'fare'] **agg.** • Malfacente.

malefàtta o **malafàtta**, **màla fàtta** [comp. di *mala* (f. di *malo*) e *fatta*; av. 1600] **s. f.** (**pl.** *malefàtte*) *1* Errore di tessitura. *2* (*spec. al pl., fig.*) Errore, danno, spec. di natura morale: *sta sempre a noi riparare le sue malefatte.*

†**malefattóre** • V. *malfattore.*

†**maleficènza** [vc. dotta, lat. *maleficĕntia(m)*, da *malĕficus* 'malefico'; av. 1639] **s. f.** • Danno, errore.

†**maleficiàto** [1354] **agg.** • Colpito da maleficio.

malefìcio o **malefìzio**, †**malifìcio**, †**malifìzio** [vc. dotta, lat. *malefĭciu(m)*, da *malĕficus* 'malefico'; 1243 ca.] **s. m.** *1* Malia, stregoneria: *la si credeva una strega e le si attribuivano molti malefici.* *2* (*raro, lett.*) Delitto, misfatto, ribalderia: *miser chi, mal oprando, si confida / che ognor star debbia il m. occulto* (ARIOSTO) | †***Giudice del m.***, giudice criminale o penale.

†**maleficióso** o †**malefizióso** [da *maleficio*; av. 1311] **agg.** • Malefico.

malèfico [vc. dotta, lat. *malĕficu(m)*, da *malefăcere*. V. *malefaciente*; av. 1342] **A** **agg.** (**pl. m.** *-ci*, †*-chi*) *1* Che fa male, che è dannoso: *clima m.*; *i malefici effetti di qlco.* **SIN.** Nocivo. *2* Di maleficio: *fattura malefica* | Che proviene da maleficio o ne è causa: *influsso m.*; *stelle malefiche.* *3* (*astrol.*) Attributo dei pianeti Marte, Saturno, Urano, Plutone. || **maleficaménte**, **avv.** In modo malefico; con maleficio. **B** **s. m.** • †Mago, fattucchiere.

malefìzio e *deriv.* • V. *maleficio* e *deriv.*

malèico [fr. *maléique*, da *malique* 'malico'; 1869] **agg.** (**pl. m.** *-ci*) • (*chim.*) Detto di composto estratto o derivato, almeno originariamente, da mele o da sostanze in esse contenute | ***Acido m.***, acido bicarbossilico, isomero dell'acido fumarico, ottenuto riscaldando l'acido malico o decomponendo cataliticamente il benzolo, usato per molte sintesi organiche.

màle intenzionàto • V. *malintenzionato.*

†**malemèrito** o †**malmèrito** [comp. di *male* (*1*) e *merito*, in opposizione a *benemerito*; av. 1342] **agg.** • Che ha mal meritato | Degno di castigo. **CONTR.** Benemerito.

†**malenànza** o †**malinànza** [provz. *malananса*, comp. di *mal* 'male (1)' e *anar* 'andare'; sec. XIII] **s. f.** • Affanno, doglia.

†**malenconìa** e *deriv.* • V. *malinconia* e *deriv.*

maleodorànte [comp. di *male* (*1*) e *odorante*;

1896] agg. ● Che emana cattivo odore: *vicoli, rifiuti maleodoranti.* || **maleodorantemènte**, avv.

maleolènte [lat. *māle olĕnte(m)*, comp. di *māle* 'male (1)' e il part. pres. di *olēre* 'aver odore'; sec. XVII] agg. ● (*lett.*) Puzzolente, maleodorante.

maleopolineṣìaco [ted. *malayo-polynesischen* (*Sprachen*) '(le lingue parlate dal gruppo) *malese e polinesiaco*'; 1934] agg. (pl. m. *-ci*) ● Detto di una famiglia di lingue parlate nell'area compresa fra il Madagascar, le isole Hawaii, l'isola di Pasqua e la Nuova Zelanda.

malèrba [comp. del f. di *malo* ed *erba*; av. 1459] s. f. *1* Erba inutile o dannosa. *2* (*fig.*) Persona disonesta | Persona o cosa fastidiosa | (*fig., scherz.*) ***La m. non muore mai***, i cattivi vivono più dei buoni | ***Cresce come la m.***, di persona noiosa, che si trova dappertutto.

malèscio [sp. *malejo*, da *malo* 'malo'; av. 1646] agg. (pl. f. *-sce*) *1* (*raro*) Di noce di qualità scadente per il gheriglio che non si stacca | (*fig., lett.*) ***Capo, cervello m.***, duro, vuoto. *2* (*fig., lett.*) Cagionevole di salute.

maléṣe [1834] **A** agg. ● Della Malesia: *donne malesi*; *abitante, nativo della Malesia, oggi Malaysia.* **B** s. m. e f. ● Abitante, nativo della Malesia. **C** s. m. solo sing. ● Lingua del gruppo indonesiano, parlata in Malesia.

malèssere o (*raro*) **mal èssere** [comp. di *mal(e)* (*1*) ed *essere*; 1840] s. m. (pl. *-i*) *1* Sensazione di non star bene: *uno strano m.* SIN. Indisposizione. *2* (*est.*) Inquietudine, turbamento, di natura sociale, economica e sim.: *nel Paese c'è un diffuso senso di m.*

†**malestànte** [comp. di *male* (*1*) e *stante*, in opposizione a *benestante*; av. 1540] agg. ● Indigente.

malèstro [comp. di *mal(o)* ed *estro*; av. 1879] s. m. ● Danno commesso per sbadataggine, irrequietezza, inesperienza e sim.: *quel ragazzo non combina che malestri.*

†**malèstruo** [ant. fr. *malestruc*, comp. di *mal* 'malo' e *astruc* 'fortunato'; 1308] agg.; anche s. m. ● Sciagurato, miserabile, scellerato.

malevolènza o †**malavogliènza**, †**malevogliènza**, †**malivolènza**, †**malvoglienza** [lat. *malevolĕntia(m)*, comp. di *māle* 'male (1)' e *vŏlens* 'colui che vuole'; 1292] s. f. ● Cattiva disposizione d'animo verso qlcu., atteggiamento ostile: *agire con m.*; *io conchiudo che tu in luogo di amarmi ... mi abbia piuttosto in ira e m.* (LEOPARDI). SIN. Animosità, avversione, malanimo.

malèvolo [vc. dotta, lat. *malĕvolu(m)*. V. *malevolenza*; av. 1294] agg.; anche s. m. (f. *-a*; come superl. *malevolentìssimo*) ● Che (o Chi) vuol male o dimostra malevolenza: *intenzione malevola*; *quei malevoli saranno puniti.* SIN. Animoso, ostile. || **malevolménte**, avv. Con malevolenza.

malfacènte [sec. XIV] part. pres. di *malfare*; anche agg. ● (*raro, lett.*) Che compie il male.

malfamàto [comp. di *mal(e)* (*1*) e il part. pass. di *famare*; av. 1909] agg. ● Che gode di una cattiva fama: *individuo, luogo m.*

malfàre [lat. *malefăcere*. V. *malefaciente*; av. 1294] v. intr. (coniug. come *fare*; aus. *avere*; oggi usato solo all'inf. pres. e al part. pass. *malfàtto*) ● (*lett.*) Compiere cattive azioni: *uomini usi a m.*

malfattino [da *malfatto*; 1970] s. m. ● (*spec. al pl.*) Tipo di pasta da minestra, a pezzi irregolari, specialità emiliana.

malfàtto [1353] **A** part. pass. di *malfare*; anche agg. *1* Malformato, sgraziato: *fisico m.* | Realizzato male: *oggetto m.* *2* (*fig.*) Degno di biasimo: *cose malfatte.* **B** s. m. *1* Azione degna di biasimo: *riparare il m.* *2* (*spec. al pl.*) Tipo di gnocchi con spinaci e prezzemolo, tipici della Valtellina.

malfattóre o †**malefattóre** [lat. *malefactōre(m)*, da *malefăctum*. V. *malafatta*; 1282] **A** s. m. (f. *-trice*, pop. disus. *-tora*) ● Delinquente, malvivente, furfante: *una banda di malfattori*; *lo legarono come un m.* | (*scherz.*) Briccone. **B** agg. ● †Malefico.

†**malfattorìa** [da *malfattore*; 1354] s. f. ● Maleficio.

†**malferàce** [detto così perché *ferace* ('apportatore') di *male*; 1312] agg. ● Malvagio, scellerato.

†**malferàto** [comp. di *mal(e)* (*1*) ed *(ef)ferato*; av. 1381] agg. ● Efferato, crudele.

malférmo o (*raro*) **mal fèrmo** [comp. di *mal(e)* (*1*) e *fermo*; 1803] agg. ● Privo di sicurezza, solidità o stabilità (*anche fig.*): *camminare con passo m.*; *salute malferma*; *un proposito m.* SIN. Incerto, instabile, malsicuro.

malfidàto [comp. di *mal(e)* (*1*) e *fidato*; sec. XIV] agg.; anche s. m. (f. *-a*) ● (*lett.*) Che (o Chi) non si fida. SIN. Diffidente.

malfidènte [comp. di *mal(e)* (*1*) e *fidente*; 1959] agg. ● (*lett.*) Malfidato.

malfido o (*raro*) **mal fido** [vc. dotta, lat. tardo *malefīdu(m)*, comp. di *māle* 'male (1)' e *fīdus* 'fido, fidato'; 1533] agg. ● Che è indegno di fiducia, che non dà sufficiente sicurezza: *amico m.*; *alleanza malfida.* SIN. Infido, malsicuro.

malfilàto [prob. comp. di *mal(e)* (*1*) e *filato*; 1983] s. m. ● (*tess.*) Tipo di filato che, con particolari procedimenti, è reso irregolare nella sua continuità.

malfondàto o **mal fondàto** [comp. di *mal(e)* (*1*) e *fondato*; 1515] agg. ● Incerto, mal sicuro: *speranza mal fondata.*

malformàto o **mal formàto** [comp. di *mal(e)* (*1*) e *formato*; av. 1786] agg. *1* Non ben formato, che ha brutta forma. SIN. Malfatto. *2* (*med.*) Che è affetto da malformazione.

malformazióne [da *malformato*; 1934] s. f. *1* Irregolarità nella struttura delle parti. *2* (*med.*) Alterazione della normale conformazione di un tessuto, organo o parte del corpo.

†**malfortunàto** [comp. di *mal(e)* (*1*) e *fortunato*; av. 1571] agg. ● Disgraziato, sfortunato.

†**malfrancesàto** [da *malfrancese*] agg.; anche s. m. ● Che (o Chi) è affetto dal malfrancese.

malfrancéṣe o **mal francéṣe**, †**malfranciòṣo**, †**malfranzéṣe** [comp. di *mal(e)* (*2*) e *francese*; detto così perché si credeva che fosse stato portato a Napoli sotto Carlo VIII dall'esercito francese; 1502] s. m. ● (*disus. o lett.*) Sifilide.

malfunzionamènto [comp. di *mal(e)* o *mal(o)*, come agg. e *funzionamento*; 1980] s. m. ● Funzionamento difettoso, irregolare o inadeguato: *m. di un apparecchio, di un servizio pubblico.*

†**malfùsso** [sp. *marfuz* 'rinnegato', dall'ar. *marfūḍ*; 1481] agg.; anche s. m. ● Maledetto, sciagurato.

màlga [vc. di orig. preindeur.; 1885] s. f. ● Costruzione rustica, parte in muratura e parte in legno, per temporanea dimora di persone e di bestie sui pascoli alpini | (*est.*) Pascolo alpino.

malgàrbo o **mal gàrbo** [comp. di *mal(o)* e *garbo*; 1858] s. m. *1* Maniera sgraziata: *ringraziare qlcu. con m.* *2* Villania, sgarbo.

malgàro o (*region.*) **margàro** [da *malga*; 1940] s. m. (f. *-a*) ● Conduttore di pascoli montani, di bestiame nella malga.

malgàscio [ingl. *malagasy*, da avvicinare a *Madagas(car)*, col fenomeno abbastanza frequente dello scambio tra *-l-* e *-d-*; 1860] **A** agg. (pl. f. *-sce*) ● Del Madagascar: *lingua malgascia.* **B** s. m. (f. *-a*) ● Abitante, nativo del Madagascar. **C** s. m. solo sing. ● Lingua del gruppo indonesiano, parlata nel Madagascar.

malghéṣe [da *malga*; 1951] s. m. e f. ● (*region.*) Malgaro.

malgiudicàre [comp. di *mal(e)* (*1*) e *giudicare*; sec. XIII] v. tr. (*io malgiùdico, tu malgiùdichi*) ● Giudicare ingiustamente: *spesso è facile m. il prossimo.*

†**malgiùnto** [comp. di *male* (*1*) e *giunto*; 1532] agg. ● (*lett.*) Malcapitato.

malgovèrno (**1**) o **mal govèrno** [comp. di *mal(o)* e *governo*; 1464] s. m. *1* Cattivo governo, cattiva amministrazione: *subire le conseguenze del m.* *2* (*raro, lett.*) Mancanza di cura, cattivo uso.

†**malgovèrno** (**2**) [comp. di *mal(e)* (*1*) e *govern(at)o*] agg. ● Malconcio, malmesso.

malgradito o **mal gradito** [comp. di *mal(e)* (*1*) e *gradito*; 1321] agg. ● (*raro*) Sgradito: *dono m.*

♦**malgràdo** o (*raro*) **mal gràdo** [comp. di *mal(o)* e *grado*; sec. XII] **A** prep. ● Nonostante, a dispetto di: *m. le minacce, persiste nei suoi propositi*; *m. le difficoltà ha superato la prova*; *lo ha fatto m. la mia proibizione* | Contro la volontà (preceduto dagli agg. poss.): *dovrai farlo tuo m.* | (*lett.*) Nella loc. prep. ***m. di***. **B** cong. ● Nonostante, sebbene (introduce una prop. concessiva con il v. al congv.): *m. non lo meritasse, ha vinto la gara*; *m. fosse tardi, sono arrivato in tempo* | Anche nella loc. cong. ***m. che***: *m. che l'avessi intuito, non ho potuto evitarlo.* **C** s. m. ● †Dispiacere, contrarietà.

†**malgraziòṣo** [comp. di *mal(e)* (*1*) e *grazioso*; av. 1348] agg. ● Rude, sgarbato. || †**malgraziosaménte**, avv. Con mala grazia.

malgré lui /fr. malgʀe'lɥi/ [loc. fr., propr. 'malgrado lui'] **A** loc. avv. ● A dispetto delle sue stesse convinzioni, intenzioni, volontà: *malgré lui riesce simpatico.* **B** anche loc. agg. inv.: *un buon diplomatico malgré lui.*

malguardàto o **mal guardàto** [comp. di *mal(e)* (*1*) e *guardato*; av. 1374] agg. ● Custodito o difeso male: *patrimonio m.*

malgùsto o **mal gùsto** [comp. di *mal(o)* e *gusto*; 1891] s. m. ● (*lett.*) Gusto cattivo (*anche fig.*): *abiti di m.*; *cibo di m.*

malìa [da *malo*; sec. XIII] s. f. *1* Pratica magica con la quale, nelle credenze medievali, si pretendeva di assoggettare la volontà altrui o di recare danno a persone o cose. SIN. Incantesimo, maleficio. *2* (*fig.*) Incanto, fascino: *occhi pieni di m.*

maliàno **A** agg. ● Del Mali. **B** s. m. (f. *-a*) ● Abitante, nativo del Mali.

maliarda (o **-lià-**) [f. sost. di *maliardo*; 1427] s. f. *1* (*lett.*) Donna che fa malie, incantesimi e sim. *2* (*est.*) Donna che esercita un forte potere di seduzione (*anche scherz.*): *non assumere quelle pose da m.*

maliàrdo (o **-lià-**) [da *malia*; av. 1444] **A** agg. ● Che conquista, affascina: *sorriso m.*; *occhi maliardi.* **B** s. m. (f. *-a* (V.)) ● (*lett.*) Uomo che fa malie, incantesimi e sim.

màlico [fr. *malique*, dal lat. *mālum* 'mela'; 1834] agg. (pl. m. *-ci*) ● (*chim.*) Detto di ossiacido bicarbossilico, presente in molti frutti acerbi, dotato di potere rotatorio che varia con la diluizione, usato in medicina e per sintesi organiche.

†**malidètto** ● V. *maledetto.*

†**malificio** ● V. *maleficio.*

†**malifìzio** ● V. *maleficio.*

malignàre [vc. dotta, lat. tardo *malignāre*, da *malĭgnus* 'maligno'; sec. XV] **A** v. intr. (aus. *avere*) ● Fare discorsi o pensieri cattivi su qlcu. o qlco.: *m. sul comportamento di qlcu.* | ***M. su tutto***, interpretare o commentare con malignità ogni cosa. **B** v. tr. *1* †Trattare con malignità. *2* †Interpretare malignamente.

malignatóre [1689] s. m. (f. *-trice*) ● (*raro*) Chi abitualmente maligna.

malignità [lat. *malignitāte(m)*, da *malĭgnus* 'maligno'; av. 1342] s. f. *1* Malvagità d'animo, disposizione a pensare o giudicare male, a nuocere e sim.: *la sua m. è veramente diabolica*; *una sì svergognata m.* (BARTOLI) | (*est.*) Malizia: *interpretare ogni cosa con m.* SIN. Cattiveria, malevolenza. *2* Insinuazione o interpretazione maligna: *è meglio non ascoltare la sua m.* *3* (*lett.*) Avversità. *4* (*med.*) Natura o carattere maligno di una malattia.

maligno [lat. *malĭgnu(m)*, da *mălus*. V. *malo*; av. 1306] **A** agg. *1* Che agisce, parla o pensa con malignità: *una ragazza maligna* | ***Spirito m.***, il demonio | ***Critico m.***, che si compiace di cercare e trovare manchevolezze | (*est.*) Che è segno di odio, cattiveria e sim.: *risatina, interpretazione, insinuazione maligna*; *il piacere m. … gli faceva arricciare agli angoli il labbro* (PIRANDELLO). SIN. Cattivo, malevolo, malvagio. *2* (*fig., lett.*) Nocivo: *clima m.* *3* (*lett.*) Contrario, sfavorevole: *destino m.* *4* (*med.*) Che evolve dannosamente per l'organismo senza risentire gli effetti di alcuna cura | ***Tumore m.***, ad accrescimento indefinito, invadente e destruente per i tessuti circostanti. *5* †Infernale. || **malignaménte**, avv. Con malignità. **B** s. m. (f. *-a*) ● Persona malevola, malvagia: *i maligni dicono molte cose non vere su di lui* | ***Il m.***, (*per anton.*) il demonio. SIN. Cattivo, malevolo, malvagio. || **malignàccio**, pegg. | **malignétto**, dim. | **malignóne**, accr. | **malignùccio**, **malignùzzo**, dim.

†**malignóṣo** [av. 1306] agg. ● Perfido, infausto. || †**malignoṣaménte**, avv.

malimpiegàto [comp. di *mal(e)* (*1*) e *impiegato*; 1822] agg. ● Impiegato o usato male: *denaro m.*

†**malinànza** ● V. †*malenanza.*

♦**malinconìa** o †**malanconìa**, †**malenconìa**, †**maninconìa**, †**melancolìa**, **melanconìa** [lat. tardo *melanchŏlia(m)*, nom. *melanchŏlia*, dal gr. *melancholía* 'atrabile, demenza, melancolia', comp. di *mélas* 'nero' e *cholḗ* 'bile'; 1243 ca.] s. f. *1* Secondo l'antica medicina, umor nero di natura fredda e secca, secreto dalla bile. SIN. Atrabile. *2* Dolce e delicata tristezza, vaga e intima mestizia: *pensieri e ricordi colmi di m.*; *sguardo pieno di m.*; *il mio cuore, … / strugge, vagante fiamma / nei dì festivi la m.* (SABA). *3* Pensiero, presentimento e sim. che causa tristezza o preoccupazione: *mettiamo da parte le malinconie.* **4** (*psicol.*) Stato patologico di tristezza, pessimismo, sfiducia o avvilimento, senza una causa apparente adeguata, che rappresenta una delle fasi della psicosi maniaco-depressiva: *la melanconia si considera dai moderni psichiatri non come una malattia mentale a sé* (GOZZANO). || **malinconiaccia**, pegg.

♦**malincònico** o †**malancònico**, †**malencònico**, †**manincònico**, †**melancòlico**, **melancònico** [lat. *melanchŏlicu(m)*, nom. *melanchŏlicus*, dal gr. *melancholikós*, da *melancholía*. V. *malinconia*; av. 1292] agg. (pl. m. *-ci*) **1** Che sente o è propenso a sentire dolce e pacata tristezza: *un giovane meditativo e m.* | Che esprime malinconia: *un canto sommesso e m.* SIN. Mesto. **2** Che ispira malinconia: *riflessioni malinconiche*; *un luogo m.* SIN. Mesto. || **malinconicaménte**, avv.

malinconióso (o -**nió**-) o †**malanconóso**, †**malinconóso**, †**maninconióso**, †**maninconóso**, **melanconióso** [da *malinconia*; sec. XIII] agg. ● (*lett.*) Malinconico. || **malinconiosaménte**, avv.

malincòrpo [comp. di *mal(e)* (*1*), *in* e *corpo*; av. 1444] vc. ● (*tosc.*) Solo nella loc. ***a m.***, contro voglia, di malavoglia: *andò a m. a far l'imbasciata nella stanza vicina* (MANZONI).

malincuòre [comp. di *mal(e)* (*1*), *in* e *cuore*; av. 1342] vc. ● Solo nella loc. avv. ***a m.***, di malavoglia, con rincrescimento, poco volentieri: *ci ha lasciati a m.*

malinformàto [comp. di *mal(e)* (*1*) e *informato*; 1970] agg. ● Che ha avuto informazioni inesatte.

malintenzionàto o **màle intenzionàto** [comp. di *mal(e)* (*1*) e *intenzionato*; av. 1644] agg.; anche s. m. (f. *-a*) ● Che (o Chi) ha intenzione di danneggiare, di nuocere: *essere m. contro qlcu.*, *a riguardo di qlcu.*; *si avvicinarono dei malintenzionati.* SIN. Maldisposto, ostile. || **malintenzionatamènte**, avv.

malintéso [comp. di *mal(e)* (*1*) e *inteso*; 1499] **A** agg. **1** Male interpretato: *una malintesa indulgenza lo ha danneggiato* | ***Pietà malintesa***, che finisce col non fare il bene, o che è mal riposta. **2** †Che non ha capito o imparato bene. **B** s. m. ● Falsa o errata interpretazione che è causa di screzi, dispiaceri e sim.: *desidero chiarire il m.* SIN. Equivoco.

malióso (o -**lió**-) [da *malia*; 1353] **A** agg. **1** (*lett.*) Che incanta: *io comporrei canzoni maliose* (D'ANNUNZIO). **2** †Che fa malie, stregonerie. **3** †Venefico. || **maliosaménte**, avv. **B** s. m. (f. *-a*) ● (*raro*) Maliardo.

†**maliscàlco** ● V. *maniscalco.*

†**maliscènte** [prob. da *male* (*2*) sul modello di *convalescente*; av. 1758] agg. ● (*lett.*) Malaticcio.

†**maliscènza** [av. 1850] s. f. ● (*lett.*) Malessere.

malismo ● V. *melisma.*

†**malivolènza** ● V. *malevolenza.*

malìzia [vc. dotta, lat. *malĭtia(m)*, da *mălus* 'malo'; 1219] s. f. **1** Inclinazione a commettere azioni disoneste, ingiuste, cattive: *agire con m.* SIN. Malignità, malvagità. **2** Compiaciuta conoscenza del male: *lo disse con molta m.* CONTR. Ingenuità. **3** Capacità di comprendere ciò che è audace e piccante, anche dissimulando tale conoscenza sotto atteggiamenti ingenui: *si espresse con sottile m.* **4** Astuzia o accorgimento posti in essere per ingannare qlcu. o, comunque, per ottenere certi risultati: *sono le malizie dei commercianti*; *io che opero senza m., prendo le cose con indifferenza* (GOLDONI) | (*est.*) Avvedutezza, perizia: *le malizie del mestiere.* **5** †Corruzione, infezione: *quelli intelletti che per m. d'animo o di corpo infermi non sono* (DANTE). **6** †Danno, dolore, sventura. **7** †Peccato mortale. || **maliziàccia**, pegg. | **maliziétta**, dim. | **maliziùccia**, dim. | **maliziuòla**, dim.

maliziàre [da *malizia*; av. 1306] **A** v. intr. (*io malìzio*; aus. *avere*) ● (*raro*) Operare e pensare con malizia. **B** v. tr. ● †Alterare.

†**maliziàto** [1308] part. pass. di *maliziare*; anche agg. **1** Disonesto, equivoco. **2** (*raro*) Ingannevole. || †**maliziataménte**, avv. Con inganno.

maliziosità [vc. dotta, lat. *malitiositāte(m)*, da *malitiōsus* 'malizioso'; 1620] s. f. ● Caratteristica di malizioso | (*est.*) Azione maliziosa.

malizióso [vc. dotta, lat. *malitiōsu(m)*, da *malĭtia* 'malizia'; sec. XIII] agg. **1** Pieno di malizia: *è evidente l'intenzione maliziosa del suo intervento*; *quel tiro da bambina maliziosa* (SVEVO). **2** Che denota malizia: *sguardo m.* **3** †Astuto, furbo. || **maliziosàccio**, pegg. | **maliziosétto**, dim. | **maliziosino**, dim. | **maliziosùccio**, dim. || **maliziosaménte**, avv. Con malizia.

†**maliziùto** [av. 1642] agg. ● Pieno di malizie.

mallèabile [fr. *malléable*, dal lat. *mălleus* 'martello'; si diceva di quel metallo che può essere lavorato col martello; av. 1537] agg. **1** Detto di metallo o lega metallica che può essere ridotto in lamine sottili o sottilissime senza subire rotture, fessurazioni o alterazioni strutturali nocive. **2** (*fig.*) Facile a convincersi, a essere persuaso. SIN. Arrendevole, cedevole. || **malleabilménte**, avv. (*raro*) Con docilità, arrendevolezza.

malleabilità [fr. *malléabilité*, da *malléable* 'malleabile'; 1754] s. f. ● Proprietà, caratteristica di malleabile (*anche fig.*).

mallegàto [comp. di *mal(e)* (*1*) e *legato* (*1*), perché non è legato fisso come il salame; 1734] s. m. ● (*tosc.*) Sanguinaccio fatto con sangue di maiale, misto a grasso e uva passa, e gener. lessato. SIN. Biroldo.

malleolàre [1834] agg. ● (*anat.*) Del malleolo.

mallèolo [vc. dotta, lat. *mallĕolu(m)*, da *mălleus* 'martello'. V. *maglio*; av. 1566] s. m. ● (*anat.*) Sporgenza ossea in corrispondenza della caviglia: *m. interno*, *esterno.*

mallevadóre o (*raro*) **mallevatóre** [da *mallevare*; sec. XIII] s. m. (f. *-drice*) **1** (*dir.*) Colui che garantisce, obbligandosi, l'adempimento altrui. **2** (*est.*) Garante: *mi faccio m. della sua onestà*; *duce David, m. è Iddio* (ALFIERI). **3** †Ostaggio.

mallevadorìa [da *mallevadore*; av. 1348] s. f. ● (*raro*) Malleveria.

†**mallevàre** [lat. *mănu(m) levāre* 'alzare la mano', dal gesto che si faceva quando si giurava; 1355] v. intr. ● Farsi mallevadore o garante di qlcu. o qlco.

mallevatóre ● V. *mallevadore.*

mallevérìa [da †*mallevare*; 1279] s. f. ● (*dir.*) Garanzia personale dell'adempimento altrui: *dare m.*

màllo (**1**) [lat. *măllu(m)* 'fiocco di lana' (?); 1340 ca.] s. m. ● Involucro verde e coriaceo che forma la parte esterna delle noci e delle mandorle e annerisce quando il frutto è maturo.

màllo (**2**) [francone *mathl* 'assemblea'; av. 1750] s. m. ● Nell'antico diritto germanico, assemblea degli uomini liberi investita di funzioni politiche e giurisdizionali.

Mallòfagi [comp. del gr. *mallós* 'fiocco di lana' e del pl. di *-fago*; 1891] s. m. pl. (sing. *-o*) ● Nella tassonomia animale, ordine di piccoli Insetti atteri, simili ai pidocchi, con occhi ridotti, arti provvisti di uncini, parassiti sulle penne e sui peli di Uccelli e Mammiferi (*Mallophaga*). SIN. Mangiapelli.

mallòppo [etim. incerta; 1830] s. m. **1** Involto, fagotto | (*gerg.*) Refurtiva, bottino: *restituire il m.* **2** (*fig.*) Peso opprimente, preoccupazione: *avere un m. sullo stomaco.* **3** (*aer.*) Grosso gomitolo di cavo col capo attaccato al dirigibile, destinato ad essere gettato a terra per l'ormeggio immediato.

malloréddus [vc. del sardo merid., dal lat. tardo *mallĕolu(m)* 'specie di gnocco' con suff. dim.; 1989] s. m. pl. ● (*cuc.*) Piccoli gnocchi a forma di conchiglie allungate, vuote all'interno e rigate all'esterno, a base di farina di semola, acqua e zafferano; piatto tipico della Sardegna.

mallòto [vc. dotta, gr. *mallōtós* 'coperto di peli', da *mallós* 'fiocco di lana, ciocca di capelli'; 1821] s. m. ● (*chim.*) Kamala.

mallùvia [vc. dotta, lat. tardo *mallŭviae*, nom. pl., comp. di *mānus* 'mano' e *lavāre*; 1499] s. f. ● (*archeol.*) Bacinella per lavarsi le mani.

malmaritàta o **mal maritàta** [comp. di *mal(e)* (*1*) e *maritata*; 1542] **A** agg.; anche s. f. ● (*disus.*) Donna che ha avuto un cattivo marito. **B** s. f. ● Componimento, nella poesia italiana e francese delle origini, che ha per tema il lamento della malmaritata.

malmenàre [comp. di *mal(e)* (*1*) e *menare*; av. 1315] v. tr. (*io malméno*) **1** Percuotere qlcu. conciandolo male: *m. i prigionieri.* **2** (*fig.*) Bistrattare, maltrattare, strapazzare: *i critici lo hanno malmenato oltre ogni dire* | ***M. il pianoforte, il violino*** ecc., suonarli molto male. **3** †Palpeggiare | †Maneggiare.

malmenìo [av. 1704] s. m. ● (*raro*) Il continuo malmenare (*anche fig.*).

malmeritàre [comp. di *mal(e)* (*1*) e *meritare*; 1869] v. intr. (*io malmèrito*; aus. *avere*) ● (*lett.*) Demeritare.

†**malmèrito** ● V. †*malemerito.*

malméssso o **mal mésso** [1736] **A** part. pass. di †*malmettere* ● †Nei sign. del v. **B** agg. ● Di chi (o di ciò che) è vestito, conciato, arredato e sim. male, poveramente, senza gusto o senza cura: *un ragazzino m.*; *casa malmessa.* SIN. Sciatto, trasandato | Di chi si trova in precarie condizioni economiche o di salute: *l'ho visto piuttosto m.*

†**malméttere** [comp. di *mal(e)* (*1*) e *mettere*; av. 1294] v. tr. **1** Guastare | Trafugare. **2** (*fig.*) Dissipare, consumare.

malmignàtta [comp. del f. di *mal(o)* (perché fa male) e *mignatta*; 1891] s. f. ● Ragno con zampe lunghe, nerastro, con tredici macchie rosse sull'addome, che mordendo provoca vivo dolore e disturbi vari (*Latrodectes tredecimguttatus*). SIN. Ragno di Volterra.

malmisuràto [comp. di *mal(e)* (*1*) e *misurato*; 1869] agg. ● Misurato male, in modo impreciso o inesatto.

malmostóso [milan. *malmostós*, comp. di *mal* 'male (1)' e *mostós* 'sugoso' propr. 'che dà poco sugo'; 1959] agg. ● (*dial.*) Scontroso, scorbutico, piuttosto intrattabile: *bambino m.*; *avere un atteggiamento m.*, *un'aria malmostosa.* || **malmostosaménte**, avv.

malnàto o **mal nàto** [lat. *măle nātu(m)* 'nato male'; sec. XIII] agg. **1** †Nato da stirpe umile. **2** (*fig.*, *spec. lett.*) Villano, screanzato: *un giovane m.* **3** (*fig.*, *spec. lett.*) Tristo, cattivo: *uomini malnati*; *passione malnata* | (*fig.*) Sciagurato: *come cadere il bue suole al macello / cade il m. giovene* (ARIOSTO).

malnòto o **mal nòto** [comp. di *mal(e)* (*1*) e *noto*; 1581] agg. ● Conosciuto poco o male: *un fatto m. agli storici.*

malnutrito o **mal nutrito** [comp. di *male* (*1*) e *nutrito*; 1623] agg. ● Che si nutre in modo insufficiente o irrazionale.

malnutrizióne [da *malnutrito*; 1957] s. f. ● (*med.*) Condizione morbosa, manifesta od occulta, determinata da insufficiente, squilibrato o eccessivo apporto di alimenti, o dalla loro imperfetta assimilazione.

màlo [lat. *mălu(m)*, di etim. incerta; av. 1250] agg. (m. pl. tosc. troncato in *ma'*) ● (*lett.*) Cattivo, tristo, malvagio: *querelandomi io seco di questi mali trattamenti* (LEOPARDI) | ***Mala femmina***, V. *malafemmina* | ***Mala vita***, V. *malavita* | ***Mala pena***, V. *malapena* | ***Mala lingua***, V. *malalingua* | ***Mala parata***, V. *malaparata* | ***Mala grazia***, V. *malagrazia* | (*disus.*) ***Prendere in mala parte***, mostrare risentimento, impermalirsi per qlco. | ***Far mala riuscita***, riuscir male | ***Mal partito***, V. *malpartito* | ***Rispondere in m. modo***, sgarbatamente | ***Prendere a male parole***, insultare, offendere | ***Cadere in m. modo***, fare una caduta pericolosa | ***Arrivò in mal punto***, in un momento poco opportuno | ***Mala fede***, V. *malafede* | ***Mala pianta***, V. *malapianta.* || **malaménte**, avv. In malo modo, in modo non conveniente né opportuno: *parlare*, *trattare malamente*; *rispondere malamente a qlcu.*; male, in modo sbagliato, in modo non giusto: *hai scritto malamente il numero*; *il lavoro è stato fatto malamente*; in modo violento: *finire*, *morire malamente.*

malòcchio [vc. di orig. merid., comp. di *mal(o)* e *occhio*, nel senso di 'cattivo sguardo'; av. 1557] s. m. ● Nelle credenze popolari, influsso malefico, volontario o involontario, che si ritiene derivi dallo sguardo di alcune persone: *gettare il m. su qlcu.*; *dare il m. a qlcu.* | ***Guardare, vedere di m.*** (*o di mal occhio*), con pochissima simpatia, con odio.

malolàttico [comp. di *malon(ico)* e *lattico*; 1937] agg. (pl. m. *-ci*) ● (*enol.*) ***Fermentazione malolattica***, successiva a quella alcolica, consistente nella trasformazione dell'acido malico in acido lattico, con conseguente diminuzione dell'acidità e acquisizione, da parte del vino, di un sapore più morbido.

malonàto [da *malon(ico)*, col suff. *-ato* (*2*)] s. m. ● (*chim.*) Sale o estere dell'acido malonico.

malonèsto o **mal onèsto** [fr. *malhonnête*, comp. di *mal* 'malo' e *honnête* 'onesto'; 1764] agg. ● (*raro*) Che è poco onesto o scorretto.

malònico [fr. *malonique*, da *malique* 'malico'; 1957] agg. (pl. m. *-ci*) ● (*chim.*) Detto di acido bicarbossilico, presente nella barbabietola e in varie

piante, usato sotto forma di estere per sintesi organiche, spec. di barbiturici.
malonilurèa [comp. di *malonico*, *-ile* e *urea*; 1967] **s. f.** ● (*chim.*) Acido barbiturico.
malòra [comp. del f. di *mal(o)* e *ora*; 1338 ca.] **s. f.** ● Perdizione, rovina | ***Andare in m.***, rovinarsi; †andare in prigione | ***Mandare in m.***, rovinare | ***Va' in m.!***, va' all'inferno, smetti di seccare | ***Alla m.!***, al diavolo!
†**malòrcia** [eufem. per *malora*; 1612] **s. f.** ● Malora.
malordinàto [comp. di *mal(e)* (*1*) e *ordinato*; 1549] **agg.** ● (*lett.*) Disordinato, confuso. || **malordinatamènte**, **avv.**
malóre [da *male* (*2*); av. 1292] **s. m.** *1* Indisposizione improvvisa e dolorosa: *essere colto da m.*; *gli accessi del suo m. le lasciavano sempre un appetito vorace* (MORANTE). *2* (*fig.*) †Magagna | Turbamento. || **malorùccio**, **malorùzzo**, **dim.**
malosservàto [comp. di *mal(e)* (*1*) e *osservato*] **agg.** ● (*raro*) Che non è stato osservato, adempiuto o mantenuto: *promesse malosservate*.
†**maloticheria** [da *malotico*; av. 1729] **s. f.** ● Malignità.
†**malòtico** [da *malo*; av. 1565] **agg.** ● Che è disposto al male, che gioisce del male altrui: *non restavano alcune persone malotiche … di farlo disperare* (VASARI).
malpagàto [comp. di *mal(e)* (*1*) e *pagato*; av. 1869] **agg.** ● Pagato male, retribuito in modo insufficiente: *operai malpagati*.
†**malparàto** [comp. di *mal(e)* (*1*) e *parato*; av. 1400] **agg.** ● Che è in cattivo stato, in tristi condizioni: *vedendosi Bonanno m., pensò un dì d'andare in uno suo fondachetto* (SACCHETTI).
malpàri o **mal pàri** [comp. di *mal(e)* (*1*) e *pari*; av. 1533] **agg.** ● (*lett.*) Che è male allineato o irregolare.
malparlànte o **mal parlànte** [comp. di *mal(e)* (*1*) e *parlante*; sec. XIII] **agg.**; anche **s. m. e f.** ● Che (o Chi) parla scorrettamente una lingua.
malpartito o **mal partito** [comp. di *mal(o)* e *partito* (*1*); av. 1342] **s. m.** ● Solo nella loc. avv. ***a m.***, in cattive condizioni, in stato di difficoltà: *ridursi, trovarsi a m.*
malpèlo [comp. di *mal(o)* e *pelo*; 1526] **agg.** ● Detto di chi, avendo i capelli rossi, è ritenuto dall'opinione popolare malvagio e astuto: *un rosso m.*
malpensànte o **mal pensànte** [comp. di *mal(e)* (*1*) e *pensante*; 1869] **agg.**; anche **s. m. e f.** *1* (*raro*) Che (o Chi), spec. in campo politico e religioso, ha idee diverse da quelle della maggioranza. *2* (*region.*) Che (o Chi) tende a pensare male degli altri.
malpensàto [comp. di *mal(e)* (*1*) e *pensato*; av. 1956] **agg.** ● Che deriva da pensieri o idee affrettati, poco originali e sim.: *progetto m.*
malpersuàso [comp. di *mal(e)* (*1*) e *persuaso*; 1869] **agg.** ● (*raro*) Che non è completamente persuaso.
malpighiàno [1834] **agg.** *1* Dell'anatomista M. Malpighi (1627-1694). *2* Di organo o parte di organo studiato da Malpighi | ***Strato m.***, lo strato più profondo dell'epidermide dei Vertebrati.
malpiglio o **mal piglio** [comp. di *mal(o)* e *piglio*; 1313] **s. m.** ● (*lett.*) Atto o atteggiamento di sdegno o minaccia verso qlcu.: *si volse intorno intorno con mal piglio* (DANTE *Inf.* XXII, 75).
malpràtico o (*raro*) **mal pràtico** [comp. di *mal(e)* (*1*) e *pratico*; av. 1645] **agg.** (pl. m. *-ci*) ● (*raro*) Privo di pratica o di esperienza in qlco.: *chirurgo m.*
malpreparàto o **mal preparàto** [comp. di *mal(e)* (*1*) e *preparato*; av. 1698] **agg.** ● Che non è preparato bene in qlco.: *presentarsi m. a un concorso*.
mal pro /mal'prɔ*/ o (*raro*) **malprò** [comp. di *mal(o)* e *pro*; av. 1556] **s. m. inv.** ● Danno, svantaggio: *mal pro gli faccia!*
malprocèdere [comp. di *mal(e)* (*1*) e *procedere*; 1726] **s. m.** solo **sing.** ● Modo scorretto o disonesto di trattare.
malpròprio o **mal pròprio** [comp. di *mal(e)* (*1*) e *proprio*; av. 1729] **agg.** *1* (*raro*) Improprio: *aggettivo m.* *2* Disordinato, disadatto: *aspetto m.*
malprovvedùto o **mal provvedùto** [comp. di *mal(e)* (*1*) e *provveduto*; av. 1729] **agg.** ● (*lett.*) Sprovvisto.
malprovvisto o **mal provvisto** [comp. di *mal(e)* (*1*) e *provvisto*] **agg.** ● (*raro*) Malprovveduto.
†**malpulito** [comp. di *mal(e)* (*1*) e *pulito*; 1623] **agg.** ● Che è pulito male.
malridòtto [comp. di *mal(e)* (*1*) e *ridotto*, part. pass. di *ridurre*; 1657] **agg.** ● Malconcio, malandato.
malripósto o **mal ripósto** [comp. di *mal(e)* (*1*) e *riposto*; 1985] **agg.** ● (*fig.*) Affidato alla persona sbagliata: *segreto m.*; *fiducia malriposta*.
malriuscito [comp. di *mal(e)* (*1*) e *riuscito*; av. 1802] **agg.** ● Venuto male, difettoso: *un dolce m.* | Sbagliato, fallito: *un tentativo m.*
†**malsania** [da *malsano*; av. 1306] **s. f.** *1* Cattiva salute | (*est.*) Infermità mentale. *2* Insalubrità di clima, zona e sim.
malsàno [comp. di *mal(e)* (*1*) e *sano*; av. 1306] **agg.** *1* Che ha salute scarsa o cagionevole: *bambino m.* | ***Cervello m.***, pazzo | ***Idee malsane***, contorte, da mente malata. *2* Privo di salubrità: *clima, cibo, luogo m.* **SIN.** Insalubre.
malservito [comp. di *mal(e)* (*1*) e *servito*; 1540] **agg.** ● Servito alla peggio: *pagare bene ed essere m.* | Poco servito dai mezzi pubblici: *un quartiere periferico m.*
malsicùro o **mal sicùro** [comp. di *mal(e)* (*1*) e *sicuro*; 1532] **agg.** *1* Che è privo o scarseggia di solidità, sicurezza, stabilità: *trave malsicura*. **SIN.** Instabile. *2* (*fig.*) Incerto, dubbio: *testimonianza, relazione malsicura*.
†**malsincèro** [comp. di *mal(e)* (*1*) e *sincero*; av. 1729] **agg.** ● Privo di sincerità.
malsoddisfàtto o **mal soddisfàtto** [comp. di *mal(e)* (*1*) e *soddisfatto*; av. 1591] **agg.** ● Che non è del tutto soddisfatto.
malsofferènte o **mal sofferènte** [comp. di *mal(e)* (*1*) e *sofferente*; av. 1566] **agg.** ● (*lett.*) Insofferente: *m. di disciplina*.
malsonànte [comp. di *mal(e)* (*1*) e *sonante*; av. 1907] **agg.** ● (*lett.*) Che suona male.
mälström /*norv.* 'ma:lstrœm/ [dall'ol. *maelstrom* (oggi *maalstrom*), comp. di *malen* 'girare' e *stroom* 'corrente'] **s. m. inv.** ● Fenomeno marino che si verifica nel mare di Norvegia al largo della costa occidentale e che consiste in improvvisi e pericolosi vortici.
màlta [lat. *mălṯha(m)*, nom. *mălṯha*, dal gr. *máltha* 'mistura di cera e pece', da avvicinare a *malthássein* 'mollificare'; sec. XIII] **s. f.** *1* Impasto plastico di acqua, sabbia e un legante solido, impiegato come cementante nelle costruzioni edilizie | ***M. grassa***, con molta calce | ***M. magra***, con molta sabbia | ***M. idraulica***, che fa presa sott'acqua. *2* (*dial.*) †Fango: *si trovò nella m. insino a gola* (SACCHETTI).
maltàggio [da *malto*; 1957] **s. m.** ● Insieme delle operazioni per preparare il malto dai cereali.
maltagliàto [comp. di *mal(e)* (*1*) e *tagliato*; 1863] **s. m.** ● (*spec. al pl.*) Pasta da minestra tagliata a pezzi irregolari, solitamente in forma di rombo.
maltalènto o **mal talènto** [comp. di *mal(o)* e *talento*; sec. XIII] **s. m.** ● (*raro, lett.*) Malanimo o intenzione offensiva | †Sdegno, rancore.
maltàsi [da *malto*; 1929] **s. f. inv.** ● (*biol.*) Fermento digestivo che scinde il maltosio in due molecole di glucosio.
maltatóre [da *malto*; 1957] **s. m.** (f. *-trice*) ● Chi è addetto al maltaggio.
màlte [gr. *málthē*, f. di **málthos* 'molle'; 1970] **s. m.** ● Pesce pipistrello.
maltèmpo o **mal tèmpo** [comp. di *mal(o)* e *tempo*; av. 1444] **s. m.** ● Cattivo tempo, cattiva stagione: *i danni del m.*
maltenùto o **mal tenùto** [comp. di *mal(e)* (*1*) e *tenuto*; 1789] **agg.** ● Che non è tenuto con la dovuta cura: *ufficio m.*
malteria [da *malto*; 1957] **s. f.** ● Nel birrificio, reparto per la germinazione e la torrefazione dell'orzo.
maltése [1714] **A agg.** *1* Di Malta e del suo arcipelago: *acque maltesi*; *porto m.* *2* (*est.*) Che proviene, o si ritiene provenga, da Malta | ***Cane m.***, piccolo cane di lusso con pelame folto e lungo, spesso bianco | ***Capra m.***, lattifera, a pelo lungo | ***Febbre m.***, brucellosi. **B s. m. e f.** ● Abitante, nativo di Malta e del suo arcipelago. **C s. m.** ● Cane maltese. **D s. m.** solo **sing.** ● Lingua parlata a Malta e nel suo arcipelago, costituita da un fondo dialettale arabo-maghrebino e fortemente influenzata dall'italiano; **SIN.** Malti.
maltessùto [comp. di *mal(e)* (*1*) e *tessuto*; av. 1729] **agg.** ● Che non è ben tessuto.
malthusianismo /maltuzja'nizmo/ e *deriv.* ● V. *maltusianismo* e *deriv.*
màlti [forma araba per 'maltese'; 1983] **s. m. inv.** ● Lingua parlata a Malta e nel suo arcipelago. **SIN.** Maltese.
maltina [da *malto*; 1957] **s. f.** ● (*biol.*) Complesso di enzimi solubili, ricavato dal malto di orzo e frumento, che trasforma l'amido in maltosio.
maltinto o **mal tinto** [comp. di *mal(e)* (*1*) e *tinto*; 1364] **agg.** *1* Che è tinto male. *2* Detto di cavallo dal mantello nero con riflessi rossastri.
màlto [ingl. *malt*, di orig. indeur.; 1765] **s. m.** ● Prodotto derivato da semi di cereali germinati nei quali si sviluppa un fermento che trasforma l'amido in maltosio, usato spec. nella fabbricazione della birra | ***Caffè m.***, succedaneo del caffè preparato con malto, spec. d'orzo, tostato.
maltolleràbile o **mal tolleràbile** [comp. di *mal(e)* (*1*) e *tollerabile*; av. 1694] **agg.** ● (*raro*) Che si tollera a fatica.
maltollerànte o **mal tolleránte** [comp. di *mal(e)* (*1*) e *tollerante*; 1869] **agg.** ● Intollerante: *m. della disciplina scolastica*.
†**maltollètto** o †**mal tollètto** [comp. di *mal(e)* (*1*) e *tolletto*; sec. XIII] **s. m.** ● Maltolto.
maltòlto [comp. di *mal(e)* (*1*) e *tolto*; 1313] **A s. m.** ● Ciò che è stato preso ad altri indebitamente: *restituire il m.* **B** (*lett.*) anche **agg.**
maltòsio [da *malto*; 1869] **s. m.** ● Disaccaride composto di due molecole di glucosio, principale costituente del malto; si ottiene per idrolisi dell'amido da parte dell'amilasi ed è usato come alimento dietetico e dolcificante.
maltrattamènto [1615] **s. m.** ● Comportamento o atto ostile, prepotente, violento e sim.: *subire i maltrattamenti di qlcu.*
♦**maltrattàre** [comp. di *mal(e)* (*1*) e *trattare*; av. 1306] **v. tr.** *1* Trattare qlcu. in malo modo, umiliandolo, facendolo soffrire o ledendone gli interessi: *m. i dipendenti, la famiglia, gli animali*. **SIN.** Bistrattare. *2* (*raro, lett.*) Trattare con aperta ostilità: *i tarantini maltrattarono le navi romane ch'approdavano al loro lido* (VICO). *3* Utilizzare qlco. o maneggiarla senza garbo, senza cura: *m. un abito* | (*fig.*) M. una lingua, parlarla o scriverla malamente | (*fig.*) ***M. una scienza***, interpretarla, studiarla o applicarla male | (*fig.*) ***M. un autore***, interpretarlo o eseguirlo molto male. **SIN.** Strapazzare.
maltrattatóre [sec. XIII] **s. m.** (f. *-trice*) ● (*raro*) Chi maltratta.
maltusianismo o (*raro*) **malthusianismo**, **maltusianèsimo**, **malthusianesimo** [da Th. R. *Malthus* (1766-1834), che elaborò la dottrina; 1905] **s. m.** *1* Teoria dell'economista inglese Th. R. Malthus, secondo cui, se non intervenissero carestie, epidemie e guerre, la popolazione tenderebbe a crescere in proporzione geometrica, provocando in tal modo una grave insufficienza di mezzi di sussistenza. *2* Correntemente, insieme delle pratiche che tendono a limitare, con mezzi anticoncezionali, l'aumento indiscriminato della popolazione.
maltusiàno o **malthusiàno** [av. 1835] **A agg.** ● Relativo al pensiero di Th. R. Malthus. **B s. m.** (f. *-a*) ● Seguace delle teorie di Malthus.
malumóre o (*raro*) **mal umóre** [comp. di *mal(o)* e *umore*; av. 1342] **s. m.** *1* Umore inquieto e irritabile: *in un momento di m. gli ho risposto male*. **SIN.** Disappunto. *2* (*est.*) Rancore, discordia, malcontento: *tra quei due c'è del m.*; *seppe celare il m. che lo colse* (SVEVO) | Insoddisfazione, scontento: *le misure fiscali hanno suscitato m. in varie categorie*. *3* †(*med.*) Umore dannoso proprio del malinconico.
†**malùria** [da †*malaurio* 'malaugurio'] **s. f.** ● Malaugurio.
malusànza [comp. del f. di *mal(o)* e *usanza*; av. 1342] **s. f.** ● (*lett.*) Cattiva usanza.
malusàre [comp. di *mal(e)* (*1*) e *usare*; av. 1604] **v. tr.** ● (*raro*) Usare male qlco.
màlva [lat. *mălva(m)*, di orig. preindeur.; 1342] **A s. f.** *1* Pianta bienne delle Malvacee, con foglie lungamente picciolate e crenate e fiori rosei (*Malva silvestris*). ➡ **ILL. piante**/4. *2* Decotto di fiori e foglie di malva usato come emolliente e rinfrescante. *3* (*fig., disus.*) Persona indifferente, abulica. **B s. m. inv.** ● Colore rosa tendente al viola: *il*

m. è un colore delicato. **C** in funzione di **agg. inv.** ● (posposto al s.) Che ha il colore rosa violaceo del fiore omonimo: *rosa m.*; *abito m.* || **malvóne**, **accr. m.** (V.).

malvaccióne [da *malva*; 1813] **s. m.** ● (*bot.*) Altea.

Malvàcee [comp. di *malv(a)* e *-acee*; av. 1730] **s. f. pl.** (sing. *-a*) ● Nella tassonomia vegetale, famiglia di Dicotiledoni con foglie semplici, fiori vistosi, frutto a capsula (*Malvaceae*). ➡ **ILL. piante**/4.

malvàceo [vc. dotta, lat. *malvāceu(m)*, da *mālva* 'malva'; 1894] **agg.** *1* (*bot.*) Relativo alla malva. *2* Detto di una tonalità del color lilla.

†**malvagìa** ● V. *malvasia*.

♦**malvàgio** [provz. *malvatz*, dal lat. tardo *malifātiu(m)* 'che ha un cattivo destino', comp. di *mălus* 'cattivo' e *fātum* 'fato, destino'; av. 1250] **A agg.** (pl. f. *-gie*, raro *-ge*) *1* Maligno, perfido: *indole, azione, compagnia malvagia* | Cattivo: *è ben necessario, volendo che sia temuta la pena per le malvage opere, osservare i premi per le buone* (MACHIAVELLI) | In frasi negative: *non è una malvagia idea*, è un'idea abbastanza buona. *2* †Disgraziato, infelice, misero. *3* (*lett.*) Falso. || **malvagiaménte**, **avv.** In modo malvagio, perfido: *ridere malvagiamente*; (*raro*) malamente; †infelicemente. **B s. m.** (f. *-a*) ● Persona crudele, perfida: *è un m. che gode nel far soffrire* | ***Il Malvagio***, (*per anton.*) il demonio. || †**malvagióne**, **accr.**

malvagità [av. 1294] **s. f.** *1* Natura di chi (o di ciò che) è malvagio: *la m. della sorte, del destino* | Azione malvagia: *ogni più abominevole m.* (BARTOLI). **SIN.** Nequizia, perversità. *2* †L'essere scomodo.

†**malvàgo** [comp. di *mal(e)* (*1*) e *vago*; 1803] **agg.** ● Restio, riluttante.

malvaròsa [comp. di *malva*, perché appartenente alla famiglia delle *Malvacee*, e *rosa* per il colore dei suoi fiori, confermato dal n. scient. *Althaea rosea*; 1813] **s. f.** ● (*bot.*) Malvone nel sign. 2.

malvasìa o †**malvagìa** [da (*Napoli di*) *Malvasia*, città della Laconia; 1353] **s. f.** *1* Vitigno diffuso in numerose regioni italiane, che produce uve spec. bianche, ma anche (in Piemonte, Alto-Adige e Puglia) rosse. *2* Denominazione di numerosi vini spec. bianchi, secchi oppure dolci e liquorosi, ricavati dal vitigno omonimo: *m. istriana, del Collio*; *m. di Bosa, delle Lipari*.

malvavìschio [lat. *mălva(m) hibĭscu(m)*. V. *malva* e *ibisco*; sec. XIV] **s. m.** ● (*bot.*) Altea.

†**malvedére** [comp. di *mal(e)* (*1*) e *vedere* (*1*); 1370] **v. tr.** ● Vedere di malocchio.

†**malvedùto** [av. 1363] **part. pass.** di †*malvedere*; anche **agg.** ● Giudicato con avversione.

malveìna [da *malva*; 1869] **s. f.** ● (*chim.*) Colorante organico violetto-rossiccio, ottenuto per ossidazione dell'anilina, oggi non più in uso.

malvenùto o **mal venùto** [comp. di *mal(e)* (*1*) e *venuto*; sec. XIV] **agg.** ● (*raro, lett.*) Arrivato male, in un cattivo momento.

malversàre [fr. *malverser*, dal lat. *mǎle versāri* 'comportarsi male (V. *male* (*1*) e *versato*)'; 1715] **v. tr.** (*io malvèrso*) ● Compiere malversazioni.

malversatóre [1940] **s. m.** (f. *-trice*) ● Chi si rende colpevole di malversazione.

malversazióne [fr. *malversation*, da *malverser* 'malversare'; 1648] **s. f.** *1* (*dir.*) ***M. a danno dello Stato***, reato di chi, estraneo alla Pubblica Amministrazione, avendo ottenuto dallo Stato o da altri enti pubblici contributi, sovvenzioni o finanziamenti da destinare a opera o attività di pubblico interesse, non li destina alle predette finalità. *2* (*gener., est.*) Ogni appropriazione o uso, non leciti o non legittimi, di denaro o di beni amministrati per conto altrui.

malvestìto o **mal vestìto** [comp. di *mal(e)* (*1*) e *vestito* (*1*); sec. XIII] **agg.** *1* Vestito con abiti dimessi, logori. *2* Che indossa abiti di cattivo gusto, privi di eleganza.

malvézzo [comp. di *mal(e)* (*1*) e *vezzo*; sec. XIII] **s. m.** ● Cattiva abitudine: *ha il m. di rosicchiarsi le unghie*.

malvissùto [comp. di *mal(e)* (*1*) e *vissuto*; 1338 ca.] **agg.** ● Che è vissuto male, sciupando la propria vita.

malvìsto o **mal vìsto** [comp. di *mal(e)* (*1*) e *visto* (*1*); av. 1729] **agg.** ● Considerato con antipatia, avversione, diffidenza e sim.: *essere m. dai colleghi*.

malvivènte o (*raro*) **mal vivènte** [comp. di *mal(e)* (*1*) e *vivente*; sec. XIV] **agg.**; anche **s. m. e f.** *1* (*lett.*) Dissoluto. *2* Delinquente, malfattore: *fu aggredito dai malviventi*.

malvivènza [1869] **s. f.** *1* (*raro*) Condizione di malvivente. *2* (*raro*) Il complesso dei malviventi. **SIN.** Malavita.

malvìvo o **mal vìvo** [comp. di *mal(e)* (*1*) e *vivo*; 1342] **agg.** ● (*lett.*) Che vive a pena | Debolissimo.

malvìzzo [fr. *mauvis*, di etim. incerta; 1834] **s. m.** ● (*zool.*) Tordo sassello.

†**malvogliènte** ● V. *malvolente*.

†**malvogliènza** ● V. *malevolenza*.

malvolènte o †**malvogliènte** **part. pres.** di *malvolere*; anche **agg.** ● (*lett.*) Malvagio, maligno | Nemico, avversario.

malvolentièri, o **mal volentièri**, (*raro*) **malvolontièri**, (*raro*) **mal volontièri** [comp. di *mal(e)* (*1*) e *volentieri*; sec. XIII] **avv.** *1* Controvoglia, non volentieri o poco volentieri: *ci vado m.*; *scrive m.*; *fa le cose m.* *2* †Difficilmente.

malvolére (*1*) [comp. di *mal(e)* (*1*) e *volere* (*1*); sec. XIV] **v. tr.** (oggi difett. usato solo all'inf. **pres.**, al **part. pres.** *malvolènte* e al **part. pass.** *malvolùto*) ● Avere qlcu. in antipatia, voler male a qlcu.: *lo presero a m. senza motivi apparenti*.

malvolére (*2*) o **mal volére** [da *malvolere* (*1*); sec. XIII] **s. m.** *1* (*lett.*) Intenzione di nuocere: *dimostrare a qlcu. il proprio m.* **SIN.** Animosità, avversione. *2* Cattiva volontà: *dimostrare m. nello studio*.

malvolontièri ● V. *malvolentieri*.

mal volontièri ● V. *malvolentieri*.

malvòlto [comp. di *mal(e)* (*1*) e *volto* (*1*); av. 1527] **agg.** ● (*lett.*) Maldisposto, ostile.

malvóne [av. 1590] **s. m.** *1* Accr. di *malva*. *2* Malvacea comunemente coltivata per ornamento, alta fino a 2 m e con bei fiori, spesso doppi o con petali frangiati o bicolori (*Althaea rosea*). **SIN.** Malvarosa.

mamalùcco ● V. *mammalucco*.

màmba [dal n. zulu *im-amba*] **s. m. inv.** ● (*zool.*) Serpente del genere *Dendroaspis*, comprendente specie africane per lo più arboricole e molto velenose.

màmbo [vc. di orig. haitiana; 1951] **s. m.** (pl. *-i* o inv.) ● Ballo originario dell'America centrale, a ritmo veloce, affine alla rumba.

mamelùcco ● V. *mammalucco*.

mamertìno (*1*) [vc. dotta, lat. tardo *mamertīnu(m)*, connesso con *Māmers*, n. osco del dio Marte; 1783] **agg.** ● Di, relativo a, Mamerte, il dio osco della guerra, corrispondente a Marte | ***Carcere m.***, carcere di Roma antica, situato presso il Campidoglio.

mamertìno (*2*) [vc. dotta, lat. *mamertīnu(m)*, connesso con *Māmers*, n. osco del dio Marte, di cui i messinesi erano considerati figli per il loro valore guerresco; 1476] **A agg.**; anche **s. m.** ● (*lett.*) Messinese | (*st.*) ***Mercenari mamertini***, i mercenari italici del tiranno siracusano Agatocle che nel 283 a.C. si impadronirono a tradimento di Messina. **B s. m.** ● Vino giallo dorato, asciutto e delicato, anche dolce, di 15°-17°, prodotto nella zona di Messina con uve locali semi-appassite.

mamèstra [etim. incerta; 1934] **s. f.** ● Farfalla notturna a corpo tozzo e antenne filiformi, dannosa ai cavoli (*Mamestra brassicae*).

mamillàre ● V. *mammillare*.

mamillària o **mammillària** [dal lat. *mamīlla* 'mammella'; 1934] **s. f.** ● Genere di piante delle Cactacee con fusto succulento sferico o cilindrico, piccole sporgenze a tubercolo disposte a spirale, spine a ciuffetto e numerosi fiori all'ascella dei tubercoli (*Mamillaria*).

♦**màmma** o (*merid.*, usato spec. senza articolo) **mammà** [lat. *mămma(m)*, vc. infant.; sec. XII] **A s. f.** (fam. troncato in *ma'* nel sign. 1) *1* (*fam.*) Madre, nel linguaggio familiare e con uso vocativo: *la mia, la tua m.*; *chiamare la m.*; *m., mi dai la merenda?* | ***Essere attaccato alle gonnelle della m.***, di ragazzo ingenuo o di persona senza indipendenza nelle proprie azioni | ***Come m. l'ha fatto***, del tutto nudo | ***M. coraggio***, V. *madre*. *2* Donna buona, affettuosa e gentile, che si prende cura di qlcu. con affetto materno: *la m. dei poveri*. *3* (*raro, lett.*) Mammella: *te le mamme allattàr di tigre ircana* (TASSO). *4* (*lett.*) Papilla. **B** in funzione di **inter.** *1* Esprime impazienza, stupore, contrarietà, spavento, gioia e sim.: *m. quanto si fa aspettare!*; *m., che pena!* *2* Nella loc. ***m. mia***, V. *mamma mia*. || **mammàccia**, **pegg.** | **mammétta**, **dim.** | **mammìna**, **dim.** | **mammóna**, **accr.** | **mammùccia**, **dim.**

mammàle [vc. dotta, lat. tardo *mammāle(m)*, da *mămma* 'mammella'; av. 1799] **s. m.** ● (*raro*) Mammifero.

mammalogìa [comp. di *mamma(le)* e *-logia*; 1834] **s. f.** ● Ramo della zoologia che studia i Mammiferi.

mammalògico [1970] **agg.** (pl. m. *-ci*) ● Che riguarda la mammalogia.

mammàlogo [1957] **s. m.** (f. *-a*; pl. m. *-gi*) ● Studioso di mammalogia.

mammalùcco o (*raro, fam.*) **mamalùcco**, **mamelùcco**, **mammelùcco** [ar. *mamlūk* '(schiavo) posseduto'; av. 1431] **s. m.** (pl. *-chi*) *1* (*st.*) Mercenario al servizio del sovrano d'Egitto. *2* (f. *-a*) (*fig.*) Sciocco, stupido. *3* †Eunuco.

mammamìa o **màmma mìa** [comp. di *mamma* e *mia*; 1908] **A inter.** ● Esprime dolore, trepidazione, spavento, sorpresa, gioia e, in generale, ogni forte emozione: *m.! che paura!*; *m., che baraonda!*; *m., quant'è bello!* **B** in funzione di **s. m. e f. inv.** ● (*raro, spreg.*) Persona debole, senza personalità o falsamente buona e ingenua.

mammàna [da *mamma*; 1681] **s. f.** *1* (*merid.*) Levatrice. *2* Ruffiana, mezzana.

†**mammàre** [lat. tardo *mammāre*, da *mămma* 'mammella'; av. 1568] **v. tr.** ● Poppare, succhiare dalle mammelle.

mammàrio [da *mamma* 'mammella'; 1681] **agg.** ● Che concerne la mammella | (*anat.*) ***Ghiandola mammaria***, mammella.

mammasantìssima [da *mamma santissima!*, escl. di terrore; 1951] **s. m. inv.** ● (*gerg., merid.*) Capo della camorra napoletana o della mafia siciliana.

mammèa [sp. *mamey*, da una vc. dell'isola di Haiti; 1834] **s. f.** ● Albero tropicale delle Guttifere con foglie coriacee, fiori bianchi e frutti commestibili detti albicocche di S. Domingo (*Mammea americana*).

mammèlla o †**mammìlla** [lat. *mamĭlla(m)*, dim. di *mămma* 'mammella', vc. infant.; av. 1292] **s. f.** *1* (*anat.*) Ghiandola cutanea caratteristica dei Mammiferi, che nelle femmine ha la funzione di secernere il latte dopo il parto | ***Togliere dalle mammelle***, divezzare. **CFR.** masto-. *2* (*raro*) Altura tondeggiante, a forma di mammella. *3* (*zool.*) Ciascuna delle due parti della parete dello zoccolo del cavallo che si trovano ai lati della punta. || **mammellìna**, **dim.**

mammellàre ● V. *mammillare*.

mammellonàre [fr. *mamelonaire*, da *mamelon* 'capezzolo'. V. *mammellone*; 1927] **agg.** ● (*geol.*) Detto di concrezioni minerali, di rocce e sim. a superficie tondeggiante.

mammellonàto [fr. *mamelonné*, da *mamelon* 'capezzolo'. V. *mammellone*; 1918] **agg.** ● Che presenta contorni, formazioni o superfici tondeggianti.

mammellóne [fr. *mamelon* 'capezzolo', da *mamelle* 'mammella'; 1890] **s. m.** ● (*geol.*) Struttura tondeggiante d'incrostazione chimica in grotte, sorgenti d'acqua calcaree e sim. | Struttura secondaria di rilievi tondeggianti alla base e al tetto di alcuni banchi sedimentari.

mammelùcco ● V. *mammalucco*.

Mammìferi [av. 1865] **s. m. pl.** (sing. *-o*) ● Nella tassonomia animale, classe di Vertebrati, alla quale appartiene anche l'uomo, caratterizzati dalla presenza, nelle femmine, di ghiandole mammarie, dal corpo solitamente rivestito di peli, da respirazione polmonare e circolazione sanguigna doppia e completa (*Mammalia*). ➡ **ILL. animali**/10-14.

♦**mammìfero** [comp. del lat. *mămma* 'mammella' e di *-fero*; 1819] **A agg.**; anche **s. m.** ● Che (o Chi) è dotato di ghiandole mammarie per l'allattamento dei piccoli: *animale m.*; *l'uomo è un m.* **B s. m.** ● (*zool.*) Ogni individuo appartenente alla classe dei Mammiferi.

†**mammìlla** ● V. *mammella*.

mammillàre o **mamillàre**, **mammellàre** [lat. tardo *mamillāre(m)*, agg. di *mamĭlla* 'mammella'; 1491] **agg.** *1* Di mammella, relativo a mammella. *2* Che ha forma tondeggiante di mammella | (*anat.*) ***Corpi mammillari***, piccole formazioni tondeggianti dell'encefalo facenti parte dell'ipotalamo diencefalico.

mammillària ● V. *mamillaria*.

mammismo [comp. di *mamm(a)* e *-ismo*; 1952] **s. m.** ***1*** Bisogno esasperato e morboso di affetto e protezione materna, in persone ormai adulte. ***2*** Tendenza di certe madri a interferire in modo eccessivo nella vita dei figli, anche adulti. **SIN.** Maternismo.

mammista [1967] **s. m. e f.**; anche **agg.** (**pl. m.** *-i*) ● Chi (o Che) tende al mammismo o ne è affetto.

mammografia [comp. del lat. *mămma* 'mammella' e *-grafia*; 1957] **s. f.** ● (*med.*) Esame radiologico della mammella femminile. **SIN.** Mastografia.

mammogràfico [1983] **agg.** (**pl. m.** *-ci*) ● Relativo a mammografia: *esame m.*

màmmola [dal lat. *mămmula(m)* 'piccola mammella', poi 'fanciulla', quindi 'piccolo fiore'; 1481] **s. f.** ***1*** Violacea delle siepi e boscaglie con rizoma obliquo, foglie cuoriformi crenate, fiori odorosi violetti sterili, seguiti da altri fertili poco appariscenti (*Viola odorata*). ***2*** (*fig.*) Persona timida, modesta e ritrosa: *arrossire come una m.* | (*iron.*) Persona che si finge tale. ***3*** (*lett.*) Fanciulla. ‖ **mammolétta, dim.** | **mammolina, dim.**

mammoleggiàre [da *mammola*; av. 1722] **v. intr.** (*io mammoléggio*; aus. *avere*) ● (*raro*) Bamboleggiare.

màmmolo [V. *mammola*; av. 1557] **s. m.** ***1*** (*raro, lett.*) Fanciullo. ***2*** Vitigno diffuso nella zona del Chianti, con uva rossa dal profumo simile alla viola mammola. ‖ **mammolino, dim.**

mammóna [lat. crist. *mammōna(m)*, nom. *mammōnas*, dal gr. *mamōnâs*, dall'aramaico *māmōnā* 'ricchezza, guadagno'; av. 1292] **s. f.** o **m.** (**pl. m.** *-i*) ● La ricchezza e i piaceri mondani, fatti quasi oggetto di culto.

mammóne (**1**) [ar. *maymūn* 'scimmia'; sec. XIII] **A s. m.** ● (*raro*) Scimmia, macaco. **B agg.** ● Nella loc. ***gatto m.***, V. *gattomammone*.

mammóne (**2**) [da *mamma*; 1967] **s. m.** (**f.** *-a*) ● (*fam.*) Bambino o adulto eccessivamente attaccato alla madre.

mammóne (**3**) **s. m.** ● (*raro*) Mammona.

mammonismo [comp. di *mammon(a)* e *-ismo*] **s. m.** ● (*raro*) Culto del denaro.

†**mammóso** [lat. *mammōsu(m)*, da *mămma* 'mammella'; av. 1544] **agg.** ● Che ha grandi mammelle.

mammùt [fr. *mammouth*, dal russo *mamout*, di etim. incerta; 1802] **s. m.** ***1*** Elefante del Quaternario, estinto, provvisto di pelliccia e adattato a climi freddi, con cranio molto grosso e zanne fortemente ripiegate (*Elephas primigenius*). ➡ **ILL. paleontologia.** ***2*** (*bot.*) ***Albero del m.***, sequoia. ***3*** (*elettr.*) Particolare tipo di morsettiera in gomma, costituita da dodici morsetti facilmente sezionabili per essere utilizzati anche singolarmente | (*est.*) Ogni singolo morsetto.

màmo [vc. espressiva; 1923] **s. m.** ***1*** Nel teatro italiano ottocentesco, ruolo di giovane ingenuo e goffo, oggetto di beffe e derisioni. ***2*** (*dial., sett.*) Stupido.

mamuràlia [vc. dotta, lat. tardo *mamurālia*, nt. pl., da *Mamūrius* 'Mamurio', n. osco di Marte; 1934] **s. m. pl.** ● Nell'antica Roma, feste in onore di Marte che si celebravano il 15 marzo.

†**màna** (**1**) ● V. *mano*.

màna (**2**) [vc. polinesiana; 1952] **s. m. inv.** ● Presso i polinesiani, la forza magica soprannaturale e impersonale presente in uomini o in cose | (*est.*) Energia magica e carica di potenza religiosamente rilevante.

manachino [da un dialetto dell'America merid.; 1834] **s. m.** ● Genere di piccoli Passeracei americani con corpo tozzo, becco breve, ali arrotondate, i cui maschi hanno livrea con ornamentazioni strane e bellissimi colori (*Manacus*).

mànagement /'manadʒment, *ingl.* 'mænɪdʒmənt/ [vc. ingl., 'direzione, governo', da *to manage* 'maneggiare' (V. *manager*); 1973] **s. m. inv.** ● Il complesso delle funzioni relative all'amministrazione, direzione e gestione di un'azienda | (*est.*) L'insieme dei dirigenti di un'azienda | ***M. buy-out***, acquisizione di un'azienda da parte dei suoi dirigenti.

mànager /'manadʒer, *ingl.* 'mænɪdʒəɹ/ [ingl., da *to manage* 'maneggiare, amministrare', dall'it. *maneggiare*; 1895] **A s. m. e f. inv.** ***1*** (*org. az.*) Dirigente con potere decisionale nella conduzione di un settore di un'impresa: *area m., brand m., product m., project m., sales m.* (V. le singole voci). ***2*** Chi cura o rappresenta gli interessi di un attore, cantante, atleta e sim. **B** anche **agg.**: *donna m.*

manageriàle [1965] **agg.** ● Proprio di manager.

managerialismo [da *manageriale*; 1981] **s. m.** ● Tendenza ad agire, a comportarsi da manager.

managerialità [da *manageriale*; 1981] **s. f.** ● Capacità di direzione.

manàide ● V. *menaide*.

manaiuòla [V. *mannaia*; av. 1642] **s. f.** ● Piccola scure.

manàle (**1**) [dal lat. *manāre* 'emanare'; av. 1574] **agg.** ● ***Pietra m.***, quella che, secondo gli antichi romani, aveva la capacità di provocare la pioggia.

manàle (**2**) [da *mano*; 1853] **s. m.** ● Mezzo guanto costituito da una striscia di pelle che fascia il palmo e il dorso della mano, usato da calzolai e sellai per cucire.

manarèllo [deformazione di *maccarello* (?)] **s. m.** ● (*zool., region.*) Scombro.

manarése o **mannarése** [da †*mannara*; av. 1424] **s. m.** ● Roncola a doppio taglio.

manàta [da *mano*; av. 1292] **s. f.** ***1*** Colpo dato con una mano: *dare una m. sulla spalla a qlcu.* ***2*** Quanto si può tenere o stringere in una mano: *una m. di soldi, di fango* | ***A manate***, (*fig.*) in notevole quantità. ***3*** (*fig., lett.*) Gruppo: *una m. di brave persone* (CARDUCCI). ‖ **manatèlla, dim.** | **manatina, dim.**

manàto [sp. *manatí*, vc. di orig. caribica; av. 1557] **s. m.** ● (*zool.*) Lamantino.

mànca [da *manco*; sec. XIV] **s. f.** ***1*** Mano sinistra: *usare la m.* ***2*** Parte sinistra: *voltare a m.* | ***A dritta e a m.***, per ogni verso.

mancaménto [da *mancare*; av. 1250] **s. m.** ***1*** Momentaneo venir meno delle forze: *avere dei mancamenti*; *un m. dovuto a debolezza.* ***2*** (*lett.*) Mancanza, insufficienza: *m. di mezzi, di cibo* | (*raro*) Strettezza: *m. di spazio* | (*raro*) Diminuzione: *m. delle acque.* ***3*** (*fig.*) Colpa, fallo, peccato. ***4*** Imperfezione o difetto fisico o morale: *la Nencia mia non ha … m.* (L. DE' MEDICI) | Errore | †Negligenza, noncuranza. ***5*** (*raro*) Offesa, ingiuria. ***6*** †Cessazione.

mancanìlla [sp. *mançanilla*. V. *mancinella*; 1834] **s. f.** ● (*bot.*) Mancinella.

mancànte [av. 1400] **part. pres.** di *mancare*; anche **agg.** ***1*** Che manca | Carente, privo, difettoso: *persona m. di buonsenso.* ***2*** Mutilo: *epigrafe, iscrizione m.* ***3*** (*mus., raro*) Diminuito: *intervallo m.*

♦**mancànza** [da *mancante*; 1294] **s. f.** ***1*** Assenza: *ho sentito molto la tua m.* | Il fatto che qlco. manchi o non ve ne sia a sufficienza; scarsità, penuria: *la m. di viveri e munizioni li costrinse alla resa*; *suppliremo con surrogati alla m. di caffè* | ***In m. di meglio***, non disponendo di cose migliori | (*est.*) Insufficienza: *per m. di acqua si è giunti al razionamento.* **CFR.** -penia. **SIN.** Carenza. ***2*** Fallo: *commettere, scontare una m. grave, leggera* | ***M. disciplinare***, infrazione alle norme sancite dal regolamento di disciplina militare. **SIN.** Colpa. ***3*** Imperfezione, errore: *rilevare le mancanze di un lavoro.* ***4*** (*raro*) Mancamento, svenimento: *soffrire di mancanze.* ‖ **PROV.** In mancanza di cavalli gli asini trottano. ‖ **mancanzuòla, dim.**

♦**mancàre** [da *manco*; av. 1250] **A v. intr.** (*io mànco, tu mànchi*; aus. *essere* nei sign. 1, 2, 3, 4, 5, 6; aus. *avere* nei sign. 7, 8; aus. *avere*, lett. *essere* nel sign. 9) ***1*** Non esserci; far difetto, essere insufficiente: *nella città assediata mancava il pane*; *mi manca un dente*; *mancano la data, il bollo e la firma sul documento.* **SIN.** Difettare, scarseggiare | ***Mancarci poco***, esser vicino a qlco. o sul punto di far qlco. | ***È mancato poco che cadessi***, stavo per cadere, quasi quasi cadevo | ***Gli manca la parola***, detto di animale molto intelligente | ***Non m.***, essercene in quantità o comunque a sufficienza: *quando non mancano denari, tutti rispettano* (GOLDONI) | ***Non manca nulla***, c'è di tutto | (*fig.*) ***Gli manca un giovedì, un venerdì***, detto di chi è un po' matto | ***Ci mancherebbe altro!***, sarebbe il colmo, Dio non volesse | ***Manca solo che***, esprime deprecazione per un possibile evento negativo che si aggiungerebbe ad altri: *manca solo che il treno sia già partito!*; *Mancava solo / che tremar si dovesse / senza saper perché* (METASTASIO). ***2*** (+ *di*) Essere privo di qlco.: *m. di mezzi, di coraggio, d'ingegno, di risorse* | ***Non m. di qlco.***, averne a sufficienza | ***Non manca di coraggio***, è abbastanza coraggioso | ***Non m. di nulla***, avere tutto il necessario. **SIN.** Difettare. ***3*** Venir meno: *mi mancano le forze*; *gli mancava la parola, il fiato* | Svenire: *sentirsi m. per malore improvviso* | ***Venire a m.***, finire. ***4*** Estinguersi: *è mancata la discendenza in linea maschile* | (*eufem.*) Morire: *se quell'uomo venisse a m., sarebbe un guaio per molti*; *è mancato all'improvviso.* ***5*** (+ *da*; + *a*) Esser lontano o assente: *m. dalla famiglia, dalla patria*; *sono dieci anni che manco da casa*; *m. all'appello, a un appuntamento* ***6*** (+ *di*) Omettere, tralasciare: *non mancherò di ringraziarli*; *non ho mai mancato di far fronte ai miei impegni.* ***7*** (+ *a*; + *di*) Venir meno: *m. alla promessa, alla parola data* | ***M. di parola***, non mantenere ciò che si è promesso | ***M. di rispetto a qlcu.***, offendere. ***8*** (assol.; + *con*; + *in*) Essere in errore, in colpa, in difetto: *tutti possiamo m.*; *ho mancato con voi*; *se ho mancato nei vostri confronti, vi prego di scusarmi.* **SIN.** Peccare, sbagliare. **B v. tr.** ● Fallire: *ha mancato il colpo per poco* | (*fam.*) Perdere: *m. una buona occasione*; *m. il treno, l'autobus.* ‖ **PROV.** A buona lavandaia non manca pietra.

mancàto [1363] **part. pass.** di *mancare*; anche **agg.** ***1*** Non avvenuto, non realizzato: *il m. accordo tra governo e sindacati.* ***2*** Non riuscito, fallito: *artista, pittore, attore m.* ***3*** †Ridotto in cattivo stato. ***4*** †Cessato.

mancatóre [1481] **s. m.** (**f.** *-trice*) ● (*lett.*) Chi manca o ha mancato in qlco.: *m. di parola*; *ah, mancator di fé, marrano!* (ARIOSTO).

mancégo [sp. *manchego* 'della Mancia'; 1891] **agg.** (**pl. m.** *-ghi*) ● Relativo alla Mancia, regione spagnola.

mancése [1931] **A agg.** ***1*** (*geogr.*) Della Manciuria, regione della Cina. **SIN.** Manciuriano. ***2*** (*antrop.*) Relativo alla popolazione e alla lingua dei Manciù. **B s. m. e f.** ***1*** (*geogr.*) Abitante, nativo della Manciuria. ***2*** (*antrop.*) Appartenente alla popolazione dei Manciù. **C s. m.** solo **sing.** ● Lingua della famiglia altaica, parlata in Manciuria.

mancétta **s. f.** ***1*** Dim. di *mancia.* ***2*** (*fam.*) Piccola somma di denaro corrisposta periodicamente dai genitori ai figli ancora bambini o adolescenti. **SIN.** Paghetta.

manche /manʃ, *fr.* mɑ̃ːʃ/ [vc. fr., propr. 'manica', perché in orig. le partite erano due come le maniche; 1930] **s. f. inv.** ***1*** Nei giochi, spec. di carte, ciascuna partita o giro. ***2*** In vari sport, ognuna delle prove che, insieme, determinano il risultato definitivo di una competizione: *la prima, la seconda m. dello slalom* | Nel ciclismo su pista, fase eliminatoria.

manchette /*fr.* mɑ̃'ʃɛt/ [vc. fr., 'polsino', dim. di *manche* 'manica'; 1918] **s. f. inv.** ***1*** Titolo, motto, piccolo riquadro pubblicitario stampato con evidenza a lato della testata di un quotidiano. ***2*** Fascetta pubblicitaria che avvolge un libro in vendita.

manchévole [da *mancare*; sec. XIV] **agg.** ***1*** Che manca o viene meno: *luce m.*; *esser m. ai propri impegni.* ***2*** Insufficiente: *educazione m.*; *parmi … altrettanto sia stato m. Tolomeo a non reprovar questo* (GALILEI). **SIN.** Mancante. ***3*** †Fiacco, caduco. ‖ **manchevolménte, avv.**

manchevolézza [1659] **s. f.** ***1*** Condizione di ciò che è manchevole: *ho notato la m. della sua teoria.* ***2*** Atto, comportamento scorretto, offensivo: *una imperdonabile m.*

♦**mància** [fr. *manche* 'manica', con riferimento alla manica che la dama regalava al cavaliere nelle cerimonie cavalleresche (?); 1300 ca.] **s. f.** (**pl.** *-ce*) ***1*** Sovrappiù sul compenso dovuto che si dà a chi presta un servizio: *dare, ricevere una m.*; *le mance delle feste* | ***M. competente***, compenso che si promette a chi riporta un oggetto smarrito. ***2*** †Dono, regalo. ***3*** †Avvenimento improvviso. ‖ **mancétta, dim.** (V.).

♦**manciàta** [da *mano*; 1534] **s. f.** ● Quanto si può prendere con una mano: *una m. di cioccolatini* | ***A manciate***, in abbondanza. ‖ **manciatina, dim.** | **manciatèlla, dim.**

mancìna [da *mancino*; av. 1571] **s. f.** ***1*** La mano o la parte sinistra: *usare la m.*; *girare a m.*; *la sorte mi faceva battere la campagna a destra e a m.* (NIEVO). ***2*** Piccola daga impugnata con la mano sinistra, in uso nel XVI sec. come arma sussidiaria nel duello colla spada. ***3*** (*mar.*) Tipo di gru di grande portata, fissa o girevole, montata su rotaie

mancinella

mancinélla [fr. *mancenille*, dallo sp. *manzanilla*, dim. di *manzana* 'mela', dal lat. *mālu(m) Matiānu(m)* 'mela di Mazio', agronomo romano del I sec. a.C.; 1813] s. f. ● Pianta arborea delle Euforbiacee, americana, che produce un latice velenoso e un legno utile per mobili (*Mancinella*). **SIN.** Mancanilla, manzaniglio.

mancinismo [comp. di *mancin(o)* e *-ismo*; 1912] s. m. 1 (*fisiol.*) Disposizione naturale ad usare di preferenza gli arti della parte sinistra del corpo. **CONTR.** Destrismo. 2 (*veter.*) Difetto di appiombo degli animali per cui le parti distali degli arti sono ruotate in fuori.

mancino [da *manco* 'sinistro'; av. 1306] **A** agg. 1 *Sinistro: il braccio m.; la mano mancina* | (*est.*) Che è solito usare gli arti sinistri: *pittore, calciatore m.* 2 (*fig.*) Maligno, cattivo: *giocare a qlcu. un tiro m.* **B** s. m. (f. -a) 1 Chi è solito usare la mano sinistra anziché la destra. **CONTR.** Destro. 2 †Disonesto, malvagio. 3 Animale affetto da mancinismo. ‖ **mancinàccio**, pegg.

mancipazióne [vc. dotta, lat. *mancipatiōne(m)*, da *mancipātus*, part. pass. di *mancipāre* (V. *emancipare*); 1744] s. f. ● Nel diritto romano, forma solenne di trasferimento del dominio su cose determinate, che si compiva in presenza di cinque testimoni e di una persona che reggeva una bilancia.

màncipe [vc. dotta, lat. *măncipe*, comp. di *mănus* 'mano' e *căpere* 'prendere', perché quando si comperava qualcosa, la si prendeva con la mano; 1834] s. m. ● Nel diritto romano, il privato cittadino assuntore di un pubblico appalto.

mancìpio [vc. dotta, lat. *mancipiu(m)*, da *mănceps*, genit. *măncipis* 'mancipe'; av. 1374] s. m. 1 Nel diritto romano più antico, termine usato per esprimere il concetto di potere su persone o cose | Più tardi, mancipazione | *Persone in m.*, uomini liberi trasferiti mediante mancipazione sotto la potestà di un'altra persona. 2 (*lett.*) †Servo, schiavo (*anche fig.*): *divenir m. di una donna, della passione*.

manciù [ingl. *manchu*, da una vc. tungusa di etim. incerta; 1957] **A** agg., anche s. m. e f. ● (*antrop.*) Che (o Chi) appartiene a una popolazione di ceppo tunguso, stanziata un tempo in gran parte della Manciuria e limitata, oggi, alla Manciuria sud-orientale e al bacino dell'Amur. **B** s. m. solo sing. ● Lingua della famiglia altaica, parlata in Manciuria.

manciuriàno [1934] agg., anche s. m. (f. -a) ● (*geogr.*) Mancese, nei sign. A1 e B1.

mànco [lat. *măncu(m)*, comp. di *mănus* 'mano' e del suff. *-cus*, che indicava difetti fisici; sec. XIII] **A** agg. (pl. m. *-chi*) 1 (*lett.*) Sinistro, mancino: *lato m.; mano manca.* 2 †Manchevole, difettoso, insufficiente: *là dove mio ingegno parea m.* (DANTE *Purg.* IV, 78). 3 †Meschino, miserabile. 4 †Averso, contrario. **B** s. m. ● (*lett.*) Mancanza, difetto | †*M. di voto*, inadempienza | †*Senza m.*, senza fallo o mancanza | *Con m. d'ammanco.* **C** avv. 1 (*lett.*) †Meno: *il m. nobile di tutti* (LEOPARDI) (*poet.*) †*Venir m.*, venir meno, venir a mancare: *e già il color cilestro / si vedea in Oriente venir m.* (ARIOSTO) | †*Far di m.*, fare a meno, far senza | (*lett.* o *pop.*) *Senza m.*, immancabilmente, senza fallo | (*fam.*) *M. male!*, per fortuna, meno male. 2 (*fam.*) Nemmeno, neppure, neanche: *m. per idea; m. per scherzo; m. per sogno; m. per niente; m. a parlarne; m. a farlo apposta; m. tu ci credi; non mi ha m. salutato*.

mancolista [comp. di *mancare* e *lista*; 1930] s. f. ● Lista dei pezzi mancanti per completare una raccolta, una collezione e sim.

mancorrènte [comp. di *man(o)* e *corrente* (1); 1942] s. m. ● Corrimano, guardamano.

màndala [vc. sanscrita, propr. 'cerchio'; 1973] s. m. inv. ● Nel tantrismo induista e buddista, disegno di varie forme che rappresenta simbolicamente il cosmo.

mandamentàle [1884] agg. ● Relativo al mandamento: *carcere m.*

mandaménto [1340] s. m. 1 †Invio | Lancio. 2 (*dir.*) Circoscrizione giudiziaria entro cui il pretore esplicava le proprie funzioni. 3 †Comando, ordine.

mandànte [sec. XIV] **A** part. pres. di *mandare*; anche agg. ● *La m. comanda.* **B** s. m. e f. 1 Chi fa demanda ad altri l'esecuzione di qlco. 2 (*dir.*) Nel mandato, colui che incarica un altro di com-

piere una determinata attività giuridica.

mandaràncio [comp. di *mandar(ino)* (2) e *arancio*; 1950] s. m. ● Frutto ibrido del mandarino e dell'arancio, affine al primo per dimensioni ma con buccia liscia e colore carico. **SIN.** Clementina.

◆**mandàre** [lat. *mandāre* 'affidare, dare in mano', comp. di *mănus* 'mano' e una radice indeur. che indica 'porre'; 1219] **v. tr.** 1 Far andare qlcu. con un ordine e per un fine determinato: *m. a chiamare qlcu.; gli mandarono a dire di far presto; m. i figli a scuola* | *Non m. a dire le cose*, dirle in faccia, di persona | Far andare: *m. attorno, in giro qlcu.* | *M. in rovina*, rovinare | *M. in estasi*, estasiare | (*fig.*) *M. in bestia qlcu.*, farlo infuriare | (*fig.*) *M. al diavolo, a quel paese, in malora qlcu.*, togliercelo di torno, trattarlo bruscamente | *M. qlcu. da Erode a Pilato*, (*fig.*) da un luogo all'altro inutilmente | *M. qlcu. all'altro mondo, al Creatore, in paradiso*, ucciderlo | *M. uno ben vestito*, farlo apparire ben vestito | *M. via qlcu.*, scacciarlo | *M. via un operaio, un impiegato*, licenziarlo | *M. a spasso*, (*fig.*) mandar via. 2 Far pervenire qlco. a qlcu. o in un dato luogo: *m. una lettera, un pacco, una valigia, un messaggio, una protesta, un dono; mandatemi i colli per ferrovia* | Indirizzare, dirigere: *m. le acque in un fossato, il gas nelle tubazioni* | *M. giù*, ingoiare; (*fig.*) sopportare | *Non m. giù qlco.*, (*fig.*) non riuscire a sopportarla | *M. a effetto, a compimento*, concludere | *M. a perfezione*, far riuscire perfettamente | (*fig.*) *M. all'aria, a monte, a carte quarantotto, in fumo qlco.*, farla fallire | *M. a picco, a fondo*, affondare | *M. in onda*, trasmettere. 3 Destinare qlcu. a un ufficio o assegnarlo a una sede: *lo hanno mandato come ambasciatore a Tokyo.* 4 (*raro*) Mettere in moto, far funzionare: *m. la barca, la macchina.* 5 Emettere, emanare: *m. grida di gioia, lampi di luce, rintocchi; la ferita manda sangue* | Gettare, lanciare: *m. la palla, il disco; m. una maledizione; m. un insulto.* 6 (*lett.*) Comandare. 7 Concedere o infliggere per grazia, premio, castigo e sim.: *Dio manda calamità, malattie, figli, fortuna* | *Che Dio ce la mandi buona*, che si conceda un esito fortunato | *Piove che Dio la manda*, con estrema violenza e intensità. ‖ **PROV.** Chi vuole vada, e chi non vuole mandi.

mandarìna [da *mandarino* (1) probabilmente per la sua provenienza orientale; av. 1869] s. f. ● (*zool.*) Anatra mandarina.

mandarinàto [da *mandarino* (1); 1663] s. m. ● Ufficio, dignità di mandarino.

mandarinésco [da *mandarino* (1); av. 1925] agg. (pl. m. *-schi*) ● Di, da mandarino.

mandarinétto [da *mandarino* (2); 1957] s. m. ● Liquore a base di essenza di mandarino.

mandarinìsmo [fr. *mandarinisme*, da *mandarin* 'mandarino (1)'; 1956] s. m. ● Burocrazia vessatoria come quella dei mandarini cinesi.

◆**mandarìno** (1) [port. *mandarin*, dal malese *mantarī*; 1562] **A** s. m. 1 Funzionario civile dell'antico impero cinese. 2 (*est.*) Alto funzionario o personaggio potente e influente. 3 (*solo sing.*) Lingua mandarina. **B** agg. ● *Cinese m., lingua mandarina*, denominazione della lingua ufficiale e letteraria cinese.

◆**mandarìno** (2) [da *mandarino* (1) per il colore giallo; 1834] s. m. ● Albero delle Rutacee con esperidio sferico un poco schiacciato, a buccia aranciata, dolcissimo (*Citrus nobilis*) | Frutto di tale albero. ➡ **ILL. piante/5.**

mandàro (3) [da *mandare*; 1869] s. m. ● Nel gioco della palla a muro, il battitore che lancia la palla sopra la linea tracciata sul muro.

mandàta [f. sost. di *mandato* (1); av. 1348] s. f. 1 (*raro*) Il mandare | Spedizione, invio | Quantità di cose mandate in una sola volta: *riceveme tutta la merce in una sola m.* 2 (*raro*) Serie di cose o di persone: *una m. di soldati.* 3 Tratto che un giro della chiave fa percorrere alla serratura: *serrature a una m.; chiudere l'uscio a tre mandate.* 4 Fase di compressione di un fluido. ‖ **mandatìna**, dim.

mandatàrio [vc. dotta, lat. tardo *mandātāriu(m)*, da *mandātor* 'mandatore'; 1483] s. m. (f. *-a*) 1 Chi fa qlco. per mandato d'altri. 2 (*dir.*) Nel mandato, colui che si obbliga a compiere un'attività giuridica nell'interesse del mandante. 3 †Commissario, ambasciatore.

mandàto (1) **A** part. pass. di *mandare*; anche agg. ● *Nei sign. del v.* **B** s. m. ● (*lett.*) Messo, amba-

sciatore.

◆**mandàto** (2) [lat. *mandātu(m)*, da *mandāre* 'mandare'; av. 1348] s. m. 1 †Comandamento: *per divino m.* 2 (*dir.*) Contratto con cui una persona si obbliga a compiere un'attività giuridica nell'interesse di un'altra | *M. di rappresentanza*, contratto col quale la casa rappresentata autorizza il rappresentante a svolgere la sua attività commerciale in nome e per conto della casa stessa | *M. di credito*, contratto con cui una persona si obbliga verso un'altra a fare credito a un terzo. 3 (*dir.*) Provvedimento avente forma di decreto con cui il giudice dispone la comparizione, l'accompagnamento, l'arresto o la cattura dell'imputato o ci altro soggetto: *m. di comparizione, di accompagnamento, di arresto, di cattura.* 4 Incarico di esplicare un'attività di pubblico interesse: *m. diplomatico* | Incarico che l'elettore conferisce ai suoi rappresentanti: *il m. popolare* | Incarico conferito dal presidente della Repubblica per formare il governo: *m. esplorativo; restituire il m.* | (*dir.*) Incarico di svolgere un'attività giuridicamente rilevante. 5 Ordine di pagamento dato al cassiere di un'amministrazione: *m. di pagamento.* 6 Documento regio o imperiale a carattere dispositivo, contenente un ordine. 7 (*fig.*) Compito, missione: *m. di fiducia; il m. dello scrittore.* 8 (*dir.*) *M. internazionale*, istituto, oggi non più esistente, in forza del quale popoli ritenuti incapaci di autogovernarsi erano affidati alla tutela e all'amministrazione di altri Stati.

mandatóre [vc. dotta, lat. *mandatōre(m)*, da *mandāre* 'mandare'; 1304] s. m. (f. *-trice*) 1 (*raro*) Chi manda. 2 (*raro*) Chi, nel gioco del pallone a bracciale toscano, lancia la palla al battitore.

mànde [vc. africana, dal nome delle popolazioni *Mandingo*; 1934] **A** s. m. inv. ● Grande famiglia linguistica dell'Africa occidentale. **B** anche agg. inv.: *lingue m.*

mandèlico [ted. *Mandel(säure)* 'acido mandelico' da *Mandel* 'mandorla' e *-ico*] agg. (pl. m. *-ci*) ● (*chim.*) Detto di ossiacido aromatico a otto atomi di carbonio con proprietà antisettiche; è presente sotto forma di nitrile nelle mandorle amare.

mandìbola [lat. tardo *mandībula(m)*, da *măndere* 'masticare', di senario; av. 1327] s. f. 1 (*anat.*) Nei Vertebrati, osso impari della faccia, detto anche mascella inferiore, costituito da due branche orizzontali contenenti i denti inferici ri e da due branche verticali che si articolano con l'osso temporale del cranio permettendo l'apertura della bocca. **CFR.** *-gnato*, *genio-*. ➡ **ILL. p. 2122 ANATOMIA UMANA.** 2 (*al pl.*) Parti dell'apparato boccale di alcuni insetti, a forma di chele o pinze.

mandibolàre [1834] agg. ● Che riguarda la mandibola: *articolazione m.*

mandìngo [n. indigeno di una tribù della Sierra Leone; 1957] agg. inv.; anche s. m. e f. inv. ● Che (o Chi) appartiene a una popolazione diffusa nell'Africa occidentale, spec. nell'alto Niger.

mandirìtto ● V. *mandritto*.

mandòla (1) [lat. *pandūra(m)*, nom. *pandūra*, dal gr. *pandōra*, di etim. incerta; av. 1600] s. f. ● Strumento a corda della famiglia dei liuti. ➡ **ILL. musica.** ‖ **mandolóne**, accr. m. (V.) | **mandolìno**, dim. m. (V.)

†**màndola** (2) ● V. *mandorla*.

mandolinàta [da *mandolino*; 1884] s. f. ● Sonata per mandolino.

mandolinìsta [1891] s. m. e f. (pl. m. *-i*) ● Chi suona il mandolino.

mandolìno [da *mandola*; av. 1698] s. m. ● (*mus.*) Strumento cordofono a pizzico con plettro, comparso in Italia nel Quattrocento e accolto dalla musica d'arte in età barocca: *il m. napoletano.* ➡ **ILL. musica.**

mandoloncèllo s. m. 1 Dim. di *mandolone*. 2 Strumento a quattro o sei corde simile alla mandola, ma a dimensioni più grandi e con una gamma di suoni più acuti.

mandolóne s. m. 1 Accr. di *mandola*. 2 Strumento a sette o otto corde simile alla mandola, ma a dimensioni più grandi e con una gamma di suoni meno acuti. ‖ **mandoloncèllo**, dim. (V.)

◆**màndorla** o (*dial.*) †**amàndola**, (*dial.*) †**màndola** [lat. tardo *amăndula(m)*, cfr. il classico *amygdala*, dal gr. *amygdálē*, vc. straniera di etim. incerta; av. 1288] s. f. 1 Frutto del mandorlo, drupa verde e pelosa, ovale, contenente uno o due semi, dolci o amari secondo la varietà, commestibili | *Olio di mandorle*, estratto per pressatura delle mandorle, è usato come emolliente e protettivo | *Latte di mandorle*, sciroppo di mandorle pestate, acqua e zucchero | *Occhi a m.*, di taglio allungato | (*est.*) Seme di molti frutti carnosi, come pesca, albicocca e sim. | *M. del cacao*, seme contenuto nel frutto del cacao e utilizzato per estrarre il burro e la polvere | *M. indiana*, il seme oleoso dell'anacardio. **2** *M. mistica*, aureola a forma di mandorla che circonda Gesù o la Vergine nell'iconografia cristiana antica. **3** *M. di mare*, piccolo mollusco dei Gasteropodi che vive anche nel Mediterraneo con conchiglia sottile e biancastra (*Philine aperta*). **4** Spec. nell'arte gotica, motivo ornamentale che per la forma ricorda una mandorla. || **mandorlètta**, dim. | **mandorlina**, dim.

mandorlàto [1554] **A** agg. **1** †Che ha forma di mandorla. **2** Contenente mandorle: *cioccolato m.* **B** s. m. ● Pasta dolce con mandorle abbrustolite.

mandorléto [da *mandorlo*; 1913] s. m. ● Piantagione di mandorli.

mandorlicoltóre [comp. di *mandorlo* e *-coltore*, sul modello di *agricoltore*; 1957] s. m. (f. *-trice*) ● Coltivatore di mandorli.

mandorlicoltùra o **mandorlicultùra** [comp. di *mandorlo* e *-coltura*] s. f. ● Coltivazione dei mandorli.

mandorlièro [da *mandorla*; 1957] agg. ● Concernente le mandorle e la loro coltivazione: *produzione mandorliera.*

♦**màndorlo** [da *mandorla*; sec. XIII] s. m. ● Grande albero delle Rosacee che fiorisce prima di mettere le foglie con fiori bianchi, vistosi, foglie seghettate, frutto a mandorla (*Prunus communis*). ➡ ILL. piante/6.

màndra ● V. *mandria.*

†**mandràcchia** [da *mandracchio*, per l'abitudine delle prostitute di frequentare i porti (?)] s. f. ● Prostituta, meretrice.

mandràcchio [da *mandr(i)a*, nel sign. di 'recinto'; av. 1536] s. m. **1** (*raro*) Parte di un porto o di una darsena per le piccole imbarcazioni. **2** Canale principale che convoglia le acque di un comprensorio di bonifica alle idrovore.

mandràgola o **mandràgora** [lat. *mandrăgora(m)*, nom. *mandrăgora*, dal gr. *mandragóras*, di etim. incerta; av. 1292] s. f. ● Erba velenosa delle Solanacee con fiori bianchi, foglie seghettate e grosse radici alle quali un tempo si attribuivano virtù magiche (*Mandraghola officinarum*) | †*Mostrar la m.*, (*fig.*) ingannare, beffare. ➡ ILL. piante/8.

mandràgora ● V. *mandragola.*

Mandrake /man'drake, *ingl.* 'mæn,dɹeɪk/ [dal n. di un famoso personaggio dei fumetti creato nel 1934 da L. Falk e P. Davis; 1961] s. m. inv. ● (*scherz.*) Persona dotata di capacità eccezionali, prodigiose.

mandratùra [1957] s. f. ● Pernottamento all'aperto delle mandrie al pascolo per concimare il terreno. SIN. Stabbiatura.

màndria o **màndra** [lat. *măndra(m)*, nom. *măndra*, dal gr. *mándra* 'ovile, recinto', di etim. incerta; av. 1280] s. f. **1** Branco numeroso di bestiame grosso: *una m. di buoi, di cavalli, di bufali.* **2** (*spreg.*) Insieme disordinato di persone: *una m. di birboni, di farabutti.* **3** †Stalla, ovile, recinto.

†**mandriàle** (**1**) (o **-drià-**) [da *mandria*; 1342] s. m. ● (*raro*) Mandriano.

mandriàle (**2**) (o **-drià-**) [dalla somiglianza col bastone di un *mandriano* (?); av. 1537] s. m. ● Lunga asta di acciaio usata un tempo in fonderia per togliere il tappo a spina del foro di colata dei forni fusori.

mandriàno (o **-drià-**) [da *mandria*; 1319] s. m. (f. *-a*) ● Custode di una mandria, specie di bestiame bovino.

mandrillo [sp. *mandril*, da una vc. della Guinea; 1802] s. m. **1** Grossa scimmia cinocefala africana, di indole molto selvaggia, con il muso, di color rosso-sanguigno, solcato da pieghe cutanee verticali, e le parti posteriori del corpo colorate in rosso, verde e azzurro (*Mandrillus sphinx*). ➡ ILL. animali/14. **2** (*fig., spec. scherz.*) Uomo che ha un'intensa attività sessuale.

mandrinàggio [1940] s. m. ● Allargamento di un foro col mandrino.

mandrinàre [da *mandrino*; 1957] v. tr. ● Allargare l'estremità di tubi mediante un mandrino.

mandrinatùra [da *mandrinare*; 1957] s. f. ● Mandrinaggio.

mandrino [fr. *mandrin*, di etim. incerta; 1853] s. m. **1** (*tecnol.*) Albero principale della macchina utensile che ha la funzione di trasmettere il moto rotatorio al pezzo da lavorare o all'utensile. **2** (*tecnol.*) Piattaforma: *m. autocentrante.* **3** (*tecnol.*) Parte del trapano e gener. di una perforatrice, che fa o allarga fori. **4** (*med.*) Filo o asticella sottile di metallo, introdotto in aghi di siringa e gener. strumenti cavi, per dare loro una determinata curvatura o consistenza, o per impedirne l'ostruzione. **5** Nelle armi da fuoco caricate a mano, cilindro di legno con cui si spinge lo stoppaccio all'interno delle cartucce.

mandritta o (*tosc.*) **manritta**, (*pop.*) **marritta** [comp. di *man(o)* e *diritta*; av. 1571] s. f. ● (*lett.* o *region.*) La mano destra, il lato destro: *tenere la m.*; *dare la m. a uno* | *A m.*, a destra.

mandritto o **mandiritto**, (*tosc.*) **manritto**, (*pop.*) **marritto** [comp. di *man(o)* e *diritto*; av. 1294] s. m. ● Colpo dato da destra a sinistra con la sciabola | Colpo dato a mano aperta; CONTR. Manrovescio.

manducàre [lat. *manducāre*, da *măndere* 'masticare'. V. *mandibola*; 1313] v. tr. ● (*lett.*) Mangiare.

mandurria /sp. man'durrja/ ● V. *bandurria.*

màne [lat. *māne* 'mattino', dall'agg. *mānis* 'buono'; *māne* avrebbe il sign. di 'buona (ora)'; av. 1306] s. f. solo sing. ● (*lett.*) Mattina: *Il nome del bel fior ch'io sempre invoco / e m. e sera* (DANTE *Par.* XXIII, 88-89) | *Da m. a sera*, dalla mattina alla sera, per tutto il giorno; (*est.*) continuamente.

-mane [gr. *-manês*, da *manía* 'pazzia', di orig. indeur.] secondo elemento ● Forma sostantivi, designanti persona, che corrispondono ai sostantivi in *-mania*: *bibliomane, cleptomane, cocainomane, grafomane, morfinomane, tossicomane.*

†**manécchia** [lat. *manĭcula(m)*, da *mănus* 'mano'; 1561] s. f. ● Manico, maniglia.

maneggévole [da *maneggiare*; 1598] agg. **1** Che si può maneggiare facilmente: *libro m.*; *automobile m.*; *arma m.* **2** (*fig., raro*) Docile, arrendevole, malleabile: *carattere m.*

maneggevolézza [av. 1764] s. f. ● Caratteristica di chi (o di ciò che) è maneggevole (*anche fig.*).

manéggia [etim. incerta; 1550] s. f. (pl. *-ge*) ● (*raro*) Spazio ristretto di terreno.

maneggiàbile [1540] agg. ● Che si può maneggiare | (*fig.*) Che si lascia facilmente persuadere.

maneggiaménto [1551] s. m. **1** Il maneggiare | (*zoot.*) Il palpare il corpo di un animale da macello per controllarne il grado di ingrassamento. **2** (*fig.*) Maneggio, intrigo. **3** †Artificio o perizia nell'uso di qlco.

♦**maneggiàre** [da *mano*; 1300 ca.] **A** v. tr. (*io manéggio*) **1** Trattare con le mani, tenere tra le mani per scopi vari: *m. la cera, la pasta.* **2** Saper usare qlco. con particolare capacità o abilità (*anche fig.*): *m. lo scalpello, il pennello, il bisturi* | *M. la penna, la lingua*, (*fig.*) sapere scrivere o parlare con originalità, vivacità e gener. abilità e padronanza. **3** (*fig.*) Amministrare: *m. forti somme di denaro, ingenti capitali*; *tutto quello il quale e tuoi figliuoli non sapranno m. e governare, … sarà loro superfluo e incomodo* (ALBERTI) | †Governare: *m. il regno, il paese* | *M. una persona*, ottenerne ciò che si vuole. **4** (*lett.*) Palpare, accarezzare | Tastare: *m. un vitello per assicurarsi del suo peso.* **5** (*mar.*; *disus.*) Far manovrare, governare. **B** v. intr. pron. **1** (*raro*) Destreggiarsi. **2** †Adoperarsi | †Esercitarsi. **3** †Muovere le mani o tutta la persona in qualche operazione.

maneggiàto A part. pass. di *maneggiare*; anche agg. **1** Nei sign. del v. **2** (*raro*) Guidato, diretto. **B** s. m. ● †Maneggio.

maneggiatóre [av. 1571] s. m. (f. *-trice*) ● Chi maneggia (*anche fig.*).

manéggio (**1**) [da *maneggiare*; 1526] s. m. **1** Il maneggiare | Uso (*anche fig.*): *essere abile nel m. del pennello, delle armi, della rima.* **2** Amministrazione, direzione, governo: *il m. degli affari, del denaro e delle rendite altrui*; *chi è in maneggi grandi … cuopri sempre le cose che gli dispiacciono, amplifichi quelle che gli sono favorevoli* (GUICCIARDINI). **3** Azione, affare o traffico condotto con astuzia: *i maneggi del grande commercio internazionale* | (*est.*) Manovra, intrigo: *i maneggi della diplomazia*; *essere esperto in ogni m.* **4** Luogo, pista ove vengono addestrati cavalli e cavalieri a particolari esercizi d'andatura e di abilità | *Arie di m.*, l'insieme degli esercizi del suddetto allevamento. **5** †Mossa, evoluzione di guerra | Manovra.

maneggìo (**2**) [da *maneggiare*; 1895] s. m. ● Un continuo e intenso maneggiare.

maneggióne [da *maneggiare*; 1905] s. m. (f. *-a*) ● Intrigante, faccendiere.

manentàtico [da *manente* nel sign. B] s. m. (pl. *-ci*) ● (*dir.*) Nel mondo medievale, contratto agrario in base al quale un coltivatore si obbligava a rimanere in perpetuo sulle terre che coltivava.

manènte [1513] **A** part. pres. di †*manere*; anche agg. **1** Nei sign. del v. **2** †Che possiede casa o terreno. **B** s. m. ● Nell'ordinamento feudale, il coltivatore obbligato, in base a un contratto, a rimanere in perpetuo sulla terra che coltivava.

†**manèra** e *deriv.* ● V. *maniera* e *deriv.*

†**manére** [lat. *manēre*. V. *rimanere*; 1476] v. intr. ● Rimanere, restare.

manescàlco ● V. *maniscalco.*

manésco [da *mano*; 1354] agg. (pl. m. *-schi*) **1** Pronto a menare le mani: *ragazzo m.* **2** †Che si può agevolmente usare o trattare con le mani. **3** Maneggevole, portatile: *armi manesche.*

manétta [da *mano*; av. 1543] s. f. **1** †Manata. **2** Piccola leva con manopola, pomello e sim., per comandare a mano un dispositivo: *m. dell'aria, del carburatore, del gas* | (*pop.*) *A* (*tutta*) *m.*, a tutto gas, a tutta velocità. CFR. A tavoletta. **3** (*ant.*) Leva azionante il congegno di scatto della balestra o del serpentino. **4** (*al pl.*) Ferri di varia forma usati dalle forze dell'ordine per tenere stretti insieme i polsi degli arrestati | *Mettere le manette a qlcu.*, (*est.*) arrestare, incarcerare; (*fig.*) opprimere, asservire | (*fig.*) *Governo delle manette*, dittatoriale, oppressivo.

manévole [da *mano*; 1609] agg. ● (*lett.*) Maneggevole.

manfanile [da *manfano*; av. 1696] s. m. ● Bastone del correggiato tenuto in mano dal battitore. SIN. Manfano.

mànfano [lat. tardo *māmphur*, vc. di orig. osca; 1869] s. m. **1** Manfanile. **2** (*tosc.*) Tappo per chiudere il foro del tino o della botte | (*est.*) Il foro stesso. **3** (*tosc., fig.*) Persona furba.

manfòrte o **man forte** [comp. di *man(o)* e *forte*; 1891] s. f. solo sing. ● Sostegno, aiuto, appoggio | *Dare, prestare m. a qlcu.*, aiutare, spalleggiare qlcu.

manfrina [var. dial. di *monferrina*; 1869] s. f. **1** (*sett.*) Ballo piemontese, monferrina: *ballare, suonare la m.* **2** (*est.*) Storia insistente e noiosa, spec. ripetuta allo scopo di ottenere qlco.: *è sempre la solita m.* | Messinscena per attirare l'attenzione, coinvolgere o convincere qlcu.: *Tommaso … ci si mise in mezzo, facendo tutta una m., … per farsi dar retta* (PASOLINI).

manfróne [dal lat. *vāfer* 'astuto' (V. *vafro*), con deformazione pop.; av. 1557] s. m. **1** (*zool.*) Pagro. **2** (*fig., region.*) Furbacchione, marpione.

mànga /giapp. ˌmaŋga/ [vc. giapp. 'cartone animato', 'striscia comica'; 1988] s. m. inv. ● Fumetto giapponese dal disegno essenziale e accurato, del quale sono popolari il filone erotico e quello fantastico.

manganàre [da *mangano*; 1561] v. tr. (*io màngano*) **1** Dare il lustro alle stoffe di lino col mangano. **2** †Lanciare proiettili col mangano.

manganàto [comp. di *mangan(ese)* e *-ato* (*2*); 1869] s. m. ● Sale dell'acido manganico | *M. di potassio*, composto che si può trasformare, per effetto dell'aria o dell'acqua, in altri composti assumendo diverse gradazioni di colore. SIN. Camaleonte verde.

manganatóre [da *manganare*; sec. XIV] s. m. (f. *-trice*) ● Operaio tessile che dà il lustro col mangano.

manganatùra [1319] s. f. ● Operazione tessile del manganare tessuti di lino o di cotone misto lino.

†**manganeggiàre** [comp. di *mangan(o)* e *-eggiare*; sec. XIII] v. tr. ● Manganare nel sign. 2.

manganèlla [dim. di *mangano*; sec. XIII] s. f. **1** (*raro*) Manganello. **2** (*ant.*) Piccolo mangano per lanciare proiettili. **3** Spec. nei cori delle chiese, sedile ribaltabile.

manganellàre [1931] v. tr. (*io manganèllo*) ●

Percuotere col manganello, prendere a manganellate. SIN. Bastonare.

manganellàta [1931] s. f. ● Colpo di manganello. SIN. Bastonata.

manganèllo [1869] s. m. *1* Dim. di *mangano*. *2* Bastone, randello: *usare il m.* | Corto bastone, rivestito di gomma o sim., usato dalla polizia; SIN. Sfollagente.

manganése [dal gr. biz. *magnḗsion* 'magnesia'; 1795] s. m. ● Elemento chimico, metallo splendente, duro, fragile, molto diffuso in natura e spesso accompagnato al ferro; è ottenuto per via alluminotermica dai suoi ossidi ed è usato per preparare acciai, leghe e vernici protettive. SIMB. Mn.

manganesìfero [comp. di *manganese* e *-fero*; 1891] agg. ● Che contiene manganese.

mangànico [comp. di *mangan(ese)* e *-ico*; 1869] agg. (pl. m. *-ci*) ● (*chim.*) Detto di composti in cui il manganese è trivalente e dell'acido in cui è esavalente: *ossido m.* | ***Acido m.***, acido ossigenato noto solo in soluzione o sotto forma di sali.

manganina [ingl. *manganin*, da *manganese* 'manganese'; 1932] s. f. ● Lega di rame, manganese e nichel, usata spec. per realizzare campioni di resistenze elettriche.

manganìsmo [1957] s. m. ● (*med.*) Intossicazione causata da inalazione delle polveri o dei vapori di manganese.

manganite [comp. di *mangan(ese)* e *-ite* (*2*); 1875] s. f. ● (*miner.*) Idrossido di manganese in cristalli prismatici ben sviluppati, neri, con lucentezza metallica.

màngano [lat. tardo *mănganu(m)*, dal gr. *mánganon*, di orig. indeur.; sec. XIII] s. m. *1* (*tess.*) Macchina di finissaggio per tela di lino che viene fatta passare tra due cilindri metallici. *2* Grossa macchina per stirare: *m. per ospedali, alberghi, collegi*. *3* Antica macchina da guerra di grandi dimensioni usata per lanciare proiettili. || **manganèlla**, dim. f. (V.) | **manganèllo**, dim. (V.).

manganóso [fr. *manganeux*, da *manganèse* 'manganese'; 1869] agg. ● (*chim.*) Detto di composto del manganese bivalente | ***Solfato m.***, di colore rosa, usato come mordente in tintoria.

†**mangéa** [ant. fr. *mangée* 'mangiata'; av. 1375] s. f. ● Convito, banchetto.

mangeréccio [av. 1580] agg. (pl. f. *-ce*) ● Da mangiare, buono a mangiarsi: *funghi mangerecci*. SIN. Commestibile, edule.

mangerìa [fr. *mangerie*, da *manger* 'mangiare'; 1500] s. f. ● Profitto estorto da amministratori disonesti | (*est.*) Sperpero del denaro pubblico. SIN. Ruberia.

màngia [da *mangiare* (*1*); av. 1535] s. m. inv. ● (*fig., tosc.*) Persona arrogante, prepotente | ***Fare il m.***, il gradasso.

màngia- primo elemento *1* In parole composte, per lo più di origine pop., indica la persona o l'animale che mangia (anche solo in senso fig.) ciò che è designato dal secondo elemento compositivo, talora con connotazione scherz. o spreg.: *mangiabambini, mangiafagioli, mangiaformiche, mangiapane, mangiapolenta*. *2* Indica apparecchi dotati di una fessura in cui viene inserito ciò che è designato dal secondo elemento compositivo: *mangiacassette, mangiadischi, mangianastri*.

mangiabambini [comp. di *mangia-* e il pl. di *bambino*; av. 1646] s. m. e f. inv. ● Personaggio di fiabe dall'aspetto feroce | (*fig.*) Persona che incute paura, ma in fondo buona. SIN. Babau.

mangiàbile [av. 1673] agg. ● Che si può mangiare, che è buono da mangiare. SIN. Commestibile, edule.

mangiabòtte [comp. di *mangia-* e il pl. di *botta* (*2*); 1970] s. f. inv. ● (*zool., region.*) Biscia d'acqua.

mangiacàrte [comp. di *mangia-* e il pl. di *carta*; av. 1793] s. m. inv. ● (*spreg.*) Leguleio, avvocato faccendone e senza abilità.

mangiacassétte [comp. di *mangia-* e del pl. di *cassetta*] s. m. inv. ● Mangianastri.

mangiacristiàni [comp. di *mangia-* e il pl. di *cristiano*; 1891] s. m. e f. inv. ● Chi minaccia e fa il terribile, spec. a parole.

mangiadischi® [comp. di *mangia-* e il pl. di *disco*; 1965] s. m. inv. ● Giradischi portatile caratterizzato da una feritoia orizzontale in cui si introduceva il disco a 45 giri.

†**mangiadóre** ● V. *mangiatore*.

màngia-e-bévi o **màngiaebévi** [comp. con gli imperat. di *mangiare* e *bere*; 1983] loc. sost. m. inv. *1* Gelato alla crema e nocciola, con frutta e liquore, servito in grandi bicchieri a calice. *2* (*tosc.*) Involtino di pasta fritta, croccante, ripieno di sciroppo spec. di lampone o di mele.

mangiafagiòli [comp. di *mangia-* e il pl. di *fagiolo*; 1617] agg. inv.; anche s. m. e f. inv. *1* Che (o Chi) mangia abitualmente o smodatamente fagioli. *2* †(*fig., spreg.*) Che (o Chi) ha gusti rozzi | Che (o Chi) vale poco.

†**mangiafèrro** [comp. di *mangia-* e *ferro*; av. 1556] s. m. inv. ● Sgherro | (*est.*) Soldato bravaccio e millantatore.

mangiaformìche [comp. di *mangia-* e il pl. di *formica*; 1869] s. m. inv. ● (*pop.*) Formichiere.

†**mangiafrànco** [comp. di *mangia-* e *franco*; 1949] s. m. ● Scroccone, parassita.

mangiafùmo [comp. di *mangia-* e *fumo*; 1973] agg. inv. ● Che elimina il fumo dagli ambienti, purificando l'aria: *candela m.*; *pianta m.* (*Beaucarnia*).

†**mangiafuòco** [comp. di *mangia-* e *fuoco*] s. m. inv. ● Spaccone, smargiasso.

†**mangiaguadàgno** [comp. di *mangia-* e *guadagno*; av. 1424] agg.; anche s. m. ● Che (o Chi) fa umili lavori per guadagnare qlco.

màngia màngia [iterazione espressiva dell'imperat. di *mangia(re)*] loc. sost. m. inv. ● (*fam.*) Ruberia, profitto illecito.

mangiaménto [sec. XVI] s. m. *1* Il mangiare spec. in gruppo numeroso e con abbondanza | Mangiata. *2* (*raro*) Mangeria. *3* (*raro, fig.*) Tormento, struggimento: *m. di cuore*. *4* †Elisione di una lettera.

mangiamòccoli o **mangiamóccoli** [comp. di *mangia-* e il pl. di *moccolo*; 1841] s. m. e f. inv. ● Bacchettone.

mangiamósche [comp. di *mangia-* e il pl. di *mosca*] s. m. inv. ● Pigliamosche.

mangianàstri® [comp. di *mangia-* e il pl. di *nastro*; 1970] s. m. inv. ● Apparecchio portatile che riproduce musica mediante l'inserzione automatica di nastri magnetici, contenuti in appositi caricatori. SIN. Giranastri, mangiacassette.

mangiapagnòtte [comp. di *mangia-* e il pl. di *pagnotta*; av. 1749] s. m. e f. inv. ● (*disus.*) Chi percepisce uno stipendio pubblico con poca fatica.

mangiapàne [comp. di *mangia-* e *pane*; 1618] s. m. e f. inv. ● Persona inetta, buona solo a mangiare | ***M. a ufo, a tradimento***, chi vive alle spalle altrui.

mangiapatàte [comp. di *mangia-* e il pl. di *patata*; 1858] **A** s. m. e f. inv. *1* Chi è ghiotto di patate o se ne nutre abitualmente. *2* (*fig.*) Persona che non val nulla. **B** anche agg. inv.: *tedeschi m.*

mangiapèlli [comp. di *mangia-* e il pl. di *pelle*; 1834] s. m. inv. ● (*zool.*) Mallofagi.

mangiapère [comp. di *mangia-* e il pl. di *pera*; 1869] s. m. inv. ● (*zool.*) Cervo volante.

mangiapolènta o (*tosc.*) †**mangiapolènda** [comp. di *mangia-* e *polenta*; 1688] s. m. e f. inv. *1* Chi mangia abitualmente polenta | Polentone (spec. come epiteto scherz. o spreg. rivolto a veneti, lombardi e piemontesi). *2* (*fig.*) Persona inetta, dappoco.

mangiapòpolo [comp. di *mangia-* e *popolo*; av. 1729] s. m. ● (*raro*) Despota, tiranno.

mangiaprèti [comp. di *mangia-* e il pl. di *prete*; 1881] s. m. e f. inv. ● Chi odia i preti e ne sparla | Chi è anticlericale convinto.

mangiaràgni [comp. di *mangia-* e il pl. di *ragno*; 1965] s. m. inv. ● Correntemente, uccello dei Passeriformi simile al colibrì con becco lungo e sottile.

♦**mangiàre** (*1*) [fr. *manger*, dal lat. *manducāre*. V. *manducare*; 1158] v. tr. (*io màngio*) *1* Prendere un cibo, masticarlo e deglutirlo: *m. carne, pesce, verdura*; *m. in fretta, adagio, di gusto*; CFR. fago-, -fago, -fagia, -voro | ***Fare da m.***, cucinare i cibi, preparare i pasti | ***Roba da m.***, cibi, alimenti | ***Non aver da m.***, essere poverissimo | ***M. a crepapelle***, (*fig.*) moltissimo | ***M. a quattro palmenti***, con estrema voracità | ***M. per tre, per quattro***, (*fig.*) in gran quantità | (*fig.*) ***M. il pane a ufo, a tradimento***, non far nulla per guadagnarselo, farsi mantenere | ***M. con qlcu.***, averci gran familiarità | ***M. di magro***, astenersi in certe occasioni dalle carni, secondo il precetto cattolico | ***M. in bianco***, evitando salse, condimenti piccanti e sim. | (*fig.*) ***M. con gli occhi***, guardare con intenso desiderio | (*fig.*) ***M. la minestra in testa a qlcu.***, essere più alto, essere più bravo in qlco. | (*fig.*) ***M. alle spalle di qlcu.***, farsi mantenere | ***M. la foglia***, (*fig.*) rendersi conto di qualche inganno o sotterfugio | Prendere uno dei pasti giornalieri: *è ora di m.*; *m. in trattoria*; *mangiamo insieme?* | ***M. alla carta***, secondo la lista | ***M. a prezzo fisso***, secondo una lista prestabilita e generalmente senza scelta. *2* Divorare (*anche fig.*): *mangiarsi un cappone*; *s'è mangiato tutta la torta*; *la febbre, l'ira, le gelosie lo mangiano*; *è stato mangiato dalle zanzare* | (*fig.*) ***Mangiarsi vivo qlcu.***, sgridarlo con molta asprezza | (*fig.*) ***Mangiarsi il cuore, il fegato***, per ira, astio e sim. | ***Mangiarsi le unghie***, rosicchiarsele, spec. per vizio | (*fig.*) ***Mangiarsi le mani***, per non aver fatto qlco. di particolarmente utile o conveniente, per aver perduto una buona occasione e sim. | (*fig.*) ***Mangiarsi qlcu. dai baci, di baci***, coprirlo di baci | (*fig.*) ***Mangiarsi la parola***, non mantenerla | (*fig.*) ***Mangiarsi una lettera, una sillaba, le parole*** e sim., non pronunciarla, o pronunciarla male, a metà e sim. *3* (*fig.*) Intaccare, rodere, corrodere: *la ruggine mangia il ferro*; *l'acido ha mangiato il tessuto*. *4* Consumare: *è una caldaia che mangia troppo carbone* | (*fig.*) ***M. la via***, percorrerla rapidamente. *5* Distruggere, sperperare: *gli ha mangiato tutto il patrimonio* | ***M. a qlcu. la casa e la camicia***, non lasciargli assolutamente nulla. *6* (*fig.*) Guadagnare illecitamente: *con tutti i suoi intrighi trova sempre da m.* SIN. Estorcere, rubare, scroccare. *7* (*fig.*) Sopraffare: *con poche parole ha mangiato tutti gli avversari* | Nel linguaggio sportivo, superare con estrema facilità: *mangiarsi l'avversario*; fallire, mancare: *mangiarsi un rigore* | (*mar.*) Spazzar via murate, scialuppe, persone, dal ponte della nave, detto del mare tempestoso | ***Farsi m. il remo***, lasciarsi inceppare il remo dalle acque per inesperienza della voga. *8* (*fam.*) Giocando a scacchi, a dama, a carte, prendere un pezzo o una carta dell'avversario. || PROV. Lupo non mangia lupo; o mangiar questa minestra o saltar questa finestra; l'asino quando ha mangiato la biada tira calci al corbello; il pesce grande mangia il pesce piccolo; l'appetito vien mangiando.

♦**mangiàre** (*2*) [da *mangiare* (*1*); av. 1292] s. m. *1* Il mangiare: *persona molto difficile nel m.* | Pasto: *è pronto il m.?* *2* †Convito, pranzo. *3* Ciò che si mangia: *m. saporito, semplice, insipido, ghiotto*. SIN. Cibo, vivanda. || **mangiarino**, dim. (V.).

mangiarino [1865] s. m. *1* Dim. di *mangiare* (*2*). *2* (*fam.*) Cibo squisito e delicato. SIN. Manicaretto.

mangiaròspi [comp. di *mangia-* e il pl. di *rospo*; 1970] s. m. inv. ● (*zool.*) Biscia d'acqua.

mangiasapóne [comp. di *mangia-* e *sapone*] s. m. e f. inv. ● (*sett., spreg.*) Nativo dell'Italia meridionale.

mangiaségo [comp. di *mangia-* e *sego*; 1869] s. m. inv. ● (*spreg.*) Chi ama e mangia vivande condite con grasso animale | Appellativo con cui nel Lombardo-Veneto venivano chiamati i soldati austriaci.

mangiasòldi [comp. di *mangia-* e il pl. di *soldo* (*1*); 1967] **A** s. m. e f. inv. ● Chi riceve uno stipendio immeritatamente perché lavora poco e male. **B** agg. inv. ● Nella loc. ***macchina m.***, apparecchio automatico per il gioco d'azzardo, che funziona mediante l'introduzione di monete o gettoni in un'apposita fessura, e consente la vincita di premi.

mangiàta [1605] s. f. ● Pasto abbondante: *fare una m. di pesce*. SIN. Scorpacciata. || **mangiatàccia**, pegg. | **mangiatina**, dim. | **mangiatóna**, accr.

†**mangiatìvo** [sec. XIV] agg. ● Commestibile | Mangereccio: *me ne stavo lì da un'ora con la roba mangiativa* (FENOGLIO).

mangiàto [sec. XIV] part. pass. di *mangiare*; anche agg. *1* Nei sign. del v. | (*ellitt.*) ***Dopo m.***, dopo aver consumato il pranzo o la cena | (*fam.*) Che ha già consumato il pranzo o la cena: *andate al cinema già mangiati?* *2* (*mar.*; *disus.*) Tolto alla vista: *barca mangiata dalle onde*.

mangiatóia [da *mangiare* (*1*); 1282] s. f. *1* Manufatto in legno, in muratura o in cemento, a forma di lunga cassa, dove si mette il foraggio per gli animali. SIN. Greppia. *2* (*fig., scherz.*) Tavola su cui si mangia: *badare solo alla m.* *3* (*fig.*) Fonte di guadagno più o meno lecita.

mangiatóre o †**mangiadóre** [sec. XIII] **A** s. m.

(f. *-trice*) ● Chi mangia abbondantemente: *un gran m.* **B** agg. ● Che è solito nutrirsi prevalentemente o preferire un determinato cibo: *gli italiani sono mangiatori di pasta.*

mangiatòria [1865] s. f. ● (*raro*) Mangeria.

mangiatùra [av. 1749] s. f. *1* †Banchetto, convito. *2* (*pop.*) Segno lasciato sulla pelle dalle punture degli insetti.

mangiatùtto [comp. di *mangia-* e *tutto*; 1891] s. m. e f. inv. *1* Chi mangia di tutto e molto | Chi è di bocca buona | (*fig.*) Sciupone, sprecone. *2* Varietà di fagioli e di piselli a baccelli commestibili.

mangiaùfo [da *mangia(re) a ufo*; 1825] s. m. e f. inv. ● Chi mangia a ufo | Scroccone, parassita.

mangiauòmini [comp. di *mangia-* e il pl. di *uomo*; av. 1874] s. f. inv. ● Seduttrice, maliarda (*spec. scherz.*).

mangiavènto [comp. di *mangia-* e *vento*; 1889] s. m. inv. ● (*mar.*) Nell'attrezzatura a brigantino, vela di prua inferita allo strallo di trinchetto usata con vento leggero.

mangime [da *mangiare*; 1779] s. m. ● Alimento sfarinato, granulato o sotto forma di semi, destinato agli animali | ***M. concentrato***, ricco di sostanze nutritive e di elevato valore energetico e biologico | ***M. bilanciato***, con un rapporto di composizione tra i diversi elementi nutritivi, idoneo per soddisfare le esigenze alimentari del bestiame in allevamento.

mangimificio [comp. di *mangime* e *-ficio*; 1970] s. m. ● Stabilimento per la produzione dei mangimi.

mangimìsta [1950] s. m. e f. (pl. m. *-i*) ● Venditore di mangimi.

mangimìstica [1960] s. f. ● Il complesso delle attività connesse con la produzione e l'utilizzazione dei mangimi destinati all'alimentazione animale.

mangimìstico [1963] agg. (pl. m. *-ci*) ● Relativo a mangime animale.

mangióne [da *mangiare (1)*; 1353] s. m.; anche agg. (f. *-a*) *1* Chi (o Che) mangia molto o avidamente: *Margutte, beone, m., mariuolo, millantatore, re dei buffoni volgari* (DE SANCTIS). *2* (*fig.*) Scroccone.

mangiucchiàre o (*pop.*) **smangiucchiàre** [comp. di *mangi(are)* (*1*) e *-ucchiare*; 1832] v. tr. (*io mangiùcchio*) ● Mangiare poco, di tanto in tanto o senza voglia.

màngo [port. *manga*, vc. del Malabar; av. 1725] s. m. (pl. *-ghi*) ● Albero delle Anacardiacee coltivato nelle zone tropicali, che produce frutti polposi commestibili e molto pregiati (*Mangifera laurina*) | Il frutto di tale pianta. ➡ ILL. **piante**/5.

mangósta o **mangùsta** [fr. *mangouste*, dallo sp. *mangosta*, dall'indiano *mangūs*; 1803] s. f. ● Mammifero dei Carnivori di piccole dimensioni con corpo allungato, arti brevi, unghie ben sviluppate, cacciatore di serpenti (*Herpestes*) | ***M. icneumone***, icneumone | ***M. indiana***, mungo. ➡ ILL. **animali**/13.

mangostàno [ingl. *mangosteen*, dal malese *mangustan*; 1700] s. m. ● Pianta arborea delle Guttiferacee, coltivata nei climi tropicali per i frutti commestibili con polpa bianca e buccia violacea (*Garcinia mangostana*).

mangròvia o **mangròva** [ingl. *mangrove*, comp. di *mangle* (albero americano) e *grove* 'boschetto'; 1918] s. f. ● Particolare tipo di vegetazione presente lungo i litorali paludosi delle regioni tropicali, caratterizzata da speciali radici (pneumatofori) che si staccano verticalmente dal suolo e si ergono fuori dall'acqua. SIN. Paletuviere.

mangùsta ● V. *mangosta*.

màni [vc. dotta, lat. *mānes*, pl. da *mānis* 'buono'. Cfr. *mane*; av. 1729] s. m. pl. *1* (*relig.*) Nell'antica Roma, anime dei trapassati divinizzate e onorate con offerte di fiori, libagioni e cibarie. *2* (*fig., lett.*) Anima di un defunto, che si ricorda per le sue virtù: *i m. di Ettore, i m. di Enea.*

†**mània** (**1**) [lat. *imāgine(m)* 'immagine'; sec. XIV] s. f. ● Simulacro votivo di cera.

mania (**2**) [gr. *manía* 'follia', da *máinesthai* 'essere furioso', di orig. indeur.; sec. XIV] s. f. *1* Disturbo mentale caratterizzato dall'avere un'idea fissa: *m. suicida*; *m. di persecuzione* | (*est.*) Idea ossessiva, fissazione: *ha la m. dell'ordine* | (*est.*) Abitudine insolita, ridicola: *ha la m. di parlare da solo* | (*est.*) Passione, gusto, interesse eccessivo per qlco.: *ha la m. del ballo.* *2* (*psicol.*) Stato mentale anormale, caratterizzato da un senso generale di euforia e grande eccitazione, allegria irrefrenabile e immotivata, ottimismo eccessivo e sim.

-mania [cfr. vc. precedente] secondo elemento ● In parole composte, spec. della terminologia medica, indica tendenza o passione spiccata, eccessiva (*bibliomania*, *grafomania*) oppure bisogno ossessivo e talvolta decisamente patologico (*cleptomania*, *cocainomania*, *morfinomania*, *tossicomania*) di ciò che è espresso dal primo elemento.

maniacàle [1834] agg. ● (*med.*) Di mania, tipico della mania: *forma m.*; *sospetti maniacali* || **maniacalménte**, avv.

maniaco [da *mania (2)*; sec. XIII] **A** agg. (pl. m. *-ci*) ● Che concerne la mania. **B** agg.; anche s. m. (f. *-a*) *1* Che (o Chi) è affetto da mania: *m. sessuale.* CFR. -mane. *2* (*fig.*) Che (o Chi) manifesta un'attrazione quasi morbosa verso qlco.: *è un m. del calcio*; *individuo m. della pulizia.*

maniaco-depressivo [av. 1916] agg. (pl. m. *-i*) ● (*psicol.*) Nella loc. ***psicosi maniaco-depressiva***, disturbo mentale caratterizzato da un'instabilità emotiva che alterna momenti di eccitazione maniaca ad altri di melanconia depressiva.

†**maniàto** [da *mania (1)*] agg. ● Effigiato fedelmente | Identico, tale e quale. || †**maniataménte**, avv. Esattamente.

♦**mànica** [lat. *mănica(m)*, da *mănus* 'mano'; 1238] s. f. *1* Parte di un indumento maschile o femminile, che ricopre il braccio: *m. lunga, corta, tre quarti*; *m. aderente, ampia*; *m. raglan, kimono* | ***Mezza m.***, manica corta; manica di tela nera che ricopre l'avambraccio, usata un tempo da impiegati, scrivani e sim. a protezione delle maniche della giacca; (*fig.*) impiegato che svolge mansioni modeste e di routine | ***Essere in maniche di camicia***, senza giacca | ***Tirarsi su, rimboccarsi le maniche***, per lavorare con maggiore libertà; (*fig.*) iniziare a fare qlco. con energia e entusiasmo | ***È un altro paio di maniche!***, è un'altra cosa | ***Essere di m. larga, largo di m.***, (*fig.*) essere indulgente, tollerante | ***Essere di m. stretta, stretto di m.***, (*fig.*) essere rigido, non indulgere a concessioni | (*fig.*) ***Avere qlcu. nella m.***, manifestargli simpatia e benevolenza | (*fig.*) ***Essere nella m. di qlcu.***, godere i favori | ***Avere l'asso nella m.***, (*fig.*) tenere nascosto l'elemento decisivo per mostrarlo al momento opportuno. *2* Parte delle antiche armature a difesa del braccio, generalmente di maglia di ferro. *3* (*est.*) Tubo flessibile per acqua o aria | ***M. a vento***, tubo rigido o flessibile, fisso o mobile, che porta aria dai ponti scoperti ai locali interni della nave; negli aeroporti, grosso tubo leggermente conico in tela bianca e rossa, appeso per l'apertura maggiore a un'antenna, che gonfiato dal vento ne indica la direzione e, approssimativamente, l'intensità. *4* (*est.*) Fornello di fonderia stretto in fondo e largo di bocca. *5* †Schiera di soldati gener. schierata sui fianchi dell'esercito. *6* (*fig., spreg.*) Manipolo, banda: *m. di furfanti, di bricconi* | Quantità | ***Prendersi una m. di botte***, venir picchiato duramente. *7* †Manico. || **manicàccia**, pegg. | **manichétta**, dim. (V.) | **manichina**, dim. | **manicóna**, accr. | **manicóne**, accr. m.

manicàio [dalla forma di *manica*; 1792] s. m. ● (*zool.*) Cappalunga.

†**manicàre** [sovrapposizione di *masticare* al lat. *manducāre*. V. †*manducare*; 1353] **A** v. tr. *1* Mangiare: *ed ei, pensando ch'io 'l fessi per voglia / di manicar, di subito levorsi* (DANTE *Inf.* XXXIII, 59-60). *2* (*fig.*) Consumare, distruggere. **B** in funzione di s. m. solo sing. ● Cibo, vivanda.

manicarétto [da †*manicare*; 1353] s. m. ● Vivanda squisita e appetitosa. SIN. Mangiarino.

manicàto [da *manico*; av. 1672] agg. ● (*raro*) Fornito di manico.

†**manicatóre** [da †*manicare*; sec. XIII] s. m. (f. *-trice*) ● Mangiatore, mangione.

manicatùra [dal *manico* dello strumento musicale] s. f. ● Impostazione della mano del violinista sullo strumento.

maniccia [venez. *manizza*, da un agg. deriv. da *manica*] s. f. (pl. *-ce*) ● (*mar.*) Manizza.

manicheìsmo [da *manicheo*; av. 1574] s. m. ● Dottrina religiosa sorta nel III sec. d.C. in ambiente iranico a opera di Mani che, accogliendo varie influenze di altri culti dell'epoca, sosteneva la coesistenza e il conflitto dei due principi del bene e del male | (*est.*) Posizione ideologica che esagera la inconciliabilità di due principi.

manichèo [lat. tardo *manichāeu(m)*, dal persiano *Mani* (215-277), fondatore della dottrina; av. 1342] **A** agg. ● Che si riferisce a Mani o al manicheismo: *dottrina manichea*; *atteggiamento m.* **B** s. m. (f. *-a*) ● Seguace del manicheismo | (*est.*) Che tende al manicheismo: *con lui non si può ragionare: è un m.*

manichétta [1614] s. f. *1* Dim. di *manica*. *2* Mezza manica. *3* Tubo flessibile e di piccolo diametro per acqua o aria. ➡ ILL. **vigili del fuoco.**

manichétto (**1**) [da *manica*; sec. XV] s. m. *1* Risvolto con guarnizioni nel bordo delle maniche di abiti femminili. *2* Polsino inamidato di camicia e sim.

manichétto (**2**) [sec. XIV] s. m. *1* Dim. di *manico*. *2* Cilindro fornito di corda per tirare i battenti nel telaio a mano. *3* (*fig.*) Gesto di spregio che si fa alzando l'avambraccio destro e battendovi sopra con la mano sinistra: *fare m.*

manichino (**1**) [da *manica*; av. 1449] s. m. *1* Polsino di camicia maschile | Risvolto all'estremità della manica in abiti femminili. *2* (*al pl.*, *disus.*) Tipo di manette.

manichino (**2**) [fr. *mannequin*, dall'ol. *mannekijn*, dim. di *man* 'uomo'; 1869] s. m. *1* Fantoccio snodabile usato come modello da pittori e scultori. *2* Fantoccio in legno, plastica e sim. a sembianze femminili o maschili, usato nei negozi per esporre abiti, biancheria e sim., o in sartoria per provare o correggere abiti | (*fig.*) ***Sembrare un m.***, essere vestito e agghindato con ricercatezza | (*fig.*) ***Stare come un m.***, rigidamente immobile. *3* (*fig., raro*) Persona priva di volontà autonoma; SIN. Marionetta.

mànico [lat. parl. **mănicu(m)*, da *mănus* 'mano'; av. 1320] s. m. (pl. *-ci* o (*raro*) *-chi*) *1* Parte di un oggetto, di uno strumento e sim., che serve per sollevarlo o per maneggiarlo: *m. della vanga, della scopa, del martello, dell'ombrello, del paniere, della tazza, del vaso* | ***M. del remo***, parte del remo che termina con il girone e che sta entrobordo | (*fig.*) ***Benedire qlcu. col m. della scopa***, bastonarlo | ***Ogni cosa va presa per il suo m.***, (*fig.*) per il suo verso, dal lato giusto | ***Il difetto è, sta, nel m.***, (*fig.*) in chi dirige qlco. o nella causa di un'azione e non negli strumenti o mezzi usati | (*fig.*) ***Avere il coltello dalla parte del m.***, essere in una condizione di vantaggio | ***Ciurlare nel m.***, tergiversare. *2* Impugnatura delle tre armi della scherma: *m. della sciabola, della spada, del fioretto* | Nel tennis, impugnatura della racchetta. *3* Parte superiore della campana, incastrata nel mozzo. *4* (*mus.*) Parte dello strumento a corda, posta tra la cassa e il cavigliere, che porta le corde e i bischeri. *5* (*gerg.*) Leva di comando di un aereo. *6* (*eufem.*, *lett.*) Membro virile. || **manichétto**, dim. (V.) | **manichino**, dim. | **manicóne**, accr.

manicomiàle [1905] agg. ● Di manicomio: *istituzione m.* | ***Situazione m.***, (*fig.*) assurda, pazzesca.

manicòmio [comp. del gr. *manía* 'pazzia' e di *-comio*; 1834] s. m. *1* Un tempo, luogo di ricovero e cura dei malati mentali; SIN. Ospedale psichiatrico | ***M. giudiziario*** o (*pop.*) ***m. criminale***, istituto che accoglie soggetti prosciolti per infermità psichica, intossicazione da alcol o stupefacenti, sordomutismo | ***Cose da m.***, (*fig.*) incredibili, insensate. *2* (*fig., scherz.*) Luogo, ambiente e sim. pieno di rumore, confusione e sim.: *questa casa è, sembra un m.*

manicomizzàre [1983] v. tr. ● Ricoverare in manicomio.

manicòrdo [fr. *manicorde*, dal gr. *monóchordos* 'strumento a una corda', comp. di *mono-* 'mono-' e *chordḗ* 'corda'; av. 1510] s. m. ● Fino al Seicento, altro nome del clavicordo.

manicòtto [da *manica*; av. 1587] s. m. *1* Cilindro di pelliccia imbottito e aperto alle due estremità per accogliere le mani e ripararle dal freddo. *2* Dispositivo a forma di cilindro cavo, che serve per collegare tubi o pezzi metallici | Organo di collegamento atto a trasmettere il movimento rotatorio fra due alberi coassiali. *3* (*bot.*) Cambio nel sign. 5.

manicùre /mani'kure, *pseudofr.* mani'kyR/ [fr. *manucure*, comp. del lat. *mānus* 'mano' e di *-cure*, ricavato da *pédicure*. V. *pedicure*; 1879] **A** s. f. e m. inv. ● Chi per professione si occupa del trattamento estetico delle mani e spec. delle unghie. **B** s. f. ● (*impropr.*) Trattamento che si fa alle mani e spec. alle unghie tagliandole, pulendole e sim.: *fare la m.*

manide [dal genere *Mane*, che risale al lat. *mānes* 'anime dei defunti, spiriti'; 1834] s. m. ● (*zool.*) Pangolino.

♦**manièra** o †**manèra** [fr. *manière*, da *manier* 'che si fa con le mani, manuale', dal lat. tardo *manuāriu(m)*, da *mānus* 'mano'; av. 1257 ca.] s. f. **1** Modo particolare di fare, di essere e di procedere: *non tutti agiscono alla stessa m.*; *ognuno pensa alla sua m.* | Modo: *complemento di modo, di m.*; *c'è modo e m.*; *in tal m.*; *in nessuna m.*; *per m. di dire* | ***In tutte le maniere***, in tutti i modi, a ogni costo | ***In m. che***, così che | Modo di fare, di comportarsi: *parlare, agire in m. semplice, piacevole, signorile, brusca, rozza* | ***Fuor di m.***, fuor di modo, di misura | ***M. di dire***, locuzione | ***M. di vita***, norma, regola | Usanza, costume: *si comporta alla m. dei contadini* | Tatto, garbo, creanza: *ci vuol m.!*; *fare le cose con m.* | ***Lo ha trattato in una m.!***, molto male | ***Una persona di buone maniere***, educata | ***Avere cattive maniere, non aver maniere***, essere maleducato | ***Che maniere sono queste?***, espressione di biasimo | ***Belle maniere!, che m.!, che maniere!***, escl. di riprovazione e di sdegno. **2** Stile, tecnica particolare di un artista, di una scuola e sim.: *la m. di Giotto, del Mantegna, del Pascoli* | ***Di m.***, di opera o di stile accademici, di carattere imitativo, privi di originalità: *un quadro, una recitazione di m.* | (*est.*) Affettazione, ricercatezza, forma convenzionale: *trovava in quel libro tanta m. … e sì poco sentire* (ALFIERI). **3** (*lett.*) Sorta, specie, genere: *portando nelle mani chi fiori, chi erbe odorose e chi diverse maniere di spezierie* (BOCCACCIO). || **manieràccia**, pegg. | **manierina**, dim. | **manieróna**, accr. | **manierùccia**, dim.

manieràre [da *maniera*; av. 1712] v. tr. (*io manièro*) ● (*raro*) Ammanierare.

manieràto [da *maniera*; 1869] agg. **1** Realizzato con affettazione e ricercatezza eccessive: *è un'eleganza troppo manierata per poter piacere* | ***Gesti manierati***, leziosi, privi di naturalezza. **2** Che pecca di convenzionalismo, che manca di originalità: *scrittore m.*; *pittura manierata*. || **manierataménte**, avv.

manière ● V. *maniero* (*1*).

manierìsmo [fr. *maniérisme*, da *manière* 'maniera'; av. 1810] s. m. **1** Corrente artistica del tardo Rinascimento tendente all'imitazione esasperata di Michelangelo e Raffaello | (*est.*) Ogni orientamento che, in arte o in letteratura, si basa sull'imitazione di un modello ricercando l'originalità nella variazione stilistica e nella complicazione formale: *m. alessandrino*. **2** (*psicol.*) Atteggiamento espressivo innaturale, affettato e strano, proprio, in particolare, di malati di mente.

manierista [fr. *maniériste*, da *manière* 'maniera'; 1685] **A** agg. (pl. m. *-i*) ● Proprio del manierismo | (*est.*) Imitativo. **B** s. m. e f. ● Seguace del manierismo | (*est., spreg.*) Artista, scrittore privo di originalità.

manieristico [1938] agg. (pl. m. *-ci*) ● Del manierismo, proprio del manierismo o dei manieristi: *correnti manieristiche*. || **manieristicaménte**, avv. Secondo le teorie del manierismo.

manièro (**1**) o (*raro, lett.*) **manière** [provz. *manier*, dal lat. *manēre* 'rimanere'; av. 1348] s. m. **1** In epoca feudale, dimora del feudatario. SIN. Castello. **2** (*est.*) Castello, villa, dimora signorile di campagna.

†**manièro** (**2**) [ant. fr. *manier* 'fatto con la mano'. V. *maniera*; sec. XIII] agg. ● Affabile, mansueto | ***Falcone m.***, docile a ritornare sulla mano del falconiere.

manieróso o †**maneróso** [da *maniera*; sec. XIV] agg. **1** Che ha belle maniere, che si comporta con garbo ma in modo spesso lezioso, affettato: *un'affabilità un po' manierosa*. **2** †Ben regolato. || **manierosino**, dim. || **manierosaménte**, avv. In modo manieroso, affettato.

manifattóre [da *manifattura*; av. 1311] **A** s. m. (f. *-trice*) **1** (*raro*) Lavoratore manuale | (*region.*) Muratore. **2** (*raro*) Chi dirige una manifattura o vi lavora. **B** agg. ● Relativo a manifattura: *industria manifattrice*.

†**manifattoria** s. f. ● Manifattura.

manifattùra [lat. mediev. *manifactūra(m)*, da *mānu fācere* 'fare con la mano'; 1441] s. f. **1** L'insieme delle lavorazioni necessarie per trasformare la materia prima in manufatto. **2** Stabilimento in cui vengono eseguite tali operazioni di trasformazione: *il direttore della m.* SIN. Fabbrica, opificio. **3** (*raro*) Confezione: *manifatture per uomo, per signora*. **4** †Esecuzione di un lavoro manuale | Modo in cui viene eseguito. **5** (*fig.*) †Affare, faccenda. **6** (*fig.*) †Briga, noia.

manifatturàre [da *manifattura*; av. 1686] v. tr. ● (*raro*) Trasformare in manufatto, sottoporre a lavorazione: *m. la seta*.

manifatturàto **A** part. pass. di *manifatturare*; anche agg. **1** Nei sign. del v. **2** (*lett., fig.*) Eccessivamente elaborato, ricercato: *stile manifatturato*. **B** s. m. ● (*raro*) Manufatto.

manifatturière [1690] s. m. (f. *-a*) ● Dirigente o dipendente di una manifattura | Proprietario di una manifattura.

manifatturièro [av. 1794] agg. ● Di manifattura, relativo a manifattura: *operaio m.*; *industria manifatturiera*.

†**manifestaménto** [1308] s. m. ● Espressione, palesamento.

manifestànte [sec. XIII] **A** part. pres. di *manifestare* ● Nei sign. del v. **B** s. m. e f. ● Chi prende parte a una manifestazione, a una pubblica dimostrazione: *corteo di manifestanti*.

♦**manifestàre** [vc. dotta, lat. *manifestāre*, da *manifēstus* 'manifesto (1)'; 1219] **A** v. tr. (*io manifèsto*) **1** Rendere noto, visibile, chiaro a tutti: *m. le proprie opinioni, i propri sentimenti e desideri*. SIN. Esternare, palesare, rivelare. **2** (*raro, lett.*) Mostrare, far vedere. **B** v. intr. (aus. *avere*) ● Prendere parte a una pubblica manifestazione: *m. contro i licenziamenti in massa*; *m. per solidarietà con qlcu.* **C** v. rifl. o intr. pron. ● Farsi conoscere: *manifestarsi con le proprie azioni*; *manifestarsi amico, nemico* | Palesarsi: *la malattia si manifestò quando era ormai troppo avanzata*. SIN. Rivelarsi.

†**manifestatìvo** [sec. XIV] agg. ● (*raro*) Rivelativo.

†**manifestatóre** [vc. dotta, lat. tardo *manifestatōre(m)*, da *manifestāre* 'manifestare'; av. 1406] agg.; anche s. m. (f. *-trice*) ● (*raro*) Rivelatore.

♦**manifestazióne** [vc. dotta, lat. tardo *manifestatiōne(m)*, da *manifestāre* 'manifestare'; 1569] s. f. **1** Il manifestare | Espressione, estrinsecazione, palesamento: *m. di affetto, di simpatia*; *manifestazioni ora di sentimentale rapimento ora di brame furibonde* (CROCE) | Il manifestarsi; rivelazione, insorgenza: *m. dei sintomi di una malattia*; CFR. feno-. **2** Dimostrazione pubblica: *m. patriottica, di protesta*. **3** Spettacolo destinato a un vasto pubblico: *stasera avrà luogo una m. sportiva*; *m. artistica, musicale*.

manifestìno [1869] s. m. **1** Dim. di *manifesto* (*2*). **2** Foglietto volante distribuito al pubblico, spec. per fini propagandistici o pubblicitari: *l'aereo lanciava manifestini sulla città*.

♦**manifèsto** (**1**) [vc. dotta, lat. *manifēstu(m)* 'preso per mano', poi 'preso sul fatto', da *mānus* 'mano'; av. 1250] **A** agg. ● Evidente, palese: *segno, avvertimento m.*; *causa non manifesta*; *quanto io lessi, vidi, appresi, o scrissi, / or sento essere un nulla m.* (ALFIERI) | Aperto e chiaro: *concetto, senso m.* | Notorio: *è m. che quell'uomo è un ladro* | (*lett.*) Fare, rendere m., indicare, rivelare; dichiarare | (*lett.*) ***Farsi m.***, rivelarsi, apparire evidente; dichiarare le proprie opinioni | ***In modo m.***, manifestamente. || **manifestaménte**, avv. In modo palese, evidente: *come è manifestamente provato dall'esperienza*. **B** avv. ● (*lett.*) In modo chiaro, evidente: *si vede m.*

♦**manifèsto** (**2**) [da *manifesto* (*1*); 1602] s. m. **1** Foglio stampato e affisso in luogo pubblico al fine di far conoscere alla collettività un fatto, un'intenzione, un programma: *m. del Sindaco, del Prefetto*; *m. elettorale, pubblicitario*; *affiggere, attaccare i manifesti* | ***M. della stagione teatrale***, cartellone | ***M. di mobilitazione***, contenente l'ordine collettivo di richiamo alle armi per mobilitazione di personale in congedo. **2** Scritto contenente l'ideologia e il programma di movimenti culturali, artistici, politici e sim.: *m. futurista*; *m. del partito comunista*. **3** (*gener.*) Documento relativo a operazioni commerciali, finanziarie e sim. | ***M. di carico, di partenza***, documento che le navi mercantili e gli aeromobili presentano alle autorità competenti, nel quale sono riportati tutti gli elementi distintivi della nave o dell'aeromobile e quelli relativi alle merci. || **manifestino**, dim. (V.) | **manifestóne**, accr.

manìglia o †**smanìglia** nel sign. 4 [sp. *manilla*, dal lat. *manĭcula(m)*, dim. di *mānus* 'mano'; 1527] s. f. **1** Elemento di metallo o altro materiale, di forma diversa, applicato ai battenti delle porte, a cassetti, sportelli, bauli ecc., che si impugna per aprire, chiudere, sollevare o tirare. **2** ***Cavallo con maniglie***, V. *cavallo*. **3** (*mar.*) Grillo nel sign. 5. **4** †Braccialetto: *m. d'oro*. **5** (*al pl.*) Ferri che si mettevano ai piedi e alle mani dei galeotti. **6** (*pop., fig.*) Protezione di persona influente | Raccomandazione. || **manigliétta**, dim. | **manigliìna**, dim. | **manigliòna**, accr. | **maniglióne**, accr. m. (V.).

manigliàme s. m. ● Assortimento di maniglie.

†**manìglio** ● V. †*smaniglio*.

maniglióne [1889] s. m. **1** Accr. di *maniglia*. **2** Robusta maniglia di ferro posta all'estremità superiore dell'ancora.

†**manigolderìa** [av. 1584] s. f. ● Azione da manigoldo.

manigóldo (o *-ó-*) [dal n. ted. di pers. *Managold*; av. 1363] s. m. **1** (f. *-a*) Furfante, briccone (*anche scherz.*): *è stato truffato da due manigoldi*; *pezzo di m.!*; *quel bambino è proprio un m.* SIN. Birbante. **2** †Boia, carnefice. || **manigoldàccio**, pegg. | **manigoldóne**, accr.

manìla o (*raro*) **manìlla** [da *Manila*, capitale delle Filippine; sec. XIV] s. f. ● (*bot.*) Abacà, nel sign. 2 | ***Corda di m.***, cavo di abacà, meno resistente di quello di canapa ma più leggero tanto da galleggiare, usato in marina, spec. per ormeggio.

†**manìle** ● V. *monile*.

manìlla **A** s. f. ● V. *manila*. **B** s. m. inv. ● Sigaro confezionato con tabacco filippino.

manilùvio [comp. del lat. *mānus* 'mano' e *lăvere* 'lavare', sul modello di *pediluvio*; 1869] s. m. ● Lavacro delle mani, spec. con sostanze medicamentose.

maniméttere o (*pop.*) **mariméttere** [var. di *manomettere*; 1834] v. tr. (coniug. come *mettere*) **1** (*tosc.*) Cominciare a usare, a consumare qlco., spec. cibi o vivande. SIN. Manomettere. **2** †Biasimare.

manìna [1534] s. f. **1** Dim. di *mano*. **2** Segno grafico di una mano con l'indice teso usato per richiamare l'attenzione su un particolare punto del testo. **3** Bacchetta in legno o altro con a un'estremità una piccola mano scolpita in avorio, usata in passato come grattaschiena. **4** Nel gioco delle bocce, la boccia che va a toccare il pallino. **5** (*bot.*) Clavaria.

maninconìa e *deriv.* ● V. *malinconia* e *deriv.*

manióca [vc. indigena tupi; 1549] s. f. ● Frutice brasiliano delle Euforbiacee con radici rigonfie ricchissime di amido da cui si estrae la tapioca (*Manihot utilissima*). SIN. Cassava. ➡ ILL. **piante**/2.

manipolàbile [da *manipolare* (*2*); 1963] agg. ● Che può essere manipolato (*anche fig.*).

manipolàre (**1**) [vc. dotta, lat. *manipulāre(m)*, da *manĭpulus* 'manipolo'; av. 1400] **A** agg. ● Appartenente al manipolo: *soldato m.* **B** s. m. ● Nell'antico esercito romano, soldato appartenente a un manipolo.

manipolàre (**2**) o †**manipulàre** [vc. dotta deriv. dal lat. *manĭpulus* 'manipolo'; 1598] v. tr. (*io manìpolo*) **1** Lavorare qlco. con le mani, spec. impastando e sim.: *m. la cera, la creta, il mastice* | (*est.*) Preparare qlco. mescolando varie sostanze o ingredienti: *m. una pomata, un'essenza* | (*est.*) Alterare o contraffare un prodotto alimentare: *m. il vino, le conserve di frutta*. **2** (*fig.*) Falsificare: *m. le elezioni* | Condizionare, manovrare: *m. le coscienze*; *m. l'opinione pubblica*. **3** Far funzionare un manipolatore. **4** (*mus.*) In sala di registrazione, servirsi di strumenti elettronici per ottenere speciali effetti sonori quali eco, riverbero, sovraimpressione.

manipolatìvo [1985] agg. **1** Che serve a manipolare. **2** (*dir.*) ***Sentenza manipolativa***, decisione della Corte Costituzionale che ha l'effetto di integrare in senso costituzionalmente corretto una disposizione di legge sottoposta al suo esame | ***Referendum m.***, V. *referendum*.

manipolàto [av. 1686] part. pass. di *manipolare* (*2*); anche agg. ● Nei sign. del v.

manipolatóre [da *manipolare* (*2*); 1612] s. m. **1** (f. *-trice*) Chi manipola (*spec. fig.*): *un m. di vini*; *un m. di imbrogli*. **2** Interruttore a tasto in apparecchi trasmittenti. *3* Dispositivo per manipolare, stando a distanza, sostanze pericolose spec. radioattive.

manipolatòrio [da *manipolare* (*2*)] **agg.** ● Di, relativo a manipolazione (*anche fig.*): *manovre manipolatorie.*

manipolazióne [da *manipolare* (*2*); av. 1676] **s. f.** *1* Il manipolare: *m. dei vini.* *2* (*fig.*) Manovra per raggirare, imbrogliare e sim. | (*fig.*) Controllo, condizionamento: *m. delle coscienze* | (*fig.*) L'azione di alterare o falsare dati, informazioni, notizie e sim. *3* Pratica terapeutica, mediante trattamento manuale, al fine di curare alcune patologie delle articolazioni o delle masse muscolari. *4* (*biol.*) ***M. genetica***, ***m. genica***, intervento con mezzi biologici o biochimici sul patrimonio ereditario di un organismo al fine di modificarne uno o più caratteri.

manìpolo o †**manìpulo** [vc. dotta, lat. *manĭpulu(m)* 'manciata', comp. di *mănus* 'mano' e **plēre* 'riempire'; il *manipolo* è ciò che *riempie* una *mano*; av. 1292] **s. m.** *1* (*raro*) Fascio d'erbe, di spighe e sim. **SIN.** Mannella, mannello. *2* (*mil.*) Unità elementare della legione romana composta dai 60 ai 200 uomini | Nell'esercito piemontese del secolo XVIII, l'ultima suddivisione del reggimento. *3* (*lett.*) Drappello non numeroso: *un m. di eroi, di soldati* | (*est.*) Piccolo gruppo di persone che lottano unite per una stessa idea: *un m. di fuoriusciti.* *4* (*relig.*) Striscia di drappo, dello stesso colore della pianeta, con il segno della croce, che il sacerdote cattolico portava all'avambraccio sinistro durante la celebrazione della messa. || **manipolétto**, **dim.**

†**manipulàre** e *deriv.* ● V. *manipolare* (*2*) e *deriv.*

maniscàlco o †**maliscàlco**, **manescàlco**, †**marescàlco**, †**mariscàlco** [francone *mahrskalk* 'servo (*skalk*) addetto ai cavalli (*mahr*)'; sec. XIII] **s. m.** (**pl.** *-chi*) *1* Chi esercita il mestiere di ferrare gli equini e i bovini da tiro e da sella. *2* †Veterinario. *3* Nelle corti dei regni borbonici, governatore della scuderia regia | †Condottiero. *4* (*raro, lett.*) †Personaggio nobile, illustre: *i due / che fuor del mondo sì gran marescalchi* (DANTE *Purg.* XXIV, 98-99).

manìsmo [ingl. *manism*, dal lat. *mānes* 'dei Mani'; 1934] **s. m.** *1* (*relig.*) Culto delle anime dei defunti e degli antenati. *2* Corrente di pensiero storico che considera tutte le forme religiose come derivate dal culto degli antenati.

manìstico [1975] **agg.** (**pl. m.** *-ci*) ● Relativo a manismo.

manitù [fr. *manitou*, vc. di orig. algonchina; propr. 'il grande spirito'; 1919] **s. m.** ● Presso molti popoli indigeni dell'America settentrionale, il sacro nelle sue varie accezioni, da spirito personificato a forza magica impersonale.

manìzza [V. *maniccia*; av. 1876] **s. f.** *1* Ognuna delle impugnature della ruota del timone. *2* (*mar.*) Maniglia in ferro o legno applicata ai remi di grande diametro *3* (*al pl.*, *disus.*) Guanti usati dai corridori ciclisti, che coprono il palmo delle mani e parte delle dita.

manlèva [da *manlevare*] **s. f.** ● (*raro*) Malleveria.

manlevàre [V. *mallevare*; av. 1686] **v. tr.** (*io manlèvo*) ● (*raro*) Dare malleveria.

mànna (**1**) [lat. tardo *mānna*, dal gr. *mánna*, dall'ebr. *manā*; 1294] **s. f.** *1* Cibo che, secondo la Bibbia, piovve dal cielo sugli Ebrei che attraversavano il deserto | (*est.*) Grazia celeste, cibo di sapienza divina, verità rivelata da Dio | ***La m. celeste***, l'Eucaristia. *2* Cibo, bevanda squisita: *questo dolce è una vera m.!* *3* (*fig.*) Cosa od occasione vantaggiosa che giunge inaspettatamente: *il suo aiuto è stato una vera m.!* | ***Aspettare la m. dal cielo***, ***aspettare che piova la m. in bocca***, rimanere passivo di fronte a una situazione poco favorevole. *4* Sostanza zuccherina leggermente purgativa ottenuta per incisioni del tronco dell'ornello, nell'Italia merid., e spec. in Sicilia | Secrezione zuccherina prodotta in vari alberi da punture di insetti: *m. del Madagascar.*

mànna (**2**) [lat. tardo *mānua(m)* 'manciata', da *mānus* 'mano'; sec. XIII] **s. f.** ● (*raro*) Fastello di erbe, spighe e sim. || **mannèlla**, **dim.** (V.).

mannàggia [vc. merid., da *male n'aggia* 'abbia male'; av. 1704] **inter.** ● (*centr., merid.*) Esprime impazienza, ira, irritazione, contrarietà e sim.: *m. a voi!*; *m. la miseria!*; *m. che furia!* **SIN.** Malannaggia, maledizione.

mannàia o †**mannàra** [lat. *manuāria(m)*, agg. di *mānus* 'mano'; av. 1294] **s. f.** *1* Scure a lama larga, un tempo usata dal boia per la decapitazione: *il ceppo e la m.* *2* (*est.*) Lama della ghigliottina | La ghigliottina stessa. *3* (*fig.*) Pericolo, minaccia grave, che incombe e incute timore. *4* Grossa scure impugnata con le due mani dal taglialegna | Lama di forma trapezoidale, a due impugnature, usata in macelleria per trinciare la carne e spezzare gli ossi. || **mannaiétta**, **dim.** | **mannaiòla**, **mannaiuòla**, **dim.** | **mannaióne**, **accr. m.**

mannarése ● V. *manarese.*

mannarìno o †**mannerino** [etim. incerta: forse da riconnettere al lat. *manuārius* 'che si può prendere con la mano', in quanto animale docile; av. 1543] **s. m.** ● (*tosc.*) Agnello castrato e grasso.

mannàro [lat. parl. (*lŭpum*) **homināriu(m)*, da *hŏmo*, genit. *hŏminis* 'uomo'; av. 1712] **agg.** ● Solo nella loc. ***lupo m.***, (*pop.*) licantropo (*fam.*) mostro delle favole infantili.

mannèlla [1561] **s. f.** *1* Dim. di *manna* (*2*). *2* (*est.*, *raro*) Matassina di filo, spago e sim. || **mannellétta**, **dim.** | **mannellina**, **dim.**

mannèllo [sec. XIV] **s. m.** ● Piccolo fascio di spighe o di erba. **SIN.** Manipolo, mannella.

mannequin /fr. manə'kɛ̃/ [vc. fr., V. *manichino* (*2*); 1908] **s. f. inv.** ● Indossatrice.

†**mannerino** ● V. *mannarino.*

mannéto [da *manna* (*1*); 1957] **s. m.** ● Piantagione di frassini per la produzione della manna.

mannite [comp. di *mann(a)* (*1*) e *-ite* (*2*); 1841] **s. f.** ● (*chim.*) Alcol esavalente, costituente principale della manna dalla quale è ricavato, usato in medicina come blando purgante e come nitroderivato per innesco di cartucce.

mannitòlo [da *mannite* con il suff. *-olo* (*1*)] **s. m.** ● (*chim.*) Alcol esavalente che si può estrarre dalla manna ed è presente anche in funghi, alghe e urina.

†**mànno** **s. m.** ● Manna (2).

mannòcchia [1609] **s. f.** ● Mannocchio.

mannòcchio o **manòcchio** [lat. tardo *manŭculu(m)*, per il classico *manĭpulu(m)* 'manipolo'; 1564] **s. m.** ● Fascio di rami o sterpi legati con vimini, usato un tempo per fare piccoli argini, rinforzi e sim.

mannòsio [da *mannite*; 1957] **s. m.** ● (*chim.*) Monosaccaride presente allo stato libero nella buccia d'arance, ottenibile anche per ossidazione della mannite.

♦**màno** o (*dial.*) †**màna** (**1**) [lat. *mănu(m)*, di orig. indeur.; sec. XII] **A** **s. f.** (**pl.** *màni*, †*màno*; troncato al **sing.** e raro lett. al **pl.** in *man*, spec. in posizione procl.) *1* Estremità dell'arto superiore, che fa seguito all'avambraccio, comprendente il palmo, il dorso e le dita; ha la funzione di organo prensile e tattile: *m. grossa, callosa, affusolata*; *la m. destra e la sinistra.* **CFR.** chiro- | ***M. nera***, V. *manonera* | ***Toccare con m. qlco.***, (*fig.*) constatare direttamente | (*fig.*) ***Notizia di prima m.***, che proviene direttamente dalla fonte | (*fig.*) ***Di seconda m.***, si dice di oggetto già usato o di qualità scadente, o di notizia avuta indirettamente | ***Stringersi, darsi la m.***, in segno di amicizia, per salutarsi, per complimentarsi a vicenda; (*fig.*) essere simili | ***Chiedere la m. di una donna***, chiederla in sposa | (*fig.*) ***Mettere la m. sul fuoco***, dichiararsi assolutamente sicuro di qlco. (gli antichi Sassoni usavano porre in mano ai rei un ferro rovente; il giudizio Divino assolveva chi rimaneva indenne) | ***Sporcarsi le mani***, (*fig.*) commettere un misfatto o un'azione vergognosa o umiliante; in un senso più positivo, farsi carico degli aspetti pratici e gravosi di un'attività, fare dei compromessi, e sim. | ***Bagnarsi le mani di sangue***, (*fig.*) uccidere qlcu. | ***Alzar le mani***, in segno di resa | ***Alzare la m.***, per chiedere di parlare, o per esprimere un voto | ***Levare le mani al cielo***, per invocazione o preghiera | ***Alzare le mani su qlcu.***, picchiarlo, malmenarlo | ***A mani giunte***, in attitudine di preghiera | (*fig.*) ***A man salva***, liberamente, senza freno | (*fig.*) ***Avere le mani di creta, di ricotta, di burro, di pastafrolla, di vetro***, lasciarsi cadere tutto di mano | ***Avere la m. leggera***, intervenire o giudicare con misura, senza infierire | ***Avere la m. pesante***, intervenire o giudicare con severità eccessiva | ***Baciare le mani, la m.***, in atto di riverenza o di omaggio | (*fig.*) ***Col cuore in m.***, con tutta sincerità | (*fig.*) ***Avere il cuore in m.***, essere molto buono | ***Mettersi la m. sul cuore, sul petto***, in atto di contrizione o per sottolineare la propria buona fede | (*fig.*) ***Mettersi una m. sulla coscienza***, esaminare bene e onestamente la portata dei propri atti | ***Mettersi le mani nei capelli***, per disperazione o dolore | ***Mordersi, mangiarsi le mani***, (*fig.*) sfogare la propria rabbia o ira, per un'occasione perduta | ***Per m. di qlcu.***, tramite qlcu., per mezzo di qlcu. | (*fig.*) ***M. regia***, V. *manoregia* | ***M. morta***, V. *manomorta* | ***Avere le mani libere***, (*fig.*) non essere vincolato da nulla | ***Avere le mani legate***, (*fig.*) non poter agire liberamente | ***Battere le mani***, applaudire | ***Stropicciarsi, fregarsi le mani***, in segno di contentezza, soddisfazione e sim. | (*fig.*) ***Lavarsene le mani***, V. *lavare*, sign. A 1 | (*fam.*) ***Fare, farsi fare le mani***, la manicure | ***Azione alla m., andar via alla m.***, nel rugby, manovra con scambi e passaggi di palla effettuati con le mani | ***Fallo di m.***, nel calcio, quello compiuto dal giocatore che tocca il pallone con le mani o le braccia | (*fig.*) ***M. di Fatima***, amuleto a forma di piccola mano, usato dai musulmani. *2* Considerata come organo che prende, afferra, riceve e sim., dà luogo a varie loc. | (*fig.*) ***Aver le mani rapaci***, essere avido | ***Aver le mani lunghe***, (*fig.*) essere propenso al furto; essere manesco; estendere la propria influenza ovunque | ***Avere le mani pulite***, (*fig.*) essere onesto | ***Mani pulite***, (*est.*) detto di inchieste relative a episodi di corruzione | ***Aver qlco. per le mani***, (*fig.*) poterne disporre; (*fig.*) occuparsene, lavorarci | ***Aver tanto in m.***, (*fig.*) disporre di argomenti o prove valide | ***Dar di m. a qlco.***, afferrarla | ***A m.***, detto di oggetto portatile: *lampada a m.* | ***A portata di m.***, facilmente raggiungibile (*anche fig.*): *il successo è ormai a portata di m.* | ***Restare a mani vuote***, (*fig.*) subire una delusione, non ottenere ciò che si desiderava | ***Mettere le mani su qlco., su qlcu.***, (*fig.*) impadronirsene | ***Mettere le mani avanti***, (*fig.*) prevenire in qualche modo le situazioni sgradevoli o pericolose; prevenire un rimprovero, una critica e sim. | ***Metter m. a qlco.***, afferrarla, impugnarla; (*fig.*) iniziarla | ***M. a...!***, incitamento ad usare qlco.: *m. alla spada!* | ***Esser lesto di m.***, abile nel rubare | ***Stendere la m.***, elemosinare | ***Venire per le mani***, (*fig.*) capitare | ***Le mani a casa!***, ammonimento a chi non sta fermo con le mani e tocca ciò che non dovrebbe | ***Giù le mani!***, esortazione che si rivolge, con varie sfumature di significato, a chi intende appropriarsi di cose non sue, a chi usa le mani con eccessiva audacia o maleducazione, a chi dimostra intenzioni belliche di conquista su un certo territorio e sim. *3* Considerata come organo che dà, dona, porge e sim., dà origine a varie loc. | ***Essere largo, stretto di m.***, (*fig.*) essere generoso, essere avaro | (*fig.*) ***Aver le mani bucate***, essere spendaccione | (*fig.*) ***Spargere a piene mani***, con abbondanza | ***Allargar la m., aprir le mani***, dare con generosità | ***Lasciarsi sfuggire di m. qlco.***, (*fig.*) trascurarla o perderla | ***Ricevere qlco. da m. amica***, da una persona amica | ***Ricevere da m. ignota***, da persona sconosciuta | ***Metter m. alla borsa, al portafogli***, pagare, sborsare del denaro | ***Imporre le mani***, (*relig.*) benedire, consacrare. *4* Considerata come organo che regge, guida e sim., dà luogo a numerose loc. | ***Reggere con m. ferma***, (*fig.*) con energica decisione | ***Prendere in m. una situazione***, metterla sotto il proprio controllo | (*fig.*) ***M. di ferro e guanto di velluto***, energia nascosta sotto apparenza di dolcezza | ***Portare qlcu. in palma di m.***, (*fig.*) tenerlo in grande considerazione | ***Dare una m. a qlcu.***, aiutarlo | ***Mettere le mani in qlco.***, (*fig.*) intervenirvi | (*fig.*) ***Tener m. a qlcu.***, appoggiarlo, favorirlo. *5* Considerata come organo che percuote, offende, punisce e sim., dà origine a numerose loc. | (*fig.*) ***Venire alle mani***, azzuffarsi | ***Menar le mani***, percuotere | †***Dar delle, nelle mani***, battere una mano contro l'altra per sdegno e sim. | †***Darsi delle mani nel volto***, in segno di dolore | †***Dar di m.***, percuotere, colpire | ***Mettere le mani addosso a qlcu.***, picchiarlo | ***Mani pesanti***, di chi picchia sodo | ***A m. armata***, con le armi in pugno | ***Gettare il sasso e nascondere la m.***, (*fig.*) fare il male e dissimulare | ***Calcare, gravare, caricare la m. su qlco.***, (*fig.*) eccedere o esagerare in qlco. | ***Fare man bassa***, portar via tutto | ***Vincere a man bassa***, facilmente, con ampio margine | ***Essere la lunga m. di qlcu.***, agire più o meno nascostamente per conto d'altri | (*fig.*)

La m. di Dio, si dice di ciò che appare come una punizione meritata e provvidenziale. *6* Considerata come strumento di lavoro, dà luogo a varie loc. | ***A m.***, con le mani: *lavare un pullover a m.* | ***Lavorato, fatto a m.***, si dice di ciò che è realizzato senza l'ausilio di macchine | ***Mani benedette***, (*fig.*) che fanno ogni cosa con ottimi risultati | (*fig.*) ***Mani di fata***, che sembrano prodigiose per abilità e delicatezza | ***Aver buona m.***, riuscir bene in qlco. | ***Aver la m. a qlco.***, esserne pratici, essere abili | ***Aver le mani in pasta***, (*fig.*) essere introdotto in un ambiente e sim., e potervi manovrare liberamente | ***Dar di m. a qlco.***, iniziarla | (*fig.*) ***Far la m. a qlco.***, abituarvicisi | ***Stare con le mani in m.***, (*fig.*) starsene in ozio | ***M. d'opera***, V. *manodopera* | (*est.*) Opera, fattura: *oggetto di buona m.* | (*est.*) Stile: *riconoscere la m. di un artista.* *7* In relazione all'idea di vicinanza, prontezza, agevolezza, dà origine a molte loc. | ***Con qlco. alla m.***, con qlco. di cui si può rapidamente e facilmente disporre: *documenti alla m.* | (*fig.*) ***Uomo alla m.***, affabile, cortese | (*fig.*) †***Dare a m. un ufficio***, conferirlo senza votazioni, concorsi e sim. | (*fig.*) †***Essere alle mani***, in trattative | ***Fuori m., fuori di m.***, V. *fuorimano* | (*fig.*) †***Di antica m.***, di lunga data | (*fig.*) †***Di lunga m.***, da gran tempo; di gran lunga. *8* (*fig.*) Lato, parte: *a m. destra, dritta*; *a m. sinistra, manca, mancina* | ***Cedere la m.***, dare la precedenza | ***Tenere la propria m.***, stare sul lato della strada stabilito dalle norme della circolazione stradale | ***Contro m.***, V. *contromano*. *9* (*mar.*) ***M. di terzaroli***, piegatura che si fa nella vela per ridurne la superficie quando il vento è molto forte: *prendere una, due mani di terzaroli.* *10* (*lett.*) Gruppo di persone: *una m. di armati* | (*raro*) Squadra di operai: *scaricare qlco. a due, a più mani.* *11* Complesso di caratteristiche di un filato, di un tessuto o di fibre in fiocco, che si rivelano al tatto | (*fig.*) Qualità | (*lett.*) ***Di bassa m.***, di umile condizione, di origine plebea. *12* (*fig.*) Forza, potere, autorità: *la m. di Dio, della giustizia* | ***Man forte***, V. *manforte* | ***Prendere la m.***, sfuggire al controllo, al comando | †***Accortar le mani a uno***, diminuirne il potere | ***Cadere nelle mani del nemico***, in suo potere | ***Essere nelle mani di qlcu.***, sottoposti al suo arbitrio, alla sua volontà | ***La m. pubblica***, il potere pubblico, spec. nel campo economico | (*fig.*) Custodia: *essere, trovarsi in mani sicure, in buone mani.* *13* (*fig.*) Scrittura, carattere: *riconoscere, contraffare la m. di qlcu.*; *scrivere qlco. di propria m.* | ***Avere una bella m.***, una bella calligrafia. *14* Nei giochi di carte, condizione di chi gioca per primo: *essere di m.* | Periodo che va dal momento della distribuzione delle carte fino all'esaurimento delle stesse: *essere alla seconda m.* *15* (*lett., fig.*) Ordine, serie: *due, tre mani di trincee, reticolati, fortificazioni* | ***Di m. in m.***, ordinatamente | ***A m. a m., man m., m. a m.***, successivamente, via via, a poco a poco. *16* (*fig.*) Strato: *dare una m. di vernice a qlco.* | ***Dar l'ultima m.***, (*est., fig.*) completare l'opera. **B** Nella **loc. cong.** ***man m. che*** ● Introduce una prop. subordinata la cui azione si svolge in modo graduale e parallelo rispetto a quella della reggente: *man m. che salivano, il panorama si dilatava alla vista.* || **PROV.** Una mano lava l'altra e tutte e due lavano il viso; gioco di mani gioco di villani. || **manàccia**, **pegg.** | †**manòccia**, **accr.** | **manétta**, **dim.** | **manina**, **dim.** (V.) | **manino**, **dim. m.** | **manóna**, **accr.** | **manóne**, **accr. m.** | **manùccia**, **manùzza**, **dim.**

MANO
nomenclatura

mano (cfr. tatto, superficie)
● *caratteristiche*: destra, sinistra; magra, scarna ⇔ grossa ⇔ piccola, larga ⇔ stretta, chiusa ⇔ aperta, tesa, quadrata; gonfia, grassa, grassottella, tornita, morbida ⇔ callosa, rugosa, da muratore ⇔ affusolata = da pianista; rattrappita, contratta ⇔ dolce, gentile, aggraziata; asciutta ⇔ sudata, umidiccia, calda ⇔ fredda; operosa, abile = di fata, d'oro, esperta, agile, ferma ⇔ nervosa, tremante; di ferro ⇔ di pastafrolla = di burro; curata, inanellata;
● *parti della mano*: polso; palmo; dorso; dita (pollice, indice, medio, anulare, mignolo; ossa delle dita: falange falangina falangetta), nocche, polpastrelli (impronte digitali), unghie (pipita, lunula) carpo (navicolare = scafoide, piramidale, semilunare, pisiforme, trapezio, trapezoide, capitato, uncinato), metacarpo; articolazioni (carpiche, carpo-metacarpiche, intermetacarpiche, metacarpo-falangee, interfalangee);
● *azioni*: aprire ⇔ chiudere, stendere, stringere ⇔ allargare; sfiorare, accarezzare, vellicare, solleticare; ricevere, afferrare, prendere, tenere, toccare, tastare = palpare, massaggiare, premere, spingere, colpire, malmenare, schiaffeggiare; perquisire; curare, fare la manicure, tagliare, limare, pulire, dare lo smalto; mangiare, mordere, mordicchiare le unghie; manomettere, manipolare, maneggiare; medicare; mungere; manovrare; ammanicare, ammanigliare; ammanettare; digitare;
● *persone*: ambidestro, destrimano, mancino; monco; manovale; manovratore; chirurgo; chiromante;
● *oggetti*: spazzolino, forbicina, limetta, tronchesina, tagliaunghie, smalto, acetone, solvente; guanti, manicotto, scaldamani; anello.

manòcchio ● V. *mannocchio*.

♦**manodòpera** o **màno d'òpera** [calco sul fr. *main-d'œuvre*; 1797] **s. f.** (pl. *manodòpere*) *1* Complesso dei lavoratori spec. manuali di una data industria, di un settore, di un determinato Paese o regione: *m. qualificata*; *carenza di m.* *2* Costo del lavoro umano necessario per produrre un dato bene o servizio: *calcolare l'incidenza della m. sul costo di produzione.*

manolésta [comp. di *mano* e *lesta*, per l'agilità necessaria nei furti con destrezza; 1984] **A s. m.** o **f.** (pl. m. inv; pl. f. *manolèste*) ● Ladro, borseggiatore: *scippatori e manoleste non rinunciano alle ferie.* **B** anche **agg.**: *un tipo m.*

manoméssо [av. 1292] **part. pass.** di *manomettere*; anche **agg.** *1* Nei sign. del v. | Che è stato abusivamente aperto, toccato, alterato e sim.: *un pacco m.* *2* Nel diritto romano, detto di schiavo liberato.

manòmetro [fr. *manomètre*, comp. del gr. *manós* 'poco denso' e di *-mètre* '-metro'; av. 1827] **s. m.** ● (*fis.*) Strumento che misura la pressione di un fluido: *m. a colonna di liquido, a membrana.*

manométtere o (*tosc.*) **maniméttere**, spec. nel sign. 1 [lat. *manumĭttere* 'affrancare', propr. 'mandare via con la mano', comp. di *mănu* 'con la mano' e *mĭttere* 'mandar via' (V. *mettere*); av. 1294] **v. tr.** (coniug. come *mettere*) *1* (*tosc.* o *lett.*) Cominciare a usare: *m. la botte, i risparmi.* *2* Alterare, modificare, danneggiare, violare qlco. senza averne il diritto: *m. le prove, i documenti*; *m. una serratura* | (*fig., lett.*) Travisare, distorcere: *m. il senso delle parole* | ***M. un cassetto, un armadio***, frugarvi o rovistarvi indebitamente | ***M. una lettera***, aprirla senza esserne autorizzati | †***M. una città***, saccheggiarla | †***M. una persona***, metterle le mani addosso. *3* (*fig.*) Violare, ledere: *m. i diritti di qlcu.* *4* Nel diritto romano, liberare uno schiavo.

manomissióne o †**manumissióne** [lat. *manumissiōne(m)*, da *manumĭssus*. V. *manomesso*; 1561] **s. f.** *1* Il manomettere | Violazione, alterazione, danneggiamento: *la m. di un plico, di una prova, di un diritto.* *2* Nel diritto romano, liberazione dalla schiavitù.

manomissóre [vc. dotta, lat. tardo *manumissōre(m)*, da *manumĭssus*. V. *manomesso*; av. 1729] **s. m.** ● Nel diritto romano, chi manometteva uno schiavo.

manomòrta o (*raro*) **màno mòrta** [comp., nel sign. 1, di *mano* 'possesso' e *morta* 'rigida', perché non poteva essere alienata; nel sign. 2 di *mano*, in senso proprio, e *morta* 'inerte'; 1676] **s. f.** (pl. *manimòrte*) *1* (*dir.*) Condizione giuridicamente privilegiata per cui i beni appartenenti ad enti morali, spec. chiese o conventi, non erano soggetti a imposte di successione ed erano inalienabili e inconvertibili | (*est.*) Il complesso di tali beni | Diritto del feudatario di ereditare i possedimenti di un vassallo morto senza figli maschi. *2* (*fam.*) ***Fare la m.***, su un mezzo pubblico o sim., allungare la mano su qlcu. e compiere atti di molestia sessuale, approfittando dell'affollamento.

manonéra o **màno néra** [comp. di *mano* e il f. di *nero*; 1905] **s. f.** ● Ogni setta o associazione segreta, con finalità politiche o criminali, che operava in Europa tra la fine del XIX sec. e l'inizio del XX ed era contraddistinta da un simbolo raffigurante una mano nera.

manopèsca [comp. di *mano* e *pesca* (*1*); 1990] **agg. inv.** ● Di tessuto che ha subito un trattamento che lo ha reso morbido e vellutato come la buccia di una pesca: *seta m.*; *body in microfibra m.*

manòpola [lat. tardo *manŭpula(m)*, var. di *manīpula(m)*, da *mănus* 'mano': attraverso lo sp. *manopla* (?); av. 1563] **s. f.** *1* Parte delle antiche armature in ferro, maglia di ferro o cuoio, che aveva la funzione di proteggere il braccio. *2* Risvolto della manica in abito o mantello: *m. di pelliccia, di velluto, di seta* | Particolare modello di guanto in cui solo il pollice è diviso dalle altre dita. **SIN.** Muffola. *3* Rivestimento in gomma, cuoio o altro materiale posto sull'impugnatura del manubrio di biciclette, motociclette e sim. *4* Su vari mezzi di trasporto, specie di lungo anello in cuoio, tessuto, metallo o plastica, sospeso al soffitto per sostenersi quando si viaggia in piedi | Striscia di cuoio o altro materiale applicata all'impugnatura dei bastoncini da sci. *5* (*gener.*) Pomello per la manovra di congegni, apparecchiature e sim.: *girare la m.*; *la m. del televisore.*

manorègia [comp. di *mano*, nel senso simbolico mediev. di 'autorità, tutela', e *regia* 'del re'] **s. f.** (pl. *-gie*) ● Ingerenza dell'autorità civile negli affari ecclesiastici.

manoscritto o †**manuscritto** [lat. *mănu scrīptu(m)* 'scritto a mano'; av. 1601] **A agg.** ● Scritto a mano: *documento m.*; *portava in mano un rotolo di musica manoscritta* (FOGAZZARO). **B s. m.** *1* Testo scritto a mano: *un m. antico.* *2* (*est.*) Opera autografa: *compulsare un m. del Foscolo* | In filologia, ogni codice scritto a mano risalente al periodo anteriore all'invenzione della stampa.

manóso [da *mano*, perché soffice al tatto; av. 1646] **agg.** *1* (*tosc.*) Morbido, soffice: *panno m.* *2* (*fig.*) †Maneggevole, trattabile: *molle son fatto ed umile e m.* (ALFIERI).

manovalànza [da *manovale*; av. 1937] **s. f.** *1* La categoria dei manovali | (*gener.*) Manodopera non specializzata | Il lavoro di manovali | Il costo di tale lavoro. *2* (*est.*) Compiti meramente esecutivi | L'insieme di chi svolge tali compiti.

manovàle o †**manuàle** (1) [lat. *manuāle(m)*, agg. di *mănus* 'mano'; sec. XII] **A s. m.** e **f.** *1* Operaio non qualificato addetto a lavori di fatica spec. nel campo edilizio. *2* Chi, spec. in un gruppo organizzato, svolge mansioni subordinate, di scarso impegno e rilievo. **B agg.** ● †V. *manuale* (*1*).

manovèlla [lat. parl. **manubĕlla(m)*, da *manĭcula*, dim. di *mănus* 'mano'; av. 1292] **s. f.** *1* Asta opportunamente sagomata, dotata di un attacco o di un'impugnatura che, inserita in un meccanismo, serve per azionarlo | Un tempo, l'asta che serviva a mettere in moto la macchina da presa | (*fig.*) ***Dare il primo giro di m.***, iniziare le riprese di un film. *2* (*mecc.*) Albero a gomito che trasforma il moto rotatorio in moto rettilineo alternativo.

manovellismo [1957] **s. m.** ● Sistema meccanico articolato, costituito da biella, manovella, corsoio e guida, per la trasformazione di un moto rettilineo alternativo in moto rotatorio o viceversa.

♦**manòvra** [fr. *manœuvre*, da *manœuvrer* 'manovrare'; 1670] **s. f.** *1* Serie di operazioni, movimenti e sim. atti al conseguimento di un determinato risultato | ***Manovre di corda***, nell'alpinismo, quelle che comprendono l'utilizzo della corda nelle varie tecniche di scalata. *2* Complesso delle operazioni necessarie per far funzionare una macchina o una sua parte: *il freddo rese impossibile la m.* | Variazione di velocità, direzione o posizione, spec. in mezzi di trasporto: *m. di decollo*; *fare m. per parcheggiare.* *3* (*mar.*) Uso pratico di vele, motore, cime, cavi e sim. per muovere e dirigere una nave o un'imbarcazione | ***Posto di m.***, che ogni marinaio deve raggiungere quando si molla-no gli ormeggi, ci si ancora e sim. *4* (*mar., spec. al pl.*) Cavi, cime e sim. montati su una nave | ***Manovre dormienti***, che sostengono e fissano l'alberatura, quali sartie e sim. | ***Manovre correnti***, scorrevoli per alzare e orientare vele, quali drizze e sim. *5* Movimento di veicoli ferroviari con inizio e termine nell'ambito della stazione: *treno in m.* | ***Locomotiva da m.***, adibita a tale servizio. *6* (*mil.*) Impiego delle forze e dei mezzi a disposizione per realizzare un determinato scopo tattico o strategico | Evoluzione di truppe | ***Grandi manovre***, esercitazioni a scopo addestrativo. *7* (*fig.*) Insieme di iniziative coordinate allo scopo di raggiungere un determinato fine: *m. monetaria, di bilancio* | ***M. economica del Governo***, (*assol.*) ***manovra***, complesso di provvedimenti fiscali e finanziari per migliorare il bilancio dello Stato: *proteste contro la m. del Governo.* ***8*** (*fig.*) Maneggio, raggiro: *è stata una m. politica*; *accorgersi in tempo delle manovre avversarie* | ***M. di borsa***, per far rialzare o abbassare artificialmente i valori | ***M. di corridoio***, condotta dietro le quinte. || **manovrina**, **dim.**

manovràbile [1924] **agg.** ● Che si può manovrare | (*fig.*) Che si può facilmente influenzare: *una persona m.*

manovrabilità [1955] **s. f.** ● Condizione di ciò che è manovrabile.

manovràre [fr. *manoeuvrer*, dal lat. mediev. *manuoperāre*, comp. di *mănu* 'con la mano' e *operāre*; 1803] **A v. tr.** (*io manòvro*) ***1*** Far funzionare mediante le necessarie operazioni: *m. un congegno, un meccanismo.* ***2*** (*mil.*) Far muovere unità e reparti in operazioni o in esercitazioni per compiere determinati atti tattici o strategici. ***3*** (*fig.*) Far agire qlcu. a proprio piacimento: *è un uomo privo di carattere e si lascia m. da chiunque.* **B v. intr.** (aus. *avere*) ● Compiere una o più manovre: *con questo traffico è impossibile m.*; *la nave manovra per entrare in porto*; *le truppe manovrano su un vasto fronte* | (*fig.*) Tramare, brigare: *sono mesi che manovrano per riuscire.*

manovràto [1929] **part. pass.** di *manovrare*; anche **agg.** ***1*** Nei sign. del v. ***2 Gioco m.***, nel calcio e sim., quello che si svolge con numerosi passaggi.

manovratóre [1910] **s. m.** (**f.** *-trice*) ● Chi esegue o dirige una manovra (*anche fig.*) | ***M. del tram***, guidatore | Nelle stazioni ferroviarie, addetto alla composizione e scomposizione dei treni.

manovrièro o (*raro*) **manovrière** [fr. *manoeuvrier*, da *manoeuvrer* 'manovrare'; 1834] **A agg.** ***1*** Che manovra bene, con abilità | ***Squadra manovriera***, nel calcio e sim., quella che gioca con azioni collettive, complesse e ben impostate. ***2*** Che si manovra facilmente. **B agg. e s. m.** (**f.** *-a*) ● (*fig.*) Che (o Chi) è abile e astuto nel manovrare a proprio vantaggio: *un politico m.*

manque /maŋk, *fr.* mɑ̃:k/ [vc. fr., deriv. di *manquer* 'mancare'; 1974] **s. m. inv.** ● Nel gioco della roulette, combinazione costituita dai primi diciotto numeri, escluso lo zero, su cui si può puntare. **CFR.** Passe.

manritta ● V. *mandritta.*

manritto [comp. di *man(o)* e *(di)ritto*; av. 1872] **A s. m.** ● V. *mandritto.* **B agg.** ● †Che adopera la mano destra | (*est.*) Che sta a destra.

manrovèscio o †**manrivèscio**, (*pop.*) **marrovèscio** [comp. di *man(o)* e *rovescio*; 1400 ca.] **s. m.** ***1*** Colpo di sciabola o spada dato da sinistra a destra, rispetto a chi maneggia l'arma. ***2*** Ceffone dato col rovescio della mano.

man sàlva o **mansàlva** [comp. di *man(o)* e il f. di *salvo*; av. 1363] **vc.** ● Solo nella loc. avv. ***a man salva***, liberamente, senza freno: *rubare a man salva.*

mansàrda [fr. *mansarde*, dall'architetto F. *Mansart* (1598-1666), che la ideò; 1803] **s. f.** ***1*** (*arch.*) Disposizione particolare di tetto, ottenuta spezzando le falde in due parti a diversa pendenza, in modo da permettere l'utilizzazione del sottotetto come abitazione. ***2*** Correntemente, l'abitazione così ottenuta e il relativo tipo di finestra. ***3*** (*autom.*) Vano di piccola altezza dotato di cuccetta, posto sopra la cabina di guida di un autocaravan.

mansardàto [da *mansarda*; 1985] **agg.** ● Disposto a mansarda | Fornito di mansarda: *attico m.*

†**mansézza** [da *manso (2)*] **s. f.** ● Mansuetudine.

†**mansionàre** [da *mansione*; sec. XIV] **v. tr.** ● Assegnare dimora.

mansionàrio [vc. dotta, lat. tardo *mansionāriu(m)*, da *mānsio*, genit. *mansiōnis* 'mansione'; av. 1342] **s. m.** ***1*** Antico titolo di cappellano, con beneficio, addetto alla custodia di una chiesa, con obbligo di residenza. ***2*** Titolo dato sotto i Merovingi ai marescialli di alloggio. ***3*** (*dir.*) Elenco delle mansioni stabilite dal contratto di lavoro per diverse categorie di dipendenti di aziende o di enti pubblici | Elenco delle mansioni che un lavoratore dipendente svolge in base al proprio livello di inquadramento.

mansionàtico [1758] **s. m.** (**pl.** *-ci*) ● In epoca medievale, tributo che il vassallo doveva pagare per l'alloggio del signore, di passaggio sulle sue terre.

mansióne [vc. dotta, lat. *mansiōne(m)* 'dimora, sosta', da *manēre* 'rimanere'; 1308] **s. f.** ***1*** Compito da svolgere: *svolgere le proprie mansioni*; **SIN.** Incarico, ufficio. ***2*** (*dir.*, *spec. al pl.*) Insieme delle attività per il cui svolgimento è assunto il lavoratore. ***3*** †Luogo dove si dimora | †Fermata. ***4*** †Indirizzo, recapito. ***5*** †Ricovero od ospedale dei pellegrini.

†**mànso** (**1**) [lat. mediev. *mānsu(m)*, da *manēre* 'rimanere'; av. 1536] **s. m.** ● Podere.

†**mànso** (**2**) [lat. tardo *mānsu(m)*, ricavato da *mansuētu(m)* 'mansueto'; 1319] **agg.** ***1*** Mite, mansueto: *tigri aspri, orsi, lion diverran mansi* (L. DE' MEDICI). ***2*** Morbido, soffice.

mansuefàre [lat. *mansuefăcere*, comp. di *mānsus* 'mansueto' e *făcere* 'fare'; 1499] **A v. tr.** (coniug. come *fare*) ***1*** (*lett.*) Rendere domestico e mansueto: *m. animali selvaggi* | (*est.*) Rendere docile, domo: *m. un popolo, un ragazzo ribelle* | Rendere più mite, dolce: *mansuefece, e raddolcì l'acerba / vista con atto placido e cortese* (TASSO). ***2*** (*fig.*, *lett.*) Dominare, placare: *m. l'ira, l'orgoglio.* **B v. intr. pron.** ● (*lett.*) Divenire docile, mansueto.

†**mansuèscere** [vc. dotta, lat. *mansuēscere*, propr. 'abituare alla mano', comp. di *mănus* 'mano' e *suēscere* 'abituare'. V. *consueto*; 1308] **v. intr.** ● Divenire mansueto.

mansuèto [vc. dotta, lat. *mansuētu(m)*, da *mansuēscere* '†mansuescere'; av. 1306] **agg.** ***1*** Di animale reso domestico e docile: *fiera mansueta* | (*est.*) Di animale docile e innocuo per natura: *agnello m.* ***2*** Di persona mite e paziente: *un uomo buono e m.* | (*raro*) Benigno, favorevole: *mostrarsi m. verso qlcu.* ***3*** Che dimostra mansuetudine e mitezza: *occhi mansueti*; *carattere, animo m.* | †Che declina dolcemente: *move dal colle, mansueta e dolce, / la schiena del bel monte* (POLIZIANO). || **mansuetaménte**, **avv.**

mansuetùdine [vc. dotta, lat. *mansuetūdine(m)*, da *mansuētus* 'mansueto'; av. 1294] **s. f.** ● Docilità, mitezza: *la m. dell'agnello*; *indi e m. e durezza ... / porto egualmente* (PETRARCA).

mànta [sp. d'America *manta*, propr. 'mantello', per l'aspetto; 1957] **s. f.** ● Grande pesce dei Raiformi, di forma romboidale appiattita, con pelle scabra nera superiormente e bianca sul ventre, che si nutre di plancton (*Manta birostris*). **SIN.** Razza cornuta. ➡ **ILL. animali**/5.

†**mantacàre** [da *mantaco*] **v. intr.** ● Soffiare col mantice: *Agnolo di altra parte mantacando dicea ...* (SACCHETTI).

†**màntaco** ● V. *mantice.*

†**mantadùra** [da *(am)mantatura*] **s. f.** ● Manto, abito, veste.

†**mantanènte** ● V. †*mantinente.*

†**mantàrro** [ar. *mimṭar 'impermeabile'*] **s. m.** ● Tabarro da pastore: *un pastore nell'aspetto giovanissimo, avvolto in un m.* (SANNAZARO).

mànte ● V. *amante (2).*

-mànte [dal gr. *mántis* 'indovino'] secondo elemento ● In parole composte, significa 'indovino': *cartomante, chiromante, ieromante, rabdomante.*

mantèca [sp. *manteca*, 'burro', di orig. preindeur.; 1669] **s. f.** ***1*** Composto omogeneo di sostanze grasse | (*lett.*) Pomata per capelli: *capelli ritinti d'una quasi rosea orribile m.* (PIRANDELLO). ***2*** (*est.*) Composto di sostanze omogenee della consistenza di impiastro. ***3*** Burrino. ***4*** (*lett.*, *fig.*) Persona fiacca e inefficiente.

mantecàre [da *manteca*; av. 1834] **v. tr.** (*io mantèco, tu mantèchi*) ***1*** Ridurre sostanze grasse allo stato di manteca. ***2*** (*cuc.*) Rendere pastose e cremose sostanze alimentari.

mantecàto [av. 1800] **A part. pass.** di *mantecare*; anche **agg.** ***1*** Nei sign. del v. ***2 Baccalà m.***, lessato, sbattuto e triturato con olio e sale, specialità della cucina veneta. **B s. m.** ● Gelato molle e cremoso servito in coppa.

mantèlla [1912] **s. f.** ● Mantello, cappa femminile o militare. || **mantellètta**, **dim.** (V.) | **mantellina**, **dim.** (V.).

†**mantellàre** (**1**) [da *mantello*; av. 1332] **A v. tr.** ● Coprire col mantello. **SIN.** Ammantare. **B v. rifl.** ● (*lett.*) Scusarsi, difendersi.

mantellàre (**2**) [da *mantello*, come 'rivestimento'] **agg.** ● (*anat.*, *biol.*) Detto di struttura lamellare o comunque appiattita con apparenti funzioni di rivestimento.

mantellàta (**1**) [dal *mantello* che portavano; sec. XIV] **s. f.** ***1*** (*spec. al pl.*, *pop.*) Suore ascritte ai terzi ordini mendicanti, le quali vivevano in comunità o nel secolo. ***2*** (*al pl.*) In alcune città, convento di tali terziarie.

mantellàta (**2**) [da *mantello* nel sign. 4; 1957] **s. f.** ● (*idraul.*) Opera, costruita in cemento armato o anche con pertiche, grossi vimini e sim., predisposta per difendere le sponde di un corso d'acqua dall'erosione.

mantellétta [1787] **s. f.** ***1*** Dim. di *mantella.* ***2*** Mantello corto che copre solo spalle e petto.

mantellétto [sec. XIV] **s. m.** ***1*** Dim. di *mantello.* ***2*** Specie di riparo mobile, formato da tavole ricoperte di lamiera e munito di ruote, un tempo usato dagli assedianti nei lavori di approccio per difendersi dal fuoco di fucileria degli assediati. ***3*** (*mar.*, *spec. al pl.*) Portelli e relativi battenti di chiusura | ***M. delle vele***, batticoffa | ***M. delle gomene***, paglietto.

mantellina [sec. XIII] **s. f.** ***1*** Dim. di *mantella.* ***2*** Indumento un tempo in dotazione ai bersaglieri e agli alpini. ***3*** Intonaco interno del pozzo. **SIN.** Camicia.

♦**mantèllo** [lat. *mantēllu(m)*, di etim. incerta; av. 1250] **s. m.** (**pl.** †*mantèlla*, **f.**) ***1*** Indumento, un tempo assai usato, indossato sopra gli abiti, ampio, senza maniche, affibbiato al collo, di lunghezza varia: *m. di lana*; *m. foderato*; *m. a ruota* | (*est.*) Elegante soprabito femminile da pomeriggio. ***2*** (*fig.*) Coltre: *un m. di ghiaccio, di neve, di nebbia.* ***3*** (*fig.*, *raro*) Falsa apparenza: *farne di tutti i colori sotto il m. della carità, della religione.* ***4*** In varie tecnologie, costruzione, struttura, involucro che protegge, copre, nasconde ciò che è posto sotto | In un trapano radiale, il sostegno del braccio, girevole intorno a una colonna fissata al basamento della macchina. ***5*** (*zool.*) Pelame di vario colore che riveste il corpo dei Mammiferi: *cavallo con il m. baio* | Struttura formata da due pieghe che si dipartono dalla parte posteriore del corpo dei Brachiopodi, le quali con la loro faccia esterna secernono la conchiglia. ***6*** (*geol.*) Involucro del globo terrestre compreso fra la crosta e il nucleo, tra 5-30 e 2900 km, costituito di silicati spec. di magnesio. ➡ **ILL.** p. 2130 SCIENZE DELLA TERRA ED ENERGIA. ***7*** (*econ.*) Titolo a reddito fisso privato delle cedole di futura scadenza. ***8 M. d'Arlecchino***, decorazione del boccascena consistente in una striscia orizzontale di stoffa, uguale a quella del sipario, posta subito dietro l'arco scenico. || **PROV.** Il sarto fa il mantello secondo il panno. || **mantellàccio**, **pegg.** | **mantellétto**, **dim.** (V.) | **mantellino**, **dim.** | **mantellóne**, **accr.** | †**mantellòtto**, **dim.** | **mantellùccio**, **dim.** | **mantellucciàccio**, **dim.**

mantenènte (**1**) **part. pres.** di *mantenere*; anche **agg.** ● Nei sign. del v.

†**mantenènte** (**2**) ● V. †*mantinente.*

♦**mantenére** [lat. *mănu tenēre* 'tenere con la mano'; av. 1250] **A v. tr.** (coniug. come *tenere*) ***1*** Far continuare a essere, far durare: *m. in piedi un edificio pericolante*; *m. in vita un malato*; *non saper m. la disciplina*; *il freddo mantiene intatti i cibi* | Conservare: *m. il proprio posto, i collegamenti, l'amicizia.* ***2*** Fornire il necessario per vivere: *m. la famiglia, la moglie.* ***3*** Provvedere con mezzi adeguati al funzionamento di qlco.; finanziare: *m. una scuola, un istituto, un ospedale*; *m. un giornale.* ***4*** Tenere, difendere: *m. le posizioni, il dominio, il campo* | Affermare, sostenere: *m. le proprie ragioni.* ***5*** Tener fede a qlco.: *m. la parola data, gli impegni assunti* | ***M. un segreto***, non svelarlo. **B v. rifl.** ***1*** Alimentarsi, sostentarsi: *lavorare per mantenersi*; *non avere da mantenersi.* ***2*** Tenersi, conservarsi: *mantenersi in forze*; *si mantengono al governo con raggiri e pastette.* **C v. intr. pron.** ● Conservarsi, rimanere: *il cambio del dollaro si mantiene alto*; *la bella stagione non si manterrà a lungo.*

mantenìbile [av. 1704] **agg.** ● Che si può mantenere.

manteniménto [av. 1400] **s. m.** ***1*** Il mantenere: *il m. dell'ordine* | Conservazione, preservazione: *il m. delle istituzioni* | Adempimento, osservanza: *il m. di una promessa.* ***2*** Alimento, sostentamento: *provvedere al m. di una famiglia numerosa*; *non potea sostener la spesa per il m. di un ministro* (SARPI). ***3*** Manutenzione: *il m. della viabilità e degli edifici pubblici.*

mantenitóre [sec. XIV] s. m. (f. *-trice*) *1* Chi mantiene: *m. della promessa, della parola; m. di donne.* *2* †Assertore, difensore: *strenuo campione, e m. della dottrina aristotelica* (GALILEI).

mantenùto [1863] **A** part. pass. di *mantenere*; anche agg. ● Nei sign. del v. **B** s. m. (f. *-a*) ● Chi si fa mantenere da altri, spec. dall'amante. || **mantenutèlla**, dim. f.

màntica [vc. dotta, gr. *mantikḗ* (*téchnē*) 'arte divinatoria', da *mántis* 'indovino', da avvicinare a *máinesthai* 'essere furioso'; 1908] s. f. ● Scienza e tecnica divinatorie, che ricavano la conoscenza del futuro e della volontà divina dall'osservazione dei segni di animali, fenomeni naturali, comportamenti umani o animali e sim.

màntice o †**màntaco**, †**màntico** (1) [lat. *mántica(m)* 'bisaccia', di etim. incerta; av. 1342] s. m. *1* Apparecchio a otre, che aspira e manda fuori l'aria, usato un tempo per attivare il fuoco della fucina, per dar fiato a certi strumenti musicali e sim.: *alzare e abbassare il m.*; *il m. dell'organo* | ***Soffiare come un m.***, (*fig.*) ansimare, sbuffare. *2* Nelle carrozze e nelle vecchie automobili, copertura a soffietto in pelle o altro materiale | Parte dell'intercomunicante a forma di soffietto, a protezione del passaggio fra due carrozze ferroviarie. || **manticétto**, dim. | **manticino**, dim. | **manticióne**, accr.

†**màntico** (1) ● V. *mantice*.

màntico (2) [vc. dotta, gr. *mantikós*, da *mántis* 'indovino'. V. *-mante*; 1952] agg. (pl. m. *-ci*) ● Che si riferisce alla mantica.

manticora o **manticòra** [vc. dotta, lat. *manticōra(m)*, nom. *mantichōras*, dal gr. *mantichṓras*, var. di *martichṓras*, comp. del persiano *martiya* 'uomo' e dell'avestico *khwar* 'mangiare': cioè 'mangiatore d'uomini'; 1476] s. f. ● Animale fiabesco dell'India, simile a un quadrupede con volto umano e coda di scorpione.

màntide [dal gr. *mántis* 'indovino' (V. *mantica*), perché ha le zampe disposte come se fosse in atteggiamento di preghiera; 1821] s. f. ● Insetto predatore dei Mantoidei, con zampe anteriori dentellate molto sviluppate che tiene come in atto di preghiera quando si irrigidisce in attesa della preda; la femmina uccide e divora il maschio dopo l'accoppiamento (*Mantis religiosa*). ➡ ILL. animali/2.

mantìglia [sp. *mantilla*, dim. di *manta* 'scialle'. V. *manto*; av. 1557] s. f. *1* Sciarpa di merletto che si porta sul capo, tipica del costume femminile spagnolo. *2* Mantellina femminile nera, in seta, che nel sec. XVIII copriva le spalle fino alla vita.

mantìglio ● V. *amantiglio*.

mantìle [lat. tardo *mantīle* 'salvietta, tovaglia', per il classico *mantēle*, comp. di *mănus* 'mano' e *tĕrgere* 'tergere'; av. 1306] s. m. *1* (*region.*) Tovaglia grossolana | Rozzo asciugamano | Tovagliolo. *2* Copricapo femminile dell'Italia meridionale, costituito da un rettangolo di tela, con pizzo e ricami, ripiegato e fissato ai capelli con uno spillo. *3* (*merid.*) Grembiule: *una veste nuova, a fiorami, protetta dal m.* (PIRANDELLO).

†**mantinènte** o †**mantanènte**, †**mantenènte** (2) [fr. *maintenant*. V. *immantinente*; av. 1250] avv. ● Immantinente, subito.

mantìssa [vc. dotta, lat. *mantīssa(m)* 'aggiunta, supplemento', di orig. etrusca; 1934] s. f. ● (*mat.*) Parte decimale d'un logaritmo | Differenza fra un logaritmo e la sua caratteristica.

mànto (1) [lat. tardo *măntu(m)*, da *mantĕllum* 'mantello'; sec. XIII] s. m. *1* Mantello lungo fino ai piedi, spesso in tessuto pregiato, ricamato, usato spec. da personaggi di altissima autorità in importanti cerimonie: *m. reale, dogale* | †Mantello, cappa. *2* Strato protettivo, contro le infiltrazioni d'acqua, di fogli bitumati, feltri, asfalto naturale | ***M. stradale***, strato superficiale di usura della massicciata stradale costituito da pietrisco bitumato o catramato. *3* (*fig.*) Tutto ciò che avvolge, copre o si stende con uniformità: *un m. di verdura, d'erba, di neve.* SIN. Coltre. *4* (*arch.*) Parte dell'armatura provvisoria di archi e volte, formata da travicelli o tavoloni. *5* (*fig.*) Ingannevole apparenza: *mascherarsi col m. della carità; agire sotto il m. dell'amicizia.* *6* (*fig.*) Protezione, difesa: *il m. della misericordia divina* | (*fig., lett.*) Schermo: *fa' m. del vero a la menzogna* (TASSO). *7* (*zool.*) Mantello.

†**mànto** (2) [fr. *maint*, dalla sovrapposizione del lat. *tăntus* 'tanto' e *măgnus* 'grande'; av. 1272] agg. indef. ● Molto: *mante volte.*

Mantoidèi [vc. dotta, comp. del lat. scient. *mantis* 'mantide' e di un deriv. di *-oide*; 1957] s. m. pl. (sing. *-o*) ● Nella tassonomia animale, ordine di Insetti alati, cattivi volatori, con il primo paio di zampe più robuste destinate alla cattura delle prede (*Mantoidea*).

mantovàna [f. sost. di *mantovano*; 1918] s. f. *1* Tavola o lastra sagomata posta sotto la grondaia per ornamento. *2* Fascia di tessuto che sovrasta la parte superiore di una tenda. *3* Torta tipica di Prato, con mandorle.

mantovàno o **mantuàno** [lat. *Mantuānu(m)*, da *Măntua* 'Mantova'; 1312] **A** agg. ● Di, relativo a, Mantova | ***Il poeta m., la musa mantovana***, (*per anton.*) Virgilio. **B** s. m. (f. *-a*) ● Abitante, nativo di Mantova.

màntra [vc. sanscrita, propr. 'strumento del pensiero', deriv. di *man-* 'pensare', col suff. *-tra*, che ha valore strumentale; 1957] s. m. inv. *1* Inno o preghiera vedica. *2* Formula magica o mistica usata per devozione nell'Induismo popolare e in alcune forme di Buddismo.

mantrugiàre [lat. *mănu trusāre* 'spingere con la mano'; *trusāre* è intens. di *trūdere* 'spingere'; av. 1524] v. tr. (*io mantrùgio*) ● (*pop., tosc.*) Strapazzare con le mani.

mantuàno ● V. *mantovano*.

manuàle (1) o (*pop.*) †**manovale** [vc. dotta, lat. *manuāle(m)*, agg. di *mănus* 'mano'; av. 1342] **A** agg. ● Delle mani, fatto con le mani: *una spelonca vecchissima e grande, ... da m. artificio cavata nel duro monte* (SANNAZARO) | Che si aziona manualmente: *comando m.* | ***Arti manuali***, i mestieri | ***Lavoro m.***, prestazione lavorativa che richiede prevalentemente l'uso di facoltà fisiche. || **manualménte**, avv. Con mano, a mano. **B** s. m. *1* †V. *manovale*. *2* Tastiera dell'organo.

manuàle (2) [da *manuale* (*1*), in quanto 'libro a portata di mano'; 1673] s. m. ● Volume di agevole consultazione in cui sono compendiate le nozioni fondamentali di una determinata disciplina: *un m. di filosofia, di storia, di diritto civile* | ***Da m.***, detto di ciò che è perfetto nel suo genere: *un caso da m.; sfoggia un gioco da m.* || **manualétto**, dim. | **manualino**, dim.

manualìsta [comp. di *manuale* (*2*) e *-ista*; av. 1956] s. m. e f. (pl. m. *-i*) ● Compilatore di manuali (*spec. spreg.*).

manualìstica [f. sost. dell'agg. *manualistico*; 1987] s. f. ● Insieme dei manuali di una determinata disciplina o di una determinata epoca: *la m. informatica; la m. medievale.*

manualìstico [1910] agg. (pl. m. *-ci*) ● Di manuale | (*spreg.*) Generico, non approfondito: *cultura manualistica.*

manualità [da *manuale* (*1*); av. 1770] s. f. *1* Carattere manuale | Abilità nell'usare le mani: *sviluppare la m. dei bambini.* *2* (*raro, lett.*) Lavoro manuale.

manualizzàre [comp. di *manuale* (*1*) e *-izzare*; av. 1937] v. tr. *1* Rendere utilizzabile, manovrabile o eseguibile a mano: *m. il montaggio dei pezzi; m. l'impiego di una macchina.* CONTR. Meccanizzare. *2* (*raro*) Compendiare qlco. in un manuale per facilitarne l'apprendimento: *m. la chimica, la fisica.*

manùbrio [vc. dotta, lat. *manūbriu(m)*, da *mănus* 'mano'; 1499] s. m. *1* Manico, impugnatura, sporgenza e sim., che permette alla mano che lo afferra di manovrare e dirigere il congegno cui è applicato. *2* Nella bicicletta e nella motocicletta, tubo metallico opportunamente piegato con impugnature alle due estremità, che comanda la ruota anteriore direttrice e sul quale sono alcuni dispositivi. ➡ ILL. p. 2161 TRASPORTI. *3* Piccolo attrezzo ginnico, di peso variabile, da sollevarsi con una sola mano. ➡ ILL. p. 2145 SPORT. *4* (*anat.*) ***M. sternale***, parte superiore, prossimale dello sterno, articolata con le clavicole. *5* (*zool.*) Parte del corpo delle meduse che si estende a guisa di manico al di sotto dell'ombrello. *6* (*bot.*) Cellula allungata al centro degli scudetti dell'anteridio nelle alghe Caracee.

†**manucàre** [forma merid. di †*manducare*; sec. XIII] v. tr. ● Mangiare.

†**manucodiàta** [sp. *manucodiata*, di orig. indo-malese; av. 1557] s. f. ● (*zool.*) Uccello del paradiso.

†**manudùcere** [vc. dotta, lat. *mănu dūcere* 'condurre per mano'] v. tr. ● Condurre per mano.

manuelino agg. ● Che appartiene allo stile architettonico, ispirato al gotico fiammeggiante, caratterizzato dall'esuberanza delle decorazioni, che si affermò in Portogallo durante il regno di Manoel I, tra la fine del sec. XV e l'inizio del XVI.

manufacturing /*ingl.* ˌmænjəˈfæktʃəɹɪŋ/ [vc. ingl., da *to manufacture* 'produrre, fabbricare, confezionare', da *manufacture* 'manifattura'; 1983] s. m. inv. ● (*org. az.*) Ogni forma di attività industriale in genere.

manufàtto [lat. *mănu făctu(m)* 'fatto a mano'; av. 1306] **A** agg. ● Fatto o confezionato a mano: *prodotti manufatti.* **B** s. m. *1* Articolo lavorato a mano | Prodotto di industria manifatturiera. *2* (*est.*) Ogni opera stradale, muraria, idraulica e sim. d'importanza funzionale o accessoria rispetto a un'opera maggiore.

manùl [prob. vc. chirghisa; 1934] s. m. ● Gatto selvatico dell'Asia centrale, con folta pelliccia grigia a striature trasversali (*Felis manul*).

mànu militàri [loc. del lat. cancelleresco, propr. 'con azione (mano) militare'; av. 1937] loc. avv. ● Con l'uso delle armi, con la forza.

†**manumissióne** ● V. *manomissione*.

†**manuscritto** ● V. *manoscritto*.

†**manutenére** [V. *mantenere*; 1476] v. tr. ● Mantenere.

manutèngolo [da †*manutenere*; 1848] s. m. (f. *-a*) ● Chi tiene mano a furti e azioni illecite altrui | (*est.*) Mezzano di amori illeciti.

manutenibilità [ingl. *maintainability* (da *maintainable* 'mantenibile'), adattato su *manutenzione*] s. f. ● (*tecnol.*) Grandezza probabilistica che esprime il tempo mediamente necessario per riparare i guasti di una macchina o di un impianto.

manutentivo [1985] agg. ● Relativo alla manutenzione: *spesa manutentiva.*

manutentóre [da †*manutenere*; 1942] s. m. (f. *-trice*) ● Chi si occupa della manutenzione di qlco.

♦**manutenzióne** [da †*manutenere*; 1630] s. f. *1* Insieme di operazioni necessarie per mantenere efficiente e in buono stato un impianto, una macchina, un edificio ecc.: *la m. dell'autostrada, dei macchinari; spese di m.* | ***M. ordinaria***, intervento edilizio sulla finitura degli edifici e sugli impianti tecnologici esistenti | ***M. straordinaria***, per rinnovare e sostituire parti anche strutturali. *2* (*dir.*) ***Azione di m.***, che spetta al possessore di un bene che abbia subito delle turbative nel suo possesso. *3* †Adempimento di promessa.

manutèrgio [vc. dotta, lat *manutĕrgiu(m)*, comp. di *mănus* 'mano' e *tĕrgere* 'asciugare'; 1951] s. m. ● Piccolo panno di tela con cui il sacerdote si asciuga le mani durante la messa, dopo l'offertorio.

†**mànza** (1) ● V. †*amanza*.

mànza (2) [V. *manzo*; 1890] s. f. ● Bovino di sesso femminile di età compresa tra uno e tre anni, che non abbia partorito o che non si trovi oltre il sesto mese di gravidanza. || **manzétta**, dim. (V.).

manzanìglio [sp. *manzanillo*, da *manzana* 'mela'. V. *mancinella*; 1834] s. m. ● (*bot.*) Mancinella.

manzanilla /*sp.* manθaˈniʎa, -saˈnija/ [sp., propr. 'camomilla' (per il colore?). V. *manzaniglio*; av. 1957] s. f. inv. (pl. sp. *manzanillas*) ● Tipo di sherry prodotto nell'Andalusia, di colore giallo, leggermente aromatico.

manzétta s. f. *1* Dim. di *manza*. *2* Giovane manza non ancora montata o fecondata.

-manzia [lat. *-mantia(m)*, di orig. gr. (*-mantéia*, da *mántis* 'indovino, profeta', di base indeur.)] secondo elemento ● In parole composte, significa 'predizione', 'pratica del predire': *cartomanzia, chiromanzia.*

mànzo [vc. di orig. preindeur.; sec. XIV] s. m. (f. *-a* (V.)) *1* Bovino di sesso maschile, castrato e di età compresa tra uno e quattro anni | (*est.*) Carne macellata di tale bovino | (*est.*) Vivanda di tale carne. *2* (*raro, fig.*) Persona grossa e goffa.

manzolàio o (*dial.*) **manzolàro** [da *manzo*; 1957] s. m. (f. *-a*) ● Addetto all'allevamento dei bovini, in Lombardia.

manzoniàno [1838] **A** agg. ● Di Alessandro Manzoni (1785-1873): *ironia manzoniana; rimembranze manzoniane* | ***Teoria manzoniana***, dell'unità della lingua italiana conformata all'uso delle persone colte di Firenze. **B** s. m. (f. *-a*) ● Seguace del Manzoni, della sua teoria linguistica.

manzonismo [1874] s. m. **1** Imitazione dello stile letterario del Manzoni. **2** Teoria linguistica del Manzoni per cui il fiorentino parlato dalle persone colte era da scegliere come modello di lingua nazionale italiana.

manzonista [1960] s. m. e f. (pl. m. *-i*) ● (*letter.*) Studioso, conoscitore della vita e delle opere di Alessandro Manzoni.

mao (1) [vc. onomat.] inter. ● Riproduce il miagolio del gatto.

mao (2) [da *mao* (1)] s. m. inv. ● Nel linguaggio infantile, gatto, micio.

maoismo [1966] s. m. ● Il pensiero e la pratica politica ispirati alle teorie marxiste di Mao Zedong (1893-1976).

maoista [1967] **A** agg. (pl. m. *-i*) ● Proprio del pensiero e della politica di Mao Zedong. **B** s. m. e f. ● Seguace, sostenitore del maoismo.

maoistico [1983] agg. (pl. m. *-ci*) ● Relativo al maoismo o ai maoisti.

maomettanésimo s. m. ● Maomettismo.

maomettàno [sec. XV] **A** agg. ● Relativo a Maometto (570-632): *religione maomettana*. **B** s. m. (f. *-a*) ● Seguace, sostenitore della religione musulmana.

maomettismo [av. 1685] s. m. ● Religione predicata agli Arabi dal profeta Maometto. SIN. Islamismo, musulmanesimo.

maòna (1) [ar. *mā'ūn* 'vaso'; 1602] s. f. ● Nave turca del sec. XVI da trasporto o da guerra, a tre alberi | Battello di circa trenta tonnellate a una vela per piccolo cabotaggio | Grossa lancia o chiatta, adoperata nei porti.

maòna (2) [ar. *ma'ūna* 'assistenza'; sec. XV] s. f. ● Compagnia, associazione medievale per grandi imprese commerciali nelle città o repubbliche marinare.

maònia [dal n. del botanico statunitense B. Mac Mahon] s. f. **1** (*bot.*) Genere di piante arbustive delle Berberidacee, originarie dell'Asia e dell'America settentrionale, con foglie pennate, fiori gialli in racemi e bacche nerastre (*Mahonia*). **2** (*bot.*) Arbusto sempreverde delle Berberidacee, originario dell'America Settentrionale, con foglie a margini dentati e spinosi, fiori gialli e bacche blu nerastre, coltivato per ornamento (*Mahonia aquifolium*).

maòri o **màori** [vc. indigena della Nuova Zelanda 'del tipo comune (rispetto agli stranieri)'; 1934] **A** s. m. e f. inv. ● Appartenente a una popolazione di razza polinesiana, indigena della Nuova Zelanda. **B** s. m. solo sing. ● Lingua polinesiana parlata nella Nuova Zelanda. **C** anche agg. inv.: *guerriero m.*

màpo [comp. di *ma(ndarino)* e *po(mpelmo)*; 1983] s. m. ● Frutto ottenuto dall'incrocio di un mandarino e un pompelmo.

màppa (1) [lat. *măppa(m)*, di orig. preindeur.; av. 1444] s. f. **1** †Salvietta, tovagliolo. **2** (*region.*) Panno di lana usato dalle contadine di paesi montani per proteggere il capo dal freddo. **3** †Bandella.

♦**màppa** (2) [da *mappa(mondo)*; av. 1357] s. f. **1** Rappresentazione cartografica molto dettagliata di un territorio rurale, con scala compresa fra 1:500 e 1:5000 | **M. catastale**, rappresentazione cartografica a grande scala delle singole proprietà fondiarie con indicazione dei particolari topografici | (*biol.*) **M. cromosomica**, sequenza lineare di geni associati lungo un cromosoma | (*est.*) Carta geografica. **2** (*fig.*) Rappresentazione schematica di una data situazione: *la m. del terrorismo in Italia*. **3** (*tecnol.*) La parte sagomata di una chiave, che viene inserita nella toppa di una serratura, per azionarla. **4** (*mat.*) Applicazione.

mappàle [av. 1931] **A** agg. ● Relativo alla mappa catastale: *particella, numero m.* **B** s. m. ● Nel linguaggio notarile, mappa catastale.

mappalùna [comp. di *mappa* (2) e *luna*, sul modello di *mappamondo*; 1965] s. m. ● Rappresentazione grafica piana della superficie lunare.

mappamóndo [lat. mediev. *măppa(m) mŭndi* 'mappa del mondo', da *măppa* 'mappa' (1); sec. XIII] s. m. **1** Rappresentazione grafica di tutta la superficie terrestre in due emisferi ottenuti con proiezioni prospettiche, con scala da 1:20 milioni a 1:100 milioni. SIN. Planisfero. **2** Globo girevole su cui è riprodotta la superficie terrestre | *M. celeste*, globo su cui è riprodotta la sfera celeste con le sue costellazioni. **3** (*fig., fam., scherz.*) Deretano.

mappàre [calco sull'ingl. *to map* 'tracciare una mappa'; 1983] v. tr. **1** (*biol.*) In genetica, localizzare un gene all'interno di un cromosoma. **2** (*astron., geogr.*) Rilevare dati relativi a fenomeni astronomici o geografici e redigere la rappresentazione cartografica | (*fig.*) Rilevare in modo dettagliato un fenomeno.

mappatèlla [vc. nap., dim. di *mappata* 'involto, fagotto', da *mappa* (1) 'tovagliolo, panno'] s. f. ● (*merid.*) Piccolo involto, fagottino | Involto fatto con un tovagliolo o sim. contenente il pasto di operai o contadini, o quello di gitanti.

mappatóre [1945] s. m. (f. *-trice*) ● Chi disegna mappe | Cartografo.

mappatùra [da *mappare*; 1967] s. f. ● Preparazione di una mappa: *m. catastale; m. cromosomica* | (*fig.*) Rilevazione dettagliata di un fenomeno.

maquette /fr. ma'kɛt/ [fr., dall'it. *macchietta*, dim. di *macchia* (1); 1970] s. f. ● Realizzazione grafica di un annuncio pubblicitario | Modello preliminare in scala ridotta di una scultura.

maquillage /fr. maki'jaːʒ/ [da *maquiller* 'truccare' (precedentemente 'lavorare'), dall'ant. piccardo *makier* 'fare', dal medio ol. *maken* 'fare', di orig. germ.; 1918] s. m. inv. ● Trucco del volto | *M. fotografico*, quello adatto alle caratteristiche del materiale sensibile adoperato per la presa | (*est., raro*) Dissimulazione, contraffazione provvisoria.

maquis /fr. ma'ki/ [vc. fr., propr. 'macchia' (2)', dal corso *macchia*; 1942] s. m. inv. ● Organizzazione partigiana francese nella seconda guerra mondiale | (*est.*) Aderente a tale organizzazione.

marà [vc. dell'America del Sud; 1957] s. m. inv. ● Roditore con lunghe orecchie, coda brevissima, morbida pelliccia, che vive nei prati dell'Argentina ed è velocissimo nella corsa (*Dolichotis australis*).

marabottino [stessa etim. di *maravedì*; av. 1590] s. m. ● (*numism.*) Maravedì.

marabòtto [etim. incerta; 1607] s. m. ● (*mar.*) La minore delle tre vele latine dell'albero di maestra nelle galee | *Grande m.*, la vela maggiore della galea.

marabù (1) [per la serietà del portamento che ricorda quello di un marabut; 1821] s. m. **1** Uccello dei Ciconiformi, asiatico e africano, con capo e collo nudo, leggerissime candide penne sulla coda, che si nutre di rifiuti (*Leptoptilos crumeniferus*). ➡ ILL. *animali*/7. **2** (*est.*) Vaporose piume di tale uccello, usate per guarnire abiti e cappelli femminili: *mantello guarnito di m.*

marabù (2) [fr. *marabout* 'marabù' (1)', poi 'piuma della coda di marabù', per analogia 'organzino molto fine'] s. m. ● Tessuto fabbricato con seta rigida.

marabùt o **marabùto**, **marabùtto** [fr. *marabout*, dal port. *marabuto*, dall'ar. *murābiṭ* 'addetto alla guardia di un posto di frontiera', poi 'eremita'; 1847] s. m. **1** Combattente della guerra santa, nell'Islam | (*est.*) Santone, asceta, eremita. **2** (*est.*) La tomba ove un marabut è sepolto.

marabuttàggio [da *marabù* (2); 1970] s. m. ● (*tess.*) Speciale torsione che si fa subire alla seta per farne crespo.

marabùtto ● V. *marabut*.

maraca /port. ma'raka/ [port. *maracá*, v. di orig. tupi; 1958] s. m. f. (pl. port. *maracas*) ● Strumento musicale di origine sudamericana, costituito da una zucca vuota o da una sfera di legno, riempita di semi secchi o di piccole pietre, che viene agitata ritmicamente. ➡ ILL. *musica*.

maracàia [sp. *maracajá*, dal guaranì *maracayá*] s. m. inv. ● (*zool.*) Marguai.

marachèlla [ebr. *meraggēl* 'esploratore, spia'; 1698] s. f. ● Bricconata o marioleria fatta di nascosto: *ha combinato una grossa m.* | †*Far la m.*, la spia. SIN. Birbonata, gherminella.

maracujá /port. mɐrɐku'ʒa, mara-/ [port. dal tupe *maracujá*] s. f. inv. (pl. port. *maracujás*) ● (*bot.*) Granadiglia.

maragià o (*raro*) **maràgia** s. m. ● Adattamento di *maharajah* (V.).

maràglia ● V. *marmaglia*.

maramaldeggiàre [comp. di *maramald(o)* e *-eggiare*; av. 1973] v. intr. (*io maramaldéggio*; aus. *avere*) ● Fare il maramaldo.

maramaldésco [da *maramaldo*; 1975] agg. (pl. m. *-schi*) ● Che rivela viltà e desiderio di sopraffazione: *atto m., gesto m.* || **maramaldescaménte**, avv.

maramàldo [dal n. di F. *Maramaldo* che nel 1530 uccise a Gavinana F. Ferrucci, ferito e impossibilitato a difendersi; 1905] s. m. ● Persona malvagia e prepotente che infierisce sui vinti e gli inermi.

maramào ● V. *marameo*.

maràme [provz. *mairam*, dal lat. parl. **materiāme(n)*, da *matĕria*; 1311] s. m. **1** (*lett.*) Accozzaglia di cose buttate alla rinfusa: *sur una fratta … / un corredino ride in quel m.* (PASCOLI). **2** (*fig.*) †Trappoleria.

maramèo o (*raro*) **maramào** [vc. onomat. che imita il miagolare del gatto; 1891] inter. ● Esprime scherno e derisione ed è spesso accompagnato da gesti scherzosi, spec. da quello che consiste nell'appoggiare il pollice della mano destra aperta sulla punta del naso ripiegando poi rapidamente e in successione le dita | *Fare m.*, compiere tale gesto.

maràna ● V. *marrana*.

marangóne (1) [dal lat. *mĕrgus* 'smergo'; av. 1871] s. m. ● (*zool.*) Cormorano.

marangóne (2) [da *marangone* 'smergo', che si tuffa per prendere i pesci; sec. XIV] s. m. **1** †Palombaro. **2** (*dial.*) Falegname, carpentiere | Mobiliere.

maràno o **marràno** (2) [etim. incerta; av. 1470] s. m. ● Nave mercantile in uso nel Mediterraneo dal XV al XVI secolo.

Marantàcee [chiamate così in onore del botanico B. *Maranta* (1500-1571); 1934] s. f. pl. (*sing. -a*) ● Nella tassonomia vegetale, famiglia di piante monocotiledoni delle Scitaminee tropicali ornamentali o commestibili (*Marantaceae*).

marànticо [gr. *marantikós* 'logorante', da avvicinare a *marasmós* (V. *marasma*)] agg. (pl. m. *-ci*) ● (*med.*) Di marasma, relativo a marasma: *stato m.*

maràsca o **amaràsca** [da *amaro*; av. 1320] s. f. ● Il frutto del marasco.

maraschìno o †**amaraschìno** [da *marasca*; av. 1786] s. m. ● Liquore di ciliegie, con alto contenuto di zucchero, originario della Dalmazia.

maràsco o **amaràsco** [V. *marasca*; 1863] s. m. ● Varietà coltivata del visciolo con frutti a polpa aciduli (*Prunus cerasus* varietà *marasca*). ➡ ILL. *piante*/6.

marasma o (*raro*) **maràsmo** [gr. *marasmós* 'consunzione', da *maráinein* 'consumare'; sec. XV] s. m. (pl. *-i*) **1** (*med.*) Decadimento generale delle funzioni dell'organismo per malattia o per vecchiaia: *m. senile*. **2** (*fig.*) Grave decadenza e disordine di istituzioni, ordini e sim. **3** (*fig.*) Confusione, caos.

maràsmio [dal gr. *marasmós* 'consunzione' (V. *marasma*), perché il cappello, quando si secca, si restringe senza marcire; 1967] s. m. ● Fungo delle Agaricacee con corpo fruttifero tenace, coriaceo e commestibile o, nelle zone tropicali, parassita spec. delle piante di cacao (*Marasmius*).

maràsmo ● V. *marasma*.

maràsso [lat. *matari(m)* 'lancia, giavellotto', di orig. gallica; av. 1536] s. m. ● Vipera europea con muso diritto, di colore molto variabile, a vasta distribuzione geografica (*Vipera berus*).

maratóna [dal n. della città di *Maratona*, in Attica, dalla quale il messaggero Filippide corse senza sosta alla volta di Atene (dove morì subito dopo stremato dalla fatica) per annunciare la vittoria di Milziade sui Persiani, nel 490 a.C.; 1908] s. f. **1** Gara olimpica di corsa a piedi su strada, sulla distanza di 42 195 metri. **2** (*est.*) Camminata lunga, affrettata e faticosa. **3** (*est.*) Gara di resistenza: *una m. di ballo*. **4** (*fig.*) Opera o attività in genere che richiede lunga e faticosa applicazione: *m. parlamentare*. || **maratonina**, dim. (V.).

maratonèta [1910] s. m. e f. (pl. m. *-i*) ● Atleta che corre nella maratona.

maratonìna [1942] s. f. **1** Dim. di *maratona*. **2** Gara di corsa su strada disputata sulla distanza di venti che di trenta kilometri.

maràtto o **maharàtto** [1819] **A** agg. ● Relativo alla popolazione indiana dei Maratti. **B** s. m. **1** (f. *-a*) Chi appartiene alla popolazione dei Maratti. **2** (*solo sing.*) Lingua parlata dai Maratti.

†**maravàlle** o †**maravàlde** [dal lat. eccl. *dīes māgna ĕt amāra vălde* 'giorno grande e amarissimo', riferito al giorno del giudizio; 1587] s. f. ● (*pop., tosc.*) Solo nella loc. *andare a m.*, morire.

maravedì o **maravedino** [ar. *marābiṭī* 'della dinastia cordovana degli *Almoravidi*', che la coniarono; av. 1536] s. m. ● Moneta d'oro araba della Spagna, imitata dai re cristiani spagnoli e portoghesi nei secc. XII e XIII. SIN. Marabottino.

maraviglia e *deriv.* ● V. *meraviglia* e *deriv.*

†**maràzzo** [etim. incerta; 1602] s. m. ● Acquitrino.

†**marazzóso** [av. 1798] agg. ● Pieno di marazzi. SIN. Paludoso.

marbré /fr. maʀ'bʀe/ [vc. fr., propr. *marmorizzato*; 1890] s. m. inv. ● (*milan., cuc.*) Terrina fredda di aspetto variegato simile a quello di alcuni marmi: *m. di lepre*.

marc' /martʃ/ ● V. *marsc'*.

♦**màrca** (1) [germ. *marka* 'segno'; av. 1565] s. f. *1* Bollo, cifra od altro segno stampato, applicato o impresso su qlco. per farne riconoscere la qualità, l'appartenenza, l'origine, il prezzo o altri elementi caratteristici: *imprimere la m. sul bestiame, sui pezzi di una macchina, su un tessuto* | ***M. tipografica***, sigla editoriale posta sul frontespizio di un libro o sull'ultima pagina stampata | ***M. da bollo***, tagliando emesso dallo Stato, di carta filigranata, che si applica su cambiali, ricevute o documenti a prova del pagamento della relativa tassa | ***M. assicurativa***, bollo che, un tempo, attestava l'avvenuto pagamento di contributi assicurativi | ***M. di bordo libero***, linea sul fianco delle navi mercantili che segna la massima immersione consentita dalle leggi marittime. *2* Correntemente, marchio di fabbrica | (*est.*) La ditta, l'azienda, l'impresa da tale marchio rappresentata: *le migliori marche nazionali* | ***Di m., di gran m., d'alta m.***, si dice del prodotto di un'impresa nota e qualificata. *3* Contrassegno che attribuisce a chi lo possiede il diritto di ritirare oggetti depositati. SIN. Contromarca. *4* (*fig.*) Carattere, impronta; *accento di pretta m. veneta*. *5* (*ling.*) ***M. di correlazione***, particolarità fonologica o (*est.*) morfologica, sintattica, semantica che oppone due unità linguistiche. *6* †Contrassegno, indizio, segno. ‖ **marchétta**, dim. (V.).

màrca (2) [germ. *marka* 'segno (di confine)'; av. 1278] s. f. ● Nell'impero carolingio, regione di confine: *la m. trevigiana*.

†**marcagióne** [da *marcare*] s. f. ● Operazione del mettere il marchio.

marcaménto [1913] s. m. ● Nel calcio e sim., azione di controllo di un avversario o di una zona del campo.

marcàndo s. m. inv. ● (*mus.*) Marcato.

marcantònio [dal nome del personaggio storico *Marco Antonio*, rappresentato grande e grosso; 1764] s. m. (f. *-a*) ● Persona grossa e robusta, di aspetto florido: *un pezzo di m.*

Marcanziacee [dal lat. scient. *Marchantia*, n. dato da N. *Marchant* (†1678), direttore dell'orto botanico di Parigi, in onore del padre, con il suff. *-acee*; 1929] s. f. pl. (sing. *-a*) ● (*bot.*) Nella tassonomia vegetale, famiglia di Epatiche delle regioni tropicali e subtropicali (*Marchantiaceae*).

marcapèzzi [comp. di *marca(re)* e il pl. di *pezzo*; 1957] s. m. e f. inv. ● Addetto alla marcatura di prodotti industriali.

marcapiàno [comp. di *marca(re)* e *piano* (2); 1942] s. m. ● (*edil.*) Striscia o leggera cornice che all'esterno di una casa segna il livello dei vari piani.

marcapùnto o **marcapunti** [comp. di *marca(re)* e *punto* (1); 1853] s. m. ● Strumento da calzolaio, costituito da una rotellina dentata che segna sul cuoio delle scarpe dove si devono dare i punti.

marcàre [da *marca* (1); sec. XIII] **A** v. tr. (*io màrco, tu màrchi*) *1* Contrassegnare con una marca o con un marchio qlco.: *m. la biancheria, un cavallo, un bue, un lingotto d'oro* | (*raro, lett.*) Lasciare un'impronta: *ci rinveniamo a m. la terra / con questo corpo / che ora troppo ci pesa* (UNGARETTI). *2* (*fig.*) Far spiccare più intensamente: *m. una linea* | (*mus.*) Marcato. *3* (*chim.*) Aggiungere a una sostanza un composto chimico facilmente riconoscibile oppure un tracciante radioattivo, spec. per distinguere una partita di prodotto da un'altra o per individuare determinati tessuti biologici, cellule o loro parti. *4* Nel calcio, segnare un punto a proprio favore: *il giocatore ha marcato; m. un gol* | ***M. a uomo***, controllare l'avversario ovunque si trovi | ***M. a zona***, controllare ciascun avversario che transita nel proprio settore. *5* ***M. visita***, nel gergo militare, darsi malato, chiedere visita medica. *6* (*fig.*) †Rimarcare. **B** v. intr. (aus. *essere*) ● †Confinare.

marcaṣite o **marcassite** [ar. *marqašītā*, di orig. persiana; sec. XIV] s. f. ● (*miner.*) Solfuro di ferro ortorombico in cristalli prismatici o tabulari dalla lucentezza metallica e dal colore giallo chiaro.

marcatèmpo [comp. di *marca(re)* e *tempo*; 1937] **A** s. m. inv. (anche f. nel sign. 1) *1* Chi è addetto alla misurazione dei tempi di una lavorazione industriale. *2* (*tecnol.*) Dispositivo che segna intervalli di tempo noti sul nastro o sul disco di uno strumento registratore. **B** anche agg. inv.: *orologio m.*, V. *orologio*.

marcàto [av. 1363] part. pass. di *marcare*; anche agg. *1* Segnato con un marchio. *2* Rilevato, ben accentuato: *tratti, lineamenti marcati; contorni marcati*. *3* (*ling.*) Detto di unità linguistica che possiede una particolarità fonologica, morfologica, sintattica o semantica in virtù della quale viene opposta alle altre unità della stessa natura della medesima lingua. *4* (*chim.*) ***Elemento m.***, isotopo radioattivo usato, con l'aiuto di un contatore Geiger, per seguire e interpretare reazioni, processi biologici e sim. *5* (*mus.*) Detto di indicazione che richiede nell'esecuzione risalto e lieve accentuazione dei suoni. ‖ **marcataménte**, avv. In modo marcato, in modo ben rilevato.

marcatóre [sec. XIV] s. m. *1* (f. *-trice*) Chi marca | Operaio addetto alla marcatura. *2* (f. *-trice*) Nel calcio e sim., il giocatore che marca un avversario | Realizzatore di un gol, un punto e sim. *3* (*chim.*) Composto (enzima, colorante e sim.) o isotopo radioattivo aggiunto a una sostanza per facilitarne la determinazione qualitativa o quantitativa. SIN. Marker. *4* (*med.*) Sostanza (peptide, antigene, anticorpo, enzima e sim.) la cui presenza o il cui aumento nel sangue o in un altro tessuto costituisce sintomo specifico di una determinata malattia. SIN. Marker.

marcatrice [da *marcare*; 1957] s. f. ● Macchina che imprime il marchio di fabbrica o altre scritte sui prodotti.

marcatùra [sec. XIV] s. f. *1* Il marcare | Marca o marchio | ***M. degli animali***, per riconoscerli fra diversi allevamenti o nell'ambito degli stessi. *2* Nello sport, marcamento | Punto segnato | Numero complessivo dei punti segnati da una squadra.

marcescènte [vc. dotta, lat. *marcescĕnte(m)*, part. pres. di *marcĕscere*, incoativo di *marcēre* 'esser marcio'; 1499] agg. ● (*lett.*) Che marcisce, che si corrompe.

marcescènza [1960] s. f. ● (*lett.*) Condizione di ciò che è marcescente.

marcescìbile [lat. mediev. *marcescĭbile(m)*, ricavato da *immarcescĭbilis* 'immarcescibile'; 1803] agg. ● (*lett.*) Che può marcire | ***Non m.***, incorruttibile.

marcétta s. f. *1* Dim. di *marcia*. *2* Composizione musicale vivace e allegra, suonata spec. nei circhi per accompagnare alcuni numeri.

march /martʃ/ ● V. *marsc'*.

marchéṣa [1581] s. f. *1* Anticamente, signora di un marchesato: *la m. di Pescara*. *2* Moglie o figlia di un marchese. ‖ **marcheṣina**, dim. (V.).

marcheṣàle [da *marchese* (1); av. 1536] agg. ● (*raro*) Marchionale.

†**marcheṣàna** [av. 1300] s. f. ● Marchesa dei tempi feudali.

marcheṣàto [av. 1348] s. m. *1* Titolo, dignità di marchese. *2* Complesso della famiglia marchionale | (*raro*) Insieme dei marchesi. *3* Territorio posto sotto l'autorità e la giurisdizione di un marchese: *il m. del Monferrato*.

marchéṣe (1) [provz. *marques*, dall'ant. fr. *marchis*, dal germ. *marka* 'marca (2)'; sec. XIII] s. m. (f. *-a* (V.)) ● Anticamente, conte della marca o territorio di frontiera, rappresentante del sovrano: *m. d'Italia* | Persona insignita del grado nobiliare intermedio tra quello di conte e quello di duca, ereditario o concesso da un sovrano: *il m. di Roccaverdina* | (*lett.*) ***Il divino m.***, (*per anton.*) lo scrittore francese Donatien-Alphonse-François, marchese de Sade. ‖ **marcheṣino**, dim. (V.).

marchéṣe (2) [etim. incerta; av. 1468] s. m. ● (*pop.*) Mestruo.

marcheṣina [1869] s. f. *1* Dim. di *marchesa*. *2* Figlia spec. giovane o nubile di un marchese.

marcheṣino [1550] s. m. *1* Dim. di *marchese* (*1*). *2* Figlio spec. giovane di un marchese.

marchétta [1957] s. f. *1* Dim. di *marca* (*1*). *2* Marca assicurativa e previdenziale, usata in passato per comprovare l'avvenuto versamento di tali contributi da parte del datore di lavoro. *3* Contrassegno che, nelle case di tolleranza, le prostitute ricevevano per ogni prestazione ai fini del conteggio della retribuzione | (*est.*) La prestazione stessa | (*pop.*) ***Fare marchette***, esercitare la prostituzione. *4* (*pop.*) Prostituta od omosessuale che si prostituisce.

marchettàra [da *marchetta* nel sign. 3; 1959] s. f. ● (*rom.*) Prostituta.

marchettàro [1978] s. m. ● (*rom.*) Omosessuale che si prostituisce.

marchétto [dall'effigie di *S. Marco* che vi era impressa; av. 1494] s. m. ● Antica moneta veneziana del valore di un soldo.

marchiàno [da *marchigiano*; dapprima si usava per le ciliegie delle Marche, che erano particolarmente grosse; av. 1535] agg. ● Madornale, spropositato (*spec. fig.*): *errore, sproposito m.*

marchiàre [ant. fr. *merchier*, dal francone *merkjan*; 1333] v. tr. (*io màrchio*) *1* Fornire di marchio: *m. qlco. col proprio suggello* | Distinguere con un marchio: *m. il bestiame*. SIN. Contrassegnare. *2* †Segnare, notare.

marchiàto part. pass. di *marchiare*; anche agg. *1* Fornito di marchio. *2* (*fig.*) Detto di persona additata al disprezzo, alla riprovazione generale. SIN. Bollato.

marchiatóre [sec. XIV] s. m. (f. *-trice*) ● Chi procede alla marchiatura.

marchiatùra [sec. XIV] s. f. *1* Operazione del marchiare: *la m. del bestiame*. *2* (*est.*) Segno con cui si marchia: *falsificare la m.*

marchigiàno [av. 1294] **A** agg. ● Delle Marche: *piatto tipico m.* **B** s. m. (f. *-a*) ● Abitante, nativo delle Marche. **C** s. m. solo sing. ● Gruppo di dialetti italiani, parte dell'area settentrionale e parte di quella centro-meridionale, parlati nelle Marche.

marchingégno [vc. nap., comp. di una prima parte di etim. incerta (da *Marcantonio*?) e di *ingegno* nel sign. 7; 1965] s. m. *1* Strumento o meccanismo di complessa struttura. *2* (*fig.*) Procedimento, espediente, metodo piuttosto complicato ma anche particolarmente abile: *questa clausola è un m. per evadere la legge*.

màrchio [da *marchiare*, 1564] s. m. *1* Segno che si imprime su qlco. | ***M. di prova***, punzonatura impressa a garanzia delle armi da caccia. *2* Segno emblematico o nominativo usato dall'imprenditore per contraddistinguere i propri prodotti | ***M. di fabbrica***, che indica la provenienza del prodotto da una data impresa | ***M. di commercio***, che indica l'impresa che pone in vendita il prodotto | ***M. registrato***, registrato presso l'apposito ufficio dei brevetti. *3* Marca che si imprime col ferro rovente per contrassegnare gli animali: *questo è il m. della nostra fattoria* | (*est.*) Lo strumento metallico che serve per marchiare: *procurate che il m. sia riscaldato a dovere*. *4* Segno che un tempo si stampava a fuoco sulla fronte o sulla spalla di alcuni malfattori: *m. d'infamia, di traditore* | (*fig.*) Caratteristica negativa e incancellabile: *ha il m. del ladro*. *5* †Il romano della stadera. ‖ **marchiolino**, dim.

marchionàle [dal germ. *marka* 'marca (2)'; 1554] agg. ● Di marchese: *famiglia, corona, feudo m.*

♦**màrcia** (1) [da *marciare*; 1598] s. f. (pl. *-ce*) *1* Modo di camminare tenendo un passo costante o cadenzato, usato spec. da truppe in movimento, cortei e sim.: *il corteo si è messo in m.* | (*est.*) Movimento organizzato di unità militari: *m. di trasferimento* | ***A marce forzate***, con poche soste, a tappe più lunghe del normale; (*fig.*) accelerando i tempi | ***Lunga m.***, nel corso della guerra civile cinese, la ritirata (durata due anni) con cui l'esercito comunista sconfitto raggiunse la Cina nord-occidentale dove Mao Zedong costituì un governo rivoluzionario; (*est., fig.*) impresa collettiva lunga e faticosa. *2* (*est.*) Movimento o funzionamento di veicoli o meccanismi: *mettere in m. un treno, un'apparecchiatura elettrica*. *3* Specialità dell'atletica leggera in cui la successione dei passi deve avvenire in modo che l'atleta non interrompa mai il contatto col suolo. *4* Manifestazione organizzata di protesta: *m. della pace, per l'eguaglianza dei diritti, contro la fame* | ***M. su Roma***, azione armata per la conquista del potere compiuta nel 1922 dai fascisti seguaci di B. Mussolini. **5** Manifestazione sportiva di tipo popolare, in genere non competitiva e senza obblighi di passo: *m. ecologica*; *la m. di primavera*. **6** (*mus.*) Composizione strumentale di antichissima origine con funzione di accompagnamento del passo di una moltitudine in cammino, poi fissatasi in una forma di ritmo binario: *m. militare*, *m. trionfale*, *m. funebre*. **7** (*mecc.*) Ciascuno dei rapporti di trasmissione del motore di un veicolo che vengono inseriti mediante i dispositivi del cambio: *innestare la m.* | (*est.*) La velocità del veicolo relativa a ciascuno di tali rapporti | *M. avanti, m. indietro*, movimento di avanzamento o retrocessione di un veicolo | *Far m. indietro*, far retrocedere un veicolo; (*fig.*) abbandonare un'impresa, ritirarsi di fronte a difficoltà e sim. | *Avere una m. in più*, (*fig.*) avere capacità superiori agli altri. || **marcetta**, dim. (V.)

màrcia (2) [f. di *marcio*; av. 1320] s. f. (pl. *-ce*) ● (*pop.*) Pus.

marcialónga [vc. dei dial. sett., comp. di *marcia* (1) e il f. di *longo* 'lungo'; 1971] s. f. (pl. *marcelónghe*) **1** Gara di sci di fondo a grande partecipazione popolare che si svolge ogni anno su una lunga distanza nelle valli di Fiemme e Fassa. **2** (*est.*) Qualsiasi gara di fondo, spec. podistica, a grande partecipazione popolare oltre che atletica.

marciàno [1834] agg. ● Di San Marco evangelista | *Biblioteca marciana*, di Venezia, città di San Marco | *Codice m.*, della biblioteca marciana.

♦**marciapiède** o **marciapièdi** [fr. *marchepied*, comp. di *marcher* 'camminare' e *pied* 'piede'; 1766] s. m. **1** Parte della strada riservata ai pedoni, generalmente rialzata rispetto al piano viabile | *Battere il m.*, (*fig.*) esercitare la prostituzione | *Donna da m.*, (*fig.*) prostituta. **2** Nelle stazioni, piano sopraelevato rispetto alle rotaie e predisposto in maniera da facilitare l'accesso ai treni ed il movimento dei bagagli. ➡ ILL. p. 2170 TRASPORTI. **3** In una nave a vele quadre, ciascuna delle cime parallele ai pennoni e sorrette da staffe, su cui il marinaio poggia i piedi per lavorare alla vela. ➡ ILL. p. 2172 TRASPORTI.

marciapièdi ● V. *marciapiede*.

marciàre [fr. *marcher*, dal francone *markôn* 'lasciare traccia'; av. 1535] v. intr. (*io màrcio*; aus. *avere*) **1** Avanzare a passo di marcia, detto spec. di reparti militari | (*est.*) Procedere o sfilare ordinatamente: *m. affiancati*; *i dimostranti marciavano in colonna, in corteo* | *Marciarci*, (*region.*) approfittare di una situazione senza darlo troppo a vedere: *in questo periodo di confusione, quello ci marcia*. **2** Andare, muoversi: *il treno marcia a 100 chilometri l'ora*; *Andare verso un luogo*: *il drappello di emigranti marciava verso il confine*. **3** Funzionare: *l'orologio, il meccanismo non marcia*.

†**marciàta** [da *marciare*; av. 1644] s. f. ● Marcia | Spazio percorso con una marcia.

marciatóre [da *marciare*; 1957] s. m. (f. *-trice*) **1** Chi marcia. **2** Atleta che pratica lo sport della marcia.

màrcido [vc. dotta, lat. *mărcidu(m)*, da *marcēre* 'esser marcio'; sec. XIII] agg. **1** (*lett.*) Marcio. **2** (*fig.*) †Ubriaco: *m. sembra, sonnacchioso e gravido* (POLIZIANO).

marcigliàna o **marsiliàna** [etim. incerta; av. 1430] s. f. ● Veliero da carico del sec. XV.

marcìme [da *marcio*; 1869] s. m. ● Insieme dei rifiuti di stalla che, divenuti marci, vengono utilizzati come letame.

marcimènto [av. 1758] s. m. ● (*raro*) Il marcire (anche *fig.*).

marcìno [da *marcio*; 1869] s. m. ● (*disus.*) Vino con odore o sapore di marcio, per lo più a causa di botte difettosa.

màrcio [lat. *mărcidu(m)*. V. *marcido*; 1260 ca.] **A** agg. (pl. f. *-ce*, lett. *-cie*) **1** Che è in stato di decomposizione: *carne, frutta marcia* | (*est.*) Fradicio: *legno m.* | (*lett.*) Umido e caldo, detto del tempo: *le giornate marcie di quel novembre sciroccale* (BACCHELLI). **2** (*pop.*) Che ha suppurato: *dito m.* **3** (*fig.*) Che è moralmente guasto e corrotto: *società marcia* | *M. sin nelle midolla*, (*fig.*) di persona totalmente corrotta. **4** (*fig.*) Con valore intensivo, è usato in numerose loc.: *provare una vergogna marcia*; *essere ubriaco m.*; *essere stufo m.* | *Avere torto m.*, essere completamente dalla parte del torto, non avere la benché minima ragione | *A m. dispetto*, a completo dispetto. **B** s. m. **1** Parte marcia di qlco.: *è meglio gettare il m.* | Parte infetta, malata e sim.: *tagliare via il m.* **2** (*fig.*) Corruzione o depravazione morale: *scoprimmo del m. in quella vicenda*; *dietro quella facciata di rispettabilità c'è del m.*

marciolìno [da *marcio*; 1869] s. m. ● (*disus.*) Sapore di roba un po' marcia; sapore del marcino.

marciósio [da *marcio*; 1547] agg. ● (*lett.*) Purulento.

♦**marcire** [lat. *marcēre* 'esser marcio', vc. espressiva; 1353] **A** v. intr. (*io marcisco, tu marcisci*; aus. *essere*) **1** Diventare marcio: *col calore la frutta e la carne marciscono in fretta*. SIN. Decomporsi, imputridire. **2** Divenire purulento: *la ferita marcisce*. SIN. Suppurare. **3** Diventare fradicio: *la carta e il legno marciscono con l'umidità*. **4** (*fig.*) Essere immerso in ciò che corrompe moralmente: *m. nel vizio, nella depravazione dei costumi*. **5** (*fig.*) Languire, consumarsi: *m. nella prigione, nella miseria*. **B** v. tr. ● (*raro*) Rendere marcio: *l'acqua ha marcito le travi*.

marcìta [da *marcire*; av. 1597] s. f. ● Prato irriguo con un velo continuo d'acqua, perché seguiti a vegetare e dia tagli d'erba anche nella stagione fredda: *Stava in mezzo a cinquemila pèrtiche di m. tutte sue* (DOSSI).

marcìto [1313] part. pass. di *marcire*; anche agg. ● Diventato marcio (anche *fig.*).

marcitóia [sec. XVIII] s. f. ● Marcita.

marcitóio [da *marcito*; 1822] s. m. ● Macero.

†**marcitùra** [1869] s. f. ● Il marcire | Putrefazione: *la m. di un dito, di una ferita*. SIN. Suppurazione.

marciùme [av. 1498] s. m. **1** Marcio: *gettare il m.* | Insieme di cose marce: *bruciate tutto quel m.* **2** Alterazione di tessuti vegetali e animali causata da vari agenti patogeni | (*enol.*) *M. nobile*, muffa parassita grigia (*Botrytis cinerea*) che attacca e metabolizza un'uva matura conferendo al vino passito aroma e gusto caratteristici. CFR. Infavato. **3** (*fig.*) Depravazione e corruzione morale | Insieme di persone corrotte e depravate.

màrco (1) [germ. *marka* 'segno'; 1285] s. m. (pl. *-chi*) **1** Unità di peso in uso in Germania dal IX sec., di valore vario secondo i luoghi. **2** Unità monetaria circolante in Germania (SIMB. DM) e in Finlandia (SIMB. Fmk).

màrco (2) [da *marcare*; av. 1363] s. m. (pl. *-chi*) ● Marca, contrassegno.

màrco (3) [ant. fr. *marc*, dal francone *marka*, unità di misura; 1355] s. m. (pl. *-chi*) ● Contrappeso della stadera.

marcofilìa [comp. di *marca* (*da bollo*) e *-filia*; 1970] s. f. ● Collezionismo di marche da bollo.

Marcóni [ellissi di *attrezzatura Marconi*, dall'ingl. d'America *Marconi rig*, così chiamata perché ricordava un impianto radio] agg. inv.; anche s. f. inv. ● (*mar.*) Nelle loc. *randa M.*, *vela M.* o (*ellitt.*) *Marconi*, bermudiana.

marconigrafìa [comp. del n. di G. Marconi (1874-1937), che inventò il telefono senza fili, e *-grafia*; 1941] s. f. ● (*raro*) Radiotelegrafia.

marconigràmma [comp. del n. di G. Marconi (V. *marconigrafia*) e *-gramma*; 1903] s. m. (pl. *-i*) ● Radiotelegramma.

marconìsta [V. *marconigrafia*; 1935] s. m. e f. (pl. m. *-i*) ● Radiotelegrafista.

marconiterapìa [comp. del n. di G. Marconi (V. *marconigrafia*) e *-terapia*; 1938] s. f. ● (*med.*) Terapia fisica a base di onde elettromagnetiche corte che generano calore nell'interno dei tessuti.

marcorèlla o **mercorèlla** [lat. *mercuriāle(m)* (*hěrbam*) 'erba di Mercurio', da *Mercŭrius* 'Mercurio', al quale erano attribuite le virtù curative di questa pianta; sec. XIV] s. f. ● (*bot.*) Mercuriale.

marcusiàno [1968] **A** agg. ● Di, relativo al filosofo tedesco H. Marcuse (1898-1979). **B** agg.; anche s. m. (f. *-a*) ● Che (o Chi) segue la filosofia di Marcuse.

mardochèo [da *Mardocheo*, personaggio biblico, accostato per etim. pop. a *merda*; 1945] s. m. ● (*disus.*) Uomo sciocco, che vale poco.

♦**màre** [lat. *măre*, di orig. indeur.; av. 1250] s. m. **1** Massa di acqua salata, che ricopre per tre quarti della superficie del globo, raggiungendo grandi profondità; CFR. talasso-, alo- | *M. chiuso*, circondato dal territorio di uno stesso Stato e quindi soggetto alla sovranità esclusiva dello stesso | *M. libero, alto m.*, zona di mare situata oltre le acque territoriali, non appartenente a nessuno Stato e aperta alla navigazione di tutti i Paesi | *M. mediterraneo*, circondato da aree continentali e comunicante con l'oceano mediante apertura piuttosto stretta | *M. adiacente*, che si addentra nei continenti senza una netta separazione con l'oceano | *M. lungo, morto*, moto ondoso caratterizzato da onde regolari che non si frangono, residuo di una perturbazione passata | *M. vivo*, moto ondoso che si può osservare contemporaneamente al fenomeno atmosferico che lo ha generato | *M. grosso*, in tempesta | *Frutti di m.*, V. *frutto* | †*Rompere in m.*, naufragare | *Colpo di m.*, ondata violenta | *Furia di m.*, tempesta o burrasca violenta | *Stato del m.*, (*evit.*) *forza del m.*, valutazione del moto ondoso in base all'altezza media delle onde

SCALA DEL MARE (secondo Douglas)

Forza del mare	Stato del mare	Altezza media delle onde (in metri)
0	Calmo (mare d'olio, senza increspature)	0
1	Quasi calmo (con increspature)	0-0,1
2	Poco mosso (con ondicelle)	0,1-0,5
3	Mosso	0,5-1,25
4	Molto mosso	1,25-2,5
5	Agitato	2,5-4
6	Molto agitato	4-6
7	Grosso	6-9
8	Molto grosso	9-14
9	Tempestoso	oltre 14

in un determinato punto, espresso nei termini definiti da scale internazionali (per es.: *poco mosso, agitato*) | ***Solcare il m., andare per m.***, navigare | ***Mal di m.***, malessere, nausea provocata dalla navigazione con mare mosso; SIN. Naupatia | ***Correre il m.***, dedicarsi alla pirateria | ***Andare al m.***, recarsi per gita o villeggiatura in una località marina, spec. nella stagione estiva | (*fig.*) ***Portare acqua al m.***, fare cose inutili | ***Essere in alto m.***, (*fig.*) lontano dalla soluzione o dalla conclusione di qlco. | ***Cercare per terra e per m.***, dappertutto | ***Buttare a m. qlcu. o qlco.***, (*fig.*) disfarsene, lasciarlo perdere | (*fig.*) ***Promettere mari e monti***, promettere grandi cose, destinate per lo più a non essere mantenute | ***È una goccia nel m.***, (*fig.*) si dice di cosa che ha scarsissimo rilievo o importanza | ***È un porto di m.***, si dice di luogo frequentatissimo, dove ci sia un continuo andirivieni. ➡ TAV. **mare (scala del)**. **2** Vasta zona pianeggiante della Luna: *il m. delle Tempeste, della Tranquillità*. **3** (*est.*) Grande estensione: *un m. d'erba, di sabbia, di fuoco*. **4** (*fig.*) Grande quantità: *sono immerso in un m. di guai, di fastidi, di dubbi; versare un m. di lacrime, di sangue* | (*fig.*) ***M. magno***, V. *mare magnum*. || PROV. L'acqua va al mare; l'acqua del mare non lava.

MARE
nomenclatura

mare (**oceano**)

• *caratteristiche*: mosso = agitato, grosso, burrascoso ⇔ liscio = calmo = bonaccia, increspato, trasparente ⇔ torbido, caldo, freddo; interno, chiuso ⇔ aperto, libero ⇔ territoriale; infido, tranquillo; pescoso; spumeggiante, verde, azzurro, grigio, cobalto; glaciale, tropicale, equatoriale, oceanico, mediterraneo, periferico; salsedine, salinità, alcalinità, concentrazione, densità, trasparenza, oscurità, colore, tonalità, luminescenza, temperatura (variabile ⇔ costante);

• *fondo marino*: (continentale, pelagico): dorsale, rialto, dorso, cupola, gobba, catena, montagna, bacino, avvallamento, solco, conca, platea, tavolato, margine continentale, zoccolo continentale (scarpata continentale, piattaforma continentale) regione oceanica (litoranea, pelagica, abissale), fossa oceanica, abisso, fondale, pianura abissale, bassofondo, fango oceanico;

• *movimenti del mare*: - irregolari: onda (cresta, ventre, altezza, lunghezza, velocità di propagazione, periodo, profilo, schiuma), ondata, onda di oscillazione, onda di traslazione, onda morta, onda progressiva, onda stazionaria, cavallone, maretta, maroso, gorgo, vortice, mälström, risacca, frangente, mareggiata, sessa, maremoto, tsunami; - periodici: marea (viva ⇔ stanca, alta ⇔ bassa, flusso ⇔ riflusso); - costanti: corrente (calda ⇔ fredda, verticale ⇔ orizzontale, oceanica ⇔ mediterranea, lenta ⇔ veloce, di deriva, superficiale, di compenso); mal di mare = naupatia;

• *azione geodinamica del mare*: demolizione, abrasione, erosione, trasporto, sedimentazione = deposito, chimica (costruttiva, distruttiva); trasgressione marina ⇔ regressione marina;

• *studio del mare*: oceanografia, oceanografo, talassografia, batimetria (batimetro = scandaglio) mareografo, talassologia; livello, profondità, batiscafo, palombaro, draga, correntometro;

• *azioni*: bagnare, rifluire, infrangersi, mugghiare, stendersi, ondeggiare, mareggiare, agitarsi, incupirsi, inghiottire, sommergere, lambire, toccare, avanzare ⇔ ritirarsi, sbattere, trascinare, confluire, comunicare; bagnarsi, immergersi, fare il bagno, tuffarsi, guizzare, toccare il fondo, risalire = riemergere; stare a galla, fare il morto, galleggiare, annaspare, bere; fare due bracciate, nuotare, pinneggiare; remare; asciugarsi; annegare.

• *flora e fauna marina*: superficiale, pelagica, abissale, bentonica, planctonica, nectonica, sessile, strisciante, natante, ambulante; pesci, crostacei, krill, molluschi; alghe (gelatinose, cartilaginee, calcaree, cretose, pietrose; microscopiche ⇔ giganti); mucillagine; corallo (rosso, vermiglione, carminio, rosso sangue, rosa pallido, rosa carnicino, bianco, morto ⇔ vivo; colonia, banco, madrepore, attinia = anemone di mare = rosa di mare = pomodoro di mare, spugna).

marèa [fr. *marée*, da *mer* 'mare'; av. 1348] **s. f.** **1** Movimento periodico delle acque del mare, che si alzano e si abbassano alternativamente nell'arco della giornata, dovuto all'attrazione della Luna e del Sole: *alta, bassa m.* | ***M. terrestre***, spostamento del livello della superficie terrestre, di difficile rilevazione, dovuto all'attrazione lunare | (*est.*) Durata di ognuno di questi movimenti. **2** (*est.*) Qualunque massa fluida in movimento: *una m. di fango sommerse gli sventurati*. **3** (*fig.*) Vasto insieme di persone o cose che si muovono spec. lentamente e quasi ondeggiando o fluttuando: *una m. di gente invadeva la piazza; dal balcone si vedeva una m. di teste*. **4** (*fig., lett.*) Intenso sentimento, impulso interiore: *una m. di ricordi*.

mareggiaménto [da *mareggiare*; av. 1705] **s. m.** • (*raro*) Mal di mare | (*lett., fig.*) Inquietudine interiore.

mareggiàre [comp. di *mar(e)* e *-eggiare*; 1319] **v. intr.** (*io maréggio*; aus. *avere*) **1** (*lett.*) Agitarsi in grosse onde, detto del mare: *l'azzurro Egeo mareggia* (CARDUCCI). **2** (*fig.*) Ondeggiare, fluttuare: *le lunghe erbe mareggiavano sotto le folate di vento*. **3** (*raro*) Navigare. **4** (*raro*) Soffrire il mal di mare.

mareggiàta [da *mareggiare*; av. 1484] **s. f.** • Violento moto ondoso lungo la costa.

maréggio [da *mareggiare*; 1465] **s. m.** **1** Agitazione ondosa del mare: *da giorni continua questo m.* **2** (*raro, fig.*) Travaglio.

màre màgnum [lat., propr. 'mare grande'. V. *mare* e *magno*; av. 1629] **loc. sost. m. inv.** (**pl.** lat. *maria magna*) • Gran quantità, gran confusione: *nel mare magnum di quell'amministrazione non si capisce nulla*.

marèmma [lat. *marĭtima*, nt. pl., 'paesi costieri'. V. *marittimo*; av. 1292] **s. f.** • Regione bassa e paludosa vicina al mare | ***M. toscana***, o (*per anton.*) ***Maremma***, zona costiera un tempo paludosa compresa fra la Toscana meridionale e il Lazio settentrionale.

maremmàno [av. 1250] **A agg.** **1** Proprio di una maremma: *macchia, palude maremmana*. **2** Della Maremma: *cane m.* | ***Bovino m.***, grande, scuro, da carne e da lavoro | ***Cavallo m.***, di tipo dolicomorfo | ***Suino m.***, di piccola taglia, a manto nero. **B s. m.** (**f.** *-a*) • Abitante, nativo della Maremma.

maremòto [da *mare*, sul modello di *terremoto*; 1891] **s. m.** • Violento scuotimento delle acque del mare, prodotto da un terremoto sottomarino | ***Onda di m.***, gigantesca ondata marina che si riversa su una costa con disastrose conseguenze.

marèna (**1**) [ted. *Maräna*, dall'ant. slavo *morje* 'mare'; 1957] **s. f.** • Pesce osseo dei Salmonidi con pinna dorsale molto sviluppata e caudale fortemente incisa, che vive nei laghi in profondità (*Coregonus maraena*).

marèna (**2**) • V. *amarena*.

marèngo o **marèngo** [detto così perché fu coniato da Napoleone in memoria della battaglia di *Marengo* (1800); 1863] **s. m.** (**pl.** *-ghi*) • Moneta d'oro da 20 franchi coniata a Torino nel 1800. ➡ ILL. **moneta**.

mareogràfico [1957] **agg.** (**pl. m.** *-ci*) • Relativo al mareografo e alle registrazioni compiute con tale strumento: *stazione mareografica*.

mareògrafo [fr. *marégraphe*, comp. di *marée* 'marea' e *-graphe* '-grafo'; 1884] **s. m.** • (*fis.*) Strumento per registrare le oscillazioni dell'acqua di mare o di fiume in seguito alle maree.

mareogràmma [comp. di *marea* e *-gramma*, prob. sul modello del fr. *marégramme*; 1957] **s. m.** (**pl.** *-i*) • Tracciato ottenuto con il mareografo.

mareomotóre [comp. di *mare(a)* e *motore* prob. sul modello del fr. *marémoteur*] **agg.** (**f.** *-trice*) • Che utilizza l'energia idraulica delle maree: *centrale idroelettrica mareomotrice*.

†**marescàlco** • V. *maniscalco*.

marescià̀lla [fr. *maréchale*, f. di *maréchal* 'maresciallo'; 1671] **s. f.** • Moglie del maresciallo.

maresciallàto [av. 1644] **s. m.** • Ufficio e dignità di maresciallo.

♦**maresciàllo** [fr. *maréchal*: stessa etim. di *maniscalco*; av. 1427] **s. m.** (**f.** *-a* (V.)) **1** In alcuni eserciti, grado supremo della gerarchia militare: *m. di Francia* | ***M. di campo***, negli antichi eserciti, ufficiale generale incaricato di provvedere all'alloggiamento delle truppe. **2** Nella gerarchia militare italiana, grado più alto nella categoria dei sottufficiali: *m. ordinario, m. capo* | La persona che ha tale grado | Nel soppresso ordinamento delle guardie di pubblica sicurezza, grado sostituito dalla nuova qualifica di sovrintendente. **3** Nella corte medievale, dignitario incaricato delle scuderie del re.

†**marése** [ant. fr. *mareis*, dal francone *marisk* 'mare'; av. 1348] **s. m.** • Acquitrino, palude, stagno di maremma.

marétta [da *mare*; 1577] **s. f.** **1** Leggera agitazione del mare provocata dal vento con formazione di piccole e brevi onde. **2** (*fig.*) Situazione di tensione, nervosismo o agitazione.

marezzàre [da *mare*, perché la marezzatura ricorda le onde (?); 1578] **v. tr.** (*io marézzo*) • Dare il marezzo, le venature del marmo: *m. una stoffa; m. una parete*.

marezzàto [1573] **part. pass.** di *marezzare*; anche **agg.** **1** Che presenta venature, striature | ***Mantello m.***, di animale il cui mantello presenta piccole zone irregolari di colore più chiaro alternate con altre di colore più intenso | ***Tessuto m.***, percorso da mutevoli linee di colore o di riflessi. **2** Detto di carni macellate che presentano marezzature.

marezzatùra [1706] **s. f.** **1** Operazione del marezzare | Marezzo | ***M. a legno***, pittura eseguita su legno comune a imitazione di un legno pregiato. **2** Particolare aspetto che assume la superficie di taglio di un muscolo di animale macellato.

marézzo [V. *marezzare*; 1530] **s. m.** **1** Insieme di strisce irregolari e variamente colorate rispetto al fondo, presenti su legno o marmo | (*est.*) Striatura prodotta su tessuti, lastre metalliche e sim. **2** Intonaco striato allo stesso modo del marmo.

†**màrga** [vc. dotta, lat. *mărga(m)*, di orig. gallica; 1476] **s. f.** • Marna.

margàrico [fr. *margarique*, dal gr. *márgaron* 'perla', perché di colore perlaceo. V. *margherita*; 1833] **agg.** (**pl. m.** *-ci*) • (*chim.*) Detto di acido grasso non esistente in natura ma ottenuto per sintesi.

margarìna [fr. *margarine*, da *margarique* 'margarico'; 1869] **s. f.** • Surrogato del burro, consistente in una emulsione di grassi vegetali e animali in latte o siero di latte, usato come grasso alimentare.

margarinàre [denom. di *margarina*] **v. tr.** • Mescolare con margarina.

margarinatùra **s. f.** • Sofisticazione alimentare che consiste nell'aggiungere margarina al burro o allo strutto.

†**margarita** • V. *margherita*.

margarìte [comp. di †*margar(ita)* e *-ite* (2); 1934] **s. f.** • (*miner.*) Mica calcica in cristalli lamellari perlacei.

margàro • V. *malgaro*.

♦**margherìta** o (*dial.*) †**margarita** [lat. *margarīta(m)*, nom. *margarīta*, dal gr. *margarítēs*, di orig. orient., che aveva già i due sign. di 'perla' e 'fiore'; 1321] **A s. f.** **1** Erba perenne delle Composite con grandi capolini isolati costituiti da un bottone giallo al centro e linguette bianche disposte a raggiera (*Leucanthemum vulgare*) | ***M. gialla***, fiorrancio | ***Sfogliare la m.***, staccare i petali uno a uno accompagnandovi una filastrocca a domande alterne per ottenere risposta; (*fig.*) essere incerto, titubante sul da farsi. ➡ ILL. **piante**/9. **2** †Perla, gemma | (*est.*) Cosa o persona preziosa come una gemma. **3** (*mar.*) Nodo impiegato per accorciare una cima senza tagliarla. **4** †Corda, fune per la tortura. **5** Elemento mobile e intercambiabile di scrittura per macchine per scrivere, la cui forma ricorda quella della margherita. **6** (*spec. al pl.*) Tipo di pasta alimentare corta a forma di margherita. || **margheritina**, **dim.** (V.) | **margheritona**, **accr.** (V.) **B** in funzione di **agg.** • (posposto al s.) Nelle loc. ***pasta m.***, impasto base di numerose preparazioni dolciarie, composto di farina, burro, uova e zucchero | ***Torta m.***, dolce a base di pasta margherita, zucchero, uova, burro fuso freddo e farina setacciata | ***Pizza m.***, pizza napoletana con mozzarella e pomodoro.

†**margheritìfero** [comp. di *margherita* e *-fero*] **agg.** • Perlifero.

margheritìna [1735] **s. f.** **1** Dim. di *margherita*. **2** Erba delle Composite con foglie basali a rosetta e piccoli capolini costituiti da un bottone giallo al centro e linguette bianco-rosate disposte a raggiera (*Bellis perennis*). SIN. Bellide, prataiola, pratolina. ➡ ILL. **piante**/9. **3** (*al pl.*) Perle di vetro colorate. SIN. Conterie. **4** (*spec. al pl.*) Pasta alimentare corta, di forma simile a una margherita.

margheritóna [av. 1938] **s. f.** **1** Accr. di *mar-*

gherita. **2** (*bot.*) Erba perenne delle Composite, originaria dei Pirenei, con capolini più grandi di quelli della margherita, coltivata per ornamento (*Leucanthemum maximum*).

margheròtta [detta così perché costruita a *Marghera*, località vicino a Venezia; 1834] **s. f.** ● Barca veneta lunga e sottile, assai veloce, con sei rematori.

marginàle [1666] **A agg.** **1** Posto a margine: *note marginali.* **2** Accessorio, secondario, periferico: *proposte marginali; zona m.* **3** Detto della variazione che subisce una grandezza per una variazione infinitesima di un'altra grandezza | (*econ.*) ***Aliquota m.***, quella dello scaglione più elevato del reddito del contribuente | (*econ.*) ***Costo m.***, il costo di un'unità aggiuntiva di un prodotto. ‖ **marginalménte**, **avv.** **1** A margine. **2** In via secondaria, accessoria; indirettamente, di sfuggita: *toccare marginalmente un argomento.* **B agg.**; anche **s. m. e f.** ● Che (o Chi) si trova ai margini della società: *il problema dei poveri e dei marginali in una società sviluppata.* **SIN.** Emarginato.

marginàlia /mardʒi'nalja/ [falso latinismo: vorrebbe essere il nt. pl. di un agg. lat. **marginālis*, da *mărgo*, genit. *mărginis* 'margine', sul modello di *parentālia* (V. *parentali*) e sim.; 1908] **s. m. pl.** ● Osservazioni staccate, appunti brevi come note poste a margine.

marginalismo [da *marginale*; 1957] **s. m.** **1** Teoria economica della seconda metà dell'Ottocento, per la quale il valore di un prodotto è determinato dall'utilità per i consumatori e non dal lavoro richiesto per la produzione del bene. **2** (*raro*) Marginalità.

marginalista [1987] **A s. m. e f.** (**pl. m.** *-i*) ● (*econ.*) Seguace, sostenitore del marginalismo. **B agg.** ● Marginalistico.

marginalistico [1957] **agg.** (**pl. m.** *-ci*) ● (*econ.*) Relativo al marginalismo o ai marginalisti. ‖ **marginalisticaménte**, **avv.** Secondo la teoria del marginalismo.

marginalità [1975] **s. f.** ● Condizione di ciò che è marginale | (*fig.*) Condizione di emarginazione.

marginalizzàre [da *marginale*; 1985] **v. tr.** ● Mettere ai margini, emarginare.

marginalizzazióne [1971] **s. f.** ● Il marginalizzare | Emarginazione.

marginàre [vc. dotta, lat. *margināre*, da *mărgo*, genit. *mărginis* 'margine'; 1598] **v. tr.** (*io màrgino*) ● Delimitare con margini: *m. il foglio, la pagina, prima di scrivere a macchina.*

marginàto [1957] **part. pass.** di *marginare*; anche **agg.** **1** Nel sign. del v. **2** (*bot.*) Detto di foglia, frutto, seme circondato sul margine da un'ala o rilievo.

marginatóre [da *marginare*; 1957] **s. m.** **1** Nelle macchine per scrivere a carrello mobile, ciascuno dei due dispositivi, a posizione regolabile, che consentono di limitare la corsa del carrello da un certo punto a un altro in relazione alla larghezza del foglio. **2** (*fot.*) Dispositivo usato nell'ingrandimento per tenere distesa la carta sensibile e formare un bordo bianco sui quattro lati. **3** (*tipogr.*) Squadra che serve a marginare la pagina.

marginatùra [1863] **s. f.** **1** Operazione del marginare. **2** (*tipogr.*) L'insieme dei regoli che servono per formare i margini, e gli spazi bianchi che separano le pagine nella forma tipografica | Lo spazio bianco a destra o a sinistra di un testo composto.

màrgine o (*lett.*) †**màrgo** [lat. *mărgine(m)*, di orig. indeur.; 1313] **A s. m.** **1** La parte estrema di qlco. piuttosto estesa in superficie: *sedeva ai margini della via* | ***M. della ferita***, labbro, orlo | ***M. del fiume***, sponda | ***M. del fosso***, ciglio | ***M. di una foglia***, contorno esterno del lembo | (*fig.*) ***Vivere ai margini della società, della legalità*** e sim., servirsi di espedienti, di mezzi poco leciti e sim. **2** Spazio bianco che si lascia sui quattro lati del foglio scritto o stampato: *m. largo, stretto* | ***Nota, postilla in, a m.***, scritte ed annotazioni segnate sul margine più largo della pagina | ***In m.***, (*fig.*) collateralmente, secondariamente, a fianco di. **3** (*filat.*) Spazio bianco tra francobolli non dentellati | Bordo bianco del foglio di francobolli. **4** (*fig.*) Spazio disponibile per qlco.: *non c'è m. per la spesa proposta; lasciar m. alla fantasia* | (*econ.*) ***M. di contribuzione*** (o ***m. operativo***), nel bilancio di un'azienda, la differenza fra gli incassi e i costi | (*fig.*) Quantità disponibile in sovrappiù, rispetto al necessario: *ci resta ancora un buon m. di tempo, di guadagno* | ***Vincere con largo m.***, nel linguaggio sportivo, imporsi con un punteggio netto, distanziare largamente l'avversario. **5** (*edit.*) Stecca in lega d'alluminio, usata in tipografia per colmare grandi spazi privi di elementi stampanti e per separare le pagine nella forma. **B s. f.** ● †Cicatrice. ‖ **marginétto**, **dim. m.** | †**marginétta**, **dim. f.**

†**marginóso** [1869] **agg.** ● Dotato di margini, spec. larghi.

†**màrgo** ● V. *margine.*

†**margòlla** [etim. incerta; sec. XIV] **s. f.** ● Strega, megera.

margóne (**1**) [accr. di *marga*; 1754] **s. m.** ● Marga, marna.

margóne (**2**) [etim. incerta; av. 1673] **s. m.** ● Gora che porta via l'acqua già sfruttata da un mulino.

margòtta [fr. *margotte*, dal lat. *mĕrgus* 'propaggine', di etim. incerta; 1745] **s. f.** ● Ramo di pianta erbacea o arborea su cui, attraverso l'incisione, la torsione e l'avvolgimento in copertura di terra e l'infissione nel terreno, viene provocata l'emissione di radici | (*est.*) Sistema di moltiplicazione agamica applicato su tali piante. ➡ **ILL. agricoltura e giardinaggio.**

margottàre [da *margotta*; 1745] **v. tr.** (*io margòtto*) ● Riprodurre una pianta col sistema della margotta.

margottièra [1957] **s. f.** ● Recipiente o fasciatura usata per tener fermo il terriccio bagnato attorno alla margotta.

margòtto **s. m.** ● Margotta.

margraviàto [fr. *margraviat*, da *margrave* 'margravio'; 1831] **s. m.** ● Titolo, dignità di margravio | (*est.*) Territorio su cui tale dignità era esercitata.

margràvio [ted. *Markgraf* 'conte di una marca', comp. di *Mark* 'marca' e *Graf* 'conte'; 1765] **s. m.** (**f.** *-a*) ● Durante il Sacro Romano Impero, titolo concesso ai feudatari germanici cui era affidato il governo delle zone di frontiera, analogo a quello di marchese del mondo latino. **CFR.** Langravio.

marguài [guaranì *maracayá*] **s. m. inv.** ● Felino sudamericano giallo-rossiccio con macchie disposte a formare strisce (*Felis tigrina*). **SIN.** Maracaia.

mariàno (o **-rià-**) [1869] **agg.** ● Che si riferisce a Maria, madre di Gesù: *teologia, congregazione mariana* | ***Mese m.***, mese di maggio a lei dedicato.

maricoltóre [comp. di *mare* e *coltore*; 1983] **s. m.** (**f.** *-trice*) ● Addetto alla maricoltura.

maricoltùra [comp. di *mare* e *coltura*; 1983] **s. f.** ● Tecnica di allevamento intensivo di ogni tipo di pesce marino, che si vale anche di interventi a livello genetico.

marijuana /mari'wana, *ingl.* ˌmæɹɪ'wɑːnʌ, *sp.* mari'xwana, -'hwa-/ [etim. incerta; 1932] **s. f. inv.** ● Droga costituita dalle foglie della canapa indiana, le quali, triturate e seccate, vengono mescolate al tabacco e fumate.

marimba [vc. di orig. afric.; av. 1680] **s. f.** ● Strumento musicale tipicamente africano composto da tavolette o cilindri di legno infilati su cordoni che vengono percossi da martelletti impugnati dal suonatore.

mariméttere ● V. *manimettere.*

marimónda [vc. di orig. americ.] **s. f.** (**pl.** *-e* o sp. *marimondas*) ● Scimmietta platirrina americana priva del dito pollice, con lunga coda prensile e sensibile all'estremità (*Ateles belzebuth*).

♦**marina** (**1**) [f. di *marino* (*1*); av. 1292] **s. f.** **1** (*poet.*) Mare | (*est.*) Porzione di mare che bagna un paese, una regione. **2** Regione che si stende in riva al mare | †***M. m.***, seguendo il litorale, la costa. **SIN.** Costa, litorale | Centro abitato sviluppatosi sulla costa, frequente nei toponimi: *M. di Massa; M. di Ravenna.* **3** Quadro raffigurante un paesaggio marino. **4** Insieme di persone, ordinamenti ed enti destinati alla navigazione: *la m. italiana, inglese* | Complesso di navi, attrezzature, edifici e sim. relativi alla navigazione | ***M. mercantile***, che comprende il trasporto di merci, lo svolgimento di determinate attività commerciali o il trasporto di passeggeri | ***M. militare***, che comprende le varie unità da guerra.

marina (**2**) [vc. ingl. attrav. l'it. e lo sp.] **s. m. e f.** (**pl. m. inv.**, **pl. f.** *-e*) ● Porticciolo turistico attrezzato per imbarcazioni da diporto.

♦**marinàio** o (*pop.*) **marinàro** [da *marina* (*1*); 1308] **s. m.** (**f.** *-a*) **1** Chi presta servizio su una nave: *fare il m.* | ***Promessa da m.***, (*fig.*) cui non si terrà fede | ***M. d'acqua dolce***, (*spreg.*) navigatore inesperto ed incapace. **2** (*al pl.*) Equipaggio di una nave: *tutti i marinai in coperta!* ‖ **PROV.** Il buon marinaio si conosce al cattivo tempo.

marinàra [f. sost. di *marinaro*; 1881] **s. f.** **1** Abito infantile fatto a imitazione dell'uniforme dei marinai sia nella foggia che nel colore. **2** Cappello di paglia a larga tesa rialzata e nastro blu come usavano un tempo i marinai. **3** Nella loc. agg. e avv. ***alla m.***, secondo l'uso dei marinai, detto spec. di certe fogge d'abito o di preparazioni culinarie in cui abbiano particolare rilievo pesci, crostacei o molluschi: *colletto alla m.; vestire alla m.; cozze, spaghetti alla m.* | ***Nuotare alla m.***, col corpo poggiato su di un fianco, un braccio che si stende in avanti, l'altro che remiga in basso e le gambe che si muovono a forbice.

marinàre [da *marino* (*1*), perché per *marinare* il pesce o la selvaggina si adoperava una salsa con sale; av. 1587] **A v. tr.** ● Tener immerso in liquido a base di vino o d'aceto pesce fritto o altro, per insaporirlo o conservarlo | Far macerare la selvaggina in vino o aceto ed erbe aromatiche, per toglierle in parte l'odore di selvatico | (*fig.*) ***M. la scuola***, non andarci, far vacanza senza autorizzazione. **B v. intr. pron.** ● (*tosc.*) †Stizzirsi, arrabbiarsi.

†**marinarésca** [f. sost. di *marinaresco*; av. 1642] **s. f.** **1** L'insieme dei marinai che prestano servizio su una nave o servono un Paese | Arte marinaresca. **2** Composizione musicale di carattere popolaresco affine alla barcarola.

marinarésco [da *marinaro*; 1353] **agg.** (**pl. m.** *-schi*) ● Relativo alla marineria, alla navigazione o ai marinai: *arte, canzone marinaresca; vocabolo, gergo m.* ‖ **marinarescaménte**, **avv.**

marinarétto [1953] **s. m.** **1** Dim. di *marinaro.* **2** Piccolo marinaio | Ragazzo vestito alla marinara.

marinàro [V. *marinaio*; sec. XIII] **A agg.** ● Di mare, relativo al mare o alla marina: *abitudini marinare; repubbliche marinare* | ***Popolo m.***, di navigatori | ***Borgo m.***, di pescatori, barcaioli e sim. **B s. m.** ● V. *marinaio.* ‖ **marinarétto**, **dim.** (V.).

marinàta [da *marinare*; av. 1561] **s. f.** ● Salsa a base di vino, aceto e aromi, per marinare vivande.

marinàto [av. 1535] **A part. pass.** di *marinare*; anche **agg.** **1** Nei sign. del v. **2** ***Fritto e m.***, (*fig.*) conciato per le feste. **B s. m.** ● Vivanda marinata.

marinatùra [1919] **s. f.** ● Preparazione di vivande marinate, spec. di carni e pesci nell'industria alimentare.

marine /ma'rin, *ingl.* mə'ɹiːn/ [vc. ingl., da *Marine* (*Corps*) 'corpo di marina'; 1957] **s. m. inv.** ● Soldato appartenente a un corpo speciale, spec. degli Stati Uniti, impiegato negli sbarchi o in azioni che presentano particolare impegno tattico.

marineria [da *marina*; sec. XIV] **s. f.** **1** Marina | L'insieme degli equipaggi, delle navi, delle attrezzature proprie della marina militare. **2** †Arte del marinaio.

†**marinésco** **agg.** ● Marinaresco, marinaro.

†**marinière** o †**marinièro** [fr. *marinier*, da *marin* 'marino'; sec. XIII] **s. m.** ● Marinaio.

marinismo [1618] **s. m.** ● Stile e maniera letteraria di G. B. Marino (1569-1625) e dei suoi seguaci e imitatori, caratterizzato da metafore ardite e ricerca dell'effetto.

marinista [1710] **s. m. e f.** (**pl. m.** *-i*) ● Seguace del Marino e imitatore del suo stile letterario.

marinistico [av. 1915] **agg.** (**pl. m.** *-ci*) ● Del marinismo o a esso ispirato.

marinizzàre [da *marino* (*1*)] **v. tr.** ● Adattare impianti, apparecchi o strumenti in modo da renderli idonei all'uso nell'acqua di mare.

♦**marino** (**1**) [vc. dotta, lat. *marīnu(m)*, agg. di *măre* 'mare'; 1313] **A agg.** **1** Di mare: *ambiente m.; acque, onde marine* | Che vive nel mare: *piante marine* | ***Aquila marina***, miliobate | ***Cavalluccio m.***, ippocampo | ***Vitello m.***, foca | ***Acqua marina***, V. *acquamarina* | ***Colore blu m.***, blu cupo analogo a quello delle divise dei marinai | Che sta presso il mare: *località marina; colonia marina* | Che viene dal mare: *brezza marina.* **2** (*raro*) Marittimo: *esercito m.* **B s. m.** ● †Uomo di mare.

marino (**2**) [da *Marino*, n. di una località dei Colli Albani; 1964] **s. m.** ● Vino bianco secco o amabile dei Colli Albani, ottenuto da uve locali (Malvasia, Trebbiano e altre).

marioleria [av. 1808] **s. f.** **1** Carattere di mariolo: *la sua m. ci è ben nota.* **2** Azione da mariolo: *una* *m. politica.*

mariolésco [1582] agg. (pl. m. *-schi*) ● (*raro*) Da mariolo: *azione mariolesca.* || **mariolescaménte**, avv.

mariòlo o (*tosc., lett.*) **mariuòlo** [etim. incerta; 1526] **A** s. m. (f. *-a*) *1* Chi ordisce inganni, truffe e sim. SIN. Furfante, malfattore. *2* (*fam., scherz.*) Monello, birbante: *tuo figlio è un vero m.* **B** agg. ● (*raro*) Birichino: *occhi marioli.*

mariologia [comp. del n. proprio *Maria* e di *-logia*; 1957] s. f. ● Parte della teologia cattolica che tratta la natura, le qualità e gli attributi di Maria Vergine.

mariològico [1970] agg. (pl. m. *-ci*) ● Che si riferisce a mariologia e a mariologo.

mariòlogo [1970] s. m. (f. *-a*; pl. m. *-gi*) ● Studioso o scrittore di mariologia.

marionétta [fr. *marionnette*, da Marion, dim. di *Marie* 'Maria'; 1681] s. f. *1* Fantoccio mosso dall'alto per mezzo di fili collegati con la testa, le braccia e le gambe | ***Teatro di marionette***, teatro popolare, nel quale agiscono marionette. CFR. Burattino. *2* (*fig.*) Persona che ha movenze prive di garbo, di morbidezza o di grazia: *camminare, muoversi, come una m.* *3* (*fig.*) Persona priva di carattere e volontà, che si comporta o agisce su impulso altrui: *nelle sue mani è diventato una m.* SIN. Burattino, fantoccio.

marionettista [1874] s. m. e f. (pl. m. *-i*) ● Chi allestisce spettacoli di marionette o ne manovra i fili.

marionettìstico [1905] agg. (pl. m. *-ci*) ● Concernente le marionette, il teatro delle marionette: *spettacolo m.*

†**mariscàlco** ● V. *maniscalco.*

marista [fr. *mariste*, da *Marie* 'Maria'] **A** s. m. (f. *-a*; pl. *-i*) *1* Religioso appartenente alla Società di Maria, congregazione fondata nel 1822 a Lione per l'insegnamento ai giovani e per l'attività missionaria. *2* Laico appartenente all'istituto dei Piccoli fratelli di Maria delle Scuole, fondato nel 1817 per l'istruzione cristiana dei giovani in collegi, convitti e orfanotrofi. **B** agg. ● Dei maristi: *scuole mariste.*

maritàbile [da *maritare*; 1869] agg. ● (*raro*) Da marito, che è da maritare: *ragazza m.*

†**maritàggio** [da *marito*; sec. XIII] s. m. *1* Matrimonio: *la fe' mi desti / con m. altero* (MARINO). *2* Dote. *3* Parentado.

maritàle [vc. dotta, lat. *maritāle(m)*, da *marītus* 'marito'; 1336 ca.] agg. *1* Del marito: *autorizzazione m.* | ***Potestà m., autorità m.***, potere di supremazia un tempo attribuito dalla legge al marito sulla moglie. *2* (*est.*) Del matrimonio | ***Consorzio, fatto m.***, matrimonio | †***Giorno m.***, nuziale. || **maritalménte**, avv. Da marito; come in matrimonio.

†**maritaménto** [av. 1306] s. m. ● Matrimonio.

maritàre [lat. *maritāre*, da *marītus* 'marito'; av. 1250] **A** v. tr. *1* Dare in sposa a un uomo: *m. la figlia, la sorella* | (*est.*) Ammogliare: *ha maritato il figlio molto bene.* SIN. Accasare. *2* †Fidanzare. *3* (*fig.*) Unire, mescolare: *m. l'acqua al vino* | (*agr.*) Accoppiare una pianta rampicante a un albero che le faccia da sostegno: *m. la vite all'acero.* **B** v. intr. pron. e rifl. rec. *1* Prendere marito: *si è maritata a, con, un nostro amico*; *quando mi vorrò m., mi ricorderò di quel che ha detto mio padre* (GOLDONI) (*est.*) Ammogliarsi: *si è poi maritato quel tuo cugino?* SIN. Accasarsi, sposarsi. *2* (*fig., lett.*) Unirsi: *la vite si marita all'olmo.*

maritàta [f. sost. di *maritato*; av. 1250] s. f. ● Donna sposata.

maritàto [1803] part. pass. di *maritare*; anche agg. *1* Che ha marito. *2* Detto di cibo nella cui preparazione entrano diversi ingredienti | ***Minestra maritata***, tradizionale specialità napoletana, a base di varie carni ed erbe | ***Frittata maritata***, con ripieno | ***Uova maritate***, strapazzate e cotte con pomodori e altro.

♦**marito** [lat. *marītu(m)*, di orig. indeur.; av. 1250] s. m. *1* Il coniuge di sesso maschile: *un m. buono, cattivo, geloso* | ***Aver m.***, essere sposata | ***Prendere m.***, sposarsi, maritarsi | ***Da, in età da m.***, di ragazza in età di maritarsi | †***Andare a m.***, sposarsi | †***Menar m.***, prendere marito | †***Portare a m. qlco.***, portare in dote. SIN. Sposo. *2* (*agr.*) Albero che fa da sostegno a una pianta, spec. a una vite. *3* (*region.*) Scaldino. || **maritàccio**, pegg. | **maritino**, dim. | **maritòccio**, dim. | **maritùccio**, dim.

maritòzzo [da *marito*; perché dolce di matrimonio (?); av. 1722] s. m. ● Panino dolce e soffice condito con olio, uva passa, pinoli e cotto in forno.

†**marittima** [f. sost. di *marittimo*; sec. XIII] s. f. ● Marina | Maremma.

marittimità [1957] s. f. ● Carattere di una regione, dato dal rapporto tra sviluppo costiero e superficie e lunghezza dei confini.

♦**marittimo** [lat. *marĭtimu(m)*, da *măre* 'mare'; 1483] **A** agg. *1* Del mare: *mia natal patria è nella aspra Liguria / sovra una costa alla riva marittima* (POLIZIANO) | Attinente al mare o alla marina: *servizi marittimi* | ***Clima m.***, relativamente fresco d'estate e mite d'inverno. *2* Che si sviluppa o si verifica sui mari: *navigazione marittima*; *traffici marittimi* | ***Guerra marittima***, prevalentemente combattuta sul mare. **B** s. m. ● Marinaio | Chi lavora in porti, cantieri e sim.

mariuòlo ● V. *mariolo.*

màrker /ˈmarker, *ingl.* ˈmɑːɹkəɹ/ [vc. ingl., da *to mark* 'segnare, marchiare' (d'orig. germ.); 1983] s. m. inv. *1* Evidenziatore. *2* (*chim., med.*) Marcatore.

màrket /ˈmarket, *ingl.* ˈmɑːɹkɪt/ [vc. ingl. 'mercato', dal fr. ant. *marchiet* 'mercato'; 1966] s. m. inv. ● Accorc. di *supermarket.*

marketer /*ingl.* ˈmɑːɹkɪt̬əɹ/ [vc. ingl., da *to market* 'vendere' (V. *marketing*)] s. m. e f. inv. ● Operatore di marketing.

màrketing /ˈmarketin(g), *ingl.* ˈmɑːɹkɪt̬ɪŋ/ [vc. ingl., gerundio di *to market* 'vendere', da *market* 'mercato'; 1957] s. m. inv. ● Complesso delle attività volte ad approfondire la conoscenza del mercato potenziale di un prodotto e a organizzarne la vendita nel modo migliore: *ricerca di m.* | ***M. manager***, responsabile del coordinamento e del controllo del marketing in un'azienda.

marketing mix /ˈmarketin(g) miks, *ingl.* ˈmɑːɹkɪt̬ɪŋ,mɪks/ [vc. ingl., comp. di *marketing* (V.) e *mix* 'mescolanza'; 1988] s. m. inv. (pl. ingl. *marketing mixes*) ● L'insieme delle tecniche e degli strumenti necessari al conseguimento degli obiettivi di marketing.

marketing-oriented /*ingl.* ˈmɑːɹkɪt̬ɪŋ ˈɔːɹi-ˌɛntɪd/ [vc. ingl., propr. 'diretto al marketing'] agg. inv. ● Che opera in funzione delle richieste del mercato, che adegua la propria produzione alla domanda dei consumatori: *un'azienda marketing-oriented.*

market leader /*ingl.* ˈmɑːɹkɪt,liːdəɹ/ [loc. ingl., comp. di *market* (V.) e *leader* (V.)] loc. sost. m. inv. (pl. ingl. *market leaders*) ● Azienda che controlla la maggiore quota di mercato in un determinato settore produttivo | Prodotto che ha la più alta quota di vendite nel suo settore.

market maker /*ingl.* ˈmɑːɹkɪt,meɪkəɹ/ [loc. ingl., comp. di *market* (V.) e *maker* 'fabbricante, artefice', di orig. germ.; 1987] loc. sost. m. e f. inv. (pl. ingl. *market makers*) ● Persona o azienda che esercita una profonda influenza sul mercato determinandone l'andamento e indirizzandone le scelte.

markhòr [persiano *mārkhwār*, propr. 'che mangia serpenti', attrav. l'ingl.] s. m. inv. ● Capra selvatica con corna a spirale e pelame di colore grigio bruno, che vive nelle zone montuose del Kashmir, dell'Afganistan e del Belucistan (*Capra falconeri*).

markka /*finnico* ˈmɑrkːɑ/ [finnico, dal ted. *Mark* 'marco'] s. m. inv. (pl. finnico *markat*) ● Marco finlandese. SIMB. Fmk.

mark-up /*ingl.* ˈmɑːɹk,ʌp/ [vc. ingl., da *to mark up* 'alzare il prezzo'] s. m. inv. ● (*econ.*) Margine di profitto da aggiungere al costo totale di produzione per definire il prezzo di vendita di un prodotto.

marmàglia o **maramàglia** [fr. *marmaille*, da *marmot* 'marmocchio' (V.); av. 1568] s. f. *1* Quantità di gente ignobile, disprezzabile: *cacciate di qui questa m.* SIN. Canaglia, gentaglia. *2* (*scherz.*) Moltitudine di ragazzi.

marmagliùme [comp. di *marmagli(a)* e *-ume*; 1891] s. m. ● Gentaglia spregevole.

marmàre [da *marmo*; av. 1742] v. intr. (aus. *essere*) ● (*tosc.*) Essere freddo come marmo.

marméggia [etim. incerta; av. 1449] s. f. (pl. *-ge*) ● (*zool.*) Dermeste.

♦**marmellàta** [port. *marmelada*, da *marmelo* 'cotogna', dal lat. *melimēlu(m)* dal gr. *melímēlon*, comp. di *méli* 'miele' e *mêlon* 'mela'; 1579] s. f. *1* Nella classificazione merceologica, conserva di agrumi lasciati cuocere, con aggiunta di molto zucchero, fino ad ottenere una buona consistenza | Nel linguaggio comune, confettura di frutta: *m. di ciliegie, di castagne.* CFR. Gelatina. *2* (*fig.*) Miscuglio confuso, guazzabuglio: *la m. dell'informazione pubblicitaria.*

marmétta [da *marmo*; av. 1936] s. f. ● Piastrella per pavimentazione costituita da graniglia di marmo. || **marmettóne**, accr. m. (V.).

marmettàio [1957] s. m. (f. *-a*) ● Operaio addetto alla fabbricazione di marmette.

marmettista [1965] s. m. e f. (pl. m. *-i*) ● Marmettaio.

marmettóne [1975] s. m. *1* Accr. di *marmetta.* *2* Mattonella di graniglia di dimensioni più grandi della marmetta, costituita superiormente da grossi pezzi di marmo di vario colore.

†**marmièra** [sec. XV] s. f. ● Cava di marmo.

marmìfero [comp. di *marmo* e *-fero*; 1758] agg. *1* Che è ricco di marmo: *terreno m.*; *cava marmifera.* *2* Relativo all'estrazione e lavorazione del marmo: *società, industria marmifera.*

marmìno [av. 1869] s. m. *1* Dim. di *marmo.* *2* Piccolo pezzo di marmo, di pietra e sim., di varia forma, usato per impedire alle porte di chiudersi.

marmista [av. 1749] s. m. e f. (pl. m. *-i*) ● Chi lavora o scolpisce il marmo.

marmitta [fr. *marmite*, di etim. incerta; 1598] s. f. *1* Grossa pentola di rame stagnato, ferro smaltato o alluminio, per cuocervi cibi | Pentolone portatile, per il rancio dei soldati. *2* Serbatoio di raccolta dei gas combusti di scarico di un motore a combustione interna con funzione di silenziatore | ***M. catalitica***, negli autoveicoli, dispositivo che, per mezzo di speciali catalizzatori e attraverso processi di ossidazione e riduzione, trasforma i gas di scarico tossici in sostanze non inquinanti. *3* (*geol.*) ***M. dei giganti***, cavità circolare nelle rocce scavata dal moto rotatorio di frammenti di pietre per cause di correnti, in letti torrentizi o in regioni già occupate dai ghiacciai del periodo quaternario. *4* (*gerg.*) Grosso proiettile di artiglieria: *le trincee erano battute dalle marmitte austriache.*

marmittóne [fr. *marmiton* 'giovane addetto ai servizi di cucina' (da *marmite* 'marmitta'); 1888] s. m. ● Soldato, spec. recluta, sempliciotto e ingenuo, con una certa goffaggine nel vestire e nel comportarsi.

♦**màrmo** o (*lett.*) †**màrmore** [lat. *mărmor*, dal gr. *mármaros*, da *marmasthai* 'rompersi', di orig. indeur.; sec. XIII] s. m. *1* (*geol.*) Roccia calcarea ricristallizzata per azione metamorfica, a struttura cristalloblastica | (*est.*) Qualsiasi roccia adatta a essere lucidata e usata come pietra ornamentale, per sculture e sim. | ***Bianco come il m.***, candido; (*fig.*) pallidissimo | ***Duro come il m.***, durissimo; (*fig.*) indifferente a ogni sentimento | (*fig.*) ***Essere di m., avere un cuore di m.***, essere privo di calore umano, di passioni e di affetti | (*fig.*) ***Diventare un pezzo di m.***, di persona intirizzita dal freddo o insensibile | ***Scolpire, incidere qlco. su m.***, (*fig.*) lasciare un ricordo durevole di qlco. *2* Opera scolpita nel marmo: *i marmi di Michelangelo*; *un m. del Partenone* | (*poet.*) Lapide, tomba: *a questi marmi / venne spesso Vittorio ad ispirarsi* (FOSCOLO). *3* Lastra di marmo per decorazione: *il m. del cassettone, della tavola.* || **marmétto**, dim. | **marmìno**, dim. (V.).

marmòcchio [dal fr. *marmot* 'scimmia', poi 'marmocchio': di orig. onomat. (?); av. 1665] s. m. (f. *-a*) ● (*scherz.*) Bambino, fanciullo: *è padre di due marmocchi* | (*raro, iron.*) Persona ingenua e semplice come un ragazzo. || **marmocchiétto**, dim. | **marmocchino**, dim.

marmoràio ● V. *marmorario.*

marmoràre [vc. dotta, lat. *marmorāre*, da *mărmor*, genit. *mărmoris* 'marmo'; 1869] v. tr. (*io màrmoro*) ● (*raro*) Marmorizzare.

†**marmoràrìa** [vc. dotta, lat. *marmorāria(m)* (*ărtem*) 'arte di lavorare il marmo', da *mărmor*, genit. *mărmoris* 'marmo'; av. 1529] s. f. ● Arte di lavorare il marmo.

marmoràrio o **marmoràio** [vc. dotta, lat. *marmorāriu(m)*, da *mărmor*, genit. *mărmoris* 'marmo'; av. 1381] s. m. (f. *-a*) *1* Artigiano che lavora il marmo. SIN. Marmista. *2* †Scultore.

marmoràto [dal lat. *marmorātu(m)*, part. pass. del v. *marmorāre* 'coprire con marmo (*mărbor*)'; 1476] agg. ● (*raro*) Marmorizzato.

†**màrmore** ● V. *marmo*.

†**marmoréccio** [av. 1597] **agg.** ● Di marmo.

marmoreggiàre [dal lat. *mărmor*, genit. *mărmoris* 'marmo'; sec. XV] **v. tr.** (*io marmoréggio*) ● (*raro*) Marmorizzare.

marmòreo [vc. dotta, lat. *marmŏreu(m)*, da *mărmor*, genit. *mărmoris* 'marmo'; 1336 ca.] **agg.** **1** Di marmo, fatto di marmo: *colonna, statua, scala, gradinata marmorea*; *il simulacro, / che presiede m. / agli arcani tui lari* (FOSCOLO) | ***Ricordo m.***, stele, cippo, lapide. **2** Che ha le stesse caratteristiche del marmo: *bianchezza, durezza marmorea* | (*fig.*) ***Volto m.***, pallidissimo | (*raro, fig.*) ***Animo, cuore m.***, insensibile. || **marmoreaménte**, **avv.**

marmorino [da †*marmore*; 1344] **A agg.** ● (*lett.*) †Di marmo: *dura più che' sassi marmorini* (BOCCACCIO). **B s. m.** ● Tipo di stucco ornamentale a base di polvere di marmo e leganti, usato per intonaci.

marmorizzàre [fr. *marmoriser* 'trasformare in marmo', dal lat. *mărmor*, genit. *mărmoris* 'marmo'; 1869] **v. tr.** ● Dare apparenza di alcuni tipi di marmo, con onde e venature e macchie: *m. una stoffa*. **SIN.** Marezzare.

marmorizzàto **part. pass.** di *marmorizzare*; anche **agg.** ● Nel sign. del v. **SIN.** Marmorato.

marmorizzatùra [1957] **s. f.** ● Marmorizzazione | Aspetto venato simile a quello del marmo.

marmorizzazióne [1957] **s. f.** ● Operazione del marmorizzare.

†**màrmoro** **agg.** ● Marmoreo | ***Arte marmora***, marmoraria.

†**marmoróso** [vc. dotta, lat. *marmorōsu(m)*, da *mărmor*, genit. *mărmoris* 'marmo'; 1476] **agg.** ● Marmorizzato, marezzato.

marmósa [fr. *marmose*, forse dal fr. ant. *marmouset* 'figura grottesca' (di etim. incerta); 1957] **s. f.** ● Genere di piccoli Marsupiali sudamericani a coda lunga e prensile (*Marmosa*).

♦**marmòtta** [fr. *marmotte*: di orig. onomat. (?); av. 1367] **s. f.** **1** Roditore degli Sciuridi dal capo tozzo, fitto mantello grigio-giallastro, zampe corte, pregiato per il grasso e la pelliccia; rimane in letargo durante l'inverno (*Marmota marmota*) | ***Dormire come una m.***, moltissimo. ➡ **ILL. animali**/11. **2** (*fig.*) Persona torpida, inerte e sorniona. **3** Segnale ferroviario basso e girevole le cui indicazioni di regola si riferiscono ai movimenti di manovra. **4** Varietà di albicocco, tipico di zone boscose subalpine, dai cui semi si estrae un olio usato in farmacologia (*Prunus brigantiaca*). || **marmottàccia**, **pegg.** | **marmottina**, **dim.** | **marmottino**, **dim. m.**

marmottina [dalla *marmotta* che i girovaghi montanari portavano con sé in una cassetta; 1908] **s. f.** ● Valigetta del commesso viaggiatore, contenente il campionario.

†**marmòtto** **s. m.** ● Marmotta. || **marmottóne**, **accr.**

màrna [fr. *marne*, dal lat. parl. **mărgila(m)*, da *mărga*; av. 1770] **s. f.** ● (*geol.*) Roccia calcarea contenente una sensibile quantità di argilla.

marnàre [fr. *marner*, da *marne* 'marna'; av. 1811] **v. tr.** ● Spargere la marna sul terreno per migliorarlo.

marnatùra [av. 1869] **s. f.** ● Lavoro del marnare.

marnièra [fr. *marnière*, da *marne* 'marna'; 1866] **s. f.** ● Cava di marna.

marnóso [fr. *marneux*, da *marne* 'marna'; 1792] **agg.** ● Ricco di marna: *terreno m.*

màro [gr. *mâron*, di etim. incerta; av. 1498] **s. m.** ● Piccola pianta arbustiva mediterranea delle Labiate, con odore intenso e sapore amaro piccante (*Teucrium marum*).

marò [etim. discussa: dal gr. *mōrós* 'stolto, sciocco', di etim. incerta (?); 1962] **s. m.** **1** (*gerg.*) Nella marina militare, marinaio senza particolari specializzazioni. **2** Marinaio del reparto di fanteria di marina inquadrato nel battaglione San Marco.

marocain /*fr.* maʀɔ'kɛ̃/ [vc. fr., propr. 'marocchino'] **A s. m. inv.** ● Tessuto in crespo pesante di seta, rayon o mischie di lana. **B** anche **agg. inv.**: *crêpe m.*

maròcca [da *marna*; 1905] **s. f.** **1** (*sett.*) Rifiuto o scarto inutilizzabile, da gettar via. **2** (*geol.*) Accumulo di massi e frammenti di roccia dovuti a fenomeni glaciali.

marocchinàre (**1**) [da *marocchino* (*2*); 1869] **v. tr.** ● Conciare la pelle di capra per farne marocchino.

marocchinàre (**2**) [da *marocchino* (*1*), con riferimento alle violenze compiute dai soldati marocchini nell'Italia centro-merid. durante la 2ª guerra mondiale; 1954] **v. tr.** ● Violentare, stuprare (V. nota d'uso STEREOTIPO).

marocchinatùra [da *marocchinare* (*1*)] **s. f.** ● Procedimento di concia per ottenere il marocchino dalle pelli di capra.

marocchinerìa [da *marocchino* (*2*); 1887] **s. f.** ● (*spec. al pl.*) Oggetto di marocchino.

marocchino (**1**) o †**marrocchino** [da *Marocco*; 1860] **A agg.** ● Del Marocco. **B s. m.** (f. *-a*) ● Abitante, nativo del Marocco.

marocchino (**2**) o **marrocchino** [così detto perché lavorato nel *Marocco*; 1554] **s. m.** ● Cuoio finissimo e morbido, leggermente rugoso, fatto con pelle di capra o montone conciata con galla o sommacco e variamente colorata: *libro legato in m.*

marógna [dal lat. *māter*, genit. *mātris* 'madre'; av. 1519] **s. f.** ● (*sett.*) Prodotto solido della combustione del carbon fossile: *togliete dalla caldaia la cenere e la m.*

maronita [dal n. dell'anacoreta *Marone* (V sec.); 1600] **A s. m. e f.** (pl. m. *-i*) ● Membro di una Chiesa cattolica orientale di rito siro-antiocheno diffusa in Libano. **B** anche **agg.** ● Proprio, caratteristico dei maroniti: *rito m.*; *Chiesa m.*

maróso [da *mare*; av. 1292] **s. m.** **1** Grossa onda di mare in burrasca. **2** (*fig.*) †Grande afflizione. **3** †Acquitrino.

marpióne [fr. *morpion* 'piattola', comp. di *mords*, imperat. di *mordre* 'mordere' e *pion* 'uomo' (propr. 'pedone'); 1950] **s. m.** (f. *-a*) ● Furbacchione che sa insinuarsi senza parere, approfittando d'ogni occasione a lui favorevole.

marquise /*fr.* maʀ'ki:z/ [vc. fr., propr. 'marchesa'; 1908] **s. f. inv.** **1** Poltrona imbottita e con cuscino, bassa, larga, profonda, del XVIII sec. **2** Pietra preziosa di forma ovale appuntita alle estremità | Tipo di taglio di pietra preziosa. **3** Tenda avvolgibile per finestra. **4** Dolce al cucchiaio, spec. al cioccolato.

marquisette /*fr.* maʀki'zɛt/ [vc. fr., propr. dim. di *marquise* 'marchesa'. V. *marquise*; 1963] **s. f. inv.** **1** Tessuto leggero e trasparente a trama rada, usato spec. per tendine. **2** Marquise nel sign. 3.

màrra [lat. *mărra(m)*, di orig. preindeur.; 1313] **s. f.** **1** Zappa grossa, con ferro largo e corto, usata per lavorare il terreno in superficie. **2** Nell'edilizia, attrezzo simile a una zappa, usato per mescolare e stemperare la calce. **3** (*mar.*) Elemento dell'ancora tra il diamante e la patta che tende a penetrare nel fondale. **SIN.** Braccio.

†**marraiuòlo** [da *marra*; sec. XIII] **s. m.** ● Specie di guastatore negli antichi eserciti italiani.

marràna o (*dial.*) **maràna** [vc. di orig. preindeur.; 1785] **s. f.** ● A Roma, fosso per incanalare le acque o per irrigare.

marràncio [forse da *marra*, con suff. derivativo poco chiaro; 1863] **s. m.** ● Grosso e pesante coltello da macellaio, per fare a pezzi la bestia già squartata.

marràno (**1**) [sp. *marrano* 'porco', dall'ar. *muḥarram* 'cosa vietata', perché la carne di maiale era vietata ai musulmani; av. 1470] **A s. m.** (f. *-a*, raro) **1** Epiteto offensivo attribuito dagli Spagnoli fino al XVII-XVIII sec. all'ebreo o al musulmano convertito. **2** (*est., fig.*) Uomo spregevole, falso o cattivo: *è caduto nelle grinfie di quel m.!* | (*est., lett.*) Traditore: *vile m.!* **3** Zotico, villanzone (*anche scherz.*): *bada a te, m.!*; *m. che non sei altro!* **B agg.** ● (*raro, lett.*) Maledetto, scomunicato | †***Occhio m.***, furbo, malizioso. || **marranàccio**, **pegg.**

marràno (**2**) ● V. *marano*.

marranzàno [sicil. *marransanu*, propr. 'grillo canterino', di etim. incerta; 1957] **s. m.** ● Scacciapensieri siciliano.

marrascùra [comp. di *marra* e *scure*; sec. XV] **s. f.** ● Attrezzo per ripulire gli ulivi fornito di un ferro con una parte a marra e con l'altra a scure.

†**marrèlla** [da avvicinare a *mora* (*2*), con deformazione secondo *marra*] **s. f.** ● Quadrella, dardo.

marritto e *deriv.* ● V. *mandritto* e *deriv.*

marròbbio o **marrùbbio** [sicil. *marrubbiu*, di etim. incerta; 1937] **s. m.** ● Rapida variazione del livello del mare, determinata da un accumulo di acqua presso le coste per l'azione del vento o delle depressioni atmosferiche.

marròbio ● V. *marrubio*.

marrocchino ● V. *marocchino* (*1*) e *marocchino* (*2*).

marron /mar'rɔn, *fr.* ma'ʀõ/ [vc. fr., corrispondente all'it. *marrone* (*1*); 1905] **A s. m. inv.** ● Marrone (sia come frutto del castagno sia come colore). **B agg. inv.** ● Di colore marrone (spec. nel linguaggio della moda): *un vestito m.*

marronàta [da *marrone* (*1*); 1890] **s. f.** **1** Marmellata di marroni. **2** (*pop.*) Madornale sciocchezza: *ha fatto proprio una gran m.!*

♦**marróne** (**1**) [vc. di orig. preindeur.; av. 1320] **A s. m.** **1** Varietà pregiata di castagno ottenuta per selezione | Frutto di tale albero. **2** Colore bruno scuro, caratteristico del frutto omonimo. **3** (*volg.*) Testicolo | (*pop., fig.*) Errore o sproposito grossolano | ***Pigliare un m.***, un granchio, una cantonata. **B** in funzione di **agg.** (pl. *-e* o *-i*) ● (posposto al s.) Che ha il colore del frutto omonimo: *vestito, cappello m.* || **marroncino**, **dim.**

marróne (**2**) [vc. di orig. preindeur.; av. 1566] **s. m.** **1** (*region.*) Animale alla testa di un branco | Cavallo da tiro che si aggiogava con un puledro. **2** (*region.*) Guida di montagna.

marronéto [da *marrone* (*1*)] **s. m.** ● Piantagione di marroni.

marron glacé /marronglas'se*, *fr.* ma,ʀõgla'se/ [fr., propr. 'marrone candito'; 1880] **loc. sost. m. inv.** (pl. fr. *marrons glacés*) ● Marrone candito.

marronsécco [comp. di *marron(e)* (*1*) e *secco*; 1943] **s. m.** (pl. *-chi*) ● Castagna fatta seccare in forno.

marrovèscio ● V. *manrovescio*.

marrùbbio ● V. *marrobbio*.

marrubina [dal lat. *marrŭbium* 'marrubio'; 1952] **s. f.** ● (*chim.*) Sostanza organica ternaria, di sapore amaro, contenuta nel marrubio, usata come tonico e stimolante.

marrùbio o **marròbio** [lat. *marrŭbiu(m)*, di etim. incerta; sec. XIV] **s. m.** ● Pianta erbacea perenne delle Labiate, ricoperta di peli biancastri, con fiori raccolti in spighe di color bianco (*Marrubium vulgare*) | ***M. nero***, cimiciotto, ballota.

marrùca [vc. di orig. preindeur.; 1567] **s. f.** ● Frutice spinoso delle Ramnacee con rami contorti e fiori gialli a fascetti (*Paliurus australis*) | ***M. bianca***, biancospino.

marrucàio [1803] **s. m.** ● Luogo pieno di marruche.

marruchéto [1803] **s. m.** **1** Pruneto. **2** (*fam.*) †Gran quantità: *m. di faccende.*

marsàla [della zona di *Marsala*, dov'è prodotto; 1860] **s. m.** o pop. **f. inv.** ● Vino bianco liquoroso e profumato, prodotto con particolare concia da uve locali, di gradazione non inferiore a 17°: *m. fine, superiore, vergine*; *m. secco, semisecco, dolce*; *m. all'uovo, al caffè, alla mandorla.*

marsalàre [1957] **v. tr.** ● Dare a un vino il profumo e il sapore del marsala.

marsc' /marʃ/ o **marc'**, **march**, **marsch** [fr. *marche!*, imperat. di *marcher* 'marciare'; 1895] **inter.** ● Si usa come comando di esecuzione a reparti di militari, ginnasti o alunni, perché si mettano in marcia: *avanti marsc'!*; *squadra, di corsa! marsc'!*; *di passo, marsc'!* | Come invito ad andarsene, eseguire qlco. velocemente e sim. (*anche scherz.*): *mettetevi al lavoro! marsc'!*; *fila via! marsc'!*

marsicàno **agg.** ● Della Marsica, in Abruzzo.

marsigliése [1819] **A agg.** ● Di Marsiglia | ***Tegola m.***, laterizio di forma rettangolare piana con opportuni risvolti e scanalature ai bordi, che permettono il reciproco incastro, usata nella copertura di edifici. **B s. m. e f.** ● Abitante, nativo di Marsiglia. **C s. f.** **1** Tegola marsigliese. **2** Inno nazionale francese: *intonare la M.* **D s. m.** solo **sing.** ● Dialetto parlato a Marsiglia.

marsilea [chiamata così in onore di L. F. *Marsigli* (1658-1730); 1831] **s. f.** ● Pianta erbacea delle Marsileacee, vivente su terreni paludosi, con fusto strisciante, foglie dal lungo picciolo e col lembo diviso in quattro foglioline (*Marsilea quadrifolia*).

Marsileàcee [vc. dotta, comp. di *marsilea* e *-acee*; 1965] **s. f. pl.** (sing. *-a*) ● Nella tassonomia vegetale, famiglia di Felci acquatiche viventi in terreni paludosi (*Marsileaceae*).

marsiliàna ● V. *marcigliana*.

marsina [dal n. del conte belga J. de *Marsin* (1601-1673); 1695] **s. f.** ● Frac.

màrso [vc. dotta, lat. *Mārsu(m)*; 1532] **agg.**; anche **s. m.** (**f.** *-a*) ● (*lett.*) Appartenente a un'antica popolazione stanziata intorno al lago Fucino, in Abruzzo.

marsovino o **marsuìno** [fr. *marsouin*, dal nordico *marsvin* 'porco (*svin*) di mare'; av. 1557] **s. m.** ● (*zool.*) Focena.

marsupiàle [1934] **agg.** ● Del marsupio, relativo al marsupio | ***Ossa marsupiali***, asticciole ossee articolate con il cinto pelvico che in alcuni marsupiali hanno funzione di sostegno del marsupio.

Marsupiàli [dal lat. *marsūpium* 'marsupio' (V.) con suff. agg.; 1829] **s. m. pl.** (**sing.** *-e*) ● Nella tassonomia animale, ordine di Mammiferi australiani e sudamericani le cui femmine partoriscono figli ancora imperfetti e li accolgono nel marsupio ove portano a termine lo sviluppo (*Marsupialia*). ➡ **ILL. animali**/10.

marsupializzazióne [da *marsupiale*] **s. f.** ● (*chir.*) Procedimento chirurgico che facilita, mediante la creazione di una tasca aperta, il drenaggio di una cavità chiusa come una cisti o un ascesso.

marsùpio [lat. *marsūpiu(m)* 'borsa', dal gr. *marsýpion*, di orig. straniera; 1584] **A s. m.** *1* (*zool.*) Tasca cutanea ventrale di cui sono dotate le femmine dei Marsupiali, nella quale sboccano le ghiandole mammarie. *2* (*est.*) Specie di sacco dotato di bretelle per trasportare i bambini molto piccoli che permette di avere le mani libere. *3* Piccola borsa con chiusura lampo e cintura da allacciare alla vita | Tasca posta sul davanti in alcuni tipi di giacche a vento. *4* (*dial.*) †Borsa, tasca. *5* (*lett.*) Gruzzolo. **B** in funzione di **agg. inv.** ● (posposto al s.) Nella loc. ***carro m.***, veicolo a due piani, per il trasporto di autoveicoli su lunghe distanze.

martagóne [sp. *martagon*, dal turco *martagān*, specie di turbante, per la forma; 1494] **s. m.** ● (*bot.*) Giglio gentile, turbante di turco.

màrte [lat. *Mārte(m)*, dio romano della guerra, di orig. indeur.; 1308] **s. m.** (*Màrte* nel sign. 3) *1* (*raro*) Guerra o arte militare | ***Giochi di m.***, esercizi militari | ***Campo di m.***, piazza d'armi. *2* †Battaglia. *3* (*astron.*) Quarto pianeta in ordine di distanza dal Sole, dal quale dista in media 228 milioni di kilometri, la cui massa è 0,1 volte quella della Terra e del quale si conoscono due satelliti | (*astrol.*) Pianeta che domina i segni zodiacali dell'Ariete e dello Scorpione. ➡ **ILL.** p. 2142 SISTEMA SOLARE; **zodiaco.**

♦**martedì** [lat. tardo *Mārtis dīe(m)* 'giorno di Marte'; 1238] **s. m.** ● Secondo giorno della settimana civile, terzo della liturgica | ***M. grasso***, l'ultimo giorno di Carnevale.

martellaménto [sec. XV] **s. m.** ● Il martellare | Serie di colpi di martello | (*fig.*) Serie incalzante: *un m. di domande.*

martellànte **part. pres.** di *martellare*; anche **agg.** ● Incalzante, assillante, insistente.

martellàre [da *martello*; 1305 ca.] **A v. tr.** (*io martèllo*) *1* Percuotere, battere col martello o lavorare a martello (*anche assol.*): *m. il ferro, il rame*; *il fabbro martella senza sosta.* *2* Battere o picchiare con forza e insistenza: *m. la porta coi pugni*; *i montoni arman le corna, / l'un l'altro cozza, l'un l'altro martella / davanti all'amorosa pecorella* (POLIZIANO). *3* †Suonare le campane a martello. *4* (*fig.*) Incalzare: *m. qlcu. di domande* | (*assol.*) Insistere, continuare | ***Dagli, picchia e martella***, a furia d'insistere. *5* Battere senza tregua col fuoco di armi: *m. il nemico con tiri di mortaio.* *6* (*fig., lett.*) Colpire con dolori, angosce, punizioni e sim. **B v. intr.** (aus. *avere*) ● Pulsare o palpitare con veemenza: *per lo spavento gli martellavano le tempie e il cuore.*

martellàta [sec. XIV] **s. f.** *1* Colpo di martello. *2* (*fig., fam.*) Sventura improvvisa: *la morte del padre fu per lui una m.* *3* Marchio impresso col martello nei boschi d'alto fusto alle piante da abbattere.

martellàto [sec. XIV] **part. pass.** di *martellare*; anche **agg.** *1* Battuto col martello: *rame m.* *2* ***Cristallo m.***, lavorato a facce. *3* (*mus.*) Nella tecnica pianistica, detto di suono molto accentuato e scandito | Negli strumenti ad arco, detto di nota suonata con un colpo d'archetto, così da ottenere uno staccato secco e forte.

martellatóre [da *martellare*; sec. XIV] **s. m.** (**f.** *-trice*) ● Chi lavora di martello | Addetto alla martellatura.

martellatùra [sec. XIV] **s. f.** *1* Operazione del martellare. *2* Martellata nel sign. 3.

martellétto [av. 1571] **s. m.** *1* Dim. di *martello.* *2* Elemento meccanico simile a un piccolo martello, che batte su qlco. se è azionato dall'apposita leva: *m. del pianoforte*; *m. della macchina per scrivere* | ***M. dell'orologio***, elemento della suoneria. *3* (*med.*) Strumento per provocare riflessi nervosi.

martelliàno [da P. I. *Martello* (1665-1727) che lo adoperò nelle sue tragedie; 1765] **A s. m.** ● Nella metrica italiana, doppio settenario a imitazione dell'alessandrino francese: *Su i campi di Marengo batte la luna*; *fósco* (CARDUCCI). **B** anche **agg.**: *verso m.*

martellina [av. 1537] **s. f.** *1* Dim. di *martello.* *2* Martello, con ferro tagliente da ambo le parti, usato spec. da muratori e scalpellini. *3* Piccola piastra d'acciaio ripiegata a squadra che negli antichi fucili a pietra, percossa dalla pietra focaia, produceva scintille e le comunicava alla carica.

martellinàre [1957] **v. tr.** ● Trattare, lavorare con la martellina.

martellinatóre [1957] **s. m.** (**f.** *-trice*) ● Chi è addetto alla martellinatura.

martellinatùra [1957] **s. f.** ● Operazione di lavorazione o finitura di pietre o metalli, eseguita con la martellina per conferir loro una superficie non liscia.

martellìo [1891] **s. m.** ● Un martellare rapido e continuato: *dalla fucina proviene un molesto m.*

martellista [1957] **s. m. e f.** (**pl. m.** *-i*) *1* (*ferr.*) Operaio addetto alle rincalzature delle traverse dei binari con un particolare martello. *2* Minatore addetto alla preparazione di fori per mine o all'abbattimento di rocce col martello perforatore. *3* Atleta che pratica il lancio del martello.

♦**martèllo** [lat. tardo *martĕllu(m)*, dim. di *mărtulus*, dim. di *mărcus* 'martello', da avvicinare a *mălleus*. V. *maglio*; 1308] **A s. m.** (**pl.** *†martèlla*, **f.** raro) *1* Utensile per battere, conficcare chiodi e sim., costituito da un blocchetto di acciaio di foggia varia con manico solitamente in legno | ***Bocca del m.***, estremità percuotente, piatta o leggermente convessa | ***Penna del m.***, la parte più sottile, opposta alla bocca | ***Occhio del m.***, foro nel quale è conficcato il manico | ***M. da falegname***, con la penna a granchio per levare i chiodi | ***M. da muratore***, martellina | ***Lavorare a m.***, foggiare i metalli servendosi del solo martello | ***Suonare a m.***, della campana che batte rintocchi lenti e cadenzati | ***Falce e m.***, V. *falce* | (*med.*) ***Dito a m.***, forma di anchilosi delle articolazioni falangee con atteggiamento arcuato del dito rispetto alla mano. *2* Oggetto avente forma o funzionamento analoghi a quelli di un martello | ***M. d'arme***, arma offensiva da botta, a forma di martello, usata un tempo dai cavalieri | ***M. forestale***, attrezzo a forma di piccola scure per scortecciare e marcare gli alberi | ***M. pneumatico***, macchina operatrice ad aria compressa, usata per perforare, abbattere, demolire rocce, murature e sim. | ***M. della campana***, quello che batte le ore sulla campana dell'orologio a torre | ***M. della porta***, ***del portone***, battente appeso a una porta usato, spec. un tempo, per bussare | ***M. del pianoforte***, martelletto di legno ricoperto di pelle e di panno morbidissimo o pezzo metallico a gancio che, mosso dal tasto, va a percuotere una corda del pianoforte | ***M. percussore***, piccolo martello con rivestimento di gomma attorno alla testa, usato in medicina per verificare i riflessi nervosi dei tendini e dei muscoli | ***M. da roccia***, nell'alpinismo, attrezzo per infiggere i chiodi da roccia, con testa in acciaio non temperato, una faccia piatta e l'altra appuntita per rompere gli spuntoni di roccia | ***M. da ghiaccio***, quello da arrampicata la cui testa ha un'estremità piatta atta a piantare i chiodi da ghiaccio e l'altra, simile al becco di una piccozza, atta a essere infissa nel ghiaccio. ➡ **ILL.** p. 2147, 2160 SPORT. *3* (*anat.*) Uno dei tre ossicini dell'orecchio medio, aderente alla membrana del timpano. ➡ **ILL.** p. 2126 ANATOMIA UMANA. *4* Nell'atletica leggera, attrezzo costituito da una sfera metallica fissata a un cavo d'acciaio munito di impugnatura, usato per lanci: *lancio del m.* | (*est.*) La gara stessa. *5* Nella pallavolo, schiacciatore. *6* (*bot.*) Bosso. *7* Mollusco dei Lamellibranchi dell'Oceano Indiano con conchiglia madreperlacea simile a un martello (*Malleus vulgaris*). *8* (*raro, fig.*) Tormento, travaglio: *il m. della gelosia* | Fastidio continuo e insistente. **B** in funzione di **agg. inv.** ● (posposto al s.) Nella loc. ***pesce m.*** V. *pesce.* || **martellàccio**, **pegg.** | **martellétto**, **dim.** (V.) | **martellina**, **dim. f.** (V.) | **martellino**, **dim.** | **martellóne**, **accr.**

martelògio o **martològio** [ant. fr. *martrologe* 'martirologio', poi 'cartolario, registro'; 1889] **s. m.** ● (*mar.*) Abaco usato nei secc. XIV e XV nella navigazione mediterranea per il calcolo delle rotte.

martensite [comp. del n. dell'ingegnere ted. A. *Martens* (1850-1914) e *-ite* (*2*); 1957] **s. f.** ● Soluzione solida di carbonio nel ferro, determinante la particolare durezza degli acciai temperati, di cui è componente caratteristica.

martinèlla [da *S. Martino*, patrono dei cavalieri; av. 1348] **s. f.** *1* Campana che in epoca medievale, a Firenze, veniva fatta suonare ininterrottamente nell'imminenza di una guerra e veniva portata in battaglia e posta sul carroccio per dare segnali. *2* (*fig., scherz.*) Campanello di cui dispongono il Presidente della Camera e quello del Senato per ottenere ordine o silenzio in aula.

martinèllo [dal n. proprio *Martino*; 1532] **s. m.** ● Martinetto.

martinétto [dal n. proprio *Martino*; av. 1597] **s. m.** *1* Apparecchio a colonnetta per sollevare forti pesi: *m. a vite, idraulico.* ➡ **ILL.** p. 2113 AGRICOLTURA. *2* (*ant.*) Piccolo ordigno di ferro usato per tendere archi di balestre.

martingàla [fr. *martingale*, di etim. incerta; 1527] **s. f.** *1* Piccola cintura fissata posteriormente su giacche e cappotti. *2* Correggia attaccata alla briglia, dalla barbozza al pettorale, per tener alta la testa al cavallo da sella. *3* Nelle corse dei cavalli, tipo di scommessa che consiste nel puntare sul vincente o sul piazzato di più corse: si vince quando si realizzano tutti i risultati pronosticati | Nei giochi d'azzardo, raddoppiamento della posta perduta. *4* Nella scherma, piccola cinghia, non più consentita, a forma di anello in cui si passa la mano prima di impugnare l'arma per assicurarla al polso. ➡ **ILL.** p. 2150 SPORT.

Martini® [dal n. della ditta produttrice, la *Martini* (*e Rossi*) di Torino; 1963] **s. m. inv.** *1* Vermut: *m. bianco, rosso.* *2* Cocktail di vermut Martini secco e gin: *un m. liscio*; *due m. con ghiaccio.*

martinicca [cfr. *martinetto*; 1863] **s. f.** ● Strumento a vite che, fatto girare, abbassa un ceppo davanti alle ruote di un carro, carrozza e sim. che funge da freno.

martinitt [dal n. del convento di S. *Martino* de Somaschi, a Milano, dove i bambini in orig. erano ricoverati] **s. m.** ● Nome dato ai bambini di un orfanotrofio di Milano fondato nel XVI sec. e situato originariamente nei pressi dell'oratorio di San Martino.

martino (**1**) [da *S. Martino* (316-397) che è considerato protettore dei mariti traditi; 1666] **s. m.** ● (*merid.*) Marito ingannato.

martino (**2**) [dal n. proprio *Martino*] **s. m.** ● Uccello dei Passeracei dell'Asia sudorientale, affine allo storno (*Acridotheres tristis*) | ***Martin pescatore***, V. | ***M. delle pagode***, uccello dei Passeracei dell'Asia meridionale, affine allo storno, che vive in vicinanza di zone coltivate (*Temenuchus pagodarum*).

martin pescatóre [dal n. proprio *Martino*; 1905] **loc. sost. m.** (**pl.** *martin pescatóri*) ● Uccello dei Coraciformi con lungo becco forte e diritto, capo sproporzionato al piccolo corpo, colori bellissimi e grande abilità nel catturare pesci (*Alcedo atthis*). **SIN.** Vetriolo. ➡ **ILL. animali**/9.

†**martiràre** o †**martiriàre** [da *martire* (*1*); 1313] **v. tr.** ● Martirizzare, tormentare.

màrtire (**1**) o †**màrtiro** (**1**) [vc. dotta, lat. *mărtyre(m)*, nom. *mărtyr*, dal gr. *mártyr* 'testimone (della fede)', da una radice che significa 'ricordarsi'; av. 1294] **s. m. e f.** *1* Cristiano dei primi secoli che, affrontando le persecuzioni e la morte, testimoniava la sua fede. *2* Chi si sacrifica e soffre o muore per un ideale, una missione e sim.: *i martiri del Risorgimento.* *3* (*fig.*) Chi sopporta con rassegnazione dolori, sofferenze, ingiustizie: *un m. del dovere*; *quella donna è una povera m.* | ***Fare il m.***, ***atteggiarsi a m.***, assumere atteggiamenti da persona perseguitata | ***M. a buon mercato***, di chi vuole apparire una vittima grazie a sofferenze in realtà trascurabili | ***Essere m. di sé stesso***, tormentarsi senza motivo.

†**martire** (2) ● V. *martirio*.

†**martiriàre** ● V. †*martirare*.

martirio o (*poet.*) †**martire** (2), (*poet.*) †**martiro** (2) [vc. dotta, lat. crist. *martўriu(m)*, dal gr. *martýrion*, da *mártyr*, genit. *mártyros*. V. *martire*; sec. XII] **s. m.** *1* Grave tormento, o morte, che un martire sostiene per la propria fede: *palma del m.*; *soffrire il m.*; *suggellare la fede col m.* | ***Essere pronto al m.***, (*fig.*) al sacrificio della vita per un ideale e sim. *2* (*fig.*) Pena, tormento, patimento, sofferenza: *la morte pose fine a una vita di continuo m.*; *quel giorno / che fer principio a sì lunghi martiri* (PETRARCA). *3* †Tempio edificato sul sepolcro di un martire. *4* †Supplizio inflitto a un reo per costringerlo a confessare.

martirizzaménto [1921] **s. m.** ● (*lett.*) Il martirizzare | Martirio | (*fig.*) Sofferenza, tormento morale.

martirizzàre [vc. dotta, lat. crist. *martyrizāre*, da *mărtyr*, genit. *mărtyris* 'martire (1)'; av. 1306] **v. tr.** *1* Assoggettare al martirio: *gli imperatori pagani fecero m. molti cristiani*. *2* (*fig.*) Affliggere, tormentare: *col suo comportamento quell'uomo martirizza l'intera famiglia*.

martirizzatóre [av. 1908] **s. m.** (f. *-trice*) ● (*raro*) Chi martirizza.

†**màrtiro** (1) ● V. *martire* (*1*).

†**martiro** (2) ● V. *martirio*.

martirològio [vc. dotta, gr. tardo *martyrológion*, comp. di *mártyr*, genit. *mártyros* 'martire' e *-lógion*, da *lógos* 'discorso, trattato'; sec. XIV] **s. m.** *1* Libro contenente le vite e gli atti dei martiri cristiani | ***M. romano***, libro liturgico che raccoglie le vite dei martiri, dei santi e dei confessori della fede secondo i giorni dell'anno loro dedicati dalla Chiesa. *2* L'insieme di coloro che sono morti per uno stesso ideale: *il m. della scienza* | (*est.*) L'esaltazione delle loro gesta: *l'oratore elevò un commosso m. del patriota scomparso*.

martològio ● V. *martelogio*.

màrtora [vc. di orig. germ.; av. 1374] **s. f.** ● Carnivoro mustelide europeo dalla bellissima pelliccia bruno-giallognola molto pregiata, corpo allungato e zampe corte (*Martes martes*). ➡ **ILL. animali**/13.

martoriaménto [av. 1342] **s. m.** ● (*lett.*) Il martoriare, il martoriarsi | Martirio, tormento.

martoriàre [da *martorio*; av. 1292] **A v. tr.** (*io martòrio*) *1* †Martirizzare. *2* †Mettere gli imputati alla tortura per farli confessare. *3* (*fig.*) Affliggere, tormentare: *dolori intensissimi gli martoriavano le carni*. **B v. intr. pron.** ● (*raro*) Affliggersi.

martoriàto [av. 1306] **part. pass.** di *martoriare*; anche **agg.** *1* †Sottoposto a tortura | Sottoposto a sofferenze fisiche, a violenze ecc.: *corpo m.* *2* (*fig.*) Afflitto, angosciato: *animo m.*

martoriatóre [av. 1729] **agg.**; anche **s. m.** (f. *-trice*) ● (*raro*) Che (o Chi) martoria.

†**martòrio** o †**martòro** [lat. tardo *martŭriu(m)*, per *martўriu(m)*. V. *martirio*; av. 1342] **s. m.** *1* Martirio (*anche fig.*). *2* Strumento di tortura.

martorizzàre [comp. di *martori(o)* e *-izzare*; 1615] **v. tr.** ● Martirizzare.

†**martòro** ● V. †*martorio*.

marucelliàno [av. 1915] **agg.** ● Dello studioso e bibliofilo fiorentino F. Marucelli (1625-1703): *Biblioteca Marucelliana*.

marùzza [dal lat. tardo *marūca(m)* 'lumaca' incrociatosi con *cozza* 'guscio'] **s. f.** ● (*nap.*) Chiocciola, lumaca | Lumaca di mare.

marxiàno [1956] **agg.** ● Che si riferisce al filosofo, economista e politico tedesco K. Marx: *scritti, programmi marxiani*; *l'opera marxiana*. || **marxianaménte**, **avv.**

marxismo [1905] **s. m.** ● Insieme delle dottrine filosofiche, economiche e politiche elaborate da K. Marx (1818-1883) e F. Engels (1820-1895), che costituiscono la base ideologica del materialismo storico-dialettico e del comunismo.

marxismo-leninismo **s. m.** ● Sintesi della dottrina di Marx e di quella di Lenin, operata nell'ex Unione Sovietica nel XX sec.

marxista [1896] **A s. m. e f.** (pl. m. *-i*) ● Seguace, sostenitore del marxismo. **B agg.** ● Del marxismo e dei suoi seguaci: *ideologia m.*; *partiti marxisti*.

marxista-leninista **A s. m. e f.** (pl. m. *marxisti-leninisti*) ● Seguace, sostenitore del marxismo-leninismo. **B agg.** ● Del marxismo-leninismo, che si ispira a tale dottrina.

marxistico [1956] **agg.** (pl. m. *-ci*) ● Marxista. || **marxisticaménte**, **avv.**

màrza [da *marzo*, mese in cui si fa l'innesto; av. 1320] **s. f.** ● (*bot.*) Porzione di ramo o gemma che viene innestata su un'altra pianta. ➡ **ILL. agricoltura e giardinaggio.**

marzacòtto [ar. *mashaqūnyā*, con sovrapposizione di *cotto*; av. 1303] **s. m.** ● Composizione di sabbia e di alcali usata nell'industria della maiolica.

marzaiòla [f. sost. di *marzaiolo*; 1803] **s. f.** ● Uccello degli Anseriformi affine all'anitra selvatica, riconoscibile per la macchia allungata ai due lati del capo del maschio (*Anas querquedula*).

marzaiòlo o (*lett.*) **marzaiuòlo** [av. 1449] **agg.** ● (*raro*) Di marzo.

marzamino ● V. *marzemino*.

marzapàne (o *-z-*) [ar. *marṭabān*, n. di una moneta, quindi di una misura di capacità, e passato successivamente a indicare la scatola in cui si conteneva il *marzapane*; av. 1347 ca.] **s. m.** *1* Pasta dolce fatta con mandorle, bianco d'uovo e zucchero, cotta al forno e usata in pasticceria. *2* (*est.*) Cibo gustoso e delicato | ***Essere fatto di m.***, (*fig.*) essere buono e arrendevole.

marzeggiàre [comp. di *marz(o)* e *-eggiare*; 1803] **v. intr.** (*io marzéggio*; aus. *avere*) ● (*raro*) Del tempo, essere incostante e variabile con pioggia e sole che si alternano.

marzemino o **marzamino** [da *Marzimin*, villaggio della Carniola, donde il vitigno si diffuse in Italia; av. 1597] **s. m.** ● Vino di color rosso rubino e dal profumo di viola, prodotto in provincia di Trento dal vitigno omonimo: *m. di Isera*.

marziàle [vc. dotta, lat. *martiāle(m)*, agg. di *Mārs*, genit. *Mārtis* 'Marte', dio della guerra; 1340] **agg.** *1* (*lett.*) Relativo a Marte | (*est.*) Guerresco | ***Corte m.***, tribunale straordinario di guerra | ***Legge m.***, complesso degli atti legislativi che sostituiscono temporaneamente la legge comune conferendo, in casi eccezionali di guerra interna o internazionale, ampi poteri alle autorità militari | ***Arti marziali***, insieme di varie tecniche prevalentemente di difesa personale, d'antica origine orientale, volte a neutralizzare l'aggressore mediante particolari colpi o movimenti, senza ricorrere all'uso delle armi da punta, da taglio e da fuoco. *2* (*fig.*) Pieno di decisa fierezza: *passo, aspetto, incedere m.* *3* (*med.*) A base di ferro: *preparato, terapia m.* || **marzialménte**, **avv.**

marzialità [1869] **s. f.** ● Caratteristica di ciò che è marziale (*spec. fig.*).

marziàno [fr. *martien*, da *Mars* 'Marte', n. di un pianeta; 1927] **A s. m.** (f. *-a*) *1* Supposto abitatore del pianeta Marte. *2* (*fam.*, *fig.*) Chi si sente estraneo, a disagio, isolato o incapace di inserirsi in ambienti, compagnie, discussioni, ecc.: *a quella festa eravamo tutti marziani*. **B agg.** *1* Concernente il pianeta Marte. *2* (*fam.*, *fig.*) Strano, indecifrabile: *tuo fratello usa un linguaggio m.*

màrzio [vc. dotta, lat. *Mārtiu(m)*, agg. di *Mārs*, genit. *Mārtis* 'Marte'; sec. XIV] **agg.** *1* (*lett.*) Di Marte | ***Campo Marzio***, a Roma, piana sulla sinistra del Tevere, consacrata a Marte, adibita un tempo alle esercitazioni militari. *2* (*fig.*, *lett.*) Marziale, guerresco: *il m. carme* (MONTI).

marziobàrbulo [vc. dotta, lat. tardo *martiobărbulu(m)*, di etim. incerta] **s. m.** ● Nell'esercito dell'antica Roma, soldato armato di palle di piombo che scagliava mediante una fionda.

♦**màrzo** [lat. *mārtiu(m)* 'mese dedicato a Marte', da *Mārs*, genit. *Mārtis* 'Marte'; 1211] **s. m.** ● Terzo mese dell'anno nel calendario gregoriano, di 31 giorni | (*pop.*) ***M. pazzo***, a causa del tempo incostante.

†**marzocchésco** [av. 1565] **agg.** ● Del marzocco.

marzòcco [da *Marte*, alla cui statua il *marzocco* si sostituì, come emblema di Firenze, dopo che essa fu travolta da una piena dell'Arno; av. 1449] **s. m.** (pl. *-chi*) *1* Insegna del leone rampante, scolpito o dipinto, di Firenze, che regge con la zampa destra lo scudo gigliato. *2* (*scherz.*) †Macchia, frittella. || **marzocchino**, **dim.**

marzolina [da *marzo*, mese di produzione; 1602] **s. f.** ● (*region.*) Formaggio fresco di bufala.

marzolino [V. *marzolina*; av. 1400] **A agg.** ● Di marzo: *aria marzolina*. **B s. m.** ● Cacio pecorino che si fa nel mese di marzo.

marzuòlo [av. 1320] **agg.** ● Di marzo, che si semina o nasce in marzo: *biade marzuole*; *pulcini marzuoli*.

Mas [dalla sigla M.A.S., cioè *M(otobarca) A(rmata) S(VAN)*, in cui SVAN è a sua volta sigla di *S(ocietà) V(eneziana) A(utomobili) N(autiche)*; successivamente la classificazione si modificò in *M(otobarca) A(nti) S(ommergibili)* e da ultimo in *M(otoscafo) A(nti) S(ommergibili)*; da Gabriele D'Annunzio poeticamente intesa come *M(emento) A(udere) S(emper)* 'ricordati di osare sempre'; 1889] **s. m. inv.** ● Motoscafo antisommergibile velocissimo e armato di lanciasiluri, bombe di profondità e mitragliera.

Masaniello [dal n. del capopopolo nap. *Masaniello*, propr. 'Tommasino'; 1986] **s. m.** ● (*per anton.*) Agitatore, capopopolo.

màsca [cfr. *maschera*; 1867] **s. f.** *1* (*region.*) Fattucchiera. *2* (*mar.*) Mascone.

†**mascàgno** [da *masca* 'strega', cfr. *maschera*; av. 1400] **agg.** ● Furbo, astuto, scaltro: *Squarciaferro, uno spirito m.* (PULCI).

mascalcia [dall'ant. *mascalco* 'maniscalco' (V.); sec. XIV] **s. f.** *1* Arte, bottega del maniscalco. *2* †Acciacco.

mascalzonàta [1940] **s. f.** ● Atto da mascalzone.

♦**mascalzóne** [alterazione pop. di *maniscalco* 'garzone di stalla' (?); 1383] **s. m.** (f. *-a*) *1* Persona spregevole e priva di scrupoli che compie azioni disoneste (*anche scherz.*): *quei mascalzoni lo assalirono e lo derubarono*; *il suo è stato proprio un gesto da m.*; *non fare il m.!* **SIN.** Canaglia, birbante, farabutto. *2* †Assassino di strada | †Accattone: *quando io venni al vostro servizio, io ero povero m.* (SACCHETTI). *3* †Pedone, soldato di masnada male in arnese, dei tempi feudali || **mascalzoncèllo**, **dim.**

†**màscara** (1) ● V. *maschera*.

mascàra (2) [ingl. *mascara*, dallo sp. *máscara* 'maschera'; 1966] **s. m. inv.** ● Cosmetico per ciglia e sopracciglia.

mascàrpa ● V. *mascherpa*.

mascarpóne o (*raro*) **mascherpóne** [dalla vc. lomb. *mascherpa* o *mascarpa* 'ricotta'; 1771] **s. m.** ● Tipico formaggio lombardo, preparato con panna di latte vaccino, di colore bianco-neve e di gusto delicato.

†**mascavàto** [sp. (*azúcar*) *mascabado*, dal port. *mascavado* 'non raffinato', dal lat. parl. **minuscapāre*, da *mĭnus căput* 'persona privata di diritti civili', propr. 'minor capo'] **s. m.** ● Zucchero greggio.

mascè o **mascé** [fr. *mâché* nel senso originario di 'ammaccato, schiacciato'] **agg.** ● Detto di patate lessate grossolanamente, schiacciate e amalgamate con burro.

♦**mascèlla** [lat. *maxĭlla(m)*, dim. di *māla* 'mascella, guancia', da avvicinare a *macerāre*; av. 1292] **s. f.** *1* (*anat.*) Ciascuna delle due parti, generalmente ossee, del cranio dei Vertebrati che delimitano la bocca; comunemente indica l'osso mascellare superiore, mentre il mascellare inferiore è detto mandibola; **CFR.** maxillo-, gnato- | (*scherz.*) ***Lavorare di mascelle***, mangiare | ***Avere la m. fragile***, ***di vetro***, detto di pugile che è troppo sensibile ai colpi alla mascella. ➡ **ILL.** p. 2122, 2127 ANATOMIA UMANA. *2* (*lett.*) †Guancia: *con la mano alla m. cominciò a pensare* (BOCCACCIO). *3* (*al pl.*) Ognuno dei due grossi denti alle estremità del pettine. *4* (*al pl.*) Ognuna delle due parti di strumenti e attrezzi a morsa: *le mascelle della tagliola, delle pinze*. || **mascellina**, **dim.** | **mascellóna**, **accr.** | **mascellóne**, **accr. m.** (V.).

mascellàre [lat. *maxillāre(m)*, da *maxĭlla* 'mascella'; av. 1320] **A agg.** ● Della mascella: *osso m.* | ***Seno m.***, cavità nell'interno dell'osso mascellare. **B s. m.** ● Osso mascellare.

mascellóne [1353] **s. m.** *1* Accr. di *mascella*. *2* (f. *-a*) (*fig.*) Persona con grandi mascelle. *3* †Colpo dato alla mascella.

♦**màschera** o (*dial.*) †**màscara** (1) [etim. discussa: da *masca* 'strega', di orig. preindeur. (?); 1353] **s. f.** *1* Finto volto fatto di vario materiale, generalmente provvisto di fori per gli occhi e per la bocca, che viene portato per alterare i lineamenti o per non farsi riconoscere, spec. per motivi rituali, teatrali, giocosi e sim.: *m. di cartapesta, di cuoio, di velluto*; *m. di diavolo, di cane, di leone*; *le maschere rituali congolesi, della tragedia greca* | ***Mezza m.***, quella che copre solo gli occhi e il naso; **SIN.** Mascherina | ***M. di bellezza, di fango, idratante***, strati di fanghi medicamentosi o co-

mascheraio

smetici applicati al viso, con o senza garza protettiva | *Avere il viso come una m.*, (*fig.*) di persona eccessivamente truccata | *Una m. di sangue*, (*fig.*) detto di viso inondato di sangue. **2** (*est.*) Travestimento di tutta la persona: *andare, mettersi in m.*; *ballo in m.* | Persona mascherata: *il Carnevale è il tempo delle maschere*; *invitò a ballare una m.* | Personaggio della commedia dell'arte italiana, con caratteristiche tipiche di una determinata città o regione: *Pulcinella è la m. napoletana*. **3** (*fig.*) Finzione o atteggiamento ipocrita e affettato: *sotto la m. della bontà nasconde un animo crudele*; *porta la m. del galantuomo, ma non lo è* | *Levarsi la m.*, rivelarsi per quello che si è | *Giù la m.!*, invito a smettere ogni finzione | *Mettersi la m.*, (*fig.*) dissimulare | †*Parvenza*. **4** (*fig.*) Viso che esprime determinati sentimenti con particolare intensità: *m. tragica, comica*; *essere la m. del dolore*. **5** (*med.*) Espressione clinicamente rilevabile di un determinato stato psichico o fisico | *M. gravidica*, cloasma. **6** Calco del viso di un defunto riprodotto in gesso, bronzo e sim., spec. per conservarne le fattezze alla posterità: *la m. di Pascal, di Chopin.* **7** Tipo di protezione del volto | *M. da scherma*, quella in rete di fili d'acciaio per difendere il volto dello schermidore dalle stoccate dell'avversario | *M. subacquea*, quella in gomma e vetro, spesso con respiratore, che permette di vedere sott'acqua | *M. da anestesia*, quella che si applica al viso del paziente per anestetizzarlo prima di un intervento chirurgico | *M. antipolvere*, apparecchio per il filtraggio dell'aria, per la protezione individuale degli operai, spec. minatori, dalla inalazione di polveri contenute nell'aria | *M. antigas*, per la protezione degli organi della respirazione contro sostanze tossiche immesse nell'atmosfera. **8** Nei teatri, cinematografi e sim., inserviente che verifica i biglietti e guida gli spettatori al loro posto. **9** (*mecc.*) Apparecchiatura che fissa il pezzo da lavorare e guida gli utensili nelle operazioni di foratura e alesatura. **10** (*elab.*) Nell'esecuzione di un programma, schema che viene fatto comparire sullo schermo per agevolare la presentazione o l'inserimento di dati. ‖ **mascheràccia**, pegg. | **mascherétta**, dim. | **mascherìna**, dim. (V.) | **mascherìno**, dim. m. (V.) | **mascheróna**, accr. f. | **mascherone**, accr. m. (V.)

mascheràio [av. 1600] s. m. (f. *-a*) ● (*raro*) Chi fa, vende o noleggia maschere.

mascheraménto [1550] s. m. **1** Il mascherarsi, il mascherare | (*fig.*) Dissimulazione. **2** Sottrazione all'osservazione nemica di personale, mezzi, lavori, impianti ed installazioni varie, ottenuta utilizzando elementi naturali o mezzi artificiali.

◆**mascheràre** [da *maschera*; 1519] **A** v. tr. (*io maschero*) **1** Coprire con una maschera: *gli mascherarono il viso* | Vestire in maschera: *m. qlcu. da orso, da donna.* **2** Attuare il mascheramento mediante la mimetizzazione o la simulazione. **3** (*fig.*) Nascondere, sottrarre alla vista con particolari accorgimenti: *m. l'entrata di una grotta* | (*fig.*) Dissimulare sotto altre apparenze: *m. il proprio astio, la gelosia*; *un atteggiamento indifferente mascherava il suo dolore.* SIN. Camuffare, celare. **4** (*mar.*) *M. il vento*, nella vela, togliere il vento ad una vela con un'altra che sia da sopravvento. **B** v. rifl. **1** Vestirsi o mettersi in maschera: *mascherarsi da antico guerriero, da pagliaccio.* SIN. Camuffarsi, travestirsi. **2** (*fig.*) Assumere una maschera, una apparenza: *mascherarsi da persona generosa e leale.*

mascheràta [da *mascherato*; 1544] s. f. **1** Compagnia di persone in maschera: *vide sfilare per le vie la m.* **2** (*fig.*) Messa in scena vistosa e di dubbio gusto: *quella cerimonia risultò una m.* | Buffoneria, cosa ridicola: *uno de' poemi più seriamente concepiti ... trasformato ... in una m.* (DE SANCTIS) | Finzione: *falla finita con le tue mascherate!*

mascheràto [av. 1494] part. pass. di *mascherare*; anche agg. **1** Nei sign. del v. **2** *Corso m.*, sfilata di maschere e carri allegorici nel periodo del carnevale | *Ballo m.*, a cui partecipano persone in maschera. ‖ **mascherataménte**, avv.

mascheratùra [1908] s. f. **1** Il mascherare, il mascherarsi | Rivestimento mimetico | (*fig.*) Dissimulazione. **2** (*tipogr.*) Procedimento usato nella stampa per modificare gli effetti del contrasto mediante diapositive o controtipi del negativo.

mascheréccio [etim. incerta; sec. XIV] s. m. ● Cuoio trattato con allume e con grassi, usato per articoli tecnici.

mascherétto [fr. *mascaret*, dal guascone *mascaret* 'bue macchiettato', da *mascará* 'annerare', di etim. incerta; di uso metaforico del muoversi delle mandrie di buoi, paragonate al muoversi dei flutti; 1834] s. m. ● (*geogr.*) Rimescolamento di onde marine provocato dal contrasto tra marea e corrente in direzione opposta, riscontrabile in misura rilevante spec. alla foce dei fiumi.

mascherìna [av. 1571] s. f. **1** Dim. di *maschera.* **2** Mezza maschera. **3** Persona, spec. bambino o giovane donna, graziosamente travestita | *Ti conosco m.!*, (*fig.*) a persona che si conosce e di cui si scopre il gioco. **4** Zona di colore diverso sul muso di un animale: *un gatto nero con la m. bianca.* **5** Applicazione di pelle uguale o diversa da quella della calzatura, fissata sulla punta della scarpa, maschile e femminile. **6** Nella carrozzeria delle autovetture, struttura metallica che nasconde il radiatore. ■ ILL. p. 2164 TRASPORTI. **7** (*tecnol.*) *M. di verniciatura*, dispositivo impiegato per delimitare l'area da verniciare e schermare le zone sulle quali non si deve depositare la vernice.

mascherìno (1) [da *maschera*] agg. ● Detto di cane o gatto che ha sul muso una macchia di colore diverso dal resto del pelame.

mascherìno (2) s. m. **1** Dim. di *maschera.* **2** Elemento ornamentale che rappresenta una piccola maschera. **3** Schermo che si pone davanti all'obiettivo di una cinepresa o di una macchina fotografica per sagomare il quadro secondo figure particolari.

mascheróne [1550] s. m. **1** Accr. di *maschera.* **2** Viso stilizzato, di fattezze deformi e grottesche, solitamente di satiro, demonio e sim., in uso spec. nell'età rinascimentale come ornamento architettonico. **3** (*est.*) Volto deformato: *la malattia gli aveva ridotto il viso a un m.* **4** Canovaccio della melodia di una canzone composto da numeri e parole di fantasia, che serve ai parolieri per adattare i versi. **5** (*raro*) Ritratto mal eseguito. ‖ **mascheroncino**, dim.

mascherpa o **mascàrpa** [vc. lomb. di etim. incerta; 1871] s. f. **1** (*region.*) Ricotta magra di siero di latte tipica della Lombardia. **2** (*raro*) Mascarpone.

mascherpóne ● V. *mascarpone.*

maschétta [dim. di *masca*; 1889] s. f. ● (*mar.*, spec. *al pl.*) Ognuno dei pezzi di legno o di ferro fissati lateralmente alla nave degli alberi maggiori, per sostenere le costiere dei coffa.

maschiàccio [1825] s. m. **1** Pegg. di *maschio.* **2** Maschio molto vivace | (*scherz.*) Ragazzo o ragazza che ha modi e atteggiamenti esuberanti e rumorosi. **3** Giovane aitante, che ostenta vigore fisico.

maschiàre [da *maschio*, nel senso di 'pezzo che entra in un altro per congiungere'; 1947] v. tr. (*io màschio*) **1** (*tecnol.*) Eseguire l'operazione di maschiatura. **2** Squadrare una lastra di pietra perché combaci bene.

maschiatóre [1957] s. m. (f. *-trice*) ● Operaio addetto alla maschiatura.

maschiatrìce [1970] s. f. ● Macchina utensile atta a eseguire la maschiatura.

maschiatùra [1957] s. f. ● Esecuzione di filetto elicoidale in un foro cilindrico realizzata facendo ruotare ed avanzare un maschio nel medesimo.

maschiétta [da *maschietto*; 1925] s. f. ● Giovinetta dai modi disinvolti e spigliati | *Capelli alla m.*, capigliatura femminile corta, a zazzera.

maschiettàre o (*pop., tosc.*) **mastiettàre** [1738] v. tr. (*io maschiétto*) ● Fornire di maschietti o cardini: *m. il coperchio di un baule, una porta.*

maschiettatùra o (*pop., tosc.*) **mastiettatùra** [1707] s. f. ● Operazione del maschiettare | Il complesso dei maschietti di un serramento. ‖ **maschiettaturìna**, dim.

maschiétto o (*pop., tosc.*) **mastiétto** [1856] s. m. (f. *-a* (V.)) **1** Dim. di *maschio.* **2** Bambino, spec. neonato, di sesso maschile. **3** Tipo di cerniera per porte di legno costituita da due piccole piastre metalliche che si incastrano mediante il cardine.

maschiézza [1308] s. f. ● Caratteristica, condizione di maschio (*anche fig.*): *m. di lineamenti, di gesti, di idee.*

†**maschifémmina** [comp. di *maschio* e *femmina*, sul modello del lat. tardo *masculofēmina*] s. t. ● Ermafrodito.

◆**maschìle** [1310] **A** agg. ● Di, da maschio: *voce, aspetto, abito m.*; *discendenza m.* | *Scuola m.*, frequentata solo da studenti maschi | *Donna m.*, che presenta caratteristiche tipiche del maschio | (*ling.*) *Genere m.*, genere grammaticale che, in una classificazione a due generi, si oppone al femminile, e, in una classificazione a tre generi, si oppone al femminile e al neutro. ‖ **maschilménte**, †**maschilménte**, avv. (*raro*) In modo maschile. **B** s. m. **1** Genere maschile: *il m. e il femminile.* **2** (*sport*) Incontro, torneo e sim. che ha luogo fra atleti: *il m. di tennis.* **3** Rivista che tratta argomenti che interessano soprattutto gli uomini.

maschilìsmo [av. 1937] s. m. ● Concezione e comportamento secondo cui all'uomo viene riconosciuta, in contesti sociali e privati, una posizione di superiorità, e quindi di privilegio, nei confronti della donna, non giustificata da altro motivo che non sia quello tradizionalmente connesso ai caratteri della virilità.

maschilìsta [av. 1937] **A** s. m. e f.; anche agg. (pl. m. *-i*) ● Chi sostiene il maschilismo o si comporta secondo la sua concezione. **B** agg. ● Che è ispirato a, o proviene da, maschilismo: *società, ideologia, ottica m.*; *pregiudizi maschilisti.*

maschilìstico [1983] agg. (pl. m. *-ci*) ● Maschilista. ‖ **maschilisticaménte**, avv. Secondo il maschilismo.

maschilità [da *maschile*; av. 1557] s. f. ● Mascolinità | Virilità.

◆**màschio** o †**màscolo**, †**màsculo**, (*pop., tosc.* e nel sign. 8) **màstio** [lat. *māscŭlu(m)*, dim. di *mās* 'maschio', di etim. incerta; av. 1294] **A** s. m. **1** (*biol.*) Negli organismi a sessi separati, l'individuo portatore dei gameti maschili atti a fecondare quelli femminili al fine della riproduzione della specie: *il m. del cavallo, il m. dell'aquila.* CFR. *andro-, -andro.* **2** (*fam., est.*) Ragazzo, uomo: *quanti figli ha? Due maschi e una femmina* | (*est., scherz.*) Uomo aitante e robusto. **3** (*tecnol.*) Utensile cilindrico dotato di taglienti elicoidali, che serve per filettare i fori affinché vi si possa avvitare una vite. **4** Pezzo di acciaio temperato, modellato a rilievo per imprimere la forma dello stampo. SIN. Punzone. **5** Parte di un elemento di collegamento che si inserisce in una sede corrispondente, detta femmina: *il m. del gancio, dell'automatico*; *funziona a m. e femmina.* **6** Otturatore mobile di talune antiche armi da fuoco a retrocarica, che veniva già carico inserito nella culatta dell'arma. **7** (*edil.*) Tratto di muro che unisce i contrafforti, nei muri di sostegno dei terrapieni. **8** Nella fortificazione medievale, la parte più elevata e più forte di una rocca, castello o fortezza, dominante l'ingresso principale e organizzata per sostenere l'estrema difesa dell'intero complesso fortificato. **B** agg. **1** Di sesso maschile: *animale m.*; *figlio m.*; *auguri, e figli maschi!* | *Fiore m.*, portante stami. **2** (*est.*) Virile, forte, robusto: *uomo, animo, comportamento m.*; *voce maschia*; *ogni m. pensier de l'alma tolle* (PETRARCA). **C** agg. inv. ● Si usa per indicare il sesso maschile di animali aventi uno stesso nome per tutti e due i generi: *una volpe maschio, due aquile maschio.* ‖ **maschiàccio**, pegg. (V.) | **maschiétto**, dim. (V.) | **maschióna**, accr. f. (V.) | **maschióne**, accr. | **maschiòtta**, accr. f. (V.) | **maschiòtto**, accr. ‖ †**maschiaménte**, avv. (*raro*) Da maschio, in modo virile.

†**màschiolo** [sec. XIV] agg. ● Maschio.

maschióna o (*pop., tosc.*) **mastióna** [accr. f. di *maschio*; 1869] s. f. ● Ragazzona robusta.

maschiòtta o (*pop., tosc.*) **mastiòtta** [accr. f. di *maschio*; av. 1793] s. f. ● Ragazzona bella e robusta.

maschìsmo [1977] s. m. ● (*raro*) Maschilismo.

maschìsta [1967] s. m. e f.; anche agg. (pl. m. *-i*) ● (*raro*) Maschilista.

†**mascolinàre** [da *mascolino*; av. 1468] v. tr. ● Rendere maschile: *m. un vocabolo.*

mascolinìsmo [da *mascolin*(o) con il suff. *-ismo*; 1951] s. m. ● (*med., raro*) Virilismo.

mascolinità [da *mascolino*, forse attraverso il fr. *masculinité*; 1765] s. f. **1** Carattere di mascolino. **2** (*stat.*) Rapporto fra il numero dei maschi e quello delle femmine e fra il numero dei maschi e l'ammontare complessivo della popolazione.

mascolinizzàre [fr. *masculiniser*, da *masculin*

'mascolino'; 1831] **A** v. tr. ● Far diventare maschio, mascolino: *m. il proprio abbigliamento.* **B** v. intr. pron. ● Rendersi simile a un maschio per abbigliamento, atteggiamenti e sim.: *è una bella ragazza, ma si sta mascolinizzando.*

mascolinizzazióne [fr. *masculinisation*, da *masculiniser* 'mascolinizzare'; av. 1956] s. f. ● (*raro*) Il mascolinizzare, il mascolinizzarsi.

mascolino [vc. dotta, lat. *masculīnu(m)*, agg. di *māsculus* 'maschio'; av. 1294] agg. ● Dotato delle caratteristiche fisiche o psicologiche di un maschio | Maschile, caratteristico del maschio: *tono m.*; *voce mascolina* | **Donna mascolina**, poco femminile nei modi, nel comportamento, nei lineamenti e sim. || **mascolinaménte**, avv. In modo mascolino, da maschio.

†**màscolo** ● V. *maschio.*

mascon /*ingl.* 'mæskn̩/ [vc. ingl., comp. di *mas(s)* 'massa' e *con(centration)* 'concentrazione'; 1974] s. m. inv. ● (*spec. al pl.*) Zone, dotate di notevoli proprietà magnetiche, che si trovano all'interno di certi mari della Luna.

mascóne [da *masca*; 1884] s. m. ● (*mar.*) Ciascuna delle due parti laterali della prua | **Prendere il mare al m.**, dirigere la nave in modo che le onde vengano a battere sul mascone di dritta o di sinistra.

mascotte /*fr.* mas'kɔt/ [vc. fr., dal provz. moderno *mascoto* 'sortilegio, portafortuna', da *masco* 'strega'. V. *masca*; 1905] s. f. inv. ● Persona, animale od oggetto portafortuna: *la m. del reggimento, della squadra, dell'equipaggio.*

†**màsculo** ● V. *maschio.*

màser [sigla ingl. tratta dalle iniz. di *M(icrowave) A(mplification by) S(timulated) E(mission of) R(adiation)* 'amplificazione di microonde mediante emissione stimolata di radiazioni'; 1961] s. m. inv. ● Dispositivo che permette di amplificare una radiazione nel campo delle microonde.

masnàda [provz. *maisnada*, dal lat. parl. **mansionāta(m)*, dal lat. *mānsio*, genit. *mansiōnis* 'dimora, abitazione'. La 'masnada' era in orig. l'insieme dei servi che abitavano nella casa del padrone; av. 1294] s. f. **1** †Compagnia, gruppo di gente: *così vid'io quella m. fresca / lasciar lo canto e gire inver la costa* (DANTE) | †Schiera d'armati, famiglia di servitori. **2** (*spreg.*) Compagnia, gruppo, accozzaglia di gente disonesta o violenta: *una m. di leguléi, di imbroglioni, di furfanti, di assassini* | (*scherz.*) Insieme di molte persone rumorose: *siete una bella m.!*

masnadière o **masnadièro** [provz. *maisnadier*, da *maisnada* 'masnada'; 1312] s. m. **1** (f. *-a*, *raro*) Assassino o brigante di strada: *fu colto / da stuol di masnadieri* (METASTASIO) | (*est.*) Persona disonesta, che non ispira fiducia: *faccia da m.* SIN. Bandito, furfante. **2** †Soldato della masnada. **3** †Fante o birro del bargello.

màso [dial. per *manso* (*1*); 1186] s. m. ● Azienda agricola a conduzione familiare, comprensiva di casa d'abitazione, terreni circostanti e attrezzature tecniche per la lavorazione | **M. chiuso**, quello indivisibile per legge, non assegnabile che ad unico erede o legatario, tipico delle regioni altoatesine e gener. tirolesi.

masochìsmo [ted. *Masochismus*, dal n. del romanziere L. von Sacher-*Masoch* (1836-1895), autore di romanzi i cui personaggi costituiscono un esempio di questa perversione; 1892] s. m. **1** (*psicol.*) Tendenza ad associare il piacere sessuale con il subire sofferenze provocate da sé stessi o dal partner. CFR. Algolagnia, sadismo. **2** (*est.*) Tendenza, quasi compiaciuta, a ricevere umiliazioni e maltrattamenti e, in genere, a soffrire.

masochista [1892] s. m. e f. (pl. m. *-i*) **1** Chi è affetto da masochismo. **2** (*est.*) Chi gode nel tormentare sé stesso: *smettila con quell'atteggiamento da m.*

masochìstico [1960] agg. (pl. m. *-ci*) ● Di, da masochista. || **masochisticaménte**, avv.

masonite® [dal n. dell'inventore, l'ingegnere amer. W. H. *Mason*; 1933] s. f. ● Materiale da costruzione formato di un conglomerato di trucioli, corteccia e cascame di segheria che, ridotto in poltiglia e successivamente laminato in fogli, viene usato come isolante termico e acustico per rivestimento di soffitti e pareti.

masòra o **massòra** [ebr. *massôrâh* 'tradizione'; 1869] s. f. ● L'insieme delle scuole rabbiniche che, fra il V e l'VIII sec. d.C., fissarono la retta tradizione manoscritta e la corretta pronuncia sinagogale del testo biblico | (*est.*) L'esegesi biblica sviluppata dalla masora.

masorèta o **massorèta** [1891] s. m. (pl. *-i*) ● Ognuno dei maestri rabbinici che composero la masora | Studioso della masora.

masorètico o **massorètico** [1832] agg. (pl. m. *-ci*) ● Relativo alla masora e ai masoreti.

masque /*fr.* 'maskə/ [vc. fr., propr. 'maschera', dall'it. *maschera*; 1960] s. m. inv. ● Spettacolo teatrale inglese, con musiche vocali e strumentali, fiorito in vari Paesi fra il XVI e il XVII sec.

♦**màssa** [vc. dotta, lat. *māssa(m)*, nom. *māssa*, dal gr. *mâza* 'pasta', di etim. incerta; av. 1250] **A** s. f. **1** Quantità di materia unita in modo da formare un tutto compatto di forma indefinita: *m. informe, caotica*; *m. di terra, d'acqua* | **M. d'aria**, parte di troposfera in cui i vari elementi, spec. temperatura e umidità, hanno distribuzione orizzontale uniforme o quasi | (*anat.*) **M. sanguigna**, insieme di tutto il sangue contenuto nell'organismo | (*anat.*) **M. cerebrale**, l'encefalo nel suo complesso. **2** Mucchio, quantità di cose aggregate della stessa specie o diverse, ma ancora distinte o distinguibili (*anche fig.*): *m. di grano, di mattoni, di legna, di mercanzie, di rottami, di libri*; *commettere una m. di errori, di stupidaggini, di sciocchezze.* **3** (*sociol.*) Insieme di persone più o meno socialmente omogenee, che presentano caratteri comuni sul piano psicologico e del comportamento collettivo: *la m. dei cittadini*; *il fermento delle masse* | **Le masse popolari**, il popolo lavoratore, contrapposto a chi detiene i mezzi di produzione | **Cultura di m.**, quella diffusa nei vari strati sociali grazie alla stampa, alla pubblicità, ai mezzi audiovisivi | **Mezzi di comunicazione di m.**, mass media. **4** (*est.*) Moltitudine: *una m. di dimostranti, di gitanti domenicali*; *una m. di gente lo acclamava* | **In m.**, tutti insieme, in blocco | **Far m.**, affollarsi | **Approvare**, **assolvere**, **condannare in m.**, tutti indiscriminatamente | (*est.*) Maggioranza: *la m. della nazione è scontenta* | (*spreg.*) Accolta di persone poco raccomandabili: *sono una m. di delinquenti, di fanfaroni.* **5** (*fis.*) Quantità di materia contenuta in un corpo | Grandezza fisica, espressa come modulo del rapporto fra la forza applicata a un corpo e l'accelerazione impressa al corpo stesso, costante e indipendente dalla velocità nella meccanica classica, dipendente dalla velocità in quella relativistica | **M. elettrica**, quantità di elettricità | **M. magnetica**, quantità di magnetismo, positiva o negativa, pensata, impropriamente, isolata. **6** (*elettr.*) Parte del circuito elettrico di una macchina o apparecchiatura consistente nella sua struttura metallica, generalmente collegata a terra: *collegare, mettere a m.* **7** Nelle arti figurative, addensamento di colori in un punto: *m. di luce, d'ombra in un quadro* | Nelle sculture e nelle opere architettoniche, il volume come entità materica percepibile: *il gioco delle masse in un palazzo barocco.* **8** (*mus.*) Insieme di voci o di strumenti: *m. degli ottoni, dei violini* | **M. orchestrale**, tutti i suonatori di un'orchestra | **M. corale**, l'insieme dei coristi. **9** (*dir.*) Complesso delle attività e passività costituenti un dato patrimonio: *m. fallimentare* | **M. ereditaria**, complesso del patrimonio del defunto. SIN. Asse ereditario | **M. dei creditori**, tutti i creditori insieme | **M. grande**, **piccola**, tipi di emolumenti per canonici. **10** (*mil.*) Quantità di viveri, munizioni, attrezzi necessari a un esercito | Grosso di truppe concentrate in un unico luogo. **11** †Podere, fondo, masseria | Riunione di poderi e case rurali in una specie di comune con propria amministrazione, originaria dell'alto Medioevo, di cui resta traccia in taluni toponimi: *Massa Marittima*; *Massalombarda.* **12** (*raro, lett.*) Pasta per il pane: *buona è la m. ... / di puro grano* (PASCOLI). **13** †Stiacciata, torta. || **massàccia**, pegg. | **massèrella**, dim. | **massètta**, dim. | **massèllo**, dim. m. (V.) | **masserèlla**, dim. | **massicèlla**, dim. **B** in funzione di agg. inv. ● (posposto al s.) Nelle loc. **uomo m.**, uomo medio, dotato di idee stereotipate, prototipo della società di massa considerata come mancante di individualità e di responsabilità sociale | **Grammo m.**, millesima parte del kilogrammo massa | **Kilogrammo m.**, unità di massa nel sistema Internazionale definita come massa del kilogrammo campione depositato a Sèvres. **C** avv. ● (*sett.*) †Molto: *m. grande.*

massacrànte [1949] part. pres. di *massacrare*; anche agg. ● Estremamente faticoso: *lavoro, viaggio m.* || **massacranteménte**, avv.

massacràre [fr. *massacrer*, da *massacre* 'massacro'; 1678] v. tr. **1** Trucidare vittime inermi o indifese: *m. un gruppo di ostaggi*; *m. un branco di gazzelle.* **2** Malmenare: *lo massacrarono di botte* | Ridurre qlco. in pessimo stato, rovinare: *devi vedere come hanno massacrato quella povera casa!* | **M. un lavoro**, eseguirlo molto male. **3** (*fig.*) Logorare, stremare: *il viaggio mi ha massacrato*; *una fatica che massacra.*

massacratóre [fr. *massacreur*, da *massacrer* 'massacrare'; 1945] s. m.; anche agg. (f. *-trice*) ● Chi (o Che) massacra.

massàcro [fr. *massacre*, di etim. incerta; 1572] s. m. **1** Eccidio, strage, carneficina, macello: *m. di prigionieri, di schiavi, di animali* | **Gioco al m.**, V. *gioco.* **2** (*fig.*) Disastro, rovina: *i tuoi abiti sono un vero m.!*; *la rappresentazione è stata un m.* **3** (*arald.*) Testa di cervo o di altro mammifero scarnata e posta di fronte.

massaggiagengive [comp. di *massaggia(re)* e il pl. di *gengiva*; 1973] s. m. inv. ● Piccolo oggetto in gomma di varia forma che il bambino mastica durante la prima dentizione.

massaggiàre [1940] v. tr. (*io massàggio*) ● Sottoporre a massaggio, trattare con massaggi: *m. un arto, il fianco, la zona contusa.*

massaggiatóre [1940] s. m. **1** (f. *-trice*) Persona esperta nel praticare massaggi: *il m. della squadra di calcio.* **2** Apparecchio usato per praticare massaggi: *m. a cinghia*; *m. manuale.*

massaggiatùra [1950] s. f. ● (*raro*) Massaggio.

massàggio [fr. *massage*, da *masser*, dall'ar. *massa* 'toccare, palpare'; 1834] s. m. ● Trattamento dei muscoli e delle articolazioni con manovre manuali per facilitare la circolazione sanguigna e la mobilizzazione articolare | **M. cardiaco**, manipolazione manuale del muscolo cardiaco in casi di arresti improvvisi della sua funzione per facilitarne la ripresa dell'attività contrattile.

♦**massàia** [f. di *massaio*; 1354] s. f. **1** Donna che, come attività principale, si prende cura della propria casa e delle faccende domestiche: *essere una buona, una cattiva m.* **2** (*raro*) Moglie del massaio. **3** †Donna attempata | †Domestica, governante. || **massaiètta**, dim.

massàio o (*dial.*) **massàro** [lat. mediev. *massāriu(m)*, da *māssa*, nel senso di 'insieme di fondi agricoli'; 1225 ca.] s. m. (f. *-a* (V.)) **1** Conduttore di un podere, di cui presiede ai lavori e cura il bestiame. SIN. Capoccia. **2** †Pubblico ufficiale incaricato di amministrare i beni del comune. **3** †Amministratore, economo. **4** (*lett.*) Uomo accorto nella gestione dei propri beni. **5** †Anziano, vecchio. || **massaiòtto**, dim.

†**massàre** [da *massa*] **A** v. tr. ● Unire in massa. **B** v. intr. pron. ● Ammassarsi.

†**massaria** ● V. *masseria.*

†**massarizia** ● V. *masserizia.*

massàro ● V. *massaio.*

massellàre [da *massello*; 1803] v. tr. (*io massèllo*) ● Ridurre un metallo greggio rovente in masselli battendolo con il maglio o con il martello.

massellatùra [1803] s. f. ● Operazione del massellare.

massèllo [dim. di *massa*; av. 1537] s. m. **1** Lingotto di metallo battuto col maglio | **Oro di m.**, massiccio, puro. **2** (*arch.*) Parallelepipedo costituito da un solo blocco di pietra o di calcestruzzo | **Lavorato in m.**, **a m.**, detto di qualunque pezzo di pietra naturale non ricavabile per semplice taglio della lastra. **3** Blocco d'acciaio che contiene la bascula e le batterie nei fucili da caccia. **4** (*bot.*) Durame. **5** Legno massiccio usato in falegnameria: *mobili in massello.*

masserìa o (*dial.*) †**massarìa** [da *massaro*; av. 1348] s. f. **1** Vasto podere con fabbricati e servizi | **Contratto di m.**, nel diritto feudale, contratto agrario tra proprietario o concessionario di terre e massaro. **2** (*est.*) Nell'ordinamento feudale, tributo che il massaro doveva al signore. **3** (*ant.*) Mandria maremmana. **4** †Quantità di mercanzia.

masserìzia o (*dial.*) †**massarìzia** [lat. mediev. *massarīcia(m)*, f. di *massarīcius* 'che appartiene al massaio'; 1308] s. f. **1** (*lett.*) Ogni suppellettile o mobile di una casa | (*al pl.*) Insieme di mobili, suppellettili, utensili, addobbi ecc. **2** †Quantità di mercanzia o bestiame | †Provvista. *3* †Governo della casa | †Economia, risparmio: *la m. si dice essere utilissima a ben godere le ricchezze* (ALBERTI). ‖ **masseriziàccia**, pegg. | **masseriziuòla**, dim.

massése A agg. ● Della città di Massa, in Toscana. B s. m. e f. ● Abitante, nativo di Massa.

massetère [vc. dotta, gr. *masētḗr*, genit. *masētêros* (*mŷs*) '(muscolo) masticatore', da *masâsthai* 'masticare', di orig. indeur.; 1681] s. m. ● (*anat.*) Muscolo masticatorio nastriforme posto nella parte posteriore della faccia, che ha la funzione di alzare la mandibola. ➡ ILL. p. 2122 ANATOMIA UMANA.

massetèrico [1834] agg. (pl. m. *-ci*) ● (*anat.*) Del massetere.

masséto [da *masso*; 1759] s. m. ● Terreno non dissodato o coperto di massi.

massétto [comp. di *mass(o)* e del suff. dim. *-etto*; 1957] s. m. *1* (*edil.*) Strato sottile di conglomerato cementizio steso come sottofondo di pavimentazioni. *2* (*edil.*) Blocchetto di conglomerato cementizio usato per pavimentazioni.

masseur /fr. ma'sœːʀ/ [vc. fr., da *masser* 'massaggiare'. V. *massaggio*; 1895] s. m. inv. (f. fr. *masseuse*) ● Massaggiatore.

massicciàre [1869] v. tr. (*io massiccio*) ● Eseguire una massicciata stradale.

massicciàta [da *massiccio*; 1777] s. f. *1* Parte del corpo stradale formata da uno strato di ghiaia e pietrisco compressi in modo da servire da base per la pavimentazione stradale. *2* (*ferr.*) Ballast.

massicciatóre [da *massicciata*; 1967] s. m. (f. *-trice*) ● Operaio addetto all'esecuzione di massicciate stradali.

massiccio [da *massa*; sec. XIV] A agg. (pl. f. *-ce*) *1* Che è formato da una sola massa solida e compatta, priva di vuoti all'interno o di aggiunte e coperture all'esterno: *colonna massiccia*; *una statua d'oro m.*; *un tavolo di noce m.* *2* Che è sodo, unito e compatto: *muscolatura massiccia* | (*est.*) Privo di snellezza, sveltezza o eleganza: *una costruzione non brutta, ma troppo massiccia* | ***Corporatura massiccia***, tarchiata, atticciata. *3* (*fig.*) Consistente, solido, ponderoso: *una massiccia erudizione appare dai suoi scritti* | (*est.*) Grossolano: *sproposito m.* *4* (*fig.*) Che raggiunge un alto grado di intensità e violenza: *una massiccia scarica di pugni*. B s. m. *1* Montagna a larga base, poco articolata: *il Massiccio Centrale*. *2* (*mar.*) ***M. di poppa, di prua***, l'insieme dei pezzi di costruzione come braccioli, controchiglia, controruota e sim. *3* ***M. di protezione***, in una miniera, parte del giacimento che non viene coltivata per evitare dislocazioni del terreno nocive alla stabilità di pozzi, gallerie ed altre opere permanenti necessarie. ‖ **massiccióne**, accr. ‖ **massicciaménte**, avv.

màssico (1) [da *massa*; 1957] agg. (pl. m. *-ci*) *1* (*fis.*) Relativo alla massa, detto di grandezza fisica | ***Potenza massica di un motore***, rapporto intercorrente fra la potenza massima del motore e la sua massa. *2* (*fis., impropr.*) Di massa | ***Portata massica***, portata misurata in massa riferita al tempo.

màssico (2) [vc. dotta, lat. *Massicu(m)*, n. di un monte tra il Lazio e la Campania, famoso per il suo vino; 1476] A agg. (pl. m. *-ci*) ● Che si riferisce al monte Massico in Campania. B s. m. ● Celebre vino dell'antichità romana prodotto con uve della Campania.

massicot /fr. masi'ko/ [fr. *massicot*, dall'it. *marzacotto*; 1822] s. m. inv. ● (*chim.*) Ossido giallo amorfo di piombo ottenuto riscaldando con moderazione l'idrato o il nitrato di piombo in forni a riverbero.

massicòtto s. m. ● Adattamento di *massicot* (V.).

massificàre [comp. di *massa* e *-ficare*; 1963] v. tr. (*io massifico, tu massifichi*) ● Spec. nel linguaggio sociologico, rendere massa, portare a uno stesso livello, eliminando così personalità e individualità: *il consumismo massifica gli individui*.

massificàto [1966] part. pass. di *massificare*; anche agg. ● Ridotto ad uno stesso livello, uniformato: *società massificata*.

massificazióne [1963] s. f. *1* Il massificare. *2* Caratteristica delle società industriali progredite, per cui il livello di vita, il comportamento e la concezione del mondo dei componenti di tali società tendono ad assumere valori standardizzati.

massillìpede [comp. del lat. *maxĭlla* 'mascella', e *pēs*, genit. *pĕdis* 'piede'; 1957] s. m. ● (*zool.*) Ognuno degli arti toracici trasformati in appendici boccali presenti in molti Crostacei.

màssima [f. sost. di *massimo*; av. 1406] s. f. *1* Principio o verità generale che serve di norma, guida o regola: *avere per m.*; *imprimersi bene in mente una m.*; *ragionar de' particolari per assiomi o ... massime* (VICO) | ***In linea di m.***, nell'insieme, nel complesso, in generale | ***Questione di m.***, che non scende ai particolari e si limita al quadro generale di qlco. | (*est.*) Regola personale: *la sua m. è rispettare gli altri*. *2* Sentenza, precetto: *un libro di massime morali* | Detto, motto: *una m. piena di arguzia*. *3* (*dir.*) Principio di diritto cui un'autorità giudiziaria, spec. la Corte di Cassazione, si è attenuta nell'emanazione della propria decisione: *m. di una sentenza della Corte di Cassazione*. *4* Grado massimo di temperatura, pressione barometrica e sim.: *la m. di oggi è elevata* | ***Termometro a m.***, che registra la massima. *5* Antica figura musicale del valore di due lunghe.

massimàle [ted. e ingl. *maximal*, dal lat. *măximus* 'massimo'; 1908] A agg. ● Massimo: *prezzo m.* B s. m. *1* Limite massimo. *2* Somma massima su cui si calcolano trattenute o contributi. *3* (*econ.*) In un contratto di assicurazione, il massimo importo che l'assicuratore è tenuto a risarcire, anche se il danno è superiore.

massimalìsmo [da *massimalista*; 1918] s. m. ● Corrente del movimento socialista che, in opposizione ai riformisti, propugnava il programma massimo per rovesciare il sistema capitalistico | (*est.*) In un partito politico, la corrente che con intransigenza persegue gli obiettivi più estremi e radicali di un programma.

massimalista [fr. *maximaliste*, da *maximum* 'massimo'; era detto così chi voleva attuare il programma *massimo* del socialismo, in opposizione a *minimalista*; 1908] s. m. e f. (pl. m. *-i*) ● Fautore, sostenitore del massimalismo.

massimalistico [1955] agg. (pl. m. *-ci*) ● Che concerne il massimalismo o i massimalisti.

massimàre [da *massimo*; 1957] v. tr. (*io màssimo*) *1* (*mat.*) Eseguire delle operazioni tali da fare assumere a una funzione il suo valore massimo. *2* (*dir.*) Estrarre la massima da una sentenza.

massimàrio [comp. di *massim(a)* e *-ario*; 1901] s. m. *1* Raccolta di massime e precetti su di una data materia o soggetto. *2* (*dir.*) Raccolta delle massime contenute nelle decisioni della Corte di Cassazione o di altra autorità giudiziaria: *m. della Cassazione*.

màssime [lat. *măxime* 'massimamente', da *măximus* 'massimo'; av. 1342] avv. ● (*lett.*) Soprattutto, massimamente, specialmente: *sassi in specie non ne tiro più. / E m. a le piante* (CARDUCCI).

massimìnimo o **massimomìnimo** [comp. di *massimo* e *minimo*; 1957] s. m. ● (*mat.*) Massimo tra i valori minimi di una funzione.

massimizzàre [fr. *maximiser*, da *maximum* 'massimo'; 1908] v. tr. ● (*raro*) Rendere massimo, portare al massimo.

massimizzazióne [fr. *maximisation*, da *maximiser* 'massimizzare'; 1908] s. f. ● (*raro*) Elevazione al valore massimo: *m. dei profitti*.

♦**màssimo** [lat. *măximu(m)*, superl. di *măgnus* 'grande'. V. *magno*; 1308] A agg. (superl. di *grande*) *1* Grandissimo, sommo, estremo: *altezza, dimensione, profondità, distanza massima* | Il più grande: *poeta m.*; *avere la massima stima, il m. rispetto per qlcu.*; *ottenere il m. effetto col minimo mezzo* | ***Il m. poeta***, (*per anton.*) Dante | ***Il m. fattore***, Dio | (*sport*) ***Tempo m.***, il limite di tempo concesso agli atleti per terminare un percorso | ***Temperatura massima***, la più elevata di un determinato periodo di tempo in un certo luogo | ***Al m. grado***, massimamente | ***In massima parte***, nella parte di gran lunga maggiore | ***Al m.***, tutt'alpiù. CONTR. Minimo. *2* ***Pesi massimi***, nel pugilato, categoria di peso compresa tra quella dei pesi massimoleggeri e dei pesi supermassimi. *3* (*mat.*) ***M. comun divisore***, il più grande fra i divisori comuni di più numeri | ***Cerchio m.***, che divide la sfera in due parti uguali. ‖ **massimaménte**, avv. *1* Soprattutto, principalmente. *2* †Moltissimo. B s. m. *1* Il grado o punto più elevato per misure, quantità, dimensioni e sim.: *ottenere il m. dei voti*; *il m. della pena* | ***Il m.***, quanto di meglio può essersi: *per il pesce, questo ristorante è il m.* CONTR. Minimo. *2* Nel pugilato, atleta appartenente alla categoria dei pesi massimi. *3* (*mat.*) Elemento d'un insieme ordinato che segue tutti gli altri.

massimoleggèro [comp. di *massimo* e *leggero*] A agg. (pl. m. *massimoleggèri*) ● ***Pesi massimoleggeri***, nel pugilato, categoria di peso compresa tra quelle dei pesi mediomassimi e dei pesi massimi. B s. m. ● Nel pugilato, atleta appartenente alla categoria dei pesi massimoleggeri.

massimomìnimo ● V. *massiminimo*.

massìvo [fr. *massif*, da *masse* 'massa'; 1942] agg. *1* (*med.*) Che interessa tutta una massa: *asportazione massiva di un tumore* | ***Emorragia massiva***, che interessa tutta la massa sanguigna. *2* Che presenta caratteri di massa: *emigrazione massiva*. ‖ **massivaménte**, avv.

mass media /maz'midja, *ingl.* 'mæs 'miːdiʌ/ [ingl., propr. 'mezzi di massa', comp. di *mass* 'massa' e *media*, pl. di *medium* 'mezzo' (dal lat. *mĕdium* 'mezzo'); 1967] loc. sost. m. pl. ● L'insieme di tutti gli strumenti di comunicazione e d'informazione dell'industria culturale, quali la stampa, il cinema, la televisione, la radio. SIN. Media (2).

massmediàle /mazme'djale/ [da *mass media*; 1985] agg. ● Massmediatico.

massmediàtico /mazme'djatiko/ [1981] agg. (pl. m. *-ci*) ● Relativo ai mass media. SIN. Massmediale.

massmediologìa /mazmedjolo'dʒia/ [comp. di *mass media* e *-logia*; 1985] s. f. ● Studio dei mass media e dei problemi connessi al loro uso.

massmediològico /mazmedjo'lɔdʒiko/ [1978] agg. (pl. m. *-ci*) ● Relativo ai mass media o alla massmediologia.

massmediòlogo /mazme'djɔlogo/ [comp. di *mass media* e *-logo*; 1978] s. m. (f. *-a*; pl. m. *-gi*) ● Studioso di mass media, esperto di massmediologia.

♦**màsso** [da *massa*; 1319] s. m. *1* Sasso o roccia di grandi dimensioni: *un m. sporgente dai fianchi della montagna* | (*fig., raro*) Simbolo di imperturbabilità, di insensibilità e sim.: *quell'uomo è un m. d'indifferenza* | (*fig.*) ***Dormire come un m.***, sodo, profondamente. SIN. Macigno. *2* (*est.*) Blocco di pietre.

massochinesiterapìa [comp. di *masso(terapia)* e *chinesiterapia*] s. f. ● (*med.*) Metodo di cura che abbina la massoterapia e la chinesiterapia.

massofisioterapìa [fr. *massophysiothérapie*, comp. di *masso(thérapie)* 'massoterapia' e *physiothérapie* 'fisioterapia'] s. f. ● (*med.*) Metodo di cura che abbina la fisioterapia e la massoterapia.

massofisioterapista [1985] s. m. e f. (pl. m. *-i*) ● (*med.*) Chi pratica la massofisioterapia.

massolétta [da *masso*; 1737] s. f. *1* (*raro*) Particella di minima massa. *2* †Molecola.

massóne [fr. *maçon*, propr. 'muratore', dal lat. tardo *machiōne(m)*, di orig. germ. (cfr. il ted. *machen* 'fare, fabbricare'). V. *frammassone*; 1865] s. m. (f. *-a*) ● Affiliato alla massoneria.

massonerìa [da *frammassoneria*; 1869] s. f. *1* Associazione segreta costituitasi in forma organizzata nel XVIII sec. in Inghilterra, ispirata al razionalismo e al deismo e al principio dell'affrancamento da soggezioni politiche, e diffusa in molte parti del mondo con vari riti e scopi. *2* (*est.*) Tendenza all'aiuto reciproco e alla collaborazione fra appartenenti a uno stesso ambiente o gruppo.

massònico [fr. *maçonnique*, da *maçon* 'massone'; 1807] agg. (pl. m. *-ci*) ● Che concerne la massoneria: *riti, emblemi massonici*.

massòra e *deriv.* ● V. *masora* e *deriv.*

massóso [da *masso*; av. 1646] agg. ● (*raro*) Pieno di massi, costituito da massi.

massoterapìa [fr. *massothérapie*, comp. di *masser* 'massaggiare' e *thérapie* 'terapia'; 1905] s. f. ● Cura mediante massaggio.

massoteràpico agg. (pl. m. *-ci*) ● Di massoterapia: *cure massoterapiche*; *trattamenti massoterapici*.

massoterapista [1905] s. m. e f. (pl. m. *-i*) ● Chi pratica la massoterapia.

màstaba [ar. *masṭaba* 'sedile, panca'; av. 1938] s. f. ● Monumento funerario egizio a forma di tronco di piramide.

†**mastàcco** [da avvicinare a *bastagio* 'facchino' (?); 1612] agg. ● Di corporatura tarchiata e robusta.

†**mastaccóne** [da †*mastacco*; av. 1956] agg.; anche s. m. (f. *-a*) ● (*raro*) Che (o Chi) è robusto e tarchiato.

mastadenite [comp. di *mast(o-)* e *adenite*; 1970] **s. f.** ● (*med.*) Mastite.

mastalgia [comp. di *mast(o-)* e *-algia*; 1940] **s. f.** ● (*med.*) Mastodinia.

mastàlgico [1940] **agg.** (**pl. m.** *-ci*) ● (*med.*) Di mastalgia.

mastatrofia [comp. di *mast(o-)* e *atrofia*; 1970] **s. f.** ● (*med.*) Atrofia della ghiandola mammaria.

mastcèllula [ted. *Mastzelle*, comp. di *Mast* 'nutrizione' e *Zelle* 'cellula'; 1957] **s. f.** ● (*biol.*) Cellula del sistema reticolo-endoteliale, voluminosa, con nucleo rotondo, ricca di istamina e di eparina.

mastectomia [comp. di *mast(o)* ed *-ectomia*; 1975] **s. f.** ● (*chir.*) Asportazione della mammella.

mastectomizzàre [1986] **v. tr.** ● (*chir.*) Sottoporre a mastectomia.

mastectomizzàto [1986] **part. pass.** di *mastectomizzare*; anche **agg.** ● Nel sign. del v.

mastelcòsi [comp. di *mast(o)* e del gr. *hélkōsis* 'ulcerazione', da *hélkos* 'piaga, ferita'; 1852] **s. f. inv.** ● (*med.*) Ulcera della ghiandola mammaria.

mastèlla [1483] **s. f.** ● (*dial.*) Mastello. ‖ **mastellètta**, **dim.**

mastèllo [dal gr. biz. *mastós* 'vaso a forma di mammella'; av. 1320] **s. m.** *1* Alto recipiente in legno, più largo di bocca che di fondo, a doghe, con una o due doghe sporgenti e forate per infilarvi una corda o una stanga al fine di facilitarne il trasporto: *un m. di olive, d'uva, di vino.* *2* Recipiente di forma analoga, spec. per farvi il bucato.

màster /ˈmaster, *ingl.* ˈmæːstəɹ/ [vc. ingl., propr. 'maestro, mastro'; 1905] **s. m. inv.** *1* Corso di specializzazione, affinamento o qualificazione in discipline o branche professionali spec. aziendali presso un'apposita scuola post-universitaria | Il titolo, la qualifica professionale che ne consegue. *2* (*sport*) Torneo di tennis, golf e altri sport a cui sono ammessi a partecipare solo i migliori giocatori del mondo. *3* Nella registrazione di supporti magnetici e ottici, l'originale dal quale si procede alla duplicazione.

masterizzàre [da *master*; 1995] **v. tr.** ● (*elab.*) Effettuare la masterizzazione | Copiare dati su un compact disc.

masterizzatóre **s. m.** *1* Apparecchio per eseguire masterizzazioni. *2* (*elab.*) Dispositivo per la registrazione di cd-rom.

masterizzazióne [da *master*; 1987] **s. f.** ● Nella registrazione di supporti magnetici e ottici, predisposizione e adattamento dei dati per la preparazione del master | Scrittura di dati su un compact disc.

Mastermind® /*ingl.* ˈmæːstəɹˌmaend/ [propr. vc. ingl. 'mente superiore, cervellone', comp. di *master* (V.) e *mind* 'mente'; 1983] **s. m. inv.** ● Gioco svolto tra due avversari che, inserendo piccole borchie colorate in un'apposita tavoletta, cercano di ricostruire la combinazione segreta di colori composta inizialmente dall'avversario.

masticàbile [1745] **agg.** ● Che si può masticare.

†**masticacchiàre** [1869] **v. tr.** e **intr.** ● Masticare poco e svogliatamente.

masticaménto [av. 1673] **s. m.** ● (*raro*) Il masticare.

♦**masticàre** [lat. tardo *masticāre*, dal gr. *mastichân* 'digrignare i denti', da *mástax*, genit. *mástakos* 'bocca', di etim. incerta; 1310] **v. tr.** (*io màstico, tu màstichi*) *1* Schiacciare qlco. ripetutamente coi denti, anche senza triturarla (*anche assol.*): *m. bene il cibo*; *m. tabacco, gomma americana*; *tiravano fuori dalla bisaccia la scarsa merenda, ... masticando adagio adagio* (VERGA) | ***M. amaro***, ***m. veleno***, (*fig.*) soffrire in silenzio per ira, rabbia e sim. | ***M. male qlco.***, (*fig.*) intenderla o sopportarla male. *2* (*fig.*) Borbottare, biascicare: *m. salmi, paternostri*; *m. delle scuse* | ***M. male una lingua***, non saperla parlare | ***M. un po' di greco, di francese***, conoscerlo o parlarlo imperfettamente e poco. *3* (*fig., lett.*) Rimuginare, ruminare: *m. l'offesa con rancore.*

masticatìccio [1605] **s. m.** ● Cosa masticata o che si sta masticando: *stai rugumando il tuo m.* (D'ANNUNZIO).

masticàto **part. pass.** di *masticare*; anche **agg.** *1* Nei sign. del v. *2* (*fig.*) Assimilato, fatto proprio: *nozioni mal masticate.*

masticatóio [da *masticare*; 1869] **s. m.** ● Catenina ad anelli di ferro che si mette in bocca ai cavalli per favorirne la salivazione.

masticatóre [1803] **agg.**; anche **s. m.** (**f.** *-trice*) ● Che (o Chi) mastica.

masticatòrio [1561] **A agg.** ● Relativo alla masticazione. **B s. m.** ● Sostanza da masticarsi per aumentare la secrezione salivare.

masticatùra [sec. XIV] **s. f.** *1* Cosa masticata | Avanzo di cosa masticata: *sputare la m.* *2* (*raro*) Masticamento.

masticazióne [av. 1320] **s. f.** ● Atto, funzione del masticare: *la m. è parte della digestione.*

màstice [vc. dotta, lat. *mástiche(n)*, nom. *mástiche*, dal gr. *mastíchē*, da *mástax* 'bocca'. V. *masticare*; sec. XIV] **s. m.** *1* Resina balsamica che geme dal lentisco, usata per vernici e in fotografia. *2* Miscuglio più o meno complesso che serve ad attaccare oggetti vari fra loro: *m. ad olio, alla caseina* | (*fig.*) Ciò che serve ad unire: *i comuni interessi economici sono l'unico m. del loro matrimonio.*

mastiettàre ● V. *maschiettare* e *deriv.*

mastigamèba [comp. di *mastig(o)* e *ameba*; 1934] **s. f.** ● Genere di Protozoi dei Flagellati con corpo ameboide provvisto di flagello (*Mastigamoeba*).

màstigo- [dal gr. *mástix*, genit. *mástigos* 'frusta'] primo elemento ● In parole composte della terminologia zoologica, significa 'frusta, flagello': *mastigameba, mastigofori.*

Mastigòfori [V. *mastigoforo*; 1834] **s. m. pl.** ● (*zool.*) Flagellati.

mastigòforo [vc. dotta, lat. tardo *mastigŏphoru(m)*, nom. *mastigŏphorus*, dal gr. *mastigophóros*, comp. di *mástix*, genit. *mástigos* 'frusta' e *-foro*; 1586] **s. m.** ● Nell'antica Grecia, guardia armata di sferza, che aveva il compito di mantenere l'ordine pubblico spec. durante le manifestazioni ufficiali.

mastino [ant. fr. *mastin*, dal lat. parl. **mansuetīnu(m)*, da *mansuētus* 'mansueto'; av. 1292] **s. m.** *1* Cane da guardia, massiccio, fortissimo, coraggioso, con testa larga, petto largo e profondo, dorso forte e muscoloso. *2* (*fig.*) Persona aggressiva e implacabile | Persona molto tenace.

màstio e *deriv.* ● V. *maschio* e *deriv.*

mastite [comp. di *mast(o)* e *-ite* (*1*); 1834] **s. f.** ● (*med.*) Infiammazione della ghiandola mammaria. **SIN.** Mastadenite.

màsto- [dal gr. *mastós* 'mammella'] primo elemento ● In parole composte della terminologia scientifica, significa 'mammella': *mastodinia.*

mastocarcinòma [comp. di *masto-* e *carcinoma*] **s. m.** (**pl.** *-i*) ● (*med., raro*) Carcinoma della mammella.

mastocita o **mastocito** [comp. di *masto-* e *-cita* (o *-cito*); 1957] **s. m.** (**pl.** *-i*) ● (*biol.*) Mastcellula.

mastodinia [comp. di *masto-* e del gr. *odýnē* 'dolore'; 1834] **s. f.** ● (*med.*) Sensazione dolorosa alla mammella con tensione e inturgidimento della ghiandola. **SIN.** Mastalgia.

mastodónte [comp. di *masto-* e del gr. *odóus*, genit. *odóntos* 'dente'; detti così perché i molari sembravano, per la forma, capezzoli di una mammella; 1819] **s. m.** *1* Elefante del Terziario, provvisto di zanne su mandibola e mascella, inegualmente sviluppate, corpo lungo, arti corti (*Mastodon*). ➡ **ILL. paleontologia.** *2* (*fig.*) Persona grande, grossa e lenta di movimenti | (*fig.*) ***I mastodonti della strada***, gli autotreni.

mastodòntico [da *mastodonte*; 1891] **agg.** (**pl. m.** *-ci*) ● Grandissimo, enorme, gigantesco: *errore m.*; *tavolo, armadio m.*

mastoflogòsi o **mastoflògosi** [comp. di *masto-* e *flogosi*; 1834] **s. f. inv.** ● (*med.*) Mastite.

mastografia [comp. di *masto-* e *-grafia*] **s. f.** ● (*med., raro*) Mammografia.

mastòide [vc. dotta, gr. *mastoeidḗs* 'simile a mammella', comp. di *mastós* 'mammella' e *-eidḗs* '-oide', per la forma; av. 1704] **s. f.** ● (*anat.*) Apofisi a forma di cono dell'osso temporale, situata dietro il padiglione dell'orecchio.

mastoidectomia [comp. di *mastoid(e)* ed *-ectomia*; 1957] **s. f.** ● (*chir.*) Operazione che consiste nell'apertura e svuotamento della mastoide, nei casi di mastoidite purulenta.

mastoidèo [1681] **agg.** ● (*anat.*) Della mastoide.

mastoidite [comp. di *mastoide* e *-ite* (*1*); 1841] **s. f.** ● (*med.*) Infiammazione della mastoide.

mastopatia [comp. di *masto-* e *-patia*] **s. f.** ● (*med.*) Affezione mammaria.

mastoplàstica [comp. di *masto-* e *plastica*] **s. f.** ● (*chir.*) Intervento di chirurgia plastica sulla mammella a scopo estetico o ricostruttivo.

mastoptòsi [comp. di *masto-* e *ptosi*] **s. f. inv.** ● (*med.*) Abbassamento delle mammelle femminili.

màstra (**1**) [gr. *máktra*, da *mássein* 'impastare'. V. *massa*; 1600] **s. f.** *1* Grossa madia dove i fornai impastavano il pane. *2* Cassone o bancone usato in varie lavorazioni artigianali.

màstra (**2**) [V. *maestra* nel sign. 4; 1834] **s. f.** *1* (*mar.*) Apertura dotata di un collare di rinforzo praticata nei ponti per il passaggio dell'albero. *2* (*mar.*) Cornice disposta intorno a ogni apertura del ponte per impedire all'acqua di entrare sottocoperta.

mastrino [propr. dim. di *mastro* nel sign. B2; 1970] **s. m.** ● Ciascuno dei conti di contabilità generale.

màstro [lat. *magĭstru(m)* 'maestro'; sec. XIII] **A s. m.** (**f.** *-a*) *1* V. *maestro* nel sign. A1. *2* Artigiano o artefice provetto: *l'opra ch'in voi miglior m. scolpio* (COLONNA) | ***Capo m.***, V. *capomastro*. *3* Libro mastro. **B agg.** *1* V. *maestro* nel sign. B1. *2* ***Libro m.***, registro che raccoglie tutte le partite specificate negli altri libri riportate nel dare e nell'avere dei singoli conti. ‖ **mastrino**, **dim.** (V.).

mastrùca o **mastrùcca** [vc. dotta, lat. *mastrūca(m)*, di orig. preindeur.; 1585] **s. f.** ● Giaccone di pelle di capra o di montone portato un tempo dai pastori.

masturbàre [vc. dotta, lat. *masturbāri*, di etim. discussa: la prima parte della parola dovrebbe essere *mănus* 'mano', ma la seconda parte è più incerta; 1499] **A v. tr.** ● Provocare il piacere sessuale mediante manipolazione dei genitali. **B v. rifl.** ● Provocare il piacere sessuale su sé stessi mediante manipolazione dei propri genitali.

masturbatóre [vc. dotta, lat. *masturbatōre(m)*, da *masturbāri* 'masturbare'; av. 1956] **s. m.** (**f.** *-trice*); anche **agg.** ● Chi (o Che) pratica la masturbazione su sé stesso o su altri.

masturbatòrio [1965] **agg.** ● Relativo alla masturbazione (*anche in senso figurato*): *pratiche masturbatorie*: *intellettualismo m.*

masturbazióne [fr. *masturbation*, dal lat. *masturbāri* 'masturbare'; 1735] **s. f.** ● Pratica erotica del masturbare e del masturbarsi | (*est. fig.*) Autocompiacimento morboso e narcisistico: *m. intellettuale.*

masùrio [dai laghi *Masuri*, in Polonia; 1938] **s. m.** ● (*chim.*) Tecnezio.

masùt o **mazùt** [russo *mazut*, dall'ar. *makzulat* 'residui', attraverso il turco tartaro; 1931] **s. m. inv.** ● Combustibile minerale derivante dalla lavorazione dei petroli russi.

mat /mɛt, mat, *ingl.* mæt/ [vc. ingl., dal fr. *mat* 'opaco, non brillante', dal lat. *mättu(m)* 'umido'] **agg. inv.** ● Opaco, satinato, detto di carta, anche fotografica, di superficie verniciata, metallica e sim.

matador /*sp.* mataˈðɔr/ [vc. sp., da *matar* 'uccidere', dal lat. *mactāre*. V. *mattare* (*2*); 1835] **s. m. inv.** (**pl.** sp. *matadores*) *1* Il torero che, nella corrida, ha il compito di uccidere il toro con la spada e a piedi. **SIN.** Espada. *2* (*raro, fig.*) Mattatore nel sign. 2.

matafióne o **mattafióne** [etim. incerta; av. 1484] **s. m.** ● (*mar.*) Ciascuna delle piccole cime fissate alle vele e alle tende che servono per serrarle | ***M. di terzarolo***, quello che serve per serrare la parte della vela ripiegata. ➡ **ILL.** p. 2173 TRASPORTI.

matàllo [vc. di orig. preindeur.; 1834] **s. m.** ● (*bot.*) Sorbo degli uccellatori.

matamàta [vc. tupi; 1957] **s. f.** ● Tartaruga sudamericana di acqua dolce, con lungo collo, testa triangolare e appiattita e muso che si prolunga in una specie di proboscide sottile (*Chelus fimbriatus*).

matamòro [sp. *matamoros* 'uccisore di mori', personaggio di commedia che si vantava di imprese straordinarie, esagerandole o addirittura inventandole; 1857] **s. m.** ● (*lett.*) Millantatore, spaccone.

matapàn o **matapàne** [ar. *mautabān*, n. di una moneta in corso durante le crociate; 1934] **s. m.** ● Moneta veneziana d'argento del valore di 12 denari, coniata per la prima volta nel 1202 sotto il doge Enrico Dandolo.

†**mataràzzo** ● V. *materasso.*

matàssa [lat. *matăxa(m)*, nom. *matăxa*, dal gr. *mátaxa*, *métaxa* 'seta', di etim. incerta; 1364] **s. f.**

1 Insieme di fili avvolti a mano o con l'aspo, disposti ordinatamente in più giri uno sull'altro: *una m. di cotone, seta, lana, spago* | ***Arruffare la m.***, (*fig.*) confondere o complicare le cose | ***Cercare il bandolo della m.***, (*fig.*) il punto da cui inizia la soluzione di qlco. | ***Sbrogliare, dipanare la m.***, (*fig.*) risolvere un problema, una questione complessa e sim. | (*est.*) Insieme di cose avviluppate a mo' di matassa: *una m. di cinghie, di serpi.* *2* (*fig.*) Imbroglio, intrigo, confusione: *aiutami ad esplicare i nodi di questa intricata matassa.* *3* (*elettr.*) Parte dei conduttori avvolti sullo statore o sul rotore di una macchina elettrica costituenti un insieme costruttivo. || **matassàccia**, **pegg.** | **matassèlla**, **dim.** | **matassétta**, **dim.** | **matassina**, **dim.** | **matassino**, **dim. m.**

†**matassàta** **s. f.** ● Quantità di matasse.

matassatóre [1957] **s. m.** (f. *-trice*) ● Operaio tessile addetto alla matassatura.

matassatùra [1957] **s. f.** ● Operazione con cui nell'industria dei filati si fanno le matasse.

match /*ingl.* mætʃ/ [vc. ingl., *to match* 'gareggiare', dall'ant. ingl. *mac-ian* 'fare', di orig. germ.; 1889] **s. m. inv.** (pl. ingl. *matches*) *1* Incontro sportivo, spec. di pugilato. *2* Nell'ippica, corsa nella quale sono impegnati due soli cavalli.

match ball /*ingl.* 'mætʃ,bɔːl/ [loc. ingl., propr. 'palla (*ball*) partita (*match*)'] **loc. sost. m. inv.** (pl. ingl. *match balls*) ● (*sport*) In alcuni giochi di palla, come il tennis e la pallavolo, palla che dà la possibilità di vincere l'incontro.

match point /*ingl.* 'mætʃ 'pɔɪnt/ [loc. ingl., propr. 'punto (*point*) partita (*match*)'; 1985] **loc. sost. m. inv.** (pl. ingl. *match points*) ● (*sport*) Nel tennis, punto conclusivo che permette di vincere l'incontro.

match winner /*ingl.* 'mætʃ 'wɪnəɹ/ [loc. ingl., propr. 'vincitore (*winner*) dell'incontro (*match*)'] **loc. sost. m. e f. inv.** (pl. ingl. *match winners*) ● (*sport*) Giocatore che dà un apporto decisivo per la vittoria della propria squadra | (*fig.*) Persona che vince, che ha successo; **SIN.** Vincente.

màte /*sp.* 'mate/ o **matè** [vc. sp., da una lingua del Perù; 1862] **s. m. inv.** (pl. sp. *mates*) *1* Albero sudamericano delle Celastracee le cui foglie si usano per preparare un infuso (*Ilex paraguayensis*). **SIN.** Tè del Paraguay. ➡ **ILL. piante**/5. *2* Bevanda ottenuta per infusione delle foglie del mate, leggermente eccitante per la bassa percentuale di caffeina che contiene.

matelassé /*fr.* matəla'se/ [vc. fr., propr. part. pass. di *matelasser*, da *matelas* 'materasso' (dall'it. *materasso*); 1939] **agg. inv.** ● Detto di tessuto di raso o di lana leggermente imbottito e trapuntato, usato spec. per coperte e vestaglie.

♦**matemàtica** [vc. dotta, lat. *mathemătica(m)* (*ărtem*), nom. *mathemătica* (*ārs*), dal gr. *mathēmatikḗ* (*téchnē*), da *máthēma* 'insegnamento', da *manthánein* 'imparare', di orig. indeur.; av. 1294] **s. f.** *1* Scienza che, avvalendosi di metodi deduttivi, studia le proprietà di entità astratte quali i numeri, le figure geometriche e sim., le relazioni che si stabiliscono fra loro e la possibilità di applicazione dei suoi risultati alle altre scienze | ***M. applicata***, che si occupa delle applicazioni della matematica pura | ***M. elementare***, che comprende l'aritmetica, il calcolo algebrico e la geometria euclidea | ***M. finanziaria***, matematica applicata alla scienza delle finanze | ***M. pura***, che si occupa di questioni matematiche a sé stanti, indipendentemente dalle applicazioni. *2* (*fig.*) Logica, argomentazione certa e inoppugnabile spec. per la sua razionalità | ***Se la m. non è un'opinione***, (*anche scherz.*) espressione che si usa per avallare l'esattezza di un proprio calcolo, data l'inconfutabile precisione della scienza matematica: *mi devi ancora dieci euro, se la m. non è un'opinione.* *3* †Matesi, astrologia.

♦**matemàtico** [vc. dotta, lat. *mathemăticu(m)*, nom. *mathemăticus*, dal gr. *mathēmatikós*. V. *matematica*; 1308] **A agg.** (pl. m. *-ci*) *1* Della matematica, che è proprio della matematica: *regole matematiche.* *2* (*est.*) Di assoluta certezza e precisione: *evidenza matematica; ho la prova matematica della sua colpevolezza.* **SIN.** Esatto, sicuro. || **matematicaménte**, **avv.** *1* Per via matematica. *2* In modo assolutamente chiaro e preciso: *ne sono matematicamente certo.* **B s. m.** (f. *-a*) *1* Studioso di matematica. *2* †Indovino.

matematismo [da *matematico*; av. 1952] **s. m.** ● (*filos.*) Corrente di pensiero secondo cui la matematica fa cogliere e rivela l'essenza di ogni realtà | (*est.*) Atteggiamento, tendenza di chi privilegia e attua forme di conoscenza o di valutazione matematica e gener. razionale.

matematizzàre [denom. da *matematico*; 1951] **v. tr.** ● Conformare, ispirare al metodo matematico e gener. razionale | Valutare in termini matematici e gener. razionali.

†**matèra** ● V. *materia.*

materàno A agg. ● Di Matera, in Basilicata. **B s. m.** (f. *-a*) ● Abitante, nativo di Matera.

materàssa [1312] **s. f.** ● Materasso. || **materassàccia**, **pegg.** | **materassina**, **dim.** | **materassùccia**, **dim.**

materassàio [1442] **s. m.** (f. *-a*) ● Artigiano che confeziona o rinnova materassi, guanciali, trapunte: *ago da m.* | Venditore di materassi.

†**materassàta** **s. f.** ● Caduta da luogo alto.

materassino [sec. XIV] **s. m.** *1* Dim. di *materasso.* *2* Tappeto imbottito sul quale i lottatori e i ginnasti si allenano e gareggiano. *3* Oggetto pneumatico a forma di piccolo materasso su cui ci si distende sulla spiaggia, nell'acqua e sim.: *gonfiare, sgonfiare il m.*

♦**materàsso** o (*dial.*) †**materàzzo** [ar. *maṭraḥ* 'posto, luogo'; av. 1306] **A s. m.** *1* Suppellettile costituita da un involucro di tessuto imbottito di materiali soffici o elastici e debitamente trapunto, che si pone sul piano del letto e su cui ci si corica dopo averlo avvolto nelle lenzuola: *m. di lana, di crine; m. in latice; m. a molle; m. ortopedico; m. ad acqua.* *2* (*fig., gerg.*) Pugile che, abbandonata l'attività agonistica, fa da uomo di allenamento nelle palestre. *3* (*geol.*) ***M. alluvionale***, depositi alluvionali di notevole spessore. **B** in funzione di **agg. inv.** ● (posposto al s.) Spec. nella loc. ***squadra m.***, squadra che perde spesso e con punteggio pesante. || **materassàccio**, **pegg.** | **materassino**, **dim.** (V.) | **materassùccio**, **dim.**

♦**matèria** o †**matèra** [vc. dotta, lat. *matĕria(m)*, da *māter* 'madre'; in lat. è un termine della lingua rustica e indica la 'sostanza di cui è fatta la *māter*', cioè il tronco d'albero considerato come produttore dei polloni; sec. XII] **s. f.** *1* Ciò che costituisce la sostanza di un corpo: *m. solida, liquida; m. infiammabile, organica, inorganica; una superficie piana ... di m. dura come l'acciaio* (GALILEI) | ***Materie prime***, sostanze grezze che servono alle industrie. *2* Sostanza organica: *la m. del corpo umano* | (*anat.*) ***M. grigia***, sostanza grigia; (*fig.*) l'intelligenza | ***M. bianca***, sostanza bianca | ***M. cerebrale***, il complesso dei tessuti che costituisce il cervello | ***M. purulenta***, o (*assol.*) ***materia***, pus. *3* Il complesso degli elementi e argomenti del discorso, del pensiero, della ricerca e sim.: *entrare in m.; svolgere la m.; una m. delicata* | ***In m. di***, per quanto concerne, rispetto a | ***In m.***, riguardo all'argomento in questione: *non so nulla in m.* | (*est.*) Ciò che è trattato in opere scritte: *la m. è interessante; indice delle materie* | ***Catalogo per materie***, che raggruppa i libri secondo l'argomento, il soggetto trattato. *4* (*filos.*) In filosofia, soggetto, potenza, estensione, forza in quanto principio costitutivo della realtà naturale. *5* Disciplina, oggetto di studio o insegnamento scolastico: *m. obbligatoria, complementare, d'insegnamento, scientifica; approfondire, studiare, conoscere la m.* *6* (*fig.*) Occasione, motivo, pretesto: *dar m. a sospetti, a dicerie.* || **materiàccia**, **pegg.**

materialàccio [av. 1600] **agg.**; anche **s. m.** (f. *-a*; pl. f. *-ce*) *1* Pegg. di *materiale.* *2* Che (o Chi) è grossolano, sgarbato o volgare: *uomo m.*

♦**materiàle** [vc. dotta, lat. tardo *materiāle(m)*, da *matĕria*; 1308] **A agg.** *1* Di materia, della materia: *quantità m.* | Relativo o attinente alla materia: *struttura m.* *2* Che concerne la materia considerata come elemento contrapposto allo spirito: *progresso puramente m.* | ***Vita m.***, fisica | ***Interessi materiali***, relativi ai mezzi del vivere, al denaro, agli utili e sim. | ***Soccorso m.***, in alimenti, vestiario o denari | ***Amore m.***, sensuale | ***Necessità materiali***, economiche | ***Lavoro, fatica m.***, che impegna solo il fisico e non richiede applicazione dell'intelletto. **CONTR.** Intellettuale, spirituale. *3* (*raro*) Grosso, tozzo: *oggetto m.* | (*est.*) Grossolano, rozzo, sgraziato: *abito di fattura m.; è un uomo estremamente m. nei modi.* *4* Effettivo, reale: *datemi il tempo m. che mi occorre* | ***Errore m.***, che incide soltanto sull'esecuzione o realizzazione pratica di qlco. || **materialménte**, †**materialeménte**, **avv.** *1* In modo, con atto materiale; grossolanamente. *2* Sostanzialmente, effettivamente, fisicamente: *è materialmente impossibile fare quanto mi chiedi.* **B s. m.** *1* La materia necessaria per compiere o realizzare un certo lavoro: *l'industria ha fame di materiali; ho raccolto tutto il m. relativo alla nostra inchiesta* | ***M. da costruzione***, pietre, cemento e sim. | ***M. coibente, isolante***, per isolare conduttori elettrici. *2* L'insieme degli strumenti necessari per lo svolgimento di una determinata attività: *bisogna tener presente e valutare l'usura del m.* | ***M. scolastico***, arredi e mezzi didattici | ***M. chirurgico***, ferri, disinfettanti, bende e sim. | ***M. di artiglieria***, affusti, cannoni, munizioni e sim. | ***M. mobile, rotante***, veicoli in genere. **C agg.**; anche **s. m. e f.** ● (*spreg.*) Che (o Chi) è grossolano e volgare. || **materialàccio**, **pegg.** (V.) | **materialétto**, **dim.** | **materialóne**, **accr.** (V.) | **materialòtto**, **accr.** | **materialùccio**, **dim.**

materialismo [fr. *matérialisme*, dall'ingl. *materialism*, dal lat. tardo *materiālis* 'materiale'; 1767] **s. m.** *1* Dottrina filosofica secondo la quale tutta la realtà si riduce alla materia intesa come principio primo dell'universo | ***M. storico***, teoria propria di K. Marx e del pensiero marxista, secondo cui le cause principali dello sviluppo storico sono materiali, e particolarmente economiche | ***M. dialettico***, teoria elaborata da F. Engels e in seguito da N. Lenin, per cui la natura si sviluppa secondo i principi della dialettica. *2* (*spreg.*) Tendenza ad apprezzare e ricercare solo i beni e i piaceri materiali: *un secolo malato di m.*

materialista [fr. *matérialiste*, dall'ingl. *materialist*, dal lat. tardo *materiālis* 'materiale'; 1674] **agg.**; anche **s. m. e f.** (pl. m. *-i*) *1* (*filos.*) Chi (o Che) segue o si ispira al materialismo. *2* (*spreg.*) Che (o Chi) desidera e ricerca solo i beni e i piaceri materiali.

materialistico [1829] **agg.** (pl. m. *-ci*) ● Che concerne o interessa il materialismo e i materialisti. || **materialisticaménte**, **avv.** Dal punto di vista del materialismo.

materialità [sec. XV] **s. f.** *1* Caratteristica o condizione di ciò che è materiale: *la m. delle passioni mondane.* *2* (*ragion.*) Importanza relativa di una qualsiasi voce contabile omessa o inserita nel bilancio di un'impresa.

materializzàre [fr. *matérialiser*, da *matérialité* 'materialità'; 1832] **A v. tr.** ● Rendere materiale | Considerare come materiale, corporeo: *non guarda alla spiritualità della bellezza, la materializza, vi s'insinua con una certa morbidezza* (DE SANCTIS). **B v. intr. pron.** *1* Prender corpo e forma materiale: *lo spirito si materializzò nell'ombra* | (*est., scherz.*) Apparire di colpo e inaspettatamente. *2* Divenire concreto: *la questione va materializzandosi.*

materializzazióne [fr. *matérialisation*, da *matérialiser* 'materializzare'; 1886] **s. f.** ● Il materializzare, il materializzarsi.

materialóne [accr. di *materiale*] **agg. e s. m.** (f. *-a*) ● Che (o Chi) è rozzo, grossolano, volgare ecc.

materiàre [ricostruito su *materiato*; 1905] **A v. tr.** (*io matèrio*) ● (*lett.*) Dare materia (*anche fig.*): *la nostalgia materia tutta l'opera di questo autore.* **B v. intr. pron.** ● (*lett.*) Acquistare un determinato contenuto: *una poesia che si materia di tristezza.*

materiàto [lat. mediev. *materiātu(m)*, da *matĕria* 'materia'; 1308] **agg.** *1* (*lett.*) Che è formato di una determinata materia (sempre costruito con la prep. *di*): *gioielli materiati d'oro.* *2* (*fig., lett.*) Costituito di un determinato elemento: *giornate materiate di malinconia.*

matèrico [1964] **agg.** (pl. m. *-ci*) ● Che riguarda la materia | ***Arte materica***, la pittura e la scultura che, come mezzi di espressione, si avvalgono, oltre che dei materiali tradizionali, anche di materiali insoliti quali stracci, legni bruciati, lamiere e sim.

materismo [1965] **s. m.** ● Arte materica.

†**maternàle** [1308] **agg.** ● Materno.

maternismo [da *materno*; 1952] **s. m.** ● Mammismo.

maternità [lat. mediev. *maternitāte(m)*, da *matĕrnus* 'materno'; 1614] **s. f.** *1* Condizione di madre: *donna alla prima m.* | (*est.*) Legame affettivo fra la madre e il figlio: *i dolori, le gioie della m.* | ***M. surrogata o sostitutiva***, quella di una donna che accetta di accogliere nel proprio utero un embrione prodotto con sistemi di fecondazione in vitro, portando a termine la gravidanza per conto dei genitori che hanno fornito i gameti. **2** Reparto ospedaliero in cui vengono ricoverate le donne gravide in vista del parto o le puerpere. **3** L'insieme del nome e cognome della madre, come elemento di riconoscimento: *indicare paternità e m.* **4** Il periodo di assenza dal lavoro, regolarmente retribuito, che spetta a una lavoratrice dipendente prima e dopo il parto: *essere in m.*; *mettersi in m.* **5** Titolo reverenziale attribuito a monache e a badesse: *Vostra m.*

maternizzazióne s. f. ● La presenza assidua e costante della madre accanto a un bambino ricoverato in ospedale.

♦**matèrno** [vc. dotta, lat. *matĕrnu(m)*, da *māter* 'madre'; 1319] agg. **1** Di madre: *cuore, amore m.* | Da madre: *tenerezza materna* | ***Scuola materna***, riservata ai bambini in età compresa fra i tre e i sei anni e avente finalità educativo-ricreative. SIN. Asilo. **2** Per parte di madre: *avo, zio m.*; *eredità materna.* **3** Del luogo o paese in cui si è nati, o in cui qlco. è nata: *lingua materna.* || **maternaménte**, avv. Con sentimento di madre: *allevare, amare maternamente.*

màtero [lat. *mătare(m)* 'giavellotto', di orig. gallica; 1891] s. m. ● (*dial.*) Pollone del ceppo del castagno usato per palo da viti.

materòzza [da avvicinare a *materozzolo*; av. 1539] s. f. ● Contenitore in grado di garantire l'afflusso del materiale fuso e la fuoriuscita delle scorie durante la colata nella forma.

materòzzolo [da *matero*; sec. XIV] s. m. ● Pezzetto di legno usato un tempo come portachiavi.

†**matèsi** [vc. dotta, lat. *mathēsi(m)*, nom. *mathēsis*, dal gr. *máthēsis*, da *manthánein* 'imparare'. V. *matematica*; 1585] s. f. inv. ● (*gener.*) Scienza | Matematica | Astrologia.

matètico [ingl. *mathetic*, dal gr. *máthēsis* 'apprendimento' (V. *matesi*); 1974] agg. (pl. m. *-ci*) ● Che si riferisce all'apprendimento: *la funzione matetica dei libri di testo.*

màtico [etim. incerta; 1891] s. m. (pl. *-ci*) ● Piperacea del Perù usata come condimento e come balsamico (*Piper angustifolium*).

matinée /fr. mati'ne/ [vc. fr., propr. 'mattinata'; 1870] s. f. inv. **1** Rappresentazione avente luogo al mattino o gener. in ore non serali: *m. cinematografica, teatrale.* **2** Giacca femminile da casa in tessuto leggero e variamente ornata, in uso nell'Ottocento.

♦**matita** [da *ematite*; 1528] s. f. **1** Strumento per scrivere, disegnare, colorare e sim., costituito da una mina racchiusa in un involucro di legno o di metallo: *m. copiativa, nera, rossa, blu.* SIN. Lapis. **2** Oggetto di forma analoga a una matita, usato per medicazioni o cosmesi: *m. per le labbra* | ***M. per gli occhi***, per disegnarne e farne risaltare i contorni | ***M. emostatica, medicamentosa***, per arrestare piccole emorragie o per curare piccole ferite o irritazioni cutanee. || **matitina**, dim. | **matitóna**, accr. | **matitóne**, accr. m.

matitatóio [sec. XVII] s. m. ● (*raro*) Cannello in cui un tempo si poneva la matita diventata troppo corta per poterla adoperare con maggiore facilità.

matràccio [fr. *matras*, dall'ar. *maṭara*; 1679] s. m. ● Recipiente di vetro resistente alla fiamma, di forma sferica od ovoidale con collo allungato, usato nei laboratori scientifici.

†**màtre** ● V. *madre.*

†**màtria** [dal lat. *māter*, genit. *mātris* 'madre', sul modello di *patria*; av. 1595] s. f. ● Luogo natio | Paese della madre.

matriàrca [comp. del lat. *māter*, genit. *mātris* 'madre' e *-arca*, sul modello di *patriarca*; 1961] s. f. **1** Figura di predominio nel matriarcato. **2** (*est.*) Donna che ha un'autorità indiscussa nell'ambito familiare.

matriarcàle [dal lat. *māter*, genit. *mātris* 'madre', sul modello di *patriarcale*; 1945] agg. ● Del matriarcato.

matriarcàto [dal lat. *māter*, genit. *mātris* 'madre', sul modello di *patriarcato*; 1927] s. m. **1** Istituzione ipotizzata dagli evoluzionisti del XIX sec. ma senza alcun riscontro nella realtà etnografica e storica che prevede, nelle società in cui vige la discendenza matrilineare, la gestione del potere da parte della donna. **2** (*est.*) Gestione femminile all'interno di una struttura sociale, come la famiglia.

matricàle [vc. dotta, lat. tardo *matricāle(m)*, da *mātrix*, genit. *matrīcis* 'matrice'; 1822] **A** agg. ● †Della matrice. **B** s. m. ● (*bot.*) Camomilla.

matricària [vc. dotta, lat. tardo *matricāria(m)*, da *mātrix*, genit. *matrīcis* 'utero, matrice', perché era usata come emmenagogo; 1499] s. f. ● (*bot.*) Camomilla.

matrice [vc. dotta, lat. *matrīce(m)*, da *māter*, genit. *mātris* 'madre'; 1308] **A** s. f. **1** (*lett.*) Utero. **2** (*biol.*) Stato germinativo di un tessuto: *m. ungueale.* **3** (*geol.*) ***M. di un minerale***, parte di una roccia sedimentaria clastica, a granuli fini che occupano gli interstizi fra gli elementi più grossolani. **4** (*fig.*) Fonte da cui qlco. trae la propria origine, le proprie caratteristiche fondamentali e sim.: *un poeta la cui m. culturale è chiaramente europea.* **5** Elemento che riproduce un originale qualsiasi ed è atto a riprodurlo mediante varie tecniche, lavorazioni e sim. | (*est.*) L'originale da cui si traggono copie e sim. | ***M. per duplicatori***, foglio che permette la duplicazione di testi, disegni e sim. | (*mecc.*) Elemento fisso che, accoppiato al punzone mobile, costituisce l'attrezzatura della pressa e conferisce la forma al pezzo, in lavori di imbutitura, trafilatura ed estensione. **6** Parte di un bollettario costituito di due parti congiunte, destinata ad essere conservata quale prova dall'emittente, quando l'altra è staccata e consegnata quale ricevuta. **7** (*mat.*) Quadro di elementi numerici disposti per righe orizzontali e colonne verticali | ***M. quadrata***, che ha tante righe quante colonne. **B** s. f.; anche agg. ● (*dial.*) Madre | ***Chiesa m.***, cattedrale.

matriciàle [1947] agg. ● (*mat.*) Relativo alle matrici: *calcolo m.*

matriciàno [aferesi di *amatriciano*; 1939] agg. ● (*centr.*) Amatriciano: *spaghetti alla matriciana.*

matricìda [vc. dotta, lat. *matricīda(m)*, comp. di *māter*, genit. *mātris* 'madre' e *-cīda* '-cida'; sec. XIV] s. m. e f. (pl. m. *-i*) ● Uccisore della propria madre.

matricìdio [vc. dotta, lat. *matricīdiu(m)*, comp. di *māter*, genit. *mātris* 'madre', e *-cīdium* '-cidio'; av. 1294] s. m. ● Uccisione della propria madre.

matricìna [f. sost. di *matricino*; 1862] s. f. ● Pianta che si lascia in piedi nei boschi cedui per sementa.

matricinàto [da *matricina*; 1959] **A** agg. ● Detto di bosco ceduo in cui sono state lasciate delle matricine. **B** s. m. ● Insieme delle matricine che nei boschi cedui sono lasciate in piedi durante il taglio.

matricìno [da *matrice*; 1652] agg. **1** Detto di lana a fibra dura e resistente che proviene dalla tosa di pecora madre o di pecora già tosata. **2** Detto di pecora dopo il parto. **3** (*bot.*) ***Albero m.***, matricina.

matrìcola [vc. dotta, lat. tardo *matrīcula(m)*, dim. di *mātrix*, genit. *matrīcis* 'matrice'; av. 1363] s. f. **1** Registro d'iscrizione di persone o cose facenti parte di una medesima categoria: *m. degli studenti universitari*; *certificato, attestato di m.* | (*est.*) Il numero assegnato in tale registro: *indicare la propria m.* **2** Persona contrassegnata con tale numero: *m. 354/23.* **3** Studente iscritto al primo anno di una facoltà universitaria: *una m. di ingegneria, di medicina* | ***Festa delle matricole***, tradizionale festa universitaria | ***Fare la m. a qlcu.***, sottoporre un neo-iscritto all'università a scherzi di vario genere, da parte degli studenti più anziani | (*est.*) Persona nuova all'esercizio di un'arte o mestiere: *è la m. del nostro ufficio*; *una m. del calcio.* **4** Ufficio o registro dell'amministrazione militare dove si conservano tutti i dati e le classificazioni anagrafiche del personale di servizio. || **matricolino**, dim. m. (V.).

matricolàre (1) agg. ● Della matricola: *numero m.*

matricolàre (2) **A** v. tr. (*io matricolo*) ● (*raro*) Immatricolare. **B** v. rifl. ● (*raro*) Iscriversi in un registro di matricola.

matricolàto [av. 1535] part. pass. di *matricolare* (*2*); anche agg. **1** Nei sign. del v. **2** (*fig., lett.*) Approvato, noto, riconosciuto: *dottore m.* **3** (*fig.*) Famigerato: *briccone, mariolo m.*; SIN. Patentato | (*scherz.*) Che la sa lunga: *furbo, furfante m.*

matricolazióne [da *matricolare* (*2*); av. 1786] s. f. ● (*raro*) Immatricolazione.

matricolino [av. 1889] s. m. **1** Dim. di *matricola.* **2** (*lett.*) Studente universitario iscritto al primo anno.

♦**matrigna** o **madrigna** [lat. tardo *matrīgna(m)*, da *māter*, genit. *mātris* 'madre' sul modello di *privīgnus* 'figliastro'; av. 1292] **A** s. f. **1** La nuova moglie del padre rispetto ai figli di primo letto. **2** (*fig.*) Madre ostile, nemica, non amorevole: *quella / che veramente è rea, che de' mortali / madre è di parto e di voler m.* (LEOPARDI). **B** in funzione di agg. f. ● (posposto al s.) Ostile, avverso: *sorte, natura m.*

†**matrignàle** [1546] agg. ● Di matrigna.

matrignésco [1879] agg. (pl. m. *-schi*) ● (*raro*) Di, da matrigna. || **matrignescaménte**, avv.

matrilineàre [comp. del lat. *māter*, genit. *mātris* 'madre' e *līnea* 'discendenza', con suff. agg.; 1957] agg. ● (*antrop.*) Che riguarda la matrilinearità | Che discende per via materna: *famiglia m.*; *ordinamento m.*

matrilinearità [da *matrilineare*] s. f. ● (*antrop.*) Sistema di discendenza per linea materna, nel quale i figli ereditano il patrimonio e la posizione sociale della madre.

matrilineo [1957] agg. ● (*antrop.*) Matrilineare.

matrilocàle [comp. del lat. *māter*, genit. *mātris* 'madre' e dell'it. *locale*; 1975] agg. ● (*antrop.*) Relativo a matrilocalità: *matrimonio, residenza m.* SIN. Uxorilocale.

matrilocalità [da *matrilocale*; 1957] s. f. ● (*antrop.*) Consuetudine per la quale una coppia sposata vive con il gruppo della madre della sposa. SIN. Uxorilocalità.

matrimoniàbile [1963] agg. ● (*scherz.*) Che si ritiene in grado di sposarsi: *ragazza m.*

matrimoniàle [vc. dotta, lat. tardo *matrimoniāle(m)*, da *matrimōnium* 'matrimonio'; av. 1292] agg. ● Di matrimonio, relativo a matrimonio: *pubblicazioni matrimoniali*; *vita m.* | ***Anello m.***, fede, vera | ***Letto m.***, a due piazze | ***Diritto m.***, parte del diritto civile e del diritto canonico che disciplina l'istituto del matrimonio. || **matrimonialménte**, avv. Come marito e moglie: *vivere matrimonialmente.*

matrimonialista [1963] s. m. e f. (pl. m. *-i*) ● Avvocato esperto in cause riguardanti il diritto matrimoniale.

♦**matrimònio** [vc. dotta, lat. *matrimōniu(m)*, da *māter*, genit. *mātris* 'madre', sul modello di *patrimōnium* 'patrimonio'; av. 1294] s. m. **1** Accordo tra un uomo e una donna stipulato alla presenza di un ufficiale dello stato civile o di un ministro di culto, con cui i soggetti contraenti si impegnano a instaurare e mantenere fra essi una comunanza di vita e d'interessi; CFR. -gamia, gamo-, -gamo | ***M. civile***, celebrato davanti a un ufficiale dello stato civile | ***M. religioso***, celebrato come sacramento davanti a un ministro di culto | ***M. canonico***, celebrato davanti a un ministro del culto cattolico e disciplinato dalle leggi della Chiesa cattolica | ***M. rato e non consumato***, matrimonio canonico non seguito dal compimento dell'atto coniugale | ***Fare, combinare un m.***, far sì che due persone di sesso diverso si incontrino e si sposino | ***Fare un buon m.***, sposarsi bene scegliendo la persona adatta o sposare una persona benestante | ***Partecipazione di m.***, cartoncini con cui i futuri sposi o le rispettive famiglie annunciano le prossime nozze, corredati a volte d'invito | ***M. di convenienza***, fatto per calcolo e non per amore | (*est.*) Durata dell'unione coniugale, vita coniugale: *un m. breve, lungo*; *il m. ha cambiato le sue abitudini.* **2** Cerimonia nuziale: *assistere al m.*; *un m. semplice, sfarzoso.* || **matrimoniàccio**, pegg. | **matrimonióne**, accr. | **matrimoniùccio**, dim.

matriòska o **matriòsca** [vc. russa, dim. fam. di un n. proprio f. che continua il lat. *matrōna(m)* 'matrona'; 1985] s. f. (pl. *russo matriosky*) ● Bambola di legno raffigurante una contadina russa in abito vivacemente colorato, smontabile in due parti e contenente una serie di bambole simili di grandezza decrescente, che si possono inserire l'una nell'altra.

matrizzàre [dal lat. *māter*, genit. *mātris* 'madre'; 1641] v. intr. (aus. *avere*) ● Assomigliare alla madre nelle fattezze e nel carattere.

matróna o **matròna** [vc. dotta, lat. *matrōna(m)*, sul modello di *patrōnus* 'patrono'; 1342] s. f. **1** Nell'antica Roma, signora di rango elevato | (*est.*) Nobile signora: *alto al genio di lui plaude il ventaglio / de le pingui matrone* (PARINI). **2** (*fig.*)

Donna formosa e imponente. **3** †Donna di servizio anziana e fedele.

matronàle [vc. dotta, lat. *matronāle(m)*, da *matrōna* 'matrona'; sec. XIV] **agg.** ● Di, da matrona (*anche fig.*): *dignità m.*; *portamento, fisico m.* ‖ **matronalménte**, avv.

Matronàlia [vc. dotta, lat. *matronālia*, nt. pl. sost. di *matronālis* 'matronale'] **s. m. pl.** ● Nell'antica Roma, festa che le matrone celebravano il primo giorno di marzo in onore di Giunone Lucina e delle divinità protettrici delle nozze.

matronèo [lat. mediev. *matronēu(m)*, da *matrōna*, sul modello di *gynaecēum* 'gineceo'; 1834] **s. m.** ● Galleria, riservata alle donne, che in talune chiese paleocristiane o romaniche corre sulle navate laterali affacciandosi sulla navata centrale.

matronimìa [da *matronimico*; 1957] **s. f.** ● Istituto sociale secondo cui i figli derivano il loro nome da quello della madre.

matronìmico [dal lat. *māter*, genit. *mātris* 'madre', sul modello di *patronimico*; av. 1729] **A agg.** (pl. m. *-ci*) ● Detto di nome derivato da quello della madre. **B s. m.** ● Nome derivato da quello materno.

matronişmo [da *matrona*] **s. m.** ● (*med.*) Precoce accrescimento corporeo delle bambine, con tendenza all'obesità, spec. per disfunzione di ghiandole endocrine.

màtta [sp. *mata*, da *matar* 'uccidere'. Cfr. *matador*] **s. f.** ● Carta da gioco alla quale, secondo le regole di alcuni giochi, si può attribuire qualsiasi valore.

mattacchióne [da *matto* (*1*); 1536] **s. m.** (f. *-a*) ● Persona dal temperamento allegro e bizzarro, che ama scherzi, burle e sim. **SIN.** Burlone, pazzerellone.

†**mattaccinàta** [av. 1654] **s. f.** ● (*lett.*) Rappresentazione, spettacolo di mattaccini: *m. di carnevale.*

mattaccìno [etim. discussa: da *matto* (*1*) (?); sec. XV] **A s. m.** **1** (f. *-a*) †Pagliaccio, buffone, giocoliere. **2** (*lett.*) Sonetto di argomento burlesco o satirico. **B agg.** ● (*raro, lett.*) Pazzerello, burlone.

mattafióne ● V. *matafione.*

mattaióne [da avvicinare a *mattone*; av. 1597] **s. m.** ● (*tosc.*) Terreno sterile per eccessiva compattezza dovuta alla presenza di uno strato di argilla.

mattàna [da *matto* (*1*); 1546] **s. f.** ● (*fam.*) Umore capriccioso e lunatico con dimostrazioni chiassose e sfrenate del proprio stato d'animo: *gli è presa la m.*; *lasciarono che quegli altri … sfogassero la m.* (BACCHELLI) | (*est.*) Capriccio, bizzarria: *le sue mattane primaverili.*

mattànza [sp. *matanza* 'uccisione', da *matar* 'uccidere'. V. *mattare* (*2*); av. 1862] **s. f.** ● (*merid.*) Fase finale della pesca dei tonni che, spinti nella tonnara, vengono uccisi e issati sulle barche | (*est.*) Serie di delitti sanguinosi, spec. ad opera della mafia.

mattàre (**1**) [da (*scacco*) *matto*; sec. XIII] **v. tr.** **1** Dare scacco matto: *il Bianco matta in due mosse.* **2** (*fig.*) †Vincere, superare.

†**mattàre** (**2**) [vc. dotta, lat. *mactāre* 'glorificare, immolare', poi 'uccidere', di etim. incerta; av. 1292] **v. tr.** **1** Uccidere, ammazzare | Straziare, torturare. **2** (*fig.*) Punire.

mattarèllo ● V. *matterello.*

†**mattaròzza** [V. *matterello*] **s. f.** ● Grossa estremità, spec. del battaglio della campana.

mattàta [da *matto* (*1*); 1905] **s. f.** ● (*pop.*) Azione da matto: *una delle sue solite mattate.*

mattatóio [da *mattare* (*2*); 1890] **s. m.** ● Macello pubblico o privato: *m. comunale*; *portare i vitelli al m.*

mattatóre [da *mattare* (*2*); per calco sullo sp. *matador* (V.) nel sign. 2; 1840] **s. m.** (f. *-trice*) **1** Chi, nei mattatoi, provvede all'abbattimento degli animali da macello. **2** (*fig.*) Chi è capace di accentrare su di sé l'attenzione del pubblico, chi si impone sugli altri, si mette in mostra e sim.: *fare il m. in una conversazione, in un lavoro, in uno spettacolo.* **3** (*raro*) Matador di una corrida.

mattazióne [vc. dotta, lat. *mactatiōne(m)* 'immolazione', da *mactāre*. V. *mattare* (*2*); 1860] **s. f.** ● (*raro*) Macellazione.

†**mattèa** [dal n. proprio *Mattea*, f. di *Matteo* (accostato paretimologicamente a *matto* (*1*)), con passaggio semantico non conosciuto; av. 1566] **s. f.** ● Nella loc. ***dondolare la m.***, parlare sconclusionatamente.

matteggiàre [comp. di *matt(o)* (*1*) e *-eggiare*; av. 1294] **v. intr.** (*io mattéggio*; aus. *avere*) ● (*raro*) Fare il matto, fare pazzie.

matterèllo o **mattarèllo** [dal lat. *māteris*. V. *matero*; av. 1755] **s. m.** ● Legno liscio cilindrico con cui in cucina si spiana e si assottiglia la sfoglia.

matterìa [da *matto* (*1*); av. 1306] **s. f.** **1** †Pazzia, stravaganza. **2** Azione o comportamento da matto, da stravagante: *è passata l'età delle matterie.* **SIN.** Pazzia, stramberia.

†**màttero** [V. *matterello*; sec. XIII] **s. m.** ● Bastone, randello.

matterùgio [da *matto* (*1*); 1840] **s. m.** **1** (*raro tosc.*) Scimunito. **2** (*tosc.*) †Uccelletto striminzito e gracile.

mattézza [sec. XIII] **s. f.** **1** (*raro*) Pazzia, follia | Atto, parola da matto. **2** †Scempiaggine, stupidaggine.

mattìa [av. 1292] **s. f.** ● (*raro, lett.*) Mattezza.

♦**mattìna** [lat. (*hōram*) *matutīna(m)* '(ora) mattutina'; av. 1250] **s. f.** ● Parte del giorno compresa fra il levare del sole e il mezzogiorno: *una bella m.*; *una m. triste e piovosa*; *ieri, domani m.*; *l'altra m. in un mio piccolo orto / andavo* (L. DE' MEDICI) | ***Di prima m.***, appena si è fatto giorno | ***Da m. a sera***, tutto il giorno | ***Dalla sera alla m.***, di cosa che dura molto poco | ***Perdere la m.***, trascorrerla con poco costrutto. ‖ **mattinàccia**, pegg.

mattinàle [fr. *matinal*, dal lat. tardo *matutināle(m)*, da *matutīnus* 'mattutino'; 1875] **A agg.** ● (*lett.*) Mattutino. **B s. m.** ● Rapporto contenente una serie di informazioni e valutazioni provenienti dagli uffici operativi dei capoluoghi di provincia, presentato ogni mattina al Capo dello Stato, al Presidente del Consiglio, ai ministri e sim. | Nella questura, registro sul quale vengono annotati i fatti delittuosi e le operazioni di polizia avvenuti nella notte.

mattinàre [av. 1873] **v. tr.** ● (*raro, lett.*) Risvegliare l'innamorata cantando la mattinata.

♦**mattinàta** (**1**) [da *mattino*; sec. XIII] **s. f.** **1** Le ore della mattina, spec. in riferimento al tempo che fa o agli avvenimenti che la caratterizzano: *le mattinate nebbiose di Milano*; *la m. è trascorsa in fretta*; *appuntamento, incontro in m.* | Guadagno di una mattina di lavoro: *una buona m.* **2** Canto amoroso con accompagnamento musicale, con cui si risvegliava al mattino la donna amata: *la m. di Leoncavallo.* ‖ **mattinatàccia**, pegg.

mattinàta (**2**) [calco sul fr. *matinée*; 1869] **s. f.** ● Spettacolo, rappresentazione, concerto che hanno luogo di mattina o nel primo pomeriggio: *m. cinematografica, teatrale*; *una m. per bambini.* **SIN.** Matinée.

mattinièro [1858] **agg.**; anche **s. m.** (f. *-a*) ● Che (o Chi) si leva di buon mattino: *mi piace essere m.*; *contrariamente alle tue abitudini oggi sei m.*

♦**mattìno** [lat. (*tĕmpus*) *matutīnu(m)* '(tempo) mattutino'; av. 1250] **A s. m.** **1** Parte del giorno compresa fra il levare del sole e il mezzogiorno (il termine è più raro, spec. nella lingua parlata, rispetto a *mattina*): *un m. sereno, luminoso, tiepido* | ***Di buon m.***, la mattina presto, per tempo | ***Dal m. alla sera***, tutto il giorno | ***L'astro del m.***, Venere, Lucifero | ***I giornali del m.***, che escono di prima mattina | ***Fare m.***, prolungare una serata (di lavoro, studio, divertimento ecc.) fino alle prime ore della mattina | ***Il m. della vita***, (*fig.*) la prima giovinezza. **2** (*raro*) Levante: *finestre esposte a m.* **B agg.** ● †Di mattino. ‖ **PROV.** Il buon dì si vede dal mattino; le ore del mattino hanno l'oro in bocca.

♦**màtto** (**1**) [lat. parl. *măt(t)u(m)* 'ubriaco', da *mădidus* 'bagnato, molle', poi anche 'ubriaco'. V. *madido*; sec. XIII] **A agg.** **1** Che è privo della ragione: *essere, sembrare m.*; *diventare m.*; *il dolore lo ha reso m.* | ***Sei m.?***, si dice a chi fa cose assurde o si comporta in modo impossibile | ***Andare m. per qlco.***, esserne appassionatissimo | ***Essere, sembrare m. dalla gioia***, felice oltre misura | ***Essere m. da legare, da catene***, assolutamente folle | ***È un tipo mezzo m.***, stravagante | ***Fossi m.!***, escl. di chi vuole negare di far qlco. con particolare forza | (*est.*) Bizzarro e difficile da trattare: *un cavallo m.* | (*est.*) Imprudente, stolto: *comportamento m.* | Stravagante, bizzarro: *quel tuo amico è una testa matta!* **CONTR.** Savio. **2** (*fig.*) Grande, enorme: *provare un gusto m.*; *una voglia, una paura matta* | ***Volere un bene m.***, amare moltissimo, incondizionatamente | ***Fare spese matte***, assurde, esagerate. **3** (*fig.*) Falso: *un monile d'oro m.* | ***Penna matta***, piuma più fine che resta sotto la penna degli uccelli | (*raro*) ***Soldo m.***, falso | ***Fungo m.***, (*pop.*) non commestibile. **4** (*fig.*) Opaco: *colore m.* **5** (*fam.*) Di parte del corpo debole o inferma: *avere una gamba matta.* **6** †Oppresso, spossato. ‖ **mattaménte**, avv. (*raro*) Pazzamente. **B s. m.** (f. *-a*) **1** Chi ha perso l'uso della ragione: *un povero m.*; *urlare come un m.* **SIN.** Demente, pazzo. **2** (*est.*) Persona che si comporta in modo bizzarro e stravagante: *fare il m.* | (*est., fam.*) Buontempone: *dove si è cacciato quel m.?* | ***Gabbia di matti***, luogo pieno di gente rumorosa e allegra | ***Dare nel m.***, fare cose assurde. **CONTR.** Savio. **3** Carta da gioco, uno dei ventidue trionfi dei tarocchi, che si confà con ogni carta e con ogni numero, e non può ammazzare né essere ammazzato | ***Essere come il m. nei tarocchi***, essere ben accetto dappertutto. ‖ **mattàccio**, pegg. | **mattacciuòlo**, dim. | **matterèllo**, dim. | **matterellóne**, accr. | **matterùllo**, dim. | **mattìccio**, dim. | **mattòcchio**, **mattòzzo**, dim. | **mattùccio**, dim.

màtto (**2**) [persiano (*Shâh*) *mât* '(il re) è morto'; av. 1306] **A agg.** ● Solo nella loc. ***scacco m.***, nel gioco degli scacchi, la mossa risolutiva, con cui si dà scacco al re senza che possa difendersi | ***Dare scacco m. a qlcu.***, (*fig.*) vincerlo, batterlo, superarlo. **B** anche **s. m.**: *m. in due mosse.*

mattòide [comp. di *matto* (*1*) e *-oide*; 1884] **agg.**; anche **s. m.** e **f.** **1** Che (o Chi) si comporta come un matto. **2** Che (o Chi) ha qualcosa di strano e bizzarro nel modo di fare o di comportarsi (*spec. scherz.*).

mattolìna [da *matto* (*1*); 1907] **s. f.** ● (*zool.*) Lodola dei prati.

mattonàia [da *mattone*; av. 1444] **s. f.** ● Spazio, luogo presso la fornace dove si fabbricano ed essiccano mattoni.

mattonàio [sec. XV] **s. m.** (f. *-a*) ● Operaio che lavora argilla per la produzione di mattoni.

mattonàre [da *mattone*; sec. XIV] **v. tr.** (*io mattóno*) ● Lastricare di mattoni: *m. una strada.*

mattonàta [av. 1769] **s. f.** **1** (*raro*) Colpo dato con un mattone. **2** (*fig.*) Detto di ciò che è pesante e tedioso: *che m. quel film!*

mattonàto [av. 1342] **A part. pass.** di *mattonare*; anche **agg.** ● Nel sign. del v. **B s. m.** ● Ammattonato.

mattonatóre **s. m.** (f. *-trice*) ● Chi stende un pavimento di mattoni.

mattonatùra [1952] **s. f.** ● Lavoro del mattonare.

mattoncìno **s. m.** **1** Dim. di *mattone.* **2** Piccolo mattone, spec. di plastica, adatto a essere incastrato nei giochi di costruzioni: *i mattoncini del Lego.*

♦**mattóne** [vc. di orig. preindeur.; av. 1292] **A s. m.** **1** Laterizio a forma parallelepipeda, pieno o forato, fabbricato con argilla comune e cotto al forno, che si impiega nelle costruzioni | ***M. refrattario***, che resiste al fuoco senza calcinarsi | ***Muro di un m.***, profondo quanto il mattone nel senso della lunghezza | ***Muro di mezzo m.***, profondo quanto il mattone nel senso della larghezza | ***M. per taglio, per coltello, di costa***, che poggia sul piano più stretto | ***M. in spessore***, che presenta all'esterno la sua lunghezza | ***M. a chiave***, che presenta la sua larghezza | Nel linguaggio giornalistico, il mercato immobiliare, l'acquisto di case: *torna la fiducia nel m.* | (*scherz.*) ***Ballo del m.***, quello, dal ritmo molto lento, in cui i due ballerini sono abbracciati strettamente stando quasi fermi. **2** (*fig.*) Peso | (*pop.*) ***Gli sembra di avere un m. sullo stomaco***, a causa della digestione lenta e difficoltosa | (*est.*) Cosa o persona pedante e noiosa: *quel libro è proprio un m.*; *che m. quel film!*; *non desidero vedere quel m. del tuo amico.* **3** (*spec. al pl.*) †Quadri, seme delle carte da gioco francesi. **B** in funzione di **agg. inv.** ● (posposto al s.) Che ha il colore rosso cupo proprio della terracotta: *tessuto color m.*; *rosso m.* ‖ **mattoncèllo**, dim. | **mattoncìno**, dim. (V.) | **mattonèlla**, dim. f. (V.) | **mattonétto**, dim. (V.).

mattonèlla [1701] **s. f.** **1** Dim. di *mattone.* **2** Piastrella: *parete rivestita di mattonelle.* **3** (*est.*) Oggetto avente forma analoga a quella di un mattone o di una mattonella | ***Stoffa a m.***, a quadretti. **4** Gioco di ragazzi, consistente nel colpire o avvicinare un bersaglio con un sasso, o altro oggetto, piatto simile a una mattonella. **SIN.** Murella. **5** (*est., merid.*) Specie di gelato compresso in un contenitore a forma di mattonella. *6* Ciascuna delle quattro sponde, imbottite dalla parte di dentro, che fiancheggiano la tavola del biliardo | (*raro, tosc.*) ***Di m.***, di rimbalzo; (*fig.*) indirettamente. *7* (*est.*) Aggregato di materiale vario, usato come combustibile.

mattonellificio [comp. di *mattonella* e *-ficio*; 1963] **s. m.** ● Fabbrica di mattonelle.

mattonétto [1957] **s. m.** *1* Dim. di *mattone*. *2* Mattone stretto, per tramezzi, canne fumarie e sim.

mattonièra [1957] **s. f.** ● Macchina per fabbricare mattoni in serie.

†**mattonière** **s. m.** ● Mattonaio.

mattonificio [comp. di *mattone* e *-ficio*; 1957] **s. m.** ● Fabbrica di mattoni.

†**màttora** [stessa etim. di *mastra*; 1834] **s. f.** ● Madia.

mattùgio [da *matto* (*1*); av. 1449] **agg.** (**pl. f.** *-gie*) ● Matterugio.

†**mattutina** **s. f.** ● Mattina.

†**mattutinàle** [V. *mattinale*; sec. XIV] **agg.** ● Del mattino.

mattutino [vc. dotta, lat. *matutīnu(m)*, da *Matūta*, dea del mattino, dalla stessa radice da cui deriva anche *mānis*. V. *mane*; av. 1306] **A agg.** *1* Che è proprio della mattina o avviene di prima mattina: *l'aria mattutina è fresca*; *fece una solitaria gita mattutina*; *a me non vide / ... dall'eterea porta / il m. albor* (LEOPARDI) | (*est.*) Della mattina sino a mezzogiorno: *seduta mattutina*; *ore mattutine*. *2* (*lett.*) Mattiniero: *alzarsi, partire m.* **B s. m.** *1* Nella liturgia, parte dell'ufficio canonico recitata un tempo nella prima ora del giorno e, in alcune comunità religiose, prima dell'alba; dopo il Concilio Ecumenico Vaticano Secondo, può essere recitato in qualsiasi ora del giorno ed è denominato anche Ufficio delle Letture | (*fig.*) †***Cantare il m. a qlcu.***, parlargli liberamente | (*est.*) Ora canonica di mattutino, corrispondente alle tre dopo mezzanotte. *2* Suono della campana che annunzia tale ora. *3* (*est.*) Suono della campana che annuncia una nuova giornata: *lo sveglia sempre il m.* *4* (*raro, lett.*) Il mattino: *stamane, poco innanzi m.* (BOCCACCIO).

maturaménto [av. 1320] **s. m.** ● (*raro*) Maturazione.

maturàndo [da *maturare* col suff. di imminenza *-ando*, proprio dei gerundivi lat.; 1931] **s. m.** (**f.** *-a*) ● Chi deve sostenere l'esame statale di maturità.

†**maturànza** [1766] **s. f.** ● Maturazione.

♦**maturàre** [lat. *maturāre*, da *matūrus* 'maturo'; av. 1250] **A v. tr.** *1* Rendere maturo: *il sole matura i frutti* | (*fig.*) Rendere più giudizioso, più adulto: *la disgrazia ha maturato quel ragazzo*. *2* (*fig.*) Meditare, considerare, valutare a lungo e con ponderatezza: *m. un'idea, un concetto, un proposito*. *3* (*fig.*) Portare a compimento, perfezionare: *m. il piano d'attacco*. *4* (*fig.*) Promuovere un candidato all'esame statale di maturità. **B v. intr. e intr. pron.** (aus. *essere*) *1* Venire a maturità: *è un frutto che non matura mai* | ***Il vino matura***, diventa stagionato. *2* Giungere alla maturità intellettuale e psichica, detto di persona: *è molto giovane, maturerà con gli anni*. *3* Giungere a compimento, a una data condizione, detto di cose: *l'avvenimento sta ormai maturando* | ***Il bubbone è maturato***, è giunto a suppurazione | ***I tempi maturano***, si avvicina il momento in cui si verificherà un evento atteso | Scadere: *matura il termine fissato*. *4* (*econ.*) Divenire esigibile per il trascorrere del tempo: *interessi che sono maturati*. || **PROV.** Col tempo e con la paglia maturano le nespole e la canaglia.

maturativo [av. 1539] **agg.** ● (*raro*) Che è in grado di far maturare.

maturàto [1499] **part. pass.** di *maturare*; anche **agg.** *1* Che ha raggiunto la maturazione. *2* (*fig.*) Decorso: *il trimestre appena m.* | Meditato: *idee maturate a lungo*. || **maturataménte**, **avv.**

maturatóre **A agg.**; anche **s. m.** (**f.** *-trice*) ● †Che (o Chi) fa maturare. **B s. m.** ● In apicoltura, recipiente in cui il miele, estratto dai favi, viene lasciato per qualche tempo a contatto con l'aria per perdere l'acqua in eccesso e completare la maturazione.

maturazióne [da *maturare*; il lat. *maturātio*, genit. *maturatiōnis*, aveva il sign. di 'celerità, fretta, precipitazione'; 1336 ca.] **s. f.** *1* Il maturare | Processo per cui qlco. diviene maturo, compiuto, definitivo e sim.: *m. dei frutti* | (*fig.*) Raggiungimento di una condizione di maturità: *la m. di un artista* | Elaborazione, perfezionamento: *m. di un'idea, di un piano*. *2* Condizione di ciò che è maturo | Scadenza: *m. di un termine*; *interessi giunti a m.* | ***M. di un bubbone***, suppurazione.

maturézza [1342] **s. f.** ● (*lett.*) Maturazione | Maturità.

†**maturire** [av. 1557] **v. intr.** ● Maturare.

maturità [vc. dotta, lat. *maturitāte(m)*, da *matūrus* 'maturo'; av. 1294] **s. f.** *1* Condizione di ciò che è maturo: *m. dei frutti, dell'uva, delle biade* | ***Venire, giungere a m.***, maturare. *2* (*fig.*) Età umana intercorrente fra la giovinezza e la vecchiaia: *è ora nel pieno della m.*; *è già pervenuto alla m.* | ***M. degli anni***, età matura. *3* (*fig.*) Pieno sviluppo delle facoltà intellettuali e morali: *l'esperienza lo ha portato precocemente alla m.*; *quella ragazza mostra grande m.* | (*est.*) Capacità di agire rettamente e con assoluta indipendenza: *la m. necessaria per intraprendere quel lavoro*; *il popolo pervenne rapidamente alla m. politica*. *4* (*fig., lett.*) Compimento, perfezione: *la deliberazione fu portata faticosamente a m.*; *l'avvenimento è giunto a m.* *5* Diploma ottenuto al termine di un corso di scuola secondaria superiore, dopo il superamento di un esame di stato: *esame di m.*

♦**matùro** [lat. *matūru(m)*, dalla stessa radice di *mānis* (V. *mane*) e *matutīnus* 'mattutino'; sec. XIII] **A agg.** *1* Giunto a completo sviluppo, detto di prodotto agricolo: *frutto m.* | ***Troppo m.***, sfatto | ***Vino m.***, cui la stagionatura ha tolto il sapore di mosto e conferito limpidezza e corposità. **CONTR.** Acerbo. *2* Detto di chi si trova in età adulta, avanzata: *uomo m.*; *essere m. di anni* | ***Età matura***, quella che precede immediatamente la vecchiaia | (*fam.*) Piuttosto anziano: *non ha più l'età per certe cose, ormai è una donna matura*. *3* Detto di chi ha raggiunto un completo sviluppo psichico e intellettuale: *gli anni e lo studio l'hanno reso m.* | (*est.*) Prudente, savio, accorto, equilibrato: *è molto m. per la sua età*; *senno, discernimento m.*; *padri diligenti e maturi* (ALBERTI) | Che è in grado d'assolvere determinate funzioni: *giovane m. per il matrimonio*; *popolo m. per ottenere l'indipendenza*. *4* Detto di cosa che ha raggiunto la compiutezza: *avvenimento m.*; *esperienza matura* | ***I tempi sono maturi per agire***, è giunto il momento opportuno. *5* Detto di cosa, che è stata ben meditata e considerata in tutte le possibili conseguenze: *consiglio m.*; *deliberazione matura*; *gli espose il suo pensiero dopo un m. esame del problema*. *6* Che ha positivamente sostenuto l'esame statale di maturità: *tutti quei giovani si sono dimostrati maturi*. || **maturaménte**, **avv.** (*raro*) Con la debita preparazione e prudenza: *valutare, deliberare, procedere maturamente*. **B s. m.** (**f.** *-a*) ● Chi ha superato l'esame di maturità: *quasi tutti i maturi si iscriveranno all'Università*. || **PROV.** Quando la pera è matura, casca da sé. || **maturétto**, **dim.** | **maturóne**, **accr.** | **maturòtto**, **accr.**

matùsa [da *Matusa(lemme)* (V.); 1966] **s. m. e f. inv.** ● (*scherz.*) Persona adulta o, gener., considerata invecchiata e superata per mentalità, comportamento e sim. da parte di chi è più giovane.

matusalèmme o (*raro*) **matusalèm** o **matùsalem** [ebr. *Mĕtûshelâh*, attraverso il lat. crist., n. di uno dei patriarchi dell'Antico Testamento che avrebbe raggiunto i 969 anni d'età; av. 1643] **s. m. e f. inv.** ● (*fam.*) Persona molto vecchia (*anche iron.*): *con l'età che ha è ormai un m.*

†**maùnque** [comp. di *ma(i)* e *unque*] **avv.** ● (*raro*) Giammai.

maurino [1834] **s. m.** ● Monaco Benedettino appartenente alla congregazione di San Mauro istituita a Parigi nel 1618 e soppressa al tempo della Rivoluzione francese.

mauritàno [av. 1375] **A agg.** ● Della Mauritania. **B s. m.** (**f.** *-a*) ● Abitante, nativo della Mauritania.

maurizia [chiamata così in onore di Giovanni *Maurizio*, conte di Nassau-Siegen (1567-1625); 1891] **s. f.** ● Palma americana con caule spinoso (*Mauritia aculeata*).

mauriziàno [1614] **agg.** ● Dell'ordine dei Santi Maurizio e Lazzaro: *nastro dell'ordine m.*; *ospedale m.*

màuro [vc. dotta, lat. *Māuru(m)*, nom. *Māurus*, dal gr. *Mâuros* 'della Mauritania'; av. 1374] **A agg.** ● Della Mauritania. **B s. m.** (**f.** *-a*) ● Abitante della Mauritania.

màuser [dal n. degli armaioli ted. P. e W. *Mauser*, che costruirono il fucile nel 1865; 1905] **A s. m. inv.** ● Fucile a ripetizione. **B s. f. inv.** ● Rivoltella a ripetizione.

mausolèo [vc. dotta, lat. *mausolēu(m)*, dal gr. *Mausōlêion*, da *Máusōlos*, re di Caria, in onore del quale fu edificato; av. 1375] **s. m.** ● Grandioso sepolcro monumentale per persona illustre: *m. di Teodorico*.

mauve /fr. moːv/ [vc. fr., lat. *mălva(m)* 'malva'; 1901] **s. m. inv.**; anche **agg. inv.** ● Nel linguaggio della moda, malva.

mauveina [dal fr. *mauve* 'malva'; 1957] **s. f.** ● (*chim.*) Malveina.

mavì [turco *mawi* 'ceruleo'; av. 1588] **agg.** ● (*raro, lett.*) Di color turchino chiaro.

mavòrzio [vc. dotta, lat. *Mavŏrtiu(m)*, agg. di *Māvors*, genit. *Mavŏrtis* 'Marte'; av. 1514] **agg.** ● (*raro, lett.*) Di Marte: *le mavorzie tube* (FOSCOLO).

max [abbr. dell'agg. lat. *măximum* 'massimo'] **avv.** ● Al massimo (spec. in geografia, in matematica e negli annunci economici): *velocità max 60 kilometri*; *cercasi venditore max trentenne*.

màxi [forma ellittica; 1967] **A s. m. inv.** ● Maxicappotto: *indossava un m. nero*. **B s. f. inv.** ● Maxigonna: *la moda della m.* **C agg. inv.** ● (posposto al s.) Detto di ciò che ha dimensioni superiori al normale: *un cappotto m.*; *una moto in versione m.*

màxi- [prefissoide ricavato prob. dal lat. *măxi(mum)* 'grandissimo', ma modellato, con funzione antagonista, su *mini-* (V.)] primo elemento ● In parole composte, fa riferimento a dimensioni assai grandi, spec. relativamente a capi d'abbigliamento: *maxicappotto, maxigonna, maximoto*.

maxicalcolatóre [comp. di *maxi-* e *calcolatore*] **s. m.** ● (*elab.*) Calcolatore di grandi dimensioni, caratterizzato da elevate capacità e velocità di elaborazione.

maxicappòtto [comp. di *maxi-* e *cappotto* (*1*); 1968] **s. m.** ● Cappotto, maschile o femminile, lungo fino alle caviglie.

maxigónna (o *-ó-*) [comp. di *maxi-* e *gonna*; 1967] **s. f.** ● Gonna lunga fino alle caviglie.

maxillo- [dal lat. *maxĭlla* 'mascella'] primo elemento ● In parole composte della terminologia medica, significa 'mascella' o indica relazione con le mascelle: *maxillofacciale, maxillolabiale*.

maxillofacciàle [comp. di *maxillo-* e *facciale*; 1983] **agg.** ● (*med.*) Che interessa la mascella e la faccia: *chirurgia m.*

maxillolabiàle [comp. di *maxillo-* e *labiale*; 1957] **agg.** ● (*med.*) Che interessa la mascella e le labbra.

maximòto [comp. di *maxi-* e *moto* (*3*); 1985] **s. f. inv.** ● Motocicletta di grossa cilindrata.

màximum [vc. lat., propr. 'massimo'; 1797] **A s. m. inv.** (**pl.** lat. *maxima*) ● (*econ.*) Prezzo massimo di qlco. **B s. f. inv.** ● (*filat.*) Cartolina da collezione, affrancata anteriormente con un francobollo la cui vignetta riproduce la stessa immagine. **C** anche **agg. inv.**: *cartolina m.*

maxiprocèsso [comp. di *maxi-* e *processo*; 1985] **s. m.** ● Lungo processo in cui è coinvolto un gran numero di imputati: *il m. alla mafia*.

maxischérmo (o *-è-*) [comp. di *maxi-* e *schermo*; 1987] **s. m.** ● Schermo di grandi dimensioni, collocato spec. in locali pubblici o luoghi frequentati, per la diffusione di programmi televisivi di particolare interesse.

màxwell /'maxwel/ [dal n. del fisico J. C. *Maxwell* (1831-1879); 1934] **s. m. inv.** ● (*fis.*) Unità di misura del flusso magnetico nel sistema CGS, pari a 10^{-8} weber. **SIMB.** Mx.

màya /sp. 'maja, ja/ [1929] **A s. m. e f. inv.** (**pl.** sp. *mayas*) ● Appartenente a un'antica popolazione indigena dell'America centrale, stanziata in regioni corrispondenti agli odierni Yucatán, Guatemala, Honduras, Salvador. **B agg. inv.** ● Dei Maya: *lingua, civiltà m.*; *templi m.*

mayday /ingl. 'meɪˌdeɪ/ [vc. ingl., corrispondente alla pronuncia del fr. (*venez*) *m'aider!* '(venite ad) aiutarmi!'; 1985] **s. m. inv.** *1* Segnale radiotelefonico internazionale di richiesta di soccorso; corrisponde al segnale di S.O.S. radiotelegrafico. *2* (*est.*) Richiesta di aiuto.

mazdàico /maz'daiko/ [1957] **agg.** (**pl. m.** *-ci*) ● Relativo al mazdaismo.

mazdaìsmo /mazda'izmo/ o **mazdeìsmo** /mazde'izmo/ [dal n. di *Ahura Mazdâ*, divinità suprema della religione di Zarathustra] **s. m.** ● (*relig.*) Zoroastrismo.

mazdèo /maz'dɛo/ **agg.** ● Mazdaico.

mazùrca o **mazùrka** [polacco *mazurka* 'della regione dei laghi *Masuri*'; 1814] **s. f.** ● Danza popolare di origine polacca in ritmo ternario, diffusa ancor oggi come danza di sala e usata anche nella musica colta: *le mazurche di Chopin*.

mazùt /ma'zut, *russo* ma'zuṭ/ ● V. *masut*.

♦**màzza** [lat. parl. **mătea(m)*, da cui il lat. *matĕola* 'mazzuola', di etim. incerta; sec. XIII] **s. f.** *1* Bastone, spec. grosso, di varia forma e dimensione: *lo colpì con una m.* | (*tosc.*) Bastone da passeggio: *m. elegante, col pomo d'argento; posò la m. e l'ombrello nell'anticamera* | †Membro virile | (*pop.*) ***Non contare, non capire una m.***, non contare, non capire nulla. *2* (*raro*) Lungo bastone portato da guardaportoni di teatri, case signorili, e sim., in particolari occasioni o dai mazzieri nelle processioni religiose. *3* Bastone di comando spec. militare | ***M. d'arme***, arma da botta d'acciaio massiccio, con testa sagomata atta a sfondare l'armatura dell'avversario | ***M. ferrata***, arma da botta con manico di legno e testa di ferro chiodato | ***M. snodata***, corta asta a cui è appesa una catena recante all'estremità una palla di ferro con o senza chiodi. *4* Grosso martello di ferro, con bocca quadra da entrambe le parti o da una sola parte, da impugnare a due mani, usato per battere il ferro sull'incudine, spaccare pietre e sim. *5* (*sport*) Bastone da baseball | Bastone da golf | Nel cricket, spatola di legno con cui i battitori lanciano la palla. *6* (*mus.*) Bastone con testa di feltro o di cuoio, usato per suonare la grancassa. *7* (*bot.*) ***M. di tamburo***, fungo commestibile delle Agaricacee, con cappello bianco a squamette grigio-rossastre (*Lepiota procera*) | ***M. d'Ercole***, fungo delle Clavariacee a forma di clava carnosa, giallo, commestibile (*Clavaria pistillaria*) | ***M. di S. Giuseppe***, oleandro | ***M. d'oro***, primulacea con fusto peloso e ghiandoloso, foglie inferiormente punteggiate di nero e fiori gialli in pannocchia (*Lysimachia vulgaris*). || **mazzàccia**, **pegg.** | **mazzétta**, **dim.** (V.) | **mazzòla**, **mazzuòla**, **dim.** (V.).

mazzacavàllo [da *mazza a cavallo*, perché è messa *a cavallo*, cioè in bilico su un altro palo; sec. XVI] **s. m.** *1* Lunga asta di legno con un secchio e un contrappeso alle estremità, messa trasversalmente in bilico su un'altra e usata un tempo negli orti per attingere acqua dai pozzi. *2* Macchina da guerra medievale costituita da una lunga trave in bilico su un'altra verticale, per sollevare uomini all'altezza delle mura da espugnare. **SIN.** Altaleno.

mazzàcchera [lat. tardo *maẓacara(m)* 'salsiccia', poi 'lombrico', di etim. incerta; 1481] **s. f.** ● Lenza senza ami per prendere anguille costituita da un filo attorno a cui è infilzato un mazzo di lombrichi | †***Pigliare a m.***, (*fig.*) prendere all'amo.

mazzafiónda [comp. di *mazza* e *fionda*; 1966] **s. f.** (pl. *mazzefiónde*) ● (*region.*) Fionda.

mazzafrùsto [comp. di *mazza* e *frusta*; sec. XIV] **s. m.** ● Antica arma costituita da un robusto manico a cui erano legate una o più sferze o catene, terminanti con palle di piombo o di ferro, broccate.

mazzagàtti o **mazzagàtto** [comp. di *(am)mazzare* e *gatto*; 1701] **s. m. inv.** ● (*ant.*) Pistola corta da tasca.

†**mazzamarróne** [comp. di *(am)mazzare* e *marrone*; av. 1400] **s. m.** ● Babbeo, sciocco.

mazzamurèllo o **mazzamauriello**, **mazzamurièllo** [vc. nap., propr. 'ammazza Mori': calco sullo sp. *matamoros*; 1907] **s. m.** ● (*dial.*) Folletto scherzoso e dispettoso, tipico del folclore meridionale: *un m. … sgrammaticato … mi cominciò a friggere … nel cranio … tutti i casi latini* (D'ANNUNZIO).

mazzancòlla [vc. romanesca, propr. 'mazza in collo' (?); 1957] **s. f.** ● (*zool.*) Specie di gambero commestibile appartenente al genere peneo.

mazzapicchiàre [da *mazzapicchio*; av. 1571] **v. tr.** (*io mazzapìcchio*) ● (*raro, lett.*) Battere con il mazzapicchio.

mazzapìcchio [da *mazza* (*da*) *picchio*; av. 1400] **s. m.** *1* Tipo di martello usato per cerchiare le botti | Martello di ferro un tempo usato dai macellai per abbattere le bestie. *2* Blocco di legno duro, assai pesante, cerchiato di ferro e impiegato per conficcare pali a piccola profondità nel terreno. *3* Mazzeranga.

mazzarànga ● V. *mazzeranga*.

†**mazzastànga** [comp. di *mazza* e *stanga*; 1605] **vc.** ● (*pop.*) Solo nella loc. ***lavorare a m.***, di tutta forza.

mazzàta [da *mazza*; 1353] **s. f.** *1* Colpo di mazza: *accecato dall'ira gli diede una m.* *2* (*fig.*) Improvvisa disgrazia o dolore che colpiscono violentemente: *la morte del figlio fu per lui una m.*; *il fallimento è stata una vera m.*

màzzera [ar. *mi'ṣara* 'macina'; 1803] **s. f.** ● (*merid.*) Mucchio di pietre legate alle reti delle tonnare per tenerle ferme al fondo.

mazzerànga o **mazzaranga** [da avvicinare a *mazza* (?); av. 1320] **s. f.** ● Attrezzo costituito da un grosso pestello di legno a tronco di cono, cerchiato di ferro, provvisto di manici, con cui si picchia e pareggia il selciato o si spiana e rassoda la terra. **SIN.** Mazzapicchio.

†**mazzeràre** [da *mazzera*; sec. XIII] **v. tr.** ● Uccidere una persona gettandola in acqua, con mani e piedi legati, chiusa in un sacco gravato da una grossa pietra.

†**màzzero** [vc. dotta, gr. *mazérós*, agg. di *mâza* 'focaccia, pane d'orzo'. V. *massa*; sec. XIII] **s. m.** ● Pane azzimo.

mazzétta (*1*) [dim. di *mazzo*] **s. f.** *1* Serie di campioni di tessuti disposti in piccolo mazzo. *2* Pacchetto di banconote dello stesso taglio. *3* (*pop.*) Somma di denaro data illegalmente a una persona, spec. dipendente di pubbliche amministrazioni, per ottenere favori | (*est.*) Somma di denaro che si dà a qlcu. al fine di corromperlo. *4* Ognuna delle due spallette laterali del vano della finestra, alle quali viene fissato il telaio. *5* (*pesca*) Corda che orla la bocca del sacco in alcune reti a strascico.

mazzétta (*2*) [av. 1488] **s. f.** *1* Dim. di *mazza*. *2* Nell'alpinismo, martello da roccia con la testa senza parte appuntita usato per conficcare i chiodi nella parete. *3* Mazza con manico corto usata per aprire fori da mina o per abbattere rocce | Martello usato dai cesellatori. || **mazzettina**, **dim.**

mazzetterìa [da *mazzetto*; 1983] **s. f.** ● Nel linguaggio del commercio floricolo, l'insieme dei mazzetti di fiori piccoli e di modesto valore.

mazzettière [da *mazzetta* (*2*); 1957] **s. m.** ● Spaccapietre.

mazzétto [sec. XV] **s. m.** *1* Dim. di *mazzo* | Insieme di erbe odorose che, spesso legate insieme, entrano nella preparazione di molti cibi | (*fam., tosc.*) ***Fare il m.***, in un gioco di carte, tenere in disparte le migliori a proprio vantaggio. *2* (*bot.*) Infiorescenza | ***Fiori a m.***, con peduncoli diritti, accostati e di altezza quasi uguale. || **mazzettóne**, **accr.** (V.).

mazzettóne [accr. di *mazzetto*; 1957] **s. m.** ● (*bot.*) Agrostemma.

mazziàto [part. pass. del nap. *mazziare* 'bastonare', da *mazza*; 1876] **agg.** ● (*dial.*) Bastonato di santa ragione | (*fig.*) ***Cornuto e mazziato***, detto di chi, in una determinata situazione, subisce il danno e le beffe.

†**mazzicàre** [da *mazza*; av. 1400] **v. tr.** *1* Battere con mazza e pertica | Battere il ferro caldo. *2* Masticare, maciullare.

mazzière (*1*) [da *mazza*; av. 1525] **s. m.** *1* Persona che ha l'incarico di camminare davanti a una processione o a un corteo, di precedere una banda e sim., recando una mazza con cui segna il ritmo del passo o della musica. *2* Persona che portava la mazza, insegna di comando e autorità presso signorie o magistrature. *3* Nei primi decenni del Novecento, propagandista politico filogovernativo che agiva, con metodi piuttosto violenti, in occasione delle elezioni, spec. nel Meridione | Picchiatore fascista.

mazzière (*2*) [da *mazzo*; 1965] **s. m.** (f. *-a*) ● Nei giochi di carte, chi tiene il mazzo e distribuisce le carte.

mazzinianìsmo o **mazzinianìsmo**, **mazzinianésimo** [av. 1907] **s. m.** ● Il complesso delle idee, delle teorie di G. Mazzini e il movimento politico ad esse ispirato.

mazziniàno o **mazziniàno** [av. 1866] **A agg.** ● Che si riferisce alla persona, al pensiero e all'opera di G. Mazzini. **B s. m.** (f. *-a*) ● Seguace del pensiero di G. Mazzini (1805-1872).

♦**màzzo** (*1*) [da *mazza*; sec. XIII] **s. m.** *1* Piccolo fascio di fiori o di erbe uniti o legati insieme: *durante la passeggiata raccolse un m. di fiori di campo*; *le ha regalato un bel m. di rose*; *un m. di sedani, di finocchi*; *vendere gli asparagi a mazzi.* *2* (*est.*) Insieme di più cose omogenee tenute unite: *m. di chiavi, di pennelli, di matite, di calze, di fazzoletti.* *3* (*fig.*) Gruppo di persone considerate in massa | ***Entrare nel m.***, venire a far parte di una compagnia, un affare, e sim. | ***Mettere tutti nello stesso m.***, considerare tutti alla stessa stregua, senza discriminazione alcuna: *può anche metterci me, nel m. dei piccoli…* (SCIASCIA) | †***Andare in m.***, mettersi insieme con altri. *4* Insieme delle carte che servono al gioco: *m. di quaranta, di cinquantadue carte* | ***Fare il m.***, mescolare, scozzare le carte | ***Essere di m.***, tenere il mazzo per distribuire le carte. *5* †Bastone, pertica | †***Alzare i mazzi***, (*fig.*) andarsene, scappare. || †**mazzatèllo**, **dim.** | **mazzettino**, **dim.** | **mazzétto**, **dim.** (V.) | **mazzolino**, **dim.** | **mazzóne**, **accr.**

màzzo (*2*) [vc. di area merid.; 1967] **s. m.** ● (*volg., scherz.*) Deretano | ***Farsi il m.***, lavorare, faticare molto | ***Fare il m. a qlcu.***, farlo faticare molto; rimproverarlo duramente.

†**mazzocchiàia** **s. f.** ● Quantità di mazzocchi.

mazzòcchio [da *mazzo*; sec. XIV] **s. m.** *1* Ciuffo, mazzetto di capelli. *2* Parte dell'antico copricapo dei fiorentini, detto foggia, in uso nel Medioevo | (*fig., pop.*) †***Aggiustare il m. a qlcu.***, fargli passare la pazzia. *3* Tallo di radicchio o cicoria mangiato in insalata. *4* Ingrossamento presente nei fusti di alberi capitozzati. || **mazzocchino**, **dim.**

mazzòla ● V. *mazzuola*.

mazzolàre o **mazzuolàre** [da *mazzola*; 1781] **v. tr.** (*io mazzuòlo*, pop. *mazzòlo*; in tutta la coniug. la *o* dittonga preferibilmente in *uo* se tonica) ● Battere con la mazzuola | Uccidere con la mazzuola | (*est.*) Bastonare, picchiare, colpire con forza | (*fig., fam.*) Sgridare duramente.

mazzolàta [1712] **s. f.** ● Colpo di mazzuola o di mazzuolo | (*fig., fam.*) Duro colpo, batosta, anche economica: *il conto fu una m.!*

mazzolatùra [da *mazzolare*, come denom. di *mazzuolo* (*2*)] **s. f.** ● (*agr.*) Operazione di bonifica parziale di terreni paludosi mediante lo scavo di fosse e la formazione di mazzuoli.

mazzòlo ● V. *mazzuolo* (*1*).

mazzóne [accr. di *mazza*, per la forma grossa della testa; 1728] **s. m.** ● (*zool., region.*) Cefalo | (*region.*) Ghiozzo | (*region.*) Nasello.

mazzuòla o (*pop.*) **mazzòla** [av. 1349] **s. f.** *1* Dim. di *mazza*. *2* Piccola mazza di legno o di acciaio | Mazza per spaccare sassi. *3* Martelletto di vario materiale, da orafi. *4* Martello di legno per curvare la cima di un cavo poco flessibile, per diminuire il volume di un'impiombatura e sim. *5* †Mazza per supplizio.

mazzuolàre ● V. *mazzolare*.

mazzuòlo (*1*) o (*pop.*) **mazzòlo** [da *mazzuola*; 1539] **s. m.** *1* Tipo di martello con testa massiccia usato nella lavorazione del marmo per battere sullo scalpello o sulla pietra | Martello di legno duro con manico corto e rotondo usato dai falegnami. *2* (*raro*) La parte allargata che è all'estremità di alcuni tipi di bastone da golf. *3* (*mus.*) Bacchetta con impugnatura di legno e testa sferica gener. di cuoio, che il percussionista usa in coppia per suonare i timpani.

mazzuòlo (*2*) [etim. incerta; 1862] **s. m.** ● Striscia seminativa di terreno paludoso rialzata e separata da quelle vicine per mezzo di ampie fosse di raccolta delle acque.

♦**me** /me* *nei sign. A 1-2, B*; me *nel sign. A 3*/ [lat. *mē*, di orig. indeur.; av. 1250] **A pron. pers.** di prima **pers. m. e f. sing.** *1* Indica la persona che parla e si usa al posto di 'io' nei vari compl.: *hanno parlato a lungo di me*; *scrivi a me direttamente*; *dovevi parlare con me*; *contate su di me*; *sono arrivati da me in quattro*; *fra me e lui non c'è alcun rapporto*; *se tu fossi in me, cosa faresti?* | Si usa come compl. ogg. in luogo del pron. atono 'mi' quando gli si vuole dare particolare rilievo: *vogliono me*; *hanno cercato me e non te* | Si rafforza con 'stesso' e 'medesimo': *incolpo me stesso*; *mi vergogno di me medesimo* | Si pospone a 'anche', 'neanche', 'pure', 'neppure', 'nemmeno', e sim.: *prendete anche me*; *non hanno ascoltato nemmeno me* | ***Da me***, da solo, senza aiuto o intervento di altri: *lo so da me*; *farò tutto da me* | ***Per, secondo me***, a mio parere, a mio giudizio: *per me puoi andare*; *secondo me è impossibile riuscire* | ***Tra me, tra me e me, dentro di me***, nel mio intimo, nella mia coscienza, nell'animo mio:

rimuginavo fra me e me quanto avevo udito | ***Quanto a me***, per ciò che mi concerne: *quanto a me puoi stare tranquillo che non lo dirò a nessuno.* ***2*** Si usa, al posto di 'io' e con funzione di sogg., in espressioni esclamative e in espressioni comparative dopo 'come' e 'quanto' e anche, con funzione di predicato nominale, dopo i verbi 'essere', 'parere', 'sembrare', quando il sogg. della prep. non sia 'io': *povero me!*; *me misera!*; *oh me infelice!*; *è contento come me*; *lavora quanto me*; *tu non sei me*; (*scherz.*) *il padrone sono me!* ***3*** Mi (come compl. ogg. e come compl. di termine sia encl., sia procl.; forma che il pron. atono 'mi' assume davanti ai pron. atoni 'la', 'le', 'li', 'lo', e alla particella 'ne'): *me lo ha detto subito*; *mandatemelo*; *non me li ha ancora restituiti*; *parlamene*; *me ne ha fatte tante*; *me ne riconosco colpevole*; *liberamene subito.* **B** in funzione di **s. m.** solo **sing.** ● (*raro*) Io, l'intima coscienza: *lo pensavo nel mio me.*

†me' (**1**) /me/ o **†mèi** (**2**) **agg.** ● (*poet.*) Forma tronca di 'mezzo'.

me' (**2**) /me/ o (*sett.*) **†mèi** (**1**) [sec. XIII] **avv.** ● Forma tronca di 'meglio'.

†me' (**3**) /me/ ● V. *mi'*.

mèa cùlpa [loc. lat. tratta dal Confiteor, propr. 'per mia colpa'; 1869] **loc. sost. m. inv.** (**pl.** lat. *meae culpae*) ***1*** (*relig.*) Formula ricorrente nel Confiteor mediante la quale il fedele ammette la propria colpa. ***2*** (*est.*) Ammissione delle proprie colpe, manifestazione del proprio pentimento | ***Dire, fare, recitare il mea culpa***, riconoscere, confessare, ammettere la propria colpevolezza, il proprio torto.

meàndrico [1952] **agg.** (**pl. m.** *-ci*) ● (*raro*) Che ha l'andamento di un meandro | (*fig.*) Tortuoso.

meàndro [vc. dotta, lat. *maeăndru(m)*, nom. *maeăndros*, dal gr. *Máiandros*, fiume dell'Asia Minore, famoso per le sue sinuosità; sec. XIV] **s. m.** ***1*** Ognuna delle sinuosità che caratterizzano il corso di fiumi che scorrono in una pianura con lieve pendenza. **SIN.** Ansa. ***2*** (*est.*) Andamento serpeggiante e complesso di un edificio, una strada, una città e sim.: *si ritrovò solo nei meandri del palazzo*; *si persero nei meandri della grande città sconosciuta.* ***3*** Motivo ornamentale costituito da elementi ripetuti e collegati fra loro. ***4*** (*fig.*) Raggiro, tortuosità: *i meandri delle pratiche burocratiche*; *non è possibile seguirlo nei meandri del suo pensiero.*

†meàre [vc. dotta, lat. *meāre*, da avvicinare a *migrāre* 'emigrare'; 1321] **v. intr.** ● (*lett.*) Passare attraverso, trapelare: *raggio di sol che puro mei / per fratta nube* (DANTE *Par.* XXIII, 79-80).

meàto [vc. dotta, lat. *meātu(m)*, da *meāre* 'meare'; 1282] **s. m.** ***1*** (*raro, lett.*) Passaggio, apertura, spec. stretta: *che non volea ch'avesse altro m. / onde spirar, che per lo naso, il fiato* (ARIOSTO). ***2*** (*anat.*) Piccolo canale, orifizio: *m. uditivo* | ***M. uretrale***, orifizio esterno dell'uretra. ***3*** (*mecc.*) Piccolo spazio tra due superfici striscianti, occupato da grasso o da olio lubrificante.

meatóre [da *meato*] **s. m.** ● Operaio che, nel tratto navigabile da Piacenza alle foci di Pila, controlla le secche e la situazione ecologica delle acque del fiume Po e dispone appositi segnali che ne indicano la navigabilità.

meatoscopìa [comp. di *meato* e *-scopia*; 1957] **s. f.** ● (*med.*) Esame di un meato.

meatotomìa [comp. di *meato* e *-tomia*; 1939] **s. f.** ● (*chir.*) Incisione del meato uretrale.

mècca [ar. *Makka*, n. della città dell'Arabia Saudita patria di Maometto e centro religioso dell'Islam; 1869] **s. f.** ***1*** (*fam.*) Luogo remoto | ***Venire dalla m.***, (*scherz.*) ignorare ciò che tutti sanno, apparire strano nel vestire e nel comportarsi. ***2*** (*fig.*) Luogo in cui molte persone si recano con la speranza di potervi realizzare le proprie aspirazioni: *Parigi è la m. di tutti gli aspiranti pittori.* ***3*** Specie di vernice di tonalità aurea che si dà in preparazione alla doratura: *dorare a m. una cornice.*

♦meccànica [vc. dotta, lat. tardo *mechănica(m)*, nom. *mechănica*, dal gr. *mēchanikḗ* (*téchnē*) 'arte meccanica', f. di *mēchanikós*. V. *meccanico*; av. 1519] **s. f.** ***1*** Settore della fisica che studia gli stati di quiete e di moto dei corpi, e le varie relazioni che legano le caratteristiche del movimento | ***M. razionale***, ramo della matematica che studia con metodi esclusivamente matematici il moto e l'equilibrio dei corpi | ***M. quantistica***, scienza che studia le leggi del moto dei corpi tenendo conto delle loro proprietà corpuscolari ed ondulatorie | ***M. celeste***, scienza che studia le leggi del moto degli astri | ***M. agraria***, che studia l'applicazione delle macchine in agricoltura. ***2*** Complesso di fatti e aspetti umani su cui influiscono i risultati dell'attività tecnologica: *società, secolo, civiltà della m.* ***3*** (*fig.*) Modo, metodo, sistema proprio dello svolgimento e sviluppo di determinati fatti o di fenomeni naturali: *la m. processuale*; *la m. della produzione*; *la m. della respirazione* | (*est.*) Modo in cui si svolge un determinato fatto: *la m. di un delitto, di un incidente.* ***4*** Insieme degli elementi che compongono un meccanismo e il loro funzionamento: *la m. di un motore*; *la delicata m. di certi orologi*; *m. di uno strumento musicale.*

meccanicìsmo [da *meccanico*; 1911] **s. m.** ***1*** Dottrina filosofica che, rifiutando ogni interpretazione finalistica del mondo, si fonda su un rigoroso determinismo e riduce i fenomeni del mondo fisico al movimento spaziale dei corpi. ***2*** (*fig.*) Andamento schematico, stereotipato e sim.: *una tecnica narrativa che pecca di m.*

meccanicìsta [1908] **s. m. e f.** (**pl. m.** *-i*) ● Chi segue o si ispira al meccanicismo.

meccanicìstico [1908] **agg.** (**pl. m.** *-ci*) ● Che concerne o interessa il meccanicismo o i meccanicisti. || **meccanicisticaménte**, **avv.**

meccanicità [1905] **s. f.** ● Carattere di ciò che è meccanico, in senso fig.: *la m. di un gesto, di un movimento, di un lavoro.*

♦meccànico [vc. dotta, lat. *mechănicu(m)*, nom. *mechănicus*, dal gr. *mēchanikós*, agg. di *mēchanḗ* 'macchina'; 1342] **A agg.** (**pl. m.** *-ci*) ***1*** Relativo alla meccanica | Relativo a una macchina, a un meccanismo: *apparato m.*; *guasto, incidente m.* ***2*** Eseguito con l'aiuto di macchine: *mungitura meccanica.* ***3*** (*fig.*) Di ciò che viene eseguito in modo automatico, quasi senza la partecipazione della volontà o dell'intelligenza: *atto, movimento m.*; *camminare è un'azione meccanica*; *apprendimento m.*; lavoro, impegno m. || **meccanicaménte**, **avv.** Con mezzi meccanici; (*fig.*) nel modo tipico delle macchine, senza l'azione della volontà o dello spirito. **B s. m.** (**f.** *-a*) ***1*** Chi esplica un'attività lavorativa attinente alle macchine: *portare l'automobile dal m.* ***2*** †Lavoratore manuale | (*est.*) †Ignorante, plebeo: *nel mezzo, vile m.!* (MANZONI).

♦meccanìsmo [fr. *mécanisme*, da *mécanique* 'meccanico'; 1696] **s. m.** ***1*** Insieme di elementi in rapporto e collegamento reciproco costituenti un congegno o una macchina: *m. semplice, complicato*; *m. di un giradischi, di un registratore di suoni.* ***2*** (*fig.*) Funzionamento di un'organizzazione, di un ente e sim., svolgentesi secondo disposizioni precise e inderogabili: *il m. organizzativo, amministrativo dello Stato.* ***3*** (*psicol.*) Processo psichico formato da varie fasi interdipendenti fra loro: *il m. della memoria esiste anche negli animali* | (*psicoan.*) ***Meccanismi di difesa***, V. *difesa.*

meccanizzàre [fr. *mécaniser*, da *mécanique* 'meccanico'; 1870] **A v. tr.** ***1*** Trasformare un'attività sostituendo l'opera di esecutori manuali o di animali con macchine azionate e controllate dall'uomo: *m. il lavoro agricolo.* ***2*** (*fig.*) Rendere meccanico, simile a una macchina: *l'industria meccanizza gli uomini.* **B v. intr. pron.** ***1*** Trasformarsi in seguito all'introduzione e all'uso delle macchine: *nell'epoca attuale ogni forma di lavoro tende a meccanizzarsi.* ***2*** (*fam.*) Fornirsi di un mezzo di trasporto a motore. **SIN.** Motorizzare.

meccanizzàto [1870] **part. pass.** di *meccanizzare*; anche **agg.** ***1*** Nei sign. del v. ***2*** Che impiega mezzi meccanici | ***Reparto m.***, nell'esercito, reparto interamente dotato di autoveicoli cingolati e corazzati.

meccanizzazióne [fr. *mécanisation*, da *mécaniser* 'meccanizzare'; 1919] **s. f.** ● Introduzione e impiego di macchine in un'attività, un lavoro e sim.: *la m. dell'agricoltura.*

Meccàno® [marchio registrato; 1931] **s. m.** ● Gioco di costruzioni per ragazzi costituito da elementi metallici e modulari per costruzioni meccaniche in miniatura.

meccàno- [gr. *mēchano-*, da *mēchanḗ* 'macchina' (V.)] primo elemento ● In parole composte, significa 'macchina' o indica uso di mezzi meccanici: *meccanografico, meccanoterapia.*

meccanocettóre [comp. di *meccano-* e (*re*)*cettore*; 1983] **s. m.** ● (*fisiol.*) Meccanorecettore.

meccanografìa [fr. *mécanographie*, comp. di *mécano-*, da *mécanique* 'meccanico', e *-graphie* '-grafia'; 1963] **s. f.** ● L'insieme delle tecniche per il calcolo e l'elaborazione dei dati, basate sull'impiego di macchine a schede perforate, in uso negli anni settanta del XX sec.

meccanogràfico [1959] **agg.** (**pl. m.** *-ci*) ● Relativo alla meccanografia | ***Centro m.***, reparto che provvede alla elaborazione dei dati utilizzando sistemi elettronici | ***Numero m., codice m.***, quello rilasciato dal Ministero del commercio con l'estero alle società e agli enti che intendono svolgere attività con l'estero, con funzioni di rilevazione statistica. || **meccanograficaménte**, **avv.** Con procedimenti meccanografici.

meccanorecettóre [comp. di *meccano-* e *recettore*; 1975] **s. m.** ● (*fisiol.*) Recettore sensibile agli stimoli meccanici, per es. a quelli tattili e di pressione. **SIN.** Meccanocettore.

meccanoterapìa [comp. di *meccano-* e *-terapia*; 1963] **s. f.** ● (*med.*) Cinesiterapia attuata con mezzi meccanici.

meccatrònica [comp. di *mecca*(*nica*) e (*elet*)*tronica*; 1985] **s. f.** ● Elettronica applicata alla meccanica. **SIN.** Metronica.

meccatrònico [1986] **A agg.** (**pl. m.** *-ci*) ● Relativo alla meccatronica. **B s. m.** (**f.** *-a*) ● Meccanico che utilizza le tecniche elettroniche.

†meccère ● V. *messere.*

mecenàte [vc. dotta, lat. *Maecenāte(m)* 'G. Mecenate' (70 ca.-8 a.C.) amico di Augusto, protettore di Virgilio e Orazio; n. di orig. etrusca; av. 1375] **A s. m. e f.** ● (*per anton.*) Munifico protettore di artisti, poeti e sim.: *m. ... che si dilettava ... di poesia* (VICO). **B** anche **agg.**: *principi mecenati.*

†mecenatería [1869] **s. f.** ● (*raro*) Protezione di dotti e artisti.

mecenatésco [1965] **agg.** (**pl. m.** *-schi*) ● Proprio di un mecenate: *protezione mecenatesca.*

mecenàtico [1896] **agg.** ● (*raro, lett.*) Da mecenate.

mecenatìsmo [da *mecenate*; 1776] **s. m.** ● Incoraggiamento dato allo sviluppo delle arti, delle lettere e delle scienze, mediante la protezione di chi le esercita: *il m. fu assai diffuso durante il Rinascimento.*

mèche /fr. meʃ/ [vc. fr., propr. 'ciocca di capelli' (V. *miccia*); 1965] **s. f. inv.** ● Ciocca o striscia di capelli diversamente tinti rispetto al resto della capigliatura.

mechitarìsta [1834] **A s. m.** (**pl.** *-i*) ● Religioso della congregazione di rito cattolico armeno fondata da Mechitar, soprannome di V. P. Manuk (1676-1749), teologo armeno. **SIN.** Lazzarista. **B agg.** ● Dei mechitaristi: *ordine, frate m.*

mèco [lat. *mēcu(m)*, comp. di *mē* e *cŭm* 'con'; 1294] forma **pron.** ● (*lett.*) Con me: *amor che m. al buon tempo ti stai* (PETRARCA) | (*raro, lett.*) ***M. stesso, m. medesimo***, fra me e me, dentro di me | (*pleon.*) †***Con m., con esso m.***: *tu cenerai con esso m.* (BOCCACCIO).

mecòmetro [comp. del gr. *mêkos* 'lunghezza' e *-metro*; 1834] **s. m.** ● (*med.*) Strumento per misurare la lunghezza del feto o del neonato.

meconàto [da *meconico*; 1834] **s. m.** ● Prodotto di addizione dell'acido meconico con composti organici basici: *m. di morfina.*

mecònico [dal gr. *mḗkōn*, genit. *mḗkōnos* 'papavero', di orig. indeur.; 1834] **agg.** (**pl. m.** *-ci*) ● Detto di acido organico bibasico contenuto nell'oppio.

mecònio [vc. dotta, lat. *meconĭu(m)*, dal gr. *mēkónion* 'papavero'. V. *meconico*; av. 1498] **s. m.** ***1*** Oppio. ***2*** (*fisiol.*) Contenuto intestinale del feto e del neonato, di color verde scuro a causa dei pigmenti biliari.

meconìsmo [da *meconio*; 1940] **s. m.** ● (*med.*) Intossicazione cronica da oppio.

meconìte [vc. dotta, lat. *meconīte(m)*, nom. *meconītes*, dal gr. *mḗkōn*, genit. *mḗkōnos* 'papavero', perché è formata da pietruzze simili ai grani del papavero. V. *meconico*; av. 1498] **s. f.** ● (*miner.*) Varietà di roccia calcarea con minuti inclusi nerastri.

Mecòtteri [comp. del gr. *mêkos* 'lunghezza' (da avvicinare a *makrós* 'lungo'. V. *macro-*) e *-ttero*] **s. m. pl.** (**sing.** *-o*) ● Nella tassonomia animale, ordine di Insetti con antenne lunghe e sottili i cui maschi hanno l'addome incurvato terminante con un paio di pinze (*Mecoptera*).

mèda [vc. di orig. veneta, lat. *mēta(m)* 'meta'; 1587] **s. f.** ● Segnale fisso di varia forma, in muratura o metallico, su secche, scogli e sim. | Palo per segnalazione di rotta nella laguna di Venezia.

♦**medàglia** [lat. parl. **med(i)ālia*, nt. pl., dal lat. tardo *mediālis* 'mezzo (denaro)', da *mĕdius* 'mezzo'; av. 1294] **s. f. 1** Dischetto d'oro, d'argento o di altro metallo coniato o fuso, con raffigurazione a bassorilievo di una figura sacra o profana spesso recante un'iscrizione | ***M. commemorativa***, emessa per celebrare particolari date o ricorrenze | ***Il diritto della m.***, il lato che reca la figura e l'iscrizione principale | ***Il rovescio della m.***, l'altro lato; (*fig.*) l'aspetto meno attraente o gradevole di qlco. **2** Riconoscimento, premio concesso per azioni meritevoli, vittorie e sim.: *m. d'oro, d'argento, di bronzo*; *m. olimpionica*; *avere il petto pieno di medaglie* | ***M. d'onore***, conferita per azione degna d'encomio | ***M. al valor civile***, conferita a chi abbia compiuto atti valorosi in favore d'altri | ***M. al valor militare***, conferita a chi abbia compiuto atti di valore in guerra | (*est.*) ***Una m. d'oro***, persona decorata con tale medaglia. **3** †Moneta | ***Scienza delle medaglie***, medaglistica. || **medagliètta**, **dim.** (V.) | **medaglina**, **dim.** | **medaglino**, **dim. m.** | **medagliòne**, **accr. m.** (V.) | **medagliùccia**, **pegg.** | **medagliuòla**, **dim.**

medagliàio o †**medagliàro** [sec. XVII] **s. m.** (f. *-a*) ● Chi vende medaglie | (*raro*) Chi conia medaglie.

medagliàre [da *medaglia*, sul modello del fr. *médailler*] **v. tr.** (*io medàglio*) ● (*raro, spec. scherz.*) Premiare con medaglia.

medagliàto [1894] **part. pass.** di *medagliare*; anche **agg.** e **s. m.** (f. *-a*) ● Che o (Chi) ha ricevuto in premio una medaglia.

medaglière [1858] **s. m. 1** Raccolta di medaglie o di monete di valore numismatico. **2** Mobile a reparti scorrevoli per la conservazione di medaglie o monete. **3** (*mil., sport*) L'insieme o la raccolta delle medaglie ottenute da una persona o da un gruppo di persone come riconoscimento di valore militare, premio di una vittoria sportiva e sim.: *il m. dell'Associazione Nazionale Alpini*; *il m. dell'Italia ai mondiali di nuoto*.

medagliètta [1536] **s. f. 1** Dim. di *medaglia*. **2** Medaglia di piccole dimensioni che si appende alle catenine da collo per devozione: *una m. di S. Luigi*. **3** Piccola medaglia d'oro data a deputati e senatori che porta impresso il nome della persona e la data della legislatura.

medagliòne [1550] **s. m. 1** Accr. di *medaglia*. **2** Gioiello a forma di medaglia, apribile e contenente all'interno l'effigie di una persona cara o una ciocca di capelli. **3** Figura scolpita o dipinta inserita entro una cornice ovale o rotonda posta come motivo architettonico ornamentale. **4** (*lett., raro*) Persona di una certa età, antiquata nel vestire e di aspetto grave e solenne. **5** (*lett.*) Breve profilo biografico o critico. **6** Preparazione gastronomica di forma rotonda: *m. di pollo, di vitello, di aragosta*. || **medaglioncino**, **dim.**

medaglista [1565] **s. m.** e **f.** (pl. m. *-i*) **1** Artista creatore o incisore di medaglie. **2** Collezionista di medaglie.

medaglìstica [1942] **s. f. 1** Arte di incidere le medaglie. **2** Scienza che studia le medaglie.

†**medèla** [vc. dotta, lat. *medēla(m)*, da *medēri* 'medicare', dalla stessa radice di *mĕdicus* 'medico'; av. 1276] **s. f.** ● Medicina, medicamento, rimedio.

†**medèmo** ● V. *medesimo*.

†**medeṣimànza** **s. f.** ● Medesimezza.

†**medeṣimàrsi** [da *medesimo*; 1614] **v. intr. pron.** ● Immedesimarsi.

medeṣimézza [da *medesimo*; sec. XIV] **s. f.** ● (*raro*) Uguaglianza, identità.

†**medeṣimità** **s. f.** ● Medesimezza.

♦**medéṣimo** o (*lett., sett.*) †**medémo**, (*poet.*) **medèṣmo** [lat. parl. **metĭpsimu(m)*, comp. del suff. raff. *met* e *ĭpsimus*, superl. del pron. *ĭpse*. Cfr. *esso*; av. 1250] **A agg. dimostr. 1** Indica identità: *siamo del m. parere*; *abitiamo nella medesima casa*; *ha detto le medesime cose dell'altra volta*; *è la medesima persona che ho visto a casa tua* | ***Nel m. tempo***, contemporaneamente; (*est.*) inoltre, anche: *nel m. tempo passerò da voi a salutarvi*; *nel m. tempo comprami il giornale* | (pleon.) Con valore raff. preceduto da 'stesso': *è la stessa medesima cosa*; *è lo stesso e m. discorso*. **SIN.** Stesso. **2** Indica uguaglianza per grandezza, quantità, qualità: *hanno la medesima forma e il m. peso*; *è delle medesime dimensioni*; *presenta i medesimi caratteri*. **SIN.** Stesso. **3** (con valore raff.) Proprio, in persona: *il re m. l'ha decorato*; *quell'uomo è la bontà medesima*; *tu m. l'hai detto*; *io m. l'ho sperimentato* | (con valore raff. ed enfat.) Proprio (posposto a un s. o a un avv.): *le regole medesime del gioco lo impongono*; *oggi m. scade il termine*; *dovete deciderlo ora, qui m.* **SIN.** Stesso. || **medeṣimaménte**, **avv. 1** Allo stesso identico modo, ugualmente: *erano medesimamente colpevoli*. **2** Contemporaneamente: *fu medesimamente chiamato il suo sostituto*. **3** †Nondimeno, tuttavia. **B pron. dimostr. 1** La stessa, identica persona: *quell'individuo è il m. che ho già visto*; *mi ha risposto il m.* **2** (*raro*) La stessa cosa: *per noi è il m.*

♦**mèdia** (**1**) [f. sost. di *medio*; av. 1617] **s. f. 1** (*stat.*) Valore compreso fra l'estremo superiore e l'estremo inferiore dei valori considerati | ***M. semplice***, che considera tutti i termini una sola volta | ***M. ponderata***, che considera ogni termine per un numero di volte corrispondente al numero di casi che lo presentano | ***M. aritmetica***, dati *n* valori, è il quoziente ottenuto dividendo la loro somma per *n* | ***M. geometrica***, dati *n* valori, è la radice *n*-esima del prodotto degli *n* numeri | ***M. armonica***, è il reciproco della media aritmetica del reciproco degli *n* valori dati | ***M. quadratica***, è la radice quadrata della media aritmetica dei quadrati degli *n* valori. **2** (*est., gener.*) Ogni valore intermedio, misura di mezzo, condizione normale lontana dagli estremi: *secondo la m. delle aspirazioni umane*; *essere al disotto della m.*; *la m. delle temperature di gennaio*; *quanto guadagna in m. al mese?* **3** Votazione che uno studente ha ottenuto durante un determinato periodo scolastico, risultante dalla somma di tutti i voti riportati divisa per il numero delle prove sostenute: *essere promosso con la m. del sette*. **4** ***M. oraria***, velocità relativa ottenuta da un mezzo di locomozione o da un corridore su di un percorso in un tempo determinato. **5** (*sport*) ***M. inglese***, tipo di punteggio usato per la classifica delle squadre di calcio partecipanti a un torneo, secondo il quale a ciascuna squadra viene attribuito un punto per la vittoria fuori casa, zero punti per il pareggio fuori casa e la vittoria in casa, mentre vengono sottratti due punti per la sconfitta in casa, un punto per la sconfitta fuori casa e per il pareggio in casa. **6** Scuola media inferiore: *la m. dell'obbligo* | ***Le medie***, le scuole secondarie.

media (**2**) /'midja, *ingl.* 'miːdiə/ [pl. di *medium* 'mezzo' dal lat. *mĕdium* 'mezzo'; 1960] **s. m. pl.** ● Accorc. di *mass media*.

mediàle (**1**) [da *medio*; 1930] **agg.** ● (*anat.*) Che è più vicino al piano mediano del corpo. || **medialménte**, **avv.** In posizione mediale.

mediàle (**2**) [da *medio*; 1957] **agg.** ● (*ling.*) Relativo alla forma media del verbo: *valore, funzione m.*

mediàle (**3**) [da *media* (*2*); 1980] **agg.** ● Mediatico.

mediàna [f. sost. di *mediano*; 1910] **s. f. 1** (*mat.*) ***M. di un triangolo***, segmento che congiunge un vertice con il punto medio del lato opposto | ***M. d'un parallelogramma***, segmento che congiunge i punti medi di due lati opposti. **2** (*stat.*) Termine che, in una successione di termini disposti in ordine crescente o decrescente, occupa il posto centrale. **3** (*sport*) Nel calcio, lo schieramento dei giocatori della seconda linea, secondo la tattica del metodo.

medianicità [da *medianico*; 1970] **s. f.** ● (*psicol.*) In parapsicologia, carattere proprio dei fenomeni non normali, di ordine fisico e psichico, provocati dai sensitivi o medium.

mediànico [da *medium*, con sovrapposizione di *mediano*; 1866] **agg.** (pl. m. *-ci*) ● Relativo a medium e a medianicità.

medianiṣmo [av. 1936] **s. m.** ● Complesso dei fenomeni determinati dal medium | Funzione e attività del medium.

medianità [da *medianico*; 1904] **s. f.** ● Potere tipico dei medium.

mediàno [vc. dotta, lat. tardo *mediānu(m)*, da *mĕdius* 'medio'; av. 1338] **A agg. 1** Di mezzo, posto in mezzo: *zona mediana*; *punto m.* **SIN.** Medio. **2** (*ling.*) Detto di vocale il cui punto di articolazione è situato nella parte media della cavità orale. **3** (*med.*) ***Nervo m.***, del plesso brachiale, che decorre nel mezzo dell'avambraccio | ***Piano m.***, quello che passa per il mezzo del corpo, dividendolo in due parti relativamente simmetriche. **4** †Mediocre | †Del ceto medio. **B s. m. 1** Nel calcio, giocatore della seconda linea: *m. di spinta*; *m. di interdizione*. **2** (*veter.*) Nei Bovini e negli Equini, ciascun dente incisivo situato tra i picozzi e i cantoni.

mediànte (**1**) [lat. mediev. *mediānte*, abl. del part. pres. di *mediāre* 'stare nel mezzo, essere interposto'; av. 1306] **prep. 1** Per mezzo di, con l'aiuto, l'ausilio di: *proteggere qlco. m. un sistema di sicurezza*; *è riuscito m. la propria buona volontà*; *è arrivato a quel posto m. raccomandazioni*. **2** †Attraverso, fra.

mediànte (**2**) [dal lat. mediev. *mediānte*, propr. 'che sta a metà (*mĕdiu(m)*)' fra la tonica e la dominante; 1826] **s. f.** ● (*mus.*) Terzo grado della scala diatonica che ne caratterizza il tono maggiore o minore, a seconda che formi un intervallo maggiore o minore con la tonica.

mediàre [vc. dotta, lat. tardo *mediāre*, da *mĕdius* 'medio'; 1674] **A v. intr.** (*io mèdio*; aus. *avere*) **1** (*raro*) Stare, entrare in mezzo: *tra la quiete e qualsiasi grado di velocità mèdiano infiniti gradi di velocità minori* (GALILEI). **2** Fare opera di mediazione: *il governo cerca di m. tra le forze sociali*. **B v. tr. 1** Fare raggiungere o risolvere con una mediazione: *m. un accordo*; *m. un conflitto*. **2** (*mat.*) Eseguire la media fra più valori. **3** (*filos.*) Mettere in relazione due termini.

medias res, in ● V. *in medias res*.

mediastìneo [1970] **agg.** ● (*anat.*) Mediastinico.

mediastìnico [1952] **agg.** (pl. m. *-ci*) ● (*anat.*) Del mediastino.

mediastinìte [comp. di *mediastin(o)* e *-ite* (*1*); 1834] **s. f.** ● Infiammazione del tessuto connettivo del mediastino.

mediastìno o **mediàstino** [lat. *mediastīnu(m)* 'intermedio' (nel lat. classico sign. 'servo addetto ai servizi più bassi' e 'assistente di medico'), da *mĕdius* 'medio', col suff. *-tīnus*, presente anche in *intestīnus* 'interno'. V. *intestino*; 1494] **s. m.** ● (*anat.*) Spazio della cavità toracica compreso tra le due cavità pleuriche, in cui sono contenuti il cuore, il timo, i grossi vasi, la trachea, l'esofago.

mediatèca o **mediotèca** [comp. di *media* (*2*) e *-teca*; 1985] **s. f.** ● Centro che raccoglie e mette a disposizione del pubblico programmi video e documenti sonori.

mediàtico [1987] **agg.** (pl. m. *-ci*) ● Dei mass media, relativo ai mass media: *potere m.* | Prodotto, favorito dai mass media: *cultura mediatica*. **SIN.** Massmediatico, mediale (3).

mediàto [1499] **part. pass.** di *mediare*; anche **agg. 1** Nei sign. del v. **2** Indiretto: *effetto m.*; *cognizioni mediate*. **3** †Acconcio, adatto. || **mediataménte**, **avv.**

mediatóre [vc. dotta, lat. tardo *mediatōre(m)*, da *mediāre* 'mediare'; 1304] **A s. m.** (f. *-trice*) **1** Intermediario che contribuisce al raggiungimento di un accordo tra due o più parti: *fare da m.*; *è stato un m. della pace*. **2** Agente di commercio che s'interpone tra venditore e compratore, facilitando la stipulazione del contratto. **SIN.** Sensale. **3** (*relig.*) Intercessore | ***Il divino m.***, Gesù Cristo. **4** (*biol.*) ***M. chimico***, composto chimico che accoppia funzionalmente due cellule o due processi fisiologici anche distanti tra loro. **B agg.** ● Che interviene come mediatore o intercessore: *Maria mediatrice di grazie*.

mediazióne [vc. dotta, lat. tardo *mediatiōne(m)*, da *mediāre* 'mediare'; 1677] **s. f. 1** Attività di chi si interpone tra due o più parti, per facilitarne le relazioni e gli accordi: *offrire la propria m.* **2** Compenso spettante al mediatore. **3** (*filos.*) Procedimento logico che mette in relazione due categorie o due oggetti in generale.

†**mèdica** [lat. tardo *mĕdica(m)*, f. di *mĕdicus* 'medico'; 1340 ca.] **s. f.** ● Donna pratica in medicina | (*raro, est.*) Guaritrice.

medicàbile [vc. dotta, lat. *medicābile(m)*, da *medicāre* 'medicare'; av. 1566] **agg.** ● Che si può medicare o sanare: *ferita, piaga m.* | †***Erbe medicabili***, medicamentose.

medicàio [da *medica* (erba); 1961] **s. m.** ● Prato d'erba medica. **SIN.** Spagnaio.

medicàle [fr. *médical*, deriv. dal lat. *mĕdicus* 'medico'; 1818] **agg.** ● Di medico, di medicina. || **medicalménte**, **avv.**

medicalizzàre [fr. *médicaliser*, da *médical* 'medicale'; av. 1978] **v. tr.** ● Far rientrare nella sfera delle competenze della medicina: *m. il recupero dei tossicodipendenti.*

medicalizzazióne [1984] **s. f.** ● Il medicalizzare.

†**medicàme** [vc. dotta, lat. *medicāme(n)*, da *medicāre* 'medicare'; sec. XIV] **s. m.** *1* Medicina, medicamento. *2* Materia venefica.

medicamentàrio [vc. dotta, lat. *medicamentāriu(m)*, da *medicamĕntum* 'medicamento'; 1803] **agg.** ● Concernente i medicamenti e le loro preparazioni.

medicaménto [vc. dotta, lat. *medicamĕntu(m)*, da *medicāre* 'medicare'; 1342] **s. m.** *1* (*raro*) Il medicare (*anche fig.*). *2* Farmaco, sostanza curativa.

medicamentóso [vc. dotta, lat. tardo *medicamentōsu(m)*, da *medicamĕntum* 'medicamento'; av. 1698] **agg.** ● Che ha poteri medicinali: *sostanze medicamentose.*

†**medicànte** [1353] **A part. pres.** di *medicare*; anche **agg.** ● Nei sign. del v. **B s. m. e f.** ● Medico.

medicàre [vc. dotta, lat. *medicāre*, da *mĕdicus* 'medico'; sec. XIII] **A v. tr.** (*io mèdico, tu mèdichi*) *1* Detergere e disinfettare una ferita, per favorirne la guarigione: *farsi m. in astanteria*; *m. una ferita, una piaga, una scottatura.* *2* Trattare o conciare con sostanze dotate di particolari proprietà correttive o integrative | *M. il terreno*, trattarlo con concimi, diserbanti e sim. *3* (*fig., lett.*) Addolcire, mitigare, lenire. *4* (*fig.*) †Rimediare, riparare. **B v. rifl.** ● Farsi una medicazione: *medicarsi sommariamente.* **C v. intr.** ● †Fare il medico.

medicàstro [1534] **s. m.** ● (*spreg.*) Medico che non vale nulla.

medicàto [1340] **part. pass.** di *medicare*; anche **agg.** *1* Nei sign. del v. *2* Detto di mezzo o prodotto al quale sono state aggiunte sostanze medicamentose: *cerotto m., bagno m.*

medicatóre [vc. dotta, lat. tardo *medicatōre(m)*, da *medicātus* 'medicato'; 1623] **agg.**; anche **s. m.** (f. *-trice*) ● (*raro*) Che (o Chi) medica (*anche fig.*): *mano medicatrice*; *un abile m.*

medicatùra [av. 1533] **s. f.** ● (*raro*) Medicazione | ***M. del grano***, trattamento del seme con preparati appositi per preservarlo dalla carie.

♦**medicazióne** [vc. dotta, lat. *medicatiōne(m)*, da *medicātus* 'medicato'; av. 1460] **s. f.** *1* Il medicare, il venire medicato: *la m. di una ferita* | (*mil.*) ***Posto di m.***, impiantato presso le unità combattenti più avanzate, per fornire il primo soccorso ai feriti. *2* L'insieme delle bende, dei cerotti e dei medicamenti applicati sulla parte ferita: *cambiare, togliere la m.* *3* Trattamento con particolari sostanze: *m. delle sementi.*

mediceo †**medicèo** [1632] **agg.** ● Della famiglia Medici di Firenze: *discendenza medicea*; *stemma m.* | ***Pianeti, satelliti medicei, stelle medicee***, i quattro satelliti di Giove, scoperti da Galileo Galilei e da lui così chiamati in onore dei Medici, signori di Firenze dal XV al XVIII sec.

†**medicherìa** [sec. XIV] **s. f.** ● Locale destinato alle prime medicazioni, in ospedali e sim.

medichéssa [f. di *medico*; 1618] **s. f.** *1* (*raro, scherz.* o †) Dottoressa. *2* (*pop., scherz.*) Guaritrice.

♦**medicìna** [vc. dotta, lat. *medicīna(m)*, da *mĕdicus* 'medico'; av. 1292] **s. f.** *1* Scienza che si occupa dello studio delle malattie, della loro prevenzione, diagnosi e terapia: *m. preventiva.* CFR. iatro- | M. omeopatica, omeopatia | ***M. legale***, ramo della medicina che si occupa di fatti e problemi propri della scienza medica, e rilevanti per il diritto | ***M. aeronautica***, studia gli effetti fisiopatologici provocati dal volo nell'atmosfera | ***M. spaziale***, studia gli effetti provocati dal volo spaziale e dalla permanenza in ambienti extraterrestri | ***M. fisica***, fisiatria nel sign. 1. SIN. Fisiatria nel sign. 1 | ***M. radiante***, attuata a mezzo di radiazioni ionizzanti. ➡ ILL. **medicina e chirurgia.** *2* Facoltà universitaria che prepara alla professione medica: *studia m. a Bologna.* *3* Medicinale, farmaco: *prendere la m.* *4* (*est.*) Cura, rimedio: *la migliore m. è il riposo.* *5* (*fig.*) Tutto ciò che reca sollievo, conforto o consolazione: *le tue parole sono una m. per il mio spirito.* || **medicinàccia**, **pegg.** | †**medicinùzza**, **dim.**

♦**medicinàle** [vc. dotta, lat. tardo *medicinăle(m)*, da *medicīna*; av. 1304] **A agg.** *1* Che ha virtù curative, che è usato come farmaco: *erba, sostanza m.* | (*raro, est.*) Efficace, salutare. *2* †Di medico. || †**medicinalménte**, **avv.** *1* Con medicine e cure. *2* Da medico. **B s. m.** *1* Farmaco: *vendita di medicinali all'ingrosso* | ***Medicinali orfani***, V. *orfano.* *2* †Vaso o barattolo per medicine.

†**medicinàre** [da *medicina*; sec. XIV] **A v. tr. e intr.** ● Medicare. **B v. rifl.** ● Curarsi.

♦**mèdico** (1) [vc. dotta, lat. *mĕdicu(m)*, da *medēri* 'curare, aiutare', da una radice indeur. che sign. 'riflettere, curare'; 1232] **A s. m.** (f. †*-a* (V.) e raro, scherz. o † *medichéssa* (V.); pl. m. *-ci*; V. anche nota d'uso FEMMINILE) *1* Chi professa la medicina; CFR. -iatra | ***M. condotto***, che ha la responsabilità medica di una condotta | ***M. legale***, che interpreta e definisce gli aspetti legali della medicina | ***M. chirurgo***, un tempo, medico specializzato in chirurgia; oggi, chi ha conseguito la laurea in medicina e ha superato l'esame di abilitazione alla professione | ***M. di base, di famiglia***, medico convenzionato con il Servizio sanitario nazionale, a cui l'assistito ricorre in caso di malattia o per richiedere l'intervento di specialisti | ***M. fiscale***, fiduciario di un'amministrazione incaricato del controllo degli stati di malattia dei dipendenti assenti. *2* (*fig.*) Chi (o ciò che) solleva lo spirito, lenisce le passioni, consola l'animo: *il tempo è un gran m.* || **medicàccio**, **pegg.** | **medichétto**, **dim.** | **medichìno**, **dim.** | **medicóne**, **accr.** (V.) | **medicónzolo**, **pegg.** | **mediconzolino**, **pegg.** | **medicùccio**, **medicùzzo**, **dim.** **B agg.** *1* Relativo ai medici o alle medicine: *arte medica*; *parere m.* | (*raro*) ***Occhio m.***, occhio clinico | ***Certificato m.***, rilasciato dal medico. *2* (*raro*) Curativo: *le proprietà mediche di una sostanza* || †**medicaménte**, **avv.** Da medico.

mèdico (2) [vc. dotta, lat. *Mēdicu(m)*, gr. *Mēdikós*; nel sign. 2, perché originaria della Media; 1476] **agg.** (pl. m. *-ci*) *1* Della Media, regione dell'Asia Minore. *2* Del popolo dei Medi | (*est.*) Persiano. *3* (*bot.*) ***Erba medica***, V. *erba.*

medicóne [accr. di *medico*; av. 1591] **s. m.** (f. *-a*) *1* (*fam.*) Medico famoso. *2* (*pop.*) Guaritore.

medietà [vc. dotta, lat. *medietāte(m)*, da *mĕdius* 'medio'; av. 1588] **s. f.** *1* Nella dottrina etica di Aristotele, il giusto mezzo conseguibile tra due termini estremi. *2* (*lett.*) Condizione di ciò che ha una posizione intermedia.

medieuropèo o **medioeuropèo** [comp. di *medio* e *europeo*; 1918] **agg.** ● Relativo all'Europa centrale: *stati medieuropei.*

medievàle o **medioevàle** [da *Medioevo*; 1868] **agg.** *1* Del Medioevo: *storia m.*; *tradizioni medievali.* *2* (*fig., spreg.*) Di ciò che per arretratezza o limitatezza di vedute richiama il Medioevo: *mentalità m.* SIN. Retrivo, retrogrado. || **medievalménte**, **avv.**

medievalìsmo o **medioevalìsmo** [1905] **s. m.** ● Inclinazione o tendenza ad apprezzare o magnificare il Medioevo: *il m. fu tipico dei romantici.*

medievalìsta o **medioevalìsta** [1932] **s. m. e f.** (pl. m. *-i*) ● Medievista.

medievalìstica [1963] **s. f.** ● Lo studio della civiltà e della cultura del Medioevo.

medievalìstico o **medioevalìstico** [1940] **agg.** (pl. m. *-ci*) ● Relativo agli studi sul Medioevo: *storiografia medievalistica.*

medievìsta [da *Medi(o)evo*; av. 1956] **s. m. e f.** (pl. m. *-i*) ● Studioso del periodo medievale. SIN. Medievalista.

medievìstica o **medioevìstica** [da *medi(o)ev(o)* con il suff. *-istico*; 1986] **s. f.** ● Medievalistica.

medimno [vc. dotta, lat. *medĭmnu(m)*, dal gr. *médimnos*, di orig. indeur.; av. 1547] **s. m.** ● Misura greca di capacità corrispondente a circa 52,5 litri.

medìna [ar. *madīna* 'città'] **s. f.** ● Parte vecchia delle città islamiche, nella quale si trovano il bazar e la moschea.

medinènse [av. 1758] **agg.** ● Relativo alla città di Medina, in Arabia | (*med.*) ***Morbo m.***, pediculosi.

♦**mèdio** [vc. dotta, lat. *mĕdiu(m)*, di orig. indeur.; 1499] **A agg.** *1* Di mezzo, che sta nel mezzo: *parte media*; *punto m.* CFR. meso-, mide- | ***Età media dell'uomo***, tra la giovinezza e la vecchiaia | ***Intelligenza media***, normale | ***Evo m.***, V. *evo* | ***Dito m.***, il terzo della mano | ***Ceto m.***, la piccola e la media borghesia | ***Scuola media***, ***scuole medie***, di istruzione secondaria, fra l'elementare e l'università | ***Scuola media inferiore***, (*per anton.*) ***scuola media***, corso triennale post-elementare | ***Scuola media superiore***, ***scuole medie superiori***, ginnasio, liceo, istituti tecnici, d'arte e magistrali | ***Pesi medi***, nel pugilato, categoria di peso compresa tra quelle dei pesi superwelter e dei pesi mediomassimi | ***Termini medi***, in una proporzione, il primo divisore e il secondo dividendo | ***Termine m. di un sillogismo***, quello che lega la premessa maggiore alla conseguenza. *2* Che corrisponde al valore intermedio di varie grandezze: *numero m.* | ***Produzione, raccolta media***, calcolata tra la più abbondante e la più scarsa | ***Valore, prezzo m.***, stabilito tra il più alto e il più basso del mercato | ***Velocità media***, lo spazio percorso in un determinato intervallo di tempo. *3* (*ling.*) Detto di forma verbale indoeuropea intermedia fra attivo e passivo, con la quale si esprime un'azione che si svolge nella sfera di interessi del soggetto | Detto di grado consonantico contraddistinto da media forza e durata. || **mediaménte**, **avv.** In media, circa. **B s. m.** *1* Verbo medio: *il m. e il passivo.* *2* Dito medio. *3* Nel pugilato, atleta appartenente alla categoria dei pesi medi.

mediòcre [vc. dotta, lat. *medĭocre(m)*, comp. di *mĕdius* 'medio' e *ŏcris* 'rilievo del terreno'; *medĭocris* è 'ciò che si trova a metà altezza'; av. 1342] **A agg.** *1* (*lett.*) Medio, intermedio: *statura, intelligenza, bellezza m.*; *una certa fama si accorda ai legislatori benché mediocri* (ALFIERI). *2* Inferiore alla media, alla norma: *guadagno m.*; *prestazione m.* | ***Men che m.***, decisamente scarso, insufficiente. SIN. Modesto, piccolo. *3* (*est.*) Che è di scarso valore, di poco interesse, di qualità scadente, e sim.: *una m. opera di teatro* | Ordinario, banale, dozzinale: *indossa abiti di m. fattura.* *4* †Del ceto di mezzo. || **mediocreménte**, **avv.** In modo mediocre: *guadagnare mediocremente.* **B s. m. e f.** ● Chi non eccelle o dimostra attitudini e capacità molto limitate o decisamente scarse: *essere fra i mediocri*; *nel suo lavoro è un m.*

mediocrédito [comp. di *medio* (*termine*) e *credito*; 1957] **s. m.** ● (*banca*) Credito a medio termine, concesso per un periodo non superiore ai dieci anni.

mediocrità [vc. dotta, lat. *mediocritāte(m)*, da *medĭocris* 'mediocre'; 1441] **s. f.** *1* Condizione, caratteristica di mediocre: *vivere nella m.*; *la m. del suo ingegno è provata*; *stomacato e scoraggiato dalla m. che m'assedia e m'affoga* (LEOPARDI). *2* (*est.*) Persona di ingegno e capacità mediocri. *3* (*lett.*) Condizione di ciò che è in mezzo rispetto a due estremi | ***Aurea m.***, V. *aurea mediocritas.*

medioeuropèo ● V. *medieuropeo.*

medioevàle e *deriv.* ● V. *medievale* e *deriv.*

medioevìstica ● V. *medievistica.*

Medioèvo o **Mèdio Èvo** [comp. di *medio* 'di mezzo' ed *evo*; 1813] **s. m.** ● Nella periodizzazione storica, età compresa tra l'evo antico e quello moderno, i cui termini sono convenzionalmente fissati tra il 476, data della caduta dell'Impero romano d'occidente, e il 1492, anno della scoperta dell'America | ***Alto M.***, prima dell'anno 1000 | ***Basso M.***, dopo l'anno 1000.

mediolatinità [comp. di *medio(evale)* e *latinità*; 1963] **s. f.** ● Il complesso delle tradizioni culturali e letterarie del latino medievale.

mediolatino [comp. di *medio(evale)* e *latino*; 1953] **A agg.** (pl. m. *mediolatini*) ● Che concerne il latino medievale: *testi poetici mediolatini.* **B s. m.** ● Lingua latina parlata o scritta nel Medioevo.

medioleggèro [comp. di *medio* e *leggero*; 1940] **s. m.**; anche **agg.** (pl. m. *-i*) ● Nel pugilato, chi (o che) rientra nella categoria che precede immediatamente quella dei pesi medi.

mediologìa [1986] **s. f.** ● Accorc. di *massmediologia.*

mediològico [1982] **agg.** (pl. m. *-ci*) ● Accorc. di *massmediologico.*

mediòlogo [1985] **s. m.** (f. *-a*; pl. m. *-gi*) ● Accorc. di *massmediologo.*

mediomàssimo [comp. di *medio* e *massimo*; 1953] **s. m.**; anche **agg.** ● Nel pugilato, chi (o che) rientra nella categoria di peso compresa tra quelle dei pesi medi e dei pesi massimoleggeri.

mediometràggio [comp. di *medio* e *metraggio*; 1985] **s. m.** ● (*cine*) Film di lunghezza intermedia tra il cortometraggio e il lungometraggio.

mediominerale

mediominerale [comp. di *medio* e *minerale*] agg. ● Detto di acque minerali da bevanda che contengano una quantità di sali da 0,2 grammi a 1 grammo per litro.
mediopalatàle [comp. di *medio* e *palato*, con suff. agg.; 1957] **A** agg. ● (*ling.*) Detto di consonante articolata con innalzamento del dorso della lingua verso la parte centrale del palato. **B** s. f. ● (*ling.*) Suono mediopalatale.
mediopassivo [comp. di *medio* e *passivo*; 1952] agg. ● (*ling.*) Detto di forma verbale che ha forma passiva e significato tanto passivo che medio.
mediorientàle [comp. di *medi(o)* e *orientale*; 1970] agg. ● Che concerne il Medio Oriente.
mediotèca ● V. *mediateca*.
meditàbile [1869] agg. ● (*raro*) Da meditare, degno di meditazione.
meditabóndo [vc. dotta, lat. tardo *meditabŭndu(m)*, da *meditāri* 'meditare'; 1823] agg. ● Immerso in profondi pensieri: *sguardo m.* | (*scherz.*) Che assume atteggiamenti pensierosi. **SIN.** Cogitabondo.
†**meditaménto** [sec. XIV] s. m. ● Modo e atto del meditare.
meditàre [vc. dotta, lat. *meditāri*, intens. di *medē-ri*. V. *medico*; av. 1342] **A** v. tr. (*io mèdito*) *1* Considerare a lungo e attentamente, fare oggetto di riflessione: *m. una pagina, una dottrina, i propri errori; sono parole da m.; il filosofo è il sublime personaggio tutto intento a m. il problema metafisico* (CROCE). *2* Preparare o progettare con la mente: *gli assediati meditavano una rapida sortita; aveva meditato a lungo il delitto.* **B** v. intr. (aus. *avere*) *1* Soffermarsi a considerare con attenzione: *meditava sul mistero dell'infinito.* *2* (*assol.*) Riflettere: *le tue parole mi inducono a m.*
meditativo [vc. dotta, lat. tardo *meditatīvu(m)*, da *meditāri* 'meditare'; av. 1686] agg. ● Dedito e disposto alla meditazione: *mente meditativa*. || **meditativaménte**, avv.
meditàto [1618] part. pass. di *meditare*; anche agg. ● Che è ben ponderato, maturato: *discorso m.; parole ben meditate.* **CONTR.** Estemporaneo. || **meditataménte**, avv. Con ponderazione; (*est.*) a bella posta.
meditatóre [vc. dotta, lat. tardo *meditatōre(m)*, da *meditāri* 'meditare'; av. 1786] agg.; anche s. m. (f. *-trice*) ● (*raro*) Che (o Chi) medita.
meditazióne [vc. dotta, lat. *meditatiōne(m)*, da *meditāri* 'meditare'; sec. XIII] s. f. *1* Profonda riflessione della mente intesa a ricercare la verità, le ragioni, il senso e gli aspetti di qlco.: *stare in m.; asserzioni che derivano da una lunga m. dell'argomento.* *2* Pratica religiosa cattolica che consiste nel concentrare il proprio pensiero, illuminato dalla grazia, intorno alle verità della fede. *3* Considerazione attenta e accurata: *degno di m.; essere oggetto di m.* *4* Opera, scritto spec. filosofico, che espone il risultato di profonde riflessioni e che invita a meditare. *5* (*lett.*) Preparazione di un'iniziativa. || **meditazioncèlla**, dim.
mediterraneità [da *Mediterraneo*; 1985] s. f. ● Insieme delle caratteristiche geografiche, storiche e culturali di ciò che (o di chi) appartiene all'area mediterranea: *la m. della Grecia*.
mediterràneo [vc. dotta, lat. *mediterrāneu(m)* 'dentro terra, nell'interno di un paese, lontano dal mare', poi (lat. tardo) 'posto in mezzo alle terre', comp. di *mĕdius* 'posto nel mezzo' e *terra*; calco sul gr. *mesógeios*; 1282] agg. *1* *Mare m.*, posto fra terre | *Il M.*, (*per anton.*) quello posto in mezzo ai continenti dell'Europa, Asia e Africa, comunicante con l'Atlantico per lo stretto di Gibilterra, col Mar Nero mediante i Dardanelli, col Mar Rosso per il canale di Suez. *2* Proprio delle terre bagnate dal Mare Mediterraneo: *clima m.* | *Dieta mediterranea*, V. *dieta*. *3* †Continentale, che si

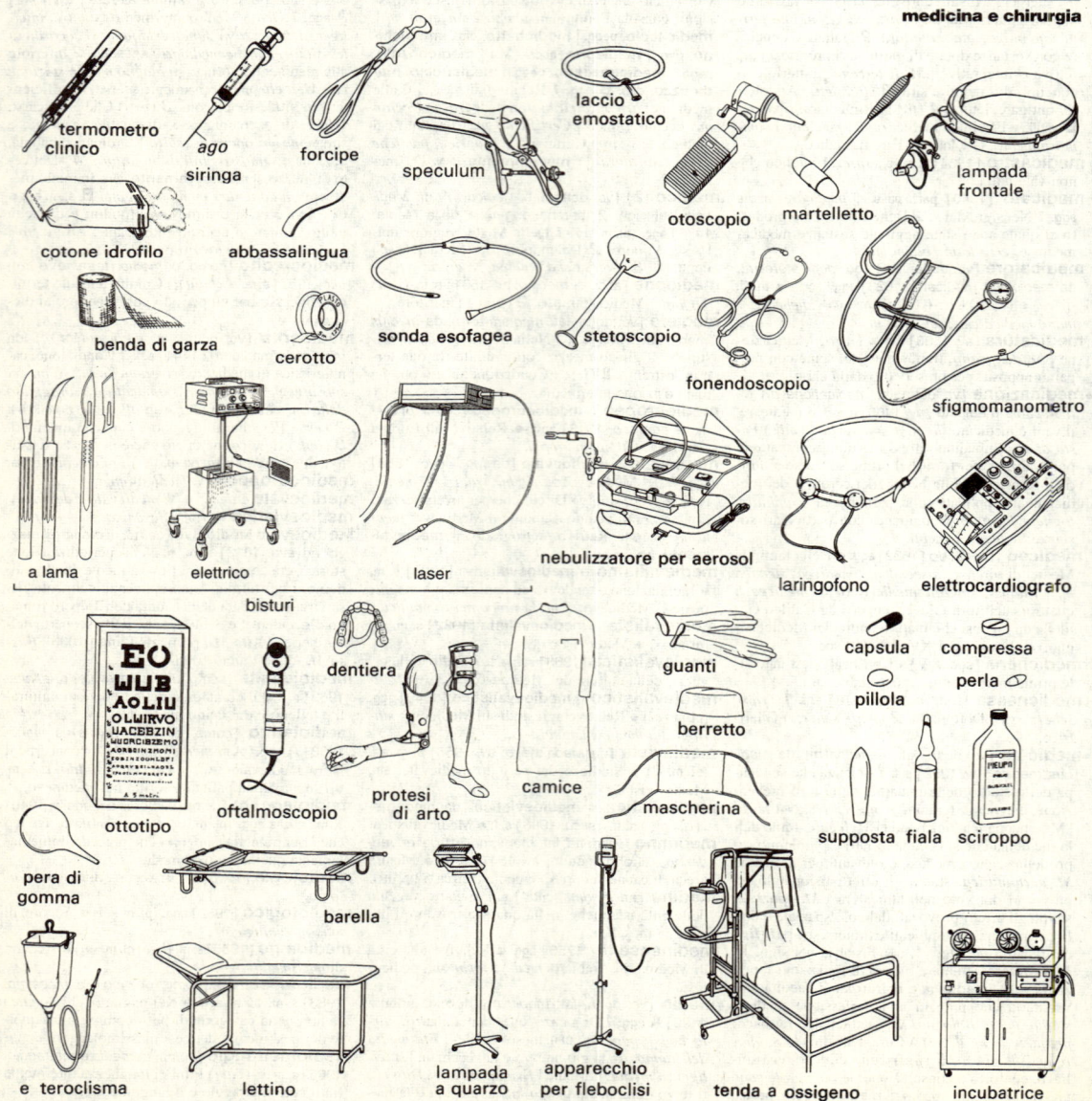

medicina e chirurgia

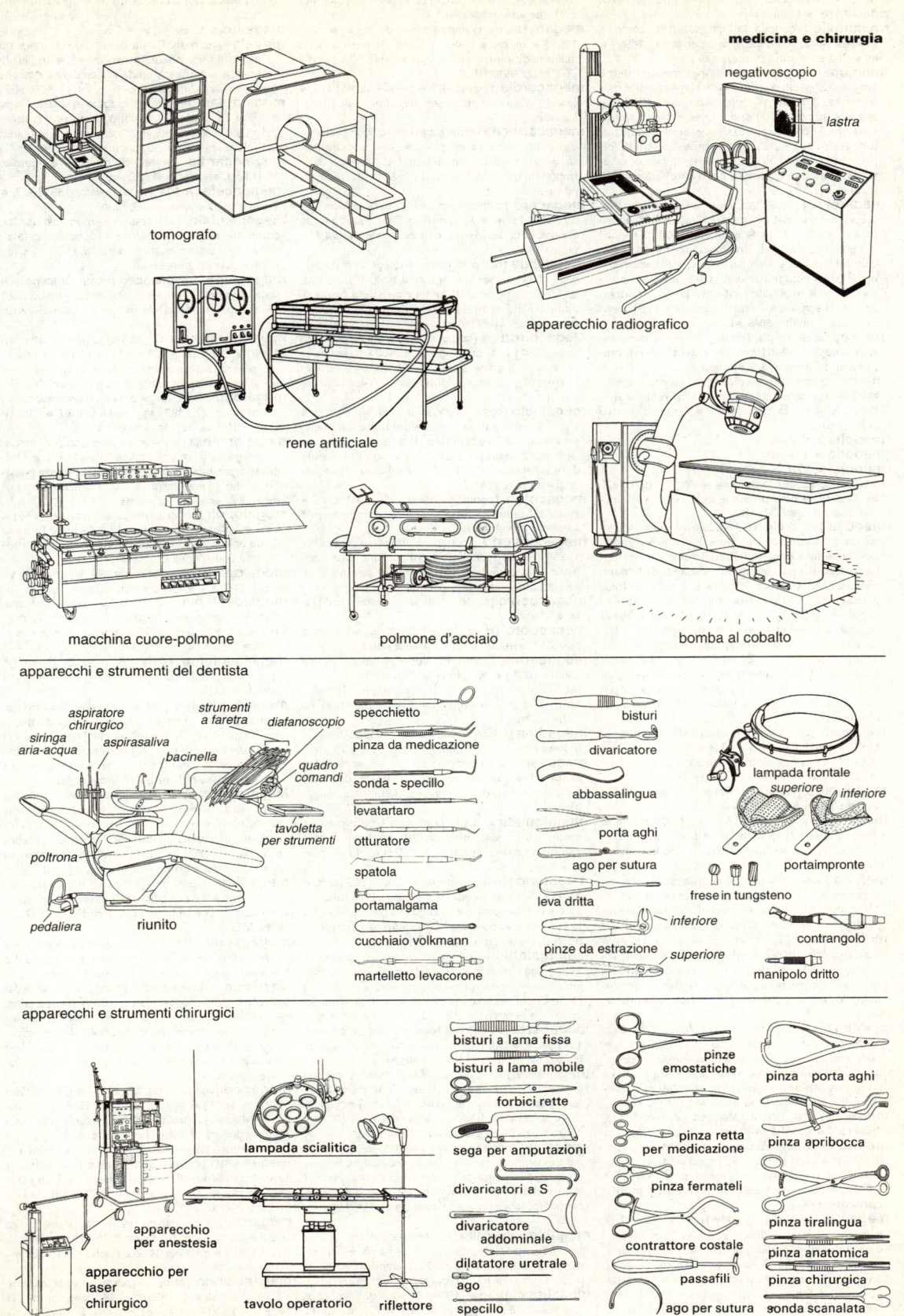

trova nell'entroterra: *città, regione mediterranea.*

†**meditóre** ● V. *mietitore.*

†**meditùllio** [vc. dotta, lat. *meditŭlliu(m)*, comp. di *mĕdius* 'posto nel mezzo' e *tĕllus* 'terra'; 1499] s. m. ● Spazio o parte di mezzo di qlco.

mèdium (1) [fr. *médium*, dall'ingl. *medium*, dal nt. sing. dell'agg. lat. *mĕdius* 'che è in mezzo, che è intermedio'; il *medium* è *l'intermediario* tra gli spettatori e gli spiriti; 1870] s. m. e f. inv. ● Nello spiritismo, chi, in condizione di trance, agisce come tramite fra gli spiriti e i partecipanti a una seduta spiritica | In parapsicologia, sensitivo dotato di poteri paranormali e capace di provocare fenomeni di medianicità.

medium (2) /'medjum, *ingl.* 'mi:diəm/ [vc. ingl. propr. 'mezzo', dal lat. *mĕdium* 'mezzo': V. anche *mass media*; 1973] **A** s. m. inv. (pl. ingl. *media*) **1** Ogni strumento di divulgazione dell'industria culturale, quale la stampa, il cinema, la televisione. **2** Nella comunicazione visiva, mezzo espressivo, tipo di materiale usato per lavori artistici o grafici. **B** agg. inv. ● Detto di capo di abbigliamento di taglia media. SIMB. M.

medley /*ingl.* 'medli/ [vc. ingl., propr. 'mescolanza, miscuglio'; 1986] s. m. inv. ● Miscuglio di brani musicali diversi. SIN. Pot-pourri.

mèdo [vc. dotta, lat. *mēdu(m)*, dal gr. *mêdos*; sec. XIV] **A** agg. ● Relativo alla Media, regione dell'Asia Minore. **B** s. m. (f. *-a*) ● Abitante, nativo della Media.

†**medólla** ● V. *midolla.*

†**medóllo** ● V. *midollo.*

†**medùlla** ● V. *midolla.*

medullite [comp. di *medulla* e *-ite* (*1*); 1970] s. f. ● (*med.*) Processo infiammatorio del midollo osseo o spinale. SIN. Mielite.

♦**medùṣa** [vc. dotta, lat. *Medūsa(m)*, nom. *Medūsa*, dal gr. *Médousa*, part. pres. f. di *médein* 'meditare, governare'; nel sign. 2, così detta perché i tentacoli dell'animale ricordano i serpenti della capigliatura della *Medusa*; 1313] s. f. **1** Nella mitologia classica, una delle Gorgoni, con capelli di serpenti, che pietrificava chi la guardasse | (*fig.*) ***Il sorriso, il volto della m.***, ciò che ammalia, seduce, incanta, o anche ciò che incute terrore o rende attonito per il terrore. **2** (*zool.*) Forma liberamente natante dei Celenterati dal corpo simile a un ombrello con la bocca circondata da tentacoli posta all'estremità del manubrio | ***M. craspedota***, idromedusa.

meduṣèo [vc. dotta, lat. *Medusǣu(m)*, agg. di *Medūsa* 'medusa'; av. 1500] agg. **1** (*lett.*) Di Medusa. **2** (*lett.*) Che ammalia, seduce, incanta | Che incute terrore o rende attonito per il terrore.

meduṣòide [comp. di *medus(a)* e *-oide*; 1957] agg. ● Che ha forma di medusa.

meeting /'mitin(g), *ingl.* 'mi:tiŋ/ [vc. ingl., da *to meet*. V. *meet*; 1819] s. m. inv. ● Riunione, convegno politico o mondano | Riunione, incontro sportivo.

mefisto [detto così perché ricorda quello con cui è rappresentato *Mefistofele* (già abbr. in ted. in *Mephisto*); 1959] s. m. ● Caschetto di lana con tre punte, usato spec. un tempo da sciatori e alpinisti.

mefistofèlico [1858] agg. (pl. m. *-ci*) **1** Relativo a Mefistofele, diavolo delle leggende popolari tedesche, passato nel mito di Faust come spirito della subdola corruzione. **2** (*fig.*) Beffardo, cinico, maligno: *sorriso, ghigno m.* || **mefistofelicaménte**, avv.

mefite (1) [vc. dotta, lat. *mephīti(m)*, di orig. osca; col sign. di 'inebriatrice' (?); 1598] s. f. ● (*lett.*) Puzzo esalato da acque solforose o corrotte | (*est.*) Aria malsana, irrespirabile per il cattivo odore: *un ospitale, dalla cui m. non riesce neppure oggi a noi di trarci fuora* (CARDUCCI).

mefite (2) [lat. scient. *Mephītis*. V. *mefite* (*1*); 1834] s. f. ● (*zool.*) Moffetta.

mefitico [vc. dotta, lat. tardo *mephītĭcu(m)*, agg. di *mephītis* 'mefite (1)'; 1499] agg. (pl. m. *-ci*) **1** Fetido, infetto, malsano: *aria mefitica.* **2** (*fig.*) Che è in preda alla corruzione: *ambiente m.* || **mefiticaménte**, avv.

mèga- [dal gr. *mégas* 'grande'] primo elemento **1** In parole composte, significa 'grande', 'grosso' o indica sviluppo o grandezza eccessivi: *megacolon, megafono, megalite.* SIMB. M. **2** Anteposto a un'unità di misura, la moltiplica per un milione, (cioè per 10^6): *megawatt, megahertz.* **3** (*elab.*) Anteposto a un'unità di misura di quantità di informazioni, la moltiplica per 1 048 576 (cioè per 2^{20}): *megabyte.* SIMB. M.

megabyte /mega'bait/ [comp. di *mega-* e *byte*; 1984] s. m. inv. ● (*elab.*) Unità di misura della quantità di informazione, pari a 1 048 576 (cioè a 2^{20}) byte. SIMB. MB.

megacardia [comp. di *mega-* e *-cardia*] s. f. ● (*med.*) Abnorme grandezza del cuore. SIN. Megalocardia.

megacariocita o **megacariocito** [comp. di *mega-*, *cario-* e *-cita*] s. m. (pl. *-i*) ● (*biol.*) Voluminoso elemento cellulare del midollo osseo; dalla frammentazione del suo citoplasma si formano le piastrine.

megàcero [comp. di *mega-* e del gr. *kéras* 'corno'; 1891] s. m. ● Mammifero fossile simile a un enorme cervide, vissuto nell'era quaternaria (*Megaceros*).

megachile [comp. di *mega-* e del gr. *chêilos* 'labbro'; 1834] s. f. ● Ape di forma tozza, giallo-bruna, che con pezzetti di foglie ripiegate a forma di ditale costruisce nidi in cavità di tronchi o del terreno (*Megachile centuncularis*).

Megachiròtteri [comp. di *mega-* e il pl. di *chirottero*; 1934] s. m. pl. (sing. *-o*) ● Nella tassonomia animale, sottordine a cui appartengono i Chirotteri frugivori di grandi dimensioni (*Megachiroptera*).

megacìclo [comp. di *mega-* e *ciclo*; 1935] s. m. ● Unità di misura delle oscillazioni di un fenomeno periodico, pari a un milione di cicli; in radiotecnica è usato impropriamente come unità di misura di frequenza col significato di megaciclo al secondo, ossia megahertz.

megacòlon [comp. di *mega-* e *colon*] s. m. ● (*med.*) Malformazione del colon con abnorme aumento di volume.

megaconcèrto [comp. di *mega-* e *concerto*; 1985] s. m. ● Spettacolo musicale in cui un cantante o un complesso si esibiscono davanti a un grandissimo numero di persone.

†**megacòṣmo** [comp. di *mega-* e *cosmo*; 1584] s. m. ● Macrocosmo.

megacuòre [comp. di *mega-* e *cuore*] s. m. ● (*med.*) Cuore di abnorme grandezza.

megadèrma [comp. di *mega-* e del gr. *dérma* 'pelle'; 1891] s. m. (pl. *-i*) ● Pipistrello dell'Asia meridionale che si nutre di insetti e piccoli vertebrati ed ha sul muso una lunga appendice fogliata (*Megaderma*).

megadina [fr. *mégadyne*, comp. di *méga-* 'mega-' e *dyne* 'dina'] s. f. ● Forza pari a 1 milione di dine.

megaeṣòfago [comp. di *mega-* ed *esofago*] s. m. (pl. *-gi*) ● (*med.*) Aumento di volume dell'esofago per stenosi del cardias per alterazione congenita.

megafonista s. m. e f. (pl. m. *-i*) ● Chi impartisce ordini o diffonde comunicazioni mediante il megafono, in raduni sportivi, manifestazioni di massa e sim.

megàfono [comp. di *mega-* e *-fono*; 1895] s. m. ● Mezzo di trasmissione elementare, costituito da un cono di lamiera vuoto che rinforza e convoglia la voce a breve distanza | ***M.*** (***elettrico***), fornito di microfono, amplificatore e altoparlante.

megagalàttico [comp. di *mega-* e *galattico*; 1985] agg. (pl. m. *-ci*) **1** (*scherz.*) Grandissimo, enorme: *una somma megagalattica.* **2** (*scherz.*) Detto di chi occupa una posizione elevatissima in una scala gerarchica o di valori: *un cantante m.*

megahèrtz /mega'erts/ [comp. di *mega-* e *hertz*; 1947] s. m. ● Unità di misura di frequenza equivalente a un milione di hertz. SIMB. MHz.

megalèṣie [vc. dotta, lat. *Megalēsia*, nt. pl., dal gr. *Megalēsia*, da *megálē* (*mḗtēr*), (lat. *māgna māter*) 'grande madre', attributo di Cibele] s. f. pl. ● Feste celebrate nell'antica Roma dal 15 al 20 marzo in onore di Cibele detta la Gran Madre.

-megalia [deriv. di *megalo-*] secondo elemento ● In parole composte del linguaggio medico, indica ingrossamento patologico, ipertrofia di una parte o settore del corpo o membra espressi dal primo elemento: *acromegalia, epatomegalia, splenomegalia.*

megalite o **megalito** [fr. *mégalithe*, comp. di *méga-* 'mega' e *-lithe* '-lito' (1); 1934] s. m. ● Monumento preistorico costituito da grandi blocchi di pietra tagliati grossolanamente.

megalitico [fr. *mégalithique*, agg. di *mégalithe* 'megalite'; 1891] agg. (pl. m. *-ci*) ● Costituito da grossi blocchi di pietra, detto di monumenti preistorici.

megalito ● V. *megalite.*

mègalo- [gr. *mégalo-*, da *mégas*, genit. *megálou* 'grande', di orig. indeur.] primo elemento ● In parole composte, significa 'grande', 'grandezza': *megalomania, megalotteri.*

megaloblàsto [comp. di *megalo-* e *-blasto*] s. m. ● (*biol.*) Cellula del midollo osseo progenitrice del globulo rosso, presente nel sangue circolante del feto e nelle forme di anemia perniciosa.

megalocardìa [comp. di *megalo-* e *-cardia*; 1891] s. f. ● (*med.*) Megacardia.

megalocefalìa [da *megalocefalo*; 1891] s. f. ● (*med.*) Ingrossamento del capo.

megalocèfalo [vc. dotta, gr. *megaloképhalos*, comp. di *mégalo-* 'megalo' e *-képhalos* '-cefalo'; 1952] agg.; anche s. m. (f. *-a*) ● (*med.*) Che (o Chi) è affetto da megalocefalia.

megalocita o **megalocito** [comp. di *megalo-* e *-cita*] s. m. (pl. *-i*) ● (*med.*) Anomalo globulo rosso maturo, riconoscibile in casi di anemia perniciosa.

megalografìa [comp. di *megalo-* e *-grafia*; av. 1798] s. f. ● (*archeol.*) Ciclo di affreschi in cui, con pittura di dimensioni superiori al normale, sono rappresentati personaggi o episodi celebri.

megalòmane [fr. *mégalomane*, da *mégalomanie* 'megalomania'; 1892] agg.; anche s. m. e f. ● Che (o Chi) soffre di megalomania.

megalomanìa [fr. *mégalomanie*, comp. di *mégalo-* 'megalo-' e *-manie* '-mania'; 1891] s. f. ● Opinione e presunzione esagerata delle proprie possibilità che si manifesta in atteggiamenti esteriori magniloquenti o dispendiosi.

megalòpoli [comp. di *megalo-* e *poli(s)*; 1978] s. f. inv. ● Vasto agglomerato urbano, spesso formato da diverse entità amministrative, le cui dimensioni sono considerate eccessive.

megalopsìa [comp. di *megalo-* e del gr. *ópsis* 'vista'; 1940] s. f. ● (*med.*) Macropsia.

megalopsichìa [vc. dotta, gr. *megalopsychía*, comp. di *mégalo-* 'megalo-' e *psychḗ* 'anima'; 1940] s. f. ● Esagerata fiducia nelle proprie possibilità e forze.

megalosplenìa [comp. di *megalo-* e del gr. *splḗn*, genit. *splēnós* 'milza'; 1834] s. f. ● (*med.*) Splenomegalia.

megalosplènico [dal gr. *megalosplánchnos* 'di grosse viscere, di ampio addome', comp. di *mégalo-* 'megalo-' e *splánchnon* 'viscere'] agg. (pl. m. *-ci*) ● (*med.*) Detto di tipo costituzionale caratterizzato da notevole volume dei visceri e prevalenza dei diametri trasversali su quelli longitudinali.

Megalòtteri [comp. di *megalo-* e *-ttero*; 1834] s. m. pl. (sing. *-o*) ● Nella tassonomia animale, ordine di Insetti provvisti di ali membranose di cerci addominali e apparato boccale masticatore, predatori, che vivono per un breve arco di tempo in prossimità delle acque dolci (*Megaloptera*).

megaohm /mega'ɔm/ [comp. di *mega-* e *ohm*; 1918] s. m. ● (*elettr.*) Unità di misura di resistenza elettrica corrispondente a 1 milione di Ohm. SIMB. MΩ.

megaparsec /mega'parsek/ [comp. di *mega-* e *parsec*] s. m. inv. ● (*astron.*) Unità di misura delle distanze stellari pari a un milione di parsec.

Megàpodi o **Megapòdidi** [comp. di *mega-* e del gr. *póus*, genit. *podós* 'piede'; 1834] s. m. pl. (sing. *-e*) ● Nella tassonomia animale, famiglia di Uccelli dei Galliformi con coda breve, dita grosse e unghie allungate, buoni camminatori e corridori che vivono nelle zone cespugliose australiane (*Megapodiidae*).

megàrico [vc. dotta, lat. *Megăricu(m)*, dal gr. *Megarikós*; 1834] **A** agg. (pl. m. *-ci*) ● Della città greca di Megara | ***Scuola megarica***, scuola filosofica che diede vita al megarismo. **B** s. m. ● (*spec. al pl.*) Filosofo appartenente alla scuola megarica.

megarìṣmo [da *megarico*] s. m. ● Il tentativo di accostare la filosofia socratica e quella degli eleatici operata dalla scuola filosofica fondata da Euclide a Megara nel V sec. a.C.

mègaron /*gr.* 'megaron/ [vc. dotta, gr. *mégaron*, da *mégas* 'grande' (V. *mega-*); 1940] s. m. inv. (pl. gr. *mègara*) ● Sala del trono e per banchetti nei palazzi dell'età micenea.

megasclèrico [comp. di *mega-* e del gr. *sklērós* 'duro' (forse di orig. indeur.); 1983] agg. (pl. m. *-ci*) ● (*zool.*) Detto di animale dotato di grande guscio.

megaspòra [comp. di *mega-* e *spora*] **s. f.** ● (*bot.*) Macrospora.

megastore /mega'stɔr, *ingl.* 'mɛgəˌstɔːɹ/ [loc. ingl., comp. di *mega-* 'mega-, grande' e *store* 'magazzino'; 1989] **s. m. inv.** ● Negozio, generalmente appartenente a una catena, che espone e mette in vendita in spazi molto vasti una grande varietà di articoli.

megatenèo [comp. di *meg(a)-* e *ateneo*] **s. m.** ● Università caratterizzata da un elevatissimo numero di iscritti e da eccessivo sovraffollamento.

megatèp [comp. di *mega-* e *tep*; 1987] **s. m. inv.** ● (*fis.*) Unità di misura dell'energia pari a un milione di tep. **SIMB.** Mtep.

megatèrio [fr. *mégathérium*, comp. di *méga-* 'mega-' e del gr. *thēríon* 'belva'; 1819] **s. m.** ● Grande mammifero fossile degli Sdentati vissuto all'inizio dell'era quaternaria (*Megatherium*).

megatèrmo [comp. di *mega-* e *-termo*; 1906] **agg.** ● Detto di pianta che richiede per svilupparsi temperature molto alte.

mègaton o **megatóne** [ingl. *megaton*, comp. di *mega-* 'mega-' e *ton* 'tonnellata'; 1961] **s. m.** ● (*fis.*) Unità di misura di potenza esplosiva nucleare pari a quella di 1 milione di tonnellate di tritolo e cioè a $4,2 \cdot 10^{15}$ joule. **SIMB.** Mton.

megatrend /*ingl.* 'mɛgəˌtɹɛnd/ [vc. ingl., comp. di *mega-* e *trend* (V.); 1985] **s. m. inv.** ● Tendenza fondamentale, orientamento generale, spec. del sistema economico.

megàttera [comp. di *mega-* e *-ttero* (nel senso di 'pinna'); 1934] **s. f.** ● Balenottera con natatoie pettorali sviluppatissime, che vive in tutti gli oceani portandosi anche vicino alle coste (*Megaptera nodosa*).

megavòlt [comp. di *mega-* e *volt*; 1952] **s. m.** ● Unità di misura di potenziale elettrico pari a 1 milione di volt. **SIMB.** MV.

megawàtt /mɛga'vat/ [comp. di *mega-* e *watt*] **s. m.** ● (*fis.*) Unità di misura di potenza corrispondente a 1 milione di watt. **SIMB.** MW.

megèra [vc. dotta, lat. *Megǣra(m)*, nom. *Megǣra*, (nome di una delle tre Erinni), dal gr. *Mégaira*, da *megáirein* 'invidiare'; 1342] **s. f.** **1** Donna molto brutta, spec. vecchia, di carattere astioso e collerico: *una suocera che è una m.*; *che hai da spartire tu con codesta m.?* (PIRANDELLO). **2** Farfalla con livrea modesta ed antenne cerchiate di bianco e nero, i cui bruchi vivono sulle Graminacee (*Pararge megaera*).

♦**mèglio** [lat. *mĕlius*, nt. di *mĕlior* 'migliore'; av. 1250] **A avv.** (sett. o †troncato in *mei*, spec. in posizione procl.) **1** In modo migliore (con riferimento a qualità e valori morali, intellettuali): *cerca di comportarti m. un'altra volta*; *il suo esempio ci sprona a fare sempre m.* **CONTR.** Peggio. **2** In modo più soddisfacente e più adeguato: *osserva m. i particolari*; *ora gli affari gli vanno m.*; *adesso va m. di prima*; *ora mi sento m.*; *sto m. in poltrona*; *m. di così non potrebbe andare* | **Cambiare in m.**, migliorare | **Andare di bene in m.**, migliorare continuamente (*anche iron.*) | **Per m. dire, o m.**, precisa o corregge, come inciso, un'affermazione precedente: *ne sa poco o, per m. dire, quasi nulla*; *scrivimi o, m., telefonami.* **CONTR.** Peggio. **3** Più facilmente: *con questo metodo imparo m.* | Più chiaramente, più distintamente: *da qui sento m.*; *vedo m. da lontano.* **CONTR.** Peggio. **4** (*lett.*) Più, con maggiore intensità, spec. nelle loc. ***volere, amare, desiderare m.***, preferire. **5** Più (davanti a un part. pass. forma un compar. di magg., mentre, preceduto da un art. det., forma un superl. rel.): *sono m. informato di te*; *oggi sei m. preparato*; *sono i ragazzi m. educati del quartiere*; *questo è il lavoro riuscito m.* | ***M. possibile, m. che si può***, nel migliore modo possibile: *cerca di fare il m. che puoi.* **CONTR.** Peggio. **B** in funzione di **agg. inv.** **1** Migliore (spec. come predicato di 'essere', 'parere', 'sembrare' e sim.): *questa stoffa è m. dell'altra*; *questa soluzione mi sembra m.*; *sono m. i vostri amici*; *mi pare mille volte m.* | (*region.*) Preceduto dall'art. det. forma il superl. rel.: *è il m. sarto della città*; *si è radunata la m. gioventù*; *ha scelto la camera m.* | Anche con ellissi del s.: *datemi i m. che avete*; *è brava gente ma ce n'è della m.* | ***Alla m., alla bell'e m.***, (*ellitt.*) come si può, il meno male possibile: *dovrete adattarvi alla m.* **CONTR.** Peggio. **2** Preferibile, più opportuno (con valore neutro): *è m. non dirgli niente*; *mi sembra m. che tu non parta*; *ritengo m. tacere* | In espressioni partitive: *possiamo trovare di m.*; *in mancanza di m. ci adatteremo.* **CONTR.** Peggio. **C** in funzione di **s. m. inv.** (anche **f.** nel sign. 2) **1** La cosa migliore (con valore neutro): *questo è il m. che tu possa fare*; *veggio 'l m. ed al peggior m'appiglio* (PETRARCA) | La parte migliore: *hai buttato via il m.*; *non ti ho raccontato il m.* | ***Fare del proprio m., fare il m.***, fare tutto ciò che è possibile, mettere tutto il proprio impegno: *fa del suo m. per riuscire simpatico* | ***Al m.***, nella maniera migliore; (*borsa*) detto di ordine di compravendita in borsa al miglior prezzo reperibile | ***Per il m.***, per il verso migliore, nel modo più vantaggioso: *le cose vanno per il m.*; *speriamo che tutto si metta per il m.* | ***Per il tuo, il suo, vostro m.***, e sim., a tuo, a suo, a vostro vantaggio: *per il vostro m., vi consiglio di agire diversamente.* **CONTR.** Peggio. **2** (*lett. o region.*) Il migliore: *è la m. di tutte*; *Piglia con te un paio de' m.* (MANZONI). **D** in funzione di **s. f. inv.** ● (*ellitt.*) La cosa migliore, la soluzione più vantaggiosa e sim.: *la m. sarà non discuterne più*; *credo che la m. sia partire* | ***Avere la m.***, avere la sorte migliore, riuscire superiore: *alla fine il più forte ebbe la m.* ‖ **PROV.** Il meglio è nemico del bene.

meglioràre e *deriv.* ● V. *migliorare* e *deriv.*

meglioriṣmo ● V. *migliorismo*.

mehàri /me'ari/ [dall'ar. *mahārī* 'dromedario', da *Mahra*, n. di una tribù ar.; 1931] **s. m. inv.** ● Dromedario da sella africano, addestrato alla corsa e alla guerra.

meharista /mea'rista/ [1927] **s. m.** (pl. *-i*) ● Soldato indigeno delle truppe coloniali montate su mehari.

†**mèi** (**1**) ● V. *me'* (*2*).

†**mèi** (**2**) ● V. †*me'* (*1*).

mèio- [dal gr. *méiōn* 'minore'] primo elemento ● In parole composte della terminologia scientifica, significa 'minore' o indica diminuzione: *meiopragia*.

meiocardìa [comp. di *meio-* e *-cardia*; 1957] **s. f.** ● (*med.*) La massima diminuzione di volume della cavità cardiaca che coincide con la fine della sistole.

meiopragìa [comp. di *meio-* e del gr. *prássein* 'fare' (V. *prassi*); 1934] **s. f.** ● (*med.*) Diminuzione dell'attività funzionale e delle capacità reattive di un organo.

meiopràgico [1970] **agg.** (pl. m. *-ci*) ● (*med.*) Affetto da meiopragia.

meiòṣi [vc. dotta, gr. *méiōsis* 'diminuzione', da *meióun* 'diminuire', da *méiōn* 'minore'; 1932] **s. f. inv.** ● (*biol.*) Successione di due divisioni nucleari nelle cellule germinali al termine della quale le cellule figlie hanno un numero di cromosomi che è la metà di quello che aveva la cellula madre.

meiòtico [vc. dotta, gr. *meiōtikós* 'atto a diminuire, diminuente', da *méiōsis* 'diminuzione' (V. *meiosi*); 1949] **agg.** (pl. m. *-ci*) ● (*biol.*) Della meiosi.

meiotteriṣmo [comp. di *meio-* e del gr. *pterón* 'ala'; 1957] **s. m.** ● (*zool.*) Riduzione o scomparsa delle ali negli Insetti.

meitnèrio [dal n. di L. *Meitner* (1878-1968), fisica svedese di orig. austriaca; 1994] **s. m.** ● Elemento chimico transuranico artificiale di numero atomico 109. **SIMB.** Mt.

mèl [prob. da *mille* con la terminazione di *bel*] **s. m. inv.** ● (*mus.*) Unità di percezione dell'altezza musicale.

♦**méla** [da *melo* (*2*); av. 1306] **A s. f.** (pl. †*méla*) **1** Frutto tondeggiante del melo, con polpa biancastra e zuccherina e buccia sottile variamente colorita | ***Tondo come una m.***, di viso pieno e sano | ***Fresca e bella come una m.***, di ragazza giovane, pienotta, dall'aria sana | ***M. marcia***, (*fig.*) l'elemento negativo in un gruppo. **2** Oggetto di forma tondeggiante, simile a una mela: *la m. dell'annaffiatoio.* **3** In Toscana, taglio della coscia di bestia macellata. **4** (*spec. al pl., fig.*) Gote carnose e rubiconde. **5** (*pop.*) Natica. **B** in funzione di **agg. inv.** ● (posposto al s.) Nella loc. ***verde m.***, detto di una tonalità chiara e delicata di verde. ‖ **melàccia**, **pegg.** | **melétta**, **dim.** | **melina**, **dim.** (V.) | **melóna**, **accr.** | **melóne**, **accr. m.** | **melùccia**, **melùzza**, **dim.** | **meluzzina**, **dim.** | †**meluzzòla**, **dim.**

melàfiro [comp. del gr. *mélas* 'nero' e *-firo*, ricavato da *porfiro*, variante di *porfido*; 1819] **s. m.** ● (*geol.*) Roccia effusiva di colore scuro-nerastro, i cui componenti essenziali sono augite, olivina e plagioclasio.

melagràna o **melagranàta** [rifacimento dal lat. *mālum granātum* 'mela granata'; av. 1320] **s. f.** (pl. *melagràne* o *melegràne*) ● Frutto del melograno, globoso, giallo rossastro, contenente semi rugosi acidulo-dolciastri, accolti in compartimenti formati da setti membranosi.

melagràno ● V. *melograno*.

melaìna [dal gr. *mélas* 'nero'; 1869] **s. f.** ● Pigmento bruno dell'inchiostro della seppia.

melalèuca [comp. del gr. *mélas* 'nero' (V. *melano-*) e *leukós* 'bianco', per il contrasto tra il *nero* della corteccia e il *bianco* del legno; 1834] **s. f.** ● (*bot.*) Caieput.

melammìna o **melamìna** [comp. con *melam* (n. di un composto chimico coniato da Liebig, pare arbitrariamente), e *am(m)ina*; 1957] **s. f.** ● (*chim.*) Ammide dell'acido cianurico, sostanza cristallina che costituisce la materia di partenza per la preparazione di una classe di resine sintetiche.

melammìnico o **melamìnico** [1957] **agg.** (pl. m. *-ci*) ● (*chim.*) Che deriva dalla melammina | ***Resina melamminica***, resina polimerica ottenuta polimerizzando uno o più monomeri di cui almeno uno costituito da melammina o da un suo derivato.

melampiriṣmo [da *melampiro*; 1970] **s. m.** ● (*med.*) Intossicazione da semi di melampiro.

melampìro [vc. dotta, gr. *melámpyron*, comp. di *mélas* 'nero' e *pyrós* 'frumento'; 1563] **s. m.** ● Pianta erbacea delle Labiate diffusa nei boschi con fiori giallastri o bianchi a brattee verdi, parassita di erbe e di alberi (*Melampyrum pratense*).

melàmpo [vc. dotta, gr. *melámpous* 'dai piedi neri', comp. di *mélas* 'nero' e *póus*, genit. *podós* 'piede'; 1963] **s. m.** ● (*zool.*) Impala.

Melampsoràcee [comp. del n. del genere *Melampsora* (V. *melampsorella*) e *-acee*; 1934] **s. f. pl.** (sing. *-a*) ● Nella tassonomia vegetale, famiglia di Funghi dei Basidiomiceti, i cui componenti sono parassiti di piante superiori e sono detti ruggini (*Melampsoraceae*).

melampsorèlla [dal n. del genere *Melampsora*, comp. del gr. *mélas* 'nero' (V. *melano-*) e *psōrós* 'ruvido' (della stessa famiglia di *psṓrā* 'scabbia'. V. *psoriasi*); detta così per l'aspetto; 1957] **s. f.** ● Genere di Funghi delle Melampsoracee, parassiti degli abeti, sui rami dei quali determinano escrescenze (*Melampsorella*).

†**melancolìa** e *deriv.* ● V. *malinconia* e *deriv.*

melanconìa e *deriv.* ● V. *malinconia* e *deriv.*

Melanconiàcee [comp. del gr. *mélas* 'nero' (V. *melano-*), *kónis* 'polvere' (da avvicinare al lat. *cĭnis* 'polvere'), e *-acee*: sono dette così per i loro conidi scuri; 1954] **s. f. pl.** (sing. *-a*) ● Nella tassonomia vegetale, una delle famiglie dei cosiddetti Funghi imperfetti, saprofiti o parassiti, responsabili di numerose malattie dei vegetali (*Melanconiaceae*).

Melàndridi [comp. di *melan(o)-* e del gr. *drŷs* 'albero' (di orig. indeur.): detti così perché insetti di colore nero che vivono nei vecchi alberi; 1983] **s. m. pl.** (sing. *-e*) ● Nella tassonomia animale, famiglia di piccoli Coleotteri viventi in tessuti vegetali in disfacimento (*Melandriidae*).

melanemìa [comp. di *melano-* ed *-emia*, perché determinata dalla presenza di melanine nel sangue; 1957] **s. f.** ● (*med.*) Colorazione rosso-brunastra del sangue nella malaria, per presenza di pigmenti derivati dalla distruzione dei globuli rossi.

melaneṣiàno A agg. ● Della Melanesia | ***Lingue melanesiane***, gruppo di lingue della famiglia maleopolinesiaca, parlate in Melanesia. **B s. m.** (f. *-a*) ● Abitante, nativo della Melanesia.

mélange /*fr.* me'lɑ̃ːʒ/ [vc. fr., propr. 'mescolanza', da *mêler* 'mescolare' (stessa etim. dell'it. *mescolare*); 1905] **A s. m. inv.** **1** Mescolanza di più colori. **2** Filato costituito da fibre di vari colori, normalmente bianche e nere o bianche e brune. **3** Caffè o cioccolato con panna montata. **B** anche **agg. inv.**: *tessuto m.*

melangiàto [fr. *mélangé*, part. pass. di *mélanger* 'mescolare'] **A agg.** ● Che presenta una mescolanza di più colori | ***Tessuto m.***, tessuto mélange. **B s. m.** ● Tessuto melangiato.

melàngola [sec. XIV] **s. f.** ● Frutto del melangolo.

melàngolo [comp. del gr. *mêlon* 'mela' e *ángouron* 'cocomero' (V. *anguria*); av. 1557] **s. m.** ● (*bot.*) Arancio amaro.

melànico [1891] agg. (pl. m. *-ci*) ● Della melanina | Nelle scienze naturali, di colore scuro o nero | ***Pigmento m.***, melanina.
melanina [da *melano-*; 1869] s. f. ● Pigmento bruno scuro, granulare, della pelle e degli annessi cutanei, che ne determina il colore, particolarmente abbondante nella cute dei negri.
melanismo [ingl. *melanism*, dal gr. *mélas* 'nero'. V. *melano-*; av. 1871] s. m. ● Eccesso di pigmentazione che accentua al massimo il colorito bruno spec. dei peli dei Mammiferi e delle penne degli Uccelli | ***M. industriale***, fenomeno per cui, in alcune zone industriali, farfalle chiare hanno assunto un colorito scuro prob. per mimetizzarsi.
melanite [comp. di *melano-* e *-ite* (2); av. 1835] s. f. ● (*miner.*) Varietà nera di granato ricca di titanio.
melanittero [comp. di *melano-* e del gr. *pterón* 'ala'; 1957] s. m. ● (*med.*) Forma di ittero con colorazione particolarmente scura della cute.
mèlano- [gr. *melan(o)-*, da *mélas*, genit. *mélanos* 'nero', di orig. indeur.] primo elemento (*melan-* davanti a vocale) ● In parole composte della terminologia scientifica e medica, significa 'nero' o indica colorazione bruna, scura: *melanismo, melanoma.*
melanoblàsto [comp. di *melano-* e *-blasto*] s. m. ● (*biol.*) Cellula derivata dal neuroblasto e destinata a evolvere come elemento pigmentato.
melanocita [comp. di *melano-* e *-cita*] s. m (pl. *-i*) ● (*biol.*) Cellula che trasporta melanina o è capace di sintetizzarla.
melanodermia [dal gr. *melanodérmatos* 'dalla pelle nera', comp. di *melanó-* 'melano-' e *dérma*, genit. *dérmatos* 'pelle'; 1954] s. f. ● Pigmentazione bruna scura della pelle per deposizione di melanina e di altri pigmenti scuri.
melanòforo [comp. di *melano-* e *-foro*; 1957] **A** agg. ● (*biol.*) Che contiene pigmento scuro. **B** s. m. ● (*biol.*) Cellula pigmentata i cui granuli determinano il colore della pelle.
melanòma [comp. di *melano-* e *-oma*; 1957] s. m. (pl. *-i*) ● (*med.*) Tumore caratterizzato dall'accumulo di melanina nelle cellule dell'epidermide.
melanòsi [vc. dotta, gr. *melánōsis* 'il divenir nero', da *mélas* 'nero'. V. *melano-*; 1834] s. f. inv. ● (*med.*) Affezione caratterizzata da aumento della melanina.
melanosòma [comp. di *melano-* e il pl. di *-soma*] s. m. (pl. *-i*) ● Insetto dei Crisomelidi le cui larve attaccano vari alberi rodendo le foglie di cui lasciano le sole nervature (*Melanosoma*).
melanterite [vc. dotta, lat. tardo *melantēria(m)*, nom. *melantēria*, dal gr. *melantēría* 'tinta nera', da *mélas* 'nero' con suffisso mineralogico *-ite* (2) V. *melano-*] s. f. ● (*miner.*) Solfato di ferro idrato, presente spesso in incrostazioni verdi brillanti nelle miniere di pirite.
melàntio [vc. dotta, gr. *melánthion*, comp. di *mélas* 'nero' e *ánthos* 'fiore'; av. 1498] s. m. ● (*bot.*) Agrostemma.
melanùria o **melanuria** [comp. di *melan(o)-* e *-uria*; 1957] s. f. ● (*med.*) Emissione di urine scure per pigmenti di varia natura.
melanùro [vc. dotta, lat. *melanūru(m)*, nom. *melanūrus*, dal gr. *melánouros*, comp. di *mélas* 'nero' (V. *melano-*) e *óura* 'coda'; 1476] s. m. ● (*zool.*) Occhiata.
melanzàna (o **-z-**) [sovrapposizione di *mela* al- l'ar. *bādinǧān*; av. 1557] s. f. ● Pianta delle solanacee di origine asiatica coltivata per i grossi frutti a bacca violacei o bianchi (*Solanum melongena*). SIN. Petonciano | I frutti di tale pianta, che vengono cucinati in vari modi: *melanzane alla parmigiana*; *melanzane ripiene*. ➡ ILL. **piante**/8.
melarància [comp. di *mela* e *arancia*; sec. XIII] s. f. (pl. *-ce*) ● Il frutto del melarancio.
melaràncio [comp. di *mel(o)* e *arancio*; av. 1400] s. m. ● (*bot.*) Arancio dolce.
melardina [etim. incerta; 1813] s. f. ● (*bot.*) Reseda.
melàre [da *mela*; av. 1850] v. tr. ● (*tosc.*) Solo nella loc. ***farsi m.***, farsi prendere a melate; (*fig.*) farsi schernire, burlare.
melàrio [vc. dotta, lat. (*vās*) *mellāriu(m)* '(vaso) da miele', da *mĕl*, genit. *mĕllis* 'miele'; av. 1320] **A** s. m. ● Cassetta che si sovrappone all'arnia affinché le api possano deporvi il miele. **B** agg. ● Del miele | (*zool.*) ***Borsa melaria***, dilatazione del tubo digerente delle api nella quale il nettare viene trasformato in miele.
melaròsa [comp. di *mela* e *rosa*; av. 1556] s. f. ● (*bot.*) Alberello delle Mirtacee con piccoli frutti di colore giallo carico profumati di rosa (*Eugenia jambos*) | Il frutto di tale pianta. SIN. Giambo (2).
melàssa [fr. *mélasse*, dallo sp. *melaza*, da *mel* 'miele'; 1780] s. f. ● Liquido denso, bruno che rimane dopo che il succo della canna da zucchero o della barbabietola è stato sottoposto a tutte le operazioni per estrarre lo zucchero cristallizzabile.
melàsso o **melàzzo** [1567] s. m. ● (*raro*) Melassa.
Melastomàcee [comp. del gr. *mélas* 'nero' (V. *melano-*), *-stoma* e *-acee*; 1834] s. f. pl. (sing. *-a*) ● Nella tassonomia vegetale, famiglia di piante dicotiledoni, importanti componenti della vegetazione tropicale sudamericana (*Melastomaceae*).
melàta (1) [da *mela*; av. 1767] s. f. ● (*raro*) Colpo dato con una mela scagliata: *prendere a melate.*
melàta (2) o **mielàta** [da *miele*; av. 1512] s. f. *1* Liquido zuccherino che si forma sui vegetali naturalmente o in seguito a punture di insetti. *2* Escrezione zuccherina che alcuni insetti, spec. afidi, lasciano sui vegetali e che viene poi succhiata dalle api: *miele di m.*
melàto (1) o **mielàto** [da *miele*; sec. XIII] agg. *1* Condito o addolcito con miele. *2* (*fig.*) Dolce come miele: *tono m.*; *bagna di pianto e fa' melati i preghi* (TASSO) | Falsamente lusinghiero, mellifluo o insinuante: *parole melate.*
†**melàto** (2) [ant. fr. *meslé* 'mescolato'; sec. XIV] agg. ● Mescolato.
melatonina [comp. del gr. *mélas* (V. *melano-*), del gr. *tónos* 'tensione' e del suff. *-ina*; 1985] s. f. ● (*biol.*) Ormone, sintetizzato dall'epifisi, che produce una spiccata decolorazione della pigmentazione cutanea negli Anfibi; nei Mammiferi inibisce lo sviluppo delle gonadi e influenza il ciclo estrale; si sostiene che nell'uomo regolarizzi il sonno e ritardi l'invecchiamento.
melàzzo ● V. *melasso.*
melchita [ar. *malakī*, traduz. del gr. *basilikós* 'imperiale'; erano detti così perché fedeli all'imperatore; 1608] **A** s. m. e f. (pl. m. *-i*) ● Cattolico di rito bizantino e di lingua araba. **B** anche agg.: *Chiesa, liturgia m.*
mèle ● V. *miele.*
†**melèa** ● V. †*mislea.*
meleàgride [vc. dotta, lat. *meleăgride(m)*, nom. *meleăgris*, dal gr. *meleagrís*, da *Meléagros* 'Meleagro', mitico eroe greco, le cui sorelle secondo il mito sarebbero state mutate in faraone; 1476] s. m. ● (*zool.*) Tacchino.
meleagrina [da *Meleagro*, mitico eroe greco; 1828] s. f. ● (*zool.*) Ostrica perlifera.
melèna [vc. dotta, gr. *mélaina*, f. di *mélas* 'nero'. V. *melano-*; 1829] s. f. ● (*med.*) Emissione di feci scure per presenza di sangue digerito.
melensàggine o †**milensàggine** [1353] s. f. ● Carattere di chi (o di ciò che) è melenso | Azione o discorso da melenso. SIN. Balordaggine, sciocchezza.
melènso o †**milènso** [etim. incerta; sec. XIII] agg. *1* Tardo di mente e di modi, goffo nell'aspetto e negli atteggiamenti: *un individuo m.*; *Il vero furbo, in commercio, … doveva fare in modo di apparire m.* (SVEVO). SIN. Ottuso, rimbambito, stordito. *2* Insulso, scipito, stolido: *parole melense* | (*raro*) Sdolcinato, lezioso. || **melensaménte**, avv.
melèto [da *melo* (2); av. 1320] s. m. ● Frutteto di meli.
mèlia [gr. *melía* 'frassino', di orig. preindeur.; 1834] s. f. ● Genere di piante legnose tropicali delle Meliacee che forniscono legni pregiati per il colore, la struttura e il profumo (*Melia*).
-melia [dal gr. *mélos* 'arto'] secondo elemento ● In parole composte della terminologia medica, fa riferimento a malformazioni degli arti: *focomelia, macromelia, nanomelia.*
melìaca o (*raro*) **meliaca** [lat. *armenĭaca(m)* 'dell'Armenia'; 1550] s. f. ● (*bot.*) Albicocco.
Meliàcee [vc. dotta, comp. di *melia* e *-acee*; 1834] s. f. pl. (sing. *-a*) ● Nella tassonomia vegetale, famiglia di piante dicotiledoni arboree tropicali con foglie pennate e fiori in infiorescenze tra cui il mogano (*Meliaceae*). ➡ ILL. **piante**/5.
mèlica (1) [vc. dotta, lat. *mĕlica(m)*, nom. *mĕlica*, dal gr. *melikḗ*, f. sost. di *melikós* 'melico'; av. 1574] s. f. ● Poesia lirica, spec. quella composta per il canto.
mèlica (2) o **mèliga** [da (*erba*) *medica*, con influsso di *miele*; 1773] s. f. ● (*bot.*) Mais | Saggina.
melicèride [vc. dotta, lat. *melicēride(m)*, nom. *melicēris*, dal gr. *melikērís*, comp. di *méli* 'miele' e *kērós* 'cera'; 1561] s. f. ● (*med., raro*) Formazione cistica contenente materiale grasso, giallo chiaro.
mèlico [vc. dotta, lat. *mĕlicu(m)*, nom. *mĕlicus*, dal gr. *melikós*, da *mélos* 'canto', di etim. incerta; av. 1574] agg. (pl. m. *-ci*) ● Melodioso, musicale, lirico | ***Poesia melica***, melica.
melicòne [da *melica* (2); 1834] s. m. ● (*bot.*) Mais.
melifaga [comp. del gr. *méli* 'miele' (di orig. indeur.), e di *-fago*; 1829] s. f. ● Genere di Uccelli australiani cui appartiene una specie con testa e collo neri, e parti inferiori bianche macchiate di nero (*Meliphaga*).
Melifàgidi [comp. di *melifag(a)* e *-idi*; 1934] s. m. pl. (sing. *-e*) ● Nella tassonomia animale, famiglia di Passeriformi australiani con becco sottile e lingua protrattile, che si cibano di miele (*Meliphagidae*).
melifillo [vc. dotta, gr. *meliphyllon*, comp. di *méli* 'miele' e *phýllon* 'foglia'] s. m. ● (*bot.*) Melissa.
melìforo [comp. del gr. *méli* 'miele' e di *-foro*] agg. ● (*lett.*) Che produce miele.
mèliga ● V. *melica* (2).
melilite [comp. del gr. *méli* 'miele', per il colore, e *-lite*; 1819] s. f. ● (*miner.*) Gruppo di silicati, in cristalli corti dimetrici di color giallo miele.
melilòto [vc. dotta, lat. *melilōto(n)*, dal gr. *melilōton*, comp. di *méli* 'miele' e *lōtós* 'loto'; sec. XIV] s. m. ● Pianta erbacea delle Leguminose, buona foraggera, con grappoli allungati di fiori gialli e profumati, ricchi di nettare (*Melilotus officinalis*).
melina [dal bolognese *fer al zug dla mléina* 'indugiare, cincischiare' prob. con una lontana orig. oscena; 1961] s. f. ● (*gerg.*) Spec. nella pallacanestro e nel calcio, gioco ostruzionistico, incentrato sul possesso di palla per conservare un risultato favorevole: *fare m.*
melinite [fr. *mélinite*, dal gr. *mélinos* 'color di mele, giallastro', da *mêlon* 'mela'; av. 1909] s. f. ● Esplosivo a base di acido picrico.
melipona [comp. del gr. *méli* 'miele' e *pónos* 'fatica'; 1834] s. f. ● Ape selvatica priva di pungiglione dell'America tropicale che costruisce il nido nei cavi degli alberi o nel terreno, impastando cera con resina e terra (*Melipona*).
melismo o (*raro*) **malismo**, **melismo** [vc. dotta, gr. *mélisma*, da *melizein* 'cantare', da *mélos*. V. *melico*; 1595] s. m. (pl. *-i*) ● (*mus.*) Abbellimento formato da più note eseguite su una sola sillaba.
melismàtico [1826] agg. (pl. m. *-ci*) ● (*mus.*) Che si riferisce al melisma | Contenente melismi.
melismo ● V. *melisma.*
melissa [dal lat. *melissaphýllum*, dal gr. *melissóphyllon*, propr. 'foglia per le api', comp. di *mélissa* 'ape', da *méli* 'miele' e *phýllon* 'foglia'; sec. XIV] s. f. ● Pianta erbacea delle Labiate, di gradevole odore, con fiori biancastri macchiettati e foglie grandi e pelose, usata in farmacia per le sue proprietà stimolanti, antispasmodiche e carminative (*Melissa officinalis*). SIN. Appiastro, melifillo. ➡ ILL. **piante**/9.
melissòfago [comp. del gr. *mélissa* 'ape', da *méli* 'miele', e *-fago*; 1834] agg. (pl. m. *-gi*) ● Che si nutre di api: *uccelli melissofagi.*
melissografia [comp. del gr. *mélissa* 'ape', da *méli* 'miele', e *-grafia*; 1834] s. f. ● Trattato sulle api.
melitèa [prob. dal gr. *méli* 'miele' (V. *melifaga*); av. 1729] s. f. ● Piccola farfalla dei prati, con livrea giallo-bruna striata di nero (*Melitaea*).
melitènse [vc. dotta, lat. *melitēnse(m)*, da *Mĕlita* 'Malta'; av. 1714] **A** agg.; anche s. m. e f. ● (*lett.*) Maltese | ***Febbre m.***, infezione intestinale causata dalla *Salmonella melitensis*. **B** s. f. ● Febbre melitense.
melitòsio [fr. *mélitose*, dal gr. *méli*, genit. *mélitos* 'miele', di orig. indeur., col suff. *-ose* '-osio'; 1869] s. m. ● (*chim.*) Disaccaride contenuto nella manna australiana.
melittide [dal gr. *mélitta* 'ape' (da *méli* 'miele'), perché i suoi fiori forniscono miele alle api; 1834] s. f. ● Genere di piante delle Labiate cui appartiene la bocca di lupo (*Melittis*).
melittòfilo [comp. del gr. *mélitta* 'ape' (V. *melitti-*

de) e *-filo*; 1857] **agg.** ● Detto di pianta impollinata a opera delle api.

†**mèlleo** [vc. dotta, lat. *mĕlleu(m)*, agg. di *mĕl*, genit. *mĕllis* 'miele'; av. 1498] **agg.** ● Mellifluo | (*raro*) Che ha l'odore del miele: *la fragranza mellea dei fiori* (D'ANNUNZIO).

mellétta [sovrapposizione di *melma* a *belletta*; 1741] **s. f.** ● (*tosc.*, *raro*) Melma. ‖ **mellettóne**, **accr. m.**

mellìfago [comp. del lat. *mĕl*, genit. *mĕllis* 'miele' e *-fago*; 1829] **s. m.** (**pl.** *-gi*) ● Uccello australiano dei Passeriformi con lunga lingua protrattile sfrangiata come un pennello per raccogliere nettare dai fiori o insetti (*Meliphaga*). **SIN.** Mellisuga.

mellìfero [vc. dotta, lat. *mellĭferu(m)*, comp. di *mĕl*, genit. *mĕllis* 'miele', e *-fer* '-fero'; 1485 ca.] **agg.** ● (*lett.*) Che porta o produce miele.

mellificàre [vc. dotta, lat. *mellificāre*, comp. di *mĕl*, genit. *mĕllis* 'miele' e *-ficāre* '-ficare'; 1340 ca.] **v. intr.** (*io mellìfico, tu mellìfichi*; aus. *avere*) ● Fare il miele, detto delle api.

mellificazióne [sec. XIV] **s. f.** ● La produzione del miele da parte delle api.

melliflụità [av. 1799] **s. f.** ● (*fig.*) Caratteristica di chi (o di ciò che) è mellifluo.

mellìfluo [vc. dotta, lat. tardo *mellĭfluu(m)*, comp. di *mĕl*, genit. *mĕllis* 'miele' e *flŭere* 'scorrere' (V. *fluire*); 1340 ca.] **agg.** *1* (*lett.*) Che versa miele | Che ha la dolcezza del miele. *2* (*fig.*) Che denota o esprime una dolcezza insinuante e insincera, spec. allo scopo di ingannare e sim.: *tono m.*; *voce melliflua*; *rivolgersi a qlcu. con fare m.* **SIN.** Dolciastro, melato. ‖ **melliflụaménte**, **avv.** In modo mellifluo, ipocrita: *sorridere mellifluamente.*

mellisùga [comp. del lat. *mĕl*, genit. *mĕllis* 'miele' e *-suga*, ricavato da *sanguisuga*] **s. f.** ● (*zool.*) Mellifago.

mellitàto [da *mellitico*; 1957] **s. m.** ● (*chim.*) Sale o estere dell'acido mellitico.

mellìte [dal lat. *mĕl*, genit. *mĕllis* 'miele', per il colore; 1819] **s. f.** ● (*miner.*) Composto organico naturale analogo al sale di alluminio dell'acido mellitico.

mellìtico [da *mellite*; 1834] **agg.** (**pl. m.** *-ci*) ● Detto di acido aromatico contenente 6 gruppi carbossilici, preparato per ossidazione della grafite o di certi carboni.

mellìto [vc. dotta, lat. *mellītu(m)*, da *mĕl*, genit. *mĕllis* 'miele'; 1891] **A agg.** ● (*raro*) Zuccherino | (*med.*) ***Diabete m.***, dovuto a insufficienza di secrezione di insulina, con eliminazione di urine ricche di zucchero. **B s. m.** ● Sciroppo medicinale dolcificato col miele.

mellìvora [comp. del lat. *mĕl*, genit. *mĕllis* 'miele', e il f. di *-voro*, ricavato da *carnivoro*; 1934] **s. f.** ● Mammifero dei Mustelidi, sudafricano, con ruvido pelame grigio, ghiotto di api e miele (*Mellivora capense*). **SIN.** Ratele.

†**mellonàggine** [da *mellone*; 1353] **s. f.** ● (*tosc.*) Ignoranza sciocca o balorda.

mellóne ● V. *melone*.

mellotron /*ingl.* ˈmɛlə,tɹɔn/ [comp. ingl. di *mello(w)*, detto di suono 'caldo, pieno' ed (*elec*)*tron(ic)* 'elettronico'] **s. m. inv.** ● (*mus.*) Strumento elettronico che contiene suoni registrati su nastro e li elabora.

mélma (o **-è-**) [vc. di orig. germ.; 1313] **s. f.** *1* Terra molle nel fondo di paludi, fiumi, fossi d'acqua, o lasciata dalle piene: *una m. maleodorante.* **SIN.** Fanghiglia, mota. *2* (*fig.*) Lordura o bruttura morale, corruzione: *vivere nella m. del vizio.* *3* †Patina in bocca per cattiva digestione. ‖ **melmétta**, **dim.**

melmosità [1915] **s. f.** ● Condizione o stato di ciò che è melmoso.

melmóso [av. 1698] **agg.** ● Pieno di melma: *stagno m.*

†**mèlo** (*1*) ● V. *melos*.

mélo (*2*) [lat. tardo *mēlu(m)*, per il classico *mālu(m)*, dal gr. *mêlon*, vc. di orig. preindeur.; 1319] **s. m.** ● Albero delle Rosacee coltivato in molte varietà per i frutti commestibili, con foglie seghettate, inferiormente pelose e fiori bianchi all'interno e rosei esternamente, in corimbi (*Pirus malus*). ➡ **ILL. piante**/6.

mélo /*fr.* meˈlo/ o **melò** [vc. fr., accorc. di *mélodrame* 'melodramma'] **A s. m. inv.** ● Situazione, atteggiamento, opera caratterizzata da particolare enfasi e teatralità. **B** anche **agg. inv.**: *film, genere m.* **SIN.** Melodrammatico.

mèlo- [dal gr. *mélos* 'musica', di orig. indeur.] primo elemento ● In parole composte, significa 'canto', 'melodia', 'musica': *melofobo*, *melologo*, *meloterapia*.

melocotógno [comp. di *melo* (*2*) e *cotogno*; 1340 ca.] **s. m.** (**pl.** *melicotógni*) ● (*bot.*) Cotogno.

melòde (*1*) o **melòdo** [vc. dotta, lat. tardo *melōde(m)*, nom. *melōdes*, dal gr. *melōidós* 'cantante, poeta lirico' (V. *melodia*)] **s. m.** ● Artista bizantino che musicava i propri componimenti poetici.

†**melòde** (*2*) [vc. dotta, lat. tardo *melōde(m)*, da *melōdia* 'melodia', rifatto su *ōde* 'canto' (V. *ode*); 1321] **s. f.** ● (*poet.*) Melodia.

melodìa [vc. dotta, lat. tardo *melōdia(m)*, nom. *melōdia*, dal gr. *melōidía*, comp. di *mélos* 'musica' (V. *melos*) e *ōidḗ* 'canto' (V. *ode*); av. 1292] **s. f.** *1* (*mus.*) Successione di diversi suoni aventi fra loro una organica relazione espressiva | Composizione vocale da camera, spec. francese, simile alla romanza. *2* (*est.*) Armonico insieme di suoni o di voci: *la m. dei ruscelli*; *il secreto usignuolo entro le fronde / empie il vasto seren di m.* (CARDUCCI).

melòdica [1952] **s. f.** ● (*mus.*) Adattamento di *melodika*.

melòdico [vc. dotta, gr. *melōidikós*, da *melōidía* 'melodia'; sec. XIV] **agg.** (**pl. m.** *-ci*) *1* Proprio della melodia, che si adegua alla regola della melodia: *canto m.* | ***Disegno m.***, l'ordine e la forma di una melodia. *2* (*est.*) Melodioso, dolce: *la melodica voce dell'usignolo.* ‖ **melodicaménte**, **avv.**

melòdika [da *melodia*] **s. f. inv.** ● (*mus.*) Strumento che combina la tastiera del clavicordo e il registro organistico del flauto.

melodiòso (o **-diò-**) [sec. XIV] **agg.** *1* Ricco di melodia: *suono, canto m.* *2* Armonico e dolcissimo: *voce melodiosa.* ‖ **melodiosaménte**, **avv.**

melodista [da *melodia*; 1834] **s. m.** e **f.** (**pl. m.** *-i*) ● Autore di composizioni musicali caratterizzate dalla predominanza della melodia come elemento stilistico.

melòdo ● V. *melode* (*1*).

melodràmma [fr. *mélodrame*, comp. del gr. *mélos* 'canto' (V. *melos*) e del fr. *drame* 'dramma'; 1714] **s. m.** (**pl.** *-i*) ● Genere musicale consistente nella rappresentazione per voci solistiche, coro e orchestra di un testo poetico d'argomento cavalleresco, mitologico, storico, fantastico, comico: *la nascita del m.*; *il m. romantico* | ***Da m.***, di chi (o di ciò che) è enfatico ed esagerato o di chi tende all'esagerazione dei propri sentimenti: *eroe, personaggio, situazione da m.* ‖ **melodrammàccio**, **pegg.**

melodrammàtico [1714] **agg.** (**pl. m.** *-ci*) *1* Del melodramma. *2* (*est.*) Che manifesta e ostenta atteggiamenti, sentimenti esagerati, intensamente passionali: *tono, gesto m.* **SIN.** Teatrale. ‖ **melodrammaticaménte**, **avv.** In modo melodrammatico.

mèloe [etim. incerta; 1821] **s. m.** ● Insetto dei Coleotteri con testa piccola, privo di ali, con zampe robuste e livrea scura che, allo stato larvale, divora uova di api e miele; se molestato, emette emolinfa di odore sgradevole e ad azione vescicatoria (*Meloe violaceus*).

melòfago [vc. dotta, gr. *mēlophágos*, comp. di *mêlon* 'pecora' e *-phágos* '-fago'; 1834] **s. m.** (**pl.** *-gi*) ● Insetto dei Ditteri con zampe forti e munite di unghie, con le quali si attacca ai peli delle pecore, di cui è parassita (*Melophagus ovinus*).

melòfobo [comp. di *melo-* e *-fobo*] **s. m.**: anche **agg.** (**f.** *-a*) ● Chi (o Che) odia la musica.

melogranàto [1336 ca.] **s. m.** ● (*bot.*, *raro*) Melograno.

melogràno o **melagràno** [rifacimento del lat. *mālum granātum* 'mela granata'; 1340 ca.] **s. m.** (**pl.** *melogràni* o *meligràni*) ● Albero delle Punicacee con foglie lanceolate opposte, fiori rossi e frutti commestibili la cui corteccia ha azione vermifuga (*Punica granatum*). ➡ **ILL. piante**/5.

melòlogo [comp. di *melo-* e *-logo*; av. 1926] **s. m.** (**pl.** *-ghi*) ● Recitazione di un testo con accompagnamento musicale.

melolónta [vc. dotta, gr. *mēlolónthē* 'scarabeo dorato', di orig. preindeur.; 1869] **s. f.** ● (*zool.*) Maggiolino.

melòmane [fr. *mélomane*, comp. di *mélos* 'canto' (V. *melos*) e *-mane* '-mane'; 1940] **s. m.** e **f.** ● Chi è eccessivamente appassionato di musica.

melomanìa [da *melomane*; 1828] **s. f.** ● Amore eccessivo per la musica, mania musicale.

melonàio [av. 1449] **s. m.** ● Terreno coltivato a meloni.

melóne o (*dial.*) **mellóne** [lat. tardo *melōne(m)*, nom. *mēlo*, abbr. di *melŏpepo*, genit. *melopepŏnis*, dal gr. *mēlopépōn*, genit. *mēlopéponos*, comp. di *mêlon* 'mela' e *pépōn*, genit. *péponos* 'popone'; av. 1320] **s. m.** *1* Pianta erbacea delle Cucurbitacee a fusto strisciante, diffusamente coltivata per i frutti globosi od ovali con polpa dolce e profumata (*Cucumis melo*) | Il frutto commestibile di tale pianta. **SIN.** Popone | ***M. cantalupo***, V. *cantalupo* | ***M. d'acqua***, cocomero | ***M. dei tropici***, frutto della papaia a polpa burrosa, gialla, zuccherina, di gusto caratteristico. ➡ **ILL. piante**/10. *2* (*biol.*) Vistosa protuberanza in corrispondenza delle ossa frontali dei Delfini, dovuta all'accumulo dello spermaceti. *3* (*fig.*) †Uomo sciocco e goffo. ‖ **meloncèllo**, **dim.** | **meloncìno**, **dim.**

melopèa [vc. dotta, lat. tardo *melopoēia(m)*, nom. *melopoēia*, dal gr. *melopoiía*, comp. di *mélos* 'canto' (V. *melos*) e *poiêin* 'fare' (V. *nicopeia*); 1728] **s. f.** ● Melodia lenta spec. ispirata a motivi liturgici | †Arte del contrappunto.

meloplàsto [fr. *méloplaste*, comp. del gr. *mélos* 'canto' (V. *melos*) e *-plaste* '-plasto'; 1834] **s. m.** ● (*mus.*) Pentagramma vuoto utilizzato per lo studio del solfeggio mediante elementi mobili rappresentanti le note.

melopsittaco [comp. del gr. *mélos* 'canto' (V. *melos*) e *psittakós* 'pappagallo' (V. *psittacidi*); 1934] **s. m.** (**pl.** *-ci*) ● Pappagallino australiano con ali lunghe e appuntite, bel piumaggio verde e giallo con screziature nere, facilmente addomesticabile, che in prigionia ha dato origine per mutazione a razze di diversi colori (*Melopsittacus undulatus*). **SIN.** Pappagallino ondulato, parrocchetto canoro.

mèlos o (*lett.*) †**mèlo** (*1*) [vc. dotta, lat. *mĕlos*, dal gr. *mélos*, di orig. indeur.] **s. m.** (**pl.** *mele* /*lat.* ˈmɛle/) ● (*poet.*) Melodia | Canto poetico.

meloterapìa [comp. di *melo-* e *-terapia*; 1957] **s. f.** ● Musicoterapia.

melt down /mɛltˈdaun, *ingl.* ˈmɛlt,daon/ o **meltdown** [vc. ingl., comp. del *melt* 'fondere' e *down* 'giù'; 1986] **s. m. inv.** *1* (*fis.*) Fusione accidentale del nocciolo radioattivo del reattore di una centrale nucleare. *2* (*fig.*) Crollo, caduta rovinosa: *melt down borsistico.*

meltèmi [vc. neogreca, dal turco *meltem* 'monsone'] **s. m. inv.** ● Denominazione in uso in Grecia dei venti etesii.

melting pot /*ingl.* ˈmɛltɪŋ,pɒt/ [loc. ingl., comp. di *melting*, da *to melt* 'fondere', e *pot* 'pentola, marmitta'; 1986] **loc. sost. m. inv.** (**pl.** ingl. *melting pots*) ● Mescolanza di diversi elementi, crogiuolo, calderone | Miscuglio di gruppi etnici differenti.

mèlton [dal n. della città di *Melton* in Inghilterra; 1898] **s. m. inv.** *1* (*tess.*) Follone. *2* Tessuto reso opaco e leggermente peloso da una particolare follatura.

†**membraménto** [da *membrare*; sec. XIV] **s. m.** ● Ricordo, memoria.

membràna [vc. dotta, lat. *membrāna(m)* 'pelle sottile che copre le membra', da *mĕmbrum* 'membro'; av. 1455] **s. f.** *1* (*anat.*) Sottile lamina di rivestimento degli organi, con varia struttura e funzione | ***M. del timpano***, formazione dell'orecchio medio, visibile dall'esterno | ***Falsa m.***, formazione pellicolare, formata da materiale di essudazione, che si forma sulla mucosa laringea nella infezione difterica | ***Membrane oculari***, i tre strati concentrici che compongono il globo oculare. *2* (*biol.*) Involucro della cellula | ***M. plasmatica***, struttura protoplasmatica periferica differenziata che delimita verso l'esterno il citoplasma. **SIN.** Plasmalemma. *3* Sottile pelle di animale conciata, usata un tempo per scrivervi (detta *cartapecora* o *pergamena*), o tesa sui tamburi o altri strumenti a percussione. *4* Corpo elastico metallico di spessore assai piccolo, che si inflette con forze minime, usato spec. in apparecchi elettroacustici. *5* (*zool.*) ***M. alare***, patagio.

membranàceo [vc. dotta, lat. *membranā-ceu(m)*, da *membrāna* 'membrana'; av. 1730] **agg.** ● Che ha sostanza o natura di membrana | ***Libro, codice m.***, di fogli di pergamena o cartapecora.

membranifórme [comp. di *membrana* e *-forme*; 1834] **agg.** ● Che ha l'aspetto, le caratteristiche di una membrana.

†**membràno** agg. ● Membranaceo.

membranòfono [comp. di *membrana* e *-fono*; 1957] agg. ● Detto di ogni strumento musicale formato da una o più pelli tese, che l'esecutore percuote con le mani o con bacchetta.

membranoso [vc. dotta, lat. tardo *membranō-su(m)*, da *membrāna* 'membrana'; av. 1698] agg. ● Costituito, composto da una o più membrane: *corpo m.* | Che è simile a membrana.

†**membrànza** [provz. *membransa*, da *membrar* 'membrare'; av. 1250] s. f. ● Rimembranza, ricordanza: *pasco ... / il pensier di desire e di m.* (MARINO).

membràre [provz. *membrar*, dal lat. *memorāre*. V. *memorare*; av. 1250] v. tr. (*io mèmbro*) ● (*poet.*) Rimembrare, ricordare: *membrando il suo bel viso e l'opre sante* (PETRARCA).

membratùra [vc. dotta, lat. *membratūra(m)*, da *mĕmbrum* 'membro'; 1499] s. f. **1** Le membra umane o animali viste e considerate nel loro complesso: *un uomo di robusta m.* **2** (*arch.*) Modanatura o complesso di modanature che costituiscono, spec. unite ad altri elementi architettonici, una parte ben determinata della costruzione.

♦**mèmbro** (o *-é-*) [vc. dotta, lat. *mĕmbru(m)*, di orig. indeur.; av. 1249] s. m. (pl. *mèmbra*, f., †*mèmbri*, m., †*mèmbre*, f. con valore collettivo; pl. *mèmbri*, m. negli altri casi) **1** (*spec. al pl.*) Arto: *membra superiori, inferiori; membra forti, muscolose, elastiche.* **2** (*est.*) Ogni componente di una collettività o di un gruppo: *i membri del parlamento, del consiglio di amministrazione, del corpo diplomatico; m. effettivo, corrispondente, aggiunto* | †Gregario: *quelli che erano i membri, con maggior voglia deponevano le armi che non le pigliavano* (MACHIAVELLI). **3** (*est.*) Ogni elemento costitutivo di un tutto: *le varie membra della nave, delle fortificazioni, dell'edificio.* **4** (*ling.*) Parte compiuta di un periodo. **5** (*mat.*) Ciascuna delle due espressioni di una uguaglianza o di una disuguaglianza collegate dal segno = o da altro segno | ***Primo m.***, quello a sinistra nel segno | ***Secondo m.***, quello a destra. **6** (*arch.*) Membratura. **7** (*anat.*) ***M.*** (*virile*), pene. || **membrétto**, dim. | **membricciuòlo**, dim. | **membrino**, dim. | **membrolino**, dim. (V.) | **membróne**, accr.

membrolino [av. 1311] s. m. **1** Dim. di *membro*. **2** (*fig.*) †Particella.

†**membroso** [vc. dotta, lat. *membrōsu(m)*, da *mĕmbrum* 'membro'; 1869] agg. ● Che ha grosse membra.

membrùto [1308] agg. ● Grosso e forte di membra: *un giovane m.*

memènto [lat., propr. 'ricòrdati', imperat. di *meminīsse* 'ricordarsi', da una radice indeur. che indica 'memoria'; 1536] s. m. inv. **1** Parte della Messa in cui il celebrante menziona i vivi e i morti | Ciascuna delle due preghiere che il celebrante recita in tale parte della Messa. **2** (*anche scherz.*) Ammonizione da non dimenticare: *dare un m. a qlcu.*

mèmo [1986] s. m. inv. ● Promemoria.

memoràbile [vc. dotta, lat. *memorābile(m)*, da *memorāre* '†memorare'; 1308] agg. ● Degno di essere ricordato: *avvenimento, fatto m.; fu uomo ai tempi nostri m.* (GUICCIARDINI) | (*est.*) Che non è possibile dimenticare perché straordinario, eccezionale: *un m. successo; una catastrofe m.* || **memorabilménte**, avv.

memorabilia [vc. lat., propr. 'cose da ricordare', da *memorābile(m)* 'memorabile'; 1987] s. m. pl. ● Eventi degni di restare nella memoria | (*est.*) Personaggi, opere, prodotti che sono diventati di culto: *i m. del cinema muto.*

memorabilità [1834] s. f. ● (*raro*) Condizione di chi (o di ciò che) è memorabile.

memorando [vc. dotta, lat. *memorāndu(m)*, gerundivo di *memorāre* '†memorare'; 1499] agg. ● (*lett.*) Che deve essere ricordato: *esempio, giorno m.*

memoràndum [fr. *mémorandum*, gerundio nt. sing. del lat. *memorāre*. V. *memorando*; 1861] s. m. inv. (pl. lat. *memoranda*) **1** Documento contenente l'indicazione dei termini di una questione, o di un fatto verificatosi, o di un accordo raggiunto tra più soggetti spec. di diritto internazionale. **2** Libretto per annotazioni, appunti e sim.: *segnare un appuntamento, una data sul m.* **3** (*bur.*) Tipo di lettera spec. commerciale per brevi comunicazioni | (*est.*) Foglio di carta da lettera di formato ridotto, per tali comunicazioni.

†**memoràre** [vc. dotta, lat. *memorāre*, da *mĕmor* 'memore'; 1340] v. tr. e intr. ● (*lett.*) Ricordare.

memorativo [vc. dotta, lat. tardo *memoratī-vu(m)*, da *memorāre* '†memorare'; av. 1375] agg. **1** (*raro*) Riguardante la memoria: *virtù memorativa.* **2** (*raro*) Che serve a ricordare: *insegna memorativa* | †Commemorativo.

†**memorazióne** [vc. dotta, lat. tardo *memoratiō-ne(m)*, da *memorāre* '†memorare'; 1336 ca.] s. f. ● Memoria, ricordanza | Commemorazione.

mèmore [vc. dotta, lat. *mĕmore(m)*, da una radice indeur. che indica 'ricordo, preoccupazione'; av. 1606] agg. ● (*spec. lett.*) Che conserva il ricordo e non si dimentica di qlco. o di qlcu.: *m. di un esperienza passata* | Riconoscente: *m. dei benefici ricevuti; sono m. di quanto avete fatto per me* | Che rinnova il ricordo, sembrando custodirlo: *le memori doline del Carso.*

†**memorévole** [da *memorabile*, con cambio di suff.; sec. XIII] agg. ● Memorabile: *celebrato fra gli uomini memorevoli dagl'Istorici Romani* (TASSO) | Memore.

♦**memòria** [vc. dotta, lat. *memŏria(m)*, da *mĕmor* 'memore'; av. 1250] s. f. **I** In senso proprio. **1** (*psicol.*) Funzione generale della mente, consistente nel far rinascere l'esperienza passata, che attraversa le quattro fasi di memorizzazione, ritenzione, richiamo, riconoscimento. CFR. -mnesia | ***Sapere, imparare, mandare a m.***, conoscere qlco. in modo da ripeterlo alla lettera senza avere il testo davanti | ***Disegnare a m.***, senza l'oggetto presente | ***M. visiva***, che fissa nella mente le cose viste | ***Il libro della m.***, (*fig.*) la mente | ***Cancellare qlcu. o qlco. dalla m.***, dimenticarsene totalmente | ***M. artificiale***, mezzi o espedienti che aiutano la memoria | ***A m. d'uomo***, per quanto si ricordi, da che mondo è mondo | ***Rievocare, richiamare alla m.***, far tornare alla mente | ***Rinfrescare la m. a qlcu.***, fargli ricordare qlco., spec. ciò che finge di non rammentare | ***Fatto degno di m.***, degno d'essere ricordato. **2** Rappresentazione, immagine e sim. di qlco. che sta e si conserva nella mente: *la m. di un giorno, di un fatto; avvenimenti lontani di cui si è perduta ormai la m.* | Tradizione: *un paese ricco di memorie; le memorie degli avi.* **3** Ricordo o presenza ideale che una persona lascia di sé: *l'imperitura m. delle sue azioni* | ***In m. di qlcu.***, per onorare la memoria di qlcu. | Fama: *di gloriosa, infausta, esecrata m.* **4** Cosa che ridesta il ricordo e lo fa rivivere nell'animo, nel pensiero: *un museo ricco di preziose memorie* | Documento: *sono memorie del secolo scorso* | Avvenimento che, grazie al ricordo, rivive nella mente: *le dolci memorie della giovinezza.* **5** (*est.*) Chi (o ciò che) è degno di essere ricordato: *è diventato una m. nazionale.* SIN. Gloria. **6** Opera autobiografica rievocante avvenimenti visti o vissuti: *le memorie del Goldoni.* **7** Appunto, nota: *prendere m. di qlco.* | (*est.*) Monografia, dissertazione o raccolta di dissertazioni relative a un argomento trattato: *l'articolo che cercate è stato pubblicato nelle memorie dell'Accademia delle scienze; è una breve m. storica.* **8** (*dir.*) Atto scritto in cui le parti del processo espongono o integrano le proprie ragioni o istanze. **9** †Mente che apprende e giudica | ***Perdere l'uso della m.***, smarrire l'intelligenza | ***Essere, uscire fuori della m.***, uscir di senno. **10** (*pop.*) †Il capo, come sede delle facoltà mnemoniche. **II** Con valore analogico. **1** (*mecc.*) Organo meccanico, elettrico o elettronico, il quale fa sì che una macchina esegua automaticamente un ciclo predeterminato. **2** (*elab.*) Ogni dispositivo per la registrazione, la conservazione e la lettura di informazioni | ***M. centrale***, ***m. principale***, quella utilizzata dal processore per l'esecuzione dei programmi | ***M. a sola lettura***, ROM | ***M. ad accesso casuale***, ***m. ad accesso diretto***, RAM | ***M. di massa***, ***m. secondaria***, quella destinata a conservare permanentemente le informazioni (nastri, dischi e sim.) | ***M. cache***, quella ad alta velocità che contiene una copia dei dati correntemente usati dal processore | ***M. di transito***, quella utilizzata per la conservazione temporanea dei dati in ingresso/uscita dal sistema | ***M. virtuale***, area di memoria secondaria utilizzata come memoria centrale per ampliarne temporaneamente le dimensioni. **3** (*biol.*) ***M. genetica***, persistenza e trasmissibilità dei caratteri di una popolazione da una generazione a quelle successive. || **memoriàccia**, pegg. | **memoriétta**, dim. | **memorióna**, accr.

memorial /me'mɔrjal, *ingl.* mɪ'mɔːɹiəl/ [vc. ingl., propr. 'memoriale'; 1984] s. m. inv. **1** Monumento commemorativo. **2** Manifestazione, spec. sportiva o artistica, dedicata alla memoria di un personaggio famoso: *m. Scirea.*

memoriàle [vc. dotta, lat. (*libĕllum*) *memoriā-le(m)* '(libretto) di annotazioni', da *memŏria* 'memoria'; av. 1292] s. m. **1** Narrazione di avvenimenti importanti o memorabili fatta da persona che vi ha assistito o partecipato: *il m. di S. Elena* | (*est.*) Scritto espositivo, spec. a giustificazione o difesa del proprio operato. **2** Supplica corredata di ogni elemento o dato informativo, utile a conseguire ciò che si desidera | Promemoria. **3** †Memoria, ricordo. **4** †Catalogo.

memorialista [fr. *mémorialiste*, da *mémorial* 'memoriale'; 1869] s. m. e f. (pl. m. *-i*) ● Autore di memorie, memoriali, diari, autobiografie e sim.

memorialistica [f. sost. di *memorialistico*; 1978] s. f. ● Genere letterario comprendente memorie, memoriali, diari, autobiografie e sim.

memorialistico [da *memoriale*; 1970] agg. (pl. m. *-ci*) ● Che si riferisce, che è proprio della memorialistica o di un memorialista.

memoriam, in ● V. *in memoriam.*

†**memorioso** [vc. dotta, lat. tardo *memoriōsu(m)*, da *memŏria* 'memoria'; 1441] agg. ● Che ha buona memoria.

memorizzàre [fr. *mémoriser*, dal lat. *memŏria* 'memoria'; 1875] v. tr. **1** Imprimere, fissare nella memoria. **2** (*elab.*) Registrare qlco. in una memoria ausiliaria.

memorizzatóre [da *memorizzare*; 1980] s. m. ● Apparecchio per apprendere e memorizzare nozioni.

memorizzazióne [1957] s. f. **1** Il memorizzare, il venire memorizzato. **2** (*psicol.*) Attività di apprendimento con cui si acquista la capacità di riprodurre immagini o idee definite o di ripetere parole o frasi.

Memotèl® [comp. di *memo(ria)* e *tel(efono)*; 1997] s. m. inv. ● Servizio di segreteria telefonica centralizzata della Telecom.

ména o **mèna** [da *menare*; 1260] s. f. **1** Subdolo intrigo: *è stato vittima di grosse mene politiche.* SIN. Maneggio. **2** †Faccenda, affare: *sarebbe lunga m. a dire* (VILLANI). **3** †Condizione, stato.

menabò [vc. milan., propr. 'mena buoi', forse con allusione alla funzione di guida, di assetto; 1931] s. m. ● (*edit.*) Montaggio dei testi e delle illustrazioni di un libro, di una rivista e sim. eseguito prima della stampa per controllare l'effetto finale e per essere usato come guida nell'impaginazione.

menabrida [comp. di *menare* e *brida* nel sign. 3; 1957] s. m. inv. ● Parte del tornio, di forma circolare, che comunica il moto al pezzo da tornire.

menabriglia [comp. di *menare* e *briglia*] s. m. inv. ● (*mecc.*) Menabrida.

mènade [vc. dotta, lat. *Măenades*, dal gr. *Mainádes*, da *máinesthai* 'essere furioso'. V. *mania*; sec. XIV] s. f. ● (*lett.*) Baccante.

menadito [comp. di *menare* e *dito*; 1640] vc. ● Solo nella loc. avv. ***a m.***, benissimo, perfettamente: *conoscere qlco. a m.; sapere, ripetere a m.*

ménage /fr. me'naːʒ/ [vc. fr., dal lat. parl. **mansionāticu(m)*, da *mānsio*, genit. *mansiōnis*. V. *magione*; 1895] s. m. inv. ● Vita in comune di una coppia | (*est.*) Andamento quotidiano della vita familiare: *un m. tranquillo* | ***M. à trois***, situazione in cui una persona intrattiene rapporti amorosi con altre due persone, ciascuna delle quali è consapevole e più o meno consenziente. CFR. Triangolo.

†**menagióne** [da *menare*] s. f. ● (*med.*) Flusso.

menagràmo [comp. di *menare* e *gramo* 'cose grame'; 1942] s. m. e f. inv. ● (*fam.*) Iettatore.

menàide o **manàide** [etim. incerta; 1803] s. f. **1** Rete da pesca alla deriva, rettangolare, formata dall'unione di tanti pezzi quadrati, con l'orlo inferiore piombato e quello superiore sostenuto da sugheri, infilati in corde, in modo da poter essere calata a diverse profondità, usata verticalmente spec. per la pesca di sardine e acciughe. **2** (*raro*) Barca a scafo lungo e sottile, basso e senza coperta, armata con sei od otto remi ed una vela, impiegata per la pesca delle sardine e delle acciughe.

†**menale** [etim. incerta; av. 1400] s. m. ● (*mar.*) Cavo che passa intorno a un bozzello, per sollevare pesi.

menandrèo [vc. dotta, lat. *Menandrēu(m)*, nom. *Menandrēus*, dal gr. *Menándreios*, agg. di *Ménandros* 'Menandro'] **agg.** ● Che è proprio del commediografo greco Menandro (342-290 a.C.).

menànte [av. 1635] **A** **part. pres.** di *menare*; anche **agg.** ● (*raro, lett.*) Che conduce, che guida. **B** **s. m. e f.** ● †Copista, amanuense.

menàrca [comp. di *men(o)*- e del gr. *mḗn*, genit. *mēnós* 'mese' (V. e cfr. *menopausa*) e *-arca* (nel senso di 'inizio'); 1957] **s. m.** (**pl.** *-chi*) ● (*fisiol.*) Comparsa della prima mestruazione nella pubertà.

♦**menàre** [lat. tardo *mināre* 'spingere con minacce', dal classico *minārī* 'minacciare', di etim. incerta; av. 1237] **A** **v. tr.** (*io méno*) **1** (*lett.* o *region.*) Condurre, guidare, portare: *la pastorella mena al piano / la bianca torma che è sotto sua guarda* (BOIARDO); *una via che mena a Roma*; *le condutture menano le acque ai centri abitati* | ***M. il can per l'aia***, (*fig.*) fare lunghi discorsi evitando di toccare l'argomento che interessa | (*fig.*) ***M. buono***, portar fortuna, essere di buon augurio | (*fig.*) ***M. a spasso qlcu.***, prenderlo in giro | (*fig.*) ***M. qlcu. per il naso***, raggirarlo, ingannarlo, prenderlo in giro | ***M. la danza***, dirigerla; (*fig.*) farla da padrone in trattative e sim. | (*est.*) Trascinare: *lo menarono al supplizio* | (*fig.*) ***Menarla per le lunghe***, tirare in lungo qlco. che si potrebbe fare più rapidamente | †***M. donna, moglie***, sposarsi | (*raro, est.*) Portare a compimento: *m. una congiura*. **2** Trascorrere, passare: *aveva abbandonato moglie e figlioli, per m. una vita randagia* (STUPARICH). **3** Dare, vibrare, assestare: *m. colpi, legnate, botte da orbi*. **4** (*assol., fam.*) Picchiare: *se perde la pazienza comincia a m.* | ***Mena!***, dagliele! **5** Agitare, dimenare | ***M. la coda***, scodinzolare | (*fig.*) ***M. la lingua***, far maldicenze | ***M. le mani***, picchiare. **6** Fare, cagionare: *la cosa mena scalpore, scandalo*; *m. strage di nemici* | ***M. vanto***, vantarsi, gloriarsi | †***M. gioia, allegrezza, dolore*** e sim., gioire, soffrire e sim. **7** †Prendere al proprio soldo o servizio. **B** **v. rifl. rec.** ● (*fam.*) Picchiarsi: *menarsi di santa ragione*.

menaròla o (*lett.*) **menaruòla** [da *menare*; 1853] **s. f.** ● (*tosc.*) Girabacchino.

menarròsto [comp. di *menare* e *arrosto*; av. 1793] **s. m.** ● (*sett.*) Girarrosto.

menaruòla ● V. *menarola*.

menàta [sec. XV] **s. f.** **1** Il menare, l'agitare: *una m. di frusta, di coda*. **2** (*fam.*) Solenne bastonatura: *s'è preso una terribile m.* | †Manata. **3** (*fig., fam.*) Lunga, insistente e noiosa ripetizione di consigli, rimproveri, richieste e sim.: *una delle sue solite menate*. **SIN.** Tiritera. || **menatèlla**, **dim.** | **menatina**, **dim.**

menatóio [1395] **s. m.** ● Strumento per agitare, rimestare o amalgamare sostanze liquide o pastose.

†**menatóre** [sec. XIV] **s. m.**; anche **agg.** (**f.** *-trice*) **1** Chi (o Che) mena, conduce. **2** Negoziatore.

†**menatùra** [sec. XIV] **s. f.** **1** Conduzione, trasporto. **2** (*raro*) Articolazione delle ossa.

†**menazióne** **s. f.** ● Movimento, ripetuto.

mènchero [etim. discussa: dal lat. *mĕntula* (?). V. *minchione*; 1869] **agg.**; anche **s. m.** (**f.** *-a*) ● (*dial.*) Sciocco, minchione: *che mi dicevi tu, m., che mi dicevi?* (PIRANDELLO). || **mencheràccio**, **pegg.**

méncio [etim. incerta; sec. XV] **agg.** (**pl. f.** *-ce*) ● (*tosc.*) Floscio: *cappello m.* | Vizzo, cascante: *carni mence*. || **mencino**, **dim.** | **mencióne**, **accr.**

mènda (**1**) [lat. *mĕnda(m)* (più comune *mĕndum*), di etim. incerta; sec. XII] **s. f.** ● (*lett.*) Difetto, macchia, magagna, pecca: *rilevare le mende di qlcu.* | Errore: *lavoro pieno di mende* | †Peccato: *in remission de le passate mende* (ARIOSTO).

†**mènda** (**2**) [da *(am)menda*; sec. XIII] **s. f.** ● Risarcimento di danno.

mendàce [vc. dotta, lat. *mendāce(m)*, da avvicinare a *mĕndum*. V. *menda* (*1*); 1304] **agg.** ● (*lett.*) Bugiardo, menzognero: *parola m.* | ***Apparenza, speranza m.***, fallace, ingannevole. **SIN.** Falso. || **mendacemènte**, **avv.** In modo mendace; con inganno.

mendàcia [1566] **s. f.** (**pl.** *-cie*) ● (*lett.*) Carattere di chi (o di ciò che) è mendace. **SIN.** Falsità.

mendàcio [vc. dotta, lat. *mendāciu(m)*, da *mendax*, genit. *mendācis* 'mendace'; 1306] **s. m.** ● (*lett.*) Bugia, menzogna, falsità.

mendacità [vc. dotta, lat. tardo *mendacitāte(m)*, da *mĕndax*, genit. *mendācis* 'mendace'; 1683] **s. f.** ● (*lett.*) Caratteristica di chi (o di ciò che) è mendace.

†**mendàre** e *deriv.* ● V. *emendare* e *deriv.*

mendelèvio [dal n. del chimico russo D. I. *Mendeleev* (1834-1907); 1961] **s. m.** ● Elemento chimico, metallo transuranico artificiale, di numero atomico 101. **SIMB.** Md.

mendeliàno [1918] **agg.** ● Che si riferisce al biologo boemo G. Mendel (1822-1884), spec. alle leggi da lui formulate sulla trasmissione dei caratteri ereditari.

mendelismo [1929] **s. m.** ● L'insieme dei principi o delle operazioni indicate dalle leggi di Mendel, che stanno alla base della genetica.

†**mendicàggine** [sec. XIV] **s. f.** ● Mendicità.

♦**mendicànte** [av. 1348] **A** **part. pres.** di *mendicare*; anche **agg.** ● ***Ordini mendicanti***, ordini di religiosi come carmelitani scalzi, cappuccini, agostiniani, la cui regola è la povertà e il vivere di elemosina. **B** **agg.** e **s. m. e f.** ● Che (o Chi) va mendicando o vive mendicando. **SIN.** Accattone.

†**mendicànza** [1300 ca.] **s. f.** ● Condizione di mendicante.

mendicàre [vc. dotta, lat. *mendicāre*, da *mendīcus* 'mendico'; sec. XII] **A** **v. tr.** (*io méndico* o raro *mendìco*, *tu méndichi* o raro *mendìchi*) **1** Elemosinare, questuare: *m. il pane, un poco d'acqua*. **2** (*fig.*) Cercare di procurarsi qlco. con preghiere e sim., in modo anche poco dignitoso o umiliante: *m. un aiuto*; *mendicava inutilmente un po' d'amore*. **SIN.** Implorare, invocare. **3** (*est.*) Cercare e trovare con fatica: *sta mendicando scuse e pretesti che lo scagionino*. **B** **v. intr.** (aus. *avere*) ● Chiedere l'elemosina.

mendicicòmio [da *mendico*, sul modello di *manicomio*; 1940] **s. m.** ● (*raro, disus.*) Ricovero di mendicità.

mendicità [vc. dotta, lat. *mendicitāte(m)*, da *mendīcus* 'mendico'; av. 1292] **s. f.** ● Condizione di chi vive di elemosina o di persona estremamente povera | ***Ricovero, ospizio di m.***, per gli indigenti.

mendìco (**1**) [vc. dotta, lat. *mendīcu(m)*, da *mĕndum*. V. *menda* (*1*); sec. XIII] **agg.**; anche **s. m.** (**f.** *-a*; **pl. m.** *-chi*, †*ci*) **1** (*lett.*) Mendicante: *siede il m., cieco e solitario* (SABA). **2** †Povero, bisognoso, privo. || **mendicaménte**, **avv.** Da mendico.

†**mendìco** (**2**) [vc. dotta, lat. tardo *mendīcu(m)*, V. precedente; non chiaro però il passaggio] **s. m.** ● (*mar.*) Trinchettina.

†**mendicùme** [av. 1400] **s. m.** ● Mendicità.

†**mèndo** (**1**) [da *mendare*; 1309] **s. m.** ● Risarcimento.

†**mèndo** (**2**) [V. *menda* (*1*); av. 1294] **s. m.** ● Vizio, malvezzo, difetto.

mendóso [vc. dotta, lat. *mendōsu(m)*, da *mĕndum*. V. *menda* (*1*); sec. XIII] **agg.** **1** †Errato, difettoso: *tutto quello che in quest'opera è di m.* (GALILEI). **2** (*anat.*) Falso | ***Coste mendose***, coste fluttuanti. || **mendosaménte**, **avv.**

menefreghismo [da *me ne frego*; 1918] **s. m.** ● Noncuranza o negligenza strafottente.

menefreghista [1942] **s. m. e f.**; anche **agg.** (**pl. m.** *-i*) ● Chi (o Che) agisce o si comporta con menefreghismo.

meneghino [vc. milan., dim. di *Menego* 'Domenico'; n. della maschera milanese del teatro popolare; 1863] **A** **agg.** ● (*fam.*) Milanese. **B** **s. m.** **1** (**f.** *-a*) (*fam.*) Abitante di Milano. **2** (*fam.*) Dialetto milanese.

menestrèllo o †**minestrèllo**, †**ministrèllo** [fr. *ménestrel*, dal lat. tardo *ministeriāle(m)* 'uomo incaricato di un servizio', da *ministĕrium* 'servizio'. V. *ministero*; 1891] **s. m.** (**f.** *-a*) **1** Giullare di corte che recitava accompagnandosi con la musica le composizioni poetiche di trovatori o anche proprie: *i menestrelli medievali*. **2** (*est., scherz.*) Chi canta con accompagnamento spec. di mandolini o chitarre in luoghi pubblici.

menhir /me'nir/ [vc. brettone, propr. 'pietra lunga', comp. di *men* 'pietra' (fr. *dolmen*) e *hir* 'lungo', dall'ant. irlandese *sīr* 'lungo', di orig. indeur.; 1929] **s. m. inv.** ● Grossa pietra oblunga, piantata nel terreno verticalmente, tipica di alcune civiltà preistoriche. ➡ **ILL.** **archeologia.**

menianο [lat. *maeniānu(m)*, dal nome del censore romano C. *Maenius* che nel 318 a.C. fece costruire le logge nel foro; 1556] **s. m.** **1** (*arch.*) Ciascuno dei ripiani anulari che dividono la cavea dei teatri e anfiteatri romani. **2** (*arch.*) Balcone, ballatoio pensile.

Meniantàcee [vc. dotta, comp. di un primo elemento non identificato e del gr. *ánthos* 'fiore', seguiti dal suff. *-acee*; 1978] **s. f. pl.** (**sing.** *-a*) ● (*bot.*) Famiglia di Angiosperme erbacee, acquatiche o palustri, con fiori gamopetali e fusti sotterranei o natanti (*Menyanthaceae*).

meninge [fr. *méninge*, dal gr. *mênin x*, genit. *méningos* 'membrana, meninge', di etim. incerta; 1491] **s. f.** **1** (*anat.*) Ciascuna delle tre membrane che avvolgono l'encefalo e il midollo spinale | ***Dura m.***, la più esterna. **SIN.** Dura madre | ***Pia m.***, quella più interna, a diretto contatto con la sostanza nervosa. **SIN.** Pia madre. **2** (*pop., spec. al pl.*) Cervello | ***Spremersi le meningi***, scervellarsi su problemi, questioni e sim. difficili e complesse.

meningèo o (*raro*) **meningeo** [1828] **agg.** ● (*anat.*) Della meninge.

meningismo [da *meninge*; 1908] **s. m.** ● (*med.*) Condizione patologica in cui si manifestano segni di sofferenza e di irritazione meningea.

meningite [fr. *méningite*, da *méninge* 'meninge', e *-ite* (*1*); 1828] **s. f.** ● (*med.*) Infiammazione della meninge | ***M. epidemica***, causata dal meningococco, con tendenza alla diffusione epidemica.

meningo- [gr. *mênin x*, genit. *méningos* 'meninge'] primo elemento ● In parole composte della terminologia medica, significa 'meninge' o indica relazione con le meningi: *meningocele, meningococco*.

meningocèle [comp. di *meningo-* e del gr. *kêlē*, genit. *méningos* 'meninge' e *-cele*; 1834] **s. m.** ● (*med.*) Ernia della meninge, più frequente nel tratto spinale.

meningocòcco [comp. di *meningo-* e del gr. *mênin x*, genit. *méningos* 'meninge' e *cocco* (*4*); 1954] **s. m.** (**pl.** *-chi*) ● (*med.*) Batterio della meningite epidemica.

meningoencefalite [comp. di *meningo-* e del gr. *mênin x*, genit. *méningos* 'meninge' ed *encefalite*] **s. f.** ● (*med.*) Infiammazione della meninge e dell'encefalo.

meningomielite [comp. di *meningo-* e del gr. *mênin x*, genit. *méningos* 'meninge' e *mielite*] **s. f.** ● (*med.*) Meningite associata a mielite.

†**menipossènte** [comp. di *meno* e *possente*; av. 1292] **agg.**; anche **s. m. e f.** ● Che (o Chi) ha minor potere.

menippèo [av. 1597] **agg.** ● Che è proprio dello scrittore e filosofo greco Menippo di Gàdara (IV e III sec. a.C.) | ***Satira menippea***, genere letterario affine alla satira, ma con mescolanza di versi e prosa alla maniera delle satire di Menippo, caratterizzato da estrema varietà stilistica, metrica e tematica.

meniscàle **agg.** ● (*anat.*) Relativo al menisco.

menisco [gr. *mēnískos* 'lunetta', dim. di *mḗnē* 'luna', per la forma; av. 1677] **s. m.** (**pl.** *-schi*) **1** (*anat.*) Formazione fibro-cartilaginea semilunare posta nell'articolazione del ginocchio: *m. interno*; *m. esterno*. **2** Lente sferica avente una faccia concava e una convessa. **3** In un tubo capillare, superficie convessa o concava della colonna di liquido in esso contenuto.

Menispermàcee [comp. del gr. *mḗnē* 'luna', per la forma dei semi, di *sperma*, e *-acee*; 1957] **s. f. pl.** (**sing.** *-a*) ● Nella tassonomia vegetale, famiglia di piante Dicotiledoni tropicali legnose, con piccoli fiori unisessuali e frutto a drupa (*Menispermaceae*).

menispermina [comp. di *menisperm(acee)* e *-ina*; 1891] **s. f.** ● Alcaloide che si estrae da una pianta ornamentale americana delle Menispermacee.

†**ménno** [lat. parl. **mīnuu(m)* 'minorato', da *minŭere* 'diminuire'; av. 1405] **A** **agg.** **1** (*lett.*) Di uomo, impotente o d'aspetto femmineo | (*est.*) Glabro. **2** Vano, inutile. **3** Privo, libero. **B** **s. m.** **1** Eunuco. **2** Inetto, sciocco.

mennonita [dal ted. *Mennonit*, deriv. dal n. del riformatore frisone *Menno Simons* (1496-1561), con il suff. *-it* e il connettivo *-n-*] **s. m. e f.**; anche **agg.** ● Appartenente a una Chiesa anabattista di origine olandese, diffusa spec. in America settentrionale.

♦**méno** [lat. *mĭnus*, nt. di *mĭnor* 'minore'; av. 1250] **A** **avv.** (anche troncato in *men*, spec. in posizione proclitica) **1** In minore quantità, in minore misura o grado (si pospone al v. e allora può introdurre una prop. compar.; se è seguito da un agg. o da un avv., forma il compar. di minoranza, mentre se in tali condizioni è preceduto dall'art. det., forma il superl. rel. di minoranza; il secondo termine di paragone può essere espresso o sottinteso): *devi affaticarti m.*; *puoi applicarti m. di quanto tu ora non faccia*; *questo mi soddisfa m.*; *il viaggio mi è sembrato m. lungo*; *corri m. forte*; *muoviti m. precipitosamente*; *l'argento è m. prezioso dell'oro*; *ho aspettato m. di quanto temevo*; *questa è la tesi m. convincente*; *sei il m. pronto* | ***Più o m., poco più poco m.***, quasi, circa, pressappoco: *l'affare è più o m. vantaggioso*; *più o m. hanno lo stesso prezzo*; *è un quintale, poco più poco m.* | In correl. con 'più': *chi più chi m. tutti hanno offerto qualcosa* | Con altri avv. di quantità: *è poco m. di due litri*; *costa molto m.* | ***Di m.***, in minor misura: *la settimana scorsa ho lavorato di m.*; *parla di m. e pensa di più* | ***Né più né m.***, proprio, per l'appunto: *si è dimostrato né più né m. per quello che è* | ***Quanto m.***, almeno, perlomeno: *quanto m. potevi avvertirmi* | ***Senza m.***, senza dubbio, certamente, infallibilmente: *verrò domani senza m.* | In espressioni correl.: *più ci penso e m. mi convinco*; *m. lo vedo e meglio sto* | V. anche *nemmeno*, *nientedimeno*, *nientemeno*, *nondimeno*, *nulladimeno*, *perlomeno*. CONTR. Più. ***2*** No (in prop. disgiuntive): *comunicateci per tempo se verrete o m.*; *la legittimità o m. del provvedimento sarà discussa tra breve* | ***Tanto, molto, ancora m.***, neppure, a maggior ragione: *se non lo vuoi fare tu, tanto m. lo farò io*; *se non si è confidato con voi, ancora m. lo farà con me*; *non gli ho creduto prima e molto m. posso credergli ora*. ***3*** Assume valore negativo quando è seguito da un agg. o da un avv. nella loc. (*lett.*) ***m. che***: *il tuo aiuto è men che utile*; *ti sei comportato m. che saggiamente* | ***M. che niente***, assolutamente niente: *ricorda che tu qui conti m. che niente* | ***M. che mai, m. che m.***, a maggior ragione, assolutamente non (esprime forte negazione): *ora m. che mai vorrà ascoltarmi*; *m. che m. mi confiderò con te*. ***4*** Nella loc. cong. ***m. male, m. male che***, per fortuna che (esprime una certa soddisfazione): *m. male che te ne sei accorto!* | V. anche *menomale*. ***5*** Nella loc. ***venire m.***, mancare: *gli sono venute m. le forze*; *all'ultimo momento il coraggio mi è venuto m.*; *venir m. all'attesa, ai patti, alla parola data, alle promesse*; (*assol.*) svenire, perdere i sensi: *è venuto m. per la fame e la stanchezza*; *improvvisamente mi sono sentito venir m.* | (*lett.*) ***Venire m. a sé stesso***, mancare ai doveri verso sé stesso, mostrarsi inferiore alle proprie capacità. ***6*** Nella loc. ***essere, mostrarsi da m.***, essere, mostrarsi inferiore: *non sono certo da m. di lui*; *è un disonesto, ma gli altri non gli sono da m.*; *non voglio mostrarmi da m.* ***7*** Nella loc. ***fare a m. di qlco. o qlcu.***, (*region.*) ***fare di m. di qlco. o di qlcu.***, farne senza, privarsene, astenersene: *se proprio non vorrà aiutarci faremo a m. anche di lui*; *devi fare a m. di fumare*; *non ho potuto fare a m. di dirglielo*. ***8*** Indica sottrazione nell'operazione matematica: *dieci m. tre fa sette*; *quattro m. uno è uguale a tre* | Indica mancanza nelle misurazioni: *sono cinque kilogrammi m. tre etti*; *è mezzogiorno m. cinque*; *sono le dieci m. un quarto* | Nelle misurazioni di temperatura, indica temperature inferiori a zero gradi centigradi: *la minima della notte è stata di m. sei*; *il termometro è sceso a m. venti* | Nelle votazioni scolastiche indica che il voto è scarso: *ha preso sette m.* | ***In, di m.***, indica mancanza rispetto all'aspettativa: *ho avuto una carta di m.*; *mi sono ritrovato con dieci euro in m.* | Contrapposto a 'più': *mi tratterrò una settimana, giorno più giorno m.*; *uno più uno m. è la stessa cosa*. CONTR. Più. **B** nelle **loc. cong.** ***a m. che, a m. di*** ● Salvo che, eccetto che (introduce una prop. eccettuativa con il v. al cong. se esplicita, all'inf. se implicita): *la cosa non può mutare a m. che non intervenga un fattore imprevisto*; *non lo farò a m. di esserne pregato*; *è così, a m. che non me lo sia sognato*. **C prep.** ● Eccetto, fuorché, tranne: *erano tutti presenti m. lui*; *riceve tutti i giorni m. il giovedì* | Anche nella loc. prep. ***m. che***: *provvedo a tutto m. che al vino*. **D agg. inv.** ***1*** Minore in quantità: *prendi un abito di m. prezzo*; *ho impiegato m. tempo di te*; *ho m. autorità di voi*; *parlo con m. enfasi*; *penso che così la spesa sarebbe m.* | Più piccolo: *Maggior difetto men vergogna lava* (DANTE *Inf.* XXX, 142). CONTR. Più. ***2*** Minore di numero, o misura: *oggi c'è m. gente*; *m. persone verranno meglio sarà*; *ha m. scrupoli di me*; *una volta le pretese erano m.* | (*assol.*) In espressioni esclamative: *m. storie!*; *m. chiacchiere!* ***3*** Con valore neutro in espressioni ellittiche: *questo mese ho riscosso m.*; *l'ho acquistato per m.*; *occorre non m. di un mese*; *ho mangiato m. del solito*; *m. di così non si poteva fare* | ***In men che non si dica, in m. di un baleno, in m. di un attimo***, molto rapidamente. CONTR. Più. **E** In funzione di **s. m. inv.** ***1*** La minor cosa (con valore neutro): *questo è il m. che gli poteva capitare*; *questo sarebbe per me il m.*; *è il m. che uno si possa attendere* | La parte minore (contrapposto a 'più'): *abbiamo fatto il m., ora ci resta da fare il più* | ***Parlare del più e del m.***, di cose non importanti, passando da un argomento all'altro senza impegno | ***Dal più al m.***, all'incirca: *saranno dal più al m. duemila euro*. CONTR. Più. ***2*** Il segno '–' che, premesso a un numero assoluto, indica un numero negativo | Segno dell'operazione di sottrazione. CONTR. Più. ***3*** La minoranza (sempre preceduto dall'art. det. al pl.): *gli assenti sono stati i m.* CONTR. Più.

mèno- [gr. *mēn*, genit. *mēnós* 'mese'] primo elemento ● In parole composte della terminologia medica, significa 'mestruazione': *menopausa*, *menorragia*.

mènola [dim. del lat. *maena*, dal gr. *máinē*, di etim. incerta; av. 1536] **s. f.** ● Pesce dei Teleostei lungo una ventina di centimetri, comune lungo le nostre coste, con carni poco pregiate (*Maena maena*).

menològio [comp. di *meno-* e lat. mediev. *menologiu(m)*, dal gr. tardo *mēnológion* 'calendario', comp. di *mēn*, genit. *mēnós* 'mese' e *-lógion*, da *lógos* 'discorso, trattato' (V. *-logo*); sec. XVII] **s. m.** ● Calendario e martirologio delle Chiese greco-orientali.

menomàbile [av. 1642] **agg.** ● Che si può menomare.

menomàle o **méno màle** [da *meno male*; 1840] **inter.** ● Esprime sollievo o soddisfazione con il sign. di per fortuna, fortunatamente: *sei arrivato, m.!* | V. anche *meno*.

†**menomaménto** [1282] **s. m.** ***1*** Menomazione. ***2*** Litote.

menomànte [av. 1375] **part. pres.** di *menomare*; anche **agg.** ***1*** Che è in decadenza. ***2*** †***Luna m.***, calante.

†**menomànza** [da *menomare*; 1237] **s. f.** ***1*** Avvilimento, abbassamento. ***2*** Mancanza.

menomàre [da *menomo*; sec. XIII] **A v. tr.** (*io mènomo* (o *-é-*)) ***1*** Diminuire, ridurre, abbassare: *m. il pregio di qlco.*, *il prestigio di qlcu.* ***2*** Danneggiare, privando dell'integrità fisica: *m. l'uso delle gambe*; *restare menomato in un incidente* | (*fig.*) Avvilire: *m. l'onore, le speranze di qlcu.* **B v. intr.** e **intr. pron.** (aus. *essere*) ● Diminuire, venire meno.

menomàto part. pass. di *menomare*; anche **agg.** e **s. m.** (f. *-a*) ● Che (o Chi) ha subito una menomazione.

menomazióne [1936] **s. f.** ● Il menomare | Diminuzione, danneggiamento fisico o morale: *m. del prestigio, della fama di qlcu.* | Danno: *m. fisica*.

mènomo (o **-é-**) [lat. *minimu(m)* 'minimo'; 1336 ca.] **agg.** ● (*tosc.*) Minimo: *per non causarvi il m. disturbo*; *non saper fare una menoma parte di quello che si richiede a rendersi grato alle persone* (LEOPARDI) | ***Senza il m. dubbio***, con assoluta certezza. || **menomaménte**, **avv.** Minimamente: *senza menomamente accennare a eventuali difficoltà*.

menopàusa [comp. di *meno-* e del gr. *mēn*, genit. *mēnós* 'mese' e *pâusis* 'cessazione'; 1828] **s. f.** ● (*fisiol.*) Climaterio femminile caratterizzato da cessazione definitiva dell'attività mestruale dovuta ad arresto della funzione ovarica, accompagnato a volte da disturbi psichici ed endocrini.

menoràh /ebr. meno'ra/ [ebr. *m(ĕ)nō(w)rāh*; 1936] **s. f. inv.** (pl. ebr. *menorat*) ● Tradizionale candelabro ebraico a sette bracci.

menorragìa [comp. di *meno-* e del gr. *mēn*, genit. *mēnós* 'mese' e di *-ragia*; 1834] **s. f.** ● (*med.*) Mestruazione molto abbondante.

menorrèa [comp. di *meno-* e del gr. *mēn*, genit. *mēnós* 'mese' e *rêin* 'scorrere'; 1869] **s. f.** ● (*fisiol.*) Mestruazione.

†**menosdìre** [rifacimento secondo il lat. *mīnus* 'meno' del provz. *mesdire*, comp. di *mes-* (dal francone *miss-*, particella con valore neg. e pegg.) e del lat. *dīcere* 'dire'; sec. XIV] **v. intr.** ● Fare maldicenza.

menostàsi [comp. di *meno-* e *stasi*; 1834] **s. f. inv.** ● (*fisiol.*) Menopausa.

mènsa [vc. dotta, lat. *mēnsa(m)*, dalla stessa radice del v. *metīri* 'misurare'; sec. XII] **s. f.** ***1*** Tavola apparecchiata per mangiare: *m. lussuosamente imbandita*; *sedere a m. con qlcu.*; *a destra ed a sinistra poi ordinate / fórno le mense* (BOIARDO). SIN. Desco | (*lett.*) ***Al levar delle mense***, al termine del pasto | (*est.*) Altare, piano dell'altare. ***2*** (*est.*) Pasto, pranzo, cena: *m. lauta, frugale, parca* | ***M. sacra, eucaristica***, la Comunione | †***Prime, seconde mense***, portate di un pranzo | ***M. vescovile, arcivescovile***, rendita o patrimonio di sede vescovile o arcivescovile. ***3*** Organizzazione che cura l'allestimento dei pasti all'interno di una collettività: *la m. degli studenti, dei ferrovieri, degli ufficiali* | (*est.*) Locale ove si consumano tali pasti: *mangiare, andare alla m.* ***4*** †Banco di mercante. || **menserèlla**, **dim.** | **mensétta**, **dim.**

†**mensàle** [da *mensa*; 1639] **s. m.** ● Tovaglia.

menscevìco [russo *men'ševik* 'minoritario'; 1918] **agg.**; anche **s. m.** (f. *-a*; pl. m. *-chi*) ● Appartenente alla corrente riformista e moderata, avversa a quella bolscevica, del partito socialdemocratico russo.

menscevìsmo [russo *men'ševizm*, da *men'ševik* (V. *menscevico*); 1959] **s. m.** ● Teoria e prassi della corrente menscevica.

◆**mensìle** [dal lat. *mēnsis* 'mese'; 1797] **A agg.** ***1*** Del mese, di ogni mese: *rivista m.*; *stipendio m.* ***2*** Che ha la durata di un mese: *abbonamento m.* || **mensilménte**, **avv.** Ogni mese. **B s. m.** ***1*** Stipendio che si riscuote ogni mese: *riscuotere il m.* ***2*** Periodico che esce una volta al mese: *un m. illustrato*.

mensilità [1939] **s. f.** ***1*** Periodicità mensile: *la m. di un pagamento*. ***2*** Somma di denaro pagata o riscossa ogni mese: *distribuire le m.*; *tredicesima m.*

mènsola [vc. dotta, lat. *mēnsula(m)* 'tavolino', dim. di *mēnsa* 'mensa'; 1319] **s. f.** ***1*** Struttura architettonica, talvolta con motivi ornamentali, sporgente da una superficie verticale allo scopo di sostenere una o più strutture sovrastanti. ***2*** Supporto in legno, stucco, pietra, marmo e sim., per lo più di forma rettangolare, infisso alla parete di una stanza, talora mediante sostegni, per ornarla o reggere piccoli oggetti e suppellettili d'uso domestico | Console (2). ***3*** (*tecnol.*) Sostegno, supporto di varia forma, materia, funzione | Piano d'appoggio. ***4*** (*mus.*) Nell'arpa, la parte superiore, a forma di S, su cui si fissano le corde, mediante i bischeri che ne regolano la tensione e l'accordatura. || **mensolétta**, **dim.** | **mensolìna**, **dim.** | **mensolóne**, **accr. m.** (V.).

mensolóne [1550] **s. m.** ***1*** Accr. di *mensola*. ***2*** Mensola architettonica di grandi dimensioni, che serve di sostegno spec. a terrazze e balconi.

†**mènstruo** e *deriv.* ● V. *mestruo* e *deriv.*

mensuàle [vc. dotta, lat. tardo *mensuāle(m)*, da *mēnsis* 'mese'; av. 1536] **agg.** ● (*raro*) Mensile. || **mensualménte**, **avv.** Mensilmente.

mensualità [fr. *mensualité*, dal lat. tardo *mensuālis* 'mensuale'; 1803] **s. f.** ● (*raro*) Mensilità.

mensuràle [1934] **agg.** ● (*mus.*) Fondato sul mensuralismo: *musica m.*

mensuralìsmo [dal lat. *mensūra* 'misura'; 1934] **s. m.** ● (*mus.*) Sistema di notazione musicale diffusosi dal sec. XIII al XVI, usato nella musica polifonica, nel quale le note indicano altezza e durata dei suoni.

ménta [lat. *mĕnta(m)*, di orig. preindeur.; sec. XIV] **s. f.** ***1*** Genere di piante erbacee perenni delle Labiate, con foglie ovate e seghettate, fiori bianchi o rossi (*Mentha*) | ***M. domestica, ortolana, comune, verde***, varietà spontanea dei luoghi umidi, usata per scopi culinari o come foraggio (*Mentha viridis*) | ***M. piperita, inglese***, varietà ibrida di menta domestica, coltivata a scopo industriale per le foglie officinali d'odore acuto (*Mentha piperita*) | ***M. selvatica***, mentastro | ***Essenza di m.***, olio essenziale, contenuto nella menta piperita e composto in gran parte di mentolo, usata in profumeria, in liquoreria e in medicina. ➡ ILL. **piante**/9. ***2*** Sciroppo o liquore a base di essenza di menta | Bibita a base di sciroppo di menta | Confetto, pasticca di zucchero ed essenza di menta | ***M. glaciale***, ogni prodotto alcolico o dolciario fortemente aromatizzato alla menta, che provoca una sensazione di frescura in chi lo consuma. ‖ **mentùccia**, **dim.** (V.).

mentàle (*1*) [dal lat. *mēns*, genit. *mēntis* 'mente'; av. 1306] **agg.** *1* Della mente: *condizione m.*; *facoltà mentali* | ***Riserva m.***, restrizione tacita del senso o della portata di ciò che si dice | ***Età m.***, in psicologia, livello di sviluppo dell'intelligenza mediamente raggiunto dai bambini di una determinata età anagrafica. *2* Che si fa con la mente, senza parlare né scrivere: *calcolo m.*; *orazione m.* ‖ **mentalménte**, †**mentaleménte**, **avv.** Con la mente.

mentàle (*2*) [da *mento*; 1834] **agg.** ● Relativo al mento.

mentalismo [comp. di *mentale* (*1*) e *-ismo*; 1965] **s. m.** *1* Concezione filosofica che tende a risolvere i concetti empirici in semplici stati mentali. *2* (*ling.*) Denominazione delle teorie linguistiche che considerano l'acquisizione e l'uso del linguaggio come processi cognitivi in cui la mente svolge un ruolo primario.

mentalità [da *mentale* (*1*); 1905] **s. f.** *1* (*sociol.*) Complesso di opinioni e di rappresentazioni collettive originate da orientamenti di esperienza comune proprie a un gruppo socialmente più o meno omogeneo: *la m. di un popolo, dei giovani.* *2* (*gener.*) Modo di vedere le cose, di interpretare la realtà, di ragionare e sim.: *una m. aperta, moderna, retriva, retrograda*; *per la sua età, ha una m. troppo infantile.*

mentàstro [lat. *mentăstru(m)*, da *mĕnta* 'menta'; sec. XIV] **s. m.** ● Pianta delle Labiate con fusti pelosi e ghiandolosi, fiori in capolini e odore aromatico, comune nei luoghi umidi e paludosi (*Mentha aquatica*). **SIN.** Menta selvatica.

♦**ménte** [vc. dotta, lat. *mēnte(m)*, da *meminīsse*. V. *memento*; av. 1250] **s. f.** *1* L'organo delle attività intellettive: *m. lucida, chiara, acuta*; *m. calcolatrice, ricettiva, organizzatrice*; *m. nutrita di lunghi studi*; *il lavoro della m.* **CFR.** freno-, -frenia. **SIN.** Cervello, ingegno | ***Illuminare, aprire la m. a qlcu.***, mostrargli e fargli capire a fondo qlco. che ignorava del tutto | ***A m. riposata, fresca***, quando è ricca di energie, come dopo il riposo | Fantasia, immaginazione: *scolpito nella m.* | ***Saltare in m.***, passare per la testa | ***Venire in m.***, passare per la testa; ricordarsi: *ora non mi viene in m. il suo indirizzo* | Senno, ragione: *uscire di m.* | (*est.*) Persona particolarmente dotata d'intelligenza: *è una bella m.* *2* Attenzione, pensiero: *rivolgere la m. a qlco.*; *lo stato della mia salute è tale, che non mi lascia applicare la m. a nessun pensiero serio* (LEOPARDI) | ***Avere la m. a qlco.***, attendervi, pensarvi con assiduità | ***Far m. locale***, concentrarsi in un determinato argomento. *3* Memoria: *sapere, imparare a m.*; *avere, tenere a m.*; *cadere, uscire, passare di m.* | ***Levarsi qlco. dalla m.***, non preoccuparsene più, toglierla dal proprio pensiero. *4* (*lett.*) Intenzione, proposito, intendimento: *conoscere la m. del sovrano* | ***Avere m.***, proporsi | ***Ficcarsi, mettersi in m. di fare qlco.***, ostinarsi nel voler fare qlco. *5* (*psicol.*) Insieme delle funzioni e dei processi psichici consapevoli e inconsci.

-ménte [dal lat. *mĕnte*, abl. di *mēns*, genit. *mēntis*, che, astratto dal suo contesto (come in *fīrma mĕnte* 'con il pensiero fermo', *constănti mĕnte* 'con opinione costante' e sim.), è stato immediatamente legato all'agg. per formarne il corrispondente avv.] **suff.** derivativo ● Forma gli avverbi di modo o maniera, aggiunto alla forma femminile degli aggettivi in *-o* e *-a* (*chiaramente, freddamente, poveramente, stoltamente*) oppure all'unica forma singolare degli aggettivi in *-e* (*brevemente, dolcemente, lievemente, tenacemente*) con eliminazione della stessa *-e* finale quando l'ultima sillaba è costituita da *-le* o *-re* (*facilmente, terribilmente, regolarmente, volgarmente*).

mentecattàggine [1353] **s. f.** ● (*lett.*, *raro*) Condizione di mentecatto | (*raro*) Atto o parola di mentecatto.

mentecàtto [lat. *mĕnte căptu(m)* (part. pass. di *căpere* 'prendere') 'preso nella mente'; 1308] **agg.**; anche **s. m.** (f. *-a*) ● Infermo di mente, sciocco, imbecille, detto spec. in senso ingiurioso: *la vecchia Europa avara e mentecatta* (D'ANNUNZIO).

mente Dei, in ● V. *in mente Dei.*

mentène [da *mentolo*; 1957] **s. m.** ● (*chim.*) Idrocarburo terpenico contenuto in molti oli essenziali, ottenibile anche per disidratazione del mentolo.

mentina [da *menta*; 1891] **s. f.** ● Pasticca di zucchero e menta.

♦**mentire** [vc. dotta, lat. *mentīri* 'immaginare', poi 'fingere', da *mēns*, genit. *mĕntis* 'mente'; av. 1294] **A v. intr.** (*io mènto* o *ménto* o *mentisco*, *tu mènti* o *ménti* o *mentisci*; aus. *avere*) ● Dire il falso, il contrario di quello che si pensa esser vero: *m. spudoratamente*; *è incline a m.* | †***M. per la gola, per la strozza***, sfacciatamente: *s'alcun dice che Turpin morisse / in Runcisvalle, mente per la strozza* (PULCI) | (*est.*) Esprimere il falso, trarre in inganno: *parole, sguardi che mentono.* **B v. tr.** *1* (*raro*) Simulare, fingere: *m. pietà, religione.* *2* †Smentire, deludere. **C** in funzione di **s. m.** solo **sing.** ● †Menzogna.

†**mentita** [da *smentita*, con aferesi; sec. XIV] **s. f.** ● Smentita: *vuo' dar una m.* (MARINO).

mentito [1375] **part. pass.** di *mentire*; anche **agg.** ● Simulato, falso | ***Sotto mentite spoglie***, V. *spoglia* (*anche fig.*). ‖ **mentitaménte**, **avv.** Falsamente.

mentitóre [sec. XIII] **agg.**; anche **s. m.** (f. *-trice*) ● Che (o Chi) mente. **SIN.** Bugiardo.

♦**ménto** [lat. *mĕntu(m)*, da una radice indeur. che significa 'sporgere'; 1310] **s. m.** ● Parte inferiore, sporgente del volto, sotto la bocca, parte mediana della mandibola | ***Doppio m.***, deposito di grasso sotto il mento, pappagorgia | ***Onor del m.***, (*scherz.*) la barba | ***Far ballare il m.***, (*raro*) mangiare | **CFR.** genio-.

-ménto [lat. *-mĕntu(m)*, proprio di s. nt., di orig. indeur.] **suff.** derivativo ● Forma sostantivi fondamentalmente astratti (talora anche con valore collettivo), tratti da verbi, e che indicano azione, effetto, risultato: *abbigliamento, cambiamento, miglioramento, nutrimento, parlamento, portamento, sentimento, tradimento.*

mentolàto **agg.** ● Che contiene mentolo: *talco m.*

mentòlo [comp. di *menta* e *-olo* (*1*); 1905] **s. m.** ● Alcol terpenico secondario, contenuto spec. nell'olio essenziale di menta piperita dal quale si ricava, usato in profumeria, in liquoreria, in medicina come analgesico e antisettico.

mentonièra [fr. *mentonnière*, da *menton* 'mento', dal lat. parl. **mentōne(m)*, per il classico *mĕntu(m)* 'mento'; 1957] **s. f.** ● Tavoletta di ebano che si applica sul fondo della cassa di risonanza del violino e della viola per agevolare la pressione del mento dell'esecutore sullo strumento stesso.

mentonièro [fr. *mentonnier*, agg. di *menton* 'mento' (V. *mentoniera*); 1957] **agg.** ● Che appartiene al mento. **SIN.** Genieno.

mèntore [da *Mentore*, personaggio dell'*Odissea* e poi del *Telemaco* di Fénelon; av. 1789] **s. m.** ● (*lett.*) Amico fidato, guida, compagno fedele.

mèntoring /'mentorin(g)/, *ingl.* 'mentəɹɪŋ/ [vc. ingl. 'apprendistato' da *mentor* 'mentore, istruttore'; 1995] **s. m. inv.** ● Attività di formazione aziendale in cui si affiancano ai neoassunti persone più esperte.

mentovàre [ant. fr. *mentevoir*, dal lat. *mĕnte habēre* 'avere in mente'; 1224 ca.] **v. tr.** (*io mèntovo*; raro nelle forme sdrucciole) ● (*lett.*) Ricordare, far menzione: *nullu homo ène dignu te m.* (FRANCESCO D'ASSISI).

♦**méntre** [dall'ant. it. *domentre*, dal lat. *dŭm ĭnterim* 'mentre intanto'; sec. XII] **A cong.** *1* Nel tempo, nel momento in cui, intanto che (introduce una prop. temp. con il v. all'indic.): *ciò accadeva m. la nazione era oppressa*; *m. si preparava a partire, ha ricevuto un contrordine*; *è arrivato m. stavamo uscendo*; *non mi ascolti mai m. parlo*; *e m. spunta l'un, l'altro matura* (TASSO) | Anche nella loc. cong. ***m. che***: *m. che l'uno spirto questo disse, / l'altro piangea* (DANTE *Inf.* V, 139-140). *2* E invece, laddove (con valore avversativo): *lo credevo sincero m. è un ipocrita*; *ha voluto agire subito, m. avrebbe dovuto aspettare* | (*fam.*) Con valore raff. nella loc. ***m. invece***: *è sempre scontento, m. invece non dovrebbe lamentarsi.* *3* (*lett.*) Finché, per il tempo che, sino a quando (introduce una prop. temp. con il v. all'indic. o al congv.): *beatissimi voi / m. nel mondo si favelli o scriva* (LEOPARDI) | Anche nella loc. cong. ***m. che***: *m. che 'l danno e la vergogna dura* (MICHELANGELO). **B** in funzione di **s. m.** ● Nelle loc. ***in quel m.***, †***in questo m.***, in quello, in questo stesso momento: *stavo per uscire e in quel m. è arrivata una visita inaspettata* | (*pop.*) ***Nel m. che***, nel momento in cui: *nel m. che rientravo è incominciato un violento temporale.*

mentùccia [av. 1567] **s. f.** (pl. *-ce*) *1* Dim. di *menta*. *2* Correntemente, piccola pianta erbacea delle Labiate, pelosa, dall'odore aromatico (*Satureja nepeta*).

♦**menu** /me'nu*/, *fr.* mə'ny/ [vc. fr., propr. '(elenco) minuto, particolareggiato'. V. *minuta*; 1877] **s. m. inv.** *1* Lista dei cibi disponibili in un ristorante o serviti in un pranzo | (*est.*) Insieme di vivande: *servire un m. succulento.* *2* (*elab.*) Lista di possibili operazioni presentata sullo schermo da un programma in modo che l'utente possa selezionarne una | ***M. a tendina***, quello che appare sullo schermo calando dall'alto, come una tendina che si abbassa.

menù [1890] **s. m.** ● Adattamento di *menu* (V.).

menzionàre [1308] **v. tr.** (*io menzióno*) ● Far menzione, ricordare, citare: *m. un autore, il brano di un'opera.*

menzióne [vc. dotta, lat. *mentiōne(m)*, da *meminīsse*. V. *memento*; 1294] **s. f.** ● Ricordo orale o scritto di persona, fatto o cosa: *degno di m.*; *si è fatta m. della differenza d'opinione … tra Lutero e Zuinglio* (SARPI). **SIN.** Citazione, segnalazione.

♦**menzógna** [lat. parl. **mentiōnia*, nt. pl., da *mĕntio*, genit. *mentiōnis* 'menzione'; av. 1250] **s. f.** ● Affermazione, dichiarazione coscientemente falsa (termine più elevato ed enfatico rispetto a bugia): *m. sfacciata, spudorata*; *la m. ha contro di sé l'aborrimento particolare dei moralisti* (CROCE). **CONTR.** Verità. ‖ **menzognétta**, **dim.**

menzognèro o †**menzognère** [1243] **agg.** ● Che dice menzogne: *persona menzognera* | Che è falso, ingannevole: *scusa menzognera.* **CONTR.** Veritiero.

mèo (*1*) [da (*Bartolo*)*meo*, con allusione a Bartolomeo Colleoni (ant. Coglione) da Bergamo; sec. XIII] **s. m.** ● (*tosc.*) Minchione: *fare il meo*; *bravo meo.*

†**mèo** (*2*) ● V. *mio.*

mèolo [dal venez. *mèola* 'midollo'] **s. m.** ● (*mar.*) Cavetto interno alla balumina della vela usato per irrigidirla e limitarne lo sbattimento.

meònio [vc. dotta, lat. *Maeŏniu(m)*, dal gr. *Maiónios* 'della Meonia'; 1532] **agg.** ● (*lett.*) Della Meonia, nome con cui Omero designa la Lidia, antica regione dell'Asia Minore, presunta patria del poeta | ***Il m. cantore***, Omero.

meontologia [vc. dotta, comp. del gr. *mē* 'non' e *ontologia*; 1978] **s. f.** ● (*filos.*) Parte della filosofia, spec. di alcune versioni dell'esistenzialismo, che studia la teoria del non essere, ovvero il nulla.

meprobamàto® [marchio registrato, formato da *me*(*tile*) e *-ico*, *pro*(*pile*) e (*car*)*bam*(*m*)*ato*; 1957] **s. m.** ● (*chim.*) Sostanza organica derivata dall'acido carbammico, comunemente usata in terapia come ansiolitico e come farmaco induttore del sonno.

Mèraklon® [marchio registrato; 1961] **s. m.** ● Fibra tessile artificiale a base di polipropilene.

♦**meraviglia** o (*tosc.*, *lett.*) **maraviglia** [lat. *mirabĭlia*, nt. pl. di *mirābilis* 'mirabile'; av. 1250] **s. f.** *1* Sentimento improvviso di viva sorpresa per cosa nuova e straordinaria, o inattesa: *destare, muovere la m.*; *pieno di m.*; *è del poeta il fin la m.* (MARINO) | ***Far le meraviglie***, mostrare di meravigliarsi | ***Mi fa m.***, mi stupisce | ***A m.***, perfettamente. **SIN.** Ammirazione, stupore. *2* Cosa o persona che desta ammirazione per la sua straordinarietà o bellezza: *quella villa è una vera m.* | ***Le sette meraviglie del mondo***, nell'antichità, il Mausoleo di Alicarnasso, la Piramide di Cheope, il Faro di Alessandria, il Colosso di Rodi, il tempio di Diana in Efeso, il Giove di Olimpia, i giardini pensili di Babilonia | ***L'ottava m.***, cosa eccezionalmente bella (*anche iron. o scherz.*) | ***Dir meraviglie di qlcu. o qlco.***, parlarne molto bene. **SIN.** Portento, prodigio. ‖ **meravigliàccia**, **pegg.**

meravigliànte o (*tosc.*, *lett.*) **maravigliànte** **part. pres.** di *meravigliare*; anche **agg.** ● †Meraviglioso.

♦**meravigliàre** o (*tosc.*, *lett.*) **maravigliàre** [1260] **A v. tr.** (*io meraviglio*) *1* Destare, indurre meraviglia: *questo fatto meraviglia tutti noi.* **SIN.** Stupire. *2* †Guardare con meraviglia o come una meraviglia. **B v. intr. pron.** e poet. **intr.** (aus. *essere*) (+ *di*; + *che* seguito da congv.) ● Provare meraviglia, stupirsi: *mi meraviglio di sentirti dire questo*; *si meravigliò di nuovo dell'acutezza della propria vista* (SVEVO); *Io non mi meraviglio che voi … vi troviate in qualche confusione* (GALILEI) | ***Mi me-***

raviglio! Mi meraviglio di te, di voi!, espressione di stupore misto a biasimo o sdegno.

meravigliàto o (*tosc., lett.*) **maravigliàto** [1306] part. pass. di *meravigliare*; anche agg. ● Pieno di meraviglia, di stupore e sim.: *essere, rimanere m.*; *quelle parole lasciarono tutti meravigliati.*

†**meravigliévole** o †**maravigliévole** agg. ● Mirabile, ammirevole.

♦**meraviglióso** o (*tosc., lett.*) **maraviglióso** [1243] A agg. *1* Che desta meraviglia, ammirazione: *spettacolo m.*; *dottrina, erudizione meravigliosa.* SIN. Magnifico, splendido, stupendo. *2* (*lett.*) Straordinario, incredibile (anche in senso negativo): *standosi ciascuno nelle sue tende, ciascuno con maravigliose viltà si governava* (MACHIAVELLI) | †Che incute paura. *3* †Meravigliato, stupito, attonito. || **meravigliosaménte**, avv. *1* In modo meraviglioso. *2* †Grandemente, straordinariamente. B s. m. solo sing. ● Rappresentazione di fatti e fenomeni soprannaturali, divini, diabolici o magici, in un'opera letteraria: *il m. della 'Gerusalemme Liberata'.*

†**mercadànte** ● V. †*mercatante.*

†**mercantàre** [da *mercante*; av. 1484] A v. tr. ● Negoziare, contrattare. B v. intr. ● Fare il mercante, commerciare.

♦**mercànte** [lat. *mercāntes*, part. pres. m. pl. sost. di *mercāri*. V. *mercare*; sec. XIII] A s. m. (f. †*-éssa* (V.)) ● (*spec. ant.*) Chi esercita un commercio: *ricco m.*; *m. di vino, di grano, di cavalli* | ***M. d'arte***, chi commercia in opere d'arte antica e moderna e cura i rapporti fra artisti e collezionisti | (*raro*) Merciaio | (*fig., spreg.*) Chi fa oggetto di mercato di qualsiasi cosa, chi specula su qlco. (V. nota d'uso STEREOTIPO) | (*fig.*) ***Far orecchi o orecchie da m.***, fingere di non sentire | ***M. di schiavi***, negriero | ***M. di carne umana***, negriero sfruttatore della prostituzione | (*fig.*) ***Mercanti del tempio***, coloro che fanno commercio di valori spirituali e morali | ***M. in fiera***, gioco d'azzardo fatto con due mazzi di carte uguali ma con il dorso di colore diverso, dei quali uno viene distribuito ai giocatori mentre dall'altro si estraggono alcune carte che, scoperte alla fine, permetteranno a coloro che hanno le corrispondenti di vincere i premi. B agg. ● †Mercantesco. || **mercantóne**, accr. | **mercantùccio**, **mercantùzzo**, dim. | **mercantùcolo**, pegg.

mercanteggiàbile [1970] agg. ● Che si può mercanteggiare.

mercanteggiaménto [av. 1952] s. m. ● Negoziazione, contrattazione (*spec. in senso fig.*): *m. di cariche, di voti.*

mercanteggiàre [comp. di *mercante* e *-eggiare*; av. 1610] A v. intr. (*io mercantéggio*; aus. *avere*) ● (*lett.*) Fare mercato, commerciare: *m. in grano* | ***M. su qlco.***, specularvi sopra | (*assol.*) Contrattare tirando sul prezzo. B v. tr. ● Far oggetto di mercato, di contrattazione e sim., detto spec. di cose tradizionalmente escluse dall'ambito commerciale: *m. la coscienza, l'onore, il voto.*

mercantésca [f. sost. di *mercantesco*, perché usata nei libri e nei documenti mercantili] s. f. ● Scrittura usata nei secc. XII e XIV nei documenti e libri commerciali, caratterizzata da un forte arrotondamento e da molte legature.

mercantésco [da *mercante*; av. 1405] agg. (pl. m. *-schi*) *1* Di, da mercante (*spesso spreg.*): *attività, avidità mercantesca.* *2* †Mercantile: *città mercantesca.*

†**mercantéssa** [av. 1789] s. f. ● Donna che esercita la mercatura | Moglie del mercante.

†**mercantévole** [1400 ca.] agg. ● Mercantile.

†**mercantìa** ● V. *mercanzia.*

mercantìle [av. 1368] A agg. *1* Relativo al commercio: *attività m.* | ***Nave, marina m.***, per trasporto di merci. *2* Di, da mercante: *codice m.*; *spirito m.* | (*raro*) Fiorente di traffici: *città, paese m.* || **mercantilménte**, avv. Alla maniera dei mercanti. B s. m. ● Nave mercantile: *un m. inglese.*

mercantilìsmo [comp. di *mercantile* e *-ismo*; av. 1872] s. m. *1* Mentalità, comportamento da mercante. *2* Teoria e politica economiche dei secc. XVII e XVIII che, partendo dall'identificazione della ricchezza di un Paese con la quantità di metallo prezioso da esso posseduto, propugnavano una politica protezionistica verso l'esterno e lo sviluppo all'interno dell'industria manifatturiera che doveva alimentare l'esportazione e i commerci.

mercantilìsta [av. 1937] A s. m. e f. (pl. m. *-i*) ● Fautore, seguace del mercantilismo. B agg. ● Mercantilistico.

mercantilìstico [av. 1937] agg. (pl. m. *-ci*) ● Proprio del mercantilismo.

mercanzìa o †**mercantìa** [da *merca(ta)nzia*; 1219] s. f. *1* †Commercio, professione di mercante: *darsi alla m.*; *arte della m.* | †Corporazione dei mercanti. *2* Merce: *un negozio con poca m.*; *m. di scarto* | ***Saper vendere la propria m.***, saper far valere le proprie qualità. *3* (*fam.*) Roba, per lo più spreg.: *non voglio saperne di codesta m.!* || **mercanzòla**, **mercanzuòla**, dim.

mercaptàno [ted. *Mercaptan*, dalla locuzione *mer(cūrium) cāptans* 'corpo che trattiene il mercurio'; 1934] s. m. ● Sostanza organica, simile agli alcoli ma con lo zolfo al posto dell'ossigeno, di odore sgradevole, contenuta nel petrolio, usata in alcune sintesi chimiche.

†**mercàre** [vc. dotta, lat. *mercāri*, da *mĕrx*, genit. *mĕrcis* 'merce'; av. 1374] A v. intr. ● Trafficare, mercanteggiare. B v. tr. ● Acquistare o far commercio di qlco. | (*fig.*) Procacciarsi: *pur lagrime e sospiri e dolor merco* (PETRARCA).

mercàle [sec. XIII] A s. m. ● †Mercato. B agg. ● (*disus.*) Di mercato | ***Biglietto m.***, in passato, biglietto ferroviario per i giorni di mercato.

†**mercatantàre** [1505] v. intr. ● Fare il mercatante.

†**mercatànte** o †**mercadànte** [propr., part. pres. di *mercatare*; av. 1243] s. m. e f. ● Mercante.

†**mercatantésco** [av. 1557] agg. ● Mercantesco.

†**mercatantéssa** s. f. ● (*raro*) Mercantessa.

†**mercatantìa** ● V. †*mercatanzia.*

†**mercatantìle** agg. ● Mercantile. || †**mercatantilménte**, avv. Mercantilmente.

†**mercatanzìa** o †**mercatantìa** [da †*mercatante*; av. 1347] s. f. ● Mercanzia.

†**mercatàre** [lat. parl. **mercatāre*, da *mercātus* 'mercato'; 1257 ca.] v. intr. ● Commerciare, trafficare.

mercatìno s. m. *1* Dim. di *mercato.* *2* Piccolo mercato, spec. rionale | Mercato all'aperto, spec. su bancarelle, di roba usata, cianfrusaglie e sim. *3* (*econ.*) Mercato ristretto.

mercatìstica [da *mercato*; 1961] s. f. ● Disciplina che studia la promozione e l'organizzazione dei mercati di sbocco di merci e servizi.

♦**mercàto** [lat. *mercātu(m)*, da *mercāri* 'mercare'; 1211] s. m. (pl. *-i*; †*mercàta* f.) *1* Luogo destinato alla vendita di merci, spec. di generi alimentari e generi di consumo vari: *m. di frutta e verdura, del bestiame, del pesce* | ***M. coperto***, grande padiglione per mercato di commestibili | Riunione periodica di venditori con la loro merce per fare contrattazioni: *giorno di m.*; *tener m. due volte la settimana*; *contadini che vanno al m.*; *negli almanacchi sono notati i mercati e le fiere dei vari paesi.* *2* (*econ.*) Movimento delle contrattazioni, operazioni al mercato: *m. fiacco*; *concludere il m.* | ***M. nero***, situazione per cui, essendo un prodotto soggetto per legge a restrizioni di quantità e di prezzo, la domanda non soddisfatta tende a trovare appagamento al di fuori della legge, a prezzi assai più alti di quelli ufficiali | (*borsa*) ***Terzo m.***, complesso delle operazioni di compravendita di titoli che avvengono fra operatori non membri di una Borsa valori | ***M. telematico***, quello sul quale gli ordini sono raccolti e incrociati in via automatica | (*borsa*) ***Nuovo m.***, listino dei titoli tecnologici | ***Prezzo di m.***, quello corrente | ***A buon m.***, a basso prezzo; (*fig.*) senza molti danni: *cavarsela a buon m.* | (*borsa*) ***M. ristretto***, mercato dei titoli azionari non quotati ufficialmente in Borsa | (*al pl.*) Il mercato finanziario, anche internazionale: *la reazione dei mercati all'aumento dei tassi* | (*borsa*) ***M. dei blocchi***, insieme delle negoziazioni di strumenti finanziari eseguite al di fuori dei mercati azionari regolamentari. *3* Complesso degli scambi di un dato prodotto | ***Analisi di m.***, ricerca di mercato | ***M. potenziale***, insieme degli eventuali consumatori di un certo bene | ***M. del lavoro***, relativo alla domanda e all'offerta di lavoro. *4* Complesso degli scambi di tutti i prodotti in un determinato Paese o in una data area | ***Economia di m.***, sistema economico basato sulla libera concorrenza | ***M. interno*** o ***nazionale***, il complesso delle vendite di una merce o della totalità delle merci all'interno del Paese di produzione | ***Uscire, andare sul m.***, detto di un prodotto, venire messo in commercio | ***M. estero***, il complesso delle vendite di un prodotto o della totalità dei prodotti di un Paese in un'altra nazione | ***M. internazionale***, il complesso degli scambi tra diverse nazioni dei vari prodotti | ***M. mondiale***, il complesso di tutti gli scambi che avvengono nel mondo di un dato prodotto o della totalità dei prodotti | ***M. comune europeo***, zona di unione doganale e d'integrazione economica costituita dal 1957 fra alcuni Paesi europei (trasformatasi in Comunità Economica Europea e, dal 1993, in Unione europea). *5* (*est., spreg.*) Traffico illecito, mercimonio: *turpe m.*; *far m. del proprio onore.* *6* (*fig.*) Chiasso, luogo di grande confusione o di grande affollamento: *che cos'è quel m.?* || PROV. Due donne e un pollo fanno un mercato. || **mercatìno**, dim. (V.).

†**mercatóre** [vc. dotta, lat. *mercatōre(m)*, da *mercāri* 'mercare'; 1672] s. m. ● Trafficante, commerciante.

†**mercatòrio** [vc. dotta, lat. *mercatōriu(m)*, agg. di *mercātor*, genit. *mercatōris* 'mercatore'; av. 1499] agg. ● Mercantile.

mercatùra [vc. dotta, lat. *mercatūra(m)*, da *mercātor*, genit. *mercatōris* 'mercatore'; av. 1475] s. f. ● (*ant.*) Commercio, attività commerciale, spec. in riferimento al periodo medievale: *darsi alla m.*; *esercitare la m.*

♦**mèrce** [lat. *mĕrce(m)*, di etim. incerta; 1264] s. f. *1* Ogni prodotto in quanto oggetto di commercio e destinato alla vendita: *lo scambio delle merci*; *lo scarico delle merci*; *la m. in magazzino*; *spedire, ritirare, rifiutare la m.*; *fattura, distinta delle merci*; *m. vile, preziosa*; *m. nazionale, estera* | (*fig.*) Valore, bene: *l'altruismo è diventato una m. rara.* *2* (*al pl.*) In espressioni ellittiche | ***Borsa merci***, luogo di borsa in cui si contrattano determinate merci | ***Scalo merci***, in una stazione o in un porto, scalo attrezzato per i movimenti delle merci | ***Treno merci***, destinato unicamente al trasporto di merci.

mercé o †**merzé** [troncamento di *mercede*; av. 1277] A s. f. *1* †Mercede, ricompensa: *Non fia sanza m. la tua parola* (DANTE *Purg.* XX, 37) | †Merito. *2* (*lett.*) Aiuto, grazia: *chiedere, implorare m.* | ***Stare, rimettersi all'altrui m.***, alla grazia e all'arbitrio di altri | ***Essere, trovarsi alla m. di qlcu.***, in suo potere, balìa | Pietà: *domandare m.* | ***La Dio m.***, per grazia di Dio. *3* †Formula di ringraziamento: *il proposto tutto lieto disse: 'Madonna, gran m.'* (BOCCACCIO). B in funzione di inter. *1* †Esprime invocazione di aiuto, pietà, grazia e sim. *2* †Esprime ringraziamento | V. anche †*gramercé.* SIN. Grazie. C in funzione di prep. ● (*lett.*) Per merito, per opera, in grazia di (*anche iron.*): *sono riuscito m. il vostro aiuto* | Con gli agg. poss.: *I' son fatta da Dio, sua m., tale, / che la vostra miseria non mi tange* (DANTE *Inf.* II, 91-92) | (*lett.*) †Anche nelle loc. prep. ***m. di, m. a***: *m. di colei / ch'a l'alto volo ti vestì le piume* (DANTE *Par.* XV, 53-54); *passa tra cavalieri e tra pedoni / m. all'annel* (ARIOSTO).

mercède (o *-è-*), †**merzède** (o *-è-*) [lat. *mercē-de(m)*, da *mĕrx*, genit. *mĕrcis* 'merce'; sec. XIII] s. f. (troncato in *mercé* (V.)) *1* (*lett.*) Retribuzione, salario, paga: *la m. dell'operaio*; *aumento delle mercedi.* *2* (*est., lett.*) Ricompensa, premio. *3* (*poet.*) †Merito.

mercenàrio o †**mercenàio** [vc. dotta, lat. *mercenāriu(m)*, da *mĕrces*, genit. *mercēdis* 'mercede'; av. 1292] A agg.; anche s. m. *1* Che (o Chi) presta la propria opera per denaro. *2* (*spreg.*) Che (o Chi) agisce solo per denaro o, nelle proprie opere, si dimostra prevalentemente o esclusivamente ispirato da motivi d'interesse economico: *giornalista, scrittore m.*; *i mercenari delle lettere.* *3* Che (o Chi) per denaro esercita il mestiere delle armi: *soldati mercenari*; *un esercito di mercenari*; *i mercenari delle compagnie di ventura*; *i mercenari della Legione Straniera.* || **mercenariaménte**, avv. Da mercenario, venalmente. B agg. *1* (*raro*) Che è fatto o prestato dietro compenso: *lavoro m.*; *allattamento m.* *2* (*spreg.*) Di ciò che è mosso, manifestato o fatto solo per denaro: *animo m.* | ***Amore m.***, a pagamento | Prezzolato, venale: *penna mercenaria*; *ingegno m.* *3* (*mil.*) Proprio dei mercenari: *armi mercenarie* | Costituito da mercenari: *esercito m.*

mercenarìsmo [1955] s. m. ● (*st.*) L'istituto delle milizie mercenarie.

merceologìa [comp. di *merce* e *-logia*; 1868] **s. f.** ● Studio della natura, composizione, adulterazioni, provenienza e circolazione delle varie merci.

merceològico [1934] **agg.** (pl. m. *-ci*) ● Che concerne la merceologia | ***Oro m.***, non monetizzato. || **merceologicaménte** avv.

merceòlogo [1957] **s. m.** (f. *-a*; pl. m. *-gi*) ● Studioso, esperto di merceologia.

mercerìa [da *merce*; sec. XIV] **s. f.** *1* Articoli minuti, spec. quelli concernenti il vestiario come nastri, bottoni, spille, aghi, cotone per cucire, e sim. *2* Negozio che vende tali articoli. *3* †Merce, mercanzia. *4* †Mestiere del merciaio.

mercerizzàre [fr. *merceriser*, dal n. del chimico ingl. J. *Mercer* (1791-1866) che inventò il procedimento; 1895] **v. tr.** ● Trattare il cotone con una soluzione di soda caustica per conferirgli lucentezza serica, maggior resistenza e facilità di tintura.

mercerizzàto part. pass. di *mercerizzare*; anche **agg.** ● Detto di tessuto che ha subito mercerizzazione.

mercerizzatrìce [1973] **s. f.** ● Macchina per la mercerizzazione del cotone.

mercerizzazióne [1934] **s. f.** ● Procedimento del mercerizzare.

merchandiser /mertʃan'daizer, *ingl.* 'mɜːʧən,daezəɹ/ [vc. ingl., da *to merchandise* 'commerciare', dal fr. *marchandise* 'mercanzia'; 1983] **s. m. e f. inv.** ● Chi si occupa di merchandising.

merchandising /mertʃan'daizin(g), *ingl.* 'mɜːʧən,daezɪŋ/ [vc. ingl., da *to merchandise* 'commerciare', dal fr. *marchandise* 'mercanzia'; 1974] **s. m. inv.** *1* (*econ.*) L'insieme delle attività che il fornitore o il venditore di una merce svolgono per promuoverne la vendita dopo che essa ha raggiunto il punto di vendita. *2* (*dir.*) Contratto per la commercializzazione di prodotti, con l'utilizzo di un marchio che contraddistingue abitualmente un prodotto diverso.

merchant bank /ingl. 'mɜːʧən(t),bæŋk/ [loc. ingl., propr. 'banca mercantile', comp. di *merchant* 'mercante' e poi 'mercantile' e *bank* 'banca'; 1979] **loc. sost. f. inv.** (pl. ingl. *merchant banks*) ● Banca d'affari.

merciàio o (*dial.*) †**merciàro** [da *merce*; 1342] **s. m.** (f. *-a*) ● Chi vende mercerie. || **merciaino**, dim. | **merciaiùccio**, pegg.

merciaiòlo o (*lett.*) **merciaiuòlo** [sec. XIV] **s. m.** (f. *-a*) ● (*raro*) Merciaio.

†**merciàro** ● V. *merciaio*.

mercificàre [comp. di *merce* e *-ficare*; 1967] **v. tr.** (*io mercìfico, tu mercìfichi*) ● Sottoporre a mercificazione: *m. la cultura, l'arte, i rapporti umani.*

mercificazióne [1966] **s. f.** ● Riduzione a merce o a fonte di profitto di valori, beni o istituti che non hanno di per sé una natura commerciale: *m. della cultura*; *m. dei rapporti umani.*

†**mercimònia** **s. f.** ● (*raro*) Mercimonio.

mercimònio [vc. dotta, lat. *mercimōniu(m)* 'merce, commercio', da *mercāri*. V. *mercare*; av. 1411] **s. m.** *1* Traffico illecito: *fare m. del proprio onore, del proprio ingegno.* *2* †Mercatura.

†**mèrco** (1) [ant. fr. *merc* 'marchio'. V. *marchiare*; av. 1374] **s. m.** (pl. *-chi*) ● Segno di riconoscimento che si fa spec. sul bestiame.

mèrco (2) [dal lat. *amāracu(m)* 'maggiorana'; 1834] **s. m.** (pl. *-chi*) ● (*bot.*) Pianta erbacea delle Composite con foglie commestibili dopo cottura (*Urospermum dalechampii*).

♦**mercoledì** o (*fam.*) **mercoldì**, †**mercordì** [lat. tardo *Mĕrcuri dīe(m)* 'giorno di Mercurio'; av. 1348] **s. m.** ● Terzo giorno della settimana civile, quarto della liturgica.

mercorèlla ● V. *marcorella*.

mercuriàle (1) [vc. dotta, lat. *Mercuriāle(m)*, agg. di *Mercŭrius* 'Mercurio'; 1499] **agg.** *1* Di preparato farmaceutico contenente mercurio: *pomata, unguento m.* *2* (*fig., disus.*) Scaltro, vivace: *ingegno, carattere m.*

mercuriàle (2) [fr. *mercuriale*, da *Mercurio*, dio del commercio; 1812] **s. f.** ● Listino ufficiale dei prezzi medi correnti, in un certo periodo e luogo, di date merci.

mercuriàle (3) [lat. *mercuriāle(m)* 'erba di Mercurio'. V. *marcorella*; av. 1863] **s. f.** ● Pianta delle Euforbiacee con foglie lungamente picciolate e ciliate ai margini, fiori maschili in spighe, femminili ascellari (*Mercurialis annua*). SIN. Marcorella. ➡ ILL. **piante**/2.

mercurialìsmo [da *mercuriale* (*1*); 1939] **s. m.** ● (*med.*) Idrargirismo.

mercuriàno [1957] **A agg.** ● Relativo al pianeta Mercurio. **B s. m.** (f. *-a*) ● Ipotetico abitatore del pianeta Mercurio.

mercùrico [da *mercurio*; 1869] **agg.** (pl. m. *-ci*) ● Detto di composto del mercurio bivalente | ***Acetato m.***, dotato di proprietà antisettiche e antisifilitiche, usato anche come catalizzatore in sintesi organiche.

mercurìfero [comp. di *mercurio* e *-fero*; 1869] **agg.** ● Che contiene mercurio.

mercùrio [vc. dotta, lat. *Mercŭriu(m)*, n. di una divinità e di un pianeta, di orig. etrusca; av. 1492] **s. m.** (*Mercùrio* nel sign. 1) *1* (*astron.*) Primo pianeta del sistema solare, in ordine di distanza dal Sole, dal quale dista in media 58 milioni di kilometri, la cui massa è 0,05 volte quella della Terra e del quale non si conoscono satelliti | (*astrol.*) Pianeta che domina i segni zodiacali dei Gemelli e della Vergine. ➡ ILL. p. 2142 SISTEMA SOLARE; **zodiaco**. *2* (*chim.*) Elemento chimico, unico metallo liquido a temperatura ambiente, presente in natura spec. come solfuro dal quale si ricava per desolforazione; i suoi vapori sono velenosissimi, scioglie l'oro, l'argento e altri metalli formando amalgami; è usato per antiparassitari, per impregnare il legno, per apparecchi di misura, per raggi ultravioletti e in medicina, sotto forma di sali, per l'azione diuretica, purgativa, antisettica e antiemetica. SIMB. Hg.

mercurocròmo® [ingl. *mercurochrome*, comp. di *mercury* 'mercurio' e del gr. *chrôma* 'colore'] **s. m.** ● (*farm.*) Sostanza contenente mercurio, usata in soluzione come antisettico.

mercuróso [1869] **agg.** ● (*chim.*) Detto di composto del mercurio monovalente.

mèrda [lat. *mĕrda(m)*, di etim. incerta; av. 1306] **A s. f.** *1* (*volg.*) Sterco, escremento di persona o di animale. *2* (*fig., volg.*) Persona o cosa del tutto priva di pregio e di interesse: *che m. di amici hai!*; *questo libro è una m.* | ***Di m.***, detto di persona o cosa spregevole: *film di m.* | ***Fare una figura di m.***, una figuraccia. *3* (*fig., volg.*) Situazione difficile, imbrogliata, pericolosa e sim.: *se n'è andato e ha lasciato tutti nella m.*; *sono nella m. fino al collo.* **B** in funzione di **inter.** ● (*volg.*) Esprime vivo disappunto, stupore irato, netto rifiuto. || **merdàccia**, accr. | **merdina**, dim. | **merdolina**, dim. | **merdóna**, accr.

merdàio [sec. XVII] **s. m.** *1* (*volg.*) Luogo pieno di merda. *2* (*volg., fig.*) Ambiente di costumi immorali o situazione disgustosa.

merdaiòlo o †**merdaiuòlo** [av. 1802] **s. m.** (f. *-a*) ● Chi un tempo aveva il compito di spazzare lo sterco e le immondizie dalle strade.

merdàta [da *merda*; 1550] **s. f.** ● (*volg.*) Atto, discorso, opera spregevole o di nessun valore.

merdóne [1955] **agg.**; anche **s. m.** (f. *-a*) ● (*raro, fig.*) Pusillanime.

merdóso [1313] **agg.** *1* (*volg.*) Imbrattato di merda: *si graffia con l'unghie merdose* (DANTE *Inf.* XVIII, 131). *2* (*fig.*) Spregevole, vile. || **merdosaménte**, avv. Sozzamente.

♦**merènda** [lat. *merēnda(m)*, dal nt. pl. del gerundivo del v. *merēre* 'meritare'; propr.: 'cose da meritare'; 1353] **s. f.** ● Spuntino nel pomeriggio, fatto spec. dai ragazzi | Cibo della merenda: *portarsi la m. a scuola*; *star senza m. per castigo.* || **merendina**, dim. (V.) | **merendino**, dim. m. | **merendóna**, accr. | **merendóne**, accr. m. (V.) | **merendùccia**, dim. | **merenduòla**, dim.

merendàre [lat. tardo *merendāre*, da *merĕnda* 'merenda'; av. 1424] **v. intr.** e †**intr. pron.** (*io merèndo*; aus. intr. *avere*) ● (*raro*) Fare merenda.

merendìna [1989] **s. f.** *1* Dim. di *merenda*. *2* Prodotto alimentare, per lo più dell'industria dolciaria, destinato spec. alla merenda dei bambini.

merendóne [av. 1492] **s. m.** (f. *-a*) *1* Accr. di *merenda*. *2* (*fig.*) †Scansafatiche, persona dappoco.

merèngue /*sp.* me'renge/ [n. della danza nello sp. d'America, preso dal creolo haitiano *méringue*] **s. m. inv.** ● (*mus.*) Danza originaria di Haiti e Santo Domingo, a due tempi, simile al samba.

mereologìa [vc. dotta, comp. del gr. *méros* 'parte' e *-logia* sul modello dell'ingl. *mereology*, fr. *méréologie*; 1972] **s. f.** ● Nella logica contemporanea, lo studio delle proprietà formali delle relazioni che intercorrono tra l'intero e le parti.

†**meretricàre** [vc. dotta, lat. tardo *meretricāri*, da *mĕretrix*, genit. *meretrīcis* 'meretrice'; sec. XIV] **v. intr.** ● Fare la meretrice.

meretrìce [vc. dotta, lat. *meretrīce(m)*, da *merēre* 'guadagnare, farsi pagare'. V. *meritare*; av. 1294] **s. f.** ● (*lett.*) Prostituta.

meretrìcio (1) [vc. dotta, lat. *meretrīciu(m)*, agg. da *mĕretrix*, genit. *meretrīcis* 'meretrice'; av. 1311] **agg.** (pl. f. *-cie*) ● (*raro*) Di, da meretrice (*anche fig.*): *amore m.*

meretrìcio (2) [vc. dotta, lat. *meretrīciu(m)*, s. 'prostituzione', da *mĕretrix*, genit. *meretrīcis* 'meretrice'; av. 1294] **s. m.** *1* Prostituzione. *2* †Luogo dove stanno le meretrici.

merger /'merdʒer, *ingl.* 'mɜːʤəɹ/ [vc. ingl., propr. 'fusione'; 1957] **s. f. inv.** ● (*econ.*) Fusione, detto di società o aziende.

†**mèrgere** [vc. dotta, lat. *mĕrgere* 'immergere, affondare'. V. *immergere*; sec. XIV] **v. tr.** ● Immergere, tuffare.

mèrgo ● V. *smergo*.

mèria [da *meriare*; av. 1562] **s. f.** ● (*spec. al pl., tosc.*) Luoghi ombrosi, ameni | (*fam.*) ***Stare alle merie***, all'aperto o in luogo fresco | ***Stare a m.***, all'ombra, detto di pecore.

-meria [gr. *-méreia* o *-meria*, collegato con *méiresthai* 'prendere la sua parte (*méros*)', di orig. indeur.] secondo elemento *1* Forma parole composte dotte o scientifiche in cui indica formazione in parti, ripetizione di parti, o significa 'suddivisione': *metameria*. *2* Forma parole che sono in rapporto coi termini composti con *-mero*, di cui indica la condizione: *polimeria*.

meriàre (o **-rià-**) [lat. *meridiāre* 'meriggiare'; sec. XV] **v. intr.** (*io mèrio*; aus. *avere*; v. usato quasi solo all'inf. **pres.**) ● (*raro, tosc.*) Passare le ore del gran caldo in luogo ombroso, vicino all'acqua, detto spec. del bestiame.

mericìsmo [vc. dotta, gr. *mērykismós* 'ruminazione', da *mērykízein* 'ruminare', di etim. discussa: da **merýein* 'avvolgere' (?); 1834] **s. m.** ● (*med.*) Disturbo di origine nervosa della digestione spec. del lattante, in cui si ha il rigurgito degli alimenti dallo stomaco alla bocca.

meridiàna (1) [da *meridiano*; 1766] **s. f.** ● Orologio solare formato da un complesso di linee orarie tracciate su di un muro o pavimento, ove lo gnomone proietta la sua ombra durante le varie ore del giorno.

meridiàna (2) [da (*linea*) *meridiana*; 1564] **s. f.** ● (*astron.*) Intersezione del piano meridiano di un luogo coll'orizzonte | ***M. di tempo medio***, curva in forma di otto, sul quadrante solare, che permette di leggere il mezzogiorno medio, tenendo conto dell'equazione di tempo.

meridiàno [vc. dotta, lat. *meridiānu(m)*, agg. di *merīdies*. V. *meridie*; 1308] **A agg.** *1* Di mezzogiorno: *il caldo m.*; *le ore meridiane*; *il m. ozio dell'aie* (PASCOLI). *2* (*est., poet.*) Luminoso, ardente: *meridiana face / di caritate* (DANTE *Par.* XXXIII, 10-11). *3* (*astron.*) ***Cerchio m.***, strumento che serve per la misura accurata delle coordinate degli astri, mediante osservazioni fatte in meridiano. **B s. m.** ● (*geogr.*) Ciascuno dei circoli massimi passanti per i due poli della Terra | ***M. di riferimento***, ***m. iniziale***, ***m. di 0°***, quello di Greenwich e talvolta, in Italia, quello di Monte Mario a Roma | ***M. celeste***, circolo massimo della sfera celeste passante per i poli e lo zenit del luogo di osservazione | ***M. magnetico***, piano verticale in cui giace un ago magnetico orientato secondo il campo magnetico terrestre | (*mat.*) ***M. di una superficie di rotazione***, una delle curve ottenute intersecando la superficie con un piano passante per l'asse.

†**merìdie** [vc. dotta, lat. *merīdie(m)*, comp. di *mĕdius* 'mezzo' e *dīes* 'giorno, dì', con dissimilazione della *-d-* di *mĕdius* in *-r-*, determinata dalla presenza della *d-* di *dīes*; 1308] **s. f.** ● Mezzodì, meriggio.

♦**meridionàle** [vc. dotta, lat. tardo *meridionāle(m)*, agg. di *merīdies* 'mezzogiorno'. V. †*meridie*; 1308] **A agg.** *1* Che è posto a sud, a mezzogiorno di un luogo determinato. CFR. sud-. *2* Proprio dei paesi meridionali: *vivacità, carattere m.* || **meridionalménte**, avv. Da meridionale. **B s. m. e f.** ● Chi è nativo del meridione di un paese.

meridionalìsmo [comp. di *meridional(e)* e *-ismo*; 1950] **s. m.** *1* Voce, locuzione, costrutto o pronuncia propri dell'Italia meridionale. *2* Atteggiamento di impegno nei confronti dei problemi economici e sociali dell'Italia meridionale visti come problemi essenziali dello Stato italiano: *il m. di G. Salvemini.*

meridionalista [av. 1937] **A** s. m. e f. (pl. m. *-i*) ● Studioso dei problemi economici e sociali specifici dell'Italia meridionale | Fautore del meridionalismo. **B** agg. ● Relativo ai problemi economico-sociali dell'Italia meridionale.

meridionalistica [1970] s. f. ● Studio della cultura e dei problemi dell'Italia meridionale.

meridionalistico [1960] agg. (pl. m. *-ci*) *1* Che è caratteristico del meridione. *2* Relativo al meridionalismo. || **meridionalisticamènte**, avv.

meridionalizzàre [comp. di *meridional(e)* e *-izzare*; 1950] **A** v. tr. ● Rendere meridionale, attribuire caratteristiche proprie delle zone meridionali. **B** v. intr. pron. ● Assumere i caratteri, gli atteggiamenti, gli usi e sim. tipici del meridione.

meridionalizzazióne [1957] s. f. ● Il meridionalizzare, il meridionalizzarsi.

meridióne [da *meridionale*, sul modello del rapporto fra *settentrione* e *settentrionale*; 1536] s. m. *1* Punto cardinale corrispondente al sud. *2* Insieme delle terre meridionali di un dato paese, continente e sim.: *il m. d'Italia.*

†merigge ● V. *meriggio.*

†meriggiàno [lat. *meridiānu(m)* 'meridiano'; av. 1347] agg. ● Di mezzogiorno.

meriggiàre [lat. *meridiāre*, da *merīdies*. V. *†meridie*; sec. XV] **A** v. intr. (*io meriggio*; aus. *avere*) *1* (*lett.*) Riposare, all'ombra e all'aperto, nelle ore del mezzogiorno: *m. pallido e assorto / presso un rovente muro d'orto* (MONTALE). *2* (*raro, lett.*) Fare la siesta | (*est.*) Oziare. **B** v. tr. ● †Far riposare il bestiame nelle ore meridiane: *m. le mandre.*

meriggio o **†merigge** [lat. parl. **merīdiu(m)*, per il classico *merīdie(m)*. V. *†meridie*; av. 1292] **A** s. m. ● (*lett.*) Mezzogiorno e le ore intorno al mezzodì: *di m.*; *nel m.*; *in pieno m.*; *al m. stanca villanella / ... tra l'erbe innocenti adagia il fianco / queta e sicura* (PARINI) | **Dopo il m.**, nel pomeriggio | (*raro*) **Far m.**, meriggiare | (*centr.*) Meria. **B** agg. ● †Di mezzodì.

meringa [fr. *méringue*, dal polacco *marzynka* 'meringa al cioccolato'; 1850] s. f. *1* Composto di zucchero e chiara d'uovo montata a neve ferma. *2* Dolce formato da due mezzi gusci di meringa posti al forno e farciti di panna montata.

meringàta [f. sost. di *meringàto*] s. f. ● Torta a base di meringa.

meringàto [1978] agg. ● Fatto di meringa, ricoperto di meringa: *torta meringata.*

merino [sp. *merino*, dal n. di una tribù berbera; av. 1811] **A** s. m. inv. (pl. sp. *merinos*) *1* La più famosa razza ovina del mondo per la produzione della lana, originaria dell'Africa. *2* Tessuto di lana merino. **B** anche agg. inv.: *lana m.*; *pecora m.*

mèrio [da *meriare*; 1803] s. m. ● (*raro, tosc.*) Luogo ombroso dove le mandrie giacciono a meriare.

merismàtica [da *meristema*] s. f. ● (*bot.*) Tecnica di propagazione mediante tessuti meristematici.

meristèma [dal gr. *meristós* 'divisibile', da *merízein* 'dividere', da *merís* 'parte'; 1930] s. m. (pl. *-i*) ● (*bot.*) Tessuto vegetale indifferenziato che dividendosi origina i tessuti definitivi, le cui cellule sono incapaci di riprodursi | **M. primario**, l'embrione | **M. secondario**, il cambio del fusto e della radice.

meristemàtico [1940] agg. (pl. m. *-ci*) ● (*bot.*) Relativo al meristema.

†meritaménto [da *meritare*] s. m. ● Ricompensa.

♦**meritàre** o (*poet.*) **†mertàre** [vc. dotta, lat. *meritāre*, intens. di *merēre*, da una radice indeur. che sign. dapprima 'attrarre la propria parte', poi 'meritare'; av. 1294] **A** v. tr. (*io mèrito*) (qlco.; *+ di* seguito da inf.; *+ che* seguito da congv.) *1* Essere degno di avere, ottenere, ricevere e sim., in senso positivo ma anche negativo: *m. un premio, una lode, una ricompensa*; *m. biasimo, un castigo, uno schiaffo*; *meriti di essere punito*; *il vostro valor merita che io m'opponga alle sue forze* (BOCCACCIO) | **Non m.**, non esser degno di qlco.: *non meriti la nostra fiducia*; *questo ristorante non merita il suo prezzo*; *quell'uomo non merita tanto*; *è un'opera che non merita* | Con la particella pron.: *ti sei meritato un premio* | **Se lo merita!**, **se l'è meritato!** e sim., ben gli sta. *2* (qlco. *+ a*) Far ottenere, rendere degno, procurare: *il grande valore dell'opera gli meritò la fama.* **B** v. intr. impers. (aus. *essere*) (assol.; + inf.; *+ che* seguito da congv.) ● **Non merita**, non vale la pena; *non merita neppure parlarne*; *non merita che mi occupi di loro.* **C** v. intr. (aus. *avere*) (*+ di*) *1* Essere, rendersi, benemerito, spec. in senso morale: *m. della patria, delle lettere*; *s'io meritai di voi mentre ch'io vissi* (DANTE *Inf.* XXVI, 80). *2* †Ricompensare: *m. dei benefici, del servigio.*

meritàto [1294] part. pass. di *meritare*; anche agg. ● Giustamente ottenuto: *un premio, un castigo m.* || **meritataménte**, avv. Secondo il merito, in modo giusto.

meritévole [1342] agg. ● Che merita: *rendersi m. di lode, di biasimo.* SIN. Degno. || **meritevolménte**, avv. Degnamente, con merito.

†mèrito (1) o (*poet.*) **mèrto** [vc. dotta, lat. *mĕritu(m)*, agg., part. pass. di *merēre* 'meritare'; 1336 ca.] agg. ● (*lett.*) Meritato | (*raro*) Meritevole. || **meritaménte**, avv. (*lett.*) Meritatamente.

♦**mèrito** (2) o **†mèrto** [vc. dotta, lat. *mĕritu(m)*, s. dal part. pass. di *merēre* 'meritare'; av. 1250] s. m. *1* Diritto alla lode, alla stima, alla ricompensa e sim., dovuto alle qualità intrinseche o alle opere di una persona: *acquistare m.*; *farsi m.*; *perdere m.*; *negare, togliere il m.*; *premiare secondo il m.*; *il m. della vittoria spetta al comandante* | **Dare m. a qlcu. di qlco.**, riconoscerla apertamente | **Per m. nostro, vostro**, grazie al nostro, al vostro intervento | **Andare, tornare a m. di qlcu.**, di ciò che si è realizzato grazie al positivo intervento di qlcu. | **A pari m.**, in gare e sim., detto di due o più concorrenti che vengano giudicati di uguale valore o abilità: *arrivare secondo a pari m.* *2* Azione, comportamento, qualità che rende degno di lode, stima, ricompensa e sim.: *avere molti meriti*; *il suo unico m. è la volontà* | (*est.*) Valore, pregio: *un artista di molto, di poco m.*; *un film di nessun m.*; *io non m'incomodo mai, quando servo cavalieri di sì alto m.* (GOLDONI). *3* Ricompensa, premio, spec. nella loc. **rendere m.**: *Dio ve ne renda m.!* *4* Sostanza, ragione intrinseca. CONTR. Forma. CFR. Metodo | **Entrare nel m. di una questione**, analizzarne gli aspetti più importanti | **In m. a**, rispetto a. *5* Nella denominazione di decorazioni e onorificenze: *cavaliere al m. del lavoro*; *medaglia al m. militare*; *stella al m. del lavoro.*

meritocràtico [1978] agg. (pl. m. *-ci*) ● Basato sulla meritocrazia: *criteri meritocratici*; *concezione meritocratica del lavoro.* || **meritocraticaménte**, avv.

meritocrazìa [comp. di *merito* e *-crazia*; 1969] s. f. ● Concezione per cui ogni forma di riconoscimento (ricchezza, successo negli studi e nel lavoro, e sim.) è esclusivamente commisurata al merito individuale.

meritòrio o **†meritòro** [vc. dotta, lat. *meritōriu(m)* 'che procura guadagno', da *mĕritum* 'ricompensa'; 1305] agg. ● Che dà o costituisce merito: *atto m.*; *azione, attività meritoria.* || **meritoriaménte**, avv.

†meritóso agg. ● Meritevole.

mèrla [f. di *merlo* (1); av. 1342] s. f. ● Femmina del merlo | (*sett.*) **I giorni della m.**, gli ultimi tre del mese di gennaio, solitamente molto rigidi quanto a clima.

merlàngo o **merlàno** [dal lat. *mĕrula*, tipo di pesce di orig. indeur., col suff. germ. *-ing*] s. m. (pl. *-ghi*) ● Pesce dei Gadiformi, slanciato, con muso appuntito, che vive nelle acque costiere dell'Atlantico e del Mediterraneo ed ha carni delicate (*Gadus merlangus*).

merlàre [da *merlo* (2); av. 1312] v. tr. (*io mèrlo*) ● Guarnire di merli una fortificazione.

merlàto [1312] part. pass. di *merlare*; anche agg. *1* Nel sign. del v. *2* (*arald.*) Detto di pezze o figure guarnite di merli | **M. alla ghibellina**, con la parte superiore intaccata a coda di rondine | **M. alla guelfa**, con testa piana.

merlatùra [da *merlare*; sec. XV-XVI] s. f. ● Ordine di merli sopra la cima di un'opera fortificata.

merlettàia [da *merletto*; 1900] s. f. ● Donna che fa o vende merletti.

merlettàre [1869] v. tr. (*io merlétto*) ● Applicare merletti: *m. la biancheria.*

merlettatùra [1963] s. f. ● Guarnizione di merletto di un capo di biancheria, un abito femminile e sim.

merlétto [1687] s. m. *1* Dim. di *merlo* (2). *2* Velo o tessuto a punti radi, a nodi o a intrecci svariatissimi, usato di solito per ornare biancheria femminile o da casa: *m. ad ago, a tombolo, all'uncinetto, a macchina.* SIN. Pizzo, trina.

merlino [fr. *merlin*, dall'ol. *meerling*, da *marren* 'legare'; 1803] s. m. ● (*mar.*) Cimetta sottile a tre trefoli, per legature e cuciture.

merlinoite [dal cognome del prof. *Merlino*, dell'università di Pisa] s. f. ● Minerale silicato idrato appartenente alla famiglia delle zeoliti.

♦**mèrlo** (1) o (*poet.*) **†mèrolo**, (*poet.*) **†mèrulo** [lat. *mĕrulu(m)*, di orig. indeur.; sec. XIII] s. m. (f. *-a*) *1* Uccello dei Passeriformi, comune ovunque, nero il maschio, bruno-rossastra la femmina, onnivoro, addomesticabile (*Turdus merula*). CFR. Chioccolare, fischiare. ➡ ILL. **animali**/9 | **M. acquaiolo**, passeriforme stazionario lungo i torrentelli alpini, ove si immerge per cacciare svariate prede (*Cinclus cincus*). *2* (*fig.*) Persona sciocca e ingenua: *è proprio un m.* | (*scherz.*) **Cercare il m.**, il marito | (*antifr., raro*) Persona furba che si finge ingenua. || **merlino**, dim. | **merlòtto**, dim. (V.).

♦**mèrlo** (2) [dal precedente perché danno l'idea di una fila di *merli*; sec. XIII] s. m. *1* Ciascuno dei tratti di muro regolarmente intervallati, elevantisi sul parapetto in cima alle antiche fortificazioni, per dare riparo ai difensori | **M. guelfo**, a forma di parallelepipedo | **M. ghibellino**, a coda di rondine. ➡ ILL. **castello medievale**. *2* †Merletto. || **merlétto**, dim. (V.).

merlóne [da *merlo* (2); 1561] s. m. ● Tratto del parapetto di un'opera fortificata interposto tra due cannoniere.

merlot /mer'lo*, -'lɔt, *fr.* mɛr'lo/ [vc. fr., prob. da *merle* 'merlo (1)', con passaggio semantico poco chiaro; 1894] s. m. *1* Vitigno originario della regione di Bordeaux, coltivato spec. nell'Italia nordorientale, che dà un'uva di color nero intenso. *2* Vino rosso dal caratteristico profumo erbaceo che si ottiene da questo vitigno.

merlòtto [sec. XIV] s. m. (f. *-a*) *1* Dim. di *merlo* (*1*). *2* (*fig.*) Persona balorda, sciocca. *3* (*arald.*) Uccello ad ali chiuse, senza becco e senza zampe.

merluzzétto [propr. dim. di *merluzzo*; 1965] s. m. ● (*zool.*) Mormoro.

merlùzzo [provz. *merlus*, dal lat. *mĕrula(m)*. V. *merlango*; sec. XV] s. m. *1* Pesce dei Gadiformi con corpo massiccio, squame piccole, barbiglio sotto il mento, tre pinne dorsali, che vive nel Nord dell'Atlantico e la cui pesca ha grande importanza nell'economia umana (*Gadus callarias*). ➡ ILL. **animali**/6. *2* (*region.*) Nasello. *3* (*fig.*) Persona stupida, impacciata.

mèro (1) [vc. dotta, lat. *mĕru(m)*, da una radice indeur. che sign. 'chiaro, brillante'; 1321] agg. *1* (*lett.*) Puro, non mischiato | **†Vino m.**, non annacquato | **†Luce mera**, chiara e limpida | **†Animo m.**, sincero. *2* (*fig.*) Che è quale appare, puro e semplice (preposto a un s. per restringerne il sign.): *trovarsi in un luogo per m. caso*; *per mera ipotesi, per mera curiosità* | **La mera possibilità**, la possibilità astratta | **M. sbaglio, mera svista**, del tutto involontari | **M. sospetto**, con nessun fondamento. *3* (*lett.*) †Splendente, sfavillante: *vidi le sue luci tanto mere* (DANTE *Par.* XVIII, 55). || **meraménte**, avv. (*raro*) Puramente, semplicemente.

mèro (2) [vc. dotta, gr. *méros* 'parte' poi 'divisione, schiera', da *méiromai* 'ottengo in divisione', di etim. incerta; 1552] s. m. ● Uno dei corni de la falange macedone.

mèro- [dal gr. *méros* 'parte', dal v. *méiresthai* 'prendere la propria parte', di orig. indeur.] primo elemento ● In parole composte della terminologia scientifica, significa 'parte', 'parziale': *meroblastico, meropia.*

-mero [gr. *-merēs*, da *méros* 'parte' (V. precedente)] secondo elemento ● In parole composte dotte o della terminologia scientifica, significa 'parte', 'composto, formato di parti': *dimero, isomero, polimero.*

meroblàstico [comp. di *mero-* e *-blasto*, con suff. agg.; 1956] agg. (pl. m. *-ci*) ● (*biol.*) Detto di tipo di gamete femminile la cui segmentazione interessa solo una parte del citoplasma | (*biol.*) Detto di tipo di segmentazione che interessa solo una parte del citoplasma del gamete femminile. CONTR. Oloblastico.

merocèle [comp. del gr. *mērós* 'coscia, anca' e *-cele*; 1821] s. f. ● (*med.*) Ernia crurale.

†**mèrolo** ● V. *merlo* (*1*).

meronimia [comp. di *mer(o)-* e *-onimia*; 1990] s. f. ● (*ling.*) Rapporto tra due parole delle quali l'una designa una parte e l'altra il tutto (es. *petalo* e *fiore*).

merònimo [1990] s. m. ● (*ling.*) Parola che è in rapporto di meronimia con un'altra.

mèrope [vc. dotta, lat. *mĕrope(m)*, nom. *mĕrops*, dal gr. *mérops*, di orig. preindeur.; av. 1498] s. f. ● (*zool.*) Gruccione.

meropìa [comp. di *mero-* e del gr. *óps*, genit. *opós* 'vista'; 1834] s. f. ● (*med.*) Parziale offuscamento della vista.

†**meróre** [vc. dotta, lat. *maerōre(m)*, da *maerēre* 'essere afflitto', di etim. incerta. V. *mesto*; av. 1332] s. m. ● Tristezza, afflizione, mestizia.

Meròstomi [comp. di *mero-* e *-stoma*; 1934] s. m. pl. (sing. *-o*) ● Nella tassonomia animale, classe di Artropodi acquatici a respirazione branchiale, affini agli Aracnidi.

merovìngica [f. sost. di *merovingico*: detta così perché entrata in uso al tempo dei *Merovingi*] s. f. ● Scrittura cancelleresca in uso dal sec. VII al IX in tutti i territori sotto l'influenza franca, caratterizzata da un forte allungamento delle lettere e dallo schiacciamento degli occhielli, dalla tendenza ad inclinarsi verso sinistra e dal serpeggiamento delle aste.

merovìngico [dal n. del re franco *Meroveo* (morto 457); 1957] agg. (pl. m. *-ci*) ● Dei Merovingi: *dinastia merovingica*.

merovìngio [av. 1869] agg. (pl. f. *-ge*) ● Merovingico.

merozoìte [comp. di *mero-* e *-zoite*, da *zoo-* col suff. *-ite*, terminazione propria di alcuni stadi del ciclo di taluni protozoi] s. m. ● (*biol.*) Negli Sporozoi, ciascuna cellula che deriva da un trofozoite e che può dare altri trofozoiti o impegnarsi nella produzione di gameti. SIN. Schizozoite.

†**mertàre** e *deriv.* ● V. *meritare* e *deriv.*

†**mèrulo** ● V. *merlo* (*1*).

†**merzé** o †**merzè** ● V. *mercé*.

†**merzéde** (o *-è-*) ● V. *mercede*.

mesa /sp. 'mesa/ [sp., propr. 'tavola', dal lat. *mēnsa(m)* 'mensa'; 1957] s. f. (pl. sp. *mesas*) ● Nel Messico e nel Colorado, tipica montagna con pareti ripidissime e sommità piana.

mésalliance /fr. meza'ljɑ̃s/ [vc. fr., comp. di *mes-* (V. *menosdire*) e *alliance* 'alleanza, matrimonio'] s. f. inv. ● Matrimonio con persona di condizione inferiore.

meṣàta [da *mese*; 1500] s. f. *1* Paga, salario mensile: *gli spetta la m. anticipata*; *andò a riscuotere la propria m.* *2* (*raro*) Periodo di tempo della durata di un mese. || **meṣatàccia**, pegg. | **meṣatina**, dim. | **meṣatùccia**, dim.

meṣaticèfalo [comp. del gr. *mésatos* 'medio', da *mésos* 'medio', e *-cefalo*] s. m. ● (*med.*) Mesocefalo.

mescàl [vc. messicana, da *mexcalli*, n. d'una pianta locale; 1957] s. m. inv. ● Liquore messicano ottenuto per fermentazione del succo contenuto nel fusto di alcune specie di agavi | Cibo ricavato dalla polpa di alcune specie di agavi.

mescalina [dallo sp. *mezcal*, n. di un tipo di agave e quindi del liquore che se ne estrae: da *mexcalli*, vc. indigena del Messico; 1957] s. f. ● Alcaloide estratto da una cactacea messicana e dotato di proprietà allucinogene.

mèscere (o *-é-*) [lat. parl. **mīscere*, per il classico *miscēre* 'mescolare', di orig. indeur.; av. 1292] v. tr. (pres. *io mésco* (o *-è-*), *tu mésci* (o *-è-*); part. pass. *mesciùto*) *1* Versare qlco. da bere: *m. il vino, un liquore, il caffè, l'acqua* | (*assol.*) Versare da bere il vino: *mescetene ancora un bicchiere* | (*est., lett.*) Versare. *2* (*lett.*) Mischiare, mescolare: *mesce il mago fellon zolfo e bitume* (TASSO) | (*raro, tosc.*) ***M. le carte***, distribuirle | †***M. battaglia***, iniziare a combattere.

†**meschiàre** e *deriv.* ● V. *mischiare* e *deriv.*

†**meschìglia** [da *meschiare*; 1779] s. f. ● Mescolanza.

meschinerìa [1863] s. f. ● Meschinità.

meschinità [1550] s. f. *1* Caratteristica di ciò che è meschino: *la m. di un regalo, di uno stipendio, di una ricompensa*. SIN. Inadeguatezza, mediocrità. *2* Grettezza, povertà morale, limitatezza: *m. di idee, di sentimenti, d'animo, di vita*. *3* Atto, parola, pensiero di persona meschina: *non credevo potesse fare simili m.*; *non dice altro che m.* SIN. Meschineria.

meschìno [ar. *miskīn* 'povero'; 1294] **A** agg. *1* (*lett. o region.*) Che si trova in uno stato di infelicità | ***Me m.!***, povero me, me infelice | (*est., lett.*) Che si trova in miseria, in povertà. SIN. Misero. *2* Che è mediocre, insufficiente, scarso e sim.: *lavoro, guadagno, risultato m.*; *offerta meschina* | (*raro, lett.*) Fievole, debole: *ciascuno ascoltava / pianto dirotto con voce meschina* (BOIARDO) | (*raro*) ***Aspetto m.***, debole, malaticcio. *3* Detto di persona, che ha idee, pensieri e sentimenti gretti, angusti e limitati: *in quell'occasione fu veramente m.*; *non ascoltare ciò che dice quella gente meschina*. SIN. Tristo. *4* (*est.*) Che mostra povertà di idee e di doti morali: *animo, cuore m.*; *vita, mentalità, ambizione meschina*; *idee, scuse, ragioni meschine*; *malignità, dicerie, voci meschine* | ***Una figura meschina, una meschina figura***, brutta e completamente priva di dignità. || **meschinaménte**, avv. **B** s. m. (f. *-a*) *1* (*lett. o region.*) Persona disgraziata e infelice: *gli si presentò una buona occasione per aiutare quel m.* | †***Fare il m.***, girare in su e in giù, senza meta. *2* †Servo. || **meschinàccio**, pegg. | **meschinèllo**, dim. | **meschinétto**, dim. | **meschinùcolo**, dim.

†**meschìta** [sp. *mezquita*, dall'ar. *másǵid* 'tempio', da *sáǵada* 'prosternarsi'; av. 1367] s. f. ● (*lett.*) Moschea: *un lungo incendio / ardea palagi, portici e meschite* (ARIOSTO).

mesciàcqua [comp. di *mescere* e *acqua*; av. 1859] s. m. inv. ● (*tosc.*) Vaso panciuto, usato per versare l'acqua nel lavamano.

†**mesciànza** [ant. fr. *mechëance*, comp. di *mes-* (V. *menosdire*) e *chëance* 'chance'; sec. XIII] s. f. ● Disgrazia, sventura, accidente: *andarono dove ... era, e trovaronlo molto in gran m.* (SACCHETTI).

†**mesciàre** [sovrapposizione di *mischiare* a *mescere*] v. tr. ● Mischiare.

mescìbile agg. ● (*raro*) Che si può mescere.

†**mescidàre** ● V. *miscidare*.

†**mesciròba** [ar. *mišraba* 'vaso da bere', da *šariba* 'bere'; sec. XIII] s. m., o f. (pl. *mesciròba*, m.; *mesciròbe*, f.) ● Brocca per l'acqua con cui lavarsi le mani.

méscita (o *-é-*) [da *mescere*; 1942] s. f. *1* Il mescere: *la m. del vino, del caffè* | ***Banco di m.***, quello di osterie, bar e sim., su cui si serve da bere ai clienti. *2* (*tosc.*) Bottega in cui si mescono vini e liquori: *aprire una m.*

†**mescitàre** ● V. *miscidare*.

mescitóre [av. 1342] s. m. (f. *-trice*) ● Chi mesce | Chi è addetto a un banco di mescita.

méscola (*1*) (o *-é-*) [deriv. di *mescolare*; 1965] s. f. ● (*chim.*) Miscela di uno o più polimeri con diverse sostanze, quali cariche rinforzanti, prodotti attivanti, vulcanizzanti, protettivi e plastificanti, impiegata per la produzione di articoli in gomma.

†**méscola** (*2*) (o *-é-*) [sovrapp. di *mescolare* a *mestola*; av. 1303] s. f. ● (*dial.*) Mestola.

mescolàbile [av. 1704] agg. ● Che si può mescolare.

†**mescolàme** [av. 1960] s. m. ● Cose mescolate insieme.

mescolaménto [sec. XIV] s. m. *1* Il mescolare, il mescolarsi. *2* (*raro*) Mescolanza.

mescolànza [1483] s. f. *1* Il mescolare: *fece la m. dei due liquidi* | Insieme delle cose mescolate (*anche fig.*): *m. di liquori, di granaglie*; *una m. perfetta di vari ingredienti*; *una m. di caffè e di cognac*; *m. di suoni, di voci, di stili diversi, di versi e prose* | (*spreg.*) Combinazione casuale, guazzabuglio: *il tuo discorso è una m. di sciocchezze*. *2* Promiscuità di persone (*spec. spreg.*): *un ambiente dove c'è m. di gente di tutte le condizioni*. *3* (*tosc.*) Specie d'insalata costituita da un misto di varie erbe. || **mescolanzina**, dim.

♦**mescolàre** [lat. parl. **misculāre*, iter. di *miscēre*. V. *mescere*; 1336 ca.] **A** v. tr. (*io méscolo* (o *-è-*)) *1* (qlco.; qlco. + *a.* + *con*) Mettere insieme sostanze diverse, o distinte quantità di una stessa sostanza, in modo da formare una sola massa: *m. vari ingredienti*; *m. l'acqua col vino*; *m. lo zucchero con il cacao*; *m. due mucchi di farina* | ***M. i colori***, impastarli insieme, amalgamarli. SIN. Unire. *2* (*est.*) Rimestare, agitare: *m. il condimento, l'insalata, un impasto*. *3* (*est., fig.*) Confondere, mettere insieme cose o persone diverse: *m. varie lingue, vari stili*; *m. prosa e poesia*; *m. nobili e plebei, vecchi e ragazzi* | ***M. le razze***, con accoppiamenti diversi | ***M. Ebrei e Samaritani***, (*scherz.*) voler unire cose diversissime tra loro | Mettere in disordine, alla rinfusa: *m. fogli, schede*; *il vento ha mescolato i fogli d'appunti sul tavolo* | ***M. le carte***, scozzare. **B** v. intr. pron., rifl. e rifl. rec. (assol.; + *a*; + *con*; + *in*; + *tra*) *1* Unirsi in una sola massa o miscela, in un solo insieme (*anche fig.*): *i vari suoni si mescolavano* (D'ANNUNZIO); *le due donne si mescolavano al discorso senza vanità* (FOGAZZARO); *l'acqua non si mescola con l'olio*; *i diversi sentimenti si mescolano in un groviglio inestricabile*. *2* Finire insieme senza ordine né distinzione: *i fogli si sono mescolati a causa di un colpo di vento* | Confondersi con altri, unirsi ad altri (*anche spreg.*): *si mescolò tra la folla per non essere notato*; *non mescolarti con quei delinquenti*. *3* (*fig.*) Impicciarsi, immischiarsi: *mescolarsi nelle faccende altrui*. *4* †Venire alla mischia col nemico.

mescolàta [sec. XVII] s. f. ● Atto del mescolare in una volta: *dare una m. alle carte da gioco*; *diede una rapida m. ai biglietti*. || **mescolatina**, dim.

mescolàto [1336 ca.] **A** part. pass. di *mescolare*; anche agg. *1* Mischiato. *2* (*raro*) ***Alla mescolata***, alla rinfusa | †Rimescolato, turbato | †***M. di sangue***, consanguineo. || **mescolataménte**, avv. **B** s. m. *1* †Mescolanza. *2* †Panno fatto con varie lane.

mescolatóre [1891] s. m.; anche agg. (f. *-trice*) *1* Chi (o Che) mescola. *2* Particolare circuito elettronico che fornisce all'uscita una combinazione dei segnali presenti ai vari ingressi. *3* Apparecchio, generalmente a bracci rotanti, per mescolare o impastare materiali semisolidi.

mescolatrice s. f. ● Apparecchio usato per mescolare sostanze diverse.

mescolatùra o (*raro*) **mischiatùra** [sec. XIV] s. f. ● Il mescolare.

mescolazióne s. f. ● Operazione del mescolare.

mescolìo [av. 1902] s. m. ● Mescolamento continuo e frequente.

†**mescugliàre** v. tr. ● Fare miscuglio.

†**mescùglio** ● V. *miscuglio*.

†**mescuràre** [comp. di *mes-* (V. *menosdire*) e *curare*] v. tr. ● (*raro*) Trascurare.

♦**méṣe** [lat. *mēnse(m)*, da una radice indeur. che sign. 'misurare'; 1193] s. m. *1* Ciascuna delle 12 parti in cui viene diviso l'anno, all'incirca corrispondente ad una lunazione ed al tempo che il Sole impiega a percorrere un segno zodiacale, di durata varia da 28 a 31 giorni: *il m. entrante, venturo, corrente, passato, scorso*; *al principio, ai primi, alla metà, agli ultimi, alla fine del m.* | ***M. anomalistico, draconico, tropico, sidereo***, gli intervalli di tempo tra due consecutivi passaggi della Luna al perigeo, rispettivamente ad uno stesso nodo della sua orbita, alla congiunzione col Sole, al punto equinoziale, alla congiunzione con una stessa stella | ***M. mariano***, maggio, così detto perché dedicato a Maria Vergine. *2* Periodo di tempo della durata di circa trenta giorni: *è già un m. che non piove*; *gli ha dato un m. di tempo per decidere*; *è stato via due mesi* | ***Per mesi e mesi***, per lunghissimo tempo. *3* Corrispettivo mensile della prestazione di un'attività lavorativa, del godimento di un immobile locato, e sim.: *il locatore pretese l'immediato pagamento del m.* *4* Termine di misura della durata della gravidanza: *essere al sesto m.* | ***Ai mesi alti***, agli ultimi mesi di gravidanza. || **meṣàccio**, pegg. | **meṣétto**, dim. (V.) | **meṣóne**, accr.

meṣencefàlico [1957] agg. (pl. m. *-ci*) ● Che concerne il mesencefalo.

meṣencèfalo [comp. di *meso-* ed *encefalo*; 1931] s. m. ● (*anat.*) Segmento intermedio dell'encefalo, che comprende i peduncoli cerebrali e la lamina quadrigemina.

meṣènchima [comp. di *meso-* e del gr. *énchyma* 'infusione, fluido', da *enchêin* 'versare'; 1929] s. m. (pl. *-i*) ● (*biol.*) Matrice embrionale, simile a connettivo immaturo, derivata dai tre foglietti embrionali, dalla quale prenderanno origine numerosi tessuti e l'intero apparato circolatorio.

meṣenchimàle [1957] agg. ● (*biol.*) Del mesenchima.

meṣentère o **meṣentèrio** [vc. dotta, gr. *mesentérion*, comp. di *mésos* (V. *meso-*) ed *énteron* 'intestino', da *entós* 'dentro'; 1493] s. m. ● (*anat.*) Piega del peritoneo a forma di lamina che sostiene l'intestino tenue, contenente i vasi ed i nervi dell'intestino stesso.

meṣentèrico [av. 1698] agg. (pl. m. *-ci*) ● (*anat.*) Del mesentere | ***Arterie mesenteriche***, arterie viscerali addominali che irrorano l'intestino | ***Plesso m.***, del sistema nervoso simpatico, attorno alle arterie mesenteriche.

meṣentèrio ● V. *mesentere*.

meṣenterite [comp. di *mesenterio* e *-ite* (*1*); 1830] s. f. ● (*med.*) Infiammazione del mesentere: *m. retrattile*.

meṣeràico [vc. dotta, gr. *mesaraïkós*, da *mesáraion* 'mesenterio', comp. di *mésos* (V. *meso-*) e *araiós* 'sottile', di etim. incerta; 1494] agg. (pl. m. *-ci*) ● (*anat.*) Del mesentere | ***Tabe meseraica***, grave decadimento generale per alterazione dell'assorbimento intestinale.

mèsero ● V. *mezzero*.

meseta /*sp.* me'seta/ [vc. sp., da *mesa* 'tavola', dal lat. *mēnsa(m)* 'mensa'; 1929] s. f. ● (*geogr.*) Ciascuno dei tavolati di scarso rilievo, residui di un altopiano di antica origine, caratteristici della Spagna centrale.

meṣétto [dim. di *mese*] s. m. ● Mese scarso: *per un m. sarò in vacanza*.

meṣitilène [dal gr. *mesítēs* 'intermediario', da *mésos* 'medio'; 1869] s. m. ● Idrocarburo della serie aromatica, ottenuto per condensazione di tre molecole di acetone in presenza di acido solforico concentrato, usato in molte sintesi organiche.

meṣitina [dal gr. *mesítēs* 'intermediario', da *mésos* 'medio' (V. *meso-*), perchè è miscela isomorfa di due minerali] s. f. ● Minerale costituito da una miscela isomorfa di magnesite e siderite.

meṣmèrico [V. *mesmerismo*; 1790] agg. (pl. m. *-ci*) ● (*psicol.*) Relativo alla dottrina e al metodo di Mesmer.

meṣmeriṣmo [da F. A. *Mesmer* (1734-1815) che inventò il metodo; 1832] s. m. ● (*psicol.*) Cura delle malattie con il magnetismo animale, secondo il metodo di Mesmer.

meṣmeriẓẓàre [V. *mesmerismo*; av. 1862] v. tr. ● (*psicol.*) Curare applicando il magnetismo animale secondo il metodo di Mesmer.

mèṣo- [dal gr. *mésos* 'mezzo', 'medio'] primo elemento (*mes-* davanti a vocale) ● In parole composte della terminologia scientifica, significa 'che sta al centro', 'medio', 'mediano', 'intermedio': *mesencefalo, mesocefalo, mesotorace, mesozoico*.

meṣocardia [comp. di *meso-* e *-cardia*; 1970] s. f. ● (*med.*) Alterazione di posizione del cuore con spostamento verso il centro.

meṣocàrpo [comp. di *meso-* e *-carpo*; 1932] s. m. ● (*bot.*) Secondo strato che forma il frutto, fra epicarpo ed endocarpo, spesso carnoso.

meṣocefalia [comp. di *meso-* e *-cefalia*; 1952] s. f. ● Conformazione del cranio intermedia tra la dolicocefalia e la brachicefalia.

meṣocèfalo [comp. di *meso-* e *-cefalo*; 1954] s. m. ● (*anat.*) Conformazione del cranio con parità dei diametri longitudinale e trasversale.

meṣocòlon [comp. di *meso-* e *colon*; av. 1771] s. m. ● (*anat.*) Piega del peritoneo che sostiene il colon trasverso, attraversato dai relativi vasi e nervi.

meṣodèrma [comp. di *meso-* e *derma*; 1932] s. m. (pl. *-i*) ● (*biol.*) Foglietto germinativo intermedio dell'embrione, tra ectoderma e endoderma, da cui derivano tra l'altro i muscoli scheletrici, il cuore, l'apparato uro-genitale.

meṣodèrmico [1934] agg. (pl. m. *-ci*) ● (*anat.*) Del mesoderma.

meṣodiencèfalo [comp. di *meso-* e *diencefalo*] s. m. ● (*anat.*) Insieme del mesencefalo e del diencefalo, considerati come un complesso unitario.

meṣoepitèlio [comp. di *meso-* ed *epitelio*; 1934] s. m. ● (*biol.*) Tessuto con caratteri epiteliali ma di derivazione mesodermica.

meṣofàṣe [ingl. *mesophase*, comp. di *meso-* e di *phase* 'fase'] s. f. ● (*chim.*) Stato di aggregazione della materia intermedio fra il solido cristallino e il liquido, caratterizzato da un grado d'ordine inferiore rispetto al primo ma superiore rispetto al secondo.

meṣofillo [comp. di *meso-* e *-fillo*; 1957] s. m. ● (*bot.*) Tessuto che forma la lamina fogliare compresa fra le due epidermidi.

meṣòfilo [comp. di *meso-* e *-filo*; 1957] agg. ● (*bot.*) Detto di organismo che vive in ambienti con umidità media e poco variabile.

meṣòfita [comp. di *meso-* e *-fita*; 1933] s. f. ● Pianta che cresce in terreni di umidità media.

meṣogàstrico [1834] agg. (pl. m. *-ci*) ● (*anat.*) Del mesogastrio.

meṣogàstrio [comp. di *meso-* e *-gastro*; 1929] s. m. ● (*anat.*) Regione dell'addome compresa tra la linea sottocostale e la linea che congiunge le due spine iliache.

meṣoglèa [comp. di *meso-* e del gr. *glóia* 'colla' (forse di orig. indeur.)] s. f. ● (*zool.*) Sostanza intercellulare di consistenza gelatinosa, presente nelle Spugne e nei Celenterati.

meṣolecìtico [comp. di *meso-* e del gr. *lékithos* 'tuorlo' col suff. *-ico*] agg. (pl. m. *-ci*) ● (*biol.*) Detto di gamete femminile dotato di quantità intermedie di deutoplasma.

meṣolite [comp. di *meso-* e *-lite*; 1834] s. f. ● (*miner.*) Specie di zeolite fibrosa.

meṣolìtico [comp. di *meso-* e *-litico*, da *-lito* (*1*). V. *litico* (*3*); 1957] **A** s. m. (pl. *-ci*) ● Periodo preistorico intermedio tra il paleolitico e il neolitico. **B** agg. ● Relativo a tale periodo: *cultura mesolitica; reperti mesolitici*.

meṣologia [comp. di *meso-* e *-logia*; 1891] s. f. ● Branca della biologia che studia l'ambiente in cui vivono gli organismi, spec. nelle sue caratteristiche fisiche e chimiche.

meṣomeria [comp. di *meso-* e del gr. *-meria*, da *méros* 'parte' (V. *mero* (*2*)); 1957] s. f. ● (*chim.*) Fenomeno di oscillazione della struttura di una molecola tra forme elettronicamente isomere.

meṣòmero [1957] **A** agg. ● Che presenta mesomeria: *composto m.* **B** s. m. ● (*biol.*) Porzione del mesoderma, intermedia tra quella dorsale e quella ventrale, dalla quale derivano la massima parte dell'apparato urinario e una parte minore di quello genitale.

meṣomòrfico [da *mesomorfo*; 1957] agg. (pl. m. *-ci*) ● (*chim.*) Mesomorfo nel sign. 2.

meṣomòrfo [comp. di *meso-* e *-morfo*; 1957] agg. *1* (*zool.*) Detto di tipo morfologico di animali con sviluppo armonico dei diametri del corpo rispetto alla lunghezza. *2* (*chim.*) Detto di stato intermedio fra lo stato solido cristallino e lo stato liquido, caratterizzato da anisotropia e birifrangenza, e proprio di composti del carbonio con grande massa molecolare e molecole assai lunghe. SIN. Mesomorfico.

meṣóne [comp. di *meso-* ed (*elettr*)*one*; 1942] s. m. *1* (*fis.*) Ogni particella subnucleare con massa non nulla e spin intero | ***M. π***, pione | ***M. K***, kaone. *2* (*fis., disus.*) Nome generico di particelle con massa intermedia fra l'elettrone e il protone | ***M. mu***, muone | ***M. tau***, tauone.

meṣònico [1957] agg. (pl. m. *-ci*) ● Dei mesoni, relativo ai mesoni.

meṣopàuṣa [comp. di *meso-* e del gr. *pâusis* 'cessazione' (V. *pausa*); 1963] s. f. ● (*meteor.*) Strato di transizione, che limita superiormente la mesosfera, situato a circa 80-85 km di quota.

meṣopotàmico [1765] agg. (pl. m. *-ci*) ● Della Mesopotamia, regione dell'Asia anteriore compresa fra i fiumi Tigri ed Eufrate.

meṣosfèra [da *meso-*, sul modello di *atmosfera*; 1970] s. f. ● (*meteor.*) Regione dell'atmosfera al di sopra della stratosfera, delimitata dalla stratosfera e dalla termosfera. ➡ ILL. p. 2129 SCIENZE DELLA TERRA ED ENERGIA.

meṣossàlico [comp. di *meso-* e *ossalico*] agg. (pl. m. *-ci*) ● (*chim.*) Detto di acido bibasico derivante dall'idratazione di un chetoacido.

meṣòsteno [comp. di *meso-* e del gr. *stenós* 'stretto' (V. *steno*), perché stretto alla metà del corpo (?)] s. m. ● Coleottero dei Tenebrionidi tozzo e robusto di colore scuro (*Mesostena angustata*).

meṣostèrno [comp. di *meso-* e *sterno*] s. m. ● (*anat.*) Porzione intermedia dello sterno compresa tra il presterno e il metasterno.

meṣòstico [comp. di *meso-* e *-stico*; 1957] s. m. (pl. *-ci*) *1* Componimento poetico in cui le iniziali delle parole a metà verso, lette dall'alto in basso, formano una parola o una frase. *2* Gioco enigmistico consistente nel trovare parole le cui lettere centrali danno, se lette di seguito, un nome o un'intera frase (p. es. omBra, alAno, peSca, edEma = BASE). CFR. Acrostico.

meṣòstomo [comp. di *meso-* e del gr. *stóma* 'bocca'; 1970] s. m. ● Verme dei Turbellari che vive nelle acque dolci europee, appiattito e trasparente (*Mesostoma ehrembergi*).

meṣotèlio [comp. di *meso-* e della seconda parte di (*epi*)*telio*; 1957] s. m. ● (*anat.*) Sottile strato cellulare che delimita le cavità del corpo, quali la pleurale, la pericardica e la peritoneale.

meṣotelióma [comp. di *meso-*, (*epi*)*teli*(*o*) e del suff. *-oma*] s. m. (pl. *-i*) ● (*med.*) Tumore originato dal tessuto mesoteliale (pleura, peritoneo, pericardio).

meṣoterapìa [comp. di *meso-* e *terapia*; 1983] s. f. ● Terapia locale a base di iniezioni eseguite con una piastra dotata di numerosi aghi piccolissimi e corti, praticata in caso di malattie quali artrosi, reumatismi, nevriti e sim.

meṣotèrmo [comp. di *meso-* e del gr. *thermós* 'caldo'; 1934] agg. *1* Temperato: *clima m.* *2* Detto di pianta a cui è necessaria per vivere una temperatura media annuale di 15-20° C.

meṣotoràce [comp. di *meso-* e *torace*; 1933] s. m. *1* Parte mediana del torace. *2* Secondo segmento del torace degli insetti.

meṣotòrio [comp. di *meso-* e *torio*; 1957] s. m. *1* Prodotto della trasformazione radioattiva del torio per perdita di una particella alfa, usato per il suo minor costo in sostituzione del radio. *2* †Attinio.

meṣotrofia [comp. di *meso-* e *-trofia*; 1988] s. f. *1* (*biol.*) Condizione di un organismo che, per il proprio metabolismo azotato, oltre a un acido organico, richiede o un solo amminoacido o un solo tipo di composto dell'ammonio. *2* (*biol.*) Condizione di una raccolta d'acqua che, per un moderato apporto di sostanze nutritive, presenta una limitata popolazione di alghe.

meṣotróne [comp. di *meso-* e *-trone*, ricavato da *elettrone*; 1931] s. m. ● (*fis., raro*) Mesone.

Meṣoẓòi [comp. di *meso-* e *-zoo*; 1931] s. m. pl. (sing. *-zoo*) ● Nella tassonomia animale, gruppo di organismi animali endoparassiti costituiti da poche cellule non organizzate in veri e propri tessuti (*Mesozoa*).

meṣoẓòico (*Mesozoico* come s. m.) [comp. di *meso-* e *-zoico*; 1875] **A** s. m. (pl. *-ci*) ● Era geologica caratterizzata da un grande sviluppo dei Rettili, di Ammoniti e Belemniti, e dalla comparsa dei primi Mammiferi, Uccelli, Anfibi anuri, e, fra le piante, delle Angiosperme. **B** anche agg.: *era mesozoica*. SIN. Secondario.

meṣoẓòna [comp. di *meso-* e *zona*] s. f. ● (*geol.*) Zona della litosfera che è stata interessata da una trasformazione metamorfica abbastanza intensa.

♦**Méssa** (**1**) [dalle parole con cui terminava il rito: *ite, missa est* 'andate, (l'eucaristia) è stata inviata (agli assenti)'. *Mĭssa* è il part. pass. f. di *mĭttere* 'mandare'. V. *mettere*; av. 1292] s. f. *1* Nella teologia cattolica e ortodossa, sacrificio del corpo e del sangue di Gesù Cristo che, sotto le apparenze del pane e del vino, viene rinnovato dal sacerdote sull'altare | ***M. piana, letta, bassa***, quella ordinaria | ***M. solenne***, cantata | ***M. pontificale***, papale | ***M. dei catecumeni***, parte della Messa che precede l'offertorio a cui, in antico, erano ammessi anche i catecumeni | ***M. dei fedeli***, sequenze della Messa, in origine riservate ai soli battezzati | ***M. novella***, quella celebrata dal nuovo sacerdote per la prima volta | ***M. da requiem***, celebrata in suffragio di un defunto | ***Servir M.***, assistere il celebrante all'altare, secondo la liturgia | ***Togliere la M.***, sospendere un ecclesiastico dalla facoltà di celebrar Messa con provvedimento punitivo canonico | ***M. al campo***, celebrata per le truppe all'aperto | ***Far dire una M. per qlcu.***, farla celebrare per suffragio di un defunto | ***M. nera***, parodia della Messa in onore del diavolo e fatta con paramenti neri. *2* Nella teologia delle altre confessioni cristiane che adottano la Messa, rinnovazione memoriale del sacrificio di Gesù Cristo sulla croce e dell'ultima cena, con diverse qualificazioni teologiche della presenza reale nel pane e nel vino. *3* (*mus.*) Composizione vocale e strumentale, che muta stile secondo le epoche, sul testo della preghiera in suffragio delle anime dei defunti: *M. gregoriana, M. da requiem; la M. K 427 di Mozart*. || **messina**, dim. | **messóna**, accr. | **messóne**, accr. m.

♦**méssa** (**2**) [f. sost. di *messo* (*1*); av. 1363] s. f. *1* Azione del mettere | ***M. in marcia, in moto***, avviamento di un impianto, di una macchina | ***M. in opera***, collocamento di impianti o apparecchiature nel luogo in cui devono funzionare | ***M. a pun-***

to, ultima revisione di impianti o macchinari prima della messa in marcia; (*fig.*) delineazione dei punti controversi di un problema | ***M. in orbita***, invio in orbita di satellite, capsula spaziale e sim. | ***M. a fuoco***, regolazione di uno strumento ottico o di un apparecchio fotografico che consente di ottenere un'immagine nitida di un dato oggetto nel piano di osservazione; (*fig.*) definizione dei termini esatti di un problema | ***M. a dimora***, trapianto di una piantina dal vivaio alla sua sede definitiva | ***M. in piega***, ondulazione temporanea dei capelli con aria calda e bigodini dopo il lavaggio | ***M. in scena***, V. *messinscena* | ***M. in atto***, attuazione. **2** (*dir.*) ***M. in prova***, nel processo penale a carico di minorenni, provvedimento di sospensione del giudizio e di affidamento ai servizi minorili dell'amministrazione della giustizia per lo svolgimento delle attività di osservazione, trattamento e sostegno. **3** (*raro*) In un gioco, la somma che si punta. **4** †Vivanda.

messaggère ● V. *messaggero*.

messaggeria [fr. *messagerie*, da *message* 'messaggio'; 1219] **s. f.** **1** †Ufficio di messaggero | L'insieme delle persone che recano un messaggio. **2** (*spec. al pl.*) Attività di trasporto e distribuzione di merci, spec. libri e periodici | La ditta che si occupa di tale attività. **3** Servizio regolare di linea per comunicazione e trasporto terrestri o marittimi, effettuato un tempo con carrozze, diligenze e sim., ovvero con navi. **4** Servizio dell'amministrazione postale che, sui treni, cura il servizio di ritiro e consegna della corrispondenza alle stazioni ferroviarie.

messaggèro o (*raro, lett.*) **messaggère**, (*raro, lett.*) **messaggière**, (*raro*) **messaggièro** [fr. *messager*, da *message* 'messaggio'; av. 1292] **A s. m.** (f. *-a* nei sign. 1 e 2) **1** Chi reca un messaggio (*anche fig.*): *Mercurio era il m. degli dei*; *giunse la colomba, messaggera di pace*. SIN. Nunzio, portatore. **2** Nell'organizzazione delle Poste, chi è addetto al servizio di messaggeria. **3** (*biol.*) ***M. chimico***, molecola che trasmette un impulso nervoso tra due neuroni o un segnale tra due cellule. **4** (*mar.*) Sagola che segue il percorso poco accessibile di una cima di manovra o che viene lanciata al posto di una cima d'ormeggio per essere in seguito collegata alla cima principale e agevolarne la posa. **B agg.** **1** (*fig., poet.*) Che annunzia: *già l'aura messaggiera erasi desta / a nunziar che se ne vien l'aurora* (TASSO). SIN. Foriero. **2** (*biol.*) ***RNA m.***, V. *RNA*.

messaggino [1996] **s. m.** **1** Dim. di *messaggio*. **2** Messaggio leggibile sul visore di un telefono cellulare, inviato da un altro telefono o da un elaboratore elettronico. CFR. SMS.

♦**messàggio** [fr. *message*, dall'ant. fr. *mes* 'messo'; av. 1250] **s. m.** **1** Notizia comunicata ad altri con un mezzo di qualsiasi tipo: *stilare, inviare, trasmettere, ricevere, ascoltare un m.*; *m. telegrafico, postale, radiofonico, telefonico, verbale* | ***M. in, nella bottiglia***, lo scritto invocante soccorso che i naufraghi affidano alle onde racchiudendolo in una bottiglia; (*fig., est.*) ultimo, disperato appello di chi si trovi in frangenti molto difficili | (*lett.*) Annuncio. **2** Discorso solenne pronunciato da un'autorità politica o religiosa: *m. del capo dello Stato*; *m. del Papa ai fedeli*. **3** (*fig.*) Concezione innovatrice, suscettibile di futuri sviluppi, nel campo del pensiero, della religione, della scienza: *il m. cristiano*; *il m. freudiano* | Significato trasmesso in modo implicito o esplicito: *il m. di un film* | ***M. pubblicitario***, complesso di informazioni contenute in una comunicazione pubblicitaria. **4** Nei sistemi di trattamento automatico delle informazioni, insieme di dati corrispondente a un determinato fenomeno da comunicare. **5** †Messaggero: *il m. subito fu andato, / e l'ambasciata fece bene al re* (BOIARDO). SIN. Metafonesi. || **messaggino**, dim. (V.).

messaggistica [da *messaggio*; 1982] **s. f.** ● Trasmissione di messaggi attraverso elaboratori elettronici collegati alla rete telefonica.

messàle [lat. eccl. *missāle(m)* (*lĭbrum*) 'libro da messa'; av. 1348] **A s. m.** **1** Libro liturgico cattolico contenente il testo per la celebrazione della Messa in tutti i giorni dell'anno: *m. romano, ambrosiano*. **2** (*scherz.*) Libro grande e grosso che si maneggia con difficoltà. **B agg.** ● †Di, da messa: *paramenti messali*. || **messalino**, dim. (V.).

messalina [dal n. di V. *Messalina* (25-48), imperatrice romana famosa per le sue dissolutezze; 1819] **s. f.** ● Donna depravata e immorale (*spec. iron.*).

messalino [1966] **s. m.** **1** Dim. di *messale*. **2** Messale di formato più piccolo, destinato all'uso privato dei fedeli.

messàpico [av. 1504] **agg.** (pl. m. *-ci*) ● Relativo ai Messapi, antica popolazione della Puglia.

mèsse [vc. dotta, lat. *mĕsse(m)*, da *mĕtere* 'mietere'; 1532] **s. f.** **1** (*lett.*) Mietitura: *il tempo della m.* | Quantità di cereali da mietere: *una m. abbondante* | Epoca o periodo in cui si miete: *nei giorni della m.* | Frutto della mietitura. **2** (*spec. al pl.*) Insieme di cereali che crescono in un campo: *le messi biondeggianti*. **3** (*fig.*) Frutto, risultato di un'attività, un lavoro e sim. (*anche assol.*): *il duro lavoro gli è valso un'abbondante m.*; *quella era m. di tutta una giornata di caccia* (SCIASCIA) | Grande abbondanza: *una m. di lodi, di consensi, di adesioni*.

messènico **agg.** (pl. m. *-ci*) **1** Della Messenia, regione del Peloponneso. **2** Dei Messeni, abitanti di questa regione: *guerre messeniche*.

†**messeràggine** [da *messere*] **s. f.** ● (*raro, scherz.*) Condizione di messere.

†**messeràtico** **s. m.** ● Titolo di messere.

messère o †**meccère** [provz. *meser* 'mio signore'; av. 1250] **s. m.** **1** Titolo onorifico attribuito un tempo spec. a cavalieri, notai, giudici e gener. ad altri personaggi. **2** (*scherz., iron.*) Signore: *buon giorno m.!*; *si accomodi m.!* **3** (*fam., scherz.*) †Deretano. || **messerino**, dim.

messia [lat eccl. *Messīa(m)*, nom. *Messīas*, dal gr. *Messías*, dall'ebr. *masci͗ah* 'unto'. V. *Cristo*; av. 1306] **s. m. inv.** (*Messìa* nel sign. 1) **1** Nell'Antico Testamento, l'eletto, inviato da Dio a soccorrere il popolo di Israele, che il cristianesimo ha riconosciuto in Gesù Cristo. **2** In varie religioni, figura cui è attribuita una missione divina di profondo rinnovamento. **3** (*fig.*) Persona a lungo attesa la cui venuta si ritiene apporterà positive conseguenze: *la popolazione lo salutò come un m.*; *farsi credere un m.*; *atteggiarsi a m.*

messianèsimo ● V. *messianismo*.

messianicità [1957] **s. f.** ● Carattere messianico.

messiànico [fr. *messianique*, da *messianisme* 'messianismo'; 1843] **agg.** (pl. m. *-ci*) ● Che si riferisce al messianismo (*anche fig.*), al Messia: *attesa, speranza messianica*; *C'è stato qualcosa ... d'irreversibile / e tutto è diventato m.* (LUZI). || **messianicaménte**, avv.

messianìsmo o **messianèsimo** [fr. *messianisme*, da *Messie* 'Messia'; 1932] **s. m.** **1** Credenza nel Messia, propria della religione ebraica | Credenza nell'avvento di un messia o di un'epoca di integrale rinnovamento umano e cosmico comune a molte religioni antiche e moderne | Spirito di speranza e di attesa che si origina da tale credenza in molti movimenti religiosi. **2** (*fig.*) Attesa fiduciosa nell'avvento di radicali mutamenti sociali, politici e sim.

messicàno [av. 1557] **A agg.** ● Del Messico. **B s. m.** **1** (f. *-a*) Abitante, nativo del Messico. **2** Involtino di carne di vitello ripieno, servito caldo o anche freddo in gelatina.

messìcolo [vc. dotta, comp. del lat. *mĕsse(m)* 'messe' e *'-colo'*] **agg.** ● (*bot.*) Detto di vegetale che vive nei terreni coltivati a cereali. SIN. Segetale.

messidòro [fr. *messidor*, comp. del lat. *mĕssis* 'messe' e del gr. *dôron* 'dono'; 1798] **s. m.** ● Decimo mese del calendario rivoluzionario francese, il cui inizio corrispondeva al 19 giugno e il termine al 18 luglio.

messinése [1353] **A agg.** ● Di Messina: *dialetto m.* **B s. m. e f.** ● Abitante, nativo di Messina. **C s. m. solo sing.** ● Dialetto parlato a Messina.

messinscèna o **méssa in scèna** [calco sul fr. *mise en scène*; 1862] **s. f.** (pl. *messinscène* o *mésse in scèna*) **1** L'insieme degli elementi visuali nella scena teatrale, quali arredamento, costumi, luci e sim. | Regia. **2** (*fig.*) Finzione, simulazione, montatura: *il suo pianto e il suo dolore si rivelarono presto una m.*; *quel comportamento non è altro che una m. per commuovere gli ingenui*.

messitìccio [da *messo* (*1*); av. 1698] **s. m.** ● Germoglio stentato, debole. SIN. Rimessitìccio.

mésso (**1**) **part. pass.** di *mettere*; anche **agg.** ● Nei sign. del v. | ***Ben m.***, ben vestito; robusto, muscoloso | ***M. male***, malridotto.

♦**mésso** (**2**) [lat. *mĭssu(m)*, s. dal part. pass. di *mĭttere* 'mandare'. V. *mettere*; 1219] **s. m.** **1** (*lett.*) Messaggero | ***M. del cielo, di Dio***, angelo. **2** Dipendente di uffici, enti pubblici o privati, incaricato di consegnare lettere, avvisi, cartelle e sim.: *i messi dell'esattoria, del tribunale*. **3** †Messaggio, annunzio.

†**mésso** (**3**) [fr. *mes*, dal lat. tardo *mĭssu(m)* 'portata', propr. part. pass. di *mĭttere* 'mandare'. V. *mettere*; av. 1348] **s. m.** ● Vivanda, pietanza: *essendo il Re ... di molti messi servito* (BOCCACCIO).

†**messóre** [vc. dotta, lat. *messōre(m)*, da *mĕssus*, part. pass. di *mĕtere* 'mietere'; av. 1544] **s. m.** ● Mietitore.

†**messòrio** [vc. dotta, lat. *messōriu(m)*, agg. del lat. *mĕssor*, genit. *messōris* 'mietitore'. V. *messore*; av. 1686] **agg.** ● Della mietitura: *falce messoria*.

mestàre [lat. parl. **miscitāre*, intens. di *miscēre* 'mescolare'. V. *mescere*; 1282] **A v. tr.** (*io mésto*) ● Agitare mescolando, con la mestola, e sim.: *mesto la calcina prima di usarla*; *m. la polenta*. **B v. intr.** (aus. *avere*) ● (*fig.*) Adoperarsi intorno a qlco. per intrigare, imbrogliare e sim.

†**mestatóio** [sec. XVI] **s. m.** ● Strumento con cui si mesta.

mestatóre [1618] **s. m.** (f. *-trice*, fam. *-tora*) **1** (*raro*) Chi mesta. **2** (*fig.*) Chi si dà da fare tramando imbrogli e creando intrighi: *non è altro che un volgare m. politico*.

†**mestiàre** ● V. *mischiare*.

mèstica (o *-é-*) [da *mesticare*; 1550] **s. f.** ● Miscela di colori con olio di lino che si stende su tavole o tele per potervi dipingere.

mesticànza o **misticànza** nel sign. 1 [da *mesticare*; av. 1257] **s. f.** **1** (*centr., cuc.*) Mescolanza di particolari varietà di insalata verde. **2** †Mestica. **3** †Mescolanza.

mesticàre [lat. parl. **mixticāre*, da *mĭxtus* 'misto'; av. 1306] **v. tr.** (*io mèstico* (o *-é-*), *tu mèstichi* (o *-é-*)) **1** Mescolare vari colori sulla tavolozza per preparare quello desiderato | Dare la mestica sopra una tavola o una tela. **2** †Mescolare, mischiare.

mesticatóre [da *mesticare*; av. 1696] **s. m.** (f. *-trice*) ● (*region.*) Chi prepara e vende colori, vernici e sim.

mesticheria [da *mesticare*; 1853] **s. f.** ● (*tosc.*) Bottega in cui si vendono colori, vernici o altri prodotti per pittori o imbianchini.

mestichino [da *mesticare*; 1681] **s. m.** ● Piccola spatola d'acciaio con manico usata per mescolare i colori o per porli sulla tela in sostituzione del pennello.

mestierànte [1833] **s. m. e f.** **1** (*raro*) Chi esercita un mestiere. **2** (*spreg.*) Chi esercita una professione o un'altra attività spec. artistica senza impegno e originalità: *il mondo è pieno di mestieranti e di incapaci*; *quell'attore è solo un m.*

♦**mestière** o †**mestièri**, (*pop., tosc.*) †**mestièro**, †**mistière**, †**mistièri**, †**mistièro** [ant. fr. *mestier*, dal lat. *ministĕriu(m)* 'ministero'; av. 1292] **s. m.** **1** Esercizio di una attività lavorativa, spec. manuale, frutto di esperienza e pratica, a scopo di guadagno: *m. di sarto, di fabbro, di calzolaio*; *un m. brutto, faticoso, pericoloso* | ***Conoscere il proprio m.***, essere abile e capace in un determinato lavoro | ***Non essere del m.***, mancare di pratica | ***I ferri del m.***, arnesi o strumenti necessari per un dato lavoro | (*est.*) Ogni attività esercitata abitualmente a scopo di guadagno: *il m. delle armi* | (*eufem.*) ***Fare il m.***, esercitare la prostituzione | ***Gli incerti del m.***, disgrazie che capitano quando ci si dedica a una certa attività. **2** (*spreg.*) Attività esercitata unicamente a scopo di lucro: *il m. della spia, del lenone*; *fare della medicina un puro m.* | ***Fare tutti i mestieri***, adattarsi a tutto, pur di guadagnare | Professione meschina e maltrattata: *il m. di poeta non dà pane* | (*est.*) Vita: *il m. del ladro, del parassita, del vagabondo* | ***È un rompiscatole di m.***, (*iron.*) lo è abitualmente. **3** (*fig.*) Conoscenza, perizia o abilità rispetto a un certo lavoro: *conoscere tutti i trucchi del m.*; *impadronirsi del m.*; *non è un genio, ma è ricco di m.* **4** †Ufficio o servizio svolto in una particolare occorrenza. **5** †Ufficio funebre. **6** †Bisogno: *quelli solamente retinendo meco, che mistiero mi faranno* (SANNAZARO) | †Necessità corporale. **7** (*al pl., sett.*) Faccende di casa: *fare i mestieri*. || **mestieràccio**, pegg. | **mestierùccio**, pegg.

mestièri s. m. inv. *1* †V. *mestiere*. *2* (*lett.*) Bisogno, necessità, nelle loc. ***avere m.***, ***essere m.***, ***fare m.***

†**mestièro** ● V. *mestiere*.

mestizia [vc. dotta, lat. *maestĭtia(m)*, da *mǣstus* 'mesto'; 1336 ca.] s. f. ● Stato d'animo di chi è mesto: *un'ombra di m. apparve nei suoi occhi*; *non sempre / la m., il silenzio / è segno di viltade* (METASTASIO). SIN. Dolore, malinconia.

mèsto [vc. dotta, lat. *mǣstu(m)*, part. pass. di *maerēre* 'essere afflitto', di etim. incerta; 1313] agg. ● Che è in preda a un dolore profondo e malinconico: *animo m.*; *addolorata e mesta / era madonna* (L. DE' MEDICI) | Che dimostra, provoca o infonde tale dolore: *pagine, canzoni meste*; *un m. addio* | Dolente: *guardare con occhi mesti* | (*mus.*) Indicazione espressiva che richiede di sottolineare il carattere dolente. ‖ **mestaménte**, avv. Con mestizia.

mèstola (o -è-) [da *mestare*; av. 1300] s. f. *1* Mestolo da cucina più grosso, talvolta bucherellato, per schiumare o scolare cibi. *2* Cazzuola del muratore | Attrezzo di legno usato un tempo dalla lavandaia per battere i panni. *3* (*pop., al pl.*) Manacce di grandi dimensioni: *se ti dà uno schiaffo con quelle mestole, ti rovina*. *4* †Persona sciocca o stupida. *5* (*bot.*) Mestolaccia. ‖ **mestolàccia**, pegg. (V.) | **mestolétta**, dim. | **mestolina**, dim.

mestolàccia [av. 1800] s. f. (pl. *-ce*) *1* Pegg. di *mestola*. *2* Pianta delle Alismatacee comune nei luoghi palustri, con fusto bulbiforme, foglie a lamina eretta, pannocchia ramosa dai piccoli fiori (*Alisma plantago*). SIN. Mestola.

mestolàio [1869] s. m. (f. *-a*) ● (*disus.*) Chi fa o vende mestole, mestoli e sim.

mestolàme s. m. ● Insieme di mestoli e di altri analoghi arnesi da cucina.

mestolàta [1587] s. f. *1* Colpo di mestola o di mestolo. *2* Quantità di cibo preso in una volta sola con la mestola: *una m. di fagioli*.

mestolièra [1940] s. f. ● Arnese a cui si appendono mestoli o altri utensili da cucina.

mèstolo (o -è-) [da *mestola*; 1765] s. m. *1* Utensile da cucina in legno a forma di cucchiaio molto spianato con manico di varia lunghezza, usato per rimestare vivande durante la cottura: *m. della polenta* | ***Avere il m. in mano***, (*fig.*) spadroneggiare, comandare. *2* Utensile da tavola o da cucina in metallo o legno a forma di cucchiaio emisferico con manico di varia lunghezza per rimestare, schiumare e versare cibi liquidi e acqua. SIN. Ramaiolo. ‖ **mestolino**, dim. | **mestolóne**, accr. (V.).

mestolóne [1534] s. m. *1* Accr. di *mestolo*. *2* (*fig.*) Persona sciocca e goffa nei modi. *3* Uccello migratore degli Anseriformi, affine all'anatra, con lungo e largo becco appiattito (*Spatula clypeata*).

mestóne [da *mestare*; av. 1859] s. m. *1* Matterello appiattito inferiormente per rimestare la polenta. *2* (f. *-a*) (*fig.*) †Intrigante, mestatore.

mestrino A agg. ● Di Mestre. **B** s. m. (f. *-a*) ● Abitante, nativo di Mestre.

mestruàle o †**menstruàle** [vc. dotta, lat. *menstruāle(m)* 'mensile', poi (lat. tardo) 'che ha i mestrui, dei mestrui', da *mēnstruus* 'mensile'. V. *mestruo*; av. 1292] agg. ● (*biol.*) Che concerne la mestruazione | ***Ciclo m.***, modificazione ciclica, mensile, della mucosa uterina.

mestruàre [da *mestruo*; 1891] v. intr. (*io mèstruo*; aus. *avere*) ● Avere i flussi mestruali.

mestruàto agg. *1* (solo f. *mestruata*) Che ha le mestruazioni, detto di donna. *2* (*lett.*) Sporco di mestruo: *sei lorda come un panno m.* (D'ANNUNZIO).

mestruazióne o †**menstruazióne** [da *mestruare*; 1803] s. f. ● Flusso di sangue per via vaginale, dovuto allo sfaldamento dell'epitelio superficiale della mucosa uterina, che si verifica a ogni ciclo ovarico nella donna in età feconda. CFR. meno-.

mèstruo o †**mènstruo** [vc. dotta, lat. *mēnstruu(m)* 'mensile', agg. di *mēnsis* 'mese'; av. 1320] **A** s. m. ● Materiale eliminato con la mestruazione. **B** agg. ● †Che avviene, si ripete ogni mese.

†**mestùra** ● V. *mistura*.

†**mesuràre** ● V. *misurare*.

†**mesventùra** ● V. *misventura*.

♦**mèta** (1) [vc. dotta, lat. *mēta(m)*, di etim. incerta; 1319] s. f. *1* Punto di arrivo, luogo verso cui si è diretti: *m. del viaggio, del cammino*; *toccare la m.*; *arrivare alla m.*; *un pezzo di muricciuolo che divenne la m. delle loro passeggiate* (SVEVO) | (*raro*) Confine. SIN. Traguardo. *2* (*fig.*) Scopo o fine che si vuol raggiungere: *proporsi una nobile m.* SIN. Traguardo. *3* Presso i Romani, qualunque costruzione, monte o altro che avesse forma conica o piramidale | (*est.*) La colonna che, nel circo, segnava il punto in cui i cavalli dovevano svoltare per compiere il giro. *4* Nel rugby, marcatura che si ottiene posando a terra il pallone oltre la linea di meta: *andare in m.*; *segnare, guadagnare una m.* *5* †Calmiere dei prezzi.

mèta (2) [lat. *mēta(m)* 'mucchio', per la forma conica; sec. XIV] s. f. *1* Mucchio di paglia o fieno a forma di cono. *2* Escremento emesso in una sola volta da un grosso animale: *una m. di bue* | (*raro, est.*) Sterco.

mèta (3)® [da *meta(ldeide)*; marchio registrato; 1931] s. m. o f. inv. ● Denominazione commerciale della metaldeide: *fornellino a m.*

♦**metà** o †**metàde**, †**metàte** [lat. *medietāte(m)*, da *mĕdius* 'medio'; 1193] s. f. *1* Ciascuna delle due parti tra loro uguali che compongono un intero: *una m., le due m. di una mela, di una somma di denaro, di un periodo di tempo*. CFR. emi-, semi-, dico- | ***La prima m. del secolo***, i primi cinquanta anni | ***Una buona m.***, un po' più della metà | (*fig.*) ***Ridursi la m.***, diventare magrissimo. *2* (con ellissi della prep. 'di') Il punto di mezzo di qlco.: *fermarsi a m. strada*; *il pagamento avrà luogo a m. mese*; *vendere a m. prezzo* | ***M. e m.***, indica mescolanza di due cose diverse in parti più o meno uguali: *il vestito è m. bianco e m. nero* | ***Per m.***, nel punto di mezzo, in parti uguali; (*fig.*) in parte: *tagliare qlco. per m.*; *quello che dici è vero solo per m.* | ***A m.***, a mezzo, in parti uguali: *tagliare, dividere qlco. a m.* | ***Fare a m.***, spartire qlco. con qlcu. | ***Fare, lasciare, le cose a m.***, (*fig.*) non portarle a compimento | ***Possedere qlco. a m. con qlcu.***, esserne proprietario in comune con un'altra persona | ***Dire le cose a m.***, esprimersi con poca chiarezza, lasciando spazio per i sottintesi e gli equivoci. *3* (*fam.*) Uno dei due coniugi rispetto all'altro: *è partito con la sua m.* | Persona che forma quasi un'anima o un essere solo con un'altra (*anche scherz.*): *ha trovato la sua m. ideale*.

meta- [prep. gr. *metá* (da un indeur. **meti*, presente nel solo germ.) con i sign. fondamentali di 'fra', 'assieme a' e 'oltre, dopo'] pref. *1* In numerose parole composte, significa 'mutamento', 'trasformazione', 'trasposizione', 'trasferimento' (*metamorfosi, metempsicosi*) o 'successione', 'posteriorità' (*metatarso*) o 'al di là', 'che trascende' (*metapsichica, metastoria*). *2* In chimica, indica un composto che sia polimero, o più complicato, rispetto a quello considerato: *metaldeide* | In chimica inorganica, indica tra due acidi, derivati da una stessa anidride, quello che contiene meno molecole d'acqua: *metasilicico*.

metàbasi [vc. dotta, gr. *metábasis* 'passaggio, transizione', da *metabáinein* 'andare oltre, passare da un argomento a un altro', comp. di *metá* 'oltre' (V. *meta-*) e *báinein* 'andare'. V. *anabasi*; av. 1952] s. f. inv. ● In filosofia, mutamento di metodo o di oggetto di indagine | Nella retorica, passaggio ad altro argomento.

metabiologia [comp. di *meta-* e *biologia*] s. f. ● Sistema di teorie e di credenze che si basa su principi della biologia, pur esulando dall'ambito scientifico.

metabiòsi [comp. di *meta-* e del gr. *bíōsis* 'condotta di vita'; 1957] s. f. inv. ● (*biol.*) Peculiare stato di un organismo che per la propria esistenza richiede un ambiente condizionato da un'altra forma di vita.

metabisolfito [comp. di *meta-* e *bisolfito*; 1957] s. m. ● (*chim.*) Pirosolfito di un metallo: *m. di sodio, di potassio*.

metàbole [vc. dotta, lat. tardo *metăbole(m)*, nom. *metăbole*, dal gr. *metabolḗ* 'mutamento, cambiamento', da *metabállein* 'cambiare', comp. di *metá* 'oltre' (V. *meta-*) e *bállein* 'gettare, porre'; 1834] s. f. ● (*ling.*) Mutamento di qualsiasi tipo nell'uso del linguaggio: variazione di ritmo, trasposizione di parole, cambiamento nell'ordine grammaticale, sintattico e logico della frase.

metabòlico [vc. dotta, gr. *metabolikós* 'mutabile', da *metabolḗ* 'mutamento'. V. *metabole*; 1942] agg. (pl. m. *-ci*) ● (*fisiol.*) Relativo al metabolismo. ‖ **metabolicaménte**, avv.

metabolismo [dal gr. *metabolḗ* 'cambiamento'. V. *metabole*; 1875] s. m. *1* (*fisiol.*) Complesso delle reazioni chimiche di sintesi e degradazione di sostanze endogene o esogene che si verificano in un organismo o in una parte di esso e si accompagnano alla liberazione di energia, utilizzata per la termogenesi e per sostenere le attività biochimiche e fisiologiche. SIN. Ricambio | ***M. basale***, energia spesa dall'organismo in condizioni di assoluto riposo per sostenere i processi fisiologici di base | ***Fare il m.***, (*pop.*) sottoporsi agli esami per la prova del metabolismo basale. *2* (*est., fig.*) Trasformazione, ricambio continuo: *il m. di un'azienda*.

metabòlita o **metabòlito** [da *metabolismo*; 1957] s. m. (pl. *-i*) ● Prodotto del metabolismo.

metabolizzànte A part. pres. di *metabolizzare*; anche agg. *1* Nei sign. del v. *2* (*fisiol.*) Detto di sostanza o farmaco che è in grado di agire sull'organismo favorendo i processi metabolici. **B** anche s. m.

metabolizzàre [1957] v. tr. *1* (*fisiol.*) Fare oggetto di metabolismo | Trasformare, impiegare nel metabolismo. *2* (*est., fig.*) Assimilare un'idea, un concetto.

metabulia [vc. dotta, gr. *metaboulía*, comp. di *metá* (V. *meta-*) e *boulḗ* 'volontà' (V. *abulia*)] s. f. ● (*psicol.*) Alterazione dei desideri.

metacarpàle [1957] agg. ● (*anat.*) Del metacarpo.

metacàrpo [vc. dotta, gr. *metakárpion*, comp. di *metá* (V. *meta-*) e *karpós* 'carpo'; 1598] s. m. ● (*anat.*) Parte ossea della mano tra il carpo e le dita, costituente lo scheletro del palmo. ➡ ILL. p. 2122 ANATOMIA UMANA.

metacèntrico [1937] agg. (pl. m. *-ci*) ● Del metacentro, relativo al metacentro.

metacèntro (o -è-) [comp. di *meta-* e *centro*; 1869] s. m. ● (*fis.*) In un galleggiante, punto d'intersezione tra la retta d'azione della spinta idrostatica e la linea di spinta iniziale.

metacinàbro [comp. di *meta-* e *cinabro*; 1957] s. m. ● (*miner.*) Forma cristallina monometrica del solfuro di mercurio.

metacrilàto [comp. di *met(a)-* e *acrilato*; 1965] s. m. ● Composto organico acrilico da cui si ottengono alcuni polimeri, tra cui resine termoplastiche e incolori usate al posto del vetro.

metacrilico [comp. di *met(a)-* e *acrilico*; 1957] agg. (pl. m. *-ci*) ● (*chim.*) Detto di acido derivato dall'acido acrilico, che ha facilità a polimerizzarsi, costituendo quindi la materia prima per la preparazione di resine artificiali.

metacritica [comp. di *meta-* e *critica*; 1913] s. f. ● (*filos.*) Critica della critica.

metacromasia [comp. di *meta-* e del gr. *chrôma* 'colore' sul modello del ted. *Metachromasie*; 1957] s. f. ● (*biol.*) Caratteristica di taluni composti o strutture ricchi di cariche elettriche, i quali si legano a molecole di sostanze coloranti dotate di carica inversa e, provocandone la polimerizzazione, ne modificano il colore.

metacromàtico [comp. di *meta-* e *cromatico*; 1957] agg. (pl. m. *-ci*) ● (*biol.*) Detto di sostanza o di struttura caratterizzata da metacromasia.

metacromatismo [comp. di *meta-* e *cromatismo*; 1957] s. m. ● Cambiamento di colore della pelle, dei peli o dei capelli per età o per altre cause.

metacronismo [dal gr. *metáchronos* 'anacronistico', comp. di *metá* (V. *meta-*) e *chrónos* 'tempo'; av. 1639] s. m. ● Collocazione di un fatto in un tempo diverso da quello a cui logicamente appartiene.

†**metade** ● V. *metà*.

metadinamo [comp. di *meta-* e *dinamo*; 1940] s. f. inv. ● (*elettr.*) Categoria di macchine elettriche speciali a corrente continua, che hanno rotore e collettore del tutto simili a quelli di una dinamo normale, però dotati di un maggior numero di spazzole.

metadóne [comp. di *met(ile)*, *a(mmino)*, *d(ifenile)* e *-one*; 1974] s. m. ● Composto chimico sintetico che possiede proprietà analgesiche e stupefacenti analoghe a quelle della morfina, usato anche nel trattamento delle tossicodipendenze.

metadònico [1982] agg. (pl. m. *-ci*) ● Di metadone, a base di metadone: *somministrazione, terapia* *metadonica.*

metaemoglobina o **metemoglobina** [comp. di *meta-* ed *emoglobina*; 1957] **s. f.** ● Prodotto di ossidazione dell'emoglobina.

metaètica [vc. dotta, comp. di *meta-* ed *etica* sul modello dell'ingl. *metaethics*; 1981] **s. f.** ● (*filos.*) Teoria che indaga i fondamenti dell'etica | Nella filosofia analitica anglosassone, lo studio delle proposizioni dotate di contenuto etico.

metafàse [comp. di *meta-* e *fase*; 1948] **s. f.** ● (*biol.*) Seconda fase della cariocinesi, nella quale si forma la piastra equatoriale e comincia la divisione longitudinale dei cromosomi.

metafisica [gr. *metà tà physiká* 'dopo le cose fisiche, naturali'; il n. deriva dal fatto che nella prima edizione delle opere di Aristotele i libri di ontologia erano disposti dopo i trattati di fisica; 1294] **s. f.** *1* Parte della filosofia che, procedendo al di là dei dati dell'esperienza, perviene alla spiegazione dei principi essenziali della realtà | (*est.*) Settore del sistema filosofico di un autore riguardante questo argomento. *2* (*est.*, *spreg.*) Cosa astrusa, difficile a comprendersi, o cosa astratta, priva di rapporti con la realtà concreta.

metafisicàre [da *metafisica*; av. 1715] **v. intr.** (*io metafisico, tu metafisichi*; aus. *avere*) ● (*raro*, *fig.*, *spreg.*) Speculare su problemi eccessivamente sottili e astratti.

metafisicheria [1869] **s. f.** ● (*raro*) Sottigliezza astrusa e astratta.

metafisico [1321] **A agg.** (pl. m. *-ci*) *1* Che concerne o interessa la metafisica o che ne ha i caratteri. *2 Pittura metafisica*, corrente pittorica diffusasi in Italia negli anni 1910-20, tesa a rappresentare la realtà al di là delle apparenze | ***Poesia metafisica***, corrente poetica inglese del sec. XVII, caratterizzata dal ricorso alla speculazione filosofica e dal largo impiego della metafora. *3* Detto di esponente della pittura e della poesia metafisica. *4* (*fig.*) Che è astruso e oscuro, spec. per eccessive sottigliezze: *queste sono elucubrazioni metafisiche!* || **metafisicaménte**, **avv.** **B s. m.** (f. *-a*) *1* Chi si dedica ai problemi della metafisica. *2* Pittore o poeta metafisico. *3* (*fig.*, *spreg.*) Persona che ragiona in modo astruso e astratto, lontano dalla realtà delle cose. || **metafisicàstro**, **pegg.**

metàfita [comp. di *meta-* e *-fito*; 1940] **s. f.** ● (*raro*) Organismo vegetale pluricellulare.

metafonèsi [comp. di *meta-* e del gr. *phṓnēsis* 'suono'. V. *metafonia*; 1898] **s. f. inv.** ● (*ling.*) Metafonia.

metafonètico [1978] **agg.** (pl. m. *-ci*) ● (*ling.*) Di, relativo a metafonesi.

metafonia [comp. di *meta-* e *-fonia*; 1934] **s. f.** ● (*ling.*) Fenomeno fonetico, diffuso in molti dialetti, ma sconosciuto al fiorentino, che consiste nella chiusura della vocale tonica per influsso della vocale (*i*, *u*) della sillaba seguente: *cristallo e perle da quilli occhi uscire* (BOIARDO). **SIN.** Metafonesi.

metafònico **agg.** (pl. m. *-ci*) ● (*ling.*) Di, relativo a, metafonia.

metàfora [vc. dotta, lat. *metăphora(m)*, nom. *metăphora*, dal gr. *metaphorá* 'trasporto, mutazione, metafora', da *metaphérein* 'trasportare, trasferire', comp. di *metá* (V. *meta-*) e *phérein* 'portare' (V. *-fero*); av. 1375] **s. f.** ● (*ling.*) Figura retorica che consiste nel sostituire una parola o un'espressione con un'altra in base a un rapporto di palese o intuitiva analogia tra i rispettivi significati letterali: *la bella bocca angelica, di perle / piena et di rose et di dolci parole* (PETRARCA) | ***Parlare sotto m., per metafore***, in modo allusivo, poco chiaro | ***Fuor di m.***, in modo esplicito, senza sottintesi. || **metaforàccia**, **pegg.** | **metaforétta**, **dim.** | **metaforóna**, **accr.**

metaforeggiàre [comp. di *metafor(a)* e *-eggiare*; 1630] **v. intr.** (*io metaforéggio*; aus. *avere*) ● Far uso di metafore.

metafòrico [vc. dotta, gr. *metaphorikós*, da *metaphorá* 'metafora'; av. 1565] **agg.** (pl. m. *-ci*) ● Di metafora, contenente metafore: *significato m.*; *linguaggio m.* || **metaforicaménte**, **avv.** In modo metaforico, per mezzo di metafore: *parlare metaforicamente.*

metaforismo [da *metafora*; 1869] **s. m.** ● Uso di metafore; stile personale nell'usarle: *il m. del Petrarca.*

metaforizzàre [sec. XIV] **A v. intr.** (aus. *avere*) ● (*raro*) Metaforeggiare. **B v. tr.** ● (*raro*) Esprimere sotto metafora: *m. un'idea, un concetto.*

metàfrasi [vc. dotta, lat. *metăphrasi(m)*, dal gr. *metáphrasis*, da *metaphrázein* 'riportare in altre parole o in altra lingua, tradurre'; av. 1597] **s. f. inv.** ● (*letter.*) Libera traduzione, riscrittura, adattamento di un'opera letteraria.

metafràste [gr. *metaphrastḗs*, da *metaphrázein* 'tradurre' (comp. di *meta-* 'meta-' e *phrázein* 'parlare', di etim. incerta); 1821] **s. m. e f.** ● (*lett.*) Esegeta, commentatore | Traduttore.

metagalàssia [comp. di *meta-* e *galassia*; 1950] **s. f.** ● (*astron.*) L'insieme di tutte le stelle non appartenenti alla nostra galassia.

metagalàttico [comp. di *meta-* e *galattico*; 1957] **agg.** (pl. m. *-ci*) ● (*astron.*) Attinente alla metagalassia | ***Universo m.***, universo sidereo.

metagènesi [comp. di *meta-* e *-genesi*; 1891] **s. f. inv.** ● (*biol.*) L'alternarsi di generazioni a riproduzione agamica e a riproduzione sessuata in una specie animale o vegetale.

metageometria [comp. di *meta-* e *geometria*; 1940] **s. f.** ● (*raro*) Geometria non euclidea.

metagiuridico [comp. di *meta-* e *giuridico*; 1957] **agg.** (pl. m. *-ci*) ● Che è irrilevante dal punto di vista giuridico.

metagràmma [comp. di *meta-* e *-gramma*; 1930] **s. m.** (pl. *-i*) ● Gioco enigmistico consistente nel passare da una parola ad un'altra attraverso parole intermedie che si ottengono cambiando ogni volta una sola lettera (p. es. Mare, Fare, faCe, fOce, Voce, vIce, viLe).

metal /ˈmetal, *ingl.* ˈmetl/ **agg. e s. m. inv.** ● Acc. di *heavy metal*.

metaldèide [comp. di *meta-* e *aldeide*; 1929] **s. f.** ● Polimero dell'aldeide acetica ottenuto aggiungendo acido solforico concentrato all'aldeide acetica e mantenendo la temperatura sotto zero, adoperato sotto forma di tavolette come combustibile da viaggio, e sim.

metaldetector /ˈmetal deˈtektor, *ingl.* ˈmetl dɪˈtektə/ [vc. ingl., comp. di *metal* 'metallo' e *detector* (V.); 1979] **s. m. inv.** ● Dispositivo elettromagnetico, installato in luoghi pubblici quali aeroporti e sim., che permette di individuare la presenza di oggetti metallici nascosti su persone, o in valigie, borse e sim. **SIN.** Cercametalli.

metalèpsi o **metalèssi** [vc. dotta, lat. *metalēpsi(n)*, nom. *metalēpsis*, dal gr. *metálēpsis* 'il prender parte', da *metalambánein* 'prender parte', comp. di *metá* (V. *meta-*) e *lambánein* 'prendere'; 1559] **s. f. inv.** ● (*ling.*) Improprietà nell'uso di un sinonimo determinata dal contesto (frequente nei giochi di parole e, come errore, nei calchi e nelle traduzioni) | Figura retorica consistente nell'operare contemporaneamente più di un trasferimento di significato: *mangiare le fatiche delle proprie mani.*

metalessicografia [comp. di *meta-* e *lessicografia*] **s. f.** ● (*ling.*) Studio, analisi che ha per oggetto la lessicografia, i suoi principi e i suoi metodi.

metalìmnio [comp. di *meta-* e *limno-*] **s. m.** ● Nei laghi delle regioni temperate, strato spesso una decina di metri, compreso fra l'epilimnio e l'ipolimnio nel quale ha luogo un salto termico ed esistono condizioni favorevoli alla maggior parte dell'ittiofauna.

metalingua [comp. di *meta-* e *lingua* nel sign. II 1; 1963] **s. f.** ● (*ling.*) Metalinguaggio.

metalinguàggio [comp. di *meta-* e *linguaggio*; 1949] **s. m.** ● (*filos.*) Sistema linguistico artificiale per mezzo del quale è possibile analizzare i simboli e le strutture del linguaggio naturale.

metalinguìstica [comp. di *meta-* e *linguistica*; 1957] **s. f.** ● Parte teorica della linguistica che ha come scopo la riflessione sui principi, sui metodi, sulle finalità della scienza del linguaggio.

metalinguìstico [1957] **agg.** (pl. m. *-ci*) ● (*ling.*) Detto della funzione della lingua mediante la quale il parlante assume il codice della lingua per riflettere sul codice stesso o per descriverlo. || **metalinguisticaménte**, **avv.**

metallàro [da *metallo*, come traduzione di (*heavy*) *metal*; 1983] **A s. m.** (f. *-a*) ● Appartenente a gruppi giovanili sorti negli anni '80 del Novecento, appassionati della musica heavy metal, caratterizzati da un abbigliamento vistoso con guarnizioni metalliche (giubbotto di pelle nera, borchie, catenelle ecc.). **B** anche **agg.**: *un gruppo m.*

metallescènte [dal fr. *métallescent*, da *métal* 'metallo'; 1992] **agg.** ● Che presenta riflessi metallici: *vernice m.*

♦**metàllico** [vc. dotta, lat. *metallicu(m)*, nom. *metállicus*, dal gr. *metallikós*, agg. di *métallon* 'metallo'; av. 1537] **agg.** (pl. m. *-ci*) *1* Di metallo, di metalli: *lega metallica*. *2* Che ha aspetto e caratteristiche di metallo: *splendore m.* | (*est.*) Detto di voce, suono e sim. sonori e limpidi, ma privi d'inflessioni. || **metallicaménte**, **avv.**

†**metallière** [lat. tardo *metallāriu(m)* 'minatore', da *metăllum* 'metallo'; 1563] **s. m.** ● Chi lavora i metalli.

metallìfero [vc. dotta, lat. *metallĭferu(m)*, comp. di *metăllum* 'metallo' e *-fer* '-fero'; 1750] **agg.** ● Contenente metalli: *suolo m.*

metallina [da *metallo*; av. 1539] **s. f.** ● Miscela che si forma durante l'estrazione di metalli da minerali solforati, costituita spec. da solfuri.

†**metallino** [av. 1320] **agg.** ● Di metallo.

metallismo [comp. di *metallo* e *-ismo*] **s. m.** ● Teoria che fa dipendere il valore di una moneta dal suo contenuto metallico.

metallizzàre [fr. *métalliser*, da *métal* 'metallo'; 1869] **v. tr.** *1* Ricoprire un oggetto con un sottile strato di metallo, a scopo protettivo od ornamentale. *2* Conferire a qlco. una lucentezza metallica spec. mediante l'uso di particolari vernici.

metallizzàto [1930] **part. pass.** di *metallizzare*; anche **agg.** *1* Nei sign. del v. *2* Contenente metalli | Che ha riflessi metallici | ***Vernice metallizzata***, vernice speciale contenente polveri metalliche, usata spec. per carrozzerie di automobili.

metallizzazióne [fr. *métallisation*, da *métalliser* 'metallizzare'; 1960] **s. f.** ● Operazione, trattamento del metallizzare.

♦**metàllo** [vc. dotta, lat. *metăllu(m)*, dal gr. *métallon*, di orig. preindeur.; 1257 ca.] **s. m.** *1* Elemento chimico, quasi sempre solido allo stato naturale, duttile, malleabile, buon conduttore del calore e dell'elettricità | ***M. nobile***, che si ossida difficilmente, come l'argento, l'oro, il platino | ***M. comune***, ***m. vile***, che si ossida con una certa facilità, come il ferro, il rame, il piombo, lo stagno | ***M. leggero***, avente basso peso specifico | ***M. pesante***, avente elevato peso specifico. *2* Lega di metalli diversi: *lampada di m.* *3* (*lett.*) Oggetto di metallo | (*est.*) Moneta metallica o anche moneta in genere: *il vil m.* *4* (*lett.*, *raro*) ***Il m. della voce***, il timbro.

metalloceràmica [comp. di *metallo* e *ceramica*] **s. f.** ● Parte della metallurgia che si occupa di prodotti costituiti da un'associazione di materiali di tipo ceramico e metallico, ottenuta mediante sinterizzazione.

metalloceràmico **agg.** (pl. m. *-ci*) ● Detto di prodotto, per lo più durissimo e con altissimo punto di fusione, ottenuto con i procedimenti della metalloceramica.

metallocromia [comp. di *metallo* e *-cromia*; 1869] **s. f.** ● Processo chimico cui si sottopongono oggetti metallici per impartire alla loro superficie un particolare aspetto brunito.

metallofagia [comp. di *metallo* e *-fagia*] **s. f.** ● Tendenza morbosa a trangugiare piccoli pezzi di metallo.

metallofobia [comp. di *metallo* e *-fobia*] **s. f.** ● (*psicol.*) Avversione morbosa per oggetti di metallo, specie se lisci.

metallòfono [comp. di *metallo* e *-fono*, sul modello dell'ingl. *metallophone*] **s. m.** ● (*mus.*) Ogni strumento idiofono in metallo.

metallografia [fr. *métallographie*, comp. di *métallo-*, dal gr. *métallon* 'metallo', e *-graphie* '-grafia'; 1834] **s. f.** *1* Scienza che studia la struttura cristallina dei metalli e delle leghe ed il loro comportamento termico. *2* Tecnica di riproduzione a stampa mediante lastre metalliche.

metallogràfico [1967] **agg.** (pl. m. *-ci*) ● Di, relativo a, metallografia: *esame m.*

metallògrafo [1957] **s. m.** (f. *-a*) ● Studioso di metallografia | Chi è addetto all'esame dei metalli.

metallòide [comp. di *metallo* e *-oide*; 1869] **s. m.** ● (*chim.*, *disus.*) Non metallo.

metalloìdico o **metalloidico** [1834] **agg.** (pl. m. *-ci*) ● Di, relativo a metalloide | Che ha aspetto e proprietà di metalloide.

metallorgànico [comp. di *metallo* e *organico*; 1957] **agg.** (pl. m. *-ci*) ● Detto di composto nel quale un atomo di metallo è direttamente unito ad atomi di carbonio di radicali organici.

metalloscòpio [comp. di *metallo* e *-scopio*; 1957] **s. m.** ● Apparecchio atto ad accertare l'esistenza di eventuali fessure nei pezzi di materiali ferrosi, sfruttando l'elettromagnetismo.

†**metallotèca** [comp. di *metallo* e *-teca*; av. 1676] **s. f.** ● Collezione di minerali metallici.

metalloterapìa [comp. di *metallo* e *-terapia*; 1891] **s. f.** ● Nell'antica scienza terapeutica, cura mediante applicazione di pezzi di metallo su parti malate.

metallotermìa [comp. di *metallo* e *-termia*] **s. f.** ● Tecnica metallurgica in cui la riduzione degli ossidi metallici si ottiene impiegando come riduttore un altro metallo che abbia maggiore affinità con l'ossigeno; impiegata per la produzione di metalli rari o speciali.

metallurgìa [dal gr. *metallourgêin* 'lavorare metalli', comp. di *métallon* 'metallo' ed *érgon* 'lavoro' (V. *ergon*): attraverso il fr. *métallurgie*; 1761] **s. f.** ● Insieme dei metodi industriali di estrazione dei metalli puri da quelli grezzi, della loro lavorazione e delle loro leghe | ***M. delle polveri***, tecniche e procedimenti produttivi per ottenere, mediante sinterizzazione, prodotti metallici o metalloceramici, durissimi e refrattari.

METALLURGIA E SIDERURGIA
nomenclatura

metallurgia e siderurgia

● *suddivisione*: elettrometallurgia, pirometallurgia, idrometallurgia, metallotermica;

● *strutture*: impianto metallurgico, impianto siderurgico, stabilimento metallurgico, stabilimento siderurgico; fonderia, acciaieria, ferriera; reparto forni, reparto convertitori, reparto trattamenti termici; fucina, magona;

● *operazioni*: fondere, colare, gettare, sbavare, solidificare; massellare, laminare, trafilare; temperare; bianchire, brunire; puddellaggio, amalgamazione, cementazione, cianurazione, nitrurazione, elettrolisi (cfr. chimica); affinazione; scorie, ganghe, loppe;

● *forni*: altoforno, convertitore, cubilotto, forno a crogiolo, forno a riverbero, forno a tino, forno elettrico (ad arco, a induzione, ad alta frequenza, a bassa frequenza), forno di riscaldo; apparecchi soffianti;

● *colata* (in caduta, continua, sotto vuoto): canale di colata, secchione di colata = siviera, getto, lingottiera, lingotto;

● *formatura* (a verde, a secco): anima, cassa, cassa d'anima, conchiglia, forma = stampo, sabbia, terra di fonderia; pressofusione, gettopressatura; fusione, solidificazione, distaffatura, materozza, sbavatura, sabbiatura; addolcimento, bonifica, normalizzazione, ricottura, rinvenimento, tempra; decapaggio; acciaiatura, galvanizzazione, metallizzazione, bronzatura = brunitura, cadmiatura, cromatura, nichelatura, ottonatura, piombatura, stagnatura, zincatura;

● *lavorazioni plastiche dei metalli*: a caldo (fucinatura, stampaggio, laminazione, estrusione, trafilatura); a freddo (fucinatura, laminazione, tranciatura, imbutitura, pallinatura);

● *macchine*: berta, filiera, fucinatrice, laminatoio (continuo, reversibile), maglio, martellatrice, pressa, trafilatrice; banco di trafilatura, treno di lavorazione;

● *prodotti* (semilavorati, finiti): laminati, stampati, trafilati, profilati: lamiera (striata, forata, bugnata, ondulata), bandone, foglio di lamiera, rotolo di lamiera, lamierino, banda; blumo, billetta, bramma, slebo, barra, cavo, cilindro, moietta, nastro, rotaia, putrella, tondino, trave ad H, U, L, I, T, tubo, verga, vergella;

● *personale specializzato*: formatori (animista, distaffatore, formatore, modellista, sabbiatore, staffatore); fonditori e fornisti (alimentatore di forni, bruciaferro, caricaforni, conduttore di forni, fonditore, fornista, imbavatore, lingottista, miscelatore, raffinatore, sbavatore); galvanoplastieri (acidulatore, bronzatore, brunitore, cadmiatore, cromatore, decapatore, galvanista, galvanoplastiere, galvanostegista, nichelatore, ottonatore, piombatore, ramatore, stagnatore, zincatore); laminatori e trafilatori (cesoiatore, estrudatore, filierista, laminatore, mandrinatore, profilatore, trafilatore, trafiliere, tranciatore a caldo, tranciatore a freddo).

metallùrgico [1761] **A agg.** (pl. m. *-ci*) ● Che concerne la metallurgia: *industria metallurgica*. **B s. m.** (f. *-a*) ● Operaio dell'industria metallurgica.

metallurgista [1957] **s. m. e f.** (pl. m. *-i*) ● Studioso, esperto di metallurgia.

metalmeccànico [comp. di *metal(lurgico)* e *meccanico*; 1941] **A agg.** (pl. m. *-ci*) ● Che concerne la metallurgia e la meccanica: *industria metalmeccanica*. **B s. m.** (f. *-a*) ● Operaio di industrie metallurgiche e meccaniche: *sciopero dei metalmeccanici*.

metalògico [comp. di *meta-* e *logico*; av. 1883] **agg.** (pl. m. *-ci*) ● Che concerne o interessa lo studio delle regole formali di un linguaggio.

metamatemàtica [comp. di *meta-* e *matematica*; 1952] **s. f.** ● Secondo alcuni autori, teoria delle dimostrazioni matematiche.

metamerìa [comp. di *meta-* e *-meria*; 1929] **s. f.** **1** (*biol.*) Ripetizione, lungo l'asse longitudinale del corpo animale, di segmenti comprendenti unità funzionali di uno o più organi o sistemi organici. **2** (*chim.*) Tipo di isomeria presentato da ammine o composti contenenti un eteroatomo. **SIN.** Metamerismo.

metamèrico [1934] **agg.** (pl. m. *-ci*) ● (*zool.*) Che presenta metameria.

metamerismo [1957] **s. m.** ● (*chim.*) Metameria.

metamerizzazióne [da *metameria*; 1957] **s. f.** ● (*biol.*) Divisione in metameri.

metàmero [comp. di *meta-* e *-mero*; 1929] **s. m.** **1** (*zool.*) Ciascuno dei segmenti che si susseguono in un organismo animale metamerico. **2** (*chim.*) Composto che presenta metameria.

metamìttico [comp. di *meta-* e del gr. *miktós* 'mescolato' col suff. *-ico*] **agg.** (pl. m. *-ci*) ● (*miner.*) Detto di minerale radioattivo il cui reticolo cristallino è stato scompaginato dalle radiazioni in modo che, pur essendo la forma esterna immutata, gli atomi all'interno siano disposti in modo caotico come in una sostanza amorfa.

metamoràle [comp. di *meta-* e *morale*; 1957] **A agg.** ● (*filos.*) Che concerne o interessa i fondamenti della morale. **B s. f.** ● (*filos.*) Teoria dei fondamenti della morale.

metamòrfico [fr. *métamorphique*, da *métamorphisme* 'metamorfismo'; 1940] **agg.** (pl. m. *-ci*) **1** Di, riferito alla metamorfosi. **2** Relativo al metamorfismo | Che ha subìto metamorfismo.

metamorfismo [fr. *métamorphisme*, da *métamorphose* 'metamorfosi'; 1891] **s. m.** ● (*geol.*) Insieme dei processi di trasformazione delle rocce dovuti all'azione del calore, della pressione, o ad azioni chimiche.

metamorfizzàre [da *metamorfosi*; av. 1890] **A v. tr.** ● Trasformare, cambiare profondamente. **B v. rifl. e intr. pron.** ● Subire una metamorfosi, trasformarsi.

metamorfosàre [fr. *métamorphoser*, da *métamorphose* 'metamorfosi'; 1683] **A v. tr.** (*io metamòrfoso*) ● Trasformare, provocare un processo di metamorfosi. **B v. intr. pron.** ● Subire una metamorfosi.

metamorfosàto [1688] **part. pass.** di *metamorfosare*; anche **agg.** ● Che ha subìto una metamorfosi.

metamòrfosi [vc. dotta, lat. *metamorphōsi(m)*, nom. *metamorphōsis*, dal gr. *metamórphōsis*, da *metamorphôun* 'trasformare', comp. di *metá* (V. *meta-*) e *morphḗ* 'forma' (V. *morfologia*); 1499] **s. f. inv.** **1** Nella mitologia greco-romana, trasformazione di un essere umano o divino in un altro di natura diversa. **2** Profonda trasformazione che alcuni animali compiono nella forma e nella struttura per passare dallo stadio di larva a quello di adulto. **3** (*fig.*) Cambiamento, mutazione: *una grande, profonda, improvvisa m.*; *nella sua mente, Angiolina subì una m. strana* (SVEVO). **4** Modificazione subita dall'organo di un vegetale per adattarsi alle condizioni ambientali. **5** Trasformazione per allotropia o per spostamento di atomi nella molecola.

metanàle [ingl. *methanal*, comp. di *methan(e)* 'metano' col suff. aggettivale *-al* '-ale (2)'] **s. m.** ● (*chim.*) Nome scientifico della formaldeide.

metanàuplio [comp. di *meta-* e *nauplio*] **s. m.** ● (*zool.*) Stadio larvale di alcuni Crostacei successivo a quello di nauplio.

metànico [da *metano*; 1957] **agg.** (pl. m. *-ci*) ● Relativo al metano.

metanièra [1970] **s. f.** ● Particolare tipo di nave adibita al trasporto del metano liquido.

metanière [1966] **s. m.** (f. *-a*) ● Chi è occupato nell'industria estrattiva del metano.

metanièro [1950] **agg.** ● Relativo all'estrazione del metano e alla sua utilizzazione industriale.

metanìfero [comp. di *metano* e *-fero*; 1942] **agg.** ● Che produce metano.

metanizzàre [1945] **v. tr.** **1** Approvvigionare di metano: *m. una città, un quartiere* | Sostituire il metano a un altro tipo di gas per uso domestico: *m. il servizio gas*. **2** Effettuare in un veicolo delle modificazioni atte a permetterne il funzionamento a metano.

metanizzazióne [1971] **s. f.** ● Il metanizzare.

metàno [da *met(ile)*, col suff. chimico *-ano*; 1905] **s. m.** ● Idrocarburo gassoso, primo termine della serie delle paraffine, che si forma nella putrefazione di sostanze organiche, presente in abbondanza nei gas naturali e delle miniere e nei gas di carbonizzazione dei combustibili, ottenibile chimicamente in diversi modi; è impiegato come combustibile industriale e domestico e come materia prima per numerose sintesi chimiche. **SIN.** Gas delle paludi.

metanodótto [comp. di *metano* e *-dotto*, ricavato da *acquedotto*; 1942] **s. m.** ● Conduttura che porta il metano dal luogo di estrazione a quello del consumo.

metànoia [vc. dotta, gr. *metánoia*, da *metanoêin* 'mutar parere, pentirsi', comp. di *metá* (V. *meta-*) e *noêin* 'pensare', da *nôus* 'mente' (V. *noumeno*); av. 1956] **s. f.** ● Nella terminologia cristiana, pentimento che porta alla salvezza.

metanòlo [comp. di *metano* e *-olo* (*1*); 1957] **s. m.** ● (*chim.*) Il più semplice degli alcoli alifatici saturi contenuto nell'acido pirolegnoso, preparato industrialmente per idrogenazione sotto pressione dell'ossido di carbonio, usato per propergoli, come solvente e come materia prima per l'industria delle sostanze organiche; è tossico e di odore pungente.

metapèdio [comp. di *meta-* e del gr. *pedíon* 'metatarso', dalla stessa radice di *póus*, genit. *podós* 'piede' (V. *-pode*); av. 1673] **s. m.** ● (*anat.*) Metatarso.

metaplasìa [dal gr. *metáplasis* 'trasformazione', comp. di *metá* (V. *meta-*) e *plássein* 'plasmare, modellare' (V. *plasmare*); 1954] **s. f.** ● (*med.*) Processo di trasformazione di un tessuto in un altro di tipo diverso, fase iniziale dello sviluppo di un tumore.

metaplàsma [vc. dotta, lat. *metaplăsmu(m)*, nom. *metaplăsmus*, dal gr. *metaplasmós* 'metaplasmo, trasformazione', da *metaplássein* 'trasformare', comp. di *metá* (V. *meta-*) e *plássein* 'plasmare, modellare'; 1929] **s. m.** (pl. *-i*) ● (*biol.*) Sostanza elaborata dalla cellula che, pur non essendo sostanza vivente, partecipa alla struttura dei tessuti.

metaplàsmo [vc. dotta, lat. *metaplăsmu(m)*, nom. *metaplăsmus*, dal gr. *metaplasmós* 'metaplasmo, trasformazione', da *metaplássein* 'trasformare', comp. di *metá* (V. *meta-*) e *plássein* 'plasmare, modellare'; 1618] **s. m.** **1** (*ling.*) Mutamento fonetico consistente nell'alterazione di una parola mediante la soppressione, l'aggiunta, la permutazione o la fusione di suoni | Cambiamento morfologico (di genere, numero, declinazione, coniugazione) nel passaggio di un vocabolo da una lingua ad un'altra. **2** (*ling.*) Passaggio di una parola da una categoria morfologica a un'altra.

metaplàstico [1891] **agg.** (pl. m. *-ci*) **1** (*med.*) Di metaplasia, che concerne la metaplasia. **2** (*ling.*) Relativo a metaplasmo.

metapsìchica [f. sost. di *metapsichico*; 1908] **s. f.** ● (*psicol.*) Parapsicologia.

metapsìchico [comp. di *meta-* e *psichico*; 1918] **agg.** (pl. m. *-ci*) ● Relativo a metapsichica e a fenomeno psichico paranormale.

metapsichista [1957] **s. m. e f.** (pl. m. *-i*) ● Chi si occupa di metapsichica.

metapsicologìa [vc. dotta, comp. di *meta-* e *psicologia*; 1957] **s. f.** ● (*psicol.*) Parte della teoria psicoanalitica che riguarda la concezione e descrizione dell'individuo da un punto di vista strettamente teorico.

metaromànzo [comp. di *meta-* e *romanzo*; 1966] **s. m.** ● Romanzo in cui l'autore narra l'operazione dello scrivere il romanzo stesso.

metasemìa [da *meta-*, sul modello di *polisemia*; 1970] **s. f.** ● (*ling.*) Cambiamento di significato.

metastàbile [comp. di *meta-* e *stabile*; 1906] **agg.** ● (*fis.*) Detto di equilibrio di un sistema tale che, sottoposto a piccoli spostamenti, tende a ritornare alla posizione iniziale.

metàstasi [vc. dotta, gr. *metástasis* 'mutazione, spostamento', da *methistánai* 'mutare, spostare', comp. di *metá* (V. *meta-*) e *histánai* 'porre'; 1665] **s. f. inv.** *1* (*ling.*) Movimento degli organi articolatori per abbandonare una data posizione. *2* (*med.*) Riproduzione di un processo tumorale a distanza dal luogo di insorgenza, per diffusione di cellule tumorali capaci di riprodursi.

metastasiàno [1818] **agg.** ● Di, relativo al, poeta P. Metastasio (1698-1782) o al suo stile.

metastàtico [vc. dotta, gr. *metastatikós*, da *metástasis* 'cambiamento' (V. *metastasi*); 1834] **agg.** (**pl. m.** *-ci*) ● (*med.*) Relativo a metastasi: *processo m.*

metastatizzàre [da *metastatico*; 1957] **v. intr.** e **intr. pron.** (**aus.** *avere*) ● (*med.*) Produrre metastasi: *il tumore metastatizza.*

metastatizzazióne [da *metastatizzare*; 1970] **s. f.** ● (*med.*) Processo di riproduzione di un tumore per metastasi.

metastèrno [comp. di *meta-* e *sterno*] **s. m.** ● (*anat.*) La porzione caudale dello sterno, conformata come un'apofisi ossea a forma di spada. **CFR.** Mesosterno, presterno.

metastòria [comp. di *meta-* e *storia*; 1963] **s. f.** *1* Ciò che vi è di costante nel divenire continuo della storia. *2* Studio delle metodologie usate in storiografia.

metastoricità [1957] **s. f.** ● Condizione di metastorico.

metastòrico [comp. di *meta-* e *storico*; av. 1956] **agg.** (**pl. m.** *-ci*) *1* Detto di ciò che si ritiene non soggetto alla contingenza storica e che presenta caratteri di immutabilità ed eternità. *2* Relativo alla metastoria nel sign. 2: *analisi metastorica.*

metatarsàle [1934] **A agg.** ● (*anat.*) Relativo al metatarso. **B s. m.** ● (*anat.*) Ciascuna delle ossa del metatarso.

metatarsalgìa [comp. di *metatars(o)* e *-algia*] **s. f.** ● (*med.*) Dolore nella regione del metatarso, spesso secondario ad appiattimento della volta plantare anteriore.

metatàrso [comp. di *meta-* e *tarso*; av. 1673] **s. m.** ● (*anat.*) Parte ossea del piede tra il tarso e le dita, formata da cinque ossa lunghe parallele. **SIN.** Metapedio. ➡ **ILL.** p. 2122 ANATOMIA UMANA.

†**metàte** ● V. *metà.*

metateorìa [vc. dotta, comp. di *meta-* e *teoria* sul modello dell'ingl. *metatheory*; 1959] **s. f.** ● (*filos.*) Ogni sistema teorico che abbia come oggetto di indagine lo studio di teorie particolari, dette teorie oggetto | In logica matematica, la teoria dei sistemi formali.

metateòrico [da *metateori(a)* col suff. *-ico*] **agg.** (**pl. m.** *-ci*) ● (*filos.*) Relativo, attinente alla metateoria.

metàtesi [vc. dotta, lat. tardo *metăthesi(m)*, nom. *metăthesis*, dal gr. *metáthesis* 'trasposizione', da *metatithénai*, comp. di *metá* (V. *meta-*) e *tithénai* 'porre'; 1561] **s. f. inv.** *1* (*ling.*) Inversione nell'ordine di successione dei suoni di una parola: *padule/palude*; *pan per cofaccia* (SACCHETTI). *2* Gioco enigmistico consistente nel ricavare da una parola data una parola di significato diverso spostando una lettera o una sillaba (p. es. Arista, risAta; balistiCA, CAbalisti).

metatètico [da *metatesi*; 1957] **agg.** (**pl. m.** *-ci*) ● (*ling.*) Di metatesi, relativo a metatesi. || **metateticaménte**, **avv.**

metàto [dal lat. *mēta(m)* 'mucchio'; 1779] **s. m.** ● (*tosc.*) Luogo dove si seccano le castagne esponendole su graticci a un moderato calore.

metatoràce [comp. di *meta-* e *torace*; 1834] **s. m.** ● (*zool.*) Il terzo e ultimo dei tre segmenti del torace degli Insetti.

metatrofìa [comp. di *meta-* e *-trofia*] **s. f.** ● (*biol.*) Condizione metabolica di un organismo che richiede carbonio e azoto in forme molecolari complesse.

Metazòi [comp. di *meta-* e *-zoo*; 1931] **s. m. pl.** (**sing.** *-zoo*) ● Nella tassonomia animale, sottoregno comprendente tutti gli animali pluricellulari, nei quali le cellule, riunite in gruppi, esplicano le diverse funzioni vitali (*Metazoa*).

metèco [vc. dotta, lat. tardo *metŏecu(m)*, nom. *metŏecus*, dal gr. *métoikos* 'emigrato, colono, straniero', da *metoikêin* 'cambiare soggiorno, emigrare', comp. di *metá* (V. *meta-*) e *oikêin* 'abitare', da *ôikos* 'casa' (V. *ecumene*); 1904] **s. m.** (**pl.** *-ci*) ● Nell'antico diritto greco, straniero libero residente stabilmente nel territorio di una città, con limitato godimento di diritti politici, civili e militari.

metemoglobìna ● V. *metaemoglobina.*

metempìrico [comp. di *meta-* e *empirico*; 1905] **agg.** (**pl. m.** *-ci*) ● Che si colloca al di fuori dei limiti di ogni possibile esperienza. **SIN.** Metafisico.

metempsicòsi [vc. dotta, lat. tardo *metempsychōsi(m)*, nom. *metempsychōsis*, dal gr. *metempsýchōsis*, da *metempsychôusthai* 'passare da un corpo a un altro', comp. di *metá-* (V. *meta-*) e *psychḗ* 'anima' (V. *psiche*); 1598] **s. f. inv.** ● In molte religioni e credenze filosofiche, trasmigrazione dell'anima che, ad ogni successiva morte del corpo in cui è ospitata, passa in altro corpo umano, animale, vegetale o minerale, finché non si è liberata da ogni vincolo con la materia.

metencèfalo [comp. di *meta-* e *encefalo*; 1957] **s. m.** ● (*anat.*) Seconda porzione del rombencefalo nello sviluppo embriologico dell'encefalo.

mèteo [accorc. di *meteorologico*; 1957] **A s. m. inv.** ● Messaggio o bollettino contenente informazioni meteorologiche, trasmesso per radio o per radiotelefono | *M. marina*, destinato alla navigazione marittima | *M. nave*, trasmesso da una nave in navigazione. **B agg. inv.** ● Meteorologico: *notizie m.*

meteoecologìa [comp. di *meteo(rologia)* ed *ecologia*; 1978] **s. f.** ● Settore dell'ecologia che studia i rapporti fra l'ambiente e il clima, analizzando in particolare le variazioni climatiche indotte dall'inquinamento.

metèora [gr. *metéōra*, nt. pl. sost. dell'agg. *metéōros* 'elevato, posto in alto, nel cielo', comp. di *metá* 'oltre' (V. *meta-*) e *aéirein* 'sollevare'; 1584] **s. f.** *1* (*geogr.*) Ogni fenomeno che ha origine e si svolge nell'atmosfera. *2* (*astron.*) Corpo celeste che, attraversando l'atmosfera terrestre, diviene incandescente per attrito e, nella maggior parte dei casi, si trasforma in gas. **SIN.** Bolide, stella cadente, stella filante | *Passare come una m.*, (*fig.*) con riferimento a persona che ha suscitato grande interesse e ha goduto grande fama solo per poco tempo, o che è venuta meno troppo presto. *3* Meteoroide.

meteòrico (**1**) [1584] **agg.** (**pl. m.** *-ci*) *1* (*geogr.*) Relativo ai fenomeni che hanno sede nell'atmosfera terrestre | *Fenomeno m.*, meteora | *Erosione meteorica*, quella della superficie terrestre prodotta dagli agenti atmosferici quali il vento e la pioggia. *2* (*astron.*) Relativo alle meteoriti. *3* (*astron.*) Relativo alle meteore, costituito da meteore | *Sciame m.*, gruppo di meteore che viaggiano alla stessa velocità su orbite eliocentriche e che possono dare origine al fenomeno della pioggia delle stelle cadenti.

meteòrico (**2**) [1834] **agg.** (**pl. m.** *-ci*) ● (*med.*) Affetto da meteorismo.

meteorìsmo [vc. dotta, gr. *meteōrismós* 'sollevamento, gonfiamento', da *meteōrízein* 'alzare, sollevare', da *metéōros*. V. *meteora*; 1788] **s. m.** ● (*med.*) Eccessiva produzione di gas intestinali | (*zool.*) *M. del rumine*, frequente malattia dei ruminanti che consiste in una abnorme raccolta di gas nel rumine e che può portare a morte l'animale in brevissimo tempo.

†**meteorìsta** [da *meteora*; 1673] **s. m. e f.** ● Meteorologo.

meteorite [comp. di *meteor(o)-* e *-ite* (*2*); 1869] **s. m. o f.** *1* (*miner.*) Corpo solido di origine extra-tellurica caduto sulla superficie terrestre, composto in gran parte di ferro e nichel | *M. litoide*, aerolito. **SIN.** Bolide. *2* Meteoroide.

meteorìtica [da *meteorite*] **s. f.** ● Studio dei meteoriti. **SIN.** Meteoroastronomia.

meteorìtico [1953] **agg.** (**pl. m.** *-ci*) ● Attinente alle meteoriti.

meteorizzàre [fr. *météoriser* (cfr. *meteorismo*)] **v. tr.** ● (*med.*) Provocare meteorismo.

meteòro- [da *meteora*] primo elemento ● In parole composte della terminologia scientifica, significa 'meteora' o, più spesso, 'meteorologia', o indica relazione con fenomeni meteorologici: *meteorite, meteorografo, meteoropatia.*

meteoroastronomìa [comp. di *meteoro-* e *astronomia*] **s. f.** ● Meteoritica.

meteorobiologìa [comp. di *meteoro-* e *biologia*] **s. f.** ● Ramo della meteorologia che studia gli effetti delle condizioni atmosferiche sugli organismi viventi.

meteorodinàmica [comp. di *meteoro-* e *dinamica*] **s. f.** ● Studio dei movimenti delle masse d'aria nell'atmosfera, spec. sotto l'aspetto termodinamico. **SIN.** Meteorologia dinamica.

meteorografìa [comp. di *meteoro-* e *-grafia*; 1891] **s. f.** *1* Descrizione di un fenomeno meteorologico. *2* Insieme dei dati caratterizzanti la situazione meteorologica di un luogo o di una regione in un determinato istante o in un determinato intervallo di tempo.

meteorogràfico [comp. di *meteoro-* e *-grafico*; 1887] **agg.** (**pl. m.** *-ci*) *1* Relativo alla meteorografia. *2* Relativo al meteorografo, ottenuto col meteorografo: *registrazione meteorografica* | *Diagramma m.*, meteorogramma.

meteoròġrafo [comp. di *meteoro-* e *-grafo*; 1834] **s. m.** ● Strumento che registra pressione, temperatura, umidità dell'aria e velocità del vento, usato spec. per i rilevamenti in quota mediante palloni sonda.

meteorogràmma [comp. di *meteoro-* e *-gramma*; 1967] **s. m.** (**pl.** *-i*) *1* Diagramma tracciato mediante un meteorografo. *2* Meteo.

meteoròide [comp. di *meteor(o)-* e *-oide*; 1978] **s. m.** ● (*astron.*) Corpo solido proveniente dagli spazi esterni e avente dimensioni variabili ma tali da permettere la sua cattura da parte di un corpo più grande quale un pianeta, una stella o un satellite, su cui cade diventando un meteorite. **SIN.** Meteorite.

meteorologìa [vc. dotta, gr. *meteōrología*, comp. di *metéōra* 'cose celesti' (V. *meteora*) e *-logia* '-logia'; sec. XVI] **s. f.** ● Parte della geofisica che studia i processi che hanno luogo nell'atmosfera e le loro influenze sul clima | *M. aeronautica*, che studia i fenomeni atmosferici in relazione ai problemi della navigazione aerea | *M. dinamica*, meteorodinamica.

METEOROLOGIA
nomenclatura

meteorologia

● *classificazione*: scientifica, strumentale, climatologica, sinottica; aerologia, biometeorologia, aeromanzia; igrometria, anemologia, barometria, meteorologia aeronautica, termometria, meteoecologia, meteorografo; previsione del tempo, informazione, bollettino meteorologico, servizio per la previsione del tempo;

● *termini della meteorologia*: stagione, annata; alba, aurora, crepuscolo, tramonto; arcobaleno, eclisse; stato del cielo (precipitazione, nuvolosità, nubi stratiformi, nubi cumuliformi); umidità (assoluta ⇔ relativa), radiazione solare, buco dell'ozono; condizione, vicenda, perturbazione, alta pressione, bassa pressione, turbolenza, fronte (caldo, freddo); stazione meteorologica = osservatorio;

● *strumenti di misura*: eliofanografo, evaporimetro Galli, termometri a massima e a minima, barometro, barografo, igrometro (a capello o a condensazione), termografo, termoigrografo, psicrometro, pluviometro, pluviografo, attinometro, anemometro, bussola, nefoscopio, radio sonda, radiogoniometro, ionosonda, pallone a idrogeno, igroscopio; trasmettitore a onde corte, radar), satellite, carta climatica (isallobara, isalloterma, isobara, gradiente barico, isoterma, area di bassa pressione = depressione = area ciclonica, anticiclone = area di alta pressione, promontorio ⇔ saccatura);

● *fenomeni studiati*: atmosfera, clima, nuvolosità (cfr. nuvola), piovosità (cfr. pioggia); meteora (acquea, luminosa, aerea);

● *persone*: meteorologo; aerologo, climatologo, meteorologo, meteoropatico;

● *azioni*: prevedere, misurare, indicare, informare, trasmettere.

atmosfera

● *suddivisione*: troposfera, stratosfera, ionosfera,

esosfera, chemosfera;

• *fenomeni atmosferici*: vento (cfr.), umidità, precipitazioni = idrometeore, scariche elettriche; escursione termica (diurna, mensile, annua), variazione della temperatura, misurazione della temperatura (termometro a massima ⇔ a minima), isoterme; distribuzione della temperatura (media diurna, media mensile, media stagionale; media annua, effetto serra);

• *pressione atmosferica*: alta ⇔ bassa; misurazione della pressione (barometro a mercurio, metallico, olosferico, a sifone), altezza barometrica, colonna barometrica, gradiente barometrico; isobare;

• *caratteristiche*: naturale, fluida, irritante, velenosa, deleteria, asfissiante;

• *azioni*: rarefarsi, condensarsi; azotare; salire, scendere, oscillare della pressione, tensione, rarefazione, liquefazione, combinazione, decomposizione, combustione.

clima

• *caratteristiche*: buono ⇔ cattivo, caldo ⇔ freddo, rigido; marittimo ⇔ continentale, umido ⇔ asciutto = secco, arido, salubre, sano ⇔ malsano, insalubre, mite = dolce ⇔ aspro = crudo, clemente ⇔ inclemente, mediterraneo, equatoriale, tropicale, desertico, polare. temperato, torrido, microclima, macroclima, temperatura, escursione termica; asprezza, mitezza del clima; stazione, cura climatica;

• *azioni*: influire; acclimatarsi = acclimarsi, vivere in un nuovo clima, cambiare clima.

tempo

• *caratteristiche*: sereno, mite, splendido, bello ⇔ brutto, da lupi, da cani, maltempo, tempaccio intemperie; clemente ⇔ inclemente, umido ⇔ asciutto, nebbioso, coperto, piovoso, ventoso, burrascoso, nevoso; stabile ⇔ incostante = incerto = variabile, balordo, pazzo; primaverile, estivo, autunnale, invernale;

• *azioni*: esserci o avere bel tempo o cattivo tempo, rimettersi del tempo, chiudersi del tempo, rompersi del tempo, mettersi al brutto, rincrudire, rabbruscare, rabbuffare, turbarsi, guastarsi, cambiare, rinfrescarsi, rischiararsi, mettersi al bello, mantenersi, racconciare, raddolcire, raddrizzare; coprirsi, vestirsi pesante ⇔ leggero, portare l'ombrello.

meteorològico [vc. dotta, gr. *meteōrologikós*, agg. di *meteōrología* 'meteorologia'; 1565] **agg.** (**pl. m.** *-ci*) • Relativo alla meteorologia e ai fenomeni da essa studiati: *bollettino m.*; *stazione, previsione meteorologica* | ***Carta meteorologica***, con le condizioni meteorologiche, indicate a mezzo simboli, numeri e linee, relative a un dato periodo sia al suolo che in quota. || **meteorologicaménte**, **avv.** Dal punto di vista meteorologico.

meteoròlogo [vc. dotta, gr. *meteōrológos*, comp. di *metéōra* 'cose celesti' (V. *meteora*) e *-lógos* '-logo'; av. 1786] **s. m.** (**f.** *-a*; **pl. m.** *-gi*) • Chi si occupa professionalmente di meteorologia | Studioso di meteorologia.

meteoropatia [comp. di *meteoro-* e *-patia*; 1942] **s. f.** • Stato di malessere prodotto da fattori meteorologici.

meteoropàtico [1963] **A agg.** (**pl. m.** *-ci*) • Di meteoropatia: *disturbi meteoropatici*. **B agg.**; anche **s. m.** (**f.** *-a*) • Che (o Chi) soffre di meteoropatia.

meteoropatologia [comp. di *meteoro-* e *patologia*] **s. f.** • (*med.*) Studio delle meteoropatie.

meteoroscopia [comp. di *meteoro-* e *-scopia*; av. 1598] **s. f.** • Osservazione e studio delle meteore.

meteoroteodolite [comp. di *meteoro-* e *teodolite*] **s. m.** • (*meteor.*) Teodolite usato per l'inseguimento dei palloni sonda.

Mèteosat [comp. di *meteo*(*rologico*) e *sat*(*ellite*); 1981] **s. m.** • Satellite artificiale per osservazioni meteorologiche.

meter /ingl. 'mi:tə/ [vc. ingl., propr. 'strumento misuratore, contatore', da *to meter* 'misurare'; 1983] **s. m. inv.** • Strumento elettronico collegato da una parte al televisore e dall'altra, via telefono, a un elaboratore elettronico, usato per il rilevamento dei dati dell'ascolto televisivo.

metèssi [vc. dotta, gr. *méthexis* 'partecipazione', da *metéchein* 'partecipare', comp. di *metá* (V. *meta-*) ed *échein* 'avere' (di orig. indeur.); 1865] **s. f. inv.** • Nella filosofia di Platone, teoria secondo cui le cose sensibili si pongono in un rapporto di partecipazione con le idee.

meticciaménto [1957] **s. m.** • (*biol.*) Metodo di riproduzione di animali appartenenti a razze diverse di una stessa specie. **SIN.** Incrocio.

meticciàto [1938] **s. m.** *1* Incrocio tra razze diverse, spec. umane. *2* Gruppo sociale costituito da meticci.

meticcio [fr. *métis*, dallo sp. *mestizo*, dal lat. tardo *mixtīciu*(*m*), da *mĭxtus* 'misto'; av. 1588] **s. m.** (**f.** *-a*; **pl. f.** *-ce*) *1* (*biol.*) Organismo prodotto dall'incrocio di genitori della stessa specie ma di razza diversa, fecondo. **SIN.** Ibrido. *2* Correntemente, il nato da genitori appartenenti a due razze diverse, spec. alla razza bianca e a quella india.

meticolosàggine [1869] **s. f.** • Meticolosità noiosa e pedante.

meticolosità [av. 1835] **s. f.** • Caratteristica di chi (o di ciò che) è meticoloso: *una m. esagerata* | (*raro*) Azione di persona meticolosa.

meticolóso [vc. dotta, lat. *meticulōsu*(*m*) 'timido, pauroso', da *mĕtus* 'timore', sul modello di *periculōsus* 'pericoloso'; 1840] **agg.** *1* Che svolge la sua attività in modo molto preciso e scrupoloso: *uomo, impiegato m.* *2* Che è curato nei minimi particolari: *pulizia meticolosa*. **SIN.** Minuzioso, scrupoloso. || **meticolosaménte**, **avv.**

metil- [da *metile*] primo elemento • In parole composte della terminologia chimica, indica la presenza del radicale metile: *metilammina, metilarancio*.

metilammina o **metilamina** [comp. di *metil-* e *am*(*m*)*ina*] **s. f.** • Sostanza organica, gas infiammabile dall'odore di ammoniaca che si forma nell'organismo.

metilànte [propr. part. pres. di *metilare*] **agg.** • (*chim.*) Che è idoneo a introdurre gruppi metilici in una molecola.

metilaràncio® [comp. di *metil-* e *arancio*; 1933] **s. m.** • Colorante azoico di colore giallo-ocra, la cui soluzione è rosa in acidi e gialla in alcali, usato come indicatore nell'analisi chimica.

metilàre [da *metile*; 1957] **v. tr.** • (*chim.*) Introdurre in una molecola uno o più gruppi metilici.

metilazióne [1957] **s. f.** • (*chim.*) Operazione del metilare.

metilcellulósa [da *cellulosa metil*(*ata*); 1948] **s. f.** • Cellulosa metilata, usata per la fabbricazione di pellicole, oggetti stampati, come adesivo o legante, come colloide protettivo nella preparazione di emulsioni e sim.

metile [fr. *méthyle*, da *méthylène* 'metilene'; 1931] **s. m.** • Radicale monovalente derivante dal metano per perdita di un atomo d'idrogeno | Specificazione di alcuni coloranti: *verde m., violetto di m.* | ***Arancio di m.***, metilarancio.

metilène [fr. *méthylène*, comp. del gr. *méthy* 'bevanda inebriante' e *hýlē* 'legno'; 1891] **s. m.** • Residuo bivalente organico derivante dal metano per perdita di due atomi d'idrogeno | ***Blu di m.***, sostanza colorante blu, adoperata per preparati microscopici, per colorazioni istologiche e come blando antisettico.

metìlico [fr. *méthylique*, da *méthyle* 'metile'; 1869] **agg.** (**pl. m.** *-ci*) • Detto di composto la cui molecola contiene il radicale metile: *derivato m.* | ***Alcol m.***, metanolo.

metilpropàno [comp. di *metil-* e *propano*] **s. m.** • (*chim.*) Isobutano.

metionina [comp. di *me*(*til*)- e *tio-*; 1947] **s. f.** • (*chim.*) Amminoacido solforato idrofobo presente soprattutto nelle proteine animali, essenziale nell'uomo e in numerosi animali.

metòdica [vc. dotta, lat. *methŏdice*(*m*), nom. *methŏdice*, dal gr. *methodikḗ* (*téchnē*) 'arte del metodo', f. di *methodikós* 'metodico'; av. 1852] **s. f.** *1* Nella filosofia di A. Rosmini, dottrina del metodo della pedagogia. *2* (*est.*) Metodo, metodologia: *una nuova m.*

metodicità [1866] **s. f.** • Caratteristica di chi è metodico: *lavorare con m.* | Condizione di ciò che è metodico: *la m. di una ricerca*.

metòdico [vc. dotta, lat. tardo *methŏdicu*(*m*), nom. *methŏdicus*, dal gr. *methodikós*, agg. di *méthodos* 'metodo'; av. 1566] **A agg.** (**pl. m.** *-ci*) *1* Fatto o disposto con metodo: *lavoro m.*; *classificazione metodica*. **SIN.** Ordinato, sistematico. *2* Che segue norme e regole stabili: *uomo m.* | ***Vita metodica***, uniformemente regolata. **SIN.** Meticoloso, ordinato, regolare. || **metodicaménte**, **avv.** Con metodo, secondo regole stabilite: *insegnare metodicamente*. **B s. m.** (**f.** *-a*) • Persona metodica. || **metodicóne**, **accr.**

metodismo [fr. *méthodisme*, dall'ingl. *methodism*, da *method* 'metodo'; detto così perché voleva insegnare un nuovo *metodo* di perfezione religiosa; 1765] **s. m.** • Dottrina e movimento protestanti che si originano dal rinnovamento evangelico di J. e C. Wesley e dalle critiche da loro rivolte al formalismo e alla politicizzazione della Chiesa anglicana, dalla quale si staccarono agli inizi del XVIII sec.

metodista (**1**) [fr. *méthodiste*, dall'ingl. *methodist*. V. *metodismo*; 1766] **A s. m.** e **f.** (**pl. m.** *-i*) • Membro della Chiesa metodista. **B agg.** • Metodistico.

metodista (**2**) [da *metodo*; 1967] **A s. m.** e **f.** (**pl. m.** *-i*) *1* Analista dei metodi di lavorazione. *2* Chi gioca secondo il metodo del calcolo delle probabilità al lotto, alla roulette, al totocalcio. **B** anche **agg.** • Nel calcio, detto di chi sostiene o pratica la tattica del metodo: *centrocampista m.*

metodìstico [1831] **agg.** (**pl. m.** *-ci*) • Che concerne il metodismo o i metodisti.

metodizzàre [comp. di *metod*(*o*) e *-izzare*; 1745] **v. tr.** • Regolare con metodo, spec. in modo eccessivo: *m. il proprio lavoro*.

♦**mètodo** [vc. dotta, lat. tardo *mĕthodu*(*m*), nom. *mĕthodus*, dal gr. *méthodos* 'ricerca, investigazione, metodo', comp. di *meta-* (V. *meta-*) e *hodós* 'strada'; 1545] **s. m.** *1* Criterio e norma direttivi secondo i quali si fa, si realizza o si compie qlco.: *avere un buon m. d'insegnamento*; *osservare, seguire un certo m.*; *è un m. pratico e semplice per risolvere questioni del genere* | ***Non aver m.***, procedere con disordine in una determinata attività | Procedimento, impostazione: *m. induttivo, deduttivo, sperimentale* | (*est.*) Ordine, precisione: *lavora con m.* | (*pedag.*) ***M. globale***, quello volto all'insegnamento del leggere e dello scrivere basato sulla teoria che il bambino giunga alla conoscenza e quindi all'apprendimento cogliendo prima l'immagine globale che i particolari di ogni oggetto o realtà. **SIN.** Regola. **CFR.** Merito. *2* Modo di agire, di comportarsi: *usare metodi sbrigativi*; *che metodi son questi?* *3* Titolo di trattati didattici in cui si espone ordinatamente una determinata disciplina: *m. per lo studio del solfeggio*. *4* Nel calcio, tattica di gioco praticata all'incirca fino al secondo dopoguerra, caratterizzata dalla disposizione della squadra su tre linee orizzontali, con le mezze ali avversarie controllate dai terzini e le ali dai mediani. **CFR.** Sistema.

metodologia [fr. *méthodologie*, comp. di *méthode* 'metodo' e *-logie* '-logia'; 1844] **s. f.** *1* Parte della logica che ha per oggetto la ricerca di regole o principi metodici che consentono di ordinare, sistemare, accrescere le nostre conoscenze. *2* Dottrina filosofica che studia le tecniche di ricerca proprie di un determinato campo del sapere. *3* (*est.*) Metodo, insieme di metodi: *m. scientifica*; *applicare nuove metodologie*.

metodològico [1879] **agg.** (**pl. m.** *-ci*) • Che concerne il metodo, la metodologia. || **metodologicaménte**, **avv.** Dal punto di vista della metodologia.

metodòlogo [av. 1952] **s. m.** (**f.** *-a*; **pl. m.** *-gi*) • Chi si occupa dei problemi della metodologia.

metòlo® [comp. di *met*(*ile*) e (*fen*)*olo*; 1954] **s. m.** • (*fot.*) Composto chimico usato come rivelatore nei bagni di sviluppo.

metonimia o **metonimia** [vc. dotta, lat. tardo *metonȳmia*(*m*), nom. *metonȳmia*, dal gr. *metōnymía* 'scambio di nome, metonimia', comp. di *meta-*, col sign. di 'cambiamento' e *ónyma*, variante dial. di *ónoma* 'nome' (V. *onomastico*); av. 1544] **s. f.** • (*ling.*) Figura retorica che consiste nel trasferire un termine dal concetto cui strettamente si riferisce ad un altro con cui è in rapporto di reciproca dipendenza, generalmente non quantitativa (l'autore invece dell'opera, l'astratto per il concreto, il contenente per il contenuto, ecc.): *dal ribollir de' tini* (CARDUCCI).

metonìmico [vc. dotta, lat. tardo *metonȳmicu*(*m*), nom. *metonȳmicus*, dal gr. *metōnymikós*, da *metōnymía* 'metonimia'; av. 1598] **agg.** (**pl. m.**

-*ci*) ● Che concerne la metonimia. || **metonimicaménte**, avv. Per metonimia.

metònimo [comp. di *met(a)*- e -*onimo*, sul modello di *pseudonimo*; 1957] s. m. ● (*ling.*) Nuovo cognome assunto per metonomasia.

metonomàṣia [vc. dotta, gr. *metonomasía* 'mutamento di nome', da *metonomázein* 'chiamare con altro nome', comp. di *meta*-, col sign. di 'mutamento' e *onomázein* 'chiamare per nome', da *ónoma* 'nome' (V. *onomastico*); 1834] s. f. ● (*ling.*) Sostituzione di un nome proprio o cognome con la corrispondente traduzione in un'altra lingua, spec. con un adattamento dal greco o dal latino: ad es. *Cartesio* per *Descartes* o *Metastasio* per *Trapassi*.

mètopa o **mètope** [vc. dotta, lat. *mĕtopa(m)*, dal gr. *metópē* 'spazio che si trova nel mezzo (*metá*) delle aperture (*opai*)'; 1436] s. f. ● (*arch.*) Nell'ordine dorico, ciascuna delle lastre pressoché quadrate, talvolta decorate con bassorilievi, che erano poste tra i triglifi del fregio dei templi. ➡ ILL. p. 2117 ARCHITETTURA.

metòpico [vc. dotta, gr. *metōpikós*, da *métōpon* 'fronte'. V. *metopa*; 1939] agg. (pl. m. -*ci*) ● (*anat.*) Della fronte | ***Sutura metopica***, frontale.

metossìlico [da *metossile*, comp. di *metossi*- (da *met(il)*- e *ossi*-) e del suff. -*ile*, con il suff. -*ico*] agg. (pl. m. -*ci*) ● (*chim.*) Detto del radicale $-OCH_3$ che si ottiene dall'alcol metilico per eliminazione di un atomo di idrogeno.

metracinèṣi [comp. di *metro*- (*1*) e del gr. *kínēsis* 'movimento' (V. *cinematografo*)] s. f. inv. ● (*med.*, *raro*) Inerzia uterina.

metràggio [fr. *métrage*, da *mètre* 'metro (2)'; 1881] s. m. *1* Misurazione a metri. *2* Quantità di un certo materiale, espressa in metri lineari: *il m. del tessuto è abbondante, scarso.* *3* Nella ripresa cinematografica, lunghezza della pellicola da usare o già usata | ***Film a lungo, a corto m.***, rispettivamente di durata normale o inferiore alla normale.

metralgìa [comp. di *metro*- (*1*) e -*algia*] s. f. ● (*med.*) Dolore uterino. SIN. Metrodinia.

metratonìa [comp. di *metro*- (*1*) e *atonia*] s. f. ● (*med.*) Atonia uterina.

metratùra [da *metro* (*2*); 1881] s. f. *1* Lunghezza espressa in metri: *la m. è insufficiente per un abito.* *2* Area espressa in metri quadrati: *vendono appartamenti di varie metrature.* *3* Misurazione in metri della lunghezza o in metri quadrati dell'area: *procedere a una esatta m.*

metrèta [vc. dotta, lat. *metrēta(m)*, nom. *metrēta*, dal gr. *metrētḗs* 'misuratore', da *metréin* 'misurare'. V. *metro* (*2*); sec. XIII] s. f. ● Misura greca di capacità pari a circa 40 litri odierni.

-metrìa [dal gr. -*metría*, da *métron* 'misura'] secondo elemento ● In parole composte dotte e scientifiche, significa 'misura' o 'misurazione': *geometria, trigonometria.*

mètrica [vc. dotta, gr. *metrikḗ* (*téchnē*) 'arte del metro', f. di *metrikós* 'metrico'; 1586] s. f. *1* Insieme delle leggi che governano la composizione e struttura dei versi | ***M. quantitativa***, tipica della poesia classica, in cui il ritmo è prodotto dall'alternanza di sillabe lunghe e brevi | ***M. accentuativa***, tipica della poesia moderna, in cui il ritmo è dato dalla disposizione degli accenti tonici. *2* Insieme dei metri usati in una data epoca, in un ambiente letterario o da un autore: *la m. bizantina*; *la m. del Pascoli.* *3* (*mat.*) Funzione che a ogni coppia di punti di un insieme associa la loro distanza | Sistema di misura di un insieme.

metricista [1957] s. m. e f. (pl. m. -*i*) ● Chi studia le leggi metriche.

mètrico [vc. dotta, lat. *mĕtricu(m)*, nom. *mĕtricus*, dal gr. *metrikós*, agg. di *métron* 'misura, metro'; 1351] agg. (pl. m. -*ci*) *1* (*mat.*) Detto di enti nei quali interviene una nozione di distanza o di misurazione | ***Sistema m. decimale***, sistema in cui le unità di misura sono multipli e sottomultipli decimali delle unità fondamentali. *2* Del metro, della metrica | ***Accento m.***, che cade su determinate sillabe di un verso | ***Poesia metrica***, che è fondata sulla quantità delle sillabe, lunghe o brevi | ***Prosa metrica***, che presenta in posizioni determinate un regolare alternarsi della quantità delle sillabe. *3* (*fis.*) Dell'ordine di grandezza del metro | ***Onde metriche***, onde hertziane ultracorte. || **metricaménte**, avv. Secondo le regole della metrica.

-mètrico [dal gr. *metrikós*, agg. di *métron* 'misura, metro'] secondo elemento ● Forma aggettivi corrispondenti ai sostantivi in -*metria* o in -*metro*: *barometrico, chilometrico, geometrico, perimetrico.*

metricologìa [comp. di *metrica* e -*logia*; 1957] s. f. ● Studio scientifico della metrica.

metricòlogo [1957] s. m. (f. -*a*; pl. m. -*gi*) ● Studioso di metricologia.

metrite [fr. *métrite*, dal gr. *mêtra* 'utero' (V. *metro*-); 1819] s. f. ● (*med.*) Infiammazione della parete uterina.

métro /fr. 'me'tʀo/ [vc. fr., abbr. di *métropolitain* 'metropolitana'; 1925] s. m. inv. (pl. fr. *métros*) ● Ferrovia metropolitana.

mètro (**1**) [vc. dotta, lat. *mĕtru(m)*, dal gr. *métron*, di orig. indeur.; 1313] s. m. *1* (*ling.*) Combinazione di due o più sillabe che costituisce l'unità di misura del verso quantitativo e ne determina il ritmo, coincidendo in qualche caso con il piede metrico | Sistema di versificazione caratterizzato dall'uso di un determinato metro. *2* (*est.*, *lett.*) Verso, poesia: *con paura il metto in m.* (DANTE *Inf.* XXXIV, 10). *3* Modo di parlare: *con me devi usare un altro m.*; *hai usato il m. sbagliato.*

♦**mètro** (**2**) [fr. *mètre*, dal lat. *mĕtru(m)* 'misura'. V. precedente; 1798] s. m. *1* Unità di misura della lunghezza nel Sistema Internazionale, originariamente definita come la decimilionesima parte della distanza fra l'equatore terrestre e uno dei poli, e, dal 1983, definita come la lunghezza del tragitto compiuto dalla luce nel vuoto in un intervallo di tempo di 1/299792458 di secondo. SIMB. m | ***M. quadrato***, ***quadro***, unità di misura di superficie pari all'area di un quadrato di 1 metro di lato. SIMB. m^2 | ***M. cubo***, unità di misura di volume di un cubo di 1 metro di lato. SIMB. m^3. *2* Strumento per misurazioni della lunghezza di un metro, con la divisione in decimetri e centimetri: *misurare qlco. col m.*; *m. a nastro, a nastro metallico, a stecche, a sbarra*; *m. di legno, di metallo.* *3* (*fig.*) Canone o precetto secondo cui si giudica: *non è giusto valutarli con lo stesso m.*; *usare metri diversi.* SIN. Criterio. *4* †Misura | †***Senza m.***, smisurato.

mètro (**3**) s. f. inv. ● Accorc. di *metropolitana.*

mètro- (**1**) [dal gr. *mḗtra* 'utero', da *mḗtēr* 'madre'] primo elemento ● In parole composte della terminologia medica, significa 'utero' o indica relazione con l'utero: *metralgia, metratonia.*

mètro- (**2**) [dal gr. *métron* 'misura'] primo elemento ● In parole composte della terminologia scientifica, significa 'misura, misurazione, misuratore': *metrologia, metronomo.*

-metro [cfr. *metro*- (*2*)] secondo elemento *1* In parole composte della terminologia scientifica significa 'misura, misurazione': *diametro, perimetro, termometro.* CFR. -grafo, -scopio. *2* In metrologia, indica multipli e sottomultipli del metro: *kilometro, centimetro.*

metrocòrdo [comp. di *metro*- (*2*) e *corda*; 1869] s. m. ● (*mus.*) Strumento che serve a misurare esattamente la grossezza delle corde.

metrodinìa [vc. dotta, comp. di *metro*- (*1*) e -*odinia*; 1834] s. f. ● (*med.*) Metralgia.

metrologìa [comp. di *metro*- (*2*) e -*logia*; 1821] s. f. *1* Scienza e tecnica che studia la misura delle diverse grandezze fisiche, i sistemi, gli strumenti e i procedimenti di misurazione. *2* Studio dei metri poetici.

metrològico [1869] agg. (pl. m. -*ci*) ● Che concerne la metrologia. || **metrologicaménte**, avv.

metròlogo [1945] s. m. (f. -*a*; pl. m. -*gi*) ● Studioso di metrologia.

metromanìa [fr. *métromanie*, comp. di *mètre* 'metro (1)' e -*manie* '-mania'; 1818] s. f. ● (*lett.*) Mania di far versi.

metrònica [comp. di *me*(*ccanica*) e (*elet*)*tronica*] s. f. ● Meccatronica.

metrònomo [fr. *métronome*, comp. di *métro* 'metro- (2)' e -*nome* '-nomo'; 1826] s. m. ● (*mus.*) Apparecchio di misurazione della scansione dei tempi in musica. SIN. Plessimetro | Indicazione agogica del ritmo di un brano musicale, espressa dal compositore numericamente.

metronòtte [comp. di *metro*(*politano*) e *notte*; 1951] s. m. e f. inv. ● Guardia privata notturna.

metropatìa [comp. di *metro*-(*1*) e -*patia*] s. f. ● (*med.*) Affezione della parete dell'utero in generale.

metròpoli [vc. dotta, lat. tardo *metrŏpoli(m)*, nom. *metrŏpolis*, dal gr. *mētrópolis* 'città madre, madrepatria', comp. di *mḗtēr* 'madre' e *pólis* 'città'; av. 1342] s. f. inv. *1* Grande città o capitale di uno Stato o di una regione: *una moderna m.* | Città di grande importanza, spec. economica, artistica, ecc.: *Firenze, m. del mondo culturale.* *2* (*raro*) Madrepatria, rispetto ai territori coloniali: *notizie provenienti dalla m.*

metropolita, evit. **metropòlita** [vc. dotta, lat. tardo *metropolīta(m)*, nom. *metropolīta*, dal gr. *mētropolítēs*, da *mētrópolis*. V. precedente; 1533] **A** s. m. (pl. -*i*) *1* Arcivescovo che presiede a una provincia ecclesiastica. *2* †Abitatore di metropoli. **B** anche agg.: *arcivescovo m.*

metropolitàna [da *ferrovia metropolitana*, calco sul fr. *chemin de fer métropolitain* 'ferrovia della metropoli'; 1932] s. f. ● Mezzo di trasporto, su rotaie, caratteristico delle grandi città, che collega il centro urbano a quello periferico correndo su sede propria in genere sotterranea, talvolta in superficie o sopraelevata | ***M. leggera***, quella corrente quasi sempre in superficie, al centro o ai lati di una strada di grande traffico urbano, e con ridotta capacità di trasporto dei passeggeri.

metropolitàno [vc. dotta, lat. tardo *metropolitā-nu(m)*, da *metropolis*. V. *metropoli*; 1321] **A** agg. *1* Di metropoli: *traffico m.* *2* Proprio di un metropolita | ***Chiesa metropolitana***, della metropoli, cioè principale della provincia. *3* Della madrepatria: *territorio m.* | ***Truppe metropolitane***, un tempo, quelle destinate alla difesa del territorio nazionale in contrapposizione alle truppe coloniali. **B** s. m. ● Vigile urbano.

metropolìtico [av. 1683] agg. (pl. m. -*ci*) ● (*raro*) Di metropolita.

metroptòṣi [comp. di *metro*- (*1*) e del gr. *ptôsis* 'caduta', da *píptein* 'cadere'; 1957] s. f. inv. ● (*med.*) Isteroptosi.

metrorragìa [comp. di *metro*- (*1*) e -*ragia*; 1821] s. f. ● (*med.*) Emorragia dall'utero indipendentemente dalla mestruazione.

metroscopìa [comp. di *metro*- (*1*) e -*scopia*] s. f. ● (*med.*) Esame endoscopico dell'utero.

metrostenòṣi [comp. di *metro*- (*1*) e *stenosi*] s. f. inv. ● (*med.*) Restringimento dell'utero.

metrotomìa [comp. di *metro*- (*1*) e -*tomia*] s. f. ● (*chir.*) Incisione della parete dell'utero.

♦**méttere** [lat. *mĭttere* 'mandare', poi 'mettere', di orig. indeur.; av. 1250] **A** v. tr. (pres. *io métto*; pass. rem. *io mìsi*, pop. tosc. *méssi*, *tu mettésti*; part. pass. *mésso*, lett. †*mìṣo*) *1* Collocare, porre una persona o una cosa in un determinato luogo (*anche fig.*): *m. un bambino a letto, i polli nel pollaio*; *m. in collegio*; *m. il ladro in prigione, il denaro in tasca, in banca*; *m. i piatti sulla tavola, la lettera nella busta, le mani in tasca*; *m. un'idea in testa a qlcu.* | ***M. bocca***, ***lingua in qlco.***, intervenire, intromettersi | Disporre: *m. gli scolari in fila*; *m. i numeri in colonna* | Riporre (*anche fig.*): *m. nell'armadio, nel cassetto, nella libreria*; *m. ogni speranza nella giustezza della propria causa.* *2* Posare: *guarda dove metti i piedi!* *3* Conficcare, ficcare: *m. un chiodo nel muro, un dito in bocca* | Far entrare, infilare dentro: *m. la chiave nella toppa* | ***M. qlcu. dentro***, imprigionarlo | ***M. nel sacco***, (*fig.*) ingannare | Infondere, incutere: *m. forza, allegria, malinconia*; *m. paura, ribrezzo* | Provocare, insinuare: *m. discordia* | (*fig.*) ***M. male***, seminare discordia | (*fig.*) ***M. una pulce nell'orecchio di qlcu.***, insinuargli un sospetto, un dubbio. *4* Applicare: *m. il francobollo a una cartolina, la museruola al cane, le manette ai polsi* | ***M. insieme***, riunire | Appendere, attaccare: *m. un manifesto alla parete, le tende alla portafinestra* | (*fam.*) Installare, impiantare: *m. il telefono, il gas, la luce elettrica.* *5* Dedicare, dare: *metterci tutto il proprio impegno, le proprie energie* | ***Mettercela tutta***, impegnarsi al massimo | Impiegare un determinato tempo: *ci ha messo ben quattro giorni per giungere a destinazione.* *6* Aggiungere: *metti anche questo nella valigia*; *cameriere, metta anche questo sul mio conto* | ***M. la firma su un documento***, apporgliela | Inserire: *m. un annuncio sul giornale.* *7* Indossare, infilare: *m. l'abito nuovo, i guanti, le scarpe* | Portare abitualmente: *da due anni mette lo stesso abito.* *8* Provocare: *questa confusione mette il mal di capo* | Emettere: *il cerbiatto mette le corna*; *m. voci, lamenti* | ***M. radice***, abbarbicarsi (*anche fig.*) | ***M. le ali***, (*fig.*) progredire con estrema rapidità | ***M. giudizio***, ***cervello***, (*fig.*) ravvedersi | ***M. su***, avviare, organizzare, costituire: *m. su un'attività commerciale*; *m. su casa, famiglia* | ***M. su qlco.***, (*fig. fam.*) sobillarlo: *la fidanzata lo mette su contro la madre*. **9** Supporre, ammettere: *mettiamo* (*il caso*) *che il treno non arrivi*; *metti che abbia ragione* | ***Vuoi m.?***, vuoi confrontare? (per indicare in realtà che un confronto è impossibile per un'evidente superiorità): *vuoi m. l'interpretazione di Rubinstein?* | ***Come la mettiamo?***, come risolviamo la faccenda? (spec. con tono molto critico). **10** Imporre: *m. un tributo, una tassa, una multa*. **11** Ridurre in una determinata condizione: *m. il tema in bella* | ***M. in greco, in volgare***, tradurre in tali lingue | ***M. in musica un testo***, musicarlo | ***M. in versi***, versificare. **12** (+ *a* seguito da sost.) In varie locuzioni: *m. al mondo*, generare | ***M. a morte***, far morire | ***M. al muro***, (*fig.*) fucilare | ***M. a ferro e a fuoco***, devastare | ***M. a nudo, allo scoperto***, rivelare | ***M. alla porta***, licenziare bruscamente | ***M. al bando***, bandire | ***M. a confronto***, confrontare | ***M. al corrente***, informare | ***M. agli atti***, di una pratica cui non si vuole dar seguito | ***M. a parte***, far partecipe | ***M. alla prova***, sottoporre a prova | ***M. ai voti una proposta***, farla votare | ***M. la testa a partito***, metter giudizio | ***M. alla vela, in vela***, spiegare le vele | ***M. a segno***, colpire con precisione, centrare, far centro; (*mar.*) alzare fino al punto dovuto pennone, vela, bandiera | ***M. a fuoco***, regolare uno strumento ottico o un apparecchio fotografico in modo da ottenere una immagine nitida dell'oggetto che si vuole osservare o fotografare; (*fig.*) puntualizzare una questione, un problema e sim. | ***M. a terra***, collegare alla massa terrestre la struttura metallica di un apparecchio elettrico in modo da realizzare, per quanto possibile, la dispersione dell'energia elettrica, per la sicurezza delle persone. **13** (+ *in* seguito da sost.) In varie locuzioni: *m. in atto*, realizzare | ***M. in moto***, per iniziare un movimento; (*fig.*) avviare | ***M. in giro***, diffondere | ***M. in croce***, crocifiggere; (*fig.*) tormentare | ***M. in pratica***, attuare | ***M. in rilievo***, rendere più evidente | ***M. in fuga***, far fuggire | ***M. in libertà***, lasciare libero | ***M. in guardia***, sull'avviso | ***M. in cantiere***, cominciare a costruire | ***M. in valore***, valorizzare | ***M. in chiaro***, chiarire | ***M. in relazione, in rapporto***, collegare | ***M. in campo***, accampare | ***M. in non cale***, trascurare | ***M. qlco. in tacere o a tacere***, fare in modo che non se ne parli | ***M. a tacere qlcu.***, farlo star zitto; fargli cessare ogni polemica | ***M. in vendita qlco.***, proporla all'acquisto | ***M. su carta, in carta***, scrivere, mettere per iscritto; tracciare su apposita carta quadrettata l'armatura di un tessuto | (*mar.*) ***M. in forza***, tesare catene e cavi. **B** v. intr. (aus. *avere*) (+ *in*; + *su*) ● Sboccare: *ogni fossato che mette in Arno, parea un fiume* (VILLANI) | Fare capo: *questa strada mette in una valle* | (*raro*) Sporgere, dare: *la finestra mette sulla via*. **C** v. rifl. (+ *a*; + *in*) **1** Assumere una determinata posizione o collocazione: *mettersi a sedere, a tavola, a letto* | ***Mettersi in cammino, mettersi per strada***, incamminarsi | ***Mettersi in fuga***, fuggire | ***Mettersi in piedi***, rizzarsi | Cacciarsi: *mettersi nei guai, in una situazione difficile* | ***Mettersi contro qlcu. o qlco.***, contrapporsi | ***Mettersi di traverso***, assumere una posizione che costituisce un ostacolo (*anche fig.*). **2** (+ *in*) Vestirsi, abbigliarsi: *mettersi in costume, in abito da sera, in maniche di camicia*; *mettersi in ghingheri*. **3** (+ *con*) Unirsi: *mettersi in società con qlcu.*; *mettersi con gente dabbene* | ***Mettersi con qlcu., mettersi insieme***, iniziare una relazione amorosa. **D** v. intr. pron. **1** (assol.; + *a*) Volgersi verso un determinato esito: *vediamo come si mettono le cose* | ***Si mette male, si mette bene***, la situazione si evolve in senso negativo o positivo | ***Il tempo si mette al brutto, al bello***, peggiora, si rasserena. **2** (+ *a* seguito da inf.) Cominciare (*anche impers.*): *mettersi a studiare, a leggere, a giocare, a correre, a cercarlo*; *si mette a nevicare*.

mettibócca [comp. di *mettere* e *bocca*; av. 1908] s. m. e f. inv. ● Persona che entra a parlare in tutti i discorsi per dire, a proposito o a sproposito, la propria opinione.

mettifóglio o **mettifógli** [comp. di *mettere* e *foglio*; 1937] s. m. **1** (*edit.*) Dispositivo automatico che immette i fogli sul cilindro di pressione della macchina da stampa. **2** Operaio che un tempo immetteva a mano i fogli nelle macchine da stampa.

mettilòro [da *metti l'oro*; av. 1563] s. m. inv. ● Indoratore.

mettimàle [comp. di *mettere* e *male*; 1842] s. m. e f. inv. ● Persona che malignamente cerca di mettere discordia o di far nascere rancori fra persone.

mettiscàndali [comp. di *mettere* e il pl. di *scandalo*; 1858] s. m. e f. inv. ● Persona che provoca discordie o scandali fra persone.

mettitóre [1353] s. m. **1** (*raro*) Chi mette | †Giocatore, scommettitore | ***M. di dadi falsi***, baro al gioco dei dadi. **2** †Mettiloro.

mettitùra [1869] s. f. ● (*raro*) Il mettere | Esecuzione.

mettitùtto [comp. imperativale di *mettere* e *tutto*; 1963] s. m. inv. ● Mobile da cucina in cui si ripongono stoviglie, provviste alimentari e cose varie.

meublé /fr. mœ'ble/ [vc. fr., propr. part. pass. di *meubler* 'ammobiliare', da *meuble* 'mobile'; 1929] **A** s. m. inv. ● Albergo che fornisce l'alloggio e la prima colazione, senza servizio di ristorante. **B** anche agg. inv.: *hotel m.*

MeV /mɛv/ [sigla di *m*(*ega*)*e*(*lectron*) *V*(*olt*) 'un milione di voltelettroni'; 1957] s. m. inv. ● Unità di energia uguale a 1 milione di elettronvolt.

†**méve** [sovrapposizione del lat. *tĭbi* 'a te', a *me*; av. 1250] pron. pers. di prima pers. m. e f. sing. ● (*raro*) Me.

†**mèvio** [vc. dotta, lat. *Māeviu*(*m*), n. proprio di un mediocre poeta lat. ricordato da Orazio e Virgilio; av. 1907] s. m. ● Critico maligno o poeta mediocre.

mezerèo [ar. *māzarīn*, di orig. persiana; 1499] s. m. ● Pianticella velenosa delle Timeleacee con rami sottili e grigi, fiori odorosi in spiga nuda prima della comparsa delle foglie (*Daphne mezereum*).

mèzza [f. sost. di *mezzo* (*2*); av. 1430] s. f. ● (*fam.*) Mezz'ora | (*assol.*) Mezzogiorno e mezzo: *ci vediamo alla m.*

mezzacalzétta o **mèzza calzétta** [comp. del f. di *mezzo* (*2*) e del dim. di *calza*; 1944] s. f. (pl. *mezzecalzétte*) ● Persona fisicamente, intellettualmente o socialmente mediocre.

mezzacartùccia o **mèzza cartùccia** [comp. del f. di *mezzo* (*2*) e *cartuccia*; 1918] s. f. (pl. *mezzecartùcce*) ● Persona con scarsi requisiti fisici o intellettuali.

mezzacòsta o **mèzza còsta** [comp. del f. di *mezzo* (*2*) e *costa*; 1930] s. f. (pl. *mezzecòste*) ● Parte mediana di una pendice montuosa | ***A m.***, a metà di un pendio.

mezzadrìa [da *mezzadro*; 1592] s. f. ● Contratto agrario, ora abolito in Italia, secondo cui i prodotti e gli utili vengono divisi tra il proprietario del fondo e il colono | (*est.*) ***A m.***, a metà, in parti uguali.

mezzadrìle [1942] agg. ● Relativo alla mezzadria o al mezzadro: *contratto m.*; *attività m.*; *agitazioni mezzadrili*.

mezzàdro [sovrapposizione del lat. parl. **mediāriu*(*m*), da *mĕdius* 'mezzo', al lat. tardo *mediatōre*(*m*) 'mediatore'; 1520 ca.] s. m. (f. *-a*) ● Coltivatore di un fondo agricolo altrui in base a un contratto di mezzadria.

mezzafède [comp. del f. di *mezzo* (*2*) e di *fede*] s. f. (pl. *mezzefédi*) ● Piccolo cerchio d'oro da portarsi al dito come simbolo di promessa d'amore.

mezzagalèra [comp. del f. di *mezzo* (*2*) e *galera*; 1889] s. f. (pl. *mezzegalère*) ● (*mar.*) Galea di dimensioni ridotte, con venti banchi di rematori invece di trenta, un vogatore invece di cinque per ogni scalmo, armata di cannoni.

†**mezzaguàrdia** [comp. del f. di *mezzo* (*2*) e *guardia*; 1889] s. f. ● (*mar.*) Gaettone.

mezzaiòlo o †**mezzaiuòlo** [da *mezzo* (*2*); sec. XIII] s. m. (f. *-a*) ● (*tosc.*) Mezzadro.

mezzàla o **mezz'àla** [comp. del f. di *mezzo* (*2*) e *ala*; 1950] s. f. (pl. *mezzàli* o *mèzze àli*) ● Nel calcio, ciascuno dei due giocatori della prima linea situati tra le ali e il centrattacco: *m. destra*; *m. sinistra*. SIN. Interno.

mezzalàna o **mèzza làna** [comp. del f. di *mezzo* (*2*) e *lana*; 1312] s. f. (pl. *mezzelàne*) ● Stoffa mista, di lana e cotone.

mezzalùna o **mèzza lùna** [comp. del f. di *mezzo* (*2*) e *luna*; av. 1380] s. f. (pl. *mezzelùne*) **1** Parte di Luna visibile quando è illuminata dal Sole a metà. **2** Figura di mezzaluna assunta come emblema dell'islamismo | ***M. rossa***, organizzazione assistenziale e sanitaria del mondo islamico equivalente alla Croce Rossa. **3** Tipo di coltello a lama ricurva e doppia impugnatura o pomo, per tritare verdure. SIN. Lunetta. **4** Mobile a pianta semicircolare. **5** Ordinamento di battaglia della milizia italiana nel sec. XVII, ad arco di cerchio concavo verso il nemico. **6** Opera staccata di fortificazione posta davanti all'angolo di un bastione. ➡ ILL. p. 2121 ARCHITETTURA.

mezzamaiòlica [comp. del f. di *mezzo* (*2*) e *maiolica*; 1957] s. f. (pl. *mezzemaiòliche*) ● Terracotta ricoperta di un velo di terra bianca e quindi rivestita di vernice.

mezzamànica [comp. del f. di *mezzo* (*2*) e *manica*: dall'uso degli impiegati d'un tempo di adoperare in ufficio le mezze maniche; 1956] s. f. (pl. *mezzemàniche*) **1** Soprammanica usata spec. un tempo da impiegati, scrivani e sim. **2** (*fig., spreg.*) Impiegato che svolge mansioni modeste; (*al pl.*) la categoria impiegatizia.

mezzàna [f. di *mezzano*; av. 1290] s. f. **1** (*mar.*) Albero a poppavia dell'albero maestro | Vela dell'albero di mezzana. ➡ ILL. p. 2172, 2173 TRASPORTI. **2** Ruffiana. **3** (*region.*) Operaia di sartoria che aiuta la lavorante. **4** †Mattone di media grandezza per pavimentazione. ‖ **mezzanèlla**, dim. (V.).

mezzanàve [comp. del f. di *mezzo* (*2*) e *nave*; 1532] s. f. (pl. *mezzenàvi*) ● Direzione perpendicolare alla chiglia sul piano orizzontale, traverso della nave | ***Prendere, avere il mare, il vento a m.***, ricevere mare e vento in quella direzione.

mezzanèlla [1889] s. f. **1** Dim. di *mezzana*. **2** Nell'attrezzatura a brigantino, vela di strallo tra l'albero di mezzana e quello di maestra | Nell'attrezzatura a yawl, piccolo albero di mezzana; anche la vela portata dall'albero stesso.

mezzanìa (**1**) [da *mezzana*; 1614] s. f. ● (*mar.*) Parte centrale di un'imbarcazione lungo l'asse longitudinale.

†**mezzanìa** (**2**) [da *mezzano*; av. 1927] s. f. ● Senseria.

mezzanìno [da *mezzano*; 1550] s. m. **1** Piano di un edificio che si trova tra il piano terreno e il primo piano. SIN. Ammezzato. **2** (*numism.*) Moneta che vale la metà di un'altra moneta tipo.

mezzanità [av. 1324] s. f. **1** (*raro*) Carattere intermedio | Posizione di mezzo. **2** †Intercessione | Mediazione.

mezzàno [lat. tardo *mediānu*(*m*) 'di mezzo', da *mĕdius* 'medio'; 1312] **A** agg. **1** Medio: *velocità, statura, età mezzana* | Di media dimensione: *martello m.* **2** (*fig., lett.*) Tra nobile e plebeo: *della minuta gente, e forse in gran parte della mezzana* (BOCCACCIO) | (*fig.*) Mediocre: *carte di qualità mezzana* | ***Stile m.***, nella retorica, medio tra il sublime e l'umile. ‖ **mezzanaménte**, avv. **B** s. m. **1** (f. *-a* (V.)) Persona che agisce come intermediario | †***Farsi m.***, interporsi. **2** (f. *-a* (V.)) (*est.*) Ruffiano. **3** (*tipogr.*) Bianco tipografico pari alla quarta parte del carattere adoperato. **4** †Ammezzato.

♦**mezzanòtte** [comp. del f. di *mezzo* (*2*) e *notte*; 1319] s. f. (pl. *mezzenòtti*) **1** Istante in cui ha inizio il giorno civile | ***M. vera***, l'istante della culminazione inferiore del Sole vero. **2** Tramontana, nord, settentrione.

mezzapàsta [comp. di *mezza* (sottinteso *lavorazione*) e *pasta* in senso tecnico] s. f. ● (*cart.*) Prodotto intermedio della fabbricazione della carta, costituito da una pasta fibrosa di stracci, cellulosa, carta.

mezzapìcca [comp. del f. di *mezzo* (*2*) e *picca*; 1889] s. f. (pl. *mezzepìcche*) ● Partigiana, spuntone, sergentina.

mezzapóppa [comp. del f. di *mezzo* (*2*) e *poppa*; 1571] s. f. (pl. *mezzepóppe*) ● (*mar.*) Parte di mezzo della poppa.

mezzapùnta [comp. del f. di *mezzo* (*2*) e *punta*; 1985] s. f. (pl. *mezzepùnte*) ● (*sport*) Nel calcio, giocatore schierato a sostegno degli attaccanti.

mezzaquarésima o **mèzza quarésima** [comp. del f. di *mezzo* (*2*) e *quaresima*; av. 1471] s. f. (pl. *mezzequarésime*) ● Giovedì della settimana centrale della quaresima, in cui si sospende l'astinenza e si ritorna per un giorno all'atmosfera del carnevale.

mezz'ària [comp. del f. di *mezzo* (*2*) e *aria*; 1750] s. f. ● Nella loc. avv. ***a mezz'aria***, a mezza altezza, né alto né basso: *rimanere sospeso a mezz'aria* | (*fig.*) ***Parole, discorsi a mezz'aria***, reticenti.

mèzzaro ● V. *mezzero*.

mezzaruòta [comp. del f. di *mezzo* (*2*) e *ruota*; 1889] s. f. (pl. *mezzeruòte*) ● (*mar.*; *disus.*) Metà della ruota di prua e poppa.

meẓẓaséga [comp. del f. di *mezzo* (*2*) e *sega* nel sign. di 'masturbazione'; 1955] s. m. e f. (pl. *mezzeséghe*) *1* (*volg.*) Persona magra e gracile, dall'aspetto insignificante. *2* Persona priva di qualsiasi capacità.

meẓẓ'àsta [comp. del f. di *mezzo* (*2*) e *asta*; 1891] s. f. ● Solo nella loc. ***a mezz'asta***, detto di bandiera alzata solo fino a metà dell'asta, spec. in segno di lutto.

meẓẓatàcca o **mèẓẓa tàcca** [comp. del f. di *mezzo* (*2*) e *tacca*; av. 1767] s. f. (pl. *mezzetàcche*) *1* Persona di media o bassa statura. *2* (*fig.*) Persona di poco valore | Nella loc. agg. ***di m.***, mediocre, modesto: *un uomo di m.*

meẓẓatéla [comp. del f. di *mezzo* (*2*) e *tela*; 1869] s. f. (pl. *mezzetéle*) ● Tessuto misto di lino e cotone.

†**meẓẓaterzàna** [comp. del f. di *mezzo* (*2*) e *terzana*; av. 1758] s. f. ● (*med.*) Febbre a decorso discontinuo con puntate meno violente di quelle della terzana.

meẓẓatìnta [comp. del f. di *mezzo* (*2*) e *tinta*; av. 1552] s. f. (pl. *mezzetìnte*) *1* Tinta intermedia tra il chiaro e lo scuro | (*fig.*) Sfumatura: *è uno scrittore che ama le mezzetinte.* *2* (*tipogr.*) Immagine riprodotta per la stampa mediante l'uso del retino. *3* Tipo di incisione che permette di ottenere particolari effetti di chiaroscuro.

†**meẓẓatóre** [lat. tardo *mediatōre(m)* 'mediatore'; av. 1306] s. m. (f. *-trice*) ● Mediatore.

meẓẓèna o **meẓẓéna** [da *mezzo* (*2*); 1505 ca.] s. f. ● Ciascuna delle due parti dell'animale macellato che costituiscono la carcassa.

meẓẓerìa (*1*) [da *mezzo* (*2*); 1490] s. f. *1* Punto, linea mediana. *2* Linea che divide longitudinalmente in due parti una strada. *3* Zona centrale di una struttura a trave o ad arco, situata a ugual distanza tra due sezioni vincolate.

meẓẓerìa (*2*) [da *mezzadria*, con cambio di suff.; av. 1760] s. f. ● (*tosc.*) Mezzadria.

mèẓẓero o **mèsere, mèsero, mèẓẓaro** [ar. *mi'zar* 'velo'; 1795] s. m. *1* Ampio quadrato di stoffa stampato a molti colori, che le donne liguri portavano come uno scialle. *2* Ampio telo stampato a disegni vivaci, usato come tenda, coperta e sim.

meẓẓétta [da *mezzo* (*boccale*); sec. XIV] s. f. *1* Mezzo boccale, quarto di fiasco. *2* Brocca di tipo rustico con un'ansa e bocca trilobata per il servizio a tavola di acqua o vino. *3* Antica unità di misura di capacità per liquidi e aridi di valore vario a seconda delle regioni.

meẓẓìna [da *mezzo* (*2*); sec. XIII] s. f. ● (*tosc.*) Brocca di terracotta o rame per attingere acqua.

†**meẓẓìno** s. m. ● Mezzina.

†**meẓẓità** [da *mezzo* (*2*)] s. f. ● Metà.

mézzo (*1*) [lat. *mĭtius*, compar. nt. di *mītis* 'tenero, maturo, mite'; av. 1400] A agg. *1* Detto di frutto vicino a infracidire. *2* (*fig.*, *lett.*) Corrotto moralmente: *è una persona mezza.* *3* (*raro*) Bagnato, fradicio: *ho il vestito m.* B s. m. ● (*lett.*) Belletta.

♦**mèẓẓo** (*2*) [lat. *mĕdiu(m)*, di orig. indeur. V. *medio*; 1158] A agg. (poet. †troncato in *me'*, †*mei*) *1* Di ciò che costituisce la metà di un intero: *m. chilo, metro, litro, secolo*; *mezz'ora*; *mezza risma di carte.* CFR. emi-, semi- | Dopo un numerale, ha un uso sostantivato: *tre litri e m.*; *è stato in Francia sei mesi e m.*; *ha nove anni e m.* | Nell'indicazione delle ore, concorda al f. (*la traversata dura tre ore e mezza*) o al m., spec. in riferimento a un'ora precisa (*vediamoci alle nove e m.*) | Mezza festa, giornata lavorativa soltanto a metà | ***M. lutto***, non stretto | ***M. guanto***, V. *mezzoguanto* | ***M. tondo***, tecnica scultoria che delinea le figure come sporgenti per metà dal piano di fondo | ***M. rilievo***, V. *mezzorilievo* | ***M. servizio***, V. *mezzoservizio* | ***Mezza figura***, (*fig.*) persona mediocre, priva di personalità | ***Mezza calzetta***, (*fig.*, *fam.*) V. *mezzacalzetta* | ***Mezza cartuccia***, (*fig.*, *fam.*) V. *mezzacartuccia*. *2* Medio, intermedio fra due limiti | ***Uomo di mezza taglia***, di media statura e (*fig.*) di scarsa levatura morale | ***Uomo, donna di mezza età***, tra giovane e vecchio | ***Vestito di mezza stagione***, di primavera e autunno | ***A mezza voce***, né forte né piano | ***M. vino***, vinello | ***Bandiera a mezz'asta***, attaccata a metà dell'asta, per lutto. *3* (*fam.*) Quasi completo, totale: *è stato un m. scandalo, un m. insuccesso*; *fare una mezza promessa* | ***C'era m. mondo***, moltissima gente. *4* (in funzione avverbiale, unito a un agg.) A metà, per circa metà, quasi: *un bicchiere m. pieno*; *una casa m. rovinata*; *due edifici m. distrutti* | Frequentemente concorda in genere e numero col sost.: *i suoi amici erano mezzi ubriachi*; *le persiane sono mezze chiuse*; *quella donna è mezza matta* | (*fig.*) ***Essere m. morto***, essere malridotto, malandato. B s. m. *1* Parte di un tutto che corrisponde esattamente alla sua metà: *un metro e m.* | ***Fare a m.***, dividersi una cosa e (*fig.*) fare insieme. *2* Parte centrale, punto intermedio: *il m. di un'asta*; *nel m. della strada, della piazza*; *nel bel m. della riunione*; *Nel m. del cammin di nostra vita* (DANTE *Inf.* I, 1) | (*lett.*) ***Nel dritto m.***, nel centro | ***Di m.***, centrale, mediano | ***Via di m.***, (*fig.*) soluzione intermedia, di compromesso | ***L'età di m.***, il Medioevo | ***L'Italia di m.***, centrale | ***In questo o quel m.***, nel frattempo, frattanto | (*lett.*) ***Senza m.***, ***senza por tempo in m.***, immediatamente | ***Andar di m.***, subire un danno, soffrire le conseguenze | ***Mettere in m. qlcu.***, coinvolgerlo, comprometterlo | ***Levare di m. qlco.***, toglierla via | ***Levare di m. qlcu.***, allontanarlo a forza; ucciderlo | ***Levarsi, togliersi di m.***, andarsene. *3* (*fig.*) Misura, moderazione: *tenere il giusto m.* | ***La virtù sta nel m.***, (*fig.*) è lontana da ogni eccesso. *4* Qualsiasi modo, strumento, procedimento o altro, di cui ci si vale per raggiungere un fine: *tentare, cercare ogni m.*; *mezzi buoni, cattivi, onesti, illeciti*; *il fine giustifica i mezzi* | ***Mezzi di comunicazione***, l'insieme delle risorse tecniche impiegate per la diffusione di notizie o per lo spostamento da uno ad altro luogo di cose o persone | ***Mezzi audiovisivi***, cinema, radio, televisione e sim. | ***Mezzi di trasporto***, tutti i veicoli che permettono il trasferimento di persone o cose da un luogo ad un altro | ***Mezzi di produzione***, l'insieme degli impianti industriali e di altri beni strumentali capaci di fornire un dato prodotto | ***Mezzi di pagamento***, denaro o titoli di credito idonei a estinguere un debito pecuniario | ***Mezzi pubblicitari***, strumenti usati in pubblicità per trasmettere un messaggio al pubblico | ***Complemento di m.***, indicante con quale strumento si compie l'azione verbale | ***Per m. di, a m. di***, mediante, con l'aiuto di. *5* (*est.*) Dote, capacità: *quell'atleta possiede grandi mezzi.* *6* (*fis.*, *biol.*) Sostanza o ambiente in cui avviene un fenomeno. *7* Qualunque veicolo da trasporto: *m. pubblico*; *prendere un m.*; *utilizzare i mezzi*; *viaggiare con mezzi propri* | Veicolo da combattimento: *m. cingolato, anfibio* | ***Mezzi corazzati***, carri armati, semoventi, autoblindo | ***Mezzi da sbarco***, natanti idonei al trasporto di truppe e materiali da navi a una costa assalita | ***M. di fortuna***, qualunque veicolo di uso temporaneo od occasionale in luogo di altro divenuto inservibile. *8* †Mediatore. C s. m. al pl. ● Denari, possibilità economiche: *sono privo di mezzi*; *è gente con molti mezzi.* || **meẓẓùccio**, pegg. (V.).

meẓẓobùsto o **mèẓẓo bùsto** [comp. di *mezzo* (*2*) e *busto*; av. 1729] s. m. (anche f. inv. nel sign. 2; pl. m. *mezzibùsti* o *mèzzi bùsti*) *1* Rappresentazione del corpo umano limitata alla sua parte superiore, dalla cintura in su | ***A m.***, detto di quadro, fotografia e sim. che rappresenti solo queste parti. *2* (*fig.*, *iron.*) Giornalista o annunciatore televisivo che, di solito, appare inquadrato sullo schermo dalla cintola in su.

meẓẓocérchio [comp. di *mezzo* (*2*) e *cerchio*; 1940] s. m. (pl. *mezzicérchi*) *1* (*mat.*) Semicerchio. *2* Nella scherma di fioretto o di spada, movimento del ferro che serve a difendere la parte interna o alta del petto | ***Battuta di m.***, ***presa di ferro di m.***, movimento di offesa diretto ai suddetti bersagli.

meẓẓocièlo [comp. di *mezzo* (*2*) e *cielo*; 1957] s. m. (pl. *mezzicièli*) ● (*astron.*) Punto d'incontro tra l'equatore celeste e il meridiano del luogo d'osservazione, corrispondente al punto dell'equatore celeste che ha la massima altezza sull'orizzonte.

meẓẓocìrcolo o **mèẓẓo cìrcolo** [comp. di *mezzo* (*2*) e *circolo*] s. m. (pl. *mezzicìrcoli*) ● (*mat.*) Metà d'un circolo.

meẓẓocontràlto o **mèẓẓo contràlto** [comp. di *mezzo* (*2*) e *contralto*; 1957] A s. m. ● Registro di voce femminile appartenente alla classe dei contralti, di cui rappresenta il timbro più acuto. B s. m. e f. (f. inv.; pl. m. *mezzicontràlti* o *mèzzi contràlti*) ● Cantante che ha tale voce.

meẓẓodì o (*raro*) **mèẓẓo dì** [comp. di *mezzo* (*2*) e *dì*; 1282] s. m. ● (*raro*) Mezzogiorno: *era m. e stava ancora seduta davanti la teletta* (MORAVIA).

meẓẓofondìsta [1940] s. m. e f. (pl. m. *-i*) ● Atleta specialista nelle gare di mezzofondo.

meẓẓofóndo [comp. di *mezzo* (*2*) e *fondo* 'gara di media lunghezza'; 1940] s. m. ● Nell'atletica, nel nuoto e sim., gara di media lunghezza | Nel ciclismo, gara in pista dietro motori nel tempo di un'ora o sulla distanza di 50 km.

meẓẓofòrte [comp. di *mezzo* (*2*) e *forte*] s. m. ● (*mus.*) Indicazione dinamica che richiede un'intensità di suono un poco inferiore al forte. SIMB. mf.

♦**meẓẓogiórno** [comp. di *mezzo* (*2*) e *giorno*; 1275 ca.] s. m. *1* Le ore 12 del giorno civile: *è appena suonato m.*; *è m. in punto* | ***M. vero***, l'istante della culminazione superiore del Sole vero. *2* Direzione cardinale sud: *casa esposta a m.* | Vento che spira da sud. *3* Parte di una regione geografica posta a sud: *il m. d'Italia.* *4* (*assol.*, *con iniziale maiuscola*) L'Italia Meridionale: *i problemi, la questione del Mezzogiorno.*

meẓẓoguànto o **mèẓẓo guànto** [comp. di *mezzo* (*2*) e *guanto*; 1870] s. m. (pl. *mezziguànti* o *mèzzi guànti*) ● Guanto che ricopre il palmo e il dorso della mano lasciando scoperte le dita.

†**meẓẓolàno** [da *mezzano* ampliato con l'infisso *-ol-*; sec. XIV] agg. ● Mezzano, medio, mediocre. || †**meẓẓolanaménte**, avv. Mediocremente.

meẓẓolìtro o **mèẓẓo lìtro** [comp. di *mezzo* (*2*) e *litro*; 1961] s. m. (pl. *mezzilìtri* o *mèzzi lìtri*) ● Bottiglia di vetro legalmente bollata contenente mezzo litro di vino | Quantità di vino contenuta in tale bottiglia.

meẓẓomarinàro o **meẓẓomarinàio** [comp. di *mezzo* (*2*) e *marinaro*; 1889] s. m. (pl. *mezzimarinàri*) *1* (*mar.*) Gaffa, alighiero, gancio d'accosto. *2* †Mozzo.

meẓẓopiàno [comp. di *mezzo* (*2*) e *piano* (*1*)] s. m. inv. ● (*mus.*) Indicazione dinamica che richiede un'intensità di suono intermedia fra il piano e il mezzoforte. SIMB. mp.

meẓẓopùnto o **mèẓẓo pùnto** [comp. di *mezzo* (*2*) e *punto*] loc. sost. m. (pl. m. *mèzzipùnti* o *mèzzi pùnti*) *1* Antico segno grafico consistente in un punto non seguito da maiuscola, con la funzione degli odierni due punti. *2* Punto di ricamo eseguito ad ago lanciando il filo obliquamente da sinistra verso destra, usato spec. in tappezzeria per arazzi, cuscini, tappeti e sim.

meẓẓóra o **meẓẓ'óra** [comp. del f. di *mezzo* (*2*) e *ora*; 1561] s. f. *1* Metà di un'ora. *2* (*est.*) Piccola unità indeterminata di tempo: *ti aspetterò una m.* || **meẓẓorétta, mezz'orétta**, dim.

meẓẓorilièvo o **mèẓẓo rilièvo** [comp. di *mezzo* (*2*) e *rilievo*; av. 1571] s. m. (pl. *mezzirilièvi* o *mèzzi rilièvi*) ● Tecnica e rappresentazione scultorea in cui le figure sporgono con diverso stacco dal fondo, emergendone per talune parti di primo piano, rimanendovi aderenti per altre.

meẓẓosàngue o **mèẓẓo sàngue** [comp. di *mezzo* (*2*) e *sangue*; 1945] s. m. e f. inv. *1* Meticcio di prima generazione. *2* Nell'ippica, trottatore che non ha una discendenza da genitori di razza pura.

meẓẓoservìzio o **mèẓẓo servìzio** [comp. di *mezzo* (*2*) e *servizio*] s. m. (pl. *mezziservìzi*) ● Servizio domestico prestato soltanto per una parte del giorno.

meẓẓosopràno o **mèẓẓo sopràno** [comp. di *mezzo* (*2*) e *soprano*; 1720] A s. m. ● (*mus.*) Registro di voce femminile che, come estensione e colore, è intermedio tra il soprano e il contralto. B s. m. e f. (pl. m. *mezzosopràni* o *mèzzi sopràni*, pl. f. inv.) ● Cantante che ha tale voce.

meẓẓotenóre [comp. di *mezzo*, come 'intermedio' fra il tenore e il basso, e *tenore*] s. m. (pl. *-i* o *mèzzi tenóri*) ● (*mus.*) Baritono.

meẓẓotìtolo [comp. di *mezzo* (*2*) e *titolo*; 1970] s. m. (pl. *mezzitìtoli*) ● (*tipogr.*; *raro*) Occhiello nel sign. 6.

meẓẓotóndo [da *mezzo* (*2*) sul modello di *tuttotondo*; av. 1574] s. m. inv. ● In scultura, tipo di esecuzione in cui il soggetto rappresentato appare non nella pienezza dei suoi volumi, ma come emergente a metà dalla parete a cui si appoggia. CFR. Tuttotondo.

meẓẓovènto [comp. di *mezzo* (*2*) e *vento*; av. 1566] s. m. ● Vento mediano tra gli otto principali.

meẓẓùccio [1789] s. m. *1* Pegg. di *mezzo* (*2*). *2* Espediente meschino: *ricorrere a mezzucci.*

mezzule 1102

mezzùle [da *mezzo* (*2*), perché è la doga di *mezzo* nella parte anteriore del fondo della botte; 1313] **s. m.** ● Doga mediana del fondo della botte, con sportello per poterla pulire, dove si applica la cannella per spillare il vino.

mhmm /hm, m'hm, hm'hm, mh/ ● V. *mm*.

mho /'ɛmme akka'ɔ*/ [lettura inversa di *ohm*; 1957] **s. m. inv.** ● (*elettr.*) Unità di misura della conduttanza elettrica, pari a 1 (ohm)$^{-1}$; per la stessa unità il nome raccomandato è siemens (V.).

♦**mi** (**1**) /mi/ [lat. *mē*; sec. XII] **pron. pers.** atono di prima pers. sing. (formando gruppo con altri **pron.** atoni si premette a *ci*, *si*, *ti*: *non mi ci metto*; *qui mi si vuole imbrogliare*; *non mi ti accostare*. Assume la forma *me* (V.) davanti ai **pron.** atoni *lo*, *la*, *le*, *li* e alla particella *ne*) **1** Io (come compl. ogg., encl. o procl.): *non mi ha visto*; *mi verrà a trovare domani*; *lasciami!*; *non potete lasciarmi qui* | Con valore procl. e (*lett.*) encl., si usa nelle coniug. dei verbi rifl. e intr. pron.: *io mi lavo*; *io mi pento* | Si usa nell'imperat. negativo: *non disturbatemi*; *non mi toccare!* **2** A me (come compl. di termine encl. o procl.): *mi ha raccontato delle storie*; *mi sembra che non sia giusto*; *dammi una mano*; *ditemi pure tutto*. **3** Esprime (come dativo etico) la partecipazione affettiva, l'interesse, l'adesione psicologica di chi parla o scrive: *ma che mi andate raccontando in giro?*; *statemi bene!*; *che cosa mi avete combinato?*; *mi si sta facendo tardi*. **4** (*pleon.*) Con valore raff.: *io mi credevo di riuscire*; *non mi pensavo mai che fosse tanto complicato*; *l' mi son un che, quando / Amor mi spira, noto* (DANTE *Purg.* XXIV, 52-53). (V. nota d'uso ELISIONE e TRONCAMENTO).

mi (**2**) /mi*, mi/ [lettere iniziali del terzo verso (*mira gestorum*) dell'Inno a S. Giovanni, scelto da Guido d'Arezzo a fondamento della scala musicale; sec. XIV] **s. m. inv.** ● (*mus.*) Terza nota della scala musicale di *do* | Tono, corda o tasto di mi (V. nota d'uso ACCENTO).

mi (**3**) /mi*/ o (*raro*) **mu** /mu*/ [dal gr. *mŷ*; 1561] **s. m.** o **f. inv.** ● Nome della dodicesima lettera dell'alfabeto greco.

mi' o †**me'** (**3**) /me/ [da *mio*] **agg. poss.** di prima pers. sing. ● (*pop.*, *tosc.*) Forma tronca di 'mio', 'mia', 'miei', 'mie', in posizione proclitica.

miagolaménto [1858] **s. m.** ● Il miagolare di continuo.

♦**miagolàre** o (*raro*) **miaulàre** [vc. onomat.; av. 1400] **A v. intr.** (*io miàgolo*; aus. *avere*) **1** Fare miao, miao, detto del gatto: *il gatto miagolava davanti alla porta*. **2** (*fig.*, *scherz.*) Lamentarsi: *smettila di m. in quel modo!* **3** (*fig.*, *lett.*) Fischiare, detto dei proiettili. **B v. tr.** ● (*fig.*) Cantare o recitare versi e sim. in modo flebile, lamentoso o affettato.

miagolàta [1618] **s. f.** ● Miagolio prolungato e insistente (*anche fig.*): *una lunga m.*

miagolatóre [1869] **agg.**; anche **s. m.** (f. *-trice*) ● Che (o Chi) miagola (*anche fig.*).

miagolìo o (*raro*) **miaulìo** [av. 1742] **s. m.** ● Verso prolungato e insistente del gatto | (*fig.*) Voce lamentosa, piagnucolio | (*fig.*) Suono sgraziato o monotono | (*fig.*) Sibilo: *il sinistro m. delle pallottole*.

miàgolo [da *miagolare*; av. 1636] **s. m.** ● (*raro*) Verso del gatto.

miagolóne [1945] **s. m.**; anche **agg.** (f. *-a*) ● Chi (o Che) miagola molto e spesso (*anche fig.*).

mialgìa [comp. di *mi(o)-* e *-algia*; 1895] **s. f.** ● (*med.*) Dolore in corrispondenza di un muscolo: *m. da trauma*, *da infezione*.

miàlgico [1957] **agg.** (pl. m. *-ci*) ● (*med.*) Relativo a mialgia.

miào o **miàu** [vc. onomat.; av. 1565] **A inter.** ● Riproduce il miagolio del gatto. **B** in funzione di **s. m. inv.** ● Miagolio.

miàsi [comp. del gr. *mŷia* 'mosca' e *-asi*; 1934] **s. f. inv.** ● (*med.*) Infestazione da larve di mosca su piaghe o tessuti necrotici della cute.

miàsma [vc. dotta, gr. *míasma* 'lordura, contaminazione', da *miaínein* 'lordare', di etim. incerta; av. 1730] **s. m.** (pl. *-i*) ● Malsana esalazione di organismi in putrefazione o di acqua stagnante e impaludata che viziano l'aria | (*est.*) Odore fetido e pestilenziale.

miasmàtico [dal gr. *míasma*, genit. *miásmatos*. V. *miasma*; 1885] **agg.** (pl. m. *-ci*) ● Di miasma, causato da miasma: *febbre miasmatica*.

miastenìa [comp. di *mi(o)-* e *astenia*; 1828] **s. f.** ● (*med.*) Affezione caratterizzata da facile esauribilità della capacità contrattile della muscolatura.

miastènico [1934] **agg.**; anche **s. m.** (f. *-a*; pl. m. *-ci*) ● (*med.*) Che (o Chi) è affetto da miastenia.

miatonìa [comp. di *mi(o)-* e *atonia*; 1939] **s. f.** ● (*med.*) Riduzione o assenza del tono muscolare. SIN. Amiotonia.

miatrofìa [comp. di *mi(o)-* e *atrofia*; 1970] **s. f.** ● (*med.*) Atrofia muscolare.

miàu ● V. *miao*.

miaulàre e *deriv.* ● V. *miagolare* e *deriv.*

♦**mica** (**1**) o (*sett.*) †**micca** (**1**) [lat. *mīca(m)* 'briciola', di etim. incerta; av. 1306] **s. f.** ● (*lett.*) Briciola, minuzzolo, granellino: *io ho ricolte della vostra mensa / alcune miche da quella cadute* (BOCCACCIO) | (*est.*) Quantità minima, granello. ‖ **miccichìno**, **dim. m.** | **miccìno**, **dim. m.** | **micèlla**, **dim.** (V.) | **micolìna**, **dim.** | **micolìno**, **dim. m.**

mica (**2**) o (*sett.*) †**miga** [V. *mica* (*1*); sec. XII] **avv.** **1** (*fam.*) Affatto, per nulla, minimamente (come raff. di una negazione, spec. posposto al v.): *non è m. vero*; *non sono m. stato io*; *non costa m. tanto*; *ascoltava quello che non gli era m. occulto* (BOCCACCIO) | Non (senza la negazione e con valore intens.): *sono cose vere queste, m. favole*; *m. lo sapevo che ci saresti andato!* | (*sett.*) ***M. male***, niente male (esprime un giudizio favorevole, soddisfazione, ammirazione e sim.): *'come stai?' 'm. male'*; *m. male questo vino*. **2** Per caso (in espressioni interr. o escl.): *non ti sarai m. offeso?*; m. sei arrabbiato con me!, vero?

mica (**3**) [dal lat. *mīca* 'briciola'. V. *mica* (*1*); 1563] **s. f.** ● (*miner.*) Silicato del tipo a strati, contenente alluminio oppure magnesio e ferro e con un catione alcalino; costituisce un gruppo di varie specie facilmente sfaldabili in lamine sottilissime e trasparenti, di colorazione varia.

mica (**4**) ● V. *micca* (*2*).

micàceo [da *mica* (*3*); 1779] **agg.** ● (*miner.*) Relativo a mica | Simile a mica.

micalizzàto [da *mica* (*3*) e (*metal*)*lizzato*; 1994] **agg.** ● Che contiene pigmenti a base di mica, detto spec. di vernici usate per carrozzerie di automobili.

micanite® [vc. ingl., formata con *mica* (*3*) su *vulcanite*; 1893] **s. f.** ● (*elettr.*) Materiale isolante composto da scaglie di mica pressate e cementate in forma di grandi fogli.

†**micànte** [vc. dotta, lat. *micānte(m)*, part. pres. di *micāre* 'tremolare, guizzare, scintillare', di orig. indeur.; 1342] **agg.** ● Splendente, fulgido: *più che 'l sol belli e micanti* (PULCI).

micascìsto o **micaschìsto** [comp. di *mica* (*3*) e *scisto*; 1817] **s. m.** ● Roccia a composizione prevalentemente quarzoso-micacea derivante dal metamorfismo di rocce argillose.

micca (**1**) ● V. *mica* (*1*).

micca (**2**) o **mica** (**4**) [dal fr. *miche* 'pagnotta'; 1481] **s. f.** **1** (*sett.*) Pagnotta rotonda abbastanza grande. **2** †Minestra, pappa, zuppa. ‖ **michétta**, **dim.** (V.).

miccia [fr. *mèche*, dal lat. parl. **mīcca(m)*, per il classico *mȳxa(m)*, nom. *mýxa* 'becco della lampada, lumino', dal gr. *mýxa* 'muco', di orig. indeur., per l'aspetto; av. 1571] **s. f.** (pl. *-ce*) **1** Cordoncino combustibile che acceso ad un capo propaga la fiamma determinando il brillamento a distanza di cariche esplosive | ***M. detonante***, con l'anima di esplosivo ad alta velocità di detonazione, per ottenere il brillamento pressoché simultaneo di più cariche a essa collegate | ***Dare fuoco, appiccare il fuoco alla m.***, (*fig.*) dare il via a rivolte, sommosse e sim. **2** (*mar.*; *disus.*) Estremità inferiore di ogni albero.

miccìno [da *micca*; sec. XV] **s. m.** ● (*lett.*) Piccola quantità, minima parte | ***A m.***, in piccola quantità; (*est.*) con estrema misura.

miccio [vc. onomat.; av. 1306] **s. m.** (f. *-a*; pl. f. *-ce*) ● (*tosc.*) Asino, somaro (*anche fig.*).

†**micciòlfo** [sovrapposizione di *Marcolfo* a *miccio* (?); av. 1388] **s. m.** ● Ignorante, villano.

micco [sp. *mico*, da una lingua caribica; sec. XVIII] **s. m.** (pl. *-chi*) **1** (*zool.*) Uistitì. **2** (*tosc.*) Uomo goffo ma pieno di pretese e impertinenza | Bellimbusto. **3** (f. *-a*) (*fig.*, *region.*) Sciocco, stupido: *guarda che io non sono un m.* ‖ **micchétto**, **dim.**

micèlio [dal gr. *mýkēs* 'fungo', di etim. discussa: da avvicinare al lat. *mūcus* 'muco' (?); 1865] **s. m.** ● (*bot.*) Complesso delle ife che costituiscono la parte vegetativa dei Funghi.

micèlla [1917] **s. f.** **1** Dim. di *mica* (*1*). **2** (*chim.*) Particella colloidale formata da un aggregato di molecole relativamente piccole.

micenèo [vc. dotta, lat. *Mycenāeu(m)*, nom. *Mycenāeus*, dal gr. *Mykēnâios*, da *Mykênē* 'Micene'; 1816] **A agg.** ● Dell'antica Micene | Relativo alla civiltà che si irradia dall'antica Micene dal XIV all'XI sec. a.C. **B s. m.** (f. *-a*) ● Abitante, nativo dell'antica Micene. **C s. m.** solo **sing.** ● Dialetto greco parlato nell'antica Micene.

micète (**1**) [dal gr. *mýkēs*, genit. *mýkētos* 'fungo' (V. *micelio*); 1895] **s. m.** ● (*bot.*) Fungo.

micète (**2**) [vc. dotta, gr. *mykētḗs* 'muggente', da *mykâsthai* 'muggire', di orig. indeur.; 1875] **s. m.** ● Scimmia urlatrice arboricola americana, con coda prensile, barba nerissima e alimentazione vegetariana (*Alouatta caraya*).

micetologìa [comp. di *micete* (*1*) e *-logia*; 1828] **s. f.** ● (*bot.*) Micologia.

micetòma [comp. di *micete* (*1*) e *-oma*; 1934] **s. m.** (pl. *-i*) ● (*med.*) Formazione di aspetto tumorale che colpisce il piede, originata da funghi.

michelàccio [da *Michele*, n. molto diffuso, suggerito anche dall'assonanza con *spasso*; 1586] **s. m.** ● (*fam.*) Vagabondo, bighellone | ***L'arte, la vita di m.***, mangiare, bere e andare a spasso.

michelangiolésco [av. 1861] **agg.** (pl. m. *-schi*) ● Che concerne Michelangelo Buonarroti (1475-1564) e il suo stile: *opera michelangiolesca* | (*est.*) Possente e grandioso: *figura michelangiolesca*; *tocco m.* ‖ **michelangiolescaménte**, **avv.** Alla maniera, nello stile di Michelangelo Buonarroti.

michelétto [sp. *miquelete*: i micheletti erano detti così perché provenivano dalla regione dei Pirenei ove c'era il santuario di *S. Michele*; 1740 ca.] **s. m.** ● Soldato spagnolo appartenente in origine a bande di mercenarie basche, organizzate poi militarmente nel XVII sec.

michétta [av. 1789] **s. f.** **1** Dim. di *mica* (*4*). **2** (*sett.*) Panino di forma rotonda.

†**micida** ● V. *omicida*.

micidiàle o †**omicidiàle**, †**umicidiàle** [da †*micidio*; 1312] **A agg.** **1** Che provoca la morte: *colpo m.* | †Assassino: *i Bianchi ritenne presi quella notte, sanza paglia e sanza materassi, come uomini micidiali* (COMPAGNI). **2** (*est.*) Molto dannoso: *clima m.*; *i micidiali effetti del fumo* | (*scherz.*) Impossibile da sopportare: *è una musica m.* ‖ **micidialménte**, **avv.** **B s. m.** ● †Omicida.

†**micidiàro** [da †*micidio*] **agg.** ● Micidiale, omicida.

†**micidio** ● V. *omicidio*.

micio [vc. onomat.; 1598] **s. m.** (f. *-a*; pl. f. *-cie* o *-ce*) ● (*fam.*) Gatto domestico | (*fig.*) †***Stare in barba di m.***, godersela. ‖ **micétto**, **dim.** | **micìno**, **dim.** | **miciolìno**, **dim.** | **micióne**, **accr.**

mico- [dal gr. *mýkēs* 'fungo'] primo elemento ● In parole scientifiche composte, significa 'fungo', o indica relazione con i funghi: *micologia*, *micorriza*.

micobattèrio [comp. di *mico-* e *batterio*; 1957] **s. m.** ● Nome con cui si indicano circa quaranta specie di batteri tra cui il bacillo tubercolare di Koch.

micocellulósa [comp. di *mico-* e *cellulosa*; 1965] **s. f.** ● Costituente della membrana cellulare dei funghi.

micodèrma [comp. di *mico-* e *derma*; 1834] **s. m.** (pl. *-i*) ● (*bot.*) Genere di Funghi delle Moniliali comprendente importanti lieviti sporigeni (*Mycoderma*).

micologìa [comp. di *mico-* e *-logia*; 1821] **s. f.** ● Ramo della botanica che studia i Funghi. SIN. Micetologia.

micològico [1891] **agg.** (pl. m. *-ci*) ● Della, relativo alla micologia.

micòlogo [comp. di *mico-* e *-logo*; 1869] **s. m.** (f. *-a*; pl. m. *-gi*) ● Studioso di micologia | ***Esperto m.***, funzionario dell'ufficio d'igiene che esamina i funghi in vendita nei mercati.

micoplàsma [comp. di *mico-* e del gr. *plásma* 'cosa plasmata'] **s. m.** (pl. *-i*) ● (*biol.*) Genere di batteri comprendente specie piccole, sferiche o filamentose, sprovviste di parete, parassite intracellulari, diffuse ampiamente in natura e patogene per l'uomo (polmonite, infezioni urinarie) e per gli animali (*Mycoplasma*).

micorrìza [comp. di *mico-* e *-riza*; 1934] **s. f.** ●

Complesso simbiotico formato dalle ife dei funghi e dalle radici degli alberi.

micosferèlla [comp. di *mico-* e del lat. scient. *Sphaerella*, n. di un genere di Funghi, dim. di un ant. genere *Sphaeria*, dal gr. *sphâira* 'sfera'; 1957] **s. f.** ● Genere di Funghi degli Ascomiceti parassiti su varie piante (*Mycosphaerella*).

micòsi [comp. di *mico-* e *-osi*; 1828] **s. f. inv.** ● Malattia prodotta da funghi parassiti.

micosina [da *mico(cellulo)s(a)* col suff. *-ina*] **s. f.** ● (*biol.*) Micocellulosa.

micòtico [1954] **agg.** (**pl. m.** *-ci*) ● (*med.*) Relativo a micosi.

micotossina [comp. di *mico-* e *tossina*] **s. f.** ● (*med.*) Tossina prodotta da funghi.

micràgna o **migràgna** [lat. *hemicrānia(m)* 'emicrania', in senso iron.; 1908] **s. f.** *1* (*region.*) Mancanza persistente di denaro, miseria. *2* (*region.*) Avarizia, taccagneria.

micragnóso o **migragnóso** [da *micragna*; 1908] **agg.** *1* (*region.*) Povero, privo di denaro. *2* (*region.*) Avaro, taccagno. || **micragnosaménte**, **avv.**

micro- [dal gr. *mikrós* 'piccolo'] primo elemento *1* In parole composte, spec. della terminologia scientifica e tecnica, significa 'piccolo, che ha sviluppo insufficiente', o fa riferimento a cose, quantità piccole: *microbilancia, microcosmo, microscopio, microcefalia, microcefalo, microeconomia* | In altri casi significa 'microscopico' o indica relazione col microscopio: *microchimica, microcristallino*. *2* In parole composte, anteposto a un'unità di misura, la divide per 1 milione, cioè la moltiplica per 10^{-6}: *microampere, micromillimetro*. **SIMB.** μ.

microampere /mikroam'pɛr/ [comp. di *micro-* e *ampere*; 1954] **s. m. inv.** ● Unità di misura d'intensità di corrente elettrica equivalente a un milionesimo di ampere. **SIMB.** μA.

microamperòmetro [comp. di *micro-* e *amperometro*; 1954] **s. m.** ● Strumento che misura in microampere l'intensità di una corrente elettrica.

microanàlisi [comp. di *micro-* e *analisi*; 1954] **s. f. inv.** ● Insieme di procedimenti per la determinazione di sostanze presenti in percentuali minime nei campioni da esaminare.

microbibliografia [comp. di *micro(film)*, *biblio-* e *-grafia*; 1957] **s. f.** ● Tecnica della riproduzione di libri, documenti, manoscritti e sim. su microfilm.

microbicida [comp. di *microbi(o)* e *-cida*; 1957] **A s. m.** (**pl.** *-i*) ● Sostanza capace di uccidere i microbi. **B** anche **agg.**: *sostanza m.*

microbico [1914] **agg.** (**pl. m.** *-ci*) ● Di, relativo a microbo.

microbilància [comp. di *micro-* e *bilancia*] **s. f.** (**pl.** *-ce*) ● Bilancia per microanalisi.

micròbio [fr. *microbe*, comp. del gr. *mikrós* 'piccolo' (V. *micro-*) e *bíos* 'vita' (V. *bio-*) prob. attraverso il ted.; 1878] **s. m.** ● V. *microbo*.

microbiologia [comp. di *microbio* e *-logia*; 1889] **s. f.** ● Ramo della biologia che studia i microrganismi.

microbiològico [1957] **agg.** (**pl. m.** *-ci*) ● Relativo alla microbiologia. || **microbiologicaménte**, **avv.**

microbiòlogo [comp. di *microbio* e *-logo*; 1957] **s. m.** (**f.** *-a*; **pl. m.** *-gi*) ● Studioso, esperto di microbiologia.

microbo o **micròbio** nel sign. 1 [forma di sing. ricavata da *microbi*, pl. di *microbio*; 1896] **s. m.** *1* Microrganismo | Comunemente, microrganismo animale o vegetale capace di provocare una malattia infettiva. *2* (*fig.*, *spreg.*) Persona meschina e insignificante.

microcalcolatóre [comp. di *micro-* e *calcolatore*, sul modello dell'ingl. *microcomputer*; 1979] **s. m.** ● (*elab.*) Elaboratore la cui unità centrale è costituita da un microprocessore. **SIN.** Microelaboratore, microcomputer.

microcàmera [comp. di *micro-* e *camera* (2); 1947] **s. f.** ● Apparecchio per formati fotografici inferiori al 24 x 36 mm.

microcassétta [comp. di *micro-* e *cassetta*; 1983] **s. f.** ● Cassetta di dimensioni ridotte per microregistratori.

microcèbo [comp. di *micro-* e *cebo*; 1957] **s. m.** ● Genere di lemuri del Madagascar, arboricoli, di piccole dimensioni, con grandi occhi e lunga coda (*Microcebus*).

microcefalia [da *microcefalo*; 1841] **s. f.** *1* (*med.*) Ridotto sviluppo del cranio e dell'encefalo. *2* (*est.*, *scherz.*) Stupidità, mancanza di senno, di intelligenza e sim.

microcefàlico [1954] **agg.** (**pl. m.** *-ci*) *1* Relativo alla microcefalia. *2* Microcefalo.

microcèfalo [vc. dotta, gr. *mikroképhalos*, comp. di *mikrós* 'piccolo' (V. *micro-*) e *kephalḗ* 'testa' (V. *cefalo-*); 1821] **agg.**; anche **s. m.** (**f.** *-a*) *1* Che (o Chi) è affetto da microcefalia. *2* (*est.*) Idiota, imbecille: *ragionamenti da m.*

microchimica [comp. di *micro(scopio)* e *chimica*; 1891] **s. f.** ● Chimica riguardante i preparati a strutture microscopiche.

microchip /mikro'tʃip, *ingl.* 'maekɹɑʊ,tʃɪp/ [comp. di *micro-* e *chip*; 1985] **s. m. inv.** ● (*elettron.*) Chip.

Microchiròtteri [comp. di *micro-* e il pl. di *chirottero*; 1934] **s. m. pl.** (**sing.** *-o*) ● Nella tassonomia animale, sottordine di Chirotteri comprendente specie per lo più insettivore e di piccole dimensioni (*Microchiroptera*).

microchirurgia [comp. di *micro-* e *chirurgia*; 1941] **s. f.** ● Branca della chirurgia che, nell'esecuzione degli interventi, spec. nell'ambito dell'oculistica, dell'otorinolaringoiatria, della neurochirurgia, utilizza uno speciale tipo di microscopio.

microcircùito [comp. di *micro-* e *circuito*; 1970] **s. m.** ● Circuito elettronico costituito da componenti miniaturizzati.

microcita o **microcito** [comp. di *micro-* e del gr. *kýtos* (V. *citofagia*); 1939] **s. m.** (**pl.** *-i*) ● (*biol.*) Globulo rosso di diametro e volume inferiore alla norma.

microcitemia [comp. di *microcita* ed *-emia*; 1957] **s. f.** ● (*med.*) Forma di anemia con presenza di numerosi microciti nel sangue.

microcito ● V. *microcita*.

microcitòma [comp. di *micro-*, *cit(o)-* e del suff. *-oma*] **s. m.** (**pl.** *-i*) ● (*med.*) Tumore del polmone costituito da piccole cellule basofile; si riscontra spec. nei fumatori.

microclima [comp. di *micro-* e *clima*; 1957] **s. m.** (**pl.** *-i*) ● (*geogr.*) La natura del clima considerata nello strato di atmosfera posto nell'immediata vicinanza del suolo (fino a 2 m di altezza) | Condizioni climatiche di una zona ristretta. **CONTR.** Macroclima.

microclimatologia [comp. di *micro-* e *climatologia*] **s. f.** ● Parte della climatologia che studia i microclimi.

microclino [comp. di *micro-* e *-clino*, dal gr. *klínein* 'piegare'; 1934] **s. m.** ● (*miner.*) Feldspato di potassio triclino, caratterizzato dall'intreccio di individui lamellari tra loro geminati.

micrococco [comp. di *micro-* e *cocco* (4); 1878] **s. m.** (**pl.** *-chi*) ● (*biol.*) Batterio a forma di globo.

microcomponènte [comp. di *micro-* e *componente*; 1986] **s. m.** ● (*elettron.*) Componente elettronico miniaturizzato.

microcomputer /mikrokom'pjuter, *ingl.* 'maekɹəʊkəm,pjuːtə/ [comp. di *micro-* e *computer*; 1981] **s. m. inv.** ● (*elab.*) Microcalcolatore.

microconflittualità [comp. di *micro-* e *conflittualità*; 1981] **s. f.** ● Conflittualità all'interno di un gruppo sociale o di un ambiente di lavoro, che si manifesta con piccoli e frequenti scontri su argomenti circoscritti.

microcontèsto [comp. di *micro-* e *contesto*] **s. m.** ● (*ling.*) Contesto immediato di una parola, costituito gener. dalla parola che precede e da quella che segue.

microcòsmico [1585] **agg.** (**pl. m.** *-ci*) ● Relativo a microcosmo.

microcòsmo [vc. dotta, lat. tardo *microcŏsmu(m)*, comp. del gr. *mikrós* 'piccolo' (V. *micro-*) e *kósmos* 'mondo' (V. *cosmo*); av. 1375] **s. m.** *1* Il mondo dell'infinitamente piccolo, gener. riferito al sistema atomico e alle particelle elementari. *2* (*filos.*) L'uomo inteso come una complessità di fenomeni che riassumono in sé l'ordine e la struttura dell'universo. *3* (*fig.*, *lett.*) Complesso di idee, sentimenti, convinzioni che riflettono l'esperienza di un singolo o di un gruppo di persone: *il m. pascoliano* | (*spreg.*) Piccolo mondo, ambito ristretto e limitato: *vive chiuso nel suo m.*

microcriminalità [comp. di *micro-* e *criminalità*; 1985] **s. f.** ● Attività criminale spec. di ambito locale, caratterizzata da molti reati di limitata gravità.

microcristallino [comp. di *micro(scopio)* e *cristallo*, con suff. agg.; 1940] **agg.** ● (*miner.*) Di roccia i cui costituenti cristallini sono così piccoli da essere rivelati soltanto dal microscopio.

microcurie /mikroku'ri/ [comp. di *micro-* e *curie*] **s. m. inv.** ● Unità di misura della radioattività pari a un milionesimo di curie. **SIMB.** μCi.

microdattilia [da *microdattilo*] **s. f.** ● (*med.*) Ridotto sviluppo delle dita dei piedi o delle mani.

microdàttilo [comp. di *micro-* e del gr. *dáktylos* 'dito' (V. *dattilografia*)] **agg.**; anche **s. m.** (**f.** *-a*) ● Che (o Chi) è affetto da microdattilia.

microdelinquènza [comp. di *micro-* e *delinquenza*; 1985] **s. f.** ● Microcriminalità.

microdinamòmetro [comp. di *micro-* e *dinamometro*] **s. m.** ● (*mecc.*) Dinamometro per la misura di debolissime forze, costituito da una sottile fibra di vetro di silice inflessa dalla forza in esame.

microeconomia [comp. di *micro-* ed *economia*; 1961] **s. f.** ● Parte dell'analisi economica che studia i comportamenti economici dei singoli individui e delle singole famiglie o aziende.

microeconòmico **agg.** (**pl. m.** *-ci*) ● Relativo a microeconomia: *analisi microeconomica.*

microelaboratóre [comp. di *micro-* ed *elaboratore*; 1978] **s. m.** *1* (*elab.*) Microcalcolatore. *2* (*elab.*) Microprocessore.

microeleménto [comp. di *micro-* ed *elemento*; 1957] **s. m.** ● Ogni elemento chimico presente in tracce negli organismi animali e vegetali, essenziale in alcuni processi fisiologici.

microelettrònica [comp. di *micro-* ed *elettronica*; 1967] **s. f.** ● Parte dell'elettronica che si occupa della progettazione, della costruzione e delle applicazioni di circuiti elettronici miniaturizzati, in particolare dei circuiti integrati, i cui componenti hanno dimensioni dell'ordine di 1 μm.

microelettrònico [1978] **agg.** (**pl. m.** *-ci*) ● Relativo alla microelettronica.

microevoluzióne [comp. di *micro-* ed *evoluzione*] **s. f.** ● (*biol.*) L'insieme dei processi evolutivi che portano alla scarsa differenziazione di nuovi gruppi sistematici.

micròfago [comp. di *micro-* e *-fago*] **A agg.** (**pl. m.** *-gi*) ● (*zool.*) Detto di animale che si nutre di piccole particelle alimentari. **B s. m.** ● (*biol.*) Cellula fagocitaria del connettivo di dimensioni limitate.

microfàrad [comp. di *micro-* e *farad*; 1954] **s. m. inv.** ● Unità di misura di capacità elettrica equivalente a un milionesimo di farad. **SIMB.** μF.

microfàuna [comp. di *micro-* e *fauna*; 1891] **s. f.** ● (*biol.*) Insieme degli animali microscopici e degli organismi a essi assimilabili (Nematodi, Protozoi, ecc.) presenti in un certo ambiente o distretto anatomico.

microfessurazióne [comp. di *micro-* e *fessurazione*; 1988] **s. f.** ● Formazione di fessure molto piccole.

microfibra [comp. di *micro-* e *fibra*; 1989] **s. f.** ● (*tess.*) Fibra sintetica usata gener. per la produzione di tessuti, formata da bave di straordinaria finezza, anche inferiore a 0,01 denari.

microfiche /*fr.* mi,kʀo'fiʃ/ [vc. fr., comp. di *micro-* e *fiche* 'scheda'; 1986] **s. f. inv.** ● Scheda su supporto trasparente, sulla quale, secondo un ordine prestabilito, sono disposte copie in formato ridotto di documenti, manoscritti e sim. **SIN.** Microscheda.

microfilaménto [comp. di *micro-* e *filamento*; 1990] **s. m.** *1* (*biol.*) Ognuno dei filamenti subcellulari con ruolo meccanico statico, contrattile, o correlato alla funzione delle fibre nervose. *2* (*biol.*) Ognuno dei filamenti subcellulari contrattili caratterizzati da un diametro assai ridotto.

microfillo [comp. di *micro-* e *-fillo*; 1957] **s. m.** ● Foglia con caratteri di primitività, di piccole dimensioni, con una sola nervatura.

microfilm [comp. di *micro-* e *film*; 1942] **s. m. inv.** *1* Sistema di ripresa fotografica ravvicinata, su negativo di piccolo formato, di pagine di libri o riviste, e gener. documenti scritti su superfici piane. *2* Bobina di pellicola fotografica contenente delle copie di documenti, manoscritti, stampe o disegni.

microfilmàre [1950] **v. tr.** ● Riprodurre in microfilm: *m. un manoscritto, un documento.*

microfilmatrice **s. f.** ● Microriproduttore.

microflòra [comp. di *micro-* e *flora*; 1940] **s. f.** ● (*biol.*) Insieme delle strutture microscopiche vegetali e degli organismi assimilabili (batteri, funghi e alghe) presenti in un certo ambiente o distretto anatomico.

microfonicità s. f. ● Particolare disturbo che si manifesta in una apparecchiatura elettronica a causa delle vibrazioni dei tubi elettronici.

microfònico [1954] agg. (pl. m. *-ci*) ● Relativo al microfono o alla microfonicità.

microfonista [1960] s. m. e f. (pl. m. *-i*) **1** Tecnico di microfoni. **2** Operaio incaricato del piazzamento e spostamento dei microfoni durante le riprese di un film.

♦**micròfono** [comp. di *micro-* e (*tele*)*fono*; 1828] s. m. **1** Apparecchio che trasforma l'energia sonora in energia elettrica in modo da consentire trasmissioni o amplificazioni del suono | *M. spia*, microspia telefonica. **2** (*impropr.*) Microtelefono.

microfotografia [comp. di *micro-* e *fotografia*; 1882] s. f. ● (*fot.*) Immagine fotografica di un oggetto molto piccolo ingrandito per mezzo di un microscopio che sostituisce l'obiettivo | La tecnica usata per ottenerla.

microfotogràfico [1957] agg. (pl. m. *-ci*) ● Relativo alla microfotografia.

microftalmia [comp. di *micro-* e *oftalmia*] s. f. ● (*med.*) Microftalmo.

microftàlmo [comp. di *micro-* e *-oftalmo*; 1834] s. m. ● (*med.*) Piccolezza congenita del bulbo oculare.

microglossàrio [comp. di *micro-* e *glossario*] s. m. ● (*ling.*) Lessico che raccoglie i termini di un determinato linguaggio settoriale o i vocaboli di più alta frequenza di un autore.

microglòsso [comp. di *micro-* e del gr. *glôssa* 'lingua' (V. *glossa*); 1891] s. m. ● Grosso cacatua dell'Australia e della Nuova Guinea, dal piumaggio nero a riflessi verdi e dalla lingua molto lunga e sottile (*Probosciger aterrimus*).

micrognatia o **micrognazia** [comp. di *micro-* e un deriv. del gr. *gnáthos* 'mascella' (V. *prognato*); 1954] s. f. ● (*med.*) Insufficiente sviluppo della mandibola che comporta forte riduzione del mento. SIN. Micrognatismo.

micrognatismo s. m. ● (*med.*) Micrognatia.

micrognazia ● V. *micrognatia*.

micrografia [comp. di *micro-* e *-grafia*; 1834] s. f. ● (*raro*) Scrittura minutissima.

microgràmmo [comp. di *micro-* e *grammo*; 1954] s. m. ● Unità di misura di massa, equivalente a un milionesimo di grammo. SIMB. μg.

microgravità [comp. di *micro-* e *gravità*; 1985] s. f. ● (*fis.*) Condizione di assenza (o quasi assenza) di peso; si ottiene nella caduta libera dei corpi o all'interno di navicelle spaziali.

microinfusóre [comp. di *micro-* e un deriv. di *infondere*; 1983] s. m. ● (*med.*) Dispositivo per la somministrazione endovena, controllata nel tempo, di sostanza medicamentosa a dosaggi estremamente ridotti: *m. per diabetici*.

microinterruttóre [comp. di *micro-* e *interruttore*; 1983] s. m. ● (*elettr.*) Interruttore per bassa tensione e piccola intensità di corrente, sensibile a piccole forze di azionamento e usato per effettuare l'apertura e la chiusura di circuiti di comando o di circuiti logici in apparecchi quali telefoni, macchine da calcolo per ufficio, registratori del suono.

microistruzióne [comp. di *micro-* e *istruzione*; 1995] s. f. ● (*elab.*) Istruzione elementare usata nella microprogrammazione.

microlepidòtteri [comp. di *micro-* e il pl. di *lepidottero*; 1869] s. m. pl. (sing. *-o*) ● (*zool.*) Correntemente, denominazione dei Lepidotteri di piccole dimensioni, come le tignole e le tarme.

microlettóre [comp. di *micro-* e *lettore*; 1941] s. m. ● Apparecchio ottico che consente la lettura dei microfilm. SIN. Visore.

microlingua [comp. di *micro-* e *lingua*; 1983] s. f. ● Linguaggio tipico di un determinato settore specialistico, caratterizzato, rispetto alla lingua comune, da una diversa frequenza di talune strutture morfologico-sintattiche, e dalla completa mancanza di una dimensione stilistica.

microlinguìstica [comp. di *micro-* e *linguistica*; 1974] s. f. ● Studio dei fenomeni linguistici relativi a singole unità o a piccoli gruppi di unità, sotto il profilo descrittivo e storico.

micròlito [comp. di *micro-* e *-lito* (*1*); 1930] s. m. ● (*med.*) Piccolo calcolo che si genera nel rene, vescica, fegato.

microlitro [comp. di *micro-* e *litro*] s. m. ● Unità di misura di capacità equivalente a un milionesimo di litro. SIMB. μl.

micromacinatóre [comp. di *micro-* e *macinatore*] s. m. ● Micronizzatore.

micromelia [dal gr. *mikromelḗs* 'di piccole membra', comp. di *mikro-* 'micro-' e *mélos* 'membro'; 1954] s. f. ● (*med.*) Sviluppo insufficiente di uno o più arti.

micrometeorologìa [comp. di *micro-* e *meteorologia*; 1957] s. f. ● Branca della meteorologia che studia i fenomeni atmosferici a piccola scala, che studia nei particolari i fenomeni atmosferici degli strati più vicini al suolo, su piccole estensioni e per periodi limitati di tempo.

micrometria [da *micrometro* (*1*); 1869] s. f. ● Misurazione per mezzo del micrometro.

micromètrico [1869] agg. (pl. m. *-ci*) ● Relativo al micrometro | ***Vite micrometrica***, a passo molto fine, portante una testa formata da un tamburo graduato, che permette avanzamenti anche di frazioni di mm.

micròmetro (**1**) [comp. di *micro-* e *-metro*; av. 1739] s. m. ● Strumento di misura delle lunghezze o degli spessori di oggetti meccanici, sensibile fino al centesimo di mm, avente come organo misuratore una vite dotata di un manicotto graduato. SIN. Palmer.

micromètro (**2**) [comp. di *micro-* e *metro*] s. m. ● Unità di misura di lunghezza corrispondente alla milionesima parte di un metro, comunemente indicata con il nome di *micron*. SIMB. μm oppure μ.

micromicète [comp. di *micro-* e *micete* (*1*); 1954] s. m. ● (*bot.*) Fungo microscopico. CONTR. Macromicete.

microminiaturizzàre [comp. di *micro-* e *miniaturizzare*; 1995] v. tr. ● Ridurre qlcu. a proporzioni estremamente ridotte.

microminiaturizzazióne [1974] s. f. ● L'operazione di microminiaturizzare.

micromotóre [comp. di *micro-* e *motore*; 1943] s. m. ● Motore di piccola potenza, applicato su biciclette e veicoli sim. | (*est.*) Il veicolo equipaggiato di tale motore.

micromotorista [da *micromotore* e *-ista*; 1954] s. m. e f. (pl. m. *-i*) ● Chi guida un micromotore.

micron [gr. *mikrón*, nt. di *mikrós* 'piccolo'; 1869] s. m. inv. ● Unità di misura di lunghezza equivalente a un millesimo di mm. SIMB. μm oppure μ.

micróne [da *micro-*, col suff. della fisica *-one*, che indica entità elementari; 1957] s. m. ● (*fis.*) Particella visibile al microscopio, di dimensioni inferiori a 0,2 micron.

micronesiàno **A** agg. ● Della, relativo alla Micronesia, arcipelago dell'Oceania. **B** s. m. (f. *-a*) ● Abitante, nativo della Micronesia.

micronizzàre [comp. di *micron* e *-izzare*; 1957] v. tr. ● Ridurre un materiale in particelle minutissime, dell'ordine di grandezza del micron: *m. un prodotto farmaceutico*.

micronizzàto part. pass. di *micronizzare*; anche agg. ● Nel sign. del v.

micronizzatóre s. m. ● Apparecchio per micronizzare materiali vari. SIN. Micromacinatore.

micronizzazióne [1957] s. f. ● L'operazione del micronizzare.

micronutriènte [comp. di *micro-* e *nutriente*] s. m. ● (*biol.*) Qualsiasi sostanza che l'organismo deve assumere, anche in piccolissima quantità, in quanto indispensabile per il metabolismo, come una vitamina. CONTR. Macronutriente.

microónda [comp. di *micro-* e *onda*; 1934] s. f. ● Radiazione elettromagnetica la cui lunghezza d'onda è compresa tra 1 millimetro e 0,3 metri, con frequenza variabile tra 1000 MHz e 300 000 MHz | ***Forno a microonde***, (*ellitt.*) ***microonde***, forno da cucina che utilizza microonde di alta frequenza per la cottura.

microorganismo ● V. *microrganismo*.

micropaleontologia [comp. di *micro-* e *paleontologia*] s. f. ● (*paleont.*) Settore della paleontologia che studia i resti di microrganismi animali e vegetali.

micropàlo [comp. di *micro-* e *palo*] s. m. ● (*ing.*) Palo d'acciaio, pieno o tubolare, di diametro intorno ai dieci centimetri, lungo anche decine di metri, cementato in fori nel terreno, utilizzato in gruppi per opere di consolidamento permanente del terreno in prossimità di manufatti, gallerie, fondazioni, scarpate e sim.

micròpilo [comp. di *micro-* e del gr. *pýlē* 'porta'; 1834] s. m. ● (*bot.*) Piccolissima apertura che si trova nella parte superiore dell'ovulo dei vegetali atta a favorire la penetrazione del budello pollinico.

microporosità s. f. ● Caratteristica dei materiali microporosi.

microporóso [comp. di *micro-* e *poroso*; 1987] agg. ● Detto di materiale che presenta pori piccolissimi.

microprocessóre [ingl. *microprocessor*, comp. di *micro-* 'micro-' e *processor* 'processore, elaboratore'; 1983] s. m. ● (*elab.*) Unità centrale di elaboratore realizzata in un solo circuito integrato o, talora, in alcuni circuiti integrati. SIN. Microelaboratore.

microprogràmma [comp. di *micro-* e *programma*] s. m. (pl. *-i*) ● (*elab.*) Programma formato di microistruzioni.

microprogrammazióne [comp. di *micro-* e *programmazione*] s. f. ● (*elab.*) Tecnica di realizzazione dell'unità centrale di un sistema di elaborazione, in cui la decodifica e l'esecuzione delle singole istruzioni elementari sono effettuate da una sequenza memorizzata di combinazioni di segnali elettrici.

microproiettóre [comp. di *micro-* e *proiettore*] s. m. ● (*ottica*) Strumento per microproiezione.

microproiezióne [comp. di *micro-* e *proiezione*] s. f. ● (*ottica*) Tecnica di ingrandimento di oggetti molto piccoli mediante proiezione su uno schermo dell'oggetto da esaminare.

micropsìa [comp. di *micro-* e del gr. *ópsis* 'vista'; 1940] s. f. ● (*med.*) Difetto visivo per cui gli oggetti appaiono rimpiccioliti.

micropsichia [comp. di *micro-* e del gr. *psychḗ* 'anima' (V. *psiche*); 1940] s. f. ● (*psicol.*) Scarsa fiducia nelle proprie possibilità.

microregistratóre [comp. di *micro-* e *registratore*; 1983] s. m. ● Registratore magnetico tascabile del suono, a microcassetta.

microrganismo o **microorganismo** [comp. di *micro-* e *organismo*; 1905] s. m. ● Forma di vita microscopica a struttura subcellulare (virus), unicellulare procariotica (batterio) o eucariotica (protozoo, lievito, alga), oppure pluricellulare (muffa) | ***M. patogeno***, che, parassitando l'ospite, causa una malattia infettiva | ***M. saprofita***, che vive su materiale organico in decomposizione.

microriproduttóre [comp. di *micro-* e *riproduttore*; 1970] s. m. ● Apparecchio fotografico per la ripresa in microfilm di documenti, manoscritti, stampe, disegni e sim.

microsaldatùra [comp. di *micro-* e *saldatura*] s. f. ● Saldatura di oggetti molto piccoli | Il punto in cui si pratica tale saldatura.

microschèda [comp. di *micro-* e *scheda*; 1957] s. f. ● Microfiche.

microscopìa [da *microscopio*; 1834] s. f. ● Osservazione e studio effettuati tramite il microscopio.

microscòpico [1730] agg. (pl. m. *-ci*) **1** Relativo al microscopio o alla microscopia | Che si fa col microscopio. **2** Di dimensioni tanto ridotte che è visibile solo al microscopio: *esseri microscopici* | (*est.*) Estremamente piccolo: *un nasino m.* ‖ **microscopicaménte**, avv. Per mezzo del microscopio: *osservare microscopicamente un organismo*; (*est.*) in modo microscopico: *un uovo microscopicamente piccolo*.

microscòpio [comp. di *micro-* e *-scopio*; 1659] s. m. ● (*fis.*) Strumento atto a fornire immagini ingrandite di oggetti piccolissimi, che possono essere osservate o fotografate | ***M. ottico***, quello che utilizza la luce emessa da un apparecchio illuminatore, la quale, dopo essere stata trasmessa o diffusa dall'oggetto, attraversa un sistema ottico che forma l'immagine ed è costituito da un obiettivo e un oculare | ***M. semplice***, lente di ingrandimento | ***M. composto***, microscopio ottico che utilizza un sistema ottico di più lenti | ***M. bioculare***, microscopio ottico con un solo obiettivo e due oculari, per facilitare l'osservazione | ***M. binoculare, stereoscopico***, microscopio ottico con due obiettivi e due oculari, per conservare l'aspetto tridimensionale dell'oggetto osservato | ***M. elettronico***, microscopio che utilizza un fascio di elettroni che vengono trasmessi o riflessi dall'oggetto o ne esplorano la superficie e formano l'immagine grazie a un sistema di campi elettromagnetici che sostituiscono le lenti del microscopio ottico | ***M. mi-***

neralogico, *m. petrografico*, *m. polarizzante*, microscopio ottico munito di polarizzatore e analizzatore per l'osservazione dei fenomeni d'interferenza della luce nei cristalli | *Guardare, osservare qlco. al m.*, (*fig.*) con estrema minuziosità.

microscopista [av. 1730] s. m. e f. (pl. m. *-i*) ● Chi effettua analisi, osservazioni e sim. al microscopio.

microsecóndo [comp. di *micro-* e *secondo*; 1954] s. m. ● Unità di misura di tempo equivalente a un milionesimo di secondo. SIMB. μs.

microsfigmìa [comp. di *micro-* e del gr. *sphygmós* 'agitazione del polso'. V. *sfigmico*] s. f. ● (*med.*) Pulsazione arteriosa di piccola ampiezza.

microsìṣma o **microsìṣmo** [comp. di *micro-* e *sisma*] s. m. (pl. *-i*) ● Movimento sismico di lievissima entità.

microsìṣmico [1957] agg. (pl. m. *-ci*) ● Relativo ai microsismi.

microsiṣmògrafo [comp. di *microsismo* e *-grafo*] s. m. ● Apparecchio per la registrazione di microsismi.

microṣmàtico [comp. di *micr(o)-* e di un deriv. del gr. *osmân* 'odorare, fiutare' (V. *osmare*)] agg. (pl. m. *-ci*) ● (*zool.*) Detto di animale dotato di scarsa sensibilità per gli odori, come, ad es., un uccello. CONTR. Macrosmatico.

microsociologìa [comp. di *micro-* e *sociologia*] s. f. ● Parte della sociologia che studia le piccole formazioni sociali.

microsociològico agg. (pl. m. *-ci*) ● Relativo alla microsociologia.

microsólco [comp. di *micro-* e *solco*; 1955] **A** s. m. (pl. *-chi*) **1** Solco per incisione fonografica di spessore equivalente a un terzo di quello dell'incisione a 78 giri. **2** (*est.*) Incisione fonografica o disco di grande capacità e durata, che utilizza tale tipo di solco: *m. a 45, 33 giri*. **B** anche agg. inv.: *dischi m.*

microsomìa [comp. di *micro-* e del gr. *sôma*, genit. *sômatos* 'corpo' (V. *somatico*); 1821] s. f. ● (*med.*) Ridotto sviluppo corporeo.

microsónda [comp. di *micro-* e *sonda*; 1987] s. f. ● Sonda di ridottissime dimensioni | (*tecnol.*) *M. elettronica*, dispositivo per l'analisi di campioni di materiali mediante un fascio di elettroni.

microspàzio [comp. di *micro-* e *spazio*] s. m. ● (*fis.*) Lo spazio fisico considerato nella scala delle dimensioni atomiche o subatomiche.

microspìa [comp. di *micro-* e *spia* nel sign. 4; 1973] s. f. ● Apparecchio elettronico miniaturizzato usato per intercettazioni telefoniche.

microspòra [comp. di *micro-* e *spora*; 1954] s. f. ● (*bot.*) La più piccola delle due qualità di spore delle felci, da cui nascono solo protalli maschili.

microsporàngio [comp. di *micro-* e *sporangio*; 1934] s. m. ● (*bot.*) Sporangio che produce le microspore.

microsporofillo [comp. di *micro-* e *sporofillo*; 1929] s. m. ● (*bot.*) Brattea che porta microsporangi.

microstampatrice [comp. di *micro-* e *stampatrice*] s. f. ● Macchina che, oltre a proiettare ingranditi su uno schermo i fotogrammi di un microfilm, ne esegue anche la stampa su copie, sempre ingrandite.

microstazióne [comp. di *micro-* e *stazione*] s. f. ● Piccola stazione di carabinieri.

microstòria [comp. di *micro-* e *storia*; 1983] s. f. ● Tendenza o corrente storiografica che privilegia lo studio di fatti minuti della storia umana in ambiti circoscritti.

microstòrico [da *microstoria*] agg. (pl. m. *-ci*) ● Di, relativo a microstoria.

microstruttùra [comp. di *micro-* e *struttura*; 1957] s. f. ● Struttura estremamente piccola: *la m. di un elemento elettronico*.

microtelèfono [comp. di *micro-* e *telefono*; 1904] s. m. ● Componente dell'apparecchio telefonico che consiste in una impugnatura alle cui estremità si trovano la capsula trasmittente e quella ricevente. SIN. Cornetta.

microtèrmo [comp. di *micro-* e *-termo*; 1957] agg. ● Detto di pianta che vive in regioni a inverni rigidi ed estati miti e si accontenta di temperature medie piuttosto basse.

microtìa o **microzìa** [comp. di *micro-* e un deriv. di *oto-*; 1954] s. f. ● (*med.*) Sviluppo insufficiente del padiglione auricolare.

micròtomo [comp. di *micro-* e *-tomo*; 1869] s. m. ● Strumento tagliente per ottenere sezioni sottilissime di tessuto animale o vegetale da sottoporre a esame microscopico.

microtòno [comp. di *micro-* e *-tono*] s. m. ● (*mus.*) Intervallo inferiore al semitono, di uso molto antico o novecentesco.

microtràuma [comp. di *micro-* e *trauma*] s. m. (pl. *-i*) ● (*med.*) Trauma di piccolissima entità.

micròttero [comp. di *micro-* e *-ttero*; 1834] agg. ● (*zool.*) Detto di insetto dotato di ali ridotte.

microtùbulo [comp. di *micro-* e *tubulo*; 1984] s. m. ● (*biol.*) Ognuna delle strutture subcellulari simili a microscopici cilindri cavi, diffusi nel citoplasma o aggregati in modo ordinato, con funzioni di supporto statico o cinetico.

microvillo [comp. di *micro-* e *villo*] s. m. ● (*biol.*) Minuta estroflessione citoplasmatica, presente sulla superficie libera delle cellule assorbenti.

microvòlt [comp. di *micro-* e *volt*; 1954] s. m. ● Unità di misura di potenziale elettrico equivalente a un milionesimo di volt. SIMB. μV.

microzìa ● V. *microtia*.

microzòlla [comp. di *micro-* e *zolla*] s. f. ● (*geol.*) Zolla di superficie paragonabile a una grande isola o penisola, compresa fra due zolle maggiori.

mictèria ● V. *mitteria*.

mìda [dal n. di *Mida*, re della Frigia, famoso per le sue ricchezze; 1954] **A** s. f. ● Tartaruga dei mari tropicali, verde olivastra, pesante poco meno di mezza tonnellata, con carni commestibili (*Chelone mydas*). **B** s. m. (pl. *-i*) ● (*zool.*) Edipoda.

middle class /ingl. 'mɪdḷ,klæ˞s/ [loc. ingl., comp. di *middle* 'medio' e *class* 'classe'; 1968] loc. sost. f. inv. ● Ceto medio, borghesia.

†**midésco** [cfr. *mida*; av. 1803] agg. ● Di Mida, antico re della Frigia | (*fig.*) *Orecchie midesche*, asinine.

mìdi [forma ellittica; 1968] s. f. inv.; anche agg. inv. ● (*raro*) Detto di gonna di media lunghezza: *la moda della m.*

midi- [dall'ingl. *mid* 'mediano' (vc. germ. di orig. indeur.)] primo elemento ● In parole composte, fa riferimento a dimensioni medie, spec. relativamente a capi d'abbigliamento: *midicappotto*, *midigonna*.

midinette /fr. midi'nɛt/ [vc. fr., propr. 'che fa un piccolo pasto a mezzogiorno'. *Dînette* 'piccolo pasto' è dim. di *dîner* 'desinare' (stessa etim. dell'it. *desinare*); *midi* 'mezzogiorno' è comp. di *mi* 'metà' (dal lat. *mĕdiu(m)*. V. *medio*) e *di*, ricavato dal lat. *dĭes* 'giorno' (V. *dì*); 1905] s. f. inv. ● Sartina parigina.

midòlla o (*dial.*) †**medòlla**, †**medùlla** [lat. *medŭlla(m)*, di etim. incerta; 1310] s. f. **1** Parte soffice del pane, contenuta entro la crosta | †Polpa di alcuni frutti | †Parte tenera del formaggio. **2** †Midollo: *non ò medolla in osso o sangue in fibre* (PETRARCA). **3** (*fig.*, *lett.*) Intima essenza di qlco. || **midollina**, dim. | **midollóna**, accr.

midollàre [lat. tardo *medullāre(m)* 'penetrante fino al midollo delle ossa', da *medŭlla* 'midolla'; 1225] **A** agg. ● (*anat.*, *bot.*) Relativo al midollo o alla porzione centrale di un organo dotato di una distinta porzione periferica. **B** s. f. ● (*anat.*) Porzione interna di un organo caratterizzato da una componente corticale evidente: *m. della ghiandola surrenale*. CONTR. Corticale.

midollino s. m. ● Midollo del giunco, che essiccato e opportunamente trattato, fornisce materiale da intreccio per la realizzazione di oggetti, mobili e sim.

midóllo o (*dial.*) †**medóllo** [da *midolla*; 1304] s. m. (pl. *midólla*, f. o raro *midólle*, in senso collettivo e fig.; raro il pl. *midólli*, m.) **1** (*anat.*) Tessuto biancastro di consistenza molle. CFR. mielo-, -mielia | *M. allungato*, parte più caudale dell'encefalo, subito al di sopra del midollo spinale. SIN. Bulbo rachidiano | *M. spinale*, parte del sistema nervoso centrale contenuta nel canale vertebrale | *M. osseo*, tessuto emopoietico contenuto nelle cavità delle ossa lunghe e in alcune ossa spugnose | (*fig.*) *Bagnarsi fino al m.*, *alle midolla*, inzupparsi completamente d'acqua | *Penetrare nel m.*, *nelle midolla*, (*fig.*) fino in fondo | (*fig.*) *Essere italiano fino al m.*, *alle midolla*, esserlo in modo totale e integrale. ➡ ILL. p. 2124 ANATOMIA UMANA. **2** (*bot.*) Tessuto di riempimento che costituisce la parte centrale dei fusti e delle radici e forma raggi interposti fra gli elementi conduttori. **3** Canale interno delle fibre di lana. **4** La parte interna, più tenera, di un corpo animale o vegetale: *il m. della frutta è polposo*. **5** (*fig.*, *lett.*) Contenuto, nocciolo, fondamento: *il m. della quistione* (FOSCOLO).

midollóso [lat. tardo *medullōsu(m)*, da *medŭlla* 'midolla'; sec. XIV] agg. ● (*raro*) Ricco di midollo o di midolla.

midrange /ingl. 'mɪd,ɹeɪndʒ/ [vc. ingl., comp. di *mid* 'medio' (vc. germ. d'orig. indeur.) e *range* 'fila, catena' (cfr. *rango*); 1983] s. m. inv. ● In un impianto di riproduzione del suono ad alta fedeltà, altoparlante per medie frequenze sonore.

midrash /ebr. mid'raːʃ/ [vc. ebr., propr. 'commento' dalla radice *drš* 'investigare'; 1934] s. m. inv. (pl. ebr. *midrashim*) ● (*relig.*) Metodo di esegesi delle sacre scritture sviluppato dalla tradizione ebraica | (*est.*) Le opere che ne sono derivate.

midrìaṣi [vc. dotta, gr. *mydríasis* 'dilatazione della pupilla'; 1598] s. f. inv. ● (*med.*) Dilatazione della pupilla.

midriàtico [da *midriasi*; av. 1896] **A** agg.; anche s. m. (pl. m. *-ci*) ● Detto di farmaco che produce una forte dilatazione della pupilla, usato in oculistica per l'esame del fondo oculare. **B** agg.; anche s. m. (f. *-a*) ● Che (o Chi) è affetto da midriasi.

mielàta ● V. *melata* (*2*).

mielàto ● V. *melato* (*1*).

mielatrofìa [comp. di *mielo-* e *atrofia*] s. f. ● (*med.*) Tabe dorsale.

♦**mièle** o (*poet.*) **mèle** [lat. *mĕl*, nom., di orig. indeur.; 1241] s. m. **1** Sostanza dolce sciropposa, di color cereo, ambrato o brunastro, che le api producono elaborando il nettare tratto dai fiori e da altri succhi dolci delle piante | *M. vergine*, che cola spontaneo dai favi delle api | *M. selvatico*, di api non allevate | *Dolce come m.*, dolcissimo. **2** (*fig.*) Dolcezza: *persona tutto m.* | *Parole di m.*, dolcissime | *Essere tutto m.*, molto affettuoso | *Luna di m.*, primo mese, primo periodo di matrimonio. || PROV. Val più una goccia di miele che un barile di fiele.

mielencèfalo [comp. di *mielo-* ed *encefalo*; 1957] s. m. ● (*anat.*) Segmento caudale dell'encefalo che dà origine al bulbo spinale.

-mielìa [dal gr. *myelós* 'midollo'] secondo elemento ● In parole composte della terminologia medica, fa riferimento al midollo spinale: *nanomielia*.

mièlico [1970] agg. (pl. m. *-ci*) ● (*anat.*) Midollare.

mielìna [comp. di *miel(o)-* e *-ina*; 1902] s. f. ● (*anat.*) Sostanza lipoide che avvolge i cilindrassi delle fibre nervose.

mielìnico [1940] agg. (pl. m. *-ci*) ● Di mielina, costituito da mielina | *Fibra mielinica*, rivestita di mielina.

mielìte [comp. di *mielo-* e *-ite* (*1*); 1830] s. f. ● (*med.*) Infiammazione del midollo spinale.

mielo- [dal gr. *myelós* 'midollo'] primo elemento ● In parole composte della terminologia medica, fa riferimento al midollo osseo o a quello spinale: *mielografia*, *mielopatia*.

mieloblàsto [comp. di *mielo-* e *-blasto*; 1954] s. m. ● (*biol.*) Cellula capostipite dei granulociti.

mielocìto o **mielocìta** [comp. di *mielo-* e *-cito* (o *-cita*); 1954] s. m. (pl. *-i*) ● (*biol.*) Cellula progenitrice dei leucociti a granuli neutrofili.

mielocitòma [comp. di *mielocit(o)* e *-oma*; 1954] s. m. (pl. *-i*) ● (*med.*) Mieloma.

mielografìa [comp. di *mielo-* e *-grafia*; 1934] s. f. ● (*med.*) Studio radiologico del midollo spinale con introduzione di mezzo radiopaco nel canale vertebrale.

mielòma [comp. di *mielo-* e *-oma*; 1954] s. m. (pl. *-i*) ● (*med.*) Tumore maligno del midollo osseo caratterizzato da neoformazioni multiple che distruggono il tessuto osseo circostante con conseguenti fratture spontanee. SIN. Mielocitoma.

mielomalacìa [comp. di *mielo-* e *malacia*] s. f. ● Rammollimento del midollo spinale.

mielomeningìte [comp. di *mielo-*, *mening(e)* e *-ite* (*1*)] s. f. ● Infiammazione delle meningi del midollo spinale.

mielopatìa [comp. di *mielo-* e *-patia*; 1954] s. f. ● Ogni affezione del midollo spinale.

mieloplegìa [comp. di *mielo-* e *-plegia*] s. f. ● Paralisi generale da lesione del midollo spinale.

mielosclerò̀ṣi o **mielosclèroṣi** [comp. di *mielo-* e *sclerosi*] s. f. inv. ● Sclerosi del midollo spinale.

mielòṣi [comp. di *mielo-* e *-osi*; 1957] s. f. inv. **1** (*med.*) Lesione degenerativa dei cordoni del midollo spinale. **2** (*med.*) Qualsiasi proliferazione anomala delle cellule del midollo osseo responsabile del quadro ematologico delle varie leucemie.

mielóso [da *miele*; 1884] agg. ● Di sapore dolciastro. || **mielosaménte**, avv.

mielotomìa [comp. di *mielo-* e *-tomia*] s. f. ● (*chir.*) Incisione chirurgica del midollo spinale.

♦**miètere** [lat. *mĕtere*, di orig. indeur.; 1319] v. tr. (*io mièto*; pass. rem. *io mietéi* o *mietètti* (o *-étti*)) **1** Tagliare il grano o altri cereali. **2** (*fig.*) Stroncare, uccidere: *la peste ha mietuto molte vite umane*; *quanti / colla spada ne miete il valoroso* (MONTI). **3** (*fig.*) Raccogliere, ottenere, spec. come premio a una fatica: *m. una larga massa di consensi* | ***M. allori***, avere grande successo, gloria e sim.

mietilèga [1963] s. f. ● Accorc. di mietilegatrice.

mietilegatrice [comp. di *mieti(trice)* e *legatrice*; 1957] s. f. ● Macchina che taglia, riunisce e lega in covoni i culmi di cereali, e li deposita sul terreno.

mietitóre o †**meditóre** [av. 1342] **A** s. m. (f. *-trice*) ● Chi miete, chi fa il lavoro della mietitura. **B** agg. ● (*raro, fig.*) Che uccide, stronca: *morte mietitrice di vittime*.

mietitrèbbia [1957] s. f. ● Accorc. di mietitrebbiatrice.

mietitrebbiatrice [comp. di *mietere* e *trebbiare*; 1957] s. f. ● Macchina che miete e trebbia il grano e altre colture da granella. ➡ ILL. p. 2115 AGRICOLTURA.

mietitrice [f. di *mietitore*; 1869] s. f. **1** Donna che esegue la mietitura. **2** Macchina che esegue il taglio dei culmi dei cereali.

♦**mietitùra** [av. 1292] s. f. **1** Lavoro del mietere. **2** (*est.*) Il tempo in cui si miete. **3** (*est.*) La messe raccolta: *una m. scarsa, abbondante, mediocre*.

†**miga** ● V. *mica* (*2*).

migale [vc. dotta, gr. *mygalê*, comp. di *mŷs* 'topo', di orig. indeur. e *galê* 'donnola', di etim. incerta; 1834] s. m. ● Termine con cui correntemente si indicano molte specie di ragni Ortognati, villosi, di grandi dimensioni. ➡ ILL. animali/3.

†**migliacciàre** [av. 1400] v. intr. ● Mangiare migliacci.

migliàccio [lat. tardo *miliāciu(m)*, da *mĭlium* 'miglio'; 1312] s. m. **1** Sanguinaccio | Roventino. **2** Castagnaccio. **3** Metallo fuso che si rapprende nel crogiuolo per diminuzione di calore.

♦**migliàio** o †**migliàro** [lat. *miliāriu(m)*, da *mīlia*, pl. di *mīlle*; av. 1292] s. m. (pl. *migliàia*, f.) **1** Complesso, serie di mille, o circa mille, unità: *era presente un m. di persone*; *dieci migliaia di unità*. **2** (*iperb., al pl.*) Una quantità enorme: *migliaia di animali fuggivano* | ***A migliaia***, in gran numero, in gran quantità | ***Migliaia e migliaia***, moltissimi: *migliaia e migliaia di spettatori*. **3** †Miglio. **4** †Peso di mille libbre.

miglialsóle [da *miglio del sole*; sec. XIV] s. m. ● (*bot.*) Migliarino.

migliàre ● V. *miliare* (*2*).

migliarino (1) [da *miglio* (*2*); 1869] s. m. ● Pianta erbacea delle Borraginacee, i cui frutti sono piccoli acheni duri e biancastri, comune nelle regioni temperate eurasiatiche (*Lithospermum officinale*).

migliarino (2) [da *miglio* (*2*), di cui si nutre; 1803] s. m. **1** (*zool.*) Zigolo. **2** ***M. di palude***, uccelletto dei Passeriformi comunissimo e stazionario in Italia, che si riproduce in vicinanza dell'acqua ove cattura le prede (*Emberiza schoeniclus*).

†**migliàro** ● V. *migliaio*.

♦**miglio** (1) [lat. *mīlia* 'migliaia', pl. di *mīlle* 'mille'; sec. XIII] s. m. (pl. *miglia*, lett. †*mìlia*, f.) **1** Unità di misura itineraria con valori diversi secondo i Paesi e i tempi SIMB. mi | ***M. geografico, marino*** o ***nautico***, lunghezza media di un arco di meridiano terrestre pari a 1′ di latitudine, corrispondente a 1852 m. SIMB. n mi | ***M. terrestre***, misura inglese e americana corrispondente a 1609,344 m | ***Essere lontano un m., cento miglia, le mille miglia***, (*fig.*) essere lontanissimo | ***Si ode lontano un m.***, (*fig.*) fin da molto lontano | ***Essere lontano le mille miglia dal credere, dal ritenere qlco.*** e sim., (*fig.*) non credervi affatto | (*tel.*) ***Ultimo m.***, V. *ultimo*. **2** Colonna o pietra miliare: *al terzo m., voltate a sinistra* | Punto di una strada segnato da una pietra miliare.

♦**miglio** (2) [lat. *mĭliu(m)*, di orig. indeur.; av. 1367] s. m. ● Graminacea con foglie larghe e pelose, pannocchia di piccolissime spighette, frutti costituiti da granelli rotondi e giallicci, che servono come mangime per gli uccelli domestici (*Panicum miliaceum*) | ***Non c'entra neppure un grano di m.***, (*fig.*) si dice di spazio completamente occupato. ➡ ILL. piante/10.

miglio (3) ● V. *milio*.

miglionètto [fr. *mignonnette*, dim. f. sost. di *mignon*] s. m. ● (*bot.*) Reseda.

miglioràbile [da *migliora(re)* con il suff. *-abile*; 1835] agg. ● Che può essere migliorato: *risultato, procedura m.*

♦**miglioraménto** o (*pop., tosc.*) **meglioraménto** [1219] s. m. **1** Cambiamento in meglio, progresso: *il m. delle condizioni economiche, dello stato di salute, del profitto scolastico, della condotta*; *sì fatte accademie sapreste voi dirmi … quale m. alle lettere apportino?* (MURATORI). SIN. Avanzamento. **2** Opera di miglioramento: *apportare dei miglioramenti a un edificio*.

migliorando [gerundio sost. di *migliorare*] s. m. inv. ● Ordine di borsa limitato, dato con l'impegno di eseguirlo con quantitativi parziali e con progressivi miglioramenti di prezzo.

†**migliorànza** o (*pop., tosc.*) †**megliorànza** [sec. XIII] s. f. ● Condizione migliore.

♦**miglioràre** o (*pop., tosc.*) **megliorare** [lat. tardo *meliorāre*, da *mĕlior*, genit. *meliōris* 'migliore'; av. 1292] **A** v. tr. (*io miglióro*, pop. tosc. *mègliorо*) ● Rendere migliore: *m. l'educazione dei giovani con l'esempio*; *m. la paga, lo stipendio*; *ha migliorato molto il proprio stile*; *m. una legge*; *la dottrina accompagnata co' cervelli deboli o non gli migliora o gli guasta* (GUICCIARDINI) | ***M. il terreno***, renderlo più fertile con concimi e sim. | ***M. la razza***, con precisi incroci. CONTR. Peggiorare. **B** v. intr. (aus. *essere*, raro *avere* e solo se riferito a persona) **1** Star meglio in salute: *l'ammalato migliora* | Progredire: *il ragazzo ha migliorato molto dal primo trimestre*. CONTR. Peggiorare. **2** Diventare migliore: *la nostra situazione sta migliorando*.

migliorativo [sec. XIV] agg. ● Che serve a far migliorare: *provvedimenti migliorativi*; *terapie migliorative*. || **migliorativaménte**, avv.

migliorатóre [av. 1653] agg.; anche s. m. (f. *-trice*) ● Che (o Chi) rende migliore.

migliorazióne [lat. tardo *melioratiōne(m)*, da *meliorāre* 'migliorare'; 1766] s. f. ● (*raro*) Miglioramento.

♦**miglióre** o (*pop., tosc.*) †**meglióre** [lat. *meliōre(m)*, di orig. indeur.; sec. XII] **A** agg. (preceduto dall'art. det. forma il superl. rel.) **1** Più buono: *è il m. uomo del mondo* | Di animo più virtuoso: *le sventure lo hanno reso m.* | Di maggiori capacità: *occorrono uomini migliori*; *gli scolari di quest'anno sono migliori di quelli dell'anno passato*. CONTR. Peggiore. **2** Più utile, vantaggioso, proficuo, comodo e sim.: *risolvere la questione nel modo m.*; *adottare il sistema m.*; *subire un trattamento m.* | †***Il braccio m.***, il destro. **3** Più felice, meno disagiato: *sacrificarsi per un avvenire m.*; *sperare in tempi migliori* | ***A m. tempo***, in circostanze più favorevoli | ***Passare a m. vita***, morire. || †**migliorménte**, avv. Meglio. **B** s. m. e f. ● Chi è più buono, il più stimato e sim., di tutti: *è ritenuta la m.*; *i migliori saranno premiati* | †***I suoi migliori***, quelli migliori di lui. **C** s. m. ● †Meglio | †***Per lo m.***, per il meglio. **D** avv. ● †Meglio.

migliorìa [da *migliorare*; 1764] s. f. **1** Ogni miglioramento apportato a fondi, edifici, installazioni e sim.: *apportare delle migliorie*. **2** (*lett., raro*) Miglioramento di salute.

migliorismo o **meglioriṣmo** [comp. di *migliore* e *-ismo*; 1957] s. m. **1** Atteggiamento filosofico che intende differenziarsi dal pessimismo e dall'ottimismo affermando la possibilità di un miglioramento del mondo attraverso l'azione dell'uomo su di esso. **2** (*raro*) Orientamento politico dei miglioristi.

migliorista [1985] s. m. e f. (pl. m. *-i*) **1** Seguace del migliorismo. **2** Nel linguaggio politico, sostenitore, prima nel Partito Comunista Italiano e poi nel Partito Democratico della Sinistra, di una linea di trasformazione graduale e di progressivo miglioramento del sistema economico e sociale esistente.

migma [gr. *mîgma* 'mescolanza', da *mignýnai* 'mescolare', di orig. indeur.; 1957] s. m. (pl. *-i*) ● (*geol.*) Miscela di parti rocciose solide e di magma o di materiale mobile, fuso, fluido per le temperature e le pressioni delle profondità della crosta terrestre.

migmatite [comp. del gr. *migma*, genit. *migmatos* (V. *migma*) e *-ite* (*2*); 1957] s. f. ● (*geol.*) Roccia mista, composta da porzioni metamorfiche refrattarie di colore scuro cementate o impregnate da altre, chiare o rosate, che derivano dalla solidificazione di porzioni rifuse per effetto dell'alta temperatura che agisce in profondità nella crosta terrestre.

mignàno [lat. *maeniānu(m)*, da C. *Maenius* (III sec. a.C.) che per primo lo introdusse negli edifizi intorno al foro romano; 1837] s. m. ● A Roma, ballatolio, balcone, spec. su cortile interno.

mignàtta [etim. incerta; av. 1321] s. f. **1** (*zool.*) Sanguisuga | (*fig.*) ***Attaccarsi a qlcu. come una m.***, essere insistente e molesto al massimo grado. **2** (*fig.*) Persona noiosa e importuna che non si leva mai di torno. **3** (*fig., spreg.*) Usuraio. **4** (*est.*) Congegno esplosivo che veniva fissato da sommozzatori sotto la carena della nave nemica, usato durante la prima e la seconda guerra mondiale. || **mignattina**, dim.

mignattàio [da *mignatta*; 1869] s. m. ● Elegante uccello dei Ciconiformi poco più piccolo dell'ibis sacro (*Plegadis falcinellus*).

mignattino [da *mignatta*; av. 1871] s. m. ● Gabbiano di color cenerino e nero sul capo e sul collo (*Chlidonias nigra*).

†**mignàtto** [sec. XIV] s. m. ● Lombrico | Verme intestinale.

mignattóne [detto così perché, secondo le credenze popolari, si ciberebbe di *mignatte*; 1834] s. m. ● (*zool.*) Rondine di mare.

†**mignèlla** [da *mignatta*; sec. XVI] s. f. ● Avaro, spilorcio.

mignola [vc. espressiva (?). V. *mignolo*; av. 1597] s. f. ● Insieme di boccioli florali dell'ulivo riuniti in racemo.

mignolàre [av. 1585] v. intr. (*io mìgnolo*; aus. *avere*) ● Mettere la mignola, detto dell'ulivo.

mignolo [vc. espressiva; sec. XIV] s. m. ● Il quinto e più piccolo dito della mano e del piede. || **mignolino**, dim.

mignon /fr. mi'ɲɔ̃/ [vc. fr. di orig. espressiva, propr. 'piccolo, grazioso'; 1905] agg. inv. (f. fr. *mignonne*) ● Piccolo, ridotto per dimensioni o formato: *lampadine m.*; *bottiglia m.*; *pasticceria m.*

†**mignóne** [dal fr. *mignon* (V.); av. 1306] **A** agg. ● (*raro*) Piccolo e grazioso. **B** s. m. ● Cortigiano prediletto | Favorito, amico intimo | Beniamino.

mignonnette /fr. miɲɔ'nɛt/, (*evit.*) **mignonette** /fr. miɲɔ'nɛt/ [vc. fr., propr. dim. di *mignon* (V.); 1983] s. f. ● Piccola bottiglia di liquore che riproduce, in formato molto ridotto, la confezione normale.

mignòtta [fr. *mignotte*, f. di *mignot*, da avvicinare a *mignon*; 1791] s. f. ● (*centr., volg.*) Prostituta | Sgualdrina.

migrabóndo [da *migrare*, sul modello di *errabondo, vagabondo*; av. 1956] agg.; anche s. m. (f. *-a*) ● (*lett.*) Vagabondo: *è raro che appaia / nella bonaccia muta / tra l'isole dell'aria migrabonde / la Corsica dorsuta o la Capraia* (MONTALE).

migràgna e *deriv.* ● V. *micragna*.

migrànte [1843] part. pres. di *migrare*; anche agg. **1** Nel sign. del v. **2** (*biol.*) Detto di organo, cellula e sim. che per varie cause può spostarsi dalla sede abituale.

migràre [vc. dotta, lat. *migrāre*, da una radice indeur. che indica 'cambiare'; av. 1374] v. intr. (aus. *essere*) ● Lasciare, anche temporaneamente, il luogo d'origine in cerca di condizioni migliori, detto spec. di animali: *molti uccelli migrano nei periodi freddi*; *tribù che migrano*.

migratóre [vc. dotta, lat. tardo *migratōre(m)*, da *migrāre*; 1869] agg.; anche s. m. (f. *-trice*) ● Che (o Chi) migra: *uccelli migratori*; *i popoli migratori dell'Asia*.

migratòrio [1754] agg. ● Di migrazione, relativo a migrazione: *movimento m.* | Relativo alla emigrazione o agli emigranti: *fenomeno m.*

migrazióne [vc. dotta, lat. *migratiōne(m)*, da *migrāre*; av. 1544] s. f. **1** Spostamento di popolazioni, tribù, gruppi sociali e sim. per un periodo molto lungo o in forma definitiva: *le grandi migrazioni dei popoli antichi*. **2** (*zool.*) Spostamento periodico di molte specie animali lungo gli stessi itinerari, per poi tornare al luogo di origine. **3** (*astron.*) ***M. dei poli***, piccolissime variazioni della posizione dei poli sulla sfera terrestre, corrispondenti a oscillazioni dell'asse di rotazione della Terra. *4* (*fis.*) Nell'elettrolisi, moto degli ioni verso gli elettrodi di segno contrario.

mihrab /'mirab, *ar.* 'miħræ:b/ [ar. *miḥrāb*, di orig. oscura] **s. m. inv.** (**pl.** ar. *maharib*) ● Nelle moschee, nicchia nel muro orientata verso la direzione della Mecca.

mikàdo /*giapp.* ˌmi'kadɔ/ [vc. giapp. di etim. incerta, che in origine designava il palazzo imperiale; 1834] **s. m. inv.** ● Appellativo dell'imperatore del Giappone.

♦**mila** o †**mìlia** [sovrapposizione di *mille* al lat. *mīlia*, V. *miglio* (*1*); av. 1288] **agg. num. card. inv.** *1* In composizione con i numeri semplici interi cardinali, forma la serie delle migliaia: *duemila, ventimila; per cento milia / perigli siete giunti a l'occidente* (DANTE *Par.* XXVI, 112-113). *2* (*fam.*) Migliaia: *gliel'ho detto e ripetuto non so quante m. volte.*

milady /mi'lɛdi, *ingl.* mɪ'leɪdi/ [vc. ingl., da *my lady* 'mia signora'. V. *lady*; 1557] **s. f. inv.** ● Lady, spec. in frasi appellative.

♦**milanése** [av. 1294] **A agg.** ● Di Milano | ***Alla m.***, (*ellitt.*) secondo l'uso dei milanesi | ***Risotto alla m.***, riso rosolato nel burro con midollo di manzo, cipolla tritata e zafferano, lasciato cuocere nel brodo indi condito con formaggio grana | ***Cotoletta alla m.***, cotoletta di vitello infarinata, impanata e fritta nel burro. **B s. m. e f.** ● Abitante di Milano. **C s. m.** solo **sing.** ● Dialetto parlato a Milano.

milanista [1938] **agg.**; anche **s. m. e f.** (**pl. m.** *-i*) ● Che (o Chi) gioca nella squadra di calcio milanese del Milan o ne è sostenitore.

†**milènso** e *deriv.* ● V. *melenso* e *deriv.*

miler /*ingl.* 'maeləɹ/ [vc. ingl., 'cavallo allenato a correre sulla distanza del miglio', da *mile* 'miglio', dal lat. *mīlia* (V. *miglia*); 1957] **s. m. inv.** ● Nell'ippica, cavallo adatto a correre sulla distanza limitata di un miglio.

milèsio [lat. *Milēsiu(m)*, nom. *Milēsius*, dal gr. *Milḗsios*, da *Mílētos* 'Mileto'; 1441] **agg.** ● Dell'antica città ionica di Mileto | Della scuola filosofica che fiorì in tale città.

†**milia** ● V. *mila*.

miliardàrio [fr. *milliardaire*, da *milliard* 'miliardo'; 1877] **A agg.** *1* Che possiede ricchezze valutabili in uno o più miliardi di unità monetarie: *un industriale m.* | Di, da miliardi: *giro d'affari m.*; *truffa miliardaria* | (*est.*, *iperb.*) Molto ricco, sfarzoso, sontuoso: *un arredamento m.* *2* Che fa vincere miliardi: *lotteria miliardaria.* **B** anche **s. m.** (**f.** *-a*): *un famoso m.*

miliardèsimo (o *-é-*) [da *miliardo*] **A agg. num. ord.** ● Corrispondente al numero un miliardo, in una successione, in una classificazione, in una serie (rappresentabile con 10^9): *la miliardesima parte.* **B s. m.** ● Ciascuna del miliardo di parti uguali in cui può essere divisa una quantità.

♦**miliàrdo** [fr. *milliard*, da *million* 'milione', con cambio di suff.; 1797] **s. m.** *1* Mille volte un milione, mille milioni, rappresentabile con 10^9: *un m. di dollari*; *quattro miliardi di persone.* **CFR.** giga-, nano-. *2* (*per anton.*) La somma di denaro corrispondente a un miliardo di unità monetarie (euro, lire, dollari e sim.): *per quest'opera sono stati stanziati parecchi miliardi.* *3* (*iperb.*) Numero, quantità enorme: *te l'ho detto un m. di volte!* **SIN.** Bilione.

miliàre (**1**) [lat. *miliāriu(m)*, da *mīlia*. V. *miglio* (*1*); 1750] **agg.** ● Di colonna o pietra che sulle strade segna il numero progressivo delle miglia o dei kilometri | ***Pietra m.***, (*fig.*) grande avvenimento che segna una tappa fondamentale nel cammino della storia.

miliàre (**2**) o **migliàre** [fr. *miliaire*, dal lat. *miliāriu(m)*, agg. di *mīlium* 'miglio (2)'; detta così perché si presenta con una eruzione cutanea in forma di granellini di *miglio*; 1657] **agg.** ● (*med.*) Detto di un'eruzione cutanea che dà luogo a comparsa di piccole vesciche | ***Tubercolosi m.***, processo tubercolare disseminato del polmone in forma di piccoli focolai a grano di miglio.

miliàrio [lat. *miliāriu(m)*. V. *miliare* (*1*); 1499] **s. m.** ● Colonnina posta dai Romani sulle strade più importanti per indicare la distanza progressiva, in miglia, spec. da Roma.

milieu /*fr.* mi'ljø/ [vc. fr., comp. di *mi* 'metà, in mezzo' (V. *midinette*) e *lieu* 'luogo' (dal lat. *lŏcu(m)* 'luogo'); 1905] **s. m. inv.** (**pl.** fr. *milieux*) ● Ambiente, àmbito spec. sotto il profilo sociale, culturale e sim.

mìlio o (*pop.*) **miglio** (**3**) [vc. dotta, lat. *mīlium* 'grano di miglio' (V. *miglio* (*2*)); 1934] **s. m.** ● (*med.*) Piccola cisti, grande circa come un grano di miglio, che si osserva sulla pelle del viso, spec. se acneica o seborroica.

miliòbate [comp. del gr. *mylías* 'mola', di orig. indeur. e *batís* 'razza', di etim. incerta; 1934] **s. f.** ● (*zool.*) Pesce cartilagineo dei Batoidei con corpo largo discoidale e coda lunga, sottile (*Myliobatis aquila*). **SIN.** Aquila di mare, aquila marina.

milionàrio [fr. *millionnaire*, da *million* 'milione'; 1765] **A agg.** *1* Che dispone di una ricchezza valutabile in uno o più milioni di unità monetarie: *è gente milionaria* | Di, da milioni: *un furto m.* | (*est.*) Molto ricco, facoltoso. *2* Che fa vincere milioni: *schedina, lotteria milionaria.* *3* (*geogr.*) Detto di città che abbia un numero di abitanti superiore a un milione. **B** anche **s. m.** (**f.** *-a*): *conoscere un m.*

♦**milióne** [dal lat. *mīlia*. V. *miglio* (*1*); 1315] **s. m.** *1* Mille volte un migliaio, mille migliaia, rappresentato da 1 000 000 nella numerazione araba e da $\overline{M}$ in quella romana: *un m. di abitanti*; *un m. di dollari.* **CFR.** mega-, micro-. *2* (*est.*) Grande quantità: *un m. di scuse*; *ho un m. di cose da raccontarti.* *3* (*fam.*, *per anton.*) La somma di denaro corrispondente a un milione di unità monetarie: *la spesa sarà di parecchi milioni* | ***Fare i milioni a palate***, guadagnare moltissimo | ***Nemmeno per un m.!***, a nessun costo. || **milioncino**, **dim.**

milionèsimo (o *-é-*) [da *milione*; av. 1642] **A agg. num. ord.** ● Corrispondente al numero un milione in una successione, in una classificazione, in una serie (rappresentato da $\overline{M}$ nella numerazione romana, da 1 000 000° in quella araba): *la milionesima parte.* **B s. m.** ● Ciascuna delle parti uguali, ottenute dividendo un milione di volte una certa quantità: *un m. di secondo.*

militànte [1321] **A part. pres.** di *militare* (*1*); anche **agg.** *1* Nei sign. del v. *2* ***Critico m.***, che partecipa attivamente alla problematica artistica contemporanea | ***Chiesa m.***, costituita dai fedeli che sono nel mondo e che operano come membri del corpo mistico del Cristo. **B s. m. e f.** *1* Chi, aderendo a un'organizzazione o a un movimento di idee, vi partecipa attivamente: *i militanti della nostra associazione sono numerosissimi.* *2* Attivista di base di un partito.

militànza [da *militante*; 1973] **s. f.** ● Fattiva e convinta partecipazione alle attività di un movimento politico, ideologico, religioso e sim. di cui si fa parte: *m. femminista, sindacale*; *vanta una m. di molti anni.*

♦**militàre** (**1**) [vc. dotta, lat. *militāre*, da *mīles*, genit. *mīlitis* 'milite'; av. 1306] **v. intr.** (*io mìlito*; aus. *avere*) *1* Prestare servizio militare: *m. nell'esercito*; *m. sotto le bandiere di un altro stato.* *2* (*fig.*) Appartenere o aderire attivamente: *m. nelle fila di un partito*; *m. in una squadra sportiva.* *3* (*fig.*) Essere di valido appoggio, aiuto e sim.: *diversi argomenti militano a favore della nostra tesi.*

♦**militàre** (**2**) [vc. dotta, lat. *militāre(m)*, agg. di *mīles*, genit. *mīlitis* 'milite'; 1336 ca.] **A agg.** ● Relativo ai soldati e alle forze armate: *comando, carriera m.*; *governo m.*; *onori militari*; *base m.*; *manovre, esercitazioni militari*; *disciplina m.* | ***Servizio m.***, adempimento degli obblighi di leva | ***Saluto m.***, fatto portando la mano destra distesa alla visiera | ***Zona m.***, riservata esclusivamente alle forze armate per la presenza di apparecchiature belliche o per motivi strategici | ***Tribunale m.***, organo giudiziario speciale competente per i reati previsti nelle leggi penali militari e sulle persone alle stesse soggette | ***Esattezza, puntualità m.***, rigide e scrupolose | ***Alla m.***, (*ellitt.*) conformemente all'uso dei soldati. || **militarménte**, **avv.** *1* Secondo l'uso militare: *salutare militarmente qlcu.*; con le armi: *occupare militarmente un paese*; dal punto di vista militare: *uno Stato militarmente forte.* *2* (*est.*) Con rigida disciplina: *allevare, educare militarmente qlcu.* **B s. m. e f.** ● Chiunque presti servizio militare: ***m. di truppa***, soldato semplice o graduato; ***fare il m.***, prestare servizio militare. **C s. m.** solo **sing.** ● (*fam.*, *ellitt.*) Servizio militare.

militarésco [1891] **agg.** (**pl. m.** *-schi*) ● (*spec. spreg.*) Da militare: *gergo m.* | (*est.*) Brusco e autoritario: *tono m.*; *disciplina militaresca.* || **militarescaménte**, **avv.** In modo militaresco.

militària [vc. lat., 'cose militari', nt. pl. sost. di *militāriu(m)* 'concernente i militari, la guerra'; 1988] **s. f. inv.** ● Tutto ciò che attiene agli eserciti ed è oggetto di collezionismo.

militarìsmo [fr. *militarisme*, da *militaire* 'militare (2)'; 1861] **s. m.** *1* Esasperazione dello spirito e del formalismo militare. *2* Preponderanza dei militari e dello spirito militare nella vita di uno Stato.

militarìsta [fr. *militariste*, da *militarisme* 'militarismo'; 1905] **s. m. e f.**; anche **agg.** (**pl. m.** *-i*) ● Fautore, sostenitore del militarismo.

militarìstico [1915] **agg.** (**pl. m.** *-ci*) ● Del, relativo al militarismo. || **militaristicaménte**, **avv.**

militarizzàre [fr. *militariser*, da *militaire* 'militare (2)'; 1853] **A v. tr.** *1* Sottoporre a disciplina militare, per ragioni di guerra, categorie di cittadini che svolgono attività di lavoro di interesse collettivo per il Paese: *m. i ferrovieri* | (*fig.*) Organizzare con sistemi militari: *m. un collegio.* *2* Fortificare per esigenze belliche: *m. una costa.* **B v. rifl.** ● Dotarsi di installazioni e strutture militari.

militarizzazióne [fr. *militarisation*, da *militariser* 'militarizzare'; 1877] **s. f.** ● Il militarizzare.

militassòlto [da (*servizio*) *milit(are) assolto*; 1983] **agg.** ● Nel gergo degli annunci economici, detto di chi ha già compiuto il servizio militare.

†**militatóre** [da *militare* (*1*) (V.)] **s. m.** ● Milite.

mìlite [vc. dotta, lat. *mīlite(m)*: di orig. etrusca (?); 1336 ca.] **s. m.** *1* Soldato | Appartenente alla Milizia Volontaria per la Sicurezza Nazionale, durante il regime fascista | Appartenente ad alcune forze militari dello Stato italiano, quali l'Arma dei Carabinieri e il Corpo della Guardia di Finanza | ***M. Ignoto***, soldato non identificato, la cui salma riposa nell'Altare della Patria a Roma quale simbolo di tutti i caduti in guerra. *2* Membro di corpo o associazione che richiede una partecipazione molto impegnativa: *i militi della Croce Rossa.* *3* (*fig.*, *raro*) Chi si batte per qlco., chi lotta attivamente in favore di qlco.: *un m. del lavoro, della scienza* | ***M. di Cristo, della Chiesa***, cristiano che opera intensamente per Cristo, per la Chiesa. *4* †Cavaliere.

militeșènte [da (*servizio*) *milit(are) esente*; 1918] **agg.**; anche **s. m.** ● (*bur.*) Che (o Chi) è libero da obblighi militari.

militeșènza [da *militesente*] **s. f.** ● (*bur.*) Condizione di chi è libero da obblighi militari.

milìzia [vc. dotta, lat. *milĭtia(m)*, da *mīles*, genit. *mīlitis* 'milite'; 1308] **s. f.** *1* L'esercizio del mestiere delle armi | La vita militare: *darsi alla m.* *2* (*fig.*, *est.*) Attività svolta con disciplina e rigore al servizio di una causa, di un ideale e sim.: *sobbarcarsi a una dura m.* *3* (*spec. al pl.*) Istituzioni militari, eserciti, truppe, spec. del passato: *le milizie della Serenissima*; *milizie paesane, cittadine* | ***Milizie irregolari***, corpi di volontari non appartenenti all'esercito. *4* Corpo armato e addestrato per fini particolari: ***M. Volontaria per la Sicurezza Nazionale***, organizzazione militare del partito fascista in Italia, fra il 1923 e il 1943. *5* (*est.*) Schiera | ***La m. di Cristo***, la Chiesa militante | ***La m. angelica***, l'insieme degli angeli. *6* †Nel Medioevo, titolo e dignità di cavaliere: *ed el mi cinse de la sua m.* (DANTE *Par.* XV, 140).

miliziàno (**1**) [fr. *milicien*, da *milice* 'milizia'; av. 1679] **agg.** ● Appartenente a milizia.

miliziàno (**2**) [sp. *miliciano*, da *milicia* 'milizia'; 1938] **s. m.** (**f.** *-a*) ● Appartenente a una milizia; civile armato: *i miliziani serbi* | (*st.*) Combattente repubblicano appartenente alle brigate internazionali, nella guerra civile spagnola.

†**millànta** [da *mille*, col suff. *-anta*, ricavato da *quaranta*, *cinquanta* ecc.; 1353] **agg. num. card. inv.**; anche **s. m. e f. inv.** ● (*spec. scherz.*) Mille.

†**millantaménto** [sec. XIV] **s. m.** ● Il millantare, il millantarsi.

millantàre o †**șmillantàre** [da *millanta*; av. 1313] **A v. tr.** ● Vantare, lodare esageratamente: *m. la propria abilità, le virtù di qlco.* **SIN.** Decantare, vantare. **B v. rifl.** ● Gloriarsi, vantarsi: *si millanta continuamente*; *si millanta ricco.*

millantàto [av. 1602] **part. pass.** di *millantare*; anche **agg.** *1* Vantato senza fondamento: *le sue millantate ricchezze.* *2* (*dir.*) ***M. credito***, illecito penale di chi, vantando un'influenza inesistente o esagerando quella che ha presso un pubblico ufficiale o un pubblico impiegato che presti un pubblico servizio, ottiene per sé o altri denaro o altra utilità come compenso per la propria attività mediatrice.

millantatóre o †**smillantatóre** [av. 1342] **agg.**; anche **s. m.** (**f.** *-trice*) ● Smargiasso, spaccone.

millantatùra [av. 1681] **s. f.** ● (*raro*) Millanteria.

millanterìa [1364] **s. f.** ● Vanteria senza fondamento | Atto o discorso di chi si vanta: *le sue millanterie ci hanno stancato*; *l'audacia, di cui la m. è la parte comica* (DE SANCTIS) | (*est.*) Ciò che si vanta o si decanta esageratamente: *è una m. bella e buona, la verità è diversa.* **SIN.** Smargiassata, spacconata.

†**millànto** **s. m.** ● Millanteria.

♦**mille** [lat. *mīlle*, di orig. indeur.; 1219] **agg. num. card. inv.**; anche **s. m. e f. inv.** ● Dieci volte cento, dieci centinaia, rappresentato da 1000 nella numerazione araba, da *M* in quella romana. **I** Come agg. ricorre nei seguenti usi. *1* Rispondendo o sottintendendo la domanda 'quanti?', indica la quantità numerica di mille unità (spec. preposto a un s.): *ho già versato m. euro*; *lo do vincente uno contro m.*; *m. soldati formano un battaglione*; *per fare un kilometro ci vogliono m. metri*; *ha partecipato alle M. Miglia*; *ho letto le 'Mille e una notte'* | ***A m. a m., di m. in m.***, mille per volta | ***Avere una probabilità su m.***, averne pochissime | ***Essere a m. miglia da, essere lontano m. miglia da***, essere lontanissimo (*anche fig.*): *era a m. miglia da un'idea simile* | (*fam.*) ***Un biglietto, una carta da m.***, (*ellitt.*) da mille lire | (*fam.*) ***Contare fino a m.***, (*ellitt.*) fino al numero mille. **CFR.** kilo-, milli-. *2* (*est.*) Moltissimi (per iperbole, con valore indet.): *ha m. idee per la testa*; *m. grazie*; *m. auguri*; *m. baci*; *ha m. pensieri e preoccupazioni*; *ha trovato m. scuse per non venire*; *te l'ho ripetuto m. volte*; *erano in m. contro uno*; *mi sembrano m. anni che non ti vedo* | ***Farsi, diventare di m. colori***, (*fig.*) per esprimere l'imbarazzo, l'agitazione, l'ansia o la paura di qlco. | ***M. volte no!***, assolutamente no | Con valore approssimativo, anche preceduto dall'art. indef. 'un': *ci saranno state m. persone*; *qualche anno fa costava un m. lire.* *3* Rispondendo o sottintendendo la domanda 'quale?', identifica qlco. in una pluralità o in una successione (posposto a un s.): *l'anno m. a.C.*; *il numero m.* | ***La leggenda dell'anno m.***, della fine del mondo. *4* In composizione con altri numeri semplici e composti, forma i numeri superiori: *milleuno*; *milleduecento*; *millecentoventi.* **II** Come s. ricorre nei seguenti usi. *1* Il numero mille (per ellissi di un s.): *il cento nel m. ci sta dieci volte*; *il m. a.C.* | ***Il Mille***, (*per anton.*) il sec. XI, l'anno 1000 dell'era cristiana | ***I Mille***, (*per anton.*) i circa mille garibaldini che, sollevando la Sicilia contro il governo borbonico, affrettarono l'unità d'Italia. *2* Il segno che rappresenta il numero mille. *3* (*sport ellitt. al pl.*) Distanza di mille metri piani su cui si sviluppa una gara di atletica | (*est.*) La gara stessa: *correre, vincere i m.*; *esordire nei m.*

millecènto o (*raro*) **milleccènto** **A** **agg. num. card. inv.**; anche **s. m. e f. inv.** ● Undici volte cento, undici centinaia, rappresentato da 1100 nella numerazione araba, da *MC* in quella romana. **I** Come agg. ricorre nei seguenti usi. *1* Rispondendo o sottintendendo la domanda 'quanti?', indica la quantità numerica di millecento unità (spec. preposto a un s.): *è a m. metri*; *è m. centimetri cubi di cilindrata.* *2* Rispondendo o sottintendendo la domanda 'quale?', identifica qlco. in una pluralità o in una successione (posposto a un s.): *l'anno m. d.C.* **II** Come s. ricorre nei seguenti usi. *1* Il numero millecento (per ellissi di un s.) | ***Il Millecento***, (*per anton.*) il secolo XII. *2* Il segno che rappresenta il numero millecento. **B** in funzione di **s. f.** e pop. **m. inv.** ● Vettura con circa 1100 cm cubi di cilindrata.

millecinquecènto **agg. num. card. inv.**; anche **s. m. inv.** ● Quindici volte cento, quindici centinaia, rappresentato da 1500 nella numerazione araba, da MD in quella romana. **I** Come agg. ricorre nei seguenti usi. *1* Rispondendo o sottintendendo la domanda 'quanti?', indica la quantità numerica di millecinquecento unità (spec. preposto a un s.): *dista m. metri.* *2* Rispondendo o sottintendendo la domanda 'quale?', identifica qlco. in una pluralità o in una successione (posposto a un s.): *l'anno millecinquecento d.C.* **II** Come s. ricorre nei seguenti usi. *1* Il numero millecinquecento; il valore, la quantità che vi corrisponde (per ellissi di un s.) | ***Il Millecinquecento***, (*per anton.*) *il secolo XVI.* *2* Il segno che rappresenta il numero millecinquecento. *3* (*sport, ellitt. al pl.*) Nell'atletica e nel nuoto, distanza di millecinquecento metri su cui si svolge una classica gara | (*est.*) La gara stessa: *correre, vincere i m.*

†**millècuplo** [da *mille*, sul modello di *decuplo*; sec. XVI] **A** **agg.** ● (*raro*) Che è mille volte maggiore. **B** **s. m.** ● Quantità, misura mille volte maggiore.

millefióri [comp. di *mille* e il pl. di *fiore*; 1780] **s. m. inv.** *1* Liquore formato di essenze distillate da vari fiori. *2* Profumo composto di varie essenze di fiori. *3* Vetro trasparente che include nella sua massa frammenti di vetro di vari colori.

millefòglie [comp. di *mille* e il pl. di *foglia*; 1930] **s. m. inv.** *1* (*bot.*) Achillea. *2* Torta di pasta sfoglia a più strati, inframmezzati con crema o altro.

millefòglio [lat. *millefōliu(m)*, comp. di *mīlle* 'mille' e *fōlium* 'foglia'; sec. XIV] **s. m.** ● (*bot.*) Achillea.

†**millefórme** [vc. dotta, lat. *millefōrme(m)*, comp. di *mīlle* 'mille' e *-fōrmis* '-forme'; sec. XIV] **agg. inv.** ● Multiforme.

millenàrio [vc. dotta, lat. tardo *millenāriu(m)*, da *millēni* 'in numero di mille', da *mīlle* 'mille'; 1584] **A** **agg.** *1* Che ha mille anni, che esiste da uno o più millenni: *pianta millenaria*; *civiltà millenaria*; *dominio m.* *2* Che ricorre ogni mille anni: *feste, celebrazioni millenarie.* **B** **s. m.** ● Ricorrenza del millesimo anno da un avvenimento memorabile | (*est.*) La cerimonia che si celebra in tale occasione.

millenarìsmo [comp. di *millenario* e *-ismo*; 1935] **s. m.** ● Movimento eretico e profetico cristiano che, in varie epoche storiche, dedusse da particolari interpretazioni dell'Apocalisse la credenza di un ritorno del Cristo sulla terra per mille anni prima della finale distruzione del mondo | (*est.*) Tendenza ad attendersi distruzioni apocalittiche o rivolgimenti radicali: *le varie forme… di rivoluzionarismo politico e sociale e di m. laico* (CROCE).

millenarìsta [da *millenarismo*; 1957] **A** **s. m. e f.** (**pl. m.** *-i*) ● Seguace del millenarismo. **B** **agg.** ● Millenaristico.

millenarìstico [1957] **agg.** (**pl. m.** *-ci*) ● Relativo al millenarismo. **SIN.** Chiliastico.

millènne [comp. di *mille* e *-enne* ricavato da *decenne*; 1891] **agg.** *1* (*raro*) Che ha mille anni: *albero m.* *2* Che dura mille anni | (*est.*) Che dura da moltissimo tempo: *costituzione m.*

millènnio [comp. di *mille* e *-ennio*, ricavato da *biennio, decennio* ecc.; 1858] **s. m.** ● Spazio di tempo di mille anni | ***Primo m.***, quello terminato il 31 dicembre 1000 | ***Secondo m.***, dal 1° gennaio 1001 al 31 dicembre 2000 | ***Terzo m.***, dal 1° gennaio 2001.

millepièdi [comp. di *mille* e il pl. di *piede*; 1598] **s. m. inv.** ● Ogni artropode dell'ordine dei Diplopodi. ➡ **ILL.** **animali**/3.

Milleporini [comp. di *mille* e *-pora*, ricavato da *madrepora*] **s. m. pl.** (**sing.** *-o*) ● Nella tassonomia animale, Celenterati della classe degli Idrozoi viventi in colonie e dotati di un robusto esoscheletro calcareo (*Milleporina*).

millerighe [comp. di *mille* e il pl. di *riga*; av. 1862] **A** **s. m. inv.** ● Tessuto a righe sottili ottenute alternando fili di colore diverso nell'ordito o per effetto di piccoli solchi e coste alternati. **B** anche **agg.**: *tessuto m.*

millesimàle [1953] **agg.** *1* Che costituisce la millesima parte: *quote millesimali* | ***Tabella m.***, che suddivide in millesimi il valore di una proprietà condominiale. *2* (*est.*) Minimo, piccolissimo: *quantità millesimali.*

millesimàto [deriv. di *millesimo* nel sign. B3; 1978] **agg.** ● Detto di bottiglia di vino o di liquore che porta l'indicazione dell'anno di produzione | Detto di prodotto editoriale che viene rinnovato ogni anno: *l'edizione millesimata dello Zingarelli.* **SIN.** Annualizzato.

millèsimo (o *-é-*) o †**millèsmo** [vc. dotta, lat. *millēsimu(m)*, da *mīlle* 'mille'; 1321] **A** **agg. num. ord.** *1* Corrispondente al numero mille in una successione, in una classificazione, in una serie (rappresentato da *M* nella numerazione romana, da 1000° in quella araba): *la millesima parte* | Con valore indet.: *te lo ripeto per la millesima volta*; *vale la millesima parte di quello che hai pagato.* *2* In composizione con altri numerali, semplici o composti, forma gli ordinali superiori: *millesimo primo*; *centomillesimo*; *diecimillesimo.* **B** **s. m.** *1* Ciascuna delle mille parti uguali di una stessa quantità: *il micron è un m. di millimetro.* *2* Le cifre delle migliaia nella data di un anno. *3* Anno, data, secondo l'era volgare: *sul frontespizio manca il m.*; *il 1917 è il m. della rivoluzione sovietica.* *4* †Spazio di mille anni, millennio.

milleùsi [comp. di *mille* e il pl. di *uso* (*2*); 1967] **agg.** ● Detto di oggetto, strumento e sim. adatto a numerosi e diversi usi.

milli- [dal lat. *mīlle*, di orig. indeur.] primo elemento ● Anteposto a un'unità di misura, la divide per mille, cioè la moltiplica per 10^{-3}: *milligrammo, millimetro.* **SIMB.** m.

milliampere /milliam'pɛr/ [comp. di *milli-* e *ampere*] **s. m. inv.** ● Unità di misura di intensità di corrente elettrica corrispondente a 1 millesimo di ampere. **SIMB.** mA.

milliamperòmetro [comp. di *milliampere* e *-metro*] **s. m.** ● Strumento che misura in milliampere l'intensità di una corrente elettrica.

millibàr [comp. di *milli-* e *bar* (*2*); 1930] **s. m. inv.** ● Unità di misura di pressione equivalente a un millesimo di bar. **SIMB.** mb.

milligràmmo [fr. *milligramme*, comp. di *milli-* 'milli-' e *gramme* 'grammo'; 1869] **s. m.** ● Unità di misura di massa, equivalente a un millesimo di grammo. **SIMB.** mg.

millilitro [fr. *millilitre*, comp. di *milli-* 'milli-' e *litre* 'litro'; 1869] **s. m.** ● Unità di misura di capacità equivalente ad un millesimo di litro. **SIMB.** ml.

millimetràre [1957] **v. tr.** (*io millimetro*) ● Suddividere in millimetri.

millimetràto [1936] **part. pass.** di *millimetrare*; anche **agg.** *1* Nel sign. del v. *2* ***Carta millimetrata***, tipo di carta da disegno che reca stampato un reticolo di linee distanziate di 1 millimetro l'una dall'altra.

millimètrico [1869] **agg.** (**pl. m.** *-ci*) *1* Di millimetro | Diviso in millimetri. *2* (*est., fig.*) Caratterizzato da estrema precisione: *controllo m.* | Di misura: *sorpasso m.*

millimetro [fr. *millimètre*, comp. di *milli-* 'milli-' e *mètre* 'metro'; 1802] **s. m.** ● Unità di misura di lunghezza equivalente a un millesimo di metro. **SIMB.** mm.

millimicron [comp. di *milli-* e *micron*] **s. m.** ● Unità di misura di lunghezza corrispondente a un millesimo di micron. **SIMB.** mμ.

millisecóndo [comp. di *milli-* e *secondo*] **s. m.** ● Unità di misura di tempo equivalente a un millesimo di secondo. **SIMB.** ms.

millivòlt [comp. di *milli-* e *volt*] **s. m.** ● Unità di misura di potenziale elettrico corrispondente a un millesimo di volt. **SIMB.** mV.

milofaringèo o (*raro*) **milofaringeo** [comp. del gr. *mýlē* 'mola', e di *faringe*] **s. m.** ● (*anat.*) Muscolo connesso al costrittore superiore della faringe.

miloioidèo [comp. del gr. *mýlē* 'mola' e di *ioide*; 1834] **s. m.** ● (*anat.*) Muscolo che forma il pavimento della bocca.

milònga /sp. mi'lɔŋga/ [sp. d'America, propr. 'chiacchiericcio', poi n. di una canzonetta pop. del Rio de la Plata, che si canta al suono della chitarra, e di una danza: vc. di una lingua dell'Angola, pl. di *mulonga* 'parola'; 1957] **s. f.** (**pl.** *milònghe* o sp. *milongas*) ● Danza popolare sudamericana con accompagnamento di chitarra.

milonite [ingl. *mylonite*, dal gr. *mylṓn* 'mulino', da *mýlē* 'mola'; 1934] **s. f.** ● Roccia dura, di apparenza vetrosa, formata da fenomeni di deformazione o frantumazione di rocce causati da movimenti tettonici.

milòrd /mi'lɔrd, *ingl.* mɪ'lɔːd/ [vc. ingl., da *my lord* 'mio signore'. V. *lord*; 1554] **s. m. inv.** *1* Lord, spec. in frasi appellative. *2* (*fig., raro*) Persona di ricercata eleganza.

milòrdo [1584] **s. m.** *1* (*lett.*) Adattamento di *milord* (V.). *2* (*zool.*) Biacco.

miluògo [sec. XIII] **s. m.** (**pl.** *-ghi*) ● (*lett., raro*) Adattamento di *milieu* (V.).

milza [longob. *milzi*; sec. XIII] **s. f.** ● (*anat.*) Organo addominale contenuto nella parte alta, a sinistra della cavità peritoneale, strettamente connesso con l'apparato emolinfatico. **CFR.** spleno-. ➡ **ILL.** p. 2123 ANATOMIA UMANA.

milzadèlla [da *milza*; detta così per le macchie bianche delle foglie che ricordano le parti bianche della milza (?); 1749] s. f. ● Pianta erbacea perenne delle Labiate, con foglie opposte cuoriformi simili a quelle dell'ortica e fiori bianchi, usata come astringente e anticatarrale (*Lamium maculatum*).

†**milzo** agg. ● Smilzo.

mimàbile [da *mimare*; 1983] agg. ● Che si può mimare, che è adatto a essere mimato.

mimàre [fr. *mimer*, da *mime* 'mimo'; 1938] **A** v. tr. ● Esprimere qlco. con gesti e atteggiamenti del viso e del corpo, senza parole: *ha mimato tutta la scena, con un effetto comico irresistibile.* **B** v. intr. (aus. *avere*) ● Fare il mimo.

mimeografàre [da *mimeografo*; 1957] v. tr. (*io mimeògrafo*) ● Riprodurre con il mimeografo.

mimeografìa [da *mimeografo*; 1983] s. f. ● Tecnica di riproduzione grafica mediante mimeografo.

mimeògrafo [vc. dotta, comp. del gr. *mímē(sis)* 'imitazione' e *-grafo*, sul modello dell'ingl. *mimeograph*; 1917] s. m. ● Apparecchio per riprodurre scritti, disegni e sim. ottenuti su carta paraffinata da una punta tagliente.

miméṣco [da *mimo*; 1609] agg. (pl. m. *-schi*) ● Di, da mimo (*anche spreg.*).

mimèṣi o **mimeṣi** [vc. dotta, lat. tardo *mimēsi(n)*, nom. *mimēsis*, dal gr. *mímēsis* 'imitazione', da *mimêisthai* 'imitare', di orig. indeur. (?); 1598] s. f. inv. *1* Nella filosofia di Platone, il rapporto di imitazione intercorrente tra le idee e le cose sensibili. *2* Imitazione della natura, come compito ed essenza dell'arte, secondo l'estetica antica. *3* (*est.*) †Imitazione della voce, dei gesti o dei modi di qlcu.

mimeṣìa [da *mimesi*] s. f. ● (*miner.*) Fenomeno per cui talvolta cristalli appartenenti a un sistema presentano una simmetria superiore che corrisponde a un altro sistema.

mimètica [vc. dotta, gr. *mimētikḗ* (*téchnē*) 'arte dell'imitazione', f. di *mimētikós* 'imitativo'. V. *mimetico*; 1728] s. f. ● (*raro*) Arte dell'imitare.

mimètico [vc. dotta, gr. *mimētikós*, da *mímēsis* 'imitazione'. V. *mimesi*; 1738] agg. (pl. m. *-ci*) *1* Dell'imitazione: *arte mimetica.* *2* Che mimetizza o si mimetizza: *il pelame della lepre è m.* | ***Tuta mimetica***, divisa militare da campo, usata per mimetizzarsi. || **mimeticaménte**, avv.

mimetiṣmo [fr. *mimétisme*, dal gr. *mimētikós* 'mimetico'; 1895] s. m. *1* Fenomeno grazie al quale alcuni animali, sia terrestri sia acquatici, assumono aspetto o colori tali da confondersi con l'ambiente in cui vivono. *2* (*fig.*) Tendenza e capacità di mutare il proprio atteggiamento in modo da adattarsi perfettamente all'ambiente e alle idee dominanti: *fenomeni di m. politico, ideologico.*

mimetite [dal gr. *mimētḗs* 'imitatore', da *mimêisthai* 'imitare' (V. *mimesi*), perché è assai simile alla piromorfite; 1957] s. f. ● (*miner.*) Arseniato di piombo contenente cloro, isomorfo della piromorfite, in cristalli prismatici esagonali di color giallo miele o giallo verde.

mimetiẓẓàre [da *mimetico*; 1942] **A** v. tr. ● Mascherare qlco. confondendola nel colore e nella forma con l'ambiente circostante per necessità di difesa militare: *m. trincee, postazioni d'artiglieria.* **B** v. rifl. e intr. pron. *1* Detto di soldati, mascherarsi per necessità di difesa militare. *2* Detto di animali e piante, partecipare al fenomeno del mimetismo. *3* (*fig.*) Adeguarsi all'ambiente in cui si vive, cambiando idee e atteggiamenti secondo l'opportunità.

mimetiẓẓazióne [1942] s. f. ● Il mimetizzare, il mimetizzarsi.

mimiàmbo [vc. dotta, lat. *mimiămbi*, nom. pl., dal gr. *mimíamboi*, comp. di *mîmos* 'mimo' e *íambos* 'giambo'; 1586] s. m. ● Mimo in versi giambici.

mìmica [f. sost. di *mimico*; 1669] s. f. *1* Maniera di accompagnare con gesti espressivi il discorso o di esprimere con segni il proprio pensiero: *è dotato di una m. eccezionalmente efficace.* *2* Arte di esprimere sulla scena una gamma di sentimenti mediante gesti e movimenti appropriati del corpo.

mìmico [vc. dotta, lat. *mīmicu(m)*, nom. *mīmicus*, dal gr. *mimikós*, agg. di *mîmos* 'mimo'; 1578] agg. (pl. m. *-ci*) ● Che si esprime coi gesti, coi segni: *azione mimica*; *linguaggio m.* || **mimicaménte**, avv. Con mimica.

mimicry /*ingl.* 'mɪmɪkrɪ/ [vc. ingl., da *mimic* 'mimico'] s. m. o f. ● (*biol.*) Fenomeno affine al mimetismo, per cui alcuni animali imitano nell'aspetto e nel comportamento animali di altra specie.

mìmmo [vc. infant.; sec. XVII] **A** s. m. (f. *-a*) ● (*pop.*) Bimbo. **B** agg. ● †Bambinesco. || **mimmino**, dim. | **mimmóna**, accr. f.

mìmo [vc. dotta, lat. *mīmu(m)*, nom. *mīmus*, dal gr. *mîmos* 'imitatore, mimo', da *mimêisthai* 'imitare'. V. *mimesi*; av. 1372] s. m. *1* (f. *-a*) Attore che interpreta azioni sceniche mimate. *2* (*letter.*) Componimento che rappresenta al vivo scene di vita quotidiana, tipico del mondo greco e latino. *3* Passeracceo americano simile a un merlo, ma con canto melodioso che imita quello di tutti gli altri uccelli (*Mimus polyglottus*). *4* (*biol.*) Animale che, nell'aspetto e nel comportamento, imita animali di altra specie.

mimodràmma [comp. di *mimo* e *dramma*; 1914] s. m. (pl. *-i*) *1* (*mus.*) Pantomima in musica. *2* (*psicol.*) Azione scenica su tema preordinato, utilizzata nella terapia di gruppo delle malattie mentali per suggerire date regole di comportamento.

mimògrafo [vc. dotta, lat. *mimŏgraphu(m)*, nom. *mimŏgraphus*, dal gr. *mimográphos*, comp. di *mîmos* 'mimo' e *-gráphos* '-grafo'; sec. XIV] s. m. ● Autore di mimi nell'antichità greco-latina.

mimòlogo [vc. dotta, lat. tardo *mimŏlogu(m)*, nom. *mimŏlogus*, dal gr. *mimológos*, comp. di *mîmos* 'mimo' e *-lógos* '-logo'] s. m. (f. *-a*; pl. m. *-gi*) ● Chi recitava mimi nell'antichità greco-latina.

mimóṣa [da *mimo*, per i movimenti delle foglie quando sono toccate; av. 1712] s. f. ● Arbusto o alberello delle Mimosacee con foglie pennate, fiori regolari e frutti a legume (*Mimosa*) | Correntemente, infiorescenza di piccoli fiori gialli, rotondi di alcune acacie. ➡ ILL. **piante**/6.

Mimoṣàcee [vc. dotta, comp. di *mimosa* e *-acee*; 1957] s. f. pl. (sing. *-a*) ● Nella tassonomia vegetale, famiglia di Dicotiledoni spinose con foglie composte, fiori in infiorescenze e frutti a legume (*Mimosaceae*). ➡ ILL. **piante**/6.

mìmulo [lat. tardo *mīmulu(m)* 'piccolo mimo', dim. di *mīmus* 'mimo': dalla corolla che imiterebbe il muso di alcuni animali (?)] s. m. ● Genere di piante erbacee delle Scrofulariacee, coltivate per i fiori ricchi di infiorescenze di vario colore (*Mimulus*).

mìna (1) [fr. *mine*, di orig. celt.; 1529] s. f. *1* Anticamente, cunicolo sotterraneo scavato per raggiungere le fortificazioni nemiche e potervi collocare delle cariche esplosive. *2* Carica esplosiva disposta in una cavità praticata nella roccia, che viene fatta esplodere allo scopo di abbattere la roccia stessa. *3* Ordigno d'uso militare costituito da un corpo esplosivo e da un congegno di accensione azionato con vari sistemi: *m. terrestre, subacquea*; *mine a strappo, a urto, magnetiche, acustiche* | ***M. antiuomo***, impiegata contro le fanterie | ***M. anticarro***, contro carri armati e autoveicoli | (*fig.*) ***M. vagante***, questione non risolta che, alla lunga, può dar luogo a conseguenze pericolose. *4* Sottile cilindro di grafite incorporato nella matita per scrivere. *5* †Miniera o galleria di miniera.

mìna (2) [vc. dotta, lat. *mĭna(m)*, nom. *mĭna*, dal gr. *mnâ*, di orig. semitica; sec. XIV] s. f. ● Unità ponderale greca di diverso peso secondo i sistemi, pari a 1/50 o 1/60 del talento e a 100 o 120 dramme.

mìna (3) [stessa etim. di *emina*] s. f. ● Emina (1).

†**mìna** (4) [vc. dotta, lat. *mĭnae*, nom. pl. 'minaccia'; il primo sign. era quello di 'sporgenza incombente', dalla stessa radice da cui deriva anche *mōns* 'monte'; 1554] s. f. ● Minaccia.

†**mìna** (5) [fr. *mine*, dal bretone *min* 'becco, muso'; av. 1686] s. f. ● Aspetto, apparenza.

minaccévole [av. 1292] agg. ● (*lett.*) Minaccioso: *un'inquietudine così cupa, un'impazienza così m.* (MANZONI). || **minaccevolménte**, avv. (*lett.*) Minacciosamente.

♦**minàccia** [lat. *mināciae*, nom. pl., da *mĭnax*, genit. *minācis* 'minaccioso'. V. *minace*; av. 1294] s. f. (pl. *-ce*) *1* Atto compiuto per incutere timore o discorso fatto per spaventare: *m. a mano armata*; *profferire minacce di morte, di accusa, di guerra.* SIN. Intimidazione. *2* (*fig.*) Pericolo di un male futuro: *silenzio pieno di minacce*; *c'è m. di inondazione.*

minacciaménto [sec. XIV] s. m. ● (*raro*) Il minacciare.

minacciànte [av. 1494] part. pres. di *minacciare*; anche agg. *1* (*raro*) Che minaccia. *2* ***Muro m.***, pericolante.

♦**minacciàre** [da *minaccia*; av. 1294] v. tr. (*io minàccio*) *1* (qlco.; qlcu. + *di*, + *con*; + *che* seguito da fut.) Spaventare o intimidire qlcu. con minacce: *tace perché l'hanno minacciato di morte*; *è stato minacciato con un coltello* | Promettere qlco. che incute timore: *m. castighi severissimi*; *minaccia che la testa ad Orrigille e a lui rimarrà mozza* (ARIOSTO). *2* Mettere in pericolo: *una controversia che minaccia i nostri rapporti*; *la tempesta minaccia tutte le regioni costiere.* *3* (qlco.; + *di* seguito da inf.) Preannunciare il verificarsi di una cosa temuta o non desiderata (*anche impers.*): *l'infiammazione minaccia di propagarsi*; *il ciel minaccia / improvvisa tempesta* (METASTASIO); *minaccia di piovere.* *4* (*fig., lett.*) Sovrastare con la propria imponenza e grandezza: *un tetro castello minaccia la vallata.*

minacciatóre [av. 1292] s. m. (f. *-trice*) ● (*raro*) Chi minaccia.

†**minacciatòrio** [sec. XIV] agg. ● Minatorio.

†**minàccio** s. m. ● (*raro*) Minaccia: *tanti minacci di nimici* (MACHIAVELLI).

♦**minaccióṣo** [1516] agg. *1* Che contiene o esprime minaccia: *sguardo m.*; *parole, grida, attitudini minacciose*; *destino poco lieto, ma per nulla m.* (SVEVO). *2* Che fa paura, che costituisce un grave pericolo: *tempesta minacciosa.* *3* (*fig., lett.*) Che sovrasta con imponenza e grandiosità: *una rocca minacciosa apparve sulle alture.* || **minacciosaménte**, avv.

†**minàce** [lat. *mināce(m)* 'minaccioso', da *minārī* 'minacciare', da *mĭnae*. V. *mina* (4); av. 1472] agg. ● (*poet.*) Minaccioso.

minàre [fr. *miner*, da *mine* 'mina'. V. *mina* (1); av. 1250] v. tr. *1* Praticare cavità in rocce, opere murarie e sim., collocandovi cariche esplosive: *m. una casa.* *2* Corredare di mine, a scopo offensivo o difensivo, un terreno, un tratto di mare e sim. *3* (*fig.*) Insidiare, compromettere, distruggere poco a poco: *m. la reputazione, il credito di qlcu.*; *un vizio che mina la salute.*

minaréto [fr. *minaret*, dal turco *minare*, dall'ar. *manāra* 'faro'; av. 1764] s. m. ● Torre annessa alla moschea, dalla quale il muezzin chiama, con canto rituale, i fedeli islamici alla preghiera.

minàto part. pass. di *minare*; anche agg. ● Nei sign. del v. | ***Terreno m.***, V. *terreno* (2), sign. 3.

minatóre [da *minare*, attrav. il fr. *mineur*; 1644] s. m. *1* (f. *-trice*) Chi lavora nelle miniere. *2* ***M. continuo***, macchina per lo scavo meccanico continuo di gallerie e di miniere su vasto fronte.

minatòrio [vc. dotta, lat. tardo *minatōriu(m)*, da *minārī* 'minacciare'. V. *minace*; 1483] agg. ● Di minaccia | Fatto per minacciare: *lettera minatoria.*

minbar /'mimbar, *ar.* 'minbar/ [ar. *minbar*, dalla radice *n.b.r.* 'essere alto'] s. m. inv. (pl. ar. *manābir*) ● Nelle moschee, pulpito da cui viene guidata la preghiera.

mìnchia [lat. *mĕntula(m)* 'membro virile'; av. 1488] **A** s. f. *1* (*merid., volg.*) Pene. *2* (*merid., est., volg.*) Persona sciocca. **B** in funzione di inter. ● (*volg.*) Esprime ira, stupore ecc.: *m., che automobile!*

minchiàta [da *minchia*] s. f. ● (*merid., volg.*) Stupidaggine, sciocchezza: *fare, dire una m.* SIN. Cazzata.

minchiàte [etim. incerta; av. 1484] s. f. pl. ● Carte da gioco fiorentine in uso dal sec. XV, il cui mazzo era costituito da 40 figure più una matta | Anche, il gioco stesso.

minchionàggine [1712] s. f. ● (*pop.*) Caratteristica di minchione | Atto da minchione. SIN. Dabbenaggine.

minchionàre [da *minchione*; 1598] v. tr. (*io minchióno*) ● (*pop.*) Canzonare, prendere in giro: *m. lo sciocco del paese* | (*assol.*) ***Non m.***, non scherzare, fare sul serio.

minchionatóre [1716] s. m. (f. *-trice*, pop. disus. *-tora*) ● (*pop.*) Chi minchiona.

minchionatòrio [av. 1704] agg. ● (*pop.*) Fatto per minchionare. SIN. Canzonatorio.

minchionatùra [da *minchionare*; av. 1700] s. f. ● Corbellatura, canzonatura.

minchióne [da *minchia* (V.); av. 1492] agg.; anche s. m. (f. *-a*) ● (*pop.*) Che (o Chi) è troppo inge-

minchioneria nuo e sciocco: *è tanto m. che crede a tutto* | *Fare il m.*, lo stupido, lo sprovveduto. SIN. Babbeo, grullo, semplicione. ‖ **minchionàccio**, accr. | **minchioncèllo**, dim. | **minchioncino**, dim. | **minchioncióne**, accr.

minchionerìa [av. 1535] s. f. **1** (*pop.*) Stupidità, dabbenaggine. **2** (*pop.*) Cosa da minchione: *dire, fare una grossa m.* | Sproposito | Fandonia.

mine-detector /ingl. 'maendɪˌtɛktəɾ/ [vc. ingl., comp. di *mine* 'mina (1)' (nel sign. 3) e *detector* (V.); 1957] s. m. inv. (pl. ingl. *mine-detectors*) ● Cercamine.

†**minèra** ● V. *miniera*.

♦**minerale** [dall'ant. fr. *minière* 'miniera'; av. 1502] **A** s. m. ● Composto di origine naturale, costituente della litosfera, che generalmente si presenta allo stato solido cristallino | (*gener.*) Materiale che si ricava dall'estrazione nelle miniere: *caricarono il m. sui vagoni*. ➡ TAV. **minerali (scala di durezza dei)**. **B** agg. ● Che ha natura di minerale o contiene minerali: *sale m.* | **Acqua m.**, contenente sali in proporzione superiore allo 0,5% | *Regno m.*, una delle tre suddivisioni tradizionali di tutti i corpi. **C** s. f. ● (*fam., ellitt.*) Acqua minerale: *una bottiglia di m.*; *vino e m.* | Bottiglia di acqua minerale: *una m. da un litro; una mezza m.*

mineralista [da *minerale*; 1697] s. m. e f. (pl. m. -*i*) ● Chi studia mineralogia.

mineralizzare [fr. *minéraliser*, da *minéral* 'minerale'; 1779] **A** v. tr. **1** Convertire in minerale. **2** Impregnare di sostanze minerali un materiale organico. **B** v. intr. pron. ● Trasformarsi in minerale.

mineralizzatóre [fr. *minéralisateur*, da *minéraliser* 'mineralizzare'; av. 1799] s. m.; anche agg. (f. -*trice*) ● Agente chimico o fisico che provoca o favorisce la formazione di minerali.

mineralizzazióne [1790] s. f. ● Il mineralizzare, il mineralizzarsi.

mineralogìa [fr. *minéralogie*, comp. di *minéral* 'minerale' e -*logie* '-logia', con aplologia; av. 1770] s. f. ● Scienza che studia i minerali nella loro costituzione fisica e chimica.

mineralògico [fr. *minéralogique*, da *minéralogie* 'mineralogia'; 1777] agg. (pl. m. -*ci*) ● Che riguarda i minerali o la mineralogia. ‖ **mineralogicamente**, avv.

mineralogista [av. 1811] s. m. e f. (pl. m. -*i*) ● Studioso, esperto di mineralogia.

†**mineralogo** [da *mineralogia*; 1779] s. m. (f. -*a*; pl. m. -*gi*) ● Mineralogista.

mineralogràmma [comp. di *mineral*(*e*) e -*gramma*] s. m. (pl. -*i*) ● (*med.*) Istogramma della concentrazione delle sostanze minerali inorganiche presenti in un campione biologico, come un capello.

mineralometrìa [comp. di *mineral*(*e*) e -*metria*; 1991] s. f. ● (*med.*) Insieme delle tecniche impiegate per la misura dei componenti minerali (le sostanze inorganiche) dell'organismo | *M. ossea*, misura, a scopo diagnostico, del contenuto in sostanza minerale (calcio e fosfato) di un osso.

mineralurgìa [comp. di *minerale* con la terminazione -*urgia* deriv. per affinità da *siderurgia*] s. f. ●

(*miner.*) Tecnica di trattamento dei minerali grezzi che porta a trasformarli in beni commerciabili, da cui eventualmente estrarre poi i componenti utili. SIN. Minerurgia.

minerario [da *miniera*; 1868] agg. ● Delle miniere, dei minerali.

minerogènesi [comp. di †*minera* e *genesi*; 1917] s. f. inv. ● Formazione e sviluppo dei minerali.

minerosintèsi [comp. di *miner*(*ale*) e *sintesi*; 1934] s. f. inv. ● (*miner.*) Processo con cui in laboratorio si ottengono composti analoghi a minerali partendo o dagli elementi o da composti più semplici.

minerurgia s. f. ● (*miner.*) Mineralurgia.

minerva (**1**) [detti così dal marchio di fabbrica originario, che rappresentava la dea *Minerva*; 1932] s. m. pl. ● Tipo di fiammiferi di sicurezza, con capocchia senza fosforo, intagliati su più file racchiuse in una bustina.

minèrva (**2**) [detto così perché ricorda la parte superiore della statua di Atena (= Minerva) di Fidia] s. f. ● Specie di collare ortopedico in gesso o altro materiale rigido per l'immobilizzazione del capo e della colonna cervicale.

♦**minèstra** [da *minestrare*; 1225 ca.] s. f. **1** Vivanda di riso o pasta, in brodo con verdura e legumi o cotta in acqua, scolata e condita: *m. asciutta, in brodo* | Minestra in brodo: *scodellare la m.*; *m. d'orzo, di legumi* | *M. maritata*, tradizionale specialità napoletana, a base di varie carni ed erbe | *M. riscaldata*, (*fig.*) cosa ormai trascorsa che si vuol fare rivivere ma che ha perduto validità | *Trovare la m. bell'e pronta*, (*fig.*) ottenere qlco. senza sforzo | Porzione di minestra per una persona: *ci porti due minestre*. **2** (*est.*) Primo piatto. **3** (*fig.*) Vitto, pagnotta: *lavorare per la m.* **4** (*fig.*) Faccenda, operazione: *è una m. che non mi piace* | *È sempre la solita m.*, la solita storia. ‖ **minestràccia**, pegg. | **minestrèlla**, dim. | **minestrina**, dim. (V.) | **minestrino**, dim. m. | **minestróna**, accr. | **minestróne**, accr. m. (V.) | **minestrùccia**, dim.

†**minestràre** [lat. *ministrāre* 'servire, servire a mensa', da *minister* 'servitore'. V. *ministro*; 1280] v. tr. ● Servire la minestra, scodellare.

†**minestrèllo** ● V. *menestrello*.

†**minestrière** ● V. †*ministriere*.

minestrina [av. 1494] s. f. **1** Dim. di *minestra*. **2** Minestra in brodo, leggera, spec. per bambini e malati.

minestróne [1635] s. m. **1** Accr. di *minestra*. **2** Minestra di riso o pasta con legumi, ortaggi, cotenna di maiale o altro, che abbia per base un soffritto di verdure aromatiche e grassi, da mangiarsi anche fredda. **3** (*fig.*) Strano miscuglio di cose simili o eterogenee: *di tutte le spiegazioni ha fatto un gran m.*

mìngere [lat. *mĭngere*, di orig. indeur.; 1499] v. intr. (*io mìngo, tu mìngi*; pass. rem. *io minsi*; raro il part. pass. *minto* e i tempi composti) ● Emettere l'urina attraverso l'apparato urinario. SIN. Orinare.

mingherlino [ant. fr. *mingrelin*, dim. di *mingre* 'in-

felice', di etim. incerta; av. 1565] agg. ● Esile, gracile, delicato: *un ragazzo m.* | (*fig.*) Scarno, povero, debole: *una teoria piuttosto mingherlina*.

♦**mini** [forma ellittica; 1967] **A** s. f. inv. ● Minigonna: *portare la m.*; *la moda della m.*; *ragazze in m.* **B** agg. inv. ● Piccolo: *un impianto stereo formato m.*; *una vacanza m.*

mini- [ricavato dall'ingl. *mini*(*ature*) 'miniatura' e diffusosi in seguito alla fortuna di *minigolf* e soprattutto di *minigonna*] primo elemento ● In parole composte, fa riferimento a dimensioni piccole o ridotte al minimo o a realizzazioni in miniatura: *miniabito, minibus, minigolf*.

miniabito [comp. di *mini-* e *abito*; 1967] s. m. ● Abito femminile molto corto.

miniacciaieria [comp. di *mini-* e *acciaieria*] s. f. ● Stabilimento siderurgico per la fabbricazione economica di lingotti, profilati, tondini e lamiere di acciaio, utilizzando forni elettrici ad arco di piccole dimensioni e materie prime di basso costo, quali rottami ferrosi e ghisa d'altoforno.

minialloggio [comp. di *mini-* e *alloggio*; 1977] s. m. ● Miniappartamento.

miniappartaménto [comp. di *mini-* e *appartamento*; 1973] s. m. ● Appartamento formato da una stanza, o al massimo due, più i servizi, in genere ridotti all'essenziale. SIN. Minialloggio.

miniàre [vc. dotta, lat. *miniāre*, da *mĭnium* 'minio'; av. 1342] **A** v. tr. **1** Trattare con la tecnica della miniatura | Ornare di miniature. **2** (*est.*) Ornare, scrivere o descrivere qlco. in modo esatto e con grazia: *m. un paesaggio, la figura del protagonista*. **3** (*fig.*) Realizzare o eseguire qlco. con estrema precisione e minuzia: *il primattore ha miniato il suo personaggio*. SIN. Cesellare. **B** v. rifl. ● (*raro*) Imbellettarsi.

miniato [av. 1306] part. pass. di *miniare*; anche agg. ● Nei sign. del v. | Decorato con miniature: *codice m.*

miniatóre [av. 1406] s. m. (f. -*trice*) ● Chi esegue miniature.

♦**miniatura** [da *miniare*; av. 1342] s. f. **1** Genere di pittura per illustrare codici pergamenacei eseguita col minio e altri colori vivaci, fiorita spec. nel sec. XIII e XIV. **2** (*est.*) Dipinto di piccole dimensioni per ritratto e decorazione eseguito su carta, avorio, rame e sim. | *In m.*, in proporzioni ridotte | *Un viso che sembra una m.*, dai lineamenti precisi e aggraziati. **3** (*fig.*) Lavoro compiuto con grande precisione, ricchezza di particolari e finezza: *quel ricamo è una vera m.* **4** Ricostruzione in scala ridotta di un ambiente reale, per usi scenografici. ‖ **miniaturina**, dim.

miniaturista [1911] s. m. e f. (pl. m. -*i*) **1** Pittore di miniature. **2** Chi cura miniature scenografiche.

miniaturistico [1932] agg. (pl. m. -*ci*) **1** Che riguarda la miniatura: *tecnica miniaturistica*. **2** (*fig.*) Caratterizzato da minuziosa cura dei particolari: *un lavoro eseguito con precisione miniaturistica*.

miniaturizzàre [comp. di *miniatura* e -*izzare*; 1963] v. tr. ● (*elettron.*) Sottoporre a miniaturizzazione.

SCALE DI DUREZZA DEI MINERALI

Scala di Mohs (di durezza relativa)   **Scala di Rosiwal (di durezza assoluta)**

Durezza alla scalfittura	Minerale di paragone	Durezza al taglio
1	talco	0,03
2	gesso	1,25
3	calcite	4,5
4	fluorite	5
5	apatite	6,5
6	ortoclasio	37
7	quarzo	120
8	topazio	175
9	corindone	1000
10	diamante	140 000

miniaturizzàto [1969] part. pass. di *miniaturizzare*; anche agg. *1* Nel sign. del v. *2* Che ha dimensioni molto piccole.

miniaturizzazióne [da *miniaturizzare*; 1963] s. f. ● (*elettr.*) Tecnica che, avvalendosi dei dispositivi a semiconduttori, mira a ridurre lo spazio occupato dai singoli componenti di un circuito.

minibàr /mini'bar/ [comp. di *mini* e *bar*; 1986] **A** s. m. inv. ● Nelle stanze d'albergo, piccolo frigorifero contenente bevande, biscotti o altri prodotti alimentari: *ha saldato il conto del minibar?* **B** agg. inv. ● Nella loc.: ***carrello m.***, servizio di ristoro mobile nei treni.

minibàsket [comp. di *mini-* e *basket*; 1964] s. m. inv. ● Gioco simile alla pallacanestro ma con regole più semplici e canestro più basso, praticato da bambini e ragazzi.

mìnibus [comp. di *mini-* e *bus*; 1970] s. m. inv. ● Autoveicolo simile all'autobus, di ridotte dimensioni, con un numero limitato di posti.

minicalcolatóre [comp. di *mini-* e *calcolatore*, sul modello dell'ingl. *minicomputer*; 1983] s. m. ● (*elab.*) Minielaboratore.

minicàr [vc. ingl., comp. di *mini(ature)* 'miniatura' e *car* 'vettura'; 1997] s. f. inv. ● (*autom.*) Automobile di dimensioni ridotte.

minicomputer /minikom'pjuter, *ingl.* 'mɪnikəm,pjuːtəɹ/ [comp. di *mini-* e dell'ingl. *computer* (V.); 1983] s. m. inv. ● (*elab.*) Minielaboratore.

minidisco [comp. di *mini-* e *disco*; 1970] s. m. (pl. *-schi*) ● (*elab.*) Dischetto.

minielaboratóre [1983] s. m. ● (*elab.*) Elaboratore di dimensioni ridotte con unità centrale realizzata in più circuiti. SIN. Minicalcolatore, minicomputer.

♦**minièra** o †**minèra** [fr. *minière*, da *mine* 'mina (1)'; av. 1276] s. f. *1* Insieme di un giacimento di minerali e delle opere realizzate per sfruttarlo: *m. a giorno, a cielo aperto*; *m. sotterranea*; *gallerie di m.*; *pozzi di m.*; *coltivazione della m.* ➡ ILL. p. 2136 SCIENZE DELLA TERRA ED ENERGIA. *2* (*fig.*) Fonte copiosa: *una m. di notizie, di informazioni, di aneddoti, di denari.*

minigòlf [dall'ingl. *mini(ature)-golf* 'golf in miniatura'; 1963] s. m. inv. ● Gioco che trae spunto dal golf, da praticarsi su un percorso costituito da piste in cemento o sim., dotate di ostacoli artificiali di vario tipo.

minigónna o **minigònna** [calco sull'ingl. *miniskirt* 'mini- (V.) gonna'; 1966] s. f. *1* Gonna corta che termina, più o meno abbondantemente, sopra il ginocchio. *2* Specie di alettone in metallo o plastica che si applicava alla parte inferiore di un'automobile da corsa per migliorarne l'aderenza al terreno | Analogo alettone applicato in funzione aerodinamica alla parte inferiore di un'automobile.

minima [f. sost. di *minimo*; 1561] s. f. *1* (*mus.*) Figura di nota corrispondente a metà della semibreve e cioè a 2/4. *2* Grado minimo della temperatura: *la m. di domenica è stata di 15 gradi.* CONTR. Massima.

minimal art /*ingl.* 'mɪnɪməl 'ɑːt/ [loc. ingl., comp. di *minimal* 'minimo' e *art* 'arte'; 1982] loc. sost. f. inv. ● Corrente artistica nata negli Stati Uniti a metà degli anni '60 del Novecento, caratterizzata da forme elementari e geometriche.

minimàle [ingl. *minimal*, dal lat. *mĭnimus* 'minimo'; 1957] **A** agg. ● Che costituisce il limite più basso, spec. in contrapposizione a *massimale*. **B** s. m. ● Punto e limite minimo. CONTR. Massimale.

minimalismo [ingl. *minimalism*, da *minimal* 'minimo'. V. *minimale*; 1952] s. m. *1* Tendenza ad attuare un programma minimo in campo politico | (*gener.*) Tendenza a concentrare gli sforzi su obiettivi minimi e realistici. CONTR. Massimalismo. *2* Corrente della letteratura americana affermatasi negli anni '80 del Novecento che, spec. in racconti brevi e novelle, utilizza uno stile conciso e aderente al linguaggio parlato, per descrivere la realtà quotidiana. *3* Minimal art.

minimalista [1938] **A** s. m. e f. (pl. m. *-i*) ● Seguace del minimalismo. **B** agg. ● Che riguarda il minimalismo.

minimalìstico [1985] agg. (pl. m. *-ci*) ● Relativo al minimalismo, ai minimalisti: *correnti minimalistiche.*

minimal music /*ingl.* 'mɪnɪməl 'mjuːzɪk/ [loc. ingl., propr. 'musica minima' sul modello di *minimal art* 'minimalismo' (V.); 1988] loc. sost. f. inv. ● (*mus.*) Stile musicale americano che ripete, sovrappone e sfasa ritmicamente elementi ritmico-melodici di proporzioni minime.

†**minimaménto** [da *minimare*; sec. XIV] s. m. ● Diminuzione, menomamento.

†**minimàre** [da *minimo*; av. 1342] **A** v. tr. ● Diminuire. **B** v. intr. ● Abbreviarsi.

minimàrket /mini'market, *ingl.* 'mɪni,mɑːɹkɪt/ [vc. ingl., comp. di *mini-* e *market* (V.); 1985] s. m. inv. ● Punto di vendita al dettaglio, con caratteristiche analoghe a quelle dei supermercati ma con un assortimento di prodotti inferiore, avendo una minore superficie disponibile per l'esposizione e la vendita. SIN. Minimercato.

minimàssimo o **minimomàssimo** [comp. di *mini(mo)* e *massimo*; 1957] s. m. ● (*mat.*) Minimo tra i valori massimi di una funzione.

mìnimax [1957] s. m. ● (*mat.*) Minimassimo.

minimercàto [adattamento di *minimarket* (V.)] s. m. ● Minimarket.

minimetro [comp. di *mini(mo)* e *-metro*] s. m. ● Strumento ad alta precisione per misurare spessori minimi.

minimézza s. f. ● (*lett.*) Caratteristica di ciò che è minimo; estrema piccolezza.

minimissile [comp. di *mini-* e *missile*] s. m. ● Ciascuno dei piccoli missili, trasportati in vicinanza del bersaglio da un missile vettore, che, una volta espulso, si dirige autonomamente sul bersaglio, spec. mezzi corazzati.

minimizzàre [fr. *minimiser*, dall'ingl. *to minimize* 'ridurre al minimo', da *minimum* 'minimo'; 1939] v. tr. ● Ridurre qlco. al minimo: *m. l'importanza dell'avvenimento* | Far apparire qlco. di scarso rilievo, interesse e sim.: *m. l'incidente, la polemica.*

minimizzazióne [1942] s. f. ● (*raro*) Il minimizzare.

♦**mìnimo** [vc. dotta, lat. *mĭnimu(m)*, dalla stessa radice di *mĭnus* 'meno'; av. 1292] **A** agg. (superl. di *piccolo*) *1* Piccolissimo: *ogni minima cosa lo disturba*; *da qui allo loro casa la distanza è minima* | ***Prezzo m.***, bassissimo | Il più piccolo: *ottenere il massimo risultato con il m. sforzo*; *il m. pretesto gli permetterà di accanirsi contro di noi*; *non ho la minima idea sull'identità del colpevole* | ***Programma m.***, di propositi limitati, sui quali non è possibile transigere | ***Ridurre ai minimi termini***, in matematica, trasformare una frazione in un'altra di valore uguale e in cui numeratore e denominatore siano numeri primi fra loro; (*fig.*) ridurre in pessimo stato, allo stremo delle forze o della possibilità e sim. CFR. mini-. CONTR. Massimo. *2* (*raro, lett.*) Ultimo, infimo, umilissimo, detto di persona | ***Frati minimi, suore minime***, quelli dell'ordine francescano istituito da S. Francesco di Paola nel XV sec. *3* (*raro, lett.*) Lieve: *il vetro … per ogni minima picchiata si spezza e fracassa* (ALBERTI). ‖ **minimaménte**, avv. In modo, grado o quantità minima; con valore rafforzativo in espressioni negative del tipo: *non ci penso minimamente*, per nulla, affatto. **B** s. m. *1* La parte più piccola, il grado più ridotto: *condannare qlcu. al m. della pena* | La cosa o quantità più piccola possibile: *non ha un m. di riconoscenza per voi*; *è il m. che poteva capitargli* | ***M. garantito***, retribuzione predeterminata che deve essere comunque corrisposta per una prestazione | ***M. vitale***, cifra che uno Stato considera reddito minimo necessario per garantire la sopravvivenza di una persona | ***Come m., al m.***, almeno, perlomeno: *ci vogliono come m. due ore per arrivarci.* CONTR. Massimo. *2* In un motore a combustione interna, il più basso limite di giri, e quindi di funzionamento, con minore sviluppo di potenza e consumo di carburante: *motore al m.*; *regolare il m.*; *girare, marciare al m.* | ***M. del carburatore***, il getto che eroga la minore quantità di carburante. *3* (*mat.*) In un insieme ordinato, elemento che precede tutti gli altri. *4* (*raro, lett.*) Persona di condizione molto umile: *parlò in modo da essere compreso dal m. dei suoi uditori.* *5* (*relig.*) Frate dell'ordine francescano istituito da S. Francesco di Paola nel XV sec.

minimomàssimo ● V. *minimassimo.*

minimósca [comp. di *mini-* e *mosca* nel sign. C; 1983] s. m. inv. ● Nel pugilato, categoria di peso inferiore a quella dei mosca | Atleta appartenente a tale categoria.

mìnimum [vc. lat., nt. sost. di *mĭnimus* 'minimo'; 1858] s. m. inv. (pl. lat. *minima*) ● (*bur.*) Minimo: *non ha ottenuto il m. dei voti per essere eletto.*

minimum tax /'minimum 'taks, *ingl.* 'mɪnɪməm 'tʰæks/ [loc. ingl., propr. 'tassa minima'; 1992] loc. sost. f. inv. ● (*dir.*) Sistema di imposizione fondato su presunzioni legali, in forza del quale i contribuenti che esercitano attività commerciali, arti o professioni sono tenuti a dichiarare un reddito minimo non inferiore a quello previsto dalla legge | L'imposta dovuta in base a tale sistema.

mininvasìvo [da *invasivo* preceduto dal lat. *mĭn(um)* 'meno'] agg. ● (*chir.*) Detto di trattamento chirurgico che impiega tecniche, quali la laparoscopia e la toracoscopia, tali da ottenere vantaggi anche estetici rispetto alla chirurgia classica.

mìnio [vc. dotta, lat. *mĭniu(m)*, di orig. preindeur.; 1303] s. m. *1* Ossido salino di piombo, di colore rosso vivo, usato per vernici antiruggine e, mescolato con olio di lino, come materiale di tenuta per giunture di tubi e lastre. *2* (*raro, lett.*) Belletto, rossetto. *3* †Miniatura.

miniriforma [comp. di *mini-* e *riforma*; 1985] s. f. ● Riforma legislativa o amministrativa che riguarda un settore limitato.

minisèrie [comp. di *mini-* e *serie*; 1985] s. f. inv. ● Sceneggiato televisivo che viene trasmesso in una breve sequenza di puntate.

ministeriàle [da †*ministerio*; 1619] **A** s. m. (anche f. nel sign. 2) *1* Nel mondo medievale, incaricato di uffici e servizi presso la corte di un grande signore | Anticamente, uno degli appartenenti alle corporazioni artigiane. *2* (*bur.*) Dipendente di un ministero. **B** agg. *1* Di un ministro o di un ministero: *circolare m.*; *bilancio m.* *2* (*est.*) Governativo: *crisi m.* | ***Decreto m.***, emanato dal Governo, firmato dal ministro competente.

♦**ministèro** o †**ministèrio** [lat. *ministĕriu(m)* 'servizio, ufficio', da *minĭster* 'servitore'. V. *ministro*; 1308] s. m. *1* (*spec. lett.*) Compito o ufficio socialmente e moralmente elevato, svolto a vantaggio della collettività con spiccato senso del dovere: *adempiere, trascurare, tradire il proprio m.*; *il m. dell'educatore, del medico.* SIN. Missione. *2* (spesso scritto con iniziale maiuscola) Complesso organizzato di uffici, diretto da un ministro, che presiede a un settore della Pubblica Amministrazione: *Ministero del Bilancio, di Grazia e Giustizia.* SIN. Dicastero. *3* (*est.*) Complesso degli organi costituenti il governo dello Stato: *il m. De Gasperi.* *4* Sede del Ministro: *recarsi al m.* *5* ***Pubblico Ministero***, organo giudiziario che compie attività processuali in veste di parte o di ausiliario di giustizia in processi civili o penali al fine di realizzare il pubblico interesse all'esatta applicazione della legge. *6* Ufficio e missione propri del sacerdote e dell'ecclesiastico: *sacro m.* *7* (*al pl., relig.*) Denominazione degli ordini minori dopo il Concilio Ecumenico Vaticano Secondo. *8* (*lett.*) Mestiere | Servizio: *avreste prestato a quegli innocenti … il m. che avevan ragione di chieder da voi?* (MANZONI). *9* †Amministrazione.

ministra [vc. dotta, lat. *minĭstra(m)*, f. di *minĭster* 'servitore'. V. *ministro*; av. 1292] s. f. *1* Donna che ricopre la carica di ministro. *2* (*lett.*) Donna o personificazione di donna che esplica la funzione di ministrare: *le ore che dianzi meste / ministre eran de' farmachi* (FOSCOLO).

ministrànte **A** part. pres. di *ministrare*; anche agg. ● (*raro*) Nei sign. del v. **B** s. m. ● Nella terminologia liturgica posteriore al Concilio Vaticano II, laico che compie un servizio in una celebrazione liturgica.

ministràre [vc. dotta, lat. *ministrāre* 'servire, offrire', da *minĭster* 'servitore'. V. *ministro*; av. 1306] **A** v. tr. *1* (*lett.*) Porgere, somministrare (*anche fig.*): *e la forza il furor ministra e cresca* (TASSO). *2* †Amministrare, governare: *m. la Chiesa, la giustizia.* **B** v. intr. (aus. *avere*) ● †Servire: *m. a Dio, agli ammalati.*

†**ministratóre** [vc. dotta, lat. *ministratōre(m)*, da *ministrāre* 'ministrare'] agg.; anche s. m. (f. *-trice*) ● Che (o Chi) ministra.

†**ministrazióne** [vc. dotta, lat. *ministratiōne(m)*, da *ministrāre* 'ministrare'] s. f. ● Ufficio, ministerio.

†**ministrèllo** ● V. *menestrello.*

ministréssa [1939] s. f. *1* (*scherz.* o *spreg.*) Donna che ricopre la carica di ministro. SIN. Ministra. *2* (*scherz., raro*) Moglie di un ministro.

†**ministrière** o †**minestrière**, †**ministrièro** [ant. fr. *menestrier*, da *ménestrel* 'menestrello'] **s. m.** ● Menestrello.

♦**ministro** [vc. dotta, lat. *minĭstru(m)* 'servitore', da **minŭster*, comp. di *mĭnus* 'meno' e il suff. *-ter* che indicava opposizione fra due; cfr. *maestro*; sec. XIV] **s. m.** (f. *-a* (V.) o *-éssa* (V.); V. anche nota d'uso FEMMINILE) **1** Membro del governo, che presiede a un dicastero: *m. segretario di stato*; *consiglio dei ministri*; *i ministri sono nominati dal Presidente della Repubblica*; *m. degli Esteri*; *m. ad interim*; *m. senza portafoglio*, non preposto ad alcun dicastero | ***Presidente del Consiglio dei ministri***, ***primo m.***, capo del Governo, di cui dirige la politica generale promuovendo e coordinando le attività dei ministri | ***M. plenipotenziario***, agente diplomatico di grado immediatamente inferiore a quello di ambasciatore | ***M. residente***, agente diplomatico di grado immediatamente inferiore a quello di ministro plenipotenziario. **2** (*lett.*) Chi esegue gli ordini di qlcu. o svolge un ruolo subordinato di servizio o assistenza: *il Nibbio, uno de' più destri e arditi ministri delle sue enormità* (MANZONI) | ***M. di Dio***, il sacerdote; l'angelo. **3** Chi, in virtù dell'ordinazione sacerdotale, amministra i sacramenti | Chierico o laico che assiste il celebrante in una funzione liturgica | In alcune congregazioni evangeliche, pastore che amministra il culto | ***M. della Cresima***, il vescovo | (*dir.*) ***M. del culto***, ecclesiastico investito dalle autorità competenti di specifiche funzioni attinenti l'esercizio di un culto religioso e regolato da una legislazione in parte diversa da quella applicata agli altri cittadini, nello stato italiano. **4** Chi dirige una comunità spec. religiosa: *m. provinciale dei Francescani*. **5** (*fig.*, *lett.*) Chi agisce come difensore e divulgatore di un ideale, principio e sim.: *m. di pace* | (*raro*) Somministratore. || **ministróne**, accr. | **ministrùccio**, dim.

minitel® /fr. mini'tɛl/ [vc. fr. comp. di *(ter)mi-n(al)* e *tél(éphone)* con l'influenza di *mini-*; 1985] **s. m. inv.** ● In Francia, servizio di telecomunicazione di massa al quale si può accedere con un computer collegato al telefono.

Minnesang /ted. 'mɪnə,zaŋ/ [vc. ted., comp. di *Minne* 'amore' e *Sang* 'canto'; 1957] **s. m. inv.** (pl. ted. *Minnesange*) ● Arte dei Minnesänger.

Minnesänger /ted. 'mɪnə,zɛŋʌ/ o **Minnesinger** /ted. 'mɪnə,zɪŋʌ/ [vc. ted., da *Minnesang* (V.); 1905] **s. m. inv.** (pl. ted. inv.) ● Denominazione dei poeti lirici tedeschi del XII e XIII secolo, che componevano e cantavano per lo più versi d'amore sul modello della lirica trovadorica.

minòico [agg. del gr. *Mínōs* 'Minosse'; 1923] **agg.** (pl. m. *-ci*) **1** Proprio di Minosse, mitico re di Creta. **2** Relativo alla civiltà che ebbe come centro Creta, fiorita tra l'inizio del terzo millennio e il XV secolo a.C.

♦**minorànza** [da *minore*; 1308] **s. f.** **1** Gruppo meno numeroso di persone o cose: *fu udito solo dalla m. dei presenti*; *i giorni festivi sono una m. rispetto a quelli feriali* | ***M. parlamentare***, insieme dei parlamentari di opposizione, esponenti dei partiti che nelle elezioni hanno ottenuto un minor numero di voti. CONTR. Maggioranza. **2** Complesso dei cittadini di uno Stato, che si differenziano dalla maggioranza per la razza, la lingua, la religione o la cultura: *minoranze etniche*, *linguistiche*, *religiose*, *nazionali*. **3** Inferiorità numerica di voti o di votanti: *essere in m.*; *mettere in m.* | Gruppo di persone in numero insufficiente per poter imporre, mediante votazione, la propria volontà | Il partito o l'insieme di partiti all'opposizione rispetto alla maggioranza: *relatore di m.* **4** (*raro*) Condizione di minore. **5** †Diminuzione, scemamento.

minoràre [vc. dotta, lat. tardo *minorāre*, da *mĭnor*, genit. *minōris* 'minore'; sec. XIV] **v. tr.** (*io minóro*) ● (*raro*) Rendere minore.

minorascàto [da *minorasc(o)* con il suff. *-ato*; 1978] **s. m.** ● (*dir.*) Minorasco.

minoràsco [da *minore*, sul modello di *maggiorasco*; 1691] **s. m.** (pl. *-schi*) ● Anticamente, sistema successorio basato sulla preferenza dell'ultimogenito nell'acquisto del patrimonio ereditario.

minoratìvo [da *minorato*, part. pass. di *minorare*; av. 1692] **agg.** ● (*raro*) Che rende minore, che attenua.

minoràto [1935] **A** part. pass. di *minorare* ● Nei sign. del v. **B** agg.; anche **s. m.** (f. *-a*) ● Che (o Chi) è totalmente o parzialmente privo delle facoltà corporee o intellettive: *un fanciullo m. nell'uso delle gambe*; *istituto di rieducazione per minorati* | ***M. di guerra***, mutilato, invalido | ***M. psichico***, deficiente.

minorazióne [vc. dotta, lat. tardo *minoratiō-ne(m)*, da *minorāre* 'minorare'; av. 1795] **s. f.** **1** Riduzione, scadimento: *m. dei pezzi*, *delle spese*, *della fama*. SIN. Diminuzione. **2** Diminuzione o perdita delle facoltà corporee o intellettuali: *ha subito una grave m. nell'uso della parola*. SIN. Menomazione.

♦**minóre** [lat. *minōre(m)*, di orig. indeur.; av. 1292] **A** agg. **1** Meno grande quanto ad ampiezza, estensione, intensità, altezza e sim.: *scegliere il podere m.*; *il percorso m.*; *il mio giardino è m. del tuo*; *spese*, *esigenze minori* | ***In tono m.***, (*fig.*) in forma dimessa: *una serata in tono m.* CFR. meio-. CONTR. Maggiore. **2** (*mat.*) Dati in un insieme ordinato due elementi *a*, *b*, si dice che *a* è minore di *b* se lo precede: si scrive $a<b$ (mentre $a \leq b$ significa '*a* è minore o uguale a *b*') | Riferito a numeri, s'intende che la relazione d'ordine è il solito ordinamento | ***Cerchio***, ***circolo m.***, che non divide la sfera in due parti uguali. **3** Di importanza secondaria, di rilevanza ridotta, più scarsa: *gli scrittori minori del XVIII secolo* | ***Arti minori***, V. *arte* | ***Edizione m.***, quella in cui sono state omesse le parti più difficili o di minore importanza: *vocabolario*, *enciclopedia in edizione m.* | ***Ordini minori***, V. *ordine* | ***Frati minori***, appartenenti all'ordine creato da S. Francesco d'Assisi | (*mus.*) Detto di uno dei due modi del sistema tonale, contrapposto al maggiore | (*mus.*) ***Intervallo m.***, quello contenente un semitono cromatico in meno rispetto all'intervallo maggiore dello stesso nome | (*mus.*) ***Accordo perfetto m.***, quello formato da una terza minore e da una quinta | (*mus.*) ***Scala m.***, quella caratterizzata dall'intervallo di terza minore partendo dalla tonica | (*sport*) ***Campionati minori***, tornei che impegnano squadre appartenenti alle divisioni inferiori. **4** Di grado inferiore | (*est.*) Meno grave: *pena m.*; *il danno è stato m. del previsto*. **5** Subordinato | ***Legge m.***, legge regionale il cui contenuto è sempre delimitato dai principi fondamentali delle leggi nazionali. **6** Più giovane di età: *fratello*, *sorella m.* | ***Catone m.***, il più giovane dei due Catoni, contrapposto al più vecchio. CONTR. Maggiore. **7** †Privo, mancante: *essere m. di qlco.* || †**minorménte**, avv. Di meno; molto meno: *faticare minormente*. **B** s. m. e f. **1** Chi è più giovane d'età rispetto ad altri: *donò la casa di campagna al m. dei suoi figli*. CONTR. Maggiore. **2** (*lett.*) Persona inferiore di merito o di condizione sociale: *nella città rissavano i maggiori / ed i minori* (PASCOLI). **3** (*dir.*) Minorenne.

minorènne [comp. di *minore* e *-enne*, ricavato da *decenne*; 1812] **s. m. e f.**; anche **agg.** ● (*dir.*) Chi (o Che) è ancora nella minore età: *tribunale dei minorenni*; *impresa esercitata da un m. emancipato*. SIN. Minore.

†**minorennità** [1858] **s. f.** ● Condizione di chi è minorenne.

minorile [da *minore*; 1923] **agg.** ● Dei minorenni: *delinquenza m.*

minorita [da *minore*; av. 1536] **s. m.** (pl. *-i*) ● Frate francescano appartenente all'ordine dei frati minori.

minorità [da *minore*; 1584] **s. f.** **1** Età e condizione di minorenne. **2** †Minoranza: *essere in m.* **3** †Condizione di ciò che è minore.

minoritàrio [fr. *minoritaire*, da *minorité* 'minoranza' (in senso politico calco sull'ingl. *minority*); 1918] **agg.** ● Della minoranza, che è in minoranza: *proposta minoritaria*; *voto m.*

minorìtico [1869] **agg.** (pl. m. *-ci*) ● Concernente i frati minori.

Minòsse [dal n. di *Minosse*, mitico re di Creta posto da Dante all'entrata dell'Inferno per esaminare le colpe dei peccatori e assegnare loro la pena; 1869] **s. m.** ● Giudice molto severo.

minsi ● V. *mingere*.

†**minuàle** [dal lat. *mĭnus* 'meno'; av. 1332] **agg.** ● Di bassa condizione.

minuèndo [vc. dotta, lat. *minuĕndu(m)*, gerundivo di *minŭere* 'diminuire'. V. *minuire*; 1891] **s. m.** ● (*mat.*) Primo termine della sottrazione da cui va sottratto il sottraendo.

minuètto [fr. *menuet*, dim. di *menu* 'minuto, piccolo', per la brevità dei passi di questa danza; 1709] **s. m.** **1** (*mus.*) Danza popolare francese in ritmo ternario, divenuta nel sec. XVI danza di corte e di qui introdotta in forma stilizzata a costituire uno dei movimenti nella suite, nella sonata, nella sinfonia e nel quartetto: *i minuetti di Haydn*, *di Mozart*. **2** (*fig.*, *est.*) Scambio di cortesie, di gentilezze estremamente affettate e spesso insincere | Comportamento o azione molto ricercati o leziosi.

minùgia [lat. *minūtia(m)* 'piccola parte'. V. *minuzia*; 1313] **s. f.** (pl. *minùgia* o *minùgie* o *minùge*) **1** (*spec. al pl.*) Budella, interiora. **2** Budella di ovini, per corde di strumenti musicali. **3** (*med.*) Catetere sottile.

minùgio **s. m.** ● Minugia.

†**minuìre** [vc. dotta, lat. *minŭere*, da *mĭnus* 'meno'; 1312] **v. tr.** e **intr.** ● Diminuire: *le forze degli avversari più si minuiscono con la perdita di quegli che si fuggono, che di quegli che sono ammazzati* (MACHIAVELLI).

minùscola [av. 1642] **s. f.** ● Lettera o carattere minuscolo dell'alfabeto.

♦**minùscolo** [vc. dotta, lat. *minŭsculu(m)*, dim. di *mĭnus*, nt., 'minore'. V. *meno*; 1598] **A** agg. **1** Detto di qualsiasi scrittura o carattere che abbia il corpo delle lettere alfabetiche compreso entro due linee parallele e le aste prolungate al di sopra e al di sotto di esse. **2** Molto piccolo: *questa casetta è davvero minuscola*; *le ha mandato due minuscoli mazzi di fiori*. **B** s. m. ● Carattere di scrittura minuscolo. || **minuscolétto**, dim.

minus hàbens /lat. 'minus 'abens/ [loc. lat., propr. 'che ha meno', comp. di *mĭnus* 'meno' e *hăbens*, part. pres. di *habēre* 'avere'] **loc. sost. m.** e **f. inv.** (pl. lat. *minus habentes*) **1** (*eufem.*) Persona scarsamente dotata dal punto di vista intellettivo. **2** Chi ha meno diritti di quelli di cui gode la maggior parte dei cittadini.

minusvalènza [dal lat. *mĭnus* 'meno', sul modello di *plusvalenza*; 1983] **s. f.** ● (*econ.*) Minor valore effettivo di un bene rispetto alla sua valutazione in bilancio.

minùta [f. sost. dell'agg. *minuto* (*1*), perché composta in scrittura più piccola (*minuta*) o perché contiene anche i particolari più *minuti*; nel sign. 3, calco sul fr. *menu* (V.)] **s. f.** **1** Stesura iniziale, ancora da perfezionarsi, di uno scritto: *disse agli alunni di redigere la m.*; *ha completato la m. del contratto*. SIN. Bozza, brutta copia. **2** †Minuti particolari: *sapere la m. di qlco.* **3** (*lett.*, *raro*) Menù.

minutàggio [da *minuto* (*2*); 1965] **s. m.** ● Durata in minuti | Conteggio dei minuti, spec. in spettacoli televisivi e sim.

minutàglia [lat. tardo *minutālia*, nt. pl. di *minutālis* 'piccolo', da *minūtus* 'minuto (1)'; 1563] **s. f.** **1** Quantità di cose minute e inutili: *buttate questa m.* **2** (*fig.*) Piccolo particolare: *badare alle minutaglie*. **3** Quantità di pesciolini da friggere.

minutàme [da *minuto* (*1*); 1550] **s. m.** ● (*raro*) Minutaglia.

minutànte (**1**) [av. 1712] **A** part. pres. di *minutare* (*1*); anche **agg.** ● Nei sign. del v. **B** s. m. e f. ● Chi ha l'incarico di stendere le minute | ***M. pontificio***, funzionario degli organi della curia, in origine addetto alle minute dei brevi; SIN. Abbreviatore.

minutànte (**2**) [da *minuto* (*2*)] **s. m.** e **f.** ● (*raro*) Commerciante al minuto, dettagliante.

minutàre (**1**) [da *minuta* (*1*); av. 1536] **v. tr.** ● (*raro*, *bur.*) Stendere la minuta di uno scritto (*anche assol.*).

†**minutàre** (**2**) [da *minuto* (*1*); av. 1597] **v. tr.** **1** Arare con solchi molto ravvicinati. **2** (*raro*) Sminuzzare.

minutàrio [da *minuta*; 1881] **s. m.** ● (*raro*) Copialettere.

minutènze [da *minuto* (*1*); 1937] **s. f. pl.** ● (*mar.*) Piccole cordicelle che si adoperano nei lavori di attrezzatura.

minuterìa [da *minuto* (*1*); 1300] **s. f.** **1** Insieme di piccoli oggetti ornamentali, di lavorazione fine e minuta: *negozio di m.* **2** L'insieme dei rotismi di un orologio, che dà il movimento alle lancette indicatrici delle ore e dei minuti.

minutézza [da *minuto* (*1*); 1542] **s. f.** **1** Piccolezza: *la m. della sua calligrafia mi affatica la vista.* **2** (*raro*) Minuzia: *raccontare qlco. con m. di particolari*.

minutièra [da *minuto* (*2*); 1937] **s. f.** ● In un orologio, lancetta dei secondi.

minutière [da *minuto* (*1*); 1681] **s. m.** (f. *-a*)

1 Venditore di minuterie. *2* Chi fa lavori di minuterie.

minutìna [da *minuto* (*1*); 1813] **s. f.** ● Insalata verde di erbette crude, saporite e odorose.

♦**minùto** (**1**) [vc. dotta, lat. *minūtu(m)*, part. pass. di *minŭere*. V. *minuire*; 1273] **A agg.** *1* Piccolo, esiguo: *granelli minuti; macchia, particella, scheggia minuta* | ***Legna minuta***, tagliata piccola | ***Carbone m.***, in pezzi di ridotte dimensioni | ***Pesce m.***, pesciolini | ***Denaro m.***, spicciolo | ***Pioggia minuta***, che cade a gocce piccole e fitte | ***Neve minuta***, nevischio | ***Lettere minute***, tracciate piccole, sottili e fitte. *2* (*est.*) Gracile, mingherlino: *ossatura, costituzione minuta.* **SIN.** Esile. *3* Fine, sottile: *torse in anella i crini minuti* (TASSO). *4* (*fig.*) Di scarso rilievo, di poca importanza: *osservazioncella minuta* | (*est.*) Accessorio: *spesa minuta.* *5* (*fig., lett.*) Di bassa condizione, d'infimo grado: *gente minuta; animo, ingegno m.* | ***Popolo m.***, nella Firenze medievale, gli artigiani minori. *6* (*fig.*) Curato nei minimi particolari, pieno di precisione e minuzia: *ragguaglio m.; relazione minuta.* **SIN.** Minuzioso, particolareggiato. || **minutaménte**, **avv.** *1* A pezzetti. *2* In modo particolareggiato, con precisione ed esattezza. **B avv.** ● †Minutamente. **C s. m.** *1* (*raro*) Parte minuta | ***Al m.***, in piccola quantità, al dettaglio: *comprare, vendere al m.; commercio al m.* *2* (*lett.*) Inezia, sottigliezza | ***Cadere nel m.***, eccedere nella cura dei particolari, perdersi in piccolezze | ***Guardare per il m.***, per il sottile.

♦**minùto** (**2**) [vc. dotta, lat. *minūtu(m)* 'cosa piccola'. V. precedente; sec. XIV] **s. m.** *1* Unità di misura di tempo, corrispondente a sessanta secondi ed a un sessantesimo di ora. **SIMB.** min | ***M. primo***, erroneamente usato per minuto | ***M. secondo***, erroneamente usato per secondo | (*fig.*) ***Spaccare il m.***, essere puntualissimo | ***Contare i minuti***, (*fig.*) essere molto impaziente | ***Arrivare al m.***, con assoluta puntualità. **SIMB.** min. *2* (*fig.*) Momento, istante: *sarò da te fra pochi minuti; abbia la compiacenza di attendere qualche m.* | ***Di m. in m.***, da un momento all'altro | ***In un m.***, in poco tempo, con grande velocità o rapidità | ***Non avere un m. di pace, di requie***, non essere mai tranquilli | ***È questione di pochi minuti***, è cosa che non esige molto tempo | ***Ogni m., ogni mezzo m.***, sempre o di continuo | ***Non avere un m. da perdere***, avere una terribile fretta | ***Non c'è un m. da perdere***, bisogna fare in fretta | ***Avere i minuti contati***, avere molta fretta; essere in punto di morte. *3* Unità di misura di angolo, corrispondente a sessanta secondi e a un sessantesimo di grado. **SIMB.** ′. || **minutino**, **dim.**

minùzia [vc. dotta, lat. *minūtia(m)*, da *minūtus* 'minuto (1)'; 1321] **s. f.** *1* †Parte molto piccola. *2* (*spec. al pl.*) Particolare minimo e trascurabile: *non preoccuparti delle minuzie.* **SIN.** Inezia. *3* Minuziosità: *lavoro eseguito con grande m.* || †**minuziùcola**, **dim.** | †**minuziuòla**, **minuziòla**, **dim.**

minuzioṣàggine [1869] **s. f.** ● (*spreg.*) Minuziosità eccessiva e pedante: *la tua m. è soffocante!* | (*est.*) Cavillo: *finiamola con queste minuziosaggini assurde!*

minuzioṣità [1821] **s. f.** ● Caratteristica di chi (o di ciò che) è minuzioso | (*est.*) Cura eccessiva e pedante.

minuzióṣo [da *minuzia*; av. 1808] **agg.** *1* Che cura ogni minimo particolare: *ricercatore m.* **SIN.** Meticoloso. *2* Che è fatto con somma diligenza e scrupolosità, senza trascurare nulla: *indagini, descrizioni minuziose.* **SIN.** Meticoloso. || **minuzioṣaménte**, **avv.**

minuzzàglia [da *minuzzare*; av. 1617] **s. f.** *1* Minutaglia: *collezionare minuzzaglie.* *2* (*fig., spreg.*) Dettaglio, quisquilia.

†**minuzzàre** [lat. parl. *minutĭare*, da *minūtia* 'particella'. V. *minuzia*; av. 1342] **v. tr.** ● Sminuzzare.

†**minuzzàta** [da *minuzzare*; sec. XV] **s. f.** ● Fogliame che si sparge per le strade nei giorni di processione.

†**minùzzo** [da *minuzzare*; sec. XIV] **s. m.** ● (*raro*) Minuzzolo.

†**minùzzola** [sec. XIV] **s. f.** ● (*raro*) Minuzzolo.

†**minuzzolàre** **v. tr.** ● Sminuzzare.

minùzzolo [V. †*minuzzo*; av. 1292] **A s. m.** (**f.** *-a*) *1* Pezzettino: *minuzzoli di pane, di carne* | ***Ridurre a minuzzoli***, sminuzzare, sbriciolare | (*fig.*) ***M. di tempo***, attimo | ***A minuzzoli***, con cure costanti, con sacrifici e stenti | ***Andare in minuzzoli***, in pezzi minutissimi. **SIN.** Briciola. *2* (**f.** *-a*) (*fig.*) Bambino o ragazzo minuto, di piccola statura: *è un m., ma è incredibilmente forte.* *3* (*raro, fig.*) Minuzia, quisquilia. **B avv.** ● †Punto, niente affatto (in prop. negative).

minzióne [vc. dotta, lat. tardo *minctiōne(m)*, da *mĭngere* 'mingere'; 1689] **s. f.** ● Emissione dell'urina. **SIN.** Orinazione.

♦**mio** o †**mèo** (**2**) [lat. *mĕu(m)*, di orig. indeur.; av. 1250] **A agg. poss.** di prima pers. sing. (**f.** *mìa*; **pl. m.** *mièi*, centr. †*mìa*; **pl. f.** *mìe*, centr. †*mìa*; pop. tosc. troncato in *mi'*, †*me'*, in posizione procl., per tutti i generi e numeri: *il mi' babbo; la mi' mamma; i mi' figlioli; le mi' sorelle*) *1* Che appartiene a me (indica proprietà, possesso, anche relativi): *questa è la mia casa; voglio che tu veda il mio giardino; qui tengo i miei libri; dove sono i miei occhiali?; il mio appartamento è in affitto* | (con valore enfat. e raff., posposto a un s.): *Fuori da casa mia!* *2* Che mi è peculiare (indica appartenenza con riferimento al proprio essere fisico o spirituale, o a sue facoltà, espressioni, manifestazioni e sim.): *il mio corpo; la mia voce; il mio braccio; la mia anima, la mia volontà; i miei pensieri; le mie preoccupazioni; il mio lavoro* | (*est.*) Con riferimento a parole, atti e sim. che procedano da me: *il mio tema; il mio ultimo saggio; il mio discorso.* *3* Di me (indica relazioni di parentela, di amicizia, di conoscenza, di dipendenza e sim.; nel caso in cui indichi relazione di parentela, respinge l'art. det. quando il s. che segue l'agg. poss. sia sing., non alterato e non accompagnato da attributi o apposizioni; fanno eccezione i s. 'mamma', 'babbo', 'uomo', 'donna', 'figliolo', 'figliola' che sono gener. preceduti dall'art. det.): *mio padre; i miei figli; mia nipote; i miei parenti; la mia mamma; la mia zietta; il mio buon nipote; la mia patria; il mio paese d'origine; i miei amici; il mio avvocato; il mio concorrente; la mia padrona; il mio maestro; i miei dipendenti* | Esprimendo paterna o cortese o formale benevolenza: *ragazzi miei, ascoltate ciò che vi dico; caro il mio uomo, cercherò di aiutarvi; vogliate essere un mio buon amico* | Generalmente si spospone al s. nelle escl.: *mamma mia!, Dio mio!* *4* (*fam.*) Che mi è abituale, consueto: *dopo pranzo ho bisogno del mio caffè; non posso rinunciare alla mia passeggiata serale; dormo bene solo nel mio letto.* **B pron. poss.** di prima pers. sing. *1* Quello che mi appartiene, che mi è proprio o peculiare o che comunque a me si riferisce (sempre preceduto dall'art. det.): *il suo appartamento è meglio del mio; la tua volontà è anche la mia.* *2* (*assol.*) Ricorre, con ellissi del s., in alcune espressioni e locuzioni particolari, proprie del linguaggio fam. | ***Non voglio rimetterci del mio***, ciò che mi appartiene | ***Datemi il mio***, ciò che mi spetta di diritto | ***Mi accontento del mio***, di ciò che ho | ***Non abito più con i miei***, con i miei familiari, parenti | ***Quel ragazzo è uno dei miei***, uno dei miei amici o compagni, o dipendenti e sim. | ***Voglio anche io dire la mia***, la mia opinione | ***Sta, tiene, è, dalla mia***, dalla mia parte, a mio favore | ***Quando hai ricevuto l'ultima mia?***, l'ultima mia lettera | ***Ho passato anch'io le mie***, le mie disavventure, amarezze e sim. | ***Ne ho fatta una delle mie***, una delle mie solite malefatte.

mio- [gr. *myo-*, da *mŷs*, genit. *myós* 'topo', poi 'muscolo', di orig. indeur.] primo elemento ● In parole composte, spec. della terminologia medica, significa 'muscolo' o indica relazione con i muscoli: *miocardia, miopatia.*

miocardìa [comp. di *mio-* e *-cardia*; 1957] **s. f.** ● (*med.*) Affezione del miocardio.

miocàrdico [1957] **agg.** (**pl. m.** *-ci*) ● (*anat.*) Relativo al miocardio.

miocàrdio [comp. di *mio-* e *-cardio*; 1889] **s. m.** ● (*anat.*) Parte muscolare del cuore.

miocardiopatìa [comp. di *miocardio* e *-patia*; 1957] **s. f.** ● (*med.*) Processo patologico del miocardio in genere.

miocardìte [comp. di *miocardio* e *-ite* (*1*); 1881] **s. f.** ● (*med.*) Processo infiammatorio del miocardio.

miocardòṣi [comp. di *miocard(io)* e *-osi*] **s. f. inv.** ● (*med.*) Processo degenerativo del miocardio.

miocèle [comp. di *mio-* e *-cele*; 1954] **s. m.** ● (*med.*) Ernia muscolare.

miocène [fr. *miocène*, comp. del gr. *méiōn* 'minore' e '*-cene*'. Cfr. *oligocene* e *pliocene*; 1891] **s. m.** ● (*geol.*) Quarto periodo dell'era cenozoica.

miocènico [1875] **A agg.** (**pl. m.** *-ci*) ● Del miocene, relativo al miocene. **B s. m.** ● Miocene.

mioclonìa [vc. dotta, da *mio-* e il gr. *klónos* 'movimento veemente'; 1934] **s. f.** ● (*med.*) Contrazione muscolare brusca, involontaria, singola o ripetitiva.

miodistrofìa [comp. di *mio-* e *distrofia*; 1957] **s. f.** ● (*med.*) Distrofia, congenita o acquisita, dei muscoli, per cui si ha difficoltà a camminare e a stare eretti, fino all'invalidità totale.

miodistròfico [1983] **A agg.** (**pl. m.** *-ci*) ● Relativo a miodistrofia. **B agg.**; anche **s. m.** (**pl. m.** *-ci*) ● Che (o Chi) è affetto da miodistrofia.

miofibrìlla [comp. di *mio-* e *fibrilla*; 1954] **s. f.** ● (*anat., biol.*) Costituente elementare del muscolo striato corrispondente a un fascio di miofilamenti.

miofilaménto [comp. di *mio-* e *filamento*] **s. m.** ● (*anat., biol.*) Ognuna delle sottili strutture filamentose citoplasmatiche responsabili delle proprietà contrattili del muscolo liscio e di quello striato.

mioflogòṣi o **mioflògoṣi** [comp. di *mio-* e *flogosi*; 1834] **s. f. inv.** ● (*med.*) Infiammazione del tessuto muscolare striato.

miògale [vc. dotta, gr. *myogalê*, comp. di *mŷs*, genit. *myós* 'topo' (V. *mio-*) e *galê* 'donnola', di etim. incerta; 1957] **s. m.** ● (*zool.*) Desman.

miògeno [comp. di *mio-* e *-geno*; 1957] **A agg.** ● (*med.*) Che deriva o è prodotto da tessuto muscolare. **B s. m.** ● (*chim.*) Soluzione di proteine estraibili dal tessuto muscolare macerato con acqua fredda.

mioglobìna [comp. di *mio-* e *glob(ul)ina*, sul modello di *emoglobina* (V.); 1957] **s. f.** ● (*chim.*) Proteina contenente eme, simile all'emoglobina, presente nel citoplasma delle fibre muscolari dei Vertebrati e di alcuni invertebrati con funzione di riserva di ossigeno.

miografìa [comp. di *mio-* e *-grafia*; 1869] **s. f.** ● (*med.*) Registrazione dei movimenti muscolari.

miògrafo [comp. di *mio-* e *-grafo*; 1869] **s. m.** ● Strumento per la miografia.

miòide [comp. di *mi(o)-* e *-oide*] **agg.** ● (*anat.*) Detto di struttura che per le proprie caratteristiche morfologiche viene ritenuta capace di attività contrattile.

miologìa [comp. di *mio-* e *-logia*; 1803] **s. f.** ● Parte dell'anatomia che studia i muscoli del corpo.

miològico [1869] **agg.** (**pl. m.** *-ci*) ● Relativo alla miologia.

miòma [comp. di *mio-* e *-oma*; 1954] **s. m.** (**pl.** *-i*) ● (*med.*) Tumore, generalmente benigno, del tessuto muscolare.

miomalacìa [comp. di *mio-* e *malacia*] **s. f.** ● (*med.*) Rammollimento dei tessuti muscolari.

miomectomìa [comp. di *miom(a)* ed *-ectomia*] **s. f.** ● (*chir.*) Asportazione chirurgica di un mioma.

miomètrio [comp. di *mio-* e un deriv. del gr. *métra* 'utero' (V. *metro-* (*1*)); 1957] **s. m.** ● (*anat.*) Parte muscolare liscia dell'utero.

mionèma [comp. di *mio-* e del gr. *nêma* 'filamento' (V. *nemato-*)] **s. m.** (**pl.** *-i*) ● (*zool.*) Ognuna delle piccole fibrille contrattili di cui sono talvolta dotati i Protozoi, le quali, consentendo al corpo dell'animale di cambiare forma, coadiuvano gli organi locomotori.

miopatìa [comp. di *mio-* e *-patia*; 1889] **s. f.** ● (*med.*) Malattia della muscolatura in generale | ***M. primitiva***, distrofia muscolare.

miopàtico **agg.** (**pl. m.** *-ci*) ● Causato da malattia della muscolatura: *atrofia miopatica.*

miòpe [vc. dotta, lat. tardo *myōpe(m)*, nom. *mýops*, dal gr. *mýōps*, comp. di *myein* 'chiudere' (V. *miosi*), e *ôps* 'occhio', perché i miopi per guardare socchiudono gli occhi; 1672] **A agg.** *1* Che è affetto da miopia. *2* (*fig.*) Che è privo di lungimiranza, perspicacia e sim.: *il suo è un ingegno m.; il partito al governo sta svolgendo una politica m.* **B s. m. e f.** *1* Chi è affetto da miopia. *2* (*fig.*) Chi è privo o povero di lungimiranza, perspicacia e sim.: *si sta comportando da m.; in quell'occasione si è rivelato m.*

miopìa [vc. dotta, gr. *myōpía*, da *mýōps*, genit. *mýōpos* 'miope'; 1803] **s. f.** *1* Vizio di rifrazione dell'occhio per cui l'immagine si forma sul davanti della retina, con visione indistinta degli oggetti lontani. **SIN.** Ipometropia. *2* (*fig.*) Mancanza di lungimiranza, di perspicacia e di sim.: *la sua m. gli ha impedito di prevedere le conseguen-*

ze dell'intervento.

miòpico [1957] agg. (pl. m. *-ci*) ● (*raro*) Relativo a miopia.

mioplàstica [comp. di *mio-* e *plastica*; 1954] s. f. ● (*med.*) Plastica muscolare.

mioplàstico agg. (pl. m. *-ci*) ● Di mioplastica.

miopòtamo [comp. del gr. *mŷs*, genit. *myós* 'topo' (V. *mio-*) e *-potamo*, sul modello di *ippopotamo*; 1834] s. m. ● (*zool.*) Nutria.

mioressia [comp. di *mio-* e del gr. *rêxis* 'rottura, frattura', da *rēgnýnai* 'rompere, erompere'; 1834] s. f. ● (*med.*) Lacerazione prodotta nei muscoli.

miorilassante [comp. di *mio-* e *rilassante*; 1957] **A** s. m. ● (*med.*) Farmaco che esercita azione rilassante sulla muscolatura abolendone il tono e la motilità. **B** anche agg.: *farmaco m.* SIN. Decontratturante.

miosclèrosi o **miosclerósi** [comp. di *mio-* e *sclerosi*; 1954] s. f. inv. ● (*med.*) Sclerosi del tessuto muscolare.

miòsi [dal gr. *mýein* 'chiudere gli occhi', di orig. straniera, e *-osi*; 1821] s. f. inv. ● (*med.*) Restringimento della pupilla.

miòsico ● V. *miotico*.

miosina [dal gr. *mŷs*, genit. *myós* 'muscolo' (V. *mio-*); 1957] s. f. ● (*chim.*) Proteina contrattile muscolare con struttura filamentosa ed elevato peso molecolare, principale costituente dei filamenti spessi delle fibrille muscolari. CFR. Actina.

miosite [dal gr. *mŷs*, genit. *myós* 'muscolo' (V. *mio-*); 1821] s. f. ● (*med.*) Infiammazione del tessuto muscolare.

miosòtide o †**miosòta**, †**miosòte** [vc. dotta, gr. *myosōtis*, genit. *myosōtidos*, comp. di *mŷs*, genit. *myós* 'topo' (V. *mio-*) e *ôus*, genit. *ōtós* 'orecchio', perché le foglie assomigliano alle orecchie di un topo; 1476] s. f. ● Pianta delle Borraginacee, comune nei luoghi umidi, con piccoli fiori celesti o rosati in grappoli scorpioidi (*Myosotis palustris*). SIN. Nontiscordardimé, occhio della Madonna. ➡ ILL. **piante**/8.

miospasia [comp. di *mio-* e del gr. *spasmós* 'spasmo'] s. f. ● (*med.*) Contrazione clonica di un muscolo.

miòtico o **miòsico** [da *miosi*; 1895] agg. (pl. m. *-ci*) ● (*med.*) Che presenta miosi: *malato m.* | Che provoca miosi: *farmaco m.*

miotomia [comp. di *mio-* e *-tomia*; 1834] s. f. ● (*chir.*) Incisione dei muscoli o di fasci muscolari.

miòtomo [comp. di *mio-* e *-tomo*] s. m. ● (*anat.*) Porzione di un somite dalla quale deriva un muscolo segmentale del tronco.

miotonia [comp. di *mio-* e un deriv. del gr. *tónos* 'tensione'. Cfr. *atonia*; 1895] s. f. ● Malattia congenita caratterizzata da contrazione muscolare persistente anche quando cessa il movimento.

miotònico [1934] agg. (pl. m. *-ci*) ● (*med.*) Di miotonia | Causato da miotonia: *atrofia miotonica.*

mira [da *mirare*; 1344 ca.] s. f. **1** Il mirare | Determinazione della direzione di un tiro in modo da colpire il bersaglio: *prendere, sbagliare la m.*; *avere la m. buona, cattiva, infallibile*; *fare attenzione alla m.* | ***Prendere di m. qlcu.***, (*fig.*) bersagliarlo coi propri scherzi o cercare di nuocergli | ***Dirigere, puntare la m. su qlcu., su qlco.***, (*fig.*) farne l'oggetto principale dei propri pensieri o desideri. **2** Ciò a cui si mira: *cogliere la m.* | (*fig.*) Fine, meta, scopo: *la sua unica m. è la ricchezza* | ***Aver di m.***, avere come scopo | (*est., spec. al pl.*) Intenzioni segrete, disegni o propositi nascosti: *aver mire ambiziose, alte, lontane*; *la stupida … serviva alle mire di Raimondo contro il suo proprio interesse* (NIEVO). **3** Parte del congegno di puntamento di un'arma da fuoco portatile che con il mirino serve per individuare la linea secondo la quale si punta l'arma sul bersaglio. **4** (*fot.*) Disegno marcato e simmetrico a tratti alternati bianchi e neri, per misurare il potere risolutivo di un obiettivo. **5** Dispositivo utilizzato in topografia per materializzare i punti collegati da una linea ideale, detta linea o asse di collimazione | ***M. a scopo***, asta graduata sulla quale scorre uno scopo quadrato.

mirabèlla [fr. *mirabelle*, dal lat. *myrobălanu(m)* 'mirobolano'; av. 1811] s. f. ● Varietà di susino a frutto piccolo, di color giallo.

miràbile [vc. dotta, lat. *mirābile(m)*, da *mirāri* 'guardare con meraviglia'. V. *mirare*; av. 1294] **A** agg. **1** Che desta meraviglia, che è degno di ammirazione: *costanza, virtù, fede m.*; *m. opera dell'ingegno umano*; *parve cosa … m. e quasi miracolosa l'opera della poesia agli antichi greci* (CROCE) | ***M. a vedersi, a dirsi***, di cosa che alla vista o all'udito appare straordinaria. SIN. Meraviglioso. **2** †Straordinario, miracoloso. **3** †Fiero, grandissimo. || **mirabilménte**, †**mirabileménte**, avv. **1** In modo mirabile. **2** †Grandemente. **B** s. m. ● Ciò che desta ammirazione o meraviglia: *è proprio del gusto barocco curare oltremodo il m.* SIN. Meraviglioso.

mirabilia o **mirabilie** [vc. dotta, lat. *mirabĭlia*, nt. pl. di *mirābilis* 'mirabile'; av. 1388] s. f. pl. (usato per lo più senza articolo) ● (*scherz.*) Cose grandi, straordinarie come miracoli: *raccontare, promettere m.*; *rimedio contro la febbre, di cui il farmacista gli diceva m.* (BACCHELLI).

mirabilità [vc. dotta, lat. tardo *mirabilitāte(m)* 'complesso mirabile', da *mirābilis* 'mirabile'; av. 1808] s. f. ● (*raro*) Caratteristica di ciò che è mirabile.

mirabilite [dal lat. *mirābilis* 'mirabile'; 1934] s. f. ● (*miner.*) Solfato di sodio idrato in cristalli incolori o in masse compatte, instabile all'aria.

mirabolàno (**1**) o **mirobolàno** [fr. *myrobolan*, dal lat. *myrobălanu(m)*, dal gr. *myrobálanos*, comp. di *mýron* 'unguento odoroso' (V. *mironato*) e *bálanos* 'ghianda'; sec. XIII] s. m. ● Susino dai frutti piccoli, rossi o gialli a polpa acidula, usato spec. come portainnesto per il susino domestico (*Prunus myrabolanus*) | Estratto ricavato dai frutti di tale pianta, usato in conceria.

mirabolàno (**2**) [da *mirabolano* (*1*), con accostamento pop. e scherz. a *mirabile*; 1891] agg. e s. m. ● (*region., lett.*) Fanfarone, spaccone | Inventato.

mirabolànte [fr. *mirobolant*, scherz. da *myrobolan* 'mirobolano'. V. *mirabolano* (*2*); av. 1910] agg. ● (*scherz.*) Straordinario, stupefacente: *storia m.*

miracolàio [da *miracolo*; 1865] s. m.; anche agg. (f. *-a*) ● (*raro*) Chi (o Che) è pronto a vedere il miracolo ovunque | Chi (o Che) si fa meraviglia di tutto.

miracolàre [da *miracolo*; 1957] v. tr. (*io miràcolo*) ● Guarire, aiutare con un miracolo: *la Madonna di Lourdes ha miracolato un paralitico* | (*est., scherz.*) Aiutare, salvare con un intervento eccezionale: *la ha miracolato la vincita alla lotteria.*

miracolàto [1902] **A** part. pass. di *miracolare*; anche agg. ● Nel sign. del v. **B** s. m. (f. *-a*) ● Chi è stato oggetto di un miracolo.

†**miracoleggiàre** [comp. di *miracol(o)* e *-eggiare*; 1570] v. intr. ● Operare miracoli.

miracolismo [1928] s. m. ● Posizione o atteggiamento proprio dei miracolisti.

miracolista [da *miracolo*; 1923] s. m. e f. (pl. m. *-i*) ● (*raro*) Chi, spec. in politica, pretende o è convinto di ottenere risultati miracolosi mediante l'applicazione di soluzioni, sistemi e sim. da lui proposti o sostenuti.

miracolìstico [1966] agg. (pl. m. *-ci*) ● Relativo al miracolismo | Proprio dei miracolisti.

♦**miràcolo** [vc. dotta, lat. *mirācŭlu(m)* 'meraviglia, miracolo', da *mirāri*. V. *mirare*; av. 1292] s. m. **1** Fenomeno straordinario che avviene al di fuori delle normali leggi della natura e che può verificarsi in oggetti naturali o in persone | Nella teologia cattolica, fatto sensibile operato da Dio, fuori dell'ordine della natura creata e in virtù di un suo diretto intervento | ***Gridare al m.***, annunciarlo pubblicamente; (*est.*) far conoscere cose che sembrano incredibili o straordinarie | (*fig.*) ***Conoscere, sapere, raccontare vita, morte e miracoli di qlcu.***, essere al corrente e riferire ogni minimo particolare della sua vita | ***Corte dei miracoli***, in Francia, fino al XVII sec., accolta di malandrini e mendicanti che praticavano l'accattonaggio in nome di pretese e vistose infermità le quali sparivano poi come per miracolo non appena essi rientravano nel loro rifugio; (*est.*) luogo popolato di mendicanti, accattoni e sim. **2** (*fig.*) Caso incredibile, impensabile, straordinario e sim.: *è un m., un vero m. se sei salvo*; *gran m. che tu non abbi fatto quello che non hai potuto* (LEOPARDI) | ***Non si possono fare miracoli***, non si può realizzare l'impossibile | ***Che m.!***, che cosa straordinaria (*anche iron.*) | ***Far miracoli***, riuscire in qlco. di molto difficile | ***M. economico***, rapido sviluppo dell'economia di un Paese in un brevissimo periodo di tempo | ***Per m.***, per caso, a fatica, contro ogni aspettativa e sim.: *ci siamo riusciti per m.* SIN. Portento, prodigio. **3** (*fig.*) Persona di straordinaria virtù, capacità e sim.: *è un m. di scienza, di virtù.* SIN. Portento, prodigio. **4** Tipo di sacra rappresentazione il cui scioglimento avveniva mediante l'intervento miracoloso della Madonna o di un Santo. || **miracolino**, dim. | **miracolóne**, accr.

miracolóne [1869] s. m. (f. *-a*) ● Miracolaio.

†**miracolosità** [av. 1704] s. f. ● Caratteristica di ciò che è miracoloso.

miracolóso [da *miracolo*; 1308] **A** agg. **1** Che fa miracoli: *immagine miracolosa*; *santo m.* **2** (*fig.*) Portentoso, prodigioso: *cura, medicina miracolosa*; *ha una miracolosa capacità d'apprendimento*; *è un atleta m.* SIN. Incredibile, mirabile, straordinario. **3** Che è o sembra frutto di un miracolo: *guarigione miracolosa*; *il suo ritorno è m.* SIN. Prodigioso. || **miracolosaménte**, avv. In modo miracoloso; †meravigliosamente. **B** s. m. solo sing. ● Cosa, evento, avvenimento prodigioso: *risultato che ha del m.*; *il m. è che sia ancora vivo.*

miràggio [fr. *mirage*, da *mirer* 'guardare attentamente, mirare'; 1877] s. m. **1** Fenomeno ottico dovuto alla rifrazione della luce attraverso strati atmosferici non omogenei, per cui gli oggetti sembrano spostati lateralmente o innalzati sull'orizzonte. SIN. Fata morgana. **2** (*fig.*) Illusione seducente, speranza ingannevole: *il m. di facili guadagni.*

miràglio [provz. *miralh*, da *mirar* 'mirare'; 1319] s. m. **1** †Specchio. **2** (*mar.*) Elemento di forma geometrica (cono, cilindro, cubo e sim.) disposto sopra una boa di segnalazione per renderla meglio visibile.

mirallégro [da (*io*) *mi rallegro*; av. 1742] s. m. (pl. *mirallegri*, *mirallegro*) ● (*raro*) Espressione di congratulazione o compiacimento: *dare, fare i mirallegri*; *si diffuse in mirallegri per il bell'aspetto* (BACCHELLI).

†**miràndo** [vc. dotta, lat. *mirāndu(m)*, gerundio di *mirāri*. V. *mirare*; sec. XIII] agg. ● Meraviglioso, mirabile.

miràre o †**smiràre** [vc. dotta, lat. *mirāri* 'meravigliarsi, ammirare', da *mīrus* 'meraviglioso'. V. *miro*; av. 1250] **A** v. tr. **1** (*lett.*) Osservare attentamente, guardare con interesse: *m. la bellezza di un quadro*; *io, … / lui su raggiante monte assiso miro* (ALFIERI). **2** †Ammirare, meravigliarsi. **3** (*lett., fig.*) Considerare con l'intelletto: *Signor, mirate come il tempo vola* (PETRARCA). **B** v. intr. (aus. *avere*) (+ *a*) **1** Puntare verso un determinato obiettivo o bersaglio: *m. a una beccaccia*; *m. al capo, alle gambe, alle gomme* | ***M. al bersaglio grosso***, nel pugilato, cercare di colpire il torace dell'avversario; (*fig.*) puntare all'obiettivo più importante. **2** (*fig.*) Tendere a qlco., aver l'intenzione di ottenere qlco.: *m. a una cattedra universitaria, al potere, alla tirannia.* SIN. Aspirare. **3** (*raro*) Guardare: *mirarsi intorno.* **C** v. rifl. (+ *a*; + *in*) ● Guardarsi attentamente: *mirarsi allo specchio*; *Tuda séguita a mirarsi nello specchio* (PIRANDELLO).

mirasóle [comp. di *mirare* e *sole*. V. *girasole*; 1342] s. m. ● (*bot.*) Girasole.

miràto [1961] part. pass. di *mirare*; anche agg. **1** Nei sign. del v. **2** Indirizzato, rivolto, diretto a un obiettivo ben determinato: *prevenzione mirata delle malattie.*

miratóre (**1**) [da *mirare*; 1869] s. m. (f. *-trice*) ● Chi mira puntando l'arma: *un m. eccezionale.*

†**miratóre** (**2**) [vc. dotta, lat. *miratōre(m)*, da *mirāri* 'ammirare'. V. *mirare*] s. m. ● Ammiratore.

†**miratùra** [da *mirare*; sec. XIV] s. f. ● Sguardo intenso.

†**mirazióne** [vc. dotta, lat. *miratiōne(m)*, da *mirāri* 'ammirare'. V. *mirare*; sec. XIV] s. f. ● Ammirazione.

mirbàna [etim. incerta; 1930] s. f. ● Nelle loc. ***olio, essenza di m.***, nitrobenzolo.

miria- [dal gr. *myriás* 'miriade, diecimila'] primo elemento ● Anteposto a un'unità di misura, la moltiplica per diecimila, cioè per 10^4: *miriagrammo, miriametro.* SIMB. ma.

miriade [vc. dotta, lat. tardo *myrĭade(m)*, nom. *mўrias*, dal gr. *myriás*, genit. *myriádos* 'diecimila', poi 'miriade', da *myríos* 'infinito', di etim. incerta; av. 1494] s. f. **1** Nell'antico sistema numerale greco, dieci migliaia. **2** (*est., fig.*) Grande moltitudine: *una m. di ingegni eletti*; *miriadi di stelle*; *trovarsi in una m. di guai.*

miriagràmmo o †**miriagràmma** [fr. *myriagram-*

me, comp. di myria- 'miria-' e gramme 'gramma'; 1862] s. m. • Unità di misura di massa, equivalente a 10 000 grammi. SIMB. mag.

miriàmetro [fr. myriamètre, comp. di myria 'miria-' e mètre 'metro'; av. 1869] s. m. • Unità di misura di lunghezza equivalente a 10 000 metri. SIMB. mam.

Miriàpodi [comp. del gr. mýrioi 'moltissimi' (V. miria-) e póus, genit. podós 'piede'; 1821] s. m. pl. (sing. -e) • Nella tassonomia animale, classe di Artropodi terrestri a corpo allungato e diviso in segmenti ciascuno con uno o due paia di zampe (*Myriapoda* o *Myriopoda*). ➡ ILL. animali/3.

mirica o **mirice** [vc. dotta, lat. myrīca(m), nom. myrīca, dal gr. myríkē: di orig. semitica (?); sec. XIV] s. f. • Genere di arbusti subtropicali con foglie sempreverdi aromatiche e fiori in spiga; da alcune specie si raccoglie una cera (*Myrica*).

miricile [comp. di miric(ina) e -ile (2)] s. m. • Radicale monovalente, derivato dall'idrocarburo saturo con 30 atomi di carbonio.

miricina [da mirica, da cui si estrae] s. f. • Sostanza cristallizzabile ricavata dalla cera d'api.

mirìfico [vc. dotta, lat. mirĭficu(m), comp. di mirus (V. miro) e -ficus '-fico'; 1336 ca.] agg. (pl. m. -ci) • (*lett.*) Meraviglioso, mirabile: *portento m.*

miringe [deformazione di meninge; 1494] s. f. • (*anat.*) Membrana del timpano.

miringite [comp. di miring(e) e -ite (1); 1834] s. f. • (*med.*) Infiammazione della miringe.

mirino [da mira; 1889] s. m. **1** Piastrina collocata all'estremità di un'arma da fuoco portatile avente la funzione, insieme alla mira, di stabilire la direzione del colpo | (*fig.*) ***Essere nel m.***, essere oggetto, in un dato momento, dell'attenzione, gener. minacciosa, di qlcu. **2** Dispositivo ottico che permette l'osservazione e l'inquadratura del soggetto fotografico.

miristàto s. m. • Sale o estere dell'acido miristico.

miristica [dal gr. myristikós 'odoroso', da myrízein 'odorare', da mýron 'unguento odoroso', di orig. indeur.; 1828] s. f. • Albero sempreverde delle Miristicacee con foglie alterne, fiori piccoli gialli, che produce la noce moscata (*Myristica fragrans*).

Miristicàcee [vc. dotta, comp. di miristica e -acee; 1895] s. f. pl. (sing. -a) • Nella tassonomia vegetale, famiglia di piante tropicali contenenti essenze aromatiche (*Myristicaceae*). ➡ ILL. piante/3.

miristico [da miristina; 1887] agg. (pl. m. -ci) • (*chim.*) Detto di composti derivati, almeno originariamente, da piante delle Miristicacee: *alcol m.* | ***Acido m.***, acido saturo monobasico contenuto nelle noci moscate e nel grasso di spermaceti.

miristina [da miristica; 1869] s. f. • (*chim.*) Estere della glicerina con tre molecole di acido miristico, contenuto nel burro di noce moscata, di cocco e in altri grassi.

miristóne [da miristico] s. m. • (*chim.*) Chetone ottenuto per distillazione secca del miristato di calcio.

mirliton /fr. miRli'tõ/ [etim. incerta, forse ritornello di antica canzone popolare francese; 1942] s. m. inv. • Membranofono d'uso asiatico e africano (popolare e infantile in Europa), composto di un tubo cilindrico, dentro il cui foro l'esecutore canta o parla, e due membrane laterali.

mirmeco- [dal gr. mýrmēx, genit. mýrmēkos 'formica'] primo elemento • In parole composte della biologia e della zoologia, significa 'formica' o indica relazione con formiche: *mirmecologia*.

mirmecòbio [comp. di mirmeco- e -bio; 1934] s. m. • Genere di Mammiferi australiani dei Marsupiali, delle dimensioni di un grosso ratto, che si nutrono di formiche e termiti (*Myrmecobius*).

Mirmecofàgidi [da mirmecofago con -idi; 1957] s. m. pl. (sing. -e) • Nella tassonomia animale, famiglia di Maldentati sudamericani cui appartengono i formichieri (*Myrmecophagidae*).

mirmecòfago [comp. di mirmeco- e -fago; 1821] s. m. (pl. -gi) • (*zool.*) Formichiere.

mirmecofilia [comp. di mirmeco- e -filia; 1934] s. f. **1** (*bot.*) Complesso di fenomeni simbiotici con cui una pianta attira e trattiene presso di sé le formiche. **2** (*zool.*) Complesso di rapporti simbiotici di vario tipo esistenti fra molti Artropodi e formiche.

mirmecòfilo [comp. di mirmeco- e -filo; 1917] agg. • Di pianta o animale che vive in simbiosi con formiche.

mirmecologìa [comp. di mirmeco- e -logia; 1931] s. f. • Studio zoologico delle formiche.

mirmecòlogo s. m. (f. -a; pl. m. -gi) • Studioso di mirmecologia.

mìrmica [V. mirmeco-] s. f. • Genere di formiche nidificanti nel terreno o sotto muschi e foglie, diffuse in tutta Europa (*Mirmica*).

mirmìdone o **mirmidóne** [vc. dotta, lat. Myrmĭdones, nom. pl., dal gr. Myrmidónes, popolo della Tessaglia; sec. XIV] s. m. e f. • Appartenente al popolo di leggendarie origini stanziato nell'antica Tessaglia: *Achille era re dei Mirmidoni.*

mirmillóne [vc. dotta, lat. mirmillōne(m), dal gr. mormýros 'specie di pesce' (di orig. onomat.); questi soldati erano detti così dal pesce che avevano raffigurato sull'elmo; av. 1569] s. m. • Gladiatore dell'antica Roma che combatteva contro il reziario.

mìro [vc. dotta, lat. mīru(m), di etim. incerta; 1321] agg. • (*lett.*) Ammirabile, meraviglioso: *da la mira visïon percossa* (CARDUCCI).

mirobolàno • V. *mirabolano* (*1*).

mironàto [dal gr. mýron 'unguento odoroso'. V. miristica; 1869] s. m. • (*chim.*) Sale o estere dell'acido mironico.

mirònico [V. mironato; 1869] agg. (pl. m. -ci) • (*chim.*) Detto di acido organico complesso contenuto sotto forma di sale potassico nei semi della senape nera.

miroṣina [fr. myrosine, comp. del gr. mýron 'unguento' (V. mironato), e dei suff. -ose '-osio' e -ine '-ina'; 1869] s. f. • (*chim.*) Enzima contenuto nei semi di senape nera, che a contatto con l'acqua sviluppa un'essenza con proprietà revulsive.

mirra [vc. dotta, lat. mȳrrha(m), nom. mȳrrha, dal gr. mýrra, di orig. semitica; sec. XIII] s. f. • Gommaresina trasudante dalla corteccia di alcune piante dell'Arabia e dell'Africa, astringente e antisettica, impiegata in profumeria e farmacia.

†**mirràre** [da mirra; 1321] v. tr. **1** Trattare con mirra. **2** (*fig.*) Immortalare, onorare.

mirride [vc. dotta, lat. mȳrride(m), nom. mȳrris, dal greco myrrís, così chiamata dal nome della 'mirra', mýrra, per il suo profumo; 1561] s. f. • Pianta erbacea aromatica delle Ombrellifere, con fusto ramoso, foglie grandi, composte e frutti rossi profumati di anice (*Myrrhis odorata*). SIN. Finocchiella.

Mirtàcee [vc. dotta, comp. di mirto e -acee; 1884] s. f. pl. (sing. -a) • Nella tassonomia vegetale, famiglia di Dicotiledoni arboree o arbustive con foglie intere e fiori regolari (*Myrtaceae*). ➡ ILL. piante/5.

mirteo [vc. dotta, lat. mȳrteu(m), agg. di mȳrtus 'mirto'; av. 1475] agg. • (*lett.*) Di mirto.

mirtéto [av. 1347] s. m. • Zona di terreno ricoperta di mirti | Bosco di mirti.

mirtillo [fr. myrtille, da myrte 'mirto'; av. 1320] s. m. • Piccolo arbusto delle Ericacee, comune su Alpi e Appennini, con frutti commestibili a bacca di colore nero-bluastro (*Vaccinium myrtillus*) | Il frutto di tale arbusto: *marmellata, decotto di mirtilli.* ➡ ILL. piante/7.

mirto [vc. dotta, lat. mȳrtu(m), nom. mȳrtus, dal gr. mýrtos: di orig. semitica (?); 1319] s. m. **1** Arbusto ramoso sempreverde delle Mirtacee con foglie ovate e aguzze, fiori bianchi e bacche nere (*Myrtus communis*). SIN. Mortella. ➡ ILL. piante/5. **2** (*lett.*) Simbolo della poesia amorosa.

mirtòlo [comp. di mirto e -olo (2)] s. m. • Olio etereo di mirto, balsamico e disinfettante delle vie respiratorie.

mis- [originariamente in vc. di orig. fr. (dove mes ripete il francone miss-, pref. pegg.), nelle quali è stato inteso come parallelo di altre vc. composte con il lat. mĭnus 'meno'] pref. di valore negativo • Fa assumere alla parola cui è congiunto significato contrario (*misconoscere, miscredente*) oppure peggiorativo (*misfatto*). CFR. Dis-.

†**miṣàgio** [ant. fr. mesaise, comp. di mes- 'mis-' e aise 'agio'; av. 1294] s. m. • Disagio.

†**misàlta** [etim. incerta; 1539] s. f. **1** Carne fresca di maiale salata. **2** (*fig., scherz.*) Persona grassa e fresca | ***Uscir di m.***, perdere freschezza.

miṣandrìa [vc. dotta, comp. di mis(o)- e andria] s. f. • (*psicol.*) Avversione morbosa per gli uomini. CFR. Misantropia.

miṣantropìa [fr. misanthropie, dal gr. misanthrōpía, da misánthrōpos 'misantropo'; 1584] s. f. **1** (*psicol.*) Avversione morbosa per il genere umano. CFR. Misandria. **2** (*est.*) Tendenza a fare vita appartata, a evitare ogni forma di rapporto sociale.

miṣantròpico [1821] agg. (pl. m. -ci) • Di, da misantropo: *abitudini misantropiche.* || **miṣantropicamente**, avv. In modo misantropico.

miṣàntropo [fr. misanthrope, dal gr. misánthrōpos, comp. di misêin 'odiare' e ánthrōpos 'uomo'; av. 1565] agg.; anche s. m. (f. -a) **1** (*psicol.*) Che (o Chi) soffre di misantropia. **2** (*est.*) Che (o Chi) è poco socievole e vive ritirato o non ama la compagnia.

†**miṣavventùra** [ant. fr. mesaventure, comp. di mes- 'mis-' e aventure 'avventura'; av. 1294] s. f. • Sventura, disavventura.

miscànto [vc. dotta, comp. di due elementi gr.: móschos 'peduncolo' e ánthos 'fiore'] s. m. **1** Genere delle Graminacee comprendente specie erbacee perenni a distribuzione afro-asiatica, formanti grandi cespi con ampie infiorescenze a pannocchia. **2** Pianta coltivata per ornamento o per ricavarne fibre o pasta di cellulosa (*Miscanthus sinensis*).

miscèa [dal lat. miscēre 'mescolare' (?); av. 1648] s. f. • (*pop., tosc.*) Bagattella, inezia | Cosa da nulla.

♦**miscèla** [f. sost. del lat. miscĕllus 'mescolato', da miscēre 'mescolare'. V. mescere; av. 1758] s. f. **1** Miscuglio omogeneo di due o più sostanze diverse (liquido con liquido, gas con liquido, gas con gas): *m. gassosa* | ***M. frigorifera***, formata di sostanze capaci di produrre e mantenere basse temperature | ***M. combustibile***, ***m. carburante***, quella costituita da aria e carburante, nelle debite proporzioni, per l'alimentazione di motori a combustione interna. **2** (*anton.*) Miscuglio di benzina e olio in piccola quantità, che alimenta e nello stesso tempo lubrifica i motori a due tempi. **3** Mescolanza dosata di chicchi di caffè di qualità diverse | (*disus.*) Mescolanza di surrogati di caffè.

miscelàre [da miscela; 1935] v. tr. (*io miscèlo*) • Associare in una miscela, mischiare: *m. uno sciroppo con acqua*; *m. gli ingredienti di un composto.*

miscelàto part. pass. di miscelare; anche agg. **1** Non puro, non genuino: *farina miscelata.* **2** Che è composto di varie sostanze o di qualità diverse della stessa sostanza: *pepe m.*

miscelatóre [1957] **A** agg. (f. -trice) • Che miscela, mischia: *apparecchio m.*; *macchina miscelatrice.* **B** s. m. **1** (f. -trice) Chi nell'industria è addetto alla preparazione di miscele. **2** Dispositivo che serve a preparare miscele | In un impianto idrosanitario, rubinetto ad una sola manopola con leva prensile, atto a miscelare acqua calda e fredda. **3** Recipiente graduato per miscelare gli ingredienti di un cocktail. **4** (*tv*) ***M. video***, apparecchio che consente di eseguire processi di dissolvenza e di controllo di due segnali video. SIN. Mixer video.

miscelatùra [1957] s. f. • Operazione del miscelare.

miscelazióne [1970] s. f. • Miscelatura.

miscellànea [vc. dotta, lat. tardo miscellānea, nt. pl. di miscellāneus. V. miscellaneo; av. 1492] s. f. **1** Mescolanza di cose diverse (*anche fig.*). **2** Insieme di articoli, saggi e sim., relativi a uno o più argomenti, scritti da uno o più autori, raccolti in un unico volume | ***M. di opuscoli***, raccolta di opuscoli rilegati in blocco.

miscellàneo [vc. dotta, lat. tardo miscellāneu(m), da miscĕllus 'mescolato'. V. miscela; 1545] agg. • Che è formato da elementi diversi ed eterogenei | ***Codice m.***, manoscritto che raccoglie articoli, componimenti e trattati diversi. SIN. Collettaneo.

mischia o †**méschia** [da mischiare; av. 1363] s. f. **1** Scontro violento e disordinato fra più persone: *entrare, gettarsi, cacciarsi nella m.*, *in mezzo alla m.*; *nel furore della m. molti caddero.* **2** (*raro, fig.*) Contrasto, lotta: *gettarsi nella m.* | ***Essere al di sopra della m.***, tenersi estraneo a una contesa, a una polemica e sim. **3** Nel rugby, azione comandata dall'arbitro, in cui gli avanti di entrambe le squadre, curvi e serrati gli uni contro gli altri, si disputano con i piedi il pallone posto in mezzo a loro. **4** (*tess.*) Mescolanza di due o più fibre in un tessuto di natura o qualità differente. **5** †Confuso insieme di persone o di animali.

mischiaménto o †**meschiaménto** [av. 1311] s. m. ● (*raro*) Il mischiare | Mescolanza (*anche fig.*).

mischiàre o †**meschiàre**, †**mestiàre**, (*tosc.*) **mistiàre** [stessa etim. di *mescolare*; 1294] v. tr., intr. pron. e rifl. (*io mìschio*) ● Mescolare.

mischiàta [1726] s. f. ● Atto del mischiare una sola volta e in fretta: *dare una m. alle carte.* || **mischiatina**, dim.

mischio [da *mischiare*; av. 1374] **A** agg. ● (*raro*) Misto | Screziato | ***Marmo m.***, variegato di colori diversi. **B** s. m. **1** (*pop.*) Mescolanza | ***A m.***, confusamente. **2** Marmo a screziature di diversi colori.

miscìbile [V. *mescibile*; 1584] agg. **1** Che si può mescolare. **2** (*chim.*) Atto a mescolarsi e a dare un insieme omogeneo con altre sostanze.

miscibilità [1932] s. f. ● Proprietà di ciò che è miscibile.

miscidàre o †**mescidàre**, †**mescitàre** [dal lat. tardo *miscitātus* 'ben mescolato', da *miscēre* 'mescolare'. V. *mescere*; 1380] v. tr. (*io mìscido*) ● (*lett.*) Mischiare, mescolare.

misconoscènte **A** part. pres. di *misconoscere*; anche agg. ● Nel sign. del v. **B** s. m. e f. ● (*lett.*) Chi non riconosce il bene ricevuto. SIN. Ingrato.

misconóscere o †**miscognóscere** [ant. fr. *mesconoistre*, comp. di *mes-* 'mis-' e *conoistre* 'conoscere'; av. 1294] v. tr. (coniug. come *conoscere*) ● Non considerare o stimare qlcu. per quello che è o vale realmente: *hanno misconosciuto la sua virtù e il suo coraggio*; *m. l'arte in quel che ha d'originale* (CROCE).

misconosciménto [1928] s. m. ● (*raro*) Il misconoscere | Mancato riconoscimento delle qualità di qlcu. o di qlco.

misconosciùto [av. 1907] part. pass. di *misconoscere*; anche agg. ● Che non è apprezzato nel suo giusto valore: *un artista m.*

miscredènte [sec. XIII] **A** part. pres. di *miscredere*; anche agg. ● Nel sign. del v. **B** s. m. e f. **1** (*relig.*) Chi accetta solo in parte, o in modo diverso da come la Chiesa le insegna, le verità della fede. **2** (*est.*) Chi non è religioso: *una famiglia di miscredenti.*

miscredènza [ant. fr. *mescreance*, da *mescreant* 'miscredente'; av. 1292] s. f. ● Mancanza di fede religiosa.

miscrédere [ant. fr. *mescroire*, comp. di *mes-* 'mis-' e *croire* 'credere'; sec. XIV] v. intr. (coniug. come *credere*; aus. *avere*) ● (*raro, lett.*) Essere privo di fede in qlcu. o in qlco.: *m. in Dio.*

miscùglio o (*pop., tosc.*) †**mescùglio** [da avvicinare a *mischiare*; av. 1292] s. m. **1** Eterogenea mescolanza di elementi diversi: *un m. di gente strana, di idee, di suppellettili.* SIN. Accozzaglia. **2** Insieme di due o più sostanze le quali conservano sempre invariate le loro proprietà, e sono miscibili, senza dare reazioni chimiche, in qualunque proporzione e separabili con procedimenti fisici: *m. eterogeneo*; *m. omogeneo.*

†**misdìre** [ant. fr. *mesdire*, comp. di *mes-* 'mis-' e *dire* 'dire'; av. 1292] v. tr. e intr. ● Dire male, sparlare.

mise /fr. mi:z/ [vc. fr., propr. part. pass. f. di *mettre* 'mettere'; 1905] s. f. inv. ● Modo di vestire | (*est.*) Abito, abbigliamento: *che m. elegante!*

†**misèllo** [vc. dotta, lat. *misĕllu(m)*, dim. di *mĭser* 'misero'] s. m. ● Lebbroso.

miseràbile [vc. dotta, lat. *miserābile(m)* 'degno di compassione', da *miserāri* 'commiserare'. V. *miserando*; 1336 ca.] **A** agg. **1** Che è da commiserare a causa della sua estrema povertà o infelicità: *una famiglia m.*; *vivere in condizioni miserabili*; *l'esempio m. di Prato* (GUICCIARDINI). **2** Che è da disprezzare per la sua meschinità e bassezza morale: *un m. individuo approfittò della sua buona fede*; *sono azioni veramente miserabili.* SIN. Spregevole. **3** Di scarsissimo valore o entità (*anche fig.*): *una somma m.* **4** †Che muove a pietà. || **miserabilménte**, †**miserabileménte**, avv. In modo miserabile. **B** s. m. e f. **1** (*raro*) Persona estremamente povera o infelice. **2** Persona abietta e spregevole. SIN. Sciagurato.

miserabilità [vc. dotta, lat. tardo *miserabilitāte(m)*, da *miserābilis* 'miserabile'; av. 1778] s. f. ● (*lett.*) Condizione di chi (o di ciò che) è miserabile.

miseràndo [vc. dotta, lat. *miserāndu(m)*, gerundivo *miserāri*, da *mĭser* 'misero'; sec. XIV] agg. ● Degno di commiserazione, che desta profonda pietà: *esempio, spettacolo, caso m.*

†**miserazióne** [vc. dotta, lat. *miseratiōne(m)* 'commiserazione', da *miserāri* 'commiserare'; 1336 ca.] s. f. ● Compassione, misericordia.

miserère [lat., imperat. di *miserēri* 'aver compassione', da *mĭser* 'misero'; av. 1306] s. m. inv. **1** Salmo di David invocante il perdono divino: *recitare, cantare il m.* | ***Cantare il m. a qlcu.***, (*fig.*) considerarlo ormai allo stremo della vita o delle possibilità | ***Essere al m.***, (*fig.*) in fin di vita o agli estremi di qlco. **2** (*med., disus.*) ***Mal del m.***, atrepsia.

miserévole [lat. *miserābile(m)* (V. *miserabile*), con cambio di suff.; 1342] agg. **1** Miserando, compassionevole: *condizione, fine m.*; *si può facilmente intendere che uomini in … parti del sapere ben avviati, in altre si raggirino in miserevoli errori* (VICO). **2** Miserabile, misero: *condurre una vita m.* || **miserevolménte**, avv.

†**miserevolézza** [da *miserevole*; av. 1311] s. f. ● Infelicità.

♦**misèria** [vc. dotta, lat. *misĕria(m)*, da *mĭser* 'misero'; av. 1294] s. f. **1** (*lett.*) Stato di estrema e totale infelicità: *Nessun maggior dolore / che ricordarsi del tempo felice / ne la m.* (DANTE *Inf.* V, 121-123). **2** Povertà estrema: *cadere, ridursi in m.*; *languire nella più squallida m.* | ***Piangere m.***, lamentarsi della propria indigenza esagerandola | ***Porca m.!***, ***m. ladra!***, imprecazioni di rabbia e sim. | (*est.*) Aspetto misero: *vedessi che m. quel povero diavolo!* **3** Cosa estremamente povera dal punto di vista materiale: *il nostro salario è una vera m.* | ***Offrire una m.***, ***costare una m.***, pochissimo. **4** Ristrettezza, meschinità o bruttura morale: *le miserie del mondo*; *la m. umana non ha limiti*; *raccontare, confessare le proprie miserie.* **5** †Avarizia, grettezza, spilorceria | ***Senza m.***, generosamente. **6** (*bot.*) Pianta erbacea delle Commelinacee con fusto decombente, foglie strette e ovate la cui pagina superiore mostra una striscia centrale verde e due laterali bianche. SIN. Erba miseria, tradescanzia. || **miseriàccia**, pegg. | **miseriùccia**, **miseriùzza**, dim. | **miseriòla**, dim.

misericòrde [vc. dotta, lat. *misericŏrde(m)*, comp. di *miserēri* 'aver compassione' (V. *miserere*) e *cŏr*, genit. *cŏrdis* 'cuore'; sec. XIII] agg. ● (*lett.*) Misericordioso, pietoso.

†**misericordévole** [sec. XIV] agg. **1** Misericordioso. **2** Degno di compassione.

misericòrdia o †**misiricòrdia** [vc. dotta, lat. *misericŏrdia(m)*, da *misĕricors*, genit. *misericŏrdis* 'misericorde'; av. 1294] **A** s. f. **1** Sentimento che induce alla comprensione, alla pietà e al perdono verso chi soffre o chi sbaglia: *invocare la m. del nemico, del giudice* | ***Avere, usare m.***, comprendere, aiutare, perdonare | ***Opere di m. corporali e spirituali***, esempi di comportamento meritorio che la Chiesa trae dai Vangeli | ***Opera di m.***, (*scherz.*) azione fatta per aiutare qlcu. SIN. Compassione. **2** Pietà, perdono: *la m. di Dio* | ***Grande come la m. di Dio***, (*scherz.*) illimitato | ***Fare qlco. per m.***, per pietà, senza esservi obbligato | ***Senza m.***, con estrema durezza, senza alcuna pietà | ***Uomo senza m.***, crudele e spietato. **3** Corta daga o pugnale con lama robusta, generalmente quadra o triangolare, usata spec. in epoca medievale e rinascimentale per dare il colpo di grazia al nemico abbattuto. **4** Assicella, spesso decorata o intagliata, posta negli stalli dei cori per permettere ai sacerdoti anziani o infermi di appoggiarsi o sedersi dando tuttavia l'impressione di essere in piedi. **5** Confraternita istituita nel tardo Medioevo a Firenze, che ancora oggi svolge gratuitamente opera di assistenza e trasporto di malati o feriti e di esequie per i morti | L'ambulanza stessa: *chiamare la m.* **B** in funzione di inter. ● Esprime meraviglia, timore, paura: *m., che temporale!*

†**misericordièvole** agg. ● Misericordioso. || †**misericordievolménte**, avv. Con misericordia.

misericordióso [sec. XIII] agg. ● Che prova o usa misericordia: *animo, giudice m.* | Che dimostra misericordia: *gesto m.* SIN. Pietoso. || **misericordiosaménte**, avv. In modo misericordioso, con misericordia.

♦**mìsero** [vc. dotta, lat. *mĭseru(m)*, di etim. incerta; av. 1294] **A** agg. (superl. *miserissimo* o *misèrrimo* (V.)) **1** Sventurato, infelice: *i miseri mortali* | In frasi escl. che esprimono compassione, compatimento: ***m. me!***, ***o m.!*** e sim., me infelice | ***O m.!***, o sventurato | Che desta pietà, che è degno di compassione: *ecco in quale m. stato siamo ridotti* | ***I miseri resti***, la salma. **2** Povero, indigente: *una misera esistenza.* **3** Insufficiente, inadeguato: *un m. stipendio*; *un pranzo m.* SIN. Magro. **4** Meschino, spregevole: *una misera scusa*; *una misera figura d'individuo.* **5** †Malvagio. **6** †Tirchio, spilorcio: *m. chiamiamo noi quello che si astiene troppo di usare il suo* (MACHIAVELLI). || **miseraménte**, avv. **1** In modo disgraziato e compassionevole: *vivere miseramente*; *perire miseramente*, in una disgrazia. **2** Nella miseria: *vivere, morire miseramente.* **3** In modo meschino e spregevole: *arrabattarsi miseramente.* **B** s. m. (f. *-a*) **1** Chi è afflitto da povertà e sventura: *consolare, aiutare i miseri.* **2** †Tirchio, spilorcio. || **miseràccio**, pegg. | **miserèllo**, dim. | †**miserètto**, dim. | **miserino**, dim. | **miseróne**, accr.

misèrrimo [vc. dotta, lat. *misĕrrimu(m)*, superl. di *mĭser* 'misero'; 1441] agg. (superl. di *misero*) ● Estremamente misero.

†**misèrtà** [da *misero*, sul modello di *povertà*; av. 1400] s. f. ● Avarizia, grettezza: *il cavaliere si rimase nella sua m.* (SACCHETTI) | Povertà, mancanza.

†**misfacitóre** [comp. di *mis-* e *facitore*; 1618] s. m. ● Malfattore.

†**misfàre** [fr. *mesfaire*, comp. di *mes* 'mis-' e *faire* 'fare'; sec. XIII] v. intr. ● Fare il male | (*fig.*) Fare torto, ingiuria: *m. al diritto, a un superiore.*

misfàtto [ant. fr. *mesfait*, propr. part. pass. di *mesfaire* 'misfare'; av. 1250] s. m. ● Scelleratezza, delitto: *commettere un atroce m.*; *incomparabili vizi e misfatti* (LEOPARDI).

†**misfattóre** [da *misfatto*; sec. XVI] s. m. ● Malfattore, delinquente.

†**misgradito** [comp. di *mis-* e *gradito*; av. 1600] agg. ● Sgradito.

misi ● V. *mettere.*

†**misiricòrdia** ● V. *misericordia.*

misirìzzi [da *mi si rizzi*, perché il giocattolo tende sempre a rizzarsi in su; av. 1629] s. m. inv. ● Giocattolo a forma di pupazzo, imbottito di piombo alla base in modo che tende sempre a drizzarsi comunque venga collocato.

†**mislèa** o †**melèa** [ant. fr. *meslée*, da *mesler* 'mischiare'; av. 1292] s. f. ● Battaglia, baruffa, rissa: *si cominciò una grande zuffa e m.* (VILLANI).

†**misleàle** [comp. di *mis-* e *leale*; av. 1336] agg. **1** Sleale, falso | ***Donna m.***, infedele. **2** Adulterato, falsificato.

†**mislealtà** [da *misleale*; sec. XIV] s. f. ● Slealtà, falsità.

†**misleànza** [da *misleale*; av. 1250] s. f. ● Perfidia, fellonia.

miso- [dal gr. *mîsos* 'odio'] primo elemento ● In parole composte, indica 'odio, avversione' o sim. verso ciò che è espresso dal secondo elemento: *misogino, misologia.*

misofobìa [comp. del gr. *mýsos* 'sozzura', di etim. incerta, e *-fobia*; 1934] s. f. ● (*psicol.*) Timore ossessivo di insudiciarsi. SIN. Rupofobia.

misòfobo [comp. di *miso-* e *-fobo*; 1957] **A** agg. ● (*psicol.*) Relativo a misofobia. **B** agg.; anche s. m. (f. *-a*) ● Che (o Chi) è affetto da misofobia.

misogamìa [comp. di *miso-* e *-gamia*; 1834] s. f. ● (*psicol.*) Avversione per il matrimonio.

misoginìa [vc. dotta, gr. *misogynía*, da *misógynos* 'misogino'; 1598] s. f. ● (*psicol.*) Avversione morbosa per le donne | (*est.*) Disinteresse, avversione per le donne, per le compagnie femminili (*anche scherz.*).

misoginismo [av. 1915] s. m. ● (*psicol., raro*) Misoginia.

misògino [vc. dotta, gr. *misógynos*, comp. di *mîsos* 'odio' (V. *miso-*) e *-gino*; av. 1729] agg.; anche s. m. **1** (*psicol.*) Che (o Chi) è affetto da misoginia. **2** (*est.*) Che (o Chi) sfugge le compagnie femminili e mostra disinteresse, disprezzo e sim. nei confronti delle donne (*anche scherz.*).

misologìa [vc. dotta, gr. *misología*, da *misólogos* 'avverso ai discorsi, alle discussioni', comp. di *mîsos* 'odio' (V. *miso-*) e *lógos* 'ragionamento' (V. *-logo*); 1957] s. f. ● Nella filosofia platonica, avversione per l'arte del ragionamento.

misoneìsmo [comp. di *mîsos* 'odio' (V. *miso-*), *néos* 'nuovo' (V. *neo-*) e *-ismo*; 1885] s. m. ● Avversione o diffidenza per le cose nuove.

misoneìsta [da *misoneismo*; 1905] **A** s. m. e f. (pl. m. *-i*) ● Chi odia le novità. **B** agg. ● Misoneistico.

misoneìstico [1955] agg. (pl. m. *-ci*) ● Di, da misoneista | Che si riferisce al misoneismo.

†mispregiàre [ant. fr. *mesprisier*, comp. di *mes-* (V. *menosdire*) e *priser* 'pregiare'; sec. XIII] v. tr. ● Disprezzare.

†misprèndere [ant. fr. *mesprendre*, comp. di *mes-* (V. *menosdire*) e *prendre* 'prendere'; sec. XIII] **A** v. intr. ● Errare, fallire, sbagliare. **B** v. tr. ● Disprezzare, ingannare.

miss /*ingl.* mɪs/ [vc. ingl., 'signorina', da *mistress* 'signora', dall'ant. fr. *maistresse* 'maestra'; 1764] s. f. inv. (pl. ingl. *misses*) **1** Vincitrice di un concorso di bellezza: *m. universo*; *m. mondo*; *eleggere una m.* **2** Signorina, ragazza di nazionalità inglese: *quante m. in giro per Firenze!* **3** (*raro*) Istitutrice di origine inglese.

missàggio [dall'ingl.-amer. *mixing* 'miscuglio', da *to mix* 'mischiare' (V. *mixer*); 1938] s. m. ● (*cine, tv*) Operazione consistente nella registrazione simultanea, su un unico nastro magnetico, di più segnali quali dialogo, rumori, musica e sim. di un film. SIN. Mixeraggio, mixing.

missàre [ricavato da *missaggio*; 1949] v. tr. ● (*cine, tv*) Eseguire il missaggio. SIN. Mixare.

♦**missile** [vc. dotta, lat. *mīssile(m)*, da *mīssus*, part. pass. di *mīttere* 'scagliare' (V. *mettere*); 1835] **A** agg. ● (*lett.*) Da lanciare o scagliare: *asta m.* **B** s. m. ● (*aer.*) Arma a forma di siluro, autopropulsa, generalmente autoguidata o teleguidata, che può raggiungere velocità supersoniche e distanze enormi, usata per fini militari o scientifici | ***M. mono-, bi-, tri-, pluristadio***, secondo gli stadi che lo costituiscono | ***M. tattico, di teatro, a corto raggio***, autotrasportato, a raggio d'azione inferiore ai mille kilometri, a uno o due stadi, con sistema di propulsione a combustibile solido | ***M. a gittata intermedia***, missile balistico avente una gittata compresa fra 1000 e 4000 km | ***M. a testata multipla***, missile balistico la cui testata contiene più cariche esplosive nucleari, dirette contro bersagli diversi | ***M. antimissile***, destinato a essere lanciato, mediante lanciatori terrestri, navali o aerei, contro altri missili | ***M. antinave***, destinato a essere lanciato, mediante lanciatori terrestri, navali o aerei, contro bersagli navali | ***M. acqua-aria, acqua-terra, aria-acqua, aria-aria, aria-sott'acqua, aria-spazio***, aria-superficie, aria-terra, superficie-aria, superficie-superficie, terra-aria, terra-terra, V. alle singole voci | ***M. balistico***, provvisto di una testata con una o più cariche esplosive, destinato a essere lanciato contro uno o più bersagli e propulso e guidato nella parte ascendente del volo che prosegue poi lungo una traiettoria balistica | ***M. contraereo***, destinato a essere lanciato, mediante lanciatori terrestri, navali o aerei, contro aeromobili in volo | ***M. controcarro, anticarro***, destinato a essere lanciato, mediante lanciatori terrestri, navali o aerei, contro mezzi corazzati | ***M. filoguidato***, missile controcarro guidato mediante comandi impartiti per mezzo di un filo elettrico collegato al missile stesso | ***M. guidato***, dotato di un sistema di guida, che agisce dopo il lancio, allo scopo di correggerne eventuali perturbazioni dovute a cause interne o esterne | ***M. intercontinentale***, missile balistico avente una gittata compresa fra 8000 e 14 000 km | ***M. monostadio***, costituito da un unico stadio e provvisto di un'unica carica di propellenti | ***M. polistadio, pluristadio***, costituito da più stadi, ciascuno dei quali si distacca dopo avere esaurito la propria carica di propellenti | ***M. strategico***, appartenente alla classe dei missili balistici intercontinentali o a quella dei missili a gittata intermedia | ***M. da crociera***, quello dotato di superfici portanti e di un sistema di navigazione che gli consente di seguire una rotta predeterminata, a bassa quota e a velocità subsonica | ***M. lanciatore***, vettore spaziale destinato alla messa in orbita di satelliti | (*fig., iperb.*) *Quella macchina va come un m.*, è velocissima.

missilìstica [1957] s. f. ● Scienza, tecnica e attività che riguardano i missili.

missilìstico [1950] agg. (pl. m. *-ci*) ● Relativo ai missili: *apparato m.*

missino [da *MSI*, sigla del *M(ovimento) S(ociale) I(taliano)*; 1952] s. m.; anche agg. (f. *-a*) **1** Fino al 1995, iscritto al Movimento Sociale Italiano. **2** (*est.*) Neofascista.

missiologia [comp. del lat. *mīssio* 'missione' e dell'it. *-logia*; 1941] s. f. ● Missionologia.

missionàrio [da *missione*; 1663] **A** s. m. (f. *-a*) **1** Religioso, o anche laico, che svolge opera di proselitismo e propaganda religiosa presso popolazioni non cristiane. **2** (*fig.*) Chi dedica con abnegazione la propria esistenza all'affermazione e diffusione di un'idea: *un m. del socialismo.* SIN. Apostolo. **B** agg. **1** Relativo ai missionari o alle missioni: *propaganda missionaria*; *giornata missionaria.* **2** (*fig.*) Da missionario: *lottare con spirito m.*

♦**missióne** [vc. dotta, lat. *missiōne(m)*, da *mīssus*, part. pass. di *mīttere* 'mandare' (V. *messo*); sec. XIV] s. f. **1** Invio presso qlcu. con mansioni, incarichi e sim. particolari: *partire, andare in m.* **2** Mandato apostolico di predicazione del Vangelo, soprattutto fra popolazioni non cristiane | ***M. apostolica***, quella imposta da Gesù agli apostoli | (*est.*) Sede, istituto, organizzazione di missione in terra non cristiana: *m. cattolica, evangelica.* **3** (*est.*) Serie di prediche e di esercizi di pietà, organizzati nelle parrocchie, in determinate occasioni, al fine di rinnovare la fede e di indurre a pentimento. **4** Incarico particolare e delicato da svolgere per conto dello Stato o di privati: *m. informativa*; *affidare una m. a persona di fiducia* | (*bur.*) Trasferta, svolgimento di attività fuori dalla sede abituale: *indennità di m.* | (*mil.*) Incarico particolarmente difficoltoso, caratterizzato da segretezza, affidato a un reparto o a un singolo militare: *m. di guerra*; *m. lampo*; *m. compiuta!* **5** Compito, dovere o insieme di doveri che competono a qlcu.: *equilibrato è colui che conosce e adempie la sua propria individuale m.* (CROCE) | ***M. diplomatica***, insieme delle funzioni che un agente diplomatico svolge nel tempo in cui è accreditato presso un dato Stato | (*est.*) Funzione precipua di una istituzione: *la m. educatrice della scuola.* **6** Attività che richiede a chi la pone in essere totale adesione morale, spirito di sacrificio, dedizione assoluta: *ha sempre considerato la professione medica come una m.* **7** Gruppo di persone inviate a svolgere compiti determinati: *far parte di una m.*; *la m. italiana all'ONU.* **8** Nell'antica Roma, congedo che si dava ai soldati per ultimato servizio o per infermità o per espulsione punitiva. **9** (*med., raro*) Emissione.

missionologia [comp. di *missione* e *-logia*; av. 1937] s. f. ● Scienza che, nelle varie Chiese cristiane, definisce i rapporti ideologici fra il Cristianesimo e le religioni dei Paesi di missione, nonché i limiti pratici dell'azione missionaria, attualmente condotta nel rispetto dei valori culturali dei popoli indigeni.

missiva [dal lat. *mīssus* 'mandato' (V. *messo*); av. 1449] s. f. ● Lettera, comunicazione epistolare (*spec. scherz.*): *una m. amorosa.*

missòrio [vc. dotta, lat. tardo *missōriu(m)*, da *mīssus*, part. pass. di *mīttere* 'mandare' (V. *mettere*); 1957] s. m. ● Durante il tardo impero e in età bizantina, piatto in metallo prezioso dedicato a un personaggio illustre.

missus dominicus [loc. lat., propr. 'messo del signore', cioè 'inviato del re'] loc. sost. m. inv. (pl. lat. *missi dominici*) ● Nei secoli IX e X, funzionario imperiale inviato a ispezionare e controllare una provincia.

†mistà ● V. *†amistà.*

mistagogia [vc. dotta, gr. *mystagōgía*, da *mystagōgós* 'mistagogo'; 1499] s. f. ● Iniziazione ai misteri dell'antica religione greca.

mistagògico [av. 1945] agg. (pl. m. *-ci*) ● Relativo a mistagogo e a mistagogia.

mistagògo [vc. dotta, lat. *mystagōgu(m)*, dal gr. *mystagōgós*, comp. di *mýstēs* 'iniziato ai misteri', da *myein* 'essere chiuso', di etim. incerta, e *agōgós* 'guida', da *ágein* 'condurre', di orig. indeur.; 1843] s. m. (pl. *-ghi*) ● Presso gli antichi Greci, sacerdote che iniziava ai misteri e ne dirigeva i culti.

mister /*ingl.* 'mɪstə/ [vc. ingl., propr. 'signore', dall'ant fr. *maistre* (fr. moderno *maître*). V. *maestro* e *mastro*; 1951] s. m. inv. **1** Vincitore di un concorso di bellezza: *m. muscolo*; *m. universo.* **2** Nel linguaggio calcistico, appellativo dell'allenatore.

mistèrico [1941] agg. (pl. m. *-ci*) **1** Relativo ai misteri nel paganesimo greco-romano: *culto m.* **2** (*est.*) Criptico, enigmatico: *gergo m.*

†mistèrio ● V. *mistero.*

misteriosità [1685] s. f. **1** Caratteristica di chi (o di ciò che) è misterioso. **2** Modo di comportarsi misterioso.

♦**misterióso** [da *†misterio*; av. 1386] **A** agg. **1** Oscuro, inesplicabile: *le origini del male sono misteriose* | ***Scrittura misteriosa***, che non si riesce a decifrare: *insegnava … a formare i caratteri di quella misteriosa scrittura* (BARTOLI). **2** Che è volutamente avvolto nel mistero, fatto in segreto o nascostamente: *un m. intervento*; *dicono che una misteriosa associazione li sostiene.* **3** Che desta sospetti o fa sorgere dubbi: *morte misteriosa*; *aspetto m.* | ***Uomo m.***, di cui si ignora tutto o quasi tutto e che per questo è considerato con sospetto. || **misteriosaménte**, avv. **B** s. m. (f. *-a*) ● Persona che ama nascondere ciò che fa o pensa, che si circonda di mistero: *gli piace fare il m.*

misteriosofia [comp. di *misterio* e del gr. *sophía* 'sapienza'. V. *sofia*; av. 1956] s. f. ● Scienza iniziatica dei misteri dell'antica Grecia.

misteriosòfico [sovrapposizione di *(filo)sofico* a *misterio*; 1941] agg. (pl. m. *-ci*) ● Misterico, relativo ai misteri e alla misteriosofia dell'antica Grecia.

♦**mistèro** o (*poet.*) †**mistèrio** [vc. dotta, lat. *mystēriu(m)*, dal gr. *mystḗrion*, da *mýstēs* 'iniziato ai misteri' (V. *mistagogo*); 1304] s. m. **1** Nella teologia cristiana, verità soprannaturale che non può essere conosciuta mediante le forze naturali dell'intelligenza umana e la cui esistenza è stata comunicata all'uomo per mezzo della rivelazione divina e proposta a credersi come oggetto di fede | ***I misteri del Rosario***, i quindici avvenimenti, 5 gaudiosi, 5 gloriosi, 5 dolorosi, riguardanti la vita del Cristo e della Vergine, offerti alla meditazione del fedele nella pratica cattolica del Rosario | Cerimonia religiosa cattolica: *il m. della Messa, dell'Eucaristia.* **2** (*al pl.*) Forme religiose di varia origine del mondo antico greco-romano e medio-orientale, presupponenti l'iniziazione dell'adepto e aventi carattere segreto, soteriologico ed escatologico: *i misteri di Mitra, Cibele, Dioniso*; *misteri orfici, isiaci, traci.* **3** (*est.*) Fatto o fenomeno inspiegabile razionalmente: *è un m. impenetrabile*; *chiarire il m.*; *par nasconda / un dolore o un m. ogni tuo detto* (SABA) | ***Fare m. di qlco.***, tenerla segreta | ***Non se ne fa un m.***, è cosa nota a tutti, di cui tutti parlano | ***Qui c'è un m.!***, qualcosa di non spiegato, che solleva dubbi e desta sospetti. **4** (*spec. al pl.*) Rappresentazione scenica di soggetto sacro, di solito in volgare, anche con accompagnamento di musiche, in uso in epoca medievale.

mistiàre ● V. *mischiare.*

mistica [f. sost. di *mistico*; av. 1694] s. f. **1** Dottrina e pratica religiosa che intendono determinare un diretto contatto o una comunione dell'uomo con il mondo divino o trascendente: *m. islamica, cristiana, buddistica.* **2** (*est.*) Letteratura in cui tale dottrina trova la sua espressione concreta. **3** Atteggiamento e azione spec. politica caratterizzata dalla fede assoluta nelle verità di un partito o di un'ideologia: *m. marxista, fascista.*

misticànza ● V. *mesticanza.*

Misticèti [vc. dotta, comp. del gr. *mýstax*, genit. *mýstakos* 'mustacchi' (V.) e *kêtos* 'cetaceo' (V.); 1834] s. m. pl. (sing. *-o*) ● Nella tassonomia animale, sottordine di Cetacei privi di denti, che, mediante i fanoni, trattengono il plancton per nutrirsi (*Mysticeti*).

misticheggiànte [da *mistico* (*1*); 1960] agg. ● Che tende verso l'esperienza mistica, che è incline al misticismo: *atteggiamento m.*

misticheria [da *mistico* (*1*); 1843] s. f. ● (*lett., spreg.*) Cosa da mistico.

misticismo [da *mistico* (*1*); 1816] s. m. ● Tendenza religiosa o spirituale, spec. personale, a intensificare, nella vita religiosa, l'esperienza diretta del divino e del soprannaturale nelle forme non razionali del contatto spirituale e sentimentale | (*est.*) Ogni dottrina filosofica che pretende di cogliere direttamente il divino o la divinità.

misticità [1865] s. f. ● Caratteristica di ciò che è mistico.

mistico (1) [vc. dotta, lat. *mysticu(m)*, nom. *mysticus*, dal gr. *mystikós*, da *mýstēs* 'iniziato ai misteri' (V. *mistagogo*); av. 1364] **A** agg. (pl. m. *-ci*) **1** Relativo ai misteri della fede cristiana: *teologia mistica* | ***Corpo m. del Cristo***, la comunità dei fedeli redenti da Cristo e in lui uniti | ***Rosa mistica***, attributo della Madonna. **2** Relativo al misticismo: *unione, vita mistica*; *ascesi mistica.* **3** (*fig.*) Caratterizzato da profonda spiritualità, da dedi-

mistico

zione assoluta: *amore m.*; *slanci mistici* | (*est.*) Totale, cieco: *fiducia mistica; adesione mistica a un'ideologia*. || **misticaménte**, avv. ■ **B s. m.** (f. *-a*) **1** Chi pratica la vita mistica e l'unione con Dio *-i mistici medievali*. **2** Scrittore di opere di mistica: *i mistici spagnoli*.

mistico (2) [sp. *mistico*, dal turco *mistiko*, tipo di barca; av. 1869] **s. m.** (pl. *-ci*) ● Antica nave a tre alberi e vele quadre, di piccole dimensioni.

misticùme [da *mistico* (1); av. 1956] **s. m.** ● (*lett., spreg.*) Astruseria da mistico.

†**mistière** ● V. *mestiere*.
†**mistièri** ● V. *mestiere*.
†**mistièro** ● V. *mestiere*.

mistificànte [av. 1970] **part. pres.** di *mistificare*; anche **agg.** ● Che inganna, che fa apparire qlco. diverso dalla realtà: *un'illusione m*.

mistificàre [fr. *mystifier*, comp. di *myst(ère)* 'mistero' e *-fier* '-ficare'; 1843] **v. tr.** (*io mistìfico, tu mistìfichi*) **1** Falsificare, far apparire qlco. molto diverso dalla realtà: *m. il resoconto dei fatti*. **2** (*lett.*) Ingannare qlcu.

mistificatóre [fr. *mystificateur*, da *mystifier* 'mistificare'; av. 1893] **s. m.** (f. *-trice*) ● Chi mistifica.

mistificatòrio [1927] **agg.** ● Che tende a mistificare, a trarre in inganno: *atto, comportamento, intervento m*. || **mistificatoriaménte**, avv. (*raro*) In modo mistificatorio, allo scopo di mistificare.

mistificazióne [fr. *mystification*, da *mystifier* 'mistificare'; 1835] **s. f. 1** Inganno, imbroglio. **2** Interpretazione tendenziosa e deformante.

mistilineo [comp. di *misto* e *linea*, sul modello di *rettilineo*; 1740] **agg.** ● (*mat.*) Che è formato da segmenti di retta e da archi di curva: *contorno m*.

mistilìngue [comp. di *misto* e *lingua*, sul modello di *bilingue*; 1942] **agg.** (pl. *-i* o inv.) ● Caratterizzato dalla presenza di due o più lingue diverse: *po-polazione, regione m.* | (*est.*) Che è scritto o tradotto in più lingue.

mistióne [vc. dotta, lat. *mixtiōne(m)*, da *mixtus* 'misto'; sec. XIV] **s. f.** ● (*lett.*) Mescolanza.

misto [vc. dotta, lat. *mixtu(m)*, part. pass. di *miscēre* 'mescolare'. V. *mescere*; av. 1306] ■ **A agg. 1** Che è composto da elementi di qualità diversa: *fritto m.*; *cani di razza mista* | *Pelame m.*, di vari colori | *Matrimoni misti*, fra coniugi di diversa razza o religione | *Scuola mista*, di alunni maschi e femmine | *Gruppo m.*, gruppo parlamentare cui appartengono deputati o senatori che non aderiscono ad altri gruppi direttamente collegati a partiti o alleanze politiche | *Nave mista, treno m.*, adibiti al trasporto di merci e passeggeri | *Economia mista*, caratterizzata da una consistente presenza dell'intervento statale accanto all'iniziativa privata | *Lingua mista*, che risulta dalla mescolanza di più sistemi linguistici | *Tipo m.*, in astrologia, caratterizzato dal prevalere delle influenze di più segni zodiacali | *Tessuto* o *filato m.*, composto di fibre di natura diversa | *Coro m.*, formato di voci maschili e femminili | *Percorso m.*, nel ciclismo, quello su strada con caratteristiche varie per fondo e pendenza | *200, 400 misti*, nel nuoto, gara effettuata eseguendo i quattro stili (farfalla, dorso, rana, crawl). **2** Nella loc. **m. a**, (*raro*) **m. con**, mescolato con altri elementi (*anche fig.*): *lana mista a seta*; *pianto m. a dolore*; *bontà mista con ruvidezza*. || **mistaménte**, avv. (*raro*) In modo misto. ■ **B s. m.** ● Mescolanza: *un m. di guerresco, cavalleresco e lazzaronesco* (DE SANCTIS) | *Un m. di lana e seta*, un tessuto di lana e seta.

mistrà [etim. incerta; av. 1886] **s. m.** ● Liquore d'anice.

mistral /*provz.* mis'tral, *fr.* mis'trɑl/ [provz. *mistral* 'maestrale'; 1895] **s. m. inv.** ● Maestrale secco, freddo e impetuoso che spira nella Francia meridionale.

mistùra o (*pop., tosc.*) †**mestùra** [vc. dotta, lat. *mixtūra(m)*, da *mixtus* 'misto'; 1308] **s. f.** ● Mescolanza o miscuglio di cose o sostanze diverse: *una m. di colori, di terra e sabbia*; *ogni cosa essere una m., ... niente essere di propria natura e virtute* (BRUNO) | (*numism.*) *Moneta di m.*, gener. d'argento, coniata in lega con il rame, in cui la quantità di metallo prezioso è inferiore alla quantità del metallo comune | (*raro*) *Vino di m.*, adulterato.

†**misturàggine** [1563] **s. f.** ● Mistura.

misturàre [vc. dotta, lat. tardo *mixtūrāre*, da *mixtūra* 'mistura'; 1563] **v. tr.** ● (*disus.*) Mescolare con sostanze diverse | *M. il vino*, adulterarlo. **SIN.** Manipolare.

◆**misùra** [lat. *mensūra(m)*, da *mēnsus*, part. pass. di *metīri* 'misurare', di orig. indeur.; av. 1250] **s. f. 1** (*mat.*) Rapporto fra una grandezza e un'altra, convenzionalmente scelta come unitaria | Numero che esprime l'estensione d'una quantità rispetto all'unità di misura fissata. **CFR.** metro- (2), -metro, -metria. **2** Correntemente, l'insieme delle dimensioni di un oggetto: *la m. di un mobile, di un lenzuolo, di una stanza*; *m. approssimativa*; *oggetti di m. grande, piccola, di una sola m., di tutte le misure*; *devi calcolare la m. del pavimento*. **3** Estensione in lunghezza e in circonferenza del corpo umano, o di sue parti: *il sarto deve prenderti le misure*; *prendere la m. dei fianchi, della vita, delle spalle* | *Prendere male le misure*, (*fig.*) sbagliare nel valutare una situazione o sim. | *Su m.*, di capi di abbigliamento tagliati secondo le dimensioni fisiche del singolo cliente, e non secondo lo standard delle confezioni: *camicie, scarpe su m.*; *si confezionano abiti su m.* | *Su m.*, (*fig.*)

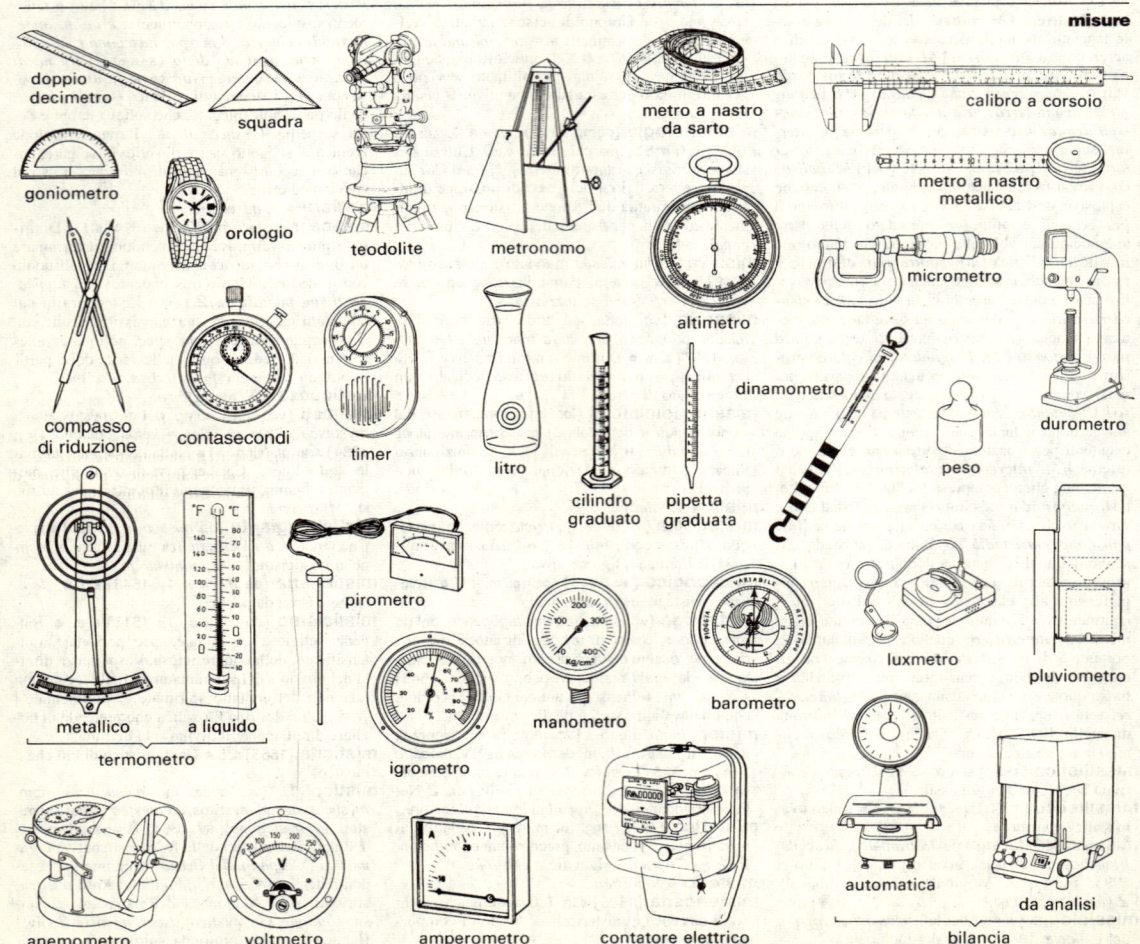

misure

che sembra fatto apposta, che è particolarmente adatto: *è un appartamento (fatto) su m. per loro* | *Stare a m.*, *tornare a m.*, adattarsi perfettamente al corpo di una persona | (*est.*) Taglia fisica, corporatura: *questo vestito non è della mia m.*; *tu e io abbiamo le stesse misure, siamo della stessa m.* | ***Essere tagliati a una stessa m.***, (*fig.*) possedere le stesse qualità negative di un'altra, o di più altre, persone | (*est.*) Numero che, nell'industria dell'abbigliamento, distingue i prodotti di uno stesso tipo, a seconda della loro grandezza: *maglie, guanti di prima, di seconda m.*; *che m. porta?*; *per me ci vuole la terza m.* **4** Misurazione: *al momento della m. l'appartamento risultò più grande* | ***M. della vista***, complesso di operazioni che permettono di stabilire gli eventuali difetti della vista | Modo del misurare: *m. abbondante, giusta, scarsa.* **5** Strumento usato per misurare: *controllare, verificare le misure*; *pesi e misure* | ***Usare due pesi e due misure***, (*fig.*) giudicare due fatti analoghi con criteri diversi e quindi con parzialità | ***M. colma, a colmo***, che supera il bordo dello strumento di misura | ***Colmare, avere colmato la m.***, (*fig.*) superare i limiti, non meritare più né comprensione né indulgenza | ***M. rasa, a raso***, ottenuta livellando all'orlo dello strumento di misura il contenuto. ➡ ILL. **misure**. **6** (*fig.*) Valore, capacità, possibilità: *conoscere la propria m.* | Proporzione, quantità: *contribuire a qlco. in ugual m. di altri*; *impegnarsi nella m. delle proprie forze* | ***Vincere di m., di stretta m.***, con un vantaggio minimo e una certa difficoltà. **7** (*fig.*) Criterio di valutazione: *la m. sta nell'intelletto*; *Protagora ... affirmava l'uomo essere modo e m. di tutte le cose* (ALFIERI). **8** (*fig.*) Discrezione, moderazione, temperanza: *nelle cose ci vuole m.*; *agire con m.*; *avere, non avere m. nel mangiare, nel bere*; *essere senza m. nello spendere* | Limite: *non conoscere la m.*; *ignorare il senso della m.* | ***Passare la m.***, passare i limiti, eccedere | ***Non avere né modo né m.***, eccedere facilmente | ***Fuor di m., oltre m.***, in modo eccessivo | ***Senza m.***, senza regola. **9** (*fig.*) Provvedimento preso per conseguire un dato fine, spec. per cautelarsi da eventi pericolosi o dannosi: *m. di prevenzione*; *m. precauzionale*; *prendere le opportune misure*; *ricorrere a energiche misure*; *il governo adotterà drastiche misure per contenere l'inflazione* | ***Mezze misure***, provvedimenti scarsamente efficaci o poco energici | ***Misure di sicurezza***, nella terminologia militare, complesso di predisposizioni e di attività intese a garantire dalla sorpresa, dall'osservazione e dalle offese nemiche impianti militari o unità in marcia o in stazione; (*dir.*) quelle di natura personale o patrimoniale che il giudice ordina con funzione di prevenzione o di rieducazione. **10** In varie loc., proporzione, rapporto | ***Nella m. in cui***, nella proporzione in cui, in rapporto al fatto che: *fallo pure, nella m. in cui lo consideri necessario* | ***A m. di***, che corrisponde a, che è proporzionato, adatto e sim. a: *città a m. d'uomo* | (*raro*) ***A m. che***, man mano, via via: *a m. che passa il tempo ci conosciamo sempre meglio.* **11** (*ling.*) Unità metrica del verso quantitativo. SIN. Metro. **12** Nel pugilato e nella scherma, giusta distanza dell'avversario che permette l'attacco e la difesa | ***Sotto m.*** (o *sottomisura*), nel linguaggio calcistico, vicino alla porta avversaria, sotto porta. **13** (*mus.*) Battuta. || **misurétta**, dim. | **misurino**, dim. m.

misuràbile [lat. tardo *mensurābile(m)*, da *mensurāre* 'misurare'; av. 1542] agg. ● Che si può misurare.

misurabilità [av. 1704] s. f. ● Condizione di ciò che è misurabile.

misuracàvi [comp. di *misura(re)* e il pl. di *cavo* (*2*); 1889] s. m. inv. ● (*mar.*) Strumento per misurare la circonferenza delle gomene e dei canapi.

misuraflùsso [comp. di *misura(re)* e *flusso*; 1970] s. m. (pl. *-i*) ● Idrometro di marea.

♦**misuràre** o †**mesuràre** [lat. tardo *mensurāre*, da *mensūra* 'misura'; sec. XIII] **A** v. tr. **1** Determinare il rapporto fra una grandezza e un'altra omogenea assunta come unità di misura: *m. la distanza, il terreno, l'altezza di un muro, la profondità delle acque, l'intensità del suono* | ***M. a occhio***, valutare approssimativamente le misure di qlco. | ***M. la strada***, (*fig.*) percorrerla a passi uguali | ***M. le scale***, (*fig.*) ruzzolarle fino in fondo | ***M. un colpo, un ceffone***, appioppарlo bene. **2** Provare un indumento: *mi sono misurata il vestito e mi va a pennello.* **3** (*fig.*) Valutare, giudicare: *m. i meriti, i demeriti di qlcu.* | ***M. il valore di qlcu.***, calcolarlo | (*est.*) Considerare: *m. gli ostacoli, le difficoltà.* **4** (*fig.*) Mantenere entro precisi limiti: *m. le spese, il vitto* | (*fig.*) ***M. le parole***, pesarle bene prima di dirle, non passare i limiti nel parlare. **B** v. intr. (aus. *avere*, raro) ● Essere di una certa misura: *quella torre misura più di cento metri.* **C** v. rifl. **1** (+ *in*) Contenersi, moderarsi, regolarsi: *misurarsi nelle spese.* **2** (+ *in* qlco.; + *con* qlcu.) (*fig.*) Cimentarsi: *misurarsi in una gara* | Contendere: *misurarsi con un avversario fortissimo e astuto.* SIN. Gareggiare.

misuratézza [da *misurato*; av. 1729] s. f. ● (*raro*) Moderazione, pacatezza: *esprimersi con m.*

misuràto [av. 1294] part. pass. di *misurare*; anche agg. **1** Nei sign. del v. **2** Equilibrato, ponderato, prudente: *usa parole misurate*; *un discorso m.* | ***Tono m.***, pacato | ***Essere m. nel bere***, sobrio. **3** Regolato, stabilito: *intervento ben m.* || **misurataménte**, avv. Con moderazione.

misuratóre [av. 1292] s. m. **1** (f. *-trice*) Chi misura | Geometra. **2** Strumento usato per misurare grandezze fisiche.

misuratùra [sec. XIII] s. f. ● Operazione del misurare: *la m. di un terreno.*

misurazióne [vc. dotta, lat. tardo *mensuratiōne(m)*, da *mensurāre* 'misurare'; sec. XIV] s. f. ● Determinazione del rapporto esistente tra una grandezza e un'altra omogenea, presa come unità di misura nota e costante: *la m. del terreno ha avuto luogo ieri.* CFR. -metro, -metria.

†**misurévole** [1363] agg. ● Misurabile.

misurino [da *misura*; av. 1841] s. m. ● Piccolo recipiente di materiale vario, usato per misurare determinate quantità di sostanze liquide, in grani o in polvere.

†**misvenire** [ant. fr. *mesvenir*, comp. di *mes-* (V. *menosdire*) e *venir* 'venire'; 1353] v. intr. **1** Venir meno. **2** (*fig.*) Avere esito negativo.

†**misventùra** o †**mesventùra** [ant. fr. *mesventure*, comp. di *mes-* (V. *menosdire*) e *venture* 'ventura'; av. 1347] s. f. ● Sventura.

†**misvenùto** [av. 1604] part. pass. di †*misvenire*; anche agg. ● (*raro*) Nei sign. del v.

♦**mite** [vc. dotta, lat. *mīte(m)*, di etim. incerta; 1319] agg. **1** Benevolo, clemente, indulgente: *principe, giudice, esaminatore m.*; *anima, indole m.*; *rimproverare in modo, con tono m.* | ***Venire a più miti consigli***, moderare le proprie pretese. **2** Di animale mansueto e tranquillo: *il m. agnello.* **3** Di clima dolce o temperato: *un m. inverno.* **4** Accessibile: *prezzo abbastanza m.* | Non troppo gravoso: *imposta, interesse m.* || **miteménte**, avv. In modo mite.

mitèma [da *mit(o)* con il suff. *-ema* sul modello del fr. *mythème*; 1987] s. m. ● (*antrop.*) Unità narrativa elementare, non ulteriormente scomponibile, che in combinazione con altre concorre alla costituzione del racconto mitico.

mitèna o **mittèna** [fr. *mitaine*, di etim. incerta; av. 1764] s. f. **1** Guanto femminile senza dita, spec. di pizzo e seta, usato nell'Ottocento. **2** Nelle antiche armature, manopola.

†**mitera** ● V. *mitra* (*1*).

mitézza [da *mite*; 1615] s. f. ● Caratteristica di chi (o di ciò che) è mite: *la m. di un carattere, del clima, della pena.*

†**miticàre** ● V. *mitigare.*

miticità s. f. ● Caratteristica di chi (o di ciò che) è mitico.

miticizzàre [comp. di *mitic(o)* e *-izzare*; 1950] v. tr. ● (*raro*) Rendere mitico: *m. un eroe.*

miticizzazióne [1950] s. f. ● (*raro*) Mitizzazione.

mitico [vc. dotta, gr. *mythikós*, agg. di *mŷthos* 'mito'; 1844] agg. (pl. m. *-ci*) **1** Che concerne il mito, che ha carattere di mito: *eroe, personaggio m.*; *racconti, tempi mitici* | (*est.*) Che è quasi diventato un mito, una leggenda: *un'impresa mitica.* **2** (*fig.*) Illusorio, utopistico: *una società mitica.* **3** (*fam., scherz.*) Favoloso, meraviglioso, straordinario: *il m. Bogart*; *una festa mitica.* || **miticaménte**, avv.

mitigàbile [av. 1869] agg. ● Che si può mitigare.

mitigaménto [av. 1306] s. m. ● (*raro*) Il mitigare | Alleviamento, mitigazione | Ciò che allevia o mitiga.

mitigàre o †**miticàre** [vc. dotta, lat. *mitigāre*, da *mītis* 'mite'; av. 1320] **A** v. tr. (*io mìtigo, tu mìtighi*) **1** Rendere meno intenso, meno acerbo o aspro: *m. il dolore, la pena, l'odio, la passione*; *m. i rigori della prigione.* SIN. Calmare, moderare, placare. **2** Attenuare, diminuire: *m. il freddo*; *m. i prezzi, le esigenze.* **3** †Intenerire, blandire. **B** v. intr. pron. ● Calmarsi, moderarsi, farsi meno intenso: *la sua ira si mitiga presto.*

mitigatìvo [vc. dotta, lat. tardo *mitigatīvu(m)*, da *mitigāre* 'mitigare'; av. 1320] agg. ● Che serve a mitigare.

mitigatóre [1336 ca.] agg.; anche s. m. (f. *-trice*) ● Che (o Chi) mitiga.

mitigazióne [vc. dotta, lat. *mitigatiōne(m)*, da *mitigāre* 'mitigare'; av. 1375] s. f. ● Il mitigare | Alleviamento di un dolore | Attenuazione di una pena o simili.

†**mitighévole** [sec. XIV] agg. ● Che mitiga.

mitilicoltóre [comp. di *mitilo* e *-coltore*] s. m. (f. *-trice*) ● Chi alleva mitili.

mitilicoltùra [comp. di *mitilo* e *coltura*; 1957] s. f. ● Allevamento dei mitili.

mitilo [vc. dotta, lat. *mȳtilu(m)*, nom. *mȳtilus*, dal gr. *mýtilos*, propr. 'senza corna', da avvicinare a *mistýllein* 'tagliare (la carne), dividere', di orig. indeur.; sec. XV] s. m. ● Mollusco dei Lamellibranchi con conchiglia oblunga, nera, che si fissa mediante il bisso a corpi sommersi, allevato per le sue carni assai apprezzate (*Mytilus edulis*). SIN. Cozza, muscolo, peocio. ➡ ILL. **animali**/4.

mitizzàre [comp. di *mit(o)* e *-izzare*; 1928] **A** v. tr. ● Rendere simile a un mito, assimilare ai miti: *m. le proprie aspirazioni, il proprio passato, la storia*; *m. un attore.* **B** v. intr. (aus. *avere*) ● Creare miti.

mitizzazióne [1957] s. f. ● Il mitizzare.

mito [vc. dotta, gr. *mŷthos* 'parola, discorso, narrazione, mito', di orig. espressiva; 1587] s. m. **1** Narrazione sacra di avvenimenti cosmogonici, di imprese, di fondazioni culturali e di gesta e origini di dei e di eroi: *i miti greci*; *il m. di Prometeo.* **2** Esposizione di un'idea, di un insegnamento astratto sotto una forma allegorica o poetica: *il m. della caverna in Platone.* **3** Immagine schematica o semplificata, di un evento, di un fenomeno sociale, di un personaggio, quale si forma o viene recepita presso un gruppo umano: *il m. del Risorgimento*; *il m. della flemma britannica*; *il m. di Greta Garbo* | Convincimento spesso illusorio che, per il vigore con cui si estrinseca e l'adesione che suscita, provoca mutamenti nel comportamento di un gruppo umano: *il m. del disarmo mondiale*; *il m. del successo a tutti i costi*; *il m. dell'arte pura.* **4** (*fam., scherz.*) Persona o cosa che appare dotata di qualità straordinarie o fornisce prestazioni eccellenti: *sei un m.!*; *questa auto è un m.!*

mitocondriàle [da *mitocondrio* col suff. *-ale* (*1*); 1957] agg. ● (*biol.*) Riferito ai mitocondri: *matrice m.*

mitocòndrio [comp. del gr. *mítos* 'filo' (V. *mitosi*) e un deriv. di *chóndros* 'chicco'; 1957] s. m. ● (*biol.*) Organulo cellulare di forma varia, a struttura submicroscopica altamente differenziata, sede delle reazioni di respirazione e produzione di energia della cellula. SIN. Condriosoma.

mitogenètico [comp. di *mito(si)* e *genetico*; 1957] agg. (pl. m. *-ci*) ● (*biol.*) Detto di composto in grado di indurre processi mitotici.

mitografia [vc. dotta gr. *mythographía*, comp. di *mŷthos* 'mito' e *-graphía* '-grafia'; 1844] s. f. ● Descrizione e studio analitico dei miti.

mitògrafo [vc. dotta, gr. *mythográphos*, comp. di *mŷthos* 'mito' e *-gráphos* '-grafo'; av. 1597] s. m. ● Espositore e descrittore di miti, riferito spec. agli scrittori classici che hanno raccolto miti greci e romani.

mitologèma o **mitologhèma** [gr. *mythológēma* 'racconto favoloso', da *mythologêin* 'raccontare o comporre favole'; 1988] s. m. (pl. *-i*) **1** Nucleo originario di un mito, da cui si sono sviluppati vari miti tradizionali. **2** Idea, formula, dottrina che assume valore di mito spec. sociale o politico.

mitologìa [vc. dotta, gr. *mythología*, comp. di *mŷthos* 'mito' e *-logía* '-logia'; 1598] s. f. ● Studio dei miti nelle singole religioni | In particolare, l'insieme dei miti del mondo antico greco-romano.

mitològico [vc. dotta, gr. *mythologikós*, da *mythología* 'mitologia'; 1725] agg. (pl. m. *-ci*) **1** Che

mitologista

si riferisce a mito, a mitologia, a mitologo e ad epoca o tempo descritti nei miti. **2** (*fig.*) Favoloso, mitico. || **mitologicaménte**, avv.
mitologista [1639] **s. m.** e **f.** (**pl. m.** *-i*) ● Studioso, esperto di mitologia.
mitòlogo [vc. dotta, gr. *mythológos*, comp. di *mýthos* 'mito' e *-lógos* '-logo'; 1586] **s. m.** (**f.** *-a*; **pl. m.** *-gi*) ● Chi studia o narra i miti.
mitòmane [fr. *mythomane*, comp. del gr. *mýthos* 'mito' e del fr. *-mane* '-mane'; 1950] **A agg.** ● Della mitomania. **B s. m.** e **f.**; anche **agg.** ● Chi (o Che) è affetto da mitomania | Visionario, millantatore.
mitomanìa [fr. *mythomanie*, comp. del gr. *mýthos* 'mito' e *-manie* '-mania'; 1930] **s. f.** ● (*psicol.*) Tendenza a falsificare la realtà tramite racconti fantasiosi non veritieri per attirare l'attenzione su di sé.
mitopoièṣi [comp. di *mito* e del gr. *póiēsis* 'produzione, creazione', da *poiêin* 'fare' (V. *poeta*); 1970] **s. f. inv.** ● Attitudine propria dello spirito umano a pensare miticamente, a produrre narrazioni mitiche | Fenomeno della formazione dei miti nelle religioni.
mitopoiètico [da *mitopoiesi*: la seconda parte è modellata sul gr. *poiētikós* (V. *poetico*); 1966] **agg.** (**pl. m.** *-ci*) ● Relativo a mitopoiesi.
mitòṣi [ingl. *mitosis*, dal gr. *mítos* 'filo', di etim. incerta; 1895] **s. f. inv.** ● (*biol.*) Cariocinesi.
mitostòrico [vc. dotta, lat. tardo *mythistŏricu(m)*, nom. *mythistŏricus*, dal gr. *mythistorikós*, agg. di *mythistoría* 'storia favolosa', comp. di *mýthos* 'mito' e *historía* 'storia'; 1639] **agg.** (**pl. m.** *-ci*) ● (*letter.*) Di narrazione mista di storia e favole o miti.
mitòtico [da *mitosi*; 1917] **agg.** (**pl. m.** *-ci*) ● (*biol.*) Che concerne la mitosi: *divisione mitotica*.
mitra (**1**) o †**mìtera**, **mìtria** [vc. dotta, lat. *mītra(m)*, nom. *mītra*, dal gr. *mítra* 'benda, fascia, tiara', di etim. incerta; 1281] **s. f. 1** Copricapo alto e diviso nella sommità in due punte, con nastri o strisce cadenti sulla nuca, portato da vescovi e prelati nelle cerimonie e come insegna di autorità e dignità. **2** Dispositivo applicato allo sbocco di canne fumarie o di tubi di ventilazione per proteggerli dall'azione del vento, della pioggia o della neve. **3** Genere di Molluschi del Gasteropodi oceanici della famiglia Mitridi, con conchiglia allungata dai colori vivaci (*Mitra*).
mitra (**2**) [abbr. di (*fucile*) *mitra*(*gliatore*); 1942] **s. m. inv.** ● Fucile o moschetto automatico.
mitràglia [fr. *mitraille* 'moneta spicciola', poi 'pezzettini di metallo', dall'ant. fr. *mite* 'monetina di rame', a sua volta da *mite*, insetto (n. di orig. ol.); 1747] **s. f. 1** Munizione spezzata di pallottole, schegge di ferro e sim., con cui un tempo si caricavano i cannoni e anche altre armi da fuoco per ottenere un tiro falciante ad ampio raggio. **2** Insieme dei colpi sparati con la mitragliatrice (*fig.*, *lett.*) Sfilza, sequela. **3** (*gerg.*) Mitragliatrice.
mitragliaménto [1889] **s. m. 1** Il mitragliare | (*fig.*) Sequela incessante: *un m. di domande*. **2** Tecnica di ripresa fotografica consistente in una rapida successione di scatti relativi a un dato soggetto.
mitragliàre [fr. *mitrailler*, da *mitraille* 'mitraglia'; 1853] **v. tr.** (*io mitràglio*) ● Prendere di mira con raffiche di mitragliatrice o con tiri di mitraglia: *m. le fanterie nemiche* | (*fig.*) **M. qlcu. di domande**, porgli domande rapidissime e continue, senza sosta.
mitragliàta [fr. *mitraillade*, da *mitraille* 'mitraglia'; 1872] **s. f.** ● Raffica di mitraglia.
mitragliatóre [fr. *mitrailleur*, da *mitrailler* 'mitragliare'; 1891] **A agg.** (**f.** *-trice*) ● Che mitraglia: *pistola mitragliatrice* | **Fucile m.**, fucile automatico, di impiego analogo a quello della mitragliatrice, ma più leggero e più semplice, munito generalmente di doppio piede anteriore per il tiro da terra. **B s. m.** ● Soldato armato di fucile mitragliatore.
mitragliatrìce [fr. *mitrailleuse*, da *mitrailler* 'mitragliare'; 1872] **s. f.** ● Arma da fuoco portatile, automatica, a tiro continuo o intermittente, con cadenza da 800 a 1400 colpi al minuto | **M. leggera, pesante**, a seconda del calibro e della costituzione | **Nidi di m.**, postazioni campali o in trincea di tali armi | (*fig.*) **Sembrare una m.**, detto di persona che parla moltissimo e in fretta.
mitraglièra [da *mitragliare*; 1876] **s. f.** ● Mitragliatrice di calibro da 20 a 60 mm per il tiro controaereo ravvicinato, dotata di affusto a piedistallo | **M. multipla**, a più canne.
mitraglière [fr. *mitrailleur*. V. *mitragliatore*; 1918] **s. m.** ● Soldato addetto all'impiego delle mitragliatrici.
mitragliétta [calco sulla vc. fr. *mitraillette*; av. 1963] **s. f.** ● Nel linguaggio giornalistico, pistola mitragliatrice.
mitràico [av. 1956] **agg.** (**pl. m.** *-ci*) ● Relativo al dio Mitra, al mitraismo: *culto m.*
mitraìṣmo [1934] **s. m.** ● Culto del dio iranico Mitra, diffuso in tutto il mondo greco-romano in forma misterica.
mitràle [da *mitra* (1); 1775] **agg.** ● (*anat.*) Simile a mitra | **Valvola m.**, che separa l'atrio dal ventricolo sinistro del cuore. ➡ ILL. p. 2123 ANATOMIA UMANA.
mitràlico [1944] **agg.** (**pl. m.** *-ci*) ● (*anat.*) Relativo alla valvola mitrale: *vizio m.*; *stenosi mitralica*.
mitràre o **mitrïàre** [da *mitra* (1); sec. XV] **v. tr. 1** Imporre la mitra | (*est.*) Conferire dignità vescovile. **2** (*fig.*) †Conferire a qlcu. dignità spirituale.
mitràto [vc. dotta, lat. *mitrātu(m)*, da *mītra* 'mitra' (1)'; av. 1388] **A agg.** ● Che porta la mitra o ha il diritto di portarla. **B s. m.** ● (*spec. al pl.*) I prelati della Chiesa.
mitrèo [vc. dotta, gr. *Mithrâion*, da *Míthras* 'Mitra', dio persiano; 1834] **s. m.** ● Santuario del dio Mitra.
mìtria ● V. *mitra* (1).
mitrìaco [vc. dotta, lat. tardo *mithrĭacu(m)*, da *Míthras* 'Mitra'; av. 1862] **agg.** (**pl. m.** *-ci*) ● Che si riferisce al dio Mitra e al mitraismo.
mitrïàre o **mitriàre** ● V. *mitrare*.
mitridàtico [vc. dotta, lat. *Mithridāticu(m)*, nom. *Mithridāticus*, dal gr. *Mithridatikós*, agg. di *Mithridátēs* 'Mitridate', re del Ponto; 1865] **agg.** (**pl. m.** *-ci*) **1** Di Mitridate, re del Ponto. **2** (*med.*) Del mitridatismo.
mitridatìṣmo [da *Mitridate*, re del Ponto (132-63 a.C.), per timore di essere avvelenato, si era assuefatto a tutti i veleni; 1935] **s. m.** ● (*med.*) Assuefazione ai veleni ottenuta spec. ingerendone piccole dosi progressive.
mitridatizzàre [da *Mitridate*. V. *mitridatismo*; 1957] **A v. tr.** ● Immunizzare dal veleno. **B v. rifl. 1** Immunizzarsi dal veleno. **2** (*fig.*) Rendersi immune da ogni evento esterno ritenuto lesivo.
mitridatizzazióne [1957] **s. f.** ● Il mitridatizzare, il mitridatizzarsi | Immunità, immunizzazione.
†**mitridàto** [da *Mitridate*. V. *mitridatismo*; sec. XIV] **s. m.** ● Antidoto contro i veleni.
Mitridi [comp. di *mitra* (1) nel sign. 2, e *-idi*; 1934] **s. m. pl.** (**sing.** *-e*) ● Nella tassonomia animale, famiglia di Molluschi dei Gasteropodi comprendente vari generi, fra cui la mitra (*Mitridae*).
mitteleuropèo [ted. *mitteleuropäisch* 'dell'Europa centrale', da *Mitteleuropa* 'Europa centrale', comp. di *mittel* 'medio' (di orig. indeur.) e di *Europa* 'Europa'; 1942] **agg.** ● Che si riferisce all'Europa centrale e alla sua cultura | Che si riferisce alla cultura e all'arte fiorita all'interno dell'Impero Asburgico spec. tra la fine del XIX e l'inizio del XX sec.
mittèna ● V. *mitena*.
mittènte [vc. dotta, lat. *mittĕnte(m)*, part. pres. di *mĭttere* 'mandare'. V. *mettere*; 1821] **s. m.** e **f.** ● Chi spedisce a mezzo posta lettere, pacchi o altro: *firma e indirizzo del m.*
mittèria o **mictèria** [dal gr. *myktḗr*, genit. *myktḗros* 'naso', propr. 'mucosa', dalla stessa radice indeur. da cui anche il lat. *mūcus* 'muco'; detta così dal becco lungo e acuto, come un naso aquilino] **s. f.** ● Grossa cicogna africana bianca e nera con sviluppatissimo becco rosso che alla base ha un'espansione a sella (*Ephippiorhynchus senegalensis*).
mix /ingl. mɪks/ [vc. ingl., da *to mix* 'mescolare' (V. *mixer*); 1983] **s. m. inv.** (**pl. ingl.** *mixes*) ● Mescolanza, miscuglio, miscela: *un mix di ingredienti*.
mixage /fr. mik'saʒ/ [vc. fr., tratta da v. ingl. *to mix* 'mischiare' col suff. *-age* '-aggio'; 1957] **s. m. inv.** ● (*cine.*) Missaggio.
mixàre [dall'ingl. *to mix* 'mischiare' (V. *mixer*); 1949] **v. tr.** ● Missare.
mixedèma [comp. di *mix*(*o*)- ed *edema*; 1908] **s. m.** (**pl.** *-i*) ● (*med.*) Edema diffuso della cute e del tessuto sottocutaneo nell'ipotiroidismo.

mixedematóṣo [1957] **agg.** ● (*med.*) Che è affetto da mixedema.
mixer /ingl. 'mɪksəɹ/ [ingl., propr. 'che mescola', da *to mix* 'mescolare', ricavato da *mixt* 'misto', che deriva dal fr. *mixte* 'misto'; 1970] **s. m. inv.** (*anche* **f.** nel sign. 4) **1** Recipiente graduato per miscelare bevande. **2** Parte del frullatore. **3** Apparecchio usato per il missaggio. **4** Tecnico addetto al missaggio. **5** (*tv*) **M. video**, miscelatore video.
mixeràggio [dall'ingl. *mixer* 'variatore di frequenza', propr. 'mescolatore' (V. *mixer*)] **s. m.** ● (*cine*, *tv*) Missaggio.
mixing /ingl. 'mɪksɪŋ/ [1983] **s. m. inv.** ● (*cine*, *tv*) Missaggio.
mixo- [dal gr. *mýxa* 'muco', di orig. indeur.] primo elemento ● In parole composte della terminologia scientifica, significa 'muco, mucillagine': *mixomiceti*, *mixorrea*.
mixòma [comp. di *mix*(*o*)- e *-oma*; 1912] **s. m.** (**pl.** *-i*) ● (*med.*) Tumore benigno dei tessuti mucosi.
mixomatòṣi [comp. di *mixoma* e *-osi*; 1957] **s. f. inv.** ● Grave malattia infettiva da virus altamente contagiosa che colpisce soprattutto i conigli.
Mixomicèti [comp. di *mixo-* e del gr. *mýkēs*, genit. *mýkētos* 'fungo' (V. *micelio*); 1965] **s. m. pl.** (**sing.** *-e*) ● Nella tassonomia vegetale, piccolo gruppo di vegetali privi di clorofilla con forme plasmodiali polinucleate anche di notevoli dimensioni, frequenti su foglie morte o legno marcescente (*Myxomycetes*).
mixorrèa [comp. di *mixo-* e *-rea*] **s. f.** ● (*med.*) Abbondante secrezione di muco.
mixosarcòma [comp. di *mixo-* e *sarcoma*; 1939] **s. m.** (**pl.** *-i*) ● (*med.*) Tumore maligno che si genera dal tessuto mucoso.
mixovirus [comp. di *mixo-* e *virus*] **s. m. inv.** ● (*biol.*) Denominazione comune dei virus a RNA comprendenti gli agenti causali dell'influenza e della parotite (*Orthomyxoviridae* e *Paramyxoviridae*).
Miẓostòmidi [comp. del gr. *mýzein* 'succhiare' (della stessa fam. di *mýdos* 'umidità, viscosità', di orig. indeur.) e *-stoma*; 1965] **s. m. pl.** (**sing.** *-e*) ● Nella tassonomia animale, classe di Anellidi di piccole dimensioni, marini e parassiti di echinodermi (*Myzostoma*).
mm /hm, m, ʌm, hʌm/ o **hmm**, **mhmm**, **mmh** [vc. espressiva] **inter. 1** Esprime compiacimento: *mm! che buon odorino*; *mm! che buon dolce!* **2** Esprime ira, o impazienza frenata: *mm! che rabbia*. **3** Esprime dubbio: *mm, gatta ci cova!*
mnemònica [da (*arte*) *mnemonica*. V. *mnemonico*; 1829] **s. f.** ● Mnemotecnica.
mnemònico [vc. dotta, gr. *mnēmonikós* 'della memoria', da *mnēmōn* 'memore', dalla stessa radice di *mimnḗskein* 'ricordare'; 1840] **agg.** (**pl. m.** *-ci*) **1** Della memoria, relativo alla memoria: *facoltà mnemonica* | **Esercizi, mezzi mnemonici**, che servono per sviluppare la memoria. **2** (*spreg.*) Basato solo sulla memoria: *apprendimento m.* || **mnemonicaménte**, avv. In modo mnemonico: *studiare mnemonicamente*.
mnemonìṣmo [da *mnemonico*; 1912] **s. m.** ● Eccessiva importanza data all'apprendimento mnemonico in alcuni sistemi educativi.
mnemotècnica [comp. del gr. *mnḗmē* 'memoria' (cfr. *mnemonico*) e *tecnica*; 1869] **s. f.** ● (*psicol.*) Sistema di regole per organizzare le informazioni in modo da facilitarne il ricordo.
-mneṣìa secondo elemento ● In parole composte, formate sul modello di *amnesia*, significa 'memoria': *paramnesia*.
mnèṣico [vc. dotta, gr. *-mnḗsis*, che si ricava da *anámnēsis* (V. *anamnesi*)] **agg.** (**pl. m.** *-ci*) ● (*psicol.*) Relativo alla memoria: *funzione mnesica*; *disturbi mnesici*.
mo' (**1**) /mɔ*/, mo*/ o **mo** /mɔ*/, mo*/ [lat. *mŏ(do)* 'ora', V. *modo*; sec. XIII] **avv. 1** (*dial.*) Ora, adesso: *a mo' non tu esageri*; *mo' vengo* | **Pur mo'**, or ora | **Da mo' innanzi**, d'ora in poi | Con valore raff. nella loc. **mo' mo'**, or ora, subito | **Da mo'**, da un bel pezzo. **2** (*dial.*) Un po': *senti mo' che pretese!*; *guarda mo' che idee!*
mo' (**2**) /mɔ*/ [1476] **s. m.** ● Forma tronca di 'modo', solo nella loc. prep. **a mo' di**, a guisa di: *a mo' d'esempio* (V. nota d'uso ELISIONE e TRONCAMENTO).
mòa [ingl. *moa*, vc. coloniale; 1934] **s. m. inv.** ● Gigantesco uccello della Nuova Zelanda, simile allo struzzo, estintosi in epoca preistorica (*Dinornis*).

moabìta [vc. dotta, lat. tardo *Moabīte(m)*, nom. *Moabītes*, dal gr. *Moabítēs* 'abitante del Moab', da *Mōàb*, che è l'ebr. *Mō'ābh*: da *ābh* 'padre' (?); sec. XIV] s. m. e f. (pl. m. *-i*) ● Abitante, nativo della regione di Moab, sita a oriente del Mar Morto.

moabìtico [1957] agg. (pl. m. *-ci*) ● Relativo ai Moabiti.

mòbbing /ˈmɔbin(g), *ingl.* ˈmɒbɪŋ/ [vc. ingl., dal v. *to mob* 'assalire', usato dapprima in etologia; 1992] s. m. inv. **1** (*biol.*) Assalto collettivo che in alcune specie di Passeriformi viene messo in atto come difesa dai rapaci. **2** (*est.*) Comportamento vessatorio esercitato tramite violenze psicologiche all'interno di un gruppo verso un individuo che si vuole isolare, emarginare o allontanare: *m. nell'ambiente di lavoro*; *m. familiare*.

mobìglia e *deriv.* ● V. *mobilia* e *deriv.*

♦**mòbile** (**1**) [vc. dotta, lat. *mōbile(m)*, da *movēre* 'muovere'; 1268] **A** agg. **1** Che si può muovere, spostare dalla sua sede, trasportare da un luogo all'altro e sim.: *ponteggio m.*; *scrivania con piano m.* | ***Bene m.***, ogni cosa materiale trasportabile o in grado di muoversi da sola | ***Beni mobili registrati***, autoveicoli, navi, aeromobili i quali devono essere iscritti in un pubblico registro e sono sottoposti a un regime giuridico analogo a quello dei beni immobili | ***Ricchezza m.***, un tempo, quella costituita da redditi non derivanti da terreni o fabbricati | ***Caratteri mobili***, quelli componibili e scomponibili, per la stampa | ***Feste mobili***, che cadono in date diverse, a seconda degli anni (ad es. la Pasqua) | ***Colonna m.***, formazione di più reparti di varie armi, dotata di larga autonomia e di grande mobilità, per azioni tattiche particolari, spec. di controguerriglia | ***Guardia m.***, milizia cittadina un tempo impiegata a difesa della città, anche fuori di essa | ***Difesa m.***, basata su truppe spostabili per necessità da un luogo all'altro | ***Squadra m.***, speciale reparto di agenti della polizia giudiziaria | ***Scala m.***, V. *scala*. **2** Che è in movimento: *il mare è una massa d'acque mobili* | (*fig.*) Vivace: *sguardo, sorriso m.* | (*fig.*) Duttile: *ingegno m.* **3** (*fig.*) Incostante, volubile: *ha una volontà m.* SIN. Mutevole. **4** (*ling.*) ***Nome m.***, che ha una forma per il maschile distinta da quella per il femminile. || **mobilménte**, avv. **B** s. m. **1** Qualunque oggetto che per sua natura possa essere spostato o possa muoversi: *i mobili e gli immobili; tutti gli mobili sono egualmente prossimi e lontani al primo e dal primo universal motore* (BRUNO) | ***Primo m.***, nel sistema tolemaico, il nono cielo che, velocissimo e privo di stelle, gira intorno alla Terra, comunicando il movimento ai cieli sottostanti. **2** Suppellettile atta ad arredare un luogo d'abitazione o di lavoro: *i mobili di casa, dell'ufficio*; *m. moderno, antico, in noce, in palissandro* | ***M. bar***, quello in cui si tengono liquori e bevande in genere. **3** †Capitale, denaro, patrimonio | †***Far m.***, accumulare ricchezze. || **mobilàccio**, pegg. | **mobilétto**, dim. | **mobilino**, dim. | **mobilóne**, accr. | **mobilùccio**, pegg. **C** s. f. ● (*ellitt.*) Squadra mobile: *chiamare la m.*; *il capo della m.*

♦**mobile** (**2**) /*fr.* mɔˈbil/ [fr. *mobile* 'che si muove' (stessa etim. dell'it. *mobile* (*1*)); av. 1294] s. m. inv. ● Scultura mobile, fatta di lamine sospese mediante fili metallici, in modo da oscillare al minimo spostamento d'aria, cambiando così continuamente forma: *i m. di Calder.*

mobìlia, (*evit.*) **mobìglia** [vc. dotta, lat. *mobĭlia*, nt. pl. di *mōbilis* 'mobile (1)'; 1309] s. f. ● Il complesso dei mobili che arredano una casa o una stanza: *m. ricca, costosa*; *m. da salotto, da camera da letto.*

mobiliàre (**1**), (*evit.*) **mobigliàre** [da *mobilia*; 1678] v. tr. (*io mobìlio*) ● Ammobiliare: *m. una casa, un appartamento.*

mobiliàre (**2**) [fr. *mobiliaire*, da *mobile* 'bene mobile'; av. 1835] agg. ● Relativo a beni mobili | ***Credito m.***, quello a medio termine, concesso con la sottoscrizione di azioni od obbligazioni | ***Mercato m.***, quello dei valori mobiliari.

mobiliàto, (*evit.*) **mobigliàto** [1666] part. pass. di *mobiliare*; anche agg. ● Ammobiliato.

mobiliatùra, (*evit.*) **mobigliatùra** [da *mobiliare*; av. 1712] s. f. ● (*raro*) Fornitura di mobili per una casa o appartamento e sim.: *provvedere alla m.*

mobilière [1935] s. m. (f. *-a*, raro) ● Fabbricante, commerciante di mobili.

mobilifìcio [comp. di *mobile* (*1*) e *-ficio*; 1942] s. m. ● Fabbrica di mobili.

mobìlio, (*evit.*) **mobìglio** [1846] s. m. ● Mobilia.

mobilìṣmo [comp. di *mobile* (*1*) e *-ismo*] s. m. ● Ogni atteggiamento filosofico che assume a suo fondamento la credenza secondo cui tutto è mobile e mutevole.

mobilità [vc. dotta, lat. *mobilitāte(m)*, da *mōbilis* 'mobile (1)' agg.; av. 1332] s. f. **1** Caratteristica di ciò che si muove con facilità o che muta rapidamente: *la m. degli occhi, dello sguardo.* **2** Capacità degli organi di compiere spostamenti: *m. articolare.* **3** Il complesso degli spostamenti delle persone che in una certa area utilizzano mezzi di trasporto individuali o collettivi: *conferenza sulla m.* **4** ***M. del lavoro***, movimento della forza-lavoro da luogo a luogo, da settore a settore, da azienda ad azienda, anche con mansioni e tipo di lavoro diverso | ***M. sociale***, relativa ai mutamenti di categoria sociale | (*dir.*) Procedura che consiste nell'iscrizione dei lavoratori licenziati per riduzione del personale in apposite liste di collocamento, con erogazione di un sussidio in attesa della nuova assunzione. **5** (*fig.*) Volubilità, incostanza: *la m. dell'animo e dei sentimenti umani.*

mobilitàre [vc. dotta, lat. *mobilitāre* 'mettere in moto', da *mōbilis* 'mobile (1)' agg.; 1834] **A** v. tr. (*io mobìlito*) **1** Attuare i provvedimenti necessari per il passaggio di una o più unità, o di tutte le forze armate, dalla condizione di pace a quella di guerra (*anche assol.*): *m. le truppe*; *gli alleati mobilitano.* **2** (*fig.*) Mettere in moto, usare con impegno: *m. tutte le proprie forze e capacità*; *hanno mobilitato i migliori cervelli della nazione* | ***M. la ricchezza, il capitale***, renderli produttivi. **B** v. rifl. ● Mettersi in moto: *si sono mobilitati tutti per superare il difficile momento.*

mobilitàto part. pass. di *mobilitare*; anche agg. ● Nei sign. del v.

mobilitazióne [1869] s. f. **1** Il mobilitare, il mobilitarsi | Chiamata alle armi | ***M. civile***, complesso di provvedimenti e iniziative volte a mobilitare la popolazione in previsione di una guerra o in tempo di guerra. **2** Chiamata o appello generale alla partecipazione attiva e produttiva: *si è verificata una m. dell'opinione pubblica, in favore del provvedimento.*

mobilizzàre [fr. *mobiliser*, da *mobile* 'mobile (1)'; 1819] v. tr. **1** (*chim.*) Rendere più atto a reagire un atomo o un raggruppamento atomico di un composto organico. **2** (*med.*) Rendere mobile un arto mediante intervento chirurgico. **3** (*raro*) Mobilitare.

mobilizzazióne [fr. *mobilisation*, da *mobiliser* 'mobilizzare'; av. 1872] s. f. **1** (*med.*) Procedimento mediante il quale si restituisce ad un arto la capacità di muoversi dopo un lungo periodo di immobilità. **2** (*raro*) Mobilitazione.

mòca o **mòka** [da *Mokhā*, città dello Yemen; 1858] **A** s. m. inv. ● Caffè molto pregiato, proveniente dall'omonima città araba | La bevanda che se ne ricava: *bersi un m. fumante.* **B** s. f. ● Macchinetta a pressione per il caffè espresso, di uso domestico.

†**mocaiàrdo** [ar. *muḫayyar*, stoffa ruvida; 1561] s. m. ● Stoffa di pelo di capra.

mocassìno [fr. *mocassin*, dall'algonchino *móckasin*; 1932] s. m. **1** Calzatura tipica degli indigeni nordamericani, costituita da pezzi di pelle conciata e ripiegata, spec. di bisonte, renna od orso. **2** Tipo di scarpa di fabbricazione industriale di cuoio morbido, sfoderato, con suola flessibile, spec. senza allacciatura.

†**moccèca** [da *moccio*] s. m. e f. ● Persona sciocca.

moccicàglia [da *moccicare*; av. 1698] s. f. ● (*raro*) Moccio o materia simile a moccio.

moccicàre [da *moccio*; 1691] v. intr. (*io mòccico, tu mòccichi*; aus. *avere*) **1** Colare moccio dal naso. **2** (*est.*) Piangere con insistenza e lamentosamente: *un bambino che moccica sempre.*

moccichìno [da *moccio*; 1353] s. m. **1** (*region.*) Fazzoletto per soffiare il naso. **2** (f. *-a*) Bambino che moccica.

mòccico [1863] s. m. (pl. *-chi*) ● (*tosc.*) Moccio.

moccicóne [da *moccicare*; av. 1446] agg.; anche s. m. (f. *-a*) ● (*tosc.*) Moccioso, moccione: *di che hai tu paura, moccicona?* (MACHIAVELLI).

†**mocciconerìa** s. f. ● Dappocaggine | Comportamento o azione da moccicone.

moccicóṣo [1342 ca.] agg. **1** (*pop., tosc.*) Che è solitamente sporco di moccio. **2** †Sciocco, dappoco.

mòccio [da *mocci*, pl. di *mocco(lo)*; 1441] s. m. ● Muco delle membrane nasali: *naso pieno di m.* | (*est.*) Materia viscosa: *il m. delle lumache.*

moccióne [av. 1556] s. m. (f. *-a*) ● (*region.*) Moccioso.

moccióṣo [av. 1566] **A** agg. ● Che è sporco di moccio: *ragazzo m.* **B** s. m. (f. *-a*) **1** Bambino piccolo, ancora col moccio al naso. **2** (*fig., spreg.*) Ragazzetto pretenzioso, che presume di sé e si dà arie da adulto: *piantala, m.!*

†**moccobèllo** [dall'ant. catalano *mogobell*, dall'ar. *muqābala* 'interesse sul capitale prestato'; sec. XIV] s. m. ● Baratto, scambio | Prezzo del baratto.

moccolàia [da *moccolo*; av. 1729] s. f. **1** Ingrossamento che si forma in cima al lucignolo che arde e che carbonizzandosi produce fumo: *fare m.* **2** Colatura di cera di una candela stearica.

moccolìno [av. 1449] s. m. ● Dim. di *moccolo* | ***Spegnersi come un m.***, (*fig.*) morire di consunzione.

mòccolo o **mòccolo** [dal lat. *mŭccu(m)*, *mūcu(m)*. V. *muco*; 1353] s. m. **1** (*region.*) Moccolaia | (*est., raro*) Residuo di candela parzialmente arsa: *raccogliere i moccoli.* **2** Candela di dimensioni variabili, ma sempre piuttosto piccola: *accendere un m.* | ***Reggere, tenere il m. a qlcu.***, (*fig.*) essere presente alle effusioni di due innamorati. **3** (*pop.*) Bestemmia: *tirare, mandare moccoli.* **4** (*fam.*) Moccio: *avere il m. al naso.* **5** †Punta del naso. || **moccolétto**, dim. | **moccolino**, dim. (V.) | **moccolóne**, accr. (V.).

moccolóne [1779] s. m. **1** Accr. di *moccolo.* **2** (f. *-a*) (*fig.*) Moccicone.

mocètta [vc. valdostana e piemontese; 1987] s. f. ● (*cuc.*) Tipico salume stagionato della Valle d'Aosta gener. di polpa di capra o camoscio; viene fatta stagionare per circa quattro mesi e consumata a fette sottili.

mòcheno [etim. sconosciuta] **A** agg. ● Relativo a una popolazione di lingua tedesca insediata nella valle del torrente Fersina, in provincia di Trento. **B** s. m. (f. *-a*) ● Ogni appartenente alla popolazione mochena.

mochètta [1834] s. f. ● Adattamento di *moquette* (V.).

†**mòco** [vc. di orig. preindeur.; 1292] s. m. (pl. *-chi*) ● Inezia.

mocòco [vc. malgascia] s. m. (pl. *-chi*) ● (*zool.*) Maki.

mod /*ingl.* mɒd/ [vc. ingl., accorc. pop. di *modern* 'moderno, persona moderna'; 1966] **A** s. m. e f. inv. ● Appartenente a gruppi giovanili nati in Gran Bretagna negli anni '60 del Novecento, appassionati di musica, spec. blues e jazz, amanti dell'abbigliamento ricercato e delle motociclette, sostenitori di idee anarchiche, contrari all'uso della droga. **B** anche agg. inv.: *gruppi mod*; *abbigliamento mod.*

♦**mòda** [fr. *mode*, dal lat. *mŏdu(m)* 'modo'; 1648] s. f. **1** Modo corrente del vestire e dell'acconciarsi, legato a una determinata epoca e al gusto di una determinata società: *m. italiana, francese*; *la m. del secolo scorso*; *storia della m.*; *giornale, rivista, articolo di m.*; *m. semplice, ricercata*; *m. femminile, maschile*; *m. per bambini*; *la m. delle gonne corte, delle gonne lunghe*; *la m. dei capelli lunghi, della barba.* **2** (*est.*) L'industria e il commercio degli articoli di abbigliamento, spec. femminili: *lavorare nella m.*; *l'alta m.* | ***M. pronta***, il complesso dei capi di abbigliamento confezionati in serie | (*al pl.*) Articoli di abbigliamento femminile: *negozio di mode.* **3** Modo, costume più o meno duraturo di vivere e di comportarsi: *la m. dei tè letterari, delle trattorie fuori porta.* **4** Nelle loc. ***di m., alla m., all'ultima m.***, secondo la moda o l'usanza del momento: *questo è il colore di m.*; *quest'anno va* (*è*) *di m. il viola*; *le gonne corte non sono* (*non vanno*) *più di m.*; *pettinatura, abito all'ultima m.*; *film, libro, ritrovo, vacanze di m.*; *lo choc vitaminico a base B non era ancora di m.* (GADDA) | ***Uscire di m.***, non essere più nel gusto corrente | ***Rientrare, ritornare di m.***, essere di nuovo nel gusto dei più. **5** (*stat.*) Valore che una variabile statistica assume con frequenza massima in serie di ripetute osservazioni. || **modàccia**, pegg.

modaiòlo [av. 1956] **A** agg. ● (*spreg.*) Della moda: *imposizioni modaiole.* **B** agg.; anche s. m. (f. *-a*) ● (*raro, spreg.*) Che (o Chi) segue pedissequamente le indicazioni della moda.

modàle [da *modo*; sec. XV] **agg.** *1* (*ling.*) Che concerne il modo | ***Proposizione m.***, subordinata che indica il modo in cui avviene quanto enunciato nella reggente; (*filos.*) quella in cui la copula acquista una determinazione complementare (*se A è un uomo, A è mortale*) | ***Verbo m.***, verbo servile | ***Attrazione m.***, uso del congiuntivo invece dell'indicativo per influsso del congiuntivo della frase sovraordinata. *2* In filologia, caratterizzato dalla presenza di modalità: *enunciato m.* *3* (*mus.*) Detto di una composizione più o meno precisamente fondata sulla modalità. *4* (*dir.*) Detto di negozio giuridico a titolo gratuito col quale è imposto al beneficiario un determinato onere: *donazione m.* *5* (*stat.*) Detto del valore che una variabile statistica assume con frequenza massima.

modalişmo [da *modo*, perché questa eresia vedeva nella Trinità tre *modi* della divinità; 1954] **s. m.** ● Eresia cristiana secondo la quale nella Trinità vi sono tre modi della medesima ipostasi e non tre distinte persone.

modalità [da *modale*; 1569] **s. f.** *1* Modo di essere: *le bizzarre m. delle passioni* (SCIASCIA) | Forma e modo particolare: *adempiere i propri impegni secondo le m. prescritte*; *accordarsi sulle m. di consegna* | (*est.*) Cosa accessoria o di importanza puramente formale: *intendersi, accordarsi sulle modalità dell'accordo*; *è solo una m.* *2* (*dir.*) Qualunque elemento accidentale di un negozio giuridico o di un atto amministrativo che regola nel caso concreto il modo degli effetti dello stesso: *la condizione è una m.* *3* (*ling.*) Funzione del linguaggio attraverso la quale si manifesta l'atteggiamento del locutore rispetto a un dato enunciato da lui prodotto: si può esprimere grammaticalmente (con i modi del verbo), lessicalmente (con verbi o espressioni modali) o fonologicamente (attraverso l'intonazione). *4* Nella logica aristotelica, il modo in cui un predicato inerisce a un soggetto | Concetto di possibilità o di necessità esistente in un enunciato. *5* (*mus.*) Sistema di organizzazione degli intervalli alla base della musica colta occidentale, fino all'avvento della tonalità, e della musica di varie altre aree geografiche.

modanàre [da *modano*; 1869] **v. tr.** (*io mòdano*) ● Ornare con modanatura.

modanàto **part. pass.** di *modanare*; anche **agg.** ● Sagomato, ornato con modanature.

modanatóre [da *modano*; sec. XIII] **s. m.** (**f.** *-trice*) ● Falegname che esegue modanature di mobili.

modanatrice [da *modanare*; 1957] **s. f.** ● In falegnameria, macchina fresatrice per operazioni simultanee di profilatura e modanatura di tavole, travetti, listelli e sim.

modanatùra [da *modano*; 1550] **s. f.** *1* (*arch.*) Elemento fondamentale della decorazione di un'opera architettonica, costituito da una superficie generata dalla traslazione o dalla rotazione di un profilo o sagoma, composto da segmenti di retta o archi di curva, che la caratterizza. *2* Elemento sagomato, spec. ornamentale e talora aggettante, di un mobile, di una cornice, della carrozzeria di un'automobile e sim.

mòdano [lat. *mŏdulu(m)* 'misura', dim. di *mŏdus* 'modo'; sec. XV] **s. m.** *1* Sagoma in grandezza naturale di una cornice o di una membratura architettonica, usata per la costruzione di elementi ornamentali. *2* Piccolo cilindro di legno che serve a fare le maglie delle reti da pesca. *3* Antica trina dai disegni ricamati su fondo a rete di maglie quadrate o romboidali.

modèlla [f. di *modello*; av. 1829] **s. f.** *1* Donna che posa da modello nello studio di pittori, scultori o fotografi. *2* Indossatrice, spec. in quanto posa per fotografie dei giornali di moda.

modellàbile [1724] **agg.** ● Che si può modellare.

modellaménto [1865] **s. m.** *1* Il modellare. *2* (*geogr.*) Azione complessiva per effetto della quale parte della superficie terrestre viene distrutta, demolita e perduta attraverso degradazione meteorica, movimenti di massa, erosione e trasporto.

modellàre [da *modello*; 1598] **A** **v. tr.** (*io modèllo*) *1* Lavorare una sostanza plasmabile per darle la forma voluta: *m. la cera, la creta, l'argilla* | Realizzare con materiale plastico: *m. un vaso, una statua.* *2* Foggiare, sagomare secondo un modello (*anche fig.*): *m. un cappello*; *m. il proprio stile su quello del Manzoni.* *3* Mettere in risalto le forme del corpo, detto spec. di abito. **B** **v. rifl.** ● Conformarsi: *l'opera di questo giovane si modella su schemi classici*; *è difficile modellarsi alle vostre idee.*

modellàto [av. 1696] **A** **part. pass.** di *modellare*; anche **agg.** ● Nei sign. del v. **B** **s. m.** *1* Forma che la mano dell'artista dà alla materia scultorea. *2* Complesso delle qualità plastiche di una scultura o pittura: *il m. di Raffaello.*

modellatóre [av. 1696] **agg.**; anche **s. m.** *1* (**f.** *-trice*) Che (o Chi) modella. *2* Indumento intimo femminile di tessuto elastico più o meno pesante, che copre il corpo dal seno fino all'inizio delle cosce.

modellatùra [da *modellato*; 1913] **s. f.** *1* Operazione, tecnica del modellare | L'opera che si ottiene mediante tale tecnica. *2* Metodo usato dai parrucchieri per dare consistenza e forma ai capelli.

modellazióne [1951] **s. f.** *1* Modellatura. *2* Rappresentazione tridimensionale e fotorealistica di un elemento (oggetto, pezzo meccanico, edificio ecc.) disegnato con strumenti assistiti da calcolatore elettronico. **SIN.** Modellizzazione.

modellìno [av. 1571] **s. m.** *1* Dim. di *modello.* *2* Riproduzione in miniatura di treni, navi o altro, spec. quella adoperata in cinematografia o in televisione per evitare costose riprese di tali oggetti in grandezza naturale.

modellişmo [comp. di *modello* e *-ismo*; 1957] **s. m.** ● Attività e tecnica della riproduzione in scala ridotta di particolari oggetti, spec. navi, veicoli, aeroplani | Hobby di chi si dedica a tale attività.

modellìsta [1901] **s. m. e f.** (**pl. m.** *-i*) *1* Chi disegna e cura la realizzazione di abiti, cappelli, biancheria, scarpe e sim. *2* Operaio che esegue i modelli o prepara il prototipo. *3* Chi si occupa di modellismo.

modellìstica [1957] **s. f.** ● Tecnica della realizzazione di modelli di macchine, edifici e sim., spec. a scopo di studio o di esperimento.

modellìstico [1957] **agg.** (**pl. m.** *-ci*) ● Concernente la modellistica.

modellizzazióne **s. f.** *1* Processo cognitivo che porta alla costruzione di un modello di un sistema fisico o di un processo attraverso l'applicazione dei principi di una teoria. *2* Modellazione nel sign. 2.

♦**modèllo** [lat. parl. **modĕllu(m)*, dim. di *mŏdulus* 'modulo'; 1550] **A** **s. m.** (**f.** *-a* (V.) nel sign. 9) *1* Persona o cosa che costituisce un esemplare perfetto, da imitare o degno d'essere imitato: *è un m. di virtù, di coerenza, di onestà*; *uno scrittore che si rifà ai modelli classici* | ***Proporre a m.***, dare come esempio da seguire | ***Prendere a m.***, imitare. **CFR.** tipo-, -tipo. *2* In fonderia, riproduzione in legno o in metallo della superficie di un oggetto che si vuole ottenere per fusione. *3* Correntemente, stampo o forma (*anche fig.*): *due vasi dello stesso m.*; *hanno caratteri così uguali che sembrano fatti sullo stesso m.* *4* Originale: *copiare fedelmente un m.* | Prototipo industriale, destinato alla riproduzione in serie: *un nuovo m. di frigorifero.* *5* Abito eseguito su disegno originale: *sfilata di modelli* | ***M. in carta***, formato dai vari pezzi che compongono l'abito, usato per tagliare i vestiti sulla stoffa. *6* Modulo che si usa per determinate pratiche burocratiche: *m. 101*; *m. 740.* *7* Rappresentazione in rilievo su scala ridotta di strutture edilizie, meccaniche, idrauliche e sim.: *il m. della nuova ferrovia, di un edificio, di un motore, di una diga* | (*est.*) Riproduzione, generalmente di dimensioni ridotte rispetto all'originale, di opere artistiche: *un m. in bronzo del Colosseo* | Riproduzione di organi e strutture anatomiche: *il m. del cuore umano* | Riproduzione su scala ridotta di un ambiente naturale, urbano e sim. allo scopo di agevolare lo studio delle sue caratteristiche. *8* Schema teorico elaborato per rappresentare gli elementi fondamentali di uno o più fenomeni in vari campi: *m. econometrico, m. economico, m. epistemologico* | (*fis.*) ***M. nucleare***, schema di rappresentazione della struttura del nucleo e della disposizione delle particelle che lo costituiscono | ***M. matematico***, relativamente a una teoria matematica individuata da un sistema di postulati, esempio concreto di enti che soddisfino i postulati stessi. *9* Uomo che posa per pittori, scultori o fotografi. *10* (*dir.*) ***M. di utilità***, invenzione che consente di conferire a macchine o utensili maggiore efficacia o comodità di impiego | ***M. ornamentale***, che conferisce a un prodotto industriale particolari qualità estetiche. *11* †Modulo. || **modellétto**, **dim.** | **modellìno**, **dim.** (V.) | **modellùcolo**, **dim.** **B** in funzione di **agg. inv.** ● (posposto a un s.) Detto di chi (o di ciò che) è perfetto nel suo genere e quindi degno di essere imitato: *soldato, impiegato, scolaro m.*; *sposa m.*; *scuola m.*; *podere, orto, frutteto m.*

mòdem [comp. di *mo(dulatore)* e *dem(odulatore)*; 1973] **s. m. inv.** ● (*elab.*) Dispositivo elettronico che converte i segnali digitali in uscita da un elaboratore in segnali modulati e viceversa, permettendo la comunicazione tra due elaboratori tramite una linea telefonica.

modenéşe [lat. *Mutinēnse(m)*, da *Mŭtina* 'Modena'; av. 1520] **A** **agg.** ● Di Modena | ***Pozzo m.***, pozzo artesiano. **B** **s. m. e f.** ● Abitante di Modena. **C** **s. m.** solo **sing.** ● Dialetto parlato a Modena.

moderàbile [vc. dotta, lat. *moderābile(m)* 'moderato', da *moderāri* 'moderare'; 1598] **agg.** ● Che si può o si deve moderare.

moderaménto [vc. dotta, lat. tardo *moderamĕntu(m)* 'lenimento', da *moderāri* 'moderare'; av. 1292] **s. m.** ● (*lett.*) Moderazione.

†**moderànza** [vc. dotta, lat. mediev. *moderāntia(m)*, dal v. *moderāre* 'moderare'; av. 1306] **s. f.** ● (*lett.*) Moderazione, misura: *m. raffrena tutti i vizi* (LEONARDO).

moderàre [vc. dotta, lat. *moderāri*, da *mŏdus* 'moderazione, modo'; 1308] **A** **v. tr.** (*io mòdero*) *1* †Governare, regolare, reggere. *2* Contenere entro i dovuti limiti: *m. il rigore, il lusso, le spese* | Misurare: *m. i termini, le parole, l'entusiasmo, gli eccessi.* **B** **v. rifl.** ● Usare prudenza e misura in qlco.: *moderarsi nei piaceri della tavola.*

moderatézza [1686] **s. f.** ● Caratteristica di chi (o di ciò che) è moderato, sobrio, prudente.

moderatişmo [comp. di *moderato* e *-ismo*; av. 1872] **s. m.** ● Atteggiamento politico proprio dei moderati.

moderatìvo [1363] **agg.** ● (*raro*) Che serve a moderare.

moderàto [av. 1292] **A** **part. pass.** di *moderare*; anche **agg.** *1* Temperato, corretto, regolato: *libertà moderata dai freni della legge* | Contenuto: *prezzi moderati* | (*est.*) Parco, misurato: *essere m. nel bere.* *2* (*polit.*) Che è su posizioni aliene da estremismi, da radicalismi: *tendenze moderate.* **CFR.** Progressista. *3* (*mus.*) Detto di movimento fra l'andante e l'allegro | Posto dopo una prima indicazione ne riduce la velocità: *allegro m.* || **moderataménte**, **avv.** Con moderazione: *bere, mangiare moderatamente.* **B** **s. m.** (**f.** *-a*) ● Fautore di idee politiche moderate, aliene da estremismi. || **moderatùcolo**, **pegg.**

moderatóre [vc. dotta, lat. *moderatōre(m)*, da *moderāri* 'moderare'; 1308] **A** **agg.** (**f.** *-trice*) ● Che modera: *saggezza moderatrice dell'impazienza giovanile.* **B** **s. m.** *1* (**f.** *-trice*) Chi modera. *2* (**f.** *-trice*) Chi presiede, dirige e coordina una discussione, un dibattito, una tavola rotonda e sim. *3* (*relig.*) Nella Chiesa cattolica capo di un'associazione di fedeli o superiore di una casa religiosa | ***M. supremo***, superiore generale di un istituto di vita consacrata | In alcune Chiese protestanti e presbiteriane, presidente della massima autorità collegiale. *4* (*fis.*) Particolare sostanza che ha la possibilità di rallentare i neutroni nei reattori nucleari. ➡ **ILL.** p. 2137 SCIENZE DELLA TERRA ED ENERGIA.

moderazióne [vc. dotta, lat. *moderatiōne(m)*, da *moderāri* 'moderare'; 1308] **s. f.** *1* Il moderare: *la m. dei prezzi, delle spese.* **SIN.** Contenimento, limitazione. *2* Senso della misura, rispetto dei dovuti limiti: *agire, parlare, esprimersi con m.*; *ci vuole un po' di m.*

modernariàto [da *moderno*, sul modello di *antiquariato*; 1979] **s. m.** ● Raccolta per fini commerciali o collezionistici di oggetti (mobili, suppellettili, elettrodomestici, libri e sim.) appartenenti al XX sec., dagli anni '20 in avanti | Insieme di tali oggetti: *mostra del m.*

modern dance /*ingl.* 'mɒdən,dæ:ns/ [loc. ingl., propr. 'danza moderna'; 1978] **loc. sost. f. inv.** ● Danza artistica contemporanea, nata in America, caratterizzata da un'assoluta libertà nei confronti delle norme accademiche e da una certa vicinanza agli orientamenti delle arti figurative contemporanee.

modernìsmo [fr. *modernisme*, da *moderne* 'moderno'; 1883] **s. m.** *1* Tendenza al rinnovamento di ideologie, metodi, sistemi e sim., in vista di un loro corretto adeguamento alle esigenze del mondo moderno. *2* Movimento religioso condannato da Pio X nel 1907, che tendeva ad accordare la tradizione cattolica con le correnti filosofiche e sociali del mondo moderno e con i risultati della rinnovata esegesi biblica.

modernìsta [fr. *moderniste*, da *moderne* 'moderno'; 1908] **A s. m. e f.** (**pl. m.** *-i*) *1* Chi mostra idee e tendenze innovatrici: *il padrone invece si dava delle arie da m.* (LEVI). *2* Fautore del modernismo in religione. **B** anche **agg.**: *idee moderniste.*

modernìstico [av. 1911] **agg.** (**pl. m.** *-ci*) ● Relativo al modernismo, ai modernisti. || **modernisticaménte**, **avv.**

modernità [1620] **s. f.** *1* Caratteristica di ciò che è moderno: *l'eccessiva m. di certi arredamenti mi convince poco* | Attualità: *la m. di Epicuro.* *2* Aspetto e spirito nuovo della civiltà, nuovo modo di vivere e pensare conforme alle condizioni, alle aspirazioni ed esigenze odierne: *essere nemici della m.*

modernizzàre [fr. *moderniser*, da *moderne* 'moderno'; 1844] **A v. tr.** ● Rendere moderno | Adeguare ai tempi moderni: *m. la legislazione sociale, il proprio linguaggio.* **B v. rifl.** ● Conformarsi al mondo moderno: *bisogna modernizzarsi e scuotersi di dosso tutto questo vecchiume.*

modernizzazióne [av. 1928] **s. f.** ● Il modernizzare, il modernizzarsi | Svecchiamento, ammodernamento.

♦**modèrno** [vc. dotta, lat. tardo *modĕrnu(m)*, da *mŏdo* 'or ora'. V. *mo'*; 1308] **A agg.** ● Introdotto o cominciato da poco, tipico dell'epoca attuale o d'un periodo recente: *uso, gusto, pittore, stile m.*; *arte, poesia moderna* | ***Storia moderna***, che comprende il periodo compreso tra il Rinascimento e la Rivoluzione francese | Di oggi: *le invenzioni moderne*; *i tempi, gli uomini moderni* | Aggiornato, avanzato: *le più moderne tecnologie* | Aperto: *idee moderne* | Pienamente attuale: *la ... Commedia, poema modernissimo* (CARDUCCI). **CONTR.** Antico. || **modernaménte**, **avv.** In modo moderno; nei tempi moderni. **B s. m.** *1* Uomo dell'epoca attuale: *i moderni hanno esigenze e gusti nuovi.* *2* (*solo sing.*) Ciò che è del nostro tempo o ne esprime i gusti, le esigenze e sim. (spec. in contrapposizione ad *antico*): *preferire il m.*; *non capire il m. nell'arte.*

modern style /*ingl.* 'mɒdəɹn‚staeɫ/ [loc. ingl., propr. 'stile moderno'] **loc. sost. m. inv.** ● In Gran Bretagna, ma anche in Francia e in Belgio, denominazione dello stile liberty.

modèstia [vc. dotta, lat. *modĕstia(m)*, da *modĕstus* 'modesto'; av. 1342] **s. f.** *1* Virtù di chi rifugge dall'ostentazione e dal vanto dei propri meriti: *parla di sé con grande m.*; *vera, falsa m.* | ***Scusate la m.***, (*iron.*) di chi si vanta di qlco. | ***M. a parte***, (*scherz.*) nel riferimento di fatti che tornano a lode di chi li racconta | ***Non peccare di m.***, (*iron.*) essere vanitoso. **SIN.** Umiltà. *2* Moderazione, parsimoniosità nel modo di vivere, di vestire, ecc.: *m. nel vestire* | Mediocrità, scarsità: *m. di un impiego, delle entrate.* *3* Pudore, ritegno: *fanciulla piena di m.*; *offendere la m.*

♦**modèsto** [vc. dotta, lat. *modĕstu(m)*, da *mŏdus* 'limite'. V. *modo*; 1308] **agg.** *1* Di chi evita l'ostentazione e il vanto dei propri meriti: *un ragazzo geniale e m.* | ***Troppo m.***, (*iron.*) di chi affetta modestia. **SIN.** Umile. **CONTR.** Vanitoso. *2* Che ha il senso del pudore, della riservatezza, della moderazione: *fanciulla modesta*; *contegno, sguardo m.* **SIN.** Costumato. **CONTR.** Sfacciato. *3* Umile: *la modesta violetta*; *modeste apparenze.* *4* Mediocre: *desiderio, ingegno m.*; *aspirazioni, domande, pretese modeste.* **SIN.** Limitato. *5* Privo di sfarzo, di vistosa ricchezza: *casa, accoglienza modesta*; *presentarsi in abiti modesti* | Povero: *una modesta sepoltura*; *un pranzo m.* **CONTR.** Sfarzoso. || **modestìno**, **dim.** || **modestaménte**, **avv.** *1* In modo modesto: *vivere, vestire modestamente.* *2* Con valore attenuativo o (*antifr.*) enfatico: *modestamente, ho ottenuto un buon risultato*; *modestamente, il migliore sono io.*

modicità [vc. dotta, lat. *modicitāte(m)*, da *mŏdicus* 'modico'; 1707] **s. f.** ● Caratteristica di ciò che è modico: *m. dei prezzi.*

mòdico [vc. dotta, lat. *mŏdicu(m)*, da *mŏdus* 'limite'. V. *modo*; 1336 ca.] **agg.** (**pl. m.** *-ci*) ● Piuttosto esiguo: *con modica fortuna*; *spesa modica*; *prezzo m.* || **modicaménte**, **avv.** In maniera modica.

modìfica [1848] **s. f.** ● Modificazione.

modificàbile [1832] **agg.** ● Che si può modificare.

modificabilità [1832] **s. f.** ● Condizione di ciò che è modificabile.

†**modificaménto** [sec. XVI] **s. m.** ● Cambiamento, rettifica parziale: *apportare delle modifiche a un contratto, a una legge*; *introdurre lievi modifiche a un motore.* **SIN.** Modificazione.

modificànte [1869] **part. pres.** di *modificare*; anche **agg.** *1* Nei sign. del v. *2* ***Avverbi modificanti***, di modo.

♦**modificàre** [vc. dotta, lat. *modificāre*, comp. di *mŏdus* 'misura' (V. *modo*) e *-ficāre* '-ficare'; 1353] **A v. tr.** (*io modìfico, tu modìfichi*) *1* Mutare in parte o completamente: *m. le leggi, le condizioni di un contratto, il proprio punto di vista, la propria condotta.* **SIN.** Cambiare. *2* †Temperare, moderare. **B v. intr. pron.** ● Subire modifiche o alterazioni: *la dimensione del delta del fiume si modifica di anno in anno.* **SIN.** Cambiare.

modificatìvo [av. 1683] **agg.** ● Che serve a modificare.

modificàto **part. pass.** di *modificare*; anche **agg.** ● Nei sign. del v.

modificatóre [vc. dotta, lat. *modificatōre(m)*, da *modificātus* 'modificato'; 1584] **agg.**; anche **s. m.** *1* (**f.** *-trice*) Che (o Chi) modifica. *2* (*ling.*) Elemento linguistico che, nella struttura di un gruppo o sintagma, precede o segue la parola principale del gruppo da cui dipende.

modificazióne [vc. dotta, lat. *modificatiōne(m)* (che aveva però il sign. di 'struttura, assettamento'), da *modificātus*. V. *modificato*; 1540] **s. f.** ● Cambiamento, variazione: *essere soggetto a m.*; *apportare alcune modificazioni.* **SIN.** Cambiamento.

modiglianésco **agg.** (**pl. m.** *-schi*) ● Tipico dello stile del pittore A. Modigliani (1884-1920).

modiglióne [lat. parl. **mutiliōne(m)*, da *mŭtulus*. V. *mucchio*; av. 1555] **s. m.** *1* (*arch.*) Nell'ordine corinzio, mensola che sostiene la cornice, generalmente decorata con foglia di acanto e volute laterali. ➡ **ILL.** p. 2117 ARCHITETTURA. *2* Membro architettonico con forma caratteristica a S avente funzione di sostegno reale o apparente o di decorazione, spec. nei mobili del XVI sec.

mòdio [vc. dotta, lat. *mŏdiu(m)*. V. *moggio*; sec. XIV] **s. m.** ● Misura romana di capacità per aridi, costituita da 16 sestari e corrispondente a circa 8,75 l.

mòdiolo [vc. dotta, dal lat. *modĭolu(m)* 'piccolo vaso', dim. di *mŏdiu(m)* 'moggio', così chiamato per la forma] **s. m.** ● (*anat.*) Asse scheletrico intorno al quale si sviluppa la coclea ossea nell'orecchio interno dei Mammiferi. **SIN.** Columella.

modìșmo [sp. *modismo* 'idiotismo', da *modo* (*di dire*) e *-ismo*] **s. m.** *1* (*ling.*) Modo di esprimersi, locuzione tipici di un determinato linguaggio o di una particolare categoria sociale. *2* (*ling.*) Sintagma nominale o verbale i cui elementi presentano una stretta coesione (ad es. *'aver luogo'* o *'correre il pericolo'*).

modìsta [fr. *modiste*, da *mode* 'moda'; 1818] **s. f.** ● Donna che confeziona e vende cappelli femminili.

modisterìa [1872] **s. f.** *1* Laboratorio di modista. *2* Mestiere della modista.

♦**mòdo** [lat. *mŏdu(m)* 'misura, regola', di orig. indeur.; av. 1294] **s. m.** *1* Caratteristica particolare dell'essere, dell'operare, del sentire: *pensare, leggere, parlare, comportarsi in un certo m.*; *ha un curioso m. di ridere* | ***Avverbio, complemento di m.***, che esprimono la modalità con cui si svolge l'azione espressa dal verbo | ***In m. giusto***, giustamente | ***In m. strano***, stranamente | ***In special m.***, specialmente | ***In questo m.***, così | Nella loc. cong. ***di m. che, in m. da, in m. che***, così da | ***Fare in m. che, di***, adoperarsi, procurare, cercare: *fa' in m. che non se ne parli*; *fece in m. di non incontrarla* | ***M. di dire***, locuzione tipica di un certo sistema linguistico | ***Per m. di dire***, per esempio | ***Grosso m.***, V. *grossomodo.* **SIN.** Maniera. *2* Espediente, mezzo, occasione: *troveremo il m. d'uscire di qui*; *non c'è m. di convincerlo*; *non mancano i modi!* | ***Dar m.***, fornire il mezzo, l'occasione | †***Uomo di modi***, ricco | ***Non aver m.***, non potere, non essere in condizione di | Procedimento: *m. corretto, disordinato*; *secondo i modi della legge* | ***In, ad ogni m.***, comunque | ***In ogni m.***, con tutti i mezzi disponibili | ***In qualche m., in un m. o nell'altro***, come si può | ***In qualunque m.***, a tutti i costi | ***In tutti i modi***, comunque sia | ***In nessun m.***, per nessuna ragione, assolutamente no. **SIN.** Maniera. *3* (*spec. al pl.*) Maniera di comportarsi, contegno: *modi villani, cortesi, garbati*; *che modi sono questi!* | ***M. di fare***, comportamento, atteggiamento: *ha un m. di fare che non mi piace* | ***In malo m.***, sgarbatamente o con violenza | ***In m. amichevole***, con gentilezza, garbo e sim. | ***C'è m. e m.***, le cose cambiano a seconda del tono usato per dirle, della maniera con cui si fanno o si presentano e sim. | Abitudine, usanza, stile: *è un m. di vita tipicamente nordico*; *scrive al m. degli americani*; *vestire al m. dei contadini* | ***A m. di, da***, in guisa di, come | ***A m. mio***, secondo la mia volontà, le mie preferenze: *desidero fare a m. mio.* **SIN.** Maniera. *4* (*lett.*) Frase o locuzione caratteristica: *i modi toscani*; *un m. elegante, improprio.* *5* Limite, regola: *trovare, adottare il giusto m.* | ***Far le cose con m. e misura***, senza esagerare | ***Senza m.***, eccessivamente | (*lett.*) ***Sopra m.***, enormemente, sommamente: *la qual cosa, ... piacevagli sopra m.* (LEOPARDI) | ***Oltre m.***, V. *oltremodo* | ***A m.***, nella maniera e misura giuste, secondo le regole | ***Una persona a m.***, V. *ammodo* | †Moderazione | †***Avere, porre m.***, moderarsi, moderare | †Modestia. *6* (*ling.*) La maniera in cui il parlante presenta l'azione o lo stato espressi dal verbo. *7* (*mus.*) Nella musica medievale, insieme di intervalli gravitanti attorno a uno o più suoni di un certo rilievo: *gli otto modi gregoriani, quattro autentici e quattro plagali* | Nella musica tonale, diversa disposizione degli intervalli nella scala | ***M. maggiore***, due toni, un semitono, tre toni, un semitono | ***M. minore***, un tono, un semitono, due toni, un semitono, due toni. **SIN.** Tono. *8* (*dir.*) Nei negozi giuridici gratuiti, obbligo posto a carico del beneficiario che non condiziona gli effetti del negozio all'adempimento dello stesso: *m. apposto a una donazione, a una disposizione testamentaria.* **SIN.** Onere. || **modìno**, **dim.**

modulàbile [vc. dotta, lat. *modulābile(m)*, da *modulāri* 'modulare (1)'; av. 1590] **agg.** ● Che si può modulare.

modulànte **part. pres.** di *modulare* (*1*); anche **agg.** ● Nei sign. del v.

modulàre (**1**) [vc. dotta, lat. *modulāri* 'regolare, misurare secondo scadenza', da *mŏdulus*, dim. di *mŏdus* 'regola'. V. *modo*; av. 1492] **v. tr.** (*io mòdulo*) *1* Variare regolatamente, armonicamente il canto, la voce, il suono. *2* (*mus.*) Usare modulazione | †Porre in musica. *3* (*raro*) Elaborare, esprimere in modo articolato e flessibile: *m. una proposta.* *4* (*fis.*) Sovrapporre, con tecniche particolari, a un'oscillazione elettrica ad alta frequenza un'altra a frequenza molto più bassa e che rappresenta il segnale da trasmettere.

modulàre (**2**) [da *modulo* (*1*); 1957] **agg.** ● Di modulo, relativo a modulo | ***Sistema m.***, che si basa sul modulo | ***Architettura, composizione m.***, fatta col sistema del modulo | (*elab.*) ***Programmazione m.***, tecnica di programmazione basata sull'impiego di moduli.

modulàre (**3**) [da *modulo* (*2*); 1973] **agg.** ● Detto di struttura composta di singoli elementi, separabili e interscambiabili: *scaffale m.*

modulàrio [da *modulo* (*1*); 1957] **s. m.** ● Raccolta di moduli.

modularità [da *modulare* (*2*); 1983] **s. f.** ● Proprietà di ciò che è modulare.

modulàto [1499] **part. pass.** di *modulare* (*1*); anche **agg.** ● Nei sign. del v. | Ricco di modulazioni: *canto m.* || **modulataménte**, **avv.** Con modulazione.

modulatóre [vc. dotta, lat. *modulatōre(m)*, da *modulāri* 'modulare (1)'; 1614] **s. m.** (**f.** *-trice*) *1* Chi modula | †Compositore. *2* (*fis.*) Dispositivo che opera la modulazione | ***M. di luce***, strumento che permette di variare il valore del flusso luminoso in relazione all'intensità della corrente ricevuta.

modulazióne [vc. dotta, lat. *modulatiōne(m)*, da *modulāri* 'modulare (1)'; av. 1342] **s. f.** *1* (*mus.*) Variazione regolata | ***M. armonica***, passaggio da una ad altra tonalità, o modo, mediante speciali processi tecnici ed estetici. **2** (*fis.*) Trasformazione di un segnale elettrico a bassa frequenza (*segnale modulante*) in variazioni di un'onda ad alta frequenza (*onda modulata* o *portante*). CFR. Demodulazione | ***M. di ampiezza***, in cui l'onda modulata ha frequenza costante e ampiezza variabile in modo proporzionale al segnale modulante | ***M. difesa***, in cui l'onda modulata ha ampiezza costante e fase variabile in modo proporzionale al segnale modulante | ***M. di frequenza***, in cui l'onda modulata ha ampiezza costante e frequenza variabile in modo proporzionale al segnale modulante.

modulistica [da *modulo* (*1*) nel sign. 2; 1983] **s. f.** ● (*org. az.*) Tecnica relativa alla impostazione, allestimento e stampa di moduli d'ufficio, contabili e sim. | Raccolta, insieme organico di moduli d'ufficio.

♦**mòdulo** (**1**) [vc. dotta, lat. *mŏdulu(m)*, dim. di *mŏdus* 'misura, modo'; sec. XIV] **s. m. 1** Forma tipica e invariabile prevista per la stesura di certi documenti: *il m. classico delle citazioni in giudizio.* **2** Schema stampato che contiene parti invariabili e appositi spazi per i dati variabili: *m. di versamento* | ***M. blu***, compilato e sottoscritto dopo un incidente stradale dalle parti che addivengono a una constatazione amichevole delle responsabilità. **3** (*fig.*) Canone, norma: *seguire i vecchi moduli di vita.* **4** (*arch.*) Misura del raggio della colonna, mediana nell'architettura greca o basale nell'architettura romana, assunta come unità di grandezza alla quale si riferiscono le dimensioni delle altre parti di un edificio. **5** (*numism.*) Diametro di una moneta. **6** (*idraul.*) Unità di misura dell'acqua corrente o concessa a scopo irriguo o industriale, equivalente a 100 l/s. **7** In varie tecnologie, intensità, ampiezza o valore numerico di una certa grandezza | ***M. di elasticità***, rapporto fra deformazione e sforzo | ***M. di dilatazione termica***, rapporto fra allungamento e temperatura | ***M. di ruota dentata***, rapporto fra il diametro primitivo e il numero dei denti. **8** (*mat.*) ***M. d'un numero complesso***, radice quadrata della somma dei quadrati della parte reale e del coefficiente dell'immaginario | ***M. d'un numero reale***, il valore assoluto del numero. **9** (*sport*) Schema tattico di gioco. || **modulino**, **dim.**

♦**mòdulo** (**2**) [da *modulo* (*1*); 1970] **s. m. 1** Parte, porzione, reparto di un complesso organico, concepito come separato o separabile, con riferimento ad apparecchiature elettroniche, veicoli spaziali o a parti di mobili o di strutture edilizie: *m. di comando, di servizio, di propulsione*; *m. lunare.* **2** (*est.*) Elemento singolo di una struttura: *m. di una libreria* | Unità organizzativa, relativamente autonoma, parte di un organismo complesso: *i nuovi moduli nella scuola elementare* | (*elab.*) Parte autonoma di un programma per l'esecuzione di una specifica funzione.

modulòmetro [comp. di *modulo* e *-metro*] **s. m.** ● (*tel.*) Strumento per la misura istantanea della differenza tra il valore modulato di un'onda e il corrispondente valore della portante prima della modulazione.

mòdus operàndi [loc. lat., propr. 'modo di operare'] **loc. sost. m. inv.** (pl. lat. raro *modi operandi*) ● Maniera di fare, di agire nello svolgimento di una determinata attività.

mòdus vivèndi [lat., propr. 'modo di vivere'; 1872] **loc. sost. m. inv.** (pl. lat. *modi vivendi*) **1** Nel diritto internazionale, accordo a carattere economico provvisorio, destinato a disciplinare rapporti internazionali in attesa che sia chiarita una situazione controversa o durante le trattative diplomatiche per la conclusione di un accordo a carattere stabile. **2** Correntemente, accomodamento.

moèna [variante dial. di *murena*] **s. f.** ● (*zool., dial.*) Murena.

mofèta o **mofèta** [V. *mefite* (*1*); 1754] **s. f.** ● Fessura o apertura del suolo da cui escono vapore acqueo, anidride carbonica e altri gas di origine vulcanica a bassa temperatura.

moffétta [da *mofeta*, per il cattivo odore che emette; 1869] **s. f.** ● Piccolo mammifero dei Carnivori con pelliccia nera striata di bianco, fornito di ghiandole perianali con cui può lanciare contro i nemici il liquido secreto, denso, oleoso, di odore sgradevolissimo (*Mephitis mephitis*). SIN. Skunk, mefite. ➡ ILL. **animali**/13.

mògano [da *mohogoni*, vc. di una lingua indiana dell'America del Nord; 1764] **A s. m.** ● Albero tropicale delle Meliacee (*Swietenia mahogani*) | Il legno pregiato, bruno rosso, ricavato da tale pianta. SIN. Acagiù. ➡ ILL. **piante**/5. **B** in funzione di **agg. inv.** ● (posposto al s.) Che ha il colore marrone rossiccio tipico del legno omonimo: *capelli m.*

mòggio [lat. *mŏdiu(m)*, da *mŏdus* 'misura'. V. *modo*; 1238] **s. m.** (pl. *mòggia* f., †*mògge* f., *mòggi* m. raro) **1** Antica misura di capacità per aridi. **2** Recipiente usato per le misure di capacità | (*fig.*) ***Mettere la fiaccola sotto il m.***, nascondere una verità, una dote, un merito (espressione di origine biblica). **3** Antica misura di superficie corrispondente in media a un terzo di ettaro. || **moggètto**, **dim.** | **moggiuòlo**, **dim.**

mogigrafìa [comp. del gr. *mógis* 'a malapena', da *mogêin* 'affaticarsi', di etim. incerta, e *-grafia*; 1957] **s. f.** ● (*med.*) Crampo degli scrivani.

mògio [vc. sett., dal lat. *mŏllius*, compar. nt. di *mŏllis* 'molle'; av. 1388] **agg.** (pl. f. *-ge* o *-gie*) ● Avvilito e abbattuto: *come mai sei così m.?*; (*anche iter.*) *se ne stava m. m. in un angolo.*

†**mòglia** ● V. *moglie.*

†**mogliàzzo** [da *moglie*; av. 1311] **s. m.** ● Matrimonio.

†**moglicida** [comp. di *mogli(e)* e *-cida*; 1554] **s. m.** (pl. *-i*) ● Uxoricida.

♦**móglie** o †**móglia** [lat. *mŭlier*, nom., 'donna', di etim. incerta; sec. XII] **s. f.** ● Il coniuge di sesso femminile: *il marito e la m.*; *un'ottima m.*; *essere geloso della propria m.* | ***Prender m.***, sposarsi | ***Dar m.***, far sposare: *hanno fatto il diavolo per darmi m., né mai l'ho voluta* (GOLDONI) | ***Riprendere m.***, risposarsi | ***La m. di Cesare***, (*fig.*) cosa o persona su cui non deve cadere il benché minimo sospetto. SIN. Sposa. || PROV. Tra moglie e marito non mettere il dito; moglie e buoi dei paesi tuoi. || **mogliàccia**, **pegg.** | †**mogliarèlla**, **dim.** | †**mogliétta**, **dim.** | **mogliettina**, **dim.**

moglièra o †**moglière** [lat. *mulĭere(m)* 'donna'. V. *moglie*; sec. XII] **s. f.** ● (*raro, dial.*) Moglie (*anche scherz.*): *essere stata cinque anni sua m.* (SACCHETTI) | (*est.*) Donna. || **moglierèlla**, **dim.**

mogòl [persiano *mugāl* 'mongolo'; 1598] **s. m.** ● Imperatore dei Mongoli | ***Gran m.***, titolo del sovrano dell'India abolito nel 1869, celebrato per le sue ricchezze.

mohair /*fr.* mɔ'ɛːʀ/ o **mohaire** /*fr.* mɔ'ɛːʀ/ [vc. fr., dall'ingl. *mohair*. V. *moire*; 1868] **s. m. inv. 1** Pelo soffice, lungo, lucente della capra d'angora, usato come fibra tessile lanosa. **2** Stoffa morbida a pelo coricato con fondo a intreccio lento, ottenuta con fibre di mohair.

mohicàno /moi'kano/ ● V. *moicano.*

mòho /mɔo/ [dal n. dello scopritore, il geofisico istriano A. *Mohorovicic* (1857-1936)] **s. f. inv.** ● (*geofis.*) Termine usuale per indicare la *discontinuità di Mohorovicic* (V. *discontinuità*).

mohùr /mo'ur, *iran.* mo'huːr/ [persiano *muhur*, dall'ant. indiano *mudra* 'sigillo, moneta'] **s. m. inv.** ● Unità monetaria un tempo circolante in Nepal.

mòia [lat. *mŭria(m)* 'salamoia', di etim. incerta; av. 1555] **s. f.** ● (*region.*) Nella zona di Volterra, pozzo di acqua salata, dalla quale si estrae il sale | L'acqua salata contenuta in tale pozzo.

moicàno o **mohicàno** [ingl. *mohican*, dal n. indigeno della tribù; 1890] **agg.**; anche **s. m.** (f. *-a*) ● Appartenente a una delle tribù indigene, oggi estinte, che occupavano le sponde dell'alto Hudson nello stato di New York, nell'America settentrionale.

moiétta [fr. *moyette*, dim. dell'ant. fr. *moie* 'mola', dal lat. *mēta(m)*. V. *meta* (*1*) nel sign. 3; 1954] **s. f.** ● Nastro metallico per imballaggi e lavori di carpenteria.

moìna [vc. infant.; 1441] **s. f. 1** (*spec. al pl.*) Carezza insistente, affettuosa lusinga: *fa le moine a sua madre per farsi perdonare.* **2** (*spec. al pl., est.*) Lezi: *basta con queste sciocche moine.* SIN. Sdolcinatura, vezzo.

†**moinerìa** [da *moina*; av. 1712] **s. f.** ● Civetteria graziosa e affettata.

mòira [gr. *Môira*, da *méiresthai* 'avere in sorte'; 1896] **s. f.** (Moira nel sign. 1) **1** Nella mitologia greca, forza misteriosa e irresistibile che dominava su ogni cosa e a cui dovevano piegarsi anche gli dei | Ciascuna delle tre divinità che personificavano tale forza e che presiedevano al corso della vita umana. **2** (*est.*) Destino, fato.

moire /*fr.* mwaːʀ/ [vc. fr., dall'ingl. *mohair*, dall'ar. *muḫayyar*, V. *mocaiardo*; av. 1704] **s. m.** o **f. inv.** ● Amoerro.

moiré /*fr.* mwa'ʀe/ [vc. fr., da *moire* 'amoerro' (V.)] **agg.** ● Marezzato, detto di stoffa o carta.

mòka ● V. *moca.*

mol /mɔl/ ● V. *mole* (*2*).

mòla (**1**) [lat. *mŏla(m)*, dalla stessa radice di *mŏlere* 'macinare', di orig. indeur.; av. 1306] **s. f. 1** Macina del mulino o del frantoio. **2** Disco di pietra arenaria o di materiale abrasivo che si fa girare come una ruota per affilare coltelli e sim., levigare e lucidare superfici. **3** (*fig., lett.*) Gruppo circolare di persone: *a rotar cominciò la santa m.* (DANTE *Par.* XII, 3).

mòla (**2**) [da *mola* (*1*), per la forma; 1653] **s. f.** ● Grosso pesce tropicale con corpo alto e compresso, quasi discoidale e pinna codale breve e fusa con la dorsale e l'anale (*Mola mola*). SIN. Ortagorisco, pesce luna.

mòla (**3**) [da *mola* (*1*)] **s. f.** ● (*med.*) Tumore uterino che insorge dopo la gravidanza per dilatazione dei villi coriali in vescicole.

molàle [da *mole* (*2*); 1957] **agg.** ● (*chim.*) Di, relativo alla mole | ***Soluzione m.***, soluzione la cui concentrazione è espressa in termini di molalità | ***Concentrazione m.***, molalità.

molalità [da *molale*; 1957] **s. f.** ● (*chim.*) Concentrazione di una soluzione espressa dal numero di moli di soluto per kilogrammo di solvente.

molàre (**1**) [lat. tardo *molāre* 'macinare', da *mŏla* 'mola (1)'; sec. XIV] **v. tr.** (*io mòlo*) ● Lavorare un oggetto, una superficie, un materiale e sim. con la mola, allo scopo di conferir loro forma, lucentezza, levigatezza: *m. uno specchio, un pavimento, un blocco di marmo* | (*est.*) Affilare lame.

molàre (**2**) [vc. dotta, lat. *molāre(m)*, da *mŏla* 'mola (1)'. Il dente è chiamato così, già nel lat. tardo, perché serve a macinare il cibo; 1957] **A agg. 1** Di mola | ***Pietra m., sasso m.***, usati per fabbricare mole da mulini; (*est.*) grosso macigno: *il molar sasso infranse / l'ettoreo scudo* (MONTI) | ***Selce m.***, molto dura. **2** (*anat.*) ***Dente m.***, ognuno di quelli situati nella parte posteriore delle mascelle dell'uomo e dei Mammiferi, fondamentali per la masticazione. **B s. m.** ● (*anat.*) Dente molare. ➡ ILL. p. 2127 ANATOMIA UMANA.

molàre (**3**) [da *mole* (*2*); 1447] **agg.** ● (*chim.*) Di, relativo alla mole | ***Soluzione m.***, contenente in un litro la mole di un composto | ***Concentrazione m.***, molarità | ***Calore m.***, capacità termica di una mole di sostanza.

molarità [da *mole* (*2*); 1957] **s. f.** ● (*chim.*) Concentrazione di una soluzione espressa dal numero di moli di un soluto presente in un litro di soluzione.

molàssa [detta così perché serve a far *mole*; 1890] **s. f.** ● (*geol.*) Varietà di arenaria friabile, a debole cementazione calcarea.

molàto part. pass. di *molare* (*1*); anche **agg.** ● Sottoposto a molatura | Affilato.

molatóre [1957] **s. m.** (f. *-trice*) ● Chi esegue lavorazioni di molatura.

molatrice [1957] **s. f.** ● Macchina che esegue la molatura facendo passare la mola, dotata di un moto rotatorio veloce intorno al suo asse, sul pezzo da molare, o viceversa.

molatùra [da *molare* (*1*); 1930] **s. f.** ● Lavorazione effettuata con la mola o con la molatrice | Il contorno molato di uno specchio.

molàzza [da *mola* (*1*); 1901] **s. f. 1** Macina. **2** Macchina che serve a macinare e impastare, sia a secco che a umido, formata da una vasca metallica entro cui ruotano mole di acciaio o altro materiale.

molazzatóre [1957] **s. m.** (f. *-trice*) ● Operaio addetto a una molazza.

mólcere (o *-ó-*) o (*raro*) **mùlcere** [lat. *mulcēre*, di orig. indeur.; av. 1374] **v. tr.** (oggi difett. usato solo nella terza pers. sing. del **pres. indic.** *mólce*; nella terza pers. sing. del **pass. rem.** *mólse*; nell'imperf. **indic.** *io molcévo*; nelle terze pers. sing. e **pl.** del **pres. congv.** *mólca, mólcano*; nell'imperf. **congv.** *io molcéssi*; nel **ger.** *molcèndo*) ● (*lett.*) Blandire, lenire, dilettare: *e 'l lusinghiero aspetto e 'l parlar dolce / di fuor s'aggira e solo i sensi molce* (TASSO).

†**molcire** o †**mulcire** [1630] **v. tr.** (difett. coniug. come *molcere*) ● Molcere.

moldàvo o **moldòvo** [av. 1557] **A agg.** ● Della Moldavia (o Moldovia o Moldova), regione storica della Romania | Dell'omonimo Stato attuale. **B s. m.** (f. *-a*) ● Abitante, nativo della Moldavia.

mòle (1) [lat. *mōle(m)*, di orig. indeur.; 1334] s. f. *1* Massa enorme e imponente: *la m. superba del Monte Bianco*; *la m. di un pachiderma* | Edificio grandioso: *le moli egizie*; *quell'alta m. / ch'a quel gran monte in su la cima siede* (TASSO) | ***M. Adriana***, mausoleo dell'imperatore Adriano a Roma, più noto come Castel Sant'Angelo | ***M. Antonelliana***, costruzione monumentale caratterizzata da cuspide di notevole altezza, costruita a Torino nella seconda metà del XIX secolo dall'architetto A. Antonelli | ***La città della m.***, (*per anton.*) Torino | ***All'ombra della m.***, (*per anton.*, *fig.*) a Torino. *2* Dimensione, taglia: *un libro di notevole, di piccola m.* *3* (*fig.*) Quantità, entità: *la m. del lavoro da svolgere mi spaventa.* *4* †Molecola.

mòle (2) o **mol** [ricavato da *molecola*; 1957] s. f. ● (*fis.*) Unità di misura nel Sistema Internazionale della quantità di sostanza, definita come la quantità di sostanza di un sistema che contiene tante entità elementari (atomi, molecole, ioni, elettroni e sim.) quanti sono gli atomi in 0,012 kilogrammi di carbonio 12. SIMB. mol.

molècola [dim. del lat. *mōles* 'mole'; 1681] s. f. *1* (*chim.*) La più piccola parte di ogni composto o elemento chimico, costituita da atomi uguali o diversi fra loro tenuti assieme da forze di natura elettrica, capace di esistenza indipendente e nella quale si ritrovano conservate la composizione e le proprietà chimiche caratteristiche del composto o dell'elemento | ***M. gigante***, macromolecola. *2* (*est.*) Minima parte di qlco.

molecolàre [av. 1855] agg. ● (*chim.*) Di molecola, relativo a molecola | ***Peso m.***, pari alla somma dei pesi degli atomi che compongono la molecola | ***Calore m.***, calore specifico di un composto per il suo peso molecolare | ***Biologia m.***, V. *biologia* | ***Filtro m.***, atto a separare composti in soluzione, sfruttando la diversità delle dimensioni molecolari | (*fig.*) ***Società m.***, V. *società* nel sign. 2.

molecolarità [da *molecolar(e)* col suff. dei n. astratti *-ità*] s. f. ● (*chim.*) Numero di particelle, quali molecole, ioni e sim., che interagiscono in una reazione chimica: *reazione con m. due.*

molènda o †**mulènda** [lat. *molĕnda*, gerundivo nt. pl. di *mŏlere* 'macinare'. V. *mola* (*1*); av. 1363] s. f. ● (*raro*) Prezzo in denaro o in natura pagato per la macinatura del grano e delle olive: *il bottegaio rincara la roba, e il mugnaio aumenta la m.* (BACCHELLI).

†**molendàre** [lat. tardo *molendāre* 'macinare', da *molĕndus*, gerundivo di *mŏlere*. V. *molenda*; 1808] v. tr. ● Macinare.

molestaménto [av. 1349] s. m. ● (*raro*) Il molestare | Molestia.

molestàre [vc. dotta, lat. *molestāre*, da *molĕstus* 'molesto'; av. 1292] v. tr. (*io molèsto*) *1* Infastidire, importunare: *una tosse insistente mi molesta*; *smetti di m. gli amici con le tue sciocchezze.* *2* †Recare grave tormento, fare gran male.

molestatóre [av. 1555] s. m. (f. *-trice*) ● Chi molesta.

molèstia [vc. dotta, lat. *molĕstia(m)*, da *molĕstus* 'molesto'; sec. XIII] s. f. *1* Noia, fastidio, incomodo: *la m. del caldo, del vento, delle mosche*; *subire molestie insopportabili, incessanti, continue.* *2* Atto che reca danno o disturbo: *non la finirete più con questa m.?* | ***M. sessuale***, ogni atto o discorso che offende la dignità di una persona sotto il profilo sessuale | (*dir.*) Atto o comportamento che reca turbativa a terzi: *molestie di fatto, di diritto.*

molèsto [vc. dotta, lat. *molĕstu(m)*, dalla stessa radice di *mōles* 'mole (1)'; av. 1292] A agg. *1* Che provoca fastidi e danni, che è sgradito e sgradevole: *un vicino, un creditore m.*; *un insetto m.*; *riuscire, essere m. a qlcu.*; *daremo le cose moleste e gravi a' nostri inimici* (ALBERTI). SIN. Fastidioso, importuno, noioso. *2* †Estremamente pesante, gravoso, difficile da sopportare. || **molestaménte**, avv. B s. m. ● †Molestia.

molétta (1) [milan. *moletta*, da *molà* 'affilare, arrotare' (V. *molare* (*1*))] s. m. inv. ● (*sett.*) Arrotino.

molétta (2) [fr. *molette*, propr. dim. di *meule* 'mola (1)'] s. f. *1* Cilindro d'acciaio munito di disegno a rilievo, che, premuto contro un cilindro di rame, lo incide rendendolo adatto a stampare tessuti. *2* Grossa puleggia che dalla sommità del castelletto rinvia la fune alla gabbia di estrazione, nei pozzi di miniera.

molettàre [da *moletta* (*2*); 1970] v. tr. (*io molétto*) ● Incidere cilindri di rame per stampa di tessuti, mediante la moletta.

mòli [vc. dotta, lat. *mōly*, dal gr. *môly*, di orig. straniera; av. 1498] s. m. inv. ● Erba delle Liliacee con bulbo bruno nerastro e fiori bianchi ritenuta dagli antichi Greci un rimedio contro incantesimi e fattucchierie (*Allium nigrum*).

molibdàto [dal gr. *mólybdos* 'piombo'; 1819] s. m. ● Sale dell'acido molibdico.

molibdenite [fr. *molybdénite*, dal gr. *molýbdaina*. V. *molibdeno*; 1817] s. f. ● (*miner.*) Solfuro di molibdeno, in cristalli lamellari color grigio piombo, usato o come lubrificante o per l'estrazione del metallo.

molibdèno [dal gr. *molýbdaina* 'solfuro di piombo', da *mólybdos* 'piombo'; 1809] s. m. ● Elemento chimico, metallo bianco-argenteo molto duttile ricavato dalla molibdenite, usato per leghe, acciai speciali e in elettronica. SIMB. Mo.

molibdico [1819] agg. (pl. m. *-ci*) ● Detto di composto del molibdeno trivalente o esavalente | ***Acido m.***, acido bibasico del molibdeno esavalente, usato spec. come pigmento, catalizzatore e per smalti.

molinàio ● V. *mulinaro.*

molinàro ● V. *mulinaro.*

molinàte® [marchio registrato; 1987] s. m. ● (*chim.*) Anticrittogamico utilizzato come diserbante per il trattamento selettivo delle risaie.

molinèllo ● V. *mulinello.*

molinismo [av. 1831] s. m. ● Sistema teologico cattolico del XVI sec. basato sulle teorie del gesuita L. de Molina (1535-1600), secondo il quale, esclusa la predeterminazione dell'individuale salvezza attraverso la grazia infallibile, si considerano come necessarie e cooperanti le opere determinate dal libero consenso umano, condizionato dalla previsione divina.

molinista [1751] s. m. e f. (pl. m. *-i*) ● Seguace del molinismo.

molinistico [av. 1755] agg. (pl. m. *-ci*) ● Relativo a molinismo e a molinista.

molino ● V. *mulino* (*1*).

molisàno [1860] A agg. ● Del Molise: *dialetto m.*; *costumi molisani.* B s. m. (f. *-a*) ● Abitante, nativo del Molise. C s. m. solo sing. ● Dialetto italiano meridionale, parlato nel Molise.

molito [vc. dotta, lat. *mŏlitu(m)*, part. pass. di *molĕre* 'macinare', con l'accento spostato. V. *mola* (*1*); 1956] agg. ● Sottoposto a molitura: *olive molite.*

molitóre [vc. dotta, lat. tardo *molitōre(m)*, da *mŏlitus*, part. pass. di *mŏlere* 'macinare'. V. *mola* (*1*); 1942] s. m. *1* (f. *-trice*) Operaio addetto alla molitura del grano o alla pilatura del riso. *2* Macchina per la molitura.

molitòrio [dal lat. *mŏlitus*, part. pass. di *mŏlere* 'macinare'. V. *mola* (*1*); 1934] agg. ● Relativo alla macinazione dei cereali: *industria molitoria.*

molitùra [dal lat. *mŏlitus*, part. pass. di *mŏlere* 'macinare', V. *mola* (*1*); 1739] s. f. ● Macinazione dei cereali o delle olive, e in generale di qualunque altra sostanza spec. in granuli.

mòlla [da *mollare* (*1*); av. 1519] s. f. *1* Organo meccanico che presenta in grado elevato la caratteristica di deformarsi elasticamente sotto carico, riprendendo la primitiva configurazione al cessare del carico stesso: *poltrona, materasso a molle*; *la m. dell'orologio*; *le molle della carrozza* | ***M. di flessione***, sottoposta a carichi che la sollecitano flettendola | ***M. di torsione***, sottoposta a carichi che la sollecitano torcendola | ***M. a balestra***, quella semiellittica composta di più foglie o lame, usata per la sospensione dei veicoli | ***Cappello a m.***, gibus. *2* (*fig.*) Ciò che costituisce il motivo determinante di un'azione: *la cupidigia è la m. di ogni sua attività*; *base e m. della tirannide … è la sola paura* (ALFIERI). SIN. Stimolo. *3* (*al pl.*) Attrezzo per afferrare i tizzoni: *attizzare il fuoco con le molle* | ***Da prendere con le molle***, (*fig.*) si dice di cosa o persona difficile da trattare o poco raccomandabile. || **mollétta**, dim. (V.) | **mollóne**, accr. m. (V.).

mollacchióne [da *molle* nel sign. A 6 e *-accione*; 1977] s. m. (f. *-a*) ● Persona tarda e pigra.

†**mollàme** [da *molle*; av. 1292] s. m. *1* Morbidume. *2* Parti molli, carnose, di animale macellato.

♦**mollàre** (1) [da *molle*; 1306] A v. tr. (*io móllo*) *1* Allentare o lasciar andare: *m. la presa* | (*mar.*) Allentare, lasciar libera di scorrere una manovra | ***M. gli ormeggi***, sciogliere le cime di ormeggio o recuperare l'ancora per partire | ***M. le vele***, sciogliere per tenerle pronte a essere bordate | ***Molla!***, voce di comando di allentare, lasciar andare, liberare. *2* (*fig.*, *fam.*) Dare, appioppare: *m. una sberla a qlcu.* *3* (*fam.*) Abbandonare, lasciare qlco.: *ha mollato il lavoro ed è partito* | ***M. qlcu.***, liberarsene, piantarlo: *ha mollato il fidanzato.* B v. intr. (aus. *avere*) *1* Cedere, desistere: *resisti, non m.!* | ***Fare a tira e molla***, (*fig.*) essere indeciso, non sapersi risolvere (V. anche *tiremmolla*). *2* (*fig.*, *fam.*) Cessare, finirla: *quando incomincia a telefonare, non (la) molla più.*

mollàre (2) [da *mollo*] A v. tr. (*io móllo*) ● (*pop.*) Bagnare, immergere: *m. il pane nel brodo.* B v. intr. (aus. *essere*) ● Ammorbidirsi stando a bagno.

♦**mòlle** o **mòllo** spec. nei sign. C2 e C3 [lat. *mŏlle(m)*, di orig. indeur.; av. 1250] A agg. *1* Che cede facilmente alla pressione, al tatto: *un cuscino di molli piume*; *lo scultore plasma la m. creta* | (*anat.*) ***Tessuti molli***, insieme dei tessuti connettivi lassi che circondano un organo | Che non è troppo duro: *un tipo di cuoio m. e flessibile.* SIN. Morbido. *2* (*ling.*) Detto di suono palatalizzato. *3* (*enol.*) Detto di vino privo di corpo, di gusto e carattere poco spiccati. CONTR. Nervoso. *4* (*lett.*) Che si flette, si piega: *i molli giunchi incurvati dal vento.* *5* (*fig.*) Mite, dolce, carezzevole: *le molli aure di primavera*; *la m. cadenza della voce.* CONTR. Aspro. *6* (*fig.*) Privo di forze, decisione, energia e sim.: *governo m.*; *punizione troppo m.*; *non è cattivo, ma ha un temperamento m.* | ***Essere una pappa molla***, (*fig.*) essere privo di nerbo | Fiacco, debole: *vita, educazione m.* SIN. Moscio. *7* Bagnato, inzuppato, intriso: *occhi molli di pianto*; *un cencio m. d'acqua*; *m. / fosse del sangue mio quest'alma terra* (LEOPARDI). || **mollemènte**, avv. In modo molle; con languore, abbandono: *stava mollemente sdraiato sui cuscini.* B avv. ● †Mollemente. C s. m. *1* Ciò che è soffice, morbido: *riposare sul m.* *2* Acqua o altro liquido in cui si tengono immersi, per varie ragioni, cibi o altro: *tenere in m. il baccalà, i fagioli per ammorbidirli*; *il bucato è in mollo, a mollo.* *3* Bagnato, umidità: *camminare sul m.* || **mollàccio**, pegg. | **mollaccióne**, pegg. (V.) | **mollicèllo**, dim. | **mollicóne**, accr.

molléca o **mollécca**, (*dial.*) **moléca** [venez. *moleca*, da *molo* 'molle', perché quando ha abbandonato la vecchia crosta diventa molliccio] s. f. ● Denominazione del granchio comune come si presenta subito dopo la muta, cioè con il tegumento tenero.

†**mollécchio** [lat. *mollĭculu(m)*, da *mŏllis* 'molle'] agg. ● Molliccio.

molleggiaménto [1803] s. m. *1* Movimento ritmico ed elastico di una parte del corpo: *la ragazza camminava accentuando i molleggiamenti delle anche.* *2* Movimento alterno e ripetuto: *il m. della macchina.*

molleggiàre [da *molla*; 1609] A v. intr. (*io molléggio*; aus. *avere*) ● Essere elastico, morbido: *un letto che molleggia molto* | Muovere con elasticità il corpo: *i passeri neri su lo spalto / corrono, molleggiando* (PASCOLI). B v. tr. ● Rendere elastico, fornendo di molle e sim.: *m. un divano, un sedile.* C v. rifl. ● Muoversi o camminare mollemente: *molleggiarsi con eleganza sulle gambe* | Nella ginnastica, eseguire l'esercizio con molleggio.

molleggiàto [1932] part. pass. di *molleggiare*; anche agg. *1* Fornito di molleggio. *2* Elastico, flessuoso: *andatura molleggiata.* || **molleggiataménte**, avv.

mollèggio [da *molleggiare*; 1942] s. m. *1* Sistema di molle, sospensioni e sim. che rendono elastico un oggetto: *il divano ha un ottimo m.* *2* Elasticità dovuta a un adeguato sistema di molle: *il m. lascia a desiderare.* CONTR. Rigidità. *3* Esercizio ginnico eseguito in rapida successione con breve ed elastico movimento del corpo.

mollènte [da *molle* (?)] s. m. ● Zona d'acqua quasi ferma di un canale all'uscita di una lanca.

mollésco [da *molle* per il suo guscio tenero; 1989] agg. (pl. m. *-chi*) ● (*agr.*) Detto di mandorlo con il frutto (drupa) a endocarpo molle. CFR. Catera.

mollétta (1) [1638] s. f. *1* Dim. di *molla*: *tormentando con le mollette i tizzoni che ardevano nel caminetto* (FOSCOLO). *2* Piccolo oggetto a molla per appuntare i capelli o fermare i panni tesi ad asciugare. *3* Pinzetta per prendere zollette di zucchero o cubetti di ghiaccio. *4* (*mus.*) Chiave degli strumenti a fiato. *5* (*gerg.*) Coltello a scatto con una lunga lama. || **mollettina**, **dim.** | **mollettóna**, **accr.**

mollétta (2) [da *molle*; 1940] **s. f.** ● (*veter.*) Rigonfiamento molle del nodello del cavallo e di altri animali domestici.

mollettàre [da *molletta* (*1*)] **v. tr.** (*io mollétto*) ● (*tess.*) Ripassare un panno, togliendogli la borra con mollette o pinzette.

mollettatùra **s. f.** ● Operazione del mollettare.

mollettièra [fr. *mollettière*, da *mollet* 'polpaccio', dal lat. *mŏllis* 'molle'; 1921] **s. f.** ● Indumento militare, oggi in disuso, costituito da strisce di stoffa che i soldati avvolgevano attorno alle gambe, dalle caviglie al ginocchio.

mollettóne [fr. *molleton*, dal lat. *mŏllis* 'molle'; 1765] **s. m.** ● Tessuto pesante di lana o cotone, morbido, felpato, messo spec. sotto la tovaglia per proteggere la tavola dal calore di piatti e tegami.

mollézza [lat. *mollĭtia(m)*, da *mŏllis* 'molle'; sec. XIII] **s. f.** *1* Caratteristica di ciò che è molle (*anche fig.*): *la m. di un giaciglio, del carattere.* *2* (*spec. al pl.*) Agiatezze e comodità esagerate: *l'hanno allevato nelle mollezze.*

mollica, (*evit.*) **mòllica** [lat. parl. **mollīca(m)*, da *mŏllis* 'molle'; av. 1380] **s. f.** *1* La parte molle del pane all'interno della crosta. *2* (*spec. al pl.*) Briciole | (*fig.*, *lett.*) Inezie. *3* †Sproposito. *4* †Nulla, spec. in prop. negativa: *non stimare una m.* || **mollichina**, **dim.** | **mollicola**, **dim.**

mollìcchio [V. †*mollecchio*; 1869] **s. m.** ● (*raro*) Breve tratto di terra bagnata.

†**mollicchióso** [da *mollicchio*; 1563] **agg.** ● Floscio.

mollìccio [av. 1400] **A** **agg.** (**pl. f.** *-ce*) ● Alquanto molle, bagnato o floscio (*anche fig.*): *terra molliccia*; *materiale m.*; *carattere m.* **B** **s. m.** ● Ciò che è alquanto molle, spec. perché bagnato: *sentirsi del m. sotto i piedi.*

mollicùme [da *mollica*; 1891] **s. m.** ● Quantità di briciole.

mollificàre [vc. dotta, lat. tardo *mollificāre*, comp. di *mŏllis* 'molle' e *-ficāre* '-ficare'; 1336 ca.] **A** **v. tr.** (*io mollìfico, tu mollìfichi*) *1* (*raro*) Rendere molle: *m. la cera indurita.* *2* (*fig.*) Rendere dolce, mite: *era necessario … m. gli animi de' suoi, malcontenti delle obligazioni* (GUICCIARDINI). **B** **v. intr. pron.** ● (*raro*) Diventare molle.

mollificativo [sec. XIII] **agg.** ● (*med.*) Emolliente.

mollificazióne [av. 1320] **s. f.** ● Il mollificare.

†**mollìre** [lat. *mollīre*, da *mŏllis* 'molle'; 1505] **v. tr.** ● Ammollire (*anche fig.*): *aspetterò che la pietà mollisca / quel duro gielo, che d'intorno al core / le ha ristretto il vigor dell'onestade* (TASSO).

mollìzia o †**mollìzie** [stessa etim. di *mollezza*; sec. XV] **s. f.** ● (*lett.*, *fig.*) Mollezza: *disprezzatore d'ogni cibo delicato e d'ogni altra m.* (MACHIAVELLI).

mòllo ● V. *molle.*

mollóne [1899] **s. m.** *1* Accr. di *molla.* *2* La molla principale dell'acciarino o congegno di sparo delle armi antiche da fuoco portatili.

†**mollóre** [sec. XV] **s. m.** ● Mollume.

mollùme [da *molle*; av. 1320] **s. m.** ● (*lett.*) Umidità provocata dalla pioggia.

Mollùschi [pl. di *mollusco*; 1792] **s. m. pl.** ● Nella tassonomia animale, tipo di animali invertebrati, per lo più acquatici, con corpo molle, spesso protetto da una conchiglia secreta dal mantello (*Mollusca*). **CFR.** malaco-. ➡ **ILL. animali**/3-4; **zoologia generale.**

molluschicoltóre [comp. di *mollusco* e *-coltore*] **s. m.** (**f.** *-trice*) ● Chi pratica la molluschicoltura.

molluschicoltùra [comp. di *mollusco* e *coltura*; 1957] **s. f.** ● Tecnica dell'allevamento di molluschi commestibili.

mollùsco [lat. (*nŭcem*) *mollŭsca(m)* '(noce) dal guscio molle', da *mŏllis* 'molle'; 1792] **s. m.** (**pl.** *-schi*) *1* Ogni animale appartenente al tipo dei Molluschi. *2* (*fig.*, *spreg.*) Persona moralmente fiacca e debole. *3* (*med.*) ***M. contagioso***, tumore cutaneo benigno causato da virus.

Molluscòidi [comp. di *mollusco* e del pl. di *-oide*] **s. m. pl.** (**sing.** *-e*) ● Nella vecchia tassonomia animale, gruppo sistematico nel quale venivano riuniti Briozoi, Brachiopodi e Foronidei.

mòlo [gr. biz. *mōlos*, dal lat. *mōles* 'mole (1)'; av. 1313] **s. m.** *1* Opera muraria di difesa del porto dal moto ondoso, con solide fondazioni nel terreno o sul fondo, accessibile, munita all'interno di fronti murate d'approdo. *2* (*est.*) Negli aeroporti, opera muraria di forma analoga a quella di un molo marittimo.

mòloc o **moloch** [lat. *Mŏloc*, dal gr. *Molóch*, dall'ebr. *Molek*, da *melek* 're'; 1834] **s. m.** *1* Dio semitico cui si sacrificavano vittime umane. *2* (*fig.*) Essere o entità di mostruosa e malefica potenza. *3* Sauro australiano inoffensivo, il cui corpo goffo e tozzo è coperto di spine, corna e tubercoli cornei (*Moloch horridus*).

†**molóne** [da *molo*] **s. m.** ● Merlone.

molòsso (1) [lat. *Molŏssu(m)*, nom. *Molŏssus*, dal gr. *Molossós* 'del paese dei Molossi', antico popolo dell'Epiro; av. 1556] **s. m.** ● Cane basso, tozzo, dal pelame fulvo e muso nero.

molòsso (2) [V. precedente: detto così perché usato dai *Molossi* in canti guerreschi; av. 1597] **s. m.** ● (*ling.*) Piede metrico della poesia greca e latina, formato da tre sillabe lunghe.

mòlotov [dal n. di V. M. *Molotov* (1890-1986), uomo politico sovietico; 1964] **s. f. inv.** ● Rudimentale bomba incendiaria costituita da una bottiglia piena di benzina, con innesco: *le molotov lanciate dai dimostranti.*

mòlotro [errore di trascrizione dal gr. *molobrós* 'ghiottone', di etim. incerta] **s. m.** ● Uccello dei Passeriformi che si ciba dei parassiti annidati nel pelame dei bovini e cavalli (*Molothrus ater*).

moltéplice o (*lett.*) **moltiplice**, †**multiplice** [vc. dotta, lat. *multĭplice(m)*, comp. di *mŭltus* 'molto' e *-plex* 'che piega', dalla stessa radice di *plicāre* 'piegare'; av. 1332] **agg.** *1* Costituito di molte parti o elementi: *forma m.*; *struttura m.* | ***Fiore m.***, doppio. *2* Numeroso: *errori, significati molteplici.* **SIN.** Vario. || **molteplicemente**, **avv.** In molti modi.

molteplicità o (*raro*) **moltiplicità**, †**multiplicità** [vc. dotta, lat. tardo *multiplicitāte(m)*, da *mŭltiplex*, genit. *multĭplicis* 'molteplice'; 1282] **s. f.** *1* Condizione o caratteristica di molteplice: *la m. delle sensazioni confonde l'anima* (LEOPARDI). *2* (*mat.*) Nell'intersezione di due o più varietà algebriche, numero intero positivo che indica quanti punti siano da intendersi coincidenti nel punto comune alle varietà considerate.

mólti- ● V. *multi-*.

†**moltìccio** [da avvicinare a *mota*] **s. m.** *1* Mota, poltiglia: *venuto il giorno … si levarono e uscirono dal m.* (SACCHETTI). *2* Liquame in cui si conciano le pelli.

molticolóre ● V. *multicolore.*

moltifórme ● V. *multiforme.*

†**moltifrónte** [comp. di *molti-* e *fronte*] **agg.** ● Che si dimostra sotto vari aspetti.

moltilingue ● V. *multilingue.*

moltiloquènza ● V. *multiloquenza.*

moltilòquio ● V. *multiloquio.*

moltìpara ● V. *multipara.*

♦**moltìplica** [da *moltiplicare*; 1812] **s. f.** *1* Rapporto fra il numero dei denti della ruota centrale e il numero dei denti del pignone della bicicletta. *2* Ruota dentata centrale della bicicletta sulla quale scorre la catena. *3* (*pop.*) Moltiplicazione.

moltiplicàbile [vc. dotta, lat. *multiplicābile(m)*, da *multiplicāre* 'moltiplicare'; 1584] **agg.** ● Che si può moltiplicare.

moltiplicabilità [1869] **s. f.** ● Caratteristica, proprietà di ciò che è moltiplicabile.

moltiplicaménto o †**multiplicaménto** [1308] **s. m.** ● (*raro*) Moltiplicazione.

moltiplicàndo [vc. dotta, lat. *multiplicăndu(m)*, gerundivo di *multiplicāre* 'moltiplicare'; 1803] **s. m.** ● (*mat.*) Numero da moltiplicare.

moltiplicànte o †**multiplicànte** [av. 1375] **part. pres.** di *moltiplicare*; anche **agg.** ● Nei sign. del v.

♦**moltiplicàre** o †**multiplicàre** [vc. dotta, lat. *multiplicāre*, da *mŭltiplex*, genit. *multĭplicis* 'molteplice'; av. 1250] **A** **v. tr.** (*io moltìplico, tu moltìplichi*) *1* Rendere molto numeroso, accrescere nel numero: *m. le cure, gli sforzi, le parole, i tentativi.* **SIN.** Aumentare. *2* (*mat.*) Eseguire una moltiplicazione (*anche assol.*). *3* †Arricchire. **B** **v. intr. pron.** *1* Aumentare sempre più: *i casi di contagio si moltiplicano; le spese si vanno moltiplicando di giorno in giorno.* *2* Riprodursi, accrescendo nel numero gli individui d'una stessa specie: *con l'umidità i funghi si moltiplicano in modo stupefacente.* **C** **v. intr.** (aus. *essere*) ● †Crescere (*spec. fig.*): *cominciò per questo l'odio a m.* (COMPAGNI) | ***M. in novelle***, ***in parole***, dilungarsi in chiacchiere.

moltiplicativo [vc. dotta, lat. tardo *multiplicatīvu(m)*, da *multiplicāre* 'moltiplicare'; sec. XIV] **agg.** ● (*mat.*) Proprio della moltiplicazione | ***Numerali moltiplicativi***, che indicano quante volte viene moltiplicata una unità.

moltiplicàto o †**multiplicàto** [av. 1292] **part. pass.** di *moltiplicare*; anche **agg.** ● Nei sign. del v. | Aumentato, accresciuto: *lavorare con m. ardore* | (*mat.*) Indica l'operazione della moltiplicazione (e si rende graficamente con il segno '×' oppure '·'): *sette m.* (*per*) *sette.* || **moltiplicataménte**, **avv.** (*lett.*) Con molto accrescimento, in quantità maggiore.

moltiplicatóre o †**multiplicatóre** [vc. dotta, lat. tardo *multiplicatōre(m)*, da *multiplicāre* 'moltiplicare'; sec. XIV] **A** **agg.** (**f.** *-trice*) ● Che moltiplica. **B** **s. m.** *1* Strumento che amplia piccoli spostamenti per metterli in evidenza e poterli misurare | ***M. di frequenza***, in radiotecnica, il dispositivo che dà in uscita una frequenza multipla di quella di entrata. *2* (*mat.*) Numero che moltiplica. *3* (*econ.*) Coefficiente che esprime di quanto il reddito dovrebbe aumentare in conseguenza di una sola variazione degli investimenti, stanti fermi tutti gli altri elementi del sistema economico. *4* (*fot.*) Dispositivo costituito da un gruppo di lenti che, posto tra il corpo della macchina e l'obiettivo, moltiplica la lunghezza focale di quest'ultimo. *5* Accessorio del calcio di una rivoltella che serve ad aumentare lo spazio dell'impugnatura allo scopo di rendere meno violento il rinculo.

moltiplicazióne o †**multiplicazióne** [vc. dotta, lat. *multiplicatiōne(m)*, da *multiplicāre* 'moltiplicare'; av. 1364] **s. f.** *1* Accrescimento, aumento: *m. della popolazione* | (*biol.*) ***M. vegetativa***, per via agamica con rizomi, bulbi, tuberi, talee, propaggini, margotte, innesti | ***M. sessuale***, con semi o spore. *2* (*mat.*) Una delle quattro operazioni fondamentali dell'aritmetica, che a due numeri naturali associa la somma di più addendi uguali al primo in numero uguale al secondo. || **moltiplicazioncèlla**, **dim.** | **moltiplicazioncina**, **dim.**

moltìplice e *deriv.* ● V. *molteplice* e *deriv.*

†**moltìplico** o †**multìplico** [da *moltiplicare*] **s. m.** (**pl.** *-chi*) ● Moltiplicazione | ***Dare a m.***, a interesse.

†**moltisènso** [comp. di *molti-* e *senso*] **agg.** ● (*raro*) Che ha più significati.

moltisonànte ● V. *multisonante.*

moltitùdine o †**multitùdine** [vc. dotta, lat. *multitūdine(m)*, da *mŭltus* 'molto'; av. 1294] **s. f.** *1* Grande quantità di cose: *una m. di libri, di erbe, di piante.* *2* Numeroso insieme di persone: *una m. di scolari, di soldati, di scioperanti* | ***La m.***, la folla, la massa: *nessuna cosa essere più vana e insolente della m.* (MACHIAVELLI). **SIN.** Frotta, stuolo.

moltìvago ● V. *multivago.*

♦**mólto** [lat. *mŭltu(m)*, di orig. indeur.; av. 1250] **A** **avv.** *1* In grande misura, grandemente: *parla m. e combina poco*; *sono stato m. in ansia*; *ho viaggiato m.*; *l'ho m. gradito*; *mi è piaciuto m.* **CFR.** multi-, poli-, pluri- | Seguito da avv. o loc. avv.: *ciò è accaduto m. prima*; *si trova m. avanti*; *sei capitato m. a proposito* | A lungo, per lungo tempo: *a camminare m. mi stanco*; *è uno spettacolo che dura m.* | Rafforza un agg. o un avv. compar.: *così è m. meglio*; *ne voglio m. meno*; *è m. più elegante*; *è m. peggiore di prima*; *è m. meno educata* | (*dial.*) †Rafforza un superl.: *m. piacevolissimo uomo* (SACCHETTI) | ***Non m.***, poco, pochissimo: *non lavora m.* | (*enfat.*) ***M. m.***, (*fam.*) ***m. ma m.***, moltissimo: *lo desidero m. m.*; *mi sono divertito m., ma m.* | (*tosc.*) ***Di m.***, V. di molto | ***Poco o m.***, sia quanto sia: *poco o m. questo ti basti*; *o poco o m., qualcosa si è concluso* | ***Né m. né poco***, affatto, punto, per nulla, in nessun modo: *ciò non mi riguarda né m. né poco*; *questo non c'entra né poco né m.* *2* Premesso ad agg. qualif. e ad avv. di modo, dà loro valore di superl.: *m. buono*; *m. cattivo*; *m. bello*; *m. brutto*; *hai fatto m. male*; *canta m. bene*; *lo farò m. volentieri* | (*fam.*) Premesso a un s.: *è m. signore* | (*enfat.*) Posposto a un agg.: *è bella m.* | Anche preceduto dall'art. det.: *al m. illustre dottore*; *il m. reverendo padre.*

3 (*antifr.*) Affatto, per nulla: *importa m. a me tutto ciò!*; *ne so m. io dei tuoi affari!* **B agg. indef.** *1* Che è in grande quantità o misura, o in numero notevole: *ho m. denaro*; *c'è molta acqua*; *non hanno m. pane*; *ho molti libri*; *c'erano molti ragazzi*; *molte persone lo sanno* | Seguito da 'più': *voglio m. più denaro*; *ho molta più fame di ieri*; *tu hai molti più libri di tutti noi* | Con riferimento alla forza o all'intensità: *oggi fa m. caldo*; *c'è m. vento* | (*iter.*) ***Molto e molto***, moltissimo: *dopo molti e molti sforzi.* **CONTR.** Poco. *2* Grande: *possiede molta volontà*; *è un uomo di m. ingegno*; *mi è stato di m. aiuto*; *lo farò con m. piacere* | Lungo (con riferimento a tempo e a spazio): *per m. tempo non si è visto*; *lo vidi da molta distanza*; *dopo m. cercare l'ho trovata* | †***Molta notte***, †***m. giorno***, per gran parte della notte o del giorno | †***Essere m. di qlcu.***, esserne intimo amico, familiare. *3* Troppo: *tre kilogrammi sono molti per noi.* *4* Con valore neutro in espressioni ellittiche: *non mi fermerò m.*; *da casa mia a casa tua c'è m.*; *ho speso m.*; *mangio e dormo m.*; *beve m.*; *non ci vuole m. a capirlo*; *non c'è m. da dire con ciò*; *oggi ho m. da fare*; *sul tuo conto ci sarebbe m. da dire*; *sa m.*; *legge m.*; *è già m. se riuscirà a farlo venire* | ***Or non è m.***, poco tempo fa | ***Fra non m.***, fra breve tempo | ***A dir m.***, al massimo, tutt'al più | †***Da m.***, di molto valore, di alta qualità: *uomini valorosi e da m.* (BOCCACCIO). **C pron. indef.** ● Chi (o ciò che) è in grande quantità o misura o numero o che è grande: *ci vuole pazienza e io ne ho molta*; *quanti libri avrà? non lo so, ma sono molti*; *molti ritengono giusta questa opposizione*; *siamo in molte a partecipare*; *molti di noi erano assenti*; *molte fra le signore presenti hanno applaudito.* **CONTR.** Poco. **D** in funzione di **s. m.** solo **sing.** ● Grande quantità: *bisogna valutare il m. e il poco.* **CONTR.** Poco. ‖ **moltissimo**, **superl.**

†**moltòspito** [comp. di *molto* e *ospite*] **agg.** ● Molto ospitale.

molucchése A agg. ● Delle Molucche, isole dell'Indonesia. **B s. m. e f.** ● Abitante, nativo delle isole Molucche.

mòlva [vc. normanno-bretone (?); av. 1557] **s. f.** ● Pesce osseo dei Gadiformi, con corpo quasi cilindrico e muso aguzzo (*Molva molva*).

momentàccio [pegg. di *momento*] **s. m.** ● Situazione sfavorevole, spec. economicamente: *per lui è proprio un m.* | Contingenza poco opportuna: *son venuto in un brutto m.?* (VERGA).

momentàneo [vc. dotta, lat. tardo *momentāneu(m)*, da *momēntum* 'momento'; av. 1498] **agg.** *1* Che ha breve o brevissima durata: *piacere, dolore m.*; *gioia momentanea*; **SIN.** Effimero, passeggero | (*ling.*) ***Aspetto m.***, di azione vista in un momento del suo sviluppo. **CONTR.** Durativo. *2* †Che agisce rapidamente. *3* (*ling.*) Detto delle consonanti che comportano una chiusura completa seguita da una brusca apertura del canale orale, come le occlusive e le vibranti. ‖ **momentaneaménte**, **avv.** In questo momento, al momento: *il capufficio è momentaneamente assente.*

momentìno [dim. di *momento*] **s. m.** ● Attimo: *Renzo si fermò un m. sulla riva* (MANZONI) | (*fam.*) ***Un m.***, un poco: *abbiate un m. di pazienza.*

♦**moménto** [lat. *momēntu(m)*, da **movimēntu(m)*, da *movēre* 'muovere'; il *momēntum* è un 'piccolo spazio di tempo'; av. 1332] **s. m.** (**pl.** †*momenta*, **f.**) *1* Minima frazione di tempo: *durare un m.*; *aspetta un m., per favore*; *in un m. la casa è crollata*; *fammi felice per un m. di tempo* (LEOPARDI) | (*fig.*) ***Non vedere il m. di***, essere impaziente | ***Da un m. all'altro***, molto presto: *deve arrivare da un m. all'altro*; improvvisamente, inopinatamente: *ha cambiato idea da un m. all'altro* | ***Non stare fermo, quieto un m.***, muoversi o agitarsi continuamente | ***Arrivare all'ultimo m.***, con molto ritardo | ***Gli ultimi momenti***, gli ultimi istanti di vita | ***Gloria, piacere di un m.***, effimeri | ***Di m. in m.***, in rapida successione; prestissimo | ***Al m. di***, nell'istante in cui un'azione comincia | ***Per il m.***, per ora | ***A momenti***, tra poco: *sarà qui a momenti*; per poco: *a momenti cadevo* | ***Tutti i momenti***, sempre, continuamente | ***Ciò che occorre al m.***, nell'urgenza del caso | ***Un m.!***, detto pregando o comandando di attendere | ***Fino a questo m.***, fino a ora | ***Al primo m.***, dapprima | ***Sul m.***, immediatamente | ***L'uomo, il fatto del m.***, di cui si parla ovunque | ***I bisogni, le esigenze del m.***, di oggi | ***L'entusiasmo del m.***, intenso ed effimero | ***Dal m. che***, dato che. **SIN.** Attimo, istante. *2* Contingenza, congiuntura: *mi trovo in un m. difficile, felice, favorevole, problematico*; *sono brutti momenti per tutti*; *passato questo m. di crisi, molte cose miglioreranno.* *3* Occasione: *capitare nel m. buono*; *saper cogliere il m. opportuno, favorevole*; *è il tuo m.*; *è il m. di agire* | ***M. magico***, quello particolarmente favorevole e significativo, spesso irripetibile: *la squadra sta vivendo il suo m. magico.* *4* (*lett.*) Peso, importanza, rilievo: *cosa di poco m.*; *le cose di maggiore m. non senza il parere suo si deliberavano* (GUICCIARDINI) | †***Non fa m.***, non importa | †***Di molto m.***, di grande importanza. *5* (*fam.*) Poco: *abbiate un m. di pazienza, per favore.* *6* (*fis.*) ***M. di una forza rispetto a un punto***, prodotto della forza per il braccio, cioè per la distanza della sua retta d'azione dal punto | ***M. di una coppia***, prodotto dell'intensità di una delle forze della coppia, per il braccio | ***M. angolare***, il prodotto della quantità di moto di un corpo in rotazione per la distanza tra il corpo e il centro di rotazione | ***M. d'inerzia***, in un sistema di punti materiali ruotanti attorno a un asse, somma dei prodotti della massa di ciascun punto per il quadrato della sua distanza dall'asse; indica la tendenza del sistema a non modificare la propria velocità di rotazione per effetto dell'applicazione di una coppia | ***M. magnetico***, grandezza che caratterizza le proprietà magnetiche dei corpi | ***M. di rotazione***, momento di coppie di forze esterne rispetto a un punto o a un asse fisso, che provoca la rotazione di un corpo. *7* ***M. musicale***, breve composizione pianistica: *i momenti musicali di Schubert.* *8* (*stat.*) ***M. ennesimo***, in una distribuzione statistica, media aritmetica delle potenze di ordine n degli scarti dei valori dalla media aritmetica | ***M. secondo***, varianza. ‖ **momentàccio**, **pegg.** (V.) | **momentìno**, **dim.** (V.).

mòmmo [vc. infant.; 1734] **s. m.** ● (*tosc.*) Cosa da bere, da succhiare | (*scherz.*) Vino.

mòna (*1*) [prob. vc. di orig. gr.; 1905] **A s. f.** ● (*volg., sett.*) Organo genitale femminile | (*fig.*) ***Andare, mandare in m.***, andare, mandare al diavolo. **B s. m. inv.** ● (*fig.*) Idiota, babbeo.

†**móna** (*2*) o **mòna** ● V. †*monna* (*2*).

mònaca (*1*) [vc. dotta, lat. eccl. *mŏnacha(m)*. V. *monaco* (*1*); 1279] **s. f.** ● Religiosa che professa le regole e gli statuti di qualche ordine approvato dalla Chiesa: *m. benedettina, clarissa.* **SIN.** Suora. ‖ **monacàccia**, **pegg.** | **monacèlla**, **monachèlla**, **dim.** (V.) | **monachétta**, **dim.** | **monachìna**, **dim.** (V.) | **monacùccia**, **dim.**

mònaca (*2*) [V. *monaco* (*2*)] **s. f.** ● Scaldaletto. **SIN.** Monaco, prete.

†**mònaca** (*3*) [etim. incerta; 1869] **s. f.** ● Vacca sterile per ermafroditismo o per essere nata da un parto gemellare.

mònaca (*4*) [dal colore delle ali che ricorda quello dell'abito di una *monaca*] **s. f.** ● Farfalla notturna il cui bruco è dannosissimo a molti alberi, soprattutto alle conifere (*Lymanthria monacha*) | ***M. di mare, foca m.***, monaco (*4*).

mònaca (*5*) [dal colore che ricorda quello dell'abito di una *monaca*] **s. f.** ● (*zool.*) Smergo.

monacàle [vc. dotta, lat. mediev. *monachāle(m)*, da *mŏnachus* 'monaco (1)'; av. 1342] **agg.** *1* Di monaco o di monaca: *abito m.* *2* (*fig.*) Caratterizzato da una semplicità austera: *condurre una vita m.* ‖ **monacalménte**, **avv.**

monacàndo [da *monacare*, con la desinenza dei n. deriv. da gerundivi lat. Cfr. *battezzando*, *comunicando*, *cresimando* ecc.; 1623] **s. m.** (**f.** *-a*) ● Chi è in procinto di monacarsi.

monacànto [comp. del gr. *mónos* 'uno' (V. *mono-*) e *ákantha* 'spina', di etim. incerta; 1934] **s. m.** ● Pesce litoraneo di mari tropicali che ha la prima pinna dorsale trasformata in spina (*Monacanthus ciliatus*).

monacàre [da *monaca* (*1*); 1260] **A v. tr.** (*io mònaco, tu mònachi*) ● (*raro*) Fare monaca: *m. una ragazza.* **B v. rifl.** ● Farsi monaca o monaco.

monacàto [vc. dotta, lat. tardo *monachātu(m)*, da *mŏnachus* 'monaco (1)'; sec. XIV] **s. m.** *1* Stato monastico. *2* L'insieme dei monaci o delle monache.

monacazióne [da *monacato*; sec. XIII] **s. f.** ● Cerimonia dell'essere ammessi a far parte di un ordine monastico.

monàcchia [sovrapposizione di *cornacchia* a un deriv. del lat. *monēdula* 'gazza', di etim. incerta (?); av. 1440] **s. f.** ● (*centr.*) Corvo.

monacèlla o **monachèlla** [1353] **s. f.** *1* Dim. di *monaca* (*1*). *2* Agganciatura per orecchini composta di un filo d'oro da infilare nel lobo dell'orecchio e da una levetta a molla per chiusura.

monacènse [da *Monaco* (di Baviera) con il suff. *-ense*; 1860] **A agg.** ● (*lett.*) Della città di Monaco di Baviera. **B s. m. e f.** ● (*lett.*) Abitante, nativo, di Monaco di Baviera.

monachèlla (*1*) [dal colore che ricorda quello dell'abito di una *monaca*] **s. f.** ● Passeriforme bianco con coda e ali nere (*Oenanthe hispanica*).

monachèlla (*2*) [dalla posizione delle zampe anteriori per cui sembra pregare come una *monaca*; av. 1730] **s. f.** ● (*zool.*) Mantide religiosa.

monachése ● V. *monacense*.

monachésimo o (*raro*) **monachìsmo** [da *monaco* (*1*); 1584] **s. m.** ● Fenomeno comune a molte religioni, per cui taluni individui si ritirano dalla vita sociale per cercare la realizzazione di un ideale di perfezione ascetica, andando a vivere in piena solitudine o in piccole comunità: *m. buddista, cristiano* | L'insieme delle istituzioni monastiche, delle loro regole, della loro storia: *il m. occidentale.*

monachétto [1681] **s. m.** *1* Dim. di *monaco* (*1*). *2* (*spec. al pl., fig.*) Faville, monachine. *3* Ferro nel quale entra il saliscendi, per chiudere l'uscio. **SIN.** Nasello, nasetto. *4* (*mar., disus.*) Piccola bitta, solidamente sistemata in coperta, per darvi volta a cime e cavi di non grande spessore.

monachìcchio [vc. merid., da *monaco* (*1*), per il cappuccio con cui viene immaginato; 1945] **s. m.** ● (*merid.*) Folletto scherzoso e dispettoso.

†**monachìle** [sec. XIV] **agg.** ● Monacale.

monachìna (*1*) [nel sign. 3 perché assomigliano a tante monache che si affrettano nei corridoi ognuna col suo lume in mano; av. 1590] **s. f.** *1* Dim. di *monaca* (*1*). *2* (*fig., spreg., raro*) Santarellina. *3* (*spec. al pl., fig.*) Favilla: *il cielo formicolava di stelle, che parevano le monachine quando corrono sul fondo nero della padella* (VERGA).

monachìna (*2*) [da *monaca* (*1*), per somiglianza col copricapo di certi ordini di suore] **s. f.** ● Cappello di paglia di Firenze a tesa molto larga e morbida.

monachìna (*3*) [detto così perché fatto dalle *monache*] **s. f.** ● Dolce con panna, tipico di Napoli.

monachìna (*4*) [dal colore che ricorda quello dell'abito di una *monaca*] **s. f.** ● (*zool.*) Avocetta.

monachìno (*1*) [1353] **s. m.** *1* Dim. di *monaco* (*1*). *2* †Lividura.

†**monachìno** (*2*) [detto così perché ricorda il colore dell'abito di un ordine di *monache*; av. 1375] **agg.** ● Di colore scuro, tendente al rosso: *panno m.*

monachìno (*3*) [dal colore che ricorda quello dell'abito di un *monaco*] **s. m.** ● (*zool.*) Ciuffolotto.

monachìsmo ● V. *monachesimo*.

mònaco (*1*) [vc. dotta, lat. tardo *mŏnachu(m)*, nom. *mŏnachus*, dal gr. *monachós* 'unico', poi 'monaco', da *mónos* 'solo' (V. *mono-*); 1279] **s. m.** (**pl.** *-ci*, †*-chi*) ● Chi si consacra a Dio dedicandosi alla preghiera nella solitudine o in una comunità religiosa, praticando l'ascesi e la contemplazione: *m. buddista, cattolico* | (*gener.*) Frate | ***Farsi m.***, entrare in un ordine, pronunciandone i voti. ‖ **monacèllo**, **monachèllo**, **dim.** | **monachétto**, **dim.** (V.) | **monachìno**, **dim.** (V.) | **monacùccio**, **dim.**

mònaco (*2*) [da *monaco* (*1*) perché fa un'azione buona riscaldando il letto (?); 1925] **s. m.** (**pl.** *-ci*) ● Scaldaletto. **SIN.** Monaca, prete.

mònaco (*3*) [detto così perché isolato come un *monaco* (?); 1550] **s. m.** (**pl.** *-ci*) ● (*arch.*) Asta verticale incastrata fra i due puntoni al vertice della capriata tradizionale in legno.

mònaco (*4*) [dal colore che ricorda quello dell'abito di un *monaco*] **s. m.** (**pl.** *-ci*) ● Foca del Mediterraneo con corpo quasi cilindrico, grandi occhi e lunghe setole sul labbro superiore (*Monachus albiventer*). **SIN.** Foca monaca.

mònade [lat. tardo *mŏnade(m)*, nom. *mŏnas*, dal gr. *monás*, da *mónos* 'unico'. V. *mono-*; 1525] **s. f.** ● (*filos.*) Sostanza semplice, indivisibile, inestesa e di natura spirituale che costituisce l'elemento ultimo delle cose.

monadèlfia [da *monadelfo*; 1813] s. f. ● (*bot.*) Nella classificazione linneana, classe di vegetali che comprendeva le piante con fiori a stami saldati.

monadèlfo [comp. di *mono-* e del gr. *adelphós* 'fratello'; 1834] agg. ● (*bot.*) Detto di fiore con stami riuniti in un fascetto unico.

monàdico [av. 1973] agg. (pl. m. *-ci*) ● (*filos.*) Che concerne o interessa la monade.

monadismo [comp. di *monade* e *-ismo*; 1905] s. m. ● Qualsiasi dottrina filosofica che concepisce il mondo come costituito da una pluralità di monadi.

monadista [1869] s. m. e f. (pl. m. *-i*) ● Chi, in opposizione all'atomismo democriteo, segue o sostiene il monadismo.

monadologìa [comp. di *monade* e *-logia*; av. 1852] s. f. ● La dottrina filosofica delle monadi, così come fu esposta da G. W. Leibniz (1646-1716).

monàndria [vc. dotta, gr. *monandría*, da *mónandros*. V. *monandro*] s. f. ● (*bot.*) Nella classificazione linneana, classe di vegetali comprendente le piante monandre.

monàndro [vc. dotta, gr. *mónandros* 'che ha un solo marito', comp. di *mónos* 'mono-' e *anḗr*, genit. *andrós* 'uomo', in botanica 'stame'; 1821] agg. ● (*bot.*) Detto di pianta con fiori a un solo stame.

monantèro [comp. di *mono-* e *antera*] agg. ● (*bot.*) Detto di stame con una sola antera.

monàrca [vc. dotta, gr. *monárchēs*, comp. di *mónos* 'mono-' e *árchein* 'comandare'; 1304] s. m. (f. *monarchéssa*, scherz.; pl. m. *-chi*) ● Capo di uno Stato retto a monarchia | Sovrano, re, imperatore | ***L'Eterno m.***, Dio.

†**monarcàle** [1342] agg. ● Monarchico.

†**monarcàto** [1870] s. m. ● Monarchia.

monarchésco [av. 1803] agg. (pl. m. *-schi*) ● (*lett.*, *spreg.*) Da monarca.

monarchìa [vc. dotta, lat. *monarchĭa(m)*, nom. *monarchĭa*, dal gr. *monarchía*, comp. di *mónos* 'mono-' e *-archia* '-archia'; 1308] s. f. ● Regime politico in cui il potere è accentrato nelle mani di una sola persona, che lo riceve gener. per via ereditaria e lo detiene a vita | ***M. assoluta***, che accentra ogni potere nelle mani del monarca | ***M. costituzionale***, in cui il potere sovrano appartiene al monarca e ad altri organi rappresentativi dei sudditi.

monarchianismo [dal gr. *monarchía(n)* nel senso etim. di 'comando di uno solo (*mónos*)'; 1929] s. m. ● (*relig.*) Corrente del pensiero cristiano antico incentrata sull'affermazione dell'unità di Dio contro la distinzione delle tre persone.

monàrchico [vc. dotta, gr. *monarchikós*, da *monarchía* 'monarchia'; av. 1610] **A** agg. (pl. m. *-ci*) **1** Della monarchia: *regime m.* **2** Che sostiene, favorisce la monarchia: *partito m.* **3** Che è retto a monarchia: *Stato m.* ‖ **monarchicaménte**, avv. In modo monarchico, in forma monarchica. **B** s. m. (f. *-a*) **1** Sostenitore della monarchia. **2** Iscritto a un partito monarchico.

monarchismo [fr. *monarchisme*, da *monarchie* 'monarchia'; av. 1801] s. m. ● (*raro*) Teoria e atteggiamento politico di chi è favorevole alle istituzioni monarchiche.

monarcòmaco [comp. del gr. *mónarchos* 'monarca' e *-machos*, da *máchesthai* 'combattere' (V. *gigantomachia*); 1765] agg.; anche s. m. (pl. m. *-chi*) ● (*raro*, *lett.*) Che (o Chi) combatte contro i sovrani assoluti.

monarmònico [comp. di *mono-* e *armonico*] agg. (pl. m. *-ci*) ● Di strumento che rende una sola armonia e tono.

monàsa [etim. incerta] s. f. ● Uccelletto brasiliano dei Passeriformi (*Monasa fusca*).

monasteriàle [vc. dotta, lat. tardo *monasteriāle(m)*, da *monastērium* 'monastero'; av. 1683] agg. ● (*raro*) Di monastero, relativo a monastero.

monastèro o †**monastèrio**, †**monistèrio**, †**monistèro**, †**munistèrio**, †**munistèro** [vc. dotta, lat. tardo *monastērĭu(m)*, dal gr. *monastḗrion*, da *monastḗs* 'monaco (1)', da *monázein* 'vivere da solo', da *mónos*. V. *mono-*; 1231] s. m. **1** Comunità religiosa cattolica di monaci o di monache. **2** Residenza di religiosi che vivono in comunità. **3** (*lett.*, *fig.*) Condizione di isolamento. ‖ **monasterétto**, dim. | **monasterùccio**, dim.

monàstico [vc. dotta, lat. tardo *monăsticu(m)*, nom. *monăsticus*, dal gr. *monastikós*, da *monastḗs* 'monaco'. V. *monastero*; av. 1342] agg. (pl. m. *-ci*) **1** Di monaco o monaca | Che concerne un monastero: *regola monastica*; *beni monastici*. **2** (*est.*) Di austera semplicità: *abbigliamento*, *stile m.* | ***Vita monastica***, (*fig.*) ritiratissima. ‖ **monasticaménte**, avv. (*raro*) In modo monastico.

monàtto [vc. milan. di etim. incerta; av. 1584] s. m. ● Addetto al trasporto dei malati e dei morti, ai tempi delle epidemie di peste.

monàulo [vc. dotta, lat. *monăulu(m)*, nom. *monăulos*, dal gr. *mónaulos* 'flauto semplice', comp. di *mónos* 'mono-' e *aulós* 'flauto' (V. *aulete*)] s. m. ● (*mus.*) Tibia semplice, strumento della famiglia dei flauti e delle siringhe in uso spec. ad Alessandria nel periodo ellenistico.

monazite [comp. del gr. *monázein* 'stare solo', da *mónos* 'solo' (V. *mono-*) e *-ite* (*2*); detta così perché minerale raro; 1934] s. f. ● (*miner.*) Fosfato di cerio in cristalli prismatici monoclini di colore bruno-giallastro.

†**moncàre** [da *monco*; av. 1494] v. tr. ● (*raro*, *lett.*) Mozzare: *monca il manco braccio e tutto 'l scuto* (BOIARDO).

moncherino [da *monco*; sec. XIII] s. m. **1** Braccio cui sia stata asportata traumaticamente o chirurgicamente la mano. **2** (*raro*, *est.*) Tronco d'asta spezzata.

monchézza [av. 1673] s. f. ● (*raro*) Menomazione di chi è monco.

mónco [sovrapposizione di *tronco* a *manco*; 1313] **A** agg. (pl. m. *-chi*) **1** Mozzato, troncato: *aver le mani monche*. **2** (*fig.*) Mancante in parte, privo di completezza: *notizie*, *frasi monche* | ***Libro m.***, incompleto. **3** Di persona priva di una o di entrambe le mani e braccia: *un uomo m. del braccio destro per un incidente sul lavoro*. **B** s. m. (f. *-a*) ● Persona monca.

moncóne [da *monco*; 1481] s. m. **1** Parte restante di un organo, dopo l'asportazione di una parte | ***M. d'amputazione***, parte restante di un arto, dopo l'amputazione. **2** Ciò che resta di un oggetto troncato: *il manico s'è rotto e gli è rimasto in mano il m.*

mónda [da *mondare*; 1918] s. f. ● (*sett.*) Diserbaggio delle risaie.

mondàbile [av. 1594] agg. ● Che si può mondare.

mondàna [f. sost. di *mondano*; av. 1367] s. f. ● (*eufem.*, *disus.*) Prostituta.

mondaneggiàre [comp. di *mondano* e *-eggiare*; 1950] v. intr. (*io mondanéggio*; aus. *avere*) ● (*raro*) Condurre vita mondana | (*est.*) Avere o assumere atteggiamenti in uso nel bel mondo.

mondanità [1524] s. f. **1** Caratteristica di ciò che è mondano: *hai notato la m. dei suoi discorsi?* **2** Cosa futile e frivola, vanità o diletto mondano: *vivere per le mondanità*; *non saper rinunciare alla m.* **3** Il complesso degli appartenenti all'alta società: *era presente tutta la m. della capitale*.

mondàno [vc. dotta, lat. *mundānu(m)*, da *mŭndus* 'mondo (2)'; av. 1294] **A** agg. **1** (*lett.*) Del mondo, inteso come parte dell'universo. **2** Del mondo, inteso come materialità: *felicità mondana*; *i piaceri mondani*. SIN. Terreno. **3** Di persona frivola e gaudente: *ha degli amici alquanto mondani* | Elegante, brillante, raffinato: *vita mondana*; *abitudini mondane* | (*est.*) Tipico delle classi sociali più elevate o più ricche: *una riunione piuttosto mondana*. ‖ **mondanaménte**, avv. In modo mondano; secondo le usanze e le esigenze del mondo: *vivere mondanamente*. **B** s. m. (f. *-a* (V.)) **1** Chi fa vita galante, di società: *i mondani dicono che è un ritrovo giù di moda*. **2** †Laico.

mondàre [lat. *mundāre*, da *mŭndus* 'mondo (1)'; sec. XIII] **A** v. tr. (*io móndo*) **1** (*tosc.* o *lett.*) Privare qlco. della buccia o della scorza: *m. la frutta prima di mangiarla*; *m. l'uovo sodo* | ***M. dalla corteccia***, scortecciare | ***M. il grano***, separarlo dalla pula: *una ingente quantità di piselli ... posava intatta sul tavolo, in attesa di essere mondata* (ORTESE). **2** Pulire, nettare (*anche fig.*): *m. le verdure prima di cuocerle*; *m. l'anima dal peccato* | ***M. il campo***, ***la vigna e sim.***, toglierne le erbacce. **B** v. rifl. ● (*fig.*, *lett.*) Farsi puro, senza macchia o peccato: *O creatura che ti mondi / per tornar bella a colui che ti fece* (DANTE *Purg.* XVI, 31-32).

mondariso [comp. di *monda(re)* e *riso*; 1905] s. m. e f. inv. ● Chi lavora alla monda del riso.

mondatóio [da *mondare*; 1958] s. m. ● (*agr.*) Apparecchio per la sfogliatura e la cernita delle olive.

mondatóre [vc. dotta, lat. tardo *mundatōre(m)*, da *mundāre* 'mondare'; av. 1320] agg.; anche s. m. (f. *-trice*) ● Che (o Chi) monda (*anche fig.*).

mondatùra [1293] s. f. **1** Operazione, lavoro del mondare: *procedere alla m. delle piantagioni*. **2** Ciò che si toglie e si getta dopo aver mondato qlco.: *la m. della frutta* | ***La m. del grano***, pula.

†**mondazióne** [vc. dotta, lat. tardo *mundatiōne(m)*, da *mundāre* 'mondare'; sec. XIV] s. f. ● Il mondare | (*fig.*) Purificazione, espiazione.

mondézza (**1**) o (*raro*) **mondìzia**, †**mundìzia** [dal lat. *mundĭtia(m)*, da *mŭndus* 'mondo (1)'; 1306] s. f. ● (*lett.*) Pulizia | (*fig.*) Purezza.

mondézza (**2**) o (*rom.*) **monnézza** [dal precedente, nel senso di 'ciò che si raccoglie facendo pulizia'; av. 1556] s. f. ● (*dial.*) Sporcizia, spazzatura.

mondezzàio o (*dial.*) **mondezzàro** [da *mondezza (2)*; 1598] s. m. **1** Luogo dove si getta la spazzatura | Ammasso di sudiciume. **2** (*fig.*) Cumulo di cose sordide, luogo di turpitudini: *un m. di vizi, di uomini corrotti*.

♦**mondiàle** [vc. dotta, lat. tardo *mundiāle(m)* 'mondano', da *mŭndus* 'mondo (2)'; 1308] agg. **1** Del mondo, di tutte o quasi tutte le nazioni del mondo: *guerra m.* | ***Fama m.***, pressoché universale | ***Campionati mondiali*** o (*ellitt.*) ***mondiali***, gara o complesso di gare di un determinato sport a cui partecipano atleti o squadre di varie nazioni per la conquista del titolo di campione del mondo. **2** (*fig.*, *fam.*) Eccezionale, straordinario: *una trovata m.* ‖ **mondialménte**, avv. In tutto il mondo: *uno studioso mondialmente noto*.

mondialismo [da *mondiale*; 1963] s. m. ● Tendenza ad affrontare i problemi politici, sociali e culturali in una prospettiva che comprende le nazioni del mondo nel loro complesso e non soltanto una o alcune di esse.

mondialìstico agg. (pl. m. *-ci*) ● Del mondialismo | Ispirato al mondialismo: *politica estera di tipo m.*

mondializzàre [da *mondiale*; 1971] v. tr. ● Diffondere, estendere su scala mondiale: *m. un conflitto, una crisi economica*.

mondializzazióne [1985] s. f. ● Situazione per cui i grandi problemi politici, sociali, economici e sim. vengono a investire il mondo intero, rendendo quindi necessaria una loro risoluzione a livello mondiale.

†**mondificàre** [vc. dotta, lat. tardo *mundificāre*, comp. di *mŭndus* 'mondo' (1) e *-ficāre* '-ficare'; sec. XIV] **A** v. tr. ● Purificare, nettare, pulire. **B** v. rifl. ● Purificarsi (*spec. fig.*).

†**mondificatìvo** [da *mondificare*; sec. XIV] agg. ● Che ha virtù di purgare, detergere.

mondìglia [da *mondare*; 1313] s. f. ● Ciò che resta dopo aver mondato qlco.: *spazzare la m. delle castagne* | (*est.*) Scorie.

mondìna (**1**) [da *mondare*; 1908] s. f. ● Operaia che fa la monda nelle risaie. SIN. Mondariso.

mondìna (**2**) [da *mondare*; 1863] s. f. ● (*tosc.*) Castagna mondata e poi lessata.

mondìzia ● V. *mondezza (1)*.

móndo (**1**) [vc. dotta, lat. *mŭndu(m)* di etim. incerta; sec. XIII] agg. **1** (*tosc.*) Spogliato del guscio o della corteccia: *pere monde* | Ripulito: *verdura monda*. **2** (*fig.*, *lett.*) Privo di peccato, mondato d'ogni macchia: *anima*, *coscienza monda*. SIN. Puro. **3** †Privo di impurità: *acque monde* | †Non manipolato: *vino m.* ‖ **mondaménte**, avv. (*raro*) In modo puro, limpido.

♦**móndo** (**2**) [lat. *mŭndu(m)*, da *mŭndus* 'ordinato' (V. *mondo (1)*); sec. XII] s. m. (pl. †*móndora*, f.) **I** Inteso in senso astronomico e geografico. **1** Cosmo, universo: *è gran dubio se 'l m. fu fatto di nulla o delle rovine d'altri mondi o del caos* (CAMPANELLA). CFR. cosmo-, -cosmo | ***La fine del m.***, il cataclisma che distruggerà l'universo; (*fig.*) situazione di estremo disordine, confusione e sim.; (*fam.*) cosa bellissima, eccezionale: *quella collana è la fine del m.!* | ***Non è la fine del m.***, (*fig.*) non è un male irreparabile | ***Da che m. è m.***, da sempre. **2** (*spec. lett.*) Corpo celeste: *mondi lontanissimi e sconosciuti*; *vide / sotto l'etereo padiglion rotarsi / più mondi, e il sole irradiarli immoto* (FOSCOLO) | (*fig.*) ***Vivere nel m. della luna***, fuori dalla realtà. **3** La Terra: *fare il giro del m.* | ***In capo al m.***, lontanissimo | ***Come è piccolo il m.!***, si dice incontrando qlcu. che si credeva lontano o difficilmente rintracciabile | ***Girare***, ***ve-***

dere, *conoscere mezzo m.*, viaggiare molto | ***Il m. è grande***, c'è posto per tutti | (*fig.*) ***Crede d'essere il padrone del m.***, si dice di chi vuole imporre la propria volontà | ***Il più bello***, ***il più bravo***, ***il migliore***, ***il peggiore del m.***, di tutti | (*fig.*) ***Con la maggior fatica del m.***, con grande sforzo e fatica | (*fig.*) ***Nessuno al m.***, mai nessuno | (*fig.*) ***Per tutto l'oro del m.***, a nessun costo | (*fig.*) ***Essere fuori del m.***, essere distaccato dalla realtà | (*est.*) Zona, plaga, continente: *il m. conosciuto dagli antichi* | ***Il Nuovo m.***, il continente americano | ***Il m. antico***, l'Asia, l'Africa e l'Europa | (*polit.*) ***Il terzo m.***, V. *terzo* | (*polit.*) ***Il quarto m.***, V. *quarto*. ***4*** Una delle figure nel gioco dei tarocchi. **II** Inteso come sede della vita in tutte le sue forme e manifestazioni. ***1*** Complesso organizzato di elementi che accolgono, determinano o rendono possibile la vita in genere o una particolare forma di essa: *questo nostro m.*; *il m. in cui viviamo*; *l'inesplorato m. degli abissi marini* | ***Il m. dell'al di là***, ***delle ombre*** e sim., la sede della vita ultraterrena | ***L'altro m.***, quello che ci attende dopo la morte, contrapposto a quello in cui viviamo | ***Cose dell'altro m.***, (*fig.*) straordinarie, incredibili, assurde. ***2*** Insieme di esseri d'una stessa specie o di specie diverse, organizzato secondo forme che gli sono proprie: *il m. vegetale*, *minerale*, *animale*; *il meraviglioso m. delle api*. **III** Inteso come sede del genere umano e di tutti i fenomeni ad esso collegati. ***1*** La totalità degli uomini, il consorzio umano: *le lodi*, *il biasimo del m.*; *non preoccuparsi del m.*; *far ridere il m.*; *dare esempio a tutto il m.*; *si empie facilmente el m. di opinioni erronee e vane* (GUICCIARDINI) | ***Il m. presente***, l'umanità d'oggi | ***Il m. civile***, gli uomini che vivono civilmente | ***Il gran***, ***il bel m.***, l'alta società. ***2*** La vita umana: *questo m. gramo*, *amaro*, *doloroso* | ***Dare***, ***mettere al m.***, far nascere | ***Venire al m.***, nascere | ***Togliere dal m.***, ***dalla scena del m.***, far morire | ***Lasciare il m.***, morire | ***Stare al m.***, vivere | (*fig.*) ***Saper stare al m.***, sapersi abilmente destreggiare fra le difficoltà della vita | ***Tornare al m.***, (*fig.*) rinascere. ***3*** Realtà, modi e forme della vita umana: *avere esperienza del m.*; *così va il m.* | ***Uomo***, ***donna di m.***, che ha molta esperienza della vita | ***Trovarsi in un m. nuovo***, in un ambiente diverso da quello solito | ***Il m. d'oggi***, il presente | ***Prendere il m. come viene***, sapersi adattare alla realtà. ***4*** (*lett.*) Modo di vivere frivolo, proteso alla ricerca del piacere, contrapposto alla vita di meditazione e di preghiera: *amare il m.* | ***Fuggire dal m.***, entrare in convento | ***Rinunciare***, ***morire al m.***, scegliere la vita conventuale, claustrale. ***5*** Civiltà e sue forme: *il m. romano*; *il m. classico*; *un pensatore che è estraneo al nostro m.* ***6*** Complesso di un ordine sociale, civile, umano: *il m. politico*, *cristiano*; *il m. musicale*, *letterario* | Ceto, categoria: *il m. dei piccoli produttori*. ***7*** Complesso di un ordine di fatti, cose, idee, che hanno diretto rapporto con l'uomo: *m. reale*, *ideale*, *possibile*, *soprannaturale*; *il m. della poesia*, *dell'arte* | Universo poetico, culturale, intellettuale: *il m. di Dante* | ***Il m. interiore***, idee e sentimenti che costituiscono la vita spirituale di un individuo. ***8*** (*fig.*) Grande quantità: *avere un m. di noie*, *brighe*, *guai*, *faccende*, *pensieri*; *c'era un m. di gente*; *ricevemmo un m. di cortesie*. ***9*** Nelle loc. inter. ***m. cane!***, ***m. birbone!***, ***m. ladro!***, e sim., per esprimere disappunto, ira. || PROV. Il mondo è di chi se lo piglia; il mondo non fu fatto in un giorno; questo mondo è fatto a scale, chi le scende e chi le sale. || **mondàccio**, pegg. | **mondino**, dim. | **mondóne**, accr.

mondoàldo ● V. *mundoaldo*.

mondovisióne [comp. di *mondo* (*2*) e (*tele*)*visione*; 1967] s. f. ● Collegamento televisivo intercontinentale.

monduàldo ● V. *mundoaldo*.

monegàsco [dalla forma del dialetto locale *munegascu*, da *Munegu* 'Monaco' col suff. etnico *-ascu* '-asco'; 1917] **A** agg. (pl. m. *-schi*) ● Del Principato di Monaco. **B** s. m. (f. *-a*) ● Abitante, nativo, del Principato di Monaco.

monèl [da A. *Monell*, presidente della Canadian Copper Company; 1934] s. m. ● Lega, con buona resistenza agli acidi, composta essenzialmente di nichel e di rame, usata per turbine a vapore, per tubi di condensatori, per recipienti e rivestimenti vari.

monellerìa [1803] s. f. ● Azione o comportamento da monello, da discolo. SIN. Malefatta.

monellésco [av. 1704] agg. (pl. m. *-schi*) ● Da monello: *comportamento m.* || **monellescaménte**, avv.

♦**monèllo** [vc. espressiva di orig. gerg.; 1534] s. m. (f. *-a*) ***1*** Ragazzo di strada, chiassoso e discolo: *le grida dei monelli* | (*est.*) Ragazzo vivace, impertinente e birichino: *sei proprio un m.* ***2*** †Briccone, malfattore. || **monellàccio**, pegg. | **monellino**, dim. | **monellùccio**, dim. | **monellucciàccio**, pegg.

monèma [da *mono-*, sul modello di *fonema*; 1965] s. m. (pl. *-i*) ● (*ling.*) La più piccola unità linguistica dotata di significato o di funzione grammaticale: *m. lessicale* (o *lessema*); *m. grammaticale* (o *morfema*). CFR. Lessema.

Monère [vc. dotta, tratta dal gr. *monḗrēs* 'unico', 'singolo'] s. f. pl. ● (*biol.*) Nelle classificazioni degli esseri viventi, regno sistematico comprendente gli organismi procarioti (batteri).

monergòlo ● V. *monoergolo*.

♦**monéta** [lat. *monēta*(*m*) 'zecca, moneta', dal tempio di *Jūno* ('Giunone') *Monēta* che serviva da zecca, di etim. discussa: di orig. fenicia (?); av. 1250] s. f. ***1*** Bene economico intermediario negli scambi quale misura di valore e mezzo di pagamento: *alcuni popoli primitivi usano conchiglie come m.* ***2*** Disco di metallo coniato per le necessità degli scambi, avente lega, titolo, peso e valore stabiliti | Mezzo di pagamento garantito da uno Stato e consistente in biglietti di banca, monete metalliche, titoli di credito, ecc. | ***M. debole***, quella il cui valore nominale è superiore a quello intrinseco o metallico | ***M. forte***, quella il cui valore nominale è inferiore a quello intrinseco o metallico | ***M. divisionaria***, sottomultiplo dell'unità monetaria | ***M. cartacea***, cartamoneta | ***M. a corso forzoso***, quella cartacea che non può essere convertita in moneta tipo | ***M. di conto***, ***scritturale***, non coniata ma assunta come unità puramente contabile | ***M. legale***, quella le cui caratteristiche sono definite per legge e che conserva il carattere legale entro i limiti dello Stato che la emette | ***M. di necessità***, quella coniata irregolarmente nel corso di avvenimenti bellici o in periodi nei quali scarseggia il circolante | ***M. ossidionale***, V. *ossidionale* | ***M. contromarcata***, quella che sul diritto o sul rovescio porta una contromarca che ne cambia il valore o ne segnala l'autenticità | ***M. calda***, nel linguaggio giornalistico, insieme dei capitali a breve termine che si spostano velocemente tra i diversi Paesi a causa delle incertezze relative alla stabilità dei cambi o alla sicurezza dei capitali | ***M. elettronica***, sistema di pagamento per mezzo di carta di credito e sim., senza trasferimento di banconote o assegni. ➡ ILL. **moneta**; ➡ TAV. **monete**. ***3*** (*est.*) Complesso dei crediti, beni, depositi bancari, titoli di credito e sim. facilmente e sicuramente realizzabili sotto forma di denaro. ***4*** Correntemente, soldi, denaro | ***Pagare in m. sonante***, in contanti | ***Prendere qlco. per buona m.***, ***per m. contante***, (*fig.*) accettare per vero | ***Fare m. falsa per qlco.***, (*fig.*) essere disposto anche ad azioni disoneste pur di riuscire nel proprio intento | ***Pagare qlcu. con la sua stessa m.***, (*fig.*) rendergli ciò che si merita, trattarlo come ci ha trattato. ***5*** Denaro spicciolo: *non ho m. per darle il resto*; *può darmi degli euro in m.?* ***6*** †Zecca. || **monetàccia**, pegg. | **monetina**, dim. (V.) | **monetùzza**, dim.

MONETA
nomenclatura

moneta

● *caratteristiche*: metallica, cartacea; falsa = contraffatta, spicciola, contante = corrente, sonante, liquida, effettiva; di riserva, di necessità, convertibile, nazionale, estera, legale ⇔ abusiva, immaginaria = ideale = di conto ⇔ reale, forte ⇔ debole, svalutata, deprezzata, buona ⇔ cattiva, perfetta ⇔ imperfetta, divisionaria, fiduciaria, di grosso taglio ⇔ di piccolo taglio; in circolazione, privata = consuetudinaria, di base;

● *parti della moneta*: esergo, leggenda, campo, granitura, perline, effigie, modulo, contorno, diritto = recto ⇔ rovescio = verso;

● *produzione e circolazione della moneta*: tondello = tondino, conio, controconio, coniatura = coniazione, torsello, zigrinatura; zecca, emissione, istituto di emissione, circolazione, corso (legale ⇔ forzoso); valore (intrinseco, estrinseco, commerciale); disaggio; demonetizzazione, signoraggio, potere d'acquisto, deflazione ⇔ inflazione (endogena ⇔ esogena), slittamento, svalutazione, svalutazione mascherata, valuta dumping; unione monetaria, sistema monetario (a cambio aureo, a carta moneta inconvertibile), riserva aurea, unità monetaria; cambio (corrente = del giorno, vantaggioso ⇔ svantaggioso, favorevole ⇔ sfavorevole, diretto ⇔ indiretto, certo = fisso ⇔ incerto = variabile, fluttuante, ufficiale ⇔ libero, esterno ⇔ interno, fuori mercato = parallelo; sotto la pari ⇔ sopra la pari) aggio, ancoraggio, apprezzamento, deprezzamento, adeguamento, allineamento; carta moneta, carta valori, banconota = biglietto di banca; moneta elettronica = carta di credito, moneta calda; petrodollaro; denaro, soldi, quattrini, grana, conquibus, peculio, pecunia, palanche, bezzi, sghei; somma, ammontare, cifra, importo; malloppo, gruzzolo, mancia; mazzetta, bustarella, tangente, fondi neri, denaro sporco, riciclato; obolo, offerta, elemosina, carità.

monetàbile [av. 1776] agg. ***1*** Che si può monetare. ***2*** (*est.*) Che si può valutare in moneta, cioè in denaro.

monetàggio [1558] s. m. ● Spesa per la fabbricazione e l'emissione della moneta.

monetàle [vc. dotta, lat. *monetāle*(*m*), da *monēta* 'moneta'; 1775] agg. ● Di, relativo a moneta.

monetàre [da *moneta*; sec. XIV] v. tr. (*io monéto*) ● Trasformare in moneta un metallo e sim., dandogli la forma e il valore stabiliti: *m. l'oro*, *la carta filigranata*.

monetàrio (**1**) [da *moneta*; av. 1776] agg. ● Di moneta, relativo alla moneta: *un grave problema m.* | ***Circolazione monetaria***, complesso di mezzi di pagamento esistenti in un dato momento in un paese.

†**monetàrio** (**2**) [vc. dotta, lat. tardo *monetāriu*(*m*), da *monēta* 'moneta'; av. 1536] s. m. ● Monetiere.

monetarìsmo [da *monetario* (*1*); 1956] s. m. ● (*econ.*) Dottrina secondo cui la moneta svolge, rispetto ad altri strumenti di politica economica, una funzione essenziale nel determinare le fluttuazioni economiche, spec. per evitare situazioni di inflazione o deflazione.

monetarista [1979] s. m. e f. (pl. m. *-i*) ● Chi sostiene il monetarismo.

monetaristico [1979] agg. (pl. m. *-ci*) ● Relativo al monetarismo.

monetàto [sec. XIV] part. pass. di *monetare*; anche agg. ***1*** Nel sign. del v. ***2*** ***Oro m.***, ***carta monetata***, cui è stato attribuito valore di moneta.

monetazióne [da *monetare*; av. 1776] s. f. ● Fabbricazione della moneta.

monetière [av. 1347] s. m. ***1*** †Coniatore di monete | (*est.*) Falsificatore di monete. ***2*** Mobile a cassetti per conservare monete e medaglie.

monetina [av. 1694] s. f. ***1*** Dim. di *moneta*. ***2*** Quella che l'arbitro di una partita di calcio lancia in aria prima dell'inizio dell'incontro per la scelta del campo e l'assegnazione del calcio d'inizio.

monetizzàbile [1992] agg. ***1*** Di attività o bene trasformabili in moneta con la vendita: *obbligazioni facilmente monetizzabili* | (*fig.*) Di ciò che può essere scambiato con denaro: *la sicurezza sul lavoro non è m.* ***2*** Che può essere valutato nel suo equivalente in denaro: *danno difficilmente m.*

monetizzàre [fr. *monétiser*, dal lat. *monēta* 'moneta'; av. 1861] v. tr. ***1*** Valutare un bene nel suo equivalente in denaro. ***2*** Realizzare sotto forma di denaro contante crediti, beni e sim.

monetizzazióne [1980] s. f. ● Il monetizzare.

money manager /'mani 'manadʒer, *ingl.* 'mʌni 'mænɪdʒəɹ/ [loc. ingl., comp. di *money* 'denaro' e *manager* (V.); 1986] loc. sost. m. e f. inv. (pl. ingl. *money managers*) ● Chi gestisce ingenti somme di denaro per conto di terzi.

monferrina [da *monferrino*; 1802] s. f. ● Ballo tradizionale piemontese, costituito da una sestupla di crome a movimento vivace.

monferrino [1585] **A** agg. ● Del Monferrato. **B** s. m. (f. *-a* (V.)) ● Abitante, nativo del Monferrato.

mongolfièra [fr. *montgolfière*, dal n. dei fratelli

mongolia

mongolia *Montgolfier che la inventarono nel 1782; 1812*] s. f. ● Pallone aerostatico dotato di una larga apertura inferiore sostenuto dall'aria calda contenuta nel suo interno, prodotta un tempo da un fuoco che veniva acceso sotto l'apertura e oggi da un bruciatore a gas. ➡ ILL. p. 2156 SPORT.

mongòlia [dal n. della regione della *Mongolia*; 1973] s. f. ● Pelliccia di montone o agnello orientale a pelo folto e molto riccio.

mongòlico [1869] agg. (pl. m. *-ci*) **1** Relativo ai Mongoli e alla Mongolia: *lingue mongoliche*. **2** (*est*.) Che ha caratteristiche simili a quelle dei Mongoli: *occhi mongolici*.

mongòlide o **mongolide** [1941] agg.; anche s. m. e f. **1** Che (o Chi) appartiene o è relativo a un ceppo formato da Tungusi, Cinesi e Sudmongolici. **2** (*med*.) Mongoloide.

mongolismo [così detto perché tale sindrome conferisce un aspetto che ricorda quello dei *Mongoli*; 1907] s. m. ● (*med*.) Termine desueto per indicare la sindrome di Down. SIN. Sindrome di Down.

mòngolo [dal mongolo *mongol*, in orig. n. di una piccola tribù; 1787] **A** agg.; anche s. m. (f. *-a*) ● Che (o Chi) appartiene a popolazioni dell'Asia Centrale con caratteristiche razziali comuni: *il gran Lama dei Mongoli; l'invasione dei Mongoli in Europa*. **B** s. m. solo sing. ● Lingua della famiglia altaica parlata dai Mongoli.

mongolòide [comp. di *mongolo* e *-oide*; 1895] **A** agg. ● Detto di razza umana i cui individui presentano caratteri quali capelli dritti, naso leggermente largo, pelle giallo-bruna. **B** agg.; anche s. m. e f. ● Che (o Chi) è affetto da mongolismo.

mongoloidìsmo [1978] s. m. ● (*med*.) Mongolismo.

mongòmeri s. m. inv. ● Adattamento di *montgomery* (V.).

monile o †**manile** [vc. dotta, lat. *monīle*, di orig. indeur.; av. 1374] s. m. ● Ornamento prezioso che si porta al collo: *un m. di perle* | (*est*.) Vezzo, gioiello.

monilia [da *monile*, per la disposizione dei conidi; 1934] s. f. ● Denominazione adottata in passato per indicare miceti caratterizzati da conidi disposti a catenelle, attualmente classificati nel genere fungino *Candida*.

Moniliali [vc. dotta, comp. di *monilia* e *-ali*; 1967] s. f. pl. (sing. *-e*) ● Nella tassonomia vegetale, ordine di Funghi dei Deuteromiceti parassiti e saprofiti (*Moniliales*). SIN. Ifomiceti.

moniliasi [da *monilia*; 1958] s. f. inv. ● (*med*.) Candidosi | *M. orale*, mughetto.

†**moniménto** ● V. *monumento*.

monismo [ted. *Monismus*, dal gr. *mónos* 'solo, unico'. V. *mono-*; 1745] s. m. ● Dottrina filosofica che riconduce a un unico principio la molteplicità solo apparente dell'esperienza.

monista (av. 1744] s. m. e f. (pl. m. *-i*) ● Chi segue o si ispira al monismo.

†**monistèrio** ● V. *monastero*.

†**monistèro** ● V. *monastero*.

monìstico [da *monismo*; 1884] agg. (pl. m. *-ci*) ● Che concerne o interessa il monismo o i monisti.

mònito [vc. dotta, lat. *mŏnitu(m)*, da *monēre* 'ammonire', dalla stessa radice di *mēns* 'mente'; 1499] s. m. ● Severo e solenne ammonimento: *rivolgere un m. a qlcu.*; *essere, servire di m*.

mònitor /'mɔnitor, ingl. 'mɒnɪtə/ [vc. ingl., propr. 'avvisatore', dal lat. *mŏnitor*, nom. V. *monito* (1); 1963] s. m. inv. ● Apparecchio di segnalazione o controllo qualitativo dell'andamento di un fenomeno | (*tv*) Apparecchio che riproduce su un cinescopio le immagini riprese dalle telecamere | Apparecchio che rende visibili i dati di un sistema elettronico.

monitoràggio [da *monitor*; 1979] s. m. ● Controllo frequente dell'andamento di fenomeni fisici, chimici, biologici, ambientali e sim. mediante apparecchiature (es. monitor) o tecniche analitiche: *m. ambientale* | (*med*.) *M. permanente*, controllo continuo delle condizioni di malati considerati a rischio, in modo da consentire ai medici di intervenire tempestivamente | (*est*.) Osservazione, controllo sistematico di una situazione, di un fenomeno e sim.: *m. dei prezzi*.

monitoràre [denom. di *monitor*; 1985] v. tr. (*io monitoro*) ● Effettuare un monitoraggio: *m. un malato grave*; *m. l'inquinamento ambientale*.

monitóre (1) [vc. dotta, lat. *monitōre(m)*, da *monēre* 'ammonire'. V. *monito*; av. 1406] s. m. (f. *-trice*) **1** (*raro*) Ammonitore, guida, consigliere. **2** (*elvet*.) Istruttore sportivo: *m. di sci*.

monitóre (2) [calco sul fr. *moniteur*; 1798] s. m. ● In passato, titolo di giornali e riviste.

monitóre (3) [ingl. *monitor* 'avvisatore', dal lat. *mŏnitor*, nom. V. *monitore* (1); 1866] s. m. **1** Nave da guerra ormai disusata, caratterizzata da elevata protezione, modesto pescaggio, modesta velocità, armata con cannoni di grosso calibro in torre, e destinata ad azioni costiere. **2** Apparecchio per abbattere ghiaie, sabbie, argille e altri materiali poco compatti nelle cave, per mezzo di violenti getti d'acqua.

monitòrio [vc. dotta, lat. *monitōriu(m)*, agg. di *mŏnitor*, genit. *monitōris* 'ammonitore'; av. 1527] **A** agg. ● Che ammonisce. **B** s. m. ● Lettera con la quale l'autorità ecclesiastica impone a chi ne abbia cognizione di rendere palese un fatto, prescrivendo pene per i reticenti.

monitorizzàre [da *monitor*; 1986] v. tr. ● Sottoporre a monitoraggio | Attrezzare, dotare di monitor.

monizióne [vc. dotta, lat. *monitiōne(m)*, da *monēre* 'ammonire'. V. *monito*; 1483] s. f. **1** †Ammonizione. **2** (*relig*.) Nella liturgia cattolica, breve avvertenza o informazione data dal celebrante o dal commentatore per introdurre i fedeli a una fase del rito.

mon-khmer /mɔŋk'mɛr/ comp. di *mon*, n. di una popolazione della Birmania, e *khmer* (V.)] **A** s. m. inv. ● Famiglia di lingue dell'Asia sudorientale. **B** anche agg. inv.: *lingue mon-khmer*.

mònna (1) [da *m(ad)onna*; 1294] s. f. **1** (*lett*.) †Signora, madonna. **2** (*tosc*.) Appellativo scherzoso o confidenziale di donna. || **monnina**, dim.

†**mónna** (2) (o *-ò-*), †**móna** (2) [sp. *mona*, di etim. discussa: abbr. di *mamona*, var. di *maimón*, dall'ar. *maymūn* 'scimmia' (?). V. *mammone*; 1547] s. f. ● (*tosc*.) Scimmia, bertuccia | *Dar la m.*, beffare. || †**monnìna**, dim. | †**monnóne**, accr. | †**monnosìno**, dim. m. | †**monnùccia**, dim. f.

monnézza ● V. *mondezza* (2).

mòno- [dal gr. *mónos* 'solo'] primo elemento ● In parole composte della terminologia scientifica o della lingua dotta, significa 'uno', 'uno solo', 'costituito da uno solo': *monogamo, monografia, monoteismo, monoscopio, monotipo, monoposto*.

monoàlbero [comp. di *mono-* e *albero*; 1965] agg. inv. ● (*mecc*.) Detto della distribuzione di un motore di automobile fornito di un solo albero a camme in testa.

monoansàto [comp. di *mono-* e *ansa*] agg. ● Detto di vaso con una sola ansa.

monoàsse [comp. di *mono-* e *asse* (2); 1957] agg. inv. **1** (*scient*.) Che ha un solo asse (ottico, di simmetria e sim.). **2** (*autom*.) Detto di carrello o rimorchio con un solo asse, cioè con due sole ruote.

monoatòmico [comp. di *mono-* e *atomo*; 1891] agg. (pl. m. *-ci*) ● (*fis*.) Detto di sostanza la cui molecola è costituita da un solo atomo: *elemento m*.

monoauràle [comp. di *mono-* e del lat. *āuris* 'orecchia' (V. *orecchio*), col suff. *-ale* degli agg.; 1959] agg. **1** Che riguarda un solo orecchio. **2** (*fis*.) Monofonico.

monobactàmico agg. (pl. m. *-ci*) ● (*farm*.) Relativo, pertinente a una classe di antibiotici monociclici beta-lattamici.

monobàsico [comp. di *mono-* e *basico*; 1891] agg. (pl. m. *-ci*) ● (*chim*.) Detto di acido, inorganico od organico, in cui un solo atomo di idrogeno è sostituibile da un metallo o da un radicale organico.

moneta

diritto — campo, effigie, leggenda — rovescio — contorno zigrinato, esergo — baiocco — bisante — carlino — denaro — dramma — ducato — fiorino — ghinea — grano — grosso — marengo — quattrino — sesterzio — sovrana — statere — tallero — tarì — tornese — zecchino

MONETE

Paese	Unità monetaria	Paese	Unità monetaria	Paese	Unità monetaria
Afghanistan	afghani	Gabon	franco CFA	Nigeria	naira
Albania	lek	Gambia	dalasi	Norvegia	corona norvegese
Algeria	dinaro algerino	Georgia	lari	Nuova Zelanda	dollaro neozeland.
Andorra	franco fr./peseta sp.	Germania	marco tedesco	Oman	rial dell'Oman
Angola	nuovo kwanza	Ghana	cedi	Paesi Bassi	fiorino olandese
Antigua e Barbuda	dollaro dei Caraibi Or.	Giamaica	dollaro giamaicano	Pakistan	rupia pakistana
Arabia Saudita	rial saudita	Giappone	yen	Panamá	balboa
Argentina	peso argentino	Gibuti	franco di Gibuti	Papua N. Guinea	kina
Armenia	dram	Giordania	dinaro giordano	Paraguay	guaraní
Australia	dollaro australiano	Gran Bretagna	lira sterlina	Perù	nuovo sol
Austria	scellino austriaco	Grecia	dracma	Polonia	zloty
Azerbaigian	manat dell'A.	Grenada	dollaro dei Caraibi Or.	Portogallo	escudo portoghese
Bahama	dollaro delle B.	Guatemala	quetzal	Qatar	rial del Qatar
Bahrain	dinaro di Bahrain	Guinea	franco della Guinea	Romania	leu romeno
Bangladesh	taka	Guinea-Bissau	franco CFA	Ruanda	franco del Ruanda
Barbados	dollaro di Barbados	Guinea Equatoriale	franco CFA	Russia	rublo
Belgio	franco belga	Guyana	dollaro della G.	St. Kitts e Nevis	dollaro dei Caraibi Or.
Belize	dollaro del Belize	Haiti	gourde	Saint Lucia	dollaro dei Caraibi Or.
Benin	franco CFA	Honduras	lempira	Saint Vincent e Grenadine	dollaro dei Caraibi Or.
Bhutan	ngultrum	India	rupia indiana		
Bielorussia	rublo bielorusso	Indonesia	rupia indonesiana	Salomone	dollaro delle S.
Bolivia	boliviano	Iran	rial iraniano	Samoa	tala
Bosnia-Erzegovina	marco bosn. convert.	Iraq	dinaro iracheno	San Marino	lira italiana
Botswana	pula	Irlanda	lira irlandese	São Tomé e Principe	dobra
Brasile	real	Islanda	corona islandese	Seicelle	rupia delle Seicelle
Brunei	dollaro di Brunei	Israele	sheqel	Senegal	franco CFA
Bulgaria	lev	Italia	lira italiana	Sierra Leone	leone
Burkina Faso	franco CFA	Jugoslava, Fed.	nuovo dinaro jugosl.	Singapore	dollaro di Singapore
Burundi	franco del Burundi	Kazakistan	tenge	Siria	lira siriana
Cambogia	riel	Kenya	scellino kenyota	Slovacchia	corona slovacca
Camerun	franco CFA	Kirghizistan	som kirghiso	Slovenia	tallero
Canada	dollaro canadese	Kiribati	dollaro australiano	Somalia	scellino somalo
Capo Verde	escudo del C. V.	Kuwait	dinaro kuwaitiano	Spagna	peseta
Ceca, Repubblica	corona ceca	Laos	kip	Sri Lanka	rupia di Sri Lanka
Centrafricana, Rep.	franco CFA	Lesotho	loti	Stati Uniti d'America	dollaro USA
Ciad	franco CFA	Lettonia	lat	Sudafricana, Rep.	rand
Cile	peso cileno	Libano	lira libanese	Sudan	dinaro sudanese
Cina	renminbi (yuan)	Liberia	dollaro liberiano	Suriname	fiorino di Suriname
Cipro	lira cipriota	Libia	dinaro libico	Svezia	corona svedese
Colombia	peso colombiano	Liechtenstein	franco svizzero	Svizzera	franco svizzero
Comore	franco delle C.	Lituania	lita	Swaziland	lilangeni
Congo, Rep. del	franco CFA	Lussemburgo	franco lussemburg.	Tagikistan	rublo tagiko
Congo, Rep. democratica del (ex Zaire)	franco congolese	Macedonia	dinaro macedone	Taiwan	dollaro di Taiwan
		Madagascar	franco malgascio	Tanzania	scellino della T.
		Malawi	kwacha del Malawi	Thailandia	baht
Corea del Nord	won nordcoreano	Malaysia	ringgit	Togo	franco CFA
Corea del Sud	won sudcoreano	Maldive	rupia delle Maldive	Tonga	pa'anga
Costa d'Avorio	franco CFA	Mali	franco CFA	Trinidad e Tobago	dollaro di T. e T.
Costa Rica	colón Costarica	Malta	lira maltese	Tunisia	dinaro tunisino
Croazia	kuna	Marocco	dirham maroccino	Turchia	lira turca
Cuba	peso cubano	Marshall	dollaro USA	Turkmenistan	manat turkmeno
Danimarca	corona danese	Mauritania	ouguiya	Tuvalu	dollaro australiano
Dominica	dollaro dei Caraibi Or.	Maurizio	rupia di Maurizio	Ucraina	grivna
Dominicana, Rep.	peso dominicano	Messico	peso messicano	Uganda	scellino ugandese
Ecuador	dollaro USA	Micronesia	dollaro USA	Ungheria	fiorino ungherese
Egitto	lira egiziana	Moldavia	leu moldavo	Uruguay	peso uruguayano
El Salvador	colón salvadoregno	Monaco	franco francese	Uzbekistan	som uzbeko
Emirati Arabi Uniti	dirham Em. Arabi	Mongolia	tughrik	Vanuatu	vatu
Eritrea	nakfa	Mozambico	metical	Vaticano, Città del	lira italiana
Estonia	corona estone	Myanmar (Birmania)	kyat	Venezuela	bolívar
Etiopia	birr	Namibia	dollaro della Namibia	Vietnam	dong
Figi	dollaro figiano	Nauru	dollaro australiano	Yemen	rial yemenita
Filippine	peso filippino	Nepal	rupia nepalese	Zambia	kwacha zambiano
Finlandia	marco finlandese	Nicaragua	córdoba oro	Zimbabwe	dollaro dello Z.
Francia	franco francese	Niger	franco CFA		

monoblòcco [comp. di *mono-* e *blocco*; 1942] **A** agg. inv. ● Che è composto di un solo blocco: *apparecchiatura m.* **B** s. m. (pl. *-chi*) **1** (*mecc.*) Blocco di ghisa entro il quale sono ricavati i cilindri del motore a combustione interna alternativa. **2** Apparecchiatura che riunisce in un unico blocco l'impianto idraulico e gli elettrodomestici necessari in una cucina.

monocàlibro [comp. di *mono-* e *calibro*; 1937] agg. inv. ● Detto di nave militare con grossi cannoni di calibro uguale.

monocàmera [comp. di *mono-* e *camera*; 1964] s. f.; anche agg. inv. ● Appartamentino costituito in genere da una sola camera attrezzata per vari usi, più i servizi ridotti all'essenziale. SIN. Monolocale.

monocameràle [comp. di *mono-* e *camerale*; 1978] agg. ● (*polit.*) Detto di sistema parlamentare basato su una sola camera legislativa. SIN. Unicamerale.

monocameralìsmo [comp. di *monocameral(e)* e *-ismo*] s. m. ● Sistema parlamentare in cui il potere legislativo è affidato a una sola Camera. SIN. Unicameralismo. CFR. Bicameralismo.

monocànna [comp. di *mono-* e *canna*; 1970] **A** s. m. inv. ● Fucile da caccia a una sola canna. **B** anche agg. inv.: *fucile m.*

monocarbossìlico [comp. di *mono-* e *carbossilico*; 1957] agg. (pl. m. *-ci*) ● (*chim.*) Detto di acido la cui molecola contiene un solo gruppo carbossilico.

monocàrpico [comp. di *mono-* e *-carpo*; 1891] agg. (pl. m. *-ci*) ● (*bot.*) Detto di pianta che fiorisce e fruttifica una sola volta nella sua vita e poi muore.

monocàsio [comp. di *mono-* e del gr. *chásis* 'separazione', da *cháskein* 'aprirsi', di orig. indeur.; 1957] s. m. ● (*bot.*) Tipo di ramificazione in cui solo un ramo laterale si ramifica.

†**monòcchio** [vc. dotta, lat. tardo *monŏculu(m)*, comp. del gr. *mónos* 'mono-' e del lat. *ŏculus* 'occhio'; sec. XIV] agg.; anche s. m. ● Monocolo.

monocèfalo [vc. dotta, gr. *monoképhalos* 'che ha una sola testa', comp. di *mono-* 'mono-' e *-képhalos* '-cefalo'; 1891] s. m. ● (*med.*) Malformazione dello sviluppo fetale gemellare con formazione di un'unica testa.

monocellulàre [comp. di *mono-* e *cellula*; 1934] agg. ● (*biol.*) Unicellulare.

monocèntrico [comp. di *mono-* e *centrico*, opposto a *pluricentrico*] agg. (pl. m. *-ci*) ● Che ha un solo centro.

monochina [comp. di *mono-* e del gr. *kínēsis* 'movimento' col suff. *-ina*, sul modello di *citochina*] s. f. ● (*biol.*) Ciascuna sostanza proteica solubile e biologicamente attiva che, rilasciata da monociti o macrofagi, influenza l'attività di altre popolazioni cellulari.

monocilìndrico [comp. di *mono-* e *cilindrico*; 1955] agg. (pl. m. *-ci*) ● (*mecc.*) Detto di motore che ha un solo cilindro e di veicolo fornito di tale motore: *motocicletta monocilindrica.*

monocito o **monocita** [fr. *monocyte*, comp. di *mono-* 'mono-' e *-cyte* '-cito'; 1934] s. m. (pl. *-i*) ● (*biol.*) Grosso leucocito del sangue con spiccata attività fagocitaria.

monocitòsi [comp. di *monocit(o)* e del suff. *-osi*; 1936] s. f. inv. ● (*med.*) Aumento dei monociti nel sangue che si riscontra in molte malattie infettive quali malaria, tubercolosi, mononucleosi e in alcune neoplasie.

monoclamidàto [comp. di *mono-* e un deriv. di *clamide*; 1891] agg. ● (*bot.*) Detto di fiore il cui perianzio è formato o solo dal calice o solo dalla corolla. SIN. Monoclamideo.

Monoclamidee [comp. di *mono-* e *clamide*; 1940] s. f. pl. (sing. *-a*) ● Nella tassonomia vegetale, gruppo di piante legnose delle Dicotiledoni con perianzio assente o poco sviluppato (*Monochlamydeae*). SIN. Apetale.

monoclamìdeo agg. ● (*bot.*) Monoclamidato.

monoclàsse [comp. di *mono-* e *classe*; 1950] agg. inv. ● Che ha una sola classe: *scuola m.*

monoclinàle [comp. di *mono-* e del gr. *klínein* 'inclinare, piegare'; 1956] **A** s. f. ● (*geol.*) Regione in cui gli strati rocciosi presentano direzione costante e pendenza simile, immergendosi nella stessa direzione. **B** anche agg.: *regione m.*

monoclino (**1**) [comp. di *mono-* e del gr. *klínē* 'letto', da *klínein* 'inclinare'] agg. ● (*bot.*) Detto di pianta con fiori ermafroditi, e di tali fiori.

monoclìno (**2**) [comp. di *mono-* e del gr. *klínein* 'inclinare, piegare'] agg. ● (*miner.*) Detto di sistema cristallino in cui esiste un solo piano di simmetria contenente due assi cristallografici intersecantisi con un angolo qualsiasi, e un solo asse perpendicolare al piano di simmetria.

monoclonàle [comp. di *mono-* e *clonale*] agg. ● (*biol.*) Che deriva da una singola cellula o è relativo a un solo clone | ***Anticorpo m.***, secreto da un singolo clone linfocitario; si produce nell'organismo in alcuni tipi di mieloma e artificialmente, per uso diagnostico e terapeutico, da ibridomi ottenuti per fusione di linfociti di topo con cellule tumorali (mieloma) che si riproducono in vitro illimitatamente.

monòcolo (**1**) o (*lett.*) †**monòculo** [V. †*monocchio*; sec. XIV] agg.; anche s. m. ● (*lett.*) Che (o Chi) è cieco di un occhio: *vide un soldato m.*; *il vecchio era m.* (D'ANNUNZIO) | Che ha un occhio solo: *i Ciclopi erano monocoli.*

monòcolo (**2**) [fr. *monocle*. V. precedente; 1821] s. m. **1** Lente che si porta davanti a un solo occhio per correggere difetti di vista. **2** Piccolo cannocchiale provvisto di un'unica canna | ***M. a cannoncino***, strumento ottico usato da orologiai e orefici, costituito da un piccolo cilindro che si incastra nell'orbita oculare.

monocolóre [comp. di *mono-* e *colore*; 1950] **A** agg. inv. **1** (*raro*) Di un solo colore: *ritratto su sfondo m.* **2** (*polit.*) Detto di governo formato da ministri provenienti tutti dallo stesso partito. **B** s. m. ● (*polit.*) Governo monocolore: *formare un m.*; *un m. democristiano.*

monocoltùra [comp. di *mono-* e *coltura*; av. 1937] s. f. **1** (*agr.*) Coltivazione di una sola specie o varietà di piante, effettuata continuativamente sullo stesso terreno. **2** (*est.*) Sistema economico di un Paese caratterizzato dalla prevalenza di un solo prodotto, agricolo o industriale, su cui viene concentrato lo sforzo produttivo nazionale spec. ai fini dell'esportazione.

monocomàndo [comp. di *mono-* e *comando* (*1*)] **A** agg. inv. **1** Che ha un unico dispositivo di comando: *rubinetto m.* **2** Detto di velivolo con un solo posto di pilotaggio. **B** s. m. inv. ● Velivolo monocomando.

monocomponènte [comp. di *mono-* e *componente*; 1985] agg. ● Che è formato di un solo componente, di un unico elemento: *struttura m.*

monocòrde [da *monocordo*, rifatto su *concorde*, *discorde* ecc.; 1913] agg. ● (*lett.*) Privo di varianti: *scritto m.*; *musica m.*; *stile m.*

monocòrdo [vc. dotta, lat. tardo *monochŏrdo(n)*, dal gr. *monóchordon*, comp. di *mónos* 'mono-' e *chordḗ* 'corda'; sec. XIV] s. m. ● (*mus.*) Strumento dotato di una sola corda e di una cassa di risonanza, usato da pitagorici e studiosi medievali per misurare il rapporto fra lunghezza della corda e altezza dei suoni | Nella tecnica violinistica, esecuzione di un passaggio o di un intero brano su una sola corda.

monocoriàle [comp. di *mono-* e *corion*, con suff. aggettivale; 1932] agg. ● (*biol.*) Che deriva da un solo corion, il quale produce un solo gruppo di annessi: *gemelli monocoriali.*

monocòrnia [da *mono-* sul modello di *bicornia*; 1958] s. f. ● Incudine a una sola punta, tipica dei calderai.

monocotilèdone [comp. di *mono-* e *cotiledone*; 1813] agg. ● Detto di pianta nel cui seme è contenuto un solo cotiledone.

Monocotilèdoni [1813] s. f. pl. (sing. *-e*) ● Nella tassonomia vegetale, classe di piante il cui embrione è fornito di un solo cotiledone e verticilli fiorali costituiti generalmente da tre pezzi (*Monocotyledones*). ➡ ILL. **piante**/10.

monocottùra [comp. di *mono-* e *cottura*; 1983] s. f. inv. ● Prodotto ceramico usato spec. per pavimenti e rivestimenti, ottenuto con una cottura contemporanea del supporto e dello smalto, caratterizzato da una bassa porosità che gli conferisce maggior resistenza rispetto alla ceramica tradizionale | Tecnica di produzione di tali ceramiche: *piastrelle, pavimento in m.*

monocràtico [dal gr. *monokratía* 'dominio di uno solo', comp. di *mono-* 'mono-' e *-kratía* '-crazia'; 1862] agg. (pl. m. *-ci*) ● (*dir.*) Detto di organo giudicante costituito da una sola persona.

monocrazìa [gr. *monokratía*, comp. di *mono-* 'mono-' e *-kratía* '-crazia'; av. 1956] s. f. ● (*lett.*) Forma di governo, regime in cui tutto il potere è detenuto da una sola persona o da un unico organismo.

monocristallino [da *monocristallo*] agg. ● (*miner.*) Costituito da, relativo a un monocristallo.

monocristàllo [comp. di *mono-* e *cristallo*; 1978] s. m. ● (*miner.*) Individuo cristallino unico, di dimensioni relativamente grandi rispetto ai singoli elementi che costituiscono un aggregato policristallino.

monocromaticità [da *monocromatico*] s. f. ● (*fis.*) Proprietà di ciò che è monocromatico.

monocromàtico [comp. di *mono-* e *cromatico*; 1869] agg. (pl. m. *-ci*) **1** (*fis.*) Di un solo colore | Detto della luce non decomponibile mediante prismi | (*est.*) Detto di qualsiasi radiazione elettromagnetica avente un'unica lunghezza d'onda | (*est.*) Detto di qualsiasi radiazione corpuscolare costituita da particelle omogenee aventi la stessa energia. **2** (*med.*) Detto di occhio affetto da monocromatismo.

monocromatìsmo [da *monocromatico*; 1969] s. m. **1** Unità di colore. **2** (*med.*) Acromatopsia.

monocromatizzàre [1958] v. tr. ● Rendere monocromatica la luce.

monocromàto [da *monocromo*; av. 1498] **A** s. m. ● Dipinto, stampa e sim. in cui prevale un solo colore. **B** anche agg.: *dipinto m.*

monocromatóre [da *monocromatico*; 1958] s. m. ● (*fis.*) Dispositivo atto a isolare un fascio di luce monocromatica, di lunghezza d'onda prescelta, da un fascio luminoso policromatico: *m. a riflessione*; *m. ad assorbimento*; *m. a dispersione* | (*est.*) Dispositivo atto a isolare un fascio monocromatico da un fascio policromatico di radiazioni elettromagnetiche qualsiasi o di radiazioni corpuscolari.

monocromìa [comp. di *mono-* e *-cromia*; 1958] s. f. ● Stampa o pittura con un solo colore.

monòcromo o **monocròmo** [vc. dotta, gr. *monóchrōmos*, comp. di *mónos* 'mono-' e *chrôma* 'colore'. V. *cromo-*; 1598] agg. ● Monocolore: *dipinto m.*

monoculàre [comp. di *mon(o)-* e *oculare*; 1869] agg. **1** Relativo a un solo occhio. **2** Di visione che avviene con un solo occhio. **3** Di cannocchiale o lente che serve per un solo occhio.

†**monòculo** ● V. *monocolo* (*1*).

monocultùra [comp. di *mono-* e *cultura*; 1983] s. f. ● (*antrop.*) Effetto di processi storici che tendono ad annullare le differenze tra culture diverse fino a produrre un unico modello culturale.

monocuspidàle [comp. di *mono-* e *cuspide*, con suff. agg.; 1891] agg. ● Che ha una sola cuspide.

monodìa [vc. dotta, lat. tardo *monōdia(m)*, nom. *monōdia*, dal gr. *monōidía*, comp. di *mónos* 'mono-' e *ōidḗ* 'canto'. V. *ode*; 1568] s. f. ● (*mus.*) Canto a una sola voce dapprima senza, poi con accompagnamento strumentale, ma sempre con un'unica linea melodica. CONTR. Polifonia.

monòdico [vc. dotta, gr. *monōdikós*, da *monōidía* 'monodia'; av. 1647] agg. (pl. m. *-ci*) ● Di monodia: *musica monodica.* || **monodicaménte**, avv.

monodìsco [comp. di *mono-* e *disco*; 1958] agg. inv. ● (*fis.*) Detto di un tipo di frizione in cui il moto viene trasmesso con un solo disco piano, compresso tra due superfici: *autovettura con frizione m.*

monodòse [comp. di *mono-* e *dose*; 1983] agg. inv. ● (*farm.*) Unidose.

monòdromo [comp. di *mono-* e del gr. *drómos* 'corso' (V. *-dromo*); 1954] agg. ● (*mat.*) Che ha un solo valore | ***Funzione monodroma***, funzione univoca.

monoèlica [comp. di *mono-* e *elica*; 1970] agg. inv. ● Che presenta una sola elica: *aereo m.*

monoergòlo o **monergòlo** [da *mono-*, sul modello di *propergolo*; 1958] s. m. ● (*chim.*) Monopropellente.

monofagìa [comp. di *mono-* e *-fagia*; 1958] s. f. ● Tipo di alimentazione basata quasi esclusivamente su un solo alimento.

monofamiliàre [comp. di *mono-* e *familiare*] agg. ● Unifamiliare.

monofàse [comp. di *mono-* e *fase*; 1958] agg. (pl. *-i* o inv.) ● (*mecc.*) Che ha una sola fase | Di circuito le cui forze elettromotrici non presentano differenze di fase.

monofasìa [comp. di *mono-* e di un deriv. del gr. *phásis* 'voce'] **s. f.** ● (*psicol.*) Disturbo del linguaggio caratterizzato dall'incapacità di pronunciare più di una parola o frase.

monofilàre [comp. di *mono-* e di un deriv. di *filo*; 1954] **agg.** ● (*elettr.*) Unifilare.

monofilètico [dal gr. *monóphylos* 'di una sola tribù, di una sola razza', comp. di *mónos* 'mono-' e *phylḗ* 'tribù', di orig. indeur.; 1958] **agg.** (**pl. m.** *-ci*) ● (*biol.*) Detto di un insieme di categorie tassonomiche derivanti da uno stesso capostipite.

monofiletìsmo [da *monofiletico*; 1958] **s. m.** ● Teoria evoluzionistica che spiega l'origine di tutti gli esseri viventi da un unico centro di diffusione.

monofillo [vc. dotta, gr. *monóphyllos*, comp. di *mónos* 'mono-' e *phýllon* 'foglia'; av. 1725] **agg.** ● (*bot.*) Che ha una sola foglia | ***Calice m.***, gamosepalo.

monofiodónte [comp. del gr. *monophyḗs* 'semplice' (comp. di *mono-* 'mono-' e un deriv. di *phýein* 'far nascere', d'orig. indeur.) e *-odonte*] **agg.** ● (*zool.*) Detto di mammifero caratterizzato da un'unica dentizione permanente.

monofiodontìa [da *monofiodonte*] **s. f.** ● (*zool.*) Condizione dei Mammiferi monofiodonti.

monofisìsmo [da *monofisita*; 1821] **s. m.** ● Dottrina eretica cristiana che ammette l'esistenza della sola natura divina in Gesù Cristo.

monofisìta [comp. di *mono-* e del gr. *phýsis* 'natura' (V. *fisico*); 1828] **A s. m. e f.** (**pl.** *-i*) ● Seguace del monofisismo | Copto, fedele della Chiesa egiziana ed etiopica. **B agg.** ● Relativo ai seguaci del monofisismo.

monofisìtico [1965] **agg.** (**pl. m.** *-ci*) ● Relativo a monofisita o monofisismo.

monòfito [comp. di *mono-* e *-fito*; 1954] **agg.** ***1*** Di pianta parassita che compie il suo ciclo su un solo ospite. ***2*** Detto di area coltivata con una sola specie o di coltivazione di una sola specie.

monofobìa [comp. di *mono-* e *-fobia*; 1958] **s. f.** ● (*psicol.*) Paura di trovarsi solo.

monofonditrìce [comp. di *mono(type)* e *fonditrice*; 1970] **s. f.** ● (*tipogr.*) Macchina tipografica che, nel sistema monotype, fondeva un carattere per volta in base alle informazioni registrate su un nastro perforato.

monofonemàtico [comp. di *mono-* e *fonematico*] **agg.** (**pl. m.** *-ci*) ● (*ling.*) Che è costituito di un solo fonema: *desinenza monofonematica*.

monofònico [comp. di *mono-* e *-fonico*; 1974] **agg.** (**pl. m.** *-ci*) ● (*fis.*) Detto di sistema non stereofonico di registrazione e riproduzione dei suoni e di componente di tale sistema: *giradischi, registratore, disco m.* **SIN.** Monoaurale.

monòfora [comp. di *mono-* e *-fora*, ricavato da *bifora*; 1928] **s. f.** ● Finestra con una sola apertura.

monoftalmìa [comp. di *mon(o)-* e *oftalmia*] **s. f.** ● (*med.*) Ciclopismo.

monoftàlmo [comp. di *mon(o)-* e *-oftalmo*] **A agg.** ● (*med.*) Che ha un solo occhio, ciclope. **B** anche **s. m.**

monofùne [comp. di *mono-* e *fune*; 1954] **agg. inv.** ● Detto di impianto di teleferica in cui le cabine sono sospese a un'unica fune con azione traente e portante.

monogamìa [vc. dotta, lat. tardo *monogămia(m)*, nom. *monogămia*, dal gr. *monogamía*, da *monógamos* 'monogamo'; sec. XIV] **s. f.** ***1*** Vincolo coniugale che unisce un solo uomo a una sola donna: *da secoli in occidente vige la m.* **CONTR.** Poligamia. ***2*** (*est.*) Tendenza dei maschi di alcune specie animali ad accoppiarsi con una sola femmina.

monogàmico [1829] **agg.** (**pl. m.** *-ci*) ● Di monogamia, relativo a monogamia: *istituto, accoppiamento m.*; *tradizioni monogamiche.*

monògamo [vc. dotta, lat. tardo *monŏgamu(m)*, nom. *monŏgamus*, dal gr. *monógamos*, comp. di *mónos* 'mono-' e *gámos* 'nozze'. V. *-gamo*; sec. XIV] **agg.**; anche **s. m.** (**f.** *-a*) ● Che (o Chi) pratica la monogamia: *popolo, animale m.*; *un m. convinto* | (*est., scherz.*) Chi rispetta la fedeltà in un rapporto amoroso.

monogènesi [comp. di *mono-* e *genesi*; 1891] **s. f. inv.** ***1*** (*biol.*) Monofiletismo. ***2*** (*biol.*) Monogonia. ***3*** (*biol.*) Teoria che attribuisce progenitori unicellulari a tutti gli organismi. ***4*** (*biol.*) Comparsa di prole costituita da organismi tutti dello stesso sesso o con uno o più caratteri identici. ***5*** (*ling.*) ***M. del linguaggio***, origine unica di tutte le lingue.

monogenètico [1869] **agg.** (**pl. m.** *-ci*) ● Caratterizzato da monogenesi. || **monogeneticaménte**, **avv.**

monogènico **agg.** (**pl. m.** *-ci*) ● (*biol.*) Detto di carattere genetico specificato da un solo gene. **CFR.** Poligenico.

monogenìsmo [da *monogenesi*; 1891] **s. m.** ● (*biol.*) Monofiletismo.

monoginìa [comp. di *mono-* e di un deriv. del gr. *gynḗ* 'donna'] **s. f.** ● (*zool.*) Caratteristica delle società degli Insetti nelle quali è presente una sola femmina feconda, denominata regina.

monoglòttico [comp. di *mono-* e del gr. *glôtta* 'lingua'; 1891] **agg.** (**pl. m.** *-ci*) ● Relativo a una sola lingua: *fenomeno m.* | Scritto, redatto in una sola lingua: *iscrizione monoglottica* | Che parla una sola lingua o in cui si parla una sola lingua: *comunità monoglottica*; *area, zona monoglottica.* **SIN.** Monolingue.

monogonìa [comp. di *mono-* e *-gonia*] **s. f.** ● (*biol.*) Processo riproduttivo realizzato da un solo individuo, come avviene nella riproduzione asessuata e nella partenogenesi. **SIN.** Monogenesi.

monografìa [comp. di *mono-* e *-grafia*; 1828] **s. f.** ***1*** Dissertazione, scritto e sim. su un unico e ben determinato argomento: *m. su Machiavelli*; *m. sulla Resistenza italiana.* ***2*** Documento che raccoglie i dati scientifici relativi a un farmaco inserito nella farmacopea.

monogràfico [1829] **agg.** (**pl. m.** *-ci*) ● Di monografia: *studio m.* | ***Corso m.***, corso universitario su un argomento specifico. || **monograficaménte**, **avv.**

monogràmma [vc. dotta, lat. tardo *monogrămma*, dal gr. *monográmmatos* 'di una sola lettera', comp. di *mónos* 'mono-' e *grámma* 'lettera'. V. *-gramma*; 1716] **s. m.** (**pl.** *-i*) ● Intreccio delle iniziali o di alcune lettere di un nome proprio, usato come simbolo del nome stesso: *ricamare il proprio m. sulla biancheria.* **SIN.** Cifra.

monogrammàtico [1871] **agg.** (**pl. m.** *-ci*) ● Di monogramma, a monogramma: *marchio m.* || **monogrammaticaménte**, **avv.**

monoicìsmo [da *monoico*; 1934] **s. m.** ***1*** (*biol.*) Ermafroditismo. ***2*** (*bot.*) Nelle piante, presenza contemporanea dei fiori maschili e femminili in uno stesso individuo.

monòico [comp. di *mono-* e del gr. *ôikos* 'casa, sede' (di orig. indeur.); 1809] **agg.** (**pl. m.** *-ci*) ● (*biol., bot.*) Caratterizzato da monoicismo.

monoideìsmo [comp. di *mono-*, *idea* e *-ismo*; 1944] **s. m.** ● (*psicol.*) Attenzione della mente a una sola idea o a gruppo di idee dominanti.

monokìni [da *bikini*, in cui la prima parte è stata interpretata come *bi-* 'due' e quindi mutata in *mono-* 'solo, unico'; 1964] **s. m. inv.** ● Costume da bagno femminile costituito soltanto dalla parte inferiore del bikini.

monolatrìa [comp. di *mono-* e *-latria*; 1934] **s. f.** ● Adorazione di una sola divinità.

monolìngue [da *mono-*, sul modello di *bilingue*; 1966] **agg.** (**pl.** *-i* o **inv.**) ***1*** Detto di chi conosce una sola lingua: *individuo m.*; *soggetto parlante m.* ***2*** Detto di ciò che è redatto in una sola lingua: *iscrizioni monolingui* | ***Dizionario m.***, che raccoglie parole appartenenti a una sola lingua. **SIN.** Monoglottico.

monolinguìsmo [comp. di *monolingu(e)* e *-ismo*; 1975] **s. m.** ***1*** Uso di una sola lingua o del solo dialetto locale da parte di un individuo o di una comunità. ***2*** Uso di un solo tipo di linguaggio, di un solo stile da parte di un autore o di una corrente letteraria: *il m. petrarchesco.*

monolite ● V. *monolito.*

monolìtico [da *monolito*; av. 1916] **agg.** (**pl. m.** *-ci*) ***1*** Di ciò che è costituito di un solo blocco di materiale: *cupola monolitica.* ***2*** (*fig.*) Di assoluta compattezza, totalmente privo di fratture o divisioni: *il blocco m. delle opposizioni.* || **monoliticaménte**, **avv.**

monolitìsmo [fr. *monolithisme*, da *monolithe* 'monolito'; 1965] **s. m.** ● (*fig.*) Carattere monolitico: *il m. del Partito comunista sovietico.*

monòlito o più diffuso ma meno corretti **monolito**, **monolite** [vc. dotta, lat. *monŏlithu(m)*, nom. *monŏlithus*, dal gr. *monólithos*, comp. di *mónos* 'mono-' e *líthos* 'pietra'. V. *-lito* (*1*); 1869] **s. m.** ***1*** Grosso blocco roccioso tutto di un pezzo. ***2*** Struttura architettonica od ornamentale costituita da un blocco unico di materiale. ***3*** Nella terminologia alpinistica, guglia rocciosa isolata e di modeste dimensioni.

monolocàle [comp. di *mono-* e *locale* (*2*); 1978] **s. m.** ● Abitazione costituita da un unico locale più i servizi. **SIN.** Monocamera.

monologàre [da *monologo*; 1890] **v. intr.** (*io monòlogo, tu monòloghi*; aus. *avere*) ***1*** (*raro*) Parlare da solo, con sé stesso. ***2*** Recitare un monologo.

monòlogo [fr. *monologue*, comp. di *mono-* 'mono-' e *-logue* '-logo'; 1803] **s. m.** (**pl.** *-ghi*) ***1*** Parte del dramma recitato da un unico attore: *i monologhi alfieriani* | Breve opera drammatica scritta per un solo attore | ***M. interiore***, tecnica narrativa che consente di presentare i pensieri più intimi che si agitano nel subconscio di un personaggio. ***2*** (*est.*) Soliloquio: *lo trovò tutto solo impegnato in un m.*

monolùcido [comp. di *mono-* e *lucido*; 1925] **agg.** ● Detto di carta o cartoncino lucido su un solo lato.

monomandatàrio [comp. di *mono-* e *mandatario*; 1983] **s. m.**; anche **agg.** ● (**f.** *-a*) (*comm., org. az.*) Agente di vendita che opera per conto di una sola azienda. **SIN.** Unimandatario.

monòmane [comp. di *mono-* e *-mane*; 1851] **agg.**; anche **s. m. e f.** ● (*psicol.*) Monomaniaco.

monomanìa [comp. di *mono-* e *-mania*; 1824] **s. f.** ● (*psicol.*) Particolare forma di idea ossessiva unica e costante. **SIN.** Fissazione.

monomaniacàle [da *monomania*, formato su *maniacale*; 1985] **agg.** ● Di, relativo a monomania: *atteggiamenti monomaniacali.*

monomanìaco [1834] **agg.**; anche **s. m.** (**f.** *-a*; **pl. m.** *-ci*) ● (*psicol.*) Che (o Chi) è affetto da monomania. **SIN.** Monomane.

monomàrca [comp. di *mono-* e di *marca* nel senso di 'prodotto proprio di una ditta'; 1985] **agg. inv.** ● Detto di esercizio commerciale che vende articoli di una sola marca: *boutique m.*; *negozi m.*

monòmero [vc. dotta, gr. *monomerḗs* 'di una sola parte', comp. di *mónos* 'mono-' e *méros* 'parte'; 1957] **s. m.** ● (*chim.*) Molecola gener. di basso peso molecolare che può reagire con molecole uguali o diverse per dare origine a polimeri o a copolimeri.

monometallìsmo [comp. di *mono-* e *metallo*; 1891] **s. m.** ● Sistema monetario in cui l'unità monetaria è definita dalla legge in termini di un solo metallo, per lo più d'oro.

monomètrico [comp. di *mono-* e un deriv. di *-metria*; 1940] **A agg.** (**pl. m.** *-ci*) ● (*miner.*) Detto di gruppo cristallino in cui i tre assi cristallografici formano parametri uguali. **B s. m.** ● (*miner.*) Gruppo monometrico.

monòmetro [vc. dotta, lat. tardo *monŏmetru(m)*, nom. *monŏmeter*, dal gr. *monómetros*, comp. di *mónos* 'mono-' e *métron* 'metro'; av. 1636] **A s. m.** ● Nella metrica classica, componimento in un solo metro. **B** anche **agg.**: *componimento m.*

monomiàle [1965] **agg.** ● (*mat.*) Proprio d'un monomio.

monòmio [da *mono-*, sul modello di *binomio*; 1803] **A s. m.** ● (*mat.*) Espressione algebrica ottenuta eseguendo sulle variabili e sui coefficienti soltanto l'operazione di moltiplicazione e di elevazione a potenza con esponente intero | Espressione algebrica costituita da un solo termine. **B** anche **agg.**: *espressione monomia.*

monomorfìsmo [comp. di *mono-* e *-morfismo*] **s. m.** ● (*mat.*) Omomorfismo iniettivo.

monomotóre [comp. di *mono-* e *motore*; 1963] **agg.**; anche **s. m.** ● Che ha un solo motore, detto spec. di velivoli: *aereo m.*

mononucleàre [comp. di *mono-* e *nucleo*, con suff. agg.; 1954] **agg.** ***1*** (*biol.*) Mononucleato. ***2*** Detto di famiglia formata da una sola persona.

mononucleàto [comp. di *mono-* e un deriv. di *nucleo*; 1958] **A agg.** ● (*biol.*) Dotato di un solo nucleo. **B s. m.** ● Forma particolare di globulo bianco del sangue.

mononucleòsi [comp. di *mono-*, *nucleo* e *-osi*; 1954] **s. f. inv.** ● Malattia infettiva acuta, di natura virale, caratterizzata dall'ingrossamento dei linfonodi e della milza e da una elevata quantità di monociti nel sangue. **SIN.** Malattia del bacio, malattia dei fidanzati.

monoovulàre ● V. *monovulare.*

monopàla [comp. di *mono-* e *pala*] **agg. inv.** ● (*aer.*) Dotato di una sola pala: *elica, rotore m.*

monoparentàle [comp. di *mono-* e *parentale*, sul modello dell'ingl. *one-parent*; 1986] agg. ● Detto di famiglia con un solo genitore.

monopartìtico [comp. di *mono-* e *partitico*; 1985] agg. (pl. m. *-ci*) ● Caratterizzato da monopartitismo.

monopartitìşmo [da *mono-* sul modello di *bipartitismo*; 1983] s. m. ● Sistema politico caratterizzato dalla presenza al governo di un solo partito.

monopàttino [comp. di *mono-* e *pattino*; 1939] s. m. ● Veicolo usato spec. un tempo come giocattolo costituito da una stretta base con due rotelle e da un manubrio; il movimento si ottiene appoggiandovi sopra un piede e puntando l'altro a terra per dare la spinta.

monopètalo [comp. di *mono-* e *petalo*; 1771] agg. ● (*bot.*) Gamopetalo.

monopètto [comp. di *mono-* e *petto*; 1942] **A** s. m. inv. ● Abito la cui giacca ha una sola fila di bottoni: *m. sportivo*. **B** anche agg. inv.: *abito m.*

monopèzzo [comp. di *mono-* e *pezzo*] **A** agg. inv. ● Che è costituito da un solo pezzo, detto spec. di costume da bagno femminile. **B** anche s. m. inv.

Monoplacòfori [comp. di *mono-* e *placofori*; 1963] s. m. pl. (sing. *-o*) ● Nella tassonomia animale, classe di Molluschi fossili cui appartiene una unica specie vivente fornita di una conchiglia conica (*Monoplacophora*).

monoplàno [fr. *monoplan*, comp. di *mono-* 'mono-' e *plan* 'piano'; 1909] s. m. ● Velivolo con un solo piano alare.

monoplegìa [comp. di *mono-* e *-plegia*; 1900] s. f. ● (*med.*) Paralisi di un arto o gruppo muscolare o di un solo muscolo.

monopodiàle [da *monopodico*, con cambio di suff.] agg. ● (*bot.*) Monopodico.

monopòdico [comp. di *mono-* e *-podio*, con suff. aggettivale; 1958] agg. (pl. m. *-ci*) ● (*bot.*) Detto di ramificazione in cui l'asse principale si sviluppa maggiormente rispetto ai laterali. SIN. Monopodiale.

monopolàre [da *monopolo*; 1985] agg. ● (*elettr.*) Unipolare.

Monòpoli® [dall'ingl. *monopoly*, da *monopoly money* 'moneta di monopolio', perché si gioca con monete che non hanno corso legale; 1937] s. m. inv. ● Gioco che si svolge fra due o più giocatori, muniti ciascuno di un contrassegno che, previo lancio dei dadi, viene spostato a turno su un tabellone quadrato suddiviso in caselle corrispondenti a terreni, appartamenti, alberghi e sim., acquistabili con il denaro distribuito da una apposita banca, per cui vince il giocatore che riesce a impadronirsi di tutti i beni e i soldi circolanti.

monopòlio [vc. dotta, lat. *monopōliu(m)*, dal gr. *monopōlion*, comp. di *mónos* 'solo' e *pōlêin* 'vendere', di orig. indeur.; 1337] s. m. ***1*** (*econ.*) Regime di mercato in cui un determinato prodotto o servizio è fornito da un solo operatore economico: *il m. dei tabacchi* | ***M. bilaterale***, regime di mercato caratterizzato dalla presenza di un solo produttore-venditore e di un solo acquirente. ***2*** Impresa che produce e vende un dato bene in regime di monopolio. ***3*** (*fig.*) Privilegio, prerogativa: *si arroga il m. del comando*; *la serenità è il m. di pochi.*

monopolista [1618] s. m. e f. (pl. m. *-i*) ● Chi ha un monopolio.

monopolìstico [1911] agg. (pl. m. *-ci*) ● Proprio di monopolio o di monopolista. ‖ **monopolisticaménte**, avv.

monopolizzàre [fr. *monopoliser*, da *monopole* 'monopolio'; 1812] v. tr. ***1*** Avere il monopolio di un dato mercato. ***2*** (*fig.*) Accentrare su di sé, volere per sé solo: *m. l'attenzione generale*; *m. una persona.*

monopolizzatóre [fr. *monopolisateur*, da *monopoliser* 'monopolizzare'; 1856] agg.; anche s. m. (f. *-trice*) ● Che (o Chi) monopolizza (*anche fig.*).

monopolizzazióne [1877] s. f. ● Il monopolizzare, il venire monopolizzato.

monopòlo [comp. di *mono-* e *polo* (*1*)] s. m. ● (*fis.*) Ipotetica particella magnetica dotata di un unico polo.

monoporzióne [comp. di *mono-* e *porzione*] s. f. ● Monorazione.

monopósto [comp. di *mono-* e *posto*; 1929] agg. inv.; anche s. m. e f. inv. ● Che ha un solo posto, spec. riferito a mezzo di trasporto: *aereo, vettura m.*; *cabina m.* ➡ ILL. p. 2167 TRASPORTI.

monoprogrammazióne [comp. di *mono-* e *programmazione*] s. f. ● (*elab.*) Modalità operativa di un elaboratore elettronico, nella quale viene eseguito un programma alla volta. SIN. Multiprogrammazione.

monopropellènte [comp. di *mono-* e *propellente*; 1974] s. m. ● (*chim.*) Propellente liquido costituito da un solo composto capace di liberare prodotti gassosi per mezzo di reazioni esotermiche.

monopsichìşmo [comp. di *mono-* e *psichismo*; 1903] s. m. ● (*filos.*) Dottrina filosofica che sostiene l'esistenza di un unico spirito universale di cui le singole anime individuali sono la manifestazione.

monopsònio [comp. di *mono-* e del gr. *opsōnion* 'provvista di viveri', da *ópson* 'cibo' (V. *opsonina*); 1958] s. m. ● Forma di mercato caratterizzata dall'esistenza, di fronte a un numero indefinito di venditori, di un solo compratore di un dato bene o servizio.

monòptero [vc. dotta, gr. *monópteros*, comp. di *mónos* 'mono-' e *pterón* 'ala'; 1758] agg. ● Detto di tempio circolare con una sola serie di colonne attorno alla cella.

monorazióne [comp. di *mono-* e *razione*; 1977] s. f. ● Nella ristorazione collettiva, pasto preconfezionato contenuto in una vaschetta d'alluminio a più scomparti, sigillata. SIN. Monoporzione.

monòrchide [vc. dotta, gr. *mónorchis*, comp. di *mónos* 'mono-' e *órchis* 'testicolo' (V. *orchi-*); 1834] agg.; anche s. m. ● Che (o Chi) ha un solo testicolo.

monorchidìa [comp. di *mono-*, del gr. *orchídion* 'testicolo' e del suff. *-ia*] s. f. ● (*med.*) Condizione caratterizzata dalla presenza di un solo testicolo nello scroto per mancato sviluppo o mancata discesa del secondo testicolo. SIN. Monorchidismo.

monorchidìşmo s. m. ● (*med.*) Monorchidia.

monoreattóre [comp. di *mono-* e *reattore*; 1956] s. m. ● Aereo con un solo motore a reazione.

monorèddito [comp. di *mono-* e *reddito*; 1981] agg. inv. ● Che ha un solo reddito, che vive del reddito proveniente dal lavoro di una sola persona: *famiglie m.*

monorifrangènte [comp. di *mono-* e *rifrangente*; 1940] agg. ● (*fis.*) Detto di cristallo in cui avviene il fenomeno della monorifrangenza.

monorifrangènza [comp. di *mono-* e *rifrangenza*; 1958] s. f. ● (*fis.*) Fenomeno in cui un raggio luminoso viene rifratto da un cristallo senza subire polarizzazione né sdoppiamento. CFR. Birifrangenza.

monorimo [comp. di *mono-* e *rima*; av. 1907] agg. ● (*letter.*) Che ha una sola rima: *versi monorimi.*

monorìtmico [1869] agg. (pl. m. *-ci*) ● Monoritmo.

monorìtmo [comp. di *mono-* e *ritmo*; 1834] agg.; anche s. m. ● (*letter.*) Detto di opera in versi composta interamente con un solo ritmo.

monorotàia [comp. di *mono-* e *rotaia*; 1934] **A** s. f. ***1*** Ferrovia a una sola rotaia. ***2*** (*gener.*) Sopraelevata | Rotaia aerea che consente il trasporto di vagoncini, bilancini, paranchi e sim. agganciati a dei carrelli scorrenti sulla rotaia stessa, spec. in stabilimenti industriali. **B** anche agg. inv.: *ferrovia m.*

monorotóre [comp. di *mono-* e *rotore*; 1970] agg. ● (*mecc.*) Che ha un solo rotore: *elicottero m.*

monosaccàride [comp. di *mono-* e *saccaride*; 1902] s. m. ● (*chim.*) Glucide formato da una sola molecola di zucchero semplice.

monoscàfo [comp. di *mono-* e *scafo*; 1985] s. m. ● (*mar.*) Tipo di imbarcazione costituita da un solo scafo. CFR. Multiscafo.

monoscì o **monoskì** [comp. di *mono-* e *sci*; 1965] s. m. inv. ● Attrezzo per lo sci d'acqua o lo sci alpino, costituito da un solo sci di dimensioni maggiorate, sul quale si sistemano entrambi i piedi | (*est.*) Lo sport praticato con tale attrezzo.

monoscòcca [comp. di *mono-* e *scocca*; 1970] **A** agg. inv. ● Detto di automobile in cui la scocca è costituita da un unico pezzo avente funzione portante. **B** s. f. inv. ● Automobile monoscocca.

monoscòpio [comp. di *mono-* e *-scopio*; 1959] s. m. ***1*** Nella tecnica televisiva, tubo elettronico atto a riprendere da una diapositiva un'immagine costituita da un appropriato disegno geometrico che viene trasmessa dalle stazioni televisive come riferimento per la messa a punto dei televisori. ***2*** L'immagine campione così trasmessa.

monosemìa [comp. di *mono-* e *-semia*; 1972] s. f. ● (*ling.*) Condizione di un segno linguistico che ha un solo significato.

monosèmico [da *monosemia*; 1972] agg. (pl. m. *-ci*) ● (*ling.*) Detto di morfema o parola che ha un solo significato.

monosessuàle [comp. di *mono-* e *sessuale*; 1934] agg. ● (*biol.*) Unisessuale.

monosessuàto [comp. di *mono-* e *sessuato*] agg. ● (*raro*) Detto di comunità, spec. scolastica, formata da individui dello stesso sesso. CONTR. Misto.

†**monosìllaba** [comp. di *mono-* e *sillaba*; 1500 ca.] s. f. ● Monosillabo.

monosillàbico [vc. dotta, gr. *monosyllabikós*, da *monosýllabos* 'monosillabo'; 1819] agg. (pl. m. *-ci*) ● Che è formato da una sola sillaba | ***Lingua monosillabica***, composta essenzialmente di monosillabi, come, per es., il cinese.

monosìllabo [vc. dotta, lat. tardo *monosýllabu(m)*, nom. *monosýllabus*, dal gr. *monosýllabos*, comp. di *mónos* 'mono-' e *syllabḗ* 'sillaba'; av. 1406] **A** agg. ● Che presenta una sola sillaba. **B** s. m. ● Parola formata da una sola sillaba (ad es. *qui, tre, sì*) | (*fig.*) ***Parlare, rispondere a monosillabi***, con estrema concisione, dicendo il minimo indispensabile.

monosillogìşmo [comp. di *mono-* e *sillogismo*] s. m. ● Ragionamento che si articola in un solo sillogismo.

monòşio [comp. di *mon(o)-* e *-osio*] s. m. ● (*chim.*) Monosaccaride.

monoskì ● V. *monoscì*.

monosomìa [comp. di *mono-* e *-somia*] s. f. ● (*biol.*) Condizione di un organismo con corredo genetico diploide in cui manca uno dei cromosomi della serie aploide.

monospecìfico [comp. di *mono-* e *specifico*] agg. (pl. m. *-ci*) ● (*biol.*) Nella tassonomia biologica, detto di genere, o di categoria tassonomica superiore, comprendente una sola specie.

monospermìa [comp. di *mono-* e di un deriv. di *sperma*] s. f. ● (*biol.*) Modalità di fecondazione di una cellula uovo da parte di un solo spermatozoo.

monospèrmo [comp. di *mono-* e del gr. *spérma* 'seme'. V. *sperma*; 1813] s. m. ● (*bot.*) Frutto con un solo seme.

monòssido [comp. di *mon(o)-* e *ossido*; 1958] s. m. ● (*chim.*) Composto binario, la cui molecola contiene un solo atomo di ossigeno | ***M. di carbonio***, correntemente, ossido di carbonio.

monòssilo ● V. *monoxilo*.

monostàbile [comp. di *mono-* e *stabile*; 1974] agg. ● (*elettron.*) Detto di circuito o dispositivo avente un solo stato di equilibrio stabile. CFR. Astabile, bistabile.

monostàdio [comp. di *mono-* e *stadio* nel sign. 5] agg. inv. ● (*mil.*) Detto di missile costituito da un unico stadio e provvisto di un'unica carica di propellenti.

monostèle [comp. di *mono-* e *-stele*] s. f. ● (*bot.*) Stele unica su un asse caulinare.

monòstico [vc. dotta, lat. tardo *monŏstichu(m)*, *monostĭchiu(m)*, dal gr. *monóstichos*, comp. di *mónos* 'mono-' e *stíchos* 'verso' (V. *sticomitia*); av. 1651] **A** s. m. (pl. *-ci*) ● Componimento poetico non strofico costituito da una serie di versi uguali. **B** anche agg.: *componimento m.*

monostròfico [vc. dotta, gr. *monostrophikós*, comp. di *mono-* 'mono-' e *strophḗ* 'strofa', con suff. aggettivale; 1834] agg. (pl. m. *-ci*) ● Che ha una sola strofa: *componimento poetico m.*

monoteìşmo [da *monoteista*; 1829] s. m. ● Religione fondata sull'esistenza di un solo dio.

monoteista [comp. di *mono-*, del gr. *theós* 'dio' e *-ista*; 1834] **A** s. m. e f. (pl. m. *-i*) ● Chi professa il monoteismo. **B** agg. ● Monoteistico.

monoteìstico [1869] agg. (pl. m. *-ci*) ● Del monoteismo: *religione monoteistica*; *culto m.*

monotelìşmo [da *monotelita*; 1834] s. m. ● (*relig.*) Eresia che sosteneva l'esistenza in Cristo di due nature e di una sola volontà.

monotelita [comp. di *mono-* e del gr. *thélēsis* 'volontà', da *thélein* 'volere', di orig. indeur.; av. 1342] s. m. e f. (pl. m. *-i*) ● Seguace del monotelismo.

monotemàtico [comp. di *mono-* e *tema*, con

suff. agg. (sul modello di *tematico*); 1965] **agg.** (pl. m. *-ci*) **1** Detto di composizione musicale imperniata su un solo tema. **2** (*est.*) Che tratta un unico argomento: *film, libro m.* || **monotematicaménte**, avv.

monotematiṣmo [comp. di *monotemat(ico)* e *-ismo*] **s. m.** ● Procedimento compositivo consistente nell'imperniare un brano musicale su un solo tema.

monotipìa [V. *monotype*; 1925] **s. f.** ● Tecnica tipografica realizzata mediante la monotype.

monotipista [da *monotipo* (2), *monotipia*; 1942] **s. m. e f.** (pl. m. *-i*) ● Operaio che lavora alle monotype.

monotipo (1) [comp. di *mono-* e *-tipo*; 1937] **agg. inv.** ● Nella vela, detto d'imbarcazione per la quale sono fissate dimensioni sia per lo scafo che per velatura, attrezzatura e materiali da impiegarsi, a seconda delle varie classi.

monotipo (2) **s. m.** ● Adattamento di *monotype* (V.).

monòtipo (3) [comp. di *mono-* e *-tipo*; 1942] **s. m.** ● Stampa in esemplare unico, a uno o più colori, ricavata da un disegno non permanente eseguito su lastra metallica.

Monotocàrdi [comp. del gr. *mónōtos* 'che ha un solo orecchio' (V. *mono-* e *oto-*) e *-cardio*] **s. m. pl.** (sing. *-io*) ● Nella tassonomia animale, gruppo di Molluschi dei Gasteropodi caratterizzati da un'unica branchia (*ctenidio*) (*Monotocardia*).

monotonìa [vc. dotta, gr. *monotonía*, da *monótonos* 'monotono'; av. 1647] **s. f.** ● Noiosa uniformità: *la m. di un suono, del lavoro, della vita*; *la m. di un paesaggio*; *che m. questo film!*

monòtono (1) [vc. dotta, gr. *monótonos*, comp. di *mónos* 'mono-' e *tónos* 'tono (1)'; 1803] **agg.** ● Che ha tono privo di variazioni: *canto m.*; *musica monotona* | (*est.*) Che è sempre uguale e uniforme, privo di varietà o cambiamenti: *vita monotona*; *discorsi monotoni*; *una pioggerella monotona, triste, che aveva accompagnato il dolore di Emilio* (SVEVO) | Detto di persona che fa, dice e sim. sempre le stesse cose: *come sei m. con questi discorsi!* || **monotonaménte**, avv.

monotòno (2) [comp. di *mono-* e *tono*; 1932] **agg.** ● (*mat.*) Detto di funzione che si mantiene sempre non crescente o sempre non decrescente.

Monotrèmi [comp. di *mono-* e del gr. *trêma* 'orifizio', di orig. indeur.; 1834] **s. m. pl.** (sing. *-o*) ● Nella tassonomia animale, ordine di Mammiferi degli Aplacentati, ovipari, dal corpo tozzo, occhi piccoli, muso terminante con un becco, privi di denti, che allattano la prole (*Monotremata*). ➡ **ILL. animali**/10.

monòtrofo [comp. di *mono-* e *-trofo*] **agg.** ● (*biol.*) Detto di un organismo legato a un unico tipo di nutrimento.

monòtropa [dal gr. *monótropos* 'di un unico carattere, semplice', comp. di *mono-* 'mono-' e *-tropos* '-tropo'; 1834] **s. f.** ● Pianta perenne delle Pirolacee, parassita, priva di clorofilla e di stami e foglie ridotte a squame (*Monotropa hypopytis*).

monottongàre [1938] **A v. tr.** (*io monottòngo, tu monottònghi*) ● (*ling.*) Trasformare in monottongo. **B v. intr.** (aus. *avere*) e **intr. pron.** ● (*ling.*) Subire una monottongazione: *il dittongo latino ae si monottonga nell'italiano e.*

monottongazióne [da *monottongo*, come *dittongazione* da *dittongo*; 1938] **s. f.** ● (*ling.*) Trasformazione di un dittongo o di un trittongo in un monottongo.

monottòngo [vc. dotta, gr. *monóphthongos* 'di un suono solo', comp. di *mono-* 'mono-' e *phthóngos* 'suono' (V. *dittongo*); 1938] **s. m.** (pl. *-ghi*) ● (*ling.*) Articolazione vocalica di timbro uniforme.

monotype /mono'taip, *ingl.* 'mɒnəˌtaep/ [vc. ingl., comp. di *mono-* 'mono' e *type* 'carattere tipografico, tipo'; 1914] **A s. f. inv.** ● (*tipogr.*) Macchina per la composizione tipografica che produceva un nastro perforato contenente in codice tutte le istruzioni necessarie al funzionamento della monofonditrice. **B** in funzione di **agg. inv.**: *sistema, carattere m.*

monoùṣo [comp. di *mono-* e *uso*; 1983] **agg. inv.** ● Detto di ciò che si usa una sola volta, e poi si getta: *siringa m.*

monovalènte [comp. di *mono-* e *valente*; 1954] **agg.** **1** (*chim.*) Detto di atomo o raggruppamento atomico che può combinarsi con un solo atomo d'idrogeno | Di composto che ha un solo gruppo funzionale: *acido, alcol, ammina m.* **2** Di medicinale efficace contro una sola malattia: *siero m.*

monovèrbo [comp. di *mono-* e del lat. *vĕrbum* 'parola' (V. *verbo*); av. 1910] **s. m.** ● Tipo di rebus la cui soluzione è data da un'unica parola.

monovitigno® [marchio registrato delle distillerie Nonino, comp. di *mono-* e *vitigno*; 1991] **s. m.** ● Vitigno unico | ***Grappa di, da m.***, ottenuta dalle vinacce di un singolo vitigno.

monovoltiniṣmo [comp. parasintetico di *volta* (*1*), col pref. *mono-*; 1983] **s. m.** ● (*biol.*) Univoltinismo.

monovoltino [comp. parasintetico di *volta* (*1*), col pref. *mono-*; 1957] **agg.** ● (*biol.*) Univoltino.

monovolùme [comp. di *mono-* e *volume*; 1985] **A agg. inv.** ● Detto di automobile con carrozzeria aerodinamica che racchiude in un solo volume il vano motore, l'abitacolo, il bagagliaio e dispone di uno spazio interno molto vasto. **B s. m.** o **f. inv.** ● Automobile monovolume. ➡ **ILL.** p. 2167 TRASPORTI.

monovulàre o **monoovulàre** [comp. di *mon(o)-* e *ovulare*; 1957] **agg.** ● (*biol.*) Che deriva da un singolo uovo | ***Gravidanza gemellare m.***, provocata dalla fecondazione di un unico uovo da parte di un solo spermatozoo, con successivo sdoppiamento dell'uovo. **SIN.** Monozigotico, uniovulare; **CFR.** Dizigotico.

monòxilo o **monòssilo** [comp. di *mono-* e *-xilo*; 1834] **agg.** ● Detto di imbarcazione primitiva costituita da un unico gigantesco tronco d'albero, adeguatamente scavato: *piroga monoxila.*

monoẓigòte [comp. di *mono-* e *zigote*; 1978] **s. m.**; anche **agg.** ● (*biol.*) Ogni individuo nato da un unico uovo fecondato.

monoẓigòtico [1958] **agg.** (pl. m. *-ci*) ● (*biol.*) Che deriva da un singolo uovo fecondato: *gemelli monozigotici.*

monregalèṣe [da *Mons Regalis*, forma lat. mediev. del n. di Mondovì; 1860] **A agg.** ● Di Mondovì. **B s. m. e f.** ● Abitante, nativo di Mondovì.

monsignoràto [av. 1704] **s. m.** ● (*raro*) Dignità e grado di monsignore.

monsignóre [fr. *monseigneur* 'mio signore'; sec. XIII] **s. m.** **1** Titolo spettante a vescovi, arcivescovi e a ecclesiastici insigniti di precise dignità | Titolo attribuito un tempo a re, imperatori, papi e in certi Paesi agli eredi al trono, membri della famiglia reale o principi. **2** (*fig., scherz.*) Persona importante, di alto rango: *darsi arie da m.* || **monsignorétto**, dim. | **monsignorino**, dim.

monsiù ● V. *monsú.*

monsóne [sp. *monzón*, dall'ar. *mawsim* 'stagione'; 1582] **s. m.** ● Vento stagionale dell'Asia sudorientale che soffia da un continente verso l'oceano d'inverno e in senso contrario d'estate, originato dal diverso riscaldamento degli oceani e dei continenti.

monsònico [1934] **agg.** (pl. m. *-ci*) ● Che è proprio, che concerne i monsoni: *clima m.*; *brezza monsonica.*

monstre /mɔnstr, *fr.* 'mɔ̃:stʀə/ [vc. fr., propr. 'mostro'] **agg. inv.** ● (posposto al s.) Di dimensioni gigantesche, di portata eccezionale, di straordinaria rilevanza: *un successo m.*

†**mónstro** ● V. *mostro* (*2*).

mónstrum [vc. lat., propr. 'prodigio', 'fatto o cosa portentosa'] **s. m. inv.** (pl. lat. *monstra*) ● Fatto, fenomeno o personaggio eccezionale, in senso positivo o negativo.

monsù o **monsiù** [fr. *monsieur* 'signore' (propr. 'mio signore'), secondo la pronuncia fr.; 1632] **s. m.** ● (*sett.*) Signore.

mónta [da *montare*; av. 1597] **s. f.** **1** Accoppiamento fra animali, spec. d'allevamento: *toro da m.* | (*est.*) Luogo in cui avviene tale accoppiamento: *stazione di m.*; *m. equina, taurina.* **2** Nello sport, modo e atto di cavalcare, montare un cavallo | (*est.*) Fantino prescelto a montare un cavallo in gara. **3** Freccia di arco o di volta in architettura.

montacàrichi o **montacàrico** [calco sul fr. *montecharge*; 1919] **s. m. inv.** ● Apparecchio di sollevamento verticale a funzionamento intermittente adibito esclusivamente al trasporto di merci e materiali.

montacàsca [comp. di *monta(re)* e *cascare*; 1614] **s. m. inv.** ● (*disus.*) Nel canottaggio, movimento alterno del rematore che spinge il corpo in avanti e indietro facendo gravare il peso del corpo sul remo.

montàggio [fr. *montage*, da *monter* 'montare'; 1908] **s. m.** **1** Operazione consistente nel mettere insieme, collegandole fra loro, le parti costituenti di una macchina | Fissaggio del pezzo sulla macchina utensile per poterlo lavorare | ***Catena di m.***, metodo usato nelle lavorazioni in serie, consistente nel far scorrere lentamente davanti ai montatori il prodotto in corso di lavorazione, in modo che ciascuno aggiunga il particolare stabilito. **2** Operazione consistente nel tagliare e unire fra loro, nell'ordine artisticamente più idoneo, i pezzi di pellicola che devono comporre il film. **3** (*tipogr.*) Operazione consistente nel posizionare opportunamente sulla pagina i diversi elementi che la compongono, quali testo, immagini e altro. **4** (*mus.*) Fase finale della composizione elettronica in cui si miscelano i vari elementi da registrare su nastro.

montaggista [1990] **s. m. e f.** (pl. m. *-i*) ● (*tipogr.*) Tecnico addetto al montaggio tipografico.

♦**montàgna** [lat. parl. **montānia(m)*, da *montānus* 'montano'; av. 1294] **s. f.** **1** Rilievo della superficie terrestre, spec. di proporzioni vaste e grandiose, costituito da una serie di monti: *bassa, alta m.* | Monte: *una m. altissima*; *scalare una m.*; *montagne alpine* | ***Essere grande come una m., sembrare una m.***, (*fig.*) avere dimensioni enormi | ***Pesare come una m.***, (*fig.*) moltissimo | ***Tappa di m.***, nel ciclismo, tappa che presenta notevoli dislivelli da superare | ***La m. ha partorito il topo***, (*fig.*) quando a un'enorme attesa corrisponde un esito mediocre | ***Montagne russe***, nei luna park, ferrovia in miniatura con tracciato a forti dislivelli. **SIN.** Otto volante. ➡ **ILL.** p. 2132, 2133 SCIENZE DELLA TERRA ED ENERGIA. **2** Paese, zona, regione montuosa: *andare in m.*; *villeggiare in m.*; *la m. appenninica*; *un piccolo villaggio di m.* | ***Mal di m.***, l'insieme di disturbi (tachicardia, nausea, ecc.) che colgono chi è sottoposto a un forte e repentino aumento di altitudine (e quindi a una diminuzione della pressione atmosferica). **3** (*fig.*) Ingente quantità di cose: *c'è una m. di piatti da lavare.* **SIN.** Mucchio. || **montagnàccia**, pegg. | **montagnétta**, dim. | **montagnòla**, †**montagnuòla**, dim.

MONTAGNA
nomenclatura

montagna

● *caratteristiche*: monte, collina = colle; a picco = a strapiombo, rocciosa, franosa, a pieghe, a pan di zucchero, seghettata, asimmetrica, vulcanica, isolata, digradante: impervia ⇔ accessibile, tondeggiante = a mammellone = a cupola ⇔ aguzza;

● *descrizione della montagna*: orografia, orogenesi, sistema orografico; altimetria, altimetro, altitudine = altezza = quota, altura, altipiano, sommità; cima = vetta (a corno, a dente, a cupola, a cono, a gobba, a tavola, a piatto, a pettine), curvatura, dosso, pendenza, salita, discesa, declivio, strapiombo, dirupo, placca, balza, gradino, gola = forra, salto, fessura, profilo, dorsale; gruppo = massiccio, sistema, catena, giogaia, rilievo, crinale, cresta, forcella, dente, picco, cengia, croda, pala, guglia, piramide, torre, campanile, spuntone, spalla, dorso, cornice, sporgenza, tetto; piede = base, falda, pendio, fianco, versante, costa, muraglione, spelonca, grotta, nicchia, canalone, canalino, camino, colatoio, ghiaione, parete, anfiteatro (glaciale, morenico), slargo vallivo, conca, circo, pieghe, strati, acrocoro, tavolato, falsopiano, pianoro, ghiacciaio, nevaio, roccia, contrafforte; strada, sentiero, mulattiera, pista; passo, valico, sella;

● *azioni*: estendersi, elevarsi, svettare, strapiombare; valicare, salire, scendere, costeggiare;

● *vegetazione montana*: di bosco, di prato, di roccia; latifoglie, conifere (abete, pino, leccio, larice, pino mugo), felce, ginepro; sassifraghe, muschi, alghe, licheni; pascolo, alpeggio;

● *flora alpina*: erioforo = piumino rotondo, giglio di monte, mughetto, anterico, stellina dorata, giglio rosso, giglio martagone, dente di cane, colchico, croco, bucaneve, narciso, nigritella, salice erbaceo, salice reticolato, romice = lapazio, erba serpentina, licnide delle Alpi, saponaria, garofano dei ghiacciai, botton d'oro, atragene delle Alpi, rosa di Natale, peonia, anemone delle Alpi, ranuncolo, aquilegia, aconito, papavero delle Alpi, rosa alpina; potentilla = cinquefoglie, maggiociondolo, trifoglio delle Alpi, geranio, violetta, rododendro, azalea delle Alpi, erica, mirtillo, orecchia d'orso, primula, androsace, soldanella, ciclamino, genziana, salvia, miosotide = non ti scordar di me, veronica, linaria, digitale, valeriana, fiteuma, campanula, amello = astro, stella alpina = edelweiss, antennaria, achillea, borsa da pastore, sempre vivo, margherita, genepì, arnica, senecio, fiordaliso di monte;

• *costruzioni montane*: baita, malga = casera = alpe, maso, chalet, capanna, rifugio, ricovero, bivacco, tenda, ospizio;

• *mezzi di trasporto*: funivia, seggiovia, cabinovia, ovovia, slittovia, sciovia = skilift, skipass, gatto delle nevi, teleferica (pilone, puleggia, campata, vagoncino, carrello, carrucola, cabina, stazione motrice, fune di soccorso, fune portante, fune traente), cremagliera, slitta, motoslitta, gatto delle nevi; funicolare (puleggia, fune di trazione, funi di sicurezza, rulli di sostegno, rotaie).

montagnàrdo [fr. *montagnard*, da *montagne* 'montagna'; i giacobini più accesi erano detti così perché alla Convenzione sedevano nei banchi posti più in alto; av. 1907] **s. m.** ● Deputato francese dell'epoca rivoluzionaria, appartenente all'ala estremista dei giacobini.

†**montagnéṣe** [sp. *montañés*, da *montana* 'montagna'; 1660] **agg.** ● Di montagna.

†**montagnino** ● V. *montanino*.

montagnòlo o †**montagnuòlo** [av. 1547] **A agg.** ● (*raro*) Di montagna: *animale m.*; *parlata montagnola*. **B s. m.** (**f.** *-a*) ● (*raro*) Montanaro.

montagnóṣo [lat. tardo *montaniōsu(m)*, da **montānia* 'montagna'; sec. XIV] **agg.** ● Montuoso.

†**montagnuòlo** ● V. *montagnolo*.

†**montaimbànco** ● V. †*montambanco*.

montaliàno [1960] **agg.** ● Del poeta E. Montale (1896-1981): *versi montaliani* | Relativo alle opere, all'arte di Montale: *studi montaliani*.

†**montambànco** o †**montaimbànco**, †**montimbànco** [ant. fr. *monteinbanque* 'monta in banco'; 1823] **s. m.** ● Saltimbanco, ciarlatano.

montanarésco **agg.** ● (*lett.*) Montanaro.

montanàro [da *montano*; 1319] **A agg.** ● Di montagna: *popolazione montanara* | Proprio di chi abita la zona montuosa: *semplicità montanara*; *canzoni montanare*. **B s. m.** **1** (**f.** *-a*) Uomo di montagna, abitante dei luoghi montuosi: *un placido m.*; *testardo d'un m.!* (MANZONI). **2** (*zool.*) *Falcone m.*, gheppio.

montanèllo [da *montano*, perché nidifica in montagna; av. 1375] **s. m.** ● (*zool.*) Fanello.

†**montanésco** [da *montano*; sec. XIV] **agg.** ● Di montagna.

montanino o †**montagnino** [da *montano*; sec. XIV] **A agg.** **1** (*tosc.*) Di montagna: *ciliegie montanine* | Montanaro: *o vaghe montanine pastorelle* (SACCHETTI) | ***Sale m.***, salgemma. **2** (*raro, fig.*) Incolto, rozzo. **B s. m.** (**f.** *-a*) ● (*tosc.*) Montanaro.

montaniṣmo [da *montanista*; 1891] **s. m.** ● Eresia cristiana che predicava l'imminente ritorno del Cristo e la necessità di ricorrere a penitenze e ad austerità.

montanista [da *Montano* (II sec.), fondatore della setta; 1619] **A s. m. e f.** (**pl. m.** *-i*) ● Eretico seguace del montanismo. **B agg.** ● Montanistico.

montanistico [1965] **agg.** (**pl. m.** *-ci*) ● Relativo a montanismo, a montanista.

montàno [vc. dotta, lat. *montānu(m)*, agg. di *mōns*, genit. *mōntis* 'monte'; 1340] **agg.** ● Di montagna, caratteristico di monte o montagna: *paesaggio, paese m.*; *regioni, erbe, piante montane*.

montànte [sec. XIV] **A part. pres.** di *montare*; anche **agg.** ● Che sale (*anche fig.*): *marea m.*; *protesta m.* **B s. m.** **1** Asta di parete, verticale, di una struttura reticolare. **2** Elemento verticale di intelaiatura di porta o finestra | (*sport*) Ciascuno dei supporti verticali che sostengono il corrente o gli staggi, negli attrezzi della ginnastica artistica | Nel calcio, ciascuno dei pali verticali della porta: *colpire, sfiorare il m.* | Nella testiera del cavallo, striscia di cuoio che collega l'anello del filetto o del morso al frontale. **3** Nel pugilato, colpo portato dal basso verso l'alto, a braccio flesso, al mento o al busto | Nella scherma di sciabola, movimento diagonale dell'arma dal basso in alto. **4** (*mat.*) Somma del capitale più l'interesse da questo prodotto. **5** (*econ.*) ***M. compensativo***, nell'ambito dell'Unione europea, integrazione finanziaria corrisposta agli esportatori di prodotti agricoli per neutralizzare l'effetto delle fluttuazioni monetarie sugli scambi agricoli intercomunitari.

montapànna [comp. imperativale di *montare* e *panna* (*1*)] **s. m. inv.** ● Utensile da cucina per montare la panna.

♦**montàre** [lat. parl. **montāre*, da *mōns*, genit. *mōntis* 'monte'; av. 1292] **A v. intr.** (*io mónto*; aus. *essere*) **1** Andare o salire su qlco.: *m. sul campanile, in cima alle scale, in bicicletta, a cavallo, in sella, in groppa a un elefante* | (*assol.*) Salire a cavallo: *monti chi è a piè, chi non è armato s'armi* (ARIOSTO) | ***M. in cattedra, in pulpito***, (*fig.*) fare il saccente | (*fig.*) ***M. in collera***, arrabbiarsi | (*fig.*) ***M. in furore***, infuriarsi | (*fig.*) ***M. in bestia***, imbestialirsi | (*fig.*) ***Gli è montata la mosca al naso***, ha avuto uno scatto d'ira | (*fig.*) ***Gli è montato il sangue alla testa***, ha perso la ragione, la lucidità per l'ira. **2** Cavalcare: *monta in modo meraviglioso*. **3** Aumentare o innalzarsi di livello, grado, tono e sim. (*anche fig.*): *la marea monta rapidamente*; *il suono montava poco a poco*; *intanto continuava a m. il malcontento del popolo* | ***Il sole, la luna monta***, sorge e s'innalza sull'orizzonte. **SIN.** Salire. **4** †Ammontare, assommare. **5** †Valere, importare | ***Non monta***, non importa. **B v. tr.** **1** Salire: *m. le scale, i gradini*. **2** Comporre qlco. riunendone e collegandone le varie parti nel modo dovuto: *per m. il trenino elettrico bisogna seguire attentamente le istruzioni* | (*est.*) Mettere nel posto dovuto: *m. le tende, la libreria*. **3** Gonfiare, innalzare, elevare (*spec. fig.*) | ***M. la panna, la chiara d'uovo***, farla salire, sbattendola | (*fig.*) ***M. una notizia, un particolare***, dargli un'evidenza o un'importanza del tutto sproporzionate, spec. nel riferirla | (*fig.*) ***M. qlcu.***, farne una figura di primo piano; montargli la testa; sobillarlo contro qlcu. | (*fig.*) ***M. la testa a qlcu.***, esaltarlo con allettamenti, lusinghe e sim. | ***Montarsi la testa***, esaltarsi da sé, mettersi in agitazione. **4** (*zoot.*) Coprire, fecondare, negli accoppiamenti di animali: *far m. le giumente da stalloni purosangue*. **5** Incastonare le pietre preziose in un gioiello. **6** (*mar.*; *raro*) Doppiare, girare: *m. un promontorio*. **7** Comporre un film eseguendo l'operazione di montaggio. **C v. intr. pron.** ● Insuperbirsi, esaltarsi.

montascàle [comp. di *monta(re)* e il pl. di *scala*; 1993] **A s. m. inv.** ● Apparecchio, impianto per trasportare su una o più rampe di scale persone che hanno difficoltà motorie. **B** anche **agg. inv.**: *impianto m.*

†**montascéndi** o **montascèndi** [comp. di *monta(re)* e *scendere*; 1808] **s. m. inv.** ● Sentiero per scendere e salire sopra un argine, e sim.

montàṣio [dal n. del monte Jôf di *Montâs* (Giogo di *Montasio*), nelle Alpi Giulie occidentali; 1990] **s. m.** ● Formaggio a pasta semicotta e dura, tipico del Friuli.

montàta [sec. XIII] **s. f.** **1** (*raro*) Salita | ***M. dei salmoni, delle anguille***, il loro risalire i fiumi per la riproduzione | (*fisiol.*) ***M. lattea***, lattogenesi. **2** (*raro*) Salita, erta.

montàto [1312] **A part. pass.** di *montare*; anche **agg.** **1** Nei sign. del v. | ***Panna montata***, V. *panna* (*1*). **2** (*fig.*) Altezzoso, pieno di sé: *quel ragazzo è un po' m.* **B s. m.** ● †Montata.

montatóio [da *montato*; 1803] **s. m.** ● Predellino di vettura, carrozza e sim.

montatóre [1926] **agg.**; anche **s. m.** (**f.** *-trice*) ● Che (o Chi) monta | Operaio addetto a lavori di montaggio.

montatùra [1598] **s. f.** **1** Il montare | Montaggio. **2** Ciò che costituisce la struttura di sostegno di un oggetto: *la m. degli occhiali*; *anello con m. in oro*. **3** Guarnizione di un cappello da donna. **4** (*fig.*) Premeditata esagerazione del valore e dell'interesse di qlco.: *una m. della stampa*; *è tutta una m.* **SIN.** Gonfiatura.

montavivànde [comp. di *monta(re)* e il pl. di *vivanda*; 1940] **s. m. inv.** ● Piccolo montacarichi, con o senza apparato motore, per trasporto verticale di vivande.

♦**mónte** [lat. *mōnte(m)*, da una radice indeur. che indica 'sporgenza'; 1219] **s. m.** **1** Rilievo naturale della superficie terrestre, che si leva a un'altezza superiore ai 500 metri sul livello del mare, raramente isolato, per lo più inserito in catene, sistemi, giogaie e sim.: *il m. Bianco, Rosa*; *fra monti e valli*. **CFR.** oro- (2) | ***A m.***, verso la sommità, nella parte più alta; (*fig.*) in ciò che precede, che costituisce la premessa di qualcosa: *le vere ragioni di quanto è successo vanno cercate a m.* **CONTR.** A valle | ***A m. di***, nella parte più prossima alla sorgente, detto di fiume o di una zona, località e sim., considerata rispetto a quello | (*fig.*) ***Promettere mari e monti***, fare grandi promesse che non si manterranno. **2** (*fig.*) Grande ammasso, ingente quantità, abbondanza: *un m. di cartaccia, di stracci, di grano, di frutta*; *un m. di denaro*; *un m. di gente*; *un m. di gentilezze*; *un m. di seccature*; *ho lasciato tutto quel m. di pacchi e pacchetti in deposito alla stazione* (PIRANDELLO) | ***Far m.***, ammassare | ***Un m. di botte, di bastonate***, un sacco, un fracco. **SIN.** Mucchio. **3** Mucchio di carte scartate al gioco | Mucchietto di carte che in alcuni giochi avanzano dopo la distribuzione | ***Mandare a m.***, (*fig.*) far fallire | ***Andare a m.***, (*fig.*) non riuscire, mancare. **4** Gruppo omogeneo ordinato di valori spec. contabili | ***M. premi***, V. *montepremi* | ***M. cedole***, complesso degli importi relativi alle cedole dei titoli per qualsivoglia motivo depositati presso una banca al momento della maturazione della cedola stessa | ***M. ore***, complesso delle ore a disposizione di organismi per l'espletamento delle loro funzioni. **5** Ente pubblico esercitante funzioni bancarie: *Monte dei Paschi* | Istituzione dotata di beni patrimoniali, con fini benefici e assistenziali | ***M. di pietà, m. pio, m. dei pegni***, istituzione benefica o assistenziale che accorda prestiti su pegno di beni mobili, senza fini di lucro: *menommi al M. e fecemi spendere quindici grossoni* (MICHELANGELO). **6** Ciascuna delle lievi protuberanze del palmo della mano che, in chiromanzia, indicano determinate strutture caratteriologiche del soggetto. **7** (*anat.*) ***M. di Venere, m. del pube***, prominenza adiposa coperta di peli, sopra la vulva. || **PROV.** Loda il monte e attienti al piano. || **monticchio**, **dim.** | **monticciòlo**, **dim.** | **monticèllo**, **dim.** | **monticellétto**, **dim.** | **monticellino**, **dim.** | **monticino**, **dim.** | **montóne**, **accr.**

montebiànco [fr. *montblanc* 'monte bianco', per l'aspetto e il colore; 1942] **s. m.** (**pl.** *-chi*) ● Dolce di castagne, lessate e passate, e panna montata.

montenegrino [1780] **A agg.** ● Del Montenegro. **B s. m.** (**f.** *-a*) ● Abitante del Montenegro.

monteprèmi [comp. di *monte* e il pl. di *premio*; 1958] **s. m. inv.** ● Somma da ripartire tra i vincitori di una lotteria, di un concorso e sim.

montepulciàno [dal nome della città toscana della cui zona è originario; av. 1698] **s. m. inv.** **1** Vitigno coltivato nell'Italia centro-meridionale (spec. Marche e Abruzzo), che dà vini rossi dal profumo vinoso. **2** Vino rosso ottenuto da tale vitigno: *m. delle Marche* | ***M. d'Abruzzo***, vino di color rosso rubino intenso, dal profumo gradevole e dal sapore asciutto ottenuto dalle uve omonime con aggiunta di Sangiovese | ***Vino nobile di M.***, vino di colore rosso granato e dal profumo elegante, ottenuto in Toscana da vitigno Sangiovese e altre uve locali.

montessoriàno [dal n. della pedagogista it. M. *Montessori* (1870-1952); 1965] **agg.** ● Che concerne Maria Montessori o i suoi metodi pedagogici: *scuola montessoriana*.

montgomery /ingl. mənt'gʌməri/ [dal n. del generale ingl. B.L. *Montgomery* (1887-1976) che lo adoperava; av. 1945] **s. m. inv.** ● Giaccone a tre quarti, di lana piuttosto ruvida, con cappuccio, chiuso da alamari e bottoni di legno a olivetta.

montiàno [1862] **agg.** ● Che è proprio del poeta V. Monti (1754-1828) e della sua arte.

monticàre [da *monte*; 1950] **v. intr.** (*io móntico, tu móntichi*; aus. *avere*) ● Stare all'alpeggio, detto del bestiame | Tenere il bestiame all'alpeggio.

monticazióne [da *monticare*; 1917] **s. f.** ● Migrazione estiva del bestiame dal fondo valle ai pascoli montani.

monticellite [chiamato così in onore del naturalista T. *Monticelli* (1759-1845)] **s. f.** ● (*miner.*) Silicato di calcio e magnesio affine all'olivina.

†**montimbànco** ● V. †*montambanco*.

montmorillonite [dalla località di *Montmorillon* in Francia] **s. f.** ● (*miner.*) Silicato idrato di magnesio e alluminio del tipo a strati che forma masse biancastre a grana finissima d'aspetto argilloso; è usato nella depurazione delle acque per la sua forte capacità di scambio ionico.

montmorillonìtico agg. (pl. m. *-ci*) ● (*miner.*) Che ha natura di montmorillonite: *argilla montmorillonitica.*

montonàta [da *montone* (*1*); 1891] s. f. ● (*sport*) Nell'ippica, salto del montone.

montonàto [da *montone* (*4*); 1958] agg. ● Detto di roccia arrotondata.

montoncino s. m. *1* Dim. di *montone* (*1*). *2* Pelle di montone.

montóne (**1**) [lat. parl. **multōne(m)*, di orig. gallica, avvicinato a *montare*; av. 1292] s. m. *1* Maschio della pecora. SIN. Ariete | (*sport*) ***Salto del m.***, nell'ippica, movimento che il cavallo compie di sua volontà, di sorpresa, per disarcionare il cavaliere o come vivace espressione di gaiezza. *2* (*est., fam.*) Giaccone o cappotto confezionato con la pelle dell'animale omonimo. *3* (*fig.*) †Persona sciocca e stupida: *considerando che Amor l'avesse di m. fatto tornar uomo* (BOCCACCIO). || †**montoncino**, dim. (V.).

montóne (**2**) [calco sul fr. *mouton*, moneta d'oro fatta coniare da S. Luigi, che aveva l'immagine dell'agnello pasquale (*montone*) con la leggenda 'Ecce Agnus Dei'; sec. XIII] s. m. ● Moneta d'oro francese.

montóne (**3**) [dal colore biancastro come quello del vello dei *montoni*; av. 1363] s. m. ● (*spec. al pl.*) Onde minori frante e biancheggianti ai fianchi di un maroso.

montóne (**4**) [accr. di *monte*] s. m. ● Roccia cui l'azione dei ghiacciai ha conferito una forma tondeggiante.

†**montonino** [da *montone* (*1*)] agg. ● Simile a montone.

montuosità [da *montuoso*; 1632] s. f. *1* Caratteristica di ciò che è montuoso: *la mancanza di buone coltivazioni è dovuta alla m. della regione*; *m. e disegualità della Luna* (GALILEI). *2* Punto più elevato del terreno: *si notano numerose m.*

♦**montuóso** [vc. dotta, lat. *montuōsu(m)*, *montōsu(m)*, da *mōns*, genit. *mōntis* 'monte'; av. 1367] agg. ● Che è caratterizzato dalla presenza di monti o rilievi: *regione montuosa* | (*lett.*) Che ha forma di monte: *la montuosa nube* (D'ANNUNZIO).

montùra [fr. *monture*, da *monter* 'montare, assettare'; 1677] s. f. ● (*lett.*) Divisa, uniforme: *ufficiali in m.*

†**monturàto** [av. 1893] s. m.; anche agg. ● Chi (o Che) indossa la montura.

♦**monumentàle** [vc. dotta, lat. tardo *monumentāle(m)*, da *monumĕntum* 'monumento'; av. 1837] agg. *1* Di monumento: *iscrizione m.* *2* (*fig.*) Di gran mole, imponente, grandioso: *opera, costruzione m.* *3* Che è ricco di monumenti: *città m.*; *cimitero m.*

monumentalità [1942] s. f. ● Condizione, aspetto di ciò che è monumentale.

monumentàre [av. 1907] v. tr. (*io monuménto*) ● (*raro, lett.*) Onorare la memoria di qlcu. con un monumento | Effigiare qlcu. in un monumento.

♦**monuménto** o †**moniménto** [vc. dotta, lat. *monumĕntu(m)* 'ricordo', da *monēre* 'far ricordare'. V. *monito*; av. 1292] s. m. *1* Opera, spec. di scultura o di architettura, che serve a ricordare un personaggio o un avvenimento di singolare importanza: *erigere un m. a qlcu.*; *inaugurare un m.*; *m. commemorativo.* *2* (*est.*) Opera architettonica di importanza notevole: *i monumenti antichi*; *i monumenti della nostra epoca* | ***M. nazionale***, edificio messo sotto tutela per il suo alto valore artistico o storico | (*fig.*) Opera artistica di importanza storica: *amava e venerava i sacri monumenti delle lettere* (CASTIGLIONE) | ***Un m. di dottrina, di sapere***, detto di persona o di opera scritta estremamente ricca di scienza. ➡ ILL. **archeologia**. *3* †Sepolcro | (*per anton.*) Sepolcro di Cristo in Gerusalemme. || **monumentino**, dim.

mood style /ingl. 'muːd,staeɪl/ [loc. ingl. propr. 'stile (*style*) umorale (*mood*) umore'; 1988] s. m. inv. ● (*mus.*) Nel jazz, stile orchestrale degli anni 1920-30, con accordi alterati e sound particolarmente intenso.

moog® /ingl. muːg/ [vc. ingl., dal n. dell'ingegnere americano R. A. *Moog*, che lo inventò; 1973] s. m. inv. ● Tipo di sintetizzatore.

Moon boot® /ingl. 'muːn,buːt/ [loc. ingl., propr. 'stivale lunare', comp. di *moon* 'luna' e *boot* 'stivale', per analogia di forma con gli stivali indossati dagli astronauti; 1983] s. m. inv. (pl. ingl. *Moon boots*) ● Denominazione di speciali calzature fabbricate in materiale isolante per camminare sulla neve.

moplèn® [da *Mo(ntecatini Polipro)p(i)len(e)*; 1961] s. m. inv. ● (*chim.*) Materia plastica, prodotta per polimerizzazione del propilene e/o dell'etilene; usata per stampaggio di oggetti vari.

Mops /ted. mɔps/ [ted., dall'ol. *mops*, da *moppen* 'fare un viso arcigno'; 1905] s. m. inv. (pl. ted. *Mopse*) ● Cane di lusso simile a un mastino di formato ridottissimo, di colore uniforme fulvo con maschera nera sul muso.

moquettàto /moket'tato/ [da *moquette*; 1985] agg. ● Detto di superficie ricoperta di moquette.

♦**moquette** /fr. mɔ'kɛt/ [vc. fr., etim. incerta; 1885] s. f. inv. ● Tipo di tessuto in lana ruvida o fibre sintetiche, per rivestire pavimenti di ambienti interni | (*est.*) Il pavimento così rivestito: *fece cadere la cenere sulla m.*

mòra (**1**) [da *moro* (*2*); sec. XIII] s. f. ● Frutto formato da un sincarpio sugoso del gelso bianco e del gelso nero | Frutto del rovo, nero, lucente, commestibile | ***Non valere una m.***, non valere nulla | †***Essere più lontano da qlco. che gennaio dalle more***, esserne lontanissimo. || **moràccia**, pegg.

mòra (**2**) [da *mora* (*1*). V. *morula*] s. f. ● (*biol.*) Morula.

mòra (**3**) [vc. dotta, lat. *mŏra(m)*, di etim. incerta; av. 1306] s. f. *1* (*dir.*) Ingiustificato ritardo nell'adempimento di una obbligazione o prestazione dovuta: *essere, cadere in m.* | ***M. del debitore***, ritardo ingiustificato ad adempiere, accertato nelle forme di legge | ***Interessi di m.***, nelle obbligazioni pecuniarie, interessi che il debitore deve dal giorno in cui è costituito in mora sino al perdurare della stessa | ***M. del creditore***, rifiuto senza legittimo motivo del creditore di ricevere il pagamento offertogli nei modi di legge dal debitore | ***Costituire in m.***, compiere le formalità atte ad accertare la mora della controparte. *2* Correntemente, somma di denaro dovuta per il ritardo nel compimento di un atto. *3* (*raro, lett.*) Indugio, intervallo, pausa. *4* Unità basilare di misura nella metrica greca e latina.

mòra (**4**) ● V. *morra.*

mòra (**5**) [vc. di orig. sconosciuta] s. f. ● Pesce mediterraneo e atlantico dei Gadiformi, di colore marrone (*Mora mora*).

†**mòra** (**6**) [vc. di orig. preindeur.; 1319] s. f. ● Mucchio, massa di pietre.

Moràcee [vc. dotta, comp. di *mora* (*1*) e *-acee*; 1895] s. f. pl. (sing. *-a*) ● Nella tassonomia vegetale, famiglia di Dicotiledoni arboree ricche di latice (*Moraceae*). ➡ ILL. **piante 2.**

moraiòlo [da *mora* (*1*); av. 1512] s. m. ● Varietà di ulivo dal frutto nero-violaceo a maturazione, apprezzata per la buona resa in olio. SIN. Morellino.

♦**moràle** [vc. dotta, lat. *morāle(m)*, da *mōs*, genit. *mōris* 'costume', di etim. incerta; av. 1292] **A** agg. *1* Che concerne le forme e i modi della vita pubblica e privata, in relazione alla categoria del bene e del male: *giudizio, precetto, massima, legge m.*; *progresso m.*; *le dottrine morali* | ***Senso m.***, percezione intuitiva di ciò che è bene o male | ***Coscienza m.***, consapevolezza del significato etico delle proprie azioni | ***Responsabilità m.***, relativa agli effetti del comportamento pratico | ***Danno m.***, V. *danno* | ***Ente m.***, fondazione che persegue uno scopo non lucrativo. *2* Conforme ai principi di ciò che è buono e giusto: *libro, discorso m.* | Castigato, non licenzioso: *spettacolo m.* | Onesto, retto: *è una persona m.* *3* Relativo al mondo dello spirito, della coscienza: *forza, fiacchezza m.*; *mi ha dato un aiuto m.* | ***Scienze morali***, filosofiche, giuridiche, storiche, politiche, sociali e psicologiche, in contrapposizione alle scienze fisiche e matematiche | ***Autorità m.***, che deriva dalla stima o dall'affetto | ***Certezza m.***, basata più su intima persuasione che su prove materiali | ***Schiaffo m.***, offesa, umiliazione bruciante | ***Capitale m. di una nazione***, la città più importante pur non essendo la capitale | ***Vincitore m.***, chi, in una gara e sim., è stato sconfitto pur avendo meritato di vincere. || **moralménte**, avv. *1* Secondo la morale: *comportarsi moralmente.* *2* Dal punto di vista morale: *mi sento moralmente responsabile.* *3* Relativamente al morale, alle condizioni psicologiche: *è moralmente distrutto.* **B** s. f. *1* Parte della filosofia che studia i problemi relativi alla condotta dell'uomo. SIN. Etica. *2* Complesso di consuetudini e norme che regolano la vita pubblica e privata: *m. individuale, collettiva*; *è un uomo senza m.* *3* Insegnamento che si può trarre da un discorso, da un racconto, da una favola | ***La m. della favola***, (*fig.*) la conclusione di un ragionamento, discorso e sim. (*anche scherz. e fam.*). **C** s. m. ● Stato d'animo, condizione psicologica: *avere il m. alto, alle stelle*; *essere giù di m.*; *avere il m. sotto i tacchi.*

moraleggiànte [av. 1937] part. pres. di *moraleggiare*; anche agg. ● (*spesso spreg.*) Che tende al moralismo: *atteggiamenti, sentenze moraleggianti.*

moraleggiàre [comp. di *moral(e)* e *-eggiare*; av. 1642] v. intr. (*io moraléggio*; aus. *avere*) ● Fare osservazioni, ragionamenti di natura morale (*spesso spreg.*): *m. su tutto.*

moralìsmo [comp. di *morale* e *-ismo*; 1934] s. m. *1* Eccessiva, rigida intransigenza di giudizio in campo morale, spec. nella valutazione dei comportamenti altrui. *2* Dottrina filosofica secondo cui soltanto l'azione morale consente di interpretare e comprendere la realtà in noi e fuori di noi: *il m. di Fichte* | (*est.*) Tendenza a considerare preminenti i valori morali.

moralìsta [comp. di *morale* e *-ista*; 1740 ca.] **A** s. m. e f. (pl. m. *-i*) *1* Chi giudica ogni azione da un punto di vista astrattamente morale | (*est.*) Chi si comporta con eccessiva intransigenza morale: *sei proprio un m.!* *2* Chi segue o si ispira alla dottrina filosofica del moralismo: *i moralisti del Seicento.* *3* Chi si dedica allo studio o alla trattazione di problemi etici. **B** agg. ● (*raro*) Moralistico.

moralìstico [1886] agg. (pl. m. *-ci*) *1* Da moralista: *un odio catilinario alle chiacchiere moralistiche* (CARDUCCI) | Del moralismo. *2* Che concerne o interessa il moralismo o i moralisti. || **moralisticaménte**, avv.

moralità [vc. dotta, lat. tardo *moralitāte(m)*, da *morālis* 'morale'; nel sign. 3 attraverso il fr. *moralité*; 1308] s. f. *1* Carattere di ciò che è conforme alle norme morali: *m. di costumi*; *persona di dubbia m.* *2* Morale, spec. in quanto attuazione pratica delle norme morali: *m. pubblica, privata* | (*lett.*) Insegnamento che si può trarre da un discorso o da una favola. *3* Nel Medioevo, rappresentazione teatrale, spesso allegorica, con fini edificanti, tipica spec. della letteratura francese.

moralizzàbile [1745] agg. ● (*raro*) Che si può moralizzare.

moralizzàre [comp. di *morale* e *-izzare*; av. 1406] **A** v. tr. ● Rendere conforme ai principi morali: *m. la vita politica, la Pubblica Amministrazione.* **B** v. intr. (aus. *avere*) ● (*raro*) Moraleggiare.

moralizzatóre [da *moralizzare*; 1841] s. m.; anche agg. (f. *-trice*) ● Chi (o Che) moralizza.

moralizzazióne [av. 1642] s. f. ● Azione rivolta a moralizzare: *la m. della vita pubblica.*

†**moràre** [vc. dotta, lat. *morāri* 'indugiare', da *mŏra* 'indugio'. V. *mora* (*3*); av. 1306] v. intr. ● Dimorare, stare.

moràto [da *mora* (*1*); sec. XIII] agg. ● Nero a guisa di mora.

moratòria [f. sost. di *moratorio*; 1528] s. f. *1* (*dir.*) Provvedimento legislativo per cui resta sospesa la scadenza delle obbligazioni, spec. pecuniarie. *2* (*est.*) Dilazione, sospensione: *il nemico propone una m. dei combattimenti.*

moratòrio [lat. tardo *moratōriu(m)*, da *morāri* 'indugiare'. V. *morare*; 1673] agg. ● (*dir.*) Relativo a mora: *interessi moratori.*

moràvo o **mòravo** [1532] **A** agg. ● Della Moravia, regione della Repubblica Ceca. **B** s. m. (f. *-a*) ● Abitante della Moravia.

mòrbida [f. sost. di *morbido*; 1940] s. f. ● Stato di regime intermedio dei corsi d'acqua, che si verifica quando le acque si gonfiano per piogge o disgelo senza raggiungere i livelli di piena.

morbidèllo [da *morbido*] s. m. ● (*bot.*) Valerianella.

morbidézza o (*pop., tosc.*) **morvidézza** [av. 1320] s. f. *1* Caratteristica, proprietà di ciò che è morbido (*anche fig.*): *la m. delle carni, di un tessuto*; *m. di carattere.* SIN. Sofficità. *2* Nelle arti figurative, insieme di elementi, quali l'armonia dei colori, la delicatezza delle sfumature, la leggerezza dei tratti, dei contorni e sim., per cui un dipinto o una scultura suggeriscono sensazioni di particolare dolcezza e soavità. *3* (*lett., spec. al pl.*) Mollezza, raffinatezza, lascivia.

morbidiccio [1869] agg. (pl. f. *-ce*) ● Alquanto morbido.

♦**mòrbido** o (*pop., tosc.*) **mòrvido** [vc. dotta, lat. *mŏrbidu(m)* 'malato, indisposto, malsano', da *mŏrbus* 'morbo'; av. 1250] **A** agg. **1** Che ha consistenza soffice, cedevole o molle: *letto, guanciale m.*; *cera, creta morbida* | Tenero: *la morbida erbetta*; *materiale m. come il burro* | ***Metallo m.***, malleabile | ***Marmo m.***, che si lavora con facilità | (*fig.*) ***Allunaggio m.***, di veicolo spaziale che prende contatto con la superficie lunare a velocità limitata evitando di danneggiarsi. CONTR. Duro. **2** Dolce, liscio e delicato al tatto: *stoffa, seta, pelle morbida* | Detto di vino dal sapore equilibrato, gradevole, non aggressivo. CONTR. Ruvido. **3** Leggero, sfumato, vaporoso: *morbidi contorni* | ***Linea morbida***, non aderente, detto di abito spec. femminile. **4** Nelle arti figurative, caratterizzato da morbidezza. **5** (*lett., fig.*) Estremamente raffinato e molle: *vita morbida*; *costumi morbidi*. CONTR. Rigido. **6** (*fig.*) Conciliante, arrendevole: *carattere m.*; *non è un tipo m.*; *atteggiamento m.*; CONTR. Duro | Sfumato, delicato, attenuato: *luci, colori, suoni morbidi*; SIN. Soft. **7** (*med.*) Morboso. || **morbidaménte**, avv. In modo morbido, con morbidezza. **B** s. m. ● Ciò che è morbido: *sedere sul m.* || **morbidétto**, dim. | **morbidino**, dim. | **morbidóne**, accr. | **morbidòtto**, dim.

morbidùme [comp. di *morbido* e *-ume*; 1869] s. m. ● (*raro, spreg.*) Insieme di cose mollicce.

†**morbìfero** [vc. dotta, lat. *morbĭferu(m)*, comp. di *mŏrbus* 'morbo' e *-fer* '-fero'; av. 1698] agg. ● Che porta o diffonde un morbo, una malattia.

morbìgeno [comp. di *morbo* e *-geno*; av. 1961] agg. ● Che costituisce causa di malattia: *lavorazioni industriali morbigene*.

morbiglióne [da *morbillo*] s. m. ● Specie di vaiolo benigno.

morbilità [da *morbo*, sul modello di *sterilità, virilità* ecc.; 1900] s. f. ● Morbosità | ***Coefficiente di m.***, rapporto fra il complesso dei giorni di malattia e il numero di esposti al rischio di malattia per gruppi di età.

morbillo [dim. del lat. *mŏrbus* 'morbo'; av. 1750] s. m. ● Malattia virale dell'infanzia caratterizzata da febbre alta, irritazione delle mucose e da un esantema a macchie piccole e rossastre.

morbillóso [1757] **A** agg. ● Di, relativo al, morbillo: *esantema m.* **B** agg.; anche s. m. (f. *-a*) ● Che (o Chi) è affetto da morbillo.

morbino [da *morbio*, forma ant. di *morbido*, nel senso di 'allegro'; 1512] s. m. ● (*region.*) Eccessiva vivacità o eccitazione: *avere il m.*; *dovresti un po' calmarti il m.*

morbinóso [av. 1536] agg. ● (*region.*) Molto vivace, pieno di morbino.

mòrbo [vc. dotta, lat. *mŏrbu(m)*, da una radice indeur. che significa 'consumare'; av. 1306] s. m. **1** Malattia: *un terribile m.*; *un m. contagioso* | ***M. blu***, ogni cardiopatia congenita che, per insufficiente ossigenazione del sangue, dà origine a intensa cianosi | ***M. celiaco***, celiachia | ***M. giallo***, febbre gialla | ***M. di Addison***, grave insufficienza surrenale per lo più di natura tubercolare. SIN. Mal bronzino | ***M. di Alzheimer***, demenza presenile progressiva a eziologia sconosciuta | ***M. di Raynaud***, disturbo ischemico che interessa spec. le dita delle mani; compare con l'esposizione al freddo o per emozioni | ***M. di Basedow***, ipertiroidismo per alterata secrezione tiroidea | ***M. di Burger***, malattia delle arterie e delle vene di tipo generativo che colpisce prevalentemente nella giovane età | ***M. di Down***, mongolismo | ***M. di Flaiani, m. di Potti***, carie tubercolare della colonna vertebrale | ***M. di Hansen***, lebbra | ***M. di Parkinson***, malattia del sistema nervoso centrale, caratterizzata da rigidità muscolare e tremore diffuso. SIN. Paralisi agitante. **2** (*fig.*) Malanno, piaga: *un m. sociale*. **3** †Vizio o passione cattiva. **4** †Odore pestilenziale: *m. di carogne*. || †**morbétto**, dim. (V.) | †**morbùzzo**, pegg.

morboṣità [vc. dotta, lat. tardo *morbositāte(m)* 'insalubrità', da *morbōsus* 'malsano'. V. *morboso*; sec. XV] s. f. **1** Caratteristica di ciò che è morboso. **2** Studio delle malattie in una determinata popolazione | ***Quoziente di m.***, rapporto fra il numero degli individui colpiti da una data malattia, in un definito intervallo di tempo, e la popolazione media dell'intervallo.

morbóṣo [vc. dotta, lat. *morbōsu(m)*, da *mŏrbus* 'morbo'; 1441] agg. **1** (*med.*) Relativo a morbo: *sintomi morbosi, manifestazioni morbose*. **2** (*est.*) Eccessivo, esasperato, tanto da risultare quasi patologico: *amore m.*; *gelosia, sensibilità, curiosità morbosa*. || **morboṣaménte**, avv.

morchèlla [ted. *Morchel*: perché simile alla carota (ted. *Möhre*) (?); 1813] s. f. ● (*bot.*) Spugnola.

mòrchia [lat. parl. *amŭrcula(m)*, dim. di *amŭrca*, dal gr. *amórgē* 'morchia', da *amérgein* 'cogliere, estrarre': da avvicinare a *omorgnýnai* 'pulire' (?); sec. XIV] s. f. **1** Deposito lasciato dall'olio per chiarificazione spontanea o a seguito del lavaggio. **2** Fondo o sedimento untuoso e sudicio: *l'ingranaggio è pieno di m.* SIN. Ralla (1) | (*est.*) Feccia: *la m. del catrame* | (*est.*) Gruma della pipa o del bocchino. || **morchiàccia**, pegg.

morchióne [propr. accr. m. di *morchia*; 1958] s. m. ● Feccia delle olive lavorate, usata come concime.

morchióṣo [1340 ca.] agg. ● (*raro*) Pieno di morchia.

morchiùme [1869] s. m. ● (*spreg.*) Quantità di morchia.

mordàcchia [da *mordere*; av. 1685] s. f. **1** Museruola | Specie di morsa che si mette alla bocca del cavallo per costringerlo a lasciarsi ferrare. **2** Morsa che immobilizzava la lingua dei bestemmiatori e dei condannati a morte durante il supplizio | ***Mettere la m.***, (*fig.*) costringere a tacere.

mordàce [vc. dotta, lat. *mordāce(m)*, da *mordēre* 'mordere'; av. 1292] agg. **1** Che è pronto a mordere, che morde con facilità: *cane m.* | ***Tenaglie mordaci***, che stringono forte. **2** Aspro, caustico, pungente (*spec. fig.*): *sapore m.*; *lingua, satira m.*; *parole, persone mordaci*. **3** †Corrosivo, mordente. || **mordacétto**, dim. || **mordaceménte**, avv.

mordacità [vc. dotta, lat. *mordacitāte(m)*, da *mŏrdax*, genit. *mordācis* 'mordace'; 1340 ca.] s. f. **1** (*raro*) Forza di mordere | (*lett.*) Proprietà corrosiva. **2** (*fig.*) Maldicenza, acrimonia.

mordènte [sec. XIII] **A** part. pres. di *mordere*; anche agg. ● Che morde | (*fig.*) Mordace. **B** s. m. **1** Sostanza che serve a fissare il colorante sulla fibra, usata in tintoria | Sostanza usata per l'incisione su lastre metalliche | Sostanza usata per superfici metalliche. **2** (*fig.*) Spirito combattivo o aggressivo: *essere privo di m.*; *avere molto m. nelle competizioni sportive* | Efficacia, incisività: *commedia, satira priva di m.* **3** (*mus.*) Abbellimento musicale che si realizza alternando rapidamente alla nota reale la nota immediatamente superiore o inferiore e tornando poi alla nota reale.

mordenzànte part. pres. di *mordenzare*; anche agg. e s. m. ● Nel sign. del v.

mordenzàre [da *mordente*; 1958] v. tr. (*io mordènzo*) ● Trattare con mordente.

mordenzatùra [1958] s. f. ● Operazione del mordenzare.

♦**mòrdere** [vc. dotta, lat. parl. **mŏrdere*, per il classico *mordēre*, di orig. indeur.; 1313] v. tr. (pass. rem. *io mòrsi, tu mordésti*; part. pass. *mòrso*, †*mordùto*) **1** Addentare con forza, stringere con i denti: *m. la mela, il pane*; *stai tranquillo: è un cane che non morde* | (*fig.*) ***M. il terreno, la polvere***, giacere prono e sconfitto a terra dopo un combattimento; (*fig.*) essere sconfitto in modo umiliante | (*fig.*) ***M. il freno***, subire controvoglia disciplina e costrizioni, essere impazienti di acquistare la propria libertà | ***Mordersi le mani, le dita***, (*fig.*) in segno di rabbia e sim. | ***Mordersi le labbra***, (*fig.*) costringersi a tacere | (*assol., est.*) Pungere, pizzicare: *come mordono questi insetti!* | Nella loc. agg. del linguaggio giornalistico ***mordi e fuggi***, detto di esperienza consumata velocemente: *turismo mordi e fuggi*. SIN. Morsicare. **2** Stringere in una morsa o come in una morsa: *le tenaglie mordevano il ferro incandescente*. **3** Intaccare penetrando con forza: *lame taglienti mordevano le zolle*; *l'ancora morse il fondo e il battello s'arrestò* | (*fig.*) Essere critico, pungente: *una commedia satirica incapace di m.* | ***M. l'asfalto***, (*fig.*) detto di pneumatici e sim. che vi aderiscono perfettamente, quando il veicolo è lanciato a forte velocità | ***M. la strada***, nel ciclismo, pedalare a strappi, stando ritto sui pedali. **4** Corrodere: *un acido che morde il ferro*. **5** (*fig.*) Irritare o molestare con la propria asprezza (*anche assol.*): *un vino che morde le labbra*; *una brezza gelida che mordeva il viso*. **6** (*fig.*) Assalire, tormentare: *m. qlcu. con motti, ingiurie, allusioni*; *il rimorso mi morde la coscienza*. || PROV. Can che abbaia non morde.

†**mordicàre** [vc. dotta, lat. tardo *mordicāre*, da *mordēre* 'mordere'; 1683] v. tr. ● (*raro, lett.*) Mordicchiare.

mordicchiàre [1894] v. tr. (*io mordìcchio*) ● Mordere leggermente e con insistenza: *mordicchiarsi nervosamente le labbra*.

mordigallina [comp. di *mordere* e *gallina*; sec. XIII] s. f. ● (*bot.*) Anagallide.

mordiglióne [da *mordere*; 1958] s. m. ● (*edil.*) Attrezzo usato per piegare le barre d'acciaio destinate alle strutture di cemento armato.

†**mordiménto** [da *mordere*; av. 1306] s. m. **1** Il mordere | Morso. **2** Maldicenza, insinuazione.

†**morditóre** [sec. XIII] s. m. (f. *-trice*) **1** (*raro*) Chi morde. **2** (*fig.*) Motteggiatore | Critico, detrattore.

mordorè [fr. *maure-doré* 'bruno dorato'; av. 1797] agg. ● Di color marrone con riflessi dorati: *pelle m.*

morèccio [dim. di *moro* (*1*); av. 1802] s. m. ● (*bot., tosc.*) Porcino nero, bronzino.

†**morèlla** (1) ● V. *muriella*.

morèlla (2) [lat. tardo *morĕlla(m)*, da *māurus* 'moro (1)', per il colore oscuro] s. f. ● (*bot.*) Pianta erbacea delle Solanacee, con fiori bianchi o violacei in infiorescenze e bacche generalmente di colore nero (*Solanum nigrum*).

morellino s. m. **1** Dim. di *morello*. **2** Moraiolo. **3** Vino di colore rosso rubino intenso, dal profumo elegante, prodotto nella provincia di Grosseto da un vitigno Sangiovese locale: *m. di Scansano*.

morèllo [dim. di *moro* (*1*); av. 1310] **A** agg. **1** Detto di colore tendente al nero: *fa sopra seta candida e morella / tesser ricamo di finissimo oro* (ARIOSTO). **2** Detto di mantello equino i cui peli sono di colore scuro, quasi nero. SIN. Corvino. **B** s. m. (f. *-a*) ● Cavallo dal mantello morello. || **morellino**, dim. (V.) | **morellòtto**, dim.

mòre maiòrum [loc. lat., propr. 'secondo il costume (*mōre*, abl. di *mōs*) degli antenati (*maiōrum*, genit. pl. di *māior*)'] loc. avv. ● Come usavano gli avi, secondo la tradizione.

morèna [fr. *moraine*, di orig. preindeur.; 1860] s. f. ● Accumulo di materiale roccioso disgregato da un ghiacciaio dalle pendici montuose circostanti o dal suo fondo e trascinato a valle | ***M. frontale*** o ***terminale***, quella accumulata al termine di un ghiacciaio | ***M. laterale***, quella depositata sui fianchi di un ghiacciaio. ➡ ILL. p. 2132 SCIENZE DELLA TERRA ED ENERGIA.

morèndo [da *morire*] s. m. inv. ● (*mus.*) Indicazione dinamica che richiede il progressivo smorzamento di un suono finale. SIN. Perdendosi.

morènico [fr. *morainique*, da *moraine* 'morena'; 1871] agg. (pl. m. *-ci*) ● Di morena, dovuto a morena | (*geogr.*) ***Cordone m., cerchia morenica***, rilievo allungato costituito dai detriti di un ghiacciaio.

morènte o (*lett.*) †**morïènte** [sec. XIII] **A** part. pres. di *morire*; anche agg. ● Che muore | (*fig.*) Che declina, che si va spegnendo: *un canto m.* | ***Sole m.***, che tramonta. **B** s. m. e f. ● Chi sta per morire: *il pallore dei morenti*. SIN. Moribondo.

morésca [da *moresco* (*1*); sec. XV] s. f. ● Danza diffusa in Europa nel Rinascimento, di origine incerta, poi stilizzata in forme varie: *la m. dell'Orfeo di Monteverdi*.

morésco (1) [da *moro* (*1*); av. 1455] agg. (pl. m. *-schi*) ● Dei Mori, relativo ai Mori | ***Arte moresca***, araba, spec. di Spagna e d'Africa | ***Arco m.***, a ferro di cavallo.

†**morésco** (2) [da *moro* (*2*); 1791] agg. (pl. m. *-schi*) ● (*tosc.*) Del gelso moro.

mòre sòlito [lat., propr. 'secondo il solito costume'; 1868] loc. avv. ● Come al solito, spec. per indicare il ripetersi sgradevole di un atteggiamento, di un comportamento, di una situazione.

morétta [f. di *moretto*] s. f. **1** Ragazza di razza nera | (*est.*) Ragazza di colorito e capelli bruni. **2** Anitra nera sul dorso e bianca sul ventre, con caratteristico ciuffo sulla nuca (*Aythya fuligula*). **3** (*ven.*) Piccola maschera da carnevale di colore scuro che copre la parte superiore del viso. || **morettèlla**, dim. | **morettina**, dim.

morétto [1542] s. m. **1** Dim. di *moro*. **2** (f. *-a*) Ragazzo di razza nera | (*est.*) Ragazzo di colorito e capelli scuri. **3** (*fig.*) Spec. nell'Italia giolittiana, galoppino. SIN. Ascaro. || **morettàccio**, pegg. | **morettino**, dim.

mòre uxòrio [lat., propr. 'secondo il costume

matrimoniale'; 1958] **loc. avv.** e **agg. inv.** ● Usata per indicare la condizione di due persone legate da un rapporto amoroso che convivono senza aver contratto matrimonio.

morfallàssi [ingl. *morphallaxis*, comp. di *morpho-* 'morfo-' e del gr. *állaxis* 'mutamento' (da *állos* 'altro, diverso', di orig. indeur.)] **s. f. inv.** ● (*biol.*) Fenomeno rigenerativo che comporta un processo di sdifferenziamento esteso a tutti i tessuti interessati alla ricostituzione della parte mancante.

morfèa [dal gr. *amorphía* 'deformità', comp. di *a-* priv. e *morphḗ* 'forma'. V. *morfo-*; sec. XIV] **s. f.** ● (*med., veter.*) Piccola macchia bianca, depigmentata, di forma circolare, che si rinviene, isolata o confluente con altre, nelle parti del corpo dove la pelle è più delicata.

morfèma [da *morfo-* col suff. *-ema*, sul modello di *fonema*; 1934] **s. m.** (pl. *-i*) ● (*ling.*) Unità linguistica minima dotata di significato | ***M. lessicale***, parte della parola che porta il significato di base della stessa (per es. il morfema lessicale *am-* porta il significato di base di parole come *amare, amore, amico* ecc.) | ***M. grammaticale***, parte della parola che esprime una funzione grammaticale (per es. il morfema grammaticale *-erò* esprime il futuro della prima persona singolare in parole come *canterò, loderò, giocherò*). **CFR.** Monema.

morfemàtico [da *morfema*; 1958] **agg.** (pl. m. *-ci*) ● (*ling.*) Di morfema, relativo a morfema.

morfèmico [da *morfema*; 1969] **agg.** (pl. m. *-ci*) ● (*ling.*) Morfematico.

-morfìa [da *-morfo*] secondo elemento ● Forma parole composte della terminologia scientifica, che costituiscono l'astratto dei corrispondenti aggettivi in *-morfo*: *antropomorfia*.

morfina [fr. *morphine*, da *Morphée* 'Morfeo', dio del sonno, per le proprietà soporifiche di questa sostanza; 1821] **s. f.** ● Alcaloide estratto dall'oppio, usato in medicina, spec. sotto forma di cloridrato, per la sua forte azione analgesica.

morfinìsmo [fr. *morphinisme*, da *morphine* 'morfina'; 1881] **s. m.** ● Intossicazione cronica da morfina.

morfinòmane [fr. *morphinomane*, comp. di *morphine* 'morfina' e *-mane* '-mane'; 1893] **agg.**; anche **s. m. e f.** ● Che (o Chi) è affetto da morfinomania.

morfinomanìa [fr. *morphinomanie*, comp. di *morphine* 'morfina' e *-manie* '-mania'; 1893] **s. f.** ● Abitudine morbosa all'assunzione di morfina, con conseguenti fenomeni di intossicazione cronica.

morfìsmo [deriv. dal gr. *morphḗ* 'forma' con suff. *-ismo*] **s. m.** ● (*mat.*) Funzione tra un insieme matematico dotato di una struttura e un altro, che conserva del primo le proprietà strutturali.

-morfìsmo secondo elemento ● Usato nella composizione di sostantivi corrispondenti a termini in *-morfo*: *isomorfismo*.

mòrfo-, -mòrfo [gr. *morpho-*, da *morphḗ* 'forma', di orig. incerta] primo o secondo elemento ● In parole composte della terminologia scientifica, significa 'forma', 'che ha forma di': *morfologia, morfofonologia; antropomorfo, teriomorfo*.

morfofonèma [comp. di *morfo-* e *fonema*; 1949] **s. m.** (pl. *-i*) ● (*ling.*) Fonema che ha funzione distintiva anche sul piano morfologico.

morfofonemàtica [comp. di *morfo-* e *fonematica*; 1970] **s. f.** ● (*ling.*) Studio della struttura fonologica dei morfemi, delle modificazioni combinatorie nei gruppi di morfemi, e dei mutamenti fonici aventi un ruolo morfologico.

morfofonologìa [comp. di *morfo-* e *fonologia*; 1949] **s. f.** ● Morfofonematica.

morfogènesi [comp. di *morfo-* e *genesi*; 1934] **s. f. inv.** ● (*biol.*) Stadio dello sviluppo embrionale successivo alla gastrula, in cui ha inizio la formazione del corpo e dei suoi vari organi.

morfogenètico [1907] **agg.** (pl. m. *-ci*) ● (*biol.*) Relativo alla morfogenesi.

morfolina [ingl. *morpholine*, da *morphine* 'morfina' a cui si credeva fosse chimicamente correlata] **s. f.** ● (*chim.*) Composto eterociclico costituito da quattro atomi di carbonio, da un atomo di azoto e da uno di ossigeno; ha carattere basico, è un solvente in alcune sintesi di chimica organica e i suoi solfati sono saponi deodoranti e germicidi.

morfologìa [ted. *Morphologie*, comp. di *morpho-* 'morfo-' e *-logie* '-logia'; 1847] **s. f. 1** (*ling.*) Studio delle regole che reggono la struttura interna delle parole nella loro formazione e nella loro flessione. **2** Disciplina diretta allo studio delle forme esterne e delle strutture interne degli organismi viventi e dei minerali | ***M. sociale***, branca della sociologia che indaga la vita sociale partendo dall'aspetto esteriore dei fatti sociali.

morfològico [1864] **agg.** (pl. m. *-ci*) ● Che concerne la morfologia. || **morfologicaménte**, **avv.** Dal punto di vista della morfologia.

morfonèma [comp. di *morfo-* e *(fo)nema*] **s. m.** (pl. *-i*) ● (*ling.*) Morfofonema.

morfonemàtica [comp. di *morfo-* e *(fo)nematica*] **s. f.** ● (*ling.*) Morfofonematica.

morfonologìa [comp. di *mor(fo)-* e *fonologia*] **s. f.** ● (*ling.*) Morfofonologia.

morfòsi [gr. *mórphōsis* 'conformazione', da *morphḗ* 'forma' (V. *morfo-*); 1967] **s. f. inv.** ● (*biol.*) Modifica della forma di un organismo o di una sua parte, provocata da un agente esterno.

morfosintàssi [comp. di *morfo(logia)* e *sintassi*; 1976] **s. f. inv.** ● (*ling.*) Studio unitario delle varie forme e delle varie funzioni che le parole assumono nella frase.

morfosintàttico [1975] **agg.** (pl. m. *-ci*) ● (*ling.*) Relativo alla morfosintassi: *analisi morfosintattica*. || **morfosintatticaménte**, **avv.** Dal punto di vista morfosintattico.

morganàtico [dal ted. *Morgengabe* 'dono del mattino', comp. di *Morgen* 'mattino' e *Gabe* 'dono'; era il dono dello sposo alla sposa dopo la prima notte di nozze; 1855] **agg.** (pl. m. *-ci*) ● (*dir.*) Detto del matrimonio contratto da un sovrano o da un nobile con persona non nobile in cui il coniuge e i figli sono esclusi dai diritti di successione dinastica. || **morganaticaménte**, **avv.**

morganite [da J. P. *Morgan* (1837-1913), cui è stata dedicata] **s. f.** ● (*miner.*) Varietà rosa di berillo usata come gemma.

morgue /fr. 'mɔrgə/ [vc. fr., da *morguer* 'sfidare, affrontare (la morte)', dal lat. parl. **murricāre* 'fare smorfie, fare il broncio'. Cfr. provz. *mourre* 'muso'; 1895] **s. f. inv.** ● Obitorio.

morìa [ant. fr. *morie*, dal lat. *mŏri* 'morire'; av. 1444] **s. f. 1** Elevata mortalità, spec. di animali, dovuta a malattie epidemiche. **2** (*bot.*) Malattia fungina che attacca spec. i gelsi, gli olmi, gli abeti e le piantine nei semenzai.

moribóndo [vc. dotta, lat. *moribŭndu(m)*, da *mŏri* 'morire'; 1342] **agg.**; anche **s. m.** (f. *-a*) ● Che (o Chi) sta per morire (*anche fig.*): *istituzione moribonda; assistere i moribondi*.

†**morìccia** ● V. †*muriccia*.

†**moriènte** ● V. *morente*.

†**morigeràre** [vc. dotta, lat. *morigerāri* 'compiacere', da *morīgerus* 'compiacente', comp. di *mōs*, genit. *mōris* 'costume' (V. *morale*) e *gĕrere* 'portare'; av. 1699] **v. tr.** (oggi difett. usato solo al **part. pass.**) ● Educare alla morigeratezza.

morigeratézza [1749] **s. f.** ● Caratteristica, condizione di morigerato. **SIN.** Moderatezza, sobrietà.

morigeràto [av. 1332] **part. pass.** di †*morigerare*; anche **agg.** ● Che conduce una vita onesta e rispettosa dei buoni costumi: *uomo m.* | Sobrio, moderato: *condurre una vita morigerata*. || **morigerataménte**, **avv.** Con moderazione e temperanza: *vivere, mangiare, bere morigeratamente*.

morigiàna [etim. incerta; 1831] **s. f.** ● (*zool.*) Fischione.

moriglióne (1) [fr. *morillon*, da *morel* 'morello, moro', per il colore; 1803] **s. m.** ● Uccello acquatico degli Anseriformi, quasi cosmopolita, gregario, pessimo camminatore, ma volatore veloce, che predilige acque profonde e può essere addomesticato (*Aythya ferina*).

moriglióne (2) [fr. *morillon*, per il colore. V. precedente] **s. m.** ● Smeraldo grezzo piccolissimo.

morinda [comp. di *mor(o)* (2) e *ind(i)a(no)*; 1834] **s. f.** ● Genere di piante dicotiledoni delle Rubiacee, alberi o arbusti spesso rampicanti, alcune specie del quale forniscono sostanze coloranti (*Morinda*) | Ogni individuo di tale specie.

morindina [da *morinda*; 1869] **s. f.** ● Glucoside contenuto nella scorza della radice di una specie (*Morinda tinctoria*) del genere Morinda.

morindóne [da *morindina*; 1869] **s. m.** ● Colorante rosso antrachinonico, ottenibile per idrolisi acida della morindina.

morìnga [vc. di orig. tamil; 1813] **s. f.** ● Albero africano che fornisce, per pressione dei semi, l'olio di been (*Moringa arabica*).

Moringàcee [vc. dotta, comp. di *moringa* (V.) e *-acee*; 1958] **s. f. pl.** (sing. *-a*) ● (*bot.*) Nella tassonomia vegetale, famiglia di piante arboree delle regioni tropicali con il solo genere *Moringa*, comprendente alcune specie (*Moringaceae*). **CFR.** Been.

morìngico [da *moringa*; 1869] **agg.** (pl. m. *-ci*) ● Detto di acido grasso saturo, monovalente contenuto come gliceride, insieme ad altri acidi omologhi, nell'olio di been.

morióne (1) [sp. *morrion*, da *morra* 'cocuzzolo'; 1559] **s. m.** ● Elmo leggero, con cresta alta e tese rialzate su fronte e nuca, usato nel XVI e XVII sec. e ancora oggi, in qualche occasione, dalle Guardie svizzere della Città del Vaticano.

morióne (2) [fr. *morion*, dal lat. *(mor)moriōne(m)*, di orig. gr.; 1476] **s. m.** ● (*miner.*) Varietà nera di quarzo.

♦**morire** [lat. parl. **morīre*, per il class. *mŏri*, di orig. indeur.; 1219] **A v. intr.** (**pres.** *io muòio*, pop. *mòio*, dial. *mòro*, *tu muòri*, pop. *mòri*, *egli muòre*, pop. *mòre*, *noi moriàmo*, *voi morite*, *essi muòiono*, pop. *mòiono*, dial. *mòrono*; **pass. rem.** *io morìi*, *tu morìsti*; **fut.** *io morirò* o *morrò*; **pres. congv.** *io muòia*, pop. *mòia*, dial. *mòra*, *noi moriàmo*, *voi moriàte*, *essi muòiano*, pop. *mòiano*, dial. *mòrano*; **condiz. pres.** *io morirèi* o *morrèi*; **part. pass.** *mòrto*, †*morùto*; aus. *essere*) **1** (assol.; + *di*; + *per*) Cessare di vivere, detto di uomini, animali, piante: *e quella volta morì davvero* (COLLODI); *il gran freddo ha fatto m. le viti; m. di malattia, di crepacuore, di vecchiaia, di morte naturale; m. per un grande dolore, per una caduta; m. per la patria, per la giustizia; m. annegato, avvelenato, ammazzato; m. ricco, nell'indigenza; m. giovane, vecchissimo; m. in una rissa, in battaglia; m. in esilio, in carcere, all'ospedale* | ***M. come un cane***, solo, abbandonato da tutti | ***Far m. qlcu.***, causarne la morte | (*fig.*) ***M. al mondo***, ritirarsi a vita claustrale | ***Va a m. ammazzato!***, escl. d'imprecazione | ***Voglio m., che io muoia se ...***, formule di giuramento usate nella conversazione. **SIN.** Decedere, perire, trapassare. **2** (assol.; + *di*; + *da*; raro + *per*) (*fig.*) Soffrire intensamente: *mi sento m.; m. di (o dalla) fame; m. di stanchezza, di (o dalla) noia, di (o dal) sonno, dalla voglia di fare qlco.; moriva per la disperazione di non aver più di che aiutare i poverelli* (NIEVO) | (*iperb.*) ***Da m.***, moltissimo, in modo esagerato: *ho un caldo da m.; mi piace da m.* | ***M. di rabbia***, essere adirato | ***M. dalle risa***, ridere smodatamente | ***M. per una donna, per un uomo***, spasimare. **3** (*fig.*) Cessare di esistere, estinguersi, dileguarsi: *m. un poco alla volta; la speranza è ormai morta; muoiono le città, muoiono i regni* (TASSO) | Di luce o voce, affievolirsi, smorzarsi lentamente: *la candela sta morendo* | ***M. nel ricordo, nella memoria, nel cuore***, essere dimenticato. **4** (+ *in*) (*fig.*) Terminare, fermarsi: *il pendio d'un poggio ... va dolcemente a m. nel piano* (BARTOLI); *la ferrovia muore qui* | Di acque, sfociare, impaludirsi: *il torrente muore nel lago; il fosso muore nella sabbia*. **B v. tr.** ● (*lett.*) †Ammazzare: *fu nella battaglia morto e il suo esercito sconfitto e disperso* (BOCCACCIO). **C v. intr. pron.** ● (*lett.*) Cessare di vivere: *ella già sente / morirsi, e 'l piè le manca egro e languente* (TASSO) | (*iperb., lett.*) Soffrire molto. || **PROV.** Chi muore giace e chi vive si dà pace.

moritùro [vc. dotta, lat. *moritūru(m)*, part. fut. di *mŏri* 'morire'; sec. XIV] **agg.**; anche **s. m.** (f. *-a*) ● (*raro, lett.*) Che (o Chi) sta per morire o è destinato a morire.

morlàcco [gr. biz. *mauróblachoi*, m. pl. 'Valacchi mori'; 1536] **A agg.** (pl. m. *-chi*) ● Della Morlacchia, regione della Dalmazia | ***Pelle morlacca***, pelliccia di castoro, conciata con olio di pesce. **B s. m.** (f. *-a*) ● Abitante della Morlacchia.

mormòlice [vc. dotta, gr. *mormolýkē* 'spettro', da *mormṓ* 'spauracchio'] **s. m.** ● Genere di Coleotteri carabidi asiatici caratterizzati da sviluppo eccessivo delle elitre, che li rende simili a foglie secche (*Mormolyce*).

mormóne [ingl. *Mormons* 'Mormoni', dal n. di *Mormon*, preteso autore delle lastre d'oro su cui sarebbero stati incisi i fondamenti dottrinari delle comunità; 1861] **A s. m. e f.** (f. raro anche *-a*) ● Membro della 'Chiesa di Gesù Cristo dei Santi dell'Ultimo Giorno', associazione religiosa fondata negli Stati Uniti nel XIX sec., che predica una dottrina mista cristiano-biblica della comunanza dei beni, della teocrazia e, un tempo, della poligamia. **B** anche **agg.**: *Chiesa m.*

mormònico [1969] agg. (pl. m. *-ci*) ● Relativo ai mormoni e al mormonismo.

mormonismo [1869] s. m. ● Dottrina sociale e religiosa dei Mormoni.

mórmora [lat. *mŏrmyre(m)*, nom. *mŏrmyr*, dal gr. *mormýros*, di orig. preindeur.; 1925] s. f. ● Pesce osseo commestibile comune sui fondi sabbiosi, con fasce trasversali nerastre sui fianchi (*Lythognathus mormyrus*).

mormoracchiàre [intens. di *mormorare*; av. 1700] v. intr. (*io mormoràcchio*; aus. *avere*) ● (*raro*) Mormorare sottovoce, a intervalli: *che avete da m. voi due?* (MANZONI).

mormoraménto [av. 1306] s. m. ● (*lett.*) Mormorio | Diceria, voce corrente: *egli è certo m. / ch'un de' baroni impicca Carlo Mano / questa mattina* (PULCI).

♦**mormoràre** [lat. *murmurāre*, da *mŭrmur* 'mormore'; av. 1292] **A** v. intr. (*io mórmoro*; aus. *avere*) **1** Produrre un rumore lieve e continuo, detto di acque correnti, delle fronde mosse dal vento e sim.: *chiara fontana ... acque fresche e dolci / spargea soavemente mormorando* (PETRARCA). **2** Parlare sommessamente: *m. tra i denti*. SIN. Bisbigliare, sussurrare. **3** (*est.*) Brontolare, lagnarsi: *il pubblico cominciò a m.* **4** Sparlare di qlcu.: *la gente mormora alle tue spalle*. **B** v. tr. ● Dire a bassa voce: *mi mormorò alcune parole all'orecchio*. SIN. Bisbigliare, sussurrare.

mormoratóre [lat. tardo *murmuratōre(m)*, da *murmurāre* 'mormorare'; av. 1342] agg.; anche s. m. (f. *-trice*) ● Che (o Chi) mormora.

mormorazióne o †**murmurazióne** [lat. *murmuratiōne(m)*, da *murmurāre* 'mormorare'; av. 1342] s. f. ● (*lett.*) Protesta, lagnanza | (*lett.*) Maldicenza: *le mormorazioni della gente*; *la murmurazion di servitori* (BRUNO).

†**mórmore** [lat. *mŭrmure(m)*, di orig. onomat.; sec. XIV] s. m. ● Mormorio: *fremiti di furor, mormori d'ira* (TASSO).

mormoreggiàre [intens. di *mormorare*; sec. XIII] v. intr. (*io mormoréggio*; aus. *avere*) ● (*lett.*) Mormorare: *vieni a quest'ombra, alla dolce auretta / che fa m. ogni arbuscello* (L. DE' MEDICI) | (*lett.*, *raro*) Brontolare, mugugnare.

†**mormorévole** [av. 1375] agg. ● (*lett.*) Che mormora.

mormorìo [da *mormorare*; 1300 ca.] s. m. **1** Rumore lieve e continuo di acque correnti, fronde mosse dal vento e sim.: *il m. dell'onde*. **2** Suono confuso e leggero prodotto dal mormorare fra loro di più persone: *un m. di approvazione, di disapprovazione*. SIN. Bisbiglio, brusio, sussurro. **3** (*lett.*) Lagnanza, recriminazione: *non curar de' disonesti mormorii del popolazzo* (BOCCACCIO).

mórmoro [V. *mormora*; 1825] s. m. ● Pesce osseo dei Gadiformi, con carni abbastanza pregiate, che vive fino a tre-quattrocento metri di profondità (*Gadus capelanus*).

♦**mòro** (**1**) [lat. *Māuru(m)* 'abitante della Mauritania'; av. 1470] **A** s. m. **1** (f. *-a*) Abitante, nativo della Mauritania, dell'Etiopia o di altre regioni dell'Africa settentrionale | (*est.*) Saraceno, musulmano. **2** (f. *-a*) (*est.*) Persona bruna di carnagione e di capelli: *un m.*; *una bella mora*. **3** Arancio moro. **4** Tipo di tabacco trinciato da pipa, forte e scuro. **B** agg. **1** (*raro*) Relativo ai Mori: *popolo m.*; *schiavi mori*. **2** Di persona che ha carnagione e capelli bruni: *un ragazzetto m. e sottile*; *bruno ciglio, occhio scuro e guancia mora* (MARINO). **3** Di animale che ha pelame scuro: *cavalli mori* | ***Razza mora***, razza di Suini con setole nere o fulve. **4** (*agr.*) ***Arancio m.***, varietà di arancio coltivata nella Sicilia orientale, i cui frutti hanno polpa e buccia di color rosso molto intenso. **5** Nella loc. agg. inv. ***testa di m.***, detto di color marrone scuro dalla tonalità molto calda: *un cappotto* (*color*) *testa di m.*; *accessori testa di m.* || **moracchiòtto**, dim. | **moràccio**, pegg. | **morèllo**, dim. (V.) | **morétto**, dim. (V.) | **moróne**, accr.

mòro (**2**) [lat. *mōru(m)*, di orig. preindeur.; 1380 ca.] s. m. ● (*bot.*) Gelso: *m. bianco, nero*.

morosità [da *moroso* (*1*); 1749] s. f. **1** (*dir.*) Condizione, stato di chi è in mora. **2** Percentuale o quantità di persone morose.

moróso (**1**) [vc. dotta, lat. tardo *morōsu(m)* 'lento', da *mŏra* 'indugio'. V. *mora* (*3*); 1689] agg.; anche s. m. (f. *-a*) ● (*dir.*) Che (o Chi) è in mora: *debitore, creditore m.*; *soprattassa dovuta dai morosi*.

moróso (**2**) ● V. *amoroso*.

morphing /ˈmɔrfin(g), *ingl.* ˈmɔːfɪŋ/ [vc. ingl. tratta da (*meta*)*morph*(*osis*) 'metamorfosi'; 1994] s. m. inv. ● (*elab.*) Tecnica di elaborazione grafica con la quale un'immagine viene trasformata in un'altra attraverso successive modifiche.

mòrra o **mòra** (**4**) [etim. incerta; sec. XV] s. f. ● Antico gioco popolare, in cui due giocatori stendono alcune dita della mano e nello stesso tempo gridano un numero da due a dieci, tentando di indovinare la somma delle dita esibite da entrambi | ***M. cinese***, gioco simile al precedente in cui, invece di gridare i numeri, vengono usati dei simboli e cioè le forbici (indice e medio distesi e divaricati) che tagliano la carta (mano aperta) che avvolge il sasso (pugno chiuso) che, a sua volta, spunta le forbici.

mòrsa [f. sost. di *morso* (*2*); 1582] s. f. **1** Attrezzo fissato al tavolo da lavoro, costituito da una ganascia fissa e una ganascia mobile, le quali bloccano, mediante un dispositivo a vite, il pezzo da lavorare: *m. parallela*; *m. a coda*; *m. a piede*. **2** (*fig.*) Stretta forte e tenace: *la m. dei ghiacci* | (*fig.*) Situazione di grande disagio, di costrizione: *la m. del freddo*. **3** (*spec. al pl.*) Mattoni o pietre vive lavorate che si lasciano sporgere sul finimento verticale di un muro per potervi eventualmente collegare un nuovo muro di continuazione: *lasciare le morse*; *afferrarsi alle morse per salire*. **4** (*lett.*) Mordacchia. || **morsétta**, dim. | **morsétto**, dim. m. (V.).

Morse /mɔrs, *ingl.* mɔːs/ [dal n. dell'inventore, l'americano S. *Morse* (1791-1872); 1956] agg. inv. ● ***Alfabeto, codice M.***, sistema di comunicazione in cui lettere e numeri sono rappresentati da punti e linee, un tempo usato per la trasmissione di messaggi telegrafici.

morsecchiàre e deriv. ● V. *morsicchiare* e *deriv.*

morseggiàre [sec. XV] v. tr. e intr. (*io morséggio*; aus. *avere*) ● (*raro*, *lett.*) Morsicchiare | (*fig.*) Molestare.

†**morsellàre** [av. 1388] v. tr. e intr. ● Piluccare.

morsèllo [dim. di *morso* (*2*); sec. XIII] s. m. ● (*raro*) Boccone: *un m. di pane* | Pezzetto: *un buon m. di qlco.* || **morsellétto**, dim.

morsettièra [1958] s. f. ● Supporto recante una serie di morsetti per collegamenti elettrici.

morsétto (**1**) [dim. di *morsa*; 1803] s. m. **1** Attrezzo per afferrare pezzi, spec. piccoli, azionato da vite o da ganasce accostabili che stringono il pezzo | ***M. micrometrico***, per misurare lo spessore di lamine o il diametro di fili metallici | ***M. gobbo***, a bocche obliquamente allungate, senza maschiettatura né vite. **2** Dispositivo usato per eseguire connessioni di conduttori elettrici tra loro o a un sostegno. SIN. Serrafilo. **3** Nell'attrezzatura dei subacquei, stringinaso.

†**morsétto** (**2**) [dim. di *morso* (*2*); av. 1499] s. m. ● Morsello, boccone.

♦**morsicàre** [lat. tardo *morsicāre*, intens. di *mordēre* 'mordere'; 1300 ca.] v. tr. (*io mòrsico, tu mòrsichi*) ● Mordere: *mi ha morsicato un cane*.

morsicatùra [1521] s. f. ● Il morsicare: *la m. di una vipera* | Segno che ne rimane: *un braccio pieno di morsicature di zanzare*.

morsicchiàre o (*raro*) **morsecchiàre** [da *morso* (*2*) col suff. *-icchiare*; av. 1449] v. tr. (*io morsìcchio*) ● Mordicchiare | (*est.*) Mangiare a piccoli morsi: *m. una pesca*.

morsicchiatùra o (*raro*) **morsecchiatùra** [1869] s. f. ● Il morsicchiare | Segno lasciato da un piccolo morso.

mòrso (**1**) part. pass. di *mordere*; anche agg. ● Nei sign. del v.

♦**mòrso** (**2**) [lat. *mŏrsu(m)*. V. precedente; av. 1276] s. m. **1** Atto del mordere: *dare un m. a una mela*; *il m. del lupo*; *il velenoso m. della serpe*; *fu tanto potente e crudo il m. / che ad un tratto finì la vita* (POLIZIANO) | ***Dar di m.***, mordere e (*fig.*) offendere. **2** Pezzetto di qlco., spec. di cibo, che si stacca coi denti in una sola volta: *un m. di pane*. SIN. Boccone. **3** Ferita e cicatrice o segno lasciato da un morso: *guarda quanti morsi di zanzare*; *il m. mi fa male*. **4** (*fig.*) †Sapore aspro o forte: *il m. del vino, dell'aceto*. **5** (*fig.*) Sensazione di intensità quasi dolorosa, che assale all'improvviso: *i morsi della fame*; *sentire il m. dell'invidia* | Crampo: *sentire un m. allo stomaco*. **6** (*fig.*, *lett.*) Assalto, attacco, danno: *subire i morsi della maldicenza*; *il m. della morte*. **7** Nei finimenti del cavallo, tipo di imboccatura a cui si attaccano le redini: *occhi del m.*; *m. dolce, grosso, duro* | (*fig.*) ***Mettere il m. a qlcu.***, imporsi a qlcu. | ***Stringere***, ***allentare il m.***, (*fig.*) aumentare o diminuire il proprio controllo o dominio su qlcu. | ***Delicato***, ***dolce di m.***, di cavallo che sente molto il morso. ➡ ILL. p. 2152 SPORT. **8** (*bot.*) ***M. di rana***, pianta galleggiante delle Idrocaritacee, con fusto rizomatoso, lunghe radici e foglie reniformi (*Hydrocharis morsus ranae*). **9** Ciascuna delle due ganasce della tenaglia. || PROV. L'elefante non sente il morso della pulce. || **morsèllo**, dim. (V.) | **morsétto**, dim. (V.) | **morsino**, dim.

morsùra [da *morso* (*2*); 1340] s. f. **1** Nelle incisioni e nelle arti grafiche, operazione d'intaccare la lastra metallica con un acido per asportare le parti non desiderate. **2** †Morso.

mòrta [da (*acqua*) *morta*; av. 1710] s. f. **1** Alveo abbandonato da un fiume che si è aperto una nuova via, caratterizzato da folta vegetazione acquatica. **2** Zona di un fiume dove la corrente è meno forte o dove l'acqua scorre in direzione contraria al corso del fiume. **3** (*fig.*) Stasi, inattività: *il turismo è in una fase di m.*

mortadèlla [dal lat. *murtātus* 'condito con mirto', da *mŭrtus* 'mirto'; sec. XIV] s. f. ● Grosso salume fatto di carne di maiale tritata impastata con pezzetti di lardo e aromi vari. || **mortadellina**, dim.

mortàio o †**mortàro** [lat. *mortāriu(m)* 'mortaio', di etim. incerta; 1290] s. m. **1** Recipiente usato per frantumare o polverizzare, mediante il pestello, sostanze varie | (*fig.*) ***Pestar l'acqua nel m.***, fare cosa vana. **2** Pezzo di artiglieria a bocca da fuoco corta e a traiettoria molto curva, per battere obiettivi defilati od orizzontali | ***M. di fanteria***, arma a tiro curvo, semplice e maneggevole, per il lancio di bombe di grande potenza distruttiva | ***M. leggero***, ***pesante***, in relazione al calibro. ➡ ILL. p. 2121 ARCHITETTURA. **3** (*ant.*) Buca quadra o grande vaso in cui si terminava la concia delle pelli. **4** (*mar.*) ***M. della bussola***, il recipiente contenente il liquido in cui è immersa la rosa della bussola. || **mortaióne**, accr. | **mortaiùccio**, dim. | †**mortaiuòlo**, †**mortaruòlo**, dim.

mortaista [1954] s. m. (pl. *-i*) ● Soldato addetto all'impiego e al funzionamento di un mortaio.

♦**mortàle** [vc. dotta, lat. *mortāle(m)*, da *mŏrs*, genit. *mŏrtis* 'morte'; av. 1294] **A** agg. **1** Che è soggetto a morire: *il corpo è m.*; *gli uomini sono mortali* | ***Cose mortali***, soggette a finire, a perire. **2** Umano, proprio dell'uomo: *lingua mortal non dice / quel ch'io sentiva in seno* (LEOPARDI) | ***La vita m.***, (*poet.*) ***il corso m.***, la vita umana. **3** Che provoca o può provocare la morte: *ferimento, colpo, malattia m.* | ***Salto m.***, V. *salto* | Di combattimento e sim. che ha o tende ad aver termine con la morte o distruzione di uno degli avversari: *duello m.*; *a guerra mortal ... vi sfido* (TASSO) | ***Nemico m.***, che vuole la morte dell'altro; (*iperb.*) nemico acerrimo | ***Offesa***, ***ingiuria m.***, che si può riparare soltanto con la morte dell'offensore; (*iperb.*) offesa gravissima | (*iperb.*) Che dà grave sofferenza: *noia, dolore, angoscia m.* **4** Di morte, di morto (*spec. iperb.*): *pallore, languore m.* | ***Spoglie mortali***, cadavere umano. **5** Nella morale cattolica, detto di peccato grave che comporta la perdita della grazia e la dannazione eterna. CONTR. Veniale. || **mortalménte**, †**mortaleménte**, avv. **1** In modo mortale: *cadde ferito mortalmente*. **2** (*fig.*) Gravemente, irreparabilmente: *offendere qlcu. mortalmente*; (*iperb.*) intensamente, grandemente: *annoiarsi mortalmente*. **B** s. m. e raro f. ● (*spec. al pl.*) Uomo, considerato come soggetto alla morte: *il destino dei mortali*; *un semplice m.*; *poveri mortali, come son caduche le nostre felicità!* (NIEVO). **C** s. m. ● Parte mortale dell'uomo, rispetto all'anima.

mortalétto ● V. *mortaretto*.

mortalità [vc. dotta, lat. *mortalitāte(m)*, da *mortālis* 'mortale'; sec. XIII] s. f. **1** (*lett.*) Condizione di chi (o di ciò che) è mortale. **2** (*stat.*) Numero dei decessi in un determinato periodo | ***Quoziente di m.***, rapporto fra il numero dei decessi in una popolazione e il numero dei suoi componenti | ***M. antenatale***, insieme degli aborti e degli estratti morti dopo qualsiasi durata della gravidanza | ***M. anteneonatale***, numero dei nati morti e di morti nella prima settimana di vita | ***M. neonatale***, numero dei morti nelle prime quattro settimane di vita | ***M. infantile***, mortalità che colpisce i nati vivi nel primo anno di vita | (*fig.*) ***M. scolastica***, indice della quantità dei soggetti in età dell'obbligo scolastico che abbandonano la scuola prima di aver concluso l'iter previsto dalla legge.

mortarétto o **mortalétto** [da †*mortaro*; 1686] **s. m.** ● Involucro cilindrico di cartone ripieno di polvere pirica, che si fa esplodere in spettacoli pirotecnici o comunque in segno di gioia.

†mortàlia [da *morte*; av. 1566] **s. f.** ● Mortalità.

†mortàro ● V. *mortaio*.

mortàsa o (*raro*) **mortésa**, (*raro*) **mortìsa** [fr. *mortaise*: dall'ar. *murtazza*, part. pass. di *razza* 'introdurre una cosa in un'altra' (?); 1813] **s. f.** ● Intaglio praticato in un pezzo di legno allo scopo di potervi incastrare un altro pezzo, detto tenone.

mortasàre o (*raro*) **mortesàre** [fr. (*em*)*mortaiser*, da *mortaise* 'mortasa'; 1939] **v. tr.** ● Eseguire una mortasa.

mortasatóre o (*raro*) **mortesatóre** [1958] **s. m.** (f. *-trice*) ● Falegname che manovra la mortasatrice.

mortasatrìce o (*raro*) **mortesatrìce** [1939] **s. f.** ● Macchina per mortasare.

♦**mòrte** [lat. *mŏrte*(*m*), di orig. indeur.; 1224 ca.] **s. f.** *1* Cessazione della vita, di uomo, animale, pianta: *m. accidentale, improvvisa, lenta, immatura*; *affrontare, cercare la m.*; *essere fra la vita e la m.*; *pallore, sudore, languore di m.*; *il gelo causa la m. delle giovani piante*; *non è ver che sia la m. / il peggior di tutti i mali* (METASTASIO). CFR. necro-, tanato-. SIN. Decesso, trapasso | ***Mettere a m.***, uccidere | ***Venire a m.***, morire | ***Darsi la m.***, uccidersi | ***Essere in punto di m.***, stare per morire | ***Scherzare con la m.***, esporsi avventatamente ai pericoli | ***Sino alla m.***, per tutto il resto della vita | ***In caso di m.***, nell'eventualità che uno muoia | ***La m. del giusto***, in perfetta pace e serenità | ***Una buona m.***, coi conforti religiosi | ***Questione di vita o di m.***, gravissima, decisiva | ***Avere la m. nel cuore, nell'anima***, essere assai addolorato | ***Silenzio di m.***, profondo e terribile | ***A m.***, mortalmente (*anche fig.*): *colpire qlcu. a m.*; offendere, insultare qlcu. a m. | ***Avercela a m. con qlcu.***, odiarlo profondamente | (*fig.*) ***Far la m. del topo***, restare intrappolato o morire senza avere avuto possibilità di scampo | (*med.*) ***M. cerebrale, m. clinica***, condizione clinica, documentata dal tracciato dell'elettroencefalogramma, della completa cessazione di ogni attività elettrica del cervello | ***M. blu***, nel linguaggio giornalistico, morte per asfissia provocata dall'ossido di carbonio | ***M. bianca***, quella che sopravviene per asfissia da ossido di carbonio, per assideramento o in conseguenza di un'anestesia; nel linguaggio giornalistico, quella provocata da un incidente sul lavoro; quella improvvisa di un bambino | (*dir.*) ***M. civile***, perdita dei diritti civili a seguito della condanna all'ergastolo | ***Cerchio, giro della m.***, acrobazia spettacolare di motociclisti o ciclisti che percorrono una pista circolare elevata verticalmente; in aeronautica, gran volta. *2* Personificazione della morte: *bella Morte, pietosa / tu sola al mondo dei terreni affanni* (LEOPARDI) | Immagine della morte raffigurata o come uno scheletro umano che tiene in mano una falce o come un teschio sovrastante due tibie incrociate | ***Aver visto la m. in faccia***, (*fig.*) aver corso un grave pericolo | (*fig.*) ***M. in vacanza***, persona malridotta | (*est.*) Ciò che uccide. *3* Una delle figure nel gioco dei tarocchi. *4* Pena capitale: *sentenza di m.*; *condannare a m.* *5* (*fig.*) Rovina, distruzione, fine: *la m. di una industria*; *la m. di una istituzione, di un regno.* *6* In culinaria, il modo più adatto e gustoso per preparare una vivanda: *la m. della lepre è in salmì o alla cacciatora.* *7* (*lett.*) †Tramonto di astri.

mortèlla [dim. del lat. *mŭrtus* 'mirto'; 1336 ca.] **s. f.** ● (*bot.*) Mirto | ***M. bianca, m. nera***, secondo il colore più o meno scuro delle foglie.

mortésa e *deriv.* ● V. *mortasa* e *deriv.*

†morticcio [da *morto*; av. 1472] **agg.** ● Flaccido | Cadaverico, pallido.

morticino (**1**) **s. m.** (f. *-a*) *1* Dim. di *morto.* *2* Bambino morto.

morticino (**2**) [lat. *morticīnu*(*m*), da *mŏrs*, genit. *mŏrtis* 'morte'; 1280] **agg.** ● Detto di animale morto per cause naturali | ***Legname m.***, che si secca sul terreno.

mortìfero [vc. dotta, lat. *mortĭferu*(*m*), comp. di *mŏrs*, genit. *mŏrtis* 'morte' e *-fer* '-fero'; 1353] **agg.** *1* (*lett.*) Apportatore di morte, capace di dare la morte: *veleno, dardo m.*; *pestilenza mortifera.* SIN. Mortale. *2* (*fig.*) Assai dannoso, rovinoso: *la noia, madre per me di mortifere malinconie* (LEOPARDI). || **mortiferaménte**, **avv.** (*raro*) In modo mortifero.

†mortificaménto [av. 1342] **s. m.** ● Mortificazione.

mortificànte [sec. XVII] **part. pres.** di *mortificare*; anche **agg.** ● Che mortifica: *un'accusa m.* SIN. Avvilente, umiliante. || **mortificanteménte**, **avv.**

mortificàre [vc. dotta, lat. eccl. *mortificāre* 'far morire, mortificare', comp. di *mŏrs*, genit. *mŏrtis* 'morte' e *-ficāre* '-ficare'; av. 1304] **A v. tr.** (*io mortìfico, tu mortìfichi*) *1* Indurre in qlcu. un senso di vergogna e di umiliazione mediante offese al suo amor proprio, giudizi negativi, rimproveri e sim.: *m. un amico*; *mi mortifica, mi avvilisce, e mi fa conoscere la sua costanza e la mia debolezza* (GOLDONI) | ***M. la carne, i sensi***, reprimere gli impulsi dei sensi con la penitenza. SIN. Ferire. *2* (*med.*) Necrotizzare. *3* †Ridurre un organismo animale o vegetale come morto. **B v. rifl.** *1* Punire sé stesso. *2* (*relig.*) Praticare penitenze corporali | Reprimere le passioni e gli stimoli dei sensi. **C v. intr. pron.** ● Sentire dispiacere e vergogna.

mortificatìvo [av. 1320] **agg.** ● (*raro*) Che serve a mortificare.

mortificàto [av. 1635] **part. pass.** di *mortificare*; anche **agg.** ● Nei sign. del v. | Umiliato, avvilito, dispiaciuto: *scusami, sono m.*

mortificatóre [da *mortificato*; 1869] **agg.**; anche **s. m.** (f. *-trice*) ● (*raro*) Che (o Chi) mortifica.

mortificazióne [vc. dotta, lat. eccl. *mortificatiōne*(*m*) 'morte, distruzione', da *mortificāre* 'mortificare'; sec. XIV] **s. f.** *1* Umiliazione che induce un sentimento di vergogna, avvilimento, dispiacere e sim.: *dare, ricevere, subire una m.*; *che m.!* SIN. Avvilimento, umiliazione. *2* (*relig.*) Pratica delle penitenze corporali | Repressione delle passioni e degli stimoli dei sensi. *3* (*med.*) Atto del mortificare.

†mortìna [dim. del lat. *mŭrtus* 'mirto'; av. 1388] **s. f.** ● (*bot.*) Mortella.

mortìsa ● V. *mortasa.*

mortìzza [da (*acqua*) *morta*; av. 1710] **s. f.** ● Tratto paludoso dell'alveo di un fiume.

♦**mòrto** [av. 1294] **A part. pass.** di *morire*; anche **agg.** *1* Che ha cessato di vivere | ***Cadere, cascare m.***, morire di morte improvvisa | ***Clinicamente m.***, detto di persona in cui è sopravvenuta la morte clinica | ***Stanco m.***, stanchissimo | (*raro, lett.*) ***Aver m.***, causare la morte (*anche fig.*): *le piaghe c'hanno Italia morta* (DANTE *Purg.* VII, 95) | ***†Si è m.***, si è ucciso. *2* (*fig.*) Privo di animazione, di vita: *è una città morta*; *una festa morta*; *stagione morta* | Passato, trascorso del tutto, di tempo, età: *e mi sovvien l'eterno, / e le morte stagioni* (LEOPARDI) | Non più vitale: *consuetudine morta* | ***Lingua morta***, non più parlata. *3* (*fig.*) Inerte: *peso, corpo m.* (V. anche *peso* (*1*), sign. 1) | (mar.) ***Corpo m.***, grossa àncora cui può ormeggiarsi una nave recuperandone la catena, la cui testa è fissata con un cavo di acciaio a un gavitello o alla banchina | ***Acqua, aria morta***, stagnante | ***Mare m.***, quando vi siano onde lente e assenza di vento | ***Opera morta***, la parte emersa dello scafo | ***Denaro m.***, non investito | ***Capitale m.***, infruttifero | ***Terreno m.***, sterile | ***Angolo m.***, rientrante; (*mar.*) quello di circa 60° intorno alla direzione dalla quale proviene il vento in cui le imbarcazioni a vela non possono navigare di bolina | ***Essere lettera morta***, di disposizione e sim. che nessuno osserva | ***Giungere a un punto m.***, di situazione priva di soluzione | ***Binario m.***, V. *binario*, sign. B. *4* (*fig.*) Inutilizzabile | ***Pallone m., palla morta***, che non è in gioco, che non si può giocare | ***Capo m.***, residuo non utilizzabile di una lavorazione industriale, spec. chimica. || **†mortaménte**, **avv.** *1* (*raro*) Come morto. *2* Debolmente. **B s. m.** *1* (f. *-a*) Persona morta: *cassa da m.*; *piangere, seppellire il m.*; *pregare per i poveri morti* | ***Giorno dei morti***, il 2 novembre, giorno in cui si commemorano i defunti | ***Libro dei morti***, registro parrocchiale, istituito dal Concilio di Trento, in cui venivano iscritti tutti i fedeli defunti | ***Il mondo, il regno dei morti***, l'oltretomba | ***Suonare a m.***, detto delle campane, suonare a rintocchi lenti per la morte di qlcu. | ***Fare il m.***, restare immobile o galleggiare sull'acqua disteso supino sul dorso | ***Pallido come un m.***, pallidissimo | ***Sembrare un m. che cammina***, di persona assai magra e sparuta | ***Un m. di fame***, (*fig.*) un miserabile | ***Farebbe resuscitare un m.***, detto di brodo eccellente, cibo appetitoso, bevanda forte e sim. | ***Fave dei morti***, dolcetti croccanti a base di mandorle, farina, zucchero e uova che si mangiano tradizionalmente il giorno dei Morti (2 novembre). SIN. Defunto, estinto, trapassato. *2* (*fam., lett.*) Denaro nascosto, tesoro: *arrivati, trovarono effettivamente, invece del m., la buca aperta* (MANZONI). *3* Nel gioco del bridge, il compagno del dichiarante, che gli gioca le carte scoperte sul tavolo | ***Giocare col m.***, in alcuni giochi di carte, essere soltanto in tre, ma distribuire le carte come se si fosse in quattro. || **morticino**, **dim.** (V.).

mortòrio o **†mortòro** [da *morto*, sul modello di *purgatorio*, *refettorio*; 1354] **s. m.** *1* (*raro, lett.*) Funerale: *m. modesto.* *2* (*fig.*) Festa, cerimonia, spettacolo e sim. che si svolgono senza allegria o con scarso concorso di gente: *il ballo sembrava un m.* *3* †Ammasso di corpi morti.

†mortuàle [vc. dotta, lat. *mortuālia*, nt. pl. 'vesti da lutto, canti funebri', da *mŏrtuus* 'morto'; av. 1755] **agg.** ● Attinente alla morte.

mortuàrio [vc. dotta, lat. *mortuāriu*(*m*), da *mŏrtuus* 'morto'; sec. XIV] **agg.** ● Concernente i morti: *camera mortuaria.*

mòrula [dim. latineggiante di *mora* (*1*); detta così dalla forma delle cellule; 1895] **s. f.** ● (*biol.*) Primo stadio dello sviluppo embrionale che precede la blastula ed è formato da un semplice ammasso di cellule.

mòrva [fr. *morve*, di etim. discussa: lat. *mŏrbu*(*m*) 'morbo' (?); 1771] **s. f.** ● (*veter.*) Malattia infettiva, contagiosa, cronica, degli equini, raramente trasmissibile all'uomo, caratterizzata da scolo nasale, noduli, ulcere, cicatrici alle prime vie respiratorie e sulla pelle, con esito gener. letale.

mòrvido e *deriv.* ● V. *morbido* e *deriv.*

mosaicàto [1935] **agg.** ● Fatto a mosaico, ornato di mosaico.

mosaicista o **musaicista** [1736] **s. m. e f.** (pl. m. *-i*) ● Artista o artigiano che esegue lavori di mosaico.

mosàico (**1**) o (*raro*) **musàico** [lat. mediev. *musāicu*(*m*) (*ŏpus*) 'opera delle Muse', da *Mūsa* 'Musa'; 1308] **s. m.** (pl. *-ci*) *1* Composizione decorativa di parete o pavimento, a tasselli di pietra, ceramica o vetro variamente colorati e tra loro connessi con mastice o cemento: *pavimento a m.* | ***Aiuola a m.***, di erbe e fiori di colori diversi, disposti con senso geometrico e accostati con gusto artistico. *2* Componimento letterario, musicale o altra opera artistica risultante dall'unione di elementi diversi. SIN. Centone. *3* (*fig.*) Mescolanza di elementi eterogenei: *un m. di nozioni*; *la popolazione di queste zone è un m. di razze.* *4* Malattia che colpisce alcune piante, spec. il tabacco, conferendo alle foglie un aspetto variegato. *5* (*biol.*) Organismo caratterizzato dalla presenza di cellule con genomi diversi in stretta contiguità. CFR. Chimera.

mosàico (**2**) [av. 1306] **agg.** (pl. m. *-ci*) ● Relativo a Mosè, ai libri biblici a lui attribuiti, alla legge da lui trasmessa al popolo ebraico.

mosaicoltùra [comp. di *mosaico* (*1*) e *coltura*; 1958] **s. f.** ● Coltivazione di piante erbacee disposte a mosaico.

mosaìsmo [da *mosaico* (*2*); av. 1852] **s. m.** ● Dottrina e legge religiosa di Mosè | Religione giudaica.

♦**mósca** [lat. *mŭsca*(*m*), di orig. indeur.; av. 1306] **A s. f.** *1* Insetto dei Ditteri cosmopolita, che predilige i climi caldi e si alimenta di qualsiasi sostanza organica, diventando veicolo di germi patogeni di varie specie (*Musca domestica*). CFR. Ronzare. ➡ ILL. **animali**/2 | ***M. del carbonchio***, pericolosa piccola mosca che punge mammiferi, soprattutto cavalli, per suggere sangue, e può trasmettere i germi del carbonchio e di altre malattie (*Stomoxys calcitrans*) | ***M. tse-tse***, grossa mosca grigiastra dell'Africa tropico-equatoriale che trasmette all'uomo e ai Mammiferi il tripanosoma della malattia del sonno (*Glossina palpalis*) | ***M. della carne, m. carnaria***, dittero più grosso e slanciato della mosca, con occhi rossi, le cui larve si sviluppano nella carne guasta (*Sarcophaga carnaria*) | ***M. delle olive***, piccola mosca che si nutre di nettare, ma le cui larve rodono la polpa delle olive (*Dacus oleae*) | ***M. delle frutta***, piccola mosca cosmopolita, dannosissima, che si nutre di nettare e le cui larve si alimentano con la polpa del frutto ove sono state deposte le uova (*Ceratitis capitata*) | ***M. del formaggio***, le cui larve si nutrono di qualunque sostanza mangereccia di origine animale, spec. se ricca di grassi (*Piophila casei*) | ***M. cavallina, m. ragno dei cavalli***, ippobosca | ***M. scorpione***, panorpa | ***Non farebbe male a una m.***, (*fig.*) di persona particolarmente buona | ***Essere una m. bianca***, essere rarissimo | ***Si sentirebbe volare una m.***, (*fig.*) c'è un grande silenzio | (*fig.*) ***Restare con un pugno di mosche in mano***, vedere fallire o naufragare i propri sforzi, progetti e sim. | (*fig.*) ***Far saltare la m. al naso a qlcu.***, provocarlo o fargli perdere la calma | ***M.!, Zitto e m.!***, silenzio! ***2*** (*fig.*) Persona insopportabile, noiosa e sim. | ***M. cocchiera***, (*fig.*) persona priva di importanza che crede e vuol far credere di avere un ruolo di direzione, di responsabilità (come la mosca sul carro nella favola di Fedro). ***3*** Amo ricoperto di piccole piume, peli, fili di lana e sim., usato come esca artificiale. ➡ ILL. **pesca.** ***4*** Finto neo che le dame d'un tempo si applicavano al viso o alla spalla per civetteria. ***5*** Pizzetto di barba sotto il labbro inferiore. ***6*** Chicco di caffè tostato aggiunto nel bicchiere in cui si servono alcuni liquori: *sambuca con la m.* ***7*** ***M. cieca***, V. *moscacieca*. **B** in funzione di **agg. inv.** ● (posposto al s.) Solo nella loc. ***peso m.***, nel pugilato, detto di categoria di peso compresa tra quelle dei pesi minimosca e dei pesi gallo. **C** **s. m. inv.** ● Nel pugilato, atleta appartenente alla categoria dei pesi mosca: *combattere tra i m.* ‖ PROV. In bocca chiusa non entran mosche; non si può avere il miele senza le mosche. ‖ **moschétta**, **dim.** (V.) | †**moschétto**, **dim. m.** | **moschìna**, **dim.** | **moschìno**, **dim. m.** (V.) | **moscolìna**, **dim.** | **moscóne**, **accr. m.** (V.).

moscacièca o **mósca cièca** [1483] **s. f.** solo **sing.** ● Gioco di ragazzi, uno dei quali, bendato, deve cercare di afferrare un compagno e riconoscerlo al tatto; colui che è preso e identificato viene poi a sua volta bendato.

†**moscàdo** e *deriv.* ● V. *moscato* e *deriv.*

moscàio [lat. *muscāriu(m)*, agg. di *mŭsca* 'mosca'; av. 1865] **s. m.** ***1*** Grande quantità di mosche, luogo con molte mosche: *che m.!* ***2*** †Cosa assai noiosa.

moscaiòla o (*lett.*) **moscaiuòla** [av. 1698] **s. f.** ***1*** Telaio che regge un velo fitto o una rete metallica a maglie minute, usato per difendere i cibi dalle mosche: *ripose la carne nella m.* ***2*** (*raro*) Trappola per catturare le mosche.

moscardìno [da *moscato* 'che odora di muschio'; 1598] **s. m.** ***1*** (*zool.*) Eledone | Piccolo roditore simile a un ghiro, giallo fulvo sul dorso, che predilige nocciole e frutti secchi (*Muscardinus avellanarius*). ***2*** Pasticca di muschio e aromi vari, un tempo usata per profumare l'alito. ***3*** (*raro, fig.*) Bellimbusto, zerbinotto.

moscàrdo [da *mosca*, per le piccole macchie che ha sulle penne del petto; 1336 ca.] **s. m.** ● (*zool.*) Sparviero.

†**moscatellàto** o (*tosc.*) **moscadellàto** [av. 1597] **agg.** ● (*raro*) Che ha sapore di moscatello.

moscatèllo [dim. di *moscato*; av. 1348] **A** **s. m.** ● Varietà di moscato bianco. **B** **agg.** ***1*** Del vitigno moscatello. ***2*** Detto di frutto che abbia il sapore dell'uva prodotta dal vitigno omonimo: *mela moscatella.*

moscàto o (*tosc.*) †**moscàdo** [dal lat. tardo *mŭscus* 'muschio'; 1483] **A** **s. m.** ***1*** Vitigno molto diffuso che dà uve da tavola e da vino dall'aroma di muschio. ***2*** Denominazione di numerosi vini gener. bianchi, spesso da dessert, dal sapore dolce e dal profumo aromatico, ottenuti dal vitigno omonimo: *m. spumante*; *m. d'Asti*; *m. giallo, rosa*; *m. dell'Elba, di Pantelleria.* ***3*** †Muschio. **B** **agg.** ***1*** Del vitigno moscato: *uva moscata.* ***2*** Che ha profumo di muschio | ***Noce moscata***, frutto aromatico, simile a una noce, usato per rendere i cibi più saporiti. ‖ **moscatèllo**, **dim.** (V.).

moscatùra [da *mosca* (in quanto il ciuffetto di peli neri ricorda una mosca); 1958] **s. f.** ● L'insieme dei ciuffetti di peli neri, simili a mosche, disseminati sul mantello chiaro, spec. grigio, di un cavallo.

moscerìno o (*raro*) **moscherìno** [da *mosca*; 1481] **s. m.** ***1*** (*gener.*) Insetto dei Ditteri, lungo pochi millimetri, modesto volatore, amante di ambienti umidi | ***M. dell'aceto***, attirato da frutta in fermentazione, mosto e sostanze zuccherine, utilizzato per importanti ricerche sulla eredità (*Drosophila melanogaster*). ***2*** (*fig., scherz.* o *spreg.*) Persona di corporatura minuscola: *che vuole quel m.?* | Persona di nessun valore: *è tutta boria quel m.!*

moscézza [da *moscio*; 1954] **s. f.** ● (*raro*) Caratteristica di ciò che è moscio.

moschèa [ar. *masğid* 'luogo di culto'; av. 1470] **s. f.** ● Luogo di adorazione, casa di culto, edificio sacro dell'Islam.

moschèra o **moschièra** [da *mosca*; 1882] **s. f.** ● (*pesca*) Attrezzo costituito da una lenza con un finale su cui sono montate più mosche artificiali.

moscherìno ● V. *moscerino*.

moschétta [1590] **s. f.** ***1*** Dim. di *mosca* (*anche fig.*). ***2*** †Dardo, freccia. ***3*** †Arma da fuoco simile a un grosso archibugio. ‖ **moschettìna**, **dim.**

moschettàre [da *moschetto*; av. 1678] **v. tr.** (*io moschétto*) ● (*raro*) Uccidere col moschetto.

moschettàta [av. 1552] **s. f.** ● Colpo di moschetto.

moschettàto [da †*moschetto*, dim. di *mosca*; av. 1798] **agg.** ● Picchiettato di macchioline nere, simili a mosche: *un cane dal pelo m.*

moschettatùra [da *moschettato* 'picchiettato'; 1856] **s. f.** ● Picchiettatura a macchioline nere su fondo chiaro.

moschetterìa [1612] **s. f.** ● Scarica di moschetti | Reparto di soldati armati di moschetto.

moschettièra [1927] **s. f.** ● Nella loc. agg. ***alla m.***, alla maniera, secondo l'uso, degli antichi moschettieri di Francia | ***Guanti alla m.***, lunghi fin quasi al gomito | ***Cappello alla m.***, ampio e ornato da un ciuffo di piume ricadenti.

moschettière [1602] **s. m.** ***1*** Negli eserciti di un tempo, milite a piedi armato di moschetto. ***2*** In Francia sotto i regni di Luigi XIII e XIV, gentiluomo della casa del Re, incorporato in due compagnie a cavallo costituenti guardia del corpo | Nel Regno sardo, corpo istituito per il compito di custodia dei condannati alla reclusione militare. ***3*** (*sport*) Appellativo di atleti che gareggiano nella rappresentativa nazionale: *i moschettieri azzurri.*

moschétto [da *moschetta* nel sign. 2; av. 1563] **s. m.** ***1*** Il più grosso degli schioppi da guerra portatili, inventato in Italia alla fine del XV secolo, portante due once di palla. ***2*** Arma da fuoco moderna in tutto analoga al fucile ma più corta e più leggera, in dotazione a corpi speciali: *m. a ripetizione, automatico.*

moschettóne (1) [detto così perché serviva a reggere il *moschetto*; 1869] **s. m.** ***1*** Gancio a molla mediante il quale i militi di cavalleria sospendevano alla bandoliera la carabina. ***2*** Gancio metallico di forma ovale, trapezoidale e sim., e di grandezza diversa secondo gli usi, con un lato dotato di un sistema a molla che ne rende sicura la chiusura: *il m. del ciondolo, dell'orologio*; *i moschettoni dell'alpinista.* ➡ ILL. p. 2160 SPORT.

moschettóne (2) [V. *moscardo*; 1834] **s. m.** ● (*zool.*) Pittima reale.

moschicìda [comp. di *mosca* e *-cida*; 1869] **A** **agg.** (pl. m. *-i*) ● Che serve a uccidere le mosche: *liquido, veleno, preparato m.* | ***Carta m.***, spalmata di sostanze moschicide. **B** **s. m.** ● Insetticida.

moschièra ● V. *moschera*.

moschinàto [detto così perché picchiettato di puntini neri che sembrano *mosche*; 1779] **agg.** ● (*geol.*) Detto di alabastro punteggiato di nero.

moschìno (1) o (*raro*) **moscìno** [av. 1571] **s. m.** (f. *-a*) ***1*** Dim. di *mosca*. ***2*** Moscerino.

moschìno (2) [detto così perché picchiettato di puntini neri che sembrano *mosche*; 1869] **s. m.** ● Cane dal pelo picchiettato di nero.

moschìto **s. m.** ● Adattamento dello sp. *mosquito* (V.).

mosciàme o **musciàme** [ant. sp. *moxama* 'pesce, tonno salato', dall'ar. *mušamma'* 'seccato, incerato'; av. 1704] **s. m.** ● Carne di tonno o di delfino che, tagliata in strisce lunghe e massicce, salata e fatta seccare all'aria, viene consumata come antipasto.

mosciarèlla [da *moscio*] **s. f.** ● (*region.*) Castagna secca.

moscìno ● V. *moschino (1)*.

móscio [lat. *mūsteu(m)* 'simile a mosto, fresco, recente', da *mūstum* 'mosto'; 1536] **agg.** (pl. f. *-sce*) ***1*** Floscio: *cappello m.* | Vizzo, appassito: *carni mosce.* ***2*** (*fig.*) Abbattuto, depresso: *aspetto m.*; *se ne stava m. m. in un angolo.* ***3*** ***Erre moscia***, V. *erre*. ‖ **mosciaménte**, **avv.**

moscióne (1) [da *moscio*; 1869] **s. m.**; anche **agg.** (f. *-a*) ● (*region.*) Castagna secca.

moscióne (2) [lat. tardo *mustiōne(m)*, da *mŭstum* 'mosto'; 1282] **s. m.** ***1*** Moscerino frequente intorno ai tini contenenti mosto. ***2*** (*fig.*) †Gran bevitore. ***3*** †Assillo.

mòsco [gr. *móschos* 'rampollo, animale giovane', di orig. indeur.; 1737] **s. m.** (pl. *-schi*) ● Ruminante delle montagne asiatiche simile al capriolo, privo di corna, il cui maschio ha nella regione inguinale ghiandole che versano in una piccola borsa un prodotto odorosissimo (*Moschus moschiferus*). ➡ ILL. **animali**/12.

†**moscoleàto** [comp. di *muschio* e *olio*, sul modello del gr. *moschélaion* 'olio profumato di muschio'; 1353] **agg.** ● (*lett.*) Profumato di muschio.

móscolo o **mùscolo** [lat. *mūsculu(m)*, dim. di *mūs* 'topo'. Cfr. *testuggine*] **s. m.** ● Antica macchina da assedio, costruita con grosse travi, per superare i fossati o comunque avvicinarsi alle mura, al coperto dalle offese degli assediati.

mosconàta [da *moscone*, che è, al fig., la 'rapida e fruttuosa operazione di borsa'; 1986] **s. f.** ● (*banca*) Operazione speculativa di Borsa consistente nell'acquisto di azioni e nella loro successiva vendita a brevissimo termine.

moscóne [1313] **s. m.** ***1*** Accr. di *mosca*. ***2*** (*gener.*) Grosso insetto dei Ditteri | ***M. della carne***, simile a una grossa mosca blu metallico, le cui larve sono dette vermi della carne (*Calliphora erythrocephala*). CFR. Ronzare | ***Moscon d'oro***, cetonia. ***3*** (*fig.*) Corteggiatore: *e lei, signora, non hanno principiato a ronzarle intorno de' mosconi?* (MANZONI). ***4*** Imbarcazione a remi formata da due galleggianti e da uno o due sedili. SIN. Pattìno (2). ***5*** (*giorn., disus.*) Piccola notizia a pagamento gener. inserita nella cronaca del giornale, per informare di nozze, lauree, onorificenze e sim. ‖ **mosconàccio**, **pegg.** | **mosconcèllo**, **dim.** | **mosconcìno**, **dim.**

moscovìta [da *Moscovia*, ant. n. di *Mosca*; 1500] **A** **agg.** ● Di Mosca: *la metropolitana m.* **B** **s. m.** e **f.** (pl. m. *-i*) ● Abitante, nativo di Mosca.

mosquito /sp. mos'kito/ [sp. dim. di *mosca* 'mosca'; 1905] **s. m. inv.** (pl. sp. *mosquitos*) ***1*** Zanzara tropicale portatrice di varie malattie, spec. della febbre gialla. ***2*** ***Mosquito***®, marchio registrato di un piccolo motore applicabile alle biciclette | (*est.*) Il ciclomotore così ottenuto.

mòssa [da *mosso*; av. 1705] **s. f.** ***1*** Movimento isolato e brusco del corpo o di una parte di esso: *spostò il bicchiere con una rapida m.*; *si volse a noi con una m. improvvisa* | (*est.*) Movimento o spostamento di qlco., spec. movimento tattico di una unità o di un reparto militare: *si possono ancora notare mosse sospette nella zona franosa*; *spiare le mosse del nemico.* ***2*** Atto, gesto, movenza: *una m. aggraziata, gentile, subdola*; *le ridicole mosse dei pagliacci* | ***Imitare le mosse di qlcu.***, rifargli il verso | Colpo d'anca eseguito facendo ondeggiare tutto il bacino e fermandosi poi di colpo, compiuto da ballerine, artisti di avanspettacolo e sim.: *fare la m.*; *vogliamo la m.!* ***3*** (*fig.*) Azione, intervento, passo: *è stata una m. intelligente, felice, precipitosa*; *è uomo di mosse accorte* | ***Fare una m. falsa***, agire in modo errato, controproducente. ***4*** (*fig.*) Principio o fase iniziale di qlco.: *la m. dei negoziati si presenta difficile* | ***Essere sulle mosse***, sul punto di o pronto alla partenza: *il cardinale era anche lui sulle mosse per continuar la sua visita* (MANZONI) | ***Prender le mosse da***, cominciare da. ***5*** (*fig.*) Impulso, spinta: *dare la m. giusta* | (*fam.*) ***Darsi una m.***, mettersi in movimento, rompere gli indugi. ***6*** Nel gioco degli scacchi e della dama, spostamento di un pezzo da una casella a un'altra: *dare scacco in tre mosse* | ***Fare la prima m.***, prendere l'iniziativa. ‖ **mossàccia**, **pegg.** | **mossétta**, **dim.** (V.) | **mossettàccia**, **pegg.** | **mossettìna**, **dim.**

mossétta **s. f.** ***1*** Dim. di *mossa*. ***2*** Atto, movimento aggraziato e lezioso, spec. per attirare l'attenzione: *I primi gridolini, certe mossette piene di grazia di Ninnì lo facevano impazzire dalla gioja* (PIRANDELLO) | (*est., al pl.*) Versi, moine. ‖ **mossettìna**, **dim.**

mossière [da *mossa*; 1917] **s. m.** ● Chi dà il segnale di partenza di una corsa. SIN. Starter.

mòsso [sec. XIV] **part. pass.** di *muovere*; anche **agg.** ***1*** Che ha subito un movimento o che è in movimento | ***Terra mossa***, arata o scavata di fresco | ***Mare m.***, agitato | ***Paesaggio m.***, vario | ***Capelli mossi***, ondulati | ***Fotografia mossa***, quella che, a causa di un movimento impresso alla macchina fotografica al momento dello scatto, risulta poco nitida. *2* Accelerato, veloce (*anche fig.*): *un ritmo alquanto m.*; *prosa mossa e spiritosa.* *3* (*mus.*) Indicazione agogica che richiede velocità di esecuzione, spesso usata come specificazione di altre: *Allegro m.*

†**mostàcchio** ● V. *mustacchio.*

†**mostacciàta** [da *mostaccio*; av. 1556] **s. f.** ● Schiaffo.

mostàccio [lat. parl. **mustăceu(m)*, dal gr. *mýstax*, genit. *mýstakos* 'labbro superiore', da avvicinare a *mástax* 'bocca'. V. *masticare*; sec. XIV] **s. m.** *1* (*lett.*, *spec. spreg.*) Viso, muso: *rompere il m. a qlcu.* *2* (*pop.*) Mustacchio. ‖ **mostacciàccio**, **pegg.** | **mostaccino**, **dim.** | **mostaccióne**, **accr.** (V.) | **mostacciuòlo**, **dim.** | **mostacciùzzo pegg.**

mostacciòlo [lat. *mustăceu(m)*, da *mŭstum* 'mosto'; av. 1548] **s. m.** ● Dolce di farina impastata con miele o mosto cotto, cioccolato, uva passa, fichi secchi, mandorle tritate.

mostaccióne [av. 1470] **s. m.** *1* Accr. di *mostaccio.* *2* (*pop.*) Grosso muso. *3* (*raro*) Schiaffone: *fu sì grande questo m.*, / *che morto cadde il gigante boccone* (PULCI).

mostàio [lat. *mustāriu(m)*, agg. di *mŭstum* 'mosto'; 1853] **agg.** ● Mostoso, solo nella loc. ***ottobre m.***

mostàrda [ant. fr. *moustarde*, dal lat. *mŭstu(m)* 'mosto', che ne è uno degli ingredienti; sec. XIV] **s. f.** ● Salsa densa a base di senape e aceto, con aromi vari | In Sicilia, mosto cotto impastato con farina e aromatizzato: *una torta di m.* | ***M. di Cremona***, conserva di frutta candita in sciroppo di zucchero o in mosto d'uva bollito, con senape.

mostardièra [da *mostarda*; 1869] **s. f.** ● Piccolo recipiente con manico e coperchio usato per servire in tavola la mostarda.

mostìmetro [comp. di *mosto* e *-metro*; 1869] **s. m.** ● Apparecchio per la determinazione del contenuto in zucchero del mosto. **SIN.** Glucometro.

mósto [lat. (*vīnum*) *mŭstu(m)* 'vino nuovo', di etim. incerta; 1260] **s. m.** *1* Succo ottenuto dalla pigiatura dell'uva che, fermentando, si trasforma in vino | ***M. cotto***, messo a bollire prima che fermenti | ***M. concentrato***, mediante calore o congelamento | ***M. oleoso***, ottenuto per pressione della pasta di olive. *2* (*est.*) Qualsiasi succo zuccherino o atto a subire fermentazione alcolica: *m. di mele.* *3* (*raro*) Vino nuovo.

mostóso [av. 1494] **agg.** *1* Che dà molto mosto: *uva mostosa.* *2* (*lett.*) Di odore simile a quello del mosto.

♦**móstra** [av. 1292] **s. f.** *1* Il mostrare | Esibizione spec. vanitosa: *gli piace far m. di sé*, *del proprio sapere*; *far gran m. di carità* | ***Oggetto che fa bella m. di sé***, che si presenta bene | ***Mettersi in m.***, farsi avanti, farsi notare | ***Mettere in m.***, ostentare. *2* Finta, finzione: *fare qlco. per m.* | ***Far m. di***, fingere. *3* Ordinata rassegna di oggetti o animali esposta o presentata al pubblico: *m. campionaria*, *di macchine agricole*, *del bestiame ovino e bovino* | Esposizione, rassegna di opere artistiche o di interesse storico, archeologico e sim.: *m. di quadri*, *di codici miniati*, *di sculture etrusche*; *organizzare una m. personale*, *collettiva*, *antologica*; *una importante m. cinematografica* | (*est.*) Luogo, sede di tale manifestazione: *l'autista mi ha portato fino alla m.* *4* Comparsa che all'epoca della cavalleria facevano i cavalieri prima di combattere in torneo, seguiti dai loro scudieri e paggi | Nelle antiche milizie, rassegna dell'esercito o di un reparto per riconoscerne l'armamento, l'equipaggiamento, l'istruzione. *5* (*raro*) Vetrina di un negozio o sim.: *guarda che m. originale!* *6* (*disus.*) Campione, saggio: *una m. di stoffe*, *di caffè*, *di olio.* *7* Incorniciatura che riquadra il vano di una porta o di una finestra. *8* Risvolto del bavero, in tessuto diverso da quello dell'abito | Mostrina | Mostreggiatura. *9* Quadrante dell'orologio. ‖ **mostricina**, **dim.** | **mostrina**, **dim.** (V.).

mostràbile [lat. *monstrābile(m)* 'notevole, cospicuo', da *monstrāre* 'mostrare'; av. 1535] **agg.** ● Che si può o che è lecito mostrare: *lettera non m.*

†**mostraménto** [sec. XIII] **s. m.** ● (*lett.*) Il mostrare | Palesamento.

mostra-mercàto [1991] **s. f.** (**pl.** *móstre-mercàto*) ● Manifestazione organizzata allo scopo di esporre e vendere al pubblico e agli operatori economici merci e prodotti di uno o più settori commerciali.

†**mostrànza** [sec. XIII] **s. f.** ● Mostra, sembianza, apparenza.

♦**mostràre** [lat. *monstrāre*, da *mōnstrum* 'segno'. V. *mostro*; av. 1250] **A v. tr.** (**pres.** *io móstro*; **part. pass.** *mostràto*, tosc. o lett. *móstro*) *1* Sottoporre alla vista, all'attenzione generale o specificamente di altri: *l'orologio mostra le ore*; *gli mostrò il parco* | ***M. la lingua***, al medico perché la esamini; fare le boccacce | ***M. i pugni***, fare un gesto di minaccia | ***M. i denti***, digrignare i denti; (*fig.*) farsi vedere ben deciso a reagire agli attacchi altrui | ***M. il viso***, farsi vedere in pubblico; (*fig.*) opporsi coraggiosamente | ***M. la fronte***, (*fig.*) non vergognarsi | Ostentare, mettere in mostra: *m. i gioielli*; *m. le gambe*; *mostrò con orgoglio i regali ricevuti*; *andava mostrando a tutti la ferita* | Esibire qlco. a qlcu. perché questi osservi, controlli, accerti: *gli mostrò la lettera*; *è obbligatorio m. il biglietto al controllore*; *m. un documento d'identità a un ufficiale di polizia.* *2* Fare vedere con un cenno, indicando: *gli mostrò la strada più breve*; *m. una lapide*, *un quadro* | ***M. a dito***, additare | ***Essere mostrato a dito***, (*fig.*) essere assai conosciuto per le meritevoli o disoneste azioni compiute. *3* Esporre dando ammaestramenti o fornendo prove: *gli ha mostrato il modo giusto di procedere*; *m. il funzionamento di una macchina*; *m. l'infondatezza dell'accusa*; *le mostrò come aveva fatto* | (*lett.*) Attestare, provare: *tanto è spietata la mia sorte e dura*, / *che mostrar non lo pon rime né versi* (BOIARDO). *4* Rendere manifesto, dare a vedere: *mostrò subito quali erano le sue intenzioni*; *le case mostrano ancora i segni del terremoto*; *m. molta riconoscenza* | ***M. la propria pazienza***, darne prova. **SIN.** Palesare. *5* Lasciar credere, fingere: *mostrava di ignorare il fatto*; *mostrò di non accorgersi di quanto stava accadendo.* **B v. rifl.** *1* Farsi o lasciarsi vedere: *mostrarsi in pubblico*, *al pubblico.* *2* Rivelarsi o dimostrarsi: *si mostrò entusiasta del programma*; *non intendo mostrarmi da meno*; *in certe occasioni si mostra mite* | Fingersi: *si mostrò ignaro di ciò che sapeva.* **C v. intr. pron.** ● Apparire: *dal finestrino gli si mostrò un bellissimo paesaggio.* **D v. intr. impers.** ● †Sembrare, parere: *mostra che voglia piovere*; *come mostra che voi vogliate fare* (BOCCACCIO).

†**mostratìvo** [lat. tardo *monstratīvu(m)*, da *monstrāre* 'mostrare'; av. 1349] **agg.** ● Atto a mostrare | Dimostrativo.

mostratóre [lat. *monstratōre(m)*, da *monstrāre* 'mostrare'; av. 1292] **agg.**; anche **s. m.** (**f.** *-trice*) ● (*raro*, *lett.*) Che (o Chi) mostra.

mostravènto [comp. di *mostra(re)* e *vento*; 1834] **s. m. inv.** ● (*mar.*) Banderuola girevole posta sull'albero o striscia di tessuto fissata al sartiame per indicare la direzione del vento.

mostreggiàto [av. 1842] **agg.** ● (*raro*) Di vestito che ha mostre o mostreggiature.

mostreggiatùra [da *mostrare*; 1865] **s. f.** ● Distintivo di arma, corpo o specialità, costituito da due lembi di panno o altro materiale, di varia forma e colore, applicati simmetricamente ai lati del collo della giubba | (*est.*) Risvolto ornamentale, di colore o tessuto diversi, applicato a colli, polsi, tasche di indumenti non militari.

mostriciàttolo [da *mostric(ino)* col doppio suff. dim.-spreg. *-att(o)* e *-olo*; 1894] **s. m.** *1* Dim. di *mostro.* *2* Persona dall'aspetto deforme.

mostrina [dim. di *mostra*; 1923] **s. f.** ● Striscia di stoffa variamente colorata, cucita sul bavero o sulla manica dell'uniforme militare, quale distintivo d'arma, di corpo o di reparto.

mostrino (**1**) [da *mostrare*; 1863] **s. m.** ● Piccolo quadrante degli orologi, situato nella parte inferiore del quadrante maggiore, con una lancetta che segna i secondi.

mostrino (**2**) [da *mostra*; av. 1956] **s. m.** *1* (*region.*) Piccola vetrina di negozi. *2* Specie di vassoio, generalmente di velluto, usato nelle gioiellerie per tenervi esposti i preziosi in vendita.

móstro (**1**) [av. 1250] **part. pass.** di *mostrare*; anche **agg.** ● (*tosc.* o *lett.*) Nei sign. del v.

♦**mostro** (**2**) o †**mónstro** [lat. *mōnstru(m)* 'segno degli dei, fenomeno contro natura, prodigio', di orig. indeur.; 1282] **s. m.** *1* Personaggio mitologico o leggendario che presenta forme strane e innaturali: *i mostri delle religioni antiche*; *i centauri sono mostri della mitologia greca* | (*est.*) Creatura fantastica di aspetto orribile o spaventoso: *i mostri delle fiabe*; *incubi popolati di visioni e di mostri.* **CFR.** terato-. *2* Essere umano o animale di conformazione assolutamente anormale: *m. di natura*; *partorire un m.*; *m. con due teste*; *m. marino.* *3* (*fig.*) Persona molto brutta (*anche scherz.*): *un m. d'uomo*, *di donna*; *che mostri di amiche hai!* *4* (*fig.*) Persona che possiede determinate caratteristiche, positive o negative, in sommo grado: *un m. di scienza*, *di bontà*, *di crudeltà*, *di perfidia*; *è un'arca di scienza*, *è un m. di virtù* (GOLDONI) | ***M. sacro***, persona la cui eccellenza nella propria attività, spec. artistica, è universalmente riconosciuta | Chi si è macchiato di crimini particolarmente efferati, spec. a sfondo sessuale: *il m. ha ucciso ancora*; *la polizia ha finalmente arrestato il m.* *5* (*lett.*) Prodigio, portento. ‖ **mostriciàttolo**, **dim.** (V.) | **mostricino**, **dim.** | **mostrino**, **dim.** | **mostrùccio**, **dim.**

mostruosità [1550] **s. f.** *1* Caratteristica di chi (o di ciò che) è mostruoso. *2* Azione degna di un mostro: *le mostruosità dei campi di concentramento nazisti.* *3* (*fig.*) Straordinaria malvagità: *la m. di Nerone è passata alla storia.*

mostruóso [vc. dotta, lat. *monstruōsu(m)*, da *mōnstrum* 'mostro (2)'; 1282] **agg.** *1* Di mostro, proprio di un mostro: *un essere m.*; *le mostruose creazioni della sua mente malata.* *2* (*fig.*) Di aspetto, natura e sim. fuori dell'ordinario (*anche scherz.*): *naso m.*; *astuzia mostruosa*; *ha un'intelligenza mostruosa.* *3* (*arald.*) Detto di animale con membra proprie di altra specie. *4* (*fig.*) Eccezionalmente iniquo, malvagio, corrotto e sim.: *vizio m.*; *sentenza mostruosa.* ‖ **mostruosaménte**, **avv.** In modo mostruoso; in modo straordinario, assurdo, irragionevole: *è mostruosamente egoista.*

mòta [lat. *măltha(m)*. V. *malta*; av. 1348] **s. f.** ● (*tosc.* o *lett.*) Fango, melma: *strade piene di m.*; *si imbrattò di m.* ‖ **motàccia**, **pegg.** | **motàccio**, **pegg. m.**

Motacillidi [vc. dotta., comp. del lat. *motacĭlla(m)*, n. della 'cutrettola', e del suff. di famiglia zoologica *-idi*] **s. m. pl.** (**sing.** *-e*) ● Nella tassonomia animale, famiglia di Uccelli dei Passeriformi, caratterizzati da modeste dimensioni e da ampia diffusione (*Motacillidae*).

motèl /mo'tɛl, *ingl.* məʊ'tʰɛł/ [amer., comp. di *mot(or)* 'automobile' (propr. 'motore') e *(ho)tel* (V.); 1955] **s. m.** ● Albergo con parcheggio, ubicato su grandi vie di comunicazione e frequentato soprattutto da automobilisti.

motèlla [fr. *motelle*, dal lat. *mustēla(m)* 'donnola' e n. di pesce. V. *mustela*; 1934] **s. f.** ● Grosso pesce teleosteo, commestibile, con tre barbigli sul muso, di color bruno rossastro maculato di scuro (*Onos tricirratus*).

motétto ● V. *mottetto.*

motìcchio [da *mota*] **s. m.** ● (*tosc.* o *lett.*) Leggero strato di fango appiccicoso.

motilità [ingl. *motility*, deriv. di *motile* 'capace di movimento', dal lat. *mōtus*, part. pass. di *movēre* 'muovere'; 1834] **s. f.** *1* (*biol.*) Proprietà di un organismo vivente di muoversi, cioè di modificare la propria posizione, o quella di una sua parte, nei confronti dell'ambiente. *2* L'insieme delle manifestazioni motorie di un individuo.

†**motìva** [av. 1348] **s. f.** ● (*raro*) Motivo.

motivàbile [1975] **agg.** ● Che può essere motivato; di cui si può trovare un motivo, una spiegazione, una giustificazione: *una presa di posizione difficilmente m.*

motivàre [da *motivo*; 1634] **v. tr.** *1* Giustificare o spiegare qlco. esponendo i motivi che l'hanno determinata: *mi hanno pregato di m. più dettagliatamente la mia presa di posizione.* *2* Cagionare, causare, provocare: *m. la rissa.* *3* (*psicol.*) Stimolare una persona, un gruppo in modo che avverta dentro di sé il bisogno di assumere un certo comportamento. *4* †Proporre: *m. un negozio.*

motivàto [av. 1694] **part. pass.** di *motivare*; anche **agg.** *1* Spiegato, giustificato: *un parere m.* | Fondato su validi motivi: *una reazione*, *una protesta motivata.* *2* Che ha la motivazione a fare qlco., a raggiungere un obiettivo: *un ragazzo molto m. nello studio.* *3* (*ling.*) Detto di segno linguistico la cui originaria motivazione è ancora avvertibile da parte del parlante. **SIN.** Trasparente. ‖ **motivataménte**, **avv.**

motivazionàle [1958] **agg.** ● Che concerne i motivi o le ragioni di qlco. | ***Ricerca m.***, studio delle motivazioni del consumatore, rivolto ad accertare i motivi, spec. nascosti, che possono indurlo a comprare, o i motivi che devono essere evitati affinché non si rifiuti di comprare.

motivazióne [da *motivato*; 1841] **s. f.** *1* Formulazione dei motivi che hanno indotto a compiere un atto o ne hanno determinato il contenuto: *non ha fornito alcuna m. del suo atteggiamento.* **2** (*psicol.*) Complesso dei fattori interni propri della natura o dello stato di un organismo, che determinano in parte le sue azioni nella direzione e nell'intensità, e che si differenziano dagli stimoli esterni. **3** (*ling.*) Rapporto, gener. arbitrario, che lega significato e significante di un segno linguistico.

motivétto [av. 1917] s. m. **1** Dim. di *motivo.* **2** Breve motivo musicale, facile e orecchiabile. **3** (*raro*) Piccolo elemento decorativo.

motivico agg. (pl. m. *-ci*) ● (*mus.*) Relativo al motivo: *sviluppo m.*

♦**motivo** [vc. dotta, lat. tardo *motīvu(m)*, da *mōtus* 'moto'; av. 1342] **A** s. m. **1** Ragione, causa: *non è m. sufficiente per rifiutare l'incarico*; *ha ben m. di piangere*; *motivi urgenti mi richiamano in patria*; *motivi di salute, di famiglia* | ***Per questo m.***, perciò | ***M. per cui***, ragione per la quale | ***Dar m.***, creare determinate condizioni, causare: *dar m. di scandalo, dar m. di lagnarsi* | ***A m. di***, a causa di | ***Senza m.***, inspiegabile, irragionevole | ***Motivi infondati***, scuse e pretesti | †***Dare un m.***, dar sentore | †***Di proprio m.***, spontaneamente | (*dir.*) Ragione soggettiva che induce un soggetto a un negozio. **2** (*mus.*) Brevissimo frammento che costituisce il germe della melodia | La parte più orecchiabile di un brano; (*est.*) il brano stesso: *un m. di facile ascolto* | ***M. conduttore***, quello che, ricorrendo, caratterizza un brano; (*est.*) l'argomento, il tema fondamentale di un film, di un'opera letteraria e sim. **3** (*est.*) Elemento, tema che serve da riferimento determinante in un'opera letteraria o sim.: *il m. della provvidenza nella produzione manzoniana.* **4** Nelle arti figurative, nell'abbigliamento, nell'arredamento e sim., elemento avente valore decorativo ripetuto più volte: *tessuto con un m. geometrico*; *tavolo con un m. floreale sul bordo.* **5** †Assalto, attacco: *m. di febbre.* **B** agg. **1** (*raro, lett.*) Che muove o è atto a muovere | (*dir.*) ***Errore m.***, quello che ha inciso sulla formazione della volontà di porre in essere un dato negozio giuridico. SIN. Errore, vizio. **2** †Del moto: *la potenza motiva infinita* (BRUNO). ‖ **motivétto**, dim. (V.) | **motivino**, dim. | **motivóne**, accr.

♦**mòto** (**1**) [vc. dotta, lat. *mōtu(m)*, part. pass. di *movēre* 'muovere'; 1294] s. m. **1** (*fis.*) Stato contrario alla quiete | ***M. rettilineo***, avente per traiettoria una retta | ***M. curvilineo***, avente per traiettoria una curva | ***M. composto***, risultante dalla sovrapposizione di due moti contemporanei | ***M. periodico***, nel corso del quale un corpo o un punto ritorna nella posizione iniziale a intervalli regolari di tempo | ***M. rotatorio***, di un corpo i cui punti descrivono cerchi o archi di cerchi concentrici | ***M. uniforme***, la cui velocità ha intensità costante nel tempo | ***M. vario***, la cui velocità varia col variare del tempo | ***M. uniformemente vario***, la cui velocità varia con uniformità, cioè con accelerazione costante | ***M. uniformemente accelerato, ritardato***, a seconda che l'accelerazione sia positiva o negativa | ***M. perpetuo***, meccanismo o sistema ideale in grado di produrre lavoro senza sottrarre energie ad alcuna sorgente; V. anche sign. 7. **2** (*gener.*) Movimento: *il m. delle acque, degli astri, degli animali*; *m. ondoso* | ***M. diretto***, in astronomia, quello che si svolge da occidente verso oriente, come quello del Sole e della Luna nelle loro orbite | (*med.*) ***M. peristaltico***, caratteristico modo di contrarsi della muscolatura liscia degli organi cavi, che determina un movimento di progressione del contenuto in un sol senso | (*ling.*) ***Verbi di m.***, che indicano movimento (ad es. *andare e correre*) | ***M. a luogo***, di complemento che indica movimento verso un luogo | ***M. da luogo***, di complemento che indica provenienza | ***Mettere in m.***, avviare: *mettere in m. una macchina*; (*fig.*) spingere qlcu. ad agire | ***Mettersi in m.***, (*fig.*) adoperarsi spec. nell'interesse di altri | ***Essere in m.***, muoversi | (*raro*) Agitazione: *nella strada v'era gran m.* **3** Attività del camminare, spec. considerata come esercizio salutare: *ha bisogno di fare del m.*; *col poco m. che fa si è molto ingrassato.* **4** Atto, gesto, mossa: *m. volontario, involontario*; *ebbe un m. di impazienza*; *assentì con un m. degli occhi*; *con un m. convulso scoppiò a piangere.* **5** Impulso: *un m. di simpatia, di affetto, di collera, di sdegno* | (*lett.*) Commozione: *quali insoliti moti / al partir di costei prova il mio core!* (METASTASIO). **6** Tumulto popolare, sommossa: *i moti carbonari*; *i moti per l'indipendenza greca.* **7** (*mus.*) Andamento delle parti in una composizione | ***M. retto***, se le parti vocali o strumentali ascendono o discendono insieme | ***M. obliquo***, se una parte ascende o discende e l'altra sta ferma | ***M. contrario***, se una parte ascende e l'altra discende | Nella loc. ***con m.***, indicazione agogica che richiede velocità e fluidità, spesso usata come specificazione di altre: *andante con m.* | (*mus.*) ***M. perpetuo***, composizione virtuosistica in cui una figurazione semplice viene ripetuta continuamente e senza pause: *il m. perpetuo di Paganini.* ‖ **moterèllo**, dim.

†**mòto** (**2**) part. pass. di *muovere*; anche agg. ● Nei sign. del v.

♦**mòto** (**3**) [1931] s. f. inv. ● Accorc. di *motocicletta* | ***M. d'acqua***, acqua-scooter.

mòto- [abbr. di *motore*] primo elemento ● In parole composte, indica funzionamento a motore (*motocicletta, motofalciatrice, motoveicolo*) o fa riferimento a operazione, attività compiuta con mezzi meccanici (*motonautica*) | In altri casi è accorciamento di *motocicletta*, o fa riferimento al motociclismo: *motocarrozzetta, motoleggera, motoraduno.*

motoagricola [comp. di *moto-* e (*macchina*) *agricola*] s. f. ● Veicolo a motore usato per compiere lavori agricoli e per trasportare prodotti e attrezzature agricole.

motoaliànte [comp. di *moto-* e *aliante*; 1941] s. m. ● Aliante dotato di motore e dei doppi comandi di guida, da utilizzare in caso di emergenza.

motoalpinismo [comp. di *moto* (*3*) e *alpinismo*; 1994] s. m. ● Attività sportiva che consiste nel compiere, con la motocicletta, lunghi percorsi accidentati su strade e piste di montagna.

motoaratóre [comp. di *moto-* e *aratore*] s. m. (f. *-trice*) ● Chi è addetto alla guida di un mezzo meccanico per l'aratura.

motoaratrice [comp. di *moto-* e *aratrice*; 1933] s. f. ● Macchina semovente impiegata solo per l'aratura, oggi sostituita dal trattore.

motoaratùra [comp. di *moto-* e *aratura*; 1940] s. f. ● Aratura eseguita col mezzo meccanico.

motobàrca [comp. di *moto-* e *barca*; 1921] s. f. ● Barca a motore. ➡ ILL. **vigili del fuoco**.

motocampèstre [da (*corsa*) *moto*(*ciclistica*) *campestre*; 1970] **A** agg. ● Di motocross: *corsa m.* **B** anche s. f.: *correre una m.* SIN. Motocross.

motocannonièra [comp. di *moto-* e *cannoniera*; 1958] s. f. ● Unità veloce della marina da guerra, armata con una o più mitragliere pesanti e un cannone.

motocarrèllo [comp. di *moto-* e *carrello*; 1941] s. m. ● Carrello a motore adibito al trasporto di personale o di materiale sul luogo di impiego, in alcuni casi completato da particolari attrezzature | Autocarrello.

motocarriòla [comp. di *moto-* e *carriola*] s. f. ● Carriola metallica a tre ruote, motorizzata.

motocarrista [comp. di *motocarr*(*o*) e *-ista*; 1958] s. m. e f. (pl. m. *-i*) ● Chi guida motocarri.

motocàrro [comp. di *moto-* e *carro*; 1941] s. m. ● Motofurgone con vano di carico a cassone.

motocarrozzétta [comp. di *moto-* e *carrozzetta*; 1931] s. f. ● Motocicletta con carrozzino laterale il cui telaio appoggia su una terza ruota.

♦**motociclétta** [comp. di *moto-* e (*bi*)*cicletta*; 1890] s. f. ● Veicolo veloce a due ruote, mosso da un motore a scoppio, che può trasportare una o due persone. ➡ ILL. p. 2162, 2163 TRASPORTI.

MOTOCICLETTA
nomenclatura

motocicletta
● *caratteristiche*: da gran turismo, da sport, da motocross; motociclo = ciclomotore = motorino = motoretta, motorscooter = scooter; motociclismo;
● *competizioni*: velocità, speedway, gare su strada, gran prix, formula 1, formula 2, su pista, su circuiti misti, motoball, hill-clumbing, gare di regolarità, enduro, trial, cross, motocross = gara motociclistica fuori strada (impennata, salto, guado), gara in salita, record, gimkana; motodromo, motoraduno;
● *persone*: motociclista, scooterista, motocrossista.

motociclismo [comp. di *motociclo* e *-ismo*; 1908] s. m. ● Sport delle corse in motocicletta.

motociclista [da *motociclo*; 1908] **A** s. m. e f. (pl. m. *-i*) ● Chi va in motocicletta | Chi pratica lo sport del motociclismo. **B** anche agg.: *corridore m.*

motociclistico [da *motociclista*; 1905] agg. (pl. m. *-ci*) ● Relativo al motociclismo e ai motociclisti: *industria, corsa motociclistica.*

motociclo [comp. di *moto-* e *ciclo*; 1905] s. m. ● Motocicletta, motoleggera o altro veicolo simile.

motocistèrna [comp. di *moto-* e *cisterna*; 1937] s. f. ● Nave cisterna con motore a combustione interna.

motocolónna (o *-ó-*) [comp. di *moto-* e *colonna*; 1942] s. f. ● Colonna di truppe motorizzate.

motocoltivatóre [comp. di *moto-* e *coltivatore*; 1919] s. m. ● (*agr.*) Trattrice di piccola potenza alla quale si applicano svariati attrezzi per compiere operazioni colturali leggere.

motocoltùra [comp. di *moto-* e *coltura*; 1920] s. f. ● Coltivazione del terreno eseguita con macchine.

motocompressóre [comp. di *moto-* e *compressore*; 1955] s. m. ● (*mecc.*) Gruppo formato da un compressore e dal motore che lo aziona per la produzione di aria compressa.

motocorazzàto [comp. di *moto-* e *corazzato*; 1955] agg. ● Detto di reparto militare costituito da mezzi motorizzati e corazzati.

motocròss /mɔto'krɔs, *ingl.* 'məʊtəˌkɹɒs/ [comp. di *moto-* e dell'ingl. *cross* 'corsa campestre' (abbr. di *cross-country* 'attraverso la campagna'); 1948] s. m. inv. ● Gara motociclistica che si svolge su apposita pista di terreno accidentato.

motocrossismo s. m. ● Sport del motocross.

motocrossista [1948] s. m. e f. (pl. m. *-i*) ● Motociclista che prende parte alle gare di motocross.

motòdromo, (*evit.*) **motodròmo** [comp. di *moto-* e *-dromo*; 1942] s. m. ● Impianto sportivo per gare motociclistiche.

motoèlica [comp. di *moto-* ed *elica*; 1958] s. f. ● Elica azionata da uno o più motori alternativi.

motofàlce [comp. di *moto-* e *falce*] s. f. ● Macchina agricola costituita da una barra falciante azionata da un piccolo motore.

motofalciatrice [comp. di *moto-* e *falciatrice*; 1958] s. f. ● Macchina a motore, a barra frontale, impiegata per la falciatura.

motofurgóne [comp. di *moto-* e *furgone*; 1942] s. m. ● Veicolo a tre ruote per trasporto di cose, azionato in genere da motore di motocicletta, di struttura molto simile ai motocicli, il cui vano di carico può essere chiuso o a cassone.

motogeneratóre [comp. di *moto-* e *generatore*; 1958] s. m. ● (*elettr.*) Gruppo elettrogeno costituito da un motore, generalmente a combustione interna, accoppiato a un generatore elettrico.

motolància [comp. di *moto-* e *lancia* (*2*); 1937] s. f. (pl. *-ce*) ● (*mar.*) Lancia a motore.

motoleggèra [comp. di *moto* (*3*) e il f. di *leggero*; 1934] s. f. ● Motocicletta di piccola cilindrata.

motomeccanizzàre [comp. di *moto-* e *meccanizzare*; 1963] v. tr. ● (*mil.*) Dotare un reparto di mezzi a motore per il trasporto delle truppe, per il traino delle artiglierie, per il combattimento.

motomèzzo [comp. di *moto-* e *mezzo* (*2*); 1950] s. m. ● Motoveicolo.

motonàuta [comp. di *moto-* e *nauta*, sul modello di *aeronauta*; 1917] s. m. e f. (pl. m. *-i*) ● Chi pratica lo sport della motonautica.

motonàutica [comp. di *moto-* e *nautica*; 1934] s. f. **1** Sport praticato con scafi a motore, in acque dolci o di mare. **2** Tecnica relativa alla costruzione e alla guida di motoscafi.

motonàutico [comp. di *moto-* e *nautico*; 1923] agg. (pl. m. *-ci*) ● Che si riferisce alla motonautica: *calendario m.*; *gare motonautiche.*

motonàve [comp. di *moto-* e *nave*; 1921] s. f. ● Nave mercantile con apparato motore a combustione interna, per trasporto di merci o di passeggeri.

motoneuróne [comp. di *moto* 'movimento' e *neurone*; 1988] s. m. ● (*anat.*) Ognuna delle cellule nervose del mesencefalo, del mielencefalo e delle corna ventrali del midollo spinale, che controllano muscoli e ghiandole.

motopàla [comp. di *moto-* e *pala*] s. f. ● Pala meccanica, di dimensioni ridotte, gener. priva di motore proprio e azionata ad aria compressa, usata spec. nelle gallerie per lo smaltimento del materiale di scavo.

motopeschereccio [comp. di *moto-* e *peschereccio*; 1932] s. m. ● Peschereccio a motore. ➡ ILL. pesca.

motopista [comp. di *moto* (3) e *pista*; 1963] s. f. ● Corsia stradale riservata alle motociclette.

motopómpa [comp. di *moto-* e *pompa*; 1935] s. f. ● Gruppo formato da una pompa e dal motore che la aziona.

motopròprio ● V. *motuproprio*.

motopropulsóre [comp. di *moto-* e *propulsore*; 1955] agg. m.; anche s. m. ● Detto di gruppo costituito da un motore e un propulsore: *apparato, sistema m.*

motoràdio [comp. di *moto-* e *radio* (4); 1983] s. m. inv. ● Radioricevitore atto a essere montato su un motoveicolo.

motoradùno [comp. di *moto* (3) e *raduno*; 1935] s. m. ● Convegno di motociclisti a scopo turistico o sportivo.

motorcaravan /ingl. ˌməʊtəˈkhæɹəˌvæn/ [vc. ingl., comp. di *motor* 'motore' e *caravan* (V.); 1981] s. m. inv. ● Autocaravan.

♦**motóre** [vc. dotta, lat. *motōre(m)* 'che muove', da *movēre* 'muovere'; 1308] **A** agg. (f. *-trice*) ● Che muove, che imprime o consente il moto: *organo, impulso m.*; *forza motrice* | ***Albero m.***, che trasmette il moto | ***Nervo m.***, che determina contrazione muscolare. **B** s. m. **1** Nell'astronomia e nella filosofia medievale e antica, chi muove i cieli, le sfere | ***Primo m., m. immobile***, nella filosofia aristotelica, Dio, in quanto atto puro e causa prima di ogni movimento. **2** (*fig.*) Causa, movente: *il motivo economico fu il vero m. di molte guerre.* **3** (*lett.*) †Fautore, promotore: *senza ... punire i motori dello scandalo* (MACHIAVELLI). **4** Meccanismo capace di trasformare in lavoro meccanico un'energia di altra natura. CFR. moto- | ***M. lineare, rotativo***, il cui lavoro si compie con un moto lineare, rotatorio | ***M. alternativo***, il cui lavoro si compie con un moto alterno lineare, eventualmente trasformato poi in moto rotatorio | ***M. elettrico***, che trasforma energia elettrica | ***M. idraulico***, che sfrutta l'energia cinetica o di pressione dell'acqua o di altro fluido | ***M. pneumatico***, che sfrutta l'energia di aria compressa o altro gas | ***M. termico***, che utilizza l'energia termica di combustione di una sostanza | ***M. a combustione esterna***, quando la sostanza è bruciata esternamente, come nei motori a vapore, a stantuffi o a turbina | ***M. a combustione interna***, che utilizza l'energia di pressione sviluppata dalla combustione di vapori di benzina, nafta, metano e sim. nel suo interno | ***M. a scoppio*** o ***a carburazione***, in cui la miscela combustibile d'aria e benzina, metano o altro carburante, compressa dallo stantuffo nel cilindro, viene accesa da una scintilla elettrica e scoppia, espandendosi e producendo lavoro utile tramite lo stantuffo e gli organi che trasformano in rotatorio il moto di questo | ***M. Diesel*** o ***a iniezione***, in cui il combustibile, nafta od olio pesante, è iniettato direttamente nei cilindri ove, miscelandosi con l'aria, si accende spontaneamente per effetto della pressione e del calore | ***M. a quattro tempi***, a scoppio o Diesel, in cui per ottenere un effetto utile della miscela esplosiva è necessario che lo stantuffo compia quattro corse, secondo la sequenza di aspirazione, compressione, esplosione ed espansione, scarico | ***M. a due tempi***, in cui le quattro fasi si compiono in due corse dello stantuffo che, nel suo movimento, apre e chiude le luci di ammissione e di scarico praticate generalmente sulle pareti del cilindro | ***M. a razzo***, endoreattore a propellente solido, sistema motopropulsore tipico dei razzi | ***Volo a m.***, quello degli aerei a motore, in contrapposizione al volo a vela | ***Volo con m.***, volo propulso, cioè usando i motori, in contrapposizione al volo librato o senza motore. ➡ ILL. p. 2113 AGRICOLTURA; p. 2162, 2166, 2169 TRASPORTI. **5** (*elab.*) Programma che costituisce il nucleo centrale di un sistema informatico | ***M. di ricerca***, quello in grado di estrarre informazioni da un archivio strutturato secondo diverse chiavi di ricerca | ***M. inferenziale***, quello che, in un sistema esperto, è in grado di trarre una conclusione da alcune premesse. **6** (*est.*) Veicolo funzionante a motore | ***Sport del m.***, ogni sport che venga effettuato con mezzi a motore | ***Corsa dietro motori***, nel ciclismo, gara di mezzofondo in pista, o anche su strada, in cui i corridori stanno alla ruota di una motocicletta opportunamente attrezzata. **C** in funzione di inter. ● Ordine dato dal regista ai tecnici affinché sia messo in moto il motore della macchina da presa, all'inizio di ogni ripresa: *m., ciac, si gira!* || **motorino**, dim. (V.).

motoreattóre [comp. di *moto-* e *reattore*] s. m. ● (*aer.*) Termoreattore il cui compressore è azionato da un motore alternativo.

motorétta [da *motore*; 1955] s. f. ● Motocicletta di piccola cilindrata con carenatura e ruota di diametro ridotto.

motorhome /ingl. ˈməʊtəɹˌhəʊm/ [vc. ingl., comp. di *motor* 'motore' e *home* 'casa' (d'orig. germ.); 1978] s. m. inv. ● Veicolo composto da un telaio di serie e da una carrozzeria specificamente progettata e attrezzata ad abitazione.

motoriduttóre [comp. di *moto(re)* e *riduttore*] s. m. ● (*tecnol.*) Gruppo formato da un motore elettrico e da un riduttore di velocità.

♦**motorino** [1917] s. m. **1** Dim. di *motore* | ***M. d'avviamento***, piccolo motore elettrico montato su un motore a scoppio, spec. d'autoveicolo, per metterlo in moto. **2** (*fam.*) Micromotore, ciclomotore.

motòrio [vc. dotta, lat. tardo *motōriu(m)*, da *mōtor*, genit. *motōris* 'motore'; 1859] agg. ● Del moto, atto al moto: *nervo, centro m.*

motorismo [comp. di *motore* e *-ismo*; 1905] s. m. ● Complesso degli sport che si effettuano con mezzi a motore.

motorista [da *motore*; 1916] s. m. e f. (pl. m. *-i*) ● Meccanico specializzato nella riparazione e messa a punto dei motori, spec. a combustione interna.

motoristica [da *motorista*; 1942] s. f. ● Attività diretta alla progettazione e alla costruzione di motori e mezzi meccanici spec. per competizioni sportive.

motoristico [1929] agg. (pl. m. *-ci*) ● Relativo agli sport effettuati con mezzi a motore: *gare motoristiche.*

motorizzàre [fr. *motoriser*, dal lat. *mōtor*, genit. *motōris* 'motore'; 1931] **A** v. tr. **1** Munire di motore una macchina, un veicolo e sim. **2** Provvedere qlcu. di uno o più veicoli a motore: *m. un reparto di soldati.* **B** v. rifl. ● (*fam.*) Acquistare un automezzo.

motorizzàto [1935] part. pass. di *motorizzare*; anche agg. **1** Munito di motore, che funziona a motore. **2** Che ha un veicolo a motore | ***Reparto m.***, interamente dotato di automezzi.

motorizzazióne [fr. *motorisation*, da *motoriser* 'motorizzare'; 1931] s. f. **1** Il motorizzare. **2** Complesso dei problemi, delle attività organizzative, tecniche e sim. inerenti l'uso dei veicoli a motore.

motorsailer /ingl. ˈməʊtəɹˌseɪlə/ [vc. ingl., comp. di *motor* 'motore' e *sailer* 'veliero, nave a vela' (da *to sail* 'far vela', da *sail* 'vela', d'orig. germ.); 1983] s. m. inv. ● (*mar.*) Imbarcazione da diporto a vela dotata di motore di notevole potenza in rapporto alla superficie velica.

motorscooter /ingl. ˈməʊtəɹˌskuːtəɹ/ [vc. ingl., comp. di *motor* 'motore' e *scooter* 'monopattino', da *to scoot* (*fam.*) 'guizzar via', di orig. scandinava; 1949] s. m. inv. ● Scooter nel sign. 1.

motoscafista [da *motoscafo*; 1960] s. m. e f. (pl. m. *-i*) ● Chi guida un motoscafo.

♦**motoscàfo** [comp. di *moto-* e *scafo*; 1921] s. m. ● Imbarcazione a motore di piccole o medie dimensioni, spec. veloce, non cabinata e con chiglia planante.

motoscùter [1951] s. m. ● Adattamento di *motorscooter* (V.).

motoscuterismo s. m. ● Ogni attività relativa al motorscooter.

motoscuterista [1955] s. m. e f. (pl. m. *-i*) ● Chi va in motorscooter.

motoséga [comp. di *moto-* e *sega*; 1973] s. f. ● Sega azionata da un motore, usata spec. per il taglio di alberi.

motoseminatrìce [comp. di *moto-* e *seminatrice*] s. f. ● Seminatrice a motore.

moto-sidecar /mɔtoˈsaidkar, ingl. ˈməʊtəˌsaedkɑː/ [comp. di *moto-* e *sidecar*] s. m. inv. ● Motocarrozzetta.

motosilurànte [comp. di *moto-* e *silurante*; 1941] s. f. ● Piccola e velocissima nave da guerra, armata con siluri.

motoslitta [comp. di *moto-* e *slitta*; 1958] s. f. **1** Tipo di slitta con motore a elica. **2** Motoslitta munito di uno o più cingoli e un pattino da neve.

motóso [da *mota*; 1842] agg. ● (*tosc.* o *lett.*) Fangoso, melmoso: *acqua motosa* | Sporco di mota: *scarpe motose.*

mototorpedinièra [comp. di *moto-* e *torpediniera*; 1937] s. f. ● Torpediniera propulsa da un apparato motore endotermico.

mototrazióne [comp. di *moto-* e *trazione*; 1941] s. f. ● Trazione ottenuta a mezzo di un motore.

mototurismo [comp. di *moto-* e *turismo*; 1997] s. m. ● Turismo effettuato viaggiando in motocicletta.

mototurista [1997] s. m. e f. (pl. m. *-i*) ● Chi pratica il mototurismo.

mototuristico agg. (pl. m. *-ci*) ● Relativo al mototurismo o ai mototuristi: *associazioni mototuristiche.*

motovariatóre [comp. di *moto(re)* e *variatore*] s. m. ● (*tecnol.*) Gruppo formato da un motore elettrico e da un variatore di velocità.

motovedétta [comp. di *moto-* e *vedetta* (1) nel sign. 3; 1937] s. f. ● Nave piccola e veloce, adibita a servizi di polizia sul mare: *una m. della finanza.*

motoveìcolo [comp. di *moto-* e *veicolo*; 1963] s. m. ● Qualsiasi veicolo a motore a due o tre ruote.

motovelièro [comp. di *moto-* e *veliero*; 1923] s. m. ● Nave a motore dotata anche di alberi e attrezzatura velica.

motovelòdromo, (*evit.*) **motovelodròmo** [comp. di *moto* (3) e *velodromo*; 1941] s. m. ● Impianto sportivo per la disputa di gare motociclistiche e ciclistiche.

motovettùra [comp. di *moto-* e *vettura*; 1958] s. f. ● Motoveicolo a tre ruote, carrozzeria chiusa, per trasporto di persone | Autoveicolo a quattro ruote, leggero, simile a un motoveicolo.

motozàppa (o *-z-*) [comp. di *moto-* e *zappa*] s. f. ● Macchina agricola a motore, usata per zappare e sarchiare.

motozàttera [comp. di *moto-* e *zattera*; 1950] s. f. ● Barcone con fondo piatto, prua e poppa quadrate, per trasporto di materiale anche in navigazioni di altura.

motrice [f. sost. di *motore*; 1869] s. f. ● Qualsiasi veicolo a motore che traina un rimorchio: *m. a vapore, elettrica*; *tranviaria, ferroviaria.*

motricità [da *motrice*; 1963] s. f. ● (*biol., psicol.*) Capacità dei centri nervosi di comandare la contrazione muscolare anche in relazione agli impulsi e alle necessità connesse con le esperienze motorie e comportamentali.

motriglia [sovrapposizione di *poltiglia* a *mota*; 1831] s. f. ● (*tosc.*) Fanghiglia.

motriglio [av. 1850] s. m. ● Motriglia.

†**mòtta** [vc. preindeur. (?); sec. XIV] s. f. ● (*region.*) Frana, smottatura | (*region.*) Grossa zolla | (*region.*) Isolotto fluviale o lagunare.

motteggévole [da *motteggiare*; 1342] agg. ● (*lett.*) Faceto, burlevole, satirico.

motteggiaménto [1470] s. m. ● (*lett.*) Il motteggiare | Discorso o motto arguto o ironico.

motteggiàre [1338 ca.] **A** v. intr. (*io mottéggio*; aus. *avere*) **1** (*lett.*) Dire motti di spirito, celiare: *incominciarono con lui a m. del suo novello amore* (BOCCACCIO). SIN. Scherzare. **2** †Conversare. **B** v. tr. ● (*lett.*) Canzonare con motti maliziosi: *lo motteggia di continuo.* SIN. Beffare, burlare. **C** v. rifl. rec. ● †Scambiarsi frizzi.

motteggiatóre [sec. XIII] s. m.; anche agg. (f. *-trice*) ● (*lett.*) Chi (o Che) motteggia. SIN. Burlone, schernitore.

mottéggio [av. 1498] s. m. ● (*lett.*) Il motteggiare | (*est.*) Le parole, i gesti e sim. con cui si motteggia: *fare qlco. per m.*; *fu fatto segno al m. generale.* SIN. Burla, celia, scherzo.

mottettista [1958] s. m. e f. (pl. m. *-i*) ● Autore o compositore di mottetti.

mottettistico [1958] agg. (pl. m. *-ci*) ● Relativo al mottetto.

mottétto o, nei sign. 2 e 3, **motètto** [sec. XIV] s. m. **1** Dim. di *motto*. **2** Breve componimento in rima di tono arguto. **3** (*mus.*) Forma polifonica nata nel XIII sec. e poi adattata ai diversi stili, gener. su testi latini e d'uso sacro.

mòtto [lat. parl. **mŭttu(m)*, da *muttīre* 'borbottare, parlare a bassa voce', di orig. onomat.; av. 1250] s. m. **1** Detto arguto e spiritoso: *m. garbato, pronto*; *riuscì il m. argutissimo e risibile* (CASTIGLIONE). SIN. Facezia. **2** Breve frase sentenziosa: *'provando e riprovando' era il m. dell'Accademia del Cimento* | ***M. popolare***, frase proverbiale | Nell'araldica militare, frase che, posta sotto lo stemma di un corpo, ne esprime l'impresa. SIN. Massima.

3 (*lett.*) Parola: *uscì e non fece m.* | †***A m. a m.***, ***di m. in m.***, parola per parola. *4* †Cenno verbale | ***Accennare un m.***, dire qlco. *5* (*fig.*) †Frottola. ‖ **mottétto**, dim. (V.) | †**mottòzzo**, dim. | †**mottùzzo**, dim.

motulèso [comp. con il lat. *mōtu*, abl. di *mōtus* 'movimento' (V. *moto* (*1*)) e *leso*; 1947] **agg.**; anche **s. m.** (f. *-a*) ● Che (o Chi) ha subìto lesioni tali da avere ridotte o impedite le capacità motorie: *centro di riabilitazione per motulesi.*

motupròprio o (*raro*) **motopròprio** [lat., propr. 'di propria iniziativa'; av. 1571] **s. m. inv.** ● Documento pontificio in uso dalla fine del sec. XV, per provvedimenti amministrativi del potere temporale, usato successivamente anche da sovrani spec. per concessione di onorificenze e titoli nobiliari.

mou /fr. mu/ [vc. fr., propr. 'molle', riduzione di *caramel mou* 'caramella molle' in contrapposizione a *caramel dur* 'caramella dura'] **A s. f. inv.** ● Tipo di caramella tenera a base di latte. **B** anche **agg. inv.**: *caramella mou.*

mouliné /fr. muli'ne/ [vc. fr., propr. part. pass. di *mouliner* 'torcere (la seta)', propr. 'macinare', da *moulin* 'molino'; 1940] **A s. m. inv.** ● Filato molto ritorto a due o più capi spec. di colori diversi e contrastanti. **B** anche **agg. inv.**: *filato, cotone m.*

mountain bike /mauntem'baik, *ingl.* 'maontɪn-ˌbaek/ [loc. ingl., propr. 'bicicletta (*bike*) da montagna (*mountain*)'; 1987] **loc. sost. f. inv.** (pl. ingl. *mountain bikes*) ● Bicicletta con cambio a molte velocità, telaio resistente e grossi pneumatici, adatta per percorrere salite molto ripide e terreni accidentati fuori strada. ➡ ILL. p. 2161 TRASPORTI.

mouse /maus, *ingl.* maos/ [vc. ingl., propr. 'topo' (vc. germ. d'orig. indeur.), prob. perché i suoi movimenti rapidi ricordano quelli di un topo; 1985] **s. m. inv.** (pl. ingl. *mice*) ● (*elab.*) Dispositivo di input per personal computer che, mosso su un piano orizzontale, consente di muovere sullo schermo un cursore di puntamento e di dare un comando attraverso i pulsanti di cui è dotato. CFR. Trackball.

mousse /fr. mus/ [vc. fr., propr. 'schiuma' (dapprima 'muschio'): dal germ. **mosa*, a cui si sovrappose il lat. *mūlsa* 'idromele' (V. *mulsa*); 1940] **s. f. inv.** *1* Composto normalmente freddo a base di un passato di tonno, prosciutto, fegato o altro, con guarnizione di gelatina. *2* Dolce al cucchiaio a base di tuorli d'uovo, panna montata, cioccolato, fragole, caffè e sim. *3* Prodotto cosmetico di consistenza schiumosa usato per dare volume alle acconciature femminili.

movènte [av. 1375] **A part. pres.** di *muovere*; anche **agg.** *1* (*lett.*) Che muove: *la forza m.* (GALILEI) | Che si muove: *architettura m. delle nuvole* (BACCHELLI). *2* (*lett.*) Che proviene, che è originato: *l'altre disonestà moventi da quella [l'avarizia]* (BOCCACCIO). **B s. m.** *1* Impulso, stimolo, motivo, consapevole o inconsapevole, che induce l'individuo a compiere un'azione o un atto spec. illecito: *il vero m. della lite fu il denaro*; *scoprire il m. di un crimine.* *2* (*mecc.*) Organo conduttore.

movènza [da *movere*, var. di *muovere*; 1499] **s. f.** ● Modo del muoversi, atteggiamento che si assume nel muoversi: *una ballerina dalle movenze flessuose* | ***La m. di un canto***, (*fig.*) la sua modulazione | ***La m. di un periodo***, (*fig.*) l'andamento che caratterizza lo stile di uno scritto. SIN. Mossa.

mòvere ● V. *muovere.*

movìbile [da *movere*; av. 1356] **agg.** ● Che si muove o può muoversi: *pezzi movibili e pezzi fissi.*

movie /ingl. 'muvi/ [vc. ingl., propr. 'pellicola, film'. V. *moviola*; 1986] **s. m. inv.** ● Opera cinematografica, film.

movière [da *m*(*u*)*overe*, sul modello di *aviere*, *carabiniere* ecc.; 1956] **s. m.** ● Militare incaricato di regolare il traffico stradale degli automezzi.

Movil® [marchio registrato] **s. m. inv.** ● Fibra sintetica costituita principalmente da cloruro di polivinile.

♦**movimentàre** [fr. *mouvementer*, da *mouvementé* 'movimentato'; 1916] **v. tr.** (*io moviménto*) *1* Rendere animato e vivace: *quel gioco movimentò tutta la festa* | Nel linguaggio finanziario, creare occasioni di movimento incrementando gli scambi, gli investimenti, le compravendite: *m. un portafoglio titoli.* *2* Organizzare e coordinare movimenti e spostamenti di merci, mezzi, persone: *m. un magazzino, uno scalo merci.*

movimentàto [av. 1957] **part. pass.** di *movimentare*; anche **agg.** ● Animato, vivace, talvolta caratterizzato da episodi imprevisti: *una serata movimentata*; *un viaggio alquanto m.*

movimentazióne [da *movimento*; 1973] **s. f.** *1* Il movimentare. *2* Spostamento, rimozione spec. con mezzi meccanici: *macchine per m. di terra*; *m. di cassonetti dell'immondizia* | Organizzazione del movimento di cose o persone, spec. di merci in entrata e uscita da un magazzino.

movimentìsmo [da *movimento*; 1974] **s. m.** ● Tendenza ad appoggiare, nell'ambito di un'organizzazione politica o sindacale, le iniziative spontanee della base dei militanti rispetto alle scelte decisionali degli organi direttivi.

movimentìsta [1979] **A s. m.** e **f.**; anche **agg.** (pl. m. *-i*) ● Chi (o Che) sostiene il movimentismo: *l'ala m. di un partito.* **B agg.** ● Movimentistico.

movimentìstico [1985] **agg.** (pl. m. *-ci*) ● Del movimentismo, dei movimentisti.

♦**moviménto** [deriv. di *muovere*; 1294] **s. m.** *1* Atto del muovere o del muoversi: *m. muscolare*; *fare un m. con le braccia, col busto*; *avere movimenti agili, disinvolti*; *essere impedito nel m.* | Condizione di ciò che è tolto dallo stato di quiete, si sposta da un luogo ad un altro, e sim.: *direzione, natura del m.*; *mettere qlco. in m.*; *controllare il m. di una macchina, dell'orologio.* CFR. cinesi-, -cinesi | Spostamento | ***M. di treni***, in una stazione, l'arrivo, la partenza o il transito dei treni | ***M. di terra***, ***m. terra***, complesso delle operazioni di sterro o riporto di terra connesse al tracciamento di strade, scavo di fondazioni e sim. | ***Macchine per m. terra***, quelle usate nella realizzazione di tali operazioni, quali bulldozer, dumper, pala caricatrice | ***Gioco di m.***, nel calcio, gioco impostato su continui e rapidi spostamenti dei giocatori | ***M. della popolazione***, in demografia, processo di rinnovamento continuo a cui è sottoposta la popolazione per effetto delle nascite, delle morti e delle migrazioni | ***M. del capitale***, passaggio di capitali da uno ad altro possessore | ***M. di cassa***, in contabilità, insieme delle entrate e delle uscite | ***M. di macchina***, in cinematografia, insieme degli spostamenti eseguiti dalla macchina cinematografica durante una ripresa | (*mil.*) Manovra, spostamento: *movimenti di truppe, di mezzi corazzati* | Nella marina militare, cambio di destinazione per il personale | ***M. di impiegati, di prefetti***, spostamento da una sede all'altra. *2* Animazione di folla, traffico di veicoli, e sim.: *per la strada c'era un gran m.*; *nelle grandi città c'è un m. caotico*; *è una bella città ma è priva di m.* *3* Nelle arti figurative, impressione del movimento ottenuta dall'artista mediante la posizione delle figure, il gioco dei chiaroscuri, dei vuoti e dei piani e delle ricerche prospettiche | Nelle opere letterarie, andamento ritmico di un testo. *4* (*mus.*) Velocità di esecuzione di un brano, indicata al suo inizio, e le cui variazioni nel corso dello stesso sono prescritte dalle indicazioni dinamiche | Parte in cui sono suddivise le varie forme strumentali, quali sonata, sinfonia, quartetto e sim. | ***Primo, secondo, terzo, quarto m.***, nella tradizione classica, un allegro, un andante o adagio, un minuetto o scherzo, un rondò originale. SIN. Tempo. *5* (*mat.*) Isometria d'un piano o d'uno spazio tridimensionale su sé stesso tale che due figure corrispondenti si possano sovrapporre l'una all'altra. *6* (*fig.*) Corrente culturale, artistica e sim., generalmente ispirata da idee innovatrici: *m. letterario, artistico*; *m. nucleare*; *m. spaziale* | Corrente politica i cui appartenenti si riconoscono comuni basi ideologiche e un comune programma d'azione: *m. per la pace*; *m. operaio*; *m. studentesco*; *m. di liberazione della donna* | (*est.*) Denominazione di alcuni partiti politici: *Movimento Sociale Italiano.* *7* (*fam.*) Incontro, affare amoroso, spec. quando sia avvolto da segretezza. *8* Impropriamente, meccanismo semplice: *il m. di un orologio.* *9* †Moto dell'animo | †***Di suo m.***, spontaneamente. *10* †Mutamento: *cose ... noiose sono i movimenti vari della fortuna* (BOCCACCIO). *11* (*raro, lett.*) †Origine.

moviòla [da avvicinare all'ingl. *movie* 'pellicola, film', da *moving pictures* 'cinematografo', propr. 'quadri, fotografie mobili'; *moving* è un deriv. di *to move* 'muovere', dall'ant. fr. *mover*, a sua volta dal lat. *movēre* 'muovere'; 1930] **s. f.** *1* Apparecchiatura per il montaggio cinematografico, che permette di fermare la pellicola in qualunque momento e di farla scorrere avanti e indietro a diverse velocità. *2* (*tv*) Apparecchiatura che permette di fermare o rallentare le immagini di una registrazione, usata per rivedere e analizzare spec. riprese sportive: *per la m. il rigore non c'era.*

†**movitìva** [da †*movitivo*; av. 1363] **s. f.** ● Mossa, iniziativa.

†**movitóre** [da *movere*; 1351] **agg.**; anche **s. m.** (f. *-trice*) ● Che (o Chi) muove, fa muovere.

mòxa [dal giapp. *mokusa* (*mol kusa*) 'erba che brucia'] **s. f.** *1* (*med.*) Piccolo rotolo di foglie di *Artemisia*, usato nella moxibustione. *2* (*med.*) Moxibustione.

moxibustióne [comp. di *moxa* e (*com*)*bustione*, come nell'ingl. e fr. *moxibustion*; 1989] **s. f.** ● (*med.*) Tecnica di alleviamento del dolore della medicina tradizionale orientale, che si basa sugli stessi principi dell'agopuntura impiegando il calore per stimolare particolari punti del corpo. SIN. Ignipuntura, moxa.

mozàbiti o **mzàbiti** [dalla regione sahariana dello *Mzab*; 1910] **s. m. pl.** ● Popolazione della regione sahariana dello Mzab.

mozabìtico o **mzabìtico A agg.** (pl. m. *-ci*) ● Relativo ai Mozabiti. **B s. m.** solo **sing.** ● Dialetto berbero parlato nella regione sahariana dello Mzab.

mozambicàno A agg. ● Del Mozambico. **B s. m.** (f. *-a*) ● Abitante, nativo del Mozambico.

mozaràbico [fr. *mozarabique*, agg. dallo sp. *mozárabe*, di orig. ar. (*mustá'rib*, part. del v. *ista 'rab* 'arabizzarsi'); 1834] **agg.** (pl. m. *-ci*) ● Relativo ai Mozarabi, cristiani che all'epoca del dominio arabo sulla Spagna restarono fedeli alla loro religione.

mozartiàno [1952] **A agg.** ● Del compositore W. A. Mozart (1756-1791): *sinfonie mozartiane* | Relativo all'opera, allo stile di Mozart: *studi mozartiani.* **B s. m.** (f. *-a*) ● Seguace, imitatore, ammiratore di Mozart.

mozióne (**1**) [vc. dotta, lat. *motiōne*(*m*), da *mōtus* 'moto'; sec. XIV] **s. f.** *1* (*raro, lett.*) Movimento: *bisogna nella cosa mossa distinguere in qualche modo il principio efficiente della m.* (GALILEI) | ***M. degli affetti***, nell'antica oratoria, il tentare di commuovere i giudici e gli uditori; (*est.*) ricorso ad argomenti che determinino commozione. *2* †Agitazione, tumulto.

mozióne (**2**) [fr. *motion*, dall'ingl. *motion*; 1789] **s. f.** ● Atto inteso a promuovere la deliberazione di un'assemblea, spec. del Parlamento, su una data questione, e che pertanto va sottoposto al voto della stessa: *presentare, votare una m. di censura* | ***M. di fiducia, di sfiducia***, con la quale il Parlamento concede o nega la propria approvazione al programma politico del governo, determinandone così la stabilità o la crisi | ***M. d'ordine***, con la quale si richiede all'assemblea il voto immediato su di una modifica all'ordine dei lavori.

†**mózza** [f. sost. di *mozzo* (*1*); av. 1481] **s. f.** ● Formaggio fresco chiuso in una vescica stretta a metà, quasi mozzata, con una legatura di giunco.

mozzafiàto [comp. di *mozza*(*re*) e *fiato*; 1963] **agg. inv.** ● (*fam.*) Che impressiona, colpisce vivamente: *spettacolo m.*; *le corse m. sull'autostrada.*

mozzaménto [av. 1396] **s. m.** *1* (*raro*) Il mozzare | Mutilazione. *2* (*ling.*) Sincope.

mozzaorècchi ● V. *mozzorecchi.*

mozzàre [da *mozzo* (*1*); 1306] **v. tr.** (*io mózzo*) ● Troncare, recidere con un colpo netto e deciso: *m. il capo, i rami, la coda ai gatti* | (*fig.*) ***M. il discorso, la conversazione***, interromperli bruscamente | (*fig.*) ***M. le parole in bocca a qlcu.***, impedirgli di continuare a parlare | (*fig.*) ***Un puzzo, un vento, una paura da m. il fiato***, da impedire il respiro.

mozzarèlla [da *mozza*, per la forma; 1570] **s. f.** ● Caratteristico formaggio di origine napoletana di latte di bufala, oggi preparato anche industrialmente con latte di vacca, in forme rotondeggianti, da consumarsi freschissimo | ***M. di Puglia***, ***affumicata***, provola | ***M. in carrozza***, fette di pane e mozzarella accoppiate, spruzzate di latte, infarinate, passate nell'uovo sbattuto e fritte in olio d'oliva o strutto.

mozzaspìghe [comp. di *mozza*(*re*) e il pl. di *spiga*; 1958] **s. m. inv.** ● Piccolo coleottero di forma allungata, nero, le cui larve rodono il culmo del grano (*Calamobius filum*).

mozzatóre [1869] **s. m.**; anche **agg.** (f. *-trice*) ● (*raro*) Chi (o Che) mozza.

mozzatùra [av. 1374] **s. f.** ● Il mozzare | Parte mozzata, tronca, di qlco.: *mozzature di sigari.*

mozzétta [dim. di (*veste*) *mozza*; 1550] **s. f.** ● Corta mantellina con piccolo cappuccio degli ec-

clesiastici | ***M. rossa***, del Papa e dei cardinali | ***M. viola***, dei vescovi.
mozzicàre [da *mozzare*; 1292] v. tr. (*io mózzico, tu mózzichi*) *1* †Smozzicare. *2* (*merid.*) Mordere.
mózzico [da *mozzicare*; sec. XVII] s. m. (pl. *-chi*) ● (*merid.*) Morso: *non mangiare il pane a mozzichi!* || **mozzicóne**, accr. (V.).
mozzicóne [sec. XIV] s. m. *1* Accr. di *mozzico*. *2* Piccolo pezzo che resta di una cosa mozzata, troncata, consumata, bruciata e sim.: *m. di candela, di sigaro*. || **mozziconcèllo**, dim.
mozzino [dim. di *mozzo* (*1*); 1925] s. m. ● Nel linguaggio dei tipografi, pagina non interamente riempita dalla composizione.
mózzo (**1**) [lat. parl. *mūtiu(m), da avvicinare a *mūtilus* 'mutilo'; av. 1276] agg. *1* Che è stato privato di una parte terminale: *capo m.*; *testa mozza* | ***Fiato, respiro m.***, interrotto, affannoso per fatica, emozione o paura | ***Parole mozze***, brevi, tronche | (*lett.*) †***Via mozza***, scorciatoia. *2* (*fig.*) †Disgiunto, separato. || †**mozzaménte**, avv. (*raro, fig.*) Con parole mozze.
mózzo (**2**) [sp. *mozo*, dal lat. *mūsteu(m)* 'simile a mosto, giovane, nuovo', da *mūstum* 'mosto'; 1602] s. m. (f. *scherz.* *-a*) *1* Ragazzo dai 7 ai 15 anni arruolato un tempo a bordo dei velieri | Marinaio dell'attuale marina mercantile che non ha superato i 18 anni di età e ha meno di due anni di navigazione. *2* ***M. di stalla***, garzone di scuderia. *3* †Servo addetto alle faccende più umili.
mòzzo (**3**) o **mòzzo** o **mózzo** [lat. *mŏdiu(m)* 'moggio, misura'; av. 1502] s. m. *1* (*mecc.*) Parte centrale della ruota o di altro elemento rotante, che lo accoppia con l'albero e nel quale sono fissati i raggi | ***M. dell'elica***, blocco centrale calettato sull'albero motore, sul quale sono fissate le pale. ➡ ILL. p. 2141 SCIENZE DELLA TERRA ED ENERGIA; p. 2161 TRASPORTI. *2* Ceppo in cui è incastrato il manico della campana e che la tiene sospesa. *3* (*tosc.*) Pezzo di materia, spec. di terra, staccato dalla massa: *mi chinai in terra, e presi un m. di terra* (CELLINI). || †**mozzétto**, dim. | †**mozzolétto**, dim.
mozzóne [da *mozzo* (*1*); av. 1539] s. m. *1* (*raro*) Funicella munita di nodi posta all'estremità della frusta. *2* (*merid.*) Mozzicone, spec. di sigaro e sigaretta.
†**mozzorécchi** o **mozzaorécchi** [comp. di *mozzare* e il pl. di *orecchio*; 1803] s. m. inv. *1* Persona cui, come pena, era stata mozzata la parte superiore delle orecchie | (*est.*) Furfante. *2* (*spreg.*) Avvocato disonesto e incapace.
mps [vc. ingl., sigla di *m(ulti) p(urpose) s(ail)*, 'vela multiuso'] s. m. inv. ● (*mar.*) Vela di prua non inferita, asimmetrica, usata dalle imbarcazioni da diporto nelle andature dal traverso al gran lasco.
Mp3 /emmeppit'tre*/ [sigla ingl. di *m(oving) p(icture) (experts group)-(layer)*3, n. completo del formato; 1997] s. m. inv. ● (*elab.*) Metodo di compressione di file musicali che permette di mantenere una elevata qualità sonora, utilizzato spec. per diffondere brani musicali tramite Internet.
mu /mu*/ ● V. *mi* (*3*).
mucàto [da *mucico*; 1834] s. m. ● (*chim.*) Sale o estere dell'acido mucico.
♦**mùcca** [etim. discussa: sovrapposizione di *vacca* a *muggire* (?); av. 1758] s. f. ● Vacca che produce latte | ***M. pazza***, nel linguaggio giornalistico, bovino colpito da encefalopatia. CFR. Muggire.
mucchiétto s. m. *1* Dim. di *mucchio*. *2* Piccola quantità: *un m. di casupole*.
♦**mùcchio** (**1**) [lat. *mūtulu(m)* 'pietra sporgente'; 1313] s. m. *1* Insieme di cose riunite, spec. disordinatamente: *un m. di carte, di pietre, di libri, di rovine*; *un acciottolio secco di mucchi immensi di cocci* (VERGA) | ***M. di uccelli***, stormo, frotta | ***M. di gente***, folla | ***Mettere tutti in un m.***, (*fig.*) non fare distinzione per nessuno. SIN. Cumulo. *2* (*est., fig.*) Notevole quantità: *dire un m. di bugie, di spropositi, di sciocchezze*; *avere un m. di quattrini* | ***A mucchi***, in gran quantità | ***Sparare nel m.***, (*fig.*) colpire indiscriminatamente con accuse e sim. un gruppo o una categoria di persone. || **mucchierèllo**, dim. | **mucchiétto**, dim. (V.) | **mucchióne**, accr.
mùcchio (**2**) [lat. tardo *būculu(m)*, propr. 'giovenco', dim. di *bōs*, genit. *bŏvis* 'bue'] s. m. ● (*zool.*) Pastinaca.
†**mucciàre** [lat. parl. *mukyāre, di orig. gallica; av. 1306] **A** v. intr. ● Cercare di sfuggire. **B** v. tr. ● Sfuggire, schivare. **C** v. tr. e intr. ● Burlare, farsi beffe.
mùcco e *deriv.* ● V. *muco* e *deriv.*
mùci [vc. onomat.; av. 1400] inter. ● Si usa per chiamare il gatto (*spec. iter.*).
mùcico [dal lat. *mūcus* 'muco'; 1869] agg. (pl. m. *-ci*) ● (*chim.*) Detto di ossiacido organico bibasico, ottenuto industrialmente per ossidazione idrolitica di un'emicellulosa e usato per la sintesi del pirrolo.
mùcido [vc. dotta, lat. *mūcidu(m)*, da *mūcus* 'muco'; 1364] **A** agg. ● (*raro*) Ammuffito, stantio: *cibo, pane m.*; *carne mucida*; *m. tanfo di chiostri monastici* (CARDUCCI). **B** s. m. ● (*raro*) Muffa: *sapere di m.* | Umidità: *odore di m.*
mucidùme [1958] s. m. ● (*raro*) Quantità di cose mucide.
mucillàgine o (*raro*) **mucilàggine**, (*raro*) **mucilàgine**, **mucillàggine** [lat. tardo *mucilāgine(m)*, da *mūcus* 'muco'; sec. XIV] s. f. ● Prodotto organico ad alto peso molecolare che si forma spontaneamente nelle piante, spec. nelle radici, corteccia e semi, che si gonfia a contatto con l'acqua e che trova applicazione in medicina, in farmacia, nella preparazione dei cosmetici, nell'industria alimentare, nell'industria tessile e della gomma.
mucillaginóso o **mucilagginóso**, (*raro*) **mucilaginóso**, (*raro*) **mucillagginóso** [1563] agg. ● Che ha natura, aspetto, consistenza e sim. di mucillagine | Ricco di mucillagine.
mucìna [dal lat. *mūcus* 'muco'; 1869] s. f. ● (*chim., biol.*) Glicoproteide, presente in certe secrezioni ghiandolari, che ha il compito di lubrificare e proteggere i tessuti da agenti chimici e battericidi.
mucìparo [comp. di *muco* e *-paro*; 1958] agg. *1* (*biol.*) Che produce muco: *cellule mucipare*. *2* (*bot.*) Che produce mucillagine.
mùco o (*raro*) **mùcco** [lat. *mūcu(m)*, di orig. indeur.; sec. XVII] s. m. (pl. *-chi*) ● (*biol.*) Prodotto di secrezione filante delle ghiandole mucose, talvolta in risposta a processi infiammatori | ***M. cervicale***, quello prodotto in corrispondenza del collo uterino. CFR. bleno-, mixo-.
mucolìtico [comp. di *muco* e *-litico* (*2*)] **A** agg. (pl. m. *-ci*) ● (*farm.*) Detto di qualsiasi agente o farmaco capace di fluidificare il muco. **B** anche s. m.
mucopolisaccàride [comp. di *muco* e *polisaccaride*] s. m. ● (*chim.*) Polisaccaride acido complesso, in genere composto da catene polimeriche. SIN. Glicosamminoglicano.
mucopolisaccaridòsi [da *mucopolisaccaride* con il suff. *-osi*] s. f. inv. ● (*med.*) Gruppo di malattie ereditarie causate da un difetto enzimatico che comporta un accumulo di mucopolisaccaridi nei tessuti, spec. cartilagini, fegato, milza e linfonodi.
mucoproteìna [comp. di *muco* e *proteina*] s. f. ● (*chim.*) Proteoglicano.
mucopùs [comp. di *muco* e *pus*] s. m. ● (*med.*) Essudato caratteristico di membrane mucose infiammate, formato di muco catarrale con molti globuli bianchi.
mucósa o (*raro*) **muccósa** [f. sost. di *mucoso*; 1869] s. f. ● (*anat.*) Membrana epiteliale che riveste la superficie interna di organi cavi.
mucosità o (*raro*) **muccosità** [da *mucoso*, *mucosa*; av. 1698] s. f. *1* (*med.*) Sostanza simile a muco. *2* (*raro*) Caratteristica di ciò che è mucoso.
mucóso o (*raro*) **muccóso** [vc. dotta, lat. tardo *mucōsu(m)*, da *mūcus* 'muco'; av. 1698] agg. *1* (*anat.*) Della mucosa. *2* Relativo o simile al muco.
mucoviscidòsi [comp. di *muco* e *viscido*, con il suff. medico *-osi*; 1973] s. f. inv. ● (*med.*) Malattia ereditaria a carattere recessivo che colpisce spec. i bambini, caratterizzata da un'anormale secrezione di muco denso e viscoso da parte delle ghiandole esocrine, spec. il pancreas e le ghiandole bronchiali.
mucronàto [vc. dotta, lat. *mucronātu(m)*, da *mūcro*, genit. *mucrōnis* 'mucrone'; 1499] agg. ● (*lett.*) Che finisce a punta | (*anat.*) ***Cartilagine mucronata***, ensiforme | (*bot.*) ***Foglia mucronata***, che termina all'apice con una punta dura.
mucróne [vc. dotta, lat. *mucrōne(m)*, di etim. incerta; 1499] s. m. *1* (*raro, lett.*) Punta acuminata di spada, coltello e sim. *2* (*anat., raro*) Punta del cuore. *3* (*bot.*) Formazione apicale, rigida, appuntita, di organi vegetali.
mùda [provz. *muda*, da *mudar* 'mutare'; av. 1292] s. f. *1* Negli uccelli, rinnovamento annuo delle penne. *2* Luogo ove si mettevano gli uccelli da richiamo durante la muda. *3* (*est.*) Prigione. *4* †Cambiamento.
†**mudàre** [provz. *mudar* 'mutare'; av. 1292] v. intr. ● Cambiare le penne, detto di uccelli.
mudéjar /sp. mu'ðexar/ [vc. sp., adattamento dell'ar. *mudağğan*, nella var. volg. *mudéggen*, con sostituzione di suff.] **A** s. m. (pl. sp. *mudéjares*) ● Musulmano di Spagna che continuò a vivere secondo i propri costumi e rimase fedele alla propria religione anche dopo la riconquista cristiana. **B** agg. ● Detto dell'arte sviluppata dai musulmani di Spagna nel periodo successivo alla riconquista cristiana, caratterizzata da forme che si ricollegano allo stile moresco.
muesli /ted. 'my:ɛsli/ ● V. *müsli*.
muezzìn o **muezzino** [turco *muezzin*, dall'ar. *mu'addin* 'colui che invita alla preghiera'; 1721] s. m. inv. ● Nelle moschee islamiche, persona che, dal minareto, invita, con canto rituale e nelle ore prescritte, i fedeli alla preghiera, e che provvede ad altre incombenze rituali, con ufficio spesso ereditario.
mùffa [etim. discussa: di orig. espressiva (?); 1313] s. f. *1* Formazione fungina, di colore biancastro o verdognolo e di odore particolare, che si sviluppa su svariate sostanze: *odore di m.* | ***M. grigia***, botrite | ***Prendere, fare la m.***, ammuffire; (*fig.*) rimanere nell'ozio, nell'inattività e sim. | ***Far fare la m. a qlco.***, (*fig.*) non usarla mai o usarla molto raramente. *2* (*fig., tosc.*) Superbia: *che m.!* | ***Aver la m. al naso***, darsi delle arie. || **muffatèlla**, dim. | **muffatellina**, dim. | **muffétta**, dim. | **muffettèlla**, dim. | **muffettina**, dim.
muffàre [1351] v. intr. (aus. *essere*) ● (*raro*) Fare, prender la muffa.
†**mùffido** [av. 1533] agg. ● Muffito.
†**muffióne** ● V. *muflone*.
muffire [av. 1557] v. intr. (*io muffisco, tu muffisci*; aus. *essere*) ● Fare la muffa (*spec. fig.*): *non ho voglia di stare a m. in casa*.
mùffo [part. pass. contratto di *muffare*; av. 1449] agg. ● (*region.*) Che ha fatto la muffa, ammuffito: *pane m.* | (*fig.*) Antiquato.
mùffola [dal fr. *moufle* 'guanto, manicotto', di orig. germ.; 1550] s. f. *1* Particolare modello di guanto in cui solo il pollice è diviso dalle altre dita. SIN. Manopola. *2* Parte cava del forno, circondata da calore, dove si mettono a cuocere, senza diretto contatto col fuoco, oggetti da smaltare: *forno a m.* | Cavità semicilindrica nel forno, per la coppellazione. *3* (*elettr.*) Astuccio di protezione delle giunture nei cavi elettrici e telefonici, spec. interrati.
muffolista [1958] s. m. e f. (pl. m. *-i*) ● Operaio addetto ai forni a muffola.
mùffolo [fr. *mufle*, a sua volta dal ted. *Muffel* 'muso, grugno'] s. m. ● Musello.
muffosità [1865] s. f. ● (*raro*) Caratteristica di ciò che è muffoso | (*fig., tosc.*) Alterigia.
muffóso [da *muffa*; 1560] agg. *1* (*raro*) Pieno di muffa: *stanzaccia, polverosa e muffosa* (BACCHELLI). *2* (*fig., tosc.*) Sprezzante, borioso: *che gente muffosa!*
muflóne o †**muffióne** o †**mufióne** [lat. tardo *mufrōne(m)*, di etim. incerta; 1598] s. m. ● Pecora selvatica che vive solo in Sardegna e in Corsica, con corna sviluppatissime solo nei maschi, peli corti e lisci (*Ovis musimon*). ➡ ILL. **animali**/13.
muftì o (*raro*) **mùfti** [ar. *muftī* 'colui che dà un responso legale'; 1529] s. m. ● Giureconsulto musulmano che, per fama o per autorizzazione del governo, emette giudizi in materia teologica e di diritto religioso.
†**mugàvero** [ar. *muġāwir*; av. 1348] s. m. ● Soldato catalano armato alla leggiera, a cavallo o a piedi, dei secc. XIII e XIV | Specie di dardo col quale era armato il mugavero.
muggènte [1869] part. pres. di *muggire*; anche agg. *1* (*lett.*) Che muggisce: *[i] muggenti bovi* (PASCOLI). *2* (*lett., fig.*) Che rimbomba, che rumoreggia: *le onde muggenti*.
mugghiaménto [av. 1292] s. m. ● (*raro*) Muggito ripetuto.
mugghiànte [av. 1494] part. pres. di *mugghiare*; anche agg. *1* (*lett.*) Muggente: *le mugghianti greggia* (CARDUCCI). *2* (*fig.*) Che rimbomba, che rumoreggia.
mugghiàre [lat. parl. *mugulāre, da *mugīre* 'muggire'; av. 1292] v. intr. (*io mùgghio*; aus. *avere*)

1 Muggire forte e lungamente, detto dei buoi: *nella campagna assolata si udivano i buoi m.* | (*est.*, *raro*) Ruggire del leone. *2* (*est.*) Lanciare urla spaventose, per dolore, ira e sim. *3* (*fig.*) Rumoreggiare cupamente, detto del tuono, del mare, del vento: *mugghia come fa mar per tempesta* (DANTE *Inf.* V, 29).

mùgghio [av. 1292] **s. m.** (**pl.** †*mùgghia*, **f.** raro) ● Il mugghiare (*anche fig.*): *come un inno lieto / il m. nel sereno aer si perde* (CARDUCCI); *un m. di dolore; il pauroso m. del vento.*

mùggine [lat. *mūgile(m)*, da avvicinare a *mulgēre* 'mungere'; il primo sign. dev'essere quello di 'pesce vischioso'; sec. XIV] **s. m.** ● Cefalo.

mugginièra [1937] **s. f.** ● Rete per pescare muggini.

†**muggiolàre** ● V. *mugolare.*

muggire [lat. *mugīre*, di orig. onomat.; av. 1327] **v. intr.** (*io muggisco, tu muggisci, egli muggisce* o *mùgge*; aus. *avere*) *1* Emettere muggiti: *di tanto in tanto i buoi muggiscono.* *2* (*fig., lett.*) Rumoreggiare del mare, del vento, del tuono: *il vento muggìa nella foresta / e muggìa tra le nubi il tuono errante* (LEOPARDI).

muggìto [lat. *mugītu(m)*, da *mugīre* 'muggire'; av. 1311] **s. m.** *1* Verso caratteristico dei bovini. *2* (*fig., lett.*) Rumore del mare agitato, del vento, del tuono: *freme il mare un fèr m.* (L. DE' MEDICI).

mughétto [fr. *muguet*, alterazione di (*noix*) *muscade* 'noce moscata', per il profumo; av. 1597] **s. m.** *1* Erba perenne delle Liliacee con foglie ovali e piccoli fiori bianchi a campanula, profumatissimi (*Convallaria majalis*). **SIN.** Giglio delle convalli. ➡ **ILL. piante**/11. *2* (*med.*) Moniliasi orale.

mugic o **mugico**, **mugicco**, **mugik** [russo *muzhik* 'contadino'; 1866] **s. m.** ● Contadino russo.

Mugilifórmi [comp. del lat. *mūgil* 'muggine' e del pl. di *-forme*; 1965] **s. m. pl.** (**sing.** *-e*) ● Nella tassonomia animale, ordine di Pesci ossei marini e d'acqua dolce cui appartengono i cefali e i latterini (*Mugiliphormes*).

†**mugiolàre** ● V. *mugolare.*

mugliàre [1532] **v. intr.** (*io mùglio*; aus. *avere*) ● (*tosc.*) Mugghiare: *il tauro … altiero e mugliando erra* (ARIOSTO).

mùglio [sec. XIV] **s. m.** ● (*tosc.*) Mugghio: *col … profondo / m.* (PASCOLI).

mugnaiàccio [da *mugnaio*, perché sembra infarinato; av. 1871] **s. m.** ● Grosso gabbiano oceanico, voracissimo, con poderoso becco ricurvo e piumaggio bianco, con dorso e ali nere (*Larus marinus*).

♦**mugnàio** o †**mugnàro** [lat. tardo *molinārĭu(m)*, da *molīnum* 'molino'; sec. XII] **s. m.** *1* (**f.** *-a*) Chi per mestiere macina grano o granaglie al mulino | Proprietario o gerente di un mulino | Nella loc. (*cuc.*) ***alla mugnaia***, detto di pesce cucinato con burro e farina: *sogliola alla mugnaia.* *2* (*zool.*) Mugnaiaccio. || **mugnaino**, **dim.**

†**mùgnere** ● V. *mungere.*

mùgo [vc. di orig. preindeur.; 1563] **s. m.** (**pl.** *-ghi*) ● Albero delle Conifere, con fusto sdraiato, basso e contorto, che cresce al limite superiore della foresta e dai cui rami giovani si distilla il mugòlio (*Pinus montana*).

mugolaménto [av. 1584] **s. m.** ● (*raro*) Il mugolare | Mugolio.

mugolànte [av. 1907] **part. pres.** di *mugolare*; anche **agg.** *1* Che mugola | Che si lamenta: *[…] m., umiliata d'amore* (PAVESE). *2* Rantolante: *Si provava con affanno m. a sciogliere il pianto* (PIRANDELLO).

mugolàre o †**muggiolàre**, †**mugiolàre** [stessa etim. di *mugghiare*; sec. XIV] **A v. intr.** (*io mùgolo*; aus. *avere*) *1* Emettere suoni indistinti e lamentosi tenendo la bocca chiusa, detto spec. del cane. *2* (*est.*) Lamentarsi, gemere: *m. di dolore, di piacere.* **B v. tr.** ● Mormorare, borbottare (*anche assol.*): *mugolava tra sé strane parole; che cosa stai mugolando?*

mugòlio (*1*) [comp. di *mugo* e *olio*; 1934] **s. m.** ● Olio essenziale estratto dalle foglie fresche del mugo, impiegato come balsamico delle vie respiratorie.

mugolìo (*2*) [da *mugolare*; 1688] **s. m.** ● Un mugolare continuo e frequente: *si udiva il m. lontano di un cane.*

†**mùgolo** [av. 1604] **s. m.** ● Mugolamento.

mugolóne [1869] **A s. m.** (**f.** *-a*) *1* Animale, spec. cane, che mugola di continuo. *2* (*scherz.*) Persona brontolona. **B** anche **agg.**: *cane, vecchio m.*

mugugnàre [da *mugugno*; 1905] **v. intr.** (aus. *avere*) ● (*region.*) Brontolare.

mugùgno [genov. *mugugnu*, di orig. onomat.; 1959] **s. m.** ● (*region.*) Brontolio.

mujaheddin /muʒaid'din, *ar.* mudʒæhɪd'dɪn/ o **mujahiddin** /muʒaid'din, *ar.* mudʒæhɪd'dɪn/, **mujahedin** [vc. ar., pl. di *muğāhid* 'combattente (per la fede)', part. attivo del v. *ğāhada*, da una radice *jhd* che indica lo sforzo; 1985] **s. m. pl.** (**sing.** ar. *mugahid*) *1* Combattenti musulmani impegnati nella guerra santa contro i nemici dell'unità islamica. *2* Guerriglieri del movimento nazionale islamico dell'Afghanistan.

mùla [f. di *mulo*; 1361] **s. f.** ● Femmina del mulo. || **mulòna**, **accr.**

mulàcchia [sovrapposizione di *monacchia* a *mula*; sec. XIV] **s. f.** ● (*zool.*) Cornacchia bigia.

mulàggine [da *mulo*; 1834] **s. f.** ● Caparbietà, ostinazione.

†**mulàre** [vc. dotta, lat. tardo *mulāre(m)*, da *mūlus* 'mulo'; av. 1729] **agg.** ● Di mulo.

mulattièra [da *mulattiere*; 1869] **s. f.** ● Strada di montagna per la quale passano solo muli o altre bestie da soma.

mulattière [da *mulo*, sul modello di *carrettiere*; av. 1342] **s. m.** ● Chi guida i muli: *il m. vuol sapere dove deve scaricare* (PIRANDELLO).

mulattièro **agg.** *1* Da mulo: *via, strada mulattiera.* *2* Relativo ai muli e al loro allevamento.

mulàtto [sp. *mulato*, da *mulo* 'mulo', perché incrocio come il *mulo*; av. 1557] **s. m.**; anche **agg.** (**f.** *-a*) ● Chi (o Che) è nato da genitori uno bianco e uno nero.

mùlcere ● V. *molcere.*

†**mulcire** ● V. †*molcire.*

†**mulènda** ● V. *molenda.*

mulésco [da *mulo*; av. 1478] **agg.** (**pl. m.** *-schi*) ● (*raro*) Di mulo, da mulo (*spec. fig.*): *caparbietà mulesca.*

muleta /*sp.* mu'leta/ [sp., propr. 'gruccia (che sostiene il drappo)', poi passata a indicare il drappo stesso; uso metaforico di *muleta* 'mula'; 1873] **s. f. inv.** (**pl.** sp. *muletas*) ● Drappo rosso di cui nella corrida si serve il matador per aizzare o sviare il toro.

mulétto [propr., dim. di *mulo*; 1981] **s. m.** *1* (*gerg.*) Nelle corse automobilistiche, macchina di riserva usata nelle prove. *2* (*fam.*) Mulo meccanico. *3* Carrello elevatore.

muliebre o (*poet.*) **mulièbre** [vc. dotta, lat. *muliebre(m)*, agg. di *mŭlier* 'donna' (V. *moglie*); sec. XIV] **agg.** ● Che si riferisce alla donna: *sesso, tenerezza, lavoro m.* | ***Figura, statua m.***, di donna. **SIN.** Femminile.

†**muliebrità** [vc. dotta, lat. tardo *muliebritāte(m)*, da *muliĕbris* 'muliebre'; av. 1876] **s. f.** ● Condizione di ciò che è muliebre.

mulinàio ● V. *mulinaro.*

mulinàre [da *mulino* (*1*); av. 1537] **A v. tr.** *1* (*raro*) Far roteare: *m. la sciabola.* *2* (*fig.*) Architettare, macchinare: *mulinava cupi propositi di rivolta.* **B v. intr.** (aus. *avere*) *1* Far mulinello: *vicino alla cascata l'acqua mulina vorticosamente.* *2* (*fig.*) Agitarsi insistentemente, detto di pensieri, idee, e sim.: *un'immagine dolorosa gli mulinava nel cervello* | Fantasticare: *rimase a m. su quel che avrebbe detto.*

mulinàro o (*raro*) **molinàio**, **molinàro**, **mulinàio** [lat. tardo *molinārĭu(m)*, da *molīnum* 'mulino (1)'; sec. XIII] **s. m.** (**f.** *-a*) ● (*pop.*) Mugnaio.

mulinèllo o **molinèllo** [da *mulino* (*1*); av. 1363] **s. m.** *1* Vortice d'acqua, di vento e sim.: *mulinelli di vento sollevavano le foglie* | ***Volo a m.***, tipico degli uccelli che si gettano in picchiata con moto vorticoso. **SIN.** Turbine. *2* (*gener.*) Attrezzo o strumento costituito da un'elica che ruota su un perno | ***M. idrometrico***, congegno per misurare la velocità di un fluido | Piccolo ventilatore inserito in porte o finestre per aerare l'ambiente. *3* Attrezzo per la pesca che, applicato all'impugnatura della canna, consente di lanciare lontano l'esca e di recuperarla avvolgendola a una bobina o a tamburo. ➡ **ILL. pesca.** *4* (*mar., disus.*) Argano destinato al recupero delle ancore, usato per salpare. *5* (*sport*) Nella scherma di sciabola, ciascuno dei movimenti circolari basati sull'articolazione del gomito, per vibrare determinati colpi di taglio nelle varie direzioni | In ginnastica artistica, esercizio al cavallo con maniglie | In ginnastica, movimento eseguito con la clavetta. *6* (*aer.*) Manovra acrobatica consistente in un movimento elicoidale dell'aereo. *7* Giocattolo consistente in due ali di carta imperniate in una canna | Filetto.

♦**mulino** (*1*) o **molino** [lat. tardo *molīnu(m)*, da *mŏla* 'mola (1)'; 1238] **s. m.** *1* Edificio in cui si macinano il grano o altri cereali, e la macchina per tale operazione: *m. a vento, ad acqua, a vapore, elettrico* | ***M. natante o galleggiante***, installato un tempo su chiatte, per sfruttare la corrente del fiume | ***M. da olio***, frantoio | ***M. a martelli***, macchina per triturare minerali, provvista di masse pendolari sporgenti, in acciaio, che girando urtano violentemente contro i frammenti di minerale, sbriciolandoli | (*fig.*) ***Tirare l'acqua al proprio m.***, badare solo al proprio utile | ***Parlare come un m., come un m. a vento***, parlare molto in fretta | | ***Essere un m. a vento***, (*fig.*) di persona facile a cambiare idee e propositi | ***Combattere contro i mulini a vento***, (*fig.*) combattere contro nemici immaginari (con riferimento a Don Chisciotte che, scambiati i mulini a vento per giganti, li volle assalire e combattere). ➡ **ILL.** p. 2141 SCIENZE DELLA TERRA ED ENERGIA. *2* (*geol.*) ***M. glaciale***, grande buca sulla superficie di un ghiacciaio nella quale precipita parte dell'acqua di flessione della lingua glaciale. *3* †Banderuola che indica la direzione del vento. *4* †Aspo. || **PROV.** Chi va al mulino s'infarina; il mulino non macina senz'acqua. || **mulinèllo**, **dim.** | **mulinétto**, **dim.**

†**mulino** (*2*) [da *mulo*; sec. XV] **agg.** ● Di mulo.

mullàghera [etim. incerta; 1813] **s. f.** ● (*bot.*) Afaca.

mullàh /mul'la*, *ingl.* 'mʌlʌ, *iran.* mol'lɒː/ [dal persiano *mullā*, a sua volta dall'ar. *mawlā* 'tutore, signore'; av. 1652] **s. m. inv.** ● Cultore delle scienze religiose islamiche.

Müller Thurgau /*ted.* 'mʏlʌ 'tʰuːʌgao/ [comp. del n. di H. *Müller* che mise a punto tale incrocio alla fine dell'Ottocento e di *Thurgau*, cantone svizzero in cui questi era nato] **s. m. inv.** ● Vitigno derivante da un incrocio di Riesling e Sylvaner, coltivato spec. in Trentino-Alto Adige, Friuli e Oltrepò pavese | Vino bianco di color giallo paglierino, profumo fruttato e aroma elegante, ottenuto dal vitigno omonimo.

Mùllidi [comp. del lat. *mŭllus*, n. di pesce che prob. significa 'dal colore rosso', e *-idi*; 1891] **s. m. pl.** (**sing.** *-e*) ● Nella tassonomia animale, famiglia di Perciformi marini cui appartengono le triglie (*Mullidae*).

♦**mùlo** (*1*) [lat. *mūlu(m)*, di orig. preindeur.; av. 1292] **s. m.** (**f.** *-a* (V.)) *1* Animale equino, ibrido non fecondo ottenuto dall'incrocio di un asino con una cavalla, più simile al padre, robustissimo, molto parco, usato da soma e per cavalcatura spec. su sentieri di montagna: *i calci del m.*; *a dorso di m.*; *ostinato, caparbio, come un m.* | (*fig.*) ***Essere un m., fare il m.***, detto di persona cocciuta | ***M. meccanico***, veicolo a motore a quattro ruote usato dalle truppe alpine per spostamenti in zone montagnose. *2* (*spreg.*) †Figlio illegittimo. **SIN.** Bastardo. || **mulàccio**, **pegg.** | **mulétto**, **dim.** (V.) | **mulòtto**, **accr.** | **mulùccio**, **dim.**

mùlo (*2*) [vc. veneta, da *mulo* (*1*), attrav. il sign. di 'bastardo'; 1950] **s. m.** (**f.** *-a*) ● (*sett.*) Ragazzo.

†**mulomedicina** [vc. dotta, lat. tardo *mulomedicīna(m)*, comp. di *mūlus* 'mulo' e *medicīna* 'medicina'] **s. f.** ● Veterinaria.

†**mùlsa** [vc. dotta, lat. tardo (*āquam*) *mŭlsa(m)* 'acqua mielata', da avvicinare a *mĕl* 'miele'; 1340 ca.] **s. f.** ● (*raro*) Mulso.

†**mùlso** [vc. dotta, lat. *mŭlsu(m)*. V. precedente; sec. XIV] **s. m.** ● Vino mielato | Idromele.

♦**mùlta** [vc. dotta, lat. *mŭlta(m)*, di orig. indeur.; sec. XIV] **s. f.** *1* (*dir.*) Pena pecuniaria prevista per determinati reati: *infliggere una m.* | Correntemente, ammenda: *pagare una m.*; *m. per divieto di sosta.* *2* (*raro, lett.*) †Pena, punizione, castigo.

multànime [comp. di *mult(i)-* e *anima*; 1892] **agg.** ● (*raro, lett.*) Che ha molte anime.

multàre [vc. dotta, lat. *multāre*, da *mŭlta* 'multa'; 1387] **v. tr.** ● Condannare a una multa.

mùlti- o (*raro*) **mòlti-** [lat. *mŭlti-*, da *mŭltus* 'molto'] primo elemento ● In parole composte, significa 'di molti', 'che ha molti' o indica genericamente abbondanza: *multicolore, multiforme, multilaterale, multilingue, multimilionario.*

multibàṡe [comp. di *multi-* e *base* nel sign. A 6; 1983] **agg. inv.** ● (*mat.*) Detto di sistema di numerazione non decimale: *calcolo m.* | ***Materiale m.***, qualsiasi abaco in base diversa da 10.

multicanàli [comp. di *multi-* e il pl. di *canale*] **agg.**

inv. ● Detto di apparecchio televisivo in grado di memorizzare e di essere sintonizzato istantaneamente su frequenze preselezionate di vari canali televisivi.

multicapsulàre [comp. di *multi-* e un deriv. di *capsula*; 1834] agg. ● Detto di frutto a molte capsule.

multicàule [vc. dotta, lat. *multicāule(m)*, comp. di *mŭlti-* 'multi-' e *cāulis* 'caule'; 1813] agg. ● Che porta molti steli: *pianta m.*

multicellulàre [comp. di *multi-* e *cellulare*; 1891] agg. ● Pluricellulare.

multicèntrico [comp. di *multi-* e *centro* con suff. agg.; 1990] agg. (pl. m. *-ci*) ● Che ha molti centri. SIN. Policentrico.

multicolóre o (*raro*) **molticolóre** [vc. dotta, lat. *multicolōre(m)*, comp. di *mŭlti-* 'multi-' e *cŏlor*, genit. *colōris* 'colore'; av. 1799] agg. ● Di molti colori: *vestito m.*; *lampadine multicolori*; *il multicolor zanni leggiadro* (PARINI).

multicomponènte [comp. di *multi-* e *componente*] agg. ● (*scient.*) Detto di sistema formato da più componenti.

multiculturàle [comp. di *multi-* e *culturale*; 1985] agg. ● Che riguarda più culture, che si riferisce al multiculturalismo: *politica m.*

multiculturalìsmo [da *multiculturale*; 1984] s. m. *1* Condizione di chi (o di ciò che) appartiene a più culture. *2* Politica che mira a tutelare l'identità culturale dei vari gruppi etnici di un Paese.

multidisciplinàre [comp. di *multi-* e *disciplinare* (*2*); 1985] agg. ● Che riguarda più discipline, più materie, più campi di studio: *insegnamento, ricerca m.* SIN. Pluridisciplinare.

multidisciplinarità s. f. ● Caratteristica, condizione di ciò che è multidisciplinare.

multiètnico [comp. di *multi-* ed *etnico*; 1987] agg. (pl. m. *-ci*) ● Che riguarda più etnie, che è formato da diversi gruppi etnici: *società multietnica.*

multifattoriàle [comp. di *multi-* e *fattoriale*; 1986] agg. ● Dovuto o connesso a più fattori e alle loro interazioni: *malattie multifattoriali, analisi m.*

multìfido [vc. dotta, lat. *multĭfidu(m)*, comp. di *mŭlti-* 'multi-' e *-fidus*, da *fĭndere* 'fendere'; 1561] agg. ● Che è diviso in più parti: *organo m.*; *foglie multifide.*

multiflash /multi'flɛʃ*, *ingl.* 'mʌłti,flæʃ/ [vc. ingl., comp. di *multi-* e *flash*] agg. inv. ● Detto di fotografie in cui il soggetto viene illuminato con una successione di flash.

multiflòro [vc. dotta, lat. tardo *multiflōru(m)*, comp. di *mŭlti-* 'multi-' e *flōs*, genit. *flōris* 'fiore'; 1813] agg. ● Che porta molti fiori.

multifocàle [comp. di *multi-* e *focale*; 1963] agg. ● Che ha molti fuochi.

multifórme o (*raro*) **moltifórme** [vc. dotta, lat. *multifōrme(m)*, comp. di *mŭlti-* 'multi-' e *-fōrmis* '-forme'; sec. XIV] agg. ● Che ha varie forme: *specie, popolo m.*; *porre principio di filosofia il corpo … formato e diviso in parti multiformi* (VICO) | Che si manifesta sotto molteplici aspetti: *attività, impegno m.* SIN. Proteiforme.

multifunzionàle [comp. di *multi-* e *funzionale*; 1978] agg. ● Che svolge contemporaneamente più funzioni: *macchine multifunzionali.*

multifunzionalità [1986] s. f. ● Caratteristica di ciò che è multifunzionale.

multifunzióne [1984] agg. inv. ● Multifunzionale.

multigènico agg. (pl. m. *-ci*) ● (*biol.*) Poligenico.

multigrade /*ingl.* 'mʌłti,gɹeɪd/ [vc. ingl., comp. di *multi-* 'multi-' e *grade* 'grado' (stessa etim. dell'it. *grado*); 1961] agg. inv. ● Detto di olio lubrificante per autoveicoli la cui viscosità non è molto influenzata dalla temperatura e può essere pertanto usato in condizioni ambientali diverse.

multilateràle [fr. *multilatéral*, comp. con *multi-*, sul modello di *unilatéral* 'unilaterale'; 1864] agg. *1* Che ha molti lati. *2* (*est., fig.*) Che ha molteplicità di connessioni e di riferimenti: *accordo, scambio m.* | (*ling.*) ***Opposizione m.***, quella che intercorre tra due fonemi che si distinguono per diversi tratti. *3* (*dir.*) Plurilaterale: *contratto m.*

multilateralìsmo [da *multilaterale*, sul modello dell'ingl. *multilateralism*; 1985] s. m. *1* (*raro*) Multilateralità. *2* Sistema economico o politico basato su una pluralità di scambi e di rapporti.

multilateralità [1951] s. f. ● Condizione di ciò che è multilaterale. SIN. Multilateralismo.

multilàtero [vc. dotta, lat. tardo *multilăteru(m)*, comp. di *mŭlti-* 'multi-' e *lătus*, genit. *lăteris* 'lato'; sec. XV] s. m. ● (*mat.*) Figura costituita da un numero finito di rette, dette lati, solitamente complanari | ***M. completo piano***, i cui lati non passano a tre a tre per un medesimo punto, e del quale si considerano come vertici tutte le intersezioni dei lati a due a due | ***M. semplice***, i cui lati sono ordinati circolarmente in modo che tre consecutivi non passino per il medesimo punto, e del quale si considerano come vertici le intersezioni di lati consecutivi.

multilingue o (*raro*) **moltilingue** [comp. di *multi-* e il pl. di *lingua*; av. 1846] agg. (pl. *-i* o inv.) *1* Che parla varie lingue: *popolo, paese, zona m.* SIN. Poliglotta. *2* (*raro*) Che possiede molte lingue: *una mostruosa divinità m.*

multilinguìsmo [da *multilingue*; 1985] s. m. ● Uso di più lingue da parte di un individuo o di una comunità. SIN. Plurilinguismo.

multilobàto [1834] agg. ● (*bot.*) Multilobo.

multilobo o **multilòbo** [comp. di *multi-* e *lobo*; 1834] agg. ● Detto di foglia divisa in molti lobi.

multiloculàre [comp. di *multi-* e un deriv. di *loculo*] agg. ● (*bot.*) Pluriloculare.

multiloquènza o (*raro*) **moltiloquènza** [vc. dotta, lat. tardo *multiloquĕntia(m)*, da *multĭloquus* 'multiloquo'; 1891] s. f. ● (*raro*) Facondia, multiloquio.

multilòquio o (*raro*) **moltilòquio** [vc. dotta, lat. *multilŏquiu(m)*, da *multĭloquus* 'multiloquo'; av. 1342] s. m. ● (*raro*) Eccessiva loquacità, spec. futile e fastidiosa: *il tuo m. ci aveva intontiti.*

multìloquo [vc. dotta, lat. *multĭloquu(m)*, comp. di *mŭlti-* 'multi-' e *lŏqui* 'parlare' (V. *loquela*)] agg. ● (*raro*) Eccessivamente loquace.

multilùstre [comp. di *multi-* e *lustro* (*3*); 1532] agg. ● (*lett.*) Che dura da molti lustri: *amicizia, conoscenza m.*; *con atroce implacabile ironia / cara a le belle multilustri* (PARINI).

multimèdia /multi'mɛdja, *ingl.* 'mʌłti,miːdiʌ/ [vc. ingl., comp. di *multi-* 'multi-' e *media* 'mezzi di comunicazione' (V. *mass media*) 'dispositivi per l'elaborazione di informazioni'; 1972] **A** agg. inv. ● Multimediale. **B** s. m. inv. ● L'insieme dei sistemi e delle tecniche multimediali.

multimediàle [1979] agg. *1* Detto di forma di comunicazione che integra tecniche espressive diverse, come testo, grafica, animazione, suono: *enciclopedia m., spettacolo m.* *2* Che utilizza diversi strumenti di comunicazione di massa: *pubblicità m.*

multimedialità [da *multimediale*; 1984] s. f. ● Impiego contemporaneo di diversi mezzi di comunicazione spec. per scopi didattici, informativi, artistici.

multìmetro [comp. di *multi-* e *-metro*] s. m. ● (*elettr.*) Strumento indicatore, gener. portatile, per misure di tensione, intensità di corrente e resistenza. SIN. Analizzatore universale, strumento universale, tester, voltamperometro.

multimiliardàrio [comp. di *multi-* e *miliardario*; 1931] agg.; anche s. m. (f. *-a*) ● Che (o Chi) possiede molti miliardi di unità monetarie.

multimilionàrio [comp. di *multi-* e *milionario*; 1914] agg.; anche s. m. (f. *-a*) ● Che (o Chi) possiede molti milioni.

multimodàle [comp. di *multi-* e *modale*, sul modello dell'ingl. *multimodal*; 1986] agg. ● Che avviene o si compie in vari modi | ***Trasporto m.***, trasporto intermodale.

multimòdo [comp. di *multi-* e *modo*] agg. inv. ● (*ottica, elettr.*) Detto di particolari emissioni, da parte di laser e di altri dispositivi, di onde composte da diverse frequenze in cui ogni frequenza corrisponde a un diverso modo di oscillazione del dispositivo stesso | Detto della sovrapposizione di più modi di oscillazione nella propagazione di un'onda elettromagnetica in una guida d'onda.

multinazionàle [comp. di *multi-* e *nazione*, con suff. agg.; 1973] **A** agg. ● Che riguarda più nazioni: *forze armate multinazionali* | Che si estende in molte nazioni | ***Azienda, società m.***, grande società industriale, commerciale o bancaria che, pur mantenendo il centro direttivo e organizzativo in un unico paese, ha importanti attività produttive, commerciali e finanziarie dislocate in vari Paesi del mondo. **B** s. f. ● (*ellitt.*) Società multinazionale: *le multinazionali americane, europee, giapponesi.*

†**multinomàto** [comp. di *multi-* e *nome*] agg. ● (*poet.*) Di molta fama.

multinomiàle [comp. di *multi-* e (*bi*)*nomiale*] agg. ● (*stat.*) Detto di distribuzione statistica definita su più variabili che costituisce estensione della distribuzione binomiale al caso in cui i risultati delle prove indipendenti possano essere più di due.

multinucleàto [comp. di *multi-* e *nucleato*; 1970] agg. ● (*bot.*) Plurinucleato.

multìpara o (*raro*) **moltìpara** [comp. di *multi-* e del lat. *-parus*, da *părere* 'partorire'; 1565] s. f.; anche agg. solo f. ● Donna, e (*est.*) femmina di animale, che ha avuto più parti, o che ha partorito più figli in un unico parto.

multiparità s. f. ● Condizione di chi è multipara.

multipartitìsmo [comp. di *multi-* e *partito* (*1*), con suff. sost., sul modello di *bipartitismo*; 1985] s. m. ● Pluripartitismo.

multipiàno [comp. di *multi-* e *piano* (*2*); 1986] agg. inv. ● Detto di edificio, costruzione, struttura e sim. a più piani: *parcheggio m.*

multiplàno [da *multi-*, sul modello di *biplano* e *monoplano*; 1910] s. m. ● Pluriplano.

multiplatóre [da *multiplo*, come adattamento dell'ingl. *multiplexer*] s. m. ● (*tel.*) Multiplexer.

multiplazióne [da *multiplex*] s. f. ● (*radio*) Tecnica di trasmissione che, attraverso multiplex, permette l'utilizzazione di un unico canale trasmissivo da parte di più utenti; le comunicazioni, senza interferire tra loro, vengono inviate sul canale a intervalli di tempo distinti o a intervalli di frequenze disgiunti.

multiplétto [ingl. *multiplet*, comp. di *multi-* e (*dou*)*blet* 'doppietto'] s. m. ● (*fis.*) Insieme di linee spettroscopiche molto vicine tra loro, ma distinguibili | Complesso di particelle simili, ordinate sulla base dei loro numeri quantici.

multiplex [vc. lat., propr. 'di più parti'; 1938] s. m. *1* (*tel.*) Dispositivo che permette di realizzare simultaneamente più vie di comunicazione su un unico canale. *2* Edificio nel quale vengono allestite più sale cinematografiche.

multiplexer /multi'plɛkser, *ingl.* 'mʌłti,plɛksəɹ/ [vc. ingl., da *multiplex* (V.)] s. m. inv. ● (*elettron.*) Dispositivo elettronico di commutazione alla cui unica linea di uscita viene collegata una sola delle molteplici linee in ingresso, selezionata tramite un codice. SIN. Multiplatore.

multiplexing /multi'plɛksin(g), *ingl.* 'mʌłti,plɛksiŋ/ [vc. ingl., dal v. *to multiplex*. V. *multiplex*] s. m. inv. ● (*elettron.*) Tecnica che consente di realizzare più comunicazioni contemporanee sullo stesso collegamento.

†**multiplicàre** e *deriv.* ● V. *moltiplicare* e *deriv.*

†**multìplice** e *deriv.* ● V. *molteplice* e *deriv.*

mùltiplo [vc. dotta, lat. tardo *mŭltiplu(m)*, da *mŭltiplex* 'molteplice'; 1740 ca.] **A** s. m. *1* (*mat.*) Numero che si ottiene moltiplicando un numero naturale per un altro numero naturale | ***Minimo comune m.***, il minore fra i multipli comuni ai numeri dati. *2* (*arte*) Opera realizzata dall'artista in modo da poter essere riprodotta in serie, così da ottenerne numerosi esemplari identici, gener. numerati e firmati. **B** agg. *1* (*mat.*) Che conta più volte, secondo criteri opportuni. *2* Che è composto di più parti, elementi e sim. | ***Frutto m.***, composto di molti acheni parzialmente fusi | ***Stella multipla***, insieme di due o più stelle che orbitano intorno al comune baricentro | ***Vettura multipla***, utilizzabile indifferentemente per trasportare soli passeggeri, sole merci o passeggeri e merci.

multipolàre [comp. di *multi-* e *polare*; 1931] agg. *1* (*fis., elettr.*) Fornito di più poli. *2* Detto di situazione internazionale o di politica basata su più poli d'influenza. CFR. Bipolare.

multipolarità [1976] s. f. ● Stato, condizione di ciò che è multipolare.

multipòlo [comp. di *multi-* e *polo*; 1971] **A** agg. inv. ● (*scient.*) Che ha più di due poli. **B** s. m. *1* (*elettr.*) Congegno fornito di più poli | Sistema che utilizza più terminali. *2* (*fis.*) Nello sviluppo in serie di un potenziale elettromagnetico, termine di ordine superiore al secondo.

multiprocessóre [comp. di *multi-* e *processore*; 1987] s. m. ● (*elab.*) Sistema di elaborazione dati nel quale l'esecuzione dei programmi è distribuita tra più processori uguali.

multiprogrammazióne [comp. di *multi-* e *programmazione*; 1974] s. f. ● (*elab.*) Modalità di operazione di un elaboratore elettronico in cui l'unità centrale esegue in successione gruppi di istruzioni di due o più programmi diversi. CFR. Mono-

programmazione.
multiproprietà [comp. di *multi-* e *proprietà*, sul modello del fr. *multipropriété*; 1978] **s. f.** *1* (*dir.*) Forma di comproprietà, spec. di case di villeggiatura, in cui l'uso del bene è limitato a una frazione di tempo ogni anno. *2* (*bur.*) Condominio.
multirazziàle [comp. di *multi-* e *razziale*; 1979] **agg.** ● Che si riferisce a più razze | Che ammette o sostiene la presenza di più razze, in completa eguaglianza fra loro, detto spec. di sistema politico, sociale e sim.
multiruòlo [comp. di *multi-* e *ruolo*; 1985] **agg. inv.** ● Che ricopre più ruoli, che assolve diversi compiti o funzioni: *società m.*; *unità navale m.*
multisàla [comp. di *multi-* e *sala*; 1980] **A s. f.** (pl. *multisàle*) ● Cinema che dispone di varie sale in cui si proiettano contemporaneamente diversi film. **B** anche **agg. inv.**: *cinema m.*
multisàle [1980] **agg. inv.** ● Detto di locale con più sale: *cinema m.*
multiscàfo [comp. di *multi-* e *scafo*; 1983] **s. m. inv.**; anche **agg. inv.** ● (*mar.*) Tipo di imbarcazione, quali catamarano e trimarano, costituita da più scafi paralleli variamente collegati fra loro. CFR. Monoscafo.
multisecolàre [comp. di *multi-* e *secolare*; 1988] **agg.** ● Antico di molti secoli.
multisettoriàle [comp. di *multi-* e *settoriale*; 1985] **agg.** ● Che riguarda vari settori: *attività, programmi multisettoriali.*
multisonànte o (*raro*) **moltisonànte** [comp. di *multi-* e *sonante*; 1723] **agg.** ● (*raro, lett.*) Fragoroso, rumoreggiante: *l'oceano m.*
multistàdio [comp. di *multi-* e *stadio* nel sign. 5; 1974] **agg. inv.** ● Detto di apparecchio, spec. missile, a più stadi.
multistràto [comp. di *multi-* e *strato*; 1985] **agg. inv.** ● Costituito da più strati | ***Pannello m.***, formato da più fogli di legno sovrapposti.
multitàsking /multi'taskin(g), *ingl.* ˌmʌltɪ'tʰæskɪŋ/ [vc. ingl., comp. di *multi-* 'multi-' e *tasking*, dal v. *to task* 'assegnare un compito' o, più precisamente, un 'programma'; 1985] **s. m. inv.** ● (*elab.*) Multiprogrammazione.
multiterminàle [comp. di *multi-* e *terminale*; 1992] **agg.** ● (*elab.*) Detto di sistema di elaborazione dati dotato di più terminali.
multitrapiànto [comp. di *multi-* e *trapianto*; 1986] **s. m.** ● (*chir.*) Trapianto di più organi in uno stesso paziente.
†**multitùdine** ● V. *moltitudine.*
multiùso o **multiùsi** [comp. di *multi-* e di *uso* (2); 1983] **agg. inv.** ● Detto di oggetto, strumento e sim. adatto a numerosi e diversi usi.
multiutènza [comp. di *multi-* e *utenza*; 1990] **s. f.** ● Insieme di più tipi di utenza.
multivago o (*raro*) **moltivago** [vc. dotta, lat. *multĭvagu(m)*, comp. di *mŭlti-* 'multi-' e *văgus* 'vago, errante'; 1829] **agg.** (pl. m. *-ghi*) ● (*raro, lett.*) Che vaga a lungo: *il m. viandante.*
multivibratóre [comp. di *multi-* e *vibratore*; 1958] **s. m.** ● (*fis.*) Dispositivo elettronico, costituito da due amplificatori accoppiati in modo che l'uscita dell'uno sia collegata all'ingresso dell'altro e viceversa, usato come generatore di impulsi o di segnali elettrici periodici.
multivideo [comp. di *multi-* e *video*; 1986] **A s. m. inv.** ● Schermo su cui vengono proiettati simultaneamente più diapositive o filmati mediante diversi proiettori. **B** anche **agg. inv.**: *schermo m.*
multivisióne [comp. di *multi-* e *visione*, sul modello dell'ingl. *multivision*; 1986] **s. f.** ● Proiezione simultanea di più diapositive o filmati mediante diversi proiettori.
multivolo [vc. dotta, lat. *multĭvolu(m)*, comp. di *mŭlti-* 'multi-' e *vŏlo* 'io voglio'] **agg.** ● (*raro, poet.*) Che vuole molte cose: *i multivoli ardori* (CARDUCCI).
multizonàle [comp. di *multi-* e *zonale*; 1983] **agg.** ● Che riguarda più zone | Detto di struttura pubblica che serve diverse zone di una circoscrizione amministrativa: *presidio, ospedale m.*
mùmble /'mumble, *ingl.* 'mʌmbəl/ [vc. ingl., propr. 'borbottio', dal v. onomat. *to mumble*; 1989] **inter.** ● Nel linguaggio dei fumetti, voce che riproduce il rumore di chi borbotta o rimugina sommessamente.
mùmmia [ar. *mūmiyā*, n. della sostanza usata per imbalsamare; 1481] **s. f.** *1* Cadavere imbalsamato o disseccato: *le mummie egiziane.* *2* (*fig.*) Persona vecchia e rinsecchita, o ancorata a idee superate e sorpassate: *un viso da m.*; *cosa vuoi che capisca, ormai è una vecchia m.!*
mummificàre [fr. *momifier*, comp. di *momie* 'mummia' e *-fier* '-ficare'; 1834] **A v. tr.** (*io mummìfico, tu mummìfichi*) ● Sottoporre a mummificazione. **B v. intr. pron.** *1* Subire la mummificazione. *2* (*fig.*) Incartapecorirsi: *sembrava che il cadavere della vecchia si fosse mummificato* | Fossilizzarsi: *l'ideologia del partito si è mummificata.*
mummificatóre [1875] **agg.**; anche **s. m.** (f. *-trice*) ● (*raro*) Che (o Chi) mummifica.
mummificazióne [fr. *momification*, da *momifier* 'mummificare'; 1847] **s. f.** *1* Trattamento dei cadaveri praticato, spec. nell'antico Egitto, con vari sistemi (imbalsamazione, essiccamento e sim.), allo scopo di assicurare la loro conservazione il più a lungo possibile. *2* (*biol.*) Processo di essiccamento, fisiologico o patologico, dei tessuti organici.
mundial /*sp.* mun'djal/ [vc. sp., propr. 'mondiale', entrata nell'uso dopo la vittoria della squadra italiana al campionato mondiale di calcio del 1982 svoltosi in Spagna; 1985] **s. m. inv.** ● Campionato mondiale di calcio o anche di altro sport.
mùndio [vc. di orig. germ.; av. 1750] **s. m.** ● Nell'antico diritto germanico, signoria esercitata dal capofamiglia su tutte le persone e cose componenti il gruppo familiare.
†**mundìzia** ● V. *mondezza* (*1*).
mundoàldo o **mondoàldo**, **munduàldo** [longob. *mundwald*, da *mund* 'tutela'] **s. m.** ● Nell'antico diritto germanico, il titolare del mundio.
♦**mùngere** o †**mùgnere** [lat. parl. **mŭngere*, per il classico *mulgēre*, di orig. indeur.; 1288] **v. tr.** (pres. *io mùngo, tu mùngi*; pass. rem. *io mùnsi, tu mungésti*; part. pass. *mùnto*) *1* Spremere il latte dalle mammelle di un animale (*anche assol.*): *m. le mucche, le pecore, le capre*; *m. il latte*; *secchia da m.* *2* (*fig.*) Sfruttare, spillare soldi: *m. la borsa di qlcu.*; *tutti quelli che conosco o gli ho già munti o ne hanno meno di me* (CARDUCCI). SIN. Spremere, succhiare.
mungitóio [da *mungere*; 1935] **s. m.** ● Luogo, locale ove si mungono gli animali lattiferi | Recipiente in cui si raccoglie il latte munto.
mungitóre [1891] **s. m.** (f. *-trice*) ● Chi munge.
mungitrice [1917] **s. f.** ● Macchina per la mungitura meccanica.
mungitùra [1862] **s. f.** ● Operazione del mungere: *m. a mano*; *m. meccanica* | ***M. a giostra***, quella eseguita facendo salire le mucche su un piano rotante che le porta a turno al mungitore | ***M. alla posta***, quella tradizionale eseguita lasciando la mucca al proprio posto nella stalla | Il latte munto: *m. scarsa.*
mùngo [stessa etim. di *mangusta*; 1934] **s. m.** (pl. *-ghi*) ● Mammifero dei Carnivori con ruvida pelliccia macchiettata, che attacca i serpenti velenosi e i topi (*Herpestes mungo*). SIN. Mangosta indiana.
municipàle [vc. dotta, lat. *municipāle(m)*, da *munĭcipium* 'municipio'; 1312] **agg.** *1* Del municipio, del comune: *guardia m.*; *consiglio m.* *2* (*spreg.*) Ristretto all'angusta cerchia delle mura cittadine: *fama m.*; *rivalità municipali.* || **municipalménte**, **avv.** (*raro*) Dal punto di vista municipale: *trattare municipalmente una questione d'interesse generale.*
municipalésco [av. 1910] **agg.** (pl. m. *-schi*) ● (*spreg.*) Municipale, campanilistico.
municipalìsmo [comp. di *municipale* e *-ismo*; 1851] **s. m.** ● Tendenza a instaurare o sostenere le istituzioni autonome locali | Attaccamento eccessivo al proprio municipio e tendenza a favorirne esclusivamente lo sviluppo.
municipalista [av. 1907] **A s. m. e f.** (pl. m. *-i*) ● Fautore, sostenitore del municipalismo. **B agg.** ● Municipalistico.
municipalistico [av. 1952] **agg.** (pl. m. *-ci*) ● Di municipalismo.
municipalità [fr. *municipalité*, da *municipal* 'municipale'; 1789] **s. f.** *1* (*raro*) Caratteristica di ciò che è municipale: *la m. di un intervento politico.* *2* Complesso delle autorità preposte al municipio.
municipalizzàre [fr. *municipaliser*, da *municipal* 'municipale'; 1799] **v. tr.** ● Trasferire la proprietà di un'azienda privata di interesse pubblico al comune interessato.
municipalizzàta [1957] **s. f.** ● (*ellitt.*) Azienda municipalizzata.
municipalizzàto [1957] **part. pass.** di *municipalizzare*; anche **agg.** ● Nel sign. del v. | ***Azienda municipalizzata***, azienda pubblica comunale che ha in gestione un servizio pubblico.
municipalizzazióne [fr. *municipalisation*, da *municipaliser* 'municipalizzare'; 1899] **s. f.** *1* Municipalizzare. *2* Il complesso delle aziende municipalizzate di un dato territorio.
†**munìcipe** [vc. dotta, lat. *munĭcipe(m)*, comp. di *mūnia* 'doveri' e *căpere* 'prendere'; 1499] **s. m.** ● Cittadino del municipio.
♦**municìpio** [vc. dotta, lat. *municĭpiu(m)*, da *mūniceps*, genit. *munĭcipis* 'municipe'; av. 1338] **s. m.** *1* Nell'antichità, città che si reggeva con leggi proprie e i cui abitanti godevano della cittadinanza romana. *2* Comune | Amministrazione comunale | Sede di tale amministrazione.
munificènte [vc. dotta, lat. **munificĕnte(m)*, da *munĭficus* 'munifico'; 1483] **agg.** ● (*lett.*) Munifico. || **munificenteménte**, **avv.** Con munificenza.
munificènza o †**munificènzia** [vc. dotta, lat. *munificĕntia(m)*, da **munĭficens*, genit. **munificĕntis* 'munificente'; sec. XIV] **s. f.** *1* Generosità nello spendere e nel donare: *la famosa m. di quel principe.* *2* Dono, atto munifico: *si conquistò i sudditi con liberalità e munificenze.*
munìfico [vc. dotta, lat. *munĭficu(m)* 'che compie il proprio dovere', comp. di *mūnia* 'doveri' e *-ficus* '-fico'; 1499] **agg.** (pl. m. *-ci*; come superl. *munificentìssimo*) *1* Generoso e liberale tanto nelle spese pubbliche quanto in quelle private: *principe, signore, mecenate m.* *2* Che dimostra generosità: *offerta munifica.* || **munificaménte**, **avv.**
♦**munìre** [vc. dotta, lat. *munīre*, da *mūnis* 'obbligato, riconoscente', di orig. indeur.; 1420] **A v. tr.** (*io munìsco, tu munìsci*) *1* Provvedere di mezzi offensivi o difensivi: *m. una città di torri, di palizzate*; *m. un fortino di cannoni*; *m. un guerriero di corazza* | Fortificare: *m. i luoghi più esposti di un paese.* *2* (*est.*) Fornire, dotare di ciò che è necessario alla realizzazione di determinati scopi: *m. un fiume di argini, l'esercito di vettovaglie*; *m. qlcu. di passaporto, di licenza*; *m. un quadro di un gancio*; *m. una porta di serratura* | (*bur.*) Fornire un atto e sim. dei requisiti di validità: *m. un documento del bollo, della firma.* *3* (*fig.*) Confortare: *volle morire munito dei conforti religiosi.* **B v. rifl.** ● Premunirsi (*anche fig.*): *munirsi di un bastone, di un documento*; *munirsi contro le sorprese.*
†**munistèrio** ● V. *monastero.*
†**munistèro** ● V. *monastero.*
munito [sec. XIV] **part. pass.** di *munire*; anche **agg.** *1* Fortificato: *città munita.* *2* Dotato, fornito: *una finestra munita di inferriate* | (*fig.*) Confortato.
munizionaménto [da *munizionare*; 1881] **s. m.** ● Quantitativo di cartucce che per ogni arma portatile è assegnata come dotazione base ad ogni combattente e reparto | Complesso delle varie specie di proiettili necessari per far funzionare un'arma da fuoco o un pezzo d'artiglieria | Attività diretta a rifornire qlcu. o qlco. di munizioni.
munizionàre [da *munizione*; 1574] **v. tr.** (*io munizióno*) ● (*raro*) Fornire una fortezza delle munizioni da guerra e dei necessari approvvigionamenti militari | Provvedere di munizioni i soldati per un combattimento.
munizióne [vc. dotta, lat. *munitiōne(m)*, da *munīre* 'munire'; av. 1446] **s. f.** *1* †Tutto ciò che è necessario a un esercito per vivere e per combattere | †Ogni fortificazione o riparo: *non lasciando uscire alcuna delle munizioni dal campo* (MACHIAVELLI) | †***Soldato di m.***, a guardia permanente della città e dei forti | ***Munizioni da bocca***, (*raro, scherz.*) viveri, vettovaglie | †***Pane di m.***, la pagnotta che un tempo serviva ad alimentare il soldato per due giorni. *2* (*spec. al pl.*) Correntemente, tutto ciò che serve per caricare un'arma da fuoco: *abbiamo finito le munizioni* | ***Munizioni da caccia***, cartucce, pallini e sim. per i fucili da caccia. *3* †Calibro. *4* (*edil.*) Materiale sistemato nei cantieri in vista di future utilizzazioni.
munizionière [1609] **s. m.** ● (*raro*) Addetto alla distribuzione delle munizioni o dei viveri ai soldati.
†**mùno** [vc. dotta, lat. *mūnus*; 1321] **s. m.** ● Dono, premio: *ad ogne merto saria giusto m.* (DANTE *Par.* XIV, 33).
mùnsi ● V. *mungere.*
mùnto [1313] **part. pass.** di *mungere*; anche **agg.** ● Nei sign. del v.
muòio ● V. *morire.*
muóne [comp. di *mu* e *-one* (*3*); 1958] **s. m.** ●

(*fis.*) Leptone avente massa circa 207 volte maggiore di quella dell'elettrone, soggetto all'interazione elettromagnetica e a quella debole. SIN. Mesone mu.

muòri ● V. *morire*.

♦**muòvere** o (*pop., lett.*) **mòvere** [lat. parl. **mŏvere*, per il class. *movēre*, di orig. indeur.; 1219] **A** v. tr. (pres. *io muòvo*, pop. o tosc. *mòvo*; pass. rem. *io mòssi, tu movésti*; part. pass. *mòsso*, †*mòto*; in tutta la coniug. di *movere* la *o* dittonga preferibilmente in *uo* se tonica) **1** Togliere qlco. dallo stato di quiete, spostare qlco. da un luogo a un altro, da una posizione a un'altra: *il vento muove le foglie*; *muovi il libro da quel tavolo*; *m. un peso, un macigno* | †***M. il campo***, lasciare un accampamento | ***M. una pedina***, nel gioco degli scacchi o della dama, spostarla da una casella a un'altra; (*fig.*) interessare ai casi propri una persona autorevole | ***M. i piedi, le gambe***, (*fam.*) camminare, fare del moto | ***M. i primi passi***, cominciare a camminare, detto di bambino o di malato convalescente; (*fig.*) iniziare un'attività | ***M. la bocca, la voce***, cominciare a parlare | ***M. gli occhi***, volgerli per guardare | ***M. la testa, il capo***, per approvare o negare qlco. | ***M. la coda***, scodinzolare | ***M. le penne***, volare (*anche fig.*) | ***Non m. un dito***, stare in ozio (*fig.*) non voler far nulla per aiutare qlcu. **2** Dare impulso, mettere in azione: *m. una ruota, una macchina* | ***M. causa a qlcu.***, intentarla | ***M. un inganno***, tenderlo | ***M. guerra***, dichiararla e portarla | ***M. un rimprovero***, rimproverare | Dare origine: *Dio muove tutte le cose* | †***M. un muro***, cominciarne la costruzione | †***M. il viaggio***, mettersi in cammino. **3** Suscitare un sentimento: *m. il riso, il pianto, la compassione, l'orrore, i sospiri, la paura, l'invidia, la discordia*; *Deh fosse men lontano / chi move il pianto* (STAMPA) | Eccitare, incitare: *lo stimolo esterno muove i sensi*; *m. qlcu. a ira, a sdegno*; *m. gli animi a compassione*; *m. i sudditi al tumulto* | (*lett.*) Commuovere: *il pianto della donna muoveva l'animo*; *uno spettacolo che muoverebbe anche le pietre* | Indurre, persuadere: *m. qlcu. a scrivere, a partire, a chiedere ragione* | Distogliere: *non c'è senso di muoverlo dal suo proposito*. **4** (*assol.*) Nel gioco degli scacchi o della dama, spostare un pezzo o una pedina da una casella all'altra. **B** v. intr. (aus. *essere* o *avere*) **1** Partire: *il treno muoveva da Napoli* | Avanzare: *il convoglio muoveva alla volta del confine*; *la fanciulla mosse incontro al padre*; *l'esercito muoveva contro il nemico*. **2** Cominciare: *la strada muove dalla valle* | (*assol., raro*) ***Il pane muove***, comincia a lievitare | (*fig.*) Derivare, prender motivo: *le sue parole muovono da un ragionamento errato*; *il suo comportamento muove da un animo invidioso*. **3** (*tosc.*) Mettere il germoglio, detto di piante: *in collina le viti muovono prima*. **4** †Spuntare dei denti. **C** v. rifl. **1** Mettersi in movimento: *muoversi con lentezza, con precauzione*; *per il dolore non poté muoversi* | ***Nessuno si muova!***, fermi tutti! | Allontanarsi, spostarsi (*anche fig.*): *muoversi da casa, dal proprio paese*; *il povero malato non può muoversi dal letto*; *è deciso a non muoversi dal suo proposito* | (*fig.*) Risolversi ad agire: *nessuno poteva pensare che quel piccolo Stato si sarebbe mosso per primo*. **2** Adoperarsi, darsi da fare: *in quest'occasione dobbiamo muoverci tutti*; *i soldati si mossero in aiuto del popolo* | (*raro*) Muoversi al soccorso, accorrere | Fare in fretta: *muovetevi!*; *se non ti muovi, arriveremo in ritardo*; *vi decidete a muovervi?* **3** (*fig.*) Agitarsi, sollevarsi: *il popolo si mosse a tumulto*; *i contadini si mossero contro il padrone*. **D** v. intr. pron. **1** Essere in movimento: *nel firmamento si muovono innumerevoli corpi celesti*; *eppur si muove* (GALILEI). **2** (*lett.*) Commuoversi: *muoversi a pietà, a sdegno, a compassione*.

mùra (1) [sp. *amura*, da *amurar* 'cazzare le mure delle vele per navigare di bolina', da *muro* nel senso di 'parete laterale dell'imbarcazione'; 1877] s. f. ● (*mar.*) Angolo inferiore verso prua di un fiocco o una randa | Nell'attrezzatura a vele quadre, ciascuna delle manovre usate per tesare verso prua gli angoli inferiori delle vele e orientarle al vento | ***Mure a dritta, mure a sinistra***, a seconda che l'imbarcazione riceva il vento dal lato destro o sinistro | ***Cambiare le mure***, virare di bordo.

mùra (2) [ant. forma di pl. di *muro*; av. 1912] s. f. ● (*region.*) Muro di cinta.

muràglia [lat. *murālia*, nt. pl. di *murālis*, agg. di *mūrus* 'muro'; sec. XIV] s. f. **1** Muro particolarmente solido e imponente, posto come riparo esterno a città, luoghi fortificati e sim. | ***M. cinese***, quella, lunghissima e turrita, che chiude, a settentrione, la Cina. **2** (*est.*) Parete rocciosa verticale. **3** Parete dello zoccolo. || **muragliòne**, accr. m. (V.).

muragliòne [1699] s. m. **1** Accr. di *muraglia*. **2** (*mar.*) Aggiunta che, nelle imbarcazioni a vela latina, si fa alla base della vela maestra tra il gratile e la coperta per aumentare la superficie.

muraiòla (1) [f. sost. di *muraiolo*, perché cresce sui *muri*; 1813] s. f. ● Erba delle Urticacee, pelosa, con fiori riuniti in piccoli gruppi ascellari, comune nei luoghi incolti (*Parietaria officinalis*). SIN. Erba vetriola.

muraiòla (2) [etim. incerta: forse da *moro* (*1*) 'scuro', per il colore] s. f. ● Moneta di billone coniata dal XVI sec. in poi nelle zecche pontificie dell'Emilia.

muraiòlo [da *muro*; 1856] agg. ● Detto di animali o piante che si arrampicano sui muri.

muràle (1) [vc. dotta, lat. *murāle(m)*, agg. di *mūrus* 'muro'; av. 1472] agg. **1** Che si riferisce a un muro | ***Carta m.***, grande carta geografica o topografica che si appende al muro | ***Giornale m.***, che si affigge a un muro, per consentirne a tutti la lettura | ***Pittura m.***, eseguita su muro | ***Pianta m.***, che cresce sui muri. **2** Di tutto ciò che riguarda difesa e offesa di mura fortificatorie | ***Artiglieria m.***, usata per abbattere le mura | ***Macchina m.***, ariete, testuggine.

muràle (2) [sp. *mural*, pl. *murales* (V. *murale* (*1*)); 1974] s. m. (usato spec. al pl. sp.) ● Grande dipinto eseguito sulle facciate esterne di edifici, o su pannelli posti in luoghi pubblici, in cui sono riprodotte scene particolarmente significative della vita sociale o politica di una comunità, un quartiere, un paese.

muralista [1968] s. m. e f. (pl. m. *-i*) ● Chi è autore di murales.

muraménto [da *murare* (*1*); sec. XIV] s. m. ● (*raro*) Il murare | Opera muraria, muro.

muràre (1) [vc. dotta, lat. tardo *murāre*, da *mūrus* 'muro'; 1238] **A** v. tr. **1** Chiudere un vano con un muro: *m. una porta, una finestra, una stanza* | Fissare a muro con calcina, cemento e sim.: *m. un gancio, una staffa* | Chiudere in un muro, dopo avervi praticato un'apertura, una cavità: *m. un tesoro, dei gioielli*; *m. una cassaforte* | ***M. qlcu. (vivo)***, rinchiuderlo in un luogo chiuso da una muratura o (*est.*) in una cella, in un monastero e sim.; (*fig.*) tener segregato: *ha murato la figlia in casa* | ***M. a secco***, senza calcina | (*assol.*) Costruire muri. **2** Nella pallavolo, ostacolare un avversario facendo muro. **B** v. rifl. ● (*fig.*) Rinchiudersi in un luogo: *si è murato in casa e nessuno lo vede più*.

muràre (2) [da *mura* (*1*); 1869] v. tr. ● (*mar.*) Fissare la mura di una vela allo scafo | Cazzare le mure per tesare le vele quadre.

muràrio [da *muro*; 1869] agg. ● Che si riferisce al murare o alla muratura: *lavoro m.*; *opera muraria* | ***Arte muraria***, quella del muratore | ***Cinta muraria***, cerchia di mura di una città, un castello, una fortezza e sim.

muràta (1) [da *mura* (*2*); 1602] s. f. ● Ciascuno dei due fianchi della nave al di sopra della linea di galleggiamento | Parte interna laterale della nave. ➡ ILL. p. 2172 TRASPORTI.

†**muràta (2)** [da *mura* (*2*); av. 1363] s. f. **1** Cittadella, maschio della fortezza. **2** Muraglia.

muràto [sec. XIII] **A** part. pass. di *murare* (*1*); anche agg. ● Nei sign. del v. **B** s. m. ● †Muro.

♦**muratóre** [da *murato*; 1250] s. m. (f. *-trice*) **1** Operaio addetto alla costruzione di opere in muratura | ***Franco m.***, massone, frammassone. **2** (*zool.*) ***Picchio m.***, vivace uccelletto dei Passeriformi che nidifica in cavità dei tronchi e restringe l'ingresso al nido con un muretto di fango (*Sitta europaea*).

muratòrio [1551] agg. ● (*raro*) Relativo ai muratori, alle opere murarie e sim. | (*lett.*) Massonico.

muratùra [da *murare*; 1279] s. f. **1** Lavoro del murare: *gli addetti alla m.*; *la m. è a buon prezzo*. **2** (*edil.*) Aggregato più o meno regolare di elementi naturali o artificiali con interposizione o meno di agglomeramenti: *m. di mattoni, di pietre da taglio*; *m. a secco*; *m. in calcestruzzo* | ***M. a opera incerta***, tipo di muratura costituita da frammenti irregolari di pietre o mattoni uniti con sostanze cementanti particolarmente resistenti | ***M. a una testa***, di spessore equivalente alla larghezza di un mattone | ***M. a due, a tre, a quattro teste***, di spessore equivalente alla larghezza, rispettivamente, di due, tre, quattro mattoni | ***M. in foglio***, quella di mattoni disposti per ritto.

murazzàno [dalla località di produzione, *Murazzano*, in provincia di Cuneo] s. m. inv. ● (*cuc.*) Formaggio a pasta morbida e cruda, di latte ovino spesso misto a latte vaccino, tipico delle Langhe e della zona di Alba.

muràzzi [vc. venez., da *muro* 'muro'; av. 1869] s. m. pl. ● L'insieme delle dighe costiere che proteggono alcuni tratti del litorale meridionale della laguna veneta dall'azione del mare.

†**murèlla** [da *muro*; av. 1749] s. f. ● Muretto | Pilastro o pilone di ponte.

murèna [vc. dotta, lat. *murāena(m)*, nom. *murāena*, dal gr. *mýraina*, di etim. incerta; av. 1292] s. f. ● Pesce di scogliera degli Anguilliformi, lungo fino a oltre 1 m, con carni molto apprezzate, dotato di muso acuto con bocca, priva di lingua, munita di denti appuntiti il cui morso è pericoloso a causa delle ghiandole velenose presenti nel palato (*Muraena helena*). ➡ ILL. **animali**/6.

murétto [1353] s. m. **1** Dim. di *muro*. **2** Muro basso, per lo più a secco, usato come recinzione o per sistemare a balze un terreno da coltivare posto in forte pendenza. **3** Parapetto di un ponte.

mùrgia [lat. *mūrice(m)* 'murice', poi 'sasso acuminato' (V. *murice*); av. 1806] s. f. (pl. *-ge*) ● (*merid.*) Roccia, rilievo montuoso.

mùria [lat. *mūria(m)*. V. *moia*; 1340 ca.] s. f. ● (*raro*) Salamoia.

muriàtico [vc. dotta, lat. *muriătica*, nt. pl., 'carni in salamoia', da *mŭria* 'salamoia'. V. precedente; av. 1642] agg. (pl. m. *-ci*) ● ***Acido m.***, (*pop.*) acido cloridrico.

†**muriàto** [da *muria*; av. 1799] s. m. ● Cloruro.

†**muriccia** o †**moriccia** [da *muro*; sec. XIII] s. f. (pl. *-ce*) ● Maceria | Muro a secco di sassi.

muriccio [da *muro*; 1681] s. m. ● (*edil.*) Muro di spessore sottile, usato per suddividere gli spazi interni di una costruzione.

†**muricciolàio** [av. 1803] s. m. ● (*raro, lett.*) Rivenditore di libri usati esposti sui muriccioli o sulle bancarelle.

muricciòlo o (*lett.*) **muricciuòlo** [1524] s. m. **1** Dim. di *muro*. **2** Muro basso di cinta | (*lett.*) Muretto o bancarella dove sono esposti libri usati: *mezza la sua biblioteca era andata a finire* [...] *su i muricciuoli* (PIRANDELLO).

mùrice [vc. dotta, lat. *mūrice(m)*, di orig. preindeur.; sec. XIV] s. m. ● Correntemente, mollusco marino dei Gasteropodi con conchiglia robusta, rugosa, fornita di spine (*Murex*). ➡ ILL. **animali**/4.

muricolo [comp. di *mur(o)* e *-colo*; 1989] agg. ● (*bot.*) Detto di vegetale che vive sui muri.

Mùridi [comp. del lat. *mūs*, genit. *mūris* 'topo', di orig. indeur., e *-idi*; 1934] s. m. pl. (sing. *-e*) ● Nella tassonomia animale, famiglia di Mammiferi dei Roditori con muso aguzzo e coda lunga coperta di squame con pochi peli, cui appartengono i topi (*Muridae*).

murièlla o †**morèlla (1)** [da avvicinare a *mora* (*4*); av. 1472] s. f. ● (*tosc.*) Piastrella usata nei giochi dei ragazzi: *giocare alle murielle*.

murino [vc. dotta, lat. *mūrīnu(m)* 'di topo', da *mūs*, genit. *mūris* 'topo', di orig. indeur.; av. 1568] agg. ● (*lett.*) Che riguarda i topi.

†**murmurazióne** ● V. *mormorazione*.

mùrmure [vc. dotta, lat. *mŭrmure(m)*, di orig. onomat.; 1499] s. m. **1** (*poet.*) Mormorio: *con grato m. cadea / l'acqua di fuore* (ARIOSTO). **2** (*med.*) ***M. vescicolare***, suono polmonare normale prodotto dall'entrata dell'aria negli alveoli polmonari.

♦**mùro** [lat. *mūru(m)*, di orig. indeur.; av. 1292] s. m. (pl. *mùri*, m. nei sign. 1, 2, 3, 4, 5, *mùra*, f. nel sign. 8) **1** Costruzione le cui dimensioni longitudinali e di altezza prevalgono in genere sullo spessore, realizzata mediante sovrapposizione di elementi come mattoni, pietre naturali e squadrate, con o senza leganti: *m. bianco, pulito, intonacato*; *puntellare il muro*; *attaccare un quadro al m.* | ***M. di sassi, a secco***, senza calce | ***M. maestro***, il principale di un edificio, che va dalle fondamenta al tetto | ***M. divisorio***, che separa case o appartamenti contigui | ***M. di tramezzo, m. sottile***, muriccio | ***M. a, per coltello, m. in foglio***, di mattoni disposti per ritto | ***M. cieco***, privo di vani | ***M. di cotto***, di mattoni | *M. di pietra concia*, scalpellata o spianata | *M. a tenuta*, con intonaco di cemento idraulico | *M. d'accompagnamento*, che completa le fronti dei ponti raccordandoli col corpo stradale | *M. di testa*, quello posto in corrispondenza di ciascun lato dei ponti ad arco in muratura, di cui sorregge il coronamento | *M. d'ala*, muro d'accompagnamento costruito sul prolungamento della spalla del manufatto, che tronca le scarpate del terreno secondo piani verticali normali alle fronti del ponte | *M. d'ambito*, ciascuno dei muri perimetrali della scala | *M. d'anima*, muro interno di sostegno della scala | *M. di risvolto*, tratto di muro parallelo alla fronte del manufatto stradale, che inizia alla fine del muro d'ala | *M. di spina*, in alcuni tipi di costruzioni a pianta rettangolare, quello, posto lungo un asse centrale, che serve di sostegno alle strutture orizzontali e alle coperture | *M. del pianto*, a Gerusalemme, muraglia formata da avanzi di mura risalenti, secondo la leggenda, al tempio di Salomone, dove è tradizione che si rechino a pregare gli ebrei | *M. di Berlino*, quello fatto costruire nel 1961 dal governo della Repubblica Democratica Tedesca che, fino al 1989, ha diviso la zona orientale della città, posta sotto il suo controllo, da quella occidentale controllata invece dalla Repubblica Federale Tedesca | *A m.*, detto di oggetti inseriti o incassati in un muro: *armadio a m.* | *Batterie da m.*, bocche da fuoco poste dietro parapetti di muro, destinate alla difesa di opere fortificate e di costa | *Palla a m.*, V. *pallamuro* | *Mettere qlcu. al m.*, fucilarlo | *Parlare al m.*, (*fig.*) a chi non vuole ascoltare | *Battere la testa nel m.*, (*fig.*) in segno di rabbiosa disperazione | *È come urtare contro il m.*, (*fig.*) di persona che non si lascia convincere o situazione difficile da risolvere | (*fig.*) *M. contro m.*, in contrapposizione frontale, netta e irriducibile | *Mettere qlcu. con le spalle al m.*, (*fig.*) costringerlo a fare o dire qlco.; costringerlo a tener fede ai propri impegni | *Mettere, puntare i piedi al m.*, (*fig.*) impuntarsi in un proposito | (*fig.*) *I muri parlano*, c'è sempre pericolo che qlcu. riferisca un segreto | (*fig.*) *Qui anche i m. hanno orecchie*, c'è sempre qlcu. che origlia. **2** (*est., fig.*) Ciò che per densità, compattezza, altezza o altri elementi caratteristici può ricordare un muro: *un m. di nebbia*; *un m. d'acqua si abbatté sul villaggio.* **3** (*est.*) Riparo, difesa (*anche fig.*): *un m. di ghiaccio li proteggeva dal vento*; *un m. d'orgoglio nasconde la sua timidezza.* **4** (*est., fig.*) Barriera, ostacolo: *un m. d'odio, d'incomprensione* | (*fig.*) *M. di gomma*, atteggiamento di distaccata indifferenza e di assoluto disinteresse, tale da scoraggiare qualsiasi attacco o tentativo | *M. del suono*, resistenza dell'aria, che aumenta molto sensibilmente quando un aereo raggiunge o supera la velocità del suono. **5** (*sport*) Nella pallavolo, fondamentale di attacco e difesa attuato da uno a tre giocatori affiancati che si oppongono alla schiacciata degli avversari | *Fare m. davanti alla porta*, nel calcio, difenderla | Nell'equitazione, tipo di ostacolo usato nei concorsi ippici costituito da leggeri mattoni di legno sovrapposti | Nello sci, tratto di pista in notevole pendenza | Nel ciclismo, salita molto ripida. ➡ ILL. p. 2152 SPORT. **6** (*mar.*) †Ciascuna delle parti esterne rotonde di dritta e sinistra della prua. **7** (*geol.*) Letto di uno strato di roccia | *M. di faglia*, parete inferiore di una faglia inclinata. **8** (*al pl.*) Insieme di opere murarie, spec. quelle che cingono un agglomerato urbano: *mura merlate, turrite*; *assalire, scalzare, demolire le mura*; *prima, seconda cerchia di mura*; *edificare entro, fuori le mura* | *Chiudersi fra quattro mura*, (*fig.*) condurre una vita eccessivamente ritirata. || **muràccio**, pegg. | **murettino**, dim. | **murétto**, dim. (V.) | **muricciòlo, muricciuòlo**, dim. (V.) | **muricino**, dim. | **murùccio**, dim.

mùrra [vc. dotta, lat. *mŭrra(m)*, di orig. orient.; av. 1712] s. f. ● Pietra di gran pregio probabilmente costituita di fluorite o spato fluoro, usata anticamente per coppe, vasi e sim.

murrina [da *murrino*; av. 1557] s. f. ● Oggetto di vetro ottenuto fondendo tra loro più sezioni affiancate di canne vitree monocrome o variamente colorate.

murrino [vc. dotta, lat. *murrīnu(m)*, da *mŭrra* 'murra'; av. 1564] agg. ● Detto di oggetto o suppellettile, spec. vaso, di murra.

mùṣa (**1**) [vc. dotta, lat. *Mūsa(m)*, nom. *Mūsa*, dal gr. *Môusa*, di etim. incerta; 1294] s. f. **1** Ciascuna delle nove dee che, nella mitologia greco-romana, proteggono le arti e le scienze (Calliope, poesia elegiaca ed epica; Clio, storia; Erato, poesia amorosa e mimica; Euterpe, flauto, lirica, musica; Melpomene, tragedia; Polimnia, pantomima; Talia, commedia; Tersicore, danza; Urania, poesia didascalica e astronomia) | *Alunno delle muse*, il poeta | (*fig.*) *La decima m.*, il cinema. **2** (*est.*) Ispirazione poetica: *essere visitato dalla m.* | La poesia stessa: *m. epica, lirica, tragica*; *la m. di Omero, di Virgilio, di Dante.* **3** Persona o cosa che ispira poesia: *Laura, la m. del Petrarca*; *la natura fu la sua m.* **4** (*fig., lett.*) Poeta. || **muṣàccia**, pegg.

mùṣa (**2**) [ar. *mūza* 'banana'; av. 1405] s. f. ● Genere delle Musacee con specie perenni caratterizzate da foglie molto grandi a nervatura centrale, stipite formato dalla base dei piccioli, infiorescenza a grappolo con fiori unisessuati, cui appartiene il banano (*Musa*).

†**muṣàcchio** [dalla forma che ricordava quella del *muso* di un animale] s. m. ● Ornamento dello spallaccio dell'armatura, a forma di muso di leone, drago e sim.

Muṣàcee [vc. dotta, comp. di *musa* (*2*) e *-acee*; av. 1889] s. f. pl. (sing. *-a*) ● Nella tassonomia vegetale, famiglia di Monocotiledoni delle Scitaminee comprendente specie erbacee e legnose, con foglie molto grandi, infiorescenza a spiga o a pannocchia, frutto a capsula o a bacca allungata (*Musaceae*). ➡ ILL. piante/10.

muṣagète o **muṣàgete** [vc. dotta, lat. tardo *musăgete(m)*, nom. *musăgetes*, dal gr. *mousēgétēs*, comp. di *Môusa* 'musa (1)' e *ágein* 'condurre', di orig. indeur.; 1586] agg. m.; anche s. m. ● (*lett.*) Appellativo di Apollo, guida e capo delle Muse.

muṣàico e deriv. ● V. *mosaico* (*1*) e *deriv.*

muṣànga [sp. *musanga*, di orig. orient.; 1934] s. f. ● Mammifero notturno delle Viverre, asiatico, con arti assai corti e coda sviluppatissima, divoratore di frutta e devastatore di pollai (*Paradoxurus hermaphroditus*). SIN. Paradossuro.

muṣaràgno [lat. tardo *musarāneu(m)*, comp. di *mūs* 'topo' (V. *muridi*) e *arāneus* 'ragno'; 1834] s. m. ● (*zool.*) Toporagno.

†**muṣàre** [da avvicinare a *muso*; 1823] v. intr. **1** Stare a guardare qlco. oziosamente: *Ma tu chi se' che 'n su lo scoglio muse?* (DANTE *Inf.* XVIII, 43). **2** Cercare.

muṣaròla ● V. *museruola.*

muṣàta [da *muso*; 1865] s. f. **1** Colpo dato col muso o battendo il muso: *scappando, il cane dette una m. contro il muro.* **2** (*raro*) Smorfia.

mùscari [gr. moderno *moschári* 'giacinto a grappolo', dal gr. classico *móschos* 'muschio (2)'; 1813] s. m. inv. ● Genere di piante delle Liliacee comprendente specie erbacee perenni con bulbi tunicati, foglie basali glabre e lanceolate, fiori azzurri in racemi terminali (*Muscari*).

muscarina [detta così perché estratta dal fungo velenoso *amanita muscaria*, chiamato così perché peloso come una *mosca* (lat. *mŭsca*); 1918] s. f. ● Alcaloide estremamente tossico, contenuto in taluni funghi non commestibili.

muscarinìṣmo [da *muscarina*; 1958] s. m. ● Intossicazione cronica da muscarina.

Mùschi [pl. di *muschio*; 1869] s. m. pl. (sing. *-io*) ● Nella tassonomia vegetale, classe delle Briofite, viventi in luoghi umidi, comprendente piantine prive di radici, con fusticini molto esili e sottili, con sporangi terminali (*Musci*). ➡ ILL. piante/1.

muschiàto o (*pop., tosc.*) **mustiàto** [da *muschio* (*1*); 1494] agg. **1** Che ha odore di muschio: *essenza muschiata.* **2** Che emette muschio: *bue, topo m.*

muschillo [vc. nap., propr. 'moscerino', dal lat. *mŭsca(m)* 'mosca' con suff. dim.; 1985] s. m. ● (*nap.*) Bambino assoldato dalla malavita organizzata spec. per spacciare droga.

mùschio (**1**) [persiano *musk*; sec. XIV] s. m. ● Sostanza dal forte odore, secreta da speciali ghiandole di vari Mammiferi o prodotta artificialmente, usata spec. come fissativo in profumeria.

♦**mùschio** (**2**) o **mùsco** [vc. dotta, lat. *mŭscu(m)*, di orig. indeur.; 1333] s. m. **1** (*bot.*) Ogni individuo appartenente alla classe dei Muschi | *M. quercino*, comune sul terreno e sulle rocce nei boschi di montagna. CFR. brio-. ➡ ILL. piante/1. **2** (*est., fam.*) Insieme di piantine di muschi usate a scopo ornamentale: *decorare il presepe col m.*

muschióṣo ● V. *muscoso.*

musciàme ● V. *mosciame.*

muscìcapa [comp. del lat. *musca* 'mosca' e *căpere* 'prendere'; av. 1871] s. f. ● (*zool.*) Pigliamosche.

Muscicàpidi [comp. di *muscicap(a)* e *-idi*; av. 1871] s. m. pl. (sing. *-e*) ● Nella tassonomia animale, famiglia di Uccelli dei Passeriformi con becco leggermente uncinato nella punta, zampe sottili, piumaggio abbondante chiaro in alcuni individui, di colori brillanti in altri, migratori e sedentari (*Muscicapidae*). SIN. Pigliamosche.

Mùscidi [comp. del lat. *musc(a)* 'mosca', e *-idi*; 1934] s. m. pl. (sing. *-e*) ● Nella tassonomia animale, famiglia di Insetti dei Ditteri di piccole o medie dimensioni, con antenne brevi, corto addome, zampe robuste e apparato boccale succhiatore o succhiatore pungente (*Muscidae*).

muscìpula [V. *muscipulo*; 1813] s. f. ● Pianta erbacea perenne delle Droseracee con rizoma sotterraneo, foglie con picciolo appiattito, lamina terminale biloba con setole sui margini, la quale, con appropriati movimenti, riesce a catturare gli insetti che vi si posano (*Dionaea muscipula*).

muscìpulo [lat. *muscĭpulu(m)*, propr. 'trappola per topi', dalla base *mūs* 'topo'; 1958] agg. ● Detto di organismo vegetale capace di catturare insetti.

mùsco ● V. *muschio* (*2*).

muscolàre [av. 1698] agg. ● (*anat.*) Di muscolo, relativo a muscolo: *tessuto m.*; *sistema m.* | *Fibra m.*, V. *fibra.* || **muscolarménte**, avv. Relativamente ai muscoli.

muscolatùra [av. 1642] s. f. ● Insieme dei muscoli.

muscolìna [detta così perché si estrae dai *muscoli*; 1869] s. f. ● Sostanza albuminoide sciolta nel liquido sanguigno della carne.

♦**mùscolo** [vc. dotta, lat. *mŭsculu(m)*, dim. di *mūs* 'topo' (V. *muridi*); detto così perché le contrazioni dei muscoli ricordano il guizzare dei topi; 1340 ca.] s. m. **1** (*anat.*) Insieme di fibre muscolari che costituisce un organo autonomo per forma e funzione: *i muscoli del collo*; *tendere i muscoli.* CFR. mio- | *M. volontario*, formato da fibre striate soggette al controllo del sistema nervoso volontario | *M. involontario*, formato dalle fibrocellule o dalle fibre striate del miocardio, soggette al controllo del sistema nervoso vegetativo | *M. liscio*, muscolo involontario non striato, costituito da fibrocellule | *M. striato*, muscolo volontario, o il miocardio, con fibre a striatura trasversale. ➡ ILL. p. 2122, 2127 ANATOMIA UMANA. **2** (*al pl., fig.*) Vigoria fisica, spec. contrapposta all'attività intellettuale o spirituale: *gli rendono più i muscoli che il cervello*; *c'è gente che guadagna solo coi muscoli* | (*fig.*) *Essere tutto muscoli*, robusto, scattante e privo di grasso superfluo; (*spreg.*) possedere molta forza fisica, ma scarseggiare di intelligenza | (*fig.*) *Avere muscoli di ferro, d'acciaio*, molto forti e saldi | (*fig.*) *Non avere muscoli*, *essere senza muscoli*, detto di persona o di cosa fiacca, priva di energia, nerbo o sim. | (*fig.*) *Mostrare i muscoli*, dare una dimostrazione di forza, tenere un atteggiamento energico. **3** Polpa della carne macellata. **4** (*zool., sett.*) Mitilo, cozza. **5** V. *moscolo.* || **muscolétto**, dim. | **muscolino**, dim. | **muscolóne**, accr.

muscolocutàneo [comp. di *muscolo* e *cutaneo*; 1834] agg. ● Concernente i muscoli e la cute.

muscololacunàre [comp. di *muscolo* e un deriv. di *lacuna*; 1958] agg. ● (*med.*) Detto di ernia che s'insinua attraverso una lacuna muscolare.

muscolomembranóṣo [comp. di *muscolo* e *membranoso*; 1958] agg. ● (*anat.*) Detto di membrana che contiene fibre muscolari.

muscoloṣità [1832] s. f. ● Caratteristica di chi (o di ciò che) è muscoloso.

muscolóṣo [vc. dotta, lat. tardo *muscolōsu(m)*, da *mŭsculus* 'muscolo'; av. 1320] agg. ● Che ha muscoli forti e rilevati: *uomo m.*; *gambe muscolose.*

muscolùto agg. ● (*raro*) Muscoloso.

muscóne [comp. del lat. *mŭscus* 'musco', e *-one* (*2*); 1954] s. m. ● (*chim.*) Composto chetonico liquido, denso e odoroso, principio attivo del muschio, usato in profumeria.

muscóṣo o (*raro*) **muschióṣo** [vc. dotta, lat. *muscōsu(m)*, da *mŭscus* 'musco'; 1340] agg. ● Coperto di muschio: *alto e m. faggio* (POLIZIANO).

muscovadite [etim. incerta] s. f. ● Roccia eruttiva-intrusiva delle noriti, con origine da scisti alluminiferi.

muscovite [ingl. *Muscovy* (*glass*) 'vetro di Moscovia' (Moscovia = Mosca); V. *moscovita* e *-ite* (*2*); 1895] **s. f.** ● (*miner.*) Mica di alluminio e potassio, chiara o incolore, in individui lamellari a contorno esagonale, caratterizzati da una facilissima sfaldatura e da una viva lucentezza, costituente fondamentale di molte rocce metamorfiche.

museàle [da *museo*; 1954] **agg.** ● Di museo, relativo a museo.

museificàre [comp. di *museo* e *-ficare*; 1985] **v. tr.** (*io museìfico, tu museìfichi*) **1** (*raro*) Collocare in un museo, detto di opere d'arte. **2** (*fig.*) Rendere antiquato, superato: *m. un'istituzione.*

museificazióne [1986] **s. f.** ● Il museificare (*anche fig.*).

musèllo [ant. fr. *musel* 'muso'; sec. XIII] **s. m.** ● Superficie esterna del labbro superiore dei bovini e dei bufali.

♦**musèo** [vc. dotta, lat. *musēu(m)*, dal gr. *mouséion* 'tempio delle Muse', da *Môusa* 'Musa'; 1499] **s. m.** ● Luogo in cui sono raccolti, ordinati e custoditi oggetti d'interesse storico, artistico, scientifico, etnico e sim.: *m. archeologico, di antichità, etrusco, egiziano, cristiano, zoologico, mineralogico, anatomico, etnografico* | ***Pezzo, roba da m.***, (*fig.*) persona o cosa molto vecchia o antiquata.

museografìa [comp. di *museo* e *-grafia*; 1939] **s. f.** ● Teoria e tecnica relativa alla costruzione, all'ordinamento e alla manutenzione, con criteri razionali, dei musei.

museogràfico [1958] **agg.** (pl. m. *-ci*) ● Di museografia.

museologìa [comp. di *museo* e *-logia*; 1958] **s. f.** ● (*raro*) Museografia.

museotècnica [comp. di *museo* e *tecnica*; 1950] **s. f.** ● Tecnica di ordinamento di un museo.

museruòla o (*pop.*) **musaròla**, (*pop.*) **muserròla** [da *muso*; 1554] **s. f.** ● Oggetto a forma di piccola gabbia, costituito da strisce di cuoio e da fili di ferro intrecciati, che si pone al muso dei cani perché non mordano: *è pericoloso far circolare i cani senza m.* | ***Metter la m. a qlcu.***, (*fig.*) impedirgli di parlare | (*est.*) Oggetto analogo di vimini o cuoio che si applica sul muso ai buoi, cavalli e simili, perché non mordano o non mangino | (*est.*) Nei finimenti del cavallo, parte della testiera che passa sopra le narici.

musétta (1) [fr. *musette* (V.)] **s. f.** ● Sacchetto con la biada che si appende sotto il muso del cavallo, del mulo e sim. **SIN.** Sacchetta.

musétta (2) **s. f.** ● Adattamento di *musette* (V.).

musette /fr. my'zɛt/ [vc. fr., propr. dim. di *muse*, a sua volta deriv. di *muser* 'suonare la musette' (propr. 'restare con il muso in aria'); 1722] **A s. f. inv. 1** Strumento musicale simile alla cornamusa, costituito da una sacca di cuoio in cui sono inseriti un cannello a sei buchi e uno a tre zufoli. **2** Danza e composizione musicale di carattere pastorale in tempo binario o ternario. **B** in funzione di **agg. inv.** ● (posposto al s.) Detto di ballo che si danza al suono della fisarmonica o della musette: *valzer m.*

musétto [av. 1712] **s. m. 1** Dim. di *muso*; *Nenè gli strofinò il m. … sulla camicia di seta cruda* (SCIASCIA). **2** Viso, spec. femminile, grazioso e capriccioso: *che bel m.!* ‖ **musettàccio**, **pegg.** | **musettino**, **dim.**

♦**mùsica** [vc. dotta, lat. *mūsica(m)*, nom. *mūsica*, dal gr. *mousikḗ* (*téchnē*) 'arte delle Muse', da *Môusa* 'Musa'; av. 1294] **s. f. 1** Arte di combinare più suoni in base a regole definite, diverse a seconda dei luoghi e delle epoche: *m. antica, moderna*; *m. orientale*; *dedicarsi alla m.*; *studiare m.*; *maestro di m.* **CFR.** melo-, musico-. **2** Ogni produzione di tale arte: *m. polifonica, dodecafonica*; *m. sacra*; *pezzo di m.* | ***M. da camera***, anticamente, musica profana distinta da quella liturgica; più tardi, tipo di composizione e di esecuzione, adatta a essere eseguita in una piccola sala, in cui ogni parte è affidata a un solo esecutore, escludendo la pratica del raddoppio propria di coro e orchestra | ***M. sinfonica***, per orchestra di ampie dimensioni | ***M. colta***, in contrapposizione alla musica popolare, musica d'autore e con strutture formali codificate | ***M. leggera***, V. *leggero* | ***M. classica***, V. *classico* | ***M. popolare***, V. *popolare* | ***M. seriale***, V. *seriale* | ***M. concreta***, tipo di musica del Novecento che consiste nella registrazione su nastro elettromagnetico dei suoni della natura e della vita quotidiana | ***M. stocastica***, tipo di musica del Novecento basata sulla totale indipendenza dei suoni e della loro durata all'interno di una rigorosa struttura probabilistica | ***M. elettronica***, quella che sfrutta anche, o solo, gli effetti sonori di apparecchiature elettroniche | ***M. informatica***, che si ottiene da un elaboratore opportunamente programmato | ***M. di scena***, che accompagna uno spettacolo teatrale di prosa | ***M. concerto***, basata sulla elaborazione elettroacustica di elementi sonori già concretamente esistenti in natura e registrati | Composizione musicale: *scrivere una m.*; *ascoltare, eseguire una m.* | ***Far m.***, suonare, cantare e sim. | ***Leggere la m.***, eseguire un brano, leggendone le note su un apposito spartito | ***Carta da m.***, quella su cui è tracciato il pentagramma, che consente la scrittura delle note e di ogni altra annotazione musicale | ***Mettere in m.***, musicare un testo poetico. ➡ **ILL. musica. 3** Banda, fanfara: *stasera in piazza ci sarà la m.*; *la m. del reggimento suonava per le vie*; *la m. seguiva il funerale* | (*raro*) Orchestra, filarmonica. **4** (*fig.*) Suono melodioso e gradevole all'udito: *le sue parole sono per me una m.*; *la dolce m. di quei versi* | (*antifr.*) Suono spiacevole e fastidioso: *senti che m. fanno i gatti!*; *che m. d'inferno!* **5** (*est.*) Cosa monotona e prolungata: *è sempre la stessa m.*; *è la solita m.*; *è ora di cambiar m.*; *basta con questa m.!* | †***Metterla in m.***, perdere tempo in chiacchiere e complimenti. **6** (*raro*) Imbroglio, garbuglio: *io non voglio entrare in questa m.* | ***Questa è un'altra m.***, un'altra faccenda. ‖ **musicàccia**, **pegg.** | **musichétta**, **dim.** | **musichina**, **dim.** | **musicóna**, **accr.** | **musicóne**, **accr. m.**

MUSICA
nomenclatura

musica

● *caratteristiche*: colorita, ariosa, cadenzata, ballabile; diatonica, espressionistica, dodecafonica, elettronica; operistica, teatrale, scenica, cinematografica, da ballo, da camera, di chiesa; sacra ⇔ profana, comica ⇔ tragica, tonale ⇔ atonale, polifonica ⇔ monodica, classica ⇔ leggera; strumentale, solistica, orchestrale, sinfonica, vocale; descrittiva, popolare = folcloristica, jazz;

● *notazione e composizione*: chiavi (di violino = di sol, di basso = di fa, di contralto = di do), accidenti (diesis, bemolle, bequadro), note (do, re, mi, fa, sol, la, si), valori (semibreve = intero, minima = metà, semiminima = quarto, croma = ottavo, semicroma = sedicesimo, biscroma = trentaduesimo), pause, tono, semitono, scala (cromatica, diatonica, maggiore, minore, pentatonica), accordo, arpeggio, ritmo, tempo, intervallo, partitura, spartito (pentagramma, graffa, rigo, punto, accollatura, stanghetta di battuta = misura, doppia stanghetta), legato, legatura, acciaccatura, appoggiatura, abbellimento (nota di grazia), solfeggio (parlato, cantato); tema, melodia, armonizzazione, arrangiamento, orchestrazione, moto, accompagnamento; movimento (accelerando, allargando, adagio, lento, presto, prestissimo, allegretto, allegro, amoroso, andantino, andante, moderato, animato, appassionato, sforzando, capriccioso, mosso, con brio, con fuoco, forte, fortissimo, furioso, mezzo-forte, mezzo-piano, crescendo, diminuendo, glissando, grave = largo, piano, pianissimo, ritardando, rubato, sincopato, spiccato), leitmotiv, cadenza, ostinato, modulazione, attacco, ripresa, obbligato, contrappunto, frase, semifrase, basso ostinato, fuga; coda;

● *concerto*: sinfonico, vocale, corale, strumentale, solistico; concerto grosso; sinfonia, poema sinfonico; divertimento, fantasia, intermezzo, preludio, ouverture, studio, rapsodia, notturno, scherzo, rondò, capriccio, parodia, ciaccona, centone; sala da concerto = auditorium; bacchetta, leggio, spartito, partitura, metronomo; banda, orchestra, coro;

● *musica sacra*: liturgica, bizantina, responsoriale, ambrosiana, gregoriana; cantilena, sequenza, canone, organum, mistero, laude, conductus, lamento, requiem, miserere, preghiera, passione, litania, salmo, oratorio, sacra rappresentazione;

● *azioni*: cantare messa, cantare il mattutino, mattinare, suonare il vespro, salmodiare, litaniare, intonare un inno;

● *musica popolare*: frottola, villotta, maggiolata, strambotto, brunette, berceuse, villanella (alla napoletana, bergamasca, giustiniana), barcarola, stornello (romanesco, fiorentino, satirico), stornellata, pasquetta, serenata, nenia, pastorale, partita, marcia, ritornello, treno = canto funebre, romanza, bruscello, zingana, mattinata, song, Leitmotiv;

● *musica jazz*: cool jazz, hot jazz, straight jazz, ragtime, gospel, spiritual, blues, swing; jazz band; rock, hard rock, beat, calipso, country, pop music, new wave, boogie-woogie, disco-music, folk, punk, reggae, soul, heavy metal, ragtime, rap, scat, rhythm and blues, funk, videomusic;

● *opera*: lirica, buffa = comica, da camera, operetta, zarzuela, melodramma; preludio, ouverture, introduzione, intermezzo, interludio, finale;

● *persone*: maestro, maestro concertatore, direttore d'orchestra, orchestrali, complesso, quartetto, duo, trio; musicista, strumentista, librettista, compositore, concertista; tenore, baritono, basso, soprano, mezzosoprano, contralto; ballerino, corpo di ballo, coreografo;

● *canto*: a solo, sottovoce, a mezza voce, recitativo, in falsetto, a gorgheggio, a vocalizzo, staccato, picchettato; aggraziato ⇔ sgraziato, intonato ⇔ stonato;

● *canzone*: strumentale, vocale, popolare, spirituale; melodica, ritmica, napoletana, all'italiana, americana, della montagna, western, beat, di protesta, ballabile; festival della canzone; cantante, cantautore, canzonettista, cantastorie, trovatore;

● *coro*: polifonico, maschile ⇔ femminile, a voci pari ⇔ a voci dispari, di voci bianche, concertante;

● *azioni*: cantare (a aria, a orecchio, di maniera, a squarciagola, del gallo), canticchiare, canterellare, gorgheggiare, trillare, modulare, vocalizzare, smorzare, gridare, berciare, stornellare, declamare.

musicàbile [1819] **agg.** ● Che si può musicare: *versi difficilmente musicabili.*

musicabilità [da *musicabile*; 1886] **s. f.** ● Condizione di ciò che è musicabile.

musical /'mjuzikol, ingl. 'mjuːzɪkḷ/ [vc. ingl., da *musical* (*comedy*) 'commedia musicale'; 1963] **s. m. inv.** ● Genere di spettacolo moderno, misto di balletti e di canzoni, con una tenue trama narrativa: *i m. italiani degli anni Sessanta.*

♦**musicàle** [av. 1304] **agg. 1** Di musica, relativo alla musica: *composizione m.*; *serata m.*; *accordo, concerto, trattenimento m.* | ***Istituto, liceo m.***, dove si studia musica | ***Arte m.***, musica | ***Strumento m.***, per suonare musica | ***Dramma m.***, melodramma. **2** Che ha o dimostra inclinazione, sensibilità e sim. per la musica: *orecchio m.*; *senso m.* **3** Che ha le caratteristiche della musica, per armonia, sonorità, e sim.: *verso m.*; *lingua m.* | (*ling.*) ***Accento m.***, quello ottenuto con una intonazione più alta della voce. ‖ **musicalménte**, **avv.**

musicalità [1870] **s. f.** ● Caratteristica di ciò che è musicale: *la m. di una melodia, di un verso, di una lingua.*

musicànte [da *musica*; 1810] **A agg.** ● Che esegue musica, che suona: *angeli musicanti.* **B s. m. e f. 1** Suonatore in una banda: *le uniformi scure dei musicanti.* **2** (*spreg.*) Chi compone o esegue musica mediocre.

musicàre [sec. XIV] **A v. tr.** (*io mùsico, tu mùsichi*) ● Mettere in musica un testo poetico destinato al canto: *m. una commedia, un dramma, un inno.* **B v. intr.** (aus. *essere*) ● †Eseguire una musica.

musicassétta [comp. di *musi*(*cale*) e *cassetta*; 1970] **s. f.** ● Caricatore di nastro magnetico che viene posto in vendita con musiche preregistrate. **SIN.** Fonocassetta.

music-hall /mjuzi'kɔl, ingl. 'mjuːzɪk,hɔːl/ [vc. ingl., propr. 'sala da musica'; 1894] **s. m. inv.** (pl. ingl. *music-halls*) ● Teatro dove si eseguono spettacoli di varietà musicale | Lo spettacolo che vi si rappresenta.

†**musichévole** [1629] **agg.** ● Musicale | ***Metro m.***, cadenza, ritmo musicale | Incline alla musica.

†**musichière** [av. 1536] **s. m.** ● Musico, canterino.

♦**musicista** [1866] **s. m. e f.** (pl. m. *-i*) **1** Chi compone musica. **2** Chi esegue musica.

mùsico [vc. dotta, lat. *mūsicu(m)*, nom. *mūsicus*, dal gr. *mousikós*, da *Môusa* 'Musa'; 1308] **A agg.** (pl. m. *-ci*) ● (*lett.*) Musicale: *tra il suon d'argute trombe … e d'ogni musica armonia* (ARIOSTO) | ***Mano musica***, esperta nell'eseguire una musica | (*poet.*) Melodioso, detto del canto di un uccello:

musica

scala di do

chiave di SOL

chiavi di DO
soprano mezzosoprano contralto tenore

chiavi di FA
baritono basso

chiavi musicali

ppp	più che pianissimo
pp	pianissimo
p	piano
mp	mezzo piano
mf	mezzo forte
f	forte
ff	fortissimo
fff	più che fortissimo
sf	sforzato

I principali simboli usati negli spartiti per indicare l'intensità del suono

orchestra sinfonica
arpa — ottoni — legni — percussione — archi — direttore

strumenti musicali

ad aria

a bocca — a fiato — ad ancia

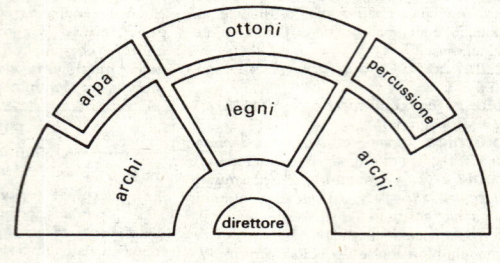

flauto diritto, ottavino, flauto traverso, siringa, ocarina, oboe, clarinetto, corno inglese, sassofono tenore, fagotto, controfagotto, cornamusa, ancia, otre, zampogna, armonica a bocca, cromorno, tibia, aulos

canna, leggio, tastiere, organo, registri, pedaliera
tiranti dei registri, tastiera, pedaliera, armonium

a bocchino

bocchino, pistoni, sordina, tromba, trombone, bassotuba, bombardino, elicone, corno a pistoni, buccina, lituo, tuba, chiarina, corno medievale

fisarmonica, organetto di Barberia

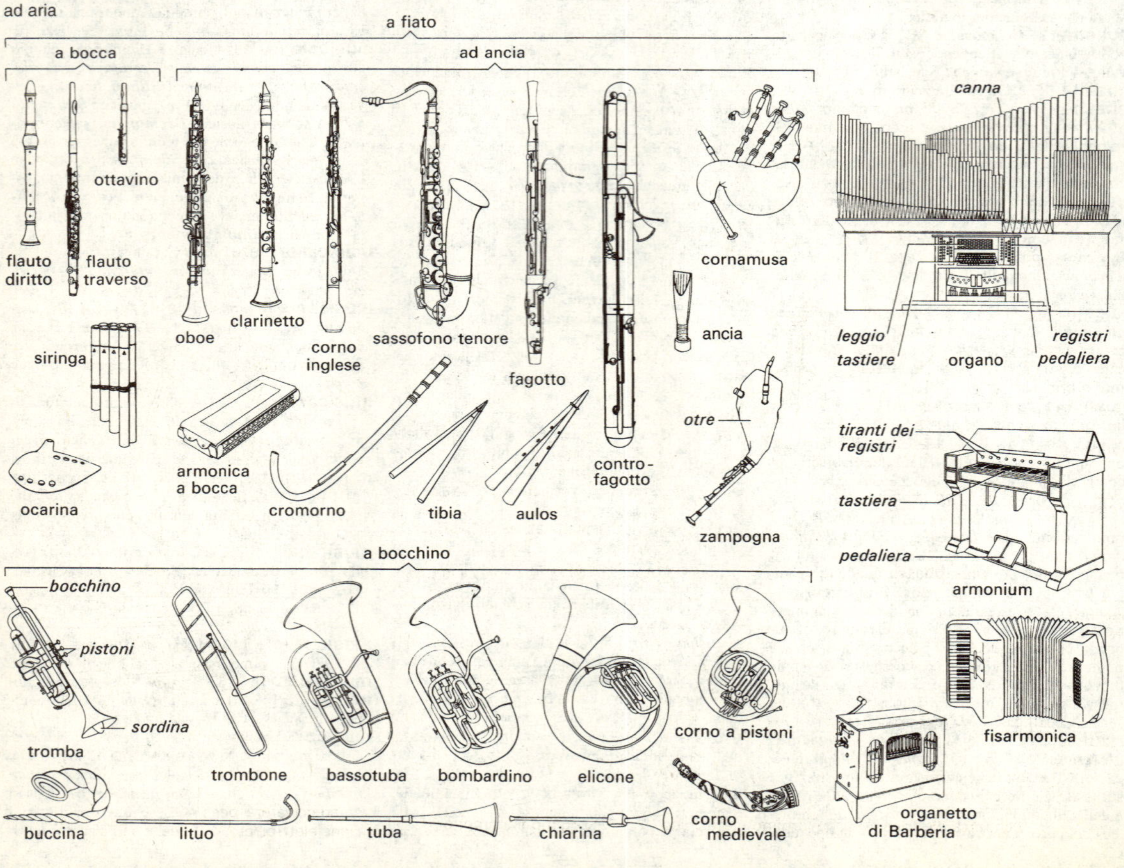

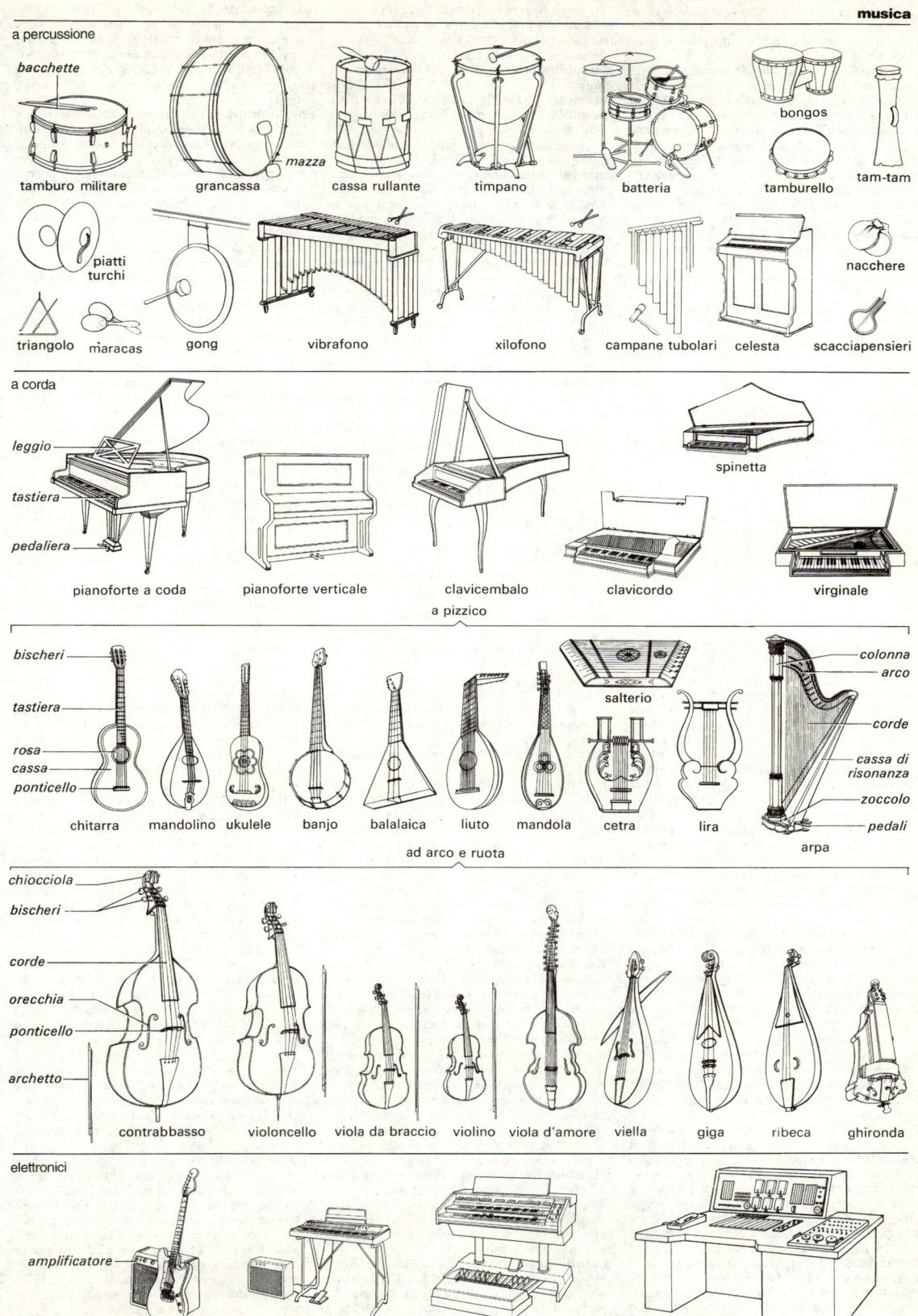

m. cigno, usignolo | ***Il m. augel***, l'usignolo. **B** s. m. (f. †*musichéssa*, scherz. nel sign. 1) ***1*** †Musicista | Cantore. ***2*** †Cantore evirato. || †**musicàccio**, pegg. | †**musichétto**, dim. | †**musichino**, dim. | †**musicùccio**, dim.

mùsico- primo elemento ● In parole composte, fa riferimento alla musica: *musicologo, musicomania.*

musicòfilo [comp. di *musico-* e *-filo*; 1785] s. m. (f. *-a*) ● Amante, cultore di musica.

musicògrafo [comp. di *musico-* e *-grafo*; 1834] s. m. (f. *-a*) ● Chi scrive su argomenti musicali.

musicologìa [comp. di *musico-* e *-logia*; 1917] s. f. ● Insieme delle discipline aventi per oggetto il fenomeno musicale in ogni suo aspetto.

musicològico [1942] agg. (pl. m. *-ci*) ● Relativo alla musicologia e ai musicologi.

musicòlogo [comp. di *musico-* e *-logo*; 1789] s. m. (f. *-a*; pl. m. *-gi*) ● Studioso, esperto di musicologia.

musicòmane [comp. di *musico-* e *-mane*; 1839] s. m. e f. ● Chi è animato da un eccessivo amore per la musica, chi è maniaco per la musica (*anche scherz.*).

musicomanìa [comp. di *musico-* e *-mania*; 1829] s. f. ● Maniaca passione per la musica (*spec. scherz.*).

musicoterapìa [comp. di *musico-* e *terapia*; 1935] s. f. ● (*med.*) Impiego della musica a scopo terapeutico, in anestesia e in psichiatria. SIN. Meloterapia.

musìno [1585] s. m. ***1*** Dim. di *muso*. ***2*** Viso, spec. femminile, grazioso e delicato.

musìvo [vc. dotta, lat. tardo *musīvu(m)* (*ŏpus*) 'lavoro delle muse', dal gr. *móuseios*, agg. di *Môusa* 'Musa'; 1895] agg. ● Di mosaico, relativo a mosaico: *opera musiva* | (*chim.*) ***Oro m.***, solfuro stannico in polvere o in scaglie gialle splendenti, impiegato spec. a scopo decorativo.

müsli /*ted.* 'my:sli/ o **muesli** [vc. del dialetto svizzero-ted., dal ted. *Mus* 'passato, purè, pappa'; 1989] s. m. inv. (pl. ted. *Müslis*) ● Alimento costituito da una miscela di cereali, frutta secca, miele e altri ingredienti, che si mangia gener. nel latte o nello yogurt.

musmè [giapp., propr. 'fanciulla, figlia'; 1905] s. f. inv. ● Giovane donna giapponese.

♦**mùso** [vc. di orig. preindeur.; 1313] s. m. ***1*** Parte anteriore sporgente della testa degli animali che termina con la bocca: *m. di cane, di pecora, di asino; il m. della rana, del topo.* ***2*** (*scherz., spreg.*) Viso umano: *m. sporco, sudicio; lavati il m.!; rompere, spaccare il m. a qlcu.* | ***Brutto m.***, persona arcigna o che ispira antipatia | ***Mostrare m. duro***, manifestare ostilità o impassibilità | ***A m. duro***, con modi rudi e decisi | ***Torcere il m.***, in segno di contrarietà o fastidio | ***Dire qlco. sul m.***, con assoluta franchezza | Broncio: *m. lungo; fare, tenere il m.; mettere su il m.* SIN. Ceffo, grugno. ***3*** (*est.*) Oggetto, struttura e sim. la cui forma allungata ricorda il muso di un animale | ***Il m. dell'automobile***, la parte anteriore della carrozzeria | ***M. di un aereo***, la parte anteriore della fusoliera, dal punto in cui si accentua la rastremazione. ➡ ILL. p. 2174 TRASPORTI. || **musàccio**, pegg. | **musaccióne**, accr. | **musétto**, dim. (V.) | **musìno**, dim. (V.) | **musóne**, accr. (V.).

†**musolièra** [fr. *muselière*, da *musel* 'muso'; av. 1783] s. f. ● Museruola.

musóne [accr. di *muso*; 1618] s. m. ***1*** (f. *-a*) Persona imbronciata e poco socievole: *è impossibile stare con quel m.* ***2*** Nelle antiche fortificazioni, orecchione. ***3*** (*mar.*) Ferramenta montata all'estrema prua di un'imbarcazione che riunisce cubie, passacavi e puleggia dell'ancora. SIN. Puntale.

musonerìa [av. 1850] s. f. ● Caratteristica di chi è musone.

†**musórno** [da *muso*; av. 1294] agg.; anche s. m. ● Triste, imbronciato | ***Fare tanto di m.***, di broncio.

mussànte part. pres. di *mussare* (*1*); anche agg. ● Frizzante, effervescente | (*lett.*) Vivace, estroso.

mussàre (**1**) [fr. *mousser*, da *mousse* 'schiuma', dal lat. *mŭlsa(m)*; 1858] v. intr. (aus. *avere*) ● Spumeggiare, detto di vino o altre bevande.

†**mussàre** (**2**) [lat. *mussāre*, di orig. onomat.; sec. XIV] v. intr. ● Parlare sommessamente.

†**mussitàre** [vc. dotta, lat. *mussitāre*, intens. di *mussāre* 'mussare (2)'] v. intr. ● Parlare sottovoce.

mussitazióne [vc. dotta, lat. tardo *mussitatiōne(m)*, da *mussitāre* 'mussitare'; 1834] s. f. ***1*** †Mormorio. ***2*** (*psicol.*) Parlare sommesso per una specie di delirio tranquillo.

mùssola [da *Mōsul*, città irachena; 1819] s. f. ● Tessuto trasparente di seta, di lana o di cotone.

mussolìna [1706] s. f. ● Mussola.

mussolinìano [1915] agg. ● Di B. Mussolini, delle sue idee o della sua politica.

mussolìno [da *mussola*; 1674] s. m. ● (*dial.*) Mussola.

mùssolo (**1**) [1823] s. m. ● (*region.*) Mussola.

mùssolo (**2**) [lat. *mūsculu(m)* 'arsella', propr. dim. di *mūs* 'topo' (V. *muridi*)] s. m. ● (*sett.*) Mollusco dei Lamellibranchi, affine ai mitili, commestibile, comune nell'Adriatico (*Arca noae*).

mussulmàno e *deriv.* ● V. *musulmano* e *deriv.*

must /*ingl.* mʌst/ [vc. ingl., dal v. *must* 'dovere'; 1963] s. m. inv. ● Cosa che si deve necessariamente fare, vedere, conoscere, leggere, indossare, spec. per essere alla moda o dimostrare di essere aggiornati: *è un m. dell'abbigliamento femminile.*

mustacchìno [detto così perché ha i *mustacchi*; av. 1865] s. m. ● (*zool.*) Basettino.

mustàcchio o †**mostàcchio**, **mustàccio** [V. *mostaccio*; 1524] s. m. ***1*** (*spec. al pl.*) Baffi folti e lunghi: *tirarsi, arricciarsi i mustacchi.* ***2*** (*mar.*) Ciascuna delle sartie orizzontali che, partendo dalla punta del bompresso e tesate sui mosconi di prua, servono a tenere fermo il bompresso stesso. || **mustacchìno**, dim. | **mustacchióne**, accr.

mustàng /mus'taŋg, *ingl.* 'mʌstæŋ/ [sp. *mestengo* 'di sangue misto'; av. 1873] s. m. inv. ● Cavallo inselvatichito degli Stati Uniti d'America e del Messico, discendente dai cavalli domestici importati dai colonizzatori.

mustèla [vc. dotta, lat. *mustēla(m)*: dim. di *mūs* 'topo' (?). V. *muridi*; sec. XIV] s. f. ● Genere di piccoli Mammiferi carnivori dei Mustelidi con corpo sottile e allungato, muso breve e aguzzo, coda sottile (*Mustela*).

Mustèlidi [comp. di *mustel(a)* e *-idi*; 1934] s. m. pl. (sing. *-e*) ● Nella tassonomia animale, famiglia di Mammiferi carnivori, di taglia piccola, con dentatura molto robusta e bella pelliccia (*Mustelidae*).

musterìano [dal n. della località di *Le Moustier*, nella regione francese della Dordogna; 1958] agg. ● Detto di una cultura preistorica del Paleolitico medio.

mustiàto ● V. *muschiato.*

mustiòlo [Cfr. *muschio* (*1*)] s. m. ● Piccolissimo mammifero insettivoro, di indole feroce, con muso appuntito e pelliccia delicatissima (*Pachyura etrusca*).

musulmanèsimo [da *musulmano*; 1869] s. m. ● Islamismo.

musulmàno o **mussulmàno** [persiano *muslimān*, pl. di *muslim* 'appartenente all'Islam'; av. 1557] agg.; anche s. m. (f. *-a*) ● Islamico.

mùta (**1**) [da *mutare*; av. 1363] s. f. ***1*** Cambio, avvicendamento: *la m. dei cavalli, della sentinella* | ***M. del vino***, travaso | ***Dare, darsi la m.***, il cambio | (*raro, lett.*) ***A m., a m.***, scambievolmente. SIN. Turno. ***2*** (*zool.*) Rinnovamento periodico della pelle o delle formazioni cutanee di rivestimento, quali peli, penne, squame, che si verifica in molti animali, sia invertebrati che vertebrati | ***M. dei bachi da seta***, metamorfosi che si verifica a ogni dormita, e tempo in cui ciò avviene | ***M. degli uccelli***, muda. ***3*** Gruppo di soldati che costituisce il numero di sentinelle necessarie ad assicurare un determinato servizio di guardia. ***4*** Corredo completo di oggetti utili per un determinato scopo, che sostituiscono altri già usati, deteriorati e sim.: *m. di abiti, di biancheria; m. di vele.* ***5*** Tuta aderente, in gomma o neoprene espanso, per immersioni subacquee. ➡ ILL. **pesca**; **vigili del fuoco**.

mùta (**2**) [fr. *meute*, dal lat. parl. **mŏvita(m)*, part. pass. di *movēre*; av. 1685] s. f. ● Gruppo di cani messi insieme per una battuta di caccia: *sguinzagliare la m.* | (*raro*) ***Una m. di cavalli***, quelli accoppiati per tirare una carrozza.

mutàbile [vc. dotta, lat. *mutābile(m)*, da *mutāre* 'mutare'; av. 1292] agg. ***1*** Che può mutare: *quantità, temperatura m.* SIN. Variabile. ***2*** (*est.*) Incostante, volubile: *carattere, umore m.; nel mondo m. e leggiero / costanza è spesso il variar pensiero* (TASSO). || **mutabilménte**, avv.

mutabilità [vc. dotta, lat. *mutabilitāte(m)*, da *mutābilis* 'mutabile'; av. 1292] s. f. ***1*** Caratteristica, condizione di chi (o di ciò che) è mutabile. SIN. Variabilità. ***2*** (*est., fig.*) Incostanza, volubilità: *la m. delle cose del mondo.*

mutàcico agg. (pl. m. *-ci*) ● Relativo a mutacismo.

mutacìsmo (**1**) [vc. dotta, lat. tardo *metacīsmu(m)*, forma scorretta per *mytacīsmu(m)*, nom. *mytacīsmus*, dal gr. *mytakismós*, dalla lettera *mŷ* (m), sul modello di *lambdakismós* 'lambdacismo'; 1869] s. m. ● Disturbo del linguaggio che consiste nella difficoltà di pronunciare le consonanti labiali.

mutacìsmo (**2**) [da *muto* col suff. *-ismo*] s. m. ● (*psicoan.*) Mutismo dovuto al rifiuto della comunicazione orale come manifestazione di ostilità; è caratteristico di alcune psicosi.

mutagènesi [comp. di *muta(zione)* e *genesi*; 1984] s. f. inv. ● (*biol.*) Insieme dei processi, naturali o indotti, che portano alla comparsa di una mutazione nel genoma di un organismo. CFR. Mutazione.

mutàgeno [comp. di *muta(zione)* (nel sign. 3) e *-geno*; 1958] **A** agg. ● Detto di agente fisico o chimico capace di indurre mutazioni genetiche. **B** anche s. m.

†**mutagióne** ● V. *mutazione.*

mutaménto [da *mutare*; av. 1292] s. m. ● Cambiamento: *m. di stagione, di condotta, di salute, di indirizzo politico, di governo* | ***M. fonetico***, trasformazione subita da un suono | ***M. sociale***, trasformazione che si produce in un determinato periodo nella struttura di una società | (*ling.*) ***M. linguistico***, insieme delle modificazioni che una lingua subisce nel corso della sua evoluzione storica.

mutànde [lat. *mutăndae*, nom. pl. f. '(vesti) da cambiare', gerundivo di *mutāre* 'mutare'; sec. XIV] s. f. pl. (sing. *raro* o *scherz. mutanda*) ● Indumento intimo maschile o femminile che copre il corpo dalla vita all'inguine o alle cosce: *m. lunghe da uomo; m. a calzoncino; m. sgambate* | ***Lasciare qlcu. in mutande, rimanere in mutande***, (*fig, fam.*) senza un soldo. CFR. Boxer, culottes, slip, tanga. || **mutandìne**, dim. (V.) | **mutandóni**, accr. m. (V.).

mutandìne [1891] s. f. pl. ***1*** Dim. di *mutande*. ***2*** Mutande da donna o da bambino. ***3*** Costume da bagno per uomo o bambino | Parte di sotto del costume femminile a due pezzi. SIN. Slip.

mutandóni [1892] s. m. pl. ***1*** Accr. di *mutande*. ***2*** Mutande larghe e lunghe fino alla caviglia, usate un tempo dalle donne | Mutande di lana lunghe e aderenti, indossate d'inverno.

mutànte [1958] **A** part. pres. di *mutare*; anche agg. ● Nei sign. del v. **B** s. m. ● (*biol.*) Gene che ha subìto una mutazione | Individuo portatore di una mutazione genetica.

†**mutànza** [av. 1276] s. f. ● Mutamento, cambiamento.

♦**mutàre** [vc. dotta, lat. *mutāre*, di orig. indeur.; 1219] **A** v. tr. ***1*** Cambiare cose o persone con altre che abbiano caratteristiche analoghe o del tutto diverse: *m. il governo, le leggi, idea, proposito, volontà; vi bisognò del buono a fargli mutar opinione* (VASARI); *m. compagnia, partito, padrone, servitore; m. paese, città, aria, clima; m. gli abiti, la camicia* | ***M. il pelo, le penne***, (*assol.*) ***mutare***, far la muta, di animali | ***M. il vino***, travasarlo | †***M. la guardia***, dare il cambio ai soldati che l'hanno fatta. ***2*** (qlco. o qlcu.; qlco. + *in*) Trasformare: *la recente esperienza lo ha mutato; m. il dubbio in paura, il sospetto in certezza* | Alterare: *m. aspetto, viso* | ***M. colore***, perdere il colore originario; di persona, impallidire o arrossire. ***3*** (*lett.*) †Tradurre. **B** v. intr. (aus. *essere*) (assol.; + *di*; + *in*) ● Diventare diverso: *la scena muta; la situazione è mutata; m. di idee, di principi, di opinioni; m. in peggio, in meglio.* SIN. Cambiare. **C** v. intr. pron. ***1*** (assol.; + *in*) Trasformarsi, alterarsi: *il tempo si è completamente mutato; la pioggia si mutò in neve; talvolta l'uomo si muta in bestia.* ***2*** (+ *di*) Cambiarsi: *mutarsi d'abito.* ***3*** (*lett.*) †Trasferirsi da un luogo all'altro.

mutàtis mutàndis [lat., propr. 'mutato ciò che è da mutare'; av. 1742] loc. avv. ● Mutati alcuni elementi di un discorso o di una realtà di fatto; si usa per indicare che la sostanza di qlco. resta comunque invariata: *mi pare che Carlo, mutatis mutandis, debba affrontare lo stesso tipo di problema.*

mutatìvo [av. 1440] agg. ● (*raro*) Atto a mutare o a produrre mutazione.

mutàto [vc. dotta, lat. *mutātu(m)*, part. pass. di *mutāre*] part. pass. di *mutare*; anche agg. ● Cambiato: *in seguito alle mutate circostanze.*

mutatóre [vc. dotta, lat. *mutatōre(m)*, da *mutātus* 'mutato'; av. 1292] **A** agg.; anche s. m. (f. *-trice*) ●

(*raro*) Che (o Chi) muta. **B s. m.** ● (*elettr.*) Raddrizzatore a vapori di mercurio, usato per grandi potenze.

mutatùra [sec. XIV] **s. f.** ● (*raro*) Cambio: *una completa m. di vestiario*.

mutazionàle [1983] **agg.** ● (*biol.*) Relativo a mutazione.

mutazióne o †**mutagióne** [vc. dotta, lat. *mutatiōne(m)*, da *mutātus* 'mutato'; 1282] **s. f. 1** (*lett., elvet.*) Mutamento, modifica, cambiamento: *queste sono le mutazioni da apportare*; *le mutazioni delle stagioni*; *le guerre, li incendi, le mutazioni delle lingue e delle leggi, li diluvii dell'acque hanno consumato ogni antichità* (LEONARDO). **2** †Metamorfosi. **3** (*biol.*) Alterazione accidentale nel patrimonio genetico che porta una modificazione nella sintesi delle proteine e nei caratteri ereditari di un individuo animale o vegetale, i quali possono risultare variati rispetto alla norma. **4** (*letter.*) Nella ballata, piede. **5** (*mus.*) Nel sistema musicale esacordale, cambiamento di esacordo richiesto dall'estendersi della melodia oltre l'ambito dell'esacordo originario.

mutazioniṣmo [comp. di *mutazione* e *-ismo*; 1942] **s. m.** ● (*biol.*) Teoria evoluzionistica secondo la quale le mutazioni rappresentano i fenomeni essenziali dell'evoluzione dei viventi.

mutazioniṣta [1981] **s. m. e f. (pl. m.** -*i*) ● (*biol.*) Chi segue la teoria del mutazionismo.

mutazioniṣtico [1983] **agg. (pl. m.** -*ci*) ● (*biol.*) Relativo al mutazionismo.

mutévole [V. *mutabile*; sec. XIV] **agg. 1** Che muta con facilità: *tempo, stagione m*. SIN. Variabile. **2** (*est., fig.*) Volubile, incostante: *un uomo dal carattere m*. | †*Animo m.*, docile. || **mutevolménte,** *avv.*

mutevolézza [1653] **s. f. 1** Caratteristica, condizione di chi (o di ciò che) è mutevole: *m. dell'aspetto, della natura*. **2** (*est., fig.*) Incostanza, variabilità: *la m. dell'umore*.

mutézza [da *muto*; av. 1306] **s. f.** ● (*raro*) Incapacità di articolare parole.

mùtico [vc. dotta, lat. *mūticu(m)* 'mutilo, (spiga) mutila (delle reste)', da avvicinare a *mūtilus* 'mutilo, mozzo'; 1803] **agg. (pl. m.** -*ci*) ● Detto di una varietà coltivata di grano con le spighe senza reste.

mutilaménto [av. 1673] **s. m.** ● (*raro*) Mutilazione.

mutilàre [vc. dotta, lat. *mutilāre*, da *mūtilus* 'mozzo (1)'; 1387] **v. tr.** (*io mùtilo*) **1** Privare di una parte del corpo: *lo mutilarono di un braccio*; *la ruota gli mutilò una gamba*. **2** (*est., fig.*) Privare qlco. di uno o più elementi, sì da renderla manchevole in finitezza, perfezione e sim.: *mutilò il dramma per obbedire alla censura*; *il tempo e le intemperie hanno mutilato le statue del parco*.

mutilàto [av. 1677] **A part. pass.** di *mutilare*; anche **agg.** ● Che ha subito una mutilazione (*anche fig.*): *un testo m*. || **mutilataménte,** *avv.* (*fig.*) In modo incompleto: *mi raccontò le cose mutilatamente*. **B s. m.** (f. -*a*) ● Chi ha perso un organo o un arto del proprio corpo nel corso di gravi incidenti, guerre e sim.: *i mutilati di guerra e del lavoro*; *gli invalidi e i mutilati di guerra*; *educare a un lavoro utile i mutilati*. || **mutilatino,** dim.

mutilatóre [av. 1694] **agg.**; anche **s. m.** (f. -*trice*) ● (*raro*) Che (o Chi) mutila: *l'intervento m. della censura*.

mutilazióne [vc. dotta, lat. tardo *mutilatiōne(m)*, da *mutilāre* 'mutilare'; 1673] **s. f. 1** Il mutilare, il venire mutilato di una parte del corpo: *dovette sottoporsi alla m. dell'arto* | (*fig.*) Privazione, perdita di uno o più elementi essenziali: *durante l'ultima guerra l'Europa soffrì orribili mutilazioni*.

mutilla [dal lat. *mūtus* 'muto'] **s. f.** ● Genere di Insetti Imenotteri con zampe spinose e villose, livree variegate e fasciate di rosso, bianco, giallo, nero (*Mutilla*).

mùtilo [vc. dotta, lat. *mūtilu(m)*, di etim. incerta; 1485 ca.] **agg.** ● (*lett.*) Privato di una parte: *codice, libro, manoscritto m.*; *tauro in selva con le corna mutile* (SANNAZARO).

muting /*ingl.* ˈmjuːtɪŋ/ [vc. ingl., da *to mute* 'mettere la sordina', da *mute* 'muto'; 1983] **s. m. inv.** ● Negli amplificatori, comando che abbassa di una quantità fissa il volume d'ascolto | Nei sintonizzatori, filtro che riduce il rumore di fondo durante la ricerca delle stazioni.

mutiṣmo [fr. *mutisme*, dal lat. *mūtus* 'muto', col suff. *-isme* '-ismo'; 1860] **s. m. 1** (*med.*) Incapacità a emettere suoni distinti e parole articolate in pazienti con normale livello di coscienza. **2** (*est.*) Silenzio deliberato e ostinato: *si chiuse in un ostinato m.*

●**mùto** o †**mùtto** [lat. *mūtu(m)*, di orig. onomat.; av. 1294] **A agg.** (assol.; + *di*; + *per*) **1** Che non parla perché affetto da mutismo | *Alla muta*, (*elitt., raro*) senza parlare. **2** (*est.*) Che resta senza parola in seguito a una forte emozione, un violento sentimento e sim.: *tanta bellezza lo rese m.*; *m. di rabbia, di paura*; *restar m. per la vergogna, lo stupore* | *Essere m. come un pesce*, evitare di parlare. **3** Che non trova espressione: *ammirazione, emozione, simpatia muta*; *immensa doglia muta* / *nel cor* (ALFIERI). SIN. Tacito. **4** Privo di suoni, silenzioso (*anche fig.*): *parla di me col tuo cenere m.* (FOSCOLO) | *Segni muti*, cenni | *Parole mute*, dette a bassa voce | *Scena muta*, in cui gli attori usano solo la mimica | *Fare scena muta*, (*fig.*) non rispondere a nessuna delle domande che vengono poste, spec. in una interrogazione scolastica | *Luogo m.*, immerso nel silenzio | *Cinema m., arte muta*, il cinema privo di colonna sonora, quale fu nei primi decenni della sua invenzione | *Carta geografica muta, atlante m.*, senza la denominazione dei luoghi rappresentati. **5** (*enol.*) Detto di mosto addizionato con alcol o anidride solforosa per impedirne la fermentazione. **6** (*ling.*) Detto di suono, consonante e sim. che vengono conservati nella scrittura, ma non pronunciati. || **mutaménte,** *avv.* In maniera muta, senza parlare. **B s. m.** (f. -*a*) ● Chi è affetto da mutismo: *un povero m.*; *fingersi m.*; *parlare ai muti* | *Linguaggio dei muti*, fatto a gesti. || **mutàstro,** pegg.

†**mutolàggine** [da *mutolo*] **s. f.** ● Mutolezza.

mutolézza [da *mutolo*; 1819] **s. f.** ● (*lett.*) Mutezza: *vorrei … interpretare la sua m. con la mia tristezza* (D'ANNUNZIO).

mùtolo [lat. parl. **mutulu(m)*, dim. di *mūtus* 'muto'; sec. XIII] **agg.**; anche **s. m.** (f. -*a*) ● (*lett.*) Muto: *per vergogna quasi m. divenuto, niente diceva* (BOCCACCIO). || **mutolino,** dim.

mutóne [ingl. *muton*, da *mut(ation)* 'mutazione'] **s. m.** ● (*biol.*) La più piccola unità mutazionale del materiale genetico.

mutria [etim. incerta; 1825] **s. f.** ● (*lett.*) Viso accigliato e improntato a sdegno o a superbia: *la m. d'una marchesa del Seicento* (CARDUCCI) | (*raro*) Sfrontatezza.

mutrióne [1858] **s. m.** (f. -*a*) ● (*lett., raro*) Persona che ha la mutria: *È troppo serio – mi rispose – i mutrioni gli aborrisco* (CAPUANA).

†**mùtto** ● V. *muto*.

mùtua [f. sost. di *mutuo* (1); 1869] **s. f. 1** Ente associativo che assicura ai partecipanti determinate prestazioni in caso di particolari eventi. **2** Spec. prima della riforma sanitaria, ente preposto all'assistenza sanitaria, denominato poi Servizio Sanitario Nazionale | *Essere, mettersi in m.*, nelle condizioni di essere assistito; (*est.*) essere assente dal lavoro per malattia.

mutuàbile (1) [da *mutua*; 1981] **agg.** ● Detto di ciò che ha i requisiti necessari per godere dell'assistenza prestata dagli istituti previdenziali statali: *medicinali, analisi cliniche mutuabili*.

mutuàbile (2) [da *mutuo* (2); 1983] **agg.** ● (*econ.*) Che può essere dato in prestito, che può essere fatto oggetto di prestito.

mutuàle [fr. *mutuel*, dal lat. *mūtuus* 'mutuo (1)'; 1363] **agg.** ● (*raro*) Mutuo. || **mutualménte,** *avv.* Scambievolmente.

mutualiṣmo [fr. *mutualisme*, da *mutuel* 'mutuale'; 1895] **s. m. 1** (*biol.*) Tipo di convivenza in cui entrambi gli organismi traggono vantaggio. **2** (*raro*) Mutualità.

mutualiṣtico [da *mutualismo*; 1939] **agg.** (**pl. m.** -*ci*) **1** Relativo alla mutualità. **2** Relativo alla mutua: *ente m.*; *assistenza mutualistica*. **3** (*biol.*) Relativo al mutualismo. || **mutualisticaménte,** *avv.*

mutualità [fr. *mutualité*, da *mutuel* 'mutuale'; 1867] **s. f. 1** Forma di aiuto scambievole tra i cittadini per garantire agli stessi uguali diritti dopo adempiuti uguali doveri | (*est.*) Complesso di istituzioni fondate su tale forma di aiuto. **2** Nel settore del lavoro, la ripartizione fra più soggetti degli oneri previdenziali.

mutuànte [1673] **A part. pres.** di *mutuare*; anche **agg.** ● Nei sign. del v. **B s. m. e f.** (*dir.*) In un contratto di mutuo, la parte che consegna al mutuatario una data quantità di beni fungibili.

mutuàre [da *mutuo*; av. 1498] **v. tr.** (*io mùtuo*) **1** (*dir., raro*) Dare o ricevere in mutuo: *m. una somma di denaro*. **2** (*fig.*) Riprendere, trarre, imitare dall'opera altrui: *un critico che mutua le idee dai francesi*.

mutuatàrio [da *mutuare*; 1673] **s. m.** (f. -*a*) ● (*dir.*) Chi riceve in mutuo una data quantità di cose fungibili.

mutuàto (1) **part. pass.** di *mutuare*; anche **agg. 1** Concesso o ricevuto in mutuo o in prestito. **2** (*fig.*) Derivato, desunto, tratto: *un termine m. dal gergo giovanile*; *un concetto m. dalla filosofia hegeliana*.

mutuàto (2) [da *mutua*] **s. m.** (f. -*a*) ● Chi riceve assistenza da una mutua.

mutuazióne [av. 1311] **s. f.** ● (*lett.*) Scambio vicendevole.

mùtulo [V. *mutilo* (2); 1499] **s. m. 1** (*arch.*) Nell'ordine dorico, elemento quadrangolare disposto sulla faccia inferiore del gocciolatoio, spesso in corrispondenza delle metope e dei triglifi. ➡ ILL. p. 2117 ARCHITETTURA. **2** (*arch.*) Testata della trave sporgente.

mùtuo (1) [vc. dotta, lat. *mūtuu(m)*, da avvicinare a *mutāre* 'mutare'; 1308] **agg.** ● Scambievole, vicendevole, reciproco: *m. consenso, dissenso; m. affetto; m. insegnamento; società di m. soccorso* | (*elettr.*) *Mutua induzione*, comparsa di una forza elettromotrice in un circuito, al variare dell'intensità di corrente in un circuito vicino. || **mutuaménte,** *avv.* In modo reciproco.

mùtuo (2) [vc. dotta, lat. *mūtuu(m)*, nt. sost. di *mūtuus* 'mutuo (1)'; 1427] **s. m. 1** (*dir.*) Contratto con cui una parte dà all'altra una data quantità di denaro o di altre cose fungibili, obbligandosi a restituire altrettante della stessa specie e qualità. **2** Correntemente, prestito a lunga scadenza: *dare, consegnare a m.*; *chiedere, accendere un m.*; *fare un m. per costruirsi la casa* | *M. ipotecario*, con garanzia ipotecaria.

mùtuus dissènsus [loc. lat., propr. 'mutuo dissenso'] **loc. sost. m. inv.** (**pl. lat.** *mutui dissensus*) ● Nel diritto romano, lo scioglimento, di comune accordo, del contratto consensuale.

muuh [vc. onomat.] **inter.** ● Riproduce il muggito dei bovini.

myoṣòtis /*lat.* mioˈzɔtis/ [V. *miosotide*; 1881] **s. m. e f.** (**pl. lat.** *myosotides*) ● (*bot.*) Miosotide.

mystery /*ingl.* ˈmɪstɛri/ [vc. ingl., propr. 'mistero'; 1985] **s. m. inv.** (**pl. ingl.** *mysteries*) ● Genere cinematografico o letterario a carattere giallo, poliziesco | Film, opera letteraria appartenente a tale genere.

mẓabiti ● V. *mozabiti*.

mẓabitico ● V. *mozabitico*.

n, N

Il suono principale rappresentato in italiano dalla lettera *N* è quello della consonante nasale alveolare /n/, che come tutte le nasali è sonora. Può essere, secondo i casi, semplice (es. *tòno* /'tɔno/, *fórse no* /'forse 'nɔ*/; *tónto* /'tonto/, *no* /nɔ*/, *un bèl no* /umbel'nɔ*/) oppure geminata (es. *tónno* /'tonno/, *perché no* /perken'nɔ*/). Seguita da un'altra consonante, ne prende il punto d'articolazione e quindi può non essere alveolare; queste diverse articolazioni (compresa la più distante, che è la velare davanti ad altra velare, es. *cìnque* /'tʃiŋkwe/, *in gàra* /iŋ'gara/, *tónfo* /'tomfo/, *in vétta* /im'vetta/, *un bàcio* /um'batʃo/) non sono fonemi indipendenti, ma varietà di posizione d'un solo fonema, però è conveniente usarli per scopi contrastivi. La lettera *N* fa poi parte del digramma *gn*, che rappresenta in italiano il suono della consonante nasale palatale /ɲ/, anch'essa sonora. Questo suono può essere semplice (es. *Gargnàno* /gar'ɲano/, *èsser gnòmi* /'esserɲɔmi/) o, tra due vocali (o tra vocale e /w/), geminato (es. *pégno* /'peɲɲo/, *èrano gnòmi* /ɛranoɲ'ɲɔmi/, *pìgn(u)òlo* /piɲ'ɲ(w)ɔlo/).

n, (*maiusc.*) **N** [av. 1375] **s. f.** o **m.** ● Quattordicesima lettera dell'alfabeto italiano (nome per esteso *ènne*) : *n minuscola, N maiuscolo* | Nella compitazione spec. telefonica it. *n come Napoli;* in quella internazionale *n come New York* | (*mat.*) Simbolo per indicare un qualsiasi numero intero.

nabàbbo o (*raro*) **nabàb** nel sign. 1. [fr. *nabab,* dall'ar. *nawwāb,* pl. di *nā'ib* 'luogotenente'; 1708] **s. m.** *1* Titolo che, nell'India musulmana, veniva attribuito a principi e alti dignitari. *2* (f. *-a*) (*fam.*) Persona ricchissima che ostenta i propri averi e ama la vita lussuosa.

†**nabisso** ● V. *abisso*.

nàbla [vc. ingl. di orig. gr. (*nábla*) 'strumento a corda', la cui forma ricorda il simbolo adottato; 1981] **s. m. inv.** ● (*mat.*) Operatore vettoriale costituito dalla somma delle derivate prime parziali della grandezza cui è applicato rispetto alle tre coordinate spaziali, moltiplicate per i rispettivi versori; è usato per esprimere il gradiente e la divergenza. **SIMB.** ∇.

nàbuk /'nabuk/ [adattamento dell'ingl. *nubuck* pronunciato come se fosse *new buck* 'nuovo vitello, vitello nato da poco'] **s. m. inv.** ● Pellame bovino di aspetto scamosciato, usato nell'abbigliamento e nell'arredamento.

nàcchera o †**gnàcchera,** †**nàccara** [ar. *naqqāra* 'timpano', dal curdo *nakera* 'conchiglia della madreperla'; 1340] **s. f.** *1* Strumento a percussione formato da due pezzi di bosso o avorio, incavati come conchiglie, che, tenuti nel palmo della mano, si battono velocemente l'uno contro l'altro per accompagnare i passi o movimenti di alcune danze popolari, spec. spagnole. **SIN.** Castagnetta, castagnola. ➡ **ILL.** *musica.* *2* Antico strumento saraceno di due tamburi di rame coperti di pelli, suonato con due bacchette. *3* (*bot.*) Crotalaria. *4* †Madreperla | Mollusco bivalve dei Lamellibranchi con conchiglia bruna allungatissima. ‖ **naccherétta,** dim. | **naccherìno,** dim. m. (V.) | **naccheróne,** accr. m.

naccherìno [av. 1348] **s. m.** (f. *-a*) *1* Dim. di *nacchera.* *2* Suonatore di nacchere. *3* (*fig., tosc.*) †Bambino grazioso.

†**nàcchero** [sec. XIV] **s. m.** ● Nacchera.

nàchero [etim. incerta] **s. m.;** anche **agg.** (f. *-a*) (*tosc.* o *lett.*) Chi (o Che) è piccolo di statura e sgraziato.

nàcqui ● V. *nascere.*

nacrìte [dal fr. *nacre* 'madreperla'. V. *nacchera*] **s. f.** ● (*miner.*) Silicato argilloso appartenente al gruppo della caolinite.

nadir o **nàdir** [ar. *nazīr* 'uguale, opposto', cioè 'opposto allo zenit'; av. 1313] **s. m.** ● (*astron.*) Intersezione con la sfera celeste della semiretta verticale condotta per un punto della Terra e orientata verso il basso.

nadiràle agg. ● (*astron.*) Relativo al nadir | *Angolo n.,* angolo verticale che una direzione forma col nadir.

nàfta [fr. *naphte,* dal lat. *năphtha*(m), nom. *năphtha,* dal gr. *náphtha.* 'bitume' di orig. orient.; sec. XIV] **s. f.** *1* (*chim.*) Insieme delle frazioni petrolifere ottenute per distillazione fra 60 a 240 °C, usate come solventi o come materie prime per lavorazioni successive | *N. solvente,* insieme delle frazioni petrolifere ottenute per distillazione entro i 160 °C | *N. vergine,* insieme delle frazioni petrolifere ottenute per distillazione semplice primaria dell'olio minerale grezzo. *2* Correntemente, olio combustibile | Correntemente, gasolio | *Forno a n.,* quello alimentato con olio combustibile | *Impianto di riscaldamento a n.,* quello alimentato con olio combustibile o gasolio | *Motore a n.,* motore endotermico, gener. diesel, alimentato con gasolio o olio combustibile.

naftalène [ingl. *naphtalene,* comp. di *naphtal(i-ne)* 'naftalina' e del suff. *-ene*] **s. m.** ● (*chim.*) Nome scientifico della naftalina.

naftàlico [dall'ingl. *naphtalic,* da *naphtalene* 'naftalene' e con sostituzione del suff. *-ene* con *-ic* '-ico'; 1958] agg. (pl. m. *-ci*) ● (*chim.*) Ognuno degli acidi e delle anidridi che si ottengono per ossidazione del naftalene; alcuni di questi composti trovano largo impiego nella produzione di coloranti.

naftalìna [fr. *naphtaline,* da *naphte* 'nafta'; 1869] **s. f.** ● (*chim.*) Idrocarburo aromatico ottenuto industrialmente dal catrame di carbon fossile, materia prima nella fabbricazione di intermedi per coloranti e di prodotti farmaceutici, usato come tarmicida. **SIN.** Naftalene.

naftenàto [ingl. *naphtenate,* da *naphtenic* 'naftenico' con sostituzione del suff. *-ic '-ico'* con *-ate '-ato'*] **s. m.** (*chim.*) Sale o estere di un acido naftenico | *N. di rame,* usato come fungicida | *N. di piombo,* usato come siccativo di vernici e lubrificanti.

naftène [dall'ingl. *naphtene,* comp. di *naphta* 'nafta' e del suff. *-ene,* sovrapposto a un anteriore *naphtene,* di orig. fr. e di diverso signif.; 1954] **s. m.** ● (*chim.*) Cicloparaffina.

naftènico [dal fr. *napthénique,* comp. di *naphtène* 'naftene' e del suff. *-ique '-ico'*; 1958] agg. (pl. m. *-ci*) ● (*chim.*) Derivato da un naftene | *Acidi naftenici,* acidi monocarbossilici presenti nel petrolio da cui si ricavano; usati per la flottazione e per l'estrazione dei metalli dalle soluzioni acquose.

naftilammìna [comp. di *naftalina* e *ammina;* 1869] **s. f.** ● (*chim.*) Ammina della naftalina in cui uno o più atomi d'idrogeno sono stati sostituiti con altrettanti gruppi amminici.

naftìle [comp. di *naft*(alene) e *-ile* (2); 1958] **s. m.** ● (*chim.*) Residuo monovalente derivante dalla naftalina per perdita di un atomo d'idrogeno.

naftochinóne [comp. di *naft*(alene) e *chinone*] **s. m.** ● (*chim.*) Chinone derivante dal naftalene; può presentare in più isomeri che costituiscono diversi pigmenti naturali colorati.

naftòlo [fr. *naphtol,* da *naphte* 'nafta'; 1875] **s. m.** ● (*chim.*) Denominazione dei derivati della naftalina ottenuti sostituendo uno o più atomi di idrogeno con altrettanti ossidrili, aventi proprietà simili a quelle dei fenoli.

nagàica o **nagàika** [russo *nagajka;* 1908] **s. f.** ● Staffile cosacco fatto di una correggia di cuoio attaccata a un breve manico.

nagàna [ingl. *nagana,* dallo zulu *nakane*; 1957] **s. f.** ● Malattia tropicale propria degli Equini e di altri Mammiferi, provocata da un tripanosoma.

nàgra® [dal nome della azienda che la produce; 1987] **s. m. inv.** ● Registratore portatile usato spec. dai giornalisti nelle interviste.

nàhuatl /'nahuatl, ingl. 'nahuatl/ o **nahua** [n. indigeno della lingua; 1934] **A s. m. e f. inv.** ● Individuo appartenente a una popolazione dell'America centrale che comprende gli indiani messicani e gli Aztechi. **B s. m. inv.** ● Lingua che costituiva la lingua ufficiale dell'impero azteco ed è ancora viva nel Messico. **C agg. inv.:** *lingua n.*

nàia [ingl. *naja,* dall'indostano *nāg* 'serpente'; 1803] **s. f.** ● (*zool.*) Cobra.

nàia (2) [dal veneto (*sot la*) *naia* 'sotto la genìa, la gentaglia (= i superiori)'; *naia* è il lat. *natàlia* (nt. pl. di *natālis* 'che appartiene alla nascita, alla stirpe'. V. *natale*) e significava dapprima 'nascita', poi 'razza', poi 'genìa'; gerg. 1918] **s. f.** ● (*gerg.*) Servizio militare: *avere finito la n.* | La vita di chi è sotto le armi, vista spec. come notevole sforzo fisico e morale legato a tale disciplina: *tre anni sotto la n.*

Naiadàcee [vc. dotta, comp. di *naiade* e *-acee*] **s. f. pl.** (sing. *-a*) ● Nella tassonomia vegetale, famiglia di Monocotiledoni comuni nelle acque dolci ove vivono allo stato sommerso (*Najadaceae*).

nàiade o (*poet.*) **nàide** nel sign. 1 [vc. dotta, lat. *Nāiade*(m), nom. *Nāias,* dal gr. *Naiás,* da *nâin* 'scorrere', di etim. incerta; 1319] **s. f.** *1* Nella mitologia greco-romana, ninfa delle sorgenti e delle fonti. *2* (*fig.*) Giovane e attraente nuotatrice. *3* Genere di piante annue acquatiche delle Naiadacee, con foglie rigide dentate e fiori piccoli (*Najas*). *4* (*zool.*) Stadio larvale acquatico di molti insetti.

†**nàibi** [sp. *naipe,* dall'ar. *la'ib* 'gioco'; 1376] **s. m. pl.** ● Carte da gioco.

nàide [dal gr. *náis* 'naiade'; 1834] **s. f.** *1* V. *naiade* nel sign. 1. *2* Piccolo anellide oligocheto delle acque dolci, lungo circa un cm, con i segmenti del corpo forniti di lunghe setole (*Nais elinguis*).

naïf /fr. na'if/ [vc. fr., propr. 'ingenuo, popolare'. V. *nativo*; 1821] **A agg. inv.** (f. fr. *naïve,* m. *naïfs,* pl. f. *naïves*) *1* Detto di una forma d'arte istintiva, priva di scuola, che rappresenta gli aspetti comuni della realtà quotidiana visti secondo un'ottica semplice e ingenua, ma ricca di particolari suggestione poetica: *quadro n.; lo stile n. del doganiere Rousseau; mostra di pittori n.* *2* (est.) Genuino, naturale | Ingenuo. **B s. m. e f. inv.** ● Pittore naïf.

nàilon [1942] **s. m.** ● Adattamento di *nylon* (V.).

naïveté /fr. naif'te/ [vc. fr., da *naïf* (V.), f. *naïve*; 1703] **s. f. inv.** ● Ingenuità, candore, semplicità.

naloxóne [ingl. *naloxone* da *N-al*(*l*ylnor)*ox*(*y*morph)*one*; 1987] **s. m.** ● (*chim.*) Sostanza utilizzata in farmacologia come antagonista della morfina e di altri analgesici narcotici.

namibiàno A agg. ● Della Namibia. **B s. m.** (f. *-a*) ● Abitante, nativo della Namibia.

nanchino [dalla città cinese di *Nanchino*, da cui proviene; 1819] s. m. ● Tessuto chiaro e leggero, di cotone, per abiti estivi.

nandù [vc. guaranì; 1838] s. m. ● Uccello americano dei Reiformi simile allo struzzo ma con tre dita e penne cascanti che formano un soffice mantello (*Rhea americana*). SIN. Struzzo d'America.

naneròttolo s. m. (f. *-a*) *1* Dim. di *nano*. *2* Persona di statura molto bassa. *3* (*fig.*, *spreg.*) Persona che ha scarse qualità, doti, attitudini.

†**nànfa** o **lànfa** [ar. *nafha* 'profumo'; 1353] **A** s. f. ● Acqua profumata, distillata dai fiori d'arancio. **B** anche agg.: *acqua n.*

nanismo [comp. di *nano* e *-ismo*; 1895] s. m. *1* Anomalia dell'accrescimento caratterizzata da un arresto della crescita | *N. ipofisario*, armonico, per scarso sviluppo corporeo | *N. tiroideo*, disarmonico, da ridotta secrezione tiroidea | *N. disarmonico*, caratterizzato da disomogeneità fra le parti corporee. *2* Sviluppo limitato di animali o piante.

nanizzànte [da *nano*, sul modello di *fertilizzante*; 1970] agg. ● Di prodotto capace di limitare lo sviluppo delle piante.

nànna [vc. infant.; 1319] s. f. ● (*infant.*) Il dormire, il sonno: *andare, mettere a n.* | *Fare la n.*, addormentarsi, dormire. || **nannina**, dim.

nannoplàncton [comp. del gr. *nánnos*, var. di *nânos* 'di eccessiva piccolezza' (V. *nano-*), e di *plancton*; 1958] s. m. ● (*biol.*) L'insieme dei più piccoli organismi costituenti il plancton.

nannùfaro ● V. *nenufaro*.

nannùfero ● V. *nenufaro*.

♦**nàno** [lat. *nānu(m)*, nom. *nānus*, dal gr. *nânos*, di etim. incerta; 1308] **A** agg. *1* Di uomo, pianta o animale che ha statura o dimensioni più piccole rispetto alla norma: *razza nana*; *fico n.*; *oca nana*. *2* (*astron.*) *Stella nana*, (*ellitt.*) *nana*, di dimensioni e luminosità inferiori a quella del Sole | *Stella nana bianca*, di dimensioni anche inferiori a un decimo di quella del Sole, ma con temperatura elevata (30 000-40 000 gradi), donde il color bianco. **B** s. m. (f. *-a*) *1* (*med.*) Individuo affetto da nanismo. *2* (*est.*) Uomo di piccolissima statura | Essere fantastico di piccola statura, personaggio mitico di favole e leggende europee, spec. nordiche: *i sette nani di Biancaneve*. CONTR. Gigante. || **nanerèllo**, dim. | **nanerottolo**, dim. (V.) | **nanètto**, dim. | **nanino**, dim. | **nanùccio**, **nanùzzo**, dim.

nàno- [gr. *nânos* 'di eccessiva piccolezza', vc. espressiva di orig. incerta] primo elemento *1* In parole composte della terminologia biologica, indica dimensioni o sviluppo molto ridotti rispetto al normale: *nanocefalo*. *2* Anteposto a un'unità di misura, la divide per un miliardo, cioè la moltiplica per 10^{-9}: *nanosecondo*. SIMB. n.

nanocefalìa [da *nanocefalo*; 1954] s. f. ● (*med.*) Insufficiente sviluppo della testa.

nanocèfalo [comp. di *nano-* e *-cefalo*] s. m. (f. *-a*) ● (*med.*) Chi presenta nanocefalia.

nanocurie /nanɔky'ri*/ [comp. di *nano-* e *curie*; 1985] s. m. inv. ● (*fis.*) Unità di misura dell'attività di una sostanza radioattiva pari a un miliardesimo di curie. SIMB. nCi.

nanoelettrònica [comp. di *nano-* ed *elettronica*; 1983] s. f. ● Parte dell'elettronica che si occupa della progettazione, della costruzione e delle applicazioni di circuiti elettronici miniaturizzati in cui le dimensioni dei componenti si misurano in nanometri.

nanofarad /nano'farad/ [vc. ingl., comp. di *nano-* e *farad*] s. m. inv. ● (*elettr.*) Unità di misura della capacità elettrica pari a un miliardesimo di farad. SIMB. nF.

nanomelìa [comp. di *nano-* e *-melia*] s. f. ● (*med.*) Estrema piccolezza degli arti.

nanomètro o **nanòmetro** [comp. di *nano-* e *metro*; 1981] s. m. ● (*fis.*) Unità di misura di lunghezza pari a 10^{-9} m. SIMB. nm.

nanomielìa [comp. di *nano-* e *-mielia*] s. f. ● (*med.*) Insufficiente sviluppo del midollo spinale.

nanosecóndo [comp. di *nano-* e *secondo* (*1*); 1970] s. m. ● Unità di misura di tempo corrispondente a un miliardesimo di secondo. SIMB. ns.

nanotecnologìa [vc. dotta, comp. di *nano-* e *tecnologia*; 1989] s. f. ● (*tecnol.*) Tecnologia dei materiali e delle strutture in cui l'ordine di grandezza delle misure è il nanometro.

†**nànte** [aferesi di *innante*; sec. XIII] **A** avv. ● Innanzi. **B** anche prep.

nanùfero ● V. *nenufaro*.

†**nànzi** [aferesi di *innanzi*; 1340] **A** avv. ● Innanzi. **B** anche prep.

nàos [vc. dotta, gr. *naós* 'tempio'. V. *pronao*; 1937] s. m. ● Cella del tempio greco nella quale era il simulacro della divinità. ➡ ILL. p. 2116 ARCHITETTURA.

nàpalm® o **napàlm** [comp. di *na(ftene)* e un deriv. di (*olio di*) *palma*; 1958] s. m. ● Materiale incendiario a base di sali organici di alluminio, usato per bombe e lanciafiamme.

napèa [vc. dotta, lat. *napǽa(m)*, nom. *napǽa*, dal gr. *napâia*, da *nápē* 'bosco', di etim. incerta; av. 1406] s. f. ● Nella mitologia greca e latina, ninfa dei boschi.

napèllo [da un dim. del lat. *nāpus* 'napo'; sec. XIV] s. m. ● (*bot.*) Aconito.

nàpo [vc. dotta, lat. *nāpu(m)*, nom. *nāpus*, dal gr. *nâpy*, di orig. straniera; 1340 ca.] s. m. ● (*bot.*) Ravizzone.

napoleóne [1809] s. m. *1* Moneta d'oro da 20 franchi coniata da Napoleone I e poi da Napoleone III. *2* Solitario tra i più diffusi, con le carte da gioco. *3* Bicchiere per cognac, panciuto e con stelo.

napoleònico [av. 1816] agg. (pl. m. *-ci*) ● Relativo a Napoleone I (1769-1821) e alla sua epoca: *un cimelio n.*

napoleònide [1846] s. m. e f. ● Chi appartiene alla famiglia di Napoleone I.

napoletàna [f. sost. di *napoletano*; 1829] s. f. *1* Tipo di caffettiera, costituita da una coppia di recipienti cilindrici, spec. di alluminio, sovrapposti e da un doppio filtro; si capovolge quando l'acqua del recipiente inferiore arriva a ebollizione. *2* Nel tressette, e in vari altri giochi di carte, combinazione di asso, due e tre dello stesso seme.

napoletanismo [1627] s. m. ● Parola o locuzione tipica del dialetto napoletano entrata nella lingua italiana.

napoletanità [1888] s. f. ● Il complesso dei valori spirituali, culturali e tradizionali caratteristici di Napoli e della sua gente.

napoletàno o (*raro*) **napolitàno** [lat. *Neapolitānu(m)*, da *Neāpolis* 'Napoli'; 1353] **A** agg. ● Di Napoli: *accento n.*; *scugnizzi napoletani*; *canzoni napoletane* | *Alla napoletana*, (*ellitt.*) alla maniera dei napoletani, secondo l'uso napoletano | *Pizza alla napoletana*, con pomodoro, mozzarella, acciughe e altri ingredienti. || **napoletanaménte**, avv. **B** s. m. *1* (f. *-a*) Abitante, nativo di Napoli. *2* †Sigaro forte. *3* (*spec. al pl.*) Vermicelli per minestra. **C** s. m. solo sing. ● Dialetto parlato a Napoli.

nàpoli [dal n. della città di *Napoli*; av. 1950] s. m. inv. ● (*sett.*, *spreg.*) Napoletano | (*est.*) Abitante, nativo dell'Italia meridionale, spec. se emigrato nell'Italia settentrionale (V. nota d'uso STEREOTIPO).

nàppa [da *mappa*, con dissimilazione; 1481] s. f. *1* Mazzetto di fili di lana o seta posto all'estremità di cordoni o applicato ai bordi di tende, drappi, bandiere e sim. per ornamento: *le nappe del berretto, di una tenda, della poltrona*; *la multiplice in fronte ai palafreni / pendente n.* (PARINI). *2* Pellame molto morbido adatto per abbigliamento e guanteria, ottenuto per lo più da pelli ovine o caprine conciate al cromo. *3* Nella liturgia cattolica, lino disteso sulla sacra mensa e che dovrebbe essere sostenuto da chi riceve la comunione. *4* (*pop.*, *scherz.*) Naso grosso. *5* (*bot.*) *N. di cardinale*, amaranto. || **nappàccia**, pegg. | **nappèllo**, dim. m. | **nappétta**, dim. | **nappettina**, dim. | **nappina**, dim. (V.) | **nappino**, dim. m. | **nappóne**, accr. m.

nappàre (**1**) [da *nappa*] v. tr. ● Conciare al cromo pelli ovine o caprine in modo da ottenere un pellame molto morbido adatto per guanti, borsette e altri capi d'abbigliamento.

nappàre (**2**) [dal fr. *napper* 'coprire con uno strato' (*nappe*); 1996] v. tr. ● (*cuc.*) Ricoprire con salsa, sugo o fondo di cottura.

nappina [1726] s. f. *1* Dim. di *nappa*. *2* Fiocchetto riunito a bottone e a ghiandolina, con passamani di filigrane, spec. per ornamento di militari e distintivi d'arma e di corpo.

nàppo [vc. di orig. germ.; sec. XIII] s. m. *1* (*raro*, *lett.*) Coppa, tazza, bicchiere: *volevagli ... donare due bellissimi nappi* (BOCCACCIO). *2* (*tosc.*) Vaso di latta con beccuccio per attingere l'olio dall'orcio. *3* †Vassoio, bacino.

†**narància** ● V. *arancio*.

narbonése [vc. dotta, lat. *Narbonēnse(m)*, da *Narbōna*, città della Gallia; av. 1492] **A** agg. ● Di Narbona, città della Francia meridionale | (*st.*) *Gallia n.*, provincia romana intorno a Narbona, colonia romana dal 118 a.C. **B** s. m. e f. ● Abitante di Narbona.

narceìna [dal gr. *nárkē* 'torpore', di orig. indeur.; 1869] s. f. ● Alcaloide presente nell'oppio, dotato di debole azione narcotica.

narcisismo [da *Narciso*, personaggio mitologico che si era innamorato della propria immagine; 1923] s. m. *1* (*psicoan.*) Concentrazione dell'energia psichica su alcuni aspetti di sé in contrapposizione agli oggetti esterni. *2* (*est.*) Adorazione eccessiva di sé stessi o apprezzamento esagerato delle proprie qualità.

narcisista [1954] s. m. e f. (pl. m. *-i*) ● Chi è affetto da narcisismo.

narcisìstico [1954] agg. (pl. m. *-ci*) ● Che rivela narcisismo: *atteggiamento n.* | (*psicoan.*) *Ferita narcisistica*, situazione dolorosa derivante da offese all'autostima o all'amor proprio. || **narcisisticaménte**, avv. In modo narcisistico, con narcisismo.

narciso (**1**) o (*raro*) **narcisso** [lat. *narcīssu(m)*, nom. *narcīssus*, dal gr. *nárkissos*, di orig. preindeur.; 1340] s. m. ● Pianta erbacea perenne delle Amarillidacee con bulbo fusiforme, foglie piane, fiori bianchi profumatissimi, comune in primavera sui prati di montagna (*Narcissus poeticus*). ➡ ILL. **piante**/11.

narciso (**2**) [V. *narcisismo*; av. 1613] s. m. (f. *-a*) ● Persona fatua e vanesia: *Qual vuoi sceglier per te de' due narcisi?* (DA PONTE).

narcissico agg. (pl. m. *-ci*) ● (*psicol.*) Narcisistico.

narcisso ● V. *narciso* (*1*).

narco /sp. 'narko/ [vc. ispano-amer., accorc. di *narcotraficante* 'narcotrafficante'; 1989] s. m. (pl. sp. *narcos*) ● (*spec. al pl.*) Narcotrafficante.

nàrco- (**1**) [gr. *nárkē* (*narkō-* nei deriv.) 'torpore', di orig. indeur.] primo elemento ● In parole composte della terminologia scientifica, significa 'sonno' o indica relazione col sonno: *narcoanalisi*, *narcoipnosi*.

nàrco- (**2**) [dall'ingl. d'America *narco(tic)* 'narcotico'] primo elemento ● In parole composte formate modernamente, spec. del linguaggio giornalistico, indica relazione con gli stupefacenti: *narcodollaro*, *narcotrafficante*.

narcoanàlisi [comp. di *narco-* (*1*) e *analisi*; 1950] s. f. inv. ● Trattamento psicoterapeutico dei disturbi psichici con l'ausilio di farmaci che provocano nel soggetto uno stato di torpore vicino al sonno.

narcoanalìtico agg. (pl. m. *-ci*) ● Di narcoanalisi, relativo a narcoanalisi: *trattamento n.*

narcodòllaro [comp. di *narco-* (*2*) e *dollaro*; 1984] s. m. ● (*spec. al pl.*) Dollaro proveniente dal traffico di stupefacenti.

narcoipnòsi [comp. di *narco-* (*1*) e *ipnosi*; 1970] s. f. inv. ● Suggestione operata su un paziente in sonno ipnotico.

narcolessìa [da *narco-* (*1*), sul modello di *catalessia* e sim.; 1899] s. f. ● Malattia caratterizzata da improvvise crisi di sonno invincibile.

narcolèttico [1991] agg. (pl. m. *-ci*) ● (*med.*) Che riguarda la narcolessia | Affetto da narcolessia: *paziente n.*

Narcomedùse [comp. di *narco-* (*1*) e il pl. di *medusa*] s. f. pl. (sing. *-a*) ● Nella tassonomia animale, ordine di Idrozoi con meduse a manubrio corto e basi dei tentacoli prolungate nella mesoglea (*Narcomedusae*).

narcòsi [vc. dotta, gr. *nárkōsis*, da *nárkē* 'torpore'. V. *narceina*; 1821] s. f. inv. *1* (*med.*) Stato di incoscienza o sonno profondo prodotto da farmaci (sedativi, narcotici, anestetici) o mezzi fisici. *2* (*chir.*) Anestesia generale.

narcosintèsi [comp. di *narco-* (*1*) e *sintesi*] s. f. inv. ● (*psicol.*) Trattamento delle nevrosi in cui la psicoterapia è preceduta da un'iniezione di barbiturici.

narcoterapìa [comp. di *narco-* (*1*) e *-terapia*; 1958] s. f. ● Terapia del sonno.

narcoterrorismo [comp. di *narco-* (*2*) e *terrorismo*; 1984] s. m. ● Terrorismo finanziato e messo in atto da organizzazioni di narcotrafficanti.

narcoterrorista [comp. di *narco-* (*2*) e *terrorista*; 1985] s. m. e f.; anche agg. (pl. m. *-i*) ● Chi (o Che) compie azioni di terrorismo finanziato da narcotraffici.

narcotèst [comp. di *narco-* (*2*) e *test*; 1983] s. m. inv. ● Test che consiste nel provocare uno stato di astinenza in un individuo sospettato di tossicodipendenza, mediante somministrazione di sostanze specifiche in grado di scatenarla.

narcòtico [vc. dotta, gr. *narkōtikós* 'che fa intorpidire', da *nárkōsis* 'torpore'. V. *narcosi*; av. 1313] **A** agg. (pl. m. *-ci*) ● Relativo alla narcosi o capace di produrla. **B** s. m. ● Farmaco capace di indurre narcosi | Stupefacente.

narcotina [da *narcotico*; 1821] s. f. ● Alcaloide contenuto nell'oppio, ad azione simile a quella della morfina, ma più debole e meno tossica.

narcotizzàre [da *narcotico*; 1892] v. tr. *1* Sottoporre a narcosi. *2* (*raro, fig.*) Stordire, frastornare: *n. qlcu. con discorsi.*

narcotizzazióne [1954] s. f. ● Il narcotizzare | Stato di narcosi.

narcotrafficànte [comp. di *narco-* (*2*) e *trafficante*; 1984] s. m. e f. ● Trafficante di stupefacenti.

narcotràffico [comp. di *narco-* (*2*) e *traffico*; 1984] s. m. (pl. *-ci*) ● Traffico di stupefacenti, spec. a livello internazionale.

nardo [vc. dotta, lat. *nărdu(m)*, dal gr. *nárdon*, di orig. orient.; 1313] s. m. ● (*bot.*) Denominazione di varie piante odorose | ***N. comune***, spigo | ***N. selvatico***, asaro | ***N. sottile***, cervino | ***N. celtico***, piccola pianta alpina delle Valerianacee con fiori giallastri rosati esternamente, foglie intere e allungate (*Valeriana celtica*) | ***N. frastagliato***, piccola pianta erbacea delle Valerianacee che cresce nelle zone mediterranee aride (*Centranthus calcitrapa*).

†**nàre** ● V. *nari*.

naretino ● V. *neretino*.

narghilè [fr. *narguilé*, dal persiano *narguileh*, deriv. di *narguīl* 'noce di cocco', perché la parte che contiene l'acqua era fatta con una noce di cocco; 1868] s. m. ● Pipa orientale costituita da un recipiente con acqua e da due tubi, uno rigido con un fornelletto a braci per bruciare le foglie di tabacco, uno flessibile con bocchino per aspirare il fumo passato attraverso l'acqua.

nàri o †**nàre** [vc. dotta, lat. *nāres*, pl., di orig. indeur.; av. 1294] s. f. o †m. pl. ● (*lett.*) Narici.

narice [vc. dotta, lat. parl. **narīcae*, nom. pl., da *nāres* 'nari'; 1544] s. f. ● (*anat.*) Ciascuno dei due orifizi nasali per cui l'aria penetra nelle vie respiratorie.

narina [da un nome di donna, in lingua ottentotta] s. f. ● Uccello arboricolo dei Trogoniformi, africano, con lunga coda e piumaggio dai colori splendenti (*Apaloderma narina*).

narràbile [vc. dotta, lat. *narrābile(m)*, da *narrāre* 'narrare'; 1786] agg. ● Che si può narrare: *mie ... / non narrabili angosce* (ALFIERI).

♦**narràre** [lat. *narrāre*, da (*g*)*nārus* 'esperto'. V. *ignaro*; 1294] **A** v. tr. ● Raccontare, esporre un fatto o una serie di fatti, reali o fantastici, seguendo un determinato ordine nella rievocazione e la ricerca delle cause: *n. a voce, per iscritto*; *n. una favola, gli ultimi avvenimenti*; *il libro narra la vita di Napoleone*; *la sua storia d'amore a me narrando / sparger la vidi una lacrima sola* (SABA) | ***Si narra che*** ..., si dice che ... **B** v. intr. (aus. *avere*) ● Parlare su qlco.: *mi ha narrato dei suoi viaggi.*

narratage /ingl. 'nærətɪdʒ/ [vc. ingl., da *to narrate* 'narrare, raccontare'; 1980] s. m. inv. ● (*cine*) Tecnica cinematografica consistente nel far narrare l'azione che si svolge sullo schermo da uno dei personaggi o da una voce fuori campo.

narrativa [f. sost. di *narrativo*; 1515] s. f. *1* Genere letterario in cui rientrano il racconto, la novella, il romanzo. *2* †Narrazione. *3* (*dir.*) Parte di un atto processuale in cui sono esposte le questioni di cui si contende in giudizio.

narrativìsmo [da *narrativ*(*o*) col suff. *-ismo*; 1938] s. m. ● Concezione secondo la quale la storiografia usa modelli esplicativi ispirati alla narrazione letteraria, piuttosto che agli schemi deterministici delle scienze naturali.

narratività [da *narrativo*; 1946] s. f. ● (*letter.*) L'insieme dei caratteri che qualificano un testo come narrativo.

narrativo [vc. dotta, lat. tardo *narratīvu(m)*, da *narrāre* 'narrare'; av. 1565] agg. ● Che narra | Di opera scritta in cui l'autore espone avvenimenti reali storici e sim., oppure fantastici e immaginari: *testo n.* | ***Genere n.***, narrativa | Che riguarda o è proprio del narrare: *stile, procedimento n.* | (*gramm.*) ***Infinito n.***, infinito presente usato per dare vivacità ed enfasi ad una descrizione: *ogni giorno rifare i letti, spolverare, cucinare: che fatica!* || **narrativaménte**, avv. (*raro*) Secondo una narrazione: *riferire narrativamente.*

narratologia [calco sul fr. *narratologie*; 1977] s. f. ● In semiotica, teoria e metodologia critica delle forme narrative.

narratològico [1984] agg. (pl. m. *-ci*) ● Di, relativo a narratologia: *analisi narratologica.*

narratòlogo [1988] s. m. (f. *-a*; pl. m. *-gi*) ● Studioso di narratologia.

narratóre [lat. tardo *narratōre(m)*, da *narrāre* 'narrare'; 1294] s. m. (f. *-trice*) ● Chi narra | Scrittore di opere di narrativa.

narratòrio [vc. dotta, lat. tardo *narratōriu(m)*, da *narrātor*, genit. *narratōris* 'narratore'; av. 1348] agg. ● (*raro*) Narrativo.

narrazióne [vc. dotta, lat. *narratiōne(m)*, da *narrāre* 'narrare'; 1294] s. f. *1* Atto del narrare: *interrompere la n.* | Modo di narrare: *una n. precisa, minuta, reticente.* SIN. Racconto. *2* Racconto, esposizione verbale o scritta: *n. storica.* *3* (*dir.*) Parte del documento, spec. pubblico, in cui vengono esposte le circostanze immediate dell'azione giuridica in esso contenuta. || **narrazioncèlla**, dim.

nartèce [vc. dotta, gr. *nárthēx*, genit. *nárthēkos*, di orig. preindeur.; 1669] s. m. *1* (*arch.*) Specie di vestibolo esterno o interno delle chiese, dove si trattenevano i catecumeni, durante la parte sacrificale della Messa. *2* †Cofanetto per unguenti.

narvalo [fr. *narval*, dal dan. *narhval*, comp. di *nār* 'corpo' e *hvalr* 'balena'; 1745] s. m. ● Mammifero cetaceo artico, lungo fino a 6 m, con due soli denti, uno dei quali, nel maschio, si sviluppa sino a raggiungere i 2 m di lunghezza, sporgendo orizzontale e diritto davanti al capo (*Monodon monoceros*). ➡ ILL. **animali**/11.

nasàle [av. 1566] **A** agg. *1* Del naso: *cartilagine, osso, setto n.* *2* (*ling.*) Detto di suono della voce umana caratterizzato, dal punto di vista articolatorio, dalla risonanza dell'aria, proveniente dalla laringe, nelle fosse nasali, grazie all'abbassamento dell'ugola | (*est.*) ***Voce n., di timbro n.***, che risuona particolarmente nel naso. || **nasalménte**, avv. **B** s. f. ● (*ling.*) Consonante nasale. **C** s. m. ● Nelle antiche armature, appendice del casco, fissa o mobile, a protezione del naso.

nasalità [da *nasale*; av. 1786] s. f. ● (*ling.*) Risonanza nasale dovuta al passaggio dell'aria laringale attraverso le fosse nasali, durante l'articolazione di una vocale o di una consonante.

nasalizzàre [comp. di *nasale* e *-izzare*; 1929] v. tr. ● (*ling.*) Far risuonare nelle fosse nasali un suono articolato | Pronunciare con voce nasale.

nasalizzàto [av. 1965] part. pass. di *nasalizzare*; anche agg. ● Detto di suono articolato accompagnato da risonanza nasale: *vocali nasalizzate.*

nasalizzazióne [1929] s. f. ● (*ling.*) La risonanza nasale che accompagna un'articolazione orale.

nasàrdo [da *naso*; 1826] s. m. ● (*mus.*) Registro dell'organo che ha suono nasale.

nasàre [da *naso*; av. 1552] v. tr. e intr. (aus. *avere*) ● (*region.*) Annusare (*anche fig.*).

nasàta [1662] s. f. ● Colpo dato urtando col naso | Colpo al naso.

nascènte [1321] part. pres. di *nascere*; anche agg. *1* Nei sign. del v. (*spec. fig.*): *la n. repubblica* | ***Sole n.***, simbolo di partiti socialisti | (*fig.*) ***Astro n.***, V. *astro*. *2* (*chim.*) Detto di elemento, spec. gassoso, al momento della sua formazione.

†**nascènza** [lat. tardo *nascĕntia(m)*, da *nāscens*, genit. *nascĕntis* 'nascente'; 1353] s. f. ● Nascita, nascimento.

♦**nàscere** (**1**) [lat. parl. **nāscere*, per il classico *nāsci*, da *nātus* 'nato'; sec. XII] v. intr. (pres. *io nàsco, tu nàsci*; pass. rem. *io nàcqui*, †*nascètti* (o *-ètti*), *tu nascésti*; part. pass. *nàto*, †*nasciùto*; aus. *essere*) *1* Venire alla luce, al mondo, detto di persone o animali: *è nato prematuro*; *nacque nel 1936 a Roma*; *n. di, da poveri genitori*; *n. ricco, povero, nobile*; *questo è il Nilo / che mi ha visto / n. e crescere* (UNGARETTI); *alla cagna sono nati quattro cuccioli* | ***N. bene***, da famiglia nobile e ricca | (*fig.*) ***N. vestito, con la camicia***, essere fortunato (V. *camicia* nel sign. 7) | ***Essere nato sotto cattiva stella***, essere sfortunato nella vita | (*fig.*) ***N. poeta, soldato*** e sim., essere portato per la poesia, per la vita militare e sim. | ***Aver visto n. qlcu.***, (*fig.*) conoscerlo fin da piccolo | ***Essere nato con gli occhi aperti***, (*fig.*) essere furbo, scaltro | ***Non sono nato ieri***, non sono ingenuo. CONTR. Morire. *2* (*est.*) Germogliare, spuntare, detto di piante: *erba che nasce spontanea* | ***N. come funghi***, crescere rapidamente e in gran quantità | Mettere, spuntare, crescere, detto di denti, peli, capelli e sim.: *gli è nato un nuovo dentino* | Manifestarsi, detto di mali fisici: *gli nascevano pustole* | Apparire all'orizzonte, sorgere, detto di astri o di fenomeni atmosferici: *il sole nasce alle cinque*; *è nata l'alba* | Scaturire, detto di corsi d'acqua: *l'Arno nasce dal Falterona* | Elevarsi, detto di edifici: *in quel quartiere sono nate molte villette* | (*raro*) Schiudersi, detto di uova. *3* (*fig.*) Cominciare a operare, produrre, funzionare, detto di un'attività: *è nata una nuova scuola, un'industria moderna.* *4* (*fig.*) Avere origine, derivare: *non si sa da dove sia nata quella guerra* | ***Da cosa nasce cosa***, V. *cosa*, sign. 8 | Verificarsi, insorgere: *sono nati forti sospetti*; *mi nasce un dubbio* | Provenire, essere stato costruito la prima volta: *la cetra nacque in Grecia.* SIN. Derivare, venire. || PROV. Chi nasce di gatta piglia i topi al buio.

nàscere (**2**) [da *nascere* (*1*); 1336 ca.] s. m. solo sing. *1* Inizio, esordio, avvio: *il n. del giorno*; *il n. di una civiltà.* *2* Nella loc. avv. ***sul n.***, al primo manifestarsi: *la rivolta fu soffocata sul n.*

nasciménto [av. 1250] s. m. *1* (*lett.*) Nascita: *una figlia femmina ... avea di quasi due anni preceduto il mio n.* (ALFIERI). *2* (*est., lett.*) Stirpe, condizione.

♦**nàscita** [1550] s. f. *1* Il nascere | Venuta al mondo, alla luce: *una n. laboriosa*; *anniversario di n.*; *sordo dalla, di n.* | ***Atto di n.***, documento redatto in seguito a denuncia all'ufficio di stato civile per notificare l'esistenza agli effetti di legge di un nuovo soggetto di diritto. *2* Famiglia, stirpe: *essere di umile n.* SIN. Lignaggio. *3* (*est.*) Lo spuntare, l'apparire di qlco.: *la n. di un fiore, del sole.* *4* (*fig.*) Origine, principio: *la n. della nostra amicizia.*

†**nàscito** s. m. ● Nascita.

nascitùro [vc. dotta, lat. *nascitūru(m)*, part. fut. di *nāsci* 'nascere'; av. 1511] **A** agg. ● Che dovrà nascere: *i figli nascituri.* **B** s. m. (f. *-a*) ● Chi sta per nascere.

nàsco [vc. di orig. celtica; 1907] s. m. ● Antico vitigno sardo che dà un'uva di color giallo dorato | Elegante vino bianco, dal profumo delicato, prodotto nei tipi secco, dolce o liquoroso nella Sardegna sudoccidentale: *n. di Cagliari.*

nascondarèlla o **nasconderèlla** [da *nascondere*; 1883] s. f. ● Nascondino, rimpiattino.

nascondarèllo [1958] s. m. ● Nascondino.

♦**nascóndere** [comp. di *in* e del lat. *abscŏndere*, comp. di *ăbs* 'via da' e *cŏndere* 'raccogliere, riporre' (V. *condito* (*1*)); 1294] **A** v. tr. (pass. rem. *io nascósi, tu nascondésti*; part. pass. *nascósto*, †*nascóso*) *1* Mettere qlco. in un luogo dove non possa essere facilmente trovata, sottraendola così alla vista e, eventualmente, alle ricerche altrui: *n. un tesoro sotto terra*; *n. le armi in soffitta*; *n. una lettera nella tasca* | ***N. il viso tra le mani***, per dolore, vergogna o altro | Tenere celato qlcu. per sottrarlo alla vista o alle ricerche di un altro o di altri: *n. il malvivente alla polizia.* SIN. Celare, occultare. *2* (*est.*) Impedire alla vista: *muro che nasconde il panorama*; *la casetta era nascosta dal fitto bosco.* *3* (*fig.*) Tenere nascosto dentro di sé, dissimulare: *n. il malumore*; *n. i propositi di vendetta* | Tacere per non rivelare qlco.: *n. la verità, una notizia* | Tenere segreto: *n. la propria identità agli altri.* **B** v. rifl. ● Sottrarsi alla vista: *nascondersi dietro il paravento* | ***Vai a nasconderti!***, (*fam.*) vergognati! | (*fig.*) ***Nascondersi dietro un dito***, rifiutarsi di affrontare una situazione critica o risolvere un problema difficile accampando pretesti inconsistenti. **C** v. intr. pron. *1* Stare celato, senza rivelarsi alla vista, alla comprensione e sim. altrui: *che cosa si nasconde dietro queste parole?* *2* †Fingere, simulare.

nasconderèlla ● V. *nascondarella*.

†**nascondévole** agg. ● Atto a nascondere.

◆**nascondìglio** [av. 1364] **s. m.** ● Luogo che serve a nascondere o a nascondersi: *cercare un n.*; *il n. della lepre.*

nascondiménto [1308] **s. m. 1** (*lett.*) Il nascondere, il nascondersi (*anche fig.*). **2** †Nascondiglio.

nascondìno [1923] **s. m.** ● Gioco infantile, in cui un ragazzo cerca i compagni che si sono nascosti: *giocare, fare a n.* **SIN.** Rimpiattino.

nasconditóre [sec. XIV] **s. m.** (f. *-trice*) **1** (*raro*) Chi nasconde. **2** (*raro*, *fig.*) Chi simula, finge qlco.

†**nascósо** [1294] **part. pass.** di *nascondere*; *anche* **agg.** ● Nascosto.

◆**nascósto** [av. 1292] **part. pass.** di *nascondere*; *anche* **agg.** **1** Sottratto alla vista, occultato: *un plico n.* | (*est.*) Isolato, appartato: *uno chalet n. nel verde.* **2** (*fig.*) Che non si rivela, che non è evidente: *virtù nascoste*; *verità nascosta.* **CFR.** cripto-, -crino. || *senza farlo sapere, capire, vedere e sim. ad altri*: *agire, incontrarsi di n.*; *leggeva il libro di n. dall'insegnante.* || **nascostaménte**, **avv.** Di nascosto, segretamente.

nasèllo (1) [sovrapposizione di *naso* al lat. *asèllus* 'asinello', dim. di *ăsinus* 'asino', 1684] **s. m.** ● Pesce osseo marino dei Gadiformi simile al merluzzo, con mandibola più lunga della mascella, carni delicate, bianche e pregiate, argenteo sul ventre e scuro sul dorso (*Merluccius merluccius*). ➡ **ILL.** animali/6.

nasèllo (2) [da *naso*, 1804] **s. m. 1** Ferro nello stipite della porta in cui si incastra temporaneamente la stanghetta del saliscendi. **SIN.** Monachetto. **2** Parte dell'otturatore d'una carabina. **3** (*mus.*) Nasetto. **4** Punto di appoggio degli occhiali sul naso.

nasétto [av. 1566] **s. m. 1** Dim. di *naso*. **2** †Persona dal naso piccolo. **3** (*mus.*) Elemento a cui sono fissati i crini dell'archetto degli strumenti ad arco. **SIN.** Bietta. **4** Monachetto. | **nasettàccio**, pegg. | **nasettìno**, dim. | **nasettucciàccio**, pegg. | **nasettùccio**, pegg.

nashi /'naʃʃi, giapp. 'naʧi/ [vc. di orig. oscura; 1991] **s. m. inv.** ● (*bot.*) Pianta ottenuta dall'ibridazione di specie asiatiche del genere *Pyrus* || Il frutto di tale pianta.

nasìca [lat. *nasīca*(m) 'nasuto', da *nāsus* 'naso'; 1954] **s. m. inv.** ● Scimmia catarrina della foresta di Borneo con naso a forma di proboscide dilatabile e pelame che si allunga a formare una barba sotto il muso (*Nasalis larvatus*).

nasièra [da *naso*; 1829] **s. f.** ● Anello a pinza che si mette alle narici dei buoi per guidarli.

◆**nàso** [lat. *nāsu*(m), di orig. indoeur.; sec. XIII] **s. m. 1** Parte prominente del volto dell'uomo e di alcuni animali, posta tra la fronte e la bocca, vestibolo delle vie respiratorie e protezione dell'organo dell'olfatto: *n. diritto, storto, greco, acquilino, all'ingiù*; *soffiarsi il n.*; *avere il n. chiuso.* **CFR.** rino-, -rino | *Dare di n. in qlcu.*, imbattersi in qlcu., urtarlo incontrandolo | *Affilare il n.*, dimagrire | *Arricciare, torcere il n.*, provare contrarietà, disgusto | *Non vedere più in là del proprio n.*, avere la vista corta; (*fig.*) essere poco lungimirante | *Non ricordarsi dal n. alla bocca*, essere smemorato | *Ficcare, mettere il n. in qlco., dappertutto*, occuparsi a sproposito di qlco., impicciarsi degli affari altrui | (*fig.*) *Far saltare la mosca al n. a qlcu.*, farlo arrabbiare | (*fig.*) *Avere la puzza sotto il n.*, essere superbo, altezzoso | *Menare qlcu. per il n.*, raggirarlo, ingannarlo, prenderlo in giro | *Rimanere con un palmo, con tanto di n.*, restare deluso, insoddisfatto o ingannato | *Bagnare il n. a qlcu.*, (*fig.*, *region.*) superarlo, umiliarlo: *non voglio farmi bagnare il n. dalla concorrenza* | *Col n. ritto*, con atteggiamento impertinente | (*raro*) *Fare il n.*, abituarlo a un odore | *Fare qlco. turandosi il n.*, (*fig.*), controvoglia, considerandola il male minore. ➡ **ILL.** p. 2127 ANATOMIA UMANA. **2** (*fig.*) Faccia, volto: *sbattere il n. fuori a qlcu.* | *Mettere il n. fuori*, uscire di casa, affacciarsi | *Allungare il n.*, sporgersi per vedere | *Mettere sotto il n.*, davanti agli occhi | *Avere il n. per aria*, essere distratto, svagato. **3** Per metonimia, il senso dell'olfatto | *Fiuto*: *un cane che ha buon n.*; *tabacco da n.* | *Intuito, perspicacia*: *è uno di buon n.*; *avere n. per gli affari* | *Andare, giudicare a n., a lume di n.*, in base al proprio intuito. **4** Parte prominente del muso degli animali. **5** (*raro*) Parte sporgente di alcuni oggetti: *il n. dell'ar-*

colaio, della sella. **6** (*mecc.*) Parte anteriore del mandrino, sulle macchine utensili, di forma internamente tronco-conica ed esternamente cilindrica e filettata, su cui si avvita la piattaforma o il disco menabrida, per il montaggio del perno. || **nasàccio**, pegg. | **nasellétto**, dim. | **nasellìno**, dim. | **nasèllo**, dim. | **nasétto**, dim. (V.) | **nasicchio**, dim. | **nasìno**, dim. | **nasóne**, accr. (V.) | **nasùccio**, pegg.

NASO
nomenclatura
---

naso (cfr. odore, olfatto)

● *caratteristiche*: piccolo ⇔ grande, corto = a patata ⇔ lungo, sottile ⇔ grosso = a pallottola, fine ⇔ rigonfio, appuntito = a punta = aguzzo, affilato ⇔ spugnoso; retto = diritto = greco ⇔ storto, schiacciato = piatto = camuso = rincagnato, arcuato = aquilino = adunco, bitorzoluto; alla francese = all'insù; rubicondo = rubizzo;

● *parti del naso*: radice, setto, dorso, pinne = alette, narici | (*lett.*, *scherz.*) froge, fossa nasale, coana, seno paranasale, seno sfenoidale, seno etmoidale, seno frontale, regione olfattoria, meato superiore, meato medio, meato inferiore; muco;

● *azioni*: fiutare = annusare = odorare; arricciare, grattare, pulire, nettare, soffiare, soffiarsi il naso tappare, smoccicare, smoccolare, mettere le dita nel naso, tirare su col naso, sgocciolare, avere la goccia al naso, storcere il naso; respirare, starnutire.

nasobiànco [comp. di *naso* e *bianco*; 1954] **s. m.** (pl. *nasibiànchi*) ● Scimmia africana dei Cercopitecidi caratterizzata da una macchia candida sul naso nero (*Cercopithecus nictitans*).

nasofaringèo o (*raro*) **nasofaringèo** [comp. di *naso* e *faringe*, con suff. agg.; 1941] **agg.** ● (*anat.*) Relativo al naso e alla faringe.

nasolabiàle [comp. di *naso* e *labiale*; 1954] **agg.** ● (*anat.*) Pertinente al naso e al labbro.

nasóne [av. 1566] **s. m. 1** Accr. di *naso*. **2** (f. *-a*) (*scherz.*) Persona con un grosso naso.

nasopalatìno [comp. di *naso* e *palato*, con suff. agg.; 1834] **agg.** ● (*anat.*) Pertinente al naso e al palato.

nàspo [comp. di (i)*n* e *aspo*; av. 1306] **s. m.** ● Aspo.

nàssa [lat. *nāssa*(m), di etim. incerta; av. 1320] **s. f. 1** Cesta di giunco, vimini o rete metallica, di forma conica, chiusa a un'estremità e con imboccatura a imbuto, per la quale facilmente entra il pesce senza poterne poi uscire. ➡ **ILL.** pesca. **2** Trappola di rete a imbuto per uccelli. **3** Ampolla di vetro con beccuccio, nella quale si tengono i liquori che svaporano. **4** Mollusco gasteropode del Mediterraneo, carnivoro, con conchiglia ovale e appuntita (*Nassa mutabilis*).

nastìa [dal gr. *nastós* 'calcato', da *nássein* 'calcare', di etim. incerta; 1925] **s. f.** ● (*bot.*) Movimento di un organo vegetale che si curva in una direzione predeterminata dalla struttura dell'organo e indipendentemente dalla direzione dello stimolo.

nàstico [1954] **agg.** (pl. m. *-ci*) ● (*bot.*) Di nastia.

nastràio [av. 1840] **s. m.** (f. *-a*) ● Chi fa o vende nastri.

nastràre [da *nastro*; 1958] **v. tr.** ● Applicare manualmente o meccanicamente il nastro sugli imballaggi o il nastro isolante intorno ai conduttori elettrici.

nastratrìce [1970] **s. f.** ● Macchina che esegue la nastratura.

nastratùra [1958] **s. f.** ● Operazione del nastrare.

†**nastrièra** **s. f.** ● Ornamento di nastri.

nastrifórme [comp. di *nastro* e *-forme*; 1958] **agg.** ● Che ha forma di nastro.

nastrìno [av. 1698] **s. m. 1** Dim. di *nastro*. **2** Parte del nastro proprio di una decorazione o onorificenza, che si porta per distintivo sul petto o all'occhiello. **3** Piccolo nastro da appuntare sul vestito o sul cappello a testimoniare l'adesione a un partito, un'associazione o una battaglia ideale. **4** Piccola strisciolina d'oro usata nell'oreficeria per fare aggiornature, filettature, alveoli. **5** (*al pl.*) Tipo di pasta da minestra, più sottile dei nastri.

◆**nàstro** [got. *nastilo* 'correggia'; 1321] **s. m. 1** Tessuto sottile, stretto e di lunghezza indeterminata,

per guarnizioni e legature: *n. di seta, di cotone*; *n. a spina, a maglia*; *orlare con n.*; *il n. del cappello* | *N. elastico*, tessuto per bretelle e giarrettiere, in cotone e fili di gomma elastica | *N. di decorazione, onorificenza*, di vario colore, per appenderе al petto o cingere al collo la medaglia o la croce | *N. di lutto*, di color nero, al cappello, alla manica o al bavero in segno di lutto | *N. azzurro*, quello che sostiene la decorazione italiana al valor militare; (*est.*) la decorazione stessa; riconoscimento un tempo conferito alla nave di linea che detenesse il primato di velocità nella traversata dell'Atlantico del Nord. **2** (*est.*) Tutto ciò che ha forma di nastro | *N. adesivo*, striscia di cellophane spalmata d'adesivo su un lato | *N. isolante*, striscia di tessuto gommato o di materia plastica, adoperato per ricoprire e isolare giunture di conduttori negli impianti domestici o comunque per basse tensioni | *N. metrico*, striscia di tessuto, metallo o nylon per prendere misure | *N. dattilografico*, nelle macchine per scrivere, nastro di cotone, di seta o di altro materiale impregnato d'inchiostro | (*elab.*) *N. perforato*, V. *perforato* | *N. magnetico*, (*ellitt.*) *nastro*, nastro di plastica, carta o altro materiale ricoperto o impregnato di materiale ferromagnetico, usato per la registrazione di suoni, immagini o dati per elaborazione | *N. programmi*, nastro magnetico nel quale sono registrati una serie di programmi | *N. discografico*, nastro per la registrazione che verrà riversata sulla matrice | *N. trasportatore*, nastro scorrevole che, nei grandi stabilimenti, porta davanti all'operaio l'oggetto su cui deve lavorare | *N. a tazze*, in certe draghe, catena continua con recipienti a forma di tazza per scavare e trasportare materiale terroso | *N. di mitragliatrice*, supporto metallico, o di tela, che unisce in serie le cartucce presentandole in posizione di sparo all'arma | (*mat.*) *N. di Möbius*, in topologia, superficie non orientabile, unilatera, che si ottiene congiungendo i due lati minori di una striscia piana dopo aver impartito a uno di essi una rotazione di 180° | *Nastri di partenza*, serie di lunghi elastici che vengono sollevati per dare il via ai cavalli nelle corse al trotto | (*fig.*) *Essere al n. di partenza*, essere in procinto di iniziare un'attività | In ginnastica ritmica, attrezzo costituito da un bastoncino unito con uno snodo a un nastro di sei metri circa; (*est.*) la specialità stessa | (*fig.*) *N. stradale, d'asfalto*, strada, strada asfaltata. **3** (*al pl.*) Tipo di pasta alimentare a forma di nastro. || **nastrettìno**, dim. | **nastrétto**, dim. | **nastricìno**, dim. | **nastrìno**, dim. (V.) | **nastrùccio**, pegg.

nastrotèca [comp. di *nastro* e *-teca*; 1961] **s. f.** ● Raccolta organica e sistematica di nastri magnetici registrati | Luogo dove tali nastri sono conservati. **SIN.** Registroteca.

nastùrzio [lat. *nastùrtiu*(m), di etim. incerta: 'che fa storcere il naso (per l'odore piccante)' (?); av. 1320] **s. m.** ● Crocifera perenne molto comune nei luoghi umidi, con foglie profondamente divise e fiori gialli, coltivata in parecchie varietà (*Nasturtium silvestre*) | *N. indiano*, cappuccina.

nàsua [vc. del lat. scient., da *nāsus* 'naso', perché caratterizzato da un naso prominente molto mobile; 1869] **s. f.** ● Genere di Mammiferi dei Carnivori, con muso molto allungato e mobilissimo, pelliccia fitta e morbida (*Nasua*).

nasùto [vc. dotta, lat. *nasūtu*(m), da *nāsus* 'naso'; 1319] **agg. 1** Che ha un naso lungo e grosso. **2** †Sagace, perspicace nei giudizi. **3** †Beffatore, schernitore.

natàbile [vc. dotta, lat. tardo *natābile*(m) 'che può galleggiare', da *natāre* (V. †*natare*)] **agg.** ● Detto di tratto d'acqua in cui si può navigare.

◆**natàle** [lat. *natāle*(m), da *nātus* 'nato'; 1296] **A s. m.** (*Natàle* nel sign. 2) **1** Giorno natalizio | (*raro*, *lett.*) Anniversario del giorno della nascita: *Oggi il mio genitor [...] celebrava la n.* (TASSO) | *N. di Roma*, celebrazione della data in cui sarebbe stata fondata Roma (il 21 aprile del 753 a.C.). **2** Solennità liturgica dell'anno cristiano, in cui si ricorda la natività di Gesù Cristo, il 25 dicembre | *Mese di Natale*, dicembre | *Albero di N.*, abete che a Natale si addobba con lumi e ornamenti vari e al quale si appendono doni | *Durare da Natale a S. Stefano*, pochissimo | *Per lui è Natale*, è una festa grande | *Babbo N.*, personaggio fantastico in figura di vecchio che i bimbi credono venga la notte di Natale a portar loro regali. **3** (*lett.*, *al pl.*)

Nascita: *i suoi natali sono molto oscuri* | (*est.*) Stirpe, prosapia. **B** agg. **1** Della nascita, attinente alla nascita: *giorno n.* | ***Terra n.***, la patria. SIN. Natio. **2** (*raro*) Natalizio.

natalità [fr. *natalité*, da *natal* 'natale'; 1895] s. f. ● (*stat.*) L'insieme delle nascite di un determinato luogo considerate nel loro aspetto quantitativo | ***Quoziente generico di n.***, rapporto tra il numero assoluto dei nati vivi e l'ammontare della popolazione | ***Quoziente specifico di n.***, rapporto tra il numero assoluto di nati vivi e il numero di uomini o donne in età feconda.

♦**natalizio** [vc. dotta, lat. *natalīciu(m)*, da *natālis* 'natale'; 1583] **A** agg. **1** Del Natale: *feste natalizie.* **2** Che appartiene, riguarda il giorno della nascita. SIN. Natale. **B** s. m. ● (*lett.*) Compleanno, genetliaco: *celebrare il n.*

natànte [sec. XIV] **A** part. pres. di †*natare*; anche agg. **1** Nei sign. del v. **2** Che galleggia. **B** s. m. ● Struttura galleggiante spec. di piccole dimensioni, in grado di spostarsi sull'acqua anche con mezzi propri in aree limitate, azionata a remi, a vela o a motore | ***N. da diporto***, quello con lunghezza fuori tutto inferiore a 7,5 metri se a motore o a 10 metri se a vela. CFR. scafo, -scafo.

†**natàre** [lat. *natāre*, intens. di *nāre*, di orig. indeur.; av. 1332] v. intr. ● (*poet.*) Nuotare.

natatóia [da †*natare*; 1875] s. f. ● (*zool.*) Organo atto al moto dei Mammiferi acquatici, come i Cetacei e i Pinnipedi.

natatóio [dalla vc. dotta *natare* 'nuotare'; 1958] s. m. ● (*bot.*) Cavità contenente aria, spesso localizzata nel picciolo fogliare, che consente alle Angiosperme acquatiche il galleggiamento totale o parziale.

†**natatóre** [lat. *natatōre(m)*, da *natāre* 'natare'; sec. XIV] s. m. (f. *-trice*) ● Nuotatore.

natatòrio [vc. dotta, lat. tardo *natatōriu(m)*, da *natāre* 'natare'; av. 1400] agg. ● Che riguarda il nuoto o il nuotatore: *gare natatorie* | (*zool.*) ***Vescica natatoria***, organo idrostatico posto sotto alla colonna vertebrale di cui sono provvisti molti pesci.

natazióne [vc. dotta, lat. *natatiōne(m)* 'il nuotare, nuoto', da *natāre* (V. †*natare*); av. 1472] s. f. ● (*raro*) Il nuoto.

Nàtel® [sigla ted. della società *N(ationales) A(uto)Tel(efon)* 'Telefoni per automobile Nazionali'; 1995] s. m. inv. ● (*elvet.*) Servizio di telefonia cellulare | Apparecchio telefonico cellulare, telefonino.

nàtica (1) [vc. dotta, lat. parl. **nāticae*, nom. pl., da *nātes* 'natiche', di orig. indeur.; sec. XIII] s. f. ● (*anat.*) Ciascuna delle due masse muscolari formate dai glutei.

nàtica (2) [da *natica (1)*, con allusione alla forma] s. f. ● Mollusco gasteropode commestibile con forte conchiglia globosa, comune nel Mediterraneo sulla rena a piccole profondità (*Natica millepunctata*).

naticùto [da *natica (1)*; 1364] agg. ● (*lett., scherz.*) Che ha grosse natiche.

natimortalità [da *nati morti* (pl. di *nato morto*), sul modello di *mortalità*; 1941] s. f. ● (*stat.*) Rapporto fra il numero dei nati morti in un anno e il numero complessivo dei nati vivi e morti dello stesso anno.

natio ● V. *nativo*.

nativismo [da *nativo*; 1940] s. m. ● (*filos.*) Innatismo.

natività [vc. dotta, lat. tardo *nativitāte(m)*, da *natīvus* 'nativo'; av. 1306] s. f. **1** (*lett., raro*) Nascita. **2** Commemorazione di nascita di Gesù o della Vergine o di santo. **3** Rappresentazione iconografica o statuaria della nascita di Gesù o della Vergine.

nativo o (*lett.*) **natio** nei sign. A [vc. dotta, lat. *natīvu(m)*, da *nātus* 'nato'; 1313] **A** agg. **1** Della nascita | Relativo al luogo di nascita: *dialetto n.*; *aria nativa*; *fuggo dal mi' natio dolce aere tosco* (PETRARCA) | Che è nato in un determinato luogo: *essere n. di Siena* | ***Terra nativa***, il paese in cui si è nati | ***Il tetto natio***, la casa in cui si è nati. **2** (*raro*) Naturale, innato: *nativa fierezza*; *il n. odio, il dubbio e la paura* (ARIOSTO) | (*est.*) Schietto, spontaneo: *una nativa eleganza.* **3** (*miner.*) Detto di elemento che si trova non combinato con altri in natura: *ferro n.* **B** s. m. (f. *-a*) ● Chi è oriundo, originario di un determinato luogo: *i nativi della Giamaica.* SIN. Indigeno.

♦**nàto** [av. 1250] **A** part. pass. di *nascere*; anche agg. **1** Venuto al mondo: *un bambino appena n.* | ***Cieco, sordo n.***, chi è cieco, sordo dalla nascita | ***N. per qlco.***, che ha particolari attitudini per qlco.: *n. per vincere*; (*anche assol.*) *è un pittore n.* | ***N. ieri***, (*fig.*) inesperto, ingenuo | ***Non ancora n.***, (*fig.*) ancora fanciullo | (*intens.*) ***Essere qlcu. n. e sputato***, assomigliare moltissimo a qlcu. | (*intens.*) †***Non c'era uomo n.***, non c'era nessuno. **2** Detto di donna, indica il cognome di nascita rispetto a quello aggiunto con il matrimonio: *Maria Rossi nata Bianchi.* **B** s. m. (f. *-a*) **1** Figlio, figliolo: *il mio ultimo n.*; *gli uomini lo avrebbero inseguito là dentro, scoprendo i suoi nati* (BUZZATI). **2** Chi è nato in un determinato anno o periodo storico: *i nati nel dopoguerra*; *i nati durante la Rivoluzione.*

nàtola [etim. incerta; 1889] s. f. ● (*mar.*) Incastro nella scalmiera nel quale si mette il ginocchio del remo, senza scalmo e senza stroppo.

natrice [vc. dotta, lat. *natrīce(m)*, di orig. indeur.; sec. XIV] s. f. ● Rettile degli Ofidi, non velenoso, con corpo lungo coperto di grandi squame lucide di color verde grigiastro (*Natrix natrix*).

natriemia o **natremia** [vc. dotta, comp. del lat. *natr(ium)* 'sodio' ed *-emia*] s. f. ● (*chim.*) Livello ematico di sodio.

natrolite [comp. di *natro(n)* e *-lite*; 1819] s. f. ● (*miner.*) Zeolite di sodio in cristalli fibrosi, bianchi o rosei, di aspetto vitreo.

natròmetro [comp. di *natro(n)* e *-metro*; 1954] s. m. ● (*fis.*) Densimetro a doppia scala per misurare la quantità di soda contenuta nella potassa.

nàtron [ar. *naṭrūn*; av. 1806] s. m. ● (*miner.*) Carbonato idrato di sodio che si presenta sotto forma di incrostazioni o efflorescenze nelle zone aride.

nàtta (1) [etim. incerta; sec. XIV] s. f. ● (*med.*; *disus.*) Cisti sebacea del cuoio capelluto.

†**nàtta (2)** [fr. *natte*, dal lat. tardo *nătta(m)*, variante di *mătta(m)*, vc. di orig. straniera; av. 1347] s. f. ● (*mar.*) Stuoia per foderare le cale contro l'umidità.

†**nàtta (3)** [etim. incerta] s. f. ● Burla, beffa.

♦**natùra** [vc. dotta, lat. *natūra(m)*, da *nātus* 'nato'; av. 1250] s. f. **1** Il complesso delle cose e degli esseri dell'universo, governati da un ordine proprio e anche oggetto di contemplazione e studio da parte dell'uomo: *i fenomeni, le meraviglie, i segreti della n.*; *lo studio, la conoscenza della n.*; *ricrearsi alla n.*; *l'arte imita la n.* CFR. fisio- | ***I tre regni della n.***, animale, vegetale, minerale | ***In n.***, nell'ordine naturale | ***Senso, sentimento della n.***, profondo e genuino piacere che si trae dalla contemplazione della natura (elemento fondamentale nella poetica del Romanticismo) | ***Il libro della n.***, la natura come arricchimento delle esperienze e del sapere umano | (*filos.*) ***N. naturante***, la sostanza nella sua essenza infinita | (*filos.*) ***N. naturata***, la totalità delle manifestazioni della sostanza infinita | ***Secondare la n., non far violenza alla n.***, vivere seguendo le leggi naturali | (*est.*) ***N. morta***, V. *natura morta.* **2** Energia, forza generatrice dell'universo: *la n. madre di tutte le cose*; *la n. creatrice*; *il riposo, il ravvivarsi della n.*; *i figli della Natura*; *madre n.* **3** Sostanza costitutiva di uomini e cose: *l'intima n. di qlcu., di qlco.*; *la n. de' popoli prima è cruda, di poi severa, quindi benigna, appresso dilicata, finalmente dissoluta* (VICO) | Carattere, tendenza, disposizione degli esseri umani non acquisite con l'educazione: *la n. dell'uomo*; *la salute è un dono di n.* | ***Avere una seconda n.***, possedere una capacità acquisita a tal punto che sembra innata: *suonare il violino è per lui quasi una seconda n.* | ***Mutare n.***, cambiare modo di essere | ***Rendere, pagare il tributo alla n.***, morire | (*est.*) Indole, carattere: *è una n. malinconica, collerica, esuberante*; *seguire la propria n.*; *un comportamento proprio della sua n.* | Carattere essenziale di qlco.: *è nella n. delle cose*; *la n. di una istituzione, di un discorso* | (*est.*) Specie, proprietà, tipo: *la n. del marmo, del fuoco, dei metalli*; *cose di n. delicata.* **4** L'uomo, come prodotto della natura: *è una n. ipocrita*; *ogni n. ha il suo istinto* | ***La n. umana***, il genere umano, gli uomini viventi. **5** (*pop.*) Parti genitali esterne, spec. femminili. **6** †Nascita: *nobile per n.* | †***Da n.***, dalla nascita. || **naturàccia**, pegg.

♦**naturàle** [vc. dotta, lat. *naturāle(m)*, da *natūra* 'natura'; av. 1250] **A** agg. **1** Di natura, della natura, attinente alla natura: *ordine n.*; *bellezze naturali del paesaggio*; *filosofia n.* | ***Ricchezza n.***, quella del suolo, dei prodotti della natura | ***Scienze naturali***, quelle che studiano gli aspetti della natura, come fisica, chimica, botanica, geologia, zoologia e sim. **2** Conforme alla natura, secondo l'ordine della natura: *corso n. degli avvenimenti* | ***Diritto n.***, diritto ideale, corrispondente a una superiore giustizia | (*est.*) Ordinario, consueto, ovvio: *sono cose naturali*; *è n.!*; *conseguenza n.* | Anche come risposta affermativa: *"Vieni anche tu?" "N.!"* **3** Dato dalla natura, che si ha per natura: *bisogni naturali dell'uomo*; *affetto n. per la famiglia*; *generosità n.*; *la natural ambizione dell'umana superbia* (VICO) | ***Morte n.***, dovuta a cause naturali e (*est.*) non violenta | ***Vita natural durante***, per tutta la vita | ***Figlio n.***, di genitori non uniti in matrimonio al momento del concepimento | ***Giudice n.***, competente, legittimo. **4** (*est.*) Non artefatto o alterato: *vino, cibo n.*; *capelli naturali* | ***Eloquenza n.***, che non è frutto di studio o affettazione | (*est., fam.*) Spontaneo, schietto, semplice: *gli viene n. fare così*; *una posa n.*; *essere n. nel parlare* | ***Un atteggiamento n.***, disinvolto | Nella loc. avv. ***al n.***, così com'è in natura, senza interventi, modificazioni, sofisticazioni e sim.: *verdura, frutta al n.*; (*est.*) con esattezza e fedeltà: *imitare, copiare al n.* | (*raro*) ***Stare al n.***, tenere un atteggiamento semplice. **5** (*mus.*) Detto di suono non alterato da accidenti: *do n.* | ***Scala n.***, scala minore senza alterazioni, contrapposta a scala minore armonica o melodica | Detto di alcuni strumenti a fiato che producono solo suoni armonici naturali. **6** †Indigeno: *gente n. del paese.* || **naturalménte**, †**naturaleménte**, avv. **1** Per natura, secondo la propria natura: *è una persona naturalmente buona.* **2** (*est.*) Senza affettazione o artificiosità: *scrivere, muoversi naturalmente.* **3** Secondo l'ordine della natura: *fenomeni susseguitisi naturalmente*; (*est.*) come è logico, prevedibile: *avete scritto e naturalmente vi abbiamo risposto.* **4** Certamente, sicuramente, sì: *"tornerete domani?" "naturalmente!".* **B** s. m. **1** †Indole, istinto, tendenza innata: *è n. degli uomini che in loro possa ... tanto più la speranza che il timore* (GUICCIARDINI). **2** (spec. al pl.) †Chi è nativo, indigeno di un luogo: *i naturali dell'isola.* **3** †Stato di natura.

†**naturaleggiàre** [comp. di *natural(e)* e *-eggiare*; 1639] v. tr. (*io naturaléggio*) ● Rappresentare al naturale, nell'arte.

naturalézza [da *naturale*; 1612] s. f. **1** Caratteristica di ciò che è conforme alla natura: *la n. di una scena, di una rappresentazione artistica.* **2** Assenza di affettazione, ricercatezza, artificio: *mancare di n.*; *recitare con n., con la massima n.* CONTR. Affettazione, artificio, ricercatezza. **3** †Disposizione naturale | †***Per sua n.***, seguendo la sua indole. **4** †Natura.

naturalismo [fr. *naturalisme*, dal lat. *naturālis* 'naturale'; 1849] s. m. **1** Dottrina filosofica secondo cui non esiste realtà al di fuori della natura e pertanto tutto quello che accade si spiega esclusivamente con leggi fisiche prescindendo da ogni trascendenza. **2** Teoria estetica secondo la quale un'opera d'arte è riuscita solo se riproduce la realtà con il massimo rigore, prescindendo da ogni intromissione soggettiva, idealizzante o metafisica.

naturalista [fr. *naturaliste*, dal lat. *naturālis* 'naturale'; 1406] s. m. e f. (pl. m. *-i*) **1** Studioso di scienze naturali. **2** Seguace della filosofia o dell'estetica del naturalismo.

naturalìstico [1881] agg. (pl. m. *-ci*) **1** Che concerne o interessa la filosofia o l'estetica del naturalismo. **2** Che riguarda le scienze naturali. **3** Che riguarda la natura, gli ambienti naturali: *guida naturalistica.* || **naturalisticaménte**, avv. Secondo i principi del naturalismo.

naturalità [vc. dotta, lat. tardo *naturalitāte(m)*, da *naturālis* 'naturale'; av. 1288] s. f. **1** (*lett.*) Caratteristica di ciò che è naturale. **2** (*est.*) †Naturalezza, disinvoltura.

naturalizzàre [fr. *naturaliser*, dal lat. *naturālis* 'naturale'; av. 1620] **A** v. tr. ● Concedere la cittadinanza a uno straniero. **B** v. rifl. ● Chiedere, ottenere la cittadinanza, detto di uno straniero: *naturalizzarsi italiano.* **C** v. intr. pron. ● (*biol.*) Adattarsi a vivere e a riprodursi in un ambiente diverso da quello originario, detto di pianta o animale.

naturalizzàto part. pass. di *naturalizzare*; anche agg. ● Nel sign. del v.: *straniero n.*

naturalizzazióne [fr. *naturalisation*, da *naturaliser* 'naturalizzare'; av. 1602] **s. f.** *1* Concessione della cittadinanza a uno straniero. *2* (*biol.*) Adattamento di pianta o animale in un ambiente diverso da quello originario.

natùra mòrta **loc. sost. f.** ● Genere di pittura che ritrae oggetti, fiori, frutta, vivande, selvaggina, considerato tra le prime manifestazioni del realismo nelle arti figurative: *le nature morte del Caravaggio*; *una natura morta di Cézanne*.

naturamortista [comp. di *natura morta* e *-ista*; 1952] **s. m. e f.** (**pl. m.** *-i*) ● Pittore di nature morte.

naturànte [1584] **part. pres.** di †*naturare*; anche **agg.** *1* Nei sign. del v. *2* ***Natura n.***, in teologia, il Dio creatore.

†**naturàre** [da *natura*; av. 1292] **A v. tr.** ● Generare, formare, creare. **B v. intr. pron.** ● Prendere natura, connaturarsi.

naturàto [1308] **part. pass.** di †*naturare*; anche **agg.** *1* Nei sign. del v. *2* ***Natura naturata***, in teologia, la totalità delle manifestazioni della sostanza infinita.

nature /*fr.* na'ty:ʀ/ [vc. fr., propr. 'natura'; 1959] in funzione di **agg. inv.** ● Detto di ciò che appare così com'è in natura, senza modificazioni o sofisticazioni: *una bellezza n.*

naturìsmo [fr. *naturisme*, da *nature* 'natura'; 1958] **s. m.** *1* Movimento d'opinione che propugna un modo di vivere in armonia con la natura, caratterizzato anche dalla pratica della nudità comune, il cui fine è il rispetto di sé stessi, del prossimo e dell'ambiente naturale. *2* (*med.*) Dottrina per cui ogni virtù curativa è attribuita alla natura. *3* Nella storia delle religioni, teoria che vede le divinità dei primitivi come inconscia personificazione di forze naturali, sentite come estranee al controllo umano.

naturìsta [fr. *naturiste*, da *nature* 'natura'; 1908] **A s. m. e f.** (**pl. m.** *-i*) ● Aderente, seguace del naturismo. **B agg.** ● Naturistico.

naturìstico [1940] **agg.** (**pl. m.** *-ci*) ● Che riguarda il naturismo: *propaganda naturistica*.

nauclèa [comp. del gr. *nâus* 'nave' e *kléos* 'gloria', di orig. indeur., per la forma a carena di nave della corolla; 1834] **s. f.** ● Pianta delle Rubiacee da cui si ricava un legno pregiato (*Nauclea grandiflora*).

naucòride [comp. del gr. *nâus* 'nave' e *kóris*, genit. *kóridos* 'cimice'; 1834] **s. m.** ● Insetto emittero acquatico a corpo ovale e depresso, ottimo nuotatore, carnivoro, caratterizzato da odore intenso e sgradevole (*Naucoris cimicoides*).

naufragàre [vc. dotta, lat. tardo *naufragāre*, da *naufrāgium* 'naufragio'; 1499] **v. intr.** (*io nàufrago, tu nàufraghi*; aus. *essere* o, spec. riferito a persone, *avere*) *1* Andare distrutta in un naufragio, detto di imbarcazione: *il veliero è naufragato doppiando il Capo* | Essere coinvolto in un naufragio, detto di persona o cosa: *hanno naufragato al largo della Sardegna*. **SIN.** Affondare. *2* (*fig.*) Fallire, avere cattivo esito o non trovare buona accoglienza: *il suo disegno naufragò miseramente*; *tutte le nostre proposte sono naufragate*. *3* (*poet.*) Smarrirsi, perdersi: *e il naufragar m'è dolce in questo mare* (LEOPARDI).

naufràgio [vc. dotta, lat. *naufrăgiu(m)*, comp. di *nāvis* 'nave' e *-frăgium*, da *frăngere* 'spezzare'. V. *frangere*; 1264] **s. m.** *1* Perdita parziale o totale di un'imbarcazione causata da un incidente marittimo: *n. per tempesta, per urto contro un iceberg* | ***Fare n.***, naufragare. **SIN.** Affondamento. *2* (*fig.*) Rovina, distruzione: *il n. di tutte le sue speranze*; *eppure qualcosa… ci sorregge e ci allontana dal n.* (LEVI) | ***Fare n.***, (*fig.*) andare in rovina.

nàufrago [vc. dotta, lat. *năufragu(m)*, da *naufrăgium* 'naufragio'; 1342] **s. m.** (**f.** *-a*; **pl. m.** *-ghi*) ● Chi ha fatto naufragio, chi si è salvato da un naufragio: *soccorrere i naufraghi*; *i naufraghi approdarono in un'isola*; *trarre in salvo i naufraghi*.

naumachìa [vc. dotta, lat. *naumăchia(m)*, nom. *naumăchia*, dal gr. *naumachía*, comp. di *nâus* 'nave' e *-machía*, da *máchestai* 'combattere'; sec. XIV] **s. f.** ● Spettacolo di combattimento navale, per pubblico divertimento, spec. fra gli antichi Romani.

naupatia [comp. del gr. *nâus* 'nave' e *-patia*; 1954] **s. f.** ● (*med.*) Mal di mare.

nàuplio [lat. scient. *Nauplius*, dal n. mitologico gr. *Náuplios*, figlio di Poseidone] **s. m.** ● (*zool.*) Forma larvale iniziale, con un solo occhio mediano, tipica dei Crostacei Entomostraci.

nàusea [vc. dotta, lat. *nāusea(m)*, nom. *nāusea*, dal gr. *nausía* 'mal di mare', da *nâus* 'nave'; av. 1468] **s. f.** *1* (*med.*) Senso di ripugnanza per il cibo. *2* (*est.*) Voglia di vomitare: *avere la n.*; *provare un senso di n.*; *cibo, odore che dà la n.* *3* (*fig.*) Fastidio, avversione: *discorsi che danno n.*; *provo un fastidio, se sapesse, una n.* (PIRANDELLO) | ***Fino alla n.***, fino alla saturazione.

nauseabóndo [vc. dotta, lat. *nauseabŭndu(m)*, da *nāusea* 'nausea'; 1499] **agg.** *1* Che provoca nausea: *sapore n.* *2* (*fig.*) Che procura vivo fastidio: *proposte nauseabonde*.

nauseànte [1728] **part. pres.** di *nauseare*; anche **agg.** ● Che dà la nausea: *un odore n.* | (*fig.*) Disgustoso, ripugnante: *uno spettacolo n.*

nauseàre [vc. dotta, lat. *nauseāre*, da *nāusea* 'nausea'; 1640] **v. tr.** (*io nàuseo*; aus. *avere*) *1* Dare la nausea: *questo odore mi nausea*. *2* (*fig.*) Infastidire, disgustare (*anche assol.*): *il suo comportamento mi ha nauseato*; *discorsi che nauseano*. *3* †Avere a nausea (*anche fig.*): *n. un cibo, l'ipocrisia*.

nauseàto [1499] **part. pass.** di *nauseare*; anche **agg.** ● Che prova nausea | (*fig.*) Disgustato | (*fig.*) Stanco, tediato.

nauseóso [vc. dotta, lat. *nauseōsu(m)*, da *nāusea* 'nausea'; av. 1311] **agg.** ● (*raro, lett.*) Nauseabondo, nauseante (*anche fig.*). || **nauseosaménte**, **avv.** (*raro, lett.*) Con nausea, fastidio.

nàuta [vc. dotta, lat. *nāuta(m)*, nom. *nāuta*, dal gr. *náutēs*, da *nâus* 'nave'; 1499] **s. m.** (**pl.** *-i*) ● (*lett.*) Marinaio, nocchiero: *sedea al governo quel pratico n.* (ARIOSTO).

-nàuta [V. *nauta*] secondo elemento ● In parole composte derivate dal greco e dal latino, oppure formate modernamente, significa 'navigante', 'pilota': *astronauta, cosmonauta*.

nàutica [f. sost. di *nautico*; sec. XVI] **s. f.** *1* Scienza e pratica della navigazione. *2* Complesso delle imbarcazioni da diporto e di tutto quanto è a esse connesso: *salone della n.*

nàutico [vc. dotta, lat. *nāuticu(m)*, nom. *nāuticus*, dal gr. *nautikós*, da *náutēs* 'nauta'; av. 1375] **agg.** (**pl. m.** *-ci*) ● Relativo alla navigazione: *strumenti nautici*.

nàutilo [gr. *nautílos* 'navigante', da *náutēs* 'nauta'; av. 1498] **s. m.** ● Grosso mollusco cefalopode dell'Oceano Indiano, con numerosi tentacoli, che ha conchiglia bianca avvolta a spirale e divisa in sezioni di cui l'animale occupa solo l'ultima (*Nautilus pompilius*). ➡ **ILL. animali**/4.

navaho /*ingl.* 'nævə,hoʊ/ ● V. *navajo*.

navaja /*sp.* na'βaxa/ [vc. sp., lat. tardo *novācula(m)*, da una radice indeur. che significa 'grattare'; 1559] **s. f. inv.** (**pl.** sp. *navajas*) ● Grande coltello a serramanico dalla lama leggermente ricurva.

navajo /*sp.* na'βaxo/ o **navaho** [dallo sp. d'America *apaches de navajó*, dal tewa *navahú* 'largo campo'; 1890] **A s. m. e f. inv.**; anche **agg. inv.** (**pl.** sp. *navajos*) ● Appartenente a una popolazione amerindia originaria dell'America settentrionale e oggi stanziata in riserve dell'Arizona e del Nuovo Messico. **B s. m.** solo **sing.** ● Lingua parlata dai Navajo.

navàle [lat. *navāle(m)*, da *nāvis* 'nave'; 1353] **A agg.** ● Relativo alle navi | ***Accademia n.***, scuola di ufficiali della marina militare. **B s. m.** ● †Cantiere navale.

†**navalèstro** [da *navale*; 1774] **s. m.** *1* Traghettatore. *2* Galleggiante spinto con una pertica, usato per traghettare.

navalìsmo [comp. di *naval(e)* e *-ismo*; 1918] **s. m.** ● Nella politica militare di uno Stato, tendenza a privilegiare il potenziamento e l'efficienza delle forze navali.

navalìstico [1958] **agg.** (**pl. m.** *-ci*) ● Relativo al navalismo.

navalmeccànica [f. sost. di *navalmeccanico*; 1958] **s. f.** ● Tecnica relativa alla progettazione e alla costruzione di parti meccaniche destinate alle navi.

navalmeccànico [comp. di *naval(e)* e *meccanico*; 1942] **A agg.** (**pl. m.** *-ci*) ● Che riguarda la meccanica navale. **B s. m.** (**f.** *-a*) ● Operaio dell'industria navalmeccanica.

navàrca o **navàrco** [vc. dotta, lat. *navărchu(m)*, nom. *navărchus*, dal gr. *náuarchos*, comp. di *nâus* 'nave' e *árchein* 'comandare'. V. *-archia*; 1499] **s. m.** (**pl.** *-chi*) *1* (*lett.*) Comandante di nave o di flotta. *2* †Nocchiero.

navarrése [1313] **A agg.** ● Della Navarra, regione della Spagna settentrionale. **B s. m. e f.** ● Abitante della Navarra.

navarrino [1827] **agg.**; anche **s. m.** (**f.** *-a*) ● Navarrese.

navàssa o **navàscia**, **navàzza** [da *nave*, per la forma] **s. f.** ● (*region.*) Recipiente con un falso fondo a griglie mobili, usato per pigiare l'uva coi piedi.

navàta (1) [da *nave*, per l'ampiezza della chiesa; av. 1502] **s. f.** ● (*arch.*) Spazio interno di un edificio di tipo basilicale, in particolare di una chiesa, compreso tra due file longitudinali di colonne o di pilastri | ***N. centrale***, alla cui estremità è posto l'altar maggiore. ➡ **ILL.** p. 2119 ARCHITETTURA.

navàta (2) [da *nave*; sec. XIV] **s. f.** ● (*raro*) Carico che può portare la nave in una volta.

†**navàto** **agg.** ● Fatto a forma di nave.

navàzzo **s. m.** ● (*region.* o *lett.*) Navassa.

♦**nàve** [lat. *nāve(m)*, di orig. indeur.; av. 1250] **s. f.** *1* Costruzione, spec. di notevoli dimensioni, atta a trasportare cose e persone spostandosi per via d'acqua, galleggiando o navigando in profondità (sommergibile) o scivolando sopra la superficie (aliscafo): *n. di legno, a vela, a elica, n. da carico, n. corsara, n. da guerra* | ***N. passeggeri***, adibita al trasporto di persone su determinati tragitti | ***N. traghetto***, attrezzata anche per il trasporto di automezzi o di veicoli ferroviari | ***N. ospedale***, attrezzata per trasportare e curare malati e feriti | ***N. officina***, impiegata per riparazioni, anche in alto mare | ***N. cisterna***, attrezzata per il trasporto di liquidi | ***N. fattoria***, quella particolarmente attrezzata per la lavorazione immediata in mare del pesce pescato e la conservazione dei vari prodotti ricavabili dalle balene | ***N. ammiraglia***, su cui è imbarcato l'ammiraglio di una flotta | ***N. scuola***, V. *scuola* | ***N. appoggio***, V. *appoggio* | ***N. scorta***, unità militare per protezione di convogli | ***N. sussidiaria***, unità, spec. militare, per servizi speciali | ***N. civetta***, unità militare mascherata per guerra di corsa o lotta antisommergibili | ***N. da sbarco***, unità militare attrezzata per operazioni anfibie | ***N. da diporto***, unità caratterizzata da lunghezza fuori tutto superiore a 24 metri | ***N. spaziale***, astronave | (*fig.*) ***N. del deserto***, cammello. ➡ **ILL.** p. 2173 TRASPORTI. *2* (*poet., fig.*) In varie loc. per indicare la vita di un individuo o di una comunità, spec. statuale, in quanto avventurosa o bisognosa di guida: *passa la n. mia colma d'oblio* (PETRARCA); *la n. dello Stato*. *3* ***N. da latte***, nei caseifici, vasca di ferro stagnato in cui si lascia riposare il latte da scremare. *4* (*arch., raro*) Navata. || **PROV.** A nave rotta ogni vento l'è contrario. || **navàccia**, **pegg.** | **navétta**, **dim.** (V.) | **navicèlla**, **dim.** (V.) | **navicèllo**, **dim. m.** (V.) | **navicellóne**, **accr. m.**

NAVE
nomenclatura

nave

● *tipi di nave*: a remi, a vela, a motore, a vapore = steamer, a combustione interna, a energia nucleare = a propulsione atomica, a reazione d'acqua, a elica, a turbina; marittima, costiera, fluviale, lacuale, atlantica, mediterranea, transatlantica, da passeggeri, da carico, nave traghetto, roll-on roll-off, mista, da cabotaggio, da lungo corso, cargo, nave vagabonda = tramp, bastimento, mercantile, vinacciera, da guerra, militare (incrociatore, ammiraglia, lanciamissili, mezzo da sbarco, spazzamine, cacciasommergibili, torpediniera, cacciatorpediniere, corazzata, silurante, sottomarino = sommergibile, portaerei, dragamine); nave scuola, nave cisterna, motocisterna, turbocisterna, nave carbonaia, nave ospedale, nave fattoria, nave oceanografica, batiscafo, nave frigorifero, nave da pesca, pirata, corsara; portacontainer, posacavi, hovercraft, rimorchiatore, peschereccio, petroliera, metaniera, rompighiaccio, guardacoste, baleniera; vapore, motonave, turbonave, piroscafo, ferry-boat, aliscafo, alinave, idroplano, idroscafo; veliero, yacht, battello, vascello, goletta; flotta, flottiglia;

● *marina*: mercantile, militare, da guerra, civile, industriale, da pesca, da diporto; commercio marittimo, traffico marittimo, trasporto marittimo, nolo marittimo, embargo;

● *tipi di navigazione e caratteristiche*: libera, di

linea, costiera, di lungo corso; interna, fluviale, lacustre, sottomarina, remica, a vela, a vapore, a motore; stimata, astronomica, radionavigazione; cabotaggio, crociera, traversata, circumnavigazione, periplo; imbarco, sbarco, beccheggio, rollio, naufragio; portata lorda, portata netta, stazza lorda, stazza netta, tonnellaggio, carico, armamento, cabotaggio, abbrivio, deriva, miglio, nodo, lungo corso, collisione; stivaggio, reimbarco, alaggio, accosto, approdo, attracco, ormeggio, scalo tecnico; rotta (di bussola, magnetica, vera, assistita, di collisione), via = angolo di rotta;
● *strumenti e fasi di navigazione*: bussola, deviazione, declinazione magnetica, scarroccio, batimetrica, solcometro = scandaglio, compasso = bussola magnetica, girobussola = bussola giroscopica, tracciatore = registratore di rotta, punto nave, giropilota = pilota automatico, ecografo = ecometro = ecoscandaglio, sonar = ecogoniometro = asdic, grafometro, sestante, telemetro, astrolabio, notturlabio, meda, boa, gavitello, galleggiante, faro, radar, radiobussola, indicatore di rotta, carte nautiche (latitudine, longitudine, scala, miglio marittimo = nautico), carteggio, registro di bordo, giornale nautico, di navigazione, di bordo, giornale di chiesuola, costituto, portolano, passavanti, avviso ai naviganti, ordinativo di imbarco, manifesto di carico, di partenza; ortodromica, lossodromica, prua;
● *azioni*: mutare la rotta, fare rotta, allestire, attrezzare, armare, stivare, imbarcare, reimbarcare, prendere a bordo, imbarcarsi, andare, salire a bordo, levare, bittare = abbittare, traversare l'ancora, disancorare la nave, disormeggiare la nave, largare, prendere il mare = il largo, rimorchiare una nave, tonneggiare, alare, mettere, tirare in secco una barca, condurre, guidare, pilotare, governare, manovrare, ammutinarsi, navigare (a remo, a vela, a motore, a vapore, di conserva, in convoglio, al largo, lungo la costa, in mare aperto, col vento in poppa, sottovento, sopravento), incrociare, tenersi al largo andare per mare, fendere i flutti = le onde, veleggiare, bordeggiare, far vela, spigare le vele al vento, rondeggiare, costeggiare, tenersi sottocosta, a ridosso, cabotare, ridossare, circumnavigare, doppiare, rimontare, scapolare, navigare alla cappa = cappeggiare, beccheggiare = tangheggiare, rollare, guizzare = guinare, abboccare, approdare, accostare, toccare terra, essere, stare alla fonda, ancorare, gettare, affondare, distendere, dar fondo all'ancora, girare sull'ancora, afforcare, ammarare, imbozzare, fare scalo in un porto, debordare, sbarcare, esaurire, aggottare = sgottare con la sassola, affondare, naufragare.
● *persone*: armatore, capitano, comandante, ufficiale di coperta, comandante in seconda, direttore di macchina, ufficiale macchinista, nostromo, equipaggio, sottufficiale nocchiero, pilota = ufficiale di rotta, timoniere, marinaio, fochista, macchinista, mozzo.

†**naveràre** [fr. *navrer*, dall'ant. norreno *nafarra* 'forare', da *nafarr* 'trivella'; sec. XIII] **v. tr.** ● Ferire, colpire con arma da punta.

navétta [sec. XV] **A s. f.** *1* Dim. di *nave*. *2* Pietra preziosa di forma ovalizzante appuntita alle estremità | Tipo di taglio di pietra preziosa. *3* Parte del telaio per tessitura, a forma di parallelepipedo, di lunghezza variabile, appuntito alle estremità, contenente all'interno la spola col filato di trama | ***Fare la n.***, (*fig.*) fare la spola. *4* (*aer.*) ***N. spaziale***, veicolo spaziale pilotato da un equipaggio e in grado di compiere ripetuti viaggi. **SIN.** Space shuttle. **B** in funzione di **agg. inv.** ● Detto di mezzo di trasporto che compie continui viaggi di andata e ritorno su percorsi fissi e piuttosto brevi: *aereo n.* | ***Treno n.***, che trasporta automobili su vagoni a piani sovrapposti lungo percorsi fissi altrimenti difficoltosi o stagionalmente impraticabili.

navette /*fr.* na'vɛt/ [vc. fr., *navette*, dim. di *nef* 'nave', per la forma; 1983] **s. f. inv.** ● (*tess.*) Spola.

†**navicàre** e *deriv.* ● V. *navigare* e *deriv.*

♦**navicèlla** [vc. dotta, lat. tardo *navicĕlla(m)*, dim. di *nāvis* 'nave'; sec. XIII] **s. f.** *1* Dim. di *nave* | (*fig.*) ***La n. di Pietro***, la Chiesa. *2* Piccola imbarcazione lacustre e fluviale. *3* (*aer.*) Parte di un aeromobile o aerostato per alloggiare l'equipaggio | Carlinga | ***N. spaziale***, veicolo spaziale. ➡ **ILL.** p. 2156 **SPORT.** *4* (*chim.*) Piccolo recipiente, in genere di porcellana o metallo, in cui si pongono le sostanze che vengono portate a combustione per scopi analitici. *5* (*relig.*) Vassoio di forma simile a quella di una barchetta, in cui si conserva l'incenso. *6* (*cuc.*) Lamina bucherellata della pesciera usata per togliere da questa il pesce lessato. *7* Repertorio che contiene un breve profilo biografico di ogni eletto al Parlamento italiano (con riferimento all'immagine che il volume ha in copertina).

navicellàio [sec. XVI] **s. m.** (f. *-a*) ● (*mar.*, *disus.*) Chi guida il navicello.

navicellàta **s. f.** ● (*mar.*, *disus.*) Carico che può portare un navicello in una volta.

navicèllo [sec. XIV] **s. m.** *1* Dim. m. di *nave*. *2* (*raro*) Piccolo veliero, in uso sul litorale toscano, a due alberi, il primo dei quali, molto a pruavia, è fortemente inclinato in avanti.

navicert /*ingl.* 'nævɨ,sɜːɹt/ [vc. ingl., da *navi(gation) cert(ificate)* 'certificato di navigazione'; 1958] **s. m. inv.** ● Dichiarazione rilasciata dal console di un paese belligerante a nave neutrale partente da porto neutrale, per attestare che il carico imbarcato non è destinato al nemico.

†**navichière** o †**navichièro** [da *navicare*, sul modello di *nocchiere*] **s. m.** ● Marinaio, nocchiero: *i navichieri cantavano* (PASCOLI).

navicolàre [vc. dotta, lat. tardo *naviculāre(m)*, da *navĭcula*, dim. di *nāvis* 'nave'; 1494] **agg.** ● Che ha forma di navicella | (*anat.*) ***Osso n.***, scafoide | (*anat.*) ***Fossetta n.***, nome di varie depressioni anatomiche.

navicula **s. f.** ● Genere di alghe unicellulari, di acqua dolce o marina, con involucro silicizzato (*Navicula*). ➡ **ILL. alga.**

navigàbile [vc. dotta, lat. *navigābile(m)*, da *navigāre*; sec. XIV] **agg.** *1* Che si può navigare: *canale n.* *2* †Che è in grado di navigare: *battello n.*

navigabilità [da *navigabile*; 1869] **s. f.** *1* Con riferimento a una nave o a un aereo, il possesso dei requisiti necessari per poter navigare o volare in condizioni di sicurezza. *2* Condizione di fiumi, canali e sim. navigabili.

†**navigaménto** [av. 1292] **s. m.** ● Navigazione.

navigànte o †**navicànte** [1319] **A** **part. pres.** di *navigare*; anche **agg.** *1* Nei sign. del v. *2* Nella loc. ***personale n.***, l'insieme delle persone che prestano servizio a bordo di una nave o di un aereo. **B s. m. e f.** *1* Chi naviga. **CFR.** -nauta. **SIN.** Navigatore. *2* (*autom.*) Navigatore.

♦**navigàre** o †**navicàre** [vc. dotta, lat. *navigāre*, da *nāvis* 'nave'; sec. XIII] **A v. intr.** (*io nàvigo, tu nàvighi*; aus. *avere*) *1* Percorrere un tragitto muovendosi sull'acqua o nell'acqua, detto di nave o imbarcazione: *n. a remi, a vela, a motore*; *n. di conserva, in convoglio*; *n. lungo la costa, in mare aperto*; *carte per n.* | (*est.*) Percorrere uno spazio aereo, detto di aeromobili | Stabilire e mantenere una rotta: *n. calcolando la direzione del vento.* *2* (*est.*) Viaggiare con un mezzo nautico o aereo, come passeggero o come membro dell'equipaggio: *n. su un transatlantico, un veliero, una petroliera, una nave da guerra*; *un vecchio lupo di mare che naviga da molti anni*; *sono stanco di n.*; *presto smetteremo di n.* | ***N. col vento in poppa***, (*fig.*) essere in un periodo fortunato, felice | ***N. tra gli scogli, in cattive acque***, (*fig.*) attraversare momenti difficili, spec. trovarsi in difficoltà economiche | ***N. a ogni vento***, (*fig.*) adattarsi a tutte le circostanze. *3* (*est.*) Essere trasportato per nave, detto di merci e sim.: *il petrolio naviga con le petroliere.* *4* (*elab.*) Percorrere reti telematiche o ipertesti. **B v. tr.** *1* (*raro*) Percorrere navigando: *ha navigato tutti gli oceani*; *navigò per primo il Rio delle Amazzoni.* *2* †Trasportare per mare.

navigàto o †**navicàto** [1819] **part. pass.** di *navigare*; anche **agg.** *1* Nei sign. del v. *2* Percorso da navi: *un mare n.* *3* (*raro*) Che ha trascorso molto tempo navigando e quindi è molto esperto della navigazione: *marinaio n.* *4* (*fig.*) Che ha intensamente vissuto, che ha grande esperienza della vita: *uomo n.* | Che ha avuto molte esperienze amorose: *donna navigata* | (*est.*) Accorto, furbo: *affarista n.* *5* Trasportato con nave: *vino n.*

navigatóre o †**navicatóre** [vc. dotta, lat. *navigatōre(m)*, da *navigāre* 'navigare'; sec. XIV] **A agg.** ● Che naviga, dedito alla navigazione. **B s. m.** (f. *-trice* nei sign. 1 e 2) *1* Chi naviga | (*per anton.*) ***L'ardito n.***, Cristoforo Colombo | ***N. solitario***, V. *solitario*. *2* Chi traccia le rotte nella navigazione aerea o marittima | ***N. spaziale***, astronauta | (*est.*) Nei rally, la persona che, a fianco del guidatore, fornisce a questi informazioni sul percorso da compiere, sull'andamento della gara e sim. *3* ***N. satellitare***, strumento che indica il percorso da seguire per raggiungere una meta, basandosi sul sistema GPS e su una banca dati cartografica. *4* (*elab.*) Browser.

navigatòrio [1561] **agg.** ● Della navigazione: *arte navigatoria.*

navigazióne [vc. dotta, lat. *navigatiōne(m)*, da *navigāre* 'navigare'; 1308] **s. f.** *1* Azione, pratica, arte del navigare: *esperto della n.*; *n. aerea, spaziale*; *n. a vapore*; *n. sottomarina, di cabotaggio, interna, fluviale, lacustre* | ***N. mista***, quella praticata un tempo a vela e vapore. *2* Tecnica e pratica che consentono di stabilire e mantenere una rotta | ***N. astronomica***, utilizzando gli astri per determinare il punto | ***N. piana***, carteggio | ***N. stimata***, utilizzando il cammino che si stima aver percorso lungo la rotta seguita | ***N. strumentale***, quella che si avvale dell'ausilio di vari strumenti | ***N. satellitare***, quella che ricorre all'ausilio di satelliti | ***N. inerziale***, quella basata sulla misurazione ed elaborazione delle accelerazioni del velivolo o del natante. *3* (*elab.*) ***N. ipertestuale***, esplorazione di reti telematiche o ipertesti.

†**navìgero** [vc. dotta, lat. *navĭgeru(m)*, comp. di *nāvis* 'nave' e *gĕrere* 'portare' (V. *gestione*); 1822] **agg.** ● Che porta navi | ***Mare n.***, solcato da navi.

navìglio o †**navìgio** nel sign. 1, **navìlio** nei sign. 1 e 2, **navìle** nei sign. 1 e 2 [dal lat. *navĭgiu(m)*, da *navigāre*, con cambio di suff.; sec. XIII] **s. m.** *1* (*raro*) Imbarcazione. *2* L'insieme di tutte le navi destinate a un uso o uno scopo comune: *n. mercantile, peschereccio, da diporto.* *3* (*raro*) Flotta: *de Algeri uscì del porto fuore / il gran n.* (BOIARDO). *4* Canale navigabile.

navimodellìsmo [comp. di *nave*, *modello* e *-ismo*; 1981] **s. m.** ● Attività consistente nel costruire o collezionare modellini di navi e natanti in genere.

navoncèlla [da *navone*; 1965] **s. f.** ● Farfalla simile alla cavolaia, il cui bruco attacca il ravizzone (*Pieris napi*).

navóne [accr. di *napo*, attraverso i dial. sett.; av. 1320] **s. m.** ● (*bot.*) Ravizzone.

nazarèno o **nazzarèno** [vc. dotta, lat. tardo *Nazarēnu(m)*, nom. *Nazarēnus*, dal gr. *Nazarēnós* 'di Nazaret'; sec. XIII] **A agg.** ● Di Nazaret, città della Galilea: *Gesù n.* | ***Capelli alla nazarena***, che scendono fino alle spalle | ***Barba alla nazarena***, come quella portata da Gesù nelle immagini che lo ritraggono. **B s. m.** ● ***Il Nazareno***, (*per anton.*) Gesù Cristo.

nàzi [1938] **agg.**; anche **s. m. e f.** ● Accorc. di *nazista.*

nazifascìsmo [comp. di *nazi(smo)* e *fascismo*; 1944] **s. m.** ● Unione del fascismo italiano e del nazionalsocialismo tedesco nell'ultima fase della seconda guerra mondiale.

nazifascista [da *nazifascismo*; 1943] **A s. m. e f.** (pl. m. *-i*) ● Fautore del nazifascismo. **B agg.** ● Del nazifascismo: *violenza n.*

nazificàre [comp. di *nazi(sta)* e *-ficare*; 1958] **v. tr.** (*io nazifico, tu nazifichi*) ● Imporre l'ideologia nazista a organi politici, culturali e sim.

nazionalcomunìsmo [comp. di *nazional(e)* e *comunismo*; 1950] **s. m.** *1* In epoca post-staliniana, tendenza ad adeguare il comunismo a esigenze e situazioni nazionali. *2* Dopo la caduta dei regimi comunisti, tendenza da parte di alcuni gruppi dirigenti ex comunisti dell'Est europeo ad assumere posizioni nazionaliste.

nazionalcomunista [da *nazionalcomunismo*; 1983] **s. m. e f.** (pl. m. *-i*) ● Sostenitore, seguace del nazionalcomunismo.

nazionalcomunistico **agg.** (pl. m. *-ci*) ● Relativo al nazionalcomunismo.

♦**nazionàle** [1488] **A agg.** *1* Della nazione: *lingua, letteratura n.* | ***Sentimento n.***, coscienza di appartenere alla stessa nazione, patriottismo | (*spreg.*) Nazionalistico: *la morale eroica e la lirica civile e n. nel d'Annunzio* (CROCE). *2* Della nazione in quanto organismo economico e politico: *industria, reddito n.*; *sciopero n.*; *museo n.* | ***Monumenti n.***, V. *monumento* | ***Prodotti nazionali***, non venuti da Paesi stranieri. **CONTR.** Estero. ||

nazionalménte, **avv.** *1* Relativamente alla nazione, in tutta la nazione: *un artista nazionalmente noto*. *2* (*raro*) Con sentimento nazionale. **B** s. m. e f. *1* (*raro*) Connazionale. *2* Atleta incluso in una squadra nazionale. **C** s. f. *1* Squadra di atleti che rappresenta la propria nazione in competizioni internazionali per una determinata specialità: *la n. italiana di calcio*. *2* Nome commerciale di una sigaretta italiana.

nazionalismo [fr. *nationalisme*, da *national* 'nazionale'; av. 1872] s. m. *1* Tendenza e prassi politica fondata sull'esaltazione dell'idea di nazione e del principio di nazionalità. *2* (*est.*) Esaltazione delle caratteristiche peculiari della cultura e delle consuetudini della propria nazione.

nazionalista [fr. *nationaliste*, da *nationalisme* 'nazionalismo'; 1866] **A** s. m. e f. (pl. m. *-i*) ● Fautore del nazionalismo. **B** anche agg.: *politica n.*

nazionalistico [1917] agg. (pl. m. *-ci*) ● Proprio del nazionalismo | Basato sul nazionalismo: *movimenti nazionalistici*. || **nazionalisticaménte**, avv. In modo, con spirito, nazionalistico.

nazionalità [fr. *nationalité*, da *national* 'nazionale'; 1673] s. f. *1* Condizione di ciò che è nazionale | ***Principio di n.***, principio, sorto verso la fine del Settecento e sviluppatosi nell'Ottocento, in base al quale ogni nazione dovrebbe costituirsi in unità politica indipendente. *2* Appartenenza alla propria nazione: *difendere la propria n.*; *perdere la n. tedesca*. *3* Nazione: *popoli di diverse nazionalità*.

nazionalizzàre [fr. *nationaliser*, da *national* 'nazionale'; 1925] v. tr. ● Rendere di proprietà statale un'attività economica gestita da privati: *n. le ferrovie*.

nazionalizzazióne [fr. *nationalisation*, da *national* 'nazionale'; 1834] s. f. ● Il nazionalizzare: *la n. dell'energia elettrica*.

nazionalpopolàre o **nazionàle-popolàre** [comp. di *nazional(e)* e *popolare*; av. 1937] agg. ● Termine usato da A. Gramsci (1891-1937) per indicare, e auspicare, una cultura che fosse radicata in un popolo e nelle sue più autentiche tradizioni storiche | (*spreg.*) Nel linguaggio giornalistico, detto di opera che asseconda i gusti di un pubblico poco esigente sul piano artistico e culturale: *un varietà televisivo n.*; *In Dostojevschij c'è il potente sentimento nazionale-popolare* (GRAMSCI).

nazionalsocialismo [calco sul ted. *Nationalsozialismus*; 1933] s. m. ● Dottrina sociale formulata da Adolf Hitler, e posta a base del corrispondente movimento politico nella Germania fra le due guerre, fondata prevalentemente sul concetto di popolo inteso come unità etnica e culturale, sul razzismo, l'imperialismo, l'autoritarismo e l'antisocialismo.

nazionalsocialista [1932] **A** s. m. e f. (pl. m. *-i*) ● Aderente al nazionalsocialismo. **B** agg. ● Nazionalsocialistico.

nazionalsocialistico [1945] agg. (pl. m. *-ci*) ● Proprio del nazionalsocialismo.

♦**nazióne** [vc. dotta, lat. *natiōne(m)* 'nascita', poi 'popolazione', da *nātus* 'nato'; av. 1294] s. f. *1* Il complesso degli individui legati da una stessa lingua, storia, civiltà, interessi, aspirazioni, spec. in quanto hanno coscienza di questo patrimonio comune: *la n. russa è molto fiera delle sue tradizioni*; *la dignità, l'unità, l'indipendenza di una n.*; *messaggio alla N.* *2* Stato: *le nazioni sudamericane*; *Organizzazione delle Nazioni Unite*. *3* Insieme di persone che appartengono a una stessa stirpe: *gente di ogni n.* *4* †Nascita, razza, schiatta.

nazireàto [da *nazireo*; 1607] s. m. ● Condizione del nazireo.

nazirèo [ebr. *nazīr* 'che si astiene'; 1607] s. m. ● Presso gli antichi Ebrei, chi faceva voto di rinunciare alla cura della propria persona, in particolare al taglio dei capelli, e all'uso del vino.

naziskin /ingl. 'nɑ:tsi,skɪn/ o **nazi-skin** [vc. ingl., comp. di *Nazi* 'nazista' e *skin(head)*; 1989] s. m. e f. inv. ● Ciascuno degli appartenenti a un movimento di ispirazione nazista, che portano la testa rasata a zero e compiono atti di teppismo e di violenza.

nazismo [abbr. di *nazionalsocialismo*; 1934] s. m. ● Nazionalsocialismo.

nazista [1934] **A** s. m. e f. (pl. m. *-i*) *1* Chi aderisce al nazismo. *2* (*fig., spreg.*) Chi si comporta in modo particolarmente feroce e crudele: *questi sono metodi da n.* **B** anche agg.: *movimento n.*

nazistico [av. 1952] agg. (pl. m. *-ci*) ● Proprio del nazismo e dei nazisti (*spec. spreg.*): *sistemi nazistici*.

nazzarèno ● V. *nazareno*.

'ndràngheta o **'ndrànghita** [vc. calabrese, prob. da *'ndranghiti* 'balordo' (in molti gerghi i ladri si chiamano balordi o qualcosa di simile); 1972] s. f. ● Organizzazione calabrese di tipo mafioso.

♦**ne** (*1*) /ne/ o †**en** (*2*), †**énde** [lat. *(ĭ)n(d)e* 'di lì'; sec. XII] **A** particella pron. atona m. e f. sing. e pl. (formando gruppo con altri pron. atoni, si pospone sempre a questi; si può elidere davanti a parole che cominciano per vocale: *non ve n'abbiate a male*) *1* Di lui, di lei, di loro (come compl. di specificazione e di argomento in posizione sia encl. sia procl.): *sono bravi ragazzi e ne apprezziamo molto i meriti*; *tua sorella è buona e tutti ne parlano bene*; *da molto tempo non vedo tuo zio, parlamene* | (*pleon.*) Di te, di voi: *di te ne ho abbastanza*. *2* Di questo, di quello, di questa, di quella, di questi, di quelli, di queste, di quelle (come compl. di specificazione, di argomento o di causa o con valore partitivo in posizione sia encl. sia procl.): *mi ha fatto un dispetto ma se n'è già pentito*; *che bei fiori! raccoglierne qualcuno!*; *'un po' di tè?' 'no grazie, ne ho ancora'*; *è una brutta storia e io non ne voglio sapere*; *Quando nacqui mia madre ne piangeva* (SABA) | (*pleon.*) Con valore enfat.: *ne ha di coraggio!*; *ne dice di bugie!* | In espressioni ellittiche: *ne ho sentite e viste di belle*; *me ne ha fatte di tutti i colori*; *glie ne ha date di santa ragione*; *gliene ho dette un sacco*; *chi più ne ha, più ne metta*. *3* Di ciò (con valore neutro, in posizione sia encl. sia procl., riferito a un'intera frase o a un concetto già espresso): *non ne vedo la necessità*; *se ne riparlerà domani*; *cercheremo di farne a meno*; *me ne rincresce*; *non me ne importa nulla*; *non ne vale la pena*; *non volermene per questo*; *se n'è avuto a male*. *4* Da ciò, da questo (con valore neutro, in posizione sia encl. sia procl., indicando conseguenza, derivazione da un concetto già espresso): *ne consegue che avete tutti torto*; *ne verrebbe un gran danno*; *non se ne può trarre altra conclusione*; *ne deduco che non avevate ben capito*. **B** avv. *1* Di lì, di là, di qui, di qua (indica allontanamento da un luogo e (*fig.*) da una situazione, da uno stato e sim., in posizione sia encl. sia procl.): *ne vengo ora*; *me ne vado subito*; *se ne andò insoddisfatto*; *non sono più capace di uscirne*; *vattene!*; *è una brutta faccenda ma vorrei venirne fuori con onore*. *2* (*pleon.*) Con valore intens. (accompagnato da un pron. pers. atono, e in posizione sia encl. sia procl.): *se ne veniva bel bello*; *come puoi startene lì seduto senza far niente?*; *te ne stai sempre tutto solo*; *Non le dispiacque*; *ma sì se ne rise* (DANTE *Par.* X, 61) | (*lett.*) In posizione encl. anche con il v. di modo finito: *vassen volando sanza muover penne* (POLIZIANO).

†**ne** (*2*) /ne/ [lat. *nōs* 'noi'; 1224 ca.] pron. pers. atono di prima pers. pl. *1* (*poet.*) Noi (come compl. ogg. in posizione sia encl. sia procl.): *Andiam, ché la via lunga ne sospigne* (DANTE *Inf.* IV, 22). *2* (*poet.*) A noi (come compl. di termine in posizione sia encl. sia procl.): *se da le proprie mani / questo n'avvene* (PETRARCA).

♦**ne** (*3*) /ne/ [da (*ĭ*)*n ĭ(llum)*, V. *in* e *il*, *lo*, *la*; sec. XIII] prep. ● Forma che la prep. *in* assume seguita dagli art. det. nella formazione delle prep. articolate sia con grafia unita (*nel*, *nella*, *nelle*, *nelli*, *nello*, *nei*, *negli*) sia con grafia separata, dell'uso lett. e poet. (*ne 'l*, *ne la*, *ne le*, *ne li*, *ne lo*, *ne i*, o tosc. *ne'*, *ne gli*) | Si usa talvolta anche nelle citazioni di titoli di opere che cominciano con l'articolo: *le descrizioni ne 'I Promessi Sposi'* (ma anche: *le descrizioni nei 'Promessi Sposi'*).

♦**né** /ne*/ o (*poet.*) †**ned** [lat. *nĕc*, da *nĕ* 'non'; sec. XII] cong. (per eufonia poet. *ned* davanti a parole che cominciano per vocale: *presso a queste navi / ned or né poscia più ti colga io mai* (MONTI)) *1* Con funzione negativa, coordina due o più elementi di una proposizione che hanno la stessa funzione sintattica: *non ho visto né Carlo né Maria*; *non verremo né io né lui*; *né l'uno né l'altro lo vuole ammettere*; *non mi ha detto né sì né no*; *non riesce a dormire né di giorno né di notte*; *né del vulgo mi cal né di fortuna* (PETRARCA) | ***Non mi fa né caldo né freddo***, (*fig.*) non me ne importa nulla | ***Né punto né poco***, niente affatto: *non mi interessa né punto né poco* | ***Né più né meno***, esattamente, proprio: *ha detto né più né meno quello che mi aspettavo*. *2* Col sign. di 'e non' coordina due o più proposizioni negative: *non mi ha scritto né mi ha telefonato*; *non posso aiutarti né darti un consiglio* | Con valore enfat. anche nella proposizione iniziale: *né mi ha scritto né mi ha telefonato*. *3* Col sign. di 'e non' coordina una proposizione positiva con una negativa: *ha deciso così, né io posso ostacolarlo*; *sempre sospira / né d'altro parla che di morire* (METASTASIO) | (*lett.*) All'inizio di una proposizione con funzione negativa: *né più mai toccherò le sacre sponde / ove il mio corpo fanciulletto giacque* (FOSCOLO) | Con valore raff. †***né non***: *né fiamma d'esto incendio non m'assale* (DANTE *Inf.* II, 93). *4* †Neanche: *se la donna s'affligge e si lamenta / né di Ruggier la mente è più quieta* (ARIOSTO). *5* †Affinché non (introduce una prop. finale con il v. al congv.) | Anche nella loc. cong. †***né forse*** (V. nota d'uso ACCENTO).

ne' /ne/ prep. art. m. pl. ● Forma tronca della prep. art. 'nei'.

♦**neànche** o (*raro*) **né ànche**, (*tosc.*) †**neànco** [comp. di *né* e *anche*; 1441] **A** avv. *1* Assolutamente non, assolutamente no, in nessun caso (aggiunge un'ulteriore negazione a quanto di negativo è già stato espresso o sottinteso o sta per essere espresso): *se tu non vieni, n. io parteciperò alla manifestazione*; *non ammetto queste cose e n. le ammetterò mai!*; *n. mi sfiora una simile idea!*; *non ci penso n.!* | Assol. si usa in risposte negative con valore raff.: *'tu vieni?' 'no' 'e suo fratello?' 'n.!'* | ***N. per sogno!***, ***n. per idea***, risposta che esclude recisamente qlco.: *'vorresti farlo tu?' 'n. per sogno!'*. *2* Rafforza una negazione: *non ho in tasca n. un centesimo*; *non posso n. pensare a una simile eventualità*. *3* Persino non (escludendo qualsiasi possibilità): *n. un bambino lo farebbe*. **B** cong. ● Non anche, se pure non (introduce una prop. concessiva sia implicita con il v. al ger. o all'inf., sia esplicita seguita da 'se' e il v. al congv. o all'indic.): *n. a intervenire subito avremmo potuto salvarlo*; *n. pagandolo a peso d'oro farebbe una cosa simile*; *n. se volesse potrebbe entrare*; *non ci cavi niente n. se lo tratti con ogni riguardo*.

neandertaliàno [da *Neandertal*, valle ted. del fiume Düssel dove, nel 1856, furono trovati i resti di un antichissimo scheletro umano; 1958] agg. ● Appartenente alla cultura preistorica che si ritiene tipica del cosiddetto Uomo di Neandertal, di epoca paleolitica.

neànide [vc. dotta, dal gr. *neânis*, genit. *neânidos* 'giovane'] s. f. ● (*zool.*) In alcuni Insetti, forma immatura che si libera dall'involucro dell'uovo e che presenta un aspetto più o meno simile a quello dell'adulto.

♦**nébbia** (*1*) o †**nèbula** [lat. *nĕbula(m)*, di orig. indeur.; av. 1292] s. f. *1* Sospensione nell'aria e presso il suolo di microscopiche goccioline, formatesi per condensazione del vapore acqueo intorno a nuclei di pulviscolo atmosferico, tale da ridurre notevolmente la visibilità: *n. fitta*, *densa*, *leggera*; *le nebbie del Nord*; *banco di n.*; *è calata la n.*; *la n. si dilegua*, *si dissolve* | (*fig.*) ***Dileguarsi come n. al sole***, scomparire rapidamente | ***N. artificiale***, prodotta artificialmente con speciali apparecchiature, spec. a fini bellici. ➡ ILL. p. 2135 SCIENZE DELLA TERRA ED ENERGIA. *2* (*fig.*) Ciò che costituisce un offuscamento per la comprensione, l'intelligenza e sim.: *la n. dell'ignoranza*, *della superstizione*. *3* (*bot.*) Malattia del grano e di altre Graminacee (orzo, segala, avena), dovuta a un fungo parassita delle Erisifacee. *4* (*med.*) Macchia biancastra, trasparente, della cornea, che può offuscare la vista. || **nebbiàccia**, pegg. | **nebbiarèlla**, dim. | **nebbiétta**, dim. | **nebbiettina**, dim. | **nebbiolina**, dim. | **nebbióne**, accr. m. (V.).

nébbia (*2*) [dal colore, come *annebbiato*] s. f. ● Pianta perenne delle Diantacee, sottile e ramosa, coltivata spec. come pianta ornamentale per completare i mazzi di fiori (*Gypsophila elegans*).

†**nebbiatìccio** [sec. XVI] s. m. ● Tempo nebbioso.

nebbiògeno [comp. di *nebbia* e *-geno*; 1932] **A** agg. ● Che produce nebbia: *impianto n.* **B** s. m. ● Sostanza chimica che produce nebbia artificiale, a scopo di occultamento all'osservazione.

nebbiòlo o **nebiòlo** [dall'aspetto degli acini che sembrano ricoperti di *nebbia*; 1606] s. m. *1* Antico e pregiato vitigno piemontese, da cui si producono celebri vini come il barolo e il barbaresco; prende il nome di Chiavennasca in Valtellina e di

Spanna nelle zone di Novara e Vercelli. **2** Vino rosso, asciutto, dal tenue profumo di viola, prodotto dal vitigno omonimo nelle province di Asti e di Cuneo: *n. d'Alba*.

nebbióne [av. 1472] **s. m.** **1** Accr. di *nebbia*. **2** Nebbia molto fitta.

nebbiosità [lat. tardo *nebulositāte(m)* 'oscurità, opacità', da *nebulōsus* 'nebuloso'; av. 1704] **s. f.** ● Caratteristica, condizione di ciò che è nebbioso (*anche fig.*): *la n. della giornata*; *la n. delle tue idee*.

nebbióso [lat. *nebulōsu(m)*, da *nĕbula* 'nebbia'; av. 1320] **agg.** **1** Coperto, pieno di nebbia: *valle nebbiosa*. **2** (*fig.*) Confuso, poco chiaro: *ricordo n.* SIN. Nebuloso. || **nebbiosaménte**, avv. In modo confuso, indistinto.

nebiòlo ● V. *nebbiolo*.

nèbride [vc. dotta, lat. tardo *nĕbride*, abl. di *nĕbris*, dal gr. *nebrís*, da *nebrós* 'cerbiatto'; 1476] **s. f.** ● (*relig.*) Veste di pelle di cervo, capra o leopardo, indossata dal dio Dioniso nelle sue antiche raffigurazioni, e poi da suoi seguaci e sacerdoti nelle cerimonie dionisiache.

nèbula [lat. *nĕbula(m)*. V. *nebbia* (*1*); 1294] **s. f.** **1** †V. *nebbia* (*1*). **2** (*lett.*) †Nuvola. **3** †Macchia (*anche fig.*) | (*fig.*) Difficoltà di comprensione. **4** (*astron.*) Nebulosa. || †**nebulétta**, dim.

nebulàre [sec. XIII] **agg.** ● (*astron.*) Attinente alle nebulose | Di aspetto simile a una nebulosa.

nebulizzàre [ingl. *to nebulize*, dal lat. *nĕbula* 'nebbia'; 1915] **v. tr.** ● Ridurre un liquido in minutissime goccioline disperse nell'aria a formare una nebbia.

nebulizzatóre [da *nebulizzare*; 1915] **s. m.** ● Apparecchio o dispositivo che serve a ridurre un liquido in minutissime gocce. SIN. Atomizzatore.

nebulizzazióne [1915] **s. f.** ● Operazione del nebulizzare.

†**nebulóne** [vc. dotta, lat. *nebulōne(m)*, propr. 'che vive nella nebbia', da *nĕbula* 'nebbia'; sec. XIV] **s. m.** ● Impostore, mascalzone, briccone: *ch'io spegna / questo ... nebulon, che grida / ch'io del Sol non vedrò più l'aurea luce* (MONTI).

nebulósa [f. sost. di *nebuloso*; sec. XIV] **s. f.** **1** (*astron.*) Addensamento di materia interstellare che all'osservazione telescopica appare come una tenue nuvoletta | ***N. lucida, luminosa***, che emette luce per fluorescenza provocata dalle stelle vicine | ***N. oscura***, che non emette luce, ma occulta le stelle più distanti che si trovano nella medesima direzione. **2** (*raro, fig.*) Insieme confuso, indeterminato: *la n. dei gruppi giovanili*.

nebulosità [vc. dotta, lat. tardo *nebulositāte(m)*. V. *nebbiosità*; 1375 ca.] **s. f.** **1** Caratteristica, condizione di ciò che è nebuloso: *la n. del cielo* | (*meteor.*) Nuvolosità. **2** (*fig.*) Indeterminatezza di ciò che è vago, incerto: *la n. dei suoi progetti*.

nebulóso [vc. dotta, lat. *nebulōsu(m)*. V. *nebbioso*; 1313] **agg.** **1** Caliginoso, fosco | (*meteor.*) Nuvoloso. **2** (*fig.*) Poco chiaro, vago, incerto: *ricordo n.*; *immagine nebulosa*. || **nebulosaménte**, avv. In modo nebuloso, poco chiaro.

†**necàre** [vc. dotta, lat. *necāre*, da *nĕx*, genit. *nĕcis* 'uccisione, strage' (di etim. incerta); av. 1332] **v. tr.** ● Uccidere, ammazzare.

nèccio o **niccio** [da avvicinare all'ant. lucchese *castagniccio*, deriv. di *castagna*; av. 1587] **A s. m.** ● (*tosc.*) Schiacciata di farina di castagne, cotta tra due dischi di pietra roventi. **B agg.** (pl. f. *-ce*) ● (*tosc.*) Di castagne, nella loc. ***farina neccia***.

nécessaire /fr. nesɛ'sɛːʀ/ [vc. fr., propr. 'necessario'; 1877] **s. m. inv.** ● Astuccio o valigetta contenente tutto ciò che occorre per una determinata operazione:*n. da viaggio*; *un n. da tavolo*; *un n. da toeletta*.

♦**necessàrio** [vc. dotta, lat. *necessāriu(m)*, da *necĕsse* 'necessario', comp. di *ne-* 'non' e *cēdere* 'ritirarsi' (V. *cedere*); quindi 'che non può essere ritirato, mosso'; sec. XIII] **A agg.** **1** Detto di ciò di cui non si può assolutamente fare a meno: *cose necessarie alla vita*; *pezzo n. a una macchina*; *documenti necessari* | ***Non è n.***, se ne può fare a meno | (*est.*) ***Conseguenza necessaria***, inevitabile, certa. SIN. Indispensabile. CONTR. Superfluo. **2** Che serve, è utile, occorre a qlcu. o qlco.: *il tempo n. per scrivere*; *la necessaria chiarezza del discorso*; *una presenza necessaria*. **3** (*filos.*) Che non può non essere, né essere altrimenti da ciò che è. CONTR. Contingente. **4** (*dir.*) Disposto da norma inderogabile: *domicilio n.*; *erede n.*; *sospensione necessaria del processo*. || **necessariaménte**, avv. **1** Per necessità. **2** (*raro*) Evidentemente. **B s. m.** **1** (*solo sing.*) Ciò che occorre di necessità per un determinato scopo: *provvedere del n.*; *il puro, lo stretto n.* | ***Non avere il n.***, non avere di che vivere. SIN. Indispensabile. CONTR. Superfluo. **2** †Parente: *vendere i figliuoli e altri suoi necessarii senza taglia* (MACHIAVELLI). **3** (*eufem.*) †Ritirata | Vaso da notte.

necèsse [lat. V. *necessario*; 1321] **agg.**; anche **s. m. inv.** ● (*filos., lett.*) Necessario.

♦**necessità** [vc. dotta, lat. *necessitāte(m)*, da *necĕsse*. V. *necessario*; av. 1294] **s. f.** **1** Carattere, condizione di ciò che è necessario: *la n. del nutrirsi, del riposarsi*; *non capisco la n. di tanta urgenza* | ***Di n.***, necessariamente | †***Conviene di n.***, si deve necessariamente fare | (*raro*) ***È n.***, è necessario. SIN. Bisogno. **2** Forza superiore alla volontà dell'uomo che ne determina l'agire in un dato senso: *l'ineluttabile n.*; *piegarsi, ribellarsi alla n.* | (*dir.*) ***Stato di n.***, V. *stato* (*2*), sign. 10 | ***Fare di n. virtù***, sottomettersi a una circostanza inevitabile, cercando, se possibile, di trarne qualche vantaggio | (*est.*) Fato, destino: *la n. ha voluto così*. **3** Ciò che è necessario, indispensabile: *le necessità della vita* | †***Dare la n.***, dare il necessario | (*spec. al pl., eufem.*) La defecazione o la minzione: *le n. naturali, corporali*; *ho una n. urgente*. **4** (*filos.*) Carattere di ciò che è e che non può non essere. CONTR. Contingenza. **5** Povertà, miseria: *trovarsi in n.* | Carestia, penuria: *n. di denaro, di uomini*. **6** †Parentela, intrinsechezza. **7** (*spec. al pl.*) †Interesse, rendita: *conoscere le proprie necessità*. || PROV. Necessità fa legge.

necessitànte part. pres. di *necessitare*; anche **agg.** ● (*raro*) Che determina, che ha un effetto costrittivo.

necessitàre [da *necessità*; sec. XIV] **A v. tr.** (*io necèssito*) ● Costringere, rendere necessario, indispensabile: *sono cose che necessitano tutta la nostra attenzione*; *le opposizioni fattemi ... mi necessitarono in tal maniera a pensarvi sopra* (GALILEI). **B v. intr.** (aus. *essere*) **1** (+ *di*; + *a*) Aver bisogno: *n. di molte sovvenzioni*; *l'edificio necessita di manutenzione*. **2** (assol.; impers. + *che* seguito da congv.) Essere necessario (*anche impers.*): *necessita la vostra sincerità*; *necessita che il lavoro sia terminato al più presto*.

necessitàto [av. 1342] part. pass. di *necessitare*; anche **agg.** ● Obbligato, costretto: *sentirsi n. a intervenire*.

necessitìsmo [comp. di *necessità* e *-ismo*] **s. m.** ● (*filos.*) Determinismo.

†**necessitóso** [sec. XIII] **agg.** ● Che si trova in necessità, bisognoso.

neck /ingl. nɛk/ [vc. ingl., propr. 'collo', vc. di orig. germ.; 1932] **s. m. inv.** ● (*geol.*) Antico condotto vulcanico riempito di materiale piroclastico o di lave raffreddate.

nècro- [dal gr. *nekrós* 'morto'] primo elemento ● In parole composte, significa 'defunto', 'cadavere' o indica 'morte': *necrobiosi, necrofagia, necrofilia, necroforo, necropoli*.

necrobacillòsi [comp. di *necro-* e *bacillosi*] **s. f. inv.** ● (*veter.*) Processo morboso che colpisce gli animali domestici ed è caratterizzato da fenomeni necrotici localizzati.

necròbia [comp. di *necro-* e *-bio*; 1834] **s. f.** ● Insetto dei Coleotteri le cui larve pelose, con robusto apparato masticatore, si nutrono di altre larve di insetti (*Necrobia ruficollis*).

necrobiòsi [comp. di *necro-* e *-bio*, con il suff. medico *-osi*; 1905] **s. f. inv.** ● (*biol.*) Lento processo di necrosi delle cellule o di tessuti.

necrobiòtico [1958] **agg.** (pl. m. *-ci*) ● Relativo a necrobiosi.

necrofagia [comp. di *necro-* e *-fagia*; 1965] **s. f.** ● Il nutrirsi di cadaveri, proprio di vari animali.

necròfago [vc. dotta, gr. *nekrophágos*, comp. di *nekro-* 'necro-' e *-phágos* '-fago'; 1821] **agg.** (pl. m. *-gi*) ● Di animale che si nutre di cadaveri.

necrofilia [comp. di *necro-* e *-filia*; 1899] **s. f.** ● (*psicol.*) Perversione sessuale consistente nell'attrazione verso i cadaveri.

necròfilo [comp. di *necro-* e *-filo*; 1911] **agg.**; anche **s. m.** (f. *-a*) ● Che (o Chi) è affetto da necrofilia.

necrofobia [comp. di *necro-* e *-fobia*; 1865] **s. f.** ● (*psicol.*) Paura ossessiva alla vista dei cadaveri.

necròforo [vc. dotta, gr. *nekrophóros*, comp. di *nekro-* 'necro-' e *-phóros* '-foro'; av. 1904] **s. m.** **1** (f. *-a*) Becchino. **2** Insetto dei Coleotteri, nero con peli dorati, che seppellisce piccoli animali morti delle cui carni putrescenti si nutriranno le sue larve (*Necrophorus*). ➡ ILL. **animali**/2.

necrologia [comp. di *necro-* e *-logia*; 1819] **s. f.** ● Cenno orale o breve annuncio scritto in onore di persone morte. SIN. Necrologio.

necrològico [1804] **agg.** (pl. m. *-ci*) ● Relativo alla necrologia.

necrològio [da *necro-*, sul modello di *martirològio*; 1714] **s. m.** **1** Annuncio funebre, spec. sui quotidiani | Necrologia. **2** Obituario.

necrologista [1891] **s. m.** e **f.** (pl. m. *-i*) ● Chi pronuncia o scrive una necrologia.

necromanzia ● V. *negromanzia*.

necroormóne o **necrormóne** [comp. di *necro-* e *ormone*; 1954] **s. m.** ● (*fisiol.*) Sostanza che, liberata durante le lesioni tessutali, stimola la moltiplicazione cellulare nella zona lesa.

necròpoli [vc. dotta, gr. *nekrópolis*, comp. di *nekro-* 'necro-' e *pólis* 'città'. V. *polis*; 1820] **s. f. inv.** **1** Luogo dedicato alla sepoltura e venerazione dei defunti, riemerso da scavi archeologici: *n. di Spina*. **2** (*est.*) Cimitero.

necropsia [da *necro-*, sul modello di *autopsia*; 1958] **s. f.** ● (*med.*) Necroscopia.

necrormóne ● V. *necroormone*.

necrosàre [da *necrosi*] **v. tr.** (*io necròso*) ● (*biol., med.*) Necrotizzare.

necroscopia [comp. di *necro-* e *-scopia*; 1829] **s. f.** ● (*disus.*) Autopsia.

necroscòpico [1859] **agg.** (pl. m. *-ci*) ● Di necroscopia, che concerne la necroscopia. || **necroscopicaménte**, avv. Mediante la necroscopia.

necròscopo [1865] **s. m.** (f. *-a*) ● Medico che constata la morte di una persona ed, eventualmente, ne accerta le cause.

necròsi o **nècrosi** [vc. dotta, lat. tardo *necrōsi(m)*, nom. *necrōsis*, dal gr. *nékrōsis*, da *nekrós* 'morto'. V. *necro-*; 1821] **s. f. inv.** ● (*biol., med.*) Processo che porta alla morte di singole cellule o di tessuti di organismi viventi.

necròtico [vc. dotta, gr. *nekrōtikós* 'mortificante', da *nékrōsis* 'mortificazione, necrosi'; 1940] **agg.** (pl. m. *-ci*) ● Di necrosi, caratterizzato da necrosi: *tessuto n.*; *processo n.*

necrotizzànte **A** part. pres. di *necrotizzare*; anche **agg.** ● Nel sign. del v. **B s. m.** ● Agente che provoca la necrosi dei tessuti viventi.

necrotizzàre [da *necrotico*; 1914] **A v. tr.** ● Indurre a necrosi, provocare necrosi: *n. un tessuto*. **B v. intr. pron.** ● Essere colpito da necrosi: *cellule che si necrotizzano*.

necrotizzàto part. pass. di *necrotizzare*; anche **agg.** ● Colpito da necrosi: *tessuto n.*

necrotomia [comp. di *necro-* e *-tomia*; 1958] **s. f.** **1** (*disus.*) Autopsia. **2** Procedura che consente la rimozione di un sequestro osseo.

nècton o **nèkton** [vc. dotta, gr. *nēktón*, nt. di *nēktós* 'che nuota', da *nḗchein* 'nuotare', di orig. indeur.; 1927] **s. m.** ● (*biol.*) L'insieme degli animali capaci di muoversi attivamente nell'ambiente acqueo. CFR. Plancton.

nectònico [1981] **agg.** (pl. m. *-ci*) ● Relativo, appartenente al necton: *specie nectonica*.

nèctria [dal gr. *nḗktōr* 'nuotatore', da *nḗchein* 'nuotare', di orig. indeur.] **s. f.** ● Fungo dei Discomiceti, dannoso parassita di svariati alberi, sui quali forma cuscinetti rosei duri e carnosi (*Nectria cinnabarina*).

†**ned** /ned/ ● V. *né*.

nederlandése ● V. *neerlandese*.

†**neénte** ● V. *niente*.

neerlandése o **nederlandése** [da *Néerlande*, forma fr. di *Nederland* 'Paesi Bassi'; 1834] **A s. m.** e **f.** ● (*raro*) Olandese. **B s. m.** solo sing. ● Lingua comprendente sia l'olandese sia il fiammingo.

nefandézza [av. 1606] **s. f.** **1** Caratteristica di chi (o di ciò che) è nefando. SIN. Scelleratezza, turpitudine. **2** Atto, parola nefanda. **3** †Sodomia.

†**nefandigia** [av. 1600] **s. f.** ● Nefandezza, turpitudine.

nefandità [av. 1686] **s. f.** ● (*raro*) Nefandezza.

nefàndo [vc. dotta, lat. *nefāndu(m)* 'di cui non si può parlare', comp. di *ne-* 'non' e *fāndus*, gerundivo di *fāri* 'parlare' (V. *favola*); 1336 ca.] **agg.** ● Abominevole, turpe, empio: *opera, ingordigia nefanda*; *accusa nefanda*; *discorso n.* || **nefandaménte**, avv. (*raro*) In modo nefando.

†nefàrio [vc. dotta, lat. *nefāriu(m)*, da *nĕfas* 'illecito', contr. di *fās* 'lecito'; 1364] **agg.** ● Scellerato, ribaldo, detto di persona | Empio, abominevole, detto di cosa: *per qualche via scellerata e nefaria si ascende al principato* (MACHIAVELLI). || **†nefariaménte**, **avv.** Scelleratamente.

nefàsto [vc. dotta, lat. *nefāstu(m)*, comp. di *ne-* 'non' e *fāstus* 'fasto (1)'; sec. XIV] **A agg.** *1* Nell'antica Roma, detto di giorno non adatto all'amministrazione della giustizia e al compimento di determinate opere religiose o civili, per avere i sacerdoti divinatori tratto presagi di cattivo augurio. *2* (*est.*) Di giorno funesto, luttuoso, pieno di disgrazie: *i giorni nefasti aveva poi la compiacenza di stare chiuso in un camerino sotto la colombaia* (NIEVO). *3* Di cattivo augurio, infausto: *un n. presagio* | (*scherz.*) Di chi è causa di danno o rovina per qlcu.: *un individuo n.* *4* †Scellerato, infame, nefando. || **nefastaménte**, **avv.** **B s. m. pl.** ● Avvenimenti tristi o luttuosi: *i fasti e i nefasti*.

nefèlide [1954] **s. f.** ● (*med.*) Nefelio.

nefelina [dal gr. *nephélē* 'nuvola', di orig. indeur., per il colore biancastro; 1819] **s. f.** ● (*miner.*) Alluminosilicato di sodio e potassio in cristalli prismatici esagonali bianchi o grigio-verdastri.

nefèlio [vc. dotta, gr. *nephélion*, propr. dim. di *nephélē* 'nuvola'. V. *nefelina*; 1834] **s. m.** *1* (*bot.*) Litchi nel sign. 1. *2* (*med.*) Nubecola.

nefelògrafo [comp. di *nephelo-* di provenienza fr. e di orig. gr., da *nephélē* 'nuvola' e *-grafo*] **s. m.** ● (*chim.*) Strumento per l'analisi chimica, atto a misurare la luce diffusa da sostanze in sospensione, per determinarle quantitativamente. **SIN.** Nefelometro registratore.

nefelometrìa [da *nefelometro*; 1948] **s. f.** ● (*chim.*) Misurazione della torbidità di un liquido | Determinazione del grado di dispersione di un colloide.

nefelomètrico [1958] **agg.** (**pl. m.** *-ci*) ● Concernente la nefelometria: *analisi nefelometrica*.

nefelòmetro [comp. del gr. *nephélē* 'nebbia, nuvola' (V. *nefelina*), e *-metro*; 1954] **s. m.** *1* (*chim.*) Apparecchio per l'analisi nefelometrica | ***N. registratore***, nefelografo. *2* (*meteor.*) Nefoscopio.

nefoscopìa [comp. del gr. *néphos* 'nuvola', di orig. indeur., e *-scopia*] **s. f.** ● (*meteor.*) Osservazione e studio del moto delle nubi.

nefoscòpio [comp. del gr. *néphos* 'nuvola', di orig. indeur., e *-scopio*; 1869] **s. m.** ● (*meteor.*) Strumento per l'osservazione a vista della direzione di movimento delle nubi e della loro velocità angolare. **SIN.** Nefelometro.

nefralgìa [comp. di *nefr(o)-* e *-algia*] **s. f.** ● (*med.*) Dolore di origine renale.

nefrectomìa [comp. di *nefr(o)-* e del gr. *ektomē* 'amputazione' (V. *-tomia*)] **s. f.** ● (*chir.*) Asportazione chirurgica del rene.

nefrìdio [dal gr. *nephrós* 'rene' col suff. dim. *-idion*] **s. m.** ● (*zool.*) Organo escretore presente in molti gruppi di organismi invertebrati.

nefrite (1) [vc. dotta, lat. tardo *nephrītis*, nom., dal gr. *nephrîtis*, da *nephrós* 'rene'. V. *nefro-*; av. 1698] **s. f.** ● (*med.*) Infiammazione del tessuto renale.

nefrite (2) [dal gr. *nephrós* 'rene' (V. *nefro-*) perché ritenuta rimedio contro le malattie renali; 1817] **s. f.** ● (*miner.*) Varietà compatta di anfibolo colorata in diversi toni di verde usata per oggetti ornamentali a imitazione della giada.

nefrìtico [vc. dotta, lat. tardo *nephrīticu(m)*, nom. *nephrīticus*, dal gr. *nephritikós*, da *nephrîtis* 'nefrite (1)'; av. 1626] **A agg.** (**pl. m.** *-ci*) ● (*med.*) Che concerne la nefrite. **B agg.**; anche **s. m.** (**f.** *-a*) ● (*med.*) Che (o Chi) è affetto da nefrite.

nèfro- [dal gr. *nephrós* 'rene'] primo elemento (*nefr-*, davanti a vocale) ● In parole composte della terminologia medica e zoologica, significa 'rene': *nefrite*, *nefropatia*.

nefrocèle [comp. di *nefro-* e *-cele*] **s. m.** ● (*med.*) Ernia del rene.

nefrografìa [comp. di *nefro-* e *-grafia*] **s. f.** ● (*med.*, *raro*) Urografia.

nefrogràfico **agg.** (**pl. m.** *-ci*) ● (*med.*) Relativo a nefrografia.

nefròide [vc. dotta, gr. *nephroeidḗs*, comp. di *nephrós* 'rene' (V. *nefro-*) e *-eidḗs* '-oide'] **agg.** ● (*anat.*) Che ha struttura simile a quella del rene.

nefrolitìasi [comp. di *nefro-* e *litiasi*; 1834] **s. f. inv.** ● (*med.*) Calcolosi renale | Comparsa di calcoli del rene.

nefròlito [comp. di *nefro-* e *-lito (1)*; 1829] **s. m.** ● (*med.*) Calcolo renale.

nefrologìa [comp. di *nefro-* e *-logia*; 1979] **s. f.** ● Ramo della medicina che studia il rene dal punto di vista morfologico, fisiologico, patologico e sim.

nefrològico **agg.** (**pl. m.** *-ci*) ● Di nefrologia, relativo a nefrologia.

nefròlogo [comp. di *nefro-* e *-logo*] **s. m.** (**f.** *-a*; **pl. m.** *-gi*) ● Specialista di nefrologia.

nefróne [da *nefro-* col suff. *-one*] **s. m.** ● (*anat.*) Unità strutturale e funzionale del rene.

nefropatìa [comp. di *nefro-* e *-patia*] **s. f.** ● (*med.*) Malattia del rene in genere.

nefropàtico **A agg.** (**pl. m.** *-ci*) ● (*med.*) Che causa una malattia renale o un'alterazione della funzionalità renale. **B s. m.** (**f.** *-a*); anche **agg.** ● (*med.*) Chi (o Che) è affetto da nefropatia.

nefròpe [propr. 'che ha l'aspetto di un rene', comp. di *nefro-* e del gr. *ôps*, genit. *ōpós* 'aspetto, vista', da *horân* 'vedere', di orig. indeur.] **s. m.** ● (*zool.*) Scampo.

nefropèssi o **nefropessìa** [comp. di *nefro-* e *pessi*] **s. f. inv.** ● Intervento chirurgico di sostegno del rene per la correzione della nefroptosi.

nefropessìa ● V. *nefropessi*.

nefroplegìa [comp. di *nefro-* e *-plegia*] **s. f.** ● (*med.*) Paralisi funzionale del rene.

Nefropsìdi [comp. di *nefro-* e del gr. *ôps* 'occhio' (di orig. indeur.); detti così per gli occhi reniformi] **s. m. pl.** (**sing.** *-e*) ● Nella tassonomia animale, famiglia di Crostacei dei Decapodi con addome allungato cui appartengono gli scampi (*Nephropsidae*).

nefroptòsi [comp. di *nefro-* e *ptosi*; 1940] **s. f. inv.** ● (*med.*) Abbassamento del rene dalla sua sede normale.

nefrorrafìa [comp. di *nefro-* e un deriv. del gr. *ráptein* 'cucire', di orig. indeur.] **s. f.** ● (*chir.*) Sutura di lesione del rene.

nefrorragìa [comp. di *nefro-* e *-ragia*; 1840] **s. f.** ● (*med.*) Emorragia di origine renale.

nefrosclerò̀si o **nefrosclèrosi** [comp. di *nefro-* e *sclerosi*] **s. f. inv.** ● (*med.*) Processo di indurimento del rene per aumento del tessuto connettivo interstiziale.

nefròsi [comp. di *nefr(o)-* e *-osi*; 1915] **s. f. inv.** ● (*med.*) Affezione di carattere degenerativo del rene.

nefròsico **A agg.** (**pl. m.** *-ci*) ● (*med.*) Che concerne la nefrosi. **B agg.**; anche **s. m.** (**f.** *-a*) ● (*med.*) Che (o Chi) è affetto da nefrosi. **SIN.** Nefrotico.

nefrostomìa [comp. di *nefro-* e *-stomia*] **s. f.** ● (*chir.*) Intervento chirurgico per inserire un tubicino nella pelvi o nei calici renali così da drenare l'urina verso l'esterno in caso di ostruzione delle vie urinarie.

nefròtico [1958] **agg.**; anche **s. m.** (**f.** *-a*; **pl. m.** *-ci*) ● Nefrosico.

nefrotomìa [comp. di *nefro-* e *-tomia*; av. 1714] **s. f.** ● (*chir.*) Incisione del rene.

nefròtomo [comp. di *nefro-* e *-tomo*] **s. m.** ● (*anat.*) Componente metamerica del mesomero coinvolta nella formazione dei reni embrionali.

nefrotòssico [comp. di *nefro-* e *tossico (1)*; 1991] **agg.** (**pl. m.** *-ci*) ● (*med.*) Che provoca lesioni ai tessuti renali: *farmaco n.*, *agente n.*

negàbile [1745] **agg.** ● Che si può negare: *verità difficilmente n.*

negabilità [1745] **s. f.** ● (*raro*) Condizione di ciò che è negabile.

†negaménto [da *negare*; 1309] **s. m.** ● Rifiuto.

♦**negàre** [lat. *negāre*, da *nĕc* 'né'; 1294] **A v. tr.** (*io négo* o *nègo*, *†nièg o*, *tu néghi* o *nèghi*, *†nièghi*) *1* (qlco.; + *di* seguito da inf.; + *che* seguito da congv. o raro indic.) Dichiarare non vera una cosa, un principio, una verità: *n. tutte le insinuazioni dei nemici*; *nego di averlo detto*; *n. l'esistenza di Dio*; *nego che Luigi sia timido*; *non può n. che nelle cose umane la fortuna ha grandissima potestà* (GUICCIARDINI) | ***N. una possibilità***, non ammetterla | ***N. l'evidenza di qlco.***, non riconoscerla | ***Non lo nego***, lo ammetto, lo riconosco. **SIN.** Contestare, smentire. *2* (*assol.*) Rispondere di no: *gli domandarono se era responsabile e lui negò* | (*est.*) Non confessare: *gli indiziati si ostinavano a n.* **CONTR.** Affermare. *3* (q.c; qlco. + *a*) Non concedere: *n. il permesso*, *la grazia*, *una soddisfazione* | ***N. fede a qlcu.***, non credere a qlcu. **SIN.** Ricusare, rifiutare. *4* †Rinnegare | ***†N. sé stesso***, rinunciare ai propri diritti e (*est.*) mortificarsi. **B v. rifl.** *1* (*raro*) Rifiutarsi a un amplesso amoroso. *2* Nella loc. ***negarsi al telefono***, rifiutare, evitare di rispondere a una telefonata non gradita.

negatìva [vc. dotta, lat. tardo *negatīva(m)*, f. sost. di *negatīvus* 'negativo'; sec. XV] **s. f.** *1* Rifiuto: *stare sulla*, *nella n.*; **CONTR.** Affermativa. *2* Risposta, dichiarazione con la quale si nega qlco. *3* (*fot.*) Immagine negativa.

negativìșmo [comp. di *negativ(o)* e *-ismo*; 1954] **s. m.** *1* (*psicol.*) Comportamento che tende alla negazione, alla polemica, alla repulsione e all'ostilità | ***N. infantile***, rifiuto sistematico del bambino alle richieste dell'adulto. *2* (*est.*) Atteggiamento di ferma opposizione a determinate richieste.

negatività [1846] **s. f.** *1* Caratteristica di ciò che è negativo: *la n. di una risposta*, *di un giudizio*. *2* (*est.*) Caratteristica di chi ha sempre un atteggiamento negativo, pessimistico e sim.

negativizzàrsi [da *negativo*; 1986] **v. intr. pron.** ● Divenire negativo al test sierodiagnostico per uno specifico microrganismo da parte di un soggetto sieropositivo.

negativizzazióne [da *negativizzarsi*] **s. f.** ● (*med.*) Processo che in un'infezione microbica porta un soggetto sieropositivo a non presentare più anticorpi specifici rilevabili con test sierodiagnostico.

negatìvo [vc. dotta, lat. tardo *negatīvu(m)*, da *negāre* 'negare'; 1306] **A agg.** *1* Che nega, contiene una negazione o serve a negare: *risposta negativa*; *particella negativa*; *proposizioni negative*. **CONTR.** Affermativo | ***Argomento n.***, che si fonda non sulla prova diretta della verità, ma sulla negazione di ciò che a essa è contrario | ***Teologia negativa***, che consente di giungere a Dio, utilizzando un processo dialettico di negazioni (non corporeo, non finito, ecc.). *2* Che si limita a negare il valore di qlco., senza proporre alternative valide, soluzioni nuove e sim.: *ideologia negativa*; *critica puramente negativa*. *3* Che agisce in modo contrario od opposto, che non ha l'effetto sperato o previsto, che non è né utile, né buono, né vantaggioso e sim.: *intervento*, *effetto n.*; *risultato n. di un'indagine*, *di un'analisi*; *l'esito fu assolutamente n.*; *ecco la qualità negativa del suo carattere*; *questo è l'unico lato n. della faccenda*. **CONTR.** Positivo. *4* Che proibisce di fare qlco.: *comando n.* *5* In varie scienze e tecnologie, detto convenzionalmente di qlco. in opposizione a ciò che, altrettanto convenzionalmente, è definito positivo: *cariche elettriche negative*; *polo n.*; *ione n.* | ***Catalizzatore n.***, quello che ritarda il compiersi della reazione. *6* (*mat.*) Detto di numero minore di zero. *7* (*fot.*) Detto di immagine fotografica nella quale la disposizione delle luci e delle ombre è inversa rispetto a quella dell'oggetto fotografato, utilizzata per la stampa di copie positive. || **negativaménte**, **avv.** *1* Con una negazione: *rispondere negativamente*. *2* In modo negativo, contrario o dannoso allo scopo: *agire negativamente*. **B s. m.** ● (*fot.*) Immagine negativa.

negativoscòpio [comp. di *negativo* nel sign. B e *-scopio*; 1935] **s. m.** ● (*med.*) Negatoscopio. ➡ **ILL. medicina e chirurgia.**

negàto [av. 1883] **part. pass.** di *negare*; anche **agg.** *1* Nei sign. del v.: *permesso n.* **SIN.** Rifiutato. *2* Che non ha nessuna attitudine per qlco.: *un ragazzo n. per la matematica*.

negatóne ● V. *negatrone*.

negatóre [vc. dotta, lat. tardo *negatōre(m)*, da *negātus* 'negato'; 1304 ca.] **s. m.**; anche **agg.** (**f.** *-trice*) ● Chi (o Che) nega: *i negatori di Dio*; *uno Stato totalitario n. dei diritti civili*.

negatòria [vc. dotta, lat. tardo (*actiōnem*) *negatōria(m)*, dal lat. tardo *negātor*, genit. *negatōris* 'negatore'; 1935] **s. f.** ● (*dir.*) Azione negatoria.

negatòrio [rifatto sul lat. tardo *negatōria*. V. precedente; 1673] **agg.** *1* (*raro*) Che concerne la negazione. *2* (*dir.*) Detto di azione che il proprietario può esercitare per far dichiarare dall'autorità giudiziaria l'inesistenza di diritti affermati da altri sulla cosa propria.

negatoscòpio [comp. di *negat(iv)o* e *-scopio*; 1950] **s. m.** *1* (*fot.*) Dispositivo per esaminare le negative o le diapositive, illuminandole in trasparenza. *2* (*med.*) Lastra di vetro illuminata posteriormente, usata in radiologia per esaminare in trasparenza i negativi radiografici.

negatróne o **negatóne** [comp. di *negat(ivo)* e *-trone*, ricavato da *elettrone*; 1942] s. m. ● (*fis.*) Elettrone.

negazióne [vc. dotta, lat. *negatiōne(m)*, da *negātus* 'negato'; 1308] s. f. *1* Atto del negare: *la n. è il contrario dell'affermazione* | Dichiarazione, espressione che nega: *una n. esplicita, implicita*; *oppone una n. recisa* | Protesta, rifiuto: *un popolo oscillante tra l'ipocrisia e la n.* (DE SANCTIS). CONTR. Affermazione. *2* Cosa, azione che sono l'opposto dei principi ai quali dovrebbero informarsi: *quel documentario è la n. dell'obiettività*. *3* (*ling.*) Modo della frase di base che consiste nel negare il predicato della frase | Elemento linguistico (avverbio, congiunzione, pronome e sim.) che esprime una negazione. *4* †Abnegazione, rinuncia: *n. di sé medesimo*. *5* (*psicoan.*) Processo per cui l'individuo, nel formulare desideri o pensieri rimossi, se ne difende negando che gli appartengano. ‖ **negazioncèlla**, dim.

negazionismo [comp. di *negazion(e)* e *-ismo*; 1993] s. m. ● Forma di revisionismo storico che nega la veridicità di avvenimenti della storia moderna, spec. del periodo nazista e fascista.

negazionista [1990] **A** s. m. e f. (pl. m. *-i*) ● Chi sostiene o pratica il negazionismo. **B** agg. ● Relativo, ispirato al negazionismo: *teoria, posizione n.*

†**negghiènza** [lat. *neglĕgentia(m)* 'negligenza'; 1308] s. f. *1* V. *negligenza*. *2* Nelle loc. ***avere in n.***, ***mettere, porre a n.***, trascurare, tenere in nessun conto.

neghittosità [av. 1705] s. f. ● (*lett.*) Caratteristica di chi è neghittoso. SIN. Infingardaggine, pigrizia.

neghittóso o †**nighittóso** [dal lat. *neglĕctus* 'negletto', col suff. *-oso* (*3*); av. 1292] **A** agg. *1* (*lett.*) Pigro, lento, infingardo: *indole neghittosa*. *2* †Oscuro, incerto, vago. ‖ **neghittosaménte**, avv. (*raro*) In modo neghittoso. **B** s. m. (f. *-a*) ● (*lett.*) Chi è pigro: *tu al fin de l'opra i neghittosi affretta* (TASSO).

neglètto [vc. dotta, lat. *neglēctu(m)*, part. pass. di *neglĭgere* 'negligere'; 1319] agg. ● (*lett.*) Trascurato, trasandato | Non curato, disprezzato: *Siede in terra negletta e sconsolata* (LEOPARDI). ‖ **neglettaménte**, avv.

†**neglezióne** [vc. dotta, lat. *neglectiōne(m)*, da *neglēctus* 'negletto'; 1551] s. f. ● Negligenza, trascuratezza.

négli o (*poet.*) **ne gli**, (*poet.*) †**ne li**, (*poet.*) †**nélli** prep. art. m. pl. comp. di *ne* (*3*) e *gli* (*1*) ● V. *gli* per gli usi ortografici.

négligé /fr. negli'ʒe/ [vc. fr., part. pass. di *négliger* 'negligere'; 1787] s. m. inv. ● Vestaglia femminile da casa o da camera.

†**negligentàre** [da *negligente*; 1669] v. tr. ● Trascurare.

♦**negligènte** [vc. dotta, lat. *negligĕnte(m)*, part. pres. di *neglĭgere* 'negligere'; av. 1294] **A** agg. *1* Che è svogliato e trascurato nell'adempiere i propri compiti o doveri: *impiegato, scolaro n.*; *essere n. nel lavoro* | (*raro*) Lento, pigro, tardo: *essere n. nel cercare una pratica*. *2* Di ciò che rivela trasandatezza, poca cura: *atteggiamento, abbigliamento n.* *3* †Sprezzante, noncurante. ‖ **negligenteménte**, avv. *1* Con negligenza: *lavorare, studiare negligentemente*. *2* Senza accuratezza: *vestire negligentemente*. **B** s. m. e f. ● Persona negligente. ‖ **negligentàccio**, pegg. | **negligentóne**, accr.

negligènza o †**negghiènza**, †**negligènzia** [vc. dotta, lat. *negligĕntia(m)*, da *nĕgligens*, genit. *negligĕntis*, 'negligente'; av. 1294] s. f. *1* Condizione di chi (o di ciò che) è negligente: *la n. degli scolari*; *la n. del suo abbigliamento*; *tanta è la n., la dappocaggine, la tristizia degli uomini* (GUICCIARDINI). SIN. Svogliatezza, trascurataggine. *2* Comportamento o atto negligente, trascurato: *non fa altro che biasimevoli negligenze*. ‖ **negligenzàccia**, pegg.

neglìgere [vc. dotta, lat. *neglĭgere*, comp. di *nĕc* 'non' e *lĕgere* 'raccogliere'; sec. XIV] v. tr. (pass. rem. *io neglèssi, tu negligésti*; part. pass. *neglètto*; oggi difett. dell'indic. pres., dell'imperat., del congv. pres.) ● (*raro, lett.*) Trascurare, non curare affatto: *fa sembianti / d'aver negletto ciò che far dovea* (DANTE *Purg.* VII, 91-92).

†**négo** o **nègo**, †**niègo** [da *negare*; sec. XIII] s. m. ● Risposta, dichiarazione, negativa: *stare nel, sul n.* | †***Mettersi al n.***, prepararsi, disporsi a negare.

negòssa [sovrapposizione di *nassa* a *negozio* (nel sign. 1); av. 1320] s. f. ● Rete da pesca a forma di borsa aperta montata su una lunga pertica.

negoziàbile [1855] agg. ● Che si può negoziare: *accordo n.*

negoziabilità [1871] s. f. ● Condizione di ciò che è negoziabile.

negoziàle [vc. dotta, lat. *negotiāle(m)*, da *negōtium* 'negozio'; av. 1294] agg. ● (*dir., raro*) Di negozio forense o civile | Concernente un negozio giuridico: *volontà n.* ‖ **negozialménte**, avv. Tramite negoziato.

negozialità s. f. *1* Possibilità di negoziare, di condurre trattative con probabilità di successo. *2* (*dir.*) Condizione di ciò che è negoziale.

†**negoziaménto** [av. 1578] s. m. ● Il negoziare.

♦**negoziànte** [av. 1370] **A** part. pres. di *negoziare* ● (*raro*) Nei sign. del v. **B** s. m. e f. ● Proprietario o gestore di negozio per la vendita di merci al pubblico: *n. al minuto, all'ingrosso, di tessuti*.

negoziàre [vc. dotta, lat. *negotiāri*, da *negōtium* 'negozio, affare'; av. 1348] **A** v. tr. (*io negòzio*) *1* Esercitare il commercio, trattare affari, contrattare | ***N. valute, assegni***, cambiare valute o assegni. *2* (*est.*) Intavolare le trattative, spec. per arrivare a un accordo diplomatico su qlco.: *n. la pace, l'alleanza*. **B** v. intr. (aus. *avere*) ● (*raro*) Esercitare un commercio, commerciare: *n. in articoli di chincaglieria*.

negoziàto [1598] **A** part. pass. di *negoziare*; anche agg. ● Nei sign. del v. **B** s. m. ● L'insieme delle trattative necessarie per stipulare patti, accordi, trattati e sim.: *i negoziati per l'armistizio*.

negoziatóre [vc. dotta, lat. *negotiatōre(m)*, da *negotiāri* 'negoziare'; 1343] s. m. (f. *-trice*) *1* Chi conduce trattative per la conclusione di un accordo spec. politico internazionale. *2* †Chi esercita il commercio.

negoziazióne [vc. dotta, lat. *negotiatiōne(m)*, da *negotiāri* 'negoziare'; av. 1406] s. f. ● Trattativa: *avviare le negoziazioni*.

♦**negòzio** [vc. dotta, lat. *negōtiu(m)*, comp. di *nĕc* 'non' e *ōtium* 'ozio'; 1321] s. m. *1* Affare, impresa commerciale: *fare, concludere un buon, un cattivo n.* | (*fam.*) ***Bel n.!***, bella cosa! *2* (*dir.*) ***N. giuridico***, manifestazione di volontà di un soggetto mirante ad uno scopo che consiste nella costituzione, modificazione o estinzione di una situazione giuridicamente rilevante: *n. unilaterale* (ad es. un testamento), *plurilaterale* (ad es. un contratto); *n. patrimoniale, non patrimoniale*. *3* Locale gener. a pianterreno e direttamente accessibile dalla strada, dove si espongono e si vendono merci al dettaglio: *aprire un n. di gioielliere*; *n. ricco, ben fornito*. SIN. Bottega. *4* (*lett.*) Lavoro, occupazione, attività: *gli uomini si rimuovono dai negozi della vita il più che si possa* (LEOPARDI). *5* †Faccenda, briga, commissione. *6* (*scherz., tosc.*) Oggetto, aggeggio, marchingegno. ‖ **negoziàccio**, pegg. | **negoziétto**, dim. | **negozióne**, accr. | **negoziùccio**, pegg.

NEGOZIO
nomenclatura

negozio

● *caratteristiche*: attrezzato, fornito, bene avviato = accorsato, fallimentare; frequentato; accreditato ⇔ screditato; occasione, forfait, listino; appalto, gerenza; ordinativo, scorta = provvista, marca, imitazione;

● *tipi di negozio*: bottega, spaccio, emporio, mercato (all'ingrosso, coperto, rionale, delle pulci, ortofrutticolo, zootecnico, del pesce), ortomercato, minimarket, supermarket = supermercato, ipermercato, deposito, laboratorio, fondaco, magazzino, grande magazzino, discount, self-service, centro commerciale = shopping center, punto vendita, negozio a catena, negozio in franchising, duty-free shop, rivendita, esercizio, boutique, bazar, bancarella, chiosco, distributore automatico, mostra mercato;

● *parti di un negozio*: entrata (ingresso libero, orario di apertura), insegna luminosa, cartello, imposte, serranda, vetrina, mostra, esposizione, illuminazione al neon, slogan; banco, bancone, cassa, registratore di cassa, scontrino fiscale, bilancia, scaffale, bacheca, espositori; mercanzia, merce, scampolo, assortimento; magazzino, deposito, retrobottega, ripostiglio, succursale;

● *persone*: bottegaio, commerciante, esercente, negoziante, conduttore, titolare, gerente, venditore, rivenditore, rivendugliolo, rigattiere, mercante, merciaio, ambulante, piazzista, affarista, grossista; fattorino, garzone, apprendista, inserviente, commesso, banconiere = banchista, cassiere, vetrinista; avventore, compratore = acquirente, cliente;

● *azioni*: andare a bottega, tenere bottega, mandare avanti la bottega, chiudere bottega; aprire un negozio, gestire = esercire un negozio, avviare un commercio, negoziare, commerciare, mercanteggiare, contrattare, patteggiare, mediare, trafficare, maneggiare, trattare; scambiare, barattare, smerciare, speculare, fare affari, accaparrare; impacchettare, servire, vendere (all'ingrosso, al dettaglio = al minuto); guadagnare, perdere, liquidare vendere a rimessa; prezzare, collocare, alzare, abbassare il prezzo (fisso, unico, d'occasione), allestire la vetrina, fare la concorrenza; corrispondere la provvigione = percentuale; approvvigionare, scegliere, scontare, saldare; fare compere, fare shopping, andare per negozi, essere giorno di mercato, andare al mercato.

†**negozióso** [vc. dotta, lat. *negotiōsu(m)*, da *negōtium* 'negozio'; sec. XIV] agg. *1* Attinente a negozio, affare, trattato. *2* Zelante, attivo.

negreggiàre ● V. *nereggiare*.

†**negrézza** [sec. XIV] s. f. ● Natura, aspetto di ciò che è nero: *vedendo la carta tutta macchiata dalla oscura negrezza dell'inchiostro, di quello si dole* (LEONARDO).

négride o **negride** [da *negro*; 1933] agg. ● Che appartiene al ceppo razziale dei negri africani.

negrière [V. *negriero*; 1871] s. m. ● Negriero.

negrièro [fr. *nègrier*, da *nègre* 'negro'; 1875] **A** agg. ● Relativo alla tratta dei negri: *nave negriera*. **B** s. m. *1* Trafficante di schiavi negri | (*est.*) Mercante di schiavi. SIN. Negriere. *2* (f. *-a*) (*fig.*) Chi sfrutta o tratta molto duramente i propri dipendenti.

negrillo [sp., dim. di *negro* 'nero'; 1942] s. m. (f. *-a*) ● (*raro*) Pigmeo africano.

negrità [1963] s. f. ● Negritudine.

negrito /sp. ne'grito/ [sp., propr. dim. di *negro* 'negro, nero'; av. 1735] s. m. (f. sp. *-a*, pl. m. *-os*, pl. f. *-as*) ● Ogni appartenente al popolo dei pigmei asiatici continentali o insulari.

negritùdine [fr. *négritude*, da *nègre* 'negro', sul modello di *béatitude* 'beatitudine' e sim.; 1960] s. f. ● Il complesso dei valori storici, tradizionali, culturali e sim. caratteristici delle popolazioni negre | (*est.*) Consapevolezza della propria condizione da parte dei negri.

négro (**1**) ● V. *nero*.

♦**négro** (**2**) [sp. *negro*, dal lat. *nĭgru(m)* 'negro'; 1532] **A** agg. *1* Che appartiene alla razza caratterizzata da pelle scura o nera, capelli lanosi, naso piatto, prognatismo spesso accentuato. *2* Appartenente, relativo alla razza negra: *poesia negra*. **B** s. m. (f. *-a*) *1* Persona che appartiene alla razza negra (il termine è talora inteso come spregiativo e gli si preferisce *nero*): *le condizioni di vita dei negri d'America* | ***Lavorare, trattare come un n.***, molto duramente, con riferimento allo stato di schiavitù in cui erano tenuti i negri in America nei secoli scorsi | ***Fare il n.***, lavorare molto e duramente. *2* (*scherz.*) Scrittore che redige per altri discorsi e testi in genere, rimanendo anonimo. SIN. Ghost-writer. ‖ **negrétto**, dim.

negroafricàno [comp. di *negro* e *africano*] agg. ● Relativo ai negri dell'Africa: *culture negroafricane*.

negroamericàno [comp. di *negro* e *americano*; 1936] agg. ● Relativo ai negri americani.

negrofùmo ● V. *nerofumo*.

negròide [comp. di *negro* e *-oide*; 1862] agg.; anche s. m. e f. ● Appartenente a una razza umana i cui individui presentano caratteri in tutto o in parte uguali a quelli dei negri.

negromànte [vc. dotta, gr. *nekrómantis*, comp. di *nekro-* 'necro-' e *mántis* 'indovino' (V. *-mante*); sec. XIII] s. m. e f. ● Chi esercita la negromanzia.

negromantésco [1711] agg. (pl. m. *-schi*) ● Relativo a negromanzia e a negromante.

negromàntico [da *negromante*; 1351] agg. (pl. m. *-ci*) ● Relativo a negromanzia e a negromante.

negromanzìa o **necromanzìa** nel sign. 1 [vc. dotta, lat. tardo *necromantīa(m)*, nom. *necroman-*

tìa, dal gr. *nekromantéia*, comp. di *nekro-* 'necro-' e *mantéia* '-manzia'; sec. XIII] **s. f.** *1* Arte dell'evocazione degli spiriti e degli spettri dei morti, con aiuto demoniaco, per predire il futuro o conoscere l'ignoto. *2* (*est.*) Magia.

†**negróre** [lat. *nigrōre(m)*, da *nĭger* 'nero'; sec. XIV] **s. m.** ● Nerezza: *sabbia quasi rosea fluisce / scabra di rughe e sparsa di n.* (D'ANNUNZIO).

negùndo [fr. *négundo*, di orig. indiana; 1585] **s. m.** ● Piccolo acero con foglie pennate di color verde brillante, chiazzate di bianco, seghettate e lobate in modo diseguale (*Acer negundo*). **SIN.** Acero americano.

nègus [etiopico, propr. 'sovrano'; av. 1557] **s. m. inv.** ● (*st.*) Appellativo dell'imperatore d'Etiopia.

negussìta [1942] **agg.** (**pl. m.** *-i*) ● Del Negus.

neh /nɛː, neʔ, nɛh/ [da *non è*; 1508] **inter.** ● (*sett., fam.*) Pronunciato in tono interrogativo esprime dubbio, possibilità, lieve speranza o sorpresa o serve semplicemente a richiamare l'attenzione su qlco. o chiedere conferma di ciò che si dice: *neh, che te ne pare?*; *fa bel tempo, neh?*; *tu cosa faresti, neh?*

néi o (*poet.*) **ne i**, (*poet.*) †**ne li**, (*poet.*) †**nélli** **prep. art. m. pl.** comp. di *ne* (*3*) e *i* (*2*) ● V. *i* (*2*) per gli usi ortografici.

neissèria [dal n. del biologo ted. A. *Neisser* (1869-1938)] **s. f.** ● (*biol.*) Genere di batteri della famiglia Neisseriacee comprendente le specie patogene *Neisseria meningitidis*, agente della meningite epidemica, e *Neisseria gonorrhoeae*, agente della blenorragia e della congiuntivite gonococcica dei neonati (*Neisseria*).

Neisseriàcee [dal genere di batteri *Neisseria*] **s. f. pl.** ● (*biol.*) Famiglia di batteri aerobi, gram-negativi, a forma di cocco o di bastoncello, immobili, gener. parassiti o patogeni di animali a sangue caldo (*Neisseriaceae*).

nèkton ● V. *necton*.

♦**nel** /nel/ o (*poet.*) **ne 'l** **prep. art. m. sing.** comp. di *ne* (*3*) e *il* ● V. *il* per gli usi ortografici.

ne la /'nella, ne(l)la/ ● V. *nella*.

ne le /'nelle, ne(l)le/ ● V. *nelle*.

†**ne li** /'nelli, ne(l)li/ ● V. *negli* e *nei*.

nélla o (*poet.*) **ne la** **prep. art. f. sing.** comp. di *ne* (*3*) e *la* (*1*) ● V. *la* (*1*) per gli usi ortografici.

nélle o (*poet.*) **ne le** **prep. art. f. pl.** comp. di *ne* (*3*) e *le* (*1*) ● V. *le* (*1*) per gli usi ortografici.

†**nélli** ● V. *negli* e *nei*.

néllo o (*poet.*) **ne lo** /'nello, ne(l)lo/ **prep. art. m. sing.** comp. di *ne* (*3*) e *lo* ● V. *lo* per gli usi ortografici.

nelùmbo o **nelùmbio** [senegalese *nelembi*; 1754] **s. m.** ● (*bot.*) Loto indiano.

nèma- ● V. *nemato-*.

nemaspèrmio o **nemaspèrma** [comp. di *nema(to)-* e *sperma*; 1884] **s. m.** ● (*biol.*) Spermatozoo.

Nematelmìnti [comp. di *nemato-* e *elminti*; 1954] **s. m. pl.** (**sing.** *-o* o *-a*) ● (*zool.*) Nematodi, secondo una terminologia non più usata.

nemàtico [dal gr. *nēmatikós* 'tessuto', da *nêma*, genit. *nḗmatos* 'filamento' (V. *nemaspermio*)] **agg.** (**pl. m.** *-ci*) ● (*chim.*) Detto di stato mesomorfo in cui le molecole, disposte in filamenti, possono scorrere facilmente l'una sull'altra, conferendo alla sostanza un'elevata fluidità.

nèmato- o **nèma-** [gr. *nêma*, genit. *nḗmatos* 'filo, filamento', da *nêin* 'filare', di orig. indeur.] primo elemento ● In parole composte della terminologia scientifica, significa 'filo, filamento': *nemaspermio*, *nematelminti*, *nematodi*.

Nematòceri [comp. di *nemato-* e del gr. *kéras* 'corno'; 1834] **s. m. pl.** (**sing.** *-o*) ● Nella tassonomia animale, sottordine di Insetti dei Ditteri con antenne sottili e filiformi e corpo slanciato con lunghissime zampe (*Nematocera*).

nematocìda [comp. di *nemato-* e *-cida*; 1970] **s. m.** (**pl.** *-i*) ● Farmaco usato contro i nematodi, parassiti dell'uomo e degli animali.

nematocìsti [comp. di *nemato-* e *cisti*] **s. f. inv.** ● (*zool.*) Capsula contenente il veleno all'interno del cnidoblasto.

Nematòdi [vc. dotta, gr. *nēmatṓdes* 'in filamenti', da *nêma*, genit. *nḗmatos* 'filo' (V. *nemato-*); 1865] **s. m. pl.** (**sing.** *-e*) ● Nella tassonomia animale, tipo di invertebrati vermiformi con corpo non segmentato e rivestito di una sottile cuticola chitinosa, fra i quali si annoverano numerose specie parassite (*Nematoda*). ➡ **ILL. animali**/1.

Nematòfori [comp. di *nemato-* e *-foro*] **s. m. pl.** (**sing.** *-o*) ● Nella tassonomia animale, gruppo di Diplopodi muniti di ghiandole sericigene (*Nematophora*).

nembìfero [vc. dotta, lat. *nimbĭferu(m)*, comp. di *nĭmbus* 'nembo' e *-fer* '-fero'; av. 1788] **agg.** ● (*raro, poet.*) Apportatore di nembi.

nèmbo o (*poet.*) †**nìmbo** nel sign. 1 [lat. *nĭmbu(m)*, da avvicinare a *nūbes* 'nube'; sec. XIII] **s. m.** *1* (*meteor.*) Nube bassa oscura generalmente apportatrice di pioggia o anche grandine. *2* (*poet.*) Pioggia: *largo n. / di … rugiada preziosa e pura* (TASSO). *3* (*fig., lett.*) Grossa schiera di persone, denso sciame di animali spec. in movimento: *un n. di armati*.

nembóso o (*lett.*) **nimbóso** [lat. *nimbōsu(m)*, da *nĭmbus* 'nembo'; av. 1566] **agg.** *1* (*raro, lett.*) Avvolto, coperto da grosse nubi. *2* †Procelloso, tempestoso.

nembostràto [comp. di *nembo* e *strato*; 1965] **s. m.** ● (*meteor.*) Nube bassa di colore grigio scuro dai contorni frastagliati, rimescolata dai venti, apportatrice di pioggia o neve. **SIN.** Stratonembo. ➡ **ILL.** p. 2134 SCIENZE DELLA TERRA ED ENERGIA.

†**né méno** ● V. *nemmeno*.

neméo [vc. dotta, lat. *Nemeāeu(m)* o *Nemēu(m)*, dal gr. *Neméâios* o *Neméios*; 1340] **agg.** ● Di Nemea, valle dell'antica Argolide, in Grecia | ***Leone n.***, belva leggendaria che viveva nella foresta di Nemea e che fu uccisa da Ercole | ***Feste nemee***, feste nazionali greche che si celebravano ogni due anni a Nemea in onore di Zeus.

Nemertìni [da *Nemerte*, n. di una delle Nereidi; 1954] **s. m. pl.** (**sing.** *-o*) ● Nella tassonomia animale, tipo di Metazoi simili ai Platelminti, dal corpo allungato, muniti di apertura anale, sistema circolatorio e una proboscide estroflessibile annessa alla bocca (*Nemertini*).

nèmesi [vc. dotta, lat. *Nĕmesi(m)*, nom. *Nĕmesis*, dal gr. *Némesis*, nome della dea greca della giustizia distributrice, da *némein* 'distribuire', di orig. indeur.; 1550] **s. f. inv.** ● Evento, situazione negativa che si presume debba seguire periodi eccessivamente fortunati a titolo di giusta compensazione: *la campagna di Russia fu la n. di Napoleone* | ***N. storica***, giustizia riparatrice di torti e delitti non nei responsabili, ma nei loro discendenti.

nemichévole [da *nemico*] **agg.** *1* (*lett.*) Avverso, ostile. *2* †Odioso | Nocivo: *i nemichevoli appetiti* (BARTOLI). ‖ †**nemichevolménte**, **avv.** In modo di nemico.

†**nemicìzia** ● V. †*nimicizia*.

♦**nemìco** o (*lett.*) **inimìco**, †**nimìco** [lat. *(i)nimīcu(m)*, comp. di *in-* neg. e *amīcus* 'amico'; av. 1250] **A agg.** (**pl. m.** *-ci*) *1* Che nutre sentimenti di avversione, odio, rancore contro qlcu., ne desidera il male, e cerca di farglielo: *essere n. di tutti*; *farsi n. qlcu.* | (*raro*) Che rivela inimicizia, avversione, ostilità, detto di cose: *contegno, discorso n.*; *giornale n. del governo*. **SIN.** Ostile. *2* Che detesta qlco.: *è diventato n. della musica* | ***Essere n. dell'acqua***, bere solo vino o non lavarsi mai. **SIN.** Avverso, contrario. *3* Che si riferisce al Paese o all'esercito con il quale si è in guerra: *la strategia nemica*. *4* (*fig.*) Dannoso, nocivo: *il gelo è n. delle, alle, piante*. ‖ **nemicaménte**, **avv.** (*raro*) Da nemico. **B s. m.** (**f.** *-a*) *1* Chi è ostile, avverso a qlcu. o a qlco.: *un n. implacabile*; *acerrimo n. della verità* | ***I nemici politici***, gli avversari politici | (*poet.*) †***La nemica***, la donna amata, che fa soffrire. **SIN.** Avversario. *2* Persona che appartiene all'esercito o allo Stato con cui si è in guerra: *l'avanzata del n.*

†**nemistà** ● V. *nimistà*.

nemmànco [comp. di *né* e *manco*; av. 1694] **A avv.** ● (*lett.* o *region.*) Neanche. **B** anche **cong.**

♦**nemméno** o †**né méno** [comp. di *né* e *meno*; 1615] **A avv.** ● Neanche. **B** anche **cong.**

Nemopterìdi [vc. dotta, comp. di *nem(at)o-*, *-pter(o)-* e *-idi*] **s. m. pl.** (**sing.** *-e*) ● Nella tassonomia animale, famiglia di Neurotteri con ali colorate e allungate posteriormente, simili a quelle delle farfalle (*Nemopteridae*).

nemoràle [vc. dotta, lat. *nemorāle(m)*, da *nĕmus*, genit. *nĕmoris* 'bosco', vc. del culto, di orig. indeur.; 1954] **agg.** ● (*bot.*) Di pianta per lo più erbacea che cresce nei boschi.

nemorènse [vc. dotta, lat. *nemorēnse(m)*, da *nĕmus*, genit. *nĕmoris* 'bosco; bosco sacro'; 1834] **A agg.** *1* Attributo della dea Diana, in quanto venerata nel tempio che si trovava nel bosco di Aricia. *2* (*lett.*) Della città laziale di Nemi. **B s. m.** e **f.** ● (*lett.*) Abitante, nativo di Nemi.

†**nèncio** [da *Lorenzo*; av. 1556] **agg.** ● Sciocco, stupido.

nènfro [etim. incerta; 1929] **s. m.** ● (*geol.*) Roccia vulcanica molto compatta, di natura tufacea, di colore grigio o rosso scuro, diffusa nel Lazio, usata come pietra da costruzione fin dall'epoca degli Etruschi.

nènia [vc. dotta, lat. *nēnia(m)*, di orig. onomat.; 1544] **s. f.** *1* Canto lugubre, che si faceva con accompagnamento di flauto nel seppellimento di un morto. *2* Canzone monotona, cantilena. *3* (*fig.*) Discorso monotono, conversazione interminabile e noiosa.

nenùfaro o **nanùfero**, **nannùfaro**, **nannùfero**, **nenùfero** [ar. *nīlūfar*; av. 1347] **s. m.** ● (*bot.*) Ninfea gialla.

nèo (**1**) [da *nevo*; 1353] **s. m.** *1* (*med.*) Nevo | (*est.*) Requisito di fascino o grazia femminile: *un neo nero come l'inchiostro, di quelli un tempo chiamati assassini* (MORAVIA). *2* Macchiolina che per civetteria le donne si applicano o si dipingono sul volto. *3* (*fig.*) Piccola imperfezione, difetto appena visibile: *i nei di quel lavoro ne accrescono la bellezza*.

nèo (**2**) ● V. *neon*.

nèo- [dal gr. *néos* 'nuovo'] primo elemento ● In parole composte, significa 'nuovo', 'recente', 'moderno' (*neocapitalismo*, *neogotico*, *neolitico*, *neolatino*, *neofascismo*, *neorealismo*), o fa riferimento a ciò che è nuovo (*neofilia*).

neoaccadèmico [comp. di *neo-* e *accademico*; 1956] **agg.**; anche **s. m.** (**pl. m.** *-ci*) ● Che (o Chi) fa parte della media e nuova accademia platonica.

neoacquìsto [comp. di *neo-* e *acquisto*; 1986] **s. m.** ● (*sport*) Giocatore acquistato di recente da una squadra sportiva.

neoàntropo [comp. di *neo-* e del gr. *ánthrōpos* 'uomo' (V. *antropico*); 1956] **s. m.** ● Tipo umano fossile dell'*Homo sapiens*.

neoassùnto [comp. di *neo-* e *assunto* (*1*); 1961] **agg.**; anche **s. m.** (**f.** *-a*) ● Che (o Chi) è stato assunto da poco in un'azienda, in una ditta e sim.

neoàttico [comp. di *neo-* e *attico*; 1955] **agg.** (**pl. m.** *-ci*) ● Detto dell'ultima fase dell'arte greca ellenista contrassegnata da un ritorno alle forme dell'arte classica.

neoavanguàrdia o **neo-avanguàrdia** [comp. di *neo-* e *avanguardia* nel sign. 2; 1962] **s. f.** ● Denominazione di correnti artistiche o letterarie contemporanee, sviluppatesi negli anni '60 del Novecento, che si richiamavano, per certi elementi, alle avanguardie storiche del primo dopoguerra.

neobaròcco [comp. di *neo-* e *barocco*; av. 1970] **A s. m.** ● Stile che riprende modi e forme dell'età barocca, spec. con riferimento all'architettura della seconda metà dell'Ottocento. **B agg.** (**pl. m.** *-chi*) ● Che si riferisce allo stile, alla concezione del neobarocco: *opere neobarocche*; *estetica neobarocca*.

neocapitalìsmo [comp. di *neo-* e *capitalismo*; 1958] **s. m.** ● Fase del capitalismo, iniziata dopo la seconda guerra mondiale, caratterizzata dal crescente intervento dello Stato nell'economia, dalla progressiva concentrazione del potere nelle grandi società per azioni, da cui derivano situazioni di monopolio e di oligopolio, e dalla dilatazione dei consumi.

neocapitalìsta [comp. di *neo-* e *capitalista*; 1963] **A s. m. e f.** (**pl. m.** *-i*) *1* Imprenditore o dirigente industriale che conduce l'impresa secondo le esigenze del neocapitalismo. *2* Seguace, sostenitore delle teorie del neocapitalismo. **B agg.** ● Neocapitalistico.

neocapitalìstico [1962] **agg.** (**pl. m.** *-ci*) ● Proprio del neocapitalismo.

neoclassicìsmo [da *neoclassico*; 1882] **s. m.** *1* Tendenza, sorta tra la fine del sec. XVIII e l'inizio del XIX, che ripropone in arte e in letteratura lo studio e l'imitazione dei classici greco-romani. *2* (*econ.*) Insieme di dottrine che propugnano un ritorno all'economia classica.

neoclassicìsta [1882] **s. m. e f.** (**pl. m.** *-i*) ● Seguace del neoclassicismo.

neoclàssico [comp. di *neo-* e *classico*; 1865] **A agg.** (**pl. m.** *-ci*) ● Del neoclassicismo: *mobile*, *arredamento n.* ‖ **neoclassicaménte**, **avv.** **B s. m.** *1* Seguace del neoclassicismo. *2* Gusto, stile neo-

neocolonialismo

classico.
neocolonialismo [comp. di *neo-* e *colonialismo*; 1960] s. m. ● Politica di predominio e intervento negli affari interni delle ex colonie e dei Paesi sottosviluppati in genere, da parte di antiche potenze coloniali e di grandi Paesi capitalistici, spec. tramite il controllo dell'economia.
neocolonialista [comp. di *neo-* e *colonialista*; 1970] **A** s. m. e f. (pl. m. *-i*) ● Chi pratica o sostiene il neocolonialismo. **B** agg. ● Neocolonialistico.
neocolonialistico [1965] agg. (pl. m. *-ci*) ● Proprio del neocolonialismo.
neocomunista [comp. di *neo-* e *comunista*; 1968] s. m. e f.; anche agg. ● Aderente a una formazione politica di ispirazione marxista, spec. con riferimento ai Paesi dell'Est europeo dopo il crollo dei regimi comunisti.
neoconiazione [comp. di *neo-* e *coniazione*] s. f. ● (*ling.*) Neoformazione.
neocorporativismo [comp. di *neo-* e *corporativismo*; 1985] s. m. **1** Prassi politico-sociale affermatasi in vari Paesi occidentali a partire dal secondo dopoguerra, tendente a risolvere i conflitti tra lo Stato e le organizzazioni delle forze produttive attraverso la partecipazione dei sindacati e delle associazioni degli imprenditori al processo di formazione delle scelte politico-economiche. **2** Tendenza delle associazioni spontanee di lavoratori ad avanzare rivendicazioni limitate al proprio settore, senza collocarle all'interno di un contesto generale.
neocortéccia [comp. di *neo-* e *corteccia*, in lat. scient. *neocŏrtex*; 1987] s. f. (pl. *-ce*) ● (*anat.*) Complessa corteccia nervosa caratteristica del neopallio, preposta a coordinare attività integrative, sensoriali e motorie.
neocriticismo [comp. di *neo-* e *criticismo*; 1905] s. m. ● Indirizzo filosofico iniziatosi in Germania nella seconda metà del XIX secolo che in opposizione al positivismo e al materialismo propone un ritorno alla filosofia di Kant. SIN. Neokantismo.
néodada /fr. ne͜oda'da/ [vc. fr., comp. di *néo-*, equivalente all'it. *neo-*, e *dada*; 1960] s. m. inv. ● Neodadaismo.
neodadaismo [comp. di *neo-* e *dadaismo*; 1959] s. m. ● Corrente artistica d'avanguardia che si riallaccia al dadaismo.
neodarwinismo o **neodarvinismo** [comp. di *neo-* e *darwinismo*] s. m. ● Teoria evoluzionistica formulata nella prima metà del Novecento, che integra le tesi del darwinismo con i princìpi della genetica e del mutazionismo.
neodimio [comp. di *neo-* e (*di*)*dimio* (dal gr. *didymos* 'doppio'. V. *didimo* (1)); 1920] s. m. ● Elemento chimico, metallo del gruppo delle terre rare. SIMB. Nd.
neodiplomàto [comp. di *neo-* e *diplomato*] agg.; anche s. m. (f. *-a*) ● Che (o Chi) ha da poco conseguito un diploma scolastico.
neoebràico [comp. di *neo-* ed *ebraico*; 1954] **A** agg. (pl. m. *-ci*) ● Detto della lingua ebraica dopo il III sec. d.C., divenuta lingua ufficiale dello Stato d'Israele | Che si riferisce a tale lingua. **B** s. m. solo sing. ● Lingua neoebraica.
neoegiziano [comp. di *neo-* ed *egiziano*; 1954] **A** agg. ● Detto della lingua egiziana della XVIII dinastia al periodo dei Tolomei, cioè dal XVI al IV sec. a.C. | Che si riferisce a tale lingua. **B** s. m. solo sing. ● Lingua neoegiziana.
neoelètto [comp. di *neo-* ed *eletto*; 1898] agg.; anche s. m. (f. *-a*) ● Che (o Chi) è stato da poco eletto a una carica: *i deputati, i senatori neoeletti*.
neoellènico [comp. di *neo-* ed *ellenico*; 1936] **A** agg. (pl. m. *-ci*) ● Relativo alla lingua e alla letteratura della Grecia moderna. **B** s. m. solo sing. ● Lingua della Grecia moderna. SIN. Neogreco.
neoevoluzionismo [comp. di *neo-* ed *evoluzionismo*; 1987] s. m. ● (*antrop.*) Corrente antropologica sviluppatasi negli Stati Uniti alla metà del XX sec. che riprende l'idea, già dell'evoluzionismo del secolo precedente, secondo cui le società e le culture sarebbero ordinabili in base a un criterio di crescente complessità organizzativa.
neofascismo [comp. di *neo-* e *fascismo*; 1945] s. m. ● Movimento politico che, dopo il 1945, ha ripreso le dottrine e le finalità politiche del fascismo.
neofascista [comp. di *neo-* e *fascista*; 1943] **A** s. m. e f. (pl. m. *-i*) ● Aderente al neofascismo.

B agg. ● Neofascistico.
neofascistico [1956] agg. (pl. m. *-ci*) ● Del neofascismo, dei neofascisti.
neofilìa [comp. di *neo-* e *-filia*; 1900] s. f. ● Amore del nuovo e dei cambiamenti improvvisi.
neòfita o **neòfito** [vc. dotta, lat. tardo *neŏphytu*(*m*), nom. *neŏphytus*, dal gr. *neóphytos* 'piantato di recente', poi 'convertito di recente', comp. di *néos* 'nuovo' (V. *neo-*) e *-phytos* '-fito'; av. 1602] s. m. e f. (pl. m. *-i*) **1** Chi da poco ha abbracciato una religione. **2** (*est.*, *fig.*) Chi da poco ha aderito a un'idea o a un movimento, o è entrato a far parte di una società o di un partito: *neofiti del socialismo*.
neofobìa [comp. di *neo-* e *fobia*; 1885] s. f. ● Paura della novità.
neoformazióne [comp. di *neo-* e *formazione*; 1884] s. f. **1** Formazione nuova o recente: *una n. politica*. **2** (*med.*) Qualsiasi produzione di tessuti anomala, benigna o maligna. **3** (*ling.*) Vocabolo o frase di recente formazione. SIN. Neoconiazione.
neofreudiàno /ne͜ofroi'djano/ [comp. di *neo-* e *freudiano*] **A** agg. ● (*psicoan.*) Che si riferisce al neofreudismo. **B** s. m. (f. *-a*) ● Psicoanalista seguace del neofreudismo.
neofreudismo /ne͜ofroi'dizmo/ [comp. di *neo-* e *freudismo*] s. m. ● (*psicoan.*) Dottrina dei seguaci di S. Freud che accentuano l'importanza dei bisogni sociali e dei fattori culturali e interpersonali nella formazione della personalità.
neofrontismo [comp. di *neo-* e *frontismo*; 1987] s. m. ● Tendenza a riproporre alleanze fra partiti di sinistra.
neògene o **neogène** [vc. dotta, gr. *neogenḗs* 'nato da poco', comp. di *neo-* 'neo-' e *-genḗs* '-geno'; 1895] s. m. ● (*geol.*) Seconda parte dell'era Cenozoica comprendente il Miocene e il Pliocene.
neoghibellinismo [comp. di *neo-* e *ghibellinismo*; av. 1853] s. m. ● Movimento ideologico e politico che, durante il Risorgimento, si contrappose al neoguelfismo, richiamandosi a ideali unitari e repubblicani e alle concezioni antipapali dei ghibellini medievali.
neoghibellino [comp. di *neo-* e *ghibellino*; av. 1876] **A** agg. ● Del neoghibellinismo. **B** s. m. (f. *-a*) ● Fautore, seguace del neoghibellinismo.
neogòtico [comp. di *neo-* e *gotico*; 1961] **A** s. m. (pl. *-ci*) ● Movimento e stile artistico ispirato all'arte medievale e gotica sviluppatosi in Inghilterra nel XVIII sec. e diffusosi in Europa. **B** anche agg.: *stile n.*
neogrammàtica [da *neogrammatico*; 1956] s. f. ● Dottrina e scuola di linguisti tedeschi della fine del sec. XIX, che si fonda sul principio della ineccepibilità delle leggi fonetiche.
neogrammàtico [comp. di *neo-* e *grammatico*: calco sul ted. *Junggrammatiker*, da *jung* 'giovane, nuovo' e *Grammatiker* 'grammatico'; 1885] **A** agg. (pl. m. *-ci*) ● Della neogrammatica. **B** s. m. (f. *-a*) ● (*spec. al pl.*) Linguista appartenente alla scuola neogrammatica o comunque sostenitore dei suoi princìpi.
neogrèco [comp. di *neo-* e *greco*; 1876] **A** agg. (pl. m. *-ci*) ● Della Grecia moderna: *letteratura neogreca*. **B** s. m. solo sing. ● Lingua della Grecia moderna. SIN. Neoellenico.
neoguelfismo [comp. di *neo-* e *guelfismo*; 1861] s. m. ● Movimento ideologico e politico, sostenitore di un rinnovamento democratico del cattolicesimo che, nel Risorgimento, propugnava una confederazione di Stati italiani sotto la presidenza onoraria del Papa.
neoguèlfo [comp. di *neo-* e *guelfo*; av. 1853] **A** agg. ● Del neoguelfismo. **B** s. m. ● Fautore, seguace del neoguelfismo.
neohegeliàno /ne͜oege'ljano, -ohe-/ [comp. di *neo-* e *hegeliano*; 1958] **A** agg. ● Che concerne o interessa il neohegelismo. **B** s. m. (f. *-a*) ● Che segue o si ispira all'indirizzo filosofico del neohegelismo.
neohegelismo /ne͜oege'lizmo, -ohe-/ [comp. di *neo-* e *hegelismo*; 1907] s. m. ● Indirizzo filosofico iniziatosi in Inghilterra, in Italia, in America negli ultimi anni del XIX secolo, che si richiamava in vari modi all'idealismo assoluto di Hegel.
neoidealismo [comp. di *neo-* e *idealismo*; 1904] s. m. ● Neohegelismo.
neoidealista [1898] s. m. e f. (pl. m. *-i*) ● Seguace del neoidealismo.

neoimpressionismo [comp. di *neo-* e *impressionismo*; 1914] s. m. ● Movimento pittorico sviluppatosi in Francia nel XIX sec. e con l'intento di sviluppare i princìpi dell'impressionismo.
neoindustriàle [comp. di *neo-* e *industriale*; 1990] agg. ● Detto di società in cui la produzione industriale è quasi del tutto automatizzata.
neokantiàno [comp. di *neo-* e *kantiano*; 1884] **A** agg. ● Che concerne o interessa il neokantismo. **B** s. m. (f. *-a*) ● Chi segue o s'ispira all'indirizzo filosofico del neokantismo.
neokantismo [comp. di *neo-* e *kantismo*; 1896] s. m. ● (*filos.*) Neocriticismo.
neolalìa [comp. di *neo-* e *-lalia*; 1930] s. f. ● (*med.*) Tendenza, tipica di alcune malattie mentali, a usare eccessivi neologismi nel discorso.
neolamarckismo /ne͜olamar'kizmo/ [comp. di *neo-* e *lamarckismo*] s. m. ● (*biol.*) Ogni teoria riconducibile all'ipotesi dell'ambiente può determinare modificazioni ereditarie degli organismi.
neolatino [comp. di *neo-* e *latino*; 1865] agg. ● Detto di un gruppo di lingue derivate dal latino, e di ciascuna di esse: *il francese è una lingua neolatina* | **Letteratura neolatina**, scritta in una di tali lingue | **Popolo n.**, che parla una di queste lingue.
neolaureàto [comp. di *neo-* e *laureato*; 1877] agg.; anche s. m. (f. *-a*) ● Che (o Chi) si è appena laureato: *medico n.*; *concorso per neolaureati*.
neoliberalismo [comp. di *neo-* e *liberalismo*; av. 1952] s. m. **1** (*econ.*) Neoliberismo. **2** Indirizzo politico manifestatosi nel movimento liberale subito dopo la seconda guerra mondiale, basato su un concetto di liberalismo progressista e anticonservatore.
neoliberismo [comp. di *neo-* e *liberismo*; 1985] s. m. ● Indirizzo di pensiero economico che denuncia le violazioni della concorrenza generate da concentrazioni monopolistiche e auspica interventi statali tendenti solo a ripristinare l'effettiva libertà di mercato.
neoliberty [comp. di *neo-* e *liberty*; 1969] **A** s. m. ● Tendenza dell'architettura italiana degli anni 1950-1960, caratterizzata dalla ripresa di elementi dello stile liberty. **B** anche agg.: *architettura n.*
neolinguistica [comp. di *neo-* e *linguistica*; 1925] s. f. ● Corrente linguistica della prima metà del Novecento, che si oppone ai princìpi della scuola neogrammaticale e formula alcune leggi tendenti a stabilire il rapporto cronologico tra diverse fasi linguistiche, sulla base della distribuzione areale dei fenomeni linguistici.
neolìtico [comp. di *neo-* e *-lito* (1), con suff. agg.; 1895] **A** s. m. (pl. *-ci*) ● Ultimo periodo dell'età della pietra nel quale le armi e gli utensili erano accuratamente levigati. **B** agg. ● Relativo a tale periodo: *cultura neolitica*; *reperti neolitici*.
neologìa [comp. di *neo-* e *-logia*; 1765] s. f. ● (*ling.*) Processo di formazione di nuove unità lessicali.
neològico [1825] agg. (pl. m. *-ci*) ● (*ling.*) Che ha funzione di neologismo.
neologismo [fr. *néologisme*, da *néologue* 'chi fa frequente uso di termini nuovi', comp. del gr. *néos* 'nuovo' e *-lógos* '-logo'; 1785] s. m. ● (*ling.*) Vocabolo o locuzione di recente creazione, o presi in prestito da poco tempo da un'altra lingua | Ogni nuova accezione di una parola già usata.
neologista [1880] s. m. e f. (pl. m. *-i*) **1** Chi, scrivendo o parlando, fa largo uso di neologismi. **2** Chi studia i neologismi.
neologìstico [ingl. *neologistic*, da *neologist*, deriv. di *neology* 'neologia'] agg. (pl. m. *-ci*) ● (*ling.*) Che concerne i neologismi o ha funzione di neologismo: *formazioni neologistiche*.
neomalthusiàno /ne͜omaltu'zjano/ e deriv. V. *neomaltusiano* e deriv.
neomalthusianismo, **neomalthusianèsimo**, **neomalthusianèsimo** [comp. di *neo-* e *maltusianismo*; av. 1937] s. m. ● (*econ.*) Tendenza a limitare la natalità attraverso la diffusione di metodi contraccettivi.
neomaltusiàno o **neomalthusiàno** [comp. di *neo-* e *malthusiano*; 1900] **A** agg. ● Proprio del neomaltusianismo. **B** s. m. ● Seguace del neomaltusianismo.
neomembràna [comp. di *neo-* e *membrana*; 1865] s. f. ● (*anat.*) Membrana di recente formazione.
neomenìa [vc. dotta, lat. tardo *neomēnia*(*m*),

nepotismo

nom. *neomēnia*, dal gr. *neomēnía*, comp. di *neo-* 'neo-' e *mēn*, genit. *mēnós* 'mese' (V. *menopausa*); sec. XIV] s. f. ● Nell'antico calendario greco, novilunio.

neomercantilismo [comp. di *neo-* e *mercantilismo*; 1987] s. m. ● Politica economica che, per la soluzione dei problemi economici e sociali interni di un Paese, sostiene il ritorno ai principi del mercantilismo.

neomercantilistico agg. (pl. m. -ci) ● Proprio del neomercantilismo.

neomicina [da *neo-*, sul modello di *streptomicina*; 1950] s. f. ● (*farm.*) Antibiotico amminoglicosidico ad ampio spettro, ad attività batteriostatica e battericida, ottenuto dal batterio *Streptomyces fradiae*.

nèon o **nèo** (2) [dal gr. *néon*, nt. di *néos* 'nuovo'. V. *neo-*; 1925] s. m. inv. ● Elemento chimico, gas nobile usato per lampade tubolari e, soprattutto, per insegne luminose: *luce al n.* | *lampada al n.* | (*est.*) Lampada, insegna al neon: *la piazza illuminata dai n. intermittenti*. SIMB. Ne.

neonatàle [comp. di *neo-* e *natale* nel sign. B, sul modello del fr. *néonatal*; 1981] agg. ● Riguardante il neonato: *vita n.*

♦**neonàto** [comp. di *neo-* e *nato*; sec. XV] A agg. ● Che è appena nato o che è nato da poco: *bambino n.* | Formato, sorto da poco: *un'associazione neonata*. B s. m. (f. -a) ● Bambino nato da poco.

neonatologìa [comp. di *neonato* e *-logia*; 1982] s. f. ● (*med.*) Parte della pediatria che si occupa dell'assistenza ai neonati, spec. delle cure di cui hanno bisogno i prematuri.

neonatòlogo [1983] s. m. (f. -*a*; pl. m. -*gi*) ● Specialista in neonatologia.

neonazismo [comp. di *neo-* e *nazismo*; 1970] s. m. ● Movimento politico che, dopo il 1945, ha ripreso le dottrine e le finalità politiche del nazismo.

neonazista [comp. di *neo-* e *nazista*; 1950] A s. m. e f. (pl. m. -*i*) ● Fautore, seguace del neonazismo. B agg. ● Del neonazismo: *gruppo n.*

neonista [da *neon*; 1963] s. m. e f. (pl. m. -*i*) ● Chi fabbrica o monta insegne al neon.

neopaganèsimo [comp. di *neo-* e *paganesimo*; av. 1952] s. m. ● Nella terminologia delle Chiese cristiane, l'abbandono della fede religiosa da parte di persone o di folle e il sorgere di una pseudo-religione della forza, della macchina o del piacere | Atteggiamento e indirizzo mentale di chi favorisce il diffondersi di tali forme pseudo-religiose.

neopàllio [comp. di *neo-* e *pallio*] s. m. ● (*anat.*) Porzione del pallio del telencefalo esclusiva dei Mammiferi, caratterizzata da una complessa corteccia nervosa.

neopatentàto [comp. di *neo-* e *patentato*; 1985] agg.; anche s. m. (f. -*a*) ● Che (o Chi) ha appena ottenuto la patente di guida.

neopentecostalismo [comp. di *neo-* e *pentecostalismo*] s. m. ● (*relig.*) Movimento religioso di derivazione metodista diffuso negli USA.

neopitagòrico [comp. di *neo-* e *pitagorico*; av. 1869] A agg. (pl. m. -ci) ● Che concerne o interessa il neopitagorismo. B s. m. (f. -*a*) ● Chi segue o si ispira al neopitagorismo.

neopitagorìsmo [comp. di *neo-* e *pitagorismo*; av. 1905] s. m. ● Movimento filosofico-religioso del I secolo a. C. che si ispirava alle dottrine e agli scritti di Pitagora e del pitagorismo antico.

neoplasìa [comp. di *neo-* e del gr. *plásis* 'formazione' (V. *-plasto*); 1875] s. f. ● (*med.*) Neoformazione patologica; il termine viene riferito abitualmente allo sviluppo tumorale benigno o maligno. CFR. Cancro, tumore.

neoplàsico [1973] agg. (pl. m. -ci) ● (*med.*) Relativo a neoplasia.

neoplàsma [comp. di *neo-* e del gr. *plásma* 'formazione' (V. *-plasto*); 1865] s. m. (pl. -*mi*) ● (*med.*) Tumore.

neoplasticismo [comp. di *neo-* e *plasticismo*; 1954] s. m. ● Teoria moderna delle arti figurative del primo Novecento, basata sull'esclusione di ogni legame analogico con la realtà e su di una purezza plastica ottenibile mediante l'uso di piani perpendicolari, di composizioni geometriche e dei colori primari.

neoplàstico [1905] agg. (pl. m. -ci) ● (*med.*) Di neoplasia, che costituisce neoplasia: *tessuto n.*

neoplatònico [comp. di *neo-* e *platonico*; 1845] A agg. (pl. m. -ci) ● Che concerne o interessa il neoplatonismo. B s. m. (f. -*a*) ● Chi segue o si ispira al neoplatonismo.

neoplatonìsmo [comp. di *neo-* e *platonismo*; 1875] s. m. ● Indirizzo filosofico iniziatosi nel II secolo d. C. che proponeva un ritorno a quei temi della filosofia platonica capaci di operare una difesa delle verità religiose che possono essere comprese dall'uomo solo nell'intimità della propria coscienza.

neopositivìsmo [comp. di *neo-* e *positivismo*; 1906] s. m. ● Indirizzo filosofico contemporaneo, inaugurato negli anni '20 del Novecento dal Circolo di Vienna, secondo cui alla filosofia è affidato il compito di effettuare l'analisi del linguaggio comune e di quello scientifico. SIN. Empirismo logico.

neopositivìsta [comp. di *neo-* e *positivista*; 1958] A s. m. e f. (pl. m. -*i*) ● Seguace del neopositivismo. B agg. ● Neopositivistico.

neopositivìstico [1904] agg. (pl. m. -ci) ● Del neopositivismo: *tendenze neopositivistiche*.

neopovertà [comp. di *neo-* e *povertà*] s. f. ● (*spec. al pl.*) Nuova forma di povertà e di emarginazione in società economicamente sviluppate.

neoprène® [da *neo-*, sul modello di *isoprene*; 1938] s. m. ● Gomma sintetica resistente all'azione nociva degli agenti atmosferici.

neopromòssa s. f. ● (*ellitt.*, *sport*) Squadra neopromossa.

neopromòsso [comp. di *neo-* e *promosso*] agg. ● (*sport*) Detto di squadra che nell'ultimo campionato è stata promossa alla serie o categoria superiore.

neopurìsmo [comp. di *neo-* e *purismo*; 1938] s. m. ● (*ling.*) Orientamento linguistico contemporaneo, che accetta neologismi, purché rispondenti alle reali esigenze di una lingua e conciliabili con la sua tradizionale struttura.

neopurìsta [comp. di *neo-* e *purista*; 1938] s. m. e f. (pl. m. -*i*) ● Seguace del neopurismo.

neoqualunquìsmo [comp. di *neo-* e *qualunquismo*; 1978] s. m. ● (*spreg.*) Nuova forma di qualunquismo.

neorealìsmo [comp. di *neo-* e *realismo*; 1937] s. m. **1** L'insieme di tutte quelle correnti filosofiche contemporanee che convengono nell'affermare che l'oggetto della conoscenza non risulta alterato dal rapporto in cui esso entra con il soggetto conoscente. **2** Tendenza, indirizzo della letteratura, del cinema e delle arti in genere volta a rappresentare fatti e aspetti, spec. sociali, della vita con stretta aderenza realistica. SIN. Neoverismo.

neorealìsta [comp. di *neo-* e *realista*; 1948] A s. m. e f. (pl. m. -*i*) ● Chi segue il neorealismo o si ispira ad esso. B agg. ● Neorealistico.

neorealìstico [1949] agg. (pl. m. -ci) ● Che concerne o interessa il neorealismo. ‖ **neorealisticamente**, avv.

Neornìti. [comp. di *neo-* e del gr. *órnis*, genit. *órnithos* 'uccello' (V. *ornito-*); 1954] s. m. pl. (sing. -*e*) ● Nella tassonomia animale, sottoclasse di Uccelli che comprende tutte le forme viventi (*Neornithes*).

neoromanticìsmo [comp. di *neo-* e *romanticismo*; 1915] s. m. ● Tendenza artistica e letteraria che si ricollega al gusto, alla sensibilità, alla poetica del romanticismo.

neoscolàstica [comp. di *neo-* e *scolastica*; 1903] s. f. ● (*filos.*) Neotomismo.

neoscolàstico [comp. di *neo-* e *scolastico*; 1891] A agg. (pl. m. -ci) ● Che concerne o interessa la neoscolastica. B s. m. (f. -*a*) ● Chi segue la, o si ispira alla neoscolastica.

neostòma o **neòstoma** [comp. di *neo-* e del gr. *stóma* 'bocca'; 1958] s. m. (pl. -*i*) ● (*chir.*) Apertura di un organo cavo allo scopo di metterlo in comunicazione con un altro organo analogo, o con l'esterno.

neostomìa [comp. di *neo-* e *-stomia*; 1958] s. f. ● (*chir.*) Intervento consistente nell'aprire un organo cavo per metterlo in comunicazione con un altro organo analogo o con l'esterno.

neotenìa [comp. di *neo-* e di un deriv. del gr. *téinein* 'tendere' (di orig. indeur.); 1929] s. f. ● (*biol.*) Fenomeno per cui, in certe specie animali, alcuni o tutti gli individui permangono alla fase larvale, pur raggiungendo la maturità sessuale. CFR. Pedogenesi.

neotènico [1981] agg. (pl. m. -ci) ● Di neotenia, relativo a neotenia.

neotèrico [vc. dotta, lat. tardo *neotĕricu(m)*, nom. *neotĕricus*, dal gr. *neōterikós*, da *neōteros*, compar. di *néos* 'nuovo' (V. *neo-*); 1563] A agg. (pl. m. -ci) ● Di poeti dell'età ciceroniana che s'ispiravano ai poeti greci. **2** (*est.*, *lett.*) Nuovo, moderno nei temi o nel linguaggio: *indirizzo poetico n.* B s. m. ● Poeta neoterico.

neoterìsmo [vc. dotta, gr. *neōterismós*, da *neōteros*. V. *neoterico*; 1840] s. m. ● Corrente poetica e gusto stilistico dei neoterici.

neotestamentàrio [comp. di *neo-* e un deriv. di *testamento*; av. 1956] agg. ● Del Nuovo Testamento.

neotomìsmo [comp. di *neo-* e *tomismo*; 1905] s. m. ● Indirizzo filosofico ispirato alla filosofia di S. Tommaso, iniziatosi negli ultimi decenni del XIX sec., che tende a ricondurre la moderna filosofia realistica entro gli schemi del tomismo.

neotomìsta [comp. di *neo-* e *tomista*; 1891] A agg. ● Che concerne o interessa il neotomismo. B s. m. e f. (pl. m. -*i*) ● Chi segue o si ispira al neotomismo.

neotomìstico [1904] agg. (pl. m. -ci) ● Del neotomismo.

neòtrago [comp. di *neo-* e del gr. *trágos* 'capro' (V. *trago*); 1954] s. m. (pl. -*ghi*) ● Genere di antilopi africane di piccole dimensioni caratterizzate dai cornetti rivolti all'indietro (*Neotragus*).

neòttero [comp. di *neo-* e *-ttero*] agg. ● (*zool.*) Detto di insetto che è in grado di ripiegare all'indietro le ali.

neottòlemo [dal n. di *Neottolemo*, figlio di Achille; 1954] s. m. ● Grossa farfalla americana con dimorfismo sessuale spiccato, i cui maschi sono caratterizzati dalle ali di color azzurro metallico splendente (*Morpho neoptolemus*).

neoverìsmo [comp. di *neo-* e *verismo*; 1957] s. m. ● Neorealismo.

neozelandèse [1863] A agg. ● Della Nuova Zelanda. B s. m. e f. ● Abitante, nativo della Nuova Zelanda.

neozòico (*Neozoico* come s. m.) [comp. di *neo-* e *-zoico*; 1879] A agg. (pl. m. -ci) ● (*geol.*) Era quaternaria. SIN. Quaternario. B anche agg.; *era neozoica*.

nèpa [lat. *nēpa(m)*: di orig. africana (?); 1879] s. f. ● Insetto dei Nepidi comune negli stagni, con zampe anteriori a pinza lunghe e sottili (*Nepa cinerea*). SIN. Scorpione acquatico.

nepalèse [1934] A agg. ● Del Nepal. B s. m. e f. ● Abitante, nativo del Nepal.

Nepentàcee [vc. dotta, comp. di *nepent(e)* e *-acee*; 1891] s. f. pl. (sing. -*a*) ● Nella tassonomia vegetale, famiglia di piante carnivore delle Dicotiledoni comprendente la nepente (*Nepenthaceae*).

nepènte [vc. dotta, gr. *nēpenthḗs* 'che toglie il dolore', di *nē* 'non' e *pénthos* 'dolore', da *páschein* 'soffrire', di etim. incerta; av. 1600] s. f. **1** Pianta carnivora delle Nepentacee, indo-malese, lianosa, con ascidi a secrezione zuccherina e foglie a sacchetto (*Nepenthes*): *O roride nepenti!* (BOITO). **2** Bevanda cui gli antichi Greci attribuivano il potere di togliere il dolore o dare l'oblio.

nèper /'neper, ingl. 'niipər/ [vc. ingl., dal n. del matematico scozzese J. Neper o Napier (1550-1617); 1942] s. m. inv. ● (*fis.*) Unità di misura del guadagno o di attenuazione, pari al logaritmo naturale del rapporto fra la grandezza in esame e un livello di riferimento. SIMB. Np.

neperiàno [1956] agg. ● (*mat.*) Che si riferisce al matematico Neper e alle sue teorie | *Logaritmo n.*, in base *e* = 2,71828…

nèpeta [lat. *nĕpeta(m)*, di orig. preindeur.] s. f. ● (*bot.*) Gattaia.

nepetèlla o **nepitèlla**, **nipitèlla** [dim. dal lat. *nepēta*; sec. XIV] s. f. ● (*bot.*) Calaminta.

Nèpidi [vc. dotta, comp. di *nep(a)* e *-idi*; 1834] s. m. pl. (sing. -*e*) ● Nella tassonomia animale, famiglia di Insetti degli Eterotteri con antenne segmentate e zampe raptatorie (*Nepidae*).

nepitèlla V. *nepetella*.

nepòte ● V. *nipote*.

nepotìsmo o (*raro*) **nipotìsmo** [da *nepote*; av. 1667] s. m. **1** Spec. nei secoli XV e XVI, tendenza di certi papi a favorire i propri familiari con prebende, cariche e sim. **2** (*est.*) Favoreggiamento nei confronti di parenti o amici per fare sì che ottengano cariche, uffici e sim.

nepotista [da *nepotismo*; 1846] **A** s. m. e f. (pl. m. -*i*) ● Chi favorisce gli amici o i parenti abusando del proprio potere. **B** agg. ● (*raro*) Nepotistico.

nepotistico [da *nepotismo*; 1958] agg. (pl. m. -*ci*) ● Proprio di chi favorisce amici e parenti: *comportamento n.* ‖ **nepotisticaménte**, avv.

♦**neppùre** o (*raro*) **né pure** [comp. di *né* e *pure*; 1313] avv. e cong. ● Neanche.

†**nequità** o †**niquità** [aferesi di *iniquità*; il cambiamento della -*i*- in -*e*- è dovuto all'accostamento paretimologico a *nequizia*] s. f. ● Iniquità.

†**nequitànza** o †**niquitànza** [da *nequità*] s. f. ● Iniquità.

†**nequitóso** o †**niquitóso** [da *nequità*; av. 1292] agg. ● Malvagio, rio | Ostile: *verso de Orlando n. torna / per vendicare il colpo ricevuto* (BOIARDO). ‖ **nequitosaménte**, avv.

nequizia [vc. dotta, lat. *nequĭtia(m)*, da *nēquam* 'malvagio'; av. 1292] s. f. *1* (*lett.*) Cattiveria, malvagità. *2* †Delitto, peccato. *3* †Rabbia, sdegno: *si consumava di n., veggendo i modi fecciosi della moglie d'Ugolino* (SACCHETTI).

nerastro [da *nero*; av. 1730] agg. ● Che tende al nero: *sfumature nerastre*; *il viso era leggermente roseo, le labbra nerastre* (FOGAZZARO).

nerazzùrro [comp. di *nero* e *azzurro*; 1910] **A** agg. *1* Che è di color nero con riflessi azzurri: *marmo n.* *2* Che è di color nero alternato all'azzurro: *le maglie nerazzurre dei giocatori dell'Inter.* **B** agg.; anche s. m. (f. -*a*) ● Che (o Chi) gioca nella squadra di calcio milanese dell'Inter, o ne è sostenitore: *giocatori, tifosi nerazzurri*; *i nerazzurri giocano in trasferta.*

nerbàre [da *nerbo*; av. 1749] v. tr. (*io nèrbo*) ● (*raro*) Percuotere con un nerbo | (*raro, est.*) Picchiare con un bastone.

nerbàta [av. 1665] s. f. ● Colpo di nerbo, staffilata | (*est.*) Botta: *vuoi assaggiare le nerbate …?* (VERGA). ‖ **nerbatina**, dim.

nerbatùra [1891] s. f. ● (*raro*) Il nerbare.

nèrbo [lat. *nĕrvu(m)* 'nervo'; av. 1292] s. m. (pl. †*nèrbora* f.) *1* †V. *nervo*. *2* Fibra cervicale di buoi e cavalli disseccata e adoperata come staffile. *3* (*fig.*) Parte più forte e valida di qlco.: *il n. delle forze, dell'esercito* | (*est.*) Forza, vigoria: *stile senza n.* ‖ **nerbàccio**, pegg. | **nerbettino**, dim. | **nerbicino**, dim. | **nerbolino**, dim.

nerborùto [da *nerbora*, ant. pl. di *nerbo*; av. 1348] agg. ● Muscoloso, robusto, gagliardo: *due braccia nerborute la tenevano come conficcata nel fondo della carrozza* (MANZONI).

nerbùto [da *nerbo*; av. 1430] agg. ● (*raro*) Forte, nerboruto.

nèrchia [vc. pisana, dal lat. *nĕrvus* 'nervo'] s. f. *1* (*dial.*) Bastone nodoso. *2* (*fig., centr.*) Membro virile.

nereggiaménto [1840] s. m. ● (*raro*) Il nereggiare.

nereggiànte [sec. XIV] part. pres. di *nereggiare*; anche agg. *1* Che ha un colore nero o bruno. *2* (*est.*) Gremito di gente: *una piazza n. di folla.* *3* (*fig., lett.*) Irato, eccitato: *n. di collera il cuore* (PASCOLI).

nereggiàre o **negreggiàre** [da *nero*; av. 1519] **A** v. intr. (*io neréggio*; aus. *avere*) *1* (*lett.*) Apparire di colore nero: *il cielo cominciava a n.* *2* (*raro*) Tendere al nero. *3* (*est.*) Essere gremito, brulicare. **B** v. tr. ● (*raro*) Dare sfumature, colorare di nero.

nerèide [vc. dotta, lat. *Nerēide(m)*, nom. *Nerēis*, dal gr. *Nērēís*, propr. 'figlia di Nereo', da *Nēreús* 'Nereo'; av. 1406] s. f. *1* Nella mitologia greca, ninfa del mare. *2* Anellide polichete marino con corpo vermiforme, cirri tentacolari e livrea vistosa (*Nereis diversicolor*).

neretino o **naretino** [dal n. lat. della città: *Nērētum*] **A** agg. ● Di Nardò. **B** s. m. (f. -*a*) ● Nativo, abitante di Nardò.

nerétto [1925] s. m. *1* Dim. di *nero*. *2* (*edit.*) Carattere tipografico con asta più scura e marcata del consueto, usato per dare evidenza a titoli, parole, frasi. SIN. Grassetto. *3* Articolo di giornale in neretto per attirare l'attenzione di chi legge. ‖ **nerettino**, dim.

nerézza o †**negrézza** [lat. *nigrĭtia(m)*, da *nĭger* 'nero'; av. 1320] s. f. ● (*raro*) Caratteristica, aspetto di ciò che è nero: *occhi … neri di quella chiara e dolce negrezza* (CASTIGLIONE).

nericàre [lat. *nigricāre*, da *nĭger* 'nero'; av. 1918] v. intr. (*io nérico, tu nérichi*; aus. *avere*) ● (*raro, lett.*) Nereggiare.

nericcio [1550] agg. (pl. f. -*ce*) ● Che tende al nero o è quasi nero.

nerigno [1563] agg. ● (*raro, lett.*) Nericcio.

nerita [vc. dotta, lat. *nerĭta(m)*, nom. *nerĭta*, dal gr. *nērítēs*, di etim. incerta; sec. XV] s. f. ● Mollusco gasteropode con conchiglia globosa e massiccia (*Nerita polida*).

neritico [vc. dotta, da *nerita* (V.) con suff. agg.; 1930] agg. (pl. m. -*ci*) ● Detto di zona di mare compresa fra 0 e 200 m di profondità, di fauna pelagica vivente in tale zona e di formazione geologica presente in tale zona.

♦**néro** o (*raro, lett.*) **négro** (*1*), (*lett.*) †**nigro** [lat. *nĭgru(m)*, di etim. incerta; 1279] **A** agg. *1* (*fis.*) Detto di corpo la cui superficie assorbe completamente ogni radiazione qualunque sia la sua lunghezza d'onda, lo stato di polarizzazione o l'angolo di incidenza. *2* Correntemente, che ha colore bruno intenso molto scuro: *occhi, capelli neri*; *velo, drappo n.*; *vernice nera*; *essere n. come il carbone, come l'ebano, come l'inchiostro, come la pece, come l'ala di un corvo.* CFR. melano- | ***Caffè n.***, senza latte | ***Pane n.***, integrale | ***Vino n.***, rosso scuro | ***Oro n.***, il petrolio | ***Occhiali neri***, con lenti affumicate | (*aer.*) ***Scatola nera***, V. *scatola*, sign. 3 | (*bot.*) ***Pioppo n.***, pioppo comune | (*med.*) ***Vomito n.***, contenente sangue, tipico della febbre gialla. *3* (*est.*) Sudicio, molto sporco: *polsini neri*; *quel vestito è tutto n.*; *mani, unghie nere* | ***Pozzo n.***, specie di vasca interrata, chiusa, che raccoglie le acque di rifiuto di un edificio. *4* Con riferimento al nero inteso come simbolo di morte e di lutto: *paramenti neri*; *vesti nere*; *cravatta nera* | ***Bandiera nera***, quella degli anarchici. *5* Fascista: *brigate nere*; *governo n.* | ***Camicia nera***, aderente al partito fascista durante l'epoca del suo governo in Italia; nello stesso periodo, appartenente alla Milizia Volontaria per la Sicurezza Nazionale: *un raduno di camicie nere.* *6* (*fig.*) Clericale: *aristocrazia nera.* *7* (*fig.*) Caratterizzato da sventure, dolori, avversità e sim.: *giorni neri*; *questo è un periodo n. per me* | ***Vedere tutto n.***, prevedere dolori e sciagure | (*est.*) Improntato di tristezza, malinconia, pessimismo: *umore n.*; *pensieri neri*; *essere n. in volto*; *che faccia nera hai oggi!* | Molto negativo: *il giovedì n. della Borsa* | (*est.*) Caratterizzato dal macabro, dal mistero, dalla violenza, detto spec. di genere letterario: *romanzo n.*; *umorismo n.* *8* (*fig.*) Caratterizzato da disonestà, illegalità, mancato rispetto delle leggi: *lavoro n.* | ***Mercato n., borsa nera***, mercato clandestino, spec. in tempo di guerra o di dopoguerra | ***Fondi neri***, V. *fondo* | ***Libro n.***, elenco di persone sospette, pericolose o nemiche | (*est.*) Detto di compenso, emolumento e sim. non assoggettato a ritenute fiscali e previdenziali: *contabilità nera.* *9* (*fig.*) Caratterizzato da crudeltà, perfidia, scelleratezza: *anima nera*; *Cosa puoi dire, / Dopo azion sì nera?* (DA PONTE) | ***Bestia nera***, persona o cosa di cui si ha paura | ***Pecora nera***, persona che si distingue dagli altri per le sue cattive qualità | ***Cronaca nera***, (*ellitt.*) ***nera***, nei quotidiani, quella che tratta di gravi incidenti e fatti di sangue. *10* (*fig.*) Che ha relazione con il demonio: *magia nera*; *messa nera.* *11* (*st.*) Detto di molte fazioni cittadine durante l'età comunale: *guelfo di parte nera.* **B** s. m. *1* Colore nero: *capelli, occhi di un n. cupo*; *tingere in, di n.*; *vestire di n.* | (*fig.*) ***Mettere n. su bianco***, mettere per iscritto, con riferimento a un accordo, a un'intesa e sim. | ***Non distinguere il n. dal bianco***, non cogliere le differenze, anche vistose | ***Vestirsi, mettersi in n.***, vestirsi di nero in segno di lutto o per un'occasione elegante. *2* Ogni sostanza di colore nero, o che colora in nero | ***N. di alizarina, n. di anilina***, coloranti organici sintetici | ***N. animale***, carbone animale | ***N. fumo***, V. anche *nerofumo* | ***N. di rodio, n. di palladio, n. di platino***, polvere nera dei rispettivi metalli finemente suddivisi, con forti proprietà catalitiche | (*zool.*) ***N. di seppia***, liquido nero secreto da un'apposita ghiandola delle seppie e di altri Cefalopodi, da cui si ricava un colorante usato per inchiostri e colori. *3* (*est.*) Nel gioco degli scacchi e della dama, il giocatore che manovra i pezzi neri contro quelli bianchi: *il n. muove e vince in tre mosse* | Combinazione al gioco della roulette: *puntare sul n.* *4* (f. -*a*) (*est.*) Individuo di pelle nera: *i neri d'America.* *5* (f. -*a*) Fascista: *un gruppo di neri* | Clericale: *governo dei neri.* *6* (*banca, econ.*) Posizione di credito o di non debito in un conto, contrapposto a *rosso* | ***In n.***, in attivo | ***In n.***, (*fam.*) detto di attività economiche nascoste, spec. per evadere il fisco: *pagamenti in n.*; *assumere qlcu. in n.*; *lavorare in n.* *7* (*bot.*) Fumaggine. ‖ **nerèllo**, dim. | **nerétto**, dim. (V.) | **nerino**, dim.

neròfide o **nerofidio** [comp. di *nero* e *ofide*; 1834] s. m. ● Pesce dei Signatiformi con corpo allungatissimo e una sola pinna dorsale (*Nerophis ophidion*).

nerofùmo o **negrofùmo**, **nèro fùmo** [comp. di *nero* e *fumo*; av. 1574] s. m. solo sing. ● Carbone finemente suddiviso ottenuto condensando i vapori della combustione incompleta di varie sostanze organiche, usato per inchiostri da stampa, carta carbone, lucidi da scarpe e sim.

neróngnolo (o -ò-) [da *nero*; 1769] agg. ● Nericcio, nerastro.

nèrola [av. 1712] s. f. ● (*chim.*) Neroli.

nèroli [dal n. della principessa di A. M. *Nerola* che ne introdusse l'uso nel 1680 ca.; av. 1712] s. m. inv. ● Essenza estratta per distillazione dai fiori d'arancio, usata in profumeria.

neróne [da *Nerone*, imperatore romano, noto per la sua crudeltà; av. 1337] s. m. ● (*per anton.*) Persona malvagia o collerica. ‖ **neroncèllo**, dim.

neroniàno [vc. dotta, lat. *neroniānu(m)*, agg. di *Nĕro*, genit. *Nerōnis* 'Nerone' (6 d.C.-31); 1589] agg. ● Di Nerone: *governo n.* | Degno di Nerone per crudeltà.

nerùme [da *nero*; av. 1342] s. m. *1* Tinta nera o macchia nera che ricopre oggetti: *il n. dell'argenteria.* *2* (*est.*) Complesso di cose nere. *3* (*bot.*) Malattia fungina dei cereali caratterizzata dall'annerimento della spiga.

nervàto [sec. XV] agg. *1* Provvisto di nervature o di nervi. *2* (*ant.*) Robusto, forte.

nervatùra [da *nervo*; av. 1519] s. f. *1* L'insieme dei nervi costituenti un organismo animale e la loro disposizione. *2* (*zool.*) Filamento più resistente che rinforza la membrana alare degli insetti. *3* (*bot.*) Traccia dei fasci fibrovascolari sulla lamina fogliare. *4* (*arch.*) Parte, spec. aggettante, di una struttura architettonica di sostegno | Negli edifici con volta a crociera, l'insieme delle cordonature che limitano le sezioni delle volte stesse. *5* Piccolissima piega cucita in rilievo e usata come guarnizione di abiti. *6* Rilievo a cordoncino sul dorso dei libri rilegati.

nèrveo [av. 1684] agg. ● (*raro*) Che concerne i nervi.

nervétto [propr. dim. di *nervo*; sec. XVII] s. m. ● (*spec. al pl., sett.*) Pietanza fredda formata da cartilagini di vitello lessate e tagliuzzate, miste a fagioli, cipolline e sottaceti.

†**nervigno** [da *nervo*; av. 1654] agg. ● Vigoroso, nervoso: *gambe nervigne.*

nervìno [vc. dotta, lat. tardo *nervīnu(m)*, da *nĕrvus* 'nervo'; 1971] agg. *1* Relativo a nervo o a sistema nervoso. *2* Detto di medicamento o sostanza (ad es. la camomilla) che agisce particolarmente sul sistema nervoso | ***Gas n.***, gas tossico, prodotto a scopo bellico.

♦**nèrvo** o †**nèrbo** [lat. *nĕrvu(m)*, di orig. indeur.; av. 1292] s. m. *1* (*anat.*) Formazione anatomica allungata costituita da più filamenti di cellule nervose e rivestita da particolari membrane; collega il sistema nervoso centrale alle diverse parti del corpo con funzione motoria o sensitiva: *n. motorio, sensitivo, misto.* CFR. neuro- | ***Dare ai, sui nervi, far venire i nervi, urtare i nervi a qlcu.***, irritarlo, infastidirlo | ***Attacco, crisi di nervi***, manifestazione di violenta eccitazione nervosa | ***Tensione di nervi***, sforzo della volontà, ansia eccitata | ***Avere i nervi***, essere di cattivo umore | ***Avere i nervi scoperti, a fior di pelle***, essere in stato di grande eccitazione nervosa | ***Avere i nervi a pezzi***, essere al limite dell'esaurimento nervoso | ***Avere i nervi saldi***, essere padrone di sé | (*fig.*) ***Guerra dei nervi***, conflitto in cui si cerca di logorare psicologicamente l'avversario. ➡ ILL. p. 2123, 2124, 2126, 2127 ANATOMIA UMANA. *2* (*fam., impropr.*) Tendine, muscolo. *3* (*lett., fig.*) Forza, vigoria: *stile senza n.* | Parte più consistente e forte di una organizzazione: *il n. degli eserciti sanza alcun dubbio sono le fanterie* (MACHIAVELLI). *4* (*bot.*) Nervatura delle foglie | Filamento, filo:

n. dei fagiolini. **5** Staffile, nerbo: *n. di bue.* **6** Corda di strumento musicale, minugia | Corda dell'arco: *tendere il n.* ‖ **nervettino**, dim. | **nervétto**, dim. (V.) | **nervicciuòlo**, dim. | **nervicino**, dim. | **nervìno**, dim. | **nervolino**, dim. | **nervùzzo**, dim.

nervoşişmo [da *nervoso*; 1862] s. m. ● Stato di eccitazione, agitazione, tensione nervosa: *nell'aria oggi c'è molto n.*

nervoşità [vc. dotta, lat. *nervositāte(m)*, da *nervōsus* 'nervoso'; av. 1320] s. f. **1** (*spec. lett.*) Eccitabilità di nervi, irrequietezza. **2** (*lett.*) Atto, parola da persona nervosa: *sotto quelle stramberie e n. c'erano fatti solidi, reali* (MORAVIA). **3** (*fig.*) Vigorosità, incisività, spec. di stile: *la n. della prosa moderna.*

♦**nervóso** [vc. dotta, lat. *nervōsu(m)*, agg. di *nĕrvus* 'nervo'; av. 1320] **A** agg. **1** (*anat.*) Che riguarda le strutture neurali: *cellule nervose* | ***Sistema n.***, insieme delle strutture devolute al controllo rapido delle funzioni dell'organismo | ***Sistema n. centrale***, nevrasse | ***Sistema n. periferico***, insieme delle strutture specializzate per connettere il nevrasse con organi di senso o effettori | ***Sistema n. autonomo***, ***sistema n. vegetativo***, insieme delle strutture coinvolte nel controllo delle funzioni involontarie dell'organismo | ***Sistema n. volontario***, complesso delle strutture centrali e periferiche, coinvolte nel controllo delle funzioni coscienti dell'organismo. **2** (*med.*) Detto di processo patologico che coinvolge il sistema nervoso: *esaurimento n.*; *malattia nervosa.* **3** Che è in stato di notevole eccitabilità, agitazione, irritazione: *oggi sei troppo n.*; *questi rumori mi rendono nervoso* | Detto di ciò che rivela nervosismo: *risata nervosa.* **4** Privo di grasso superfluo, vigoroso e asciutto, detto del corpo umano o delle sue parti: *braccia, gambe nervose* | ***Andatura, camminata nervosa***, rapida e scattante. **5** (*fig.*) Stringato, conciso, efficace: *stile n.*; *prosa nervosa*; *un disegno n. ed essenziale.* **6** (*bot.*) Detto di foglia, legno e sim. con numerose nervature in rilievo. **7** (*enol.*) Detto di vino avente una piacevole sensazione tattile, in cui la morbidezza è arricchita da brio e vivacità. CONTR. Molle, piatto. ‖ **nervosétto**, dim. ‖ **nervoşaménte**, avv. **B** s. m. ● Stato di notevole eccitazione e irritabilità, che porta con sé depressione, malumore e sim.: *avere il n.*; *far venire il n. a qlcu.*; *farsi venire il n.*; *farsi prendere dal n.*

†**nervùto** [av. 1574] agg. ● (*lett.*) Che ha forti nervature.

nèsci [dal lat. *nescīre*, comp. di *ne-* 'non' e *scīre* 'sapere' (V. *scienza*); av. 1612] s. m. inv. ● (*tosc.*) Solo nella loc. ***fare il n.***, fingere di ignorare.

nesciènte [vc. dotta, lat. *nesciĕnte(m)*, part. pres. di *nescīre*. V. *nesci*; sec. XIII] agg. ● (*raro, lett.*) Ignorante, incolto | Sciocco. ‖ **nescienteménte**, avv. Da ignorante.

nesciènza [vc. dotta, lat. tardo *nesciĕntia(m)*, da *nĕsciens*, genit. *nesciĕntis* 'nesciente'; sec. XIV] s. f. ● (*raro, lett.*) Ignoranza.

nèscio [lat. *nĕsciu(m)*, appartenente alla famiglia di *nescīre*. V. *nesci*; 1321] agg. (pl. f. *-sce* o *-scie*) ● (*raro, lett.*) Ignaro, ignorante: *tu di mobil natura, e n. di quel che fai, mi tormenti oltre al dovere* (BOCCACCIO).

nèspola [da *nespolo*; av. 1320] s. f. **1** Frutto del nespolo, commestibile, di forma ovale, con polpa gialla dal sapore lievemente acidulo e grossi semi bruni | (*fig.*) †***Contraffar le nespole***, dormire sulla paglia. **2** (*fig., fam.*) Colpo, percossa, dati spec. con le mani: *ho preso certe nespole!* ‖ PROV. Col tempo e con la paglia maturano le nespole. ‖ **nespolina**, dim.

nèspole [pl. di *nespola*; 1707] inter. ● (*fam.*) Esprime grande meraviglia, sorpresa e sim.

nèspolo [lat. *mĕspilu(m)*, dal gr. *méspilon*, di orig. preindeur.; av. 1320] s. m. ● Arbusto delle Rosacee con rami spinosi, foglie verde cupo, inferiormente pelose (*Mespilus germanica*) | ***N. del Giappone***, albero delle Rosacee, asiatico, con foglie lucide, oblunghe e persistenti e bei fiori bianchi e profumati (*Eryobotrya japonica*). ➡ ILL. **piante**/6.

nèssile [vc. dotta, lat. *nĕxile(m)*, da *nĕxus* 'nesso'] agg. ● (*lett.*) Che si annoda, s'intreccia.

nèsso o **nèsso** [vc. dotta, lat. *nĕxu(m)*, da *nĕctere* 'collegare', di orig. indeur.; sec. XV] s. m. **1** Connessione, collegamento, legame: *il n. logico*; *cercare il n. tra due fatti*; *in questo discorso manca il n., non c'è alcun n.* **2** (*dir.*) ***N. causale***, rapporto di causa ed effetto | ***N. psichico***, coscienza e volontà dell'autore di un reato. **3** In paleografia, fusione di uno o più tratti di due lettere alfabetiche successive.

♦**nessùno** o (*pop., tosc.*) †**nissùno** [lat. *n(ĕ) ĭps(e) ūnus*, nom. 'neppure uno'; av. 1250] **A** agg. indef. Oggi difett. del pl. Come agg. f. si elide davanti a parola che comincia per vocale; come agg. m. si tronca davanti a nomi che cominciano per vocale e per consonante che non sia *gn, ps, s impura, x, z* (per l'uso davanti a *pn*, V. *uno*): *n. verrà*; *non verrà n.*; *nessun'altra*; *nessun'impiegata*; *nessun altro*; *nessun ostacolo*; *nessun vantaggio*. Come pron. si tronca solo nell'uso lett.: *nessun di servitù giammai si dolse* (PETRARCA). (V. nota d'uso UNO) **1** Non uno, neanche uno (con valore negativo e, se posposto al v., accompagnato da altra negazione): *non fare nessuna spesa*; *rimarrai senza nessuna risposta*; *non hanno nessun mezzo*; *per nessun motivo lo farei*; *è senza nessun merito*; *non vedo n. scopo*; *non lo trovo in nessun luogo*; *non ho nessun dubbio*; *non voglio nessuna ricompensa*; *sono cose di nessun valore, di nessuna importanza*; *nessuna professione è sì sterile come quella delle lettere* (LEOPARDI) | Con valore raff. e intens.: *non c'è nessuna fretta*; *non c'è nessun bisogno che tu venga* | (*enfat.*) Preceduto dall'art. det. per sottolineare l'assoluta mancanza di qlco.: *il nessun senso di responsabilità che dimostra rivela la sua giovane età*; *la nessuna cura che ha delle sue cose fa di lei una donna sciatta* | (*enfat.*) Posposto al s.: *votanti sessanta, astensioni nessuna.* **2** Qualche (spec. in prop. interr. o dubitative): *fammi sapere se ti serve nessun aiuto*; *rientrando volete che vi porti nessun giornale?*; *guarda se ci fosse nessun libro interessante.* ‖ **nessunissimo**, superl. (*enfat.*) con valore raff.: *per nessunissima ragione cambierò idea*; *non ho nessunissima intenzione di aiutarlo.* **B** pron. indef. **1** Non uno, neanche uno (riferito a persona o cosa e accompagnato da altra negazione se posposto al v.): *n. osò contraddirlo*; *n. può crederti*; *non è ancora arrivato n.*; *non ubbidisce a n.*; *n. di noi può decidere*; *non dirlo a n.*; *n. si muova!*; *"Qualche domanda?" "Nessuna"* | ***Roba, terra di n.***, abbandonata, senza possessori | ***Figli di n.***, abbandonati dai genitori, trovatelli | (*iter.*) Con valore raff.: *non c'era nessuno nessuno.* **2** Qualcuno (riferito a persona o cosa, spec. in prop. interr. o dubitative): *hai visto n.?*; *è venuto n. a cercarmi?* **C** in funzione di s. m. e f. inv. ● Persona di nessun valore, che non conta nulla: *si dà tante arie ma non è n.*; *devi convincerti che qui tu non sei n.*; *e io chi sono, n.?*; *crede di essere qualcuno, ma non è proprio n.* CONTR. Qualcuno.

nestàia [da *nesto*; sec. XVI] s. f. ● Appezzamento del vivaio dove si collocano le piante da innestare.

†**nestàre** [da *(in)nestare*; av. 1388] v. tr. ● (*raro*) Innestare.

nèsto [da *(in)nesto*; av. 1698] s. m. **1** (*agr.*) Parte della pianta, gemma o marza, che si inserisce sul soggetto. **2** (*sett.*) Innesto.

nèstore [dal n. dell'eroe omerico; 1727] s. m. ● Pappagallo neozelandese col ramo superiore del becco arcuato e molto più lungo dell'inferiore e la lingua finemente laciniata, carnivoro (*Nestor meridionalis*).

nestorianéşimo o **nestorianişmo** [da *Nestorio* (IV sec.-451), patriarca di Costantinopoli; av. 1712] s. m. ● Dottrina eretica cristiana secondo la quale nel Cristo coesistono due persone e nature, senza unione ipostatica.

nestoriàno [sec. XIV] **A** agg. ● Relativo a nestorianesimo e a Nestorio. **B** s. m. ● Seguace del nestorianesimo.

net /ingl. nɛt/ [vc. ingl., di orig. germ.; 1905] s. m. inv. ● Nel tennis e nel ping-pong, servizio nullo in quanto la palla tocca il bordo superiore della rete prima di giungere nel settore di servizio avversario.

netiquette /ˈnetiket, *ingl.* ˈnɛtɪˌkət/ [vc. ingl., comp. di *net* 'rete informatica' ed *(et)iquette* 'galateo'; 1996] s. f. inv. ● (*elab.*) Complesso delle norme di comportamento per gli utenti di Internet, spec. nello scambio di messaggi tramite posta elettronica.

nettamìna [comp. di *netta(re)* (*2*) e *mina* (*1*); 1869] s. f. ● Lunga bacchetta di ferro terminante in cucchiaio rivoltato usata dai minatori per ripulire i fori di mina prima di porvi la carica.

†**nettapànni** [comp. di *netta(re)* (*2*) e il pl. di *panno*; av. 1694] s. m. inv. ● Lavandaio.

nettapénne [comp. di *netta(re)* (*2*) e il pl. di *penna*; 1891] s. m. inv. ● Strisce o dischi di stoffa cuciti insieme, usati un tempo per pulire i pennini dall'inchiostro.

nettapièdi [comp. di *netta(re)* (*2*) e il pl. di *piede*; 1948] s. m. inv. ● Zerbino (1).

nettapipe [comp. di *netta(re)* (*2*) e il pl. di *pipa* (*1*); 1970] s. m. inv. ● Curapipe.

♦**nèttare** (**1**) [vc. dotta, lat. *nĕctari*, abl. di *nĕctar*, dal gr. *néktar*, di etim. incerta; 1319] s. m. **1** (*bot.*) Liquido dolce secreto dal nettario per attirare gli insetti impollinatori. **2** Bevanda degli dei, secondo la mitologia classica. SIN. Ambrosia. **3** (*est.*) Bevanda dolce, vino squisito: *questo infuso è un n.* **4** Nell'industria alimentare, prodotto non fermentato ottenuto mediante aggiunta d'acqua e zucchero al succo e polpa di frutta.

♦**nettàre** (**2**) [da *netto*; av. 1306] **A** v. tr. (*io nétto*) **1** (*tosc.*) Rendere netto, pulito, togliendo scorie, marciume e sim.: *n. l'insalata* | Fare scomparire macchie o sudiciume da qlco.: *n. i denti.* SIN. Pulire. **2** Eliminare erbe infestanti, rami morti, foglie e sim.: *n. colture, alberi.* **B** v. intr. (aus. *essere*) ● †Fuggire, andarsene in gran fretta.

nettàreo [vc. dotta, lat. *nectăreu(m)*, nom. *nectăreus*, dal gr. *nektáreos*, agg. di *néktar*, genit. *néktaros* 'nettare (1)'; 1526] agg. ● (*lett.*) Del nettare | (*est.*) Che è dolce e squisito come il nettare: *de' tuoi labbri onora / la nettarea bevanda* (PARINI).

nettarìna [dal *nettare* dei fiori in cui trova alimento] s. f. **1** (*agr.*) Varietà di pesca a buccia liscia. SIN. Nocepesca, pescanoce. **2** Piccolissimo uccello africano dei Passeriformi con becco sottile, lingua protrattile, piume dai colori metallici (*Nectarinia*).

nettarìno [da *nettare* (*1*); 1935] agg. ● (*bot.*) ***Pesca nettarina***, nocepesca, pescanoce.

nettàrio [da *nettareo*; 1801] s. m. ● (*bot.*) Ghiandola situata nel fiore, ma anche sulle foglie e sui rami, di varie piante, destinata alla secrezione del nettare.

nettarocónca [comp. di *nettare* e *conca*; 1958] s. f. ● (*bot.*) Cavità del fiore dove si raccoglie il nettare.

nettarostègio [comp. di *nettare* (*1*) e del gr. *stégē* 'tetto, copertura', di orig. indeur.] s. m. ● (*bot.*) Ciascuno dei peli o squame disposti ad anello che funzionano come meccanismi atti alla difesa del nettario.

nettarotèca [comp. di *nettar(e)* e *-teca*; 1829] s. f. ● (*bot., disus.*) Nettaroconca.

nettarovìa [comp. di *nettare* (*1*) e *via*; 1933] s. f. ● (*bot.*) Organo del fiore atto a guidare gli insetti impollinatori dall'apertura del fiore alla nettaroconca.

nettatóia [da *nettare* (*2*); 1868] s. f. ● Frettazzo da muratore.

nettatóio [sec. XV] s. m. ● Qualsiasi strumento che serve per ripulire.

nettatùra [1427] s. f. **1** Ripulitura. **2** Ciò che si elimina pulendo.

nettézza [da *netto*; av. 1294] s. f. **1** Stato, condizione di ciò che è pulito: *la n. della casa, della strada* | ***N. urbana***, servizio municipale che ha il compito di mantenere la pulizia delle strade e di raccogliere i rifiuti. SIN. Pulizia. **2** (*fig.*) Integrità morale: *la n. del suo agire.* **3** Nitore, precisione, esattezza (*anche fig.*): *la n. di un contorno*; *la n. dei suoi propositi* | (*est.*) Eleganza: *n. di forme, di stile.*

nétto [lat. *nĭtidu(m)* 'nitido'; sec. XIII] **A** agg. **1** (*lett.* o *raro*) Privo di macchie, di sudiciume, di brutture: *lenzuolo n.*; *casa netta* | (*raro*) ***Aria netta***, cielo senza nuvole | (*fig.*) Integro, puro, schietto: *vita netta* | ***Coscienza netta***, senza colpa o peccato. SIN. Pulito. CONTR. Sporco, sudicio. **2** Esatto, preciso (*anche fig.*): *è passato un anno n.*; *un pensiero, un significato n.*; *non potere pigliare partito che sia n. e perfetto da ogni parte* (GUICCIARDINI) | Nitido, deciso (*anche fig.*): *contorni netti*; *taglio n.* | Chiaro, marcato, inequivocabile: *una vittoria netta*; *un n. rifiuto*; *un n. miglioramento* | ***Di n.***, di colpo, in un tratto e con precisione | (*sport*) ***Percorso n.***, in equitazione, quello senza penalità di ostacoli. **3** †Libero da danno o rischio: *andare n.* | †***Uscire n. da qlco., farla netta***, non rimetterci | †***Avere netta la vittoria***, non avere perdite. **4** Detto di capitale, importo, rendita, guadagno e sim. da cui sono state detratte tutte le spese, le imposte o altri oneri: *stipendio, utile, profitto n.*; *prezzo al n. dell'IVA* | ***Peso n.***, dal quale è stata detratta la tara | ***Al n.***, fatte le dovute detrazioni: *al n. delle spese.* CONTR. Lordo. *5* (*enol.*) Detto di vino dal profumo e dall'aroma particolarmente marcati, ben individuabili. CONTR. Neutro. || **nettamènte**, avv. *1* (*raro*) Con nettezza e pulizia. *2* Con precisione, esattezza: *distinguere nettamente*; decisamente: *è nettamente favorevole.* **B** avv. ● Chiaramente, senza reticenza: *parlare n.*; *dire qlco. chiaro e n.* **C** s. m. *1* (*raro*) Ciò che è pulito | †***Mettere, passare al n.***, ricopiare uno scritto senza cancellature e correzioni. *2* Ammontare risultante dopo che sono state effettuate trattenute o detrazioni. *3* †Significato sostanziale, autentico di qlco.: *afferrare il n.*

nettunìano [dal lat. *Neptūnius*, agg. di *Neptūnus* 'Nettuno', dio del mare e delle acque; 1879] agg. *1* Relativo al pianeta Nettuno. *2* (*geol.*) Detto di roccia formatasi in seguito a sedimentazione marina.

nettùnio [ingl. *neptunium*, dal n. di *Nettuno*, dio del mare nella mitologia romana; 1822] **A** agg. ● (*poet.*) Marino: *la tempesta ha divelto con furore / i pascoli nettunii* (D'ANNUNZIO). **B** s. m. ● Elemento chimico, metallo transuranico di numero atomico 93 ottenuto nelle pile atomiche come prodotto intermedio nella produzione di plutonio da uranio. SIMB. Np.

nettunìsmo [da *Nettuno*. V. *nettuniano*; av. 1869] s. m. ● Teoria geologica storica secondo cui anche le rocce eruttive, a eccezione delle lave attuali, si sarebbero formate come sedimenti di un ipotetico oceano magmatico primitivo.

nettunista [1818] **A** agg. (pl. m. *-i*) ● Relativo al nettunismo | ***Teoria n.***, teoria secondo la quale tutte le rocce deriverebbero dall'azione dell'acqua. **B** s. m. e f. (pl. m. *-i*) ● Sostenitore del nettunismo.

Nettùno [dal n. di *Nettuno*, dio del mare nella mitologia romana; 1313] s. m. *1* (*astron.*) Ottavo pianeta in ordine di distanza dal Sole, dal quale dista in media 4499 milioni di km, la cui massa è 17,2 volte quella della Terra e del quale si conoscono due satelliti | (*astrol.*) Pianeta che domina il segno zodiacale dei Pesci. ➡ ILL. p. 2143 SISTEMA SOLARE; **zodiaco.** *2* (*raro, poet.*) Mare.

netturbìno [da *nett*(*ezza*) *urb*(*ana*), col suff. *-ino* di alcuni mestieri (p. es. *spazzino*); 1942] s. m. (f. -a) ● Persona incaricata della nettezza urbana, denominato anche operatore ecologico. SIN. Spazzino.

network /*ingl.* 'nɛt,wɜːɹk/ [vc. ingl., propr. 'lavoro a rete, rete'; 1980] s. m. inv. *1* Accordo multilaterale tra entità diverse per operare congiuntamente su un mercato integrando le funzioni specifiche di ciascuna: *n. di imprese, finanziario* | ***N. radiotelevisivo***, rete di emittenti radiotelevisive collegate tra loro così da coprire un'area più vasta con la stessa programmazione | ***N. pubblicitario***, accordo tra più emittenti radiotelevisive o testate giornalistiche per operare congiuntamente sul mercato pubblicitario. *2* (*elab.*) Rete di comunicazione | ***Local area n.***, rete locale.

nèuma [vc. dotta, gr. *nêuma* 'segno', da *néuein* 'fare cenno', dalla stessa radice del lat. *nūmen* 'nume'; 1757] s. m. (pl. *-i*) ● (*mus.*) Segno dell'antica notazione del canto gregoriano.

neumàtico [dal gr. *nêuma*, genit. *néumatos*. V. *neuma*; 1869] agg. (pl. m. *-ci*) ● Appartenente a neuma | ***Canto n.***, fermo.

†**neùno** ● V. *niuno.*

neuràle [da *neuro-*; 1927] agg. *1* (*anat.*) Concernente il sistema nervoso centrale: *tubo n.* *2* (*elab.*) ***Rete n.***, modello informatico e matematico per l'interconnessione dei dati, sviluppato emulando parzialmente le modalità associative della struttura cerebrale.

neuralgìa ● V. *nevralgia.*

neuràlgico ● V. *nevralgico.*

neuràsse ● V. *nevrasse.*

neurassìte ● V. *nevrassite.*

neurastenìa ● V. *nevrastenia.*

neurastènico ● V. *nevrastenico.*

neurectomìa [comp. di *neuro-* e del gr. *ektomḗ* 'amputazione' (V. *-tomia*); 1899] s. f. ● (*med.*) Asportazione parziale o totale di un nervo.

nèuri- ● V. *neuro-.*

neurilèmma ● V. *nevrilemma.*

neurina [ingl. *neurine*, da *neuro-* 'neuro-'; 1956] s. f. ● Composto organico azotato, velenoso, ottenuto per disidratazione della colina, presente spec. nel cervello, formato nella putrefazione delle albumine.

neurinòma [comp. di *neuro-* e del gr. *ís*, genit. *inós*, 'fibra, nervo, muscolo' (di orig. indeur.), col suff. *-oma*; 1929] s. m. (pl. *-i*) ● (*med.*) Tumore benigno che si sviluppa dalla guaina di un nervo.

neurite (1) e deriv. ● V. *nevrite* e *deriv.*

neurite (2) [comp. di *neuro-* e *-ite* (3)] s. m. ● (*anat.*) Cilindrasse.

neurìtico ● V. *nevritico.*

nèuro [1983] s. f. inv. ● Accorc. di *clinica neurologica.*

nèuro- o **nèvro-**, **nèuri-**, **nèvri-** [dal gr. *nêuron* 'nervo'] primo elemento ● In parole composte della terminologia scientifica, significa 'nervo', 'nervoso', 'che ha relazione col sistema nervoso' e sim., o anche 'neurone': *neurochirurgia, neurologia, nevrosi*; *neurosecernente.*

neuroanatomìa [comp. di *neuro-* e *anatomia*] s. f. ● (*anat.*) Branca dell'anatomia che studia il sistema nervoso.

neurobalìstico o **nevrobalìstico** [comp. del gr. *nêuron* 'nervo, corda' (V. *neuro-*) e *balistico*; 1954] agg. (pl. m. *-ci*) ● (*mil.*) Detto di antica macchina bellica da getto, quale la balista, che lanciava il proiettile sfruttando l'energia liberata dal rapido svolgimento di una corda di fibre vegetali o nervi animali.

neurobiologìa [comp. di *neuro-* e *biologia*; 1974] s. f. ● Scienza che studia i processi chimici, fisiologici, endocrinologici del funzionamento del sistema nervoso centrale.

neurobiològico agg. (pl. m. *-ci*) ● Relativo alla neurobiologia.

neurobiòlogo [1983] s. m. (f. *-a*; pl. m. *-gi*) ● Chi è specializzato in neurobiologia.

neuroblàsto [comp. di *neuro-* e *-blasto*; 1954] s. m. *1* (*biol.*) Ciascuna delle cellule nervose embrionali da cui si differenziano i neuroni. *2* Porzione dell'ectoderma dal quale si differenzia il sistema nervoso centrale.

neurochìmica [comp. di *neuro-* e *chimica*; 1974] s. f. ● (*biol.*) Ramo delle scienze biologiche che studia le sostanze e i processi chimici implicati nel funzionamento del sistema nervoso.

neurochirurgìa [comp. di *neuro-* e *chirurgia*; 1948] s. f. ● Ramo della chirurgia che si occupa degli interventi operatori sul sistema nervoso centrale e periferico.

neurochirùrgico agg. (pl. m. *-ci*) ● (*med.*) Relativo alla neurochirurgia: *intervento n.*

neurochirùrgo [comp. di *neuro-* e *chirurgo*; 1958] s. m. (f. raro *-a*; pl. m. *-ghi* o *-gi*) ● Chirurgo specializzato in neurochirurgia.

neurocìto [comp. di *neuro-* e *-cito*; 1954] s. m. ● (*anat.*) Neurone.

neurocrànio [comp. di *neuro-* e *cranio*; 1954] s. m. ● (*anat.*) Complesso scheletrico che nei Vertebrati protegge l'encefalo e gli organi di senso cefalici.

neurocrinìa [comp. di *neuro-* e di un deriv. del v. gr. *krínein* 'separare, dividere'] s. f. ● (*biol.*) Neurosecrezione.

neurodelìri [comp. di *neuro-* e il pl. di *delirio*; 1941] s. m. o f. inv. ● (*pop.*) Ospedale psichiatrico, manicomio.

neurodermatìte [comp. di *neuro-* e *dermatite*] s. f. ● (*med.*) Neurodermite.

neurodermìte [comp. di *neuro-* e *dermite*] s. f. ● (*med.*) Alterazione cutanea di origine psicosomatica, diffusa o localizzata, caratterizzata da prurito. SIN. Neurodermatite.

neurodinìa [comp. di *neuro-* e del gr. *odýnē* 'dolore' (V. *pleurodinia*); 1834] s. f. ● (*med.*) Dolore localizzato ai tronchi nervosi.

neuroendòcrino [comp. di *neuro-* ed *endocrino*; 1988] agg. *1* (*biol.*) Relativo alla neuroendocrinologia. *2* (*biol.*) Neurormonale.

neuroendocrinologìa [comp. di *neuro-* ed *endocrinologia*; 1986] s. f. ● (*biol.*) Disciplina che studia i rapporti tra sistema nervoso e sistema endocrino.

neurofarmacologìa [comp. di *neuro-* e *farmacologia*] s. f. ● (*farm.*) Ramo della farmacologia che ricerca farmaci attivi sul sistema nervoso e studia il loro meccanismo di azione.

neurofibrìlla [comp. di *neuro-* e *fibrilla*; 1908] s. f. ● (*anat., biol.*) Fascio di neurofilamenti riconoscibili al microscopio ottico.

neurofibromatòsi [comp. di *neuro-*, *fibroma* e del suff. *-osi*; 1954] s. f. inv. ● (*med.*) Ogni affezione ereditaria caratterizzata da macchie cutanee pigmentate, fibromi cutanei, alterazioni scheletriche.

neurofilamènto [comp. di *neuro-* e *filamento*] s. m. ● (*biol.*) Ognuno dei filamenti citoplasmatici presenti nel pirenoforo e nel cilindrasse.

neurofisìna [vc. dotta, comp. di *neuro*(*ipo*)*fis*(*i*) e del suff. *-ina*] s. f. ● (*biol.*) Proteina di trasporto di ormoni prodotti nell'ipotalamo.

neurofisiologìa [comp. di *neuro-* e *fisiologia*; 1954] s. f. ● Branca della fisiologia che studia le funzioni del sistema nervoso.

neurofisiològico agg. (pl. m. *-ci*) ● (*biol.*) Relativo a neurofisiologia | Che concerne il funzionamento del sistema nervoso.

neurofisiòlogo s. m. (f. *-a*; pl. m. *-gi*) ● Biologo, medico, specializzato in neurofisiologia.

neuroglìa ● V. *nevroglia.*

neuroipòfisi [comp. di *neuro-* e *ipofisi*] s. f. inv. ● (*anat.*) Parte dell'ipofisi che deriva dall'ipotalamo e che si mantiene in connessione con tale regione diencefalica. CFR. Adenoipofisi.

neurolàbile [1983] agg.; anche s. m. e f. ● Che (o Chi) è predisposto a turbe funzionali neurologiche o neurovegetative.

neurolèttico [da *neuro-*; per la seconda parte V. *organolettico*; 1963] **A** s. m. (pl. *-ci*) ● Farmaco che ha forte azione sedativa sul sistema nervoso. **B** anche agg.: *farmaco n.*

neurolinguìstica [comp. di *neuro-* e *linguistica*; 1979] s. f. ● Scienza che studia i rapporti fra i disturbi del linguaggio e le lesioni delle strutture cerebrali che essi implicano.

neurologìa [comp. di *neuro-* e *-logia*; av. 1764] s. f. ● Ramo della medicina che studia l'anatomia, la fisiologia e la patologia del sistema nervoso.

neurològico [1958] agg. (pl. m. *-ci*) ● Relativo a neurologia: *clinica neurologica.* || **neurologicamènte**, avv.

neuròlogo [1958] s. m. (f. *-a*; pl. m. *-gi*) ● Medico specializzato in neurologia.

neuròma [comp. di *neuro-* e *-oma*; 1840] s. m. (pl. *-i*) ● (*med.*) Tumore costituito da una massa di fibre nervose; può essere congenito o acquisito | ***N. acustico***, tumore dell'orecchio interno che origina dal nervo acustico.

neuromediatòre [comp. di *neuro-* e *mediatore*] s. m. ● (*biol.*) Neuromodulatore.

neuròmero [comp. di *neuro-* e *-mero*; 1954] s. m. ● (*anat.*) Ognuno dei segmenti funzionali in cui nel corso dello sviluppo viene secondariamente ripartito il nevrasse.

neuromodulatòre [comp. di *neuro-* e *modulatore*; 1987] s. m. ● (*biol.*) Composto chimico che inibisce o stimola la risposta della membrana neuronale all'impulso nervoso. SIN. Neuromediatore.

neuromotòrio [comp. di *neuro-* e *motorio*; 1987] agg. *1* (*fisiol.*) Relativo al controllo nervoso sull'attività contrattile dei muscoli. *2* (*anat.*) Neuromuscolare.

neuromuscolàre [comp. di *neuro-* e *muscolare*; 1934] agg. ● (*anat.*) Che si riferisce ai nervi e ai muscoli nel loro complesso. SIN. Neuromotorio.

neuronàle [1974] agg. ● Di neurone, relativo a neurone: *rete n.*

neuróne [ingl. *neuron*, da *neuro-*; 1899] s. m. ● (*anat.*) Unità funzionale del sistema nervoso, formata dal corpo cellulare pirenoforo e dai suoi prolungamenti. ➡ ILL. p. 2124 ANATOMIA UMANA.

neuropatìa o **nevropatìa** [comp. di *neuro-* e *-patia*; 1828] s. f. ● (*gener.*) Malattia del sistema nervoso.

neuropàtico o **nevropàtico** [1905] **A** agg. (pl. m. *-ci*) ● Di neuropatia. **B** s. m. (f. *-a*) ● Affetto da neuropatia.

neuropatologìa [comp. di *neuro-* e *patologia*; 1829] s. f. ● Scienza che studia le affezioni del sistema nervoso.

neuropatòlogo [1910] s. m. (f. *-a*; pl. m. *-gi*) ● Medico specialista in neuropatologia.

neuroplègico [comp. di *neuro-* e un deriv. di *-plegia*] **A** s. m. (pl. *-ci*) ● Farmaco capace di sopprimere particolari funzioni nervose, efficace soprattutto negli stati di agitazione e aggressività. **B** anche agg.: *farmaco n.*

neuropòdio [comp. di *neuro-* e del gr. *pódion*, dim. di *póus*, genit. *podós* 'piede' (qui nel sign. di 'appendice')] s. m. ● (*zool.*) Ramo ventrale del parapodio degli Anellidi Policheti.

neuropsichiàtra [comp. di *neuro-* e *psichiatra*; 1974] s. m. e f. (pl. m. *-i*) ● Medico specializzato in neuropsichiatria.

neuropsichiatria [1954] s. f. ● Ramo della medicina che diagnostica e cura le malattie nervose e mentali.

neuropsìchico [comp. di *neuro-* e *psichico*; 1981] agg. (pl. m. *-ci*) ● (*med.*) Che riguarda, o interessa, il sistema nervoso e la sfera psichica contemporaneamente: *disturbo n.*

neuropsicologia [comp. di *neuro-* e *psicologia*; 1981] s. f. ● Studio delle relazioni tra sistema nervoso centrale e reazioni comportamentali.

neurormonàle [comp. di *neur(o)-* e *ormonale*] agg. ● (*biol.*) Relativo a neurormone. SIN. Neuroendocrino.

neurormóne [comp. di *neuro-* e *ormone*] s. m. ● (*biol.*) Ormone prodotto dalla neurocrinia.

neurorrafia [vc. dotta, comp. di *neuro-* e del gr. *raphís* 'ago', da *ráptein* 'cucire', di orig. indeur.] s. f. ● (*chir.*) Riallacciamento mediante sutura di due monconi di nervo.

neurosciènze [comp. di *neuro-* e del pl. di *scienza*; 1985] s. f. pl. ● Insieme delle scienze che studiano il funzionamento del sistema nervoso dal punto di vista anatomico, biochimico, fisiologico, genetico e psicologico.

neurosecernènte [comp. di *neuro-* e *secernente*, part. pres. di *secernere*] agg. ● (*biol.*) Detto di neurone capace di esplicare attività secretoria.

neurosecrèto [comp. di *neuro-* e *secreto*, part. pass. di *secernere*] s. m. ● (*biol.*) Qualsiasi sostanza prodotta e rilasciata da un neurone.

neurosecrezióne [comp. di *neuro-* e *secrezione*; 1956] s. f. **1** (*biol.*) Peculiare attività endocrina di alcuni gruppi di neuroni del sistema nervoso centrale, in particolare dell'ipotalamo, capaci di produrre e di rilasciare nel sangue composti di natura ormonale. SIN. Neurocrinia | Produzione di neurosecreto. **2** (*biol.*) Neurosecreto.

neurosedativo [comp. di *neuro-* e *sedativo*; 1958] **A** s. m. ● Sedativo che riporta alle condizioni normali l'aumentata eccitabilità del sistema nervoso. **B** anche agg.: *farmaco n.*

neurosensoriàle [comp. di *neuro-* e *sensoriale*; 1988] agg. ● (*biol.*) Relativo ai componenti sensoriali del sistema nervoso.

neuròsi ● V. *nevrosi.*

neurospàsmo [comp. di *neuro-* e *spasmo*; 1958] s. m. ● Contrazione muscolare repentina di origine nervosa.

neurospóra [comp. di *neuro-* e *spora*] s. f. ● (*bot.*) Genere di Ascomiceti con corpi fruttiferi a peritecio, saprofiti su diversi substrati vegetali, utilizzati nell'industria farmaceutica, nelle ricerche genetiche e di enzimologia (*Neurospora*).

neuròtico ● V. *nevrotico.*

neurotomìa [comp. di *neuro-* e *-tomia*; 1834] s. f. ● (*chir.*) Incisione di un nervo.

neurotònico [comp. di *neuro-* e *tonico*; 1958] **A** s. m. (pl. *-ci*) ● Sostanza o farmaco che ha azione tonica sul sistema nervoso. **B** anche agg.: *farmaco n.*

neurotòssico [comp. di *neuro-* e *tossico* (*1*)] agg.; anche s. m. (pl. m. *-ci*) ● Detto di sostanza che ha azione tossica per il tessuto nervoso: *gas n.*

neurotossina [comp. di *neuro-* e *tossina*; 1954] s. f. ● Tossina che agisce selettivamente sui neuroni alterandone la funzionalità: *n. tetanica, n. botulinica.*

neurotrasmettitóre [comp. di *neuro-* e *trasmettitore*; 1985] s. m. ● (*biol.*) Neurosecreto che svolge il ruolo di mediatore chimico della trasmissione nervosa in corrispondenza delle sinapsi.

neurotrasmissióne [comp. di *neuro-* e *trasmissione*; 1989] s. f. ● (*fisiol.*) Trasmissione dell'impulso nervoso lungo un neurone e da un neurone a un altro, attraverso la sinapsi.

neurotròfico [comp. di *neuro-* e *-trofico*] agg. (pl. m. *-ci*) **1** (*med.*) Relativo all'influenza del sistema nervoso sul trofismo dei tessuti. **2** (*biol.*) Che influenza il trofismo dei neuroni o del tessuto nervoso.

neurotropìsmo [comp. di *neuro-* e *tropismo*; 1954] s. m. ● (*med.*) Affinità selettiva per il tessuto nervoso come quella presentata da farmaci o microrganismi, quali il virus della rabbia e della poliomielite.

neuròtropo [comp. di *neuro-* e *-tropo*; 1937] **A** s. m. ● Farmaco che agisce elettivamente sul sistema nervoso centrale e periferico. **B** anche agg.: *farmaco n.*

Neuròtteri o **Nevròtteri** [comp. di *neuro-* e *-ttero*; 1834] s. m. pl. (sing. *-o*) ● Nella tassonomia animale, ordine di Insetti con organi boccali atti a rompere e masticare e quattro grandi ali, leggere e con venatura caratteristica (*Neuroptera*).

neurovegetativo [comp. di *neuro-* e *vegetativo*; 1954] agg. ● (*anat.*) Che concerne il sistema nervoso vegetativo.

nèurula [vc. dotta, dim. del gr. *nêuron* 'nervo'; 1958] s. f. ● (*biol.*) Stadio embrionale successivo a quello di gastrula presente nei Cordati.

nèuston [dal gr. *neustós* 'che galleggia, che naviga', deriv. di *nêin* 'navigare, scorrere' (di etim. incerta); 1958] s. m. ● (*biol.*) Insieme dei microrganismi viventi sulla superficie delle acque stagnanti.

nèustria [etim. incerta; 1925] s. f. ● Farfalla di color giallo d'ocra, con due strisce trasversali bruno-rossicce sulle ali anteriori, il cui bruco è nocivo agli alberi da frutta (*Gastropacha neustria*).

neutràle [vc. dotta, lat. *neutrāle(m)*, da *nĕuter* 'né l'uno, né l'altro'; av. 1442] **A** agg. **1** (*dir.*) Che è in stato di neutralità: *stato n.* **2** Che non parteggia per nessuno dei contendenti, in una discussione, vertenza, disputa e sim.: *restare, dichiararsi n.* **3** (*chim.*) Neutro. || **neutralménte**, avv. **1** In maniera neutrale. **2** (*chim., fis.*) Al neutro, in forma neutra. **B** s. m. ● (*dir.*) Stato in condizione di neutralità: *indire un'assemblea dei neutrali.*

neutralìsmo [comp. di *neutrale* e *-ismo*; 1915] s. m. ● Tendenza a mantenere la neutralità in un conflitto | Politica diretta a non impegnarsi militarmente nei conflitti internazionali.

neutralista [1870] s. m. e f.; anche agg. (pl. m. *-i*) ● Chi (o Che) è sostenitore del neutralismo o della neutralità.

neutralìstico [1915] agg. (pl. m. *-ci*) ● Del neutralismo, dei neutralisti | Caratterizzato dal neutralismo.

neutralità [1513] s. f. **1** (*dir.*) Condizione di uno Stato che non partecipa a una guerra in atto, o dichiara che non parteciperà a una guerra eventuale, fra altri Stati: *proclamare, conservare, osservare la n.; nel 1914 la Germania ha violato la n. del Belgio; la n. nelle guerre d'altri è buona a chi è potente* (GUICCIARDINI) | ***Uscire dalla n.***, intervenire in guerra | ***N. armata***, quella di uno Stato disposto o preparato a reagire con le armi alla violazione dei propri diritti di neutrale da parte di uno Stato belligerante. **2** (*est.*) Condizione di chi non parteggia per nessuno dei contendenti in una discussione, vertenza, disputa e sim.: *la n. del governo nelle trattative sindacali in corso; la n. di un giornale.* **3** (*chim.*) Condizione, proprietà di un composto neutro.

neutralizzàbile [1958] agg. ● Che si può neutralizzare | (*ling.*) ***Opposizione n.***, che conserva il suo valore in alcune posizioni e lo perde in altre.

neutralizzànte **A** part. pres. di *neutralizzare*; anche agg. ● Nei sign. del v. **B** s. m. ● (*chim.*) Sostanza che toglie acidità o alcalinità a una soluzione.

neutralizzàre [fr. *neutraliser*, dal lat. *neutrālis* 'neutrale'; 1831] v. tr. **1** Rendere neutro o neutrale. **2** (*chim.*) Togliere acidità o alcalinità a una soluzione: *n. una soluzione acida con soda.* **3** (*mil.*) Impedire temporaneamente l'attività del nemico mediante tiro di artiglieria. **4** (*fig.*) Rendere vana un'azione o impedire un effetto: *n. gli sforzi di qlcu.* **5** Nello sport, effettuare una neutralizzazione.

neutralizzàto part. pass. di *neutralizzare*; anche agg. **1** Nei sign. del v. **2** (*ling.*) ***Opposizione n.***, che scompare in determinate posizioni della parola. **3** (*sport*) ***Percorso n.***, tratto di corsa non considerato ai fini del tempo o della classifica ottenuti dai corridori. **4** (*dir.*) Che è in stato di neutralizzazione.

neutralizzazióne [fr. *neutralisation*, da *neutraliser* 'neutralizzare'; 1862] s. f. **1** Il neutralizzare. **2** (*sport*) Sospensione in corsa per un tempo uguale per tutti, ordinata per dare modo ai concorrenti di fare il rifornimento, o effettuata per cause di forza maggiore. **3** (*fis.*) Metodo per la determinazione della potenza di una lente, che consiste nell'accoppiare alla lente data un'altra lente avente potenza opportuna, e di segno opposto alla prima, in modo che il sistema delle due lenti abbia potenza nulla. **4** (*fis.*) Operazione per evitare gli effetti indesiderati, le oscillazioni, dovuti alla retroazione negli amplificatori elettronici. **5** (*ling.*) Il venir meno di un'opposizione fonematica in determinate posizioni della parola. **6** (*dir.*) Dichiarazione di neutralità | Condizione giuridica che uno Stato si è assunto nei confronti degli altri Stati, consistente nell'obbligo di non muovere guerra e, in caso di conflitto, di mantenere una posizione di neutralità | (*est.*) Smilitarizzazione.

neutrìno [comp. di *neutr(o)* e *-ino*; 1933] s. m. ● (*fis.*) Leptone di carica nulla e massa molto piccola, ancora non definita; può essere di tre tipi corrispondenti ai leptoni carichi: *n. elettrone, n. muone; n. tauone* | ***Oscillazione di n.***, processo di trasformazione di un neutrino in un neutrino di altro tipo.

nèutro [vc. dotta, lat. *nĕutru(m)* 'nessuno dei due', comp. di *ne-* neg. e *ŭter* 'entrambi', comp. col suff. *-ter* che indica opposizione (cfr. *maestro* e *ministro*); 1397] **A** agg. **1** Che non è né l'una né l'altra di due entità o condizioni opposte o in contrasto fra loro | ***Essere n.***, essere neutrale, non parteggiare per nessuno: *a me s'appartiene essere n.* (CELLINI) | ***Partita in campo n.***, incontro su un campo di gioco che non appartiene a nessuna delle due squadre contendenti. **2** Di ciò che non risulta definibile o distinguibile in base a riferimenti, caratteristiche, aspetti spiccati: *uno stile n.; colore n.* | (*zool.*) ***Animale n.***, fra gli insetti, quello non capace di riprodursi | (*ling.*) ***Vocale neutra***, vocale intermedia fra le posizioni cardinali | ***Genere n.***, neutro. **3** (*fis.*) Che non manifesta attività elettrica | ***Atomo n.***, atomo in cui protoni ed elettroni si fanno equilibrio | ***Corpo n.***, corpo i cui atomi sono inerti. **4** (*fis.*) Detto di conduttore o punto di circuito elettrico ove il potenziale è nullo. **5** (*chim.*) Detto di composto o soluzione che non mostra carattere acido o basico. **6** (*enol.*) Detto di vino dal profumo e dall'aroma privi di particolari caratteristiche. CONTR. Netto. **7** (*biol.*) Non sessuato. **8** (*fis.*) Detto di vetro incolore o grigio, avente coefficiente di assorbimento approssimativamente costante per tutte le radiazioni dello spettro | Detto di lente, di sistema ottico di potenza nulla. **9** (*mat.*) ***Elemento n.***, elemento di un insieme dotato di un'operazione, che lascia invariato ogni elemento con il quale è componibile. **B** s. m. **1** (*elettr.*) Nei sistemi polifase, conduttore che collega il centro stella degli utilizzatori con il centro stella dei generatori. **2** (*ling.*) Genere grammaticale che, in una classificazione a tre generi, si oppone al maschile e al femminile.

neutrofilia [comp. di *neutrofil(o)* e del suff. *-ia*; 1954] s. f. ● (*med.*) Aumento dei leucociti neutrofili nel sangue periferico.

neutròfilo [comp. di *neutro* e *-filo*; 1954] agg. **1** (*biol.*) Di organismo atto a vivere in ambiente né acido né alcalino. **2** (*biol.*) Di cellula, sostanza e sim. che mostra affinità per i coloranti neutri: *granulocita n.*

neutróne [da *neutro*, sul modello di *elettrone*; 1920] s. m. ● (*fis.*) Particella neutra formata da quark e costituente il nucleo dell'atomo | ***Bomba al n.***, bomba atomica che genera relativamente poco calore e molta radioattività, in particolare a opera di neutroni | ***Stella di neutroni***, V. *stella.*

neutrònico [1970] agg. (pl. m. *-ci*) ● Di neutrone, relativo al neutrone.

neutropenia [comp. di *neutro(filo)* e *-penía*; 1956] s. f. ● (*biol.*) Diminuzione nel sangue dei leucociti neutrofili.

nevàia [1891] s. f. ● (*region.*) Neviera.

nevàio [da *neve*; av. 1449] s. m. **1** In alta montagna, estensione di terreno coperta di neve che, per fenomeni atmosferici tipici della zona o per la sua ubicazione, rimane sul suolo senza sciogliersi e senza dar luogo alla formazione di un ghiacciaio. **2** Accumulo di neve che ricopre tale terreno.

nevàle ● V. *nivale.*

†**nevàre** [da *neve*; 1308] v. intr. impers. ● Nevicare.

†**nevàta** [da *neve*; sec. XIV] s. f. ● (*raro*) Nevicata.

nevàto [1308] **A** part. pass. di †*nevare* ● †Nei sign. del v. **B** agg. **1** (*lett.*) Coperto di neve: *monte n.* **2** (*lett.*) Candido come la neve | ***Bianco n.***, color latte. **3** †Rinfrescato con la neve: *acqua nevata.* **C** s. m. ● Campo di accumulo della neve nella parte più alta di un ghiacciaio, al di sopra del limite delle nevi perpetue | Campo di alimentazione di un ghiacciaio. ➡ ILL. p. 2132 SCIENZE DELLA TERRA ED ENERGIA.

♦**néve** o †**niève** [lat. *nĭve(m)*, di orig. indeur.; av. 1250] **A** s. f. *1* Precipitazione solida in forma di cristalli regolari, a struttura esagonale, i quali, acquistato un certo peso, scendono verso il suolo, mantenendosi isolati se la temperatura è molto bassa, riunendosi in fiocchi o falde se la temperatura è prossima a zero gradi: *cade la n.*; *la n. fiocca, turbina*; *tempesta, valanga di n.*; *campo, distesa di n.*; *n. farinosa, molle, gelata*; *fare a palle di n.* | ***Nevi perenni, persistenti***, in alta montagna, quelle che durante l'anno non si sciolgono mai del tutto | ***Sport della n.***, gli sport invernali | ***Da n.***, adatto ad ambienti innevati: *guanti, racchette, pneumatici da n.* | ***Bollettino della n.***, raccolta dei dati relativi all'altezza e allo stato della neve a uso degli sciatori | ***N. artificiale***, quella prodotta dai cannoni sparaneve. *2* (*fig.*) Candore, bianchezza: *la n. del collo* | ***Capelli sparsi di n.***, (*fig.*) capelli quasi bianchi, o bianchi del tutto | ***Bianco come la n.***, bianchissimo | ***Montare a n.***, sbattere, frullare chiara d'uovo o panna di latte sino a farne un insieme spumoso | (*chim.*) ***N. carbonica***, ghiaccio secco | (*ecol.*) ***N. di mare***, massa di alghe gelatinose o mucillagini che infestano il mare, dove assumono l'apparenza di fiocchi sospesi nell'acqua | (*bot.*) ***Palle di n.***, pallone di maggio, viburno. *3* (*gerg.*) Cocaina. **B** in funzione di agg. inv. ● (posposto al s.) Nella loc. ***effetto n.***, apparizione sullo schermo televisivo di puntini biancastri dovuto a debolezza del segnale video o a guasto dell'apparecchio ricevente, accompagnato spesso da un rumore sull'audio come di continue scariche.

NEVE
nomenclatura

neve
● *caratteristiche*: soffice, farinosa, gelata; persistente, perenne, alta, densa, fitta, fresca, sciolta, molle, umida, granulosa, ventata, dura, veloce, scivolosa, artificiale; ghiacciaio, nevaio, nevischio, sinibbio, nevicata; gelo; valanga, palla di neve, fantoccio di neve, manto di neve; nevoso o nivale, nevosità, innevamento; fiocco, cristallo, falda, distesa, strato, mucchio, lenzuolo di neve; tormenta, slavina; bollettino della neve, nivometro;
● *azioni*: fioccare, nevicare, imbiancare, infarinare, cadere, mulinare; accumularsi, sciogliersi = squagliarsi; spalare, spazzare, togliere, turbinare, nevischiare, innevare, sgomberare, battere la pista;
● *oggetti*: sgombraneve = spazzaneve, spartineve, gatto delle nevi, pneumatici chiodati o da neve, catene, sport della neve, cannone sparaneve; pupazzo di neve, palla di neve;
● *persone*: spalatore, sciatore.

n'è véro ● V. *nevvero*.

♦**nevicàre** o †**nevigàre** [lat. parl. **nivicāre*, intens. di *nĭvere* 'nevicare', da *nĭx*, genit. *nĭvis* 'neve'; 1353] **A** v. intr. impers. (*néva*; aus. *essere* o *avere*) ● Venire giù, cadere al suolo, detto della neve: *nevica a larghe falde* | ***È nevicato sui capelli***, (*fig.*) i capelli sono incanutiti. SIN. Fioccare. **B** v. intr. (aus. *essere*) ● (*poet.*) Cadere come neve. **C** v. tr. ● †Versare.

nevicàta [f. sost. di *nevicato*; av. 1872] s. f. ● Il cadere della neve: *la n. durò tutta la notte* | (*est.*) La neve caduta: *il sole sciolse la n.*

nevicàto (**1**) part. pass. di *nevicare*; anche agg. *1* (*lett.*) Coperto di neve. *2* †Nevoso.

nevicàto (**2**) agg. ● (*zool.*) Detto di mantello equino scuro, cosparso di peli bianchi riuniti in piccoli fiocchi.

nèvico [da *nevo*, variante di *neo* (*1*); 1937] agg. (pl. m. *-ci*) ● (*med.*) Di neo, che riguarda i nei: *cellule neviche*; *tumore n.*

†**nevicóso** [da *nevicare*, sul modello di *nevoso*; av. 1400] agg. ● Nevoso: *mal tempo, freddo e n.* (SACCHETTI).

nevièra [da *neve*; 1681] s. f. ● Grotta o costruzione in muratura in cui si ammassava neve da usare poi d'estate per tenere al fresco cibi e bevande.

†**nevigàre** ● V. *nevicare*.

nevischiàre [da *nevischio*, sul modello di *nevicare*; av. 1604] v. intr. impers. (aus. *essere* o *avere*) ● Venire giù, cadere al suolo, detto del nevischio.

nevìschio o (*tosc.*) **nevìstio** [sovrapposizione del lat. *nĭx*, genit. *nĭvis* 'neve' a *pulvĭsculus* 'pulviscolo'; sec. XV] s. m. ● Precipitazione di granuli di ghiaccio opachi di forma allungata o appiattita, ma sempre piuttosto molli con diametro generalmente inferiore al mm.

nèvo [lat. *nāevu(m)* di etim. incerta; 1549] s. m. ● (*med.*) Malformazione circoscritta della cute a forma di chiazza o puntino di colore scuro che può comparire in diverse parti del corpo. SIN. Neo.

nèvola [lat. *nĕbula(m)* 'nebbia', passato poi a indicare nel lat. mediev. una focaccia sottile] s. f. ● Cialda di farina e mosto cotto, specialità abruzzese.

nevòmetro ● V. *nivometro*.

nevosità [av. 1320] s. f. ● Andamento delle precipitazioni nevose su di una zona in un certo periodo di tempo | Quantità di neve caduta | Condizione, stato della neve.

nevóso (**1**) [lat. *nivōsu(m)*, da *nĭx*, genit. *nĭvis* 'neve'; av. 1320] agg. *1* Di neve: *manto n.* | ***Tempo n.***, condizioni atmosferiche favorevoli a una caduta di neve. *2* (*est.*) Che è coperto di neve: *montagne, cime nevose* | ***Stagione nevosa***, in cui cade, o è solita cadere, la neve. *3* (*poet.*) Candido come la neve.

nevóso (**2**) [calco sul fr. *nivôse*; 1831] s. m. ● Quarto mese del calendario rivoluzionario francese, il cui inizio corrispondeva al 21 dicembre e il termine al 19 gennaio.

nevralgìa o (*raro*) **neuralgìa** [comp. di *nevro-* e *-algia*; 1828] s. f. ● (*med.*) Dolore locale per irritazione di particolari nervi sensitivi: *n. facciale, del trigemino*.

nevràlgico o (*raro*) **neuràlgico** [av. 1912] agg. (pl. m. *-ci*) ● (*med.*) Di nevralgia | ***Punto n.***, in cui il dolore è maggiore; (*fig.*) la fase, il punto più delicato, più difficile: *il punto n. di una questione*; *un punto n. per il traffico*.

nevràsse o **neuràsse** [comp. di *nevro-* e *asse* (*2*); 1895] s. m. ● (*anat.*) Parte del sistema nervoso contenuta nella cavità cranica e nel canale vertebrale. SIN. Asse encefalospinale, sistema nervoso centrale.

nevrassìte o **neurassìte** [comp. di *nevrasse* e *-ite* (*1*); 1954] s. f. ● (*med.*) Processo infiammatorio che colpisce sezioni diverse del nevrasse.

nevrastenìa o (*raro*) **neurastenìa** [comp. di *nevro-* e *astenia*; 1828] s. f. ● (*med.*) Disturbo funzionale caratterizzato da senso di debolezza e da un abbassamento generale del tono corporale e mentale.

nevrastènico o (*raro*) **neurastènico** [1886] **A** agg. (pl. m. *-ci*) ● Di nevrastenia. **B** s. m. (f. *-a*) *1* Chi è affetto da nevrastenia. *2* Correntemente, persona irritabile, molto nervosa.

nevrilèmma o **neurilèmma** [comp. di *nevr(o)-* e del gr. *eilēma* 'copertura', da *eílen* 'chiudere'; 1840] s. m. (pl. *-i*) ● (*anat.*) Sottile membrana connettivale avvolgente alcuni tipi di fibre nervose. ➡ ILL. p. 2124 ANATOMIA UMANA.

nevrìte o **neurìte** (**1**) [comp. di *nevr(o)-* e *-ite* (*1*); 1865] s. f. ● (*med.*) Processo infiammatorio che colpisce un tronco nervoso, dovuto a traumi, infezioni, intossicazioni.

nevrìtico o **neurìtico** [1958] agg. (pl. m. *-ci*) ● Di nevrite, causato da nevrite: *dolore n.*

nèvro- ● V. *neuro-*.

nevrobalìstico ● V. *neurobalistico*.

nevròglia o **neuròglia** [comp. di *nevro-* e del gr. *glía* 'colla', di orig. indeur.; 1875] s. f. ● (*biol.*) Complesso di elementi cellulari di origine ectodermica che ha stretti rapporti con i neuroni ma che è funzionalmente distinto dal tessuto nervoso vero e proprio. SIN. Glia.

nevropatìa e *deriv.* ● V. *neuropatia* e *deriv.*

nevròsi o **neuròsi** [comp. di *nevro-* e *-osi*; 1788] s. f. inv. ● (*psicoan.*) Disturbo psichico che non ha una base organica ed è determinato da un conflitto fra un desiderio e le difese messe in atto dall'Io | ***N. ossessiva***, psicastenia. SIN. Psiconevrosi.

nevròtico o **neuròtico** [1821] **A** agg. (pl. m. *-ci*) ● Di nevrosi. **B** s. m. (f. *-a*) ● Chi è affetto da nevrosi | (*est.*) Persona molto irritabile, nervosa e sim. || **nevroticaménte**, avv.

nevrotizzànte part. pres. di *nevrotizzare*; anche agg. ● Che provoca uno stato di nevrosi o (*est.*) di nervosismo, di stress e sim.: *un ambiente di lavoro n.*

nevrotizzàre [da *nevrotico*; 1981] **A** v. tr. ● Rendere nevrotico. **B** v. intr. pron. ● Diventare nevrotico.

nevrotizzàto [1961] part. pass. di *nevrotizzare*; anche agg. ● Reso o diventato nevrotico o (*est.*) nervoso, stressato e sim.

nevrotizzazióne s. f. ● Il nevrotizzare, il nevrotizzarsi.

Nevròtteri ● V. *Neurotteri*.

nevvéro o (*raro*) **n'è véro** [da *non è vero?*; av. 1612] inter. ● (*sett., fam.*) Si usa in tono interrogativo per chiedere conferma o per sottolineare quanto si dice: *bello, n.?*; *un'altra volta starai più attento, n.?*; *questa osservazione mi sembra, n., molto giusta*; *e si mantiene n'è vero? si mantiene* (MANZONI).

new age /*ingl.* 'njʊu 'ɛɪʤ/ [propr. 'età (*age*) nuova (*new*)'; 1990] **A** loc. sost. f. inv. ● Movimento culturale, sviluppatosi a partire dalla controcultura degli anni '60 del Novecento negli Stati Uniti, nel quale si riconoscono varie correnti di pensiero e relative forme espressive, tese gener. alla riconquista di un genuino rapporto tra uomo e natura. **B** anche loc. agg. inv.: *musica new age*.

newco /nju'kɔ, *ingl.* 'njʊu,kɔː/ [abbr. ingl. di *new co*(*mpany*) 'nuova compagnia, nuova società'; 1994] s. f. inv. ● (*econ.*) Denominazione convenzionale di una società da costituire di cui non si è ancora deciso il nome | Impresa operante nel settore della nuova economia.

new deal /*ingl.* 'njʊu 'dɪiɫ/ [loc. ingl., propr. 'nuovo accordo, nuovo piano'; 1935] loc. sost. m. inv. *1* Piano di riforma sociale ed economica elaborato dal presidente degli Stati Uniti F.D. Roosevelt per fronteggiare la grave depressione verificatasi dopo la crisi del 1929. *2* (*est.*) Qualsiasi riforma riguardante spec. il sistema economico.

new economy /nju e'kɔnomi, *ingl.* 'njʊu ə'kʰɔnəmɨ/ [loc. ingl., propr. 'nuova economia'; 1988] loc. sost. f. inv. (pl. ingl. *new economies*) ● (*econ.*) Nuova economia (V. *economia*).

new entry /*ingl.* 'njʊu 'ɛntɹi/ [loc. ingl., propr. 'nuova entrata'; 1985] loc. sost. f. inv. (pl. ingl. *new entries*) ● Disco entrato per la prima volta nella classifica delle canzoni o dei brani musicali di maggior successo | (*est.*) In riferimento a libri, società, aziende, persone ecc.: *una new entry nei salotti romani*.

New Jersey /*ingl.* ˌnjʊu'ʤɜːɹzi/ [loc. ingl., dal n. dello Stato americano che per primo l'ha adottata negli anni 1950-1960; 1992] s. f. inv. ● Barriera in cemento posta ai margini delle strade o usata come spartitraffico, dotata della caratteristica di rinviare al centro della carreggiata in modo non brusco il veicolo che la urta.

new look /*ingl.* 'njʊu 'lʊk/ [pseudoanglicismo comp. delle vc. ingl. *new* 'nuovo' e *look* 'aspetto', coniato in Francia dal sarto Christian Dior per lanciare una moda nel secondo dopoguerra; 1948] loc. sost. m. inv. (pl. ingl. *new looks*) ● Nuovo modo di essere o apparire in comportamenti personali o collettivi, in fenomeni sociali e sim., caratterizzati da radicali mutamenti.

news /*ingl.* 'njʊuz/ [vc. ingl., propr. 'notizie, novità'; 1983] s. f. pl. ● Notizie, informazioni fornite da un notiziario.

news group /njuz'grup, *ingl.* 'njʊuz,gɹʊup/ [loc. ingl., propr. 'gruppo (*group*) di discussione, scambio di informazioni (*news*)'; 1996] loc. sost. m. inv. (pl. ingl. *news groups*) ● (*elab.*) Gruppo di discussione.

newsletter /*ingl.* 'njʊuz,lɛtəɹ/ [vc. ingl., comp. di *news* 'notizie' e *letter* 'lettera'; 1985] s. f. inv. ● Bollettino d'informazioni, notiziario.

newsmagazine /*ingl.* 'njʊuz ˌmægə'zɪin/ [vc. ingl., comp. di *news* 'notizie' e *magazine* 'rivista'; 1967] s. m. inv. ● Settimanale d'informazione.

newton /'njuton, *ingl.* 'njʊutn̩/ [dal n. del fisico I. *Newton* (1642-1727); 1950] s. m. ● (*fis.*) Unità di misura della forza nel Sistema Internazionale definita come la forza che, applicata a un corpo di massa 1 kg, gli imprime un'accelerazione di 1 m/s^2. SIMB. N.

newtoniàno /njuto'njano/ [1746] agg. ● Di Newton, relativo a Newton, ai suoi studi, alle sue teorie.

new wave /*ingl.* 'njʊu 'wɛɪv/ [vc. ingl., propr. 'nuova ondata'; 1980] loc. sost. f. inv.; anche loc. agg. inv. ● Detto di ogni movimento o corrente di pensiero che, spec. nel campo dell'arte e della cultura, si prefigge obiettivi anticonformistici di rinnovamento rispetto alle idee tradizionali | Nella musica rock, l'avanguardia degli anni 1980-1990.

newyorkése /njujor'kese/ o **nuovaiorchése**, **nuovayorchése** [1911] **A** agg. ● Di New York. **B** s. m. e f. ● Abitante, nativo di New York.

ni (1) /ni*/ [sovrapposizione di *sì* a *no*; 1899] **A** avv. ● (*scherz.* o *iron.*) Né sì né no (si usa come risposta incerta, indecisa fra il sì e il no): *'sì o no?' 'ni!'* **B** in funzione di s. m. inv. ● (*fam.*) Risposta incerta: *cosa sono tutti questi ni?*

ni (2) /ni*/ [dal gr. *ný*; 1561] s. m. o f. inv. ● Nome della tredicesima lettera dell'alfabeto greco.

niacìna [comp. di *ni(cot)ina* e *ac(ido)*; 1956] s. f. ● (*chim.*) Acido nicotinico.

nìbbio (1) [lat. tardo *nībulu(m)*: da **mīlvulus*, dim. di *mīlvus* 'milvo'; sec. XIII] s. m. ● Uccello rapace dei Falconiformi con coda biforcuta, ali lunghissime, becco assai adunco (*Milvus milvus*). ➡ ILL. animali/8.

nìbbio (2) [da *ebbio*] s. m. ● (*bot.*) Ebbio.

nibelùngico [1955] agg. (pl. m. *-ci*) *1* Relativo ai Nibelunghi | *Ciclo n.*, gruppo di antiche saghe che narrano le vicende di Crimilde e dell'eroe Sigfrido. *2* (*fig.*, *lett.*) Feroce, cupamente tragico, come le vicende del poema dei Nibelunghi.

nibelùngo [ted. mediev. *Nibelunc*, pl. *Nibelunge*, dal norreno *Niflungar*; 1881] s. m. (f. *-a*; pl. m. *-ghi* o *-gi*) *1* Chi apparteneva alla stirpe reale dei Burgundi. *2* Nella mitologia nordica, ciascuno dei mitici nani che custodiscono il tesoro dei Burgundi.

nicaraguènse o **nicaraguégno**, **nicaraguègno**, (*raro*) **nicaraguése** **A** agg. ● Del Nicaragua. **B** s. m. e f. ● Abitante, nativo del Nicaragua.

nìcchia [da *nicchiare* (?); 1550] s. f. *1* Cavità ricavata nello spessore di un muro, di forma semicilindrica ad asse verticale, con funzione decorativa nelle costruzioni e di deposito o riparo nelle gallerie stradali o ferroviarie. *2* Vano praticato nelle mura delle antiche fortificazioni per dare ricovero ai difensori, munito o meno di saettiera per consentire il tiro attraverso il muro stesso. *3* Nel linguaggio alpinistico, rientranza più o meno pronunciata in una formazione rocciosa, che si presta a essere utilizzata per un bivacco. *4* (*pop.*, *tosc.*) Conchiglia. *5* (*biol.*) *N. ecologica*, il posto che un organismo vivente occupa in un dato ambiente, determinato dall'insieme delle sue relazioni complesse con l'ambiente biologico e fisico circostante. *6* (*econ.*) *N. di mercato*, segmento di mercato in cui la concorrenza è più scarsa | (*econ.*) *Prodotto di n.*, quello che è diretto a una nicchia di mercato. *7* (*fig.*) Luogo riparato, tranquillo e sicuro | (*lett.*) Occupazione, sistemazione poco impegnativa, tranquilla: *s'è fatta la n. [...] in biblioteca* (BACCHELLI). || **nicchiétta**, dim. | **nicchiettina**, dim. | **nicchiétto**, dim. m. | **nicchióna**, accr. | **nicchióne**, accr. m.

nicchiaménto [sec. XIV] s. m. ● (*raro*) Tentennamento.

nicchiàre [lat. parl. **nidiculāre* 'stare nel nido', da *nīdus* 'nido'; 1313] v. intr. (*io nìcchio*; aus. *avere*) *1* †Gemere, di partoriente che si lamenta per le doglie. *2* (*fig.*) Tentennare, esitare di fronte a qlcu. o qlco. SIN. Tergiversare, titubare. *3* †Scricchiolare.

nìcchio [lat. *mȳtulu(m)* 'mitilo', avvicinato a *nicchia*; 1282] s. m. *1* (*tosc.*) Conchiglia di un mollusco | *Farsi un n.*, (*fig.*) rannicchiarsi. *2* (*tosc.*) Lucerna a tre punte. *3* Piccolo copricapo a tre punte usato un tempo dai preti. *4* Salame bollito simile allo zampone, a tre punte. *5* †Nicchia. || **nicchiétto**, dim. | **nicchiolino**, dim.

niccianésimo ● V. *nietzschianesimo*.

niccianìsmo ● V. *nietzschianesimo*.

nicciàno ● V. *nietzschiano*.

nìccio ● V. *neccio*.

niccolìte [dal lat. scient. *niccolum* 'nichel'; 1954] s. f. ● Minerale costituito da arseniuro di nichel, che si presenta in masse compatte dalle quali si estrae il nichel.

nicèno [vc. dotta, lat. tardo *Nicaēnu(m)*, da *Nicāea* 'Nicea'; 1558] agg. ● Di Nicea, antica città della Bitinia, nell'odierna Turchia; spec. in riferimento al primo Concilio ecumenico del 325 | *Simbolo n.*, formula nella quale il Concilio di Nicea raccoglie le verità fondamentali cristiane | *Credo n.*, professione di fede cristiana, contenuta nel simbolo niceno in forma estesa e comunemente recitata nella forma breve.

nicése ● V. *nizzese*.

nìchel o **nìchelio** [sved. *nickel*, dal ted. *Kupfernickel*, comp. di *Kupfer* 'rame' e *Nickel* 'genio maligno'; il n. venne dato dai minatori che dicevano fosse un genio maligno a non far trovar loro il rame in questo metallo; 1795] s. m. ● Elemento chimico, metallo bianco splendente ottenuto spec. dalla pentlandite, usato per leghe e acciai speciali, e nella nichelatura di oggetti vari. SIMB. Ni.

nichelàre o (*pop.*) **nichellàre** [da *nichel*; 1891] v. tr. (*io nìchelo*, pop. *nichèllo*) ● Sottoporre a nichelatura | Dare aspetto e colore di nichel a un metallo.

nichelatóre [1958] s. m. (f. *-trice*) ● Operaio specializzato in lavori di nichelatura.

nichelatùra [da *nichel*; 1895] s. f. ● Processo, spec. elettrochimico, mediante il quale si ricoprono di uno strato sottile di nichel altri metalli.

nichelcròmo o **nichel-cròmo** [1949] s. m. ● Lega formata spec. da nichel e cromo, molto resistente agli agenti chimici, usata spec. per resistenze elettriche.

nichèlico agg. (pl. m. *-ci*) ● (*chim.*) Detto di composto del nichel trivalente.

nichelìna [1954] s. f. ● Lega costituita essenzialmente di rame con notevole quantità di zinco e di nichel, usata per fabbricare resistenze per fornelli elettrici.

nichelìno o **nichellìno** [1905] s. m. *1* Moneta di nichel. *2* Moneta di nichel del valore di 20 centesimi, avente corso legale in Italia negli anni antecedenti la seconda guerra mondiale. SIN. Ventino.

nichèlio ● V. *nichel*.

nichellàre ● V. *nichelare*.

nichellìno ● V. *nichelino*.

nichelóso agg. ● (*chim.*) Detto di composto del nichel bivalente.

nichilìsmo o (*raro*) **nihilìsmo** [comp. del lat. *nĭhil* 'nulla' e *-ismo*. *Nĭhil* è comp. di *nē* 'non' e *hīlum* 'un filo, un nonnulla'; 1869] s. m. ● Dottrina filosofica che nega la consistenza di qualsiasi valore e l'esistenza di qualsiasi verità | (*est.*) Atteggiamento negativo di chi non crede in nulla. SIN. Nullismo.

nichilìsta o (*raro*) **nihilìsta** [1878] **A** s. m. e f. (pl. m. *-i*) ● (*filos.*) Seguace del nichilismo. **B** agg. *1* Del nichilismo, dei nichilisti. *2* (*est.*) Chi mostra un atteggiamento negativo, pessimista e sim.: *i giovani sono spesso nichilisti* | Anarchico.

nichilìstico [av. 1952] agg. (pl. m. *-ci*) ● Che si basa sul nichilismo.

†**nichilità** o †**nichilitàte** [dal lat. *nĭhil* 'nulla'. V. *nichilismo*; av. 1306] s. f. ● Nullità, piccolezza.

nickel /sved. 'nik:əl/ [V. *nichel*] s. m. ● (*chim.*) Nichel.

nicodemìsmo [1954] s. m. *1* Atteggiamento proprio dei nicodemiti. *2* (*est.*) Comportamento di chi nasconde le proprie convinzioni religiose, politiche, ideologiche, adeguandosi esteriormente alle opinioni dominanti.

nicodemìta [dal n. del fariseo *Nicodemo*, che, secondo il vangelo di Giovanni, si recò in segreto a visitare Gesù] s. m. e f. (pl. m. *-i*) ● Chi, nel XVI sec., aderiva alle dottrine della riforma protestante nascondendo per timore di persecuzioni le proprie convinzioni e manifestando esteriormente ossequio al cattolicesimo.

niçoise /fr. ni'swaz/ [vc. fr., propr. 'di Nizza, nizzarda', sottinteso *salade* 'insalata'; 1974] **A** s. f. inv. ● (*cuc.*) Insalata mista di verdure crude con aggiunta di olive verdi o nere, uova sode, filetti di acciuga dissalati, tonno sott'olio e condita con sale, aceto, olio e foglie di basilico. **B** anche agg. f. inv.: *insalata n.*

nicol [dal n. dell'inventore, il fisico W. *Nicol* (1768-1851); 1930] s. m. ● (*fis.*) Parallelepipedo formato da due opportuni prismi di calcite, incollati con balsamo del Canada, usato per ottenere da una radiazione naturale una radiazione polarizzata, o per analizzare il piano di polarizzazione di una radiazione già polarizzata.

nicolaìsmo [dal n. del diacono *Nicola* (I sec.), a cui risale la dottrina; 1954] s. m. ● (*relig.*) Insieme delle correnti gnostico-cristiane derivate dalle dottrine sulla promiscuità sessuale che alcuni passi del Nuovo Testamento attribuiscono a un diacono Nicola.

nicolaìta [sec. XIII] s. m. e f. (pl. m. *-i*) ● Seguace del nicolaismo.

nicotìna [fr. *nicotine*, dal n. del medico J. *Nicot* (1530-1600) che importò il tabacco in Francia; 1857] s. f. ● Principale alcaloide contenuto nelle foglie del tabacco, dotato di azione molto complessa sul sistema nervoso, sul cuore, sui vasi sanguigni, sui muscoli.

nicotinammìde [comp. di *nicotina* e *(a)mmide*; 1956] s. f. ● (*chim.*) Ammide dell'acido nicotinico.

nicotìnico [1956] agg. (pl. m. *-ci*) ● Di, relativo a nicotina o acido nicotinico: *ammide nicotinica* | *Acido n.*, acido organico monobasico, derivante dalla piridina, ottenuto per ossidazione della nicotina, dotato di attività vasodilatatrice e vitaminica.

nicotinìsmo [fr. *nicotinisme*, da *nicotine* 'nicotina'; 1899] s. m. ● (*med.*) Intossicazione cronica da nicotina.

Nictaginàcee [dal n. del genere *Nyctago*, comp. del gr. *nýx*, genit. *nyktós* 'notte', col suff. di *plantāgo* 'piantaggine'; 1895] s. f. pl. (sing. *-a*) ● Nella tassonomia vegetale, famiglia di piante a foglie opposte e intere con fiori tubulari avvolti da brattee (*Nyctaginaceae*). ➡ ILL. piante/3.

nictàlope ● V. *nictalopo*.

nictalopìa o **nittalopìa** [vc. dotta, lat. tardo *nyktālōpia(m)*, dal gr. *nyktálōps* 'nictalopo', attrav. il fr. *nyctalopie*; 1821] s. f. ● (*med.*) Cecità notturna, ovvero mancata o imperfetta visione di notte o a una luce fioca | Impropriamente, buona capacità visiva nelle ore notturne.

nictàlopo o **nictàlope**, **nittàlopo**, **nittàlope** [gr. *nyktálōps*, genit. *nyktálōpos* 'che è cieco di notte', comp. di *nykt-* 'nicto-', *alaós* 'cieco' (d'orig. oscura) e *ṓps*, genit. *ōpós* 'vista' (da *horân* 'vedere', d'orig. indeur.), interpretato poi già in greco come se fosse composto di *nykt-* e *ṓps*, quindi 'che ci vede di notte'; 1840] agg.; anche s. m. (f. *-a*) ● Che (o Chi) è affetto da nictalopia.

nictemeràle ● V. *nittemerale*.

nicti- ● V. *nicto-*.

nictìcora ● V. *nitticora*.

nictipitèco [comp. di *nicti-* e del gr. *píthēkos* 'scimmia', di orig. indeur.; 1891] s. m. (pl. *-chi* o *-ci*) ● Scimmia tipicamente notturna, agile, snella, diffusa nell'America centro-meridionale (*Aotes*).

nictitànte ● V. *nittitante*.

nictitazióne ● V. *nittitazione*.

nicto- o **nicti-**, **nitti-**, **nitto-** [dal gr. *nýx*, genit. *nyktós* 'notte', di orig. indeur.] primo elemento ● In parole composte della terminologia scientifica, significa 'notte, oscurità', o indica relazione con la notte: *nictalopia*, *nictofobia*, *nicturia*.

nictofobìa [comp. di *nicto-* e *-fobia*; 1899] s. f. ● (*psicol.*) Paura ossessiva dell'oscurità notturna.

nictògrafo [comp. di *nicto-* e *-grafo*; 1956] s. m. ● Apparecchio utile a guidare la mano di chi scrive nell'oscurità, usato spec. dai ciechi.

nictùria o **nicturìa** [comp. di *nicto-* e *-uria*; 1929] s. f. ● (*med.*) Necessità di urinare nelle ore notturne.

nidìaceo o **nidiàce** [lat. parl. **nidāce(m)*, da *nīdus* 'nido', avvicinato a *nidio*; av. 1799] agg. ● Detto di uccello giovane che sta ancora nel nido.

nidiàndolo [da *nidio*, variante di *nido*; 1891] s. m. ● Uovo, vero o finto, lasciato nel pollaio affinché le galline facciano le uova sempre nello stesso posto. SIN. Endice, guardanidio.

nidiàta [da *nidio*, variante di *nido*; 1342] s. f. *1* Tutti gli uccellini nati da una covata, in un nido. *2* (*est.*) Tutti i piccoli nati da un animale: *una n. di topolini* | (*fig.*) Gruppo di bambini, spec. figli degli stessi genitori.

nidìcolo [comp. di *nido* e *-colo*; 1958] agg. ● (*zool.*) Detto di uccello che per un periodo più o meno lungo rimane nel nido dove viene nutrito dai genitori essendo, alla schiusa, incapace di camminare o volare e implume.

nidificàre [vc. dotta, lat. *nidificāre*, comp. di *nīdus* 'nido' e *-ficāre* '-ficare'; av. 1320] v. intr. (*io nidìfico*, *tu nidìfichi*; aus. *avere*) *1* Fare il nido. *2* (*raro*, *fig.*) Stabilire la propria dimora.

nidificazióne [1879] s. f. ● Il nidificare | Stagione in cui si costruisce il nido.

nidifórme [comp. di *nido* e *-forme*; 1981] agg. ● Che è a forma di nido.

nidìfugo [comp. di *nido* e *-fugo*; 1958] agg. (pl. m. *-ghi*) ● (*zool.*) Detto di uccello in grado di abbandonare il nido e di nutrirsi autonomamente poco dopo la schiusa.

♦**nido** o (*pop.*, *tosc.*) **nidio** [lat. *nīdu(m)*, di orig. indeur.; av. 1257] **A** s. m. *1* Ricovero che molti uc-

nidore 1178

celli costruiscono per deporre le uova e allevare la prole o per svernare | (*est.*) Luogo dove animali trovano riparo, si radunano o depongono le uova: *un n. di vespe, di serpi, di topi* | ***Far n.***, nidificare. **2** (*fig.*) La propria casa, dove si è nati o si ha la famiglia: *abbandonare, tornare al n.* | (*est.*) Patria: *uscire dal proprio n.* | (*spreg.*) Covo: *n. di briganti* | ***N. di vipere***, (*fig.*) ambiente di persone infide, maligne. **3** (*fig.*) Luogo in cui si trova qlcu. o qlco. | ***N. di mitragliatrici***, postazione di mitragliatrici, sistemate in un luogo strategicamente opportuno. **4** Ciò che ha forma di nido o è fatta di parti simili a nidi | ***N. di uccello***, orchidea saprofita con rizoma corto e delicato, foglie ridotte a guaina, fiori a grappolo (*Neottia nidus avis*) | ***N. d'ape***, tessuto di cotone per asciugamani, a cellette simili a quelle di un favo | Punto di ricamo a cellette | Tipo di pasta lunga avvolta a forma di nido. **5** (*raro, est.*) Tutti gli uccelli di un nido: *il n. è stato catturato.* **B** in funzione di **agg. inv.** ● Solo nella loc. ***asilo n.***, asilo per bambini fino a tre anni di età. || **PROV.** A ogni uccello il suo nido par bello. || **nidiettino**, **dim.** | **nidiètto**, **dim.** | **nidino**, **dim.** | †**nidiùzzo**, **dim.** | **niduccino**, **dim.**

nidóre [vc. dotta, lat. *nidōre(m)* 'fumo, odore', di orig. indeur.; 1499] **s. m.** ● (*lett.*) Puzzo, fetore di cose marce.

†**nièg̣o** ● V. †*nego.*

ni̤ellàre [da *niello*; av. 1537] **v. tr.** (*io nièllo*) ● Mettere il niello ridotto in polvere sulle lastre incise, fonderlo nei solchi fatti dal bulino e togliere il superfluo per ritrovare il disegno | Lavorare a niello.

ni̤ellàto [av. 1571] **A part. pass.** di *niellare*; anche **agg.** ● Nei sign. del v. **B s. m.** ● Oggetto d'oro o d'argento lavorato a niello.

ni̤ellatóre [av. 1810] **s. m.** (**f.** *-trice*) ● Orafo che esegue lavori di niello.

ni̤ellatùra [1925] **s. f.** ● Lavorazione, decorazione a niello.

ni̤èllo [lat. tardo *nigĕllu(m)* 'nerastro', dim. di *nĭger* 'nero'; av. 1460] **s. m.** ● Ramo dell'arte orafa consistente nel riempire con una lega di stagno, argento e zolfo, di color nero, fusibile a bassa temperatura, i solchi incisi a bulino su lastra d'oro o d'argento per rendere più evidente il disegno | (*est.*) La lega nera usata per questo lavoro | (*est.*) Oggetto di metallo prezioso niellato.

♦**niènte** o †**neènte** [lat. mediev. *nĕc ĕnte(m)* 'nemmeno una cosa'. V. *ente*; sec. XIII] **A pron. indef.** **1** Nessuna cosa (con valore neutro e, se posposto al v. come sogg. o come compl. ogg., accompagnato da altra negazione): *n. può fermarlo*; *non ha visto né sentito n.*; *n. ancora è stato deciso*; *n. più ha importanza per lui*; *non ha paura di n.*; *non lo contraddicono mai in n.*; *n. di tutto ciò ha valore*; *non c'è n. di più facile*; *n. di rotto!*; *n. di male!*; *n. di meglio*; *n. da dire*; *n. da eccepire!* | ***Di n.!, n. di che!***, formula di cortese risposta a chi ringrazia, si scusa e sim.: *'grazie molte' 'Di n.!'* | ***Non essere buono a n.***, non valere nulla | ***Lavorare, fare qlco. per n.***, con nessuno o poco guadagno o senza risultato: *nessuno fa n. per n.*; *ha lavorato due mesi per n.* | ***Non poter farci n.***, non poter porre rimedio | ***Non mancare di n.***, avere tutto in abbondanza | ***Finire in n.***, svanire | ***Non farsi n.***, non farsi male: *sono caduto senza farmi n.* | ***Fare finta di n.***, fingere di non accorgersi di qlcu. o qlco. | ***Non fa n.***, (*sett.*) ***fa n.***, non ha importanza | ***Le cure non gli hanno fatto n.***, non hanno avuto effetto alcuno | ***Non se ne fa n.***, la cosa va a monte, non si fa | ***E a me n.?***, (*ellitt.*) a me non date nulla, non tocca nessuna cosa? | ***Non avere n. a che fare con qlcu.***, non avere rapporti con lui | ***Non avere n. a che fare con qlco.***, non esserne partecipi | Con valore raff. ed enfat. nelle loc. ***n. e poi n.***, ***meno che n.***, ***n. di n.***, niente nel modo più assoluto | ***Non per n.***, espressione attenuativa che introduce una affermazione, un'osservazione o una domanda indiscreta o inopportuna: *non per n., ma potevi almeno avvisarmi*; *non per n., ma lo sanno già tutti!*; non a caso, non senza un perché: *certo che è bravo*: *non per n. ha ricevuto il primo premio.* **2** Poca cosa, inezia: *il nostro danno è n. rispetto al loro*; *questo quadro costa n. in rapporto al suo valore*; *spende grosse cifre come n. fosse*; *e questo ti pare n.!*; *se la prende de proprio per n.*; *si arrabbia per n.*; (*antifr.*) *hai detto n.!* | ***Cosa da n.***, di nessuno o poco valore o importanza | ***Uomo, persona da n.***, debole, inetto | ***Essere, contare n.***, riferito a persona, non essere importante: *fino a poco tempo fa era n., ora controlla e comanda tutti.* **3** Qualcosa (spec. in prop. interr. o dubitative): *c'è n. di nuovo?*; *avete saputo n.?*; *ti ha detto n.?*; *vedi n.?*; *mi chiese se avevo n. da dargli*; *non so se hai n. in contrario*; *avete bisogno di n.?* **B agg. indef. inv.** ● (*fam.*) Nessuno, nessuna: *non ho n. voglia* | (*ellitt.*) ***N. paura!***, coraggio, non abbiate nessuna paura | †***Essere n.***, non essere possibile. **C** in funzione di **s. m.** (**pl.** lett. †*nièntì*) **1** Nessuna cosa: *non ti do un bel n.*; *Dio ha creato il mondo dal n.* | ***Finire in n.***, (*fig.*) non avere nessun seguito, nessun risultato: *la cosa è finita in n.* | ***Ridursi al n.***, perdere ogni cosa, rovinarsi economicamente | ***Essere un n.***, essere una nullità | ***Venire su dal n.***, avere umili origini, venire da modeste condizioni | ***Un bel n.!***, no, affatto (in risposte negative: *'sei contento?' 'un bel n.!'*). **2** Poca cosa: *ci manca un n. e poi siamo a posto*; *l'abbiamo acquistato per un n.*; *basta un n. per farmi felice*; *consideriamo il n. che noi siamo.* **D avv.** **1** Non affatto, punto: *non è n. bello*; *non m'importa n. di te!* | Anche nella loc. avv. ***per n.***: *non si è visto per n.*; *non ci penso per n.*; *non è per n. vero* | (*raff.*) ***N. affatto***, ***n. del tutto*** (anche in risposte recisamente negative): *non lo trovo nient'affatto interessante*; *'ti è piaciuto lo spettacolo?' 'nient'affatto!'* | In espressioni ellittiche sostituisce un verbo o un'espressione negativa: *ho provato a convincerlo, ma lui n.!*; *io gridavo, gridavo, e loro n.!*, *neanche mi sentivano* | ***N. male***, (con valore attenuativo) abbastanza bene: *'Come stai?' 'N. male'*; (con valore attributivo) carino, grazioso: *una ragazza n. male.* **2** Molto poco: *non ci mette n. a rispondervi sgarbatamente* | (*iter.*) ***Niente niente***, se appena: *se niente niente ti avvicini, ti sistemo io*; forse, per caso: *niente niente hai deciso di partire?* || **PROV.** Con niente si fa niente.

†**nientedimànco** [comp. di *niente, di* e *manco*; 1499] **avv.** ● Nientedimeno.

nientediméno o **niènte di méno** [comp. di *niente, di* e *meno*; av. 1292] **A avv.** ● Addirittura, persino (spesso seguito da *che* o *di*): *pensa n. di poter diventare direttore*; *costa n. che mille euro* | (*assol.*) Esprime, in tono enfatico, sorpresa, stupore e sim.: *'ha ereditato un palazzo' 'n.!'*; *n. venti euro per questa sciocchezza?*; *vuoi fare tre mesi di vacanza?, n.!* **B cong.** ● †Tuttavia, nondimeno (con valore avversativo).

†**nientemànco** [comp. di *niente* e *manco*; av. 1557] **avv.** ● Nientedimeno.

nienteméno o **niènte méno** [da *niente (di) meno*; 1336 ca.] **A avv.** **1** Nientedimeno: *'Dice che vuol fare due mesi di vacanza' 'N.!'*. **2** †Anche, e inoltre. **B cong.** **1** †Tuttavia, nondimeno (con valore avversativo). **2** †Allo stesso modo, altresì (introduce una prop. compar. con il v. al congv.).

nientepopodiméno o (*raro*) **niènte po' po' di méno** [da *niente po(i) po(i) di meno*; 1958] **avv.** ● (*scherz.*) Nientedimeno.

nièt /*russo* njet/ [trascrizione della pronuncia della vc. russa *net* 'no'; 1968] **s. m. inv.** ● Nei decenni successivi alla seconda guerra mondiale, risposta negativa, rifiuto espresso da autorità sovietiche nei confronti di proposte formulate dai governi occidentali | (*est.*) Rifiuto categorico.

nietzschianẹ́simo /nitʃʃa'nezimo/ o **nicciaṇẹ́simo**, **niccianịsmo** [1952] **s. m.** ● La filosofia di F. Nietzsche (1844-1900).

nietzschiàno /nitʃ'tʃano/ o **nicciàno** [1896] **A agg.** **1** Del filosofo tedesco F. Nietzsche. **2** Che concerne o interessa la filosofia di F. Nietzsche. **B s. m.** (**f.** *-a*) ● Chi segue o si ispira alla filosofia di F. Nietzsche.

†**niève** ● V. *neve.*

†**nièvo** [vc. veneta, lat. *nĕpos*, nom., 'nipote'] **s. m.** ● Nipote: *odo se' n. a Buovo d'Agrismonte* (PULCI).

nife [comp. di *ni(chel)* e *fe(rro)*; 1930] **s. m.** ● (*geol., raro*) Nucleo terrestre, così chiamato per la sua ipotetica composizione di nichel, ferro e loro derivati.

†**niffa** [basso ted. *nif* 'becco'; sec. XIV] **s. f.** ● Muso, ceffo.

†**niffo** o †**nifo** [V. *niffa*; av. 1367] **s. m.** **1** Parte del muso del bue intorno alle narici | (*est.*) Proboscide. **2** (*fig., spreg.*) Muso, grugno d'uomo | Broncio.

†**niffolo** [sec. XIV] **s. m.** ● (*raro*) Niffo.

†**nifo** ● V. †*niffo.*

nigèlla [lat. tardo *nigĕlla(m)*, dim. f. di *nĭger* 'nero'; av. 1320] **s. f.** ● (*bot.*) Fanciullaccia.

nigeriàno [1958] **A agg.** ● Della Nigeria. **B s. m.** (**f.** *-a*) ● Abitante, nativo della Nigeria.

nigerino A agg. ● Del Niger, Stato africano. **B s. m.** (**f.** *-a*) ● Abitante, nativo del Niger.

†**nighittọ́so** ● V. *neghittoso.*

night /nait, *ingl.* naet/ [1960] **s. m.** (**pl.** *nights*) ● Accorc. di *nightclub.*

nightclub /nait'klab, -ɛb, *ingl.* 'naet,klʌb/ [vc. ingl., comp. di *night* 'notte' (vc. germ. di orig. indeur.), e *club*; 1914] **s. m. inv.** ● Locale notturno.

nightglow /*ingl.* 'naet,gloʊ/ [vc. ingl., comp. di *night* 'notte' e *glow* 'splendore'] **s. m. inv.** ● (*geofis.*) Diffusa luminescenza notturna del cielo, dovuta alla liberazione dell'energia solare assorbita nell'alta atmosfera dall'ossigeno.

†**nigrànte** [vc. dotta, lat. *nigrănte(m)*, part. pres. di *nigrāre* 'esser nero', da *nĭger* 'nero'; av. 1512] **agg.** ● (*lett.*) Nereggiante.

nigricànte [vc. dotta, lat. *nigricănte(m)*, part. pres. di *nigricāre* 'nereggiare', da *nĭger* 'nero'; 1499] **agg.** ● (*lett.*) Che tende al nero.

nigritèlla [dal lat. *nĭger* 'nero'; 1876] **s. f.** ● Genere di piante erbacee tuberose, montane, delle Orchidacee, con fiori piccoli rosei o rossi, profumati (*Nigritella*).

nigrìzia [av. 1726] **s. f.** ● (*raro*) Nerezza.

†**nigro** ● V. *nero.*

nihiliṣmo /nii'lizmo/ e *deriv.* ● V. *nichilismo* e *deriv.*

nihilo, ex ● V. *ex nihilo.*

nihil òbstat /*lat.* 'niil 'ɔbstat/ [loc. lat., propr. 'nulla osta'. V. *nullaosta*] **loc. sost. m. inv.** ● Assenza di difficoltà, di impedimenti al compimento di un'azione, allo svolgimento di un'attività | (*est.*) Autorizzazione, nullaosta.

nilgàu o **nilgài** [persiano *nīlgāw*, dall'indostano *nīlgāy*; 1954] **s. m.** ● Ruminante selvaggio dell'India, poco più piccolo di un cavallo, con capo grande e corna presenti nei due sessi (*Boselaphus tragocamelus*).

nilìaco [vc. dotta, lat. *Nilĭacu(m)*, agg. di *Nīlus* 'Nilo'; av. 1796] **agg.** (**pl. m.** *-ci*) ● Che si riferisce alle regioni bagnate dal Nilo.

nilòta [gr. *Neilṓtēs*, da *Néilos* 'Nilo'] **s. m. e f.** (**pl. m.** *-i*) ● Chi appartiene a una grande famiglia etnica dell'Africa centro-orientale, caratterizzata dal punto di vista somatico da statura molto alta, costituzione longilinea, marcata dolicocefalia, pelosità scarsa, colore della pelle molto scuro.

nilòtico [vc. dotta, lat. *Nilōticu(m)*, da *Nīlus* 'Nilo'; 1869] **agg.** (**pl. m.** *-ci*) ● Relativo alle regioni attorno al Nilo o ai loro abitanti.

nimbàto [vc. dotta, lat. *nimbātu(m)* 'simile a nube, vaporoso, inconsistente', da *nĭmbus* 'nembo'; av. 1906] **agg.** ● (*lett.*) Circondato da aureola.

nimbo [vc. dotta, lat. *nĭmbu(m)*. V. *nembo*; 1340] **s. m.** **1** V. *nembo* nel sign. 1. **2** (*lett.*) Sfolgorio di luce | Aureola che sta intorno o sulla testa dei santi.

nimbọ́so ● V. *nemboso.*

†**nimicìzia** o †**nemicìzia** [aferesi di *inimicizia*; 1312] **s. f.** ● Inimicizia.

†**nìmico** ● V. *nemico.*

†**nimistà** o †**nemistà** [provz. *enemistat*, dal lat. parl. **inimicitāte(m)*, da *inimīcus* 'nemico'; sec. XIII] **s. f.** ● Inimicizia, avversità, ostilità: *nacque tra una nazione e l'altra grandissima n., e acerba, e continua guerra* (BOCCACCIO).

†**nimistànza s. f.** ● Nimistà.

†**nìmo** [av. 1342] **agg.** e **pron. indef.** ● (*raro, tosc.*) Nessuno: *han la tiglia soda / più che n. altri* (PASCOLI).

ninfa [vc. dotta, lat. *nўmpha(m)*, nom. *nўmpha*, dal gr. *nýmphē* 'sposa, ninfa', di etim. incerta; 1319] **s. f.** **1** Nella mitologia greco-romana, giovane dea appartenente a una delle schiere di divinità minori femminili che popolano le acque, il mare, i boschi, i monti. **2** (*fig., lett.*) Fanciulla di grande bellezza | (*scherz.*) ***N. Egeria***, detto di chi ispira, suggerisce ad altri idee, consigli e sim. (dal nome della ninfa che Numa Pompilio diceva essere la sua ispiratrice). **3** (*zool.*) Momento dello sviluppo degli Insetti a metamorfosi completa in cui si compie la trasformazione da larva ad adulto. **4** (*anat., spec. al pl.*) Ciascuna delle piccole labbra della vulva. || **ninfétta**, **dim.** (V.).

ninfàle [vc. dotta, lat. tardo *nymphāle(m)* 'di sorgente', da *nýmpha* 'ninfa'; 1344] **A agg.** *1* (*lett.*) Relativo a ninfa. *2* (*zool.*) ***Sonno n.***, condizione di immobilità e di morte apparente in cui si trova la ninfa degli Insetti | ***Stadio n.***, la condizione di ninfa. **B s. m.** *1* Ornamento del capo delle ninfe. *2* Racconto o poema delle ninfe: *il n. di Ameto*. *3* Specie di piccolo organo portatile usato fino al XVII sec.

ninfèa [vc. dotta, lat. *nymphāea(m)*, nom. *nymphāea*, dal gr. *nympháia* 'pianta della ninfa', da *nýmphē* 'ninfa'; 1546] **s. f.** ● Genere di piante acquatiche delle Ninfeacee (*Nymphaea*) | ***N. bianca***, (*assol.*) ***n.***, con rizoma strisciante nella melma e foglie rotonde emergenti, coriacee, con lunghissimo picciolo e con grandi fiori bianco-rosati (*Nymphaea alba*). **SIN.** Carfano, giglio d'acqua, loto bianco d'Egitto | ***N. gialla***, molto simile alla precedente, con fiori più piccoli, gialli (*Nuphar luteum*). **SIN.** Nenufaro. ➡ **ILL. piante**/3.

Ninfeàcee [vc. dotta, comp. di *ninfea* e *-acee*; 1875] **s. f. pl.** (**sing.** *-a*) ● Nella tassonomia vegetale, famiglia di piante acquatiche perenni dai fiori grandi con numerosi petali e stami (*Nymphaeaceae*). ➡ **ILL. piante**/3.

†**ninfeggiàre** [da *ninfa*; 1617] **v. intr.** ● Fare atti leziosi | Amoreggiare.

ninfèo [vc. dotta, lat. *nymphāeu(m)*, dal gr. *nymphâion*, da *nýmphē* 'ninfa'; 1499] **s. m.** *1* Piccolo tempio o grotta consacrati al culto delle ninfe, in Roma antica. *2* Grande fontana dedicata alle ninfe, spesso posta nelle vicinanze delle terme.

†**ninfèrno** ● V. *inferno* (*2*).

ninfétta [dim. di *ninfa*; la vc. si diffuse con il romanzo *Lolita* di V. Nabokov; 1959] **s. f.** ● Lolita.

†**ninfo** [da *ninfa*] **s. m.** ● Fauno.

ninfòmane [da *ninfomania*; 1894] **s. f.** ● Donna affetta da ninfomania.

ninfomanìa [comp. del gr. *nýmphē* 'clitoride' (V. *ninfa*) e *-mania*; 1783] **s. f.** ● Desiderio sessuale esageratamente forte nella donna. **SIN.** Andromania.

ninfóne [da *ninfa*] **s. m.** ● Piccolo artropode marino dei Pantopodi, gracile, trasparente, di colore roseo con zampe lunghissime (*Nymphon gracile*).

ninfòsi [da *ninfa*; 1940] **s. f. inv.** ● (*zool.*) Processo di trasformazione della larva di un insetto in ninfa.

nìni [vc. infant.] **s. m. e f. inv.** ● (*tosc.*, *fam.*, *vezz.*) Bambino: *corri, vieni qui, n.*

nìnna [vc. infant.; sec. XV] **s. f.** ● (*infant.*) Il sonno, il dormire | ***Fare la n.***, addormentarsi, dormire.

ninnanànna o **nìnna nànna** [vc. infant.: V. *ninna* e *nanna*; 1643] **s. f.** (**pl.** *ninnenànne*) *1* Cantilena per addormentare i bambini, spec. cullandoli: *cantare la n.* *2* Breve componimento musicale per ninnananna: *una n. di Mozart*. **SIN.** Bercense.

ninnàre [vc. infant.; 1441] **v. tr.** ● Conciliare il sonno a un bambino con la cantilena della ninnananna | Cullare: *ninnava ai piccini la culla* (PASCOLI).

ninnolàre [intens. di *ninnare*; av. 1873] **A v. tr.** (*io nìnnolo*) ● Trastullare con ninnoli. **B v. intr. pron.** ● (*raro*, *fig.*) Perdere tempo inutilmente. **SIN.** Gingillarsi.

nìnnolo [da *ninnolare*; av. 1642] **s. m.** *1* Trastullo, giocattolo. *2* Fronzolo, gingillo: *abbigliarsi con molti ninnoli*. || **ninnolétto**, **dim.** | **ninnolino**, **dim.**

ninnolóne [da *ninnolare*; 1927] **s. m.**; anche **agg.** (**f.** *-a*) ● (*raro*) Chi (o Che) si trastulla sempre o spreca tempo in cose vane.

nìno [da *Giovannino*, o vc. infant.; 1879] **s. m.** (**f.** *-a*) ● (*tosc.*, *vezz.*) Bambino.

Niño ● V. *el Niño*.

niobàto [da *niobio*; 1869] **s. m.** ● (*chim.*) Sale dell'acido niobico.

niòbico [1869] **agg.** (**pl. m.** *-ci*) ● (*chim.*) Di composto del niobio pentavalente | ***Acido n.***, acido ossigenato del niobio.

niòbio [da *Niobe*, figlia di Tantalo, perché l'elemento fu a lungo identificato col tantalio; 1869] **s. m.** ● Elemento chimico metallo sempre associato in natura al tantalio, ottenuto spec. dalla columbite, usato per leghe e acciai speciali. **SIMB.** Nb.

nìpio- [dal gr. *nēpios* 'infante', di etim. incerta] primo elemento ● In parole composte della terminologia scientifica, spec. medica, significa 'infante, infanzia' o indica relazione con l'infanzia: *nipiologia*, *nipiosupposta*.

nipiologìa [comp. di *nipio-* e *-logia*; 1934] **s. f.** ● Ramo della medicina che studia lo sviluppo e le affezioni del bambino nei primi mesi di vita.

nipiològico [1958] **agg.** (**pl. m.** *-ci*) ● Concernente la nipiologia.

nipiòlogo [1934] **s. m.** (**f.** *-a*; **pl. m.** *-gi*) ● Medico specializzato in nipiologia.

nipiosuppòsta [comp. di *nipio-* e *supposta*] **s. f.** ● Supposta appositamente studiata per lattanti e bambini fino a 4 anni.

nipitèlla ● V. *nepetella*.

♦**nipóte** o (*lett.*, *pop.*) **nepóte** [lat. *nepōte(m)*, di orig. indeur.; sec. XII] **s. m. e f.** *1* Figlio del figlio o della figlia: *nonno e n.*; *suo n.*; *il vostro n.* | Figlio del fratello o della sorella: *zio, zia e n.* *2* (*est.*) Il coniuge del nipote o della nipote | Il figlio del cugino o della cugina. *3* (*al pl.*, *fig.*) Discendenti, posteri. || †**nipotèllo**, †**nipotìllo**, **dim.** | **nipotìno**, **dim.** | **nipotùccio**, **dim.**

nipotería **s. f.** ● (*raro*, *scherz.*) L'insieme dei nipoti.

nipotìsmo ● V. *nepotismo*.

nipplo [ingl. *nipple* 'capezzolo, protuberanza', poi 'raccordo filettato, rubinetto di regolazione', dim. di *neb* 'becco, punta, estremità', vc. di orig. germ.; 1958] **s. m.** *1* (*mecc.*, *tecnol.*) Elemento filettato all'interno, che serve da collegamento fra due tubi di diametro uguale o diverso. *2* Dado a vite per fissare ai cerchioni di una bicicletta o di un motoveicolo i raggi di collegamento con il mozzo.

nìppo- [cfr. *nipponico*] primo elemento ● In parole composte, significa 'giapponese': *conflitto nippo-cinese*.

nippònico [da *Nippon*, n. indigeno del Giappone, che significa 'sol levante'; 1908] **agg.** (**pl. m.** *-ci*) ● Del Giappone, relativo al Giappone.

nipponìsmo [da *Nippon* (V. *nipponico*); av. 1952] **s. m.** ● (*ling.*) Parola o locuzione propria della lingua giapponese passata in un'altra lingua.

†**niquità** e *deriv.* ● V. †*nequità* e *deriv.*

nirvàna [sanscrito *nirvāna* 'estinzione'; 1873] **s. m. inv.** *1* Nel Buddismo, fine ultimo della via ascetica, nel quale, distrutta ogni illusione del pensiero e dei sensi, si raggiunge, a seconda delle dottrine delle varie scuole, la realtà ultima, il nulla o la beatitudine eterna nel Budda. *2* (*fig.*) Beatitudine, tranquillità, spec. di chi si astrae dal mondo.

nirvànico [1890] **agg.** (**pl. m.** *-ci*) ● Che si riferisce a nirvana.

nìsba [deformazione gergale del ted. *nichts* 'niente'; 1961] **avv.** ● (*sett.*) Nulla, niente, spec. in risposte recise o conclusive: *'Hai qualcosa da aggiungere?' 'N.'*.

nissèno (**1**) [da *Nissa*, ant. n. di Caltanissetta; 1659] **A agg.** ● Di Caltanissetta. **B s. m.** (**f.** *-a*) ● Abitante di Caltanissetta.

nissèno (**2**) [da *Nissa*; 1641] **A agg.** ● Relativo all'antica città asiatica di Nissa. **B s. m.** (**f.** *-a*) ● Abitante di Nissa.

†**nissùno** ● V. *nessuno*.

nistàgmico **agg.** (**pl. m.** *-ci*) ● (*med.*) Relativo a nistagmo.

nistàgmo [vc. dotta, gr. *nystagmós* 'sonnolenza', da *nystázein* 'sonnecchiare', di orig. indeur.; 1821] **s. m.** ● (*med.*) Movimento involontario rapido dei globi oculari in una direzione, per spasmo dei muscoli dell'occhio.

nistalo [vc. dotta, gr. *nýstalos* 'sonnacchioso', da *nystázein* 'sonnecchiare', di orig. indeur.] **s. m.** ● (*zool.*) Monasa.

nistatìna [da *New York State Health Laboratory* 'Laboratorio di Sanità dello Stato di New York' in cui fu scoperta] **s. f.** ● (*farm.*) Antibiotico prodotto da ceppi di *Streptomyces noursei* ad azione antimicotica, utilizzato nel trattamento e nella profilassi delle micosi della pelle e delle mucose.

nit [dal lat. *nit(idus)* 'brillante'. V. *nitido*; 1958] **s. m.** ● (*fis.*) Unità di misura della radianza, o luminosità | Unità di misura della brillanza, o splendore | Unità di brillanza, pari a 1 candela al metro quadro. **SIMB.** nt.

nitèlla [lat. tardo *nitēla(m)* 'splendore', da *nitēre* 'risplendere'. V. *nitente*; 1954] **s. f.** ● Genere di alghe delle Caracee di acque dolci o salmastre, fisse mediante rizoidi e con rametti verticillati (*Nitella*).

nitènte [vc. dotta, lat. *nitĕnte(m)*, part. pres. di *nitēre* 'risplendere', di orig. indeur.; 1499] **agg.** ● (*lett.*) Levigato e lucente.

nitidézza [1549] **s. f.** *1* Caratteristica di ciò che è nitido (*anche fig.*): *la n. del vetro*; *una letteratura efficace a educare il popolo italiano alla n. del pensare* (CROCE). *2* Precisione, nettezza: *n. di contorni*.

nìtido [vc. dotta, lat. *nĭtidu(m)* 'splendente', da *nitēre* 'risplendere'. V. *nitente*; 1321] **agg.** *1* Pulito e lucente: *specchio n.* | Limpido: *trovorno / una fontana assai nitida e fresca* (PULCI). *2* (*fig.*) Ben delineato nei contorni: *stampa nitida*; *profilo n.* *3* (*fig.*) Chiaro ed elegante: *stile n.* || **nitidaménte**, **avv.** Con chiarezza e limpidezza.

Nitidùlidi [dal lat. *nitĭdulus*, propr. dim. di *nĭtidus* 'splendente' (V. *nitido*); 1931] **s. m. pl.** (**sing.** *-e*) ● Nella tassonomia animale, famiglia di piccoli Coleotteri dal corpo ovale dannosi sia da adulti sia da larve a piante coltivate o a depositi di sostanze vegetali (*Nitidulidae*).

niton o **nito** [dal lat. *nitēre* 'risplendere'. V. *nitente*; 1920] **s. m.** ● (*chim.*, *raro*) Radon.

nitóre [vc. dotta, lat. *nitōre(m)* 'splendore', da *nitēre* 'risplendere'. V. *nitente*; 1499] **s. m.** *1* Nitidezza e splendore: *il n. della cucina pulita*. *2* (*fig.*) Chiarezza elegante: *il n. della sua prosa*.

nitràre [da *nitro-*; 1958] **v. tr.** ● (*chim.*) Sottoporre a nitrazione.

nitratàre [da *nitrato*; 1958] **v. tr.** ● Concimare con nitrati: *n. il grano*.

nitratazióne [da *nitratare*; 1958] **s. f.** ● (*agr.*) Operazione del nitratare.

nitratìna [da *nitrato*] **s. f.** ● (*miner.*) Sodanitro.

nitràto [da *nitro*; 1694] **A agg.** ● (*chim.*) Sottoposto a nitrazione. **B s. m.** ● (*chim.*) Sale o estere dell'acido nitrico.

nitratóre [1934] **s. m.** *1* Apparecchiatura in cui si compie la nitrazione. *2* (**f.** *-trice*) Tecnico addetto alla nitrazione.

nitratùra [forma aplologica di *nitra(ta)tura*; 1958] **s. f.** ● (*agr.*) Nitratazione.

nitrazióne [1932] **s. f.** ● (*chim.*) Processo chimico consistente nella sostituzione in una molecola organica di uno o più atomi d'idrogeno con altrettanti gruppi nitrici.

nìtrico [da *nitro-*; 1795] **agg.** (**pl. m.** *-ci*) ● (*chim.*) Di composto dell'azoto pentavalente: *anidride nitrica* | ***Acido n.***, acido ossigenato monobasico dell'azoto ottenuto industrialmente per ossidazione dell'ammoniaca, molto corrosivo e tossico; è usato nella produzione di intermedi per l'industria chimica, nella produzione di nitrocellulosa, nitroglicerina, di fertilizzanti e di numerosi composti organici.

nitrièra [da *nitro*; 1550] **s. f.** ● Cumulo di sostanze organiche azotate mescolate con ceneri di legno, torba e abbandonate alla putrefazione per ricavarne il salnitro.

nitrificànte **part. pres.** di *nitrificare*; anche **agg.** *1* Nel sign. del v. *2* (*biol.*) Detto di batterio che opera la nitrificazione.

nitrificàre [comp. di *nitro* e *-ficare*; av. 1803] **v. tr.** (*io nitrìfico, tu nitrìfichi*) ● (*biol.*) Sottoporre a nitrificazione.

nitrificazióne [1834] **s. f.** ● (*biol.*) Trasformazione, a mezzo di speciali batteri, dell'azoto ammoniacale delle spoglie organiche del terreno in azoto nitrico necessario allo sviluppo delle piante.

nitrìle [comp. di *nitro-* e *-ile* (*2*); 1875] **s. m.** ● (*chim.*) Composto chimico organico che si può considerare sia come etere dell'acido cianidrico, sia come prodotto di disidratazione delle ammidi.

nitrìre [lat. parl. *(*hin)nitrīre*, intens. di *hinnīre* 'nitrire', da *hinnītus* 'nitrito', di orig. onomat.; 1476] **v. intr.** (*io nitrìsco, tu nitrìsci*; aus. *avere*) ● Emettere uno o più nitriti.

nitrìto (**1**) [da *nitrire*; 1581] **s. m.** ● Grido, verso caratteristico del cavallo: *il puledro ... scorazzava per greppi del monte, con lunghi nitriti lamentevoli* (VERGA).

nitrìto (**2**) [da *nitro*; 1795] **s. m.** ● (*chim.*) Sale dell'acido nitroso.

nìtro [vc. dotta, lat. *nĭtru(m)*, dal gr. *nítron*, di orig. orient.; av. 1342] **s. m.** ● (*miner.*) Nitrato di potassio, che si trova in cavità nel calcare o come efflorescenze e incrostazioni | ***N. del Cile***, sodanitro, nitratina.

nìtro- [gr. *nítron* (*nitro-* nei comp.), di orig. orient.] primo elemento ● In parole composte della terminologia scientifica, spec. chimica, indica relazione con l'azoto o con il radicale nitrico: *nitrobenzolo*, *nitroglicerina*.

nitrobattèrio [comp. di *nitro-* e *batterio*; 1925] **s. m.** ● Batterio capace di ossidare l'ammoniaca del terreno ad acido nitroso e acido nitrico.

nitrobenzène [comp. di *nitro-* e *benzene*] **s. m.** ● (*chim.*) Nitroderivato aromatico, prodotto industrialmente per nitrazione del benzene con miscela solfonitrica, importante intermedio dell'industria chimica. SIN. Nitrobenzolo.

nitrobenzòlo [comp. di *nitro-* e *benzolo*; 1943] **s. m.** ● (*chim.*) Nitrobenzene.

nitrocellulòsa [comp. di *nitro-* e *cellulosa*; 1875] **s. f.** ● (*chim.*) Cellulosa nitrata che, secondo il grado di nitrazione, si distingue in fulmicotone e in cotone collodio.

nitroderivàto [comp. di *nitro-* e *derivato*] **A s. m.** ● (*chim.*) Composto organico della serie alifatica o aromatica, contenente uno o più gruppi nitrici con l'azoto direttamente unito al carbonio. **B** anche **agg.**: *esplosivi nitroderivati.*

nitrofilia [comp. di *nitro-* e *-filia*] **s. f.** ● (*biol.*) Condizione di piante che richiedono per la loro crescita terreni ricchi di azoto in forma di nitrato.

nitrofosfàto [comp. di *nitro-* e *fosfato*] **A agg.** ● (*chim.*) Di composto contenente il gruppo nitrico e fosforico. **B s. m.** ● Concime ottenuto per attacco delle fosforiti con acido nitrico e formato da un miscuglio di fosfati e nitrato di calcio.

nitrògeno [comp. di *nitro-* e *-geno*; 1834] **s. m.** ● (*chim., raro*) Azoto.

nitroglicerina [comp. di *nitro-* e *glicerina*; 1875] **s. f.** ● (*chim.*) Glicerina nitrata, estremamente esplosiva che, stabilizzata con farina fossile, costituisce la base di dinamiti ed esplosivi vari. SIN. Trinitrina, trinitroglicerina.

nitroglicol o **nitroglicole** [comp. di *nitro-* e *glicol*] **s. m.** ● (*chim.*) Potente esplosivo, chimicamente simile alla nitroglicerina, utilizzato per la preparazione di proiettili.

nitròmetro [comp. di *nitro-* e *-metro*] **s. m.** ● Apparecchio per la determinazione quantitativa diretta dell'acido nitrico e dei nitrati.

nitrònio [da *nitr(o)-* e il suff. *-onio* tratto da (*ammonio*] **s. m.** ● (*chim.*) Ione monovalente, costituito da un atomo di azoto con carica positiva legato a due atomi di ossigeno.

nitròsa [da *nitro-*; 1958] **s. f.** ● (*chim.*) Acido solforico saturo di vapori nitrosi, che si forma negli impianti producenti acido solforico col metodo delle camere di piombo.

nitrosazióne [da *nitroso*] **s. f.** ● (*chim.*) Reazione chimica in cui avviene l'introduzione di un gruppo nitroso in una molecola organica.

nitrosile [ingl. *nitrosyl*, comp. di *nitros(e)* 'nitroso' e del suff. *-yl* '-ile'] **s. m.** ● (*chim.*) Raggruppamento atomico costituito da un atomo di azoto e uno di ossigeno, presente in vari composti azotati. SIN. Nitrosonio.

nitróso [vc. dotta, lat. *nitrōsu(m)*, da *nītrum* 'nitro'; 1766] **agg.** ● (*chim.*) Di composto dell'azoto trivalente | *Acido n.*, acido monobasico dell'azoto, meno ossigenato dell'acido nitrico, noto solo in soluzione acquosa mentre sono stabili i suoi sali.

nitrosònio [da *nitro-*] **s. m.** ● (*chim.*) Nitrosile.

nitrurazióne [da *nitruro*; 1933] **s. f.** ● Trattamento a caldo degli acciai con ammoniaca gassosa al fine di indurirne la superficie.

nitrùro [da *nitro-*; 1925] **s. m.** ● (*chim.*) Composto fra azoto elementare e un metallo decomponibile in acqua con formazione di ammoniaca e dell'idrato del metallo. SIN. Azoturo.

nittàlope ● V. *nictalopo.*

nittalopia ● V. *nictalopia.*

nittàlopo ● V. *nictalopo.*

nittemeràle o **nictemeràle** [comp. di *nitto-* (o *nicto-*) e del gr. *ēméra* 'giorno', con suff. agg.; 1983] **agg.** ● (*med.*) Che si riferisce alla successione del giorno e della notte | Di fenomeno che presenta variazioni durante l'arco di tempo di 24 ore.

nitteribia o **nitteròbia** [comp. del gr. *nykterís* 'pipistrello', propr. '(uccello) notturno' (da *nýx*, genit. *nyktós* 'notte', V. *nicto-*) e di un deriv. di *bíos* 'vita' (cioè 'vivente')] **s. f.** ● Insetto dei Ditteri privo di ali, con arti lunghi terminati da uncini, parassita dei pipistrelli ai quali succhia il sangue (*Nycteribia biarticulata*).

nitti- ● V. *nicto-.*

nitticora o **nicticora** [vc. dotta, gr. *nyktikórax* 'gufo', comp. di *nýx*, genit. *nyktós* 'notte' (V. *nicto-*) e *kórax* 'corvo'; av. 1871] **s. f.** ● Uccello dei Ciconiformi, cosmopolita notturno, che si nutre di animaletti acquatici (*Nycticorax nycticorax*).

nittitànte o **nictitànte** [part. pres. di un intens. del lat. *nictāre* 'battere le palpebre', di orig. indeur.; 1687] **agg.** ● (*zool.*) Detto della membrana che riveste l'occhio di molti Vertebrati, simile a una terza palpebra.

nittitazióne o **nictitazióne** [V. *nittitante*; 1899] **s. f.** ● (*fisiol.*) Ammiccamento.

nitto- ● V. *nicto-.*

niùno o **niùno**, †**ignùno**, †**neùno** [lat. *nē ūnu(m)* 'neppure uno'; 1219] **agg.** e **pron. indef.** (spesso troncato in *niùn*) ● (*lett.*) Nessuno: *n. vide che lacero / fuggivo gli occhi prossimi* (PASCOLI); *N. mi tema!* (BOITO).

nivàle o (*raro*) **nevàle** [vc. dotta, lat. *nivāle(m)*, agg. di *nīx*, genit. *nīvis* 'neve'; 1474] **agg. 1** Della neve | *Flora n., fauna n.*, che vivono nella zona delle nevi permanenti. **2** (*lett.*) Nevoso: *il n. / tempio de' monti innalzasi* (D'ANNUNZIO).

nivazióne [dal lat. *nīve(m)* 'neve' col suff. *-zione*; 1929] **s. f.** ● (*geol.*) Insieme dei fenomeni di modificazione del suolo determinati dalla neve e dal gelo.

nìveo [vc. dotta, lat. *nīveu(m)*, agg. di *nīx*, genit. *nīvis* 'neve'; sec. XIV] **agg.** ● (*lett.*) Candido come la neve: *collo n.*; *Tu, più che giglio nivea, Galatea* (FOSCOLO).

nivologia [comp. del lat. *nīve(m)* 'neve' e *-logia*] **s. f.** ● (*meteor.*) Disciplina che si occupa dello studio della precipitazione nevosa e dei fenomeni a essa correlati, come ad es. le valanghe.

nivòmetro o **nevòmetro** [comp. del lat. *nīx*, genit. *nīvis*, 'neve' e *-metro*; 1841] **s. m.** ● Strumento per misurare la quantità di neve caduta.

nix [ted. *nichts* 'niente'. V. *nisba*; av. 1886] **avv.** ● (*scherz.*) No, niente affatto (usato interiettivamente come negazione recisa, perentoria).

nizzàrda [da *nizzardo*; 1617] **s. f.** ● Danza popolare simile alla monferrina, originaria di Nizza.

nizzàrdo [1792] **A agg.** ● Di Nizza, città della Francia meridionale | *L'eroe n.*, (*per anton.*) Giuseppe Garibaldi. **B s. m.** (f. *-a*) ● Abitante, nativo di Nizza.

nizzése o **nicése** [1850] **A agg.** ● Di Nizza Monferrato, cittadina del Piemonte. **B s. m. e f.** ● Abitante, nativo di Nizza Monferrato.

♦**no** /ˈnɔ*/ o (*tosc., enfat.*) **nòe** nel sign. A 1 [stessa etim. di *non*; av. 1250] **A avv. 1** Si usa, come negazione di ciò che viene domandato o proposto, ed ha valore olofrastico, cioè equivalente al significato di un'intera frase: *'hai risposto alla lettera?' 'no, ma lo farò subito'*; *'li avete avvertiti?' 'no, non ancora'*; *'oggi potresti uscire?' 'no, non ne ho voglia'*; *'accetti la mia offerta?' 'no!'* | Con valore intens. accompagnato da rafforzativi: *proprio no*; *certamente no*; *no certo*; *no di certo*; *no di sicuro*; *no davvero*; *oh no!*; *no e poi no*; *no, no e poi ancora no*; *ma no!* | ***Forse*** (***che***) ***sì***, ***forse*** (***che***) ***no***, può darsi (come risposta che esprime incertezza) | ***Più sì che no***, probabilmente sì | ***Più no che sì***, probabilmente no | ***Dire***, ***rispondere***, ***accennare***, ***fare di no***, negare, rifiutare, fare segno di negare: *ha fatto di no con la testa*; *devi dirmi o sì o no* | ***Non dico di no***, lo ammetto, posso anche ammetterlo: *l'impresa era difficile, non dico di no* | ***Non sapere dire di no***, concedere, consentire sempre, non sapere rifiutare nulla: *a sua figlia non sa dire mai di no* | ***Pare di no***, sembra che non sia vero | ***Speriamo di no***, speriamo che non sia vero, che non sia così, che non accada | ***Come no!***, ***perché no?***, come risposta affermativa o (*iron.*) negativa: *'vieni al cinema?' 'perché no?'*; *'vuoi aiutarmi?' 'come no!'* | ***Se no***, altrimenti, in caso contrario: *affrettati se no perderai il treno*; *che la cosa non si ripeta, se no, … poveri noi!* | ***Anzi che no***, piuttosto, abbastanza (spec. scherz. o iron. con valore intens.): *è carina anzi che no*; *è grasso anzi che no*. **2** Con valore enfat. e intens. (anticipando una prop. negativa): *no, non può essere vero!*; *no, non posso crederci*; *no, non dirmelo*; *questo no, non lo voglio pensare neppure*; *ma no, non è questo il vero motivo*; *ti scrivo, anzi, no, ti telefono domani*; *no che non voglio venire!* | ***Ma no!***, (*assol.*) esprime meraviglia o incredulità: *'li ho visti di nuovo insieme' 'ma no!'* | Anche seguendo una prop. negativa: *non scese, no, precipitò di sella* (TASSO). **3** Con funzione olofrastica negativa in una prop. disgiuntiva o in contrapposizione con un altro termine: *dimmi se ti piace o no*; *vogliamo andare o no?*; *volete smetterla, sì o no?*; *matto o no, è una persona di grande ingegno*; *bello o no, a me piace*; *entrarono tutti, autorizzati e no*; *tutti, esperti e no* (o, ellitt., *e non*), *hanno appoggiato la proposta* | ***Uno sì e uno no***, uno ogni due, alternativamente (con valore distributivo) | ***Sì o no?***, esprime impazienza: *ti muovi sì o no?* | ***Sì e no***, a mala pena, neanche: *c'erano sì e no quaranta persone.* **4** Si usa in frasi interr. o con tono interr. con il sign. di 'vero?' 'è vero?', attendendo e sollecitando una risposta affermativa o, come intercalare, per richiamare o tenere viva l'attenzione di qlcu.: *verresti volentieri con me, no?*; *ti piace, no, la mia nuova casa?*; *saresti contento, no, di avere la sua fiducia*; *ve l'ho già detto, no?, che non dovete preoccuparvi!* **5** Si usa nelle contrapposizioni invece di 'non' quando è posposto al termine che si vuole negare: *difficile no, ma piuttosto laborioso*; *spesso no, solo qualche volta*; *io farti il lavoro no, ma se vuoi posso darti un aiuto.* **B s. m. inv. 1** Rifiuto, risposta negativa: *se è no per voi, è no anche per noi*; *non mi aspettavo un no*; *il loro no ci è veramente dispiaciuto*; *la risposta è stata un bel no*; *gli ha detto un no chiaro e tondo*; *che sì e no nel capo mi tenciona* (DANTE *Inf.* VIII, 111) | ***Essere***, ***stare tra il sì e il no***, essere incerto, indeciso | ***Concludere***, ***decidere***, ***risolversi per il no***, decidere di non fare qlco. | Come espressione di contrarietà, di opposizione a qlco.: *no ai tagli alla sanità!*; *no a nuove tasse!* **2** (*spec. al pl.*) Voto contrario: *ci sono stati cento no e duecento sì*; *i no sono stati più dei sì*; *c'è stato un solo no.* **C** in funzione di **agg. inv.** ● (posposto al s.) Negativo, sfavorevole: *giornata, momento no.* CONTR. Sì (V. nota d'uso ACCENTO).

nō /*giapp.* ˈnɔː/ [vc. giapp., propr. 'talento'; 1958] **s. m. inv.** ● Forma drammatica del teatro giapponese, mista di canto, recitativo, danza e musica, composta di brevi trame liriche dai personaggi fortemente stilizzati.

nòa [vc. polinesiana; 1958] **s. m. inv.** ● In etnologia, ciò che non è tabù.

noàchide [dall'ebr. *Noah* 'Noè'] **agg.**; anche **s. m.** ● Che (o Chi) è discendente dal patriarca biblico Noè.

Nòbel o, più corretto ma meno diffuso, **Nobèl** [dal n. del chimico svedese A. B. *Nobel* (1833-1896), istitutore del premio omonimo; 1895] **s. m. 1** ***Premio N.***, (*ellitt.*) ***Nobel***, premio che viene conferito annualmente a coloro che si sono distinti nel campo della fisica, della chimica, della fisiologia e medicina, delle lettere, della pace e delle scienze economiche. **2** Persona insignita del Premio Nobel: *il N. Rita Levi Montalcini.*

nobèlio [dal n. di A. B. *Nobel*; 1963] **s. m.** ● Elemento chimico, metallo transuranico artificiale di numero atomico 102. SIMB. No.

nobildònna o **nòbil dònna** [da *nobil(e) donna*; sec. XIV] **s. f.** ● Donna discendente da famiglia nobile, ma priva di titoli nobiliari specifici: *n. lunga, arcigna e di breve discorso* (NIEVO).

♦**nòbile** [vc. dotta, lat. *nōbile(m)* 'noto, conosciuto', da *nōscere* 'conoscere'; 1294] **A agg. 1** Della nobiltà, che appartiene alla nobiltà: *famiglia n.*; *essere di n. stirpe* | ***Di sangue n.***, (*anche fig.*) di famiglia illustre. **2** Proprio della nobiltà: *maniere nobili*; *modo di vivere n.* | (*est.*) Dignitoso, decoroso, distinto, elegante: *aspetto, figura n.* | ***Piano n.***, nei palazzi gentilizi, il piano più elegante, posto solitamente sopra l'ammezzato. **3** (*est.*) Di cosa che eccelle su altre dello stesso genere perché preziosa o rara: *pietra, pianta n.* | ***Animale n.***, di buona razza | ***Selvaggina n.***, quella cacciata con il cane da ferma. **4** (*fig.*) Alieno dal volgare e dal comune: *ingegno n.*; *sentimento n.*; *nobili doti* | (*fig.*) Generoso, magnanimo: *perdono n.*; *n. ardire.* SIN. Alto, eletto, elevato. **5** (*chim.*) Che reagisce con difficoltà | ***Gas n.***, elemento gassoso, quale il neon, l'argo e sim. che non ha tendenza a reagire | ***Metallo n.***, che si ossida difficilmente, come il platino, l'oro e l'argento. ‖ **nobilménte**, **avv. 1** (*raro*) Secondo il costume dei nobili; (*est.*) con magnificenza, ricchezza. SIN. Signorilmente. **2** (*fig.*) Con nobiltà, elevatezza d'animo: *perdonare nobilmente.* **B s. m. e f.** ● Chi appartiene a una categoria di persone in possesso di titoli che le differenziano dalle altre, discendenti storicamente da una classe che, negli antichi ordinamenti monarchici, fruiva di particolari privilegi per nascita o per concessione del sovrano: *i nobili della cor-*

te di Francia. || **nobilàccio**, pegg. | **nobilàstro**, spreg. | **nobilóne**, accr. | **nobilùccio**, dim.

†**nobilèa** [da *nobile*; 1848] s. f. ● (*spreg., iron.*) Gente della nobiltà.

nobilésco [av. 1767] agg. (pl. m. *-schi*) ● Di grado nobile: *stemma n.* | (*spreg.*) Da nobile: *fare, piglio n.*

nobiliàre [fr. *nobiliaire*, dal lat. *nōbilis*. V. *nobile*; 1848] agg. ● Di nobile: *titolo n.* | Della nobiltà: *almanacco n.*

†**nobilitàde** ● V. *nobiltà.*

nobilitàre [vc. dotta, lat. *nobilitāre*, da *nōbilis* 'nobile'; 1308] **A** v. tr. (*io nobilito*) **1** Insignire di titolo nobiliare. **2** (*fig.*) Rendere nobile, eletto, pieno di dignità: *n. il proprio nome con una vita onesta*; *il lavoro nobilita l'uomo.* **B** v. rifl. ● Rendersi insigne per l'eccellenza delle proprie opere: *egli si può n. e anche sublimare colla semplice grandezza del nome e delle cose da lui ... operate* (ALFIERI).

†**nobilitàte** ● V. *nobiltà.*

nobilitàto [1308] part. pass. di *nobilitare*; anche agg. **1** Nei sign. del v. **2** (*tecnol.*) ***Pannello n.***, pannello truciolare la cui faccia a vista è rivestita con un'impiallacciatura di legni fini, un foglio di carta impregnata con resine sintetiche, o una pellicola di resine sintetiche.

nobilitazióne [1819] s. f. ● Il nobilitare.

nobiltà o †**nobilitàde**, †**nobilitàte** [lat. *nobilitāte(m)*, da *nōbilis* 'nobile'; sec. XIII] s. f. **1** Condizione riconosciuta di nobile: *patente di n.*; *antica, nuova n.* | ***N. di spada***, quella acquisita originariamente per servizi militari resi al sovrano | ***N. di toga***, quella acquisita per avere ricoperto certe cariche politiche, giudiziarie, amministrative | ***I quarti di n.***, le parti di ascendenza nobiliare, in una famiglia nobile. **2** L'insieme e il ceto dei nobili: *la n. napoletana.* **3** Eccellenza, superiorità: *la n. degli studi filosofici*; *tirannia brutta, che veste, il bel manto / di n. e valor, vi mette all'imo* (CAMPANELLA). **4** (*fig.*) Distinzione di tratto, elevatezza d'animo: *la n. del suo portamento, del suo ingegno, dei suoi pensieri.*

nobilùme [comp. di *nobil(e)* e *-ume*; av. 1850] s. m. ● (*spreg.*) Ceto dei nobili.

nobiluòmo o **nòbil uòmo** [da *nobil(e) uomo*; av. 1597] s. m. (pl. *nobiluòmini*) ● Uomo discendente da famiglia nobile, ma privo di titoli nobiliari specifici.

nòcca [longob. *knohha* 'giuntura'; av. 1502] s. f. **1** Ciascuna delle giunture delle dita delle mani e dei piedi: *battere, bussare con le nocche*; *far scrocchiare le nocche.* **2** (*mecc.*) Articolazione snodata. **3** Nodello del cavallo.

nòcchia [forma dial. di *nocciola*; sec. XV] s. f. ● (*dial.*) Nocciola.

nocchière o †**nocchièri**, **nocchièro** [lat. *nauclēru(m)*, nom. *nauclērus*, dal gr. *náuklēros* 'padrone di nave, nocchiero', comp. di *nâus* 'nave' e *-klēros*, da una radice che significa 'punta': propr. 'colui che sta sulla punta della nave'; av. 1250] s. m. (f. *-a*) **1** (*lett.*) Chi governa e guida una nave: *quelli che s'innamorano di pratica senza scienza son come 'l nocchieri ch'entra in navilio sanza timone o bussola* (LEONARDO). **2** Nella marina militare, personale addetto ai servizi marinareschi di bordo, ovvero alla manovra.

nocchierùto [sec. XIV] agg. ● (*raro*) Cosparso di nocchi: *bastone n.*

nocchìno [da *nocca*; 1884] s. m. ● (*tosc.*) Colpo dato con le nocche a pugno chiuso.

nòcchio [lat. tardo *nōdulu(m)*, dim. di *nōdus* 'nodo'; 1313] s. m. **1** Nodo del legno di una pianta. **2** Indurimento, piccola nodosità in frutti e sim. | (*est., fam.*) ***I nocchi della schiena***, le vertebre.

nocchióso [1340 ca.] agg. ● Nocchieruto | (*est.*) Robusto, nerboruto.

nocchiùto [av. 1470] agg. ● Nocchieruto, nodoso | Che mostra le nocche: *dita nocchiute.*

nòccio ● V. *nocere.*

♦**nocciòla** o (*lett.*) **nocciuòla** [lat. parl. **nuceŏla(m)*, dim. f. di *nŭceus*, agg. di *nŭx*, genit. *nŭcis* 'noce'; 1309] **A** s. f. ● Frutto del nocciolo, con un involucro membranoso verde e dentellato, contenente un seme commestibile e oleoso. **B** in funzione di agg. inv. ● (posposto al s.) Che ha il colore marrone chiaro caratteristico del guscio della nocciola: *un soprabito n.* **C** s. m. inv. ● Il colore nocciola. || **nocciolétta**, dim. f. | **nocciolina**, dim. f. (V.).

nocciolàia [detta così perché rompe facilmente le *nocciole* per prenderne il seme; 1803] s. f. ● Uccello dei Corvidi, bruno macchiettato, con robusto becco, che vive nelle foreste di conifere e si nutre di pinoli, nocciole, ghiande (*Nucifraga caryocatactes*). SIN. Nucifraga.

nocciolàio [1891] s. m. (f. *-a*) ● Venditore di nocciole, noccioline americane e sim.

nocciolàto [1966] s. m. ● Cioccolato con nocciole intere o pasta di nocciole.

noccioléto [1963] s. m. ● Terreno coltivato a noccioli.

♦**nocciolina** [1923] s. f. **1** Dim. di *nocciola.* **2** ***N. americana***, arachide. **3** (*al pl.*) Pasta da minestra a forma di mezzo guscio di nocciola. **4** (*fig., spec. al pl.*) Cosa di poco conto, quantità trascurabile: *non si tratta di noccioline.*

nocciolino [dalle *nocciole* di cui si nutre] s. m. ● (*zool.*) Moscardino.

nocciòlo (*1*) o (*lett.*) **nocciuòlo** [da *nocciola*; 1353] s. m. ● Alberetto o frutice delle Betulacee con foglie dentellate, inferiormente pelose, comune nei boschi (*Corylus avellana*). SIN. Avellano. ➡ ILL. **piante**/2.

nocciòlo (*2*) [così chiamato per le macchie sulla pelle aventi forma e colore di nocciola; av. 1698] s. m. ● (*zool.*) Grosso squalo | Palombo.

nòcciolo (*3*) [lat. *nūcleu(m)*, da *nŭx*, genit. *nŭcis* 'noce'; av. 1320] s. m. **1** (*bot.*) Parte interna legnosa che protegge il seme dei frutti a drupa | ***Due anime in un n.***, due amici intimi, due persone molto unite. **2** (*est.*) Parte centrale di un congegno, una struttura e sim. | ***N. di un reattore nucleare***, la parte interna, in cui si verificano le reazioni di fissione. ➡ ILL. p. 2137 SCIENZE DELLA TERRA ED ENERGIA. **3** (*fig.*) Intima essenza, significato sostanziale: *il n. della questione*; *le indicò il n. dell'opera* (SVEVO). **4** (*fig.*) ***N. duro***, la parte, l'elemento che nel corso del tempo si presenta come più saldo, più affidabile, più tenace: *il n. duro di un partito*; (*econ.*) gruppo di azionisti che controlla una società per azioni. SIN. Nucleo. || **nocciolétto**, dim. | **nocciolino**, dim.

nocciuòla ● V. *nocciola.*

nocciuòlo ● V. *nocciolo* (*1*).

nòccola [av. 1636] s. f. ● Nocca, nei sign. 1 e 2.

noccolière [comp. di *noccol(a)* e *-iere*] s. m. ● Tirapugni.

noccolùto [1891] agg. ● (*raro*) Che ha grosse nocche.

♦**nóce** [lat. *nŭce(m)*, di orig. indeur.; sec. XIII] **A** s. m. **1** Grande albero delle Juglandacee con foglie imparipennate, fiori che si sviluppano prima delle foglie, frutto secco racchiuso in un involucro esterno carnoso, prima verde poi nero (*Juglans regia*). ➡ ILL. **piante**/2. **2** Legno duro e compatto di tale albero, usato spec. per la fabbricazione di mobili. **B** s. f. **1** Frutto del noce, formato da una parte esterna carnosa, una intermedia legnosa e una interna commestibile, oleosa, composta da due cotiledoni detti gherigli: *raccogliere, schiacciare, mangiare le noci* | ***Il mallo della n.***, la parte esterna | ***Il guscio della n.***, la parte intermedia | ***Guscio di n.***, (*fig., scherz.*) imbarcazione piccola, fragile, leggera. **2** (*est.*) Pianta che produce frutti in qualche modo simili alla noce | ***N. moscata***, albero delle Miristicacee, asiatico, dioico, il cui frutto contiene un seme fortemente aromatico (*Myristica fragrans*) | ***N. vomica***, albero indiano delle Loganiacee, con grosso frutto a bacca e voluminosi semi piatti, amari, stimolanti ed eupeptici (*Strychnos nux vomica*) | †***N. d'India***, cocco | (*est.*) Il frutto di tali piante: *n. moscata*; *n. vomica.* ➡ ILL. **piante**/3; **spezie**. **3** (*est.*) Frutto, o parte del frutto, di varie piante, in qualche modo simile a una noce | ***N. di acagiù***, frutto dell'anacardio | ***N. di cocco***, grosso nocciolo del frutto del cocco, con polpa commestibile e succo dolce, lattiginoso | ***N. pecan***, il frutto del pecan (V.). **4** (*fig.*) Pezzetto di qlco., delle dimensioni di una noce: *una n. di burro.* **5** Parte interna della coscia del bue e del vitello macellati, posta sotto il girello, usata spec. per arrosti. SIN. Rosa. **6** Pezzo rotante imperniato nel teniere della balestra, per bloccare la corda in tensione. **7** (*pop.*) Malleolo. **C** in funzione di agg. inv. ● (posposto al s.) Che ha il colore caratteristico del legno del noce: *un cappotto n. scuro.* || PROV. Una noce in un sacco non fa rumore. || **nocina**, dim. f. | **nocióne**, accr. m.

nocèlla [lat. tardo *nucĕlla(m)*, dim. di *nŭx*, genit. *nŭcis* 'noce'; av. 1557] s. f. **1** (*anat.*) Eminenza ulnare del polso. **2** (*biol.*) Tessuto interno dell'ovulo che dà origine al sacco embrionale. **3** Giuntura dei bracci del compasso. **4** (*region.*) Nocciola.

nocènte [av. 1347] **A** part. pres. di *nuocere*; anche agg. ● (*lett.*) Nocivo, pernicioso. **B** s. m. e f.; anche agg. ● †Colpevole: *drizza l'arme talor contra i nocenti* (TASSO).

†**nocènza** [*nocĕntia(m)*, da *nŏcens*, genit. *nocĕntis*, part. pres. di *nocēre* 'nuocere'; av. 1292] s. f. ● Colpa, peccato.

nocepésca [comp. di *noce* e *pesca* (*1*); av. 1597] s. f. (pl. *nocipèsche* o *nocepèsche*) ● (*bot.*) Nettarina.

nocepésco [comp. di *noce* e *pesco*, calco sul lat. *nucipērsicum*; av. 1597] s. m. (pl. *nocipèschi*) ● Varietà di pesco con frutto piccolo e liscio. SIN. Pesconoce.

nòcere ● V. *nuocere.*

nocéto [lat. *nucētu(m)*, da *nŭx*, genit. *nŭcis* 'noce'; av. 1884] s. m. ● Terreno piantato a noci.

nocétta [da *noce*; per il sign. 3, Cfr. il fr. *noisette*; 1940] s. f. **1** Noce, nel sign. 5. **2** Noce, nel sign. 6. **3** (*region.*) Colore nocciola.

nocévole [V. *nocibile*; av. 1292] agg. ● (*lett.*) Nocivo. || **nocevolménte**, avv. (*raro*) In modo nocevole.

nocevolézza [1832] s. f. ● (*raro, lett.*) Caratteristica di nocevole.

noch /ted. nɔx/ [vc. ted., 'ancóra'] s. m. inv. ● (*econ.*) Contratto di borsa che conferisce al contraente, a seconda dell'opzione esercitata, la facoltà di ritirare o consegnare entro un termine prefissato una quantità di titoli multipla o sottomultipla di quella stabilita. CFR. Strap, strip (2).

†**nocìbile** [vc. dotta, lat. tardo *nocībile(m)*, da *nocēre* 'nuocere'] agg. ● Nocevole.

nocicettìvo agg. ● (*biol.*) Relativo a nocicettore.

nocicettóre [comp. del lat. *nocēre* 'nuocere' e di (*re*)*cettore*] s. m. ● (*biol.*) Tipo di recettore atto a raccogliere gli stimoli dolorosi.

nocicezióne s. f. ● (*biol.*) Capacità dei nocicettori di raccogliere stimoli dolorosi.

nocìfero [vc. dotta, lat. tardo *nucĭferu(m)*, comp. di *nŭx*, genit. *nŭcis* 'noce' e *-fer* '-fero'] agg. ● Che produce noci.

†**nocìfraga** [comp. del lat. *nŭx*, genit. *nŭcis* 'noce' e *-fragus* 'che rompe', da *frāngere* 'frangere, rompere'] s. f. ● (*zool.*) Nocciolaia.

†**nociménto** [da *nocere*; av. 1294] s. m. ● Nocumento.

nocìno [da *noce*; 1824] s. m. **1** Gioco infantile consistente nel tirare una noce contro un castellino di quattro noci. **2** Liquore ottenuto lasciando macerare nell'alcol le noci ancora verdi, complete del mallo.

nocipatìa [comp. del lat. *nocēre* 'nuocere' e *-patia*] s. f. ● (*med.*) Qualsiasi patologia in cui predomina il sintomo dolore.

nocitóre [av. 1311] s. m.; anche agg. (f. *-trice*) ● Chi (o Che) nuoce.

nociùto part. pass. di *nuocere* ● Nei sign. del v.

nocività [1958] s. f. ● Capacità, possibilità di nuocere | Complesso di fattori nocivi in un dato ambiente.

♦**nocìvo** [vc. dotta, lat. *nocīvu(m)*, da *nocēre* 'nuocere'; av. 1292] agg. ● Che procura danno: *bevanda nociva*; *insetti nocivi*; *sentire fuggire ciò che fusse n.* (ALBERTI). SIN. Dannoso. CONTR. Innocuo. || **nocivaménte**, avv.

no comment /no'kɔmment, ingl. nəu'kɒmənt/ [loc. ingl., propr. 'nessun commento'; 1963] loc. sost. m. inv. ● Rifiuto di rispondere o di fare commenti a una domanda durante conferenze-stampa, interviste e sim.: *il ministro si è limitato a un no comment, si è trincerato dietro un no comment.*

no contest /ingl. nəu'kɒntɛst/ [loc. ingl., propr. 'nessuna competizione'] loc. sost. m. inv. ● (*sport*) Nel pugilato dilettanti, verdetto con cui l'arbitro dà per non avvenuto il combattimento già iniziato, in seguito a cause di forza maggiore, squalifica o fuoricombattimento di entrambi i pugili.

nòcqui ● V. *nuocere.*

noctilùca o **nottilùca** [dal lat. *noctilūca(m)* 'luna', 'lucerna', cioè 'ciò che risplende (dal v. *lucēre*) di notte (*nŏcte(m)*)'; 1834] s. f. ● (*zool.*) Genere di Flagellati che concorre alla luminescenza marina con la propria emissione di energia luminosa (*Noctiluca*).

nocuménto [vc. dotta, lat. tardo *nocumĕntu(m)*,

nocuo

da *nocēre* 'nuocere'; av. 1313] s. m. ● (*lett.*) Danneggiamento: *caccia gl'infami nocumenti, ne' quali l'animo se medesimo senza pro affatica* (BOCCACCIO) | Male, danno: *essere di n. a qlcu., a qlco.* || †**nocumentùccio**, dim.

†**nòcuo** [vc. dotta, lat. *nŏcuu(m)*, da *nocēre* 'nuocere'; av. 1472] agg. ● Nocivo.

nodàle [1869] agg. **1** Relativo a un nodo. **2** (*anat.*) **Tessuto n.**, tessuto miocardico destinato alla conduzione dell'eccitamento. **3** (*astron.*) **Linea n.**, la retta secondo la quale il piano contenente un'orbita taglia quello di riferimento. **4** (*fis.*) **Punto n.**, punto di un'onda stazionaria su una linea nel quale l'ampiezza di oscillazione è costantemente nulla. **5** (*ferr.*) **Punto n.**, di incrocio o coincidenza fra due linee. **6 Piano n.**, ciascuno dei due piani normali all'asse di un sistema ottico e passanti per i nodi. **7** (*tel.*) **Centrale n.**, in cui convergono linee di collegamento con altre centrali. **8** (*fig.*) Di fondamentale importanza: *questo è il punto n. del problema.*

nodèllo [dim. di *nodo*; av. 1498] s. m. **1** Regione degli arti dei quadrupedi compresa tra quelle dello stinco e della pastoia. **2** (*lett.*) Articolazione, nocca. **3** Ciascuno degli ingrossamenti anulari lungo il fusto di una canna.

noderóso o †**nodoróso** [da *nodo*, sul modello di *poderoso*; 1334] agg. ● (*raro*) Pieno di nodi | Nocchieruto.

†**noderùto** [1340] agg. ● Nodoso.

nodino [1834] s. m. **1** Dim. di *nodo*. **2** Punto di ricamo che si esegue avvolgendo il filo intorno all'ago e fissandolo poi al tessuto | Piccolo nastro, fiocchetto, in vesti e acconciature femminili. **3** (*sett.*) Costata di vitello.

◆**nòdo** [vc. dotta, lat. *nōdu(m)*, di orig. indeur.; 1308] s. m. **1** Legatura di filo, nastro, fune e sim. fatta per stringere o fermare: *fare il n. alla cravatta* | **Fare un n. al fazzoletto**, per ricordare qlco. | (*arald.*) **N. d'amore, n. di Savoia**, intreccio del laccio d'amore | **N. di Gordio, gordiano, N. gordiano**| (*sport*) **N. delle guide**, in alpinismo, il più semplice dei modi per legarsi in cordata, consistente in una legatura semplice intorno alla vita, o fissata alla imbracatura | (*mar.*) **N. margherita, n. di Savoia**, usati per accorciare o ingrossare un cavo | (*mar.*) **N. piano, n. vaccaio**, usati per tenere insieme due o più cavi | (*mar.*) **N. a bocca di lupo, n. parlato**, usati per imbragare un oggetto, assicurare cavi d'ormeggio e sim. ➡ ILL. **nodo**. **2** (*fig., lett.*) Legame, vincolo sentimentale: *n. indissolubile*; *quelle trecce d'or che m'hanno il core / legato e stretto all'amoroso n.* (BOCCACCIO). **3** (*fig.*) Punto difficile, ostacolo: *il n. delle pensioni nella trattativa sindacale; rimangono alcuni nodi irrisolti* | Significato essenziale, sostanza, nocciolo: *il n. della questione*. **4** (*est.*) Groviglio, viluppo: *avere dei nodi nei capelli* | (*fig.*) **Avere un n. alla gola**, provare un senso di soffocamento, spec. per commozione | (*raro, lett.*) **Un n. di tosse**, un accesso. **5** (*fig.*) Intreccio, trama: *n. dell'azione, di un dramma*. **6** Punto d'intersezione di due o più linee: *n. stradale* | **N. orografico**, punto in cui si saldano varie catene di montagne | **N. elettrico**, punto di unione di più rami di un circuito elettrico | **N. ferroviario**, località in cui convergono più linee di comunicazione | **N. di un diagramma ad albero, di un grafo**, ognuno dei punti da cui si dipartono i rami del diagramma o i lati del grafo | **N. di un reticolo**, punto d'intersezione di due o più rette del reticolo. **7** (*astron.*) Ciascuno dei due punti in cui la linea nodale incontra la sfera celeste. **8** (*fis.*) Luogo di una corda vibrante e sim., dove le particelle del corpo sonoro rimangono in quiete. **9** (*anat.*) Agglomerato di cellule (o di strutture correlate), che può costituire un rilievo più o meno accentuato rispetto alla superficie di un organo. **10** (*bot.*) Punto del fusto, generalmente ingrossato, in cui sono inserite una o più foglie. **CFR.** Internodo. **11** (*mar.*) Unità di misura della velocità, spec. di una nave o del vento, pari a un miglio marino internazionale all'ora, ossia a 1852 metri all'ora (il nome deriva dai nodi con i quali si suddivideva la sagola del solcometro a barchetta). **SIMB.** kn. **12** †Gruppo, drappello di soldati. **13 Punto a n.**, punto di ricamo che si esegue avvolgendo il filo intorno all'ago e fissandolo poi al tessuto. || PROV. Ogni nodo viene al pettine. || **nodèllo**, dim. (V.) | **nodétto**, dim. | **nodicèllo**, dim. | **nodino**, dim. (V.) | **nodùzzo**, dim.

†**nodoróso** ● V. *noderoso*.

nodosità [vc. dotta, lat. tardo *nodositāte(m)*, da *nodōsus* 'nodoso'; av. 1320] s. f. **1** Condizione, caratteristica di ciò che è nodoso. **2** (*med.*) Qualsiasi rilievo della pelle o indurimento tondeggiante di tessuti profondi.

nodóso [vc. dotta, lat. *nodōsu(m)*, agg. di *nodo* 'nodo'; av. 1306] agg. **1** Pieno di nodi: *bastone n.*; *surge robusto el cerro ed alto el faggio, / n. el cornio, e 'l salcio umido e lento* (POLIZIANO). **2** (*fig.*) †Aspro, difficile.

†**nodrire** e deriv. ● V. *nutrire* e deriv.

nodulàre [1954] agg. ● (*med.*) Di nodulo, relativo a nodulo | Costituito da noduli: *formazione n.*

nodulectomìa [comp. di *nodul*(*o*) ed *-ectomia*] s. f. ● (*chir.*) Asportazione chirurgica di un nodulo: *n. mammaria.*

nòdulo [vc. dotta, lat. tardo *nōdulu(m)*, dim. di *nōdus* 'nodo'; 1875] s. m. **1** (*miner.*) Concentrazione di un minerale in masse sferoidali o lenticolari entro una roccia a diversa composizione. **2** (*med.*) Indurimento, formazione tondeggiante.

nodulóso [1958] agg. ● Pieno di noduli.

nòe ● V. *no.*

Noè [Patriarca biblico che morì vecchissimo] s. m. ● (*per anton.*) Persona vecchissima o vissuta in tempi remotissimi | **Arca di Noè**, (*fig.*) insieme di molti animali diversi riuniti; (*fig.*) luogo ove sono riunite persone d'ogni tipo | **Ai tempi di Noè**, (*fig.*) immemorabili, lontanissimi | (*fig.*) **Far venire la barba di Noè**, annoiare.

noèma [vc. dotta, gr. *nóēma* 'pensiero, percezione', da *noêin* 'pensare'. V. *noumeno*; 1958] s. m. (pl. *-i*) **1** Nella filosofia di Aristotele, l'oggetto dell'intuizione intellettiva allo stato puro | Nella filosofia di Husserl (1859-1938), la modalità oggettiva dell'apparire della cosa nell'esperienza vissuta. **2** (*ling.*) Significato di un glossema.

noemàtico [dal gr. *nóēma*, genit. *noḗmatos*. V. *noema*; 1970] agg. (pl. m. *-ci*) ● Relativo al noema. SIN. Noemico.

noèmico [1991] agg. (pl. m. *-ci*) ● (*ling.*) Noematico.

noèsi [vc. dotta, gr. *nóēsis* 'percezione, intendimento', da *noêin* 'pensare'. V. *noumeno*; 1958] s. f. inv. ● Nella filosofia di Aristotele, la conoscenza intellettiva immediata | Nella filosofia di Husserl, l'atto del pensare.

noètico (1) [vc. dotta, gr. *noētikós*, da *nóēsis*. V. *noesi*; 1912] agg. (pl. m. *-ci*) ● (*filos.*) Relativo alla noesi.

noètico (2) agg. (pl. m. *-ci*) ● Di Noè, relativo a Noè.

no frost /ingl. nəʊˈfɹɒst/ [loc. ingl., propr. 'nessuna brina'] **A** loc. sost. m. inv. ● Sistema di sbrinamento automatico che impedisce la formazione di strati di ghiaccio sulle pareti interne di un frigorifero o di un congelatore. **B** loc. agg. inv. ● Detto di frigorifero o congelatore fornito di tale sistema di sbrinamento automatico.

◆**nói** o (*poet.*) †**nùi** [lat. *nōs*, di orig. indeur.; sec. XII] pron. pers. m. e f. di prima pers. pl. **1** È usato (come sogg.) dalla persona che, parlando, si riferisce a sé stesso e insieme ad altre persone (indica un'associazione che si estende dalla unione della persona che parla con un'altra sola persona, fino a comprendere tutto il genere umano): *noi non lo sappiamo; nui / chiniam la fronte al Massimo / Fattor* (MANZONI) | Generalmente omesso quando la persona è chiaramente indicata dal verbo, si esprime invece quando i soggetti sono più di uno, nelle contrapposizioni, con 'stesso', 'medesimo', 'anche', 'nemmeno', 'proprio', 'neppure', 'appunto' e sim., nelle esclamazioni, dopo 'come' e 'quanto' nelle comparazioni, dopo i verbi 'essere', 'sembrare', 'parere' e sim. con valore predicativo e, in gener., quando si vuole dar al sogg. particolare evidenza: *noi italiani abbiamo abitudini diverse; voi potete permettervelo, noi no; noi stessi lo ammettiamo; anche noi credemmo nella giustizia; proprio noi l'abbiamo detto; non lo sappiamo nemmeno noi; poveri noi!; voi valete quanto noi; quei due sembrano noi* | Posposto al v. con valore enfat.: *te lo spieghiamo noi!; siamo qua noi!; siamo noi che dobbiamo ringraziare* | (*enfat. e intens.*) In principio di frase: *noi dire queste cose?; noi fortunati? ma tu ti sbagli!* | (*iter.*) Rafforza un'affermazione: *noi vi andremo, noi!* | V. anche **noialtri**. **2** Si usa (come compl. ogg. e come compl. di termine preceduto dalla prep. 'a') invece delle forme 'ci' e 'ce' quando gli si vuole dare particolare evidenza: *ha chiamato noi; vuole proprio noi; preferisce noi, non voi!; dovete ringraziare noi se la cosa è finita così; proprio a noi lo dite!; neppure a noi interessa* | **Veniamo, torniamo a noi**, veniamo, torniamo al punto, all'argomento in questione | **A noi!**, escl. di esortazione ad agire tutti insieme, a raccogliersi, a combattere e sim. | (*lett.*) †Come compl. di termine senza la prep. 'a'; *fa noi grazia* (DANTE *Purg.* XXXI, 136). **3** Si usa nei vari complementi retti da prep.: *venite con noi; hanno parlato di noi; decidete anche per noi; non sta in noi concludere l'affare; ci siamo accordati fra noi; su noi non hanno dette di tutti i colori* | **Da noi**, a casa nostra, nella nostra famiglia, nel nostro paese e sim.: *venite a mangiare da noi; da noi queste cose non succedono; da noi il clima è ottimo; da noi in Italia si usa diversamente*. **4** Si usa (come sogg.) seguito da un s. sing. collettivo: *noi gente di campagna, siamo semplici* | (*fam., tosc.*) Regge va v. al sing.: *noi si va in villeggiatura in giugno; noi si balla questa sera*. **5** Si usa (come sogg.) con valore impers.: *quando noi passiamo o chiamiamo quanta miseria vi sia al mondo; quando noi vediamo gente che non ha da mangiare*. **6** Si usa (come sogg. e compl.) come plurale maiestatico spec. da parte di sovrani, pontefici e altre personalità, e come plurale di modestia spec. da parte di scrittori, oratori, relatori e sim. in luogo delle forme sing. 'io' e 'me': *noi Enrico, re, decretiamo …; gli autori da noi citati sono molti*.

◆**nòia** [provv. (*e*)*noja*, da *enojar* 'annoiare'; sec. XII] s. f. **1** Senso di fastidio e di insoddisfazione che assale, a causa dell'inerzia materiale, della mancanza d'interesse o della ripetizione monotona delle stesse azioni: *essere sommerso dalla n.; ripetere qlco. fino alla n.; morire di n.; vincere, ammazzare la n.* | **Avere a n.**, considerare molto fastidioso | **Venire a n.**, divenire insopportabile. SIN. Tedio, uggia. **2** Molestia, disgusto, senso di avversione: *il vino gli dà n.* | Seccatura, fastidio, guaio: *ha avuto delle noie con i vicini; avere delle noie con la legge, la giustizia; la macchina ha qualche n. al motore; le noie del lavoro non erano poche* (SVEVO). **3** Chi (o ciò che) dà noia: *il suo amico è una vera n.; che n. quel film!* **4** †Do-

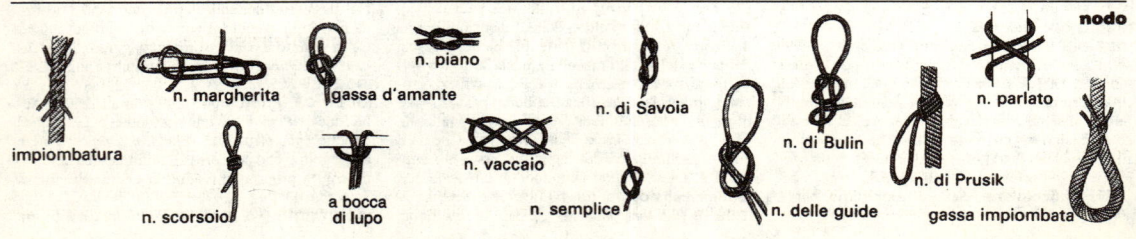

nodo — n. margherita — n. piano — gassa d'amante — n. di Savoia — n. parlato — impiombatura — n. scorsoio — a bocca di lupo — n. vaccaio — n. semplice — n. delle guide — n. di Bulin — n. di Prusik — gassa impiombata

lore, pena, grave tristezza.

noiàltri o **nói àltri** [comp. di *noi* e il pl. di *altro*; av. 1356] **pron. pers. m.** di prima pers. pl. (**f.** *noialtre*) ● Con valore raff. (indica contrapposizione) noi: *n. siamo decisi ad agire*; *mentre n. discutiamo, voialtri andate a fare un sopralluogo*; *n. vecchi, abbiamo più esperienza.*

†**noiàre** [sec. XII] **v. tr.** *1* Annoiare. *2* Procurare fastidio, molestia, tristezza.

†**noiévole** [da *noia*; 1340] **agg.** ● Increscioso, doloroso.

noiosità [1639] **s. f.** *1* Caratteristica di chi (o di ciò che) è noioso: *la tua insistente n.* *2* Ciò che procura noia, molestia: *le n. della vita quotidiana.*

♦**noióso** [provz. *enojos*, dal lat. parl. **inodiōsu(m)*. V. *annoiare*; sec. XII] **A agg.** *1* Che procura noia: *vita noiosa*; *discorsi noiosi.* *2* Fastidioso, molesto: *un n. mal di denti*; *un n. disguido.* *3* (*lett.*) Che dà dolore, tristezza: *da mille noiosi pensieri angosciata e stimolata e trafitta* (BOCCACCIO). **B s. m.** (**f.** *-a*) ● Persona noiosa: *sei un gran n.* **C s. m.** solo sing. ● (*lett.*) Ciò che è fastidioso, insistente e sim.: *la pioggia, benché grossa si metteva al n. più che al furioso* (BACCHELLI). || **noiosaménte**, **avv.**

noir /fr. nwaːʀ/ [vc. fr., propr. 'nero'; 1981] **A agg. inv.** (**f.** fr. *noire*; **pl. m.** *noirs*; **pl. f.** *noires*) ● Detto di genere narrativo o cinematografico che ricorre spec. al macabro, al mistero e alla violenza, unendo elementi del giallo e del thrilling | Detto di opera appartenente a tale genere: *film, romanzo n.* **B s. m. inv.** ● Genere noir | Film, romanzo noir.

noisette /fr. nwa'zɛt/ [vc. fr., 'nocciola', dim. di *noix* 'noce'; 1896] **A agg. inv.** ● Che ha color nocciola. **B s. m. inv.** ● Il color nocciola.

nol /nol/ ● V. *non.*

nolàre [dal lat. mediev. *nolarium* 'campanile', deriv. del lat. tardo *nōla(m)* 'campanello' e poi 'campana'] **agg.** ● (*arch.*) Delle campane | ***Torre n.***, tiburio a torre che ospita le campane, collocato all'incrocio della navata con il transetto, caratteristico delle abbazie cistercensi e cluniacensi.

noleggiaménto [sec. XIV] **s. m.** ● (*raro*) Noleggio.

noleggiànte [1585] **A part. pres.** di *noleggiare*; anche **agg.** ● Nei sign. del v. **B s. m. e f.** ● Chi dà a noleggio una nave o un aeromobile | Correntemente, chi noleggia beni mobili di trasporto.

noleggiàre [da *nolo*; 1397] **v. tr.** (*io noléggio*) ● Prendere, dare a noleggio: *n. una nave, un aeromobile.*

noleggiatóre [1396] **s. m.** (**f.** *-trice*) ● Chi prende a noleggio una nave o un aeromobile | Correntemente, chi dà in locazione beni mobili: *n. di biciclette.*

noléggio [da *noleggiare*; 1570] **s. m.** *1* Contratto con cui una persona si obbliga a far compiere alla sua nave o al suo aeromobile, nell'interesse di un'altra persona e dietro corrispettivo, uno o più viaggi prestabiliti o da stabilire | Correntemente, locazione di beni mobili: *prendere, dare a n. una bicicletta*; *n. di abiti da lavoro*; *n. di film.* *2* (*est.*) Prezzo pagato per noleggiare qlco. *3* (*est.*) Luogo o locale dove si danno a nolo veicoli: *un n. di biciclette.*

nolènte [vc. dotta, lat. *nolĕnte(m)*, part. pres. di *nōlle* 'non volere', comp. di *nē* 'non' e *vĕlle* 'volere'; 1476] **agg.** ● (*lett.*) Che non vuole | ***Volente o n.***, che voglia o no.

nòli me tàngere o **nolimetàngere** [lat., propr. 'non mi toccare', dalle parole rivolte dal Cristo risorto alla Maddalena] **A loc. sost. f. inv.** ● Piantina delle Balsaminacee con fiori pendenti gialli e frutti a capsule con valve che, giunte a maturità, se toccate si aprono di scatto e scagliano lontano i semi (*Impatiens noli-tangere*). **B loc. agg.** e **sost. m.** e **f. inv.** ● (*scherz.*) Detto di persona sussiegosa o schifiltosa.

nòlo [lat. tardo *nāulu(m)*, dal gr. *nâulon*, da *nâus* 'nave'; av. 1342] **s. m.** *1* (*dir.*) Nel noleggio, corrispettivo dovuto da chi utilizza temporaneamente un mezzo di trasporto o un bene mobile | ***Mercato dei noli***, che determina il livello dei prezzi di noleggio per le navi mercantili. *2* Prezzo del trasporto su navi e aerei. *3* (*raro*) Noleggio: *n. auto*; *dare, prendere a n.*

nolontà [vc. dotta, lat. tardo *noluntāte(m)*, da *nōlle* 'non volere', sul modello di *volŭntas*, genit. *voluntātis* 'volontà'; 1954] **s. f.** ● (*filos.*) Atto di volontà in base al quale si fugge il male.

nòma [gr. *nomḗ* 'corrosione'; 1583] **s. m.** (**pl.** *-i*) ● (*med.*) Processo cancrenoso della guancia che colpisce di preferenza bambini molto deperiti, provocato da associazione di più batteri.

nòmade [vc. dotta, lat. *nŏmade(m)*, nom. *nŏmas*, dal gr. *nomás* 'che erra per mutare pascoli', da *némein* 'pascolare', di orig. indeur.; 1441] **A agg.** ● Detto di popolazione che non ha dimora fissa e stabile, e vive spec. esercitando la caccia e la pastorizia: *tribù n.*; *popoli nomadi* | ***Vita n.***, (*fig.*) di chi muta spesso luogo di residenza. **B s. m. e f.** *1* Appartenente a popolazione nomade | Zingaro. *2* (*fig.*) Chi non ha un domicilio fisso: *quell'attore è un n.*

nomadìsmo [da *nomade*; 1872] **s. m.** *1* Caratteristica di alcuni popoli o gruppi etnici di spostarsi continuamente, senza prendere dimora stabile in un luogo: *il n. dei pigmei, dei mongoli.* *2* (*est.*) Tipo di vita caratteristico di chi cambia spesso residenza.

nomàre [da *nome*; 1308] **A v. tr.** (*io nòmo* o *nómo*) *1* (*lett.*) Dare il nome a qlcu. o qlco. *2* (*raro, lett.*) Chiamare per nome | (*raro*) Invocare: *nelle paure della veglia bruna / Te noma il fanciulletto* (MANZONI). *3* †Eleggere. **B v. intr. pron.** *1* (*lett.*) Chiamarsi. *2* †Essere noto, celebre, famoso.

nom de plume /fr. ˌnõdə'plym/ [vc. fr., propr. 'nome di penna'; 1983] **loc. sost. m. inv.** (**pl.** fr. *noms de plume*) ● Pseudonimo usato da uno scrittore o da un giornalista.

♦**nóme** (o *-ò-*) [vc. dotta, lat. *nōme(n)*, di orig. indeur.; av. 1250] **s. m.** *1* Parola con la quale si designano gli esseri animati (persone e animali), gli oggetti, i sentimenti, le caratteristiche, i fenomeni | (*gramm.*) Parte del discorso che varia nel genere e nel numero (in alcune lingue anche nel caso), come il sostantivo, l'aggettivo e le parti nominali del verbo (infinito, gerundio, participio) | Sostantivo: *n. concreto, astratto, collettivo* | ***N. comune***, che si applica a ogni elemento di insiemi omogenei (in contrapposizione a nome proprio) | ***N. proprio***, che si applica solo a un essere o a una cosa per distinguerlo. CFR. -onimo | ***N. commerciale***, quello distintivo di un prodotto o di un servizio | ***N. depositato***, di prodotto coperto da brevetto | ***Chiamare le cose col loro n.***, (*fig.*) parlare senza reticenza né eufemismi | ***Ingiurie, atti senza n.***, inqualificabili, innominabili | ***Sotto n. di***, sotto specie, apparenza di | ***A n. di dote***, a titolo di dote | ***Essere qlco. solo di n.***, esserlo solo nominalmente e non realmente | ***A n. di qlcu.***, da parte, con l'autorità di qlcu. | ***In n. di qlcu.***, in rappresentanza di qlcu. | ***In n. di Dio***, che Dio ci aiuti. *2* Appellativo, nome proprio di persona: *imporre il n. di battesimo*; *n. brutto, bello, esotico*; *primo, secondo n.* | ***Avere (di), per n.***, chiamarsi | ***Fare il n. di qlcu.***, rivelarlo, suggerirlo | ***Fuori i nomi***, invito a nominare le persone alle quali si è accennato | ***N. di battaglia***, soprannome spesso adottato da chi combatte clandestinamente | Casato, cognome: *il n. della madre*; *n. di famiglia* | Nome e cognome, come contrassegno e specificazione della persona nella vita sociale: *dare, prestare il n. a qlcu.*; *n. finto, rispettabile, onorato* | ***N. d'arte***, pseudonimo, adottato da attori, cantanti e artisti | ***N. di penna***, V. *nom de plume* | ***È un bel n.***, è una persona molto nota | ***Opera senza n.***, anonima. *3* (*fig.*) Fama, rinomanza, reputazione: *aver buon, cattivo n.*; *cose per quali il tuo ingegno … s'acquistà perpetua fama e n.* (ALBERTI) | ***Farsi un n.***, diventare noto: *si è fatto un n. nella medicina sportiva* | ***Avere un n. nell'arte***, essere famoso in quel campo | †***Dar n.***, far correre le voci. *4* †Parola d'ordine | Motto, spec. nome di un santo, che un tempo si gridava come segnale per iniziare il combattimento | ***N. di guerra***, soprannome preso dai soldati delle antiche compagnie di ventura. *5* †Onomastico: *festeggiare il n.* || **nomàccio**, **pegg.** | **nomignolo**, **dim.** (V.) | **nomino**, **dim.** | **nomóne**, **accr.** | **nomùccio**, **pegg.**

noméa [da *nome*; av. 1363] **s. f.** ● (*spec. spreg.*) Fama, rinomanza: *avere la n. di bugiardo*; *avere una brutta n.*

nomenclatóre [vc. dotta, lat. *nomenclatōre(m)* 'schiavo che accompagnava il padrone per la strada per ricordargli i nomi dei clienti', comp. di *nōmen* 'nome' e *calāre* 'chiamare, convocare'; sec. XIV] **A s. m.** (**f.** *-trice*) ● Chi si applica allo studio della nomenclatura. **B agg.** ● Che fornisce la nomenclatura relativa a una scienza o una disciplina: *registro, libro n.*

nomenclatùra [vc. dotta, lat. *nomenclatūra(m)* 'elenco di nomi'. V. *nomenclatore*; av. 1556] **s. f.** ● L'insieme dei nomi che vengono dati in modo sistematico agli oggetti concernenti una data attività: *la n. dei pezzi di una macchina*; *n. chimica, zoologica.*

nomenklatùra /nomeŋkla'tura, *russo* nʌmjɪŋkła'tuɾʌ/ [vc. russa, dal lat. *nomenclatūra* 'elenco di nomi'; 1971] **s. f.** (**pl.** russo *nomenklatury*) ● In Unione Sovietica, elenco degli incarichi più importanti del partito comunista e dello Stato, con cui si identificava il vertice del regime | (*est.*) L'insieme delle alte cariche del governo e della pubblica amministrazione in altri Paesi | (*est., spec. spreg.*) Gruppo dirigente di un'organizzazione.

-nomìa [gr. *-nomía*, da *nómos* 'norma, legge', da *némein* 'distribuire (secondo una regola)', di orig. indeur.] secondo elemento ● In parole composte, significa 'norma', 'governo', 'amministrazione', 'distribuzione razionale': *agronomia, autonomia, biblioteconomia, economia.*

-nòmico secondo elemento ● Forma aggettivi che corrispondono ai sostantivi in *-nomia*: *astronomico, economico.*

nomignolo [av. 1406] **s. m.** *1* Dim. di *nome.* *2* Soprannome particolare, che spesso allude a qualità fisiche o morali: *appioppare un n. offensivo.*

nòmina [da *nominare*; av. 1590] **s. f.** ● Atto del destinare qlcu. a un ufficio, una carica o dell'investire qlcu. di un grado, una dignità: *conferire, ricevere una n.*; *decreto di n.*; *n. ministeriale.*

nominàbile [vc. dotta, lat. tardo *nomināblle(m)*, da *nomināre* 'nominare'; 1627] **agg.** ● Che si può nominare | ***Atto, parola non n.***, inqualificabile, indegno. CONTR. Innominabile.

nominàle [vc. dotta, lat. *nominăle(m)*, da *nōmen*, genit. *nōminis* 'nome'; av. 1571] **agg.** *1* Del nome, che riguarda il nome | ***Appello n.***, chiamata per nome delle persone segnate in una lista. *2* (*ling.*) Che appartiene alla categoria del nome: *suffisso, predicato n.* | ***Frase n.***, frase costruita senza verbo. *3* Che è tale, che ha valore, solo di nome: *autorità, governo n.* CONTR. Reale. *4* (*econ.*) ***Valore n. della moneta***, quello attribuitole dall'autorità statale, indipendentemente dal suo valore intrinseco | ***Capitale sociale n.*** o ***capitale n.***, l'ammontare dei conferimenti in società, indipendentemente dal fatto che siano stati interamente versati o no, e che risultano dall'iscrizione nel registro delle imprese. *5* In varie tecnologie, detto del valore di una grandezza che corrisponde al normale funzionamento di un apparecchio: *tensione n.* || **nominalménte**, **avv.** Soltanto di nome e non di fatto.

nominalìsmo [comp. di *nominale* e *-ismo*; 1845] **s. m.** ● Dottrina filosofica secondo la quale soltanto le individualità costituiscono delle realtà concrete, mentre le idee generali, denotanti classi d'individui, non sono altro che nomi cui non corrisponde alcuna realtà.

nominalista [da *nominale*; 1843] **A s. m. e f.** (**pl. m.** *-i*) ● Chi segue o si ispira al nominalismo. **B agg.** ● (*raro*) Nominalistico.

nominalìstico [1905] **agg.** (**pl. m.** *-ci*) *1* (*filos.*) Che concerne o interessa il nominalismo. *2* (*dir.*) ***Principio n.***, quello per cui i debiti monetari si devono adempiere con moneta avente corso legale al tempo delle scadenze e per il suo valore nominale.

nominalizzàre [comp. di *nominal(e)* e *-izzare*, sul modello dell'ingl. *to nominalize*; 1979] **v. tr.** ● (*ling.*) Trasformare un verbo o un aggettivo in un nome | Trasformare una frase in un sintagma nominale.

nominalizzatóre [1973] **agg.** ● (*ling.*) Detto di affisso che permette la trasformazione di un verbo o di un aggettivo in un nome (per es. *-ismo, -tura*).

nominalizzazióne [da *nominalizzare*, sul modello dell'ingl. *nominalization*; 1973] **s. f.** ● (*ling.*) Trasformazione in nome o in sintagma nominale.

nominànza [da *nominare*; av. 1306] **s. f.** ● (*raro, lett.*) Rinomanza, fama: *buona, cattiva n.*

♦**nominàre** [vc. dotta, lat. *nomināre*, da *nōmen*, genit. *nōminis* 'nome'; 1294] **A v. tr.** (*io nòmino*) *1* Porre, dare il nome: *n. una pianta, una malattia.* *2* Chiamare per nome, pronunciare il nome, denominare: *non si può neppure nominarlo*; *non* *è da n. galantuomo* | Rammentare, menzionare: *n. tutti i papi avignonesi* | Proporre: *nominatemi qlcu.* **3** Scegliere per un ufficio o una carica, investire di una dignità: *n. qlcu. cavaliere, senatore, presidente*; *n. membro della commissione.* **B** v. rifl. ● †Dire il proprio nome. **C** v. intr. pron. ● †Avere nome.

†nominàta [f. sost. di *nominato*] s. f. ● Nomea, fama.

nominataménte [dal lat. *nominātim* 'per nome', da *nomināre* 'nominare' (V.), sul modello degli avv. it. in *-mente*; av. 1294] avv. **1** Per nome, a nome, a uno a uno: *citare, indicare n.* **2** Espressamente, esplicitamente: *ordinare, prescrivere n. qlco.*

nomination /nomiˈneʃʃon, *ingl.* ˌnɒmɪˈneɪʃn/ [vc. ingl.: V. *nominazione*; 1960] s. f. inv. ● Negli Stati Uniti, designazione di un candidato a una carica politica, spec. a quella di presidente | (*est.*) Candidatura a un premio, spec. all'Oscar cinematografico.

nominatività [1804] s. f. **1** Caratteristica di ciò che è nominativo. **2** (*econ.*) Regime che comporta l'intestazione dei titoli azionari a chi ne è proprietario.

nominativo [vc. dotta, lat. *nominatīvu(m)*, da *nomināre* 'nominare'; av. 1406] **A** agg. **1** Che serve a nominare: *caso n.* **2** Che contiene uno o più nomi: *elenco n.* **3** (*banca*) Che è intestato al suo proprietario: *titolo n.*; *libretto n. di risparmio.* || **nominativaménte**, avv. Nominatamente. **B** s. m. **1** (*bur.*) Designazione di una persona col suo nome e cognome. SIN. Nome. **2** (*ling.*) Caso della declinazione indoeuropea che esprime la funzione grammaticale del soggetto. **3** Sigla di lettere e cifre, o segnale, che contraddistingue ogni nave, aeromobile, stazione marittima e radiotrasmittente.

nominàto [1294] part. pass. di *nominare*; anche agg. **1** Nei sign. del v. **2** Celebre, noto. || **†nominataménte**, avv. **1** Per nome. **2** Specialmente.

nominatóre [vc. dotta, lat. tardo *nominatōre(m)*, dal part. pass. di *nomināre* 'nominare'; av. 1406] s. m.; anche agg. (f. *-trice*) ● (*raro*) Chi (o Che) nomina.

nominazióne [vc. dotta, lat. *nominatiōne(m)*, dal part. pass. di *nomināre* 'nominare'; 1342] s. f. ● (*raro*) Il nominare | Designazione, nomina: *si doveva tralasciar anco la n. delli presidenti* (SARPI).

nòmo (**1**) [vc. dotta, gr. *nomós* 'provincia, distretto, regione', di orig. indeur.; 1834] s. m. ● Distretto amministrativo dell'Egitto faraonico, tolemaico e romano | Circoscrizione amministrativa della Grecia moderna, equivalente a una provincia.

nòmo (**2**) [vc. dotta, gr. *nómos* 'cantilena, melodia', di orig. indeur.; av. 1565] s. m. ● Composizione poetica di argomento austero o religioso, cantata a solo con accompagnamento di cetra, tipica della letteratura greca antica.

nòmo- [dal gr. *nómos* 'legge, regola', di orig. indeur.] primo elemento ● In parole composte della terminologia scientifica, significa 'norma', 'legge': *nomogramma.*

-nomo secondo elemento ● Forma nomi designanti persone che svolgono le attività indicate dai sostantivi in *-nomia*: *agronomo, economo.*

nomofilàce o **nomofilace** [vc. dotta, gr. *nomophýlax*, genit. *nomophýlakos*, comp. di *nómos* 'legge' (V. *nomo-*) e *phýlax*, genit. *phýlakos* 'guardiano', di etim. incerta; 1834] s. m. ● Colui che nella magistratura greca antica aveva il compito di custodire il testo originale delle leggi.

nomofilachia o **nomofilacia** nel sign. 2 [gr. *nomophylakía*, deriv. di *nomophýlax* 'nomofilace'] s. f. **1** Incarico del nomofilace. **2** (*dir.*) Garanzia dell'uniforme interpretazione della legge.

nomofilàttico [da *nomofilachia*] agg. (pl. m. *-ci*) ● (*dir.*) Relativo alla nomofilachia | ***Funzione nomofilattica della Corte di Cassazione***, compito di garantire l'uniforme interpretazione delle leggi.

nomofillo [comp. di *nomo-* e *-fillo*; 1932] s. m. ● (*bot.*) Foglia normale con clorofilla.

nomografia [vc. dotta, gr. *nomographía* 'il dar leggi scritte, legislazione', comp. di *nómos* 'legge' (V. *nomo-*) e *-graphía* '-grafia'; 1925] s. f. ● Studio dei nomogrammi e di questioni connesse.

nomogràmma [comp. di *nomo-* e *-gramma*; 1942] s. m. (pl. *-i*) ● (*mat.*) Rappresentazione grafica d'una funzione di due o più variabili, o d'un'equazione in tre o più variabili.

nomologia [comp. di *nomo-* e *-logia*] s. f. ● (*filos.*) Nella filosofia del XIX sec., scienza delle leggi.

nomològico [ingl. *nomological*, da *nomology* 'studio (*-logy* '-logia'), che riguarda la norma (*nomo-* 'nomo-') dei fenomeni mentali'; 1958] agg. (pl. m. *-ci*) ● (*filos.*) Detto di ogni asserzione che esprima una legge valida universalmente per tutti gli oggetti studiati da una scienza.

nomotèta [gr. *nomothétēs*, comp. di *nómos* 'legge' e *thétēs* 'colui che pone, stabilisce (dal v. *tithénai* 'mettere stabilmente, collocare')', l'uno e l'altro di orig. indeur.; 1885] s. m. (pl. *-i*) ● Nell'antica Atene, membro di un consiglio che approvava o rifiutava le modifiche proposte alla legislazione.

nomotètico [vc. dotta, calco sul ted. *nomothetisch*, comp. del gr. *nómos* 'legge' (V. *nomo-*) e *theticós* 'atto a stabilire, a formare' (V. *nomoteta*); 1907] agg. (pl. m. *-ci*) ● (*filos.*) Detto spec. delle discipline dirette alla ricerca delle leggi generali della natura, in contrapposizione alle discipline specifiche o storiche | Normativo.

†nompariglia o **†nonpariglia** [fr. *nonpareil* 'senza pari', comp. di *non* e *pareil* 'pari, simile', dal lat. parl. **parĭculu(m)*, da *păr*, genit. *păris* 'pari'; 1695] s. m. ● Nastro molto stretto.

♦**non** /non/ [lat. *nōn*, da **nē ŏinu(m)* 'non uno'; sec. XII] avv. (davanti al pron. *lo*, la *n* finale dell'avverbio si assimila dando luogo per troncamento a *nol*, poet.: *venite a noi parlar, s'altri nol niega!* (DANTE *Inf.* V, 81); *nol concede il mestissimo rito* (MANZONI)). **1** Nega o esclude il concetto espresso dal verbo cui è premesso o serve a esprimere diversità dal concetto stesso: *non sono riuscito a trovarlo*; *non voglio*; *non è venuto*; *non è partito*; *mi ha consigliato di non rifiutare*; *mi rispose che non poteva farlo*; *non ci vado*; *non andarci*; *non ti muovere*; *non muoverti*; *non ce n'è* | Con valore raff. con un pron. negativo: *non c'è nessuno*; *non lo dice nessuno*; *non possiedono niente*; *non ho visto nulla* | ***Che è, che non è***, improvvisamente, chissà come | ***Non c'è di che!***, formula di cortese risposta a chi ringrazia o si scusa di qlco. | ***In men che non si dica***, molto rapidamente | ***Non potere non fare qlco.***, doverla fare assolutamente, non poter farne a meno: *non posso non credergli*; *non possiamo non andare* | Con valore raff. in unione con 'affatto', 'punto', 'mica': *non lo stimano affatto*; *non ci credo punto*; *non ci vado mica* | ***Un certo non so che***, V. *non so che.* **2** Si usa per negare uno dei termini nelle contrapposizioni (anche con ellissi del v.): *non sarà bello ma è ricco*; *è buono, non cattivo*; *sarà intelligente ma non simpatico*; *lui, non tu, deve provvedere*; *non domani, oggi dovevo venire* | Nelle prop. disgiuntive: *venga o non venga*; *voglia o non voglia*; *gli piaccia o non gli piaccia*; *mi credano o non mi credano*; | (*impropr.*) Con ellissi del secondo termine: *venga o non* | Con ellissi del v.: *giovane o non giovane, queste cose deve capirle*; *raccomandato o non raccomandato per me sono tutti uguali.* **3** (*enfat.*, *lett.*) Né (esclude, in una numerazione, ciascuno dei termini cui viene premesso): *Non avea catenella, non corona, / non gonne contigiate, non cintura* (DANTE *Par.* XV, 100-101). **4** Si usa nelle prop. interr. retoriche, dirette o indirette, che aspettano risposta affermativa: *non avevi detto che l'avresti fatto subito?*; *non ti pare che sarebbe meglio aspettare?*; *mi chiedo se non sia il caso di rinunciare*; *ho ragione io, non è vero?*; *non sei forse il fratello di Mario?*; *chi non avrebbe subito fiutato l'imbroglio?* **5** (*pleon.*) In alcune prop. dipendenti introdotte da locuzioni particolari: *non appena mi vide, mi corse incontro*; *mancò poco che non cadesse*; *a meno che tu non voglia rinunciare* | (*pleon.*) In espressioni escl. ellittiche: *le meraviglie che non ho visto!* | (*pleon.*) In prop. temporali introdotte da 'finché' e nelle compar.: *ho atteso finché non fosse partito*; *è molto più difficile di quel che tu non pensi* | (*lett.*, *pleon.*) Dopo verbi di timore, impedimento, dubbio in prop. con valore dubitativo: *é meglio sorvegliare l'ovile per impedire che le pecore non scappino*; *dubito che non venga più.* **6** Nega il concetto espresso dal s., agg., pron., avv. o da altra parte del discorso cui è premesso, spec. dando luogo a una litote: *per lui è stato non un fratello ma un padre*; *è stata un'impresa non riuscita*; *mi hanno affidato un compito non indifferente*; *sono cose non adatte*; *una stella non visibile ad occhio nudo*; *non pochi lo affermano*; *ha pianto non poco*; *l'ho fatto non senza fatica*; *non tutti sono d'accordo*; *non sempre si ottiene ciò che si vuole*; *una spesa non indifferente*; *non uno degli invitati è venuto*; *si è rimesso non completamente* | Talora con ellissi del s. che segue: *possono entrare tutti, abbonati e non* (V. anche *no* nel sign. A 3) | ***Non altrimenti che***, così come, allo stesso modo | ***Non che***, non perché, non per il fatto che: *non che sia uno sciocco, ma è superficiale* | ***Se non***, altro, altra cosa che: *non è se non un disgraziato* | V. anche *nondimeno, nonostante, nonpertanto, se non che.* **7** Nega o esclude il concetto del s. che lo segue formando con questo un tutt'uno, talvolta anche un'unica parola, quasi fosse un prefisso: *i non credenti*; *i non partecipanti*; *i non belligeranti*; *i non cattolici*; *il non intervento*; *il non essere*; *il non io*; *un nonsenso.*

nòna [da (*ora*) *nona*; av. 1292] s. f. **1** Nella divisione del tempo in uso presso gli antichi Romani, nona ora del giorno, contando dopo le sei del mattino, corrispondente circa alle ore quindici. **2** (*relig.*) Ora canonica corrispondente alle ore quindici. **3** (*tosc.*, *fig.*) †***Fare suonare le none***, anticipare un rifiuto, prevenendo la richiesta. **4** (*mus.*) Intervallo costituito dalla somma di un intervallo di ottava più uno di seconda | Accordo dissonante, dato da un suono fondamentale cui si sovrappongono quattro terze.

nonagenàrio [vc. dotta, lat. tardo *nonagenāriu(m)*, da *nonagēni* 'in numero di novanta', da *nonagīnta* 'novanta'; 1573] agg.; anche s. m. (f. *-a*) ● Che (o Chi) ha novant'anni, detto di cosa e di persona: *ulivo n.*; *un arzillo n.*

nonagèsimo (o *-é-*) [vc. dotta, lat. *nonagēsimu(m)*, da *nonagīnta* 'novanta'; sec. XIV] **A** agg. num. ord.; anche s. m. ● (*raro*) Novantesimo. **B** s. m. ● (*astron.*) Il punto dell'eclittica più alto sull'orizzonte.

non aggressióne [comp. di *non* e *aggressione*] loc. sost. f. ● In diritto internazionale, principio in base al quale due o più Stati si impegnano a non aggredirsi reciprocamente: *patto di non aggressione.*

nonàgono [da *nono*, sul modello di *pentagono*, ecc.; av. 1587] s. m. ● Poligono con nove lati.

non allineaménto [1961] loc. sost. m. ● (*polit.*) La condizione dei Paesi non allineati.

non allineàto [comp. di *non* e *allineato*; 1961] loc. agg. ● (*polit.*) Nel secondo dopoguerra, detto di Paese non schierato con il blocco occidentale né con quello orientale.

nonàno [comp. di *non(o)* e *-ano* (*2*)] s. m. ● (*chim.*) Idrocarburo alifatico saturo a nove atomi di carbonio, contenuto nel petrolio.

†nonàrio [da *nono*; av. 1499] agg. ● Di nove.

non belligerànte [comp. di *non* e *belligerante*] **A** loc. agg. ● Detto di Stato che si trova nella condizione di non belligeranza. **B** loc. sost. m. ● Stato non belligerante.

non belligerànza [comp. di *non* e *belligeranza*; 1939] loc. sost. f. ● In diritto internazionale, condizione di uno Stato intermedia fra la neutralità e lo stato di guerra.

nonchalance /nonʃaˈlans, *fr.* nõʃaˈlɑ̃s/ [vc. fr., da *nonchalant*, part. pres. dell'ant. *nonchaloir* 'trascurare', comp. di *non* e *chaloir* 'importare', dal lat. *calēre* 'avere caldo' e fig. 'inquietarsi, essere sui carboni ardenti'; 1985] s. f. inv. ● Atteggiamento di distacco unito a indifferenza, noncuranza.

nonché o **non che**, spec. nel sign. 2 [comp. di *non* e *che* (*2*); 1308] cong. **1** E anche, e inoltre, come pure (con valore aggiuntivo): *gli ho sempre dato quanto era necessario, n. qualcosa in più*; *è un lavoro lungo n. complesso* | Tanto più, tanto meno: *non lo si può consigliare, n. aiutare.* **2** (*lett.*) Non solo, non solo non (spec. in correl. con una cong. avversativa): *nulla speranza li conforta mai, / non che di posa, ma di minor pena* (DANTE *Inf.* V, 44-45) | Oltre a, oltre che: *n. essere egoista, agisce anche da malvagio.*

non collaborazióne [comp. di *non* e *collaborazione*; av. 1926] loc. sost. f. ● Forma di lotta sindacale consistente nell'esatto adempimento dei compiti assegnati al lavoratore, e nel rifiuto, da parte di questo, di compiere qualsiasi prestazione che esorbiti da essi.

nonconformismo o **non conformismo** s. m. ● Atteggiamento proprio di chi è nonconformista.

nonconformista o **non conformista** [calco sull'ingl. *non conformist*; av. 1712] agg.; anche s. m. e f. (pl. m. *-i*) ● Che (o Chi) non si conforma al modo di agire e di pensare della maggioranza: *spirito n.*; *un n. intransigente.*

†noncovèlle [comp. di *non* e *covelle*] **pron. indef. inv.** ● (*raro*) Nulla.

non credènte [comp. di *non* e *credente*; 1974] **loc. sost. m. e f.** ● Persona che, con piena consapevolezza, rifiuta qualsiasi religione.

noncurànte o (*raro*) **non curànte** [comp. di *non* e *curante*; 1353] **agg.** *1* Che non si preoccupa: *essere n. del pericolo* | Indifferente: *dei giudizi altrui.* *2* Che rivela disinteresse, indifferenza, talvolta un certo sussiego: *avere un'aria n.*; *si sforzava di mostrarsi n.*

noncurànza o (*raro*) **non curànza** [da *noncurante*; av. 1604] **s. f.** ● Mancanza di interesse, attenzione e sim. nei confronti di qlcu. o qlco.: *la n. dei propri doveri* | Atteggiamento che rivela indifferenza, distacco, sussiego e sim.: *rispondere con n.*; *assumere un'aria di n.*

non deambulànte [comp. di *non* e *deambulante*; 1992] **loc. agg.**; anche **loc. sost. m. e f.** ● Che (o Chi) ha ridotte capacità motorie: *posti riservati a passeggeri non deambulanti.*

nondimànco o **†non di mànco** [comp. di *non*, *di* e *manco*; av. 1363] **cong.** ● (*lett.*) Nondimeno.

nondiméno o **non di méno** [comp. di *non*, *di* e *meno*; 1308] **cong.** ● Tuttavia, pure, ciò nonostante (con valore avversativo): *non credo di essere capace, n. tenterò*; *non se lo meritava proprio, n. è stato aiutato* | In correl. con le cong. concessive 'benché', 'quantunque', 'sebbene' e sim., rafforza il valore concessivo di tutto il periodo: *quantunque tu sia contrario, n. dovrai collaborare*; *come che tu ... nell'armi esercitato ti sii, non dovevi di meno conoscere quello che gli ozi e le dilicatezze possano* (BOCCACCIO).

non docènte [comp. di *non* e *docente*; 1992] **A loc. sost. m. e f.** ● (*bur.*) Chi lavora nella scuola e non appartiene ai ruoli docenti o direttivi. **B** anche **loc. agg.**: *personale non docente.*

nòne (**1**) [vc. dotta, lat. *nōnae*, nom. pl. f. di *nōnus* 'nono'; dette così perché cadevano il *nono* giorno prima delle Idi; sec. XIV] **s. f. pl.** ● Nell'antico calendario romano, quinto giorno del mese, eccetto quelli di marzo, maggio, luglio e ottobre, in cui era il settimo giorno.

nòne (**2**) [da *no* o *no*(*n*) con componente rafforzativa] **avv.** *1* (con valore raff.) †Non. *2* (con valore raff.) †No | Come risposta negativa oggi usato nei dialetti centr. e merid.

non èssere o **non-èssere** **loc. sost. m. inv.** ● (*filos.*) Il contrario dell'essere; secondo la filosofia platonica è l'alterità di un essere determinato, come il non movimento rispetto al movimento.

nonétto [da *nono*, sul modello di *quartetto*, *quintetto* ecc.] **s. m.** ● (*mus.*) Composizione da camera per nove strumenti solisti | (*est.*) L'insieme degli esecutori di tale composizione.

non food /non'fud, *ingl.* 'nɒn,fuːd/ [loc. ingl., propr. 'non cibo' (*food*); 1997] **loc. sost. m. inv.** ● Nella grande distribuzione, il settore non alimentare. CFR. Food.

non fumatóre [comp. di *non* e *fumatore*; 1975] **loc. sost. m.** (f. *-trice*); anche **loc. agg.** ● Chi (o Che) non fuma: *carrozza, scompartimento* (*per*) *non fumatori.*

non garantito [comp. di *non* e *garantito*; 1986] **loc. agg.**; anche **loc. sost. m.** (f. *-a*) ● Che (o Chi) non è adeguatamente tutelato sul piano sociale ed economico: *ceti non garantiti.*

non giòco [comp. di *non* e *gioco*] **loc. sost. m. inv.** ● (*sport*) Tattica che mira solo a impedire alla squadra avversaria di sviluppare il suo gioco.

nonìlico [da *nonano*] **agg.** (pl. m. *-ci*) ● (*chim.*) Detto di acido monobasico del nonano.

non intervènto [comp. di *non* e *intervento*] **loc. sost. m.** ● Principio secondo cui a nessuno Stato è permesso intervenire nella politica interna di altri Stati.

nònio [da *Nonius*, n. latinizzato di Pedro *Nuñes* (1492-1577) che lo inventò; 1845] **s. m.** ● (*fis.*) Dispositivo che permette di leggere una data frazione di intervallo di una scala graduata.

non io o **non-io** [comp. di *non* e *io*] **loc. sost. s. m. inv.** ● (*filos.*) Insieme degli oggetti distinti dal soggetto pensante, dall'io.

non marcàto [comp. di *non* e *marcato*] **loc. agg.** ● (*ling.*) Detto di unità linguistica che, in un'opposizione, non presenta la marca di correlazione.

non menzióne [comp. di *non* e *menzione*] **loc. sost. f.** ● (*dir.*) Beneficio previsto dalla legge penale che consiste nella mancata iscrizione della condanna nel certificato del casellario giudiziario.

non metàllo [ingl. *non-metal*, giustapposizione di *non* negativo e *metal* 'metallo'] **loc. sost. m.** ● (*chim.*) Elemento privo di caratteristiche metalliche.

nònna [lat. tardo *nōnna*(*m*) 'nutrice, balia', vc. infant.; 1353] **s. f.** ● Madre del padre o della madre nei confronti dei figli di questi. || **nonnétta**, **dim.** | **nonnina**, **dim.**

nonnìsmo [da *nonno*, fra i militari l''anziano'; 1985] **s. m.** ● Comportamento prepotente e intimidatorio che i soldati prossimi al congedo assumono nei confronti delle reclute, sottoponendole a scherzi anche feroci e pretendendo particolari privilegi.

♦**nònno** [lat. tardo *nōnnu*(*m*) 'balio', vc. infant.; av. 1528] **s. m.** *1* Padre del padre o della madre nei confronti dei figli di questi | ***I nonni***, il nonno e la nonna o i due nonni o le due nonne; (*est.*) gli avi, gli antenati | (*inter.*, *scherz.*) ***Sì, mio n.!***, ***sì, mio n. in carriola!***, esprime incredulità o scetticismo di fronte a un'affermazione ritenuta esagerata o iperbolica. *2* (*fam.*, *sett.*) Uomo vecchio, la persona più vecchia di una data località. *3* Nel gergo militare, soldato ormai prossimo al congedo, cui tradizionalmente vengono riconosciuti particolari privilegi dai commilitoni con minore anzianità di leva. || **nonnétto**, **dim.** | **nonnino**, **dim.** | **nonnóne**, **accr.** | **nonnùccio**, **dim.**

nonnòtto [da *nonno*; 1958] **s. m.** ● (*zool.*) Tarabusino.

nonnùlla [lat. *nonnŭlla* 'alcune cose', nt. pl. di *nonnūllus*, comp. di *nōn* 'non' e *nūllus* 'nessuno' (V. *nulla*); sec. XIV] **s. m. inv.** ● Cosa da nulla, di importanza trascurabile: *litigare per un n.*; *un n. basta a farlo contento.*

♦**nòno** [lat. *nōnu*(*m*), da *nŏvem* 'nove'; 1294] **A agg. num. ord.** ● Corrispondente al numero nove in una sequenza, in una successione, in una classificazione, in una serie (rappresentato da IX nella numerazione romana, da 9° in quella araba): *è arrivato n.*; *la nona parte di un numero*; (*ellitt.*) *tre alla nona*; *la nona sinfonia di Beethoven*; *il papa Pio IX*; *il re Luigi IX* | ***Il secolo IX***, gli anni dall'801 al 900 d.C. **B** in funzione di **s. m.** ● Ciascuna delle nove parti uguali di una stessa quantità: *calcolare i due noni di un numero.*

♦**nonostànte** o (*raro*) **non ostànte** [comp. di *non* e *†ostante*, part. pres. di *ostare*; sec. XIV] **A prep.** ● A dispetto di, senza curarsi di: *sono riuscito n. tutti gli ostacoli*; *l'ho fatto n. il vostro divieto*; *n. il freddo è uscito senza cappotto*; *n. tutto ce l'ho fatta*; *n. ciò sono contento* | V. anche *ciononostante*, *ostante* | Anche nelle loc. prep. ***†n. a***, ***†n. di***: *aspettarono il medico, n. a questo, più dì* (SACCHETTI). SIN. Malgrado. **B cong.** *1* Benché, quantunque (introduce una prop. concessiva con il v. al congv.): *non ho avuto l'animo di insistere, n. fosse necessario* | Anche nella loc. cong. ***n. che***: *non si è concluso ancora nulla, n. che la maggioranza fosse d'accordo.* *2* (*raro*) Nella loc. cong. ***pur n.***, tuttavia (con valore avversativo): *era tardi, pur n. abbiamo terminato il lavoro.* **C avv.** ● (*lett.*) Tuttavia: *Non ostante si mise a mangiare con grand'appetito* (MANZONI).

†nonpariglia /nompa'riʎʎa/ ● V. *†nompariglia.*

nonpertànto /nomper'tanto/ o **non pertànto**, **non per tànto** [comp. di *non* e *pertanto*; sec. XIII] **cong.** ● (*lett.*) Tuttavia, nondimeno (con valore avversativo, spesso rafforzato da 'ma'): *ma non per tanto, senza mutar colore, ..., disse* (BOCCACCIO).

non plus ùltra [lat., propr. 'non più oltre', motto che, secondo la leggenda, sarebbe stato scritto sulle colonne d'Ercole; av. 1642] **loc. sost. m. inv.** ● Il livello massimo a cui sia possibile pervenire: *il non plus ultra della tecnica, della precisione, della funzionalità*; *il non plus ultra dell'incompetenza, della trascuratezza, dell'ignoranza.*

†nonpòssa /nom'pɔssa/ [comp. di *non* e *possa* (*1*); 1319] **s. f.** ● Impossibilità, impotenza.

non pòssumus [loc. lat., propr. 'non possiamo', ricorrente nella storia della Chiesa, suggerita dall'espressione con cui gli apostoli Pietro e Giovanni si rifiutarono di obbedire al divieto dei capi del popolo di parlare nel nome di Gesù; av. 1893] **loc. sost. m. inv.** *1* Rifiuto espresso da un'autorità ecclesiastica e spec. da un pontefice, motivato dall'osservanza di leggi divine o canoniche. *2* (*est.*) Rifiuto netto, deciso.

non professionàle [comp. di *non* e *professionale*; 1980] **loc. agg.** ● Detto di qualsiasi attività svolta a livello amatoriale, dilettantistico: *cinema non professionale.*

non profit /nom'prɔfit, *ingl.* nɒn'prɒfɪt/ o **no profit** [loc. ingl., propr. 'senza, assenza (*non*) lucro, guadagno, profitto (*profit*)'; 1989] **A loc. agg. inv.** ● (*dir.*) Detto di ente o associazione che svolge attività senza scopo di lucro, spec. per fini benefici o di solidarietà. **B loc. sost. m. inv.** ● Il settore economico che comprende tali enti o associazioni.

non proliferazióne [comp. di *non* e *proliferazione*, per calco sull'ingl. *non-proliferation*; 1966] **loc. sost. f.** ● Tendenza a limitare, con accordi diplomatici, la produzione e diffusione delle armi spec. nucleari: *trattato di non proliferazione.*

nonsense /*ingl.* 'nɒnsəns/ [vc. ingl., comp. di *non* e *sense* 'senso'; 1985] **A s. m. inv.** *1* Nonsenso. *2* Breve testo o composizione poetica caratterizzata da un umorismo paradossale, surreale. **B** anche **agg. inv.**: *poesia n.*

nonsènso o **non sènso** [comp. di *non* e *senso*; 1754] **s. m.** ● Ciò che è privo di senso comune, che è assurdo o illogico.

non so che /nonsɔk'ke*, non'sɔkke*/ o (*raro*) **nonsoché** [comp. di *non*, *so* (prima pers. del pres. indic. di *sapere*) e *che* (*2*); 1353] **A loc. agg. indef. inv.** ● Indica qualità indeterminata e difficilmente esprimibile: *sento non so che imbarazzo a parlargli.* **B loc. sost. m. inv.** ● Cosa che non si percepisce chiaramente, che non si sa definire: *un non so che di losco*; *un certo non so che.*

nonstop o **non stop** o **non-stop** /non'stɔp, *ingl.* ˌnɒn'stɒp/ o **no-stòp** [vc. ingl., propr. 'senza fermata'; 1959] **A agg. inv.** ● Senza interruzione, senza sosta: *volo n.*; *spettacolo n.* **B s. f. inv.** ● (*ellitt.*) Trasmissione radio-televisiva o spettacolo senza pause: *una n. sui risultati elettorali.*

non tessùto [comp. di *non* e *tessuto* (*2*); 1978] **loc. agg.**; anche **loc. sost. m.** ● Detto di prodotto tessile costituito da un fondo di fibre o fili naturali o sintetici, legato con mezzi chimici o meccanici ed eventualmente rinforzato da un supporto; è usato per la confezione di coperte, tessuti per arredamento, rivestimenti di pavimenti, imbottiture e sim. e di articoli destinati a essere gettati via dopo il primo uso, per es. articoli sanitari, strofinacci, sacchi per imballaggio.

nontiscordardimé o **non ti scordàr di me** [da *non ti scordar*(*e*) *di me*; 1875] **s. m.** ● (*bot.*) Miosotide.

non udènte [comp. di *non* e *udente*; 1986] **loc. sost. m. e f.**; anche **loc. agg.** ● (*eufem.*) Sordo.

nònuplo [da *nono*, sul modello di *quadruplo* ecc.; 1499] **A agg.** ● (*raro*) Che è nove volte maggiore, relativamente ad altre cose analoghe. **B s. m.** ● Quantità, misura nove volte maggiore.

non valóre [comp. di *non* e *valore*; 1986] **loc. sost. m.** ● (*filos.*) In filosofia morale, ciò che non può essere pensato come oggetto di un giudizio etico positivo. SIN. Disvalore.

non vedènte [comp. di *non* e *vedente*; 1980] **loc. sost. m. e f.**; anche **agg.** ● (*eufem.*) Cieco.

non violènto o **nonviolènto** [comp. di *non* e *violento*; 1965] **loc. sost. m.**; anche **agg.** (f. *-a*) ● Chi (o Che) professa la non violenza, o si ispira alla non violenza.

non violènza o **nonviolènza** [comp. di *non* e *violenza*; 1930] **loc. sost. f.** ● (*polit.*) Resistenza passiva contro un invasore, un governo ostile o una legge ritenuta iniqua, attuata spec. con forme di disubbidienza civile.

nòo ● V. *nous.*

noologia [comp. del gr. *nóos* 'mente' e *-logia*; 1933] **s. f.** *1* (*filos.*) Scienza che ha per oggetto di studio le funzioni conoscitive dell'intelletto. *2* (*ling.*) Teoria linguistica elaborata da L. J. Prieto, che analizza un enunciato in tratti semantici.

noosfèra [dal fr. *noosphère*, termine introdotto da Teilhard de Chardin (1881-1955) per indicare la 'sfera (*sphère*) della conoscenza (*noo-*, dal gr. *nóos* 'mente')'; 1971] **s. f.** ● Secondo alcune teorie filosofiche, la parte del mondo propria dell'uomo e del pensiero concettuale, distinta dall'insieme degli elementi inorganici e da quello degli esseri viventi e intesa come un'unica intelligenza collettiva.

nootropo [comp. di *noo* e *-tropo*] agg. ● (*farm.*) Che influenza positivamente l'azione dei neuroni.

no profit /no'prɔfit, *ingl.* nəʊ'pɹɒfɪt/ ● V. *non profit.*

nòr- [sigla del ted. *N ohne Radical* 'N (azoto) senza radicale'] primo elemento ● In parole composte della terminologia chimica, indica molecola organica avente, a parità di struttura chimica, un metile o un metilene in meno rispetto alla molecola dalla quale deriva: *noradrenalina.*

nòra ● V. *nuora.*

noradrenalina [comp. di *nor-* e *adrenalina*; 1958] s. f. ● (*chim.*) Catecolamina che agisce da neurotrasmettitore del sistema nervoso simpatico, precursore dell'adrenalina nella parte midollare della ghiandola surrenale. SIN. Norepinefrina.

norcinerìa [da *norcino*; 1925] s. f. ● (*centr.*) Luogo in cui si uccidono i maiali e se ne lavorano le carni | Macelleria in cui si vende carne di maiale.

norcìno [da *Norcia*, città umbra da cui provenivano molti esperti nel lavorare la carne di maiale; 1566] **A** agg. ● Di Norcia. **B** s. m. (f. *-a*) **1** Abitante, nativo di Norcia. **2** (*region.*) Chi macella i maiali e ne lavora le carni | Chi vende carni suine.

♦**nord** /nɔrd/ o †**nòrte** [sp. *norte*, dall'ingl. ant. *north*; 1534] **A** s. m. **1** Principale punto cardinale, rilevato mediante puntamento astronomico sulla stella polare | ***N. magnetico***, punto della Terra al quale si volge l'ago calamitato della bussola. **2** (*est.*) Zona settentrionale di un paese, un continente e sim.: *città del n.*; *gente del n.*; *il n. dell'Italia, dell'Europa* | L'insieme dei Paesi industrializzati ed economicamente sviluppati, situati per lo più nell'emisfero boreale: *il N. del mondo*; *la contraddizione Nord-Sud.* **3** Nel bridge, posizione del giocatore che, al tavolo da gioco, si colloca di fronte al giocatore in posizione Sud col quale fa coppia. **B** in funzione di agg. inv. ● (posposto al s.) Settentrionale, spec. nelle loc. ***fascia n.***, ***parete n.***, ***zona n.*** e sim.

nord- /nɔrd/ primo elemento ● In aggettivi e sostantivi etnici o geografici, significa 'settentrionale', 'del Nord': *nordamericano.*

nordafricàno [1967] **A** agg. ● Dell'Africa settentrionale. **B** s. m. (f. *-a*) ● Abitante del Nord Africa.

nordamericàno [1842] **A** agg. ● Dell'America del nord | (*est.*) Degli Stati Uniti d'America. **B** s. m. (f. *-a*) ● Abitante, nativo dell'America del nord, o degli Stati Uniti d'America.

nordatlàntico [1969] agg. (pl. m. *-ci*) ● Relativo all'Oceano Atlantico settentrionale.

nordèst o **nord-èst** [1561] s. m. ● Punto dell'orizzonte posto a uguale distanza dal Nord e dall'Est.

nordeuropèo [1958] **A** agg. ● Del Nord dell'Europa. **B** s. m. (f. *-a*) ● Abitante del Nord dell'Europa.

nòrdico [1575] **A** agg. (pl. *-ci*) ● Che si riferisce al Nord | (*est.*) Che si riferisce alle regioni dell'Europa del Nord: *paesi, popoli nordici*; *lingue, leggende, usanze nordiche* | (*sport*) ***Sci n.***, V. *sci* | ***Combinata nordica***, V. *combinata.* **B** s. m. (f. *-a*) ● Abitante, nativo di un paese nordico.

nordirlandése **A** agg. **1** Dell'Ulster, provincia del Regno Unito nell'Irlanda nordorientale: *autonomia n.* **2** Dell'Irlanda settentrionale. **B** s. m. e f. ● Abitante, nativo dell'Ulster o dell'Irlanda settentrionale.

nordista [1950] **A** s. m. e f. (pl. m. *-i*) **1** Soldato o fautore degli stati del Nord nella guerra di secessione americana. **2** Abitante della parte settentrionale di una nazione politicamente divisa in due: *i nordisti della Corea.* **B** agg. **1** Che si riferisce agli stati del Nord degli Stati Uniti in riferimento alla guerra di secessione: *vittoria n.* **2** Che appartiene alla parte settentrionale di un paese politicamente suddiviso in due parti: *Corea n.*; *governo n.*

nordoccidentàle o **nord-occidentàle** [comp. di *nord* e *occidentale*] agg. ● Che si trova, è posto a nordovest: *regioni nordoccidentali* | Che proviene da nordovest: *venti nordoccidentali.*

nordorientàle o **nord-orientàle** [comp. di *nord* e *orientale*; 1963] agg. ● Che si trova, è posto a nordest: *regioni nordorientali* | Che proviene da nordest: *venti nordorientali.*

nordòvest o **nord-òvest** [1504] s. m. **1** Punto dell'orizzonte posto a uguale distanza dal Nord e dall'Ovest. **2** Cappello di tela incerata con falda abbassata sul collo, usato spec. da marinai.

norepinefrina [comp. di *nor-* ed *epinefrina*] s. f. ● (*chim.*) Noradrenalina.

nòria [sp. *noria*, dall'ar. *nā'ūra*; sec. XVIII] s. f. **1** Elevatore per liquidi o materiali terrosi, composto di vasche unite a catena in moto circolare. **2** (*mar.*) Elevatore di munizioni a moto continuo dalla santabarbara alle armi da fuoco, sulle navi militari.

norite [da *Nor(way)*, n. ingl. della Norvegia, ove questa roccia si trova; 1954] s. f. ● (*geol.*) Roccia intrusiva, scarsamente diffusa, di composizione simile a quella del gabbro ma contenente enstatite.

nòrma [vc. dotta, lat. *nŏrma(m)* 'squadra', di etim. incerta; av. 1294] s. f. **1** Regola, esempio, modello al quale, in determinati casi, ci si deve adeguare: *proporsi una n. di vita*; *operare secondo una n.* CFR. nomo- | ***Per tua n.*** (***e regola***), espressione usata, spec. con tono di rimprovero, per richiamare al rispetto di determinate regole: *per tua n. e regola, in questa casa si cena alle otto, non alle dieci!* | ***A n. di***, in conformità: *a n. di legge.* **2** Informazione, avvertenza, istruzione, sulla via e i criteri da seguire: *le norme del comporre*; *le norme per l'uso* | ***Dettare norme***, imporre regole, linee da seguire | Uso, consuetudine che, in certi casi, diventa costante: *n. lessicale*; *seguire la n.* | ***Di n.***, abitualmente. **3** (*dir.*) Regola di condotta che ha la funzione di disciplinare l'attività pratica dell'uomo imponendo doveri di comportamento: *norme giuridiche*; *n. consuetudinaria*; *n. scritta.* **4** (*ling.*) Insieme di istruzioni che definiscono ciò che dev'essere scelto fra gli usi di una data lingua, se ci si vuole conformare a un determinato ideale estetico o socioculturale | Tutto ciò che è di uso comune e corrente in una determinata comunità linguistica. **5** (*tecnol.*) Tipo standard di un materiale, di un prodotto, di un impianto e sim. **6** †Squadra a L di scalpellini, muratori, falegnami: *fare tutto a n. e corda.* **7** (*mat.*) Estensione del concetto di modulo di un numero agli elementi di uno spazio vettoriale.

♦**normàle** [vc. dotta, lat. *normāle(m)*, da *nŏrma* 'norma'; av. 1683] **A** agg. **1** Che è conforme a una regola o all'andamento consueto di un determinato processo: *situazione n.*; *polso n.*; *condurre una vita n.*; *secondo le normali procedure*; *è n. che un genitore si preoccupi del futuro dei figli* | ***Tariffa n.***, al cui pagamento sono assoggettati i viaggiatori che non usufruiscono di speciali riduzioni | ***Stato n.***, quello in cui si trova un organo o un organismo quando tutte le funzioni sono regolari | ***Via n.***, nell'alpinismo, l'itinerario più frequentemente seguito per raggiungere la vetta di un monte. CFR. normo-. SIN. Ordinario, usuale. **2** Che serve a dare una norma | (*bur.*) ***Lettera n.***, indirizzata da un organo centrale dell'amministrazione statale a quelli periferici per coordinarne e uniformarne l'operato | (*fis.*) ***Strumento n.***, che, per la sua esattezza, serve a controllare e a regolarne altri. **3** (*mat.*) Ortogonale, perpendicolare: *retta n. a un piano.* **4** (*chim.*) Detto di soluzione che contiene in un litro un grammo equivalente di una sostanza. **5** ***Scuola n.***, rivolta un tempo alla formazione professionale degli insegnanti di scuola elementare, poi sostituita dall'istituto magistrale | ***Scuola N. Superiore***, a Pisa, collegio di alti studi universitari e di corsi aggiuntivi di specializzazione e perfezionamento. || **normalménte**, avv. **1** Secondo la norma o le norme. **2** Secondo l'andamento consueto. **B** s. f. **1** (*mat.*) Retta ortogonale, perpendicolare. **2** (*sport*) Itinerario usato più di frequente in una scalata: *seguire la n. del Cervino.* **3** (*bur.*) Circolare: *una n. del ministero.*

normalista [da (*scuola*) *normale*; 1853] s. m. e f. (pl. m. *-i*) ● Allievo di scuola normale | Chi è o è stato studente presso la Scuola Normale Superiore di Pisa.

normalità [1869] s. f. ● Condizione di ciò che è normale: *la n. della situazione economica*; *la n. del suo comportamento.*

normalizzàre [comp. di *normal(e)* e *-izzare*; 1927] **A** v. tr. **1** Rendere o fare ritornare normale | Nel linguaggio politico, riportare a una situazione di ordine, spec. con metodi repressivi da parte di un regime autoritario: *dopo i disordini, la capitale è stata normalizzata.* **2** Effettuare la normalizzazione dei prodotti industriali: *n. la produzione.* **3** (*mat.*) Determinare opportunamente degli elementi a priori variabili di un ente e di una sua espressione. **B** v. intr. pron. ● Rientrare nella normalità: *la situazione va normalizzandosi.*

normalizzàto [1953] part. pass. di *normalizzare*; anche agg. **1** Nei sign. del v. **2** (*bur.*) Detto di buste per corrispondenza che nel formato e nelle dimensioni sono conformi alle norme stabilite dall'amministrazione postale.

normalizzatóre [1924] agg.; anche s. m. (f. *-trice*) ● Che (o Chi) normalizza.

normalizzazióne [1924] s. f. **1** Il normalizzare, il normalizzarsi: *la n. delle relazioni fra due Paesi*; *la n. della temperatura corporea.* **2** (*mat.*) Operazione del normalizzare. **3** Trattamento termico di metallo e leghe metalliche. **4** (*org. az.*) Attività di regolamentazione dei prodotti industriali svolta da un'azienda per fissare un insieme di norme e requisiti che essi devono soddisfare. SIN. Normazione. **5** (*pedag., psicol.*) Azione volta a rendere un individuo normale rispetto a un modello di riferimento. **6** (*ling.*) Il ricondurre forme oscillanti nella morfologia o nella grafia a una norma di riferimento.

normànno [propr. 'uomo del Nord', comp. del germ. *north* 'nord' e *man* 'uomo'; 1310] **A** agg. **1** Che si riferisce ai gruppi di popolazioni vichinghe le quali, a partire dall'VIII sec. d.C., occuparono parte della Francia estendendosi poi ad altri Paesi d'Europa: *le invasioni normanne*; *castelli normanni*; *i monumenti normanni della Sicilia.* **2** Della Normandia: *cavalli normanni.* **B** s. m. **1** (f. *-a*) Ogni appartenente alle popolazioni normanne. **2** Carattere tipografico con asta molto piena, forte chiaroscuro e grazie sottilissime.

normàre [da *norma*; 1958] v. tr. (*io nòrmo* o *nórmo*) ● Ridurre, conformare a una norma.

normativa [f. sost. di *normativo*; 1937] s. f. ● L'insieme delle norme relative a un determinato argomento.

normativismo [comp. di *normativ(o)* e *-ismo*] s. m. **1** (*raro*) Tendenza a essere normativo. **2** Concezione del diritto come norma.

normatività [1965] s. f. ● Carattere normativo.

normativo [da *norma*; av. 1904] agg. **1** Che serve a fornire delle norme: *trattato n.* | ***Grammatica normativa***, insieme di regole e definizioni fondate su di uno stato di lingua considerato corretto. **2** Che contiene delle norme, e ha pertanto valore di legge: *potere n.* || **normativaménte**, avv. Secondo le norme.

normatóre [da *normare*; 1966] agg.; anche s. m. (f. *-trice*) ● (*raro*) Che (o Chi) dà norme e regole, disciplinando una certa attività.

normazióne [da *norma*; 1973] s. f. **1** Attività intesa a porre norme | (*est.*) Conformazione a una norma. **2** (*org. az.*) Normalizzazione.

nórmo- [da *norm(almente)*] primo elemento ● In parole composte, spec. della terminologia medica, significa 'normale': *normoteso.*

normoblàsto [comp. di *normo-* e *-blasto*; 1954] s. m. **1** (*biol.*) Piccola cellula nucleata capostipite della linea dei globuli rossi. **2** (*biol.*) Qualsiasi elemento precursore dei globuli rossi.

normocita o **normocito** [comp. di *normo-* e *-cita*; 1954] s. m. (pl. *-i*) ● (*biol.*) Globulo rosso maturo, caratterizzato da parametri morfologici e dimensionali nella norma.

normodotàto [comp. di *normo-* e *dotato*; 1966] agg.; anche s. m. (f. *-a*) ● (*psicol.*) Che (o Chi) è nella gamma della normodotazione.

normodotazióne [da *normodotato*] s. f. ● (*psicol.*) Livello medio di intelligenza misurato dai test.

normògrafo [comp. di *normo-* e *-grafo*; 1954] s. m. ● Strumento costituito da una sagoma di celluloide con intagliati i segni occorrenti per una scrittura rapida con caratteri uniformi.

normolìneo [da *normale*, sul modello di *curvilineo*, *rettilineo* e sim.; 1973] agg.; anche s. m. (f. *-a*) ● (*med.*) Detto di tipo costituzionale che presenta misure corporee tra loro proporzionate.

normopéso [comp. di *normo-* e *peso*] agg. inv.; anche s. m. inv. ● (*med.*) Detto di tipo costituzionale che presenta un peso corporeo normale.

normotensióne [comp. di *normo-* e *tensione*; 1954] s. f. ● (*med.*) Pressione arteriosa normale.

normotermia [comp. di *normo-* e *-termia*] s. f. ● (*fisiol.*) Condizione di normale temperatura corporea.

normotéso [comp. di *normo-* e *teso*, sullo schema di *iperteso* e *ipoteso*; 1958] **agg.**; anche **s. m.** (**f.** *-a*) ● (*med.*) Che (o Chi) ha una pressione arteriosa normale.

normotipo [comp. di *norm(ale)* e *tipo*; 1954] **s. m.** ● (*med.*) Tipo normolineo.

nòrna [ant. nordico *norn*, dallo svedese dial. *norna*, *nyrna* 'comunicare segretamente', di orig. onomat.; 1939] **s. f.** ● Nella mitologia nordica, ciascuna delle dee che presiedono al destino dell'uomo e pongono termine alla sua vita.

norrèno [nordico *norrōn* 'settentrionale'; 1765] **agg.** ● Relativo alla lingua e alla letteratura norvegese fino al XIV sec.

†**nòrte** ● V. *nord*.

norvegése [1765] **A agg.** ● Della Norvegia e dei suoi abitanti: *fiordi norvegesi*; *usi e costumi norvegesi* | ***Alla n.***, (*ellitt.*) alla maniera dei norvegesi, spec. per indicare un particolare stile di abbigliamento sportivo: *maglione alla n.* **B s. m. e f.** ● Abitante, nativo della Norvegia. **C s. m.** solo **sing.** ● Lingua del gruppo germanico parlata in Norvegia.

†**nòsco** o **nósco** [lat. parl. **nōbiscu(m)*, per il classico *nobīscu(m)*, comp. di *nōbis*, abl. di *nōs* 'noi', e *cŭm* 'con'; 1308] forma **pron.** ● (*poet.*) Con noi | (*est.*) Ai nostri tempi: *quando rimembro con Guido da Prata, / Ugolin d'Azzo, che vivette n.* (DANTE *Purg.* XIV, 104-105).

nosèma [gr. *nósēma* 'malattia', deriv. da *nósos* 'malattia' (di orig. sconosciuta)] **s. m.** (**pl.** *-i*) ● (*zool.*) Protozoo parassita del baco da seta, di cui invade tutto il corpo provocando la pebrina (*Nosema bombycis*).

no signóre /nɔssiɲ'ɲore/ ● V. *nossignore*.

nòso- [dal gr. *nósos* 'malattia', di orig. sconosciuta] primo elemento ● In parole composte, spec. della terminologia medica, significa 'malattia': *nosofobia*, *nosografia*, *nosologia*.

nosocomiàle [1828] **agg.** ● Di nosocomio, relativo a nosocomio | ***Malattia n.***, che si contrae per la permanenza in ospedale.

nosocòmio [vc. dotta, lat. tardo *nosocŏmiu(m)*, dal gr. *nosokomêion*, comp. di *nósos* 'malattia' (V. *noso-*) e *-komêion* '-comio'; 1582] **s. m.** ● Ospedale.

nosofobìa [comp. di *noso-* e *-fobia*; 1875] **s. f.** ● (*psicol.*) Paura morbosa delle malattie.

nosogènesi [comp. di *noso-* e *genesi*; 1834] **s. f. inv.** ● (*med.*) Patogenesi.

nosografìa [comp. di *noso-* e *-grafia*; 1821] **s. f.** ● (*med.*) Descrizione delle malattie e delle loro manifestazioni.

nosogràfico [1818] **agg.** (**pl. m.** *-ci*) ● (*med.*) Di nosografia.

nosologìa [comp. di *noso-* e *-logia*; 1754] **s. f.** ● (*med.*) Classificazione sistematica delle malattie.

nosològico [1754] **agg.** (**pl. m.** *-ci*) ● (*med.*) Di nosologia, relativo a nosologia.

nosomanìa [comp. di *noso-* e *mania* (*2*); 1891] **s. f.** ● (*psicol.*) Disturbo caratterizzato dalla tendenza a sentire i sintomi di molte malattie.

nosoterapìa [comp. di *noso-* e *-terapia*; 1954] **s. f.** ● Cura delle malattie.

nosotròpico [comp. di *noso-* e *-tropico*] **agg.** (**pl. m.** *-ci*) ● (*farm.*) Diretto contro i sintomi di una malattia: *terapia nosotropica*; *medicamento n.* **CFR.** Causale.

nossignóre o **no signóre** [comp. di *no* e *signore*; 1842] **avv.** (anche nelle forme *nossignóri*, *nossignóra*, *nossignóre* se ci si rivolge a più persone maschili o a una o più persone femminili) **1** Si usa come forma rispettosa o cortese di negazione con superiori o persone di riguardo: *n.! non ho trovato niente.* **2** (*enfat.* o *iron.*) Esprime disappunto, dispetto e sim.: *n.! la ragione è sempre sua*; *questa volta, nossignori, dovete arrangiarvi da soli*; *n.! n.!, mai una volta che risponda di sì!*

♦**nostalgìa** [comp. del gr. *nóstos* 'ritorno' e *-algia*: propr. 'dolore per il ritorno'; av. 1764] **s. f.** ● Desiderio intenso e doloroso di persone, cose, luoghi a cui si vorrebbe tornare, di situazioni già trascorse che si vorrebbero rivivere e sim.: *soffrire di n.*; *avere la n. di qlcu.*; *sentire n. del proprio paese*; *ricordare qlcu., qlco. con n.*

nostàlgico [1834] **A agg.** (**pl. m.** *-ci*) **1** Di nostalgia, caratterizzato da nostalgia: *sentimento n.*; *abbandono, rimpianto n.* | Che manifesta nostalgia: *sguardo n.* **2** Di persona che soffre di nostalgia: *una ragazza nostalgica.* **B agg.**; anche **s. m.** (**f.** *-a*) ● Che (o Chi) rimpiange un regime politico ormai passato: *tendenze nostalgiche*; *un ritrovo di nostalgici.* || **nostalgicaménte**, **avv.** Con nostalgia.

nòstoc [n. creato da Paracelso; etim. incerta; 1813] **s. m.** ● (*bot.*) Spuma di primavera.

no-stòp ● V. *nonstop*.

nostràle [da *nostro*; 1313] **agg.** ● Del nostro paese: *olio*, *produzione n.* | ***Alla n.***, (*ellitt.*) all'usanza nostra. || **nostralménte**, **avv.** Secondo il nostro uso.

nostràno [da *nostro*; av. 1303] **agg.** ● Che non è straniero, ma del nostro paese: *formaggio*, *vino n.* | ***Alla nostrana***, (*ellitt.*) come usa da noi, nel nostro paese.

nòstras [vc. lat., propr. 'del nostro paese', da *nŏster* 'nostro'; 1954] **agg. inv.** (**pl.** lat. *nostrates*) ● (*med.*) Di forma patologica con sintomatologia analoga a quella delle malattie tropicali.

nostràtico [vc. dotta, ted. *nostratisch*, dal lat. *nŏstras*, genit. *nostrātis* 'nostrale, nostrano, del nostro paese'; 1954] **agg.** (**pl. m.** *-ci*) ● (*ling.*) ***Lingue nostratiche***, secondo il linguista danese H. Pedersen, insieme di famiglie linguistiche legate da rapporti di parentela | ***Lingua nostratica***, secondo il linguista francese A. Cuny, presunta lingua madre da cui ebbero origine l'indoeuropeo e il camito-semitico.

♦**nòstro** [lat. *nŏstru(m)*, comp. di *nōs* 'noi' e il suff. *-ter* che indica opposizione fra due; 1196] **A agg. poss.** di prima pers. pl. (**f.** *nostra*; **pl. m.** *nostri*; **pl. f.** *nostre*) **1** Che appartiene a noi (indica proprietà, possesso anche relativi): *questa è la nostra casa*; *la nostra nuova automobile va che è una meraviglia*; *il n. appartamento è in affitto*; *con il n. denaro facciamo quello che vogliamo* | Con valore enfat. e raff., posposto a un s.: *giù le mani dalla roba nostra!*; *vattene da casa nostra!* **2** Che ci è peculiare (indica appartenenza con riferimento al proprio essere fisico o spirituale o a sue facoltà, espressioni, manifestazioni e sim.): *il n. corpo*; *la nostra volontà*; *le nostre debolezze*; *i nostri desideri*; *tutti abbiamo i nostri difetti*; *il n. lavoro ci dà soddisfazione*; *Nel mezzo del cammin di nostra vita* (DANTE *Inf.* I, 1) | (*est.*) Con riferimento a parole, atti e sim. che procedono da noi: *cerca di seguire i nostri consigli*; *la n. ultima conferenza ha avuto poco successo*; *non ha ancora ricevuto la nostra lettera* | ***La nostra lingua***, quella che parliamo | ***Il n. pianeta***, la Terra | ***I nostri tempi***, i tempi in cui viviamo; (*est.*) i tempi in cui eravamo giovani. **3** Di noi (indica relazione di parentela, di amicizia, di conoscenza, di dipendenza e sim.; nel caso in cui indichi relazione di parentela, respinge l'articolo quando il s. che segue l'agg. poss. sia sing., non alterato e non accompagnato ad attributi o apposizioni; fanno eccezione i s. 'mamma', 'babbo', 'nonno', 'nonna', 'figliolo', 'figliola' che sono gener. preceduti dall'art.): *n. padre*; *i nostri figli*; *nostro nipote*; *i nostri parenti*; *i nostri genitori*; *la nostra mamma*; *il n. nonno*; *la nostra nipotina*; *la nostra patria*; *il n. paese*; *i nostri amici*; *il n. insegnante*; *i nostri colleghi*; *il n. avvocato* | ***Nostro Signore***, ***Nostra Signora***, (*lett.*) ***Nostra Donna***, appellativi di Gesù Cristo e Maria Vergine | Generalmente posposto al s. nelle escl.: *Madre nostra!*; *Padre n.!*; *Signore n.!* **4** (*fam.*) Che ci è abituale, consueto: *beviamoci il n. bravo caffè*; *facciamoci il n. sonnellino*; *... e ora leggiamo pure il n. giornale* | Con valore reciproco: *la nostra amicizia*; *il n. affetto*; *il n. amore*; *la nostra collaborazione.* **5** (*lett.*) Mio (come pl. maiestatico o di modestia): *la Maestà Nostra*; *nell'ultima nostra enciclica*; *come già affermammo nel n. articolo.* **B pron. poss.** di prima pers. pl. **1** Quello che ci appartiene, che ci è proprio, o peculiare o che comunque a noi si riferisce (sempre preceduto dall'art. det.): *le vostre idee sono diverse dalle nostre*; *la vostra volontà è anche la nostra*; *il vostro bambino e il n. non vanno d'accordo.* **2** (*assol.*) Ricorre, con ellissi del s., in alcune espressioni e locuzioni particolari, proprie del linguaggio fam.: ***non vogliamo rimetterci, spendere del n.***, del nostro avere, di ciò che ci appartiene | ***Dateci il n. e ce ne andremo***, il nostro avere, ciò che ci spetta di diritto | ***Abbiamo messo in gioco molto del n. in quel lavoro***, della nostra reputazione | ***Ci accontentiamo del n.***, di ciò che abbiamo | ***Il Nostro, o il n.***, il nostro autore, quello di cui si sta trattando | ***I nostri***, i nostri genitori, familiari, parenti e (*est.*) amici o persone che partecipano di qlco. di nostro: *abbiamo fatto le vacanze con i nostri*; *oggi sarai dei nostri e ti fermerai a pranzo*; *vuoi essere anche tu dei nostri?* | ***La vittoria è stata dei nostri***, dei nostri soldati, del nostro esercito o anche del nostro partito, della nostra squadra e sim. | ***Arrivano i nostri!***, espressione con cui si saluta l'arrivo dei soldati del nostro esercito o (*est.*) l'arrivo, sul luogo di battaglia, al termine di tanti film western, dei soldati americani o dei rappresentanti della legge, o (*scherz.*) l'arrivo di qlcu. che toglie dai guai | ***Vogliamo dire la nostra***, la nostra opinione | ***Abbiamo anche noi avuto le nostre!***, le nostre disavventure, contrarietà, amarezze e sim. | ***Ne abbiamo fatta una delle nostre!***, una delle nostre malefatte | ***Avete ricevuto l'ultima nostra?***, l'ultima nostra lettera.

nostròmo [sp. *nostramo* 'nostro padrone' (comp. di *nuestro* 'nostro' e *amo* 'padrone'), cui si sovrappose (*u*)*omo*; 1614] **s. m.** ● Nella marina mercantile, ruolo equiparato a caposervizio | Nella marina militare, grado, equivalente a quello di maresciallo nell'esercito.

♦**nòta** [lat. *nŏta(m)*, di etim. incerta; sec. XIII] **s. f.** **1** Segno, contrassegno che serve a distinguere o a ricordare qlcu. o qlco.: *n. distintiva*; *n. comune a più individui.* **2** (*mus.*) Simbolo grafico che individua il suono musicale nella sua altezza, secondo la posizione sul pentagramma, e nella sua durata, secondo la figura che assume: *note alte*, *acute*, *di passaggio*; *le sette note* | ***Trovare la n. giusta***, (*fig.*) trovare il tono, la misura giusta | ***Mettere la n. allegra***, ***triste***, (*fig.*) rallegrare, rattristare | ***Una n. stonata in un discorso***, (*fig.*) una frase poco opportuna | (*est.*) Parola, accento | ***Le dolenti note***, la parte meno piacevole di un fatto | ***A chiare note***, chiaramente, apertamente. **3** Appunto, annotazione scritta: *prendere*, *tenere n.*; *taccuino per le note* | (*fig.*) Rilievo, considerazione: *cose degne di n.* | †***Far n.***, notare, porre mente. **4** Citazione, osservazione complementare per chiarire o meglio fissare alcuni punti di un testo: *le note dell'Eneide*; *corredare di note*; *note a piè di pagina*; *trattato irto di note.* **SIN.** Chiosa, postilla. **5** Memoriale, osservazione, comunicazione a carattere ufficiale: *n. diplomatica.* **6** Lista, conto, fattura: *la n. della sarta, delle spese* | Elenco: *la n. dei libri di testo, degli intervenuti* | ***Mettersi in n.***, inserire il proprio nome in un elenco; (*est.*) prenotarsi. **7** Rilievo, cenno, giudizio sul modo di agire o le particolari caratteristiche di qlcu. o qlco.: *note caratteristiche, di biasimo*; *con riputazione e sanza n. alcuna di cupidità* (GUICCIARDINI) | (*per anton.*) Osservazione o comunicazione gener. negativa scritta dall'insegnante sul registro di classe o sul diario di uno studente (un tempo *n. di biasimo, di merito*) | (*elvet.*) Voto scolastico (calco sul fr. *note*) | ***Note informative***, cenni redatti a determinate scadenze da un superiore o da un datore di lavoro sulla resa lavorativa di un dipendente. **8** (*raro*) Carattere, scrittura: *note tironiane.* **9** (*filos.*) Ciascuno degli elementi su cui si forma il giudizio o di cui si forma il concetto della cosa. **10** (*dir.*) Atto scritto, attestante date circostanze, redatto da un soggetto per essere inserito in un pubblico registro per fini costitutivi o di pubblicità | ***N. di pegno***, documento emesso dai magazzini generali per merci in essi depositate, che permette di dare in pegno la merce a garanzia di prestiti | ***N. di mediazione***, documento redatto dal mediatore in triplice copia, contenente gli estremi del contratto | ***N. di commissione***, documento redatto dal rappresentante, contenente gli estremi del contratto da stipulare col suo intervento | ***N. di consegna***, documento emesso a prova della consegna della merce al compratore. **11** †Marchio d'infamia. || †**notarèlla**, **noterèlla**, **dim.** | **noterellina**, **dim.** | **noticina**, **dim.** | **notìna**, **dim.**

nòta bène o (*raro*) **notabène** [comp. di *nota* (imperat. di *notare* (*1*)) e *bene* (avv.); 1818] **loc. sost. m. inv.** ● Avvertenza, richiamo, spec. in fondo a uno scritto: *aggiungere un nota bene.*

notabilàto [1971] **s. m.** ● Insieme di notabili: *c'era tutto il notabilato locale.*

notàbile [vc. dotta, lat. *notābile(m)*, da *notāre* 'notare (1)'; 1313] **A agg.** ● (*lett.*) Degno di essere notato, segnalato, ricordato o tenuto in considerazione: *differenza n.*; *sentenza n.* | (*est.*) Pregevole, insigne, importante: *persona n.* | Rilevante: *notabil danno del ben commune* (SARPI). **SIN.** Considerevole, notevole. || **notabilménte**, avv. (*raro*) Notevolmente, considerevolmente, molto. **B** s. m. e raro f. ● Persona autorevole: *assemblea dei notabili*; *i notabili della città*.

notabilità [1745] s. f. *1* Condizione di chi (o di ciò che) è notabile. SIN. Ragguardevolezza, rilevanza. *2* (*spec. al pl.*) Persona notabile: *tutte le n. si sono riunite*.

Notacàntidi [vc. dotta, comp. di *notacanto* e *-idi*; 1932] s. m. pl. (sing. *-e*) ● Nella tassonomia animale, famiglia di Pesci ossei di profondità con corpo compresso lateralmente, bocca ventrale e spine dorsali (*Notacanthidae*).

notacànto [comp. del gr. *nôton* 'dorso' (V. *noto-*), e *ákantha* 'spina'; 1834] s. m. ● Pesce marino dei Notacantidi, molto slanciato, con pinna dorsale formata da brevi spine (*Notacanthus sexspinis*).

†**notaiésco** ● V. *notaresco*.

notàio o (*lett.*) **notàro** [lat. *notāriu(m)* 'stenografo, segretario', da *notāre* 'notare (1)'; av. 1250] s. m. (f. *-a*; V. nota d'uso FEMMINILE) ● Professionista e pubblico ufficiale incaricato di ricevere atti tra vivi o di ultime volontà, di attribuire loro pubblica fede, di conservarli, autenticarli, rilasciarne copia, certificati o estratti: *Carla Rossi, notaio*.

notalgìa [comp. di *noto-* e *-algia*; 1834] s. f. ● (*med.*) Dolore alla regione dorsale.

notaménto [da *notare* (*1*); 1499] s. m. ● (*raro*) Annotazione | Nota.

†**notàndo** [vc. dotta, lat. *notăndu(m)*, gerundivo di *notāre* 'notare (1)'; av. 1500] agg. ● Degno di essere segnalato, notato.

♦**notàre** (**1**) [lat. *notāre*, da *nŏta* 'nota'; sec. XIII] v. tr. (*io nòto*) *1* Segnare, contraddistinguere mediante un segno: *n. gli errori*; *n. qlco. in margine*. *2* Scrivere, registrare, prendere nota: *n. le spese*; *n. le entrate e le uscite*. *3* Osservare: *n. i difetti di qlcu.* | ***Nota bene***, osserva, si badi | ***Farsi n.***, richiamare su di sé l'altrui attenzione | Accorgersi: *notammo qlco. di nuovo* | Considerare: *è utile n. quel particolare*. *4* Dire, enunciare qlco. per chiarirla o renderla evidente: *lo scrittore nota subito nel primo capitolo ...* | ***È da n. che ...***, è da mettere in evidenza che ... SIN. Considerare, osservare. *5* (*raro, lett.*) Tacciare, accusare: *n. di falso*.

notàre (**2**) e *deriv.* ● V. *nuotare* e *deriv.*

notarésco o †**notaiésco** [da *notaro*, var. di *notaio*; 1606] agg. (pl. m. *-schi*) ● (*lett.*) Notarile.

†**notarìa** o †**noterìa** s. f. ● Notariato.

notariàto [da *notaio*, sul modello del lat. *notārius* (V. *notaio*); 1550] s. m. ● Funzione, ufficio di notaio: *aspirare al n.*; *esercitare il n.*

notarìle [da *notaro*, var. di *notaio*; 1772] agg. *1* Di notaio: *studio, archivio n.*; *copia n.* | ***Procura n.***, rilasciata mediante atto pubblico, in presenza di un notaio | ***Consiglio n.***, collegio di notai con funzioni di sorveglianza nell'ambito di un distretto, sull'esercizio della professione di notaio. *2* (*fig.*) Detto di comportamento che si limita alla registrazione e alla verifica della correttezza formale di un'attività, trascurandone gli aspetti sostanziali. || **notarilménte**, avv.

notàro ● V. *notaio*.

notàto part. pass. di *notare* (*1*); anche agg. ● Nei sign. del v. || †**notataménte**, avv. Apposta, segnatamente.

notatóre [da *notato*; av. 1722] s. m. (f. *-trice*) ● (*raro*) Chi nota, osserva.

notazióne [vc. dotta, lat. *notatiōne(m)*, da *notātus*, part. pass. di *notāre* 'notare (1)'; av. 1306] s. f. *1* Il notare | ***N. delle pagine***, numerazione | Annotazione, segnatura: *testo pieno di notazioni*. *2* (*fig.*) Considerazione, osservazione: *acuta n. filologica*. *3* (*mat.*) Insieme di simboli e formule. *4* (*mus.*) Rappresentazione delle note e loro disposizione. *5* (*miner.*) Simboleggiatura usata per indicare le singole facce di un cristallo. *6* †Etimologia.

notebook /ingl. 'nəut,buk/ [vc. ingl., comp. di *note* 'nota, appunto' e *book* 'libro, libretto'; 1990] s. m. inv. *1* Libretto, taccuino per appunti. *2* (*elab.*) Computer portatile, apribile a libro, delle dimensioni di un foglio per macchina per scrivere.

†**noterìa** ● V. †*notaria*.

notes /'nɔtes, *fr.* nɔt/ [vc. fr., propr. 'note'; 1905] s. m. inv. ● Taccuino per appunti.

♦**notévole** [stessa etim. di *notabile*; 1308] agg. *1* Degno di nota, di considerazione: *fenomeno n.* | (*est.*) Pregevole: *un quadro n.* *2* Che ha dimensioni, peso, valore, importanza e sim., considerevoli: *una distanza n.*; *valore n.*; *persona di n. intelligenza*. || **notevolménte**, avv.

notidano [comp. di *noto-* e del gr. *idanós* 'bello', da *idêin* 'vedere', di orig. indeur.] s. m. ● Squalo di profondità, con sette fessure branchiali, pelle molto ruvida e corpo fusiforme (*Heptranchias perlo*).

notìfica [1804] s. f. ● (*bur.*) Notificazione, comunicazione.

notificàbile agg. ● Che si può notificare.

notificaménto s. m. ● (*raro*) Notificazione.

notificàndo [vc. dotta, lat. *notificāndu(m)*, gerundivo di *notificāre* 'notificare'; 1958] s. m. (f. *-a*) ● (*dir.*) Persona cui deve essere presentata una notificazione.

notificàre [vc. dotta, lat. *notificāre*, comp. di *nōtus* 'noto (1)' e *-ficāre* '-ficare'; 1294] v. tr. (*io notìfico, tu notìfichi*) *1* (*dir.*) Rendere noto mediante notificazione: *n. l'impugnazione*; *n. un atto di citazione*; *n. al debitore la cessione del credito*. *2* Denunciare, dichiarare, palesare: *n. il proprio cognome*. *3* †Spiegare.

notificatóre [sec. XIV] s. m.; anche agg. (f. *-trice*) ● (*raro*) Chi (o Che) notifica, dichiara, denuncia qlco.

notificazióne [1356] s. f. *1* Atto del notificare: *la n. di una sentenza*. *2* (*dir.*) Meccanismo processuale atto alla comunicazione solenne e integrale di un atto scritto | (*est.*) Attività mediante la quale una manifestazione di volontà di natura extra processuale è portata a conoscenza del destinatario.

notìsta [comp. di *not(a)* e *-ista*; 1970] s. m. e f. (pl. m. *-i*) ● Estensore di note, spec. politiche, su giornali, riviste e sim.

notitia criminis /lat. no'titstsja 'kriminis/ [loc. lat., propr. 'notizia (*notitia(m)*) di un reato (*crīmen*, genit. *crīminis*)'] loc. sost. f. inv. (pl. lat. *notitiae criminis*) ● (*dir.*) Notizia di reato.

♦**notìzia** [vc. dotta, lat. *notĭtia(m)*, da *nōtus* 'noto (1)'; 1319] s. f. *1* (*lett.*) Cognizione, conoscenza: *acquistare, portare a n.*; *non avere n. di qlco.* | (*raro*) ***Degno di n.***, di essere conosciuto | (*raro*) ***Per vostra n.***, perché sappiate | †***Avere n. con qlcu.***, frequentare qlcu. *2* Nozione: *le prime notizie di una scienza*. *3* Informazione relativa a un fatto spec. recente: *n. fresca, attendibile, infondata*; *n. telegrafica, telefonica*; *essere senza notizie*; *ultime notizie*; *notizie sportive* | ***N. lampo***, V. *lampo*. SIN. Comunicato, novità. *4* Informazione, ragguaglio, spec. su riviste tecniche o specialistiche: *esaurienti notizie bibliografiche*; *una n. sui recenti congressi di sociologia*. *5* (*dir.*) ***N. di reato***, informazione che il pubblico ministero o l'autorità giudiziaria acquisisce in merito a fatti penalmente rilevanti. *6* Documento probatorio di un'azione giuridica perfetta in sé stessa, in uso nell'alto Medioevo. || **notiziàccia**, pegg. | **notiziétta**, dim. | **notiziòla**, †**notiziuòla**, dim.

notiziàre [da *notizia*; av. 1803] v. tr. (*io notìzio*) ● (*lett.*) Informare.

notiziàrio [da *notizia*; 1908] s. m. *1* Rubrica di notizie gener. brevi su giornali o in trasmissioni radio-televisive: *n. regionale*; *n. economico*. *2* Complesso delle notizie che vengono pubblicate su un giornale.

♦**nòto** (**1**) [vc. dotta, lat. *nōtu(m)*, part. pass. di *nōscere* 'conoscere'; 1294] **A** agg. (assol.; + *a*) *1* Conosciuto: *fatto n.*; *nella borgata marina il Ciunna era n. a tutti* (PIRANDELLO) | Conosciuto molto bene: *nome n.* | ***Rendere n.***, diffondere, divulgare | ***È n. che ...***, molti sanno che ... | †***Mal n.***, non ben conosciuto, spec. nei suoi lati positivi: *la mia mal nota e peregrina forma* (MARINO). *2* †Pratico. **B** s. m. ● Ciò che è conosciuto, o di cui si ha nozione: *dal n. all'ignoto*.

†**nòto** (**2**) [vc. dotta, lat. *nŏthu(m)*, nom. *nŏthus*, dal gr. *nóthos* 'bastardo', di etim. incerta] s. m. ● Figlio naturale, illegittimo.

nòto- [dal gr. *nôton* 'dorso', di etim. incerta] primo elemento ● In parole composte della terminologia scientifica, significa 'dorso, schiena': *notalgia*, *notocorda*.

notocòrda [comp. di *noto-* e *corda* nel sign. 5; 1875] s. f. ● (*zool.*) Corda dorsale.

Notocordàti [da *notocorda*; 1958] s. m. pl. (sing. *-o*) ● (*zool.*) Cordati.

Notodòntidi [comp. di *noto-*, *-odonto* e *-idi*; 1924] s. m. pl. (sing. *-e*) ● Nella tassonomia animale, famiglia di farfalle tozze e massicce con corpo peloso e larve spesso mimetiche (*Notodontidae*).

notomelìa [da *notomelo*] s. f. ● (*med.*) Mostruosità fetale caratterizzata da inserzione degli arti al dorso.

notòmelo [comp. di *noto-* e del gr. *mélos* 'membro'; 1875] s. m. ● (*med.*) Feto mostruoso con uno o due membri inseriti al dorso.

†**notomìa** ● V. *anatomia*.

†**notomìsta** ● V. *anatomista*.

†**notomìstico** agg. ● Di anatomista.

†**notomizzàre** ● V. *anatomizzare*.

notonètta [comp. di *noto-* e del gr. *nḗktēs* 'nuotatore', da *nḗchein* 'nuotare', di orig. indeur.; 1840] s. f. ● Insetto emittero, carnivoro, con corpo oblungo e liscio di colore giallo-verdastro, che abbonda negli stagni nuotando agilmente con i battiti delle zampe posteriori le quali sono molto più lunghe delle anteriori (*Notonecta glauca*).

notopòdio [comp. di *noto-* e del gr. *pódion* (V. *neuropodio*)] s. m. ● (*zool.*) Ramo dorsale del parapodio degli Anellidi Policheti.

Notorictidi [comp. del gr. *nótos* 'sud' (di etim. incerta) e *orýktēs* 'scavatore' (da *orýssein* 'scavare', prob. di orig. indeur.)] s. m. pl. (sing. *-e*) ● Nella tassonomia animale, famiglia di Marsupiali australiani, scavatori, simili a talpe, privi di padiglione auricolare (*Notoryctidae*).

notorietà [1619] s. f. *1* Stato, condizione di ciò che è notorio, conosciuto | (*dir.*) ***Atto di n.***, atto pubblico contenente una dichiarazione resa da più persone circa la conoscenza di fatti giuridicamente rilevanti. *2* (*est.*) Celebrità, fama: *personaggio di grande n.*

notòrio [vc. dotta, lat. *notōriu(m)*, da *nōtus* 'noto (1)'; av. 1342] agg. *1* Che è noto a tutti, che è di pubblico dominio: *un fatto n.*; *la sua falsità è notoria*; *è n. che ...* *2* (*dir.*) ***Atto n.***, atto di notorietà. || **notoriaménte**, avv. In modo notorio; come tutti sanno: *la Svizzera è notoriamente pulita*.

Notòstraci [comp. di *noto-* e del gr. *óstrakon* 'conchiglia' (V. *ostracione*); 1930] s. m. pl. (sing. *-co*) ● Nella tassonomia animale, ordine di Crostacei dei Fillopodi con carapace a scudo, comuni nelle acque dolci (*Notostraca*).

†**notricàre** e *deriv.* ● V. *nutricare* e *deriv.*

†**notrice** ● V. *nutrice*.

nottambulìsmo [1842] s. m. ● Tendenza a far vita da nottambulo.

nottàmbulo [da *notte*, sul modello di *funambolo*; 1685] **A** s. m. (f. *-a*) *1* Persona a cui piace andare in giro e divertirsi di notte: *una compagnia di allegri nottambuli*; *I nottambuli sbarravano gli occhi dietro quel tassì* (CALVINO). *2* †Sonnambulo. **B** anche agg.: *gente nottambula*.

nottànte [part. pres. di †*nottare*; 1923] s. m. e f. ● Infermiere notturno.

†**nottàre** [da *notte*; sec. XIV] v. intr. ● Annottare.

nottàta [1534] s. f. ● Spazio di una notte: *durare una n.* | La notte, con riferimento alle condizioni atmosferiche, agli avvenimenti che si sono verificati, al modo in cui la si è trascorsa: *una n. piovosa, fredda, calda*; *una n. di sofferenza*; *una n. insonne, agitata*; *ho passato la n. a studiare* | ***Far n.***, restare tutta la notte senza dormire. || **nottatina**, dim. | **nottatàccia**, pegg. (V.).

nottatàccia [pegg. di *nottata*; 1883] s. f. *1* Nottata di forte maltempo: *Per l'appunto era una n. d'inverno. Tuonava forte forte* (COLLODI). *2* Nottata particolarmente spiacevole o faticosa | Nottata in cui non si riesce a dormire bene: *Una n. caro professore! Il caldo, forse...* (PIRANDELLO).

♦**nòtte** [lat. *nŏcte(m)*, di orig. indeur.; av. 1250] s. f. *1* Tempo durante il quale una località non è illuminata né dal Sole, né dalla luce solare diffusa dall'atmosfera terrestre. CFR. nicto- | ***La n. sulla domenica***, quella fra il sabato e la domenica | ***La n. della domenica***, ***domenica n.***, quella tra la domenica e il lunedì | ***La n. santa***, quella di Natale | ***Si fa n.***, annotta | ***Sul far della n.***, all'imbrunire | ***Di prima n.***, nelle prime ore della notte | ***Prima n.***, (*per anton.*) quella che i coniugi trascorrono insieme dopo il loro matrimonio | †***Un'ora di n.***, un'ora dopo il tramonto | ***L'una, le due di n.***, un'ora, due ore dopo la mezzanotte | ***Nel cuore della n.***, †***a gran n.***, a notte fonda, inoltrata | ***Di n.***, durante la notte | ***A n.***, quando è scesa la notte | ***Da n.***, da usare nella notte: *camicia da n.* | ***Giorno e n.***, continuamente | ***Peggio che andar di n.***, di male in peggio, detto spec. di imprese, avventure sempre più pericolose | ***Ci corre quanto dal*** *giorno alla n.*, c'è una grande diversità | ***N. dei lunghi coltelli***, (*st.*) quella del 30 giugno 1934 in cui vennero sterminati ad opera delle SS naziste i capi delle formazioni paramilitari SA (ted. Sturmabteilungen); (*fig.*) episodio di vendetta o lotta tra fazioni rivali all'interno di un partito, movimento, azienda e sim. ***2*** Con riferimento alle condizioni atmosferiche delle ore notturne, agli avvenimenti che in esse si sono verificati, al modo in cui si sono trascorse: *una n. buia, stellata, piovosa, tempestosa; trascorrere una n. movimentata, insonne, tranquilla; ha passato bene la n.; il malato non passerà la n.; n. di angoscia, di dolore* | ***N. in bianco, bianca***, insonne (i cavalieri medioevali nella notte precedente l'investitura vegliavano vestiti di bianco, in segno di purezza) | ***Far di n. giorno***, vegliare | ***Fare il turno di n.***, (*fam.*) ***fare la n.***, lavorare in orario notturno | ***N. brava***, V. *bravo*, sign. A 3 | ***Buona n.!***, escl. augurale rivolta a chi va a dormire; (*fig.*) esclamazione per indicare qlco. di ormai concluso | (*scherz.*) ***Buona n. al secchio***, è finita, non se ne parla più. ***3*** (*fig., lett.*) Tenebre, oscurità, buio: *una nube che porta n.* | (*fig.*) ***La n. dei tempi***, tenebre che avvolgono gli avvenimenti remoti: *fatti che si perdono nella n. dei tempi* | (*fig.*) Ignoranza, barbarie: *la n. del Medioevo*. ***4*** (*fig.*) Cecità: *essere condannato alla n. perpetua*.

†notteggiàre [comp. di *notte* e *-eggiare*; av. 1787] **v. intr.** ● Fare il nottambulo.

nottetèmpo [comp. di *notte* e *tempo*; av. 1292] **avv.** ● Di notte, durante la notte: *arrivare, partire n.* | Anche nella loc. avv. ***di n.***

nottilùca ● V. *noctiluca*.

nottilucènte [comp. di *notte* e *lucente*; av. 1729] **agg.** ● (*meteor.*) Nella loc. ***nube n.***, fenomeno atmosferico che si osserva alle alte latitudini al crepuscolo dei giorni estivi, costituito da una specie di nube fosforescente con struttura simile a quella dei cirri.

nottivago [vc. dotta, lat. *noctĭvagu(m)*, comp. di *nŏx*, genit. *nŏctis* 'notte' e *văgus* 'vagante'. V. *vago*; 1499] **agg.** (**pl. m.** *-ghi*) ● (*lett.*) Che va in giro la notte: *le prore nottivaghe* (PASCOLI) | Nottambulo.

nòttola [vc. dotta, lat. tardo *nŏctula(m)*, dim. di *nŏctua* 'nottola', da *nŏx*, genit. *nŏctis* 'notte'; av. 1336] **s. f.** ***1*** Pipistrello europeo, con fitto mantello rossastro (*Nyctalus noctula*). ***2*** (*ant.*) Civetta. ***3*** Saliscendi di legno a forma di becco d'uccello. || **nottolina**, **dim.** (V.) | **nottolino**, **dim. m.** (V.) | **nottolóne**, **accr. m.** (V.).

†nottolàta [av. 1584] **s. f.** ● Nottata, spec. trascorsa divertendosi.

nottolina [av. 1571] **s. f.** ***1*** Dim. di *nottola*. ***2*** Nottolino.

nottolino [av. 1571] **s. m.** ***1*** Dim. di *nottola* | Piccolo saliscendi | (*tosc.*) ***Fare d'una trave un n.***, ridurre a niente qlco. di notevoli dimensioni e (*fig.*) non ottenere nulla da qlco. ***2*** (*mecc.*) In un arpionismo, dente metallico che s'impegna nella ruota dentata, impedendole un senso di rotazione.

nottolóne [1563] **s. m.** ***1*** Accr. di *nottola*. ***2*** (*zool.*) Caprimulgo. ***3*** (**f.** *-a*) (*tosc.*) Persona grande e grossa, ma tarda di mente.

nòttua [cfr. *nottola*; 1584] **s. f.** ● (*zool.*) Denominazione generica di molte specie di Lepidotteri dannosi alle colture: *n. dei cavoli, del granturco, dei legumi, delle messi*.

Nottùidi [vc. dotta, comp. di *nottu(a)* e *-idi*; 1932] **s. m. pl.** (**sing.** *-e*) ● Nella tassonomia animale, famiglia di farfalle con corpo grosso, ali anteriori triangolari e allungate, posteriori più corte e più larghe, colori scuri (*Noctuidae*).

†nòttulo **s. m.** ● Nottola.

notturlàbio [dal lat. tardo *nocturnālis* 'notturno', sul modello di *astrolabio*; 1803] **s. m.** ● Antico strumento navale che permette la rilevazione della latitudine mediante la rilevazione della distanza angolare esistente tra la stella polare e lo zenit della nave.

nottùrna [f. sost. di *notturno*; 1955] **s. f.** ● Incontro sportivo, spec. di calcio, che viene disputato di sera: *partita in n.*

♦notturno [vc. dotta, lat. *noctŭrnu(m)*, da *nŏctu*, abl. di *nŏx* 'notte'; av. 1306] **A agg.** ● Della notte, che è proprio della notte o avviene di notte: *riposo n.; quiete notturna; fonte se' or di lagrime notturne* (PETRARCA) | ***Servizio, lavoro n.***, che si compie, si svolge di notte | ***Campanello n.***, negli alberghi e nelle farmacie, per chiamare di notte. **B s. m.** ***1*** Ufficio canonico di mattutino, originariamente recitato o cantato nelle ore notturne. ***2*** (*mus.*) Composizione strumentale destinata all'esecuzione all'aperto nelle ore notturne | (*est.*) Composizione ispirata alla notte: *un n. di Chopin*. ***3*** Rappresentazione in fotografie, quadri e sim. di una scena che avviene di notte.

nòtula [vc. dotta, lat. tardo *nŏtula(m)*, propr. 'piccolo segno, puntino', dim. di *nŏta* 'nota'; 1499] **s. f.** ***1*** †Piccola annotazione. ***2*** Nota dell'onorario dovuto a un professionista. || **notulétta**, **dim.**

nougat /'nugat, *fr.* nu'ga/ [vc. provenzale, che risale a un lat. parl. *nucātu(m)* 'fatto con noci' (da *nŭx*, genit. *nŭcis*); 1958] **s. m. inv.** ● Dolce a base di mandorle o nocciole tritate e zucchero caramellato.

noumènico [da *noumeno*] **agg.** (**pl. m.** *-ci*) ● (*filos.*) Relativo al noumeno.

noùmeno [vc. dotta, gr. *noóumenon* 'ciò che è pensato', part. pres. passivo di *noêin* 'pensare', da *nôus* 'mente'; 1845] **s. m.** ● Nella filosofia di Kant, ciò che può essere oggetto soltanto della conoscenza razionale pura e come tale si contrappone al fenomeno inteso come oggetto della conoscenza sensibile.

nous /nus/ o **nòo** [vc. gr., 'mente'. V. *noumeno*; 1843] **s. m. inv.** ● Nella filosofia greca, principio intelligente plasmatore del mondo.

nouveau roman /*fr.* nu,voʀɔ'mɑ̃/ [loc. fr., propr. 'nuovo romanzo'; 1960] **loc. sost. m. inv.** ● Corrente letteraria nata in Francia negli anni '50 del Novecento, tendente al rinnovamento del romanzo tradizionale, attraverso una narrazione che dissolve la struttura della trama, elimina ogni analisi psicologica dei personaggi e descrive la realtà in modo freddo, impersonale, minuzioso.

nouveaux philosophes /*fr.* nu,vofilɔ'zɔf/ [loc. fr., propr. 'nuovi (*nouveaux*) filosofi (*philosophes*)'; 1977] **loc. sost. m. pl.** ● Gli appartenenti al gruppo di intellettuali che negli anni 1970-80 hanno operato una critica delle tradizioni culturali dominanti nella Francia del secondo dopoguerra, come il marxismo e lo strutturalismo.

nouvelle critique /*fr.* nu,vɛlkʀi'tik/ [loc. fr., propr. 'nuova critica'; 1981] **loc. sost. f. inv.** ● Orientamento letterario affermatosi in Francia negli anni 1960-70, tendente al rinnovamento dell'attività critica mediante il rifiuto dei metodi d'analisi tradizionali e l'utilizzazione di scienze quali la psicanalisi, la sociologia, la linguistica, la semiologia, l'antropologia.

nouvelle cuisine /*fr.* nu,vɛlkɥi'zin/ [loc. fr., propr. 'nuova cucina'; 1984] **loc. sost. f. inv.** ● Cucina sorta in Francia negli anni '70 del Novecento che, staccandosi dalla elaborata tecnica della grande tradizione, esalta la libera creazione da parte del cuoco e si basa su cibi leggeri, cotture semplici, inediti accostamenti di ingredienti.

nouvelle vague /*fr.* nu,vɛl'vag/ [loc. fr., propr. 'nuova (*nouvelle*, V. *novello*) onda (*vague*, dall'ant. scandinavo **vâgr*)'; 1959] **loc. sost. f. inv.** ***1*** Il complesso dei giovani registi francesi che, negli anni 1950-60, con opere innovatrici rispetto alla tradizione, illustrarono le difficoltà e la vita della gioventù contemporanea. ***2*** (*fig.*) Le nuove leve, le ultime generazioni.

nòva [da (*stella*) *n(u)ova*; 1942] **s. f.** ● (*astron.*) Stella che, a causa di una violentissima esplosione, mostra un rapido e imponente aumento della sua luminosità e poi lentamente ritorna all'incirca alle condizioni iniziali.

novàle [vc. dotta, lat. *novāle*, da *novāre* 'rinnovare', da *nŏvus* 'nuovo'; av. 1320] **s. m.** o **f.** ● Campo messo a coltura dopo il riposo | Maggese lavorato mediante quattro arature praticate in tempi diversi.

♦novànta [sovrapposizione di *nove* al lat. *nonagĭnta* 'novanta'; 1273] **agg. num. card. inv.**; anche **s. m.** e **f. inv.** (si elide davanti ad 'anni': *novant'anni*) ● Nove volte dieci, nove decine, rappresentato da *90* nella numerazione araba, da *XC* in quella romana. **I** Come agg. ricorre nei seguenti usi. ***1*** Rispondendo o sottintendendo la domanda 'quanti?', indica la quantità numerica di novanta unità (spec. preposto a un s.): *ha compiuto oggi novant'anni; pesa quasi n. kili* | ***Avere n. probabilità su cento***, (*est.*) averne molte | Con valore indet.: *te l'ho detto e ripetuto n. volte!* ***2*** Rispondendo o sottintendendo la domanda 'quale?', identifica qlco. in una pluralità, in una successione, in una sequenza (posposto a un s.): *studiate al paragrafo n.* | ***I n. numeri***, quelli del lotto e della tombola. ***3*** In composizione con altri numeri semplici o composti, forma i numeri superiori: *novantuno; novantanove; novantamila; duecentonovanta*. **II** Come s. ricorre nei seguenti usi. ***1*** Il numero novanta (per ellissi di un s.): *il cinque nel n. sta diciotto volte; ha il n. per cento di probabilità* | ***La paura fa n.***, nella cabala del lotto corrisponde al numero novanta; (*fig.*) la paura costringe a fare cose inconsuete o rende eccessivamente timorosi | (*fig.*) ***Pezzo da n.***, in un'organizzazione mafiosa, chi gode di grande autorità e prestigio; (*est.*) persona importante e potente | ***Essere sui n.***, avere circa novant'anni di età. ***2*** Il segno che rappresenta il numero novanta.

novantamila [comp. di *novanta* e *mila*; 1481] **agg. num. card. inv.**; anche **s. m.** e **f. inv.** ● Novanta volte mille, novanta migliaia, rappresentato da *90 000* nella numerazione araba, da $\overline{XC}$ in quella romana. **I** Come agg. ricorre nei seguenti usi. ***1*** Rispondendo o sottintendendo la domanda 'quanti?', indica la quantità numerica di novantamila unità (spec. preposto a un s.): *la popolazione non arriva a n. anime*. ***2*** Rispondendo o sottintendendo la domanda 'quale?', identifica qlco. di una pluralità, in una successione, in una sequenza (posposto a un s.): *il numero n.* **II** Come s. ricorre nei seguenti usi. ***1*** Il numero novantamila (per ellissi di un s.). ***2*** Il segno che rappresenta il numero novantamila.

novantènne [da *novanta*, col suff. *-enne*, ricavato da *decenne*; 1869] **A agg.** ***1*** Che ha novant'anni, detto di cosa o persona. ***2*** Che dura da novant'anni. **B s. m.** e **f.** ● Chi ha novant'anni di età.

novantènnio [da *novanta*, col suff. *-ennio*, ricavato da *biennio*, *decennio*, ecc.; 1925] **s. m.** ● Spazio di tempo di novant'anni.

novantèsimo (o *-é-*) [da *novanta*; sec. XIV] **A agg. num. ord.** ***1*** Corrispondente al numero novanta in una sequenza, in una successione, in una classificazione, in una serie (rappresentato da *XC* nella numerazione romana, da *90°* in quella araba): *la novantesima parte; è riuscito n. nel concorso*. **SIN.** (*lett.*) Nonagesimo | (*sport*) ***N. minuto***, nel calcio, conclusione dell'incontro. ***2*** In composizione con altri numerali, semplici o composti, forma gli ordinali superiori: *novantesimoprimo; centonovantesimo; milleduecentonovantesimo*. **B** in funzione di **s. m.** ● Ciascuna delle novanta parti uguali di una stessa quantità: *otto novantesimi; un n. del totale*.

novantina [1869] **s. f.** ***1*** Complesso, serie di novanta o circa novanta unità: *una n. di kilometri*. ***2*** I novant'anni nell'età dell'uomo: *ha passato la n.; mia nonna è già arrivata alla n.*

novantùno [comp. di *novanta* e *uno*] **agg. num. card. inv.**; anche **s. m. inv.** ● Nove volte dieci o nove decine, più un'unità, rappresentato da *91* nella numerazione araba, da *XCI* in quella romana. **I** Come agg. ricorre nei seguenti usi. ***1*** Rispondendo e sottintendendo la domanda 'quanti'?, indica la quantità numerica di novantuno unità (spec. preposto a un s.): *ha battuto il record per novantun centesimi di secondo*. ***2*** Rispondendo o sottintendendo la domanda 'quale?', identifica qlco. in una pluralità, in una successione, in una sequenza (posposto a un s.): *abita in via Roma, numero n.; fai l'esercizio numero n.* **II** Come s. ricorre nei seguenti usi. ***1*** Il numero novantuno (per ellissi di un s.): *abito al n. di via Roma* | (*scherz.*) ***Il n. fa miseria***, perché nella tombola tale numero non c'è, terminando i numeri, e quindi la fortuna, al novanta. ***2*** Il segno che rappresenta il numero novantuno. ***3*** (*mil.*) Modello di fucile a ripetizione di piccolo calibro, con caricatore a sei cartucce, fabbricato a partire dal 1891, un tempo in uso nell'esercito italiano.

novàre [vc. dotta, lat. *novāre*, da *nŏvus* 'nuovo'; av. 1755] **v. tr.** (*io nòvo*) ***1*** †Rinnovare. ***2*** (*dir.*) Estinguere un debito concludendo una novazione.

novarése [1540] **A agg.** ● Di Novara. **B s. m.** e **f.** ● Abitante, nativo di Novara.

novativo [da *novato*, part. pass. di *novare*; 1970] **agg.** ● (*dir., raro*) Che ha la funzione di novare: *accordo n.*

novatóre [vc. dotta, lat. tardo *novatōre(m)*, da *novātus*, part. pass. di *novāre*; 1554] **s. m.**; anche **agg.** (**f.** *-trice*) ● Chi (o Che) è innovatore in qualche campo o promotore di nuove idee: *un geniale n.*;

idee novatrici.

novazióne [vc. dotta, lat. tardo *novatiōne(m)*, da *novātus*, part. pass. di *novāre* 'novare'; 1573] **s. f.** *1* (*dir.*) Estinzione di una obbligazione mediante accordo tra le parti della stessa di sostituire alla precedente una nuova obbligazione. *2* (*raro*) Innovazione.

♦**nòve** [lat. *nŏve(m)*, di orig. indeur.; 1211] **agg. num. card. inv.**; anche **s. m. e f. inv.** ● Numero naturale successivo di otto, rappresentato da *9* nella numerazione araba, da *IX* in quella romana. **I** Come agg. ricorre nei seguenti usi. *1* Rispondendo o sottintendendo la domanda 'quanti?', indica la quantità numerica di nove unità (spec. preposto a un s.): *le n. Muse*; *i n. mesi della gestazione*; *è stato all'estero per n. anni*; *calcolare i n. decimi di un numero* | ***A n. a n.***, ***di n. in n.***, nove per volta. *2* Rispondendo o sottintendendo la domanda 'quale?', identifica qlco. in una pluralità, in una successione, in una sequenza (posposto a un s.): *leggi al paragrafo n.*; *prendi l'autobus numero n.*; *abito al numero n. di via Verdi.* *3* In composizione con altri numeri semplici, forma i numeri superiori: *ventinove*; *novecento*; *milleseicentonove.* **II** Come s. ricorre nei seguenti usi. *1* Il numero nove (per ellissi di un s.): *ho uno sconto del n. per cento*; *il n. nel ventisette sta tre volte*; *abito al n. di piazza Roma*; *dov'è la fermata del n.?* | Nella valutazione scolastica, il voto inferiore di un punto a quello massimo: *ha preso un bel n.*; *ha la pagella piena di n.* | ***La prova del n.***, prova aritmetica per verificare l'esatto risultato di una operazione aritmetica elementare; (*fig.*, *est.*) dimostrazione, verifica di qlco.: *quella reazione nervosa è stata la prova del n. della sua malafede.* *2* Il segno che rappresenta il numero nove: *scrivo il n. e riporto il due.*

novecentésco [1932] **agg.** (**pl. m.** *-schi*) ● Del Novecento, del XX secolo: *arte, estetica novecentesca.*

novecentèṣimo (o **-ė-**) **A agg. num. ord.** ● Corrispondente al numero novecento in una sequenza, in una successione, in una classificazione, in una serie (rappresentato da *CM* nella numerazione romana, da *900°* in quella araba): *la novecentesima parte di un numero.* **B** in funzione di **s. m.** ● Ciascuna delle novecento parti uguali di una stessa quantità.

novecentiṣmo [da *novecento*; 1936] **s. m.** *1* Movimento artistico, letterario, estetico, sviluppatosi in Italia nel XX secolo. *2* Tendenza artistica alla funzionalità e alla razionalità, spec. in architettura.

novecentista [1826] **A s. m. e f.** (**pl. m.** *-i*) ● Autore vissuto nel Novecento, nel XX secolo | Seguace del novecentismo in letteratura, arte e sim. **B agg.** ● Novecentistico.

novecentistico [1965] **agg.** (**pl. m.** *-ci*) ● Relativo a tendenze e correnti artistiche proprie del Novecento.

novecènto [comp. di *nove* e *cento*; 1321] **agg. num. card. inv.**; anche **s. m. inv.** ● Nove volte cento, nove centinaia, rappresentato da *900* nella numerazione araba, da *CM* in quella romana. **I** Come agg. ricorre nei seguenti usi. *1* Rispondendo o sottintendendo la domanda 'quanti?', indica la quantità numerica di novecento unità (spec. preposto a un s.): *un viaggio di n. chilometri*; *costa circa n. euro*; *la fabbrica dà lavoro a n. operai.* *2* Rispondendo o sottintendendo la domanda 'quale?', identifica qlco. in una pluralità, in una successione, in una sequenza (posposto a un s.): *questo avvenne nell'anno n. d.C.*; *leggete a pagina n.* | ***Stile, architettura, palazzo, mobile n.***, e sim., del XX secolo. **II** Come s. ricorre nei seguenti usi. *1* Il numero novecento (per ellissi di un s.): *divido il n. per tre*; *circa nel n. d.C.* | ***Il Novecento***, (*per anton.*) il secolo XX: *l'arte del Novecento*; *nella prima metà del Novecento.* *2* Il segno che rappresenta il numero novecento.

novela /no'vela, *port.* nu'vɛlʌ, -ɫa/ [1983] **s. f.** (**pl.** *novele* o port. *novelas*) ● Accorc. di *telenovela.*

novèlla [f. sost. di *novello*; sec. XIII] **s. f.** *1* Racconto, narrazione di una vicenda reale, verosimile o immaginaria, di lunghezza variabile, ma inferiore a quella del romanzo: *le novelle del Boccaccio.* *2* (*lett.*) Nuova, notizia, spec. recente. *3* (*dir.*) Norma, o insieme di norme, che ne sostituisce una già in vigore mantenendone l'inquadramento sistematico. *4* †Discorso, ragionamento | †Ciancia, chiacchiera: *sono tutte novelle* | (*spec. al pl.*) †Maldicenze: *spargere novelle* | ***†Mettere in novelle***, burlare. *5* †Rumore, schiamazzo. *6* †Ambasciata. ‖ **novellàccia**, **pegg.** | **novellétta**, **dim.** (V.) | **novellina**, **dim.** | **novellùccia**, **novellùzza**, **dim.** | **novellucciàccia**, **pegg.**

†**novellàio** [1539] **agg.** ● (*tosc.*) Che è curioso di pettegolezzi.

novellàme [comp. di *novello* e *-ame*; 1942] **s. m.** ● L'insieme dei piccoli di molte specie animali, spec. dei pesci.

novellànte [av. 1566] **A part. pres.** di *novellare* ● (*raro*, *lett.*) Nei sign. del v. **B s. m. e f.** ● (*lett.*, *spec. spreg.*) Novellatore, narratore.

novellàre [da *novella*; av. 1292] **A v. intr.** (*io novèllo*; aus. *avere*) *1* (*lett.*) Raccontare novelle. *2* (*lett.*) Raccontare | (*raro*) Chiacchierare. **B v.tr.** ● (*dir.*) Modificare tramite una novella.

†**novellàta** [da *novella*; av. 1571] **s. f.** ● Racconto poco credibile: *in mentre che diceva queste sue novellate* (CELLINI).

novellatóre [da *novellare* (*1*); sec. XIII] **s. m.** (**f.** *-trice*) *1* (*lett.*) Chi racconta novelle. *2* (*lett.*, *raro*) Fanfarone.

novellazióne [da *novella*; 1991] **s. f.** ● (*dir.*) Atto del novellare.

novelleggiàre [comp. di *novell(a)* e *-eggiare*; av. 1870] **v. intr.** (*io novelléggio*; aus. *avere*) ● (*raro*) Novellare.

novellétta [1353] **s. f.** *1* Dim. di *novella.* *2* Composizione musicale per piano a carattere narrativo.

novellière [av. 1342] **s. m.** *1* (**f.** *-a*) Narratore, scrittore di novelle: *i novellieri del Cinquecento.* *2* Raccolta di novelle. *3* †Chiacchierone, maldicente. *4* †Messo, ambasciatore.

novellino [dim. di *novello*; av. 1587] **A agg.** ● Nuovo, primaticcio: *insalata novellina.* **B agg.**; anche **s. m.** (**f.** *-a*) ● Che (o Chi) è inesperto in un'attività, un lavoro e sim., avendoli da poco iniziati.

novellista [da *novella*; 1640] **s. m. e f.** (**pl. m.** *-i*) *1* (*raro*) Scrittore di novelle. *2* (*raro*, *lett.*) Maldicente.

novellistica [1908] **s. f.** ● Genere e arte delle novelle | La produzione di novelle di un dato periodo o ambiente: *la n. del Quattrocento*; *n. borghese.*

novellistico [1885] **agg.** (**pl. m.** *-ci*) ● Che riguarda la novella: *produzione novellistica.*

†**novellizia** [da *novello*; sec. XVII] **s. f.** ● Primizia | Novità.

novellizzazióne [adattamento dell'ingl. *novelization*, da *to novelize* 'ridurre in forma di romanzo (*novel*)'; 1983] **s. f.** ● Rielaborazione di una sceneggiatura cinematografica o televisiva in modo da ottenere un testo narrativo autonomo.

novèllo [vc. dotta, lat. *novĕllu(m)*, dim. di *nŏvus* 'nuovo'; av. 1250] **agg.** *1* Venuto, sorto, nato da poco: *patate novelle*; *pollo n.*; *eran d'intorno violette e gigli / fra l'erba verde, e vaghi fior novelli* (POLIZIANO) | ***Vino novello***, (*ellitt.*) ***novello***, vino ottenuto con una particolare tecnica di fermentazione e imbottigliato un mese e mezzo o due dopo la vendemmia, così da risultare particolarmente profumato e fragrante anche se inadatto all'invecchiamento | (*poet.*) ***La stagione novella***, la primavera | (*poet.*) ***L'età novella***, la giovinezza | (*ellitt.*) ***†Di, per n.***, per la prima volta, di nuovo. **SIN.** Nuovo, recente. *2* Detto di persona che si trova da poco tempo in un determinato stato o condizione: *sposo n.*; *sacerdote n.* *3* (*lett.*) Di chi (o di ciò che) sembra rinnovare in sé qualcun altro o qualche cosa d'altro: *un n. Michelangelo.* *4* †Novizio, inesperto, novellino. *5* †Non veduto prima, strano. *6* (*mar.*) †Di manovra o corda secondaria da usarsi in sostituzione della primaria. ‖ **novellaménte**, **avv.** *1* †Di nuovo, da poco, ultimamente: *tornato novellamente in patria.* *2* (*raro*) In modo nuovo, rispetto all'antico o al passato. *3* †Da principio. ‖ **novellino**, **dim.** (V.).

♦**novèmbre** [lat. *novĕmbre(m)*, da *nŏvem* 'nove', perché era il nono mese del calendario romano arcaico; 1211] **s. m.** ● Undicesimo e penultimo mese dell'anno nel calendario gregoriano, di 30 giorni.

novembrino [1887] **agg.** ● Del mese di novembre: *nebbia, pioggia novembrina.*

novemila [comp. di *nove* e *mila*] **agg. num. card. inv.**; anche **s. m. e f. inv.** ● Nove volte mille, nove migliaia, rappresentato da *9000* nella numerazione araba, da *IX* in quella romana. **I** Come agg. ricorre nei seguenti usi. *1* Rispondendo o sottintendendo la domanda 'quanti?', indica la quantità numerica di novemila unità (spec. preposto a un s.): *l'abbonamento costa n. euro*; *sono raccolti in questa sala più di n. volumi.* *2* Rispondendo o sottintendendo la domanda 'quale?', identifica qlco. in una pluralità, in una successione, in una sequenza (posposto a un s.): *abbonato numero n.* **II** Come s. ricorre nei seguenti usi. *1* Il numero novemila (per ellissi di un s.): *moltiplica il n. per cento.* *2* Il segno che rappresenta il numero novemila.

novèna [vc. dotta, lat. *novēni*, nom., 'a nove a nove', da *nŏvem* 'nove'; av. 1685] **s. f.** ● Pratica cattolica consistente in un ciclo di preghiere e di pii esercizi della durata di nove giorni in onore di un santo o a scopo di devozione e per ottenere grazie: *n. di Natale*, *n. della Madonna.*

novenàrio [vc. dotta, lat. *novenāriu(m)*, da *novēni*. V. *novena*; 1869] **A s. m.** ● Nella metrica italiana verso, la cui ultima sillaba accentata è l'ottava; è composto di nove sillabe se termina con parola piana: *Dov'era la luna? ché il cielo* (PASCOLI) (V. nota d'uso ACCENTO). **B** anche **agg.**: *verso n.*

novendiàle [vc. dotta, lat. *novendiāle(m)* 'che dura nove giorni', comp. di *nŏvem* 'nove' e *dĭes* 'giorno' (V. *dì*); 1587] **A agg.** ● (*lett.*) Che ha la durata di nove giorni. **B s. m.** ● Presso gli antichi Romani, rito che durava nove giorni. **C s. m. pl.** ● Nella liturgia cattolica romana, funerali in onore di un Papa morto celebrati per nove giorni consecutivi.

novennàle [da *nove*, sul modello di *biennale*; av. 1694] **A agg.** *1* Che dura nove anni. *2* Che ricorre ogni nove anni: *cerimonia n.* **B** anche **s. m.**

novènne [vc. dotta, lat. tardo *novĕnne(m)*, comp. di *nŏvem* 'nove' e *ănnus* 'anno'; 1809] **A agg.** *1* Che ha nove anni, detto di cosa o persona: *bambino n.* *2* Che dura da nove anni: *un affetto n.* **B** anche **s. m. e f.**

novènnio [da *novenne*; 1723] **s. m.** ● Spazio di tempo di nove anni.

noveràre [lat. *numerāre*. V. *numerare*; 1306] **v. tr.** (*io nòvero*) *1* (*lett.*) Contare, annoverare. *2* (*est.*, *poet.*) Rievocare, ricordare.

†**noverazióne** [da *noverare*; sec. XIV] **s. f.** ● Novero.

†**novèrca** [vc. dotta, lat. *novĕrca(m)*, da *nŏvus* 'nuovo'; 1321] **s. f.** ● Matrigna: *la spietata e perfida n.* (DANTE *Par.* XVII, 47).

†**novercàle** [vc. dotta, lat. *novercāle(m)*, da *novĕrca* 'noverca'; av. 1642] **agg.** ● Di noverca.

nòvero [lat. *nŭmeru(m)* 'numero'; sec. XIII] **s. m.** † *1* V. *numero.* *2* (*lett.*) Categoria, classe: *essere, trovarsi nel n. dei fortunati.*

novicòrdo [comp. di *nove* e *corda*; av. 1597] **s. m.** ● (*mus.*) Sistema o strumento a nove corde.

novilùnio [vc. dotta, lat. tardo *novilūniu(m)*, comp. di *nŏvus* 'nuovo' e *lūna* 'luna'; sec. XIV] **s. m.** ● Fase iniziale della lunazione nella quale la luna resta invisibile.

nòvio [vc. di orig. sconosciuta; 1983] **s. m.** ● Coccinella rosso-sangue utilizzata per la lotta biologica contro le cocciniglie degli agrumi (*Rodolia cardinalis*).

novìssimo [vc. dotta, lat. *novĭssimu(m)*, superl. di *nŏvus* 'nuovo, ultimo'; av. 1292] **A agg.** ● (*raro*, *lett.*) Ultimo. **B s. m.** ● (*al pl.*, *relig.*) ***I Novissimi***, nella dottrina cattolica, i quattro ultimi eventi cui l'uomo va incontro al termine della vita e cioè: morte, giudizio, inferno o paradiso.

♦**novità** o †**novitàde**, †**novitàte** [vc. dotta, lat. *novitāte(m)*, da *nŏvus* 'nuovo'; 1291] **s. f.** *1* Caratteristica, condizione di ciò che è nuovo: *la n. del caso, di un metodo* | ***†N. della mente***, freschezza | †L'essere singolare, strano. *2* Cosa nuova, inventata, introdotta, fatta conoscere di recente: *è una n. assoluta*; *n. letteraria, musicale*; *correre dietro alle n.* | ***Nemico delle n.***, misoneista | Oggetto, articolo di moda: *negozio di n. sportive* | †Cosa strana, straordinaria. *3* Fatto, avvenimento nuovo, recente: *le n. del giorno* | Notizia di fatti, avvenimenti recenti: *sentire qualche n.* *4* Innovazione, riforma: *propugnatori di n.* | †Sedizione, mutamento dell'ordine politico | ***†Far n. contro qlcu.***, ostacolarlo.

novìzia o (*sett.*) **novizza** nel sign. 3 [f. di *novizio*; 1321] **s. f.** *1* Aspirante monaca nel periodo del noviziato e prima della professione dei voti. *2* †Sposa novella. *3* (*raro*, *sett.*) Fidanzata.

noviziàle [av. 1611] **agg.** ● Di novizio, relativo a novizio.

noviziàto [sec. XIV] **s. m.** *1* Condizione, stato di chi è novizio | Periodo durante il quale si è in tale stato | Collegio per la preparazione dei novizi. *2* Periodo di tirocinio per acquistare esperienza in qlco.: *il n. è difficile per tutti* | ***Scontare il n.***, commettere errori per inesperienza.

novìzio o (*sett.*) **novizzo** nel sign. A 3 [vc. dotta, lat. *novīcu(m)*, da *nŏvus* 'nuovo'; av. 1342] **A s. m.** (**f.** *-a* (V.)) *1* Chi non ha ancora pronunciato i voti e attende di entrare a far parte di un ordine religioso. *2* (*est.*) Chi è nuovo nell'esercizio di una professione o di un lavoro e non è quindi molto pratico: *istruzione dei novizi.* *3* (*sett.*) Fidanzato. **B agg.** ● Inesperto, novellino, principiante: *impiegato, commesso n.*

novìzza ● V. *novizia.*

novìzzo ● V. *novizio.*

nòvo ● V. *nuovo.*

novocaìna [comp. di *novo* 'nuovo' e *(co)caina*; 1911] **s. f.** ● Sostanza bianca cristallina, ottenuta per via di sintesi, usata spec. come anestetico locale.

nozionàle [1584] **agg.** ● Di nozione, relativo a nozione.

nozióne [lat. *notiōne(m)* 'l'imparare a conoscere', da *nōtus*, part. pass. di *nōscere* 'conoscere'; av. 1565] **s. f.** *1* (*filos.*) Concetto, idea. *2* Cognizione, conoscenza semplice, elementare di qlco.: *non avere la n. del tempo*; *non avere nessuna n. di qlco.* *3* (*spec. al pl.*) Primi elementi fondamentali di una scienza, una disciplina, un argomento: *una infarinatura di nozioni storiche.* || **nozioncèlla**, **dim.**

nozionìsmo [comp. di *nozion(e)* e *-ismo*; 1950] **s. m.** ● L'apprendere, o il fare apprendere, molte nozioni senza coordinazione e approfondimento.

nozionìsta [1965] **s. m. e f.** (**pl. m.** *-i*) ● Sostenitore, fautore del nozionismo.

nozionìstico [1958] **agg.** (**pl. m.** *-ci*) ● Che ha i caratteri del nozionismo: *insegnamento n.* || **nozionisticaménte**, **avv.**

♦**nòzze** [lat. *nūptiae*, nom. pl., dal part. pass. di *nūbere* 'sposarsi', V. *nubile*; sec. XIII] **s. f. pl.** *1* Sposalizio, matrimonio: *celebrare le n.*; *regali, doni di n.*; *viaggio di n.* **CFR.** -gamia, gamo-, -gamo | ***N. d'argento, d'oro, di diamante***, anniversario del venticinquesimo, cinquantesimo, sessantesimo anno di matrimonio | ***Andare a n.***, (*fig.*) prepararsi a fare una cosa molto desiderata. *2* Festa, cerimonia, convito nuziale: *imbandire le n.*; *pranzo, torta di n.* | ***Lista di n.***, V. *lista*, sign. 2 | ***Invitare a n.***, proporre di fare qlco. di molto gradito | ***N. con i fichi secchi***, (*fig.*, *scherz.*) cosa fatta con molto risparmio. *3* Nella terminologia mistica cattolica, unione con Cristo: *n. mistiche* | ***N. con Gesù***, voti religiosi. *4* (*biol.*) Fenomeno di fecondazione dei vegetali | ***N. palesi***, delle Fanerogame che hanno fiori | ***N. segrete***, delle Crittogame prive di fiori.

nu /ny/ ● V. *ni* (*2*).

nuance /nu'ans, *fr.* nɥɑ̃:s/ [vc. fr., da *nue* 'nuvola', con allusione ai riflessi sfumati delle nuvole; 1832] **s. f. inv.** ● Sfumatura, leggera differenza (*anche fig.*): *una n. di colore, di tono.*

♦**nùbe** [lat. *nūbe(m)*, da una radice indeur. che indica 'coprire'; 1319] **s. f.** *1* Insieme visibile di particelle liquide o solide o miste in sospensione nell'atmosfera, classificato in vari generi secondo la forma | ***Nubi alte***, cirri, cirrocumuli, cirrostrati | ***Nubi medie***, altostrati, altocumuli, nembostrati | ***Nubi basse***, strati, stratocumuli, cumuli, cumulonembi | ***N. vulcanica***, nuvola di vapori, gas e ceneri emessi da un vulcano in eruzione | ***N. ardente***, miscela di gas, frammenti, materiale lavico incandescente che discende dai fianchi di un vulcano | (*astron.*) ***N. cosmica***, nebulosa oscura; massa di materia cosmica assorbente, assai rarefatta, presente in vaste regioni di spazio internebulare | (*fis.*) ***N. elettronica***, in un tubo elettronico, l'insieme di elettroni liberi emessi dal catodo e che lo circondano; l'insieme degli elettroni, in numero pari al numero atomico di un nucleo, che si trovano distribuiti intorno al nucleo stesso in un atomo neutro | (*chim.*) ***N. ionica***, l'insieme di ioni che circonda e accompagna uno ione, una molecola o una micella nel suo moto attraverso un liquido | (*meteor.*) ***N. madreperlacea***, nube di aspetto iridescente che si osserva nella stratosfera alle alte latitudini, costituita da goccioline d'acqua o sferette di ghiaccio che diffrangono la luce solare conferendo alla nube il suo aspetto | (*meteor.*) ***N. radioattiva***, massa d'aria che contiene prodotti radioattivi provenienti da esplosioni nucleari e si muove come una nube ordinaria | (*astron.*) ***N. stellare***, apparente agglomerato stellare di aspetto nebuloso, di varia forma ed estensione, osservabile spec. nelle regioni celesti del Sagittario, del Cigno e dello Scudo. ➡ **ILL.** p. 2129, 2134, 2135 SCIENZE DELLA TERRA ED ENERGIA. *2* (*est.*) Ciò che ha forma di nube: *una n. di polvere*; *sgombra / la fronte dalla n. dei capelli* (MONTALE). *3* (*fig.*) Ciò che turba la serenità: *una n. di tristezza, di malinconia* | Indizio di contrasti, di peggioramento nei rapporti, e sim: *è solo una n. passeggera.*

nubècola [vc. dotta, lat. *nubĕcula(m)*, dim. di *nūbes* 'nube'; 1587] **s. f.** *1* (*raro, lett.*) Piccola nube. *2* (*astron.*) Nebulosa di piccole dimensioni. *3* (*chim.*) Aspetto fumoso di un precipitato solido disperso in un liquido. *4* (*med.*) Piccola cicatrice biancastra, più o meno opaca, della cornea. **SIN.** Nefelio.

nubecolàre **agg.** ● Di nubecola, simile a nubecola.

nubèndo [dal lat. *nūbere* 'sposarsi' (V. *nubile*); 1958] **s. m.** (**f.** *-a*) ● Chi è prossimo alle nozze, chi è in procinto di sposarsi.

nubiàno [sec. XIV] **agg.** ● Della Nubia, regione dell'Africa nord-orientale: *deserto n.*

†**nubifendènte** [comp. di *nube* e il part. pres. di *fendere*; 1782] **agg.** ● (*poet.*) Che fende le nubi.

nubìfero [vc. dotta, lat. *nubĭferu(m)*, comp. di *nūbes* 'nube' e *-fer* '-fero'; 1499] **agg.** ● (*poet.*) Avvolto da nubi: *dal mugghiante / su i nubiferi gioghi equoreo flutto* (LEOPARDI).

nubifràgio [da *nube*, sul modello di *naufragio*; 1883] **s. m.** ● Precipitazione abbondante, violenta, temporalesca, che può provocare straripamenti di fiumi, allagamenti e frane.

nubilàto **s. m.** ● (*raro*) Stato, condizione della donna nubile | ***Abbandonare il n.***, sposarsi.

nùbile [vc. dotta, lat. *nūbile(m)*, da *nūbere* 'sposarsi', dalla stessa radice di *nūbes* 'nube' perché la sposa veniva velata; sec. XIV] **A agg.** *1* Detto di donna non sposata | (*est.*, *lett.*) Che è in età da marito: *la figlia d'un iddio / non ancor n.* (D'ANNUNZIO) | (*est.*, *lett.*) Relativo a una donna non maritata: *la testimonianza del suo stato n.* (MONTI). *2* (*lett.*) Appena sbocciato o spuntato, detto di fiore, pianta e sim. **B s. f.** ● Donna non sposata.

nùbilo [V. *nuvolo*; 1224 ca.] **agg.**; anche **s. m.** ● (*raro*, *poet.*) Nuvoloso; *et per aere et n. et sereno et onne tempo* (FRANCESCO D'ASSISI).

nubilóso [vc. dotta, lat. tardo *nubilōsu(m)*, da *nūbilus* 'nuvoloso'; 1342] **agg.** *1* (*lett.*) Nuvoloso, nebuloso. *2* (*fig.*, *poet.*) Fosco, oscuro: *la nubilosa e turbida tristizia* (CASTIGLIONE).

nùca [ar. *nuḫā* 'midollo spinale'; 1313] **s. f.** *1* (*anat.*) Regione cervicale posteriore | (*est.*) Parte posteriore del collo: *colpire qlcu. alla n.*; *dare un colpo alla n.* *2* †Colonna vertebrale.

nucàle [1958] **agg.** ● (*anat.*) Della nuca: *linea n.*

nuce, in ● V. *in nuce.*

nucifraga [comp. del lat. *nūx*, genit. *nūcis* 'noce' e *-fragus*, da *frāngere* 'spezzare'. V. *frangere*; av. 1871] **s. f.** ● (*zool.*) Nocciolaia.

nucleàle [1957] **agg.** ● (*lett.*) Pertinente al nucleo, alla parte essenziale o fondamentale di qlco.

♦**nucleàre** [1906] **A agg.** *1* (*fis.*) Del nucleo | ***Fisica n.***, parte della fisica che studia la struttura del nucleo degli atomi | ***Centrale n.***, impianto per la conversione di energia nucleare in energia termica o elettrica | ***Armi nucleari***, quelle che sfruttano l'energia nucleare | ***Energia n.***, quella liberata attraverso i processi di fissione o di fusione nucleare | ***Potenza n.***, Stato che dispone di armamenti nucleari | ***Era n.***, quella in cui viviamo, caratterizzata dall'impiego dell'energia nucleare | ***Guerra n.***, quella che impiega le armi nucleari | ***Medicina n.***, quella che applica l'energia nucleare a scopi diagnostici o terapeutici. *2* ***Pittura, arte n.***, intorno al 1950, quella che vuole riflettere l'angoscia della società contemporanea in forme ispirate alla disgregazione della materia. *3* (*biol.*) Relativo al nucleo cellulare | ***Biochimica n.***, parte della chimica che studia la struttura del nucleo delle cellule | ***Divisione n.***, cariocinesi. *4* (*ling.*) Pertinente al nucleo della frase | ***Frase n.***, nella prima formulazione della grammatica generativa, la frase attiva, dichiarativa e affermativa, costituita da sintagma nominale e sintagma verbale ridotti ai loro elementi essenziali. *5* (*antrop.*) ***Famiglia n.***, quella ristretta al nucleo fondamentale formato da genitori e figli, caratteristica della società industrializzata. **B s. m.** ● L'energia nucleare e l'insieme delle sue utilizzazioni spec. tecnologiche e militari.

NUCLEARE (ENERGIA)
nomenclatura

nucleare (**energia**)
● *terminologia attinente*: il nucleare, l'elettronucleare; industria nucleare; reazione nucleare di fissione non controllata ⇔ controllata, di fusione non controllata ⇔ controllata, fusione fredda;
● *energia nucleare da fissione*: reattore nucleare a fissione (reattore di ricerca, di produzione, di potenza, a neutroni termici = termico, a neutroni veloci = veloce, a uranio naturale, a uranio arricchito, a plutonio; reattore autofertilizzante = breeder reactor; BWR = boiling water reactor = reattore moderato e refrigerato ad acqua naturale bollente; PWR = pressurized water reactor = reattore moderato e refrigerato ad acqua naturale in pressione; GCR = gas cooled reactor = reattore moderato e refrigerato con anidride carbonica; nocciolo; moderatore; fluido refrigerante; impianto nucleare; sicurezza del reattore);
● *combustibile nucleare per reattori a fissione*: isotopi fissili; uranio naturale, arricchito; arricchimento dell'uranio; isotopi fertili; ciclo del combustibile; barra di combustibile;
● *energia nucleare da fusione*: reattore nucleare a fusione (plasma; confinamento, riscaldamento, diagnostica del plasma; bottiglia magnetica; TOKAMAK, STELLARATOR, JET = Joint European Torus, reattore a fusione a laser);
● *combustibile nucleare per reattori a fusione*: deuterio, tritio, litio;
● *utilizzazione dell'energia nucleare*: impieghi civili (produzione di energia elettrica, di acqua dolce, di calore, di idrogeno; propulsione navale), impieghi militari (bomba atomica, aggressivi nucleari).

nuclearìsta [1985] **agg.**; anche **s. m. e f.** (**pl. m.** *-i*) ● Che (o Chi) è favorevole all'impiego dell'energia nucleare e alla costruzione delle centrali nucleari.

nuclearizzàre [comp. di *nuclear(e)* e *-izzare*, sul modello dell'ingl. *to nuclearize*; 1986] **A v. tr.** ● Dotare, fornire di energia nucleare. **B v. intr. pron.** ● Adottare l'energia nucleare.

nuclearizzazióne [da *nuclearizzare* per influsso dell'ingl. *nuclearization*; 1985] **s. f.** *1* Il nuclearizzare, il nuclearizzarsi. *2* Suddivisione in nuclei, in gruppi distinti: *la n. di un partito.*

nucleàsi [comp. di *(acido) nucle(ico)* e *-asi*] **s. f. inv.** ● (*chim.*) Qualsiasi enzima che catalizza la scissione, parziale o totale, di una molecola di acido nucleico nei nucleotidi costituenti.

nucleàto [1958] **agg.** ● (*biol.*) Fornito di nucleo.

nucleazióne [ingl. *nucleation*, dal v. *to nucleate* 'crescere dal nucleo'] **s. f.** ● (*miner.*) Processo di formazione di germi cristallini, precedente all'accrescimento.

nuclèico [1958] **agg.** (**pl. m.** *-ci*) ● (*biol.*) Detto dell'acido presente nelle cellule animali e vegetali, sotto forma di DNA o RNA; gli acidi nucleici sono polimeri lineari costituiti da uno zucchero (riboso o desossiriboso), fosfato inorganico e basi puriniche o pirimidiniche. **CFR.** DNA, RNA.

nucleìna [1883] **s. f.** ● (*biol.*) Sostanza organica proteica che contiene fosforo, parte importante del nucleo della cellula.

nucleìnico [1932] **agg.** (**pl. m.** *-ci*) ● (*biol.*) Nucleico.

nùcleo [vc. dotta, lat. *nŭcleu(m)* 'nocciolo', dim. di *nŭx*, genit. *nŭcis* 'noce'; av. 1674] **s. m.** *1* Parte centrale di qlco. | Primo elemento, organismo che dà inizio ad altri, che si formano attorno a esso: *il n. originario di una città* | (*fig.*) Elemento centrale, costitutivo: *il n. di un'ideologia, di un racconto* | (*fig.*) ***N. fondante***, l'insieme dei concetti fondamentali su cui si basa una disciplina. *2* (*fis.*) Parte centrale dell'atomo, costituita da protoni e neutroni, attorno alla quale ruotano gli elettroni. *3* (*biol.*) Formazione presente nella cellula contenente i cromosomi e delimitata da una membrana, di importanza fondamentale per la regolazione delle funzioni cellulari e per la trasmissione dei caratteri ereditari. CFR. cario- | *N. nervoso*, insieme di cellule nervose destinate a una medesima funzione. *4* (*astron.*) La parte più stabile di una cometa, costituita da un insieme di corpi solidi. *5* (*min.*, *disus.*) Campione cilindrico di roccia prelevato dalla sonda. SIN. Carota. *6* (*geol.*) Involucro più interno del globo terrestre, sotto il mantello, fra 2900 e 6370 km. *7* (*paletnologia*) Grosso pezzo di selce da cui, per lavorazione dell'uomo, sono state staccate lame o schegge. *8* (*chim.*) ***N. benzenico***, anello benzenico. *9* (*fig.*) Piccolo gruppo di persone che promuovono un'impresa o costituiscono un sodalizio di varia natura: *un n. di ricercatori* | Reparto specializzato, squadra: *n. investigativo, n. antidroga* | Gruppo di persone la cui unione iniziale ha dato origine a successivi sviluppi, ampliamenti e sim.: *il n. originario di un partito, di un'organizzazione*.

nucleòfilo [comp. di *nucleo* e *-filo*] agg. ● (*chim.*) Detto di reagente della chimica organica ricco di elettroni, dotato di una elevata affinità verso specie chimiche povere di elettroni.

nuclèolo [vc. dotta, lat. *nuclĕolu(m)*, dim. di *nŭcleus* 'nucleo'; 1875] s. m. ● (*biol.*) Ciascuno dei corpuscoli sferoidali contenenti proteine legate ad acido ribonucleico, sospesi nel nucleo di una cellula a formare accumuli di riserva.

nucleóne [da *nucleo*, col suff. *-one* di *elettrone*; 1958] s. m. ● (*fis.*) Particella costituente il nucleo atomico (protone o neutrone).

nucleònica [da *nucleone*; 1965] s. f. ● Ingegneria nucleare.

nucleoplaṣma [comp. di *nucleo* e *plasma*; 1906] s. m. (pl. *-i*) ● (*biol.*) Parte del protoplasma contenuta nel nucleo.

nucleoproteina [comp. di *nucleo* e *proteina*; 1932] s. f. ● (*chim.*) Qualsiasi proteina coniugata con acidi nucleici, in particolare col DNA nucleare, con cui forma la struttura di base della cromatina. SIN. Nucleoprotide.

nucleoprotide o **nucleoprotèide** [comp. di *nucleo* e *protide*; 1958] s. m. ● (*chim.*) Nucleoproteina.

nucleoṣide [comp. di *nucleo* e della seconda parte di (*glico*)*side*; 1933] s. m. ● (*chim.*) Costituente fondamentale delle nucleoproteine, formato da un glucide legato con una base purinica o pirimidinica.

nucleotermoelèttrico [comp. di *nucleo* e *termoelettrico*] agg. (pl. m. *-ci*) ● (*fis.*) Relativo alla produzione di energia termoelettrica mediante reattori nucleari: *centrale nucleotermoelettrica*.

nucleotide [comp. di *nucleo* e del suff. *-ide*, orig. erroneamente tratto da (*ox*)*ide*, con inserzione eufonica o analogica di *-t-*; 1958] s. m. ● (*chim.*) Estere fosforico dei nucleosidi.

nucleotìdico agg. (pl. m. *-ci*) ● (*chim.*) Di, relativo a, nucleotide | Che contiene nucleotidi.

nuclide [da *nucleo*; 1958] s. m. ● (*fis.*) Specie di nucleo, caratterizzato dal numero di protoni e dal numero di neutroni.

nuculànio [dal lat. *nūcula*, dim. di *nŭx*, genit. *nŭcis* 'noce'; 1834] s. m. ● (*bot.*) Drupa a due o più carpelli, contenenti due o più noccioli.

nudàre [lat. *nudāre*, da *nūdus* 'nudo'; av. 1306] v. tr. *1* (*raro*, *lett.*) Spogliare delle vesti, denudare. *2* (*raro*, *fig.*) Privare.

nude-look /*ingl.* 'njoud,luk/ [loc. ingl., propr. 'aspetto nudo', comp. di *nude* 'nudo' e *look* 'sguardo, aspetto' (vc. di orig. germ.); 1969] loc. sost. m. inv. ● Foggia di abito femminile con la parte superiore trasparente che lascia intravedere il seno: *la moda del nude-look*; *una signora in nude-look*.

nudézza [av. 1533] s. f. ● (*raro*, *lett.*) Nudità.

Nudibrànchi [comp. di *nudo* e *branchia*; 1875] s. m. pl. (sing. *-chio*) ● Nella tassonomia animale, denominazione di numerosi Molluschi dei Gasteropodi privi di conchiglia, con branchia esterna e livrea dai colori bellissimi, che vivono nel mare strisciando sul fondo (*Nudibranchia*).

nudicàule [comp. di *nudo* e *caule*; 1954] agg. ● (*bot.*) Detto di pianta con caule privo di foglie.

nudiṣmo [da *nudo*; 1931] s. m. ● Movimento d'opinione naturista che propugna e pratica l'abolizione degli indumenti, e il rifiuto dei principi etici che condannano la nudità, nell'ambito di un ritorno individuale o comunitario all'ambiente naturale.

nudista [1935] **A** s. m. e f. (pl. m. *-i*) ● Aderente al nudismo: *un campeggio di nudisti*. **B** agg. ● Che riguarda il nudismo, del nudismo: *propaganda n.*; *teoria n.*

nudità [vc. dotta, lat. tardo *nuditāte(m)*, da *nūdus* 'nudo'; av. 1306] s. f. *1* Stato, condizione di chi è nudo: *la n. dei selvaggi* | (*est.*) Mancanza di vegetazione: *la n. di una montagna*. *2* (*spec. al pl.*) Parte del corpo lasciata nuda: *coprire le proprie n.*; *le n. della moda*. *3* (*fig.*) Sobrietà, semplicità: *un discorso efficace nella sua n.*

♦**nùdo** [lat. *nūdu(m)*, di orig. indeur.; av. 1294] **A** agg. *1* Privo di ogni vestito o indumento, detto del corpo umano o delle sue parti: *stare n. al sole*; *essere completamente n.*; *avere le braccia, le gambe nude*; *petto n.*; *stare a torso n.* CFR. gimno- | ***Mezzo n.***, quasi nudo | ***N. nato, come un verme, come mamma l'ha fatto***, completamente nudo | ***Andare a testa nuda***, senza cappello | ***A piedi nudi***, scalzo | ***A mani nude***, senza usare attrezzi | (*est.*) Non sufficientemente coperto dagli abiti: *fa freddo, non andare fuori così n.!* *2* (*est.*) Non rivestito del suo involucro naturale: *osso n.* | Privo di rivestimento, di copertura: *montagne nude*; *terra nuda di vegetazione* | ***Dormire sulla nuda terra***, a diretto contatto col suolo | ***Spada nuda***, sguainata: *colle spade nude in mano, ... giurarono* (MURATORI) | ***A occhio n.***, senza l'aiuto di strumenti ottici: *stella visibile a occhio n.* | ***Nuda proprietà***, V. *proprietà*, sign. 3. *3* (*est.*) Privo di orpelli, di ornamenti: *appartamento n.*; *casa nuda e spoglia* | ***Pareti nude***, senza quadri né tappezzeria | ***Pavimento n.***, senza tappeti. *4* (*fig.*) Schietto, palese, senza nessun elemento che possa mascherare la realtà: *i nudi fatti*; *una nuda confessione*; *la verità nuda e cruda* | ***Mettere a n.***, rivelare interamente, senza reticenze o finzioni: *mettere a n. il proprio cuore, il proprio animo*. *5* (*lett.*) Inerme, indifeso: *povera e nuda vai, filosofia* (PETRARCA). *6* (*bot.*) Aclamide. || **nudaménte**, avv. *1* (*fig.*) In modo semplice. *2* (*fig.*) Senza reticenza, in modo schietto: *raccontare nudamente*. **B** s. m. ● Corpo umano nudo, inteso sia come oggetto di studio che come rappresentazione nelle arti figurative: *scuola, lezione di n.*; *disegnare, dipingere un n.* | (*est.*) Disegno, pittura, scultura raffigurante un corpo umano nudo: *i nudi di Michelangelo*. || **nudino**, dim.

†**nudrire** e *deriv.* ● V. *nutrire* e *deriv.*

†**nugatòrio** [vc. dotta, lat. *nugatōriu(m)*, dal part. pass. di *nugāri* 'scherzare', da *nūgae* 'inezie'; sec. XVI] agg. ● Frivolo.

nùgola ● V. *nuvola*.

nùgolo ● V. *nuvolo*.

†**nùi** ● V. *noi*.

♦**nùlla** [lat. *nūlla*, nt. pl. di *nūllus*. V. *nullo*; av. 1250] **A** pron. indef. inv. ● Niente: *n. si crea e n. si distrugge*. **B** in funzione di s. m. inv. *1* Il non essere: *Dio ha creato dal n. tutte le cose*; *vagar mi fai co' miei pensieri su l'orme / che vanno al n. eterno* (FOSCOLO) | ***Ritornare al n.***, morire | ***Un n.***, una quantità piccolissima; *te lo cedo per un n.* | *2* (*filos.*) Nella filosofia esistenzialista, limite dell'essere inteso come origine della negazione. **C** avv. ● Niente: *non contare n.* | ***Per n.***, nel modo più assoluto, neppure minimamente.

†**nulladimànco** [comp. di *nulla*, *di* e *manco*; av. 1544] cong. ● (*raro*) Nulladimeno.

nulladiméno [comp. di *nulla*, *di* e *meno*; 1525] cong. ● (*raro*, *lett.*) Nondimeno.

nullafacènte [comp. di *nulla* e *facente*, sul modello di *nullatenente*; 1869] agg.; anche s. m. e f. ● Che (o Chi) non svolge nessuna attività o professione | Che (o Chi) vive nell'ozio. SIN. Sfaccendato.

nullàggine [1840] s. f. *1* Incapacità, inettitudine di chi non vale nulla: *la n. dei tuoi amici*. *2* Cosa o persona che non ha nessun valore, spec. morale: *sei una n.* SIN. Nullità.

†**nullaméno** [comp. di *nulla* e *meno*; av. 1714] avv. ● (*lett.*) Nient'affatto.

nullaòsta o **nùlla òsta** [comp. di *nulla* e *ostare*, sul modello del lat. *nĭhil ŏbstat*; 1869] s. m. inv. ● Atto mediante il quale l'amministrazione rimuove limiti posti dalla legge alla esplicazione di una attività o attesta che nulla si oppone al compimento della stessa: *il n. dell'ufficio di collocamento*.

nullatenènte [comp. di *nulla* e il part. pres. di *tenere*; 1797] agg.; anche s. m. e f. ● Che (o Chi) non possiede nulla: *famiglia n.*; *le richieste dei nullatenenti*.

nullatenènza [1877] s. f. ● Stato, condizione di chi è nullatenente: *certificato di n.*

†**nullézza** [sec. XIV] s. f. ● Nullità.

nullificàre [vc. dotta, lat. tardo *nullificāre*, comp. di *nūllus* 'nessuno' (V. *nullo*) e *-ficāre* '-ficare'; 1920] **A** v. tr. (*io nullìfico, tu nullìfichi*) ● Rendere nullo, ridurre a nulla. **B** v. intr. pron. ● Ridursi a nulla.

nullificazióne [av. 1952] s. f. ● (*raro*, *lett.*) Riduzione a nulla.

nullìpara [comp. del lat. *nūllus* 'nessuno' (V. *nullo*) e *-para*, da *părere* 'generare' (V. *partorire*); 1958] s. f.; anche agg. ● (*med.*) Donna che non ha avuto parti.

nulliparità [1958] s. f. ● (*med.*) Stato di chi è nullipara.

Nullìpore [dal lat. *nūllus* 'nessuno', sul modello di *madrepora*; 1834] s. f. pl. (sing. *-a*) ● Nella tassonomia vegetale, famiglia di alghe marine che fissano il carbonato di calcio e formano grandi ammassi sul fronte delle scogliere rivolto verso il mare (*Nulliporae*).

nulliṣmo [da *nulla*; av. 1852] s. m. *1* Nichilismo: *il n. del Leopardi* (CARDUCCI). *2* Incapacità ad agire, a realizzare qlco.

nullisomia [comp. di *nullo* e (*cromo*)*soma*] s. f. ● (*biol.*) Anormale assenza di una coppia di cromosomi omologhi in un individuo.

nullista [da *nullismo*; 1985] agg.; anche s. m. e f. (pl. m. *-i*) ● Chi dà prova di nullismo.

nullìstico [da *nulla*] agg. (pl. m. *-ci*) ● (*raro*) Che non approda ad alcun risultato, che si rivela di nessuna utilità: *atteggiamenti nullistici*.

nullità [da *nulla*; av. 1306] s. f. *1* Condizione, caratteristica di ciò che è nullo, privo di validità o di efficacia: *la n. delle tue ragioni*; *la n. delle richieste*. *2* Cosa o persona che non ha nessun valore: *i vostri superiori sono delle n.* *3* (*dir.*) Invalidità di un atto o negozio giuridico per contrarietà a norme imperative di legge o per mancanza di taluno dei requisiti essenziali richiesti dalla legge.

nùllo [vc. dotta, lat. *nūllu(m)* 'nessuno', comp. di *nē* 'non' e *ūllus* 'qualcuno', dim. di *ūnus* 'uno'; av. 1250] **A** agg. *1* Non valido, che presenta la condizione di nullità: *la sentenza giudiziaria è stata nulla*; *esame n.*; *scheda elettorale nulla*. CONTR. Valido. *2* (*sport*) Nella loc. ***match n.***, pari, che termina con lo stesso punteggio per ambedue gli atleti o le squadre contendenti. **B** agg. indef. ● (*lett.*) Nessuno: *n. martiro, fuor che la tua rabbia, / sarebbe al tuo furor dolor compito* (DANTE *Inf.* XIV, 65-66). **C** pron. indef. ● (*lett.*) Nessuno: *colui ... / che da tutti servito a n. serve* (PARINI).

nùme [vc. dotta, lat. *nūme(n)* 'cenno fatto col capo', poi 'ordine, volere divino', da **nŭere* 'fare un cenno', di orig. indeur.; 1321] s. m. *1* Volontà, potenza divina e sua presenza in atto. *2* Divinità, spec. in riferimento al mondo greco-romano | ***Santi numi!***, escl. di impazienza, rabbia e sim. *3* (*fig.*, *anche iron.*) Persona potente, che ha una funzione di guida | ***N. tutelare***, (*fig.*) persona molto influente che assume una funzione di protezione: *Luisa era sempre il suo n. tutelare* (FOGAZZARO).

numeràbile [vc. dotta, lat. *numerābile(m)*, da *numerāre* 'numerare'; sec. XII] agg. *1* Che si può numerare. *2* (*mat.*) Detto di insieme che si possa porre in corrispondenza biunivoca con l'insieme dei numeri naturali.

numerabilità [av. 1704] s. f. ● (*raro*) Condizione o proprietà di ciò che è numerabile.

numeràle [vc. dotta, lat. *numerāle(m)*, da *nŭmerus* 'numero'; 1363] **A** agg. ● Del numero, che appartiene al numero. **B** s. m. ● (*ling.*) Nome che indica una quantità | ***N. cardinale***, che determina una quantità | ***N. ordinale***, che determina il posto occupato in una serie.

numerando [vc. dotta, lat. *numerăndu(m)*, gerundivo di *numerāre* 'numerare'; av. 1332] agg. ● (*raro*) Da doversi numerare.

numeràre [vc. dotta, lat. *numerāre*, da *nŭmerus* 'numero'; 1308] v. tr. (*io nùmero*) *1* Segnare con un numero progressivamente: *n. le pagine di un registro*; *n. le case di una strada*. *2* (*raro*) Contare, noverare: *numera l'arte magica tra le scienze vane!* (BRUNO) | ***Non si può n.***, è innumerabile | (*raro*) Annoverare. *3* †Contare denaro pagando.

numeràrio [vc. dotta, lat. tardo *numerāriu(m)*, da *numerāre* 'numerare'; 1801] **A** agg. ● (*raro*) Che riguarda i numeri, dei numeri. SIN. Numerale. **B** s. m. **1** (*banca*) Denaro contante. **2** Nel basso impero romano, funzionario dell'amministrazione civile o militare con mansioni di contabile.

numeràto [1318] part. pass. di *numerare*; anche agg. **1** Nei sign. del v. **2** ***Posto n.***, ***sedie numerate***, in teatri, stadi e sim., posti distinti da un numero d'ordine | ***Collo n.***, segnato per essere spedito. || **numeratamènte**, avv. (*raro*) Secondo la successione dei numeri.

numeratóre [vc. dotta, lat. tardo *numeratōre(m)* 'colui che conta', dal part. pass. di *numerāre* 'numerare'; sec. XIV] **A** s. m. **1** (f. *-trice*) Chi numera. **2** (*mat.*) Primo termine della coppia d'interi o di quantità, che definisce la frazione indicando, nel primo caso, quante parti dell'unità si debbono considerare. **3** Meccanismo per numerare le pagine dei registri o i giri di una macchina. **4** (*elettron.*) ***N. elettronico***, tubo elettronico atto a fornire un'indicazione visibile del numero di impulsi contato da uno stadio demoltiplicatore. **B** agg. ● Che numera (V. nota d'uso FRAZIONE).

numeratrice [da *numerare*; 1966] s. f. ● (*cine*) Macchina che imprime una numerazione progressiva sul negativo di una pellicola cinematografica e sulla corrispondente copia positiva usata per il montaggio.

numerazióne [vc. dotta, lat. *numeratiōne(m)*, dal part. pass. di *numerāre* 'numerare'; sec. XIV] s. f. **1** Operazione del numerare. **2** Sistema per scrivere qualsiasi numero intero con dei segni prefissati | ***N. decimale***, che fa uso di dieci segni | ***N. binaria***, che fa uso di due segni (0 ed 1). **3** Sequenza di numeri progressivi attribuita a una serie di cose per ordinarle, contraddistinguerle, individuarle e sim.: *n. stradale*; *n. delle pagine di un libro*. || **numerazioncèlla**, dim.

numèrica [f. sost. di *numerico*] s. f. ● (*mus.*) Intavolatura che rappresentava con numeri gli accordi e gl'intervalli.

numèrico [1640] agg. (pl. m. *-ci*) **1** Attinente al numero: *calcolo n.* **2** Di numero, dei numeri: *serie numerica* | (*elab.*) ***Carattere n.***, nei sistemi di trattamento automatico delle informazioni, quello che rappresenta una cifra decimale. **3** Digitale. || **numericamènte**, avv. Per via di numeri, con numeri.

♦**nùmero** o †**nòvero** [vc. dotta, lat. *nŭmeru(m)*, di orig. indeur. (?); av. 1294] s. m. **1** (*mat.*) Ente matematico che caratterizza un insieme di cose o persone | Elemento d'un insieme nel quale sono definite le operazioni fondamentali (con le proprietà commutativa, associativa e distributiva della moltiplicazione rispetto all'addizione), e solitamente una relazione d'ordine | ***N. naturale***, numero intero positivo: 1, 2, 3, ... | ***N. intero relativo***, maggiore o minore di zero, zero compreso: ... –2, –1, 0, 1, 2, ... | ***N. cardinale***, numero che dice quanti elementi vi sono in un insieme | ***N. ordinale***, numero che indica l'ordine relativo tra gli elementi di un insieme | ***N. primo***, divisibile solo per 1 e per sé stesso | ***N. pari***, ***dispari***, divisibile o no per 2 | ***N. razionale***, ogni numero intero, decimale, frazionario, esprimibile come rapporto tra due numeri interi | ***N. irrazionale***, reale non razionale | ***N. frazionario***, frazione | ***N. reale***, espressione in forma decimale di tipo qualsiasi | ***N. immaginario***, radice quadrata di un numero negativo | ***N. complesso***, somma di un numero reale e di un numero immaginario | ***N. algebrico***, ***trascendente***, numero reale o complesso che sia o no radice di un'equazione algebrica con coefficienti razionali | (*fis.*) ***N. atomico di un elemento***, il numero d'ordine che esso occupa nel sistema periodico degli elementi e che coincide col numero di protoni presenti nel nucleo del suo atomo | (*chim.*) ***N. di coordinazione***, il numero di legami di coordinazione che il coordinante di uno ione complesso può formare | (*fis.*) ***N. di massa***, numero di nucleoni presenti nel nucleo di un atomo | (*fis.*) ***N. di Mach***, numero che esprime il rapporto tra la velocità di una corrente fluida o di un corpo mobile e la velocità del suono nel fluido considerato | (*fis.*) ***N. barionico***, quello pari al numero di barioni meno il numero di antibarioni di un sistema | (*fis.*) ***N. quantico***, ciascun numero che individua i caratteri, o lo stato, di una particella elementare, di un atomo, di una molecola e sim. | (*fis.*) ***N. leptonico***, numero caratteristico delle generazioni di leptoni | (*chim.*) ***N. d'ottano***, V. *ottano* | (*chim.*) ***N. di Avogadro***, numero di molecole contenute in una grammo-molecola di qualunque sostanza | (*stat.*) ***N. indice***, numero di una serie statistica che registra aumenti o diminuzioni rispetto a una quantità base fatta uguale a cento | ***Legge dei grandi numeri***, legge per cui in una serie di prove, eseguite tutte nelle stesse condizioni, la frequenza di un evento è circa uguale alla probabilità dell'evento stesso, e l'approssimazione è generalmente tanto maggiore quanto più grande è il numero delle prove eseguite | (*fot.*) ***N. guida***, valore espresso in cifra per indicare il diaframma da usare in base a una determinata distanza e potenza di luce | (*mar.*) ***N. di bordo***, assegnato sulle navi militari a ogni uomo dell'equipaggio, e formato da quattro cifre, di cui la prima indica la squadra, la seconda il reparto, la terza la serie, l'ultima il posto nella serie | ***N. di matricola***, quello corrispondente all'iscrizione di persona o cosa in un registro, elenco e sim. **2** Figura, segno del numero: *numeri romani*; *numeri arabi*. SIN. Cifra. **3** Cosa, persona indicata con un numero: *via Boccaccio n. 3* | ***N. verde***, linea telefonica con addebito del costo all'utente che riceve la chiamata | L'abbonato al telefono che ha l'apparecchio con il numero indicato: *parla il n. 8345672* | Chi, in un albergo, occupa la camera indicata con quel determinato numero: *il n. trenta è uscito*. **4** (*fig.*) Moltitudine, quantità indeterminata: *venire in gran n.* | ***Senza n.***, innumerevole, infinito | ***Far n.***, accrescere, spec. far apparire più numeroso un gruppo di persone | ***Fare solo n.***, contare solo come presenza, senza partecipare | Quantità determinata, computata: *il n. dei soci, delle regioni* | ***N. chiuso***, V. *chiuso* | ***N. legale***, il minimo di presenti perché sia valida un'assemblea | ***Due di n.***, ***tre di n.***, soltanto due, soltanto tre, e non uno di più. **5** Schiera, serie, classe: *uscire dal n.*; *essere ancora nel n.* | ***Nel n. dei più***, fra i defunti | Posto, grado: *arrivare al n. uno* | ***Un medico n. uno***, che si distingue su tutti per la perizia e la competenza | ***Un atleta n. uno***, un campione | ***Nemico pubblico n. uno***, chi è considerato, da una comunità o da un individuo, particolarmente pericoloso. **6** Ciascuno dei numeri di lotto, lotteria, tombola | ***I numeri estratti***, i cinque che, nel lotto, determinano l'estratto semplice o situato, l'ambo, il terno, la quaterna e la cinquina | ***N. situato***, con assegnazione dell'ordine in cui uscirà, se il 1°, 2°, 3°, 4° o 5° | (*fam.*) ***Dare i numeri***, di persona che dice cose strane, vaghe o di senso oscuro. **7** In merceologia e commercio, grossezza, misura, qualità di un prodotto: *portare scarpe n. 42*; *indossare giacche n. 50*; *maglie n. 5*. **8** Esibizione, parte autonoma di spettacolo di varietà | (*est.*, *fam.*) Persona o scena particolarmente singolari, buffe, divertenti: *che n. tuo fratello!*; *anche oggi hai fatto il tuo n.* | Il gruppo di artisti che sostengono un numero di varietà. **9** Fascicolo, dispensa di giornale o rivista: *l'ultimo n. di "Studi storici"* | ***N. unico***, foglio o fascicolo a stampa che si pubblica una sola volta per avvenimento o ricorrenza. **10** (*ling.*) Categoria grammaticale basata sulla rappresentazione di persone, animali, oggetti, designati mediante nomi, come entità numerabili, suscettibili di essere isolate, contate e riunite in gruppi in opposizione alla rappresentazione degli oggetti come masse indivisibili. **11** (*letter.*) Ritmo: *il n. della prosa ciceroniana* | †Metro, verso, piede. **12** (*spec. al pl.*) Qualità, requisito: *ha tutti i numeri per vincere*. **13** (*relig.*) ***Libro dei Numeri***, (*ellitt.*) ***I Numeri***, nella Bibbia, quarto libro del Pentateuco, in cui si riportano vari dati relativi a censimenti della popolazione israelitica. || **numeràccio**, pegg. | **numerétto**, dim. | **numerino**, dim. | **numeróne**, accr. | **numerùccio**, dim.

NUMERO
nota d'uso

I numeri cardinali e ordinali si possono scrivere sia in lettere (*uno, due, cinque, ottavo*) che in cifre (*1, 2, 5, 8° o VIII*).

I **numeri cardinali**, che indicano una quantità numerica determinata, si scrivono generalmente in lettere in un normale contesto discorsivo: *ci vediamo alle due*; *andiamo a fare quattro passi*; *te l'ho detto mille volte*; *hai fatto ben sette errori*; *le parti del discorso sono nove*; *gli anni Sessanta*. Si scrivono preferibilmente in cifre (che si chiamano 'arabe' in quanto inventate dagli Arabi e portate in Europa durante il Medioevo) per evitare parole eccessivamente lunghe (*l'anno bisestile comprende 366 giorni*; *gli alunni sono 627*) e, soprattutto, nell'uso matematico, tecnico e scientifico: *3,14*; *6 × 8 = 48*; *43° Latitudine N*; *pagina 7*; *2221 m s.l.m.*; *5,3%*; *4/5 dell'ipotenusa*. Si scrivono generalmente in cifre anche le età (*Luigi ha 43 anni*) e le date: *20 settembre 1999*. In certi casi il numero del giorno si può scrivere in lettere, specialmente in riferimento ad avvenimenti storici o festività (talvolta anche con l'iniziale maiuscola; V. maiuscola): *Il Cinque Maggio*, *il Quattro Novembre*.

I **numeri ordinali**, che indicano l'ordine di successione in una serie, si scrivono generalmente in lettere se sono minori di 10 o in contesti linguistici discorsivi o di significato convenzionale: *frequenta la prima classe del Liceo*; *un abito di seconda mano*; *è arrivato appena quarto*; *abita al settimo piano*; *la sera della prima alla Scala*; *il secondo tempo della partita*; *un cambio con la quinta marcia*. Si scrivono invece con le cifre romane negli altri casi e in particolare: per indicare nomi di imperatori, re, papi o discendenti di particolari famiglie: *Carlo V*, *Luigi XVI*, *papa Giovanni XXIII*, *Paul Getty IV*; oppure di imbarcazioni e veicoli particolari: *Biancaneve III* (barca), *Mariner IV* (sonda spaziale). I numeri romani si usano anche per indicare i secoli: *secolo XIV* (che si può anche indicare con il numero cardinale in lettere e la maiuscola: *il Trecento*); o certi particolari giorni del mese che si riferiscono a ricorrenze storiche: *il XX Settembre*, *il XXV Aprile*; negli indici o nelle citazioni: *capitolo XVIII*; *Dante, Inferno, XXVIII*; in particolari classificazioni: *la mia classe è la III F*; *atto I, scena II*. Negli altri casi si preferisce usare, al posto del numero romano, il numero arabo con l'esponente (°) o (ª): *il 23° giorno di sciopero*; *sei la 87ª in graduatoria* (ma **non** *papa Paolo 6°* o *Napoleone 3°* bensì *Paolo VI*, *Napoleone III*). Attenzione: è opportuno ricordare che l'esponente (°) va segnato a fianco del numero arabo ma **non** a fianco del numero romano. Quindi bisogna scrivere *Vittorio Emanuele II* (e **non** *II°*). (V. anche la nota d'uso FRAZIONE e PERCENTUALE.)

numerologìa [comp. di *numero* e *-logia* per calco sull'ingl. *numerology*; 1939] s. f. ● Arte di trovare nei numeri proprietà curiose e soprattutto significati magici e mistici.

numeròlogo [1939] s. m. (f. *-a*; pl. m. *-gi*) ● Studioso, esperto di numerologia.

numerosità [vc. dotta, lat. tardo *numerositāte(m)*, da *numerōsus* 'numeroso'; sec. XIV] s. f. **1** Condizione di ciò che è numeroso. **2** (*lett.*) Armonia, ritmicità.

♦**numeróso** [vc. dotta, lat. *numerōsu(m)*, da *nŭmerus* 'numero'; 1340 ca.] agg. **1** Costituito, composto da molte unità: *pubblico n.*; *famiglia numerosa*; *molti sono che godono assai più dell'applauso n. del popolo, che dell'assenso dei pochi non volgari* (GALILEI). SIN. Molteplice. **2** (*al pl.*) Molti: *sono pervenute numerose proteste*; *hanno partecipato numerosi studenti*. **3** (*lett.*) Armonioso, ritmico. || **numerosaménte**, avv. In gran numero, in grande quantità.

nùmida (**1**) [vc. dotta, lat. *Nŭmida(m)*, da *Nŏmas*, genit. *Nŏmadis* 'nomade'; 1342] **A** agg. (pl. m. *-i*) ● Della Numidia, regione storica dell'Africa nordoccidentale. **B** s. m. e f. ● Abitante della Numidia.

nùmida (**2**) [dal precedente; 1869] s. f. ● (*zool.*) Gallina faraona.

numìdico [1499] agg. (pl. m. *-ci*) ● Della Numidia, dei Numidi: *popoli numidici*.

numinosità [da *numinoso*] s. f. ● Nella tipologia religiosa, carattere di potenza, di tremendo e di soprannaturale che è proprio di un dio o del sacro impersonalmente inteso.

numinóso [ted. *numinos*, dal lat. *nūmen*, genit. *nūminis* 'potenza, nume'; av. 1952] agg. ● (*lett.*) Che si riferisce a nume e a numinosità | ***Sentimen-***

to del n., che è a fondamento dell'esperienza religiosa | (*lett.*) Soprannaturale, che incute spavento e reverenza | (*lett., fig.*) Arcano, irreale.

†**numisma** [vc. dotta, lat. *nomĭsma*, dal gr. *nómisma* 'uso, consuetudine', poi 'moneta', da *nomízein* 'avere per consuetudine', da *nómos* 'legge' (V. *nomofilace*); la *-u-* è dovuta all'avvicinamento con *nŭmmus* 'nummo'; 1585] **s. m.** (**pl.** *-i*) ● Moneta, medaglia.

numismàtica [da (*scienza*) *numismatica*, f. sost. di *numismatico*; av. 1810] **s. f.** ● Scienza che studia sotto tutti gli aspetti le monete e le medaglie di ogni epoca e di ogni Stato.

numismàtico [da †*numisma*; 1745] **A agg.** (**pl. m.** *-ci*) ● Che riguarda la numismatica. **B s. m.** (**f.** *-a*) ● Studioso, specialista di numismatica.

nùmmo [vc. dotta, lat. *nŭmmu(m)*, da avvicinare a *nŭmerus* 'numero'; av. 1338] **s. m.** *1* †Moneta, denaro: *quel che 'l Maestro suo per trenta nummi / diede a' ludei* (ARIOSTO). *2* Unità di peso usata anticamente dai Greci dell'Italia meridionale.

†**nummògrafo** [comp. di *nummo* e *-grafo*; 1869] **s. m.** ● Numismatico.

nummolària o **nummulària** [f. sost. dell'agg. lat. tardo *nummulārius* 'che riguarda le monete', da *nŭmmus* 'numero'; detta così perché le foglie rotonde sembrano monete; 1563] **s. f.** ● Primulacea comune nei luoghi freschi, con i fusti sdraiati che emettono radici avventizie e fiori gialli ascellari (*Lysimachia nummularia*).

nummulària ● V. *nummolaria*.

nummulite [dal lat. *nŭmmulus*, dim. di *nŭmmus* 'moneta' (V. *nummo*); 1834] **s. f.** ● Genere di Protozoi foraminiferi fossili del Terziario, di notevoli dimensioni, provvisti di guscio calcareo a forma di disco, che ricorda quella di una moneta (*Nummulites*). ➡ **ILL. paleontologia.**

nummulìtico [da *nummulite*; 1895] **A agg.** (**pl. m.** *-ci*) ● Detto di roccia che contiene nummuliti. **B s. m.** ● (*geol.*) Paleogene.

†**nunciàre** e *deriv.* ● V. †*nunziare* e *deriv.*

nuncupativo [vc. dotta, lat. tardo *nuncupatīvu(m)*, che aveva però il sign. di 'cosiddetto, preteso', da *nuncupātus*, part. pass. di *nuncupāre* 'chiamare, nominare', comp. di *nōmen* 'nome' e *căpere* 'prendere' (V. *capzioso*); 1389] **agg.** ● (*dir.*) Nel diritto romano, detto di testamento in cui il testatore nomina oralmente l'erede ed esprime le sue volontà in presenza di testimone o notaio.

nuncupazióne [vc. dotta, lat. *nuncupatiōne(m)*, da *nuncupātus*. V. *nuncupativo*; 1673] **s. f.** ● Nel diritto romano, declamazione solenne di determinate formule, avente valore giuridico.

nundinàle [vc. dotta, lat. *nundinăle(m)*, agg. di *nŭndinae* 'nundine'; 1869] **agg.** ● Relativo alle nundine.

nùndine [vc. dotta, lat. *nŭndinae*, nom. f. pl. sost. dell'agg. *nŭndinus* 'pertinente a nove giorni', comp. di *nŏvem* 'nove' e *dĭes* 'giorno' (V. *dì*); 1476] **s. f. pl.** ● Presso gli antichi romani, intervallo di nove giorni intercorrente tra un mercato e un altro, paragonabile nel loro ordinamento civile alla nostra settimana.

†**nunziàre** o †**nunciàre** [vc. dotta, lat. *nuntiāre*, da *nŭntius* 'nunzio'; sec. XIII] **v. tr.** ● Annunziare: *vattene al campo e la battaglia fella / nunzia* (TASSO).

†**nunziatóre** [vc. dotta, lat. tardo *nuntiatōre(m)*, da *nuntiātus*, part. pass. di *nuntiāre* 'nunziare'; av. 1311] **s. m.** (**f.** *-trice*) *1* Annunziatore. *2* (*fig.*) Indizio.

nunziatùra [dal part. pass. di †*nunziare*; 1602] **s. f.** ● Carica, ufficio e sede del nunzio.

†**nunziazióne** [vc. dotta, lat. *nuntiatiōne(m)*, da *nuntiātus*, part. pass. di *nuntiāre* 'nunziare'; sec. XIV] **s. f.** ● Annunciazione.

nùnzio o †**nùncio** [vc. dotta, lat. *nūntiu(m)*, dalla stessa radice di **nūere* 'fare un cenno'. V. *nume*; 1304 ca.] **s. m.** *1* (**f.** *-a*) (*lett.*) Messaggero, ambasciatore | (*raro, est.*) Annunziatore. *2* Ambasciatore legato della Santa Sede presso un governo straniero: *n. apostolico, pontificio.* *3* (**f.** *-a*) (*dir.*) Colui che riferisce al destinatario una volontà negoziale altrui. *4* (*zool.*) ***N. della morte***, coleottero dei Tenebrionidi, innocuo, puzzolente, privo di ali, nero, che di notte si nutre di qualunque sostanza organica, anche putrescente (*Blaps mortisaga*). *5* (*lett.*) Annunzio, notizia.

nuòcere o (*lett., dial.*) **nòcere** [lat. parl. **nŏcere*, per il classico *nocēre*, dalla stessa radice di *nĕx*, genit. *nĕcis* 'morte, uccisione'; av. 1250] **v. intr.** (**pres.** *io nuòccio* o *nòccio*, †*nuòco*, *tu nuòci*, pop. *nòci*, *egli nuòce*, pop. *nòce*, *noi nociàmo* o *nuociàmo*, *voi nocéte* o *nuocéte*, *essi nuòcciono* o *nòcciono*, †*nuòcono*; **imperf.** *io nuocévo* o *nocévo*; **pass. rem.** *io nòcqui*, †*nocètti* (o *-étti*), *tu nocésti* o *nuocésti*; **fut.** *io nuocerò* o *nocerò*; **congv. pres.** *io nuòccia* o *nòccia*, †*nuòca*; **congv. imperf.** *io nuocéssi* o *nocéssi*; **condiz. pres.** *nuocerèi* o *nocerèi*; **imperat.** *nuòci*, pop. *nòci*; **part. pres.** *nocènte* o *nuocènte*; **part. pass.** *nociùto* o *nuociùto*; **ger.** *nocèndo* o *nuocèndo*; **aus.** *avere*) (**assol.**; + *a*) ● Recare danno, fare del male: *La verità ... come può n.?* (LEOPARDI); *quell'impresa ha nociuto al suo prestigio*; *il gelo nuoce alle piante.* || **PROV.** Tentare non nuoce; tutto il male non viene per nuocere.

♦**nuòra** o (*pop.*) **nòra** [lat. parl. **nŏra(m)*, per il classico *nŭru(m)*, di orig. indeur.; av. 1306] **s. f.** ● Moglie del figlio nei confronti dei genitori di questo: *gli era morto l'unico figliuolo ... lasciandogli sette orfanelli e la n. da mantenere* (PIRANDELLO). **CFR.** Genero, suocero | ***Suocera e n.***, (*fig., pop., tosc.*) oliera composta di due ampolle, una per l'olio e l'altra per l'aceto, che sono a contatto ma con i beccucci rivolti in direzioni opposte. || **PROV.** Dire a nuora perché suocera intenda.

nuorése A agg. ● Di Nuoro. **B s. m. e f.** ● Abitante, nativo di Nuoro. **C s. m.** solo **sing.** ● Dialetto parlato a Nuoro.

♦**nuotàre** o (*raro*) **notàre** (**2**) [lat. parl. **notāre*, per il classico *natāre*, di orig. indeur.; av. 1311] **A v. intr.** (*io nuòto*; in tutta la coniug. di *notare* la *o* dittonga di solito in *uo* anche se atona per evitare l'ambiguità con *notare* (*1*); aus. *avere*) *1* Muoversi in acqua per reggersi a galla: *n. sott'acqua, controcorrente*; *insegnare a qlcu. a n.*; *imparare a n.*; *n. a rana, a farfalla, a crawl, sul dorso* | (*fig.*) ***N. nell'aria***, volare. *2* (*est.*) Galleggiare: *una cassa che nuotava in mare* | ***N. nell'abbondanza, nell'oro***, essere forniti di tutto, ricchi oltre misura | ***N. nel sudore***, essere tutto sudato. **B v. tr.** *1* Coprire una distanza a nuoto: *n. i quattrocento metri.* *2* †Passare a nuoto. || **PROV.** Quando l'acqua tocca il collo tutti imparano a nuotare.

nuotàta o (*raro*) **notàta** [part. pass. f. sost. di *nuotare*; 1923] **s. f.** *1* (*raro*) Modo di nuotare. *2* Il periodo in cui si resta in acqua per nuotare: *fare una lunga n.* || **nuotatina**, **dim.**

nuotatóre o (*raro*) **notatóre** [dal part. pass. di *nuotare*, sul modello del lat. *natātor*, genit. *natatōris* 'nuotatore', da *natāre*. V. *nuotare*; sec. XIV] **s. m.** (**f.** *-trice*) ● Chi nuota | Chi pratica lo sport del nuoto.

♦**nuòto** [da *nuotare*; sec. XIII] **s. m.** ● Il complesso dei movimenti che assicurano il galleggiamento del corpo e il suo avanzamento nell'acqua (anche come tecnica e come pratica sportiva): *scuola di n.*; *campione di n.*; *traversamento a n. di un fiume* | ***Gettarsi a n.***, tuffarsi e cominciare a nuotare | ***N. sincronizzato***, disciplina sportiva femminile, consistente nell'esecuzione di figure ed evoluzioni su base musicale; Accorc. Sincro. ➡ **ILL.** p. 2148 SPORT.

NUOTO
nomenclatura

nuoto

● *caratteristiche*: scomposto, sul petto, sul dorso, sul fianco, sincronizzato; bracciata, guizzo, immersione, fondo, sforbiciata, virata, allungo, respirazione, slancio, ritmo, crampo; annegamento;

● *stili*: libero = crawl, a rana, a delfino, a farfalla, dorso, alla marinara, a mulinello, all'australiana;

● *piscina* (bordo, corsia, scaletta d'immersione, vasca, funicella con galleggiante, base di partenza): olimpionica; attrezzatura per tuffi (trampolino, scaletta, piattaforma), scivolo.

● *tuffo*: acrobatico, mortale, spettacolare, perpendicolare, di testa, di pancia, in piedi, raggruppato, carpiato, da grande altezza; di partenza, da 3, 5, 10 metri.

● *pallanuoto* = water polo: porta, portiere, pallone, terzino, centrattacco, pallanuotista.

nuòva [f. sost. di *nuovo*; sec. XIII] **s. f.** ● Notizia di fatto o avvenimento accaduto di recente: *dare nuove di sé*; *una pessima n.*; *quali nuove?*; *che nuove mi porti?* || **PROV.** Nessuna nuova, buona nuova.

nuovaiorchése ● V. *newyorkese*.

nuovayorkése /nwɔvajor'kese/ ● V. *newyorkese*.

nuovìsmo [da *nuovo*, con *-ismo*; 1989] **s. m.** ● Corrente d'opinione favorevole al nuovo nei confronti di ciò che è ritenuto vecchio o superato | (*spreg.*) Atteggiamento consistente nello spacciare come nuove concezioni che appartengono a una realtà vecchia o superata.

nuovìsta A s. m. e f. (**pl. m.** *-i*) ● Chi ha concezioni o assume atteggiamenti improntati a nuovismo. **B agg.** ● Di nuovismo | Basato su nuovismo.

♦**nuòvo** o (*pop., poet.*) **nòvo** [lat. *nŏvu(m)*, di orig. indeur.; 1211] **A agg.** *1* Che è stato fatto, conosciuto o è successo da poco, di recente: *vino, vestito n.*; *notizia nuova* | ***Latte n.***, munto da poco | ***Casa nuova***, appena costruita | ***N. di zecca***, nuovissimo | ***N. ricco***, chi è arricchito da poco conservando talvolta una certa grossolanità di modi | ***Essere come n.***, di oggetto poco usato | ***Le nuove generazioni***, i giovani | ***Il nuovo mondo***, (*per anton.*) il continente americano | ***Tempi, uomini nuovi***, moderni | ***Addobbato a n.***, ornato di nuovi addobbi | ***Di n.***, nuovamente, ancora, un'altra volta | (*poet.*) ***Tempo n.***, la primavera. **CFR.** neo-. **CONTR.** Vecchio. *2* Che inizierà tra poco il suo corso: *anno n.* *3* Che è la prima volta che si vede, si conosce o si prova: *faccia nuova*; *una nuova scoperta*; *un sentimento n.* | ***Non mi riesce n.***, mi pare di averlo già visto o conosciuto | Innovativo, originale: *uno stile n.*; *nuova cucina* | Inedito, sconosciuto: *durante l'inchiesta è venuto alla luce un fatto n.* | Insolito, inconsueto: *il suo atteggiamento mi sembra n.* | (*raro, est.*) Strano, curioso, comico: *questa è nuova!* | (*raro*) ***Farsi, mostrarsi n.***, meravigliarsi. *4* Rimesso a nuovo, rifatto come nuovo: *il n. arredamento del suo negozio* | (*ellitt.*) ***Rimettere a n.***, rifare, rinnovare; (*fig.*) rimettere in buona forma: *la convalescenza al mare lo ha rimesso a n.* **SIN.** Rinnovato. *5* Altro, ulteriore, che si aggiunge al precedente: *un n. dolore* | ***Acquistare una nuova automobile***, un'altra automobile | Che ne rinnova, ne ricorda un altro per caratteristiche simili, detto di persona: *è considerata la nuova Callas.* *6* Che da poco ha cominciato ad assolvere certi doveri o ad adempiere certe funzioni: *il n. scolaro*; *il n. vescovo*; *il n. Ministero* | ***Essere n. alla vita militare***, averla iniziata da poco | ***Essere n. di un ambiente, di una città, di un mestiere***, non conoscerli, essere arrivato da poco: *de questo amor voria ancor esser novo* (ANGIOLIERI). *7* †Che da poco si è inurbato. || **PROV.** Anno nuovo vita nuova. || **nuovaménte**, **avv.** *1* Di nuovo, un'altra volta: *provare nuovamente.* *2* (*raro*) Poco fa, da poco. **B s. m.** solo **sing.** *1* Ciò che è nuovo, novità: *il vecchio e il n.*; *non dire niente di n.* **CONTR.** Vecchio. *2* In contrapposizione a usato, l'insieme dei prodotti industriali o artigianali che vengono messi in vendita per la prima volta: *il prezzo del n.*

n-upla /'ɛnnupla/ ● V. *ennupla*.

nuràghe [vc. di orig. preindeur.; 1854] **s. m.** (**pl. inv.** o *-ghi*) ● Caratteristico monumento preistorico tipico della Sardegna, costruito, in forma tronco-conica, con grossi massi sovrapposti a secco; imponente e poderoso, era adibito a dimora fortificata.

nuràgico [1914] **agg.** (**pl. m.** *-ci*) ● Appartenente alla cultura protostorica dei nuraghi, in Sardegna.

†**nùro** [vc. dotta, lat. *nŭru(m)*. V. *nuora*; 1321] **s. f.** ● Nuora.

nurse /*ingl.* nɜːs/ [vc. ingl., dal lat. *nutrīce(m)* 'nutrice'; 1905] **s. f. inv.** ● Bambinaia, governante | Infermiera.

nursery /*ingl.* 'nɜːsəri/ [vc. ingl., deriv. di *nurse* (V.); 1930] **s. f. inv.** (**pl.** ingl. *nurseries*) ● Ambiente dotato di particolari attrezzature in cui vengono custoditi i bambini, spec. piccoli: *la n. di una clinica, di una fabbrica.*

nursing /*ingl.* 'nɜːsɪŋ/ [1973] **s. m. inv.** ● Assistenza prestata da infermiere.

nut /*ingl.* nʌt/ [vc. ingl., propr. 'noce' e, per est., 'dado', in meccanica] **s. m. inv.** ● In alpinismo, insieme di dadi, blocchetti, prismi metallici di varia forma e dimensione, collegati a un cavetto d'acciaio o a un cordino, che vengono incastrati nelle fessure o in buchi della roccia per assicurazione o progressione.

nutazionàle [1958] agg. ● Di, relativo a nutazione.

nutazióne [vc. dotta, lat. *nutatiōne(m)*, da *nutāre* 'oscillare', intens. di **nŭere* 'fare un cenno', di orig. indeur.; 1749] **s. f. 1** (*med.*) Oscillazione abituale e involontaria del capo. **2** (*astron.*) Lieve oscillazione del piano dell'eclittica, dovuta a effetti secondari dell'attrazione lunisolare sul rigonfiamento equatoriale della Terra.

Nutèlla® [marchio registrato della Ferrero, dall'ingl. *nut* 'nocciola'] **s. f. inv.** ● Nome commerciale di una crema spalmabile a base di cacao e nocciole.

†nùto [vc. dotta, lat. *nūtu(m)*, da **nŭere*. V. *nume*; av. 1492] **s. m.** ● (*raro*) Cenno.

nùtria [sp. *nutria*, deformazione del lat. *lŭtra* 'lontra' (V.); 1564] **s. f. 1** Mammifero roditore lungo mezzo metro, con coda da topo, capo e tronco da castoro, che vive nell'ambiente acquatico del Sud America (*Myocastor coypus*). **SIN.** Castorino. **2** (*est.*) Pelliccia pregiata dell'animale omonimo.

nutrìbile o †**nodrìbile**, †**nudrìbile** [vc. dotta, lat. tardo *nutrībile(m)*, da *nutrīre* 'nutrire'; 1308] **agg. 1** (*raro*) Che si può nutrire. **2** †Nutriente.

†nutricaménto o ●**nodricaménto** [da *nutricare*; av. 1250] **s. m.** ● (*lett.*) Nutrimento, alimento.

†nutricàre o **notricàre** [vc. dotta, lat. *nutricāre*, da *nŭtrix*, genit. *nutrīcis* 'nutrice'; sec. XII] **v. tr.** (*io nùtrico, tu nùtrichi*) **1** (*lett.*) Allevare, allattare | (*raro, poet.*) Nutrire, mantenere, alimentare: *l'alba nutrica d'amoroso nembo / gialle sanguigne e candide viole* (POLIZIANO). **2** (*lett.*) Coltivare, curare, detto di pianta. **3** (*lett., fig.*) Educare.

†nutricatóre o **notricatóre** [av. 1292] **s. m.** (**f.** *-trice*) ● Chi nutrica.

nutricazióne [vc. dotta, lat. tardo *nutricatiōne(m)*, da *nutricātus*, part. pass. di *nutricāre* 'nutricare'; av. 1419] **s. f.** ● (*raro, lett.*) Alimentazione, nutrizione.

nutrìce o (*lett.*) †**nodrìce**, (*lett.*) †**notrìce**, (*lett.*) †**nudrìce** [vc. dotta, lat. *nutrīce(m)*, da *nutrīre* 'nutrire'; 1308] **s. f. 1** Donna che, col suo latte, nutre un bambino: *madre e n.* **SIN.** Balia. **2** (*fig., lett.*) Chi produce, alimenta: *n. di civiltà*; *questa patria … n. ed ospite delle Muse* (FOSCOLO).

†nutrìcio [vc. dotta, lat. *nutrīciu(m)*, da *nŭtrix*, genit. *nutrīcis* 'nutrice'; sec. XIV] **s. m.** (**f.** *-a*) **1** Chi nutre, alleva, educatore.

nutriènte [sec. XIV] **A** part. pres. di *nutrire*; anche **agg.** ● Sostanzioso, che ha potere nutritivo: *un cibo, uno spuntino n.* | **Crema n.**, V. *crema*. **B s. m.** ● Sostanza nutritiva.

nutriménto o †**nodriménto**, †**nudriménto** [vc. dotta, lat. *nutrīmentu(m)*, da *nutrīre* 'nutrire'; 1294] **s. m. 1** (*raro*) Il nutrire | Sostentamento, mantenimento. **2** Sostanza costituita da principi nutritivi come proteine, glucidi, grassi, suscettibile di essere utilizzata dagli organismi viventi. **SIN.** Alimento, cibo, vitto. **3** (*fig.*) Ciò che mantiene vivo o fa crescere sentimenti, affetti, aspirazioni e sim.: *la speranza è un n. essenziale*.

◆**nutrìre** o †**nodrìre**, †**nudrìre** [vc. dotta, lat. *nutrīre*, di orig. indeur.; sec. XIII] **A v. tr.** (*io nùtro* o *nutrìsco, tu nùtri* o *nutrìsci*) **1** Somministrare gli alimenti necessari alla crescita e alla sopravvivenza: *n. un vecchio* | Alimentare: *l'olio nutre la fiamma* | (*est.*) Mantenere: *n. una famiglia a proprie spese* | (*assol.*) Dare alimento: *un cibo che non nutre* | Conservare il trofismo della pelle, detto di prodotto cosmetico. **2** (*fig.*) Arricchire, alimentare spiritualmente: *n. la mente*; *voi ch'ascoltate in rime sparse il suono / di quei sospiri, ond'io nudriva il core* (PETRARCA). **3** (*lett.*) Allattare | †Allevare, educare. **4** (*fig.*) Serbare, custodire, provare, detto di sentimenti: *n. un grande affetto*; *n. un odio profondo*. **B v. rifl.** (*assol.*; + *di*; + *con*) ● Prendere alimento, cibarsi (*anche fig.*): *si nutrono male*; *nutrirsi solo di carne*; *nutrirsi con cibi naturali*; *si nutriva con poco, masticando molto* (PIRANDELLO); *nutrirsi di buoni studi*.

nutritìvo [av. 1320] **agg.** ● Che concerne la funzione dell'alimentazione: *potere n. di un prodotto*. **SIN.** Nutriente | **Valore n. di un alimento**, rapporto tra il peso di un alimento e le sostanze utili all'organismo che esso contiene.

nutrìzio [av. 1712] **agg.** ● (*biol.*) Atto a nutrire, a fornire nutrimento.

nutrìto o †**nodrìto**, †**nudrìto** [av. 1374] **part. pass.** di *nutrire*; anche **agg. 1** Nei sign. del v. | **Ben n.**, forte, robusto | **Mal n.**, in cattive condizioni di salute per difetto di alimentazione. **2** (*fig.*) Fitto, intenso: *nutriti consensi*; *una nutrita scarica di artiglieria*. || **nutritaménte**, avv.

nutritóre o †**nodritóre**, †**nudritóre** [vc. dotta, lat. *nutrītōre(m)*, part. pass. di *nutrīre* 'nutrire'; sec. XIII] **s. m. 1** (**f.** *-trice*) Chi nutre. **2** Apparecchiatura destinata a contenere e distribuire mangime per animali.

†nutritùra [vc. dotta, lat. tardo *nutritūra(m)*, da *nutrītus*, part. pass. di *nutrīre* 'nutrire'; av. 1320] **s. f. 1** Nutrimento: *nutriture vili e facili a procacciare* (LEOPARDI). **2** (*fig.*) Educazione.

nutrizionàle [1970] **agg.** ● (*med.*) Relativo alla nutrizione.

nutrizióne [vc. dotta, lat. tardo *nutritiōne(m)*, da *nutrītus*, part. pass. di *nutrīre* 'nutrire'; av. 1565] **s. f. 1** (*biol.*) Funzione mediante la quale gli esseri viventi assumono dall'esterno sostanze utili per accrescersi e per svolgere le attività vitali. **CFR.** -trofia, trofo-, -trofo | **Scienza della n.**, quella che si occupa dei problemi connessi alla nutrizione, spec. degli animali superiori. **2** (*est.*) Alimentazione: *la n. dei piccoli*. **3** Cibo, alimento: *n. abbondante, scarsa*.

nutrizionìsta [1963] **s. m. e f.** (**pl. m.** *-i*) ● Medico che studia e applica i principi della nutrizionistica.

nutrizionìstica [da *nutrizion(e)* con il suff. *-istico* sostantivato al f.] **s. f.** ● Scienza che studia i problemi generali della nutrizione e, in particolare, il valore degli alimenti in quanto fonti di energia.

nutrizionìstico [1992] **agg.** (**pl. m.** *-ci*) ● Relativo alla nutrizionistica | Relativo alla nutrizione; **SIN.** Nutrizionale.

nutum, ad ● V. *ad nutum*.

◆**nùvola** o (*ant.*), †**nùgola** [lat. parl. **nūbula*, per il classico *nūbila*, nt. pl. di *nūbilus* 'nuvolo' (agg.); av. 1292] **s. f. 1** Nube: *davanti alla luna una cavalcata fantastica di nuvole stracciate* (LEVI) | **Cascare dalle nuvole**, (*fig.*) rimanere meravigliato | **Vivere nelle nuvole, andare per le nuvole, avere la testa nelle nuvole**, (*fig.*) essere distratto o in preda a fantasticherie, vivere fuori dalla realtà. **2** (*est.*) Ciò che ha forma di nuvola e nasconde la vista di qlco. (*anche fig.*): *una n. di polvere*; *una n. d'odio* | (*fig.*) Minaccia incombente, grave motivo di preoccupazione: *nuvole nere sul governo*. **3** (*med.*) †Cateratta. || **nuvolàccia**, pegg. | **nuvolétta**, dim. (V.) | **nuvolìna**, dim.

NUVOLA
nomenclatura

nuvola

● *caratteristiche*: bigia = grigia = cenerognola, dorata, infuocata, rossastra; minacciosa, procellosa, sparsa, vagabonda; a cappuccio, lenticolare, a bandiera, a imbuto, d'ostacolo, a sviluppo verticale (alta ⇔ bassa; cumulo, cumulonembo), alta (cirro, cirrostrato, cirrocumulo = a pecorelle) media (altostrato, altocumulo), bassa (nembostrato, banco di nubi, cumulo), nottilucente; radioattiva, ardente, bianca, livida, nera, carica di pioggia, madreperlacea; nuvolosità, grado di nuvolosità, annuvolamento;

nube = nembo, nuvolo, nuvolaglia; nube di fumo, nembo di polvere; cielo nuvoloso = coperto, cielo poco nuvoloso = semicoperto, cielo senza nubi = chiaro = sereno; nubifragio;

● *azioni*: addensarsi; annuvolarsi, intorbidarsi, rabbuiarsi, rabbruscarsi, rompere, rasserenarsi, sgombrarsi, aprirsi, squarciare, dissipare, schiarirsi;

● *strumenti*: nefelometro = nefoscopio.

---

nuvolàglia [1612] **s. f.** ● Massa estesa di nubi di forma ineguale: *una fitta n. copriva il cielo*.

nuvolàto [aferesi di *annuvolato*; 1336 ca.] **agg. 1** (*region., lett.*) Nuvoloso, annuvolato. **2** Detto di carta da parati o per legatoria, a tinta unita con zone di colore più scuro simili a nuvolette.

nuvolétta [1294] **s. f. 1** Dim. di *nuvola*. **2** Nei giornali a fumetti, disegno a forma di piccola nuvola che racchiude le parole o i pensieri dei personaggi: *Ogni figura avrà la sua n., con le parole che dice, o con i rumori che fa* (CALVINO).

nùvolo o **nùgolo** nel sign. B 3 [lat. parl. **nūbulu(m)*, per il classico *nūbilu(m)*, dalla stessa radice di *nūbes* 'nube'; sec. XIII] **A** agg. ● (*region.*) Nuvoloso. **B s. m. 1** Tempo nuvoloso. **2** (*lett.*) Nembo, nuvola: *conosceva … di che colore sia il n. quando sta per nevicare* (VERGA). **3** (*fig.*) Grande quantità, moltitudine: *un n. di gente*; *un nugolo di mosche*. || **nuvolàccio**, pegg. | **nuvolétto**, dim. | **nuvolóne**, accr.

nuvolosità [da *nuvoloso*; av. 1519] **s. f.** ● Quantità di nubi che coprono il cielo | Frazione di cielo coperto da nubi, misurata in ottavi | *N. otto ottavi*, cielo coperto interamente da nubi.

◆**nuvolóso** [da *nuvola*, sul modello del lat. tardo *nubilōsus*, agg. di *nūbilum* 'nuvolo'; av. 1276] **agg. 1** Coperto di nubi: *cielo n.* **2** (*fig., lett.*) Appannato | (*lett.*) Turbato, preoccupato: *volto n.*

nuziàle [vc. dotta, lat. *nuptiāle(m)*, da *nŭptiae* 'nozze'; av. 1342] **agg.** ● Delle nozze, attinente alle nozze: *velo, corteo, abito n.*; *contratto n.* | **Giorno n.**, delle nozze. **SIN.** Matrimoniale. || **nuzialménte**, avv. In modo adatto alle nozze.

nuzialità [da *nuziale*; 1913] **s. f.** ● (*stat.*) Entità numerica dei matrimoni in un certo periodo | **Quoziente generico di n.**, rapporto fra il numero di matrimoni e la popolazione media di un dato periodo.

nylon /'nailon, ingl. 'naelɒn/ [etim. incerta; in origine marchio registrato; 1942] **s. m. 1** (*chim.*) Nome commerciale frequentemente usato come sinonimo di poliammide. **2** (*est.*) Tessuto di tale fibra. **3** (*pop.*) Correntemente, ogni fibra sintetica a struttura poliammidica.

o, O

I suoni rappresentati in italiano dalla lettera *O* sono quelli delle due vocali poste-riori o velari di media apertura: l'*O* chiusa o stretta /o/, che tende verso la vocale più chiusa di questa serie /u/, e l'*O* aperta o larga /ɔ/, che tende invece verso la vocale più aperta di tutte /a/. La distinzione tra le due *O* si ha regolarmente solo in sillaba accentata (es. *tòga* /'tɔga/, *tòlta* /'tolta/, *cuòre* /'kwɔre/, *farò* /fa'rɔ*/, di fronte a *vóga* /'voga/, *mólta* /'molta/, *fióre* /'fjore/); in sillaba non-accentata si ha solo un'*O* chiusa (es. *gènio* /'dʒɛnjo/, *poté* /po'te*/, *togàto* /to'gato/, *vogàre* /vo'gare/), tranne che nei composti i cui primi elementi, se isolati, hanno /ɔ/ (es. *coprilètto* /kɔpri'letto/). In sillaba accentata, la lettera può portare un accento scritto, obbligatorio per le vocali accentate finali di determinati monosillabi e di tutte le parole polisillabe (es. *può* /pwɔ*/, *landò* /lan'dɔ*/), raro e facoltativo negli altri casi (es. *cómpito* /'kompito/, volendo distinguere da *compitò* /kom'pito/). L'accento è sempre grave se l'*O* è aperta, è invece acuto se l'*O* è chiusa; ma è tuttora diffusa una più antica accentazione uniformemente grave, ma da evitare in quanto antifonetica (es. *còmpito, con lo stesso segno d'accento di *può*, *landò*, *farò*, nonostante la diversa pronuncia); e del resto le voci che potrebbero portare nella grafia ordinaria un'*o* con l'accento acuto sono pochissime, perché tutte le *o* accentate finali sono aperte e quindi in tutti i casi in cui è obbligatorio l'accento sull'*O* è grave.

o (**1**), (*maiusc.*) **O** /ɔ*/ [av. 1250] **s. f.** o **m.** ● Quindicesima lettera dell'alfabeto italiano: *o minuscola*, *O maiuscolo* | Nella compitazione spec. telefonica it. *o come Otranto*; in quella internazionale *o come Oscar* | **Tondo come l'o di Giotto**, di ciò che è perfettamente rotondo.

◆**o** (**2**) /o*/ o (*raro*) **od** [lat. *āut*, da *āuti, di orig. indeur.; av. 1249] **cong.** (per eufonia *od*, raro o lett., spec. davanti a parola che comincia per vocale, spec. per *o*: *questo od un altro*; *si può dire ponente od occidente od ovest*; *dimenticanza od oblio*) **1** Con valore disgiuntivo, coordina due o più elementi di una prop. che abbiano la stessa funzione (sostantivi, aggettivi, predicati, pronomi, avverbi, complementi) oppure due o più proposizioni della stessa specie, che si escludono si contrappongono tra loro, o che esprimono un'alternativa: *adesso o mai più*; *per amore o per forza devi farlo*; *di buona o cattiva voglia ci andrò*; *contento o no ormai è fatta*; *prendere o lasciare*; *verrò domani o ti telefonerò*; *fate questo o ve ne pentirete*; *sbrighiamoci o faremo tardi*; *cose ch'han molti secoli o un anno / o un'ora* (PASCOLI) | Con valore inclusivo: *ti telefonerò lunedì o martedì*; *in genere bevo vino bianco o birra*. CFR. *e*/*o* | Con valore intens. si ripete la cong. davanti a ogni elemento: *rispondi: o sì o no*; *o mi aiuti o mi lasci in pace*; *o Roma o morte*; *o vivo o morto*; *o la borsa o la vita*; *o la va o la spacca*; *o vengo o ti telefono o ti scrivo* | Con valore raff. seguito da 'invece': *non so se accettare o invece rifiutare* | Se gli elementi coordinati sono uniti a coppie, la cong. si ripete solo fra i termini di ciascuna coppia: *bello o brutto*, *simpatico o antipatico bisogna invitare anche lui* | V. anche **oppure**, **ovvero**, **ovverosia**. **2** Con valore esplicativo, indica una equivalenza fra due o più termini, ed equivale a 'ossia', 'ovvero', 'vale a dire', 'cioè': *la filosofia*, *o amore di sapienza*; *la glottologia o linguistica* | Con valore raff. seguito da 'anche', 'vuoi', 'meglio' e sim.: *la numida*, *o meglio gallina faraona*, *è originaria dell'Africa*.

o (**3**) /o/ [lat. ō; av. 1250] **inter. 1** Si usa come rafforzativo del vocativo spec. nelle invocazioni e in alcune espressioni esclamative: *o Signore*, *aiutateci!* | (*enfat.*, *lett.*) Rivolgendo il discorso a qlcu.: *o giovani*, *molto da voi ci aspettiamo!*; *da chiuso morbo combattuta e vinta*, / *perivi*, *o tenerella* (LEOPARDI). **2** (*fam.*) Si usa chiamando, interpellando o esortando ad alta voce qlcu.: *o quell'uomo!*; *o voi*, *lassù!*; *o tu! vuoi sbrigarti?*

o (**4**) /o*/ [da *o*(*ra*); 1842] **inter.** ● (*pleon.*, *tosc.*) Si usa in esortazioni, domande retoriche, espressioni di meraviglia o stupore: *o mi dica un po' lei che farebbe!*; *o dunque*, *vogliamo muoverci?*; *o che credevate*, *che non ce ne saremmo accorti?*; *o che succede costì?*; *o che non si salutano più gli amici?*; *o questa poi!*

oaks /ɔks, *ingl.* ɘʊks/ [vc. ingl., da *The Oaks*, n. di una località presso Epsom, nel Surrey; 1930] **s. f. pl.** ● Nell'ippica italiana, corsa al galoppo sulla distanza di 2400 m, riservata alle femmine di tre anni.

◆**oasi** o †**oàsi** [vc. dotta, gr. *óasis*, di orig. egiz.; 1819] **s. f. inv. 1** (*geogr.*) Zona di territorio, spec. nei deserti dell'Africa settentrionale, fornita di sorgenti o pozzi e quindi fertile e abitata: *il verde*, *la frescura in un'o*. **2** (*est.*, *fig.*) Luogo particolarmente piacevole, riposante, distensivo e sim. in confronto ad altri: *questa casa è un'o. di pace e di serenità*; *questo paesino è una vera o. di silenzio*. **3** (*fig.*) Zona riservata | **O. di protezione faunistica**, terreno costituito in bandita per proteggere la selvaggina e permetterne la riproduzione.

obbediènte ● V. **ubbidiente**.

obbediènza o †**obediènza** [vc. dotta, lat. *oboediēntia*(*m*), da *oboēdiens*, genit. *oboediēntis* 'obbediente'; av. 1292] **s. f. 1** V. **ubbidienza** nel sign. 3. **2** †Sottomissione al dominio o governo di un principe | †**Dare o. a un principe**, sottomettergli si | †**Recare all'o. di qlcu.**, porre nell'ambito del suo dominio | †**Levare l'o. a qlcu.**, privarlo del comando. **3** Nel linguaggio ecclesiastico, sottomissione della propria volontà a quella dei superiori | **Voto di o.**, uno di quelli professati dal clero regolare.

obbedire ● V. **ubbidire**.

obbedisco [da *obbedire* col suff. incoativo *-isco* proprio del presente; storica risposta data il 9 agosto 1866 da G. Garibaldi al generale La Marmora che gli intimava la cessazione delle operazioni militari] **s. m. inv.** ● Atto di obbedienza, di sottomissione: *sofferto o. del sindaco alle decisioni del governo*.

obbiàda [fr. *oblade*, dall'ant. provz. *ublada*, dal lat. *oculāta*(*m*), da *ŏculus* 'occhio', a causa dei suoi grandi occhi] **s. f.** ● (*zool.*) Occhiata.

†**obbidiènte** ● V. **ubbidiente**.

obbiettàre ● V. **obiettare**.

obbiettivo e deriv. ● V. **obiettivo** e deriv.

†**obbiètto** ● V. **obietto**.

obbiezióne ● V. **obiezione**.

†**obbiòso** ● V. **ubbioso**.

†**obblico** e deriv. ● V. **obliare** e deriv.

obbligànte (**1**) **part. pres.** di *obbligare*; anche **agg.** ● Che vincola con un obbligo.

obbligànte (**2**) [calco sul fr. *obligeant*; 1650] **agg.** ● Detto di ciò che, per la sua deferenza e gentilezza, obbliga a un comportamento analogo: *modi*, *maniere obbliganti*. || **obbligantemènte**, avv. (*raro*) In modo obbligante.

◆**obbligàre** o †**obligàre**, †**ubbligàre** [lat. *obligāre* 'legare a, obbligare', comp. di *ŏb-* intens. e *ligāre* 'legare'; 1278] **A v. tr.** (*io òbbligo, tu òbblighi*) (qlcu.: qlcu. + *a*, lett. + *di*, seguito da inf.) **1** Vincolare con un obbligo o con una obbligazione: *lo Stato obbliga il cittadino a pagare le tasse*; *il senso del dovere mi obbliga al silenzio*. **2** Costringere: *cento volte mi hanno voluto o. a bere qualche cosa*, *o a mangiare* (GOLDONI); *nessuno t'obbliga, puoi scegliere liberamente*; *la malattia lo obbliga a osservare un totale riposo*; *Mi obbligavano di aiutare qlcu.*; *Ad obbligarvi con lui chi va* (SVEVO) | (*est.*) Indurre con la propria insistenza, con maniere pressanti: *mi hanno obbligato ad ascoltare le loro lamentele*. **3** (*raro*) Impegnare: *o. la fede*, *la parola*. **4** Rendere debitore verso qlcu., per cortesie e favori ricevuti: *il trattamento usatomi mi obbliga*. **B v. rifl.** (+ *a*, lett. + *di*, seguiti da inf.; + *con*) **1** (*dir.*) Vincolarsi mediante obbligazione: *obbligarsi a dare*, *a fare*; *obbligarsi in solido*, *come fideiussore*. **2** Impegnarsi: *obbligarsi a scrivere un libro entro un dato termine*, *a consegnare un quadro*, *ad aiutare qlcu.*; *Ad obbligarvi con lui chi vi ha forzato?* (GOLDONI); *Ma io mi voglio o. di portarvi dinanzi a Dio* (CATERINA DA SIENA).

obbligatàrio **s. m.** (*f. -a*) ● (*dir.*) Soggetto che ha diritto all'esecuzione di una prestazione da parte di un altro soggetto.

obbligatìssimo [superl. di *obbligato*] **agg.** ● (*disus.*) Formula di ringraziamento orale o scritta: *o.!*; *o. servitore*.

obbligàto [av. 1292] **A part. pass.** di *obbligare*; anche **agg. 1** Vincolato da un obbligo. **2** Vincolato da riconoscenza o gratitudine: *riconoscersi*, *sentirsi o. verso qlcu.* | **O.!**, (*disus.*) in espressioni di cortesia. **3** Che non è possibile evitare o cambiare: *passaggio o.* | Obbligatorio, non libero: *è una scelta obbligata* | **Rime obbligate**, sulle quali devono essere composti i versi | **Strumento o.**, nella musica dei secc. XVII e XVIII, quello che non poteva essere omesso o sostituito nell'esecuzione | (*sport*) **Discesa obbligata**, V. **discesa**. **4** (*biol.*) Detto di parassita che, a causa di esasperate degenerazioni anatomiche e fisiologiche, può vivere solo a carico dell'ospite. || **obbligatìssimo**, superl. (V.). || **obbligataménte**, avv. Per obbligo. **B s. m.** (*f. -a*) ● (*dir.*) Soggetto passivo di una obbligazione.

†**obbligatóre** [av. 1704] **agg.**; anche **s. m.** (*f. -trice*) ● Che (o Chi) obbliga.

obbligatorietà [1877] **s. f.** ● Caratteristica, condizione di ciò che è obbligatorio: *l'o. della legge*, *di un comportamento*, *di un negozio giuridico*.

◆**obbligatòrio** [vc. dotta, lat. tardo *obligatōriu*(*m*), da *obligātus* 'obbligato'; av. 1363] **agg. 1** Di ciò che costituisce un obbligo: *il servizio militare è o.*; *istruzione obbligatoria* | **Materie obbligatorie**, che costituiscono il nucleo non modificabile dell'insegnamento scolastico. CONTR. Facoltativo. **2** (*dir.*) Che è imposto dalla legge: *assunzione obbligatoria*; *tentativo o. di conciliazione*; *foglio di via o.* | Che produce obbligazione o che a essa si riferisce: *obbligazione obbligatoria* | **Rapporto o.**, che intercorre fra i soggetti parti di una obbligazione. || **obbligatoriaménte**, avv.

obbligazionàrio [1938] **agg.** ● (*econ.*) Di obbligazione, quale titolo di credito: *titolo o.* | Rappresentato da obbligazioni: *credito o.*

obbligazióne [vc. dotta, lat. *obligatiōne(m)*, da *obligātus* 'obbligato'; 1308] s. f. **1** (*raro*) L'obbligare, l'obbligarsi | Obbligo, impegno, dovere. **2** (*raro*) Gratitudine, riconoscenza. **3** (*dir.*) Vincolo giuridico in forza del quale un soggetto è tenuto a un dato comportamento valutabile economicamente a favore di un altro soggetto | ***O. di genere***, in cui l'oggetto della prestazione è determinato solo nelle sue caratteristiche fondamentali comuni, che devono essere compiutamente specificate ai fini dell'adempimento | Correntemente, il documento relativo a un rapporto obbligatorio. **4** (*econ.*) Titolo di credito emesso all'atto dell'accensione di un debito da parte di un ente pubblico o di una società privata, rappresentativo di un'aliquota del debito, fruttifero di un interesse, estinguibile entro il prestabilito numero di anni. **5** (*filos.*) Carattere costrittivo delle azioni cui si è obbligati dalla coscienza morale o dalla norma giuridica. || **obbligazioncèlla**, dim.

obbligazionista [1877] s. m. e f. (pl. m. *-i*) ● Titolare di titoli obbligazionari emessi da una società.

♦**òbbligo** o †**òbligo** [da *obbligare*; av. 1342] s. m. (pl. *-ghi*) **1** Dovere imposto a qlcu. o impegno vincolante assunto volontariamente da qlcu.: *è o. del padre mantenere i figli*; *ho degli obblighi precisi nei suoi confronti* | ***Obblighi militari***, stabiliti dalla legge di reclutamento, consistenti in quelli di leva e di servizio | ***O. di soggiorno***, V. *soggiorno* | ***Scuola dell'o.***, quella che ogni ragazzo, entro limiti d'età stabiliti dalla legge, è tenuto a frequentare | ***O. scolastico***, periodo di istruzione obbligatoria: *prolungamento dell'o. scolastico* | ***O. formativo***, periodo obbligatorio di istruzione o formazione professionale successivo all'obbligo scolastico | ***Avere obblighi con qlcu.***, riconoscersi obbligato nei suoi confronti | ***Essere in o. di***, ***avere l'o. di***, essere obbligato | ***Sentirsi in o.***, ritenersi obbligato | ***Fare o. a qlcu. di qlco.***, imporre qlco. a qlcu. | ***Farsi un o.***, imporsi | ***D'o.***, obbligatoriamente prescritto: *è d'o. l'abito da sera* | ***Parole d'o.***, di circostanza | ***È nostro, suo o.***, è nostro, suo dovere: *il suo o. sarebbe stato di tenerla con sé* (SVEVO) | ***Fare il proprio o.***, ciò che si deve. **2** (*dir.*) Dovere cui è tenuto il soggetto passivo di un rapporto obbligatorio.

oblìo e *deriv.* ● V. *oblio* e *deriv.*

†**obbliquo** e *deriv.* ● V. *obliquo* e *deriv.*

obblivióne e *deriv.* ● V. *oblivione* e *deriv.*

obbròbrio o †**bròbbio**, †**oppròbrio** [lat. *opprŏbriu(m)*, comp. di *ŏb-* intens. e *prŏbrum* 'rimprovero, azione vergognosa, infamia'. *Prŏbrum* deriva da un **probheros* 'messo avanti', comp. di *prō* 'davanti' e dalla radice di *fĕrre* 'portare' (V. *-fero*); av. 1294] s. m. **1** Disonore, infamia, vergogna: *conoscere l'o. del tradimento*; *essere l'o. del nome, della famiglia*. **2** Cosa che per la sua bruttezza offende il senso estetico: *il nuovo palazzo è un vero o.*; *che o. il suo ultimo film!* **3** (*lett.*) Villania, ingiuria | ***In o. a***, (*lett.*) con l'intento dichiarato di offendere.

obbrobriosità [sec. XV] s. f. ● (*raro*) Carattere o natura di ciò che (o di chi) è obbrobrioso.

obbrobrióso [da *obbrobrio*, sul modello del lat. tardo *opprobriōsus*, da *oppròbrium*. V. *obbrobrio*; 1336 ca.] agg. **1** Che reca grande infamia o disonore: *l'o. comportamento dei suoi aguzzini*; *un o. tradimento*. SIN. Infame, vergognoso. **2** (*fig.*) Oltremodo brutto: *edificio, quadro, spettacolo o.* **3** (*lett.*) Oltremodo offensivo: *schernito per tutto, dove arrivava, con obbrobriose parole* (GUICCIARDINI). || **obbrobriosaménte**, avv.

obcordàto [comp. del lat. *ŏb-* intens. e *cordātus*, agg. di *cŏr*, genit. *cŏrdis* 'cuore'] agg. ● (*bot.*) Detto di foglia a forma di cuore rovesciato, con l'apice inserito sul picciolo.

obduràre [vc. dotta, lat. *obdurāre* 'persistere, star saldo', comp. di *ŏb-* rafforzativo e *durāre*. V. *durare*; av. 1342] v. intr. (aus. *avere*) ● (*lett.*) Perseverare ostinatamente.

†**obediènte** ● V. *ubbidiente*.

†**obediènza** ● V. *obbedienza* e *ubbidienza*.

†**obedire** ● V. *ubbidire*.

obelisco [vc. dotta, lat. *obelīscu(m)*, nom. *obelīscus*, dal gr. *obelískos*, dim. di *obelós* 'spiedo', di orig. indeur.; 1464] s. m. (pl. *-schi*) **1** Monumento commemorativo egizio a forma di colonna quadrangolare assottigliata verso l'alto, con punta piramidale. ➡ ILL. **archeologia**. **2** Obelo.

òbelo [vc. dotta, gr. *obelós* 'spiedo'. V. *obelisco*; 1585] s. m. ● Segno usato dai grammatici antichi per annotazioni o richiami.

oberàre [tratto da *oberato*, nel sign. 2; 1894] v. tr. (*io òbero*) ● Sovraccaricare: *o. qlcu. di lavoro, impegni, responsabilità*.

oberàto [vc. dotta, lat. *obaerātu(m)* comp. di *ŏb-* 'per' e *āes*, genit. *āeris* 'denaro' e (attraverso la formula *āes aliēnum* 'denaro altrui') 'debito'; 1806] agg. **1** (*dir.*) Detto del debitore insolvente, che, presso gli antichi Romani, diveniva schiavo del creditore. **2** (*fig.*) Gravato: *essere o. di debiti*; *essere o. dalle tasse* | Sovraccarico: *essere o. d'impegni*.

obesità [vc. dotta, lat. *obesitāte(m)*, da *obēsus* 'obeso'; av. 1758] s. f. **1** (*med.*) Abnorme aumento di peso per eccesso di tessuto adiposo. SIN. Adiposi. **2** Correntemente, pinguedine o grassezza eccessiva.

obèso (o *-é-*) [vc. dotta, lat. *obēsu(m)*, comp. di *ŏb-* 'per' ed *ĕdere* 'mangiare'. V. *edace*; 1499] agg.; anche s. m. (f. *-a*) ● Che (o Chi) è affetto da obesità. SIN. Grasso, pingue.

obi /*giapp.* 'ɔ,bi/ [vc. giapp.; 1918] s. m. inv. ● Grande fascia di seta che le giapponesi avvolgono attorno alla vita del kimono formando dietro un nodo voluminoso.

òbice (1) [ted. *Haubitze*, dal ceco *houfnice* 'fromBola'; av. 1786] s. m. ● Pezzo d'artiglieria che, per struttura e impiego, si pone tra cannone e mortaio.

†**òbice** (2) [vc. dotta, lat. *ŏbices*, nom. pl., 'sbarra, ostacolo', da *obĭcere*. V. *obiettare*; 1499] s. m. ● Intoppo, impaccio.

obiettàre o **obbiettàre** [vc. dotta, lat. *obiectāre* 'gettare contro, imporre', intens. di *obĭcere* 'gettare contro', comp. di *ŏb-* (V. *obbedire*) e *iăcere* 'scagliare'. V. *gettare*; 1640] v. tr. (*io obiètto*) ● Rispondere opponendo ragioni, considerazioni e sim. contrastanti con quelle espresse da altri (*anche assol.*): *la minoranza obiettò che mancava un'alta percentuale di votanti*; *non ho nulla da o.*; *su questo si può o.* SIN. Eccepire.

obiettivàbile agg. ● (*med.*) Detto di ciò che è possibile obiettivare.

obiettivàre o **obbiettivàre** [da *obiettivo*; 1848] **A** v. tr. **1** (*raro*) Oggettivare. **2** (*med.*) Rendere palese all'esame clinico: *o. un'ottusità*. **B** v. rifl. ● Prendere un atteggiamento oggettivo.

obiettivazióne o **obbiettivazióne** [av. 1869] s. f. ● (*raro*) L'obiettivare | (*raro*) Oggettivazione.

obiettività o **obbiettività** [av. 1855] s. f. ● Caratteristica di chi (o di ciò che) è obiettivo: *giudicare, decidere con o.*; *critiche caratterizzate da grande o.* SIN. Imparzialità.

♦**obiettivo** o **obbiettivo** [lat. mediev. *obiectīvu(m)* 'che riguarda l'oggetto', da *obiĕctus*. V. *oggetto*; av. 1565] **A** agg. **1** Che si basa su un comportamento imparziale, alieno da interessi personali, preconcetti e sim.: *giudizio o.*; *fornire un quadro o. della situazione* | (*med.*) ***Esame o.***, osservazione diretta del malato effettuata mediante la palpazione, l'auscultazione e sim. al fine di accertarne le condizioni fisiche generali. **2** (*raro*) Oggettivo. || **obiettivaménte**, avv. **B** s. m. **1** Sistema ottico formato da una o più lenti fissate in una montatura, che forma immagini reali destinate a impressionare una lastra o pellicola fotografica, o a essere osservate visualmente con un oculare | ***O. a focale variabile***, zoom. **2** (*mil.*) Scopo di un'azione militare | Luogo, elemento, posizione da conquistare o distruggere con azioni militari | Bersaglio nemico su cui dirigere il fuoco. **3** (*est.*) Scopo o fine che si vuole raggiungere: *proporsi come o. la vittoria elettorale*.

†**obiètto** o †**obbiètto** [lat. *obiĕctu(m)*. V. *oggetto*; av. 1306] **A** s. m. ● V. *oggetto*. **B** agg. ● †Messo avanti, contro.

obiettóre o **obbiettóre** [vc. dotta, lat. tardo *obiectōre(m)*, da *obiĕctus*, part. pass. di *obĭcere*. V. *obiettare*; 1942] **A** s. m. (f. *-trice*, raro) **1** Chi fa obiezione. **2** ***O. di coscienza***, (*ellitt.*) **obiettore**, comunemente, chi, per motivi religiosi, morali o ideologici, rifiuta di svolgere il servizio militare armato; medico che, per gli stessi motivi, rifiuta di praticare aborti | ***O. etnico***, chi in un censimento rifiuta di dichiarare la propria appartenenza a un determinato gruppo etnico (spec., in Alto Adige, al gruppo italiano, tedesco o ladino) | ***O. fiscale***, chi rifiuta di pagare la parte delle imposte destinata a spese militari. **B** in funzione di agg.: *medico o.*

♦**obiezióne** o **obbiezióne** [vc. dotta, lat. tardo *obiectiōne(m)* 'il mettere davanti, l'opporre', da *obiĕctus*, part. pass. di *obĭcere*. V. *obiettare*; av. 1375] s. f. **1** Argomento proposto per contraddire in tutto o in parte le affermazioni di altri: *una o. di natura tecnica, formale, sostanziale*; *respingere l'o.*; *rispondere alle obiezioni* | (*est.*) Contestazione, rifiuto | ***Fare, muovere o.***, obiettare. **2** ***O. di coscienza***, rifiuto di adempiere a obblighi legislativi, amministrativi, fiscali o professionali per motivi morali, religiosi o ideologici.

òbito [vc. dotta, lat. *ŏbitu(m)*, part. pass. di *obīre* 'andare incontro', comp. di *ŏb-* e *īre*; 1304] s. m. ● (*lett.*) Morte.

obitòrio [da *obito*; 1933] s. m. ● Locale dove sono conservati i cadaveri in attesa dell'autopsia o della loro identificazione.

obituàrio [dal lat. *ŏbitus* 'obito' (V. *obito*); 1869] s. m. ● Nel Medioevo, libro in cui venivano registrate le date di morte dei personaggi benemeriti di chiese, monasteri e sim.

obiurgàre [vc. dotta, lat. *obiurgāre* 'rimproverare', comp. di *ŏb-* (V. *obbediente*) e *iurgāre* 'altercare', da *iūs* 'diritto'. V. *giusto*; 1867] v. tr. (*io obiùrgo, tu obiùrghi*) ● (*lett.*) Rimproverare solennemente.

obiurgazióne [vc. dotta, lat. *obiurgatiōne(m)*, da *obiurgāre* 'obiurgare'; av. 1342] s. f. **1** (*lett.*) Accusa, biasimo. **2** Nell'antica retorica, invettiva oratoria rivolta a una moltitudine.

oblàre [da *oblazione*] v. tr. (*io òblo*) ● (*dir.*) Estinguere il reato mediante oblazione.

oblàta [f. sost. di *oblato*; 1748] s. f. ● Nell'antica liturgia cristiana, offerta di pani che servivano al la consacrazione e alla distribuzione.

oblatività [da *oblativo*] s. f. ● (*psicol.*) Caratteristica, condizione di chi (o di ciò che) è oblativo | (*est.*) Altruismo, disinteresse.

oblatìvo [vc. dotta, lat. *oblatīvu(m)*. V. *oblato*; 1957] agg. ● (*psicol.*) Detto di chi si dedica totalmente alle esigenze degli altri, privilegiandole rispetto alle proprie | (*est.*) Altruista, disinteressato.

oblàto [vc. dotta, lat. *oblātu(m)*, part. pass. di *offĕrre* 'offrire'; 1499] **A** s. m. (f. *-a*) **1** Membro di alcune congregazioni religiose, maschili o femminili, dedite all'apostolato e all'assistenza. **2** (*dir.*) Destinatario di un'offerta o proposta. **B** anche agg.: *laico o.*; *dama oblata*.

oblatóre [vc. dotta, lat. tardo *oblatōre(m)*, da *oblātus*, part. pass. di *offĕrre* 'offrire'; 1618] s. m. (f. *-trice*) **1** Chi dà un'oblazione, un'offerta. SIN. Offerente. **2** (*dir.*) Chi effettua un'oblazione. **3** (*raro*) Chi risponde a una vendita all'asta.

oblatòrio [da *oblatore*; 1723] agg. ● (*relig.*) Relativo a offerta od oblazione.

†**oblatratóre** [vc. dotta, lat. tardo *oblatratōre(m)*, da *oblatrāre* 'abbaiare contro', comp. di *ŏb-* 'contro' e *latrāre* 'abbaiare'; av. 1642] s. m. (f. *-trice*) ● Maldicente, denigratore: *quando ei volesse con giusta libra pesare il suo demerito, non mi daria titolo di o.* (GALILEI).

oblazionàbile [1983] agg. ● (*dir.*, *raro*) Detto di reato che può essere estinto mediante oblazione.

oblazionato agg. ● (*dir.*) Detto di reato estinto mediante oblazione.

oblazióne [vc. dotta, lat. tardo *oblatiōne(m)*, da *oblātus*, part. pass. di *offĕrre* 'offrire'; av. 1292] s. f. **1** Offerta spec. in denaro, a titolo di elemosina, beneficenza e sim.: *fare un'o.*; *raccogliere le oblazioni*. **2** (*relig.*) Offerta del pane e del vino nella Messa. **3** (*dir.*) Causa di estinzione del reato prevista per le contravvenzioni punite con la sola pena dell'ammenda o con la pena alternativa dell'arresto e dell'ammenda, e consistente nel pagamento volontario di una determinata somma di denaro entro termini processuali previsti dalla legge.

†**oblìa** s. f. ● Oblio.

obliàbile [da *obliare*] agg. ● (*lett.*) Dimenticabile.

obliànza o †**obbliànza** [da *obliare*; sec. XIII] s. f. ● (*lett.*) Dimenticanza, oblio.

obliàre o (*raro*) **obbliàre**, †**ubbliàre** [ant. fr. *oblier*, dal lat. parl. **oblitāre*, da *oblītus*, part. pass. di *oblivīsci* 'dimenticare', comp. di *ŏb-* raff. e **līvere* 'cancellare', di orig. indeur.; av. 1250] **A** v. tr. (*io oblio*) ● (*lett.*) Dimenticare: *e sì l'umilia, ch'ogni offesa oblia* (DANTE). **B** v. rifl. ● (*lett.*) Dimenticare sé stessi | ***Obliarsi in qlco.***, abbandonarglisi col pensiero, pensare solo a lui.

†**obliatóre** [av. 1519] agg.; anche s. m. (f. *-trice*) ● Che (o Chi) oblia.

†**obligàre** e *deriv.* ● V. *obbligare* e *deriv.*

oblìo o (*raro*) **obblìo** [da *obliare*; sec. XIII] s. m. ● (*lett.*) Totale dimenticanza: *un dolce o. che cancelli le tristi memorie*; *involve / tutte cose l'obblìo nella sua notte* (FOSCOLO) | ***Cadere nell'o.***, essere dimenticato | ***Mettere, porre nell'o.***, dimenticare o far dimenticare | ***Sepolto nell'o.***, non più ricordato | ***Sottrarre all'o.***, richiamare alla memoria | ***Il fiume dell'o.***, il Lete, le cui acque cancellavano ogni ricordo in chi vi si immergeva.

obliòso o (*raro*) **obbliòso** [da *oblio*; 1300 ca.] agg. **1** (*lett.*) Dimentico, immemore. **2** (*lett.*) Che fa dimenticare. || **obliosaménte**, avv.

obliquàngolo [comp. di *obliqu(o)* e *angolo*; av. 1647] agg. ● (*mat.*) Detto di figura geometrica con angoli non retti.

obliquàre o †**obbliquàre** [vc. dotta, lat. *obliquāre* 'volgere obliquamente, dirigere trasversalmente', da *oblīquus* 'obliquo'; av. 1406] **A** v. tr. (*io oblìquo*) ● (*raro*) Piegare rendendo obliquo. **B** v. intr. (aus. *avere*) ● (*raro*) Avanzare o tagliare diagonalmente. **C** v. rifl. e intr. pron. ● †Piegarsi diagonalmente.

obliquità o †**obbliquità** [vc. dotta, lat. *obliquitāte(m)*, da *oblīquus* 'obliquo'; av. 1527] s. f. ● Condizione o caratteristica di ciò che è obliquo (*anche fig.*): *moto curvo dell'acqua è quello, col quale scorre il fiume infra diverse o. d'argine* (LEONARDO); *l'o. dei suoi propositi era ben mascherata* | (*astron.*) ***O. dell'eclittica***, la sua inclinazione rispetto all'equatore celeste.

oblìquo o †**obblìco**, †**obblìquo** [vc. dotta, lat. *oblīquu(m)*, di etim. incerta; 1342] agg. **1** (*mat.*) Detto di figura che possegga angoli non retti. ➡ ILL. **geometria**. **2** Correntemente, detto di tutto ciò che è inclinato rispetto alla superficie su cui poggia o a ciò cui si fa riferimento: *muro o.*; *taglio o.* CFR. plagio-. SIN. Sghembo. **3** (*fig.*) Indiretto: *notizia filtrata per vie oblique* | (*ling.*) ***Casi obliqui***, nella declinazione del nome e dell'aggettivo, i casi diversi dal nominativo e dall'accusativo. **4** (*fig.*) Falso, subdolo: *sguardo o.*; *parole oblique*; *fini obliqui*. **5** (*lett.*) Avverso. **6** (*anat.*) Detto di muscolo la cui azione si svolge non parallelamente all'asse di simmetria del corpo: *muscoli obliqui del capo, dell'occhio*. || **obliquaménte**, avv.

†**oblìre** [da *oblio*; av. 1293] v. tr. ● Obliare.

obliterànte part. pres. di *obliterare*; anche agg. ● Nei sign. del v.: *tromboangioite o.*

obliteràre [vc. dotta, lat. *obliterāre*, propr. 'togliere le lettere', comp. di *ŏb-* e *lĭttera* 'lettera'; 1470 ca.] **A** v. tr. (*io oblìtero*) **1** (*lett.*) Cancellare uno scritto, o renderlo illeggibile. **2** (*bur.*) Annullare, con un timbro o un'apposita macchina, francobolli, marche da bollo, biglietti per mezzi pubblici e sim. **3** (*fig., lett.*) Far dileguare, far dimenticare: *o. un ricordo d'infanzia*; *ogn'altra melodia del cor mi oblitera* (SANNAZARO). **4** (*med.*) Provocare una obliterazione. **B** v. intr. pron. ● (*med.*) Occludersi a causa di un'obliterazione.

obliteratóre [vc. dotta, lat. tardo *obliteratōre(m)*, da *obliterātus* 'obliterato'; 1925] agg. (f. *-trice*) ● Che annulla | ***Macchina obliteratrice***, (*ellitt.*) ***obliteratrice***, (*bur.*) che provvede all'annullo automatico di francobolli e biglietti per mezzi di trasporto e locali pubblici.

obliterazióne [vc. dotta, lat. *obliteratiōne(m)*, da *obliterāre* 'obliterare'; 1834] s. f. **1** L'obliterare | (*lett.*) Dimenticanza. **2** (*filat.*) Annullo. **3** (*med.*) Ostruzione di una cavità o di un organo canalicolare: *o. arteriosa*.

†**oblìto** [1321] part. pass. di †*oblire*; anche agg. ● (*poet.*) Dimenticato | (*lett.*) ***O. di***, dimentico.

oblivióne o (*raro*) **obblivióne** [vc. dotta, lat. *obliviōne(m)*, da *oblivīsci*. V. *obliare*; 1308] s. f. ● (*lett.*) Profondo oblio.

oblivióso o (*raro*) **obblivióso** [vc. dotta, lat. *obliviōsu(m)*, da *oblivīsci*. V. *obliare*; av. 1406] agg. **1** (*raro, lett.*) Dimentico, immemore. **2** (*raro, lett.*) Che fa dimenticare.

oblò [fr. *hublot*, dall'ant. fr. *huve* 'berretto', di orig. francone; 1923] s. m. ● Finestrino circolare nelle navi, fornito di robusto cristallo girevole che si apre all'interno e si chiude con chiavistelli a vite | Finestrino negli aerei | (*est.*) Sportello circolare: *l'o. della lavatrice*.

oblomovìsmo [da *Oblomov*, protagonista del romanzo omonimo di I. A. Gončarov (1812-1891); 1935] s. m. ● Apatico e fatalistico modo di vivere e pensare, attribuito alla borghesia russa della seconda metà dell'Ottocento.

oblùngo [lat. *oblŏngu(m)*, comp. di *ŏb-* 'verso', e *lŏngus* 'lungo'; 1566] agg. (pl. m. *-ghi*) ● Detto di ciò che è più lungo che largo: *avevo tutta quest'opera ristretta in un quadro o.* (CELLINI). SIN. Bislungo. || **oblunghétto**, dim.

obnubilaménto o **onnubilaménto** [da *obnubilare*; 1951] s. m. **1** (*lett.*) Annebbiamento. **2** (*psicol.*) Offuscamento delle facoltà sensitive.

obnubilàre o **onnubilàre** [vc. dotta, lat. *obnubilāre*, comp. di *ŏb-* 'davanti' e *nubilāre* 'esser nuvoloso', da *nūbilus* 'nuvolo'; av. 1514] v. tr. e intr. pron. (*io obnùbilo*) ● (*lett.*) Annebbiare, offuscare: *o. la vista, i sensi*.

obnubilàto part. pass. di *obnubilare*; anche agg. ● (*lett.*) Annebbiato, offuscato.

obnubilazióne [vc. dotta, lat. tardo *obnubilatiōne(m)*, da *obnubilātus*, part. pass. di *obnubilāre* 'obnubilare'; 1908] s. f. ● (*psicol.*) Obnubilamento.

obnuziàle [comp. del lat. *ŏb-* 'a causa di' e *nuziale*; 1950] agg. ● (*dir., raro*) Fatto in funzione o in occasione di un matrimonio: *donazione o.*

òboe o †**oboè**, †**uboè** [fr. *hautbois*, propr. 'legno (*bois*) dal suono alto (*haut*)'; 1696] s. m. ● Strumento musicale a fiato del gruppo dei legni, munito di una doppia ancia, il cui tubo, terminante in una apertura leggermente svasata, è provvisto di un numero variabile di buchi | ***O. basso***, corno inglese | ***O. degli Abruzzi***, cennamella. ➡ ILL. **musica**.

oboìsta [1869] s. m. e f. (pl. m. *-i*) ● Suonatore di oboe.

òbolo [vc. dotta, lat. *ŏbolu(m)* nom. *ŏbolus*, moneta greca, dal gr. *obolós* 'pezzo di metallo adoperato come moneta'. Cfr. *obelós* 'spiedo' (V. *obelisco*); sec. XIV] s. m. **1** Antica moneta greca di argento o di bronzo, sesta parte della dramma. **2** (*est.*) Piccola offerta in denaro: *date il vostro o.*; *un o. per i poveri* | ***O. di San Pietro***, offerta in denaro fatta alla Santa Sede dai fedeli. SIN. Elemosina. || **obolétto**, dim.

obovàto [dall'ingl. *obovate*, comp. di *ob-* 'opposto, contrario' e *ovate* 'ovato'; 1972] agg. ● (*bot.*) Detto di organo, spec. di foglia, ristretto alla base e allargato all'apice, come un uovo rovesciato.

obrettìzio o **orrettìzio** [vc. dotta, lat. tardo *obrepticiu(m)*, da *ŏb-* 'verso, contro', sul modello di *subreptīcius* 'surrettizio'; av. 1667] agg. ● (*dir., raro*) Di atto fraudolento o comunque falso.

obrezióne o **orrezióne** [cfr. *obrettizio*] s. f. ● (*dir., raro*) Condizione di un atto obrettizio.

†**obrìzzo** o **òbrizo** [vc. dotta, lat. tardo *obryzu(m)* (*aurum*) 'oro provato, di coppella', dal gr. *óbryzon* (*chrysion*), di etim. incerta; sec. XIV] **A** s. m. ● Oro senza mondiglia. **B** agg. ● Fine, puro, detto spec. di metalli preziosi.

†**obsecràre** e *deriv.* ● V. †*ossecrare* e *deriv.*

†**obsediàre** o †**obsidiàre**, †**ossediàre** [sovrapposizione di *assediare* al lat. *obsidēre* (V. *assedio*); sec. XIV] v. tr. ● Assediare.

†**obsèquia** [deform. di *esequie*, secondo il lat. *obsĕquia*, pl. di *obsĕquium* 'ossequio'] s. f. ● (*spec. al pl.*) Esequie.

†**obsidiàre** ● V. †*obsediare*.

†**obsidióne** ● V. †*ossidione*.

obsolescènte [dal lat. *obsolēscens*, genit. *obsolescēntis*, part. pres. di *obsolēscere*. V. *obsoleto*; 1970] agg. ● Che è in fase di obsolescenza.

obsolescènza [da *obsolescente*; 1958] s. f. **1** (*lett.*) Lento ma progressivo invecchiamento. **2** (*econ.*) Invecchiamento dei mezzi produttivi, quali macchine, attrezzature e impianti, dovuto al sopraggiungere di altri mezzi tecnicamente ed economicamente più evoluti.

obsolèto [vc. dotta, lat. *obsolētu(m)*, da *obsolēscere* 'cadere in disuso, logorarsi', da avvicinare a *solēre* 'esser solito'; av. 1494] agg. **1** Antico, disusato, vieto: *termine o.*; *tradizioni ormai obsolete*. **2** (*econ.*) Che ha subito obsolescenza: *impianti obsoleti*.

†**obstàre** ● V. *ostare*.

†**obtemperàre** e *deriv.* ● V. *ottemperare* e *deriv.*

obtòrto còllo [loc. lat., propr. 'col collo piegato', comp. di *obtōrtus* (part. pass. di *obtorquēre* 'girare, torcere', comp. di *ŏb* 'verso, davanti' e *torquēre* 'torcere') e *cōllum* 'collo'; av. 1936] loc. avv. ● (*lett.*) Malvolentieri, controvoglia, di contraggenio: *dovetti, obtorto collo, adeguarmi alle nuove regole*.

†**obtrettatóre** [vc. dotta, lat. *obtrectatōre(m)*, da *obtrectātus*, part. pass. di *obtrectāre* 'avversare, denigrare', comp. di *ŏb-* 'contro' e *tractāre* 'tirare'. V. *trattare*; av. 1472] s. m. ● Detrattore.

†**obtrettazióne** [vc. dotta, lat. *obtrectatiōne(m)*, da *obtrectātus*. V. precedente; av. 1472] s. f. ● Detrazione, maldicenza.

†**obumbràre** [lat *obumbrāre*, comp. di *ŏb-* 'davanti' e *umbrāre* 'ombreggiare', da *ŭmbra* 'ombra'; 1294] v. tr. ● Coprire d'ombra | (*fig., lett.*) Attenuare.

oc /*provz.* ɔk/ [provz. antico 'sì', dal lat. *hŏc* 'ciò'; 1308] s. m. inv. ● Solo nella loc. ***lingua d'oc***, il provenzale antico e i dialetti tuttora usati nella Francia meridionale.

♦**òca** [lat. tardo *āuca(m)*, da **ăvica*, dim. di *ăvis* 'uccello', di orig. indeur.; av. 1292] s. f. **1** Correntemente, uccello degli Anseriformi con gambe corte, dita del piede palmate, nuotatore, con abbondante piumaggio, allevata per la carne e il piumino | ***Oca selvatica***, anseriforme con ali robuste e becco dai margini dentellati, ristretto verso l'apice | ***Oca marina***, smergo | ***Ecco fatto il becco all'oca***, (*scherz.*) per indicare che si è completato un lavoro | ***Porca l'oca!***, escl. d'ira e sim. | ***Penna d'oca***, penna delle ali dell'oca, che, opportunamente temperata, serviva un tempo per scrivere | ***Pelle d'oca***, aspetto della pelle, provocato dal freddo o dall'emozione, per cui sulla superficie si formano dei piccoli rilievi per azione dei muscoli erettori dei peli: *avere, far venire, la pelle d'oca* | ***A becco d'oca***, di oggetto curvato a foggia di S orizzontale | ***Passo dell'oca***, particolare modo di marciare in parata a cadenza, tipico delle armate della Germania nazista | ***Gioco dell'oca***, praticato con due dadi e una tavola suddivisa in 63 o 90 caselle figurate e numerate progressivamente. ➡ ILL. **animali**/7. **2** (*fig.*) Persona, spec. di sesso femminile, sciocca e sbadata, o anche priva di intelligenza e cultura: *sembra un'oca*; *stava là imbambolata come un'oca*; *non si può parlare con quell'oca* | ***Oca giuliva***, V. *giulivo*. || **ocarina**, dim. | **ocherèlla**, dim. | **ochétta**, dim. (V.) | **ochina**, dim. | **ocóna**, accr. | **ocóne**, accr. m.

ocàggine [da *oca* (in senso figurato); 1910] s. f. ● Stupidità, dabbenaggine.

ocarina [dall'imboccatura simile a un becco d'*oca*; 1905] s. f. ● Strumento musicale a fiato di piccole dimensioni, in terracotta, avente forma ovoidale, munito di imboccatura laterale e di una decina di fori: *le ocarine di Budrio*. ➡ ILL. **musica**.

ocarinista s. m. e f. (pl. m. *-i*) ● Suonatore di ocarina.

òcca [ar. *uqqa*] s. f. ● Antica unità di misura di peso, pari a circa 1,25 kg, ancora in uso in Paesi del Medio Oriente.

occamìsmo [da Guglielmo d'*Occam* (1280-1349) e *-ismo*; 1935] s. m. ● Indirizzo filosofico ispirato ai capisaldi della filosofia di G. d'Occam, caratterizzato da una posizione critica nei confronti dell'aristotelismo.

occamista [1911] s. m. e f. (pl. m. *-i*) ● Chi segue l'occamismo, o a esso si ispira.

occamìstico agg. (pl. m. *-ci*) ● Che concerne l'occamismo e gli occamisti.

occasionàle [av. 1652] agg. **1** Che costituisce o fornisce l'occasione di qlco.: *causa o.* **2** Fortuito: *motivo del tutto o.*; *un o. incontro*. SIN. Accidentale, casuale. **3** Saltuario: *lavoro, prestazione o.* || **occasionalménte**, avv. Per caso.

occasionalìsmo [comp. di *occasionale* e *-ismo*; 1865] s. m. ● Dottrina filosofica secondo cui Dio è la causa di tutte le cose e le cause naturali dei fenomeni sono esclusivamente occasioni per mezzo delle quali Dio stesso realizza le sue intenzioni.

occasionalità [da *occasionale*; 1884] s. f. ● Caratteristica di ciò che è occasionale.

occasionàre [da *occasione*; 1566] v. tr. (*io occasióno*) ● Cagionare, determinare o far nascere qlco., spec. in modo diretto o immediato: *o. la ri-*

volta, la guerra, l'intervento. SIN. Causare, provocare.

♦**occaṣióne** [vc. dotta, lat. *occasiōne(m)*, da *occāsum*, supino di *occĭdere* 'cadere', comp. di *ŏb-* 'davanti' e *cădere* 'cadere'; sec. XIV] **s. f.** *1* Caso favorevole od opportuno, momento o situazione particolarmente adatta a qlco.: *da tempo aspettava l'o. di farsi avanti, di mettersi in luce, di intervenire; alla prima o. vi manderò ciò che vi devo; perdere un'o. così è un vero peccato* | ***All'o.***, se si verificherà il caso favorevole, eventualmente, all'occorrenza | ***Cogliere l'o.***, sapersene servire al momento giusto | ***D'o.***, detto di prodotto posto in vendita a condizioni particolarmente buone: *articoli d'o.; automobile d'o.* *2* (*est.*) Oggetto, articolo e sim. che si può acquistare a un prezzo particolarmente vantaggioso: *quella pelliccia è un'o., una vera o.; vetrina delle occasioni.* *3* Causa, motivo, pretesto: *dare, fornire l'o.; prendere o. da qlco.* | ***A o. di***, a motivo, a causa di | ***Con l'o.***, col motivo. *4* Avvenimento, circostanza, situazione: *un abito adatto a tutte le occasioni; in quell'o. si comportò da perfetto villano; per l'o. ci presenteremo nei nostri panni migliori; è un'o. solenne* | ***In o. delle nozze***, per il matrimonio | ***Discorso d'o.***, convenzionale | ***Poesia d'o.***, legata a certi avvenimenti, motivata da particolari circostanze. || PROV. L'occasione fa l'uomo ladro. || **occaṣioncèlla**, **dim.**

occàṣo [vc. dotta, lat. *occāsu(m)*, da *occāsum*, supino di *occĭdere*. V. *occasione*; 1319] **s. m.** *1* (*lett.*) Tramonto: *come questo o. è pien di voli* (CARDUCCI). *2* (*lett.*) Occidente, ponente. *3* (*fig., lett.*) Morte, fine.

occhiàccio [av. 1472] **s. m.** *1* Pegg. di *occhio*. *2* Occhio che guarda con severità, con espressione irata e sim. | ***Fare gli occhiacci***, esprimere con occhiate la riprovazione, rimproverare qlcu. con sguardo duro e cattivo.

occhiàia [da *occhio*; 1319] **s. f.** *1* Cavità del cranio in cui sono accolti i globi oculari. *2* (*spec. al pl.*) Macchie livide sotto gli occhi: *la stanchezza si nota dalle profonde occhiaie.* SIN. Calamaro.

occhialàio [1551] **s. m.** (f. *-a*) ● (*disus.*) Chi fabbrica, ripara e vende occhiali, lenti e sim. SIN. Ottico.

occhiàle [da *occhio*; av. 1696] **A agg.** ● †Dell'occhio, relativo all'occhio. **B s. m.** *1* †Cannocchiale. *2* (*pop.*) Caramella, occhialetto. || **occhialàccio**, **pegg.** | **occhialétto**, **dim.** (V.) | **occhialino**, **dim.** (V.) | **occhialóne**, **accr.** (V.).

occhialerìa [1958] **s. f.** *1* (*disus.*) Negozio in cui si vendono o si riparano occhiali. *2* (*raro*) Insieme o assortimento di occhiali.

occhialétto [1840] **s. m.** *1* Dim. di *occhiale*. *2* Occhiale per signora, con una o due lenti, non fisso sul naso ma fornito di manico. *3* (*raro*) Lente, per un occhio solo, che si incastra nell'orbita. SIN. Caramella, monocolo.

♦**occhiàli** [pl. di *occhiale*; 1306] **s. m. pl.** *1* Montatura contenente una coppia di lenti o di dischi di vetro o altro materiale trasparente, da porsi davanti agli occhi per correggere eventuali difetti della vista o per proteggerli da radiazioni troppo intense o da agenti esterni nocivi: *o. da vista, da sole, da neve; o. da motociclista; o. subacquei; o. a stanghetta, a pince-nez* | ***O. polarizzanti***, occhiali dotati di lenti polarizzanti per schermare gran parte dei raggi solari | ***Serpente dagli o.***, (*pop.*) cobra. *2* Nel gioco della dama, posizione di una dama tra due dame avversarie, una delle quali sarà certo eliminata.

occhialino [av. 1726] **s. m.** *1* Dim. di *occhiale*. *2* Occhialetto.

occhialóne [1890] **s. m.** *1* Accr. di *occhiale*. *2* Pesce marino degli Sparidi con corpo gibboso, muso corto e grandi occhi, colorazione grigio-rossa a riflessi aurati (*Pagellus centrodontus*).

occhialùto [1895] **agg.** ● (*scherz.*) Che porta occhiali, spec. molto grandi: *un giovanotto magro e o.*

occhiàre [da *occhio*; av. 1558] **v. tr.** (*io òcchio*) ● (*raro*) Adocchiare.

♦**occhiàta** (**1**) [da *occhio*; 1427] **s. f.** *1* Sguardo rapido ma spesso particolarmente intenso e significativo: *con un'o. si rese conto della situazione; si scambiarono un'o. d'intesa, di traverso, in cagnesco; occhiate scrutatrici* | ***Dolci occhiate***, amorose | ***Dare un'o.***, guardare o controllare rapidamente: *dai un'o. al latte sul fuoco.* *2* †Vista. || **occhiatàccia**, **pegg.** (V.) | **occhiatèlla**, **dim.** | **occhiatina**, **dim.**

occhiàta (**2**) [lat. *oculāta(m)* 'provvista di occhi', da *ŏculus* 'occhio'; av. 1893] **s. f.** ● Pesce degli Sparidi con occhi grandi, bocca piccola e denti taglienti, comune nel Mediterraneo (*Oblada melanura*). SIN. Melanuro, obbiada. ➡ ILL. **animali**/6.

occhiatàccia [1817] **s. f.** ● Pegg. di *occhiata* | Rapido sguardo che rivela ostilità, riprovazione, ira e sim.: *gli rispose con un'o.; impauriti da un'o. del loro padrone* (COLLODI).

occhiàto [av. 1320] **agg.** ● Detto di ciò che ha macchie di colore o buchi tondeggianti simili a occhi: *tessuto, formaggio o.* | ***Brodo o.***, con macchie tonde di grasso.

occhiatùra [da *occhiato*] **s. f.** ● Caratteristica dei formaggi di tipo emmental, i quali si presentano costellati di buchi.

occhiazzùrro [comp. di *occhi(o)* e *azzurro*; calco sul gr. *glaukôpis*; av. 1729] **agg.** ● (*lett.*) Che ha occhi azzurri.

occhibendàto [comp. di *occhi(o)* e *bendato*] **agg.** ● (*lett.*) Che ha gli occhi bendati.

occhicerùleo [comp. di *occhi(o)* e *ceruleo*; cfr. *occhiazzurro*; av. 1796] **agg.** ● (*lett.*) Occhiazzurro.

occhieggiàre [comp. di *occhio* e *-eggiare*; 1584] **A v. tr.** (*io occhiéggio*) ● Guardare di tanto in tanto, ma con intenzione o desiderio: *o. gli oggetti esposti nelle vetrine; Turiddu seguitava a passare e ripassare per la stradicciuola, … occhieggiando le ragazze* (VERGA). **B v. intr.** (aus. *avere*) ● Apparire qua e là: *grappoli dorati occhieggiano tra le fronde.* **C v. rifl. rec.** ● Scambiarsi occhiate.

occhiellàio [1889] **s. m.** (f. *-a*) *1* (*raro*) Chi fa occhielli per le vele. *2* (*spec. f.*) Chi fa occhielli per abiti, a livello artigianale o industriale.

occhiellatrice [1925] **s. f.** ● Macchina per fare occhielli su stoffa, cuoio e sim. | Macchina per applicare occhielli metallici.

occhiellatùra [1846] **s. f.** *1* Lavoro del praticare occhielli in qlco., del provvedere qlco. di occhielli. *2* Insieme di occhielli fatti su qlco. | Parte di un oggetto in cui si trovano gli occhielli: *l'o. del cappotto.*

occhièllo [1356] **s. m.** *1* (*raro*) Dim. di *occhio*. *2* Asola | (*est.*) Apertura simile a un'asola su scarpe, borse o altro | (*fig., raro*) Ferita: *fare un o. nel ventre a qlcu.* | (*pesca*) Parte dell'amo a cui viene annodato il finale. *3* (*mar.*) Foro, rinforzato con un orlo o un anello metallico, praticato nella vela per passarvi le cime. *4* Accessorio dell'imballaggio a forma di piccolo anello. *5* (*tipogr.*) In un articolo di giornale, frase di lunghezza non superiore a una riga e di giustezza e corpo inferiori al titolo che la segue. SIN. Soprattitolo. *6* (*tipogr.*) Pagina che riporta il titolo di un libro se posta prima del frontespizio, o il titolo di un capitolo o sim. se posta all'interno. SIN. (*raro*) Mezzotitolo. || **occhiellàccio**, **pegg.** | **occhiellino**, **dim.**

occhièra [da *occhio*; 1942] **s. f.** ● (*med.*) Occhino.

occhiétto [av. 1484] **s. m.** *1* Dim. di *occhio*. *2* Occhio piccolo e vivace: *ha due occhietti neri e penetranti* | ***Fare l'o.***, strizzare l'occhio in segno di intesa, ammiccare. *3* (*tipogr.*) Nella composizione di libri e giornali, occhiello. || **occhiettàccio**, **pegg.** | **occhiettino**, **dim.** | **occhiettùccio**, **dim.**

occhino **s. m.** *1* Dim. di *occhio*. *2* (*med.*) Piccola coppetta per lavature oculari. SIN. Occhiera.

♦**òcchio** [lat. *ŏculu(m)*, di orig. indeur.; av. 1250] **s. m.** **I** In relazione alla sua natura e alle sue funzioni anatomiche e fisiologiche. *1* Organo della vista, diversamente complesso e strutturato negli Invertebrati e nei Vertebrati, costituito nell'uomo da una formazione sferoidale contenuta in ognuna delle cavità orbitarie del cranio. CFR. oculo-, opto-, oftalmo-, -oftalmo | ***O. composto***, organo visivo degli Artropodi, formato da centinaia di ommatidi | ***O. artificiale***, protesi che sostituisce nell'uomo il globo oculare mancante, nella cavità oculare | ***Guardare con la coda dell'o.***, senza voltarsi, senza farsi notare | ***Avere gli occhi***, vederci benissimo | ***Dove hai gli occhi?***, (*fig.*) ci vedi o non ci vedi? | (*fig.*) ***Avere gli occhi fuori dalle orbite*** e sim., essere meravigliatissimo o arrabbiato | ***Sbarrare, spalancare, stralunare gli occhi***, aprirli completamente per meraviglia e sim. | ***Avere, mettere qlco. davanti agli occhi***, in piena vista | ***Sfregarsi, stropicciarsi gli occhi***, con la mano, in segno di sonnolenza, o quasi per accertarsi delle proprie facoltà visive davanti a cose incredibili | ***Guardarsi negli occhi***, fissarsi | ***Cavarsi gli occhi***, stancarsi eccessivamente la vista leggendo e sim. | ***Si caverebbero gli occhi***, di persone che si odiano | ***In un batter d'o.***, (*fig.*) in un attimo | ***Strizzare l'o.***, ammiccare | ***Aprire gli occhi***, sollevare le palpebre o svegliarsi; (*fig.*) accorgersi finalmente di qlco. | ***Aprire gli occhi alla luce***, venire al mondo, nascere | ***Aprire gli occhi a qlcu.***, metterlo al corrente di qlco. | ***A occhi aperti***, (*fig.*) con grande attenzione | ***Non riuscire a tenere gli occhi aperti***, avere molto sonno | ***Chiudere gli occhi***, abbassare le palpebre; (*est.*) dormire; (*est.*) morire; (*fig.*) non volersi accorgere di qlco. | ***Chiudere gli occhi a qlcu.***, (*fig.*) assisterlo in punto di morte e vederlo morire | ***Chiudere un o.***, (*fig.*) passare qlco. sotto silenzio, essere indulgente | ***Non potere chiudere o.***, soffrire d'insonnia | ***A occhi chiusi***, (*fig.*) con tutta sicurezza | (*fig.*) ***Guardare con tanto d'occhi***, con estrema meraviglia | †***Dar d'o.***, ammiccare | ***Come il fumo negli occhi***, (*fig.*) di persona o cosa assai molesta | ***Fino sopra gli occhi***, (*fig.*) troppo, in modo o quantità eccessiva | (*fig.*) ***Essere un pugno in un o.***, detto di ciò che è molto sgradevole a vedersi, di pessimo gusto, e sim.: *quell'enorme edificio in cima alla collina è un vero pugno nell'o.* | (*fig., fam.*) ***Avere gli occhi foderati di prosciutto***, non rendersi conto delle cose più evidenti | ***Avere gli occhi umidi*** (***di pianto***), portare i segni di un pianto recente | ***Avere le lacrime agli occhi***, essere sul punto di piangere | ***A quattr'occhi***, in due, in tutta intimità | ***A vista d'o.***, (*raro*) a perdita d'occhio; molto rapidamente: *il livello del fiume cresceva a vista d'o.* | ***O. per o., dente per dente***, formula secondo la quale la legge mosaica prescrive la legge del taglione. ➡ ILL. p. 2127 ANATOMIA UMANA. *2* Sguardo, vista: *avere l'o. annebbiato per la stanchezza* | ***Stare con gli occhi bassi, a terra*** e sim., con lo sguardo abbassato per vergogna e sim. | ***Volgere, alzare gli occhi al cielo***, lo sguardo verso l'alto per pregare e sim. | ***A me gli occhi!***, formula con cui l'ipnotizzatore invita la persona che sta per sottoporre a ipnosi a fissarlo e a concentrare l'attenzione su di lui | (*fig.*) ***Aguzzare gli occhi***, cercare di vedere il meglio possibile | ***Tenere gli occhi su qlcu. o su qlco.***, non distoglierne lo sguardo | ***Dare all'o., nell'o.***, attirare l'attenzione | ***Fare l'o. a***, assuefare la vista | ***Salta agli occhi***, (*fig.*) di cosa molto evidente | (*fig.*) ***A perdita d'o.***, fin dove può giungere lo sguardo | (*fig.*) ***Non avere né occhi né orecchie***, non voler vedere né udire | ***A o. nudo***, solo con lo sguardo, con la vista | ***A o.***, approssimativamente: *così, a o., mancheranno cinque kilometri* | (*fig.*) ***Tenere, non perdere d'o.***, sorvegliare di continuo | ***Colpo d'o.***, veduta d'insieme, prima impressione | ***Non credere ai propri occhi***, essere stupefatti per ciò che si vede | ***Gettare la polvere negli occhi***, (*fig.*) ingannare con false apparenze | ***Voler vedere con i propri occhi***, volere constatare di persona | (*fig.*) ***A o. e croce***, all'incirca | (*fig.*) ***Gettar l'o.***, dare un rapido sguardo | ***Seguire con l'o.***, con lo sguardo | ***Andare con l'o.***, percorrere con lo sguardo | (*fig.*) ***Mangiarsi qlco. o qlcu. con gli occhi***, riferito a cosa o persona che si apprezza oltremodo e si continua a guardare | (*fig.*) ***Mettere gli occhi addosso***, adocchiare e desiderare | ***Avere un o. di riguardo per qlcu.***, trattarlo con particolare favore | ***Non levar gli occhi di dosso***, guardare con insistenza | (*fig.*) ***Costare un o. della testa***, moltissimo, una esagerazione. **II** Considerato in relazione alle attività intellettuali o spirituali dell'uomo, espresse o influenzate da tale organo. *1* (*fig.*) Senso estetico, gusto del bello: *una vista che rallegra, appaga, soddisfa l'o.* | (*fig.*) ***Anche l'o. vuole la sua parte***, bisogna soddisfare anche le esigenze estetiche | ***Rifarsi l'o., gli occhi***, rallegrarsi per qlco. di bello, di piacevole. *2* (*fig.*) Espressione in genere, o particolare stato d'animo, espresso dallo sguardo: *occhi torvi, umili, feroci; mi guardava con occhi tristi, gioiosi, sereni* | (*fig., lett.*) ***Far l'o. di triglia***, mostrare desiderio | (*fig.*) ***Fare gli occhi dol-***

ci a qlcu., dimostrargli amore | ***Occhi che parlano***, che riescono a esprimere molte cose | ***Parlare con gli occhi***, far capire i propri desideri, sentimenti e sim. mediante l'espressione degli occhi. ***3*** (*fig.*) Capacità di comprendere, capire, intuire, giudicare e sim.: *gli occhi della mente, dell'intelletto, della fede*; *il suo o. filosofico sa penetrare nell'intimo delle cose* | ***O. clinico***, del medico capace di fare una buona diagnosi al solo esame visivo del paziente; (*fig.*) di chi sa riconoscere subito la natura o le cause di qlco. | (*fig.*) ***Gli occhi del mondo***, il giudizio del mondo, l'opinione pubblica | ***Essere sotto gli occhi di tutti***, essere evidente a tutti: *le difficoltà del segretario sono sotto gli occhi di tutti* | ***Agli occhi dei profani, dei malevoli***, secondo il giudizio dei profani, dei cattivi | †***Nei suoi occhi***, a suo giudizio | ***Perdere il lume degli occhi***, la capacità di ragionare per ira e sim. | (*fig.*) ***Aver buon o.***, saper scegliere | ***Vedere di buon o. o di mal o.***, giudicare favorevolmente o sfavorevolmente | ***Aver la benda agli occhi***, (*fig.*) essere offuscato da passione e sim. ***4*** (*fig.*) Attenzione: *o. alle mani, alle curve!* | (*fig.*) ***Essere tutt'occhi***, fare grande attenzione | (*fig.*) ***Aver l'o. a tutto***, fare attenzione a tutto | (*escl.*) ***O.!***, attenzione! **III** Con valore analogico. ***1*** Oggetto o formazione che per struttura, apparenza o caratteristiche generali ricorda un globo oculare | ***O. del ciclone***, zona centrale di un ciclone tropicale, caratterizzata da venti deboli e da diminuzione della nuvolosità | ***Essere, trovarsi nell'o. del ciclone***, (*fig.*) nel punto più critico, nella situazione più pericolosa e sim. | ***Fagioli dall'o.***, con l'ilo che assomiglia a un occhio | ***Occhi della patata***, gemme che si trovano sul tubero, e servono per moltiplicare la pianta | ***Occhi del brodo***, chiazze di grasso sulla sua superficie | ***Occhi del pavone***, macchie sferiche di colore sulle penne della coda | ***O. magico***, particolare tubo elettronico, utilizzato spec. come indicatore luminoso di sintonia negli apparecchi radio, nei registratori e sim. | ***O. di gatto***, rifrangente di forma rotonda applicato a intervalli regolari sulla mezzeria di una strada per fare risaltare meglio, spec. nelle ore notturne, la linea di demarcazione dei due sensi di marcia. ***2*** Foro o apertura tondeggiante: *il manico della padella ha un o. per appenderla* | ***O. del martello***, foro in cui entra il manico | ***O. di un chiodo***, nell'alpinismo, foro all'estremità di un chiodo in cui si infila il moschettone | ***Occhi delle forbici***, i due anelli per infilarvi le dita | ***Occhi del formaggio***, buchi nella pasta dell'emmental, del gruviera e sim. | (*mar.*) Foro circolare od ovale generalmente praticato per il passaggio di cavi o catene | ***O. di bigotta***, per il passaggio del cavo | ***O. di cubia***, per il passaggio della catena dell'ancora | ***O. di un cavo***, cappio a forma anulare | ***Filare per o.***, lasciare un ancoraggio abbandonando sul fondo l'ancora e la catena, manovra di emergenza cui si ricorre quando sia indispensabile far presto a partire. ***3*** In tipografia, lettera o segno inciso a rovescio e in rilievo nella superficie superiore del fusto del carattere | ***O. medio***, la parte centrale di una lettera dell'alfabeto, aste ascendenti e discendenti escluse. ***4*** (*bot.*) Gemma | ***Innesto a o.***, nel quale la marza è rappresentata da una gemma | ***O. della Madonna***, miosotide | ***O. di cimice, di diavolo***, adonide, fior d'Adone | ***O. di bue***, buftalmo. ➡ **ILL. agricoltura e giardinaggio.** ***5*** (*zool.*) ***O. di pavone***, farfalla le cui ali presentano quattro macchie simili a ocelli (*Inachis io*). ***6*** ***O. di bue***, in architettura, finestrino circolare od ovale sopra una porta, nel centro di una cupola e sim.; (*est.*) piccola apertura tonda od ovale praticata in una parete o in una porta; in marina, foro sulla murata o sul ponte, permanentemente chiuso da un robusto vetro per dar luce a un locale interno; in cinematografia, proiettore a fascio di luce concentrato adoperato per illuminare scene cinematografiche dall'alto in basso | ***All'o. di bue***, in gastronomia, detto di uova cotte al burro in tegame. ***7*** ***O. di pernice***, nell'industria tessile, disegno di un tessuto a puntini chiari su sfondo piuttosto scuro; (*est., pop.*) formazione callosa delle dita dei piedi. ***8*** (*fot.*) ***O. di pesce***, tipo di obiettivo grandangolare dotato di un angolo di campo molto grande. SIN. Fish eye. ***9*** (*miner.*) ***O. di gatto, o. di tigre***, varietà di quarzo di colore variabile dal grigio-verdastro al giallo, usate come gemme, caratterizzate dal fenomeno del gatteggiamento. || PROV. Lontano dagli occhi, lontano dal cuore; occhio che non vede, cuore che non desidera; in terra di ciechi beato chi ha un occhio. || **occhiàccio**, **pegg.** (V.) | **occhièllo**, **dim.** (V.) | **occhiètto**, **dim.** (V.) | **occhino**, **dim.** (V.) | **occhiolino**, **dim.** (V.) | **occhióne**, **accr.** (V.) | **occhiùccio**, **occhiùzzo**, **dim.**

OCCHIO
nomenclatura

occhio (cfr. vista, colore)
● *caratteristiche*: piccolo ⇔ grande, a mandorla, incavato = infossato, segnato = pesto = gonfio = cerchiato = livido, sanguigno, rosso = arrossato = irritato, asciutto ⇔ lacrimoso = lucido = lustro = umido, velato, cisposo, storto, guercio, stralunato, attonito, spiritato, fiero, ardente = acceso = fiammeggiante = iniettato di sangue, assassino; vigile = vivo = vivace = vispo ⇔ spento = assonnato = pesante; espressivo ⇔ inespressivo = fisso = immobile = vitreo = vacuo, artificiale; mite = mansueto, materno, paterno, dolce = innamorato = amoroso = languido = di triglia = seducente = ammaliatore, voluttuoso, avido, furbo, malizioso ⇔ innocente = puro, gelido = duro = d'acciaio = pungente = acuto = penetrante ⇔ imbambolato = smarrito = da pesce lesso, bovino; pietoso = supplice; chiaro = limpido ⇔ cupo, sereno ⇔ torvo = bieco = truce = grifagno; aperto = sgranato = sbarrato ⇔ chiuso = semichiuso = socchiuso; nero, castano, marrone, nocciola, grigio, ceruleo, blu, cesio, azzurro, verde, cangiante;
● *parti dell'occhio*: globo = bulbo oculare, orbita sopracciglia, palpebre, ciglia; iride, congiuntiva, caruncola lacrimale, sclera, cristallino (accomodazione), retina, corpo vitreo, umore acqueo, nervo ottico;
● *azioni*: aprire, spalancare = sbarrare = sgranare = dilatare ⇔ chiudere = serrare, tappare; strizzare, stralunare = strabuzzare; abbassare ⇔ alzare, fare l'occhietto (o l'occhiolino), accennare = ammiccare, adocchiare = occhiare = occhieggiare; girare; stropicciarsi; lacrimare, bruciare; luccicare, brillare; togliere ⇔ mettere le lenti a contatto, togliere ⇔ mettere, infilare, inforcare gli occhiali; leggere, riposare, stancare, avere le occhiaie; inarcare = aggrottare le sopracciglia; battere le palpebre, fare gli occhiacci;
● *anomalie*: acoria, albinismo, afachia; esoftalmo, macroftalmia, ciclopismo (ciclopia), cheratocono, panno, trichiasi, ectoprion = ectropio ⇔ entropion = entropio, glaucoma, nittitazione, nistagmo, albugine = leucoma, impressione entottica, oftalmia (congiuntivite, blefarite, cheratite, retinite, sclerite), distacco della retina, cataratta = caligine, ipoftalmia, cheratoplastica, cheratotomia, enucleazione, cispa, epicanto, orzaiolo, calazio, pterigio, stafiloma, cecità;
● *oculistica*: oculista; midriasi ⇔ miosi; ottotipi, collirio, benda, occhiali (da vista, da miope, da presbite, da riposo, bifocali, da sole, da neve, subacquei, polarizzanti, da motociclista, a stanghetta, pince-nez, occhialetto = caramella = monocolo, binocolo, lenti, lenti a contatto = lenti corneali (dure o rigide, morbide, semirigide, colorate);
● *persone*: non vedente = cieco, guercio, strabico, miope, presbite.

occhiocòtto [comp. di *occhio* e *cotto*; detto così dal colore rosso mattone dell'occhio; 1865] **s. m.** ● Uccello dei Passeriformi di zone aperte e arbustive con occhi rosso-arancio circondati da un anello rosso vivo (*Sylvia melanocephala*).

occhiolino [1518] **s. m.** ***1*** Dim. di *occhio*. ***2*** ***Fare l'o.***, fare l'occhietto. ***3*** Piccola macchia simile a un occhio: *fagioli con l'o.*

occhióne (**1**) [1554] **s. m.** ***1*** Accr. di *occhio*. ***2*** Anello metallico posto all'estremità dell'affusto del pezzo di artiglieria per l'ancoraggio al gancio di traino del trattore | ***O. di traino***, il foro all'estremità del timone del rimorchio che serve ad agganciarlo alla motrice.

occhióne (**2**) [detto così per gli *occhi* molto grossi; 1831] **s. m.** ● Uccello dei Caradriformi, dalle zampe lunghe e dal becco piuttosto breve, di colore bruno con macchie e strie nere sul dorso e bianco nelle parti inferiori (*Burhinus oedicnemus*).

occhiróssso [comp. di *occhio* e *rosso*; av. 1871] **s. m.** (**pl.** *occhiróssi*) ● (*zool.*) Occhiocotto.

occhiùto [1336 ca.] **agg.** ***1*** (*lett.*) Che ha molti occhi: *l'o. Argo*. ***2*** Pieno di macchie simili a occhi: *l'occhiuta coda del pavone*. ***3*** (*raro*) Ricco di occhi o gemme: *i tralci occhiuti della vite*. ***4*** (*fig., lett.*) Che non si lascia sfuggire nulla.

♦**occidentàle** [vc. dotta, lat. *occidentāle(m)*, agg. di *ŏccidens*, genit. *occidĕntis* 'occidente'; 1336 ca.] **A agg.** ● Dell'occidente, della parte di occidente | Posto a occidente: *Europa o.*; *Indie occidentali* | ***Civiltà o.***, europea o derivata da quella europea, contrapposta alla civiltà asiatica | ***Paesi, nazioni occidentali***, quelli dell'Europa occidentale e dell'America del Nord, che hanno istituzioni democratiche di tipo liberale. || **occidentalménte**, **avv.** **B s. m. e f.** ● Abitante dell'Europa e dell'America del Nord.

occidentalìsmo [comp. di *occidentale* e *-ismo*; 1905] **s. m.** ***1*** Tendenza culturale di chi considera preminente o esclusivo il contributo dato dall'Occidente allo sviluppo della civiltà. ***2*** Nella Russia del XIX sec., movimento politico che si proponeva la riforma della società russa in base ai valori politici e culturali dell'Europa occidentale. ***3*** Orientamento politico contemporaneo volto a difendere, anche con alleanze militari, la civiltà e le tradizioni dell'Occidente.

occidentalista [av. 1937] **s. m.** e **f.** (**pl. m.** *-i*) ● Fautore dell'occidentalismo.

occidentalìstico [1950] **agg.** (**pl. m.** *-ci*) ● Che concerne l'occidentalismo e gli occidentalisti.

occidentalizzàre [comp. di *occidentale* e *-izzare*; 1923] **A v. tr.** ● Convertire alle idee, ai costumi e sim., dei popoli civili dell'Occidente: *o. l'Asia*. **B v. intr. pron.** ● Assumere gli aspetti più tipici della civiltà occidentale: *popolazioni asiatiche che si sono occidentalizzate*.

occidentalizzazióne [1937] **s. f.** ● L'occidentalizzare |Assimilazione degli aspetti più tipici della civiltà occidentale.

♦**occidènte** [vc. dotta, lat. *occidĕnte(m)* (*sōlem*) '(sole) che tramonta', part. pres. di *occĭdere* 'tramontare'. V. *occasione*; av. 1250] **A s. m.** ***1*** Parte del cielo dove tramonta il sole: *navigare verso o.*; *guardare a o.* SIN. Occaso, ovest, ponente | (*est.*) Punto geografico situato a ovest rispetto a un altro: *la Francia è a o. dell'Italia*. ***2*** (*est.*) Regione geografica situata a occidente, spec. con riferimento alle regioni europee opposte alle asiatiche: *l'o. cristiano* | ***L'O.***, (*per anton.*) i Paesi dell'Europa occidentale e dell'America del Nord, rispetto a quelli asiatici, oppure (in senso più politico, fino alla fine degli anni '80) rispetto ai Paesi dell'Europa orientale a regime comunista; spesso con particolare riferimento alla comune matrice storico-culturale cristiana e liberale rispetto a culture diverse. **B agg.** ● †Che cade, tramonta | ***Sole o.***, che tramonta.

†**occìdere** e *deriv.* ● V. *uccidere* e *deriv.*

occìduo [vc. dotta, lat. *occĭduu(m)*, da *occĭdere* 'tramontare'. V. *occasione*; 1499] **agg.** ● (*lett.*) Che tramonta: *vedi con che desio quei colli tendono / le braccia al sole o.* (CARDUCCI) | Occidentale.

-òccio [lat. parl. *-ōceu(m)*, creato per analogia con la serie dei suff. *-āceu(m)*, *-īciu(m)*, *-ĭciu(m)*, *-ūciu(m)* (?)] **suff.** alterativo ● Conferisce ad aggettivi valore diminutivo-vezzeggiativo e tono per lo più scherzoso: *belloccio*, *grassoccio*.

occipitàle [1659] **agg.** ● (*anat.*) Dell'occipite: *foro, nervo o.* | ***Osso o.***, osso impari mediano posteriore del cranio. ➡ **ILL.** p. 2122 ANATOMIA UMANA.

occìpite [vc. dotta, lat. *occĭpiti*, abl. di *ŏcciput*, comp. di *ŏb-* 'contro' e *căput*, genit. *căpitis* 'capo'; 1583] **s. m.** ● (*anat.*) Parte posteriore e inferiore del cranio, al di sopra del collo. SIN. Nuca.

†**occipìzio** [vc. dotta, lat. *occipĭtiu(m)*, da *ŏcciput*, genit. *occĭpitis* 'occipite'; 1494] **s. m.** ● Occipite.

occitànico [da *Occitania*, da *oc* (V.), sul modello di *Aquitania*; av. 1827] **A agg.** (**pl. m.** *-ci*) ● Relativo all'Occitania, cioè alla Francia meridionale: *lingue occitaniche* | Relativo alla lingua d'oc: *letteratura occitanica*. **B s. m.** solo **sing.** ● Lingua, dialetto provenzale. SIN. Occitano.

occitàno [da *Occitania*, deriv. di *oc* (V.), sul modello di *Aquitania*; av. 1913] **A agg.**; anche **s. m.** (**f.** *-a*) ● Che (o Chi) appartiene a una minoranza di lingua provenzale: *gli occitani di alcune vallate* *del Piemonte.* **B** s. m. solo sing. ● Occitanico.

occlùdere [vc. dotta, lat. *occlūdere*, comp. di *ŏb-* raff. e *clāudere* 'chiudere'; 1770] v. tr. (pass. rem. *io occlùsi, tu occludésti*; part. pass. *occlùso*) **1** Ostruire: *i rifiuti occlusero le fognature.* SIN. Otturare. **2** †Includere.

occlusióne [vc. dotta, lat. tardo *occlusiōne(m)*, da *occlūsus*, part. pass. di *occlūdere* 'occludere'; av. 1911] s. f. **1** Chiusura di un condotto, di un transito | (*med.*) ***O. intestinale***, arresto della progressione del contenuto intestinale per ostruzione del lume o per paralisi della muscolatura intestinale. SIN. Intasamento, ostruzione. **2** Penetrazione di gas in un solido poroso. **3** (*meteor.*) Fenomeno per cui un fronte freddo raggiunge e si fonde con un fronte caldo. **4** (*ling.*) Chiusura completa e momentanea del canale vocale. **5** (*anat.*) Rapporto che intercorre fra le superfici masticatorie dei denti mascellari e quelle dei denti mandibolari quando le mascelle sono chiuse.

occlusiva [1938] s. f. ● (*ellitt.*) Consonante occlusiva.

occlusivo [da *occluso*; 1938] agg. ● Che si riferisce a, o è causato da, un'occlusione | (*ling.*) ***Consonante occlusiva***, consonante la cui articolazione consiste in una occlusione del canale vocale seguita da una brusca apertura.

occlùso [1499] part. pass. di *occludere*; anche agg. ● Nei sign. del v. | Ostruito.

occlusóre [1983] s. m. ● Disco di gomma o sim. posto su una delle lenti degli occhiali, spec. di bambini, per impedire l'uso di un occhio migliorando così la vista dell'altro.

occorrènte [1340] **A** part. pres. di *occorrere*; anche agg. ● Che serve per un dato scopo: *il materiale o.* **B** s. m. **1** Ciò che è necessario per fare qlco.: *l'o. per scrivere, per disegnare; portare con sé tutto l'o.* **2** (*lett.*) Ciò che accade, avviene, si verifica.

occorrènza (1) [da *occorrente*; 1483] s. f. ● Bisogno o necessità eventuale: *le occorrenze della vita; mi sono premunito per ogni o.* | ***Secondo le occorrenze***, le necessità | ***All'o.***, secondo la necessità del momento, se sarà il caso. SIN. Evenienza.

occorrènza (2) [calco sull'ingl. *occurrence*] s. f. ● (*ling., stat.*) Frequenza, ricorrenza di un qualsiasi fatto o fenomeno: *le occorrenze della congiunzione 'e' nell'opera dantesca.*

♦**occórrere** [lat. *occŭrrere* 'correre incontro', comp. di *ŏb-* 'contro' e *cŭrrere* 'correre'; 1308] v. intr. (coniug. come *correre*; aus. *essere*: usato anche impers. nel sign. 1) (+ *a*; + *che* seguito da congv.) **1** Essere necessario: *occorrono medicinali e generi di prima necessità; a un buon narratore occorre la chiarezza; occorre che venga al più presto; non occorreva che ti disturbassi* | ***Non occorre!***, è inutile, grazie | ***Occorrendo***, se sarà necessario. SIN. Bisognare. **2** (*lett.*) Accadere, verificarsi: *occorse un caso strano; mai o rado occorre che alcuna repubblica o regno, sia da principio, ordinato bene* (MACHIAVELLI). **3** †Venire alla mente. **4** †Soccorrere, aiutare.

occórso (1) [1338 ca.] part. pass. di *occorrere*; anche agg. ● Nei sign. del v.

†**occórso (2)** [lat. *occŭrsu(m)*, da *occŭrsum*, supino di *occŭrrere*. V. *occorrere*; av. 1374] s. m. ● Incontro: *nel mio primo o. onesta e bella / veggiola* (PETRARCA).

occultàbile [1863] agg. ● Che si può o si deve occultare.

occultaménto [sec. XIV] s. m. ● L'occultare, il venire occultato: *o. della refurtiva, di mezzi corazzati; o. di prove.*

occultàre [vc. dotta, lat. *occultāre*, intens. di *occŭlere* 'nascondere', comp. di *ŏb-* rafforzativo e **cĕlere* 'velare', da avvicinare a *celāre*; av. 1306] **A** v. tr. (*io occùlto*) **1** Nascondere, tenere nascosto: *o. un tesoro, oggetti preziosi; o. un fatto, l'accaduto, i preparativi, i movimenti delle truppe.* **2** (*astron.*) Provocare un'occultazione. **B** v. rifl. ● Nascondersi: *occultarsi alla vista del nemico.*

occultatóre [vc. dotta, lat. *occultatōre(m)*, da *occultātus*, part. pass. di *occultāre* 'occultare'; 1336 ca.] agg.; anche s. m. (f. *-trice*) ● (*raro*) Che (o Chi) occulta.

occultazióne [vc. dotta, lat. *occultatiōne(m)*, da *occultātus*, part. pass. di *occultāre* 'occultare'; av. 1330 ca.] s. f. **1** Occultamento. **2** (*astron.*) Eclisse di una stella o di un pianeta prodotta dalla Luna. **3** †Cosa occultata.

occultézza [av. 1332] s. f. ● (*raro*) Condizione di ciò che è occulto. SIN. Segretezza.

occultìsmo [da *occulto*; 1890] s. m. ● Insieme di pratiche e di conoscenze legate alla convinzione dell'esistenza di forze naturali che sfuggono alle normali osservazioni scientifiche.

occultista [1899] s. m. e f. (pl. m. *-i*) ● Chi studia o pratica l'occultismo.

occultìstico [1908] agg. (pl. m. *-ci*) ● Che si riferisce all'occultismo e agli occultisti.

occùlto [vc. dotta, lat. *occŭltu(m)*, part. pass. di *occŭlere*. V. *occultare*; 1308] **A** agg. **1** (*lett.*) Nascosto alla vista: *mirale o. un rossignuol, e ascolta / il silenzioso* (FOSCOLO). **2** Segreto: *pensieri occulti; cause, ragioni occulte* | Arcano, non conoscibile: *virtù, potenza occulta; forze occulte* | ***Scienze occulte***, quelle che studiano i fenomeni non spiegabili scientificamente, ai fini pratici, come teosofia, spiritismo, pratiche magiche e sim. || **occultaménte**, avv. SIN. Nascostamente. **B** s. m. ● †Segreto | †***In o.***, celatamente.

occupàbile [1788] agg. ● Che si può o si deve occupare: *posto, suolo o.*

occupaménto [1342 ca.] s. m. ● (*raro*) Occupazione.

occupànte [1639] **A** part. pres. di *occupare*; anche agg. ● Che occupa: *l'esercito o.* **B** s. m. e f. ● Chi si trova in un luogo o occupa un posto: *gli occupanti di un pullman* | Chi si installa abusivamente in un luogo: *gli occupanti di un edificio da demolire.*

♦**occupàre** [vc. dotta, lat. *occupāre*, comp. di *ŏb-* raff. e *căpere* 'prendere'; av. 1294] **A** v. tr. (*io òccupo* o poet. †*occùpo*) **1** Prendere possesso di un luogo e installarvisi più o meno temporaneamente e legalmente: *la sua famiglia occupa un appartamento all'ultimo piano; gli operai hanno occupato la fabbrica; il nemico occupò i punti strategici* | ***O. una sedia***, sedervisi | ***O. un sedile, un posto***, in locali, o mezzi di trasporto, pubblici. SIN. Prendere. **2** Ricoprire un ufficio, una carica e sim.: *o. la direzione, la presidenza, il posto di segretario; da parecchi anni occupa la cattedra di medicina legale* | Impiegare o collocare qlcu. in un ufficio: *l'hanno occupato in una banca cittadina, ai telefoni di Stato.* **3** Riempire uno spazio: *le macchine ferme occupavano l'intera corsia di destra* | ***O. troppo spazio***, prendere troppo posto | (*fig.*) ***O. la vista***, impedirla con un ostacolo. SIN. Impedire. **4** Impiegare o utilizzare qlco.: *o. la mente con giochi enigmistici, il proprio tempo libero con lo sport; occupo la mia giornata coi lavori domestici.* **5** Tenere impegnato qlcu.: *lo studio dovrebbe o. maggiormente i giovani* | Trattenere: *cercate di occuparli con i preliminari delle trattative.* **6** †Sorprendere, prendere, cogliere. **7** †Sopraffare. **8** †Coprire, investire. **B** v. intr. pron. **1** (+ *di*; lett. + *in*) Dedicarsi a qlco. in modo approfondito e continuativo, per lavoro o per coltivare interessi e inclinazioni: *si occupa dei rapporti coi clienti; occuparsi di botanica, di cinema; lo sento proprio desiderio di occuparmi in qualche cosa* (SVEVO). **2** (+ *in*; + *come*) Farsi assumere: *occuparsi in un'azienda commerciale, in un ente parastatale; si è occupato come segretario.* **3** (+ *di*) Impicciarsi: *occuparsi dei fatti altrui; non occuparti di ciò che non ti riguarda.*

♦**occupàto** [av. 1342] **A** part. pass. di *occupare*; anche agg. **1** Nei sign. del v.: *Paese o.; territori occupati; scuola occupata.* **2** Preso e tenuto a disposizione di qlcu.: *sedie occupate; posti occupati; telefono o., che dà il segnale di o.* CONTR. Libero. **3** Affaccendato: *sono molto o. e posso concederti pochi minuti* | Che ha un'occupazione: *i lavoratori occupati nei servizi.* **B** s. m. (f. *-a*) ● Chi ha un'occupazione regolare: *diminuiscono gli occupati nell'agricoltura.* CONTR. Disoccupato.

occupatóre [av. 1324] agg.; anche s. m. (f. *-trice*) ● Che (o Chi) occupa: *truppe occupatrici; gli occupatori si ritirano lentamente.*

occupazionale [da *occupazione*; 1963] agg. ● Relativo all'occupazione, spec. di mano d'opera: *livello o.*

♦**occupazióne** [vc. dotta, lat. *occupatiōne(m)*, da *occupātus*, part. pass. di *occupāre* 'occupare'; 1301] s. f. **1** L'occupare | Presa di possesso: *l'o. delle terre da parte dei braccianti; procedere all'o. di uno stabile abbandonato.* **2** Lavoro, impiego, ufficio: *cercare un'o. ben retribuita* | Attività abituale anche non lavorativa: *avere molte occupazioni; la sua o. è la pesca.* **3** Insieme dei lavoratori occupati di una data regione o di un determinato Paese | ***Piena o.***, pieno impiego. **4** (*ling.*) Preterizione. **5** (*dir.*) Acquisto della proprietà su una cosa mobile non appartenente ad alcuno mediante apprensione materiale della stessa. || **occupazioncèlla**, dim.

oceanàuta [comp. di *ocea(no)* e *-nauta*, sul modello di *aeronauta*; 1981] s. m. e f. (pl. m. *-i*) ● Chi vive sul fondo marino per lunghi periodi di tempo, allo scopo di compiere studi ed esperimenti.

oceaniàno [1958] **A** agg. ● Dell'Oceania. **B** s. m. (f. *-a*) ● Abitante, nativo dell'Oceania.

oceànico [vc. dotta, lat. tardo *oceănicu(m)*, da *Ocĕanus* 'Oceano'; av. 1798] agg. (pl. m. *-ci*) **1** Proprio dell'oceano: *tempeste oceaniche.* **2** (*fig.*) Immenso, dilagante: *adunata oceanica.*

oceanìna [da *oceano*; av. 1729] s. f. ● Nella mitologia greco-romana, ninfa del mare.

oceanìno [1728] agg. ● (*lett.*) Dell'oceano, che vive nell'oceano.

♦**ocèano** o *poet.* **oceàno** [vc. dotta, lat. *Ocĕanu(m)*, nom. *Ocĕanus*, dal gr. *Ōkeanós*, di etim. incerta; av. 1350] s. m. **1** Vasta distesa d'acqua che circonda i continenti: *o. Pacifico, Atlantico, Indiano* | (*fig.*) ***Essere una goccia d'acqua nell'o.***, di ciò che non ha importanza, valore o rilievo. **2** (*lett.*) Mare. **3** (*fig.*) Distesa o quantità enorme: *un o. d'erba.* SIN. Immensità.

oceanografìa [comp. di *oceano* e *-grafia*; 1895] s. f. ● (*fis.*) Scienza che studia i fenomeni che hanno luogo negli oceani e nei loro mari. SIN. Talassologia.

oceanogràfico [1906] agg. (pl. m. *-ci*) ● Che concerne l'oceanografia.

oceanògrafo [av. 1916] s. m. (f. *-a*) ● Studioso di oceanografia.

ocellàto [1875] agg. **1** Detto di animale fornito di ocelli. **2** Detto di animale che presenta ocelli: *il pelame o. del giaguaro.*

ocèllo [vc. dotta, lat. *ocĕllu(m)*, dim. di *ŏculus* 'occhio'; 1875] s. m. **1** (*zool.*) Piccolo occhio semplice che gli artropodi possono avere oltre ai caratteristici occhi composti. **2** (*zool.*) Macchia circondata da anello di altro colore, tipica delle ali di certe farfalle e delle penne di pavone.

ocelòt /otʃe'lɔt, *fr.* ɔs'lo/ [vc. sp. di orig. azteca; 1803] s. m. **1** (*zool.*) Ozelot. **2** (*est.*) Pelliccia conciata dell'ozelot, molto pregiata, con fondo chiaro e macchie scure di varie tonalità.

ochétta [1947] s. f. **1** Dim. di *oca* | (*fig.*) Giovane donna piuttosto sprovveduta, sciocchina e sim. | (*est., fam.*) ***Far le ochette***, detto del mare mosso quando la cresta delle onde si frange per il vento in una spuma bianca. **2** Recipiente provvisto di beccuccio tubolare con cui si somministrano cibi liquidi agli ammalati.

òcimo [vc. dotta, gr. *ṓkimon* 'basilico', di orig. preindeur.; av. 1498] s. m. ● (*bot.*) Basilico.

ocimòide [vc. dotta, gr. *ōkimoeidḗs* 'simile al basilico', comp. di *ṓkimon* 'basilico' (V. *ocimo*) e *-eidḗs* '-oide'; 1563] s. f. ● (*bot.*) Saponaria.

ocìpode [gr. *ōkypódēs* 'dai piedi veloci', comp. di *ōkýs* 'veloce' (di orig. indeur.) e *póus*, genit. *podós* 'piede' (V. *podo-*); 1834] s. m. ● Genere di granchi agilissimi e veloci, con carapace largo e quadrangolare, occhi peduncolati e chele robuste, viventi sulle spiagge tropicali (*Ocypoda*).

Ocipòdidi [comp. di *ocipod(e)* e *-idi*; 1954] s. m. pl. (sing. *-e*) ● Nella tassonomia animale, famiglia di Crostacei decapodi dei Brachiuri cui appartiene l'ocipode (*Ocypodidae*).

oclocràtico [1806] agg. (pl. m. *-ci*) ● Che si riferisce all'oclocrazia.

oclocrazìa [dal fr. *ochlocratie*, di orig. gr.: *ochlokratía* 'governo della plebe', da *óchlos* 'plebe' e *-kratía* 'potere, governo'; av. 1550] s. f. ● (*lett.*) Governo della plebe o di un tiranno sostenuto dalla plebe.

oclologìa [comp. del gr. *óchlos* 'folla, moltitudine' (V. *oclocrazia*) e *-logia*; 1958] s. f. ● Studio del comportamento della folla.

ocotòna [vc. di orig. mongola; 1935] s. m. inv. ● Genere di piccoli roditori europei e asiatici, con pelame morbido e fitto, che emettono suoni simili a un breve fischio (*Ochotona*).

òcra [vc. dotta, lat. *ōchra(m)*, nom. *ōchra*, dal gr.

ōchra, da *ōchrós* 'giallo', di orig. indeur.; av. 1347] **A** s. f. ● Minerale polverulento costituito da ossido idrato di ferro, frequentemente impuro, usato come colorante. **B** in funzione di agg. inv. (posposto al s.) ● Che ha il colore variabile dal giallo al rosso-bruno caratteristico del minerale omonimo: *cipria o.*; *vernice color o.*; *giallo o.* **C** s. m. inv. ● Colore giallo rossastro.

ocràceo [1806] agg. *1* Che contiene ocra: *sabbie ocracee*. *2* Di colore uguale o simile a quello dell'ocra: *giallo o.*

òcrea [vc. dotta, lat. *ŏcrea(m)* 'gambiera', di etim. incerta; 1834] s. f. *1* Nelle antiche armature, schiniere. *2* (*bot.*) Stipola a forma di guaina che avvolge il fusto delle Poligonacee.

òcta- ● V. *otta-*.

octàstilo ● V. *ottastilo*.

octodràmma ● V. *ottodramma*.

Octòpodi ● V. *Ottopodi*.

òctopus [vc. dotta, gr. *oktṓpous* 'che ha otto (*oktṓ*) piedi (*poús*, sing.)'; 1936] s. m. inv. ● (*zool.*) Genere di Molluschi dei Cefalopodi che annovera numerose e diffuse specie di varie dimensioni, tra le quali il polpo comune (*Octopus vulgaris*).

oculàre [vc. dotta, lat. tardo *oculāre(m)*, da *ŏculus* 'occhio'; 1499] **A** agg. ● Dell'occhio: *muscolo, bulbo, globo o.* | ***Testimone o.***, che ha visto coi propri occhi ciò che riferisce. || **ocularménte**, avv. Con la propria vista, per mezzo degli occhi: *osservare ocularmente*. **B** s. m. ● (*fis.*) Lente o sistema di lenti a cui si accosta l'occhio per osservare l'immagine data dall'obiettivo di uno strumento ottico composto, quale il cannocchiale o il microscopio.

oculatézza [av. 1686] s. f. ● Caratteristica di chi (o di ciò che) è oculato. SIN. Avvedutezza, circospezione.

oculàto [vc. dotta, lat. *oculātu(m)*, da *ŏculus* 'occhio'; 1308] agg. *1* †Fornito di occhi | †Che ha visto con i propri occhi: *con oculata fede vedemmo e sapemmo la veritade* (VILLANI). *2* (*fig.*) Che agisce o procede con avvedutezza e circospezione: *critico, medico, giudice o.* | Che è frutto di attenta e prudente indagine, di approfondito esame e sim.: *una critica molto oculata*. SIN. Attento, avveduto. || **oculataménte**, avv. Con oculatezza; †ocularmente.

oculifórme [comp. del lat. *ŏculus* 'occhio', e *-forme*; 1958] agg. ● Che ha forma di occhio: *chiazze oculiformi*.

oculista [fr. *oculiste*, dal lat. *ŏculus* 'occhio'; 1598] s. m. e f. (pl. m. *-i*) ● Specialista delle malattie dell'occhio.

oculistica [fr. *oculistique*, da *oculiste* 'oculista'; 1856] s. f. ● Parte della medicina che studia l'apparato visivo.

oculistico [1891] agg. (pl. m. *-ci*) ● Che si riferisce a oculista e oculistica | ***Strumentario o.***, cassetta contenente un corredo di lenti di vario tipo e potenza e altri accessori che servono per la misura della vista.

òculo- [dal lat. *ŏculum*, di orig. indeur.] primo elemento ● In parole composte della terminologia medica, fa riferimento all'occhio: *oculomotore, oculorinite*.

oculomotóre [comp. di *oculo-* e *motore* nel sign. A; 1929] agg. (f. *-trice*); anche s. m. ● Detto di nervo o di muscolo cranico che presiede ai movimenti dei muscoli oculari.

oculomozióne [comp. di *oculo-* e *mozione*; 1958] s. f. ● (*anat.*) Motilità dell'occhio.

oculorinite [comp. di *oculo-*, *rino-* e *-ite* (*1*)] s. f. ● (*med.*) Infiammazione della congiuntiva e della mucosa delle fosse nasali.

od /od/ ● V. *o* (*2*).

†**òda** (1) ● V. *ode*.

òda (2) ● V. *udire*.

odalisca [fr. *odalisque*, dal turco *odalìk* 'cameriera', da *oda* 'camera'; 1835] s. f. ● Nell'Impero Ottomano, schiava dell'harem | (*est.*) Concubina del sultano o del pascià.

odassiṣmo [vc. dotta, gr. *odaxēsmós* 'prurito', da *odaxân* 'irritare', da avvicinare a *odáx* 'coi denti, mordendo', di etim. incerta; 1834] s. m. ● (*med.*, *raro*) Prurito gengivale che precede l'eruzione dei denti.

oddio [comp. di *o* (*3*) e *Dio*; 1786] inter. *1* A seconda dell'intonazione con cui è pronunciato o del contesto in cui è inserito, esprime dispiacere, rincrescimento, rammarico, disappunto e sim.: *o., che ho fatto!* | Esprime dubbio, incertezza, titubanza, perplessità: *o.! ... non saprei* | In sostituzione di oh, esprime sorpresa, meraviglia, soddisfazione: *o., che bello!* *2* Si usa per attenuare la perentorietà di un'affermazione: *era un bel film, o., niente di eccezionale!*

òde o †**òda** [vc. dotta, gr. *ōidḗ* 'canto', da *aéidein* 'cantare', di etim. incerta; av. 1375] s. f. ● Componimento poetico lirico di metro, schema strofico e tema assai variabili, originario della poesia greca e diffuso nella letteratura europea. || **odicina**, dim.

odèon o **òdeon** o **odèo** [vc. dotta, dal gr. *ōidêion*, da *ōidḗ* 'canto'. V. *ode*; 1598] s. m. ● Nel mondo greco-romano, teatro coperto per concerti.

odepòrico [vc. dotta, gr. *hodoiporikós* 'da viaggio', comp. di *hodós* 'via', di orig. indeur., e *poréia* 'viaggio', dalla stessa radice di *péirein* 'attraversare da parte a parte', di orig. indeur.; av. 1660] **A** agg. (pl. m. *-ci*) ● (*raro*, *lett.*) Attinente a viaggio: *diario o.* **B** s. m. ● (*raro*, *lett.*) Descrizione di viaggio.

odessita agg. (pl. m. *-i*) ● Della città ucraina di Odessa.

odiàbile [1308] agg. ● Degno di odio | Da odiare.

†**odiàle** [sec. XIV] agg. ● Odiatore. || †**odialménte**, avv. Con odio.

♦**odiàre** [da *odio*; av. 1250] **A** v. tr. (*io òdio*) ● Avere in odio: *o. qlcu. mortalmente*; *non sapere o.*; *farsi o.* | (*est.*) Avere in antipatia, considerare con disprezzo e avversione: *o. i pregiudizi, le superstizioni, le meschinità*. SIN. Abominare, aborrire, detestare. **B** v. rifl. ● Odiare sé stesso: *mi odio per il male che ti ho fatto*. **C** v. rifl. rec. ● Provare un reciproco sentimento di odio: *si odiano a morte*.

odiàto part. pass. di *odiare*; anche agg. ● Oggetto di odio: *l'o. usurpatore*.

odiatóre [sec. XIII] agg.; anche s. m. (f. *-trice*) ● (*raro*) Che (o Chi) odia.

†**odìbile** [vc. dotta, lat. *odĭbile(m)*, da *odĭsse* 'odiare'; 1308] agg. ● Odioso, esecrabile.

odièrno [vc. dotta, lat. *hodiĕrnu(m)*, da *hŏdie* 'oggi'; 1321] agg. *1* Di oggi: *lezione, festa, seduta odierna*. *2* Del tempo presente: *le odierne condizioni sociali*; *i problemi odierni*. SIN. Attuale. || **odiernaménte**, avv. Nel tempo presente, al presente.

†**odièvole** [stessa etim. di *odiabile*; sec. XIV] agg. ● Detestabile, odioso.

-odinia [gr. *-ōdynía*, da *odýnē* 'dolore' (prob. di orig. indeur.)] secondo elemento ● In parole composte della terminologia medica, significa 'dolore': *glossodinia*.

odino- [dal gr. *odýnē* 'dolore' (V. *-odinia*)] primo elemento ● In parole composte della terminologia medica, significa 'dolore', 'doloroso': *odinometro*.

odinofagia [comp. di *odino-* e *-fagia*; 1958] s. f. ● (*med.*) Deglutizione dolorosa.

odinofobia [comp. di *odino-* e *-fobia*; 1905] s. f. ● (*psicol.*) Timore morboso del dolore.

odinòliṣi [comp. di *odino-* e *-lisi*; 1970] s. f. inv. ● (*med.*) Scomparsa, riduzione del dolore.

odinòmetro [comp. di *odino-* e *-metro*; 1954] s. m. ● (*med.*) Strumento per la registrazione delle reazioni ad un determinato stimolo doloroso.

♦**òdio** [vc. dotta, lat. *ŏdiu(m)*, da *odĭsse* 'odiare', di orig. indeur.; 1219] s. m. *1* Totale e intensissima avversione verso qlcu.: *o. inveterato, bieco, feroce*; *avere, nutrire, portare, serbare, covare, concepire un o. mortale per qlcu.*; *alimentare, fomentare, rinfocolare, accendere gli odi di razza, di casta, di classe* | ***Avere in o. qlcu.***, odiarlo: *ho in o. me stesso ed amo altrui* (PETRARCA) | ***Essere, venire in o. a qlcu.***, farsi odiare, essere odiato. *2* (*est.*) Senso di profonda intolleranza, sentimento di forte contrarietà verso qlco.: *avere in o. le cerimonie, i pettegolezzi* | ***In o. a qlco., a qlcu.***, contro qlco., qlcu. | ***In o. alla legge***, contro la legge. CFR. miso-. SIN. Ripugnanza.

†**odiosàggine** [av. 1311] s. f. ● Odiosità.

odioṣamàto [comp. di *odios(o)* e *amato*; 1803] agg. ● (*poet.*) Amato e odiato insieme.

odioṣità [1476] s. f. *1* Natura e caratteristica di chi (o di ciò che) è odioso: *l'o. di un discorso, di un'insinuazione malevola*. *2* (*raro*) Atto o comportamento odioso: *commettere un'o.* | (*raro*) Ostilità: *attirarsi l'o. dei potenti*.

odióṣo [vc. dotta, lat. *odiōsu(m)*, da *ŏdium* 'odio'; 1308] agg. *1* Estremamente molesto, degno d'essere odiato e disprezzato: *contegno, comportamento o.*; *leggi, parole, insinuazioni odiose*; *i paragoni sono sempre odiosi*. SIN. Detestabile. *2* (*raro, lett.*) Pieno d'odio: *animo o.* | Che porta, suscita odio: *la giustizia qualche volta è odiosa a molti* (TASSO). || **odioṣétto**, dim. || **odioṣaménte**, avv.

†**odire** e *deriv.* ● V. *udire* e *deriv.*

odissèa [vc. dotta, gr. *Odýsseia*, da *Odysséus* 'Odisseo, Ulisse'; 1813] s. f. ● Serie di vicissitudini dolorose, di amare esperienze e sim.: *tutta la sua giovinezza fu un'incredibile o.*

òdo ● V. *udire*.

odògrafo [comp. del gr. *hodós* 'via' (V. *odeporico*) e *-grafo*; 1958] s. m. ● (*fis.*) Traiettoria seguita dall'estremo di un vettore applicato a un punto X ed equipollente alla velocità di un punto mobile su una data curva.

odologia [comp. del gr. *hodós* 'via' (V. *odeporico*), e *-logia*; 1958] s. f. ● (*med.*) Studio anatomico delle vie nervose del sistema nervoso centrale.

odòmetro [fr. *odomètre*, comp. del gr. *hodós* 'via' (V. *odeporico*) e *-mètre* '-metro'; 1660] s. m. ● (*mecc.*) Strumento che, applicato alla ruota di un veicolo, misura la lunghezza del percorso compiuto.

Odonàti [dal gr. *odṓn* 'dente' (var. di *odóus*, V. *odonto-*): detti così perché provvisti di un notevole apparato boccale masticatore; 1834] s. m. pl. (sing. *-o*) ● Nella tassonomia animale, ordine di Insetti potenti volatori, con livree dai colori vistosi, diurni, acquatici negli stati larvali e terrestri da adulti, cui appartengono le libellule (*Odonata*).

odonimia [vc. dotta comp. del gr. *hordós* 'via' e di un deriv. di *ónyma*, var. di *ónoma* 'nome'; 1950] s. f. ● Odonomastica.

odònimo [comp. del gr. *hodós* 'strada' e di *-onimo*, sul modello di *toponimo*; 1964] s. m. ● (*ling.*) Nome di strada o di piazza.

odonomàstica [dal gr. *hodós* 'strada' (V. *odeporico*), sul modello di *toponomastica*; 1950] s. f. *1* Insieme dei nomi delle strade e delle piazze. *2* Disciplina che studia tali nomi. SIN. Odonimia.

odonomàstico [1965] agg. (pl. m. *-ci*) ● Che concerne l'odonomastica.

odontalgia [vc. dotta, gr. *odontalgía*, comp. di *odóus*, genit. *odóntos* 'dente' e *-algia* '-algia'; 1778] s. f. ● (*med.*) Dolore dentario.

odontàlgico [da *odontalgia*; 1821] **A** agg. *1* Relativo a odontalgia: *attacco o.* *2* Che calma il dolore ai denti: *preparato o.* **B** anche s. m. nel sign. 2.

-odònte [V. *odonto-*] secondo elemento ● In parole composte della terminologia scientifica, spec. zoologica, significa 'dente' o fa riferimento ai denti: *ipsodonte, tecodonte*.

odònto-, -odónto [dal gr. *odóus*, genit. *odóntos* 'dente'] primo e secondo elemento (*odont-*, davanti a vocale) ● In parole composte della terminologia scientifica e medica, significa 'dente' o fa riferimento ai denti: *odontalgia, odontotecnico, parodonto*.

odontoblàsto [comp. di *odonto-* e *-blasto*] s. m. ● (*biol.*) Ognuna delle cellule di derivazione mesenchimale dell'abbozzo del dente, impegnate nella produzione della dentina.

Odontocèti [comp. di *odonto-* e del gr. *kêtos* 'cetaceo'; 1931] s. m. pl. (sing. *-o*) ● Nella tassonomia animale, famiglia di Cetacei privi di fanoni, con denti per lo più omodonti in numero vario in una bocca relativamente stretta (*Odontocetae*).

odontogèneṣi [comp. di *odonto-* e *genesi*; 1931] s. f. inv. ● (*fisiol.*) Processo di formazione embrionaria dei denti.

odontoglòsso [comp. di *odonto-* e *-glosso*; 1972] s. m. ● (*bot.*) Genere delle Orchidacee, comprendente varie specie con lunghe infiorescenze coltivate per ornamento (*Odontoglossum*).

Odontognàti /odontoɲ'nati/ o *raro* **Odontògnati** [comp. di *odonto-* e del gr. *gnáthos* 'mascella' (V. *gnato-*); 1834] s. m. pl. ● Superordine di Uccelli fossili del Cretaceo provvisti di denti (*Odontognatha*).

odontoiàtra [comp. di *odonto-* e *-iatra*; 1931] s. m. e f. (pl. m. *-i*) ● Medico specializzato nella cura delle affezioni dentarie.

odontoiatria [comp. di *odonto-* e *-iatria*; 1887] s. f. ● Branca della medicina che studia le affezioni dentarie.

odontoiàtrico [1888] agg. (pl. m. *-ci*) ● Di odontoiatria: *gabinetto o.*; *clinica odontoiatrica.*

odontòlito [comp. di *odonto-* e *-lito* (*1*)] s. m. ● (*med.*) Tartaro dentario.

odontologìa [comp. di *odonto-* e *-logia*; 1803] s. f. ● (*med.*) Studio delle affezioni dentarie.

odontològico [1958] agg. (pl. m. *-ci*) ● (*med.*) Relativo a odontologia.

odontòma [comp. di *odont(o)-* e *-oma*; av. 1883] s. m. (pl. *-i*) ● (*med.*) Tumore benigno proveniente dai tessuti dentari, costituito da dentina, smalto e cemento in proporzioni diverse dal dente normale.

odontòmetro [comp. di *odonto-* e *-metro*; 1930] s. m. ● Misuratore della grandezza e della distanza dei dentelli dei francobolli.

odontopatìa [comp. di *odonto-* e *-patia*] s. f. ● (*med.*) Qualsiasi affezione a carico dei denti.

odontoscòpio [comp. di *odonto-* e *-scopio*; 1958] s. m. ● Odontometro.

odontostomatologìa [comp. di *odonto-* e *stomatologia*; 1983] s. f. ● Branca della medicina che studia le affezioni dei denti e della bocca.

odontotècnica [comp. di *odonto-* e *tecnica*; 1942] s. f. ● (*med.*) Ramo dell'odontoiatria che si occupa prevalentemente della preparazione delle protesi dentarie.

odontotècnico [comp. di *odonto-* e *tecnico*; 1934] **A** agg. (pl. m. *-ci*) ● Che concerne l'odontotecnica. **B** s. m. (f. *-a*) ● Tecnico specializzato nella costruzione di protesi dentarie.

odoràbile [vc. dotta, lat. tardo *odorābile(m)*, da *odorāri* 'odorare'; 1499] agg. *1* (*raro*) Che si può odorare. *2* †Odorifero.

†**odoraménto** [vc. dotta, lat. *odoramĕntu(m)*, da *odorāri* 'odorare'; av. 1332] s. m. ● Odore.

odorànte [av. 1540] part. pres. di *odorare*; anche agg. *1* Nei sign. del v. *2* (*chim.*) ***Sostanza o.***, composto volatile che determina la sensazione di un odore.

†**odorànza** [da *odorante*] s. f. ● (*lett.*) Odore gradevole.

odoràre [vc. dotta, lat. *odorāri*, da *ŏdor*, genit. *odōris* 'odore'; av. 1306] **A** v. tr. (*io odóro*) *1* Percepire con l'olfatto un odore, fiutare qlco. per sentirne l'odore: *o. i fiori, un flacone d'essenza*; *il cane odora la pista.* SIN. Annusare, fiutare. *2* (*fig.*) Presentire, intuire, indovinare: *o. un buon affare, una speculazione vantaggiosa, un intrigo* | (*fig.*) ***O. il vento infido***, accorgersi del pericolo imminente. SIN. Fiutare. *3* Rendere odoroso: *o. la biancheria con lavanda e spigonardo*; *il basilico odora le salse.* SIN. Profumare. **B** v. intr. (aus. *avere*) (+ *di*) *1* Dare o spargere odore: *o. di muschio, di lavanda, di incenso.* *2* (*fig.*) Dare indizio o sentore: *o. di santità*; *la faccenda odora d'imbroglio.*

†**odoratìvo** [vc. dotta, lat. tardo *odoratīvu(m)*, da *odorātus*, part. pass. di *odorāri* 'odorare'; av. 1558] agg. ● (*raro*) Olfattivo.

odoràto (**1**) part. pass. di *odorare*; anche agg. ● (*lett.*) Odoroso, profumato.

odoràto (**2**) [vc. dotta, lat. *odorātu(m)*, da *odorāri* 'fiutare l'odore'; av. 1292] s. m. ● Olfatto, fiuto: *avere un o. fino, delicato, acutissimo* | ***Organo dell'o.***, il naso.

♦**odóre** [lat. *odōre(m)*, di orig. indeur.; sec. XIII] s. m. *1* Sensazione provocata dal contatto di molecole di sostanze volatili con recettori olfattivi: *sentire un o.*; *non sentire nessun o.*; *o. buono, buon o.*; *o. cattivo, sgradevole*; *o. forte, acuto, penetrante, disgustoso*; *qui c'è uno strano o., un o. inconfondibile* | ***Sentire all'o.***, accorgersi della presenza di qlco. dall'odore che essa emana | (*est.*) Esalazione particolare: *o. di gas, di fiori, di muffa*; *o. di cucina, di farmacia, di chiuso, di fogna.* *2* (*lett.*) Essenza odorosa | †***Acqua di o.***, profumo. *3* (*fig.*) Indizio, sentore: *qui c'è o. di guerra, di discordia* | ***Morire in o. di santità***, con fama di santo | ***O. di morte***, (*fig.*) presentimento della morte | ***Sentire o. di polvere***, (*fig.*) presentire un pericolo imminente. *4* (*al pl.*) Erbette odorose per condimento, quali prezzemolo, basilico, menta, salvia, origano. ‖ **odoràccio**, pegg. | **odorétto**, dim. | **odorino**, dim. (V.) | **odorùccio**, **odorùzzo**, dim.

ODORE
nomenclatura

odore (cfr. naso, olfatto)

● *tipi di odore*: effluvio, esalazione; profumo, aroma, profumino = odorino, olezzo, fragranza; puzza = puzzo = fetore = lezzo, tanfo, miasma; leppo, nidore, afrore, zaffata, sentore;

● *caratteristiche*: acre, aspro, acido, acidulo, agliaceo, rancido; acuto = pungente = forte = penetrante; stagnante = di chiuso; di fumo, di bruciato; di buono, di pulito = di bucato, fragrante, di primavera, di cibo, di erba bagnata, di fiori, di gomma bruciata, di ospedale; delizioso, gradevole ⇔ sgradevole, soave ⇔ nauseante = nauseabondo = disgustoso = stomachevole = ripugnante = rivoltante = fetido = ammorbante, balsamico = aromatico ⇔ putrido = mefitico = graveolente; sottile;

● *azioni*: aulire = deodorare = profumare, aromatizzare; mandare, spandere, emanare = olezzare, odorizzare, puzzare = intanfire, ammorbare = appestare, ristagnare; percepire, sentire = avvertire un odore, odorare = fiutare, sniffare inalare; alleggiare, tanfare = fetere, impuzzolentire, avvelenare l'aria;

odorìfero [vc. dotta, lat. *odorĭferu(m)*, comp. di *ŏdor*, genit. *odōris* 'odore' e *-fer* '-fero'; 1282] agg. ● (*lett.*) Che manda odore: *l'aura si sente / d'un fresco et o. laureto* (PETRARCA).

†**odorìfico** [comp. di *odore* e *-fico*; sec. XIII] agg. ● (*lett.*) Odoroso.

odorìmetro [comp. di *odore* e *-metro*] s. m. ● Olfattometro.

odorino [1615] s. m. *1* Dim. di *odore*. *2* Odore delicato e gradevole, spec. di cibo: *un delizioso o. di arrosto.* *3* (*iron.*) Fetore.

†**odorìsta** [av. 1712] s. m. e f. (pl. m. *-i*) ● Intenditore di profumi.

odorizzànte [1958] **A** part. pres. di *odorizzare*; anche agg. ● Nel sign. del v. **B** s. m. ● Sostanza chimicamente inerte, spec. composto organico dello zolfo o dell'azoto, usata nelle operazioni di odorizzazione.

odorizzàre [da *odore*; 1958] v. tr. ● Sottoporre a odorizzazione: *o. un gas.*

odorizzazióne [1958] s. f. ● Operazione industriale che consiste nell'aggiungere a sostanze inodori o quasi, altre sostanze dotate di odore penetrante, spec. allo scopo di rendere individuabile la presenza delle prime: *l'o. del gas domestico.*

odoróso [1336 ca.] agg. ● Che emana gradevole odore: *fiore, bucato o.*; *acqua, essenza odorosa* | Pieno di odori: *era il maggio o.* (LEOPARDI) | ***Vino o.***, aromatico. SIN. Profumato. ‖ **odorosétto**, dim. ‖ †**odorosaménte**, avv.

oè ● V. *uè.*

oècio [comp. del gr. *ō(i)ón* 'uovo' (prob. di orig. indeur.) e *oíkion* 'abitazione' (di orig. indeur.); 1954] s. m. ● (*zool.*) Nicchia incubatrice del corpo dei Briozoi.

oersted /'ɛrsted, *dan.* 'œʌsted/ [dal n. del fisico danese H. C. *Oersted* (1777-1851); 1937] s. m. inv. ● (*elettr.*) Unità di intensità del campo magnetico nel sistema elettromagnetico assoluto, definita come intensità del campo in un punto nel quale un polo magnetico unitario è soggetto alla forza di una dina. SIMB. Oe.

ofelimità [dal gr. *ophéllimos* 'vantaggioso', da *óphelos* 'utilità, vantaggio, guadagno', della stessa fam. di *ophéllein* 'gonfiare, accrescere', di orig. indeur.; 1896] s. f. ● (*econ.*) Importanza che viene attribuita a un bene da un singolo soggetto o consumatore, che non dipende necessariamente dalle qualità intrinseche del bene stesso

ofèlimo [dal gr. *óphelos*. V. precedente; 1906] agg. ● (*econ.*) Relativo a ofelimità | ***Bene o.***, soggettivamente ambito e importante.

off /ɔf, *ingl.* ɒ:f/ [vc. ingl., propr. 'fuori' (di etim. incerta); 1974] agg. inv. *1* Non in funzione, non attivato, in diciture apposte su varie apparecchiature. CONTR. On. *2* Detto di forme di spettacolo alternative e (*est.*) di chi le realizza e delle strutture che ne permettono l'esistenza: *cinema, teatro off*; *film off*; *regista off*; *circuito, locale, sala off.*

òffa [vc. dotta, lat. *ŏffa(m)*, di etim. incerta; av. 1498] s. f. *1* Nell'antica Roma, focaccia di farro. *2* (*lett., raro*) Schiacciata, focaccia. *3* (*lett., fig.*) Dono o promessa che si dà o fa a qlcu. per placarlo o invogliarlo: *gettare, dare l'o.*

†**offèlla** [lat. *ofĕlla(m)*, dim. di *ŏffa* (V. *offa*); av. 1548] s. f. ● Focaccina dolce, di pasta sfoglia: *Dorate le offelle col rosso d'uovo e mandatele al forno* (ARTUSI).

offelleria [da †*offella*; av. 1797] s. f. ● (*sett., disus.*) Pasticceria.

offellière [da †*offella*; 1857] s. m. (f. *-a*) ● (*sett., disus.*) Pasticciere.

♦**offèndere** [lat. *offĕndere*, comp. di *ŏb-* 'contro' e *-fĕndere* 'urtare' (V. *difendere*); 1200 ca.] **A** v. tr. (pass. rem. *io offési, tu offendésti*; part. pass. *offéso*, †*offènso*) *1* Ferire gravemente la dignità, l'onore, la reputazione e sim. di qlcu., con la parola o con gli atti: *o. una persona nell'onore*; *o. l'onore di una persona*; *o. qlcu. con parole ingiuriose, con insulti* | (*est.*) Urtare la suscettibilità, l'amor proprio altrui: *se non accetti, mi offendi*; *vorrei dargli una mancia, ma temo di offenderlo.* *2* Violare, mancare gravemente: *o. la legge, la libertà, la giustizia*; *il tuo comportamento offende il pudore*; *sono cose che offendono il buon senso.* *3* Provocare danni materiali, o anche ferite o lesioni fisiche: *la luce troppo forte offende la vista*; *il proiettile non ha offeso i centri vitali*; *se medesimo in una gamba gravemente offese* (MACHIAVELLI). *4* Provocare sensazioni sgradevoli: *un tipo di musica che offende l'orecchio*; *sono colori che offendono la vista.* *5* †Urtare, percuotere. **B** v. rifl. rec. ● Ingiuriarsi a vicenda: *si sono offesi a sangue durante il litigio.* **C** v. intr. pron. (assol.; + *per*; lett. + *di*) ● Impermalirsi per qlco. che si ritiene offensivo: *non c'è motivo di offendersi*; *offendersi per un'allusione*; *offendersi per il mancato saluto*; *non può offendersi delle parole mie* (PIRANDELLO). SIN. Risentirsi. **D** v. intr. ● †Essere di offesa, di oltraggio: *o. a, contro qlcu.*

†**offendévole** [av. 1342] agg. ● Atto a offendere. ‖ †**offendevolménte**, avv. In modo da recare offesa.

†**offendìbile** [av. 1502] agg. ● ***Luogo o.***, che si può attaccare, invadere e sim.

offendìcula [vc. dotta, lat. *offendĭcula*, pl. di *offendĭculum* 'piccolo intoppo', da *offĕndere* 'urtare contro, inciampare' (V. *offendere*)] s. m. pl. (sing. lat. *offendiculum*) ● Qualunque mezzo offensivo predisposto con lo scopo di difendere un bene immobile, quale, per es., vetri taglienti alla sommità di muri di cinta, filo di ferro spinato e sim.

†**offendiménto** [av. 1294] s. m. ● L'offendere | Offesa.

†**offenditóre** [sec. XIII] agg.; anche s. m. (f. *-trice*) ● Che (o Chi) offende.

offenditrìce ● V. *offensore.*

†**offènsa** ● V. *offesa.*

†**offensióne** [vc. dotta, lat. *offensiōne(m)* 'l'urtare, l'inciampare', da *offēnsus* 'offeso'; sec. XIII] s. f. *1* Offesa: *la parte selvaggia / caccerà l'altra con molta o.* (DANTE *Inf.* VI, 65-66). *2* Rimprovero. *3* Inciampo, intoppo.

offensìva [f. sost. di *offensivo*; av. 1556] s. f. *1* Forma della lotta armata che mira a imporre al nemico la propria iniziativa e ad annullarne la capacità operativa | V. anche *controffensiva*. *2* (*est.*) Azione organizzata e decisa condotta allo scopo di ottenere qlco.: *sferrare l'o.*; *la nuova o. sindacale* | ***O. di pace***, (*fig.*) forte pressione psicologica sull'opinione pubblica internazionale per il raggiungimento della pace.

offensivìsmo [da *offensivo*; 1986] s. m. ● (*sport*) Tattica sportiva basata sul gioco d'attacco. CFR. Difensivismo.

offensivìsta [1985] s. m. e f. (pl. m. *-i*) ● (*sport*) Fautore, sostenitore dell'offensivismo.

offensìvo [da †*offenso*; 1559] agg. *1* Che reca ingiuria, oltraggio e sim.: *parole offensive*; *i vostri modi sono decisamente offensivi.* SIN. Ingiurioso, irriverente, oltraggioso. *2* Atto a ledere, ferire e sim.: *arnesi taglienti e quindi offensivi.* *3* Concepito o realizzato per compiere o appoggiare un'offensiva: *armi offensive*; *guerra offensiva.* CONTR. Difensivo. ‖ **offensivaménte**, avv. In modo offensivo; per offensiva.

†**offènso** ● V. *offeso.*

offensóre [vc. dotta, lat. tardo *offensōre(m)*, da *offĕnsus* 'offeso'; sec. XIV] s. m. (f. *offenditrice*, pop. *-sora*) *1* Chi offende | Chi infligge un danno. *2* †Chi, in guerra, attacca o aggredisce per primo.

offerènte [sec. XIV] **A** part. pres. di *offrire*; anche agg. ● Nei sign. del v. **B** s. m. e f. *1* Chi offre: *il miglior o.* SIN. Donatore. *2* Chi propone un prezzo nelle vendite all'incanto: *aggiudicazione al miglior o.*

†**offerére** [1312] v. tr., rifl. e intr. pron. ● Offrire: *offerendosi prontissimamente a tutti i pericoli, non lasciarono indietro cosa alcuna* (GUICCIARDINI).

†**offerìre** ● V. *offrire.*

†**offeritóre** [da †*offerire*; av. 1347] s. m. (f. *-trice*) ● Chi offre.

†**offeritòrio** [da †*offeritore*; av. 1348] agg. ● Che contiene un'offerta.

♦**offèrta** [f. sost. di *offerto*; 1305] s. f. *1* L'offrire: *fare un'o.*; *o. volontaria di viveri e medicinali* | (*est.*) Ciò che si offre: *accettare, raccogliere, respingere le offerte in denaro* | Donazione: *un'o. meschina, generosa.* SIN. Dono, obolo | Proposta: *o. di matrimonio, di lavoro*; *hanno disprezzato l'o. dei nostri servigi.* *2* (*econ.*) Messa a disposizione di beni o servizi sul mercato | (*est.*) Quantità di beni o servizi che può essere venduta in un certo mercato, a un prezzo definito, in un'unità di tempo determinata: *equilibrio instabile tra domanda e o.* | *O. speciale*, (*ellitt.*) *offerta*, vendita promozionale a prezzi ribassati di beni di largo consumo: *oggi i pomodori in scatola sono in o. speciale* | *O. pubblica d'acquisto*, V. *Opa* | *O. pubblica di vendita*, V. *Opv* | (*dir.*) Proposta di prezzo in una vendita all'incanto, in un negozio, in una gara d'appalto: *o. in busta chiusa* | *O. reale*, eseguita tramite notaio o altro pubblico ufficiale con le modalità previste dalla legge. *3* (*relig.*) Nella Messa, atto dell'offrire il pane e il vino che divengono corpo e sangue di Gesù Cristo | (*est.*) Il pane e il vino medesimi come specie dell'offerta.

offèrto [sec. XIII] **A** part. pass. di *offrire*; anche agg. ● Nei sign. del v. **B** s. m. ● †Oblato.

offertoriale [1974] agg. ● (*relig.*) Relativo all'offertorio | *Processione o.*, durante la celebrazione della Messa, processione dei fedeli che, al termine della preghiera comune, recano all'altare l'offerta del pane e del vino.

offertòrio [vc. dotta, lat. tardo *offertōriu(m)* 'luogo dove si fa un'offerta, un sacrifizio', da *offĕrre* 'offrire'; sec. XIV] s. m. ● (*relig.*) Parte della Messa, dopo il Vangelo, in cui il sacerdote presenta in offerta a Dio il pane e il vino | Antifona e preghiera che accompagnano l'offerta.

offésa o †**offènsa** [lat. *offēnsa(m)*, f. sost. di *offēnsus* 'offeso'; av. 1250] s. f. *1* Danno morale, oltraggio; atto o espressione che provoca tale danno: *fare, ricevere un'o.*; *vendicare un'o.*; *vendicarsi di un'o.*; *un'o. al buon gusto, al pudore*; *perdonare, dimenticare le offese ricevute.* *2* Danno materiale: *temere le offese del tempo, dell'età*; *liberi e sicuri dalle offese dei fulmini e delle grandini* (LEOPARDI) | (*raro*) Lesione fisica: *l'incidente gli procurò una grave o. alla gamba.* *3* Attacco, assalto: *guerra di o.*; *prevenire, temere l'o.*; *portare l'o. nel territorio nemico.* *4* (*dir.*) Comportamento antigiuridico, elemento costitutivo di specifici reati: *o. alla bandiera di Stato estero.*

♦**offéso** o (*lett.*) †**offènso** nel sign. A [sec. XIII] **A** part. pass. di *offendere*; anche agg. *1* Che è risentito per aver ricevuto un'offesa: *se n'è andato mostrandosi o.* *2* Detto di arto o di un organo, leso, ferito: *un braccio, un polmone o.* **B** s. m. (f. *-a*) ● Chi ha subìto un'offesa: *domandò chi fosse l'o.* | *Fare l'o.*, mostrarsi indispettito come se si fosse ricevuta un'offesa.

office /ˈɔffis, *ingl.* ˈɒfɪs/ [vc. ingl., stessa etim. dell'it. *ufficio*; 1933] s. m. inv. ● Locale di servizio, intermedio tra la cucina e la sala da pranzo.

office automation /*ingl.* ˈɒfɪs ˌɔːtəˈmeɪʃn/ [loc. ingl., propr. 'automazione dell'ufficio'; 1983] loc. sost. f. inv. ● Complesso dei metodi e delle tecniche destinati a migliorare lo svolgimento delle attività d'ufficio attraverso la computerizzazione di procedimenti e dispositivi.

†**officiale** o †**offiziale**, †**oficiale**, †**ofiziale** [1319] agg.; anche s. m. ● (*pop.*) Ufficiale.

officiante [1869] **A** part. pres. di *officiare*; anche agg. ● Nel sign. del v. **B** s. m. ● Chi presiede una cerimonia religiosa. SIN. Celebrante.

officiàre o †**offiziare**, †**oficiare**, †**ofiziare** [da *officio*; av. 1342] **A** v. intr. (*io officio*; aus. *avere*) ● Celebrare l'ufficio divino | Celebrare una funzione religiosa. **B** v. tr. ● Nella loc. *o. una chiesa*, celebrare le funzioni.

officiatóre [sec. XIV] agg.; anche s. m. (f. *-trice*) ● (*raro*) Che (o Chi) officia.

officiatùra s. f. ● Ufficiatura.

♦**officina** [vc. dotta, lat. *officīna(m)*, dall'arcaico *opificīna(m)*, da *ŏpifex*, genit. *opĭficis* 'artefice', comp. di *ŏpus* 'opera, lavoro' e *-fex*, da *făcere* 'fare'; sec. XIV] s. f. *1* Locale o complesso di locali attrezzati artigianalmente o industrialmente per la trasformazione del grezzo o del semilavorato in prodotto commerciale | *O. di riparazione*, ove si riparano autoveicoli, motocicli e sim. *2* †Laboratorio, bottega: *o. da speziale.* *3* (*fig.*) Ambiente in cui si producono opere culturali, si elaborano nuove idee, e sim.: *o. letteraria*; *o. di eloquenza, di giovani scrittori* | *O. massonica*, loggia.

officinàle [da *officina* nel sign. 2; av. 1758] agg. ● Farmaceutico | *Farmaco, preparato o.*, medicamento a composizione costante, preparato secondo i metodi suggeriti dalla farmacopea ufficiale | *Pianta o.*, che serve a scopi farmaceutici.

officio ● V. *ufficio.*

officiosità [vc. dotta, lat. tardo *officiositāte(m)* 'cortesia', da *officiōsus*. V. *officioso*; av. 1320] s. f. *1* (*lett.*) Carattere di ciò che è officioso. *2* (*lett.*) Atto officioso.

officióso o (*raro*) **offizióso**, †**oficióso**, †**ofizióso** [vc. dotta, lat. *officiōsu(m)*, 'zelante, servizievole', da *offĭcium* 'dovere, obbligo'. V. *ufficio*; sec. XIV] agg. *1* (*lett.*) Premuroso, che intercede volentieri presso altri. *2* (*raro*) Ufficioso. || **officiosaménte** avv.

†**offiziale** ● V. *officiale.*

†**offiziàre** ● V. *officiare.*

offizio [1342] s. m. *1* †V. *ufficio.* *2* V. *uffizio.*

offizióso ● V. *officioso.*

off-limits /*ingl.* ˈɒf ˈlɪmɪts/ [loc. ingl., propr. 'fuori dei limiti' (V. *off*); 1950] loc. agg. e avv. inv. *1* Detto di luogo, segnalato da un caratteristico contrassegno, in cui era vietato l'ingresso alle truppe di occupazione americane | (*est.*) Di luogo in cui sono proibiti l'entrata, il transito, il passaggio e sim.: *queste stanze sono off-limits.* *2* (*fig.*) Proibito, vietato: *parole, atteggiamenti off-limits.*

off line /ofˈlain, *ingl.* ˈɒf ˌlaɪn/ [vc. ingl., propr. 'fuori linea', comp. di *off* 'fuori' (V. *off*) e *line* 'linea' (vc. germ. d'orig. indeur.)] loc. agg. inv. ● (*elab.*) Detto di apparecchio non direttamente collegato all'unità centrale di un elaboratore. CONTR. On line.

♦**offrire** o (*lett.*) †**offerire** [lat. parl. **offerīre*, per il classico *offĕrre*, comp. di *ŏb-* raff. e *fĕrre* 'portare' (V. *-fero*); sec. XIII] **A** v. tr. (pres. *io òffro*, lett. †*offerisco, tu òffri*, lett. †*offerisci*; pass. rem. *io offrìi* o *offèrsi, tu offristi*; part. pass. *offèrto*) *1* Mettere a disposizione di qlcu. ciò che si ritiene gli sia utile, vantaggioso o gradito: *o. i propri servigi, la propria mediazione, la collaborazione di un tecnico, aiuti morali e materiali*; *o. ospitalità, cibo, cure*; *o. una cattedra, un impiego, la presidenza di una società, la candidatura al Senato*; *ti offre la mano di sua figlia* | (*est.*) Fornire: *o. appiglio, appoggio, pretesto*; *ti offriamo un'ultima opportunità*; *gli offrirono una favorevole occasione di cui non seppe approfittare* | *O. il destro*, fornire la possibilità, l'occasione. SIN. Proporre. *2* Dare o dichiararsi disposto a dare: *ci offrirono da bere e da mangiare*; *o. in dono, in pegno, in ostaggio, in garanzia* | Promettere: *offrono di pagare il tutto in quindici rate mensili* | Concedere: *la situazione ci offre innegabili vantaggi.* *3* (*est.*) Donare, regalare: *o. un mazzo di fiori, una targa ricordo.* *4* Esibire, esporre, presentare (*anche fig.*): *o. il proprio dolore alla vista di tutti*; *hanno offerto uno spettacolo di grande interesse artistico* | *O. il fianco*, (*fig.*) lasciare scoperto o indifeso il lato più debole di qlco., concedere occasione di critica e sim.: *o. il fianco alle critiche, alle maldicenze.* *5* Mettere in vendita: *o. ogni genere di merce*; *offrono una bella casa per una cifra ragionevole.* *6* Poter dare o produrre: *una regione che offre vino, grano e olio in quantità*; *la piazza, il mercato non offre nulla di meglio.* *7* †Dire, pronunciare. **B** v. rifl. (+ *a*; + *di*, + *per*, seguiti da inf.) *1* Dichiararsi disposto: *offrirsi ai servigi, ai comandi di qlcu.*; *offrirsi come baby sitter, come mediatore*; *offrirsi in ostaggio al posto di qlcu.*; *si offre di fornirci ogni prova richiesta*; *mi offro di, per, andare in vece vostra* | (*fig.*) *Offrirsi in pasto al pubblico*, esporsi alla curiosità del pubblico | (*lett.*) Mostrarsi disposto a un rapporto amoroso: *penso che la ragazza si offrisse.* *2* (*lett.*) Esporsi a un pericolo, a un sacrificio e sim. **C** v. intr. pron. ● Presentarsi: *ci si offre una favorevole occasione* | Presentarsi alla vista: *il panorama che si offre di lassù è stupendo.*

offset /*ingl.* ˈɒfˌset/ [vc. ingl., comp. dell'avv. *off*, che indica direzione, e *to set* 'porre'; propr. significherebbe 'trasporto'; 1911] **A** s. m. inv. ● (*edit.*) Procedimento industriale di stampa indiretta derivato dalla litografia, in cui l'immagine viene trasferita dalla matrice, costituita da una lastra di metallo, alla carta, mediante un tessuto gommato | La macchina, il reparto o lo stabilimento tipografico basato sul procedimento omonimo. **B** anche agg. inv.: *stampa o.*

offshore /ofˈʃɔr, *ingl.* ˈɒfˌʃɔːɹ/ [loc. ingl., propr. 'lontano (*off*) dalla costa (*shore*)'; 1958] **A** agg. inv. *1* Detto di gara motonautica che si svolge su lunghi percorsi in alto mare e ad alte velocità, con appositi motoscafi entrobordo | (*est.*) Di tutto quanto si riferisce a questo tipo di gare: *imbarcazioni o.*; *pilota o.*; *campionato o.* *2* Detto di ricerche petrolifere effettuate in mare da piattaforme fisse o navi appositamente attrezzate. *3* Detto di società finanziaria che ha sede in Paesi con regimi fiscali particolarmente vantaggiosi. **B** s. m. inv. ● Motonautica d'altura: *l'o. italiano.*

offside /*ingl.* ˈɒfˌsaɪd/ [vc. ingl., propr. 'fuori gioco', comp. di *off* 'fuori' (V. *offset*) e *side* 'lato' (di orig. germ.); 1905] loc. avv.; anche s. m. inv. ● Nel calcio, fuorigioco.

offuscaménto [1582] s. m. ● L'offuscare, l'offuscarsi (*anche fig.*): *o. del cielo*; *o. della vista*; *o. della ragione.* SIN. Annebbiamento, oscuramento, ottenebrazione.

offuscàre [vc. dotta, lat. tardo *offuscāre*, comp. di *ŏb-* 'davanti' e *fŭscus* 'fosco'; av. 1306] **A** v. tr. (*io offùsco, tu offùschi*) *1* Rendere fosco, oscuro, opaco e sim.: *o. la luce del sole, la lucentezza del metallo*; *le brume autunnali offuscano l'orizzonte* | *O. la vista*, annebbiarla | *O. la voce*, diminuirne la limpidezza o la sonorità. SIN. Oscurare, ottenebrare. *2* (*fig.*) Privare di chiarezza: *o. la mente*; *le passioni offuscano l'intelletto* | (*fig.*) Rendere meno bello, importante, rilevante e sim.: *o. i meriti, la fama di qlcu.*; *chi di gloria troppo / è carco già, deh! non la offuschi* (ALFIERI). SIN. Annebbiare, ottenebrare. **B** v. intr. pron. ● Annebbiarsi, ottenebrarsi, rincupirsi (*anche fig.*): *il giorno s'offusca*; *la memoria si offusca col passare degli anni.*

offuscàto [1336 ca.] part. pass. di *offuscare*; anche agg. ● Nei sign. del v.

offuscatóre [sec. XVII] agg.; anche s. m. (f. *-trice*) ● Che (o Chi) offusca.

†**offuscazióne** [vc. dotta, lat. tardo *offuscatiōne(m)*, da *offuscātus* 'offuscato'; av. 1406] s. f. ● Offuscamento.

ofi- ● V. *ofio-*.

oficàlce [vc. dotta, comp. del gr. *óphis* 'serpente' e *calce* (*1*); 1819] s. f. ● (*geol.*) Roccia metamorfica composta da frammenti di serpentina verde cementati da calcite bianca, molto usata nei monumenti.

†**oficiàle** ● V. *officiale.*

†**oficiàre** ● V. *officiare.*

†**oficio** ● V. *ufficio.*

†**oficióso** ● V. *officioso.*

oficlèide [fr. *ophicléide*, comp. di *ophi-* 'ofi-' e del gr. *kléis*, genit. *kleidós* 'chiave', di orig. indeur.; 1834] s. m. ● (*mus.*) Strumento a fiato della specie degli ottoni a forma di serpente con voce di basso.

Ofidi [dal lat. scient. *Ophĭdia*, dal gr. *óphis* 'serpente'; 1821] s. m. pl. (sing. *-e*) ● (*zool.*) Nella tassonomia animale, sottordine di Rettili degli Squamati caratterizzati dalla completa assenza di arti, per cui la locomozione avviene con rapida ondulazione del corpo; sono comunemente detti serpenti.

ofidio [vc. dotta, gr. *ophýdion* 'serpentello', dim. di *óphis* 'serpente'; 1476] s. m. ● Pesce degli Anacantini con corpo serpentiforme contornato da una pinna continua bassa e delicata, che vive sui bassi fondali ricchi di vegetazione (*Ophidium barbatum*).

ofidìṣmo [da *ofidi*; 1935] s. m. ● (*med.*) Avvelenamento per morso di serpente.
òfio- o **òfi-** [dal gr. *óphis* 'serpente'] primo elemento ● In parole composte della terminologia scientifica, significa 'serpente' o fa riferimento ai serpenti: *ofiologia, ofiodonti, ofisauro*.
ofiocèfalo [comp. di *ofio-* e *-cefalo*; 1834] s. m. ● Pesce tropicale commestibile degli Scorpeniformi con corpo cilindrico, capace di resistere anche mesi nella melma disseccata e di muoversi per ore all'asciutto (*Ophiocephalus striatus*).
ofiolatrìa [comp. di *ofio-* e *-latria*; 1834] s. f. ● Culto religioso dei serpenti.
ofiolite [comp. di *ofio-* e *-lite*; 1819] s. f. ● (*geol.*) Roccia metamorfica ritenuta un residuo dell'originaria base della crosta sotto un oceano.
ofiologìa [comp. di *ofio-* e *-logia*; 1834] s. f. ● Parte della zoologia che si occupa dello studio dei serpenti.
ofiotossina ● V. *ofitossina*.
ofisàuro [comp. di *ofi-* e dei gr. *sâuros* 'lucertola' (V. *sauri*); 1834] s. m. ● Grande sauro serpentiforme di colore bruno, lungo un metro e più, con arti anteriori mancanti e posteriori ridotti (*Ophisaurus apodus*).
ofiṣùro [comp. del gr. *óphis* 'serpente' (V. *ofio-*) e *-ura*; 1834] s. m. ● Pesce marino a corpo allungatissimo, privo di pinna caudale, caratterizzato dal morso doloroso e dalla coda robustissima (*Ophisurus serpens*).
ofite [vc. dotta, gr. *ophýtēs* (*líthos*) '(pietra) serpentina', da *óphis* 'serpente'; 1476] s. f. ● (*geol.*) Varietà di serpentina verde con abbondanti chiazze bianche di calcite.
ofìtico [1834] agg. (pl. m. *-ci*) ● (*miner.*) Che ha i caratteri dell'ofite | *Struttura ofitica*, di una roccia in cui appare nettamente invertito l'ordine normale di cristallizzazione dei minerali che la compongono.
ofitossina o **ofiotossina** [comp. di *ofi-* e *tossina*; 1954] s. f. ● Sostanza contenuta nel veleno del cobra.
ofiùra [comp. di *ofi-* e *-ura*; 1828] s. f. ● Genere di Echinodermi della classe degli Ofiuroidi con corpo a disco tondo o pentagonale e cinque braccia serpentine non ramificate e flessibili (*Ophiura*). ➡ ILL. animali/4.
Ofiuròidi [comp. di *ofiur(a)* e *-oide*; 1958] s. m. pl. (sing. *-e*) ● Nella tassonomia animale, classe di Echinodermi marini presenti nel Mediterraneo, che vivono sia presso la superficie che a notevole profondità (*Ofiuroidae*).
†**ofiziàle** ● V. *officiale*.
†**ofiziàre** ● V. *officiare*.
†**ofìzio** ● V. *ufficio*.
†**ofizióṣo** ● V. *officioso*.
òfride [dal lat. *ŏphrys*, dal gr. *ophrýs* 'palpebra', di orig. indeur.; 1834] s. f. ● Genere di Orchidacee comprendente specie erbacee perenni con fusto eretto, foglie in rosetta basale, fiori sessili con labello largo, radici un tempo usate in medicina (*Ophrys*).
oftalmìa [vc. dotta, lat. tardo *ophthălmia(m)*, nom. *ophthălmia*, dal gr. *ophthalmía*, da *ophthalmós* 'occhio'. V. *oftalmo-*; av. 1320] s. f. ● (*med.*) Infiammazione dell'occhio di qualsiasi origine. SIN. Oftalmite.
oftàlmico [vc. dotta, lat. tardo *ophthălmicu(m)*, nom. *ophthălmicus*, dal gr. *ophthalmikós*, da *ophthalmía* 'oftalmia'; sec. XIV] agg. (pl. m. *-ci*) ● (*med.*) Oculistico | *Lente oftalmica*, lente correttiva dei difetti della vista | *Disco o.*, piccola superficie lamellare, solitamente composta di gelatina, in cui è incorporata una sostanza medicamentosa di uso oculistico.
oftalmìte [1823] s. f. ● (*med.*) Oftalmia.
oftàlmo-, -oftàlmo [dal gr. *ophthalmós* 'occhio', di orig. indeur.] primo o secondo elemento (*oftalm-*, davanti a vocale) ● In parole composte della terminologia medica, significa 'occhio' o indica relazione con gli occhi: *oftalmologia, oftalmoscopio, esoftalmo*.
oftalmoblenorrèa [comp. di *oftalmo-* e *blenorrea*; 1834] s. f. ● (*med.*) Congiuntivite acuta purulenta, spesso provocata da gonococco.
oftalmoiàtra [comp. di *oftalmo-* e *-iatra*] s. m. e f. (pl. m. *-i*) ● (*raro*) Chi cura le malattie oculari.
oftalmoiatrìa [comp. di *oftalmo-* e *-iatria*; 1821] s. f. ● (*raro*) Cura delle malattie oculari.
oftalmologìa [comp. di *oftalmo-* e *-logia*; 1821] s. f. ● (*med.*) Oculistica.
oftalmològico [1940] agg. (pl. m. *-ci*) ● Relativo all'oftalmologia.
oftalmòlogo [comp. di *oftalmo-* e *-logo*; 1940] s. m. (f. *-a*; pl. m. *-gi*) ● (*med.*) Studioso di oftalmologia.
oftalmometrìa [comp. di *oftalmo-* e *-metria*; 1958] s. f. ● (*med.*) Misurazione del grado di curvatura della cornea e del suo indice di rifrazione mediante l'oftalmometro.
oftalmòmetro [comp. di *oftalmo-* e *-metro*; 1834] s. m. ● (*med.*) Strumento per la misurazione della curvatura corneale.
oftalmoplegìa [comp. di *oftalmo-* e *-plegia*; 1954] s. f. ● (*med.*) Paralisi dei muscoli oculari.
oftalmoscopìa [comp. di *oftalmo-* e *-scopia*; 1821] s. f. ● (*med.*) Esame del fondo dell'occhio mediante l'oftalmoscopio.
oftalmoscòpio [comp. di *oftalmo-* e *-scopio*; 1869] s. m. ● (*med.*) Strumento che permette di esaminare la retina e il fondo dell'occhio. ➡ ILL. medicina e chirurgia.
oftalmospàṣmo [comp. di *oftalmo-* e *spasmo*] s. m. ● (*med.*) Spasmo dei muscoli palpebrali.
oftalmòstato [comp. di *oftalmo-* e *-stato*] s. m. ● (*med.*) Strumento per mantenere aperte le palpebre e bloccare i movimenti del bulbo oculare durante gli interventi sull'occhio.
oftalmoterapìa [comp. di *oftalmo-* e *-terapia*; 1954] s. f. ● (*med.*) Cura delle malattie oculari.
oftalmòtropo [comp. di *oftalmo-* e *-tropo*; 1891] s. m. ● (*med.*) Strumento per la misurazione del grado di strabismo e delle possibilità funzionali dei muscoli oculari.
oggettìstica [da *oggetto*; 1983] s. f. ● Insieme di oggetti da regalo o per l'arredamento: *un negozio di o.* | (*est.*) Settore commerciale che si occupa di tali oggetti.
oggettivàre [da *oggettivo*; av. 1855] **A** v. tr. ● Rendere oggettivo: *o. il frutto della propria fantasia* | Portare sul piano della concretezza: *in quel dipinto è riuscito a o. tutta la sua passione.* **B** v. intr. pron. ● Divènire estrinseco o concreto: *sentimenti, stati d'animo, che si oggettivano.*
oggettivazióne [av. 1855] s. f. *1* L'oggettivare | Espressione concreta di pensieri, fantasie, sentimenti e sim: *nei suoi quadri si può vedere un'o. dei suoi ricordi infantili.* *2* (*filos.*) Processo mediante il quale l'attività conoscitiva si avvicina all'oggettività.
oggettivìṣmo [comp. di *oggettivo* e *-ismo*; 1867] s. m. *1* Qualsiasi dottrina filosofica che asserisce l'esistenza e la validità universale degli oggetti prescindendo dalle percezioni e valutazioni individuali. *2* Ogni dottrina filosofica che all'interno del processo conoscitivo esalta il punto di vista dell'oggetto, trascurando l'apporto del soggetto.
oggettivista [av. 1855] s. m. e f.; anche agg. (pl. m. *-i*) ● Chi (o Che) segue o si ispira all'oggettivismo.
oggettivìstico [1913] agg. (pl. m. *-ci*) ● Che concerne o interessa l'oggettivismo. || **oggettivisticaménte**, avv.
oggettività [av. 1855] s. f. *1* Natura, caratteristica di ciò che è oggettivo. *2* Obiettività: *giudicare con o.; apprezzare l'o. di una critica.*
oggettivo [av. 1667] **A** agg. *1* Che concerne l'oggetto, che si fonda sulla realtà: *fondare la propria esperienza sui dati oggettivi; sistema o. di insegnare* | ***Realtà oggettiva***, esistenza concreta dei fatti. *2* (*ling.*) ***Proposizione oggettiva***, che fa da complemento oggetto | ***Genitivo o.***, nelle lingue flessive, spec. in latino, il genitivo che, nella frase attiva corrispondente, ha il ruolo di un complemento oggetto. *3* (*filos.*) Che esiste di per sé, in quanto non vincolato alla percezione soggettiva. *4* Obiettivo: *essere o. nell'emanare giudizi; fece un'oggettiva descrizione dei fatti.* SIN. Spassionato, imparziale. || **oggettivaménte**, avv. In modo oggettivo, con oggettività. **B** s. m. ● (*raro*) Scopo.
♦**oggètto** o (*poet.*) †**obbiètto**, (*poet.*) †**obiètto** [lat. *obiĕctu(m)* 'cosa gettata contro, posta innanzi', part. pass. nt. di *obĭcere* 'gettare contro', comp. di *ŏb-* 'contro' e *iăcere* 'gettare'. V. *getto*; 1353] **A** s. m. *1* (*filos.*) Tutto ciò che il soggetto conoscente intende come diverso da sé | Tutto ciò che sussiste di per sé, indipendentemente dalla conoscenza. *2* Correntemente, ogni cosa, spec. solida, che può essere percepita dai sensi e in particolare mediante la vista o il tatto: *vedere gli oggetti posti a distanza; un o. ruvido, liscio, colorato, profumato* | (*est.*) Cosa ottenuta mediante lavorazione di un materiale grezzo: *o. di legno; oggetti preziosi, inutili, antichi.* *3* (*dir.*) Bene, cosa in senso giuridico: *l'o. dell'obbligazione* | Contenuto: *l'o. di una sentenza* | ***O. giuridico del reato***, bene o interesse che la norma penale intende tutelare e che viene in particolare offeso dal reato | ***O. materiale del reato***, la persona o la cosa su cui cade l'attività del reo. *4* Termine cui tendono i sentimenti o che costituisce lo scopo di un'attività, un comportamento e sim.: *o. desiderato, amato, sognato; la sua ricerca ha per o. la scoperta della verità; non so quale sia l'o. del loro viaggio; espose quale era l'o. della proposta; o. di ammirazione, di scherno* | (*est.*) Persona o cosa che costituisce lo scopo di un sentimento o di un'attività: *è stata o. di persecuzione; è lei l'o. del suo amore, di tutti i suoi pensieri.* *5* Materia, argomento: *o. di un trattato, di un discorso; qual è l'o. del suo studio?* | ***O. del conto***, in contabilità, voce alla quale il conto è intestato. **B** in funzione di agg. inv. (posposto al s.) ● (*ling.*) Nella loc. ***complemento o.***, il sintagma nominale complemento del verbo che designa l'essere o la cosa che subisce l'azione fatta dal soggetto. || **oggettino**, dim.
oggettuàle [1963] agg. *1* Dell'oggetto. *2* In psicoanalisi, attinente al rapporto con l'oggetto.
oggettualità [1989] s. f. ● Caratteristica, condizione di ciò che è oggettuale.
oggettualizzàre v. tr. ● (*raro*) Rendere oggetto, considerare come un oggetto.
♦**òggi** [lat. *hŏdie*, da *hŏc dīe* 'in questo giorno'. V. *dì*; sec. XII] **A** avv. *1* Nel giorno presente, in questo giorno: *partiremo o.; arrivano o. nel pomeriggio; o. è giovedì; o. è il quindici; quanti ne abbiamo o.?; o. ne abbiamo ventidue* | Con valore raff.: *o. stesso; proprio o.; quest'oggi* | ***O. a otto, o. a quindici, o. a un mese, o. a un anno***, tra otto giorni, tra quindici giorni, tra un mese, tra un anno esatti contando anche la giornata presente | ***O. è*** (*o* ***fa***) ***un anno, un mese, una settimana***, è, si compie esattamente un anno, un mese, una settimana. *2* (*est.*) Al presente (con valore più generico in contrapposizione al passato o al futuro): *o. o domani questo lavoro va fatto; è un ragazzo volubile, o. vuole una cosa, domani un'altra; o. credo più che mai che tu avessi ragione; gli ho dato ascolto, ma o. ne sono pentito* | ***O. come oggi***, per il momento: *o. come o. non possiamo prender nessuna decisione* | Attualmente, nell'epoca moderna: *sono cose che succedono o.; o. il mondo è molto cambiato!* *3* (*tosc.*) Nel pomeriggio della giornata presente: *ora non ho tempo, rimando il colloquio a o.* **B** s. m. inv. *1* Il giorno corrente: *questo è il giornale di o.; per o. basta così; la consegna va fatta entro o.; da o. in poi le cose cambiano; ha studiato tutt'o.* | ***Al giorno d'o.***, oggigiorno | ***A tutt'o.***, fino ad oggi: *a tutt'o. non abbiamo alcuna notizia* | ***Dall'o. al domani***, da un giorno all'altro, improvvisamente: *ha deciso dall'o. al domani.* *2* L'epoca attuale: *gli uomini di o.; la moda d'o.; l'onta dell'o. e la vendetta dei secoli* (CARDUCCI). || PROV. Meglio un uovo oggi che una gallina domani.
oggidì o †**òggi dì** [comp. di *oggi* e *dì*; av. 1292] **A** avv. ● Oggigiorno: *o. una lingua per essere universale ha bisogno di essere arida e geometrica* (LEOPARDI). **B** s. m. ● Il tempo presente: *sono cose d'o.*
oggigiórno [comp. di *oggi* e *giorno*; 1587] **A** avv. ● Al giorno d'oggi, nel tempo presente, adesso: *o. certi metodi non valgono più.* SIN. Oggidì. **B** s. m. ● Il tempo presente (sempre con riferimento ad aspetti del passato): *i giovani d'o. sono più esigenti.* SIN. Oggidì.
oggimài [comp. di *oggi* e *mai*; av. 1292] avv. ● (*lett.*) Ormai, oramai: *padre mio, voi siete o. vecchio* (BOCCACCIO).
ogìva [fr. *ogive*, dallo sp. *aljibe* 'cisterna', dall'ar. *al-ğubb* 'pozzo'; 1891] s. f. *1* Nell'architettura gotica, arco diagonale della volta a crociera | ***Arco, volta a o.***, a sesto acuto del tipo gotico. *2* In balistica, parte strutturale o carenatura in forma ogivale, per migliorare la penetrazione aerodinamica: *o. di proiettile, di missile; o. nucleare* | ***O. di***

un'elica, la carenatura che racchiude il mozzo come in un involucro.

ogivàle [1843] **agg.** ***1*** Che presenta arco acuto: *bifora o.* ***2*** Che è tipico dell'arte gotica: *stile o.*; *Tetro e o. è l'antico palazzo dei vescovi* (BUZZATI).

†ogliènte ● V. *†olente*.

ogm /oddʒi'emme/ [sigla di *o(rganismo) g(eneticamente) m(odificato)*; 1997] **s. m. inv.** ● (*biol.*) Organismo vivente il cui patrimonio genetico è stato modificato artificialmente mediante sostituzione o aggiunta di nuovo materiale genetico.

ógna ● V. *unghia*.

♦ógni o **ógni**, **†ógne**, **†ògne**, **†ònne**, **†ònni** [lat. *ŏmne(m)*, di etim. incerta; 1219] **agg. indef. sing.**, **†pl.** (raro, si può elidere davanti a parola che comincia per *i*, e lett. †davanti a parola che comincia per altra vocale: *d'ogn'intorno*; *ogn'erba si conosce per lo seme* (DANTE *Purg.* XVI, 114)) ***1*** Ciascun elemento, considerato singolarmente, di un insieme omogeneo: *ogni uomo ha il suo destino*; *o. cittadino deve compiere il suo dovere*; *in o. quartiere c'è un ufficio postale*; *bisogna stare attenti ad o. particolare*; *o. lingua divien tremando muta* (DANTE). **CFR.** onni-, panto- | Con sign. generico (equivalendo, con valore collettivo, a 'tutti'): *o. giorno va a fare una passeggiata*; *Dio è in o. luogo*; *hanno portato via o. cosa*; *è adatto per o. uso*; *ti auguro o. bene, o. felicità* | Qualsiasi (ponendo in rilievo la differenza fra i singoli elementi): *era presente gente d'o. grado, categoria, condizione sociale*; *abbiamo tentato con o. mezzo* | ***Con o. attenzione***, ***cura***, ***riguardo***, ***studio***, ***diligenza*** e sim., con la massima cura, riguardo, studio, diligenza, attenzione possibile | ***O. momento***, sempre, continuamente: *si muove o. momento* | ***Fuori d'o. dubbio***, in modo certissimo | ***Oltre o. dire***, ***oltre o. credere***, più di quanto sia possibile dire o credere, moltissimo: *è furba oltre o. dire* | ***In o. caso***, comunque, in qualsiasi eventualità | ***In o. modo***, a qualunque costo: *verrò in o. modo* | ***Ad*** (o ***in***) ***o. modo***, ***ad o. buon conto***, comunque (con valore limitativo): *ad o. modo fai come credi meglio* | (*lett.*) ***In*** (o ***per***) ***o. dove***, dappertutto | (*lett.*) ***D'o. intorno***, da ogni luogo circostante: *un grande numero di persone era convenuto d'o. intorno* | ***Per o. buon conto***, per sicurezza, per precauzione: *per o. buon conto il denaro lo terrò io* | †Con il verbo al pl.: *come desinato ebbero ogn'uomo* (BOCCACCIO). ***2*** Con valore distributivo: *o. tre parole ne storpia una*; *viene o. due giorni*; *mi scrive o. sei mesi*; *una persona o. cento ha la possibilità di riuscire* | ***O. tanto***, di tanto in tanto: *lo vedo o. tanto* | ***O. poco***, a breve distanza: *o. poco si volta e guarda se lo seguo*. ***3*** †Nessuno.

†ognintórno [comp. di *ogni* e *intorno*; av. 1556] **s. m.** ● Solo nella loc. avv. ***d'o.***, da tutte le parti intorno.

†ogniòra ● V. *ognora*.

†ogni óra /'oɲɲi 'ora, oɲ'ɲora/ ● V. *ognora*.

ogniqualvòlta o **ógni qual vòlta**, (*raro*) **ógni qualvòlta** [comp. di *ogni*, *quale* e *volta*; av. 1698] **cong.** ● (*lett.*) Ogni volta che, tutte le volte che (introduce una prop. temp. con valore iter. e con il v. al congv. o all'indic.): *rimproveralo o. tu lo riterrai opportuno*; *agite così o. sia necessario*.

Ognissànti [lat. *ŏmnes sāncti* 'tutti i santi'; 1284 ca.] **s. m. inv.** ● Festa cattolica di tutti i Santi, che si celebra il 1° novembre.

ognitèmpo [comp. di *ogni* e *tempo*, per calco sull'ingl. *all-weather*; 1982] **agg. inv.** ● Detto di aeromobili o imbarcazioni, spec. militari, costruiti ed equipaggiati in modo da poter svolgere la propria funzione in qualsiasi condizione meteorologica, sia di giorno sia di notte.

†ogniùno ● V. *ognuno*.

-ògnolo o **-ògnolo** [dal lat. *-ōneu(m)*, di orig. indeur. Cfr. *-aneo* da *-āneu(m)*] **suff.** ● Forma aggettivi indicanti tonalità, gradazione di colore, somiglianza con quanto espresso dal termine di derivazione (talora con sfumatura particolare di valore): *azzurrognolo*, *giallognolo*, *nerognolo*, *verdognolo*, *amarognolo*.

ognóra o **†ogniòra**, **†ógni óra**, **†ogn'óra** [comp. di *ogn(i)* e *ora*; av. 1250] **A avv.** (poet. troncato in *ognor*) ● (*lett.*) Sempre, ogni volta: *me lo ripete o.*; *io povero Medor ricompensarvi / d'altro non posso, che d'ognior lodarvi* (ARIOSTO). **B** nella **loc. cong.** *†o. che* ● Ogni volta che (introduce una prop. temp. con il v. all'indic.): *ogn'ora ch'io mi specchio* (BOCCACCIO).

♦ognùno o **†ogniùno**, **†ogn'ùno** [comp. di *ogn(i)* e *uno*; av. 1301] **A pron. indef.** solo **sing.** (*poet.* troncato in *ognun*, davanti a parola che comincia per vocale o consonante che non sia *gn*, *ps*, *s impura*, *x*, *z*: *ognun avrà ciò che il fatto ha deciso*). (V. nota d'uso ELISIONE e TRONCAMENTO) ● Ogni persona, tutti: *o. può esprimere il suo pensiero*; *ormai o. lo sa*; *o. è artefice del proprio destino*; *o. ha le sue debolezze, i suoi difetti*; *o. cerca il proprio vantaggio*; *o. ha diritto di essere ascoltato*; *ognuna può scegliere la prova che più le aggrada* | Seguito dal partitivo: *o. degli interpellati ha risposto prontamente*; *o. di noi sa quello che vuole*; *ognuna delle allieve avrà un premio*. **B agg. indef.** ● †Ogni: *ognuna persona ... dica* (ARIOSTO). || **PROV.** Ognuno per sé e Dio per tutti.

♦oh /ɔ, o, ɔʔ, oʔ, ɔh, oh/ [vc. onomat.; av. 1294] **inter.** ● Esprime, a seconda dell'intonazione con cui è pronunciato, compassione, desiderio, dolore, dubbio, meraviglia, noia, piacere, sdegno, timore e sim.: *oh povero ragazzo!*; *oh! come faremo adesso?*; *oh, guarda chi si rivede!*; *oh, che schifo!*; *oh, che felicità!*; *oh venturose e care e benedette / l'antiche etč ...* (LEOPARDI); *' oh povero me! Aspetti: era ammalata molto?'* (MANZONI); *oh gran bontà de' cavalieri antiqui!* (ARIOSTO).

ohé o **òhe** [vc onomat.; 1823] **inter.** ● (*fam.*) Si usa per richiamare l'attenzione altrui o come avvertimento, anche minaccioso: *ohé, tu!*; *ohé, vieni qui!*; *ohé, c'è nessuno?*; *ohé, di casa!*; *ohé, attenzione a quello che fate!*; *ohé, con me non si scherza!*; *non le chiedo niente del suo*: *ohe!* (MANZONI).

♦òhi o (*raro*) **òi** [vc. onomat.; av. 1294] **inter.** ***1*** Esprime dolore, sospetto, disappunto e talora anche meraviglia o impazienza: *ohi, qui la situazione si fa difficile!*; *ohi, che dolore!* ***2*** Nella loc. inter. ***ohi là***, V. *ohilà*. ***3*** Unito ai pronomi pers. esprime dolore, sconforto, disperazione e sim. ed è oggi usato spec. in tono scherz.: *ohi te!*; *ohi sé!*; *ohi lui!*; *ohi noi!*; *ohi voi!* | V. anche *ohimè*.

ohibò o **oibò** [vc. onomat.; 1524] **inter.** ● Esprime disapprovazione, disprezzo, sdegno, nausea e sim.: *o., che roba!*; *o.!, che coraggio a dire certe cose!* | Con valore di negazione: *o., non lo farò mai!*

ohilà o **oilà**, **ohi là**, **oi là** [da *ohi* e *là*; 1902] **inter.** ● Si usa per richiamare l'attenzione di qlcu., o come avvertimento anche minaccioso: *ohilà! come ti chiami?*; *ohilà, adesso basta!*; *ohilà, queste cose non si fanno!*

ohimè /oi'mɛ*/ o **ohimé**, **oimè** [comp. di *ohi* e *me*; sec. XIII] **A inter.** ● Esprime dolore, sconforto, disperazione e sim. con il sign. di 'povero me!', 'me infelice!' e sim.: *o., che disgrazia!*; *o., che ho fatto!* **B** in funzione di **s. m. inv.** ● Lamento, esclamazione di dolore: *un o. penoso gli uscì di bocca*; *basta con questi o.!*

ohm /ɔm, *ted.* ʔoːm/ [dal n. del fisico ted. G. S. *Ohm* (*1787-1854*); 1892] **s. m. inv.** ● Unità di misura di resistenza elettrica, corrispondente alla resistenza di un conduttore che, soggetto alla differenza di potenziale costante di un volt, viene percorso da una corrente di un ampere. **SIMB.** Ω.

òhmetro /'ɔmetro/ ● V. *ohmmetro*.

òhmico /'ɔmiko/ [da *ohm*; 1958] **agg.** (**pl. m.** *-ci*) ● (*elettr.*) Detto di conduttore elettrico per cui vale la legge di Ohm | Detto di circuito elettrico o suo elemento che siano puramente resistivi, o di grandezza elettrica che li descrive.

òhmmetro /'ɔmmetro/ o **òhmetro** [comp. di *ohm* e *-metro*; 1884] **s. m.** ● (*fis.*) Strumento indicatore che misura la resistenza di un conduttore.

òi ● V. *ohi*.

oibò ● V. *ohibò*.

-òico [da acido (*benz*)*oico*, terminazione usata poi autonomamente] **suff.** ● In chimica organica, indica un acido carbossilico (*acido benzoico*) o una aldeide aromatica (*aldeide benzoica*).

-òide [lat. *-oīde(m)*, dal gr. *-oeidḗs*, da *êidos* 'forma', 'modello'] **suff.** ● In numerose parole composte, indica somiglianza, analogia, affinità d'aspetto, di natura, o forma attenuante e sim., rispetto a quanto indicato dal termine cui è aggiunto (talora con valore spreg.): *anarcoide*, *genialoide*, *intellettualoide*, *mastoide*, *ellissoide*, *socialistoide*.

-oìdee [da *-oide* nella forma pl. del f. proprio del lat. scient.] **suff.** ● Nella sistematica botanica, indica una sottofamiglia: *Pomoidee*.

-oidèi o **-òidi** [pl. di *-oide*, come adattamento di *-oidea*, che, nei nomi lat. scientifici, rappresenta il nt. pl.] **suff.** ● Nella sistematica zoologica, indica un sottordine: *Lemuroidei*.

-oidèo [suff. agg. corrispondente ai s. in *-oide*] **suff.** ● Forma aggettivi derivati da termini in *-oide*, spec. in medicina: *mastoideo*, *tipoideo*.

-òidi ● V. *-oidei*.

oìdio [dal gr. *ōión* 'uovo', di orig. indeur.; 1869] **s. m.** ***1*** (*bot.*) Fungo delle Erisifacee parassita di piante su cui provoca il mal bianco. ***2*** (*bot.*) Frammento di micelio dei Funghi ascomiceti, capace di diffondere il fungo stesso per via vegetativa.

oïl /*fr.* ɔjl, ɔ'il, ɔj/ [ant. fr. 'sì', dal lat. *hōc ille* 'ciò egli (fa)'; av. 1576] **s. m. inv.** ● Solo nella loc. ***lingua d'oïl***, il francese antico, cioè la lingua letteraria della Francia settentrionale.

oilà ● V. *ohilà*.

oimè o **oimé** ● V. *ohimè*.

oinochoe /oino'xɔe/ [gr. *oinochóē*, da *ôinos* 'vino' e *chêin* 'versare'; 1885] **s. m.** ● Vaso di produzione arcaica greca a forma di brocca, usato per attingere e mescere il vino.

oitànico [da *oïl*, sul modello di *occitanico*; 1963] **agg.** (**pl. m.** *-ci*) ● Relativo alla lingua d'oïl.

O.K. /o'kɛi, *ingl.* əʊ'kʰeɪ/ o **OK**, **o.k.**, **ok.** [1945] **inter.**; anche **s. m.** ● Okay (V.).

okàpi [vc. di orig. bantu; 1932] **s. m. inv.** ● Mammifero africano degli Artiodattili, poco più piccolo di un cavallo, con arti zebrati e corpo nerastro (*Okapia johnstoni*). ➡ **ILL. animali**/12.

okay /o'kɛi, *ingl.* əʊ'kʰeɪ/ [vc. amer., lettura della sigla *O.K.*: dal n. del comitato *O(ld) K(inderhook Club)* 'circolo democratico del vecchio di Kinderhook', di Nuova York (?); 1931] **A inter.** ● Va bene, d'accordo. **B s. m.** ● Benestare, approvazione: *ho avuto l'o. del mio capo* | (*aer.*) Visto apposto su un biglietto aereo che attesta la disponibilità del posto per il passeggero. **C** con valore pred. nella loc. ***essere o.***, essere a posto, essere in buone condizioni.

olà [comp. di *oh* e *là*; 1509] **inter.** ● Si usa in tono autoritario o di minaccia (*anche scherz.*), come richiamo o avvertimento: *olà, fermi tutti!*; *olà! smettetela!*

ola /*sp.* 'ola/ [vc. sp., propr. 'onda'; 1984] **s. f.** (**pl.** *ole* o *sp. olas*) ● Movimento che i tifosi compiono negli stadi alzandosi in piedi uno dopo l'altro per dare l'impressione del moto di un'onda: *fare la ola*.

olànda [dall'*Olanda*, da cui proviene; 1561] **s. f.** ● Tela di lino assai robusta e resistente, originariamente prodotta in Olanda.

olandése [av. 1557] **A agg.** ***1*** Dell'Olanda: *costume o.*; *zoccoli olandesi* | ***Razza o.***, razza bovina da latte allevata in tutto il mondo. ***2*** Detto di rilegatura con copertina flessibile. **B s. m.** (anche **f.** nel sign. 1) ***1*** Abitante, nativo dell'Olanda. ***2*** Tipo di formaggio di forma rotonda, rosso all'esterno, originario dell'Olanda. ***3*** Estratto di cicoria, usato come surrogato del caffè. ***4*** (*sport*) ***o. volante***, flying dutchman. **C s. f.** ***1*** Macchina usata nelle cartiere per triturare e ridurre in pasta gli stracci. ***2*** Macchina per lavare i fiocchi di lana, simile alla omonima macchina usata per preparare la pasta da carta. **D s. m.** solo **sing.** ● Lingua parlata dagli olandesi. **CFR.** Neerlandese.

olandesìsmo [da *olandese*, con *-ismo*] **s. m.** ● Parola o locuzione propria dell'olandese entrata in un'altra lingua.

old economy /old e'kɔnomi, *ingl.* əʊld əkʰɒnəmɪ/ [loc. ingl., propr. 'vecchia (*old*) economia (*economy*)'; 2000] **loc. sost. f. inv.** (**pl. ingl.** *old economies*) ● L'economia tradizionale, in contrapposizione alla nuova economia (o *new economy*).

old fashion /*ingl.* 'əʊld 'fæʃn/ [loc. ingl., propr. 'vecchia moda'] **A loc. sost. m. inv.** ● Moda o stile d'altri tempi. **B** anche **loc. agg. inv.**: *cravatte old fashion*.

olé /*sp.* o'le/ [vc. espressiva; 1894] **A inter.** ● Usata in tono scherzoso, spec. per sottolineare un gesto o un'azione. **B s. m.** ● Danza solistica andalusa in tre ottavi con ritmo scandito dalle nacchere.

Oleàcee [comp. del lat. *ŏle(a)* 'ulivo' e *-acee*; 1875] **s. f. pl.** (**sing.** *-a*) ● Nella tassonomia vegetale, famiglia di piante legnose delle Dicotiledoni con foglie intere e opposte e frutti a drupa o a bacca (*Oleaceae*). ➡ ILL. piante/8.

oleàceo [vc. dotta, lat. tardo *oleāceu(m)*, da *ŏleum* 'olio'; 1499] agg. ● (*raro*) Oleoso.

oleaginóso [sovrapposizione di *oleoso* al lat. *oleagĭneus* 'simile all'ulivo', da *ŏlea* 'ulivo'; 1563] agg. ● Che contiene olio: *seme o.* | †Oleoso.

oleandrina [fr. *oléandrine*, da *oléandre* 'oleandro'; 1875] s. f. ● (*chim.*) Glucoside, estratto dalle foglie dell'oleandro, dotato di proprietà cardiotoniche.

oleàndro o (*poet.*) **leàndro** [etim. incerta; 1499] s. m. ● Arbusto o alberello ornamentale sempreverde delle Apocinacee con foglie lanceolate e bei fiori rosei, bianchi o gialli, ricco di un succo amaro e velenoso (*Nerium oleander*). ➡ ILL. piante/8.

oleàre ● V. *oliare*.

oleàrio [vc. dotta, lat. *oleāriu(m)*, da *ŏleum* 'olio'; 1794] agg. ● Dell'olio: *mercato o.*; *produzione olearia*.

oleàstro o **oliàstro** [vc. dotta, lat. *oleăstru(m)*, da *ŏlea* 'ulivo'; av. 1347] s. m. ● (*bot.*) Olivastro.

oleàto [var. di *oliato*, ricostruita sul lat. *ŏleum* 'olio'; 1707] agg. *1* V. *oliato*. *2* Detto di carta impregnata di sostanze atte a renderla impermeabile.

oleatóre ● V. *oliatore*.

oleatùra ● V. *oliatura*.

olecrànico [1834] agg. (pl. m. *-ci*) ● (*anat.*) Dell'olecrano.

olecràno o **olècrano** [vc. dotta, gr. *ōlékranon*, comp. di *ōlénē* 'gomito', di orig. indeur., e *kraníon* 'estremità, cranio'; av. 1673] s. m. ● (*anat.*) Apofisi, a forma di prisma, dell'estremità prossimale dell'ulna. ➡ ILL. p. 2122 ANATOMIA UMANA.

olefina [rifacimento del fr. *oléfiant* 'che produce olio', comp. di *olé-* (dal lat. *ŏleum* 'olio') e *fiant* 'che fa' (corrispondente all'it. *-ficante*, part. pres. di *-ficare*: cfr. *lubrificante* ecc.); 1933] s. f. ● (*chim.*) Alchene.

olefìnico [1938] agg. (pl. m. *-ci*) ● (*chim.*) Relativo alla olefina: *legame o.*

olèico [dal lat. *ŏleum* 'olio'; 1829] agg. (pl. m. *-ci*) ● Relativo a, simile a, derivato da, olio | (*chim.*) *Acido o.*, acido organico monobasico contenente un doppio legame della serie alifatica, contenuto spec. come oleina negli oli di oliva e di mandorle, e nei grassi di riserva degli erbivori; è usato per fabbricare saponi e detersivi.

oleìcolo [comp. del lat. *ŏlea* 'ulivo' e *-colo*] agg. ● (*raro*) Olivicolo.

oleicoltóre [dal lat. *ŏlea* 'ulivo' (V.), sul modello di *frutticoltore*; 1942] s. m. (f. *-trice*) ● Olivicoltore.

oleicoltùra [comp. del lat. *ŏlea* 'ulivo' e *coltura*; 1942] s. f. ● (*raro*) Olivicoltura.

oleìfero [comp. del lat. *ŏleum* 'olio', e *-fero*; 1846] agg. ● Di seme o pianta che dà o contiene olio.

oleificio [comp. del lat. *ŏleum* 'olio' e *-ficio*; 1881] s. m. ● Stabilimento per l'estrazione e il raffinamento dell'olio.

oleina [dal lat. *ŏleum* 'olio'; 1869] s. f. ● (*chim.*) Glicerina dell'acido oleico, uno dei principali componenti dei grassi animali e vegetali | Nella terminologia industriale, acido oleico allo stato greggio.

†**olènte** o †**ogliènte** [av. 1315] part. pres. di †*olire*; anche agg. ● (*raro*) Nel sign. del v.

òleo- [dal lat. *ŏleum* 'olio'] primo elemento ● In parole composte della terminologia scientifica e tecnica, significa 'olio, sostanza grassa', o vi fa riferimento: *oleoacidimetro*, *oleochimica*, *oleometro*.

oleoacidìmetro [comp. di *oleo-*, *acidi(tà)* e *-metro*] s. m. ● Strumento per misurare il grado di acidità dell'olio.

oleobromìa [comp. di *oleo-* e un deriv. di *bromo(uro)*] s. f. ● Bromolio.

oleochìmica [comp. di *oleo-* e *chimica*; 1970] s. f. ● Branca dell'industria chimica riguardante la fabbricazione di prodotti intermedi a partire dai grassi.

oleodinàmico [comp. di *oleo-* e *dinamico*] agg. (pl. m. *-ci*) ● Detto di dispositivo, impianto e sim. che viene azionato mediante olio in pressione.

oleodótto [comp. di *oleo-* e *-dotto*, sul modello di *acquedotto*; 1931] s. m. ● Conduttura nella quale gli oli minerali vengono pompati dai luoghi di estrazione a quelli di imbarco o di raffinazione.

oleografìa [comp. di *oleo-* e *-grafia*; 1868] s. f. *1* Riproduzione a stampa di un quadro a olio, ottenuta mediante il sistema della litografia. *2* (*fig.*, *spreg.*) Opera pittorica di scarso valore | (*est.*) Rappresentazione o descrizione della realtà che riprende schemi espressivi scontati, senza originalità.

oleogràfico [1891] agg. (pl. m. *-ci*) *1* Dell'oleografia | Realizzato mediante l'oleografia: *riproduzione oleografica*. *2* (*fig.*, *spreg.*) Banale, privo di originalità: *dipinto o.*; *descrizione oleografica*. || **oleograficaménte**, avv. (*raro*) In modo oleografico; per mezzo dell'oleografia.

oleografìsmo [comp. di *oleografia* e *-ismo*; 1938] s. m. ● (*spreg.*) Convenzionalismo, mancanza di originalità nell'arte.

oleomargarìna [comp. di *oleo-* e *margarina*; 1875] s. f. *1* Grasso giallo butirroso ottenuto per spremitura del sego e adoperato nella preparazione di surrogati del burro. *2* Surrogato del burro.

oleòmetro [comp. di *oleo-* e *-metro*; 1869] s. m. ● Strumento per misurare la densità dei vari oli, onde sventare le frodi.

oleopneumàtico [comp. di *oleo-* e *pneumatico*; 1958] agg. (pl. m. *-ci*) ● Detto di dispositivo, impianto e sim. che funziona mediante olio in pressione e aria compressa.

oleorèsina [comp. di *oleo-* e *resina*; 1875] s. f. ● Sostanza più o meno densa che trasuda dalle piante, costituita da resine miste a oli volatili: *la trementina è una o.*

oleosità o (*raro*) **oliosità** [sec. XVI] s. f. ● Caratteristica, consistenza o aspetto di ciò che è oleoso.

oleóso o (*raro*) **olióso** [vc. dotta, lat. *oleōsu(m)*, agg. di *ŏleum* 'olio'; 1476] agg. *1* Che contiene olio: *semi oleosi*. *2* Che ha le caratteristiche proprie dell'olio: *essenza oleosa*. *3* (*enol.*) Detto di vino al tempo stesso piacevolmente morbido e passante | Detto di vino scialbo e vischioso, affetto dalla malattia del filante.

òleum [lat. *ŏleum* 'olio'; 1932] s. m. inv. ● (*chim.*) Miscela di acido solforico e disolforico contenente quantità variabili di anidride solforica, molto usata nelle fabbriche di coloranti e di esplosivi.

olezzànte (o *-zz-*) [sec. XIV] part. pres. di *olezzare*; anche agg. ● (*lett.*) Profumato.

olezzàre (o *-zz-*) [lat. parl. **olidiāre*, da *ŏlidus* 'che ha odore', da *olēre* 'aver odore', dalla stessa radice di *ŏdor* 'odore'; 1319] v. intr. (*io olézzo* (o *-zz-*); aus. *avere*) *1* (*lett.*) Mandare piacevole odore: *l'un margo, e l'altro del bel fiume adorno / di vaghezze e di odori olezza e ride* (TASSO). *2* (*iron.*, *antifr.*) Mandare cattivo odore: *senti come olezza!*

olézzo (o *-zz-*) [da *olezzare*; 1635] s. m. *1* (*lett.*) Profumo: *gli piace l'o. della resina dei pini*. *2* (*iron.* o *scherz.*) Puzzo: *che o.!*

†**olfàre** [lat. *olfăcere*, comp. di *olēre* (V. *olente*) e *făcere* 'fare'; sec. XIV] v. tr. ● (*raro*) Fiutare, odorare.

olfattìvo [1834] agg. ● Dell'olfatto: *sensibilità olfattiva* | (*anat.*) *Nervo o.*, il primo paio di nervi cranici.

olfàtto [vc. dotta, lat. *olfăctu(m)*, da *ol(e)făcere*. V. †*olfare*; 1340] s. m. ● Senso che permette di percepire e distinguere gli odori, i quali vengono raccolti dalle fosse nasali, cioè dalle due cavità situate nel naso, una a destra e l'altra a sinistra del setto mediano. SIN. Odorato. ➡ ILL. p. 2127 ANATOMIA UMANA.

OLFATTO
nomenclatura

olfatto (cfr. naso, odore)
● *caratteristiche*: sviluppato, fine = acuto ⇔ ottuso;
● *azioni*: fiutare = annusare = odorare, sniffare, inalare; emettere = esalare = emanare = effondere = promanare;
● *misurazione dell'olfatto*: olfattometro, olfattometria;
● *anomalie*: anosmia.

olfattòmetro [comp. di *olfatto* e *-metro*; 1940] s. m. ● Strumento per misurare il grado della sensibilità olfattiva.

olfattòrio [vc. dotta, lat. tardo *olfactōriu(m)* 'profumato', agg. di *olfăctus* 'olfatto'; 1678] agg. ● (*anat.*) Olfattivo.

oliàndolo [da *olio*: col suff. *-(ve)ndolo* (cfr. *erbivendolo*, *fruttivendolo*) (?); 1312] s. m. (f. *-a*) ● (*tosc.*) Rivenditore d'olio al minuto.

oliàre o **oleàre** [da *olio*; 1598] v. tr. (*io òlio*) *1* Ungere con olio: *bisogna o. lo stampo prima di versarvi l'impasto*; *fate o. il motore*. *2* (*raro*) Condire con olio. *3* (*fig.*, *gerg.*) Versare somme di denaro a qlcu. per corromperlo.

oliàrio [vc. dotta, lat. *oleāriu(m)*, da *ŏleum* 'olio'; av. 1502] s. m. *1* Magazzino dell'oleificio, con le botti dell'olio appena spremuto. *2* †Luogo dove si conservava l'olio.

oliàstro ● V. *oleastro*.

oliàta (1) s. f. ● Quantità d'olio ottenuta in un'annata.

oliàta (2) [da *oliare*] s. f. ● Atto del lubrificare o del condire con olio | (*fig.*, *gerg.*) Versamento di denaro a scopo di corruzione. || **oliatina**, dim.

oliàto o **oleàto** [1536] part. pass. di *oliare*; anche agg. *1* Lubrificato con olio | (*fig.*) Efficiente: *un meccanismo ben o.* | (*fig.*, *gerg.*) Corrotto, reso accondiscendente dietro compenso. *2* Condito con l'olio. *3* †Detto dell'oliva che contiene olio perché già matura.

oliatóre o **oleatóre** [da *oliato*; 1925] s. m. *1* Piccolo recipiente munito di un lungo becco, usato per immettere olio lubrificante in meccanismi, congegni e sim. *2* (*mecc.*) Dispositivo, composto da un piccolo serbatoio e da un tubicino, atto a far arrivare l'olio lubrificante alle parti in movimento di una macchina, un congegno o parti di essi.

oliatùra o **oleatùra** [1958] s. f. ● L'oliare | Lubrificazione.

olìbano [dal gr. *líbanos* 'incenso', dall'ebr. *lebōnāh*; sec. XIV] s. m. ● (*raro*, *lett.*) Incenso: *O fumo degli olibani!* (BOITO).

olièra [da *olio*; 1640] s. f. ● Recipiente con beccuccio usato a tavola per versare l'olio | Accessorio da tavola costituito da due ampolline contenenti olio e aceto e dal loro supporto, spesso con l'aggiunta di saliera e pepiera.

olifànte [ant. fr. *olifant*, var. di *éléphant* 'elefante', perché il corno era d'avorio; 1334] s. m. ● Corno d'avorio usato per la caccia nel Medioevo: *l'o. dei paladini di Francia*.

oligàrca [vc. dotta, gr. *oligárchēs*, da *oligarchía* 'oligarchia'; av. 1797] s. m. (pl. *-chi*) ● Membro di una oligarchia.

oligarchìa [vc. dotta, gr. *oligarchía*, comp. di *olígoi* 'pochi' e *-archía* '-archia'; sec. XIV] s. f. ● Forma di governo in cui il potere è concentrato nelle mani di un ristretto gruppo di persone | Piccolo gruppo di persone che detiene il potere in un'istituzione, in un partito, in un'associazione e sim.

oligàrchico [vc. dotta, gr. *oligarchikós*, agg. di *oligarchía* 'oligarchia'; 1600] **A** agg. (pl. m. *-ci*) ● Di oligarchia, proprio dell'oligarchia: *regime o.* **B** s. m. (f. *-a*) ● Fautore dell'oligarchia. || **oligarchicaménte**, avv. In forma di oligarchia.

oligìsto [vc. dotta, gr. *olígistos*, superl. di *olígos* 'poco', detto così perché contiene poco ferro; 1817] s. m. ● (*miner.*) Varietà di ematite in bei cristalli.

òligo- o **oligo-** [dal gr. *olígos* 'poco'] primo elemento (*olig-* davanti a vocale) ● In parole composte, significa 'poco', 'pochi' o indica scarsità: *oligarchia*, *oligocene*, *oligominerale*, *oligopolio*.

oligocène [fr. *oligocène*, comp. del gr. *olígos* (V. *oligo-*) e *-cene*; 1911] s. m. ● (*geol.*) Terzo periodo dell'era cenozoica.

Oligochèti [comp. di *oligo-* e del gr. *cháitē* 'setola', di orig. indeur.; detti così perché ricoperti di poche setole; 1883] s. m. pl. (sing. *-o*) ● Nella tassonomia animale, classe di Anellidi ermafroditi, terrestri o di acqua dolce, con evidente metameria esterna (*Oligochaeta*).

oligocitemìa o **oligocitoemìa** [comp. di *oligo-*, *cito-* ed *-emia*; 1936] s. f. ● (*med.*) Riduzione del numero dei globuli rossi nel sangue circolante, come si verifica nell'anemia.

oligoclàsio [comp. di *oligo-* e *-clasio*, dal tipo di sfaldatura; av. 1875] s. m. ● (*miner.*) Plagioclasio sodico-calcico, in bei cristalli bianchi o grigiastri.

oligocrazìa [comp. di *oligo-* e *-crazia*; 1963] s. f. ● (*raro*) Oligarchia.

oligodendrocìta o **oligodendrocìto** [comp. di *oligo-*, *dendro-* e *-cita*] s. m. (pl. *-i*) ● (*biol.*) Ognuno degli elementi della nevroglia responsabili della produzione della mielina nel nevrasse.

oligodinàmico [comp. di *oligo-* e *dinamico*;

1954] agg. (pl. m. *-ci*) ● (*biol.*) Detto di elemento chimico che, in quantità minime, serve per lo svolgimento di specifiche funzioni di un organismo.

oligoeleménto [comp. di *oligo-* ed *elemento*; 1956] s. m. ● (*biol.*) Elemento oligodinamico.

oligoemìa [comp. di *oligo-* ed *-emia*; 1834] s. f. ● (*med.*) Diminuzione della quantità totale di sangue. SIN. Anemia.

oligoèmico [da *oligoemia*; 1940] agg.; anche s. m. (pl. m. *-ci*) ● Anemico.

oligòfito [comp. di *oligo-* e *-fito*] agg. ● (*agr.*) Detto di area coltivata con un numero ridotto di specie vegetali.

oligofrenìa [comp. di *oligo-* e *-frenia* (V. *schizofrenia*); 1935] s. f. ● (*psicol.*) Stato di insufficiente sviluppo delle facoltà mentali, spesso a carattere ereditario.

oligofrènico [1958] **A** agg. (pl. m. *-ci*) ● Di oligofrenia, relativo a oligofrenia. **B** agg.; anche s. m. (f. *-a*) ● Che (o Chi) è affetto da oligofrenia.

oligoidràmnio [comp. di *oligo-* e *idramnio*] s. m. ● (*med.*) Scarsa quantità di liquido amniotico.

oligolecìtico [comp. di *oligo-* e del gr. *lékithos* 'tuorlo' (di orig. sconosciuta); 1954] agg. (pl. m. *-ci*) ● (*biol.*) Detto di gamete femminile povero di deutoplasma. CONTR. Telolecitico.

oligomenorrèa [comp. di *oligo-* e *menorrea*; 1954] s. f. ● (*med.*) Diminuzione nella frequenza delle mestruazioni.

oligomèrico agg. (pl. m. *-ci*) ● (*chim.*) Detto di composto derivante dall'unione di poche molecole di monomero.

oligòmero [comp. di *oligo-* e *-mero*] s. m. ● (*chim.*) Polimero di basso peso molecolare formato dall'unione di poche molecole di monomero.

oligominerale [comp. di *oligo-* e *minerale*; 1929] agg. ● Detto di acqua minerale da bevanda che contenga una quantità di sali non superiore a 0,2 grammi per litro.

oligopòlio [da *oligo-* sul modello di *monopolio*; 1958] s. m. ● (*econ.*) Forma di mercato caratterizzata dall'esistenza, di fronte a un numero imprecisato di compratori, di un numero limitato di venditori di un dato bene o servizio.

oligopolista [1958] s. m. e f.; anche agg. (pl. m. *-i*) ● Venditore in regime di oligopolio.

oligopolìstico [1970] agg. (pl. m. *-ci*) ● Di oligopolio, relativo a oligopolio.

oligopsònio [comp. di *oligo-* e del gr. *opsṓnion* 'provvista di viveri' (V. *monopsonio*); 1958] s. m. ● (*econ.*) Forma di mercato caratterizzata dall'esistenza, di fronte a un numero imprecisato di venditori, di un numero limitato di compratori di un dato bene o servizio.

oligopsonista s. m. e f. (pl. m. *-i*) ● (*econ.*) Compratore in un mercato oligopsonistico.

oligopsonìstico agg. (pl. m. *-ci*) ● (*econ.*) Di oligopsonio, relativo a oligopsonio.

oligosaccàride [comp. di *oligo-* e *saccaride*; 1958] s. m. ● (*chim.*) Polisaccaride formato da poche molecole di zuccheri semplici.

oligosaccarìdico agg. (pl. m. *-ci*) ● (*chim.*) Di, relativo a oligosaccaride.

oligospermìa [comp. di *oligo-* e un deriv. di *sperma*; 183.] s. f. **1** (*biol.*, *med.*) Ridotta quantità di spermatozoi nello sperma. **2** (*bot.*) Condizione di un frutto che contiene un numero ridotto di semi.

oligotrofìa [comp. di *oligo-* e *-trofia*; 1834] s. f. **1** (*fisiol.*) Stato di scarsa o insufficiente nutrizione dei tessuti. **2** (*biol.*) Condizione di un ambiente acquatico oligotrofico.

oligotròfico [comp. di *oligo-* e *-trofico*; 1954] agg. (pl. m. *-ci*) ● (*biol.*) Detto di ambiente acquatico povero di elementi nutritivi e quindi inadatto allo sviluppo di forme di vita. CONTR. Eutrofico.

oligùria o **oligurìa** [comp. di *oligo-* e *-uria*; 1911] s. f. ● (*med.*) Ridotta eliminazione di urina.

olimpìaco [vc. dotta, lat. *Olympĭacu(m)*, nom. *Olympĭacus*, dal gr. *Olympiakós*, agg. di *Olympía* 'Olimpia'; 1340] agg. (pl. m. *-ci*) ● (*lett.*) Olimpico.

♦**olimpìade** [vc. dotta, lat. *Olympĭade(m)*, nom. *Olympias*, dal gr. *Olympiás*, da *Olympía* 'Olimpia'; av. 1612] s. f. (*Olimpiadi* nel sign. 2) **1** Nell'antica Grecia, complesso di feste e gare atletiche in onore di Zeus, che aveva luogo ogni quattro anni nella città di Olimpia | Intervallo di tempo fra due olimpiadi. **2** (*spec. al pl.*) Manifestazione sportiva contemporanea che dal 1896 si svolge ogni quattro anni in una città diversa, con la partecipazione di atleti di tutte le nazioni praticanti sport olimpici | ***Olimpiadi invernali***, dedicate agli sport invernali.

olimpicità [1956] s. f. ● Serenità olimpica, imperturbabilità.

olìmpico [vc. dotta, lat. *Olȳmpicu(m)*, nom. *Olȳmpicus*, dal gr. *Olympikós*, agg. di *Ólympos* 'Olimpo' e di *Olympía* 'Olimpia'; sec. XIV] agg. (pl. m. *-ci*) **1** Olimpio. **2** (*fig.*) Imperturbabile: *calma, serenità olimpica*. **3** Relativo alle Olimpiadi antiche e moderne: *giochi olimpici*; *comitato o.*; *stadio o.* | ***Sport o.***, quello riconosciuto dal Comitato Internazionale Olimpico. || **olimpicaménte**, avv. (*fig.*) Con serenità olimpica.

olìmpio [vc. dotta, lat. *Olȳmpiu(m)*, nom. *Olȳmpius*, dal gr. *Olýmpios*, agg. di *Ólympos* 'Olimpo'; 1554] agg. **1** (*lett.*) Del monte Olimpo: *le abitatrici olimpie* (FOSCOLO). **2** Di Olimpia: *feste olimpie*.

olimpiònico [vc. dotta, gr. *Olympiónikos*, comp. di *Olympía* 'Olimpia' e *níkē* 'vittoria'; 1865] agg.; anche s. m. (f. *-a*; pl. m. *-ci*) ● Che (o Chi) ha vinto una gara alle Olimpiadi moderne: *campione o.* | (*est.*) Che (o Chi) partecipa alle Olimpiadi moderne: *squadra olimpionica*; *gli olimpionici di atletica*.

olimpo [vc. dotta, lat. *Olȳmpu(m)*, nom. *Olȳmpus*, dal gr. *Ólympos*, di orig. preindeur.; 1319] s. m. **1** (*lett.*) Cielo, come sede di Dio: *La mia sorella … triunfa lieta / ne l'alto Olimpo* (DANTE *Purg.* XXIV, 13-15). **2** (*fig.*, *iron.*) Ambiente scelto ed esclusivo, riservato a chi è, o pensa di essere, molto in alto: *scese dal suo o. per ascoltarci*.

-olino [allargamento con l'infisso *-ol-* del suff. dim. *-ino*] suff. alterativo ● Forma sostantivi e aggettivi composti con valore diminutivo o vezzeggiativo: *freddolino, magrolino, mazzolino, pesciolino, sassolino, bestiolina, fogliolina*.

♦**òlio** [lat. *ŏleu(m)*, dal gr. *élaion*, di orig. preindeur.; av. 1292] s. m. **1** Sostanza liquida, untuosa, di composizione e proprietà assai variabili, insolubile in acqua | ***O. vegetale***, ottenuto per estrazione dai semi o frutti vegetali: *o. di mais*, *di arachide*, *di girasole*. CFR. oleo-, elaio- | ***O. vergine d'oliva***, ottenuto esclusivamente per spremitura, senza manipolazioni | ***O. d'oliva rettificato***, olio vergine che ha subito manipolazioni chimiche | ***O. d'oliva***, miscela d'olio vergine e rettificato | ***O. animale***, ottenuto per estrazione dalle parti grasse degli animali: *o. di pesce*, *di balena*, *di fegato di merluzzo* | ***Oli essenziali***, sostanze oleose profumate secrete dai vegetali e che vengono escrete all'esterno, spesso per attirare gli insetti | ***O. lubrificante***, usato per la lubrificazione di macchine, congegni e sim. | ***O. di been***, olio commestibile, estratto dalla pianta *Moringa oleifera*, utilizzato come lubrificante e in cosmetica | ***O. di vaselina***, paraffina liquida | ***O. paglierino***, miscela a base di olio di vaselina usata per lucidare i mobili | ***O. di vetriolo***, (*pop.*) acido solforico | ***Oli minerali***, idrocarburi liquidi ottenuti sia direttamente da sorgenti naturali, come il petrolio greggio, sia dalla lavorazione di questo | ***Oli combustibili***, distillati petroliferi pesanti o residui di raffineria usati come combustibili per produrre calore o energia meccanica, per es. in motori endotermici | ***Oli eterei***, oli essenziali | ***O. di ricino***, usato come purgante | ***Quadro, pittura a o.***, eseguiti utilizzando colori a olio | ***Chiaro come l'o.***, (*fig.*) di cosa assolutamente certa ed evidente | ***Calmo come l'o.***, (*fig.*) di superficie marina o lacustre del tutto priva di onde | ***Gettare o. sulle fiamme***, (*fig.*) attizzare le ire e sim. | ***Stare, tornare a galla come l'o.***, (*fig.*) detto di ciò che non si riesce a tenere nascosto | (*fig.*) ***O. di gomiti***, lena, impegno nel lavoro. **2** ***O. santo***, quello consacrato dal vescovo e usato per l'amministrazione dei sacramenti del battesimo, della cresima e degli Infermi | (*est.*) Estrema unzione, sacramento degli Infermi | ***Essere all o. santo***, (*fig.*) agli estremi. **3** Cosmetico liquido a base di sostanze grasse o comunque di consistenza oleosa: *o. da bagno*; *o. di mandorla* | ***O. solare***, per proteggere la pelle durante l'esposizione al sole e favorire l'abbronzatura.

olióso e *deriv.* ● V. *oleoso* e *deriv.*

†**olìre** [lat. parl. **olīre*, per il classico *olēre*. V. *olezzare*; av. 1313] v. intr. (*io olisco*, *tu olisci*; oggi difett. usato solo nell'indic. pres., nell'imperf. indic., nell'inf. e nel part. pres.) ● (*poet.*) Odorare, olezzare: *Era il nostro parlare negli antichi tempi rozzo e grosso e materiale, e molto più oliva di contado che di città* (BEMBO).

olìsmo [dal gr. *hólos* 'tutto, intero'; 1963] s. m. ● (*biol.*) Teoria secondo cui l'organismo costituisce una totalità organizzata non riconducibile alla semplice somma delle parti componenti.

olìstico [1963] agg. (pl. m. *-ci*) ● (*biol.*) Di olismo, relativo a olismo.

♦**olìva** o (*lett.*) **ulìva** [lat. *olīva(m)*, dal gr. *eláia*, di orig. preindeur.; 1258] **A** s. f. **1** Frutto dell'ulivo, costituito da una piccola drupa ovale ricchissima di olio commestibile: *olio d'o.* | ***Olive da mensa***, per il consumo diretto | ***Olive dolci***, in salamoia | ***Olive farcite***, svuotate del nocciolo e riempite di capperi o altro | ***A o.***, di ciò che ha forma ovoidale, come quella di un'oliva. **2** (*lett.*) Ulivo | Ramo d'ulivo: *cinto d'o.* **3** Nel linguaggio giornalistico, microspia. **4** ***O. di mare***, mollusco dei Gasteropodi con conchiglia giallo-rossiccia, delicata leggera e flessibile e piede espanso in due lamine atte al nuoto (*Acera bullata*). **B** in funzione di agg. inv. ● (posposto a un s.) Che ha il colore verde spento caratteristico del frutto omonimo quando non è completamente maturo: *verde o.*; *vestito* (*color*) *o.* || **olivèlla**, dim. | **olivétta**, dim. (V.) | **olivóne**, accr. m.

olivàceo [1819] agg. ● Di colore verde spento simile a quello dell'oliva.

olivàgno [gr. *elaíagnos*, comp. di *élaios* 'ulivo' e *ágnos* 'agnocasto', con accostamento a *ulivo*; av. 1590] s. m. ● (*bot.*) Eleagno.

olivàio [1935] s. m. ● Locale dell'oleificio dove si conservano le olive prima della lavorazione.

olivàre [1499] agg. ● Che ha forma simile a quella dell'oliva.

olivàstro (**1**) o **ulivàstro** [da *oliva*, col suff. *-astro* che troviamo in *biancastro*, *giallastro*, *nerastro* ecc.; 1525] agg. ● Di colore bruno verdognolo: *carnagione olivastra*.

olivàstro (**2**) [sovrapposizione di *ulivo* a *oleastro*; sec. XIV] s. m. ● Ulivo selvatico che cresce sul litorale italiano, cespuglioso, con foglie piccole e dure su rami pungenti, fitti e angolosi (*Olea europaea* varietà *oleaster*). SIN. Oleastro.

olivàto o **ulivàto** [da *oliva*; sec. XIV] agg. ● (*raro*) Di terreno piantato a ulivi.

olivèlla (**1**) o **ulivèlla** [da *oliva*; av. 1564] s. f. ● (*mecc.*) Ingegno della chiave a forma di pera | Cuneo a forma di oliva.

olivèlla (**2**) [da *ulivo*; 1499] s. f. ● (*bot.*) Mezereo.

olivenìte [dal colore (*verde*) *oliva*] s. f. ● (*miner.*) Arseniato idrato di rame.

olivéta o **ulivéta** [1499] s. f. ● (*raro*) Oliveto: *la selva, il prato, l'o. e l'orto* (PASCOLI).

olivetàno [1632] **A** s. m. ● Monaco della congregazione benedettina del Monte Oliveto, fondata nel XIV sec. **B** anche agg.: *monaco o.*; *regola olivetana*.

olivéto o **ulivéto** [lat. *olivētu(m)*, da *olīva* 'olivo'; sec. XIV] s. m. ● Terreno piantato a olivi.

olivétta [av. 1755] s. f. **1** Dim. di *oliva*. **2** Pezzetto di legno a forma di oliva usato come bottone negli alamari e, ricoperto di seta, come ornamento di vesti, tende, cuscini.

olivìcolo [1958] agg. ● Relativo alla olivicoltura.

olivicoltóre o **ulivicoltóre** [comp. di *olivo* e *coltore*; 1942] s. m. (f. *-trice*) ● Coltivatore di olivi.

olivicoltùra o **ulivicoltùra** [comp. di *olivo* e *coltura*; 1935] s. f. ● Coltivazione dell'olivo.

olivìgno o **ulivìgno** [da *oliva*; av. 1348] agg. **1** (*lett.*) Olivastro: *ella sentiva il colore o. del suo proprio volto* (D'ANNUNZIO). **2** †Di legno d'ulivo.

olivìna [dal colore (*verde*) *oliva*; 1817] s. f. ● (*miner.*) Gruppo di silicati di ferro e magnesio, di colore verde oliva; alcune varietà, quali il crisolito e il peridoto, sono usate come pietre semipreziose.

olìvo e *deriv.* ● V. *ulivo* e *deriv.*

òlla [vc. dotta, lat. *ŏlla(m)*, di orig. indeur.; sec. XIII] s. f. **1** (*lett.*) Pentola: *vasi vi son, che chiaman olle* (ARIOSTO). **2** Recipiente privo di anse, per lo più in terracotta o in rozza pietra, usato per cuocere o conservare commestibili o, presso antiche civiltà e popoli allo stato di natura, per custodire le ceneri di un defunto.

olla podrida /sp. 'oʎa po'ðriða, 'oja/ [sp., propr. 'pentola (V. *olla*) imputridita'] loc. sost. f. • Saporoso piatto unico spagnolo, con brodo, pezzi di carne, lardo e legumi serviti contemporaneamente.

ollàre [vc. dotta, lat. *ollāre(m)*, agg. di *ŏlla* 'olla'; detto così perché serve a fare vasi; 1819] agg. • (*miner.*) Nella loc. ***pietra o.***, roccia metamorfica scistosa di colore verde scuro, tenera, squamosa, facilmente lavorabile per farne vasellame; è usata anche per la fabbricazione di piastre per la cottura dei cibi.

Olmàcee • V. *Ulmacee*.

olmàia [1803] s. f. • Olmeto.

olmària • V. *ulmaria*.

olmèco [dallo sp. *olmeca*, pl. del n. locale dell'abitante della zona *olmecatl*] agg. (pl. m. *-chi*); anche s. m. (f. *-a*) • Appartenente a una popolazione precolombiana stanziatasi nel Messico meridionale e che, tra il 1000 e il 300 a.C., diede vita alla più antica civiltà amerindia documentata.

olmèto [lat. tardo *ulmētu(m)*, da *ŭlmus* 'olmo'; av. 1320] s. m. • Terreno piantato a olmi.

òlmio o **hòlmio** [da *olmia*, n. dell'ossido di *olmio*, così chiamato dallo scopritore svedese, dal n. latinizzato di Stoccolma (*Holmia*); 1930] s. m. • Elemento chimico, metallo del gruppo delle terre rare. SIMB. Ho.

ólmo [lat. *ŭlmu(m)*, di orig. indeur.; 1336 ca.] s. m. • Grande albero delle Ulmacee con foglie ovate e scure, piccoli fiori verdi e frutti a samara (*Ulmus campestris*). ➡ ILL. **piante**/2.

òlo- [dal gr. *hólos* 'tutto'] primo elemento • In parole composte dotte o scientifiche, significa 'tutto', 'intero', 'totale', 'interamente' e sim.: *olocene*, *olofrastico*.

-òlo (1) [da (*alc*)*ol* o (*fen*)*olo*, per la presenza dell'ossidrile alcolico, o fenolico] suff. • In chimica organica, indica la presenza del gruppo funzionale ossidrilico –OH alcolico o fenolico: *metanolo*, *naftolo*.

-òlo (2) [dal lat. *ŏleum* 'olio'] suff. • In chimica, indica relazione con un olio o con le caratteristiche fisiche di una sostanza oleosa: *benzolo*, *pirrolo*.

-òlo (3) [lat. *-ŭlu(m)*, di orig. indeur., usato anche per neoformazione] suff. *1* Entra nella formazione di sostantivi alterati, con valore diminutivo o vezzeggiativo: *bestiola*, *montagnola*, *querciolo*. *2* Assume valore derivativo in sostantivi e aggettivi indicanti condizione, origine: *campagnolo*, *montagnolo*.

oloblàstico [da *oloblasto*; 1883] agg. (pl. m. *-ci*) *1* (*biol.*) Detto di gamete femminile totalmente interessato dai processi di segmentazione. *2* (*biol.*) Detto di tipo di segmentazione che interessa totalmente la cellula uovo. CONTR. Meroblastico.

oloblàsto [comp. di *olo-* e *-blasto*] s. m. • (*miner.*) Individuo cristallino formato durante il metamorfismo, che non contiene relitti di minerali preesistenti.

olocàusto [vc. dotta, lat. tardo *holocāustu(m)*, dal gr. *holókauston* 'cosa completamente bruciata', comp. di *hólos* (V. *olo-*) e *kaustós* (V. *caustico*); 1321] **A** s. m. *1* Nelle liturgie antiche, sacrificio nel quale la vittima veniva arsa completamente. *2* (*est.*) Sacrificio totale, completo, anche di sé stesso: *fare o. della propria vita*; *offrirsi in o.* *3* (*est.*) Uccisione di massa, genocidio di intere popolazioni o gruppi religiosi, spec. degli ebrei nei campi di sterminio nazisti, durante la seconda guerra mondiale. **B** agg. • (*lett.*) Offerto come vittima di un totale sacrificio.

Olocèfali [comp. di *olo-* e *cefalo*; 1954] s. m. pl. (sing. *-o*) • (*zool.*) Gruppo di Condroitti con caratteri arcaici, caratterizzati da una porzione caudale del tronco filiforme e da una copertura cutanea della camera branchiale (*Holocephali*).

olocène [comp. di *olo-* e del gr. *kainós* 'recente' (V. *oligocene*); 1932] s. m. • (*geol.*) Il più recente intervallo di tempo della storia geologica, successivo alle glaciazioni. SIN. Postglaciale.

olocènico [1958] agg. (pl. m. *-ci*) • (*geol.*) Relativo all'olocene.

olocèntro (o **-è-**) [comp. di *olo-* e del gr. *kéntron* 'pungiglione', da *kentêin* 'pungere', di orig. indeur.; 1834] s. m. • Pesce osseo ricchissimo di spine, che vive fra gli scogli, le alghe e i coralli delle isole giapponesi (*Holocentrus spinosissimus*).

olocristallino [comp. di *olo-* e *cristallino*; 1940] agg. • (*miner.*) Detto di roccia con struttura interamente cristallina.

oloèdrico [comp. di *olo-* e del gr. *hédra* 'base, faccia' (V. *poliedrico*); 1940] agg. (pl. m. *-ci*) • (*miner.*) Detto di cristallo in cui sono presenti le facce che si possono ricavare mediante tutti gli elementi di simmetria esistenti nel sistema cui appartiene.

olofonia [comp. di *olo-* e *-fonia*; 1981] s. f. • (*fis.*) Tecnica di registrazione e riproduzione del suono che dà un effetto tridimensionale nell'ascolto.

olofònico [1989] agg. (pl. m. *-ci*) • (*fis.*) Relativo all'olofonia.

olofràstico [comp. di *olo-* e del gr. *phrastikós* 'esplicativo, dichiarativo', da *phrásis* 'espressione' (V. *frase*); 1925] agg. (pl. m. *-ci*) • (*ling.*) Detto di parola avente significato equivalente a quello di un'intera frase (ad es. *sì* o *no* in una risposta).

ologènesi [comp. di *olo-* e *genesi*; 1909] s. f. inv. • (*biol.*) Teoria evolutiva secondo la quale ogni specie vivente si trasforma progressivamente fino a scindersi dicotomicamente in due specie figlie.

ologenètico [1958] agg. (pl. m. *-ci*) • (*biol.*) Relativo all'ologenesi.

olografia [comp. di *olo-* e *-grafia*; 1970] s. f. • (*fis.*) Tecnica fotografica per registrare figure di interferenza prodotte dalla sovrapposizione di due fasci laser, uno riflesso dall'oggetto interessato e l'altro proveniente direttamente dalla sorgente stessa o da uno specchio per riflessione.

ologràfico [1971] agg. (pl. m. *-ci*) • Relativo all'olografia. || **olograficaménte**, avv.

ològrafo [vc. dotta, lat. tardo *holŏgraphu(m)*, nom. *holŏgraphus*, dal gr. *hológraphos*, comp. di *hólos* (V. *olo-*) e *-graphos* '-grafo'; 1803] agg. • (*dir.*) Detto del testamento scritto per intero, datato e sottoscritto di pugno dal testatore.

ologràmma [comp. di *olo-* e *-gramma*; 1969] s. m. (pl. *-i*) • (*fis.*) Lastra fotografica, che può dare immagini tridimensionali, impressionata dalle figure di interferenza prodotte mediante l'olografia | L'immagine così ottenuta.

olometàbolo [comp. di *olo-* e del gr. *metabolḗ* 'mutamento' (V. *metabolismo*); 1929] agg. • (*zool.*) Detto di insetto a metamorfosi completa, con adulto di aspetto del tutto diverso dalla larva.

olóna [da *Olonne*, città della Francia dove questa tela si fabbrica; 1813] **A** s. f. • Tela robusta e resistente di cotone usata per vele, zaini, brande e sim. **B** anche agg. solo f.: *tela o.*

†**olóre** [vc. dotta, lat. *olōre(m)*, da *olēre* (V. *olezzare*); sec. XIII] s. m. • Odore.

†**oloróso** [da †*olore*; av. 1342] agg. • Odoroso: *la sera andandosi a letto sentivano le lenzuola non essere olorose* (SACCHETTI).

†**olosèrico** [vc. dotta, lat. tardo *holosēricu(m)*, nom. *holosēricus*, dal gr. *holosērikós*, comp. di *hólos* (V. *olo-*) e *sērikós* 'serico'; 1628] agg. (pl. m. *-ci*) • Che è fatto tutto di seta.

olostèrico [comp. di *olo-* e un deriv. del gr. *stereós* 'solido' (di orig. indeur.): detto così in contrapposizione ai barometri a liquido] agg. (pl. m. *-ci*) • (*fis.*) Detto di barometro formato da una scatola metallica chiusa, in cui è praticato il vuoto, che, al variare della pressione, subisce deformazioni elastiche segnalate da un indice.

olotìpo [comp. di *olo-* e *tipo*] s. m. • (*zool.*) Individuo sul quale viene basata la descrizione di una nuova specie animale.

olotùria [vc. dotta, lat. *holothūria*, nt. pl., dal gr. *olothóurion*, comp. di *hólos* (V. *olo-*) e *thóurios* 'impetuoso', di etim. incerta; detta così perché, se maltrattata, espelle i visceri; av. 1799] s. f. • Genere di Echinodermi degli Oloturoidei, dal corpo cilindrico munito di numerosi e brevi pedicelli, e bocca circondata da 20 tentacoli composti a ombrello (*Holothuria*). SIN. Cetriolo di mare. ➡ ILL. **animali**/4.

Oloturoidèi [da *oloturia*, con un deriv. di *-oide*; 1932] s. m. pl. (sing. *-deo*) • Nella tassonomia animale, classe di Echinodermi con corpo allungato, per lo più subcilindrico, viventi sui fondali marini, cui appartengono le oloturie (*Holothuroidea*).

òlpe [vc. dotta, gr. *ólpē*, di orig. indeur.; 1909] s. f. • Vaso panciuto con una sola ansa e collo stretto.

†**óltra** • V. *oltre*.

óltra- • V. *oltre-* (*1*).

oltracciò [av. 1332] avv. • (*raro*) Oltre a ciò, inoltre.

oltracotànte [provz. *oltracuidan*, propr. 'che pensa al di là (dei limiti)', comp. di *ŭltra* 'oltre' e *cogitānte(m)*, part. pres. di *cogitāre* 'cogitare'; 1823] agg. • (*lett.*) Arrogante.

oltracotànza [provz. *oltracuidanza*, da *oltracuidan* 'oltracotante'; sec. XIII] s. f. • (*lett.*) Arroganтe presunzione.

†**oltracotàto** [da *oltracotante*; 1321] agg. • Insolente, presuntuoso.

oltraggiàbile [1723] agg. • Esposto a oltraggio.

oltraggiaménto [1834] s. m. • (*raro*) L'oltraggiare.

oltraggiàre [da *oltraggio*; 1336 ca.] v. tr. (*io oltràggio*) • Offendere con oltraggi: *o. l'onore di qlcu.*

oltraggiatóre [1575] agg.; anche s. m. (f. *-trice*) • Che (o Chi) oltraggia.

oltràggio [ant. fr. *oltrage*, da *oltre* 'oltre, al di là (del lecito)'; av. 1250] s. m. *1* Offesa o ingiuria molto grave arrecata a qlcu. con le parole o con gli atti: *fare, recare o.*; *subire, ricevere un o.*; *vendicare l'o. subito*; *vendicarsi di un o.*; *queste parole sono un o. al nostro buon nome* | (*est.*) Ciò che è del tutto contrario a un principio, una regola e sim.: *quello che dici è un o. al buon senso*. *2* (*dir.*) Reato di chi offende l'onore o il prestigio di un corpo politico, amministrativo o giudiziario, di una pubblica autorità costituita in collegio o di un magistrato in udienza.

oltraggióso [ant. fr. *oltrageux*, da *oltrage* 'oltraggio'; 1310] agg. *1* Che costituisce oltraggio: *parole oltraggiose*; *comportamento o.*; *quelle redarguizioni in pubblico erano veramente oltraggiose* (SVEVO). SIN. Ingiurioso, insolente, offensivo. *2* †Eccessivo, soverchio. || **oltraggiosaménte**, avv. *1* In modo oltraggioso. *2* †Passando i limiti.

oltràlpe o (*raro*) **oltr'àlpe** [comp. di *oltra-* e *alpe*; av. 1388] **A** avv. • Di là delle Alpi, rispetto all'Italia (con riferimento generico agli Stati che si trovano oltre la catena alpina, spec. alla Francia): *andare, emigrare o.* **B** in funzione di s. m. solo sing. • Paese straniero situato al di là delle Alpi rispetto all'Italia: *popolazione d'o.*; *avvenimenti, novità, idee d'o.*

†**oltramaraviglióso** • V. †*oltremaraviglioso*.

†**oltramàre** • V. *oltremare*.

†**oltramarino** • V. *oltremarino*.

†**oltramiràbile** • V. †*oltremirabile*.

†**oltramisùra** • V. *oltremisura*.

†**oltramisuràto** [comp. di *oltra-* e *misurato*] agg. • (*raro*) Smisurato.

†**oltramòdo** • V. *oltremodo*.

†**oltramondàno** • V. *oltremondano*.

oltramontàno o **oltremontàno**, **ultramontàno** (*1*) [comp. di *oltra-* e *montano*; 1312] agg. • Che è al di là dei monti, spec. delle Alpi, o ne proviene: *un prodotto o.*

oltramónte • V. *oltremonti*.

oltramónti • V. *oltremonti*.

oltranaturàle • V. *oltrenaturale*.

oltrànza [fr. *outrance*, da *outre* 'oltre'; 1562] s. f. *1* (*lett.*) Eccesso | ***A o.***, sino all'estremo limite, alle estreme conseguenze: *combattere, resistere a o.*; *sciopero a o.*; *guerra a o.* *2* †Oltraggio.

oltranzìsmo [comp. di *oltranza* e *-ismo*; 1942] s. m. • In politica, totale intransigenza, estremismo, massimalismo.

oltranzista [1918] s. m. e f. (pl. m. *-i*) • Chi dà prova di oltranzismo.

oltranzìstico [1958] agg. (pl. m. *-ci*) • Caratterizzato da oltranzismo: *atteggiamento o.* || **oltranzisticaménte**, avv.

†**oltrapassàre** • V. *oltrepassare*.

†**oltrapossènte** • V. †*oltrepossente*.

†**oltràrsi** [da *oltre*; 1321] v. intr. pron. • Farsi innanzi: *movendo l'ali tue, credendo oltrarti* (DANTE *Par.* XXXII, 146).

♦**óltre** o †**óltra** [lat. *ŭltra* 'al di là di', da *ŭls* 'al di là', dalla stessa radice di *ĭlle* 'egli, quello'; 1294] **A** avv. *1* Più in là, più in qua, più in avanti (*anche fig.*): *andare, venire, passare o.*; *ha proseguito o. senza salutare*; *quando ella volle sgattaiolare o., la riconobbe* (SVEVO); *se continui così, non andrai molto o.* | ***Andare troppo o.***, (*fig.*) oltrepassare i limiti del giusto o del conveniente | ***Farsi o.***, avanzare, farsi avanti. *2* Più, di più, ancora (con valore temporale): *non ho intenzione di aspettare o.*; *non abuserò più o. della vostra cortesia*; *ci vor-*

ranno dieci anni e o. | ***Essere o. negli anni, con l'età***, essere avanti negli anni. **B** prep. *1* Di là da, dall'altra parte di (con valore locativo) (*anche fig.*): *è o. la casa*; *o. la strada*; *la casa è o. il fiume*; *è passato o. i confini stabiliti*; *non gettate sassi o. il muro*; *è andato o. il giusto* | ***O. ogni limite, ogni dire, ogni credere***, (*fig.*) più di quanto consentano i limiti, più di quanto si possa dire o credere: *è andato o. ogni limite con la sua maleducazione*; *è arrogante o. ogni dire* | Con i nomi geografici anche senza l'art. det.: *si trova o. oceano*. *2* Più di (con valore temporale): *è o. un mese che è all'estero*; *vi aspetto da o. un'ora*; *ha pazientato per o. vent'anni*; *starò via non o. un anno* | Con valore quantitativo: *il paese dista o. due chilometri* | ***Deve essere o. la settantina***, deve avere più di settant'anni. *3* In aggiunta a, in più di: *o. quello che ho già detto, vi devo comunicare un'altra cosa*; *o. il vitto e l'alloggio sono pagati anche gli extra* | Anche nelle loc. prep. e cong. ***o. a, o. di***: *o. all'essere un bravo figliolo, è anche molto ricco*; *ha ricevuto o. alle sue aspettative*, *o. a non studiare, è anche maleducato*; *o. di ciò* | V. anche *oltreché*. *4* All'infuori di, eccetto (spec. nella loc. prep. ***o. a***): *o. a noi nessun altro ne è al corrente*; *non ne darò a nessun altro o. a te*; *non so niente o. a quanto ho già detto*.

óltre- (*1*) o **óltra-** [dal lat. *ŭltra* 'al di là'] primo elemento (*oltr-*, davanti a vocale) ● In parole composte, significa 'oltre, al di là' di un determinato luogo, limite o termine: *oltremare*, *oltretomba*, *oltralpe*.

óltre- (*2*) primo elemento ● In composti aggettivali di valore superlativo e tono enfatico, ha il valore di *ultra-*: *oltremirabile*.

oltreché o **óltre che** /oltre'ke*, 'oltreke*/ [comp. di *oltre* e *che* (*2*); 1528] cong. ● Oltre al fatto che (con valore aggiuntivo): *o. non essere venuto, non ha nemmeno avvertito*; (con ellissi del v.) *o. confortevole, quell'hotel è anche economico*.

oltrecièlo [comp. di *oltre-* (*1*) e *cielo*; 1946] s. m. ● (*lett.*) Lo spazio oltre il cielo: *è l'autunno, è l'inverno, è l'o. / che ti conduce e in cui mi getto* (MONTALE).

oltreconfine o **óltre confine** [comp. di *oltre-* (*1*) e *confine*; 1984] **A** agg. inv. ● Che è situato al di là dei confini del proprio Stato: *regioni o.* **B** avv. ● Al di là dei confini del proprio Stato, all'estero: *andare, vivere, trovarsi o.* **C** s. m. solo sing. ● Territorio situato al di là del confine: *Paesi d'o.*

oltrecortina o **óltre cortina** [comp. di *oltre-* (*1*) e *cortina* (*di ferro*); 1950] **A** avv. ● Oltre la cortina di ferro (V. *cortina*). **B** agg. inv. ● Situato al di là della cortina di ferro: *i Paesi o.* **C** s. m. solo sing. ● L'insieme dei Paesi situati al di là della cortina di ferro: *la politica d'o.*

oltrefrontièra o **óltre frontièra** [comp. di *oltre-* (*1*) e *frontiera*] **A** agg. inv. ● Che è situato al di là della frontiera: *territori o.* **B** avv. ● Al di là della frontiera: *andare o.* **C** s. m. solo sing. ● Territorio situato al di là della frontiera: *Paesi d'o.*

oltremànica o **óltre mànica** [comp. di *oltre-* (*1*) e (*canale della*) *Manica*; 1950] agg. inv.; anche s. m. solo sing. ● Che è situato al di là del canale della Manica | (*est., raro*) Inglese.

†**oltremaraviglióso** o †**oltramaraviglióso** [comp. di *oltre-* (*2*) e *maraviglioso*] agg. ● Più che meraviglioso.

oltremàre o †**oltramàre**, (*raro*) **óltre màre** [comp. di *oltre-* (*1*) e *mare*; av. 1250] **A** avv. ● Al di là del mare (con riferimento generico ai territori o paesi che vi si trovano, e anticamente con riferimento alla Terra Santa o ai Paesi del Mediterraneo orientale): *andare, emigrare o.* **B** s. m. solo sing. *1* Paese, territorio e sim. situato al di là del mare: *venire, ritornare d'o.*; *gente d'o.* *2* Colore azzurro ottenuto calcinando un miscuglio di caolino, soda, zolfo e carbone, usato in pittura, per inchiostri da stampa, e per correggere in bianco il tono gialliccio di sostanze come amido, carta, paraffina. *3* †Lapislazzuli. **C** in funzione di agg. inv. ● Che ha colore azzurro intenso: *blu o.*

oltremarino o †**oltramarino**, **ultramarino** [da *oltremare*; sec. XIII] agg. *1* D'oltremare: *territorio o.*; *vengono oggi ne' nostri conviti le confezioni oltremarine* (BOCCACCIO). *2* Che ha colore azzurro intenso: *azzurro o.*

†**oltremiràbile** o †**oltramiràbile** [comp. di *oltre-* (*2*) e *mirabile*; sec. XIII] agg. ● Assai mirabile: *ha dalla natura avuto arte e ingegno o.* (BARTOLI). || †**oltremirabilménte**, avv. In modo assai mirabile.

†**oltremiṣùra** o †**oltramiṣùra**, **óltre miṣùra** [comp. di *oltre-* (*1*) e *misura*; sec. XII] avv. ● (*lett.*) Oltremodo: *è turbato o.*

oltremòdo o †**oltramòdo**, (*raro*) **óltre mòdo** [comp. di *oltre-* (*1*) e *modo*; 1353] avv. *1* Moltissimo, straordinariamente: *ciò mi fa o. piacere*; *sono o. lieto*. *2* (*lett.*) In modo esagerato, troppo.

oltremondàno o †**oltramondàno**, **ultramondàno** [vc. dotta, lat. tardo *ultramundānu(m)*, comp. di *ŭltra* 'oltre' e *mundānus* 'mondano'; av. 1565] agg. ● Che si riferisce all'altro mondo, che è al di là di questo mondo | ***Regno o.***, l'aldilà.

oltremontàno ● V. *oltramontano*.

oltremónti o (*raro*) **oltramónte**, (*raro*) **oltramónti**, **oltremónte** [comp. di *oltre-* (*1*) e *monti*; av. 1311] avv. ● (*raro*) Di là dai monti (gener. riferito a territori o regioni): *andare, trovarsi o.*

oltrenaturàle o **oltranaturàle** [comp. di *oltre-* (*1*) e *naturale*; av. 1685] agg. ● (*raro*) Soprannaturale.

oltreocèano [comp. di *oltre-* (*1*) e *oceano*; av. 1912] **A** avv. ● Di là dell'oceano (con riferimento agli Stati e alle terre che vi trovano al di là dell'oceano, spec. agli Stati Uniti d'America): *andare, emigrare o.* **B** s. m. inv. ● Paese, territorio situato al di là dell'oceano: *notizie d'o.*; *il cinema d'o.*

oltrepassàbile [1838] agg. ● Che si può oltrepassare.

oltrepassàre o †**oltrapassàre** [comp. di *oltre-* (*1*) e *passare*; av. 1557] v. tr. *1* Passare oltre, passare al di là, superare (*anche fig.*): *o. il confine*; *l'acqua oltrepassa il livello ordinario*; *o. i limiti della decenza*. *2* (*mar.*) Doppiare.

†**oltrepossènte** o †**oltrapossènte** [comp. di *oltre-* (*2*) e *possente*; av. 1729] agg. ● Estremamente forte.

oltretómba [comp. di *oltre-* (*1*) e *tomba*; 1883] s. m. inv. ● Il mondo dei trapassati: *pensare all'o.* SIN. Aldilà.

oltretùtto o **óltre tùtto** [comp. di *oltre-* (*1*) e *tutto*; 1823] avv. ● In aggiunta a quanto già avvenuto in precedenza: *o. non mi hai mai restituito il mio libro* | In aggiunta ai motivi o ragioni già esposti: *o. a quell'ora devo essere al lavoro*.

oltreumàno [comp. di *oltre-* (*1*) e *umano*; av. 1705] agg. ● Che è al di fuori dei limiti umani.

oltreuòmo [comp. di *oltre-* (*1*) e *uomo*; 1913] s. m. ● (*filos.*) Superuomo.

-òma [gr. *-ōma*, dal suff. *-ma* aggiunto ai temi verbali in *-óō*] suff. *1* Nella terminologia medica, indica affezioni infiammatorie (*micetoma*) o tumefazioni (*ematoma*) o tumori (*adenoma*, *epitelioma*). *2* Nella terminologia della biologia e della botanica, indica un complesso di organi o di apparati formanti un'unità anatomica: *condrioma*.

omàccio [av. 1471] s. m. *1* Pegg. di *uomo* | (*fam.*) ***Un buon o.***, un buon diavolo. *2* (*est.*) Donna di fattezze grossolane e maschili, di modi rudi e sim. || **omaccètto**, dim. | **omaccino**, dim. | **omaccióne**, accr. (V.).

omaccióne [av. 1543] s. m. *1* Accr. di *omaccio*. *2* Uomo imponente e di grossa corporatura, ma affabile e bonario.

omaggiàre [av. 1907] v. tr. (*io omàggio*) ● Riverire od onorare con omaggi | Rendere oggetto di omaggio.

omàggio [fr. *hommage*, da *homme* 'uomo, vassallo'; sec. XIII] **A** s. m. *1* (*st.*) Nel Medioevo, atto di sottomissione del vassallo al suo signore. *2* Espressione di rispetto, considerazione, stima e sim. nei confronti di qlcu. o di qlco.: *rendere o. a un famoso scienziato, alla memoria di qlcu.* | ***In o. alla tradizione***, secondo ciò che vuole la tradizione | ***In o. alla verità***, a onore del vero | (*est.*) Offerta, dono: *un piccolo o.*; *il libro è stato distribuito in o. a tutti gli iscritti*. *3* Prodotto offerto in regalo a scopo pubblicitario. *4* (*spec. al pl.*) Dichiarazione di ossequio, espressione di cortesia: *presentare gli omaggi di qlcu.*; *vogliate gradire i nostri omaggi* | ***Omaggi!***, ossequi. **B** in funzione di agg. inv. ● (posposto al s.) Detto di ciò che è offerto gratuitamente, in dono, per motivi spec. pubblicitari: *buono o.*; *confezione o.*

omàgra [comp. del gr. *hômos* 'spalla', di orig. indeur. e *ágra* (V. *podagra*); 1821] s. f. ● (*med.*) Dolore alla spalla, spec. di origine gottosa.

omài [da *o(ggi)mai*; av. 1250] avv. ● (*poet.*) Ormai: *Per correr miglior acque alza le vele / o. la navicella del mio ingegno* (DANTE *Purg.* I, 1-2); *ben torni o.* (CARDUCCI).

omanita A agg. (pl. m. *-i*) ● Dello Stato arabo dell'Oman. **B** s. m. e f. ● Abitante, nativo dell'Oman.

omarino [1869] s. m. *1* Dim. di *uomo*. *2* (*est.*) Bambino.

òmaro [dan. *hummer*, 1905] s. m. ● (*zool.*) Astice.

omàṣo, (*evit.*) **òmaṣo** [lat. *omāsu(m)* 'trippa di bue', di orig. gallica; 1561] s. m. ● (*zool.*) Terza cavità dello stomaco dei ruminanti. SIN. Centopelle, foglietto. CFR. Abomaso, reticolo, rumine.

†**ombè** o †**umbè** [da *orbe(ne)*] cong. ● (*raro*) Orbene.

ombelicàle o **ombilicàle**, (*lett.*) **umbilicàle** [1494] agg. ● (*anat.*) Dell'ombelico: *regione o.* | (*med.*) ***Ernia o.***, che fuoriesce attraverso la regione ombelicale | ***Cordone o.***, formazione allungata che collega il feto alla placenta materna; (*fig.*) forte legame di dipendenza; (*fig.*) cavo che collega al veicolo spaziale l'astronauta uscito nello spazio.

ombelicàto o **ombilicàto**, (*lett.*) **umbilicàto** [vc. dotta, lat. *umbilicātu(m)*, da *umbilīcus* 'ombelico'; 1723] agg. *1* Detto di un oggetto circolare avente la parte centrale rigonfia. *2* (*bot.*) Detto di organo vegetale laminare che presenta una depressione più o meno centrale.

ombelico o (*pop., fam.*) **bellico** (*2*), (*pop.*) **ombellico**, (*raro*) **ombilico**, (*raro*) **umbilico** [lat. *umbilīcu(m)*, di orig. indeur.; 1313] s. m. (pl. *-chi*) *1* (*anat.*) Introflessione cicatriziale al centro della parete addominale anteriore da residuo del cordone ombelicale. CFR. onfalo-. *2* (*fig., lett.*) Parte centrale, punto di mezzo: *Delfi, secondo gli antichi, era l'o. del mondo*. *3* (*raro*) Umbone dello scudo. *4* (*bot.*) ***O. di Venere***, erba grassa delle Crassulacee che nasce fra le crepe dei muri con rizoma tuberoso perenne, foglie a scodellina e fiori penduli (*Cotyledon umbilicus veneris*). *5* (*zool.*) Ognuna delle due aperture del calamo delle penne e delle piume, una superiore e una inferiore.

ombilico e *deriv.* ● V. *ombelico* e *deriv.*

ombóne e *deriv.* ● V. *umbone* e *deriv.*

♦**ómbra** [lat. *ŭmbra(m)*, di orig. indeur.; av. 1292] **A** s. f. *1* Diminuzione della luminosità, dovuta a un corpo opaco posto tra la sorgente di luce e l'oggetto o la zona illuminata: *è una pianta che ama l'o. e l'umidità*; *nell'o. fitta dei boschi*; *la luce e l'o.* | ***All'o.***, dove non giunge la luce del sole | ***Camminare, sedere, dormire, riposarsi all'o.***, al riparo dai raggi del sole | (*est.*) Oscurità, tenebre: *l'orizzonte sfumava nell'o. della sera*; *nascondersi nell'o. della notte*; *una figura indistinta avanzava avvolta nell'o.* | ***Nell'o.***, (*fig.*) nascostamente: *agire, tramare nell'o.* | (*fig.*) ***Vivere nell'o.***, appartati, senza far parlare di sé | (*fig.*) ***Restare nell'o.***, non farsi notare | (*fig.*) ***Lasciare nell'o.***, nell'anonimato, nel silenzio | (*fig.*) ***Trarre dall'o.***, rendere noto, far sapere | (*fig.*) ***Linea d'o.***, fase di incertezza, difficoltà e disagio spec. nel passaggio dalla giovinezza all'età matura (con riferimento all'omonimo racconto di J. Conrad (1857-1924)). *2* (*fis.*) In ottica, parte non illuminata di una superficie, dovuta all'interposizione di un oggetto fra la sorgente luminosa e la superficie stessa | ***O. propria***, parte dell'ostacolo non illuminata | ***O. portata***, contorni dell'ostacolo, proiettati sullo schermo | ***Cono d'o.***, in astronomia, quello proiettato da ogni corpo del sistema solare in direzione opposta al sole. *3* Correntemente, sagoma scura proiettata da ogni corpo opaco se esposto a una sorgente di luce: *le lunghe ombre dei cipressi*; *le ombre dei passanti* | ***Aver paura della propria o.***, (*fig.*) essere timoroso di tutto | (*fig.*) ***Essere l'o. di qlcu., seguire qlcu. come un'o.***, essere inseparabile da lui, restargli sempre appresso | ***Ombre cinesi***, fatte per gioco su parete o schermo, con movimenti delle mani. *4* (*est.*) Zona più scura, di varia origine, su una superficie bianca o colorata: *hanno tolto le macchie di grasso, ma l'o. è rimasta*. *5* (*arald.*) Figura disegnata a tratti che lascia intravvedere il campo | Sagoma di leone a smalto pieno | Raffigurazione del sole senza lineamenti umani. *6* Figura indistinta, avvolta dall'oscurità: *tre ombre attendevano immobili dietro l'angolo* | ***Allenamento, allenarsi contro l'o.***, nel pugilato, boxare fingendo di avere dinanzi un avversario.

7 Fantasma, spettro, spirito: *le ombre dei morti*; *evocare le ombre* | ***Il regno delle ombre***, il mondo dei defunti. *8* (*fig.*) Vana apparenza: *in realtà egli aveva perduto ogni potere e non era che l'o. d'un re* | ***Dare corpo alle ombre***, dare importanza a cose che non ne hanno, preoccuparsi di pericoli o minacce immaginari | ***Correre dietro alle ombre***, perdersi in cose futili o irreali | ***Essere, sembrare l'o. di sé stesso***, di persona ridotta a estrema magrezza o che ha perduto tutte le proprie capacità, la vivacità e sim. *9* (*est.*) Leggera parvenza, piccolissima parte: *non c'è o. di verità in quanto ha detto*; *vogliamo salvaguardare almeno un'o. di legalità*; *non ha più l'o. di un quattrino* | ***Senz'o. di denaro***, completamente al verde | ***Senz'o. di dubbio***, sicuramente | ***Senz'o. di sospetto***, in piena buonafede | ***Senz'o. di timore***, con piena fiducia o coraggio. *10* (*fig.*) Manifestazione esteriore non pienamente espressa di turbamento, dolore, sospetto e sim.: *un'o. di dolore gli velava lo sguardo*; *sentii un'o. nella sua voce*. *11* (*fig.*) Difesa, protezione, riparo: *crescere all'o. dell'amore materno, della fama paterna*; *fannolo principe per potere, sotto la sua o., sfogare l'appetito loro* (MACHIAVELLI) | (*scherz.*) ***All'o. del Cupolone, di San Pietro, delle Due Torri*** e sim., a Firenze, a Roma, a Bologna, ecc. *12* (*fig.*) Elemento o particolare poco chiaro, che genera fraintendimenti, sospetti, timori e sim.: *qualche o. ha turbato la loro lunga amicizia* | (*fig.*) ***Prendere o.***, adombrarsi, indispettirsi | ***Dare o.***, (*fig.*) dare motivo di fastidio, di sospetto, di gelosia e sim: *ogni successo della sorella le dà o.* | ***Fare o. a qlcu.***, causargli molestia, essergli d'intralcio e sim. | ***Levare, dissipare le ombre***, chiarire le cause di inquietudine o timore, appianare una situazione turbata da sospetti e sim. *13* (*lett.*) Pretesto, specie: *falsa o.* *14* Antico gioco a carte di origine spagnola, che si svolge solitamente fra tre giocatori. *15* (*ven.*) Bicchiere di vino. *16* (*psicoan.*) Nella teoria di G.C. Jung, il lato oscuro, inferiore e indifferenziato della personalità. **B** in funzione di **agg. inv.** (posposto al s.) *1* Nelle loc. ***bandiera o.***, quella di navi, yacht e sim. che vogliono evadere determinate imposizioni fiscali | ***Governo, gabinetto o.***, in un sistema bipartitico, il gruppo d'uomini politici che svolge, in seno al partito d'opposizione, funzioni direttive e di governo simili a quelle svolte dai Ministri del partito al potere. *2* Nella loc. ***punto o.***, delicato punto di ricamo che si esegue spec. su stoffe trasparenti, sulle quali crea effetti di chiaroscuro. || **PROV.** Ogni palo ha la sua ombra. || **ombrétta**, **dim.** | †**ombrina**, **dim.**

†**ombràcolo** o †**umbràcolo** [vc. dotta, lat. *umbrācŭlu(m)*, da *ŭmbra* 'ombra'; sec. XIV] **s. m.** *1* Pergolato. *2* (*fig.*) Difesa, protezione.

ombràre [lat. *umbrāre*, da *ŭmbra* 'ombra'; av. 1333] **A v. tr.** (*io ómbro*) *1* (*lett.*) Coprire d'ombra, difendere con l'ombra: *l'inchiostro … con un poco d'acqua fa una tinta dolce, che lo vela ed ombra* (VASARI). *2* Sfumare le ombre per dare rilievo a figure disegnate. **B v. intr.** e **intr. pron.** (aus. *essere*) *1* (*lett.*) Divenire ombroso, coprirsi d'ombra. *2* (*fig.*) †Adombrarsi, insospettirsi, intimorirsi.

ombràtile ● V. *umbratile*.

ombràto [1308] **A part. pass.** di *ombrare*; anche **agg.** ● Nei sign. del v. **B s. m.** ● Ombratura.

ombratùra [da *ombrato*; av. 1406] **s. f.** ● Chiazza o sfumatura più cupa in una determinata superficie: *ombrature dovute al sudiciume, all'umidità, alla scarsa omogeneità del colore*.

ombreggiaménto [av. 1597] **s. m.** ● L'ombreggiare | Ombreggiatura.

ombreggiàre [comp. di *ombra* e *-eggiare*; 1342] **v. tr.** (*io ombréggio*) *1* Rendere fresco e ombroso, riparare o proteggere dalla luce, spec. del sole: *ogni tanto una quercia frondosa ombreggiava parte del cammino* | Lasciare o mettere in ombra: *una visiera gli ombreggiava gli occhi*. *2* Tratteggiare o sfumare leggermente: *si ombreggiò gli zigomi con un velo di rossetto*.

ombreggiàto [1672] **part. pass.** di *ombreggiare*; anche **agg.** *1* Coperto d'ombra, ombroso: *viale o.* *2* Detto di carattere tipografico in cui una speciale deformazione fa apparire le singole lettere come accompagnate dalla loro ombra.

ombreggiatùra [1865] **s. f.** ● In pittura, in cartografia e sim., uso del chiaroscuro e del tratteggio allo scopo di conferire rilievo e profondità.

ombréggio [da *ombreggiare*; 1758] **s. m.** ● (*raro*) Ombra | Ombreggiatura.

ombrèlla o **umbèlla**, **umbrèlla** nel sign. 2 [da *ombra*, sul modello del lat. *umbĕlla* 'parasole', da *ŭmbra* 'ombra'; 1532] **s. f.** *1* (*sett.*) Ombrello. *2* (*bot.*) Tipo di infiorescenza in cui i fiori hanno pedicelli inseriti nello stesso punto da cui s'irradiano come le stecche di un ombrello | ***O. composta***, grande ombrella costituita da ombrellette più piccole. *3* (*zool.*) Parte principale del corpo delle meduse dalla caratteristica forma a ombrello. *4* (*fig.*, *lett.*) Cupola frondosa degli alberi, che fa ombra. || **ombrellétta**, **dim.**

ombrellàio [1738] **s. m.** (f. *-a*) ● Chi fabbrica, vende o ripara ombrelli.

ombrellàta [1841] **s. f.** ● Colpo dato con un ombrello: *prendere qlcu. a ombrellate*.

ombrellièra [da *ombrello*; 1891] **s. f.** ● (*raro*) Portaombrelli.

†**ombrellière** [av. 1712] **s. m.** *1* Ombrellaio. *2* Valletto che portava l'ombrello per i gentiluomini.

Ombrellìfere o **Umbellìfere** [comp. di *ombrella* e *-fero*; 1825] **s. f. pl.** (sing. *-a*) ● Nella tassonomia vegetale, famiglia di piante erbacee delle Dicotiledoni i cui fiori sono raccolti in una infiorescenza ad ombrella e i cui frutti sono acheni (*Umbelliferae*). ➡ **ILL. piante**/7.

ombrellifìcio [comp. di *ombrello* e *-ficio*; 1963] **s. m.** ● Fabbrica d'ombrelli.

ombrellifórme [comp. di *ombrella* nel sign. 2 e *-forme*] **agg.** ● (*bot.*) Detto di infiorescenza che ha forma di ombrella.

ombrellìno [1803] **s. m.** *1* Dim. di *ombrello*. *2* Parasole elegante portato un tempo dalle signore. *3* Piccolo ombrello a baldacchino che, nel rito cattolico, il chierico porta sopra il Sacramento, nelle processioni.

♦**ombrèllo** [V. *ombrella*; 1481] **s. m.** *1* Oggetto per ripararsi dal sole o dalla pioggia, costituito da un manico più o meno lungo alla cui sommità sono inserite a raggiera numerose stecche ricoperte di tessuto: *aprire, chiudere l'o.*; *ripararsi sotto l'o.* *2* (*fig.*) Oggetto o insieme di elementi riuniti in modo da ricordare un ombrello: *stare sotto un fresco o. di rami*. *3* (*mil.*) Apparato difensivo | ***O. aereo***, l'insieme degli aerei che proteggono un reparto militare o una formazione navale | ***O. nucleare, atomico***, l'insieme degli apparati di difesa, radar o missilistici, che possono proteggere dagli attacchi nucleari. || **ombrellàccio**, **pegg.** | **ombrellétto**, **dim.** | **ombrellìno**, **dim.** (V.) | **ombrellóne**, **accr.** (V.) | **ombrellùccio**, **dim.**

ombrellóne [1869] **s. m.** *1* Accr. di *ombrello*. *2* Grande ombrello, spec. da piantare in terra o da fissare su un apposito piedestallo, usato sulla spiaggia, nei giardini, nei bar all'aperto e sim., come riparo dal sole.

ombrétto [da *ombra*; 1942] **s. m.** ● Cosmetico per ombreggiare le palpebre.

†**ombrévole** [sec. XIV] **agg.** ● Ombroso, oscuro.

†**ombrìa** [1342] **s. f.** ● Zona ombrosa, luogo d'ombra: *vien nell'o. la voce pia* (PASCOLI) | Ombra.

ombrìfero o (*lett.*) **umbrìfero** [vc. dotta, lat. *umbrĭferu(m)*, comp. di *ŭmbra* 'ombra' e *-fer* '-fero'; sec. XIV] **agg.** ● (*lett.*) Che fa ombra, che difende dalla luce.

†**ombrilùngo** [comp. di *ombra* e *lungo*; calco sul gr. *dolichóskios*; 1785] **agg.** ● (*poet.*) Che getta lunga ombra: *lancia ombrilunga*.

ombrìna [dal lat. *ŭmbra* 'ombra', detto così dalle strisce che gli ombreggiano i fianchi; av. 1380] **s. f.** ● Pesce dell'ordine dei Perciformi, comune nel Mediterraneo, pesante fino ad una quindicina di kili, con corto cirro sul mento, carni bianche, sode, di ottimo sapore (*Umbrina cirrosa*). ➡ **ILL. animali**/6.

ombrinàle [dal gr. *ómbrimos*, agg. di *ómbros* 'pioggia' (V. *ombro-*); 1803] **s. m.** ● (*mar.*) Ciascuno dei fori praticati nelle murate per lo scarico delle acque dalla coperta.

ombrinòtto **s. m.** ● Maschio dell'ombrina, di sapore meno delicato.

ómbro- [dal gr. *ómbros* 'pioggia', di orig. indeur.] primo elemento ● In parole composte della terminologia scientifica, significa 'pioggia', o indica relazione con la pioggia: *ombrofilo*, *ombrografo*, *ombrometro*.

ombrofilìa (*1*) [comp. di *ombra* e *-filia*] **s. f.** ● (*med.*) Morbosa attrazione per l'ombra.

ombrofilìa (*2*) [comp. di *ombro-* e *-filia*] **s. f.** ● (*bot.*) L'essere ombrofilo.

ombròfilo [comp. di *ombro-* e *-filo*; 1936] **agg.** ● (*bot.*) Detto di pianta che resiste bene alle piogge.

ombrofobìa (*1*) [comp. di *ombra* e *-fobia*; 1958] **s. f.** ● (*psicol.*) Timore morboso dell'ombra.

ombrofobìa (*2*) [comp. di *ombro-* e *-fobia*; 1958] **s. f.** ● (*bot.*) L'essere ombrofobo.

ombròfobo [comp. di *ombro-* e *-fobo*; 1936] **agg.** ● (*bot.*) Detto di pianta che non sopporta le piogge.

ombrògrafo [comp. di *ombro-* e *-grafo*; 1958] **s. m.** ● Pluviografo.

ombròmetro [comp. di *ombro-* e *-metro*; 1834] **s. m.** ● Pluviometro.

ombrosità [sec. XIV] **s. f.** ● Caratteristica di chi (o di ciò che) è ombroso (*anche fig.*): *l'o. dei luoghi montani*; *l'incorreggibile o. del suo carattere*.

ombróso [lat. *umbrōsu(m)*, agg. di *umbra* 'ombra'; av. 1333] **agg.** *1* Ricco d'ombra, coperto d'ombra: *luoghi ombrosi*; *valle ombrosa*; *m'han fatto abitator d'o. bosco* (PETRARCA) | Che dà ombra: *la quercia ombrosa*. *2* †Opaco, scuro | (*fig.*) †Malinconico, schivo. *3* (*fig.*) Di cavallo che s'impaurisce o s'adombra con facilità | (*est.*) Di persona che si offende o s'impermalisce per un nonnulla: *avere un carattere o.* || **ombrosétto**, **dim.** || **ombrosaménte**, **avv.** (*raro*) In modo ombroso.

ombudsman /*sved.* ˈɔmbʊdsˌman, *ingl.* ˈɒmbʊdzmən/ [vc. sved., 'rappresentante pubblico'; 1963] **s. m. inv.** ● (*dir.*) Difensore civico.

oméga o **òmega** [gr. *ō méga* 'o grande' (V. *mega-*); 1321] **s. m.** o **f.** (**pl.** *oméga* o *raro òmega*, pop. †*oméghi* solo **m.**) *1* Nome dell'ultima lettera dell'alfabeto greco. *2* (*fig.*) Fine, compimento di qlco. | ***Dall'alfa all'o.***, dal principio alla fine.

†**omèi** [da *o(i)mè* con la desinenza di plurale; 1338 ca.] **s. m. pl.** ● (*poet.*) Lamenti: *dopo tanti sospiri e tanti o.* (L. DE' MEDICI).

omelétta **s. f.** ● Adattamento di *omelette* (V.).

omelette /*fr.* ɔmˈlɛt/ [vc. fr., alterato di *alumette*, da *lamelle* 'piccola lama', per il suo sottile spessore; 1877] **s. f. inv.** ● Frittata sottile, ripiegata, spesso farcita: *o. con erbe, con prosciutto, con marmellata*.

omelìa o (*raro*) **omilìa** [lat. tardo *homilīa(m)*, nom. *homilīa*, dal gr. *homilía* 'compagnia, società, conversazione', da *hómilos* 'folla, moltitudine', di etim. incerta; av. 1342] **s. f.** *1* (*relig.*) Nella liturgia cattolica, spiegazione, commento di passi delle sacre scritture che il predicatore rivolge ai fedeli per ammaestramento ed edificazione, spec. durante la celebrazione della Messa | (*est.*) Ogni predica sacra | ***Con tono di o.***, (*fig.*) tra il sentenzioso e il moraleggiante. *2* Testo scritto di un'omelia | Genere letterario costituito dalle omelie. *3* (*est.*, *scherz.*) Discorso di ammonimento, di esortazione. **SIN.** Sermone.

omeliàrio o **omiliàrio** [vc. dotta, lat. mediev. *homiliāriu(m)*, dal lat. tardo *homilīa(m)* 'omelia'; av. 1498] **s. m.** ● Antico libro liturgico cattolico contenente omelie.

omelista [da *omelia*; 1870] **s. m.** e **f.** (**pl. m.** *-i*) ● Chi compone o pronuncia omelie.

omentàle [1958] **agg.** ● (*anat.*) Dell'omento.

oménto [vc. dotta, lat. *omĕntu(m)*, di etim. incerta; 1561] **s. m.** ● (*anat.*) Duplicatura formata dall'unione di due foglietti peritoneali. **SIN.** Epiploon | ***Grande o.***, duplicatura del peritoneo che, inserita tra stomaco e colon trasverso, pende nella cavità peritoneale | ***Piccolo o.***, duplicatura peritoneale interposta tra stomaco e fegato.

omèo- o **omeo-** [dal gr. *hómoios* 'simile'] primo elemento ● In parole composte dotte o scientifiche, significa 'simile', o indica uguaglianza, identità: *omeopatia*, *omeopatico*, *omeoteleuto*, *omeotermo*.

omeomerìa [vc. dotta, gr. *homoioméreia*, comp. di *hómoios* 'omeo-' e *méros* 'parte' (V. *mero* (*2*)); av. 1798] **s. f.** ● Nella filosofia di Anassagora, ciascuna delle particelle simili e divisibili all'infinito che entrano a costituire l'universo e i singoli corpi in quanto presentano infinite differenze qualitative.

omeomorfìsmo [da *omeomorfo*] **s. m.** ● (*mat.*) Biiezione fra due spazi topologici tale che tanto essa che la sua inversa siano continue | Isomorfismo della struttura di spazio topologico.

omeomòrfo [comp. di *omeo-* e *-morfo*] agg. ● (*mat.*) Corrispondente in un omeomorfismo.

omeòpata [1978] s. m. e f. (pl. m. *-i*) ● Medico che cura con l'omeopatia.

omeopatìa [comp. di *omeo-* e *-patia*; 1828] s. f. ● (*med.*) Metodo di cura consistente nella somministrazione in minime dosi di sostanze che nell'uomo sano provocano gli stessi sintomi della malattia che si vuole combattere. CONTR. Allopatia.

omeopàtico [av. 1835] **A** agg. (pl. m. *-ci*) ● Che concerne l'omeopatia: *metodo o.*; *rimedi omeopatici.* || **omeopaticaménte**, avv. **B** s. m. (f. *-a*) ● Chi cura gli ammalati col metodo dell'omeopatia.

omeopatista [da *omeopatia*; 1834] s. m. e f. (pl. m. *-i*) ● (*med.*) Seguace delle teorie omeopatiche.

omeopolàre o **omopolàre** [comp. di *omeo-* e *polare*; 1931] agg. ● (*chim.*) Covalente.

omeorìtmo [comp. di *omeo-* e *ritmo*; 1891] agg. ● (*letter.*) Detto di ritmi simili e omogenei.

omeòsi [vc. dotta, gr. *homoíōsis*, deriv. di *hómoios* 'simile'; 1875] s. f. inv. ● (*filos.*) Nella filosofia di Platone, il rapporto di somiglianza tra le idee e le cose sensibili.

omeosmòtico [comp. di *omeo-* e (*o*)*smotico*] agg. (pl. m. *-ci*) ● (*zool.*) Detto di animale che ha una concentrazione salina interna costante.

omeostàsi o **omeòstasi** [comp. di *omeo-* e *-stasi*; 1958] s. f. inv. ● (*biol.*) Capacità di un organismo o di un insieme di organismi di mantenere in un relativo equilibrio stabile le caratteristiche del proprio ambiente interno.

omeostàtico [1958] agg. (pl. m. *-ci*) ● (*biol.*) Relativo a omeostasi: *meccanismo o.*

omeostàto o **omeòstato** [comp. di *omeo-* e *-stato*; 1981] s. m. ● (*biol.*) Organismo che possiede omeostasi.

omeotelèuto o **omoiotelèuto**, **omotelèuto** [vc. dotta, gr. *homoiotéleutos*, comp. di *hómoios* 'omeo-' e *teletḗ* 'fine', da *têle* 'lontano', di orig. indeur.; av. 1565] **A** agg. ● (*ling.*) Che ripete la stessa desinenza: *frasi omeoteleute.* **B** s. m. ● Ripetizione di sillabe omofone alla fine di più parole della stessa frase: *Io n'ho de' miei dì mille veduti vagheggiatori, amatori, visitatori* (BOCCACCIO).

omeotermàle [comp. di *omeo-* e *termale*] agg. ● Detto di acqua minerale che sgorga da una sorgente a una temperatura compresa fra 30 e 40 °C.

omeotermìa [comp. di *omeo-* e *-termia*; 1954] s. f. ● (*fisiol.*) Condizione degli omeotermi. CONTR. Eterotermia.

omeotèrmico [da *omeotermia*] agg. (pl. m. *-ci*) ● (*fisiol.*) Riferito agli omeotermi. CONTR. Eterotermico.

omeotèrmo [comp. di *omeo-* e *-termo*; 1930] agg. e s. m. ● (*zool.*) Detto di organismo animale con temperatura corporea costante, o perché non varia quella del suo ambiente o grazie ai propri dispositivi fisiologici di regolazione termica. CONTR. Eterotermo.

omeotònico [comp. di *omeo-* e *tonico*; 1940] agg. (pl. m. *-ci*) ● (*mus.*) Che ha suono, tonalità simile.

omeràle o (*raro*) **umeràle** [1727] **A** agg. ● (*anat.*) Riferito all'omero: *testa o.* **B** s. m. ● Larga fascia che il celebrante cattolico porta sulle spalle, con le parti anteriori della quale si copre le mani per evitare che tocchino direttamente l'ostensorio e il calice.

omèrico [vc. dotta, lat. *Homēricu*(*m*), nom. *Homēricus*, dal gr. *Homērikós*, agg. di *Hómēros* 'Omero'; av. 1544] agg. (pl. m. *-ci*) **1** Di Omero, relativo a Omero: *poemi omerici*; *letteratura, questione omerica.* **2** (*fig.*) Grandioso, degno dei personaggi di Omero: *appetito o.*; *risate omeriche.* || **omericaménte**, avv. In modo omerico; secondo lo stile di Omero.

òmero o **ómero**, (*lett.*) †**ùmero** [lat. *ŭmeru*(*m*), di orig. indeur.; 1313] s. m. **1** (*anat.*) Osso lungo che va dalla spalla al gomito. ➡ ILL. p. 2122 ANATOMIA UMANA. **2** (*lett.*) Spalla (*anche fig.*): *che ne conceda i suoi omeri forti* (DANTE *Inf.* XVII, 42) | *Avere buoni omeri*, essere robusti e resistenti alle fatiche. **3** (*fig.*) †Parte di un monte prossima alla sommità.

omertà [forma merid. di *umiltà*, per indicare la sottomissione alle regole della camorra (?); 1871] s. f. ● Solidale intesa che vincola i membri della malavita alla protezione vicendevole, tacendo o mascherando ogni indizio o prova utile per l'individuazione dei colpevoli: *l'o. rende impossibile ogni indagine*; *spezzare il muro dell'o.* | (*est.*) Atteggiamento di chi rifiuta od omette di fornire indicazioni su colpa o atti illeciti altrui, per paura, solidarietà, difesa di interessi personali, e sim.

omertóso [1983] agg. ● Che si basa sull'omertà, che deriva da omertà: *complicità omertosa.* || **omertosaménte**, avv.

omésso o †**omméssο** [1351] part. pass. di *omettere*; anche agg. ● Nei sign. del v.

omèttere o †**ommèttere** [lat. *omĭttere*, comp. di *ŏb* 'via da' e *mĭttere* 'mandare' (V. *mettere*); sec. XIII] v. tr. (coniug. come *mettere*) ● Non eseguire, non compiere: *o. una denuncia*; *hanno omesso di inserire la clausola* | Evitare di dire, di fare e sim.: *o. un particolare.*

omètto [1551] s. m. **1** Dim. di *uomo.* **2** (*fig.*) Bambino giudizioso: *il mio o.*; *un bravo o.* **3** Piramide di pietre per segnale. **4** Birillo del biliardo. **5** (*fam.*) Portabiti. || **omettàccio**, pegg. | **omettino**, dim.

omicciàtto ● V. *omiciatto.*

omicciàttolo ● V. *omiciattolo.*

omiciàtto o (*raro*) **omicciàtto** [av. 1400] s. m. ● Omiciattolo.

omiciàttolo o **omicciàttolo** [av. 1400] s. m. **1** Pegg. di *uomo.* **2** Uomo da poco, per aspetto fisico e qualità morali.

omicìda o †**micìda** [vc. dotta, lat. *homicīda*(*m*), comp. di *hŏmo* 'uomo' e *-cida* (V.); 1313] **A** s. m. e f. (pl. m. *-i*) ● Chi ha commesso un omicidio. **B** agg. **1** Che dà o ha dato la morte: *arma o.*; *mano o.* **2** Da assassino: *sguardo o.*; *intenzione, istinto o.*

†**omicidiàle** ● V. *micidiale.*

omicìdio o †**micìdio** [vc. dotta, lat. *homicīdiu*(*m*), comp. di *hŏmo* 'uomo' e *-cīdium* '-cidio'; av. 1306] s. m. **1** (*dir.*) Illecito penale di chi cagiona la morte di una o più persone | *O. premeditato*, preceduto da una lunga e accurata preparazione | *O. preterintenzionale*, quando la morte è cagionata da atti diretti soltanto a percuotere o ledere | *O. colposo*, quando è commesso per colpa ma involontariamente. **2** (*est.*) Uccisione di una persona: *o. rituale* | *O. bianco*, la morte di operai sul lavoro, causata dalla mancanza di adeguate misure di sicurezza. **3** †Strage.

òmicron [dal gr. *ō mikrón* 'o piccolo' (V. *micro-*); 1561] s. m. o f. inv. ● Nome della quindicesima lettera dell'alfabeto greco.

omilèta [da *omelia*: cfr. *omiletico*; av. 1956] s. m. (pl. *-i*) ● (*lett.*) Chi compone omelie.

omilètica [f. sost. di *omiletico*; 1925] s. f. ● Arte del comporre omelie.

omilètico [vc. dotta, lat. tardo *homilētĭcu*(*m*), nom. *homilētĭcus*, dal gr. *homilētikós*, agg. di *omilia*. V. *omelia*; 1869] agg. (pl. m. *-ci*) ● Relativo a omelia o a omiletica: *stile o.* | *Libri omiletici*, che contengono omelie.

omilìa ● V. *omelia.*

omiliàrio ● V. *omeliario.*

ominazióne [vc. dotta, deriv. del lat. *hŏmine*(*m*) 'uomo'; 1929] s. f. ● (*biol.*) Processo di evoluzione del genere *Homo* a partire da Primati ancestrali.

Omìnidi [dal lat. *hŏmo*, genit. *hŏminis* 'uomo'; 1890] s. m. pl. (sing. *-e*) ● Nella tassonomia animale, famiglia di Primati bipedi a perfetta deambulazione verticale, con pelosità corporea ridotta ed encefalo molto sviluppato, diffusa in tutto il mondo almeno dal Pleistocene, cui appartiene l'uomo (*Hominidae*).

omìno [1745] s. m. **1** Dim. di *uomo.* **2** Uomo di statura molto bassa: *un o. piccolo, piccolo.* **3** (*est., raro*) Fanciullo, ragazzino. **4** (*fam.*) Uomo di modesta personalità o di umili condizioni. || †**ominino**, dim. | **ominàccio**, pegg.

ominóso [vc. dotta, lat. *omĭnōsu*(*m*), da *ōmen*, genit. *ōminis* 'presagio', di etim. incerta] agg. ● (*lett.*) Di cattivo augurio.

omìsi ● V. *omettere.*

omissìbile [1958] agg. ● Che si può omettere: *particolari omissibili.*

omissióne o †**ommissióne** [vc. dotta, lat. tardo *omissiōne*(*m*), da *omĭssus* 'omesso'; av. 1342] s. f. **1** L'omettere: *l'o. di una virgola, di una parola*; *l'involontaria o. di un particolare importante* | Cosa omessa, tralasciata o taciuta: *ignoro l'importanza delle omissioni riscontrate* | *Salvo errori ed omissioni*, nota cautelativa posta in calce a documenti e sim. | *Peccato di o.*, quello che consiste nel trascurare gli atti e i doveri imposti dalla legge divina. SIN. Tralasciamento. **2** (*dir.*) *Reato d'o.*, quello di chi si astiene dal compiere atti ai quali è obbligato dalla legge o da un contratto: *o. di atti d'ufficio* | *O. di soccorso*, V. *soccorso* (*2*).

omìssis [dalla loc. latina *cēteris rebus omĭssis* 'omesse le altre cose'. V. *omesso*; 1869] s. m. inv. ● Si usa, nella trascrizione, nella riproduzione o nelle copie di documenti, atti notarili e sim., per indicare l'omissione di parole o frasi tralasciate perché non necessarie | (*est.*) Parte, elemento importante deliberatamente taciuto in un testo o in un discorso: *una relazione contenente troppi o.*

omissìvo [dal lat. *omĭssus* 'omesso'; 1970] agg. ● (*dir.*) Detto del dolo consistente nell'omissione di una azione dovuta.

ommatìdio [comp. del gr. *ómma*, genit. *ómmatos* 'occhio' (della stessa famiglia di *ophthalmós* 'occhio'. V. *oftalmo-*) e *-idio*; av. 1965] s. m. ● (*zool.*) Ciascuno degli elementi formanti gli occhi composti degli Insetti e di altri Artropodi.

†**ommèttere** e *deriv.* ● V. *omettere* e *deriv.*

†**ommissióne** ● V. *omissione.*

òmni- ● V. *onni-.*

òmnibus [fr. *omnibus*, dal lat. *ŏmnibus* '(carrozza) per tutti', dativo pl. di *ŏmnis* 'ogni'; 1836] **A** s. m. inv. **1** Grande carrozza pubblica a cavalli, per il trasporto di passeggeri nelle grandi città, prima dell'avvento del tram. **2** (*disus.*) Treno locale. **B** in funzione di agg. inv. ● (*dir.*) Che vincola una serie indeterminata di soggetti o per una serie indeterminata di obbligazioni: *legge o.*; *fideiussione o.*

omnidirezionàle o **onnidirezionàle** [comp. del lat. *ŏmnium*, genit. pl. di *ŏmnis* 'ogni', e *direzionale*; 1963] agg. ● (*raro*) Orientato verso tutte le direzioni.

omnisciènza e *deriv.* ● V. *onniscienza* e *deriv.*

†**omnìscio** ● V. †*onniscio.*

òmnium [fr. *omnium*, dall'ingl. *omnium*, dal lat. *ŏmnium*, genit. pl. di *ŏmnis* 'ogni'; 1931] s. m. inv. ● (*sport*) Gara di corsa cui sono ammessi concorrenti senza distinzione di provenienza, di età, di categoria | Nel ciclismo, corsa individuale o a squadre, su pista, comprendente più prove.

omnìvoro ● V. *onnivoro.*

òmo (**1**) ● V. *uomo.*

òmo (**2**) [ricavato da *omosessuale*; 1972] agg. e s. m. e f. inv. ● (*gerg.*) Omosessuale. CFR. Etero.

òmo- [dal gr. *homós* 'uguale, simile'] primo elemento ● In parole composte, significa 'uguale', 'simile', 'che ha lo stesso ...', o indica identità: *omofono*, *omogeneo*, *omografo*, *omonimo*, *omosessualità.*

omocèntrico [comp. di *omo-* e un deriv. di *centro*; av. 1557] agg. (pl. m. *-ci*) ● (*fis.*) Detto di un fascio di raggi luminosi passanti per uno stesso punto.

omocèrco [comp. di *omo-* e del gr. *kérkos* 'coda'] agg. (pl. m. *-chi*) ● (*zool.*) Detto della coda dei pesci, quando la pinna caudale è simmetrica.

omocìclico [comp. di *omo-* e *ciclico*; 1932] agg. (pl. m. *-ci*) ● (*chim.*) Detto di composto organico ciclico contenente un anello formato da atomi dello stesso elemento, in generale carbonio.

omocinètico [comp. di *omo-* e *cinetico*] agg. (pl. m. *-ci*) ● (*mecc.*) Detto di giunto che realizza l'uguaglianza nella trasmissione di movimento tra l'albero motore e l'albero condotto.

omocromìa [dal gr. *homóchrōmos* 'dello stesso colore', comp. di *homo-* 'omo-' e *chrōma* 'colore' (V. *cromo-*); 1934] s. f. ● (*zool.*) Somiglianza del colore di un animale con quello dell'ambiente. SIN. Mimetismo.

omocròmo [vc. dotta, gr. *homóchrōmos*, comp. di *homo-* 'omo-' e *chrōma* 'colore'] agg. ● (*zool.*) Riferito a omocromia.

omodiegètico [fr. *homodiégétique*, comp. di *homo-* 'omo-' e *diégétique* 'diegetico'] agg. (pl. m. *-ci*) ● Detto di narrazione in cui il narratore compare come personaggio della storia che racconta.

omodónte [comp. di *omo-* e *-odonte*] agg. ● Detto di animale i cui denti sono tutti simili fra loro, non differenziati per svolgere varie funzioni.

CONTR. Eterodonte.

omodontìa s. f. ● (*zool.*) Condizione dell'animale omodonte.

omoeròtico [av. 1975] agg. (pl. m. *-ci*) ● (*raro*) Omosessuale.

omoerotìsmo [comp. di *omo-* ed *erotismo*; 1975] s. m. ● (*raro*) Omosessualità.

omofagìa [vc. dotta, lat. tardo *omophăgia(m)*, dal gr. *ōmophagía*, comp. di *ōmós* 'crudo', di orig. indeur., e *-phagía* '-fagia'; 1834] s. f. ● Uso di mangiare la carne cruda, sia come abitudine di popoli allo stato di natura, sia come rito religioso.

omòfago [1834] agg. (pl. m. *-gi*) ● Che pratica l'omofagia: *tribù omofaga*.

omofilìa [comp. di *omo-* e *-filia*; 1958] s. f. *1* (*eufem.*) Omosessualità. *2* (*biol.*) Condizione di somiglianza tra strutture, organi o interi organismi, correlata a una comune origine.

omòfilo [comp. di *omo-* e *-filo*; 1983] **A** agg.; anche s. m. ● (*eufem.*) Omosessuale. **B** agg. ● (*biol.*) Detto di struttura, di organo o di intero organismo che presenta omofilia.

omofobìa [comp. di *omo(sessuale)* e *-fobia*; 1985] s. f. ● Avversione per l'omosessualità e gli omosessuali.

omòfobo [comp. di *omo(sessuale)* e *-fobo*; 1985] agg. e s. m. (f. *-a*) ● Che (o Chi) manifesta omofobia: *atteggiamento o.*

omofonìa [vc. dotta, gr. *homophōnía*, comp. di *homo-* 'omo-' e *-phōnía* '-fonia'; 1821] s. f. *1* (*mus.*) Emissione della medesima nota da parte di due o più voci o strumenti | Tecnica di comporre a più voci, facendo coincidere in senso verticale le sillabe del canto. CONTR. Polifonia. *2* (*ling.*) Identità fonica tra due o più unità significative, oppure tra due o più segni grafici.

omofònico [1869] agg. (pl. m. *-ci*) ● (*mus.*, *ling.*) Che si riferisce all'omofonia.

omòfono [vc. dotta, gr. *homóphōnos*, comp. di *homo-* 'omo-' e *-phōnos* '-fono'; 1695] **A** agg. ● (*mus.*) Detto di brano musicale o cantato che presenta omofonia. **B** agg.; anche s. m. ● (*ling.*) Detto di parola che presenta la stessa pronuncia di un'altra, ma significato diverso (ad es. *agro* 'aspro', e *agro* 'campagna') | Detto di segno grafico che trascrive lo stesso fonema di un altro, o di più altri (V. nota d'uso ACCENTO).

omogamìa [comp. di *omo-* e *-gamia*] s. f. *1* (*bot.*) In un fiore monoclino, contemporanea maturazione del polline e dello stigma. *2* (*biol.*) Nelle specie polimorfe, tendenza ad accoppiarsi con individui dai caratteri affini.

omogenàto [ingl. *homogenate* 'omogeneizzato' (V. *omogeneizzare*)] s. m. ● (*biol.*) Materiale ottenuto mediante omogeneizzazione, in particolare di un tessuto biologico. CFR. Omogeneizzato.

omogeneità [av. 1597] s. f. ● Caratteristica o condizione di ciò che è omogeneo. SIN. Affinità. CONTR. Eterogeneità.

omogeneizzàre o **omogenizzàre** [comp. di *omogeneo* e *-izzare*; 1958] v. tr. ● Rendere omogeneo: *o. una soluzione*.

omogeneizzàto o **omogenizzàto** [1970] **A** part. pass. di *omogeneizzare*; anche agg. *1* Reso omogeneo. *2 **Latte o.***, latte i cui globuli di grasso sono stati suddivisi e dispersi uniformemente. **B** s. m. ● (*spec. al pl.*) Prodotto alimentare destinato spec. all'infanzia, ottenuto per intima mescolanza di alimenti diversi finemente suddivisi.

omogeneizzatóre o **omogenizzatóre** [1954] s. m. ● Apparecchio usato per omogeneizzare.

omogeneizzazióne o **omogenizzazióne** [1958] s. f. ● Operazione, procedimento dell'omogeneizzare.

omogèneo [vc. dotta, gr. *homogenḗs* 'della stessa famiglia, razza', comp. di *homo-* 'omo-' e *génos* 'razza', di orig. indeur.; av. 1558] agg. *1* (assol.; + *a*; + *con*) Dello stesso genere, specie o natura: *tessuti omogenei*; *materie omogenee*; *i dati regionali sono omogenei a quelli nazionali*; *La regola … debbe essere omogenea col regolato* (SARPI). SIN. Affine. CONTR. Eterogeneo. *2* Costituito da elementi tra loro affini e uniformi o uniformemente connessi: *composto o.*; *una pasta morbida e omogenea* | (*fig.*) Armonico: *insieme o. di colori e di suoni*. *3* (*mat.*) Detto di funzione di più variabili reali o complesse il cui valore, moltiplicando ciascuna di esse per un numero, resta moltiplicato per una potenza di quel numero | Detto di polinomio i cui monomi sono tutti di ugual grado. || **omogeneaménte**, avv.

omogenizzàre e deriv. ● V. *omogeneizzare* e deriv.

omogentìsico [vc. dotta, comp. di *omo-*, (acido) *gentisico* e dal suff. *-ico*] agg. (pl. m. *-ci*) ● (*chim.*) Detto di acido aromatico che costituisce un prodotto intermedio del metabolismo di alcuni amminoacidi, e che viene rapidamente metabolizzato dall'organismo umano.

omografìa [comp. di *omo-* e *-grafia*; 1929] s. f. *1* (*ling.*) Rapporto tra parole o fonemi omografi. *2* (*mat.*) Proiettività fra due forme geometriche fondamentali del medesimo tipo | Biiezione fra due spazi numerici omogenei, rappresentata dalle equazioni $x_i' = \Sigma\, a_{ki} x_k$.

omogràfico [1932] agg. (pl. m. *-ci*) ● (*ling.*, *mat.*) Che si riferisce all'omografia.

omògrafo [comp. di *omo-* e *-grafo*; 1891] agg.; anche s. m. ● (*ling.*) Detto di parola che presenta la stessa scrittura (e talvolta anche la stessa pronuncia) di un'altra, rispetto alla quale ha però significato diverso (ad es. *àncora* e *ancóra*) (V. nota d'uso ACCENTO).

omogràmma [comp. di *omo-* e *-gramma*] s. m. (pl. *-i*) ● (*ling.*) Parola che ha la stessa grafia di un'altra di origine differente.

omoiotelèuto ● V. *omeoteleuto*.

omoiùsia [comp. del gr. *hómoios* 'simile' (V. *omeo-*) e *ousía* 'sostanza', da *ôusa*, part. pres. f. di *êinai* 'essere'; 1965] s. f. ● (*relig.*) Eresia ariana secondo cui il Padre e il Figlio avevano fra loro, nella Trinità, solo un rapporto di somiglianza e non natura identica. CONTR. Omousia.

omolìsi [comp. di *omo-* e *-lisi*; 1981] s. f. inv. ● (*chim.*) Scissione di una molecola con conseguente formazione di radicali liberi.

omolìtico [1981] agg. (pl. m. *-ci*) ● (*chim.*) Di omolisi, relativo a omolisi.

omologàbile [1967] agg. ● Che si può omologare: *un primato o.*

omologàre [vc. dotta, gr. *homologêin*, da *homólogos* 'omologo'; av. 1565] **A** v. tr. (*io omòlogo, tu omòloghi*) *1* Emanare, da parte dell'autorità giudiziaria, un provvedimento di omologazione. *2* Riconoscere una prova o un risultato regolari e quindi ratificarli, renderli validi: *o. una partita*, *un primato*. *3* Rendere omogenei e uniformi modi di pensare, agire ed esprimersi, adeguandoli a modelli accolti e accettati da tutti: *la televisione ha omologato la lingua*. **B** v. intr. pron. (assol.; + *a*) ● (*est.*, *fig.*) Adeguarsi a modelli dominanti: *una minoranza che ha sempre rifiutato di omologarsi*; *omologarsi alla mentalità dominante*.

omologàto part. pass. di *omologare*; anche agg. *1* Nei sign. del v. | Regolare, valido: *casco o.*; *vittoria omologata*. *2* (*est.*, *fig.*) Conforme ai modelli correnti, scarsamente autentico, appiattito: *comportamento o.*; *cultura omologata*.

omologazióne [1828] s. f. *1* (*dir.*) Approvazione da parte dell'autorità giudiziaria, con provvedimento emanato in camera di consiglio, di atti compiuti da altri soggetti, previo un controllo di legalità o di merito degli stessi: *sentenza di o.* *2* Convalida, ratifica: *o. di una partita*, *di un primato*. *3* (*est.*, *fig.*) Uniformazione rispetto a un modello comune, prevalente: *il mondo si avvia verso un'o. globale*.

omologìa [vc. dotta, gr. *homologia*, da *homólogos* 'omologo'; 1598] s. f. *1* Caratteristica o condizione di ciò che è omologo. *2* (*mat.*) Omografia d'un piano, o d'uno spazio, proiettivo su sé stesso, dotata d'una retta, o rispettivamente d'un piano, di punti uniti | Una delle relazioni d'equivalenza fondamentali della topologia algebrica. *3* (*biol.*) Corrispondenza fra strutture in organismi derivanti da una forma ancestrale comune, a prescindere dalla funzione.

omològico [1875] agg. (pl. m. *-ci*) ● (*raro*) Di omologia, relativo a omologia.

omòlogo [vc. dotta, gr. *homólogos*, comp. di *homo-* 'omo-' e *lógos* 'discorso' (V. *-logo*); av. 1642] **A** agg. (pl. m. *-ghi*) *1* (*bot.*, *zool.*) Detto di organo o struttura avente la stessa origine embrionale di uno o più altri, anche se funzioni diverse. *2* (*mat.*) Associato nella relazione d'omologia. *3* (assol.; + *a*) (*est.*) Conforme, corrispondente: *dati*, *elementi omologhi*; *una traduzione omologa alla poesia originale*. || **omologaménte**, avv. **B** s. m. (f. *-a*) ● Chi (o Ciò che) è in un rapporto di omologia con altri: *il ministro delle finanze ha incontrato il suo o. francese*.

omomorfìa [comp. di *omo-* e *-morfia*] s. f. ● (*biol.*) Presenza di somiglianze tra strutture, organi, apparati od organismi appartenenti a gruppi sistematici non prossimi, dovuta ad adattamenti convergenti.

omomorfìsmo [comp. di *omo-* e *-morfismo*; 1958] s. m. ● (*mat.*) Morfismo di strutture algebriche | ***O. biiettivo***, isomorfismo.

omomòrfo [comp. di *omo-* e *-morfo*; 1933] agg. ● (*zool.*) Caratterizzato da omomorfia.

omomorfòsi [comp. di *omo-* e *morfosi*] s. f. inv. ● (*biol.*) Peculiare processo di rigenerazione in seguito al quale la porzione rigenerata è uguale a quella perduta.

omóne [1930] s. m. *1* Accr. di *uomo*. *2* Uomo molto alto e di grossa corporatura: *un pezzo d'o. sanguigno, con gli occhiali d'oro e la barba nera* (PIRANDELLO).

omonimìa [vc. dotta, lat. tardo *homonȳmia(m)*, nom. *homonȳmia*, dal gr. *homōnymía*, da *homṓnymos* 'omonimo'; av. 1574] s. f. *1* Situazione in cui si trovano due persone o due cose con lo stesso nome: *un caso di o.*; *l'o. dei due ristoranti genera confusione*. *2* (*ling.*) Identità fonica (omofonia) e/o identità grafica (omografia) di due morfemi che per altro non hanno lo stesso significato (ad es. *vèrso*, prep. e *vèrso* di una poesia, sost.).

omonìmico agg. (pl. m. *-ci*) ● (*ling.*) Di, relativo a, omonimo.

omònimo [vc. dotta, lat. tardo *homōnymu(m)*, nom. *homōnymus*, dal gr. *homṓnymos*, comp. di *homo-* 'omo-' e *ónyma*; av. 1544] agg.; anche s. m. *1* (f. *-a*) Che (o Chi) ha lo stesso nome, si chiama nello stesso modo, di un'altra, o altre, persone o cose: *due alberghi omonimi*; *in città ha molti omonimi*. *2* (*ling.*) Detto di parola che si pronuncia o si scrive come un'altra della quale non ha però lo stesso significato.

omoplasìa [comp. di *omo-* e *-plasia*] s. f. ● (*biol.*) Corrispondenza tra parti od organi, dovuta a fenomeni di convergenza.

omoplàta [vc. dotta, gr. *ōmoplátē*, comp. di *ômos* 'spalla', di orig. indeur. e *platýs* 'largo', di orig. indeur.; 1734] s. f. ● (*anat.*) Scapola.

omopolàre agg. *1* (*chim.*) V. *omeopolare*. *2* (*elettr.*) Unipolare.

†**omóre** ● V. *umore* (*1*).

omorgànico o **omòrgano** [comp. di *omo-* e *organo*; 1938] agg. (pl. m. *-ci*) ● (*ling.*) Detto di due o più suoni aventi uno stesso punto di articolazione, pur differendo per altri elementi.

omoritmìa [comp. di *omo-* e un deriv. di *ritmo*; 1970] s. f. ● (*mus.*) Uguaglianza di ritmo | Stile polifonico con parti melodicamente diverse ma di ritmo uguale | Nel contrappunto, nota contro nota.

omosessuàle [ingl. *homosexual*, comp. del pref. *homo-* 'omo-' e *sexual* 'sessuale'; 1908] **A** agg. ● Relativo alla omosessualità, proprio della omosessualità: *tendenze omosessuali*; *rapporto*, *legame*, *amore o.* **B** agg.; anche s. m. e f. ● Che (o Chi) prova attrazione sessuale per persone del proprio sesso; CFR. Bisessuale, eterosessuale.

omosessualità [ingl. *homosexuality*, da *homosexual* 'omosessuale'; 1900] s. f. ● Inclinazione sessuale di chi è attratto da persone del proprio sesso. CFR. Eterosessualità. SIN. Omoerotismo.

omosèx [1972] agg. e s. m. e f. inv. ● Omosessuale.

omosfèra [da *omo-*, sul modello di *atmosfera*; 1967] s. f. ● (*geogr.*) Regione dell'atmosfera compresa fra la superficie terrestre e gli 80-100 km di altezza.

omotelèuto ● V. *omeoteleuto*.

omotetìa [comp. di *omo-* e un deriv. del gr. *thetós* 'posto', part. pass. di *tithénai* 'porre', di orig. indeur.; 1891] s. f. ● (*mat.*) Omologia fra due piani o spazi nella quale gli elementi impropri siano uniti | Dilatazione o contrazione intorno a un punto.

omotipìa [comp. di *omo-* e *-tipia*; 1875] s. f. ● (*anat.*) Condizione di identità tra due componenti del corpo disposte specularmente rispetto al piano di simmetria.

omotonìa [dal gr. *homótonos*, comp. di *homo-* 'omo-' e *tónos* 'tono (1)'; av. 1729] s. f. ● (*mus.*) Uguaglianza di suono.

omotònico [da *omotonia*; 1970] **agg.** (pl. m. *-ci*) ● (*mus.*) Che ha tono uguale.

omotopia [comp. di *omo-* e un deriv. del gr. *tópos* 'luogo', di orig. indeur.] **s. f.** ● (*mat.*) Relazione che associa due mappe continue trasformabili l'una nell'altra con continuità.

omotòpico **agg.** (pl. m. *-ci*) **1** (*mat.*) Associato nella relazione d'omotopia. **2** (*ling.*) Detto di articolazione che si realizza nello stesso luogo di un'altra.

omotrapiànto [comp. di *omo-* e *trapianto*] **s. m.** ● (*chir.*) Allotrapianto.

Omòtteri [vc. dotta, gr. *homópteros* 'ugualmente alato', comp. di *homo-* 'omo-' e *pterón* 'ala' (V. *-ttero*); 1875] **s. m. pl.** (sing. *-o*) ● Nella tassonomia animale, sottordine degli Emitteri con apparato boccale atto a pungere e succhiare, ali che in riposo sono disposte come i pendenti di un tetto, tegumento capace di secernere cera (*Homoptera*).

omouṣia [comp. di *omo-* e del gr. *ousía* 'sostanza' (V. *omoiusia*); 1965] **s. f.** ● (*relig.*) Identità di sostanza e di natura del Padre e del Figlio nella Trinità, affermata dai cattolici contro gli ariani. CONTR. Omoiusia.

omoẓigòṣi [da *omozigote*; 1958] **s. f. inv.** ● (*biol.*) Fenomeno per cui i caratteri degli individui si trasmettono identici alla discendenza.

omoẓigòte [comp. di *omo-* e *zigote*; 1918] **s. m.**; anche **agg.** ● (*biol.*) Individuo derivato dall'unione di gameti a fattori ereditari uguali.

omoẓigòtico [1929] **agg.** (pl. m. *-ci*) ● (*biol.*) Detto di individuo che produce gameti dello stesso tipo.

omùncolo [lat. *homŭnculu(m)*, dim. di *hŏmo*, genit. *hŏminis* 'uomo'; sec. XV] **s. m.** **1** Uomo di modesta levatura sia fisica che intellettuale. **2** Essere dotato di poteri straordinari o soprannaturali, che gli antichi alchimisti presumevano di ottenere per alchimia. **3** (*fisiol.*) Rappresentazione schematica proporzionale delle funzioni motorie o sensitive relative a varie regioni della corteccia cerebrale umana.

on /ɔn, *ingl.* ɒn/ [vc. ingl., propr. 'su, sopra' (vc. germ. di orig. indeur.); 1974] **agg. inv.** ● In funzione, attivato, in diciture apposte su varie apparecchiature. CONTR. Off.

ònagro (1) o **onàgro** [vc. dotta, lat. *ŏnagru(m)*, nom. *ŏnagrus*, dal gr. *ónagros*, comp. di *ónos* 'asino', e *ágrios* 'selvatico', da *agrós* 'campo'; av. 1292] **s. m.** ● Asino selvatico asiatico, agile e veloce, probabile capostipite delle razze domestiche, che nelle zone fredde ha pelo lungo durante l'inverno (*Equus onager*).

ònagro (2) o **onàgro** [dal precedente (l'uso metaforico era già in lat. tardo), perché lancia sassi, come un asino quando tira calci; av. 1292] **s. m.** ● Macchina antica da guerra per lanciare grosse pietre, simile al mangano.

onaniṣmo [da *Onan*, personaggio biblico punito da Dio perché disperdeva il proprio seme; 1778] **s. m.** **1** Nella teologia cattolica, ogni pratica atta a consentire il rapporto sessuale tra uomo e donna evitando il concepimento. **2** Masturbazione maschile | (*est.*) Ogni forma o atto di masturbazione sia maschile che femminile. **3** (*fig.*) Velleitario, morboso autocompiacimento.

onanista [1863] **s. m. e f.** (pl. m. *-i*) ● Chi pratica l'onanismo.

onatùra [dall'ingl. *honing* 'affilatura, lisciatura', ger. di *to hone* 'affilare' (vc. d'orig. germ.)] **s. f.** ● (*tecnol., gerg.*) Lisciatura.

ónc̀ia o †**ùncia**, **ónza (2)** [lat. *ŭncia(m)* 'dodicesima parte di un asse', da *ūnus* 'uno'; 1313] **s. f.** (pl. *-ce*) **1** Unità di misura di peso usata in Italia e in altri paesi, prima dell'adozione del sistema metrico decimale, con valori diversi, ma per lo più intorno ai 30 grammi. SIMB. oz. **2** (*fig.*) Minima quantità: *non avere un'o. di giudizio* | *A o. a o.*, a poco a poco. **3** Unità ponderale romana uguale alla dodicesima parte della libbra | Moneta romana repubblicana di bronzo, dodicesima parte dell'asse con la testa di Bellona sul dritto | Moneta d'oro coniata da Carlo III di Borbone a Palermo dal XVIII sec. | Moneta d'argento del valore di 6 ducati coniata a Napoli dal XVIII sec. **4** (*fig.*) Minimo spazio: *S'io fossi pur di tanto ancor leggero / ch'i' potessi in cent'anni andare un'o.* (DANTE *Inf.* XXX, 82-83) | ***Non cedere di un'o.***, di un passo. ‖ **oncina**, **dim.**

onciàle o †**unciàle** [lat. *unciāle(m)* 'di un'oncia', agg. di *ŭncia* 'oncia'; la scrittura è detta così perché alta un'*oncia*; av. 1782] **A agg.** ● Detto di un tipo di scrittura a tracciato spiccatamente arrotondato, in uso dal sec. IV all'VIII in tutta l'Europa occidentale. **B** anche **s. f.**: *le eleganti onciali di un'iscrizione.*

onciàrio [da *oncia*, unità di misura secondo cui venivano stimati i terreni] **s. m.** ● Catasto nel Regno di Napoli sino al sec. XVIII.

†**oncìno** e *deriv.* ● V. *uncino* e *deriv.*

ònco [vc. dotta, gr. *ónkos* 'mole, peso', da *enenkêin* 'portare', di orig. indeur.] **s. m.** (pl. *-chi*) ● (*med.*) Tumore.

ònco- [dal gr. *ónkos* 'massa', 'tumore' (V. *onco*)] primo elemento ● In parole composte della terminologia medica, significa 'tumore' o 'volume', 'massa': *oncologia, oncografo.*

oncocerchiàṣi **s. f. inv.** ● Oncocercosi.

oncocercòṣi [da *Onchocerc(a)* col suff. *-osi*] **s. f. inv.** ● (*med.*) Malattia causata dal nematode *Onchocerca volvulus* e caratterizzata dalla presenza nella cute, nei tessuti sottocutanei e negli occhi di noduli fibrosi contenenti i parassiti adulti. SIN. Oncocerchiasi.

oncogène [comp. di *onco-* e *gene*; 1985] **s. m.** ● (*biol.*) Gene originato dalla mutazione di particolari geni presenti nel genoma, i cui effetti sono alla base della trasformazione neoplastica della cellula interessata.

oncogèneṣi [comp. di *onco-* e *genesi*; 1958] **s. f. inv.** ● (*med.*) Formazione e sviluppo dei tumori benigni o maligni. CFR. Cancerogenesi.

oncògeno [comp. di *onco-* e *-geno*; 1926] **agg.** ● (*med.*) Capace di generare tumore: *virus o., radiazioni oncogene.*

oncologia [comp. di *onco-* e *-logia*; 1891] **s. f.** ● (*med.*) Studio dei tumori.

oncològico [1942] **agg.** (pl. m. *-ci*) ● (*med.*) Di oncologia.

oncòlogo [comp. di *onco-* e *-logo*; 1942] **s. m.** (f. *-a*; pl. m. *-gi*) ● (*med.*) Medico specialista in oncologia.

oncosfèra [comp. di *onco-* e *sfera*; 1954] **s. f.** ● (*zool.*) Larva esacanta.

oncoterapia [comp. di *onco-* e *terapia*; 1942] **s. f.** ● (*med.*) Cura dei tumori.

oncotomia [comp. di *onco-* e *-tomia*; 1834] **s. f.** ● (*chir.*) Incisione di un tumore.

oncotròfico [comp. di *onco-* e *trofico*] **agg.** (pl. m. *-ci*) ● (*med.*) Che concerne l'accrescimento di un tumore.

♦**ónda** [lat. *ŭnda(m)*, di orig. indeur.; av. 1272] **s. f.** **1** Oscillazione dell'acqua di mari, laghi e sim., prodotta da forza esterna turbatrice dell'equilibrio di livello, e con cui essa tende a recuperarlo: *o. lunga, alta; costa battuta dalle onde; l'o. che fugge e s'appressa* (DANTE *Purg.* X, 9) | ***Essere in balìa delle onde***, subirne la violenza senza potervisi opporre | ***Seguire l'o.***, (*fig.*) seguire l'andazzo generale | ***All'o.***, (*fig.*) detto di piatto che va servito con salsa non troppo densa | ***Essere sulla cresta dell'o.***, (*fig.*) attraversare un momento di grande successo | ***O. lunga***, (*fig.*) fenomeno che si protrae nel tempo | (*est.*) ***O. nera***, vastissima chiazza di nafta, petrolio o residui oleosi, fuoriusciti spesso illecitamente da petroliere o raffinerie, che galleggia sulla superficie delle onde con gravi effetti inquinanti sull'ambiente marino e costiero | ***O. anomala***, quella di eccezionali dimensioni provocata dal sincronismo di fase di più onde che avanzano a velocità diverse lungo la stessa direzione oppure da terremoti sottomarini; (*fig.*) evento imprevisto e repentino che provoca effetti sconvolgenti. SIN. Flutto. ➡ ILL. p. 2133 SCIENZE DELLA TERRA ED ENERGIA. **2** (*lett.*) Acque marine, fluviali o lacustri | (*poet.*) Mare: *si spera in terra e 'n o. / pace più ferma* (COLONNA). **3** (*fig.*) Insieme agitato e incontrollabile di sentimenti e sim.: *l'o. dei ricordi lo sommerse; l'o. dei vizi, della superbia; un'o. di orgoglio gli gonfiò il petto* (SVEVO) | Grande quantità: *un'o. di popolo avanzava minacciosa; un'o. di pianto sommerse le sue ultime parole.* **4** (*fig.*) Linea o traccia sinuosa e serpeggiante, simile al profilo d'un'onda d'acqua: *distribuire il colore a onde; onde verdi e blu si sovrappongono creando un effetto cangiante* | ***L'o. dei capelli***, piega morbida, più larga d'un ricciolo. **5** (*fig.*) Movimento fluttuante, simile a quello delle onde marine: *l'o. della folla; le verdi onde della prateria* | ***Andare a onde***, barcollando. **6** (*fis., spec. al pl.*) Movimenti periodici oscillatori e vibratori propagati attraverso un mezzo continuo: *onde sonore, termiche, luminose* | ***O. portante, o. vettrice***, nelle telecomunicazioni, onda elettromagnetica sinusoidale che si ha in assenza di modulazione e che, opportunamente modulata, costituisce il supporto usato per trasmettere a distanza le informazioni | ***Onde sferiche***, che si propagano da ogni punto in ogni direzione | ***Onde longitudinali***, con vibrazioni dirette nel senso della propagazione | ***Onde trasversali***, in cui le vibrazioni sono perpendicolari alla direzione della propagazione | ***Onde d'urto***, onde di compressione di grande ampiezza, caratterizzate da brusche variazioni di pressione, densità e velocità, generate da oggetti che si muovono a velocità supersonica | ***Onde elettromagnetiche, hertziane***, oscillazioni elettriche e magnetiche che si propagano nello spazio con velocità finita | ***Onde corte***, onde hertziane con frequenza compresa fra 1,6 e 30 MHz | ***Onde medie***, onde hertziane con frequenza compresa fra 550 e 1600 kHz | ***Onde lunghe***, onde hertziane con frequenza compresa fra 150 e 550 kHz | (*tv*) ***Mettere, mandare in o.***, trasmettere con mezzi radiotelevisivi | (*tv*) Sequenza di immagini di personaggi in attesa di collegamento televisivo ripresi a loro insaputa mentre parlano liberamente tra loro. **7** ***O. verde***, sistema automatico per far scorrere il traffico urbano lungo un itinerario in cui i semafori siano sincronizzati in modo da assicurare ai veicoli un costante incontro con il verde; trasmissione radiofonica sulla viabilità. ‖ **ondétta**, **dim.** | **ondicèlla**, **dim.** | **ondicina**, **dim.** | **ondina**, **dim.** | **ondóna**, **accr.**

†**ondaménto** [da *onda*; av. 1519] **s. m.** ● Onda, ondata | (*spec. al pl.*) Rughe del volto.

ondàmetro [comp. di *onda* e *-metro*; 1941] **s. m.** ● (*fis.*) Apparecchio per misurare la frequenza delle radioonde.

ondànte [sec. XIV] **part. pres.** di †*ondare*; anche **agg.** **1** (*lett.*) Ricco d'acqua | (*fig.*) Scorrevole. **2** Fluttuante | (*fig.*) Travolgente. **3** Ondeggiante, oscillante: *Oh dolce idilio ne la barca o.* (D'ANNUNZIO).

†**ondàre** [lat. *undāre*, da *ŭnda* 'onda'; av. 1533] **A v. tr.** ● Inondare. **B v. intr.** ● (*lett.*) Ondeggiare.

ondàta [da *onda*; av. 1600] **s. f.** **1** Colpo di mare: *essere travolto da un'o.; le ondate flagellavano il molo.* **2** (*fig.*) Afflusso, effusione: *un'o. di sangue al cervello; un'o. di fumo; ondate di caldo, di freddo; o. di entusiasmo.* **3** (*fig.*) Insieme massiccio di persone o cose che si spostano o muovono in fasi successive e con una certa continuità: *ondate di folla* | ***A ondate***, con movimenti ripetuti e regolari. **4** (*raro, spec. al pl.*) Motivo ornamentale a onde.

ondàto [lat. *undātu(m)*, da *undāre*. V. †*ondare*; av. 1519] **agg.** ● (*raro, lett.*) Ondulato.

ondàtra [vc. di orig. amer.; 1823] **s. f.** ● Grosso rosicante con pelame finissimo e fitto che vive nelle zone d'acqua americane, ma è facilmente allevato (*Ondatra zibethica*). SIN. Topo muschiato.

†**ondazióne** [lat. tardo *undatiōne(m)* 'spuma', da *undātus* 'ondato'; av. 1406] **s. f.** ● Movimento ondeggiante: *le ondazioni dell'acqua, e le vibrazioni dell'aria non si rassomigliano in ogni cosa* (BARTOLI).

ónde o †**ùnde** [lat. *ŭnde* 'da dove', da avvicinare a *ĭnde* 'indi'; av. 1250] **A avv.** **1** (*lett.*) Da dove, da quale luogo (in prop. interr., dirette e indirette): *o. arrivate?; nessuno sa o. venissero* | (*est.*) Da chi, da quale fonte: *o. l'avete appreso?; o. gli viene tanta sicurezza?* **2** (*lett.*) Dal quale, da cui, nel luogo da cui (con valore rel.): *c'è un'altura o. si ammira uno splendido panorama; ritornate là o. siete venuti* | Attraverso cui, per dove: *rivedo i luoghi o. siamo passati* | ***O. che sia***, da qualunque luogo | (*lett.*) †***Per o.***, attraverso cui. **3** (*lett.*) Dalla qual cosa, da cui (con valore caus. per indicare una conseguenza): *o. si deduce quanto fosse infelice* | ***Avere o., averne ben o., averne ben d'o.***, (*ellitt.*) buone e fondate ragioni: *Or ti fa lieta, ché tu hai ben o.* (DANTE *Purg.* VI, 136); *Tu tremi (il Dio mi dice) e n'hai ben d'o.* (ALFIERI). **4** (*poet.*) Di cui, da cui, con cui, per cui (con valore rel.): *sospiri ond'io nutriva il core* (PETRARCA); *le cose o. gioiamo sono poche; i molti mali o. siamo af-*

flitti non sono incurabili. **B** **cong.** **1** (*lett.* o *bur.*) Affinché, perché (introduce una prop. finale con il v. al congv. o (*fam.* e *bur.*) con il v. all'inf.): *vi ho voluto avvisare o. sappiate come comportarvi; te lo ripeto o. tu capisca bene; ho insistito o. tutti si convincessero; attendiamo vostre precise indicazioni o. provvedere alla consegna; chiedo consiglio o. regolarmi.* **2** (*raro, lett.*) Per la qual cosa, sicché, cosicché (con valore concl.): *o. sovente / di me medesmo meco mi vergogno* (PETRARCA).

†**ondeché** o †**ònde che** [comp. di *onde* e *che* (*2*); av. 1363] **A** **avv.** ● (*lett.*) Da qualunque luogo (con valore rel.). **B** **cong.** ● (*lett.*) Cosicché, per la qual cosa (con valore concl. e il v. all'indic.).

ondeggiaménto [1589] **s. m.** **1** L'ondeggiare (*anche fig.*): *l'o. di un canotto, delle vesti, della moltitudine; mise nelle selve uno strepito sordo e profondo con un vasto o. delle loro cime* (LEOPARDI). **2** (*mus.*) Alternanza di piano e forte | Negli strumenti ad arco, tecnica dell'arco per ottenere aumento e diminuzione dell'intensità dei suoni nella medesima arcata.

ondeggiànte [av. 1364] **part. pres.** di *ondeggiare*; anche **agg.** **1** Che ondeggia. **2** (*fig.*) Titubante, incerto, incostante: *atteggiamento o.*

ondeggiàre [da *onda*; 1353] **v. intr.** (*io ondéggio*; aus. *avere*) **1** Muoversi con l'onda: *l'acqua del mare ondeggia; la superficie del lago ondeggiava* | Seguire il movimento delle onde: *le barche ondeggiano alla fonda.* **2** (*fig.*) Muoversi come le onde: *le spighe ondeggiano al vento; alte lingue di fuoco ondeggiavano nell'oscurità* | Fluttuare: *veli, vesti che ondeggiano* | Agitarsi (*anche fig.*): *la folla ondeggiò paurosamente poi dilagò nella piazza; ne' petti ondeggia or questo or quel pensiero* (POLIZIANO). **3** (*fig.*) Barcollare, essere malfermo: *l'alto edificio ondeggiò un attimo prima di crollare a terra; camminava ondeggiando sulle gambe malferme.* **4** (*fig.*) Essere incerto, dubbioso: *o. tra opposti desideri.* **SIN.** Tentennare, titubare.

ondeggiàto [sec. XIV] **part. pass.** di *ondeggiare*; anche **agg.** **1** (*lett.*) Mosso dalle onde. **2** (*raro*) Ondulato.

on-demand /ingl. ˌɒndɪˈmænd/ [loc. ingl., propr. 'su domanda, su richiesta'; 1995] **agg. inv.** ● Detto di funzione, servizio e sim. che vengono attivati su richiesta dell'utente: *televisione on-demand.*

onde martenot /'onde marte'no*/ [denominazione data in onore del musicista M. *Martenot* (1898-1980)] **s. f. pl.** ● (*mus.*) Strumento elettronico a tastiera che sfrutta la differenza di frequenza di due generatori.

ondina [ted. *Undine*, dal lat. umanistico di Paracelso *undina*, da *ŭnda* 'onda'; 1869] **s. f.** **1** Personaggio leggendario femminile delle tradizioni folcloriche germaniche, abitante di fiumi e laghi. **2** (*fig.*) Nuotatrice particolarmente brava.

†**ondinatànte** [comp. di *onda* e *natante*; av. 1827] **agg.** ● (*raro, poet.*) Che naviga sulle onde.

ondisonànte [comp. di *onda* e *sonante*; av. 1638] **agg.** ● (*raro, poet.*) Che rumoreggia per le onde.

ondìsono [vc. dotta, lat. *undĭsonu(m)*, comp. di *ŭnda* 'onda' e *-sonus*, da *sonāre* 'suonare'; 1499] **agg.** ● (*raro, lett.*) Che rumoreggia per le onde.

ondìvago [vc. dotta, lat. tardo *undĭvagu(m)*, comp. di *ŭnda* 'onda' e *văgus* 'vago'; 1810] **agg.** (pl. m. *-ghi*) **1** (*lett.*) Che erra sul mare, sulle onde: *noi ... promettiam ritorno / su l'ondivaghe prore al patrio lido* (MONTI). **2** (*fig.*) Oscillante, incerto: *atteggiamento o.* | (*lett.*) Impreciso, vago.

ondògrafo [comp. di *onda* nel sign. 6, e *-grafo*] **s. m.** ● (*fis.*) Strumento che disegna la forma d'onda di una tensione alternata mediante una successione di gradini.

†**ondoleggiàre** [intens. di *ondulare*; av. 1755] **v. intr.** ● Ondeggiare leggermente.

ondoscòpio [comp. di *onda* nel sign. 6, e *-scopio*] **s. m.** ● (*fis.*) Tubo a scarica a bagliore usato per rivelare la presenza di radiazione ad alta frequenza.

ondosità [1779] **s. f.** ● Condizione di ciò che è ondoso.

ondóso [lat. *undōsu(m)*, agg. di *ŭnda* 'onda'; 1336 ca.] **agg.** **1** Delle onde, relativo alle onde: *moto o.* **2** Pieno di onde (*anche fig.*): *mare o.; un giovine dalla bella chioma ondosa* (D'ANNUNZIO). **3** †Bagnato, asperso.

ondulaménto [da *ondulare*; 1879] **s. m.** ● Lieve oscillazione, lento fluttuare, ondeggiamento.

ondulànte [1834] **part. pres.** di *ondulare*; anche **agg.** **1** Nei sign. del v. **2** (*med.*) ***Febbre o.***, in cui si alternano punte alte e basse, come nella febbre maltese.

ondulàre [dal lat. tardo *ŭndula*, dim. di *ŭnda* 'onda'; 1865] **A** **v. tr.** (*io óndulo* o *òndulo*) ● Incurvare a onda, dare sinuosità di onda: *o. la lamiera, i capelli.* **B** **v. intr.** (aus. *avere*) ● (*lett.*) Muoversi ondeggiando: *le spighe ondulavano al vento.*

ondulàto [1499] **part. pass.** di *ondulare*; anche **agg.** **1** Nei sign. del v. **2** (*est.*) Irregolare, mosso: *superficie ondulata; terreno o.* | Serpeggiante: *traiettoria ondulata.*

ondulatóre [da *ondulato*; 1954] **s. m.** **1** Apparecchio elettrico che trasforma una corrente continua in alternata. **2** Apparecchio che registra le correnti elettriche variabili.

ondulatòrio [da *ondulato*; 1835] **agg.** ● Che si propaga a onde: *movimento o.* | ***Terremoto o.***, a scosse orizzontali | (*fis.*) ***Teoria ondulatoria***, teoria sulla natura della luce che, in contrapposizione alla teoria corpuscolare, spiega i fenomeni ottici in base all'emissione e propagazione di onde, non di corpuscoli.

ondulazióne [da *ondulato*; 1754] **s. f.** **1** Oscillazione o vibrazione come di onde. **2** Disposizione a onde: *l'o. delle colline.* **3** Acconciatura dei capelli femminili piegati a onde: *o. a caldo, a freddo; o. permanente.*

†**ondùnque** [comp. di *onde* e *-unque*, ricavato da *dovunque*; 1525] **avv.** ● (*raro, lett.*) Dovunque.

ondurégno o **ondurègno** ● V. *honduregno.*

-óne (1) [lat. *-one(m)*, suff. individualizzante, che indicava la qualità caratteristica di una persona] **suff.** **1** Entra nella formazione di sostantivi e aggettivi (sostantivati) alterati, con valore accrescitivo (con varie sfumature di tono): *pigrone, zoticone, cavallone, donnone, fanciullone.* **2** Assume valore derivativo in nomi di persona, che indicano abitudine o eccesso nel fare l'azione espressa dal verbo da cui sono tratti (*brontolone, chiacchierone, dormiglione, imbroglione, mangione, predone*) e in sostantivi comuni (*capellone, terrone*).

-óne (2) [gr. *-ṓnē*, patronimico f., assunto per i comp. derivati dal gruppo (*chet*)*one*] **suff.** ● In chimica organica, indica la presenza di un gruppo chetonico –CO–: *acetone, chetone.*

-óne (3) [gr. *-on*, desinenza del nt. degli agg. in *-os*] **suff.** ● In fisica, indica entità elementari (*bosone, elettrone, mesone*) e, in biologia, indica un'unità funzionale (*codone, neurone*).

onèiro- ● V. *oniro-.*

oneirologia ● V. *onirologia.*

oneiromanzia ● V. *oniromanzia.*

oneràre [vc. dotta, lat. *onerāre*, da *ŏnus*, genit. *ŏneris* 'onere'; 1598] **v. tr.** (*io ònero*) **1** Imporre un onere: *o. i cittadini di tasse.* **2** (*fig.*) Gravare di un obbligo o di una responsabilità.

oneràrio [vc. dotta, lat. *onerārĭu(m)*, agg. di *ŏnus*, genit. *ŏneris* 'onere'; sec. XIV] **agg.** ● Da carico, da trasporto, spec. in riferimento alle navi degli antichi romani.

oneràto [av. 1420] **A** **part. pass.** di *onerare*; anche **agg.** ● Nei sign. del v. **B** **s. m.** ● (*dir.*) Donatario, erede o legatario in quanto tenuti all'adempimento di un modo | (*est.*) Erede o legatario in quanto tenuti all'adempimento di un legato.

ònere [vc. dotta, lat. *ŏnere*, abl. di *ŏnus* 'peso', di orig. indeur.; 1640] **s. m.** **1** (*dir.*) Comportamento imposto dalla legge a un soggetto per il conseguimento di effetti giuridici a lui favorevoli | ***Oneri fiscali***, complesso dei tributi gravanti su un determinato soggetto o su determinati altri | ***Oneri sociali***, complesso dei contributi previdenziali ed assicurativi che gravano in parte sul datore di lavoro ed in parte sul lavoratore | (*est.*) Obbligo, peso. **2** (*fig.*) Peso o responsabilità gravosa: *assumersi un o.* | ***Avere gli oneri e non gli onori***, svolgere gratuitamente una carica gravosa.

onerosità [vc. dotta, lat. tardo *onerositāte(m)*, da *onerōsus* 'oneroso'; 1958] **s. f.** ● Caratteristica, condizione di ciò che è oneroso.

oneróso [vc. dotta, lat. *onerōsu(m)*, agg. di *ŏnus*, genit. *ŏneris* 'onere'; sec. XIV] **agg.** **1** (*dir.*) Di negozio giuridico in cui ciascuna delle parti riceve una controprestazione. **2** (*fig.*) Pesante, gravoso: *pena onerosa; patto, contratto, obbligo o.* || **onerosaménte**, **avv.**

onestà o †**onestàde** [vc. dotta, lat. *honestā-te(m)*, da *honĕstus* 'onesto'; av. 1292] **s. f.** **1** Caratteristica di chi (o di ciò che) è onesto: *uomo di specchiata o.; o. di vita, di costumi, di intenzioni; l'o. di un magistrato, di un commerciante.* **SIN.** Dirittura, probità, rettitudine. **2** †Decoro: *atti ornati di tutte onestadi* (DANTE *Par.* XXXI, 51) | †Modestia.

onestàre [vc. dotta, lat. *honestāre* 'onorare', da *honĕstus* 'dignitoso, onesto'; av. 1406] **v. tr.** (*io onèsto*) **1** (*raro, lett.*) Far apparire onesto. **2** †Abbellire, ornare.

one-step /ingl. 'wʌnˌstep/ [vc. ingl., propr. 'un passo', comp. di *one* 'uno' e *step* 'passo', vc. germ. di orig. indeur.; 1922] **s. m. inv.** ● Ballo di origine nordamericana, il cui movimento è simile a una marcia ritmica.

♦**onèsto** [vc. dotta, lat. *honĕstu(m)*, da *hŏnos*, genit. *honōris* 'onore'; av. 1294] **A** **agg.** **1** Che si astiene dal compiere atti malvagi, illegali o illeciti, sia per osservanza di principi giuridici o morali, sia per radicato senso della giustizia: *è gente onesta; è un giovane povero ma o.* **SIN.** Probo, retto. **2** Consono alla rettitudine, conforme alla legge morale: *pensieri, propositi onesti; ho agito con intenzioni oneste* | Onorevole, onorato: *il suo è un o. desiderio; lavoro o.* **3** Casto, puro (riferito, spec. un tempo, a donna): *una fanciulla onesta.* **SIN.** Casto, puro. **4** Giusto, decoroso, conveniente: *linguaggio o.; una politica onesta* | Equo, proporzionato: *mi sembra che offrano un prezzo molto o.* | ***Critica onesta***, obiettiva e corretta. **5** (*raro*) Dignitoso: *colla chioma arruffata e polverosa, / e d'o. sudor bagnato il volto* (POLIZIANO). **6** †Bello d'aspetto. || **onestaménte**, **avv.** **1** Con onore, rettitudine, probità: *vivere, lavorare onestamente.* **2** In tutta sincerità e franchezza: *onestamente, non so che decisione prendere; cerca di considerare onestamente la tua posizione.* **3** (*lett.*) Con decoro e decenza; †con eleganza e bellezza. **B** **avv.** ● †Onestamente | †Con nobile modestia: *O Tosco che per la città del foco / vivo ten vai così parlando o.* (DANTE *Inf.* X, 22-23). **C** **s. m.** **1** (f. *-a*) Uomo che vive e agisce rettamente: *i giusti e gli onesti condanneranno le tue decisioni.* **2** Ciò che è conforme alla rettitudine, all'onestà: *mantenersi entro i limiti dell'o.* **SIN.** Giusto. || **PROV.** Chi non si accontenta dell'onesto perde il manico ed il cesto.

onestuòmo o **onest'uòmo** [comp. di *onest*(*o*) e *uomo*; av. 1869] **s. m.** (pl. *onestuòmini*) ● Galantuomo, uomo per bene.

onfacite [ted. *Omphazit*, comp. del gr. *ómphax*, genit. *ómphakos* 'grappolo acerbo' (per il colore), e del suff. mineralogico *-ite* (*2*)] **s. f.** ● (*miner.*) Pirosseno di calcio e sodio con alluminio e magnesio, in granuli di colore verde pallido.

onfalite [comp. di *onfalo-* e *-ite* (*1*); 1834] **s. f.** ● (*med.*) Infiammazione dell'ombelico.

ònfalo [vc. dotta, gr. *omphalós* 'ombelico' (V. *onfalo-*)] **s. m.** ● (*anat.*) Ombelico.

ònfalo- [dal gr. *omphalós* 'ombelico', di orig. indeur.] primo elemento ● In parole composte della terminologia medica, significa 'ombelico': *onfalite, onfalocele, onfalorragia.*

onfalocèle [comp. di *onfalo-* e *-cele*; 1834] **s. m.** ● (*med.*) Ernia ombelicale.

onfalorragìa [comp. di *onfalo-* e *-ragia*; 1834] **s. f.** ● (*med.*) Emorragia proveniente dall'ombelico.

onfalorrèa [comp. di *onfalo-* e *-rea*] **s. f.** ● (*med.*) Fuoriuscita di sostanza sierosa dall'ombelico.

onfalotomìa [vc. dotta, gr. *omphalotomía*, comp. di *omphalós* 'ombelico' (V. *onfalo-*) e *-tomía* '-tomia'; 1834] **s. f.** ● (*chir.*) Resezione del cordone ombelicale.

†**ongarése** ● V. *ungherese.*

†**òngaro** ● V. *ungaro.*

-óni [suff. di non chiara orig.] **suff.** ● Entra nella formazione di avverbi indicanti modalità o condizione, spec. del corpo umano nella sua varia collocazione rispetto alla terra come *barcolloni, bocconi, bracaloni, carponi, cavalcioni, ciondoloni, gattoni, ginocchioni, penzoloni saltelloni, tastoni, tentoni*, e anche nelle forme locutive avverbiali *a cavalcioni, a tentoni* o raddoppiate *barcollon bar-*

colloni, gatton gattoni.

onice [vc. dotta, lat. *ŏnycha*, nom. *ŏnyx*, dal gr. *ónyx* 'unghia', di orig. indeur., per il colore simile a quello delle unghie; sec. XIV] s. f. ● (*miner.*) Varietà di calcedonio zonato | Calcare concrezionale oppure traslucido gener. di colore giallo-verdastro, usato per piccoli intagli e per vasi.

onìchia [da *onico-*; 1834] s. f. ● (*med.*) Onicosi.

ònico- [dal gr. *ónyx*, genit. *ónychos* 'unghia', di orig. indeur.] primo elemento ● In parole composte della terminologia medica e zoologica, significa 'unghia': *onicofagia, onicofori, onicosi.*

onicofagìa [comp. di *onico-* e *-fagia*; 1905] s. f. ● (*med.*) Tendenza nevrotica a rosicchiarsi le unghie.

onicòfago [av. 1956] agg.; anche s. m. (f. *-a*; pl. m. *-gi*) ● Che (o Chi) soffre di onicofagia.

Onicòfori [comp. di *onico-* e *-foro*; 1883] s. m. pl. (sing. *-o*) ● Nella tassonomia animale, gruppo di Metazoi metamerici con appendici ambulatorie non articolate e corpo molliccio, per molti aspetti intermedi fra gli Anellidi e gli Artropodi (*Onycophora*).

onicogrifòsi [comp. di *onico-* e *grifosi*] s. f. inv. ● (*med.*) Alterazione per cui la lamina dell'unghia s'ispessisce e si allunga notevolmente.

onicomicòsi [comp. di *onico-* e *micosi*; 1934] s. f. inv. *1* (*med.*) Malattia di una o più unghie, spec. delle mani, causata da funghi patogeni. *2* (*veter.*) Malattia dello zoccolo degli equini, per cui lo zoccolo perde resistenza, si deforma e non regge più la ferratura. SIN. Formicaio.

onicorrèssi [comp. del gr. *ónyx*, genit. *ónychos* 'unghia' e *réseis* 'frattura'; 1954] s. f. inv. ● (*med.*) Alterazione per cui la lamina dell'unghia tende a sfaldarsi e a scheggiarsi.

onicòsi [comp. di *onic(o)-* e *-osi*; 1958] s. f. inv. ● (*med.*) Malattia delle unghie in generale.

-onimìa secondo elemento ● Forma sostantivi astratti corrispondenti alle parole in *-onimo*: *anonimia, omonimia.*

-ònimo [gr. *-ónymos*, da *ónyma*, variante dial. di *ónoma* 'nome'] secondo elemento ● In parole composte, significa 'nome': *anonimo, omonimo, pseudonimo, toponimo.*

oniomanìa [comp. del gr. *ōnêisthai* 'comperare', di orig. indeur., e *-mania*; 1970] s. f. ● Impulso morboso agli acquisti.

oniomaniaco [1970] agg.; anche s. m. (f. *-a*; pl. m. *-ci*) ● Che (o Chi) è affetto da oniomania.

†**onire** [ant. fr. *honnir*, dal francone *haunjan*] v. tr. ● Adontare, offendere.

onìrico [dal gr. *óneiros* 'sogno', di orig. indeur.; 1899] agg. (pl. m. *-ci*) ● Relativo o simile ai sogni: *visione onirica*; *la sua avventura onirica gli risultava, al ricordo, piuttosto lunga e vasta* (MORANTE). || **oniricaménte**, avv.

onirìsmo [dal gr. *óneiros* 'sogno' (V. *onirico*); 1936] s. m. ● (*med.*) Stato alterato della coscienza caratterizzato da intensa produzione fantastica e perdita del senso di realtà.

onìro- o (*raro*) **onèiro-** [dal gr. *óneiros* 'sogno', di orig. indeur.] primo elemento ● In parole composte dotte, significa 'sogno' o indica relazione con i sogni: *onirologia, oniromanzia.*

onirologìa o **oneirologìa** [comp. di *oniro-* e *-logia*; 1828] s. f. ● Scienza che tratta dei sogni.

oniromanzìa o **oneiromanzìa** [comp. di *oniro-* e *-manzia*; 1834] s. f. ● Tecnica divinatoria che trae presagi dall'interpretazione dei sogni.

onisco [vc. dotta, gr. *oniskos* 'asinello', dim. di *ónos* 'asino', di orig. straniera; 1792] s. m. (pl. *-schi*) ● Piccolo crostaceo degli Isopodi comune sotto i sassi e nel terriccio, che si avvolge a palla quando è toccato (*Oniscus murarius*).

Oniscoidèi [gr. *óniskos* 'millepiedi', da *ónos* 'asino' (di orig. non indeur.)] s. m. pl. (sing. *-o*) ● Nella tassonomia animale, sottordine di Crostacei degli Isopodi comprendente specie terrestri o anfibie, a segmenti toracici quasi tutti liberi (*Oniscoidea*).

onissi [da *onico-*] s. f. inv. ● (*med.*) Onicosi di origine infiammatoria.

on line /ɔn'lain, *ingl.* 'ɒn͵laen/ [vc. ingl., propr. 'in linea', comp. di *on* 'su, in' (d'orig. germ.) e *line* 'linea' (V. *off-line*); 1983] loc. agg. inv. *1* (*elab.*) Di apparecchio collegato direttamente all'unità centrale di un elaboratore. CONTR. Off line. *2* (*est.*) Che è accessibile tramite collegamento telefonico o telematico: *servizio interbancario on line.*

†**ònne** ● V. *ogni.*

†**ònni** ● V. *ogni.*

ònni- o (*raro*) **òmni-** [dal lat. *ŏmnis* 'tutto'] primo elemento ● In parole composte dotte, significa 'tutto', 'ogni cosa' o 'dappertutto': *onnicomprensivo, onnipossente, onnipresente, onnivoro.*

onnicomprensivo [comp. di *onni-* e *comprensivo*; 1950] agg. ● (*lett.*) Che comprende in sé ogni cosa | (*bur.*) Detto di edificio o centro scolastico che ospita scuole superiori di vari indirizzi.

onnidirezionàle ● V. *omnidirezionale.*

onninaménte [dal lat. *omnīno* 'del tutto', da *ŏmnis* 'ogni'; sec. XIV] avv. ● (*lett.*) Interamente, totalmente, in tutto e per tutto.

onnipervasivo [comp. di *onni-* e di *pervasivo*] agg. ● Che si può estendere ovunque: *rete telematica onnipervasiva.*

onnipossènte [comp. di *onni-* e *possente*, sul modello di *onnipotente*; 1764] agg. ● (*lett.*) Onnipotente.

onnipotènte [vc. dotta, lat. *omnipotēnte(m)*, comp. di *ŏmnis* 'ogni' e *pŏtens*, genit. *potĕntis* 'potente'; 1224 ca.] **A** agg. ● Che può tutto, spec. riferito a Dio: *Dio o.* | (*est., iperb.*) Di persona che detiene un grande potere: *essere o. nel mondo dell'industria*; *riconoscere la mano o. di qlcu.* || **onnipotenteménte**, avv. (*raro*) In modo onnipotente. **B** s. m. ● (*per anton.*) Dio: *pregare l'o.*

onnipotènza [vc. dotta, lat. tardo *omnipotĕntia(m)*, da *omnĭpotens*, genit. *omnipotĕntis* 'onnipotente'; 1304] s. f. ● Condizione o natura di chi (o di ciò che) è onnipotente: *l'o. di Dio*; *l'o. della ricchezza* | (*psicol.*) **Delirio di o.**, disturbo caratterizzato dal bisogno di controllare il mondo circostante con rituali di tipo magico.

onniprešènte [comp. di *onni-* e *presente*; av. 1800] agg. *1* Che è presente in ogni luogo, spec. riferito a Dio: *Dio è o.* *2* (*fig., scherz.*) Di persona che si incontra sempre e dovunque.

onniprešènza [av. 1764] s. f. ● Il trovarsi o il potersi trovare contemporaneamente in più luoghi.

onnisciènte o (*raro*) **omnisciènte** [comp. del lat. *ŏmnis* 'ogni' e *sciēns*, genit. *sciĕntis*, part. pres. di *scīre* 'sapere' (V. *sciente*); av. 1745] agg. ● Che sa tutto riguardo a ogni cosa, spec. riferito a Dio: *Dio è o.*; *nessun uomo è o.*

onnisciènza o (*raro*) **omnisciènza** [sec. XV] s. f. ● Conoscenza di tutte le cose.

†**onniscio** o †**omniscio** [vc. dotta, lat. tardo *omnīsciu(m)*, comp. di *ŏmnis* 'ogni' e *-scĭus*, da *scīre* (V. *onnisciente*); av. 1675] agg. ● Onnisciente.

onniveggènte [comp. di *onni-* e *veggente*; 1810] agg. ● Che vede o può vedere tutto.

onniveggènza [1840] s. f. ● Virtù di chi è onniveggente: *l'o. divina.*

onnivoro o (*raro*) **omnivoro** [vc. dotta, lat. *omnĭvoru(m)*, comp. di *ŏmnis* 'ogni' e *-vorus*, da *vorāre* 'divorare'; 1598] agg. *1* Che mangia di tutto: *un animale o.* *2* (*fig., scherz.*) Che recepisce tutto, senza preferenze: *lettore o.* | (*spreg.*) Che accetta passivamente ogni prodotto culturale: *masse di turisti onnivori.*

onnubilàre e *deriv.* ● V. *obnubilare* e *deriv.*

onocèfalo [vc. dotta, gr. *onoképhalos*, comp. di *ónos* 'asino' (V. *onisco*) e *-kĕphalos* '-cefalo'; 1963] agg. ● (*lett.*) Che ha la testa di asino.

onomanzìa [comp. del gr. *ónoma* 'nome', di orig. indeur., e *-manzia*; 1561] s. f. ● Tecnica divinatoria che trae presagi dall'interpretazione del valore etimologico, numerico o simbolico dei nomi delle persone.

onomašiologìa [comp. del gr. *onomasía* 'denominazione', da *onomázein* 'nominare' (V. *onomastico*) e *-logia*; 1904] s. f. ● (*ling.*) Disciplina che studia le diverse attuazioni lessicali di una stessa idea o immagine all'interno di una o più lingue. CFR. Semasiologia.

onomašiològico [1960] agg. (pl. m. *-ci*) ● Di, relativo a, onomasiologia: *trattato o.*

onomašiòlogo [1950] s. m. (f. *-a*; pl. m. *-gi*) ● Studioso, esperto in onomasiologia.

onomàstica [vc. dotta, gr. *onomastikḗ*, f. sost. di *onomastikós* 'onomastico'; 1911] s. f. *1* (*ling.*) Insieme dei nomi propri di una lingua o di una regione. *2* Studio dell'origine di tali nomi: *o. dell'Italia, della Francia.*

onomàstico [vc. dotta, gr. *onomastikós* 'denominativo, atto a denominare', da *onomázein* 'nominare', da *ónoma* 'nome', di orig. indeur.; 1813] **A** agg. (pl. m. *-ci*) *1* (*ling.*) Relativo all'onomastica: *lessico o.*; *ricerche onomastiche.* *2* Detto del giorno in cui si celebra la festa della santa o del santo di cui si porta il nome. **B** s. m. ● Giorno onomastico: *festeggiare il proprio o.*; *oggi è il mio o.*

onomatomanìa [comp. del gr. *ónoma*, genit. *onómatos* 'nome', di orig. indeur., e *-mania*; 1834] s. f. ● (*psicol.*) Fissazione morbosa su un nome o una parola.

onomatopèa o **onomatopèia** [vc. dotta, lat. *onomatopōeia(m)*, nom. *onomatopōeia*, dal gr. *onomatopoiía*, comp. di *ónoma*, genit. *onómatos* 'nome' e *poiêin* 'fare' (V. *poeta*); av. 1498] s. f. ● (*ling.*) Formazione di parole che riproducono o suggeriscono rumori e suoni naturali: *Nei campi / c'è un breve gre gre di ranelle* (PASCOLI) | Parola o gruppo di parole il suono delle quali richiama il loro significato: *Il tuo trillo sembra la brina / che sgrigiola, il vetro che incrina* (PASCOLI).

onomatopèico [1639] agg. (pl. m. *-ci*) ● (*ling.*) Di onomatopea, che costituisce onomatopea.

onomaturgìa [dal gr. *onomatourgós* 'coniatore di parole', comp. di *ónoma*, genit. *onómatos* 'nome' (V. *onomanzia*) e un deriv. di *érgon* 'opera, lavoro' (di orig. indeur.); 1975] s. f. ● Studio linguistico che accerta la data e l'autore relativi alla coniazione di una parola | Coniazione di parole nuove, di neologismi.

onomatùrgo [1975] s. m. (f. *-a*; pl. m. *-gi*, *-ghi*) ● Studioso di onomaturgia | Coniatore di parole nuove, di neologismi.

onònide [vc. dotta, gr. *onōnís*, genit. *onōnídos*, di etim. incerta; 1476] s. f. ● Pianta erbacea delle Papilionacee con rami spinosi e fiori ascellari di color rosa intenso (*Ononis spinosa*).

onoràbile [vc. dotta, lat. *honorābile(m)*, da *honorāre* 'onorare'; av. 1342] agg. *1* Degno di essere onorato: *nome o.* *2* †Che fa onore: *esequie onorabili.* || **onorabilménte**, avv. Con onore.

onorabilità [sec. XIV] s. f. *1* Caratteristica, condizione di chi (o di ciò che) è onorabile: *la sua o. è fuori discussione.* *2* Buon nome, buona fama: *offendere, ledere l'o. di qlcu.*

onoràndo [vc. dotta, lat. *honorāndu(m)*, gerundivo di *honorāre* 'onorare'; av. 1324] agg. ● (*lett.*) Che deve essere onorato, che è degno di riverenza.

onorànza o †**onrànza**, †**orrànza** [da *onorante*; av. 1250] s. f. *1* (*raro*) Onore. *2* (*spec. al pl.*) Celebrazione o festeggiamento in onore di qlcu.: *gli furono tributate solenni onoranze* | **Estreme onoranze, onoranze funebri**, esequie, funerali.

onoràre o †**onràre**, †**orràre** [vc. dotta, lat. *honorāre*, da *hŏnos*, genit. *honōris* 'onore'; 1294] **A** v. tr. (*io onóro*) *1* Trattare con onore, celebrare od ossequiare con atti e comportamenti che dimostrino ammirazione, stima e sim.: *o. la memoria dei grandi*; *onorarono i caduti con un bellissimo monumento* | **O. il padre e la madre**, trattarli con particolare venerazione e rispetto | **O. qlcu. con, di un titolo, una nomina, un incarico di fiducia** e sim., conferirglieli in segno di massima stima e considerazione | **O. qlcu. della propria amicizia, di una visita, di una pronta risposta** e sim., dimostrargli con tali sentimenti o azioni la propria alta considerazione | **O. i defunti**, celebrarne con solennità la memoria | (*est., lett.*) Accogliere in modo fastoso e deferente. *2* (*relig.*) Prestare culto esteriore, venerare e adorare con atti: *o. Dio, la Vergine, i santi.* *3* Rendere degno della massima stima e considerazione, rendere illustre e famoso: *le sue gesta onorano la patria*; *la scienza con opere di grande valore.* *4* Adempiere un obbligo, tener fede a un impegno: *o. una promessa di pagamento* | **O. la propria firma**, pagare la somma stabilita | **O. una cambiale, una tratta**, pagarla. **B** v. rifl. ● Fregiarsi, pregiarsi: *mi onoro della vostra amicizia.*

onoràrio (1) [vc. dotta, lat. *honorāriu(m)*, da *hŏnos*, genit. *honōris* 'onore'; av. 1667] agg. *1* Fatto o conferito a titolo d'onore: *monumento o.*; *cittadinanza onoraria* | **Colonna onoraria**, grande colonna eretta dagli antichi Romani per commemorare le gesta dei grandi imperatori. *2* Insignito di una carica, di un ufficio e sim., solo a titolo d'onore, senza gli obblighi e i diritti relativi alle stesse: *socio, membro, cittadino, professore o.* CONTR. Effettivo. || **onorariaménte**, avv.

onoràrio (2) [vc. dotta, lat. tardo *honorāriu(m)*. V. precedente; 1585] **s. m.** ● Corrispettivo spettante a un professionista per l'attività esplicata.

onoratézza [da *onorato*; 1723] **s. f.** ● (*raro*) Comprovata rettitudine, buona reputazione.

onoratissimo [av. 1540] **agg.** *1* Sup. di *onorato*. *2* Felicissimo, spec. in frasi o formule di cortesia: *o. di fare la sua conoscenza*.

onoràto o †**onràto**, †**orràto** [1294] **part. pass.** di *onorare*; anche **agg.** *1* Degno di stima, di rispetto: *famiglia onorata* | ***Povertà onorata***, onesta e dignitosa | ***Sentirsi, reputarsi o. di o per qlco.***, trarne motivo di soddisfazione | ***L'onorata società***, la camorra napoletana e (*est.*) la mafia o altre analoghe associazioni. *2* Onorevole: *morte, sepoltura onorata*; *è andato in pensione dopo vent'anni di o. servizio*. *3* In frasi di cortesia, molto felice: *o. di conoscerla*. || **onoratissimo**, **superl.** (V.). || **onorataménte**, **avv.** In modo onorato, con onore: *vivere onoratamente*.

onoratóre [sec. XV] **agg.** (f. *-trice*) ● (*raro, lett.*) Che onora o rende onore.

♦**onóre** [vc. dotta, lat. *honōre(m)*, di etim. incerta; sec. XII] **s. m.** **I** Inteso come attributo intimo della personalità umana. *1* Integrità di costumi, costante rispetto e pratica dei principi morali propri di una comunità, su cui si fonda la pubblica stima: *ledere l'o. di qlcu.*; *non transigerò mai sul mio o.*; *difendere a ogni costo il proprio o.* | Buon nome, buona reputazione: *è gelosissimo dell'o. suo e della famiglia*; *è una questione d'o. e va risolta con molto tatto* | ***Impegnarsi, giurare, garantire sul proprio o.***, dandolo come garanzia assoluta e indiscutibile di quanto si promette o si afferma | ***Parola d'o.!***, detto per garantire sul proprio onore | ***Ne va dell'o., è in gioco l'o.***, detto a proposito di situazioni che possono compromettere l'onorabilità di una persona | ***Debito d'o.***, quello derivante da un obbligo non giuridico | In alcune società, valore attribuito alla verginità della donna e alla fedeltà coniugale; dignità della famiglia in relazione a tale valore: *difendere, vendicare l'o. di una fanciulla, di una sposa, di un vincolo coniugale* | (*dir.*) ***Causa d'o.***, movente o scopo di taluni reati contro la persona, diretti a celare o vendicare offese all'onore sessuale, un tempo rilevante come circostanza attenuante per il colpevole. *2* Gloria, fama, vanto: *l'o. va al maestro e allo scolaro*; *un artista che è l'o. del nostro secolo*; *l'o. è 'l più nobile stimolo del valor militare* (VICO) | ***Tenere alto l'o. della patria, della famiglia*** e sim., comportarsi in modo da aumentarne la fama, da recar loro vanto e gloria. *3* Consapevolezza radicata della propria dignità personale e volontà di mantenerla intatta comportandosi come si conviene: *ho fatto ciò che l'o. mi imponeva* | ***Punto d'o.***, sul quale non si può transigere, senza venir meno ai propri principi | ***Uomo d'onore***, galantuomo; (*gerg.*) chi è affiliato alla mafia, chi non tradisce le regole mafiose | Alta soddisfazione: *ho l'o. di proporvi un generoso intervento*; *ho l'o. di presentarvi il più famoso dei nostri letterati*. *4* Consapevolezza della dignità e del valore altrui e conseguente stima: *avere, tenere qlcu. in o.*, *in grande o.* **II** Inteso come fattore principale del decoro e del pregio esteriore di un individuo, di un gruppo o di una istituzione. *1* Tutto ciò che conferisce o può conferire dignità, maestà, decoro a qlcu. o a qlco.: *cercare, procurare, perseguire l'o. della patria, della famiglia*; *è meritevole di ogni o.* | Omaggio, ossequio: *col suo gesto ha inteso rendere o. alla memoria dei caduti* | ***Onori funebri***, esequie | ***O. delle armi***, resi dal vincitore all'avversario vinto che ha dato prova di straordinario valore (*anche fig.*) | ***Onori militari***, dovuti a determinati alti gradi o simboli, secondo le modalità prescritte dai regolamenti | ***Compagnia d'o.***, assegnata a grandi personalità | ***Scorta, guardia, picchetto d'o.***, concessi a dignitari, ministri e sim. | ***Salve d'o.***, salve di artiglieria, quale solenne saluto ad altissime personalità o in occasione di particolari cerimonie celebrative | ***Posto d'o.***, riservato alle persone di maggior riguardo | ***Socio d'o.***, onorario | (*fig.*) ***A onor del vero***, in verità, in omaggio alla verità. *2* Culto e rito di adorazione, di venerazione: *o. a Dio, ai Santi*. *3* Carica, dignità o ufficio molto elevato: *rifiutò ogni o. e si ritirò a vivere in campagna*; *fu elevato ad alti onori*; *è un arrivista e la sua sete d'onori è inestinguibile* | ***Onori accademici***, titoli | ***L'o. della porpora***, la dignità di cardinale | ***L'o. della corona***, la dignità regale o imperiale | ***L'o. degli altari***, la dichiarata santità | (*est.*) Condizione insigne, che suscita rispetto e procura distinzione: *dal nulla seppe pervenire a grande o.* | ***Gli onori del mondo***, i successi mondani, destinati a perire. *4* Trattamento non comune, riservato a cose particolarmente pregevoli o a persone di grande fama e dignità: *il suo libro ebbe l'o. di numerose riedizioni*; *ricevette dovunque onori eccelsi*; *fu sepolto con grandi onori* | Ciò che è concesso come riconoscimento di tale pregio o dignità: *medaglia d'o.*; *menzione d'o.*; *un o. immeritato*; *banchetto in o. degli sposi* | ***Troppo o.!***, espressione usata per ringraziare di aver ricevuto un premio, una lode e sim. (*anche iron.*) | ***Piazza d'o.***, il secondo posto in una classifica, nell'arrivo di una gara e sim. | ***Giro d'o.***, V. *giro*, sign. A 1. *5* Dignità, decoro: *mantenersi con o.*; *la situazione era scabrosa, ma ne è uscito con o.* *6* (*lett.*) Ornamento esteriore: *l'alloro fu o. di imperatori e di poeti* | ***L'onor del mento***, la barba | (*est.*) Pompa, gala: *fu accolto con onori regali*. *7* In unione con il v. *fare*, seguito da vari compl., dà origine a molte loc. | ***Fare o.***, detto di qlcu. che dimostra di essere degno di qlco., o di essere motivo di vanto, di orgoglio e sim.: *ha fatto o. alla sua fama*; *fa o. alla sua patria* | ***Bell'o. s'è fatto!***, detto di persona che si comporta in modo tutt'altro che onorevole | ***Farsi o. in qlco.***, comportarsi, agire o riuscire egregiamente in qlco. | ***Fare a qlcu. l'o. di***, onorarlo con atti o parole a lui dirette | ***Non gli fa o.!***, di cosa che torna a scapito o a disonore di qlcu. | ***Fare o. agli ospiti, agli invitati*** e sim., accoglierli e trattarli con i dovuti riguardi | ***Fare gli onori di casa***, di persona che riceve e intrattiene gli ospiti | ***Fare o. al pranzo, alla festa*** e sim., mostrare di gradirli molto | ***Fare o. alla propria firma, al proprio nome, alla propria parola***, pagare puntualmente ciò che si deve o mantenere comunque ciò che s'è promesso. *8* Carta di valore particolare, nel gioco del tressette e del bridge. || †**onorétto**, **dim.** | **onorùccio**, **onorùzzo**, **dim.**

onorévole o †**orrévole** [da *onorabile*, con cambio di suff.; 1294] **A agg.** *1* Degno di onore: *famiglia, stirpe o.*; *il molto o. signor Tal dei Tali*. *2* Appellativo spettante ai parlamentari, spec. ai deputati: *l'o. ministro della Pubblica Istruzione*. *3* Che costituisce un onore, che fa onore: *gesta, imprese onorevoli* | Decoroso, dignitoso: *impiego o.*; *accettare condizioni e patti onorevoli*; *avete preso il solo partito o., conveniente, che vi rimanesse* (MANZONI). || **onorevolménte**, †**onorevoleménte**, **avv.** *1* Con onore: *accogliere qlcu. onorevolmente*; *l'hanno sepolto onorevolmente*. *2* In modo degno, decoroso: *sono riusciti ad accordarsi onorevolmente*. **B s. m. e f.** ● Parlamentare, spec. deputato.

onorevolézza o †**orrevolézza** [sec. XIV] **s. f.** ● (*raro*) Caratteristica di chi (o di ciò che) è onorevole.

onorificènza [vc. dotta, lat. tardo *honorificēntia(m)*, da *honorĭficus* 'onorifico'; av. 1375] **s. f.** ● Carica, titolo, decorazione e sim. concessa in segno d'onore: *o. cavalleresca*; *essere avido di onorificenze*.

onorìfico [vc. dotta, lat. tardo *honorĭficu(m)*, comp. di *hŏnos*, genit. *honōris* 'onore' e *-ficus* '-fico'; 1483] **agg.** (pl. m. *-ci*) ● Dato o fatto per onore: *carica, menzione onorifica* | ***A titolo o.***, senza obblighi corrispondenti. || **onorificaménte**, **avv.** In modo onorifico; onorevolmente.

†**onràre** e *deriv.* ● V. *onorare* e *deriv.*

ónta [ant. fr. *honte*, dal francone *haunitha*; sec. XII] **s. f.** *1* Vergogna, disonore, infamia: *un'o. incancellabile* | ***Avere o.***, vergognarsi. *2* Affronto, oltraggio, ingiuria: *vendicare l'o. sofferta*; *cancellare l'o. col sangue* | ***Ad o. di***, a dispetto di, malgrado | ***In o. a***, (*lett.*) contro.

ontanéta [1855] **s. f.** ● Bosco di ontani.

ontanéto [av. 1424] **s. m.** ● Ontaneta.

ontàno [lat. tardo *alnetānu(m)*, da *alnētum* 'ontaneto', da *ălnus* 'alno, ontano'; 1340 ca.] **s. m.** ● Albero delle Betulacee, a foglie ovate, vischiose da giovani, comune nei luoghi umidi e paludosi, il cui legno è molto usato per costruzioni (*Alnus glutinosa*). SIN. Alno. ➡ ILL. **piante**/2.

on the road /ɔnde'rod, *ingl.* ˌɒn ðə'ɹəʊd/ [loc. ingl., propr. 'sulla strada', dal titolo di un romanzo del 1957 dello scrittore statunitense J. Kerouac (1922-1969); 1980] **A loc. agg. inv.** ● Detto di film o racconto che ha per tema un lungo viaggio compiuto da personaggi estranei a modi di vita tradizionali | (*est.*) Detto di stile di vita anticonformista, con aspirazioni libertarie. **B** anche **loc. avv.**: *vivere on the road*.

on the rocks /ɔnde'rɔks, *ingl.* ˌɒn ðə'ɹɒks/ [vc. anglo-amer., propr. 'sulle rocce, sui sassi'; *rock* ha la stessa etim. dell'it. *roccia*; 1963] **loc. avv.** e **agg.** ● Detto di whisky, liquore, o vino, versato direttamente in un bicchiere contenente cubetti di ghiaccio.

òntico [da *onto-*; 1953] **agg.** (pl. m. *-ci*) ● (*filos.*) Che concerne l'essere in quanto esistenza individuale e determinata nello spazio e nel tempo.

ònto- [gr. *ōn*, genit. *óntos* 'ente', nel senso gramm. di part. pres. del v. *éinai* 'essere'] primo elemento ● In parole composte della terminologia filosofica, significa 'essere', 'esistenza', 'ente': *ontologia* | In biologia, significa 'organismo vivente': *ontogenesi*.

ontogènesi [comp. di *onto-* e *genesi*; 1905] **s. f. inv.** ● (*biol.*) Il complesso delle fasi successive di sviluppo nel ciclo vitale di un organismo.

ontogenètico [1898] **agg.** (pl. m. *-ci*) ● (*biol.*) Che concerne l'ontogenesi: *sviluppo o.*; *processo o.*

ontologìa [comp. di *onto-* e *-logia*; 1739] **s. f.** ● (*filos.*) Parte della filosofia che studia le modalità fondamentali dell'essere in quanto tale al di là delle sue determinazioni particolari o fenomeniche.

ontològico [av. 1749] **agg.** (pl. m. *-ci*) ● Che concerne o interessa l'essere in quanto tale | ***Prove ontologiche dell'esistenza di Dio***, fondate sull'idea della perfezione divina. || **ontologicaménte**, **avv.**

ontologìsmo [comp. di *ontologia* e *-ismo*; 1858] **s. m.** ● (*filos.*) Dottrina filosofica secondo la quale alla base di qualsiasi conoscenza umana si pone una intuizione immediata o diretta dell'Ente supremo o Dio.

ontologìsta [av. 1883] **A s. m. e f.** (pl. m. *-i*) ● Chi segue o si ispira all'ontologismo. **B agg.** ● Che concerne o interessa l'ontologismo.

†**ontóso** [ant. fr. *honteux*, da *honte* 'onta'; av. 1294] **agg.** *1* Ingiurioso, offensivo: *gridandosi anche loro o. metro* (DANTE *Inf.* VII, 33). *2* Che prova, sente vergogna.

ontoteologìa [vc. dotta, comp. di *onto-* e *teologia*; 1909] **s. f.** ● (*filos.*) Nella filosofia di Kant, parte della teologia che deduce l'esistenza divina senza ricorso ai dati dell'esperienza | Nella filosofia e nella teologia contemporanee, modalità d'indagine che unisce in sé il discorso sull'essere (ontologia) e il discorso su Dio (teologia).

onùsto [vc. dotta, lat. *onŭstu(m)*, da *ŏnus*, genit. *ŏneris* 'onere'; 1340] **agg.** ● (*lett.*) Carico: *vecchio o. di anni*; *né dal gran peso è la persona onusta* (TASSO).

†**ónza** (1) [ant. fr. *once*, da *lonce* 'lonza', con la caduta della *l-* iniziale sentita come art. Cfr. *azzurro*, *usignolo* ecc.] **s. f.** ● Leopardo.

ónza (2) ● V. *oncia*.

-ónzolo [ampliamento di suff. dim. con l'infisso spreg. *-onzo-*] **suff.** alterativo ● Conferisce a sostantivi valore spregiativo: *mediconzolo*, *paperonzolo*.

òo- /ɔo/ o (*raro*) **òvo-** [dal gr. *ō(i)ón* 'uovo'] primo elemento ● In parole composte della terminologia biologica e botanica, significa 'uovo', 'gamete femminile' o indica relazione o somiglianza di forma con l'uovo: *oomiceti*, *ooteca*.

ooblàsto [comp. di *oo-* e *-blasto*; 1954] **s. m.** ● (*biol.*) Uovo fecondato.

oocìsti [comp. di *oo-* e *cisti*; 1934] **s. f. inv.** ● (*zool.*) Involucro contenente lo zigote presente in molti sporozoi.

oocìta o **oocìto**, **ovocita**, **ovocito** [comp. di *oo-* e *-cito*; 1904] **s. m.** (pl. *-i*) ● (*biol.*) Elemento precursore della cellula uovo degli animali, destinato a impegnarsi in processi meiotici ed eventualmente a completarli, di regola in seguito alla fecondazione.

ooforìte [comp. di *oo-* e un deriv. di *-foro*; 1875] **s. f.** ● (*med.*) Infiammazione dell'ovaio. SIN. Ovarite.

oòforo [comp. di *oo-* e *-foro*; 1958] **A agg.** ●

(*zool.*) Che contiene, che porta le uova: *follicolo o.* **B** s. m. *1* (*anat.*) Ovaia. *2* (*bot.*) Ovario.

oogamìa o **ovogamìa** [comp. di *oo-* e *-gamia*; 1932] s. f. ● (*biol.*) Condizione di marcata eterogamia.

oogènesi [comp. di *oo-* e *genesi*; 1932] s. f. inv. ● (*biol.*) Processo di formazione e maturazione delle cellule uovo nell'ovaio.

oogònio o **ovogònio** [comp. di *oo-* e *-gonio*; 1883] s. m. *1* (*biol.*) Cellula germinale che nei Vertebrati precede l'oocita nel processo di maturazione dei gameti femminili. *2* (*bot.*) Organo femminile delle alghe e dei Funghi, che contiene l'oosfera.

oolite [comp. di *oo-* e *-lite*; 1797] s. m. ● (*geol.*) Granulo sferico o non perfettamente sferico di diametro inferiore ai 2 mm, con un corpuscolo minerale od organogeno al nucleo rivestito da strati concentrici calcarei.

oologìa [comp. di *oo-* e *-logia*; 1954] s. f. ● Branca della zoologia che studia i caratteri delle uova degli uccelli, spec. a scopo di classificazione.

Oomicèti [comp. di *oo-* e del gr. *mýkēs*, genit. *mýkētos* 'fungo' (V. *micelio*); 1954] s. m. pl. (sing. *-e*) ● Nella tassonomia vegetale, ordine di Funghi dei Ficomiceti comprendente specie la cui riproduzione sessuata si compie mediante la formazione di oospore che germinano grazie alla fecondazione da parte degli anteridi (*Oomycetes*).

ooplàsma o **ovoplàsma** [comp. di *oo-* e *plasma*; 1954] s. m. (pl. *-i*) ● (*biol.*) Citoplasma della cellula uovo dei Vertebrati.

oops /o'ɔps, o'ɔps/ [vc. ingl. di orig. onomat.; 1995] inter. ● Esclamazione di sorpresa o di scuse se si urta qlcu. o qlco., si combina un guaio o si fa un errore: *o., che sbadato!*

oosfèra [comp. di *oo-* e *sfera*; 1883] s. f. ● (*bot.*) Cellula femminile aploide delle piante cormofite da cui dopo la fecondazione si sviluppa l'embrione. SIN. Gemmula.

oospòra [comp. di *oo-* e *spora*; 1883] s. f. ● (*bot.*) Spora che si forma nelle piante tallofite per copulazione di spermatozoidi o nuclei spermatici con cellule uovo.

ootèca o **ovotèca** [comp. di *oo-* e *teca*; 1954] s. f. *1* (*biol.*) Involucro che racchiude le uova in alcuni gruppi animali come nei Molluschi e negli Artropodi. *2* (*biol.*) Tratto dilatato dell'ovidotto degli Anfibi dell'ordine degli Anuri, destinato a raccogliere le uova prima dell'amplesso.

ootipo [comp. di *oo-* e *tipo*] s. m. ● (*zool.*) Organo cavo di molti Platelminti nel quale le uova vengono circondate da un guscio.

Opa [sigla di *o*(*fferta*) *p*(*ubblica*) (di) *a*(*cquisto*); 1974] s. f. inv. ● (*borsa*) Comunicazione pubblica, effettuata da una persona fisica o giuridica agli azionisti di una società quotata in Borsa, dell'intenzione di comprare i loro titoli azionari a un prezzo superiore al valore corrente al fine di raggiungere o mantenere il controllo di tale società.

opacaménto s. m. ● (*raro*) L'opacare, l'opacarsi | Intorbidamento.

opacìmetro [comp. di *opaci*(*tà*) e *-metro*; 1985] s. m. ● Strumento che misura l'opacità di un liquido o di un gas; è usato spec. per determinare il coefficiente di inquinamento dei gas di scarico dei motori.

opacità [vc. dotta, lat. *opacitāte*(*m*), da *opācus* 'opaco'; av. 1544] s. f. *1* Proprietà, caratteristica di ciò che è opaco: *la quale o. è atta a ricevere e ripercuotere il lume del sole* (GALILEI). *2* (*fig.*) Mancanza di vivacità, espressione e sim.: *l'o. degli occhi, dell'ingegno; discorsi, frasi di incredibile o.* *3* (*raro, lett.*) Ombrosità, frescura.

opacizzànte [1958] **A** part. pres. di *opacizzare*; anche agg. ● Nei sign. del v. **B** s. m. ● Sostanza che appanna la trasparenza di un corpo o di una superficie.

opacizzàre [comp. di *opac*(*o*) e *-izzare*; 1958] **A** v. tr. *1* Rendere opaco: *o. le fibre tessili.* *2* (*med.*) Rendere opaco ai raggi X: *o. lo stomaco.* **B** v. intr. pron. ● Diventare opaco: *il vetro si è opacizzato.*

opacizzazióne [1958] s. f. *1* Operazione dell'opacizzare: *l'o. dello stomaco, dell'intestino* | L'opacizzarsi. *2* Nell'industria tessile, operazione mediante la quale si rendono opache le fibre lucide e trasparenti.

opàco [vc. dotta, lat. *opācu*(*m*), di orig. indeur.; av. 1416] agg. (pl. m. *-chi*) *1* Che non lascia passare la luce: *vetro o.* CONTR. Trasparente. *2* Che non lascia attraversare dalle radiazioni: *corpo o.* *3* Privo di lucentezza: *metallo o.; vernice opaca; sul lor capo era l'opaca notte / piena di stelle* (PASCOLI). CONTR. Lucido. *4* (*fig.*) Detto di ciò che manca di acutezza, chiarezza, espressività e sim.: *suono o.; voce opaca; sguardo o.* | Mediocre, scialbo, privo di brillantezza: *la squadra ha fornito una prova opaca.* *5* (*lett.*) Ombroso, oscuro. *6* (*ling.*) Demotivato. ‖ **opacaménte**, avv. (*raro*) Ombrosamente.

opàla s. f. ● (*raro*) Opale.

opàle [fr. *opale*, dal lat. *ŏpalu*(*m*), nom. *ŏpalus*, dal gr. *opállios*: dal sanscrito *upalas* 'pietra preziosa' (?); av. 1498] s. m. o f. ● (*miner.*) Varietà di silice idrata amorfa, usata come pietra dura nei tipi più belli | *O. nobile*, di colore bianco azzurro, lattiginoso e ricco di iridescenze | *O. di fuoco*, di colore rosso | *O. arlecchino*, screziato di vari colori su un fondo gener. nero.

opalescènte [da *opale* sul modello di *iridescente*; 1869] agg. ● Che ha le iridescenze dell'opale nobile: *una luminosità o.*

opalescènza [1788] s. f. ● Aspetto latteo, talvolta anche iridescente, di una sostanza solida o liquida.

opalina (1) [da *opale*, per il colore] s. f. *1* Tipo di vetro opalescente, traslucido. *2* Tipo di cartoncino lucido. *3* Stoffa di cotone leggera e semitrasparente.

opalina (2) [da *opale*, per il colore] s. f. ● Protozoo ciliato parassita nell'intestino posteriore degli Anfibi (*Opalina ranarum*).

opalino [1806] agg. ● Di opale, simile all'opale: *biancore o.; riflessi opalini.*

opalizzàto [da *opale*; 1877] agg. ● Reso cangiante e iridescente come l'opale.

òpalo (1) s. m. ● Opale.

òpalo (2) [V. *oppio* (2)] s. m. ● (*bot.*) Oppio.

op art /ɔp'(p)art, *ingl.* 'ɒp,ɑːt/ [1965] loc. sost. f. inv. ● Accorc. di *optical art.*

òpe lègis [loc. del lat. moderno, propr. 'in forza di legge', comp. dell'abl. di *ŏps*, genit. *ŏpis* 'ricchezza' (V. *inope*) e di *lēgis*, genit. di *lēx* 'legge'] loc. agg. e avv. ● Per effetto di una legge, in forza di una legge.

open /'ɔpen, *ingl.* 'əupən/ [vc. ingl., propr. 'aperto' (vc. di orig. germ.); 1958] **A** agg. inv. *1* (*sport*) Detto di competizione sportiva cui possono partecipare sia i professionisti che i dilettanti: *torneo o. di golf, di tennis.* *2* Detto di biglietto di viaggio in cui la data di questo, al momento della vendita, non è ancora precisata. **B** anche s. m. inv. nel sign. 1: *iscriversi a un o.*

open-ended /*ingl.* 'əupən,endɪd/ [vc. ingl., propr. 'aperto (*open*) e terminato (*ended*)', perché le quote aperte possono essere realizzate in qualsiasi momento] agg. inv. ● (*econ.*) Detto di fondi comuni aperti, cioè che emettono e riscattano quote in via continuativa | Detto di emissione di titoli obbligazionari che non prefissa l'ammontare complessivo del prestito, pur contenendolo entro un tetto massimo.

†**openióne** ● V. *opinione.*

open space /*ingl.* 'əupən 'speɪs/ [loc. ingl., propr. 'spazio aperto'] loc. sost. m. inv. (pl. ingl. *open spaces*) ● (*arch.*) Ampio spazio aperto creato all'interno di uffici o abitazioni eliminando le pareti divisorie, in modo da favorire la vita in comune e il lavoro di gruppo.

♦**òpera** o (*poet.*) †**òpra**, †**òvera**, (*poet.*) †**òvra** [lat. *ŏpera*(*m*), propr. pl. di *ŏpus*, genit. *ŏperis* 'opera', di orig. indeur.; av. 1292] s. f. **I** Con valore ampio e generico. *1* Attività posta in essere con un preciso intento, volta a un fine determinato o atta a produrre certi effetti: *la sua o. politica va giudicata con cautela; l'o. creatrice di Dio; l'o. educatrice della scuola, della famiglia; l'o. del vento e della pioggia ha modificato nei millenni la superficie terrestre* | *Fare o. di pace, di discordia*, e sim., agire per conservare e riportare la pace, la discordia e sim. | *Fare o. di persuasione*, cercare di persuadere | *Per o. sua*, grazie a lui o per colpa sua | *Con l'o. di*, mediante. SIN. Azione. *2* Azione umana, spec. in riferimento alla sua rilevanza morale: *fare, compiere, realizzare buone opere; giudicatelo dalle opere e non dalle parole; un'o. nefanda, meritoria* | *Compiere la propria o.*, realizzare quanto ci si è prefisso o raggiungere il proprio scopo o effetto | Nella teologia cristiana, ciascuno degli atti determinati dalla libera volontà umana. *3* Risultato di un'attività genericamente intesa o di una specifica azione: *la distruzione dell'intero raccolto fu o. delle alluvioni; tutti questi guai sono o. della sua maldicenza; non prendetevela con me, perché il danno non è o. mia* | *Per completare l'o.*, per giunta | Effetto, efficacia: *l'o. dei farmaci risulta troppo blanda.* **II** Con valore specifico e determinato. *1* Attività lavorativa in genere: *presterò la mia o. anche gratuitamente; valersi dell'o. di qlcu.* | *Vedere qlcu. all'o.*, mentre lavora | *Voglio vederlo all'o.*, aspetto a giudicarlo quando passerà all'attività pratica | *Mettersi all'o.*, cominciare a lavorare. SIN. Lavoro. *2* Lavoro materiale: *l'o. dello scalpellino, del meccanico* | (*lett.*) *Opere servili*, i lavori più umili | (*lett.*) *Opere fabbrili*, del muratore, falegname e sim. | *Contratto d'o.*, quello per cui una persona si obbliga a compiere un'opera o un servizio con lavoro prevalentemente proprio e senza vincolo di subordinazione nei confronti del committente | (*raro*) *Mettere o. a qlco.*, mettervi mano | Lavoro a giornata: *stare a o.* | (*raro*) Giornata di lavoro: *le opere saranno pagate settimanalmente* | *Mano d'o.*, V. *manodopera.* *3* Risultato concreto o prodotto di un lavoro materiale: *ecco l'o. delle mie mani* | Costruzione: *o. di muratura, legname, terra; o. in ferro, cemento* | *Mettere in o.*, collocare al posto giusto le parti, i pezzi della costruzione; montare impianti, macchine e sim. nel luogo stabilito in modo che siano in grado di poter funzionare | (*fig.*) *Mettere in o. un proposito*, attuarlo | *A piè d'o.*, detto di materiali o macchinari portati sul luogo del montaggio | *In o., fuori o.*, detto di materiali o macchinari portati rispettivamente all'interno o all'esterno del luogo del montaggio | *Opere d'arte*, insieme dei manufatti quali strade, ponti, gallerie, ecc. | *Opere pubbliche*, infrastrutture finanziate dallo Stato o da altri enti pubblici | (*mar.*) *O. morta*, nelle costruzioni navali, parte dello scafo situata sopra la linea di galleggiamento | (*mar.*) *O. viva*, carena | (*gener.*) Fortificazione: *o. interna, esterna, bassa, alta; opere campali.* *4* Lavoro intellettuale: *la vostra o. non ha prezzo; è o. difficile analizzare tutti questi dati* | Fatica: *una lunga o. ci attende; non vedo il fine di quest'o. così gravosa.* *5* Risultato concreto di un lavoro intellettuale o di un'attività artistica: *l'o. dello scultore, del pittore, del poeta, del musicista, o. d'arte* | *O. prima*, quella di esordio: *l'o. prima di un regista al Festival del cinema* | *O. dell'ingegno*, creazione letteraria e artistica oggetto del diritto d'autore | Libro, volume: *una raccolta di opere classiche; catalogo delle opere e degli autori; o. giuridica, medica, scientifica, matematica, filosofica.* *6* Ente di assistenza e beneficenza: *opere pie; o. nazionale mutilati e invalidi civili* | *O. universitaria*, ente che ha il compito di promuovere le varie forme di assistenza agli studenti universitari. *7* Fabbriceria: *è stata costituita una nuova o. destinata a una chiesa parrocchiale.* *8* Figurazione geometrica, vegetale o animale su stoffa: *tessuto a o.* *9* (*mus.*) Composizione e rappresentazione teatrale il cui testo può essere interamente cantato o in parte parlato, con accompagnamento orchestrale: *o. lirica; le opere di Verdi, di Rossini; libretto d'o.* | *O. seria*, quella in voga nei secc. XVII e XVIII, ispirata all'epoca classica greco-romana | *O. buffa*, quella di carattere comico e buffonesco, in voga in Italia nei secc. XVIII e XIX, contrapposta all'opera seria | *O. dei pupi*, teatro delle marionette. *10* (*est.*) Teatro adibito alla rappresentazione di tali composizioni: *stasera andiamo all'Opera.* ‖ **operèlla**, dim. | **operètta**, dim. (V.) | **operina**, dim. | **operóna**, accr. | **operóne**, accr. m.

opéra-ballet /*fr.* ope'ʀaba'le/ [giustapposizione fr. di *opéra* 'opera' e *ballet* 'balletto'] s. f. inv. ● (*mus.*) Genere di opera, tipicamente francese, in voga tra il XVII e XVIII sec., con alternanza di canto e danza.

operàbile [av. 1499] agg. ● Che si può operare: *malato o.; tumore o.*

operabilità [1869] s. f. ● Condizione di chi (o di ciò che) è operabile.

♦**operàio** o †**operàrio** [lat. *operāriu*(*m*), da *ŏpera* 'opera'; av. 1308] **A** s. m. (f. *-a*) *1* Chi esplica

opportuna; *o. a l'insidie il loco è molto* (TASSO); *instrumento molto o. a turbare il regno di Napoli* (GUICCIARDINI); *una scelta opportuna per ripristinare un clima di fiducia*; *giudicò fra sé o. di sostar ancora qualche tempo* (NIEVO); *fu o. che io mi partissi* (BOCCACCIO) | ***Tempo o. a, per qlco.***, momento adatto, favorevole | ***A tempo o.***, a suo tempo, quando sarà il momento | ***Arrivare o.***, a proposito, nel momento e nelle circostanze più adatte. SIN. Favorevole, propizio. || **opportunaménte**, avv.

oppositìvo [da *opposito*; 1978] agg. ● Di opposizione, che fa opposizione: *rapporto, termine o.*

†**oppòsito** [vc. dotta, lat. *oppŏsitu(m)*, part. pass. di *oppōnere* 'opporre'; sec. XIII] agg. ● (*lett.*) Opposto. || †**oppositaménte**, avv. Oppostamente.

oppositóre [da *opposito*; av. 1535] s. m.; anche agg. (f. *-trice*) ● Chi (o Che) fa opposizione, spec. sostenendo idee, principi, dottrine, scelte e sim. contrarie a quelle di un altro: *fiero, accanito o.*

♦**opposizióne** [vc. dotta, lat. tardo *oppositiōne(m)*, da *oppŏsitus* 'opposto'; 1282] s. f. **1** Posizione o situazione contraria, opposta, contrastante: *le nostre idee sono in netta o.*; *l'o. di due concetti*. CFR. enantio-. **2** (*filos.*) Relazione di esclusione tra due enunciati o proposizioni. **3** (*astron.*) Posizione di due pianeti distanti tra loro 180°. **4** Atteggiamento contrario, contrastante e sim.: *l'o. della famiglia al loro matrimonio sarà vinta difficilmente*; *una sterile, vana, inutile o.*; *una fortissima, ostinata o.* | ***Muovere, fare o.***, opporsi. **5** (*polit.*) L'insieme delle forze politiche contrarie al Governo (o a una Giunta locale) e alla maggioranza che lo sostiene: *o. di destra, di sinistra*; *un deputato, un senatore, un consigliere dell'o.*; *i banchi dell'o.* | L'attività di tali forze: *essere, passare all'o.* CONTR. Maggioranza. **6** (*dir.*) Atto giudiziale o estragiudiziale con cui un soggetto manifesta una volontà di resistenza a un atto altrui tendendo a ostacolarne il compimento o a determinarne l'inefficacia: *o. alla costituzione della parte civile nel processo penale*. **7** (*ling.*) Rapporto che esiste fra due termini di uno stesso paradigma | Coppia di fonemi di uno stesso sistema linguistico | ***O. fonologica***, differenza fra una o più unità distintive, suscettibile di servire alla differenziazione dei significati. || **opposizioncèlla**, dim.

♦**oppósto** [av. 1327] **A** part. pass. di *opporre*; anche agg. (assol.; + *a*) **1** Che sta di fronte: *il marciapiede o.*; *la sponda opposta del lago*; *Agnese si avviò … verso l'angolo della casa o. a quello dietro cui erano in agguato i due giovani* (MANZONI). **2** Contrario: *si dibatteva tra opposti sentimenti*; *le sue idee erano opposte alle nostre* | ***Diametralmente o.***, (*fig.*) totalmente contrario o divergente. **3** Messo di mezzo: *ostacoli, impedimenti opposti a qlcu., alla realizzazione di qlco.* **4** (*filos.*) Detto di enunciato o di proposizione che si pone in relazione di esclusione con altro enunciato o proposizione. **5** (*mat.*) Detto di ciascuno dei due angoli aventi il vertice in comune, e i lati a due a due opposti | Detto di elemento che, sommato al dato, dà per risultato zero. ➡ ILL. **geometria**. **6** (*bot.*) Detto di organo posto di fronte a un altro uguale o diverso: *foglie opposte*; *stami opposti ai petali*. || **oppostaménte**, avv. In modo opposto, contrario. **B** s. m. ● Cosa contraria: *accadde l'o. di ciò che avevamo previsto*; *la civiltà, che è l'o. delle barbarie* (LEOPARDI) | ***Tutto l'o.***, cosa assolutamente contraria | ***All'o.***, al contrario, invece.

†**oppressàre** [da *oppresso*; av. 1324] v. tr. ● Opprimere, soffocare.

†**oppressatóre** [da *oppressare*; av. 1363] s. m.; anche agg. ● Chi (o Che) opprime.

oppressióne [vc. dotta, lat. *oppressiōne(m)*, da *opprĕssus* 'oppresso'; av. 1348] s. f. **1** L'opprimere | Imposizione di abusi, arbitri, maltrattamenti e sim.: *la tirannica o. degli invasori* | Condizione di chi è sottoposto a imposizioni, vessazioni e sim.: *scuotere il giogo dell'o.*; *liberare qlcu. dall'o.* SIN. Giogo. **2** (*fig.*) Sensazione sgradevole di peso o impedimento fisico: *sentire una forte o. al petto* | Impressione angosciosa, senso di prostrazione: *i suoi nervi non sopporteranno ancora a lungo una simile o.*

oppressìvo [da *oppresso*; 1765] agg. ● Che opprime o serve a opprimere (*anche fig.*): *caldo o.*; *regime poliziesco e o.* || **oppressivaménte**, avv.

opprèsso [sec. XIV] **A** part. pass. di *opprimere*; anche agg. **1** Che subisce un'oppressione: *popoli oppressi* | (*fig.*) Oberato: *essere o. dai debiti* | Afflitto, affranto: *animo o. dall'angoscia*. **2** (*lett.*, *raro*) Grave, faticoso: *avere il respiro o.* **B** s. m. (f. *-a*) ● Chi è costretto a subire imposizioni, vessazioni e sim., da chi è più forte o più potente: *difendere i deboli e gli oppressi*.

oppressóre [vc. dotta, lat. *oppressōre(m)*, da *opprĕssus* 'oppresso'; sec. XIV] s. m.; anche agg. m. ● Chi (o Che) opprime con vessazioni d'ogni sorta, chi impone con la forza il proprio dominio: *ribellarsi all'o.*; *scacciare gli oppressori*.

†**oppressùra** [da *oppresso*; 1340] s. f. ● Oppressione (*anche fig.*).

oppriménte [sec. XIV] part. pres. di *opprimere*; anche agg. ● (*fig.*) Insopportabile, pesante: *caldo o.*; *che persona o.!*

opprìmere [vc. dotta, lat. *opprĭmere*, comp. di *ŏb-* 'contro, verso' e *prĕmere* 'premere, schiacciare'; 1303] v. tr. (pass. rem. *io opprèssi* o raro *opprimèi*, *tu opprimésti*; part. pass. *opprèsso*, †*oppremùto*) **1** Costituire un peso, gravare in modo fastidioso (*anche fig.*): *un cibo che opprime lo stomaco*; *il gran carico lo opprimeva*; *mille doveri mi opprimono* | (*est.*) Estenuare, spossare: *il caldo mi opprime*. **2** Provocare disagio, fastidio, angoscia: *non opprimermi con questi discorsi*; *è una persona che opprime* | Sottoporre a vessazioni, angherie o ingiustizie, spec. di natura economica e sociale: *o. il popolo con imposte esose, con leggi inique*.

†**oppròbrio** ● V. *obbrobrio*.

oppugnàbile [1887] agg. ● Che si può oppugnare (*spec. fig.*). || **oppugnabilménte**, avv.

oppugnabilità [1885] s. f. ● (*raro*) Condizione di ciò che è oppugnabile (*spec. fig.*).

oppugnàre [vc. dotta, lat. *oppugnāre*, comp. di *ŏb-* 'contro' e *pugnāre* 'pugnare, combattere'; sec. XIV] v. tr. **1** †Assaltare, attaccare | Assediare di viva forza. **2** (*fig.*) Confutare o contrastare con argomenti, motivi, prove e sim.: *o. la dottrina degli avversari*; *quelli che lo oppugnavano non avendo via ordinaria a reprimerlo, pensarono alle vie straordinarie* (MACHIAVELLI).

oppugnatóre [vc. dotta, lat. *oppugnatōre(m)*, da *oppugnātus* 'oppugnato'; av. 1405] agg.; anche s. m. (f. *-trice*) **1** †Che (o Chi) combatte. **2** (*fig.*) Che (o Chi) si oppone.

oppugnazióne [vc. dotta, lat. *oppugnatiōne(m)*, da *oppugnātus* 'oppugnato'; sec. XIV] s. f. **1** †Assalto, attacco. **2** (*fig.*) Opposizione, obiezione.

♦**oppùre** o †**o pùre** [comp. di *o* (*2*) e *pure*; av. 1347] cong. **1** O, o invece (con valore disgiuntivo): *o tu non ti spieghi chiaramente o, sono io che non capisco*; *vuoi farlo subito o. preferisci rimandare a domani?* **2** Se no, in caso contrario, altrimenti: *andate presto, o. non troverete più niente*; *se sei sicuro parla, o. taci*; *deve decidersi adesso o. sarà troppo tardi* | In principio di frase prospettando un'altra ipotesi o avanzando un'ulteriore proposta: *o. non potrei andare io da solo?*

†**òpra** ● V. *opera*.

†**opràre** e deriv. ● V. *operare* e deriv.

†**oprìre** [sovrapposizione di *coprire* ad *aprire*; av. 1306] v. tr. ● Aprire.

-opsìa [dal gr. *ópsis* 'vista' (di orig. indeur.)] secondo elemento ● In parole composte della terminologia medica, fa riferimento alla vista o a disturbi visivi (*eritropsia*), o significa 'visione, esame visivo' (*necropsia*).

opsònico [1935] agg. (pl. m. *-ci*) ● (*med.*) Relativo alla opsonina | ***Indice o.***, grado di immunità.

opsonìna [dal gr. *ópson* 'cibo', di etim. incerta; 1929] s. f. ● (*med.*, *spec. al pl.*) Sostanze iniettabili, estratte da sieri immuni, che hanno la capacità di attivare la fagocitosi di batteri da parte dei leucociti.

optacon® /ˈɔptakon, *ingl.* ˈɒptəkən/ [vc. ingl., sigla di *op(tical) ta(ctile) con(verter)* 'convertitore da ottico a tattile'; 1974] s. m. inv. ● Apparecchio che, convertendo i segni grafici in segnali tattili, permette ai ciechi di leggere un testo stampato.

optàre o †**ottàre** [vc. dotta, lat. *optāre* 'scegliere, desiderare', di orig. indeur.; 1499] v. intr. (*io òpto*; aus. *avere*) **1** Scegliere tra due possibili soluzioni, tra due alternative e sim.: *optai per il liceo classico, visto che ero debole in matematica*. **2** (*borsa*) Acquistare con un'opzione. **3** †Desiderare.

optàto [1483] part. pass. di *optare*; anche agg. ● Nei sign. del v.

optical /*ingl.* ˈɒptɪkl/ [vc. ingl., propr. 'ottico'; 1981] **A** agg. inv. **1** Relativo all'op-art. **2** Nel linguaggio della moda, detto di abbigliamento caratterizzato da linee e figure geometriche di colore bianco e nero che creano effetti di illusione ottica. **B** s. m. inv. ● Abbigliamento optical: *la moda dell'o.*

optical art /*ingl.* ˈɒptɪkl ˈɑːɹt/ [loc. ingl., 'arte ottica'] loc. sost. f. inv. ● Forma artistica d'avanguardia che, sfruttando il fenomeno ottico della persistenza delle immagini sulla retina e l'uso di forme geometriche in pochi colori contrastanti, crea effetti ottici e illusioni percettive; in sigla op art.

optimist /ˈɔptimist, *ingl.* ˈɒptɪmɪst/ [vc. ingl., propr. 'ottimista'] s. m. inv. ● (*mar.*) Piccola deriva con carena a spigolo e randa, utilizzata spec. per insegnare lo sport della vela ai bambini.

òptimum [vc. lat., propr. 'ottimo'; 1942] s. m. inv. (pl. lat. *optima*) ● Il massimo livello a cui sia possibile pervenire in un dato settore: *l'atleta ha raggiunto l'o. della forma*.

òption /ˈɔpʃon, *ingl.* ˈɒpʃn/ [vc. ingl., propr. 'opzione, scelta'] s. f. inv. ● (*econ.*) Opzione nel sign. 2.

òptional /ˈɔpʃonal, *ingl.* ˈɒpʃnl/ [vc. ingl., da *option* 'opzione, scelta'; 1967] s. m. inv. ● Accessorio o sim. che, in autoveicoli, imbarcazioni, o anche elettrodomestici, non è compreso nella dotazione di serie, ma viene fornito, previa maggiorazione del prezzo, a richiesta dell'acquirente | (*est.*) Scelta, possibilità ulteriore | (*fig.*, *iron.*) Ciò che è considerato non necessario: *per lui la puntualità è un o.*

òpto- [dal gr. *optós* 'visibile' (V. *ottico*)] primo elemento ● In parole composte della terminologia scientifica e medica, indica relazione con l'ottica, con la vista: *optoelettronica*, *optografia*, *optometria*, *optotipo*.

optoelettrònica [comp. di *opto-* e *elettronica*; 1978] s. f. ● Parte dell'elettronica che si unisce all'ottica per la realizzazione di dispositivi di vario genere.

optoelettrònico [1974] agg. (pl. m. *-ci*) ● Della, relativo alla, optoelettronica: *dispositivi optoelettronici*.

optografìa [comp. di *opto-* e *-grafia*; 1958] s. f. ● (*med.*) Fissazione dell'immagine sulla retina.

optogràmma [comp. di *opto-* e *-gramma*; 1958] s. m. (pl. *-i*) ● (*med.*) Immagine sulla retina di un oggetto illuminato osservata attraverso la pupilla dilatata.

optometrìa [comp. di *opto-* e *-metria*; 1942] s. f. ● (*med.*) Misurazione dell'acuità visiva | Disciplina che analizza il processo visivo per mantenerne o rafforzarne l'efficienza in rapporto alle necessità dell'ambiente.

optomètrico [1963] agg. (pl. m. *-ci*) ● Relativo all'optometria: *esame o. della vista*.

optometrista [1979] s. m. e f. (pl. m. *-i*) ● Ottico diplomato che misura la vista.

optòmetro [comp. di *opto-* e *-metro*; 1869] s. m. ● (*med.*) Strumento per l'optometria.

optòtipo e deriv. ● V. *ottotipo* e deriv.

opulènto [vc. dotta, lat. *opulĕntu(m)*, da *ŏps*, genit. *ŏpis* 'ricchezza'. V. *opimo*; sec. XIV] agg. **1** (*lett.*) Abbondante, dovizioso, ricco | ***Società opulenta***, quella in cui i consumi di beni durevoli hanno raggiunto alti livelli e diffusione in tutte le classi sociali. **2** (*fig.*) Eccessivamente carico od ornato: *stile o.* | ***Donna opulenta***, formosa | ***Forme opulente***, giunoniche. || **opulenteménte**, avv.

opulènza [vc. dotta, lat. *opulĕntia(m)*, da *ŏpulens*, genit. *opulĕntis*, forma secondaria di *opulĕntus* 'opulento'; 1470] s. f. ● Dovizia, ricchezza (*anche fig.*).

opùnzia [dal lat. *Opūntius*, dal gr. *Opóuntios*, da *Opôus*, genit. *Opôuntos* 'Opunte', capitale della Locride, in Grecia; av. 1498] s. f. **1** Genere di piante delle Cactacee, comprendente circa trecento specie con tipiche spine solitarie o riunite in mazzetti e fiori dai colori vistosi (*Opuntia*). **2** (*per anton.*) Fico d'India.

†**o pùre** ● V. *oppure*.

òpus [lat. *ŏpus*, nt. 'opera, lavoro'] s. m. inv. (pl. lat. *opera*) **1** Nell'architettura romana e medievale, paramento murario o superficie pavimentale con particolari caratteristiche: *o. caementicium*; *o. latericium*; *o. tassellatum* | ***O. incertum***, muratura costituita di pezzi irregolari di pietra a vista | ***O. reticulatum***, muratura rivestita di blocchetti squadrati di pietra disposti diagonalmente | ***O. alexandrinum***, mosaico eseguito con frammenti di marmo di due soli colori, bianco e nero | ***O. commissum***, intarsio eseguito con frammenti di marmi antichi, vetri colorati e dorati | ***O. mixtum***, muratura a fasce di pietrame squadrato o no, o di ciottoli a spina di pesce, alternati a file di mattoni pieni | ***O. musivum***, comune mosaico da pavimenti | ***O. sectile***, mosaico fatto con piccole lastre regolari di marmo disposte in modo da formare disegni geometrici | ***O. spicatum***, muratura a mattoni pieni o pietre di forma regolare disposti a spina di pesce | ***O. tassellatum***, mosaico fatto con dadi regolari, detti tasselli o tessere musive | ***O. vermiculatum***, mosaico eseguito con pezzi di pietra molto piccoli, di colori diversi, disposti secondo linee curve per far risaltare la forma dell'oggetto rappresentato simulando la pittura. *2* (*mus.*) Termine che, spesso abbreviato in *op.*, si usa nei cataloghi cronologici delle opere di un autore, accompagnato dal numero del posto occupato nella serie: *il numero d'o.*; *l'op. V di Corelli*. CFR. Opera omnia.

opùscolo [vc. dotta, lat. *opŭsculu(m)*, dim. di *ŏpus*, genit. *ŏperis* 'opera'; sec. XIV] **s. m.** ● Libro di poche pagine, gener. non più di 80, di carattere divulgativo o pubblicitario. || **opuscolàccio**, **pegg.** | **opuscolétto**, **dim.** | **opuscolino**, **dim.**

opv [sigla di o(fferta) p(ubblica) (di) v(endita); 1985] **s. f. inv.** ● (*borsa*) Comunicazione pubblica nella quale una società dichiara di essere disposta a vendere a un prezzo stabilito una quota delle proprie azioni.

opzionàle [ingl. *optional*, da *option* 'opzione', dal fr. *option* (stessa etim. dell'it. *opzione*); 1963] **agg.** *1* Che è oggetto di opzione, che è affidato alla libera scelta: *diritto o.* *2* Che non è compreso nella dotazione di serie: *accessori opzionali*. || **opzionalménte**, **avv.**

opzionàre [1983] **v. tr.** (*io opzióno*) ● (*raro*) Sottoporre a una opzione o prelazione.

opzióne [vc. dotta, lat. *optiōne(m)*, dalla stessa radice di *optāre* 'optare'; 1676] **s. f.** *1* Libera scelta fra due o più possibili soluzioni, alternative e sim.: *esercitare l'o.* | (*dir.*) Patto in base al quale una parte di un contratto rimane vincolata alla propria proposta mentre l'altra è libera di accettarla o meno | (*dir.*) ***Diritto di o.***, diritto di prelazione degli azionisti ad acquistare entro un tempo determinato un certo numero di nuove azioni. *2* (*econ.*) Contratto che, in considerazione del pagamento di un premio, conferisce all'acquirente la facoltà di decidere, entro una data di scadenza, se effettuare una compravendita di titoli, valute o future | ***O. call***, quella che conferisce la facoltà di effettuare un acquisto | ***O. put***, quella che conferisce la facoltà di effettuare una vendita | ***O. europea***, quella che consente la decisione solo alla data di scadenza | ***O. americana***, quella che consente la decisione in un qualunque momento entro la scadenza | ***O. Bermuda***, quella che consente la decisione in alcune date fisse entro la scadenza. *3* Nel diritto internazionale, in caso di cessione territoriale, potere del singolo abitante di scegliere tra la cittadinanza dello Stato cessionario e quella dello Stato cedente.

or /or/ [av. 1250] **avv.** ● Forma tronca di 'ora (2)'.

♦**óra** (**1**) [lat. *hōra(m)*, nom. *hōra*, dal gr. *hōra* 'stagione', di orig. indeur.; sec. XII] **s. f.** *1* Ventiquattresima parte del giorno medio o del giorno siderale: *ora media*; *ora siderale*, *siderea*. SIMB. h | ***Ora locale***, riferita al meridiano del luogo in cui ci si trova o comunque che si considera | ***Ora civile***, tempo medio del meridiano centrale del fuso orario in cui si trova l'osservatore | ***Ora solare***, calcolata in base al passaggio del Sole sul meridiano centrale del fuso orario | ***Ora legale***, ora media determinata dal governo per ogni nazione. *2* Correntemente, periodo di tempo di 60 minuti, corrispondente alla ventiquattresima parte del giorno: *un'ora di sole*; *con l'intervallo di un'ora*; *la proiezione durà un'ora e mezza*; *essere a un'ora di cammino da un luogo*; *che ore sono?*; *che ora è?*; *un quarto d'ora*; *sono le ore otto*, *le ore venti* | ***Un'ora d'orologio***, esatta e intera | ***Segnare***, ***battere***, ***suonare le ore***, si dice di orologio o altro strumento che misuri il tempo | ***La lancetta delle ore***, che indica le ore, in un orologio, cioè la più corta | ***Ora lavorativa***, periodo di tempo riconosciuto legalmente, equivalente a un'ora ai fini della retribuzione | ***Pagare a ora***, ***a ore***, un tanto per ogni ora di lavoro e sim. | (*per anton.*) ***Le 150 ore***, corsi sperimentali di scuola media per adulti | (*est.*) Parte della giornata: *le prime ore del giorno*, *della notte*; *risonava la selva intorno / soavemente all'ôra mattutina* (POLIZIANO); *vediamoci alla solita ora* | ***Un'ora insolita***, inopportuna, una parte del giorno non indicata per qlco. | ***Di buon'ora***, presto | ***Alla buon'ora!***, ***era ora!***, finalmente | ***A tarda ora***, tardi | ***L'ultima ora***, quella del tramonto o, detto di persona, quella della morte | ***Ore piccole***, da mezzanotte alle tre circa del mattino | ***Fare le ore piccole***, andare a letto tardi | ***Non avere ora fissa***, di persona che non rispetta un preciso orario. *3* (*est.*) Momento: *l'ora della rivolta*, *della riscossa*; *non avere un'ora di pace* | ***L'ora della verità***, (*fig.*) il momento decisivo | ***Non veder l'ora***, attendere con ansia il verificarsi di qlco. | ***È giunta l'ora***, è arrivato il momento | ***Quando arriverà la sua ora***, quando morirà | ***All'ultima ora***, all'ultimo momento | ***Notizie***, ***avvenimenti*** e sim. ***dell'ultima ora***, recentissimi | ***Di ora in ora***, da un momento all'altro | ***Minuti che paiono ore***, momenti che sembrano lunghissimi a chi li vive | ***L'ora X***, ***l'ora zero***, il momento in cui ha inizio spec. un'operazione militare | ***Ore di punta***, quelle in cui attività, movimento, traffico cittadino, consumo di energia e sim. raggiungono la massima intensità | Tempo: *è ora di partire*, *di andarsene* | ***Ogni ora***, sempre, continuamente | ***Da un'ora all'altra***, in brevissimo tempo | ***Anzi ora***, anzi tempo, prima del tempo | †***Ad ora ad ora***, di tempo in tempo | ***Ore rubate*** (***al lavoro***, ***alla famiglia*** e sim.), ritagli di tempo | ***In***, ***alla mal'ora***, V. *malora* | ***A un'ora***, ***a una stessa ora***, contemporaneamente | ***È un'ora che aspetto!***, escl. di chi è da troppo tempo in attesa | ***Impiegare***, ***metterci un'ora***, ***per fare o dire qlco.***, impiegare troppo tempo. *4* (*relig.*) ***Ora canonica***, ciascuna delle ore della giornata destinate dai canoni agli atti liturgici; (*est.*, *fig.*) l'ora destinata per consuetudine al pranzo e, gener., ad altre faccende quotidiane; (*est.*) il momento opportuno | ***Ora media***, salmodia recitata durante le ore canoniche e suddivisa in terza, sesta, nona | (*est.*) La preghiera da recitarsi in determinate ore: *dire le ore* | ***Libro d'ore***, quello che conteneva le orazioni proprie delle varie ore. || **orétta**, **dim.** | †**orùccia**, **orùzza**, **dim.**

♦**óra** (**2**) [lat. *hōra*, abl. di *hōra* 'ora (1)'; sec. XII] **A avv.** (troncato in *or* in alcune **loc.** e nell'uso lett. e poet.: *or è un mese*; *or via*; *or dunque*; *or ora*) *1* In questo momento, adesso, prontamente: *ora non mi è possibile uscire*; *ora posso finalmente riposare*; *dovrebbe arrivare ora*; *ora sto meglio*; *ora, più che mai, dobbiamo stare attenti* | Con valore enfat.: *ora stai fresco*; *ora arrivo io!*; *e ora, cosa succederà?* | Nel tempo, nell'epoca presente: *ora tutto sembra più facile che nel passato* | Poco fa (con riferimento a un passato vicinissimo): *l'ho lasciato ora*; *ho finito or ora* | Fra poco, tra un attimo (con riferimento a un futuro immediato): *ora vengo!*; *ora vedrà di cosa sono capace!* | ***E ora?***, e adesso?, e a questo punto?: *e ora? cosa facciamo?* | ***Per ora***, per il momento, attualmente: *per ora è sufficiente*; *grazie, per ora* | ***Ora come ora***, date le circostanze, considerata la situazione: *ora come ora non possiamo decidere nulla* | ***D'ora in poi***, ***d'ora innanzi***, ***d'ora in avanti***, a partire da questo momento: *d'ora in poi cambierò metodo* | ***Fin d'ora***, ***sin d'ora***, subito, fin da questo istante: *te lo devi mettere in testa fin d'ora* | ***Prima d'ora***, prima di questo momento (spec. raff. da 'mai'): *mai prima d'ora avevo visto una cosa simile* | (*lett.*) ***Or è un anno***, ***or sono otto giorni***, e sim., è passato un anno, son passati otto giorni | ***Otto giorni***, ***due mesi or sono***, e sim., otto giorni, due mesi fa | V. anche *finora* e *oramai*. *2* (con valore correl.) Un momento, ... un altro momento, una volta, ... un'altra volta: *ora piange*, *ora ride*; *ora dice sì*, *ora no*; *vuole ora questo ora quello*; *è ora qui*, *ora lì*. **B cong.** *1* Ma, invece (con valore avversativo): *tu credi a queste storie*, *ora io ti dimostrerò che sono assurdità*. *2* Dunque, allora (riprendendo o sviluppando un discorso o un racconto): *ora dovete sapere che il ragazzo era ammalato*; *ora avvenne che i due si incontrarono*; *ora*, *si consideri la mia posizione* | (*raff.*) Seguito da 'appunto', 'dunque', 'via', e sim.: *or via! non pensarci più!* | V. anche *orbene*, *orsù*. **C** Nella **loc. cong.** ***ora che*** ● Adesso che (introduce una prop. temp. o caus. con il v. all'indic.): *ora che mi ricordo*, *le cose stanno proprio così*.

†**óra** (**3**) ● V. *aura*.

oracolàre (**1**) [da *oracolo*; 1843] **agg.** ● (*raro*) Di oracolo, da oracolo: *tono o.*

†**oracolàre** (**2**) [da *oracolo*; av. 1729] **v. intr.** ● Pronunciare oracoli.

oracoleggiàre [comp. di *oracol(o)* e *-eggiare*; 1822] **v. intr.** (*io oracoléggio*; aus. *avere*) ● (*iron.*) Sentenziare.

oracolìstico [1950] **agg.** (**pl. m.** *-ci*) ● Relativo a un oracolo o alle sue profezie.

oràcolo [vc. dotta, lat. *ŏrācŭlu(m)*, da *ōrāre* 'parlare' (V. *orare*); sec. XIV] **s. m.** *1* Nelle antiche religioni mediterranee, responso, spesso in forma breve e ambigua, che davano gli dei, interrogati per conoscere il futuro; (*est.*) il luogo in cui si dava l'oracolo; (*est.*) la divinità stessa: *o. delfico*, *libico*, *di Apollo*; *interrogare l'o.* *2* (*fig.*, *iron.*) Responso sentenzioso di persona che si ritiene molto saggia e sapiente: *le sue parole per me sono un o.* | (*est.*) La persona che dà questo responso: *avete consultato l'o. prima di decidere?* || **oracolóne**, **accr.**

oràda ● V. *orata*.

òrafo [lat. *āurifex*, nom. V. *orefice*; 1211] **A s. m.** (**f.** *-a*) *1* Artista o artefice che esegue oggetti di oreficeria. *2* (*lett.*) Orefice. **B agg.** ● Relativo a oreficeria od oreficeria: *arte orafa*.

oràle [dal lat. *ōs*, genit. *ōris* 'bocca', di orig. indeur.; 1827] **A agg.** *1* Della bocca: *cavità o.* CFR. oro- (1) | ***Per via o.***, per bocca: *medicina da somministrarsi per via o.* | (*anat.*) ***Arco o.***, il complesso della mascella e della mandibola. *2* (*ling.*) Detto di suono la cui articolazione è limitata alla cavità orale. *3* Espresso con le parole, con la voce: *testimonianza o.*; *esame o.* | ***Tradizione o.***, comunicata a voce da una generazione all'altra. CONTR. Scritto. *4* (*psicoan.*) ***Fase o.***, la prima fase dello sviluppo psicosessuale del bambino, in cui la fonte principale del piacere è la bocca. || **oralménte**, **avv.** A voce. **B s. m.** ● Prova d'esame consistente in una serie di domande cui si deve rispondere a voce: *l'o. non mi preoccupa eccessivamente*; *quando finiranno gli orali?*

oralità [1869] **s. f.** ● Carattere proprio di ciò che è orale.

oramài ● V. *ormai*.

oràngo o **uràngo** [ingl. *orang-outang*, dal malese *ōrange* 'creatura umana' e *ūtan* 'selvaggia'; 1869] **s. m.** (**pl.** *-ghi*) ● Scimmia antropomorfa vegetariana di Borneo e Sumatra con lunghi arti anteriori, bruno-rossiccia, faccia circondata, nei maschi, da due cuscinetti adiposi laterali (*Pongo pygmaeus*). ➡ ILL. **animali**/14.

orangutàn o **orangutàno**, **rangutàn**, **rangutàno** [av. 1803] **s. m.** ● (*zool.*) Orango.

orànte [av. 1375] **A part. pres.** di *orare*; anche **agg.** ● (*lett.*) Nel sign. del v. **B s. m. e f.** ● (*lett.*) Chi prega.

oràre [vc. dotta, lat. *ōrāre* 'parlare', poi 'pregare', da *ōs*, genit. *ōris* 'bocca', di orig. indeur.; sec. XII] **A v. tr. e intr.** (*io òro*; aus. *avere*) ● (*lett.*) Pregare: *udia gridar: 'Maria, òra per noi'* (DANTE *Purg.* XIII, 50) | (*raro*) Invitare, chiedere pregando. **B v. intr.** (aus. *avere*) ● †Tenere un discorso, pronunciare una arringa.

♦**oràrio** [da *ora* (*1*); av. 1574] **A agg.** *1* Che si riferisce all'ora, alle ore o al tempo in generale: *tavola*, *tabella oraria* | ***Velocità oraria***, calcolata all'unità di tempo di 1 ora | ***Segnale o.***, mediante il quale si comunica, spec. con la radio, una determinata ora: *il segnale o. delle ore 13* | ***Disco o.***, cartoncino dove appaiono le ore di arrivo e di partenza, che gli automobilisti debbono esporre sul parabrezza, nella zona a sosta limitata. *2* Che avviene, si verifica e sim. ogni ora: *mutazioni orarie* | Che è calcolato a ore: *paga oraria*. *3* ***Senso o.***, senso di rotazione delle lancette dell'orologio. CONTR. Antiorario. *4* (*astron.*) ***Circolo o.***, circolo massimo della sfera celeste passante per i poli | ***Angolo o.***, tra il circolo orario di una stella e il meridiano del luogo d'osservazione | ***Linea ora-***

ria, che indica l'ora negli orologi solari. **B** s. m. *1* Distribuzione organica di una serie di attività in un certo periodo di tempo: *seguire, rispettare l'o.* | Tempo previsto per l'inizio o lo svolgimento di qlco.: *fissare l'o. delle manifestazioni, delle lezioni; il mio o. d'ufficio è piuttosto pesante* | ***O. flessibile***, sistema per cui, in un'azienda, i dipendenti hanno la possibilità di scegliere il momento d'inizio e di termine del lavoro entro limiti preventivamente concordati, fermo restando l'obbligo di effettuare le ore lavorative fissate dal contratto | ***O. d'apertura, di chiusura***, ora in cui banche, negozi o luoghi pubblici in genere aprono e chiudono | ***Essere in o.***, nella scadenza di tempo stabilita: *essere in anticipo, in ritardo sull'o.* | ***Non avere o.***, non rispettare regolari scadenze di tempo nell'ambito della propria vita quotidiana. *2* Tabella che indica sistematicamente lo svolgimento di determinate attività in rapporto al tempo previsto per le stesse: *l'o. dei treni, delle corriere; o. ferroviario; consultare l'o.*

oràta o **oràda** [lat. *aurāta(m)*, f. sost. di *aurātus* 'dorato', da *ăurum* 'oro'; detta così dalle strisce dorate che ha sul corpo; av. 1375] s. f. ● Pregiato pesce degli Sparidi con i fianchi dorati a strisce scure, vorace, predilige fondali ricchi di vegetazione (*Sparus auratus*). ➡ ILL. **animali**/6.

†**oràto** ● V. *aurato.*

oratóre [vc. dotta, lat. *oratōre(m)*, da *orāre* 'parlare'. V. *orare*; av. 1294] s. m. (f. *-trice*) *1* Persona particolarmente eloquente, parlatore abile ed efficace: *un grande, un brillante o.* | Chi tiene un discorso in pubblico: *congratularsi con l'o.; applaudire, fischiare l'o.* | ***O. sacro***, predicatore. *2* †Ambasciatore, messo: *gli oratori della repubblica fiorentina.* *3* †Retore. *4* †Chi prega.

oratòria [vc. dotta, lat. *oratōria(m)* 'arte oratoria', f. sost. di *oratōrius* 'oratorio (1)'; av. 1565] s. f. ● Arte del parlare in pubblico, e relativa tecnica: *o. greca, romana; o. sacra, politica, forense* | Insieme degli oratori di una determinata epoca: *l'o. latina del periodo aureo.*

oratoriàle [da *oratorio (3)*; 1958] agg. ● (*mus.*) Che concerne l'oratorio.

oratoriàno [av. 1956] **A** agg. ● Che si riferisce all'ordine dell'Oratorio. **B** s. m. ● Frate dell'ordine dell'Oratorio, fondato da San Filippo Neri.

oratòrio (1) [vc. dotta, lat. *oratōriu(m)*, agg. di *orātor*, genit. *oratōris* 'oratore'; sec. XIV] agg. *1* Dell'oratore, dell'eloquenza: *arte, forma oratoria* | ***Genere o.***, eloquenza. *2* (*est.*) Retorico, ampolloso: *tono, stile o.* || **oratoriaménte**, avv. Da oratore, in modo eloquente.

oratòrio (2) [vc. dotta, lat. tardo *oratōriu(m)*, nt. sost. di *oratōrius* 'oratorio (1)'; av. 1348] s. m. *1* Piccolo edificio, spesso annesso a chiese o a conventi, per le riunioni dedicate alla preghiera | (*est.*) Denominazione di alcune associazioni religiose: *l'o. di S. Bernardino* | ***I Padri dell'o.***, gli oratoriani. *2* Presso molte chiese parrocchiali, luogo, complesso di ambienti e sim. destinati alle attività ricreative di giovani e ragazzi.

oratòrio (3) [da *oratorio (2)*] s. m. ● (*mus.*) Composizione musicale drammatica ma senza azione scenica, per chiesa e anche per teatro: *un o. di Carissimi, di Bach.*

oraziàno [vc. dotta, lat. *Horatiānu(m)*, agg. di *Horātius* 'Orazio'; 1639] agg. ● Che è proprio del poeta latino Q. Orazio Flacco (65-8 a.C.): *odi oraziane.*

orazióne [vc. dotta, lat. *oratiōne(m)*, da *orāre* 'parlare, pregare'. V. *orare*; sec. XII] s. f. *1* Preghiera: *dire, recitare le orazioni* | ***O. dominicale, del Signore***, il paternostro. *2* Discorso di stile eloquente, tenuto in pubblico: *o. politica, accademica; una commossa o.; le orazioni di Cicerone* | ***O. sacra***, predica | ***O. funebre***, elogio in onore di un defunto. || **orazioncèlla**, dim. | **orazioncìna**, dim.

orbàce [stessa etim. di *albagio*; 1905] s. m. *1* Tessuto di lana grezza fatto a mano, tipico della Sardegna, usato spec. per i costumi locali: *tutto ricoperto da un gabbano d'o. foderato di scarlatto* (DELEDDA). *2* La divisa fascista confezionata in orbace nero: *indossare l'o.*

orbàco [lat. *lăuri băcca(m)* 'bacca di alloro'; la *l-* iniziale fu sentita come articolo (**l'orbacca*; cfr. *azzurro* e *usignolo*); sec. XIV] s. m. (pl. *-chi*) ● (*lett.*) Alloro, lauro.

orbàre [vc. dotta, lat. *orbāre*, da *ŏrbus* 'privo'. V. *orbo*; av. 1294] v. tr. (*io òrbo*) *1* (*lett.*) Rendere per sempre privo di qlcu. o di qlco.: *la povera donna fu orbata del figlio.* *2* †Rendere cieco.

òrbe [vc. dotta, lat. *ŏrbe(m)* 'cerchio', poi 'mondo', di etim. incerta; 1561] s. m. *1* (*lett.*) Cerchio, circolo, orbita: *essendo l'o. suo inferiore a quel di Saturno* (GALILEI). *2* (*lett.*) Sfera, globo | ***L'o. terracqueo, terrestre***, la Terra | (*fig.*) Mondo: *l'o. cattolico.*

orbèllo [dim. del lat. *ŏrbis* 'cerchio' (V. *orbe*), per la forma rotonda del manico; 1865] s. m. ● Antico utensile per spianare il cuoio.

orbène o **or bène** [comp. di *ora (2)* e *bene (1)*; 1353] cong. ● Dunque (con valore concl. o esortativo, spesso al principio di frase): *o. eccoli finalmente arrivati; o., vuoi deciderti?*

orbettìno [dim. di *orbo*, perché si credeva che fosse cieco; 1875] s. m. ● Rettile delle Lacerte, privo di zampe, rivestito di squamette lucidissime e brune, oviparo, innocuo (*Anguis fragilis*).

†**orbézza** [da *orbo*; 1505] s. f. ● (*lett.*) Perdita di un familiare.

orbicolàre o †**orbiculàre** [vc. dotta, lat. tardo *orbiculāre(m)*, da *orbĭculus* 'orbicolo'; sec. XIV] agg. *1* Che ha forma di cerchio, di circolo: *tracciato o.* | (*anat.*) ***Muscolo o.***, simile per forma e funzione allo sfintere, ma situato intorno ad aperture più grandi, come la bocca e la rima oculare: *muscolo o. della bocca, delle palpebre.* ➡ ILL. p. 2122 ANATOMIA UMANA. *2* (*lett.*) Circolare. *3* (*bot.*) Detto di organo vegetale laminare a contorno quasi circolare.

orbicolàto o †**orbiculàto** [vc. dotta, lat. *orbiculātu(m)*, da *orbĭculus* 'orbicolo'; 1483] agg. ● (*raro*) Circolare.

†**orbìcolo** [vc. dotta, lat. *orbĭculu(m)*, dim. di *ŏrbis* 'cerchio'. V. *orbe*; 1556] s. m. ● (*raro*) Cerchietto.

†**orbiculàre** e *deriv.* ● V. *orbicolare* e *deriv.*

òrbita [vc. dotta, lat. *ŏrbita(m)*, da *ŏrbis* 'cerchio'. V. *orbe*; 1319] s. f. *1* (*fis.*) Linea descritta da un punto nel suo movimento. SIN. Traiettoria. *2* (*astron.*) Traiettoria descritta da un astro intorno al suo centro di gravitazione | ***O. di parcheggio***, nelle missioni spaziali, traiettoria percorsa più volte, in attesa di fasi successive | ***Mettere, lanciare in o.***, (*fig.*) avviare a sicura realizzazione un'azione, un progetto e sim. *3* (*fig.*) Ambito, limite: *restare nella propria o.; uscire dall'o. delle istituzioni, della legalità, del lecito* | Zona d'influenza: *vivere nell'o. di un uomo politico.* *4* (*anat.*) Cavità piramidale nella parte antero-superiore del cranio, che contiene l'occhio e i suoi annessi | ***Avere gli occhi fuori dalle orbite***, (*fig.*) spalancati per meraviglia, ira o emozione violenta in genere. *5* (*lett.*) †Linea tracciata da una ruota.

†**orbità** [vc. dotta, lat. *orbitāte(m)*, da *ŏrbus* 'orbo'; sec. XIV] s. f. *1* Cecità. *2* Perdita o mancanza di figli o di congiunti.

orbitàle [1865] **A** agg. *1* (*fis.*) Relativo all'orbita di un punto, una particella, un corpo celeste: *moto, velocità o.* *2* (*anat.*) Orbitario. || **orbitalménte**, avv. **B** s. m. ● (*chim.*) La distribuzione della densità di carica creata da un elettrone intorno al nucleo in un atomo o in una molecola: *orbitali atomici, molecolari.*

orbitànte [1981] part. pres. di *orbitare*; anche agg. ● Che descrive un'orbita | Che è in orbita | (*fig.*) Che gravita intorno a qlcu. o qlco.

orbitàre [da *orbita*; 1963] v. intr. (*io òrbito*; aus. *essere*) *1* (*astron.*) Descrivere un'orbita. *2* (*fig.*) Gravitare.

orbitàrio [1958] agg. ● (*anat.*) Relativo all'orbita: *regione orbitaria* | ***Cavità orbitaria***, l'orbita.

orbiter /ingl. 'ɔːbɪtə*/ [vc. ingl., da *orbit* 'orbita'; 1981] s. m. inv. ● (*aer.*) In una navetta spaziale, il veicolo alato pilotato da un equipaggio, che trasporta i passeggeri e il carico utile, ed è destinato a raggiungere e percorrere l'orbita programmata e a ritornare quindi a terra per essere riutilizzato in una missione successiva.

òrbo [vc. dotta, lat. *ŏrbu(m)*, di orig. indeur. (cfr. *orfano*); sec. XIV] **A** agg. *1* (*lett.*) Privo: *stette la spoglia immemore / orba di tanto spiro* (MANZONI). *2* Privo della vista: *essere o. da un occhio* | (*est.*) Che vede poco o male, che ha la vista difettosa. **B** s. m. (f. *-a*) *1* Persona priva della vista: *un povero o.* | ***Botte da orbi***, (*fig.*) violentissime e date alla cieca. SIN. Cieco. *2* (*fig., lett.*) Persona di scarsa intelligenza. || **orbàccio**, pegg. | **orbétto**, dim. | **orbettìno**, dim.

òrca (1) [vc. dotta, lat. *ŏrca(m)* 'balena', di orig. preindeur.; av. 1498] s. f. *1* Mammifero dell'ordine dei Cetacei Odontoceti, diffuso in tutti gli oceani, di color bianco e nero, voracissimo e feroce carnivoro dotato di dentatura formidabile con la quale aggredisce anche le balene (*Orcinus orca*). ➡ ILL. **animali**/11. *2* Favoloso mostro marino che esigeva vittime umane.

òrca (2) (o **ò-**) [ol. *hulk*; 1578] s. f. ● Veliero olandese largo e a fondo piatto, con tre alberi e bompresso usato per trasporto.

†**orcelleria** [da *orcello*, dim. di *orcio*] s. f. ● Fabbrica di orci.

†**orceolàto** ● V. *urceolato.*

orchéssa [da *orco*; av. 1475] s. f. *1* Moglie dell'orco, nelle fiabe. *2* (*fig.*) Donna orribile.

orchèstica [vc. dotta, gr. *orchēstikḗ*, f. sost. di *orchēstikós* 'orchestico'; 1586] s. f. ● (*lett.*) Arte della danza.

orchèstico [vc. dotta, gr. *orchēstikós*, da *orchéisthai* 'danzare'. V. *orchestra*; av. 1597] agg. (pl. m. *-ci*) ● (*lett.*) Attinente alla danza.

♦**orchèstra** [vc. dotta, lat. *orchēstra(m)*, nom. *orchēstra*, dal gr. *orchḗstra* 'spazio per le evoluzioni del coro', da *orchéisthai* 'danzare'; 1556] s. f. *1* Nel teatro classico greco e romano, area trapezoidale adibita alle danze del coro. *2* Nei moderni teatri lirici, la parte della sala in cui sono sistemati gli strumentisti. *3* Complesso di strumenti e strumentisti necessari all'esecuzione di una composizione musicale, diverso a seconda delle epoche, degli stili e dei generi | ***O. d'archi***, comprendente violini, viole, violoncelli e contrabbassi | ***O. sinfonica***, comprendente gli strumenti ad arco, gli strumenti a fiato in legno e in ottone, e gli strumenti a percussione | ***O. da camera***, comprendente gli strumenti ad arco e alcuni strumenti a fiato, spec. i legni. ➡ ILL. **musica**. *4* (*fig., scherz.*) Insieme di voci e rumori, spec. poco gradevoli, che colpiscono con intensità: *senti che o.!* || **orchestrìna**, dim. (V.) | **orchestróna**, accr. | **orchestróne**, accr. m.

orchestràle [1869] **A** agg. ● Che concerne l'orchestra | ***Massa o.***, dei suonatori. **B** s. m. e f. ● Chi suona in un'orchestra.

orchestràre [da *orchestra*; 1914] v. tr. (*io orchèstro*) *1* (*mus.*) Modo di combinare fra loro i diversi timbri degli strumenti, assegnando loro le diverse parti della composizione e scrivendole. SIN. Strumentare. *2* (*fig.*) Organizzare qlco. predisponendone e prevedendone le modalità di svolgimento: *o. il gioco delle alleanze politiche; o. una campagna di stampa.*

orchestratóre [1916] agg.; anche s. m. (f. *-trice*) ● Che (o Chi) orchestra (*anche fig.*).

orchestrazióne [1869] s. f. ● L'orchestrare | (*mus.*) Combinazione delle parti dei vari strumenti musicali in una partitura, in un'esecuzione | (*fig.*) Opportuna preparazione.

orchestrìna [1929] s. f. *1* Dim. di *orchestra.* *2* Piccola orchestra di musica leggera: *una o. da caffè concerto.*

òrchi- [dal gr. *órchis*, genit. *órcheōs* 'testicolo', di orig. indeur.] primo elemento ● In parole composte della terminologia medica, significa 'testicolo': *orchialgia, orchite.*

orchialgìa [comp. di *orchi-* e *-algia*; 1958] s. f. ● (*med.*) Qualsiasi dolore localizzato nella regione testicolare.

Orchidàcee [vc. dotta, comp. di *orchidea* e *-acee*; 1958] s. f. pl. (sing. *-a*) ● Nella tassonomia vegetale, famiglia di piante erbacee delle Monocotiledoni, terrestri o epifite, con fiore asimmetrico a labello molto esteso e vistoso e particolari adattamenti per l'impollinazione entomofila (*Orchidaceae*). ➡ ILL. **piante**/10.

orchidèa [vc. dotta, gr. *orchídion* 'testicolo' e n. di pianta, dim. di *órchis* 'testicolo' (V. *orchi-*), per la forma delle radici a tubero; 1821] s. f. ● Correntemente, ogni pianta delle Orchidacee, con radici tuberose, foglie parallelinervie allungate o lobate, fiori di forma molto variabile e strana, generalmente coltivata in serre calde e ricercata per i grandi e variopinti fiori ornamentali. ➡ ILL. **piante**/10.

orchidopessìa ● V. *orchiopessia.*

orchiectomìa [comp. di *orchi-* e del gr. *ektomḗ*

'amputazione' (V. *-tomia*); 1803] **s. f.** ● (*chir.*) Asportazione del testicolo.

orchiepididimite [comp. di *orchi-* ed *epididimite*; 1954] **s. f.** ● (*med.*) Processo infiammatorio che interessa contemporaneamente il testicolo e l'epididimo.

orchiopessia o **orchidopessia** [dal lat. *orchidopēxia*, dal gr. *órchis* 'testicolo' e *-pessia*; 1954] **s. f.** ● (*chir.*) Fissazione chirurgica in sede scrotale di un testicolo non disceso.

orchiotomia [comp. di *orchi-* e *-tomia*; 1834] **s. f.** ● (*med.*) Incisione del testicolo.

orchite [comp. di *orch(i)-* e *-ite*(*1*); 1821] **s. f.** ● (*med.*) Qualsiasi processo infiammatorio dei testicoli che si presentano dolenti e tumefatti: *o. da parotite*.

orciàia [da *orcio*; 1751] **s. f.** ● Locale dell'oleificio in cui si conservano gli orci pieni di olio di oliva appena estratto.

orciàio [1891] **s. m.** (f. *-a*) ● Fabbricante o venditore di orci.

orciaiòlo [1970] **s. m.** (f. *-a*) ● Orciaio.

òrcio (o **ó-**) [lat. *ūrceu(m)*, di orig. preindeur.; 1300 ca.] **s. m.** (pl. †*òrcia*, f.) *1* Vaso di terracotta, talvolta anche smaltata e decorata, con corpo panciuto, generalmente a due manici e bocca ristretta. *2* Antica misura per liquidi, pari a un terzo di barile. ‖ **orcètto**, dim. | **orciàccio**, pegg. | **orciòlo**, **orciuòlo**, dim. (V.).

orciolàio [1441] **s. m.** (f. *-a*) ● (*tosc.*) Orciaio.

orciòlo o (*lett.*) **orciuòlo** [lat. parl. **urceŏlu(m)*, per il classico *urcĕolu(m)*, dim. di *ūrceus* 'orcio'; sec. XIII] **s. m.** *1* Dim. di *orcio*. *2* Brocca, boccale. ‖ **orcioletto**, dim. | **orciolino**, dim.

†**orcipòggia** [comp. di *orcia*, variante antica di *orza*, e *poggia*] **s. f. inv.** ● (*mar.*) Paranco di riserva nelle imbarcazioni a vela latina.

orciuòlo ● V. *orciolo*.

òrco (o **ó-**) [lat. *Ŏrcu(m)* 'regione dei morti', poi 'dio dell'Averno', di etim. incerta; sec. XIII] **s. m.** (f. *orchéssa*; pl. m. *-chi*) *1* Nella mitologia greco-romana, inferno, ade. *2* Nelle leggende popolari europee, mostro malvagio, gigantesco, divoratore di uomini e, in particolare, di bambini: *aver paura dell'o.*; *vattene, figlio, / che l'o. non ti senta, e non t'ingoi* (ARIOSTO). *3* (*fig.*) Persona brutta da far paura: *chi è quell'o.?*; *sembra un o.* | **Voce da o.**, cavernosa. *4* (*zool.*) ***O. marino***, uccello nero degli Anseriformi, con un tubercolo sul becco, buon volatore, raro in Italia (*Melanitta fusca*).

òrda [turco *ordu* 'esercito'; 1520] **s. f.** *1* Temporaneo raggruppamento di persone unitesi per scopi di guerra, caccia o migrazione, anche senza legami di sangue: *le orde degli Unni* | (*est.*) Gruppi disordinati di armati che compiono razzie, saccheggi e sim: *orde barbariche*. *2* (*scherz.* o *spreg.*) Torma, frotta: *un'o. di ragazzini schiamazzanti*; *orde di turisti*.

ordàlia o **ordalìa** [dal fr. *ordalie*, in lat. mediev. *ordalium*, di orig. germ. (francone); 1874] **s. f.** ● Nel mondo medievale, prova fisica spesso cruenta, in uso spec. presso i popoli germanici, a cui era sottoposto un accusato e il cui esito veniva ritenuto un responso divino sulla sua innocenza o colpevolezza. **SIN.** Giudizio di Dio.

ordàlico [1942] **agg.** (pl. m. *-ci*) ● Che concerne l'ordalia.

ordigno o (*dial.*) †**ordégno** [lat. parl. **ordīniu(m)*, da *ōrdo*, genit. *ōrdinis* 'ordine'; 1313] **s. m.** *1* Attrezzo o congegno piuttosto complesso: *non riesco a capire come funzioni questo o.* | Congegno esplosivo, bomba: *l'esplosione di un o.* | (*est.*) Oggetto strano, inadatto al luogo o al momento: *dove hai trovato questo o.?* *2* (*lett.*) Maneggio, intrigo.

ordiménto [sec. XIV] **s. m.** ● (*raro*) L'ordire | (*fig.*) Macchinazione.

ordinàbile [vc. dotta, lat. tardo *ordinābile(m)* 'ordinato', da *ordināre* 'ordinare'; sec. XIV] **agg.** ● Che si può ordinare.

ordinabilità [1970] **s. f.** ● (*raro*) Condizione di ciò che si può ordinare.

ordinàle [vc. dotta, lat. tardo *ordināle(m)*, da *ōrdo*, genit. *ōrdinis* 'ordine'; av. 1758] **A** **agg.** *1* (*mat.*) Detto di numero che indica la posizione di un elemento in un insieme ben ordinato. *2* (*ling.*) ***Aggettivi numerali ordinali***, gli aggettivi che esprimono il posto, l'ordine, degli esseri o degli oggetti. *3* †Ordinato. ‖ **ordinalménte**, avv. Secondo un ordine. **B** **s. m.** *1* (*mat.*) Numero ordinale. *2* (*ling.*) Aggettivo numerale ordinale. *3* (*relig.*) Rituale della Chiesa anglicana.

ordinaménto [da *ordinare*; av. 1294] **s. m.** *1* Disposizione ordinata, sistema coerente: *l'o. del mondo, dei cieli* | †Amministrazione. **CFR.** tassi-, -tassi. *2* Disposizione o complesso di disposizioni, leggi o norme in generale che reggono o regolano qlco.: *o. scolastico, giudiziario*; *l'o. degli studi, dei musei* | ***Gli ordinamenti civili, militari*** e sim., il complesso delle istituzioni su cui si fonda la vita civile, militare e sim. *3* (*mat.*) Operazione consistente nel disporre gli elementi di un insieme in una sequenza crescente o decrescente rispetto a una loro caratteristica: *o. numerico*; *o. alfabetico*. *4* (*miner.*) Processo per cui gli atomi di un cristallo, distribuiti a caso ad alta temperatura, assumono posizioni preferenziali durante il raffreddamento, provocando cambiamenti nelle proprietà fisiche.

ordinàndo [gerundio di *ordinare*; 1619] **s. m.** (f. *-a*) ● Chi deve ricevere gli ordini sacri.

ordinànte [sec. XIV] **A** part. pres. di *ordinare*; anche **agg.** ● (*raro*) Nei sign. del v. **B** **s. m. e f.** *1* (*raro*) Chi ordina, provvede, istituisce e sim. | Chi ha fatto un'ordinazione. *2* Chi conferisce gli ordini sacri.

ordinànza [fr. *ordonnance*, da *ordonner* 'ordinare'; 1513] **s. f.** *1* (*dir.*) Tipo di provvedimento giurisdizionale che l'autorità giudiziaria emana nel corso del processo civile o penale. *2* (*dir.*) Atto normativo emanato da una autorità amministrativa: *o. prefettizia*; *potere di o. del Sindaco*. *3* Nell'ambiente militare, qualsiasi prescrizione | ***Marciare in o.***, in schiera | ***Ufficiale d'o.***, nell'ordinamento militare italiano, fino all'abolizione della mansione, quello che, al servizio di un generale o ammiraglio, espletava gli incarichi d'ufficio da questi affidatigli | ***Soldato d'o.***, (*ellitt.*) ***ordinanza***, quello designato giornalmente per mansioni di pulizia, riordino e sim. | ***D'o.***, di tutto ciò che è in conformità alle norme: *uniforme d'o.* | ***Fuori o.***, di tutto ciò che è eccezionale: *silenzio fuori o.* *4* †Schiera di soldati posta in ordine di battaglia | ***Spiegare le ordinanze***, schierare le truppe | ***Milizia d'o.***, un tempo, quella civile contrapposta alla stanziale o mercenaria. *5* †Ordine, disposizione: *l'o. del discorso*.

♦**ordinàre** [vc. dotta, lat. *ordināre*, da *ōrdo*, genit. *ōrdinis* 'ordine'; sec. XIII] **A** **v. tr.** (*io órdino*) *1* Mettere in ordine, in regola, in assetto e sim.: *o. la biblioteca, la tavola, gli schedari, i libri sullo scaffale*; *o. la propria situazione finanziaria, l'organico della scuola, gli uffici*; *lasciatemi o. con precisione i concetti* | †Costituire o istituire fondando su determinate norme: *nello o. le repubbliche, nel mantenere li stati, nel governare e regni* (MACHIAVELLI). *2* (*mat.*) Dotare un insieme d'una relazione d'ordine. *3* (*lett.*) Disporre o predisporre a un fine | Concertare, ordire. *4* Comandare: *gli ordinarono di accertare i fatti e le responsabilità* | Prescrivere: *o. una medicina, una cura*; *il medico mi ha ordinato il riposo assoluto* | Disporre: *o. una serie di interventi finanziari in favore dell'agricoltura*; *Dio ordina e provvede* | Commissionare: *o. una partita di caffè, di carni congelate*; *siamo in attesa della merce che è stata ordinata* | In locali pubblici, chiedere agli addetti al servizio ciò che si desidera consumare (*anche assol.*): *o. un caffè, una birra*; *ho ordinato spaghetti per quattro*; *avete già ordinato?* *5* Conferire gli ordini sacri: *lo hanno ordinato sacerdote*. *6* †Investire di una carica, funzione od ufficio: *o. qlcu. ambasciatore, nunzio, magistrato*. **SIN.** Nominare, eleggere. **B** **v. rifl. e intr. pron.** *1* Disporsi secondo un certo ordine: *i soldati si ordinarono in due file*. *2* (*lett.*) Apparecchiarsi, prepararsi.

ordinariàto [1869] **s. m.** *1* Grado, ufficio di professore ordinario nei ruoli dello Stato: *ambire all'o.* | Concorso per il conseguimento di tale grado e ufficio. *2* Ufficio di vescovo.

ordinarietà [1983] **s. f.** ● Caratteristica di ciò che è ordinario: *o. di un provvedimento* | Qualità scadente.

ordinàrio [vc. dotta, lat. *ordināriu(m)*, da *ōrdo*, genit. *ōrdinis* 'ordine'; 1441] **A** **agg.** *1* Che è e rimane nell'ambito della norma, della consuetudine: *faccende, spese, preoccupazioni ordinarie* | ***Sedute, riunioni ordinarie***, secondo l'ordine prestabilito | ***Tariffa ordinaria***, normale, senza aggiunte né diminuzioni | ***Bollo o.***, carta bollata | ***Parte ordinaria del bilancio***, relativa alle spese consuete | ***Ordinaria amministrazione***, quella che tende unicamente alla gestione di un complesso patrimoniale, senza intaccarne la consistenza | ***Assemblea ordinaria***, che delibera su questioni di ordinaria amministrazione | ***Cose di ordinaria amministrazione***, (*fig.*) che non eccedono la normalità, di tutti i giorni. **SIN.** Consueto, solito. **CONTR.** Straordinario. *2* Che non ha particolare valore, che rivela qualità scadente: *tessuto, materiale o.*; *è roba ordinaria*; *questa stoffa è troppo ordinaria per farne un vestito* | Di persona, che ha comportamento, modo di sentire e sim., rozzo e grossolano: *gente ordinaria*; *che modi ordinari!*; *il volgo ed ordinaria gente* (BRUNO). *3* Che è parte del ruolo organico: *assistente universitario o.*; *professore o.* *4* (*dir.*) Che è proponibile contro un provvedimento giurisdizionale non ancora passato in giudicato: *impugnazione ordinaria*; *mezzo o. d'impugnazione*. *5* (*relig.*) ***Tempo o.***, il tempo liturgico che va dall'Epifania alla Quaresima, e dalla Pentecoste all'Avvento. ‖ **ordinariaménte**, avv. *1* Di solito: *ordinariamente non ci sono obiezioni*; comunemente. *2* Nei modi e coi mezzi ordinari: *procedere, agire ordinariamente*. **B** **s. m.** *1* (*solo sing.*) Consuetudine, normalità: *problemi che escono, che non escono dall'o.* | ***Per l'o.***, di solito | ***Pagare meno, più dell'o.***, meno o più del solito | ***D'o.***, normalmente | ***Fuori dell'o.***, che è insolito, straordinario e sim. *2* (f. *-a*) Professore di ruolo: *è diventato o. in un liceo*; *l'o. di medicina legale nella nostra università*. *3* Vescovo di una diocesi, come avente naturale giurisdizione sopra di essa | ***O. militare***, vescovo cui compete l'alta direzione del servizio religioso nelle forze armate italiane. ‖ **ordinariàccio**, pegg. | **ordinariòne**, accr.

ordinàta (**1**) [da *ordinare*; 1940] **s. f.** ● (*fam.*) Il mettere in ordine, a posto, spec. sommariamente: *dare un'o. alla casa*.

ordinàta (**2**) [f. sost. di *ordinato*; av. 1742] **s. f.** *1* (*mat.*) In un sistema di riferimento cartesiano, lunghezza del segmento perpendicolare all'asse x avente il primo estremo sull'asse x, o sul piano x z, se l'ambiente è lo spazio tridimensionale, ed il secondo nel punto. *2* (*aer.*) Elemento trasversale della struttura di una fusoliera, scafo e sim., con funzioni di forma e di forza: *o. di riferimento*; *o. maestra*; *o. rinforzata*. *3* (*mar.*) Ciascuno degli elementi strutturali dello scafo posti trasversalmente alla chiglia da prua a poppa.

ordinatàrio [da *ordinato*; 1958] **s. m.** (f. *-a*) ● Beneficiario di un titolo di credito all'ordine (per es. di una cambiale).

ordinatìvo [vc. dotta, lat. tardo *ordinatīvu(m)*, da *ordinātus* 'ordinato'; av. 1535] **A** **agg.** ● Che serve a ordinare, a regolare, a disporre: *princìpi ordinativi* | (*ling.*) ***Nomi ordinativi***, aggettivi numerali ordinali. **B** **s. m.** ● Commissione, richiesta di merci | ***O. di imbarco***, nel contratto di trasporto marittimo, documento che il vettore rilascia al caricatore come prova dell'avvenuta consegna delle merci.

♦**ordinàto** [1294] part. pass. di *ordinare*; anche **agg.** *1* Nei sign. del v. *2* Che agisce con ordine: *persona, famiglia ordinata* | Che si svolge con ordine: *vita ordinata* | Tenuto in ordine: *una camera ordinata*. *3* (*arald.*) Detto di figure simili, poste in fila secondo l'andamento di una pezza, specialmente fascia, banda, sbarra, palo. *4* (*mat.*) Detto di insieme nel quale sia assegnata una relazione d'ordine | ***Ben o.***, di insieme totalmente ordinato, tale che ogni sottoinsieme ammetta un elemento minimo | ***Parzialmente o., totalmente o.***, dotato d'una relazione d'ordine parziale o totale. ‖ **ordinataménte**, avv. Con ordine, secondo il giusto ordine: *parlare ordinatamente*; secondo la scala gerarchica: *procedere ordinatamente*.

ordinatóre [vc. dotta, lat. *ordinatōre(m)*, da *ordinātus* 'ordinato'; nel sign. B3, dal fr. *ordinateur*; 1336 ca.] **A** **agg.** (f. *-trice*) ● Che ordina: *il pensiero umano, o. dei concetti* | Che deve porre ordine, dare una sistemazione: *la commissione ordinatrice della Pubblica Amministrazione*. **B** **s. m.** *1* (f. *-trice*) Chi ordina: *l'o. dello Stato, della finanza pubblica*. *2* (f. *-trice*) Nelle biblioteche, impiegato addetto alla catalogazione dei libri. **3** (*raro*) Elaboratore elettronico.

ordinatòrio [da *ordinato*; 1673] **agg.** ● (*dir.*) Che contiene un ordine | ***Provvedimento o.***, che disciplina lo svolgimento del processo e non ha carattere decisorio | ***Termine o.***, che può essere abbreviato o prorogato prima della scadenza e la cui inosservanza non determina l'invalidità dell'atto compiuto in violazione dello stesso; CONTR. Perentorio.

ordinazióne (**1**) [da *ordinare*; 1308] **s. f. 1** (*raro*) Ordinamento. **2** Incarico dato a una persona, una ditta e sim. di fornire una data quantità di merce o di eseguire un determinato lavoro: *quel falegname lavora solo su o.*; *fare, ricevere un'o.* || **ordinazioncèlla**, **dim.**

ordinazióne (**2**) [vc. dotta, lat. *ordinatiōne(m)*, da *ordinātus* 'ordinato'; av. 1342] **s. f.** ● Conferimento dell'ordine sacro.

♦**órdine** [lat. *ōrdine(m)* 'fila, disposizione', di etim. incerta; 1294] **s. m.** (*Ordine* nel sign. 10) **1** Assetto, disposizione o sistemazione razionale e armonica di qlco. nello spazio o nel tempo secondo esigenze pratiche o ideali: *l'o. delle pagine, delle parti di un discorso*; *l'o. interno d'una famiglia, dello Stato*; *narrando ha variato qua e là l'o. dei fatti* | ***Ovunque regna l'o.***, c'è pace dappertutto | ***Persona d'o.***, che ama l'ordine, che è ordinata | ***Ritirarsi in buon o.***, di truppe che si ritirano senza sbandamenti; (*fig.*) di persona che recede spontaneamente da un proposito e sim. | (*est.*) Condizione o stato di ciò che è in regolare e razionale assetto: *tenere, mantenere, mettere in o.*; *l'o. del mondo voluto da Dio*; *è nell'o. naturale delle cose* | ***Essere in o.***, di cose ordinate o di persone vestite e acconciate con proprietà | ***O. pubblico***, il normale svolgersi della vita sociale, nel rispetto delle leggi e delle istituzioni dello Stato: *turbare l'o. pubblico* | (*est.*) Criterio che ordina o coordina: *disporre gli oggetti con o. ascendente, discendente*; *andare, procedere per o. gerarchico*; *o. alfabetico*; *esporre i fatti secondo un o. cronologico* | ***Con, per, in o.***, secondo tale criterio | ***Fuori dall'o.***, si dice di ciò che eccede la norma, la normalità. **2** (*mil.*) Ordinanza, formazione, disposizione di forze: *in o. sparso, di battaglia, di marcia*; *o. sottile, profondo, aperto, serrato, retto, parallelo, obliquo* | ***O. chiuso***, indica l'istruzione a piedi per l'addestramento ai movimenti di parata. **3** Complesso, serie o sistema di cose (*anche fig.*): *il teatro è esaurito in ogni o. di posti*; *bisogna considerare vari ordini di fatti e le loro conseguenze*; *ciò non rientra nel nostro o. d'idee* | ***O. architettonico***, o (*assol.*) ***ordine***, fila di colonne che sorreggono la trabeazione: *o. ionico, dorico, corinzio* | ***O. di denti***, fila | ***O. di peri, meli*** e sim., filare | ***O. di beati, di santi***, schiera | (*est.*) Successione, classifica: *l'o. d'arrivo dei corridori, dei cavalli* | ***O. di battuta***, nella pallavolo, il susseguirsi dei giocatori al servizio | ***O. di beccata***, nel comportamento di alcuni animali, ordinamento gerarchico di precedenza secondo cui un individuo predominante sugli altri ha diritto a mangiare prima degli individui a lui sottomessi e a punire chi, di questi, tenti di opporglisi. **4** Ceto, classe, categoria professionale: *l'o. dei magistrati, dei nobili, dei liberi professionisti*; *la società romana si componeva di due ordini, la plebe e il patriziato* | ***O. professionale***, associazione di chi esercita determinate professioni regolamentate per legge: *l'o. degli avvocati, dei medici, degli ingegneri*. **5** Associazione di religiosi che pronunciano voti solenni di povertà, castità, obbedienza: *l'o. dei benedettini*; *gli ordini mendicanti*. **6** Gruppo sistematico usato nella classificazione degli organismi vegetali o animali e comprendente una o più famiglie affini. **7** (*fig.*) Piano, ambito, settore: *fenomeni che appartengono all'o. soprannaturale* | Carattere, natura, indole: *problemi, questioni d'o. pratico, tecnico* | Livello, importanza, qualità | ***Di prim'o.***, di cosa eccellente, di persona abilissima, molto dotata o importante | ***Albergo di prim'o.***, di lusso | ***Di second'o., di terz'o., di quart'o., d'infimo o.***, di qualità scadente, mediocre, cattiva, pessima: *una locanda d'infimo o.*; *debbo constatare da per me che sono uno scrittore di quart'o.* (FENOGLIO) | ***In o. a***, per quanto riguarda, relativamente a. **8** Comando orale o scritto: *o. dell'autorità*; *o. di mobilitazione generale*; *ubbidire agli ordini*; *gli ordini non si discutono*; *dare, impartire, emanare un o.*; *prendere, ricevere, accettare ordini da qlcu.* | ***O. di pagamento***, mandato | (*banca*) ***O. permanente***, disposizione data dal cliente alla banca di effettuare per suo conto pagamenti ricorrenti, come affitti, canoni e sim. | ***Fino a nuovo o.***, fino a che non saranno date nuove direttive | ***Ai vostri ordini***, a vostra completa disposizione | ***Parola d'o.***, segreta, di riconoscimento | Prescrizione: *l'o. del medico* | Disposizione, direttiva: *ho l'o. di non lasciare passare nessuno*; *è partito senza lasciare ordini precisi* | ***O. del giorno***, elenco degli argomenti di cui si tratterà in una data seduta; nella terminologia militare, foglio giornaliero che il comandante di corpo compila per registrare e rendere noti i turni di servizio in caserma e quant'altro interessi i soldati | (*fig.*) ***All'o. del giorno***, detto di ciò che è consueto, frequente: *i piccoli furti sono all'o. del giorno*; d'attualità: *le preoccupazioni per l'ambiente sono sempre all'o. del giorno*. **9** Commissione, ordinazione | ***All'o.***, detto di titolo di credito trasferibile per girata | ***Clausola all'o.***, accordo che consente il trasferimento del titolo mediante girata. **10** Nel cattolicesimo e in alcune altre confessioni cristiane, sacramento che conferisce la grazia e il carattere sacerdotale | Ogni singolo grado della gerarchia cattolica | ***Ordini minori***, di ostiario, lettore, esorcista e accolito, dopo il Concilio Ecumenico Vaticano Secondo chiamati ministeri e ridotti soltanto al lettore e all'accolito, uffici affidati ora anche ai laici | ***Ordini maggiori***, di suddiacono, soppresso dopo il Concilio Ecumenico Vaticano Secondo, diacono e sacerdote | ***O. episcopale***, quello che eleva all'ufficio e alla dignità di vescovo. **11** (*mat.*) Numero distintivo di complessità o di grandezza | ***Equazioni del primo, del secondo o.***, con una o due variabili | ***O. di una matrice quadrata***, il numero delle sue righe o colonne. **12** (*mat.*) Relazione riflessiva, transitiva e antisimmetrica usata per definire l'ordinamento degli elementi di un insieme. || **ordinétto**, **dim.** | **ordinùzzo**, **pegg.**

ordire [lat. *ordīri*, da avvicinare a *ōrdo*, genit. *ōrdinis* 'ordine'; 1319] **v. tr.** (*io ordisco, tu ordisci*) **1** Disporre su un telaio i fili dell'ordito | (*mar.*) ***O. la cima tra due taglie***, passarla da un bozzello all'altro per formare potenza, paranco. **2** †Intrecciare | Lavorare a intreccio. **3** (*fig.*) Disporre nelle sue linee principali, realizzare in modo schematico: *o. la trama d'un racconto*. SIN. Abbozzare. **4** (*fig.*) Preparare e organizzare in segreto qlco. di illecito, o comunque di dannoso per altri: *o. una congiura, un attacco improvviso, un colpo di stato*; *alcuna finzione alcuno inganno / … ordisce e trama* (ARIOSTO).

ordito [1308] **A part. pass.** di *ordire*; anche **agg.** ● Nei sign. del v. **B s. m. 1** (*tess.*) Insieme dei fili destinati a formare la lunghezza di un tessuto, tesi orizzontalmente sul telaio, tra il subbio e il subbiello | ***Piede dell'o.***, estremità ripiegata del filo, in cui s'infilza la bacchetta che lo ferma al telaio | ***Croce dell'o.***, l'estremità opposta al piede, verso il subbiello | ***Riempire l'o.***, con la trama. **2** (*fig.*) Intreccio di notizie, affermazioni e sim. non vere o non sincere: *un o. di menzogne, di favole* | Trama di una narrazione: *l'o. del Pulci è ridicolo in se stesso* (DE SANCTIS).

orditóio [sec. XIV] **s. m.** ● (*tess.*) Macchina che serve alla preparazione dell'ordito per la tessitura, generalmente composta da una rastrelliera portante le bobine o rocche di filo, e da un cilindro sul quale si arrotola l'insieme dei fili tenuti a distanza mediante il passaggio tra i denti di un pettine.

orditóre [1309] **s. m.** (f. *-trice*, pop. disus. *-tora*) **1** Operaio tessile addetto all'orditura. **2** (*fig.*) Chi trama inganni e sim.

orditùra [sec. XV] **s. f. 1** Operazione dell'ordire: *o. della tela* | Ordito. **2** (*edil.*) Complesso delle strutture che sostengono il materiale di copertura di un tetto. **3** (*fig.*) Schema o struttura fondamentale di un'opera: *l'o. del poema*. **4** (*fig.*) Trama, macchinazione. || **orditurétta**, **dim.**

†**òrdo** [lat. *hŏrridu(m)* 'orrido'] **agg.** ● Orribile, brutto.

Ordoviciàno [dal n. lat. della tribù degli *Ordòvices*, stanziati in Britannia; 1935] **s. m.** ● (*geol.*) Secondo periodo del Paleozoico (500-440 milioni di anni fa).

†**ordùra** [da †*ordo*; 1342] **s. f.** ● Sozzura, bruttezza.

öre /sved. ˈœːˌrə/ o **øre** /dan. ˈøːʌ, norv. ˌœːrə/ [vc. sved., dan. e norv., dal lat. *āureu(m)* 'aureo' (V.)] **s. m. inv.** (**pl.** sved. **inv.**) ● Moneta divisionale svedese, danese e norvegese, pari alla centesima parte della corona.

oreàde [lat. *orēada*, nom. *orēas*, dal gr. *oreiás*, da *óros* 'monte' (V. *oro-*); sec. XIV] **s. f.** ● Nella mitologia greco-romana, ninfa dei monti.

♦**orécchia** o †**récchia** (**2**) [lat. *aurīcula(m)*, propr. dim. di *āuris* 'orecchia', di orig. indeur.; 1268] **s. f. 1** (*region.*) Orecchio. **2** (*fig.*) Cosa prominente o sporgente, di forma che ricorda quella di un orecchio | ***Le orecchie dell'anfora***, le anse | ***Fare le orecchie alle pagine***, ripiegarne gli angoli o accartocciarli. **3** (*mus.*) Ognuna delle due caratteristiche aperture, a forma di S, poste sulla cassa armonica degli strumenti ad arco, ai lati del ponticello. **4** (*zool.*) ***O. marina, o. di mare***, aliotide. || **orecchièlla**, **dim.** | **orecchiétta**, **dim.** (V.) | **orecchìna**, **dim.**

orecchiàbile [da *orecchiare*; 1924] **agg.** ● Detto di motivo musicale che si può imparare o ripetere facilmente: *musica, canzone o.* || **orecchiabilménte**, **avv.**

orecchiabilità [1967] **s. f.** ● Condizione di ciò che è orecchiabile.

orecchiàle [av. 1639] **s. m.** ● Nell'aerofono, ciascuno degli amplificatori che si applicano alle orecchie.

orecchiànte [1851] **A part. pres.** di *orecchiare*; anche **agg.** ● (*raro*) Che tende l'orecchio per sentire i discorsi altrui. **B agg.**; anche **s. m. e f. 1** Che (o Chi) canta o suona a orecchio. **2** (*est.*) Che (o Chi) parla di qlco. senza conoscerla seriamente, limitandosi a ripetere ciò che ha sentito dire | Che (o Chi) giudica senza approfondire, in base a nozioni o notizie superficiali.

orecchiàre [da *orecchio*; av. 1367] **A v. intr.** (*io orécchio*; aus. *avere*) ● (*raro*) Tendere l'orecchio per cercare d'ascoltare. **B v. tr. 1** Udire per caso. **2** Ripetere a orecchio | (*est.*) Conoscere in modo superficiale: *o. un po' di tedesco*.

orecchiàto [da *orecchio*] **agg.** ● (*arald.*) Animale fornito di orecchie.

orecchiétta [av. 1730] **s. f. 1** Dim. di *orecchia*. **2** (*anat.*) Atrio del cuore: *o. destra, sinistra*. **3** Tipo di pasta alimentare di grano duro, di forma simile a quella di un piccolo orecchio, da fare asciutta: *le orecchiette baresi*. **4** (*bot.*) Gelone.

♦**orecchìno** [da *orecchio*; 1475] **s. m. 1** Monile che si porta alle orecchie: *orecchini d'oro, di brillanti, di platino*; *orecchini in rafia, in cristallo*. **2** (*mar.*; *raro, al pl.*) Bozzelli che pendono lateralmente da albero, pennone, antenna.

♦**orécchio** o †**urécchio** [lat. *aurīcula(m)*, dim. di *āuris* 'orecchia', di orig. indeur.; 1294] **s. m.** (**pl.** *orécchi*, **m.**, *orécchie*, †*orécchia*, **f.** solo nei sign. 1, 2 e 4 spec. in alcune **loc.** fig.) **1** (*anat.*) Organo di senso recettore dei suoni: *l'o. destro e quello sinistro*; *gli esseri umani hanno due orecchie*; *essere sordo di, da un o.* CFR. oto- | ***O. esterno***, formato dal padiglione e dal condotto uditivo | ***O. medio***, cavità scavata nell'osso temporale, contenente tre ossicini | ***O. interno***, costituito dal labirinto | ***Orecchie lunghe***, (*per anton.*) quelle dell'asino | ***Avere le orecchie lunghe***, (*fig.*) essere un ignorante | (*fig.*) ***Stare con l'o. teso***, essere intento ad ascoltare | (*fig.*) ***Aprire bene gli orecchi, le orecchie***, stare molto attenti | (*fig.*) ***Porgere l'o.***, dare ascolto: *porgea gli orecchi al suon della tua voce* (LEOPARDI) | (*fig.*) ***Dare, prestare o.***, ascoltare con attenzione | ***Turarsi le orecchie, gli orecchi***, chiuderli per non sentire; (*fig.*) non voler ascoltare | (*fig.*) ***Essere tutt'orecchi***, prestare estrema attenzione | ***Da questo o. non ci sento***, (*fig.*) non voglio sentir parlare di ciò, non ne voglio sapere | ***Dire qlco. all'o.***, bisbigliarla per impedire che altri sentano | ***Confidare qlco. in un o.***, dirlo in tutta segretezza | (*fig.*) ***Mettere una pulce nell'o.***, insinuare dubbi, sospetti e sim. | (*fig.*) ***Anche i muri hanno orecchi***, si dice di luogo o ambiente in cui vi siano spie e sim. pronte a carpire ogni confidenza o segreto | (*fig.*) ***Entrare da un o. e uscire dall'altro***, si dice di cosa udita e subito cancellata dalla memoria | (*fig.*) ***Avere gli orecchi, le orecchie foderate di prosciutto***, non sentire o non voler sentire | (*fig.*) ***Fare orecchi, orec-***

chie da mercante, fingere di non capire. ➡ ILL. p. 2126 ANATOMIA UMANA. **2** (*est.*) Udito: *essere delicato, debole d'o.*; *suono gradito all'o.* | ***Duro d'o.***, (*eufem.*) sordo o che sente molto poco; (*fig.*) che non vuole capire | ***Lacerare, straziare l'o.***, ***le orecchie***, di suono sgradevolissimo o troppo forte | ***Stordire, intronare le orecchie, gli orecchi***, di suono o rumore rimbombante, intensissimo. **3** (*fig.*) Particolare sensibilità per la musica, capacità di sentirla e riprodurla esattamente: *avere molto, poco o.* | ***Non avere o.***, essere stonato | ***Suonare, cantare a o.***, senza conoscere la musica o senza leggerla. **4** (*per anton.*) Padiglione auricolare: *avere le orecchie grandi, piccole, a sventola*; *prendere qlcu. per un o.* | ***Tirare le orecchie a qlcu.***, (*fig.*) rimproverarlo aspramente. **5** (*est.*) Oggetto o cosa la cui forma ricorda quella di un orecchio: *fare gli orecchi, le orecchie alle pagine di un libro* | (*bot.*) ***O. d'orso***, auricola | ***O. di topo, di sorcio***, (*pop.*) pelosella | ***O. di Giuda***, fungo dei Basidiomiceti, parassita su tronchi di sambuco, con gambo cortissimo e corpo fruttifero a forma di orecchio, lobato e viscido (*Auricularia auricola Judae*). **6** Versoio dell'aratro. || **orecchiàccio**, pegg. | **orecchióne**, accr. (V.).

ORECCHIO
nomenclatura

orecchio (cfr. udito, rumore, suono, voce)
● *parti dell'orecchio*: padiglione (lobo, conca), condotto uditivo, membrana del timpano, martello, incudine, staffa, coclea, nervo acustico, canale tubarico;
● *caratteristiche*: delicato = fine ⇔ duro = ottuso, a sventola, piccolo ⇔ grande, lungo.
● *azioni*: alzare = drizzare = rizzare = tendere ⇔ abbassare, turare = tappare = chiudere ⇔ aprire, ascoltare = sentire, orecchiare = origliare; tirare, piegare;
● *termini medici*: otorino, otorinolaringoiatra, otoiatria; otografia, otoscopia, otoscopio; otopatia, otalgia, otite, otorrea = otorragia, otoematoma, otolite, otomeningite, otosclerosi, acufene, condrite, parotite epidemica = gattoni = orecchioni, labirintite, mastoidite, paracusia; otoplastica; cerume;
● *oggetti*: orecchini; paraorecchi; cuffia, auricolare; tappi antirumore, cornetto acustico, Cottonfioc.

orecchióne (**1**) o †**recchióne** nel sign. 2 [av. 1698] s. m. **1** Accr. di *orecchio*. **2** Nelle fortificazioni, parte sporgente e arrotondata dei fianchi del bastione, destinata a riparare i difensori dal tiro delle artiglierie | In artiglieria, ciascuno dei due perni simmetrici sporgenti lateralmente dalla bocca da fuoco per darle appoggio sull'affusto. ➡ ILL. p. 2121 ARCHITETTURA. **3** (*raro, spec. al pl.*) Specie di guancialetti laterali, imbottiti, che fanno parte della spalliera di alcune poltrone. **4** (*merid., volg.*) Omosessuale, pederasta. SIN. Recchione. **5** (*fig.*) †Zotico, villano. **6** (*bot.*) Gelone.

orecchióne (**2**) [da *orecchio*; 1890] s. m. ● Mammifero dei Chirotteri, molto simile al pipistrello, dotato di enormi padiglioni auricolari che raggiungono la lunghezza del corpo (*Plecotus auritus*).

orecchióni [detti così perché fanno infiammare le ghiandole vicine agli *orecchi*] s. m. pl. ● (*fam.*) Parotite epidemica.

orecchionièra [da *orecchione* (*1*); sec. XVII] s. f. ● (*mil.*) Ciascuno dei due incavi dell'affusto di una bocca da fuoco su cui girano i due perni cilindrici, detti orecchioni, che consentono la rotazione della bocca da fuoco rispetto all'affusto.

orecchiùto [da *orecchio*; 1342] agg. **1** Che ha grandi orecchie: *coniglio, asino o.* **2** (*lett., fig.*) Di persona molto ignorante.

orèfice [lat. *aurĭfice(m)*, comp. di *āurum* 'oro' e *-fex*, da *fàcere* 'fare'; sec. XIV] s. m. e f. **1** Chi vende oggetti di oreficeria. **2** Artigiano che lavora i metalli preziosi traendone spec. gioielli. **3** †Oreficeria.

oreficerìa o †**orificerìa** [1566] s. f. **1** Arte di lavorare metalli preziosi per farne oggetti di uso e di ornamento: *dedicarsi all'o.* **2** Negozio o laboratorio dell'orefice: *recarsi in un'o.* **3** Insieme di oggetti d'oro o d'altro metallo purché preziosamente lavorati: *negozio di o.*

†**oreggiàre** [av. 1646] v. intr. ● Risplendere come oro.

†**orèglia** [fr. *oreille* (stessa etim. dell'it. *orecchia*)] s. f. ● Orecchia.

orèmus [vc. lat., propr. 'preghiamo', prima pers. congv. pres. di *orāre*; 1534] s. m. inv. ● Nella liturgia delle Chiese cristiane occidentali, ogni orazione che comincia con l'invito *preghiamo* | Momento della messa in cui il sacerdote invita i fedeli alla preghiera.

oreodòssa [comp. di *oreo-*, deriv. del gr. *óros* 'montagna' e del gr. *dóxa* 'gloria, splendore' perché domina i monti dove cresce con la sua lussuosa presenza; 1979] s. f. ● (*bot.*) Genere di Palme delle regioni tropicali e subtropicali americane (*Oreodoxa*) | ***O. regale***, palma cubana, simbolo dell'isola, coltivata in alcune regioni tropicali per ornamento (*Oreodoxa regia*) | ***O. alimentare***, con apici vegetativi commestibili, foglie pennate usate per l'imballaggio del tabacco e frutti da cui si estrae olio (*Oreodoxa oleracea*). CFR. Cavolo palmizio.

oreòtrago [comp. del gr. *óros* 'monte' (V. *oro-*) e *trágos* 'capro', di etim. incerta; 1834] s. m. (pl. *-ghi*) ● (*zool.*) Saltarupe.

orerìa [da *oro*; sec. XIV] s. f. **1** (*raro*) Lavorazione di oro o altri metalli preziosi. **2** (*spec. al pl.*) Complesso di oggetti in oro.

†**orèzza** [1319] s. f. ● Brezza.

†**orezzaménto** [da *orezzare*; av. 1570] s. m. ● Rezzo.

†**orezzàre** [lat. parl. **auridiāre*, da *āura* 'aura'; av. 1597] v. intr. **1** Soffiare dolcemente, del vento. **2** Godersi il fresco.

†**orèzzo** ● V. *rezzo*.

orfanèllo [sec. XIV] s. m. (f. *-a*) **1** Dim. di *orfano*. **2** Bambino orfano.

orfanézza [av. 1306] s. f. ● (*raro*) Condizione di chi è orfano.

†**orfanità** [vc. dotta, lat. tardo *orphanitāte(m)*, da *ŏrphanus* 'orfano'; av. 1406] s. f. ● Orfanezza.

◆**òrfano** [lat. tardo *ŏrphanu(m)*, nom. *ŏrphanus*, dal gr. *orphanós*, dalla stessa radice indeur. del lat. *ŏrbus* 'orbo'; sec. XIV] **A** agg. **1** Che è privo di uno o di entrambi i genitori, detto spec. di fanciulli: *un bambino o.*; *essere o. di padre, di madre.* **2** In apicoltura, detto di alveare rimasto privo della regina. **3** (*fig., lett.*) Privo, sprovvisto. **4** ***Farmaci, medicinali orfani***, utilizzabili per la cura di alcune malattie rare ma che per gli elevati costi di produzione e per le ridotte prospettive di mercato non sono commercializzati. **B** s. m. (f. *-a*) **1** Bambino o ragazzo privo di uno o di entrambi i genitori: *gli orfani di guerra*; *collegio per orfani.* **2** (*fig.*) Chi è rimasto privo di guida o sostegno. || **orfanèllo**, dim. (V.) | **orfanino**, dim.

orfanotròfio [vc. dotta, lat. tardo *orphanotrophīu(m)*, dal gr. *orphanotrophêion*, comp. di *orphanós* 'orfano' e *trophḗ* 'nutrimento', di orig. indeur.; 1803] s. m. ● Istituto in cui vengono raccolti e allevati gli orfani.

òrfico [vc. dotta, lat. *Ŏrphicu(m)*, nom. *Ŏrphicus*, dal gr. *Orphikós*, da *Orphéus* 'Orfeo'; av. 1375] **A** agg. (pl. m. *-ci*) **1** Di Orfeo: *inni orfici*; *musica orfica.* **2** Che si riferisce all'orfismo. **3** (*fig.*) Misterioso. **B** s. m. ● Chi è iniziato ai misteri orfici.

orfìsmo [da *Orfeo*, ritenuto il fondatore di tale dottrina misterica; 1913] s. m. **1** Dottrina escatologica della Grecia antica e riti religiosi da essa derivati. **2** (*fig.*) Intensità lirica | ***O. della parola***, creatività, forza evocativa della parola.

organàio ● V. *organaro*.

†**organàle** agg. ● (*mus., raro*) Di organo | Per organo.

organaménto [1860] s. m. ● (*raro*) Organizzazione.

organàre [da *organo*; 1319] v. tr. (*io òrgano*) **1** (*raro, spec. fig.*) Congegnare, formare o strutturare per una precisa funzione. **2** †Comporre, suonare con l'organo.

organàrio [av. 1889] agg. ● Che si riferisce agli organi e a chi li costruisce: *arte organaria.*

organàro o (*raro*) **organàio** [1774] s. m. (f. *-a*) ● Chi fabbrica o aggiusta organi.

†**organatóre** [1908] agg.; anche s. m. (f. *-trice*) ● Che (o Chi) organa.

orgàndi o **orgàndis**, (*tosc.*) **organdisse** [fr. *organdi*: stessa etim. dell'it. *organzino*; 1835] s. m. inv. ● Organza.

organétto (**1**) [av. 1400] s. m. **1** Dim. di *organo*. **2** Strumento meccanico mobile, a canne e ad aria, azionato da una manovella: *o. di Barberia*; *suonare l'o. per le strade* | (*pop.*) Armonica a bocca | (*pop.*) Fisarmonica. ➡ ILL. **musica**.

organétto (**2**) [da *organetto* (*1*): detto così per il continuo canto che emette nel mese di maggio; 1831] s. m. ● Uccelletto dei Passeriformi, affine al cardellino ma più piccolo, di color rosso vivo al di sopra del capo (*Carduelis linaria*).

orgànica [f. sost. di *organico*; 1924] s. f. ● Branca dell'arte militare che tratta i criteri e le modalità per la raccolta e l'ordinamento del potenziale umano ai fini dell'organizzazione bellica delle forze armate e del Paese.

organicàre [1958] v. tr. (*io orgànico, tu orgànichi*) ● (*biol.*) Convertire mediante organicazione.

organicazióne [1958] s. f. ● (*biol., chim.*) Processo per cui organismi autotrofi trasformano elementi chimici inorganici in composti organici: *l'o. del carbonio nelle fotosintesi.*

organicìsmo [comp. di *organico* e *-ismo*; 1869] s. m. **1** Qualunque dottrina filosofica che interpreti il mondo fisico e sociale per analogia con quello degli esseri viventi. **2** (*med.*) Teoria secondo la quale tutti i sintomi sono riconducibili a disturbi organici.

organicista [1958] s. m. e f. (pl. m. *-i*) ● Fautore, sostenitore dell'organicismo.

organicìstico [av. 1952] agg. (pl. m. *-ci*) ● Relativo all'organicismo: *dottrine organicistiche.*

organicità [1907] s. f. ● Caratteristica, condizione di ciò che è organico | Connessione ordinaria ed efficace delle varie parti di un tutto.

orgànico [vc. dotta, lat. *orgănicu(m)*, nom. *orgănicus*, dal gr. *organikós*, agg. di *órganon* 'strumento'. V. *organo*; 1308] **A** agg. (pl. m. *-ci*) **1** Che dispone di organi, che è costituito da un insieme di organi: *corpo o.*; *struttura organica* | (*est.*) Che si riferisce al mondo animale o vegetale: *regno o.*; *natura o.* | ***Composto o.***, costituito essenzialmente da carbonio e idrogeno, presente per lo più negli animali e nei vegetali | ***Chimica organica***, riguardante lo studio di quasi tutti i composti del carbonio | ***Acido o.***, caratterizzato da uno o più gruppi carbossilici. **2** Che si riferisce agli organi o agli organismi, e spec. a una loro alterazione: *vizio, difetto o.*; *disfunzione organica*; CFR. Funzionale. **3** (*fig.*) Formato di più elementi o parti coordinate a uno stesso fine: *complesso o.*; *unità organica di lavoro* | (*est.*) Armonico, omogeneo: *la facciata costituisce un tutto o. di elementi architettonici ed ornamentali*; *la nostra attività rientra nel quadro o. degli aiuti alle zone depresse.* **4** (+*a*) Che è parte integrante, che è funzionale a una data struttura | ***Intellettuale o.***, V. *intellettuale*. **5** (*ling.*) Detto di forma che ha incorporato in sé il grado comparativo o superlativo. **6** (*mil.*) Che si riferisce alla struttura di un'unità, di un reparto regolare e sim.: *tabella organica.* || **organicaménte**, avv. In modo organico. **B** s. m. ● Complesso di persone addette a determinate attività, funzioni e sim., in uffici, aziende, amministrazioni e sim.: *aumentare l'o.*; *l'o. è ormai insufficiente* | (*mil.*) Composizione di un determinato reparto | Insieme dei componenti di un'orchestra, di una compagnia teatrale, di una squadra sportiva, e sim.

organigràmma o **organogràmma** [comp. di *organo* e *-gramma*; 1963] s. m. (pl. *-i*) ● Rappresentazione grafica delle funzioni dei singoli organi di un'azienda, di un partito e sim., con riferimento alla loro posizione gerarchica.

organigràmmico [1983] agg. (pl. m. *-ci*) ● Relativo all'organigramma.

organino [1825] s. m. **1** Dim. di *organo*. **2** Organetto: *o. di Barberia.*

◆**organìsmo** [fr. *organisme*, da *organe* 'organo'; 1708] s. m. **1** Ogni essere vivente, animale o vegetale, inteso come insieme di parti specializzate in grado di svolgere funzioni coordinate (per es. la riproduzione) | (*per anton.*) Corpo umano: *o. sano, forte, robusto, malaticcio, debole.* **2** (*fig.*) Insieme di elementi o strutture organiche e organizzate: *l'o. statale*; *gli organismi amministrativi, sindacali.*

organista [av. 1405] s. m. e f. (pl. m. *-i*) ● Suonatore di organo.

organìstico [1950] agg. (pl. m. *-ci*) ● (*mus.*) Che

si riferisce all'organo, alla musica per organo o agli organisti: *concerto o.*

organistrum [vc. lat. mediev., da *ŏrganum* 'organo'; 1935] **s. m. inv.** (pl. lat. *organistra*) ● Strumento medievale formato da corde tese su una cassa armonica piatta, nel quale il suono era ottenuto mediante lo sfregamento contro le corde di una ruota azionata da una manovella.

organizer /*ingl.* ɔrgə'naizer, 'ɔːgənaɪzə(r)/ [vc. ingl. da *to organize* 'organizzare'; 1991] **s. m. inv.** *1* Agenda ad anelli di piccole dimensioni con fogli intercambiabili. *2* (*elab.*) Programma che riproduce su computer le funzioni di un'agenda | Computer palmare con funzioni di agenda elettronica.

organizzaménto [1623] **s. m.** ● (*raro*) L'organizzare.

♦**organizzàre** [comp. di *organ(o)* e *-izzare*; av. 1578] **A v. tr.** *1* Coordinare, disporre vari elementi in modo da raggiungere un fine: *o. un'azienda, un'attività*; *o. il proprio lavoro* | Predisporre quanto è necessario per la buona riuscita di qlco.: *o. una festa all'aperto*; *o. una partita di caccia.* *2* (*biol.*) Indurre la formazione di organi e la loro differenziazione istologica e morfologica negli esseri viventi. **B v. rifl.** *1* Disporsi o predisporsi a o per qlco., prendere una serie di misure opportune: *prima di dare inizio a tale attività dobbiamo organizzarci.* *2* (*biol.*) Formarsi, svilupparsi nel complesso dei propri organi in qualità di essere vivente.

organizzativo [1953] **agg.** ● Relativo a organizzazione: *capacità organizzative* | Di organizzazione: *fase organizzativa.* || **organizzativaménte**, avv.

organizzàto [av. 1306] **A part. pass.** di *organizzare*; anche **agg.** ● Predisposto in base a criteri razionali: *un viaggio o.* | Ordinato, coeso, funzionale: *un gruppo ben o.*; *un esercito male o.* **B s. m.** (f. *-a*) ● Chi fa parte di un'organizzazione.

organizzatóre [fr. *organisateur*, da *organiser* 'organizzare'; 1800 ca.] **A agg.**; anche **s. m.** (f. *-trice*) ● Che (o Chi) organizza: *principio, comitato o.*; *gli organizzatori della festa.* **B s. m.** ● (*biol.*) Ognuna delle parti di tessuto che, nelle prime fasi dello sviluppo embrionale, provocano il differenziarsi di altri tessuti.

♦**organizzazióne** [fr. *organisation*, da *organiser* 'organizzare'; sec. XIV] **s. f.** *1* Attività e modalità dell'organizzare: *l'o. di una banca, dell'esercito, dell'attività amministrativa*; *chi si occuperà dell'o.?* | ***O. aziendale***, impostazione dell'attività aziendale e relativo assetto organizzativo, sulla base di alcuni principi fondamentali e di un complesso di norme, procedure e modalità specifiche. *2* Complesso organizzato di persone e beni, dotato o meno di personalità giuridica: *organizzazioni sindacali, politiche, economiche* | ***O. internazionale***, associazione volontaria di soggetti di diritto internazionale, concretatasi in un ente a carattere stabile che attraverso l'attività dei propri organi attua finalità comuni a tutti i consociati: *l'ONU, l'OECE, la NATO sono organizzazioni internazionali.*

♦**òrgano** [vc. dotta, lat. *ŏrganu(m)*, dal gr. *órganon*, dalla stessa radice di *érgon* 'lavoro, opera', V. *erg* (*1*); av. 1306] **s. m.** *1* (*anat.*) Ogni parte del corpo umano, animale, o vegetale, formata da più tessuti, con funzione particolare e definita: *o. di senso*; *organi sessuali*; *gli organi della locomozione* | ***O. elettrico***, capace di emettere scariche elettriche anche molto potenti, caratteristico di alcuni pesci | ***O. luminoso***, fotoforo. *2* (*est.*) Parte che, in un complesso, adempie a una precisa funzione coordinata con quella delle altre parti: *gli organi del motore* | (*mecc.*) ***O. condotto***, organo di macchina al quale è applicata la resistenza utile e che riceve il moto dall'organo conduttore al quale è applicata l'azione motrice | (*mecc.*) ***O. conduttore***, organo di macchina a cui azione motrice è applicata all'organo condotto. *3* (*fig., lett.*) Congegno. *4* Complesso di funzionari, mezzi, servizi e uffici preposto a funzioni specifiche nell'ambito dello Stato o di altro ente pubblico o privato: *o. individuale, collegiale*; *o. di controllo*; *organi direttivi*; *organi giurisdizionali, costituzionali, del partito, del parlamento, della magistratura* | ***O. di vigilanza***, preposto al controllo delle attività bancarie | ***Organi di leva***, per mezzo dei quali il ministero della difesa provvede e sovrintende a tutte le operazioni della leva | ***Organi collegiali***, nell'ordinamento scolastico italiano, quelli creati al fine di realizzare la partecipazione degli studenti e delle loro famiglie alla gestione della scuola, quali il consiglio di classe o interclasse e il consiglio d'istituto. *5* (*fig.*) Pubblicazione periodica che espone e sostiene le idee di gruppi o correnti politiche, letterarie e sim.: *l'o. ufficiale del sindacato, della confederazione*; *è il principale o. dell'opposizione*; *l'o. dei neo-romantici* | ***O. di stampa***, giornale. *6* (*mus.*) Strumento costituito da una serie di canne metalliche verticali in cui viene immessa aria da un mantice, e funzionante mediante serie di tastiere e di pedali | ***O. idraulico***, inventato e usato dagli antichi greci e azionato da un sistema idraulico | ***O. elettrico***, ***Hammond***, con tastiere agenti per mezzo di scariche elettromagnetiche | ***O. elettronico***, funzionante per mezzo di oscillatori elettronici. ➡ ILL. **musica.** *7* Antica arma da fuoco a più canne. || **organàccio**, pegg. | **organétto**, dim. (V.) | **organino**, dim. (V.) | **organùccio**, dim.

organogènesi [comp. di *organo* e *genesi*; 1901] **s. f. inv.** ● (*biol.*) Studio della formazione embrionale e dello sviluppo dei vari organi.

organògeno [comp. di *organ(ico)* e *-geno*; 1958] **agg.** ● (*geol.*) Di origine organica: *sedimenti, frammenti organogeni.*

organografia [comp. di *organo* e *-grafia*; 1853] **s. f.** ● (*biol.*) Descrizione morfologica o strutturale di organi di animali o piante.

organogràfico [1869] **agg.** (pl. m. *-ci*) ● (*biol.*) Relativo all'organografia.

organogràmma ● V. *organigramma.*

organolèttico [comp. di *organo* e del gr. *lēptós* 'che si può prendere', da *lambánein* 'prendere'; 1841] **agg.** (pl. m. *-ci*) ● Che può essere percepito e valutato dai sensi: *proprietà organolettiche* | ***Esame o.***, compiuto per valutare la qualità degli alimenti, relativamente al sapore, all'odore, al colore e sim. || **organoletticaménte**, avv.

organologia [comp. di *organo* e *-logia*; 1834] **s. f.** *1* (*biol.*) Studio della struttura e funzione degli organi. *2* Studio degli strumenti musicali.

organològico [1940] **agg.** (pl. m. *-ci*) ● Di, relativo a, organologia.

organòlogo [1958] **s. m.** (f. *-a*; pl. m. *-gi*) ● Studioso, esperto di organologia.

organometàllico [comp. di *organ(ico)* e *metallico*; 1875] **agg.** (pl. m. *-ci*) ● Relativo a organometallo: *composto o.*

organometàllo [comp. di *organ(ico)* e *metallo*; 1970] **s. m.** ● (*chim.*) Composto nel quale un atomo di carbonio di un radicale organico è direttamente unito a un metallo.

organopatia [comp. di *organo* e *-patia*; 1875] **s. f.** ● (*med.*) Malattia di un organo.

organopatismo [da *organopatia*; 1875] **s. m.** ● (*med.*) Dottrina che spiega le malattie come lesioni di organi.

organoscopia [comp. di *organo* e *-scopia*; 1834] **s. f.** ● (*med.*) Esame diretto o indiretto con strumenti ottici degli organi.

organoterapia [comp. di *organo* e *-terapia*; 1905] **s. f.** ● (*med.*) Opoterapia.

organulo [dim. di *organo*; 1958] **s. m.** ● (*biol.*) Ognuna delle strutture contenute nel citoplasma, caratterizzate da autonomia funzionale e da morfologia definita, che concorrono all'attività cellulare.

òrganum [vc. lat. mediev. V. *organo*] **s. m. inv.** (pl. lat. *organa*) ● (*mus.*) Primitiva forma di polifonia, in cui la voce principale è accompagnata da un'altra voce che la segue parallelamente alla distanza di una quarta.

organza [stessa etim. di *organzino*; 1950] **s. f.** ● Tessuto leggero di cotone, trasparente e semirigido, più fino della mussola, usato spec. per abiti femminili e per guarnizioni.

organzino [dalla città di *Urgenc* nel Turchestan, da dove proveniva; 1567] **s. m.** ● Filo di seta formato da due o più fili ritorti dapprima uno per uno e poi assieme | Tessuto fabbricato con filo di organzino.

orgasmàre [da *orgasmo*; 1977] **v. intr.** (aus. *avere*) ● (*raro*) Raggiungere l'orgasmo durante l'atto sessuale.

orgàsmico [da *orgasmo*: prob. la vc. fu coniata in ted.; av. 1963] **agg.** (pl. m. *-ci*) ● Relativo all'orgasmo sessuale.

orgàsmo [vc. dotta, gr. *orgasmós*, da *orgân* 'essere pieno di desiderio', da *orgḗ* 'sentimento, passione', dalla stessa radice di *érgon* 'lavoro'. V. *erg* (*1*); 1700] **s. m.** *1* Stato di massima eccitazione nel coito. SIN. Climax. *2* (*est.*) Stato di agitazione, ansia e sim.: *essere in o. per l'arrivo di qlcu.*; *vivere in continuo o.* SIN. Eccitazione, inquietudine.

orgàstico [da *orgasmo*: prob. la vc. fu coniata in ted.; 1959] **agg.** (pl. m. *-ci*) ● (*raro*) Relativo all'orgasmo.

òrgia (*1*) [vc. dotta, lat. *ŏrgia*, nt. pl., dal gr. *órgia*, nt. pl., dalla stessa radice di *orgḗ*. V. *orgasmo*; av. 1375] **s. f.** (pl. *-ge* o *-gie*) *1* Nel mondo greco-romano, festa in onore di Dioniso o Bacco, di Orfeo, di Cibele e di altre divinità misteriche | Nella tipologia generale religiosa, riunione festiva che conclude determinati cicli del calendario, e ha carattere di licenza sessuale e di infrazione volontaria degli interdetti sociali. *2* Correntemente, riunione di più persone in cui si dà libero sfogo a ogni istinto o desiderio sessuale: *fare un'o.*; *darsi alle orge*; *notte di o.* *3* (*fig.*) Grande quantità di sensazioni molto intense o di fenomeni atti a provocarle, che stordisce, eccita e sim.: *un'o. di colori, di suoni, di luci*; *o. di piaceri, di sangue.* || **orgétta**, dim.

†**òrgia** (*2*) [vc. dotta, gr. *órgyia* 'misura di due braccia distese', da *orégein* 'distendere', di orig. indeur.; 1585] **s. f.** (pl. *-gie*) ● Misura di 6 piedi.

orgiàsta [vc. dotta, gr. *orgiastḗs*, da *orgiázein* 'celebrare le orge', deriv. di *órgia* 'orgia (1)'; 1758] **s. m. e f.** (pl. m. *-i*) ● Nell'antichità, chi partecipava alle orge o le celebrava.

orgiàstico [vc. dotta, gr. *orgiastikós*, da *ŏrgia* 'orgia (1)'; 1908] **agg.** (pl. m. *-ci*) *1* Relativo alle antiche orgie | (*est.*) Caratterizzato da sfrenatezze o stravizi: *le risse notturne dopo gli orgiastici conviti* (BACCHELLI). *2* (*fig.*) Che stordisce, che inebria, che eccita: *nel delirio o. della musica.* || **orgiasticaménte**, avv.

†**orgogliàre** [da *orgoglio*; sec. XIII] **v. intr.** e **intr. pron.** ● Inorgoglire, insuperbire.

orgóglio (o *-ò-*) [provz. *orgolh*, dal francone *orgōlī*; av. 1250] **s. m.** *1* Esagerata valutazione dei propri meriti e qualità per cui ci si considera superiori agli altri in tutto e per tutto: *esser pieno d'o.*; *il suo o. è veramente smisurato*; *peccare d'o.* | (*est.*) Alterigia, baldanza: *l'o. dei nobili, dei potenti.* SIN. Boria, superbia. CONTR. Umiltà. *2* Legittima coscienza e fierezza dei propri meriti, delle proprie capacità e sim.: *non nascondere il proprio o.* | (*est.*) Argomento o ragione di vanto: *essere l'o. della patria, della famiglia.* || **orgogliàccio**, pegg. | **orgogliétto**, dim. | **orgogliùccio**, **orgogliùzzo**, dim.

†**orgogliosità** [da *orgoglioso*; av. 1694] **s. f.** ● Alterigia, arroganza.

♦**orgoglióso** [av. 1250] **agg.** *1* Altero, superbo, borioso: *Orgogliosi! guardano la miseria per insultarla* (FOSCOLO). *2* Di chi è pieno d'orgoglio, fierezza o giusto vanto: *uomo o.*; *essere o. del proprio nome*; *sono o. di te* | †***Cavallo o.***, vivace. SIN. Fiero. *3* Di ciò che mostra orgoglio, fierezza o profonda soddisfazione: *parole, affermazioni, orgogliose* | †***Vino o.***, gagliardo. CONTR. Umile. || **orgogliosàccio**, pegg. | **orgogliosétto**, dim. || **orgogliosaménte**, avv. Con orgoglio, arroganza e sim.

†**orgoglire** [da *orgoglio*; sec. XIV] **v. intr.** e **intr. pron.** ● Inorgoglire.

orgóne [comp. di *org(asmo)* e *(orm)one*: prob. la vc. fu coniata in ted.; 1953] **s. m.** ● (*psicoan.*) Termine usato da W. Reich (1897-1957) per indicare l'energia cosmica presente in natura, che l'essere umano assorbirebbe e scaricherebbe in ogni sua attività, spec. in quella sessuale.

orgònico [da *orgone*; 1962] **agg.** (pl. m. *-ci*) ● (*psicoan.*) Relativo all'orgone.

orgonomia [comp. di *orgo(ne)* e *-nomia*; 1970] **s. f.** ● (*psicol.*) Teoria elaborata da W. Reich (1897-1957), fondata sull'ipotesi dell'esistenza dell'energia orgonica.

†**oriafiàmma** ● V. *orifiamma.*

oriàna [variante di un precedente *orellana*, detta così perché la pianta si trova nell'America tropicale esplorata da F. de *Orellana* (1511-1546); 1825] **s. f.** ● Sostanza colorante rosso aranciato usata un tempo in tintura.

òribi [ingl. *oribi*, vc. di orig. afric.; 1958] **s. m. inv.** ● Piccola antilope africana, il cui maschio ha corna rivolte in avanti (*Ourebia ourebia*).

oricàlco [vc. dotta, lat. *orichălcu(m)*, dal gr. *oreíchalkos*, propr. 'rame di monte', comp. di *óros* 'monte' (V. *oro-* (*2*)) e *chalkós* 'rame' (V. *calcografia*); sec. XIV] **s. m.** (pl. *-chi*) **1** Varietà di bronzo simile all oro, composta principalmente di rame e da piccole quantità di stagno, piombo e zinco. SIN. Crisocalco. **2** (*lett.*) Ottone: *ch'e' par fiorin d'or, ed è d'o.* (ANGIOLIERI). **3** †Tromba.

†**oricànno** [etim. incerta; 1353] **s. m.** ● Bottiglina o vasetto, spec. di metallo prezioso, per profumi.

òrice (**1**) o **òrige** [vc. dotta, lat. *ŏrige(m)*, nom. *ŏryx*, dal gr. *óryx*, di orig. straniera, avvicinata a *óryx* 'zappa', da *orýssein* 'scavare, raspare', di etim. incerta] **s. m.** ● Antilope africana con lunghissime corna acute e diritte e lunga coda con ciuffo terminale (*Orix beisa*).

†**orice** (**2**) [da *oricello* (*1*); 1309] **s. m.** ● Cimosa.

oricèllo (**1**) [dim. del lat. *ōra* 'orlo'. V. *orlare*] **s. m.** ● (*raro*) Orliccio.

oricèllo (**2**) [etim. incerta; av. 1347] **s. m.** ● Sostanza colorante estratta dalla roccella.

orichicco o **orochicco** [da *chicco* (*d'*)*oro*; sec. XIV] **s. m.** (pl. *-chi*) ● (*raro*) Latice che stilla dalle Rosacee, usato nell'appretto dei tessuti.

†**orichiomàto** [comp. di *oro* e *chiomato*: calco sul lat. *auricomus*, a sua volta calco sul gr. *chrysókomos*; av. 1817] **agg.** ● Che ha chioma del colore dell'oro.

†**oricrinito** [comp. di *oro* e *crinito*. V. *orichiomato*; av. 1673] **agg.** ● Orichiomato.

orientàbile [1929] **agg.** ● Che si può orientare: *strumento o. in varie direzioni.*

♦**orientàle** [vc. dotta, lat. tardo *orientāle(m)*, agg. di *ŏriens*, genit. *oriĕntis* 'oriente'; av. 1250] **A agg.** **1** Dell'oriente, della parte di oriente | Posto a oriente: *paesi, mari orientali* | **Venti orientali**, che soffiano da oriente. **2** Che proviene dai paesi dell'oriente: *perle, piante orientali*; *tappeto o.* | **Pietra o.**, varietà di corindone e di altre gemme | Che è proprio degli abitanti dei Paesi orientali: *quella maschera d'indifferenza o. che è la dignità del contadino siciliano* (VERGA) | **Chiesa o.**, chiesa cattolica ortodossa | **Lingue orientali**, l'insieme delle lingue semitiche persiane, indiane, cinesi e giapponese | **Blocco o.**, quello che, fino al 1991, era costituito dai Paesi dell'Europa orientale aderenti al patto di Varsavia e soggetti all'influenza politica dell'Unione Sovietica. ‖ **orientalménte**, avv. **B s. m. e f.** ● Abitante, nativo dei paesi orientali.

orientaleggiànte [da *orientale*, sul modello di *toscaneggiante* ecc.; 1958] **agg.** ● Che inclina verso forme o caratteri orientali: *gusto, stile o.*

orientalìsmo [fr. *orientalisme*, da *oriental* 'orientale'; 1832] **s. m.** ● Indirizzo pittorico caratterizzato dalla rappresentazione di soggetti orientali.

orientalìsta [fr. *orientaliste*, da *oriental* 'orientale'; 1818] **s. m. e f.** (pl. m. *-i*) **1** Studioso, esperto di orientalistica. **2** Chi, in pittura, segue l'orientalismo.

orientalìstica [f. sost. di *orientalistico*; 1950] **s. f.** ● Complesso di discipline aventi come oggetto lo studio scientifico delle lingue, delle letterature, delle civiltà e delle religioni orientali.

orientalìstico [1941] **agg.** (pl. m. *-ci*) **1** Che si riferisce ai popoli e ai paesi dell'oriente, alle loro lingue, religioni e letterature | Relativo all'orientalistica. **2** Che si riferisce, che è proprio dell'orientalismo.

orientalizzànte part. pres. di *orientalizzare*; anche **agg.** **1** Nei sign. del v. **2** Orientaleggiante | **Arte o.**, l'arte greca e italica nel VII e VI sec. a.C., caratterizzata dalla produzione di oggetti che imitavano quelli importati dall'Oriente.

orientalizzàre [comp. di *oriental(e)* e *-izzare*; 1927] **A v. tr.** ● Arricchire di elementi o caratteristiche orientali, assimilare all'oriente: *o. una regione.* **B v. intr.** (aus. *avere*) ● (*raro*) Tendere a forme e caratteri propri dell'oriente. **C v. intr. pron.** ● Assumere elementi o caratteristiche orientali.

orientalizzazióne [1958] **s. f.** ● L'orientalizzare, l'orientalizzarsi.

orientaménto [1894] **s. m.** **1** Procedimento che permette di trovare la posizione dei punti cardinali sull'orizzonte del luogo in cui ci si trova | Collocazione in una certa direzione, spec. rispetto ai punti cardinali: *l'o. di un edificio* | (*sport*) Orienteering | **Senso di o.**, facoltà istintiva di orientarsi, tipica di molti animali e presente, in una certa misura, anche nell'uomo | **Perdere l'o.**, (*fig.*) sviarsi, sbandare, disorientarsi. **2** (*fig.*) Indirizzo: *scuole di o. professionale, tecnico* | **O. scolastico**, quello volto a indirizzare l'allievo verso forme di insegnamento o tipi di scuola più consone alle sue reali attitudini, capacità e aspirazioni | **O. professionale**, quello volto ad aiutare l'individuo a scegliere l'attività professionale più consona sia alle sue attitudini, capacità e aspirazioni, sia alle possibilità e bisogni della società.

♦**orientàre** [da *oriente*; 1803] **A v. tr.** (*io oriènto*) **1** †Rivolgere a oriente. **2** Situare in una certa posizione o direzione, avendo riguardo ai punti cardinali: *le finestre sono orientate a sud, a nord.* **3** (*mat.*) Dotare d'orientazione. **4** (*fig.*) Avviare a determinate scelte, decisioni, attività e sim.: *stiamo cercando di orientarlo verso un'occupazione interessante e redditizia.* **B v. rifl.** **1** Disporsi in un certo modo rispetto ai punti cardinali | (*est.*) Stabilire la propria esatta posizione: *non riesco a orientarmi* | (*fig.*) Raccapezzarsi: *è una questione intricata in cui non è facile orientarsi.* **2** (*fig.*) Indirizzarsi: *penso di orientarmi verso un lavoro manuale.*

orientatìvo [1954] **agg.** ● Che ha la funzione di orientare (*spec. fig.*): *esame o. delle attitudini di qlco.* ‖ **orientativaménte**, avv. In modo orientativo, a mo' di orientamento.

orientàto [av. 1907] part. pass. di *orientare*; anche **agg.** ● Nei sign. del v.

orientatóre [1889] **A agg.** (f. *-trice*) ● Che orienta, che dà l'orientamento. **B s. m.** **1** (*tecnol.*) Dispositivo per dare un determinato orientamento ai pezzi che entrano in una macchina ad alimentazione continua. **2** **O. magnetico**, organo del tacheometro, costituito da un cilindro contenente un ago magnetico, che serve per orientare lo strumento secondo il meridiano.

orientazióne [1879] **s. f.** **1** Orientamento, posizione spec. di un edificio rispetto al sole, alla luce. **2** (*mat.*) In un insieme che si possa dotare di due ordinamenti totali fra loro opposti, la scelta d'uno di tali ordinamenti | **O. d'un piano**, scelta d'un verso di rotazione da considerarsi positivo.

♦**oriènte** [vc. dotta, lat. *oriĕnte(m)*, part. pres. di *orīri* 'sorgere', di orig. indeur.; 1275 ca.] **A agg.** ● (*lett.*) Che nasce, che sorge. **B s. m.** **1** Parte del cielo dove sorge il sole: *navigare verso o.*; *guardare a o.* SIN. Est, levante | (*est.*) Zona, luogo posto a est rispetto a un altro preso come riferimento: *l'Adriatico è a o. dell'Italia* | **Impero** (**romano**) **d'o.**, parte orientale dell'Impero romano che formò uno stato indipendente dal 395 d.C. **2** (*per anton.*) L'insieme dei paesi asiatici, in contrapposizione a quelli europei: *l'O. musulmano*; *i profumi dell'o.* | **Vicino O.**, l'insieme dei paesi dell'Asia occidentale, dal Mediterraneo all'Iran | **Medio O.**, vicino oriente; (*meno comunemente*) l'Asia centro-meridionale cioè Iran e subcontinente indiano | **Estremo O.**, Cina, Giappone e paesi limitrofi. **3** Zona dove opera una loggia massonica | **Grande o.**, loggia centrale costituita dai rappresentanti delle diverse logge di una nazione e presieduta da un gran maestro. **4** Caratteristica traslucidità delle perle naturali, dovuta a un fenomeno di scomposizione della luce. **5** †Luogo di nascita.

orienteering /ingl. ˌɔːriən'tɪərɪŋ/ [vc. ingl., da *to orient* 'orientare'; 1987] **s. m. inv.** ● Sport nato nei Paesi scandinavi agli inizi del Novecento, nel quale i concorrenti, servendosi di una carta topografica e di una bussola, devono raggiungere nel minor tempo possibile un determinato luogo passando attraverso una serie di punti segnati su una cartina. SIN. Orientamento.

orifiàmma o †**oriafiàmma** [fr. *oriflamme*, comp. di *orie* 'd'oro' e *flamme* 'fiamma, giglio'; 1321] **s. f.** ● Gonfalone di seta rossa a due o tre punte, con stelle ricamate e fiamme d'oro dipinte, anticamente insegna dei re di Francia | (*est.*) Gonfalone, stendardo di parata.

orifìzio o **orificio** [vc. dotta, lat. tardo *orifĭciu(m)*, comp. di *ōs*, genit. *ōris* 'bocca', di orig. indeur., e *-ficium* '-ficio'; 1499] **s. m.** **1** Angusta apertura, spec. di vasi, tubi e sim. CFR. oro-, -poro. **2** (*anat.*) Foro di entrata o di uscita di un organo canaliforme: *o. anale.*

origàmi o **origami** [vc. giapp.; 1974] **s. m. inv.** ● Arte e tecnica di ottenere figure varie (persone, animali, fiori, oggetti) piegando, secondo precisi schemi geometrici, dei fogli di carta di formato regolare, senza usare né forbici né colla.

origamìsta [1974] **s. m. e f.** (pl. m. *-i*) ● Esperto di origami.

origano [vc. dotta, lat. *orīganu(m)*, dal gr. *oríganon*, di orig. straniera; av. 1320] **s. m.** ● Erba aromatica perenne delle Labiate, mediterranea, pelosa e rossastra, con infiorescenze rosee, usata in culinaria (*Origanum vulgare*). ➡ ILL. **piante**/8.

òrige ● V. *orice* (*1*).

origenìsta [vc. dotta, lat. tardo *Origenīsta(m)*, da *Orīgenes* 'Origene' (183-253), filosofo cristiano del III sec.; sec. XIV] **s. m.** (pl. *-i*) ● Seguace delle dottrine di Origene.

♦**originàle** [vc. dotta, lat. *originăle(m)*, agg. di *orīgo*, genit. *orīginis* 'origine'; 1342] **A agg.** **1** (*raro*) Proprio delle origini, avvenuto alle origini | **Peccato o.**, quello di disobbedienza a Dio, compiuto da Adamo e da Eva e trasmesso a tutti gli uomini | **Edizione o.**, la prima pubblicata, indipendentemente dal paese e dalla lingua. **2** Proprio dell'autore di un'opera e sim.: *la lingua o. del poema è il catalano* | Scritto, composto o comunque realizzato direttamente dall'autore, di suo pugno o con le sue mani: *manoscritto, calco, spartito o.*; *una prima edizione con note e commenti originali a margine* | (*est.*) Proprio del luogo d'origine, di produzione: *tessuto o. americano*; *seta indiana o.* SIN. Autentico. **3** Che è nuovo e non si richiama a nulla di simile o di precedente: *teoria, musica o.* | **Impronta o.**, di novità | (*est.*) Strano, stravagante: *un tipo o. e un po' pazzo*; *si veste in maniera troppo o.*; *pettinatura, acconciatura o.* ‖ **originalménte**, avv. **1** In modo originale. **2** †Originariamente. **B s. m.** **1** Opera di mano dell'autore, da cui vengono tratte copie, riduzioni e sim.: *l'o. è andato perduto*; *riscontrare una copia con l'o.*; *una traduzione poco, molto fedele all'o.* | (*est.*) Esemplare di atto o documento, redatto in forma e materia genuina da una cancelleria, da un ufficio o da un notaio, per essere consegnato al destinatario: *l'o. è in carta bollata*; *o. autenticato*; *copia conforme all'o.* **2** Opera creata originariamente per le trasmissioni radiofoniche o televisive: *o. radiofonico, televisivo* | L'opera letteraria rispetto a sue riduzioni o adattamenti filmici o teatrali. **3** Lingua originale: *leggere l'Iliade in o.* **4** Modello reale riprodotto in un'opera d'arte: *l'o. è più bello del ritratto.* **C s. m. e f.** ● Persona di abitudini strane, di comportamento o idee singolari e stravaganti: *ve l'ho dato per un brav'uomo, ma non per un o., come si direbbe ora* (MANZONI).

originalità [1793] **s. f.** **1** Caratteristica di chi (o di ciò che) è originale: *idee che hanno il pregio dell'o.*; *è da sottolineare l'o. dell'opera*; *il marchio garantisce l'o. del tessuto.* **2** Atto, comportamento e sim., da originale: *abituarsi, assuefarsi alle originalità di qlcu.* | Oggetto nuovo, stravagante e sim.: *le originalità della moda.*

originàre [da *origine*; 1499] **A v. tr.** (*io orìgino*) **1** Dare origine, far nascere: *il suo intervento originò una serie di atti violenti e vendicativi.* SIN. Cagionare, produrre. **2** †Assegnare come orig.. **B v. intr. e intr. pron.** (aus. *essere*) ● Essere cagionato, determinato, prodotto: *la lunga guerra originava da cause remote*; *il problema si origina da vecchie questioni rimaste insolute.* SIN. Dipendere, nascere.

originàrio [vc. dotta, lat. tardo *originārĭu(m)*, da *orīgo*, genit. *orīginis* 'origine'; 1575] **agg.** **1** Che è nativo o proveniente da un determinato luogo: *il gelso è o. della Cina*; *siamo tutti originari di Roma.* **2** Primitivo, proprio delle origini: *la facciata originaria è andata distrutta coi bombardamenti*; *il restauro ridarà al dipinto il suo o. splendore* | **Cittadinanza originaria**, che appartiene al singolo fin dalla nascita | **Acquisto di un diritto a titolo o.**, quando un diritto è acquisito da un soggetto indipendentemente dal fatto che esso spettasse ad altri. CFR. Derivativo | Autentico: *il testo o. è stato irrimediabilmente danneggiato.* **3** Che dà o ha dato origine: *il suo paese o.* ‖ **originariaménte**, avv. In origine, dapprincipio.

originatóre [da *originare*; av. 1571] **s. m.** (f. *-tri-*

ce) ● (*lett.*) Chi (o ciò che) dà origine.

♦**origine** o (*poet.*) †**origo** [vc. dotta, lat. *orīgine(m)*, da *orīri* 'sorgere'. V. *oriente*; 1308] **s. f.** *1* Momento o fase iniziale di qlco., prima apparizione di qlco.: *l'o. del mondo, della vita vegetale, del linguaggio, dell'uomo*; *periodo delle origini di qlco.* | ***L'o. di una città***, la sua fondazione | ***Risalire alle origini***, indagare sulla fase iniziale di qlco., ricercandone cause, motivi e sim. | ***In o.***, al principio | ***Aver o.***, iniziare | ***Dare o.***, far iniziare, provocare, causare. **CFR.** -gonia, -ctono. **SIN.** Nascita. *2* (*mat.*) Punto d'intersezione degli assi cartesiani | ***O. di una semiretta, d'un semipiano, d'un semispazio***, il punto o, rispettivamente, la retta o il piano che individua la semiretta, il semipiano o il semispazio. *3* Punto in cui una cosa ha il suo inizio materiale: *l'o. di un'arteria, di un fascio muscolare, di un segmento* | ***L'o. di un fiume***, la sua sorgente. *4* Provenienza, derivazione: *luogo di o.*; *certificato di o.*; *l'o. mitica, favolosa, leggendaria della stirpe umana*; *le misteriose origini di un fenomeno*; *denominazione di o. protetta* | Estrazione: *una famiglia di o. contadina*; *una persona di umili origini* | ***Di dubbia o.***, di ciò di cui non si sa da dove o da cosa provenga, e che quindi dà adito a dubbi e sospetti | ***L'o. delle parole***, la loro etimologia | ***Di o. celtica, asiatica*** e sim., di stirpe o razza celtica, asiatica e sim. *5* Insieme di elementi da cui qlco. discende come conseguenza più o meno logica: *non è facile chiarire le origini di questa annosa questione*; *le origini del problema meridionale*.

origliàre [ant. fr. *oreiller*, da *oreille* 'orecchia'; sec. XV] **v. tr. e intr.** (*io origlio*; aus. *avere*) ● Ascoltare di nascosto: *o. alla porta*; *o. i discorsi di qlcu.* | Spiare: *passa la sua vita a o.*

origlière [ant. fr. *oreiller*, da *oreille* 'orecchia'; 1353] **s. m.** ● (*raro, lett.*) Guanciale: *postagli la testa sopra uno o.* (BOCCACCIO).

†**origo** ● V. *origine*.

orina ● V. *urina*.

orinàle o **urinàle** [da *orina*; av. 1337] **s. m.** *1* Recipiente usato per orinare, vaso da notte. *2* †Vaso a forma di orinale. || **orinalétto**, **dim.** | **orinalino**, **dim.**

orinàre o, spec. nell'uso med., **urinàre** [da *orina*; sec. XIV] **v. intr. e tr.** (aus. *avere*) ● Emettere attraverso l'apparato urinario l'orina o altri secreti dal rene: *o. con dolore, con difficoltà*; *o. sangue, pus.* **SIN.** Mingere.

orinàrio ● V. *urinario*.

orinàta o (*raro*) **urinàta** [1734] **s. f.** ● (*raro*) Atto dell'orinare.

orinatìvo o †**urinatìvo** [da *orinare*; 1834] **agg.** ● (*disus.*) Diuretico.

orinatóio [1846] **s. m.** ● Luogo pubblico, destinato agli uomini, appositamente attrezzato per orinare al riparo della vista altrui. **SIN.** Vespasiano.

orinazióne o **urinazióne** [1940] **s. f.** ● (*raro*) L'urinare.

†**orinci** [comp. di *ora* e *quinci*; av. 1543] **vc.** ● (*raro*) Solo nelle loc. ***andare, mandare in o.***, lontanissimo.

†**orinóso** o †**urinóso** [da *orina*; av. 1730] **agg.** ● Di orina.

oriolàio [da *oriolo* (*1*); av. 1584] **s. m.** (f. *-a*) ● (*raro, tosc.*) Orologiaio.

oriòlo (1) o †**oriuòlo**, †**orivòlo** [lat. parl. **horariŏlu(m)*, dal lat. tardo *horārium* 'orologio', deriv. di *hōra* 'ora (1)'; 1321] **s. m.** ● (*tosc.*) Orologio. || **oriolàccio**, **pegg.** | **oriolétto**, **dim.** | **oriolino**, **dim.**

oriòlo (2) [lat. *aureŏlu(m)*, propr. 'dorato', da *āurum* 'oro', per il colore delle penne; sec. XVII] **s. m.** ● (*zool.*) Rigogolo.

oristanése **A** **agg.** ● Di Oristano. **B** **s. m. e f.** ● Abitante, nativo di Oristano.

orittèropo [comp. del gr. *oryktḗr*, genit. *oryktêros* 'scavatore', da *orýssein* 'scavare' (V. *oritto-*), e *póus*, genit. *podós* 'piede' (V. *-podo*); 1828] **s. m.** ● Mammifero africano dei Tubulidentati con corpo tozzo, muso lunghissimo, pelle spessa e bruna, vorace divoratore di termiti e formiche (*Orycteropus afer*).

oritto- [dal gr. *oryktós* 'scavato', da *orýssein* 'scavare', di etim. incerta] primo elemento ● In parole composte della terminologia geologica, significa 'fossile', o indica relazione coi fossili: *orittogenia*, *orittognosia*, *orittologia*.

orittogenìa [comp. di *oritto-* e *-genia*; av. 1856] **s. f.** ● (*geol.*) Origine dei fossili.

orittognosìa [comp. di *oritto-* e del gr. *gnôsis* 'conoscenza' (V. *gnosi*); 1821] **s. f.** ● (*geol.*) Studio scientifico dei fossili.

orittologìa [comp. di *oritto-* e *-logia*; 1779] **s. f.** ● (*geol.*) Orittognosia.

oriùndo [vc. dotta, lat. *oriŭndu(m)*, gerundio di *orīri* 'nascere'. V. *oriente*; av. 1703] **agg.**; anche **s. m.** (f. *-a*) *1* Che (o Chi) è originario di un dato luogo: *o. di Napoli, dell'Africa equatoriale.* *2* (*disus.*) Atleta, spec. giocatore di calcio, di nazionalità straniera ma di origine italiana, che gioca in una squadra italiana.

†**oriuòlo** ● V. *oriolo* (*1*).

†**orivòlo** ● V. *oriolo* (*1*).

†**orizzòn** ● V. *orizzonte*.

†**orizzònta** ● V. *orizzonte*.

orizzontàle [agg. di *orizzonte*; av. 1578] **A** **agg.** *1* Che è parallelo alla superficie terrestre o a un piano scelto convenzionalmente come orizzontale: *superficie o.*; *posizione o.* **CONTR.** Verticale. *2* (*fig.*) Detto di strutture o sim. situate allo stesso livello: *organismi sindacali orizzontali* | (*econ.*) ***Concentrazione o.***, quella posta in essere da accordi tra imprese allo stesso stadio produttivo, per es. di prodotto finito, allo scopo di conseguire varie finalità quali la determinazione del prezzo di mercato, il riparto delle zone di vendita, la limitazione della concorrenza e sim. || **orizzontalménte**, **avv.** In posizione o in direzione orizzontale. **B** **s. f.** *1* (*spec. al pl.*) Parole di cruciverba collocate nelle caselle in senso orizzontale. *2* (*sport*) Posizione del ginnasta il cui asse longitudinale è parallelo al terreno: *o. in avanti, indietro, laterale*.

orizzontalità [av. 1647] **s. f.** ● Condizione o posizione di orizzontale.

orizzontaménto [1812] **s. m.** *1* (*raro*) Orientamento. *2* (*edil.*) Qualunque struttura edilizia destinata a coprire un ambiente o parte di esso e a portare pavimenti o coperture.

orizzontàre [da *orizzonte*; 1798] **A** **v. tr.** (*io orizzónto*) ● Mettere in una certa posizione rispetto all'orizzonte | (*est.*) Orientare. **B** **v. rifl.** *1* Stabilire con sufficiente esattezza la propria posizione, rispetto ai quattro punti cardinali: *prima di ripartire cerchiamo di orizzontarci.* **SIN.** Orientarsi. *2* (*fig.*) Raccapezzarsi: *con tutta questa confusione non mi orizzonto più*.

♦**orizzónte** o (*poet.*) †**orizzòn**, (*poet.*) †**orizzònta** [vc. dotta, lat. *horizŏnta*, nom. *hŏrizon*, dal gr. *horízōn* '(circolo) che delimita', part. pres. di *horízein* 'delimitare', da *hóros* 'confine', di etim. incerta; 1319] **s. m.** *1* Linea grossolanamente circolare che limita la zona visibile da un dato punto di osservazione, e lungo la quale sembra che il cielo si congiunga con la terra o con il mare: *apparire, profilarsi, scomparire all'o.* *2* (*astron.*) ***O. celeste***, circolo massimo della sfera celeste che la divide in due emisferi, uno superiore (visibile da un determinato punto di osservazione) e uno inferiore (invisibile dallo stesso punto di osservazione). *3* (*geol.*) Ciascuno dei diversi livelli in cui può venire suddiviso un suolo in base alla pedogenesi. *4* (*archeol.*) Termine impiegato per indicare un'unità stratigrafica comprendente più strati: *o. neolitico* | ***O. artificiale***, strumento che, in marina, serve a misurare l'altezza degli astri sull'orizzonte, e, in aeronautica, a controllare l'assetto di un aeromobile in voli senza visibilità. *5* (*fig.*) Ampiezza e natura delle conoscenze, delle aspirazioni e delle idee, di una persona o di un gruppo di persone: *un uomo di o. limitato*; *i nuovi orizzonti che si aprivano all'anima mia* (NIEVO). *6* (*fig.*) Quadro generale, complesso di fatti, situazioni e sim.: *gravi complicazioni turbano l'o. politico internazionale* | ***Fare un giro d'o.***, (*fig.*) esaminare una situazione nel suo complesso ma toccando tutti gli elementi o i problemi di rilievo. *7* (*fig.*) Limite raggiunto o da raggiungere, ambito aperto alla ricerca e al progresso umano: *i vastissimi orizzonti della scienza moderna*; *nuovi orizzonti si aprono davanti a noi, grazie alla ricerca scientifica*.

orlàre [lat. parl. **orulāre*, da **ōrula*, dim. di *ōra* 'orlo', da *ōs*, genit. *ōris* 'bocca', di orig. indeur.; av. 1311] **v. tr.** (*io órlo*) ● Fornire di orlo: *o. un fazzoletto, la manica, la gonna* | †(*fig.*) ***O. il cappello***, vituperare, far vergognare.

orlàto [av. 1311] **part. pass.** di *orlare*; anche **agg.** *1* Fornito di orlo: *una tazzina orlata d'oro.* *2* ***Unghie orlate di nero***, sudicie.

orlatóre [da *orlare*; 1891] **s. m.** *1* (f. *-trice* (V.)) Chi per mestiere esegue orli: *o. di scarpe.* *2* Accessorio della macchina da cucire che ripiega la stoffa da orlare. *3* Orlatrice nel sign. 3.

orlatrìce [1958] **s. f.** *1* Operaia che in un laboratorio di confezioni esegue gli orli. *2* Macchina per ripiegare il bordo di una lamiera. *3* Macchinetta a leva per fare l'orlo o la chiusura delle cartucce da caccia.

orlatùra [av. 1543] **s. f.** *1* Esecuzione, confezione di un orlo. *2* Orlo | Striscia di tessuto o altro con cui si orla qlco.

orleanìsta [fr. *orléaniste* 'seguace della casa di Orléans'; 1799] **A** **agg.** (pl. m. *-i*) ● Proprio della casa d'Orléans e dei suoi membri: *politica o.* **B** **s. m. e f.** ● Sostenitore, fautore della casa d'Orléans.

orléans /fr. ɔrle'ɒ̃/ [vc. fr., dalla città di *Orléans*; 1891] **s. m. inv.** ● Tessuto leggero e lucido in mezza lana, con ordito di cotone, usato spec. per la confezione di giacche estive.

†**orlìccia** **s. f.** ● Orliccio.

orlìccio [da *orlo*; av. 1492] **s. m.** *1* (*tosc.*) Crosta di pane. *2* †Orlo, estremità | Bordo irregolare di oggetto spezzato.

†**orlìqua** ● V. *reliquia*.

†**orlìquia** ● V. *reliquia*.

órlo [lat. parl. **ōrulu(m)*, dim. di *ōra* 'orlo' (V. *orlare*); 1313] **s. m.** *1* Margine estremo, punto o linea che inizia o termina qlco.: *l'o. del fosso, del burrone, del bicchiere* | ***Pieno fino all'o.***, di recipiente colmo | (*fig.*) ***Essere sull'o. della pazzia, della disperazione*** e sim., avere raggiunto il limite estremo della sopportazione, essere in procinto di impazzire | ***Essere, trovarsi sull'o. del precipizio***, (*fig.*) essere in condizioni disperate, in procinto di commettere gravissimi errori e sim. | ***O. della vela***, ralinga. *2* Ripiegatura del tessuto prima di essere cucito | ***O. a giorno***, sfilato per biancheria da casa | ***O. arrotolato***, molto sottile, per fazzoletti, tovagliolini e sim. | ***O. a festone***, ricamato a smerlo | (*est.*) Ripiegatura e ribattitura del bordo di una lamiera. *3* (*bot.*) Margine rileva o di una ferita cicatrizzata sul tronco di un vegetale. || **orlétto**, **dim.** | **orlino**, **dim.** | **orlùccio**, **orlùzzo**, **dim.**

òrlon® [marchio registrato; 1961] **s. m.** ● Fibra tessile sintetica resistente, ottenuta per polimerizzazione del nitrile acrilico.

órma [da *ormare*; 1313] **s. f.** *1* Traccia di piede o di zampa che l'uomo o gli animali lasciano sul terreno camminandovi: *seguirono le orme della pantera attraverso la boscaglia*; *sui terreni rocciosi non restano orme* | ***Ricalcare le proprie orme***, tornare sui propri passi | ***Fiutare le orme***, detto di cani che seguono una pista umana o animale | ***Mettersi sulle orme di qlcu.***, cercarlo, pedinarlo. *2* (*fig.*) Impronta, segno, traccia: *lasciare, imprimere un'o. indelebile nel campo della ricerca scientifica*; *le tragiche esperienze hanno impresso un'o. dolorosa nella sua anima* | ***Ricalcare, seguire, le orme di qlcu.***, (*fig.*) imitarlo, seguirne l'esempio | (*fig.*) Vestigia: *le orme romane nelle antiche colonie iberiche*.

♦**ormài** o **oramài** [comp. di *or* e *mai*; av. 1250] **avv.** *1* Già, a questo punto (con valore enfat.): *o. è tardi*; *o. è quasi buio*; *o. è un mese che aspetto*; *questo vestito è o. vecchio*; *ti sarai o. convinto* | Già, quasi (con riferimento a un futuro assai prossimo e certo): *siamo o. arrivati*; *o. ce l'hai fatta!*; *ancora un po' e o. abbiamo finito.* *2* Stando così le cose, giunti a questo punto (con valore concl.): *è solo questione di tempo o.*; *o. era da prevedere che sarebbe finita così!* *3* A questo punto, ora (esprimendo rinuncia o rassegnazione per l'irrimediabilità, l'inevitabilità di qlco.): *o. non c'è più niente da fare*; *o. non ci resta che ritirarci*; *o. quello che è fatto è fatto*; *nel declino o. dell'ora silenziosa / un sopore mi piega le palpebre* (MORANTE) | (*anche assol.*): *o.!, per quello che mi importa!*

ormàre [dal gr. *osmân* 'odorare, fiutare', da *osmḗ* 'odore', da *ózein* 'mandare odore', di orig. indeur.; av. 1566] **v. tr.** (*io órmo*) *1* †Inseguire. *2* (*lett.*) Imitare.

ormeggiàre (1) [intens. di *ormare*; av. 1817] **v. tr.** (*io orméggio*) ● (*raro, lett.*) Ormare.

ormeggiàre (2) [gr. *hormízein*, da *hórmos* 'rada', di etim. incerta; 1322] **A** v. tr. (*io orméggio*) ● Fermare una nave in un porto, impedendo con ancore, catene e cime che venti, moto ondoso e correnti possano spostarla dalla posizione prescelta | Attaccare, assicurare alla riva, alla banchina, alle bitte. **B** v. intr. pron. ● Fissarsi con ormeggi, detto di una nave.

ormeggiatóre [da *ormeggiare* (*2*); 1889] s. m. (f. *-trice*) ● Marinaio addetto all'ormeggio.

orméggio [da *ormeggiare* (*2*); sec. XIV] s. m. *1* Serie di operazioni necessarie a ormeggiare un'imbarcazione. *2* Luogo dove si ormeggia una nave: *andare all'o.* | Modo di ormeggiare: *o. di prua, affiancato, alla boa* | ***O. a barba di gatto***, ancoraggio afforcato con le due linee di ancoraggio divaricate di circa 100°. *3* (*al pl.*) Cavi e catene che servono per ormeggiare: *levare, mollare gli ormeggi*.

ormeṣino ● V. *ermisino*.

†**orminiaco** [lat. *armenĭacu(m)*, nom. *armenĭacus*, dal gr. *armeniakós* 'dell'Armenia'; 1550] s. m. ● Mistura viscosa usata come mordente per dorare cuoio, drappi e sim.

†**ormiṣino** ● V. *ermisino*.

ormonàle [da *ormone*, sul modello dell'ingl. *hormonal*; 1957] agg. ● (*biol.*, *med.*) Di ormoni, relativo agli ormoni: *equilibrio, disfunzione o.* | Contenente ormoni, a base di ormoni: *preparato o.*; *terapia o.*

ormóne [ingl. *hormone*, dal gr. *hormôn* 'che eccita', part. pres. di *hormân* 'eccitare', da *hormḗ* 'attacco, impulso', di orig. indeur.; 1923] s. m. ● (*biol.*) Prodotto di ghiandole a secrezione interna che attraverso il circolo sanguigno raggiunge uno specifico tessuto, od organo bersaglio, regolandone l'attività fisiologica | ***O. somatotropo***, ***o. della crescita***, V. *somatotropo*.

ormònico [1955] agg. (pl. m. *-ci*) ● (*biol.*, *med.*) Ormonale.

ormonoterapìa [comp. di *ormone* e *terapia*; 1940] s. f. ● (*med.*) Terapia a base di ormoni.

ornamentàle [1839] agg. ● Di ornamento: *disegno o.* | Che serve di ornamento: *fregi ornamentali*.

ornamentazióne [da *ornamento*; av. 1889] s. f. ● L'ornare; SIN. Ornamento, decorazione | Insieme di elementi ornamentali.

ornaménto [vc. dotta, lat. *ornamĕntu(m)*, da *ornāre* 'ornare'; av. 1250] s. m. (pl. lett. †*ornaménta*, f.) *1* L'ornare: *occuparsi dell'o. di una sala*. SIN. Decorazione. *2* Tutto ciò che serve per ornare: *ornamenti muliebri, sacerdotali, architettonici, musicali*; *essere carico, sovraccarico di ornamenti* | ***O. dello stile***, finezza linguistica. *3* (*fig.*, *lett.*) Dote spirituale o morale: *le virtù sono l'o. dei saggi*. *4* (*mus.*) Abbellimento. || **ornamentino**, dim.

ornàre [vc. dotta, lat. *ornāre*, da *ŏrdo*, genit. *ŏrdinis* 'ordine'; av. 1292] **A** v. tr. (*io órno*) *1* Rendere bello o più bello aggiungendo uno o più elementi decorativi: *o. i capelli e l'abito con nastri*; *o. una sala, la facciata d'un edificio con festoni e luminarie*. SIN. Abbellire, decorare. *2* (*fig.*, *lett.*) Rendere più ricco o più dotato di virtù e sim.: *o. la mente di cognizioni, il cuore di nobili sentimenti*. **B** v. rifl. ● Abbellirsi: *non ama ornarsi di troppi gioielli*.

ornatézza [1639] s. f. ● Condizione di ciò che è ornato | Eleganza: *l'o. dello stile*.

ornatìsta [da *ornato* (*2*); av. 1810] s. m. e f. (pl. m. *-i*) ● Artista che esegue lavori di ornamentazione.

ornatìvo [vc. dotta, lat. tardo *ornatīvu(m)*, da *ornātus* 'ornato (1)'; 1900] agg. ● (*raro*) Esornativo.

ornàto (**1**) [av. 1250] part. pass. di *ornare*; anche agg. *1* Adorno. *2* Elegante: *linguaggio, stile o.*; *prosa ornata*. || **ornataménte**, avv. Con ornamenti; con eleganza.

ornàto (**2**) [vc. dotta, lat. *ornātu(m)*, s. del part. pass. di *ornāre* 'ornare'; av. 1553] s. m. *1* (*arch.*) L'insieme di risalti che si usano in architettura e che si sovrappongono al corpo principale per abbellimento. *2* Nello studio del disegno, parte che insegna a eseguire ornati.

ornatóre [vc. dotta, lat. tardo *ornatōre(m)*, da *ornātus* 'ornato (2)'; 1342] s. m. (f. *-trice*) *1* Chi orna. *2* Operaio o artigiano specializzato nella confezione di oggetti ornamentali.

ornatùra [vc. dotta, lat. tardo *ornatūra(m)*, da *ornātus* 'ornato (2)'; av. 1306] s. f. ● L'ornare | Insieme di ornamenti.

orneblènda [ted. *Hornblende*, comp. di *Horn* 'corno' e *Blende* 'blenda', dalla forma dei cristalli; 1817] s. f. ● (*miner.*) Specie molto diffusa di anfibolo in cristalli prismatici allungati di colore scuro.

ornèllo o **orniello** [dim. di *orno*; 1554] s. m. ● Pianta arborea delle Oleacee, con foglie composte e grandi corimbi di fiori odorosi, il cui tronco, se inciso, secerne la manna (*Fraxinus ornus*). SIN. Avorniello, laburno, orno.

ornìtico [vc. dotta, gr. *ornithikós*, agg. di *órnis*, genit. *órnithos* 'uccello'] agg. (pl. m. *-ci*) ● (*zool.*) Relativo agli Uccelli: *fauna ornitica* | ***Arto o.***, il caratteristico arto inferiore degli Uccelli.

Ornitìschi [vc. dotta, comp. di *ornit(o)* e *ischio*; 1982] s. m. pl. (sing. *-sco*) ● Nella tassonomia animale, gruppo di Arcosauri estinti, caratterizzati da una cintura pelvica simile a quella degli Uccelli (*Ornithischia*).

ornito- o **òrnito-** [dal gr. *órnis*, genit. *órnithos* 'uccello'] primo elemento ● In parole composte dotte o scientifiche, significa 'uccello' o fa riferimento agli uccelli: *ornitologia*.

ornitòfilo [comp. di *ornito-* e *-filo*; 1932] agg. ● Detto di piante in cui l'impollinazione avviene a opera degli uccelli.

ornitògalo [vc. dotta, gr. *ornithógalon*, comp. di *ornitho-* 'ornito-' e *gála* 'latte' (V. *galassia*): detto così perché il bulbo, di color latteo, viene adoperato come cibo per gli uccelli; av. 1498] s. m. ● Pianta erbacea delle Liliacee con infiorescenze bianche o gialle a grappolo (*Ornithogalum*).

ornitologìa [comp. di *ornito-* e *-logia*; av. 1712] s. f. ● Parte della zoologia che studia gli uccelli.

ornitològico [av. 1807] agg. (pl. m. *-ci*) ● Che riguarda l'ornitologia | ***Stazione ornitologica***, per l'osservazione e lo studio degli uccelli.

ornitòlogo [vc. dotta, gr. *ornithológos*, comp. di *ornitho-* 'ornito-' e *-lógos* '-logo'; 1803] s. m. (f. *-a*; pl. m. *-gi*) ● Studioso di ornitologia.

ornitomanzìa [vc. dotta, gr. *ornithomantéia*, comp. di *ornitho-* 'ornito-' e *-mantéia* '-manzia'; av. 1803] s. f. ● Tecnica divinatoria che trae presagi dalla forma, dall'apparizione e dai movimenti degli uccelli.

ornitomìa [comp. di *ornito-* e del gr. *myîa* 'mosca', di orig. indeur.; 1834] s. f. ● Insetto dei Ditteri parassita di uccelli cui succhia sangue (*Ornithomya avicularia*).

ornitorìnco [comp. di *ornito-* e del gr. *rýnchos* 'becco', di orig. indeur.: detto così perché ha il muso a *becco* d'uccello; 1821] s. m. (pl. *-chi*) ● Mammifero australiano dei Monotremi che rappresenta da solo un'intera famiglia: coperto di soffice pelo bruno, è dotato di un becco largo e depresso in cui si aprono le narici, ha arti molto brevi e piedi palmati, depone uova da cui nascono i piccoli i quali succhiano il latte che cola dal ventre materno (*Ornithorhynchus*). ➡ ILL. **animali**/10.

ornitòṣi [comp. di *ornito-* e *-osi*; 1958] s. f. inv. ● (*med.*) Malattia batterica causata da *Chlamydia psittaci*, tipica dei volatili e, occasionalmente, dell'uomo; si manifesta con infezioni generalizzate o respiratorie. CFR. Psittacosi.

órno [lat. *ŏrnu(m)*, di orig. indeur.; av. 1333] s. m. ● (*bot.*) Ornello.

♦**òro** o (*lett.*) †**àuro** [lat. *āuru(m)*, di orig. indeur.; 1264] **A** s. m. (poet. troncato in *or*) *1* Elemento chimico, metallo nobile giallo, duttile e malleabile, presente in natura spec. allo stato nativo, usato in lega col rame per monili e monete. SIMB. Au. CFR. auri-, criso- | ***Oro bianco***, lega d'oro e palladio | ***Oro falso***, lega imitante l'oro composta essenzialmente di rame | ***Oro fino***, puro o quasi | ***Oro musivo***, solfuro stannico in scagliette gialle splendenti usate per mosaici | ***Oro rosso***, contenente forti quantità di rame | ***Oro verde***, contenente molto argento | ***Legare in oro***, incastonare in oro una pietra preziosa | ***Lavaggio dell'oro***, per separare le pepite dalla sabbia | ***Oro in foglia***, per indorare | ***Dare l'oro***, indorare | ***Tintura d'oro***, cloruro di oro sciolto per indorare | ***Oro in polvere***, usato per dorature | ***Oro falso, oro matto***, similoro | ***D'oro, in oro***, fatto d'oro | ***Occhiali d'oro***, con montatura in oro | ***Medaglia d'oro***, (*ellitt.*) ***oro***, quella data in premio al primo classificato in una competizione sportiva | ***D'oro***, (*fig.*) prezioso come l'oro; nel linguaggio giornalistico, detto di un bene o servizio che fornisce occasione di profitti illeciti: *tre primari ortopedici coinvolti nello scandalo delle stampelle d'oro* | (*fig.*) ***Cuore d'oro***, grande bontà e generosità | (*fig.*) ***Parole d'oro***, di estrema saggezza | (*fig.*) ***Consiglio d'oro***, prezioso e disinteressato | (*fig.*) ***Prendere tutto per oro colato***, credere a tutto, essere credulo e ingenuo | ***Vale tant'oro quanto pesa***, (*fig.*) di cosa molto preziosa o di persona dotata di grandi meriti, virtù o capacità | ***Vendere qlco. a peso d'oro***, (*fig.*) a carissimo prezzo | ***Oro nero***, (*fig.*) petrolio. *2* Moneta aurea: *pagare in oro* | (*est.*) Denaro, ricchezza: *è schiavo dell'oro* | (*fig.*) ***Per tutto l'oro del mondo***, a nessun prezzo, a nessun costo | (*fig.*) ***Nuotare nell'oro***, essere ricchissimo. *3* Colore giallo brillante, tipico dell'oro: *capelli d'oro*; *mosca d'oro*. *4* (*spec. al pl.*) Oggetti d'oro: *gli ori e gli argenti del museo*. *5* (*al pl.*) Seme delle carte da gioco napoletane. **B** in funzione di agg. inv. ● (posposto a un s.) Detto di una particolare tonalità di giallo che più si avvicina a quella dell'oro: *giallo oro*. || PROV. Non è tutt'oro quel che luce.

òro- (**1**) [dal lat. *ōs*, *ōris* 'bocca', di orig. indeur.] primo elemento ● In parole composte della terminologia scientifica, equivale a 'orale': *orofaringe*.

òro- (**2**) [dal gr. *óros* 'monte'] primo elemento ● In parole composte della terminologia geologica e geografica, significa 'monte', 'montagna', o fa comunque riferimento ai rilievi montuosi: *orogenesi*, *orografia*.

Orobancàcee [comp. di *orobanc(he)* e *-acee*; 1958] s. f. pl. (sing. *-a*) ● Nella tassonomia vegetale, famiglia di piante dicotiledoni parassite, prive di clorofilla, con foglie squamiformi e vistosi fiori in spighe (*Orobanchaceae*).

orobànche [vc. dotta, lat. *orobănche(m)*, dal gr. *orobánchē*, propr. 'che stringe, soffoca i legumi', comp. di *órobos* 'legume' (prob. vc. mediterranea) e *ánchein* 'soffocare' (di orig. indeur.); 1476] s. f. ● Genere appartenente alle Orobancacee, parassita di piante superiori, spec. Leguminose (*Orobanche*).

oròbico [dagli *Orobii*, nome di una popolazione preromana] agg.; anche s. m. (f. *-a*, raro; pl. m. *-ci*) *1* (*lett.*) Della città di Bergamo. *2* Giocatore della squadra di calcio dell'Atalanta.

orochicco ● V. *orichicco*.

orofaringe [comp. di *oro-* (*1*) e *faringe*; 1958] s. f. ● (*anat.*) Porzione di faringe posta in corrispondenza con la cavità orale.

orofaringèo o (*raro*) **orofaringeo** [comp. di *oro-* (*1*) e *faringeo*] agg. ● (*anat.*) Relativo all'orofaringe.

orogèneṣi [comp. di *oro-* (*2*) e *genesi*; 1901] s. f. inv. ● (*geol.*) Processo di deformazione delle parti mobili della crosta terrestre che porta al corrugamento e al sollevamento delle catene montuose, degli archi insulari, delle dorsali.

orogenètico [1935] agg. (pl. m. *-ci*) ● Relativo o contemporaneo all'orogenesi | Causato dall'orogenesi.

orografìa [comp. di *oro-* (*2*) e *-grafia*; 1829] s. f. *1* Studio delle catene montuose. *2* Distribuzione delle catene montuose in una data regione. *3* Rappresentazione delle catene montuose sulle apposite carte.

orogràfico [1855] agg. (pl. m. *-ci*) ● Relativo all'orografia.

oroidrografìa [comp. di *oro-* (*2*) e *idrografia*; 1958] s. f. ● Descrizione delle catene montuose di una data regione e dei fiumi che da esse derivano.

oroidrogràfico [1958] agg. (pl. m. *-ci*) ● Che concerne l'oroidrografia.

orologerìa [da *orologio*; 1770] s. f. *1* Arte di costruire o riparare gli orologi. *2* Negozio in cui si vendono gli orologi. *3* ***Bomba a o.***, dotata di dispositivo atto a provocarne la deflagrazione a tempo stabilito | Nella loc. agg. ***a o.***, (*fig.*) detto di situazione destinata a evolvere negativamente.

orologiàio o (*dial.*) **orologiàro** [1766] s. m. (f. *-a*) ● Chi fabbrica, ripara o vende orologi.

orologièro [1950] agg. ● Concernente la fabbricazione o la vendita degli orologi: *industria orologiera*.

♦**orològio** [vc. dotta, lat. *horolŏgiu(m)*, dal gr. *hōrológion*, propr. 'quello che dice l'ora', comp. di *hṓra* 'ora (1)' e *-lógion*, da *légein* 'dire'. V. *-logo*; 1321] s. m. *1* Apparecchio misuratore del tempo capace di segnare le ore e le frazioni di ora, costituito di solito da un meccanismo che fa ruotare delle lancette su un quadrante graduato | ***O. analogico***, l'orologio tradizionale, fornito di lancette | ***O. numerico, digitale***, quello a cristalli liquidi in cui l'indicazione dell'ora e delle sue frazioni è visualizzata con successivi scatti di cifre | ***O. solare***, meridiana | ***O. ad acqua o a sabbia***, clessidra | ***O. a ruote***, con meccanismo a più ruote dentate di diverso diametro che ingranano tra loro | ***O. da torre***, a ruote con peso | ***O. a pendolo***, a ruote con peso o con molla e un pendolo regolatore | ***O. a ripetizione***, che, a una pressione su di un gambo nella direzione del suo asse, fa suonare le ore e i quarti appena trascorsi | ***O. a sveglia***, con una suoneria che è messa in azione all'ora precedentemente segnata da una lancetta. **SIN.** Sveglia | ***O. elettrico***, mosso da una elettrocalamita | ***O. da tasca, da polso***, a molla, con la cassa metallica entro cui è il castello, e con il quadrante difeso da un cristallo | ***O. di precisione***, cronometro | ***O. da controllo, marcatempo***, che segna l'ora su una scheda permettendo così il controllo dell'ora di ingresso e di uscita del personale di una fabbrica o di un'azienda | ***O. atomico***, strumento nel quale si utilizza il periodo di oscillazione delle molecole di ammoniaca come unità di tempo | ***O. a scatto***, in cui l'ora è indicata direttamente da cifre impresse su lamina che scattano a intervalli periodici | ***Un'ora di o.***, intera e precisa | ***Stare con l'o. alla mano***, (*fig.*) essere puntualissimo o esigere estrema puntualità | (*fig.*) ***Un o. che spacca il minuto***, precisissimo | (*fig.*) ***Essere un o.***, metodico, preciso e puntuale all'eccesso | (*fig.*) ***Funzionare come un o.***, detto di meccanismo precisissimo, di organo che funziona perfettamente e sim. **2** (*biol.*) ***O. biologico***, fattore interno non identificato che nelle piante e negli animali regola il ritmo delle attività biologiche dell'organismo. **3** (*zool.*) ***O. della morte***, rumore ritmico prodotto da un coleottero xilofago (*Anobium punctatum*) nello scavare gallerie nel legno di mobili e travi, interpretato come presagio di sventura | (*impropr.*) Il coleottero stesso. || **orologétto**, **dim.** | **orologino**, **dim.** | **orologióne**, **accr.**

oronaṣàle [comp. di *oro-* (*1*) e *nasale*] **agg.** ● (*anat.*) Relativo alla cavità orale e al naso.

oronìmia [da *oronimo*; 1972] **s. f.** ● (*ling.*) Branca della toponomastica che studia i nomi dei monti e delle catene montuose.

orònimo [da *oro-* (*2*), col suff. *-onimo*, sul modello di *pseudonimo*, *toponimo* ecc.; 1972] **s. m.** ● (*ling.*) Nome di monte o di catena montuosa.

oroscopìa [vc. dotta, gr. *hōroskopía*, da *hōroskópos* 'oroscopo'; 1821] **s. f.** ● Tecnica astrologica del trarre e scrivere oroscopi.

oroscòpico [vc. dotta, lat. tardo *horoscŏpicu(m)*, nom. *horoscŏpicus*, dal gr. *hōroskopikós*, da *hōroskópos* 'oroscopo'; 1869] **agg.** (**pl. m.** *-ci*) ● Relativo a oroscopo e a oroscopia.

oròscopo [vc. dotta, lat. tardo *horŏscopu(m)*, nom. *horŏscopus*, dal gr. *hōroskópos*, propr. 'che osserva l'ora (della nascita)', comp. di *hṓra* 'ora (1)' e *-skópos*, da *skopêin* 'guardare'. V. *-scopio*; sec. XIV] **s. m.** **1** Nell'astrologia, osservazione del cielo e della posizione degli astri nel momento della nascita di una persona, e predizione sulla vita e sul carattere di questa tratte da tale osservazione | Testo scritto o schema disegnato che contengono la predizione astrologica | ***O. cinese***, quello caratteristico della cultura cinese in cui i segni astrologici, riferiti all'anno lunare e rappresentati da animali, influiscono sul carattere e sul destino dei nati durante l'anno, a differenza di quello occidentale in cui l'influsso si esercita sui nati durante il mese. **2** (*est.*) Pronostico, previsione.

orosolùbile [comp. di *oro-* (*1*) e *solubile*] **agg.** ● (*farm.*) Detto di medicinale che può sciogliersi in bocca.

†orpellàio [da *orpello*] **s. m.** ● Artigiano che dorava i cuoi.

orpellaménto [1536] **s. m.** ● (*raro*) L'orpellare (*spec. fig.*).

orpellàre [da *orpello*; 1481] **v. tr.** (*io orpèllo*) **1** (*lett.*) Coprire o ornare con foglia di orpello | Fare false dorature. **2** (*lett.*, *fig.*) Nascondere ciò che è brutto o sgradevole sotto false e gradevoli apparenze: *o. e coprir le sue colpe* (PULCI) | (*est.*) †Ingannare.

orpellatùra [av. 1686] **s. f.** **1** (*lett.*) L'orpellare. **2** (*raro*, *fig.*) Finzione.

orpèllo [provz. *auripel*, dal lat. *āurea(m) pĕlle(m)* 'pelle d'oro'; 1447] **s. m.** **1** Lega di rame, zinco, stagno in foglia, per false dorature. **SIN.** Oro falso, similoro. **2** (*fig.*) Falsa apparenza, esteriorità illusoria: *la sua onestà è solo un o.* **3** (*spec. al pl.*) Fronzoli (*anche fig.*): *s'è caricata d'orpelli credendo di essere elegante*; *stile gonfio e pieno d'orpelli*.

orpiménto [fr. *orpiment*, dal lat. *āuri pigmĕntu(m)* 'pigmento d'oro'; av. 1320] **s. m.** ● (*miner.*) Solfuro di arsenico in cristalli di color giallo oro.

†orràre e *deriv.* ● V. *onorare* e *deriv.*

orrendézza [da *orrend(o)* con il suff. *-ezza*; 1940] **s. f.** ● (*raro*) Caratteristica di ciò che è orrendo.

orrèndo [vc. dotta, lat. *horrĕndu(m)*, gerundivo di *horrēre* 'essere irto, inorridire', di orig. indeur.; 1476] **agg.** **1** Che desta orrore e raccapriccio: *mostro o.*; *guerra, strage, visione orrenda*. **SIN.** Orribile, spaventoso, terribile. **2** (*est.*) Estremamente brutto: *una donna orrenda*; *una musica orrenda*. || **orrendaménte**, **avv.**

†orrère [vc. dotta, lat. *horrēre*. V. *orrendo*] **v. tr.** ● Avere in odio.

orrettìzio ● V. *obrettizio*.

†orrévole e *deriv.* ● V. *onorevole* e *deriv.*

orrezióne ● V. *obrezione*.

♦**orrìbile** [vc. dotta, lat. *horrĭbile(m)*, da *horrēre* 'inorridire, aver orrore'. V. *orrendo*; 1294] **agg.** **1** Che fa inorridire, che causa tremendo turbamento: *mostro, delitto o.*; *Orribil furon li peccati miei* (DANTE *Purg.* III, 121); *fiera, ferocia o.*; *una scena o. si presentò ai nostri occhi* | ***O. a dirsi***, che desta orrore in chi lo dice. **SIN.** Atroce, spaventoso, terribile. **2** (*fig.*) Pessimo: *fa un tempo o.*; *un odore o. emanava dalle fogne*. **3** Estremamente brutto: *corpo o.*; *viso o.* || **orribilménte**, **†orribileménte**, **avv.**

orribilità [sec. XIV] **s. f.** ● (*raro*) Caratteristica di ciò che è orribile | Cosa o azione orribile.

orridézza [av. 1667] **s. f.** ● (*raro*) Caratteristica o aspetto di chi (o di ciò che) è orrido | Orrore.

orridità [vc. dotta, lat. *horriditāte(m)*, da *hŏrridus* 'orrido'; av. 1628] **s. f.** ● (*raro*) Orridezza.

òrrido [vc. dotta, lat. *hŏrridu(m)*, da *horrēre* 'aver orrore'. V. *orrendo*; 1338 ca.] **A agg.** **1** Che fa orrore: *vista, visione orrida*; *fu gettato in un o. carcere*. **SIN.** Orribile, spaventoso. **2** (*est.*) Di luogo selvaggio ed estremamente pericoloso: *dirupo, precipizio, scoglio o.* **3** (*est.*) Sgradevolissimo alla vista, all'udito, al gusto e sim.: *aspetto, suono, sapore o.*; *da una nuova, e orrida voce svegliato* (L. DE' MEDICI) | (*lett.*) Irto: *la chioma rabbuffata orrida e mesta* (ARIOSTO). || **orridaménte**, **avv.** **B s. m.** ● Forra dirupata, spec. con caduta d'acqua: *l'o. di Bellano, del Verone*. || **orridétto**, **dim.**

orrìfico [comp. di *orri(do)* e *-fico*; 1970] **agg.** (**pl. m.** *-ci*) ● (*lett.*) Orripilante.

orripilànte [1905] **part. pres.** di *orripilare*; anche **agg.** ● Raccapricciante, orribile: *una scena o.* | (*est.*) Molto brutto, sgradevole e sim. || **orripilanteménte**, **avv.**

orripilàre [vc. dotta, lat. tardo *horripilāre* 'avere il pelo irto', poi 'essere preso da spavento', comp. di *horrēre* (V. *orrendo*) e *pĭlus* 'pelo'; 1959] **v. intr.** (*io orrìpilo*; aus. *essere*) ● (*lett.*) Provare orrore, raccapriccio.

orripilazióne [vc. dotta, lat. tardo *horripilatiōne(m)* 'arricciamento dei peli (per lo spavento)', da *horripilāre*. V. *orripilante*; 1905] **s. f.** ● (*med.*) Erezione dei peli con conseguente formazione di piccoli rilievi sulla pelle, in corrispondenza dei follicoli piliferi, causata dal freddo o da violente emozioni.

†orrìre [V. *†orrere*] **v. intr.** e **tr.** ● Inorridire, avere in orrore.

♦**orróre** [vc. dotta, lat. *horrōre(m)*, da *horrēre*. V. *orrendo*; 1294] **s. m.** **1** Violenta sensazione di ribrezzo, ripugnanza o raccapriccio: *la sanguinosa strage ha destato profondo o. in tutti noi*; *sento o. per il sangue*; *ho o. del sangue* | ***Avere in o. qlcu. o qlco.***, detestare | (*est.*) Ciò che provoca o può provocare tale sensazione, cosa abominevole o azione mostruosa: *gli orrori della guerra*; *un luogo pieno d'orrori* | ***Film, romanzo dell'o.***, quello il cui contenuto è prevalentemente costituito da immagini, scene e situazioni che provochino violente sensazioni di paura, raccapriccio, ripugnanza. **2** (*lett.*) Timore profondo e quasi incontrollabile: *tremito d'o.*; *l'o. della morte*; *un o. superstizioso* | ***Sacro o.***, reverenziale timore relativo alla divinità e a certe sue manifestazioni. **3** (*fig.*, *fam.*) Enormità: *costa un o.* **4** (*poet.*) Tenebrosità, oscurità: *raro un silenzio, un solitario o. / d'ombrosa selva mai tanto mi piacque* (PETRARCA).

orroróṣo [sec. XIX] **agg.** ● (*lett.*) Pieno di scene, particolari, racconti e sim. che destano orrore. || **orroroṣaménte**, **avv.**

órsa [lat. *ŭrsa(m)*. V. *orso*; 1313] **s. f.** (*Órsa* nel sign. 2) **1** Femmina dell'orso. **2** (*astron.*) ***O. maggiore***, ***o. minore***, costellazioni nell'emisfero celeste boreale.

♦**orsacchiòtto** [1613] **s. m.** **1** Dim. di *orso*. **2** Piccolo orso di stoffa, velluto o peluche, tradizionale giocattolo per bambini.

orsàggine [da *orso*, nel sign. 2; av. 1914] **s. f.** ● Carattere di chi è poco socievole e burbero.

orsàtto [1313] **s. m.** **1** Dim. di *orso*. **2** (*lett.*) Cucciolo d'orso. **3** (*fig.*, *poet.*) Membro della famiglia Orsini: *e veramente fui figliuol de l'orsa, / cupido sì per avanzar li orsatti, / che sù l'avere, e qui me misi in borsa* (DANTE *Inf.* XIX, 70-72).

orsétto [av. 1517] **s. m.** **1** Dim. di *orso*. **2** Cucciolo dell'orso. **3** Pelliccia di gatto selvatico o stoffa che la ricorda. **4** (*zool.*) ***O. lavatore***, procione.

Orsifórmi [comp. di *orso* e il pl. di *-forme*] **s. m. pl.** (**sing.** *-e*) ● Nella tassonomia animale, sottordine di Carnivori cui appartengono i Canidi, i Mustelidi e gli Ursidi (*Arctoidea*). **SIN.** Arctoidi.

orsìno [vc. dotta, lat. *ursīnu(m)*, agg. di *ŭrsus* 'orso'; sec. XIV] **agg.** ● Di orso.

♦**órso** [lat. *ŭrsu(m)*, di orig. indeur.; sec. XIII] **s. m.** (**f.** *-a*) **1** Correntemente, ogni mammifero della famiglia degli Ursidi. **CFR.** Bramire, grugnire, ringhiare, rugliare, arcto-. ➡ **ILL. animali**/13 | ***O. americano***, baribal | ***O. bruno***, europeo e asiatico, con pelame folto e ispido, corpo tozzo e forte, ottimo corridore e arrampicatore, feroce, ma addomesticabile da giovane (*Ursus arctos*) | ***O. bianco***, polare, ottimo nuotatore, con le dita riunite da una membrana (*Thalarctos maritimus*) | ***O. del bambù***, panda gigante | ***O. grigio***, del Nord America, grizzly | ***O. lavatore***, procione | ***O. malese***, a pelame raso, arrampicatore agilissimo sugli alberi, vivente in India e Indonesia (*Helarctos malayanus*) | ***Muoversi, ballare come un o.***, (*fig.*) in modo goffo e sgraziato | ***Vendere la pelle dell'o. prima di averlo ucciso***, (*fig.*) fare dei calcoli su qualcosa che ancora non si ha; (*est.*) confidare con leggerezza nel successo. **2** (*fig.*) Persona burbera e poco socievole: *è un o. e non esce quasi mai di casa*; *non fare l'o. e cerca d'essere un po' gentile!* **3** (*gerg.*) Nel linguaggio di borsa, ribassista | (*gerg.*) Situazione del mercato azionario caratterizzata da una fase di continuo ribasso. **CONTR.** Toro. || **orsacchiòtto**, **dim.** (V.) | **orsàccio**, **pegg.** | **orsàtto**, **dim.** (V.) | **orsétto**, **dim.** (V.) | **orsicello**, **dim.**

†orsóio [dal lat. *ŏrsus* 'trama, ordito', propr. part. pass. di *ordīre* 'ordire, fare una trama'; 1533] **s. m.** ● Organzino.

orsolìna [da *S. Orsola*; 1834] **s. f.** ● Appartenente a una delle numerose congregazioni religiose che si rifanno alla regola della compagnia delle dimesse di S. Orsola, fondata a Brescia nel 1535 da S. Angela Merici (1474-1540) per l'educazione scolastica femminile.

orsóno o (*lett.*) **or sóno** [comp. di *or(a)* e *sono*, terza pers. pl. del pres. indic. di *essere*; av. 1613] **avv.** ● Indica la distanza di tempo dal passato al momento attuale (per un numero di anni, mesi o sim. superiore a uno): *due secoli o.*; *tre anni or sono*; *le signore ch'io conobbi or sono dodici anni* (FOSCOLO). **SIN.** Addietro, fa.

orsù o (*raro*) **or su** [comp. di *or* e *su*; av. 1400] **inter.** ● Esprime esortazione, incitamento, incoraggiamento e sim.: *o., bisogna farsi coraggio!*; *o., animo! racconta!*; *o., andiamo!*

ortàggio [da *orto* (*1*); 1525] **s. m.** ● Ogni pianta erbacea coltivata negli orti a scopo alimentare.

ortàglia [1561] **s. f.** **1** Terreno tenuto a orto. **2** (*region.*) Ortaggio.

ortagorisco [vc. dotta, lat. *orthagorīscu(m)*, nom. *orthagorīscus*, dal gr. *orthagorískos* 'porcellino', di etim. incerta; 1476] **s. m.** (**pl.** *-schi*) ● (*zool.*) Mola.

†**ortàle** [da *orto* (*1*); av. 1363] **s. m.** ● Orto, giardino.

ortatòrio [vc. dotta, lat. tardo *hortatōriu(m)* 'incoraggiante' dal v. *hortāri* 'esortare'; 1619] **agg.** ● (*raro*) Esortativo: *quel giudizio ... a me piace ... per la sua forza ammonitrice e ortatoria* (CROCE) | *Lettera ortatoria*, o (*ellitt.*) *ortatoria*, componimento che, seguendo i canoni della retorica classica, tende a esortare o ad ammonire.

ortènse [vc. dotta, lat. *hortēnse(m)*, agg. di *hŏrtus* 'giardino, orto'; sec. XIV] **agg.** ● (*raro*) Di orto, che cresce negli orti: *pianta, coltura o.*

ortènsia [fr. *hortensia*, chiamata così in onore di *Hortense* Barré Lepeaute; 1813] **s. f.** ● Sassifragacea arbustiva a foglie larghe e fiori in infiorescenza globosa, azzurri o rosei, estesamente coltivata (*Hydrangea hortensia*). ➡ **ILL. piante**/6.

ortèṣi [dal gr. *orthós* 'diritto' (V. *orto-*), sul modello di *protesi*] **s. f. inv.** ● (*med.*) Apparecchio applicabile al corpo come correttivo funzionale ma non sostitutivo di parti mancanti.

òrthicon /'ɔrtikon, *ingl.* 'ɔːɹθɨkɔn/ ● V. *orticon*.

ortica o (*raro*) **urtica** [lat. *urtīca(m)*, di etim. incerta; av. 1303] **s. f.** *1* Erba bienne delle Urticacee, rizomatosa, a foglie dentellate, ricca di peli urticanti contenenti un liquido caustico, comunissima negli incolti (*Urtica dioica*) | *O. bianca*, ramiè | *Luogo in cui crescono le ortiche*, abbandonato | *Gettar la tonaca alle ortiche*, spretarsi | *Conosciuto come l'o.*, di persona nota per le sue malefatte. ➡ **ILL. piante**/2. *2* Fibra tessile estratta dalla pianta omonima. *3* (*zool.*) *O. di mare*, acalefe.

Orticàcee ● V. *Urticacee*.

orticàio o (*raro*) **urticàio** [1604] **s. m.** ● Luogo pieno di ortiche.

orticànte ● V. *urticante*.

orticària o **urticària** [da *ortica*; 1869] **s. f.** ● (*med.*) Affezione cutanea caratterizzata da fugace apparizione di piccoli noduli rilevati, bianco-rossastri, estesi e pruriginosi.

†**orticheggiàre** [av. 1400] **v. tr.** ● (*raro*) Pungere con l'ortica (come punizione) | (*fig.*) Punzecchiare.

†**orticheto** [sec. XIV] **s. m.** ● Orticaio.

orticolo [da *orto* (*1*), sul modello di *agricolo*; 1869] **agg.** ● Di orto, che riguarda l'orto: *mostra orticola*.

orticoltóre o **orticultóre** [da *orto* (*1*), sul modello di *agricoltore*; 1846] **s. m.** (**f.** *-trice*) ● Chi si occupa di orticoltura.

orticoltùra o **orticultùra** [da *orto* (*1*), sul modello di *agricoltura*; 1829] **s. f.** ● Coltivazione degli orti.

òrticon o **òrthicon** [ricavato da *orticonoscopio*] **s. m.** ● (*elettr.*) Tubo elettronico da presa, che utilizza, per l'analisi dell'immagine, elettroni a bassa velocità.

orticonoscòpio [comp. di *ort(o)-* e *iconoscopio*; 1949] **s. m.** ● (*elettr.*) Orticon.

orticultóre ● V. *orticoltore*.

orticultùra ● V. *orticoltura*.

ortifrutticultóre ● V. *ortofrutticoltore*.

ortivo (*1*) [da *orto* (*1*); 1389] **agg.** *1* Coltivato a orto o prevalentemente a orto: *vaste zone ortive circondano l'abitato*. *2* Detto di pianta adatta alla coltivazione in orto: *carote, zucchine, fagiolini sono piante ortive*.

ortivo (*2*) [vc. dotta, lat. tardo *ortīvu(m)*, agg. di *ŏrtus* 'il sorgere, lo spuntare'. V. *orto* (*2*); av. 1642] **agg.** ● Relativo al sorgere del sole o di un astro.

♦**òrto** (*1*) [lat. *hŏrtu(m)*, di orig. indeur.; av. 1250] **s. m.** (**pl.** †*ortora*, f.) ● Appezzamento di terreno, di solito cintato, dove si coltivano gli ortaggi | *O. forestale*, vivaio per piante da rimboschimento | *O. botanico*, grande giardino con piante anche esotiche, serra, gabinetto e scuola, per lo studio della botanica | *O. secco*, erbario | *La via dell'o.*, (*fig.*) la più facile | *Coltivare il proprio o.*, (*fig.*) pensare soltanto agli affari propri | *Star coi frati e zappare l'o.*, (*fig., disus.*) affidarsi alle decisioni altrui | (*raro, est.*) Giardino: *o. pensile*. ➡ **ILL.** p. 2113 AGRICOLTURA. ‖ **ortàccio**, **pegg.** | **orticciòlo**, **dim.** | **orticello**, **dim.** | **orticino**, **dim.** | **ortino**, **dim.** | **ortóne**, **accr.**

òrto (*2*) [vc. dotta, lat. *ŏrtu(m)*, propr. part. pass. di *orīri* 'sorgere'. V. *oriente*; 1321] **s. m.** ● (*lett.*) Il sorgere del sole o di un altro astro nel cielo: *dal che ne seguirebbe mutazione circa gli orti, e gli occasi delle stelle fisse* (GALILEI) | Oriente.

†**òrto** (*3*) [vc. dotta, lat. *ŏrtu(m)*, part. pass. di *orīri* 'sorgere, nascere'. V. *oriente*; av. 1400] **agg.** ● (*raro*) Nato.

òrto- [dal gr. *orthós* 'diritto'] primo elemento ● In parole composte della terminologia scientifica, significa 'corretto', 'esatto', 'giusto': *ortocromatico, ortodonzia*.

ortocèntrico [1954] **agg.** (**pl. m.** *-ci*) ● (*mat.*) Relativo all'ortocentro.

ortocèntro (o *-è-*) [comp. di *orto-* e *centro*; 1937] **s. m.** ● (*mat.*) Punto d'intersezione delle altezze di un triangolo.

ortoclàṣio [comp. di *orto-* e *-clasio*; detto così perché ha due piani di sfaldatura ortogonali fra loro; 1930] **s. m.** ● (*miner.*) Feldspato potassico in cristalli prismatici o tabulari bianchi, oppure rosei, costituente fondamentale di numerose rocce eruttive, intrusive e metamorfiche.

ortoclinoscòpio [comp. di *orto-*, un deriv. del gr. *klínein* 'piegare, inclinare' (di orig. indeur.) e *-scopio*] **s. m.** ● (*med.*) Parte dell'apparecchiatura radiografica consistente in una specie di tavolo orientabile in senso verticale e orizzontale, per consentire l'esame del paziente sia in piedi sia prono o supino.

ortocromàtico [comp. di *orto-* e *cromatico*; 1904] **agg.** (**pl. m.** *-ci*) ● (*fot.*) Detto di emulsione la cui sensibilità è estesa a tutti i colori escluso il rosso e, in parte, l'arancione.

ortodermia [comp. di *orto-* e *-dermia*] **s. f.** ● Trattamento della pelle secondo i princìpi della cosmetica.

ortodontia ● V. *ortodonzia*.

ortodòntico **agg.** (**pl. m.** *-ci*) ● (*med.*) Che concerne l'ortodontia.

ortodontista **s. m. e f.** (**pl. m.** *-i*) ● Medico specialista in ortodontia.

ortodonzìa o **ortodontìa** [comp. di *orto-* e un deriv. di *-odonto*; 1936] **s. f.** ● (*med.*) Parte della stomatologia che si occupa della correzione delle malformazioni dentarie.

ortodossìa [vc. dotta, gr. *orthodoxía*, da *orthódoxos* 'ortodosso'; 1551] **s. f.** *1* (*relig.*) Retta credenza conforme ai dogmi ufficialmente insegnati | Nel cristianesimo, dottrina e confessione della Chiesa ortodossa. *2* (*est.*) Adesione stretta e rigorosa ai princìpi teorici e alla prassi di una dottrina o corrente filosofica, politica, artistica o scientifica: *l'o. marxista, neopositivista, fenomenologica*. **CONTR.** Eterodossia.

ortodòsso [vc. dotta, lat. tardo *orthodŏxu(m)*, nom. *orthodŏxus*, dal gr. *orthódoxos*, comp. di *ortho-* 'orto-' e *dóxa* 'opinione' (V. *dossologia*); 1478] **A** **agg.** *1* (*relig.*) Che aderisce integralmente ai dogmi ufficialmente insegnati | *Chiesa ortodossa*, l'insieme delle Chiese orientali separatesi da Roma con lo scisma del 1054. *2* (*est.*) Che accetta integralmente i principi e la pratica di una dottrina: *posizione ortodossa*. **CONTR.** Eterodosso. **B** **s. m.** (**f.** *-a*) ● Chi appartiene alla Chiesa ortodossa.

ortodromìa [dal gr. *orthodromêin* 'correre diritto', comp. di *ortho-* 'orto-' e *drómos* 'corsa' (V. *dromografo*); 1803] **s. f.** ● (*geogr.*) La più breve distanza fra due punti sulla superficie terrestre, misurata sull'arco di circolo massimo che li congiunge.

ortodròmica [1834] **s. f.** ● (*ellitt.*) Linea ortodromica.

ortodròmico [1889] **agg.** (**pl. m.** *-ci*) ● Che concerne l'ortodromia | *Linea ortodromica*, ortodromia.

ortoepìa [vc. dotta, gr. *orthoépeia* 'pronuncia corretta, lingua corretta', comp. di *ortho-* 'orto-' e *épos* 'parola' (V. *epos*); 1829] **s. f.** ● (*ling.*) Scienza che definisce la pronuncia corretta dei suoni di una lingua.

ortoèpico [1869] **agg.** (**pl. m.** *-ci*) ● (*ling.*) Che concerne l'ortoepia | *Dizionario o.*, che indica l'esatta pronuncia delle parole. ‖ **ortoepicaménte**, **avv.**

ortofloricoltùra o **ortofloricultùra** [comp. di *orto* (*1*) e *floricoltura*] **s. f.** ● Coltivazione di ortaggi e fiori.

ortoflorofrutticolo [inserimento di *floricolo* in *ortofrutticolo*; 1983] **agg.** ● Che riguarda l'orticoltura, la floricoltura e la frutticoltura: *mercato o.*

ortoflorofrutticoltùra o **ortoflorofrutticultùra** [comp. di *ortoflorofrutti(colo)* e *-coltura*; 1941] **s. f.** ● Coltivazione di ortaggi, fiori e frutta.

ortofonìa [comp. di *orto* e *-fonia*; 1868] **s. f.** *1* (*med.*) Correzione o riabilitazione delle anomalie nell'articolazione della parola. *2* (*ling.*) Pronuncia normale e corretta di un suono o di una parola. *3* (*fis.*) Riproduzione fedele del suono.

ortofònico [1869] **agg.** (**pl. m.** *-ci*) ● (*med., ling., fis.*) Che concerne l'ortofonia.

ortofonista [1967] **s. m. e f.** (**pl. m.** *-i*) ● (*med.*) Specialista di ortofonia.

ortofrenìa [comp. di *orto-* e *-frenia* (V. *schizofrenia*); 1942] **s. f.** ● (*pedag.*) Metodo didattico per soggetti affetti da ritardo mentale.

ortofrènico [1931] **agg.** (**pl. m.** *-ci*) ● (*pedag.*) Che si riferisce alla ortofrenia.

ortofrùtta [comp. di *orto* (*1*) e *frutta*; 1985] **s. f. inv.** ● Insieme degli ortaggi e della frutta: *negozio di o.*; *il settore dell'o.*

ortofrutticolo [comp. di *orto* (*1*), *frutto* e *-colo* (V. *-cola*); 1931] **agg.** ● Che riguarda sia l'orticoltura che la frutticoltura: *prodotti ortofrutticoli, mercato o.*

ortofrutticoltóre o **ortifrutticultóre**, **ortofrutticultóre** [comp. di *orto* (*1*), *frutto* e *coltore*; 1970] **s. m.** (**f.** *-trice*) ● Chi coltiva ortaggi e frutta.

ortofrutticoltùra o **ortofrutticultùra** [comp. di *orto* (*1*), *frutto* e *coltura*; 1958] **s. f.** ● Coltivazione di ortaggi e frutta.

ortofrutticultóre ● V. *ortofrutticoltore*.

ortofrutticultùra ● V. *ortofrutticoltura*.

ortogèneṣi [comp. di *orto-* e *genesi*; 1932] **s. f. inv.** ● (*biol.*) Rilievo sempre maggiore di certi caratteri organici tali che le generazioni di una specie vegetale o animale si modifichino sempre nella stessa direzione.

ortogenètico [1935] **agg.** (**pl. m.** *-ci*) ● (*biol.*) Che concerne l'ortogenesi.

Ortognàti o *raro* **Ortògnati** [comp. di *orto-* e il pl. di *-gnato*] **s. m. pl.** (**sing.** *-o*) ● Nella tassonomia animale, sottordine di ragni comprendente le forme in cui gli artigli dei cheliceri sono fra loro paralleli (*Orthognatha*).

ortognatiṣmo [da *ortognato*, sul modello di *prognatismo*; 1905] **s. m.** ● (*antrop.*) Profilo facciale caratterizzato da notevole ampiezza dell'angolo mandibolare.

ortognàto o *raro* **ortògnato** [comp. di *orto-* e *-gnato*; 1929] **agg.** ● (*antrop.*) Caratterizzato da ortognatismo.

ortognatodonzìa [comp. di *orto-* e *-gnato*, sul modello di *ortodonzia*] **s. f.** ● (*med.*) Ortodontia.

ortognèiss /ortog'nɛis, -ɔɲ'ɲɛ-/ [comp. di *orto-* e *gneiss*; 1932] **s. m.** ● Roccia metamorfica costituita in prevalenza da quarzo, feldspato e mica, derivante da trasformazione di rocce eruttive intrusive o effusive.

ortogonàle [dal lat. tardo *orthogŏnus* 'ad angoli retti', dal gr. *orthogónios*, comp. di *ortho-* 'orto-' e *gōnia* 'angolo' (V. *goniometria*); 1583] **agg.** ● (*mat.*) Che forma un angolo retto con qualche altro elemento: *rette, piani, direzioni, giaciture ortogonali*. **SIN.** Perpendicolare. ‖ **ortogonalménte**, **avv.** In posizione ortogonale.

ortogonalità [1817] **s. f.** ● (*mat.*) Proprietà di enti geometrici ortogonali.

ortografìa [vc. dotta, lat. *orthogrăphia(m)*, nom. *orthogrăphia*, dal gr. *orthographía*, comp. di *ortho-* 'orto-' e *-graphía* '-grafia'; 1550] **s. f.** *1* (*ling.*) Scrittura normale e corretta | Studio della scrittura corretta. *2* Maniera corretta di scrivere una lingua: *errori di o.*; *l'o. italiana, francese*.

ortogràfico [av. 1646] **agg.** (**pl. m.** *-ci*) *1* Relativo all'ortografia | *Dizionario o.*, che indica la corretta scrittura delle parole. *2* *Proiezione ortografica*, in una rappresentazione cartografica, proiezione geografica prospettica nella quale il punto di osservazione è supposto a distanza infinita. ‖ **ortograficaménte**, **avv.** Dal punto di vista dell'ortografia.

†**ortografizzàre** [comp. di *ortografia* e *-izzare*; av. 1600] **v. tr.** ● (*spreg.*) Scrivere o correggere secondo le regole dell'ortografia.

ortolàno [lat. tardo *hortulānu(m)*, da *hŏrtulus*, dim. di *hŏrtus* 'orto (1)'; av. 1320] **A** **s. m.** *1* (**f.** *-a*) Chi lavora e custodisce un orto: *l'o. del convento* | Venditore di ortaggi. *2* Uccelletto dei Passeriformi di passo estivo in Italia, che ha canto armonioso ma monotono (*Emberiza hortulana*). **B** **agg.** ● Di orto: *prodotti ortolani*.

ortologìa [vc. dotta, gr. *orthología* 'correttezza (V. *orto-*) di linguaggio (V. *-logia*)'; 1950] **s. f.** ● (*ling.*)

Scienza che definisce l'intonazione e l'espressione corretta delle frasi e dei testi orali.

ortomercàto [comp. di *orto(frutticolo)* e *mercato*; 1965] **s. m.** ● Mercato ortofrutticolo.

ortomètrico [comp. di *orto(gonale)* e *-metrico*] **agg.** (pl. m. *-ci*) ● (*scient.*) Riferito alla misura di una grandezza eseguita lungo linee perpendicolari a una superficie di riferimento: *livello o., quota ortometrica.*

Ortonèttidi [comp. di *orto-* e del gr. *nḗktēs* 'nuotatore' (V. *pleuronettidi*); 1958] **s. m. pl.** (sing. *-e*) ● Nella tassonomia animale, gruppo di Mesozoi parassiti su vermi, Molluschi ed Echinodermi (*Orthonectida*).

ortopanoràmica **s. f.** ● (*ellitt.*) Radiografia ortopanoramica.

ortopanoràmico [comp. di *orto-* e *panoramico*] **agg.** (pl. m. *-ci*) ● (*med.*) In odontoiatria, detto di radiografia della cavità orale con cui si ottiene un'immagine completa dell'arcata dentaria.

ortopedìa [fr. *orthopédie*, comp. di *ortho-* 'orto-' e un deriv. del gr. *pâis*, genit. *paidós* 'bambino' (V. *pedagogia*); 1803] **s. f.** *1* Branca della medicina che studia gli stati morbosi, e la relativa terapia, del sistema osseo. *2* Tecnica della costruzione di apparecchi per la correzione delle malformazioni articolari.

ortopèdico [fr. *orthopédique*, da *orthopédie* 'ortopedia'; 1840] **A agg.** (pl. m. *-ci*) ● Che concerne l'ortopedia: *istituto o.* | ***Scarpe ortopediche, busto o.***, apparecchi destinati a correggere particolari malformazioni. || **ortopedicaménte**, avv. Dal punto di vista dell'ortopedia. **B s. m.** (f. *-a*) *1* Medico specialista in ortopedia. *2* Chi fabbrica o vende apparecchi ortopedici.

ortopnèa [comp. di *orto-* e del gr. *pnêin* 'respirare', di orig. indeur.; sec. XVIII] **s. f.** ● (*med.*) Forma di dispnea che costringe il malato alla posizione eretta.

ortopràssi [vc. dotta, comp. di *orto-* 'diritto, retto' e *prassi* (V.); 1935] **s. f. inv.** ● (*relig.*) Retta azione, in conformità a dottrine o principi religiosi.

ortoròmbico [comp. di *orto-* e *rombico*; 1954] **agg.** (pl. m. *-ci*) ● (*miner.*) ***Sistema o.***, sistema cristallino del gruppo trimetrico, caratterizzato da tre assi cristallografici ortogonali e da tre parametri tutti diversi tra loro.

ortoscopìa [comp. di *orto-* e *-scopia*; 1958] **s. f.** *1* (*med.*) Esame dell'occhio eseguito per mezzo dell'ortoscopio. *2* (*med.*) Esame radioscopico eseguito su paziente in posizione eretta. *3* (*ottica*) Proprietà di un sistema ottico che non presenta né distorsione né aberrazione sferica. *4* (*miner.*) Tecnica di osservazione al microscopio che si avvale di luce polarizzata perpendicolare al preparato, gener. ridotto a lamina sottile.

ortoscòpio [comp. di *orto-* e *-scopio*; 1906] **s. m.** *1* Strumento usato per valutare un'alterata percezione dell'immagine nei due occhi. *2* Strumento per la radioscopia con paziente in posizione eretta.

ortosimpàtico [comp. di *orto-* e *simpatico* (2); 1954] **s. m.** (pl. *-ci*) ● (*anat.*) Simpatico.

ortostàtico [dal gr. *orthóstatos* 'eretto', comp. di *ortho-* 'orto-' e *-statos* '-stato'; 1934] **agg.** (pl. m. *-ci*) ● (*med.*) Detto di fenomeno che è in relazione con la posizione eretta del corpo.

ortostatismo [da *ortostatico*; 1954] **s. m.** ● (*med.*) Posizione eretta del corpo. CONTR. Clinostatismo.

ortòstica [comp. di *orto-* e del gr. *stíchos* 'fila' (V. *distico*); 1958] **s. f.** ● (*bot.*) Linea retta, parallela all'organo sessile che porta le foglie, che congiunge i punti di inserzione delle foglie sovrapposte.

ortòtomo [dal gr. *orthotomêin* 'tagliare in linea retta', comp. di *ortho-* 'orto-' e *-tomêin*, da *-tomos* '-tomo'; detto così dal volo; 1875] **s. m.** ● Uccelletto asiatico dei Passeriformi, color verde oliva, che si prepara il nido cucendo a cartoccio con fili vegetali una foglia grande e robusta (*Orthotomus sutorius*). SIN. Uccello sarto.

ortòtono [comp. di *orto-* e *-tono*; 1954] **s. m.** ● (*med.*) Contrazione spasmodica o tetanica della muscolatura della colonna vertebrale che comporta un irrigidimento del corpo in linea retta.

Ortòtteri [comp. di *orto-* e *-ttero*; 1821] **s. m. pl.** (sing. *-o*) ● Nella tassonomia animale, ordine di Insetti degli Pterigoti diurni, con apparato boccale masticatore, zampe atte al salto, ali posteriori, se presenti, pieghettate a ventaglio (*Orthoptera*).

ortòttica [comp. di *orto-* e *ottica*; 1958] **s. f.** ● Parte dell'oculistica che si interessa della cura dello strabismo.

ortòttico (1) [comp. di *orto(gonale)* e *ottico*; 1965] **agg.** (pl. m. *-ci*) ● Relativo a ortottica.

ortòttico (2) [comp. di *ort(ogonale)* e *ottico*; 1954] **agg.** (pl. m. *-ci*) ● (*mat.*) Relativo al luogo dei punti del piano in cui le due tangenti a una curva data si intersecano formando un angolo retto.

ortottista [da *ortottica*, sul modello di *oculista*; 1963] **s. m. e f.** (pl. m. *-i*) ● Studioso, specialista di ortottica.

ortovivaismo [comp. di *orto* (1) e *vivaismo*] **s. m.** ● Attività combinata di coltivazione di ortaggi e di produzione di piante da trapiantare.

orvietàno [av. 1400] **A agg.** ● Della città di Orvieto. **B s. m.** (f. *-a*) ● Abitante di Orvieto.

orvièto [dal nome della città di *Orvieto*, che è dal lat. *ŭrbs vĕtus*, nom., 'città vecchia'. V. *urbe* e *vieto*; 1869] **s. m.** ● Vino bianco, color paglierino, prodotto nei tipi secco o abboccato con uva di diversi vitigni (Malvasia, Trebbiano e altri) coltivati nel comprensorio di Orvieto.

òrza o **òrza** [etim. incerta; 1319] **s. f.** *1* (*mar.*) Lato di sopravvento di una nave. *2* (*mar.*) Nelle imbarcazioni a vela latina, cima fissata all'antenna e impiegata per portare la vela sopravvento | ***Andare all'o.***, orzare. CONTR. Poggia.

orzaiòlo o †**orzaiuòlo**, (*evit.*) **orzaròlo** [da (*chicco d'*)*orzo*, a cui assomiglia; sec. XIV] **s. m.** ● (*med.*) Suppurazione delle piccole ghiandole contenute nello spessore delle palpebre.

orzàre o **orzàre** [da *orza*; av. 1477] **v. intr.** (*io òrzo òrzo*; aus. *avere*) ● (*mar.*) Dirigere la prua verso la direzione da cui proviene il vento. CONTR. Poggiare.

orzaròlo ● V. *orzaiolo.*

orzàta (1) [da *orzo*; av. 1311] **s. f.** *1* Bevanda di farina d'orzo stemperata in acqua. *2* Bibita a base di sciroppo di latte di mandorla | Semata.

orzàta (2) o **orzàta** [da *orza*; sec. XVI] **s. f.** ● (*mar.*) Manovra dell'orzare.

orzàto [da *orzo*; 1308] **agg.** ● Fatto con farina d'orzo: *pane o.*

orzièro o **orzièro** [da *orza*; 1889] **agg.** ● (*mar.*) Detto di imbarcazione che tende eccessivamente all'orza.

òrzo [lat. *hŏrdeu(m)*, di orig. indeur.; sec. XII] **s. m.** ● Graminacea annua a foglie ruvide e spiga con spighette disposte in quattro file verticali a resta molto lunga, utile per biada, per panificazione, per fabbricare la birra (*Hordeum vulgare*) | ***O. nudo***, specie con cariossidi prive, a maturità, di glumelle | ***O. mondo***, privato soltanto delle glumelle, usato per minestre | ***O. perlato***, privato del pericarpo mediante brillatura | ***O. abbrustolito***, usato come surrogato del caffè. ➡ ILL. **piante**/10.

orzòla o **orzuòla** [1625] **s. f.** ● Specie di orzo con i semi disposti su due file.

osàbile [1986] **A agg.** ● Che può essere osato, tentato. **B** anche **s. m.**: *osare l'o.*

osànna [ebr. *hōshī'āh-nna* 'salvaci'; 1294] **A inter.** ● Esprime grande gioia e esultanza: *il mio popolo, vedete, è in visibilio, / e canta Osanna o.!* (CARDUCCI). **B** in funzione di **s. m. inv.** ● Grido di esultanza: *gli o. della folla.*

osannàre [da *osanna*; 1321] **A v. intr.** (aus. *avere*) *1* (*lett.*) Cantare osanna: *lo sentiva osannar di coro in coro* (DANTE *Par.* XXVIII, 94). *2* (*est.*) Levare grandi lodi a qlcu. o a qlco.: *o. al vincitore.* **B v. tr.** ● Lodare con entusiasmo, acclamare, esaltare: *è stato osannato dalla critica.*

osannàto **part. pass.** di *osannare*; anche **agg.** ● Esaltato, celebrato, acclamato: *è il calciatore più o.*

♦**osàre** [lat. parl. **ausāre*, per il classico *audēre*, da *ăvidus* 'avido'; av. 1250] **v. tr.** (*io òso*) ● Avere l'audacia, il coraggio: *o. parlare, presentarsi, compiere un'azione*; *o. il tutto per tutto*; *non posso o. tanto*; *non o. di contraddirmi!* | (*est.*) Avere l'impudenza: *come osa parlarmi così?*; *come osate?* SIN. Ardire, azzardare.

†**osbèrgo** ● V. *usbergo.*

òscar [da un equivoco: il segretario dell'Accademia, vedendo l'uomo che portava la statuetta, lo scambiò per il proprio zio, di nome Oscar, ch'egli in quel momento stava aspettando: un giornalista, sentendolo dire 'ecco *Oscar*', annunciò che i premi si chiamavano così; 1950] **s. m.** *1* Statuetta annualmente concessa come premio dall'Accademia statunitense delle arti e delle scienze cinematografiche ai migliori attori, registi, sceneggiatori, fotografi, ecc. *2* (*fig.*) Il primo premio di una qualunque manifestazione, culturale o non: *l'o. della danza*; *l'o. del commercio è stato assegnato a …* | (*fig.*, *anche scherz.*) Il massimo: *l'o. della cortesia, della sfortuna.*

oscenità [vc. dotta, lat. *obscenitāte(m)*, da *obscēnus* 'osceno'; sec. XIV] **s. f.** *1* Carattere, natura di ciò che è osceno: *l'o. di un atto* | Atto osceno, impudico: *compiere un'o.* SIN. Impudicizia, indecenza. *2* Opera molto brutta: *quel libro è veramente un'o.*

oscèno [vc. dotta, lat. *obscēnu(m)* 'di cattivo augurio'; poi 'sudicio, stomachevole', di etim. incerta; av. 1311] **agg.** *1* Che, secondo il comune sentimento, offende il pudore: *atto o.*; *pubblicazioni e spettacoli osceni.* CFR. porno-. SIN. Impudico, indecente. *2* Ripugnante per la sua bruttezza: *essere vestito in modo o.*; *un dipinto artisticamente o.* | (*lett.*) Orribile: *mille modi da morire osceni* (BOCCACCIO). || **oscenaménte**, avv.

oscillànte [av. 1754] **part. pres.** di *oscillare*; anche **agg.** *1* Che oscilla | (*fig.*) Alterno, variabile: *l'andamento o. di una moneta* | (*fig.*) Indeciso, incostante: *un popolo o. fra l'ipocrisia e la negazione* (DE SANCTIS). *2* (*elettr.*) ***Corrente o.***, alternata, periodica | (*elettr.*) ***Circuito o.***, percorso da correnti oscillanti.

oscillàre [vc. dotta, lat. tardo *oscillāre*, da *oscĭllum* 'maschera', dim. di *ōs*, genit. *ōris* 'bocca'; dal fatto che le maschere appese oscillavano; 1766] **v. intr.** (aus. *avere*) *1* Muoversi alternativamente in due opposte direzioni: *un ragno oscillava appeso al filo* | (*est.*) Vibrare. SIN. Dondolare, ondeggiare. *2* (*fig.*) Variare le due estremità: *i prezzi oscillano*; *valori che oscillano.* *3* (*fig.*) Essere indeciso nello scegliere: *o. fra due possibilità.* SIN. Tentennare.

oscillatóre [da *oscillare*; 1935] **s. m.** ● (*elettr.*) Apparecchio generatore di correnti elettriche oscillanti.

oscillatòria [dall'*oscillazione* dei loro filamenti nell'acqua; 1844] **s. f.** ● Genere di alghe azzurre in colonie pluricellulari filamentose con parete gelatinosa, comune nelle acque dolci stagnanti (*Oscillatoria*).

oscillatòrio [da *oscillare*; av. 1730] **agg.** ● Di oscillazione, relativo all'oscillazione | (*fis.*) ***Moto o.***, consistente in uno spostamento che avviene alternativamente in due versi opposti.

oscillazióne [vc. dotta, lat. tardo *oscillatiōne(m)* 'altalena'. V. *oscillare*; av. 1742] **s. f.** *1* Variazione periodica di una grandezza fisica, matematica e sim.: *o. di forza, di frequenza*; *le oscillazioni della febbre, della temperatura, dei prezzi* | (*elettr.*) ***Oscillazioni elettriche***, correnti e tensioni i cui valori variano con continuità e periodicità | (*geogr.*) ***Oscillazioni glaciali***, alternanza di avanzate e ritiri dei ghiacciai dovuta a variazioni di clima. *2* Movimento che avviene alternativamente in due direzioni diverse: *le oscillazioni del pendolo, di una nave.* *3* Esercizio ginnico consistente in oscillazioni pendolari del corpo o parte di esso eseguite agli attrezzi o a corpo libero. CFR. Slancio. *4* (*fig.*) Variazione di orientamento, di tendenza: *l'o. del gusto nell'arte* | Incertezza, esitazione.

oscillografìa [comp. di *oscill(azione)* e *-grafia*; 1958] **s. f.** ● Registrazione di fenomeni, spec. clinici, mediante l'oscillografo.

oscillogràfico [1946] **agg.** (pl. m. *-ci*) ● Relativo all'oscillografo | Compiuto mediante l'oscillografo: *esame o.*

oscillògrafo [comp. di *oscill(azione)* e *-grafo*; 1895] **s. m.** ● (*fis.*) Apparecchio per la registrazione continua di grandezze elettriche variabili.

oscillogràmma [comp. di *oscill(azione)* e *-gramma*; 1935] **s. m.** (pl. *-i*) ● Registrazione di una grandezza elettrica ottenuta mediante oscillografo.

oscillometrìa [comp. di *oscill(azione)* e *-metria*; 1958] **s. f.** ● (*med.*) Misurazione di vari tipi di oscillazioni, in particolare quelle delle pareti arteriose in relazione all'attività sistolica e diastolica del cuore.

oscillòmetro [comp. di *oscill(azione)* e *-metro*; 1958] **s. m. *1*** (*fis.*) Strumento elettronico impiegato per misurare vari tipi di oscillazione, in particolare quelle delle pareti arteriose. ***2*** (*mar.*) Strumento per misurare il rollio. **SIN.** Rollometro.

oscilloscòpio [comp. di *oscill(azione)* e *-scopio*; 1958] **s. m.** ● (*fis.*) Apparato costituito da un tubo a raggi catodici sul cui schermo si può osservare l'andamento nel tempo di qualunque fenomeno elettrico.

Òscini [vc. dotta, tratta dal lat. *oscine(s)* 'uccelli, dal cui canto (dal v. *canĕre* preceduto dal pref. *obs-*) gli auguri traevano auspici'; 1875] **s. m. pl.** (**sing.** *-o*) ● Nella tassonomia animale, vastissimo sottordine di Uccelli dei Passeriformi, caratterizzati per lo più da notevoli capacità di canto.

oscitànte [vc. dotta, lat. *oscitănte(m)*, part. pres. di *oscitāre* 'sbadigliare', da *ōs*, genit. *ōris* 'bocca', di orig. indeur.; sec. XIV] **agg.** ● (*lett.*, *raro*) Negligente, trascurato.

oscitànza [da *oscitante*; 1602] **s. f.** ● (*lett.*, *raro*) Negligenza, trascuratezza.

òsco [vc. dotta, lat. *Ŏscu(m)*: adattamento del gr. *Opikói* 'Opici' (?); 1825] **A agg.** e **s. m.** (**f.** *-a*; **pl. m.** *-sci* o *-schi*) ● Appartenente a un'antica popolazione italica stanziatasi nella regione corrispondente all'odierna Campania. **B s. m.** solo **sing.** ● Lingua antica del gruppo italico, parlata dagli Osci.

òsco-ùmbro [1935] **A agg.** (**pl. m.** *òsco-ùmbri*) ● Detto di un gruppo linguistico indoeuropeo che comprende la lingua degli antichi Umbri, dei Sanniti e sim. **B** anche **s. m.** solo **sing.**: *iscrizione in osco-umbro.*

osculàre [vc. dotta, lat. *osculāri* 'baciare', da *ōsculum* 'bacio'. V. *osculo*; av. 1607] **v. tr.** e **rifl. rec.** (*io òsculo*) ***1*** (*lett.*) Baciare. ***2*** (*mat.*) Avere un contatto multiplo d'intersezione non inferiore a 3: *un cerchio oscula una curva*; *superfici osculantisi.*

osculatóre [dal lat. *osculātus*, part. pass. di *osculāri* 'baciare', da *ōsculum* 'bacio'. V. *osculo*; av. 1742] **agg.** (**f.** *-trice*) ● (*mat.*) Che ha intersezione multipla e non inferiore a 3, con una curva, una superficie, un solido e sim., in un punto: *cerchio, piano o.*; *sfera osculatrice.*

osculazióne [vc. dotta, lat. *osculatiōne(m)* 'il baciare', da *osculātus*. V. *osculatore*] **s. f.** ***1*** †Bacio. ***2*** (*mat.*) Contatto di ordine superiore al primo, cioè con molteplicità d'intersezione non inferiore a 3: *tra una conica e un cerchio può esserci o.*

òsculo [vc. dotta, lat. *ōsculu(m)*, propr. dim. di *ōs*, genit. *ōris* 'bocca', di orig. indeur.; sec. XIV] **s. m.** ***1*** †Bacio. ***2*** (*zool.*) Orifizio sulla superficie della spugna che costituisce sbocco della cavità gastrale. ***3*** (*bot.*, *raro*) Poro germinativo di una spora.

oscuràbile [sec. XIV] **agg.** ● Che si può oscurare.

oscuraménto [av. 1292] **s. m.** ● L'oscurare, l'oscurarsi (*anche fig.*) | In periodi bellici, eliminazione o diminuzione nelle ore della sera e notturne delle sorgenti luminose di una città, per proteggerla dagli attacchi nemici, spec. aerei.

oscurantìsmo [fr. *obscurantisme*, da *obscurant* 'oscurante'; 1819] **s. m.** ***1*** Nel XVIII sec., il complesso delle ideologie avverse all'Illuminismo. ***2*** (*spreg.*) Opposizione a qualunque forma di progresso sociale e di innovazione culturale.

oscurantista [fr. *obscurantiste*, da *obscurantisme* 'oscurantismo'; 1847] **A s. m.** e **f.** (**pl. m.** *-i*); *anche* **agg.** ● Seguace, fautore dell'oscurantismo. **B agg.** ● Oscurantistico.

oscurantìstico [1848] **agg.** (**pl. m.** *-ci*) ● Che concerne l'oscurantismo o gli oscurantisti.

oscuràre o †**scuràre** [vc. dotta, lat. *obscurāre*, da *obscūrus* 'oscuro'; 1294] **A v. tr.** ***1*** Rendere oscuro: *ammassi di nubi oscurano l'orizzonte* | Superare in luminosità: *il Sole oscura la Luna, durante il giorno* | Interrompere le trasmissioni o impedire la ricezione di un'emittente televisiva. ***2*** (*fig.*) Rendere poco chiaro: *si affanna a spiegare le sue parole ma in realtà le oscura sempre più.* ***3*** (*fig.*) Far impallidire: *o. la fama, la gloria di qlcu.* | Denigrare: *o. il buon nome di qlcu.* **B v. intr. pron.** e, **lett.**, **intr.** (**aus.** *essere*) ● Divenire oscuro: *il sole si oscurò improvvisamente*; *pareami vedere lo sole oscurare* (DANTE) | (*fig.*) ***Oscurarsi in volto***, accigliarsi.

oscuràto **part. pass.** di *oscurare*; anche **agg.** ● Nei sign. del v. | Scuro, buio: *in quell'aria dolce e già oscurata del tramonto* (MORAVIA). || †**oscurataménte**, **avv.** In modo non chiaro.

oscuratóre [av. 1645] **A agg.**; anche **s. m.** (**f.** *-trice*) ● Che (o Chi) oscura. **B s. m.** ● (*mar.*) Portello interno dell'oblò che impedisce il passaggio della luce.

oscurazióne [vc. dotta, lat. *obscuratiōne(m)*, da *obscurātus* 'oscurato'; sec. XIII] **s. f.** ● (*raro*) Oscuramento.

†**oscurézza** [1587] **s. f.** ***1*** Oscurità. ***2*** (*fig.*) Mancanza di chiarezza nelle idee o nel modo di esprimerle.

♦**oscurità** o †**scurità** [vc. dotta, lat. *obscuritāte(m)*, da *obscūrus* 'oscuro'; av. 1294] **s. f.** ***1*** Assenza di luce, buio, tenebre: *vedea per l'ampia o. scintille / balenar d'elmi e di cozzanti brandi* (FOSCOLO) | (*fig.*) Ottenebramento: *o. di mente, della vista* | **CFR.** nicto-, scoto-. ***2*** (*fig.*) Mancanza di intelligibilità, di chiarezza: *l'o. di un discorso* | Espressione, frase difficile, astrusa: *un articolo di legge pieno di o.* ***3*** (*fig.*) Mancanza di notorietà, scarsa fama: *vivere nell'o.*

♦**oscùro** [vc. dotta, lat. *obscūru(m)*: di orig. indeur. (?); av. 1292] **A agg.** ***1*** Privo, completamente o parzialmente, di luce: *notte, selva, aria oscura* | Poco illuminato: *andito, passaggio, corridoio o.*; *una viuzza stretta e oscura.* **SIN.** Buio. **CONTR.** Chiaro. ***2*** (*fig.*) Di ciò che è difficile o impossibile da intendere, comprendere o verificare: *passo, testo, discorso o.*; *profezia oscura*; *la vicenda presenta molti lati oscuri* | Che crea perplessità, inquietudine: *un o. episodio* | ***Secoli oscuri***, (*fig.*) periodi storici travagliati, difficili, vergognosi e sim. | ***Verità oscura***, nascosta. **CONTR.** Chiaro. ***3*** (*fig.*) Privo di notorietà: *uomo, nome o.*; *vita, morte oscura* | ***Oscuri natali***, umili origini | ***Oscure ragioni***, che si preferisce restino nascoste, che non sono note. **SIN.** Ignoto. ***4*** (*fig.*) Bieco, fosco, triste: *pensieri oscuri*; *gli si presenta un avvenire o.*; *partissi al fin con un sembiante o.* (TASSO) | (*fig.*) Cattivo, tristo: *propositi oscuri*; *anima oscura.* || **oscuraménte**, **avv.** ***1*** In modo oscuro, poco chiaro: *scrivere oscuramente.* ***2*** In modo appartato, senza notorietà: *vivere oscuramente.* **B s. m.** solo **sing.** ***1*** Buio: *camminare all'o.* ***2*** (*fig.*) Ignoranza | ***Essere all'o. di qlco.***, non esserne minimamente informato | ***Tenere qlcu. all'o. di qlco.***, non informarlo. || **oscurétto**, **dim.** | **oscuriccio**, **dim.**

osé /fr. o'ze/ [vc. fr., propr. part. pass. di *oser* 'osare'; 1966] **agg. inv.** ● Spinto, audace, che può scandalizzare: *battuta, complimento osé*; *film osé.*

osèlla [f. del venez. *osèl* 'uccello', perché creata in sostituzione di un donativo in uccelli che si faceva prima; 1521] **s. f.** ● Medaglia veneziana d'argento o d'oro coniata dal 1521, con carattere commemorativo, e inviata all'inizio dell'anno dal doge ai membri della nobiltà veneziana.

osfialgìa [comp. del gr. *osphŷs* 'lombo', di etim. incerta, e *-algia*; 1834] **s. f.** ● (*med.*) Sciatica.

osfràdio [gr. tardo *osphrádion* 'di olfatto fine', da *osphráinesthai* 'percepire un odore' (di etim. incerta)] **s. m.** ● (*zool.*) Organo chemiorecettore dei Molluschi.

-òsi [gr. *-ōsis*, orig. proprio di s. tratti da v. in *-óun*, poi da altri s. e agg.] **suff.** ● Nella terminologia della medicina e della botanica, indica una condizione, uno stato (*ipnosi*) o una malattia (*dermatosi*, *nevrosi*, *clorosi*).

†**o sia** /os'sia/ ● V. *ossia.*

†**o siano** /os'siano/ ● V. *ossia.*

-òsio o **-òso** (2) [dalla desin. di (*gluc*)*osio* (V.)] **suff.** ● In chimica organica, indica un carboidrato: *fruttosio*, *glucosio.*

osmànico [var. turca del n. ar. *'Oṯmān*. V. *ottomano*; 1958] **agg.** (**pl. m.** *-ci*) ● Dei Turchi ottomani.

osmànli [turco *osmanli*, dal n. ar. *'Oṯmān*. V. *ottomano*; 1932] **A agg. inv.** ● Ottomano. **B s. m. inv.** ● Turco dell'Anatolia. **C s. m.** solo **sing.** ● Lingua turca osmanica.

osmiàto **s. m.** ● (*chim.*) Sale ossigenato dell'osmio esavalente, ottenuto fondendo il metallo con alcali e nitrati.

osmidròsi [comp. del gr. *osmḗ* 'odore' (V. *ormare*) e *hidrṓs*, genit. *hidrṓtos* 'sudore', di orig. indeur.; 1875] **s. f. inv.** ● (*med.*) Secrezione di sudore con odore non gradevole.

òsmio [dal gr. *osmḗ* 'odore' (V. *ormare*), perché l'ossido di questo metallo ha un odore pungente; 1819] **s. m.** ● Elemento chimico, metallo nobile che possiede la più alta densità conosciuta, usato in istologia per la sua proprietà di venir ridotto selettivamente dai grassi colorandoli in bruno, e per indurire leghe, spec. quelle del platino. **SIMB.** Os.

oṣmòforo [comp. del gr. *osmḗ* 'odore', e *-foro*; 1954] **agg.** ● (*chim.*) Detto di raggruppamento atomico che, introdotto nella molecola di una sostanza organica, conferisce a questa particolare odore.

oṣmòmetro [comp. di *osmo(si)* e *-metro*; 1936] **s. m.** ● (*chim.*) Apparecchio atto a misurare la pressione osmotica.

oṣmòṣi [dal gr. *ōsmós* 'spinta', da *ōthêin* 'spingere', di orig. indeur.; 1874] **s. f. inv.** ***1*** (*fis.*) Fenomeno di diffusione tra due liquidi miscibili attraverso membrane semipermeabili. ***2*** (*fig.*) Passaggio reciproco di elementi, notizie e sim.: *l'o. tra linguaggio scientifico e lingua comune*; *o. fra culture diverse.*

oṣmotattìṣmo [comp. del gr. *ōsmós* 'spinta' (V. *osmosi*) e *tattismo*; 1958] **s. m.** ● (*biol.*) Negli organismi inferiori, orientamento dovuto a stimoli di natura osmotica.

oṣmòtico [1875] **agg.** (**pl. m.** *-ci*) ● (*fis.*) Relativo a osmosi | ***Pressione osmotica***, differenza tra i livelli di una soluzione e del solvente puro separati da una membrana semipermeabile.

oṣmùnda [fr. *osmonde*, di etim. incerta; 1813] **s. f.** ● Grande felce degli ambienti umidi, la più grande che si trovi in Italia, con grandi foglie composte a lobi oblunghi e picciolati, sori riuniti in pannocchia terminale (*Osmunda regalis*).

†**òṣo** [lat. *ăusu(m)*, part. pass. di *audēre* 'osare' (V.); 1308] **agg.** ● (*lett.*) Ardito, audace: *deh, figliuol mio, non essere tropp'oso* (D'ANNUNZIO).

-òṣo (1) [particolare applicazione tecnica di *-oso* (3)] **suff.** ● In chimica, indica quei composti di un elemento in cui l'elemento stesso compare con valenza o valenze minori: *solforoso*, *ipocloroso.*

-òṣo (2) ● V. *-osio.*

-òṣo (3) [lat. *-ōsu(m)*; orig. col senso di 'avere odore (**odos* = *ōdor*)' e poi 'essere pieno'] **suff.** ● Forma aggettivi di derivazione latina o tratti da nomi o da verbi, che indicano dotazione, abbondanza, pienezza, accentuata caratterizzazione: *amoroso*, *arioso*, *formoso*, *maestoso.*

òsol o **òṣol** [da *o(ssidi) sol(furi)*; 1970] **s. m. inv.** ● (*geol.*) Zona interna del globo terrestre, costituita da ossidi e solfuri, che avvolge il nucleo terrestre.

♦**ospedàle** o †**ospitàle** (2), (*pop.*, *tosc.*) **spedàle** [lat. *hospitāle(m)*, agg. di *hŏspes*, genit. *hŏspitis* 'ospite'; 1312] **A s. m.** ● Complesso di edifici e attrezzature destinati al ricovero e alla cura dei malati: *o. civile*; *o. militare*; *o. psichiatrico.* **CFR.** -comio | ***O. da campo***, formazione sanitaria campale mobile per il ricovero e la cura dei feriti e ammalati in zone di guerra o in caso di calamità naturali | ***Mandare qlcu. all'o.***, causare a una persona ferite o sim. tali da rendere necessario il suo ricovero all'ospedale | (*fig.*) ***È un o. ambulante***, di persona sempre piena di acciacchi. **B** in funzione di **agg. inv.** ● (posposto al s.) Detto di vari mezzi di locomozione o trasporto con attrezzatura ospedaliera: *nave o.*; *treno o.*

ospedalièro o **ospedalière**, †**ospitalière**, †**ospitalièro**, **spedalière** [av. 1574] **A agg.** ● Relativo all'ospedale, agli ospedali: *assistenza ospedaliera*; *inserviente o.* **B s. m.** (**f.** *-a*) ***1*** Dipendente di un ospedale: *clinici e ospedalieri.* ***2*** Regolare o laico ascritto a congregazione religiosa che si dedica alla cura dei malati e al servizio negli ospedali.

ospedalìṣmo [da *ospedale*; 1968] **s. m.** ● (*psicol.*) Sindrome individuata da R. Spitz (1887-1974), presente nei bambini ricoverati in brefotrofio e caratterizzata da ritardo di sviluppo e disturbi dell'affettività | Insieme dei disturbi psicologici o delle malattie che possono insorgere durante un lungo ricovero in ospedale.

ospedalità ● V. *spedalità.*

ospedalizzàre o **spedalizzàre** [comp. di *ospedal(e)* e *-izzare*; 1943] **v. tr.** ● Ricoverare in un ospedale.

ospedalizzazióne o **spedalizzazióne** [1911] **s. f.** ***1*** Ricovero in ospedale. ***2*** Ospedalismo nel sign. 1.

ospitàle (1) [vc. dotta, lat. *hospitāle(m)*, agg. di *hŏspes*, genit. *hŏspitis* 'ospite'; av. 1565] **agg.** ● Di persona che riceve gli ospiti con cortesia: *un amico o.* | Di luogo accogliente: *un paese o.* || **ospitalménte**, avv.

†**ospitàle** (2) ● V. *ospedale*.

†**ospitalière** ● V. *ospedaliero*.

†**ospitalièro** ● V. *ospedaliero*.

ospitalità [vc. dotta, lat. *hospitalitāte(m)*, da *hospitālis* 'ospitale'; av. 1342] **s. f.** *1* Caratteristica di chi è ospitale: *l'o. degli abitanti di quel paese è proverbiale.* *2* Accoglienza, spec. nella propria casa: *ringraziamo per la generosa o. offertaci*; *i doveri dell'o.* | Accoglienza in una città, in un Paese e sim.: *gli esuli trovarono o. in Francia.* *3* Accettazione e pubblicazione di articoli e sim. in una rivista o giornale: *hanno concesso o. al nostro ultimo saggio.*

ospitànte [av. 1907] **A** part. pres. di *ospitare*; anche **agg.** *1* Nei sign. del v. *2* ***Squadra o.***, nel gioco del calcio, quella nel cui campo si svolge l'incontro. **B** s. m. e f. ● Chi dà ospitalità.

♦**ospitàre** [vc. dotta, lat. *hospitāri*, da *hŏspes*, genit. *hŏspitis* 'ospite'; 1687] **v. tr.** (*io òspito*) *1* Accogliere qlcu. nella propria casa, città, Paese e sim., fornendogli ciò di cui ha bisogno: *abbiamo ospitato tre studenti di passaggio*; *l'Italia ospita ogni anno milioni di turisti* | ***O. una squadra, un avversario***, nel linguaggio sportivo, gareggiare contro di loro sul proprio campo di gioco, in una partita di calcio e sim. *2* Accogliere: *la galleria ospita quadri molto pregiati.*

♦**òspite** [vc. dotta, lat. *hŏspite(m)*, di etim. incerta; av. 1342] **A** s. m. e f. *1* Persona che ospita: *un o. accogliente.* *2* Persona che viene ospitata: *un o. importuno* | ***Andarsene insalutato o.***, senza dir nulla a nessuno. *3* (*biol.*) Nel parassitismo, l'organismo a spese del quale il parassita vive | ***O. intermedio***, quello in cui un parassita si limita ad accrescersi o a raggiungere la maturità sessuale | ***O. definitivo***, quello in cui un parassita si riproduce. *4* Asciugamano di piccole dimensioni. **B agg.** *1* Che dà ospitalità: *la famiglia o.* *2* Che riceve ospitalità | ***Squadra o.***, nel linguaggio sportivo, quella che in un incontro di calcio e sim. gioca sul campo dell'avversario. || **PROV.** L'ospite è come il pesce, dopo tre giorni puzza.

ospìzio [vc. dotta, lat. *hospĭtiu(m)*, da *hŏspes*, genit. *hŏspitis* 'ospite'; 1313] **s. m.** *1* Istituto per il ricovero spec. di persone anziane e di bisognosi | (*fig.*) ***Finire all'o.***, ridursi alla miseria da vecchi | **CFR.** -comio. *2* Luogo destinato un tempo ad accogliere pellegrini, viaggiatori e sim. che conserva, in qualche caso, lo stesso nome ancor oggi: *lungo le grandi vie di comunicazione sorsero gli ospizi*; *l'o. del Gran S. Bernardo.* *3* (*lett.*) Dimora, alloggio | ***Doloroso o.***, (*fig.*) l'inferno | ***O. di Cesare***, (*fig.*) la corte imperiale. *4* †Ospitalità: *offrire o.*

ospodaràto [1869] **s. m.** ● Titolo e dignità d'ospodaro.

ospodàro [slavo *gospodar* 'padrone'; 1818] **s. m.** ● Governatore degli antichi principati danubiani: *o. di Moldavia e Valacchia.*

ossalàto [comp. di *ossal(ico)* e *-ato*; 1862] **s. m.** ● (*chim.*) Sale o estere dell'acido ossalico | ***O. di ferro***, usato come riducente in fotografia | ***O. di potassio***, usato in tintoria e per togliere le macchie di ruggine | ***O. di sodio***, usato in chimica analitica per titolare il permanganato.

ossàlico [fr. *oxalique*, dal lat. *ŏxalis* 'acetosella', dal gr. *oxalís*, genit. *oxalídos*, da *oxýs* 'acuto', di etim. incerta; 1834] **agg.** (pl. m. *-ci*) ● (*chim.*) Detto di acido organico bibasico, presente in natura come ossalato, usato in tintoria e nella stampa dei tessuti, in conceria, nella preparazione di inchiostri, nella sintesi di coloranti.

Ossalidàcee ● V. *Oxalidacee*.

ossàlide [vc. dotta, lat. *oxălide(m)*, nom. *ŏxalis*. V. *ossalico*; 1476] **s. f.** ● (*bot.*) Acetosella.

ossalùria o **ossalurìa** [comp. di *ossal(ico)* e *-uria*; 1875] **s. f.** ● (*med.*) Presenza di ossalati nelle urine.

ossàme [da *ossa*, pl. di *osso*; 1313] **s. m.** *1* (*lett.*) Mucchio di ossa. *2* (*mar.*) Corbame.

ossammide [comp. di *oss(alato)* e *ammide*; 1869] **s. f.** ● (*chim.*) Diammide dell'acido ossalico ottenuta per disidratazione dell'ossalato neutro d'ammonio.

ossàrio [vc. dotta, lat. tardo *ossāriu(m)*, da *ŏs*, genit. *ŏssis* 'osso'; 1869] **s. m.** *1* Luogo in cui si conservano le ossa dei defunti. *2* Costruzione funeraria per raccogliere e comporre le ossa di morti in una battaglia, generalmente di notevole imponenza architettonica: *l'o. di Redipuglia.*

ossatùra [da *ossa*, pl. di *osso*; 1499] **s. f.** *1* (*anat.*) Costruzione, forma e ordine delle ossa. *2* (*est.*) Struttura fondamentale: *l'o. del ponte è in cemento armato precompresso*; *si debbe fare un'armadura di ferro, la quale serve per l'o. della statua* (CELLINI). *3* (*fig.*) Orditura di un'opera letteraria o artistica in genere: *l'o. di un romanzo, di un poema.* *4* †Ossame.

†**ossecràre** o †**obsecràre** [vc. dotta, lat. *obsecrāre* 'supplicare', comp. di *ŏb-* 'verso' e *sacrāre* 'consacrare'; sec. XIV] **v. tr.** ● Scongiurare, supplicare.

†**ossecrazióne** o †**obsecrazióne** [vc. dotta, lat. *obsecratiōne(m)*, da *obsecrāre* 'ossecrare'; av. 1321] **s. f.** ● Fervida preghiera.

ossedére [lat. *obsidēre* 'assediare'. V. *assedio*] **v. tr.** ● †Assediare | (*lett.*) Ossessionare: *un complesso di immagini e di figurazioni ossedenti* (GADDA).

†**ossediàre** ● V. †*obsediare*.

†**ossèdio** [lat. *obsĭdiu(m)* 'assedio' (V.)] **s. m.** ● Assedio.

†**ossedióne** ● V. †*ossidione*.

osseìna [da *osseo*; 1869] **s. f.** ● (*biol.*) Sostanza proteica che entra come componente principale nella costituzione della parte organica delle ossa.

òsseo [vc. dotta, lat. *ŏsseum(m)*, agg. di *ŏs*, genit. *ŏssis* 'osso'; 1499] **agg.** *1* Di osso, delle ossa: *parti ossee*; *tessuto o.* *2* (*est.*) Simile a osso, duro come l'osso: *durezza, consistenza ossea.*

ossequènte o, più diffuso ma meno corretto,

ossequiènte [vc. dotta, lat. *obsequĕnte(m)*, part. pres. di *ŏbsequi* 'accondiscendere', comp. di *ŏb-* 'verso' e *sĕqui* 'seguire'; 1441] **agg.** ● Che porta ossequio o lo dimostra: *cittadino o. alle leggi*; *essere o. ai cenni, ai desideri, al volere di qlcu.* | Ubbidiente e rispettoso: *un giovanotto o.* || **ossequenteménte**, avv.

ossequènza o, più diffuso ma meno corretto,

ossequiènza [da *ossequente*; 1576] **s. f.** ● Atteggiamento di grande rispetto e riverenza per qlcu.

ossequiàre [1618] **v. tr.** (*io ossèquio*) ● Rendere ossequio, riverire con atti o parole di ossequio: *un'immensa folla ossequiò le sue spoglie.*

ossequiènte e deriv. ● V. *ossequente* e *deriv.*

ossèquio [vc. dotta, lat. *obsĕquiu(m)*, da *ŏbsequi* 'accondiscendere'. V. *ossequente*; 1336 ca.] **s. m.** *1* Profondo rispetto verso persone e istituzioni considerate di grande dignità e merito: *calorosa manifestazione di o.* | Atto o comportamento che dimostra o finge tale rispetto: *scoprirsi il capo in, per o. a qlcu.* | ***In o. a qlco.***, in obbedienza. **SIN.** Deferenza. *2* (*spec. al pl.*) Riverente saluto: *gradiscano i miei profondi ossequi.* **SIN.** Omaggio. *3* †Esequie.

ossequiosità [1869] **s. f.** ● Caratteristica, atteggiamento di chi è ossequioso: *l'o. di quell'impiegato* | Azione ossequiosa.

ossequióso [vc. dotta, lat. *obsequiōsu(m)*, da *obsĕquium* 'ossequio'; sec. XIV] **agg.** ● Pieno di ossequio, che esprime o dimostra ossequio: *individuo o.*; *cerimonia ossequiosa.* **SIN.** Deferente, rispettoso, riverente. || **ossequiosaménte**, avv.

osservàbile [vc. dotta, lat. *observābile(m)*, da *observāre* 'osservare'; 1504] **A agg.** ● Che si può osservare | (*fis.*) ***Grandezza o.***, quella per la quale si conosce una tecnica di misura. || **osservabilménte**, avv. In modo notevole. **B s. f.** ● (*fis.*) Nella meccanica quantistica, grandezza fisica che può essere misurata.

osservànte [av. 1421] **A** part. pres. di *osservare*; anche **agg.** ● Che osserva | Che rispetta o che segue una norma, un precetto e sim.: *essere o. delle leggi*; *cattolico o.* || **osservanteménte**, avv. Con osservanza. **B s. m. e f.** ● Chi osserva fedelmente i precetti di una religione. **C agg.**; anche **s. m.** ● ***Frati osservanti***, i frati minori francescani che seguono la stretta osservanza della prima regola di S. Francesco.

osservànza o †**osservànzia** [vc. dotta, lat. *observăntia(m)*, da *obsĕrvans*, genit. *observăntis* 'osservante'; sec. XIV] **s. f.** *1* Rispettosa e scrupolosa obbedienza: *curare l'o. della legge, dei precetti religiosi*; *la o. delle buone leggi e buoni ordini* (GUICCIARDINI) | (*bur.*) ***In o. a***, in conformità a | ***Di stretta o.***, detto di ciò che, o di chi, è del tutto conforme alle norme codificate. *2* Ossequio, spec. in formule di corrispondenza: *con profonda o.* *3* †Osservazione. *4* (*al pl.*, *raro*) Usanze religiose.

♦**osservàre** [vc. dotta, lat. *observāre*, comp. di *ŏb-* 'verso' e *servāre* 'serbare'; 1219] **v. tr.** (*io ossèrvo*) *1* Guardare o esaminare con attenzione, considerare con cura: *o. la struttura di un corpo, il corso degli astri, un frammento di roccia.* *2* Rilevare, obiettare: *osservammo che era un grossolano errore* | ***Far o.***, avvertire. *3* Curare attentamente, mantenere con cura: *o. l'ordine, la disciplina, il silenzio*; *non avete osservato i patti*; *o. il riposo festivo, il digiuno prescritto.* *4* Mantenere, adempiere, non trasgredire: *o. un patto, una condizione, le legge, gli ordini.* *5* †Riverire, ossequiare.

osservatìvo [1832] **agg.** ● Che serve ad osservare.

osservàto A part. pass. di *osservare*; anche **agg.** ● Nei sign. del v. **B s. m.** (f. *-a*) ● Chi è fatto oggetto di attento esame: *il giovane stilista era l'o. speciale della serata.* || **osservataménte**, avv. Con particolare attenzione.

osservatóre [vc. dotta, lat. *observatōre(m)*, da *observātus* 'osservato'; sec. XIV] **A agg.** (f. *-trice*) *1* Che osserva: *mente acuta e osservatrice* | ***Ufficiale o.***, che effettua l'osservazione del tiro di artiglieria per aggiustarlo e dirigerlo | ***Pilota o.***, aviatore addestrato a fare rilievi, osservazioni, segnali, fotografie in volo. *2* (*raro*) Che adempie | †Osservante, obbediente. **B s. m.** *1* Chi ha capacità di osservazione: *è un acuto o.* *2* Chi partecipa a convegni, congressi e sim. semplicemente osservando quanto vi accade, senza apportarvi comunicazioni: *intervenire a una conferenza come o.*, *in veste di o.* | (*dir.*) Inviato o delegato di un soggetto di diritto internazionale presso una organizzazione o una conferenza internazionale di cui esso non è parte o presso uno Stato per assistere al compimento di fatti giuridici: *o. dell'O.N.U.* *3* (*lett.*) Chi tiene fede alla parola data, all'impegno preso e sim.: *un fedele o. dei patti.*

osservatòrio [av. 1642] **s. m.** *1* Luogo che permette di osservare e notare ciò che interessa | ***O. astronomico***, ***astrofisico***, istituto scientifico destinato allo studio dei fenomeni del cosmo | (*est.*) Luogo o istituzione adatti a rilevare, analizzare e sim.: *Hong Kong è stata un importante o. della realtà cinese*; *o. dei prezzi.* *2* (*mil.*) Località scelta e organizzata con personale e mezzi adeguati, per tenere sotto osservazione un determinato settore e riferirne i risultati | ***O. di artiglieria***, per l'osservazione del tiro. *3* Organo che ha la funzione di controllare l'andamento di settori economici o sociali: *o. dell'occupazione.*

♦**osservazióne** [vc. dotta, lat. *observatiōne(m)*, da *observātus* 'osservato'; sec. XIV] **s. f.** *1* L'osservare | Attento esame, accurata valutazione, e sim.: *o. scientifica, accurata, diligente*; *la quotidiana o. degli astri* | ***Tenere, trattenere in o.***, di ammalato che viene ricoverato al fine di eseguire esami e controlli | Indagine, studio, ricerca: *strumenti d'o. clinica*; *il fenomeno è degno d'o.* **CFR.** -scopia, -scopio. *2* Complesso delle operazioni riguardanti lo studio di un fenomeno che, a differenza dell'esperienza, si svolge indipendentemente dalla volontà dell'osservatore | ***O. meteorologica***, valutazione o misurazione effettuata a vista o a mezzo strumenti di uno o più elementi meteorologici. *3* Considerazione critica, espressione di giudizio relativa a qlcu. o qlco.: *le sue osservazioni su quel testo sono state assai acute*; *è un'o. molto intelligente.* **SIN.** Rilievo, riflessione. *4* Riprensione, rimprovero: *non tollerare osservazioni* | Obiezione: *il testo è approvato senza osservazioni.* *5* (*lett.*) Adempimento, osservanza. || **osservazioncèlla**, dim. | **osservazioncina**, dim.

ossessionànte [av. 1944] part. pres. di *ossessionare*; anche **agg.** ● Che dà ossessione, che rappresenta un'ossessione: *ritmo, musica o.*; *idee ossessionanti.* || **ossessionanteménte**, avv.

ossessionàre [da *ossessione*; 1923] **v. tr.** (*io ossessióno*) *1* Tormentare la coscienza di qlcu. producendo turbamenti, incubi e sim.: *quel ricordo lo ossessiona.* **SIN.** Perseguitare. *2* (*fig.*) Infastidire in modo assillante: *smetti di ossessionarmi con le tue lamentele.*

ossessióne [vc. dotta, lat. *obsessiōne(m)* 'assedio', da *obsēssus* 'assediato'. V. *ossesso*; 1834] **s. f.** **1** (*psicol.*) Idea prevalente, a contenuto per lo più assurdo, che disturba il corso normale del pensiero, accompagnata da ansia. SIN. Anancasmo. **2** (*est.*) Preoccupazione angosciosa e persistente: *ha l'o. di quel debito*. SIN. Incubo. **3** (*raro*) Condizione di chi ha l'anima invasata dal demonio.

ossessività [1970] **s. f.** ● Condizione di chi (o di ciò che) è ossessivo.

ossessìvo [da *ossessione*; 1933] **agg.** ● Che dà ossessione, che costituisce un'ossessione: *idea, paura ossessiva*; *manifestazioni ossessive*; *stati ossessivi*. || **ossessivaménte**, avv. In modo ossessivo.

ossèsso [vc. dotta, lat. *obsēssu(m)*, part. pass. di *obsidēre* 'assediare'; av. 1342] **agg.**; anche **s. m.** (f. *-a*) **1** Che (o Chi) è invasato dal demonio. SIN. Indemoniato, spiritato. **2** (*fig.*) Che (o Chi) è preda di violente crisi di eccitazione, ira e sim.

ossèta [russo *Osetin*, dal n. georgiano della regione *Oset'i*] **A agg.** **1** Dell'Ossezia, regione storica della Russia, oggi ripartita tra la Federazione Russa e la Georgia. **2** Relativo agli Osseti. **B s. m. e f.** (pl. m. *-i*) **1** Ogni appartenente a una popolazione di stirpe indoeuropea stanziata nel Caucaso centrale. **2** (*est.*) Abitante, nativo dell'Ossezia.

ossètico [1925] **A agg.** (pl. m. *-ci*) ● Relativo alla popolazione caucasica degli Osseti | ***Lingua ossetica***, lingua indoeuropea della famiglia iranica. **B s. m.** solo sing. ● Lingua ossetica.

òssi- [dal gr. *oxýs* 'acuto' (di etim. incerta)] primo elemento di parole composte della terminologia chimica **1** In chimica inorganica, indica la presenza di ossigeno: *ossidrico*. **2** In chimica organica, indica la presenza di uno o più gruppi ossidrilici: *ossibenzene*.

♦**ossia** o †**o sia**, †**o siano** davanti a un pl. [comp. di *o (2)* e *sia*; 1614] **cong.** ● Cioè, o per meglio dire, o per maggior precisione o chiarezza (introduce una spiegazione, un chiarimento e in gener. un elemento che meglio determina il primo): *ho spedito il pacco tre giorni fa, o. lunedì*; *la zoologia, o. la scienza che studia gli animali*; *Torquato Tasso, o. l'autore della 'Gerusalemme liberata'* | (*raro*) O meglio (per correggere quanto si è già detto): *parto subito, o. fra poche ore*. SIN. Ovvero.

ossiacànta [vc. dotta, gr. *oxyákantha*, comp. di *oxýs* 'acuto' (V. *ossalico*) e *ákantha* 'spina'; 1563] **s. f.** ● (*bot.*) Biancospino.

ossiacetilènico [comp. di *ossi-* e *acetilenico*; 1914] **agg.** (pl. m. *-ci*) ● (*chim.*) Che è composto di ossigeno e acetilene | ***Fiamma ossiacetilenica***, ottenuta bruciando l'acetilene in corrente di ossigeno, prodotta dal cannello ossiacetilenico | ***Cannello ossiacetilenico***, formato da due tubi concentrici alla cui estremità si mescolano acetilene e ossigeno che vengono fatti bruciare, usato per saldare.

ossiàcido [comp. di *ossi-* e *acido*; 1834] **s. m.** ● Nella chimica inorganica, ogni acido contenente ossigeno | Nella chimica organica, composto nelle cui molecole sono presenti gruppi carbossilici e uno o più gruppi ossidrilici alcolici o fenolici; SIN. Idrossiacido.

ossianésco [da *Ossian*, leggendario bardo dell'Alta Scozia del III sec. d.C., a cui furono attribuiti dei canti pubblicati dal Macpherson nel 1765; 1835] **agg.** (pl. m. *-schi*) ● Detto di ciò che ricorda lo stile del bardo scozzese Ossian.

ossiànico [V. *ossianesco*; 1822] **agg.** (pl. m. *-ci*) ● Che concerne il bardo scozzese Ossian.

ossibenzène [comp. di *ossi-* e *benzene*; 1983] **s. m.** ● (*chim.*) Fenolo.

ossicino [1935] **s. m.** **1** Dim. di *osso*. **2** (*anat.*) Ciascuna delle tre piccole ossa dell'orecchio medio.

ossidàbile [fr. *oxydable*, da *oxyder* 'ossidare'; 1795] **agg.** ● Di sostanza che può subire l'ossidazione.

ossidabilità [1869] **s. f.** ● Proprietà di poter essere ossidato.

ossidànte [1869] **A part. pres.** di *ossidare*; anche **agg.** ● Nel sign. del v. **B s. m.** ● (*chim.*) Sostanza o elemento capace di ossidarne altri.

ossidàre [fr. *oxyder*, da *oxyde* 'ossido'; 1834] **A v. tr.** (*io òssido*) ● Provocare ossidazione. **B v. intr. pron.** ● Subire un processo di ossidazione.

ossidàși [da *ossido*; 1904] **s. f. inv.** ● (*chim.*) Enzima che catalizza reazioni di ossidoriduzione in cui gli elettroni provenienti dall'ossidazione di un substrato vengono trasferiti direttamente sull'ossigeno molecolare.

ossidativo [1975] **agg.** ● (*raro*) Ossidante.

ossidàto part. pass. di *ossidare*; anche **agg.** ● Nel sign. del v.

ossidazióne [fr. *oxydation*, da *oxyder* 'ossidare'; 1795] **s. f.** ● Reazione chimica per la quale una sostanza o un elemento si combina con l'ossigeno | Reazione con la quale si sottrae idrogeno da un composto | Reazione nella quale un atomo di un elemento aumenta la sua valenza positiva o diminuisce quella negativa. CFR. Riduzione.

ossidiàna [fr. *obsidienne*, dal lat. *obsidiāna(m)* (*pĕtram*), lezione errata dei codici pliniani per *obsiāna(m)*, secondo Plinio da un certo *Obsio* che la avrebbe scoperta; av. 1498] **s. f.** ● Vetro vulcanico effusivo di colore nero lucente, con cui gli uomini preistorici fabbricarono arnesi taglientissimi.

ossidimetrìa [comp. di *ossido* e *-metria*; 1954] **s. f.** ● (*chim.*) Metodo analitico quantitativo basato su un processo di ossidazione.

ossidionàle [vc. dotta, lat. tardo *obsidionāle(m)*, agg. di *obsĭdio*, genit. *obsidiōnis* 'assedio'. V. †*ossidione*; sec. XIV] **agg.** ● (*lett.*) Relativo ad assedio | ***Corona o.***, quella che si donava al condottiero liberatore di un assedio | ***Moneta o.***, coniata in tempo di assedio, provvisoria e da scambiare dopo con moneta buona | ***Linee ossidionali***, lavori di circonvallazione e di controvallazione che si facevano nel porre assedio a una città o grande fortezza.

†**ossidióne** o †**obsidióne**, †**ossedióne** [vc. dotta, lat. *obsidiōne(m)*, da *obsidēre* 'assediare'. V. *assedio*; 1340] **s. f.** ● Assedio.

òssido [fr. *oxyde*, dal gr. *oxýs* 'acuto, acido' (V. *ossalico*); 1795] **s. m.** ● (*chim.*) Combinazione di un elemento con l'ossigeno: *o. di nichel, di magnesio, di azoto* | ***O. salino***, ossisale | ***O. di bario***, barite | ***O. di calcio***, calce viva | ***O. di carbonio***, si forma quando il carbonio, o suoi composti, bruciano ad altissime temperature o in presenza di una quantità insufficiente di ossigeno.

ossidoriduzióne o **ossido-riduzióne** [comp. di *ossido* e *riduzione*; 1929] **s. f.** ● (*chim.*) Reazione chimica in cui si verifica l'ossidazione di una specie chimica e contemporaneamente la riduzione di una seconda specie.

ossìdrico [comp. di *ossi-* e *idr(ogeno)*; 1918] **agg.** (pl. m. *-ci*) ● (*chim.*) Che è composto di ossigeno e di idrogeno | ***Fiamma ossidrica***, ottenuta bruciando l'idrogeno in un flusso di ossigeno | ***Cannello o.***, formato da due tubi concentrici alle cui estremità si mescolano idrogeno e ossigeno che vengono fatti bruciare.

ossidrìle [comp. di *oss(igeno)* e *idr(ogeno)*; 1911] **s. m.** ● (*chim.*) Gruppo funzionale monovalente caratteristico degli alcoli, dei fenoli, degli idrossidi, degli ossiacidi, rappresentato con la formula –OH.

ossidrìlico [1931] **agg.** (pl. m. *-ci*) ● (*chim.*) Di, relativo a, ossidrile.

ossìdulo [comp. di *ossi(do)* e *(aci)dulo*; 1834] **s. m.** ● (*chim.*) Protossido.

ossiemoglobina [comp. di *ossi-* ed *emoglobina*; 1883] **s. f.** ● (*biol.*) Emoglobina combinata con l'ossigeno.

ossìfero [comp. del lat. *ŏs*, genit. *ŏssis* 'osso' e *-fero*; 1864] **agg.** ● (*paleont.*) Che contiene ossa.

ossificàre [comp. del lat. *ŏs*, genit. *ŏssis* 'osso' e *-ficare*; av. 1673] **A v. tr.** (*io ossìfico, tu ossìfichi*) ● Trasformare in tessuto osseo. **B v. intr. pron.** ● Subire il processo di ossificazione.

ossificazióne [comp. del lat. *ŏs*, genit. *ŏssis* 'osso' e *-ficazione*; 1727] **s. f.** ● (*biol.*) Processo di trasformazione di un tessuto, spec. cartilagineo, in osso.

ossifluènte [comp. di *osso* e il part. pres. di *fluire*; 1875] **agg.** ● (*med.*) Che si diffonde lungo le ossa o le fasce che le ricoprono | ***Ascesso o.***, tipico delle forme di osteite tubercolare delle vertebre.

ossìfraga [vc. dotta, lat. *ossĭfraga(m)*, comp. di *ŏs*, genit. *ŏssis* 'osso' e *-fraga*, da *frăngere* 'rompere, spezzare'; av. 1498] **s. f.** ● Procellaria lunga fino a 90 cm, volatrice poderosa, vive sugli oceani antartici, cibandosi di pesci, carni di balene, rifiuti delle navi (*Macronectes giganteus*).

ossigenàre [fr. *oxygéner*, da *oxygène* 'ossigeno'; 1834] **A v. tr.** (*io ossìgeno*) **1** Trattare con ossigeno, arricchire di ossigeno. **2** Decolorare con acqua ossigenata: *o. i capelli*. **3** (*fig.*) Incrementare con forze nuove, aiutare con contributi finanziari: *o. un'azienda con un prestito*. **B v. rifl.** **1** Decolorarsi i capelli con l'acqua ossigenata. **2** Respirare aria ricca di ossigeno: *andare in montagna a ossigenarsi*.

ossigenàto [1795] **part. pass.** di *ossigenare*; anche **agg.** **1** Nei sign. del v. **2** Addizionato di ossigeno in misura superiore alla norma: *acqua ossigenata* | ***Aria ossigenata***, ricca di ossigeno, e quindi salubre | Di persona che ha i capelli decolorati con acqua ossigenata: *bionda ossigenata*; *ragazza ossigenata*.

ossigenatóre [1961] **s. m.** ● Apparecchio che eroga ossigeno.

ossigenatùra [1965] **s. f.** ● Decolorazione dei capelli con acqua ossigenata.

ossigenazióne [fr. *oxygénation*, da *oxygéner* 'ossigenare'; av. 1795] **s. f.** ● L'ossigenare, l'ossigenarsi.

♦**ossìgeno** [fr. *oxygène*, comp. del gr. *oxýs* 'acuto, acido' (V. *ossalico*) e *-gène* '-geno', perché generatore di acidi; 1795] **s. m.** ● Elemento chimico, gas indispensabile alla vita organica, costituente un quinto dell'aria, ottimo ossidante, ottenuto per distillazione frazionata dell'aria liquida; è usato in metallurgia, nell'industria chimica in genere e in medicina nelle difficoltà di respirazione. SIMB. O | ***Tenda a o.***, apparato che crea attorno all'ammalato un ambiente ricco di ossigeno | ***Somministrare o. a un malato***, facilitargli la respirazione | ***Dare o.***, (*fig.*) confortare, sollevare o prestare aiuto finanziario | ***Essere all'o.***, alla fine, allo stremo | ***Aver bisogno di o.***, (*fig.*) di denaro.

ossigenoterapìa [comp. di *ossigeno* e *terapia*; 1958] **s. f.** ● (*med.*) Terapia dell'anossia con somministrazione di ossigeno ad alte concentrazioni.

ossìmetro [comp. di *ossi-* e *-metro*; 1821] **s. m.** ● (*med.*) Apparecchio per la misurazione della quantità di ossigeno legato all'emoglobina.

ossìmoro o **ossimòro** [vc. dotta, gr. *oxýmōron*, nt. sost. di *oxýmōros* 'acuto sotto un'apparenza di stupidità', comp. di *oxýs* 'acuto' (V. *ossalico*) e *mōrós* 'stupido' (di etim. incerta); 1598] **s. m.** ● (*ling.*) Figura retorica che consiste nel riunire in modo paradossale due termini contraddittori in una stessa espressione: *ghiaccio bollente*; *con le braccia colme di nulla, / farò da guida alla felicità* (UNGARETTI).

ossìna [da *ossi(geno)*] **s. f.** ● (*chim.*) Perossido risultante dall'addizione di ossigeno sul doppio legame di un olio insaturo.

ossiopìa [vc. dotta, gr. *oxyōpía* 'vista acuta', comp. di *oxýs* 'acuto' (V. *ossalico*), e *-opia*; 1821] **s. f.** ● (*med.*) Emeralopia.

ossirino [vc. dotta, comp. del gr. *oxýs* 'acuto' e del suff. *-rino*] **s. m.** ● (*zool.*) Pescecane dei Lamniformi, frequente nei mari italiani, di colore grigio scuro con ventre bianco, lungo fino a 4 m (*Isurus oxyrhyncus*).

ossisàle [comp. di *ossi-* e *sale*] **s. m.** ● (*chim.*) Ossido a carattere di sale, del tipo del minio.

ossitàglio [comp. di *ossi-* e *taglio*; 1973] **s. m.** ● Taglio di lamiera eseguito mediante il cannello ossiacetilenico.

ossitocìa ● V. *oxitocia*.

ossitòcico ● V. *oxitocico*.

ossitocìna ● V. *oxitocina*.

ossitonizzàre [da *ossitono*; 1983] **v. tr.** ● (*ling.*) Far cadere l'accento di intensità sull'ultima sillaba: *il francese ossitonizza le parole di altre lingue*.

ossìtono [vc. dotta, gr. *oxýtonos*, propr. 'dall'accento acuto', comp. di *oxýs* 'acuto' (V. *ossalico*) e *tónos* 'accento' (V. *tono (1)*); 1828] **agg.** ● Nella grammatica greca, detto di parola con accento acuto sull'ultima sillaba | (*est.*) Detto di parola con accento sull'ultima sillaba, cioè tronca.

ossiurìași o **ossiuràși** [comp. di *ossiuro* e *-iasi*; 1935] **s. f. inv.** ● (*med.*) Infestazione intestinale da ossiuri, con intenso prurito anale.

ossiùro [comp. del gr. *oxýs* 'acuto' (V. *ossalico*) e *-uro (2)*; 1821] **s. m.** ● Piccolo verme filiforme dei Nematodi, parassita intestinale non pericoloso, ma molesto specie nei bambini (*Enterobius vermicularis*). ➡ ILL. **animali**/1.

ossivoro [da *ossa* sul modello di *carnivoro, idrovoro, onnivoro* ecc.; 1929] **agg.** ● Detto di strumento che rode le ossa: *pinza ossivora.*

†**ossizzàcchera** (o -zz-) ● V. *suzzacchera.*

♦**òsso** [lat. tardo *ŏssu(m)*, per il classico *ŏs*, genit. *ŏssis*, di orig. indeur.; sec. XIII] **s. m.** (pl. *òssa*, †*òsse*, f. con riferimento a quelle del corpo e con sign. collettivo, *òssi*, m. con riferimento a parti ossee di animali o con sign. traslato o fig.) **1** (*anat.*) Organo costitutivo dello scheletro dell'uomo e degli altri Vertebrati, formato da un particolare tessuto di consistenza rigida, ricco di sali di calcio. CFR. osteo- | ***Ossa lunghe***, in cui prevale il diametro longitudinale, come in quelle degli arti | ***Ossa piatte***, come quelle della volta cranica | ***Ossa corte***, come quelle costituenti il polso | ***Ridursi pelle e ossa***, (*fig.*) dimagrire moltissimo, diventare scarno | ***Avere le ossa rotte***, (*fig.*) essere stanchissimo | ***Essere di carne e d'ossa***, essere, come ogni uomo, soggetto a passioni, errori e sim. | ***In carne e ossa***, personalmente, di persona | ***Un sacco d'ossa***, (*fig.*) di persona molto magra | ***Rompersi l'o. del collo***, il collo | ***Rimetterci l'o. del collo***, (*fig.*) rovinarsi | (*fig.*) ***Essere un o. duro da rodere***, essere una persona o un ostacolo difficile da contrastare o da superare | ***Aver le ossa peste***, (*fig.*) sentirsi indolenzito | ***Farci l'o.***, (*fig.*) abituarsi a qlco. | ***Una pioggerella che bagna fino alle ossa***, (*fig.*) che inzuppa completamente | (*fig.*) ***Essere guasto, corrotto nelle ossa***, essere completamente guasto | ***Essere innamorato fino all'o.***, follemente | (*fig.*) ***Fare economia fino all'o.***, fino all'estremo limite | (*fig.*) ***Essere, ridurre all'o.***, al minimo possibile. ➡ ILL. p. 2122, 2127 ANATOMIA UMANA. **2** Ciò che resta di un cadavere già decomposto: *le ossa biancheggianti nel deserto; qui giacciono le ossa dei caduti.* **3** Osso di bestia macellata | ***O. buco***, V. *ossobuco* | ***Carne senz'o.***, tutta polpa commestibile | ***Posa l'o.!***, (*fig.*) esortazione a restituire ciò che si è preso indebitamente o a lasciare stare ciò che non ci spetta e sim. | ***Ossi di morto***, fave dei morti. **4** Osso animale lavorato: *bottoni d'o.; ombrello con manico d'o.* **5** Formazione o struttura con funzioni analoghe a quella dell'osso | ***O. di seppia***, conchiglia interna | ***O. di balena***, fanone. **6** (*pop.*) Nocciolo: *l'o. della pesca, della prugna.* **7** Ossatura, armatura. || **ossàccio**, pegg. | **osserèllo**, dim. | **ossétto**, dim. | **ossicciuòlo**, dim. | **ossicèllo**, dim. | **ossicino**, dim. (V.) | **ossùccio**, dim.

ossobùco o **òsso bùco** [adattamento del milan. *os büs* 'osso bucato'; av. 1869] **s. m.** (pl. *ossibùchi*) ● Taglio di carne bovina ricavato dal garretto, a forma di disco con tutto l'osso e il midollo, che si cucina in umido o con salsa a base di vino bianco e scorza di limone, talvolta con l'aggiunta di pomodoro: *o. alla milanese.*

ossoniènse ● V. *oxoniense.*

†**ossóso** agg. ● Ossuto.

ossuàrio [vc. dotta, lat. tardo *ossuāriu(m)*, nt. sostantivato dell'agg. *ossuārius* 'che concerne le ossa', da *ŏs*, genit. *ŏssis* 'osso'; 1779] **s. m.** ● (*archeol.*) Vaso funerario usato per contenere i resti cremati di una persona defunta: *o. biconico villanoviano.*

ossùto [da *osso*; 1359] **agg.** ● Che ha ossa prominenti e visibili: *un vecchio o.; mani ossute.*

†**òsta** [etim. incerta; 1561] **s. f.** ● (*mar.*) Ciascuna delle due manovre legate alla penna di ogni antenna latina per tenerla a segno nel navigare.

ostacolàre [da *ostacolo*; 1866] **A v. tr.** (*io ostàcolo*) ● Rendere difficile o laborioso, frapponendo ostacoli o impedimenti: *è inutile che ostacoliate i miei progetti.* SIN. Contrastare, impedire, intralciare. **B v. rifl. rec.** ● Intralciarsi, impacciarsi a vicenda.

ostacolìsta [1938] **s. m. e f.** (pl. m. *-i*) ● Atleta specialista nelle corse a ostacoli | Cavallo che gareggia nelle prove a ostacoli.

♦**ostàcolo** [vc. dotta, lat. *obstăculu(m)*, da *obstāre* 'stare davanti, opporsi', comp. di *ŏb-* 'davanti, contro' e *stāre* 'stare'; sec. XIV] **s. m.** **1** Tutto ciò che intralcia o costituisce un impedimento (*anche fig.*): *un sentiero nella foresta pieno di ostacoli; cercò di frapporre degli ostacoli alla nostra iniziativa.* SIN. Contrasto, difficoltà, inciampo. **2** (*mil.*) Elemento del terreno o apprestamento destinato a inibire o a ritardare il movimento del nemico. **3** Nell'atletica, ognuno dei cavalletti posti lungo la pista in alcune gare di corsa per aumentarne la difficoltà: *correre i 110 (metri) ostacoli, i 400 (metri) ostacoli* | Negli sport equestri, qualsiasi tipo di impedimento, naturale o artificiale, situato sulla pista o sul prato, che il cavallo deve superare saltando | ***Corsa, percorso a, ad, ostacoli***, (*fig.*) iniziativa, attività e sim. che comporta il superamento di numerose difficoltà. ➡ ILL. p. 2146, 2152 SPORT.

ostàggio o †**stàggio** (3) [ant. fr. *hostage*, da *hôte* 'ospite'; sec. XIII] **s. m.** **1** Persona presa o consegnata al nemico come pegno dell'adempimento di determinati obblighi o allo scopo di evitare atti ostili. **2** (*est.*) Persona rapita e sequestrata da criminali allo scopo di garantirsi l'incolumità o la fuga, o per ottenere un riscatto in denaro o l'accoglimento di determinate richieste: *i rapinatori si coprirono la fuga con un ostaggio.*

†**ostàle** [provz. *ostal*; stessa etim. dell'ant. fr. *ostel* 'ostello'; av. 1294] **s. m.** ● Ostello | (*fig., lett.*) Ricetto.

†**ostànte** [1308] **part. pres.** di *ostare*; anche **agg.** **1** Che si oppone, che impedisce: *bellissimo ancora, non ostanti l'età e la calvizie* (PIRANDELLO). **2** V. anche *nonostante.*

ostàre o †**obstàre** [vc. dotta, lat. *obstāre*. V. *ostacolo*; 1351] **v. intr.** (*io òsto*; raro tempi composti; aus. *avere*) ● Essere d'ostacolo: *nulla osta al trasferimento dell'impiegato; nulla osta a che l'impiegato sia trasferito.*

†**ostàtico** [lat. parl. **hospitàticu(m)*, da *hŏspes*, genit. *hŏspitis* 'ospite'; 1280 ca.] **s. m.** ● Ostaggio.

ostativo [da *ostare*; 1803] **agg.** ● (*dir.*) Che è d'impedimento | ***Errore o.***, errore per cui un soggetto dichiara una cosa diversa da quella voluta.

òste (1) o †**hòsto** [ant. fr. *oste*, dal lat. *hŏspite(m)* 'ospite'; 1256] **s. m.** (f. *-éssa* (V.), †*-a*, nel sign. 1) **1** Gestore di un'osteria | ***Fare i conti senza l'o.***, (*fig.*) fare piani senza considerare eventuali difficoltà, contrarietà e sim. **2** †Padrone del podere. **3** †Ospite.

òste (2) [lat. *hŏste(m)* 'nemico', di orig. indeur.; 1246] **s. f. o m.** **1** (*raro, lett.*) Esercito schierato in campo | †***Bandire l'o.***, dichiarare la guerra | †***Stare a o.***, essere in guerra | †***Fare o.***, guerreggiare | †***Porre o.***, assediare. **2** †Nemico: *contro i crudeli osti, per lo bene della città, s'apparecchiavano con le taglienti spade d'aspramente combattere* (BOCCACCIO). **3** †Accampamento militare. **4** †Flotta militare.

ostealgìa [comp. di *osteo-* e *-algia*; 1834] **s. f.** ● (*med.*) Dolore di origine ossea.

†**osteggiaménto** [da *osteggiare*; av. 1540] **s. m.** **1** Attendamento militare. **2** Azione guerresca.

osteggiàre [da *oste* (2); 1858] **A v. tr.** (*io ostéggio*) **1** Avversare, contrastare: *o. il ministero, la proposta delle minoranze, i tentativi di ribellione.* **2** †Assalire, attaccare. **B v. intr.** (aus. *avere*) **1** †Guerreggiare. **2** †Campeggiare con l'esercito.

osteggiatóre [av. 1861] **agg.**; anche **s. m.** (f. *-trice*) ● (*raro*) Che (o Chi) osteggia.

osteìte [comp. di *osteo-* e *-ite* (1); 1875] **s. f.** ● (*med.*) Infiammazione dell'osso.

Osteìtti [comp. di *oste(o)-* e un deriv. del gr. *ichthŷs* 'pesce' (V. *ittio-*); 1967] **s. m. pl.** (sing. *-io*) ● Nella tassonomia animale, classe di Pesci con scheletro osseo (*Osteichthyes*).

†**ostellàggio** [da *ostello*] **s. m.** **1** Alloggio. **2** Stallatico | Magazzinaggio.

†**ostellàno** [da *ostello*; av. 1363] **s. m.** ● Oste, albergatore.

†**ostellière** [ant. fr. *ostelier*, da *ostel* 'ostello'; av. 1363] **s. m.** ● Ostellano.

ostèllo [ant. fr. *ostel*, moderno *hôtel* (V.); sec. XIII] **s. m.** **1** (*lett.*) Alloggio, albergo | (*lett.*) ***Il paterno o.***, la casa paterna: *d'in su i veroni del paterno o. / porgea gli orecchi al suon della tua voce* (LEOPARDI) | (*fig.*) Rifugio, ricetto: *Ahi, serva Italia, di dolore o.* (DANTE *Purg.* VI, 76). **2** ***O. della gioventù***, albergo che con modica spesa ospita i giovani turisti.

†**ostendàle** [da *ostendere*] **s. m.** ● Stendardo, insegna.

†**ostèndere** [vc. dotta, lat. *ostĕndere*, comp. di *ŏbs-* 'verso, contro' e *tĕndere* 'tendere'; av. 1294] **v. tr.** ● Mostrare | (*fig.*) Spiegare, far notare.

ostenditrice ● V. *ostensore.*

ostensìbile [dal lat. *ostēnsus*, part. pass. di *ostĕndere* '†ostendere'; av. 1644] **agg.** ● (*lett.*) Che si può mostrare | (*lett.*) Che può essere visto | (*lett.*) Che può essere addotto. || **ostensibilménte**, avv.

ostensióne [vc. dotta, lat. tardo *ostensiōne(m)*, da *ostēnsus* (V. *ostensibile*); 1499] **s. f.** ● (*lett.*) Esibizione, esposizione: *l'o. delle reliquie.*

ostensivo [vc. dotta, lat. tardo *ostensīvu(m)*, da *ostēnsus* (V. *ostensibile*); av. 1342] **agg.** **1** (*lett.*) Che tende a mostrare o a dimostrare qlco. | Ostensibile. **2** (*filos.*) Di proposizione o dimostrazione che prova la verità di una tesi in modo diretto senza il bisogno di prove indirette o negative. **3** (*ling.*) Detto di definizione che consiste nel mostrare l'oggetto che la parola denota. || **ostensivaménte**, avv.

ostensóre [vc. dotta, lat. tardo *ostensōre(m)*, da *ostēnsus* (V. *ostensibile*); 1509] **s. m.** (f. *ostenditrìce*) ● (*lett.*) Chi mostra o presenta qlco.: *l'o. di una lettera.* SIN. Latore.

ostensòrio [da *ostensore*; av. 1696] **s. m.** ● Arredo liturgico costituito da un piedistallo sormontato da una piccola teca che contiene l'ostia consacrata da mostrare ai fedeli.

ostentaménto [1350 ca.] **s. m.** ● (*raro*) L'ostentare | Ostentazione.

ostentàre [vc. dotta, lat. *ostentāre*, da *ostĕndere* '†ostendere'; 1441] **v. tr.** (*io ostènto*) **1** Mostrare intenzionalmente con affettazione e sussiego per vanteria, ambizione o altro: *o. le proprie ricchezze.* SIN. Sbandierare, sfoggiare. **2** Simulare, fingere: *o. superiorità, indifferenza, disinvoltura; ostentarono di non badare a Cosimo* (CALVINO).

ostentativo [1612] **agg.** ● (*raro*) Che usa ostentazione.

ostentàto [av. 1646] **part. pass.** di *ostentare*; anche **agg.** ● Nel sign. del v. | Detto di ciò che viene mostrato in modo intenzionalmente esagerato: *i suoi ostentati meriti; un'ostentata sicurezza.* || **ostentataménte**, avv. In modo ostentato, con ostentazione.

ostentatóre [vc. dotta, lat. *ostentatōre(m)*, da *ostentātus*, part. pass. di *ostentāre* 'ostentare'; 1441] **agg.**; anche **s. m.** (f. *-trice*) ● Che (o Chi) ostenta.

ostentazióne [vc. dotta, lat. *ostentatiōne(m)*, da *ostentātus*, part. pass. di *ostentāre* 'ostentare'; sec. XIV] **s. f.** **1** L'ostentare | Esibizione, vanteria: *o. di ricchezza* | Simulazione, affettazione: *la sua religione è solo o.* | ***Per o.***, per vanteria, per finta | ***Con o.***, con sussiego e vanità. **2** †Dimostrazione di forza: *debbe uno quando … assalta una città … fare tutte le sue ostentazioni terribili* (MACHIAVELLI).

†**ostènto** [vc. dotta, lat. *ostĕntu(m)*, propr. part. pass. di *ostĕndere* '†ostendere'; sec. XIV] **s. m.** ● Prodigio, miracolo.

†**ostentóso** [da *ostento*; av. 1472] **agg.** ● Millantatore, vanitoso.

òsteo- o **ostèo-** [dal gr. *ostéon* 'osso'] primo elemento ● In parole composte della terminologia medica, significa 'osso', 'osseo': *osteoclasia, osteologia, osteomielite.*

osteoarticolàre [comp. di *osteo-* e *articolare* (2); 1954] **agg.** ● (*anat.*) Riferito alle strutture ossee e alle relative articolazioni.

osteoartrìte [comp. di *osteo-* e *artrite*; 1954] **s. f.** ● (*med.*) Affezione cronica delle articolazioni, caratterizzata da degenerazione della cartilagine articolare, formazione di osteofiti, alterazioni delle sinovie e limitazione funzionale dell'articolazione.

osteoblàsto [comp. di *osteo-* e *-blasto*; 1875] **s. m.** ● (*biol.*) Cellula del tessuto osseo che dà origine a nuova formazione di osso.

osteocìta o **osteocìto** [comp. di *osteo-* e *-cita*] **s. m.** (pl. *-i*) ● (*biol.*) Ognuno degli elementi cellulari caratteristici del tessuto osseo.

osteoclasìa [comp. di *osteo-* e *-clasia*; 1834] **s. f.** ● (*chir.*) Frattura ossea attuata chirurgicamente per correggere deformità.

osteoclàste [1875] **s. m.** ● (*chir.*) Strumento per l'osteoclasia.

osteoclàsto [comp. di *osteo-* e del gr. *klastós* (V. *-clastia*); 1929] **s. m.** ● (*biol.*) Grossa cellula del tessuto osseo avente la funzione di distruggere il tessuto osseo stesso nei processi fisiologici di rimaneggiamento e riassorbimento delle ossa.

osteocondrìte [comp. di *osteo-* e *condrite* (1); 1954] **s. f.** ● (*med.*) Processo infiammatorio che coinvolge sia l'osso che la cartilagine articolare.

osteodistrofia [comp. di *osteo-* e *distrofia*; 1954] s. f. ● (*med.*) Difettosa formazione del tessuto osseo con conseguenti deformità scheletriche.

osteòfita o **osteòfito** [comp. di *osteo-* e *-fita*; 1883] s. m. (pl. *-i*) ● (*med.*) Neoformazione ossea di natura benigna che rappresenta una reazione a processi degenerativi o irritativi cronici del tessuto osseo.

osteogènesi [comp. di *osteo-* e *genesi*; 1834] s. f. inv. ● (*biol.*) Processo di costruzione del tessuto osseo. SIN. Osteosintesi.

Osteoglòssidi [comp. di *osteo-* e del gr. *glôssa* 'lingua' (V. *glossa* (*1*)); 1967] s. m. pl. (sing. *-e*) ● Nella tassonomia animale, famiglia di Pesci d'acqua dolce, tropicali, carnivori, con pinne dorsali e anale simmetriche, talvolta di grandi dimensioni (*Osteoglossidae*).

osteòide [comp. di *oste(o)-* e *-oide*; 1883] agg. ● (*anat.*) Detto di aspetto e struttura simili a quelle del tessuto osseo.

osteolìsi [comp. di *osteo-* e *lisi*; 1875] s. f. inv. ● (*med.*) Processo di riassorbimento del tessuto osseo, spec. dei componenti minerali.

osteolite [comp. di *osteo-* e *-lite*; 1834] s. f. ● (*geol.*) Roccia sedimentaria costituita prevalentemente da fosfato calcico terroso.

osteologia [comp. di *osteo-* e *-logia*; 1687] s. f. ● Branca dell'anatomia che studia l'apparato osseo.

osteològico [1862] agg. (pl. m. *-ci*) ● Concernente l'osteologia.

osteòlogo [comp. di *osteo-* e *-logo*; 1957] s. m. (f. *-a*; pl. m. *-gi*) ● Studioso di osteologia.

osteòma [comp. di *osteo-* e *-oma*; 1875] s. m. (pl. *-i*) ● (*med.*) Tumore benigno del tessuto osseo.

osteomalacia [comp. di *osteo-* e *malacia*; 1834] s. f. ● (*med.*) Rammollimento per decalcificazione delle ossa.

osteomielite [comp. di *osteo-* e *mielite*; 1865] s. f. ● (*med.*) Infiammazione del midollo osseo con possibile diffusione all'osso circostante.

osteomielitico [1935] agg. (pl. m. *-ci*) ● (*med.*) Di osteomielite.

osteóne [deriv. di *oste(o)-* col suff. *-one* (*3*)] s. m. ● (*anat.*) Unità morfologica e funzionale dell'osso lamellare compatto; di forma cilindrica, comprende componenti cellulari (osteociti) ed extracellulari (lamelle ossee).

osteopatia [comp. di *osteo-* e *-patia*; 1930] s. f. ● (*med.*) Qualunque processo morboso dell'apparato scheletrico.

osteoperiostite [comp. di *osteo-* e *periostite*; 1875] s. f. ● (*med.*) Processo infiammatorio dell'osso e del periostio.

osteoporòsi [comp. di *osteo-*, del gr. *póros* 'passaggio' (V. *poro*) e *-osi*; 1828] s. f. inv. ● (*med.*) Processo di rarefazione e indebolimento dell'osso, tipico spec. delle persone anziane.

osteoporòtico **A** agg. (pl. m. *-ci*) ● (*med.*) Pertinente alla osteoporosi. **B** agg.; anche s. m. (f. *-a*) ● (*med.*) Che (o Chi) è affetto da osteoporosi.

osteopsatiròsi [vc. dotta, comp. di *osteo-* e del gr. *psathyrós* 'fragile'; 1834] s. f. inv. ● (*med.*) Malattia ereditaria del tessuto connettivo caratterizzata spec. da fragilità delle ossa che risultano soggette a fratture multiple.

osteosarcòma [comp. di *osteo-* e *sarcoma*; 1834] s. m. (pl. *-i*) ● (*med.*) Tumore maligno del tessuto osseo.

osteoscleròsi [comp. di *osteo-* e *sclerosi*; 1883] s. f. inv. ● (*med.*) Ispessimento del tessuto osseo.

osteòsi [comp. di *oste(o)-* e del suff. *-osi*; 1834] s. f. inv. ● (*med.*) Abnorme infiltrazione ossea del tessuto connettivale.

osteosintesi [comp. di *osteo-* e *sintesi*; 1939] s. f. inv. ● (*biol.*) Osteogenesi.

osteotomia [comp. di *osteo-* e *-tomia*; 1771] s. f. ● (*chir.*) Sezione chirurgica di un osso eseguita spec. per correggere un atteggiamento viziato: *o. nel ginocchio varo*.

osteotòmico agg. (pl. m. *-ci*) ● (*chir.*) Relativo a osteotomia: *intervento o.*

osteòtomo [comp. di *osteo-* e *-tomo*; 1875] s. m. ● (*chir.*) Strumento per praticare l'osteotomia.

osteria [da *oste* (*1*); av. 1363] s. f. *1* Locale pubblico dove si servono vino e altre bevande, talvolta con servizio di trattoria: *bere un bicchiere di vino all'o.* | Bettola, taverna: *passa le sue serate all'o.* | *O.!*, (*pop.*) esclamazione di meraviglia, ammirazione, disappunto ecc. *2* †Albergo, locanda. || **osteriàccia**, pegg. | **osteriétta**, dim. | **osteriùccia**, pegg.

osteriggio [ingl. *steerage* 'alloggio di terza classe', da *to steer* 'dirigere, guidare'; 1889] s. m. ● (*mar.*) Copertura a lucernario a tenuta stagna che chiude le aperture praticate sul ponte.

ostéssa [f. di *oste* (*1*); av. 1484] s. f. *1* Donna che gestisce un'osteria. *2* Moglie dell'oste.

ostètrica [vc. dotta, lat. *obstetrīce(m)*, da *obstāre* 'stare davanti (alle partorienti per soccorrerle)'. V. *ostacolo*; av. 1794] s. f. (m. *-o*) ● Infermiera con particolare specializzazione nel campo ostetrico.

ostetricia [vc. dotta, lat. *obstetrīcia*, nt. pl. di *obstetrīcius*, agg. di *ŏbstetrix*, genit. *obstetrīcis* 'ostetrica'; 1765] s. f. (pl. *-cie*) *1* Ramo della medicina che si occupa dell'assistenza alla donna durante la gravidanza, il parto e il puerperio, e della cura delle relative malattie. *2* (*filos.*) ***O. di Socrate***, maieutica.

ostètrico [1761] **A** agg. (pl. m. *-ci*) ● Di ostetricia: *clinica ostetrica*. **B** s. m. (f. *-a*) ● Medico specializzato in ostetricia.

òstia (*1*) [vc. dotta, lat. *hŏstia(m)* 'vittima', di etim. incerta. Il nome passò poi a indicare la particola che si trasforma in corpo di Cristo e successivamente qualsiasi dischetto di pasta; sec. XIV] **A** s. f. *1* (*lett.*) Vittima sacrificale | Sacrificio: *fare o. d'un toro alla divinità della guerra*. *2* Nella terminologia cristiana, Gesù che si offre in sacrificio per redimere il genere umano | (*est.*) Disco sottile di farina azzima che il sacerdote consacra nella messa e dà in comunione ai fedeli. *3* Pasta di fior di farina, in sottile sfoglia e in forma di disco o quadrata, in cui si chiudono polveri medicinali per favorirne la deglutizione. **B** in funzione di inter. ● (*volg.*) Esprime sorpresa, ammirazione o disappunto.

†**òstia** (*2*) [vc. dotta, lat. *ōstia*, pl. di *ōstium* 'imboccatura, porta' da *ōs*, genit. *ōris* 'bocca', di orig. indeur.; av. 1549] s. f. ● Foce, bocca di fiume.

ostiariàto [da *ostiario*; 1619] s. m. ● (*relig.*) Uno degli ordini minori nella gerarchia sacerdotale cattolica, soppresso dopo il Concilio Ecumenico Vaticano Secondo.

ostiàrio [vc. dotta, lat. *ostiāriu(m)* 'portinaio', poi (lat. tardo) 'sagrestano', da *ōstium* 'porta'. V. †*ostia* (*2*); av. 1342] s. m. *1* (*relig.*) Chierico che aveva ricevuto l'ostiariato e al quale era data facoltà di aprire e chiudere le porte della chiesa e custodirla. *2* Custode, portiere, usciere.

ostichézza [1639] s. f. ● (*raro*) Carattere di ciò che è ostico.

òstico [vc. dotta, lat. *hŏsticu(m)*, agg. di *hŏstis* 'nemico'. V. *oste* (*2*); sec. XIV] agg. (pl. m. *-ci*) *1* (*lett.*) Ripugnante al gusto, di sapore sgradevole. *2* (*fig.*) Gravoso, spiacevole: *un compito o.* | Difficile, spec. nell'apprendimento: *questa è una materia ostica per me*.

ostiènse [1321] agg. ● Di Ostia: *scavi ostiensi*.

†**ostière** (*1*) o †**ostièro** [da *oste* (*1*); 1340] s. m. *1* Albergatore. *2* Ostello, palazzo.

†**ostière** (*2*) [da *oste* (*2*); av. 1595] s. m. ● Accampamento nemico.

ostile [vc. dotta, lat. *hostīle(m)*, agg. di *hŏstis* 'nemico'. V. *oste* (*2*); av. 1306] agg. (assol.; + *a*; + *verso*; + *nei confronti di*) *1* (*lett.*) Che si riferisce al nemico in guerra: *l'esercito o.*; *le macchine ostili* | Nemico: *Sul partito o. a Garibaldi s'erano accumulati molti sospetti* (DE ROBERTO); *le forze ostili erano superiori alle nostre*. *2* Avverso, contrario: *propositi ostili*; *mostrarsi o. a qlco.*, *a qlcu.*; *tenere un atteggiamento o.*; *alimentiamo uno spirito o. verso i più prossimi* (LEOPARDI). || **ostilménte**, avv.

ostilità [vc. dotta, lat. tardo *hostilitāte(m)*, da *hostīlis* 'ostile'; av. 1631] s. f. *1* Avversione, inimicizia, malanimo: *vincere l'o. dell'ambiente*. *2* (*spec. al pl.*) Atto o comportamento da nemico, attività bellica: *le ostilità furono sospese per tre giorni* | ***Inizio, scoppio delle o.***, della guerra.

ostinàre [vc. dotta, lat. *obstināre*, comp. di *ŏb* 'contro', e **stanāre*, da *stāre* 'stare, resistere'; av. 1540] **A** v. tr. ● †Rendere ostinato. **B** v. intr. pron. (assol.; + *a*, lett. + *di*, seguiti da inf.; + *in*, + *su*, seguiti da sost.) ● Persistere in un proposito o in un atteggiamento con tenacia spesso irragionevole o inopportuna: *non ostinarti così!*; *si ostina a sostenere quella tesi*; *si ostina di vendicare una privata sua offesa* (VICO); *si ostinano nella ricerca, su un dettaglio*. SIN. Impuntarsi, intestarsi.

ostinatézza [1758] s. f. ● Caparbietà, testardaggine: *non c'è modo di vincere la sua o.* | Insistenza ostinata e pervicace: *o. di propositi, di opinioni*.

ostinàto [vc. dotta, lat. *obstinātu(m)*, part. pass. di *obstināre*; 1308] **A** agg. *1* Di persona tenace e risoluta nei suoi propositi, ferma e irriducibile nella volontà: *individuo, nemico o.* | Caparbio, pervicace: *un peccatore o.* *2* Di ciò che dura e resiste tenacemente: *difesa, guerra, opposizione ostinata*; *si chiuse in un o. silenzio* | ***Febbre, malattia ostinata***, che non cede a farmaci e rimedi. *3* (*mus.*) Di figura melodica incessantemente ripetuta: *basso o.* || **ostinataménte**, avv. In modo ostinato, con ostinazione. **B** s. m. *1* (f. *-a*) Persona ostinata e caparbia: *non fare l'o. e ascolta i nostri consigli*. *2* (*mus.*) Breve figurazione melodica costantemente ripetuta nel corso di una composizione. || **ostinatèllo**, dim. | **ostinatétto**, dim.

ostinazióne [vc. dotta, lat. *obstinatiōne(m)*, da *obstinātus* 'ostinato'; 1342] s. f. *1* Persistenza in un proposito o in un atteggiamento, con tenacia a volte ingiustificata: *perseguire i propri fini con o.* SIN. Caparbietà, cocciutaggine, perseveranza, pertinacia. *2* (*fig.*) Persistenza molesta di qlco.: *l'o. del maltempo*. || **ostinazioncèlla**, dim.

òstio [vc. dotta, lat. *ōstiu(m)* 'porta' (V. †*ostia* (*2*)); sec. XV] s. m. ● (*anat.*) Orifizio: *o. vaginale* | ***O. arterioso***, orifizio che fa comunicare il ventricolo destro del cuore con l'arteria polmonare, e il ventricolo sinistro con l'aorta.

ostiolo [vc. dotta, lat. *ostīolum*, dim. di *ōstium* 'porta'. V. *ostio*; av. 1511] s. m. ● (*bot.*) Apertura attraverso la quale gli organi riproduttori delle crittogame comunicano con l'esterno.

†**òsto** ● V. *oste* (*1*).

ostolàre ● V. *ustolare*.

Ostpolitik /ted. 'ʔɔstpoli,ti:k/ [vc. ted., comp. di *Ost(en)* 'oriente, est' e *Politik* 'politica'; 1970] s. f. solo sing. ● Politica avviata negli anni intorno al 1970 dalla Repubblica Federale Tedesca (e poi perseguita anche da altri Paesi occidentali), tendente a migliorare i rapporti con i Paesi comunisti dell'Europa orientale.

ostracióne [dal gr. *ostrákion* 'piccola conchiglia', dim. di *óstrakon* 'conchiglia', di orig. indeur.] s. m. ● Pesce di scogliera, tropicale, con corpo quadrangolare, rivestito di placche ossee rigide (*Ostracion*).

ostracìsmo [vc. dotta, gr. *ostrakismós*, da *ostrakízein* 'bandire (con l'ostracismo)', da *óstrakon* 'coccio' (V. *ostracione*), su cui veniva scritto il nome del cittadino che si voleva mandare in esilio; 1521] s. m. *1* Esilio, della durata di 5 o 10 anni, cui potevano essere condannati nell'antica Atene i cittadini sospetti al popolo, il quale dava il voto nell'ecclesia scrivendo su di un coccio il nome del designato. *2* (*est.*) Esclusione di qlcu. o di qlco. da un certo ambiente, luogo e sim. | ***Dare l'o.***, mettere al bando | ***Fare o. a qlcu., a qlco.***, avversarlo, osteggiarlo.

ostracizzàre [vc. dotta, gr. *ostrakízein*. V. *ostracismo*; av. 1604] v. tr. ● (*lett.*) Dare l'ostracismo.

òstraco [gr. *óstrakon* 'conchiglia' (V. *ostracione*); 1983] s. m. ● (*zool.*) Strato calcareo della conchiglia dei Molluschi.

Ostracòdi [gr. *ostrakṓdēs* 'che assomiglia a una conchiglia', comp. di *óstrakon* 'conchiglia' (V. *ostracione*) e *-oeidēs* '-oide'; 1834] s. m. pl. (sing. *-e*) ● Nella tassonomia animale, ordine di piccoli Crostacei marini o d'acqua dolce, con arti ridotti, muniti di un carapace bivalve (*Ostracoda*).

òstracon s. m. ● (*archeol.*) Adattamento di *ostrakon* (V.).

òstrakon /gr. 'ɔstrakon/ [vc. gr. (*óstrakon*), propr. 'conchiglia' e poi 'coccio'] s. m. inv. (pl. gr. *ostraka*) ● (*archeol.*) Frammento di terracotta o di calcare usato anticamente come materiale per scrivere | Frammento di terracotta su cui gli Ateniesi scrivevano il nome del cittadino che intendevano condannare all'ostracismo.

ostràlega [comp. del lat. *ōstrea* 'ostrica', dal gr. *óstreon* (V. *ostreaceo*) e *lègere* 'raccogliere'] s. f. ● (*zool.*) Beccaccia di mare.

ostreàceo [dal gr. *óstreon* 'ostrica', di orig. indeur.; 1632] s. m. ● (*zool.*) Testaceo.

ostreàrio [vc. dotta, lat. *ostreāriu(m)* da *ŏstrea(m)* 'ostrica'; 1995] **agg.** ● (*raro*) Che si riferisce alle ostriche.

òstrega [vc. veneta, propr. 'ostrica', occultatrice di *ostia*] **inter.** ● (*region.*) Esprime sorpresa, meraviglia, talora stizza o disappunto, ma anche affermazione o conferma.

òstrica o (*dial.*) **òstrega** (V.) [dal gr. *óstreon* 'ostrica' (V. *ostreaceo*); av. 1294] **s. f.** *1* Mollusco lamellibranchio a conchiglia esternamente rugosa, privo di piede, frutto di mare pregiato (*Ostrea edulis*) | ***O. perlifera***, mollusco dei Lamellibranchi a valve grandi, piane, esternamente nerastre, noto con quattro specie per la produzione delle perle (*Meleagrina*) | ***Stare attaccato a qlcu. o a qlco. come l'o. allo scoglio***, (*fig.*) non separarsene o non lasciarsene mai separare. ➡ **ILL. animali**/4. *2* (*fig.*, *volg.*) Sputo catarroso. || **ostrichétta**, **dim.** | **ostrichina**, **dim.** | **ostricóne**, **accr. m.**

ostricàio o (*dial.*) **ostricàro** [1730] **s. m.** *1* (f. *-a*) Venditore di ostriche. *2* Luogo dove si allevano ostriche.

†**òstrico** [da *ostro* (*1*)] **agg.** ● Purpureo.

ostricoltóre [comp. di *ostri(ca)* e *coltore*; 1954] **s. m.** (f. *-trice*) ● Chi alleva ostriche.

ostricoltùra [comp. del gr. *óstreon* 'ostrica' (V. *ostreaceo*) e *coltura*; 1882] **s. f.** ● Allevamento di ostriche, a scopo alimentare o per la produzione di perle coltivate.

òstro (**1**) [vc. dotta, lat. *ŏstru(m)* 'porpora', dal gr. *óstreon* 'ostrica (V.), conchiglia', poi 'porpora', che si estrae da questa conchiglia; 1340] **s. m.** *1* (*lett.*) Porpora: *sempre il tuo sangue splende come l'o.* (D'ANNUNZIO) | (*est.*) Drappo tinto di porpora. *2* (*lett.*) Colore roseo della carnagione.

òstro (**2**) [stessa etim. di *austro*; 1561] **s. m.** *1* (*lett.*) Austro. *2* (*lett.*) Il sud, come punto cardinale.

ostrogòtico [1869] **agg.** (pl. m. *-ci*) ● Degli Ostrogoti, relativo agli Ostrogoti.

ostrogòto [comp. di un tema germ. **austra-* 'orientale' e *goto*; 1525] **A s. m.** (f. *-a*) ● Ogni appartenente alla popolazione dei Goti orientali. **B s. m.** solo sing. ● Lingua parlata dagli Ostrogoti | ***Parlare o., in o.***, (*fig.*) in modo assolutamente incomprensibile. **C agg.** *1* Degli Ostrogoti. *2* (*fig.*) Barbaro, incivile: *usanze ostrogote*.

ostruènte [av. 1712] **A part. pres.** di *ostruire*; anche **agg.** ● Che ostruisce. **B agg.** e **s. f.** ● (*ling.*) Detto di consonante la cui articolazione presenta un grado di ostacolo maggiore di altre: *le occlusive sono ostruenti*.

†**ostrùere** ● V. *ostruire*.

†**ostruiménto** [da *ostruire*; 1649] **s. m.** ● Ostruzione.

ostruire o †**ostrùere** [lat. *obstrŭere*, comp. di *ŏb-* 'davanti' e *strŭere* 'costruire, innalzare'. V. *struttura*; 1525] **A v. tr.** (*io ostruisco, tu ostruisci*; **part. pass.** *ostruito*, raro *ostrùtto*) ● Chiudere un passaggio, un condotto e sim.: *un mucchio di pietre ostruisce la strada*. **SIN.** Occludere. **B v. intr. pron.** ● Chiudersi, detto di passaggio, condotto e sim.

ostruito **part. pass.** di *ostruire*; anche **agg.** ● Chiuso, otturato, intasato.

ostruttivo [da *ostrutto*; 1618] **agg.** ● Che serve a ostruire.

ostrùtto **part. pass.** di *ostruire*; anche **agg.** ● (*raro*) Ostruito.

ostruzióne [vc. dotta, lat. *obstructiōne(m)*, da *obstrūctus* 'ostruito'; 1598] **s. f.** *1* Chiusura, occlusione: *la frana ha provocato l'o. di una strada*, *di un passaggio*. *2* Ciò che ostruisce, impedisce e sim.: *l'o. del porto è di origine ignota* | (*fig.*) Intralcio, opposizione: *la loro o. nei miei confronti dura ormai da anni* | (*sport*) ***Fallo di o.***, nel calcio e in altri sport, ostruzionismo. *3* (*mil.*) Ostacolo artificiale costituito da accumulo di materiali vari, terra, pietrame e sim., per ostruire vie di comunicazione. *4* (*med.*) Occlusione di un condotto organico.

ostruzionismo [ingl. *obstructionism*, da *obstruction* 'ostruzione'; 1894] **s. m.** *1* Azione o comportamento che in modo voluto e sistematico intralcia e ostacola qlco.: *un industriale che si è affermato malgrado il feroce o. dei concorrenti*. *2* (*polit.*) Impedimento dell'attività di un'assemblea operato dalle minoranze con lunghi discorsi, incidenti continuati, e ogni mezzo regolamentare affinché riesca impossibile deliberare. *3* (*sport*) Nel rugby, irregolarità che consiste nell'effettuare un'opposizione o un velo | Nel calcio e in altri sport, opposizione irregolare volta a impedire che l'avversario giunga in possesso del pallone o svolga o prosegua la propria azione.

ostruzionista [ingl. *obstructionist*, da *obstruction* 'ostruzione'; 1904] **A s. m.** e **f.** (pl. m. *-i*) ● Chi fa ostruzionismo. **B agg.** ● Ostruzionistico: *politica o.*

ostruzionistico [1908] **agg.** (pl. m. *-ci*) ● Di ostruzionismo, relativo all'ostruzionismo: *manovre ostruzionistiche*. || **ostruzionisticaménte**, **avv.**

†**ostupéscere** [vc. dotta, lat. *obstupēscere*, comp. di *ŏb-* rafforzativo e *stupēscere*, incoativo di *stupēre* 'stupire'] **v. intr.** ● Stupire.

†**osùra** ● V. *usura* (*1*).

otalgia [vc. dotta, gr. *ōtalgía*, comp. di *ōto-* 'oto-' e *-algía* '-algia'; 1749] **s. f.** ● (*med.*) Dolore dell'orecchio in assenza di lesioni evidenti.

otàlgico [vc. dotta, gr. *ōtalgikós*, da *ōtalgía* 'otalgia'; 1828] **agg.** (pl. m. *-ci*) ● (*med.*) Di otalgia.

otàrda o **ottàrda** [fr. *outarde*, dal lat. *ăve(m) tărda(m)* 'uccello lento'; 1668] **s. f.** ● Grosso uccello dei Gruiformi con becco corto, piede senza dito posteriore, piumaggio bruno-giallastro sul dorso e bianco sul ventre (*Otis tarda*). ➡ **ILL. animali**/8.

otària [vc. dotta, gr. *ōtárion* 'piccola orecchia', dim. di *ôus*, genit. *ōtós* 'orecchio' (V. *oto-*), dalla forma caratteristica del padiglione dell'orecchio di questo animale; 1875] **s. f.** ● Mammifero pinnipede dell'emisfero australe che, a differenza delle foche, ha padiglioni auricolari e può usare le zampe posteriori per la locomozione (*Otaria*). ➡ **ILL. animali**/14.

òtico [gr. *ōtikós*, da *ôus*, genit. *ōtós* 'orecchio' (V. *oto-*)] **agg.** (pl. m. *-ci*) ● (*anat.*) Che si riferisce all'orecchio: *nevralgia otica*.

-òtico **suff.** ● Forma aggettivi derivati da sostantivi in *-osi*: *nevrotico*, *ipnotico*.

otiorinco ● V. *oziorinco*.

otite [comp. di *oto-* e *-ite* (*1*); 1828] **s. f.** ● (*med.*) Processo infiammatorio dell'orecchio.

otitico [1958] **agg.** (pl. m. *-ci*) ● (*med.*) Relativo all'otite.

òto- [dal gr. *ôus*, genit. *ōtós* 'orecchio'] primo elemento ● In parole composte della terminologia scientifica, spec. medica, significa 'orecchio' o fa riferimento all'orecchio: *otoiatra*, *otorinolaringoiatria*, *otoscopio*.

otoacùstico [comp. di *oto-* e *acustico*] **agg.** (pl. m. *-ci*) ● Che concerne la sordità: *centro o.*

otocióne [comp. di *oto-* e del gr. *kýōn*, genit. *kynós* 'cane' (V. *cinico*); 1935] **s. m.** ● Mammifero carnivoro africano dei Canidi caratterizzato dalle orecchie sviluppatissime (*Otocyon megalotis*).

otocisti [comp. di *oto-* e del gr. *kýstis* 'vescica' (V. *cisti*); 1954] **s. f. inv.** ● (*anat.*) Abbozzo embrionale del labirinto membranoso dell'orecchio interno.

otoematòma [comp. di *oto-* ed *ematoma*] **s. m.** (pl. *-i*) ● (*med.*) Raccolta di sangue e siero nello spessore del padiglione auricolare per trauma.

otògeno [comp. di *oto-* e *-geno*] **agg.** ● (*med.*) Che ha origine dall'orecchio: *ascesso o.*

otoiàtra [comp. di *oto-* e *-iatra*; 1954] **s. m.** e **f.** (pl. m. *-i*) ● Medico che cura le malattie dell'orecchio.

otoiatria [comp. di *oto-* e *-iatria*; 1871] **s. f.** ● Branca della medicina che si occupa delle malattie dell'orecchio e della loro cura.

otoiàtrico [1954] **agg.** (pl. m. *-ci*) ● Di otoiatria, relativo a otoiatria: *visita otoiatrica*.

otolite [comp. di *oto-* e *-lite*; 1865] **s. m.** ● (*med.*) Concrezione delle vie uditive.

otologia [comp. di *oto-* e *-logia*] **s. f.** ● (*med.*) Ramo della medicina che si occupa dello studio e della terapia delle malattie dell'orecchio.

otomeningite [comp. di *oto-* e *meningite*; 1954] **s. f.** ● (*med.*) Meningite che consegue a processi infiammatori dell'orecchio.

otomicòsi [comp. di *oto-* e *micosi*; 1954] **s. f. inv.** ● (*med.*) Infezione micotica a carico dell'orecchio, spec. del meato acustico esterno.

otopatia [comp. di *oto-* e *-patia*; 1839] **s. f.** ● (*med.*) Qualsiasi affezione dell'orecchio.

otoplàstica [comp. di *oto-* e *plastica*; 1865] **s. f.** ● Chirurgia plastica riparatrice dell'orecchio esterno.

otorino [1958] **s. m.** ● Accorc. fam. di *otorinolaringoiatra*.

otorinolaringoiàtra [comp. di *oto-*, *rino-*, *laringe* e *-iatra*; 1905] **s. m.** e **f.** (pl. m. *-i*) ● Medico specialista in otorinolaringoiatria.

otorinolaringoiatria [comp. di *oto-*, *rino-*, *laringe* e *-iatria*; 1940] **s. f.** ● Branca della medicina che studia le malattie dell'orecchio, del naso e della gola.

otorinolaringoiàtrico [1975] **agg.** (pl. m. *-ci*) ● Di otorinolaringoiatria.

otorragia [comp. di *oto-* e *-ragia*; 1834] **s. f.** ● (*med.*) Emorragia dall'orecchio.

otorrèa [comp. di *oto-* e *-rrea*; 1834] **s. f.** ● (*med.*) Fuoriuscita di materiale, soprattutto purulento, dall'orecchio.

otoscleròsi [comp. di *oto-* e *sclerosi*; 1934] **s. f. inv.** ● (*med.*) Processo di sclerosi dell'apparato labirintico dell'orecchio che conduce a sordità.

otoscopia [comp. di *oto-* e *-scopia*; 1891] **s. f.** ● (*med.*) Esame diretto del condotto uditivo esterno e della membrana del timpano mediante apparecchio ad illuminazione artificiale.

otoscòpio [comp. di *oto-* e *-scopio*; 1839] **s. m.** ● (*med.*) Apparecchio per l'otoscopia. ➡ **ILL. medicina e chirurgia.**

ótre (o **ó-**) o (*poet.*) †**òtro**, †**ùtre** [lat. *ŭtre(m)*: dal gr. *hydría* 'vaso per l'acqua', dalla stessa radice di *hýdōr* 'acqua' (V. *idrico*), attraverso l'etrusco (?); sec. XIV] **s. m.** ● Recipiente costituito da una pelle intera, spec. di capra, usato per portarvi liquidi: *un o. d'olio*, *di vino* | ***L'o. della zampogna***, la parte su cui si innestano le canne | (*fig.*, *lett.*) ***O. di vento***, persona boriosa | ***Pieno come un o.***, di chi ha mangiato molto. || **otrèllo**, **dim.** | **otricciuòlo**, **dim.** | **otricèllo**, **dim.** (V.) | **otricino**, **dim.**

†**otriàca** ● V. *triaca*.

†**otriàre** ● V. †*ottriare*.

otricèllo [sec. XIII] **s. m.** *1* Dim. di *otre*. *2* †Zampogna. *3* (*bot.*) Otricolo.

otricolàre o **utricolàre** [da *otricolo*; 1869] **agg.** *1* (*anat.*) Relativo all'otricolo. *2* Che ha forma di otre.

otricolària [da *otricolo*; 1958] **s. f.** ● (*bot.*) Erba vescica.

otrìcolo o **utrìcolo** [vc. dotta, lat. *utrĭculu(m)*, dim. di *ŭter*, genit. *ŭtris* 'otre'; 1694] **s. m.** *1* (*anat.*) Cavità dell'orecchio interno, la cui forma ricorda quella di un piccolo otre. *2* (*bot.*) Achenio con pericarpo membranoso o per lo meno sottile. *3* (*bot.*) Ascidio di piante del genere utricularia munito di valvola e di tricomi per la cattura della preda. **SIN.** Otricello.

†**òtro** ● V. *otre*.

†**òtta** [etim. incerta; 1313] **s. f.** *1* Ora: *s'addormenta per le taverne, poscia torna a quest'o.* (BOCCACCIO). *2* Tempo | ***A o. a o.***, di quando in quando | ***A pazz'o.***, a tempo inopportuno | ***A o.***, in tempo | ***A un'o.***, al tempo stesso | ***A bell'o.***, giusto in tempo | ***Ogni o.***, ogni volta.

òtta- o **òcta-** [gr. *okta-*, da *oktṓ* 'otto', di orig. indeur., passato anche in comp. lat., come *octa-* e *octi-*] primo elemento ● In parole composte dotte o scientifiche, vale 'otto': *ottaedro*, *ottagono* | In chimica, indica la presenza di 8 atomi o raggruppamenti atomici uguali: *ottano*.

ottacòrdo [vc. dotta, gr. *oktáchordos* 'di otto corde', comp. di *oktṓ* 'otto' e *chordḗ* 'corda'; 1774] **s. m.** ● (*mus.*) Strumento a otto corde | Nella musica greca, sistema armonico di otto suoni.

ottaèdrico [1681] **agg.** (pl. m. *-ci*) ● Che ha forma di ottaedro.

ottaèdro [vc. dotta, lat. *octăhedru(m)*, dal gr. *oktáedros* 'a otto facce', comp. di *oktṓ* 'otto' e *hédra* 'base, faccia' (V. *poliedro*); av. 1597] **s. m.** *1* (*mat.*) Poliedro con otto facce solitamente triangolari | ***O. regolare***, poliedro le cui facce sono otto triangoli equilateri uguali, tali che da ciascun vertice ne escano quattro. ➡ **ILL. geometria.** *2* (*miner.*) Forma cristallina semplice delimitata da 8 facce triangolari equilatere uguali.

ottagèsimo (o **-è-**) [vc. dotta, lat. *octogēsimu(m)* 'ottantesimo', con la *-a-* di *quadragēsimus* 'quarantesimo', *quinquagēsimus* 'cinquantesimo' ecc.; 1869] **agg. num. ord.**; anche **s. m.** ● (*raro*, *lett.*) Ottantesimo.

ottagonàle [av. 1555] **agg.** ● Che ha forma di ottagono.

ottàgono [vc. dotta, lat. *octagōnu(n)*, dal gr. *oktágōnos*, comp. di *oktṓ* 'otto' e *gōnía* 'angolo' (V. *goniometro*); av. 1492] **s. m.** ● (*mat.*) Poligono con otto vertici. ➡ ILL. **geometria.**

ottàle [da *ott(o)* col suff. agg. *-ale* (*1*); 1974] **agg.** ● (*mat.*) Detto di sistema di numerazione che ha per base il numero otto. CFR. Binario, decimale, duodecimale, esadecimale.

ottàmetro [vc. dotta, lat. *octămetru(m)*, nom. *octámeter*, dal gr. *oktámetros*, comp. di *oktṓ* 'otto' e *métron* 'metro, misura'; 1781] **s. m.** ● (*letter.*) Verso di otto piedi nella poesia classica.

ottàndria [comp. di *otto* e *-andria*; 1821] **s. f.** ● (*bot.*) Presenza di otto stami nel fiore.

ottangolàre [av. 1465] **agg.** ● (*raro*) Ottagonale.

ottàngolo [vc. dotta, lat. tardo *octăngulu(m)*, comp. di *ŏcto* 'otto' e *ăngulus* 'angolo'; av. 1519] **s. m.** ● (*raro*) Ottagono.

ottànico [1950] **agg.** (**pl. m.** *-ci*) ● (*chim.*) Che si riferisce all'ottano | Che contiene ottano.

ottanizzàre [comp. di *ottan(o)* e *-izzare*; 1958] **v. tr.** ● Aumentare, mediante adeguati trattamenti, il numero di ottano di una benzina.

†**ottannàta** [comp. di *otto* e *annata*; 1583] **s. f.** ● Spazio di tempo di otto anni.

ottàno [fr. *octane*, dal lat. *ŏcto* 'otto'; detto così dal numero degli atomi di carbonio; 1950] **s. m.** ● (*chim.*) Idrocarburo saturo con 8 atomi di carbonio | ***Numero di o.***, valore numerico che indica il potere antidetonante di una benzina, considerato 100 per l'isoottano, e 0 per l'eptano.

♦**ottànta** [da *otto*, sul modello di *quaranta*; 1268] **agg. num. card. inv.**; anche **s. m. inv.** (si elide davanti ad 'anni': *ottant'anni*) ● Otto volte dieci, otto decine, rappresentato da 80 nella numerazione araba, da LXXX in quella romana. **I** Come agg. ricorre nei seguenti usi. *1* Rispondendo o sottintendendo la domanda 'quanti?', indica la quantità numerica di ottanta unità (spec. preposto a un s.): *ha già compiuto gli o. anni*; *è distante da qui o. chilometri*; *ho o. probabilità su cento di riuscire*; *o. centesimi di secondo*. *2* Rispondendo o sottintendendo la domanda 'quale?', identifica qlco. in una pluralità, in una successione, in una sequenza (posposto a un s.): *leggi a pagina o.*; *l'anno o. a.C.*; *vai al numero o. di piazza Cavour* | ***Gli anni O.***, in un secolo, spec. il XX, quelli compresi fra ottanta e ottantanove. *3* In composizione con altri numeri semplici o composti, forma i numeri superiori: *ottantuno*; *ottantadue*; *centottanta*, *ottantamila*; *novecentottanta*. **II** Come s. ricorre nei seguenti usi. *1* Il numero ottanta (per ellissi di un s.): *il dieci nell'o. sta otto volte esatte*; *nell'o. a.C.*; *l'o. non esce da diverse settimane* | ***Gli o.***, gli ottant'anni nell'età di un uomo | ***Essere sugli o.***, avere circa ottant'anni di età. *2* Il segno che rappresenta il numero ottanta.

ottantamila [comp. di *ottanta* e *mila*; 1525] **agg. num. card. inv.**; anche **s. m. e f. inv.** ● Ottanta volte mille, ottanta migliaia, rappresentato da 80 000 nella numerazione araba, da $\overline{LXXX}$ in quella romana. **I** Come agg. ricorre nei seguenti usi. *1* Rispondendo o sottintendendo la domanda 'quanti?', indica la quantità numerica di ottantamila unità (spec. preposto a un s.): *una distanza di o. chilometri*; *una popolazione di o. abitanti*. *2* Rispondendo o sottintendendo la domanda 'quale?', identifica qlco. in una pluralità, in una successione, in una sequenza (posposto a un s.): *la macchina con targa o.* **II** Come s. ricorre nei seguenti usi. *1* Il numero ottantamila (per ellissi di un s.): *moltiplicando l'o. per dieci si ha l'ottocentomila*. *2* Il segno che rappresenta il numero ottantamila.

ottantanòve [1766] **A agg. numer. card. inv.** ● Otto volte dieci, otto decine più nove unità, rappresentato da 89 nella numerazione araba, da LXXXIX in quella romana. **B** in funzione di **s. m. inv.** *1* Il numero ottantanove (per ellissi di un s.) e il segno che lo rappresenta: *abito all'o. di via Veneto*. *2* Anno del 1789, in cui ebbe inizio la Rivoluzione francese | ***I princìpi dell'o.***, quelli di libertà, uguaglianza e fraternità, proclamati appunto nel 1789.

ottànte [fr. *octant*, dal lat. *octănte(m)* 'ottava parte', da *ŏcto* 'otto'; 1813] **s. m.** *1* Strumento usato dai naviganti e munito di un cerchio graduato di 45° cioè pari ad un ottavo della circonferenza. *2* (*mat.*) Una delle otto regioni nelle quali tre piani, con un punto in comune, dividono lo spazio.

ottantènne [da *ottanta*, sul modello di *decenne*; 1869] **A agg.** *1* Che ha ottant'anni, detto di cose e di persone: *un vecchio o.* *2* (*raro*) Che dura da ottant'anni. **B s. m. e f.** ● Chi ha ottant'anni di età.

ottantènnio [comp. di *ottant(a)* e *-ennio*] **s. m.** ● Spazio di tempo di ottanta anni.

ottantèsimo (o *-é-*) [da *ottanta*; 1532] **A agg. num. ord.** *1* Corrispondente al numero ottanta in una sequenza, in una successione (rappresentato da LXXX nella numerazione romana, da 80° in quella araba): *essere o. in una graduatoria*; *è stato celebrato l'o. anniversario della fondazione*; *l'ottantesima parte di un numero*. SIN. (*lett.*) Ottagesimo. *2* In composizione con altri numerali, semplici o composti, forma gli ordinali superiori: *ottantesimoprimo*; *centottantesimo*; *millecentottantesimo*. **B** in funzione di **s. m.** ● Ciascuna delle ottanta parti uguali di una stessa quantità: *un o. del totale*; *sette ottantesimi*.

ottantigrado **agg.** ● Diviso in ottanta gradi, detto spec. della scala termometrica Réaumur.

ottantina [da *ottanta*; 1863] **s. f.** *1* Complesso, serie di ottanta o circa ottanta unità: *un'o. di chilometri*. *2* Gli ottant'anni nell'età dell'uomo: *ha passato l'o.*; *è sull'o.*

ottàrda ● V. *otarda*.

†**ottàre** [lat. *optāre*. V. *optare*; 1640] **A v. tr.** *1* Desiderare. *2* (*raro*) Chiedere, domandare. **B v. intr.** *1* Aspirare a qlco. *2* V. *optare*.

-ottàre [dal suff. nom., di valore attenuativo-iterativo, *-otto*] **suff.** ● Conferisce a verbi valore diminutivo e frequentativo: *borbottare*, *parlottare*, *pizzicottare*.

ottàstilo o **octàstilo** [vc. dotta, lat. *octastȳlu(m)*, nom. *octástylos*, dal gr. *oktástylos*, comp. di *oktṓ* 'otto' e *-stilo* (V. *stilobate*); av. 1798] **agg.** ● (*archeol.*) Di edificio, spec. tempio, con otto colonne frontali.

ottatìvo [vc. dotta, lat. tardo *optatīvu(m)*, da *optātus*, part. pass. di *optāre* 'desiderare'. V. *optare*; sec. XIV] **A s. m.** ● (*ling.*) Modo finito del verbo greco, e di altre lingue indoeuropee, che esprime il desiderio e la possibilità. **B** anche **agg.**: *modo o.*; *forma ottativa*.

Ottattìnie [comp. di *otto*, perché provviste di otto tentacoli, e *attinia*] **s. f. pl.** ● (*zool.*) Alcionari.

ottàva [propr. f. di *ottavo*; 1284 ca.] **s. f.** *1* (*relig.*) Nella Chiesa cattolica, serie delle cerimonie che, per otto giorni, precedono o seguono una solennità. *2* (*mus.*) Ottavo grado della scala | Intervallo di otto gradi della scala, comprendente i dodici semitoni del sistema temperato. *3* (*letter.*) Stanza di otto endecasillabi, i primi sei con rima alternata, gli ultimi con rima baciata. *4* Nel linguaggio di borsa, settimana: *o. di borsa*. *5* (*sport*) Atteggiamento schermistico: *invito, legamento di o.* ‖ **ottaverèlla**, **dim.** | **ottavìna**, **dim.** (V.) | **ottavùccia**, **dim.**

ottavàrio [da *ottava*; 1685] **s. m.** ● (*relig.*) Nella Chiesa cattolica, serie di otto giorni dedicati a cerimonie e a preghiere prima o dopo una solennità religiosa.

ottavìna **s. f.** *1* Dim. di *ottava*. *2* (*letter.*) Componimento poetico formato da stanze di otto versi. *3* Nel gioco del biliardo, colpo che manda la palla dell'avversario in mezzo al castello dei birilli dopo aver toccato per otto volte le sponde.

ottavìno [dim. di *ottava*; 1801] **s. m.** *1* (*mus.*) Corto e piccolo flauto i cui suoni superano di un'ottava quelli corrispondenti del flauto. SIN. Flauto piccolo. ➡ ILL. **musica.** *2* Nella terminologia commerciale, provvigione pari a un ottavo per cento.

♦**ottàvo** [lat. *octāvu(m)*, da *ŏcto* 'otto'; 1282] **A agg. num. ord.** *1* Corrispondente al numero otto in una sequenza, in una successione (rappresentato da VIII nella numerazione romana, da 8° in quella araba): *si è classificato o.*; *è all'o. mese di vita*; *Carlo VIII*; *Bonifacio VIII*; *due all'ottava*, (*ellitt.*) | ***Ottava rima***, in metrica, l'ottava | ***L'ottava meraviglia***, (*scherz.*) cosa eccezionalmente bella e grandiosa, con riferimento alle antiche celebri sette meraviglie del mondo. *2* In composizione con altri numerali, semplici o composti, forma gli ordinali superiori: *decimottavo*; *centesimottavo*. **B s. m.** *1* Ciascuna delle otto parti uguali di una stessa quantità: *ha diritto ai tre ottavi della somma* | ***In o.***, detto del formato che si ricava piegando tre volte il foglio di carta disteso, convenzionato per usi bibliografici in circa 20 cm e di ogni edizione le cui dimensioni rientrano in tali limiti. *2* (*sport*) ***Ottavi di finale***, nelle gare a eliminazione, quartultima fase della competizione che impegna i concorrenti che hanno superato i sedicesimi di finale e qualifica quelli che disputeranno i quarti: *entrare negli ottavi di finale*; *superare gli ottavi di finale*.

ottemperànte o †**obtemperànte** **part. pres.** di *ottemperare*; anche **agg.** ● Nel sign. del v. ‖ **ottemperanteménte**, **avv.** (*raro*) Con ottemperanza.

ottemperànza [da *ottemperante*; 1640] **s. f.** ● Osservanza, adempimento, conformità: *in o. a una disposizione, a un decreto*.

ottemperàre o †**obtemperàre** [vc. dotta, lat. *obtemperāre*, comp. di *ŏb-* 'davanti' e *temperāre* 'moderare, moderarsi'. V. *temperare*; 1470 ca.] **v. intr.** (*io ottèmpero*; aus. *avere*) ● Adempiere, conformarsi o obbedire a ciò che è stato prescritto o richiesto: *o. a una disposizione, a una legge*.

ottenebraménto [1686] **s. m.** ● Offuscamento (*spec. fig.*). SIN. Oscuramento.

ottenebràre o †**attenebràre** [vc. dotta, lat. tardo *obtenebrāre*, comp. di *ŏb-* 'davanti' e *tenebrāre*; av. 1306] **A v. tr.** (*io ottènebro*) ● Coprire o velare di tenebre (*spec. fig.*): *le superstizioni ottenebrano la mente*. **B v. intr. pron.** ● Oscurarsi, offuscarsi (*anche fig.*): *il cielo si ottenebrò d'improvviso*; *gli si è ottenebrata la vista*.

ottenebràto [av. 1306] **part. pass.** di *ottenebrare*; anche **agg.** ● Oscuro: *alla parte della Terra ottenebrata e macchiata dall'ombra lunare* (GALILEI) | (*fig.*) Confuso, annebbiato: *mente ottenebrata dal vino*.

ottenebraziòne [vc. dotta, lat. tardo *obtenebratiōne(m)*, da *obtenebrāre* 'ottenebrare'; av. 1642] **s. f.** ● (*raro*) Ottenebramento.

♦**ottenére** [lat. *obtinēre*, propr. 'tener fermo davanti', comp. di *ŏb-* 'davanti' e *tenēre* 'tenere'; 1308] **v. tr.** (coniug. come *tenere*) *1* (qlco.; + *di* seguito da inf.; + *che* seguito da congv.) Riuscire ad avere qlco. che si desidera o a cui si ha diritto: *o. un premio, la vittoria, un incarico, un permesso*; *chiese ed ottenne di tornare a vivere con la madre*; *ottenne che si facesse tregua per cinque anni* (GUICCIARDINI) | Conquistare: *o. con le armi, con la forza*. SIN. Conseguire, raggiungere. *2* (qlco. + *da*) Ricavare mediante lavorazioni apposite: *la benzina si ottiene dal petrolio*.

ottenìbile [av. 1712] **agg.** ● Che si può ottenere.

otteniménto [av. 1547] **s. m.** ● Conseguimento.

†**ottenitóre** [sec. XVI] **s. m.** (f. *-trice*) ● Chi ottiene.

ottènne [vc. dotta, lat. tardo *octĕnne(m)*, comp. di *ŏcto* 'otto' e *ănnus* 'anno'; 1869] **A agg.** *1* Che ha otto anni, detto di cosa e di persona. *2* (*raro*) Che dura da otto anni. **B** anche **s. m. e f.**

ottènnio [vc. dotta, lat. tardo *octĕnniu(m)*, da *octĕnnis* 'ottenne'; 1831] **s. m.** ● (*raro*) Spazio di tempo di otto anni.

ottentòtto [ol. *hottentot*, n. di orig. onomat. per indicare un popolo rozzo che non sa parlare (cfr. *barbaro*); 1761] **A s. m.** (f. *-a*) *1* Appartenente a una popolazione indigena dell'Africa meridionale, di bassa statura e con pelle bruno-giallastra, un tempo assai numerosa (e ora ridotta a poche migliaia di individui). *2* (*fig., spreg.*) Persona rozza e incivile (V. nota d'uso STEREOTIPO). **B s. m.** solo **sing.** ● Lingua africana parlata dagli ottentotti. **C agg.** ● Relativo agli ottentotti: *usanza ottentotta*.

ottètto [da *otto*, sul modello di *duetto*, *terzetto*, ecc.; 1940] **s. m.** *1* (*mus.*) Composizione da camera per otto strumenti solisti | (*est.*) L'insieme degli esecutori di tale genere di composizione. *2* (*chim.*) Secondo certe teorie, gruppo di 8 elettroni che costituiscono o vengono a costituire, durante la formazione di molecole, lo strato elettronico più esterno di un atomo conferendogli stabilità.

òttica [vc. dotta, lat. *ŏptice(m)*, nom. *ŏptice*, dal gr. *optikḗ* (*téchnē*) 'arte ottica', f. di *optikós* 'ottico'; 1598] **s. f.** *1* Parte della fisica che studia i fenomeni luminosi. CFR. opto- | (*est.*) Parte della fisica che studia tutto ciò che è relativo alle radiazioni elettromagnetiche | ***O. geometrica***, studia i fenomeni e le leggi relative alla propagazione rettilinea della luce | ***O. fisica***, studia i fenomeni associati alla natura ondulatoria della luce | ***O. fisiologica***, studia l'anatomia e la fisiologia degli organi della vista | *O. elettronica*, studia l'interazione tra fasci di elettroni e campi elettrici e magnetici | *O. a fibre*, studia l'applicazione delle fibre ottiche. 2 Tecnica riguardante la fabbricazione degli strumenti ottici. 3 Complesso di lenti, specchi, prismi, diaframmi e sim. che fanno parte di un apparecchio ottico: *l'o. di una macchina da presa.* 4 (*fig.*) Modo di vedere, prospettiva, punto di vista: *il problema va considerato secondo una nuova o.; tutto ciò è valido in un'o. particolare.*

òttico [vc. dotta, gr. *optikós* 'visivo, ottico', da *optós* 'visibile', dal fut. di *horân* 'vedere', di orig. indeur.; 1574] **A** agg. (pl. m. *-ci*) 1 (*anat.*) Relativo alla vista o agli organi della vista: *nervo o.* 2 (*fis.*) Che si riferisce alla, che è proprio dell'ottica | ***Sistema o.***, insieme di lenti, specchi, prismi, diaframmi e sim. | ***Strumento, apparecchio o.***, strumento, apparecchio destinato a produrre o a sfruttare particolari fenomeni ottici | ***Sistema o. centrato***, in cui le superfici del sistema sono sferiche e con i centri allineati | ***Asse o.***, la retta su cui sono allineati i centri di un sistema ottico centrato. || **otticaménte**, avv. Secondo i principi propri dell'ottica. **B** s. m. (f. *-a*) ● Chi confeziona e vende al pubblico occhiali e lenti.

ottile [da *ott(ano)*, col suff. *-ile*; 1958] s. m. ● (*chim.*) Radicale alchilico monovalente derivante dall'ottano per perdita di un atomo d'idrogeno.

ottimàle [da *ottimo*; 1950] agg. ● Che rappresenta quanto di meglio si possa determinare relativamente a date esigenze: *temperatura o.; condizioni ottimali.*

ottimalizzàre [comp. di *ottimale* e *-izzare*; 1965] v. tr. ● In una organizzazione, una produzione, un impianto e sim., calcolare e raggiungere il modulo ottimale.

ottimalizzazióne [1965] s. f. ● L'ottimalizzare.

ottimàre [da *ottimo*; 1965] v. tr. (*io òttimo*) ● Portare una tecnica, un complesso produttivo, un procedimento e sim. al grado ottimo, relativamente ai risultati finali sia economici che tecnici.

ottimàte [vc. dotta, lat. *optimāte(m)*, da *ŏptimus* 'ottimo'; av. 1484] s. m. ● Nella Roma antica, l'appartenente al ceto nobiliare o a un gruppo familiare predominante in campo politico | (*est., lett.*) Cittadino che eccelle per nobiltà, potenza e ricchezza | ***Governo degli ottimati***, aristocrazia.

ottimazióne [1971] s. f. ● Ottimizzazione.

ottimetro® [comp. del gr. *optikós* 'visivo, ottico' (V. *ottico*) e *-metro*; 1889] s. m. ● Apparecchio per misurare la vista.

ottimìsmo [fr. *optimisme*, dal lat. *ŏptimus* 'ottimo', col suff. *-isme* '-ismo'; 1759] s. m. 1 Attitudine a giudicare favorevolmente lo stato e il divenire della realtà: *il suo o. rasenta l'ingenuità.* CONTR. Pessimismo. 2 Ogni dottrina filosofica che, fondandosi sull'accettazione di un finalismo universale, considera il male come relativo e apparente in un mondo in cui il bene domina assoluto e incontrastato.

ottimista [fr. *optimiste*, da *optimisme* 'ottimismo'; 1818] **A** s. m. e f. (pl. m. *-i*) ● Chi affronta e giudica le cose con ottimismo. CONTR. Pessimista. **B** agg. ● Ottimistico: *un ragazzo o.; carattere o.*

ottimìstico [1923] agg. (pl. m. *-ci*) ● Di ottimismo, che rivela ottimismo spesso eccessivo: *valutazione ottimistica dei danni.* CONTR. Pessimistico. || **ottimisticaménte**, avv. In modo ottimistico, con ottimismo.

ottimizzàre [comp. di *ottim(o)* e *-izzare*, sul modello dell'ingl. *to optimize*; av. 1963] v. tr. ● Ricercare quella soluzione di un problema in cui siano ridotti al minimo i rischi e i fattori negativi ed esaltati al massimo i vantaggi e i fattori positivi.

ottimizzatóre [da *ottimizzare*; 1991] s. m. (f. *-trice*) ● Chi, in un'azienda, ha il compito di ricercare e trovare le soluzioni per utilizzare in modo ottimale i mezzi e le persone a disposizione.

ottimizzazióne [1966] s. f. ● L'ottimizzare.

◆**òttimo** [vc. dotta, lat. *ŏptimu(m)*, da *ŏps* 'ricchezza' (V. *opimo*); av. 1294] **A** agg. (superl. di *buono*) ● Buonissimo, eccellente, in riferimento sia a qualità morali, a capacità, a condizioni generali, che ad aspetti materiali, di resa, di funzionamento e sim.: *vino, cibo o.; o. legname da costruzione; godiamo ottima salute; un o. governo; un'ottima persona; le informazioni su di te sono ottime* | ***O. lavoro***, fatto in modo perfetto | Bellissimo: *ha un o. aspetto; tempo o.* CONTR. Pessimo. || **ottimaménte**, avv. Nel modo migliore; perfettamente. **B** s. m. 1 Ciò che è o viene considerato ottimo: *in quella zona vi è l'o. delle condizioni climatiche per la sua salute; l'o. della produzione granaria non è stato raggiunto.* 2 Massima qualifica di merito data spec. come valutazione scolastica.

-ottino [doppio suff. alterativo comp. di *-otto* e *-ino*] suff. alterativo composto ● Conferisce ad aggettivi valore diminutivo e vezzeggiativo: *bassottino, pienottino.*

◆**òtto** [lat. *ŏcto*, di orig. indeur.; 1211] agg. num. card. inv.; anche s. m. e f. inv. ● Numero naturale successivo di sette, rappresentato da 8 nella numerazione araba, da VIII in quella romana. **I** Come agg. ricorre nei seguenti usi. 1 Rispondendo o sottintendendo la domanda 'quanti?', indica la quantità numerica di otto unità (spec. preposto a un s.): *lungo o. metri; distante o. chilometri; abito qui da o. anni; ha appena o. mesi; di qui a o. giorni.* CFR. otta- | ***Dare gli o. giorni***, annunciare il licenziamento dando un preavviso di otto giorni | ***In quattro e quattr'o.***, (*fig.*) prestissimo; (*est.*) senza fatica: *faccio in quattro e quattr'o.!* 2 Rispondendo o sottintendendo la domanda 'quale?', identifica qlco. in una pluralità, in una successione, in una sequenza (posposto a un s.): *abito al numero o. di via Garibaldi; prendi l'autobus numero o.; le ore o. del mattino; le ore o. di sera* | ***Corpo o.***, carattere la cui forza di corpo è di otto punti tipografici, usato per le intercalazioni o per composizioni richiedenti un occhio piccolo. 3 In composizione con altri numeri, semplici o composti, forma i numeri superiori: *ventotto; ottocento; ottomila; ottocentomila; ottomilaottocentotto.* **II** Come s. ricorre nei seguenti usi. 1 Il numero otto (per ellissi di un s.): *pagamento all'o. del mese; uno sconto dell'o. per cento; ho giocato l'o. di fiori; l'o. nel sedici sta due volte; l'o. giugno* | ***Oggi a o.***, tra otto giorni, comprendendo quello in cui ci si trova fissando la data | Nella valutazione scolastica, voto molto buono, inferiore di soli due punti al massimo: *ha preso un o. in italiano; è stato promosso con la media dell'o.* 2 Il segno che rappresenta il numero otto: *scrivo l'o. e riporto il due.* 3 Percorso, tracciato a forma di otto | ***O. volante***, nei luna park, gioco costituito da un'incastellatura a forma di otto orizzontale, con forti dislivelli, dotata di binari su cui corrono dei vagoncini. SIN. Montagne russe. 4 (*sport*) Tipo di imbarcazione impiegata nelle gare di canottaggio, con equipaggio di otto vogatori, che azionano un remo ciascuno, e un timoniere.

-òtto [forma secondaria, con analogo valore dim., del suff. *-etto*] suff. alterativo ● Conferisce a nomi e aggettivi valori e toni vari: *aquilotto, leprotto, passerotto; contadinotto, giovanotto, ragazzotto, signorotto, anzianotto, bassotto, pienotto, sempliciotto.*

ottobràta [av. 1885] s. f. ● Scampagnata d'ottobre: *le ottobrate romane* | Giornata d'ottobre particolarmente mite e luminosa.

◆**ottóbre** [lat. *octōbre(m)*, da *ŏcto* 'otto', perché era l'ottavo mese del calendario romano arcaico; 1211] s. m. ● Decimo mese dell'anno nel calendario gregoriano, di 31 giorni.

ottobrino [1875] agg. ● Di ottobre, che matura in ottobre.

ottocentésco [da *ottocento*; 1927] agg. (pl. m. *-schi*) ● Che è del XIX secolo o ne ha i caratteri: *poesia ottocentesca; gusto o.*

ottocentèsimo (o *-é-*) **A** agg. num. ord. ● Corrispondente al numero ottocento in una sequenza, in una successione (rappresentato da DCCC nella numerazione romana, da 800° in quella araba): *è stato l'o. iscritto; l'ottocentesima parte di mille.* **B** in funzione di s. m. ● Ciascuna delle ottocento parti uguali di una stessa quantità: *un o.*

ottocentista [1923] s. m. e f. (pl. m. *-i*) 1 Scrittore, artista del sec. XIX, dell'Ottocento. 2 Studioso specializzato in studi ottocenteschi. 3 Atleta che gareggia nella corsa degli 800 metri piani.

ottocentìstico [av. 1907] agg. (pl. m. *-ci*) ● Che concerne il XIX sec., l'Ottocento.

ottocènto [comp. di *otto* e *cento*; av. 1348] agg. num. card. inv.; anche s. m. inv. ● Otto volte cento, otto centinaia, rappresentato da 800 nella numerazione araba, da DCCC in quella romana. **I** Come agg. ricorre nei seguenti usi. 1 Rispondendo o sottintendendo la domanda 'quanti?', indica la quantità numerica di ottocento unità (spec. preposto a un s.): *un raggio di o. chilometri; spenderò circa o. euro; una fabbrica con o. operai.* 2 Rispondendo o sottintendendo la domanda 'quale?', identifica qlco. in una pluralità, in una successione, in una sequenza (posposto a un s.): *l'anno o. dell'era volgare.* **II** Come s. ricorre nei seguenti usi. 1 Il numero ottocento (per ellissi di un s.): *nell'o. circa a.C.* | ***L'Ottocento***, (*per anton.*) il sec. XIX: *le rivoluzioni dell'Ottocento; i pittori dell'Ottocento; mentalità, idee dell'Ottocento* (*anche spreg.*). 2 Il segno che rappresenta il numero ottocento. 3 (*sport, ellitt. al pl.*) Distanza di ottocento metri piani su cui si sviluppa una classica corsa | (*est.*) La gara stessa: *correre gli o.; vincere gli o.*

ottocìfre [da avvicinare a *otto* per la forma (?); 1965] s. m. inv. ● Strumento a forma di 8, tipico dell'orologiaio, usato spec. per raddrizzare il bilanciere.

ottodràmma o **octodràmma** [rifacimento sull'it. *otto*, del gr. *oktádrachmos* 'di otto dramme', comp. di *oktṓ* 'otto' e *drachmḗ* 'dracma'; 1954] s. f. ● Moneta greca del valore di otto dramme coniata dai Tolomei in Egitto.

†**ottogenàrio** ● V. *ottuagenario.*

ottomàna [fr. *ottomane*, detta così perché usata dagli *Ottomani*; 1797] s. f. ● Divano alla turca con materasso o cuscini per spalliera, trasformabile in letto: *posava nello sfarzo di un'o. rossa* (CAMPANA).

ottomàno [ar. *ʻotmānī*, da *ʻOtmān* (644-656), capostipite di una dinastia musulmana; 1540] agg.; anche s. m. ● Turco: *impero o.* | ***Tessuto o.***, con armatura a larghe cannellature.

ottomila [comp. di *otto* e *mila*; av. 1342] agg. num. card. inv.; anche s. m. e f. inv. ● Otto volte mille, otto migliaia, rappresentato da 8000 nella numerazione araba, da $\overline{\text{VIII}}$ in quella romana. **I** Come agg. ricorre nei seguenti usi. 1 Rispondendo o sottintendendo la domanda 'quanti?', indica la quantità numerica di ottomila unità (spec. preposto a un s.): *è stata fatta una stima di circa o. euro; possiede circa o. volumi; ha raggiunto gli o. metri di altezza.* 2 Rispondendo o sottolineando la domanda 'quale?', identifica qlco. in una pluralità, in una successione, in una sequenza (posposto a un s.): *abbonamento numero o.* **II** Come s. ricorre nei seguenti usi. 1 Il numero ottomila (per ellissi di un s.). 2 Il segno che rappresenta il numero ottomila. 3 (*sport*) Ciascuna delle 14 cime di montagna che superano gli ottomila metri di quota e che, per le difficoltà logistiche, tecniche e fisiologiche che oppongono allo scalatore, costituiscono un obiettivo prestigioso dell'alpinismo himalayano.

ottonàio [da *ottone*; 1470] s. m. (f. *-a*) ● Artigiano od operaio che lavora l'ottone | Venditore di oggetti d'ottone.

ottonàme [1863] s. m. ● Lavori, oggetti in ottone.

ottonàre [1869] v. tr. (*io ottóno*) ● Ricoprire una superficie metallica con uno strato di ottone.

ottonàrio [vc. dotta, lat. *octonāriu(m)*, da *octōni* 'a otto a otto', da *ŏcto* 'otto'; av. 1566] **A** s. m. 1 Nella metrica italiana, verso la cui ultima sillaba accentata è la settima; è composto di otto sillabe se termina con parola piana: *Su 'l castello di Verona* (CARDUCCI) (V. nota d'uso ACCENTO). 2 Nella metrica classica, verso costituito da otto piedi: *o. anapestico, o. giambico, o. trocaico.* **B** anche agg.: *verso o.*

ottonatùra [da *ottonare*; 1869] s. f. ● Procedimento dell'ottonare | Rivestimento di ottone.

ottóne [ar. *lāṭūn* 'rame', con la caduta della *l-* iniziale sentita come articolo (*lottone* è diventato *l'ottone*); 1271] s. m. 1 Lega contenente rame e zinco ed eventualmente, in quantità secondarie, altri metalli, assai impiegata nell'industria. 2 (*mus., al pl.*) Strumenti a fiato in ottone, quali corni, trombe, tromboni, tube. 3 (*spec. al pl.*) Insieme di maniglie, bocchette per serrature, applicazioni metalliche per mobili e sim.: *pulire, lucidare gli ottoni.*

ottoniàno [av. 1907] agg. ● Relativo alla dinastia degli Ottoni, re di Germania e imperatori della casa di Sassonia | ***Arte ottoniana***, arte promossa dagli Ottoni, caratterizzata dalla ripresa di elementi classicistici.

Ottòpodi o **Octòpodi** [vc. dotta, gr. *oktṓpous*,

genit. *oktṓpodos* 'che ha otto piedi', comp. di *oktṓ* 'otto' e *póus*, genit. *podós* 'piede' (V. *-pode*); 1834] s. m. pl. (sing. *-e*) ● Nella tassonomia animale, ordine di Molluschi dei Cefalopodi dotati di otto tentacoli muniti di ventose, privi di conchiglia, con bocca munita di robusti astucci cornei (*Octopoda*).

ottosìllabo [vc. dotta, lat. tardo *octosyllabu(m)*, da *ŏcto* 'otto', sul modello di *hendecasyllabus* 'endecasillabo'; av. 1550] **A** agg. ● Che è composto di otto sillabe: *parola ottosillaba*. **B** s. m. ● (*raro*) Verso ottonario.

ottotìpico o **optotìpico** [da *ottotipo*; 1958] agg. (pl. m. *-ci*) ● Detto di tavola usata per la misurazione dell'acutezza visiva | ***Tavola ottotipica***, ottotipo.

ottòtipo o **optòtipo** [comp. del gr. *optikós* 'visivo, ottico' (V. *ottico*) e *-tipo*; 1935] s. m. ● Cartellone o quadro luminoso su cui sono impressi caratteri neri di opportune forme e dimensioni, destinati alla misurazione della vista. ➡ ILL. **medicina e chirurgia.**

†**ottriàre** o †**otriàre** [ant. fr. *otreier* (moderno *octroyer*), dal lat. parl. **auctoridiāre* 'accordare', da *āuctor*, genit. *auctōris* 'garante'. V. *autore* e *autorizzare*; sec. XIII] v. tr. ● Concedere, elargire ai sudditi da parte dell'autorità sovrana.

ottriàto part. pass. di †*ottriare*; anche agg. **1** †Concesso dall'autorità sovrana. **2** (*dir.*) Detto di carta costituzionale o statuto concessi dall'autorità sovrana.

ottuagenàrio o †**ottogenàrio** [sovrapposizione di *settuagenario* al lat. *octogenārius* 'ottogenario', da *octogēni* 'a ottanta per volta'; 1613] agg.; anche s. m. (f. *-a*) ● Che (o Chi) ha ottant'anni di età, detto di persona.

ottùndere [vc. dotta, lat. *obtŭndere*, comp. di *ŏb-* 'contro' e *tŭndere* 'colpire, percuotere', di orig. indeur.; sec. XIV] v. tr. e intr. pron. (pass. rem. *io ottùsi, tu ottundésti*; part. pass. *ottùso*) **1** (*lett.*) Arrotondare qlco. privandola della punta o del taglio. **2** (*fig.*) Rendere tardo, lento, inetto: *o. l'ingegno, la mente, la memoria*.

ottundiménto [1883] s. m. ● (*lett.*) L'ottundere | (*fig.*) Intorpidimento, offuscamento.

ottuplicàre [da *ottuplo*; 1640] v. tr. (*io ottùplico, tu ottùplichi*) ● Moltiplicare per otto, accrescere di otto volte.

ottùplice [vc. dotta, lat. tardo *octŭplice(m)*, da *ŏcto* 'otto', sul modello di *dŭplex*, genit. *dŭplicis* 'duplice'; 1970] agg. ● (*raro*) Che si compone di otto parti, anche diverse fra loro.

òttuplo [vc. dotta, lat. tardo *ŏctuplu(m)*, da *ŏcto* 'otto', sul modello di *dŭplus* 'doppio'; av. 1565] **A** agg. ● Che è otto volte maggiore, relativamente ad altra cosa analoga: *rendimento o.* **B** s. m. ● Quantità, misura otto volte maggiore.

otturaménto [vc. dotta, lat. *obturamĕntu(m)*, da *obturāre* 'otturare'; av. 1739] s. m. ● L'otturare | Chiusura, blocco.

otturàre [vc. dotta, lat. *obturāre*, comp. di *ŏb-* 'contro' e **turāre*, di etim. incerta; sec. XIV] **A** v. tr. ● Turare, chiudere, ostruire: *o. un'apertura, una cavità* | ***O. un dente***, inserire l'apposito amalgama nell'incavo prodotto dalla carie. **B** v. intr. pron. ● Chiudersi, intasarsi: *il condotto idraulico si è otturato*.

otturàto part. pass. di *otturare*; anche agg. ● Intasato, chiuso, ostruito: *scarico o.* | ***Dente o.***, che ha un'otturazione.

otturatóre [1889] **A** agg. (f. *-trice*) ● Che ottura. **B** s. m. **1** Nelle macchine fotografiche, dispositivo che apre e richiude istantaneamente il passaggio della luce proveniente dal soggetto, la quale, passando attraverso l'obiettivo, va a formare l'immagine sulla pellicola | In cinematografia, apparecchio che si trova sia nella macchina da presa sia nel proiettore, avente la funzione di interrompere il fascio di raggi luminosi durante la fase di trasporto della pellicola. **2** Congegno mobile della culatta delle armi da fuoco a retrocarica, che consente l'introduzione del proiettile e la successiva chiusura ermetica della culatta per resistere all'espansione dei gas della carica di lancio. **3** (*idraul.*) Dispositivo che interrompe il flusso liquido in una condotta d'acqua. **4** Strumento del dentista usato nell'esecuzione delle otturazioni.

otturazióne [vc. dotta, lat. tardo *obturatiōne(m)*, da *obturātus* 'otturato'; 1891] s. f. **1** L'otturare: *o. di una cavità* | Il fatto di otturarsi, di essere otturato: *l'o. di uno scarico*. **2** (*est.*) Il materiale con cui è stata otturata un'apertura | L'amalgama con cui viene chiusa la cavità prodotta in un dente dalla carie: *mi è saltata via l'o.*

ottusàngolo [vc. dotta, lat. tardo *obtusiāngulu(m)*, comp. di *obtūsus* 'ottuso' e *āngulus* 'angolo'; av. 1615] agg. ● Detto di triangolo che ha un angolo ottuso. ➡ ILL. **geometria.**

†**ottusézza** [da *ottuso*; av. 1617] s. f. ● (*fig.*) Ottusità.

†**ottusióne** [vc. dotta, lat. tardo *obtusiōne(m)*, da *obtūsus* 'ottuso'; av. 1634] s. f. ● Fiacchezza, svogliatezza.

ottusità [vc. dotta, lat. tardo *obtusitāte(m)*, da *obtūsus* 'ottuso'; 1632] s. f. **1** Caratteristica o condizione di chi (o di ciò che) è ottuso (*spec. fig.*): *o. di mente* | ***O. d'orecchio***, durezza, sordità. **2** (*raro*) Stordimento.

ottùso [vc. dotta, lat. *obtūsu(m)*, part. pass. di *obtŭndere* 'ottundere'; 1321] agg. **1** (*raro*) Detto di ciò che non è tagliente, che ha perduto la punta o il filo: *spada ottusa*; *coltello o.* **2** (*fig.*) Che manca di acutezza mentale, che è lento e tardo nel comprendere: *ingegno o.*; *mente ottusa*; *sguardo o.* | (*est.*) Detto di organo di senso che ha perso in parte la sua capacità: *gusto, olfatto o.* **3** (*fig.*) Detto di suono sordo, dotato di poca risonanza: *voce ottusa*. **4** (*mat.*) Detto di angolo maggiore di un angolo retto e minore di un angolo piatto. ➡ ILL. **geometria.** ‖ **ottusaménte**, avv. In modo ottuso, con ottusità.

ouguiya /u'gija/ [vc. ar., prob. forma dial. di *uqqiyya*, diminutivo di *uqqa*. V. *occa*] s. f. inv. ● (*econ.*) Unità monetaria della Mauritania.

oulipiàno /uli'pjano/ [dal fr. *Oulipo*, accorc. del n. prescelto dal gruppo di scrittori che hanno dato vita all'*Ou(vroir de) Li(ttérature) Po(tentielle)* 'laboratorio di letteratura potenziale'; 1985] agg. ● Relativo a un indirizzo letterario novecentesco che sottopone la produzione artistica a particolari regole e vincoli, quale l'uso di un'unica vocale, allo scopo di creare nuovi meccanismi ludici e nuove forme espressive.

out /aut, *ingl.* aot/ [vc. ingl., propr. 'fuori', di orig. indeur.; 1905] **A** avv. e agg. inv. ● Nella loc. ***essere out***, di chi (o di ciò che) è ormai superato dal punto di vista della moda, del comportamento, dei modelli imperanti: *un personaggio ormai out*; *i termini che usi sono out*. **B** s. m. inv. **1** Nel tennis, lo spazio al di fuori del campo di gioco. **2** La parola che l'arbitro di un incontro di pugilato pronuncia per annunciare il verdetto di fuori combattimento.

outdoor /aut'dɔr, *ingl.* 'aot,dɔːɹ/ [vc. ingl., comp. di *out* 'fuori' (V. *out*) e *door* 'porta' (d'orig. germ.); 1964] agg. inv. ● Detto di gara, incontro sportivo o attività ricreativa che si svolgono all'aperto.

outing /*ingl.* 'aotɪŋ/ [vc. ingl., propr. 'escursione', 'uscir fuori (*out*)'; 1991] s. m. inv. ● Rivelazione pubblica dell'omosessualità di una persona senza il suo consenso preventivo | (*est.*) Pubblica ammissione di un fatto privato. CFR. Coming out.

outlet /'autlet, *ingl.* 'aotlet, -lɪt/ [vc. ingl., propr. 'sbocco, scarico'; 1997] s. m. inv. ● Organizzazione commerciale che vende a prezzi scontati prodotti di note aziende: *un o. di articoli di moda*.

outplacement /aut'pleizmənt, *ingl.* aut'pleɪsmənt/ [vc. ingl. propr. 'collocamento (*placement*) fuori (*out*)'; 1991] s. m. inv. ● (*org. az.*) Ricollocazione in altra attività del personale in esubero di un'azienda.

output /'autput, *ingl.* 'aot,pot/ [vc. ingl., propr. 'produzione, rendimento', poi specializzatosi in altri sign., comp. di *out* 'fuori' (V. *out*) e *to put* 'mettere, porre, collocare' (di orig. germ.); 1961] s. m. inv. **1** (*org. az.*) Ognuno degli elementi finali che concludono certi procedimenti quali dati, informazioni e sim. **2** (*elab.*) Trasferimento dei dati prodotti da un elaboratore elettronico a un apposito dispositivo, quale monitor, stampante, memoria di massa | L'insieme dei dati così prodotti. CFR. Input.

outrigger /*ingl.* 'aot,ɹɪgəɹ/ [vc. ingl., comp. di *out* 'fuori' (V. *out*) e *to rig* 'attrezzare, allestire', di orig. scandinava; 1889] s. m. inv. **1** Armatura metallica sporgente dal bordo di un'imbarcazione a remi che all'estremità reca montata la scalmiera. **2** (*est.*) Nel canottaggio, imbarcazione con tale tipo di scalmiera in cui i vogatori, in numero pari, manovrano ciascuno un solo remo.

outsider /aut'saider, *ingl.* 'aot,saedəɹ/ [vc. ingl., propr. 'di fuori, esterno', comp. di *out* 'fuori' (V. *out*) e *side* 'parte, lato', di orig. germ.; 1895] s. m. e f. inv. ● In una competizione sportiva, concorrente che non risulta tra i favoriti | (*est.*) In campo politico, professionale e sim., chi ha una posizione marginale.

outsourcing /*ingl.* ,aot'sɔːɹsɪŋ/ [vc. ingl. da *to outsource* 'appaltare'; 1992] s. m. inv. ● (*org. az.*) Terziarizzazione.

ouverture /*fr.* uvɛʀ'tyːʀ/ [vc. fr., dal lat. parl. **opertūra(m)*, per il classico *apertūra(m)* 'apertura'; 1825] s. f. inv. ● (*mus.*) Composizione strumentale di introduzione a un melodramma, a una cantata, a un oratorio, formata a volte con temi dell'opera cui è preposta.

ovàia [lat. tardo *ōvariu(m)*, da *ōvum* 'uovo'; av. 1597] s. f. ● (*anat.*) Ognuna delle due ghiandole a secrezione interna che costituiscono l'organo riproduttore femminile, nel quale si sviluppano le cellule uovo. SIN. Ovaio. ➡ ILL. p. 2124, 2125 ANATOMIA UMANA.

ovàio [lat. tardo *ovāriu(m)*, da *ōvum* 'uovo'; 1865] **A** s. m. (f. *-a*) **1** (*anat.*) Ovaia. **2** †Venditore di uova. **B** agg. ● †Ovaiolo.

ovaiòlo o †**ovaiuòlo** [da *ovaio*; 1868] **A** agg. ● (*raro*) Di gallina che produce molte uova | Di stagione favorevole alla deposizione delle uova. **B** s. m. **1** (f. *-a*) †Venditore di uova. **2** †Portauovo.

ovalàre [da *ovale*; 1875] agg. ● (*biol.*, *med.*) Che ha forma ovale | Che ha forma simile a quella di un uovo: *area, zona o.*

♦**ovàle** [dalla forma a *ovo*; av. 1455] **A** agg. ● Detto di ciò che ha una forma ellittica simile a quella di un uovo di gallina: *linea o. del volto*; *tavolino o.* | ***Palla o.***, rugby | ***Foglia o.***, con forma quasi ellittica. **B** s. m. **1** Nicchia o sim., di forma ovale: *la parete è ornata di ovali dipinti*. **2** Conformazione del viso, spec. femminile: *un bell'o.*; *un o. perfetto*. **C** s. f. ● (*mat.*) Curva piana chiusa che sia incontrata da una retta qualsiasi in due punti al più.

ovalifórme [comp. di *ovale* e *-forme*] agg. ● Che ha forma ovale: *foglie ovaliformi*.

ovalizzàre [comp. di *ovale* e *-izzare*; 1958] **A** v. tr. ● Rendere ovale, dare forma ovale. **B** v. intr. pron. ● Diventare ovale | (*mecc.*) Subire ovalizzazione.

ovalizzàto [1990] part. pass. di *ovalizzare*; anche agg. **1** Raffigurato in forma ovale: *un volto o.* **2** (*mecc.*) Che ha subito ovalizzazione: *cilindro o.*

ovalizzazióne [1958] s. f. ● L'ovalizzare, l'ovalizzarsi | (*mecc.*) Deformazione delle camicie dei cilindri dei motori a combustione interna, dovuta a irregolare movimento del pistone a seguito di usure interne.

ovànte [vc. dotta, lat. *ovănte(m)*, part. pres. di *ovāre* 'esultare, esser festante': di orig. onomat. (?); sec. XIV] agg. ● (*lett.*) Esultante, trionfante.

ovaralgìa [comp. del lat. tardo *ovārium* 'ovaia' e *-algia*; 1954] s. f. ● (*med.*) Sensazione dolorosa di origine ovarica.

ovàrico [1865] agg. (pl. m. *-ci*) **1** (*anat.*) Relativo all'ovaia: *cisti ovarica*. **2** (*bot.*) Relativo all'ovario.

ovariectomìa [comp. di *ovari(o)* e *-ectomia*; 1931] s. f. ● (*chir.*) Asportazione di una o di entrambe le ovaie.

ovariectomizzàre [da *ovariectomia*] v. tr. ● (*chir.*) Sottoporre a ovariectomia.

ovariectomizzàta [f. sost. del part. pass. di *ovariectomizzare*] agg. solo f.; anche s. f. ● (*med.*) Che (o Chi) ha subìto un intervento di ovariectomia.

ovàrio [vc. dotta, lat. tardo *ovāriu(m)*, da *ōvum* 'uovo'; 1813] s. m. **1** (*bot.*) Parte inferiore del pistillo a forma dilatata e contenente gli ovuli | ***O. libero***, quando è separato dal calice | ***O. aderente***, quando è saldato al calice. **2** (*anat.*) Ovaia.

ovariocèle [comp. del lat. tardo *ovārium* 'ovaia' e *-cele*; 1875] s. f. ● (*med.*) Ernia dell'ovaia.

ovariocìsti [comp. del lat. tardo *ovārium* 'ovaia' e *cisti*; 1970] s. f. inv. ● (*med.*) Cisti dell'ovaia.

ovariotomìa [comp. di *ovario* e *-tomia*; 1875] s. f. ● (*chir.*) Incisione dell'ovaia.

ovarìte [da *ovario*, col suff. *-ite* (*1*); 1875] s. f. ● (*med.*) Infiammazione di una o di entrambe le ovaie. SIN. Ooforite.

ovàto [vc. dotta, lat. *ovātu(m)* 'ovale', da *ōvum* 'uovo'; 1499] **agg.** ● (*raro*) Ovale | ***Foglie ovate***, quasi tonde.

ovàtta [fr. *ouate*, di etim. incerta; 1674] **s. f.** ● Falda sottile di cotone cardato in fiocchi, usata per imbottiture e, dopo un'ulteriore lavorazione e sterilizzazione, anche per usi igienici e sanitari | ***Vivere, tenere, allevare nell'o.***, (*fig.*) con ogni riguardo, nella mollezza.

ovattàre [da *ovatta*; 1858] **v. tr.** ***1*** Imbottire o riempire di ovatta: *o. le spalle di una giacca.* ***2*** (*fig.*) Attutire, attenuare: *o. un rumore.*

ovattàto [1855] **part. pass.** di *ovattare*; anche **agg.** ***1*** Imbottito di ovatta. ***2*** (*fig.*) Attutito, attenuato: *suono o.* | (*fig.*) Quasi isolato dalla realtà, riparato (spesso in modo illusorio o fittizio): *atmosfera ovattata.*

ovattatùra [1925] **s. f.** ● Imbottitura di ovatta.

ovazióne [vc. dotta, lat. tardo *ovatiōne(m)*, da *ovāre*. V. *ovante*; sec. XIV] **s. f.** ***1*** Nell'antica Roma, trionfo minore in cui il duce vittorioso aveva l'onore della corona di mirto, e sacrificava in Campidoglio, dove si recava a piedi o a cavallo. ***2*** Manifestazione di grande e generale consenso, con grida e applausi prolungati: *una calorosa o.*; *le ovazioni della folla.*

óve /'ove*, 'ove/ o (*poet.*) **'ve** in proclisi [lat. *ŭbi*, di orig. indeur.; av. 1250] **A avv.** ***1*** (*lett.*) Dove (indica stato in luogo o moto a luogo con valore rel. o in prop. interr. dirette e indirette): *do lode / alla ragion, ma corro ove al cor piace* (FOSCOLO); *ponmi / ove 'l Sole occide i fiori e l'erba* (PETRARCA); *vegno del loco ove tornar disio* (DANTE *Inf.* II, 71). ***2*** (*lett.*) Dovunque: *so che sempre, ove io sia, l'amerò morto* (PULCI) | Anche nella loc. avv. ***ove che***: *tal la mi trova al petto, ove ch'io sia* (PETRARCA). **B cong.** ***1*** (*lett.*) Se mai, nel caso che, qualora (introduce una prop. condiz. con il v. al congv.): *ove fosse necessaria la mia presenza, telefonatemi*; *ove occorresse partirei immediatamente.* ***2*** (*lett.*) Mentre, invece (con valore avversativo): *volete agire precipitosamente ove, per contro, necessita molta riflessione.*

òver /'ɔver, *ingl.* 'ouvəɹ/ [vc. ingl., da *over* (*arm*), propr. 'sopra braccio', vc. germ. di orig. indeur.; 1935] **s. m. inv.** ● Antico stile di nuoto che si esegue sul fianco, con la testa sopra il pelo dell'acqua, usando un braccio a pagaia, mentre le gambe si muovono a rana. SIN. Nuoto alla marinara.

over- /'ɔver, *ingl.* 'ouvəɹ/ [pref. ingl., da *over* 'sopra'] primo elemento ● In parole composte inglesi, entrate nella nostra lingua, significa 'sopra, che sta sopra' (*overcoat*) o 'che supera la norma, eccessivo, troppo' (*overbooking*, *overdose*).

†òvera ● V. *opera.*

†overàre ● V. *operare.*

overbooking /*ingl.* ˌouvəɹ'bukiŋ/ [vc. ingl., da *to overbook* 'fare più prenotazioni dei posti disponibili', comp. di *over-* e *to book* 'registrare'; 1981] **s. m. inv.** ● Eccedenza di prenotazioni accettate da una compagnia aerea o da un albergo rispetto al numero dei posti effettivamente disponibili.

overboost /*ingl.* 'ouvəɹˌbuːst/ [vc. ingl., comp. di *over* 'sopra' e *boost* 'spinta'; 1986] **s. m. inv.** ● (*autom.*) Dispositivo che provvede a sovralimentare un motore turbo, potenziandolo in fase di accelerazione.

overcoat /*ingl.* 'ouvəɹˌkout/ [vc. ingl., comp. di *over-* e *coat* 'abito'] **s. m. inv.** ● Soprabito.

overdòse /over'dɔze, over'doz, *ingl.* 'ouvəɹˌdous/ [vc. ingl., comp. di *over-* 'troppo' e *dose* 'dose'; 1979] **s. f. inv.** ● Dose di droga, spec. di eroina, eccessiva rispetto alle capacità di assunzione dell'organismo, e quindi causa di morte: *morire per un'o.*; *uccidersi con un'o.* | (*est.*) Quantità eccessiva: *una o. di film.*

overdrive /over'draiv, *ingl.* 'ouvəɹˌdɹaev/ [vc. ingl., da *to overdrive* 'stancare con eccessivo lavoro, sfruttare troppo', comp. di *over-* 'troppo' e *to drive* 'trascinare, cacciare', di orig. germ.; 1970] **s. m. inv.** ● (*mecc.*) Dispositivo interposto nella trasmissione di un'automobile per moltiplicare i giri delle ruote o ridurre quelli del motore, allo scopo di diminuire consumi e usure.

overfishing /over'fiʃin(g), *ingl.* 'ouvəɹˌfiʃiŋ/ [vc. ingl., comp. di *over-* 'sopra' e *fishing* 'pesce' (da *to fish* 'pescare', vc. germ. d'orig. indeur.); 1981] **s. m. inv.** ● Eccesso di pesce pescato in un corso d'acqua o in mare tale da depauperare, spesso irrimediabilmente, le capacità riproduttive dell'ambiente ittico.

overflow /*ingl.* 'ouvəɹˌflou/ [vc. ingl., propr. 'straripamento', 'che scorre (*to flow*) sopra (*over*)'; 1995] **s. m. inv.** ● (*elab.*) Superamento delle capacità di una memoria o di un suo registro che determina uno stato di errore.

overlay /*ingl.* 'ouvəɹˌlei/ [vc. ingl., propr. 'sovrapposizione', 'che si pone (*to lay*) sopra (*over*)'; 1996] **s. m. inv.** ● (*elab.*) Modalità di gestione della memoria di un elaboratore elettronico nella quale vengono caricati successivamente in memoria centrale solo i moduli di programma necessari all'esecuzione.

overnight /*ingl.* 'ouvəɹˌnaet/ [vc. ingl., propr. 'di notte'; 1985] **agg. inv.** ● (*econ.*) Detto di prestito contratto sul mercato monetario al termine della giornata e restituibile all'apertura della giornata successiva: *prestito, tasso o.* | (*est.*) Detto di operazione di durata inferiore alle ventiquattro ore o che si svolge nell'arco della nottata: *spedizioni o.*

†o véro ● V. *ovvero.*

oversize /*ingl.* 'ouvəɹˌsaez/ [vc. ingl., comp. di *over-* 'sopra' e *size* 'misura, dimensione' (d'orig. incerta); 1978] **s. m. inv.** ● Ogni capo di abbigliamento di taglia superiore a quella propria di chi lo indossa.

♦**òvest** [fr. *ouest*, dall'ingl. *west*, dalla stessa radice del lat. *vĕsper* 'vespero'; av. 1557] **A s. m.** ***1*** (*geogr.*) Punto cardinale nella cui direzione si vede tramontare il sole nei giorni degli equinozi. ***2*** (*est.*) Parte dell'orizzonte dove il sole tramonta | (*est.*) Territorio, paese e sim. situato in direzione dell'ovest rispetto a un punto stabilito: *l'O. dell'Europa.* ***3*** Nel bridge, posizione del giocatore che, al tavolo da gioco, si colloca di fronte al giocatore in posizione est con cui fa coppia. **B** in funzione di **agg. inv.** ● (posposto al s.) Occidentale, spec. nelle loc. ***fascia o.***, ***parete o.***, ***zona o.*** e sim.

òvi- ● V. *ovo-.*

o via ● V. *ovvia.*

ovidepórre [comp. di *ovo* e *deporre*] **v. intr.** (coniug. come *deporre*) ● (*zool.*) Deporre le uova.

ovideposizióne [comp. di *ovo* e *deposizione*] **s. f.** ● (*zool.*) Deposizione delle uova.

ovidótto o **ovidùtto** [da *ovo* sul modello di *acquedotto* ecc.; av. 1698] **s. m.** ● (*anat.*) Canale attraverso il quale le uova sono condotte dall'ovaia all'esterno o in un altro organo.

ovifórme [comp. di *ovo* e *-forme*; av. 1730] **agg.** ● (*lett.*) Che ha forma d'uovo.

ovìle [vc. dotta, lat. *ovīle*, da *ŏvis* 'pecora', di orig. indeur.; av. 1306] **s. m.** ● Fabbricato rurale destinato al ricovero di pecore e capre | ***Tornare, ricondurre all'o.***, (*fig.*) a casa o nel proprio ambiente. ➡ ILL. p. 2113 AGRICOLTURA. || **ovilùccio, dim.**

Ovini [1891] **s. m. pl.** ● Nella tassonomia animale, sottofamiglia di Bovidi con specie caratterizzate da muso peloso e stretto, corna rugose e ricurve all'indietro nei maschi, più piccole o assenti nelle femmine, cui appartengono il camoscio, la capra e la pecora (*Ovinae*).

ovìno [vc. dotta, lat. tardo *ovīnu(m)*, agg. di *ŏvis* 'pecora'. V. *ovile*; sec. XIV] **A agg.** ● Di pecora: *carne ovina.* **B s. m.** ● (*zool.*) Ogni individuo appartenente alla sottofamiglia degli Ovini.

ovipariṣmo [da *oviparo*] **s. m.** ● (*zool.*) Tipo di riproduzione che comporta la deposizione di uova e, conseguentemente, uno sviluppo embrionale al di fuori del corpo materno.

oviparità **s. f.** ● (*zool.*) Caratteristica degli animali ovipari.

ovìparo [vc. dotta, lat. tardo *ovĭparu(m)*, comp. di *ōvum* 'uovo' e *-parus*, da *părere* 'partorire'. V. *parto*; av. 1694] **A s. m.** ● Animale che si riproduce per oviparismo. CFR. Ovoviviparo, viviparo. **B** anche **agg.**: *animale o.*

ovisacco [comp. di *ovo* e *sacco*; 1875] **s. m.** (pl. *-chi*) ● (*anat.*) Epitelio che racchiude l'ovulo.

òvo ● V. *uovo.*

òvo- o **òvi-**, (*raro*) **òo-** [dal lat. *ōvu(m)* 'uovo'] primo elemento ● In parole composte della terminologia scientifica, significa 'uovo': *ovidotto, ovoposìtore.*

ovocèllula [comp. di *ovo-* e *cellula*; 1950] **s. f.** ● (*biol.*) Gamete femminile.

ovocita o **ovocito** ● V. *oocita.*

ovodonazióne [comp. di *ovo-* e *donazione*; 1985] **s. f.** ● (*fisiol.*) Donazione, da parte di una femmina, di una cellula uovo destinata a essere fecondata artificialmente e impiantata nell'utero di un'altra femmina.

ovogamìa ● V. *oogamia.*

ovogeneṣi [comp. di *ovo-* e *genesi*; 1932] **s. f. inv.** ● (*biol.*) Insieme dei fenomeni di maturazione dell'ovocellula.

ovogònio ● V. *oogonio.*

ovoidàle [1869] **agg.** ● A forma di ovoide.

ovòide [comp. di *ovo-* e *-oide*; 1772] **A agg.** ● Che ha forma simile a quella di un uovo: *frutto o.* **B s. m.** ● Corpo che ha forma simile a quella di un uovo.

ovolàccio [da *ovolo*; 1892] **s. m.** ● Fungo velenoso delle Agaricacee dal cappello superiormente scarlatto con scagliette bianche e con lamelle bianche, che cresce nei boschi di conifere (*Amanita muscaria*). SIN. Ovolo malefico.

ovolàio [av. 1826] **s. m.** ● Appezzamento di terreno dove si piantano in primavera gli ovoli degli ulivi.

òvolo o **òvulo**, **†uòvolo**, **†vuòvolo** [dim. del lat. *ōvum* 'uovo', per la forma; 1499] **s. m.** ***1*** Ingrossamento del ceppo dell'ulivo usato per la moltiplicazione agamica. SIN. Puppola. ***2*** Elemento architettonico costituito da un ordine continuo di ornamenti ovoidali in aggetto, disposti lungo una membratura orizzontale rettilinea, per lo più accompagnati da listelli | Ciascun ornamento stesso dell'ovolo. ***3*** Fungo delle Agaricacee dal cappello superiormente giallo aranciato e con lamelle giallo uovo, commestibile e pregiato (*Amanita caesarea*) | ***O. malefico***, ovolaccio. ➡ ILL. **fungo.** ***4*** V. *ovulo.*

ovònica [dall'ingl. *ovonics*, comp. del nome dello scopritore R. *Ov*(*shinsky*) e del suff. ingl. *-onics*, sul modello di *electronics*] **s. f.** ● Tecnica di commutazione elettronica basata sulle proprietà di strati sottili di elementi semiconduttori.

ovònico **agg.** (pl. m. *-ci*) ● Relativo all'ovonica.

ovoplàṣma ● V. *ooplasma.*

ovopositóre [comp. di *ovo-* e *positore* 'che depone', da *pŏsitus*, part. pass. di *pōnere* 'porre'; av. 1916] **s. m.**; anche **agg.** ● (*zool.*) Organo addominale presente nelle femmine di alcuni insetti adibito alla deposizione delle uova.

ovotèca ● V. *ooteca.*

ovovìa [da *ovo-* (per la forma ovale), sul modello di *funivia*; 1975] **s. f.** ● Tipo di funivia continua caratterizzata da piccole cabine di forma ovale.

ovoviviparìṣmo [da *ovoviviparo*] **s. m.** ● (*zool.*) Meccanismo di riproduzione con sviluppo della prole nel corpo materno; in assenza di qualsiasi tipo di placenta l'individuo in formazione utilizza le riserve dell'uovo, assimila i secreti materni o addirittura pratica il cannibalismo.

ovoviviparità **s. f.** ● (*zool.*) Caratteristica degli animali ovovivipari.

ovovivìparo [comp. di *ovo-* e *viviparo*; 1935] **A agg.** ● (*zool.*) Detto di animale che si riproduce per ovoviviparismo. CFR. Oviparo, viviparo. **B s. m.** ● Animale ovoviviparo.

†òvra ● V. *opera.*

†ovràre ● V. *operare.*

†ovrèro o **†ovrière** [da *†ovra*] **s. m.** (f. *-a*) ● (*raro*) Operaio, artigiano.

ovulàre (**1**) [da *ovulo*; 1958] **agg.** ***1*** (*bot.*) Relativo all'ovulo. ***2*** Che ha forma ovale.

ovulàre (**2**) [da *ovulazione*; 1962] **v. intr.** (*io òvulo*; aus. *avere*) ● (*fisiol.*) Avere l'ovulazione.

ovulatòrio **agg.** ● (*biol.*) Relativo a ovulazione: *ciclo o.*

ovulazióne [da *ovulo*; 1958] **s. f.** ● (*biol.*) Scoppio del follicolo ooforo, e messa in libertà dell'ovocellula in esso contenuta | (*est.*) Periodo in cui avviene tale fenomeno.

òvulo [1834] **s. m.** ***1*** V. *ovolo.* ***2*** (*anat.*) Gamete femminile, spec. nei Mammiferi. ➡ ILL. p. 2124 ANATOMIA UMANA. ***3*** (*bot.*) Nelle piante a semi, parte delle strutture riproduttive contenente il gametofito femminile che, a fecondazione avvenuta, originerà il seme.

♦**ovùnque** [comp. del lat. *ŭbi* (V. *ove*) e *ŭnquam* 'talvolta'; av. 1292] **avv.** ● (*lett.*) Dovunque: *mi strugge 'l core o. sol mi trovo* (DANTE); *converrà che tu le faccia / compagnia sempre, o. andar le piaccia* (ARIOSTO); *o. il guardo giro, / immenso Iddio ti vedo* (METASTASIO).

ovvéro o †**véro** [comp. di *o* (2) e *vero*; sec. XIII] cong. **1** Ossia: *sarò da te fra quattro giorni, o. venerdì sera*. **2** Oppure (con valore disgiuntivo): *siasi questa o giustizia, ovver perdono* (TASSO).

ovverosìa o (*raro*) **ovverossìa** [comp. di *ovvero* e *sia* (V. *ossia*); 1858] cong. ● (*raro*) Ossia.

ovvìa o **o vìa** [da *or via*; av. 1665] inter. ● (*region.*) Esprime esortazione, incoraggiamento, incitamento e sim.: *o., smettila!; o., andiamocene!*

ovviàbile [1966] agg. ● Che si può ovviare, rimediare: *un inconveniente non o.*

ovviàre [vc. dotta, lat. tardo *obviāre* 'andare incontro, opporsi, ovviare', da *via*, col pref. *ŏb-* 'contro'; 1340] **A** v. intr. (*io óvvio*, evit. *òvvio*; aus. *avere*) (+ *a*) ● Rimediare, portare rimedio: *o. a una difficoltà, a un inconveniente, a un errore; poi che né con l'autorità né con le armi poteva o. a quel che gli era molesto* (GUICCIARDINI). **B** v. tr. **1** (*lett.*, *raro*) Evitare, ostacolare: *per o. gli scandali* (BARTOLI); *ovviando con futili pretesti l'assidua costernazione mia* (PIRANDELLO). **2** †Incontrare qlcu., spec. per onorarlo: *ma Radamanto venne ad o. l il fiero Niso* (BOCCACCIO).

ovvietà [1957] s. f. **1** Caratteristica di ciò che è ovvio. SIN. Evidenza. **2** Osservazione, discorso banale: *dire, scrivere o.* SIN. Banalità.

òvvio [vc. dotta, lat. *ŏbviu(m)* 'che va incontro', comp. di *ŏb-* 'contro, verso' e *via*; 1672] agg. ● Che si presenta al pensiero in modo naturale e spontaneo: *una deduzione ovvia* | Logico, evidente: *è un fatto o.* | Scontato, banale: *una considerazione ovvia* | *È o.*, è cosa logica, normale | Anche come risposta affermativa: '*Verrai anche tu?' 'O.!'*. ‖ **ovviaménte**, avv. **1** (*raro*) In modo ovvio. **2** Naturalmente, com'è ovvio: *o., la cosa resti tra noi*.

Oxalidàcee o **Ossalidàcee** [da *oxalide*, variante dotta di *ossalide*; 1954] s. f. pl. (*sing.* -*a*) ● Nella tassonomia vegetale, famiglia di piante dicotiledoni con fiori ermafroditi, le cui parti verdi hanno sapore più o meno acido (*Oxalidaceae*). → ILL. **piante**/4.

oxer /ingl. 'ɔksəɹ/ [vc. ingl., propr. 'staccionata di recinto per bovini, da *ox* 'bue', vc. germ. di orig. indeur.; 1965] s. m. inv. ● Nell'equitazione, ostacolo largo costituito da due piani con in mezzo elementi riempitivi (siepi, muri, cataste). → ILL. p. 2152 SPORT.

oxford /ˈɔksford, *ingl.* ˈɔksfəɹd/ [vc. ingl., dalla città di *Oxford*; 1905] s. m. inv. ● Tessuto di cotone, usato spec. per camicie da uomo, i cui fili di trama e ordito hanno tinte diverse e creano col loro intreccio l'effetto di un fondo di colore puntinato.

oxitocìa o **ossitocìa** [dal gr. *oxýs* 'veloce' e *tókos* 'parto'] s. f. ● (*med.*) Parto che si verifica in modo rapido.

oxitòcico o **ossitòcico** [comp. del gr. *oxýs* 'acuto, rapido' (V. *ossalico*) e *tókos* 'parto' (della stessa famiglia di *tíktein* 'generare', di orig. indeur.), con suff. *-ico*; 1958] **A** agg. (pl. m. *-ci*) ● (*med.*) Detto di sostanza che stimola le contrazioni espulsive della muscolatura uterina usata per accelerare il parto e controllare le emorragie post-parto: *farmaco o.* SIN. Ecbolico. **B** agg. ● Relativo a oxitocia: *parto o.*

oxitocìna o **ossitocìna** [da *oxitocico*; 1958] s. f. ● Ormone ipotalamico depositato nell'ipofisi posteriore che promuove le contrazioni uterine durante il parto e stimola la secrezione lattea da parte delle ghiandole mammarie.

oxoniàno [adattamento dell'ingl. *Oxonian*, da *Oxonia*, antico nome lat. della città di Oxford; 1976] agg. ● (*lett.*) Oxoniense.

oxoniènse o **ossoniènse** [da *Oxonia*, V. *oxoniano*; 1965] agg. ● (*lett.*) Della città e delle attività culturali di Oxford: *biblioteca o.; filosofia o.*

ozelòt [vc. di orig. azteca, attrav. lo sp. *ocelot*; 1935] s. m. inv. ● (*zool.*) Mammifero dei Felidi, detto anche gattopardo americano. → ILL. **animali**/14.

ozèna [vc. dotta, gr. *ózaina*, da *ózein* 'mandare odore', di orig. indeur.; sec. XIV] s. f. ● Malattia cronica delle cavità nasali, con atrofia della mucosa e secrezione purulenta di intenso fetore.

oziàre [vc. dotta, lat. *otiāri*, da *ōtium* 'ozio'; av. 1306] v. intr. (*io òzio*; aus. *avere*) ● Stare in ozio, passare il tempo nell'ozio: *ha oziato tutto il giorno*. SIN. Bighellonare, ciondolare, poltrire.

ozieggiàre [comp. di *ozi(o)* e *-eggiare*; 1640] v. intr. (*io oziéggio*; aus. *avere*) ● (*raro*) Oziare.

òzio [vc. dotta, lat. *ōtiu(m)*, di etim. incerta; 1308] s. m. **1** Inattività, inoperosità conseguente a pigrizia o indolenza: *poltrire, giacere nell'o.; chi nel diletto de la carne involto / s'affaticava e chi si dava a l'o.* (DANTE *Par.* XI, 8-9) | *In o.*, senza far nulla | Mancanza temporanea di attività: *o. forzato.* SIN. Poltroneria. **2** (*lett.*) Tempo libero, periodo di riposo dalle attività quotidiane: *gli ozi estivi; godere un po' d'o.* ‖ PROV. L'ozio è il padre dei vizi. ‖ **oziàccio**, pegg.

oziorìnco o **otiorìnco** [comp. del gr. *ōtíon*, dim. di *ōus*, genit. *ōtós* 'orecchio' e *rýnchos* 'muso'; 1958] s. m. (pl. *-chi*) ● Insetto dei Coleotteri che vive sulla vite e su alberi da frutta (*Otiorrhynchus corruptor*).

oziosàggine [da *ozioso*; av. 1799] s. f. ● Inerzia, pigrizia.

oziosità [vc. dotta, lat. tardo *otiositāte(m)*, da *otiōsus* 'ozioso'; 1308] s. f. **1** Carattere o natura di chi è ozioso. **2** Superfluità, inutilità: *l'o. di una domanda*.

ozióso [vc. dotta, lat. *otiōsu(m)*, da *ōtium* 'ozio'; av. 1292] **A** agg. **1** Che ama starsene in ozio, sfaccendato: *persona oziosa; molto è meglio o. stare, che male adoperare* (BOCCACCIO). SIN. Bighellone, fannullone, poltrone. **2** Inoperoso: *vita oziosa* | (*lett.*) Pigro. **3** Di cosa vana, inutile, superflua: *parole oziose*. **4** (*mecc.*) *Ruota oziosa*, in una trasmissione con ruote dentate, quella che, inserita tra la ruota conduttrice e la ruota condotta, non altera il rapporto di trasmissione ma inverte il senso di rotazione dalla ruota condotta ‖ **oziosaménte**, avv. ● In modo ozioso; senza far nulla. **B** s. m. ● Persona oziosa. ‖ **oziosàccio**, pegg. ‖ **oziosétto**, dim.

ozocerìte o **ozocherìte** [comp. del gr. *ózein* 'mandare odore' (V. *ozena*) e *kērós* 'cera' (1)'; 1925] s. f. ● Cera fossile presente nelle località di giacimenti petroliferi, di colore giallo bruno, molle e plastica.

ozònico [1869] agg. (pl. m. *-ci*) ● Di ozono.

ozonizzàre [fr. *ozoniser*, da *ozone* 'ozono'; 1950] v. tr. ● Trattare con ozono | *O. l'acqua*, sterilizzarla con ozono per renderla potabile.

ozonizzatóre [da *ozonizzare*; 1935] s. m. ● Apparecchio nel quale mediante scariche elettriche o per irradiazione ultravioletta si produce ozono.

ozonizzazióne [fr. *ozonisation*, da *ozoniser* 'ozonizzare'; 1908] s. f. ● Operazione dell'ozonizzare.

◆**ozòno** [dal gr. *ózein* 'mandare odore'. V. *ozena*; 1865] s. m. ● (*chim.*) Forma allotropica dell'ossigeno, ossidante energico, prodotto nell'atmosfera dalle scariche elettriche dei temporali o dai raggi ultravioletti, di odore caratteristico; è usato spec. per disinfettare e per conservare gli alimenti | *Buco nell'o.*, nel gergo giornalistico, l'impoverimento della concentrazione di ozono nell'ozonosfera che si rileva sopra l'Antartide spec. nei mesi di settembre-ottobre, ritenuto uno degli effetti potenzialmente più pericolosi dell'inquinamento atmosferico.

ozonometrìa [comp. di *ozono* e *-metria*; 1869] s. f. ● Determinazione quantitativa dell'ozono.

ozonomètrico [1865] agg. (pl. m. *-ci*) ● Pertinente all'ozonometria.

ozonòmetro [comp. di *ozono* e *-metro*; 1869] s. m. ● Apparecchio atto a determinare la percentuale di ozono presente nell'ossigeno dell'aria.

ozonosfèra [da *ozono*, sul modello di *atmosfera*; 1958] s. f. ● (*geogr.*) Regione della stratosfera posta a un'altezza dal suolo di circa 30 km, e anche più, caratterizzata dalla presenza di ozono.

ozonoterapìa [comp. di *ozono* e *terapia*; 1958] s. f. ● Uso dell'ozono nella cura e nella prevenzione di determinate malattie.

-**òzzo** [equivale al suff. *-occio*, secondo una variante sett.] suff. alterativo ● Conferisce a sostantivi valore accrescitivo attenuato e tono scherzoso: *gargarozzo, predicozzo*.

p, P

Il suono rappresentato in italiano dalla lettera *P* è quello della consonante occlusiva bilabiale non-sonora /p/. Questa consonante può essere, secondo i casi, semplice (es. *rùpe* /'rupe/, *còpio* /'kɔpjo/, *reprìmere* /re'primere/, *in quànto possìbile* /in'kwanto pos'sibile/; *tèmpra* /'tempra/, *possìbile* /pos'sibile/, *neppùr possìbile* /nep'pur pos'sibile/) oppure geminata (es. *rùppe* /'ruppe/, *scòppio* /'skɔppjo/, *opprìmere* /op'primere/, *purché possìbile* /pur'kep pos'sibile/).

p, (maiusc.) **P** [1516] s. f. o m. ● Sedicesima lettera dell'alfabeto italiano (nome per esteso *pi*): *p minuscola, P maiuscolo* | Nella compitazione spec. telefonica it. *p come Padova*; in quella internazionale *p come Paris* | (mat.) π, *p greco*, simbolo con cui si rappresenta il numero 3,14159 ..., definito come rapporto fra la lunghezza della circonferenza e quella del proprio diametro | **Vitamina P, vitamina PP,** V. *vitamina.*

pa' /pa*/ [av. 1742] s. m. ● (*region.*) Forma troncata di 'papà'.

pàbbio [lat. *pābulu(m)*. V. *pabulo*; 1813] s. m. ● (*tosc.*) Pianta erbacea annua delle Graminacee, spontanea nei campi, con fiori riuniti in pannocchia (*Aira flexuosa*).

†**pabulóso** [sec. XIII-XIV] agg. **1** Ricco di pascolo. **2** (*est.*) Ubertoso, ferace.

pàca [port. *paca*, dal tupi *paca*; 1563] s. m. inv. ● Roditore delle foreste dell'America centrale e meridionale, dotato di abitudini notturne, privo di coda e con pelame ispido (*Cuniculus paca*).

pacàre [vc. dotta, lat. *pacāre* 'pacificare', da *pāx*, genit. *pācis* 'pace'; av. 1496] v. tr. e intr. pron. (*io pàco, tu pàchi*) ● (*raro, lett.*) Acquietare, calmare.

pacatézza [1745] s. f. ● Caratteristica di pacato: *rispondere, replicare con p.*

pacàto [av. 1492] part. pass. di *pacare*; anche agg. **1** (*lett.*) Calmato, pacificato. **2** Che dimostra calma e serenità, spec. nel modo di parlare: *tono, discorso p.; voce pacata.* || **pacataménte,** avv.

pàcca [vc. di orig. onomat.; av. 1665] s. f. **1** Colpo amichevole dato a mano aperta: *gli diede una p. sulle spalle.* SIN. Manata. **2** Schiaffo, botta: *ha buscato certe pacche!*; *mi ha dato una p. da lasciare il segno.* **3** (*fig., fam.*) Danno, umiliazione. || **pacchìna,** dim.

◆**pacchétto** [1529] s. m. **1** Dim. di *pacco.* **2** Piccola scatola o sacchetto: *un p. di sigarette, di noccioline americane.* **3** Insieme di più parti o elementi affini considerati come unità: *p. di documentari sugli animali* | (*econ.*) *P. azionario,* complesso delle azioni di una società appartenenti allo stesso proprietario | (*est.*) In trattative o controversie, spec. politiche, complesso organico di soluzioni da accettare o rifiutare in blocco: *p. di richieste, di concessioni.* **4** Nel rugby, l'insieme degli otto avanti, quando effettuano la mischia. **5** (*tipogr.*) Blocco di un certo numero di righe tutte di uguale giustezza. **6** (*armi*) **Caricatore a p.,** speciale contenitore metallico di cartucce che consente di rifornire i serbatoi delle armi automatiche con un'unica operazione e che, una volta vuoto, viene espulso. **7** (*elab.*) Insieme di programmi destinati alla risoluzione di un determinato problema applicativo | *P. integrato,* insieme di programmi destinati alla risoluzione di problemi applicativi diversi. || **pacchettìno,** dim.

pàcchia [etim. incerta; 1559] s. f. ● (*fam.*) Situazione particolarmente felice, per la mancanza di difficoltà o preoccupazioni e l'abbondanza di beni materiali: *vivere così è una vera p.; che p., ragazzi!*

†**pacchiaménto** [da *pacchiare*; av. 1311] s. m. ● Ingorda mangiata.

pacchianàta [1920] s. f. ● Comportamento, discorso e sim. da pacchiano.

pacchianerìa [av. 1914] s. f. ● Carattere di chi (o di ciò che) è pacchiano.

pacchiàno [etim. incerta; 1905] **A** agg. **1** †Balordo. **2** Privo di buon gusto, vistoso e volgare: *vestirsi in modo p.; un uomo di modi pacchiani.* || **pacchianaménte,** avv. **B** s. m. (f. *-a*) ● (*merid.*) Contadino che indossa il costume tradizionale, ricco di colori vistosi.

pacchiàre [vc. di orig. onomat.; sec. XIV] v. intr. (*io pàcchio*; aus. *avere*) ● (*raro*) Mangiare ingordamente | (*lett., raro*) Degustare il vino.

pacchieròtto [da *pacchiare*; av. 1566] s. m. (f. *-a*) ● (*tosc., scherz.*) Giovane paffuto e un po' goffo.

†**pàcchio** s. m. ● Pasto abbondante | Baldoria.

†**pacchióne** [da *pacchia*; av. 1600] s. m. (f. *-a*) ● Chi mangia molto con ingordigia | Bonaccione.

pacciamàre [denom. di *pacciame*] v. tr. ● (*agr.*) Effettuare la pacciamatura di un terreno.

pacciamatùra [da *pacciame*; 1958] s. f. ● (*agr.*) Copertura del terreno realizzata in passato mediante materiali quali paglia, erba, strame e sim., attualmente mediante film plastici, spec. di polietilene, o biodegradabili (cellulosa) di colore gener. nero, allo scopo di accelerare la vegetazione delle colture.

pacciàme o **pacciùme** [vc. di orig. onomat.; av. 1597] s. m. ● Ammasso di residui vegetali in decomposizione.

◆**pàcco** [ol. *pak,* originariamente 'balla di lana', di etim. incerta; 1804] s. m. (pl. *-chi*) **1** Insieme costituito da un involucro, generalmente di carta, cartone, plastica e sim., talvolta legato con corda o nastro, e dal suo contenuto: *fare, confezionare, disfare un p.; spedire, inviare, ricevere un p.; p. di libri* | *P. postale,* collo, cassetta, involto da spedire a mezzo posta del peso non superiore a 20 kg | *P. viveri, dono,* distribuito con viveri e donativi da enti assistenziali o di beneficenza. **2** Corredo di oggetti destinato a una determinata funzione: *p. di medicazione.* **3** (*gerg.*) Fregatura, raggiro. || **paccàccio,** pegg. | **pacchétto,** dim. (V.) | **paccóne,** accr.

paccottìglia o (*raro*) **pacotìglia, pacotiglia** [fr. *pacotille,* dallo sp. *pacotilla,* della stessa etim. di *pacchetto*; 1765] s. f. **1** Merce scadente | (*est.*) Insieme di oggetti di pessimo gusto e di scarso valore. **2** (*mar.*) Piccola quantità di mercanzia che, un tempo, i membri dell'equipaggio di una nave potevano portare con sé come bagaglio e commerciare in proprio: *diritto di p.*

◆**pàce** [lat. *pāce(m),* da una radice indeur. che significa 'patturre, fissare'. V. *pala* (1); 1224 ca.] s. f. **1** Assenza di lotte e conflitti armati tra popoli e nazioni, periodo di buon accordo internazionale: *una p. duratura; la p. è in pericolo; anelare, desiderare, volere p.* | (*est.*) Conclusione di una guerra: *gli sconfitti chiesero la p.; ai vinti fu imposta una p. gravosa* | *Firmare la p.,* l'atto che sancisce la fine delle ostilità | *Trattato di p.,* accordo internazionale con cui due o più Stati convengono di porre termine allo stato di guerra esistente tra loro. CONTR. Guerra. **2** Buona concordia, serena tranquillità di rapporti: *in famiglia manca la p.; vivere, essere, stare, lavorare in p. con tutti* | *Metter p.,* sanare un disaccordo tra due o più persone | *Far p. con qlcu.,* rappacificarsi. CONTR. Disaccordo. **3** Tranquillità e serenità dello spirito, della coscienza e sim.: *avere nell'animo una p. infinita; ritrovare la propria p. dopo giorni d'angoscia* | *Darsi, non darsi p.,* rassegnarsi o non rassegnarsi | *Mettere, porre in p.,* appagare, tranquillizzare, rasserenare | *Sopportare in p.,* con equilibrio e forza d'animo | *Mettere, mettersi il cuore, l'animo in p.,* ritrovare serenità ed equilibrio, togliersi dalla mente ciò che era causa di turbamento | *Non trovare mai p.,* essere perennemente irrequieto e insoddisfatto | *Con buona p. di qlcu.,* senza volerlo offendere; che lo voglia o meno | *Santa p.!,* escl. d'impazienza. CONTR. Irrequietezza, turbamento. **4** (*lett.*) Felicità, beatitudine: *la p. eterna* | *Il regno della p.,* il Paradiso | *Essere nella p. di Cristo,* di chi muore santamente | *Riposi in p.,* di defunto | *Andate in p.,* espressione di commiato con cui il sacerdote saluta i fedeli al termine della celebrazione della Messa. **5** Stato di tranquillità e benessere fisico, assenza di fastidi e seccature: *amo starmene in p. in casa mia* | *Lasciare in p.,* non disturbare, non infastidire | *Non dare p.,* perseguitare, assillare | Situazione di calma, di silenzio, di quiete: *che p. in questo bosco!; la p. della montagna* | (*est.*) *La p. eterna,* la morte. **6** Patena d'oro o d'argento, spesso artisticamente decorata, che l'officiante della Messa dava a baciare al momento dell'Agnus Dei.

pace car /ingl. 'peɪsˌkɑːɹ/ [loc. ingl., propr. 'autovettura (*car*) al passo (*pace*)'] loc. sost. f. inv. (pl. ingl. *pace cars*) ● (*sport*) Safety car.

◆**pacificàre** ● V. *pacifiere.*

pacemaker /'peɪsˌmeɪkəɹ/, ingl. 'peɪsˌmeɪkəɹ/ o **pace-maker, pace maker** [vc. ingl., propr. 'chi fa il passo', comp. di *pace* 'passo' (dal fr. *pas* 'passo') e *maker* 'che fa' (da *to make* 'fare', di orig. germ.); 1963] s. m. inv. **1** Tessuto biologico, sostanza o congegno finalizzati a provocare e mantenere la velocità o il ritmo di un processo | (*anat.*) *P. cardiaco,* sede anatomica da cui si origina il ritmo cardiaco, rappresentata normalmente dal nodo seno-atriale | (*med.*) *P. cardiaco artificiale,* generatore di impulsi elettrici che può essere impiantato e che controlla e stimola il battito cardiaco, destinato a individui in cui la pulsatilità cardiaca è compromessa | *P. nucleare,* in cui la sorgente di energia è un generatore termoelettrico costituito da una capsula sigillata contenente un isotopo radioattivo. **2** (*chim.*) Sostanza la cui velocità di reazione regola quella di una catena di reazioni collegate.

†**pacènza** ● V. *pazienza.*
†**pacènzia** ● V. *pazienza.*
pacère ● V. *paciere.*
pacfong s. m. ● Adattamento di *packfong* (V.).

pachanga /sp. pa'tʃaŋga/ [vc. sp. di etim. incerta; 1965] s. f. inv. (pl. sp. *pachangas*) ● Ballo simile al cha-cha-cha, d'origine cubana.

pachidèrmo o **pachidèrma** [vc. dotta, gr. *pachýdermos* 'dalla pelle grossa', comp. di *pachýs* 'pingue', di orig. indeur., e *dérma* 'pelle' (V. *derma*); 1821] s. m. (pl. *-i*) **1** Denominazione generica, e non usata in zoologia, di tutti i Mammiferi a pelle molto spessa, come gli elefanti, i rinoceronti, gli ippopotami. **2** (*fig.*) Persona grossa e pesante di corpo o tarda di mente.

pachidermìa [vc. dotta, gr. *pachydermía* 'grossezza della pelle', da *pachýdermos.* V. *pachider-*

ma; 1899] s. f. • (*med.*) Abnorme ispessimento della cute.

pachidèrmico [1914] agg. (pl. m. *-ci*) • Da pachiderma.

pachidèrmo • V. *pachiderma*.

pachimenìnge [comp. del gr. *pachýs* 'pingue' (V. *pachiderma*) e *meninge*; 1939] s. f. • (*anat.*) Duramadre.

pachimeningìte [comp. del gr. *pachýs* 'pingue' e *meningite*; 1954] s. f. • (*med.*) Infiammazione della duramadre.

pachipleurìte [comp. del gr. *pachýs* 'pingue' e *pleurite*] s. f. • (*med.*) Infiammazione delle pleure con ispessimento fibroso e aderenze fra le superfici pleuriche.

pachistàno o **pakistàno** [1958] **A** agg. • Del Pakistan. **B** s. m. (f. *-a*) • Abitante del Pakistan.

†**paciàle** [1587] **A** agg. • Che porta pace | Pacifico. **B** s. m. • Paciere.

†**paciàre** [da *pace*; av. 1348] v. tr. • Conciliare, pacificare.

†**paciàro** [av. 1312] s. m.; anche agg. • Paciere.

†**paciènza** • V. *pazienza*.

pacière o (*raro*) **pacère** [1604] s. m. (f. *-a*) • Mediatore di pace: *far da p.* SIN. Conciliatore.

†**pacìfero** [vc. dotta, lat. *pacĭferu(m)*, comp. di *pāx*, genit. *pācis* 'pace' e *-fer* '-fero'; 1321] agg. • Che porta pace, che simboleggia la pace.

pacificàbile [1686] agg. • Che si può pacificare: *controversia p.*

pacificaménto [av. 1557] s. m. • (*raro*) Pacificazione.

pacificàre o †**paceficàre** [vc. dotta, lat. *pacificāre*, comp. di *pāx*, genit. *pācis* 'pace' e *-ficāre* '-ficare'; 1284 ca.] **A** v. tr. (*io pacìfico, tu pacìfichi*) **1** Riconciliare: *riuscì a p. i due nemici, i contendenti.* SIN. Amicare. **2** Mettere in pace, riportare alla pace: *p. gli animi, la nazione.* SIN. Calmare, sedare. **B** v. rifl. rec. • Riconciliarsi, rappacificarsi: *non vogliono assolutamente pacificarsi.* **C** v. intr. pron. **1** Trovare pace: *gli animi di tutti si sono pacificati.* **2** Fare pace: *mi sono pacificato con mio fratello.*

pacificatìvo [da *pacificato*; sec. XIV] agg. • Che serve a calmare, a mettere pace.

pacificàto part. pass. di *pacificare*; anche agg. • Nei sign. del v. | Riportato a una condizione di pace: *come il fanciullo che p. si riposa al petto della madre* (CATERINA DA SIENA).

pacificatóre [vc. dotta, lat. *pacificatōre(m)*, da *pacificātus* 'pacificato'; av. 1337] agg.; anche s. m. (f. *-trice*) • Che (o Chi) pacifica: *agire con spirito p.*; *come p. non vale molto*; *potere in ogni occasione essere amico p.* (TASSO).

pacificatòrio [1985] agg. • Che mira, tende a pacificare: *incontro, intervento p.*

pacificazióne [vc. dotta, lat. *pacificatiōne(m)*, da *pacificātus* 'pacificato'; av. 1420] s. f. **1** Riconciliazione: *la p. di due contendenti* | Soluzione di disaccordi, di contrasti e sim: *la p. di un Paese.* **2** Raggiungimento di uno stato di quiete, di serenità: *p. dello spirito.*

♦**pacìfico** [vc. dotta, lat. *pacĭficu(m)*, comp. di *pāx*, genit. *pācis* 'pace' e *-ficus* '-fico'; av. 1292] **A** agg. (pl. m. *-ci*) **1** Che è incline alla pace, che rifugge da atti di violenza o di guerra: *una nazione pacifica; uno Stato p.* | Che non ha propositi violenti: *un corteo p.*; *usare mezzi pacifici.* **2** Di chi ha carattere tranquillo e rifugge da ogni litigio e violenza: *è un uomo p., che non farebbe male a una mosca.* CONTR. Violento | Di ciò che dimostra tale carattere: *vita pacifica*; *aspetto p.* **3** (*fig.*) Accettato da tutti, non soggetto a discussione: *questa interpretazione del testo è ormai pacifica* | ***È p. che***, è incontrovertibile, è ovvio che: *è p. che sarai nostro ospite.* **4** (*geogr.*) Dell'Oceano Pacifico. || **pacificaménte**, avv. **B** s. m. (f. *-a*) • Persona pacifica.

pacifìsmo [fr. *pacifisme*, da *pacifique* 'pacifico'; 1908] s. m. **1** Atteggiamento di chi ama la pace. **2** Movimento a favore dell'abolizione della guerra come mezzo di soluzione delle controversie internazionali.

pacifìsta [fr. *pacifiste*, da *pacifique* 'pacifico'; 1905] **A** s. m. e f. (pl. m. *-i*) • Fautore, sostenitore del pacifismo. CONTR. Guerrafondaio. **B** agg. • Di, da pacifista: *teoria pacifista*; *atteggiamento p.*

pacifìstico [av. 1952] agg. (pl. m. *-ci*) • Relativo al pacifismo o ai pacifisti: *concezioni pacifistiche.*

pacioccóne [da *pace*; 1891] **A** s. m. (f. *-a*) • (*fam.*) Persona grassoccia e di carattere gioviale e bonario. **B** in funzione di agg. • Bonario: *ha un fare p.* SIN. Bonaccione.

pacióne [da *pace*; 1853] **A** s. m. (f. *-a*) • Persona pacifica e amante del quieto vivere. **B** in funzione di agg. • Tranquillo, indolente: *è gente paciona.*

paciosità [1986] s. f. • Atteggiamento che rivela un'indole calma e tranquilla, amante del quieto vivere.

pacióso [da *pace*; av. 1767] agg. • Pacifico e quieto: *Non sono un bullo, anzi ho un carattere p.* (MORAVIA). || **paciosaménte**, avv.

paciùgo [prob. vc. di orig. espressiva, da avvicinare a *spiaccicare*; 1963] s. m. (pl. *-ghi*) **1** (*region., fam.*) Insieme appiccicoso di sostanze varie, liquide e semiliquide: *guarda che p. hai fatto sul pavimento con le scarpe infangate!*; *il bambino quando mangia fa un gran p. nel piatto.* **2** (*region.*) Coppa di gelato con frutta e panna montata.

paciulì s. m. • Adattamento di *patchouli* (V.).

pack /pak, *ingl.* pæk/ [vc. ingl., abbr. di *pack-ice*, propr. 'ghiaccio in pacco'; *pack* è di orig. germ.: cfr. *pacco*; 1887] s. m. inv. • Distesa di frammenti della banchisa polare, galleggianti sul mare e sospinti dalle correnti e dal vento.

package /*ingl.* 'pækɪdʒ/ [vc. ingl., propr. 'pacco, imballaggio', da *pack* 'pacco'; 1972] s. m. inv. • (*elab.*) Pacchetto.

packaging /*ingl.* 'pækɪdʒɪŋ/ [vc. ingl., da *to package* 'impaccare'; 1986] s. m. inv. • Nel marketing, modalità di imballaggio e confezione di un prodotto, studiata per razionalizzare il trasporto e per attirare i consumatori | La confezione stessa.

packfòng /pak'fɔŋ/ o **pacfòng**, **packtòng**, **paktòng** [vc. ingl. *packfong*, var. di *paktong*, comp. del cin. *peh* 'bianco' e *t'ung* 'rame'; 1840] s. m. inv. • Argentone, alpacca.

pacotìglia • V. *paccottiglia*.

padanità [da *padano*; 1958] s. f. • Complesso di elementi distintivi della Valle padana e dei suoi abitanti.

padàno [vc. dotta, lat. *padānu(m)*, agg. di *Pădus* 'Po'; 1895] agg. • Del Po, della Valle del Po: *pianura padana; la bassa padana.*

pàdda [ingl. *paddy* 'uccello che becca il riso', dal malese *pādī* 'riso'; 1839] s. m. inv. • Piccolo uccello malese dei Passeriformi, di colore grigio con capo nero (*Padda oryzivora*).

paddock /*ingl.* 'pædək/ [vc. ingl., propr. 'recinto', di etim. incerta; 1749] s. m. inv. **1** (*zoot.*) Recinto esterno annesso a una stalla, in cui gli animali (bovini, suini ed equini) possono rimanere all'aperto. **2** Recinto all'interno dell'ippodromo, ove i fantini montano in sella e passeggiano coi loro cavalli prima della corsa. **3** (*autom.*) Negli autodromi, recinto dove i meccanici lavorano alle automobili da corsa.

♦**padèlla** [lat. *patĕlla(m)*, dim. di *pătera* 'tazza, coppa'. V. *patera*; 1305] s. f. **1** Utensile da cucina, costituito da un recipiente di forma circolare, poco profondo e munito di un lungo manico, usato spec. per friggere: *pesce, funghi in p.* | ***P. da caldarroste***, bucherellata | (*est.*) Padellata: *una p. di patate fritte.* **2** Scaldaletto in rame, con manico e coperchio bucherellato. **3** Vaso di terracotta con sego e lucignolo, un tempo usato come lampada. **4** Recipiente di forma piatta, con manico, usato per far evacuare a letto i malati impossibilitati ad alzarsi. **5** Crogiuolo da vetraio. **6** (*region.*) Macchia, spec. d'unto, su abiti e sim.: *una gonna piena di padelle.* **7** (*gerg.*) Colpo grossolanamente mancato da un cacciatore | ***Fare p., fare una p.***, sbagliare il bersaglio. || PROV. Un occhio alla padella e uno alla gatta. || **padellàccia**, pegg. | **padellétta**, dim. | **padellìna**, dim. (V.) | **padellìno**, dim. m. | **padellóne**, accr. m. (V.).

padellàio o †**padellàro** [1262] s. m. (f. *-a*) • Chi fa o vende padelle.

padellàre [1959] v. tr. (*io padèllo*) **1** Nel linguaggio della gastronomia, ripassare un cibo, spec. pasta asciutta, in padella, velocemente e a fuoco vivo. **2** V. *spadellare*.

†**padellàro** • V. *padellaio*.

padellàta [av. 1424] s. f. **1** Quantità di cibo che si cucina in una volta nella padella: *una p. di frittelle.* **2** Colpo dato con la padella: *si buscò una p. in testa.*

padellìna [1598] s. f. **1** Dim. di *padella*. **2** Dischetto concavo di cristallo o metallo, che si applica a candelieri e sim. per evitare che la cera sgoccioli. **3** Vasetto di terracotta con sego e stoppino, per illuminazione. **4** (*raro*) Sputacchiera.

padellóne [da *padella*; i sign. fig. si riferiscono alla sua forma tondeggiante; 1942] s. m. **1** Accr. di *padella*. **2** (*fig., gerg.*) Nel teatro e nel cinema, riflettore usato per illuminare la scena o il teatro di posa.

padiglióne o †**paviglióne** (**1**) [lat. *papiliōne(m)* 'farfalla' (V. *papiglione*), poi (lat. tardo) 'tenda militare' (per l'aspetto delle tende di un accampamento che viste dall'alto sembrano tante farfalle); sec. XIII] s. m. **1** Edificio isolato che fa parte di una serie di altri simili, intorno a uno principale: *i padiglioni della Fiera di Milano*; *il p. di un ospedale* | ***Tetto a p.***, a quattro falde ugualmente inclinate su pianta rettangolare | Costruzione gener. elegante in parchi, giardini e sim. **2** Vasta e sontuosa tenda da campo, che anticamente s'innalzava negli accampamenti militari per alloggio o ritrovo dei capi e dei personaggi elevati. **3** †Accampamento: *far i padiglioni alla romana con steccati e fosse intorno* (CAMPANELLA). **4** Specie di baldacchino da letto: *letto a p.* | (*raro*) Baldacchino ornamentale di porte e finestre. **5** Il tetto dell'automobile con i suoi montanti. **6** (*anat.*) ***P. auricolare***, parte esterna e visibile dell'orecchio dei mammiferi, fissa nell'uomo, generalmente mobile negli animali, destinata a raccogliere le onde sonore e a convogliarle nel condotto uditivo. **7** Parte inferiore, faccettata, delle pietre preziose. **8** (*mus.*) Parte terminale di uno strumento a fiato. SIN. Campana. || **padiglioncìno**, dim.

padìna [etim. incerta] s. f. • Alga mediterranea delle Feoficee con tallo a forma di ventaglio, incrostato di calcare (*Padina pavonia*).

padiscià [fr. *padischah*, dal persiano *pādišāh*, comp. di *pād* 'protettore' (cfr. *pascià*) e *šāh* 're' (V. *scià*); av. 1529] s. m. • Titolo dei sultani dell'impero ottomano.

padovàna o **paduàna** [f. sost. di *padovano*; av. 1590] s. f. • Danza del sec. XVI, a ritmo binario, simile alla pavana.

padovanèlla [da *padovano*] s. f. **1** Calessino monoposto a due ruote. **2** (*fig., gerg.*) Carrettella nel sign. 3.

padovàno [av. 1313] **A** agg. • Di Padova | ***Gallina padovana***, gallina caratterizzata da un abbondante ciuffo di penne in testa. **B** s. m. (f. *-a*) • Abitante, nativo di Padova. **C** s. m. solo sing. • Dialetto del gruppo veneto, parlato a Padova.

♦**pàdre** o †**pàte**, †**pàtre** [lat. *pătre(m)*, di orig. indeur.; sec. XII] s. m. (dial. troncato in *pa'*) **1** Uomo che ha generato uno o più figli, considerato rispetto ai figli stessi: *essere, diventare p.*; *il p. e la madre*; *essere orfano di p.*; *essere un buon p., un cattivo p.* | ***P. adottivo***, che ha adottato un figlio | ***P. putativo***, che è ritenuto, ma non è padre di qlcu. | ***Di p. in figlio***, di generazione in generazione | ***Rendere p.***, di una donna, dare un figlio a un uomo | ***P. di famiglia***, uomo che ha moglie e figli, con tutte le responsabilità e i doveri connessi | ***Diligenza del buon p. di famiglia***, V. *diligenza* (*1*) | ***Fare da p.***, comportarsi come tale verso qlcu., pur non essendolo | ***Amare, venerare, considerare qlcu. un p., come un p.***, detto di chi nutre sentimenti filiali per qlcu., che a lui ha dato assistenza, amore, cure e sim. | ***Per via di p.***, in linea paterna | ***Fare le veci del p.***, sostituirlo in tutto o in parte nelle sue funzioni. **2** (*est.*) Uomo che assume nei confronti di qlcu. un ruolo di guida, fornendogli appoggi, insegnamenti e consigli: *per me è stato un p.*; *in lui ha trovato un p.*; *è più un p. che un amico* | (*fig.*) ***P. spirituale***, religioso che segue da vicino la vita spirituale di qlcu. facendogli da guida | (*fig.*) ***P. della patria***, titolo concesso dai Romani a chi avesse grandi benemerenze politiche e usato successivamente in altre epoche: *Vittorio Emanuele II fu chiamato p. della Patria* | (*fig.*) ***Padri della Chiesa***, scrittori dei primi secoli che hanno definito le dottrine fondamentali del cristianesimo. **3** Animale di sesso maschile che ha generato figli: *il p. del nostro cane è di razza purissima.* **4** (*spec. al pl.*) Antenati, progenitori: *i loro padri erano ancora nomadi*; *voi, palme e cipressi ... / proteggete i miei padri* (FOSCOLO) | Fondatore di una stirpe: *il p. Romolo* | ***Il primo p.***, Adamo. **5** (*fig.*) Maestro, iniziatore di una disciplina, di un'arte: *è considerato il p. della fisica moderna.* **6** Titolo proprio di sacerdoti e regolari, spec. di frati: *reverendo p., p. cappuccino, p. benedettino* | ***P. del bel morire***, camillino | ***P. del deserto***, anacoreta | ***Santo, Beatissimo Padre***, il Papa | ***Padri conciliari***, religiosi che partecipano a un concilio. ***7*** (*al pl.*) Denominazione di congregazioni religiose: *i Padri della Fede*. ***8*** (*fig.*) Creatore: *Dio è il Padre di tutti gli uomini*; *Dio Padre* | Nella teologia cattolica, la prima persona della Trinità: *il Padre, il Figlio e lo Spirito Santo* | ***Padre nostro***, V. *Padrenostro*. ***9*** Nell'antica Roma, patrizio | ***P. coscritto***, senatore. ***10*** ***P. nobile***, nel teatro drammatico dell'Ottocento e del primo Novecento, ruolo di uomo maturo. ***11*** ***P. padrone***, padre molto autoritario; (*est.*) persona dispotica o che esercita un potere quasi assoluto. || †**padrecciuòlo**, **padricciuòlo**, **dim.**

†**padrefamìglia** [lat. *pătre(m) famĭlias* 'padre della famiglia'] **s. m.** (**pl.** *padrifamiglia*) ● Padre di famiglia.

padreggiàre [V. *patrizzare*; 1612] **v. intr.** (*io padréggio*; aus. *avere*) ● Somigliare al padre fisicamente e moralmente.

Padrenòstro o **Pàdre nòstro** [1281] **s. m.** (**pl.** *Padrenòstri*) ● Paternostro.

padretèrno [1913] **s. m.** (solo **sing.** e con l'iniziale maiuscola nel sign. 1; **pl.** *padretèrni* nel sign. 2) ***1*** Padre Eterno, Dio. ***2*** (*fig.*) Persona molto potente, influente e importante: *nel suo ambiente è un p.*; *si crede un p.* **SIN.** Domineddio.

padrigno ● V. *patrigno*.

padrinàggio [da *padrino* nel senso di 'capo mafioso'; 1984] **s. m.** ● Autorità esercitata sulle persone e sul territorio da capi mafiosi o da influenti personaggi conniventi con la mafia.

padrino o **patrino** [lat. mediev. *patrīnu(m)*, da *păter* 'padre'; av. 1396] **s. m.** ***1*** Nel cattolicesimo e in altre confessioni cristiane, chi presenta al sacerdote un battezzando in cerimonia solenne o un cresimando e, trovandosi nelle condizioni canoniche, contrae con lui la parentela spirituale. ***2*** Chi assiste qlcu. in una vertenza cavalleresca, in qualità di procuratore e testimone: *i padrini dei duellanti* | ***Mandare a qlcu. i propri padrini***, sfidarlo a duello. **SIN.** Secondo. ***3*** (*gerg.*) Il capo supremo di una organizzazione mafiosa. ***4*** (*est.*, *spec. spreg.*) Personaggio che esercita un controllo assoluto su un determinato settore di attività.

†**padronàggio** [av. 1363] **s. m.** ● Dominio, condizione di padrone.

padronàle [lat. tardo *patronāle(m)*, agg. di *patrōnus* 'patrono', rifatto su *padrone*; 1673] **agg.** ● Relativo al padrone: *casa, giardino, automobile p.* | Relativo al datore o ai datori di lavoro: *sindacato p.* || **padronalménte**, **avv.**

padronànza [av. 1594] **s. f.** ***1*** (*raro*) Autorità e diritto di padrone: *aver la p. di un bene*. ***2*** Controllo, dominio: *acquistare la p. dei propri nervi*. ***3*** Conoscenza profonda: *aver p. della lingua tedesca*; *ha una completa p. della materia trattata*.

padronàto [lat. tardo *patronātu(m)*, da *patrōnus* 'patrono'; 1550] **s. m.** ***1*** (*raro*) Condizione di chi è padrone | ***Di p.***, padronale. ***2*** Spec. nel linguaggio sindacale, la categoria dei padroni, dei datori di lavoro: *lotte contro il p.* ***3*** (*raro, tosc.*) Insieme dei beni rustici di una proprietà. ***4*** †Patronato | †Protezione.

padroncino [av. 1566] **s. m.** (**f.** *-a*) ***1*** Dim. di *padrone*. ***2*** Piccolo imprenditore, proprietario di una piccola azienda. ***3*** Chi è proprietario di un solo taxi, da lui stesso guidato. ***4*** Chi è proprietario di uno o più camion, con cui lavora in proprio nel settore del trasporto delle merci.

♦**padróne** [lat. *patrōnu(m)* 'patrono', rifatto sui s. in *-one*; 1313] **A** **s. m.** (**f.** *-a*) ***1*** Chi è proprietario di qlco.: *p. del podere, della vigna, di una casa*; *erano pochi i padroni di quel territorio* | (*scherz.*) ***P. del vapore***, chi detiene un grande potere economico | ***P. di casa***, il proprietario rispetto all'affittuario | ***Salutare il p., la padrona di casa***, accomiatarsi, detto degli ospiti. ***2*** Spec. nel linguaggio sindacale e con tono polemico, datore di lavoro, imprenditore: *gli operai hanno scioperato contro le imposizioni del p.* | ***Andare a p.***, a servizio | ***Cercar p.***, cercare lavoro, impiego | ***Essere senza p.***, essere disoccupato | ***Non aver p., padroni***, essere libero, non dipendere da nessuno | ***Essere a p., lavorare sotto p.***, alle dipendenze di qlcu. ***3*** Assoluto dominatore, unico arbitro delle sorti di qlco. o di qlcu.: *è ormai p. di tutto il paese*; *Dio è p. del mondo* | ***Credersi p. del mondo***, (*fig.*) presumere di sé, della propria importanza o potenza | ***Essere, non essere p. in casa propria***, (*fig.*) potere o non potere disporre liberamente della propria vita privata | (*fig.*) ***Essere, non essere p. di sé***, avere o non avere il controllo dei propri nervi, delle proprie reazioni e sim. | ***Fare il p. in casa d'altri***, disporre e comandare come in casa propria | ***Farla da p.***, spadroneggiare | Chi è libero di agire come meglio crede: *sei p. di andartene o di restare*. ***4*** (*fig.*) Profondo conoscitore: *essere p. di una materia, di una lingua*. ***5*** (*disus.* o *scherz.*) Persona riverita: *mio caro p.* ***6*** (*mar.*) Marittimo abilitato al comando di nave di piccolo cabotaggio | Marinaio più anziano o più esperto, al comando di un peschereccio o di una qualsiasi imbarcazione con armamento | Armatore. ***7*** †Patrono, protettore. ***8*** †Modello, forma, stampo. **B** in funzione di **agg.** ● (posposto al s.) Nella loc. ***serva padrona***, (*scherz.*) che ama comandare | ***Padre p.***, V. *padre*, sign. 11. || **PROV.** L'occhio del padrone ingrassa il cavallo. || **padronàccio**, **pegg.** | **padroncino**, **dim.** (V.) | **padroncióne**, **accr.** | **padronèllo**, **dim.**

padroneggiàre [comp. di *padron(e)* e *-eggiare*; av. 1370] **A** **v. tr.** (*io padronéggio*) ***1*** (*raro*) Comandare, signoreggiare come un padrone. ***2*** (*fig.*) Controllare, contenere: *p. i propri sentimenti* | ***P. la folla***, di oratore che la domina con le sue parole. ***3*** (*fig.*) Sapere, conoscere molto bene, con grande precisione, in profondità: *p. una materia, un'arte*. **B** **v. rifl.** ● Dominarsi, controllarsi: *è molto impulsivo e non sempre riesce a padroneggiarsi*.

†**padronerìa** [da *padrone*; sec. XIII] **s. f.** ● (*raro*) Possedimento.

padronésco [av. 1562] **agg.** (**pl. m.** *-schi*) ● (*spreg.*) Da padrone: *atteggiamenti padroneschi*. || **padronescaménte**, **avv.**

padronissimo [da *padrone*, col suff. *-issimo* dei superl.; 1747] **s. m.** (**f.** *-a*) ● (*fam.*) Chi può prendere qualunque decisione in modo del tutto autonomo: *sei p. di credermi, di andare, di restare*.

paduàna ● V. *padovana*.

padùle [metatesi di *palude*; sec. XIII] **s. m.** o †**f.** ***1*** (*tosc.*) Palude, acquitrino. ***2*** †Fossa di letame. || **padulétto**, **dim.**

†**padulésco** ● V. †*paludesco*.

†**padulóso** ● V. *paludoso*.

paella /sp. pa'eʎa, -ja/ [vc. sp., dall'ant. fr. *paele* (moderno *poele*): stessa etim. dell'it. *padella*; 1927] **s. f. inv.** (**pl.** sp. *paellas*) ● Riso cucinato alla maniera di Valenza, con verdure, zafferano, pesce, pollo e maiale.

♦**paeṣàggio** [da *paese*, sul modello del fr. *paysage*; 1552] **s. m.** ***1*** Area territoriale caratterizzata da un determinato complesso di elementi fisici, biologici e antropici: *p. alpino, lacustre, fluviale*. ***2*** Parte di territorio che si abbraccia con lo sguardo: *restammo ad ammirare quell'incantevole p.*; **SIN.** Panorama | (*est.*) Aspetto tipico di una regione ricca di bellezze naturali: *la difesa del p. costiero amalfitano*. ***3*** Pittura, foto e sim. che ritrae un paesaggio.

paeṣaggiṣmo [da *paesaggi(o)*, col suff. *-ismo*; 1919] **s. m.** ● Stile pittorico e letterario che predilige la rappresentazione di paesaggi.

paeṣaggista [da *paesaggio*; 1901] **s. m.** e **f.** (**pl. m.** *-i*) ***1*** Chi dipinge, disegna o fotografa paesaggi. **SIN.** Paesista. ***2*** Chi studia e progetta la creazione di giardini e parchi o il rimboschimento e la forestazione di un'area di territorio agricolo o arboricolo per conseguire sia effetti decorativi sia fini di equilibrio ottimale fra le piante già esistenti e quelle messe a dimora.

paeṣaggistica [da *paesaggio*; 1983] **s. f.** ● In pittura e fotografia, arte e tecnica di riprodurre paesaggi | (*est.*) L'insieme delle opere prodotte.

paeṣaggistico [da *paesaggista*; 1952] **agg.** (**pl. m.** *-ci*) ● Relativo al paesaggio, spec. come soggetto di riproduzioni artistiche. || **paeṣaggisticaménte**, **avv.**

paeṣaniṣmo [comp. di *paesan(o)* e *-ismo*; 1954] **s. m.** ● Carattere di ciò che è paesano nel gusto o nel carattere: *il p. di uno scrittore, di un artista*.

paeṣàno [av. 1294] **A** **agg.** ● Del paese, proprio o caratteristico di un paese: *usanze paesane*; *vino, formaggio, dialetto p.* | ***Alla paesana***, (*ellitt.*) secondo l'usanza del paese. || **paeṣanaménte**, **avv.** **B** **s. m.** (**f.** *-a*) ***1*** Abitante di un paese: *sembra un cittadino, ma è un p.* | Contadino. ***2*** (*region.*) Compaesano, compatriota: *i nostri paesani emigrarono agli inizi del secolo*. **CFR.** Paisà.

†**paeṣànte** [da *paese*; sec. XIV] **s. m.** ● Paesista.

♦**paéṣe** [lat. parl. **pagēnse(m)*, da *pāgus* 'villaggio', in orig. 'cippo di confine fissato in terra', dalla stessa radice di *pāngere* 'ficcare'. V. *pala* (*1*); av. 1250] **s. m.** ***1*** Grande estensione di terreno, gener. abitato e coltivato: *p. settentrionale, meridionale*; *p. fertile, arido*; *p. ricco, povero*. **CFR.** -landia | ***Mandare qlcu. a quel p.***, mandarlo al diavolo. ***2*** (spesso scritto con iniziale maiuscola) Nazione, stato: *un grande P.*; *un P. libero, democratico*; *essere al servizio del p.*; *P. nemico, invasore, amico, alleato* | (*est.*) Il complesso dei cittadini di una nazione o di uno stato: *il p. quest'anno voterà due volte* | ***P. legale***, il governo e la classe politica | ***P. reale***, l'insieme dei cittadini, la società civile | (*est.*) Patria: *amare il proprio P.*; *lottare, sacrificarsi, combattere per il proprio P.* ***3*** Centro abitato di limitate proporzioni: *il p. natio*; *gente di p.*; *usanze, storie, chiacchiere, fiere di p.* | ***Il p. della cuccagna***, luogo immaginario dove l'uomo vivrebbe nella più grande abbondanza. || **PROV.** Tutto il mondo è paese; paese che vai, usanza che trovi. || **paeṣàccio**, **pegg.** | **paeṣèllo**, **dim.** | **paeṣettino**, **dim.** | **paeṣétto**, **dim.** | **paeṣino**, **dim.** | **paeṣóne**, **accr.** | **paeṣòtto**, **accr.** | **paeṣùccio**, **pegg.** | **paeṣùcolo**, **pegg.**

paeṣista [da *paese*; 1678] **s. m.** e **f.** (**pl. m.** *-i*) ● Paesaggista.

paeṣistico [da *paesista*; 1905] **agg.** (**pl. m.** *-ci*) ***1*** Relativo al paesaggio: *vincolo p.* ***2*** Relativo alla pittura o al disegno di paesaggi: *gusto p.* || **paeṣisticaménte**, **avv.** Per ciò che riguarda il paesaggio: *zone vincolate paesisticamente*.

paf o **pàffete** [vc. onomat.; 1876] **inter.** ● Riproduce il rumore di uno schiaffo o di un colpo battuto da qlco. o qlcu. che cade a terra | ***Pif e paf, piffete e paffete***, riproducono il rumore di due schiaffi dati sonoramente spec. sulle gote.

paffutézza [1879] **s. f.** ● Caratteristica di chi è paffuto.

♦**paffùto** [vc. espressiva; 1364] **agg.** ● Florido e grassoccio: *viso, bambino p.* || **paffutèllo**, **dim.** | **paffutóne**, **accr.**

♦**pàga** [da *pagare*; av. 1294] **A** **s. f.** ***1*** Salario, stipendio: *p. giornaliera, oraria*; *una buona p.*; *questo mese avremo doppia p.* | ***Giorno di p.***, in cui lo stipendio è corrisposto | ***P. base***, compenso minimo, al netto di qualsiasi assegno integrativo, corrisposto a una data categoria di lavoratori, per una prestazione stabilita. ***2*** (*fig.*) Ricompensa: *bella p. ho ricevuto dopo tanti sacrifici!* | (*fam.*) Sconfitta al gioco. **B** **s. m.** e **f. inv.** ● (*disus.*) Chi paga, spec. male | ***Una mala p.***, un cattivo pagatore. **C** **s. m.** ● †Soldato. **D** in funzione di **agg. inv.** ● (posposto al s.) Nelle loc. ***libro p.***, registro in cui sono obbligatoriamente annotati i nominativi dei lavoratori impiegati nell'azienda e la retribuzione da essi percepita | ***Ufficio p.***, ufficio dove vengono eseguiti i pagamenti | ***Busta p.***, contenente la retribuzione di un lavoratore dipendente, insieme con l'indicazione delle varie trattenute. || **pagàccia**, **pegg.** | **paghétta**, **dim.** (V.).

pagàbile [av. 1446] **agg.** ● Che si può o si deve pagare.

pagàia [fr. *pagaie*, dal malese *pengajoeh*; 1769] **s. f.** ● Remo formato da un'asta facilmente impugnabile, terminante con una pala generalmente lanceolata od ovale, con il quale si voga senza appoggiarlo alla falchetta | ***P. doppia***, remo con pale alle due estremità, con il quale si voga alternativamente sui due lati.

pagaiàre [da *pagaia*; 1889] **v. intr.** (*io pagàio*; aus. *avere*) ● Vogare, remare con la pagaia.

♦**pagaménto** [da *pagare*; 1277] **s. m.** ***1*** Corresponsione, versamento della paga o gener. della somma spettante a qlcu.: *provvedere al p. di qlco.*; *pattuire diverse forme di p.*; *p. in contanti, in natura*; *ricevuta di p.* ***2*** Somma che si paga o si deve pagare: *ricevere, inviare il p.* ***3*** (*raro, fig.*) Ricompensa.

paganeggiànte [av. 1907] **part. pres.** di *paganeggiare*; anche **agg.** ***1*** Nel sign. del v. ***2*** Che si ispira al paganesimo, spec. alle sue caratteristiche edonistiche e materialistiche, in contrapposizione ai principi religiosi e morali del Cristianesimo.

paganeggiàre [comp. di *pagan(o)* e *-eggiare*; av. 1571] **v. intr.** (*io paganéggio*; aus. *avere*) ●

(*lett.*) Pensare e vivere secondo modi pagani.

paganèllo [forse da avvicinare a *pagano*, con passaggio semantico poco chiaro; 1609] s. m. ● Specie di ghiozzo di color bruno giallastro comune sulle coste italiane (*Gobius paganellus*).

paganésco [sec. XV] agg. (pl. m. *-schi*) ● (*lett.*) Da pagano: *atteggiamento p.*

paganésimo o †**paganèsmo**, †**paganismo** [vc. dotta, lat. *paganīsmu(m)*, da *pagānus* 'pagano'; av. 1311] s. m. *1* Insieme delle religioni e della civiltà del mondo antico greco-romano, spec. nella sua opposizione al Cristianesimo. *2* (*est.*) Culto, religione, credenza non cristiani.

pagania [sec. XIII] s. f. *1* (*lett.*) Luoghi abitati da pagani | La gente pagana. *2* (*lett.*) La religione dei pagani.

pagànico agg. (pl. m. *-ci*) ● (*lett.*) Pagano. || †**paganicaménte**, avv. Paganamente.

†**paganismo** ● V. *paganesimo*.

paganità [vc. dotta, lat. tardo *paganitāte(m)*, da *pagānu(m)* 'pagano'; 1609] s. f. *1* Condizione di chi (o di ciò che) è pagano. *2* Insieme delle nazioni e delle genti pagane, spec. nel mondo antico.

paganizzàre [comp. di *pagano* e *-izzare*; 1314] **A** v. tr. ● Ridurre al paganesimo. **B** v. intr. (aus. *avere*) ● †Paganeggiare.

paganizzazióne [1958] s. f. ● Il paganizzare, il venire paganizzato.

pagàno [vc. dotta, lat. *pagānu(m)* 'abitante del villaggio', da *pāgus* 'villaggio' (V. *paese*); quelli che non aderirono al Cristianesimo vennero chiamati 'pagani' perché gli abitanti dei villaggi si convertirono molto dopo gli abitanti delle città; sec. XII] **A** agg. *1* Che si riferisce al paganesimo. *2* (*est.*) Che ignora i principi religiosi e morali del cristianesimo, o vi si oppone. || **paganaménte** avv. Da pagano; in modo non cristiano. **B** s. m. (f. *-a*) *1* Ogni fedele di una religione pagana. *2* (*est.*) Chi respinge gli insegnamenti cristiani.

pagànte [1522] **A** part. pres. di *pagare*; anche agg. ● Che paga: *spettatori paganti*. **B** s. m. e f. ● Chi paga: *su cinquanta presenti i paganti sono venticinque*.

◆**pagàre** [lat. *pacāre* 'pacificare'. V. *pacare*; 1211] **A** v. tr. (*io pàgo, tu pàghi*) *1* Remunerare o retribuire qlcu. dandogli il denaro che gli spetta: *p. l'idraulico, il sarto, i propri dipendenti*; *p. bene, lautamente, profumatamente* | ***P. in natura***, non con denaro, ma con beni di consumo, spec. prodotti agricoli | Corrompere: *ha pagato un funzionario per avere l'autorizzazione* | Soddisfare un impegno, un onere e sim., versando una somma di denaro: *p. un vaglia, una cambiale, un'indennità, le imposte, il dazio*; *ha l'abitudine di non p. i propri debiti*. *2* Versare il prezzo pattuito per avere qlco.: *p. l'albergo, la merce, la consumazione*; *p. qlco. alla consegna, anticipato*; *p. qlco. a rate* | ***P. qlco. caro, un occhio, un occhio della testa, salato*** e sim., a un prezzo elevatissimo | ***P. qlco. a buon mercato***, ottenere qlco. per una cifra conveniente | (*fig.*) ***Quanto pagherei per*** ..., per esprimere il vivo desiderio di ottenere qlco. *3* †Adempiere: *p. il voto*. *4* (*fam.*) Offrire o donare qlco. a qlcu., addossandosi le spese: *p. un caffè, un libro*; *p. da bere a qlcu.* *5* (*fig.*) Ricompensare, ripagare: *p. qlcu. di, con, la più nera ingratitudine* | ***P. di mala moneta***, (*fig.*) essere ingrato | (*est.*) Castigare, punire. *6* (*assol.*) Portare utilità, vantaggio e sim.: *il delitto non paga*; *l'accordo fra i due partiti non ha pagato*. *7* (*fig.*) Scontare, espiare: *p. la pena*; *ha pagato cara la sua negligenza* | ***P. il fio***, espiare una colpa | ***Farla p. cara a qlcu.***, fargli espiare duramente errori e sim. | ***P. di persona***, subire direttamente e personalmente le conseguenze negative di qlco. | ***P. col sangue, col proprio sangue***, scontare con la vita | (*fig.*) ***Paga Pantalone***, è il singolo cittadino, o la collettività dei cittadini, a sopportare le conseguenze dannose dell'incapacità amministrativa dello Stato e della classe politica dirigente, spec. nel campo fiscale. *8* †Appagare, contentare. **B** v. intr. pron. ● Trovar modo d'essere soddisfatto, remunerato (*anche fig.*): *s'è pagato con poco*.

†**pagarìa** [da *pagare*] s. f. ● Mallevadoria.

pagàto part. pass. di *pagare*; anche agg. ● Nei sign. del v.

pagatóre [sec. XIII] agg.; anche s. m. (f. *-trice*, raro *-tora*) *1* Che (o Chi) paga | ***Ufficiale p.***, graduato incaricato dei pagamenti. *2* †Mallevadore.

pagatorìa [1697] s. f. ● Ufficio dei pagamenti a carico dell'erario.

†**pagatùra** [av. 1306] s. f. ● (*lett.*) Redenzione | Punizione.

pagèlla [vc. dotta, lat. *pagĕlla(m)*, dim. di *pāgina* 'pagina'; 1858] s. f. ● Documento su cui si segnano i voti riportati da un alunno nel corso dei vari trimestri, quadrimestri o agli esami: *avere una buona, una cattiva p.* | Attualmente, nella scuola dell'obbligo, scheda di valutazione | (*est.*) Giudizio, valutazione espressa con voti, sul modello della pagella scolastica: *le pagelle dei calciatori*.

pagèllo [lat. parl. *pagĕllu(m), dim. di phăger, dal gr. phágros: da phágros 'pietra per affilare', di orig. indeur., a cui assomiglierebbe (?); sec. XV] s. m. ● Pesce osseo dei Percoidi di colore argentato, che vive sui fondali rocciosi e sabbiosi e ha carni pregiate (*Pagellus acarne*).

pager /ˈpeidʒər, *ingl.* ˈpeɪdʒəɹ/ [vc. ingl., propr. 'valletto', dal v. *to pager* 'far da valletto'; 1994] s. m. inv. ● Cercapersone.

†**paggerìa** [av. 1681] s. f. *1* L'insieme dei paggi di una corte. *2* Condizione di paggio.

paggétto s. m. (f. *-a*) *1* Dim. di *paggio*. *2* Ciascuno dei bambini che hanno il compito di sorreggere lo strascico della sposa in occasione di cerimonie nuziali solenni.

pàggio [etim. discussa: fr. *page*, dal lat. *păthicu(m)*, nom. *păthicus*, dal gr. *pathikós* 'cinedo', agg. di *páthos* 'ciò che si subisce' (V. *pathos*) (?); av. 1304] s. m. *1* Giovane nobile che in passato veniva avviato ai gradi superiori della cavalleria e alle cariche di corte | ***Capelli alla p.***, corti e con frangia. *2* Bambino che, nelle cerimonie nuziali, tiene sollevato lo strascico dell'abito della sposa. || **paggétto**, dim. (V.).

†**paghería** [da *pagare*] s. f. ● Mallevadoria.

pagherò [prima pers. fut. indic. di *pagare*; 1673] s. m. ● Cambiale, titolo di credito all'ordine ed esecutivo, contenente la promessa di pagare una determinata somma alla scadenza a favore del legittimo portatore. SIN. Vaglia cambiario.

paghétta s. f. *1* Dim. di *paga*. *2* (*fam.*) Piccola somma di denaro corrisposta periodicamente dai genitori ai figli ancora bambini o adolescenti. SIN. Mancetta.

◆**pàgina** [vc. dotta, lat. *pāgina(m)*, che in orig. significava 'pergolato di viti', poi 'colonna di scrittura, pagina', da *pāngere* 'ficcare'. V. *pala* (*1*); 1485 ca.] s. f. *1* Ogni facciata di un foglio di libri, quaderni e sim.: *un volumetto di circa 100 pagine*; *numerare le pagine* | (*est.*) Foglio: *mancano tre pagine* | ***Andare in p.***, essere stampato | ***Licenziare una p.***, dare il nulla osta per la stampa | ***Terza p.***, nei quotidiani, quella un tempo dedicata agli articoli di cultura | ***Pagine Gialle***®, elenco degli abbonati telefonici ripartiti per categorie di attività lavorativa | ***Voltare p.***, (*fig.*) cambiare discorso; apportare un cambiamento radicale. *2* Ciò che è scritto in una pagina: *una p. di musica, di calcoli* | (*est.*) Scritto o parte di un'opera scritta: *rilessi più volte le pagine migliori del romanzo*; *raccolta di pagine scelte*. SIN. Brano. *3* (*fig.*) Vicenda o episodio di particolare rilievo: *una p. gloriosa, indimenticabile del nostro Risorgimento*; *sarebbe ... una bella p. nella storia della famiglia* (MANZONI) | (*fig.*) ***Scrivere una bella p., una p. immortale*** e sim., compiere un'azione gloriosa. *4* (*bot.*) Una delle due facce della lamina fogliare: *p. inferiore, p. superiore*. *5* (*elab.*) Blocco comprendente un determinato numero di informazioni che viene trasferito dalla memoria ausiliaria alla memoria principale o viceversa, oppure, più in generale, fra due qualsiasi unità di un elaboratore | ***P. web***, ciascuna delle videate che contengono le informazioni di un sito Internet. || **paginétta**, dim. | **paginóne**, accr. m. (V.) | **paginùccia**, dim.

paginaménto s. m. ● (*elab.*) Impaginamento.

paginàta [da *pagina*; 1931] s. f. ● Pagina densa di informazioni, di notizie: *quel giornale ha una p. di interviste all'attrice di successo* | (*al pl.*) Gran numero di pagine: *paginate di compiti*; *lo scandalo si è guadagnato titoloni e paginate sui giornali*.

paginatùra [1849] s. f. ● Numerazione delle pagine. SIN. Paginazione.

paginazióne [da *pagina*; 1896] s. f. *1* Paginatura. *2* (*raro*) Impaginazione.

paginóne [1976] s. m. *1* Accr. di *pagina*. *2* Nei quotidiani, pagina, talvolta doppia, interamente riservata a un unico argomento o settore: *p. della cultura, dei motori* | Nelle riviste, doppia pagina centrale, talora anche ripiegata, dedicata a servizi o ritratti fotografici.

◆**pàglia** [lat. *pălea(m)*, di orig. indeur.; 1262] **A** s. f. *1* Stelo o insieme di steli di cereali e di leguminose dopo la trebbiatura: *balla di p.* | ***P. di legno***, trucioli da imballaggio | ***P. di ferro***, paglietta | ***Pasta di p.***, usata per la fabbricazione di carta poco pregiata | ***Sedie di p.***, impagliate | ***P. e fieno***, (*fig.*) mescolanza di tagliatelle gialle e verdi cotte insieme e variamente condite | ***Leggero come la p.***, leggerissimo | (*fig.*) ***È una p.***, di persona magra e minuta, che pesa pochissimo, o di cosa molto leggera | ***Bruciare come la p.***, con gran facilità e con alte fiamme di breve durata | ***Mettere p. al fuoco***, (*fig.*) esporre qlcu. a pericoli, tentazioni e sim. | ***Fuoco di p.***, (*fig.*) passione molto intensa, ma di breve durata | (*fig.*) ***Uomo di p.***, prestanome, comparsa | ***Avere la coda di p.***, nascondere qlco., sentirsi colpevole di qlco. ed essere quindi sospettoso e suscettibile. *2* Oggetto lavorato in paglia: *le paglie di Firenze*. *3* (*metall.*) Striatura alla superficie di un pezzo metallico, per cattiva cottura del lingotto. *4* (*mar.*) ***P. di bitta***, barra trasversale posta sulla bitta per impedire che una cima sfugga verso l'alto. **B** in funzione di agg. inv. ● (posposto al s.) Detto di una tonalità chiara del giallo: *capelli color p.*; *biondo p.* || **pagliàccia**, pegg. | **pagliétta**, dim. (V.) | **paglióne**, accr. m. (V.) | **pagliùzza**, dim. (V.).

pagliaccésco [1919] agg. (pl. m. *-schi*) ● Da pagliaccio (*anche fig.*): *mosse pagliaccesche*. || **pagliaccescaménte**, avv.

pagliaccétto [1942] s. m. *1* Dim. di *pagliaccio*. *2* Indumento intimo femminile che riunisce in un pezzo solo corpetto e mutandine. *3* Indumento analogo portato dai bambini.

pagliaccìata [1841] s. f. ● Azione poco seria, da pagliaccio: *lo pregammo di non fare pagliacciate*. SIN. Buffonata.

◆**pagliàccio** [da *paglia*, perché il vestito ricordava la fodera di un pagliericcio; 1547] s. m. *1* (f. *-a*) Buffone di circo. *2* (f. *-a*) (*fig.*) Persona poco seria, che si comporta in modo ridicolo o sulla quale non si può fare affidamento: *fa sempre il p.*; *non vorrai dare un incarico del genere a quel p.!* SIN. Buffone. *3* †Pagliericcio. *4* †Paglia trita | ***Bruciare il p.***, (*fig.*) mancare a una promessa, a un appuntamento e sim. || **pagliaccétto**, dim. (V.) | **pagliaccióne**, accr.

pagliàio o (*dial.*) **pagliàro** [lat. *paleāriu(m)*, da *pălea* 'paglia'; av. 1342] s. m. *1* Grande ammasso conico o tondeggiante di paglia, all'aperto | ***Cane da p.***, (*fig.*) di nessun pregio, bastardo | ***Cercare un ago nel p.***, (*fig.*) V. *ago*, sign. A 1. *2* Capanna, ricovero di paglia, sostenuto da pertiche | Locale in cui si ammassa la paglia. || **pagliaiétto**, dim.

†**pagliàrdo** [ant. fr. *paillard* 'vagabondo che dorme sulla paglia' (da *paille* 'paglia'), poi 'libertino, lussurioso'; 1481] s. m. *1* Miserabile: *p., e' ti convien morire* (PULCI). *2* Libertino.

pagliaréccia [dal colore giallo come un *pagliaio*] s. f. (pl. *-ce*) ● (*zool.*) Zigolo.

pagliarésco [1504] agg. (pl. m. *-schi*) ● (*lett.*) Di paglia, fatto di paglia: *le pagliaresche case* (SANNAZARO).

pagliàro ● V. *pagliaio*.

pagliaròlo [dal colore giallo come un *pagliaio*; av. 1871] s. m. ● Passeriforme che vive in mezzo alla densa vegetazione palustre, fulvo sul dorso, con una macchia nera per ogni penna (*Acrocephalus paludicola*).

pagliàta (*1*) [da *paglia*; 1788] s. f. ● Paglia tritata con altre erbe e data al bestiame.

pagliàta (*2*) [etim. incerta; 1950] s. f. ● La parte superiore dell'intestino di vitello, cotta in tegame con varie erbe aromatiche, oppure alla griglia, specialità della cucina romana.

pagliàto [1652] agg. ● Di color della paglia. SIN. Paglierino.

paglierìccio [da *paglia*; 1353] s. m. ● Saccone riempito di paglia, foglie secche di mais e sim., usato come materasso. SIN. Paglione, stramazzo (2).

paglierìno [1799] agg. ● Di color giallo chiaro.

pagliétta [1905] s. f. *1* Dim. di *paglia*. *2* Cappello di paglia per uomo, con tesa e cupola rigida. *3* (*fig., spreg., merid.*) Legale cavilloso, di scarso

valore. *4* Piccola matassa di lunghi trucioli metallici usata per pulire tegami, pavimenti in legno e sim. **SIN.** Paglia di ferro. *5* (*bot.*) Piccola brattea membranosa inserita sul peduncolo del fiore delle Graminacee. *6* (*raro*) Lustrino. *7* (*elettr.*) Particolare tipo di terminale, cui vengono saldati i fili nelle apparecchiature elettroniche.
paglietto [dalla *paglia*, con cui era fatto: attraverso il fr. *paillet* (?); av. 1859] **s. m.** *1* (*mar.*) Fodera grossolana di stuoia, stoppa o corde per proteggere dall'attrito e dagli urti gomene, pennoni e sim. | *P. penzolo*, pendente dal bordo esterno | *P. turafalle*, usato per turare piccole falle. **SIN.** Piumaccio. *2* (*al pl.*) Insieme di materiali vari, come cordami e sim., chiusi in reti o cassoni, in uso un tempo nella marina militare come parabordo o come protezione contro proiettili leggeri e schegge.
paglino [da *paglia*; 1871] **A s. m.** ● Piano di paglia di una sedia. **B agg.** ● Paglierino.
pagliolaia [dal lat. *pālea* 'bargiglio', di etim. incerta; av. 1292] **s. f.** ● Giogaia dei bovini.
pagliolato [1889] **s. m.** (*mar.*) Pavimento di tavole o lamiere che copre il fondo interno di un'imbarcazione.
pagliòlo o (*lett.*) **pagliuòlo** [detto così perché in orig. era coperto di *paglia* (?); 1602] **s. m.** *1* (*mar.*) Ciascuna delle tavole o lamiere che costituiscono il pagliolato | (*est.*) Il pagliolato stesso. *2* Pavimento di tavole o lamiere che copre il fondo delle stive | Pavimento dei locali macchina e caldaia | *Essere a p.*, (*fig.*) essere allo stremo delle forze, soprattutto per il mal di mare.
pagliòne [av. 1749] **s. m.** *1* Accr. di *paglia*. *2* (*raro*) Paglia tritata. *3* (*sett.*) Pagliericcio | *Bruciare il p.*, (*fig.*) mancare a una promessa o a un appuntamento; (*est.*) andarsene alla chetichella.
pagliùca [sovrapposizione di *festuca* a *paglia*; av. 1557] **s. f.** (*tosc.*) Pagliuzza.
pagliuòlo ● V. *pagliolo*.
pagliùzza [1551] **s. f.** *1* Dim. di *paglia*. *2* Fuscellino di paglia: *un nido costruito con le pagliuzze* | (*fig.*) *Vedere la p. nell'occhio altrui e non vedere la trave nel proprio*, censurare i difetti altrui, anche se lievi, senza guardare i propri, spesso peggiori (espressione usata nei Vangeli). *3* Minutissima particella d'oro o di altro metallo brillante presente in una massa di minerale o terrosa.
pagnòtta [provz. *panhota*, dal lat. *pānis* 'pane (1)'; 1400 ca.] **s. f.** *1* Pane di forma rotonda e di grandezza varia. *2* (*fig., fam.*) Quanto serve per il mantenimento quotidiano: *lavorare per la p.* || **pagnottèlla**, dim. | **pagnottìna**, dim. | **pagnottóna**, accr.
pagnottèlla **s. f.** *1* Dim. di *pagnotta*. *2* (*rom.*) Panino, spec. ripieno.
pagnottìsta [da *pagnotta*; 1857] **s. m. e f.** (**pl. m.** -*i*), *raro*, *lett.*) Chi compie un lavoro solo per la paga | Chi cerca impieghi comodi e redditizi.
pàgo (1) [da *pagato*; av. 1294] **agg.** (**pl. m.** -*ghi*) ● Appagato, soddisfatto: *ritenersi p. di qlco.*; *di sé solo ei p.* | *lungi dall'aure popolar s'invola* (PARINI) | *Far p.*, *rendere p.*, appagare.
†**pàgo** (2) [da *pagare*; av. 1566] **s. m.** (**pl.** -*ghi*) ● Pagamento, mercede, ricompensa.
pàgo (3) [vc. dotta, lat. *pāgu(m)* 'villaggio'. V. *paese*; sec. XIV] **s. m.** (**pl.** -*gi*) ● Nell'antica Roma, distretto rurale.
pagòda [port. *pagode*, dal pracrito *bhagodī* 'divina', dal sanscrito *bhagavatī* 'beata'; 1554] **s. f.** *1* Monumento sacro, o edificio di culto buddista, avente generalmente l'aspetto di una torre che va gradatamente aumentando di ampiezza verso la base, divisa in vari piani, ognuno dei quali con tetto a falde spioventi: *le pagode indiane, birmane, cinesi*, *ecc.* | *Tetto a p.*, a falde spioventi e a linee curve. *2* Statuina di porcellana cinese o indiana spesso con testa mobile. *3* Moneta d'oro indiana del XVIII secolo.
†**pagonàzzo** ● V. *paonazzo*.
†**pagóne** ● V. *pavone*.
pàgro [vc. dotta, lat. *phāgru(m)*, nom. *phāger*, dal gr. *phágros*. V. *pagello*; av. 1498] **s. m.** ● Pesce osseo degli Sparidi di color rosa-argenteo, pinne rosate, carni bianche pregiatissime (*Pagrus pagrus*). **SIN.** Manfrone.
pagùro [vc. dotta, lat. *pagūru(m)*, nom. *pagūrus*, dal gr. *págouros*, propr. 'la cui coda è composta di ghiaccio', con riferimento alla durezza della parte posteriore del corpo: comp. di *ourá* 'coda' (V. *-uro*

(2)*) e *págos* 'ghiaccio', da *pēgnýnai* 'rendere sodo', di orig. indeur.; 1499] **s. m.** ● Crostaceo marino dei Decapodi con addome molle e ricurvo che l'animale infila nella conchiglia vuota di un gasteropode, mimetizzandosi poi con attinie o spugne (*Eupagurus bernhardus*). **SIN.** Bernardo l'eremita. ➡ **ILL.** animali/3.
pàia ● V. *parere* (*1*).
paiàmo ● V. *parere* (*1*).
paidèia /gr. pai'dεja/ [vc. dotta, gr. *paideía* 'educazione dei bambini' (*país*, genit. *paidós*)'] **s. f.** (**pl.** gr. *paideiai*) ● (*raro*) Educazione, formazione.
paidocentrìsmo e *deriv.* ● V. *pedocentrismo* e *deriv.*
paidologìa ● V. *pedologia* (*1*).
paillard /fr. paˈjaːr/ [vc. fr. dal cognome del proprietario di un ristorante parigino della belle époque, ma non usata in questo sign. in Francia; 1963] **s. f. inv.** ● Fettina di vitello cotta ai ferri.
paillette /fr. paˈjɛt/ [vc. fr., propr. dim. di *paille* 'paglia'; 1900] **s. f. inv.** ● Lustrino.
paino [etim. discussa: lat. *patavīnu(m)* 'padovano' (V. *patavino*) (?); 1850] **s. m.** ● (*centr.*) Bellimbusto, damerino.
pàio (1) o †**pàro**, fam. troncato in **par** [dal pl. *paia*, dal lat. *pāria*, nt. pl. di *pār* 'pari'; 1262] **s. m.** (**pl.** **pàia**, f., o †**pàra**, f.) ● Coppia di cose, persone o animali: *un p. d'amici, di buoi, di bicchieri*; *un par d'ore* | *Un p.*, (*fig.*) alcuni: *tra un p. d'ore*; *un p. di settimane* | *Un altro p. di maniche*, (*fig.*) *un'altra cosa, tutt'altra cosa* | *Una coppia e un p.*, (*disus.*) di persone molto simili (*anche spreg.*) | *Fare il p.*, di persone o cose che si assomigliano (*anche spreg.*) ● Oggetto composto da due unità inscindibili: *un p. di occhiali, di scarpe, di guanti.* || **paiàccio**, pegg. | **paiètto**, dim. | **paiùccio**, dim.
pàio (2) ● V. *parere* (*1*).
paiòla o **paiuòla** [da *paio* (1); 1389] **s. f.** ● Insieme di più decine o dozzine di fili d'ordito, avvolti a spirale sul bindolo.
paiolàta o (*lett.*) **paiuolàta** [1640] **s. f.** ● Quantità di cibo contenuta in un paiolo: *una p. di polenta*.
paiolìna **s. f.** *1* Dim. di *paiolo*. *2* (*tosc.*) Pentolina.
paiolìno **s. m.** *1* Dim. di *paiolo*. *2* (*tosc., scherz.*) Cappello di feltro che ricorda la forma di un paiolo.
paiòlo o **paiuòlo** [lat. parl. *pariōlu(m)*, di orig. gallica; 1182] **s. m.** *1* Recipiente da cucina in rame a forma di vaso tondo e fondo, con manico arcato e mobile, che si appende al gancio della catena del camino: *fare la polenta nel p.* *2* Paiolata. *3* Tavolato o lastricato usato un tempo sulla piazzuola di un pezzo d'artiglieria per facilitarne gli spostamenti e il servizio. || **paiolàccio**, pegg. | **paiolètto**, dim. | **paiolìna**, dim. f. (V.) | **paiolìno**, dim. (V.)
pàiono ● V. *parere* (*1*).
paisà /nap. paiˈsa/ [vc. merid. '(com)paesano'; 1946] **s. m.** (*merid.*) Paesano, compaesano (forma vocativa).
paiuòlo e *deriv.* ● V. *paiolo* e *deriv.*
pakistàno ● V. *pachistano*.
paktòng ● V. *packfong*.
pàla (1) [lat. *pāla*, propr. 'quella che si pianta, si affonda', dalla stessa radice di *pāngere* 'conficcare' e di *pāx*, genit. *pācis* 'pace'; av. 1292] **s. f.** *1* Attrezzo a mano per smuovere, ammucchiare, caricare terra e materiali, costituito da un ferro piatto e largo con un bocciolo tondo in cui è fissato un lungo manico di legno | Attrezzo simile, in un unico pezzo di legno, per infornare e sfornare il pane | *P. meccanica*, *p. caricatrice*, veicolo a ruote o a cingoli, provvisto di una benna mobile, usato nei cantieri di costruzione per scavare e trasportare materiale terroso | *Con la p.*, (*fig.*) a palate, in quantità enorme, con eccessiva prodigalità o abbondanza. ➡ **ILL.** agricoltura e giardinaggio. *2* (*est.*) Parte esterna, allargata e spianata, di diversi organi o attrezzi: *la p. del remo, del timone. P. dell'elica* | Ciascuno degli elementi piani di varia forma e dimensione, fissati a un organo rotante e atti a imprimere un movimento: *le p. del ventilatore, le pale della turbina*. ➡ **ILL.** p. 2141 SCIENZE DELLA TERRA ED ENERGIA. *4* Parte terminale del bastone da cricket.
pàla (2) [vc. dotta, lat. *pāla*, dal gr. *pálē* 'palesemente': di orig. indeur. (?)] **vc.** (*raro*) Solo nella loc. *fare* *p.*, mostrare, palesare.
pàla (3) [vc. di orig. preindeur.; 1892] **s. f.** ● Scoscesa formazione rocciosa dal largo sviluppo trasversale: *le Pale di S. Martino*.
pàla (4) [uso metaforico di *pala* (1); 1561] **s. f.** ● Composizione dipinta o scolpita che si pone sull'altare nelle chiese cattoliche.
palacongrèssi [da *pala*(*zzo per*) *congressi*; 1987] **s. m. inv.** ● Edificio ideato per ospitare congressi.
paladinésco [1542] **agg.** (**pl. m.** -*schi*) ● (*lett.*) Di, da paladino (*anche iron.*).
paladìno (1) [lat. *palatīnu(m)* 'imperiale'. V. *palatino* (*1*); av. 1292] **A s. m.** *1* Cavaliere facente parte del gruppo di dodici nobili scelti da Carlo Magno come propria guardia del corpo. *2* (*fig.*) Difensore, sostenitore: *un p. della fede, della libertà* | *Farsi p.*, ergersi a difensore. **B agg.** ● †Generoso, intrepido: *cuore p.*
†**paladìno** (2) [da *pala* (1) (di cui si servono per raccogliere la spazzatura), con accostamento scherzoso a *paladino* (*1*); av. 1449] **s. m.** (**f.** -*a*) ● (*tosc., scherz.*) Spazzino.
palafìtta [part. pass. di *palafiggere*, comp. di *palo* e *figgere*; av. 1320] **s. f.** *1* Insieme di pali di legno, ferro o cemento armato, infissi nel terreno e collegati superiormente, usati spec. come fondazione. *2* (*est.*) Ogni costruzione su palafitte. *3* Capanna costruita su una piattaforma lignea sostenuta da pali conficcati nel terreno, spec. in zone paludose o lacustri: *villaggi preistorici di palafitte*.
palafittàre [da *palafitta*; 1681] **v. tr.** ● Rafforzare con palafitte.
palafitticolo [comp. di *palafitta* e -*colo*; 1905] **agg.**; anche **s. m.** (**f.** -*a*) ● Che (o Chi) abita in palafitte.
palafrenièra o **palafrenièro** [1353] **s. m.** *1* Chi governava un palafreno | Staffiere, scudiero. *2* Chi addestrava all'equitazione allievi di scuole militari.
palafréno o **palafrèno** [lat. tardo *paraverēdu(m)* 'cavallo da posta' (comp. di *para*- e *verēdus* 'cavallo da posta', di orig. gallica), con accostamento pop. a *freno*; sec. XIII] **s. m.** ● Cavallo usato dai cavalieri medievali per viaggi e non per guerra o per corsa.
palaghiàccio [da *pala*(*zzo per gare su*) *ghiaccio*; 1987] **s. m. inv.** ● Impianto sportivo coperto, dotato di tribune e di una pista ghiacciata per lo svolgimento di gare di hockey e pattinaggio, utilizzata saltuariamente anche da pattinatori dilettanti.
†**palàgio** ● V. *palazzo*.
palàia (1) [catalano *palaya*, dal gr. *pelagikós* 'marino', agg. di *pélagos* 'mare'. V. *pelago*; av. 1557] **s. f.** ● (*region.*) Sogliola.
palàia (2) [lat. tardo *palāria*, nt. pl. di *palāris*, agg. di *pālus* 'palo'; av. 1597] **s. f.** ● Bosco ceduo, spec. di castagno, utilizzato per trarne pali.
palamedèa [da *Palamede*, eroe greco; 1871] **s. f.** ● Massiccio uccello anseriforme dell'Amazzonia con larga apertura alare, becco corto, fornito di un'appendice cornea sul capo (*Anhima cornuta*).
palaménto [da *palare* (*1*); 1535] **s. m.** ● (*raro*) Insieme di pale: *il p. dell'elica* | Complesso dei remi di una imbarcazione.
palamidóne [etim. incerta; 1750] **s. m.** *1* †Mantello o soprabito molto lungo e largo. *2* (*disus.*) Uomo allampanato e sciocco.
palamìta [dal gr. *palamís*, genit. *palamídos*. Il n. del pesce era *pēlamýs*, comp. di *pēlós* 'melma' (di etim. incerta) e *amýs* 'tartaruga di acqua dolce' (contaminazione di *emýs* 'tartaruga di acqua dolce' e *amía* 'tonno', entrambi di etim. incerta), e poi per etim. pop. è diventato *palamís* che significava 'talpa'; sec. XV] **s. f.** ● Pesce osseo degli Sgombridi, predatore, con peduncolo caudale (*Sarda sarda*).
palàmito o **palàmite** [dal gr. *polýmitos* 'formato di molti fili', comp. di *polýs* 'molto' (V. *poli*-) e *mítos* 'filo', di etim. incerta] **s. m.** ● Attrezzo da pesca costituito da una lunga corda con molte lenze impiegata nella pesca di superficie o di fondo. **SIN.** Palangaro | (*est.*) La barca usata per tale tipo di pesca.
palànca (1) [lat. parl. **palānca*(m)*, dal gr. *phálanga*, acc. di *phálanx* 'tronco, bastone', di etim. incerta; av. 1411] **s. f.** *1* Grossa trave o palo, in legno o metallo: *una p. di ferro*; *sollevare qlco. fa-*

cendo leva con una p. 2 Tavola che serve da ponte volante tra un natante e la terra, o tra due natanti contigui. 3 Tipo di riparo con travoni e terra, usato nell'antica fortificazione. ‖ **palanchino**, **dim. m.** (V.).

palànca (2) [prob. dallo sp. *blanca* 'bianca', nome di una moneta; 1905] **s. f.** 1 (*pop.*) Moneta da un soldo usata un tempo in alcune regioni italiane. 2 (*region., spec. al pl.*) Soldi, quattrini: *far palanche.*

palancàto [da *palanca* (1); av. 1292] **s. m.** ● Steccato o riparo di tavole attorno a qlco.: *un robusto p. circonda l'edificio, il cantiere.*

palanchino (1) **s. m.** 1 Dim. di *palanca* (1). 2 Asta di ferro con un'estremità appiattita, usata come leva per sollevare pesi.

palanchino (2) [dal port. *palanquim*; av. 1602] **s. m.** ● Portantina usata in Oriente per trasportare personaggi importanti.

palànco [da *paranco*; 1612] **s. m.** (pl. *-chi*) ● Argano.

palàncola [da *palanca* (1); av. 1590] **s. f.** 1 Tavola di legno gettata come ponte rudimentale su fossato, canale e sim. 2 Specie di tavola o palo terminante a punta e piantata nel terreno a schiera con altre uguali per formare paratie.

palàndra (1) **s. f.** ● Palandrana.

palàndra (2) [fr. *balandre*, dall'ol. *bijlander* per *binnenlander* '(imbarcazione per la navigazione) interna'; 1530] **s. f.** ● Grossa barca a vela con fondo piatto, per navigazione fluviale | Nave fiamminga del secolo XVI armata con bombarde.

palandràna [ant. fr. *(houp)pelande*, di etim. incerta; 1534] **s. f.** 1 Veste da camera per uomo ampia e lunga. 2 (*scherz.*) Veste lunga e larga. **SIN.** Gabbana.

palàngaro o †**palàngreso** [dal gr. *polyánkistron* 'che ha molti ami', comp. di *polýs* 'molto' (V. *poli-*) e *ánkistron* 'amo', da una radice indeur. che indica oggetti uncinati; 1937] **s. m.** ● (*pesca*) Palamito.

palàre (1) [vc. dotta, lat. *palāre*, da *pālus* 'palo'; 1340] **v. tr.** ● Munire di, rafforzare con pali: *p. le viti.*

palàre (2) [da *pala* (1); 1583] **v. tr.** ● (*raro*) Rimuovere con la pala.

palaspòrt [comp. di *pala(zzo)* e *sport*; 1961] **s. m.** ● Palazzo dello sport.

palàta [da *pala* (1); 1563] **s. f.** 1 Quantità di materiale che sta nella pala | *A palate*, (*fig.*) in abbondanza, in grande quantità. 2 Colpo dato con la pala. 3 Nel canottaggio, ciclo completo della vogata | Complesso dei colpi di un intero equipaggio | Azione utile sviluppata dalla remata.

palatàle [1870] **A agg.** 1 (*anat.*) Del palato: *volta p.* 2 (*ling.*) Detto di suono nella cui articolazione il dorso della lingua batte contro il palato duro. **B s. f.** ● Suono palatale.

palatalizzàre o **palatizzàre** [comp. di *palatal(e)* e *-izzare*; 1929] **A v. tr.** ● (*ling.*) Provocare la palatalizzazione di un suono. **B v. intr. pron.** ● (*ling.*) Divenire palatale.

palatalizzazióne o **palatizzazióne** [da *palatalizzare*; 1888] **s. f.** ● (*ling.*) Particolare fenomeno di assimilazione che subiscono alcune vocali o alcune consonanti a contatto con un fonema palatale.

†**palatìna** [fr. *palatine*, dal n. della principessa *Palatina*, cognata di Luigi XIV; 1695] **s. f.** ● Pelliccia da collo portata dalle donne nel XVI sec. in Francia.

palatinàto [vc. dotta, deriv. di *palatin(o)* con il suff. *-ato* (1); 1615] **s. m.** ● Territorio posto sotto il dominio di un conte palatino | La funzione e le prerogative del conte palatino.

palatino (1) [vc. dotta, lat. *palatīnu(m)*, da *palātium* 'palazzo imperiale'; 1513] **agg.** ● Del palazzo o corte reale: *biblioteca palatina*; *chiese palatine* | ***Cappelle palatine***, a Roma, nel palazzo del Quirinale | ***Guardia palatina***, guardia d'onore del Papa, ora soppressa | ***Conte p.***, ***elettore p.***, titolo degli alti dignitari franchi, poi passato ai prìncipi del Sacro romano impero | (*est.*) Appellativo di luoghi o istituzioni che godevano del patrocinio del sovrano.

palatino (2) [vc. dotta, lat. *Palatīnu(m)* da *Palātium* 'colle Palatino', a Roma, da **pala* 'rotondità'. V. *pala* (3); 1554] **agg.** ● Del Palatino, colle di Roma: *edifici palatini.*

palatino (3) [da *palato* (2); av. 1694] **agg.** ● (*anat.*) Del palato.

palatìte [comp. di *palat(o)* (2) e *-ite* (1); 1875] **s. f.** ● (*veter.*) Stomatite dei puledri.

palatizzàre e *deriv.* ● V. *palatalizzare* e *deriv.*

palàto (1) **part. pass.** di *palare* (1); anche **agg.** ● Munito di pali di sostegno.

palàto (2) [vc. dotta, lat. *palātu(m)*, di orig. oscura; av. 1292] **s. m.** 1 (*anat.*) Parte superiore del cavo orale, tra la bocca e la cavità nasale | ***P. molle***, la parte pósteriore. **SIN.** Velopendulo, velo del palato | ***P. duro***, la parte anteriore. ➡ **ILL.** p. 2127 ANATOMIA UMANA. 2 (*fig.*) Senso del gusto, sensibilità ai sapori: *non ha p. e non distingue un cibo buono da uno mediocre* | ***P. fine***, ***delicato***, che sa assaporare e valutare i sapori.

palàto (3) [da *palo* nel sign. 6] **A agg.** ● (*arald.*) Detto del campo di scudo, costituito da pali, di solito sei, a smalti alternati. **B** anche **s. m.**

palatoalveolàre [comp. di *palat(ale)* e *alveolare*; 1958] **agg.** ● (*ling.*) Detto di suono con articolazione intermedia tra quella palatale propriamente detta e quella alveolare.

palatoglòsso [comp. di *palato* (2) e un deriv. di *glossa* (2)] **agg.** ● (*anat.*) Relativo alla zona compresa tra il palato e la lingua: *arco p.*

palatografìa [comp. di *palato* (2) e *-grafia*; 1984] **s. f.** ● (*ling.*) In fonetica sperimentale, tecnica per la rappresentazione grafica dei processi di articolazione dei suoni linguistici effettuata rilevando i punti di contatto della lingua col palato.

palatogràmma [comp. di *palato* (2) e *-gramma*; 1959] **s. m.** (pl. *-i*) ● (*ling.*) Diagramma, che si ottiene con la palatografia, rappresentante l'andamento dei processi di articolazione dei suoni linguistici.

palatoplàstica [comp. di *palato* (2) e *plastica*; 1954] **s. f.** ● Intervento correttivo delle malformazioni del palato.

palatoschìsi [comp. di *palato* (2) e del gr. *schísis* 'fenditura', da *schízein* 'separare' (V. *scisma*); 1954] **s. f. inv.** ● (*med.*) Malformazione congenita con fessurazione del palato.

palatùra [da *palare* (1); av. 1425] **s. f.** ● Operazione del piantare i pali a sostegno di fruttiferi, viti, piante da orto e da giardino.

palazzétto **s. m.** 1 Dim. di *palazzo*. 2 Edificio adibito a ospitare manifestazioni, gener. sportive: *p. dello sport.*

palazzìna [1830] **s. f.** 1 Dim. di *palazzo*. 2 Casa signorile, per lo più con giardino.

palazzinàro [da *palazzina*; 1978] **s. m.** (f. *-a*) ● (*spreg.*) Costruttore edile che si è arricchito con la speculazione edilizia.

♦**palàzzo** o (*lett.*) †**palàgio** [lat. *Palātiu(m)* 'monte Palatino' poi 'palazzo imperiale' che ivi sorgeva. V. *palatino* (2); sec. XIII] **s. m.** 1 Edificio imponente per dimensioni e valore architettonico, un tempo adibito a residenza signorile, ora spesso sede di enti pubblici, musei e sim.: *p. Pitti.* 2 (*est.*) Corte principesca o reggia: *si tennero molte feste a p.* | ***Congiura di p.***, ordita ai danni del re dagli uomini della corte o (*est.*) ai danni di un personaggio della politica o dell'economia ad opera spec. dei suoi principali collaboratori | ***Dama di p.***, dama di corte. 3 Sede di governo, di pubblici uffici e sim. | (*est.*) Simbolo del potere politico centrale: *voci provenienti dal P.* | ***P. Chigi***, (*per anton.*) la presidenza e il presidente del Consiglio dei Ministri italiano, che hanno sede in tale palazzo a Roma | ***P. di giustizia***, luogo ove l'autorità giudiziaria esplica normalmente la propria funzione | ***P. di vetro***, (*per anton.*) la sede dell'Organizzazione delle Nazioni Unite | ***P. dello sport***, impianto sportivo per manifestazioni ginniche, atletiche, di pugilato e sim. | ***P. del ghiaccio***, palaghiaccio. 4 (*lett., per anton.*) Tribunale: *tutto pesto e tutto rotto il trassero dalle mani e menaronlo a p.* (BOCCACCIO). 5 Edificio piuttosto grande di civile abitazione: *un p. di dieci piani*; *i palazzi del centro, della periferia.* ‖ **palazzàccio**, **pegg.** | **palazzétto**, **dim.** (V.) | **palazzìna**, **dim. f.** (V.) | **palazzóne**, **accr.** | **palazzòtto**, **accr.** (V.) | **palazzùccio**, **dim.** | †**palazzuòlo**, **dim.**

palazzòtto [av. 1540] **s. m.** 1 Dim. di *palazzo*. 2 Palazzo non grande, ma solido e massiccio: *il p. di Don Rodrigo sorgeva isolato* (MANZONI).

palcàto [da *palco*; 1723] **agg.** ● (*raro*) Impalcato.

palchettìsta [1872] **s. m. e f.** (pl. m. *-i*) ● Chi occupa un palchetto a teatro per abbonamento o quale proprietario.

palchétto [av. 1320] **s. m.** 1 Dim. di *palco* | Uno dei palchi teatrali posti nelle file superiori, di minor pregio rispetto a quelli situati vicino alla platea. 2 Ripiano, mensola di mobile o scaffale. 3 Nei giornali, pezzo incorniciato di non grandi proporzioni e impaginato in basso in modo da dargli rilievo.

palchìsta [1871] **s. m. e f.** (pl. m. *-i*) ● Palchettista.

pàlco [longob. *balk* 'trave'. V. *balcone*; sec. XIII] **s. m.** (pl. *-chi*, †*pàlcora* f.) 1 Piano di assi e travi (o altri materiali, come tubi e sim.) rialzato da terra, usato come impalcatura provvisoria per lavori murari, come tribuna, come ripiano soprelevato per cacciatori, ecc.: *il p. di un comizio*; *il p. delle autorità.* 2 Struttura, originariamente in legno, che serve da copertura a un ambiente, una stanza e sim.: *alzò gli occhi al p.: un parato di ragnateli* (MANZONI) | Soppalco | Ripiano | ***P. di salita***, tavolato e sim. elevato da terra e destinato a vari usi: *rizzare un p.*; *la forca era posta su di un p.* | ***P. di salita***, nelle palestre, impianto costituito da staffe bloccate al muro che sostengono una trave alla quale sono fissate funi e pertiche per gli esercizi di arrampicata | ***Giardino in p.***, pensile | Scaffale. 3 (*raro*) Strato, piano: *disporre la frutta a palchi.* 4 Ciascuno dei vani aperti verso la sala teatrale su diversi piani, costruiti in modo da accogliere piccoli gruppi di spettatori. 5 (*mar.*) Coperta di parte della nave. 6 (*zool.*) Ciascuna delle due strutture ossee caduche e variamente ramificate che corredano il cranio dei Cervidi. 7 (*bot.*) In un albero, serie di rami che si dipartono quasi alla stessa altezza. ‖ **palcàccio**, **pegg.** | **palchétto**, **dim.** (V.) | **palchettino**, **dim.** | **palchettóne**, **accr.** | **palcùccio**, **dim.**

palcoscènico [comp. di *palco* e *scenico*; 1813] **s. m.** (pl. *-ci*) 1 Palco di assi di legno sul quale agiscono gli attori | Settore della sala teatrale occupato dal palco medesimo e dalla scena. 2 (*fig.*) Arte del teatro: *la passione del p.*; *darsi al p.*; *battere, calcare il p.*

pàlea [dal lat. *pālea(m)*, propr. 'paglia' per la caratteristica forma laminare; 1972] **s. f.** ● (*bot.*) Brattea laminare, di consistenza membranacea, presente nel fiore delle Graminacee.

paleàntropo o **paleoàntropo** [comp. di *pale(o)-* e *-antropo*; 1942] **s. m.** ● Secondo una delle classificazioni antropologiche, ogni uomo fossile vissuto nel Pleistocene medio, corrispondente, secondo altre classificazioni, all'uomo di Neandertal.

paleàrtico o **paleoàrtico** [comp. di *paleo-* e *artico*; 1932] **agg.** (pl. m. *-ci*) ● (*geogr.*) Relativo alla regione geografica e biogeografica che si estende dalle terre artiche sino alle regioni mediterranea, arabica e siberiana e che corrisponde all'incirca alle aree conosciute nel mondo antico.

paleggiaménto [1869] **s. m.** ● (*raro*) Il paleggiare.

paleggiàre [comp. di *pal(a)* (1) e *-eggiare*; sec. XIV] **v. tr.** (*io palèggio*) ● (*raro*) Muovere con la pala: *p. il grano nell'aia.*

palèggio **s. m.** ● (*raro*) Paleggiamento.

paleino [dim. di *paleo* (2); 1813] **s. m.** ● Graminacea perenne comune anche nei prati di montagna, con fiori in spighe giallastre, profumata e ottima foraggera (*Anthoxanthum odoratum*).

palèlla [dim. di *pala* (1); 1889] **s. f.** 1 Rilievo a forma di piccola pala su un pezzo di costruzione, per incastrarlo. 2 Ferro del calafato per pressare la stoppa senza tagliarla.

palellàre [da *palella*; 1889] **v. tr.** (*io palèllo*) 1 Calettare a palelle. 2 Spingere la stoppa con la palella.

palèmone o **palemóne** [da *Palemone*, divinità marina del mondo greco; 1871] **s. m.** ● Gamberetto marino e d'acqua dolce (*Palaemonetes varians*).

palèo (1) [etim. incerta; 1280 ca.] **s. m.** 1 Trottola, in uso fino al XVI sec., che si lanciava con una corda e si faceva girare con una sferza: *e giuocano al p. / colle teste da morto* (BOITO). 2 Nell'hockey su ghiaccio, disco.

palèo (2) [etim. incerta; av. 1375] **s. m.** ● Graminacea con infiorescenza allargata, comune nei prati (*Festuca pratensis*) | ***P. peloso***, graminacea a foglie piatte e pelose ed infiorescenza a pannocchia (*Bromus mollis*). ‖ **paleino**, **dim.** (V.).

palèo- o **pàleo-** [dal gr. *palaiós* 'antico', da *pálai* 'un tempo, tempo fa' (di etim. incerta)] primo elemen-

to ● In parole dotte composte significa 'antico' o fa riferimento a una fase antica, originaria, relativamente a ciò che è indicato dal secondo componente: *paleoantropo, paleocristiano, paleografia, paleolitico.*
paleoàntropo ● V. paleantropo.
paleoantropologìa [comp. di *paleo-* e *antropologia*; 1895] s. f. ● Scienza che studia i reperti fossili umani al fine di stabilire l'evoluzione e la distribuzione degli uomini sulla Terra in epoche arcaiche.
paleoàrtico ● V. paleartico.
paleoasiàtico [comp. di *paleo-* e *asiatico*; 1929] agg. (pl. m. *-ci*) ● Detto di un gruppo di popolazioni mongoliche dell'Asia nord-orientale, caratterizzate dall'uso di lingue non associabili a una determinata famiglia linguistica.
paleoavanguàrdia [comp. di *paleo-* e *avanguardia*; 1972] s. f. ● Nome complessivo dato a quei movimenti artistici e culturali, spec. di inizio Novecento, che rompono con la tradizione del passato, facendosi portatori di nuove forme espressive | Avanguardia storica.
paleobiogeografìa [comp. di *paleo-* e *biogeografia*] s. f. ● Studio della distribuzione geografica degli organismi nelle varie epoche e nei vari periodi geologici.
paleobiologìa [comp. di *paleo-* e *biologia*; 1954] s. f. ● (*biol.*) Ramo della paleontologia che considera i fossili come vestigia di organismi piuttosto che come elementi della storia geologica.
paleobotànica [comp. di *paleo-* e *botanica*; 1954] s. f. ● Scienza che ha come oggetto di studio le piante fossili o estinte.
paleobotànico [1958] A agg. (pl. m. *-ci*) ● Che si riferisce alla paleobotanica. B s. m. (f. *-a*) ● Studioso di paleobotanica.
paleocapitalismo [comp. di *paleo-* e *capitalismo*; 1966] s. m. *1* La fase più antica del capitalismo, coincidente con la prima rivoluzione industriale. *2* (*spreg.*) Sistema capitalistico rozzo e poco efficiente, ancorato a schemi gestionali e produttivi antiquati.
paleocapitalista [comp. di *paleo-* e *capitalista*; 1968] A s. m. e f. (pl. m. *-i*) *1* Imprenditore protagonista della fase del paleocapitalismo storico. *2* (*spreg.*) Capitalista che ha idee superate e anacronistiche in fatto di gestione aziendale e rifiuta programmaticamente ogni rinnovamento. B agg. ● Paleocapitalistico.
paleocapitalìstico [comp. di *paleo-* e *capitalistico*; 1965] agg. (pl. m. *-ci*) ● Relativo al paleocapitalismo o ai paleocapitalisti: *sistema p.* || **paleo-**

capitalisticaménte, avv.
Paleocène [comp. di *paleo-* e *-cene*; 1931] s. m. ● (*geol.*) Primo periodo e sistema del Paleogene.
paleoclimatologìa [comp. di *paleo-* e *climatologia*] s. f. ● (*geogr.*) Parte della paleogeografia che studia la distribuzione e la successione dei climi nel corso delle ere geologiche.
paleocortéccia [comp. di *paleo-* e *corteccia*] s. f. (pl. *-ce*) ● (*anat.*) Semplice organizzazione corticale che caratterizza il paleopallio e che rappresenta una stazione intermedia delle vie olfattive.
paleocristiàno [comp. di *paleo-* e *cristiano*; 1958] agg. ● Relativo al cristianesimo antico, dei primi secoli: *arte paleocristiana.*
paleoecologìa [comp. di *paleo-* ed *ecologia*] s. f. ● (*geol.*) Scienza che studia e ricostruisce gli ambienti del passato, sia per mezzo delle associazioni faunistiche e vegetali che vi si insediavano, sia attraverso l'interpretazione di minerali.
paleoecològico agg. (pl. m. *-ci*) ● Relativo alla paleoecologia.
paleoetnologìa ● V. paletnologia.
Paleògene [comp. di *paleo-* e del gr. *génos* 'generazione' (V. *-geno*); 1895] s. m. ● (*geol.*) Prima parte dell'era cenozoica che comprende Paleocene, Eocene e Oligocene. SIN. Nummulitico.
paleogeografìa [comp. di *paleo-* e *geografia*; 1911] s. f. ● Scienza che studia le condizioni geografiche della Terra nei vari periodi della storia geologica.
paleogeogràfico [1935] agg. (pl. m. *-ci*) ● Relativo alla paleogeografia.
paleografìa [comp. di *paleo-* e *-grafia*; av. 1729] s. f. ● Scienza che studia le antiche scritture.
paleogràfico [1819] agg. (pl. m. *-ci*) ● Relativo alla paleografia. || **paleograficaménte**, avv.
paleògrafo [comp. di *paleo-* e *-grafo*; 1865] s. m. (f. *-a*) ● Studioso di paleografia.
paleoindustriàle [comp. di *paleo-* e *industriale*; 1975] agg. ● Relativo allo stadio arcaico del processo di industrializzazione, o comunque a fasi tecnologicamente superate di sviluppo industriale (*anche spreg.*): *opificio p.*
paleolìtico [comp. di *paleo-* e *-litico* (*1*); 1892] A s. m. ● Il periodo più antico dell'età della pietra, che termina con la fine dell'ultima glaciazione, caratterizzato dall'uso di materie prime quali pietra e osso nella fabbricazione di armi e strumenti. B agg. (pl. m. *-ci*) ● Relativo a tale periodo.
paleomagnetìsmo [comp. di *paleo-* e *magnetismo*; 1974] s. m. *1* (*geol.*) Studio dell'orientamento e dell'intensità del campo magnetico terrestre nel corso del tempo geologico, in base ai dati forniti dal magnetismo delle rocce vulcaniche.

2 Magnetismo delle rocce.
paleontogràfico [comp. di *paleo-*, *onto-* e *grafico*; 1891] agg. (pl. m. *-ci*) ● (*geol.*) Che si riferisce alla descrizione dei fossili.
paleontologìa [fr. *paléontologie*, comp. di *paléo-* 'paleo-', *onto-* 'onto-' e *-logie* '-logia'; 1841] s. f. ● Scienza che si occupa dello studio dei resti organici fossili, della loro origine, evoluzione e distribuzione sia geografica che temporale, stabilendone una classificazione. ➡ ILL. **paleontologia**.
paleontològico [fr. *paléontologique*, da *paléontologie* 'paleontologia'; 1857] agg. (pl. m. *-ci*) ● Relativo alla paleontologia. || **paleontologicaménte**, avv.
paleontòlogo [fr. *paléontologue*, da *paléontologie* 'paleontologia'; 1865] s. m. (f. *-a*; pl. m. *-gi*) ● Studioso di paleontologia.
paleopàllio [comp. di *paleo-* e *pallio*] s. m. ● (*anat.*) Porzione dorsale e laterale del pallio, caratterizzata da un'elementare architettura corticale.
paleopatologìa [comp. di *paleo-* e *patologia*] s. f. ● Disciplina che si occupa dello studio delle patologie rintracciabili su reperti archeologici costituiti da resti umani, animali e vegetali.
paleoslàvo [comp. di *paleo-* e *slavo*; 1915] A s. m. solo sing. ● (*ling.*) Lingua slava meridionale attestata per la prima volta nella traduzione dei Vangeli operata da Cirillo e Metodio nel IX sec. d.C. B *anche* agg.: *lingua paleoslava.*
paleotettònica [comp. di *paleo-* e *tettonica*] s. f. ● (*geol.*) Studio delle strutture e dell'assetto tettonico di una regione in un determinato intervallo della sua storia geologica.
paleòttero [comp. di *paleo-* e *-ttero*] agg. ● (*zool.*) Detto di insetto primitivo, le cui ali durante il riposo non possono venire rivolte all'indietro e poggiate sul dorso.
paleozòico (*Paleozoico* come s. m.) [comp. di *paleo-* e *-zoico*; 1856] A s. m. (pl. *-ci*) ● Prima era della storia geologica, preceduta dalle ere precambriane, caratterizzata dalla comparsa delle prime forme di vita. B *anche* agg.: *era paleozoica.* SIN. Primario.
paleozoologìa [comp. di *paleo-* e *zoologia*; 1829] s. f. ● Disciplina che studia gli animali scomparsi nel corso delle ere geologiche.
palerìa [da *palo*] s. f. *1* Assortimento di pali di varia grossezza usati in agricoltura e in edilizia, ottenuti dalla potatura degli alberi nei boschi cedui. *2* (*gener.*) Insieme di pali di vario materiale e varia funzione.
palermitàno [1353] A agg. ● Di Palermo. B s. m. (f. *-a*) ● Abitante, nativo di Palermo.

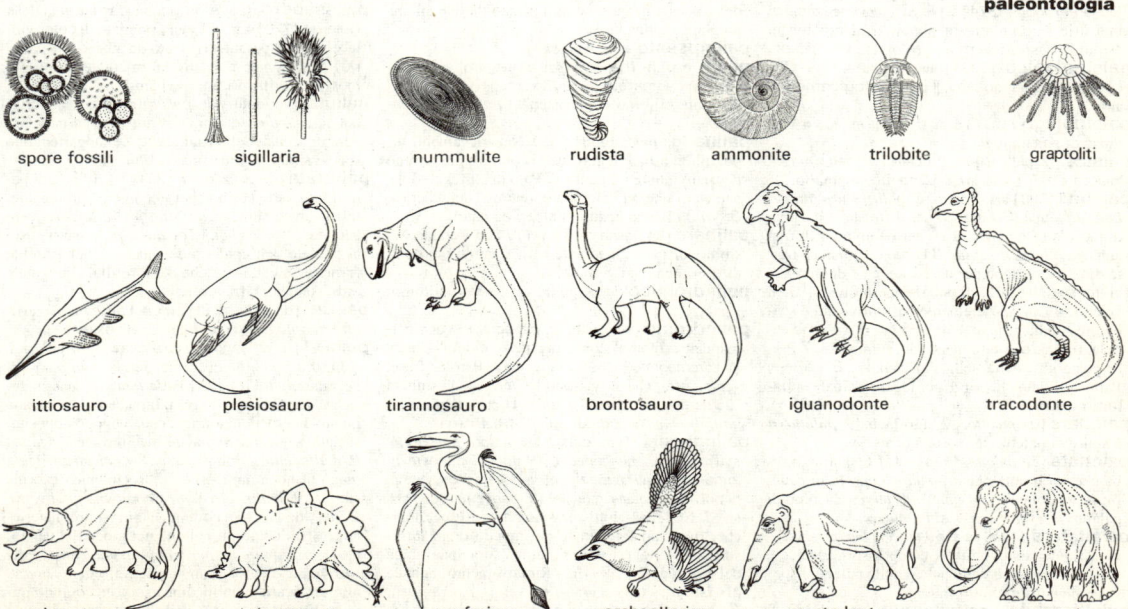

paleontologia

spore fossili — sigillaria — nummulite — rudista — ammonite — trilobite — graptoliti

ittiosauro — plesiosauro — tirannosauro — brontosauro — iguanodonte — tracodonte

triceratopo — stegosauro — ranforinco — archeotterige — mastodonte — mammut

paleṣaménto [sec. XIV] **s. m.** ● (*raro*) Il palesare, il palesarsi | Rivelazione, svelamento.

paleṣàre [da *palese*; sec. XIII] **A v. tr.** (*io paléṣo*) ● Manifestare, rendere palese: *p. un segreto*; *pensò di non p. ad alcuna persona chi fossero* (BOCCACCIO). **SIN.** Rivelare, svelare. **CONTR.** Celare, nascondere. **B v. intr. pron.** e **rifl.** ● Manifestarsi o farsi vedere: *le difficoltà si palesarono più gravi del previsto*; *disse il conte a Perotto che era in pensiero di palesarsi* (BOCCACCIO).

paleṣàto **part. pass.** di *palesare*; anche **agg.** ● Rivelato, fatto sapere: *le parole* [...] / *mai palesate, mai scritte*, / *mai dette per intero* (MONTALE).

paleṣatóre [1504] **agg.**; anche **s. m.** (f. *-trice*) ● (*raro*) Che (o Chi) palesa.

paléṣe [dal lat. *pălam* 'palesemente'. V. *pala* (2); av. 1250] **A agg.** ● Che si manifesta, appare e sim. in modo chiaro ed evidente: *errore p.*; *sei in p. contraddizione*; *la debolezza mia* / *p. almen non sia* (METASTASIO) | ***Fare, rendere p.***, palesare. **CONTR.** Celato, nascosto. || **paleṣeménte**, **avv.** **B avv.** ● (*lett.*) †In modo palese.

palestinéṣe [1953] **A agg.** ● Della Palestina. **B s. m.** e **f.** ● Abitante, nativo della Palestina.

♦**palèstra** [vc. dotta, lat. *palāestra(m)*, nom. *palāestra*, dal gr. *paláistra*, da *paláiein* 'lottare'; 1336 ca.] **s. f.** *1* Presso gli antichi Greci e Romani, luogo, spec. all'aperto, destinato agli esercizi ginnici. *2* Ampio locale chiuso, opportunamente attrezzato per l'esecuzione di esercizi ginnici, di allenamenti sportivi e sim. *3* (*est., sport*) ***P. di roccia***, breve tratto di parete rocciosa di comodo accesso, talora ricostruita artificialmente in locale chiuso, su cui sono tracciate, a scopo di allenamento o addestramento, vie di arrampicata munite degli opportuni chiodi di protezione. *4* (*est.*) Attività motoria che si pratica in palestra: *fa ogni mattina un'ora di p.* *5* (*fig.*) Esercizio per rafforzare o provare le capacità intellettuali o morali: *la scuola è p. di vita* | (*fig.*) Gioco: *quanto è dubbioso nella p. d'amore entrare* (BOCCACCIO).

†**palestràle** [av. 1375] **agg.** ● (*raro*) Praticato nella palestra.

palestràto [da *palestra*; 1995] **agg.**; anche **s. m.** (f. *-a*) ● (*iron.*) Spec. nel linguaggio dei giovani o dei giornali, detto di chi frequenta assiduamente una palestra e rivela una grande cura per il proprio vigore fisico | Detto di ciò che manifesta tale cura: *un ragazzo dall'aria palestrata*.

†**palèstrico** [vc. dotta, lat. *palāestricu(m)*, nom. *palāestricus*, dal gr. *palaistrikós*, da *paláistra* 'palestra'; av. 1375] **agg.** ● Della palestra.

†**palestrìta** [vc. dotta, lat. *palaestrīta(m)*, nom. *palaestrīta*, dal gr. *palaistrítēs*, da *paláistra* 'palestra'; av. 1539] **s. m.** (pl. *-i*) ● (*lett.*) Lottatore | Addetto alla palestra.

paletnologìa o **paleoetnologìa** [comp. di *paleo-* e *etnologia*; 1874] **s. f.** ● Scienza che studia le industrie e le culture di popoli o di tipi umani estinti in base a reperti archeologici.

paletnològico [1954] **agg.** (pl. m. *-ci*) ● Che concerne la paletnologia. || **paletnologicaménte**, **avv.**

paletnòlogo [1927] **s. m.** (f. *-a*; pl. m. *-gi*) ● Studioso di paletnologia.

paletot /fr. pal'to/ [vc. fr., dall'ingl. medio *paltok* 'giacca'; 1838] **s. m. inv.** ● Cappotto, soprabito.

palétta [1303] **s. f.** *1* Dim. di *pala* (*1*): *p. da gelato, da dolce.* *2* Attrezzo per il focolare, a forma di piccola pala | Giocattolo per bambini, di forma analoga: *una p. di legno.* *3* Disco con manico usato dal capostazione per dare il segnale di partenza ai treni o dalle forze di polizia per intimare l'alt ai veicoli. *4* (*mecc.*) Elemento costitutivo del distributore o della girante delle turbine. *5* (*anat.*) Scapola, rotula. *6* Adattamento di *pallet* (V.). *7* Parte posteriore della sella del cavallo. *8* (*pesca*) Parte dell'amo che serve per legare il finale. || **palettina**, **dim.**

palettàre [da *paletto*; av. 1597] **v. tr.** (*io palétto*) ● Munire di paletti, per sostegno: *p. il vigneto.*

palettàta [da *paletta*; 1534] **s. f.** *1* Quantità di roba che sta in una paletta: *sollevò una p. di cenere*; *lo ha coperto con una p. di terra.* *2* Colpo di paletta: *ricevette una p. sulla nuca.*

palettatùra [1946] **s. f.** ● (*mecc.*) Nelle macchine a fluido rotativo, quali compressori, turbine e sim., il complesso delle pale o delle palette disposte sulle parti mobili o fisse.

palettiẓẓàbile o **pallettiẓẓàbile** **agg.** ● Detto di imballaggio di spedizione avente forma di parallelepipedo tale da permettere l'utilizzazione della superficie di carico di uno dei pallet unificati.

palettiẓẓàre o **pallettiẓẓàre** [da *pallet*, sul modello dell'ingl. to *palletize*; 1970] **v. tr.** ● Disporre in pila su pallet, detto di merci imballate.

palettiẓẓazióne o **pallettiẓẓazióne** [1974] **s. f.** ● Operazione del palettizzare.

palétto [av. 1342] **s. m.** *1* Dim. di *palo.* *2* Leva di ferro o altro materiale, spec. da infiggere nel terreno per vari usi | Asta, con uno snodo alla base, infissa nella neve per indicare il tracciato nelle gare di sci alpino: *inforcare un p.* ➡ **ILL.** p. 2158 SPORT | (*fig.*) Punto fermo: *indicare, mettere una serie di paletti.* *3* Spranga di ferro scorrevole entro staffette usata come chiavistello di porta o finestra.

paletuvière [fr. *palétuvier*, dal tupi *apareiba*, comp. di *apara* 'curvato' e *iba* 'albero'; 1843] **s. m.** ● (*bot.*) Mangrovia.

pàli [sans. *pāli*, propr. 'linea, serie', con riferimento alla serie dei testi canonici; av. 1869] **s. m.** solo **sing.**; anche **agg. inv.** ● (*ling.*) Lingua religiosa indoeuropea, medio-indiana, in cui è scritto il canone buddista di Ceylon.

pàli- ● V. *palin-*.

palificàre [comp. di *palo* e *-ficare*; av. 1519] **v. intr.** (*io palìfico, tu palìfichi*; aus. *avere*) *1* (*raro*) Costruire palizzate. *2* Conficcare pali nel terreno.

palificàta [da *palificare*; av. 1502] **s. f.** ● (*raro*) Palizzata: *se vuoi riparare all'argine ruinato, fa prima una p.* (LEONARDO).

palificazióne [1554] **s. f.** *1* Operazione del palificare | Insieme dei pali che consolidano le fondamenta di un edificio. *2* Insieme dei pali che sorreggono linee telegrafiche, telefoniche o elettriche.

paligrafìa [comp. di *pali-* e *-grafia*; 1958] **s. f.** ● (*med.*) Disturbo del linguaggio scritto consistente nella ripetizione monotona di sillabe, parole o frasi.

palilalìa [comp. di *pali-* e *-lalia*; 1958] **s. f.** ● (*med.*) Disturbo del linguaggio consistente nel ripetere spontaneamente, e più volte di seguito, una frase, una parola o una sequenza di sillabe.

palilàlico **agg.** (pl. m. *-ci*) ● (*med.*) Di palilalia, relativo a palilalia.

Palìlie [vc. dotta, lat. *Palīlia*, nt. pl., 'feste in onore della dea Pale' (lat. *Păles*); av. 1600] **s. f. pl.** ● Presso gli antichi Romani, feste del Natale di Roma, in onore della dea Pale.

palilogìa [vc. dotta, lat. tardo *palillŏgia(m)*, nom. *palillŏgia*, dal gr. *palillogía*, comp. di *pali-* e *-logia*; 1639] **s. f.** ● (*ling.*) Nella retorica, ripetizione.

palimbacchèo o **palimbacchio**, **palimbàcchio** [vc. dotta, lat. *palimbacchīu(m)*, nom. *palimbacchīus*, dal gr. *palimbákcheios*, comp. di *palin-* e *bakchêios* 'baccheo'] **s. m.** ● (*ling.*) Piede metrico della poesia greca e latina formato da due sillabe lunghe e da una breve.

palimpsèsto ● V. *palinsesto*.

pàlin- o **pàli-** [dal gr. *pálin* 'all'indietro' e 'di nuovo'] **primo elemento** ● In parole composte, indica ripetizione, ritorno o persistenza: *palilalia*, *palindromo*.

palìna [da *palo*; 1598] **s. f.** *1* Nei rilevamenti topografici, asta di legno che si conficca nel terreno per individuare un punto. *2* Palo di sostegno di linee elettriche o telefoniche oppure di segnaletica. *3* (*raro*) Bosco ceduo di alberi da palo.

palinàre [da *palina* nel sign. 1] **v. tr.** ● Rendere visibili a distanza, mediante paline, uno o più punti di riferimento sul terreno.

palindròmico **agg.** (pl. m. *-ci*) ● Palindromo: *verso p.*

palìndromo [vc. dotta, gr. *palíndromos* 'che corre indietro, ritorna', comp. di *palin-* e *drómos* 'corsa' (V. *dromografo*); 1695] **A s. m.** ● Parola, frase, verso, cifra, che si possono leggere sia da sinistra che da destra: *"Anna" è un p.* **B** anche **agg.**: *frase palindroma.* **SIN.** Palindromico. **CFR.** Bifronte.

palingèneṣi [vc. dotta, lat. tardo *palingenĕsia(m)*, nom. *palingenĕsia*, dal gr. *palingenesía* 'ritorno alla vita, risurrezione, rinnovamento', comp. di *palin-* e *génesis* 'nascita' (V. *genesi*); 1809] **s. f. inv.** *1* Nelle religioni messianiche ed escatologiche, rinnovamento finale del mondo dopo la distruzione | Nel cristianesimo, restaurazione finale del regno di Dio. *2* (*fig.*) Rinnovamento radicale di istituti, concezioni, e sim.: *p. politica.* *3* (*geol.*) Formazione di un magma per fusione di rocce, dovuta alle temperature e alle pressioni elevate nelle parti profonde della crosta terrestre.

†**palingeneṣìaco** [av. 1852] **agg.** ● Palingenetico.

palingenètico [av. 1862] **agg.** (pl. m. *-ci*) ● Che concerne o interessa la palingenesi. || **palingeneticaménte**, **avv.**

palinodìa [vc. dotta, lat. tardo *palinōdia(m)*, nom. *palinōdia*, dal gr. *palinōidía*, comp. di *palin-* e *ōidḗ* 'canto' (V. *ode*); av. 1530] **s. f.** *1* Componimento poetico scritto per ritrattare quanto affermato in opera precedente. *2* (*est.*) Scritto o discorso con cui si smentiscono precedenti affermazioni: *sta preparando una p.*

palinografìa [comp. del gr. *palýnein* 'spargere la farina' (da *pálē* 'fior di farina', d'etim. incerta) e *-grafia*; 1958] **s. f.** ● (*bot.*) Descrizione dei pollini e delle spore.

palinologìa [comp. del gr. *palýnein* (V. *palinografia*) e *-logia*; 1958] **s. f.** ● Disciplina che studia i pollini e le spore, la loro classificazione e la loro distribuzione verticale nei sedimenti.

palinsèsto o (*raro*) **palimpsèsto** [vc. dotta, lat. *palimpsēstu(m)*, nom. *palimpsēstus*, dal gr. *palímpsēstos* 'raschiato di nuovo (per scrivervi ancora)', comp. di *palin-* e *psân* 'raschiare', di orig. indeur.; sec. XVII] **s. m.** *1* Manoscritto antico su pergamena, nel quale la scrittura sia stata sovrapposta ad altra precedente raschiata o comunque cancellata. *2* (*scherz.*) Vecchio scritto leggibile con difficoltà perché pieno di cancellature e correzioni. *3* (*tv*) Schema grafico delle trasmissioni radiofoniche e televisive previste in programmazione, suddiviso per ore, giorni e settimane.

palinùro [da *Palinuro*, n. del timoniere di Enea; 1871] **s. m.** ● Genere di Crostacei dei Decapodi cui appartiene l'aragosta (*Palinurus*).

pàlio [V. *pallio*; 1308] **s. m.** ● Drappo ricamato o dipinto che in epoca medievale si dava come premio al vincitore di una gara, in occasione di grandi feste pubbliche | La gara stessa: *correre il p.* | ***P. di Siena***, gara equestre fra le contrade di questa città, che si corre fin dal sec. XIII | (*fig.*) ***Mandare al p. qlco.***, palesarla | (*fig.*) †***Andare al p.***, scoprirsi | ***Mettere qlco. in p.***, promettere come premio di gara e sim. || **paliétto**, **dim.**

paliòtto [deriv. di *palio*; 1483] **s. m.** ● Paramento che copre la parte anteriore dell'altare cristiano, in stoffa, legno, marmo, avorio o materiali preziosi variamente ornati.

palischèrmo o **palischèrmo**, †**paliscàlmo** [vc. dotta, gr. *polýskalmos* 'dai molti remi', comp. di *polýs* 'molto' (V. *poli-*) e *skalmós* 'scalmo', con accostamento pop. a *palo* e *schermo*; av. 1347] **s. m.** *1* Un tempo, grossa imbarcazione a remi o a vela a servizio di una nave. *2* Barca che nelle tonnare è posta sui lati lunghi della camera della morte.

palissàndro [ol. *palissander*, da una vc. della Guiana; 1770] **s. m.** ● Legno pregiato di color violaceo scuro, pesante, ricavato da alberi dell'America meridionale e dell'India orientale, usato per mobili e per lavori fini di ebanisteria.

paliùro [vc. dotta, lat. *paliūru(m)*, nom. *paliūrus*, dal gr. *palíouros*, di etim. incerta; 1476] **s. m.** ● Genere di arbusti delle Ramnacee, cui appartengono specie simili alla marruca (*Paliurus*).

palizzàta [da *palizzo*; av. 1304] **s. f.** *1* Serie di pali infissi nel terreno, per recingere, proteggere, rafforzare e sim.: *alzare una p.*; *rafforzare la p.* **SIN.** Steccato. *2* (*bot.*) ***Tessuto a p.***, tessuto posto al di sotto dell'epidermide superiore nella foglia, formato da cellule ricche di clorofilla, allungate e ordinatamente affiancate.

†**palìzzo** [da *palo*; 1312] **s. m.** ● Palizzata: *la terra afforzarono di fossi e di palizzi* (COMPAGNI).

♦**pàlla** (**1**) [vc. longob. V. *balla*; av. 1292] **A s. f.** *1* Oggetto o corpo di forma sferica: *una p. di neve*; *sassi simili a palle* | ***Palle marine***, masse sferiche, formate dagli avanzi macerati di alcune piante dicotiledoni marine, che vengono depositate dalle onde sulle spiagge mediterranee | (*fam.*) ***P. dell'occhio***, globo oculare | ***P. di lardo***, (*fig.*, *fam.*) persona molto grassa | Recipiente di forma sferica: *il liquore era contenuto in una p. di vetro.* *2* Sfera da gioco in gomma, cuoio o altro materiale | In particolare, il pallone nel gioco del calcio: *tenere p.*; *rubare p.*; *perdere p.*; *p. al centro* | ***Passare la p.***, effettuare un passaggio; (*fig.*) dare ad altri un incarico, un'incombenza o un compito impegnativo | Attrezzo della ginnastica ritmica;

(*est.*) la specialità stessa | ***P. zavorrata***, pallone di vario peso di cuoio imbottito e con impugnatura, usato per esercizi di lancio | ***P. basca***, pelota | ***P. base***, V. *pallabase* | ***P. a canestro***, V. *pallacanestro* | ***P. a maglio***, V. *pallamaglio* | ***P. a mano***, V. *pallamano* | ***P. a muro***, V. *pallamuro* | ***P. a nuoto***, V. *pallanuoto* | ***P. ovale***, V. *pallovale* | ***P. a volo***, V. *pallavolo* | ***P. a sfratto***, V. *pallasfratto* | ***P. buona***, giocata valida | ***P. gol***, nel calcio, occasione favorevole, palla che può essere facilmente messa in rete | ***P. inattiva***, nel calcio, calcio di punizione o calcio d'angolo e azione che immediatamente ne consegue: *quella difesa incassa troppi gol su palle inattive* | ***Dare del tu alla p.***, (*gerg.*) nel calcio, essere dotato di grande tecnica, spec. nel palleggio | ***Non essere in p.***, (*fig.*) non essere in buona giornata, in forma | ***Sentirsi in p.***, (*fig.*) in forma | ***A p. ferma***, (*fig.*) a cose finite | ***Prendere la p. al balzo***, (*fig.*) cogliere l'occasione favorevole. ***3*** Peso che un tempo i carcerati portavano attaccato ai piedi con una catena: *p. del forzato* | ***Mettere la p. al piede a qlcu.***, (*fig.*) ostacolarlo | ***Essere una p. al piede per qlcu.***, (*fig.*) rappresentare per lui un ostacolo, un grosso peso. ***4*** Proiettile delle artiglierie antiche, di forma sferica, di varia grandezza e peso a seconda dei calibri e di varia composizione: *p. di pietra, di bronzo, di ferro* | Proiettile proprio dei cannoni di grosso calibro, da costa e delle navi, destinato a perforare mezzi molto resistenti. ***5*** Correntemente, proiettile di arma da fuoco: *una p. di fucile, di pistola* | ***Partire come una p. di schioppo***, (*fig.*) a tutta velocità. ***6*** Un tempo, sferetta di legno, bianca o nera, per votazioni | ***P. nera***, voto contrario | ***P. bianca***, voto favorevole. ***7*** (*spec. al pl.*, *volg.*) Testicoli | (*fig.*) ***Rompere le palle a qlcu.***, infastidirlo, seccarlo | (*volg.*) ***Averne piene le palle di qlcu. o qlco.***, non poterne più | ***Che palle!***, che noia, che seccatura! | ***Avere le palle***, (*fig.*) avere grinta; dimostrarsi capaci. ***8*** (*fam.*) Fandonia, frottola, balla. **B** in funzione di **agg. inv.** ● (posposto al s.) Nella loc. ***pesce p.***, V. *pesce*. || **pallètta**, **dim.** | **pallettina**, **dim.** | **pallina**, **dim.** (V.) | **pallino**, **dim. m.** (V.) | **pallóna**, **accr.** | **pallóne**, **accr. m.** (V.) | **pallòtta**, **dim.** (V.) | **pallòttola**, **dim.** (V.) | **pallùccia**, **pallùzza**, **dim.**

PALLA
nomenclatura

pallacanestro = basketball
● *campo*: canestro = basket, centine di sostegno, specchio, castello; linea di fondo, linea laterale, linea di centro campo, cerchio centrale, area di tiro libero = lunetta, area dei tre punti, parquet, tabellone;
● *persone*: esterno, ala, pivot, playmaker, post, cestista; cronometrista, segnapunti; riserve = rincalzi;
● *tecnica e fasi di gioco*: palleggio, passaggio, rimbalzo, taglio, elevazione, gancio, assist, difesa (marcatura a uomo, a zona), pressing; rimbalzo, schiacciata, tap-in, stoppata, velo, smarcamento, passi, personale, cambio, time-out, panchina (corta, lunga), tecnico, campo.

pallavolo = volleyball
● *campo*: linea di fondo, area di battuta, linea laterale, zona di difesa, linea di attacco, zona di attacco, linea centrale, rete; zona di rispetto;
● *disposizione sul campo e tecnica*: alzatore, servente, giocatori alla rete (di prima linea), giocatori di appoggio (di seconda linea); battuta, alzata, schiacciata, bagher, taglio, muro, palleggio, pallonetto; ricezione, rotazione, cambio palla, doppio tocco, fallo di rete, palla trattenuta; sostituzione; partita = set, tie-break, time-out = sospensione.

pallamano = handball
● linea di porta, linea dei quattro metri, linea dei sei metri o linea dell'area di porta, linea dei sette metri o linea di rigore, linea dei nove metri o linea di punizione, linea di cambio dei giocatori, linea mediana, linea dei tredici metri.

pàlla (2) [vc. dotta, lat. *pălla(m)*, di orig. preindeur.; sec. XIV] **s. f.** ● Veste ampia, talare, delle dame romane, delle divinità e degli attori e musicisti greci, costituita da un telo rettangolare.

pàlla (3) [da *palla* (*2*); 1313] **s. f.** ● Quadrato di lino bianco che copre il calice o la patena durante la messa.

pallabàṣe o **pàlla bàṣe**, (*raro*) **pàlla a bàṣe** [calco sull'ingl. *baseball*; 1963] **s. f. inv.** ● Baseball.

♦**pallacanèstro** o **pàlla a canèstro** [comp. di *palla* (*1*) e *canestro*; calco sull'ingl. *basketball*; 1920] **s. f. inv.** ● Gioco di origine statunitense fra due squadre, di cinque elementi ciascuna, che cercano di inviare la palla, giocata solo con le mani, nel canestro fissato a un tabellone posto in alto all'estremità del settore avversario del campo. **SIN.** Basket.

pallacòrda o †**pallaccòrda** [comp. di *palla* (*1*) e *corda*; av. 1535] **s. f. inv.** ***1*** Antico gioco d'origine italiana, da cui deriva il tennis, consistente nel lanciare la palla sopra una corda tesa sul terreno. ***2*** (*est.*) Luogo ove si praticava questo gioco.

palladiàna [f. sost. di *palladiano*; 1958] **s. f.** ● Pavimentazione a mosaico, di grandi lastre irregolari, in marmo o pietra.

palladiàno [av. 1796] **agg.** ● Che è proprio dell'architetto A. Palladio (1508-1580) e del suo stile: *ville palladiane*.

pallàdico [da *palladio* (*3*); 1871] **agg.** (**pl. m.** *-ci*) ● (*chim.*) Di composto del palladio tetravalente.

pallàdio (1) [vc. dotta, lat. *Pallădiu(m)*, dal gr. *Pallădion* 'statua di Pallade', da *Pallás*, genit. *Pallădos* 'Pallade'; la statua di Pallade che era venerata a Troia aveva il potere di rendere inespugnabile la città; 1313] **s. m.** ***1*** Statua che raffigura Pallade Atena: *il p. di Troia*. ***2*** (*fig.*, *lett.*) Ciò che rappresenta una difesa, una protezione e sim. per un paese, una società e sim.

pallàdio (2) [vc. dotta, lat. *Pallădiu(m)*, nom. *Pallădius*, dal gr. *Pallădios*, agg. di *Pallás*, genit. *Pallădos* 'Pallade'; 1342] **agg.** ● (*lett.*) Di Pallade Atena | (*lett.*) ***La palladia fronda***, l'ulivo.

pallàdio (3) [dal n. del pianetino *Pallade*; 1817] **s. m.** ● Elemento chimico, metallo nobile, bianco-argenteo, che può adsorbire notevoli quantità d'idrogeno, usato in reazioni catalitiche, per parti delicate di strumenti di precisione e, in lega con l'oro, per monili. **SIMB.** Pd.

pallàio [da *palla* (*1*); 1871] **s. m.** ● (*tosc.*) Campo di bocce.

pallamàglio o **pàlla a màglio** [comp. di *palla* (*1*) e *maglio* (con cui si lanciava la palla); sec. XV] **s. f.** o (*raro*) **m.** solo **sing.** ● Antico gioco di origine rinascimentale, che si giocava con un maglio e una palla di legno.

pallamàno o **pàlla a màno** [comp. di *palla* (*1*) e *mano*; 1950] **s. f. inv.** ● Gioco simile al calcio e alla pallacanestro, rispettivamente per obiettivo e regole, disputato fra due squadre di sette giocatori che si contendono la palla esclusivamente con le mani. **SIN.** Handball.

pallamùro o **pàlla a mùro** [da *palla* (*1*) *a muro*; 1958] **s. f. inv.** ● Gioco di palla di antiche origini, che si pratica fra due squadre i cui componenti devono lanciare o ribattere una palla di gomma contro un muro, valendosi delle mani o di una paletta.

pallanuotista o **pallanotista** [1942] **s. m.** e **f.** (**pl. m.** *-i*) ● Chi pratica lo sport della pallanuoto.

pallanuòto o **pàlla a nuòto** [comp. di *palla* (*1*) e *nuoto*; calco sull'ingl. *water-polo*; 1942] **s. f. inv.** ● Gioco che si pratica in acqua tra due squadre, di sette elementi ciascuna, che cercano di segnare punti tirando la palla nella porta avversaria.

†**pallàre** [da *palla* (*1*); sec. XIII] **A v. intr.** ● Palleggiare, agitare. **B v. intr.** ● Giocare a palla.

pallasfràtto o **pàlla a sfràtto** [da *palla* (*1*) *a sfratto*] **s. f. inv.** ● Gioco in cui ciascuno dei cinque componenti la squadra deve lanciare la palla al di là della linea di sfratto che delimita il fondo del campo.

pallàta [av. 1584] **s. f.** ● Colpo dato con una palla lanciata o calciata: *ha ricevuto una p. di neve nella schiena*.

pallavolista [1964] **s. m.** e **f.** (**pl. m.** *-i*) ● Chi pratica lo sport della pallavolo. **SIN.** Volleista.

♦**pallavólo** o **pàlla a vólo** [da *palla* (*1*) *a volo*; 1920] **s. f. inv.** ● Gioco fra due squadre, di sei elementi ciascuna, che cercano, con qualunque parte del corpo e spec. con le mani, di mandare la palla oltre e sopra la rete, facendola cadere nel rettangolo di gioco, in modo che la squadra avversaria non riesca a rinviarla o non possa evitare che tocchi terra. **SIN.** Volleyball.

palleggiaménto [1911] **s. m.** ***1*** Il palleggiare | Palleggio. ***2*** (*fig.*) Scambio, attribuzione reciproca: *p. di responsabilità*.

palleggiàre [comp. di *palla* (*1*) e *-eggiare*; 1441] **A v. intr.** (*io pallèggio*; aus. *avere*) ● Fare rimbalzare la palla con le mani, con la testa o con i piedi, da soli o fra due o più giocatori. **B v. tr.** ● Far oscillare morbidamente: *palleggiava la lancia prima di scagliarla*; *p. un fanciullo tenendolo fra le braccia*. **C v. rifl. rec.** ● (*fig.*) Attribuirsi scambievolmente colpe, responsabilità e sim.: *si stanno palleggiando il fastidio di redigere il verbale*.

palleggiatóre [1871] **s. m.** (**f.** *-trice*) ● Chi palleggia | Giocatore esperto nel palleggio | Nella pallavolo, alzatore.

pallèggio [1804] **s. m.** ● Attività, esercizio del palleggiare | (*fig.*) Palleggiamento: *il p. delle accuse*.

†**pallènte** [vc. dotta, lat. *pallĕnte(m)*, part. pres. di *pallēre* 'esser pallido', di orig. indeur.; av. 1332] **agg.** ● (*poet.*) Pallido, smorto.

†**pallerino** [av. 1621] **s. m.** ● Chi gioca a palla.

pallésco [dalle *palle* dello stemma di casa Medici; sec. XV] **A agg.** (**pl. m.** *-schi*) ● A Firenze nei secc. XV-XVI, proprio della fazione medicea. **B s. m.** ● Partigiano dei Medici.

pallesteṣia [comp. del gr. *pállein* 'vibrare' e *aísthēsis* 'sensibilità' col suff. *-ia* (*2*); 1954] **s. f.** ● (*fisiol.*) Percezione delle vibrazioni.

pallet /'pallet, *ingl.* 'pʰælɪt/ [vc. ingl., propr. 'piatto', dall'antico francese *palette* 'piccola pala', dim. di *pale* 'pala (1)'; 1958] **s. m. inv.** ● Piattaforma di legno, di metallo o di materiale plastico, trasportabile con carrelli elevatori, sopra la quale vengono disposti a pila imballaggi di spedizione o altri oggetti. **SIN.** Bancale.

pallètico ● V. *parletico*.

pallettàta [da *palletta*, dim. di *palla* (*1*); 1982] **s. f.** ● (*gerg.*) Nel tennis, colpo teso e veloce | ***Prendersi a pallettate***, eseguire un tipo di gioco basato più sulla violenza dei colpi che sulla tecnica tennistica.

pallettizzàre e *deriv.* ● V. *palettizzare* e *deriv.*

pallettóne [accr. di *palletta*, a sua volta deriv. di *palla* (*1*); 1886] **s. m.** ● (*spec. al pl.*) Ciascuno dei grossi pallini di cartucce per fucili da caccia per selvaggina di una certa mole.

palliàle [da *pallio* col suff. *-ale* (*1*)] **agg.** ● (*anat.*, *biol.*) Riferito al pallio.

†**palliaménto** [da *palliare*; sec. XIV] **s. m.** ● Simulazione, scusa.

palliàre [vc. dotta, lat. tardo *palliāre* 'coprire (col pallio)', da *palliātus* 'palliato'; av. 1342] **A v. tr.** (*io pàllio*) ***1*** (*lett.*) Dissimulare sotto falsa apparenza: *p. la propria invidia, una menzogna*; *riproduce la scuola dei trovatori … in una forma eletta e vezzosa che la pallia* (DE SANCTIS). ***2*** †Velare. **B v. rifl.** ● †Cercare di scusarsi.

palliàta [vc. dotta, lat. *palliāta(m fābulam)*, f. sost. di *palliātus* (V. *palliato*): detta così perché gli attori la rappresentavano indossando il pallio; 1639] **s. f.** ● Commedia romana di derivazione greca.

palliativo [da *palliato*, part. pass. di *palliare* nel senso di 'mascherare, coprire', perché non guarisce il male ma si limita a mitigarlo; 1784] **A s. m.** ***1*** Rimedio che attenua i sintomi della malattia, senza intervenire direttamente sulla causa. ***2*** (*fig.*) Rimedio momentaneo e apparente, che attenua gli effetti di qlco. lasciando intatte le cause: *cercarono di ovviare alla crisi con vari palliativi*. **B** anche **agg.**: *rimedio p.*

palliàto (1) **part. pass.** di *palliare*; anche **agg.** ● (*lett.*) Falsato, dissimulato. || **palliataménte**, **avv.** (*raro*) Copertamente.

palliàto (2) [da *pallium*, V. *pallio*] **agg.** ● Vestito col pallio | ***Commedia palliata***, palliata (V.).

pallidàstro [da *pallido*] **agg.** ● (*raro*) Di un pallore quasi livido.

pallidézza [da *pallido*; 1338 ca.] **s. f.** ● (*raro*) Pallore: *smarrisce il bel volto in un colore / che non è p., ma candore* (TASSO).

pallidiccio [av. 1597] **agg.** (**pl. f.** *-ce*) ***1*** Pegg. di *pallido*. ***2*** Alquanto pallido.

†**pallidità** o †**palliditàde**, †**palliditàte** [da *pallido*; av. 1406] **s. f.** ● (*lett.*) Pallore.

♦**pàllido** [vc. dotta, lat. *pallĭdu(m)*, da *pallēre* 'esser pallido'. V. *pallente*; av. 1292] **agg.** ***1*** Privo del suo colorito naturale, sbiancato: *volto p.*; *faccia pallida* | ***P. di timore***, ***d'ira***, per il timore, per l'ira | ***P. come un morto***, ***un cadavere***, cereo, pallidissimo: *sconvolto … p. come un cadavere, con le mani* *scarne e tremanti* (VERGA) | ***Divenire p.***, impallidire | ***Viso p.***, V. *viso* (2), sign. 1. SIN. Bianco, cereo, smorto. CONTR. Colorito. **2** (*est.*) Tenue, scialbo: *blu, azzurro p.*; *sole p.* CONTR. Intenso. **3** (*fig.*) Debole, evanescente: *luce pallida*; *una pallida immagine della realtà* | ***Non avere la più pallida idea di qlco.***, non saperne assolutamente nulla. || **pallidàccio**, pegg. | **pallidétto**, dim. | **pallidiccio**, pegg. (V.) | **pallidino**, dim. | **pallidóne**, accr. | **palliduccio**, dim. || **pallidaménte**, avv. In modo pallido (*anche fig.*).

†**pallidóre** [da *pallido*; av. 1347] s. m. ● Pallore: *il p. de' moribondi* (BARTOLI).

†**pallidùme** [da *pallido*; sec. XIV] s. m. ● Livido pallore.

pallina [1585] s. f. **1** Dim. di *palla* (*1*). **2** Sferetta di vetro o terracotta con cui giocano i bambini. SIN. Bilia. **3** Elemento di scrittura, mobile e intercambiabile, di forma rotonda, per macchine per scrivere.

pallinatùra [da *pallinare*; 1958] s. f. ● Trattamento superficiale dei metalli eseguito tramite un getto di sferette metalliche allo scopo di aumentarne la durezza.

pallino [1640] s. m. **1** Dim. di *palla* (*1*). **2** La più piccola delle bilie da biliardo | Nel gioco delle bocce, boccino | (*fig., fam.*) ***Andare a p.***, andare a vuoto o avere cattivo esito: *il nostro progetto è andato a p.*; andare a genio: *quel tipo mi va a p.* | (*fig.*) ***Mantenere il p., avere il p. in mano***, svolgere un ruolo preminente in un'attività. **3** (*spec. al pl.*) Ciascuna delle piccole sfere di piombo con cui vengono caricate le cartucce per fucili da caccia. **4** Ciascuno dei dischi di varia grandezza e colore, stampati o tessuti su stoffa: *una camicetta a pallini*. SIN. Pois. **5** (*fig.*) Fissazione, mania: *ha il p. di viaggiare* | (*est.*) Forte inclinazione naturale: *ha il p. della fisica*. **6** (*fig.*) †Nome comune ai cani da caccia | †***Sciogliere p.***, sciogliere i bracchi a caccia. || **pallinàccio**, pegg.

pàllio [vc. dotta, lat. *pălliu(m)*, di orig. preindeur.; 1342] s. m. **1** Mantello di lana di forma quadrata o rettangolare portato dagli antichi Greci e Romani. **2** Sottile stola di lana d'agnello, ornata di sei croci e frange, che il Papa impone agli arcivescovi metropoliti quale simbolo della potestà che essi, in comunione con la Chiesa di Roma, acquisiscono nella propria provincia. **3** (*anat.*) Struttura nervosa di aspetto mantellare che delimita dorsalmente, medialmente e lateralmente ognuno dei due ventricoli del telencefalo nell'uomo e nella maggioranza dei Vertebrati.

pallonàio o (*dial.*) **pallonàro** [da *pallone*; 1576] s. m. (f. *-a*) **1** Fabbricante o venditore di palloni. **2** (*fig., merid.*) Chi dice fandonie: *non credergli perché è un p.* SIN. Fanfarone.

pallonàta [av. 1816] s. f. **1** Colpo di pallone: *ricevette una p. in una gamba*. **2** (*fig., fam.*) Bugia, esagerazione: *dice troppe pallonate*.

♦**palloncino** [av. 1698] s. m. **1** Dim. di *pallone*. **2** Globo colorato di membrana elastica, gonfiato con gas più leggero dell'aria e attaccato a un filo, per il divertimento dei bambini | (*est.*) ***Prova del p.***, alcoltest | Nel linguaggio dei giornali, etilometro. **3** Lampioncino di carta per illuminazione, spec. in occasioni festive: *aveva illuminato la sala con palloncini rossi*. **4** (*bot.*) Alchechengi.

♦**pallóne** [1565] s. m. **1** Accr. di *palla*. **2** Grossa palla vuota e rigonfia: *il pianto del bambino / a cui fugge il p. tra le case* (MONTALE) | ***Gonfio come un p.***, di chi (o di ciò che) è tondo o quasi per grassezza, gonfiore e sim. | ***P. gonfiato***, (*fig.*) persona boriosa e di nessun valore | (*fig., fam.*) ***Avere, sentirsi la testa come un p.***, essere intontito per la stanchezza e sim. | (*fig., fam.*) ***Essere, andare nel p.***, essere, diventare confuso e frastornato. **3** (*sport*) Palla di grosse dimensioni usata in vari giochi, costituita da un involucro esterno di materiale resistente, come il cuoio, e da una camera d'aria gonfiata a pressione all'interno | ***Gioco del p.***, (*per anton.*) gioco del calcio | ***P. elastico***, gioco che contrappone due squadre che si lanciano, secondo determinate regole, un pallone di gomma, colpendolo con la mano coperta da una fascia | ***P. a bracciale***, in cui il pallone di cuoio viene colpito con un bracciale di legno che protegge mano e polso. **4** Aerostato a gas senza motore | ***P. frenato***, ancorato con una o più funi al suolo per servire da osservatorio, segnale o altro | ***P. libero***, privo di organi di direzione | ***P. sonda***, che porta strumenti spesso riuniti in una radiosonda, per il rilevamento in quota di uno o più elementi meteorologici | ***P. stratosferico***, con navicella a pressione, per ascensioni a scopo scientifico. **5** (*bot.*) ***P. di maggio***, arbusto delle Caprifogliacee, spontaneo nelle siepi e nei boschi umidi, con foglie triangolari lobate e grandi infiorescenze bianche rotondeggianti (*Viburnum opulus*). SIN. Palle di neve, viburno. **6** (*chim.*) Recipiente di vetro di forma sferica. **7** ***Copertura a p.***, (*ellitt.*) ***pallone***, grande cupola in tessuto plastificato, sostenuta dall'aria compressa immessa al suo interno, utilizzata per coprire piscine, campi da tennis e sim. || **pallonàccio**, pegg. | **palloncino**, dim. (V.) | **pallonétto**, dim. (V.).

pallonétto [1930] s. m. **1** Dim. di *pallone*. **2** Nel calcio e sim., tiro spiovente effettuato per scavalcare un giocatore o il portiere quando è lontano dai pali | Nel tennis, tiro a parabola alta per scavalcare l'avversario portatosi sotto rete.

pallóre [vc. dotta, lat. *pallōre(m)*, da *pallēre* 'esser pallido', V. *pallente*; av. 1243] s. m. ● Colore smorto ed esangue, spec. del viso: *avea sul volto / il pallor della morte e la speranza* (FOSCOLO). SIN. Pallidezza.

pallosità [1980] s. f. ● (*fam.*) Caratteristica di chi (o di ciò che) è palloso.

pallóso [da *palla* (*1*), prob. nel sign. di 'testicolo'; 1977] agg. ● (*fam.*) Noioso, pesante da sopportare, detto di persona e di cosa: *che amici pallosi hai!*; *film, libro p.* || **pallosaménte**, avv.

pallòtta [av. 1348] s. f. **1** Dim. di *palla* (*1*) | (*lett.*) Ballotta per votazioni. **2** †Palla di artiglieria. || †**pallottóne**, accr. m.

pallòttola [av. 1311] s. f. **1** Dim. di *palla* (*1*). **2** Pallina di materiale solido: *una p. di carta*; *io mi trovo sotto il tavolo dove giuoco con delle pallottole* (SVEVO) | ***Naso a p.***, con la punta rotonda e grossa. **3** Proiettile lanciato dalle armi da fuoco portatili: *p. di pistola*; *p. incendiaria, tracciante*. || **pallottolétta**, dim. | **pallottolina**, dim. | **pallottolino**, dim. m.

pallottolàio [av. 1675] s. m. ● (*raro*) Campo per giocare alle bocce o, un tempo, a pallamaglio.

pallottolièra [da *pallottola*; av. 1527] s. f. ● Rinforzo nel mezzo della corda di arco o balestra dove s'incocca il dardo.

pallottolière [da *pallottola*; 1841] s. m. **1** Piccolo telaio con sbarrette in cui sono infilate pallottole di colore vario disposte in più ordini; utile per semplici operazioni aritmetiche, era usato in passato per insegnare ai bambini le prime nozioni di aritmetica. **2** Segnapunti per il gioco del biliardo.

pallottolóso [da *pallottola*; 1956] agg. **1** (*tosc.*) Pieno di pallottole, di grossi grumi: *crema pallottolosa*. **2** (*tosc., fig.*) Insistente, fastidioso: *su, non farla tanto pallottolosa!*

pallovàle o **pàlla ovàle** [comp. di *palla* (*1*) e *ovale*; 1942] s. f. inv. ● Rugby.

palm /'palm, *ingl.* pɑːm/ s. m. inv. ● Accorc. di *palmtop*.

♦**pàlma** (**1**) [lat. *pălma(m)*; V. *palma* (*2*); 1310] s. f. ● La superficie interna della mano (opposta al *dorso*), compresa tra la fine del polso e l'attaccatura delle dita: *battere le palme*; *alta vittoria / che s'acquistò con l'una e l'altra p.* (DANTE *Par.* IX, 122-123) | ***Giungere le palme***, in atto di preghiera | ***Portare qlcu. in p. di mano***, (*fig.*) tenere caro, stimare moltissimo | †***Battersi a palme***, prendersi a, darsi schiaffi.

♦**pàlma** (**2**) [lat. *pălma(m)* 'palma della mano', poi 'parte del tronco' (in particolare dell'albero di palma), dalla stessa radice indeur. da cui *plānus* 'piano'; 1306] s. f. **1** Correntemente, pianta monocotiledone, per lo più a fusto non ramificato, con foglie grandi, laciniate o pennate o raggiate | ***P. da datteri***, alta oltre 10 metri, con frutti a bacca bruna con un seme duro, utilissima nelle aree desertiche (*Phoenix dactylifera*) | ***P. da cocco***, cocco | ***P. dum***, comune in Eritrea, con stipite ramificato, utile per le foglie che forniscono una fibra tessile e per i semi da cui si ottiene l'avorio vegetale (*Hyphaene thebaica*). **2** Ramo di palma o d'ulivo che, benedetto nella domenica delle Palme, è distribuito ai fedeli, a memoria dell'entrata di Gesù in Gerusalemme e come segno di pace cristiana | ***Domenica delle Palme***, quella che precede la domenica di Pasqua. **3** Corona o ramo di palma che gli antichi Greci e Romani assegnavano in segno di vittoria | (*fig.*) Premio, vittoria: *conseguire, riportare la p.*; *non lauro, o p., ma tranquilla oliva / Pietà mi manda* (PETRARCA) | ***P. del martirio***, segno di gloria che Dio concede ai martiri per la fede. **4** (*mar.*) Ciascuna delle parti singolari e piane alle estremità delle marre. || **palmèlla**, dim. (V.) | **palmétta**, dim. (V.) | **palmettina**, dim.

palmàre [vc. dotta, lat. *palmāre(m)*, da *pălmus* 'palmo'; av. 1673] **A** agg. **1** (*anat.*) Del palmo: *fascia p.*; *muscolo p.* CFR. Volare (2). **2** Delle dimensioni di un palmo | Che può essere contenuto in un palmo: *computer p.* **3** (*fig.*) Che appare evidente senza necessità di essere provato: *errore p.*; *è incorso in una p. contraddizione*. SIN. Lampante. || **palmarménte**, avv. **B** s. m. ● (*elab.*) Personal computer portatile di dimensioni tascabili. SIN. Palmtop.

palmarès /fr. palma'rɛs/ [vc. fr., deriv. dal pl. (*palmāres*) del lat. *palmāre(m)* 'degno della palma della vittoria'; 1985] s. m. inv. **1** Elenco, classifica dei premiati in una gara, un concorso, un festival e sim.: *il p. del festival del cinema di Cannes '98* | (*est.*) Albo d'oro, lista completa dei vincitori passati di una competizione: *il p. del torneo di Wimbledon*. **2** (*fig.*) Ristretto gruppo di persone al vertice di un determinato settore: *entrare nel p. delle top model*. SIN. Gotha. **3** Elenco dei riconoscimenti e dei premi ottenuti nel corso di una carriera spec. sportiva o artistica: *avere un p. assai prestigioso*.

palmàrio [vc. dotta, lat. tardo *palmārĭu(m)* 'onorario dell'avvocato che ha vinto la causa', da *pălma* 'palma (2)', simbolo di vittoria; 1737] s. m. ● (*raro*) Compenso corrisposto o promesso dal cliente all'avvocato per l'esito favorevole di una vertenza.

†**palmàta** [da *palma* (*1*); sec. XIV] s. f. **1** Percossa con riga e sim. sulla palma della mano che il maestro dava ai ragazzi indisciplinati: *maestro Conco … che era vago delle femmine, come i fanciulli delle palmate* (SACCHETTI). **2** Regalo per corrompere. **3** Stretta di mano che sottolinea l'avvenuta conclusione di un contratto.

palmatìfido [comp. di *palmato* e *-fido* (dal lat. *-fidus*: V. *bifido*)] agg. ● (*bot.*) Detto di foglia palmata divisa fino a metà della distanza fra il margine e il picciolo.

palmàto [vc. dotta, lat. *palmātu(m)*, da *pălma* 'palma (1)'; 1813] agg. ● Che ha forma di palma | (*zool.*) ***Piede p.***, che ha le dita unite da una membrana | (*bot.*) ***Foglia palmata***, composta di foglioline tutte inserite a uno stesso livello e disposte a ventaglio.

palmatòria [detta così perché viene portata sulla *palma* della mano; 1954] s. f. ● Piccolo candelabro manuale usato, nelle funzioni e nella lettura dei libri liturgici, dai cardinali, dai vescovi e dagli abati.

palmatosètto [comp. di *palmato* e *-setto* (da *setto* (*2*)); 1958] agg. ● (*bot.*) Detto di foglia palmata divisa fino al picciolo.

Pàlme [pl. di *palma* (*2*)] s. f. pl. ● Nella tassonomia vegetale, famiglia di piante monocotiledoni, dioiche, con fiori in infiorescenze e frutto a bacca o a drupa (*Palmae*). ➡ ILL. **piante**/10.

†**palmeggiàre** [da *palma* (*1*). V. *impalmare*; av. 1556] v. tr. **1** Maritare. **2** Lisciare con la palma della mano.

palmèlla [dim. di *palma* (*2*); 1808] s. f. ● Alga delle Cloroficee che produce piccole masse mucose sulla terra e nell'acqua (*Palmella*).

palménto [etim. incerta; av. 1300] s. m. **1** Macina del mulino | Insieme delle macine, dell'attrezzatura di un mulino | ***Mangiare, macinare a due, a quattro palmenti***, (*fig.*) mangiare avidamente; guadagnare o procurarsi guadagni, anche illeciti, da più fonti. **2** Ampia vasca per la pigiatura dell'uva e la fermentazione del mosto, in uso nell'Italia meridionale.

pàlmer (**1**) [dal n. dell'inventore; 1958] s. m. inv. ● Micrometro.

pàlmer (**2**) [dal n. dell'inventore (?)] s. m. inv. ● Speciale pneumatico per biciclette da corsa.

palméto [vc. dotta, lat. *palmētu(m)*, da *pălma*. V. *palma* (*2*); av. 1499] s. m. ● Piantagione di palme.

palmétta [1758] s. f. **1** Dim. di *palma* (*2*). **2** Forma di potatura di piante da frutto per cui, in allevamenti a spalliera, si lasciano sviluppare i rami a destra e a sinistra del fusto principale. ➡ ILL. **agricoltura e giardinaggio**. **3** Antico elemento decorativo di tipo vegetale costituito da lobi o petali variamente stilizzati e in numero dispari.

†**palmière** [ant. fr. *palmier*, da *palme* 'palma (2)', perché portava come insegne le palme della Terra Santa; av. 1321] **s. m.** ● Pellegrino di Terra Santa.

palmìfero [comp. di *palma* (2) e *-fero*; 1749] **agg.** ● (*lett.*) Che produce palme.

palmifórme [1989] **agg.** ● Che ha forma di palma: *colonne palmiformi*.

palminèrvio [comp. di *palma* (della mano) e *nervo*; dalle nervature che si diramano come le dita di una mano; 1875] **agg.** ● (*bot.*) Detto di foglia con le nervature che irradiano dalla base della lamina divergendo a ventaglio.

palmìpede [vc. dotta, lat. *palmĭpede(m)*, comp. di *pălma* 'palma (1)' e *pēs*, genit. *pĕdis* 'piede'; 1499] **A s. m.** ● Denominazione generica di tutti gli uccelli dotati di piedi palmati, con abitudini più o meno acquatiche. **B** anche **agg.**: *uccello p.*

palmìsti [fr. *palmiste*, da *palme* 'palma (2)'; 1931] **s. m. inv.** ● Denominazione dei semi della palma da olio | *Olio di p.*, olio grasso estratto dai semi di palma, usato nell'industria alimentare e chimica.

palmitàto [da *palmitico*; 1871] **s. m.** ● (*chim.*) Sale o estere dell'acido palmitico.

pàlmite [vc. dotta, lat. *pălmite(m)*, da *pălma* 'palma (2)'; 1340 ca.] **s. m.** *1* (*lett.*) Tralcio della vite | La vite stessa. *2* (*raro, lett.*) Tralcio di pianta rampicante.

palmìtico [da *palmitina*; 1871] **agg.** (**pl. m.** *-ci*) ● (*chim.*) Detto di acido organico o dei composti che ne derivano: *anidride palmitica* | ***Acido p.***, acido grasso saturo monobasico, principale costituente degli acidi grassi dell'olio di palma, usato con l'acido stearico nella fabbricazione di candele.

palmitìna [dall'(*olio di*) *palma*, da cui viene ricavata; 1871] **s. f.** ● (*chim.*) Gliceride dell'acido palmitico.

palmìzio [vc. dotta, lat. tardo *palmĭceu(m)*, agg. di *pălma* 'palma (2)'; av. 1311] **s. m.** *1* Palma da datteri. *2* Ramo grande e intrecciato di palma o d'ulivo che si benedice in chiesa nella funzione della domenica delle Palme.

pàlmo [lat. *pălmu(m)*, da *pălma*. V. *palma* (*1*); 1312] **s. m.** *1* Distanza compresa tra l'estremità del pollice e del mignolo della mano aperta e distesa | (*fig.*) ***Restare con un p. di naso***, deluso | ***Con un p. di lingua fuori***, di cane ansimante per la corsa | ***Conoscere a p. a p.***, alla perfezione, nei minimi particolari | (*fig.*) ***Contrastare a p. a p.***, con grande accanimento. **SIN.** Spanna. *2* (*spec. tosc.*) Palma della mano. *3* Antica misura di lunghezza corrispondente all'incirca a un quarto del metro, cioè a cm 25.

pàlmola [vc. dotta, lat. *pălmula(m)*, dim. di *pălma* 'palma (1)', per la forma; 1868] **s. f.** ● Forca a due o più rebbi, per paglia e strame.

palmóso [vc. dotta, lat. *palmōsu(m)*, agg. di *pălma* 'palma (2)'; av. 1566] **agg.** ● (*lett.*) Ricco di palme.

palmtop /'palmtop, *ingl.* 'pɑːm,tɒp/ [loc. ingl., propr. 'cima (*top*) del palmo della mano (*palm*)'; 1991] **s. m. inv.** ● (*elab.*) Personal computer portatile di dimensioni tascabili. **SIN.** Palmare.

♦**pàlo** [lat. *pālu(m)*; stessa etim. di *pala* (*1*); 1130] **s. m.** *1* Lungo legno a sezione tondeggiante, appuntito a un'estremità, che si conficca nel suolo per recingere, sostenere e sim.: *le piante giovani sono sostenute da pali* | ***Dritto come un p.***, di persona che sta rigida e impettita | (*fig.*) ***Ha ingoiato un p.***, di chi cammina o sta in posizione rigida | ***Saltare di p. in frasca***, (*fig.*) cambiare argomento in modo del tutto illogico e imprevedibile | ***Rimanere fermo al p. di partenza***, nell'ippica, detto di cavallo che, al momento del via, si rifiuta di partire; (*fig.*) restare fermo allo stadio iniziale. *2* Sostegno verticale o inclinato, in metallo, cemento armato e sim., di lunghezza grande rispetto alle dimensioni trasversali, usato in fondazioni o come struttura di linee elettriche | ***P. trivellato***, elemento di una fondazione ottenuto eseguendo un getto di calcestruzzo in una profonda cavità praticata nel terreno. *3* (*fig., gerg.*) Chi sta di guardia mentre i compagni compiono un furto, una rapina e sim.: *fare il p.*, *da p.* *4* Nel gioco del calcio, ciascuno dei due montanti che, con la traversa, costituiscono la porta: *colpire un p.* | ***Incrocio dei pali***, punto di intersezione fra un palo e la traversa. *5* (*mar.*) Albero a vele auriche, addizionale a quelli tradizionali di un determinato tipo di veliero: *nave a p.* *6* (*arald.*) Pezza che occupa verticalmente la terza parte dello scudo. || **palétto**, **dim.** (V.) | **palettìno**, **dim.** | **palettóne**, **accr.** | **palettùccio**, **dim.** | **paliccìuòlo**, **dim.** | **palùccio**, **palùzzo**, **dim.**

palómba [f. di *palombo* nel sign. 2; av. 1511] **s. f.** ● (*zool.*) Colombaccio.

palombàccio [1835] **s. m.** ● (*zool.*) Colombaccio.

palombàro [etim. incerta; 1314] **s. m.** (**f.** *-a*) ● Operaio specializzato che esegue lavori sott'acqua munito di scafandro e di apposite attrezzature.

palombèlla [da *palombo* nel sign. 2, per la somiglianza tra il volo di questo uccello e la traiettoria del colpo; 1982] **s. f.** ● (*sport*) Pallonetto dalla traiettoria molto arcuata e spiovente, spec. nella pallanuoto.

palómbo [vc. dotta, lat. *palŭmbu(m)*, di orig. indeur.; av. 1472] **s. m.** *1* Squalo di piccole dimensioni, mediterraneo, snello, con piccola pinna caudale, pelle ruvida e senza squame, carni commestibili (*Mustelus*). ➡ **ILL. animali**/5. *2* Colombo selvatico.

palpàbile [vc. dotta, lat. tardo *palpābile(m)*, da *palpāre* 'palpare'; av. 1342] **agg.** *1* Che si può palpare, toccare. **CONTR.** Impalpabile, intoccabile. *2* (*fig.*) Che è chiaro, manifesto: *un p. errore*; *ragioni tanto evidenti e tanto palpabili* (GUICCIARDINI). || **palpabilménte**, **avv.** In modo palpabile (*spec. fig.*).

palpabilità [av. 1686] **s. f.** ● Condizione, caratteristica di ciò che è palpabile (*anche fig.*).

palpaménto [vc. dotta, lat. tardo *palpamĕntu(m)*, da *palpāre* 'palpare'; av. 1681] **s. m.** ● (*raro*) Il palpare | Toccamento.

palpàre [lat. *palpāre*; stessa etim. di *pălpebra* 'palpebra'; av. 1276] **A v. tr.** *1* Tastare: *p. il collo, la schiena di un animale*; *p. un tessuto per accertarne la consistenza* | Accarezzare, spec. a scopo erotico. *2* (*med.*) Esaminare con la palpazione. *3* (*fig.*) †Lusingare, adulare. **B v. intr.** (aus. *avere*) ● †Andare a tasto o a tastoni.

palpàta [1584] **s. f.** ● L'atto del palpare una volta e in fretta: *dare una p. a qlco.* || **palpatìna**, **dim.**

palpatóre [vc. dotta, lat. *palpatōre(m)*, da *palpātus* 'palpato'; av. 1364] **agg.**; anche **s. m.** (**f.** *-trice*) ● (*raro*) Che (o Chi) palpa | (*fig.*) †Lusingatore.

palpatòrio **agg.** ● (*med.*) Relativo alla palpazione, rilevabile alla palpazione.

palpazióne [vc. dotta, lat. *palpatiōne(m)*, da *palpātus* 'palpato'; sec. XIV] **s. f.** *1* Palpamento. *2* (*med.*) Esame di un organo mediante le percezioni tattili e termiche delle mani.

pàlpebra o †**palpèbra** [vc. dotta, lat. *pălpebra(m)*, da un v. **pălpere* 'battere delle ciglia', di orig. onomat. V. *palpare*; av. 1292] **s. f.** ● (*anat.*) Ognuna delle due pieghe cutaneo-mucose che ricoprono il bulbo oculare: *p. superiore*, *inferiore*. **CFR.** blefaro-. ➡ **ILL.** p. 2127 ANATOMIA UMANA.

palpebràle [vc. dotta, lat. tardo *palpebrāle(m)*, da *pălpebra* 'palpebra'; 1829] **agg.** ● (*anat.*) Della palpebra | ***Rima p.***, l'apertura fra le due palpebre.

palpebràre [vc. dotta, lat. tardo *palpebrāre*, da *pălpebra* 'palpebra'; av. 1420] **v. intr.** (aus. *avere*) ● (*lett.*) Muovere spesso le palpebre: *Tutti guardavano alla pianura, quasi senza p.* (FENOGLIO) | (*fig.*) Risplendere a tratti.

palpeggiaménto [av. 1604] **s. m.** ● (*raro*) Un palpeggiare prolungato.

palpeggiàre [intens. di *palpare*; sec. XIV] **v. tr.** (*io palpéggio*) *1* Palpare a lungo e con insistenza, ma senza premere troppo: *non palpeggiate la frutta matura* | Accarezzare, toccare spec. a scopo erotico. *2* (*fig.*) †Adulare.

palpeggiàta [av. 1861] **s. f.** ● (*raro*) Atto del palpeggiare in una sola volta. || **palpeggiatìna**, **dim.**

†**palpitaménto** [1640] **s. m.** ● Palpitazione.

palpitànte [1342] **part. pres.** di *palpitare*; anche **agg.** *1* Che palpita: *cuore palpitante*; *le carni ancora palpitanti delle vittime*; *guardavati / il seno p. tra i veli* (D'ANNUNZIO). *2* (+ *di*; raro + *per*; + *da*) (*fig.*) Fremente, eccitato: *essere p. d'amore*, *di paura*; *cuore p. d'odio*; *ancora p. per quella sua disperata audacia* (FOGAZZARO) | (*lett.*) Sofferente: *scrivo con un cuore così chiuso e p. dalla disperazione* (LEOPARDI) | ***Notizia di p. attualità***, di grande e vivo interesse.

palpitàre [vc. dotta, lat. *palpitāre*, intens. di *palpāre* 'palpare'; av. 1333] **v. intr.** (*io pàlpito*; aus. *avere*) *1* Sussultare per frequenti e irregolari movimenti: *il cuore gli palpitava violentemente*. **SIN.** Pulsare. *2* (assol.; + *di*; raro + *per*) (*fig.*) Essere in preda a sentimenti o sensazioni molto intense: *l'aure, che ascolto intorno, / mi fanno palpitar* (METASTASIO); *p. di gioia*, *di timore*, *di angoscia*; *non sa più p. per una cosa che conosce vana* (LEOPARDI) | ***P. per qlcu.***, essere in ansia per lui.

palpitazióne [vc. dotta, lat. *palpitatiōne(m)*, da *palpitāre* 'palpitare'; 1583] **s. f.** *1* (*med.*) Aumento della frequenza dei battiti cardiaci con spiacevole sensazione precordiale di contrazione. *2* (*fig.*) Viva commozione o emozione: *che p. mi ha dato il rivederlo!*

palpitìo [da *palpitare*; 1932] **s. m.** ● Un palpitare veloce e frequente.

pàlpito [da *palpitare*; sec. XV] **s. m.** *1* Singolo battito del cuore. *2* (*fig.*) Agitazione viva dovuta a intensi sentimenti o emozioni: *i palpiti dell'amore*; *avere un p. di odio*.

pàlpo [da *palpare*; av. 1916] **s. m.** ● (*zool.*) Appendice articolata con funzioni sensoriali, posta presso la bocca di molti Artropodi.

pàlta [dalla stessa base prelatina *palta*, alla quale risale *pantano*; av. 1936] **s. f.** ● (*sett.*) Fanghiglia, melma, pantano.

paltò [1838] **s. m.** ● Adattamento di *paletot* (V.). || **paltoncìno**, **dim.** (V.).

paltoncìno [1880] **s. m.** *1* Dim. di *paltò*. *2* Cappotto per bambino | Soprabito per signora.

†**paltóne** [da †*paltoniere*; av. 1306] **s. m.** ● Chi andava in giro elemosinando.

†**paltonière** [ant. fr. *pautonier* 'uomo spregevole', di etim. incerta; 1353] **s. m.**; anche **agg.** (**f.** *-a*) ● (*lett.*) Mendico, accattone: *non è da maravigliarsi se volentier dimoran con paltonieri* (BOCCACCIO) | Ribaldo.

paludaménto [vc. dotta, lat. *paludamĕntu(m)* 'mantello militare'; stessa etim. di *paludātus* 'paludato'; sec. XIV] **s. m.** *1* Mantello militare usato spec. dai generali dell'antica Roma. *2* (*est.*) Abito ampio e regale | (*spreg.*) Abito di cattivo gusto, eccessivamente ornato o ricco: *aveva addosso uno strano p.* *3* (*fig., spec. al pl.*) Fronzoli eccessivi: *paludamenti stilistici*.

paludàre [ricavato da *paludato*; 1958] **A v. tr.** *1* Vestire con il paludamento | (*est.*) Ammantare | (*spreg.*) Vestire con abiti eccessivamente ricchi o ampi. *2* (*fig.*) Riempire di fronzoli. **B v. rifl.** ● (*fam.*) Vestirsi con abiti sontuosi ma di gusto discutibile: *vedessi come si è paludato per l'occasione!* | ***Paludarsi a festa***, addobbarsi.

paludàto [vc. dotta, lat. *paludātu(m)*, da *Palūda*, epiteto di Minerva, di orig. sconosciuta; sec. XIV] **agg.** *1* Vestito con abiti importanti o comunque vistosi, spesso inadatti al luogo e alle circostanze: *usciva paludata in un mantello rosso*; *arrivano le signore tutte paludate a festa*. *2* (*fig.*) Solenne, importante: *stile*, *discorso p.* || **paludataménte**, **avv.**

♦**palùde** [vc. dotta, lat. *palūde(m)*, di orig. indeur.; 1310] **s. f.** ● Tratto di terreno depresso di solito ricoperto di acqua stagnante e poco profonda.

†**paludésco** o †**padulésco** [da *palude*; sec. XIV] **agg.** ● Palustre.

palùdicolo [comp. del lat. *pălus*, genit. *palūdis* 'palude' e *-colo*; av. 1803] **agg.** ● Detto di animale che vive, o di pianta che cresce, nei terreni paludosi.

paludìna [dalla *palude*, in cui vive; 1875] **s. f.** ● Mollusco gasteropode erbivoro di acqua dolce, con conchiglia bruna globosa (*Paludina vivipara*).

paludìsmo [fr. *paludisme*, da *palus* 'palude'; 1899] **s. m.** ● (*raro*) Malaria.

paludóso o †**padulóso** [vc. dotta, lat. *paludōsu(m)*, agg. di *pălus*, genit. *palūdis* 'palude'; 1340 ca.] **agg.** *1* Di palude: *acque paludose*. *2* Caratterizzato da paludi | Ricco di paludi: *terreno p.*; *zona paludosa*.

palùstre [vc. dotta, lat. *palūstre(m)*, agg. di *pălus*, genit. *palūdis* 'palude'; av. 1374] **agg.** *1* Di palude: *terreno*, *uccello*, *vegetazione p.* | ***Febbre p.***, malaria. *2* †Paludoso: *valle imà e p.* (PETRARCA).

palvesàrio [da †*palvese*; 1525] **s. m.** ● Soldato medievale armato di grande scudo di vimini, detto palvese o pavese.

†**palvése** ● V. *pavese* (*1*).

pam o **pàmfete** nel sign. 2 [vc. onomat.; av. 1927] **inter.** *1* Riproduce il suono di uno sparo di rivol-

pamela 1256

tella o fucile | V. anche *pim.* *2* Riproduce il rumore prodotto da qlco. che sbatte violentemente o viene colpito con forza o cade a terra pesantemente.

pamèla [dal n. della protagonista dell'omonimo romanzo di Richardson; 1856] **s. f.** ● Tipo di cappello femminile di paglia.

pàmfete /'pamfete/ ● V. *pam.*

pàmpa [sp. *pampa*, dal quechua *pampa* 'pianura'; 1834] **s. f.** (**pl.** sp. *pampas*; **pl.** it. poet. *-e*) ● Vasta pianura stepposa nel Perù, nella Bolivia e nell'Argentina.

pàmpana [var. di *pampano*; sec. XIV] **s. f.** ● (*tosc.* o *poet.*) Pampino.

pàmpano ● V. *pampino.*

pampeàno [sp. *pampeano*, da *pampa* 'pampa'; 1929] **agg.** ● Della pampa: *fauna pampeana.*

pampepàto ● V. *panpepato.*

pamphlet /pam'flɛ*, *fr.* pɑ̃'flɛ/ [vc. fr., dall'ingl. *pamphlet*, da *Pamphilet*, n. di una commedia pop. lat. in versi del sec. XII; av. 1764] **s. m. inv.** ● Scritto di tono polemico o satirico. **SIN.** Libello.

pampineo [vc. dotta, lat. *pampĭneu(m)*, agg. di *pămpinus* 'pampino'; 1478] **agg.** ● (*lett.*) Di pampino, che ha molti pampini: *pur con pampinee fronde Apollo scaccia* (POLIZIANO).

pampinìfero [comp. di *pampino* e *-fero*; 1728] **agg.** ● (*lett.*) Che produce viti | (*est.*) Ornato di pampini: *giovine dio p.* (D'ANNUNZIO).

pàmpino o (*tosc.*) **pàmpano** [vc. dotta, lat. *pămpinu(m)*, di orig. preindeur.; av. 1320] **s. m.** *1* Foglia della vite. *2* (*lett.*, *spec. al pl.*) Vite.

pampinóso [vc. dotta, lat. *pampinōsu(m)*, agg. di *pămpinus* 'pampino'; 1504] **agg.** ● (*lett.*) Che è pieno, ricco o coronato di pampini | (*est.*) Pieno di viti: *Sedea sul colle il p. autunno* (PINDEMONTE).

pamplegìa [comp. di *pan-* e *-plegia*; 1970] **s. f.** ● (*med.*) Paralisi generale con particolare riferimento ai quattro arti.

pamporcino ● V. *panporcino.*

pampsichismo ● V. *panpsichismo.*

pan- [gr. *pan-*, nt. (*pân*) dell'agg. *pâs* 'tutto', di orig. incerta] primo elemento (*pam-*, davanti a parola che comincia per bilabiale) ● In parole dotte o scientifiche, significa 'tutto', 'interamente', con particolari determinazioni a seconda del termine cui è aggiunto: *panarabismo, pangermanesimo, panorama, panteismo.*

panàccia [var. di *panacea* (?)] **s. f.** (**pl.** *-ce*) ● Miscuglio di aloe, incenso, mirra, meliloto, spigonardo, amomo, anticamente usato per conservare i vini.

panacèa [vc. dotta, lat. *panacēa(m)*, nom. *panacēa*, dal gr. *panákeia*, propr. 'che cura tutti i mali', comp. di *pân* 'tutto' (V. *pan-*) e *akêisthai* 'curare, guarire'; 1532] **s. f.** ● Rimedio che guarisce tutti i mali (*anche fig.*): *un tempo certe erbe erano considerate panacee*; *credono d'aver trovato una p. per sanare la crisi dell'economia.* **SIN.** Toccasana.

panachage /*fr.* pana'ʃaːʒ/ [vc. fr., deriv. di *panache* 'pennacchio di vari colori', dal lat. tardo *pinnāculu(m)* 'pinnacolo': il suo denom. *panacher* ha così il sign. fig. di 'mettere in una lista elettorale nomi di appartenenti a diversi partiti'; 1919] **s. m. inv.** ● (*polit.*) Sistema di votazione che dà all'elettore la possibilità di esprimere preferenze anche per candidati appartenenti a liste diverse da quella prescelta.

panache /*fr.* pa'naʃ/ [vc. fr., propr. 'pennacchio', dall'it. *pennacchio*; 1905] **s. m. inv.** ● Pennacchio | *Far p.*, nell'ippica, detto del capovolgimento di cavallo e cavaliere su un ostacolo.

panafricanismo [comp. di *panafricano* e *-ismo*; 1963] **s. m.** ● Movimento politico che mira a riunire solidalmente tutti gli Stati e i popoli dell'Africa.

panafricanista [1983] **s. m. e f.** (**pl. m.** *-i*) ● Seguace, sostenitore del panafricanismo.

panafricàno [comp. di *pan-* e *africano*; 1965] **agg.** ● Che concerne tutti i popoli dell'Africa in unione solidale.

†**panàggio** (**1**) [da *pane* (*1*); av. 1363] **s. m.** ● Provvigione di pane.

†**panàggio** (**2**) ● V. *appannaggio.*

pànama [dal n. dello Stato di *Panama*; 1858] **s. m. inv.** ● Cappello maschile di paglia bianca pregiatissima intrecciato finemente con fibre di una palma dell'America centrale.

panamégno o **panamègno** [1970] **agg.**; anche **s. m.** ● Panamense.

panamènse [1860] **A agg.** ● Di Panama. **B s. m. e f.** ● Abitante, nativo di Panama.

panamericanismo [comp. di *panamericano* e *-ismo*; 1935] **s. m.** ● Movimento politico che mira a collegare sotto la direzione degli Stati Uniti, gli Stati e i popoli dell'intera America.

panamericàno [comp. di *pan-* e *americano*; 1950] **agg.** ● Che concerne l'intera America: *congresso p.*

panarabismo [comp. di *panarabo* e *-ismo*; 1929] **s. m.** ● Movimento tendente all'unificazione politica fra tutti i popoli arabi.

panàrabo [comp. di *pan-* e *arabo*; 1963] **agg.** ● Che concerne tutti i popoli arabi: *movimento p.*

panàre [da *pane* (*1*); 1819] **v. tr.** ● Impanare: *p. carne da friggere.*

panarèccio ● V. *patereccio.*

panàrio [da *pane* (*1*); 1835] **agg.** ● Del pane: *industria panaria.*

panartrite [comp. di *pan-* e *artrite*; 1929] **s. f.** ● (*med.*) Infiammazione articolare con estensione alle parti molli circostanti e alle formazioni ossee.

panasiàtico [comp. di *pan-* e *asiatico*; 1965] **agg.** (**pl. m.** *-ci*) ● Che concerne tutti i popoli asiatici o è relativo al panasiatismo: *politica panasiatica.*

panasiatismo [comp. di *panasiatico* e *-ismo*; 1929] **s. m.** ● Movimento che tende alla unificazione dei popoli asiatici su basi politiche, economiche, culturali.

panàta [da *pane* (*1*); av. 1389] **s. f.** ● Minestra preparata con pane raffermo, talvolta grattugiato, bollito in acqua con l'aggiunta di burro e, spesso, di un uovo. ‖ **panatèlla**, **dim.**

panatenàico [vc. dotta, lat. *Panathenăicu(m)*, nom. *Panathenăicus*, dal gr. *Panathēnaikós*, da *Panathénaia* 'Panatenee'; av. 1498] **agg.** (**pl. m.** *-ci*) ● Relativo alle Panatenee.

Panatenèe [vc. dotta, gr. *Panathénaia* 'Panatenee', comp. di *pan-* 'pan-' e *Athēnâ* 'Atena'] **s. f. pl.** ● Feste solenni, che nell'antica Atene si celebravano nei mesi di luglio e agosto in onore della dea Atena e che culminavano in una processione verso l'Acropoli.

panàtica [da *pane* (*1*); av. 1348] **s. f.** *1* (*raro*) Provvigione di pane, per truppe, navi. *2* (*mar.*, *disus.*) Vitto fornito al marinaio di una nave mercantile, o l'equivalente in denaro. *3* †Vitto.

panàto **part. pass.** di *panare*; anche **agg.** ● Impanato.

†**panattièra** [1598] **s. f.** ● Vassoio per il pane.

†**panattière** e *deriv.* ● V. *panettiere* e *deriv.*

♦**pànca** [longob. *panka*. V. *banco*; 1303] **s. f.** *1* Sedile per più persone, solitamente costituito di un'asse orizzontale che poggia su quattro piedi | (*fig.*) ***Far ridere le panche***, dire o fare errori madornali | ***Scaldare le panche***, (*fig.*) stare in ozio o frequentare la scuola di mala voglia | ***Consumare le panche dell'osteria***, (*fig.*) frequentarla troppo | Attrezzo di legno, anche con imbottitura, sul quale si eseguono esercizi ginnici e di sollevamento pesi. **SIN.** Scanno. *2* Parte della staffa su cui si appoggia il piede. ‖ **pancàccia**, **pegg.** (V.) | **pancàccio**, **pegg. m.** (V.) | **panchétta**, **dim.** (V.) | **panchétto**, **dim. m.** (V.) | **panchina**, **dim.** (V.) | **pancóne**, **accr. m.** (V.) | **pancùccia**, **dim.**

pancàccia [av. 1527] **s. f.** (**pl.** *-ce*) ● Pegg. di *panca* | (*tosc.*) ***Stare alle pancacce***, star seduti all'osteria, oziando e chiacchierando.

pancàccio [av. 1802] **s. m.** *1* Pegg. di *panca.* *2* Tavolaccio: *i reclusi dormivano sul p.* ‖ **pancaccióne**, **accr.**

pancake /*ingl.* 'phæn,kɛık/ [vc. ingl., propr. 'frittella', 'pasticcino piatto', comp. di *pan* 'tegame, padella' e *cake* 'tort(in)a', l'una e l'altra vc. di orig. e area germ.; 1942] **s. m. inv.** *1* Frittella dolce o salata servita con limone e zucchero, marmellata o salse, tipica specialità anglosassone. *2* Cosmetico solido da spalmare sul viso per dare un colore e un aspetto uniforme alla pelle.

pancàle [da *panca*; 1353] **s. m.** ● (*raro*) Drappo con cui si ornavano le panche.

pancardite [comp. di *pan-* e *cardite*] **s. f.** ● (*med.*) Coinvolgimento infiammatorio di tutte le componenti cardiache.

pancarrè o **pancarré** [comp. di *pan(e)* (*1*) e del fr. *carré* 'quadrato', per la forma; 1956] **s. m. inv.** ● Pane in cassetta.

pancàta [da *panca*; av. 1498] **s. f.** *1* Colpo di panca. *2* (*raro*) Insieme di persone sedute su una panca.

pancèra ● V. *panciera.*

pancètta [av. 1548] **s. f.** *1* Dim. di *pancia.* *2* (*fam.*) Ventre piuttosto pronunciato, per adipe | ***Metter su la p.***, ingrassare. *3* Parte adiposa della regione ventrale del suino con striature di tessuto magro, salata o affumicata anche insieme alla cotenna | ***P. affumicata***, bacon | ***P. di tonno***, ventresca. *4* ***P. di lepre***, pelliccia che si ottiene dal ventre delle lepri. ‖ **pancettina**, **dim.**

panchétta [av. 1375] **s. f.** *1* Dim. di *panca.* *2* Sgabello, poggiapiedi. ‖ **panchettàccia**, **pegg.** | **panchettina**, **dim.**

panchétto [1618] **s. m.** *1* Dim. di *panca.* *2* Sgabello. ‖ **panchettino**, **dim.**

♦**panchina** [1789] **s. f.** *1* Dim. di *panca.* *2* Sedile in ferro, legno o pietra per più persone: *le panchine della stazione, dei giardini* | ***Sedere, stare in p.***, (*fig.*) guidare una squadra calcistica come allenatore o commissario tecnico. *3* (*est.*, *gerg.*) Allenatore di calcio, pallacanestro e sim.: *le decisioni della p.* | Negli sport a squadre in cui si possono effettuare sostituzioni durante le partite, i giocatori di riserva che restano a disposizione | ***P. lunga***, (*fig.*) ampia disponibilità di giocatori di riserva. *4* (*geol.*) Varietà di calcare arenaceo misto a tritume di gusci di conchiglie. *5* †Lembo di via sterrata.

panchinàro [da *panchina* col suff. region. *-aro* (V. *-aio*); 1982] **s. m.** (**f.** *-a*) ● (*gerg.*) Atleta di riserva, relegato abitualmente in panchina e impiegato solo occasionalmente.

♦**pància** o (*dial.*, *scherz.*) **pànza** [lat. *pāntice(m)*, di etim. incerta; 1310] **s. f.** (**pl.** *-ce*) *1* (*fam.*) Ventre: *aver male di, alla p.* | ***Mettere su p.***, ingrassare | ***A p. piena, vuota***, dopo aver mangiato, senza mangiare | ***A p. all'aria***, supino | ***Grattarsi la p.***, (*fig.*) oziare | ***Tutto per la p.***, (*fig.*) per mangiare, per vivere comodamente | ***Pensare solo alla p.***, (*fig.*) preoccuparsi solo di mangiare e di star bene | ***Tenersi la p. per le risa***, sbellicarsi per le risa | ***Predicare il digiuno a p. piena***, (*fig.*) proporre sacrifici e rinunce ma solo agli altri. *2* (*fig.*) Rigonfiamento che si forma su superfici lisce: *il muro ha fatto la p.* | (*fig.*) Parte rigonfia e tondeggiante di recipienti e sim.: *la p. del fiasco, della damigiana* | (*fig.*, *est.*) La parte arrotondata di alcune lettere dell'alfabeto, quali la *a*, la *d*, ecc. ‖ **panciàccia**, **pegg.** | **pancètta**, **dim.** (V.) | **pancina**, **dim.** | **pancinàccia**, **pegg.** | **pancino**, **dim. m.** | **panciòna**, **accr.** | **pancióne**, **accr. m.** (V.).

panciafichismo [da *panciafichista*; 1915] **s. m.** ● (*spreg.*) All'epoca della prima guerra mondiale, neutralismo.

panciafichista [da *pacifista* con alterazione sarcastica suggerita dall'espressione 'salvare la *pancia* per i *fichi*' (non esporsi a rischi); 1915] **s. m. e f.** (**pl. m.** *-i*) ● (*spreg.*) All'epoca della prima guerra mondiale, neutralista.

panciàta [1640] **s. f.** *1* Urto della pancia contro una superficie, per caduta o altro: *dare una p. in terra, in acqua.* *2* Scorpacciata.

pancièra o **pancèra**, †**panzièra** [da *pancia*; sec. XIII] **s. f.** *1* Maglia tubolare in lana o tessuto elastico, per proteggere l'addome dal freddo o per contenere la parete addominale. *2* Parte dell'armatura che protegge il ventre. *3* †Pancia.

panciòlle [da *pancia*, col suff. *-olle* ricavato da molti nomi di luogo toscani; sec. XV] **vc.** ● Solo nella loc. avv. ***in p.***, a pancia all'aria; (*est.*) a tutto agio, con tutta comodità e senza far nulla: *se ne sta in p. a guardare la televisione.*

pancióne o (*dial.*) **panzóne** [av. 1566] **s. m.** *1* Accr. di *pancia* | ***Una donna con il p.***, che è agli ultimi mesi di gravidanza. *2* (**f.** *-a*) (*fam.*) Persona con una grossa pancia: *guarda quel p.* *3* (*zool.*) Rumine.

panciòtto [da *pancia*; 1804] **s. m.** ● Gilet.

panciùto [av. 1494] **agg.** *1* Di persona che ha una grande pancia: *uomo p.* *2* (*est.*) Di cosa che ha forma arrotondata e sporgente: *vaso p.*; *bottiglia panciuta.*

panclastite [comp. di *pan-* e del gr. *klastós* 'spezzato' (V. *-clastia*), con suff. aggettivale; 1884] **s. f.** ● Miscela esplosiva, preparata al momento, formata da ipoazotide e sostanze combustibili quali petrolio, benzolo, olio di catrame, e sim.

pancóne [av. 1452] **s. m.** *1* Accr. di *panca.* *2* Grossa asse di legno, spec. il ripiano del banco di falegname o altro artigiano. *3* Strato di terreno rado e compatto, situato a diversa profondità: *incontrare un p. durante lo sterro.* **4** (*mus.*) Somiere del pianoforte. || †**panconèlla**, dim. f.

pancòtto [comp. di *pan(e)* (*1*) e *cotto*; sec. XV] s. m. ● Minestra preparata con pane bollito in acqua e condito con sale, burro, formaggio grattugiato e, talvolta, salsa di pomodoro.

pancràtico [dal gr. *pankratḗs* 'signore di tutto, onnipotente', comp. di *pan-* 'pan-' e *krátos* 'forza' (V. *-crazia*); 1871] agg. (pl. m. *-ci*) ● Detto di sistema ottico, realizzato con lenti, che permette di formare su di un piano fisso degli ingrandimenti variabili dell'immagine di un oggetto | ***Cannocchiale p.***, cannocchiale terrestre a ingrandimento variabile con continuità.

pancraziàste [vc. dotta, lat. *pancratiăste(n)*, nom. *pancratiăstes*, dal gr. *pankratiastḗs*, da *pankrátion* 'pancrazio'; 1551] s. m. ● Atleta partecipante al pancrazio.

pancràzio (1) [vc. dotta, lat. *pancrătiu(m)*, dal gr. *pankrátion*, comp. di *pan-* 'pan-' e *krátos* 'forza' (V. *-crazia*); av. 1604] s. m. ● Presso gli antichi Greci, competizione che comprendeva la lotta e il pugilato.

pancràzio (2) [dal gr. *pankrátion*, deriv. dell'agg. *pankrátēs* 'onnipotente'; 1972] s. m. ● (*bot.*) Genere delle Amarillidacee, a grandi bulbi, foglie lineari e infiorescenze con fiori bianchi profumati; alcune specie sono spontanee nelle regioni mediterranee e in India (*Pancratium*) | ***P. marino***, comune sulle coste mediterranee (*Pancratium maritimum*). SIN. Giglio marino.

pàncreas [vc. dotta, gr. *pánkreas*, comp. di *pan-* 'pan-' e *kréas* 'carne', di orig. indeur.; av. 1568] s. m. ● (*anat.*) Ghiandola addominale annessa all'apparato digerente, situata nell'angolo duodenale, avente una secrezione esterna di succo pancreatico e una interna di insulina. ➡ ILL. p. 2125 ANATOMIA UMANA.

pancreàtico [1684] agg. (pl. m. *-ci*) ● Del pancreas: *dotto p.* | ***Succo p.***, contenente numerosi enzimi digestivi.

pancreatina [dal gr. *pánkreas*, genit. *pánkreatos* (V. *pancreas*); 1871] s. f. ● Ormone secreto dalla mucosa duodenale, che promuove la secrezione del pancreas.

pancreatite [comp. di *pancreas* e *-ite* (*1*); 1829] s. f. ● (*med.*) Infiammazione del pancreas.

pancristiàno [comp. di *pan-* e *cristiano*; 1928] agg. ● Detto di movimento che tende a ricostituire l'unità delle Chiese cristiane.

pancromàtico [comp. di *pan-* e *cromatico*; 1930] agg. (pl. m. *-ci*) ● (*fot.*) Detto di emulsione sensibile a luce di tutte le lunghezze d'onda visibili dall'occhio umano.

pancronìa [comp. di *pan-* e un deriv. di *chrónos* 'tempo' (V. *crono-*); 1967] s. f. ● (*ling.*) Carattere dei fatti considerati da un punto di vista universale, indipendentemente da limiti di spazio e di tempo in cui avvengono.

pancrònico [da *pancronia*] agg. (pl. m. *-ci*) ● Della pancronia | ***Linguistica pancronica***, studio dei fatti linguistici nella pancronia.

pànda [vc. del Nepal; 1875] s. m. inv. ● Mammifero carnivoro delle montagne himalayane, simile a un grosso gatto, con pelliccia delicatissima e pregiata, nera sul ventre, ruggine sul dorso (*Ailurus fulgens*). SIN. Panda minore | ***P. gigante***, panda tibetano, bianco e nero, grande quanto un orso e con coda brevissima, che si nutre in prevalenza di germogli e foglie di bambù (*Ailuropoda melanoleuca*). SIN. Orso del bambù. ➡ ILL. animali/13.

Pandanàcee [vc. dotta, comp. di *pandano* e *-acee*; 1829] s. f. pl. (sing. *-a*) ● Nella tassonomia vegetale, famiglia di piante monocotiledoni arboree e fruticose con foglie intere, spinose, inserite a elica (*Pandanaceae*).

pandàno [vc. malese; 1829] s. m. ● Genere di alberi delle Pandanacee coltivati nelle zone tropicali per i frutti simili ad ananas commestibili e per le fibre tessili che si ricavano dalle foglie (*Pandanus*).

pandemìa [vc. dotta, gr. *pandēmía* 'tutto il popolo', comp. di *pan-* 'pan' e *dēmos* 'popolo' (V. *democrazia*); 1821] s. f. ● (*med.*) Epidemia a larghissima estensione, senza limiti di regione o di continente.

pandèmico [1966] agg. (pl. m. *-ci*) ● (*med.*) Detto di malattia epidemica che tende a diffondersi rapidamente e ovunque: *l'influenza, il colera, sono morbi pandemici.*

pandèmio [vc. dotta, gr. *pandḗmios* 'di tutto il popolo, comune', da *pandēmía* 'tutto il popolo'. V. *pandemia*; 1818] agg. ● (*raro, lett.*) Che appartiene a tutti | ***Venere pandemia***, prostituta.

pandemònio [ingl. *pandemonium*, vc. creata da J. Milton, nel suo poema *Paradiso perduto*, per indicare la capitale dell'inferno, comp. del gr. *pân* (V. *pan-*) e *daimónion* 'demonio'; 1730] s. m. **1** (*raro, lett.*) Raduno di demoni | (*lett.*) Luogo di corruzione: *le tristi arti della finzione e la falsità in quel p. della Capitale* (PIRANDELLO). **2** (*fig.*) Grande e rumoroso disordine, tremenda confusione: *fare, scatenare un p.* SIN. Diavoleto, frastuono.

†**pàndere** [vc. dotta, lat. *pāndere* 'stendere, spiegare', di etim. incerta; 1321] v. tr. (difett. usato solo al pres. indic. e raro nei tempi derivati dal pres.) ● Manifestare: *quando il colombo si pone / presso al compagno, l'uno a l'altro pande, / girando e mormorando l'affezione* (DANTE *Par.* XXV, 19-21).

pandètte o **pandètte** [vc. dotta, lat. tardo *Pandĕctae*, nom. pl., dal gr. *pandéktai*, propr. 'che comprendono tutto', comp. di *pan-* 'pan-' e *déchesthai* 'ricevere, accogliere', di orig. indeur.; 1585] s. f. pl. **1** Ampie trattazioni di diritto romano pubblicate da antichi giureconsulti: *le p. di Ulpiano, di Modestino.* **2** (*per anton.*) Il Digesto di Giustiniano | Titolo tradizionale (non ufficiale) della materia universitaria avente per oggetto l'insegnamento dogmatico del diritto privato romano sulla base del Digesto.

pandettista s. m. e f. (pl. m. *-i*) ● (*dir.*) Autore o studioso di pandette.

pandettistica [1941] s. f. ● (*dir.*) Studio delle pandette.

pandiatonicìsmo [da *pandiatonic(o)* con il suff. *-ismo*; 1991] s. m. ● (*mus.*) Tecnica compositiva della prima metà del Novecento, basata sull'uso libero dei sette gradi della scala diatonica con esclusione dei cromatismi.

pandiatònico [comp. di *pan-* e *diatonico*; 1989] agg. (pl. m. *-ci*) ● (*mus.*) Proprio del pandiatonicismo.

pandiculazióne [ingl. *pandiculation*, dal lat. *pandiculări* 'distendersi, allungarsi', da *pāndere* 'stendere, spiegarsi'. V. †*pandere*; 1835] s. f. ● (*med.*) Il complesso degli stiramenti muscolari che generalmente accompagnano lo sbadiglio.

pandispàgna o **pan di Spàgna** [da *Spagna*, luogo vero o presunto di provenienza del dolce; 1765] s. m. inv. ● Dolce a base di farina, fecola di patate, uova, zucchero e burro.

pàndit [indostano *paṇḍit*, dal sanscrito *paṇḍitáḥ*, di etim. incerta; 1819] s. m. inv. ● In India, titolo attribuito ai dotti, spec. agli studiosi di lingua e letteratura sanscrita.

pandólce [comp. di *pane* (*1*) e *dolce*; av. 1872] s. m. ● Dolce natalizio tipico di Genova, in forme tondeggianti, il cui impasto è simile a quello del panettone.

pandòra ● V. *pandura.*

pandorina [dal n. mitico *Pandora*] s. f. ● Alga delle Cloroficee che forma colonie sferoidali con ciglia superficiali per il movimento (*Pandorina morum*).

pandòrio [av. 1625] s. m. ● (*mus.*) Pandura.

pandòro [da *pan(e)* (*1*) *d'oro*; 1927] s. m. ● Dolce tipico di Verona, di color giallo dorato molto lievitato, dalla caratteristica forma a tronco di cono.

pandùra o **pandòra** [vc. dotta, lat. *pandūra(m)*, nom. *pandūra*, dal gr. *pandoûra*, di etim. incerta; av. 1625] s. f. ● (*mus.*) Specie di liuto a tre corde di origine mesopotamica, che fu accolto dalla civiltà greco-romana e in modelli similari è documentato anche nel Medio Evo. SIN. Tricordo.

pandùro [dal serbo croato *pàndūr*, n. di una milizia creata per difendere i confini della Croazia dai Turchi, forse dal lat. mediev. *bandēriu(m)* 'appartenente a una banda'; av. 1782] s. m. **1** Membro delle milizie dei signori feudali ungheresi | A partire dal sec. XVII, soldato di origine ungherese appartenente a speciali reparti delle truppe austro-ungariche schierati ai confini meridionali dell'Impero. **2** (*region., raro*) Persona rozza e violenta.

♦**pàne** (1) [lat. *pāne(m)*, dalla stessa radice di *pāscere* 'pascere'; 1158] s. m. **1** Alimento che si ottiene cuocendo al forno un impasto di farina, solitamente di frumento, e acqua, condito con sale e fatto lievitare: *impastare, lievitare, infornare, cuocere, sfornare il p.* | ***P. caldo***, sfornato da poco | ***P. fresco***, di giornata | ***P. raffermo***, non fresco ma neppure stantio | ***P. stantio***, duro e ammuffito | ***P. bianco***, di farina di frumento | ***P. di segale, avena, orzo***, di farina di tali cereali con aggiunta di farina di frumento | ***P. misto, di mistura***, di una miscela di farine | ***P. inferigno***, di farina di cruschello | ***P. nero, integrale***, con farina non abburattata, contenente cioè anche la crusca | ***P. militare***, con farina poco abburattata, un tempo destinato ai militari | ***P. di semola***, di fior di farina | ***P. di glutine***, di farina senz'amido, per diabetici | ***P. giallo***, o ***di meliga***, con farina di granturco e segale | ***P. biscottato***, croccante anche nell'interno per lunga e lenta cottura | ***P. azzimo***, senza lievito né sale | ***P. condito***, all'olio, al burro, al latte | ***Pan grattato***, V. *pangrattato* | ***Pan unto***, V. *panunto* | ***Pan biscotto***, V. *biscotto* nel sign. A 2 | ***Stare, mettere qlcu. a p. e acqua***, punire qlcu. con tale limitazione del vitto | ***Gli manca il p.***, è all'estremo limite della miseria | ***Per un tozzo di p.***, (*fig.*) per pochissimo, a bassissimo prezzo | ***Buono come il p.***, (*fig.*) si dice di persona d'ottimo carattere | (*fig.*) ***Essere p. e cacio***, essere legati da intima amicizia | ***Se non è zuppa è pan bagnato***, fra le due cose non c'è una gran differenza | (*fig.*) ***Rendere pan per focaccia***, vendicarsi | (*fig.*) ***Dire p. al p. e vino al vino***, parlare apertamente, senza mezzi termini | (*fig.*) ***Non è p. per i suoi denti***, è cosa superiore alle sue capacità o possibilità | (*fig.*) ***Trovar p. per i propri denti***, avere dinanzi un ostacolo o un avversario molto duro | (*est.*) Vitto o mezzo di sostentamento: *il nostro p. quotidiano* | Anche, spec. un tempo, come obiettivo di rivendicazione sociale: *il popolo vuole p.; p. e giustizia!* | ***Perdere il p.***, restare senza lavoro | ***Mangiare il p. a ufo, a tradimento***, vivere facendosi mantenere e senza lavorare | ***Misurare il p.***, dar poco da mangiare; (*fig.*) essere avaro | ***Guadagnarsi il p.***, lavorare per vivere. **2** Ciascuna delle forme in cui vien cotta la pasta lievitata: *un p. di due etti; mangiare tre pani* | ***P. a, in cassetta, p. carré***, bianchissimo e soffice, con latte e burro, cotto a forma di parallelepipedo e usato per tramezzini e toast. **3** Tipo di pasta dolce variamente confezionata | ***Pan di Spagna***, V. *pandispagna* | ***Pan pepato***, V. *panpepato* | ***Pan giallo***, V. *pangiallo* | ***Pan santo***, certosino | ***P. coi fichi***, di farina gialla impastata con fichi secchi, tipico del Milanese | ***P. di miglio***, dolce milanese a base di farina di granoturco, uova, burro e zucchero | ***Pan di ramerino***, di farina impastata con olio in cui è soffritto il rosmarino e con uva passa, preparato in Toscana durante la quaresima | ***Pan schiavonesco***, dolce di mollica di pane, mosto cotto, miele, mandorle tritate e noci, tipico del Molise. **4** (*fig.*) Nutrimento spirituale: *il p. della scienza* | ***Il p. degli angeli***, l'Eucaristia; (*fig.*) ogni nutrimento dell'anima | ***Spezzare il p. della scienza***, insegnare | (*est.*) Ciò che alimenta qlco. **5** (*est.*) Massa di sostanze, spec. alimentari, confezionata in forma di parallelepipedo: *un p. di burro, di cera* | ***Pani di metallo***, lingotti | ***Cappello a pan di zucchero***, a cono, tipico del costume di alcune regioni italiane. **6** Terra lasciata intorno alle radici di piante da trapiantare. **7** ***Albero del p.***, artocarpo | ***Pan di cuculo***, orchidea comunissima nei prati con due tuberi radicali, foglie verde chiarissimo, fiori porporini con labello prolungato in uno sperone (*Orchis morio*) | ***Pan di serpe***, gigaro italico | ***Pan porcino***, V. anche *panporcino.* || **panàccio**, pegg. | **panèllo**, dim. (V.) | **panètto**, dim. (V.) | **panino**, dim. (V.) | †**panóne**, accr. | †**panucciuòlo**, dim.

PANE
nomenclatura

pane
● *caratteristiche*: casalingo = casereccio; condito (all'olio, al burro, al latte; integrale, senza sale = insipido), al finocchio, al sesamo, alle olive, alle noci, dolce, a pasta dura; di segale, d'avena, d'orzo, di glutine, di miglio, misto, inferigno, di soia, di semola; biscottato, tostato = abbrustolito, inzuppato, grattato; buono ⇔ cattivo, ben cotto ⇔ mal cotto, appena sfornato = fragrante = fresco ⇔ raffermo = secco = vecchio, stantio, soffice ⇔ croccante, tenero ⇔ duro, bianco ⇔ nero, lievitato ⇔ azzimo; comune ⇔ di lusso;
● *tipi di pane*: pagnotta, pagnottella = pagnottina

= michetta = panino, rosetta; bastone = filone, bastoncino = sfilatino = filoncino, baguette; ciriola, toscano, pugliese, arabo, treccia, ciambella, ciabatta, panfocaccia, focaccia, schiacciata; pane in cassetta, pan carré; grissino, cracker = tartina, galletta; carta da musica, spianata, piadina, taralli, friselle, fette biscottate, crostini, farinata, pizza, calzone; sandwich, tramezzino; tozzo, pezzo, tocco, fetta, briciola, crosta, mollica.

pàne (2) [lat. *pānu(m)* 'filo (del tessitore)', nom. *pānus*, dal gr. dorico **pânos*, attico *pênos*, di etim. incerta; 1550] **s. m.** ● (*mecc.*) Spira del maschio della vite, corrispondente al verme della femmina. SIN. Filetto.

panegìrico [vc. dotta, lat. *panegȳricu(m)*, nom. *panegȳricus*, dal gr. *panēgyrikós* (*lógos*) 'discorso per un'assemblea', agg. di *panḗgyris* 'adunanza di tutto il popolo, assemblea solenne', comp. di *pan-* 'pan-' e *ágyris* 'adunanza', da *agéirein* 'raccogliere', di etim. incerta; 1546] **A s. m.** (pl. *-ci*) *1* Opera in prosa o in poesia di tono oratorio e con fini celebrativi: *i panegirici di Claudiano, del Marino, di Bossuet.* *2* Scritto o discorso in lode di qlcu., spec. della Madonna o di un Santo, o sui misteri cristiani, con intenti glorificatori. *3* (*fig.*) Eccessiva esaltazione: *ha intessuto un p. attorno alla sua opera.* **B agg.** ● (*raro, fig.*) Eccessivamente elogiativo. || **panegiricaménte**, avv. (*raro*) Con toni e modi da panegirico.

panegirìsta [vc. dotta, lat. tardo *panegyrīsta(m)*, nom. *panegyrīsta*, dal gr. *panēgyristḗs*, che significava però 'che prende parte all'adunanza solenne', da *panḗgyris* 'adunanza di tutto il popolo'. V. *panegirico*; 1659] **s. m. e f.** (pl. m. *-i*) *1* Chi scrive o dice panegirici: *i panegiristi del Seicento.* *2* (*fig.*) Chi loda esageratamente.

pànel /'panel, *ingl.* 'phænl/ [vc. ingl., propr. 'pannello'; 1983] **s. m. inv.** *1* (*stat.*) Campione rappresentativo di un insieme di persone, la cui composizione rimane invariata nel corso di successivi sondaggi, allo scopo di studiare l'evoluzione temporale del carattere osservato | ***P. di consumatori***, gruppo di famiglie scelte secondo criteri di rappresentatività socio-economica, disposte a registrare giornalmente tutti i dati riguardanti i loro acquisti. *2* Gruppo di uomini d'affari in grado di fornire informazioni per prevedere l'andamento di un settore o dell'intera economia di un paese. *3* Riunione di dirigenti di un'azienda. *4* Tavola rotonda indetta per studiare un determinato problema.

panellènico [dal gr. *panellḗnios* 'di tutti i greci', comp. di *pan-* 'pan-' ed *ellḗnios* 'ellenico', rifatto su *ellenico*; 1935] **agg.** (pl. m. *-ci*) ● Che riguarda tutti i Greci uniti: *giochi panellenici.*

panellenìsmo [1935] **s. m.** ● Movimento tendente all'unificazione politica dei popoli di stirpe greca.

panèllo [av. 1597] **s. m.** *1* Dim. di *pane* (*1*). *2* Residuo solido della spremitura di semi oleosi, usato in pani per l'alimentazione del bestiame.

panencefalìte [comp. di *pan-* ed *encefalite*] **s. f.** ● (*med.*) Infiammazione delle componenti (sostanza bianca e grigia) dell'encefalo.

panenteìsmo [ted. *Panentheismus*, dal gr. *pân en theô(i)* 'tutto in Dio', col suff. *-ismus* '-ismo'; av. 1952] **s. m.** ● Dottrina filosofica che si propone di conseguire una sintesi tra i principi del teismo e quelli del panteismo.

panerèccio ● V. *patereccio.*

paneróne ● V. *pannarone.*

panettàio [da *panetto*; 1966] **s. m.** (f. *-a*) ● Operaio di burrificio addetto alla panettatrice.

panettatrìce [da *panetto*; 1958] **s. f.** ● Macchina che confeziona il burro in pani, nei burrifici.

♦**panetterìa** o (*dial.*) †**panatterìa** [da *panettiere*; 1379] **s. f.** ● Luogo dove si fa o si vende il pane.

♦**panettière** o †**panattière** [ant. fr. *panetier*, dal lat. *pānis* 'pane (1)'; 1296] **s. m.** (f. *-a*) ● Chi fa o vende pane. SIN. Fornaio.

panétto [sec. XIV] **s. m.** *1* Dim. di *pane* (*1*): *un p. di burro.* *2* Nel gergo teatrale, applauso a scena aperta.

panettóne [milan. *panettón*, da *pane* (*1*); 1803] **s. m.** ● Tipico dolce milanese a forma di cupola, tradizionalmente consumato nelle feste natalizie, ottenuto facendo cuocere al forno un impasto di farina, uova, burro, zucchero, uva sultanina e canditi di cedro candito: *I panettoni mezzo tagliati aprivano fauci gialle e occhiute* (CALVINO) || **panettoncino**, dim.

paneuropèo [comp. di *pan-* ed *europeo*; 1897] **agg.** ● Che comprende o riguarda tutta l'Europa.

pànfilo o †**pànfano**, †**panfilio** nel sign. 1 [vc. dotta, gr. *pámphylos* '(nave) della *Panfilia*'; sec. XIV] **s. m.** *1* Yacht. *2* Nave a vela e a remi simile alla galea, ma più piccola, usata nel Mediterraneo nei secc. XIV e XV.

panflettìsta [da *pamphlet*; 1900] **s. m. e f.** (pl. m. *-i*) ● Autore di pamphlet.

panflettìstica [agg. sostantivato f. di *panflettistico*] **s. f.** ● Genere letterario che comprende i pamphlet | La produzione di pamphlet di un'epoca, di un autore o riguardante un determinato argomento.

panflettìstico [av. 1937] **agg.** (pl. m. *-ci*) ● (*raro*) Che si riferisce ai pamphlet.

panfòrte [comp. di *pane* (*1*) e *forte* ('duro'); 1804] **s. m.** ● Tipico dolce senese, di forma tonda e schiacciata, a base di farina, mandorle, nocciole, canditi, zucchero o miele, spezie, e cotto al forno.

pangermanèṣimo o **pangermanìṣmo** [comp. di *pan-* e *germanesimo*; 1873] **s. m.** ● Movimento politico aspirante all'unità di tutti i popoli germanici.

pangermanìsta [1898] **A s. m. e f.** (pl. m. *-i*) ● Fautore del pangermanesimo. **B** anche **agg.**: *aspirazioni pangermaniste.*

pangermanìstico [1928] **agg.** (pl. m. *-ci*) ● Del pangermanesimo, dei pangermanisti.

pangiàllo o **pan giàllo** [comp. di *pan(e)* (*1*) e *giallo*; 1883] **s. m.** ● Dolce natalizio tipico di Roma, a base di farina di granturco, uva passa, mandorle, noci, pinoli, zucchero.

pangolìno [ingl. *pangolin*, dal malese *pang-goling*, propr. 'colui che si arrotola'; 1772] **s. m.** ● Genere di Mammiferi asiatici e africani dei Folidoti, privi di denti, con corpo rivestito di robuste squame cornee embricate, forti artigli e lunghissima lingua vischiosa per catturare gli insetti (*Manis*). ➡ ILL. **animali**/11.

pangrattàto [comp. di *pane* (*1*) e *grattato*; 1619] **s. m.** ● Pane raffermo grattugiato, usato per impanare o per altre preparazioni.

pània [lat. *pāgina(m)* 'pergolato', da *pāngere* 'ficcare, fissare', di orig. indeur. (?); av. 1320] **s. f.** *1* Sostanza vischiosa estratta dalle bacche del vischio quercino e usata per catturare piccoli uccelli. *2* (*est.*) Qualunque sostanza appiccicosa. *3* (*fig., lett.*) Lusinga, inganno, trappola: *cadere nella p.*; *chi mette il piè su l'amorosa p., / cerchi ritrarlo, e non v'inveschi l'ale* (ARIOSTO). || **panióne**, accr. m. (V.).

panicastrèlla [da *panico* (*2*); av. 1590] **s. f.** ● (*bot.*) Giavone.

panicàto [detto così per i muscoli che sembrano pieni di chicchi di *panico*; av. 1597] **agg.** ● Detto di carne bovina e suina che presenta panicatura.

panicatùra [da *panicato*; 1922] **s. f.** ● Malattia dei Suini e dei Bovini che presentano cisticerchi nei muscoli. SIN. Cisticercosi.

panìccia o **panìzza** [lat. tardo *panīciu(m)*, var. di *panīcum* 'panico (2)'; sec. XIII] **s. f.** (pl. *-ce*) ● In Piemonte, risotto con fagioli e cavoli | In Liguria, polentina di farina di ceci.

†**panichìna** [etim. incerta; av. 1400] **s. f.** ● Meretrice.

panicità [da *panico* (*1*); 1958] **s. f.** ● (*lett.*) Sentimento panico.

pànico (1) [vc. dotta, lat. *pānicu(m)*, nom. *pānicus*, dal gr. *panikós*, agg., 'del dio *Pan*', che incuteva timore ai viandanti; 1565] **A agg.** (pl. m. *-ci*) *1* (*mitol.*) Del dio Pan | (*lett.*) Che ricorda tale dio e il suo culto: *la danza panica si placa* (D'ANNUNZIO) | Improvviso e intenso: *timor p.* *2* (*lett.*) Della natura e del suo divenire, in quanto manifestazioni dirette della divinità: *sentimento p. della vita.* **B s. m.** ● Timore repentino che annulla la ragione e rende impossibile ogni reazione logica: *la folla era in preda al p.*; *i soldati fuggivano, assaliti dal p.*

panico (2) [lat. *panīcu(m)*, da *pānus* 'spiga del miglio', prima 'tumore, ascesso': detto così perché ricorda per la forma una bobina (?). V. *pane* (*2*); 1225 ca.] **s. m.** (pl. *-chi*) ● Pianta erbacea delle Graminacee con infiorescenze a pannocchia molto compatta, coltivata, come il miglio, per l'alimentazione degli uccelli da canto (*Setaria italica*).

†**panicòcolo** ● V. †*panicuocolo.*

panicolàto [dall'ant. *panicola* 'pannocchia', dal lat. tardo *panīcula(m)*, dim. di *pānus*. V. *panico* (*2*); av. 1499] **agg.** ● (*bot.*) Che ha forma di pannocchia | ***Fusto p.***, a rami profondamente suddivisi con fiori numerosi | ***Ombrella panicolata***, con ramificazioni disposte a pannocchia.

†**panicuòcolo** o †**panicòcolo** [comp. dal lat. *pānis* 'pane (1)' e *cŏquere* 'cuocere'; sec. XIV] **s. m.** (f. *-a*) ● Chi, un tempo, cuoceva il pane fatto da altri.

panièra [da *paniere*; av. 1292] **s. f.** *1* Cesta bassa di vimini, grande e con due manici: *riporre nella p. il bucato asciutto.* *2* Panierata. || **panieràccia**, pegg. | **panierétta**, dim. | **panierìna**, dim. | †**panieruzzola**, dim.

panieràio [1551] **s. m.** (f. *-a*) *1* Chi fa o vende panieri o ceste. *2* In Sicilia, lavorante addetto alla raccolta degli agrumi. *3* †Venditore ambulante di grasce, in panieri.

panieràta [1871] **s. f.** ● Quantità di merce o di oggetti contenuta nel paniere o nella paniera.

panière [fr. *panier*, dal lat. *panāriu(m)* 'cesta per il pane', da *pānis* 'pane (1)'; sec. XIII] **s. m.** *1* Cesto di vimini, a fondo generalmente circolare, con un solo manico in cui si può infilare il braccio: *un p. di frutta, di uova* | ***P. coperto***, senza manico e con un coperchio | ***P. tondo***, con coperchio girevole attorno alla base del manico | ***P. bislungo***, con due coperchi girevoli attorno alla base del manico | (*fig.*) ***Far la zuppa nel p.***, fare qlco. di inutile | ***P. sfondato***, (*fig.*) persona che mangia o spende moltissimo | ***Rompere le uova nel p. a qlcu.***, (*fig.*) mandare all'aria i suoi piani, progetti e sim. *2* Panierata: *un p. di fichi, di fragole.* *3* (*econ.*) Insieme dei prodotti di largo consumo e di servizi in base ai quali viene calcolato l'indice del costo della vita. || **panieràccio**, pegg. | **panierétto**, dim. | **panierìno**, dim. (V.) | **panieróne**, accr. | **panieroncìno**, dim. | **panierùccio**, dim. | **panierùzzo**, pegg. | †**panieruzzolo**, pegg.

panierìno [av. 1574] **s. m.** *1* Dim. di *paniere.* *2* Cestino che i bambini portano a scuola, con la colazione o la merenda.

panificàbile [da *panificare*; 1954] **agg.** ● Che è atto alla panificazione: *farina p.*

panificàre [vc. dotta, lat. tardo *panificāre*, comp. di *pānis* 'pane (1)' e *-ficāre* '-ficare'; av. 1606] **A v. tr.** (*io panifico, tu panifichi*) ● Trasformare in pane, usare per fare il pane: *p. la farina.* **B v. intr.** (aus. *avere*) ● Fare il pane: *oggi non si panifica.*

panificatóre [da *panificare*; 1942] **s. m.** (f. *-trice*) ● Chi fa il pane. SIN. Fornaio.

panificazióne [da *panificare*; 1812] **s. f.** ● Lavorazione del pane.

panifìcio [vc. dotta, lat. *panifĭciu(m)* 'fabbricazione del pane', comp. di *pānis* 'pane (1)' e *-fĭcium* '-ficio'; 1750] **s. m.** *1* †Panificazione. *2* Luogo dove si fabbrica il pane | (*est.*) Negozio in cui si vende il pane.

panifòrte [rifatto dal pl. *paniforti*, comp. di *pani* 'pannelli' e il pl. di *forte*; 1934] **s. m.** ● Pannello ottenuto rivestendo un telaio di listelli con due fogli di compensato, usato spec. per infissi interni.

paninàro [dal bar *Panino* di Milano, luogo d'incontro di giovani; 1984] **s. m.** (f. *-a*) ● Negli anni '80 del Novecento, appartenente a gruppi di giovani frequentatori di paninoteche e fast-food, caratterizzati anche da capi d'abbigliamento e accessori ricercati.

paninerìa [da *panino* col suff. *-eria*; 1983] **s. f.** ● Paninoteca.

♦**panìno** [1837] **A s. m.** *1* Dim. di *pane.* *2* Piccolo pane, solitamente di forma tonda | ***P. imbottito, ripieno***, tagliato a metà e variamente farcito | ***P. alla piastra***, panino imbottito e poi riscaldato su una piastra di cottura. **B** in funzione di **agg. inv.** ● Nella loc. ***giornale p.***, giornale che è venduto abbinato a un altro giornale o a una rivista.

paninotèca [comp. di *panino* e *-teca*; 1981] **s. f.** ● (*fam.*) Locale pubblico specializzato nella preparazione e vendita di panini o tramezzini variamente farciti. SIN. Panineria.

panióne [av. 1543] **s. m.** *1* Accr. di *pania.* *2* Antico strumento da caccia costituito da un grosso bastone impaniato o invischiato, usato per prendere uccelli.

panislàmico [1958] **agg.** (pl. m. *-ci*) ● Del panislamismo.

panislamismo [comp. di *pan-* e *islamismo*; 1965] **s. m.** ● Movimento politico che aspira alla unità di tutti i popoli islamici.

panismo [dal n. del dio *Pan* (V. *panico*) e *-ismo*; 1915] **s. m.** ● (*lett.*) Sentimento panico verso la natura.

†**paniùzza** [da *pania* con sovrapposizione di *pagliuzza*; av. 1566] **s. f.** ● Piccolo fuscello impaniato.

panizza ● V. *paniccia.*

panlògico [1965] **agg.** (**pl. m.** *-ci*) ● Del panlogismo.

panlogismo [ted. *Panlogismus*, comp. del gr. *pân* 'tutto' (V. *pan-*) e *lógos* 'idea, ragione' (V. *-logo*); 1904] **s. m.** ● Qualsiasi dottrina filosofica che postuli l'assoluta identità di razionale e di reale.

♦**pànna** (**1**) [da *panno*, perché copre il latte come un *panno* copre gli oggetti su cui è disteso. Cfr. *appannare*; av. 1548] **s. f.** ● Parte grassa del latte, ottenuta dal latte per affioramento spontaneo, quando viene lasciato in riposo | ***P. montata***, sbattuta fino a conferirle aspetto e consistenza soffice e schiumosa.

pànna (**2**) [da *panno* (?); 1813] **s. f.** ● (*mar.*) Immobilità forzata di un'imbarcazione a vela per totale assenza di vento: *essere in p.* | (*est.*) Manovra effettuata da un'imbarcazione orientando opportunamente la velatura, in modo da arrestarla: *mettere in p.* | (*tecnol.*) Ostruzione galleggiante e amovibile impiegata per chiudere un bacino, per difendere dall'inquinamento specchi d'acqua e spiagge o per isolare fonti di dispersione di sostanze inquinanti.

pànna (**3**) **s. f.** ● Adattamento di *panne* (V.).

pannaiòlo o (*lett.*) **pannaiuòlo** [da *panno*; sec. XIV] **s. m.** (**f.** *-a*) ● (*tosc.*) Produttore o commerciante di stoffe.

†**pannaménto** [da *panno*; sec. XIV] **s. m.** ● Stoffa per abito | Capo di vestiario | Drappeggio.

pannàre [da *panna* (*1*); 1803] **v. intr.** (aus. *avere*) ● Fare la panna, detto del latte.

pannaròla [da *pannare*; 1803] **s. f.** ● (*region.*) Spannatoia.

pannaróne o (*region.*) **paneróne**, **panneróne** [dal milan. *panera* 'panna (1)'; 1937] **s. m.** ● Formaggio grasso di pasta bianca, dal sapore forte, tipico della Lombardia.

panne /pan, 'panne, *fr.* pan/ [vc. fr. di etim. incerta; 1905] **s. f. inv.** ● Arresto nel funzionamento di un autoveicolo dovuto a un guasto al motore: *essere, rimanere in p.*; *ho la macchina in p.*

panneggiaménto [1663] **s. m.** ● Il panneggiare | Panneggio.

panneggiàre [comp. di *panno* e *-eggiare*; 1550] **A v. intr.** (*io pannéggio*; aus. *avere*) **1** Drappeggiare. **2** †Lavorare il panno. **B v. tr.** ● (*raro, lett.*) Rappresentare una figura con ampi drappeggi.

panneggiàto [1550] **A part. pass.** di *panneggiare*; anche **agg.** ● Drappeggiato. **B s. m.** ● Drappeggio.

pannéggio [da *panneggiare*; av. 1750] **s. m.** ● Drappeggio.

pannellàre [denom. di *pannello*; 1988] **v. tr.** (*io pannèllo*) ● Inchiodare o incollare dei pannelli di legno o altro materiale su una superficie, per rivestirla, isolarla, ornarla e sim.

pannellatùra [da *pannellare*; 1982] **s. f.** **1** (*raro*) Il pannellare. **2** Serie di pannelli.

pannellista [1987] **s. m. e f.** (**pl. m.** *-i*) ● Tecnico o operaio esperto nell'installazione di pannelli.

pannèllo [lat. parl. **pannĕllu(m)*, dim. di *pānnus*, dim. di *pānnus* 'panno'; 1908] **s. m.** **1** Tessuto sottile e leggero | Pezza di tessuto piuttosto piccola | Tela non troppo consistente | (*abbigl.*) Lembo di tessuto fissato per un solo lato su un abito femminile di tono elegante. **2** Riquadro decorativo spec. di legno, spesso dipinto, scolpito, intarsiato, per porte, ante di mobili o pareti. **3** Qualsiasi elemento di chiusura o riparo racchiuso in un telaio portante | ***P. isolante***, lastra di materiale vario che si applica alle pareti per isolarle dall'umidità o dai suoni | ***P. radiante***, negli impianti di riscaldamento degli edifici, elemento scaldante costituito spec. da una serpentina di tubi d'acciaio percorsi da acqua calda, che viene inglobata in pareti, soffitti o pavimenti | ***P. solare***, V. *solare* | ***P. nobilitato***, V. *nobilitato* | ***P. tamburato, a tramezzino***, V. *tamburato.* **4** (*elettr.*) Quadro sul quale vengono portati i comandi ed eventualmente gli strumenti indicatori di apparecchiature. **5** Piccolo riquadro di carta trasparente che, nelle buste a finestrella, consente la lettura dell'indirizzo scritto sulla lettera.

panneróne ● V. *pannarone.*

panneurite [comp. di *pan-* e *neurite* (*1*); 1958] **s. f.** ● (*med.*) Neurite generalizzata | ***P. endemica***, beri-beri.

pannicèllo [sec. XIV] **s. m.** **1** Dim. di *panno.* **2** (*spec. al pl.*) †Abiti leggeri o di poco valore. **3** ***Pannicelli*** (***caldi***), nella medicina popolare spec. del passato, pezzuole di lana o tela impregnate di sostanze medicamentose o riscaldate e quindi applicate sulla pelle a scopo curativo; (*fig.*) rimedio insufficiente.

pannicolite [comp. di *pannicol(o)* e del suff. *-ite*] **s. f.** ● (*med.*) Infiammazione del tessuto adiposo sottocutaneo. **SIN.** Adiposite.

pannìcolo [vc. dotta, lat. *pannĭculu(m)*, dim. di *pānnus* 'panno'; av. 1320] **s. m.** **1** Pannicello. **2** (*anat.*) Membrana | ***P. adiposo***, strato di grasso nel tessuto sottocutaneo.

†**panniculàto** [dal lat. *pannĭculus*, dim. di *pānnus* 'panno'; 1499] **agg.** ● Che ha apparenza di velo.

†**panniculazióne** **s. f.** ● Aspetto di ciò che è panniculato.

†**pannière** [1618] **s. m.**; anche **agg.** ● Chi (o Che) fabbrica o vende stoffe e tessuti.

pannilàno ● V. *pannolano.*

pannilino ● V. *pannolino* (*2*).

♦**pànno** [lat. *pānnu(m)*, di etim. incerta; 1211] **s. m.** **1** Tessuto, stoffa: *una pezza di p.* | ***P. lano***, V. *pannolano* | ***P. lino***, V. *pannolino* (*2*). **2** Tessuto di lana cardata, pesante, peloso, per cappotti, abiti pesanti, tappeti da biliardo e sim. | (*est.*) Pezza di lana grossa: *p. da stirare* | ***P. funebre, mortuario***, il drappo steso sulla bara. **3** Parte o pezzo di tessuto, destinato a vari usi: *coprirsi con un p.*; *un bambino ravvolto in pochi panni* | ***Essere bianco come un p. lavato***, (*fig.*) essere mortalmente pallido. **4** (*spec. al pl.*) Abiti, vesti: *panni leggeri, pesanti, estivi, invernali* | ***Stare, stringersi, ai panni di qlcu.***, stargli sempre vicino; (*fig.*) fargli fretta | ***Non stare più nei propri panni***, (*fig.*) essere contentissimo | ***Mettersi nei panni di qlcu.***, (*fig.*) immaginare d'essere nelle sue stesse condizioni | ***Stringere i panni addosso a qlcu.***, (*fig.*) metterlo alle strette, costringerlo a fare qlco. | ***Tagliare i panni addosso a qlcu.***, parlarne male, far della maldicenza: *Ci tagliamo i panni addosso l'uno con l'altro* (ORTESE) | ***Sapere di che panni qlcu. veste***, (*fig.*) conoscere ciò che pensa, desidera, vuole e sim. **5** (*fig.*) Pellicola che si forma alla superficie di alcuni liquidi, quando si raffreddano o se restano esposti all'aria: *il p. dell'inchiostro* | Membrana: *il p. dell'uovo.* **6** (*med.*) Superficie irregolare della cornea per infiltrazione cellulare e vascolare a seguito di processi infiammatori. || **pannèllo, dim.** | **pannétto, dim.** | **pannettino, vezz.** | **pannicciuòlo, dim.** | **pannicèllo, dim.** (V.) | **pannicino, dim.** | **pannolino, dim.** (V.) | **pannolóne, accr.** | †**pannóne, accr.**

pannòcchia (**1**) o (*pop.*) **spannòcchia** [lat. tardo *panŭcula(m)*, per il classico *panĭcula(m)*, da *pānus* 'spiga del miglio'. V. *panico* (*2*); av. 1320] **s. f.** **1** (*bot.*) Infiorescenza a grappolo in cui ciascuno dei rami laterali forma a sua volta grappoli. **SIN.** Tirso. **2** Correntemente, spiga di mais, di miglio, di panico, e di altre Graminacee. || **pannocchina, dim.** (V.).

pannòcchia (**2**) [detta così per la sua somiglianza con una *pannocchia*] **s. f.** ● (*zool.*) Cicala di mare.

pannocchina [dim. di *pannocchia* (*1*); 1625] **s. f.** ● Pianta erbacea perenne delle Graminacee, comune nei prati e nei boschi, ottima foraggera (*Dactylis glomerata*). **SIN.** Erba mazzolina, spiga bianca.

pannofix® [marchio registrato; 1958] **s. m.** ● Pelliccia a pelo corto e rasato, ottenuta dalla pelliccia di agnello mediante una speciale lavorazione.

pannogràfico [comp. di *panno* e *-grafico*; 1983] **agg.** (**pl. m.** *-ci*) ● Nella loc. ***lavagna pannografica***, riquadro di panno su cui si possono disporre figure di cartone o di plastica, utilizzato come materiale didattico.

pannolàno o **pannilàno**, **pànno làno** [comp. di *panno* e *lana*; av. 1347] **s. m.** (**pl.** *pannilàni*) ● Tessuto di lana morbido e fitto, usato spec. per coperte da letto.

pannolènci o **pànno lènci** [comp. di *panno* e *Lenci*, n. della fabbrica che per prima produsse bambole vestite con questo tipo di panno, a Torino nel 1921; 1975] **s. m.** (**pl. inv.** o *pannilènci*) ● Panno leggero molto compatto, prodotto in una vasta gamma di colori brillanti: *bambole, cuscini di p.*

pannolino (**1**) [1211] **s. m.** **1** Dim. di *panno.* **2** Piccola pezza di lino o cotone usata in passato per l'igiene femminile nel periodo mestruale (oggi gener. sostituita dagli assorbenti igienici) e per i neonati | Rettangolo di materiale particolarmente assorbente, gener. cellulosa, usato per i neonati | ***P. mutandina***, sagomato a forma di mutandina, con uno strato esterno impermeabile.

pannolino (**2**) o **pannilino**, **pànno lino** [da *panno* (*di*) *lino*; 1353] **s. m.** (**pl.** *pannilini*) **1** Tessuto di lino. **2** (*al pl.*) †Mutandoni di lino o tela.

pannolóne [da *pannolino* con il suff. opposto *-one*; 1989] **s. m.** ● Grosso assorbente igienico di lino, cotone o materiale sintetico, talora a forma di mutande, usato per l'igiene intima degli adulti sofferenti di incontinenza.

pannònico [vc. dotta, lat. *Pannŏnicu(m)*, da *Pannŏnia*; av. 1292] **agg.** (**pl. m.** *-ci*) ● Della Pannonia, regione storica corrispondente in parte all'attuale Ungheria.

pannònio [vc. dotta, lat. *Pannonĭu(m)*, da *Pannŏnia*; 1614] **A agg.** ● Della Pannonia. **B s. m.** (**f.** *-ia*) ● Abitante, nativo della Pannonia.

†**pannóso** [vc. dotta, lat. *pannōsu(m)*, da *pānnus* 'panno'; av. 1311] **agg.** **1** Cencioso. **2** (*raro*) Appannato.

panoftalmìte [comp. di *pan-*, *oftalmo-* e *-ite* (*1*); 1883] **s. f.** ● (*med.*) Processo infiammatorio suppurativo del bulbo oculare, interessante tutte le membrane.

panòplia [vc. dotta, gr. *panoplía*, comp. di *pan-* e *hóplon* 'arma' (V. *oplita*); av. 1729] **s. f.** **1** Il complesso delle parti di un'armatura intera. **2** Trofeo d'armi appeso a un muro | Motivo decorativo che raffigura una composizione con armi bianche, corazza ed elmo | (*est., lett.*) Insieme di oggetti esposti.

♦**panoràma** [comp. di *pan-* e del gr. *hórama* 'vista, spettacolo', da *horân* 'vedere', di orig. indeur.; 1824] **s. m.** (**pl.** *-i*) **1** Veduta generale, complessiva di un luogo, una zona e sim.: *il p. della città*; *uno splendido p. di monti.* **2** (*fig.*) Complesso di dati, problemi e situazioni, insieme di elementi concreti e di motivi inerenti un settore dell'attività umana: *il p. politico, storico, scientifico.* **3** Nel gergo teatrale, grande fondale ricurvo, dipinto in tinta unita e neutra, atto a dare l'illusione del cielo.

panoràmica [1915] **s. f.** **1** Fotografia ripresa con apparecchio panoramico. **2** Ripresa cinematografica o televisiva ottenuta mediante il movimento orizzontale della macchina da presa ruotante su sé stessa; **CFR.** Carrellata | (*est.*) Rassegna generale e sommaria: *fare una p. della situazione economica.* **CFR.** Carrellata. **3** Strada con vista panoramica.

panoramicàre [da *panoramica*; 1975] **v. tr.** e **intr.** (*io panoràmico, tu panoràmichi*; aus. *avere*) ● (*cine, tv*) Effettuare una ripresa, ruotando la macchina in senso orizzontale | Effettuare una ripresa seguendo un soggetto in movimento.

panoramicità [1950] **s. f.** ● Caratteristica di ciò che è panoramico.

panoràmico [1840] **agg.** (**pl. m.** *-ci*) **1** Che consente di vedere un vasto panorama: *strada panoramica*; *appartamento p.* | ***Obiettivo panoramico***, (*foto*) grandangolare | ***Schermo p.***, molto largo e leggermente incurvato. **2** (*fig.*) Complessivo, anche se gener. sintetico: *esame p. della situazione internazionale.* || **panoramicaménte**, **avv.** Dal punto di vista del panorama.

panormìta [vc. dotta, gr. *Panormîta* dal n. della città, *Pánormos*; 1476] **agg.**; anche **s. m. e f.** (**pl. m.** *-i*) ● (*lett.*) Palermitano | ***Il P.***, (*per anton.*) l'umanista A. Beccadelli (1394-1471).

panòrpa [comp. di *pan-* e del gr. tardo *hórpe* 'falce', di etim. incerta, per la forma delle zampe; 1835] **s. f.** ● Insetto dei Mecotteri, tipico dei prati umidi, in cui il maschio ha l'addome terminante a pinza tenuta sollevata e rivolta in avanti (*Panorpa communis*). **SIN.** Mosca scorpione.

panòttico (**1**) [comp. di *pan-* e *ottico*; 1875] **agg.** (**pl. m.** *-ci*) ● (*biol.*) Detto di un metodo di colorazione istologica che permette di differenziare i vari componenti dei tessuti.

panòttico (**2**) [dall'ingl. *panopticon*, comp. del gr.

pān, nt. di *pās* 'tutto' e *optikón*, nt. dell'agg. *optikós* 'visibile'; 1984] **s. m.**; anche **agg.** (**pl. m.** *-ci*) ● (*arch.*) Edificio carcerario di forma circolare, secondo il modello introdotto da J. Bentham nel sec. XVIII, con vano centrale dal quale si controllano visivamente le celle perimetrali | (*est.*) Edificio, spec. adibito a carcere, con un corpo centrale da cui si dipartono bracci disposti radialmente.

panpepàto /pampe'pato/ o **pampepàto**, **pan pepàto** [comp. di *pane* (*1*) e *pepato*; sec. XV] **s. m.** ● Dolce a base di farina impastata con miele, mandorle, canditi, buccia d'arancia e spezie.

panporcino /pampor'tʃino/ o **pamporcino**, **pan porcino** [comp. di *pane* (*1*) e *porcino*, perché è cibo gradito ai porci; sec. XIII] **s. m.** ● (*pop.*) Ciclamino.

panpsichișmo /pampsi'kizmo/ o **pampsichișmo** [comp. di *pan-*, del gr. *psyché* 'anima' (V. *psiche*) e *-ismo*; av. 1952] **s. m.** ● Dottrina filosofica secondo cui la realtà, ivi compresa la materia, si riduce a proprietà psichiche o attributi spirituali.

panromànzo [comp. di *pan-* e *romanzo* (*1*); 1958] **agg.** ● (*ling.*) Proprio di tutte le lingue neolatine.

pansé (o **-è**) o **panzé** (o **-è**) [1938] **s. f.** ● Adattamento di *pensée* (V.).

pansessuàle [comp. di *pan-* e *sessuale*; 1983] **agg.** ● Ispirato a pansessualismo: *atmosfera p.*

pansessualișmo [comp. di *pan-*, *sessual(e)* e *-ismo*; 1931] **s. m.** ● (*psicol.*) Concezione che pone l'istinto sessuale alla base di ogni attività psichica.

pansḷavișmo [comp. di *pan-* e *slavismo*; 1851] **s. m.** ● Movimento politico aspirante alla unità di tutti i popoli slavi.

pansḷavista [1895] **A s. m. e f.** (**pl. m.** *-i*) ● Fautore, seguace del panslavismo. **B agg.** ● Relativo al panslavismo o ai panslavisti: *movimento p.*

panspezìale [comp. di *pan(e)* (*1*) e un deriv. di *spezie* (*2*), perché condito con alcune spezie] **s. m.** ● Certosino, nel sign. B 4.

pànta **s. m. inv.** ● Accorc. di *pantacollant*.

pantacàlza o **pantacàlze** (*pl.*) [da *panta(lone)* e *calza*; 1985] **s. f.** ● Tipo di pantalone femminile elasticizzato e molto aderente. **SIN.** Fuseaux, pantacollant.

pantacollànt /pantakol'lan/ [da *panta(lone)* e *collant*; 1985] **s. m. inv.** ● Pantacalza.

pantagónna o **pantagònna** [comp. di *panta(loni)* e *gonna*; 1971] **s. f.** ● Gonna pantalone.

pantagruèlico [da *Pantagruel*, personaggio del romanzo *Gargantua et Pantagruel* di F. Rabelais, dotato di un appetito formidabile; 1889] **agg.** (**pl. m.** *-ci*) ● Degno di Pantagruel | ***Pranzo p.***, ricchissimo di cibi e bevande | ***Appetito p.***, smodato, insaziabile. || **pantagruelicaménte**, **avv.**

pantalàssico [comp. di *pan-* e *talasso-*, con suff. aggettivale; 1958] **agg.** (**pl. m.** *-ci*) ● (*biol.*) Detto di organismo capace di vivere in mare, sia vicino alla costa sia al largo.

pantaleóne ● V. *pantalone* (*2*).

pantalonàio [da *pantalone* (*1*)] **s. m.** (**f.** *-a*) ● Chi confeziona pantaloni.

pantalonàta [da *Pantalone*, maschera veneziana; av. 1789] **s. f.** ● (*raro, lett.*) Modo stupido di comportarsi.

pantaloncino [da *pantalone* col suff. dim. *-ino* e l'infisso analogico *-c-*] **s. m.** *1* Dim. di *pantalone* (*1*). *2* (*spec. al pl.*) Calzoni corti indossati da bambini e atleti, o usati come indumento estivo: *pantaloncini da tennis.*

♦**pantalóne** (*1*) [fr. *pantalons*, da *Pantalone*, la maschera veneziana che li indossava; 1809] **A s. m.** ● (*spec. al pl.*) Calzone, nei sign. 1 e 2 | ***Farsela nei pantaloni***, (*fig.*) avere molta paura. || **pantaloncino**, **dim.** (V.). **B** in funzione di **agg. inv.** ● (posposto al s.) Nella loc. ***gonna p.***, detto di gonna sportiva tagliata a foggia di largo pantalone.

pantalóne (*2*) o **pantaleóne** [da *Pantaléon* Hebenstreit (1669-1750) che lo inventò] **s. m.** ● (*mus.*) Strumento della famiglia del salterio a corde percosse con bacchette | (*raro*) Pianoforte verticale.

Pantalóne (*3*) [in veneto *Pantalón* 'Pantaleone', n. proprio molto diffuso, che, assegnato alla maschera del mercante ricco e avaro, finì per impersonare il popolo onesto, mite e sottomesso; 1580] **s. m.** *1* Maschera veneziana della commedia dell'arte che rappresenta un vecchio mercante ricco e avaro, spesso gabbato e, in fondo, bonario | Persona che indossa tale maschera. *2* (*fig., per anton.*) Persona, spec. anziana, facoltosa e molto avara, vittima predestinata di beffe e ingiustizie | (*scherz.*) ***Tanto paga P.***, espressione usata per indicare che sono sempre le stesse persone a far le spese di inefficienze e sperperi altrui.

pantàna [detto così perché sta nel *pantano*; av. 1871] **s. f.** ● Uccello dei Caradriformi, con lunghe zampe, bianco macchiato di nero, di passo e invernale in Italia, predilige zone d'acqua e si nutre di pesci (*Tringa nebularis*).

pantàno [vc. di orig. preindeur.; 1310 ca.] **A s. m.** *1* Terreno con acqua bassa e stagnante | (*est.*) Palude. *2* (*fig.*) Intrigo, impiccio: *finire in un p.*; *un p. di guai.* || **pantanàccio**, **pegg.** **B agg.** ● †Fangoso.

pantanóso [av. 1292] **agg.** ● Pieno d'acqua e di fango: *terreno p.* | ***Erbe pantanose***, che crescono nei pantani.

pantedésco [comp. di *pan-* e *tedesco*; 1963] **agg.** (**pl. m.** *-schi*) ● Relativo ai Tedeschi o alle popolazioni di stirpe tedesca.

pantegàna [vc. veneta, dal gr. *póntikos* 'topo', propr. 'del Ponto Eusino'; av. 1832] **s. f.** ● (*region.*) Grosso topo di fogna.

panteișmo [fr. *panthéisme*, dall'ingl. *pantheism*, comp. del gr. *pân* 'pan-', *théos* 'dio' (V. *teobroma*) e del suff. *-ism* '-ismo'; 1756] **s. m.** ● Dottrina filosofico-religiosa, secondo cui Dio, inteso come principio supremo di unificazione, viene identificato con la natura del mondo.

panteista [fr. *panthéiste*, dall'ingl. *pantheist*. V. *panteismo*; av. 1748] **s. m. e f.** (**pl. m.** *-i*) ● Chi segue o si ispira al panteismo.

panteìstico [1756] **agg.** (**pl. m.** *-ci*) ● Che concerne e interessa il panteismo. || **panteisticaménte**, **avv.** In modo panteistico; secondo i principi del panteismo.

pànteon ● V. *pantheon*.

♦**pantèra** [vc. dotta, lat. *panthēra(m)*, nom. *panthēra*, dal gr. *pánthēr*, genit. *pánthēros*, vc. di orig. orient.; av. 1276] **s. f.** *1* (*zool.*) Leopardo | ***P. nera***, varietà dell'Asia sud-orientale, dal mantello nero | (*fig.*) Donna dal corpo flessuoso e dal carattere aggressivo. *2* (*gerg.*) Automobile veloce degli agenti della Polizia di Stato. *3* ***Pantere nere***, movimento politico rivoluzionario dei neri americani sviluppatosi negli Stati Uniti dopo il 1966. *4* Nel linguaggio giornalistico, movimento di protesta degli studenti universitari italiani sorto nel 1990 (con riferimento a una pantera, sfuggita a un privato, che all'inizio del 1990 vagava imprendibile nella campagna romana) | (*est.*) Movimento di protesta, spec. in ambito scolastico.

pantésco [da *Pant(elleria)*; 1958] **A agg.** (**pl. m.** *-schi*) ● Dell'isola di Pantelleria. **B s. m.** (**f.** *-a*) ● Abitante, nativo dell'isola di Pantelleria.

pàntheon /'panteon/ o **pànteon** [vc. dotta, gr. *pántheon* 'tempio di tutti gli dei', comp. di *pan-* 'pan-' e *théos* 'dio' (V. *teobroma*); sec. XIV] **s. m.** *1* Tempio dedicato a tutte le divinità: *il p. di Roma* | L'insieme delle divinità della religione greco-romana e (*est.*) di qualsiasi altra religione. *2* (*est.*) Tempio dove sono sepolti gli uomini illustri di una nazione.

pànto-, **-pànto** [dal gr. *pâs*, genit. *pantós* 'tutto'] primo e secondo elemento ● In parole dotte composte significa 'tutto', 'ogni cosa': *pantoclastia*, *pantofobia*, *pantoptosi*.

pantoclastìa [da *panto-* sul modello di *iconoclastia*; 1899] **s. f.** ● Mania di distruzione.

pantocràtore [vc. dotta, gr. *pantokrátōr*, genit. *pantokrátoros* 'onnipotente', comp. di *panto-* 'panto-' e *krátos* 'forza, potere' (V. *-crazia*); 1821] **agg.**; anche **s. m.** (**f.** *-trice*) ● (*lett.*) Che (o Chi) è onnipotente: *Giove p.*; *Dio p.* | (*arte*) *Cristo p.*, immagine di Cristo benedicente tipica delle chiese bizantine, gener. in mosaico e posta nell'abside.

pantòfago [comp. di *panto-* e *-fago*; 1835] **agg.** (**pl. m.** *-gi*) ● (*zool.*) Detto di animale che si ciba di qualunque cosa. **SIN.** Onnivoro.

pantofobìa [comp. di *panto-* e *-fobia*; 1875] **s. f.** ● (*psicol.*) Stato di grave apprensione per cui tutto suscita paura, che si riscontra in persone affette da disturbi psichici.

♦**pantòfola** [etim. incerta; av. 1502] **s. f.** ● Calzatura da casa, di morbida pelle, velluto, stoffa e sim., con suola pieghevole di pelle o di gomma, con o senza tacco | ***In pantofole***, (*fig.*) in abito da casa, familiarmente. || **pantofolina**, **dim.**

pantofolàio [1891] **A s. m.** (**f.** *-a*) *1* Chi confeziona o vende pantofole. *2* (*fig., spreg.*) Chi ama e ricerca innanzitutto il quieto vivere, spec. per indolenza. **B agg.** ● Indolente, inattivo: *carattere p.*

pantofolerìa [1954] **s. f.** ● Fabbrica di pantofole | Luogo in cui si vendono pantofole.

pantogràfico [da *pantografo*; 1983] **agg.** (**pl. m.** *-ci*) ● Di pantografo, relativo a pantografo.

pantografista [1983] **s. m. e f.** (**pl. m.** *-i*) ● Operaio che esegue lavori di incisione su vetro o metallo con pantografo.

pantògrafo [fr. *pantographe*, comp. di *panto-* 'panto-' e *-graphe* '-grafo'; 1821] **s. m.** *1* Strumento per rimpicciolire o ingrandire disegni, basato su parallelogrammi articolati. *2* Dispositivo sul tetto degli elettromotori per la presa di corrente dalla linea aerea di alimentazione. ➡ **ILL.** p. 2168 TRASPORTI.

pantomìma [fr. *pantomime* 'pantomimo', poi 'pantomima'; 1757] **s. f.** *1* Azione scenica costituita da semplici gesti degli attori, talvolta accompagnata da musica, efficace per la stilizzazione dei movimenti degli interpreti. *2* (*est.*) Comunicazione per via di gesti, spec. di chi vuol farsi intendere nascostamente: *basta con questa p.!* *3* (*fig.*) Situazione simulata, poco credibile; messinscena: *la sua è tutta una p.*

pantomìmico [vc. dotta, lat. *pantomīmicu(m)*, agg. di *pantomīmus* 'pantomimo' e 'pantomima'; 1784] **agg.** (**pl. m.** *-ci*) ● (*lett.*) Di pantomima: *rappresentazione pantomimica.* || **pantomimicaménte**, **avv.**

pantomìmo [vc. dotta, lat. *pantomīmu(m)*, nom. *pantomīmus* 'pantomimo' e 'pantomima', dal gr. *pantómimos*, comp. di *panto-* 'panto-' e *mîmos* 'mimo'; 1538] **s. m.** *1* Pantomima. *2* (**f.** *-a*) Attore che esegue una pantomima.

Pantóne® /pan'tone, *ingl.* pæn'thoun/ [dal primo elemento *pan-* 'tutto' e l'ingl. *tone* 'tonalità di colore'] **s. m. inv.** ● Sistema di codifica e di identificazione univoca dei colori, largamente adottato in grafica, editoria e tipografia.

Pantòpodi [comp. di *panto-* e il pl. di *-pode*; 1954] **s. m. pl.** (**sing.** *-e*) ● Nella tassonomia animale, classe di Chelicerati marini di aspetto simile ai ragni con corpo piccolissimo, zampe assai sviluppate e l'apparato boccale portato da una proboscide (*Pantopoda*).

pantoptòsi [comp. di *panto-* e *ptosi*; 1899] **s. f. inv.** ● (*med.*) Abbassamento generale dei visceri.

pantotènico [dal gr. *pántothen* 'ovunque, dappertutto' perché molto diffuso in natura; 1947] **agg.** (**pl. m.** *-ci*) ● (*chim.*) ***Acido p.***, vitamina idrosolubile che partecipa alla costituzione del coenzima A; è un fattore di crescita per numerosi microrganismi, Insetti e Vertebrati.

†**pantràccola** [vc. espressiva] **s. f.** ● (*raro*) Panzana.

pantropicàle [comp. di *pan-* e *tropicale*] **agg.** ● Detto di vegetale diffuso in tutte le zone tropicali.

pants /*ingl.* phænts/ [vc. ingl., accorc. di *pant(aloon)s* 'pantaloni'; 1971] **s. m. pl.** ● Pantaloni da donna, spec. corti.

panùnto o **pan ùnto** [comp. di *pane* (*1*) e *unto*; av. 1528] **s. m.** ● (*region.*) Pane su cui si fa cadere l'untume di salsiccia, arrosto e sim. | ***Mastro P.***, il cuoco.

panùrgo [vc. dotta, gr. *panoûrgos* 'scaltro, furbone', comp. di *pan-* 'pan-' ed *érgon* 'opera' (V. *ergo-*). Fu adoperato come n. proprio dal Rabelais per un personaggio del suo romanzo *Gargantua et Pantagruel*; av. 1566] **s. m.** (**pl.** *-ghi*) ● Furfante, imbroglione.

pànza e *deriv.* ● V. *pancia* e *deriv.*

panzàna [etim. incerta; av. 1565] **s. f.** ● Fandonia, frottola.

panzanèlla [etim. incerta; 1817] **s. f.** ● Vivanda rustica costituita da pane raffermo, bagnato e condito con olio, sale, aceto, pomodoro e basilico, talora cipolla.

panzaròtto ● V. *panzerotto*.

panzé (o **-è**) ● V. *pansé*.

panzer /'pantser, *ted.* 'phantsʌ/ [ted., propr. 'corazza', dall'it. *panciera*; 1942] **s. m. inv.** (**pl.** ted. **inv.**) *1* Carro corazzato. *2* (*fig.*) Persona dura e decisa che persegue i propri intenti travolgendo ogni ostacolo o difficoltà che le si presentino.

panzeròtto o **panzaròtto** [vc. merid., da *panza* 'pancia', per la forma rigonfia; 1797] **s. m.** ● Involto di pasta all'uovo ripieno di ingredienti vari quali ricotta, formaggi, salumi, uova, fritto in olio bollente; specialità della cucina meridionale, spec. pugliese | *P. dolce*, farcito di marmellata, fritto e spolverizzato di zucchero.

†**panzièra** s. f. ● V. *panciera*.

panzóne ● V. *pancione*.

paolinìsmo [comp. di *paolino* e *-ismo*; 1954] s. m. ● Dottrina cristiana secondo l'interpretazione data al Vangelo nelle lettere di San Paolo.

paolìno [av. 1600] **A** agg. *1* Relativo all'apostolo Paolo | Relativo a un pontefice di nome Paolo: *lettere paoline*; *predicazione paolina*. *2* †Sciocco, minchione. **B** s. m. ● Scudo d'oro coniato nel 1535 da papa Paolo III (1468-1549), recante l'immagine di San Paolo.

pàolo [av. 1584] s. m. *1* Moneta d'argento coniata da papa Paolo III (1468-1549), in sostituzione del giulio | Moneta d'argento dello Stato pontificio del valore di 10 baiocchi. *2* (*spec. al pl.*) †Denari. || **paolàccio**, pegg. | **paolétto**, dim. | **paolino**, dim. | **paolùccio**, dim.

paolòtto [av. 1803] s. m. (f. *-a*) *1* Frate minimo dell'ordine fondato da San Francesco di Paola nel XV sec. | Membro della società di San Vincenzo de' Paoli, fondata nel XIX sec. da F. Ozanam. *2* (*fig., spreg.*) Clericale, bigotto.

paonàzzo o †**pagonàzzo**, (*raro*) **pavonàzzo** [lat. *pavonăceu(m)* 'simile alla coda del pavone', da *pāvo*, genit. *pavōnis* 'pavone'; av. 1400] **A** agg. ● Di colore bluastro o violaceo: *un sozzo bubbone d'un livido p.* (MANZONI) | *Abito p.*, quello dei vescovi. **B** s. m. *1* Il colore paonazzo. *2* Veste color paonazzo. || **paonazzìccio**, dim. spreg.

†**paóne** e *deriv.* ● V. *pavone* e *deriv.*

♦**pàpa** [lat. tardo *pāpa(m)*, nom. *pāpa*, dal gr. *pápas* 'padre', vc. di orig. infant.; sec. XII] s. m. (f. *-éssa* (V.); pl. m. *-i*) *1* Capo e sommo sacerdote della Chiesa cattolica, vicario di Gesù Cristo in terra e successore di Pietro: *p. Clemente VII*; *p. Giovanni*; *p. Roncalli, Montini*; *un'udienza del P.* | ***P. nero***, (*pop.*) il generale dei Gesuiti | ***Andare a Roma e non vedere il P.***, tralasciare la parte più importante di una faccenda | ***A ogni morte di p.***, (*fig.*) molto raramente | ***Neanche il p. glielo può levare***, (*fig.*) con riferimento spec. a ceffoni che, una volta dati, non si possono togliere | ***Stare, vivere come un p.***, condurre vita comoda, agiata. *2* (*fig.*) Esponente principale di una corrente culturale e sim.: *il p. del simbolismo* | (*gerg.*) Appellativo di boss mafioso. *3* Papasso | (*merid.*) Appellativo dato a un sacerdote. *4* Carta dei tarocchi, uno dei trionfi. || PROV. Morto un papa se ne fa un altro.

♦**papà** [fr. *papa*, vc. infant.; av. 1556] s. m. ● (*fam.*) Padre, nel linguaggio fam. e come vocativo: *mi ha accompagnato p.*; *vieni dal tuo p.*; *andiamo, p.!*; *p., mi porti al cinema?* | (*spreg.*) ***Figlio di p.***, chi vive sulle ricchezze e sul prestigio di famiglia. || **paparino**, dim. | **papino**, dim.

papàbile [da *papa*; av. 1566] s. m. (anche f. nel sign. 2); anche agg. (assol.; + *a*; + *per*) *1* Di cardinale che può uscire eletto Papa dal conclave. *2* (*est.*) Detto di persona che, candidata a un ufficio, a una carica e sim., ha buone probabilità di esservi eletta: *i nomi dei papabili alla presidenza Rai*; *i papabili per palazzo Chigi*.

papàia o **papàya** [sp. *papaya*, vc. di orig. caribica; 1565] s. f. ● Albero delle Caricacee dell'America centrale, coltivato nelle zone tropicali, con foglie palmate, infiorescenze ascellari e grosso frutto, detto melone dei tropici (*Carica papaya*). ➡ ILL. **piante**/3.

papaìna [da *papaia*; 1884] s. f. ● (*chim.*) Enzima che si ricava dalla papaia, dotato di azione proteolitica, usato nell'industria alimentare e come farmaco dell'apparato digerente.

papàle [da *papa*; sec. XIII] agg. *1* Di Papa, relativo a papa: *assoluzione, benedizione p.*; *corte p.*; *cappella p.* | ***Croce p.***, lunga, con tre traverse | ***Guardie papali***, guardie d'onore del pontefice romano. SIN. Pontificio. *2* Nella loc. avv. ***p. p.***, con assoluta franchezza, quasi bruscamente: *gli dissi p. p. che doveva andarsene*.

papalina [f. di *papalino*, perché assomiglia allo zucchetto del *Papa*; 1768] s. f. ● Piccolo copricapo senz'ala, ornato spesso da una nappa, un tempo usato da uomini anziani spec. in casa.

papalino [1612] **A** agg. ● (*iron., spreg.*) Papale, pontificio: *soldati papalini*. **B** s. m. *1* Soldato pontificio. *2* (f. *-a*) Chi militava politicamente a favore del potere temporale dei Papi.

papamòbile [comp. di *papa* e (*auto*)*mobile*; 1984] s. f. ● Speciale automobile a piano rialzato e con ampi vetri blindati, usata per brevi spostamenti tra la folla dal Papa, che vi prende posto seduto o in piedi per poter essere visto da tutti.

paparàzzo [dal cognome di un fotografo nel film *La dolce vita* di F. Fellini; 1961] s. m. ● Fotoreporter, spec. di eventi di risonanza mondana, pubblicitaria e sim.

papàsso o **papas** [turco *papàz*, dal gr. biz. *papâs*, per il gr. classico *pápas* 'padre'. V. *Papa*; 1481] s. m. *1* Prete orientale. *2* Prete ortodosso. *3* Titolo di monaco orientale. *4* (*fig., scherz.*) Caporione, capo: *fare il p.*

papàto [da *papa*; sec. XIII] s. m. *1* Titolo, carica e dignità di Papa | Durata di tale carica. *2* Il governo papale: *regioni un tempo sottomesse al p.*

Papaveràcee [comp. di *papavero* e *-acee*; 1834] s. f. pl. (sing. *-a*) ● Nella tassonomia vegetale, famiglia di piante dicotiledoni erbacee, ricche di latice, con fiore a quattro petali raggrinziti nel bocciolo e frutto a capsula (*Papaveraceae*). ➡ ILL. **piante**/4.

papaveràceo [da *papaver(o)* col suff. dotto *-aceo*; av. 1771] agg. ● Proprio del papavero o simile al papavero | Derivato, estratto dal papavero: *sostanza papaveracea*.

papavèrico [1803] agg. (pl. m. *-ci*) *1* Di papavero | ***Acido p.***, miscuglio di acidi grassi tra cui prevale il linoleico, ottenuto per idrolisi dall'olio di semi di papavero. *2* (*fig., lett.*) Noioso, soporifero: *conferenza papaverica*.

papaverìna [da *papavero*; 1871] s. f. ● Alcaloide dell'oppio, usato in medicina per le proprietà antispastiche.

♦**papàvero** [lat. parl. **papāveru(m)*, per il classico *papāver*, di etim. incerta; 1310] s. m. *1* Genere di piante erbacee annue delle Papaveracee con foglie dentate, fiori grandi e solitari a quattro petali e frutto a capsula (*Papaver*) | ***P. da oppio***, dal cui frutto si ricava l'oppio (*Papaver somniferum*) | ***P. selvatico***, rosolaccio | ***Gli alti papaveri***, (*fig.*) le persone di maggior importanza, i pezzi grossi. ➡ ILL. **piante**/4. *2* (*raro, fig.*) Uomo noioso | Cosa noiosa.

papàya ● V. *papaia*.

†**pàpe** [vc. dotta, lat. *păpae*, dal gr. *papâi*, vc. di orig. espressiva; 1313] inter. ● (*raro*) Esprime meraviglia o ammirazione.

pàpera [f. di *papero*; 1353] s. f. *1* Femmina del papero. *2* (*fig., fam.*) Donna stupida. SIN. Oca. *3* (*fig.*) Errore involontario nel dire una parola o una frase, o nel recitare una battuta: *prendere, fare una p.* | (*est.*) Errore grossolano: *il gol è stato facilitato da una p. del portiere*. || **paperétta**, dim. | **paperina**, dim. (V.).

paperback /ingl. 'pheɪpəɹˌbæk/ [vc. ingl., propr. 'dorso (*back*) di carta (*paper*)'; 1967] s. m. inv. ● Libro in brossura | (*est.*) Libro economico, spesso tascabile, venduto anche nelle edicole di giornali.

paperìna [1871] s. f. *1* Dim. di *papera*. *2* Scarpetta bassa da donna con suola flessibile. SIN. Ballerina.

paperìno [n. che vuole rendere l'ingl. *Donald Duck*; sec. XIV] s. m. *1* (f. *-a*) Dim. di *papero*. *2* Con iniziale maiuscola, nome italiano del papero dalla caratteristica voce stridula, protagonista di racconti a fumetti e disegni animati di Walt Disney (1901-1966) *3* (*fig.*) ***Effetto p.***, in particolari condizioni di propagazione nei fluidi, fenomeno acustico consistente in una anomala ricezione di voci, suoni e rumori, percepiti più accelerati e acuti di quanto in realtà siano stati emessi, a causa della maggiore velocità e delle diverse modalità di diffusione delle onde sonore rispetto alle condizioni normali.

♦**pàpero** [vc. onomat.; 1293] s. m. (f. *-a* (V.)) ● Oca maschio giovane | ***I paperi menano a bere le oche***, (*fig.*) con riferimento al fatto che, spesso, chi ne sa di meno vuole insegnare a chi ne sa di più. || **paperèllo**, dim. | **paperino**, dim. (V.) | **paperóne**, accr. (V.) | **paperòtto**, dim. | **paperòttolo**, dim.

paperóne [il senso fig. deriva dalla figura dello zio straricco, divulgata attraverso i fumetti; av. 1584] s. m. (f. *-a*) *1* Accr. di *papero*. *2* ***Paperon de' Paperoni***, o ***P.***, nome italiano di un personaggio di Walt Disney ricchissimo e avaro | (*per anton.*) Persona ricchissima.

papésco [da *papa*; av. 1552] agg. (pl. m. *-schi*) ● (*raro*) Del papa, da papa (*spec. spreg.*).

papéssa [1545] s. f. *1* Donna che, secondo la leggenda, fu elevata al papato: *la p. Giovanna*. *2* (*fig., iron.*) Donna potente, autoritaria. *3* (*fig., scherz.*) Donna che vive nell'agiatezza. *4* Carta dei tarocchi, uno dei trionfi.

papier collé /fr. pa,pjekɔ'le/ [vc. fr., propr. 'carta incollata', comp. di *papier* 'carta' (stessa etim. di *papiro*) e *collé*, part. pass. di *coller* 'incollare'; 1965] loc. sost. m. inv. (pl. fr. *papiers collés*) ● Rappresentazione artistica costituita, in genere, da quadri su cui vengono incollati pezzi di carta, vetro, stoffa e sim.

papier mâché /fr. pa,pjemɑ'ʃe/ [loc. fr., propr. 'carta (*papier*) masticata (*mâché*)'] loc. sost. m. inv. (pl. fr. *papiers mâchés*) ● Cartapesta.

†**papiglióne** [lat. *papiliōne(m)* 'farfalla', vc. di orig. onomat.] s. m. ● Farfalla.

papigliòtto [fr. *papillote*, dim. di *papillon* 'farfalla'. V. *papiglione*; av. 1755] s. m. ● (*spec. al pl.*) Bigodino.

Papilionàcee [comp. di *papiglione*, per la forma a farfalla della corolla, e *-acee*; av. 1869] s. f. pl. (sing. *-a*) ● Nella tassonomia vegetale, famiglia di piante legnose o erbacee con fiori zigomorfi e frutto a legume (*Papilionaceae*). ➡ ILL. **piante**/6-7.

papilionàto [V. *Papilionacee*] agg. ● (*bot.*) Detto di corolla irregolare a cinque petali, di cui il superiore è più grande ed eretto, i due laterali simmetrici e i due inferiori uguali e saldati.

Papiliònidi [comp. di *papiglione* e *-idi*; 1954] s. m. pl. (sing. *-e*) ● Nella tassonomia animale, famiglia di farfalle diurne con antenne brevi a clava, ali coloratissime, di cui le posteriori con un'espansione di forma varia (*Papilioniae*).

papilla [vc. dotta, lat. *papĭlla(m)*, dim. di *păpula* 'pustola, bolla, bottoncino'. V. *papula*; 1499] s. f. *1* (*anat.*) Qualsiasi prominenza più o meno elevata | ***P. ottica***, zona rilevata della retina dove il nervo ottico penetra nel bulbo oculare | ***P. gustativa***, formazione sensitiva della lingua atta a percepire i sapori. ➡ ILL. p. 2126, 2127 ANATOMIA UMANA. *2* (*bot.*) Piccola prominenza spesso data da una sola cellula, frequente nell'epidermide dei petali ai quali conferisce l'aspetto vellutato.

papillàre [1749] agg. ● (*anat.*) Di papilla | Che ha natura o forma di papilla | Caratterizzato dalla presenza di papille: *muscolo p.*

papillòma [comp. di *papilla* e *-oma*; 1899] s. m. (pl. *-i*) ● (*med.*) Piccolo tumore benigno di derivazione epiteliale, che si presenta sessile, peduncolato o digitiforme; è tipico della cute, della laringe, della lingua e della vescica.

papillomatòsi [comp. di *papilloma* e del suff. *-osi*] s. f. inv. ● (*med.*) Condizione caratterizzata dalla presenza di numerosi papillomi spec. nella vescica e nella laringe.

papillon /fr. papi'jõ/ [vc. fr., propr. 'farfalla': stessa etim. dell'it. *papiglione*; 1939] s. m. inv. ● Cravatta annodata a farfalla.

papillóso [da *papilla*; 1813] agg. ● (*raro*) Dotato, rivestito di papille.

papìno [da *papa*; 1871] s. m. *1* La prima carta dei tarocchi. *2* (*gerg.*) Nella loc. ***fare un p.***, fare una stecca giocando a biliardo.

papiràceo [vc. dotta, lat. *papyrăceu(m)*, da *papȳrus* 'papiro'; 1499] agg. *1* Di papiro: *codice, rotolo p.* *2* (*raro, est.*) Che ha consistenza dura e secca.

papìro [vc. dotta, lat. *papȳru(m)*, nom. *papȳrus*, dal gr. *pápyros*, di orig. straniera; 1313] s. m. *1* Pianta erbacea perenne delle Ciperacee con rizoma strisciante, infiorescenze in spighe e alti fusti dal midollo dei quali gli antichi egiziani ottenevano fogli per scrivere (*Cyperus papyrus*). SIN. Giunco del Nilo. ➡ ILL. **piante**/11. *2* Foglio ottenuto dalla lavorazione della pianta omonima in modo da poter ricevere la scrittura | Testo scritto su foglio di papiro: *i papiri di Ercolano*. *3* (*fig.*) Foglio o documento scritto o stampato | (*fam.*) Lettera o scritto prolisso | †Carta, foglio. *4* Nel gergo studentesco, foglio con scritte in latino maccheronico, disegni, caricature e sim. rilasciato, spec. un tempo, alle matricole dell'università dagli studenti più anziani. *5* †Lucignolo.

papirografìa [comp. di *papiro* nel sign. 2 e *-grafia*; 1958] s. f. ● Rappresentazione artistica costituita da ritagli di carta nera applicati su fondo bianco e chiusi tra due vetri.

papirologia [comp. di *papiro* nel sign. 2 e *-logia*; 1908] **s. f.** ● Scienza che studia gli antichi papiri.

papirològico [1954] **agg.** (pl. m. *-ci*) ● Relativo alla papirologia.

papirologista [1954] **s. m. e f.** (pl. m. *-i*) ● Papirologo.

papiròlogo [1922] **s. m.** (f. *-a*; pl. m. *-gi*) ● Studioso di papirologia.

papişmo [da *papa*; 1619] **s. m.** *1* Insieme delle istituzioni e delle dottrine cattoliche che riconoscono l'autorità del Papa, spec. nella polemica protestante e anticattolica | Difesa partigiana del Papa e della sua infallibilità. *2* (*est.*) Insieme dei papisti.

papista [av. 1543] **s. m. e f.** (pl. m. *-i*) ● Seguace del papismo | Cattolico, spec. nella polemica protestante | ***Essere più papisti del Papa***, (*fig.*) essere più ligi alle norme tradizionali, più conservatori e sim., di chi rappresenta l'autorità costituita.

papìstico [1673] **agg.** (pl. m. *-ci*) ● Relativo al papismo.

papòcchio [da *papa* 'pappa' col suff. *-occhio*, orig. dim.; 1985] **s. m.** *1* (*region.*) Pasticcio, garbuglio. *2* (*est.*) Imbroglio, raggiro.

pàppa (1) [lat. *păppa(m)*, vc. infant.; av. 1313] **s. f.** *1* Alimento semiliquido a base di farinacei, spesso con l'aggiunta di carne appena frullata o di formaggi, adatto spec. per bambini appena slattati. *2* (*spreg.*) Minestra troppo cotta | ***P. molle***, V. *pappamolle*. *3* (*gener.*) Cibo, spec. nel linguaggio infantile | ***Mangiare la p. in capo a qlcu.***, (*fig.*) essere più alto, o più abile, o più furbo di lui | ***Volere, trovare la p. pronta, fatta, scodellata***, volere, ottenere qlco. senza fare fatica | ***Scodellare la p. a qlcu.***, (*fig.*) predisporgli particolareggiatamente il lavoro in modo da facilitarglielo | (*fig.*) ***Essere p. e ciccia con qlcu.***, in grande familiarità o in perfetto accordo. *4* ***P. reale***, sostanza, prodotta dall'ape operaia, che serve da alimento alle larve destinate a diventare regine e alle api regine stesse, usata a scopi terapeutici e nella preparazione di cosmetici. || **pappètta**, dim. | **pappìna**, dim. (V.) | **pappóna**, accr.

pàppa (2) [ricavato da *pappare*, *pappone*; 1953] **s. m. inv.** ● (*region.*, *gerg.*) Protettore di prostitute.

†**pappacchióne** [da *pappa* (*1*); av. 1400] **s. m.** (f. *-a*) *1* Mangione, ghiottone. *2* Sciocco, balordo.

pappacéci o (*raro*) **pappacéce** [comp. di *pappa(re)* e il pl. di *cece*; av. 1700] **s. m. e f. inv.** ● (*lett.*) Fannullone, buono a nulla.

pappafico [etim. incerta; 1476] **s. m.** (pl. *-chi*) *1* (*sett.*) Rigogolo, beccafico. *2* (*centr.*) Il pizzo della barba. *3* (*mar.*) Vela quadra più alta dell'albero di trinchetto. SIN. Velaccino. *4* †Cappuccio o cuffia per riparare il viso dalla pioggia o dal vento.

pappagallerìa [da *pappagallo*, in quanto imita le parole umane; av. 1837] **s. f.** ● (*raro*) Imitazione o ripetizione meccanica di qlco., spec. fatta per adulare qlcu.

pappagallésco [1560] **agg.** (pl. m. *-schi*) ● Da pappagallo (*solo fig.*): *risposta pappagallesca*. || **pappagallescaménte**, avv. In modo pappagallesco.

†**pappagallèssa** [av. 1584] **s. f.** *1* Femmina del pappagallo. *2* (*fig.*) Donna chiacchierona.

pappagallino **s. m.** *1* Dim. di *pappagallo*. *2* (*zool.*) ***P. ondulato***, melopsittaco.

pappagallişmo [da *pappagallo*; 1963] **s. m.** *1* (*raro*) Inclinazione a ridire o rifare meccanicamente cose dette o fatte da altri: *lo irrita il p. di certe persone*. *2* (*fig.*) Contegno di chi importuna le donne per strada.

♦**pappagàllo** [biz. *papagâs*, dall'ar. *babagā'*, con sovrapposizione di *gallo*; av. 1292] **s. m.** (f. *†-éssa* (V.)) *1* Correntemente, uccello degli Psittaciformi, arrampicatore, con parte superiore del becco ricurva e inferiore corta, lingua carnosa e piumaggio dai colori vivaci. *2* (*fig.*) Persona che ripete meccanicamente o copia senza criterio le parole o i gesti altrui: *sembra colto, ma è solo un p.* | ***A p.***, macchinalmente, meccanicamente: *ripetere, recitare qlco. a p.* *3* (*fig.*) Chi per strada rivolge complimenti alle donne, molestandole: *un p. l'ha seguita fino a casa*; *quel giovane è un volgare p.* *4* Recipiente di forma ricurva, e dall'imboccatura piuttosto larga, usato spec. negli ospedali per consentire agli uomini di urinare rimanendo a letto. *5* (*pop.*) Pinza regolabile dai manici piuttosto lunghi. || **pappagallètto**, dim. | **pappagallino**, dim. (V.) | **pappagallùccio**, dim.

pappagòrgia [comp. di *pappa(re)* e *gorgia*; av. 1686] **s. f.** (pl. *-ge*) ● Cumulo di grasso che si forma tra il mento e la gola delle persone grasse.

†**pappalàrdo** [comp. di *pappare* e *lardo*; nel sign. 3, sul modello del fr. *papelard*, perché i falsi devoti mangiano *lardo* di nascosto anche nei tempi proibiti; sec. XIV] **s. m.** *1* Uomo credulone, sciocco. *2* Ipocrita, baciapile.

†**pappalaşàgne** [comp. di *pappa(re)* e il pl. di *lasagna*; 1534] **s. m. e f. inv.** ● Persona buona a nulla.

†**pappalècco** [comp. di *pappa(re)* e *lecco*; av. 1400] **s. m.** *1* Leccornia, ghiottoneria. *2* (*scherz.*) Pranzo succulento.

pappamòlle o **pàppa mòlle**, (*region.*) **pappamòlla** [comp. di *pappa* e *molle*, region. adattato alla normale uscita in *-a* del f.; 1965] **s. m. e f.** (pl. m. inv.; pl. f. *pappemòlli*) ● Persona indolente e del tutto priva di energia.

pappardèlla [da *pappare*; 1364] **s. f.** *1* (*spec. al pl.*) Lasagne cotte in acqua o brodo e condite con sugo di carne tritata, spec. di lepre. *2* (*fig.*) Tiritera, discorso o scritto lungo e noioso: *che p. mi sono sorbito!*

pappàre [lat. *pappāre*, da *păppa* 'pappa'; av. 1367] **v. tr.** *1* (*fam.*) Mangiare con grande ingordigia: *hai visto come pappa qualunque cosa gli diano?*; *s'è pappato tutto in un baleno*. SIN. Divorare. *2* (*fam.*, *fig.*) Lucrare illecitamente: *ha pappato anche i guadagni dei soci*; *s'è pappato tutti gli utili*.

pappàta [1563] **s. f.** ● (*fam.*) Mangiata (*anche fig.*): *farsi una bella p. di polenta*; *i più disonesti si sono fatti la loro p.*

pappatàci [comp. di *pappa(re)* (*1*) e *tacere*; 1525] **A s. m. inv.** ● (*zool.*) Flebotomo (2) | ***Febbre da p.***, malattia infettiva virale, ad andamento benigno, trasmessa dai pappataci. **B s. m. e f. inv.** ● (*disus.* o *lett.*) Persona che per proprio utile tollera in silenzio cose disonoranti, offensive, e sim.: *è un p. che non si ribella mai*.

pappatóre [1427] **s. m.** (f. *-trice*) ● Chi pensa solo a pappare (*anche fig.*): *è un ghiotto p.*; *guardate che non vi inganni*: *questi pappatori non sogliono avere molta fede* (MACHIAVELLI).

pappatòria [av. 1700] **s. f.** *1* (*fam.*) Il mangiare abbondantemente e bene. *2* (*fig.*) Vantaggio effettivo, mangeria: *non lo interessano gli onori, ma solo la p.*

pappifórme [comp. di *pappo* (*1*) e *-forme*; 1970] **agg.** ● (*bot.*) Che ha forma di pappo.

pappina [1598] **s. f.** *1* Dim. di *pappa*. *2* (*tosc.*, *disus.*) Infermiera. *3* (*fig.*, *fam.*) Ramanzina | Schiaffo, sberla. *4* †Sorbetto di latte e altri ingredienti.

pappino [da *pappa*, nel sign. di 'impiastro'; av. 1665] **s. m.** (f. *-a*, V.) ● (*tosc.*, *disus.*) Infermiere | (*gerg.*) Soldato della sanità.

pàppo (1) [vc. dotta, lat. *păppu(m)*, nom. *păppus*, dal gr. *páppos*, vc. di orig. infant.; av. 1498] **s. m.** ● (*bot.*) Appendice leggera e piumosa di alcuni frutti e semi, costituita dal calice persistente.

pàppo (2) [da *pappare*; 1319] **s. m.** ● Nel linguaggio infantile, il pane, il cibo in genere: *il p. e 'l dindi* (DANTE *Purg.* XI, 105).

pappolàta [da *pappa*; av. 1492] **s. f.** *1* (*fam.*) Vivanda molto tenera e quasi liquida: *come tornando da pastura al truogo / corrono i porci per la p.* (L. DE' MEDICI). *2* (*fig.*, *spreg.*) Discorso o scritto troppo lungo e sciocco: *ho dovuto ascoltare una lunghissima p.*

pappóne [da *pappare*; av. 1675] **s. m.** *1* (f. *-a*) (*fam.*) Mangiatore, divoratore (*anche fig.*): *è un p. sempre presente dove ci sia da guadagnare*. *2* (*dial.*) Protettore di prostitute.

pappóşo (1) [da *pappo* (1)] **agg.** ● (*bot.*) Che ha il pappo: *seme p.*

pappóşo (2) **agg.** ● Molle e inconsistente come la pappa: *neve papposa*.

pappùccia [persiano *pāpūsh*. V. *babbuccia*; av. 1698] **s. f.** (pl. *-ce*) ● (*raro*) Pantofola.

pàprica o **pàprika** [serbo-croato *paprika*, dal lat. *pĭper* 'pepe'; 1881] **s. f.** ● Droga alimentare ottenuta polverizzando dopo essiccamento i frutti lunghi, poco polposi e piccanti di alcune varietà di peperoni, usata anche come sostanza revulsiva.

pap-test /pap'tɛst, *ingl.* 'phæp,tɛst/ [loc. ingl., da *Pap(anikolau) test*, dal n. di G. Papanikoláu (1883-1962), anatomista greco specializzato in oncologia; 1967] **s. m. inv.** (pl. ingl. *pap-tests*) ● (*med.*) Metodo diagnostico dei tumori del collo dell'utero al primo stadio, consistente nell'esame citologico delle cellule di sfaldamento.

pàpua o **papùa** [dal malese *papuah*, *pĕpuah* 'arricciato' (nei capelli); 1874] **A s. m. e f. inv.** ● Appartenente a un gruppo di popolazioni stanziate in Nuova Guinea e in Melanesia, con statura bassa, capelli crespi e pelle scura. SIN. Papuano. **B agg. inv.** ● Relativo ai Papua e al loro gruppo linguistico: *villaggio p.*; *dialetti p.* **C s. m.** solo sing. ● Nome complessivo dato a un folto gruppo di lingue piuttosto differenziate tra loro, parlate dalle popolazioni non melanesiane in Nuova Guinea, isole Salomone e arcipelaghi circostanti.

papuàno o **papuàşo** [dai *Papua*, popolazione della Nuova Guinea; 1871] **A agg.** ● Della Papua Nuova Guinea, Stato dell'Oceania | Relativo alla popolazione Papua: *lingua papuana*. **B s. m.** (f. *-a*) ● Papua.

pàpula [vc. dotta, lat. *păpula(m)*, di orig. indeur.; 1745] **s. f.** *1* (*med.*) Lesione cutanea in forma di piccola prominenza ben circoscritta. *2* (*zool.*) Appendice filiforme a funzione respiratoria presente sulla faccia aborale delle stelle di mare.

papulàre **agg.** ● (*med.*) Di papula.

papulòide [comp. di *papul(a)* e *-oide*] **agg.** ● (*med.*) Di alterazione cutanea simile a una papula.

papulóşo [1835] **agg.** ● (*med.*) Di papula | Caratterizzato dalla presenza di papule: *dermatosi papulosa*.

par (1) [av. 1533] **s. m. inv.** ● (*fam.* o *dial.*) Forma tronca di †*paro* (*1*): *un par di ceffoni*; *Un ... cosciotto di cinghiale ... che mia madre riceveva da Firenze un par di volte all'anno* (BACCHELLI).

par (2) ● V. *parere* (*1*).

par (3) /par, *ingl.* pha:*/ [vc. ingl., propr. 'parità', dal lat. *pār* 'pari, uguale', forse di orig. etrusca] **s. m. inv.** ● (*sport*) ***Par del campo***, nel golf, numero convenzionale di colpi necessario per completare il percorso.

pàra [dalla città brasiliana di *Pará* dove la si produce; 1905] **s. f.** ● Coagulo di caucciù ottenuto dal latice dell'albero della gomma, trasformato in gomma elastica mediante un processo di vulcanizzazione.

parà [fr. *para*, abbr. di *parachutiste* 'paracadutista'; 1963] **s. m. e f.** ● Paracadutista.

pàra- [dal gr. *pará* 'presso', 'accanto'] primo elemento *1* In numerose parole composte, indica 'vicinanza', 'somiglianza', 'affinità', o 'deviazione', 'alterazione', 'contrapposizione': *paramagnetismo*, *paramilitare*, *paratifo*. *2* In chimica, indica un composto che sia polimero, o abbia relazioni strutturali, rispetto a quello considerato: *paraldeide*.

parabancàrio [comp. di *para-* e *bancario*; 1982] **A agg.** ● Detto di servizio offerto da banche non strettamente legato all'attività di intermediazione, come ad esempio il noleggio di cassette di sicurezza. **B s. m.** ● Settore o insieme dei servizi parabancari.

paràbasi o **paràbaşe** [vc. dotta, gr. *parábasis* 'il camminare, l'incedere', da *parabáinein* 'camminare a fianco', comp. di *pará* 'para-' e *báinein* 'camminare'. La *parabasi* era l'avanzare del coro, poi il discorso tenuto dal capo del coro. V. *anabasi* e *catabasi*; 1564] **s. f. inv.** ● Parte della commedia greca in cui il coro si rivolge direttamente al pubblico e gli parla a nome del poeta.

parabèllum [dalla frase lat. di Vegezio (*Si vis pacem*) *para bellum* 'se vuoi la pace, prepara la guerra', sigla telegrafica del primo fabbricante, le *Deutsche Waffen- und Munitionsfabriken*; 1935] **s. m. inv.** *1* Pistola semiautomatica P08 adottata nel 1908 dall'esercito germanico. *2* Denominazione italiana del fucile PPSh con caricatore cilindrico, adottato nel 1941 dall'esercito sovietico. *3* Tipo di cartuccia per pistola con bossolo a bottiglia.

paràbile [da *parare*; 1958] **agg.** ● Che si può parare: *tiro p.* CONTR. Imparabile.

parabiòşi [comp. di *para-* e del gr. *bíōsis* 'vita' (V. *bio-*); 1954] **s. f. inv.** ● (*zool.*) Unione di due organismi animali ottenuta saldandone più o meno estesamente i tessuti o gli organi.

paràbola (1) [vc. dotta, gr. *parabolḗ* 'parabola, sezione conica', da *parabállein* 'mettere (un piano) in parallelo (col piano di una generatrice)'; 1556] **s.**

f. *1* (*mat.*) Luogo dei punti del piano equidistanti da un punto fisso e da una retta | Curva individuata dall'intersezione di un cono indefinito con un piano parallelo alla sua direttrice. *2* (*fig.*) Modo di procedere di ogni avvenimento che comincia a decadere dopo avere raggiunto il suo massimo splendore: *fase ascendente, discendente della p.*; *attore al vertice della sua p. artistica.* *3* (*tv*) Antenna parabolica. || **parabolina**, dim.

paràbola (2) [vc. dotta, lat. *parăbola(m)*, nom. *parăbola*, dal gr. *parabolḗ* 'avvicinamento, giustapposizione, paragone', da *parabállein* 'mettere vicino, confrontare'; av. 1342] s. f. *1* Discorso di Gesù in forma di racconto per stabilire paralleli ed esempi a fine morale: *p. evangelica*; *la p. di Lazzaro.* *2* †Favola, invenzione | †Parola.

parabolàno [da avvicinare a *parabola* (*2*) (?); sec. XIV] s. m.; anche agg. *1* (*raro*) Chiacchierone, spaccone: *l'uomo p. non è degno di fede.* SIN. Fanfarone. *2* †Addetto all'assistenza degli infermi negli ospedali.

parabòlico [av. 1642] agg. (pl. m. *-ci*) *1* (*mat.*) A forma di parabola (*anche fig.*): *curva parabolica*; *discesa, caduta parabolica* | Paraboloidico: *specchio p.* | ***Antenna parabolica***, V. *antenna.* *2* (*mat.*) Detto di espressione o configurazione nella quale compaia un elemento da contare due volte, o un'espressione che sia un quadrato perfetto. *3* (*bot.*) Detto di organo vegetale arrotondato alla sommità: *foglia parabolica.* || **parabolicaménte**, avv.

paraboloìde [comp. di *parabola* (*1*) e *-oide*; 1771] s. m. *1* (*mat.*) Quadrica che non sia né un cono né un cilindro, i cui punti impropri formino una conica degenere | Quadrica che non sia né un cono né un cilindro, e sia tangente al piano improprio | ***P. di rotazione***, ottenuto facendo ruotare una parabola intorno al suo asse. *2* Particolare apparato elettromeccanico a forma di ombrello aperto, installato alla sommità di un'antenna radiofonica o telefonica, che permette la trasmissione a distanza di onde elettromagnetiche.

paraboloìdico o **paraboloidico** [1958] agg. (pl. m. *-ci*) ● (*mat.*) Che ha forma simile a quella di un paraboloide.

parabolóne [V. *parabolano*; av. 1956] s. m. (f. *-a*) ● (*raro*) Chiacchierone, fanfarone.

parabòrdo [comp. di *para(re)* e *bordo*; 1813] s. m. inv. ● (*mar.*) Riparo elastico di forma sferica o cilindrica che si dispone lungo le murate di una nave o le banchine per attutire gli urti e gli sfregamenti.

parabràce [comp. di *para(re)* e *brace*; 1970] s. m. inv. ● Riparo di ferro per contenere la brace nel focolare o nel caminetto.

parabrézza (o *-zz-*) [comp. di *para(re)* e *brezza*; calco sul fr. *pare-brise*; 1918] s. m. inv. ● Elemento trasparente anteriore, in vetro o materia plastica, che protegge il guidatore di un autoveicolo, motoveicolo, aeromobile e sim. dal vento e dalla pioggia, assicurandogli la visibilità | ***P. avvolgente***, che si estende all'indietro sui fianchi per consentire una migliore visibilità laterale. ➡ ILL. p. 2162, 2164, 2174 TRASPORTI.

paracadutàre [da *paracadute*; 1945] **A** v. tr. ● Lanciare dall'alto, spec. da un aereo, col paracadute: *p. uomini, viveri, armi, medicinali.* **B** v. rifl. ● Lanciarsi con il paracadute: *le truppe si paracadutarono in mare.*

paracadùte [comp. di *para(re)* e il pl. di *caduta*; calco sul fr. *parachute*; 1818] s. m. inv. *1* (*aer.*) Dispositivo per frenare un corpo in caduta, costituito in genere da una grande calotta di tessuto che, aprendosi a mo' d'ombrello, trattiene il corpo in caduta, usato sugli aerei come mezzo di salvataggio o per lanciare truppe, armi, viveri e sim. | ***P. pilota, p. estrattore***, pilotino | ***P. freno, di coda***, applicato a velivoli per frenarli nell'atterraggio | (*fig.*) ***Fare da p. a qlcu.***, fornirgli un espediente per evitare qlco. di pericoloso o sgradevole. ➡ ILL. p. 2157 SPORT. *2* (*est.*) In varie tecnologie, dispositivo atto ad arrestare la caduta di un corpo.

paracadutìsmo [1942] s. m. ● Tecnica e attività di chi si lancia col paracadute, anche a scopo sportivo: *scuola di p.*

paracadutìsta [1931] **A** s. m. e f. (pl. m. *-i*) ● Chi è addestrato a lanciarsi dall'aereo col paracadute, per scopi militari o come esercizio sportivo. ➡ ILL. p. 2157 SPORT. **B** in funzione di agg. ● Detto degli speciali reparti militari destinati a intervenire sul campo di battaglia o in territorio nemico mediante lancio col paracadute: *reparti paracadutisti*; *brigata, divisione p.*

paracadutìstico [1958] agg. (pl. m. *-ci*) ● Relativo al paracadutismo e ai paracadutisti: *gare paracadutistiche.*

paracàlli [comp. di *para(re)* e il pl. di *callo*; 1891] s. m. inv. ● Anello, in genere, di cotone che, applicato a un callo del piede, evita l'attrito con la scarpa.

paracamìno [comp. di *para(re)* e *camino*; av. 1869] s. m. ● Telaio con cui si chiude la bocca del camino o del caminetto, quando il fuoco è spento.

paracàrro [comp. di *para(re)* e *carro*; 1838] s. m. ● Piolo di pietra, cemento, plastica posto a lato della strada per indicarne il margine.

paracénere [comp. di *para(re)* e *cenere*; calco sul fr. *garde-cendre*; 1869] s. m. inv. ● Basso ripiano metallico posto dinanzi alla fiamma del caminetto per contenere la cenere. SIN. Guardacenere.

paracèntesi o **paracentèsi** [vc. dotta, lat. *paracentēsi(m)*, nom. *paracentēsis*, dal gr. *parakéntēsis*, comp. di *pará* 'para-' e *kéntēsis* 'puntura', da *kentéin* 'forare', di orig. indeur.; 1730] s. f. inv. ● (*med.*) Puntura evacuativa di cavità naturali: *p. addominale*; *p. timpanica.*

paracéra [comp. di *para(re)* e *cera* (*1*); 1891] s. m. inv. ● Piattello che accoglie i colaticci della candela o del cero, proteggendo la mano del portatore.

paracheratòsi [comp. di *para-*, *cherat(o)-* e *-osi*] s. f. inv. ● (*anat., biol.*) Processo di corneificazione cutanea incompleto che non porta alla degenerazione nucleare nelle cellule del piano epidermico esterno.

paracièlo [comp. di *para(re)* e *cielo*; 1871] s. m. ● (*raro*) Tettuccio, tettoia: *p. del pulpito.*

paracinèsia [comp. di *para-* e del gr. *kínesis* 'movimento'. V. *cinesia*; 1841] s. f. ● (*med.*) Alterata coordinazione dei movimenti muscolari.

paracistìte [comp. di *para-* e *cistite*; 1954] s. f. ● (*med.*) Infiammazione del tessuto circostante la vescica.

paraclàsi [comp. di *para-* e del gr. *klásis* 'frattura'; 1940] s. f. inv. ● (*geol.*) Faglia.

paràclito o **paraclèto** [vc. dotta, lat. tardo *paraclētu(m)*, nom. *paraclētus*, dal gr. *paráklētos* 'invocato, chiamato', da *parakaléin* 'chiamare in aiuto', comp. di *para-* e *kaléin* 'chiamare', di orig. indeur.; 1260 ca.] **A** agg. ● Consolatore, attributo dello Spirito Santo. **B** s. m. ● Lo Spirito Santo stesso.

paracóda [comp. di *para(re)* e *coda*; 1983] s. m. inv. ● (*sport*) Involucro, gener. di stoffa, usato per proteggere la coda del cavallo.

paracólpi [comp. di *para(re)* e il pl. di *colpo*; 1949] s. m. inv. *1* Dischetto di gomma applicato a porta o finestra, che ne attutisce gli eventuali colpi contro il muro. *2* Paraurti.

paracomunìsta [comp. di *para-* e *comunista*; 1982] **A** agg. (pl. m. *-i*) ● Detto di chi sostiene e appoggia, senza esservi iscritto, un partito comunista e la sua linea. **B** anche s. m. e f.

paraconsistènte [vc. dotta, calco sull'ingl. *paraconsistent*, comp. di *para-* 'para' e *consistent*, 'compatibile, non contraddittorio'; 1979] agg. ● Detto di alcuni tipi di logiche contemporanee per cui non vale il principio di contraddizione.

paracoròlla o **paracorólla** [comp. di *para-* e *corolla*] s. f. ● (*bot.*) Collaretto di ampiezza e colore vario che in talune piante si aggiunge alla vera corolla.

paràcqua [comp. di *para(re)* e *acqua*; 1795] s. m. inv. ● (*region.*) Ombrello, parapioggia.

paracromatopsìa [comp. di *para-*, del gr. *chrôma*, genit. *chrṓmatos* 'colore' (V. *cromo-*) e *-opsia*; 1954] s. f. ● (*med.*) Alterata percezione dei colori.

paracùlo [comp. di *para(re)* e *culo*; 1918] **A** s. m. *1* (*region., volg.*) Omosessuale passivo. *2* (f. *-a*) (*region., volg.*) Persona scaltra e opportunista | Servile adulatore. **B** anche agg.

paracuòre [comp. di *para(re)* e *cuore* (?); av. 1556] s. m. ● (*raro, tosc.*) Polmone degli animali | (*scherz.*) Polmone dell'uomo.

paracùsi o **paracusìa** [comp. di *para-* e del gr. *ákousis* 'udizione', da *akoúein* 'ascoltare'. V. *acustico*] s. f. inv. ● (*med.*) Abnorme sensibilità uditiva.

paracusìa [comp. di *para-*, del gr. *ákousis*, da *akoúō* 'io sento' e del suff. *-ia*; 1828] s. f. ● (*med.*) Condizione di alterata percezione uditiva con distorsione del tono e/o dell'intensità dei suoni.

paradenìte [comp. di *para-* e *adenite*; 1899] s. f. ● (*med.*) Infiammazione del tessuto attorno a una ghiandola.

paradentàle o **paradontàle**, **parodontàle** [comp. di *para-* e *dente* col suff. *-ale* (*1*)] agg. *1* (*anat.*) Riferito al paradenzio. *2* Prossimo a un dente.

paradènti [comp. di *para(re)* e il pl. di *dente*; 1954] s. m. inv. ● Tipo di apparecchio di gomma dura usato dai pugili a protezione dei denti.

paradentìte o **paradontìte**, **parodontìte** [comp. di *paradenzio* e *-ite* (*1*); 1970] s. f. ● (*med.*) Infiammazione del paradenzio.

paradentologìa o **paradontologìa**, **parodontologìa** [comp. di *paradenzio* e *-logia*] s. f. ● (*med.*) Ramo dell'odontoiatria che si occupa delle affezioni a carico del paradenzio.

paradentopatìa o **paradontopatìa**, **parodontopatìa** [comp. di *paradenzio* e *-patia*] s. f. ● (*med.*) Qualsiasi affezione morbosa con carattere progressivo a carico del paradenzio.

paradentòsi o **paradontòsi**, **parodontòsi** [comp. di *para-*, *dente* e *-osi*; 1958] s. f. inv. ● (*med.*) Peculiare tipo di piorrea alveolare, nella quale il processo degenerativo dei tessuti che circondano il dente prevale su quello infettivo. CFR. Piorrea alveolare.

paradènzio [comp. di *para-* e del lat. *dēns*, genit. *dĕntis* 'dente'; 1931] s. m. ● (*anat.*) Insieme dei tessuti che concorrono al sostegno e alla fissazione del dente rappresentati dalla gengiva, dall'osso alveolare, dal legamento alveolo-dentario, dal cemento e dalla radice dentaria. SIN. Paradonto.

paradìgma [vc. dotta, lat. tardo *paradīgma*, dal gr. *parádeigma* 'modello, esempio', da *paradeiknýnai* 'mostrare, confrontare', comp. di *pará-* 'para-' e *deiknýnai* 'mostrare, indicare', di orig. indeur.; 1499] s. m. (pl. *-i*) *1* Modello, esempio: *la figura di Cicinnato come p. etico*; *il p. scientifico della meccanica quantistica.* *2* (*ling.*) Modello grammaticale della declinazione di un nome o della coniugazione di un verbo | Elenco delle forme fondamentali di un verbo, dalle quali derivano tutti gli altri tempi: *il p. dei verbi latini* | Nella linguistica moderna, l'insieme di unità che all'interno di una frase intrattengono fra loro un rapporto di sostituibilità; CFR. Sintagma. *3* Nella filosofia della scienza, un insieme coerente e articolato di teorie, metodi e procedimenti che contraddistinguono in modo predominante una fase dell'evoluzione di una determinata scienza.

paradigmàtico [vc. dotta, lat. tardo *paradigmăticu(m)*, nom. *paradigmăticos*, dal gr. *paradeigmatikós*, agg. di *parádeigma*. V. *paradigma*; 1871] agg. (pl. m. *-ci*) *1* (*ling.*) Che è proprio delle unità di lingua considerate nel loro aspetto sistematico fuori dal contesto | ***Rapporto p.***, relazione di compresenza tra gli elementi di un sistema fonologico, lessicale e sim. *2* (*est.*) Che serve di modello, di esempio. || **paradigmaticaménte**, avv.

paradìsea [da *paradiso* (*1*), per la grande bellezza; 1829] s. f. ● Genere di Uccelli tropicali dei Passeriformi con vistoso piumaggio, il cui maschio (*Paradisea apoda*) è caratteristico per due ciuffi di penne allungatissime a barbe decomposte sui fianchi e per le due timoniere centrali filiformi (*Paradisea*). SIN. Uccello del Paradiso. ➡ ILL. animali/10.

paradisìaco [vc. dotta, lat. tardo *paradisīacu(m)*, agg. di *paradīsus* 'paradiso (1)'; sec. XIV] agg. (pl. m. *-ci*) *1* Di, del paradiso. *2* (*est.*) Di qualunque cosa faccia pensare al paradiso per le sue caratteristiche di bellezza, perfezione, tranquillità e sim.: *estasi paradisiaca.*

†**paradisìale** [sec. XIV] agg. ● Paradisiaco.

♦**paradìso (1)** [vc. dotta, lat. tardo *paradīsu(m)*, nom. *paradīsus*, dal gr. *parádeisos* 'giardino', dall'iran. *pairi-daēza* 'luogo recintato', comp. di *pairi* 'intorno' e *daēza* 'muro'; av. 1250] s. m. *1* In molte religioni, luogo o stato di felicità che compete a chi, dopo la morte, è chiamato da Dio o dagli dei a gioie eterne | Nella teologia cattolica, condizione di eterna beatitudine dei giusti salvati che godono la visione di Dio. *2* Correntemente, luogo in cui si gode di tale beatitudine | ***P. terrestre***, giardino nel quale, secondo la Genesi, Dio pose Adamo ed Eva prima del peccato originale | ***La strada del p.***, (*fig.*) la via onesta e virtuosa | ***Giocarsi il p.***, vivere peccando e senza ravvedersi | ***Guadagnarsi il p.***, vivere virtuosamente, accettando sofferenze, dolori e sim. | *Andare in p.*, morire | *Volare in p.*, morire, spec. con riferimento a bambino innocente | (*fig.*) *Entrare, stare in p. a dispetto dei santi*, avere accesso e rimanere dove si è mal visti e indesiderati | (*fig.*) *Avere dei santi in p.*, avere amici particolarmente influenti e potenti. **3** (*fig.*) Luogo delizioso: *questo posto è un p.*; *villa che è un p.* | *Paradisi artificiali*, stati di beatitudine, di atarassia, prodotti da droghe | (*est., fig.*) *P. fiscale*, nazione, Paese in cui i redditi sono liberi da imposte o soggetti a imposte non gravose | (*est.*) Completa felicità: *è stata un'ora di p.* | *Sentirsi in p.*, essere oltremodo felice. **4** (*zool.*) *Uccello del p.*, paradisea. **5** †Nelle navi a vela dei secoli XVI e XVII, locale in coperta adibito ad alloggio. ‖ **paradisètto**, dim. | **paradisino**, dim.

paradiso (2) [da *paradiso* (*1*), per il gusto particolarmente gradevole; av. 1548] **agg.**; anche **s. m.** ● (*bot.*) Nella loc. *melo p.*, varietà di melo usata come portainnesto di varietà da allevare a forme basse (*Melus pumila paradisiaca*).

paradontàle ● V. *paradentale*.

paradontite ● V. *paradentite*.

paradònto o **parodònto** [comp. di *para-* e *-(o)donto*] **s. m.** ● (*anat.*) Paradenzio.

paradontologia o **parodontologia** ● V. *paradentologia*.

paradontopatia o **parodontopatia** ● V. *paradentopatia*.

paradontòsi ● V. *paradentosi*.

paradòrso o **paradòrso** ● V. *paradosso* (*2*).

paradossàle [agg. di *paradosso* (*1*); av. 1552] **agg.** ● Che è o pare assurdo, insensato, irragionevole: *idea, tesi p.* | (*est.*) Bizzarro, stravagante: *affermazione p.*; *linguaggio, individuo p.* ‖ **paradossalmènte**, avv.

paradossalità [1905] **s. f.** ● Caratteristica di ciò che è paradossale: *la p. di un'affermazione, di una circostanza*.

paradossàre [da *paradosso* (*1*); av. 1588] **v. intr.** (*io paradòsso*; aus. *avere*) ● (*raro*) Far paradossi.

†**paradossàstico** [av. 1566] **agg.** ● Paradossale.

†**paradòssico** [av. 1642] **agg.** ● Che ha del paradosso.

paradossista [av. 1642] **s. m. e f.**; raro, anche **agg.** (pl. m. *-i*) ● (*raro*) Chi (o Che) fa paradossi.

paradòsso (1) [vc. dotta, gr. *parádoxon*, nt. sost. di *parádoxos* 'contrario alla comune opinione, all'aspettativa', comp. di *para-* 'para-' e *dóxa* 'opinione' (V. *dossologia*); 1541] **A s. m. 1** Argomentazione, in apparenza logicamente corretta, che deduce conclusioni contraddittorie da premesse plausibili: *il p. di Zenone*. **2** (*est.*) Asserzione incredibile, in netto contrasto con la comune opinione: *è un p., quello che dici* | (*est.*) Idea stravagante: *sembra un p. ma non lo è*. SIN. Assurdità. **B agg. 1** (*med.*) Contrario al modo normale o usuale: *polso p.* **2** (*psicol.*) *Sonno p.*, V. *sonno*.

paradòsso (2) o **paradòrso** [comp. di *para(re)* e *dosso*; av. 1798] **s. m. 1** Rilievo murario o in terra, nelle opere fortificate o nelle trincee, per protezione delle spalle dei difensori. **2** (*edil.*) Trave principale dell'orditura del tetto, disposta secondo la pendenza della falda.

paradossografia [comp. di *paradosso* (*1*) e *-grafia*] **s. f.** ● Compilazione di raccolte di aneddoti storici e di eventi naturali paradossali, secondo una tendenza letteraria diffusa spec. in Grecia nel III sec. a.C.

paradossùro [comp. del gr. *parádoxos* 'straordinario' (V. *paradosso* (*1*)) e *-uro* (*2*), perché ha una bellissima coda tutta anellata fino alla base; 1835] **s. m.** ● Genere di animali carnivori dei Viverridi (*Paradoxurus*) | *P. malese*, musanga.

paràfa o **paràffa** [fr. *paraphe*. V. *parafare*; 1726] **s. f.** ● Sigla da apporsi in calce a un documento, spec. diplomatico.

parafàngo [comp. di *para(re)* e *fango*; 1598] **s. m.** (pl. *-ghi*) ● Riparo metallico o di cuoio davanti o sulla ruota di un veicolo, o parte della carrozzeria dell'autoveicolo che copre la ruota e ripara dagli spruzzi. ➡ ILL. p. 2113 AGRICOLTURA; p. 2161, 2162, 2164, 2165 TRASPORTI.

parafàre o **paraffàre** [fr. *parapher*, da *paraphe*, var. di *paragraphe* 'paragrafo'; 1812] **v. tr.** ● Siglare con la parafa.

parafarmacèutico [comp. di *para-* e *farmaceutico*; 1983] **agg.** (pl. m. *-ci*) ● Detto di prodotto che fa parte dei parafarmaci.

parafarmacia [comp. di *para-* e *farmacia* nel senso di 'arte dei farmaci'; 1985] **s. f. 1** Settore che si occupa della produzione di parafarmaci. **2** Insieme dei prodotti parafarmaceutici.

parafàrmaco [comp. di *para-* e *farmaco*; 1983] **s. m.** (pl. *-ci*) ● Prodotto non soggetto a prescrizione medica, venduto spec. in farmacia, usato come sostitutivo o coadiuvante delle terapie farmacologiche | Prodotto dietetico, cosmetico, igienico connesso alla salute.

parafasia [comp. di *para-* e del gr. *phásis* 'voce'. V. *afasia*; 1899] **s. f.** ● (*psicol.*) Disturbo della formazione della parola nell'afasia, per cui si scambiano tra loro parole note e si formano parole nuove, ma non appropriate o impossibili.

parafatùra o **paraffatùra** [da *parafare*; 1931] **s. f.** ● (*raro*) Il parafare.

parafernàle [vc. dotta, dal gr. *parápherna*, nt. pl., comp. di *pará-* 'para-' e *pherné* 'dote', da *phérein* 'portare'; av. 1396] **agg.** ● (*dir.*) Detto di bene escluso dalla comunione legale fra coniugi in quanto già appartenente al titolare prima del matrimonio. SIN. Estradotale.

paràffa e *deriv.* ● V. *parafa* e *deriv.*

paraffina [fr. *paraffine*, dal lat. *păr(um) affīne(m)* 'poco affine', perché è scarsamente affine agli altri idrocarburi; 1834] **s. f. 1** (*chim.*) Miscuglio di idrocarburi solidi, presente nel petrolio e nell'ozocerite, usato per candele, isolanti elettrici, creme da scarpe, lubrificanti e per unguenti in farmacia | *P. liquida, olio di p.*, prodotto secondario della fabbricazione della paraffina, liquido oleoso usato come lubrificante nell'industria, per fare unguenti in farmacia, e in medicina come protettivo cutaneo e lassativo | *Guanto di p., prova della p.*, mezzo di accertamento dell'uso di un'arma da fuoco, consistente nell'applicazione, sulle mani dell'indiziato, di uno strato di paraffina atto a trattenere e rivelare, con una successiva analisi chimica, eventuali tracce di polvere da sparo. **2** (*chim.*) Alcano.

paraffinàre [fr. *paraffiner*, da *paraffine* 'paraffina'; 1958] **v. tr.** ● Cospargere o impregnare di paraffina: *p. un tessuto*.

paraffinatùra [1958] **s. f.** ● Operazione del paraffinare.

paraffinico [1911] **agg.** (pl. m. *-ci*) ● (*chim.*) Relativo a paraffina.

paràffo [var. di *parafa*] **s. m.** ● (*raro*) Parafa.

parafiàmma [comp. di *para(re)* e *fiamma*; 1918] **A agg. inv.** ● Impermeabile alle fiamme: *paratia p.* **B s. m. inv. 1** Tutto ciò che ha la proprietà di impedire il propagarsi di incendi. **2** Tratto di lamiera di forma tronco-conica applicato alla bocca di un'arma automatica per coprire la fiammata prodotta all'atto dello sparo.

parafilia [ted. *Paraphilie*, comp. di *para-* 'para-' e *-philie* '-filia'; 1958] **s. f.** ● (*psicol.*) Attaccamento morboso a forme anormali o socialmente riprovate di soddisfazione dell'istinto, spec. di quello sessuale.

parafimòsi o **parafimosi** [comp. di *para-* e *fimosi*; 1561] **s. f.** ● (*med.*) Stenosi dell'anello del prepuzio che, una volta ritirato posteriormente al glande, non può più ritornare in posizione naturale, provocando uno strozzamento e una tumefazione molto dolorosi.

parafiscàle [1982] **agg.** ● (*econ.*) Relativo alla parafiscalità: *tributi parafiscali*.

parafiscalità [comp. di *para-* e *fiscalità*; 1958] **s. f.** ● (*econ.*) Imposizione e riscossione di tributi da parte di enti pubblici non territoriali quali gli enti di previdenza.

paràfisi [vc. dotta, gr. *paráphysis*, da *paraphýein* 'far crescere accanto, produrre germogli laterali', comp. di *pará-* 'para-' e *phýein* 'produrre, far nascere' (V. *fito-*); 1835] **s. f. inv. 1** (*bot.*) Ciascuno dei filamenti sterili che si trovano frammisti agli anteridi e agli archegoni dei muschi, o agli aschi o ai basidi nei funghi. **2** (*zool.*) Nei Vertebrati inferiori, struttura di natura non nervosa al limite tra la parte dorsale del telencefalo e l'epitalamo.

paraflying /ingl. ˈpæɹəˌflaeɪŋ/ [comp. ingl., propr. 'volo (*flying*) col paracadute (*para-* per *parachute*)'] **s. m. inv.** ● Pratica sportiva in cui l'atleta, munito di sci d'acqua e di paracadute, si fa trainare da un motoscafo in modo che il paracadute, aprendosi, gli consenta di alzarsi in volo.

†**paràfo** [fr. *paraphe* (V. *parafare*); av. 1498] **s. m.** ● Paragrafo.

parafòndi [comp. di *para(re)* e il pl. di *fondo*] **s. m. inv.** ● Burga nel sign. 1.

parafònica [comp. di *para-* e del f. di *fonico*] **s. f.** ● (*ling.*) Studio delle intonazioni e inflessioni di voce che possono variare il significato di una parola o di una frase in base a stati d'animo e sentimenti o atteggiamenti precisi di tipo perlopiù universale.

parafònico [vc. dotta, comp. di *para-* e *fonico*] **agg.** (pl. m. *-ci*) ● (*ling.*) Si dice di parola che nasce dalla deformazione di un'altra parola o espressione, in genere per ragioni eufemistiche (per es. *perdinci* da *per Dio*).

parafrasàre [da *parafrasi*; 1575] **v. tr.** (*io paràfraso*) ● Esporre un testo con parole proprie atte a chiarirlo, ampliarlo e sim.: *p. un sonetto, un canto dell'Eneide* | (*spreg.*) Ripetere o copiare peggiorando: *non ha niente d'originale e si limita a p. le opere altrui*.

paràfrasi o †**paràfrase** [vc. dotta, lat. *parăphrasi(n)*, nom. *parăphrasis*, dal gr. *paráphrasis*, propr. 'frase posta vicino', comp. di *pará-* 'para-' e *phrásis* 'frase'; 1541] **s. f. inv.** ● Ripetizione di un testo mediante circonlocuzione o aggiunte esplicative, talora anche traducendolo: *fare la p. di un'ode, di una cantica, di un articolo, di uno scritto*.

parafrasia [comp. di *para-* e un deriv. del gr. *phrásis* 'espressione' (V. *frase*); 1895] **s. f.** ● (*psicol.*) Incapacità parziale di pronunciare o comporre parole connesse in forma di frase.

parafràste [vc. dotta, lat. tardo *paraphrăsta(m)*, nom. *paraphrăstes*, dal gr. *paraphrastḗs*, da *paraphrázein* 'parafrasare', comp. di *pará-* 'para' e *phrázein* 'parlare'. V. *frase*; 1584] **s. m. e f.** ● (*raro, lett.*) Chi parafrasa.

parafràstico [vc. dotta, gr. *paraphrastikós*, da *paraphrázein*. V. *parafraste*; 1639] **agg.** (pl. m. *-ci*) ● Che contiene o costituisce parafrasi: *gli è piaciuta la sua spiegazione parafrastica*; *scritto p.* ‖ **parafrasticamènte**, avv. Mediante parafrasi.

parafrenia [comp. di *para-* e *-frenia*; 1899] **s. f.** ● (*psicol.*) Disturbo mentale, di tipo schizofrenico, con delirio e allucinazioni, in cui viene mantenuto un certo contatto con il mondo esterno.

parafùlmine [comp. di *para(re)* e *fulmine*; calco sul fr. *parafoudre*; 1808] **s. m.** ● Dispositivo per disperdere a terra senza danni la scarica del fulmine, consistente, in genere, in un'asta di ferro a punta non ossidabile, sistemata sul tetto e messa in comunicazione con la terra umida o con l'acqua di un pozzo | (*fig.*) *Fare da p.*, attirarsi le punizioni, i rimproveri e sim., spesso per proteggere altri.

parafùmo [comp. di *para(re)* e *fumo*; 1899] **s. m. inv.** ● Vasetto o piattello capovolto sospeso sopra un lume a petrolio per raccogliere il fumo e difendere il soffitto.

parafuòco [comp. di *para(re)* e *fuoco*; calco sul fr. *pare-feu*; av. 1597] **s. m.** (pl. **inv.** o *-chi*) ● Pannello mobile, a volte artisticamente decorato, che si pone davanti al caminetto o alla stufa come riparo dal calore eccessivo.

paragarrétto [comp. di *para(re)* e *garretto*] **s. m.** ● (*sport*) Protezione in tela e cuoio per il garretto dei cavalli che evita la formazione dei cappelletti.

parageusia [comp. di *para-* e del gr. *geûsis* 'gusto', sul modello di *ageusia*; 1875] **s. f.** ● (*psicol.*) Alterazione del gusto, sia come erronea interpretazione di una sensazione reale, sia come allucinazione gustativa.

paràggio (1) [etim. incerta; sec. XV] **s. m. 1** (*spec. al pl.*) Tratto di mare vicino a un dato luogo: *ancorarsi nei paraggi del faro, dell'isola, di Viareggio*. **2** (*spec. al pl.*) Luoghi circostanti, dintorni, vicinanze: *è andato a fare una passeggiata nei paraggi*; *spero ci sia una farmacia nei paraggi*.

†**paràggio** (2) [fr. *parage*, dal lat. *pār*, genit. *pāris* 'pari'; sec. XII] **s. m. 1** Condizione, grado: *di alto gran p.* **2** Casata, stirpe: *cavaliere di nobile p.* **3** (*dir.*) Nel mondo medievale, quota di beni familiari che il primogenito unico erede deve ai fratelli cadetti | *Dote di p.*, quella che il genitore o il fratello deve costituire a favore della figlia o sorella, in un ammontare proporzionato alla propria sostanza. **4** (*lett.*) †Paragone, ragguaglio: *la beltà che è 'n voi senza p.* (DANTE).

paraglòmo [comp. di *para(re)* e *glomo*] **s. m.** ● (*sport, spec. al pl.*) Protezione in gomma o cuoio per i glomi dei cavalli. ➡ ILL. p. 2153 SPORT.

pàrago [da *pagro*, con epentesi (*pagaro) e metatesi; 1803] **s. m.** (pl. *-ghi*) ● (*zool., tosc.*) Pagello.

paragócce [comp. di *para(re)* e il pl. di *goccia*; 1958] **A agg. inv.** ● Detto di tappo con beccuccio, applicato a bottiglie di liquore, olio e sim., tale da impedire lo sgocciolio del liquido lungo il collo | ***Anello p.***, anello di spugna posto attorno al collo di una bottiglia, con la stessa funzione. **B** anche **s. m. inv.**

paragòge [vc. dotta, lat. tardo *paragōge(m)*, nom. *paragōge*, dal gr. *paragōgḗ* 'il condurre a fianco, l'aggiungere', comp. di *pará-* 'para-' e *agōgḗ* 'il trasportare', da *ágein* 'spingere, condurre', di orig. indeur.; av. 1565] **s. f.** ● (*ling.*) Epitesi.

paragògico [1745] **agg.** (pl. m. *-ci*) ● (*ling.*) Di paragoge.

paragonàbile [1550] **agg.** (assol.; + *a*; + *con*; + *tra*) ● Che si può paragonare: *la tua perspicacia non è assolutamente p. alla sua*; *a cagione di quel piccolo vantaggio ... p. con tanti altri* (LEOPARDI); *soluzioni paragonabili tra loro.* **CONTR.** Incomparabile.

paragonàre [gr. *parakonân* 'affilare, aguzzare', comp. di *pará-* 'para-' e *akonân* 'aguzzare', da *akónē* 'cote, pomice', da una radice indeur. che indica 'punta, acutezza'; av. 1306] **A v. tr.** (*io parágono*) (qlcu. o qlco. + *a*, + *con*) **1** Mettere a confronto due o più persone o cose allo scopo di rilevare somiglianze o differenze: *p. un poeta con* (o *a*) *un altro*; *p. due scrittori tra loro*; *p. i prezzi con la qualità della merce.* **SIN.** Comparare, raffrontare. **2** Ritenere simile o analogo: *paragoniamo questa linea a una retta.* **SIN.** Equiparare. **3** †Saggiare l'oggetto d'oro da esaminare sulla pietra di paragone o usando altri metodi. **4** †Eguagliare, pareggiare: *nell'età nostra non è chi l'abbia paragonato* (VASARI). **B v. rifl.** (+ *a*, + *con*) ● Porsi a confronto: *vuole paragonarsi a* (o *con*) *con lui.*

paragonàto **part. pass.** di *paragonare*; anche **agg.** ● Messo a confronto.

paragóne [da *paragonare*; sec. XIII] **s. m.** **1** Analisi o esame comparativo tra due o più persone o cose, che dà luogo a un giudizio o a una scelta: *fare un p.* | ***Mettere, mettersi a p. di, con***, paragonare, paragonarsi | ***Termini del p.***, i due elementi tra cui si stabilisce il confronto | ***I paragoni sono sempre odiosi***, quanto alle persone che ne sono oggetto, perché impongono un giudizio spesso soggettivo, parziale e sgradevole | ***Stare, reggere al p.***, poter essere paragonato a qlcu. o a qlco. senza sfigurare | ***Non reggere al p.***, essere decisamente inferiore a qlcu. o a qlco. | ***In p., a p. di***, in confronto a, di | ***Essere senza p., non avere paragoni***, detto di cosa unica nel suo genere, o di persona che eccelle sulle altre: *sì bello e sì gagliardo / che non ha paragon* (ARIOSTO). **2** Esempio, confronto che si stabilisce fra due elementi analoghi: *portare un p.*; *un p. calzante, indovinato, che non regge.* **3** (*lett.*) Modello, perfetto esemplare: *di vera pudicizia è un p.* (ARIOSTO). **4** ***†Pietra di p.*** (V. *pietra*). || **PROV.** Al paragone si conosce l'oro.

paragonite [comp. del gr. *parágōn*, part. pres. di *parágein* 'sviare', comp. di *pará-* 'para-' e *ágein* 'condurre', di orig. indeur., perché a volte la sostanza viene scambiata col talco, e *-ite* (*2*)] **s. f.** ● (*miner.*) Mica sodica in lamine minute, bianche e lucenti.

paragrafàre [da *paragrafo*; 1640] **v. tr.** (*io paràgrafo*) ● Dividere in paragrafi, ordinare, contrassegnare con paragrafi: *p. uno scritto, un documento, il dettato normativo.*

paragrafia [comp. di *para-* e *-grafia*; 1925] **s. f.** ● (*psicol.*) Disturbo del linguaggio scritto, consistente nell'omissione o trasposizione di lettere, sillabe o parole, o nella loro erronea sostituzione.

paràgrafo [vc. dotta, lat. tardo *parăgraphu(m)*, nom. *parăgraphus*, dal gr. *parágraphos*, propr. 'scritto accanto', comp. di *pará-* 'para-' e *-graphos* '-grafo'; 1294] **s. m.** **1** Ciascuna delle parti in cui è diviso un capitolo di un libro, un documento, e sim.: *ha letto solo i primi paragrafi del secondo capitolo*; *molto interessante è il terzo p.* **SIN.** Comma. **2** Rappresentazione grafica di un paragrafo (§). || **paragrafétto, dim.** | **paragrafùccio, dim.**

paragràmma [gr. *paragrámma*, comp. di *para-* 'para-' e *grámma* 'lettera dell'alfabeto'] **s. m.** (pl. *-i*) ● (*ling.*) Accostamento di due parole che divergono per un solo grafema (per es. *giada* e *giara*).

paragrammatìsmo [da *para-* sul modello di *agrammatismo*] **s. m.** ● (*psicol.*) Disturbo del linguaggio parlato, consistente in una disorganizzazione sintattica delle frasi, o in una sostituzione di forme grammaticali scorrette a quelle corrette.

paraguaiàno o **paraguayàno** [1860] **A agg.** ● Del Paraguay. **B s. m.** (f. *-a*) ● Abitante, nativo del Paraguay.

†paraguànto [sp. *para guantes*, propr. 'per guanti', cioè mancia per comperarsi un paio di guanti, vc. sorta nel periodo in cui anche le persone più umili adoperavano sempre i guanti; 1618] **s. m.** ● Mancia, obolo.

paraguayàno /paragwa'jano/ ● V. *paraguaiano.*

parainfluenzàle [comp. di *para-* e *influenzale*] **agg.** ● (*med.*) Relativo a virus simile a quello influenzale (*Paramyxovirus*) o a forme cliniche di tipo influenzale.

paraipotàssi [comp. di *para-* e *ipotassi*; 1958] **s. f. inv.** ● (*ling.*) Procedimento sintattico nel quale a una proposizione subordinata segue la principale introdotta da un elemento coordinante: *S'io dissi falso, e tu falsasti il conio* (DANTE *Inf.* XXX, 115).

paralalia [comp. di *para-* e *-lalia*; 1899] **s. f.** ● (*med.*) Disturbo del linguaggio parlato, consistente nella sostituzione di una lettera con un'altra o di una parola con una foneticamente simile.

paraldèide [ingl. *paraldehyde*, comp. di *par(a)-* 'para-' e *aldehyde* 'aldeide'] **s. f.** ● (*chim.*) Sostanza organica derivata dall'unione di tre molecole di acetaldeide, usata in medicina come sedativo e ipnotico.

paralèssi [vc. dotta, gr. *paráleipsis* 'l'omettere, il trascurare', da *paraléipein* 'omettere', comp. di *pará-* 'para-' e *léipein* 'lasciare', di orig. indeur.; av. 1604] **s. f. inv.** ● (*ling.*) Preterizione.

paralessìa [comp. di *para-* e *lessia*] **s. f.** ● (*med.*) Disturbo della lettura a voce alta per sostituzione delle parole del testo con altre senza senso.

paraletteràrio [comp. di *para-* e *letterario*; 1959] **agg.** ● Appartenente o relativo alla paraletteratura: *genere p.*

paraletteratùra [comp. di *para-* e *letteratura*; 1983] **s. f.** ● Letteratura di consumo.

paralinguìstica [comp. di *para-* e *linguistica*; 1969] **s. f.** ● (*ling.*) Studio delle intonazioni e inflessioni di voce che possono variare il significato di una parola o di una frase in base a convenzioni culturali precise.

paralinguìstico **agg.** (pl. m. *-ci*) ● Attinente alla paralinguistica: *gli aspetti paralinguistici di un enunciato.*

paralipòmeni [vc. dotta, lat. tardo *Paralipòmena*, nt. pl., dal gr. *Paraleipómena*, part. pres. passivo di *paraléipein* 'lasciare da parte, tralasciare' (V. *paralessi*); 1354] **s. m. pl.** **1** Libri storici inclusi nel canone della Bibbia. **2** (*est., raro*) Opera che costituisce la continuazione o il completamento di un'opera precedente.

paràlisi o **†paralisìa**, **†parlasìa**, **†parlesìa** [vc. dotta, lat. *parălysi(n)*, nom. *parălysis*, dal gr. *parálysis* 'dissolvimento, paralisi', da *paralýein* 'sciogliere, indebolire', comp. di *pará-* 'para-' e *lýein* 'sciogliere'. V. *-lisi*; av. 1288] **s. f. inv.** **1** (*med.*) Soppressione permanente o transitoria della funzione motoria di uno o più muscoli, causata da lesioni delle vie motorie. **CFR.** -plegia | ***P. spastica*** (***centrale***), con aumento del tono muscolare e dei riflessi tendinei | ***P. flaccida*** (***periferica***), con perdita completa del tono muscolare e dei riflessi tendinei profondi | ***P. progressiva***, forma di sifilide terziaria | ***P. infantile***, poliomielite | ***P. agitante***, morbo di Parkinson. **2** (*fig.*) Totale arresto, impossibilità delle normali funzioni di qlco.: *la p. dell'industria, del commercio*; *p. del traffico*

paralìtico [vc. dotta, lat. *paralўticu(m)*, nom. *paralўticus*, dal gr. *paralytikós*, da *parálysis* 'paralisi'; 1305] **A agg.** (pl. m. *-ci*) ● Che è proprio della paralisi. **B agg.**; anche **s. m.** (f. *-a*) ● Che (o Chi) è colpito da paralisi.

paralizzàre [fr. *paralyser*, da *paralysie* 'paralisi'; av. 1808] **v. tr.** **1** Rendere paralitico. **2** (*fig.*) Impedire definitivamente o momentaneamente l'andamento di qlco.: *la crisi economica paralizza il commercio*; *un incidente paralizzò i servizi ferroviari.*

paralizzàto **part. pass.** di *paralizzare*; anche **agg.** ● Nei sign. del v.

paralizzazióne [1858] **s. f.** ● (*raro*) Blocco, interruzione: *p. dei servizi, del traffico.*

parallàsse [fr. *parallaxe*, dal gr. *parállaxis* 'alternazione, mutazione', da *parallássein* 'trasporre, scambiare', comp. di *pará-* 'para-' e *allássein* 'mutare, cambiare', da *állos* 'altro, diverso'; 1623] **s. f.** **1** (*fis.*) Spostamento apparente di un punto rispetto a un altro punto situato a distanza diversa dall'osservatore, che si verifica quando l'osservatore si sposta in direzione perpendicolare alla congiungente i due punti | ***Errore di p.***, errore che si commette nella lettura su una scala graduata, quando, a causa di un punto di osservazione non opportuno l'indice non si proietta ortogonalmente su di essa | (*fot.*) Differenza tra l'immagine inquadrata nel mirino e quella fissata sulla pellicola attraverso l'obiettivo. **2** (*astron.*) ***P. annua, p. diurna***, angoli sotto cui da un astro sono visti rispettivamente il semiasse maggiore dell'orbita della Terra e il raggio equatoriale terrestre.

parallàttico [vc. dotta, gr. *parallaktikós*, da *parállaxis*. V. *parallasse*; 1646] **agg.** (pl. m. *-ci*) ● Relativo alla parallasse | ***Angolo p.***, angolo diastimometrico | ***Macchina parallattica***, anticamente, telescopio equatoriale.

parallèla [f. sost. di *parallelo*; 1871] **A s. f.** **1** (*mat.*) Retta parallela. **2** (*spec. al pl.*) Linea di trinceramenti quasi parallela al fronte di attacco e dietro la quale si riparavano gli assalitori nelle operazioni di assedio di una fortezza | ***Prima, seconda, terza p.***, le successive linee di trinceramenti. **B s. f. pl.** **1** Strumento usato per tirare righe parallele. **2** Attrezzo da ginnastica, formato da due sbarre orizzontali, sostenute da quattro montanti regolabili, su cui si fanno esercizi di volteggio: *esercitarsi alle parallele* | ***Parallele asimmetriche***, con le sbarre poste ad altezze diverse, usate nella ginnastica artistica femminile.

parallelepìpedo [vc. dotta, lat. tardo *parallelepĭpedu(m)*, dal gr. *parallēlepípedon*, comp. di *parállēlos* 'parallelo' ed *epípedon* 'superficie piana', nt. sost. di *epípedos* 'che sta sul piano', comp. di *epí* 'sopra' e *pédon* 'suolo, pianura', di orig. indeur.; 1556] **A s. m.** ● (*mat.*) Poliedro le cui facce sono sei parallelogrammi. ➡ **ILL. geometria. B** anche **agg.**

parallelinèrvio [dalle nervature (*nervi*) *parallele*; 1960] **agg.** ● (*bot.*) Detto di foglia con nervature parallele dall'inserzione all'apice.

parallelìsmo [1689] **s. m.** (assol.; + *con*; + *tra*) **1** (*mat.*) Proprietà di enti paralleli. **2** (*fig.*) Rapporto di corrispondenza, di analogia fra fenomeni o fatti: *notare un p. con eventi passati*; *c'è qualche p. fra i due fenomeni.* **3** (*biol.*) ***P. morfologico***, somiglianza di caratteri esterni in animali appartenenti a gruppi zoologici molto lontani o in organi diversi per origine e struttura. **4** (*psicol.*) ***P. psicofisico***, dottrina secondo la quale per ogni fenomeno o processo della coscienza esiste un processo parallelo o corrispondente nel corpo. **5** (*ling.*) Figura retorica per la quale si dispongono nello stesso ordine le parole dei membri corrispondenti di un periodo: *il nobile cavaliere altamente premiando, l'amate giovinette laudevolmente onorando e se medesimo fortemente vincendo* (BOCCACCIO).

parallelizzàre **v. tr.** **1** (*tecnol.*) Rendere paralleli due o più elementi. **2** Organizzare due o più apparecchi uguali o dello stesso tipo in modo che svolgano simultaneamente le loro funzioni.

parallèlo o **†paralello** [vc. dotta, lat. *parallēlu(m)*, nom. *parallēlus*, dal gr. *parállēlos*, comp. di *pará-* 'para-' e *allḗlōn* 'l'un l'altro', da *állos* 'altro', di orig. indeur.; 1321] **A agg.** **1** (*mat.*) Detto di rette complanari, o di piani, o di rette e piani dello spazio ordinario che non s'incontrano. **2** (*est.*) Detto di ciò che risulta sempre equidistante rispetto ad altra cosa analoga: *binari paralleli* | (*sport*) ***Slalom p.***, gara di sci disputata contemporaneamente da due concorrenti su percorsi quasi identici. **3** (assol.; + *a*) (*fig.*) Che presenta analogie, corrispondenze e sim. con altri elementi o fenomeni: *i due concetti non sono paralleli, ma divergenti*; *altri luoghi delle sue opere paralleli a questo* (LEOPARDI). **4** (*mus.*) ***Moto p.***, andamento simultaneo nella stessa direzione, ascendente o discendente, di più parti vocali o strumentali | ***Tonalità parallela***, quella con la stessa armatura di chiave. **5** (*elab.*) Detto di trattamento in cui tutti gli elementi che compongono un'informazione sono presi in considerazione contemporaneamente |

Detto di modo operativo in cui più processi non interdipendenti vengono elaborati simultaneamente. || **parallelaménte**, avv. In modo parallelo; (*fig.*) nel contempo, simultaneamente. **B** s. m. *1* (*mat.*) ***P. di una superficie di rotazione***, intersezione d'una superficie di rotazione con un piano perpendicolare all'asse di rotazione. *2* (*geogr.*) Ciascuno degli infiniti circoli minori della sfera terrestre idealmente tracciati parallelamente all'equatore | ***P. celeste***, circolo minore della sfera celeste perpendicolare all'asse del mondo e quindi parallelo all'equatore celeste. *3* (assol.; + *con*; + *tra*) Comparazione, confronto: *non oserei un p. con Newton*; *istituire un p. tra due opere*; *fare un p. tra diversi modi di vivere.* *4* (*elettr.*) ***Collegamento in p.***, quello di due o più utilizzatori elettrici quando ai loro capi è applicata la medesima differenza di potenziale, mentre vengono percorsi da correnti inversamente proporzionali alle singole resistenze interne. *5* (*sport*) Nello sci, curva a sci uniti.

parallelogràmma o **parallelogràmmo** [vc. dotta, lat. tardo *parallelogrămmu(m)*, dal gr. *parallēlógrammon*, comp. di *parállēlos* 'parallelo' e *grammḗ* 'linea' (V. *-gramma*); sec. XIV] s. m. (pl. *-i*) ● (*mat.*) Quadrilatero avente i lati opposti paralleli. ➡ ILL. **geometria** | (*fis.*) ***P. delle forze***, parallelogramma che permette di determinare l'intensità e la direzione della risultante di due forze applicate a un punto.

paralogìa [comp. di *para-* e *-logia*] s. f. ● (*psicol.*) Disturbo della struttura e dei processi del pensiero, per cui i contenuti del ragionamento vengono espressi in modo disordinato e illogico.

paralogìsmo [vc. dotta, gr. *paralogismós*, comp. di *pará-* 'para-' e *logismós* 'calcolo, ragionamento', da *lógos*. V. *-logo*; 1529] s. m. ● (*filos.*) Ragionamento errato dal punto di vista formale.

paralogìstico [vc. dotta, gr. *paralogistikós*, da *paralogismós* 'paralogismo'; 1871] agg. (pl. m. *-ci*) ● (*filos.*) Che concerne il paralogismo o ne ha le caratteristiche.

paralogizzàre [vc. dotta, gr. *paralogízesthai*, da *paralogismós* 'paralogismo'; av. 1588] v. intr. (aus. *avere*) ● (*filos.*) Argomentare in modo errato dal punto di vista formale | Far uso di paralogismi.

paralùce [comp. di *para(re)* e *luce*; 1958] s. m. inv. ● (*fot.*) Dispositivo applicabile all'obiettivo per difenderlo da raggi di luce diretti.

paralùme [comp. di *para(re)* e *lume*; 1846] s. m. ● Schermo di stoffa, vetro, carta colorata e sim. per attenuare la luce abbagliante di una lampada.

paralùrge [vc. dotta, gr. *paralourgés* 'orlato di porpora', comp. di *pará-* 'para-' e *halourgés* 'tinto in porpora', propr. 'fatto col prodotto del mare' cioè 'la porpora', comp. di *háls* 'mare' (di orig. indeur.) ed *érgon* 'opera' (V. *ergo-* e cfr. *chirurgo*)] s. m. ● Antica veste ornata lateralmente da chiodi purpurei.

paramagnètico [comp. di *para-* e *magnetico*; 1871] agg. (pl. m. *-ci*) ● Detto di sostanza o corpo che presenta il fenomeno del paramagnetismo.

paramagnetìsmo [comp. di *para-* e *magnetismo*; 1875] s. m. ● (*fis.*) Fenomeno per cui un materiale immerso in un campo magnetico esterno si magnetizza, orientando i suoi dipoli nel senso del campo.

paramàno [fr. *parement* 'paramento', avvicinato a *parare* e *mano*; av. 1755] s. m. *1* Risvolto della manica, anche di diversa stoffa o di pelliccia, spec. nei soprabiti. SIN. Manopola. *2* Mattone grande ad angoli regolari vivi, di terra più fine, per rivestimento ornamentale esterno | (*est.*) Rivestimento di facciate degli edifici, ottenuto con tali mattoni o con piastrelle ad essi simili.

paramècio [vc. dotta, gr. *paramḗkēs* 'oblungo', comp. di *pará-* 'para-' e *mḗkos* 'lunghezza'. V. *mecometro*; 1821] s. m. ● Genere di protozoi dei Ciliati, di acqua dolce, con corpo ovale rivestito di brevi ciglia (*Paramecium*).

paramèdico [comp. di *para-* e *medico*; 1978] agg.; anche s. m. (pl. m. *-ci*) ● Che (o Chi) lavora nel settore della medicina con compiti che non richiedono il titolo di medico: *personale p.*; *sciopero dei paramedici.*

paraménto [dal lat. *parāre* 'preparare'. V. *parare*; 1306] s. m. *1* (*spec. al pl.*) Addobbi, ornamenti: *mettere i paramenti alle finestre* | ***Paramenti sacri***, gli oggetti posti sull'altare e i drappi con cui si addobba la chiesa. *2* Indumento, veste, ornamento usati dal sacerdote nelle funzioni sacre: *paramenti liturgici.* *3* (*edil.*) Ognuna delle superfici laterali di una struttura muraria. *4* †Abito ricco e ornato. *5* †Finimento di palafreno: *vedeansi i gran destrier con paramenti* (BOIARDO).

parametrazióne [da *parametro*; 1985] s. f. ● (*bur.*) Ripartizione in parametri del personale di un ente o di un'azienda ai fini retributivi: *p. dei dipendenti comunali.*

paramètrico [da *parametro*; 1958] agg. (pl. m. *-ci*) ● (*mat.*) Riguardante i parametri | Che ricorre all'uso di parametri: *tabella parametrica.*

paramètrio [comp. di *para-* e del gr. *mḗtra* 'utero' (V. *metro-* (*1*)); 1954] s. m. ● (*anat.*) Tessuto connettivo che circonda l'utero.

parametrite [comp. di *para-*, del gr. *mḗtra* 'utero' (V. *metro-* (*1*)) e *-ite* (*1*); 1935] s. f. ● (*med.*) Infiammazione del parametrio.

parametrizzàre [da *parametro*; 1974] v. tr. ● (*mat.*) Dotare un ente di uno o più parametri.

parametrizzazióne [1965] s. f. ● (*mat.*) Classificazione o rappresentazione mediante parametri.

paràmetro [fr. *paramètre*, comp. di *para-* 'para-' e *-mètre* '-metro'; 1739] s. m. *1* (*mat.*) Grandezza che compare in un'espressione matematica o in una funzione, e il cui variare influenza altre variabili presenti o la natura della funzione o dell'ente matematico descritto dall'espressione | Variabile ausiliaria | ***P. di una conica***, metà del segmento staccato dalla conica sulla retta passante per un fuoco e perpendicolare all'asse focale | (*est.*) Grandezza, misura di riferimento: *i parametri di Maastricht.* *2* (*fig.*) Criterio di valutazione, di giudizio: *giudicare secondo un p.*; *mi manca un p. valido per fare confronti.* *3* Nel linguaggio sindacale, valore numerico simbolico cui corrispondono i livelli retributivi salariali che si riferiscono alle diverse mansioni. *4* Nel pubblico impiego, livello salariale.

paramezzàle [gr. biz. **paramesárion*, dal gr. *parámesos* 'presso il mezzo', comp. di *pará-* 'para-' e *mésos* 'mezzo (2)'; sec. XIV] s. m. ● (*mar.*) Trave longitudinale posta sul fondo dello scafo, sulla quale si innestano ortogonalmente madieri e costole.

paramilitàre [comp. di *para-* e *militare*; 1934] agg. ● Che segue principi, metodi, criteri e sim. uguali a quelli propri di un organismo militare: *educazione p.*; *addestramento p.*

paramine [comp. di *para(re)* e il pl. di *mina* (*1*); 1932] s. m. ● (*mar.*) Dispositivo costituito da due apparecchi subacquei trainati dalla nave e tenuti divaricati da superfici idrodinamiche per intercettare e tagliare i cavi d'ormeggio delle mine subacquee.

paramnesìa [da *para-* e *-mnesia*, sul modello di *amnesia*; 1875] s. f. ● (*psicol.*) Ricordo che si presenta alla mente in modo falsato.

paramorfìsmo [comp. di *para-* e *-morfismo*; 1875] s. m. ● (*med.*) Ogni deformazione dell'aspetto morfologico del corpo umano, spec. di studenti, dovuta a cattive abitudini o a situazioni ambientali e sociali depresse.

paramósche [comp. di *para(re)* e il pl. di *mosca*; sec. XIV] s. m. inv. ● Copertura di rete metallica sottile, usata per proteggere cibi e sim. dalle mosche.

paranasàle [comp. di *para-*, *nas(o)* e il suff. *-ale* (*1*); 1958] agg. ● (*anat.*) Detto di struttura localizzata entro o presso la cavità nasale: *cavità p.*

parancàre [da *paranco*; 1866] v. intr. (*io parànco, tu parànchi*; aus *avere*) ● Lavorare con paranchi.

parànco [stessa etim. di *palanca* (*1*); 1567] s. m. (pl. *-chi*) ● Sistema meccanico composto di due bozzelli, l'uno fisso l'altro mobile, e di un cavo che passa per le loro pulegge, usato per sollevare grossi pesi | ***P. semplice***, in cui uno dei bozzelli è doppio | ***P. a coda***, il cui bozzello fisso è guarnito di strappo a coda | ***P. doppio***, formato di un cavo inferito in 2 bozzelli doppi | ***P. differenziale***, a 2 pulegge disposte in modo da alzare una lunghezza di catena uguale alla differenza delle loro circonferenze | ***Clausola sotto p.***, patto per cui il vettore marittimo si obbliga a ricevere e riconsegnare le merci sotto il bordo della nave.

paranèfrio [comp. di *para-* e del gr. *nephrós* 'rene'] s. m. ● (*anat.*) Tessuto connettivo che circonda il rene.

paranefrite [comp. di *paranefr(io)* e *-ite* (*1*); 1954] s. f. ● (*med.*) Infiammazione del paranefrio.

paranéve [comp. di *para(re)* 'riparare' e *neve*; 1954] s. m. inv. *1* Ogni dispositivo atto a riparare dalla neve linee stradali e ferroviarie mediante coperture o protezioni laterali. *2* Gambaletto di tessuto impermeabile usato da sciatori e alpinisti per impedire che la neve penetri negli scarponi.

paraninfo [vc. dotta, lat. tardo *paranȳmphu(m)*, nom. *paranȳmphus*, dal gr. *paránymphos*, comp. di *pará-* 'para-' e *nýmpha* 'sposa'. V. *ninfa*; av. 1416] s. m. (f. *-a*) *1* Presso gli antichi Greci, colui che accompagnava la sposa a casa del marito: *p. delle nozze.* SIN. Pronubo. *2* (*est.*) Mezzano di matrimoni. *3* Ruffiano.

paranòcche [comp. di *para(re)* e il pl. di *nocca*; 1970] s. m. inv. ● Strumento atto a proteggere i nodelli del cavallo.

paranòia [vc. dotta, gr. *paránoia*, da *paránoos* 'dissennato', comp. di *pará-* 'para-' e *nôus* 'mente'. V. *noumeno*; 1829] s. f. ● (*psicol.*) Malattia mentale caratterizzata da idee deliranti, di persecuzione, di grandezza e sim., in personalità che, per il resto, sono normali | (*fam.*) Stato di crisi, di confusione mentale, di depressione: *essere, andare in p.*

paranòico [1894] **A** agg. (pl. m. *-ci*) ● Di paranoia, relativo a paranoia: *sintomi paranoici.* **B** agg.; anche s. m. (f. *-a*) ● Che (o Chi) è affetto da paranoia. || **paranoicaménte**, avv.

paranòide [1968] **A** agg. ● (*med.*) Che è simile a paranoia. **B** agg.; anche s. m. e f. ● Che (o Chi) manifesta paranoia o sintomi paranoici.

paranormàle [comp. di *para-* e *normale*; 1935] **A** agg. *1* (*psicol.*) In parapsicologia, detto di fenomeni che si presentano non soggetti alle normali leggi fisiche e psichiche, propri di medianismo, telepatia, visione a distanza, spiritismo e sim. *2* (*med.*) Che non è del tutto normale: *individuo, reazione p.* **B** s. m. solo sing. ● L'insieme dei fenomeni non soggetti alle normali leggi fisiche e psichiche: *il mondo del p.*

paranormalità [1970] s. f. ● Carattere proprio dei fenomeni paranormali.

parànza [da †*paro* 'paio', perché vanno a due a due; av. 1806] s. f. *1* Barca simile alla tartana, ma più piccola, pontata, con un albero a vela latina e fiocco, usata spec. sul Tirreno per la pesca a coppie. ➡ ILL. **pesca.** *2* Rete da pesca a strascico, con sacco e ali tenute aperte da divaricatori, trainata dalla paranza. ➡ ILL. **pesca.** || **paranzèlla**, dim. (V.).

paranzèlla [1871] s. f. *1* Dim. di *paranza.* *2* Battello a vela latina e senza fiocco, non pontato.

paraòcchi o (*raro*) **parócchi** [comp. di *para(re)* e il pl. di *occhio*; 1772] s. m. inv. ● Ciascuno dei due pezzi di cuoio cuciti lateralmente alla testiera del cavallo affinché questo non si adombri | ***Avere i paraocchi***, (*fig.*) ignorare più o meno volutamente cose evidenti | ***Procedere con i paraocchi***, (*fig.*) fare qlco. senza tener conto di ciò che altri fanno nello stesso campo. ➡ ILL. p. 2153 SPORT.

paraòcchio [comp. di *para(re)* 'difendere' e *occhio*] s. m. ● Accessorio in gomma o plastica montato sull'oculare di alcuni strumenti ottici per rendere più stabile l'appoggio dell'occhio ed eliminare dal campo visivo possibili riflessi laterali.

paraòlio [comp. di *para(re)* e *olio*; 1991] s. m. inv. ● (*mecc.*) Guarnizione o anello di tenuta posto in corrispondenza del passaggio di un albero rotante attraverso la parete di una scatola, di un carter e sim., per impedire la perdita di lubrificante.

paraónde [comp. di *para(re)* e il pl. di *onda*; 1937] s. m. inv. ● (*mar.*) Lamiera sagomata in forma di settore circolare fissata trasversalmente in coperta a poca distanza dalla prua, per arrestare o attenuare l'effetto delle onde abbattutesi su di essa.

paraorécchie [comp. di *para(re)* e il pl. di *orecchio*; 1972] s. m. inv. *1* Nel rugby, fascia per tenere le orecchie aderenti al capo al fine di impedire lesioni nelle fasi di mischia. *2* Prolungamento laterale di berretti invernali che protegge le orecchie dal freddo.

paraormóne [comp. di *para-* e *ormone*] s. m. ● (*biol.*) Sostanza che si forma nell'organismo in seguito a processi disassimilativi (per es., anidride carbonica), e che può agire da eccitatore.

parapàlle [comp. di *para(re)* e il pl. di *palla*; 1931] s. m. inv. ● (*mil.*) Terrapieno usato nei poligoni per arrestare i proiettili dietro la linea dei bersagli impedendone i rimbalzi.

paraparèsi o **paraparèsi** [comp. di *para-* e *paresi*] **s. f. inv.** ● (*med.*) Paralisi incompleta limitata ai due arti superiori o più specificamente a quelli inferiori.

parapendìo [comp. di *para(cadute)* e *pendio*; 1986] **s. m. inv.** *1* Speciale paracadute rettangolare manovrabile, per mezzo del quale è possibile lanciarsi nel vuoto dalla vetta di una montagna e planare dolcemente a valle. ➡ **ILL.** p. 2156 SPORT. *2* Sport praticato con tale paracadute.

parapettàta [da *parapetto*; 1965] **s. f.** ● (*teat.*) Scena composta da tre telai e quindi chiusa su tre lati, spesso fornita di soffitto, rappresentante per lo più una camera.

parapettàto [1880] **agg.** ● Munito di parapetto.

parapètto [comp. di *para(re)* e *petto*; av. 1348] **s. m.** *1* Riparo di varia altezza ai bordi di terrazzi, balconi, ponti e sim., per ragioni di sicurezza. **SIN.** Balaustra, ringhiera. *2* (*mar.*) Parte della murata dal ponte di coperta in su. *3* (*mil.*) Riparo in muratura nelle antiche fortezze e in terra nelle moderne trincee, posto a protezione dei soldati che ad esso si affacciano per far fuoco. ➡ **ILL.** p. 2120 ARCHITETTURA.

parapìglia [comp. di *para(re)* e *piglia(re)*; 1633] **s. m. inv.** ● Confusione improvvisa di persone e di cose: *successe un gran p.* **SIN.** Tafferuglio.

parapiòggia [comp. di *para(re)* e *pioggia*; calco sul fr. *parapluie*; 1846] **s. m. inv.** ● Ombrello.

paraplegìa [vc. dotta, gr. *paraplēgíē* 'paralisi parziale', comp. di *pará-* 'para-' e *-plēgíē* '-plegia'; 1749] **s. f.** ● (*med.*) Paralisi totale degli arti inferiori.

paraplègico [vc. dotta, gr. *paraplēgikós*, da *paraplēgíē* 'paraplegia'; 1829] **A agg.** (**pl. m.** *-ci*) ● Di paraplegia. **B agg.**; anche **s. m.** (**f.** *-a*) ● Che (o Chi) è affetto da paraplegia.

parapòdio [comp. di *para-* e un deriv. del gr. *póus*, genit. *podós* 'piede' (di orig. indeur.); 1929] **s. m.** ● (*zool.*) Appendice muscolare di locomozione dotata di setole e cirri tipica degli Anellidi Policheti.

parapolìtico [comp. di *para-* e *politico*; 1986] **agg.** (**pl. m.** *-ci*) ● Che ha caratteristiche e svolge attività simili o contigue a quelle politiche: *un movimento p.*

paraprassìa [comp. di *para-* e di un deriv. del gr. *práxis* 'azione'] **s. f.** ● (*psicol.*) Azione inadeguata alla situazione o sbagliata.

parapsìchico [comp. di *para-* e *psichico*; 1952] **agg.** (**pl. m.** *-ci*) ● (*psicol.*) Detto di fenomeno che appartiene alla sfera psichica ma non è spiegabile sulla base delle leggi della psicologia normale, costituendo, perciò, oggetto di studio della parapsicologia.

parapsicologìa [comp. di *para-* e *psicologia*; 1935] **s. f.** ● (*psicol.*) Studio dei fenomeni mentali e fisici non spiegabili con le conoscenze scientifiche comunemente accettate. **SIN.** Metapsichica.

parapsicològico [1983] **agg.** (**pl. m.** *-ci*) ● (*psicol.*) Relativo alla parapsicologia.

parapsicòlogo [1979] **s. m.** (**f.** *-a*; **pl. m.** *-gi*) ● (*psicol.*) Studioso, esperto di parapsicologia.

♦**paràre** [lat. *parāre* 'preparare', di orig. indeur.; av. 1294] **A v. tr.** *1* Addobbare qlco. con paramenti: *p. a festa la chiesa, la città.* *2* †Preparare: *p. il convito.* *3* (*raro*) Porgere, presentare: *p. la mano, il cappello*; *p. l'altra guancia a chi ci percuote.* *4* Mettere al riparo: *p. il corpo dal freddo eccessivo, la pelle dai raggi del sole, il gregge dalle intemperie* | (*est.*) Schermare: *p. la luce violenta*; *si parò gli occhi con una mano.* **SIN.** Proteggere. *5* Scansare difendendosi (*anche fig.*): *p. una stoccata, un pugno, un attacco* | ***P. il colpo***, (*fig.*) difendersi o rispondere adeguatamente a critiche, attacchi e sim. | ***P. lo scoglio***, (*fig.*) evitare la difficoltà, l'inconveniente | Nel calcio e sim., effettuare una parata (*anche assol.*): *non è riuscito a p.* (*il tiro*). *6* (*tosc.*) Spingere o mandare innanzi: *p. il branco, il gregge*; *parando via in quelle delicate circostanze tutti i testimoni importuni* (NIEVO). *7* (*raro*) Fermare: *p. il cavallo*; *para! para!* **B v. intr.** (aus. *avere*) ● Andare a finire: *non capimmo dove volessero p.* | ***Dove andremo a p.?***, dove andremo a finire?; cosa accadrà? **C v. rifl.** o **intr. pron.** *1* Presentarsi, opporsi: *gli si parò dinnanzi all'improvviso*; *è abituato a muovere qualunque ostacolo gli si pari davanti.* *2* Abbigliarsi con paramenti. *3* Difendersi, schermirsi: *pararsi da un ostacolo, dalla pioggia.*

parasailing /*ingl.* 'pḫæɪə,seɪlɪŋ/ [comp. ingl., propr. 'navigazione (*sailing*) col paracadute (*parachute*)'; 1989] **s. m. inv.** ● Pratica sportiva in cui l'atleta, munito di paracadute, si fa trainare da un motoscafo in modo che il paracadute, aprendosi, gli consenta di alzarsi in volo.

parasalìte [comp. di *para(re)* 'difendere' e del pl. di *salita*] **s. m. inv.** ● Dispositivo di protezione, gener. costituito da punte metalliche rivolte verso il basso, che si applica ai tralicci delle linee elettriche ad alta tensione per impedirne la salita ai non addetti ai lavori.

parasànga [vc. dotta, lat. *parasānga(m)*, nom. *parasānga*, dal gr. *parasángēs*, dal persiano *farsang*; 1561] **s. f.** ● Antica misura persiana corrispondente a circa 6 km di lunghezza.

parasanitàrio [comp. di *para-* e *sanitario*; 1973] **agg.**; anche **s. m.** (**f.** *-a*) ● Paramedico.

parasàrtie [comp. di *para(re)* e il pl. di *sartia*; 1835] **s. m. inv.** ● (*mar.*) Ciascuno dei panconi orizzontali posti fuori del bordo, a destra e a sinistra, sopra i quali sono stabilite le sartie degli alberi maggiori e i paterazzi dei minori.

parascènio [vc. dotta, gr. *paraskḗnion*, comp. di *pará-* 'para-' e *skēnḗ* 'scena'; av. 1798] **s. m.** ● Ognuna delle due parti laterali aggettanti della scena del teatro greco classico, che fingeva edifici o portici.

parascève [vc. dotta, lat. *parăsceue(m)*, nom. *parăsceue*, dal gr. *paraskeuḗ* 'preparazione', comp. di *pará-* 'para' e *skeuḗ* 'preparazione', di etim. incerta; 1644] **s. f.** ● (*relig.*) Il venerdì di ogni settimana, in cui gli Ebrei, secondo la legge levitica, preparavano il cibo per il sabato | Nella liturgia cristiana, il venerdì santo.

paraschégge [comp. di *para(re)* e il pl. di *scheggia*; 1947] **s. m. inv.** ● Riparo per proteggere dagli scoppi di proiettili in arrivo i serventi dei pezzi d'artiglieria o i difensori delle trincee.

parascientìfico [comp. di *para-* e *scientifico*; 1965] **agg.** (**pl. m.** *-ci*) ● Che presume erroneamente di seguire metodi e procedimenti scientifici | Che ambisce a possedere carattere scientifico: *disciplina parascientifica.*

parascintìlle [comp. di *para(re)* e del pl. di *scintilla*; 1954] **s. m. inv.** *1* (*elettr.*) Schermo che limita la formazione dell'arco elettrico negli interruttori industriali al momento dell'uso. *2* Griglia posta alla base del camino di una locomotiva a vapore per impedire l'uscita di carboni ardenti | Dispositivo per impedire l'uscita di particelle incandescenti all'estremità del tubo di scappamento dei grossi motori delle macchine agricole.

parascolàstico [comp. di *para-* e *scolastico*; 1923] **A agg.** (**pl. m.** *-ci*) ● Che ha funzione integrativa complementare rispetto alla scuola: *corso p.*; *istituzioni parascolastiche.* **B s. m.** *1* (**f.** *-a*) Chi lavora nelle attività parascolastiche. *2* Prodotto editoriale complementare ai libri di testo scolastici.

paraselène o **paraselènio** [comp. di *para-* e del gr. *selḗnē* 'luna'; av. 1597] **s. m.** ● Effetto provocato dall'atmosfera terrestre per cui accanto alla Luna sono visibili una o più immagini lunari spostate.

parasilùri [comp. di *para(re)* e il pl. di *siluro*; 1937] **A s. m. inv.** ● (*mar.*) Dispositivo gener. costituito da un sistema di reti per trattenere i siluri lontani da una nave. **B** anche **agg. inv.**: *rete p.*

parasimpàtico [comp. di *para-* e *simpatico* (2); 1929] **A s. m.** (**pl.** *-ci*) ● (*anat.*) Componente del sistema nervoso autonomo controllata dal tratto cervicale e da quello sacrale del nevrasse. **B** anche **agg.**

parasimpaticolìtico [comp. di *parasimpatico* e *-litico* (2)] **A agg.** (**pl. m.** *-ci*) ● (*farm.*) Detto di sostanza che agisce da depressore del tono del sistema nervoso parasimpatico agendo come antagonista degli effetti di una stimolazione. **B** anche **s. m.**

parasimpaticomimètico [comp. di *parasimpatico* e *mimetico*] **A agg.** (**pl. m.** *-ci*) ● (*farm.*) Detto di sostanza che agisce provocando effetti analoghi a quelli conseguenti a una stimolazione del sistema nervoso simpatico. **B** anche **s. m. SIN.** Vagomimetico.

parasintètico [da *parasinteto*; 1958] **agg.** (**pl. m.** *-ci*) ● (*ling.*) Detto di vocabolo composto derivato da un nome con l'aggiunta di un prefisso e di un suffisso (per es. *desalinizzare, intavolare*).

parasìnteto [dal gr. *parasýnthetos* 'composto (o derivato) da altro composto (o derivato)', comp. di *pará-* 'para-' e *sýnthetos* 'composto', da *syntithénai* 'mettere insieme' (V. *sintesi*); 1945] **s. m.** ● (*ling.*) Composto parasintetico.

†**parasìto** ● V. *parassita.*

paraski /paras'ki*/ [comp. di *para(cadute)* e del fr. *ski* 'sci'; 1984] **s. m. inv.** ● (*sport*) Pratica consistente nel lanciarsi da un dirupo innevato muniti di parapendio e di un paio di sci, che vengono utilizzati per il decollo e l'atterraggio.

parasóle [comp. di *para(re)* e *sole*; av. 1597] **A s. m.** (**pl. inv.** o *-i*) *1* Ombrello da sole. *2* Tendale. *3* (*fot.*) Nelle macchine professionali, aletta metallica che si fissa all'obiettivo per evitare che i raggi luminosi colpiscano direttamente le lenti. **B** in funzione di **agg. inv.** ● (*autom.*) ***Aletta p.***, piccolo accessorio posto nella parte interna, sopra il parabrezza, avente lo scopo di riparare dalla luce troppo viva gli occhi del guidatore.

paraspàlle [comp. di *para(re)* e il pl. di *spalla*; 1954] **s. m. inv.** ● Nell'hockey su ghiaccio e nel football americano, protezione di cuoio o di fibra imbottita portata dal giocatore a difesa delle spalle.

paraspìgolo [comp. di *para(re)* e *spigolo*; 1936] **s. m.** ● Elemento di ferro, legno o plastica, opportunamente sagomato, che serve a proteggere gli spigoli dei muri.

paraspruzzi [comp. di *para(re)* e il pl. di *spruzzo*; 1988] **s. m. inv.** ● Nei veicoli, accessorio in gomma che, applicato ai parafanghi posteriori, ripara dagli spruzzi i veicoli che seguono.

parassita o †**parasito**, †**parassito** [vc. dotta, lat. *parasītu(m)*, nom. *parasītus*, dal gr. *parásitos*, propr. 'commensale', comp. di *pará* 'presso' (V. *para-*) e *sîtos* 'cibo' (V. *sito-*); sec. XV] **A agg.** (**pl. m.** *-i*) *1* (*biol.*) Detto di organismo animale o vegetale che vive utilizzando materiale organico di un altro essere vivente e causando danno a quest'ultimo | ***P. permanente, obbligato***, che non può vivere separato dall'ospite | ***P. temporaneo***, che, in una fase del proprio ciclo vitale, conduce vita libera. *2* (*fig.*) Che non produce, non è utile ma anzi è di peso a un gruppo, una società e sim.: *ente p.* *3* (*fis.*) Detto di fenomeno che perturba una trasmissione radio, telefonica e sim. | ***Corrente p.***, quella che nasce in un materiale conduttore a causa delle variazioni di un flusso magnetico che investe tale materiale. *4* (*ling.*) Detto di elemento non etimologico inserito in una parola o in una frase. **B s. m.** (anche **f.** nel sign. 2) *1* (*biol.*) Ogni organismo parassita, animale o vegetale. *2* (*fig.*) Chi vive sfruttando il lavoro e la fatica altrui: *mi sono finalmente liberato di quel p.*; *si ha da fuggir ... di rassomigliarsi ai buffoni e parassiti* (CASTIGLIONE). || **parassitàccio**, **pegg.**

parassitàre [vc. dotta, lat. *parasītāri*, da *parasītus* 'parassita'; av. 1574] **v. tr.** ● (*biol.*) Vivere da parassita a spese di un organismo: *le pulci che parassitano i gatti.*

parassitàrio [1884] **agg.** ● Relativo ai parassiti: *malattia parassitaria* | (*fig.*) Relativo al parassitismo: *vita parassitaria*; *ente p.* | ***Rendita parassitaria***, V. *rendita.* || **parassitariamente**, **avv.**

parassiticìda [comp. di *parassita* e *-cida*; 1958] **A s. m.** (**pl.** *-i*) ● Sostanza capace di distruggere i parassiti delle piante, degli animali e dell'uomo. **B** anche **agg.**: *sostanza p.*

parassìtico [vc. dotta, lat. *parasīticu(m)*, nom. *parasīticus*, dal gr. *parasitikós*, da *parásitos* 'parassita'; 1549] **agg.** (**pl. m.** *-ci*) ● Di, da parassita. || **parassiticamente**, **avv.** (*raro*) In modo parassitico.

parassitìsmo [comp. di *parassita* e *-ismo*; 1865] **s. m.** *1* (*biol.*) Simbiosi tra un parassita e il suo ospite. *2* (*fig.*) Tendenza a vivere da parassita in seno alla società | (*fig.*) Condizione di gruppo o categoria sociale improduttiva.

†**parassito** ● V. *parassita.*

parassitòide [comp. di *parassit(a)* e *-oide*] **s. m.**; anche **agg.** ● (*biol.*) Organismo che vive come parassita solo nella fase larvale dello sviluppo.

parassitologìa [comp. di *parassita* e *-logia*; 1884] **s. f.** ● (*biol.*) Branca della biologia che studia sia i parassiti (Artropodi, Elminti, Protozoi) sia gli effetti del parassitismo spec. nell'uomo e negli animali. **CFR.** Microbiologia.

parassitològico [1884] **agg.** (**pl. m.** *-ci*) ● Della, relativo alla, parassitologia.

parassitòlogo [1884] s. m. (f. *-a*; pl. m. *-gi*) ● Studioso, esperto di parassitologia.

parassitòṣi [comp. di *parassita* e *-osi*; 1942] s. f. inv. ● (*med.*) Malattia causata da parassiti.

paràsta [vc. dotta, lat. *părăstade(m)*, nom. *părăstas*, dal gr. *parastás*, da *paristánai* 'mettere accanto', comp. di *pará-* 'para' e *istánai* 'porre', di orig. indeur.; 1950] s. f. ● (*arch.*) Pilastro portante incassato in una parete e da questa parzialmente sporgente.

parastatàle [comp. di *para-* e *statale*; 1923] **A** agg. ● Di ente pubblico di cui lo Stato si vale per servizi di carattere nazionale. **B** s. m. e f. ● Chi lavora in un ente parastatale.

parastàto [comp. di *para-* e *stato* (2); 1965] s. m. ● Il complesso degli enti parastatali | L'insieme dei dipendenti parastatali.

parastìnchi [comp. di *para(re)* e il pl. di *stinco*; 1942] s. m. inv. ● Tipo di protezione della tibia utilizzato in vari sport.

parastràppi [comp. di *para(re)* e il pl. di *strappo*; 1948] s. m. inv. ● (*mecc.*) Giunto elastico tra due alberi, uno condotto l'altro conduttore, che assorbe le brusche variazioni di forza, non trasmettendole.

parasubordinàto [comp. di *para-* e *subordinato*; 1983] **A** s. m. ● Lavoratore non dipendente che ha un rapporto di collaborazione o consulenza con un'azienda. **B** anche agg.: *lavoratore p.*

paràta (**1**) [da *parare*; 1553] s. f. **1** Il parare. **2** (*sport*) Nel calcio e sim., intervento del portiere per impedire che la palla e sim. entri nella propria porta: *p. alta, a terra, a tuffo, di pugno*; *compiere una bella, una difficile p.* | Nella scherma e nel pugilato, movimento che si esegue con l'arma, col pugno o altro, per difendersi dai colpi dell'avversario. **3** †Riparo, schermo, difesa | ***Star sulle parate***, (*fig.*) sulla difensiva | ***Mettersi in p.***, prepararsi a difendersi | ***In p.***, attento. **4** Ogni ostacolo utilizzato per sbarrare strade e sim. in caso di lavori in corso. || **paratèlla**, dim.

paràta (**2**) [calco sullo sp. *parada*; 1604] s. f. **1** Situazione, risultato e sim., solo nella loc. ***vista la mala p.***, V. *malaparata*. **2** Sfoggio, mostra | ***Abito da p.***, di gala | ***Pranzo di p.***, solenne | ***Mettere in p.***, esporre. **3** Rivista militare, rassegna: *sfilare in p.* | ***Passo da p.***, quello con cui i soldati sfilano. **4** (*mar.*) Schieramento dell'equipaggio sul ponte, per il saluto alla voce | †Serie di oggetti che pendono dal bordo esterno della nave per protezione contro urti, attriti e sim.

paratàsca [comp. di *para(re)* e *tasca*; 1869] s. m. (pl. *-che*) ● Pezzo di stoffa cucito sulle tasche di abiti o soprabiti da uomo per coprire o rinforzare l'apertura.

paratàssi [comp. di *para-* e del gr. *táxis* 'disposizione'. V. *ipotassi*; 1931] s. f. inv. ● (*ling.*) Procedimento sintattico col quale si pongono l'una accanto all'altra due proposizioni, lasciandole autonome. SIN. Coordinazione. CONTR. Ipotassi.

paratassìa [comp. di *para-* e di un deriv. del gr. *táxis* 'ordinamento, classificazione'] s. f. ● (*psicol.*) Distorsione dei rapporti interpersonali, per cui gli altri vengono percepiti come diversi da quello che sono.

paratàttico [1960] agg. (pl. m. *-ci*) ● (*ling.*) Relativo a paratassi: *proposizione, costruzione paratattica*. SIN. Coordinato. || **paratatticaménte**, avv. In forma paratattica.

paratèsto [comp. di *para-* e *testo*; 1985] s. m. ● Il complesso degli elementi che costituiscono il complemento di un testo a stampa, come i titoli, l'introduzione, la copertina, i risvolti, l'apparato delle note, dei rinvii e sim.

paratìa [da †*paretio*, con accostamento a *parato*; 1804] s. f. **1** (*mar.*) Elemento strutturale, longitudinale o trasversale, che divide in vari ambienti lo scafo | ***P. stagna***, a tenuta d'acqua, fornita di porte stagne che possono chiudersi prontamente in caso di falla per impedire l'allagamento di tutta la nave | ***P. di collisione***, la prima paratia trasversale verso prua. **2** (*edil.*) Specie di barriera impiegata per eseguire opere in muratura in presenza di acqua | Rivestimento delle sponde di un corso d'acqua con lastre o palancole di cemento armato per protezione dalle piene.

paràtico [detto così dall'uso dei membri di questa associazione, di mostrarsi in *parata*, col proprio vessillo, durante le cerimonie cittadine; 1627] s. m. (pl. *-ci*) ● Nei comuni medievali, arte di mercanti o artigiani.

paratìfico [1935] agg. (pl. m. *-ci*) ● (*med.*) Relativo al paratifo: *infezione paratifica*.

paratìfo [comp. di *para-* e *tifo*; 1906] s. m. ● (*med.*) Infezione simile al tifo, prodotta da un particolare tipo di salmonella.

paratìo [da †*paretio*] s. m. **1** †Riparo costruito per difesa. **2** Tramezzo.

paratìpo [comp. di *para-* e *tipo*] s. m. ● (*zool.*) Individuo facente parte di una serie di animali che è servita a descrivere una nuova specie.

paratiròide [comp. di *para-* e *tiroide*; 1906] s. f. ● (*anat., spec. al pl.*) Ciascuna delle piccole ghiandole a secrezione interna poste in numero di quattro dietro i lobi tiroidei. ➡ ILL. p. 2125 ANATOMIA UMANA.

paràto [1294] **A** part. pass. di *parare*; anche agg. ● Nei sign. del v. **B** s. m. **1** Cortinaggio: *il p. della culla* | ***P. del letto***, padiglione, baldacchino. **2** Rivestimento delle pareti di una stanza, in tessuto, carta e sim.: *cambiare, rinnovare il p.*; *carta da parati*. **3** (*mar.*) Ciascuna delle travi in legno duro poste di traverso e a uguale distanza su cui poggiano le longarine e il portavasi sul piano inclinato al momento del varo di una nave | Ciascuno dei travetti di legno che, disposti trasversalmente alla chiglia di una piccola imbarcazione, ne facilitano l'alaggio.

paratóia [lat. parl. **paratōria(m)* 'che para, arresta', da *parāre*, nel senso di 'difendere'; av. 1796] s. f. ● (*idraul.*) Saracinesca in legno, metallo o cemento che serve a regolare il deflusso dell'acqua attraverso canali o corsi d'acqua naturali. ➡ ILL. p. 2138 SCIENZE DELLA TERRA ED ENERGIA.

paratóre [da *parare*; 1772] s. m. (f. *-trice*) ● Chi fa addobbi di chiese o pubblici edifici.

paratormóne [ingl. *parathormone*, comp. di *parat(hyroid)* 'paratiroide' e *hormone* 'ormone'; 1954] s. m. ● (*biol.*) Ormone di natura proteica secreto dalle ghiandole paratiroidi.

paratùra [vc. dotta, lat. tardo *paratūra(m)*, da *parātus*, part. pass. di *parāre* 'parare'; av. 1851] s. f. ● (*raro*) L'addobbare: *p. di una chiesa, di una stanza* | Addobbo.

parauniversitàrio [comp. di *para-* e *universitario*; 1986] agg. ● Che è a livello universitario: *corso p.*

paraùrti [comp. di *para(re)* e il pl. di *urto*; 1941] s. m. inv. **1** Traversa o altra struttura anteriore e posteriore che protegge dagli urti la carrozzeria di un autoveicolo. ➡ ILL. p. 2164 TRASPORTI. **2** (*ferr.*) Apparecchio montato alle estremità dei binari tronchi, provvisto di respingenti per l'arresto del materiale che erroneamente non si fosse arrestato al punto dovuto.

paravalànghe [comp. di *para(re)* 'difendere' e del pl. di *valanga*; 1954] s. m. inv. ● Opera di sbarramento montano costituita da palizzate, muretti e gallerie a cielo aperto, che si predispone, in corrispondenza di insediamenti e vie di comunicazione, lungo i fianchi di una montagna allo scopo di prevenire la formazione di valanghe o di ostacolarne la discesa.

paravènto [comp. di *para(re)* e *vento*; 1550] s. m. **1** Mobile costituito da due o più pannelli collegati da cerniere, usato come divisorio di ambienti o come protezione dalla vista altrui: *un p. di legno, di tela*; *un p. cinese laccato*. **2** (*fig.*) Riparo, copertura: *i criminali agivano dietro il p. di un'agenzia immobiliare* | (*fig.*) ***Fare da p. a qlcu.***, coprire o dissimulare le altrui attività più o meno lecite: *Faccio da p. ai suoi amori* (PAVESE).

paraẓònio [vc. dotta, lat. *parazōniu(m)*, dal gr. *parazṓnion*, propr. 'piccola spada, pugnale (da mettere vicino alla cintura)', da *parazṓnē* 'cintura', comp. di *para-* 'para-' e *zṓnē* 'cintura' (V. *zona*); 1499] s. m. ● (*archeol.*) Spada appesa a un cinturone.

parboiled /ingl. 'pʰɑːɹ,bɔɪɫd/ [vc. ingl. *parboiled (rice)* '(riso) bollito (dal v. *to boil*) parzialmente (*par-*, confuso con 'per, attraverso')'] agg. inv. ● Solo nella loc. ***riso p.***, riso grezzo sottoposto a uno speciale trattamento per acquistare il caratteristico colore giallo-oro e la capacità di resistere maggiormente alla cottura.

pàrca [vc. dotta, lat. *Părca(m)*, da avvicinare a *părere* 'partorire'. V. *parto*; 1481] s. f. (con la maiuscola nel sign. 1) **1** Ciascuna delle tre divinità che, nella mitologia greco-romana, presiedono al corso della vita umana. **2** (*lett., fig.*) Morte.

parcàre [fr. *parquer*, da *parc* 'parco'; av. 1786] v. tr. (*io pàrco, tu pàrchi*) **1** (*mil.*) Disporre in un parco artiglierie, autoveicoli e sim. **2** (*raro*) Parcheggiare.

parcèlla [fr. *parcelle*, dal lat. parl. **particĕlla(m)*, dim. di *partĭcula*, dim. di *pārs*, genit. *pārtis* 'parte'; 1381] s. f. **1** Nota delle spese e competenze di un professionista relativa alle sue prestazioni professionali: *presentare al cliente la p.* **2** (*dir.*) Particella.

parcellàre [fr. *parcellaire*, da *parcelle* 'particella' (V. *parcella*); 1841] agg. **1** Che è diviso in parcelle, detto di terreno spec. con riferimento alle suddivisioni catastali. **2** (*med.*) Relativo a una piccola parte, a un frammento: *frattura p.*

parcellazióne [da *parcellare*; 1965] s. f. ● Divisione di un terreno di grandi dimensioni in piccoli appezzamenti per particolari fini agricoli.

parcelliẓẓàre [fr. *parcelliser*, da *parcella* 'particella' (V. *parcella*); 1977] v. tr. ● Frammentare, ridurre in unità più piccole | Nelle aziende, dividere il lavoro in operazioni estremamente minute e ripetitive.

parcelliẓẓazióne [1977] s. f. ● Il parcellizzare.

†**pàrcere** [vc. dotta, lat. *părcere* 'trattenere, risparmiare', di etim. incerta; av. 1294] v. intr. (difett. usato solo al pres. indic. e congv. e all'imperat.) ● Risparmiare, perdonare.

parchè [1938] s. m. ● Adattamento di *parquet* (V.).

♦**parcheggiàre** [comp. di *parco* (*1*) e *-eggiare*; 1954] v. tr. (*io parchéggio*) **1** Disporre un veicolo in sosta, spec. in un luogo a ciò appositamente destinato (*anche assol.*): *p. la macchina, la motocicletta*; *non si può p. in curva*. **2** Effettuare le manovre di parcheggio: *p. bene, male*; *imparare a p.* **3** (*fig.*) Sistemare provvisoriamente, riferito a persone: *p. un anziano in ospedale*.

parcheggiatóre [da *parcheggiare*; 1985] s. m. (f. *-trice*) **1** Chi esegue una manovra di parcheggio. **2** Custode di autoveicoli nei parcheggi: *p. abusivo*. **3** Negli aeroporti, addetto che coordina le operazioni di parcheggio dei velivoli.

♦**parchéggio** [deriv. di *parcheggiare*; 1935] s. m. **1** Piazzale o parte di via urbana in cui si possono lasciare in sosta le automobili, entro appositi spazi delimitati da strisce: *p. a pagamento, a disco orario*. SIN. Posteggio. **2** Sosta di un veicolo in un parcheggio, e relativa manovra: *qui è vietato il p.* | (*est.*) Modo in cui i veicoli in sosta sono disposti: *p. in colonna, a pettine*. **3** (*fig.*) Sistemazione provvisoria (gener. con una connotazione negativa): *la scuola non è un p.!* | Nella loc. agg. ***di p.***, di attesa, di transizione, provvisorio: *governo di p.*

parchettatùra [dal fr. *parquet* (V.); 1958] s. f. ● Copertura a parquet di un pavimento.

parchettista [1966] s. m. e f. (pl. m. *-i*) ● Chi fa parchettature.

parchézza [da *parco* (*2*); 1734] s. f. ● (*raro*) Sobrietà | Parsimonia.

parchìmetro [comp. di *parco* (*1*) e *-metro*; 1942] s. m. ● Apparecchio automatico che misura il tempo di sosta di un autoveicolo in un parcheggio a pagamento in relazione alla moneta introdottavi. CFR. Parcometro.

†**parcità** [vc. dotta, lat. *parcitāte(m)*, da *pārcus* 'parco' (2); av. 1292] s. f. ● Parchezza, sobrietà.

♦**pàrco** (**1**) o (*dial.*) †**bàrco** (**3**) [vc. di orig. preindeur. che sign. 'recinto' (?); av. 1348] s. m. (pl. *-chi*) **1** Terreno boscoso e piuttosto esteso, spesso recintato ed adibito a usi particolari | Giardino molto grande, abbondantemente alberato, privato o pubblico: *i meravigliosi parchi delle ville settecentesche*; *una città ricca di parchi e di zone verdi* | ***P. delle rimembranze***, dedicato ai caduti in guerra | ***P. nazionale***, zona del territorio nazionale che, per i suoi caratteri geologici, floristici, faunistici e sim., è tutelata da apposite leggi per impedire che l'attività umana possa alterarla | ***P. marino, p. blu***, riserva marina naturale. **2** Spazio dotato di particolari attrezzature | ***P. di divertimenti***, terreno attrezzato per divertimenti all'aperto, con giostre, otto volanti, autoscontri e altre attrazioni | ***P. acquatico***, acquapark | ***P. giochi***, area attrezzata per l'intrattenimento dei bambini all'aperto. **3** Spazio adibito a deposito di determinati materiali, spec. automobili, artiglierie ecc. | Complesso di determinati materiali o mezzi di uso bellico o pacifico: *p. del genio*; *p. d'artiglieria, d'assedio*

| *P. mobile*, complesso di autoveicoli con funzioni di collegamento fra i reparti di grosse unità militari e i posti di rifornimento | *P. macchine*, *p. vetture*, insieme dei veicoli di cui dispone un ente, una ditta e sim. | *P. rotabile*, complesso del materiale mobile di cui è dotata una rete ferroviaria | *P. lampade*, complesso degli attrezzi per l'illuminazione di scene in dotazione a una troupe cinematografica. **4** (*raro*) Parcheggio per automobili.

♦**pàrco** (**2**) [vc. dotta, lat. *părcu(m)*, dalla stessa radice di *părcere* '†parcere'; 1319] **agg.** (**pl. m.** *-chi*) **1** Sobrio, frugale, parsimonioso: *essere p. nel bere, nel mangiare*; *riede alla sua parca mensa, / fischiando, il zappatore* (LEOPARDI). **CONTR.** Intemperante. **2** Avaro: *p. nello spendere* | Scarso: *p. nel discorrere*; *è p. di parole, di lodi*. || **parcaménte**, **avv.** In modo parco, parsimonioso.

parcòmetro [1942] **s. m.** ● Tipo di parchimetro che emette una ricevuta con l'ora iniziale e quella finale del periodo di sosta per il quale è stato pagato il pedaggio.

par condicio [loc. lat. propr. 'pari, uguale (*pār*, di orig. sconosciuta) condizione (*condicio* da *condīcere* 'convenire')'; 1988] **loc. sost. f. inv.** (**pl.** lat. *pares condiciones*) ● Situazione nella quale viene garantita a ciascun soggetto parità di trattamento, di opportunità o di condizione giuridica | (*dir.*) ***Par condicio creditorum***, nelle procedure concorsuali, obbligo di garantire a ciascun creditore la parità di trattamento, salvi i privilegi riconosciuti per legge.

pardalòto [vc. dotta, gr. *pardalōtós* 'macchiettato come un leopardo', da *párdalis* 'leopardo' (V. *leopardo*): detto così per le macchie delle sue penne; 1835] **s. m.** ● Piccolo passeriforme australiano a penne screziate, che costruisce il nido in una galleria del terreno (*Pardalotus punctatus*).

pardìglio [sp. *pardillo*, dim. di *pardo* 'grigio', cioè colore del *pardo*; 1565] **A agg.** ● †Di colore tendente al grigio. **B s. m.** ● Bardiglio.

pàrdo [vc. dotta, lat. *pārdu(m)*, nom. *pārdus*, dal gr. *párdos*. V. *leopardo*; av. 1374] **s. m.** ● (*lett.*) Leopardo.

pardon /*fr.* paʀ'dõ/ [vc. fr., propr. 'perdono'; 1842] **inter.** ● Si usa come formula di cortesia per scusarsi di qlco. o, con valore attenuativo, per correggere un'affermazione.

†**pàre** ● V. *pari* (*1*).

♦**parécchio** [lat. parl. **parĭculu(m)*, dim. di *pār*, genit. *pāris* 'pari (1)'; sec. XIII] **A agg. indef.** (**pl. m.** *parécchi*, †*paréchie*; **pl. f.** *paréchie*, †*parécchi*) **1** Che è in quantità, misura o numero notevole, rilevante: *ho avuto parecchi guai*; *farò parecchie spese*; *si tratterrà parecchi giorni*; *ci vorrà p. tempo per finire*; *hanno invitato parecchia gente* | (*al pl.*) Numerosi: *c'erano parecchi ragazzi* | Con riferimento alla forza o all'intensità: *c'è p. vento oggi*; *ha fatto p. caldo*. **SIN.** Alquanto. **2** Con valore neutro in espressioni ellittiche: *mi fermerò p.*; *dovremo spendere p.*; *ho p. da fare*; *ci sarebbe p. da ridire*; *beve p.*; *sanno p. su di noi*. **SIN.** Alquanto. **B pron. indef.** ● Chi (o ciò che) è in quantità, misura, numero notevole, rilevante: *ci vuole volontà e io ne ho parecchia*; *l'hanno visto in parecchi*; *fra tutte le operaie, parecchie hanno aderito*; *parecchi di noi hanno protestato*; *'quanto terreno hai?' 'p.'*. **C avv.** ● Alquanto, in misura notevole: *mi sembri p. dimagrito*; *è migliorato p.*; *è p. generoso* | A lungo: *ho camminato p.*; *l'ho aspettato p.* **D agg.**; anche **s. m.** ● †Pari, simile: *Come quando da l'acqua o da lo specchio / salta lo raggio a l'apposita parte, / salendo su per lo modo parecchio / a quel che scende* (DANTE *Purg.* XV, 16-19). || **parecchiétto**, **dim.** | **parecchìno**, **dim.**

pàredro o **parèdro** [vc. dotta, gr. *páredros* 'che sta presso (*pará*) la sedia (*édra*)'; 1840] **agg.** ● Nella religione della Grecia antica, attributo di una divinità che era associata nel culto a un'altra di maggiore importanza: *Marte con Neriene paredra*.

pareggiàbile [1660] **agg.** ● Che si può pareggiare.

pareggiaménto [1549] **s. m.** ● Il pareggiare | Perequazione, parificazione. **SIN.** Uguagliamento.

pareggiàre [da *pari* (*1*); av. 1276] **A v. tr.** (*io paréggio*) **1** Rendere pari, togliendo dislivelli, sporgenze e sim.: *p. il terreno*, *l'intonaco* | (*est.*) Far quadrare, mettere o rimettere nel giusto equilibrio: *p. il bilancio* | ***P. i conti***, far sì che entrate e uscite coincidano | ***P. i conti con qlcu.***, (*fig.*) rendergli la pariglia. **SIN.** Livellare. **2** (*lett.*) Rendere uguale: *p. i diritti e i doveri dei cittadini* | Uguagliare: *per senno pareggia Salomone*; *nessuno lo pareggia in astuzia*. **B v. intr.** e **tr.** (aus. intr. *avere*) ● Conseguire, ottenere un pareggio in una partita: *le due squadre hanno pareggiato*; *p. con qlcu.*; *p. un incontro*. **C v. rifl.** ● Adeguarsi, equipararsi | Farsi uguale: *stimolati … dall'ambizione di pareggiarsi agli Dei* (LEOPARDI). **D v. intr. pron.** ● Essere pari, uguagliarsi: *le entrate e le uscite si pareggiano*.

pareggiàto [av. 1537] **part. pass.** di *pareggiare*; anche **agg. 1** Nei sign. del v. **2** ***Scuola pareggiata***, d'istruzione superiore, legalmente equiparata a una scuola statale.

pareggiatóre [1614] **agg.**; anche **s. m.** (**f.** *-trice*) ● (*raro*) Che (o Chi) pareggia.

pareggiatùra [1681] **s. f.** ● Il pareggiare | Spianamento, livellamento.

paréggio [sec. XIV] **s. m. 1** (*lett.*) Condizione di uguaglianza | Nel bilancio, eguaglianza delle entrate con le uscite: *il bilancio si è chiuso in p.*; *raggiungere il p.* **SIN.** Livellamento. **CONTR.** Spareggio. **2** (*sport*) Risultato di parità conseguito dai due avversari al termine di una gara.

†**paréglio** (**1**) [provz. *parelh*; stessa etim. dell'it. *parecchio* (V.)] **agg.** e **pron. indef.** ● Parecchio.

†**paréglio** (**2**) [1321] **s. m.** ● Pareggio.

parèlio [vc. dotta, lat. *parēlio(n)*, dal gr. *parēlion*, comp. di *pará-* 'para-' e *hélios* 'sole'. V. *elio*; 1542] **s. m.** ● (*astron.*) Ognuna delle zone luminose colorate che appaiono ai lati del Sole in seguito a fenomeni di rifrazione dei raggi solari su cristalli minutissimi di ghiaccio sospesi ad alta quota.

paremìa [vc. dotta, lat. tardo *parōemia(m)*, nom. *parōemia*, dal gr. *paroimía*, comp. di *pará-* 'para-' e *ôimos* 'strada', di orig. indeur.; 1536] **s. f.** ● Proverbio, contenente talora l'enunciazione di un dogma giuridico.

paremiografìa [da *paremiografo*; 1841] **s. f.** ● Raccolta di proverbi, adagi e sim.

paremiògrafo [comp. di *paremia* e *-grafo*; 1958] **s. m.** (**f.** *-a*) ● Raccoglitore e studioso di proverbi.

paremiologìa [comp. di *paremia* e *-logia*; 1893] **s. f.** ● Studio dei proverbi.

paremiòlogo [1958] **s. m.** (**f.** *-a*; **pl. m.** *-gi*) ● Studioso di proverbi.

parencèfalo [comp. di *para-* ed *encefalo*; 1583] **s. m.** ● (*anat.*, *raro*) Cervelletto.

parènchima, **parenchìma** [vc. dotta, gr. *parénchyma*, da *parenchêin* 'spandere, infondere', comp. di *pará-* 'para-', *en* 'in' e *chêin* 'versare', di orig. indeur.; 1673] **s. m.** (**pl.** *-i*) **1** (*anat.*) Sostanza propria, caratteristica di un organo: *p. epatico*, *polmonare*. **2** (*bot.*) Tessuto vegetale definitivo formato da cellule vive, che adempiono importanti funzioni: *p. clorofilliano*; *p. aerifero*, *acquifero*.

parenchimàtico [1700] **agg.** (**pl. m.** *-ci*) ● Del parenchima.

parenchimatóso [1792] **agg.** ● (*anat.*) Che si riferisce al parenchima.

parènesi o **parenèsi** [vc. dotta, lat. tardo *parāenesi(m)*, nom. *parāenesis*, dal gr. *paráinesis*, da *parainêin* 'ammonire, esortare', comp. di *pará-* 'para-' e *ainêin* 'approvare, raccomandare', da *âinos* 'racconto, lode', di etim. incerta; 1684] **s. f. inv.** ● (*lett.*) Esortazione, ammonizione.

parenètica [dall'agg. *parenetico*, sostantivato sottintendendo *arte*; 1974] **s. f.** ● (*letter.*) Genere letterario cui appartengono le opere con fine esortativo.

parenètico [vc. dotta, gr. *parainetikós*, da *paráinesis* 'parenesi'; 1586] **agg.** (**pl. m.** *-ci*) ● (*lett.*) Esortativo, ammonitorio: *la Commedia mette in atto un concetto morale … a fine p.* (CARDUCCI). || **pareneticaménte**, **avv.**

parentàdo o (*raro*) **parentàto** [lat. parl. **parentātu(m)*, da *părens*, genit. *parĕntis* 'genitore'. V. *parente*; av. 1243] **s. m. 1** †Legame di parentela: *un p. molto stretto* | Matrimonio: *la madre della fanciulla … contro alla volontà degli altri conchiuse il p.* (COMPAGNI). **2** Insieme dei parenti (*oggi spec. scherz.*): *lo seppe tutto il p.* **3** †Congiungimento sessuale.

parentàle [vc. dotta, lat. *parentāle(m)*, agg. di *părens*, genit. *parĕntis* 'genitore'. V. *parente*; av. 1388] **agg.** ● Dei, relativo ai genitori o ai parenti: *autorità*, *cerimonia p.* | ***Malattia p.***, ereditaria | †Paterno.

parentàli [vc. dotta, lat. *parentālia* 'cerimonia funebre in onore dei parenti defunti, feste annuali in onore dei morti', nt. pl. sost. di *parentālis* 'parentale'; 1781] **s. m. pl. 1** Riti celebrati dagli antichi Romani per commemorare i defunti. **2** Celebrazione di ricorrenze familiari | Commemorazione dei propri morti. **3** Commemorazione del centenario della morte di un illustre personaggio.

parentàlie **s. f. pl.** ● Parentali.

parentàto ● V. *parentado*.

♦**parènte** [vc. dotta, lat. *parĕnte(m)* 'genitore', dalla stessa radice indeur. di *părere* 'generare'; av. 1250] **s. m.** e **f. 1** Chi è unito ad altra persona da vincoli di parentela: *un vostro p.* | ***Parenti stretti***, fratelli, zie, cugini e sim. | ***P. acquisito***, ***d'acquisto***, quello che diviene tale in seguito a un matrimonio. **SIN.** Congiunto, consanguineo. **2** (*lett.*) Genitore | ***L'uno e l'altro p.***, il padre e la madre. **3** (*fig.*) Cosa affine o molto simile: *l'appetito è p. della fame*; *Il sonno è veramente qual uom dice / p. de la morte* (PETRARCA).

parentèla [vc. dotta, lat. tardo *parentēla(m)*, da *părens*, genit. *părentis* 'genitore'. V. *parente*; 1308] **s. f. 1** Vincolo di sangue che unisce persone discendenti l'una dall'altra o da un ascendente comune: *p. legittima*, *naturale*; *grado di p.* | (*est.*) ***P. spirituale***, rapporto religioso che si instaura con la somministrazione del battesimo o della cresima fra il battezzato o il cresimato e il padrino. **2** L'insieme dei parenti: *tutta la p. fu presente*. **3** (*fig.*) Rapporto di affinità tra cose con origine comune o caratteristiche simili: *fra quei due concetti vi è una certa p.* | ***P. linguistica***, rapporto di affinità tra due o più lingue che risultano da evoluzioni diverse di una medesima lingua madre.

†**parentènza** **s. f.** ● Parentela.

parenteràle [comp. di *para-* e del gr. *énteron* 'intestino', di orig. indeur.; 1958] **agg.** ● (*méd.*) Che non segue la via gastroenterica: *somministrare un farmaco per via p.* | ***Introduzione p.***, per via intramuscolare, sottocutanea o endovenosa. **CFR.** Enterale. || **parenteralménte**, **avv.**

parèntesi [vc. dotta, lat. tardo *parĕnthesi(m)*, nom. *parĕnthesis*, dal gr. *parénthesis* 'inserzione, interposizione, parentesi', da *parentithénai* 'inserire', comp. di *pará-* 'para-', *en* 'in' e *tithénai* 'porre', di orig. indeur.; 1549] **s. f. inv. 1** Frase non legata al periodo principale, che serve a chiarirlo, ampliandone o precisandone il senso, a limitare la portata di un'affermazione e sim. | ***Fra p.***, per inciso | (*est.*) Digressione: *dopo questa breve p., riprendiamo il nostro argomento*. **2** Segno grafico della parentesi: *aprire*, *chiudere la p.*; *p. tonda*, *quadra*, *graffa*, *uncinata*. Le *parentesi tonde* si usano in coppia per racchiudere un inciso di commento, di spiegazione o di ampliamento in un discorso: *lo strano individuo (che poi era una spia) si comportava in modo sospetto*. L'eventuale segno di punteggiatura dove si apre la parentesi va posto dopo la parentesi di chiusura: *Mi disse: 'Ogni cosa a suo tempo' (è la sua frase preferita). Poi se ne andò*. Le parentesi tonde si usano da sole dopo una lettera o un numero in un elenco: *a*), *b*), *c*) oppure *1°*), *2°*), *3°*), ecc. Le *parentesi quadre* si usano in coppia come parentesi distinte dalla tonda per evitare sovrapposizioni, oppure per inserire indicazioni o precisazioni che non fanno parte del testo: *A Trieste [Joyce] conobbe Italo Svevo*. Le *parentesi graffe* si usano spec. per racchiudere espressioni matematiche; in un testo, si usano come varianti di quelle quadre, oppure per unire più righe. Le *parentesi uncinate* (o *angolari* o *aguzze*) si usano in filologia per racchiudere integrazioni congetturali a un testo mutilo o parole ritenute interpolate. (V. nota d'uso PUNTEGGIATURA) **3** (*fig.*) Intervallo di tempo dotato di caratteristiche diverse da quelle dei periodi che lo precedono o lo seguono: *una breve p. di pace in un secolo di lotte*; *una p. di riposo*.

parentètico [1954] **agg.** (**pl. m.** *-ci*) ● Di parentesi, che costituisce una parentesi: *periodo p.* || **parenteticaménte**, **avv.**

†**parentévole** [da *parente*; 1353] **agg. 1** Da parente. **2** Amichevole, familiare, domestico. || †**parentevolménte**, †**parentevoleménte**, **avv.** Familiarmente; amichevolmente.

†**parentézza** [av. 1306] **s. f.** ● Condizione di parente | ***Far p.***, sposare.

†**parénza** **s. f.** ● Apparenza | (*lett.*) Fattezze.

parèo [fr. *paréo*, vc. di orig. tahitiana; 1936] **s. m.** ● Indumento tahitiano, consistente in un rettangolo di cotone stampato a vistosi motivi da avvolgere attorno al corpo.

♦**parére** (*1*) [lat. *parēre* 'apparire', di etim. incerta; av. 1249] **A** v. intr. (pres. *io pàio*, †*pàro*, *tu pàri*, *egli pàre*, poet. o fam. troncato in *par*, *noi paiàmo*, raro *pariàmo*, *voi paréte*, *essi pàiono*, †*pàrono*; pass. rem. *io pàrvi*, poet. *pàrsi*, *tu parésti*; fut. *io parrò*, †*parerò*; congv. pres. *io pàia*, †*pàra*, *noi paiàmo*, *voi paiàte*, *essi pàiano*; condiz. pres. *io parrèi*, †*parerèi*; part. pres. *parvènte*; part. pass. *pàrso*, †*parùto*; difett. dell'imperat.; aus. *essere*) *1* Apparire, sembrare: *p. buono, cattivo, facile, difficile*; *pare impossibile ma è così*; *quel tuo amico non mi parve sincero*; *pareva un uomo onesto ma era un imbroglione*; *mi è parso che le trattative fossero a buon punto*; *non mi par vero*; *colei che sola a me par donna* (PETRARCA) | ***Pare di sì, di no***, si dice per esprimere una impressione positiva o negativa | (*fam.*) ***Per non p.***, per passare inosservato | ***Pare e non pare***, per esprimere una impressione di dubbio circa qlcu. o qlco. | ***Non pare gran che***, di cosa o persona d'apparenza piuttosto mediocre | ***Mi pare, mi pareva di sognare!***, per esprimere stupore, incredulità e sim. | ***Pare, mi pare ieri***, di avvenimento già lontano nel passato ma che sembra appena accaduto | ***Non mi pare vero!***, per esprimere grande soddisfazione, gioia e sim. *2* Sembrare, risultare, dare l'impressione (spec. in base a una valutazione soggettiva): *gli pare di star meglio*; *mi parve che fosse giunto il momento di intervenire* | Sembrare giusto, conveniente, opportuno: *ti pare?, non ti pare?*; *se ti pare di favellarmi, favellami a tuo piacere* (LEOPARDI) | ***Che te ne pare?***, cosa ne pensi? | ***Mi pareva! Mi pareva bene!***, lo pensavo, lo prevedevo | ***Ma le pare?***, si figuri! | ***Ma le pare?***, le sembra possibile?: *io, vegetariano? Ma le pare?* | Garbare, andare a genio: *faccio quello che mi pare*; *se mi pare ci vado, altrimenti resto a casa*; *è abituato a fare quello che gli pare e piace*. *3* (*raro, lett.*) Mostrarsi: *tanto gentile e tanto onesta pare / la donna mia* (DANTE) | Vedersi: *che non parea s'era laico o cherco* (DANTE *Inf.* XVIII, 117). **B** v. intr. impers. (aus. *essere*) ● Sembrare: *pare che tu non capisca*. **C** v. intr. pron. ● (*raro, lett.*) Mostrarsi con evidenza: *Qui si parrà la tua nobilitate* (DANTE *Inf.* II, 9).

♦**parére** (*2*) [da *parere* (*1*); av. 1294] s. m. *1* Opinione personale, soggettiva: *il mio p. è assolutamente negativo* | ***A mio p.***, secondo me | ***Mutar p.***, cambiare opinione, convinzione, idea | ***Essere del p. di***, giudicare, stimare, pensare. SIN. Avviso. *2* Consiglio, valutazione, spec. su problemi specifici: *qui è necessario il p. di un tecnico*; *andare dall'avvocato per un p.*; *dare p. favorevole, contrario*; *accetto di buon grado il vostro p.* *3* (*raro, lett.*) Apparenza. || **pareràccio**, pegg. | **parerùcio**, dim. spreg.

parèrgo [vc. dotta, lat. tardo *parĕrgon* 'accessorio', dal gr. *párergon*, comp. di *pará-* 'para-' ed *érgon* 'opera, lavoro'. V. *ergo-*; av. 1565] s. m. (pl. *-ghi*) ● Appendice a opera letteraria.

pàreṣi o **parèṣi** [vc. dotta, gr. *páresis* 'rilassamento, paralisi', da *pariénai* 'allentare', comp. di *pará-* 'para-' e *iénai* 'mandare'; 1821] s. f. inv. ● (*med.*) Riduzione della motilità muscolare.

paresteṣìa [comp. di *para-* e del gr. *áisthēsis* 'percezione, sensazione'. V. *estetica*; 1829] s. f. ● (*med.*) Sensazione patologica spontanea non dolorosa quale formicolio o vellicamento.

paretàio [da *parete*; 1296] s. m. *1* Tesa stabile per uccelli, con appostamento in muratura e due grandi reti a scatto che coprono un boschetto. *2* (*fig.*) †Trappola per individui inesperti, ingenui e sim.

♦**paréte** [lat. parl. **parēte(m)*, per il classico *pariĕte(m)*: di orig. indeur. (?); sec. XIII] s. f. *1* (*arch.*) Muro interno di edifici, generalmente di piccolo spessore per dividere i vani, talvolta dotato di funzione portante: *p. divisoria*; *abbattere una p.*; *appendere un quadro alla p.* | ***Tra le pareti domestiche***, (*fig.*) nell'ambito della famiglia | ***Da p.***, detto di mobili e oggetti che hanno uno o due lati grezzi, privi di decorazione, destinati a essere accostati o appesi a una parete | ***P. attrezzata***, struttura componibile in legno o metallo che riunisce le funzioni proprie del muro divisorio e del mobile o della scaffalatura. *2* Struttura che chiude o delimita uno spazio, una cavità e sim.: *le pareti di una grotta, di una scatola*; *p. carotidea, toracica, addominale* | (*biol.*) ***P. cellulare***, struttura di natura cellulosica che circonda la cellula vegetale. *3* (*fig.*) Riparo, ostacolo: *frapporre una p. d'odio, d'incomprensione*; *una p. insormontabile*. SIN. Muro. *4* (*dial.*) †Muro di cinta, muricciolo. *5* Nell'alpinismo, fianco scosceso e ripido di un monte, anche coperto di ghiaccio: *la p. nord dell'Eiger, del Cervino*. *6* (*veter.*) Lamina cornea che ricopre la parte distale del dito dei Solipedi | Parte dello zoccolo. SIN. Muraglia. *7* Rete che si stendeva sul terreno per catturare uccelli. || †**paretèlla**, dim. | †**paretèllo**, dim. m.

parètico [da *paresi* sul modello di *ascesi-ascetico*, *cosmesi-cosmetico* ecc.; 1931] agg.; anche s. m. (f. *-a*; pl. m. *-ci*) ● (*med.*) Che (o Chi) è affetto da paresi.

paretimologìa [comp. di *para-* ed *etimologia*; 1963] s. f. ● (*ling.*) Etimologia apparentemente esatta, ma senza fondamento scientifico.

paretimològico [1958] agg. (pl. m. *-ci*) ● Che concerne la, o è derivato dalla, paretimologia. || **paretimologicaménte**, avv.

†**parévole** [da *parere* (*1*); 1342] agg. *1* Che pare. *2* Appariscente.

pargoleggiàre o †**parvoleggiàre** [comp. di *pargolo* e *-eggiare*; 1319] v. intr. (*io pargoléggio*; aus. *avere*) ● (*lett.*) Fare il bambino, atteggiarsi, comportarsi come un fanciullo: *come divento io schiavo delle cieche brame del cuore, e pargoleggio così?* (PELLICO).

pargolétta [f. di *pargoletto*] s. f. *1* (*lett.*) Bambina. *2* (*lett.*) †Fanciulla, ragazza.

pargolétto o †**parvolétto** [1294] **A** s. m. (f. *-a* (V.)) ● (*lett.*) Dim. di *pargolo*. **B** agg. ● (*lett.*) Di fanciullo: *le pargolette membra* (PETRARCA).

†**pargolézza** [da *pargolo*; sec. XIV] s. f. *1* Infanzia, fanciullezza. *2* (*lett.*) Meschinità.

pàrgolo o (*lett.*) †**pàrvolo** [lat. *pārvulu(m)*, dim. di *pārvus* 'piccolo'. V. †*parvo*; av. 1292] **A** s. m. (f. *-a*) ● (*lett.*) Bambino, fanciullo. **B** agg. ● (*lett.*) Piccolo. || **pargolétto**, dim. (V.).

♦**pàri** (*1*) o †**pàre** [lat. *pāre(m)*: di orig. etrusca (?); sec. XII] **A** agg. inv. (assol.; + *a*; + *di*, + *per*, + *in*, seguiti da compl. di limitazione) *1* Uguale, che corrisponde esattamente: *avere p. diritti e p. doveri*; *mostrò un coraggio p. alla sua astuzia*; *essere p. di età, statura, grado*; *essere p. per condizione sociale*; *essere p. in bellezza, in bontà* | ***Essere p. a***, equivalere; essere all'altezza: *una distanza che è p. a 2500 metri*; *è stato p. alle sue responsabilità* | ***Di p. passo***, con passo uguale; (*fig.*) contemporaneamente, all'unisono | Simile: *Lucifero volle farsi p. a Dio*. *2* Privo di sporgenze, rientranze, pendenza, dislivelli e sim.: *strada, superficie, linea p.*; *i piatti della bilancia non sono p.* | ***A piè p.***, coi piedi uniti e a una stessa altezza; (*fig.*) del tutto, completamente: *saltare a piè p. un capitolo, il punto difficile di una versione*. *3* (*fig.*) Di giochi o scommesse che terminano con uno stesso punteggio; di giocatori che non vincono e non perdono: *la partita è p.*; *per ora siamo p.* | ***Far p.***, impattare | ***Far p. e patta***, terminare in parità | (*est.*) Non avere né debiti né crediti o altre pendenze; (*fig.*) avere avuto ciascuno il suo: *ho pagato l'ultima rata e sono p. con lui*; *gli ho restituito gli insulti, così siamo p.* | ***Conti p.***, pareggiati nel dare e nell'avere. *4* (*fig.*) Adeguato, sufficiente: *essere p. alla bisogna, alle necessità del momento*. CONTR. Impari. *5* (*mat.*) Detto di numero divisibile per due. CONTR. Dispari. *6* (*fis.*) Detto della parità di una funzione d'onda quando, cambiando segno alle coordinate spaziali, la funzione d'onda non cambia di segno. *7* (*anat.*) Detto di formazione, quale la retina, o di un organo, quale l'occhio, che è presente in una metà laterale del corpo e ha l'omologo simmetrico nell'altra metà. *8* Nella loc. agg. e avv. ***alla p.***, detto di persona che svolge un lavoro, spec. di istitutrice, governante e sim., presso una famiglia senza ricevere da questa una retribuzione, ma soltanto il vitto e l'alloggio: *ragazza, studentessa alla p.*; *lavorare alla p.*; *stare alla p. presso una famiglia*; V. anche *au-pair*. || **pariménti**, †**pariménte**, avv. Ugualmente, similmente; (*raro*) unitamente. **B** avv. ● In modo pari: *andare p.* | (*iter.*) ***Pari pari***, alla lettera, senza nessuna variazione, testualmente: *il tuo compito è copiato p. p. dal mio*; (*fam.*) direttamente, senza indugio: *è venuto p. p. da me a raccontare tutto*. **C** s. m. inv. *1* Uguaglianza, parità: *essere in p.*; *mettere, mettersi in p.* | (*lett.*) ***A un p.***, allo stesso modo o nello stesso tempo | (*lett.*) ***Del p.***, ugualmente | ***Al p. di***, come: *siamo abili al p. di lui* | ***In p.***, sulla stessa linea, sullo stesso piano; (*fig.*) al corrente, in regola: *mettere in p. due mensole*; *mettersi in p. con le ultime notizie, coi programmi scolastici*; *tenere in p. un registro* | In una gara, risultato di parità: *un p. per gli azzurri nell'ultima partita*. *2* Numero pari | Complesso di numeri pari: *puntare sul p.*; *giocare a p. e dispari*. **D** s. m. e f. inv. *1* Chi è dello stesso grado, livello o condizione: *è una nostra p.*; *tratta con i p. tuoi, con le tue p.* | ***Trattare qlcu. da p. a p.***, come se fosse della medesima condizione | ***Da par suo***, come si addice a una persona del suo rango, della sua cultura, capacità e sim. | ***Non avere, non trovare p.***, si dice di chi (o di ciò che) eccelle in qlco. e non ha uguali | ***Senza p.***, incomparabile, eccellente | ***Gruppo dei p.***, in sociologia, quello formato da coetanei, che condiziona lo sviluppo dell'individuo nell'età della preadolescenza. *2* (*borsa*) ***Sopra la p., sotto la p.***, detto di titoli il cui corso è, rispettivamente, superiore o inferiore al valore nominale.

pàri (*2*) [fr. *pair*, propr. 'pari, di pari grado'; 1532] s. m. inv. *1* Titolo che in numerosi Stati europei designava, fin dal Medioevo, coloro i quali erano sottratti alla giurisdizione comune e potevano essere giudicati soltanto da persone del loro stesso rango | Paladino di Carlo Magno. *2* Membro della camera alta del Parlamento britannico.

pària (*1*) [ingl. *pariah*, dal tamil *paraiyan*, propr. 'tamburino', da *parai* 'tamburo'; 1820] s. m. e f. inv. *1* In India, persona appartenente alla casta più bassa o esclusa da ogni casta. *2* (*est.*) Persona di infima condizione sociale: *i p. della società*.

paria (*2*) [da *pari* (*2*); 1849] s. f. ● Dignità e titolo di pari | Il ceto dei pari.

paricòllo [comp. di *pari* 'uguale' e *collo*] **A** agg. inv. ● Detto di capo di abbigliamento privo di colletto e con scollatura all'altezza della base del collo: *maglione p.* **B** anche s. m. inv.: *un p. di lana*.

Pàridi [dal lat. *pārus* 'cinciallegra', di etim. incerta, e *-idi*; av. 1871] s. m. pl. (sing. *-e*) ● Nella tassonomia animale, famiglia di Passeriformi con becco piccolo e complesso e lingua dall'apice setoloso cui appartengono le cince (*Paridae*).

Paridigitàti [comp. di *pari* (*1*) e un deriv. del lat. *dĭgitus* 'dito'] s. m. pl. (sing. *-o*) ● (*zool.*) Artiodattili.

parietàle [vc. dotta, lat. tardo *parietāle(m)*, agg. di *păries*, genit. *parĭetis* 'parete'; 1499] **A** agg. *1* Eseguito su parete di edifici, caserme, grotte e sim.: *disegni, graffiti parietali*; *arte p.* *2* (*anat.*) ***Osso p.***, osso piatto, laterale della volta cranica | ***Sutura p.***, che unisce le due ossa parietali. ➡ ILL. p. 2122 ANATOMIA UMANA. *3* (*bot.*) ***Ovulo p.***, inserito sulla parete del carpello. **B** s. m. ● (*anat.*) Osso parietale.

parietària [vc. dotta, lat. tardo *hĕrba(m) parietāria(m)* '(erba che cresce) sulle pareti (in lat. *parĭetes*) rocciose o murarie'; av. 1320] s. f. ● Genere di piante erbacee cespugliose delle Urticacee senza peli urticanti con foglie alterne e piccoli fiori verdastri, comprendente poche specie che crescono su muri e rocce (*Parietaria*). SIN. Erba vetriola.

parifica [1958] s. f. ● (*bur.*) Parificazione.

parificaménto [av. 1406] s. m. ● (*raro*) Parificazione.

parificàre [comp. di *pari* (*1*) e *-ficare*; 1673] v. tr. (*io parìfico, tu parìfichi*) ● Porre sullo stesso piano, rendere uguale: *p. gli oneri, gli obblighi e i diritti* | ***P. una scuola privata***, riconoscere agli studi in essa compiuti ed ai titoli in essa conseguiti la stessa validità degli studi e dei titoli di una scuola statale. SIN. Pareggiare.

parificàto [1935] part. pass. di *parificare*; anche agg. *1* Nel sign. del v. *2* ***Scuola parificata***, d'istruzione primaria, legalmente equiparata a una scuola statale.

parificazióne [1745] s. f. ● Il parificare, il rendere uguali | Riconoscimento legale, da parte dello Stato, di una scuola privata.

parigina [f. sost. di *parigino*; 1891] s. f. *1* Un tempo, tipo di stufa economica, a combustione lenta. *2* Gioco di biliardo tra un numero illimitato di giocatori, ma con due sole palle e il pallino. *3* Nell'attrezzatura ferroviaria, sella di lancio per lo smistamento di vagoni. ➡ ILL. p. 2170 TRASPORTI.

parigino [1265] **A** agg. ● Di Parigi, caratteristico di Parigi: *accento parigino*; *moda parigina*. **B** s. m. (f. *-a*) ● Abitante, nativo di Parigi.

pariglia [fr. *pareille*, dal lat. parl. **parĭcula(m)*, dim. di *pār*, genit. *pāris* 'pari (1)'. Cfr. *parecchio*; 1535] **s. f. 1** Coppia o paio di oggetti uguali: *una p. di porcellana, di pistole antiche* | Coppia di carte da gioco uguali o combinazione di due dadi che, lanciati, danno lo stesso numero. **2** Coppia di cavalli da tiro uguali per statura e mantello. **3** Uguale trattamento, nella loc. *rendere la p.*, ricambiare allo stesso modo un torto, un'offesa e sim.

parigràdo o **pàri gràdo** [comp. di *pari (1)* e *grado*; 1930] **s. m. e f. inv.** ● Chi è di grado uguale: *è un mio p.*

pariménti o (*raro*) **pariménte** [comp. di *pari (1)* e *-mente*; av. 1342] **avv.** ● (*lett.*) Ugualmente, nello stesso modo: *sono p. belli* | (*raro*) Insieme, unitamente: *procedere p.*

pariniàno [1856] **A agg. 1** Di, proprio del poeta G. Parini (1729-1799): *manoscritto, stile p.* **2** Che segue il Parini, quanto a stile, pensiero e sim. **B s. m.** ● Seguace del Parini.

pàrio [vc. dotta, lat. *Păriu(m)*, nom. *Părius*, dal gr. *Pários*, agg. di *Páros* 'Paro', isola dell'Egeo; av. 1514] **agg.** ● Dell'isola di Paro | ***Marmo p.***, di color avorio e con grana minuta, usato nell'antichità per statue e sim.

pariolino [da *Parioli*, quartiere residenziale di Roma; 1965] **A agg.** ● Dei Parioli. **B s. m.** (f. *-a*) **1** Abitante dei Parioli, spec. giovane. **2** (*est.*) Giovane di buona famiglia con tendenze politiche di destra, spec. con riferimento agli anni 1970-80.

paripennàto [comp. di *pari (1)* e *pennato*; 1835] **agg.** ● (*bot.*) Di foglia pennata composta, con numero pari di foglioline.

parisìllabo [comp. di *pari (1)* e *sillaba*, sul modello di *endecasillabo*, ecc.; 1829] **A agg.** ● Che ha un numero pari di sillabe: *verso p.*; *declinazioni parisillabe.* **CONTR.** Imparisillabo. **B s. m.** ● Nome, appartenente alla terza declinazione latina, che ha lo stesso numero di sillabe nel nominativo e nel genitivo.

parità o †**paritàde** [vc. dotta, lat. tardo *paritāte(m)*, da *pār*, genit. *pāris* 'pari (1)'; 1308] **s. f. 1** Condizione o stato di ciò che è pari, rapporto di uguaglianza o equivalenza: *aspirare alla p. dei diritti*; *rivendicare la p. di tutti i cittadini di fronte alla legge* | ***P. scolastica***, quella tra scuola pubblica e scuola privata | ***P. salariale***, principio secondo il quale lavori uguali debbono essere egualmente retribuiti indipendentemente dall'età, dal sesso, dalla razza o religione di chi li esegue | ***P. monetaria***, rapporto tra i valori delle unità monetarie di due Paesi | ***P. aurea***, quantità di oro fino corrispondente per valore all'unità monetaria di un Paese secondo un rapporto fissato ufficialmente | ***A, in p. di***, se e quando vi sia uguaglianza: *a p. di condizioni, di voti* | ***A p. di merito***, a pari merito | ***In p.***, in pareggio. **CONTR.** Disparità. **2** (*sport*) Punteggio uguale, ottenuto da due avversari in una competizione: *risultato di p.* | ***In p.***, a pari punteggio: *portarsi in p.* **3** (*mat.*) L'esser pari o dispari | ***P. della stessa parità***, entrambi pari o entrambi dispari. **4** (*fis.*) Proprietà di simmetria della funzione d'onda, rappresentante una particella o un sistema di particelle, consistente nel cambiare o meno il segno della funzione stessa cambiando il segno alle coordinate spaziali | ***P. pari***, la funzione d'onda, nel suddetto cambiamento, non cambia | ***P. dispari***, cambia.

paritàrio [da *parità*, sul modello del fr. *paritaire*; av. 1937] **agg.** ● Che è realizzato secondo la parità, che è in condizioni di parità: *trattamento p.* || **paritariaménte**, **avv.**

pariteticità [1958] **s. f.** ● Condizione di ciò che è paritetico.

paritètico [ted. *paritätisch*, da *Parität* 'parità'; 1919] **agg.** (pl. m. *-ci*) ● Di parità: *rapporto p.* | ***Commissione paritetica***, formata di un ugual numero di rappresentanti delle varie parti e avente il potere di risolvere controversie. || **pariteticaménte**, **avv.** In modo paritetico, secondo un rapporto paritetico.

pàrka [da una vc. delle isole Aleutine; 1958] **s. m. inv.** ● Indumento impermeabile con cappuccio, fatto in genere di pelle di foca, indossato dagli eschimesi | Indumento di forma analoga, spec. impermeabile, molto diffuso nell'abbigliamento sportivo.

parkerizzàre [1963] **v. tr.** ● (*chim.*) Sottoporre a parkerizzazione.

parkerizzazióne [dal n. della ditta ingl. *Parker* (*Rust Proof Co.*) fondata da C.W. e W.C. *Parker*, che per prima adottò questa tecnica; 1942] **s. f.** ● (*chim.*) Procedimento chimico a cui vengono sottoposti il ferro e le sue leghe per determinare la formazione di un rivestimento protettivo.

Pàrkinson /ˈparkinson, *ingl.* ˈpʰɑːkɪnsən/ [dal n. del chirurgo ingl. *J. Parkinson* (1755-1824) che per primo descrisse la malattia; 1987] **s. m. inv.** ● (*med.*) Morbo di Parkinson (V. *morbo*).

parkinsoniàno [1932] **A agg.** ● (*med.*) Relativo al morbo di Parkinson | ***Sindrome parkinsoniana***, parkinsonismo. **B agg.**; anche **s. m.** (f. *-a*) ● Che (o Chi) è affetto dal morbo di Parkinson.

parkinsonìsmo [1942] **s. m.** ● (*med.*) Malattia con sintomi simili a quelli del morbo di Parkinson.

parlàbile [av. 1803] **agg.** ● Che si può parlare: *lingua p.*

parlàgio o **parlàscio** [etim. incerta; av. 1348] **s. m.** ● Nei centri urbani del Medioevo, luogo o area in cui si tenevano assemblee di carattere politico, militare e sim.

parlamentàre (1) [da *parlamento* nel sign. 4; 1312] **v. intr.** (*io parlaménto*; aus. *avere*) **1** Trattare con i rappresentanti di forze belligeranti per stabilire accordi su questioni di reciproco interesse: *p. per una tregua, per uno scambio di prigionieri* | Discutere con un avversario, con chi ha assunto un atteggiamento ostile, e sim. **2** (*est., anche scherz.*) Discutere, colloquiare con qlcu., spec. per concludere accordi e sim.: *Carlo andò a p. con le ragazze per organizzare la serata.* **3** †Arringare. **4** (*mar.*) †Domandare a voce notizie da una nave all'altra.

parlamentàre (2) [da *parlamento* nel sign. 1; 1849] **A agg. 1** Del Parlamento, relativo al Parlamento: *iniziativa, dibattito, inchiesta p.*; *interrogazione, interpellanza p.* | ***Immunità p.***, di cui godono i membri del parlamento | ***Governo p.***, sistema politico caratterizzato dal controllo esercitato dal parlamento che condiziona la vita e l'azione del governo | ***Diritto p.***, complesso degli atti legislativi disciplinanti l'ordinamento interno e il funzionamento delle Camere | ***Commissione p.***, complesso dei membri del Parlamento costituito in modo da rispecchiare la proporzione dei gruppi parlamentari per operare spec. nel corso di un procedimento legislativo | ***Giornalista p.***, che segue i lavori del parlamento e delle relative commissioni e ne fa i resoconti. **2** (*fig., raro*) Pieno di tatto, correttezza e dignità (*anche scherz.*): *contegno p.* | ***Poco p.***, scorretto, grossolano. || **parlamentarménte**, **avv.** **B s. m. e f. 1** Membro del Parlamento: *tanto i deputati che i senatori sono dei parlamentari.* **2** Chi è inviato per iniziare, svolgere o concludere trattative, accordi e sim.: *i parlamentari presentarono le credenziali.*

parlamentàrio [av. 1645] **agg.**; anche **s. m.** ● (*raro*) Parlamentare, nel sign. di *parlamentare (2)*.

parlamentarìsmo [fr. *parlementarisme*, da *parlementaire* 'parlamentare' (agg.); 1859] **s. m. 1** Sistema parlamentare. **2** (*spreg.*) Degenerazione del sistema parlamentare: *una specie di furore giansenistico contro le brutture del p.* (GRAMSCI).

parlamentarìsta [1871] **A s. m. e f.** (pl. m. *-i*) ● Sostenitore del parlamentarismo. **B agg.** ● Parlamentaristico.

parlamentarìstico [1909] **agg.** (pl. m. *-ci*) ● Del, relativo al, parlamentarismo.

parlamentatóre [sec. XIV] **agg.**; anche **s. m.** (f. *-trice*) ● (*raro*) Che (o Chi) parlamenta.

parlamentìno [1871] **s. m. 1** Dim. di *parlamento.* **2** Nella struttura organizzativa di un partito politico, movimento sindacale e sim., organo decisionale costituito da un vasto numero di membri.

♦**parlaménto** [da *parlare (1)*; 1219] **s. m. 1** (spesso scritto con iniziale maiuscola) Assemblea politica rappresentativa dello Stato moderno, mediante la quale il popolo, attraverso i suoi rappresentanti eletti, partecipa all'esercizio del potere per la formazione delle leggi e il controllo politico del governo | ***I due rami del P.***, in Italia, il Senato e la Camera dei deputati | ***P. europeo***, organo dell'Unione europea con funzioni di indirizzo politico e di controllo, eletto a suffragio universale diretto dai cittadini degli Stati aderenti. **2** Edificio ove si riunisce questa assemblea. **3** (*st.*) Assemblea, convegno: *invitare, recarsi a p.* | (*mil.*) Convegno tra rappresentanti di due forze belligeranti per stabilire trattative. **4** †Il parlare | †Dono della parola | †Ragionamento, discorso. || **parlamentìno**, **dim.** (V.).

parlàndo [da *parlare* in senso mus.; 1969] **s. m. inv.** ● (*mus.*) Parlato (1) nel sign. B 4.

♦**parlànte** [av. 1250] **A part. pres.** di *parlare*; anche **agg. 1** Che parla: *pappagallo p.* | (*fig.*) ***Grillo p.***, V. *grillo.* **2** (*fig.*) Evidente, lampante: *prova p.*; *fatti parlanti.* **3** (*fig.*) Che è così intensamente espressivo da sembrare vivo: *ritratto p.*; *statua p.* **4** †Loquace, facondo: *una fresca e bella giovane, e parlante, e di gran cuore* (BOCCACCIO). **B s. m. e f. 1** Chi parla o è dotato di favella. **2** (*ling.*) Soggetto che produce gli enunciati | Soggetto che fa uso di una determinata lingua.

†**parlantière** [da *parlante*; sec. XIV] **s. m.** ● Ciarlone, chiacchierone.

parlantìna [da *parlante*; av. 1565] **s. f.** ● (*fam.*) Grande facilità e scioltezza di parola. **SIN.** Loquacità.

♦**parlàre (1)** [lat. parl. **parabolāre*, da *parăbola* 'parabola', poi 'parola'; av. 1250] **A v. intr.** (aus. *avere*) **I** Con particolare riferimento all'attività fonica del soggetto. **1** Articolare dei suoni o emettere suoni articolati: *non sapere p.*; *i muti non parlano*; *un bambino che ha imparato a p. molto presto*; *non poter p. per l'emozione, lo spavento, la gioia*; *p. a voce bassa, in tono agitato, tra i denti, piano, forte* | ***P. a fior di labbra***, sussurrando appena le parole | ***P. nel, col naso***, con risonanza nasale | ***P. in gola***, con risonanza gutturale | ***P. di testa***, con voce impostata alta | ***P. bene, male***, pronunciando con chiarezza o meno le parole. **CFR.** -lalia. **2** Comunicare per mezzo delle parole, manifestare con le parole pensieri, sentimenti e sim.: *p. con chiarezza, con precisione, con proprietà di linguaggio*; *p. in modo astruso, sibillino, incomprensibile*; *p. senza timore, senza mezzi termini*; *p. chiaro, liberamente, apertamente, freddamente, con entusiasmo, con enfasi* | (*fig., scherz.*) ***P. in punta di forchetta***, con affettazione | ***Con rispetto parlando***, formula di scusa con cui si usa precedere o concludere un discorso non troppo conveniente | ***P. da solo***, rivolgendosi a sé stesso ad alta voce come a un immaginario interlocutore | ***P. al plurale***, usando il noi maiestatico | ***P. tra sé, tra sé e sé, dentro di sé***, ragionare da solo, in silenzio o sottovoce | ***P. bene di qlco. o di qlcu.***, esprimere giudizi positivi | ***P. male di qlcu. o di qlco.***, sparlarne | (*fam.*) ***P. perché si ha la bocca, perché si ha la lingua, per dar aria ai denti*** e sim., dire delle sciocchezze | ***Questo si chiama p.!***, si dice approvando vivacemente discorsi franchi, aperti | ***Ha parlato l'oracolo, così parlò Zarathustra***, (*iron., fig.*) si dice di persona saccente, sentenziosa | ***Parlo sul serio***, non sto scherzando | ***Badi a come parla***, stia attento a quel che dice | ***Umanamente parlando***, da un punto di vista umano | ***Generalmente parlando***, da un punto di vista generale o generalmente, di solito. **3** Rivelare dati, notizie e sim. riservati o segreti: *il prigioniero ha parlato*; *bisogna farlo p. a tutti i costi* | Dire ciò che si sa su determinati fatti o avvenimenti: *il testimone non vuole p.* | Confessare: *il reo finalmente ha parlato.* **4** Pronunciarsi su qlco., dire la propria opinione in merito a qlco.: *io ti ho presentato le proposte, ora devi p. tu*; *parli, parli pure liberamente!* **II** Con particolare riferimento al contenuto delle parole o del discorso. **1** Intrattenersi conversando: *p. con qlcu. in tono confidenziale, su questioni delicate, delle ultime novità*; *parlavano tra loro da molto tempo*; *stanno parlando insieme al telefono* | ***Con chi parlo?***, formula usata nelle conversazioni telefoniche | ***Con chi ho l'onore di p.?***, formula di cortesia usata per chiedere il nome di qlcu. che non è stato presentato | ***Con chi credi di p.?***, rivolgendosi a chi usa un tono troppo confidenziale, familiare o addirittura scorretto | ***Senti chi parla!***, per sottolineare che la persona che sta dicendo determinate cose è proprio la meno adatta | Conferire: *vorrei p. con l'addetto all'ufficio reclami.* **2** Rivolgersi a qlcu.: *quando ti parlo, rispondimi*; *p. a un amico, ai colleghi* | (*fig.*) ***P. al vento, al muro, al deserto***, a chi non vuole assolutamente ascoltare, parlare inutilmente | (*fig.*) ***P. ai banchi***, a una scolaresca svogliata e disattenta | ***P. a quattr'occhi***, in privato. **3** Tenere un discorso, una predica e sim.: *p. al popolo, ai rappresentanti degli Stati esteri, a un uditorio attento*; *p. in una riunione, in* *piazza, alla radio, dalla cattedra, dal pulpito*; *p. a favore, a carico, a discarico, in difesa di qlco. o di qlcu.*; *p. contro qlco. o qlcu.* | ***P. a braccio, a braccia***, improvvisando. *4* Trattare, ragionare, discutere: *p. di letteratura, di filosofia, di moda*; *p. del presente e del futuro* | ***Parliamo d'altro***, cambiamo argomento, discorso | ***Non me ne p.!***, si dice a chi tocca argomenti che si preferisce ignorare o tralasciare | ***P. del più e del meno, del vento e della pioggia***, intrattenersi conversando di cose anonime e banali | ***Proprio lui ne parla!***, si dice di persona che pretende di trattare determinati argomenti, esprimendo critiche, giudizi e sim., non avendone assolutamente il diritto o la capacità | ***Parla per te!***, quello che dici vale soltanto per te | ***Non voglio più sentirne p.***, l'argomento è chiuso | ***Per ora non se ne parla***, (*fig.*) non se ne fa nulla | ***Ne ho sentito p.***, è argomento di cui molti chiacchierano | ***In giro se ne parla***, è argomento trattato da molti | ***Far p. di sé***, divenire oggetto di chiacchiere, critiche e sim. o divenire famoso | ***Parlarsi addosso***, (*fig.*) parlare molto, o troppo, spec. di sé, con compiacimento o vanteria | ***C'è chi parla di, si comincia a p. di, si parla di ...***, si fanno ipotesi su ...: *si parla di crisi di Governo.* *5* Rendere palese un'intenzione, un progetto e sim.: *p. di trasferirsi, di cambiar casa*; *da tempo quei due parlano di matrimonio* | ***Gliene hai parlato?***, gli hai esposto i tuoi propositi? *6* Riferirsi, alludere: *mi hai frainteso, io parlavo d'altro*; *non parlavamo di voi*; *di cosa intendete p.?* | ***Di chi, di cosa parlate?***, a chi, a cosa vi riferite? **III** Con valore estensivo o figurato anche con riferimento a cose inanimate. *1* Esporre per iscritto, narrare o trattare in un'opera scritta o in una parte di essa: *parlerò del problema nella prossima serie di articoli*; *il terzo volume ne parla alla pagina trenta.* *2* (*fig.*) Esprimersi con mezzi diversi dalla parola: *p. con gli occhi, a gesti*; *si dice che gli italiani parlino con le mani.* *3* Agire o influire sui sentimenti o sulla sensibilità di una persona: *racconti, atteggiamenti, azioni che parlano al cuore, all'anima, alla fantasia*; *ho cercato, ma invano, di p. alla sua coscienza* | Indurre al ricordo, al rimpianto, alla speranza e sim.: *tutto laggiù mi parla della nostra infanzia*; *quei pochi oggetti le parlano di lui.* *4* (*fig.*) Essere particolarmente vivace, espressivo e sim.: *occhi che parlano* | Avere importanza determinante, costituire una prova decisiva: *i fatti parlano da soli*; *sono cose che parlano chiaro* | ***Lasciar p. i fatti***, attenersi a quanto essi provano o dimostrano. *5* (*fig.*) Manifestarsi con discorsi o con atti umani, detto di cose e spec. di sentimenti personificati: *in lui parla l'odio*; *non lasciar p. il tuo risentimento*; *fare, lasciare p. la coscienza, l'onestà.* **B** v. tr. *1* Usare un determinato linguaggio: *p. un linguaggio franco, schietto, ambiguo.* *2* (*lett.*) Dire: *parlando cose che 'l tacere è bello* (DANTE *Inf.* IV, 104). *3* (*ling.*) Comunicare con altri parlanti secondo un sistema definito appartenente a una particolare comunità linguistica: *p. inglese, francese, tedesco*; *sa p. cinque lingue*; *scusi, lei parla tedesco?*; *parla un italiano perfetto* | ***P. turco, arabo, ostrogoto***, (*fig.*) parlare in modo incomprensibile. **C** v. rifl. rec. *1* Rivolgersi la parola: *si parlarono senza conoscersi* | (*est.*) Essere in buoni rapporti: *non si parlano più da molto tempo.* *2* (*pop.*) Amoreggiare: *quei due si parlano da vari mesi.*

♦**parlàre** (2) [da *parlare* (*1*); av. 1250] s. m. (pl. †-*i*) *1* Discorso, parola: *un p. turpe, sconcio.* *2* Parlata: *il nostro p.*; *il p. umbro, toscano, lombardo* | (*raro*) Lingua, idioma, linguaggio: *i parlari volgari debbon esser i testimoni più gravi degli antichi costumi de' popoli* (VICO).

parlàscio ● V. *parlagio.*

†**parlàsia** ● V. *paralisi.*

parlàta [da *parlare*; av. 1640] s. f. *1* Modo di parlare, caratteristico quanto ad accento, forma e terminologia: *p. colta, popolare, dialettale*; *la p. lombarda*; *dalla p. si direbbe toscano* | Gergo: *la p. della malavita.* *2* (*lett.*) Discorso, ragionamento | (*raro*) Battuta di un'opera teatrale. || **parlatìna**, dim.

parlàto (1) [1294] **A** part. pass. di *parlare*; anche agg. *1* Nei sign. del v. *2* Che appartiene al parlare corrente, quotidiano, popolare: *lingua parlata*; *uso p. della lingua*; *locuzioni, espressioni tipiche del linguaggio p.* CONTR. Scritto, letterario. *3* Detto di cinema, film e sim., dotato di colonna sonora. CONTR. Muto. **B** s. m. *1* (*fam.*) Cinema parlato: *l'era del p.*; *il p. soppiantò rapidamente il muto* | L'insieme dei dialoghi di un film. *2* Tipo di recitazione teatrale piana e colloquiale. *3* Il linguaggio come mezzo espressivo vivo e quotidiano, in contrapposizione al linguaggio scritto o letterario. *4* (*mus.*) Canto il più vicino possibile al linguaggio parlato, proprio di alcune forme d'opera e della musica moderna e contemporanea. SIN. Parlando. *5* †Discorso | †Parlamento.

parlàto (2) [da *pari* (*1*), perché è un nodo doppio; 1889] s. m. ● (*mar.*) Nodo formato da due colli, di cui il secondo rovesciato rispetto al primo.

parlatóre [av. 1294] s. m. (f. -*trice*, pop. disus. -*tora*) *1* Persona che parla bene, esprimendosi con scioltezza e proprietà: *un p. sottile e arguto* | Oratore. *2* †Chi parla.

parlatòrio [da *parlare* (*1*); av. 1342] s. m. *1* In conventi, collegi, carceri e sim., luogo in cui gli ospiti degli stessi possono incontrarsi e conversare con i visitatori esterni. *2* †Luogo di riunione, di convegno.

†**parlatùra** [av. 1292] s. f. *1* Discorso, eloquio. *2* Parlata.

†**parlèsia** ● V. *paralisi.*

parlètico o (*tosc.*) **pallètico** [V. *paralitico*; sec. XIV] s. m. (pl. -*ci*) ● (*raro, region.*) Tremore corporeo, spec. delle mani e delle dita, causato da affezioni del sistema nervoso.

parlottàre [comp. di *parl(are)* (*1*) e -*ottare*; av. 1342] v. intr. (*io parlòtto*; aus. *avere*) *1* Conversare o chiacchierare a voce bassa, anche animatamente o con aria di mistero: *stavano parlottando tra loro*; *parlottava con un amico chissà di cosa.* *2* (*fig., lett.*) Mormorare: *tra gli scogli parlotta la maretta* (MONTALE).

parlottìo [da *parlottare*; av. 1912] s. m. ● Conversazione o chiacchierio animato e sommesso. SIN. Cicaleccio.

parlucchiàre [1871] v. tr. (*io parlùcchio*) ● Parlare una lingua alla meglio: *p. l'inglese, il tedesco.*

pàrma (1) [vc. dotta, lat. *pārma(m)*, di etim. incerta; av. 1494] s. f. ● Nella Roma antica, piccolo scudo rotondo per leggera armatura, tipico della cavalleria e della fanteria leggera.

pàrma (2) [dalla città di *Parma*, luogo di produzione] s. m. inv. ● (*fam.*) Prosciutto di Parma: *due etti di p.*

parmènse [vc. dotta, lat. *Parmēnse(m)*, agg. etnico di *Pārma* 'Parma'; 1769] **A** agg. ● Di Parma: *dialetto p.* **B** s. m. e f. ● (*lett.*) Abitante, nativo di Parma. **C** s. m. solo sing. ● Dialetto parlato a Parma.

parmigiàna [av. 1440] s. f. ● (*ellitt.*) Vivanda preparata alla parmigiana: *una p. di melanzane, di zucchine.*

parmigiàno [1353] **A** agg. ● Di Parma | ***Alla parmigiana***, (*ellitt.*) al modo dei parmigiani, spec. di preparazioni gastronomiche basate su verdure di una certa consistenza, le quali, affettate, infarinate e fritte, vengono poi disposte a strati e condite con sugo di pomodoro, molto parmigiano grattugiato e, talvolta, mozzarella: *melanzane, zucchine alla parmigiana.* **B** s. m. *1* (f. -*a*) Abitante, nativo di Parma. *2* ***P. reggiano***, (*ellitt.*) ***parmigiano***, formaggio stagionato a pasta granulosa, prodotto nel Parmense e nel Reggiano.

parnàsio o **parnàssio** (2) [vc. dotta, lat. *Parnāsiu(m)*, dal gr. *Parnásios* 'del Parnaso'; 1340] agg. *1* (*lett.*) Relativo al monte Parnaso, in Grecia. *2* (*fig.*) Relativo ad Apollo, alle Muse o alla poesia.

parnàso o (*lett.*) **parnàsso** [vc. dotta, lat. *Parnāsu(m)*, nom. *Parnāsus*, dal gr. *Parnasós*, monte della Grecia sacro a Febo e alle Muse; 1319] s. m. ● (*lett.*) Poesia: *il nostro p. rinascimentale*; *là corre il mondo ove più versi / di sue dolcezze il lusinghier Parnaso* (TASSO) | ***Salire in p.***, far poesia | L'insieme dei poeti di una regione, nazione e sim.: *il p. italiano, spagnolo*; *entrare nel p.*

parnàssia [da *Parnasso*, per la sua bellezza; 1835] s. f. ● Pianta erbacea delle Sassifragacee dei pascoli paludosi di montagna con foglie cuoriformi e fiori bianchi, usata nella medicina popolare (*Parnassia palustris*).

parnassianèsimo o **parnassianìsmo** [da *parnassiano*; 1915] s. m. ● Corrente poetica della seconda metà del XIX sec., in Francia, che volle contrapporre all'arte sentimentale prevalente una nuova forma espressiva d'impeccabile e impassibile perfezione.

parnassiàno [fr. *parnassien*, da *Parnasse* 'Parnaso'; 1885] **A** agg. ● Proprio del parnassianesimo. **B** s. m. ● Seguace, fautore del parnassianesimo.

†**parnàssico** agg. ● Del Parnaso.

parnàssio (1) [vc. dotta, lat. tardo *Parnassiu(m)*, var. di *Parnāsius*, dal gr. *Parnásios*; 1835] s. m. ● Grande e bella farfalla diurna, comune sulle Alpi, con ali bianche macchiate di nero e rosso (*Parnassius apollo*). SIN. Apollo.

parnàssio (2) ● V. *parnasio.*

parnàsso ● V. *parnaso.*

†**pàro** (1) ● V. *paio* (*1*).

†**pàro** (2) [var. di *pari* (*1*); sec. XIII] **A** agg. ● Uguale, di uguale livello | Pari. **B** s. m. *1* Uguaglianza | ***In p.***, insieme, alla stessa altezza | ***A p.***, come, nello stesso modo: *a p. co'l sol, ma più lucente* (TASSO) | ***A p. a p.***, insieme: *E lo schiavo stradò col suo cantore a p. a p.* (PASCOLI). *2* Numero pari.

-paro [lat. -*păru(m)*, da *părere* 'partorire', etim. 'produrre', di orig. indeur.] secondo elemento ● In aggettivi composti, per lo più sostantivati, significa 'che genera', 'che partorisce', 'che ha partorito': *primipara, oviparo.*

paròcchi ● V. *paraocchi.*

†**parocìsmo** ● V. *parossismo.*

parodìa [vc. dotta, gr. *parōidía*, comp. di *para-* 'para-' e *ōidḗ* 'canto' (V. *ode*); 1575] s. f. *1* Versione caricaturale e burlesca di un'opera, un dramma, un film e sim., o di parti di essi: *fare la p. di una famosa canzone*; *mettere qlco. in p.* *2* (*mus.*) Nella musica medievale e fino al XVII sec., pratica di riutilizzazione e trasformazione di testi e melodie preesistenti per la realizzazione di nuove composizioni; dopo il XVII sec., deformazione di modelli stereotipati con intenti grotteschi. *3* (*fig.*) Persona, organismo e sim. che rappresentano soltanto un'imitazione scadente e ridicola di quello che in realtà dovrebbero essere: *una p. di governo, di parlamento.*

parodiàre [da *parodia*; 1728] v. tr. (*io paròdio*) ● Imitare qlco. o qlcu. malamente o in modo ridicolo.

paròdico [vc. dotta, gr. *parōidikós*, agg. da *parōidía* 'parodia'; 1631] agg. (pl. m. -*ci*) ● Che concerne la parodia. || **parodicaménte**, avv.

parodìsta [1807] s. m. e f. (pl. m. -*i*) ● Autore o esecutore di parodie.

parodìstico [1913] agg. (pl. m. -*ci*) ● Di parodia, relativo a parodia: *composizione, interpretazione parodistica.* || **parodisticaménte**, avv.

pàrodo [vc. dotta, gr. *párodos*: da *para-*, sul modello di *éxodos* 'esodo'; 1575] s. m. *1* Canto di entrata del coro nella tragedia greca | Parte del dramma che veniva recitata dal coro dopo il prologo, al suo ingresso nell'orchestra. *2* Negli antichi teatri greci, ciascuno degli accessi che immettevano nell'orchestra.

parodontàle ● V. *paradentale.*

parodontìte ● V. *paradentite.*

parodònto ● V. *paradonto.*

parodontologìa ● V. *paradentologia.*

parodontopatìa ● V. *paradentopatia.*

parodontòsi ● V. *paradentosi.*

†**paròffia** o †**parròffia** [V. *parrocchia*; 1321] s. f. *1* (*raro*) Parrocchia. *2* (*raro*) Parte, regione. *3* Schiera di persone.

♦**paròla** [lat. *parăbola(m)*. V. *parabola*; av. 1250] s. f. **I** Insieme organico di suoni o di segni grafici dotato di un significato autonomo o di una funzione grammaticale. CFR. logo-. *1* Termine o vocabolo, in quanto singolo elemento d'espressione: *l'italiano è una lingua ricca di parole*; *una p. lunga, breve, semplice, composta, facile, difficile, letteraria, arcaica, disusata, nuova, errata, esatta*; *scrivete le venti nuove parole francesi che avete imparato*; *non dire parole sconce* | (*ling.*) ***P. macedonia***, V. *macedonia*, sign. 2 | ***Nel vero senso della p.***, secondo il suo preciso significato | ***Nel senso più ampio della p.***, nella sua accezione più estesa | ***Non capire una sola p.***, nulla | ***Dire qlco. in una p., in due parole***, (*fig.*) brevemente | ***Basta la p.***, si dice quando un solo vocabolo esprime compiutamente il senso di qlco. | ***P. per p.***, letteralmente: *riferire, tradurre, copiare qlco. p. per p.* | ***Giochi di parole***, freddure e sim. | ***Giro di paro-***

le, circonlocuzione, perifrasi | ***Mangiare le parole***, pronunciarle male, a metà o sim. | ***Parole in libertà***, motto futurista che rivendicava l'assoluta libertà della lingua letteraria da ogni regola grammaticale | ***Togliere, levare la p. di bocca a qlcu.***, dire una parola che qlcu. sta per dire | ***Avere una p. sulla punta della lingua***, saperla ma non riuscire a dirla per momentanea amnesia | ***Questione di parole***, (*fig.*) solo formale. ***2*** (*spec. al pl.*) Frase, discorso, ragionamento e sim.: *non capisco, non ricordo, non ho udito le vostre parole*; *parole magiche, insensate, ispirate, ambigue, audaci, offensive*; *parole d'ira, di rabbia, di gioia* | ***Parole sante!***, (*fig.*) per riconoscere apertamente o sottolineare la giustezza di un'affermazione, di un'opinione e sim. | ***Non avere parole, non trovare le parole per***, non riuscire a esprimere un sentimento, spec. per esprimere sorpresa, riangraziamento, scuse o sim. | ***Non ci sono parole***, la realtà è superiore a ogni possibilità espressiva | ***Parole a caso, a vanvera***, discorsi privi di senso | (*fig.*) ***Parole di fuoco***, accese da una passione: *lo ha bollato con parole di fuoco* | ***Buone parole***, gentili, affettuose | ***Male parole***, dure, offensive, sgarbate | ***Parole grosse***, ingiuriose e gravi | ***Venire a parole***, litigare | ***In parole povere***, volendo dire le cose semplicemente, come stanno | ***Rivolgere, †muovere la p. a qlcu.***, parlargli | ***Son corse gravi parole tra noi***, vi sono stati gravi scontri verbali | ***Scambio di parole***, discussione o conversazione: *un vivace scambio di parole*; *un breve scambio di parole* | ***In altre parole***, esprimendosi diversamente | ***Parole di colore oscuro***, frasi incomprensibili, sibilline | ***Uomo di poche parole, scarso, avaro di parole***, persona che parla poco | ***Misurare, pesare le parole***, fare molta attenzione a quello che si dice | (*fig.*) ***Buttare, gettare, sprecare le parole***, parlare inutilmente | ***Levare, togliere la p. di bocca a qlcu.***, anticipare, parlando, i discorsi di un altro | (*lett.*) ***Pigliare qlcu. nella p.***, volgere contro di lui ciò che egli stesso ha detto | ***Ricacciare in gola la p. a qlcu.***, costringerlo a scusarsi per le offese pronunciate | ***Ritira la p.!***, smentisci subito ciò che hai detto! ***3*** (*spec. al pl.*) (*est.*) Consiglio, insegnamento: *ascoltare, ignorare, seguire le parole di qlcu.*; *son parole sagge, le sue, non dimenticarlo* | ***La p. di Dio***, i comandamenti dati da Dio e gli insegnamenti rivolti ai fedeli nella predicazione. ***4*** Espressione: *con una sola p. ho messo tutti a tacere*; *non ha avuto una sola p. di pentimento* | ***Mettere, spendere una buona p. per qlcu.***, parlare con qlcu. in suo favore | ***Metterci una buona p.***, intervenire a favore di qlcu. o di qlco.: *vedrò di metterci una buona p.* | ***Buttare lì una mezza p.***, fare una velata allusione | (*fig.*) ***In una p.***, per concludere | ***In p.***, di cui si tratta: *la persona, l'oggetto in p.* | ***L'ultima p.***, la frase conclusiva che chiude una discussione, risolve un problema, definisce una trattativa e sim. | ***P. d'ordine***, quella usata per reciproco riconoscimento tra militari in particolari mansioni; (*fig.*) intesa o accordo in base al quale più persone tendono a uno stesso fine o motto che riassume l'essenza di un'azione comune; nelle biblioteche, la parola, costituita gener. dal cognome di un autore o stabilita secondo le regole di catalogazione, che viene scritta in testa alle schede bibliografiche allo scopo di ordinarle nel catalogo | (*est.*) Contenuto concettuale del discorso, insegnamento contenuto in ciò che si dice: *stando alla p. dei tecnici, la cosa è molto difficile*; *ascoltare, seguire la p. del maestro* | ***Liturgia della p.***, prima parte della Messa in cui viene proclamata la parola di Dio attraverso la lettura del Vecchio e Nuovo Testamento e l'omelia | ***Di p. in p.***, di argomento in argomento. ***5*** Nel gioco del poker, lo stesso che *parole*. ***6*** (*spec. al pl.*) Chiacchiere, ciance: *basta con le parole*; *da te non ho avuto altro che parole*; *a parole sembra tutto facile*; *ci pasce di speme e di parole* (ARIOSTO) | ***Esser buono, capace, abile e sim. solo a parole***, vantarsi molto ma non fare nulla | (*fig.*) ***È una p.!***, è facile a dirsi, ma non a farsi | ***Belle parole***, grandi promesse destinate a non essere mantenute, speranze che non si realizzeranno. CONTR. Fatto. ***7*** (*spec. al pl.*) Frase o discorso inutile, vacuo, inconsistente: *mi ha sommerso sotto un mare, un diluvio, un'infinità di parole* | ***Quante parole!***, quanti discorsi inutili | ***Parole, parole, parole!***, escl. spreg. con cui si è soliti sottolineare l'inutilità e la mancanza di idee che si cela dietro un discorso o uno scritto spec. lungo. ***8*** †Diceria. **II** Facoltà naturale dell'uomo di esprimersi parlando. ***1*** Favella: *avere, perdere, usare la p.* | ***Il dono della p.***, la capacità innata di parlare, o una grande facilità di espressione | ***Restare senza parole***, muto per stupore, sorpresa e sim. | ***Gli manca solo la p.***, di animale molto intelligente o di ritratto, dipinto o scolpito, particolarmente espressivo. ***2*** Diritto di esprimersi, di parlare in un'assemblea e sim.: *chiedo la p.*; *mi hanno concesso, negata la p.* | ***La p. all'accusato, alla difesa, al contraddittore***, e sim., formula con cui si concede il diritto di parlare. ***3*** Atto del parlare: *libertà di p.* | ***Prendere la p.***, cominciare a parlare, spec. in pubblico | (*fig.*) ***Troncare la p. in bocca a qlcu.***, interromperlo mentre parla. ***4*** Modo di parlare, forma del discorso: *p. elegante, ricercata, rozza* | ***Avere la p. facile***, essere eloquente. **III** Con valore più limitato e specifico. ***1*** Cenno, menzione: *non una p., mi raccomando!* | ***Fare, non fare p. con qlcu. di qlco.***, accennare, non accennare con lui a un determinato argomento | ***†Far parole di qlco.***, parlarne, trattarne. ***2*** Intesa, spec. nelle loc. ***darsi la p.***, accordarsi e ***passare la p.*** o ***passar p.***, trasmettere a varie persone un ordine, una decisione, un avviso e sim.: *stasera tutti in pizzeria, passa p.* ***3*** Promessa solenne, impegno verbale: *ti do la mia p. che ciò sarà fatto, di risolvere la questione*; *la tua p. mi basta*; *non mi fido più della sua p.*; *mantenere la p.*; *mancare, venir meno alla p.* | ***Essere, non essere, mancare di p.***, mantenere o no ciò che si promette | ***Avere una sola p.***, si dice di chi non modifica le proprie promesse | ***P. d'onore!, p. mia!, p. di gentiluomo!*** e sim., escl. con le quali ci si impegna a fare qlco. o si asserisce qlco. garantendo col proprio onore | ***Sulla p.***, fidandosi solamente dell'impegno verbale: *prestare, dare qlco. sulla p.*; *ti credo sulla p.* | ***Prendere, pigliare in p.***, fare affidamento sull'impegno di qlcu. ritenendolo impegnativo | (*est.*) Impegno, trattativa: *essere, entrare in p. con qlcu.*; *tenere qlcu. in p.* | ***Riprendersi, rimangiarsi la p.***, annullare un impegno o interrompere una trattativa unilateralmente | ***Restituire la p.***, ridare libertà di pattuizione | ***Mezza p.***, pattuizione o trattativa ancora in corso, impegno non perfezionato. ***4*** †Licenza, permesso. ***5*** (*elab.*) Unità base d'informazione costituita da un dato numero di caratteri che vengono trattati come un'unica entità, rappresentino essi un dato o un'istruzione di programma | ***P. chiave***, nei sistemi di ricerca automatica dell'informazione, parola significativa in una frase che viene estratta dal contesto e usata come descrittore del documento. || PROV. La parola è d'argento, il silenzio è d'oro; le parole non fanno lividi. || **parolàccia**, pegg. (V.) | **parolétta**, dim. (V.) | **parolìna**, dim. (V.) | **parolóna**, accr. (V.) | **parolóne**, accr. m. (V.) | **parolùccia**, **parolùzza**, dim.

♦**parolàccia** [av. 1472] s. f. (pl. *-ce*) ***1*** Pegg. di *parola*. ***2*** Parola sconcia, volgare, offensiva.

parolàio [av. 1722] **A** agg. ● Che ciancia a vuoto, che abbonda di vuote parole: *oratore p.* | Che è costituito solo da parole, che è privo di sostanza o di contenuto: *discorso p.*; *moralità, onestà parolaia*. **B** s. m. (f. *-a*) ● Chiacchierone, ciarlatano: *non vorrai dar credito ai racconti di quel p.*

parole /fr. paˈRɔl/ [fr. 'parola'; 1969] s. f. inv. ***1*** (*ling.*) Secondo F. de Saussure, è l'aspetto individuale del linguaggio che in singoli atti di discorso realizza le potenzialità del sistema della *langue* (V.). ***2*** Nel gioco del poker, espressione usata da un giocatore per passare al giocatore successivo la possibilità di proporre la puntata.

parolétta [1321] s. f. ***1*** Dim. di *parola*. ***2*** Parola breve: *una p. di due sillabe*. ***3*** Parola dolce, amorosa, affettuosa: *la si può convincere con quattro parolette*. ***4*** (*spec. al pl.*) (*lett.*) Espressioni offensive.

parolìbero [da *parola libera*, con aplologia; 1914] agg. ● Detto degli scrittori futuristi, che usavano la tecnica delle 'parole in libertà', cioè sciolte da qualsiasi vincolo sintattico.

parolière [1958] s. m. (f. *-a*) ● Autore delle parole di canzoni o di commedie musicali.

parolìna [1473] s. f. ***1*** Dim. di *parola*. ***2*** Parola benevola, gentile e sim.: *un bimbo che dice paroline affettuose*; *paroline d'amore*. ***3*** Breve cenno o discorso spec. confidenziale, o di biasimo: *gli ha detto due paroline in un orecchio*; *devo dirti una p. circa quello che hai fatto*. || **parolinétta**, dim.

parolóna [1618] s. f. ***1*** Accr. di *parola*. ***2*** Parola molto lunga: *una p. che occupa mezza riga* | Termine enfatico, ampolloso e vuoto: *un discorso inconcludente, pieno di parolone*.

parolóne [av. 1565] s. m. ***1*** Accr. di *parola*. ***2*** Parolona: *sono stanco di ascoltare promesse e vuoti paroloni*.

†**parolòzza** [1353] s. f. ● Parola alla buona, rozza: *con molte buone e caute parolozze la domenica a pié dell'olmo ricreava i suoi popolani* (BOCCACCIO).

paronìchia o **paronichìa** [vc. dotta, lat. *paronȳchia*, nt. pl., dal gr. *parōnychía*, comp. di *para-* 'para-' e *ónyx*, genit. *ónychos* 'unghia' (V. *onice*); sec. XVI] s. f. ● (*med.*) Patereccio.

paronimìa [1958] s. f. ● (*ling.*) Rapporto fra due paronimi.

paronìmico [1958] agg. (pl. m. *-ci*) ● (*ling.*) Che riguarda la paronimia.

parònimo [vc. dotta, gr. *parṓnymos*, comp. di *para-* 'para-' e *ónyma*, var. di *ónoma* 'nome' (V. *onomastico*); 1821] s. m. ● (*ling.*) Parola o sequenza di parole di significato diverso, ma di forma relativamente simile (per es. *collisione* e *collusione*).

paronomàṣia [vc. dotta, lat. tardo *paronomăsia(m)*, nom. *paronomăsia*, dal gr. *paronomasía*, comp. di *para-* e *onomasía* 'denominazione', da *onomázein* 'chiamare per nome, nominare' (V. *onomastico*); 1566] s. f. ● (*ling.*) Figura retorica che consiste nell'accostare parole che presentano una somiglianza fonica e a volte anche una parentela etimologica o formale: *Trema un ricordo nel ricolmo secchio* (MONTALE). SIN. Annominazione, bisticcio.

paroressìa [comp. di *par(a)-* e di un deriv. del gr. *órexis* 'appetito', sul modello di *anoressia*] s. f. ● (*med., psicol.*) Disturbo dell'appetito che comprende l'anoressia e la bulimia.

†**parosiṣmo** ● V. *parossismo*.

paroṣmìa [comp. di *par(a)-* e del gr. *osmḗ* 'odore'; 1835] s. f. ● (*med.*) Alterazione del senso olfattivo per cui si dà un'interpretazione erronea a una qualità determinata di odore.

parossiṣmo o †**parociṣmo**, †**parosiṣmo** [vc. dotta, gr. *paroxysmós*, da *paroxýnein* 'eccitare', comp. di *para-* 'para-' e *oxýs* 'acuto' (V. *ossalico*); 1354] s. m. ***1*** (*med.*) Fase di massima intensità di tutti i sintomi durante una malattia o uno stato morboso. ***2*** (*geol.*) Fase di più violenta attività di una eruzione, generalmente esplosiva, con lancio di materiale piroclastico roccioso o lavico | ***P. tettonico***, fase di più intensa e violenta deformazione nel formarsi di una catena montuosa. ***3*** (*fig.*) Massima intensità: *il p. dell'odio, dell'amore* | Intensissima e violenta esasperazione: *odiare, desiderare fino al p.*

parossìstico [1911] agg. (pl. m. *-ci*) ***1*** (*med.*) Che è caratterizzato da parossismo. ***2*** (*fig.*) Caratterizzato da estrema esacerbazione o da massima intensità: *grida parossistiche*; *ira parossistica*. || **parossisticaménte**, avv. In modo parossistico, con parossismo.

parossitònico [1983] agg. (pl. m. *-ci*) ● (*ling.*) Detto di lingua in cui i parossitoni sono le parole più numerose: *l'italiano è una lingua parossitonica*.

parossìtono [vc. dotta, gr. *paroxýtonos*, comp. di *para-* 'para-' e *oxýtonos* 'ossitono'; 1829] agg.; anche s. m. (f. *-a*) ***1*** Nella grammatica greca, detto di parola che ha l'accento acuto sulla penultima sillaba, cioè piana. ***2*** (*est.*) Di parola che ha l'accento sulla penultima sillaba.

paròtide [vc. dotta, lat. *parōtide(m)*, nom. *parōtis*, dal gr. *parōtís*, comp. di *para-* 'para-' e *ôus*, genit. *ōtós* 'orecchio' (V. *oto-*); 1574] **A** s. f. ● (*anat.*) Ghiandola salivare situata bilateralmente alla superficie esterna del muscolo massetere. **B** anche agg.: *ghiandole parotidi*.

parotidèo [1835] agg. ● Della parotide.

parotìte [comp. di *parot(ide)* e *-ite* (*1*); 1829] s. f. ● (*med.*) Infiammazione delle ghiandole parotidi | ***P. epidemica***, malattia da virus, molto contagiosa, che colpisce le ghiandole salivari, spec. la parotide. SIN. Orecchioni.

parotìtico [1958] agg. (pl. m. *-ci*) ● (*med.*) Di parotite, conseguente a parotite.

parovàrio [comp. di *para-* e del lat. tardo *ovārium*, da *ōvum* 'uovo'. V. *ovaia*] s. m. ● (*anat.*) Insieme dei tessuti che circondano l'ovaio.

parpagliòla ● V. *parpaiola*.

†**parpaglióne** [deformazione di *papiglione*; av. 1250] **s. m.** ● Farfalla di grosse dimensioni.

parpaiòla o **parpagliòla** [provz. *parpalhola*: da avvicinare all'it. *perpero*, moneta bizantina, dal gr. *ypérpyron*, nt. sost. di *ypérpyros* 'ardente, infuocato', propr. '(ardente) al di sopra del fuoco', comp. di *ypér* 'sopra' e *pŷr*, genit. *pyrós* 'fuoco' (?); 1461] **s. f.** ● Piccola moneta di mistura coniata nell'Italia settentrionale dal XIV sec.

parquet /fr. paʀˈkɛ/ [vc. fr., dim. di *parc* 'parco (1)', propr. 'parte di una sala di giustizia in cui si tengono le udienze'; av. 1866] **s. m. inv.** ● Pavimento a listelli di legno, solitamente commessi a spina di pesce.

pàrra [vc. dotta, lat. *pārra(m)* 'upupa, civetta', di etim. incerta; 1891] **s. f.** ● Uccello africano dai bei colori con zampe lunghe e sottili, dita lunghissime e unghie sproporzionatamente lunghe, che riesce a correre sulla vegetazione galleggiante (*Actophilornis africanus*).

parràṣio [vc. dotta, lat. *Parrhăsiu(m)*, nom. *Parrhăsius*, dal gr. *Parrásios*, agg. di *Parrásion* 'Parrasio', n. di un monte della Grecia; 1765] **agg.** ● (*lett.*) Relativo alla Parrasia, regione dell'antica Arcadia | (*est.*) Arcadico.

parreṣìa [vc. dotta, gr. *parrēsía*, comp. di *pâs* 'tutto' e *rētós* 'espresso', dal v. *éirein* 'parlare, dire'; av. 1672] **s. f.** ● (*raro*) Spec. nella tradizione cristiana e nell'esegesi biblica, franchezza, schiettezza, libertà di parola | In retorica, licenza.

parricìda [vc. dotta, lat. *parricīda(m)*, di etim. discussa: comp. di *pār*, genit. *pāris* 'pari (1)' e *-cīda* '-cida', cioè propr. 'uccisore di un uomo di pari condizione, appartenente allo stesso gruppo sociale' (?); 1319] **s. m. e f.** (**pl. m.** *-i*) **1** Chi ha ucciso il proprio padre | (*raro*) Chi ha ucciso la propria madre o un parente prossimo. **2** (*fig., lett.*) Chi tradisce la patria.

parricìdio [vc. dotta, lat. *parricīdiu(m)*, da *parricīda* 'parricida'; sec. XIV] **s. m. 1** Omicidio commesso contro un ascendente, spec. il padre: *è stato imputato di p.* **2** (*fig., lett.*) Delitto contro la collettività, contro la patria.

parrocchétto [fr. *perroquet*, di etim. incerta; nel sign. 2, per la forma, che ricorda il trespolo dei pappagalli; 1602] **s. m. 1** Correntemente, pappagallo | ***P. della Carolina***, piccolo pappagallo verde e giallo con becco assai incurvato, un tempo comune e dannosissimo in tutti gli U.S.A. orientali (*Conuropsis carolinensis*) | ***P. canoro***, melopsittaco | ***P. dal collare***, pappagallino africano di forma slanciata ed elegante, verde azzurro e violetto con collare nero e rosa (*Psittacula krameri*). ➡ ILL. **animali**/9. **2** (*mar.*) Vela quadra intermedia, semplice o doppia, dell'albero di trinchetto | (*est.*) Tratto dell'albero di trinchetto relativo a tale vela. ➡ ILL. p. 2172, 2173 TRASPORTI.

♦**parròcchia** [vc. dotta, lat. tardo *parŏchia(m)*, nom. *parŏchia*, dal gr. *paroikía*, propr. 'abitazione vicina', comp. di *para-* 'para-' e *óikos* 'casa' (V. *economia*); 1297] **s. f. 1** Nel diritto canonico, ciascuna delle porzioni di territorio di una diocesi, con assegnazione di un determinato popolo di fedeli e di un ecclesiastico che provvede alla cura delle anime. **2** Chiesa nella quale ha sede il parroco e sono tenuti i registri parrocchiali | Ufficio, dimora, edificio in cui il parroco svolge la sua attività. **3** (*est.*) Insieme dei fedeli che appartengono alla giurisdizione di un parroco. **4** (*fig.*) Insieme ristretto di persone legate fra loro da interessi settoriali: *la p. dei critici d'arte*; SIN. Chiesa.

parrocchiàle [1354] **agg.** ● Relativo a parroco, a parrocchia: *libro, ufficio p.*; *chiesa p.*

parrocchialità [1673] **s. f.** ● Caratteristica di chi (o di ciò che) è parrocchiale | Insieme dei diritti del parroco.

parrocchiàno [1264] **s. m. 1** (**f.** *-a*) Chi appartiene a una parrocchia o abita in essa. **2** †Parroco.

♦**pàrroco** [vc. dotta, lat. *pārochu(m)*, nom. *pārochus*, dal gr. *párochos* 'somministratore, fornitore', da *paréchein* 'porgere, somministrare', comp. di *para-* 'para-' ed *échein* 'avere', di orig. indeur.; av. 1598] **s. m.** (**pl.** *-ci*, raro *-chi*) ● Ecclesiastico cui viene canonicamente assegnata una parrocchia con cura di anime.

†**parròffia** ● V. †*paroffia*.

parròzzo® [abruzzese *parròzzë*, d'incerta etim. (forse *pane rozzo*)] **s. m.** ● Dolce tipico abruzzese, a forma di alta focaccia, impastato con farina, uova, mandorle e zucchero, ricoperto di cioccolata.

♦**parrùcca** o (*dial.*) †**perrùcca** [etim. incerta; av. 1463] **s. f. 1** Acconciatura di capelli posticci, portata per moda, per travestimento, per nascondere la calvizie e sim.: *portare la p.*; *p. incipriata*. **2** (*scherz.*) Capigliatura zazzeruta | †Zazzera. **3** (*fig., lett.*) Persona d'idee superate, antiquate, reazionarie: *un'assemblea piena di parrucche*; *tra di voi abbondano le parrucche*. **4** (*fig., region.*) Sgridata. **5** (*fig., region.*) Sbornia. || **parruccàccia**, **pegg.** | **parrucchétto**, **dim. m.** | **parrucchìna**, **dim.** | **parrucchìno**, **dim. m.** (V.) | **parruccóne**, **accr. m.**

parruccàio [1958] **s. m.** (**f.** *-a*) ● Fabbricante o venditore di parrucche.

♦**parrucchière** [fr. *perruquier*, da *perruque* 'parrucca'; 1640] **s. m.** (**f.** *-a*) **1** Barbiere | ***P. per signora***, chi acconcia i capelli delle donne; SIN. Coiffeur. **2** Un tempo, artigiano specializzato nella fabbricazione di parrucche.

parrucchìno [av. 1729] **s. m. 1** Dim. di *parrucca*. **2** Mezza parrucca che copre la metà anteriore o posteriore del capo.

parruccóne [dall'uso dei conservatori del XVII-XIX sec. di portare la *parrucca*; 1797] **s. m.** (**f.** *-a*) **1** Persona vecchia e di idee arretrate. SIN. Codino. **2** (*lett., scherz.* o *spreg.*) Persona anziana, di modi gravi e sussiegosi | (*lett., scherz.*) Membro dell'aristocrazia.

pàrsec [ingl. *parsec*, comp. di *par(allax)* 'parallasse' e *sec(ond)* 'secondo'; 1942] **s. m. inv.** ● (*astron.*) Unità di misura delle distanze stellari, pari a 3,26 anni luce e a 3,086 · 10^{16} m. SIMB. pc.

pàrser /ˈparser, *ingl.* ˈpɑːsəɹ/ [vc. ingl., dal v. *to parse* 'analizzare'; 1985] **s. m. inv.** ● (*elab.*) Programma di verifica della correttezza formale di un insieme di dati strutturati.

pàrsi [persiano *pārsī* 'persiano'; av. 1869] **agg. inv.**; anche **s. m. e f. inv.** ● Che (o Chi) appartiene a un gruppo sociale di origine persiana, immigrato in India nel sec. VIII in conseguenza delle persecuzioni musulmane.

parsimònia [vc. dotta, lat. *parsimōnia(m)*, da *pārsum*, supino di *pārcere* 'parcere' (V.); sec. XIV] **s. f. 1** Virtù di chi è parsimonioso: *usare p.* | Frugalità, economia: *vivere, spendere con p.* CONTR. Prodigalità. **2** (*fig.*) Moderazione, scarsità: *parlare con p.*; *usare con p. i termini tecnici*.

parsimonióṣo [1894] **agg. 1** Parco, sobrio, frugale: *uomo p.*; *vita parsimoniosa*; *abitudini parsimoniose*. CONTR. Scialacquatore. **2** (*fig.*) Che evita l'eccesso, l'esagerazione: *linguaggio p.*; *poeta p. di aggettivi*. || **parsimonioṣaménte**, **avv.** Con parsimonia.

parsìṣmo [comp. di *parsi* e *-ismo*; 1917] **s. m.** ● Religione mazdaica o zoroastriana dei parsi.

pàrso **part. pass.** di *parere* ● Nei sign. del v.

partàccia [av. 1793] **s. f.** (**pl.** *-ce*) **1** Pegg. di *parte*. **2** Brutto ruolo: *gli hanno affidato una p.* **3** Duro rimprovero: *buscarsi una p.* | ***Fare una p. a qlcu.***, trattarlo malissimo. SIN. Scenata. **4** Figuraccia: *fare una p.*; *che p.!*

♦**pàrte** [lat. *pārte(m)*, della stessa radice indeur. di *pārere* 'generare'. V. *parente*; 960] **A s. f.** **I** Ogni singola unità in cui si divide o si può dividere un tutto. **1** Pezzo, frazione, sezione: *le parti di una macchina, di un motore, di una statua, di un edificio*; *l'intera opera è divisa in quattro parti*; *gli hanno asportato una p. della gamba*. CFR. mero-, -mero | ***P. prima***, ***p. seconda***, forma tipica con cui, in un'opera scritta, si intitolano le varie suddivisioni | ***Essere p. di qlco.***, esserne un elemento costitutivo | ***Essere p. integrante di qlco.***, esserne elemento costitutivo e inscindibile | (*fig.*) ***Essere gran p. di qlco.***, contribuirvi in modo determinante sia idealmente sia materialmente | ***Far p. di qlco.***, essere un elemento di essa e, detto di persone, essere membro di qlco.: *questa vite dovrebbe far p. del motore*; *presto entrerò a far p. della vostra società* | (*fig.*) ***Prendere p. a qlco.***, intervenire, unirsi a, per qlco.: *prendere p. allo sciopero, alle proteste, alle sfilate* | (*fig.*) ***Prendere p. al dolore***, ***alla gioia*** e sim., provare il dolore, la gioia che altri provano, soffrire o gioire insieme con qlcu. | (*fig.*) ***Essere***, ***mettere qlcu. a p. di qlco.***, sapere qlco. o farla sapere a qlcu. | ***A p.*** in varie loc.: (*loc. avv.*) Separatamente: *questo problema va esaminato a p.*; (*loc. prep.* o *cong.*) Senza contare, escludendo: *a p. la sua opposizione, si è deciso di intervenire*; *a p. il fatto che non mi è simpatico, lo stimo*; *è un ristorante troppo caro, a p. che non si mangia nemmeno tanto bene*; (*loc. agg.*) Separato, lontano da un ambiente, un contesto e sim.: *un mondo a p.*; *una considerazione a p.* | (*fig.*) ***In p.***, non completamente, non del tutto: *è guarito solo in p.*; *in p. hai ragione* | (*raro*) ***P. per p.***, una parte per volta, ogni parte per conto suo: *il meccanismo va controllato p. per p.*; *il dipinto sarà esaminato p. per p.* | Nella correlazione ***p. … p.***: *pagherò p. in contanti, p. fra tre mesi*. **2** Con riferimento a esseri viventi: *le parti vegetanti di un albero*; *colpire un uomo, un animale nelle parti vitali* | ***La p. vitale di qlco.***, (*fig.*) il suo nucleo essenziale, fondamentale | ***Parti intime***, organi genitali | (*fam., scherz.*) ***Parti basse***, il sedere e gli organi sessuali. **3** Paese, zona, regione: *venire dalle parti d'oriente, d'occidente*; *andare in parti lontane* | ***Le cinque parti del mondo***, le terre emerse | ***Dalle parti di***, vicino, presso, nella zona di: *mi trasferisco dalle parti di Napoli* | ***Da queste***, ***quelle parti***, in questo, quel luogo: *come mai da queste parti?*; *e da quelle parti che ci vai a fare?* | ***Da ogni p.***, da ogni luogo, in ogni punto, tutt'attorno: *sono venuti da ogni p.*; *i nemici sbucavano da ogni p.* | ***In ogni p.***, dappertutto: *vidi in ogni p. cianfrusaglie* | ***Da questa***, ***da quella p.***, di qui, di là: *i viaggiatori sono pregati di passare da questa p.* | ***Da un'altra p.***, in altro luogo o punto. **4** Lato, banda, faccia: *la p. destra, sinistra, superiore, inferiore*; *un foglio da una p. bianco e rigato dall'altro* | ***Passare da p. a p.***, trafiggere | ***Da una p.***, in un canto; (*fig.*) in un certo senso, da un determinato punto di vista: *è tutta la sera che se ne sta triste triste da una p.*; *da una p. sono contento che sia finita così* | ***Da una p.***, …, ***dall'altra***, (*fig.*) in un senso…, in un altro: *da una parte mi dispiace che parta, dall'altra sono contento* | ***D'altra p.***, (*fig.*) d'altronde, del resto: *d'altra p. non saprei proprio come fare* | ***Da p.***, in un canto; (*fig.*) in disparte: *gli piace starsene da p.*; *per il momento mettiamo da p. la proposta*; *spero di mettere da p. un gruzzoletto*; *i suoi colleghi lo hanno definitivamente messo da p.*; *ti lasceranno da p. se non ti farai sentire* | ***Farsi da p.***, cedere il passo, scostarsi; (*fig.*) rinunciare a qlco., defilarsi | ***Da che***, ***da quale p.***, da dove (*anche fig.*): *non so da che p. cominciare* | ***Non sapere da che p. voltarsi***, (*fig.*) non sapere che cosa fare, che cosa decidere e sim. | (*fig.*) ***Da***, ***per p. di***, per conto di o secondo la discendenza: *vengo da p. di tuo fratello*; *sono terzi cugini per p. di madre* | ***Da qualche p.***, in qualche luogo: *deve pur essere da qualche p.!* **5** Direzione, verso: *da che p. vieni?* *vado da quella p.* | ***Dalla nostra***, ***vostra p.***, nella nostra, vostra direzione, verso di noi, di voi: *sembra che vengano dalla nostra p.* | (*fig.*) ***Da un anno***, ***un mese a questa p.***, da un anno, da un mese a oggi | (*fig.*) ***Da qualche tempo a questa p.***, da un po' di tempo in qua. **6** (*fig.*) †Qualità personale, dote morale: *avere molte buone parti* | †***Avere tutte le parti***, tutti i numeri. **II** Elemento di un insieme, con particolare accentuazione della diversità o della contrapposizione. **1** Nucleo o settore qualitativamente determinato: *la p. sensitiva, razionale, fantastica dell'uomo*; *ha fatto appello alla p. più forte del suo carattere*; *la p. sana, guasta, corrotta della società*. **2** Tratto limitato e determinato di terreno, territorio, zona, paese, spazio e sim.: *questa p. della città sarà interamente demolita*; *la p. meridionale della regione*; *la p. settentrionale del paese*; *la p. alta, bassa, superficiale di qlco.* **3** Quantità limitata, numero determinato: *una p. di noi fu invitata alla cerimonia*; *depositare, ritirare una p. della somma, del materiale*; *solo una p. del pubblico ha protestato* | ***In p.***, limitatamente a una certa quantità, a un certo numero | ***In gran p.***, ***in piccola***, ***minima p.*** e sim., limitatamente a una grande, piccola, minima quantità, misura, entità e sim. | ***La maggior p.***, il maggior numero | ***La miglior p.***, le cose o persone migliori. **4** Periodo di tempo: *la prima, la seconda p. dell'anno, del mese, dell'estate, delle vacanze*. **5** Fazione, partito: *p. di destra, di sinistra*; *la p. guelfa, ghibellina*; *tutte le parti sono in lotta*; *l'alleanza di alcune parti concluse la rivolta* | ***Lotte di p.***, tra due o più fazioni | ***Spirito di p.***, parzialità (*anche fig., spreg.*): *lo difende per puro spirito di p., non perché sia convinto* | ***Gare di p.***, sfida tra due o più fazioni | †***Metter p.***, far sorgere fazioni | ***Far*** *p. per sé stesso*, badare solo al proprio tornaconto; considerarsi indipendente da altri | ***Stare, mettersi, tenere dalla p. di qlcu., prendere le parti di qlcu.***, condividerne le idee, le rivendicazioni, le richieste e sim. | ***Prendere p. tra due gruppi***, dichiararsi e agire in favore di uno | (*fig.*) ***Stare, passare dalla p. della ragione, del torto***, di chi con le proprie azioni o parole si pone nell'ambito della ragione o del torto: *se rispondi alle sue offese, passi dalla p. del torto* | ***Essere senz'arte né p.***, essere uno spiantato privo d'ogni risorsa. **6** (*dir.*) Soggetto di un rapporto giuridico sostanziale: *le parti di un contratto* | Soggetto di un rapporto giuridico processuale diverso dall'autorità giudiziaria: *le parti in causa* | ***P. civile***, persona fisica o giuridica che interviene nel processo penale per ottenere dall'imputato, ed eventualmente dal responsabile civile, la restituzione e il risarcimento del danno conseguente a un reato | ***P. lesa***, la persona materialmente o moralmente offesa dal reato | ***Essere p. in causa***, in un processo; (*fig.*) essere direttamente interessato a, in qlco. | ***Essere giudice e p.***, (*fig.*) non poter esprimere giudizi obiettivi, opinioni disinteressate e sim., per essere direttamente coinvolti in qlco. | ***Parti sociali***, i rappresentanti dei lavoratori, dei lavoratori autonomi e degli imprenditori: *il Governo cerca di mediare tra le parti sociali.* **7** Combattente, belligerante: *nessuna delle parti desidera l'armistizio*; *le parti hanno iniziato le trattative.* **III** Quota o porzione materiale o ideale spettante, nell'ambito di una divisione, a un determinato soggetto. **1** Ciò che spetta a ciascuno (*anche fig.*): *ogni erede ha avuto la sua p.*; *voglio la mia p. di utili*; *devono riconoscergli la sua p. di merito*; *assumersi una p. delle responsabilità, la propria p. di colpa* | ***Fare le parti***, dividere qlco. e distribuirne una parte a ciascuno | (*fig.*) ***Farsi la p. del leone***, prendersi la quota maggiore, il pezzo migliore e sim., o addirittura tutto (da una favola di Esopo; V. *leone* (*1*)) | (*fig.*) ***Il cuore, l'occhio, l'orecchio vuole la sua p.***, è necessario soddisfare anche le esigenze del sentimento, estetiche, acustiche | (*fig.*) ***Da, per p. mia***, per ciò che mi riguarda, limitatamente a quel che mi compete: *da p. mia non avrete noie* | ***Mettersi a p. con qlcu.***, dividere qlco. con qlcu. | ***Avere p. in qlco.***, esservi, entrarvi con diritto a una determinata quota o fare qlco. svolgendo un determinato compito | ***Prendere p. a qlco.***, parteciparvi | (*raro*) ***Prendere in mala p.***, offendersi. **2** Azione scenica di un singolo attore, volta a dar vita al personaggio da rappresentare: *avere una p. importante, secondaria*; *fare la p. di Otello* | Complesso delle battute di un dramma recitate da un attore | ***Far due parti in commedia***, (*fig.*) di persona doppia, falsa | ***Fare la p. del diavolo***, (*fig.*) comportarsi in modo da spingere qlcu. al male, da indurlo in errore e sim. **3** (*mus.*) Brano di una composizione musicale costituita da più pezzi o sezione di un pezzo formato di vari episodi distinti | In una composizione vocale o strumentale, la musica assegnata a ogni singolo esecutore | Nel contrappunto, la singola linea melodica: *fuga a 4 parti.* SIN. Voce. **4** (*fig.*) Compito, dovere, ruolo: *mi sono assunto la p. più ingrata, più onerosa, più difficile*; *non è una p. comoda, la tua* | ***Fare una, la p.***, (*fig.*) svolgere il compito affidato: *ognuno di voi faccia la sua p., la p. che gli spetta* | (*fig., fam.*) Figura: *fare la p. dello stupido, dell'ingenuo* | ***Voler fare la p. del furbo***, ostentare astuzia pur non avendone | ***Fare la p. della vittima***, atteggiarsi a vittima. **5** (*fig.*) Modo di agire, di comportarsi, spec. sgradevole, riprovevole e sim.: *da te non mi sarei mai aspettato una simile p.* | ***Fare una brutta p., una p. poco bella***, una partaccia, una figuraccia | (*raro, fig.*) Rabbuffo, sgridata. **6** (*raro, lett.*) Espressione di ossequio o di saluto: *fate…. le mie parti voi che siete un altro me* (LEOPARDI). **B** avv. **1** (*poet.*) †In parte. **2** †Frattanto, intanto. || **partaccia**, pegg. (V.) | **particciuòla**, dim. | **particèlla**, dim. (V.) | **particina**, dim. (V.).

†partécife ● V. *partecipe*.

partecipàbile o **†participàbile** [vc. dotta, lat. tardo *participābile(m)*, da *participāre* 'partecipare'; 1632] agg. ● Che si può partecipare: *notizia p.*; *sentimento p.*

†partecipaménto o **†participaménto** [sec. XIV] s. m. ● Partecipazione.

partecipànte o **†participànte** [av. 1396] **A** part. pres. di *partecipare*; anche agg. **1** Nei sign. del v. **2** ***Camerieri segreti partecipanti***, dignitari della curia ammessi a partecipare alla mensa pontificia, la cui carica è stata abolita nel 1968. **B** s. m. e f. **1** Chi partecipa a qlco.: *l'unico p. rimasto in gara.* SIN. Concorrente. **2** (*raro*) Compartecipante.

partecipànza o **†participànza** [av. 1639] s. f. **1** †Partecipazione. **2** (*dir.*) Appartenenza in proprietà del bene di uso civico alla stessa comunità dei beneficiari: *p. agraria.*

◆**partecipàre** o **†participàre** [vc. dotta, lat. *participāre*, da *pàrticeps*, genit. *participis* 'partecipe'; av. 1306] **A** v. intr. (*io partécipo*; aus. *avere*) **1** (+*a*) Essere presente a un qualsiasi avvenimento che interessi una cerchia più o meno ampia di persone: *p. a una cerimonia, a una festa, a un banchetto, a una congiura, a una manifestazione, alla rivoluzione, agli utili dell'azienda* | Manifestare interessamento e partecipazione ai sentimenti altrui: *p. al lutto, al dolore, alla gioia di qlcu.* **2** (+*di*) Essere o diventare partecipe, dividere con altri una condizione: *ogni uomo partecipa della natura animale*; *partecipate della sustanzia di questo Verbo* (CATERINA DA SIENA). **3** †Conversare. **B** v. tr. (qlco. +*a*) **1** Rendere noto, fare oggetto di annunzio, comunicazione e sim.: *p. agli amici le nozze, il battesimo, la promozione*; *a suo tempo si parteciperà àgli interessati l'esito del concorso.* **2** (*lett.*) Dare od ottenere in parte.

partecipatìvo [av. 1498] agg. **1** (*raro*) Che partecipa. **2** Che consente la partecipazione o si esprime attraverso di essa | ***Democrazia partecipativa***, forma di governo che prevede la partecipazione diretta dei cittadini alle vicende dello Stato. || **partecipativaménte**, avv. In forma partecipativa.

partecipàto o **†participàto** [1308] part. pass. di *partecipare*; anche agg. ● Nei sign. del v. | (*lett.*) Condiviso: *un'opinione partecipata da altri* | (*lett.*) Che esprime intensa partecipazione: *un bacio p.*

partecipatóre o **†participatóre** [sec. XIV] agg.; anche s. m. (f. *-trice*, raro) ● Che (o Chi) partecipa.

partecipazióne o **†participazióne** [vc. dotta, lat. tardo *participatiōne(m)*, da *participātus* 'partecipato'; av. 1363] s. f. **1** Il partecipare | Presenza più o meno attiva ad un avvenimento o in una situazione: *la sua p. alla cerimonia non ci è stata assicurata*; *p. a una banda armata*; *p. a giochi d'azzardo.* SIN. Adesione, intervento | (*fig.*) Partecipe interessamento: *esprimere la propria p. alla gioia, il dolore di qlcu.* | Coinvolgimento emotivo: *recitava con grande p.* **2** Annuncio, comunicazione: *vi ringraziamo per la gentile p.* | Biglietto con cui si è soliti comunicare a parenti e amici, matrimoni, nascite, battesimi, e sim.: *ho preparato duecento partecipazioni* | Lettera ufficiale: *p. di nomina, di trasferimento.* **3** (*econ.*) Cointeressenza in una società, possesso di quote o azioni di una società, da parte di altre società, di enti o di privati | ***P. agli utili***, regime che, nella ripartizione degli utili dell'impresa, ne attribuisce un'aliquota ai dipendenti o agli amministratori, in aggiunta alla normale retribuzione | ***P. incrociata***, che si verifica quando due società possiedono reciprocamente quote del capitale sociale l'una dell'altra | ***P. statale***, proprietà parziale o totale dello Stato di aziende con statuto e gestione privatistica | ***Ministero delle partecipazioni statali***, che esplica funzioni varie relativamente a enti e imprese con partecipazione statale.

partecipazionìsmo [da *partecipazione*; 1918] s. m. ● Tendenza a estendere ogni forma di partecipazione, in particolare quella dei cittadini alle vicende politiche e sociali.

partécipe o **†partécife**, **†partéfice**, **†participe** [vc. dotta, lat. *partìcipe(m)*, comp. di *parte(m)*, acc. di *pārs*, genit. *pārtis* 'parte' e *căpere* 'prendere' (V. *capire*); av. 1342] agg. (assol.; +*di*; raro +*a*) ● Che partecipa, che prende parte: *ragazzo vivace e p.*; *essere p. dei beni della comunità, della gioia comune*; ; *Ma perché non potrei … esser p. dei vostri disegni* (NIEVO); *si è dimostrato poco p. al progetto* | Che condivide: *sono p. del vostro dolore.*

†partecipévole [sec. XIV] agg. ● Partecipe | Complice.

†partéfice ● V. *partecipe*.

parteggiaménto [av. 1606] s. m. ● (*raro*) Il parteggiare.

parteggiànte [av. 1600] **A** part. pres. di *parteggiare*; anche agg. ● (*lett.*) Che parteggia | Fazioso. **B** anche s. m. e f.

parteggiàre [comp. di *parte* e *-eggiare*; sec. XIII] v. intr. (*io partéggio*; aus. *avere*) (assol.; +*per*) ● Essere o stare dalla parte di qlcu. o di qlco.: *in quel frangente era impossibile non p.*; *p. per le correnti riformiste.*

parteggiatóre [av. 1850] s. m. (f. *-trice*) ● (*raro*) Chi parteggia. SIN. Fautore, sostenitore.

partenariàto [adattamento di *partner* col suff. *-ato* (*1*); 1988] s. m. ● Collaborazione per il conseguimento di obiettivi comuni | Partnership.

†partenènza s. f. ● Possedimento | (*fig.*) Pertinenza.

†partenére o **†pertenére** [lat. *pertinēre*. V. *pertinente*; av. 1380] v. intr. (coniug. come *tenere*; aus. *essere*) ● Appartenere, riguardare, spettare: *non veggendosi né chiamare, né richiedere a cosa, che a suo mestiere partenesse* (BOCCACCIO).

partènio (1) [vc. dotta, lat. *parthĕniu(m)*, dal gr. *parthénion*, da *parthénos* 'vergine, fanciulla', di etim. incerta; av. 1597] s. m. ● (*letter.*) Canto corale eseguito da vergini in onore di una divinità.

partènio (2) [vc. dotta, lat. *parthĕniu(m)*, dal gr. *parthénion*: da *parthénos* 'vergine, fanciulla' (V. *partenio* (*1*)), forse perché usata per le affezioni ginecologiche; 1835] s. m. ● Pianta erbacea delle Composite con fiori giallastri di odore sgradevole, dotata di proprietà medicinali (*Chrysanthemum parthenium*).

partenocarpìa [comp. del gr. *parthénos* 'vergine' (V. *partenio* (*1*)) e un deriv. di *-carpo*; 1932] s. f. ● (*bot.*) Sviluppo di un frutto senza semi per assenza di impollinazione. CFR. Aspermia.

partenogènesi [comp. dal gr. *parthénos* 'vergine' (V. *partenio* (*1*)) e *genesi*; 1864] s. f. inv. ● (*biol.*) Tipo di riproduzione sessuata, normale in alcuni invertebrati e piante inferiori, in cui l'uovo o l'oosfera si sviluppano senza fecondazione | ***Per p.***, (*fig.*) autonomamente, spontaneamente.

partenogenètico [1875] agg. (pl. m. *-ci*) ● (*biol.*) Che è nato o si riproduce mediante partenogenesi. || **partenogeneticaménte**, avv. Mediante partenogenesi.

partenopèo [vc. dotta, lat. *Parthenopēiu(m)*, da *Parthĕnope*, antico n. di Napoli, dalla sirena *Parthĕnope* che vi sarebbe stata sepolta; 1340] **A** agg. ● (*lett.*) Di Napoli, anticamente chiamata Partenope. **B** s. m. (f. *-a*) **1** Abitante, nativo di Napoli. **2** Giocatore, sostenitore della squadra di calcio del Napoli.

partènte (1) part. pres. di *partire* (*1*); anche agg. ● (*raro, lett.*) Nei sign. del v.

partènte (2) **A** part. pres. di *partire* (*2*); anche agg. ● Che è in partenza. **B** s. m. e f. **1** Chi sta per partire: *numerosi partenti affollavano la stazione.* **2** Chi partecipa a una gara di corsa: *i partenti si allineano per il via.*

◆**partènza** [da *partire* (*2*); av. 1250] s. f. **1** Atto o momento del partire: *rimandare, anticipare la p.*; *la p. dei soldati per il fronte*; *una p. affrettata, dolorosa, allegra*; *tu vuoi ch'io senta / tutto il dolor d'una p. amara?* (METASTASIO) | ***Essere in p., di p.***, stare per partire | ***Punto di p.***, in cui ha inizio il moto di qlco. o di qlcu.; (*fig.*) origine, principio: *per orizzontarci dobbiamo tornare al punto di p.*; *il punto di p. della nostra ricerca.* **2** (*sport*) Inizio di una gara di corsa: *dare il segnale di p. agli atleti, alle vetture, ai cavalli* | Momento o modo di iniziare la gara: *allineamento per la p.*; *linea di p.* | ***Falsa p.***, irregolare, che deve essere ripetuta | Luogo da cui si parte. **3** Principio o ripresa della corsa di un veicolo: *la p. del treno, dell'autobus*; *segnale, ordine di p.* **4** Luogo da cui si parte | (*al pl.*) Nelle stazioni ferroviarie, autostazioni e aeroporti, elenco degli orari dei mezzi in partenza. **5** Primo fotogramma di un film.

parterre /fr. par'tɛ:r/ [vc. fr., comp. di *par* 'per' e *terre* 'terra'; 1623] s. m. inv. **1** Insieme delle aiuole ornamentali di un giardino all'italiana | Aiuola di giardino. **2** Nei teatri e nelle sale da concerto, settore della platea un tempo riservato a chi assisteva allo spettacolo in piedi | (*est.*) Platea | (*est.*) Insieme delle persone che assiste a uno spettacolo teatrale, cinematografico o musicale prendendo posto in platea | (*scherz.*) ***P. de rois***, pubblico di persone note e importanti.

†partévole [V. *partibile*] agg. ● Spartibile.

†partiàcqua s. m. ● Spartiacque.

partibile

†**partibile** [vc. dotta, lat. tardo *partibile(m)*, da *partīri* 'dividere'. V. *partire* (1); av. 1558] agg. ● Che si può spartire.

partibus, in ● V. *in partibus*.

◆**particèlla** [lat. parl. *particĕlla(m)*. V. *parcella*; 1306] s. f. 1 Dim. di *parte*. 2 (*ling.*) Morfema grammaticale non autonomo, che forma con un morfema lessicale un'unità accentuativa e parola. 3 (*fis.*) *P. elementare*, ogni costituente non divisibile della materia. 4 (*dir.*) *P. catastale*, nel catasto rurale, unità catastale costituita da una porzione continua di terreno appartenente allo stesso proprietario, situato in un solo comune e avente la medesima coltura, qualità e classe; nel catasto edilizio urbano, unità catastale di un centro abitato, costituita da uno o più appartamenti, appartenente a un unico proprietario e debitamente classificata nelle varie categorie ai fini della tassazione.

particellàre [1791] agg. 1 (*dir.*) Costituito da particelle catastali: *mappa p.* 2 (*fis.*) Costituito da particelle.

particina [da *parte* col suff. *-ina* ampliato in *-icina*; 1871] s. f. 1 Dim. di *parte*. 2 Ruolo di scarsa rilevanza in uno spettacolo: *recitare una p. in uno sceneggiato*.

†**participàre** e deriv. ● V. *partecipare* e deriv.
participiàle [vc. dotta, lat. tardo *participiāle(m)*, da *participium* 'participio'; 1561] agg. ● (*ling.*) Che si riferisce al participio.

participio [vc. dotta, lat. *particĭpiu(m)* (calco sul gr. *metochikós*), propr. 'che partecipa (delle caratteristiche del nome e di quelle del verbo)', da *participāre* 'partecipare'; sec. XIV] s. m. ● Modo infinitivo che esprime l'idea verbale in funzione di attributo di un nome: *p. presente* (ad es. *avente, dormiente*), *p. passato* (ad es. *finito, scisso*).

particola [vc. dotta, lat. *particŭla(m)* 'particella'. V. *parcella*; av. 1292] s. f. 1 †Particella. 2 (*relig.*) Frammento dell'ostia nella celebrazione della messa | Piccola ostia per la comunione dei fedeli.

◆**particolare** o †**particulàre** [vc. dotta, lat. tardo *particulāre(m)*, da *particŭla* 'particella'. V. *parcella*; 1306] **A** agg. 1 Che si riferisce alle singole parti di un tutto, che è proprio di cosa o persona singola: *elementi particolari di un problema, di una questione*; *aspetto, interesse, colore, tono p.*; *ciò dipende dal suo p. modo di vedere le cose* | Rivolto o diretto a una sola cosa o persona: *lode p.*, *affetto p.* CFR. *idio-*. CONTR. Generale. 2 Che ha caratteristiche proprie, non comuni ad altre cose o persone, che si distingue o si differenzia dagli altri: *significato p.*; *è un caso p.*; *è in una p. condizione* | *Con p. riguardo a*, con speciale interesse o considerazione | *Nulla di p.*, di preciso, di rilevante | *In p.*, in particolar modo, particolarmente. 3 Che è fuori dal comune, dall'ordinario: *è dotato di p. ingegno*; *ha grazia e bellezza p.* SIN. Notevole, rilevante | *Amicizie particolari*, legami a sfondo omosessuale. 4 †Privato: *casa, abitazione, lettera p.* CONTR. Pubblico. || **particolarménte**, avv. Nei particolari; in modo particolare, speciale. **B** s. m. 1 Ciò che attiene alle singole parti di un tutto o a cosa o persona singola: *tu badi troppo al p.*; *curare il p. e trascurare il generale*. 2 Ogni elemento, anche minimo, che fa parte di un tutto: *conoscere, riferire i particolari di un avvenimento, di una notizia*; *è al corrente della questione nei suoi più minuti particolari*; *un p. insignificante, ridicolo, banale* | Singola parte: *riprodurre alcuni particolari di un dipinto, di un testo*. 3 †Privato cittadino. 4 †Interesse privato: *il grado che ho avuto con i vari pontefici m'ha necessitato ad amare per me il particulare mio la grandezza loro* (GUICCIARDINI).

particolareggiàre [comp. di *particolare* e *-eggiare*; av. 1571] v. tr. e intr. (*io particolaréggio*; aus. *avere*) ● Dare grande rilievo o importanza ai particolari, curare molto i dettagli di qlco.: *non p. tanto e vai al nocciolo della questione*; *p. un racconto, una descrizione*. SIN. Dettagliare. CONTR. Riassumere.

particolareggiàto [av. 1571] part. pass. di *particolareggiare*; anche agg. ● Dettagliato e minuzioso nei particolari: *un piano molto p.* || **particolareggiatamente**, avv.

particolarismo [comp. di *particolare* e *-ismo*; 1847] s. m. 1 Tendenza a favorire con parzialità determinate persone, enti o gruppi. SIN. Favoritismo. 2 Tendenza a curare esclusivamente i propri interessi personali | Tendenza alla rivendicazione esclusiva di interessi locali rispetto al potere centrale.

particolarista [comp. di *particolar(e)* e *-ista*; av. 1937] agg.; anche s. m. e f. (pl. m. *-i*) ● Che (o Chi) è esperto nello studio e nella riproduzione grafica di particolari, spec. nel disegno industriale.

particolaristico [1897] agg. (pl. m. *-ci*) ● Che dimostra particolarismo o che a esso è proprio: *atteggiamento p.*; *soluzione particolaristica*. || **particolaristicaménte**, avv.

particolarità [1342] s. f. 1 Caratteristica, condizione di ciò che è particolare: *ci ha stupito la p. della sua richiesta*; *data la p. del caso, faremo un'eccezione*. 2 Elemento, fatto o circostanza particolare: *descrivere, notare ogni p., la benché minima p.* 3 Specifica caratteristica: *ogni elemento chimico ha la sua p.* 4 †Parzialità.

particolarizzàre [comp. di *particolare* e *-izzare*; av. 1588] v. tr. 1 (*raro*) Particolareggiare. 2 (*filos.*) Riportare, applicare un principio universale a un caso particolare.

particolarizzazione [av. 1597] s. f. 1 (*raro*) Il particolarizzare. 2 (*filos.*) Applicazione di un principio universale a un caso particolare.

particolàto [da *particola* nel senso ant. di 'particella'; 1985] s. m. 1 (*scient.*) Complesso delle particelle di una sostanza, disperse in un mezzo omogeneo. 2 Parte delle emissioni di scarico, spec. di automezzi, costituita da particelle di residui carboniosi incombusti, ossidi metallici e sim., che, restando sospesi nell'atmosfera, causano inquinamento.

†**particulàre** ● V. *particolare*.

partigiàna [da *partigiano* nel sign. di 'appartenente ad una fazione armata', con passaggio semantico analogo a quello che troviamo in *carabina*; 1451] s. f. ● Antica arma in asta di media lunghezza, il cui ferro a lama di daga è fornito di due fili, con o senza uncini taglienti ai lati.

partigianeria [da *partigiano*; 1871] s. f. ● Faziosità, partigianeria: *peccare di p.*

partigianésco [1922] agg. (pl. m. *-schi*) ● (*spreg.*) Da partigiano, fazioso: *animo p.* || **partigianescaménte**, avv.

◆**partigiàno** [da *parte*, sul modello di *artigiano, cortigiano*; 1312] **A** agg. 1 Di parte: *spirito p.* | Che è pronto a favorire una parte, che manca di obiettività e imparzialità: *legge partigiana*; *giudice, giudizio p.* SIN. Fazioso. CONTR. Imparziale. 2 Dei partigiani: *lotte partigiane*; *guerra, azione partigiana*. || **partigianaménte**, avv. **B** s. m. (f. *-a*) 1 Fautore, seguace o difensore di una parte, di un partito: *i partigiani del riformismo*; *farsi p. dei poveri*. 2 Appartenente a formazione armata irregolare che svolge azioni di guerriglia nel territorio nazionale invaso dal nemico | Durante la seconda guerra mondiale, chi apparteneva ai movimenti di resistenza contro le forze nazifasciste: *organizzazione clandestina dei partigiani*; *la gente … vide passare i partigiani delle Langhe* (FENOGLIO). || **partigianello**, dim. | **partigianétto**, dim.

partiménto (1) [da *partire* (1); sec. XIII] s. m. 1 †Divisione in due o più parti | †(*est.*) Ogni parte risultante da una suddivisione. 2 †Separazione | (*est.*) Discordia. 3 (*mus.*) Nei secc. XVII e XVIII, libera improvvisazione su basso dato.

†**partiménto** (2) [da *partire* (2)] s. m. ● Partenza.

partire (1) [vc. dotta, lat. *partīri* 'dividere, separare', da *pars*, genit. *partis* 'parte'; 1186] **A** v. tr. (*io partisco*, lett. *pàrto*, tu *partisci*, lett. *pàrti*) 1 (*lett.*) Tagliare in varie parti, dividere in due o più parti: *il bel paese / ch'Appennin parte e 'l mar circonda e l'Alpe* (PETRARCA). 2 (*lett.*) Suddividere tra due o più persone | Spartire con qlcu.: *con te partisco l'acqua, il pane e il sale* (D'ANNUNZIO). 3 (*lett.*) Allontanare o separare persone o cose l'une dalle altre: *Macra, che per cammin corto / parte lo Genovese dal Toscano* (DANTE *Par.* IX, 89-90); *egli aveva l'anello assai caro, né mai da sé il partiva* (BOCCACCIO). 4 †Fondere i metalli. 5 (*fig.*) †Distinguere | †*P. la voce*, articolarla. **B** v. intr. pron. 1 (*lett.*) Separarsi. 2 (*lett.*) Allontanarsi, distaccarsi | *Partirsi dal mondo, di questa vita*, morire. 3 †Astenersi, cessare: *partirsi dal*

◆**partire** (2) [lat. *partīri* 'dividere, separare', da *pars*, genit. *partis* 'parte'. Il sign. di 'muovere per andar lontano' passa attraverso quello di 'divider(si)', quindi 'allontanarsi'; av. 1243] **v. intr.** (*io pàrto*; aus. *essere*) 1 Allontanarsi da o da qlcu., mettersi in viaggio o in cammino verso una determinata destinazione: *p. da casa*; *partì da noi con grande tristezza*; *p. per Roma, per le vacanze*; *p. in treno, a piedi, in nave*; *p. di sera, all'alba, nottetempo*; *da qui partono molti treni al giorno* | *P. soldato, militare*, andare sotto le armi | (*est.*) Andarsene: *ho deciso di p. domani*; *partiremo tra pochi giorni* | *P. per la tangente*, (*fig.*) perdere il filo del ragionamento; perdere il controllo di sé | *P. in quarta*, (*fig.*) iniziare con grande energia, affrontare con foga una discussione (detto di automobilista che raggiunge la massima velocità subito dopo la partenza; nella prima metà del Novecento quasi tutte le automobili avevano solo quattro marce). 2 (*fig.*) Avere inizio: *il muro e il bastione partono dalla torre grande* | (*fig.*) Trarre origine, prendere le mosse: *p. da un principio, da un'idea*; *sei partito da una premessa errata*; *tutti i guai sono partiti da ciò* | *A p. da*, cominciando a calcolare da, a decorrere da: *a p. da oggi smetterò di fumare*. 3 Prendere il via in una gara di corsa: *i corridori sono partiti velocissimi*. 4 (*fig., fam.*) Guastarsi, rompersi: *è partito il televisore* | (*fam.*) Saltare via: *è partito un bottone*. 5 (*fig., fam.*) Ubriacarsi, prendere una sbronza: *non fatelo bere, gli basta poco per p.*

◆**partita** (1) [da *partire* (1); 1260] s. f. 1 †Parte: *la maggior p. furono morti e tagliati* (VILLANI). 2 Elemento o sezione in cui si possono suddividere usci, finestre, coperchi di casse e sim.: *porta, finestra a due partite* | *P. davanti, di dietro del carro*, parte anteriore o posteriore. 3 Quantità di merce comprata o venduta in blocco: *una p. di grano, di caffè* | *In p.*, all'ingrosso. 4 (*ragion.*) Ogni registrazione scritta in un conto | *P. semplice*, quando le registrazioni vengono effettuate con la rilevazione di un solo aspetto di un fenomeno | *P. doppia*, metodo contabile fondato sul principio che ogni registrazione deve apparire a debito di un conto e a credito di un altro | *P. IVA*, la registrazione delle operazioni con l'indicazione dell'IVA da corrispondere; numero attribuito dal fisco ad ogni contribuente tenuto al versamento dell'IVA | Numero di registrazione: *p. catastale*; *p. tavolare* | *Saldare una p.*, (*fig.*) dare o ricevere ciò che si deve o si merita. 5 (*fig.*) Sfida, cimento, competizione: *una p. difficile, rischiosa* | *Abbandonare la p.*, rinunciare alla competizione | *Dare p. vinta a qlcu.*, cedere, ritirarsi | *P. d'onore*, duello. 6 Competizione fra due giocatori o due squadre: *una p. di ping-pong*; *una p. di calcio* | (*per anton.*) Partita di calcio: *andare alla p.* | *Non c'è p.*, (*fam.*) è troppo evidente la superiorità di una squadra, di un giocatore o (*est.*) di qlcu. o qlco.: *tra quei due ristoranti non c'è p.* 7 (*fig.*) Azione collettiva, spec. di svago o divertimento: *p. di caccia* | (*disus.*) *P. di piacere*, gita, scampagnata, escursione | *Essere della p.*, prender parte a un'iniziativa, un'attività e sim. 8 (*mus.*) Serie di variazioni | Composizione affine alla suite. 9 †Fazione, setta | Nel XVII e XVIII sec., corpo di soldati irregolari che guerreggiavano fuori dai ranghi dell'esercito operando scorrerie e sorprese sui fianchi e alle spalle del nemico | Corpo di soldati distaccato dal grosso di truppe in sosta, a guardia degli accampamenti. 10 †Divisa, livrea. || **partitàccia**, pegg. | **partitìna**, dim. (V.) | **partitòna**, accr. | **partitóne**, accr. m. (V.).

†**partita** (2) [da *partito*, part. pass. di *partire* (2); 1260] s. f. ● (*lett.*) Partenza: *lecito sia dianzi la mia p. / d'alcun tuo caro bacio io mi console* (TASSO) | *L'ultima p.*, (*fig.*) la morte.

partitànte [da *partito* (1); av. 1612] agg.; anche s. m. e f. ● (*spec. lett.*) Fautore di una parte, di un partito.

partitàrio [da *partita* (1) nel sign. 4] s. m. ● (*ragion.*) Prospetto in cui vengono registrati i movimenti dei rapporti coi vari debitori e creditori.

partitèlla s. f. 1 Dim. di *partita* (1). 2 (*sport*) Incontro di calcio o sim. di allenamento o svago.

partitico [1950] agg. (pl. m. *-ci*) ● Di, relativo a uno o più partiti. || **partiticaménte**, avv.

partitino [dim. di *partito* (1)] s. m. ● Partito politico di scarsa forza numerica, spesso non rappresentato in Parlamento.

partitismo [comp. di *partito* (1) e *-ismo*; 1934] s.

m. ● Tendenza a risolvere i problemi del Paese nell'ambito dei partiti.

partitissima [da *partita* (*1*) con il suff. *-issimo* dei superl.; 1964] **s. f.** ● Incontro, spec. di calcio, di grande attesa e importanza o di alto livello agonistico e tecnico.

partitivo [fr. *partitif*, dal lat. *partītus*, part. pass. di *partīri* 'dividere'. V. *partire* (*1*); 1499] **agg.** ● (*ling.*) Che esprime la parte di un tutto: *caso p.* | ***Genitivo p.***, quello che indica il tutto di cui si prende una parte | ***Articolo p.***, che ha il significato di 'un po' di' e in italiano assume le forme *del, dello, della, degli, dei, delle* (p. es. *passami del pane*).

partitizzazióne [1981] **s. f.** ● Indebita attribuzione ai partiti politici di poteri spettanti alle istituzioni rappresentative dello Stato: *p. di un Ministero.*

♦**partito** (**1**) [sec. XIII] **A part. pass.** di *partire* (*1*); anche **agg.** *1* (*lett.*) Diviso, suddiviso. *2* (*lett., fig.*) Discorde. *3* (*arald.*) Detto di scudo o figura divisi verticalmente in due parti uguali. || **partitaménte**, **avv.** *1* (*lett.*) Punto per punto; sistematicamente. *2* In modo particolareggiato. **B s. m.** *1* Organizzazione politica di più persone, caratterizzata da una sua propria ideologia e volta al raggiungimento di fini comuni per la conquista e l'esercizio del potere politico: *fondare un p.*; *iscriversi a un p.*; *p. di destra, di centro, di sinistra*; *p. di governo*; *p. di opposizione* | ***P. di massa***, che ha un largo seguito nel paese | ***P. unico***, nei regimi totalitari che non ammettono una pluralità di partiti | ***P. d'azione***, quello che nel Risorgimento faceva capo a G. Mazzini, oppure quello sorto nel 1942 e sciolto nel 1947, con un programma mirante a conciliare liberalismo e socialismo | (*est.*) Gruppo di persone che sostengono qlco.: *il p. dell'astensione*. *2* (*lett.*) Alternativa di scelta | †***Mandare, fare un p.***, proporre o imporre una scelta. *3* †Dubbio, rischio. *4* Decisione, determinazione, risoluzione: *un p. pericoloso* | ***Prendere un p.***, decidere, scegliere | ***Non sapere che p. prendere***, essere indeciso, dubbioso | ***Per p. preso***, per pregiudizio, per opinione preconcetta | ***Mettere il cervello, la testa a p.***, ravvedersi in base a sagge risoluzioni | †Votazione, deliberazione | †***Porre a p.***, mettere ai voti | †***Andare a p.***, mettersi ai voti | †***Ottenere, vincere il p.***, avere la maggioranza dei voti. *5* Offerta od occasione di matrimonio: *un buon p.*; *avere molti partiti* | (*est.*) Persona che costituisce un'ottima occasione di matrimonio, spec. per ricchezza: *ha sposato il miglior p. della città*; *hai rifiutato un simile p.?* *6* Condizione, stato: *ridursi, trovarsi a mal p.*; *un p. disperato*. *7* Mezzo, espediente, risorsa: *è il solo p. che ci resta*; *appigliarsi a un p.* | †***Avere buon p.***, disporre di una situazione favorevole | ***Trarre p. da qlco.***, trarne vantaggio o utilità, saperne approfittare | (*tosc.*) ***Dar p.***, lasciare qualche vantaggio all'avversario. *8* †Patto, contratto, negozio | †***Far p.***, proporre un patto | †***Femmina di p.***, donna venale o prostituta. || **partitàccio**, **pegg.** | **partitino**, **dim.** | **partitóne**, **accr.** | **partitùccio**, **partitùzzo**, **dim.**

partito (**2**) **part. pass.** di *partire* (*2*); anche **agg.** ● Nei sign. del v.

partitocràtico [1950] **agg.** (**pl. m.** *-ci*) ● Di partitocrazia, basato sulla partitocrazia. || **partitocraticaménte**, **avv.**

partitocrazìa [comp. di *partito* e *-crazia*; 1950] **s. f.** ● Governo dei partiti, predominio o strapotere del sistema dei partiti che si sostituiscono alle istituzioni rappresentative nella direzione della vita politica nazionale.

partitóna [1979] **s. f.** *1* Accr. di *partita* (*1*). *2* (*sport, pop.*) Partita molto importante | Partita ottimamente giocata: *il terzino ha fatto una p.*

partitóne **s. m.** *1* Accr. di *partito* (*1*). *2* Partitona.

partitóre (**1**) [vc. dotta, lat. tardo *partitōre(m)*, da *partīri* 'dividere'. V. *partire* (*1*)] **A s. m.** ● Opera idraulica consistente in un canale che ha lo scopo di suddividere la sua portata secondo un rapporto determinato. **B** anche **agg.**: *canale p.*

partitóre (**2**) [da *partire* (*1*); av. 1250] **A s. m.**; anche **agg.** (**f.** *-trice*) ● (*lett.*) Chi (o Che) divide, fa le parti e distribuisce. **B s. m.** *1* †Artigiano che separava i metalli dalle leghe durante la fusione. *2* (*tecnol.*) Apparecchio o impianto mediante il quale si può effettuare una ripartizione di grandezze fisiche, energia, materia e sim.

partitùra [da *partire* (*1*); 1659] **s. f.** *1* (*raro*) Spartizione | (*tosc.*) Divisione del grano fra padrone e contadino. *2* (*mus.*) Complesso di pentagrammi, posti l'uno sotto l'altro, su ciascuno dei quali è scritta la parte che una voce o strumento deve eseguire simultaneamente agli altri in un brano non solistico: *p. della sinfonia, di una messa* | ***Leggere in p.***, intendere un pezzo leggendolo, ed eseguirlo nei suoi tratti principali al piano.

partizióne [vc. dotta, lat. *partitiōne(m)*, da *partīri* 'dividere'. V. *partire* (*1*); 1337] **s. f.** *1* Suddivisione in due o più parti: *procedere alla p. del patrimonio tra gli eredi*; *p. di un trattato in capitoli e paragrafi.* **SIN.** Divisione, spartizione. *2* Parte, sezione: *le partizioni di un testo.*

partner /ˈpartner, *ingl.* ˈpʰɑːɹtnəɹ/ [vc. ingl., alterazione di *parcener*, dall'ant. fr. *parçonier*, dal lat. *pārs*, genit. *pārtis* 'parte, divisione'; 1862] **s. m.** e **f. inv.** *1* Chi fa coppia con altra persona nel teatro, nello sport, nella danza e in qualunque altra attività da svolgersi in coppia. *2* Ognuna delle due persone legate fra loro da un rapporto amoroso o sessuale. *3* Socio, alleato, interlocutore privilegiato, spec. nel campo economico e commerciale.

partnership /*ingl.* ˈpʰɑːɹtnəɹ,ʃɪp/ [vc. ingl., comp. di *partner* (V.) e *-ship* (V. *leadership*); 1953] **s. f. inv.** ● Accordo di natura politica, economica, militare e sim. esistente fra due o più nazioni, enti o imprese. **SIN.** Partenariato.

pàrto (**1**) [vc. dotta, lat. *pārtu(m)*, da *pārere* 'partorire', dalla stessa radice indeur. di *pārens*, genit. *pārentis* 'genitore'. V. *parente*; av. 1294] **s. m.** *1* (*fisiol.*) Espulsione spontanea o provocata del prodotto del concepimento dall'organismo materno al termine della gravidanza | ***P. eutocico***, che avviene in modo naturale e spontaneo | ***P. distocico***, che presenta difficoltà tali da richiedere l'intervento attivo dell'ostetrico | ***P. cesareo***, per via addominale, con intervento chirurgico | ***P. precoce***, che avviene fra il 265° e il 275° giorno di gravidanza | ***P. prematuro***, che avviene fra il 180° e il 265° giorno di gravidanza | ***P. serotino***, se tardivo oltre il 295° giorno di gravidanza | ***P. abortivo***, quando avviene prima del 180° giorno di gravidanza | ***P. precipitoso***, che avviene così rapidamente da rappresentare un rischio per la madre o il feto | ***P. pilotato***, in cui le contrazioni vengono accelerate mediante farmaci (oxitocina) nella fase del travaglio | ***P. indolore***, che elimina la sofferenza al momento del travaglio mediante varie tecniche | ***P. podalico***, in cui il feto si presenta nel canale del parto con i piedi | ***P. gemellare***, in cui si verifica la fuoriuscita di due o più feti. *2* Creatura partorita | (*poet.*) Figlio. *3* (*fig.*) Opera: *p. dell'ingegno*; *p. poetico* | ***P. della fantasia***, fandonia. *4* †Cova.

pàrto (**2**) [vc. dotta, lat. *Pārthu(m)* 'abitante della *Pārthia*', n. di una regione della Persia; av. 1375] **s. m.** (**f.** *-a*) ● Appartenente a un'antica popolazione di stirpe iranica stanziatasi nei pressi del mar Caspio | (*fig.*) ***Freccia del p.***, quella che i Parti usavano scagliare da cavallo, a tradimento, mentre erano in fuga, volgendosi indietro; (*fig.*) allusione offensiva, battuta insolente e sim., che giunge inaspettata e traditrice.

partóne [dall'ingl. *parton*, sul modello di *elettrone*; 1983] **s. m.** ● (*fis.*) Ciascuna delle particelle elementari puntiformi, identificabili con i quark, di cui si propone l'esistenza come costituenti dei nucleoni per interpretarne il comportamento nelle collisioni ad alta energia.

partoriènte [av. 1304] **A part. pres.** di *partorire*; anche **agg.** ● Nei sign. del v. **B s. f.** ● Donna che sta partorendo o che deve partorire.

partoriménto [sec. XIV] **s. m.** ● (*raro*) Il partorire.

♦**partorìre** o †**parturire** [vc. dotta, lat. *parturīre*, da *pārere* 'partorire'. V. *parto* (*1*); av. 1294] **v. tr.** (*io partorìsco, tu partorìsci*) *1* (*fisiol.*) Espellere in modo spontaneo o strumentale il feto e i suoi annessi, detto della donna gravida (*anche assol.*): *ha partorito un maschio, una femmina, due gemelli*; *stare per p.*; *ha appena partorito.* **CFR.** -paro | (*est.*) Figliare: *la cavalla ha partorito un puledro* | (*fig.*) ***La montagna ha partorito un topo***, di avvenimenti o situazioni che portano, contro ogni aspettativa, a risultati banali e meschini. *2* (*raro, lett.*) Produrre foglie e frutta, detto di pianta. *3* (*fig.*) Produrre con la mente, con l'ingegno (*spec. scherz.*): *ha partorito una nuova invenzione.* *4* (*fig.*) Cagionare, causare: *p. odio, danno, biasimo.*

†**partoritrice** **s. f.** ● Partoriente.

partouze /*fr.* paʀˈtuːz/ o **partouse** [vc. fr. (Parigi), da *partie* 'incontro' e dal suff. pop. *-ouze*; 1964] **s. f. inv.** ● Orgia, gioco erotico tra coppie basato sullo scambio dei partner.

part-time /parˈtaim, *ingl.* ˈpʰɑːɹt,taem/ [vc. ingl., propr. 'mezzo (*part*, cfr. *parte*) tempo (*time*, dall'anglosassone *tīma*)'; 1963] **A agg. inv.** e **avv.** ● Detto di lavoro svolto in orario ridotto rispetto al normale orario lavorativo: *lavoro, occupazione part-time*; *lavorare, occuparsi* (*a*) *part-time* | Detto di lavoratore che svolge tale tipo di lavoro: *segretaria part-time.* **B s. m. inv.** ● Il lavoro stesso: *scegliere, accettare il part-time.*

†**parturire** ● V. *partorire.*

†**parturizióne** [vc. dotta, lat. tardo *parturitiōne(m)*, da *parturīre* 'partorire'] **s. f.** ● Parto.

party /ˈparti, *ingl.* ˈpʰɑːɹtɪ/ [vc. ingl., dal fr. *partie* 'partita'; 1937] **s. m. inv.** (**pl.** ingl. *parties*) ● Trattenimento, ricevimento.

parure /*fr.* paˈʀyːʀ/ [vc. fr., da *parer* 'preparare'. V. *parare*; 1867] **s. f. inv.** *1* Completo di biancheria femminile | Insieme coordinato di lenzuola e federe: *p. da letto.* *2* Insieme di gioielli, orecchini, collana, bracciale e anello realizzati sullo stesso disegno.

parușìa [vc. dotta, gr. *parousía* 'presenza', da *parṓn* 'presente', da *paréinai* 'essere presente', comp. di *para-* 'para-' ed *éinai* 'essere' (V. *onto-*); 1923] **s. f.** *1* (*relig.*) Ritorno del Cristo sulla terra, atteso dai fedeli, soprattutto nei primi secoli cristiani, come prossimo, secondo la promessa degli Evangeli. *2* Nella filosofia di Platone, principio in base al quale le idee sono presenti nelle cose sensibili.

†**parùta** [da †*paruto*; 1319] **s. f.** ● Apparenza, sembianza, aspetto | ***Far p.***, fingere | ***In umile p.***, in apparenza dimessa.

†**parùto** [sec. XIII] **part. pass.** di *parere*; anche **agg.** ● Nei sign. del v.

parvènte [sec. XIII] **A part. pres.** di *parere*; anche **agg.** ● (*raro, lett.*) Visibile | Chiaro, evidente. **B s. m.** *1* †Avviso, parere. *2* (*lett.*) †Aspetto.

parvenu /*fr.* paʀvəˈny/ [vc. fr., part. pass. di *parvenir* 'pervenire'; 1820] **s. m. inv.** (**f.** fr. *parvenue*) ● Persona di non elevato grado sociale, arricchitasi rapidamente, che mostra atteggiamenti propri dello stato raggiunto, ma conservando mentalità della primitiva condizione.

parvènza [da *parvente*; 1300 ca.] **s. f.** *1* (*lett.*) Apparenza: *tante parvenze / che s'ammirano al mondo* (SABA). *2* (*fig.*) Presenza minima, accenno, traccia: *non c'è p. di giustizia nelle sue decisioni*; *una p. di bontà maschera il suo egoismo.* *3* (*raro*) Mostra: *per p.*; *fare p.*

†**parvificàre** [comp. di †*parvo* e *-ficare*; 1308] **v. tr.** ● Sminuire, svilire.

†**pàrvo** [vc. dotta, lat. *pārvu(m)*, di orig. indeur., dalla stessa radice di *pāucus* 'poco' e *pāuper* 'povero'] **agg.** ● (*lett.*) Piccolo: *non mi sarian chiuse / le tue cogitazion, quantunque parve* (DANTE *Purg.* XV, 128-129).

†**pàrvolo** e *deriv.* ● V. *pargolo* e *deriv.*

parziàle [vc. dotta, lat. tardo *partiāle(m)*, da *pārs*, genit. *pārtis* 'parte'; av. 1363] **agg.** *1* Che riguarda solo una o più parti, elementi, settori: *esame p. della situazione*; *eclisse p.*; *risultati parziali.* **CONTR.** Totale. **CFR.** mero-, semi- | ***Successo p.***, limitato | ***Elezioni parziali***, concernenti un numero limitato di candidati e di circoscrizioni | ***Sentenza p.***, sentenza interlocutoria. *2* (*est.*) Che propende per una determinata parte, che tende a favorire una o più determinate persone rispetto alle altre, mancando così di obiettività: *giudice, esaminatore p.*; *sentenza ingiusta e p.*; *voi siete purtroppo p. a queste donne* (CASTIGLIONE). **CONTR.** Imparziale. || **parzialménte**, **avv.** *1* In parte: *provvedere solo parzialmente a qlco.* *2* Con parzialità: *giudicare parzialmente.*

†**parzialeggiàre** [av. 1675] **v. intr.** ● Mostrare parzialità.

parzialità [av. 1406] **s. f.** *1* Carattere di chi (o di ciò che) è parziale | Tendenza a favorire una parte, spec. in gare, contese e sim.: *peccare di p.*; *è stato accusato di p.* **CONTR.** Equità, imparzialità. *2* Azione o comportamento che favorisce una parte, favore accordato in particolare a qlcu. in confronto di altri: *una ingiusta p.*; *la p. dei giudici* *sportivi ha falsato l'esito della gara.* *3* †Fazione: *nelle p. sanguinosissime che ebbe Italia de' ghibellini e de' guelfi* (GUICCIARDINI).

parzializzàbile [1970] agg. ● Che si può parzializzare.

parzializzàre [comp. di *parziale* e *-izzare*; av. 1644] **A** v. tr. *1* Dividere in due o più parti. *2* (*tecnol.*) Sottoporre a parzializzazione: *p. una turbina a vapore; p. la sezione di una trave.* **B** v. intr. pron. ● (*tecnol.*) Subire la parzializzazione: *la sezione della trave si parzializza.*

parzializzàto agg. ● Che è stato sottoposto a, che ha subìto parzializzazione: *turbina a vapore parzializzata; sezione parzializzata di una trave.*

parzializzatóre [1963] s. m. ● (*tecnol.*) Dispositivo destinato a variare la portata di un fluido variando la sezione del condotto percorso dal fluido stesso | L'insieme degli organi destinati a effettuare la parzializzazione di una turbomacchina.

parzializzazióne [1958] s. f. *1* Il parzializzare. *2* (*tecnol.*) Operazione con cui si varia la portata di un fluido variando la sezione del condotto percorso dal fluido stesso | Operazione con cui si riduce il numero dei condotti che inviano il fluido motore alla girante di una turbomacchina allo scopo di variarne la potenza: *regolazione per p.* | (*est.*) Operazione con cui si introduce il fluido motore in una macchina motrice alternativa durante una parte variabile della corsa. *3* (*edil.*) *P. della sezione*, ipotesi che la sezione resistente di un elemento strutturale, gener. di calcestruzzo armato, sia costituita dalla parte compressa, potendosi trascurare la resistenza a trazione.

parziarietà [1958] s. f. ● (*dir.*) Condizione di ciò che è parziario.

parziàrio [fr. *partiaire*, dal lat. tardo *partiāriu(m)*, da *pārs*, genit. *pārtis* 'parte'; av. 1609] agg. ● (*dir.*) Detto di obbligazione con più soggetti, ciascuno dei quali può chiedere o rispettivamente eseguire solo la propria quota di prestazione.

†**parzionàle** [da †*parzoniere*; sec. XIV] s. m. ● Mezzadro.

parzionària [deriv. del lat. *pārs*, genit. *pārtis* 'parte'; 1958] s. f. ● (*dir.*) Nel mondo medievale, contratto a termine con cui un proprietario concedeva a un coltivatore terreni sterili da ridurre a coltura promettendogliene una metà in proprietà.

†**parzonière** [ant. fr. *parçonier*. V. *partner*] agg. ● Partigiano, fautore.

pascal /pa'skal, *fr.* pas'kal/ [dal n. del filosofo e scienziato fr. B. *Pascal* (1623-1662); 1959] s. m. inv. (*Pascal* nel sign. 2) *1* (*fis.*) Unità di misura di pressione del Sistema Internazionale, uguale alla pressione esercitata dalla forza di 1 newton agente perpendicolarmente su una superficie di 1 m^2. SIMB. Pa. *2* (*elab.*) Linguaggio per la programmazione dei calcolatori elettronici, adatto alla programmazione strutturata, utilizzato spec. nella didattica della programmazione.

pascàle ● V. *pasquale*.

pascaliàno [1905] agg. ● Di, relativo a B. Pascal, filosofo e scienziato francese.

pascènte part. pres. di *pascere*; anche agg. ● (*lett.*) Che pascola.

pàscere [vc. dotta, lat. *pāscere*, di orig. indeur. Cfr. †*pabulo*; av. 1250] **A** v. tr. (pres. *io pàsco, tu pàsci*; pass. rem. *io pascètti* (o *-étti*) o *pascéi, tu pascésti*; part. pass. *pasciùto*) *1* Mangiare, detto di animali erbivori: *p. l'erba, la biada.* *2* Condurre al pascolo, alla pastura: *p. gli armenti, il gregge sui monti, nei prati* | (*est., raro*) Nutrire, riferito a esseri umani. *3* (*fig.*) Alimentare: *p. la mente con la lettura, di nuove conoscenze* | (*est.*) Saziare, appagare: *p. l'animo, la vista.* **B** v. intr. (aus. *avere* nel sign. 1, *essere* nel sign. 2) *1* Pascolare: *le greggi pascevano nei campi; portare le pecore a p.* *2* (*lett.*) Nutrirsi: *l'Arpie, pascendo poi de le sue foglie, / fanno dolore, e al dolor fenestra* (DANTE *Inf.* XIII, 101-102). **C** v. rifl. *1* Prendere alimento, nutrimento: *pascersi di ghiande, di cibi raffinati; qualsivoglia bestia che si pasca sul dorso della terra* (BRUNO). *2* (*fig.*) Nutrirsi: *pascersi di illusioni, di speranze* | ***Pascersi d'aria***, di illusioni e apparenze vane | ***Pascersi di vento***, di chiacchiere inutili | (*fig.*) Appagarsi, dilettarsi: *i suoi occhi si pascevano di tale meraviglioso spettacolo: si imprimono nella memoria i giri di frase e le parole solenni, se ne pascono e le ricordano* (GRAMSCI).

pascià o †**bascià**, †**bassà** [turco *pašà*; av. 1470] s. m. ● Titolo degli alti dignitari dell'Impero ottomano, che veniva posposto al nome proprio | ***Fare il p.***, (*fig.*) godersela | ***Stare come un p.***, (*fig.*) immerso nel lusso, nella comodità.

pascialàto [1853] s. m. ● Carica e dignità di pascià | La durata di tale carica.

†**pascibiètola** [comp. di *pascere* (nel senso di 'mangiare') e *bietola*; 1354] s. m. e f. inv.; anche agg. inv. ● Detto di persona sciocca e stupida.

†**pasciménto** [1869] s. m. *1* Il pascere. *2* Ciò che pasce, che serve di alimento.

pascióna [lat. *pastiōne(m)*, da *pāscere* 'pascere'; sec. XV] s. f. *1* (*raro*) Abbondante produzione di prodotti agricoli destinati a nutrire animali o uomini | (*est.*) Abbondanza di viveri o di guadagni | ***Stare alla p.***, vivere nell'agio, nella ricchezza | (*gener.*) Abbondanza: *rimpiangere il tempo della p.* *2* (*tosc.*) Foraggio, erba | Pascolo abbondante.

†**pascitóre** [av. 1729] agg.; anche s. m. (f. *-trice*) ● Che (o Chi) pasce (*anche fig.*).

pasciulì [1905] s. m. ● Adattamento di *patchouli* (V.).

pasciùto [av. 1306] part. pass. di *pascere*; anche agg. *1* Nutrito con abbondanza. *2* ***Ben p.***, grasso, rubicondo.

†**pàsco** [lat. *pāscuu(m)*, da *pāscere* 'pascere'; 1313] s. m. (pl. *-schi*) ● (*lett.*) Pascolo (*anche fig.*).

♦**pascolàre** [da *pascolo*; av. 1411] **A** v. tr. (*io pàscolo*) ● Guidare al pascolo gli animali erbivori domestici, sorvegliandoli mentre si nutrono: *p. i buoi, le pecore.* **B** v. intr. (aus. *avere*) *1* Brucare o cibarsi nei pascoli, riferito agli animali: *un folto gregge pascolava ai limiti del bosco.* *2* (*raro, fig.*) Trovare un ambiente adatto: *quello, nella corruzione ci pascola.*

pascolatìvo [1891] agg. ● Detto di terreno da pascolo.

pascoliàno [av. 1915] agg. ● Che concerne il poeta G. Pascoli (1855-1912): *stile, verso p.*

pascolìsmo [av. 1926] s. m. ● Imitazione di modi ed espressioni proprie del poeta G. Pascoli.

pascolìvo [av. 1788] agg. ● (*raro*) Pascolativo.

pàscolo [lat. *pāscuu(m)*, da *pāscere* 'pascere'; sec. XIV] s. m. *1* Distesa erbosa su cui pasturano gli animali: *p. montano, alpino; i verdi pascoli* | (*est.*) Erba di pastura: *p. grasso.* ➡ ILL. p. 2113 AGRICOLTURA. *2* Attività del pascolare: *mandare, condurre i buoi al p.; servitù di p.* *3* (*fig.*) Alimento o nutrimento spirituale: *trovare gradito p. nella lettura* | (*raro, fig.*) ***Dare in p.***, porgere materia di maldicenza.

†**pascóre** [av. 1237] s. m. ● (*lett.*) Primavera: *nella … primavera / tì vidi, al novel tempo del p.* (D'ANNUNZIO).

pasdaràn [persiano *pāsdārān*, pl. di *pāsdār* 'custode, guardiano (della rivoluzione)', da *pās* 'vigilanza'; 1979] s. m. inv. *1* (*spec. al pl.*) Componente di uno speciale corpo paramilitare iraniano creato dal regime khomeinista a protezione delle istituzioni islamiche e impiegato anche in azioni di guerriglia contro obiettivi stranieri. *2* (*fig.*) Persona che agisce con intransigente fanatismo.

pashmina /*persiano* paʃ'mina/ [dal pers. *pashmīn* 'di lana (*pashm*)'; 1997] s. f. inv. ● Tipo di lana pregiata ottenuta da capre domestiche himalayane | Scialle realizzato con tale tessuto.

pasigrafìa [fr. *pasigraphie*, comp. del gr. *pasi-*, da *pâs*, genit. *pantós* 'tutto' (V. *panto-*) e del fr. *-graphie* '-grafia'; 1823] s. f. ● (*ling.*) Lingua artificiale di carattere universale consistente in un codice numerico scritto, da cui sia possibile trarre delle corrispondenze con le parole di una data lingua.

pasilalìa [fr. *pasilalie*, comp. del gr. *pasi-* (V. *pasigrafia*) e del fr. *-lalie* '-lalia'; 1835] s. f. ● (*ling.*) Pasigrafia in cui i segni scritti convenzionalmente corrispondono a lettere e sono quindi pronunciabili.

pasionària [vc. sp. (da *pasión* 'passione'), epiteto della rivoluzionaria sp. Dolores Gómez Ibárruri (1895-1989); 1985] s. f. *1* Donna che propugna appassionatamente idee rivoluzionarie. *2* (*fig.*) Donna che difende tenacemente le proprie idee e i valori in cui crede.

†**pàsmo** [ant. fr. *pasme*, dissimilazione di *spasme* 'spasmo'; av. 1306] s. m. *1* Spasimo. *2* Svenimento, deliquio.

paso doble /'pa(s)so 'dɔble, *sp.* 'paso 'ðoβle/ [vc. sp., propr. 'passo doppio'; 1942] loc. sost. m. inv. ● Danza spagnola a coppie, vivace, nata all'inizio del Novecento e parzialmente simile alla passacaglia.

pasoliniàno agg. ● Che si riferisce allo scrittore e regista P. P. Pasolini (1922-1975), al suo stile e alle sue opere: *poetica, filmografia pasoliniana.*

♦**Pàsqua** [lat. crist. *Pāscha*, dal gr. *páscha*, dall'ebr. *pésah* 'passaggio' (la Pasqua ebraica era stata istituita per commemorare l'uscita degli ebrei dall'Egitto). La vc. dovette poi essere accostata al lat. *pāscua* 'pascoli'; 1246] s. f. *1* Nell'ebraismo, festa che commemora la liberazione dalla schiavitù d'Egitto. SIN. Pesach | Nel cristianesimo, solennità della resurrezione di Cristo. *2* Festa liturgica cattolica e di altre confessioni cristiane, che cade nella domenica seguente al primo plenilunio dopo l'equinozio di primavera (cioè il 21 marzo): *P. di Resurrezione* | (*pop.*) ***P. epifania***, la festa dell'Epifania | (*pop.*) ***P. fiorita***, Domenica delle Palme | (*pop.*) ***P. delle rose, rosa, rosata***, Pentecoste | ***P. alta***, che è in ritardo rispetto al tempo in cui ricorre normalmente | ***P. bassa***, che è in anticipo rispetto al tempo in cui ricorre normalmente | ***Augurare la buona P.***, porgere auguri nel giorno di Pasqua. *3* (con l'iniziale minuscola; *raro*) Festa: *far p.* | ***Essere contento come una p.***, contentissimo | ***Dare, augurare la mala p.***, guastare una festa, arrecare dolore e sim. | ***A te la mala p.!***, (*pop., merid.*) imprecazione d'ira e sim. || **pasquétta**, dim. (V.).

♦**pasquàle** o †**pascàle** [lat. tardo *paschāle(m)*, da *Pāscha* 'Pasqua', rifatto su *Pasqua*; sec. XIV] agg. ● Di Pasqua, della Pasqua: *agnello p.; vacanze pasquali* | ***Precetto p.***, della comunione a Pasqua.

pasqualina [da *pasquale*; av. 1917] s. f. ● (*cuc.*) Tipica torta salata della cucina genovese, un tempo preparata per Pasqua, costituita da un particolare tipo di sfoglia con ripieno di bietole e altre verdure, uova e formaggio.

†**pasquàre** [da *pasqua*; av. 1306] v. intr. ● Celebrare la Pasqua.

pasquétta [1911] s. f. *1* Dim. di *pasqua*. *2* (*pop.*) Il primo lunedì dopo la Pasqua | (*region.*) L'Epifania | (*region.*) La Pentecoste. *3* (*est.*) Gita che si usa fare il primo lunedì dopo la Pasqua.

pasquinàta [da *Pasquino*; av. 1535] s. f. *1* Satira, spec. a contenuto politico, che si affiggeva a Roma fra i secc. XVI e XIX alla statua chiamata Pasquino. *2* (*est.*) Satira breve, arguta o ingiuriosa, spec. di contenuto politico.

†**pasquìno** [etim. discussa: dal nome di qualcuno che abitava o aveva bottega presso l'omonima statua ove si affiggevano le satire (?); 1542] s. m. ● Pasquinata.

pass /pas, *ingl.* pæs/ [vc. ingl., 'permesso (di passare)'; 1985] s. m. inv. (pl. ingl. *passes*) ● Permesso, costituito generalmente da un tesserino con fotografia, che deve essere esibito per circolare liberamente in aree, ambienti o strutture che ammettono solo persone autorizzate. CFR. Passi, lasciapassare.

pàssa [imperat. di *passare* nel sign. A I 8; 1586] vc. ● Nella loc. avv. ***e p.*** (preceduta da un numerale), e oltre, e più: *avrà trent'anni e p.*

passàbile [fr. *passable*, da *passer* 'passare'; 1674] agg. ● Accettabile, discreto: *grado p. di educazione; libro, racconto, film p.* || **passabilménte**, avv. In modo tollerabile; discretamente; piuttosto bene.

passacàglia [sp. *pasacalle*, comp. di *pasar* 'passare' e *calle* 'strada' (V. *calle*), perché in orig. la si ballava passando per le strade; 1620] s. f. ● Danza di origine spagnola, poi stilizzata e divenuta dal sec. XVI una forma di variazione strumentale, in ritmo ternario, nella musica colta.

passacàrte [comp. di *passa(re)* e il pl. di *carta*; av. 1883] s. m. e f. inv. ● (*spreg.*) Impiegato, burocrate e sim., considerati nell'aspetto meramente esecutivo del loro lavoro.

passacàvo [comp. di *passa(re)* e *cavo*; 1937] s. m. ● (*mar.*) Pezzo di metallo sagomato e fissato sulla coperta delle imbarcazioni da diporto, destinato ad accogliere i cavi d'ormeggio o di rimorchio.

passacrassàna [dal fr. *passe-crassane*, comp. di *passe-* 'che oltrepassa' e da una probabile alterazione di *Crazannes*, piccola località della Francia; 1978] s. f. ● (*agr.*) Varietà di pero a maturazione invernale | Il frutto di tale varietà, grosso e irregolare, con buccia giallo-rugginosa e polpa molto succosa.

passadièci [comp. di *passa(re)* e *dieci*: detto così perché chi tiene il banco getta i dadi e vince se supera il numero dieci; 1483] s. m. inv. ● Antico gioco a dadi.

†**passadóndolo** [comp. di *passa(re)* e *dondolare*; av. 1587] s. m. ● Gingillo, ninnolo.

passafièno [comp. di *passa(re)* e *fieno*; 1958] s. m. inv. ● Botola tra il fienile e la sottostante stalla.

passafili [comp. di *passa(re)* e il pl. di *filo*; 1983] s. m. inv. ● Strumento usato in chirurgia per infilare il filo negli aghi per sutura. ➡ ILL. **medicina e chirurgia.**

passafilm [comp. di *passa(re)* e *film*; 1964] **A** s. m. e f. inv. ● Addetto alla verifica della copia del film montato | Nel noleggio cinematografico, addetto alla verifica delle copie dei film che passano in proiezione nelle sale cinematografiche o ne rientrano. **B** agg. inv. ● Detto di apparecchiatura che consente lo svolgimento della pellicola da una bobina all'altra permettendone l'ispezione: *tavolo p.*

passafina [1970] s. f. ● Passafino.

passafino [comp. di *passa(re)* e *fino*; 1958] s. m. ● Nastro sottile e leggero di cotone con cui si rinforzano orli e cuciture. SIN. Passafina, passamano.

passafuòri [comp. di *passa(re)* e *fuori*; 1958] s. m. inv. ● (*edil.*) Travetto, fissato a un puntone, che si protende oltre il filo del muro a sorreggere la gronda.

passagàllo o †**passagàglio** [V. *passacaglia*; av. 1722] s. m. *1* †Passacaglia. *2* (*est., lett.*) Accompagnamento di chitarre o di voci a serenate, canti di strada, di osteria e sim.

†**passaggère** o †**passaggière** [ant. fr. *passagier*, da *passage* 'passaggio'] s. m. *1* Gabelliere. *2* Passeggero.

♦**passàggio** [ant. fr. *passage*, da *passer* 'passare'; av. 1257] s. m. *1* Transito attraverso un luogo, trasferimento da un luogo a un altro: *il p. dei turisti in, per la città*; *assistere, fare ala al p. di un corteo*; *scoprirsi al p. della bandiera, di un feretro*; *guardo / il p. quieto / delle nuvole sulla luna* (UNGARETTI) | ***Il p. di uno stretto, di un valico*** e sim., transito attraverso di essi | ***Il p. di una strada***, il suo attraversamento | Con riferimento alle persone, agli animali e ai veicoli che passano per, o attraverso, un dato luogo: *nella zona c'è un notevole p. di colombacci*; *un intenso p. di automobili.* *2* Nella loc. avv. e agg. ***di p.***, senza soffermarsi, di sfuggita: *ho visto la città solo di p.*; *mi ha detto due parole così, di p.*; (*est.*) di luogo attraverso cui si è soliti soltanto passare: *stanza, locale di p.*; (*est.*) detto di chi si ferma in un luogo solo per poco tempo: *turista, clienti, gente di p.* *3* Luogo per cui si passa, apertura o varco che consente di passare: *un p. stretto, largo, facile, comodo*; *aspettare qlcu. al p.*; *chiudere, impedire, controllare ogni p.* CFR. poro-, -poro | ***P. pedonale***, parte della strada separata dalla carreggiata mediante una striscia bianca continua o un'apposita protezione e destinata al transito dei pedoni | ***P. a livello***, intersezione della ferrovia con una strada allo stesso livello | ***P. obbligato***, attraverso il quale si deve per forza transitare; (*fig.*) situazione che non si può evitare: *il p. obbligato in una trattativa.* ➡ ILL. p. 2168 TRASPORTI. *4* Traversata in nave, viaggio marittimo, di persone o cose e relativo prezzo, dazio e sim.: *un lungo p.*; *il p. è piuttosto caro* | †Traversata dei crociati in Terra Santa | (*est.*) †Esercito di crociati. *5* Ospitalità offerta su di un veicolo, per un determinato tragitto: *dare, chiedere, offrire un p.* *6* (*fig.*) Cambiamento, mutamento da una condizione a un'altra: *il p. dal caldo al freddo, dal giorno alla notte, dalla primavera all'estate*; *punto, momento, fase di p.* *7* (*fig.*) Brano o passo di un testo, di un autore e sim.: *notare i passaggi più belli del romanzo.* *8* (*mus.*) Episodio nel corso di una composizione. SIN. Passo | Modulazione | Nel sec. XVI, insieme di ornamenti improvvisati durante l'esecuzione | Nella forma sonata, transizione tra primo e secondo tema | Brano affidato a un gruppo di strumentisti: *p. di violini* | Speciale tipo di tecnica strumentale: *p. di scale, di arpeggi* | Nella tecnica vocale, transizione delle note di due registri adiacenti. *9* (*astron.*) Transito. *10* Nel calcio, nel basket e sim., invio del pallone a un compagno di squadra: *p. di piede, di testa*; *p. lungo, corto.* *11* Nel linguaggio alpinistico, ciascuno dei tratti di una via di scalata | Ciascuna delle azioni elementari di arrampicata di cui è composta un'ascensione. *12* †Tassa di entrata in società, circolo e sim. ‖ **passaggètto**, dim.

passamanerìa [fr. *passementerie*, da *passement* 'passamano'; 1839] s. f. *1* Complesso dei vari passamani. *2* Fabbrica o negozio di passamani.

passamàno (1) [comp. di *passa(re)* e *mano*; 1889] s. m. *1* Passaggio di cose per le mani di più persone disposte come a catena: *scaricare le pietre col sistema del p.* *2* (*sett.*) Corrimano.

passamàno (2) [fr. *passement*, da *passer* 'passare', per i fili che *passano*, cioè 'si intrecciano'; 1516] s. m. ● Pizzo, merletto, spighetta, nastro, cordone, treccia per guarnizione di abiti, tappezzerie, tendaggi e sim. SIN. Passafino.

†**passamantería** o †**passamentería** s. f. ● Passamaneria.

†**passaménto** [1305] s. m. *1* Passaggio | (*eufem.*) Morte, trapasso. *2* (*raro*) Superiorità.

passamèzzo o **passemèzzo** [da *passo* e *mezzo* (2), con accostamento a *passare*; 1561] s. m. (pl. inv. o -*i*) ● Antica danza in misura binaria e movimento moderato.

passamontàgna [calco sul fr. *passemontagne*; detto così perché usato in *montagna*; av. 1885] s. m. inv. ● Berretto in maglia di lana, con alto risvolto che, abbassato, protegge il volto lasciando solo una fessura per gli occhi, usato spec. dagli alpinisti.

passanàstro [comp. di *passa(re)* e *nastro*; 1958] s. m. (pl. inv. o -*i*) *1* Tramezzo di ricamo o pizzo con occhielli in cui si passa il nastro per guarnizione. *2* Infilanastri.

pàssa non pàssa [da *passare*] loc. sost. m. inv. ● (*mecc.*) Calibro differenziale (o a doppia tolleranza) per controllare che le dimensioni dei pezzi prodotti siano comprese entro i limiti di tolleranza prefissati.

♦**passànte** [av. 1320] **A** part. pres. di *passare*; anche agg. *1* Nei sign. del v. | ***Selezione p.***, V. *selezione*, *sign. 6.* *2* ***Colpo p.***, nel tennis, quello che manda la palla verso il fondo del campo facendola passare sulla destra o sulla sinistra dell'avversario sceso a rete per un attacco. *3* (*ferr.*) ***Stazione p.***, di transito. *4* (*arald.*) Detto dei quadrupedi raffigurati in atto di camminare. *5* (*enol.*) Detto di vino non ruvido, flessibile, che non urta il palato. **B** s. m. e f. ● Persona che passa, che cammina per la strada: *richiamare l'attenzione dei passanti*; *un p. solitario.* **C** s. m. *1* Sottile striscia di tessuto o di cuoio sotto la quale passa una cinghia o una cintura. *2* Anello in cuoio o in metallo situato dopo la fibbia, per sostenere la cinghia. *3* Collegamento stradale rapido che attraversa una determinata zona | ***P. ferroviario***, collegamento sotterraneo tra stazioni ferroviarie in una grande città. *4* Nel tennis, colpo passante.

passapàlle [comp. di *passa(re)* e il pl. di *palla*; 1889] s. m. inv. ● Tavola o piastra metallica forata che anticamente serviva per misurare o verificare il calibro delle palle da cannone.

passaparòla [comp. di *passa(re)* e *parola*; 1614] s. m. *1* Ripetizione rapida e sottovoce di un ordine da un capo all'altro di una fila di soldati, ciascuno dei quali lo ripete al vicino successivo. *2* (*est.*) Gioco di società che consiste nel sussurrare velocemente una parola o una frase da una persona all'altra e nel confrontare, alla fine, la parola o la frase di partenza con quella finale. *3* (*est.*) Trasmissione di un'informazione o di un messaggio da una persona all'altra: *la pubblicità più efficace è il p.* CFR. Tamtam.

passapatàte [comp. di *passa(re)* e il pl. di *patata*; 1958] s. m. inv. ● Schiacciapatate.

passapiède [calco sul fr. *passe-pied*; 1871] s. m. ● Antica danza vivace in misura ternaria.

♦**passapòrto** [comp. di *passa(re)* e *porto* ('luogo di passaggio'); 1578] s. m. ● Documento personale che conferisce al cittadino la facoltà di uscire dal territorio nazionale per entrare in uno o più altri Stati: *p. valido, scaduto*; *rinnovare il p.*; *chiedere, concedere il p.* | ***Richiesta, consegna del p. diplomatico***, atto di estinzione della missione diplomatica di un dato agente o delle relazioni diplomatiche tra due Stati | (*fig.*) Ciò che consente di raggiungere uno scopo: *la conoscenza e la pratica dei mezzi informatici sono un p. nel mondo del lavoro.*

♦**passàre** [lat. parl. **passāre*, da *pāssus* 'passo'; av. 1250] **A** v. intr. (aus. *essere*) **I** Muoversi attraverso uno spazio (gener. senza indicazione della provenienza e della destinazione). *1* Transitare, spec. senza fermarsi: *p. per la strada, attraverso i campi*; *l'aria passa per i bronchi*; *p. adagio, di corsa, a piedi, in macchina*; *è appena passato*; *l'ho visto p. or ora*; *non passa un cane, non passa anima viva*; *di qui, di là non si passa* | ***P. inosservato***, non farsi notare o non essere notato (*spec. fig.*): *l'errore passò inosservato* | ***P. prima di qlcu.***, precederlo | ***P. al largo***, piuttosto lontano (*anche fig.*) | ***P. davanti, avanti a qlcu.***, sorpassarlo mentre cammina; (*fig.*) ottenere risultati migliori di lui negli studi, nel lavoro e sim. | ***P. sopra qlco.***, (*fig.*) lasciar correre, considerare con indulgenza: *è una piccola svista e possiamo passarci sopra* | ***P. sul corpo, sul cadavere di qlcu.***, (*fig.*) superarne ogni resistenza, ogni opposizione, anche con mezzi violenti | ***Ne è passata di acqua sotto i ponti!***, (*fig.*) molte cose sono accadute, molto è cambiato da allora | ***P. oltre, p. via***, andare avanti senza fermarsi (*anche fig.*) | (*fam.*) ***Passa via, passa là***, escl. per allontanare o scacciare un animale. *2* Muoversi, snodarsi o scorrere attraverso o in mezzo a qlcu., nel mezzo di qlco.: *presto passeranno per la nostra regione nuove strade*; *il corteo passò tra due ali di folla silenziosa*; *il nuovo tronco ferroviario passa proprio tra i due paesi*; *un canale passa tra i due poderi*; *un corso d'acqua passa attraverso i boschi.* *3* Andare o venire a trovarsi momentaneamente, mentre si viaggia, ci si sposta e sim., in un punto determinato del proprio percorso o presso qlcu.: *se passeremo per la vostra città, verremo a trovarvi*; *non so se avrò occasione di passare da te*; *vedrò di p. a salutarvi*; *passa al supermercato rientrando a casa* | Circolare: *è un libello destinato a p. per le mani di tutti* | (*fig.*) ***P. per la mente, il capo, la testa***, di idea che si presenta all'improvviso | (*fig.*) ***Non mi passa neanche per l'anticamera del cervello***, non ci penso neppure lontanamente, me ne guardo dal pensarci. *4* (*fig.*) Esistere, esserci, intercorrere, aver luogo: *tra noi non passano più le relazioni amichevoli di prima*; *le trattative che passano tra le parti*; *tra questo e quello passa, ci passa una bella differenza* | (*fam.*) ***Ci passa***, c'è una bella differenza. *5* Entrare o uscire attraverso un'apertura, un orifizio e sim.: *p. per la porta, per la finestra, per l'entrata di servizio*; *il vino passa lentamente attraverso i filtri*; *per le fenditure passano l'acqua e il vento* | (*fig.*) ***P. per il rotto della cuffia***, cavarsela per un pelo, farcela a malapena. *6* (*fig.*) Vivere, svolgersi, svilupparsi, e sim. attraverso ostacoli di vario genere, con riferimento a persone o cose: *p. attraverso dispiaceri*; *è passato per vicissitudini d'ogni sorta*; *un affare che è passato per ogni genere di complicazioni.* *7* Andare oltre, proseguire senza fermarsi: *non ragioniam di lor, ma guarda e passa* (DANTE *Inf.* III, 51) | In alcuni giochi di carte, dichiarare di non prendere parte a una mano del gioco, per mancanza di buone carte. *8* (*fig.*) Eccedere in qlco., superare un limite determinato: *p. di cottura, di maturazione* | ***E passa*** (preceduto da un numerale), e oltre: *avrà trent'anni e passa.* **II** Trasferirsi da un luogo ad un altro (gener. con l'indicazione della provenienza e – oppure soltanto – della destinazione). *1* Andare altrove, mutare sede, residenza e sim.: *passiamo in giardino, se non vi spiace*; *non vorreste p. in una casa più comoda?*; *passano da una regione all'altra, dall'una all'altra città* | (*fig.*) ***P. al nemico***, tradire i propri compagni, disertare il proprio posto. *2* (*fig.*) Essere trasferito da una persona a una o più altre: *p. dal produttore al consumatore, di padre in figlio, di casa in casa, di città in città* | ***P. di mano in mano***, di cosa maneggiata successivamente da più persone | ***P. di bocca in bocca***, di cosa detta da più persone, una dopo l'altra | Essere tramandato: *tradizioni che passano da una generazione all'altra*; *passerà ai posteri, alla storia.* *3* (*fig.*) Mutare da uno ad altro stato, condizione, attività, maniera e sim.: *elevando la temperatura la miscela passa dallo stato liquido a quello gassoso*; *p. dalla gentilezza alla scortesia, dalla vita alla morte, dalla veglia al sonno, dal pianto al riso*; *presto passerò a un nuovo lavoro* | ***P. a miglior vita***, (*eufem.*) morire | ***P. in cavalleria***, (*fig.*) di cosa a suo tempo convenuta, non farne più nulla o, di oggetto materiale, sparire, essere sottratto o non reso | ***P. a nozze, a nuove nozze***, sposarsi, risposarsi. ***4*** (*fig.*) Allontanarsi, non essere o non esserci più: *p. di mente, di moda* | (*lett.*) ***P. di vita***, morire | (*poet.*) Morire: *passa la bella donna e par che dorma* (TASSO). ***5*** (*fig.*) Andare avanti, cambiando argomento: *passa a parlare d'altro, per favore*; *passeremo a trattare, a esaminare, a esporre un nuovo aspetto del problema.* ***6*** (*fig.*) Essere promosso a un livello superiore: *p. in terza, in quarta*; *p. di grado*; *p. capitano, colonnello* | ***P. agli esami***, (*fam., ellitt.*) ***passare***, essere promosso. ***7*** (*fig.*) Essere approvato, accettato: *la legge è passata.* ***8*** (*fig.*) Essere ammesso, accettato, tollerato e sim.: *il film non è niente di speciale, ma può p.* | ***Per questa volta, passi!***, per questa volta saremo tolleranti, perdoneremo. ***9*** (*fig.*) Essere considerato, ritenuto, giudicato: *p. per un genio, per un uomo di mondo*; *passa per essere il miglior partito della città* | ***Far p. qlcu. per, da stupido***, e sim., fargli fare la figura dello stupido | ***Farsi p. per tonto***, e sim., comportarsi in modo da farsi ritenere tale. **III** Considerato in relazione al tempo. ***1*** Trascorrere: *gli anni, i mesi, i giorni passano veloci*; *quanto tempo è passato da allora!* ***2*** Esaurirsi, venir meno, finire: *la bellezza e la gioventù passano presto*; *anche la brutta stagione passerà*; *finalmente mi è passato il mal di testa* | (*fam.*) ***Mi è passata la paura, la sbronza, il capriccio, la voglia*** e sim., non ho più paura, non sono più ubriaco, non desidero più qlco. e sim. | (*fam.*) ***Gli passerà!***, prima o poi ritornerà tranquillo, di persona adirata, addolorata e sim. | ***Canta che ti passa***, (*scherz.*) invito a non preoccuparsi, a non dar troppo peso a fatti o avvenimenti spiacevoli, a non aver paura e sim. ***3*** (*lett.*) Accadere, svolgersi: *non crediate che con Don Abbondio le cose passassero freddamente* (MANZONI). **B** v. tr. ***1*** Attraversare: *p. il fiume a guado, lo stretto a nuoto, il confine a piedi* | ***P. il Rubicone***, (*fig.*) prendere una grave decisione, spec. in campo politico. ***2*** (*raro*) Percorrere | ***P. in rassegna, in rivista***, scorrere con gli occhi un gruppo di militari allineati, camminando davanti a loro; (*fig.*) analizzare o esaminare qlco. in modo ampio e completo: *p. in rassegna la stampa estera, le ultime scoperte scientifiche* | ***P. per le armi***, †***per le picche***, uccidere, riferito a nemici catturati | (*fig.*) Leggere rapidamente: *è la terza volta che passo il giornale, ma non vedo l'articolo che dici.* ***3*** Far entrare o uscire qlco. attraverso un'apertura e sim.: *p. il cavo negli anelli di sostegno*; *passami la chiave per la finestra*; *gli passò un foglietto di sotto la porta* | ***P. le acque***, bere acque termali per ragioni terapeutiche, fare la cura delle acque | ***P. da parte a parte***, trapassare: *la spada gli passò il petto da parte a parte.* ***4*** Ridurre in poltiglia con apposito utensile da cucina: *p. le patate, la verdura.* ***5*** Strofinare con o applicare qlco. su di una superficie: *p. una spugna umida, un cencio sui mobili*; *p. una mano di vernice, di bianco sulle pareti.* ***6*** Trasferire, spostare: *lo passano in un nuovo ufficio, a un'altra filiale*; *voglio p. queste tende in sala da pranzo* | ***P. agli atti***, collocare tra gli altri documenti relativi alla medesima questione | ***P. agli archivi, in archivio***, archiviare | (*fig.*) ***P. ai voti***, sottoporre a votazione | (*fig.*) ***P. in bella copia***, copiare in bella | (*fig.*) ***P. qlcu.***, al telefono, farlo parlare con chi chiede di lui: *ti passo subito mio padre.* ***7*** Dare o porgere qlco.: *passami quel libro*; *per favore, passami il pane*; *p. il pallone* | Assegnare periodicamente: *gli passa un pingue assegno mensile* | (*fig., fam.*) ***Quel che passa il convento***, con riferimento al normale e semplice vitto quotidiano: *non posso offrirti se non quel che passa il convento.* ***8*** Comunicare, trasmettere: *p. a qlcu. una notizia, un'indiscrezione, un'ambasciata, la parola d'ordine* | (*fig.*) ***P. la voce***, far sapere | (*fig.*) ***P. parola***, comunicare a chi di dovere | (*assol.*) ***Passo!***, parlando per radio o per radiotelefono, formula in uso per segnalare a chi ascolta che gli si cede la linea | (*assol.*) ***Passo e chiudo!***, si dice per segnalare che si è finito di parlare e si chiude la linea | ***P. la linea***, cederla, in una trasmissione radiotelevisiva. ***9*** Oltrepassare, sorpassare (*anche fig.*): *l'ha passato di corsa, in curva, sul rettilineo*; *p. qlcu. in altezza, in peso*; *credo che abbia già passato la cinquantina* | ***P. il segno, la misura***, (*fig.*) eccedere in qlco., spec. in difetti, vizi e sim. | ***P. ogni limite***, essere eccessivo, spec. nel male. ***10*** (*lett.*) Omettere, non menzionare. ***11*** Affrontare e riuscire a superare: *p. gli esami, il controllo della polizia* | ***P. un guaio, un grosso guaio***, essere alle prese con una situazione molto critica | ***P. una gran paura, una bella paura***, e sim., prendere paura | ***Passarla***, scamparla: *l'ha passata bella*; *non credo che la passerà liscia* | (*est.*) Subire, soffrire, sopportare: *ho passato una grande umiliazione*; *gli ha fatto p. un mucchio di dispiaceri, di amarezze* | ***Passarne***, avere molte esperienze dolorose: *quante ne ha passate, poveraccio!* | ***Passarne d'ogni fatta, di tutti i colori, di cotte e di crude***, e sim., avere esperienze d'ogni genere. ***12*** Accettare, tollerare, perdonare: *posso passargli tutto, ma le menzogne no*; *te ne ho passate già troppe* | ***Passarla a qlcu.***, perdonargli qlco. di mal fatto: *questa non te la passo proprio* | ***P. qlco. sotto silenzio***, accettarla, tollerarla senza parlarne. ***13*** Promuovere, approvare: *mi hanno passato in quinta*; *non credo che passeranno la tua proposta.* ***14*** Trascorrere il proprio tempo o una parte di esso in qualche modo o luogo: *p. le vacanze al mare, il fine settimana in città*; *ho passato l'inverno in riviera*; *gli piace passare in casa le sue serate*; *ho passato un mese terribile*; *passammo qualche ora in loro compagnia* | ***P. un brutto quarto d'ora***, (*fig.*) venire a trovarsi in una pessima situazione | ***Passarsela***, vivere, spec. con riferimento alle condizioni economiche: *come te la passi?*; *se la passa bene, male, da gran signore.* **C** in funzione di s. m. solo sing. ● Decorso: *il lento p. delle stagioni*; *col p. del tempo il dolore si attenuerà.*

passascòtte [comp. di *passa*(*re*) e del pl. di *scotta*] s. m. inv. ● (*mar.*) Ciascuno dei rinvii fissi o mobili sulla coperta di un'imbarcazione a vela, destinati a far scorrere le scotte delle vele.

passàta [1353] s. f. ***1*** (*raro, lett.*) Passaggio | (*lett.*) ***Far le passate***, andare avanti e indietro: *Incominciò a far la p. dinnanzi alla casa di costei* (BOCCACCIO) | †***A tutta p.***, di continuo, del tutto. ***2*** †Avanzamento, promozione. ***3*** Avvenimento di breve durata | ***Una p. di pioggia***, breve scroscio | ***Una p. di collera***, una sfuriata. ***4*** Passo di selvaggina. ***5*** †Posta nel gioco. ***6*** Breve occhiata, rapida lettura: *dare una p. al giornale* | ***Di p.***, rapidamente, di sfuggita. ***7*** Lo scorrere in fretta con qlco. sulla superficie di un oggetto, con vari scopi: *dare una p. di straccio per pulire*; *il muro ha bisogno di una p. di vernice.* ***8*** Breve rosolatura, scottatura: *dare una p. alla verdura in padella.* ***9*** Operazione del filtrare: *acquavite di prima p.* ***10*** (*pop.*) Giro, nel gioco delle carte: *facciamo un'altra p.* ***11*** (*region.*) Minestra di verdura o legumi passati: *p. di ceci.* ***12*** Salsa, succo di pomodoro confezionato gener. in barattolo. ***13*** (*mil.*) †Forza di penetrazione di un proiettile nel corpo del bersaglio. || **passatèlla**, dim. (V.) | **passatina**, dim.

passatèlla [1850] s. f. ***1*** Dim. di *passata.* ***2*** Gioco d'osteria i cui partecipanti acquistano collettivamente del vino, che poi viene distribuito in modo disuguale secondo l'arbitrio di due persone scelte a sorte o favorite da una combinazione vincente in un gioco di carte.

passatèllo A s. m. ***1*** Dim. di *passato.* ***2*** (*al pl.*) Pasta di pangrattato, uova, formaggio e spezie, passata attraverso i fori di uno staccio e cotta in brodo. **B** agg. ● (*scherz.*) Alquanto sciupato | Piuttosto vecchiotto.

♦**passatèmpo** [comp. di *passa*(*re*) e *tempo*; calco sul fr. *passetemps*; 1534] s. m. ● Occupazione svolta con l'unico scopo di passare gradevolmente il tempo, di distrarsi: *un piacevole p.*; *i miei passatempi preferiti* | ***Per p.***, per sfuggire la noia, per fare qualcosa: *lavorare per p.* SIN. Diversivo, svago.

passatìsmo [1910] s. m. ● Atteggiamento caratteristico dei passatisti.

passatista [comp. di *passat*(*o*) e *-ista*; 1909] s. m. e f. (pl. m. *-i*) ● Chi rifiuta ogni innovazione rispetto alle tradizioni del passato, spec. in campo culturale.

passatìstico [1945] agg. (pl. m. *-ci*) ● Relativo al passatismo o ai passatisti.

♦**passàto** [part. pass. di *passare*; av. 1292] **A** agg. ***1*** Detto di tempo che è ormai lontano rispetto al momento attuale: *giorni, mesi, anni, secoli passati*; *epoche passate* | Precedente, scorso (sempre posposto al nome): *l'estate passata*; *l'anno p. siamo stati in montagna.* ***2*** Che si riferisce a, si è verificato in, epoche trascorse: *le generazioni passate*; *gioie passate*; *un amore p.*; *sono cose ormai passate* | (*est.*) Che è superato, che ha perduto la propria attualità: *moda passata*; *usanze passate* | (*fig.*) ***È acqua passata***, di avvenimento già trascorso e ormai privo di importanza. ***3*** (*est.*) Che ha superato i limiti fissati per una buona riuscita: *questa pasta è passata di cottura* | ***Carne, frutta*** e sim. ***passata***, non più fresca | (*fig.*) ***Bellezza passata***, che non ha più la freschezza della gioventù. **B** s. m. ***1*** Tempo già trascorso, più o meno recente: *la memoria, la gloria del p.* | Ciò che in tale tempo si è verificato: *rievocare, rimpiangere il p.* | ***In p.***, un tempo | (*est.*) Insieme di azioni ed esperienze individuali che risalgono agli anni già vissuti: *il mio p. m'afferrava con la violenza dell'ultimo addio* (SVEVO) | ***Avere un p.***, avere avuto molte esperienze | ***Avere un brutto p., un p. burrascoso*** e sim., aver tenuto una condotta criticabile, non corretta. ***2*** (*lett.*) Chi è vissuto prima di noi: *gli uomini di oggidì procedono e vivono più meccanicamente di tutti i passati* (LEOPARDI) | (*est., lett.*) Morto. ***3*** (*gramm.*) Tempo del verbo che colloca l'enunciato in un momento che precede l'istante presente: *p. prossimo*; *p. remoto.* ***4*** Minestra a base di verdura o legumi ridotti in poltiglia mediante un apposito utensile da cucina: *p. di verdura*; *p. di patate, di piselli.* || **passatèllo**, dim. (V.) | **passatétto**, dim. | **passatino**, dim. | **passatòtto**, accr.

passatóia [da *passare*; 1891] s. f. ***1*** Striscia di tappeto o stuoia stesa lungo un corridoio, su una scala, da uscio a uscio. ***2*** Colatoio. ***3*** Passerella, spec. nel sign. 2.

passatóio [da *passare*; sec. XIV] **A** s. m. ***1*** La pietra o l'insieme delle pietre che permettono di attraversare a piedi asciutti un piccolo corso d'acqua. ***2*** (*mil.*) †Tutto ciò che veniva lanciato con macchine da guerra e armi da fuoco. **B** agg. ***1*** †Transitorio, passeggero. ***2*** †Agevole da passare | Aperto.

passatóre [da *passare*; 1528] s. m. (f. *-trice*) ***1*** Chi, spec. un tempo, traghettava i viaggiatori da una sponda all'altra dei fiumi. SIN. Traghettatore | ***Il P.***, (*per anton.*) Stefano Pelloni (1824-1851), traghettatore e poi brigante romagnolo. ***2*** Persona che guida chi passa clandestinamente una frontiera. ***3*** †Chi passa o viaggia attraverso un luogo | †***P. di mare***, colui che va oltremare. ***4*** †Trasgressore. ***5*** (*mil.*) †Passatoio.

†**passatòrio** [da *passare*] agg. ● Transitorio.

passatrice [da *passato*, part. pass. di *passare*; 1965] s. f. ● Macchina per ridurre in poltiglia prodotti alimentari, mediante setacci.

passatùra [da *passare*; 1871] s. f. ***1*** (*tess.*) Operazione dell'infilare a mano con la passetta i fili dell'ordito nei denti del pettine. ***2*** Tipo di rammendo eseguito su tessuto logoro.

passatùtto [comp. di *passa*(*re*) e *tutto*; 1958] s. m. inv. ● Utensile da cucina per passare verdure, patate, legumi.

passavànti [comp. di *passa*(*re*) e *avanti*; calco sul fr. *passavant*; av. 1859] s. m. inv. ***1*** Nel diritto della navigazione, documento provvisorio, sostitutivo dell'atto di nazionalità, rilasciato alle navi di nuova costruzione. ***2*** (*mar.*) Ciascuno dei due tavolati che mettevano in comunicazione il cassero di poppa e il castello di prua degli antichi velieri | Nei cabinati, ciascuno dei due passaggi laterali del ponte che uniscono la poppa alla prua.

passaverdùra o **passaverdùre** [comp. di *passa*(*re*) e *verdura*; 1958] s. m. inv. ● Utensile di cucina per passare verdure, legumi e sim.

passavìa [comp. di *passa*(*re*) e *via*; av. 1696] s. m. inv. ● (*raro*) Cavalcavia.

passavivànde [comp. di *passa*(*re*) e il pl. di *vivanda*; 1981] s. m. inv. ● Apertura alta circa 1 metro da terra per il passaggio dei cibi dal luogo in cui vengono preparati a quello in cui gli stessi vengono consumati.

passavogàre [comp. di *passa*(*re*) e *voga*(*re*); 1614] v. intr. (usato quasi solo nell'imperat. *passavóga* (o *-ò-*)) ● Vogare a ritmo serrato: *passa vo' / passa vo' / passavoga, arranca, arranca* (REDI).

passavolànte [comp. di *passa*(*re*) e *volante* (*1*); av. 1502] s. m. (pl. inv. o *-i*) ● Colubrina a lunga gittata in uso nei secc. XV e XVI.

passe /fr. pas/ [vc. fr., propr. '(luogo di) passaggio'; 1974] s. m. inv. (fr., s. f., pl. *passes*) ● Nel gioco della roulette, combinazione costituita dai numeri dal 19 al 36, su cui si può puntare. CFR. Manque.

♦**passeggèro** o †**passeggère** nei sign. B, †**passeggière** nei sign. B, (*raro*) **passeggièro** [ant. fr. *passager*, da *passage* 'passaggio'; av. 1543] **A** agg. *1* Che passa, che è di passaggio: *nuvole passeggere* | Che dura poco, che passa presto (*spec. fig.*): *dolori passeggeri*; *un capriccio p.* SIN. Temporaneo. CONTR. Duraturo. *2* †Di nave o altro mezzo destinato al trasporto di persone. **B** s. m. *1* (f. *-a*) Chi viaggia, spec. a bordo di una nave o di un aereo: *imbarcare i passeggeri*; *i signori passeggeri sono pregati di allacciare le cinture* | ***Nave, treno passeggeri***, adibita al trasporto di persone (in contrapposizione a *merci*) | (*lett.*) Viandante, passante: *su la via spargendo / al passeggiere inutile lamento* (PARINI). *2* †Gabelliere, daziere.

passeggiaménto o (*raro, pop.*) **spasseggiaménto** [1534] s. m. ● (*raro*) Il passeggiare.

♦**passeggiàre** o (*raro, pop.*) **spasseggiàre** [intens. di *passare*; 1313] **A** v. intr. (*io passéggio*; aus. *avere*) ● Andare a spasso o a passeggio: *p. da solo*, *con qlcu.*, *sottobraccio a un amico*, *in compagnia di qlcu.*; *p. piano piano*, *per la spiaggia*, *in galleria*, *sulla riva d'un fiume* | (*est.*) Andare su e giù, camminare avanti e indietro: *p. nervosamente*, *sul marciapiede*, *nel corridoio*. **B** v. tr. *1* (*raro, lett.*) Percorrere: *Ben si poria con lei tornare in giuso / e passeggiar la costa intorno errando* (DANTE *Purg.* VII, 58-59). *2* (*raro*) Condurre a mano un animale facendolo camminare: *p. il cavallo*.

♦**passeggiàta** o (*raro, pop.*) **spasseggiàta** [av. 1566] s. f. *1* Camminata compiuta senza fretta e senza una meta particolare, spec. per svago; (*est.*) breve gita in macchina o sim.: *una bella p. attraverso i campi*; *tornare da una p. in bicicletta*, *sulle colline*, *in riva al mare* | ***È una p.***, di tratto di strada piuttosto breve, percorribile a piedi senza sforzo | ***È stata una p.***, (*fig.*) di impresa realizzata con relativa facilità | ***P. militare***, marcia dei soldati per esercizio; (*fig.*) azione bellica condotta con grande facilità. *2* Luogo o via destinati o adatti al passeggio: *una città ricca di belle passeggiate*. || **passeggiatàccia**, pegg. | **passeggiatèlla**, dim. | **passeggiatina**, vezz. | **passeggiatùcia**, dim. spreg.

passeggiàto [1313] part. pass. di *passeggiare*; anche agg. ● (*lett.*) Che è percorso a piedi.

†**passeggiatóio** [av. 1597] s. m. ● Luogo destinato al passeggio | Marciapiede.

passeggiatóre [sec. XIV] s. m. (f. *-trice* (V.), pop. disus. *-tora*) ● Chi passeggia | Chi ama passeggiare.

passeggiatrice [da *passeggiare*; 1950] s. f. ● Donna che passeggia o ama passeggiare | (*eufem.*) Peripatetica, prostituta di strada.

†**passeggière** ● V. *passeggero*.

passeggièro ● V. *passeggero*.

passeggino [1958] s. m. ● Seggiolino montato su ruote, per portare a passeggio i bambini.

♦**passéggio** o (*raro, pop.*) **spasséggio** [da *passeggiare*; 1549] s. m. *1* Camminata non faticosa, senza una meta particolare, per fare un po' di moto, svagarsi e sim.: *l'ora del p.* | ***Andare a p.***, passeggiare. *2* Luogo dove si passeggia: *p. ombroso*, *tranquillo*; *il p. più frequentato dalla gente elegante*. SIN. Passeggiata. *3* (*est.*) L'insieme delle persone che passeggiano: *osservare il p. sul corso*.

passemèẓẓo /passe'medzdzo, -m'm-/ ● V. *passamezzo*.

passe-partout /fr. ˌpaspaʀ'tu/ [vc. fr., propr. 'che passa dappertutto'; 1895] s. m. inv. (pl. fr. inv.) *1* Chiave che può aprire più serrature diverse. SIN. Comunella. *2* (*fig.*) Soluzione idonea a ogni problema. *3* Riquadro di cartone o tessuto messo fra la cornice e il margine esterno di un dipinto, un disegno e sim. per dar loro maggior risalto.

pàssera [f. di *passero*; 1340] s. f. *1* (*pop.*) Uccello dei Passeriformi | ***P. scopaiola***, dalla gola grigia, comune d'inverno nel sottobosco (*Prunella modularis*) | ***P. solitaria***, passero solitario. *2* (*pop.*) Vulva. *3* ***P. di mare***, pesce osseo marino dei Pleuronettiformi con corpo ovale, appiattito, e i due occhi sul lato destro (*Pleuronectes platessa*). SIN. Pianuzza. ➡ ILL. animali/7. || **passerètta**, dim. | **passerina**, dim. (V.).

Passeràcei [da *passero*; 1875] s. m. pl. (sing. *-o*) ● (*zool.*) Passeriformi.

passeràio [av. 1729] s. m. *1* (*lett.*) Pigolio di molti passeri. *2* (*lett., fig.*) Cicaleccio: *ogni crocchio si cambiava in un vero p.* (NIEVO).

passerèlla [fr. *passerelle*, da *passer* 'passare'; 1803] s. f. *1* Piccolo ponte fisso o mobile di legno o di acciaio, destinato al passaggio di pedoni o veicoli leggeri | (*aer.*) ***P. telescopica, d'imbarco***, struttura coperta, allungabile e mobile, che consente il transito diretto da un'aerostazione all'entrata di un aeromobile e viceversa. ➡ ILL. p. 2176 TRASPORTI. *2* Struttura, spec. in legno, per l'attraversamento dei binari a raso, destinata ai viaggiatori, nelle stazioni sprovviste di sottopassaggi, e al trasporto dei bagagli. *3* Pedana che circonda l'orchestra o si spinge lungo il corridoio centrale della platea nei teatri di rivista per l'esibizione finale degli attori e del corpo di ballo | Lunga pedana su cui le indossatrici presentano i modelli di una collezione di moda | (*est.*) Esibizione, sfilata: *alla prima si è vista una p. di signore eleganti* | (*fig.*) ***Fare la p.***, mettersi in mostra. *4* (*fig.*) Elemento di collegamento, passaggio, transizione: *una p. tra due regimi*.

Passerifórmi [comp. di *passero* e il pl. di *-forme*; 1965] s. m. pl. (sing. *-e*) ● Nella tassonomia animale, ordine di Uccelli a voce armoniosa con becco di forma varia, piedi con alluce volto all'indietro (*Passeriformes*). SIN. Passeracei.

passerina s. f. *1* (*pop.*) Vulva. *2* Francesina, nel sign. 1.

passerino [da *passare*; 1986] s. m. ● (*mar., disus.*) Cavo di sicurezza: *p. di tempesta* | ***P. dell'argano***, corda che collega le estremità delle manovelle.

passerio [da *passero*; av. 1910] s. m. ● (*raro*) Cicaleccio intenso e continuato.

♦**pàssero** [lat. *pāsser(m)*, di etim. incerta; av. 1374] s. m. (f. *-a*) ● Uccello dei Passeriformi dal piumaggio grigio, misto di bruno e nero, becco corto conico, insettivoro ma anche granivoro (*Passer Italiae*). CFR. Cinguettare, ciangottare. ➡ ILL. animali/13 | ***P. domestico***, quasi cosmopolita, manca in Italia, molto simile al precedente (*Passer domesticus*) | ***P. mattugio***, con gola nera, vive lontano dalle abitazioni e d'inverno migra nel mezzogiorno europeo (*Passer montanus*) | ***P. repubblicano***, dell'Africa australe, i cui nidi sono costruzioni comunitarie caratteristiche, coperte da un tetto conico a camino (*Philetairus socius*) | ***P. solitario***, tordo dal piumaggio blu-grigio e dal canto melodioso (*Monticola solitarius*). || **passerino**, dim. | **passerétto**, dim. | **passeròtto**, dim. (V.).

passeròtto [sec. XIII] s. m. *1* Dim. di *passero* | (*fig.*) Appellativo affettuoso rivolto a bambini o innamorati. *2* Passero giovane. *3* (*fig., disus.*) Sproposito, svarione. *4* (*fig., raro*) Indovinello a prima vista complicato o difficile, ma poi di facile soluzione.

passétta [fr. *passette*, da *passer* 'passare'; 1933] s. f. ● (*tess.*) Attrezzo usato per la passatura dei fili nelle maglie dei licci.

passétto [1337] s. m. *1* Dim. di *passo* (2). *2* Antica unità di misura italiana. || **passettino**, dim.

pàssi [propr., terza persona pres. del congv. di *passare*; 1958] s. m. inv. ● Autorizzazione scritta che permette, a chi ne faccia richiesta, l'accesso a ministeri, uffici pubblici, installazioni militari e sim. CFR. Lasciapassare, pass.

passibile [fr. *passible*, dal lat. tardo *passībile(m)*, da *pāssus*, part. pass. di *păti* 'sopportare, patire'; 1336 ca.] agg. *1* Che può essere oggetto di condanna o gravame: *l'imputato è p. dell'ergastolo* | Che può subire modifiche, alterazioni e sim.: *prezzi passibili d'aumento*. *2* †Soggetto a soffrire. || †**passibilménte**, avv. Con possibilità di soffrire.

†**passibilità** [fr. *passibilité*, dal lat. tardo *passibilitāte(m)*, da *passībilis* 'passibile'; av. 1342] s. f. ● Condizione di chi (o di ciò che) è passibile.

passiflòra [comp. del lat. tardo *pāssio*, genit. *passiōnis* 'passione' e *flōs*, genit. *flōris* 'fiore'; propr. 'fiore della passione (di Cristo)', perché le sue diverse parti ricordano i chiodi e la corona della passione di Cristo; 1802] s. f. ● Pianta rampicante delle Passifloracee con foglie persistenti verde gaio, bellissimi fiori di forma insolita e frutto a bacca (*Passiflora coerulea*). SIN. Fior di passione. ➡ ILL. piante/3.

Passifloràcee [comp. di *passiflora* e *-acee*; 1871] s. f. pl. (sing. *-a*) ● Nella tassonomia vegetale, famiglia di piante dicotiledoni tropicali e subtropicali con foglie intere, stipolate e fiori vistosi (*Passifloraceae*). ➡ ILL. piante/3.

pàssim [lat. 'qua e là', da *păndere* 'stendere'. V. †*pandere*; 1895] avv. ● Nella terminologia bibliografica, indica che una data citazione è presente in vari punti del testo in oggetto.

passino (1) s. m. *1* Dim. di *passo* (2) | ***Passin p.***, pianino pianino. *2* Larghezza della pezza di stoffa, corrispondente alla lunghezza dell'ordito.

passino (2) [da *passare*] s. m. ● Colino di rete di metallo o di plastica.

Pàssio [vc. dotta, lat. tardo *pāssio*, nom., 'passione'; dalla prima parola della frase che annuncia la lettura del Vangelo nella domenica di Passione (*Passio Domini nostri Jesu Christi secundum Matthaeum* 'passione di nostro Signor Gesù Cristo secondo Matteo'); sec. XIII] s. m. solo sing. ● Parte dei Vangeli che si riferiscono alla passione e morte di Gesù e che sono cantati o letti nelle cerimonie della settimana santa: *cantare*, *leggere il P.*

passionàle [vc. dotta, lat. tardo *passionāle(m)*, da *pāssio*, genit. *passiōnis* 'passione'; av. 1276] **A** agg. ● Di passione: *una forte carica p.* | Che subisce profondamente la passione, spec. amorosa: *individuo*, *carattere*, *temperamento p.* | ***Delitto p.***, commesso per passione amorosa | ***Dramma p.***, in cui si rappresentano violente passioni d'amore. || **passionalménte**, avv. In modo passionale, con passione. **B** s. m. e f. ● Persona passionale.

passionalità [1897] s. f. ● Caratteristica, condizione di chi (o di ciò che) è passionale.

†**passionàre** [da *passione*; av. 1311] v. tr. *1* Appassionare: *subitamente fu da amor passionato e preso* (BOCCACCIO). *2* Tormentare, affliggere.

passionàrio (1) [da *passione*; av. 1498] s. m. ● Antico libro liturgico cattolico contenente le narrazioni evangeliche della passione da cantare nella liturgia della settimana santa.

passionàrio (2) [da *passione*; 1987] agg.; anche s. m. (f. *-a*) ● (*raro*) Che (o Chi) si lascia facilmente travolgere dalle passioni, spec. amorose.

†**passionàto** [av. 1306] part. pass. di †*passionare*; anche agg. *1* Sconvolto o turbato da passione | Non obiettivo. *2* Afflitto, mesto | Patetico. || **passionataménte**, avv. (*raro*) Con passione, risentimento, parzialità.

♦**passióne** [vc. dotta, lat. tardo *passiōne(m)*, da *pāssus*, part. pass. di *pāti* 'sopportare, patire'; av. 1292] s. f. *1* Sofferenza del corpo, dolore o tormento fisico | ***Passione di Gesù Cristo***, patimenti e morte di Gesù | ***Passione secondo San Giovanni, San Luca***, narrazione della Passione nei singoli Vangeli | ***Settimana di Passione***, quella che precede la settimana santa | ***Domenica di Passione***, la seconda domenica prima di Pasqua | ***Le passioni dei santi***, vite dei santi che furono sottoposti a martirio | †Noia, molestia. *2* (*lett.*) Intima e profonda pena, sofferenza dello spirito: *avere il cuore*, *l'animo colmo di p.*; *morire di p.*; *quella p. di vederlo tanto ispesso mi toglieva il sonno* (CELLINI) | †***Dare p.***, affliggere | †***Darsi p.***, affliggersi | (*pop.*) Compassione, pietà: *sentire*, *provare p. per qlcu.* *3* (*lett.*) Sentimento, impressione, stato d'animo: *viveva anche lui in quell'opinione o in quella p. comune che la scarsezza del pane fosse cagionata dagl'incettatori e da' fornai* (MANZONI). *4* Sentimento intenso e veemente d'attrazione o di ripulsa che può dominare l'uomo condizionandone la volontà: *la p. dell'ira*, *della gelosia*; *saper frenare le proprie passioni*; *essere accecato dalla p.*; *agire nell'impulso della p.* CFR. -patia. *5* Violento sentimento di amore o desiderio sensuale: *una p. folle*, *torbida*, *inconfessabile*; *una p. che non gli dà pace* | Persona oggetto di tale amore: *è stata la sua grande p.* *6* (assol.; + *di*; + *per*) (*est.*) Interesse, inclinazione o predilezione molto spiccata, quasi esclusiva: *la p. della pesca*, *della caccia*, *del gioco*, *del vino*; *ha una grande p. per la botanica*, *per l'archeologia* | Ciò che è oggetto di tale predilezione: *la politica è la sua p.*; *non ho altra p. che l'arte* | ***Non aver p. a niente***, essere indifferente a tutto | ***Con p.***, con dedizione totale: *esercitare con p. la medicina*; *studiare con p.* | ***Per p.***, per puro diletto, disinteressatamente. CFR. -mania. *7* Parzialità nel sentire, nell'agire, nel giudicare e sim.: *la p. traspare in ogni suo scritto* | ***Per p.***, per spirito di parte | ***Senza p.***, spassionatamente. *8* Grande composizione musicale che ha a base il testo di un Vangelo: *le Passioni di Heinrich Schütz e di Johann Sebastian Bach.* ***9*** (*letter.*) Mistero. || **passionàccia**, pegg. | **passioncèlla**, dim.

†**passionévole** agg. ● Passionale.

passionista [da *passione*; 1806] s. m. e f. (pl. m. *-i*) ● Chierico regolare della congregazione fondata da San Paolo della Croce e approvata da Benedetto XIV nel XVIII sec.

†**passire** [da *passo* (*1*); av. 1793] v. intr. ● Appassire, avvizzire.

passista [da *passo* (*2*); 1938] s. m. e f. (pl. m. *-i*) ● Corridore ciclista dotato di attitudini speciali per percorsi pianeggianti e gare a cronometro.

passito [da (*uva*) *passa*; 1918] **A** agg. ● Detto di vino amabile fatto con uva passa. **B** anche s. m.: *una bottiglia di p.*; *p. di Pantelleria.*

passivànte [da *passivo*; 1958] part. pres. di *passivare*; anche agg. ● (*gramm.*) Che conferisce valore passivo a un verbo di forma attiva | ***Si p.***, la particella pronominale *si* che, premessa alla terza persona sing. o pl. di un verbo attivo, gli dà valore passivo: *la frase 'non si fa credito' contiene un si p.* CFR. Si (1).

passivàre [da *passivo*; 1958] v. tr. ● (*chim.*) Trattare una superficie metallica con opportune sostanze al fine di renderla meno aggredibile da agenti chimici.

passivàto part. pass. di *passivare*; anche agg. ● Nel sign. del v.: *ferro p.*

passivazióne [1954] s. f. ● (*chim.*) Operazione del passivare.

passivìsmo [comp. di *passivo* e *-ismo*; 1898] s. m. ***1*** Atteggiamento passivo. ***2*** (*psicol.*) Sottomissione ai voleri di un altro in pratiche sessuali anormali.

passività [vc. dotta, lat. tardo *passivitāte(m)*, da *passīvus* 'passivo', prob. attraverso il fr. *passivité*; 1673] s. f. ***1*** Condizione, caratteristica di chi (o di ciò che) è passivo | Inerzia, indifferenza, apatia. ***2*** Insieme dei valori inscritti nel passivo di un bilancio. CONTR. Attività. ***3*** (*chim.*) Proprietà che hanno determinate sostanze di resistere alla corrosione grazie alla formazione di un sottilissimo velo superficiale di ossido, o di altro composto, che le protegge.

passivo [vc. dotta, lat. tardo *passīvu(m)*, da *pāssus*, part. pass. di *pāti* 'patire, subire'; av. 1306] **A** agg. ***1*** Che subisce l'azione o è atto unicamente a subirla: *organo p.* | ***Fumo p.***, V. *fumo* | (*est.*) Di chi è o si dimostra privo di volontà o di iniziativa e di ciò che manifesta tale attitudine o da essa deriva: *individuo p.*; *atteggiamento, temperamento, comportamento p.* | ***Resistenza passiva***, di chi si limita a non collaborare. CONTR. Attivo. ***2*** (*ling.*) Detto di forma verbale, quando il soggetto subisce l'azione. ***3*** (*econ.*) Di impresa, gestione in cui le uscite superano le entrate | ***Conto corrente p.***, quello che presenta un saldo debitore per il cliente e creditore per la banca. ***4*** (*dir.*) Che concerne il soggetto passivo di un rapporto giuridico obbligatorio: *delegazione passiva*; *estradizione passiva* | ***Soggetto p.***, il titolare del dovere in un rapporto obbligatorio. ***5*** (*chim.*) ***Stato p.***, stato di un metallo che ha subito il procedimento di passivazione. || **passivaménte**, avv. In modo passivo, senza alcuna reazione: *sopportare, accettare passivamente le ingiurie.* **B** s. m. ***1*** Forma verbale passiva: *coniugare un verbo al p.* ***2*** (*econ.*) L'insieme degli elementi negativi del patrimonio di un'azienda | ***Bilancio in p.***, se gli elementi negativi superano gli attivi | ***P. ereditario***, complesso dei debiti e dei legati che gravano su un'eredità | ***P. sociale ideale***, nel bilancio delle società per azioni, l'insieme delle partite rappresentative di somme accantonate | ***P. sociale reale***, nel bilancio delle società per azioni, il complesso dei debiti della società verso i terzi | ***Segnare, registrare qlco. al proprio p., al p. di qlcu.***, (*fig.*) considerarlo negativamente, annoverarlo fra i propri insuccessi.

pàsso (**1**) [lat. *pāssu(m)*, part. pass. di *pāndere* 'stendere' (V. *pandere*), perché l'uva o le frutta vengono distese al sole ad asciugare; av. 1250] agg. ● (*lett.*) Appassito: *un turbine vasto … va a cercare negli angoli le foglie passe* (MANZONI) | ***Uva passa***, quella rimasta sulla pianta dopo la maturazione o raccolta e fatta appassire.

♦**pàsso** (**2**) [lat. *pāssu(m)*, da *pāndere* 'stendere, aprire'; av. 1276] s. m. ***1*** Ognuno dei movimenti che l'uomo o gli animali compiono, con gli arti inferiori, per camminare: *p. cadenzato, di corsa, di carica*; *passi uguali, regolari, incerti, malfermi, sicuri*; *andare, camminare, muoversi a, con passi veloci, rapidi, lenti, affrettati* | ***P. dell'oca***, con gambe mantenute rigide, tipico delle armate della Germania nazista | ***A gran passi***, con passi molto lunghi; (*fig.*) rapidamente | (*fig.*) ***A passi da gigante***, realizzando notevoli e rapidi progressi | ***Allungare il p.***, camminare più in fretta | ***Senza muovere un p.***, stando fermi; (*fig.*) senza far nulla | ***Fare un p. avanti, indietro***, avanzare, indietreggiare | ***Fare il p. secondo la gamba***, (*fig.*) misurare la propria forza, le proprie possibilità e regolarsi di conseguenza | ***Fare il p. più lungo della gamba***, (*fig.*) comportarsi in modo sproporzionato alle proprie possibilità | ***Primi passi***, quelli che il bambino fa imparando a camminare; (*fig.*) gli inizi in una attività, arte e sim. | ***Un primo p. verso qlco.***, (*fig.*) conquista iniziale: *un primo p. verso la libertà, l'indipendenza* | ***A ogni p.***, (*fig.*) spessissimo | ***P. p., p. a p., un p. dopo l'altro***, piano piano, gradualmente (*anche fig.*) | ***Fare due, quattro passi***, (*fig.*) passeggiare | ***Guidare, reggere i passi di qlcu.***, (*fig.*) essergli di aiuto, di sostegno materiale o morale | ***Segnare il p.***, alzare e abbassare i piedi alternativamente, come quando si cammina, ma restando fermi; (*fig.*) non progredire più in qlco.: *le trattative segnano il p.* | ***Seguire i passi di qlcu.***, (*fig.*) seguirne l'esempio, imitarlo e sim. | ***Tornare sui propri passi***, retrocedere; (*fig.*) ricominciare qlco. dal principio o rivedere e correggere qlco. | ***Rifarsi, tornare un p. indietro***, (*fig.*) riprendere un argomento che si era tralasciato | ***Fare un p. avanti***, (*fig.*) anticipare un fatto, un argomento e sim., spec. narrando o scrivendo | (*fig.*) ***Fare qualche p. avanti in qlco.***, migliorare, avanzare verso un risultato e sim. | ***Fare un p. indietro***, (*fig.*) rifarsi a qlco. che già si è detto o scritto | (*lett.*) ***Volgere i passi a***, dirigersi verso qlcu. o qlco. | ***Sala, corridoio dei passi perduti***, anticamera di un pubblico ufficio o edificio, dove si perde molto tempo aspettando | ***Di p. in p.***, (*fig.*) successivamente. ***2*** Spazio che si può misurare o percorrere con un passo; (*est.*) breve distanza: *non c'è che un p.*; *mancano pochi passi per arrivare*; *è a pochi passi da qui*; *basta fare qualche p. in più* | ***Essere a un p. da qlco.***, (*fig.*) essere sul punto di ottenere un risultato. ***3*** Andatura: *avanzare, andare con p. spedito, franco, claudicante, strascicato* | Nel ciclismo, andatura che un corridore è in grado di tenere in pianura: *un ciclista forte sul p.* | ***Di buon p.***, con andatura sostenuta, piuttosto veloce | ***A p. d'uomo***, molto lentamente, detto di veicoli | (*fig.*) ***A p. di lumaca, di tartaruga***, molto lentamente | ***Prendere un p.***, assumere una certa andatura | ***Tenere, mantenere il p.***, conservare un certo ritmo nel camminare | ***Perdere il p.***, il ritmo, la cadenza delle marce | ***Andare al p.***, camminare tutti con la stessa andatura | ***Andare dello stesso p. con qlcu.***, con la stessa andatura; (*fig.*) comportarsi in modo uguale | ***Di pari p., d'un p., a un p.***, con la stessa andatura; (*fig.*) all'unisono, in modo simile | ***Di questo p.***, (*fig.*) se si continua così: *di questo p. non so dove andremo a finire* | (*fig., fam.*) ***E via di questo p.***, e così di seguito | ***Al p. con***, (*fig.*) in accordo, all'unisono | ***Mettersi al p. con i tempi, con le novità***, aggiornarsi | (*est.*) Rumore prodotto dal passo: *ho udito dei passi*; *lo riconosco dal p.* | (*est.*) Orma, impronta: *seguiremo i loro passi.* ***4*** Movimento dei piedi nel ballo: *p. di danza*; *p. doppio*; *p. strisciato* | (*est.*) Il movimento caratteristico di un ballo: *p. di valzer* | Danza: *p. doppio.* ***5*** (*fig.*) Iniziativa concreta rivolta a uno scopo determinato: *fare, compiere un p. presso qlcu.*; *sono stati fatti passi diplomatici per la soluzione della crisi* | Mossa, risoluzione, decisione: *un p. audace, rischioso, temerario* | ***Fare un p. falso***, una mossa sbagliata | (*fig.*) ***Fare il gran p.***, decidersi a fare qlco. di molto importante | Tentativo: *ha fatto qualche timido p. per ottenere un miglioramento.* ***6*** (*fig.*) Brano: *un p. di Tacito, di Livio*; *leggere, tradurre, commentare alcuni passi d'un poema*; *antologia di passi scelti* | (*mus.*) Passaggio. ***7*** Antica unità di misura lineare, corrispondente alla lunghezza del passo umano e variabile, nel tempo e nel luogo, da circa m 1,50 a m 2. ***8*** Nel linguaggio tecnico, la distanza costante fra due elementi di una successione qualsiasi | ***P. della vite***, distanza tra due filetti successivi | ***P. della ruota dentata***, distanza fra due denti successivi della stessa ruota, misurata sulla circonferenza primitiva | ***P. della rigatura***, proporzione balistica della rigatura elicoidale delle canne che varia a seconda dell'impulso che si vuol dare al proiettile | ***P. polare***, distanza periferica tra gli assi di due poli omonimi successivi di una macchina elettrica. ***9*** Nei veicoli stradali, distanza intercorrente fra l'asse delle ruote anteriori e quello delle ruote posteriori | Nelle locomotive, distanza intercorrente fra gli assi estremi che si mantengono rigorosamente paralleli. ***10*** Nella ginnastica, la distanza tra le due impugnature effettuate sullo stesso corrente di un attrezzo: *p. largo*; *p. normale*; *p. stretto*; *p. unito*; *p. incrociato.* ***11*** (*cine*) Distanza intercorrente fra i centri di due interlinee successive di una pellicola cinematografica: *film a p. normale, a p. ridotto* | ***P. uno***, ripresa cinematografica eseguita un fotogramma alla volta. || **passàccio**, pegg. | **passétto**, dim. (V.) | **passino**, dim. (V.) | †**passolino**, dim. | **passóne**, accr.

♦**pàsso** (**3**) [da *passare*; av. 1313] s. m. ***1*** Passaggio: *essere di p.*; *il p. della frontiera*; *fermare le merci al p. della dogana*; *il p. dei colombacci* | (*lett.*) ***Il dubbio, difficile, arduo, doloroso p.***, la morte | ***Uccelli di p.***, che si vedono in una data regione solo quando la attraversano durante le loro migrazioni stagionali. ***2*** Luogo attraverso il quale si passa o si può passare: *bloccare, ingombrare, impedire il p.*; *ogni p. è guardato a vista*; *lasciare libero il p.* | ***P. carraio, p. carrabile***, accesso di un fondo privato alla via pubblica | ***P. coattivo***, passaggio coattivo. ***3*** Valico: *p. del Cenisio, del Pordoi* | Stretto di mare: *p. di Calais.* ➡ ILL. p. 2132 SCIENZE DELLA TERRA ED ENERGIA. ***4*** Varco: *aprirsi il p. con la forza*; *contendere il p. a qlcu.* ***5*** Facoltà o diritto di passare: *dare, permettere, negare, proibire il p.* | ***Cedere il p.***, far passare qlcu. per primo, in segno di rispetto, per cortesia e sim. ***6*** (*fig., lett.*) Impresa, iniziativa o azione difficile e rischiosa: *guarda la mia virtù s'ell'è possente, / prima ch'a l'alto p. tu mi fidi* (DANTE *Inf.* II, 11-12).

pàssola [da *passo* (*1*); av. 1342] **A** s. f. ● Uva passa. **B** anche agg.: *uva p.*

†**pàssulo** [V. *passola*] agg. ● Passo, appassito.

†**passùro** [vc. dotta, lat. *passūru(m)*, part. fut. di *pāti* 'patire'] agg. ● (*lett.*) Che deve subire la passione sulla croce.

password /'pasword, *ingl.* 'phæ·s,wɜːɹd/ [vc. ingl., propr. 'parola d'ordine', 'parola (*word*) per passare (*to pass*)'; 1972] s. f. inv. ● (*elab.*) Codice costituito da una sequenza di caratteri che l'utente deve digitare per poter accedere a un sistema informatico o a un programma.

♦**pàsta** [lat. tardo *pāsta(m)*, nom. *pāsta*, dal gr. *pastái*, pl., 'farina con salsa', da *pássein* 'impastare', di etim. incerta; 1310] s. f. ***1*** Massa molle di materia, plasmabile, molto viscosa, ottenuta da solidi stemperati in liquidi o riscaldati sino a ottenerne il rammollimento: *p. di vetro, di argilla.* ***2*** Farina stemperata in acqua, lavorata e ridotta in una massa soda e duttile: *fare, spianare la p.* | ***P. cresciuta***, trattata con il lievito | ***P. alimentare***, impasto di semolino e farina di grano, non fermentato, essiccato in forme varie, da cuocersi per essere consumato in brodo o asciutto | ***P. glutinata***, con aggiunta di glutine | ***Avere le mani in p.***, (*fig.*) essere pratico, a conoscenza di qlco. ***3*** Correntemente, pasta alimentare: *p. comune, all'uovo, verde*; *pasta corta, lunga, bucata*; *p. al sugo, al burro*; *buttare, colare, condire la p.* | ***Pasta asciutta***, V. *pastasciutta.* ***4*** Impasto per dolce o torta | ***P. sfoglia, sfogliata***, a base di farina e burro, lavorata in maniera tale che, una volta cotta, si divide in sfoglia | ***P. frolla***, V. *pastafrolla.* ***5*** (*fig.*) Indole: *essere di buona p.* | (*fig.*) ***Essere di grossa p.***, di carattere grossolano, materiale: *uomo idiota era e di grossa p.* (BOCCACCIO) | (*fig.*) ***Essere tutti della stessa p.***, della stessa natura, dello stesso tipo | (*fig.*) ***Di che p. sei fatto?***, quale è la tua natura, il tuo carattere? | (*fig.*) ***Essere d'un'altra p.***, essere diverso | (*fig.*) ***Essere una p. d'uomo***, avere un ottimo carattere. ***6*** Dolce di piccole dimensioni, a base di farina, di forma varia, gener. farcito con crema, cioccolato e sim.: *p. alla crema, allo zabaione.* ***7*** Preparazione, prodotto di consistenza molle: *p. dentifricia*; *p. d'acciughe.* || **pastàccia**, pegg. | †**pastàccio**, pegg. m. | **pastarèlla**, pasterella, dim. | **pastèlla**, dim. (V.) | **pastétta**, dim. (V.) | **pastina**, dim. (V.) | **pastóne**, accr. m. (V.).

PASTA
nomenclatura

pasta
• *caratteristiche*: (cotta ⇔ scotta, al dente), gratinata, all'uovo (tagliatelle, fettuccine, pappardelle, lasagne), di grano duro, di grano tenero, fresca, verde, integrale, agli spinaci, glutinata; corta, bucata, liscia, rigata;
• *tipi di pasta*: capellini d'angelo, spaghetti, spaghetti alla chitarra, vermicelli, bigoli, fusilli, trenette, reginette, tagliolini, bavette, linguine, bucatini, maccheroni, ziti, mezze maniche, cannolicchi, penne, sedani, sedanini, rigatoni, tortiglioni, gomiti, pipe, conchiglioni, lumaconi, eliche, ruote, farfalle, chifferi, orecchiette, cannelloni; tortelli, tortellini, tortelloni, agnolotti, pansotti, pizzoccheri, cappellacci, panzarotti; cappelletti, ravioli; gnocchi (di patate, di semolino); gnocchetti sardi, trofie, corzetti, maltagliati, timballo = pasticcio, pizza; polenta; pasta in brodo (anellini, quadrucci, semi, stelline, conchigliette, farfalline, ditalini, nastri, tubetti).

pastafròlla o **pàsta fròlla** [comp. di *pasta* e del f. dell'agg. *frollo*; 1864] s. f. (pl. *pastafròlle* o *pastefròlle*) • Impasto per dolci e torte a base di fior di farina, burro, zucchero e tuorli d'uovo | ***P. reale***, dolce a base di mandorle pestate, zucchero, bianco d'uovo e poca farina | ***Essere fatto di p.***, (*fig., fam.*) essere fiacco, debole, anche di carattere | ***Avere le mani di p.***, (*fig., fam.*) lasciarsi sfuggire tutto di mano.

pastàio [1804] s. m. (f. *-a*) • Chi fabbrica o vende paste alimentari.

♦**pastasciùtta** o **pàsta asciùtta** [comp. di *pasta* e il f. di *asciutto*; 1871] s. f. (pl. *pastasciùtte* o *pàste asciùtte*) • Pasta alimentare cotta con sale in acqua bollente, scolata e variamente condita: *p. al pomodoro, al ragù, al burro e parmigiano*; *un bel piatto di p.*

pastasciuttàio [av. 1944] s. m.; anche agg. (f. *-a*) • (*fam., scherz.*) Chi (o Che) ama molto la pastasciutta.

pastècca [etim. incerta; av. 1536] s. f. • (*mar.*) Bozzello, fisso o mobile, apribile a cerniera per far passare i cavi impegnati da entrambi i lati.

pasteggiàbile [da *pasteggiare*; av. 1712] agg. • Che è adatto a essere consumato durante il pasto, detto di vino.

pasteggiàre [da *pasto*; sec. XIV] **A** v. intr. (*io pastéggio*; aus. *avere*) • Cenare o pranzare, spec. con una vivanda abituale: *p. a bistecche, a polenta*; *p. a, con vino, a, con champagne* | †Sedere a convito. **B** v. tr. *1* †Invitare a pranzi, banchetti e sim. *2* (*raro, lett.*) Consumare un cibo o una bevanda godendone interamente il sapore. *3* (*raro, tosc.*) Bere durante il pasto: *p. il vino*.

pastèlla [1948] s. f. *1* Dim. di *pasta*. *2* Impasto semiliquido di farina e acqua, dolce o salato, usato per preparare fritture.

pastellìsta [1891] s. m. e f. (pl. m. *-i*) • Chi dipinge usando il pastello.

pastèllo [da *pasta*; 1550] **A** s. m. *1* †Massa di consistenza simile alla pasta. *2* Piccolo cilindro costituito da un impasto solido di colori usato per dipingere gener. su carta. *3* Dipinto eseguito a pastello: *un delicato p. del Settecento*. || **pastellètto**, dim. | †**pastellino**, dim. **B** in funzione di agg. inv. • (posposto al s.) Detto di tonalità di colore chiara e tenue: *verde p.*; *rosa p.*; *tinta p.*

pastènula [etim. incerta; 1965] s. f. • Pesce osseo dei Gadiformi, commestibile, con lunga pinna dorsale (*Phycis blennioides*).

pastétta [1892] s. f. *1* Dim. di *pasta*. *2* Pastella. *3* (*fig.*) Broglio elettorale | (*est.*) Imbroglio, frode, raggiro: *le sue solite pastette*.

pasteurèlla /paste'rɛlla, -tø-/ [lat. scient. *Pasteurella*, n. dato ad alcuni batteri in onore di L. *Pasteur*; 1931] s. f. • (*biol.*) Microrganismo visibile al microscopio ottico, avente la proprietà di moltiplicarsi anche in terreni batteriologici del tutto privi di cellule.

pasteurellòsi /pasterel'lɔzi, -tø-/ [comp. di *pasteurella* e *-osi*; 1954] s. f. inv. • (*veter.*) Grave malattia setticemica sostenuta da pasteurelle.

pasteurizzàre /pasteridz'dzare, -tø-/ e *deriv.* • V. *pastorizzare* e *deriv.*

pasticca [da *pasta*; 1623] s. f. *1* Pastiglia: *p. di menta, medicinale, per la tosse*. *2* (*gerg.*) Dose di droga, spec. LSD o amfetamine.

pasticcère • V. *pasticciere*.

♦**pasticcerìa** [da *pasticcere*; av. 1613] s. f. *1* Arte della preparazione dei dolciumi. *2* Laboratorio o negozio di dolciumi. *3* Quantità assortita di paste dolci: *una scatola di p. da tè* | ***Piccola p.***, assortimento di pasticcini.

pasticciàccio s. m. *1* Pegg. di *pasticcio*. *2* Affare molto ingarbugliato e apparentemente privo di soluzione | Misterioso fatto di sangue che costituisce un vero e proprio caso poliziesco: *il p. dell'assassinio della contessa*.

pasticciàno • V. *pastricciano*.

pasticciàre [da *pasticcio*; 1530] v. tr. (*io pasticcio*) • Imbrattare: *p. un foglio, un quaderno* | Fare qlco. in modo errato, disordinato e confuso, spec. per incapacità, trascuratezza o faciloneria: *p. un compito, un lavoro a maglia* | (*assol.*) Fare pasticci: *smetti di p. e ricomincia con ordine il tuo lavoro*.

pasticciàto [part. pass. di *pasticciare*; av. 1708] agg. *1* Imbrattato | Fatto male, in modo confuso, impreciso e sim.: *un lavoro p.*; *un compromesso p.* *2* Detto di vivanda cucinata con formaggio, burro e sugo di carne: *maccheroni pasticciati*; *polenta pasticciata*.

pasticcière o **pasticcère** [da *pasticcio*; 1400 ca.] **A** s. m. (f. *-a*) *1* Chi fa o vende dolciumi | ***Bottega, negozio di p.***, pasticceria. *2* †Oste, trattore. **B** in funzione di agg. • Nella loc.: ***crema pasticciera***, a base di latte, tuorli d'uovo, zucchero e poca farina mescolati e fatti rapprendere sul fuoco.

♦**pasticcìno** [da *pasticcio*; 1841] s. m. • Piccola pasta dolce, specie per il tè.

♦**pasticcio** [lat. parl. **pastīciu(m)*, da *pāsta* 'pasta'; 1524] s. m. *1* Vivanda ricoperta di pasta e cotta al forno: *p. di fegato d'oca, di lepre, di maccheroni*. *2* (*fig.*) Lavoro, discorso o scritto confuso e disordinato: *sta tentando di riparare la macchina, ma prevedo che farà il solito p.*; *questo disegno è un p. incomprensibile*; *le sue spiegazioni sono un vero p.* SIN. Guazzabuglio. *3* (*fig.*) Faccenda imbrogliata e confusa, situazione difficile e compromettente: *un p. amoroso*; *togliere qlcu. dai pasticci* | ***Cacciarsi, mettersi, trovarsi nei pasticci***, nei guai | ***Combinare dei pasticci***, dei guai. SIN. Imbroglio. *4* (*mus.*) Opera teatrale o pezzo strumentale scritto in collaborazione da diversi compositori | Centone di composizioni già esistenti. || **pasticciàccio**, pegg. (V.) | **pasticciòne**, accr. (V.).

pasticciòne [av. 1602] **A** s. m. *1* Accr. di *pasticcio*. *2* (f. *-a*) Persona che è solita far pasticci: *non ci si può fidare di lui, è un p.* **B** agg. • Detto di chi è solito lavorare, parlare o scrivere in modo confuso, disordinato e sim.: *uno scolaro, un impiegato p.*

pasticcionerìa [da *pasticcione* col suff. *-eria*; 1965] s. f. • (*raro*) Tendenza a fare confusione, pasticci e sim.

pastiche /fr. pas'tiʃ/ [vc. fr., propr. 'pasticcio', dall'it. *pasticcio*; 1875] s. m. inv. • Opera letteraria o artistica il cui autore ha imitato lo stile di altri autori, o vi si è ispirato.

pastièra [da *pasta*; 1935] s. f. • Torta napoletana, tipica delle festività pasquali, a base di pasta frolla ripiena di grano bollito, ricotta, canditi e aroma di fiori d'arancio.

pastificàre [comp. di *pasta* e *-ficare*; 1950] v. tr. (*io pastifico, tu pastifichi*) • Preparare paste alimentari.

pastificatóre [1954] s. m. (f. *-trice*) • Operaio addetto alla lavorazione delle paste alimentari.

pastificazióne [1954] s. f. • Operazione del trasformare la farina in pasta.

pastificio [comp. di *pasta* e *-ficio*; 1908] s. m. • Fabbrica di paste alimentari | (*est.*) Negozio in cui viene preparata e venduta la pasta fresca.

pastìglia [sp. *pastilla*, dim. di *pasta*; 1620] s. f. *1* Blocchetto, generalmente discoidale, di materiale incoerente pulverulento reso coerente e compatto mediante compressione in pastigliatrici: *pastiglie per la tosse*; *pastiglie di menta, all'anice*. SIN. Pasticca. *2* Impasto di gesso e colla molto usato un tempo per decorare mobili o oggetti con motivi di solito a bassorilievo impressi o incisi a stampo. *3* Miscuglio di resina, carbone, nitro, un tempo usato per profumare i locali. *4* (*mecc.*) Qualsiasi parte avente forma di un disco di piccolo spessore | Nei freni a disco, blocchetto costruito in materiale d'attrito atto a resistere all'usura e al calore. *5* †Piccola porzione di zucchero o sostanza odorosa. *6* Nell'industria della carta, grumo fibroso presente nelle soluzioni acquose di fibre di cellulosa. || **pastiglina**, dim.

pastigliàre [da *pastiglia*; 1954] v. tr. (*io pastiglio*) • (*raro*) Confezionare in pastiglie.

pastigliatrìce [1974] s. f. • Macchina per confezionare pastiglie mediante compressione di polveri incoerenti.

†**pastiglièra** [da *pastiglia*] s. f. • Vaso per bruciarvi pasticche profumate.

pastina [1890] s. f. *1* Dim. di *pasta*. *2* Pasta per brodo, di formato minuto e delle più varie fogge | ***P. glutinata***, con aggiunta di glutine. *3* Pasticcino, piccola pasta dolce: *pastine da tè*.

pastinàca [vc. dotta, lat. *pastināca(m)*, di etim. incerta; 1304] s. f. *1* Ombrellifera spontanea nelle zone umide, con ombrelle composte di fiori gialli, radice carnosa commestibile (*Pastinaca sativa*). SIN. Sisaro. *2* Pesce cartilagineo dei Raiformi, con corpo a forma di rombo e coda lunga e sottile munita di un aculeo velenifero (*Dasyatis pastinaca*). SIN. Mucchio (2).

†**pàsto** (1) [vc. dotta, lat. *pāstu(m)*, agg. da *pāscere* 'pascere'; 1313] agg. • Pasciuto.

♦**pàsto** (2) [vc. dotta, lat. *pāstu(m)*, s. da *pāscere* 'pascere'; 1310] s. m. *1* Assunzione di cibo quotidiana e a ore determinate da parte dell'uomo e degli animali: *l'ora del p.*; *prima, dopo, durante il p.*; *fare due o più pasti al giorno* | ***Saltare il p.***, non mangiare | ***Il p. della belva***, (*fig., scherz.*) si dice vedendo mangiare una persona molto vorace | ***Vino da p.***, adatto per pasteggiare | (*raro, fig.*) ***A tutto p.***, continuamente, a tutto spiano. SIN. Desinare. *2* (*est.*) L'insieme dei cibi che si consumano in un pasto: *p. buono, abbondante, scarso, frugale, sostanzioso* | ***Prendere, consumare il p., i pasti***, mangiare | †***Dar p.***, raccontare frottole | ***Dare in p. al pubblico***, (*fig.*) rendere di pubblico dominio, esporre alla curiosità di tutti. *3* (*pop., tosc.*) Polmone o corata di animali macellati.

PASTO
nomenclatura

pasto
• *tipi di pasto*: colazione (all'inglese, continentale, breakfast, prima, seconda, al sacco), desinare, pranzo, pranzetto, merenda, cena, cenetta, spaghettata, cenone, spuntino = snack, stuzzichino, assaggio, boccone, picnic, banchetto, abbuffata, mangiata, agape, convito, portata, rinfresco, buffet;
• *caratteristiche*: ricco, lauto ⇔ parco, sontuoso, abbondante = lucullìano = pantagruelico ⇔ veloce = frugale, leggero ⇔ pesante, raffinato ⇔ rustico, scarso, alla buona povero, ufficiale, di gala, di lavoro;
• *azioni*: eccitare (svegliare, saziare, perdere) l'appetito; nutrirsi, cibarsi, alimentarsi, sfamarsi, rifocillarsi, abbuffarsi, ristorarsi, rimpinzarsi, calmare, placare la fame, pasteggiare, pranzare, cenare, desinare, fare colazione, far merenda, fare uno spuntino; tenersi leggero, gustare, pregustare, assaggiare, assaporare, degustare, mangiucchiare = piluccare = spiluccare = sbocconcellare, sgranocchiare, rosicchiare; apparecchiare, sparecchiare, preparare, cucinare, servire; digiunare, mettersi a dieta, saltare il pasto, non toccar cibo, dimagrire, deperire.

pastòcchia [da *pasta*; 1612] s. f. • (*lett.*) Frottola, fandonia.

pastóia o †**pastóra** (2) [da *pāstus* 'pascolo' (V. *pasto* (2)), perché si metteva ai piedi delle bestie che pascolavano; av. 1320] s. f. *1* Fune che si applica al pastorale per fare apprendere l'ambio ai cavalli, o ad altri animali tenuti al pascolo per limitarne gli spostamenti. *2* (*fig.*) Impedimento, impaccio: *pastoie burocratiche*; *liberarsi dalle pastoie*. *3* (*veter.*) Parte della zampa di alcuni Ungulati compresa fra il nodello e la corona.

pastóne [1557] s. m. *1* Accr. di *pasta*. *2* Miscuglio di acqua e farina di vario tipo con cui si nutrono vari animali: *fare il p. per i polli*; *dare il p. ai maiali* | (*est., spreg.*) Cibo, spec. a base di pasta, troppo cotto: *un p. immangiabile*. *3* (*fig.*, *spreg.*) Disordinata mescolanza: *un p. d'idee*; *di tutte le nozioni che ha appreso, ha fatto un gran p.* SIN. Guazzabuglio. *4* (*gerg.*) Servizio che la redazione di un giornale elabora mettendo insieme informazioni di varie fonti e spec. di agenzie, riguardanti uno stesso argomento.

pastonista [1983] s. m. e f. (pl. m. *-i*) ● (*gerg.*) Giornalista che redige il pastone.

pastóra (1) [f. di *pastore*; 1565] s. f. *1* Donna che porta al pascolo le greggi. *2* Nelle comunità riformate, donna che ha l'incarico di pastore: *p. valdese*. || **pastorèlla**, dim. (V.).

†**pastóra** (2) ● V. *pastoia*.

pastoràle (1) [vc. dotta, lat. *pastorāle(m)*, da *pāstor*, genit. *pastōris* 'pastore' (anche nel senso cristiano di 'vescovo'); av. 1243] **A** agg. *1* Di pastore, proprio dei pastori: *abito, zampogna p.* | ***Poesia p.***, che rappresenta, spec. in modo idilliaco, la vita dei pastori, la realtà agreste | ***Musica p.***, di carattere semplice, tenero ed evocativo di scene campestri. SIN. Bucolico. *2* (*est.*) Sacerdotale, del sacerdote in quanto pastore d'anime: *l'ufficio, il ministero p.* | ***Teologia p.***, quella che studia i mezzi migliori per il governo spirituale dei fedeli. *3* (*est.*) Episcopale, del vescovo: *visita p.* | ***Anello p.***, quello che il vescovo porta all'anulare destro, quale segno di autorità e simbolo dell'unione con la diocesi | ***Lettera p.***, quella che il vescovo invia ai parroci, agli ecclesiastici, ai fedeli di una diocesi esponendo verità di fede o rivolgendo esortazioni su vari argomenti religiosi, morali, sociali. || **pastoralménte**, avv. (*raro*) In modo pastorale. **B** s. f. *1* Lettera pastorale. *2* La missione di evangelizzazione globale della Chiesa cattolica e l'insieme delle norme che la ispirano, quando si esplichi in circostanze determinate o si rivolga a temi determinati di vita sociale: *la p. della famiglia*; *la p. dei lavoratori*.

pastoràle (2) [detta così perché imita il suono delle zampogne dei *pastori*; av. 1685] s. f. ● Musica di carattere dolce e idillico ispirata alle melodie suonate dai pastori con le zampogne.

pastoràle (3) o **pasturàle** (1) [da *pastore*, nel senso di 'vescovo'; 1319] s. m. ● Bastone alto, con manico ricurvo, insegna della dignità vescovile, portato nella mano sinistra nelle cerimonie solenni.

pastoràle (4) o **pasturàle** (2) [da *pastora* (2)] s. m. ● (*veter.*) Osso del piede del cavallo che costituisce la prima falange.

pastoràre ● V. *pasturare*.

♦**pastóre** [lat. *pastōre(m)*, da *pāscere* 'pascolare'. V. *pascere*; sec. XIII] s. m. (f. *-a* (V.)) *1* Chi custodisce e pastura le greggi: *un p. di capre, di pecore*; *cane da p.* *2* (*fig.*) Socio, membro dell'Accademia dell'Arcadia. *3* (*fig.*) Guida, spec. spirituale, di popoli, nazioni e sim. | Chi ha cura di anime e giurisdizione spirituale | Nelle comunità riformate, ecclesiastico o laico designato dalla comunità al governo di essa: *p. evangelico, battista, metodista* | ***Il Buon Pastore***, Gesù Cristo. *4* (*zool.*) Nome generico dato a un elevato numero di razze canine spec. da gregge e da difesa: *p. bergamasco* | ***P. scozzese***, collie | ***P. tedesco***, molto diffuso e apprezzato per le attitudini e la facilità di addestramento e utile, quindi, nei servizi di polizia e per la guida dei ciechi. SIN. Cane lupo, lupo d'Alsazia | ***P. belga***, dal caratteristico pelame nero. || **pastorèllo**, dim. | **pastorétto**, dim.

†**pastoréccio** [lat. *pastorīciu(m)*, da *pāstor*, genit. *pastōris* 'pastore'; av. 1543] agg. ● Pastorale, nel sign. di *pastorale* (*1*).

pastorèlla (1) s. f. *1* Dim. di *pastora* (*1*). *2* Poetessa membro dell'Arcadia. *3* Un tempo, cappello femminile di paglia ad ala ampia.

pastorèlla (2) [da *pastore*: cfr. *pastorale* (*2*)] s. f. *1* Componimento di più stanze, di origine provenzale, in cui si rappresenta un dialogo amoroso tra un poeta e una pastorella. *2* (*fam., tosc.*) Musica, canzone natalizia.

pastorellerìa [da *pastorella* (*2*); 1765] s. f. ● (*lett. spreg.*) Poesia, brano svenevole e sdolcinato tipico degli Arcadi.

pastorìzia [vc. dotta, lat. (*ărtem*) *pastorīcia(m)* 'arte del pastore'. V. *pastorizio*; av. 1320] s. f. ● Attività consistente nell'allevare e utilizzare gli animali domestici, spec. gli ovini.

pastorìzio [vc. dotta, lat. *pastorīciu(m)*, agg. di *pāstor*, genit. *pastōris* 'pastore'; av. 1544] agg. ● Concernente la pastorizia: *i prodotti pastorizi* | ***Sale p.***, sale denaturato, che si mescola al mangime delle bestie, spec. da latte.

pastorizzàre o **pasteurizzàre** [fr. *pasteuriser*, da L. *Pasteur* (1822-1895) che inventò il metodo di sterilizzare il latte e gli altri liquidi; 1895] v. tr. ● Sottoporre a pastorizzazione: *p. il latte*.

pastorizzàto part. pass. di *pastorizzare*; anche agg. ● Nel sign. del v.: *latte p.*

pastorizzatóre o **pasteurizzatóre** [1958] s. m. *1* Apparecchio per pastorizzare. *2* (f. *-trice*) Operaio addetto alla pastorizzazione del latte o altro liquido.

pastorizzazióne o **pasteurizzazióne** [fr. *pasteurisation*, da *pasteuriser* 'pastorizzare'; 1914] s. f. ● Processo di riscaldamento a bassa temperatura (60-70 °C circa) per la disinfezione e conservazione di alimenti liquidi; permette di eliminare i microrganismi patogeni, ridurre la popolazione microbica ed evitare il deterioramento dell'alimento.

pastosità [1657] s. f. ● Caratteristica di ciò che è pastoso (*anche fig.*).

pastóso [da *pasta*; sec. XV] agg. *1* Che ha la morbidezza della pasta: *materia pastosa*. SIN. Morbido. *2* (*fig.*) Privo di elementi contrastanti, sgradevoli e sim.: *colore, stile p.*; *una maniera assai dolce e pastosa, e tutto lontana da certe crudezze* (VASARI) | ***Voce pastosa***, carezzevole e calda | (*enol.*) ***Vino p.***, il cui gusto dolce è netto ma non sovrasta ogni altro.

†**pastràna** s. f. ● Pastrano. || **pastranèlla**, dim. (V.).

pastranèlla [1871] s. f. *1* Dim. di *pastrana*. *2* Pastrano, a due o tre baveri, portato un tempo da cocchieri, servitori e sim.

pastràno [dal n. del duca di *Pastrana*, città della Spagna (?); av. 1673] s. m. ● Cappotto maschile pesante, usato spec. da militari: *passarono per il guardaroba rigurgitante di pastrani numerati* (MORAVIA) || **pastranàccio**, pegg. | **pastranino**, dim. | **pastranóne**, accr. | **pastranùccio**, dim. | **pastranùcolo**, pegg.

pastricciàno o **pasticciàno** [alterazione del lat. tardo *pastinăciu(m)*, da *pastinăca*; av. 1543] s. m. *1* (*tosc.*) Pastinaca. *2* (*lett.*) Uomo ingenuo e bonario: *Egli è un buon p.*: *fa tutto a modo mio* (GOLDONI).

pastròcchio [adattamento del veneto *pastròcio*, da avvicinare a *pasticcio*; av. 1837] s. m. ● (*fam.*) Pasticcio (*anche fig.*).

pastùme [da *pasta*; sec. XIV] s. m. *1* †Vivanda cucinata in un involucro di pasta. SIN. Pasticcio. *2* (*raro*) Pastone per polli.

pastùra [lat. tardo *pastūra(m)*, da *pāstus* 'pascolo'. V. *pasto* (*2*); av. 1292] s. f. *1* Il pascolare | Terreno destinato a pascolo: *condurre le pecore alla p.* | Cibo per bestiame: *p. per i polli* | ***Trovare buona p.***, (*fig.*) fare buoni guadagni, scovare il mezzo per guadagnare bene. *2* (*pesca*) Insieme di esche animali e vegetali gettate in acqua dal pescatore allo scopo di attirare e trattenere il pesce in zona. *3* (*fig.*) †Alimento spirituale: *dar p. alla mente*. *4* (*fig.*) †Burla | †***Dar p. a qlcu.***, raggirarlo con fandonie, con panzane.

pasturàle (1) ● V. *pastorale* (*3*).

pasturàle (2) ● V. *pastorale* (*4*).

pasturàre o **pastoràre** [da *pastura*; 1297] **A** v. tr. (*io pastùro*) *1* Condurre e tenere al pascolo: *p. le greggi, gli armenti* | (*fig., lett.*) Alimentare, nutrire. *2* ***P. i pesci***, gettare loro la pastura. **B** v. rifl. ● (*fig., lett.*) Alimentarsi. **C** v. intr. (aus. *avere*) ● (*raro*) Stare o andare al pascolo (*anche fig.*).

pasturazióne [da *pastura*, nel sign. 2; 1983] s. f. ● (*pesca*) Somministrazione della pastura ai pesci.

patàcca [etim. incerta; av. 1566] s. f. *1* Moneta piuttosto grossa ma di scarsissimo valore. *2* (*fig.*) Cosa di nessun pregio o valore | Oggetto privo di valore venduto a caro prezzo ad acquirenti sprovveduti: *i soliti turisti che comprano patacche*. *3* (*fig., scherz.*) Distintivo, medaglia: *ha un debole per le uniformi e le patacche*. *4* (*fig., fam.*) Macchia di sudiciume, spec. di grasso: *un abito pieno di patacche*. SIN. Padella. || **patacchina**, dim. | **pataccóne**, accr. m. (V.).

pataccàro [da *patacca*; 1950] s. m. (f. *-a*) ● (*rom.*) Chi vende monete o altri oggetti falsi, facendoli credere rari, antichi e preziosi | (*est.*) Truffatore.

pataccóne (1) s. m. *1* Accr. di *patacca*. *2* (*fig., spreg., fam.*) Orologio da tasca grosso e vecchio.

pataccóne (2) [deriv. di *patacca*; 1875] s. m. (f. *-a*) ● (*fam.*) Chi è solito riempirsi gli abiti di macchie d'unto.

†**patàffio** ● V. *epitaffio*.

pataffióne o **patanfióne** [etim. incerta; 1605] s. m. (f. *-a*) *1* †Persona boriosa e autoritaria. *2* (*region.*) Persona grassa e grossolana.

patafìsica [calco sul fr. *pataphysique*, vc. coniata dallo scrittore surrealista fr. A. Jarry (1873-1907), comp. di *pata-* (pref. arbitrario prob. suggerito da *meta-*) e *fisica*, sul modello di *metafisica*] s. f. ● Scienza immaginaria del nonsenso astruso e bizzarro, intesa come parodia del pensiero scientifico e accademico.

patàgio [vc. dotta, lat. *patăgiu(m)* 'frangia', dal gr. **patagêion*, da *patássein* 'percuotere' (V. *patassio*), perché batte sulla spalla (?); 1930] s. m. ● (*zool.*) Membrana cutanea che nei pipistrelli è tesa fra il tronco, gli arti e le dita, mentre in altri Mammiferi funge da ala o da paracadute. SIN. Membrana alare.

patagóne [sp. d'America *patagones*, pl.; furono chiamati così dagli spagnoli per la grandezza dei loro *piedi* (sp. *pata*, di etim. incerta); av. 1525] **A** s. m. e f. ● Indigeno della popolazione abitante la Patagonia. **B** agg. ● Relativo ai Patagoni.

patagònico [dallo sp. ant. *patagon* 'piedone, piedaccio' n. dato a una tribù indiana dell'America meridionale; av. 1557] agg. (pl. m. *-ci*) ● Relativo alla Patagonia: *cordigliera patagonica*.

patanfióne ● V. *pataffione*.

patapùm o **patapùnfete** [vc. onomat.; av. 1886] inter. ● Riproduce il rumore di uno scoppio, di un tonfo o di un forte colpo battuto da qlcu. o qlco. che cade a terra.

pataràcchio ● V. *pateracchio*.

pataràccia [etim. incerta] s. f. (pl. *-ce*) ● (*region.*) Nome veneto di un pesce simile alla sogliola.

pataràsso ● V. *paterazzo*.

pataràzzo ● V. *paterazzo*.

patarìa [V. *patarino*; 1896] s. f. ● Movimento religioso e sociale riformistico, che si oppose alla decadenza e alla corruzione del costume ecclesiastico nel sec. XI.

patarìnico [1958] agg. (pl. m. *-ci*) ● Relativo a patarino, a patarinismo, a pataria.

patarinìsmo [comp. di *patarino* e *-ismo*; av. 1937] s. m. ● L'insieme delle dottrine e delle iniziative riformatrici proprie dei patarini.

patarìno o **paterìno** [dal milan. *patée* 'rigattiere' (?); av. 1292] **A** s. m. (f. *-a*) ● Seguace del movimento della pataria. **B** agg. ● Dei patarini; della pataria.

patàssio [da un ant. *patassare*, dal lat. parl. **pataxāre*, dal gr. *patássein* 'battere, percuotere', da *pátagos* 'rumore di due corpi battuti fra loro', di orig. onomat.; av. 1862] s. m. ● (*tosc.*) Frastuono, chiasso, clamore: *c'era un gran p.* | Lite, battibecco.

♦**patàta** [sp. *patata*, comp. del quechua *papa* 'patata' e dello haitiano *batata* 'batata'; 1525] s. f. *1* Pianta delle Solanacee con fiori in corimbi bianco-rossi o violetti, frutti a bacca giallastri e tuberi commestibili (*Solanum tuberosum*) | ***P. americana***, ***p. dolce***, batata. ➡ ILL. **piante**/8. *2* Tubero commestibile di tale pianta, ricco di amido: *patate lesse, arrosto, fritte*; *spezzatino con le patate* | ***P. bollente***, (*fig.*) argomento, situazione e sim. che scotta, e quindi necessita di un'urgente soluzione: *passare la p. bollente* | ***Spirito di p.***, (*fig.*) battuta, scherzo e sim. che vorrebbe essere spiritoso ma risulta insulso e di cattivo gusto | ***Sacco di patate***, (*fig.*) persona goffa e inelegante | ***Naso a p.***, (*fig., fam.*) di naso corto e tondeggiante. *3* (*pop., fig.*) Grossa callosità del piede. || **patatina**, dim. (V.) | **patatóna**, accr. | **patatóne**, accr. m. (V.).

pataticoltóre [da *patata*, sul modello di *agricoltore*; 1958] s. m. ● (f. *-trice*) Coltivatore di patate.

pataticoltùra [da *patata*, sul modello di *agricoltura*; 1958] s. f. ● Coltivazione delle patate.

patatina [1922] s. f. *1* Dim. di *patata*. *2* Patata novella | ***A p.***, (*fig., fam.*) di naso corto e tondeggiante. *3* Sottile fettina di patata fritta: *un sacchetto di patatine*. *4* (*fig., fam.*) Bambina graziosa e grassottella.

patatóne s. m. (f. *-a*) *1* Accr. di *patata*. *2* (*fam., spreg.*) Persona grossa e sgraziata, spesso imbambolata.

patatràc [vc. onomat.; 1863] **A** inter. ● Riproduce il rumore di qlco. che crolla o si sfascia. **B** s. m. ● Crollo rovinoso, disastro (*anche fig.*): *giù succede un p.; la pagella è stata un p.* | (*fig.*) Fallimento, dissesto economico: *un improvviso p. lo ha costretto a svendere tutto.*

patatùcco [da *patata*, con la terminazione di *mammalucco*; 1884] s. m. (f. *-a*; pl. m. *-chi*) ● (*region.*) Persona goffa e stupida | (*spreg.*) In passato, soldato austriaco.

patavinità [vc. dotta, lat. *Patavinitāte(m)*, da *Patavīnus* 'patavino'; av. 1517] s. f. ● (*lett.*) Insieme delle caratteristiche tipiche della cultura e della parlata padovana.

patavino [vc. dotta, lat. *Patavīnu(m)*, etnico di *Patăvium* 'Padova'; 1483] **A** agg. ● (*lett.*) Di Padova: *università patavina.* **B** s. m. (f. *-a*) ● (*lett.*) Abitante di Padova.

patchouli /fr. patʃu'li/ [fr., da una vc. indigena della provincia di Madras; av. 1886] s. m. inv. ● Pianta indo-malese delle Labiate, da cui si ottiene un'essenza usata in profumeria, cosmetica e sim. (*Pogostemum patchuli*).

patchwork /ingl. 'pʰætʃ,wɜːɹk/ [vc. ingl., comp. di *patch* 'pezza' (di orig. incerta) e *work* 'opera' (di orig. germ.); 1970] **A** s. m. inv. ● Lavoro consistente nel cucire insieme ai lati vari quadrati di stoffa o di maglia, di qualità e colori diversi, in modo da ottenere un risultato composito e multicolore. **B** agg. inv. ● Detto di capo di abbigliamento o d'arredamento ottenuto con tale tecnica: *gonna, vestito p.; una coperta, un tappeto p.*

†**pàte** ● V. *padre.*

pâté /fr. pa'te/ [vc. fr., da *pâte* 'pasta'; 1854] s. m. inv. *1* Preparazione gastronomica fredda a base di carni o di altro, racchiusa in un involucro di pasta salata. *2* In Italia, correntemente, preparazioni a base di carni o altro, crema e salsa vellutata, passata al setaccio. SIN. Mousse, spuma.

†**patefàtto** [vc. dotta, lat. *patefăctu(m)*, part. pass. di *patefăcere* 'aprire', comp. di *patēre* 'essere aperto' (V. *patente*) e *făcere* 'fare'; 1342] agg. ● (*raro*) Palese, manifesto.

patèlla [lat. *patĕlla(m)* 'piatto, vassoio' (V. *padella*), poi anche 'rotula', per la forma; 1560] s. f. *1* Mollusco gasteropode commestibile, con conchiglia a cono molto basso, che aderisce alle rocce litorali mediante il piede funzionante come una ventosa (*Patella coerulea*). ➡ ILL. **animali**/3. *2* (*anat.*) Rotula.

patellàre [da *patella*; 1929] agg. ● (*anat.*) Della rotula: *riflesso p.*

patèma [vc. dotta, gr. *páthēma* 'affezione, sofferenza', da *páthos*. V. *pathos*; av. 1730] s. m. (pl. *-i*) ● Sofferenza morale, accorato cordoglio | ***P. d'animo***, stato d'ansia, di timore.

patèna [fr. *patène*, dal lat. *pătena(m)*, *pătina(m)* 'piatto, scodella', dal gr. *patánē*, da *petannýnai* 'spiegare, aprire', di orig. indeur.; av. 1348] s. f. ● Piccolo disco d'oro o di argento con il quale il celebrante cattolico copre il calice e sul quale deposita le particole dell'ostia consacrata.

patentàre [1858] **A** v. tr. (*io patènto*) *1* (*raro*) Munire di una qualsiasi patente, spec. quella di guida. *2* (*fig., lett.*) Riconoscere pubblicamente. **B** v. intr. pron. ● (*raro*) Conseguire una patente.

patentàto [av. 1566] part. pass. di *patentare*; anche agg. *1* (*raro, lett.*) Nei sign. del v. *2* Munito di patente: *medico p.* *3* (*fig., scherz.*) Qualificato, matricolato: *ladro, furfante p.*

patènte (1) [vc. dotta, lat. *patĕnte(m)*, part. pres. di *patēre* 'essere aperto, essere manifesto', di orig. indeur.; 1314] agg. *1* Chiaro, evidente, manifesto: *una p. ingiustizia* | (*raro*) Grande: *fattomi un p. crocione sopra la mia figura, mi disse che mi benediva* (CELLINI). *2* †Aperto: *luogo p. a tutti.* *3* (*dir.*) ***Lettera p.***, documento conferito dallo Stato invitante al console, mediante cui quest'ultimo è legittimato ad agire in qualità di organo. *4* (*bot.*) Di foglia disposta orizzontalmente ad angolo retto col fusto. *5* (*arald.*) ***Croce p.***, con i bracci che si allargano verso le estremità. || **patentemènte**, avv. In modo evidente, manifesto.

♦**patènte** (2) [da (*lettera*) *patente*; 1512] s. f. *1* Concessione amministrativa a esercitare una data attività o professione | Documento che certifica tale concessione: *p. di guida di un autoveicolo; p. di ufficiale della marina mercantile* | ***P. di sanità***, certificato attestante lo stato sanitario del luogo da cui proviene la nave. *2* (*per anton.*) Patente di guida: *prendere la p.; l'esame per la p.; rinnovare la p.; avere la p. scaduta.* *3* (*fig.*) Pubblica qualifica: *dare a qlcu. la p. di asino, di stupido.* || **patentino**, dim. m. (V.).

patentino [1871] s. m. *1* Dim. di *patente* (2). *2* Patente provvisoria, foglio rosa | Patente per la guida di motoveicoli. *3* Autorizzazione a esercitare una determinata attività e sim.

pàter [abbr. di *paternoster*; av. 1533] s. m. inv. ● (*pop.*) Paternoster: *dire, recitare un p.*

pàtera (1) [vc. dotta, lat. *pătera(m)*, da avvicinare a *pătina*. V. *patena*; av. 1367] s. f. ● Bassa ciotola o tazza priva di manici usata nel mondo antico greco-romano per libagioni alle divinità.

pàtera (2) [fr. *patère*, dal lat. *pătera(m)* 'patera (1)', per la forma; 1958] s. f. ● (*raro*) Tipo di attaccapanni a muro.

pateràcchio o **pataràcchio** [alterazione di †*pataffio* nel senso di 'scrittura di contratto'; 1734] s. m. *1* (*pop., tosc.*) Accordo o contratto, spec. matrimoniale. *2* (*est., spreg.*) Patto, accordo poco chiaro raggiunto mediante compromessi, opportunismi e sim., spec. in campo politico.

pateràzzo o **patarasso**, **pataràzzo**, **pateràsso** [fr. *pataras*, dal provz. *pato* 'zampa', di orig. onomat.; 1869] s. m. ● (*mar.*) Manovra dormiente che trattiene l'albero verso poppa. ➡ ILL. p. 2172 TRASPORTI.

pateréccio o (*pop.*) **panaréccio**, **panereccio** [lat. tardo *panarĭciu(m)*, metatesi di *parōnўchia*, nt. pl., dal gr. *parōnychía*, f. sing., comp. di *para-* 'para-' e *ónyx*, genit. *ónychos* 'unghia' (V. *onice*); sec. XIV] s. m. ● (*med.*) Processo infiammatorio acuto circoscritto delle dita, più spesso della regione periungueale. SIN. Paronichia.

paterfamilias o **pater familias** [vc. lat., propr. 'padre di famiglia'] s. m. inv. (pl. lat. raro *patres familias* o *patres familiarum*) *1* Nell'antica Roma, chi, non avendo più ascendenti vivi in linea maschile, era il capo indiscusso della famiglia ed esercitava su di essa numerosi poteri. *2* (*est.*) Nella società attuale, capo di un nucleo familiare, padre di famiglia, spec. con una particolare predisposizione all'autoritarismo (*anche scherz.* o *iron.*): *un p. un po' all'antica.*

paterino ● V. *patarino.*

paternàle [da (*sgridata*) *paternale* 'sgridata del padre'; 1336 ca.] **A** s. f. ● Solenne e severo rimprovero: *è molto sensibile alle sue paternali.* SIN. Ramanzina. **B** agg. ● †Paterno.

paternalismo [ingl. *paternalism*, da *paternal* 'paternale'; 1924] s. m. *1* Forma di governo in cui il potere è nelle mani di un sovrano assoluto i cui provvedimenti in favore del popolo sono considerati atti di personale benevolenza che prescindono dal riconoscimento di diritti al popolo stesso. *2* (*est.*) Atteggiamento di condiscendente e benevola superiorità da parte del datore di lavoro nei confronti dei suoi dipendenti o, in generale, da parte di qlcu. verso chi è gerarchicamente inferiore, più giovane, e sim.

paternalista [1941] **A** s. m. e f. (pl. m. *-i*) ● Chi si comporta con paternalismo. **B** agg. ● Paternalistico.

paternalistico [1923] agg. (pl. m. *-ci*) ● Relativo a paternalismo. || **paternalisticamènte**, avv.

paternità [vc. dotta, lat. tardo *paternitāte(m)*, da *patĕrnus* 'paterno'; 1336 ca.] s. f. *1* Condizione di padre: *gli obblighi della p.; p. naturale, legale, putativa.* *2* (*bur.*) Indicazione del nome e delle generalità paterne: *il documento presentato reca la p. e la maternità del richiedente.* *3* (*fig.*) Condizione di autore, inventore e sim.: *vantare la p. di un'opera famosa* | Appartenenza di un'opera, invenzione e sim. a una determinata persona: *a tutti è nota la p. di simili libelli.* *4* Titolo che si dà ai religiosi, spec. a monaci e abati: *Vostra p.*

patèrno [vc. dotta, lat. *patĕrnu(m)*, da *păter* 'padre', sul modello di *matĕrnus* 'materno'; av. 1306] agg. *1* Del padre: *casa, eredità paterna; le punizioni paterne* | ***Zio p.***, da parte di padre | ***Nonni paterni***, i genitori del padre. *2* Da padre, simile a un padre: *l'ha guidato con affetto p.; non ha voluto ascoltare i suoi paterni consigli.* || **paternamènte**, avv.

Paternòster [sec. XIII] s. m. inv. ● Orazione fondamentale dei cristiani, insegnata dallo stesso Gesù Cristo.

paternòstro [lat. *păter nŏster*, nom., 'padre nostro'; av. 1292] s. m. *1* Adattamento di *Paternoster* (V.) | ***Sapere qlco. come il p.***, (*fig.*) saperla a memoria. *2* (*fig.*) Grano più grosso della corona del rosario, inserito ogni dieci grani più piccoli, e corrispondente alla recitazione di un paternostro. *3* (*fig.*) Tipo di pasta corta da minestra, a forma di cilindretti forati. *4* (*bot.*) ***Albero dei paternostri***, abro. *5* (*mar.*) Bertoccio.

pateticità [1919] s. f. ● Caratteristica di chi (o di ciò che) è patetico.

patètico [vc. dotta, lat. tardo *pathĕticu(m)*, nom. *pathĕticus*, dal gr. *pathētikós*, da *páthos*. V. *pathos*; 1575] **A** agg. (pl. m. *-ci*) *1* Che è mesto e malinconico e desta tristezza, commozione e sim.: *caso, dramma p.; ci fissava con uno sguardo p.; una fantasia, accompagnata di particolari patetici e drammatici* (DE SANCTIS) | (*ling.*) †***Punto p.***, punto esclamativo. *2* Che vuole commuovere in modo artificioso, che affetta malinconia e mestizia: *scuoteva il capo in un cenno p.* | (*fam.*) Inadeguato, penoso: *è p. nel suo tentativo di farcela.* *3* (*anat.*) ***Nervo p.***, quarto paio di nervi cranici, che innerva il muscolo grande obliquo dell'occhio. || **pateticamènte**, avv. **B** s. m. *1* Sentimentalismo eccessivo, spesso enfatico, retorico e sim.: *rifuggire dal p.; cascare nel p.; ricercare il p.* *2* (f. *-a*) Chi assume atteggiamenti svenevoli e sentimentali.

pateticùme [1871] s. m. ● (*spreg.*) Sentimentalismo eccessivo, affettazione svenevole.

patetismo [fr. *pathétisme*, da *pathétique* 'patetico'; 1918] s. m. ● Sentimentalismo languido: *il p. di un melodramma, di una sinfonia.*

pàthos /'patos/ o **pàtos** [vc. dotta, lat. tardo *păthos*, dal gr. *páthos* 'patimento, commozione, affetto', da *páschein* 'soffrire', di orig. indeur.; 1539] s. m. inv. *1* Particolare intensità di sentimento, alta liricità di un'opera d'arte per mezzo della quale si realizza una forte potenza drammatica | (*est.*) Intensa carica emotiva: *una situazione piena di p.* *2* Passione, viva commozione presente spec. nella tragedia antica.

-patia [gr. *-pátheia*, da *páthos* 'sofferenza', legato a *páschein* 'soffrire', di orig. incerta] secondo elemento *1* In parole composte, fa riferimento a determinati sentimenti o passioni: *antipatia, apatia, simpatia, telepatia.* *2* Nella terminologia medica, si riferisce a disturbi, affezioni relative a quanto indicato dal primo componente: *angiopatia, cardiopatia, osteopatia.*

patibile [vc. dotta, lat. *patĭbile(m)*, da *păti*. V. *patire*; 1525] **A** agg. *1* Che si può patire. *2* †Atto a patire, a soffrire. SIN. Passibile. **B** anche s. m. solo sing. nel sign. 1: *ha patito tutto il p.*

patibolàre [fr. *patibulaire*, dal lat. *patĭbulum* 'patibolo'; 1848] agg. ● Degno del patibolo | ***Faccia p.***, da delinquente.

patibolo [vc. dotta, lat. *patĭbulu(m)*, da *patēre* 'essere aperto, manifesto' (V. *patente* (1)), perché il *patibolo* era il luogo dove veniva esposto il condannato; sec. XIV] s. m. *1* Luogo d'esecuzione capitale | ***Faccia da p.***, patibolare | (*est.*) Palco su cui s'innalzano la forca, la ghigliottina e sim.: *andare al p.; mandare qlcu. al p.* | ***Pare che vada al p.***, di chi fa qlco. contro la propria volontà, lasciandolo capire dall'espressione del viso. *2* (*fig., lett.*) Tormento, sofferenza.

-pàtico secondo elemento ● Forma gli aggettivi derivati dai sostantivi in *-patia*: *antipatico, cardiopatico.*

patimento [da *patire*; av. 1311] s. m. *1* Il patire. *2* Dolore, privazione, sofferenza: *sopporto indicibili patimenti; al peso de' troppo gran patimenti non resse altro che un mese* (BARTOLI).

pàtina [vc. dotta, lat. *pătina(m)* 'scodella' (V. *patena*), con evoluzione semantica non chiara; av. 1696] s. f. *1* Strato verdastro o d'altro colore prodottosi per ossidazione su oggetti metallici antichi | (*fig.*) ***P. del tempo***, impressione suscitata da qlco. di superato o appartenente a tempi ormai lontani. *2* Vernice o colore dato artificialmente, per contraffazione o imitazione dell'antico, a bronzi, medaglie e sim. | Sospensione di cariche minerali, colle adesive, allume e sim. spalmata sulla carta da stampare per darle lucentezza e levigatezza. *3* (*med.*) ***P. linguale***, strato bianco-giallastro che ricopre la superficie della lingua, come segno di cattiva digestione o malattie dell'apparato digerente.

patinàre [da *patina*; 1863] v. tr. (*io pàtino*) ● Dar

la patina a qlco. | Sottoporre a patinatura.
patinàta [f. sost. di *patinato*] s. f. ● (*tipogr.*) Prova di stampa per riproduzione fotomeccanica eseguita su carta patinata.
patinàto [1863] part. pass. di *patinare*; anche agg. *1* Ricoperto da una patina | Che ha subìto patinatura: *carta patinata* (V. *carta*). *2* (*fig.*) Lezioso, esteriore: *bellezza patinata*.
patinatóre [1958] s. m.; anche agg. (f. *-trice*) ● Addetto alla patinatura della carta.
patinatùra [1871] s. f. *1* Trattamento della carta per renderla levigata e lucida. *2* Procedimento consistente nel rivestire di patina un oggetto spec. metallico per farlo sembrare antico.
patino ● V. *pattino* (*2*).
patinóso [da *patina*; 1925] agg. *1* Simile a patina. *2* Coperto da patina.
patio /sp. 'patjo/ [vc. sp., di etim. incerta; 1895] s. m. (pl. *-i* o sp. *patios*) ● Cortile interno di case spagnole, o in stile spagnolo, delimitato da un porticato, e sistemato a giardino, con vasche e fontane.
♦**patire** (*1*) [lat. parl. **patīre*, per il classico *păti* 'sopportare, soffrire', di etim. incerta; av. 1250] **A** v. tr. (*io patìsco, tu patìsci*) *1* (*raro*) Subire l'effetto di qlco.: *la regola non patisce eccezioni*. *2* Provare, sentire qlco. di spiacevole, molesto, doloroso e sim.: *p. ingiurie, offese, angherie*; *p. il freddo, la fame, la sete*; *p. indicibili tormenti fisici e spirituali* | *P. le pene dell'inferno*, (*fig.*) soffrire moltissimo | *Far p. qlco. a qlcu.*, costringerlo o indurlo a subire dolori e sim. SIN. Soffrire. *3* (qlco.; + *di* seguito da inf.; + *che* seguito da congv.) Sopportare, tollerare: *non p. l'arroganza, la superbia, l'incomprensione*; *ma non potevo p. di vederlo* (CELLINI); *non poteva p. che un principe francese venisse a stabilirsi in Italia* (MANZONI). **B** v. intr. (aus. *avere*) *1* (assol.; + *di*; + *per*) Soffrire: *p. di fegato, di cuore*; *p. ai polmoni*; *p. per le gravi umiliazioni ricevute*; *il giusto patisce per il reo*; *invan patisco … / sempre errore accrescendo / a me stesso* (CAMPANELLA) | *P. di gelosia, di avarizia* e sim., essere geloso, avaro e sim. | †*P. di qlcu.*, soffrire per la sua mancanza: *o perché … patisse di vettovaglie o per altra cagione* (GUICCIARDINI) | *Finire di p.*, morire, dopo una lunga e dolorosa infermità. *2* (assol.; + *per*) Guastarsi, sciuparsi, deteriorarsi: *il fieno patisce per l'eccessiva umidità*; *la campagna patisce per la stagione avversa*. *3* †Mancare: *p. di acqua, di vettovaglie*.
†**patire** (*2*) [etim. incerta] v. tr. ● Smaltire, digerire (*anche fig.*): *questi prendano la mia vivanda col pane, che la farà loro gustare e p.* (DANTE).
patite [dal gr. *páthos* 'affezione', quindi 'malattia' (V. *pathos*) e *-ite* (*1*); 1958] s. f. ● (*med.*) Processo infiammatorio in genere.
patito [av. 1363] **A** part. pass. di *patire* (*1*); anche agg. *1* Nei sign. del v. *2* Sofferente, deperito: *organismo p.* | *Faccia patita*, smunta. **B** s. m. (f. *-a*) *1* (*lett.*) Innamorato: *Un'altra volta faceva la languida la patita* (NIEVO). *2* Chi prova un'attrazione quasi fanatica verso persone, cose o forme di attività: *i patiti della partita di calcio, delle corse automobilistiche, di un divo della canzone*. SIN. Tifoso.
pàto- [dal gr. *páthos* 'affezione', 'sofferenza' (V. *pathos*)] primo elemento ● In parole composte della terminologia medica significa 'malattia': *patofobia, patologia*.
patofobia [comp. di *pato-* e *-fobia*; 1895] s. f. ● (*psicol.*) Paura morbosa di contrarre una malattia.
patòfobo [comp. di *pato-* e *-fobo*; 1970] agg.; anche s. m. (f. *-a*) ● Che (o Chi) è affetto da patofobia.
patogènesi [comp. di *pato-* e *genesi*; 1884] s. f. inv. ● (*med.*) Modalità d'insorgenza di una malattia. SIN. Nosogenesi.
patogenètico [1965] agg. (pl. m. *-ci*) ● Che concerne la patogenesi.
patogenicità s. f. ● (*biol.*) Capacità di alcuni microrganismi di indurre un processo morboso negli animali recettivi.
patogènico agg. (pl. m. *-ci*) ● (*raro*) Patogeno.
patògeno [comp. di *pato-* e *-geno*; 1895] agg. ● Che genera malattia: *germe p.* | *Potere p.*, patogenicità.
patognomònico [dal gr. *pathognōmonikós*, comp. di *patho-* 'pato-' e *gnōmonikós* 'abile a giudicare' (V. *gnome*); 1707] agg. (pl. m. *-ci*) ● (*med.*) Che identifica una determinata patologia o ne consente la diagnosi.
patografia [comp. di *pato-* e *-grafia*] s. f. ● (*psicol.*) Ricostruzione dei disturbi psichici di uno scrittore o sim. attraverso la sua biografia e le sue opere.
patois /fr. pa'twa/ [vc. fr., da *patte* 'zampa' (di etim. incerta), per indicare la grossolanità delle persone che lo parlano (?); 1776] s. m. inv. ● Dialetto sociale, derivante da un dialetto regionale o da mutamenti subiti dalla lingua ufficiale, utilizzato soltanto in un'area ristretta e in una determinata comunità, spec. rurale.
patologia [comp. di *pato-* e *-logia*; 1583] s. f. *1* Parte della medicina che studia le cause e l'evoluzione delle malattie. *2* (*est.*) Malattia: *una p. avanzata*. *3* (*fig.*) Insieme di condizioni atipiche o degenerate rispetto alla norma nel funzionamento di un ente, nel comportamento di una persona e sim.: *la p. delle aziende a partecipazione statale*. CFR. Fisiologia.
patològico [vc. dotta, gr. *pathologikós*, comp. di *páthos* 'affezione' (V. *pato-*) e *-logikós*, da *-logos* '-logo'; 1663] agg. (pl. m. *-ci*) ● Di patologia | *Fenomeno p.*, morboso; (*fig.*) anormale, che rivela anomalia. CFR. Fisiologico | *Caso p.*, (*fig.*, *scherz.*) persona strana, situazione anormale e bizzarra, e sim. || **patologicaménte**, avv. Dal punto di vista della patologia; in modo patologico.
patòlogo [comp. di *pato-* e *-logo*; 1816] s. m. (f. *-a*; pl. m. *-gi*) ● Studioso di patologia.
pàtos ● V. *pathos*.
patòsi [comp. di *pato-* e *-osi*; 1933] s. f. inv. ● (*gener.*) Malattia di tipo degenerativo.
Patràsso [dalla loc. biblica *īre ăd pătres* 'andare dagli antenati' (cioè 'morire'), con deformazione scherz. (o eufem.?) sulla base del n. della città gr. di *Patrasso*; 1612] s. m. ● (*fig.*, *lett.*) Solo nelle loc. *mandare, andare a P.*, uccidere, morire; (*est.*) mandare, andare in rovina.
†**pàtre** ● V. *padre*.
♦**pàtria** [vc. dotta, lat. (*tĕrram*) *pătria*(*m*) 'terra dei padri', f. di *pătrius*. V. *patrio*; av. 1294] s. f. *1* Paese comune ai componenti di una nazione, cui essi si sentono legati come individui e come collettività, sia per nascita sia per motivi psicologici, storici, culturali e sim.: *ogni uomo ama la propria p.* | Città e luogo natale: *un piccolo paese montano fu la sua p.* | *P. celeste*, Paradiso. *2* (*est.*) Luogo o punto d'origine: *l'Australia è la p. dei canguri*; *la foresta tropicale è la p. delle orchidee*.
patriàrca [vc. dotta, lat. tardo *patriărcha*(*m*), nom. *patriărcha*, dal gr. *patriárchēs*, comp. di *patriá* 'stirpe, tribù, famiglia', da *patḗr*, genit. *patrós* 'padre', e *-árchēs* '-arca'; av. 1292] s. m. (pl. *-chi*) *1* Capo di una grande famiglia, dotato di poteri assoluti sui propri discendenti, presso antiche popolazioni e popoli di natura. *2* (*est.*) Vecchio capofamiglia, dotato di numerose discendenze: *fra tanti figli, nipoti e pronipoti sedeva il p.* *3* Ciascuno degli antenati e capi di famiglie e di tribù che, nelle genealogie dell'Antico Testamento, vissero nei tempi anteriori a Mosè. SIN. Capostipite. *4* Capo di ciascuna delle Chiese ortodosse: *p. di Costantinopoli, della Chiesa russo-ortodossa* | Capo di ciascuna delle Chiese orientali riunite alla Chiesa cattolica: *p. degli uniati*. *5* Nella Chiesa cattolica, titolo onorifico attribuito in origine al vescovo di Aquileia, poi di Venezia e per tradizione ad altri (di Roma, Lisbona, Gerusalemme, Indie Occidentali e Orientali).
patriarcàle [vc. dotta, lat. tardo *patriarchāle*(*m*), da *patriărcha* 'patriarca'; av. 1396] agg. *1* Di patriarca, da patriarca: *aspetto p.*; *figura p.*; *dignità p.* *2* Detto di sistema familiare o sociale che faccia capo al padre di famiglia, secondo le antiche usanze, e abbia un regime di vita semplice e austero: *famiglia, vita p.* | Che si fonda sul patriarcato: *società p.* *3* *Economia p.*, sistema economico basato su classi familiari in cui vige il patriarcato. || **patriarcalménte**, avv.
patriarcàto [da *patriarca*; av. 1292] s. m. *1* Organizzazione della famiglia basata sull'autorità paterna e sulla trasmissione dei diritti ai membri maschili. *2* Dignità, funzione, territorio, sede del patriarca: *p. di Aquileia, di Mosca, di Alessandria*.
†**patriarchia** [vc. dotta, gr. *patriarchía*, da *patriárchēs* 'patriarca'] s. f. ● Patriarcato, dignità e sede di patriarca.
patriarchio [vc. dotta, gr. *patriarchêion*, da *patriárchēs* 'patriarca'; 1835] s. m. ● Palazzo e residenza del patriarca.
patricida [vc. dotta, lat. *patricīda*(*m*), da *păter*, genit. *pătris* 'padre', sul modello di *parricīda* 'parricida'; 1342] s. m. e f. (pl. m. *-i*) ● (*lett.*) Parricida.
patricidio [da *patricida*; av. 1363] s. m. ● (*lett.*) Parricidio.
†**patricio** ● V. *patrizio*.
patrigno o **padrigno** [lat. parl. **patrīgnu*(*m*) da *păter*, genit. *pătris* 'padre', sul modello di *matrīgna* 'matrigna'; sec. XIV] s. m. ● Il nuovo marito della madre rispetto ai figli di primo letto.
patrilineàre [1983] agg. ● (*antrop.*) Che riguarda la patrilinearità | Che discende per via maschile.
patrilinearità [da *patrilineare*] s. f. ● (*antrop.*) Criterio atto a stabilire la discendenza o l'attribuzione di prerogative sociali per via maschile e in linea paterna.
patrilineo [1958] agg. ● (*antrop.*) Patrilineare.
patrilocàle [comp. del lat. *păter*, genit. *pătris* 'padre' e dell'it. *locale* (*1*); 1958] agg. ● (*antrop.*) Relativo a patrilocalità. SIN. Virilocale.
patrilocalità [1958] s. f. ● (*antrop.*) In varie popolazioni, costume secondo cui una coppia sposata vive con il gruppo del padre dello sposo. SIN. Virilocalità.
patrimoniàle [vc. dotta, lat. tardo *patrimoniāle*(*m*), da *patrimōnium* 'patrimonio'; 1336 ca.] **A** agg. ● Di patrimonio, attinente a patrimonio: *rendita p.* | (*dir.*) *Imposta p.*, il cui presupposto è la titolarità di un bene, e non la percezione di un reddito. || **patrimonialménte**, avv. Per quanto riguarda il patrimonio. **B** s. f. ● (*per anton.*) Imposta patrimoniale.
patrimonializzàre [da *patrimonio*; 1985] v. tr. ● (*econ.*) Rafforzare con aumenti di capitale il patrimonio netto di un'azienda.
patrimonializzazióne [1985] s. f. ● (*econ.*) Il patrimonializzare | *Indice di p.*, rapporto fra mezzi propri e indebitamento di un'azienda.
patrimònio [vc. dotta, lat. *patrimōniu*(*m*), da *păter*, genit. *pătris* 'padre'; sec. XIII] s. m. *1* (*dir.*) Insieme dei rapporti giuridici, attivi e passivi, di una persona fisica o giuridica, aventi valore economico | *P. pubblico*, complesso dei beni appartenenti allo Stato o ad altro ente pubblico che non rientrano nella categoria dei beni demaniali. *2* Complesso dei beni o notevole quantità di denaro appartenente a una medesima persona: *disporre di un grosso p.* | *Mangiarsi un p.*, dilapidarlo | (*est.*, *fig.*) Somma ingente o spropositata: *quel vestito mi è costato un p.* SIN. Capitale. *3* (*fig.*) Complesso di elementi materiali e non materiali peculiari di una persona, una collettività, una nazione: *p. culturale, artistico, linguistico*; *p. boschivo, faunistico, urbanistico*. *4* (*biol.*) *P. genetico*, complesso dei geni contenuti nel genoma di un individuo o nell'insieme dei genomi di tutti gli individui di una specie. || **patrimoniétto**, dim. | **patrimonino**, dim. | **patrimonióne**, accr. | **patrimoniùccio**, dim.
patrino ● V. *padrino*.
pàtrio [vc. dotta, lat. *pătriu*(*m*), agg. di *păter*, genit. *pătris* 'padre'; av. 1374] agg. *1* Del padre | (*dir.*) *Patria potestà*, complesso di poteri e doveri spettanti un tempo al padre e ora a entrambi i genitori sui propri figli minorenni non emancipati. *2* Della patria: *leggi patrie*; *amor p.*; *Irato a' patrii Numi, errava muto / ove Arno è più deserto* (FOSCOLO).
patrióta o **patriòta**, (*raro*) **patriòtto** [fr. *patriote*, dal lat. tardo *patriōta*(*m*), nom. *patriōta*, dal gr. *patriṓtēs* 'compatriota', da *pátrios* 'patrio'; 1400 ca.] s. m. e f. (pl. m. *-i*) *1* Chi ama la patria e lo dimostra, spec. lottando e sacrificandosi per essa. *2* (*spec. al pl.*) Partigiani: *l'esercito regolare catturò un gruppetto di patrioti*. *3* †Compatriota.
patriotàrdo ● V. *patriottardo*.
patriòtico ● V. *patriottico*.
patriòtta ● V. *patriota*.
patriottàrdo o (*raro*) **patriotàrdo** [fr. *patriotard*, da *patriote* 'patriota', col suff. spreg. *-ard*; 1903] agg.; anche s. m. (f. *-a*) ● Che (o Chi) ostenta un patriottismo esagerato e fanatico.
patriòttico o (*poet.*) **patriòtico** [fr. *patriotique*, dal lat. tardo *patriōticu*(*m*), nom. *patriōticus*, dal gr. *patriōtikós* 'della patria', da *patriṓtēs*. V. *patriota*; av. 1764] agg. (pl. m. *-ci*) ● Da patriota, ispirato a patriottismo: *dimostrazione, commemorazione patriottica*; *discorso, inno p.*; *un mondo vuoto di motivi religiosi, patriottici e morali* (DE SANCTIS).

|| **patriotticaménte**, avv.
patriottismo [fr. *patriotisme*, da *patriote* 'patriota'; 1765] **s. m.** ● Sentimento di vivo amore e devozione verso la patria.
patriòtto ● V. *patriota*.
patrìstica [dal lat. *păter*, genit. *pătris* 'padre (della Chiesa)'; 1876] **s. f. 1** Nell'antica Roma, il periodo del cristianesimo greco-romano, il periodo nel quale i Padri della Chiesa formularono le loro dottrine. **2** Patrologia.
patrìstico [1925] **agg.** (pl. m. *-ci*) ● Che si riferisce a patristica, ai Padri della Chiesa.
patriziàle (av. 1869] **agg.** ● (*raro*) Di patrizio: *dignità p.*
patriziàto [vc. dotta, lat. *patriciātu(m)*, da *patrīcius* 'patrizio'; 1554] **s. m. 1** Nobiltà romana, dignità di patrizio | Classe dei patrizi. **2** (*est.*) Aristocrazia: *il p. romano*. **3** (*elvet.*) Ente pubblico proprietario di beni (spec. di terreni) di uso comune.
patrìzio o (*poet.*) †**patricio** [vc. dotta, lat. *patrĭciu(m)*, da *pătres* 'padri, senatori'; sec. XII] **agg.**; anche **s. m.** (f. *-a*) **1** Nella Roma antica, cittadino appartenente all'ordine senatorio | Nella tarda età imperiale, titolo onorifico, non trasmissibile agli eredi, concesso dall'imperatore. **2** (*est.*) Di nobile stirpe: *gente, famiglia patrizia*; *il dotto e il ricco il p. vulgo* (FOSCOLO).
patrizzàre [vc. dotta, lat. tardo *patrizāre*, da *păter*, genit. *pătris* 'padre'; 1336 ca.] **v. intr.** (aus. *avere*) ● Padreggiare.
patrocinànte [1342] **A** part. pres. di *patrocinare*; anche **agg.** ● Nei sign. del v. **B s. m.** e **f.** ● (*dir.*) Il rappresentante tecnico processuale di una parte in giudizio.
patrocinàre [vc. dotta, lat. *patrocināri*, da *patrocĭnium* 'patrocinio'; av. 1363] **v. tr.** (*io patrocíno*) **1** (*dir.*) Difendere, assistere e rappresentare un cliente in giudizio: *p. una parte*; *p. una causa*. **2** (*est.*) Proteggere, sostenere: *p. la candidatura di qlcu*.
patrocinàto part. pass. di *patrocinare*; anche **agg.** ● Nei sign. del v.
patrocinatóre [1673] **s. m.** (f. *-trice*) **1** (*dir.*) Chi è abilitato dalla legge a esercitare il patrocinio | Chi esercita il patrocinio. **2** (*est.*) Protettore, sostenitore: *p. delle arti, delle lettere*.
patrocìnio [vc. dotta, comp. del lat. *patrocĭniu(m)*, da *patrōnus*, sul modello di *tirocīnium* 'tirocinio'; sec. XIV] **s. m. 1** Nella Roma antica, protezione del patrono al cliente. **2** (*dir.*) Difesa, assistenza e rappresentanza in giudizio: *svolgere un p.* **3** Protezione della Madonna o di un santo, cui il fedele cattolico si affida, o cui affida un'opera, una città, un'istituzione (*est.*) Protezione, sostegno di alte personalità, istituzioni e sim.: *una mostra sotto il p. della Provincia*.
patroclìno [vc. dotta, comp. del lat. *păter(m)* 'padre' e *-clino*] **agg.** ● (*biol.*) Detto di prole o di caratteri ereditari più somiglianti al padre.
patrología [comp. del gr. *patḗr*, genit. *patrós* 'padre (della Chiesa)' e *-logia*; 1841] **s. f. 1** Studio storico, filologico e teologico delle opere dei Padri della Chiesa e delle loro dottrine. **2** Raccolta delle opere dei Santi Padri.
patrològico [1983] **agg.** (pl. m. *-ci*) ● Relativo alla patrologia o ai patrologi: *studi patrologici*.
patròlogo [1841] **s. m.** (f. *-a*, pl. m. *-gi*) ● Studioso di patrologia.
patron [fr. pa'trõ/ [vc. fr., propr. 'patrono', poi 'modello': stessa etim. dell'it. *patrono*] **s. m. inv. 1** (*gener.*) Capo, padrone | (*sport*) Organizzatore di un giro ciclistico o di altre manifestazioni: *il p. del giro di Francia, del giro d'Italia*. **2** (*raro*) Cartamodello.
patròna [f. di *patrono*] **s. f.** ● Santa protettrice: *la p. della città, del paese*; *la p. delle sarte*.
patronage /fr. patrɔ'naːʒ/ [vc. fr., 'patrocinio'; 1985] **s. m. inv.** ● (*econ.*) Sostegno, spec. finanziario | *Lettera di p.*, lettera di conforto.
patronàle [vc. dotta, lat. tardo *patronāle(m)*, da *patrōnus* 'patrono'; 1871] **agg.** ● Di patrono, spec. in riferimento al Santo patrono: *festa p.*
patronàto [vc. dotta, lat. tardo *patronātu(m)*, da *patrōnus* 'patrono'; 1519] **s. m. 1** (*lett.*) Dominio, padronanza. (*est.*) Protezione, sostegno da parte di una personalità, di un'istituzione e sim.: *la manifestazione si svolgerà sotto l'alto p. della Croce Rossa*. **2** Ogni Ente istituito da un sindacato con lo scopo di assistere gratuitamente i lavoratori, i pensionati e categorie di persone bisognose, come i disoccupati e gli invalidi civili, in materia di lavoro e di previdenza, in materia giudiziaria e nell'espletamento delle pratiche amministrative. **3** Nel diritto romano, rapporto giuridico che si instaura tra il padrone e lo schiavo liberato mediante manomissione, creando per quest'ultimo una serie di doveri e obblighi verso l'antico padrone e i suoi eredi. **4** Istituto canonico che riconosce al patrono la facoltà di presentare un chierico perché sia immesso dall'autorità ecclesiastica in una chiesa o in un beneficio vacanti | *Diritto di p.*, complesso dei privilegi e degli oneri che, secondo il diritto canonico, competono ai fondatori di chiese, di cappelle e di benefici e ai loro eredi.
patronéssa [1834] **s. f.** ● Signora che fa parte di istituti assistenziali e sim. | Signora dedita a opere di beneficenza.
patronìmia [ricavato da *patronimico*, secondo il rapporto *metonimia-metonimico*; 1958] **s. f.** ● Norma o istituzione sociale secondo cui i figli derivano il loro nome dal padre.
patronìmico [vc. dotta, lat. tardo *patronȳmicu(m)*, nom. *patronȳmicus*, dal gr. *patronymikós*, comp. di *patḗr*, genit. *patrós* 'padre' e *ónyma*, var. di *ónoma* 'nome', di orig. indeur.; 1744] **A s. m.** (*-ci*) ● Nome derivato da quello del padre o dell'avo. **B** anche **agg.**: *nome p.* || **patronimicaménte**, avv. A modo di patronimico.
patróno [vc. dotta, lat. *patrōnu(m)*, da *păter*, genit. *pătris* 'padre'; sec. XIV] **s. m.** (f. *-essa* (V.) nel sign. 4) **1** Protettore, difensore in giudizio: *il p. della difesa*. **2** Nel diritto romano, il titolare del diritto di patronato nei confronti del liberto o il signore nei confronti del cliente | Nel diritto canonico, chi esercita il patronato. **3** Santo che è scelto a protettore particolare di una chiesa, di una nazione, di una città, di un'istituzione, di un'impresa: *San Francesco p. d'Italia*. **4** Promotore o socio benemerito di una istituzione di beneficenza.
pàtta (1) [longob. *paita* 'veste' (?); 1935] **s. f. 1** Striscia di tessuto che a volte ricopre l'abbottonatura di giacche o pantaloni (*est.*) L'apertura stessa, detto di pantaloni. **2** Lembo di tessuto che ricade a ricoprire l'apertura della tasca. **3** Presina. || **pattina**, dim. (V.)
pàtta (2) [lat. *păcta*, pl. di *păctum* 'patto' (?); 1500] **s. f.** ● Pareggio nel gioco: *far p.* | *Far pari e p.*, (*fig.*) pareggiare una situazione, un debito con un credito.
pàtta (3) [fr. *patte* 'zampa', di orig. onomat.; 1835] **s. f. 1** (*mar.*) Palma. **2** (*mar.*) *P. d'oca*, unione di due o tre elementi di cavo o catena a un unico anello cui è fissato il carico o la catena destinato a subire una trazione | *Ormeggio a p. d'oca*, quello realizzato con tre ancore di prua in direzioni diverse, con due ancore di prua e una di poppa. (*mar.*) Elemento costruttivo dell'ancora, posto all'estremità delle marre con forma tale da facilitare la penetrazione nel fondale. SIN. Unghia.
pattàre [da *patta* (2); av. 1543] **v. intr.** (aus. *avere*) ● (*raro*) Impattare, pareggiare.
patteggiàbile [da *patteggiare*; 1871] **agg.** ● (*raro*) Che può essere discusso, trattato, pattuito.
patteggiaménto [da *patteggiare*; av. 1311] **s. m. 1** Il patteggiare | Trattativa per giungere a un accordo. **2** (*dir.*) Nel processo penale, procedimento speciale con il quale, prima dell'apertura del dibattimento, l'imputato o il pubblico ministero possono chiedere l'applicazione di una sanzione o di una pena in misura inferiore a quella prevista dalla legge, rinunciando così al proseguimento del giudizio | (*econ.*) *P. tributario, fiscale*, conciliazione con il fisco delle liti pendenti mediante pagamento di un importo determinato.
patteggiàre [comp. di *patto* e *-eggiare*; 1312] **A v. tr.** (*io patteggio*) ● Trattare o discutere qlco. per giungere a patti o accordi risolutivi: *p. la resa, l'armistizio* | (*dir.*) Trattare mediante patteggiamento: *p. la pena*. SIN. Negoziare. **B v. intr.** (aus. *avere*) (+*con*) **1** Essere in trattative, fare accordi: *p. con i nemici*; *quando mai gli uomini patteggiarono co' lioni, a c'è mai l'agnelle ebbero uniformità di voleri?* (VICO). **2** Scendere a patti, a compromessi e sim.: *fu costretto a p. coi ricattatori*. **3** †Assoldare. **C v. rifl.** ● †Accordarsi: *il vescovo d'Arezzo, come savio uomo, ... cercava patteggiarsi coi Fiorentini* (COMPAGNI).
patteggiatóre [1361] **s. m.** (f. *-trice*) ● (*raro*) Chi patteggia.
pattern /'pattern, ingl. 'phæt(ə)n/ [vc. ingl., propr. 'campione, modello', che risale, in ultima analisi, al lat. mediev. *patrōnu(m)* 'patrono'; 1962] **s. m. inv. 1** Schema, modello di riferimento. **2** Struttura, sistema | *P. culturale*, sistema stabile di valori al quale fanno riferimento tutti gli individui appartenenti a un medesimo gruppo sociale.
pattìna **s. f. 1** Dim. di *patta* (1). **2** Finta, nel sign. 4. **3** Soletta di feltro o altra stoffa pesante usata per camminare su pavimenti lucidati senza lasciare impronte.
◆**pattinàggio** [fr. *patinage*, da *patin* 'pattino (1)'; 1880] **s. m. 1** Sport praticato mediante l'impiego dei pattini da ghiaccio o a rotelle su superfici ghiacciate, piste o strade: *p. su ghiaccio*; *p. a rotelle*; *pista di p.* | *P. artistico*, consistente nell'esecuzione di combinazioni di determinate figure su base musicale | *P. di velocità*, lo sport delle corse con pattini che si svolgono su piste ghiacciate o, con i pattini a rotelle, su pista o su strada. **2** (*est.*) L'esercizio, la pratica del pattinare.

PATTINAGGIO
nomenclatura
---

pattinaggio

● *tipi di pattinaggio*: artistico, a vela, di velocità; a rotelle; su ghiaccio;
● *campo e specialità*: pattinatoio; corsa su pista, velocità, mezzofondo, fondo, gran fondo;
● *attrezzatura*: pattino a rotelle, skateboard, pattino da ghiaccio (lama, ganasce, chiave a dado, dentini, scarponcino);
● *figure*: curva, esse, volta, tre, boccola, angelo, trottola, piroetta, otto, curva, spirale, salti; esercizi liberi;
● *persone*: pattinatore, pattinatrice.

pattinaménto [da *pattinare* 'slittare'; 1989] **s. m.** ● (*mecc.*) Perdita di aderenza fra le ruote di un autoveicolo e la superficie di contatto del terreno.
◆**pattinàre** [fr. *patiner*, da *patin* 'pattino'; 1789] **v. intr.** (aus. *avere*) **1** Scivolare coi pattini da ghiaccio o correre con i pattini a rotelle. **2** (*est.*) Scivolare in modo alternato sull'uno o sull'altro sci. **3** Slittare a causa di un'accelerazione eccessiva, detto di autovettura.
pattinàto part. pass. di *pattinare*; anche **agg.** ● (*sport*) *Passo p.*, nello sci di fondo, andatura ottenuta sollevando alternativamente gli sci, divaricandone le punte, in modo tale da procedere spingendo sugli spigoli interni oltre che sui bastoncini.
pattinatóio [da *pattinare*; 1939] **s. m.** ● Pista da pattinaggio.
pattinatóre [da *pattinare*; 1875] **s. m.** (f. *-trice*) ● Chi pratica il pattinaggio, per diletto o agonisticamente.
◆**pàttino** (1) o †**pattino** [fr. *patin*, da *patte* 'zampa', di orig. onomat.; sec. XVII] **s. m. 1** Ciascuno dei due attrezzi che si applicano alle scarpe per pattinare | *P. da ghiaccio*, costituito da una lama d'acciaio leggermente incurvata | *P. a rotelle*, costituito da una piastra metallica montata su quattro rotelle parallele | *P. in linea*, con le rotelle disposte su un'unica linea; SIN. Rollerblade. **2** (*mecc.*) Elemento, dotato di moto rotatorio o traslatorio, che striscia su una superficie, generalmente fissa, per guidare il moto di un dato organo. **3** (*aer.*) Elemento destinato a strisciare sul terreno a scopo protettivo, di scivolamento nell'atterraggio o sostitutivo delle ruote su ghiaccio, neve, sabbia: *p. di estremità alare, di coda*; *velivolo a pattini*. **4** (*region.*) Ciabatta, pantofola.
pattino (2) o **patino** [dal precedente, perché i galleggianti assomigliano ai pattini per il ghiaccio; 1891] **s. m.** ● (*mar.*) Moscone, nel sign. 4.
pattìsta [da *patto*; 1992] **s. m. e f.** (pl. m. *-i*) ● Esponente o sostenitore del movimento politico Patto per l'Italia.
pattìzio [vc. dotta, lat. tardo *pactīciu(m)*, da *păctum* 'patto'; 1983] **agg.** ● (*dir.*) Detto di ciò che è basato su, o ha origine da, un patto: *norme pattizie*. || **pattiziaménte**, avv. (*raro*) Attraverso un patto.
◆**pàtto** [lat. *păctu(m)*, dalla stessa famiglia di *păx*, genit. *păcis* 'pace'; sec. XIII] **s. m. 1** Accordo o

convenzione stabilita tra due o più parti: *fare patti giusti, iniqui, vantaggiosi; stabilire un p. di guerra; rispettare il p.* | ***Stare ai patti***, rispettare ogni elemento di un accordo | ***Non stare ai patti***, non accettarli o non rispettarli | †***Tenere il p.***, osservarlo: *pensa poi di non tenere il p., / perché non ha timor né riverenzia / di Dio e di santi* (ARIOSTO) | ***Sciogliere il p.***, annullarlo, spec. di comune accordo | ***Rompere il p.***, non tenervi fede | ***Venire, scendere a patti***, trattare, transigere (*anche fig.*) | ***Fare i patti col diavolo***, (*fig.*) accordarsi con chiunque, pur di ottenere ciò che si vuole | ***P. in deroga***, V. *deroga* | (*est.*) Promessa: *p. nuziale, d'amicizia, d'onore* | ***P. territoriale***, accordo tra sindacati, imprenditori ed enti locali per la promozione dello sviluppo economico in un comprensorio omogeneo. CFR. Contratto d'area. ***2*** Condizione: *a questi patti non accetto; comprare a buon p.* | ***A nessun p.***, a nessuna condizione | ***A p. che, col p. di***, a condizione che, di | (*raro*) Modo: *a ogni p.* ***3*** (*filos.*) Accordo volontario tra individui che, secondo i filosofi del XVII e del XVIII sec., era all'origine della società. || PROV. Patti chiari amici cari.

pattóna [dal lat. *păctus* 'congiunto, unito', part. pass. di *păngere*, propr. 'conficcare', di orig. indeur.; av. 1665] **s. f.** ● (*tosc.*) Polenta di farina di castagne.

pattonàio **s. m.** (f. *-a*) ● (*tosc.*) Chi fa e vende pattona.

†**pattovìre** e *deriv.* ● V. *pattuire* e *deriv.*

pattùglia [fr. *patrouille*, da *patrouiller* 'guazzare nel fango', var. di *patouiller*, da *patte* 'zampa', di orig. onomat.; 1565] **s. f.** ● Piccolo gruppo di soldati o agenti dell'ordine pubblico incaricati di compiti operativi particolari e temporanei: *p. di ricognizione, di collegamento, di combattimento* | ***Essere di p.***, farne parte | ***P. stradale***, motociclisti della Polizia Stradale in servizio di sorveglianza | ***P. aerea***, uno o più aerei distaccati da un reparto per ricognizione, caccia, protezione, scorta e sim. | ***P. acrobatica***, insieme di aerei i cui piloti sono particolarmente addestrati e affiatati per compiere insieme acrobazie a scopo spettacolare. || **pattuglióne**, accr. m.

pattugliaménto [da *pattugliare*; 1958] **s. m.** ● Azione svolta da una pattuglia incaricata di compiti di vigilanza.

pattugliànte [1983] **A** **part. pres.** di *pattugliare*; anche **agg.** ● Nei sign. del v. **B** **s. m. e f.** ● Chi compie un servizio di pattuglia.

pattugliàre [da *pattuglia*; 1796] **A** **v. intr.** (*io pattùglio*; aus. *avere*) ● Andare in pattuglia: *furono scelti alcuni uomini per p.* **B** **v. tr.** ● Ispezionare, sorvegliare con una pattuglia: *pattugliarono i confini per molte ore.*

pattugliatóre [1931] **s. m.** ***1*** (f. *-trice*) Chi è in servizio di pattuglia. ***2*** ***P. veloce***, nella marina militare, piccola nave del tipo vedetta, spesso dotata di missili.

pattuìre o †**pattovìre** [da *patto*; av. 1292] **v. tr.** (*io pattuìsco, tu pattuìsci*) ***1*** Patteggiare (*anche assol.*): *p. la resa; p. il prezzo, il compenso.* SIN. Contrattare. ***2*** (*raro, lett.*) Affittare, noleggiare: *p. la carrozza.*

pattuìto o †**pattovìto** [av. 1500] **A** **part. pass.** di *pattuire*; anche **agg.** ● Nei sign. del v. **B** **s. m.** ● Ciò che si è deciso: *versare il p.*

pattuizióne [1916] **s. f.** ● Il pattuire | Accordo.

†**pattumàio** [da *pattume*; 1835] **s. m.** ● (*tosc.*) Chi raccoglieva l'immondizia delle case.

pattùme [dal lat. *păctus*. V. *pattona*; sec. XIV] **s. m.** ***1*** (*raro*) Immondizia, sudiciume, spazzatura. ***2*** (*raro*) Fango, melma: *un monte / di ghiaia immenso e di p. intorno / gli verserò* (MONTI). ***3*** (*fig., lett.*) Opera volgare o mediocre | (*lett.*) Immoralità, corruzione | (*lett.*) Gentaglia.

pattumièra [da *pattume*; 1841] **s. f.** ● Cassetta o altro recipiente per la spazzatura.

patullàre [etim. incerta; 1871] **A** **v. tr.** ***1*** (*tosc.*) Canzonare qlcu. divertendosi alle sue spalle. SIN. Beffare. ***2*** (*lett.*) Blandire, lusingare. ***3*** (*lett.*) Cullare, dondolare. **B** **v. intr. pron.** ● (*tosc.*) Bearsi o godersela frivolamente.

pàtulo [vc. dotta, lat. *pătulu(m)*, da *patēre* 'essere aperto, disteso, patente'; 1342] **agg.** ● (*raro, lett.*) Largo, ampio.

patùrnia o **patùrna** [etim. incerta; av. 1712] **s. f.** ● (*spec. al pl., pop.*) Malumore, stizza: *avere le paturnie.*

†**paucità** [vc. dotta, lat. *paucitāte(m)*, da *pāucus* 'poco'] **s. f.** ● Scarsezza, pochezza (*anche fig.*).

paulista [vc. port., dal n. dello stato e della città di (S.) *Paulo* 'San Paolo'] **A** **agg.** (pl. m. *-i*) ● Della città o dello Stato di San Paolo, in Brasile. **B** **s. m. e f.** ● Abitante, nativo di San Paolo.

paulònia [chiamata così in onore di Anna *Paulovna* figlia di Paolo I, zar di Russia; 1875] **s. f.** ● Scrofulariacea arborea giapponese coltivata nei giardini per i grossi grappoli di fiori azzurro-violacei e il legno leggero (*Paulownia tomentosa*).

†**paupèrie** [vc. dotta, lat. *paupĕrie(m)*, da *pāuper*, genit. *pāuperis* 'povero'] **s. f.** ● Povertà, miseria.

pauperìsmo [fr. *paupérisme*, dall'ingl. *pauperism*, dal lat. *pāuper*, genit. *pāuperis* 'povero'; 1832] **s. m.** ***1*** Fenomeno economico e sociale per cui, mancando risorse naturali e capitali o in conseguenza di guerre, carestie, crisi economiche, si ha una larga diffusione della miseria negli strati meno abbienti di una popolazione. ***2*** Ideale e condizione concreta di assoluta povertà propri di alcuni ordini religiosi cristiani.

pauperìstico [1950] **agg.** (pl. m. *-ci*) ● Relativo al pauperismo.

pauperizzazióne [dall'ingl. *pauperization* 'impoverimento'; 1985] **s. f.** ***1*** Considerevole abbassamento del tenore di vita generale di una società | Impoverimento di una classe sociale rispetto al resto della popolazione. ***2*** Riduzione della capacità di uno Stato di regolamentare le vicende economiche.

paupulàre o **pupilàre** o **pupillàre** (3) [vc. dotta, lat. *paupulāre*, di orig. onomat.; av. 1636] **v. intr.** (*io pàupulo*) ● (*lett.*) Emettere il grido caratteristico del pavone: *Quasi in giro ei la spiega … / … e mormora e pupilla* (VILLANI).

♦**pàura** [lat. *pavōre(m)*. V. *pavore*; sec. XII] **s. f.** ***1*** (assol.; + *di*; + *per*) Intenso turbamento misto a preoccupazione ed inquietudine per qlco. di reale o di immaginario che è o sembra atto a produrre gravi danni o a costituire un pericolo attuale o futuro: *avevo una gran p.; p. della morte, della guerra, del fulmine; Ho p. di questo, ho p. per te* (D'ANNUNZIO); *tremare, impallidire, battere i denti di* (o *per*) *la p.* CFR. -fobia, -fobo | ***Fare, mettere p. a qlcu.***, spaventarlo | (*fig.*) ***Aver p. anche della propria ombra***, essere molto pauroso | ***Essere morto, mezzo morto di p.***, essere spaventatissimo | ***Brutto da far p.***, bruttissimo | ***Niente p.!, non aver p.!***, escl. di incoraggiamento. ***2*** (+ *di* seguito da inf.; + *che* seguito da congv. o da fut.) Timore, preoccupazione: *Avrà tanta p. di trovarsi qui sola* (MANZONI); *ha sì gran p. che io non sappia rispondere* (BOCCACCIO); *ho p. che arriveremo in ritardo.* || **pauràccia**, pegg. | **paurétta**, dim. | †**pauriccia**, dim. | **paurina**, dim. | **pauróna**, accr. | **paurùccia**, dim.

paurometàbolo [comp. del gr. *pâuros* 'poco' (della stessa famiglia del lat. *pāucus* 'poco') e un deriv. di *metabolḗ* 'cambiamento' (V. *metabole*)] **agg.** ● (*zool.*) Detto di insetto con metamorfosi incompleta.

♦**pauróso** [da *paura*; av. 1250] **agg.** ***1*** Che incute paura: *una scena paurosa* | Impressionante, spaventoso: *incidente p.* | (*est., fam.*) Straordinario: *ha una memoria paurosa.* ***2*** Che ha sempre paura: *è p. come una lepre* | Spaventato, impaurito: *se ne stava tutto p. in un angolo.* CONTR. Animoso, coraggioso. || **paurosaménte**, avv. ***1*** Con paura. ***2*** In modo pauroso: *sbandare paurosamente in curva.*

pàusa [vc. dotta, lat. *pāusa(m)*, da **pausāre* 'pausare'; 1499] **s. f.** ***1*** Breve intervallo, momento di sosta: *il suo periodare è ricco di pause; ogni tanto facciamo una p. perché il lavoro è molto faticoso; con la spada senza indugio e p. / fende ogn'elmo* (ARIOSTO) | ***P. pranzo***, intervallo durante l'attività lavorativa, coincidente con l'ora di pranzo: *incontriamoci durante la p. pranzo* | (*anat.*) ***P. diastolica del cuore***, intervallo di riposo del muscolo cardiaco, tra una contrazione e l'altra. ***2*** (*lett.*) Lentezza nel parlare, nel camminare, nel fare qlco. ***3*** (*ling.*) Cessazione temporanea dell'attività fonatoria. ***4*** (*mus.*) Assenza di suono nel corso di una composizione, prescritta dal compositore e di durata stabilita | Segno che indica la sua durata, corrispondente ai valori principali delle note: *p. di semibreve.*

-pàusa [da *pausa* nel senso di 'arresto, cessazione'] secondo elemento ● In parole composte della terminologia scientifica significa 'cessazione': *andropausa, menopausa, tropopausa.*

pausàre [lat. parl. **pausāre*, dal gr. *pâusai* 'fermati', imperat. aoristo di *páuein* 'fermarsi, cessare', di etim. incerta; sec. XII] **A** **v. tr.** (*io pàuso*) ● (*lett.*) Intervallare con pause. **B** **v. intr.** (aus. *avere*) ● (*lett.*) Sostare, far pausa | (*fig.*) Aver pace: *Lo rege per cui questo regno pausa / in tanto amore e in tanto diletto* (DANTE *Par.* XXXII, 61-62).

pausàrio [vc. dotta, lat. *pausāriu(m)*, da *pāusa* 'pausa'; 1889] **s. m.** ● Capo dei rematori che, sulle navi romane, segnava il tempo stando a poppa.

pavàna [da (*danza*) *pavana* 'danza pa(do)vana'; 1508] **s. f.** ● Danza italiana nobile e cerimoniosa, in quattro tempi, tipica dell'età barocca, poi stilizzata in forma strumentale.

pavaniglia [sp. *pavanilla*, dim. di *pavana* 'pavana'] **s. f.** ● Pavana.

pavàno [forma dial. di *padovano*; sec. XV] **agg.** ● Dialetto rustico padovano.

pavé /fr. pa've/ [vc. fr., propr. part. pass. di *paver* 'lastricare', dal lat. parl. **pavāre*, per il classico *pavīre* 'battere, colpire' (V. *pavimento*); 1813] **s. m. inv.** ● Strada lastricata, selciato.

†**pavefàtto** [vc. dotta, lat. *pavefăctu(m)*, comp. di *pavēre* 'aver paura' (V. *pavere*) e *făctus* 'fatto'] **agg.** ● Spaventato, terrorizzato.

paventaménto [sec. XIV] **s. m.** ● (*lett.*) Timore, trepidazione.

paventàre [lat. parl. **paventāre*, da *pāvens*, genit. *paventis*, part. pres. di *pavēre*. V. *pavere*; 1294] **A** **v. tr.** (*io pavènto*) ● (*lett.*) Temere: *paventò la morte chi la vita aborria* (LEOPARDI). **B** **v. intr.** (aus. *avere*) ***1*** (*lett.*) Aver paura. ***2*** Adombrarsi, spaventarsi, detto spec. di animali.

†**pavènto** [da *paventare*] **s. m.** ● Timore, paura: *suo divin portamento / ritral tu, amor, ch'io per me n'ho p.* (POLIZIANO).

paventóso [da *pavento*; av. 1292] **agg.** ***1*** (*lett.*) Che prova spavento, timore: *popolo ignudo, p. e lento* (PETRARCA). ***2*** (*lett.*) Che incute spavento. || **paventosaménte**, avv.

pavére [vc. dotta, lat. *pavēre* 'essere colpito dallo spavento, aver paura', di etim. incerta; av. 1374] **v. tr. e intr.** (difett. usato solo nella terza pers. sing. del **pres. indic.** *pàve*) ● (*raro, lett.*) Aver paura, timore.

pavesàre [da *pavese* (*1*); 1804] **v. tr.** (*io pavéso*) ***1*** Ornare la nave con pavese. ***2*** (*est.*) Abbellire con tappeti, arazzi, e sim.: *p. i balconi a festa.*

pavesàta [av. 1552] **s. f.** ***1*** (*mar.*) Tela dipinta con cui si coprono le reti delle coffe o le balaustrate, le battagliole o i cassoni. ***2*** Gala di bandiere sulle navi.

pavése (1) o †**palvése** [da (*scudo*) *pavese*; 1280] **s. m.** ***1*** Grande scudo rettangolare largo circa un metro e alto il doppio, usato nelle milizie medievali | (*est.*) †Scudo in genere. ***2*** (*raro*) Palvesario. ***3*** (*mar.*) Gala di bandiere: *gran p.* | Anticamente, riparo di legno dipinto a scudo che si metteva sul capodibanda, in battaglia.

pavése (2) [1816] **A** **agg.** ● Di Pavia | ***Zuppa alla p., zuppa p.***, costituita da brodo bollente versato su uova crude, fette di pane gener. tostate e formaggio grattugiato. **B** **s. m. e f.** ● Abitante, nativo di Pavia.

pàvia [dal n. del botanico ol. P. *Paw*; 1813] **s. f.** ● Ippocastano di origine americana coltivato nei viali e nei parchi, che ha bei racemi di fiori rossi o gialli (*Aesculus pavia*).

pavidità [1958] **s. f.** ● Carattere di chi (o di ciò che) è pavido.

pàvido [vc. dotta, lat. *pāvidu(m)*, da *pavēre* 'aver paura'. V. *pavere*; 1336 ca.] **A** **agg.** ● Pauroso: *animo p.* | Pieno di paura: *sguardo p.*; *la tua mente pavida assicura* (BOIARDO). CONTR. Coraggioso. || **pavidaménte**, avv. **B** **s. m.** (f. *-a*) ● Persona pavida.

†**paviglióne** (1) ● V. *padiglione.*

†**paviglióne** (2) [fr. *pavillon* 'tenda, bandiera': stessa etim. dell'it. *padiglione*; 1858] **s. m.** ● Bandiera navale.

pavimentàle [1958] **agg.** ● Del pavimento: *mosaico p.*

pavimentàre [vc. dotta, lat. *pavimentāre* 'battere, spianare', da *pavimĕntum*. V. *pavimento*; 1499] **v. tr.** (*io paviménto*) ● Dotare di pavimento: *p. un locale, una strada.*

pavimentàto [1499] **part. pass.** di *pavimentare*; anche **agg.** ● Dotato di pavimento.

pavimentatóre [1954] **s. m.** (f. *-trice*) ● Operaio

che mette in opera pavimenti.

pavimentazióne [1866] s. f. *1* Operazione, lavoro del pavimentare. *2* Lastricato stradale | Pavimento.

pavimentista [1966] s. m. e f. (pl. m. *-i*) ● Operaio che esegue lavori di pavimentazione.

♦**paviménto** [vc. dotta, lat. *pavimĕntu(m)* 'terra battuta, pavimento', da *pavīre* 'battere, colpire', di etim. incerta; 1319] s. m. *1* Copertura del suolo di un locale con materiali vari come mattonelle, marmo, linoleum, tasselli di legno e sim. | ***P. galleggiante***, copertura a elementi rimovibili montati su un supporto a traliccio, sotto la quale passano cavi e condutture. *2* (*anat.*) ***P. della bocca***, parte inferiore della cavità boccale, su cui si adagia la lingua. *3* (*geol.*) ***P. abissale***, fondale oceanico a profondità variabili tra 2500 e 5500 m circa.

pavimentóso [da *pavimento*, per la forma; 1958] agg. ● (*anat.*) Detto di tessuto epiteliale formato da cellule piatte.

pavloviàno agg. ● Che è proprio del fisiologo russo I. P. Pavlov (1849-1936) e delle sue teorie sui riflessi condizionati.

pavonàzzo ● V. *paonazzo*.

pavoncèlla [da *pavone*; 1622] s. f. ● Uccello dei Caradriformi caratterizzato da un ciuffo di penne sottili all'occipite (*Vanellus vanellus*). ➡ ILL. animali/8.

♦**pavóne** o (*dial.*) †**pagóne**, (*dial.*) †**paóne** [lat. *pavōne(m)*, di orig. orient.; sec. XIII] **A** s. m. (f. *-a* o *-éssa*) *1* Uccello dei Galliformi, originario dell'India e di Ceylon, con capo adorno di un ciuffo di piume erette e forte dimorfismo sessuale; il maschio ha un magnifico piumaggio blu, con ali picchiettate di grigio e, nella parte posteriore, un lungo strascico di piume verdi con occhi multicolori (*Pavo cristatus*). CFR. Paupulare, stridere. ➡ ILL. animali/8 | (*fig.*) ***Fare il p.***, pavoneggiarsi, gloriarsi e sim. | (*fig.*) ***Farsi bello con le penne del p.***, attribuirsi i meriti altrui e gloriarsene. *2* (*fig.*) Persona fatua e vanagloriosa. **B** in funzione di agg. inv. ● (posposto a un s.) Solo nelle loc. ***azzurro, verde p.***, detto di varietà cromatiche brillanti di questi colori.

pavoneggiàrsi o †**paoneggiàrsi** [da *pavone*; 1353] v. intr. pron. (*io mi pavonéggio*) ● Compiacersi eccessivamente di sé stesso: *io intanto non poteva resistere al piacere di pavoneggiarmi dinanzi alla Pisana* (NIEVO).

pavònia [dai colori che ricordano quelli del *pavone*; 1875] s. f. ● Farfalla notturna i cui maschi, bruno-giallastri, hanno antenne pennate e appariscenti e le femmine sono di colore grigio-roseo (*Eudia pavonia*).

†**pavóre** [lat. *pavōre(m)*, da *pavēre* 'aver paura'. V. *pavere*; av. 1306] s. m. ● (*raro*) Paura, terrore.

payèna /pa'jɛna/ [chiamata così in onore di un certo *Payen* (?)] s. f. ● Albero delle Sapotacee, indo-malese, che fornisce guttaperca (*Payena Leeri*).

payoff /pei'ɔf, *ingl.* 'pheɪ,ɒf/ [vc. ingl., propr. 'pagamento', ma anche 'conclusione'] s. m. inv. *1* Parte conclusiva dei messaggi pubblicitari, scritta con molta evidenza e destinata a fare presa sui potenziali acquirenti. *2* Risultato economico, realizzato o previsto, di una determinata operazione.

payout /pei'aut, *ingl.* 'pheɪ,aʊt/ [vc. ingl., accorc. di *payout ratio* 'rapporto di esborso'; 1988] s. m. inv. ● (*econ.*) Rapporto fra utile distribuito ai soci e utile netto totale.

pay per view /*ingl.* 'pheɪ pɜː'vjuː/ [loc. ingl., propr. 'paga a vista avvenuta'; 1994] loc. sost. f. inv. ● Sistema di distribuzione di programmi televisivi da parte di una pay tv nel quale viene addebitato all'utente solo il costo delle trasmissioni che sceglie di ricevere.

pay tv /peitiv'vu*, *ingl.* 'pheɪ tiː'viː/ [vc. ingl. composta da *to pay* 'pagare' e *tv*; 1989] loc. sost. f. inv. (pl. ingl. *pay tvs*) ● Emittente televisiva commerciale i cui programmi sono totalmente o in parte accessibili solo mediante l'acquisto o il noleggio di un apposito decodificatore.

pazientàre [da *paziente*; av. 1527] **A** v. intr. (*io paziènto*; aus. *avere*) ● Avere pazienza: *vi prego di p. ancora un poco.* **B** v. tr. ● †Aspettare con pazienza.

♦**paziènte** [vc. dotta, lat. *patiĕnte(m)* 'che sopporta, che tollera', da *păti* 'sopportare, soffrire'. V. *patire*; sec. XIII] **A** agg. *1* Che sa accettare, con serenità e senza lamentarsi, avversità, contrattempi, dolori e sim.: *un uomo, un padre, un marito p.* | (*est.*) Che sa attendere, senza insofferenza e nervosismo: *un impiegato p.* | Che esprime pazienza: *tu co 'l lento / giro de' pazienti occhi rispondi* (CARDUCCI). CONTR. Impaziente, insofferente. *2* Che fa le cose con cura, con scrupolo, con meticolosità: *un ricercatore p.* | Che è fatto con pazienza, che richiede pazienza: *lavoro, studio p.*; *lunghe e pazienti indagini.* *3* (*ling.*) †Che riceve l'azione dell'agente. || **pazienteménte**, avv. Con pazienza: *aspettare, attendere pazientemente.* **B** s. m. e f. *1* Chi è affetto da una malattia, e quindi sottoposto a cure mediche, analisi, interventi chirurgici e sim.: *ricovero di un p. in clinica* | Chi è in cura presso un medico: *il dottor Rossi riceve i pazienti nel pomeriggio.* *2* (*ling.*) †Elemento passivo dell'azione.

♦**paziènza** o †**pacènza**, †**pacènzia**, †**paciènza** [vc. dotta, lat. *patiĕntia(m)*, da *pătiens*, genit. *patiĕntis*, part. pres. di *păti*. V. *paziente* e *patire*; av. 1294] s. f. *1* Disposizione interiore e atteggiamento di chi sa tollerare a lungo e serenamente tutto ciò che risulta sgradevole, irritante o doloroso: *avere, non avere p.*; *una infinita p.*; *coi vecchi e coi bambini ci vuole p.*; *la longanimità e p. sta bene a tutti* (BRUNO) | ***P.!, Ci vuol p.!***, esclamazione che esprime rassegnazione, sopportazione e sim. | ***Abbi p.!***, escl. per esortare alla calma, all'obiettività e sim. o escl. di scusa | ***Perdere la p.***, irritarsi | ***Far scappare la p. a qlcu.***, farlo arrabbiare | ***Armarsi di p.***, prepararsi a sopportare avversità, noia e sim. | ***Santa p.!***, esclamazione di chi sta per perderla | ***La p. di Giobbe***, la massima pazienza di cui un essere umano è capace | (*est.*) Precisione e meticolosità, assoluta mancanza di fretta, di approssimazione e sim.: *un lavoro di abilità e di p.* | ***La p. di un certosino***, massima calma e precisione in un lavoro | ***Gioco di p.***, in cui occorrono calma, riflessione e diligenza. CONTR. Impazienza, insofferenza. *2* †Sofferenza, dolore. *3* Abito, privo di maniche e aperto lateralmente, dei membri di alcuni ordini e congregazioni religiose cattoliche | Cordone dei frati. *4* (*mar.*) Rastrelliera di caviglie.

pazzarèllo ● V. *pazzerello*.

pazzarièllo [nap., da *pazziare*; 1905] s. m. ● A Napoli, banditore che va per le strade seguito da suonatori di grancassa, tamburo e zufolo, vestito con abito seicentesco o comunque variopinto, e con mazza fornita di pomo.

†**pazzarino** [da *pazzo*] s. m.; anche agg. ● Sciocco, scimunito.

†**pazzeggiaménto** s. m. ● Divertimento chiassoso e stravagante.

pazzeggiàre [comp. di *pazzo* e *-eggiare*; av. 1449] v. intr. (*io pazzéggio*; aus. *avere*) ● (*raro* o *lett.*) Fare pazzie, spec. esprimendo la propria gioia in modo chiassoso e stravagante.

pazzerèllo o (*dial.*) **pazzarèllo** [av. 1444] **A** agg. *1* Dim. di *pazzo*. *2* Alquanto pazzo. *3* (*fig.*, *scherz.*) Capriccioso: *vento, carattere p.* **B** s. m. (f. *-a*) ● Persona bizzarra e capricciosa. || **pazzerellino**, dim. | **pazzerellóne**, accr. (V.).

pazzerellóne [1863] agg.; anche s. m. (f. *-a*) *1* Accr. di *pazzerello*. *2* Che (o Chi) è allegro, spensierato e scherza volentieri.

pazzésco [sec. XIV] agg. (pl. m. *-schi*) *1* Di pazzo, da pazzo: *comportamento p.* | (*fam.*) Incredibile, straordinario: *ha una cultura pazzesca.* *2* (*fig.*) Assurdo, irragionevole: *una spiegazione incredibile, addirittura pazzesca.* || **pazzescaménte**, avv.

pazzìa [da *pazzo*; av. 1306] s. f. *1* Alterazione delle facoltà mentali: *dare segni di p.*; *è una vera forma di p.*; *un pazzo la cui p. consisteva nell'illusione di avere un rapporto con la realtà* (MORAVIA). *2* (*est.*) Stravaganza, stranezza | ***Avere un ramo di p.***, essere stravagante. *3* Azione stravagante, comportamento strano: *una delle sue solite pazzie*; *far pazzie.* *4* (*fig.*) Cosa assurda e irragionevole: *pretendere di convincerlo sarebbe una p.* *5* (*merid.*) Gioco, scherzo. || **pazziòla**, **pazziuòla**, dim.

pazziàre [da *pazzo*; 1957] v. intr. (*io pàzzio*) ● (*merid.*) Fare pazzie, follie, stranezze.

†**pazzìccio** [sec. XVI] agg. *1* Dim. di *pazzo*. *2* Alquanto pazzo.

♦**pàzzo** [lat. *pătiens*, nom., 'paziente' (in senso medico) (?); 1280 ca.] **A** agg.; anche s. m. (f. *-a*) *1* Che (o Chi) mostra alterazione nelle proprie facoltà mentali: *diventare p.*; *p. furioso*; *p. da legare*; *una povera pazza*; *urlare, smaniare come un p.* *2* (*est.*) Che (o Chi) si comporta in modo insensato, come se fosse fuori di sé: *mi sembri p.*; *è corso via come un p.*; *un discorso da p.* | ***Cose da pazzi!***, cose incredibili, assurde e sim. | Con valore raff.: *essere innamorato, geloso p.* | Nella loc. ***essere p. di***, seguita da un sost., ha valore iperb.: *essere p. d'amore, di gioia, di felicità, di disperazione* | ***Andare p. per qlco.***, esserne particolarmente attratto: *va pazza per il ballo* | (*est.*) Che (o Chi) mostra un comportamento particolarmente bizzarro: *è sempre stato un po' p.*; *che p. a vestirsi in quel modo!* || **pazzàccio**, pegg. | **pazzarèllo**, **pazzerèllo**, dim. (V.) | †**pazzìccio**, dim. (V.). **B** agg. ● Degno di un pazzo, cioè particolarmente strano e stravagante: *discorsi pazzi*; *un gesto veramente p.* | Eccessivo: *fare spese pazze*; *correre a pazza velocità* | ***Provare un gusto p. a, nel, fare qlco.***, divertirsi moltissimo | ***Darsi alla pazza gioia***, abbandonarsi ai divertimenti più sfrenati | ***Tempo p.***, incostante | (*raro*) ***Acqua pazza***, brodo lungo e insipido, o latte misto ad acqua. || **pazzaménte**, avv. *1* Da pazzo, come un pazzo. *2* (*fig.*) In modo eccessivo, straordinario e sim.: *amare, desiderare pazzamente qlcu., divertirsi pazzamente.*

pazzòide [comp. di *pazzo* e *-oide*; 1944] agg.; anche s. m. e f. ● Che (o Chi) è alquanto strano e stravagante: *carattere p.*; *è un p.*

PC /pit∫'t∫i*/ [1985] **A** s. m. inv. ● Sigla di *personal computer* (V.). **B** in funzione di agg. inv. ● (posposto al s.) Eseguito con un personal computer: *denuncia iva pc.*

†**pe** /pe*/ ● V. *pi*.

pe' /pe/ prep. art. m. pl. ● (*tosc.*, *poet.*) Forma tronca della prep. art. 'pei'.

peak time /pik'taim, *ingl.* 'phiːk,taem/ o **peak-time** [loc. ingl., propr. 'tempo (*time*) del picco (*peak*) più alto'; 1983] loc. sost. m. inv. ● (*radio*, *tv*) Fascia oraria nella quale l'ascolto raggiunge i valori più alti, gener. quella compresa tra le 20,30 e le 23.

peàna [vc. dotta, lat. *Paeāna*, nom. *Pāean*, dal gr. *Paián*, epiteto di Apollo, propr. 'il risanatore', di etim. incerta; 1321] s. m. (pl. inv. o *-i*) *1* Canto corale in onore di Apollo o altra divinità. *2* (*fig.*) Discorso, scritto e sim. di vittoria o di esaltazione per qlco.

peàta [vc. venez., dal lat. parl. **plătta(m)*, perché di fondo piatto. V. *piatto*; 1720] s. f. ● (*mar.*) Barca a fondo piatto già in uso nella laguna veneta.

pebrina [fr. *pébrine*, dal provz. *pebrino*, da *pebre* 'pepe', per le piccole macchie scure, simili a granelli di *pepe*, che caratterizzano questa malattia; 1875] s. f. ● Malattia del baco da seta provocata da un protozoo parassita, il nosema.

pecàn [vc. d'orig. algonchina] s. m. ● Albero delle Iuglandacee, diffuso spec. nell'America settentrionale, con frutto a forma di noce allungata e il cui seme commestibile ha sapore di mandorla (*Carya pecan*) | ***Noce p.***, il frutto di tale albero.

pècari [vc. di orig. caribica; 1772] s. m. inv. ● Mammifero americano dei Suidi con pelame ispido, rossiccio, collare bianco e denti canini molto sviluppati rivolti in basso (*Tayassu tajacu*). ➡ ILL. animali/12.

pècca [da *peccare*; sec. XIII] s. f. *1* Vizio, difetto, menda: *conoscere le pecche di qlcu.*; *qualche magagna, qualche p. nascosta la doveva avere* (MANZONI). *2* Errore, imperfezione, mancanza: *il suo operato non è immune da pecche.*

peccàbile agg. ● (*lett.*) Che è soggetto a peccare.

†**peccadìglio** [sp. *pecadillo*, dim. di *pecado* 'peccato'; 1525] s. m. ● Peccatuccio.

peccaminosità [av. 1956] s. f. ● (*raro*) Natura di chi (o di ciò che) è peccaminoso.

peccaminóso [comp. del lat. tardo *peccāmen*, genit. *peccāminis* 'peccato', da *peccāre* 'peccare', e *-oso* (3); 1689] agg. *1* Che ha in sé il peccato: *pensiero p.* | Che è pieno di peccato o di peccati: *un passato p.* *2* Che spinge al peccato | Contrario al pudore, alla decenza: *letture peccaminose* | Adulterio: *relazione peccaminosa.* || **peccaminosaménte**, avv.

peccànte **A** part. pres. di *peccare*; anche agg. *1* Nei sign. del v. *2* (*raro*) Difettoso | †***Umori peccanti***, che causano malattia. **B** s. m. e f. ● †Peccatore.

peccàre [lat. *peccāre*: da **pĕccus* 'difettoso nel piede', da *pēs*, genit. *pĕdis* 'piede'; av. 1250] **A** v. intr. (*io pècco, tu pècchi*; aus. *avere*) (assol.; + *di*; + *per*; raro + *in*) *1* Trasgredire i precetti religiosi, commettere peccato: *p. di superbia, di invidia.* *2* (*est.*) Commettere errori: *p. di leggerezza, per troppa bontà* | (*raro*) Esagerare: *p. in severità, in durezza.* **B** v. tr. ● †Nella loc. ***p. un peccato***, commetterlo.

♦**peccàto** [vc. dotta, lat. *peccātum*, da *peccāre* 'peccare'; av. 1250] s. m. (pl. †*-a*, f.) *1* Comportamento umano che costituisce violazione della legge etica e divina | Nella dottrina cattolica, libera o volontaria trasgressione della legge divina, in pensieri, parole, opere, omissioni | ***P. capitale, mortale***, che è punito con la dannazione eterna | ***I sette peccati capitali***, accidia, avarizia, gola, invidia, ira, lussuria, superbia | ***P. veniale***, che non comporta la perdita della grazia | ***P. originale***, commesso da Adamo e da Eva, è trasferito a tutti gli uomini e si redime con il battesimo | ***Brutto come il p.***, (*fig.*) di persona o cosa bruttissima | (*est.*) Vita peccaminosa: *vivere nel p.* *2* (*fig.*) Errore, fallo: *un p. da correggere, da riparare*; *l'orgoglio è il mio più buon p. umano* (SABA) | ***P. di gioventù***, qualunque colpa addebitabile all'inesperienza giovanile (*anche scherz.*). *3* In numerose loc., spesso escl., esprime rammarico, dispiacere, rincrescimento (*anche ellitt.*): *è un vero p. che il vetro si sia rotto*; *che p. che tu non sia qui!*; *p. che sia così giovane!*; *Non sei riuscito a entrare? P.!* | †***Prendere p. di***, aver compassione di. ‖ **peccatàccio**, pegg. | **peccatino**, dim. | **peccatùccio**, **peccatùzzo**, dim.

♦**peccatóre** [lat. tardo *peccatōre(m)*, da *peccātum* 'peccato'; sec. XI] s. m. (f. *-trice*, raro pop. *-tora*) ● Chi pecca o ha peccato: *di gran peccatori si possono fare gran santi* (BARTOLI) | ***Un p. indurito, incallito***, che non si ravvede | ***P. impenitente***, che non si corregge; (*scherz.*) persona che ama divertirsi | (*disus.*) ***Pubblica peccatrice***, prostituta. ‖ **peccatoràccio**, pegg.

peccéta [da *peccia* (2) col suff. *-eta*, dal lat. *-ēta*, pl. collettivo di *-ētu(m)*, proprio di luoghi dove crescono determinati alberi] s. f. ● (*sett.*) Bosco di pecci.

†**pécchero** [longob. *behhari* 'bicchiere' (cfr. ted. *Becher*); av. 1698] s. m. ● Bicchiere di grosse dimensioni.

pécchia [lat. *apĭcula(m)*, dim. di *ăpis* 'ape'; av. 1320] s. f. *1* (*lett.*) Ape. *2* †Caldaia dei tintori. ‖ **pecchióne**, accr. m. (V.).

pecchiaiuòlo o **pecchiaiòlo** [dalle *pecchie*, di cui si ciba] s. m. ● Uccello rapace degli Accipitridi di passo in Italia, con becco poco uncinato, si ciba volentieri di imenotteri (*Pernis apivorus*).

†**pecchiàre** [da *pecchia*] v. tr. e intr. ● (*tosc.*, *scherz.*) Bere succhiando golosamente come un'ape.

pecchióne [1568] s. m. *1* Accr. di *pecchia.* *2* Fuco. *3* (*tosc.*) †Beone.

†**péccia** (1) [etim. incerta] s. f. ● Pancia, trippa.

péccia (2) [dal lat. *pīcea(m)* 'pino silvestre' (V. *picea*)] s. f. (pl. *-ce*) ● (*sett.*) Peccio.

péccio [dal lat. *piceum* 'pece'] s. m. ● (*bot.*) Abete rosso. SIN. Peccia, picea.

†**pecciùto** agg. ● Panciuto.

péce [lat. *pĭce(m)*, di orig. indeur.; sec. XII] s. f. ● Massa nera di varia consistenza e di aspetto bituminoso, ottenuta come residuo della distillazione dei catrami, usata nella pavimentazione di strade, nella copertura di tetti e terrazze, per cartoni e copertoni catramati e altro | ***P. greca***, colofonia | ***P. liquida***, catrame | ***P. nera***, residuo della distillazione del catrame vegetale, usata per calafatare navi e per impermeabilizzare tessuti e tele | (*fig.*) ***Nero come la p.***, molto nero | (*lett.*) ***Essere macchiati della stessa*** o ***d'una p.***, (*fig.*) avere gli stessi difetti o colpe: *che tutti siam macchiati d'una p.* (PETRARCA).

pecétta [da *pece*; av. 1850] s. f. *1* (*tosc.*) Cerotto | (*est.*) Toppa che si pone per riparare qlco. | ***Mettere una p.***, (*fig.*) rimediare in qualche modo qlco. *2* (*fig.*) Cosa o persona molesta o noiosa. SIN. Impiastro. *3* (*fig.*, *raro*) Macchia di sudiciume. *4* (*raro*) Etichetta. *5* Piccola striscia nera sovrimpressa in una fotografia e sim. con la funzione di nascondere certe parti del corpo o di impedire l'identificazione di una persona.

pechblènda /pek'blenda/ [ted. *Pechblend*, comp. di *Pech* 'pece' e *Blende* 'blenda', per il suo aspetto scuro come la *pece*; 1817] s. f. ● Importante minerale dell'uranio. SIN. Uraninite.

pechinése [1766] **A** agg. ● Di Pechino. **B** s. m. (anche f. nel sign. 1) *1* Abitante, nativo di Pechino. *2* (*solo sing.*) Dialetto parlato a Pechino. *3* Cagnolino di lusso con pelo lungo e setoso.

pècia [variante di *pezza*; 1958] s. f. (pl. *-cie*) ● Nel Medioevo, ciascun foglio scritto piegato in quattro, che formava il fascicolo modello di un libro e più specificatamente di un testo ufficiale universitario.

peciàrio [da *pecia*] s. m. ● Nelle università del Medioevo, chi custodiva le pecie.

pecilandria [comp. di *pecil(o)-* e *-andria*] s. f. ● (*biol.*) Fenomeno per cui, nella stessa specie, esistono differenti tipi di maschi.

Pecìlidi o **Pecilìidi** [dal gr. *poikílos* 'variopinto', prob. da una vc. indeur. che indica 'ornamento', e *-idi*; 1958] s. m. pl. (sing. *-e*) ● Nella tassonomia animale, famiglia di Pesci ossei dei Ciprinodontiformi comprendente specie di piccole dimensioni, vivacemente colorate, cui appartiene la gambusia (*Poeciliidae*).

pècilo- [dal gr. *poikílos* 'variopinto' (V. *pecilidi*)] primo elemento ● In parole composte della terminologia scientifica, significa 'variegato, variopinto': *pecilandria, pecilosmotico.*

peciloginìa [comp. di *pecilo-* e *-ginia*] s. f. ● (*biol.*) Fenomeno per cui, nella stessa specie, esistono differenti tipi di femmine.

pecilogonìa [comp. di *pecilo-* e *-gonia*] s. f. ● (*zool.*) Fenomeno caratteristico di alcuni gruppi invertebrati; i piccoli sgusciano dalle uova in uno stadio di sviluppo variabile a seconda della quantità delle sostanze di riserva che esse contengono.

pecilosmòtico [comp. di *pecil(o-)* e *osmotico*] agg. (pl. m. *-ci*) ● (*zool.*) Detto di animale la cui concentrazione salina interna corrisponde a quella dell'ambiente esterno.

peciloterminìa [comp. di *pecilo-* e *-termia*] s. f. ● Condizione propria dei pecilotermi.

pecilotèrmico [comp. di *pecilo-* e *-termico*] agg. (pl. m. *-ci*) ● Riferito ai pecilotermi.

pecilotèrmo [comp. di *pecilo-* e *-termo*] s. m. ● (*zool.*) Organismo animale che adegua la propria temperatura corporea a quella ambientale.

pecionàta [da *pecione*; 1965] s. f. ● (*rom.*) Lavoro malfatto, abborracciato.

pecióne [da *pece*: propr. 'calzolaio di poco valore che fa largo uso della pece'; 1952] s. m. (f. *-a*) ● (*centr.*) Chi esegue qlco. in modo affrettato e inesatto.

pecióso [av. 1729] agg. ● Che ha l'aspetto e le caratteristiche della pece.

peciòtto [da *pecione*] s. m. ● (*centr.*) Cosa mal fatta | Cosa sudicia, pasticciata.

peck /ingl. pɛk/ [vc. ingl., di etim. incerta; 1895] s. m. inv. ● Unità di misura inglese di capacità per liquidi, pari a 9,09 litri. SIMB. pk.

†**pèco** s. f. ● Pecora.

♦**pècora** [lat. *pĕcora*, pl. di *pĕcus* 'bestiame', di orig. indeur.; 1221] s. f. *1* Ruminante della famiglia degli Ovini diffuso con molte razze in tutto il mondo e allevato spec. per la lana, la carne, la pelle, il latte (*Ovis aries*). CFR. Belare. ➡ ILL. **animali**/12 | ***P. delle montagne rocciose***, con corna nei due sessi, imponenti nei maschi, mantello bruniccio di peli duri (*Ovis canadensis*) | ***P. selvatica del Pamir***, argalì | ***P. nera***, (*fig.*) chi spicca negativamente in una famiglia, gruppo, comunità e sim. | (*est.*) Animale: *trattare i popoli come pecore*; *uomini siate, e non pecore matte* (DANTE *Par.* V, 80). *2* (*fig.*) Persona debole, eccessivamente sottomessa e priva di volontà: *se ti lasci trattare così, sei una p.*; *non fare la p.* | (*est.*) Animale docile: *un cavallo che è una p.* ‖ PROV. Chi pecora si fa, il lupo se la mangia. ‖ **pecoràccia**, pegg. | **pecorèlla**, dim. (V.) | **pecorétta**, dim. | **pecorina**, dim. (V.) | **pecoróne**, accr. m. (V.) | **pecorùccia**, dim.

pecoràggine [da *pecora*; 1353] s. f. *1* Sottomissione, passività, conformismo dovuti a viltà e a mancanza d'intelligenza. *2* †Stupidità, melensaggine.

pecoràio o (*dial.*) **pecoràro** [sec. XIII] s. m. (f. *-a*) *1* Guardiano di pecore. *2* (*fig.*) Persona rozza e maleducata.

pecoràme [1831] s. m. *1* Quantità di pecore. *2* (*fig.*) Moltitudine di persone che si comportano in modo servile o conformistico.

pecoràro ● V. *pecoraio.*

pecoréccio [1353] **A** s. m. *1* (*raro*) Letamaio delle pecore. *2* (*fig.*, *raro*) Situazione confusa e intricata da cui non si riesce a liberarsi | Licenziosità, volgarità: *cadere nel p.* **B** agg. (pl. f. *-ce*) *1* (*raro*) Pecorino. *2* (*fig.*) Licenzioso, sboccato: *film pecorecci.*

pecorèlla [1319] s. f. *1* Dim. di *pecora.* *2* Piccola pecora, pecora giovane. *3* Nel linguaggio della religione cristiana, chi è fedele a un'autorità religiosa o membro di una comunità ecclesiale (con riferimento a Cristo come buon Pastore): *il parroco e le sue pecorelle* | ***P. smarrita***, il peccatore; (*est.*, *fig.*) chi si è allontanato da un ambiente, da un gruppo. *4* (*fig.*) Nuvoletta bianca, che nella forma ricorda una pecorella: *cielo a pecorelle.*

pecorésco [1585] agg. (pl. m. *-schi*) ● (*raro*) Sciocco e pauroso come una pecora. ‖ **pecorescaménte**, avv. In modo pecoresco, vile.

pecorile [av. 1400] **A** agg. ● (*raro*) Di, attinente a pecora. **B** s. m. ● (*lett.*) Ovile.

pecorina s. f. *1* Dim. di *pecora.* *2* †Letame di pecora.

pecorino [vc. dotta, lat. tardo *pecorīnu(m)*, agg. di *pĕcus*, genit. *pĕcoris* 'bestiame', poi 'pecora'; 1309] **A** agg. ● Di pecora: *pelle pecorina* | ***Formaggio p.***, di latte di pecora. ‖ **pecorinaménte**, avv. **B** s. m. ● Formaggio salato di latte intero di pecora: *p. romano, sardo.*

pècoro [av. 1290] s. m. *1* (*raro*) Montone. *2* (*fig.*) Pecorone.

pecoróne [1353] **A** s. m. (f. *-a*, raro) *1* Accr. di *pecora.* *2* (*fig.*) Uomo debole, che accetta senza reagire imposizioni, violenze, soprusi e sim. SIN. Minchione. **B** agg. ● (*raro*) Inetto, vile: *gente pecorona.*

pecoróso [vc. dotta, lat. *pecorōsu(m)*, da *pĕcus*, genit. *pĕcoris* 'bestiame', poi 'pecora'; 1810] agg. ● (*raro*, *lett.*) Di paese o zona ricca di pecore: *giunto ai campi / della feconda, pecorosa Ftia* (MONTI).

pecorùme [comp. di *pecor(a)* e *-ume*; 1860] s. m. *1* Quantità di persone che si comportano in modo vile e servile. *2* (*raro*, *lett.*) Servilismo, viltà.

pectàsi [accorc. di *pect(inester)asi*] s. f. inv. ● (*chim.*) Enzima vegetale che catalizza l'idrolisi della pectina.

pècten [vc. lat. (nom.), che vale 'pettine', d'uso corrente in ingl.] s. m. inv. ● (*anat.*) Cresta ossea che forma il bordo superiore del pube.

pèctico o **pèttico** [vc. dotta, gr. *pēktikós* 'atto a congelare', da *pēktós* 'condensato', da *pēgnýnai* 'fissare, rendere compatto', di orig. indeur.; 1871] agg. (pl. m. *-ci*) ● (*chim.*) Che ha relazione con la pectina | ***Acido p.***, acido organico complesso ottenuto per idrolisi enzimatica delle pectine.

pèctide ● V. *pettide.*

pectina o **pettina** [dal gr. *pēktós* 'condensato'. V. *pectico*; 1871] s. f. ● (*chim.*) Sostanza organica complessa contenuta spec. nella frutta, usata per formare gelatine nell'industria dolciaria e in farmacologia.

pèctis ● V. *pettide.*

pectore, in ● V. *in pectore.*

peculàto [vc. dotta, lat. *peculātu(m)*, da *peculāri* 'rubare il pubblico denaro', da *pecūlium* 'peculio'; 1673] s. m. ● (*dir.*) Reato del pubblico ufficiale o dell'incaricato di un pubblico servizio che, avendo per ragione del suo ufficio o servizio il possesso o comunque la disponibilità di denaro o di altra cosa mobile altrui, se ne appropria.

peculiàre [vc. dotta, lat. *peculiāre(m)* 'relativo al peculio, appartenente alla proprietà privata, proprio', da *pecūlium* 'peculio'; 1483] agg. ● Che è proprio o particolare di qlco. o di qlcu.: *la duttilità è una caratteristica p. di questo metallo* | Singolare, caratteristico: *non ci è sfuggito il carattere p. delle teorie esposte.* ‖ **peculiarménte**, avv.

peculiarità [av. 1827] s. f. ● Caratteristica peculiare | (*est.*) Proprietà specifica: *è una p. grammaticale del latino.*

pecùlio [vc. dotta, lat. *pecūliu(m)* 'parte del gregge lasciata in proprietà allo schiavo' che questi normalmente rivendeva per comperarsi la libertà, poi 'risparmi, denaro', da *pĕcus* 'bestiame'. V. *pecora*; av. 1292] s. m. *1* Nel diritto romano, somma di denaro che il capofamiglia affidava in amministrazione e godimento al proprio figlio o al proprio schiavo. *2* (*est.*, *scherz.*) Somma di denaro, gruzzolo: *nascondere il p.* ***3*** †Gregge, mandria. ‖ **peculiétto**, **dim.**

pecùnia [vc. dotta, lat. *pecūnia(m)*, da *pĕcus* 'bestiame' (V. *pecora*), perché in orig. la ricchezza consisteva nel bestiame; sec. XIII] **s. f.** ● (*lett.* o *scherz.*) Denaro: *la p. è reggimento di tutte le cose* (ALBERTI).

†**pecuniàle** [vc. dotta, lat. tardo *pecuniāle(m)*, da *pecūnia* 'pecunia'; av. 1400] **agg.** ● Pecuniario: *sopra poveri impotenti tosto si dà indizio e corporale e p.* (SACCHETTI).

pecuniàrio [vc. dotta, lat. tardo *pecuniāriu(m)*, da *pecūnia* 'pecunia'; av. 1320] **agg.** ● Relativo al denaro: *questione pecuniaria* | Valutabile in denaro: *danno, guadagno p.* | (*dir.*) ***Pena pecuniaria***, multa o ammenda (distinta dalla *pena detentiva*). ‖ **pecuniariaménte**, **avv.** Relativamente al denaro.

†**pecunióso** [vc. dotta, lat. *pecuniōsu(m)*, da *pecūnia* 'pecunia'; 1441] **agg.** ● Danaroso, ricco | Avaro.

†**pedaggière** o †**pedagière** **s. m.** ● Chi riscuoteva il pedaggio, la gabella.

pedàggio [fr. *péage* 'diritto di mettere piede', dal lat. *pēs*, genit. *pĕdis* 'piede', rifatto sull'it. *piede*; 1300] **s. m.** ***1*** Tassa corrisposta per il transito di veicoli in determinati luoghi: *p. autostradale* | (*fig.*) Rischio necessario, prezzo da pagare per ottenere qualcosa: *ha pagato il p. all'inesperienza.* ***2*** †Dazio, gabella.

†**pedagière** ● V. †*pedaggiere*.

pedàgna [lat. tardo *pedānea(m)*, agg. f., 'che riguarda il piede', da *pēs*, genit. *pĕdis* 'piede'; 1602] **s. f.** ***1*** (*mar.*) Traversa di legno sulla quale i rematori posano i piedi vogando. **SIN.** Puntapiedi. ***2*** (*region.*) Pedana.

pedàgnolo [dal lat. tardo *pedāneus* 'che riguarda il piede', da *pēs*, genit. *pĕdis* 'piede'] **s. m.** ● (*raro*) Fusto d'albero giovane | Carbone dolce in cannelli tondi.

pedagogheria [da *pedagogo*; 1526] **s. f.** ● (*lett.*) Pedanteria.

pedagogia [vc. dotta, gr. *paidagōgía*, da *paidagōgós* 'pedagogo'; 1590] **s. f.** ● Disciplina che si occupa dei problemi relativi all'educazione, e in particolare dei fini del processo educativo e dei modi più atti a conseguirli.

pedagògico [vc. dotta, gr. *paidagōgikós*, agg. di *paidagōgía* 'pedagogia'; 1716 ca.] **agg.** (**pl. m.** *-ci*) ● Che concerne o interessa la pedagogia. ‖ **pedagogicaménte**, **avv.** In modo pedagogico, secondo i criteri della pedagogia.

pedagogismo [1639] **s. m.** ***1*** Tendenza a enfatizzare il ruolo della pedagogia. ***2*** Propensione a seguire passivamente un determinato metodo pedagogico. ***3*** (*est.*) Tendenza a impartire insegnamenti: *il p. della produzione artistica nei Paesi totalitari.*

pedagogista [1861] **s. m. e f.** (**pl. m.** *-i*) ● Chi si dedica allo studio dei problemi della pedagogia.

pedagogizzàre [1639] **v. intr.** (aus. *avere*) ***1*** Esplicare la propria opera di pedagogista. ***2*** (*spreg.*) Atteggiarsi a pedagogista in ogni luogo o situazione.

pedagògo [vc. dotta, lat. *paedagōgu(m)*, nom. *paedagōgus*, dal gr. *paidagōgós*, propr. 'colui che conduce i fanciulli', comp. di *pâis*, genit. *paidós* 'fanciullo', di orig. indeur. e *ágein* 'condurre', di orig. indeur.; 1319] **s. m.** (**f.** *-a*; **pl. m.** *-ghi*) ***1*** (*lett.*) Istitutore o precettore di fanciulli | (*lett.*) Guida intellettuale. ***2*** (*raro, scherz.*) Pedante.

pedalàbile [da *pedalare*; 1958] **agg.** ● Di strada che ha un buon fondo ed è percorribile in bicicletta senza eccessivo sforzo | Di salita non troppo ripida.

pedalàre [da *pedale*; 1895] **v. intr.** (aus. *avere*) ***1*** Azionare un congegno o una macchina a pedali, spec. una bicicletta: *p. con fatica, a tutta forza* | (*est.*) Andare in bicicletta. ***2*** (*fig., fam.*) Camminare molto velocemente | (*est.*) Nel calcio, svolgere una gran mole di gioco, correre molto | (*est.*) ***Pedala! Pedalare!***, incitazione a darsi da fare, a sbrigarsi, o ad andarsene.

pedalàta [av. 1909] **s. f.** ***1*** Spinta data col piede sul pedale della bicicletta: *raggiunse l'angolo con quattro robuste pedalate.* ***2*** Modo di pedalare: *una p. sciolta, vigorosa.*

pedalatóre [1958] **s. m.** (**f.** *-trice*) ● Chi pedala. **SIN.** Ciclista.

♦**pedàle** [lat. *pedāle(m)* 'che riguarda il piede', da *pēs*, genit. *pĕdis* 'piede'; 1304] **A s. m.** ***1*** Qualsiasi organo azionato col piede per il comando di meccanismi vari | Parte della bicicletta su cui il ciclista spinge con il piede per muovere il veicolo | ***Sport del p.***, ciclismo | ***P. a sgancio rapido***, sistema di sicurezza di bloccaggio e sbloccaggio del piede nelle biciclette da corsa. ➡ **ILL.** p. 2145 SPORT; p. 2161 TRASPORTI. ***2*** Meccanismo applicato ad alcuni strumenti musicali per ottenere determinati suoni, per prolungare o arrestare la risonanza e sim.: *il p. dell'organo, del clavicembalo, del pianoforte.* ***3*** (*mus.*) In armonia, nota grave che si prolunga sotto una variata serie d'accordi senza esserne necessariamente parte integrante. ***4*** Striscia di cuoio cucita ai due capi in cui il calzolaio introduce il piede tenendola in modo da tener ferma la scarpa in lavorazione sulle ginocchia. ***5*** Parte inferiore di un tronco d'albero: *non è possibile né naturale che uno p. sottile sostenga uno ramo grosso* (MACHIAVELLI). ***6*** †Falda, piede di un monte. ***7*** (*region.*) Calzino. ***8*** (*mat.*) Podaria. ‖ **pedalino**, **dim.** (V.). **B agg.** ● (*zool.*) Relativo al piede dei Molluschi o alla porzione basale del corpo con cui altri animali invertebrati si ancorano al substrato.

pedaleggiàre [intens. di *pedalare*; 1801] **v. intr.** (*io pedaléggio*; aus. *avere*) ● (*mus.*) Usare i pedali.

Pedaliàcee [dal gr. *pēdálion*, n. di una pianta, metafora di *pēdálion* 'timone', per la forma delle foglie. *Pēdálion* deriva da *pēdón* 'pala del remo', da *póus*, genit. *podós* 'piede' (V. *-pode*); 1938] **s. f. pl.** (**sing.** *-a*) ● Nella tassonomia vegetale, famiglia di piante erbacee dicotiledoni tropicali, generalmente litoranee, cui appartiene il sesamo (*Pedaliaceae*). ➡ **ILL. piante**/9.

pedalièra [1816] **s. f.** ***1*** Insieme dei pedali: *la p. dell'automobile* | Nella bicicletta, insieme dei pedali, delle pedivelle e della ruota dentata collegata ai pedali. ***2*** (*aer.*) Dispositivo su cui agiscono i piedi del pilota per il governo direzionale dell'aereo. ***3*** (*mus.*) Tastiera dell'organo azionata dai piedi | In un pianoforte, l'insieme dei pedali e del loro sostegno.

pedalina [da *pedale*; 1925] **s. f.** ***1*** Antica macchina tipografica azionata a pedale. ***2*** Piccola pressa azionata a pedale.

pedalino [av. 1910] **s. m.** ***1*** Dim. di *pedale.* ***2*** (*region.*) Calzino, spec. da uomo.

pedalizzàre [comp. di *pedale* e *-izzare*] **v. intr.** (aus. *avere*) ● (*raro*) Pedaleggiare.

pedalò® [fr. *pédalo*, da *pédale* 'pedale', sul modello di *mécano* 'meccanico'; 1983] **s. m. inv.** ● Moscone, pattino a pedali.

pedalóne [adattamento di *pedalò*, per analogia con *moscone*] **s. m.** ● Pedalò.

pedàna [lat. parl. **pedāna(m)*, da *pēs*, genit. *pĕdis* 'piede'; av. 1712] **s. f.** ***1*** Struttura per appoggiarvi i piedi: *la p. di una scrivania.* ***2*** (*sport*) In ginnastica, attrezzo costituito da un piano inclinato, su cui si batte con i piedi per incrementare l'elevazione nei salti al volteggio o a corpo libero | Spazio in terra battuta o altro su cui l'atleta acquisisce velocità per eseguire prove di lancio o di salto: *la p. per il lancio del disco* | Ripiano di alluminio su cui vengono disputati gli incontri di scherma | Nel baseball, zona del campo dove sta il lanciatore. ➡ **ILL.** p. 2146, 2147, 2150 SPORT. ***3*** Tappeto | ***P. da letto***, scendiletto. ***4*** Striscia di panno che si cuce intorno a un indumento.

pedàneo [vc. dotta, lat. *pedāneu(m)*, da *pēs*, genit. *pĕdis* 'piede', perché camminavano a piedi] **agg.** ● Nel diritto romano, detto del giudice delegato dal funzionario imperiale per decidere le cause di minore importanza.

pedàno [V. *bedano*; 1880] **s. m.** ● (*region.*) Scalpello da falegname per tagliare in direzione trasversale rispetto alle fibre; **SIN.** Bedano.

pedantàggine [av. 1566] **s. f.** ● (*raro*) Pedanteria.

pedànte [dal lat. *pēs*, genit. *pĕdis* 'piede', cioè 'colui che accompagnava a piedi gli scolari' (?); av. 1449] **A agg.** ***1*** (*spreg.*) Che cura eccessivamente il rispetto delle regole e della precisione formale: *un professore p.* | (*est.*) Che si preoccupa delle minuzie, che parla, scrive o lavora con esasperata minuziosità: *un tono p. pieno di tranquilla sufficienza* (MORAVIA). **SIN.** Cavilloso, pignolo. ***2*** (*spreg.*) Che imita servilmente i classici negli scritti e sim.: *un verseggiatore p.* ‖ **pedanteménte**, **avv.** In modo pedante. **B s. m. e f.** ***1*** (*spreg.*) Chi è eccessivamente ligio alle regole grammaticali o alle norme che reggono un determinato lavoro, ed è pronto a correggere gli errori altrui, mostrando con presunzione il proprio sapere. ***2*** (*spreg.*) Chi nello scrivere imita pedissequamente i classici: *è un p. del tutto privo di originalità.* **C s. m.** ***1*** †Istitutore, pedagogo. ***2*** (*raro*) Pedanteria: *cadere nel p.* ‖ **pedantèllo**, **dim.** | **pedantino**, **dim.** | **pedantóne**, **accr.** | **pedantùccio**, **pedantùzzo**, **dim.** | **pedantùcolo**, **dim.**

pedanteggiàre [comp. di *pedante* e *-eggiare*; 1585] **v. intr.** (*io pedantéggio*; aus. *avere*) ● Fare il pedante.

pedanterìa [da *pedante*; av. 1556] **s. f.** ● Caratteristica di chi (o di ciò che) è pedante: *la sua p. è insopportabile*; *una p. che soffoca* | Minuzia o sottigliezza da pedante: *mi perseguita con le sue pedanterie.* **SIN.** Cavillosità, sofisticaggine.

pedantésco [1538] **agg.** (**pl. m.** *-schi*) ***1*** †Proprio di un pedagogo. ***2*** (*spreg.*) Eccessivamente minuzioso e pignolo: *insegnamento p.*; *critica pedantesca* | ***Lingua pedantesca***, venuta in uso nel sec. XVI, e che consisteva in un latino con desinenze italiane, impiegato in componimenti burleschi. ‖ **pedantescaménte**, **avv.** In modo pedantesco, con pedanteria.

†**pedantizzàre** **v. intr.** ● Pedanteggiare.

pedàrio [vc. dotta, lat. *pedāriu(m)*; stessa etim. di *pedaneo*] **agg.** ● Detto di senatore o di decurione che non avesse avuto mai ufficio od onori curuli nella Roma antica.

pedàta [dal lat. *pēs*, genit. *pĕdis* 'piede'; 1336 ca.] **s. f.** ***1*** Impronta lasciata dal piede, spec. dell'uomo | ***Seguire le pedate di qlcu.***, seguirne le orme; (*fig.*) l'esempio | (*raro, est.*) Rumore di passi: *lo riconobbe alle pedate* (MACHIAVELLI). **SIN.** Orma. ***2*** Colpo dato col piede: *prendere a pedate qlcu.* **SIN.** Calcio. ***3*** Parte orizzontale di un gradino, ampia abbastanza da permettere l'appoggio del piede. **CFR.** Alzata.

pedatóre [da *pedata*; 1961] **s. m.** (**f.** *-trice*) ● (*iron.*) Calciatore.

pedatòrio [da *pedata*; 1985] **agg.** ● (*iron.*) Calcistico.

pedecollìna [comp. del lat. *pēs*, genit. *pĕdis* 'piede' e dell'it. *collina*; 1966] **s. f.** ● (*geogr.*) Zona pedecollinare.

pedecollinàre [comp. del lat. *pēs*, genit. *pĕdis* 'piede', e dell'it. *collinare*; 1966] **agg.** ● Che si trova ai piedi di una collina: *strada p.*

pedemontàno [comp. del lat. *pēs*, genit. *pĕdis* 'piede' e *montānus* 'montano', cioè 'che sta ai piedi dei monti'; av. 1854] **agg.** ● Che si trova ai margini di catene o massicci montuosi: *ghiacciaio p.*; *strada pedemontana.*

pedemónte [comp. del lat. *pēs*, genit. *pĕdis* 'piede' e dell'it. *monte*; 1858] **s. m.** ● (*geogr.*) Zona pedemontana.

pederàsta [vc. dotta, gr. *paiderastés*, comp. di *pâis*, genit. *paidós* 'fanciullo' (V. *pedagogo*), ed *erastés* 'amatore', da *erân* 'amare' (V. *erotico*); 1687] **s. m.** (**pl.** *-i*) ● Chi pratica la pederastia.

pederastìa [vc. dotta, gr. *paiderastía*, da *paiderastés* 'pederasta'; 1687] **s. f.** ● Omosessualità maschile, spec. verso i fanciulli.

pederàstico [av. 1686] **agg.** (**pl. m.** *-ci*) ● Relativo alla pederastia o al pederasta: *rapporto p.*

pedèstre o †**pedèstro** [vc. dotta, lat. *pedĕstre(m)*, da *pĕdes*, genit. *pĕditis* 'fante', a sua volta da *pēs*, genit. *pĕdis* 'piede'; 1340] **agg.** ***1*** (*lett.*) Che va a piedi: *milizia p.*; *me ne partii p. alla volta di Torino* (GIACOSA) | ***Statua p.***, che raffigura la persona in piedi | (*est.*) Che è fatto a piedi: *viaggio p.* ***2*** (*fig.*) Qualitativamente poco pregevole, di tono e stile banale: *discorso p.*; *l'azione è p. e borghese, di una prosaica chiarezza* (DE SANCTIS). **SIN.** Ordinario. ‖ **pedestreménte**, **avv.** In modo pedestre, povero, banale: *esporre pedestremente le proprie idee*; ***imitare pedestremente***, pedissequamente.

pedète [vc. dotta, gr. *pēdētés* 'saltatore', da *pēdân* 'saltare', di orig. indeur.; 1954] **s. m.** ● Roditore africano di mole notevole con arti posteriori simili a quelli del canguro e morbida pelliccia (*Pedetes cafer*).

pediàtra [comp. del gr. *pâis*, genit. *paidós* 'fanciullo' (V. *pedagogo*) e *-iatra*; 1841] **s. m. e f.** (**pl. m.** *-i*) ● Medico specialista in pediatria.

pediatrìa [comp. del gr. *pâis*, genit. *paidós* 'fanciullo' (V. *pedagogo*) e *-iatria*; 1829] **s. f.** ● (*med.*) Ramo della medicina che si occupa dello sviluppo fisico e mentale del bambino e dello studio e terapia delle malattie infantili.

pediàtrico [1913] **agg.** (**pl. m.** *-ci*) ● Di pediatria: *clinica pediatrica*. || **pediatricaménte**, **avv.**

pèdibus calcàntibus [loc. lat., propr. 'con i piedi che calcano il terreno'] **loc. avv.** ● (*scherz.*) A piedi: *non ho la macchina, quindi verrò pedibus calcantibus*.

†**pèdica** [lat. parl. **pĕdica(m)*, da *pēs*, genit. *pĕdis* 'piede'; sec. XIV] **s. f.** ● Orma di piede.

pèdice [dal lat. *pēs*, genit. *pĕdis* 'piede', sul modello di *indice*; 1983] **s. m.** ● In espressioni matematiche, formule chimiche e sim., numero, lettera o simbolo che viene aggiunto ad altra lettera in basso, gener. a destra e in corpo più piccolo. **SIN.** Deponente.

pedicellària [comp. di *pedicell(o)* (*1*) e del suff. *-aria*, pl. nt. del lat. *-ariu(m)* '-aio'; 1932] **s. f.** ● (*zool.*) Appendice scheletrica degli Echinodermi in grado di catturare e trattenere corpi od organismi.

pedicellàto [da *pedicello* (*1*); 1823] **agg.** ● (*bot.*) Detto di fiore fornito di pedicello.

pedicèllo (**1**) [vc. dotta, lat. parl. **pedicĕllu(m)*, dim. di *pedĭculus* 'piedino', dim. di *pēs*, genit. *pĕdis* 'piede'; av. 1725] **s. m.** ***1*** Gambo del fiore. ***2*** (*zool.*) ***P. ambulacrale***, organo di locomozione o di adesione degli Echinodermi.

pedicèllo (**2**) [lat. parl. **pedicĕllu(m)*, dim. di *pedĭculus* 'pidocchio' (V.); av. 1449] **s. m.** ***1*** Piccolo verme | Pidocchio. ***2*** (*region.*) Piccolo foruncolo.

pedicolàre [vc. dotta, lat. *pediculāre(m)*, da *pedĭculus* 'pidocchio'; 1895] **agg.** ● (*med.*) Di pidocchio | ***Morbo p.***, pediculosi.

Pedicolàti o **Pediculàti** [dal lat. *pedĭculus* 'piedino', dim. di *pēs*, genit. *pĕdis* 'piede', detti così perché hanno i raggi delle pinne peduncolati e mobili; 1875] **s. m. pl.** (**sing.** *-o*) ● (*zool.*) Lofiformi.

pedìculo [vc. dotta, lat. *pedĭculu(m)* 'pidocchio' (V.); 1499] **s. m.** ● Pidocchio.

pediculòṣi [comp. di *pedicul(o)* e *-osi*; 1895] **s. f. inv.** ● (*med.*) Infestazione contagiosa del corpo causata dalle femmine adulte del parassita pidocchio che, deponendo uova da cui originano larve, causano nel cuoio capelluto o su parti pelose prurito intenso, escoriazioni e infezioni secondarie | ***P. inguinale***, ftiriasi.

pedicùre /pedi'kure, *pseudofr.* pedikyʀ/ [fr. *pédicure*, comp. del lat. *pēs*, genit. *pĕdis* 'piede' e *curāre* 'curare'; 1879] **A s. m. e f. inv.** ● Chi è specializzato nell'igiene e nella cosmesi dei piedi. **B s. m.** ● (*impropr.*) Trattamento curativo o estetico dei piedi: *farsi il p.*

pedìdio [vc. dotta, deriv. del gr. *pedíon* 'pianta del piede'; 1835] **agg.** ● (*anat.*, *zool.*) Riferito al piede dei Vertebrati | ***Muscolo p.***, muscolo inserito sulle prime quattro dita del piede.

pedièra [da *p(i)ede* sul modello di *spalliera* o *testiera*; 1986] **s. f.** ● Spalliera opposta alla testata del letto. **CFR.** Testiera.

pedignóne [sovrapposizione del lat. *pĕde(m)* 'piede' a *perniōne(m)* 'gelone', da *pĕrna* 'coscia, gamba', di orig. indeur.; av. 1449] **s. m.** ● (*tosc.*) Gelone.

pedigree /pedi'gri*, *ingl.* 'pḥɛdɪˌgɹiː/ [vc. ingl., dal fr. *pied de grue* 'piede di gru', dal segno di cui ci si serviva nei registri ufficiali inglesi per indicare i gradi o le ramificazioni di una genealogia; 1895] **s. m. inv.** ● Genealogia di un animale di razza | Certificato genealogico.

pedilùvio [comp. del lat. *pēs*, genit. *pĕdis* 'piede' e *-lŭvium*, da *lăvere* 'lavare'; av. 1771] **s. m.** ● Immersione dei piedi in acqua calda, fredda o medicata, per cura.

pedina [dal lat. *pēs*, genit. *pĕdis* 'piede'; 1528] **s. f.** ***1*** Ciascuno dei dischetti di legno, avorio, osso, plastica e sim. (dodici bianchi e dodici neri), con cui si gioca a dama o ad altri giochi da tavola: *mangiare, soffiare una p.* | ***Muovere una p.***, spostarla da una all'altra casella secondo le regole del gioco; (*fig.*) utilizzare per i propri fini una situazione, far intervenire una persona importante e sim. ***2*** (*fig.*) Persona di scarsa importanza o rilievo, che agisce per impulso o volontà altrui: *non è l'organizzatore del complotto, è solo una p.* | (*fig.*) ***Essere una p. nelle mani di qlcu.***, essere solo un suo strumento.

pedinaménto [1931] **s. m.** ● Azione del pedinare.

pedinàre [lat. parl. **pedināre*, da *pēs*, genit. *pĕdis* 'piede'; av. 1562] **A v. tr.** ● Seguire una persona con circospezione, allo scopo di spiarne le mosse: *i carabinieri lo hanno pedinato a lungo*; *ha fatto p. la moglie*. **B v. intr.** (aus. *avere*) ***1*** Con riferimento a uccelli selvatici, camminare velocemente e al coperto, per piccoli tratti, spec. allo scopo di allontanarsi da un cane in ferma. ***2*** †Camminare passo passo.

pedióne [vc. dotta, dal gr. *pedíon* 'piano, superficie'] **s. m.** ● (*miner.*) Forma cristallografica consistente in una sola faccia isolata nello spazio.

pedipàlpo [comp. del lat. *pēs*, genit. *pĕdis* 'piede' (qui 'base'), e di *palpo*; 1875] **s. m.** ● (*zool.*) Nei Chelicerati, ciascuno degli arti del secondo paio, simile a una zampa o a una chela, a funzione tattile, prensile o copulatoria.

pedìssequo [vc. dotta, lat. *pedĭsequu(m)* 'servo che accompagna a piedi il padrone', comp. di *pēs*, genit. *pĕdis* 'piede' e *sĕqui* 'seguire'; av. 1498] **agg.**; anche **s. m.** (**f.** *-a*, raro) ***1*** Che (o Chi) si adegua passivamente e senza alcun contributo personale od originale alle idee, ai metodi, allo stile e sim., di qlcu.: *un imitatore p. dei classici* | ***Traduttore p.***, letterale. ***2*** (*dir.*) Che segue logicamente e cronologicamente un determinato atto giuridico: *ricorso a p. decreto di fissazione di udienza*. || **pedissequaménte**, **avv.** In modo pedissequo: *seguire pedissequamente le idee di qlcu.*

pedivèlla [dal lat. *pēs*, genit. *pĕdis* 'piede', sul modello di *manovella*; 1905] **s. f.** ● Braccio di leva che unisce il pedale della bicicletta al perno di movimento.

pèdo [vc. dotta, lat. *pĕdu(m)*, da *pēs*, genit. *pĕdis* 'piede'; av. 1566] **s. m.** ***1*** Bastone nodoso usato dai pastori per guidare le greggi. ***2*** Bastone diritto sormontato da un crocifisso, una delle insegne del pontefice.

pedocèntrico o **paidocèntrico** [comp. del gr. *pâis*, genit. *paidós* 'bambino, fanciullo' (V. *pedagogo*) e *centro*, con suff. aggettivale; 1958] **agg.** (**pl. m.** *-ci*) ● Di pedocentrismo, caratterizzato da pedocentrismo: *sistema educativo p.*; *società pedocentrica*.

pedocentrìṣmo o **paidocentrìṣmo** [comp. del gr. *pâis*, genit. *paidós* 'bambino, fanciullo' (V. *pedagogo*) e *centrismo*; 1958] **s. m.** ● Dottrina pedagogica che considera come punto di partenza di ogni azione educativa il bambino, le sue esigenze, i suoi interessi e lo sviluppo della sua personalità.

pedoclìma [comp. del gr. *pédon* 'terreno' e di *clima* nel senso di 'climax'] **s. m.** (**pl.** *-i*) ● Complesso delle condizioni fisiche e chimiche che presenta lo strato più superficiale di un terreno, per influenza dei fattori climatici.

pedoclimàtico **agg.** (**pl. m.** *-ci*) ● Relativo al pedoclima: *ambiente p.*

pedofilìa [comp. del gr. *pâis*, genit. *paidós* 'bambino, fanciullo' (V. *pedagogo*), e *-filia*; 1935] **s. f.** ● Deviazione sessuale caratterizzata da attrazione erotica verso i bambini, talora accompagnata da forme di sadismo | (*est.*) Attrazione erotica verso persone giovanissime.

pedòfilo [da *pedofilia*; 1969] **s. m.** (**f.** *-a*) ● Chi ha propensione alla pedofilia.

pedogamìa [comp. del gr. *pâis*, genit. *paidós* 'bambino' (V. *pedagogo*), e *-gamia*] **s. f.** ● (*biol.*) Tipo di riproduzione in cui lo zigote deriva dall'unione di due gameti prodotti da individui nati per scissione da uno stesso progenitore.

pedogèneṣi (**1**) [comp. del gr. *pâis*, genit. *paidós* 'bambino, fanciullo' (V. *pedagogo*) e *genesi*] **s. f. inv.** ● (*biol.*) Riproduzione sessuata in individui allo stato larvale.

pedogèneṣi (**2**) [comp. del gr. *pédon* 'pianura', di orig. indeur., e *genesi*] **s. f. inv.** ● (*geol.*) Processo di formazione dei suoli naturali, vegetali e agrari.

pedologìa (**1**) o **paidologìa** [comp. del gr. *pâis*, genit. *paidós* 'fanciullo', (V. *pedagogo*) e *-logia*; 1923] **s. f.** ● Scienza che studia i rapporti tra i bambini o gli adolescenti e le istituzioni come la famiglia, la scuola e la società.

pedologìa (**2**) [comp. del gr. *pédon* 'pianura', di orig. indeur., e *-logia*; 1932] **s. f.** ● Parte della geologia che si occupa dello studio del suolo e della sua classificazione in base alla struttura e alle proprietà fisiche e chimiche e alle azioni biologiche che si svolgono in esso, spec. in applicazione alle scienze agrarie.

pedològico [1958] **agg.** (**pl. m.** *-ci*) ● Relativo alla pedologia agraria: *condizioni pedologiche*.

pedòlogo [1958] **s. m.** (**f.** *-a*; **pl. m.** *-gi*) ● Studioso, esperto di pedologia agraria.

pedòmetro [comp. del lat. *pēs*, genit. *pĕdis* 'piede', e *-metro*; 1821] **s. m.** ● Strumento di aspetto simile a un orologio, che segna il numero di passi compiuti da una persona. **SIN.** Contapassi, odometro.

pedóna [dal lat. *pēs*, genit. *pĕdis* 'piede'] **s. f.** ● †Pedina degli scacchi. || †**pedoncina**, **dim.**

†**pedonàglia** [da *pedone*; av. 1388] **s. f.** ● Fanteria | (*lett.*, *spreg.*) Plebaglia.

pedonàle [1841] **agg.** ● Detto di strada, spazio e sim. riservato ai pedoni: *passaggio p.*; *isola p.* | Dei pedoni: *traffico p.*

pedonalità **s. f.** ● Caratteristica di ciò che è pedonale o ha subito pedonalizzazione.

pedonalizzàre [comp. di *pedonal(e)* e *-izzare*; 1967] **v. tr.** ● Riservare un quartiere, una strada urbana e sim. al transito pedonale, escludendone automezzi, motociclette e sim.

pedonalizzazióne [1968] **s. f.** ● Intervento urbanistico consistente nel pedonalizzare una strada o un quartiere.

♦**pedóne** [dal lat. *pēs*, genit. *pĕdis* 'piede'; sec. XIII] **A s. m.** ***1*** (**f.** *scherz.* *-a*) Chi cammina a piedi, spec. contrapposto a chi si sposta con un veicolo: *viale riservato ai pedoni*. ***2*** Ciascuno dei 16 pezzi minori del gioco degli scacchi che, nella disposizione iniziale dei pezzi, si collocano innanzi agli altri. ***3*** †Fante, soldato a piedi. **B agg.** ● †Che va a piedi: *soldato p.*; *l'esercito p.* (TASSO).

†**pedòta** o †**pedòto**, †**pedòtta**, †**pedòtto** [da *piede*; il sign. originario doveva essere quello di 'guida'; av. 1557] **s. m.** ● (*raro*) Pilota.

pedùccio [av. 1400] **s. m.** ***1*** Dim. di *piede*. ***2*** (*tosc.*) Zampetto di maiale, agnello, capretto, lepre. ***3*** (*arch.*) Parte più bassa dell'imposta delle volte a vela o a crociera | ***Arco a p. rialzato***, arco generalmente semicircolare con prolungamento verticale dei lati. ***4*** Presa di corrente di lampada elettrica o valvola termoionica. || **peduccino**, **dim.**

pèdula o **pedùla** [V. *pedule*; 1902] **s. f.** ● In alpinismo, calzatura con suola leggera e flessibile di gomma (in passato in feltro o tela), usata nell'arrampicata pura su roccia | (*est.*) Calzatura rinforzata per escursioni in montagna. ➡ **ILL.** p. 2160 SPORT.

pedùle [vc. dotta, lat. tardo *pedūle*, nt. sost. dell'agg. *pedūlis* 'per i piedi', da *pēs*, genit. *pĕdis* 'piede'; sec. XIII] **A s. m.** ● La parte della calza o del calzino che ricopre il piede. **B agg.** ● †Del piede.

peduncolàre [1829] **agg.** ● Di peduncolo.

Peduncolàti [da *peduncolo*] **s. m. pl.** (**sing.** *-o*) ● Nella tassonomia animale, gruppo di Cirripedi muniti di un lungo peduncolo mediante cui l'animale si fissa al substrato.

peduncolàto [1813] **A agg.** ● Fornito di peduncolo. **B s. m.** ● (*zool.*) Ogni individuo appartenente al gruppo dei Peduncolati.

pedùncolo [dal lat. *pēs*, genit. *pĕdis* 'piede' col suff. *-uncolo*; 1804] **s. m.** ***1*** (*bot.*) Gambo di un fiore isolato e ogni ramificazione di una infiorescenza, con esclusione dei pedicelli fiorali. ***2*** (*zool.*) Organo gener. di forma sottile e allungata che sostiene un corpo o parti di esso. ***3*** (*anat.*) Parte allungata, prominente di un organo | ***Peduncoli cerebrali***, porzione ventrale del mesencefalo in forma di due tronchi nervosi cilindrici costituiti da importanti fasci di fibre nervose.

peeling /'pilin(g), *ingl.* 'pḥiːlɪŋ/ [vc. ingl., propr. 'sbucciatura', 'togliere la buccia' (*to peel*, dal fr. *peler*, di orig. lat.: *pilāre* 'togliere i peli'); 1970] **s. m. inv.** ● Procedimento di abrasione degli strati superficiali della pelle del viso | (*est.*) Trattamento cosmetico eseguito con apposite creme per ottenere, mediante frizione, una pulizia approfondita della pelle del viso.

peepshow /pip'ʃo*, *ingl.* 'pḥiːpˌʃəʊ/ [vc. ingl., propr. 'spettacolo (*show*) da vedere attraverso un foro (*peep*)'; 1983] **s. m. inv.** ● All'interno di locali porno, esibizione di ragazze nude o seminude dietro un vetro | Locale che ospita questi spettacoli.

pegamòide® [marchio registrato; 1902] **s. m. o f.** ● Tipo di finto cuoio ottenuto industrialmente ricoprendo un tessuto con un prodotto a base di celluloide.

pegaşèo [vc. dotta, lat. *Pegasēu(m)*, nom. *Pegasēus*, dal gr. *Pēgáseios*, agg. di *Pḗgasos* 'Pegaso'; 1340] **agg.** ● Relativo a Pegaso, cavallo alato nella mitologia greco-romana | ***La fonte pegasea***, quella che Pegaso fece sgorgare, con un colpo di zoccolo, sull'Elicona, soggiorno delle Muse | ***Montar sul cavallo p.***, (*fig., lett.*) comporre poesie.

Pegaşifórmi [comp. di *pegaso* e il pl. di *-forme*; 1965] **s. m. pl.** (**sing.** *-e*) ● Nella tassonomia animale, ordine di Pesci ossei dei mari tropicali con corpo rivestito di placche ossee e grandi pinne pettorali orizzontali (*Pegasiformes*).

pègaşo [da *Pegaso*, il cavallo alato della mitologia: detto così perché ha le pinne che assomigliano ad ali; 1481] **s. m.** ● Pesce osseo degli Attinopterigi con corpo depresso rivestito di piastre ossee, pinne pettorali espanse come ali e naso prolungato in un rostro (*Pegasus volans*).

♦**pèggio** [lat. *pēius*, avv., dal nt. di *pēior* 'peggiore'; av. 1294] **A avv.** **1** In modo peggiore (con riferimento a qualità e valori morali, intellettuali): *questa volta ti sei comportato ancora p.*; *cambia sempre in p.* **CONTR.** Meglio. **2** In modo meno soddisfacente, meno adeguato: *più lo rimproveri e p. fa*; *li tratta p. delle bestie*; *oggi mi sento p.*; *gli affari vanno sempre p.*; *p. di così non potrebbe essere* | ***Cambiare in p.***, peggiorare | ***Andare di male in p.***, peggiorare sempre più | ***O, p.***, correggendo per inciso un'affermazione precedente: *potrebbe essere rimandato a settembre o, p., bocciato* | (*pop.*) ***P. di così si crepa!***, non potrebbe andare in un modo peggiore. **CONTR.** Meglio. **3** Meno chiaramente, meno distintamente: *senza occhiali vedo p.*; *da qui si sente p.* **CONTR.** Meglio. **4** Meno (davanti a un part. pass. forma un compar. di minoranza, mentre, preceduto dall'art. det., forma un superl. rel.): *sei p. preparato di ieri*; *questo è il lavoro riuscito p.*; *è il ragazzo p. educato ch'io conosca*. **B** in funzione di **agg. inv.** **1** Peggiore (spec. come predicato di 'essere', 'parere', 'sembrare' e sim.): *questa soluzione è p. della prima*; *mi sembri p. di tuo fratello*; *lei è mille volte p. di suo marito* | (*pop.*) Preceduto dall'art. det., forma il superl. rel.: *è la p. donna che io conosca*; *è la p. cosa che tu potessi fare*; *mi è toccata in sorte la roba p.* | Come attributo preceduto da un s.: *una casa p. non la potevi trovare* | Con ellissi del s.: *è gentaglia ma ce n'è di p.*; *ne conosco uno p. di lui*. **CONTR.** Meglio. **2** Meno opportuno, meno preferibile (con valore neutro): *tacere in questo caso è p.*; *se non te ne vai subito domani sarà p.*; *tenergli nascosta la verità è ancora p.* | ***P. che p.***, ***p. che mai***, ***p. che andar di notte***, meno che mai opportuno, conveniente e sim. | ***P. per me***, ***per te***, con riferimento a cosa che si risolverà a mio, tuo danno: *se sarò bocciato, p. per me!*; *tanto p. per voi se gli date ascolto!* | In espressioni partitive: *potrebbe fare di p.* **CONTR.** Meglio. **C** in funzione di **s. m. inv.** ● La cosa, la parte e sim. peggiore (con valore neutro): *questo è il p. che mi potesse capitare*; *il p. buttalo via* | ***Per il p.***, nel modo peggiore, meno vantaggioso: *gli affari si stanno mettendo per il p.* **D** in funzione di **s. f. inv.** ● La cosa, la parte e sim. peggiore (con valore neutro) | ***Avere la p.***, avere la sorte peggiore, restare battuto | ***Alla p.***, ***alla meno p.***, nella peggiore delle ipotesi; (*est.*) come si può, in qualche modo, più male che bene: *alla p. dormiremo in macchina*; *un lavoro fatto alla p.*

peggioraménto o †**piggioraménto** [av. 1348] **s. m.** ● Cambiamento in peggio: *p. del tempo, delle condizioni di salute, della situazione economica*. **CONTR.** Miglioramento.

peggioràre o †**piggioràre** [lat. tardo *peiorāre*, da *pēior*, genit. *peiōris* 'peggiore'; av. 1292] **A v. tr.** (*io peggióro* o *pop. tosc. pèggioro*) **1** Rendere peggiore: *comportandoti così, peggiorerai la tua situazione*. **CONTR.** Migliorare. **2** †Danneggiare. **B v. intr.** (aus. *essere* se si riferisce a un oggetto, *essere* o *avere* se si riferisce a persona) ● Diventare peggiore: *si informarono se l'allievo aveva peggiorato nel profitto e nella condotta*; *le condizioni atmosferiche peggiorano ogni giorno*. **C** in funzione di **s. m.** solo **sing.** ● Peggioramento: *il p. della malattia*; *il continuo p. delle relazioni internazionali*.

peggiorativo [av. 1565] **A agg.** ● Che costituisce o provoca un peggioramento: *modifica peggiorativa*; *intervento p.* || **peggiorativaménte**, **avv.** In modo peggiorativo. **B s. m.**; anche **agg.** ● (*ling.*) Affisso o morfema lessicale che implica un giudizio negativo, una sfumatura spregiativa (ad es. *-astro*, *-accio*).

peggioràto o †**piggioràto** **part. pass.** di *peggiorare*; anche **agg.** ● Nei sign. del v.

peggioratóre [1871] **agg.**; anche **s. m.** (**f.** *-trice*) ● Che (o Chi) rende peggiore, produce un peggioramento.

♦**peggióre** o †**piggióre** [lat. *peiōre(m)*, da una radice indeur. che indica 'cadere'; sec. XIII] **A agg.** (preceduto dall'art. **det.** forma il **superl. rel.**) **1** Compar. di *cattivo*. **CONTR.** Migliore. **2** Inferiore per qualità, pregio, condizione, capacità e sim.: *è il peggior consigliere che potesse trovare*; *ha scelto il tessuto p.*; *moralmente è il p. individuo ch'io abbia conosciuto*; *sei il p. di tutti gli alunni* | ***Rendere p.***, peggiorare. **3** Meno utile, vantaggioso, comodo e sim.: *ridursi nel p. stato*; *nel p. dei casi*; *ho conosciuto tempi peggiori*. || †**peggiorménte**, **avv.** **B s. m.** e **f.** ● Persona più cattiva moralmente, meno pregevole, meno bella e sim.: *i peggiori sembrano avere maggior fortuna*; *quanto a bellezza è la p. fra tutte voi*. **C s. m.** ● †Peggio: *veggio 'l meglio et al peggior m'appiglio* (PETRARCA).

†**pégli** [comp. di *per* e *gli*] **prep. art. m. pl.** poet. ● V. *gli* per gli usi ortografici.

pegmatite [dal gr. *pēgma*, genit. *pḗgmatos* 'condensamento', da *pēgnýnai* 'ficcare, rendere compatto'. V. *pectico*; 1817] **s. f.** ● (*geol.*) Roccia eruttiva a giacitura filoniana, caratterizzata da cristalli molto grossi, particolarmente pregiati per uso industriale e gemmologico.

pégno [lat. *pĭgnus*, dalla radice di *pĭngere* 'dipingere': il *pĭgnus* doveva essere in orig. un segno fatto per ricordare un impegno preso; 1186] **s. m.** (**pl.** †*pégnora*, **f.**) **1** (*dir.*) Diritto reale costituito su un bene mobile, del debitore o di un terzo, che viene consegnato al creditore o a un terzo designato dalle parti a garanzia dell'adempimento dell'obbligazione | ***P. irregolare***, il cui oggetto è costituito da cose fungibili che, pertanto, diventano di proprietà del creditore pignoratizio | ***Monte dei pegni***, V. *monte*, sign. 5 | ***Banco di p.***, ***dei pegni***, V. *banco*, sign. 5. **2** Bene mobile oggetto di tale diritto reale | Nei giochi di società, oggettino depositato da chi perde e riscattabile solo a penitenza effettuata. **3** (*fig.*) Segno, testimonianza o garanzia di qlco.: *un p. d'amore, d'amicizia, di fedeltà*; *le sue opere sono p. di libertà per le generazioni future*; *gli dedicò il libro come p. di stima e d'affetto*. || **pegnùccio**, **pegnùzzo**, **dim.**

pegnoràre ● V. *pignorare*.

pégola [lat. tardo *pĭcula(m)*, dim. di *pĭx*, genit. *pĭcis* 'pece'; 1313] **s. f.** **1** (*lett.*) Pece, spec. liquida: *laghi di p., addensata / di serpenti di mostri e di mon duri* (CARDUCCI). **2** (*fig., region.*) Sfortuna, disdetta.

pegolièra [da *pegola*; 1869] **s. f.** ● Tettoia sotto cui, nei porti, si bolle pece, catrame, bitume | Grossa barca con caldaia per la pece, usata un tempo per calafatare scafi galleggianti.

péi **prep. art. m. pl.** poet. comp. di *per* e *i* (*2*) ● V. *i* (*2*) per gli usi ortografici. Si usa, nel linguaggio lett.; (*tosc., poet.*) troncato in *pe'*: *un mormorio / pe' dubitanti vertici ondeggiò* (CARDUCCI).

peignoir /fr. pɛˈɲwaːr/ [vc. fr., da *peigner* 'pettinare', da *pigne* 'pettine'; 1835] **s. m. inv.** ● Mantellina usata spec. un tempo dalle donne per coprire le spalle durante la pettinatura.

pel /pel/ o (*raro, poet.*) **pe 'l** **prep. art. m. sing.** poet. comp. di *per* e *il* ● V. *il* (*1*) per gli usi ortografici.

†**pelacàni** [comp. di *pela(re)* e il pl. di *cane*; 1361] **s. m. inv.** ● Conciatore di pelli.

pelacchiàre [intens. di *pelare*; av. 1850] **v. tr.** (*io pelàcchio*) **1** (*raro*) Spelacchiare. **2** (*fig., lett.*) Derubare, pelare.

†**pelagàtti** [comp. di *pela(re)* e il pl. di *gatto*] **s. m. inv.** ● Truffatore.

pelàgia [vc. dotta, gr. *pelágia*, f. di *pelágios* 'marino', agg. di *pélagos* 'mare'. V. *pelago*; 1835] **s. f.** (**pl.** *-gie*) ● Medusa degli Scifozoi, con ombrella dotata di otto lunghi tentacoli marginali, di colore bruno, luminosa di notte, se sfiorata (*Pelagia noctiluca*).

pelagianìşmo [comp. di *pelagiano* e *-ismo*; av. 1712] **s. m.** ● Dottrina eretica di Pelagio, affermatasi nel V sec., che negava il peccato originale e affermava la possibilità di salvarsi con le sole opere senza la necessità della grazia.

pelagiàno [1575] **A agg.** ● Relativo a Pelagio, al pelagianismo. **B s. m.** ● Seguace di Pelagio, del pelagianismo.

pelàgico [vc. dotta, lat. *pelăgicu(m)*, nom. *pelăgicus*, dal gr. *pelagikós*, agg. di *pélagos* 'mare'. V. *pelago*; 1561] **agg.** (**pl. m.** *-ci*) ● Che vive o si trova in alto mare: *flora, fauna pelagica*.

Pelàgidi [comp. di *pelagi(a)* e *-idi*; 1958] **s. m. pl.** (**sing.** *-e*) ● Nella tassonomia animale, famiglia di meduse del Mediterraneo cui appartiene la pelagia (*Pelagiidae*).

pèlago [vc. dotta, lat. *pĕlagu(s)*, nt., dal gr. *pélagos*, di orig. indeur.; sec. XIII] **s. m.** (**pl.** *-ghi*) **1** (*lett.*) Alto mare: *uscito fuor del p. a la riva / si volge a l'acqua perigliosa e guata* (DANTE *Inf.* I, 23-24) | Vasta distesa d'acqua. **2** (*fig.*) †Passione, spec. amorosa, in cui l'animo si perde. **3** (*fig.*) Insieme di cose fastidiose e spiacevoli in cui si resta intricati: *si è invischiato in un p. di guai*. **SIN.** Ginepraio. || **pelaghètto**, **dim.**

pelagrìlli [comp. di *pela(re)* e il pl. di *grillo*] **s. m. inv.** ● (*raro*) Avaro.

†**pelamantèlli** [comp. di *pela(re)* e il pl. di *mantello*] **s. m. inv.**; anche **agg. inv.** **1** Rigattiere. **2** Furfante.

pelàme [da *pelo*; av. 1350] **s. m.** ● Mantello, vello: *il pregiato p. dell'ermellino*. **SIN.** Mantello.

pelaménto [sec. XIV] **s. m.** ● (*raro*) Il pelare.

pelàmide [vc. dotta, lat. *pelămyde(m)*, nom. *pēlamys*, dal gr. *pēlamýs*; da *pēlós* 'fango', in cui vive (?)] **s. f.** ● Serpente velenoso degli Idrofidi scuro sul dorso, aranciato sul ventre, che vive negli oceani tropicali cibandosi di pesci (*Pelamydrus platurus*).

pelànda [da *pelare*, sul modello di *filanda*; 1963] **s. f.** **1** Pelatoio. **2** V. *pellanda*.

pelandróne [etim. incerta; 1902] **s. m.** (**f.** *-a*) ● Scansafatiche, fannullone, poltrone: *un tardo e sbadato p.* (BACCHELLI).

pelandronite [comp. scherz. di *pelandrone* e *-ite* (*1*)] **s. f.** ● (*fam., scherz.*) Il vizio abituale di essere fannullone e scansafatiche: *non c'è cura per la sua p.* **SIN.** Pigrizia.

pelapatàte [comp. di *pela(re)* e il pl. di *patata*; 1927] **s. m. inv.** ● Particolare tipo di coltello per sbucciare le patate. **SIN.** Sbucciapatate.

♦**pelàre** [lat. *pilāre*, da *pĭlus* 'pelo'; av. 1250] **A v. tr.** (*io pélo*) **1** Privare dei peli, delle penne e sim.: *p. la pelle di un animale dopo averlo scuoiato*; *p. un pollo, un'anatra, la selvaggina*; *il re … si straziava il manto / e via pelava sua barba canuta* (BOIARDO) | ***P. un campo***, ***una radura***, ***un prato***, renderli totalmente privi di vegetazione | ***Gatta da p.***, faccenda, impresa, questione e sim. difficile, problematica, pericolosa | (*scherz.*) Radere a zero: *gli hanno pelato il cranio a rasoio*. **2** Privare della pelle, della buccia e sim.: *p. castagne, patate*; *strisciando sull'asfalto mi sono pelato un braccio*. **SIN.** Sbucciare. **3** (*fig.*) Levare quasi la pelle per troppo calore o per troppo freddo (*anche assol.*): *un vento gelido che pela la faccia*; *fa un freddo che pela!* **4** (*fig.*) Lasciare senza soldi, chiedendo continuamente denari, praticando prezzi troppo alti e sim.: *p. il proprio padre, i clienti, i villeggianti*. **B v. intr. pron.** **1** Perdere i capelli: *nonostante la giovane età ha già cominciato a pelarsi*. **2** (*fig., lett.*) Disperarsi: *Nostro padre si pelò per la paura* (CARDUCCI). **3** †Far pelo, creparsi, detto di muro e sim. **C v. rifl. rec.** ● Strapparsi i capelli, i peli, le penne: *lottando i due animali si pelavano poco a poco*.

†**pelarèlla** **s. f.** ● Pelatina.

pelargonàto [da *pelargonico*] **s. m.** ● (*chim.*) Sale o estere dell'acido pelargonico.

pelargònico [da *pelargonio*] **agg.** (**pl. m.** *-ci*) ● (*chim.*) Detto di composto estratto da alcune Geraniacee o di composti da queste derivabili | ***Acido p.***, acido grasso saturo monobasico, contenuto nell'olio essenziale di geranio e adoperato sotto forma di estere etilico nella preparazione di essenze per cognac.

pelargònio [dal gr. *pelargós* 'cicogna' (di etim. incerta), dalla forma del frutto che ricorda il becco di una *cicogna*. Cfr. *geranio*; 1821] **s. m.** ● Genere di piante delle Geraniacee, erbacee o fruticose, originarie dell'Africa meridionale, con numerosi ibridi e varietà coltivate per ornamento e comunemente denominate gerani (*Pelargonium*).

pelàşgico [vc. dotta, lat. *Pelăsgicu(m)*, nom. *Pelăsgicus*, dal gr. *Pelasgikós*, agg. di *Pelasgói* 'Pelasgi'; av. 1494] **agg.** (**pl. m.** *-ci*) ● Che è proprio dei Pelasgi, antico popolo che abitò una parte della Tessaglia.

pelàta [1871] **s. f.** **1** Il pelare, il venire pelato (*anche fig.*): *diede una p. al pollo e lo infilò sullo spiedo*; *in quel locale gli hanno dato una p. spaventosa* | (*scherz.*) Rasatura dei capelli: *una bella p.* **2** Testa parzialmente o totalmente calva | Zona calva della testa: *una p. che pare una chierica.* **SIN.** Calvizie. || **pelatina**, **dim.** (V.).

pelatìna [av. 1584] **s. f.** **1** Dim. di *pelata.* **2** †Tigna.

pelàto [av. 1306] **A** **part. pass.** di *pelare*; anche **agg.** **1** Nei sign. del v. **2** ***Testa pelata***, calva | ***Pomodori pelati***, interi e senza buccia. **B** **s. m.** **1** (*fam.*) Uomo calvo. **2** (*spec. al pl.*) Pomodoro pelato: *una scatola di pelati*; *fare il sugo coi pelati.*

pelatóio [sec. XIV] **s. m.** ● Locale del mattatoio ove i maiali macellati vengono depilati.

pelatóre [av. 1502] **agg.**; anche **s. m.** (**f.** *-trice*) ● Che (o Chi) pela (*anche fig.*).

pelatrice [1965] **s. f.** **1** Operaia addetta alla pelatura spec. di frutta, verdura e sim. **2** Macchina che pela frutta, verdura e sim.

pelatùra [sec. XIV] **s. f.** ● Operazione del pelare.

Pelecanifórmi [comp. del lat. tardo *pelecānus* 'pellicano' e del pl. di *-forme*; 1965] **s. m. pl.** (**sing.** *-e*) ● Nella tassonomia animale, ordine di Uccelli con larghi piedi palmati, becco robusto e allungato, spesso con sacco membranoso sul ramo mandibolare (*Pelecaniformes*). **SIN.** Steganopodi.

†**pelèggio** ● V. †*pileggio.*

pelìaco [vc. dotta, lat. *Pelīacu(m)* 'proprio del monte *Pēlion*'] **agg.** (**pl. m.** *-ci*) **1** (*lett.*) Relativo al monte Pelio, in Grecia. **2** (*fig.*) Relativo all'eroe omerico Achille.

pelìfero ● V. *pilifero.*

pelìgno [vc. dotta, lat. *Paelīgnu(m)*: da avvicinare a *pălex* 'concubina', di etim. incerta; 1342] **A** **agg.** ● Degli antichi Peligni | Relativo a zone abitate dagli antichi Peligni. **B** **s. m.** (**f.** *-a*) ● Chi faceva parte dell'antica popolazione dei Peligni, abitante alcune zone dell'Abruzzo. **C** **s. m.** solo **sing.** ● Antico dialetto indoeuropeo del gruppo italico.

peliòsi [vc. dotta, gr. *pelíōsis* 'lividura', da *peliós* 'livido'; 1829] **s. f. inv.** ● (*med.*) Porpora.

pelittóne [dal n. dell'inventore G. *Pelitti*; 1901] **s. m.** ● (*mus.*) Bombardone contrabbasso.

†**pélla** **prep. art.** comp. di *per* e *la* (*1*) poet. ● V. *la* (*1*) per gli usi ortografici.

pellàccia [1483] **s. f.** (**pl.** *-ce*) **1** Pegg. di *pelle* (*1*). **2** (*fig.*) Persona molto resistente a fatiche, dolori, avversità e sim. | (*fig., spreg.*) Persona rotta a tutte le astuzie: *non vorrai trattare con quella p.*

pellàgra [da *pelle* (*1*), con il suff. *-agra*, di orig. gr., usato in medicina; 1780] **s. f.** ● Malattia da carenza di vitamina PP, che colpisce spec. i bambini e gli adolescenti provocando lesioni cutanee desquamanti nelle parti esposte al sole e disturbi nervosi. **SIN.** Maidismo, zeismo.

pellagróso [1785] **agg.**; anche **s. m.** (**f.** *-a*) ● Che (o Chi) è affetto da pellagra.

pellàio o (*dial.*) **pellàro** [lat. tardo *pellāriu(m)*, da *pĕllis* 'pelle (1)'; 1347] **s. m.** (**f.** *-a*) ● Conciatore o venditore di pelli.

pellàme [da *pelle* (*1*); 1472] **s. m.** ● Pelli conciate: *commerciante in pellami*; *p. di prima scelta.*

pellànda o **pelànda** [fr. *houppelande*, di etim. incerta; sec. XIV] **s. f.** ● Ampia veste aperta da indossare sulle altre, usata spec. nei secc. XIV e XV.

pellàro ● V. *pellaio.*

♦**pèlle** (**1**) [lat. *pĕlle(m)*, di orig. indeur.; sec. XII] **A** **s. f.** **1** Cute: *una p. bianca e vellutata.* **CFR.** dermato-, dermo-, derma-, -derma, -dermia | ***Non stare più nella p.***, (*fig.*) non potersi contenere per l'allegrezza o l'impazienza | ***Avere la p. dura***, (*fig.*) resistere alle fatiche, agli strapazzi, a una difficoltà, e sim. | ***Avere la p. d'oca***, irruvidita, accapponata per emozione, freddo e sim. | ***A fior di p.***, superficialmente | ***Avere i nervi a fior di p.***, (*fig.*) essere in condizioni di estrema tensione nervosa | ***Essere p. e ossa***, (*fig.*) molto magro | ***Levar la p. a qlcu.***, (*fig.*) avvilirlo con dure critiche | ***Fare la p. a qlcu.***, (*fig.*) ucciderlo | ***Non voler essere nella p. di qlcu.***, nella sua situazione. **2** (*est.*) Buccia: *la p. del fico, della mela* | ***Levare la p.***, pelare, sbucciare. **3** Pelle conciata d'animale: *guanti, borsa, cinghia di p.* | ***Scarpe di p. lucida***, verniciate. **SIN.** Pellame | Pelle da conciare | ***P. fresca, verde***, tratta da poco dall'animale. **4** Tonaca, crosta, rivestimento o strato superficiale di qlco.: *la p. del muro*; *il metallo fuso raffreddandosi fa la p.* | ***P. d'uovo***, mussola finissima, per biancheria | ***P. di diavolo***, tela ruvida di cotone | ***P. di seta***, tessuto di seta greggia, morbido ma poco lucente | ***P. d'angelo***, varietà di corallo di un rosa molto chiaro | (*fig.*) Superficie. **5** (*fig., fam.*) Vita: *lasciarci, salvare la p.* | ***Vendere cara la p.***, (*fig.*), opporsi molto duramente prima di essere sconfitto | ***Amici per la p.***, per la vita, inseparabili | ***Riportare la p. a casa***, ritornare vivo dopo aver corso un pericolo | ***Giocare sulla, con la p. di qlcu.***, mettere a repentaglio la vita di qlcu. con leggerezza. **B** in funzione di **agg. inv.** ● (posposto a un s.) Solo nella loc. ***effetto p.***, effetto pellicolare. || **pellàccia**, **pegg.** (V.) | **pellètta**, **dim.** | **pellicìna**, **dim.** | †**pelliciuòla**, **dim.** | **pellolìna**, **dim.** | **pellùzza**, **pegg.**

†**pélle** (**2**) **prep. art. f. pl.** comp. di *per* e *le* (*1*) poet. ● V. *le* (*1*) per gli usi ortografici.

pellegrìna [calco sul fr. *pèlerine* 'colletto del mantello dei pellegrini', da *pèlerin* 'pellegrino'; av. 1767] **s. f.** ● Corta mantellina o cappa che copre appena le spalle, fissata in genere alla giacca.

pellegrinàggio o †**peregrinàggio** [da *pellegrino*; av. 1292] **s. m.** **1** (*raro*) Peregrinazione, esilio: *il nostro p. sulla terra.* **2** Viaggio di penitenza e devozione ai luoghi santi | (*est.*) Viaggio e visita a persone e luoghi celebri, famosi: *partecipare a un p. a Caprera.* **3** Insieme di pellegrini che viaggiano: *un numeroso p.*

†**pellegrinàio** **s. m.** ● Ospizio per pellegrini | Infermeria dell'ospizio.

pellegrinànte **A** **part. pres.** di *pellegrinare*; anche **agg.** ● (*raro*) Nel sign. del v. **B** **s. m. e f.** ● Viandante, errante.

pellegrinàre o †**peregrinàre** [lat. tardo *peregrināre*, per il classico *peregrināri*, da *peregrīnus* (V. *peregrino*), rifatto sull'it. *pellegrino*; 1300 ca.] **v. intr.** (aus. *avere*) **1** (*lett.*) Andare in pellegrinaggio. **2** V. *peregrinare.*

pellegrinazióne [lat. *peregrinatiōne(m)*, da *peregrināri* 'pellegrinare', rifatto su *pellegrino*; 1303] **s. f.** **1** (*raro*) Pellegrinaggio. **2** V. *peregrinazione.*

†**pellegrinière** **s. m.** ● Infermeria di un pellegrinaio.

†**pellegrinità** ● V. *peregrinità.*

pellegrìno o (*lett.*) †**peregrìno** [lat. *peregrīnu(m)* 'straniero' (V. *peregrino*), con dissimilazione; sec. XII] **A** **agg.** **1** Che viaggia: *falcone p.* **2** (*lett.*) Forestiero, straniero: *che fan qui tante pellegrine spade?* (PETRARCA). **3** V. *peregrino.* || **pellegrinaménte**, **avv.** **1** Da pellegrino, viandante. **2** (*raro*) In modo peregrino. **B** **s. m.** **1** (**f.** *-a*) (*lett.*) Viandante, viaggiatore: *assistere, rifocillare i pellegrini*; *l'ospizio dei pellegrini*; *l'uomo è un p. sulla terra.* **2** (**f.** *-a*) Chi viaggia per visitare luoghi santi: *i pellegrini lasciarono Roma diretti a Loreto*; *assistere all'arrivo, al passaggio dei pellegrini*; *si presentò in abito di p.*; *le strade dei pellegrini* | (*est.*) Chi si reca a visitare località celebri per motivi storici, letterari e sim.: *numerosi pellegrini visitano la tomba di Dante.* || **pellegrinétto**, **dim.** | **pellegrinìno**, **dim.**

pellerόssa o **pellirόssa** [dal pl. *pellirosse*, comp. di *pelle* (*1*) e il f. di *rosso*, calco sul fr. *peaux-rouges*, detti così per l'uso di tingersi il viso con l'ocra rossa; 1848] **s. m. e f.** (**pl. inv.** o *pellirósse*) ● Indigeno del Nord America.

pellet /'pellet, *ingl.* 'pḥɛlɪt/ [vc. ingl., propr. 'piccola palla, grano', dal fr. ant. *pelote*, in lat. mediev. *pelōta(m)*, *pilōta(m)* 'piccola palla (*pīla(m)*)'] **s. m. inv.** ● (*tecnol.*) Prodotto industriale granulare ottenuto attraverso la pellettizzazione.

pellètica [sovrapposizione di *cotica* a *pelle*; 1863] **s. f.** **1** (*pop.*) Carne macellata con attaccati pezzi di pelle. **2** (*spreg.*) Pelle umana floscia e cascante.

pellètta **s. f.** **1** Dim. di *pelle.* **2** Parte dello stomaco di vitello da latte, ricco di enzimi, che dopo essere stato essiccato e stagionato è impiegato come caglio coagulante nella produzione di formaggio.

pelletterìa [da *pellettiere*; av. 1494] **s. f.** **1** Produzione e commercio di oggetti in pelle, quali valigie, borsette, cinture, guanti e sim. **2** Insieme di oggetti di pelle lavorata. **3** Negozio in cui si vendono tali oggetti.

pellettière [fr. *pelletier*, dall'ant. fr. *pel* 'pelle (1)'; sec. XIV] **s. m.** (**f.** *-a*) ● Chi produce o vende oggetti di pelletteria.

pellettizzàre [da *pellet*, sul modello dell'ingl. *to pelletize*] **v. tr.** ● (*tecnol.*) Sottoporre a pellettizzazione.

pellettizzazióne [da *pellettizzare*] **s. f.** ● (*tecnol.*) Procedimento industriale attraverso il quale dei materiali inizialmente polverulenti (fertilizzanti, mangimi, ecc.) vengono trasformati in prodotti agglomerati granulari, gener. sferici o cilindrici.

pellicàno [lat. tardo *pelecānu(m)*, dal lat. *pelecānus*, dal gr. *pelekán*, genit. *pelekânos*, da *pélekys* 'ascia' (di orig. indeur.) per la forma del becco; av. 1292] **s. m.** **1** Grosso uccello tropicale dei Pelecaniformi con enorme becco munito inferiormente di un sacco dilatabile per immagazzinare il cibo (*Pelecanus onocrotalus*). ➡ **ILL. animali**/7. **2** Nella tradizione medievale, simbolo di Cristo redentore dell'umanità (dalla credenza che il pellicano si laceri il petto per nutrire i piccoli). **3** (*med.*) Leva dentaria.

pellicceria [av. 1536] **s. f.** **1** Tecnica e attività della lavorazione delle pellicce. **2** Negozio e laboratorio di pelliccaio. **3** Quantità, assortimento di pellicce confezionate.

♦**pellìccia** [dal lat. tardo *pellīcius* 'di pelle', da *pĕllis* 'pelle (1)'; av. 1320] **s. f.** (**pl.** *-ce*) **1** Il mantello di un animale formato da peli folti e piuttosto lunghi. **2** Pelle di animale conciata, col suo pelo morbido e lucente: *p. di ermellino, martora, lontra, visone, astrakan.* **3** Indumento realizzato con pelliccia o foderato di pelliccia conciata e lavorata: *la signora si avvolse nella p.*; *sciarpa, collo, cappello di p.* **4** (*arald.*) Campo dello scudo caratterizzato sia dal colore che dal metallo. ➡ **ILL. araldica.** || **pelliccétta**, **dim.** | **pellicciόna**, **accr.** | **pelliccióne**, **accr. m.** (V.) | **pellicciόtto**, **dim. m.** (V.).

pellicciàio [1243] **A** **s. m.** **1** (**f.** *-a*) Chi lavora o vende pellicce. **2** Conciatore di pelli per pellicce. **3** Insetto dei Coleotteri le cui larve sono molto dannose a lane, pellicce e sim. (*Attagenus pellio*). **B** **agg.** ● (*anat.*) Della pelle | ***Muscolo p.***, contenuto nello spessore della pelle, di cui determina, con la contrazione, il corrugamento.

pellicciàme [av. 1764] **s. m.** ● (*raro*) Quantità di pellicce.

†**pelliccière** [av. 1363] **s. m.** ● Pellicciaio.

pelliccióne [1262] **s. m.** **1** Accr. di *pelliccia.* **2** Antica veste, di foggia ampia, foderata di pelliccia. **3** Pastrano foderato di pelliccia dei mandriani.

pellicciόtto [av. 1603] **s. m.** **1** Dim. di *pelliccia.* **2** Giacca o giubbotto di pelliccia.

pellicèlla [1765] **s. f.** ● (*raro*) Pellicola membranosa.

†**pellicìno** [lat. *pedīcinu(m)* 'piede del torchio', da *pēs*, genit. *pĕdis* 'piede', con accostamento pop. a *pelle* (*1*); sec. XIV] **s. m.** **1** Ciascuna delle estremità angolari cucite di un sacco, una balla e sim. | ***Prendere, pigliare il sacco per i pellicini***, vuotarlo completamente. **2** (*est., raro*) Sacco, otre: *questo romito molti pesci prese / ed empiene la zucca e 'l p.* (PULCI). **3** Pedicello.

♦**pellìcola** [vc. dotta, lat. *pellīcula(m)*, dim. di *pĕllis* 'pelle (1)'; av. 1320] **s. f.** **1** Pelle o membrana molto sottile | Squama. **2** Striscia di celluloide, di acetato di cellulosa o di un altro supporto, con una delle facce cosparse di un'emulsione fotosensibile, atta a registrare le immagini raccolte dall'obiettivo della macchina fotografica o cinematografica | ***P. piana***, in fogli separati, da sostituire a ogni posa. **3** (*est.*) Film: *guardare alla tv una vecchia p.* || **pellicolìna**, **dim.**

pellicolàre [1902] **agg.** **1** Di pellicola, che ha forma di pellicola: *strato p.* **2** (*elettr.*) ***Effetto p.***, fenomeno per il quale la corrente elettrica ad alta frequenza passa principalmente nella zona più esterna del conduttore.

pellirόssa ● V. *pellerossa.*

†**péllo** **prep. art. m. s.** comp. di *per* e *lo* poet. ● V. *lo* per gli usi ortografici.

pellucidità [1730] **s. f.** ● Proprietà di ciò che è pellucido.

pellùcido [vc. dotta, lat. *pellūcidu(m)*, comp. di *pĕr* 'per, attraverso' e *lūcidus* 'trasparente' (V. *lucido*); 1749] **agg.** ● Detto di corpo semitrasparente, diafano: *membrana pellucida*; *setto p.* | (*biol.*) ***Zona pellucida***, membrana che circonda l'uovo dei Mammiferi al momento della sua uscita dall'ovaio.

Pelmatozòi [comp. del gr. *pélma*, genit. *pélmatos* 'pianta del piede' (di orig. indeur.), e *-zoo*] **s. m. pl.** (**sing.** *-zoo*) ● Nella tassonomia animale, classe di Echinodermi cui appartengono le forme che, almeno allo stadio giovanile, sono fisse al substrato mediante un peduncolo più o meno lungo (*Pelmatozoa*).

♦**pélo** [lat. *pĭlu(m)*, di etim. incerta; 1272] **s. m.** **1** (*anat.*) Ciascuna delle formazioni cornee filiformi di origine epidermica presenti sul corpo dell'uomo e di molti animali mammiferi: *i peli della barba, delle ascelle, del naso*; *radersi i peli superflui*. **CFR.** trico-, -trico | L'insieme dei peli di una persona o di un animale | ***Fare il p. e il contropelo***, radersi per un verso poi per il contrario; (*fig.*) sparlare di qlcu., criticare spietatamente qlcu. | ***Cavalcare a p.***, senza sella | ***A p.***, secondo la piega del pelo | ***Andare contro p.***, in senso opposto alla piega del pelo | ***Di primo p.***, di ragazzo al quale comincia a spuntare la barba; (*fig.*) di persona inesperta, ingenua e sim. | ***Non torcere un p. a qlcu.***, (*fig.*) non fargli il minimo male | ***Lisciare il p.***, (*fig.*) adulare; (*antifr., scherz.*) picchiare di santa ragione | (*fig.*) ***Avere il p. al cuore, sullo stomaco***, essere crudeli, insensibili, senza scrupoli | (*fig.*) ***Non avere peli sulla lingua***, parlare liberamente, con assoluta sincerità e senza mezzi termini | (*fig.*) ***Cercare il p. nell'uovo***, essere minuziosi e pignoli fino all'assurdo | (*lett.*) Capigliatura: *un vecchio, bianco per antico p.* (DANTE *Inf.* III, 83). **2** (*bot.*) Cellula allungata dell'epidermide vegetale: *p. unicellulare, p. pluricellulare* | ***P. urticante***, a forma di fiasco a lungo collo che espelle sotto pressione un liquido irritante | ***P. radicale***, sottilissima estensione di una radice, con funzione di assorbimento. **3** Fibra tessile ricavata dal pelo di diversi animali | Filo ritorto di seta greggia, per tulle | Borra di seta, cimatura di lana | ***Cotone in p.***, cardato | ***Sacco a p.***, V. *sacco* (*1*), sign. 6. **4** Peluria dei panni di lana | ***Dare il p. ai panni***, mediante la garzatura. **5** Pelliccia: *un cappotto col collo di p.*; *guanti foderati di p.* | ***P. morto***, il pelo di coniglio, di cammello, che si accoppia al filato di lana durante la tessitura. **6** La superficie, il massimo livello superiore di un liquido: *galleggiare a p. d'acqua* | ***P. libero***, superficie libera di un liquido. **7** Crepa di muro che appare sottilissima sull'intonaco ma penetra in profondità: *fare, gettare p.* | Sottile fessura, o anche piano di minore resistenza, della roccia. **8** (*fig.*) Minima frazione di tempo, minima cosa e sim.: *per un p. non ho perduto il treno*; *c'è mancato un p. che cadessi*; *non aggiungeremo né muteremo un p. alla vostra esposizione* | ***Essere a un p. da***, essere lì lì per. || **pelàccio**, **pegg.** | **pelétto**, **dim.** | **pelino**, **dim.** | **pelolino**, **dim.** | **pelóne**, **accr.** | **pelùcco**, **pelùzzo**, **dim.**

pèlo- [dal gr. *pēlós* 'fango', di etim. incerta] primo elemento ● In parole composte della terminologia scientifica significa 'fango': *pelobio, pelofilo*.

pelòbate [comp. di *pelo-* e del gr. *-bátēs*, da *baínein* 'andare', di orig. indeur.; 1875] **s. m.** ● Anfibio anuro notturno e inoffensivo simile a un rospo, che emana odore agliaceo (*Pelobates fuscus*).

pelòbio [comp. di *pelo-* e *-bio*; 1958] **agg.** ● (*biol.*) Detto di organismo acquatico vivente nel fango.

pelòfilo [comp. di *pelo-* e *-filo*; 1958] **agg.** ● (*biol.*) Pelobio.

pelóne [da *pelo* con suff. accr.] **s. m.** ● (*tess.*) Tessuto peloso di lana ruvida e pesante.

peloponnesìaco [vc. dotta, lat. *Peloponnesĭacu(m)*, nom. *Peloponnesĭacus*, dal gr. *Peloponnēsiakós*, da *Pelopónnēsos* 'Peloponneso', propr. 'isola di Pelope', dal n. del personaggio mitico che estese il suo dominio su quella regione; 1521] **A agg.** (**pl. m.** *-ci*) ● Del Peloponneso. **B s. m.** (**f.** *-a*) ● Abitante del Peloponneso.

peloritàno [vc. dotta, lat. *Peloritānu(m)*, dal gr. *Pélōron*, n. del promontorio di Messina, da *pélōros* 'enorme', di orig. non del tutto chiara] **A agg.** ● Relativo al promontorio Peloro, in Sicilia. **B agg.**; anche **s. m.** (**f.** *-a*) ● (*lett.*) Abitante della provincia di Messina.

pelosèlla [dim. f. di *peloso*, perché è coperta di *pelo*] **s. f.** ● Erba delle Crocifere, comune nei luoghi sabbiosi, pelosa, con piccolissimi fiori bianchi (*Arabis thaliana*). **CFR.** Draba | Crocifera di luoghi secchi con foglie a rosetta, fiore a quattro petali profondamente divisi in due (*Draba verna*) | Erba delle Composite, comunissima, con capolini giallo zolfo e foglie a rosetta bianco-cotonose (*Hieracium pilosella*).

pelosìna [da *peloso*; 1880] **s. f.** ● Prima dormita dei bachi da seta.

pelosità [av. 1468] **s. f.** ● Caratteristica di chi (o di ciò che) è peloso: *la p. di un animale*.

pelóso o †**pilóso** [lat. *pilōsu(m)*, da *pĭlus* 'pelo'; sec. XIII] **agg.** ● Che ha molto pelo, ricoperto di peli: *uomo p.*; *mani pelose*; *le orecchie pelose e stracche delle mule* (VERGA) | (*fig.*) ***Carità pelosa***, fatta per interesse: *Oh, guarda un po' che carità pelosa!* (DA PONTE). || **pelosètto**, **dim.** | **pelosìno**, **dim.**

pelòta /sp. pe'lota/ [sp. *pelota*, dall'ant. fr. *pelote*, dal lat. *pĭla* 'palla', di etim. incerta; 1905] **s. f.** (**pl.** *pelòte* o sp. *pelotas*) ● Gioco di origine basca cui partecipano due squadre di tre giocatori ciascuna, che, con un attrezzo di vimini adattato a una mano per mezzo di un guanto di cuoio, cercano di rinviare la palla lanciata contro un muro dagli avversari. **SIN.** Palla basca.

pelotàro **s. m.** ● Chi pratica il gioco della pelota.

pelòxeno [comp. di *pelo-* e *-xeno*; 1958] **agg.** ● (*biol.*) Detto di organismo acquatico che fugge i fondali melmosi.

pèlta [vc. dotta, lat. *pĕlta(m)*, nom. *pĕlta*, dal gr. *péltē*; da avvicinare a *pélma* 'piante dei piedi' (?); sec. XIV] **s. f.** ● Nell'antica Grecia, scudo leggero con anima di legno o di vimini, a forma di mezzaluna o semicircolare, recante due incavi nella parte diametrale.

peltàsta o **peltàste** [vc. dotta, lat. *peltăstae*, nom. pl., dal gr. *peltastái*, da *péltē* 'pelta'; 1554] **s. m.** (**pl.** *-i*) ● Nell'antica Grecia, soldato di armatura leggera con pelta e arco o fionda o giavellotto.

peltàto [vc. dotta, lat. *peltātu(m)*, da *pĕlta* 'pelta'; 1554] **agg.** **1** Armato di pelta. **2** (*bot.*) Detto di organo vegetale, spec. foglia, che ha forma di scudo.

Peltigeràcee [comp. di *pelta*, del tema del lat. *gĕrere* 'portare' (V. *gestione*), perché hanno il tallo a forma di pelta, e *-acee*] **s. f. pl.** (**sing.** *-a*) ● Nella tassonomia vegetale, famiglia di licheni aderenti al terreno per mezzo di rizoidi (*Peltigeraceae*).

peltinèrvio [comp. di *pelta* (per la forma della foglia) e *nervo*] **agg.** ● (*bot.*) Detto di foglia con picciuolo inserito nel mezzo della lamina e nervature disposte come i raggi di una ruota.

†**peltràio** [1978] **s. m.** (**f.** *-a*) ● Artigiano che lavora il peltro.

péltro [vc. di orig. preindeur.; 1313] **s. m.** **1** Lega di stagno con piombo e antimonio o con zinco e mercurio, d'aspetto simile all'argento, per vasellame da tavola e oggetti decorativi. **2** †Metallo, ricchezza.

peluche /pe'luʃ*, *fr.* pə'lyʃ/ [vc. fr., deriv. di un ant. *peluchier* 'tagliare i peli', che continua il lat. parl. **piluccāre*, deriv. di *pilāre* 'tagliare i peli'; 1765] **A s. f. inv.** ● Tessuto con pelo lungo e morbido, usato spec. per confezionare pupazzi e sim. **B s. m. inv.** ● Pupazzo o sim. confezionato con tale stoffa.

pelùria [da *pelo*; sec. XIV] **s. f.** ● Minuta villosità, insieme di peli sottili e morbidi: *ha le braccia ricoperte di p.*; *non ha barba né baffi ma solo una fitta p.*; *la p. dei pulcini*. **SIN.** Calugine, lanugine.

†**pelùzza** [da *pelo*] **s. f.** ● Striglia, spazzola per cavalli.

pèlvi [vc. dotta, lat. *pĕlvi(m)* 'catino, bacino', di orig. indeur.; av. 1730] **s. f. inv.** ● (*anat.*) Bacino | ***P. renale***, bacinetto. **CFR.** pielo-. ➡ **ILL.** p. 2125 ANATOMIA UMANA.

pèlvico [1842] **agg.** (**pl. m.** *-ci*) ● (*anat.*) Di pelvi, relativo alla pelvi.

pelvimetrìa [comp. di *pelvi* e *-metria*; 1866] **s. f.** ● (*med.*) Misurazione dei diametri del bacino, spec. della donna in rapporto al parto.

pèmfigo /'pɛmfigo/ o **pènfigo** [vc. dotta, gr. *pémphix*, genit. *pémphigos* 'soffio di vento, pustola', di orig. espressiva; 1835] **s. m.** (**pl.** *-gi*) ● (*med.*) Dermatite bollosa, spesso a contenuto purulento.

pemmican /*ingl.* 'pɛmɪkən/ [algonchino *pimekan*, da *pime* 'grasso'; 1883] **s. m. inv.** ● Cibo a base di carne di renna o di pesce, seccata e affumicata, tipico degli indiani d'America | Carne seccata, compressa o polverizzata, di manzo o caccia, usata spec. nelle spedizioni polari.

♦**péna** [lat. *pœna(m)*, nom. *pœna*, dal gr. *poinḗ*, da una radice indeur. che significa 'pagare'; 1211] **s. f.** **1** Sanzione punitiva stabilita dalla legge come specifica conseguenza del reato e irrogata dall'autorità giudiziaria mediante processo: *infliggere una p.*; *p. capitale, di morte* | ***P. principale***, quella inflitta dal giudice con provvedimento di condanna | ***P. accessoria***, quella conseguente di diritto alla condanna a una pena principale quale effetto penale della stessa | ***P. detentiva***, restrittiva della libertà personale | ***P. pecuniaria***, sanzione fiscale che varia da un minimo ad un massimo; nel diritto penale, la multa o l'ammenda | ***P. disciplinare***, sanzione applicabile dalla Pubblica Amministrazione con procedimento amministrativo. **2** (*relig.*) Castigo dell'anima, temporale o perpetuo, per i peccati commessi: *p. dell'inferno, del purgatorio* | Castigo inflitto dalla Chiesa al fedele o al sacerdote per delitto commesso: *pene canoniche*; *pene spirituali, temporali*. **3** (*est.*) Punizione in genere: *noi siamo contrari alle pene corporali*; *è una p. ingiusta, crudele, immeritata*; *fra le speranze di fuggir la p. una è quella di correggersi* (SARPI) | ***A p. di***, ***sotto p. di***, (*ellitt.*) ***pena***, (*fig.*) con minaccia di: *a p. di nullità … di morte*; *è stato più volte diffidato, p. la sospensione dall'incarico*; *p. la morte*. **4** (*est.*) Sofferenza fisica o morale: *mi ha raccontato i suoi guai e le sue pene*; *gli hanno inflitto pene indicibili*; *io ti ringrazio, Amore, / d'ogni p. e tormento* (POLIZIANO) | ***Dar p.***, tormentare | ***Soffrire le pene dell'inferno***, (*fig.*) essere in preda a tormenti indicibili. **5** Angoscia e pietà dovute alle sofferenze altrui: *è una p. vederlo soffrire così* | ***Far p.***, muovere a pietà | ***Essere in p.***, essere angosciati o preoccupati per qlco. o qlcu. | ***Anima in p.***, persona rosa da interno tormento, da continua irrequietezza e sim. **6** Stento, fatica: *li vedemmo inerpicarsi con gran p. sulle pendici scoscese del monte*; *ci è costato p. e sacrifici* | ***Prendersi***, ***darsi p. di***, affaticarsi | ***Valere***, ***non valere la p.***, essere o non essere vantaggioso, meritare o non meritare: *non vale la pena preoccuparsi tanto per quell'ingrato* | ***A p.***, ***a gran p.***, ***a mala p.***, con grande stento e difficoltà | ***A p.***, V. *appena*. || **penarèlla**, **dim.**

†**penàce** o †**pennàce** [av. 1306] **agg.** ● Che dà pena.

penàle [vc. dotta, lat. *pœnāle(m)*, da *pœna* 'pena'; av. 1363] **A agg.** ● (*dir.*) Che concerne le pene giudiziarie, il diritto penale: *azione p.*; *certificato p.* | ***Processo p.***, complesso di atti preordinato alla pronuncia circa la fondatezza di un'imputazione | ***Diritto p.***, complesso di atti legislativi alla cui inosservanza è ricollegata l'applicabilità di una pena o di una misura di sicurezza | ***Norma p.***, disposizione di legge che fa parte del diritto penale | ***Clausola p.***, patto con cui le parti stabiliscono preventivamente l'ammontare del danno conseguente all'inadempimento o al ritardo nell'adempimento di un'obbligazione. || **penalménte**, **avv.** Secondo le norme e i procedimenti del diritto penale. **B s. f.** ● (*ellitt.*) Clausola penale | Correntemente, somma stabilita da tale clausola: *pagare una p.*

penalista [1866] **s. m. e f.** (**pl. m.** *-i*) ● Esperto di diritto penale | Avvocato che si occupa di cause penali.

penalìstico [1950] **agg.** (**pl. m.** *-ci*) ● Relativo ai penalisti, al diritto penale.

penalità o †**penalitàde**, †**penalitàte** [da *penale*; nel sign. 2, calco sull'ingl. *penalty*; sec. XIV] **s. f.** **1** Sanzione spec. pecuniaria. **SIN.** Penale. **2** L'entità della penalizzazione, in punti o in secondi, per un'irregolarità compiuta in una gara sportiva. **3** †Il provare pena.

penalizzànte [1983] **part. pres.** di *penalizzare*; anche **agg.** **1** Nei sign. del v. **2** Che reca svantaggio: *provvedimento fiscale p.* **3** Non costruttivo: *critica p.*

penalizzàre [da *penalità*; 1942] **v. tr.** **1** Punire con una penalizzazione un concorrente che ha commesso un'infrazione o un'irregolarità: *il vincitore di tappa è stato penalizzato di un minuto*. **2** (*est., fig.*) Danneggiare: *i rincari dei prezzi penalizzano soprattutto i pensionati* | Trascurare qlcu. o qlco.: *p. la famiglia rispetto al lavoro*.

penalizzazióne [1958] **s. f.** ● Svantaggio inflitto a un concorrente in una gara sportiva per condotta irregolare o per errore.

penalty /'pɛnalti, *ingl.* 'pɛnəlti/ [vc. ingl., dal fr. *pénalité*: stessa etim. dell'it. *penalità*; 1905] **s. m.**

inv. (pl. ingl. *penalties*) ● (*sport*) Nel calcio, rigore.

penànte part. pres. di *penare*; anche agg. ● (*raro, lett.*) Che pena, che soffre.

†**penànza** [da *penante*] s. f. ● Pena, afflizione.

penàre [da *pena*; av. 1250] **A** v. intr. (*io péno*; aus. *avere*) **1** Patire, soffrire: *p. in carcere, in esilio* | *Finir di p.*, morire. **2** Durare fatica: *penarono molto a uscire da quella situazione*; *risolsero ogni cosa senza troppo p.* **B** v. intr. pron. ● †Darsi pena, ingegnarsi.

penàti [vc. dotta, lat. *penātes*, da *pĕnus* 'parte interna della casa' (poi 'provviste, vettovaglie'), di orig. indeur.; av. 1556] s. m. pl. **1** Presso gli antichi Romani, divinità che proteggevano la famiglia, la casa, la patria. **2** (*fig., lett.*) Casa, patria: *tornare ai propri p.* | *Trasportare altrove i propri p.*, cambiare domicilio, residenza.

penchant /pan'ʃan, *fr.* pɔ̃'ʃɔ̃/ [vc. fr., propr. part. pres. di *pencher* 'pendere', dal lat. parl. **pendicāre*, deriv. di *pendēre* 'pendere'; 1694] s. m. inv. ● Inclinazione, simpatia | *Avere un p. per qlcu.* o *qlco.*, avere un debole, una simpatia particolare.

pencolaménto [da *pencolare*; 1946] s. m. ● Tentennamento, ondeggiamento.

pencolànte part. pres. di *pencolare*; anche agg. **1** Che pencola, che pende: *un pilone p.* | Che traballa | (*est.*) Tremolante: *un raggio di luce prodotto da una p. candela* (MONTALE). **2** (*fig.*) Indeciso, irresoluto | Precario: *salute p.*

pencolàre [lat. parl. **pendiculāre*, intens. di *pendēre* 'pendere'; av. 1850] v. intr. (*io pèncolo*; aus. *avere*) **1** Pendere di qua e di là, non stare saldo: *l'ubriaco camminava pencolando*; *un masso pencolava sull'orlo del burrone.* SIN. Oscillare, vacillare. **2** (*fig.*) Essere indeciso, irresoluto: *p. fra due opposte soluzioni.* SIN. Tentennare.

pencolìo [1954] s. m. ● Un pencolare continuato. SIN. Tentennio.

pencolóne s. m. (f. *-a*) ● Chi pencola camminando.

pen computer /*ingl.* 'pḥɛnkəm,pjuuṭəɹ/ [comp. ingl. di *pen* 'penna' e *computer*; 1992] loc. sost. m. inv. (pl. ingl. *pen computers*) ● (*elab.*) Personal computer portatile dotato di uno schermo interattivo sul quale è possibile scrivere con un apposito dispositivo a forma di penna.

†**pendàglia** s. f. ● Pendaglio.

pendàglio [da *pendere*; av. 1400] s. m. **1** Oggetto che pende | Ciondolo, monile | (*fig.*) ***P. da forca***, delinquente. **2** Cinghia di cuoio, semplice o doppia, per sostegno della sciabola o della spada. || †**pendaglióne**, accr.

pendant /pan'dan, *fr.* pɔ̃'dɔ̃/ [vc. fr., propr. 'pendente'; 1784] s. m. inv. ● Corrispondenza, riscontro di cose, mobili, oggetti in coppia, disposti simmetricamente o in modo complementare: *essere il p. di qlco.*; *questa consolle è il p. di quell'altra* | ***Fare p., da p.***, essere abbinato armonicamente: *la cintura fa p. con la borsetta*; *il tessuto delle tende fa da p. a quello del divano.*

pendènte [1308] **A** part. pres. di *pendere*; anche agg. **1** Che pende, che è appeso, sospeso o sim.: *Guardava le piante … con pendenti radici aeree* (CALVINO) | Inclinato, piegato rispetto al proprio asse: *la torre p. di Pisa*; *un quadro p.* | Che è in pendenza: *Da' pendenti prati di rosso papavero allegri* (CARDUCCI) | Pendulo: *labbro p.* | (*dir.*) ***Frutto p.***, frutto naturale che non ha ancora una esistenza autonoma rispetto alla cosa che lo produce: *divieto di caccia per frutti pendenti.* **2** Che è in corso, che non è risolto o definito: *processo, conto p.* | (*dir.*) ***Carichi pendenti***, procedimenti penali a carico | †***Passato p.***, imperfetto. || **pendenteménte**, avv. Con pendenza. **B** s. m. **1** Ciondolo, orecchino. **2** †Pendio, declivio.

pendentif /*fr.* pɔ̃dɔ̃'tif/ [vc. fr., dal lat. *pĕndens*, genit. *pendĕntis*, part. pres. di *pendēre* 'pendere'] s. m. inv. ● Gioiello portato per ornamento al collo, appeso a un nastro o a una catena.

pendènza [1551] s. f. **1** Condizione di ciò che è pendente o inclinato: *la p. di una torre, di un tetto.* CFR. clino-, -clino. SIN. Inclinazione. **2** (*mat.*) Tangente trigonometrica dell'angolo formato da una retta, o da un piano, con il piano orizzontale | ***P. d'una curva in un punto***, pendenza della tangente alla curva nel punto | ***P. d'una superficie in un punto***, pendenza del piano tangente alla superficie nel punto | ***P. di una strada, di un canale***, rapporto, espresso in percentuale. **3** (*dir.*) Situazione in cui si trova un processo in stato di litispendenza | ***P. di una condizione***, quando l'evento che ne costituisce il contenuto non si è ancora verificato e si ignora se si verificherà | ***P. di un rapporto giuridico***, allorché sussiste la possibilità della retroattiva eliminazione di un rapporto attualmente esistente. **4** (*fig.*) Conto in sospeso: *definire, sistemare una p.* | (*fig.*) Questione da risolvere: *avere molte pendenze da sistemare.* **5** (*ling.*) †Condizione di tempo imperfetto.

pèndere [lat. parl. **pĕndere*, per il classico *pendēre*: di orig. indeur. (?); 1313] **A** v. intr. (pass. rem. *io pendéi* o *pendètti* (o *-étti*), *tu pendésti*; part. pass. *pendùto*, raro; aus. *avere*) **1** Essere appeso, sospeso o attaccato a qlco., gravitando verso il basso: *il quadro pende dal chiodo*; *una pesante spada gli pendeva dal fianco*; *frutti dorati pendevano dai rami*; *p. dal capestro* | (*fig.*) ***P. dalle labbra, dalle parole, dai cenni di qlcu.***, essere estremamente attento | (*fig.*) ***P. dal volere di qlcu.***, essere del tutto obbediente. **2** Essere inclinato o piegato rispetto al proprio asse: *p. a destra, a sinistra*; *la torre di Pisa pende* | (*lett., fig.*) Avvicinarsi, tendere: *p. al bianco*; *e' capegli suoi pendevano in rosso* (MACHIAVELLI). **3** Essere più o meno spostato verso il basso: *p. per il peso eccessivo* | (*est.*) Essere declive: *la costa pende verso il mare.* **4** (*fig.*) Incombere: *una terribile minaccia pende su di noi*; *sul suo capo pendeva una grossa taglia.* **5** (*fig.*) Essere in attesa di decisione e sim.: *la causa pende dinanzi ai giudici di primo grado*; *la questione pende tuttora* | Tentennare: *pende, pende e non si decide mai.* **6** (*lett., fig.*) Dipendere: *p. dalla volontà altrui*; *pende dal mio voler ch'altri infelice / perda in prigione eterna il ciel sereno* (TASSO). **7** (*fig.*) Propendere: *è indeciso, ma credo penda verso la nostra soluzione* | ***P. dalla parte di qlcu.***, essere incline a favorirlo | ***La bilancia pende dalla sua parte***, (*fig.*) la situazione gli è favorevole. **B** v. tr. ● †Far pendere: *p. la spalla da una parte.*

pendévole [1505] agg. ● (*lett.*) Che pende.

pendìce [lat. parl. **pendīce(m)*, da *pendēre* 'pendere'; av. 1303] s. f. ● Parte di terreno in pendio: *le pendici del monte.*

pendigóne [vc. di orig. sp. (?)] s. m. ● Grosso pallino da schioppo.

pendìno [da *pendere*; 1958] s. m. **1** (*elettr.*) Nelle linee elettriche di alimentazione aerea, spec. in quelle usate per trazione ferrofilotranviaria, ciascuno dei tiranti verticali d'acciaio che collegano il conduttore di contatto alla fune portante. **2** (*mecc.*) Nelle sospensioni dei veicoli ferroviari, organo che sostiene le leve di comando dei freni. **3** (*edil.*) Tirante in tondino d'acciaio che sporge dalla superficie inferiore di un solaio a sostegno degli elementi di soffittatura.

♦**pendìo** [da *pendere*; 1306] s. m. **1** Pendenza: *essere in p.* **2** Luogo in pendenza, piano di pendenza: *l'acqua scorre seguendo il p.*; *un p. ripido, dolce, erto, scosceso.* **3** (*fig., lett.*) China: *e giunta in sul p., precipita l'età* (PARINI).

pèndola [da *pendolo*; 1841] s. f. ● Orologio a pendolo.

pendolaménto [1958] s. m. ● Il pendolare.

pendolàre (**1**) [da *pendolo*; av. 1523] v. intr. (*io pèndolo*; aus. *avere*) ● Muoversi in modo simile all'oscillazione del pendolo. SIN. Oscillare.

pendolàre (**2**) [da *pendolo*; 1891] **A** agg. ● Detto di ogni movimento che assomiglia a quello del pendolo: *moto p.* || **pendolarménte**, avv. Con movimento pendolare. **B** agg.; anche s. m. e f. ● Che (o Chi) abita in un luogo diverso da quello in cui svolge il proprio lavoro e deve quindi affrontare quotidianamente il viaggio di andata e ritorno: *lavoratori pendolari*; *metropolitana zeppa di pendolari.*

pendolarìsmo [1971] s. m. **1** Caratteristica di ciò che è pendolare | (*fig.*) Atteggiamento di chi è solito oscillare tra posizioni contrastanti. **2** Il fenomeno sociale relativo ai lavoratori e agli studenti pendolari: *p. urbano.*

pendolarità [1971] s. f. ● Condizione, situazione dei lavoratori pendolari | (*est.*) Il complesso dei fenomeni legati a tale situazione.

pendolinista [da *pendolino* (*1*); 1942] s. m. e f. (pl. m. *-i*) ● Chi pratica la radioestesia e la rabdomanzia usando un pendolino.

pendolino (**1**) [1871] s. m. **1** Dim. di *pendolo.* **2** Pendolo usato da rabdomanti e radioestesisti per i loro esperimenti. **3** *Pendolino*®, nome di un elettrotreno ad alta velocità in servizio in Italia le cui carrozze possono oscillare in un piano perpendicolare alla direzione di marcia; ciò consente di affrontare le curve a una velocità maggiore.

pendolino (**2**) [detto così perché il suo nido *pende* dai rami cui è legato da un filo sottilissimo; 1797] s. m. ● Piccolo uccello dei Passeriformi, tipico delle zone umide anche italiane, che costruisce un nido a forma di fiasco appeso a un ramo (*Anthoscopus pendulinus*). SIN. Fiaschettone.

♦**pèndolo** [lat. *pĕndulu(m)* 'pendente', da *pendēre* 'pendere'; 1631] **A** s. m. **1** Correntemente, solido girevole intorno a un asse fisso orizzontale e soggetto solo all'azione del peso | ***P. semplice, matematico***, punto sospeso a un filo flessibile inestensibile di massa trascurabile | ***P. composto, fisico***, corpo rigido sospeso per un asse orizzontale non passante per il suo baricentro | ***P. geodetico***, pendolo che permette di determinare il valore dell'accelerazione di gravità, mediante misurazione del periodo di oscillazione del pendolo | ***P. sismico***, usato in sismologia per determinare vibrazioni della crosta terrestre. **2** Peso pendente dalla pendola, misuratore del tempo con le sue oscillazioni. **3** Pendola, orologio a pendolo. **4** Peso pendente da un filo per stabilire il perpendicolo | Filo a piombo. **5** In alpinismo, manovra oscillante di corda necessaria quando occorre eseguire una traversata lungo un tratto di parete non percorribile in arrampicata. **6** †Parte pendente di monile, vezzo e sim. || **pendolino**, dim. (V.). **B** agg. ● V. *pendulo.*

pendolóne o **pendolóni** [da *pendolo*] avv. ● (*region.*) Penzoloni.

pendóne [da *pendere*; 1598] s. m. ● Drappeggio di tessuto pendente a festone.

pèndulo o (*raro*) **pèndolo** [V. *pendolo*; 1342] agg. **1** (*lett.*) Che pende: *e par ch'al vento muovasi / la triste Filli esanimata e pendola* (SANNAZARO). **2** (*anat.*) ***Velo p.***, plica muscolo-mucosa all'estremità posteriore del palato molle, tra la cavità orale e quella faringea. SIN. Velo palatino.

pendùto part. pass. di *pendere*; anche agg. ● (*raro*) Nei sign. del v.

pène [vc. dotta, lat. *pēne(m)* 'coda', poi 'membro virile', di orig. indeur.; 1775] s. m. ● (*anat.*) Organo esterno, erettile, dell'apparato urogenitale maschile. ➡ ILL. p. 2124 ANATOMIA UMANA.

penèio [vc. dotta, lat. *Penēiu(m)*, agg. di *Penēus*, dal gr. *Pēnéiós* 'Peneo', padre di Dafne; 1321] agg. ● Di Peneo, padre di Dafne.

†**penèllo** ● V. *pennello* (*1*).

penèlope (**1**) [vc. dotta, lat. *penĕlope(m)*, nom. *pēnelops*, dal gr. *pēnélops*, di orig. preindeur.; 1476] s. f. ● (*zool.*) Fischione.

Penèlope (**2**) [vc. dotta, lat. *Penĕlope(n)*, dal gr. *Pēnelópē*, già in gr. e lat. in senso fig.; 1777] s. f. ● (*per anton.*) Donna, sposa paziente e fedele | ***Tela di P.***, quella che la sposa di Ulisse tesseva di giorno e disfaceva di notte; (*fig.*) lavoro interminabile, eseguito tra molte indecisioni e ripensamenti.

penèo [dal n. del dio del fiume *Peneo*; 1983] s. m. ● Genere di Crostacei dei Decapodi cui appartengono la mazzancolla e lo spannocchio (*Penaeus*).

penepiàno [ingl. *peneplain*, comp. del lat. *pāene* 'quasi' (V. *penisola*) e *plānus* 'piano'; 1930] s. m. ● (*geogr.*) Regione leggermente ondulata o quasi pianeggiante modellata dall'azione degli agenti esogeni protrattasi per lunghe ere geologiche.

peneràta [1618] s. f. ● (*raro*) Penero | Orlatura di penero.

pènero [lat. parl. **pĕdinu(m)*: da *pēs*, genit. *pĕdis* 'piede' (?); 1334] s. m. ● (*tess.*) Lembo dell'ordito non tessuto, lasciato come frangia ornamentale: *asciugamano, scialle, tappeto, coperta col p.*

penetràbile [vc. dotta, lat. *penetrābile(m)*, da *penetrāre* 'penetrare'; sec. XIV] agg. **1** Che si può facilmente penetrare (*anche fig.*). CONTR. Impenetrabile. **2** †Penetrativo, penetrante.

penetrabilità [av. 1652] s. f. ● Condizione, caratteristica di ciò che è penetrabile. CONTR. Impenetrabilità.

penetràle [vc. dotta, lat. *penetrāle*, nt. sost. di *penetrālis* 'interiore, interno', da *penetrāre* 'penetrare'; 1499] s. m. **1** (*spec. al pl.*) Nell'antica Roma, la parte più interna e nascosta della casa o del tempio in cui si conservavano i simulacri dei penati o degli dei. **2** (*fig., lett., spec. al pl.*) La parte più intima, più riposta: *i penetrali dell'animo*, *della coscienza*; *Vi urta l'idea di scrutare gl'intimi penetrali del vostro io?* (ALERAMO).

penetraménto [av. 1524] s. m. ● (*raro*) Penetrazione.

penetrànte [1321] part. pres. di *penetrare*; anche agg. *1* Nei sign. del v. *2* ***Odore p.***, acuto | ***Ferita p.***, profonda | ***Freddo p.***, molto intenso. *3* (*fig.*) Che giunge o indaga in profondità: *parole penetranti*; *osservazione p.* SIN. Acuto. || **penetranteménte**, avv. (*raro*) In modo penetrante.

penetrànza [1938] s. f. *1* (*raro*) Penetrazione | (*fis.*) Attitudine di un corpo a penetrare in un mezzo fluido. *2* (*biol.*) Frequenza con cui un gene determina la comparsa del relativo carattere.

♦**penetràre** [vc. dotta, lat. *penetrāre*, dall'avv. *pĕnitus* 'nell'intimo', 'in fondo a', da *pĕnus*. V. *penati*; 1321] **A** v. intr. (*io pènetro* o *poet. penètro*; aus. *essere* e *avere*) *1* Riuscire a entrare, a spingersi dentro un materiale duro e compatto, o un luogo chiuso: *il chiodo penetra nella parete, nel legno*; *l'aria penetrava nella stanza attraverso qualche spiraglio*; *penetrarono sempre più profondamente nella giungla*; *la lama penetrò a fondo nelle carni*; *nei corpi trasparenti penetrano i raggi e negli specchi vengono riflessi* (SARPI). *2* Introdursi furtivamente: *i ladri sono penetrati nottetempo nella banca.* **B** v. tr. *1* Trapassare (*anche fig.*): *pareva volesse penetrarlo con quello sguardo acuto.* *2* Compiere una penetrazione sessuale (*anche assol.*). *3* (*fig.*) Arrivare a conoscere, a comprendere perfettamente: *p. il significato di un'allegoria.* **C** v. intr. pron. ● †Rendersi conto di qlco.

penetratìvo [av. 1320] agg. ● Atto a penetrare, che ha la forza di penetrare (*anche fig.*): *dando varii colori a' legni, con acque e tinte bollite, e con oli penetrativi* (VASARI) | ***Ingegno p.***, acuto.

penetràto [av. 1306] part. pass. di *penetrare*; anche agg. ● Nei sign. del v.

penetratóre [vc. dotta, lat. tardo *penetratōre(m)*, da *penetrātus* 'penetrato'; av. 1519] agg.; anche s. m. (f. *-trice*) ● (*raro*) Che (o Chi) penetra o che ha forza di penetrare.

penetraziόne [vc. dotta, lat. *penetratiōne(m)*, da *penetrātus* 'penetrato'; av. 1320] s. f. *1* Il penetrare: *la p. di un cuneo nel legno* | (*fig.*) Diffusione entro qlco.: *la p. di nuove idee*; *la p. di un prodotto sul mercato* | ***P. sessuale***, (*ellitt.*) ***penetrazione***, l'introduzione del pene nella vagina. *2* (*fig.*) Attitudine a capire, a intendere: *è dotato di una singolare capacità di p.*

†**penetrévole** [1505] agg. *1* Penetrativo, penetrante. *2* (*fig.*) Perspicace. || †**penetrevolménte**, avv. In modo penetrante.

pènfigo ● V. *pemfigo*.

-penìa [dal gr. *penía* 'povertà, indigenza', di orig. indeur.] secondo elemento ● In parole composte della terminologia medica, indica mancanza o carenza rispetto ai valori normali di ciò che è designato dalla prima parte della parola: *leucopenia*.

pénice [fr. *péniche*, dall'ingl. *pinnace*, a sua volta dal fr. *pinace*, dallo sp. *pinaza*, da *pino* 'pino'; 1937] s. f. ● Chiatta per il trasporto di materiali nell'interno del porto.

penicillìna [da *penicillio*; 1948] s. f. ● Antibiotico isolato dal fungo *Penicillum notatum*, molto usato in terapia.

penicillìnico [1963] agg. (pl. m. *-ci*) ● Di penicillina.

penicìllio [dal lat. *penicĭllum* 'pennello', dim. di *penĭculus*, propr. 'piccola coda', poi 'spazzola, pennello', a sua volta dim. di *pēnis* (V. *pene*), detto così perché caratterizzato da filamenti che formano una specie di pennello; 1875] s. m. ● Muffa delle Aspergillacee a forma di minuti cespi da cui si innalzano ife a ciuffo, alcune patogene, altre utili per l'estrazione della penicillina (*Penicillium*).

penicìllo [vc. dotta, lat. *penicĭllu(m)* 'pennello'. V. *penicillio*; 1838] s. m. ● (*biol.*) Parte di organo in forma di filamento.

pènico [1984] agg. (pl. m. *-ci*) ● Del pene | (*antrop.*) ***Astuccio p.***, guaina, spec. di materiali vegetali o naturali, usata da alcune popolazioni primitive per coprire il pene a scopo ornamentale o protettivo.

penièno [vc. dotta, deriv. di *pene*] agg. ● (*anat.*) Relativo al pene: *protesi peniena*.

peninsulàre [dal lat. *paenĭnsula* 'penisola'; av. 1836] agg. ● Relativo a una penisola.

♦**penìsola** [lat. *paenīnsula(m)*, propr. 'quasi isola', comp. di *pāene* 'quasi', di etim. incerta e *īnsula* 'isola'; av. 1494] s. f. ● Terra circondata dalle acque eccetto una parte che è unita al continente: *l'Italia è una grande p.* || **penisolétta**, dim. | **penisolóna**, accr.

penitènte [vc. dotta, lat. *paenitĕnte(m)*, part. pres. di *paenitēre* 'pentirsi' (V.); av. 1250] **A** agg. ● Che si pente dei propri peccati. CONTR. Impenitente. **B** s. m. e f. *1* Chi fa penitenza. *2* Cristiano che, per peccati commessi, è soggetto a pene penitenziali che lo escludono dalla funzione di alcuni sacramenti e dalla piena partecipazione alla vita della comunità dei fedeli. *3* Chi accede al sacramento della penitenza.

penitènza o †**penitènzia** [vc. dotta, lat. *paenitĕntia(m)*, da *pāenitens*, genit. *paenitĕntis* 'penitente'; sec. XII] s. f. (*Penitenza* nel sign. 3) *1* (*lett.*) Pentimento e dolore per il male commesso: *disconforto / ne sentii poscia e p. al core* (TASSO) | ***Recare a p.***, indurre al pentimento. SIN. Contrizione. *2* Qualunque privazione, punizione o mortificazione cui ci si sottopone coscientemente e liberamente, a scopo riparatorio e sim.: *imporsi dure penitenze*; *vivere in continua p.*; *per p. si fustigava* | ***Fare p.***, sottoporsi volontariamente a tali privazioni, punizioni e sim. *3* (*relig.*) Uno dei sette sacramenti, secondo la dottrina cattolica istituito da Gesù Cristo per rimettere i peccati commessi dopo il battesimo, denominato anche, dopo il Concilio Ecumenico Vaticano Secondo, sacramento della riconciliazione | ***P. sacramentale***, opera buona o preghiera imposta dal confessore a castigo e a correzione del peccatore e a sconto della pena temporanea meritata peccando | ***Opera di p.***, digiuni, mortificazioni, atti di misericordia spirituale e corporale, preghiere, uso pio delle cerimonie e dei sacramentali, che suppliscono e integrano la penitenza sacramentale | Correntemente, penitenza sacramentale: *dire, recitare dieci avemaria per p.* *4* Castigo o punizione che si dà, spec. ai fanciulli: *per p. gli fece copiare più volte quelle pagine.* *5* In giochi infantili o di società, prova d'abilità o ridicola imposta al perdente. || **penitenziùccia**, **penitenzùccia**, dim.

penitenziàle [dal lat. *paenitĕntia* 'penitenza'; sec. XIV] **A** agg. *1* Di penitenza: *proponimento p.* | ***Salmi penitenziali***, salmi che si recitano nella settimana santa | ***Atto p.***, riconoscimento dei propri peccati, fatto dal celebrante e dai fedeli all'inizio della messa. *2* (*raro*) Penitenziario: *sistema p.* *3* †Che fa penitenza. **B** s. m. e f. ● †Chi fa penitenza.

†**penitenziàre** [da *penitenza*; 1587] v. tr. ● Sottoporre a penitenza.

penitenziàrio [da *penitenza*; av. 1835] **A** agg. *1* Che concerne l'organizzazione delle istituzioni carcerarie. *2* Relativo all'espiazione di una pena detentiva. **B** s. m. ● (*gener.*) Stabilimento carcerario.

penitenzière [da *penitenza*; av. 1348] s. m. ● Confessore che, nelle cattedrali, ha autorità di assolvere dai peccati i casi riservati al vescovo | ***P. maggiore***, cardinale che presiede alla Penitenzieria apostolica.

penitenzierìa [da *penitenziere*; av. 1476] s. f. *1* In alcune chiese, parte della sacrestia riservata ai confessionali per uomini. *2* (*dir.*) Primo tribunale della curia romana che ha giurisdizione sul foro interno, anche non sacramentale, e concede grazie, assoluzioni, dispense, condoni e sanatorie.

†**penitére** o †**pentére** [vc. dotta, lat. *paenitēre*. V. *pentire*; av. 1306] v. intr. e intr. pron. ● Pentirsi.

♦**pénna** [lat. *pĕnna(m)* 'penna' e *pĭnna(m)* 'penna', dalla stessa radice di *pĕtere* 'dirigersi' (V. *petere*); av. 1250] s. f. *1* (*zool.*) Formazione cornea della pelle caratteristica degli Uccelli, costituita da un asse centrale, la cui parte basale (*calamo*) è inserita sulla pelle, mentre la parte rimanente (*rachide*) porta il vessillo, formato di tante appendici laterali sfrangiate | ***Penne remiganti***, quelle principali delle ali, costituenti la superficie portante del volo | ***Penne timoniere***, quelle della coda, con funzione di timone nel volo | ***Penne copritrici***, le penne corte che, nelle ali, ricoprono alla base le penne più grandi | ***Cane da p.***, da caccia, il cui compito è fermare o puntare selvaggina alata | ***Lasciarci, rimetterci le penne***, (*fig.*) morire o subire danni gravissimi | (*est.*) Piuma: *un cuscino pieno di p.* | ***Leggero come una p.***, leggerissimo. ➡ ILL. **zoologia generale.** *2* Ornamento del cappello alpino | ***Penne nere***, gli alpini | ***Penne mozze***, gli alpini caduti in guerra. *3* Strumento per scrivere costituito un tempo da una penna d'oca opportunamente lavorata, quindi sostituito da un'asticciola di materiale vario munita di pennino di metallo, anch'essa oggi disusata | ***P. stilografica***, dotata di un serbatoio per l'inchiostro che alimenta direttamente il pennino | ***P. a sfera***, munita di un serbatoio con inchiostro semisolido e di una sferetta scorrevole al posto del pennino | ***P. a feltro***, costituita da un cilindretto di feltro, che sostituisce il pennino, e da una carica d'inchiostro | ***P. luminosa***, ***p. ottica***, dispositivo recante all'estremità una fotocellula, usato per individuare informazioni alfanumeriche o grafiche sullo schermo di un visualizzatore ottico interattivo. SIN. Light pen | ***Un frego, un tratto di p.***, un segno tracciato per cancellare | ***Dar di p.***, cancellare | (*fig.*) ***Lasciare qlco. nella p.***, tralasciare o dimenticare di scrivere qlco. | ***Uomo di p.***, letterato | (*fig.*) ***Avere la p. intinta nel fiele***, di chi scrive con acrimonia, astio e sim. | (*est.*) Scrittore: *è una buona p.*; *una grande, gloriosa p.* *4* (*mar.*) Estremità più alta di una vela triangolare o trapezoidale, dove viene applicata la drizza | Angolo di drizza | ***Occhio alla p.***, avvertimento dato al timoniere di non far perdere il vento alle vele; (*fig.*) stare attento, vigilare. *5* (*fig.*) †Cima, sommità, vetta: *le tre penne di S. Marino.* *6* Parte assottigliata del martello, opposta alla bocca. *7* Parte della freccia opposta alla punta. *8* (*mus.*) Plettro. *9* (*spec. al pl.*) Pasta alimentare in forma romboidale, corta e bucata: *penne al sugo*; *penne all'arrabbiata.* || PROV. A penna a penna si pela l'oca. || **pennàccia**, pegg. | **pennétta**, dim. | **pennìna**, dim. (V.) | **pennìno**, dim. m. (V.) | **pennolìna**, dim. | **pennùccia**, **pennùzza**, dim.

pennacchièra [da *pennacchio*; sec. XVI] s. f. ● Ornamento di penne che si poneva sull'elmo o sulla testiera della briglia dei cavalli durante cerimonie e solennità.

pennàcchio o (*pop.*) †**spennàcchio** [lat. tardo *pinnāculu(m)* 'pinnacolo'; av. 1470] s. m. *1* Ciuffo o mazzo di penne, per ornamento: *il p. del cimiero, del cappello dei bersaglieri*; *cadde col p. in sul terreno* (PULCI). *2* (*fig.*) Fiocco di fumo e sim.: *un lungo p. di fumo usciva dalla ciminiera.* || **pennacchiétto**, dim. | **pennacchìno**, dim. | **pennacchiùccio**, dim. | **pennacchiuòlo**, dim.

pennacchiùto [1634] agg. ● Ornato o fornito di pennacchio.

pennaccìno [genov. *pennaccin*: propr. 'piccolo pennacchio' (?); 1930] s. m. ● (*mar.*) Puntone del bompresso, posto inferiormente e perpendicolarmente a questo e contro cui fa forza la catena di briglia | Qualsiasi puntone posto su un albero o pennone a formare una trave armata.

†**pennàce** ● V. †*penace*.

pennaiòlo o **pennaiuòlo** [da *penna*; 1298] s. m. *1* Astuccio portatile o contenitore da tavolo in cui si tenevano un tempo le penne d'oca e altri oggetti per scrivere. *2* (f. *-a*) †Venditore di penne. *3* (f. *-a*) (*fig., spreg.*) Scrittore che mira unicamente al guadagno.

pennarèllo® [marchio registrato; 1970] s. m. ● Tipo di penna a feltro, con tratto piuttosto spesso.

pennàta [av. 1566] s. f. *1* Quantità d'inchiostro raccolta dal pennino intinto nel calamaio. *2* (*raro*) Colpo dato con la punta della penna | Frego di penna.

pennatìfido [comp. di *pennato* (agg.) e *-fido* (dal lat. *-fidus*: V. *bifido*); 1823] agg. ● (*bot.*) Detto di foglia pennata divisa fino a metà della distanza fra il margine e il nervo mediano.

pennàto [vc. dotta, lat. *pennātu(m)*, da *pĕnna* 'penna'; av. 1320] **A** agg. *1* Pennuto. *2* (*bot.*) Detto di foglia composta formata da foglioline disposte ai lati di un asse. **B** s. m. ● Attrezzo adunco di ferro per potare le viti, provvisto sul dorso di una cresta o penna tagliente, per i rami più grossi. ➡ ILL. **agricoltura e giardinaggio.**

pennatopartìto [comp. di *pennato* (agg.) e *partito* (*1*); 1954] agg. ● (*bot.*) Detto di foglia divisa fino a più della metà della distanza esistente fra il margine e il nervo mediano.

pennatosétto [comp. di *pennato* (agg.) e *-setto* (V. *palmatosetto*); 1958] agg. ● (*bot.*) Detto di foglia pennata le cui foglioline sono disposte a destra e a sinistra del rachide.

pennàtula [dim. del lat. *pennātus* 'fornito di penne'. V. *pennato*; av. 1799] s. f. ● Celenterato marino che forma colonie a forma di penna infissa sul fondo emananti una tenue luce (*Pennatula phosphorea*).

pennècchio [lat. *penīculu(m)* 'piccola coda', dim. di *pēnis* 'coda'. V. *pene*; 1321] **s. m.** ● Quantità di lana, lino, canapa da filare che si vuol mettere in una sola volta sulla rocca: *s'incalliva le signorili dita tirando il p. della rocca e girando il fuso* (CAPUANA). **SIN.** Roccata.

pennellàre [da *pennello*; 1640] **A v. intr.** (*io pennèllo*; aus. *avere*) ● Lavorare, dipingere col pennello. **B v. tr. 1** Tinteggiare una superficie usando il pennello: *p. le persiane, gli infissi* | (*est.*) Spalmare un liquido con il pennello: *p. l'arrosto con olio*; *p. la gola con un balsamo*. **2** (*fig.*) Descrivere con efficacia e rapidità: *p. un personaggio, un ambiente* | (*fig., sport*) Eseguire con eleganza e precisione: *p. un tiro*; *p. una curva con gli sci*.

pennellàta [1505] **s. f. 1** Tratto, tocco, colpo di pennello | Maniera di usare il pennello. **2** (*fig.*) Elemento descrittivo di particolare vigore e vivacità: *con poche pennellate ha tracciato un profilo compiuto del personaggio*. || **pennellatina**, **dim.**

pennellatùra [1680] **s. f.** ● Distribuzione di farmaci liquidi su cute o mucose, mediante pennello.

pennelleggiàre [intens. di *pennellare*; 1319] **A v. tr.** (*io pennelléggio*) ● (*lett.*) Dipingere col pennello: *più ridon le carte / che pennelleggia Franco Bolognese* (DANTE *Purg.* XI, 82-83). **B v. intr.** (aus. *avere*) ● (*raro*) Lavorare di pennello.

pennelleggiatóre [1793] **s. m.** (f. *-trice*) **1** †Chi esegue lavori di decorazione. **2** (*lett., spreg.*) Pittore mediocre.

pennellèssa [1865] **s. f.** ● Grosso pennello piatto, usato da imbianchini e attacchini.

pennellifìcio [comp. di *pennello* e *-ficio*; 1950] **s. m.** ● Fabbrica di pennelli.

♦**pennèllo** (1) o †**penèllo** [lat. parl. **penĕllu(m)*, dim. di *pēnis* 'coda'. V. *pene*; 1319] **s. m. 1** Mazzetto di peli animali fissati all'estremità di un'asticciola o di un manico per dipingere, imbiancare, verniciare e sim.: *p. di martora, di tasso*; *p. da pittore, da imbianchino* | **P. per la barba**, corto e tozzo, per insaponarsi prima di radersi | **P. per labbra, per occhi, per ritocco**, piccolo pennello per vari tipi di maquillage femminile | (*fig.*) **A p.**, perfettamente: *il vestito mi va a p.*; *queste scarpe calzano a p.* **2** (*idraul.*) Struttura appoggiata alla sponda di un corso d'acqua e sporgente nell'alveo per allontanare la corrente dalla sponda stessa, ovvero costruita in prossimità della riva del mare per proteggere la spiaggia dall'azione erosiva delle onde. **3** (*mar.*) Ancorotto che serve ad appennellare un'ancora. **4** (*fis.*) Fascio di raggi luminosi, uscenti da una sorgente luminosa puntiforme, che passano attraverso un'apertura piccolissima | **P. elettronico**, sottile fascetto di elettroni in un tubo catodico. || **pennellétto**, **dim.** | **pennellino**, **dim.** | **pennellóne**, **accr.**

pennèllo (2) [ant. fr. *penel*, da avvicinare a *penon* 'pennone'; av. 1290] **s. m. 1** (*mar.*) Bandiera da segnalazione a forma di triangolo isoscele molto allungato | †**A p.**, a bandiera spiegata | †**Ad un p.**, sotto la stessa insegna. **2** †Stendardo.

pennése [etim. incerta; av. 1348] **s. m.** ● (*disus.*) Marinaio destinato alla custodia del materiale di riserva conservato nelle cale.

pennichèlla [dal lat. parl. **pendicāre* 'pendolare' (V. *penchant*); 1946] **s. f.** ● (*rom.*) Sonnellino, spec. pomeridiano: *fare, farsi, la p. dopo mangiato*.

pennifórme [comp. di *penna* e *-forme*; 1875] **agg.** ● Che ha forma di penna.

pennìna (1) **s. f. 1** Dim. di *penna*. **2** (*bot.*) **P. del paradiso**, graminacea tipica degli ambienti calcarei con infiorescenza formata di spighette con glume lunghissime e sericee (*Stipa pennata*).

pennìna (2) [dalle *Alpi Pennine*, in cui si trova] **s. f.** ● (*miner.*) Specie di clorite contenente magnesio e alluminio.

penninèrvio [comp. di *penna* e *nervo*; 1875] **agg.** ● (*bot.*) Detto di foglia con una nervatura centrale da cui se ne staccano altre disposte come le barbe di una penna.

pennìno [1871] **s. m. 1** Dim. di *penna*. **2** Lamietta metallica opportunamente sagomata per scrivere, innestata al cannello della penna.

pennivéndolo [da *penna*, sul modello di *fruttivendolo, pescivendolo* ecc.; 1904] **s. m.** (f. *-a*) ● (*spreg.*) Scrittore o giornalista mercenario, che sostiene chi lo ricompensa meglio in guadagni o vantaggi personali.

pènnola [da *penna*; 1875] **s. f.** ● (*mar., disus.*) Antenna delle piccole vele delle imbarcazioni.

pennoncèllo [1353] **s. m. 1** Dim. di *pennone*. **2** Piccolo pennacchio del cimiero. **3** Piccolo stendardo fissato in prossimità della punta della lancia.

pennóne [propr. accr. di *penna*; av. 1266] **s. m. 1** Stendardo molto lungo usato dalla cavalleria fino alla metà del sec. XVIII | Bandiera di grandi dimensioni e di forma allungata | †Formazione di soldati sotto l'insegna di un pennone. **2** (*mar.*) Antenna orizzontale di legno o di ferro, cui è inferito il lato superiore delle vele quadre: *p. di maestra, di parrocchetto*. ➡ ILL. p. 2172, 2173 TRASPORTI. **3** Asta di bandiera. || **pennoncèllo**, **dim.** (V.).

pennonière [sec. XIV] **s. m. 1** Marinaio addetto a un pennone. **2** †Portainsegna.

pennùto [da *penna*; 1313] **A agg.** ● Fornito di penne: *animali pennuti* | (*raro, lett.*) Di freccia fornita di penne a un'estremità: *vola il p. stral per l'aria e stride* (TASSO). **B s. m.** ● Uccello, volatile: *uccidere, cucinare, mangiare un p.*; *andare a caccia di pennuti*.

penny /'pɛnni, *ingl.* 'pheni/ [vc. ingl., V. *pfennig*; 1749] **s. m. inv.** (pl. ingl. *pence*) ● Moneta britannica, fino al 1971 pari a 1/12 di scellino, e attualmente pari alla centesima parte di una sterlina.

penómbra [comp. del lat. *pāene* 'quasi' (V. *penisola*) e *ombra*; 1745] **s. f. 1** Scarsità di luce: *una stanza in p.*; *stare, riposare, celarsi nella p.* **2** (*fis.*) Zona parzialmente illuminata, compresa fra quella completamente illuminata e quella in ombra, che si forma su uno schermo quando la sorgente luminosa non è puntiforme.

penosità [1931] **s. f.** ● Condizione di chi (o di ciò che) è penoso.

♦**penóso** [da *pena*; sec. XIII] **agg. 1** Che dà pena, che muove a compassione, a pietà: *una penosa situazione familiare*; *problema p.* **CONTR.** Lieto. **2** Molesto, faticoso, sgradevole: *viaggio, lavoro p.*; *conversazione povera e penosa* | Imbarazzante: *un argomento p.* | (*est.*) Mediocre, negativo, tale da far pena: *il tenore è stato davvero p.* **CONTR.** Allettante. **3** (*raro, lett.*) Tormentato: *felice agnello a la penosa mandra / mi giacqui un tempo* (PETRARCA). || **penosaménte**, **avv.** Con pena, a fatica.

pensàbile [av. 1704] **agg.** ● Che si può pensare, meditare, immaginare. **CONTR.** Impensabile.

pensabilità [1857] **s. f.** ● (*raro*) Condizione di ciò che è pensabile.

†**pensagióne** o †**pensazióne** [vc. dotta, lat. tardo *pensatiōne(m)* 'compenso, risarcimento', da *pensāre*. V. *pensare*] **s. f.** ● Pensiero.

pensaménto [av. 1250] **s. m. 1** (*lett.*) Pensiero | (*anche iron.*) Meditazione, elucubrazione. **2** (*lett.*) Progetto, proposito. **3** †Affanno, cura.

pensànte [av. 1294] **A part. pres.** di *pensare*; anche **agg.** ● Che pensa, che ha la facoltà di pensare: *l'uomo è un essere p.* | **Testa p.**, (*fig.*) individuo di grande intelligenza, che ha una particolare capacità di elaborazione. || †**pensanteménte**, **avv.** Deliberatamente. **B s. m. e f.** ● Chi pensa e ragiona | **Ben p.**, V. *benpensante*.

♦**pensàre** [vc. dotta, lat. *pensāre* 'pesare con cura', intens. di *pĕndere* 'pesare'. V. *pendere*; av. 1250] **A v. intr.** (*io pènso*; aus. *avere*) (assol.; + *a*; + *su*) **1** Possedere e utilizzare precise facoltà mentali, razionali: *gli esseri umani pensano* | (*est.*) Riflettere, meditare: *da molto tempo sto pensando alla possibilità di intervenire*; *è bene p. prima di agire*; *p. tra sé, in cuor proprio*; *sono cose che fanno p.*; *quella è gente che pensa*; *cominciando a p. su la ricchezza* (SACCHETTI); *che cosa pensa intorno alle teorie dell'eredità?* (SVEVO) | **Pensa e ripensa**, dopo lunga riflessione | **Pensarci su**, riflettere attentamente su qlco. | **P. con la propria testa**, non lasciarsi influenzare dagli altri | All'imperativo, si usa, anche come inciso, per richiamare l'attenzione su qlco. di notevole: *pensa che ci conosciamo fin da piccoli*; *lui era già partito e io, pensa, lo credevo ancora in città*. **2** Tenere il pensiero fisso su qlco. o qlcu.: *penso sempre a voi*; *pensava continuamente al domani* | **P. al regno, alla presidenza, alla direzione della ditta**, aspirarvi, desiderarli | **Pensarci**, non allontanare il pensiero o la memoria da qlco. o da qlcu. | **Non posso pensarci**, mi ripugna o mi spaventa fermarmi su ciò col pensiero | (*est.*) Ricordare: *penso ai bei giorni trascorsi*. **3** Badare a qlco., occuparsi di qlcu. o di qlco.: *pensa ai fatti tuoi*; *pensa ai tuoi amici invece di criticare i miei* | Provvedere: *non si preoccupi, alla spedizione penseremo noi*; *ci penso io*. **4** Ragionare in base a determinati criteri, opinioni, convincimenti e sim.: *p. bene, male*; *non tutti parlano come pensano* | **P. bene, male di qlcu.**, averne una buona, una cattiva opinione. **5** Considerare o esaminare con la fantasia, con l'immaginazione: *penso al meraviglioso viaggio che farei, se potessi*; *pensa come sarebbe bello!* **B v. tr.** (qlco.; + *di* seguito da inf.; + *che*, + *se*, seguiti da congv. o da indic.) **1** Esaminare col pensiero, raffigurarsi nella mente: *cosa stai pensando?*; *è più facile pensarle, certe cose, che dirle*; *vi lascio p. la mia paura*; *chi avrebbe potuto p. una cosa simile?* | Figurarsi: *pensa che io non avevo ancora aperto bocca, e lui già stava andandosene*; *pensate che figura mi avete fatto fare!* **2** Considerare: *non pensa che dai suoi atti deriva un gran male a tutti noi*; *pensa quale terribile esperienza è stata la sua*; *lungamente seco pensò se fare il volesse* (BOCCACCIO); *perché e' pensi, se a questo male è rimedio alcuno* (MACHIAVELLI). **3** Escogitare, inventare: *ne pensa sempre una nuova* | **Una ne fa e una (o cento) ne pensa**, detto di chi riesce sempre a trovare nuovi trucchi, astuzie e sim. **4** Credere, supporre, ritenere: *penso che sbagli*; *non penso che sia facile risolvere questa situazione*; *pensa quello che vuoi, io resto della mia idea* | **Pensarla**, avere un determinato punto di vista: *come la pensi?* **5** Avere in animo: *pensavo di rientrare in città*; *cosa pensi di fare?* **C v. intr. pron.** ● (*fam.*) Credersi: *chi ti pensi d'essere?* **D s. m.** ● Facoltà del pensiero: *il p. è facoltà umana per eccellenza*.

pensàta [f. sost. di *pensato*; av. 1292] **s. f.** ● Idea, trovata (*anche iron.*): *una p. piuttosto balorda*; *che bella p.!* | †**Fuori di ogni p.**, contrariamente a ciò che si prevede.

†**pensatìvo** [sec. XIV] **agg.** ● Relativo al pensiero | Pensoso, riflessivo.

pensàto [av. 1292] **A part. pass.** di *pensare*; anche **agg. 1** Nei sign. del v. **2** †Assennato, savio. || **pensataménte**, **avv.** (*raro*) Consideratamente; deliberatamente. **B s. m.** ● †Pensiero, riflessione.

pensatóio [da *pensato*; av. 1512] **s. m. 1** (*scherz.*) Luogo in cui ci si ritira a meditare, a pensare. **2** (*fig.*) †Preoccupazione, sospetto.

pensatóre [sec. XIV] **A agg.** ● Che pensa: *mente pensatrice*. **B s. m.** (f. *-trice*) **1** Chi si dedica sistematicamente all'attività del pensare, riflettere, elaborare con la mente | **Libero p.**, chi sostiene la piena libertà di coscienza in campo religioso. **2** (*est.*) Filosofo: *Croce è uno dei più discussi pensatori del Novecento*.

†**pensazióne** ● V. †*pensagione*.

pensée /*fr.* pã'se/ [vc. fr., propr. 'pensata', perché ritenuta simbolo del ricordo; 1813] **s. f. inv.** ● (*bot.*) Viola del pensiero.

†**pensèro** ● V. *pensiero*.

†**pensière** ● V. *pensiero*.

†**pensièri** ● V. *pensiero*.

pensierìno [av. 1729] **s. m. 1** Dim. di *pensiero* | **Fare un p. su qlco., farci un p.**, desiderarla. **2** (*fam.*) Attenzione delicata che si manifesta con doni e sim.: *è un p. delizioso*; *è burbero, ma a volte ha pensierini commoventi*. **3** Primo esercizio di composizione per gli alunni delle scuole elementari, molto breve e limitato a un solo argomento: *scrivete cinque pensierini sulla primavera*.

♦**pensièro** o †**pensèro**, (*poet.*) †**pensière**, †**pensièri** [provz. *pensier*, dal lat. *pensāre*. V. *pensare*; av. 1250] **s. m. 1** Attività psichica e facoltà del pensare: *il p. è proprio degli esseri razionali*; *le leggi del p.*; *chiedere, esigere libertà di p. e di coscienza* | (*fig.*) **Rapido come il p.**, rapidissimo | La mente: *ho il p. altrove*; *correre, andare col p. a qlco., a qlcu.* | **Riandare col p.**, ricordare | **Fermare il p. su qlco., su qlcu.**, fissare la mente su qlco., su qlcu. | **Essere sopra p.**, distratto | **Leggere il p.**, riuscire a indovinare ciò che gli altri pensano | (*est.*) Atto e facoltà del riflettere, immaginare, giudicare, supporre: *nel p. sta la nostra vera grandezza*; *corsi col p. alle possibili conseguenze del mio atto*; *era assorto in profondi pensieri*. **2** Oggetto, contenuto del pensare, del riflettere, dell'immaginare e sim.: *uno strano p.*; *pensieri ricorrenti, preoccupanti, assurdi, angoscio-*

si; un dolce, un cattivo p.; il mare solitario i miei pensieri / culla con le sue lunghe onde grigiastre (SABA) | Ciò che si pensa: *modificare, esprimere, tacere il proprio p.; tutto il suo p. si sviluppa in una sola direzione* | ***Travisare il p. di qlcu.***, interpretarlo male | Intenzione, proposito, disegno: *un p. audacissimo; lascia da parte simili pensieri!* | Opinione: *qual è il tuo p. al proposito?* SIN. Idea. ***3*** Modo di pensare, giudicare e sim.: *il p. dei classici è stato di guida a molte generazioni* | Espressione o manifestazione di un certo modo di pensare: *i suoi pensieri sono raccolti in un volume.* ***4*** (*filos.*) Qualunque attività spirituale in senso lato | Sistema organico di idee; teoria, dottrina: *il p. di Platone, di Kant, di Heidegger* | ***P. debole***, corrente filosofica contemporanea che afferma la necessità per la filosofia di limitarsi a interpretazioni parziali e provvisorie del reale, valutato nella sua contraddittorietà. ***5*** Oggetto e fine del pensare, del desiderare e sim.: *la vostra salute è nostro costante p.; il bene della patria fu il suo unico, grande p.* ***6*** Ansia, preoccupazione: *essere, stare in p. per qlcu., per l'esito di qlco.; un p. che non mi lascia dormire; vita oberata di pensieri e di guai* | ***Dar pensieri a qlcu.***, causargli preoccupazioni | ***Non darsi p. di qlco., di qlcu.***, non preoccuparsene | ***Levarsi, togliersi il p.*** (***di qlco.***), eliminare la causa di una preoccupazione | ***Senza pensieri***, spensieratamente | ***Non dà p.***, detto di cosa facile, agevole, che non desta apprensioni. ***7*** (*raro*) Cura: *sarà mio p. fare ciò che desiderate* | (*fam.*) Gesto che rivela attenzione, affetto e sim.: *un p. gentile, delicato, commovente* | (*fam.*) Dono: *che grazioso p.!* ***8*** (*raro*) Soggetto o ispirazione, spec. di opere artistiche. ***9*** Nel linguaggio giornalistico, posposto a un nome proprio: *il Gorbaciov-p.* || **pensierétto**, dim. | **pensierino**, dim. (V.) | **pensieróne**, accr. | **pensierùzzo**, dim.

pensierosità [av. 1909] s. f. ● (*raro*) Atteggiamento di chi è pensieroso.

pensieróso [1526] agg. ● Pieno di pensieri, assorto nei propri pensieri: *essere, starsene p.* SIN. Cogitabondo. CONTR. Spensierato. || **pensierosaménte**, avv. In modo, con atteggiamento, pensieroso.

pènsile [vc. dotta, lat. *pēnsile(m)*, da *pendēre* 'pendere'; sec. XIV] **A** agg. ***1*** (*lett.*) Che sta sospeso nell'aria: *la Terra, corpo p. e librato sopra 'l suo centro* (GALILEI). ***2*** Che è sollevato da terra mediante sostegni vari: *mobili, scaffali pensili* | ***Giardini pensili***, sostenuti in alto da archi o colonne, o (*est.*) collocati su terrazzo. ***3*** (*dir., raro*) Pendente. **B** s. m. ● Mobiletto pensile: *i pensili della cucina; un p. di formica, di legno.*

pensilina [da *pensile*; 1918] s. f. ● Struttura sporgente da un edificio oppure isolata e poggiante su colonne, costruita per riparare dalla pioggia, dal sole o sim. persone e cose: *il treno cominciava a scorrere tra i pilastri delle pensiline* (CALVINO).

pensionàbile [da *pensionare*; 1958] agg. ***1*** Che può essere collocato in pensione: *impiegato p.* | ***Età p.***, quella, prevista dalla legge, il cui raggiungimento dà diritto alla pensione di vecchiaia. ***2*** Che si prende come base ai fini del computo della pensione: *quota p. dello stipendio* | Che si può computare ai fini della pensione: *anni non pensionabili.*

pensionabilità [da *pensionabile*; 1973] s. f. ● Condizione di chi ha i requisiti per essere collocato in pensione.

pensionaménto [da *pensionare*; 1923] s. m. ● Collocamento a riposo di un lavoratore con corresponsione del relativo trattamento pensionistico.

pensionànte [da *pensione*; 1922] s. m. e f. ***1*** Persona che vive stabilmente o periodicamente in una casa, albergo e sim., pagando una somma fissa per vitto, alloggio ed eventuali servizi aggiunti. ***2*** Degente a pagamento, in un ospedale.

pensionàre [da *pensione*, sul modello del fr. *pensionner*; 1607] v. tr. (*io pensióno*) ● Collocare a riposo un lavoratore e corrispondergli la pensione.

†**pensionàrio** [fr. *pensionnaire*, da *pension* 'pensione'; 1513] s. m. ***1*** Pensionante | Pensionato. ***2*** Tributario. ***3*** Chi doveva pagare una pensione o canone su un beneficio goduto.

pensionàtico [da *pensione*; 1693] s. m. (pl. *-ci*) ● Anticamente, diritto di pascolo su terreni altrui, in cambio di un corrispettivo annuale.

pensionàto [1619] **A** part. pass. di *pensionare*; anche agg. ● Nel sign. del v. **B** s. m. ***1*** (f. *-a*) Chi riceve una pensione: *p. dello Stato, della Previdenza Sociale.* ***2*** Istituto che accoglie persone spec. sole, fornendo loro vitto, alloggio ed eventuali servizi connessi, dietro il pagamento di una somma stabilita: *p. per studenti, per anziani.*

♦**pensióne** [vc. dotta, lat. *pensiōne(m)* 'pesatura', poi 'pagamento', da *pĕndere* 'pesare, pagare'. V. *pendere*; 1476] s. f. ***1*** Attribuzione obbligatoria al prestatore di lavoro da parte dello Stato o di altri enti pubblici o privati, di una somma periodica di indennità in seguito alla cessazione del rapporto di lavoro per sopraggiunti limiti di età (*pensione di vecchiaia*) o per invalidità (*pensione di invalidità*): *avere diritto alla p.; maturare il diritto alla p.* | ***P. di anzianità***, quella prevista per chi ha svolto un certo numero di anni di servizio | ***P. di reversibilità***, quella che, in caso di morte del beneficiario, viene corrisposta al coniuge o a determinati congiunti | ***P. sociale***, quella di importo minimo alla quale ha diritto chi ha compiuto i 65 anni e ha un reddito inferiore a un minimo fissato | ***P. baby***, nel linguaggio giornalistico, quella conseguita da una persona relativamente giovane dopo una breve attività lavorativa | (*est.*) Condizione in cui si trova il prestatore di lavoro cui viene concessa tale attribuzione: *essere, andare in p.* | (*est.*) Somma di denaro versata o riscossa come pensione. ***2*** Fornitura di vitto e alloggio, dietro pagamento di un importo stabilito: *questo albergo non fa p.; stare a p. da qlcu.; tenere qlcu. a p.* | ***P. completa, mezza p.***, comprendente, oltre all'alloggio, anche la prima colazione e due pasti, o la prima colazione e un solo pasto | (*est.*) L'importo che si paga: *la p. è piuttosto elevata;* SIN. Retta | (*est.*) Esercizio alberghiero, gener. di dimensioni modeste, che offre vitto e alloggio: *una p. a buon mercato.* ***3*** †Salario, stipendio. || **pensioncèlla**, dim. | **pensioncina**, dim. | **pensionùccia**, dim.

pensionìstico [1963] agg. (pl. m. *-ci*) ● (*bur.*) Che riguarda le pensioni: *sistema, trattamento p.*

pènso [vc. dotta, lat. *pēnsu(m)* 'quantità di lana che la schiava doveva filare in un giorno', propr. part. pass. nt. sost. di *pĕndere* 'pesare'; av. 1808] s. m. ***1*** Quantità di lana data giornalmente alla schiava romana da filare. ***2*** (*disus.*) Lavoro scolastico assegnato per punizione: *Furono ramanzine a non finire, frustate, pensi* (CALVINO).

pensosità [av. 1930] s. f. ● Carattere, condizione o attitudine di chi è pensoso.

pensóso [da *pensare*; av. 1250] agg. ***1*** Assorto in pensieri, meditazioni, considerazioni: *siede per ore p. nella sua stanza* | Propenso alla meditazione: *anima pensosa; carattere p.* SIN. Meditabondo. CONTR. Distratto. ***2*** (*raro, lett.*) Che rimpiange e desidera: *essere p. della presenza di qlcu.* ***3*** (*lett.*) Che pensa con sollecitudine e premura, che si preoccupa per qlcu. o per qlco.: *p. più d'altrui che di se stesso* (PETRARCA). || **pensosaménte**, avv.

pensucchiàre [intens. di *pensare*] v. intr. (*io pensùcchio*; aus. *avere*) ● (*raro, lett.*) Avere pensieri mediocri, meschini e sim.

pènta- [dal gr. *pénte* 'cinque', di orig. indeur.] primo elemento ● In parole composte della terminologia scientifica significa 'cinque', 'costituito da cinque': *pentagono, pentagramma* | In chimica, indica la presenza di 5 atomi o raggruppamenti atomici uguali (*pentano*) o il ripetersi per 5 volte di una proprietà (*pentavalente*).

pentàbraco [vc. dotta, gr. *pentábrachys*, comp. di *pénte* 'cinque' (V. *penta-*) e *brachýs* 'breve' (V. *brachi-*)] s. m. (pl. *-chi*) ● (*ling.*) Piede metrico della poesia greca e latina formato da cinque sillabe brevi.

pentàcolo o **pentàculo** [etim. incerta; 1481] s. m. ● Stella a cinque punte o formula magica disegnata su moneta, pietra, pezzetto di pergamena e portata un tempo come amuleto.

pentacòrdo [vc. dotta, lat. tardo *pentachŏrdon*, nom. *pentachŏrdos*, dal gr. *pentáchordos*, comp. di *pénte* 'cinque' (V. *penta-*) e *chordḗ* 'corda'; 1556] s. m. ● (*mus.*) Lira a cinque corde | Sistema di cinque suoni e di quattro intervalli.

pentàculo ● V. *pentacolo.*

pentadàttilo [vc. dotta, lat. *pentadăctylu(m)*, nom. *pentadăctylus*, dal gr. *pentadáktylos*, comp. di *pénte* 'cinque' (V. *penta-*) e *dáktylos* 'dito' (V. *dattilografia*); 1835] agg. ● Detto di arto con cinque dita.

pèntade [vc. dotta, gr. *pentás*, genit. *pentádos*, da *pénte* 'cinque', di orig. indeur.; 1958] s. f. ● (*raro*) Serie di cinque cose uguali.

pentadecàgono [comp. di *penta-* e *deca-* sul modello di *pentagono, decagono*; 1821] s. m. ● Poligono con quindici lati.

pentàdico [da *pentade*; 1885] agg. (pl. m. *-ci*) ● Detto del sistema di numerazione che si fonda sul numero cinque.

pentaèdro [dal gr. *pénte* 'cinque' (V. *penta-*), sul modello di *tetraedro*; 1821] s. m. ● (*mat.*) Poliedro a cinque facce.

pentaeritrite [comp. di *penta-* e *eritrite*] s. f. ● Composto chimico ottenuto condensando acetaldeide con formaldeide, usato nell'industria delle vernici e sim.

pentafillo [vc. dotta, lat. tardo *pentaphy̆llo(n)*, dal gr. *pentáphyllon*, comp. di *pénte* 'cinque', di orig. indeur. e *phýllon* 'foglia'; 1499] s. m. ● (*bot.*) Cinquefoglie.

pentafònico [comp. di *penta-* e *-fonico*; 1935] agg. (pl. m. *-ci*) ● Pentatonico.

pentagonàle [1564] agg. ● (*mat.*) A forma di pentagono | Relativo a un pentagono.

pentàgono [vc. dotta, lat. *pentagōnu(m)*, dal gr. *pentágōnon*, comp. di *pénte* 'cinque', di orig. indeur. e *gōnía* 'angolo' (V. *goniometro*); sec. XIV] s. m. ***1*** (*mat.*) Poligono con cinque vertici. ➡ ILL. **geometria.** ***2*** ***Il P.***, (*per anton.*) il complesso di edifici concentrici a pianta pentagonale in cui ha sede il Dipartimento della Difesa degli Stati Uniti; (*est.*) l'insieme delle autorità militari degli Stati Uniti.

pentagràmma [comp. di *penta-* e *-gramma*; 1871] s. m. (pl. *-i*) ● (*mus.*) Insieme delle cinque righe orizzontali parallele e degli spazi fra esse compresi su cui si scrivono le note e le pause musicali; al suo inizio è posta una chiave con le eventuali alterazioni e l'indicazione del tempo.

pentagrammàto [1950] agg. ● Detto di foglio di carta coperto da pentagrammi.

pentalineo [comp. di *penta-* e *linea*, sul modello di *rettilineo*] agg. ● (*mus.*) Composto di cinque linee: *rigo p.*

pentàmero [gr. *pentamerḗs* 'di cinque parti', comp. di *penta-* e *méros* 'parte' (di orig. indeur.); 1906] **A** agg. ● (*bot.*) Detto di fiore a cinque petali e cinque sepali. **B** s. m. ● (*chim.*) Polimero formato dall'unione di cinque molecole uguali.

pentàmetro [vc. dotta, lat. *pentămetru(m)*, nom. *pentămeter*, dal gr. *pentámetros*, comp. di *pénte* 'cinque' (V. *penta-*) e *métron* 'misura' (V. *metro*); 1441] s. m. ● Verso della poesia greca e latina formato da due commi ognuno dei quali consta di due dattili e di una sillaba lunga.

pentàndro [comp. di *pent(a)-* e *-andro*; 1972] agg. ● (*bot.*) Detto di fiore con cinque stami.

pentàno [comp. di *penta-* e *-ano* (2); 1895] s. m. ● (*chim.*) Idrocarburo alifatico a cinque atomi di carbonio, presente nel petrolio greggio.

pentapartìto [comp. di *penta-* e *partito* (*1*); 1981] **A** s. m. ● Governo basato sulla partecipazione, o sull'accordo, di cinque partiti. **B** anche agg.: *accordo p.*

pentapodìa [da *penta-*, sul modello di *tripodia*; av. 1912] s. f. ● (*letter.*) Successione di cinque piedi.

pentàpoli [vc. dotta, gr. *Pentápolis*, comp. di *pénte* 'cinque', di orig. indeur. e *pólis* 'città' (V. *politico*); av. 1292] s. f. inv. ● Unione politica di cinque città, spec. nell'antichità classica e medievale.

pentaprìsma [comp. di *penta-* e *prisma*] s. m. (pl. *-i*) ● Nelle macchine fotografiche reflex, prisma ottico a cinque facce che permette di vedere in modo corretto nel mirino l'immagine riflessa dallo specchio, che altrimenti risulterebbe con i lati invertiti.

pentàrca [ricavato da *pentarchia*, secondo il rapporto *monarca-monarchia, tetrarca-tetrarchia*; av. 1803] s. m. (pl. *-chi*) ● Ognuno dei cinque membri di una pentarchia.

pentarchìa [vc. dotta, gr. *pentarchía*, comp. di *pénte* 'cinque', di orig. indeur., e *-archia* '-archia'; 1860] s. f. ● Nell'antica Cartagine, magistratura composta di cinque membri, cui spettava il compito di amministrare la giustizia.

pentasìllabo [vc. dotta, lat. *pentasy̆llabo(n)*, nom. *pentasy̆llabos*, dal gr. *pentasýllabos*, comp. di *pénte* 'cinque', di orig. indeur., e *syllabḗ* 'sillaba'; av. 1595] **A** agg. ● Che è composto di cinque sillabe: *parola pentasillaba*. **B** s. m. ● (*raro*) Verso quinario.

pentàstico [vc. dotta, gr. *pentástichos* 'di cinque (*pénte*) linee (*stíchos*)'] agg. (pl. m. *-ci*) *1* (*raro*) Detto di strofa formata da cinque versi. *2* (*est.*) Che è composto di cinque parti, detto spec. di struttura architettonica o di polittico.

pentastòma [vc. dotta, gr. *pentástomos* 'che ha cinque bocche', comp. di *pénte* 'cinque', di orig. indeur., e *stóma* 'bocca' (V. *stoma*): detta così per i suoi cinque orifizi] s. f. ● (*zool.*) Linguatula.

Pentatèuco [vc. dotta, lat. tardo *Pentateūchu(m)*, nom. *Pentateūchus*, dal gr. *Pentáteuchos*, comp. di *pénte* 'cinque', di orig. indeur., e *teûchos* 'astuccio per libri', da *téuchein* 'fabbricare', di orig. indeur.; av. 1557] s. m. solo sing. ● L'insieme dei primi cinque libri dell'Antico Testamento, ispirati da Dio a Mosè: Genesi, Esodo, Levitico, Numeri, Deuteronomio.

pentathlèta o **pentatlèta** [vc. dotta, gr. *pentathlētḗs*, deriv. di *péntathlon*; 1958] s. m. e f. (pl. m. *-i*) ● Atleta che pratica il pentathlon.

pèntathlon /ˈpentatlon/ o **pèntatlo**, **pèntatlon** [vc. dotta, lat. tardo *pentāthlu(m)*, dal gr. *péntathlon*, comp. di *pénte* 'cinque', di orig. indeur., e *âthlon* 'lotta' (V. *atleta*); av. 1566] s. m. inv. ● Gara atletica in cinque prove | *P. antico*, nell'antichità, consistente in gare di corsa, salto, lancio del giavellotto (o pugilato), lancio del disco, lotta | *P. moderno*, consistente in gare di equitazione, scherma, tiro, nuoto e corsa campestre.

pentatlèta ● V. *pentathleta*.

pèntatlo ● V. *pentathlon*.

pèntatlon ● V. *pentathlon*.

pentatòmico [comp. di *penta-* e *atomico*] agg. (pl. m. *-ci*) *1* (*chim.*) Detto di ione, raggruppamento atomico o molecola formato da cinque atomi. *2* (*chim.*) Detto di composto ciclico formato per chiusura di una catena di cinque atomi.

pentatònico [comp. di *penta-* e *-tonico*; 1939] agg. (pl. m. *-ci*) ● (*mus.*) Detto dell'antica scala di cinque suoni o gradi, particolarmente coltivata dalla musica cinese ma d'accertato uso mondiale (fa sol la do re). SIN. Pentafonico.

pentavalènte [comp. di *penta-* e *valente*] agg. *1* (*chim.*) Detto di atomo o raggruppamento atomico che può combinarsi con cinque atomi d'idrogeno. *2* (*chim.*) Detto di sostanza che presenta nella sua molecola cinque identici gruppi funzionali.

pentecòntoro [vc. dotta, gr. *pentēkóntoros*, da *pentḗkonta* 'cinquanta' (V. *pentecoste*); av. 1494] s. m. ● (*mar.*) Antica imbarcazione greca da guerra, mossa da cinquanta remi disposti sulle due fiancate in numero di venticinque per lato.

pentecostàle (1) [vc. dotta, lat. tardo *pentecostāle(m)*, da *Pentecōste* 'pentecoste'; 1749] agg. ● Relativo alla Pentecoste.

pentecostàle (2) [dall'ingl. *pentecostal*; per la grande importanza attribuita alla festa di Pentecoste; 1942] s. m. ● (*spec. al pl.*) Membro di una delle denominazioni protestanti di origine americana che ritengono possibile rinnovare i doni dello Spirito Santo dati alla Chiesa primitiva dopo la Pentecoste (per es. guarigioni, profezia, glossolalia).

pentecostalìsmo [1970] s. m. ● Dottrina e predicazione proprie dei pentecostali.

Pentecòste [vc. dotta, lat. tardo *Pentecōste(m)*, nom. *Pentecōste*, dal gr. *pentēkostḗ* (*hēméra*) 'cinquantesimo (giorno)' (dopo Pasqua), f. sost. di *pentēkostós* 'cinquantesimo', da *pentḗkonta* 'cinquanta', da *pénte* 'cinque', di orig. indeur.; 1284 ca.] s. f. *1* Festa ebraica che si celebra sette settimane dopo la Pasqua. SIN. Shavuot. *2* Solennità cristiana che cade cinquanta giorni dopo la Pasqua, a commemorazione della discesa dello Spirito Santo, in forma di lingue di fuoco, sugli apostoli riuniti nel cenacolo.

pentèlico [vc. dotta, lat. *Pentēlicu(m)*, nom. *Pentēlicus*, dal gr. *Pentelikós* '(monte, marmo) Pentelico'; av. 1604] agg. (pl. m. *-ci*) ● (*lett.*) Detto di un tipo di marmo greco di colore bianco.

pentemìmera [vc. dotta, gr. *penthēmimerḗs*, comp. di *pénte* 'cinque', di orig. indeur., ed *hēmimerḗs* 'mezzo', comp. a sua volta di *hēmi-* 'emi-' e *méros* 'parte'; 1561] agg. solo f. ● (*letter.*) Detto di cesura metrica che si trova dopo due piedi e mezzo. SIN. Semiquinaria.

†**pentère** ● V. †*penitere*.

pentiménto [da *pentirsi*; av. 1257] s. m. *1* Dolore o rimorso che si prova per avere trasgredito una legge morale o religiosa, oppure per aver fatto od omesso di fare qlco.: *un p. sincero, profondo, che nasce dalla coscienza; mostrare p.* *2* Cambiamento di idee, propositi, opinioni: *i tuoi pentimenti improvvisi riescono a sconvolgere tutti i nostri piani* | (*est.*) Ripensamento dell'autore e conseguente correzione di un'opera: *i pentimenti del Tasso*.

♦**pentìrsi** [lat. *paenitēre* 'provare rammarico, essere scontento', da avvicinare a *pǣne* 'quasi', di etim. incerta; av. 1250] v. intr. pron. (*io mi pènto*) (assol.; + *di* qlco.; + *di* seguito da inf.; lett. + *che*) *1* Provare pentimento per ciò che si è fatto o si è omesso di fare: *p. dei propri peccati; mi pento di averti offeso; mi pento di non essere venuto con voi* | ***Ve ne pentirete!***, escl. di minaccia. *2* Essere scontento, insoddisfatto di qlco.: *mi pento di aver seguito i tuoi stupidi consigli; Pentesi che da prima ei nol comprese* (METASTASIO) | ***Non avrai a pentirtene***, ne sarai contento. SIN. Rammaricarsi. *3* Mutare d'avviso, cambiare parere: *mi sono pentito all'ultimo momento, e ho deciso di rinunciare al viaggio*.

pentitìsmo [da *pentito*, nel sign. B; 1982] s. m. ● Fenomeno relativo al comportamento dei criminali pentiti.

pentito o †**pentùto** [1980] **A** part. pass. di *pentirsi*; anche agg. ● Nei sign. del v. **B** s. m.; anche agg. (f. *-a*) ● Terrorista o altro criminale disposto a collaborare con la giustizia ottenendo attenuanti, benefici e riduzioni di pena: *un altro p. è stato scarcerato ieri*.

pentlandite [dal n. dell'esploratore inglese J. B. *Pentland*, con *-ite (2)*] s. f. ● Minerale monometrico, solfuro di ferro e nichel, di color giallo chiaro a lucentezza metallica.

pèntodo, (*evit.*) **pentòdo** [dal gr. *pénte* 'cinque', di orig. indeur., sul modello di *elettrodo*; 1949] s. m. ● (*fis.*) Tubo elettronico a cinque elettrodi con fattore di amplificazione in genere superiore a quello del triodo.

♦**péntola** (o **-è-**) [dim. del lat. parl. **pĭnta*, per il classico *pĭcta* 'dipinta'; propr. 'vaso dipinto'; sec. XIII] s. f. *1* Recipiente di metallo, coccio o porcellana, fornito di coperchio e di due manici laterali, in cui cuociono le vivande | ***P. a pressione***, munita di chiusura ermetica e valvola di sicurezza, per abbreviare notevolmente i tempi di cottura dei cibi | ***P. di fuoco***, antico ordigno costituito da una pentola ordinaria riempita di materie esplosive e incendiarie, cui dava fuoco una miccia incorporata e che veniva impiegata a difesa delle mura contro gli assalitori | ***Mettere qlco. in p.***, metterla a bollire, a cuocere | ***Qualcosa bolle in p.***, (*fig.*) qualcosa si sta segretamente preparando | (*fig.*) ***Far la p. a due manici***, tenere le mani sui fianchi. *2* Quantità di cibo e sim. che è o può esser contenuta in una pentola: *una p. di fagioli, di patate*. || **pentolàccia**, pegg. (V.) | **pentolàccio**, pegg. m. | **pentolétta**, dim. | **pentolìna**, dim. | **pentolìno**, dim. m. (V.) | **pentolóna**, accr. | **pentolóne**, accr. m. | **pentolùccia**, dim.

pentolàccia [av. 1704] s. f. (pl. *-ce*) *1* Pegg. di *pentola*. *2* Gara carnevalesca in cui i partecipanti bendati cercano di colpire con un bastone una pentola di coccio piena di regali che sta sospesa in alto, tra altre piene d'acqua o cenere.

pentolàio o †**pentolàro** [sec. XIII] s. m. (f. *-a*) ● Chi fa o vende pentole | (*fig.*, *tosc.*) ***Fare come l'asino del p.***, fermarsi a chiacchierare per strada ogni momento.

pentolàme [da *pentol(a)* col suff. *-ame*] s. m. ● Insieme di pentole da cucina di varie dimensioni: *p. in acciaio inox*.

pentolàre [da *pentola*, per la forma; 1958] **A** agg. ● Detto di elmo medievale, cilindrico, a forma di pentola rovesciata. **B** anche s. m.: *armatura con p.*

†**pentolàro** ● V. *pentolaio*.

pentolàta [1618] s. f. *1* Quantità di cibo che sta in una pentola. *2* Colpo di pentola: *dare una p. in testa*.

pentolìno [av. 1342] s. m. *1* Dim. di *pentola* | (*est.*, *lett.*) Barattolo, vaso. *2* Quantità di cibo o altro che è o può essere contenuto in un pentolino: *un p. di minestra, di colla*. *3* (*fig.*, *scherz.*) Berretto, chepì.

pentosàno [da *pentosio*] s. m. ● (*chim.*) Gruppo di polisaccaridi presenti anche nei vegetali, dai quali, per idrolisi, si ricavano i pentosi.

pentòsio o **pentòso** [ted. *Pentose*, comp. del gr. *pénte* 'cinque' e del suff. *-ose* '-oso (1)'] s. m. ● (*chim.*) Sostanza della famiglia degli zuccheri, contenente cinque atomi di carbonio nella molecola.

pentòssido [comp. di *pent(a)-* e *ossido*; 1840] s. m. ● (*chim.*) Composto binario contenente cinque atomi di ossigeno: *p. di azoto*.

pentotàl o **pentothàl**® [marchio registrato; 1948] s. m. inv. ● Derivato dell'acido tiobarbiturico, usato come anestetico generale per via endovenosa.

pentrìte [da *pent(aerit)rite*; 1931] s. f. ● (*chim.*) Estere nitrico della pentaeritrite, adoperato come potente esplosivo dirompente.

†**pentùta** [f. sost. di †*pentuto*; av. 1306] s. f. ● Pentimento.

†**pentùto** ● V. *pentito*.

pènula [vc. dotta, lat. *pāenula(m)*, nom. *pāenula*, dal gr. *phainólēs*, di orig. preindeur.; sec. XIII] s. f. ● Lunga cappa che i romani indossavano in viaggio.

penùltimo [vc. dotta, lat. tardo *paenŭltimu(m)*, comp. di *pǣne* 'quasi', di etim. incerta, e *ŭltimus* 'ultimo'; 1308] agg.; anche s. m. (f. *-a*) ● Che (o Chi) precede immediatamente l'ultimo: *il p. giorno della settimana*. || **penultimaménte**, avv. (*raro*) In penultimo luogo.

penùria [vc. dotta, lat. *paenūria(m)*, da *pǣne* 'quasi', di etim. incerta; av. 1342] s. f. ● Mancanza, scarsità, quantità insufficiente: *p. di grano, di beni di consumo; una preoccupante p. di persone oneste*. CONTR. Abbondanza.

†**penuriàre** [da *penuria*; 1766] v. intr. ● Avere penuria, scarsità.

†**penurióso** [1499] agg. *1* Povero, scarso. *2* Sterile.

penzigliàre [ant. fr. *pendiller* 'penzolare'] v. intr. (*io penzìglio*; aus. *avere*) ● (*raro*) Penzolare.

penzolànte part. pres. di *penzolare*; anche agg. ● Che penzola: *Con quella sigaretta p. dall'angolo della bocca* (MORAVIA).

penzolàre [da *penzolo*; av. 1304] **A** v. intr. (*io pènzolo*; aus. intr. *avere*) ● Pendere, spec. oscillando: *p. dai rami, da una corda*. **B** v. intr. pron. ● (*raro*) Spenzolarsi: *si penzolava dal balcone*.

pènzolo [lat. parl. **pendiŏlu(m)*, da *pendēre* 'pendere'; sec. XIV] **A** agg. ● (*lett.*) Che sta sospeso, che pende: *si volse per prendere la scala penzola* (D'ANNUNZIO). **B** s. m. *1* Cosa che penzola, spec. grappolo o serie di grappoli pendenti da un tralcio. *2* (*mar.*) Pezzo di cavo di canapa o metallico, terminante alle due estremità con un occhio, usato per vari scopi nell'attrezzatura navale.

penzolóni o **penzolóne** [da *penzolo*; 1550] avv. ● Sospeso in alto, in maniera da pendere nel vuoto: *stare p.* | Dondoloni: *starsene con le braccia p. lungo i fianchi* | Anche nella loc. avv. ***a p.***

peòcio [vc. venez., propr. 'pidocchio'; 1792] s. m. ● (*zool.*, *dial.*) Cozza, mitilo.

peón /sp. peˈɔn/ [vc. sp., propr. 'pedone', da *pie* 'piede'; 1875] s. m. (pl. sp. *peones*) *1* Lavoratore giornaliero non qualificato, meticcio o indiano, dell'America latina, in condizione servile o comunque poverissima. *2* (*spec. al pl.*) Nel linguaggio giornalistico, termine con il quale si indicano i parlamentari appartenenti ai grandi partiti, privi di cariche di rilievo, che eseguono passivamente le decisioni già prese dagli organi dirigenti dei partiti stessi: *i peones della maggioranza*.

peóne (1) [vc. dotta, lat. *paeōne(m)*, nom. *pāeon*, dal gr. *paiṓn*, da *Paiā́n*, epiteto di Apollo. V. *peana*; av. 1550] s. m. ● (*ling.*) Piede della metrica classica formato da quattro sillabe, di cui tre brevi e una lunga, collocabile in prima o seconda o terza o quarta posizione.

peóne (2) s. m. ● Adattamento di *peón* (V.).

peònia [vc. dotta, lat. *paeōnia(m)*, nom. *paeōnia*, dal gr. *paiōnía*, f. sost. di *paiṓnios* 'che guarisce, salutare' (V. *peana*); av. 1327] s. f. ● Pianta perenne delle Ranunculacee con corto rizoma e radici a tubero, fiori grandissimi e solitari a cinque petali, spontanea sui monti e coltivata ovunque con varietà a fiori doppi (*Paeonia officinalis*). ➡ ILL. **piante**/3.

peonìna [detta così perché tinge di un color roseo simile a quello dei fiori di *peonia*] s. f. ● (*chim.*)

Antocianina della peonia.

peònio [vc. dotta, lat. *paeŏniu(m)*, nom. *paeŏnius*, dal gr. *paiṓnios*. V. *peonia* e *peana*; 1768] **agg.** ● (*lett.*) Di Apollo | (*lett.*) ***Arte peonia***, la medicina | (*letter.*) ***Piede p.***, peone (1).

peòta [vc. dial. veneta, propr. '(barca) pilota'; av. 1536] **s. f.** ● (*mar.*) Barca di medie dimensioni, a vela e a remo, usata nella laguna veneta e nell'Adriatico.

pepaiòla o †**pepaiuòla**, (*dial.*) **peparòla** [av. 1606] **s. f.** ● Pepiera | Macinino da tavola per il pepe.

pepàre [da *pepe*; 1920] **v. tr.** (*io pépo*) ● Condire con pepe.

peparòla ● V. *pepaiola*.

pepàto [1618] **part. pass.** di *pepare*; anche **agg.** **1** Condito con pepe. **2** Piccante: *sapore troppo p.* **3** (*fig.*) Che è caratterizzato da una vivacità acre e pungente: *una risposta pepata*; *un caratterino p.* || **pepataménte**, **avv.**

◆**pépe** o †**pèvere** [lat. *pĭper*, dal gr. *péperi*, di orig. orient.; 1262] **s. m.** **1** Arbusto rampicante delle Piperacee con foglie ovate e coriacee, infiorescenza a spiga e frutti dai quali si ricava la spezie omonima (*Piper nigrum*). ➡ **ILL. piante**/4; **spezie.** **2** Spezie dal caratteristico sapore piccante, fornita dalla pianta omonima: *p. in grani*; *p. macinato*; *condire con olio, sale e p.* | ***P. nero***, costituito dai piccolissimi frutti immaturi ed essiccati del *Piper nigrum* | ***P. bianco***, ottenuto dai semi maturi, liberati dal pericarpio, del *Piper nigrum* | ***Non sapere né di sale né di p.***, (*fig.*) essere insignificante, sciocco | (*fig.*) ***Essere tutto p.***, molto brioso e vivace. **3** (*est.*) Sostanza aromatica di sapore molto piccante | ***P. di Caienna***, paprica | ***P. di Giamaica***, pimento | ***Falso p.***, ***p. del Perù***, schino. ➡ **ILL. spezie.** **4** Nelle loc. ***p. e sale***, ***sale e p.***, di ciò che ha un colore marrone grigiastro simile a quello del pepe macinato mescolato al sale: *vestito*, *stoffa sale e p.* | ***Capelli sale e p.***, brizzolati. || **pepìno**, **dim.** (V.).

peperìni [dal lat. *pĭper* 'pepe'; 1970] **s. m. pl.** ● Pastina da brodo, simile a granelli di pepe.

peperìno (1) o **piperìno** [lat. tardo *piperīnu(m)*, da *pĭper*, genit. *pĭperis* 'pepe', per le macchioline nere che ricordano i granelli di *pepe*; av. 1537] **s. m.** ● Roccia effusiva di colore grigio, di composizione variabile, dall'aspetto macchiettato per la presenza di elementi vulcanici.

peperìno (2) [dall'ant., ma più vicino al lat. *pĭpere(m)* 'pepe'] **s. m.** (f. *-a*) ● (*fam.*) Persona molto briosa e vivace.

peperìta ● V. *piperita*.

peperòmia [comp. del gr. *péperi* 'pepe' e *hómoios* 'simile' (V. *omeo-*); 1835] **s. f.** ● Genere di piante erbacee ornamentali delle Piperacee con foglie variegate, cuoriformi (*Peperomia*).

peperonàta [1941] **s. f.** ● Pietanza di peperoni cotti a pezzi in padella con olio, pomodori, cipolla e aglio.

peperoncìno [av. 1863] **s. m.** **1** Dim. di *peperone*. **2** (*bot.*) Denominazione di alcune varietà di peperone, con piccoli frutti, rotondi o più spesso allungati; le varietà piccanti sono usate come spezie: *p. rosso*.

peperóne [dal lat. *pĭper* 'pepe', per il sapore piccante che ricorda quello del *pepe*; av. 1735] **s. m.** **1** Genere di piante erbacee delle Solanacee, con fusto eretto, foglie ovate e glabre, frutto a bacca, estesamente coltivate in molte varietà (*Capsicum*). ➡ **ILL. piante**/8. **2** Frutto commestibile a bacca di tale pianta, carnoso, di varia grandezza, dal caratteristico sapore forte: *peperoni verdi*, *gialli*, *rossi*; *peperoni sott'aceto*, *sott'olio*; *peperoni ripieni* | ***Avere il naso come un p.***, rosso e carnoso | ***Diventare rosso come un p.***, arrossire violentemente. || **peperonàccio**, **pegg.** | **peperoncìno**, **dim.** (V.).

pepièra [da *pepe*; 1952] **s. f.** ● Piccolo recipiente nel quale si tiene il pepe in polvere a tavola.

pepìna [da *pepe*] **s. f.** ● (*bot.*) Ulmaria.

pepinièra [dal fr. *pépinière*, da una base *pep-* 'piccolo'; 1781] **s. f.** ● Vivaio, semenzaio.

pepìno (1) **s. m.** **1** Dim. di *pepe*. **2** (*fig.*, *tosc.*) Bambino vivace e brioso. **3** (*tosc.*) ***Far p.***, riunire le punte delle dita e soffiarci sopra per riscaldarle.

pepìno (2) [dallo sp. *pepino* 'cetriolo', dal gr. *pépōn*] **s. m.** ● (*bot.*) Erba perenne delle Solanacee, originaria delle Ande peruviane e coltivata nei climi caldi per la sua bacca commestibile (*Solanum muricatum*) | Il frutto di tale pianta.

pepìta [sp. *pepita* 'seme'; 1817] **s. f.** ● Piccola massa levigata di metallo nobile, che si è staccata dal primitivo giacimento per rotolare in sabbie alluvionali: *una p. d'oro*.

pèplo [vc. dotta, lat. *pĕplu(m)*, nom. *pĕplus*, dal gr. *péplos*: di orig. indeur. (?); 1481] **s. m.** ● Abito femminile dell'antica Grecia, costituito da un lungo e largo lembo di tessuto, passato sotto il braccio destro e fissato con una fibbia metallica sulla spalla sinistra in modo da formare un drappeggio.

pepolìno [etim. incerta; sec. XVIII] **s. m.** ● (*tosc.*) Timo.

pepònide o **pepònio** [dal gr. *pépōn* 'popone'; 1813] **s. m.** ● (*bot.*) Frutto carnoso con epicarpo duro, polpa carnosa contenente numerosi semi, caratteristico delle Cucurbitacee (melone, zucca, cetriolo e sim.).

pèppola [vc. di orig. onomat.; av. 1871] **s. f.** ● Passeriforme simile al fringuello ma con capo nero, ali fulve e dorso bianco e nero (*Fringilla montifringilla*).

pèpsi [vc. dotta, gr. *pépsis* 'cottura, digestione', da *péssein* 'cuocere', di orig. indeur.; 1821] **s. f. inv.** ● (*med.*) Digestione.

pepsìna [da *pepsi*; 1856] **s. f.** ● Enzima proteolitico prodotto dallo stomaco.

pepsinògeno [vc. dotta, comp. di *pepsina* e *-geno*] **s. m.** ● (*chim.*) Precursore inattivo della pepsina destinato a trasformarsi in quest'ultima nel lume gastrico.

pèptico [vc. dotta, lat. *pĕpticu(m)*, nom. *pĕpticus*, dal gr. *peptikós*, da *péssein* 'cuocere'. V. *pepsi*; sec. XVI] **agg.** (pl. m. *-ci*) ● (*med.*) Che concerne la digestione | Della pepsina: *secrezione peptica*.

peptidàsi [vc. dotta, comp. di *peptid(e)* e del suff. *-asi*; 1954] **s. f. inv.** ● (*chim.*) Proteasi.

peptìde [dal gr. *peptós* 'cotto', deriv. di *péssein* 'cuocere' (V. *pepsi*); 1920] **s. m.** ● (*chim.*) Qualsiasi composto costituito da amminoacidi legati tra loro attraverso legami peptidici.

peptìdico [1958] **agg.** (pl. m. *-ci*) ● (*chim.*) Riferito a peptide | ***Legame p.***, il legame che unisce due amminoacidi in un peptide o in una proteina.

peptizzazióne [dal gr. *peptós*. V. *peptide*; 1954] **s. f.** ● (*chim.*) Trasformazione di un gel in una soluzione colloidale.

peptògeno [ingl. *peptogen*, comp. del gr. *peptós* (V. *peptide*) e dell'ingl. *-gen* '-geno'] **agg.** ● (*med.*) Detto di sostanza in grado di aumentare la secrezione di pepsina della mucosa gastrica.

peptóne [ted. *Pepton*, dal gr. *peptós* 'cotto' (V. *peptide*); 1875] **s. m.** **1** (*biol.*) Prodotto della digestione delle sostanze proteiche. **2** Sostanza ottenuta per idrolisi enzimatica delle proteine, usata come nutrimento facilmente assimilabile per diete speciali.

peptonizzazióne [ingl. *peptonization*, da *peptone* 'peptone'; 1958] **s. f.** ● (*biol.*) Trasformazione delle proteine in peptoni, a opera di fermenti proteolitici.

◆**per** /per/ [lat. *pĕr*, di orig. indeur.; 960] **prep.** propria semplice. (Fondendosi con gli **art. det.**, dà origine alle **prep. art.** lett. o poet. **m. sing.** *pel*, †*pello*; **m. pl.** *pei*, †*pegli*; **f. sing.** †*pella*; **f. pl.** †*pelle*). **I** Stabilisce diverse relazioni dando luogo a molti complementi. **1** Compl. di moto attraverso luogo (*anche fig.*): *durante il viaggio passerò per Torino*; *entrare*, *uscire per la porta*; *passare per i campi*; *guardare per il buco della serratura*; *medicina da prendersi per bocca*, *per via orale*; *cosa ti passa per il cervello?* | Indica movimento attraverso un luogo circoscritto senza un preciso riferimento di direzione o meta (*anche fig.*): *gironzolare per la campagna*; *cercare qlcu. per mare e per terra*, *per monti e per valli*; *viaggiare per tutta l'Europa*; *sentirsi i brividi per la schiena*; *sono comparse delle macchie per tutto il corpo* | Lungo, secondo (indica il senso, la modalità di un movimento): *lasciarsi andare per la corrente*; *scendere per la china*; *precipitare per la scarpata*; *capitombolare giù per le scale*; *arrampicarsi su per i muri*. **2** Compl. di moto a luogo: *prendo l'aereo per Parigi*; *parto per il mare*; *prendere l'autobus per la stazione*; *il convoglio prosegue per Roma* | (*fig.*) Verso (indica inclinazione): *ha ammirazione per suo fratello*; *sente un grande affetto per uno zio*; *si sente portato per gli studi classici*. **3** Compl. di stato in luogo (*anche fig.*): *sdraiatevi per terra*; *starsene con il naso per aria*; *cos'hai per la testa?* | Fra, in mezzo a: *passò per le file distribuendo viveri*; *passerò per i banchi a ritirare i quaderni*; *ho per le mani un grosso affare*. **4** Compl. di tempo continuato: *ha piovuto per tutta la notte*; *ho aspettato per anni questo momento*; *mi occorre un permesso per tre giorni*; *lo ricorderò per tutta la vita*; *per secoli e secoli nessuno si è avventurato negli oceani*; *per questa sera ho un impegno*. **5** Compl. di tempo determinato (indicando un termine nel tempo futuro): *sarò di nuovo con te per la prossima estate*; *sarò di ritorno per il venti del mese*; *ci rivedremo per Natale*. **6** Compl. di mezzo: *spediscilo per corriere*; *l'ho ricevuto per posta*; *me l'ha detto per telefono*; *l'ha capito per intuito*; *procederemo per vie legali*; *ci sono arrivato per deduzione*; *si intendono per cenni*. **7** Compl. di causa: *è rimasto stecchito per il freddo*; *è diventato livido per la rabbia*; *ho sbagliato per la fretta*; *non stare in pena per me*; *gridava per il dolore*; *mi assenterò per motivi di salute*; *per amore o per forza dovrà venire*; *lo faccio per riconoscenza*; *lamentarsi per qlco.*; *per quale ragione non vieni?* **8** Compl. di scopo o fine: *fare qlco. per divertimento*; *equipaggiarsi per la montagna*; *preparare il necessario per il viaggio*; *lavorare per il benessere*; *andare per funghi*; *costume per il mare*; *macchina per scrivere*; *fare le cose solo per denaro*; *tu, per esempio, non sei sincero*. **9** Compl. di vantaggio e svantaggio: *bisogna sacrificarsi per i figli*; *pensa solo per sé*; *farei qualsiasi cosa per lui*; *non si studia per la scuola, ma per la vita*; *peggio per loro*; *vota per il partito che preferisci*; *la partita si è conclusa con il punteggio di quattro a due per la nostra squadra*; *tu per chi tieni?* | Indica, più genericamente, destinazione: *c'è una lettera per te*; *ho fatto fare un cappotto per mio figlio*; *devo acquistare i mobili per il salotto*. **10** Compl. di modo o maniera: *fingeva per scherzo*; *facevano per gioco*; *procediamo per ordine alfabetico*; *chiamami per nome*; *viaggiare per mare*, *per aria*, *per terra* | (*est.*) Indica il modo in cui si prende, si afferra qlcu. o qlco.: *mi ha preso per un braccio*; *ha afferrato la fortuna per i capelli*; *afferrare qlcu. per il bavero*. **11** Compl. di prezzo: *l'ho comprato per cinquanta euro*; *l'ho avuto per pochi soldi*; *te lo cedo per poco*; *non lo farebbe per tutto l'oro del mondo*. **12** Compl. di stima: *ha valutato il quadro per diecimila euro*; *la villa è stata stimata per una somma enorme*. **13** Compl. di misura o estensione: *la strada è interrotta per dieci kilometri*; *la torre s'innalza per cento metri*; *la caverna sprofonda per vari metri*; *la landa si estende per molti kilometri intorno*. **14** Compl. di limitazione: *è molto ammirata per la sua bellezza*; *io ti supero per la memoria*; *per conto mio non sollevo obiezioni*; *questo lavoro è troppo difficile per me*; *per questa volta ti perdono*. **15** Compl. distributivo: *entrate uno per uno*; *uno per volta*; *mettevi uno per parte*; *disponetevi in fila per tre*; *il testo è corredato di un'illustrazione per pagina*; *le persone vengono divise per età e per sesso*; *confidenza per confidenza, nemmeno io sono ricco!*; *giorno per giorno, faticosamente ho risparmiato una bella somma*; *hanno perquisito l'abitazione stanza per stanza* | (*est.*) Indica la percentuale: *ho un interesse del sedici per cento* | Indica le operazioni matematiche della moltiplicazione e divisione: *dieci per dieci è uguale a cento*; *dieci diviso per dieci è uguale a uno*; *moltiplicare un numero per un suo multiplo*. **16** Compl. di colpa: *è stato processato per alto tradimento*; *saranno processati per furto aggravato*; *è stato accusato per abigeato*. **17** Compl. di pena: *è stato multato per varie centinaia di euro*. **18** Compl. predicativo: *ha preso per moglie una straniera*; *ho avuto per maestro tuo fratello*; *è stato dato per morto*, *per disperso*; *tengo per certo che nessuno abbia tradito*; *do per dimostrata la prima parte del teorema*. **19** Compl. escl. e vocativo: *per Giove!*; *per Bacco!*; *per tutti i diavoli!* | In nome di (introduce un'invocazione, un giuramento, una promessa e sim.): *per l'amor del cielo!*, *non dire nulla*; *per amor di Dio, aiutami*; *per carità! che nessuno sappia niente!*; *ve lo giuro per l'anima mia*; *lo prometto per quanto di più caro ho al mondo*. **20** Indica scambio o sostituzione: *ti avevo scambiato per un altro*; *bisogna rendere bene per male*; *parlerò io per te*; *rendere pan per focaccia*;

occhio per occhio, dente per dente. **21** (*raro*) Compl. di origine e provenienza: *venire per ponente; parenti per parte di madre; tanti saluti per parte mia.* **22** †Compl. d'agente: *fur l'ossa mie per Ottavian sepolte* (DANTE *Purg.* VII, 6). **III** Introduce varie specie di proposizioni. **1** Prop. finale con il v. all'inf.: *sono venuto per parlarti; c'è voluto del bello e del buono per convincerlo; dicevo così per scherzare; lo facevo per aiutarti; esco per prendere un po' d'aria; cammina piano per non dare nell'occhio; fatti non foste a viver come bruti, / ma per seguir virtute e canoscenza* (DANTE *Inf.* XXVI, 119-120); *io parlo per ver dire* (PETRARCA). **2** Prop. causale con il v. all'inf.: *è stato assolto per non aver commesso il fatto; è rimasta intossicata per aver mangiato cibi guasti.* **3** Prop. consecutiva con il v. all'inf.: *è troppo buona per odiare; sono troppo furbi per cascarci; è abbastanza grande per andare a scuola; è troppo bello per essere vero.* **4** Prop. concessiva con il v. al congv. o (*raro o lett.*) all'inf.: *per quanto si sforzi non riesce; per poco che sia è meglio che niente; per bravi che siate non potrete indovinare; per piangere che tu faccia, non soddisferò i tuoi capricci; né per esser battuta ancor si pente* (DANTE *Par.* IX, 45) | ***Per male che vada***, anche nella ipotesi peggiore. **5** Propr. limitativa con il v. all'inf.: *per essere bello, è bello, ma è un po' troppo caro; per essere così anziano, gode di buona salute.* **IIII** Ricorre nella formazione di molte loc. **1** Nelle loc. ***essere, stare per***, essere in procinto di: *stavo per rispondergli a tono, ma sono riuscito a trattenermi; stavo per uscire; ero quasi per picchiarlo.* **2** Loc. avv.: *per tempo; per intanto; per ora; per il momento; per lungo; per largo; per diritto; per traverso; per di più; per certo; per fermo; per l'appunto; per contro; per caso; per poco; per altro; per di qui; per di là; per di fuori; per di sopra; per sempre.* **3** Loc. cong.: *per il che; per la qual cosa; per il fatto che; per via che; per ciò che; per ciò.*

per- /per/ [dalla prep. lat. *pĕr* 'attraverso', di orig. indeur., applicata anche a forme superl.] **pref.** **1** In parole della terminologia scientifica ha valore rafforzativo: *pertosse.* **2** In chimica, indica, tra i composti ossigenati di un elemento che ha più di due valenze, quelli a valenza maggiore (*acido perclorico, perclorato*) o un composto contenente il gruppo bivalente –O–O– (*peracido, perosido*). **CONTR.** Ipo-.

♦**péra** (**1**) [lat. *pĭra*, pl. di *pĭrum* 'pera', di orig. preindeur.; 1314] **s. f.** **1** Frutto carnoso commestibile del pero | ***P. abate Fetel***, a maturazione autunnale, allungata con buccia giallo-verdognola | ***P. butirra***, a maturazione estiva, di colore giallo macchiato di rosso | ***P. decana***, a maturazione invernale, ovale, profumata, di colore verde sfumato di rosa | ***P. Kaiser***, a maturazione autunnale, di forma allungata e colore rugginoso | ***P. passacrassana***, a maturazione invernale, grossa e irregolare, di colore verdastro-rugginoso | ***P. William***, a maturazione estiva, molto profumata, giallo verdognola, usata per aromatizzare bevande alcoliche; **SIN.** Buonacristiana | (*tosc.*) ***Dar le pere***, (*fig.*) licenziare | ***Cascare come le pere, come una p. cotta, matura***, con grande facilità; (*fig.*) farsi ingannare; (*fig.*) innamorarsi subito | ***Essere come una p. cotta***, (*fig.*) essere molle, fiacco. **2** Oggetto di forma oblunga, simile a una pera | ***P. del battaglio***, estremità inferiore. **3** (*scherz.*) Testa: *grattarsi la p.* **4** (*fig., fam.*) Nella loc. agg. e avv. ***a p.***, di ciò che è malfatto e sconclusionato: *lavoro, discorso a p.*; anche, di ciò che non ha alcuna attinenza con quanto si sta facendo o dicendo: *intervento a p.; parlare a p.* **5** (*gerg., fig.*) Iniezione di sostanze stupefacenti, spec. eroina: ***farsi una p.***, iniettarsi una dose di eroina. || **peràccia**, **pegg.** | **perétta**, **dim.** (V.) | **perìna**, **dim.** | **peróna**, **accr.** | **perùccia**, **dim.**

†**péra** (**2**) [vc. dotta, lat. *pēra(m)*, nom. *pēra*, dal gr. *péra*, di etim. incerta] **s. f.** ● Tasca, bisaccia.

peràcido [comp. di *per-* e *acido*; 1949] **s. m.** ● (*chim.*) Acido ossigenato in cui sono presenti atomi di ossigeno legati fra loro oltreché con gli altri atomi.

peracottàio o **peracottàro** [dalle *pere cotte* che egli vende; 1863] **s. m.** (**f.** *-a*) ● (*tosc.*) Venditore di pere cotte | (*fig.*) ***Fare una figura da p., fare la figura del p.***, una figura meschina.

†**peragràre** [vc. dotta, lat. *peragrāre*, comp. di *pĕr* 'attraverso' (V. *per*) e *ăger* 'campo' (V. *agro* (*2*))] **v. tr.** ● Percorrere, visitare viaggiando: *lasciate tutte l'altre parti d'Europa ch'egli avea peragrate … pose la sua abitazione in Firenze* (MACHIAVELLI).

peràltro o **per altro** [comp. di *per* e *altro*; 1441] **avv.** ● Del resto, d'altra parte, però, tuttavia: *non vorrei p. ingannarmi; p. potremmo decidere subito.*

peramèle [comp. del lat. *pēra* 'sacca' (V. *pera* (*2*)) e *mēles* 'martora, tasso' (di etim. incerta), perché porta il marsupio; 1835] **s. m.** ● Genere di Marsupiali australiani grossi come un ratto, con pelliccia morbida e muso appuntito (*Perameles*).

perànco o **perànche**, **per ànco** [comp. di *per* e *anco*; av. 1635] **avv.** ● (*lett.*) Ancora, finora: *non si è p. veduto* | Con valore raff.: *non sono p. contenti.*

peràstro [da *pera* (*1*) col suff. pegg. *-astro*] **s. m.** ● (*bot.*) Pero selvatico (*Pyrus pyraster*).

perbàcco o **per bàcco**, **per Bàcco** [comp. di *per* e *Bacco*; 1752] **inter.** ● (*fam.*) Esprime disappunto, meraviglia e sim.: *p. questa è bella!* | V. anche *bacco*.

perbène o **per bène** [comp. di *per* e *bene*; 1841] **A agg. inv.** ● Onesto, probo, costumato: *un giovane p.; una famiglia p.; sono persone p.* **SIN.** Ammodo. **B avv.** ● In maniera esatta, ordinata, con cura e scrupolo: *agisci p.; fate le cose p., mi raccomando.* || **perbenino**, **dim.**

perbenìsmo [comp. di *perbene* e *-ismo*; 1942] **s. m.** ● Desiderio di apparire onesti, costumati e ligi alla morale sociale comune, e l'atteggiamento che ne deriva (*spec. spreg.*).

perbenista [da (*persona*) *per bene*; 1980] **A s. m. e f.** (**pl. m.** *-i*) ● (*spreg.*) Persona che impronta il proprio comportamento al perbenismo. **B agg.** ● Perbenistico.

perbenistico [1975] **agg.** (**pl. m.** *-ci*) ● Relativo a perbenismo | Caratterizzato da perbenismo: *atteggiamento p.* || **perbenisticamènte**, **avv.**

†**pèrbio** [lat. *pĕrviu(m)* 'passaggio', da *pĕrvius* 'accessibile'. V. *pervio*] **s. m.** ● Pergamo, pulpito.

perboràto [comp. di *per-* e *borato*; 1920] **s. m.** ● (*chim.*) Sale ottenuto in generale per azione dell'acqua ossigenata o dei perossidi alcalini sui borati | ***P. di sodio***, usato come sbiancante, deodorante e disinfettante.

pèrca [vc. dotta, lat. *pĕrca(m)*, nom. *pĕrca*, dal gr. *pérkē*, di orig. indeur.] **s. f.** ● Genere di Pesci dei Perciformi cui appartiene il pesce persico (*Perca*).

percàlle o (*raro*) **percàllo** [fr. *percale*, dal persiano *pargālē* 'pezzo di tessuto'; 1811] **s. m.** ● Tessuto di cotone molto leggero, per grembiuli, vestaglie, camicie da uomo. || **percallino**, **dim.** (V.).

percallino **s. m.** **1** Dim. di *percalle.* **2** Percalle molto leggero per fodere.

percàllo ● V. *percalle.*

percentile [da *percento*; 1958] **A s. m.** ● (*stat.*) In un insieme di valori ordinati in senso non decrescente, ciascuno dei quantili che lo ripartiscono in cento sottoinsiemi successivi, ciascuno contenente un ugual numero di dati. **B** anche **agg.**: *dato p.*

percènto o **per cènto** [1881] **A s. m. inv.** ● (*raro*) Percentuale: *il p. degli aventi diritto.* **B avv.** ● Posto dopo un numero, indica che per ogni cento parti vengono considerate soltanto quelle rappresentate da quel numero (simbolo: %): *interesse del 7 p.* (o *del 7%*).

♦**percentuàle** [da *per cento*; 1878] **A agg.** ● Che è stabilito in proporzione a cento: *interesse p.* || **percentualmènte**, **avv.** **B s. f.** **1** Rapporto tra due grandezze espresso in centesimi: *la p. dei votanti.* Normalmente i numeri che indicano valori percentuali si scrivono in cifre seguite dal simbolo %: *20% di sconto; i prezzi sono aumentati mediamente del 7%.* Talvolta, in contesti più discorsivi, si usa l'espressione 'per cento': *il 90 per cento degli alunni; un successo al cento per cento.* (V. nota d'uso NUMERO) **2** Provvigione: *ricevere una p. sulle vendite; all'agenzia spetta una p. del 3 per cento.*

percentualizzàre [comp. di *percentual(e)* e *-izzare*; 1963] **v. tr.** ● Ricavare percentuali da elaborazione di dati matematici o statistici.

percentualizzazióne [1963] **s. f.** ● Il percentualizzare.

†**percepènza** [da *percepire*; av. 1250] **s. f.** ● Intelligenza, conoscenza.

†**percèpere** o †**percipere** **v. tr.** ● Percepire.

percepìbile [vc. dotta, lat. tardo *percipĭbile(m)*, da *percĭpere* 'percepire'; 1871] **agg.** ● Che si può percepire: *sensazioni chiaramente percepibili; la somma sarà p. entro quindici giorni.*

percepibilità [1958] **s. f.** ● (*raro*) Condizione di ciò che è percepibile.

percepìre [lat. *percĭpere*, comp. di *pĕr* e *căpere* 'prendere' (V. *captare*); av. 1342] **v. tr.** (*io percepìsco, tu percepìsci*) **1** Cogliere i dati della realtà esterna mediante i sensi o l'intuito: *p. con gli occhi, con l'udito; percepì un leggero mutamento nella loro amicizia.* **2** Ricevere, riscuotere: *p. un compenso adeguato, un modesto stipendio, un premio di produzione.*

percepito **part. pass.** di *percepire*; anche **agg.** ● Nei sign. del v.

percettìbile [vc. dotta, lat. tardo *perceptĭbile(m)*, da *percēptus*, part. pass. di *percĭpere* 'percepire'; av. 1424] **agg.** ● Che si può percepire, distinguere e apprendere: *suoni appena percettibili.* **CONTR.** Impercettibile. || **percettibilmènte**, **avv.**

percettibilità [1871] **s. f.** ● Condizione o caratteristica di ciò che è percettibile.

percettività [da *percettivo*; av. 1639] **s. f.** ● Possibilità, facoltà di percepire.

percettìvo [fr. *perceptif*, dal lat. *percēptus*, part. pass. di *percĭpere* 'percepire'; av. 1639] **agg.** **1** Atto a percepire. **2** Che concerne o interessa la percezione: *facoltà percettiva.* || **percettivamènte**, **avv.**

percètto [vc. dotta, lat. *percēptu(m)*, part. pass. di *percĭpere* 'percepire'; 1835] **A agg.** ● (*raro*) Che è stato percepito. **B s. m.** ● (*filos.*) L'oggetto, il contenuto della percezione.

percettóre [vc. dotta, lat. tardo *perceptōre(m)*, da *percēptus*, part. pass. di *percĭpere* 'percepire'; av. 1342] **agg.**; anche **s. m.** (**f.** *-trice*) ● Che (o Chi) percepisce: *p. di reddito.*

percezióne [vc. dotta, lat. *perceptiōne(m)*, da *percēptus*, part. pass. di *percĭpere* 'percepire'; 1294] **s. f.** **1** (*psicol.*) Processo mediante il quale l'individuo riceve attraverso gli organi di senso ed elabora le informazioni provenienti dall'esterno e dal proprio corpo: *secondo i realisti la esistenza non si può conoscere se non con la p.* (DE SANCTIS) | (*est.*) Sensazione, impressione: *la p. del calore; ebbe l'esatta p. di un pericolo.* **2** (*bur.*) Riscossione di una somma.

percezionìsmo [1954] **s. m.** ● Teoria filosofica che ammette, nella percezione, la conoscenza della struttura delle cose.

♦**perché** o †**per che** nel sign. A 2 [comp. di *per* e *che* (*2*); av. 1250] **A avv.** **1** Per quale ragione (in prop. interr. dirette o indirette con valore causale o finale): *p. ti ostini tanto?; p. corri?; p. non sei venuto ieri?; chissà p. si agita tanto; vorrei sapere p. non rispondono; spiegami p. lo fai; agisce senza sapere p.; mi domando p. nessuno sia contento della sua sorte* | Seguito da un v. all'inf. in interr. retoriche: *p. impedirgli di pensare?; p. farla piangere?* | (*assol.*) In espressioni ellittiche: *'domani non partirò' 'p.?'* | Preceduto dalle cong. 'e', 'ma', 'o': *e p. gli rispondi?; ma p. ci vai?* | Rafforzato da 'mai': *p. mai arriverò sempre così in ritardo?; non capisco p. mai ti ostini così* | Seguito dalla negazione 'non' in espressioni interr. che equivalgono a un invito a fare qlco.: *p. mai non esci con questo bel sole?; p. non restate a cena con noi?* **2** Per cui (con valore rel. e causale): *non sono riuscito a capire il motivo p. abbia fatto così; cominciò a riscuotere e fare quello per che andato v'era* (BOCCACCIO) | (*lett.*) †Per la qual cosa (con valore neutro rel.) | †***Il p.***, per il che, per la qual cosa (al principio di frase): *il p. comprender si può alla sua potenza esser ogni cosa suggetta* (BOCCACCIO). **B cong.** **1** Poiché, per la ragione che, per il fatto che (introduce una prop. caus. con il v. all'indic. o al cong.): *non sono venuto p. s'era fatto tardi; non l'ho comprato p. non mi piaceva; non viene, non p. non lo voglia, ma p. non ha tempo* | (*fam.*) ***P. sì, p. no, p. due non fa tre***, risposte evasive a una domanda: *' p. non vuoi venire?' ' p. no!'* | (*lett.*) In correlazione con 'perciò' e 'così': *p. non riuscivo a dormire, così sono uscito in giardino.* **2** Affinché (introduce una prop. finale con il v. al cong.): *le leggi sono state fatte p. siano applicate; te lo dico e ripeto p. tu non lo dimentichi; ha dato ordini precisi proprio p. non sbagliassero.* **3** Cosicché, talché (introduce una prop. consecutiva con il v. al cong.): *il muro era troppo alto p. potesse essere superato; è troppo forte p. gli altri possano batterlo.* **4** (*lett.*) †Sebbene, quantunque (introduce una prop. concessiva con il v. al cong.): *p. tu mi dischiomi, / né ti dirò ch'io sia* (DANTE *Inf.* XXXII, 100-101). **5** †Se (introduce una prop. ipotetica con il v. al cong.): *e voi non gravi / perch'io un poco a ragionar m'inveschi* (DANTE *Inf.* XIII, 56-57). **6** †Che (introduce una prop. dichiarativa con il v. al cong.): *Che val p. ti racconciasse il freno / Iustiniano, se la sella è vota?* (DANTE *Purg.* VI, 88-89). **C** in funzione di **s. m.** **1** Motivo, causa, scopo, ragione: *dimmi il p. di questo tuo comportamento; l'ha fatto senza un p.; il p. non si è mai saputo; i p. sono tanti; venduto ad un duce venduto / con lui pugna e non chiede il p.* (MANZONI) | (*fam.*) ***Il p. e il percome***, tutte le ragioni, dettagliatamente: *voglio sapere il p. e il percome.* **2** Interrogativo, incertezza, dubbio: *i p. della vita; è un uomo dai mille p.*

Perciformi [comp. di *perca* e il pl. di *-forme*; 1954] **s. m. pl.** (**sing.** *-e*) ● Nella tassonomia animale, ordine dei Teleostei, il più vasto esistente, comprendente forme prevalentemente marine provviste di pinne con spine (*Perciformes*).

♦**perciò** o **per ciò** [comp. di *per* e *ciò*; sec. XIII] **cong.** ● Per questa ragione (con valore concl.): *sono arrabbiato, p. me ne vado* | Con valore raff. preceduto da 'e': *non hai voluto ascoltarmi e p. hai sbagliato* | ***E che p.?***, (*lett.*) e con ciò?, e allora? | (*raro*) ***Non p.***, nondimeno. **SIN.** Pertanto.

†**perciocché** o †**perciò che**, †**per ciò che** [comp. di *per*, *ciò* e *che* (2); av. 1294] **cong.** ● (*lett.*) Perché (introduce una prop. causale con il v. all'indic. o al congv. o una prop. finale con il v. al congv.).

†**percipere** ● V. †*percepere*.

percipiendo [vc. dotta, lat. *percipiĕndu(m)*, gerundivo di *percĭpere* 'percepire'; 1958] **agg.** ● (*dir.*) Solo nella loc. ***frutti percipiendi***, quelli che sarebbero dovuti esser raccolti, mentre non lo sono stati.

percipiente **A** **agg.** ● Che percepisce | Che incassa, riscuote. **B** anche **s. m. e f.**: *i compensi ai percipienti... furono dati per lavori straordinari* (CARDUCCI).

perclorato [1869] **s. m.** ● (*chim.*) Sale dell'acido perclorico, usato spec. in pirotecnica e nella preparazione di alcuni esplosivi.

perclorico [comp. di *per-* e *cloro*; 1829] **agg.** (**pl. m.** *-ci*) ● (*chim.*) Detto di acido del cloro, a grado massimo di ossidazione, ottenuto distillando nel vuoto un perclorato con acido solforico, usato in chimica analitica e in galvanoplastica.

perclorùro [comp. di *per-* e *cloruro*; 1871] **s. m.** ● (*chim.*) Cloruro contenente una quantità di cloro superiore a quella presente nel corrispondente cloruro normale dell'elemento.

percòca [da *percoco*] **s. f.** ● (*bot.*; *merid.*) Frutto del percoco. **SIN.** Percoco, pesca cotogna.

percòco [dal lat. *praecŏquu(m)* 'precoce', detto di pianta che produce frutti primaticci] **s. m.** (**pl.** *-chi*) **1** (*bot.*; *merid.*) Varietà di pesco che produce frutti precoci molto dolci. **2** Percoca.

percolàre [vc. dotta, lat. *percolāre* 'filtrare'. V. *percolazione*; 1954] **v. tr. e intr.** (*io percòlo*; aus. intr. *essere*) ● Eseguire la percolazione.

percolàto [1986] **A** **part. pass.** di *percolare*; anche **agg.** ● Nei sign. del v. **B** **s. m.** ● Liquido ottenuto per percolazione.

percolatóre [da *percolazione*, sul rapporto di tutti i nomi in *-tore* e *-zione* (*istitutore-istituzione*, *salvatore-salvazione* ecc.); 1954] **s. m.** ● Recipiente usato per eseguire le operazioni chimiche di percolazione.

percolazióne [vc. dotta, lat. *percolatiōne(m)* 'filtrazione', da *percolātus*, part. pass. di *percolāre* 'filtrare', comp. di *pĕr* 'attraverso' e *colāre* 'filtrare' (V. *colare*); 1937] **s. f.** ● (*chim.*) Passaggio lento di un liquido dall'alto verso il basso attraverso una massa filtrante solida.

percóme o **per cóme** [comp. di *per* e *come*; 1563] **s. m. inv.** ● (*fam.*) Solo nella loc. ***perché e p.***, ***il perché e il p.***, tutte le ragioni dettagliatamente: *so che sei uscito ma voglio sapere perché e p.; raccontagli il perché e il p. della tua decisione.*

percorrènza [da *percorrere*; 1922] **s. f.** **1** Il percorrere | (*mat.*) ***Verso di p.***, ognuno dei due sensi in cui può essere percorsa una linea. **2** Spazio, tempo e prezzo di un percorso coperto da pubblici mezzi di trasporto: *le percorrenze dei treni speciali; treni a lunga p.*

♦**percórrere** [vc. dotta, lat. *percŭrrere*, comp. di *pĕr* 'attraverso' e *cŭrrere* 'correre'; 1766] **v. tr.** (coniug. come *correre*) **1** Compiere un determinato tragitto (*anche fig.*): *p. una strada in automobile, in bicicletta; ha percorso 10 kilometri a piedi, a nuoto; percorremmo a fatica gli ultimi kilometri; p. una brillante carriera.* **2** Attraversare una determinata estensione, o un tratto di essa: *p. una regione; abbiamo percorso la Francia in lungo e in largo; la strada percorre tutto il paese.*

percorrìbile [1958] **agg.** ● Che si può percorrere (*anche fig.*): *è l'unica strada p.*

percorribilità [1984] **s. f.** **1** Condizione di ciò che è percorribile, con particolare riferimento alla praticabilità stradale: *servizio p. strade.* **2** (*fig.*) Possibilità di seguire vantaggiosamente una certa ipotesi o un dato progetto: *la p. di una strategia elettorale.* **CONTR.** Impercorribilità.

♦**percórso** [av. 1764] **A** **part. pass.** di *percorrere*; anche **agg.** ● Nei sign. del v. **B** **s. m.** **1** Tratto che si percorre, itinerario: *seguire il p. più breve; tracciare il p. della nuova autostrada* | Tempo impiegato per attraversare tale tratto: *ho dormito durante tutto il p.* **SIN.** Tragitto | (*fig.*) ***P. di lettura***, modo particolare di leggere o interpretare un testo o gener. un'opera artistica privilegiando determinati temi, personaggi o aspetti. **2** (*sport*) Itinerario con caratteristiche particolari che i concorrenti di una gara sportiva, spec. una corsa, devono compiere a piedi, a cavallo, in bicicletta o con altro mezzo | ***P. attrezzato***, ***p. vita***, in parchi o giardini pubblici, itinerario con attrezzi ginnici per compiere esercizi all'aria aperta. **3** ***P. di guerra***, tratto di terreno in cui sono riprodotte le principali difficoltà di una qualunque azione bellica, usato per allenare soldati.

percòssa [da *percuotere*; 1260] **s. f.** **1** Colpo violento dato o ricevuto: *dure percosse al viso e al corpo; le violente percosse delle onde scuotevano la nave* | (*raro*, *est.*) Segno lasciato dal colpo: *non notò alcuna p.* **SIN.** Botta. **2** (*lett.*, *fig.*) Colpo avverso: *subire le percosse della sventura.*

percessióne ● V. *percussione*.

percòsso **part. pass.** di *percuotere*; anche **agg.** **1** Nei sign. del v. **2** (*dir.*) ***Contribuente p.***, che è legalmente tenuto a pagare l'imposta.

†**percossùra** o †**percussùra** [vc. dotta, lat. tardo *percussūra(m)*, da *percŭssus* 'percosso'; 1499] **s. f.** ● Colpo, percossa | (*fig.*) Danno.

percòtere ● V. *percuotere*.

†**percotiménto** [av. 1292] **s. m.** ● Il percuotere | Colpo, percossa.

percotitóre o (*raro*) **percuotitóre** [av. 1347] **agg.**; anche **s. m.** (**f.** *-trice*) ● (*raro*, *lett.*) Che (o Chi) percuote | (*est.*) Feritore, uccisore.

percuòtere o (*lett.*) **percòtere** [lat. *percŭtere*, comp. di *per-* e *quătere* 'scuotere'. V. *scuotere*; sec. XIII] **A** **v. tr.** (**pres.** *io percuòto*, lett. *percòto*; **pass. rem.** *io percòssi, tu percuotésti*; **part. pass.** *percòsso*) **1** Colpire violentemente e ripetutamente con le mani o con un oggetto contundente, allo scopo di far male, ferire e sim.: *p. qlco. con una mazza, con un martello, con un bastone* | (*gener.*) Battere: *percuoteva coi pugni le pareti gridando aiuto; me non nato a percotere / le dure illustri porte* (PARINI) | ***Percuotersi il petto***, battersi il petto in segno di pentimento, dolore e sim. | Colpire con violenza, rovinosamente: *la folgore percosse la quercia incendiandola* | Urtare violentemente: *percosse il tronco col capo e cadde privo di sensi.* **2** (*lett.*) Ferire (*anche fig.*): *lo percosse con la spada; quei suoni stridenti mi percuotono l'orecchio* | ***P. mortalmente***, uccidere | Dardeggiare: *il sole, la luce gli percuotevano gli occhi.* **3** (*fig.*, *lett.*) Affliggere, perseguitare, tormentare: *Dio, irato, percosse la Terra col diluvio; una terribile pestilenza percosse l'Europa nel XIV secolo.* **4** (*raro*, *fig.*) Addolorare, commuovere: *le sventure altrui percuotono l'animo dei buoni* | Agitare con sensazioni o sentimenti molto intensi: *quelle immagini allucinanti percossero la sua fantasia.* **5** †Offendere. **6** †Abbattere | †Uccidere. **7** †Imbattersi. **B** **v. intr.** (aus. *avere*) ● (*raro*) Dare in, contro: *p. in una secca, contro un sasso.* **SIN.** Cozzare. **C** **v. rifl. rec.** ● Picchiarsi l'un l'altro | Combattersi.

percuotitóre ● V. *percotitore*.

percussióne o (*raro*) **percossióne** [vc. dotta, lat. *percussiōne(m)*, da *percŭssus* 'percosso'; av. 1292] **s. f.** **1** Il percuotere | Colpo, urto violento | ***Fucile a p.***, fornito di percussore | ***Strumenti musicali a p.*** (*ellitt.*) ***le percussioni***, strumenti che si suonano mediante percussione o scuotimento. **2** (*med.*) Parte della semeiotica che consiste nello studio dei suoni prodotti percuotendo la superficie del corpo. **3** (*dir.*) ***P. dell'imposta***, momento in cui l'imposta è legalmente dovuta da un dato contribuente. **4** †Ferita.

percussionista [1980] **s. m. e f.** (**pl. m.** *-i*) ● Chi suona uno strumento musicale a percussione.

percussìvo [dal lat. *percŭssus* 'percosso'; sec. XIV] **agg.** **1** (*raro*) Atto a percuotere | (*lett.*) Dannoso. **2** (*lett.*) Che proviene da strumenti a percussione: *insiste su effetti percussivi* (MONTALE).

percussóre [vc. dotta, lat. *percussōre(m)*, da *percŭssus* 'percosso'; 1810] **s. m.** **1** (*raro*) Chi percuote. **2** Congegno che nelle armi da fuoco serve per agire sulla capsula del bossolo del proiettile, provocando l'esplosione della miscela fulminante e quindi la deflagrazione della carica di lancio. **3** (*paletnologia*) Utensile di pietra o altro materiale duro, usato dagli uomini primitivi per lavorare le selci.

†**percussùra** ● V. †*percossura*.

percutàneo [comp. di *per* e *cutaneo*; 1994] **agg.** ● (*med.*) Effettuato attraverso la cute | ***Via p.***, modalità di somministrazione di un farmaco attraverso la cute.

percuziènte [vc. dotta, lat. *percutiĕnte(m)*, part. pres. di *percŭtere* 'percuotere'] **agg.**; anche **s. m.** ● (*raro*, *lett.*) Che (o Chi, o Ciò che) percuote.

†**perdànza** [da *perdere*] **s. f.** ● (*raro*) Perdita.

perdèndosi [1826] **s. m. inv.** ● (*mus.*) Morendo.

perdènte [av. 1250] **A** **part. pres.** di *perdere*; anche **agg.** ● Nei sign. del v. **B** **s. m. e f.** ● Chi perde o soccombe, spec. in gare o competizioni: *ai perdenti spettano vari premi di consolazione* | Vinto, sconfitto: *i perdenti fuggirono* | Chi, nella sua attività, subisce spesso delle sconfitte: *è un p.* **CONTR.** Vincente.

†**perdènza** [da *perdente*; sec. XIII] **s. f.** **1** Perdita. **2** Dannazione, perdizione.

♦**pèrdere** [lat. *pĕrdere* 'mandare in rovina, consumare, perdere', comp. di *pĕr* 'al di là' e *dāre*; av. 1250] **A** **v. tr.** (**pass. rem.** *io pèrsi* o *perdéi* o *perdètti, tu perdésti*; **part. pass.** *pèrso* o *perdùto*) **1** Cessare di avere, di possedere qlco. che prima si aveva o si possedeva: *p. in pochi anni l'intero patrimonio familiare; durante la guerra ha perso tutta la famiglia; abbiamo perduto anche l'ultima speranza di salvezza* | ***P. la vita***, morire | ***Avere molto da p.***, ***non avere nulla da p.***, rischiare molto o non rischiare affatto nel fare qlco. | (*est.*) Non avere più qlco., definitivamente o temporaneamente, restare senza qlco.: *p. un braccio, la vista, i denti, l'appetito; in autunno le piante perdono le foglie; ho perso il sonno per colpa sua* | ***Bottiglia***, ***vuoto***, ***sacco a p.***, che si può gettare via dopo averne consumato il contenuto | ***P. i contatti con qlcu.***, non avere più, non intrattenere relazioni con qlcu. | ***P. la bussola***, (*fig.*) il raziocinio | ***P. l'anima***, (*fig.*) dannarsi | ***P. le staffe***, (*fig.*) non riuscire più a controllare le proprie reazioni per ira e sim. | ***P. la tramontana***, ***il lume degli occhi***, (*fig.*) non essere più padrone di sé | ***P. la voce***, divenire rauco | ***P. la favella***, diventare muto | ***P. la memoria***, non riuscire più a ricordare, ricordare poco e male | ***P. il colore***, sbiadire o impallidire o stingere | ***P. la freschezza***, appassire (*anche fig.*) | ***P. il vigore***, ***l'energia***, indebolirsi sia fisicamente sia moralmente | ***P. i capelli***, diventare calvo | ***P. l'abitudine***, non essere più avvezzo a qlco. | ***P. qlcu. di vista***, non vederlo più (*anche fig.*) | ***P. di naso***, detto di cane, non sentire più l'usta della selvaggina | ***P. il credito***, ***la stima***, ***la fiducia di qlcu.***, non stimare più qlcu. | ***P. l'onore***, essere disonorato | ***P. il filo del discorso***, smarrire il nesso | (*fig.*) ***P. la faccia***, fare una pessima figura | ***P. la ragione***, ***l'uso della ragione***, impazzire (*anche fig.*) | ***P. la testa***, (*fig.*) diventare come pazzo per amore, timore, dolore e sim. | ***P. la pazienza***, inquietarsi e reagire | ***P. la fede***, non credere più | ***P. il dominio***, ***il controllo di sé***, dare in escandescenze, reagire con violenza. **2** Con compl. ogg. di persona, non averla più, a causa della sua morte: *p. un figlio in guerra; p. il marito, la moglie; ha perso la madre in tenera età.* **3** Smarrire: *p. il cappello, gli oc-*

chiali. CONTR. Trovare. *4* Lasciarsi sfuggire qlco. per ritardo, negligenza o altro: *p. il treno, la corsa, la messa, la lezione; sapessi quanto mi dispiace di aver perduto quel film!* | ***Non p., non perderci nulla***, non aver alcun motivo di dispiacersi per non aver assistito, partecipato o sim. a qlco.: *quello spettacolo vale poco: se non ci vai, non perdi nulla* | ***Non perdersi qlco.***, non farsela sfuggire: *quel film non me lo voglio p.; non si perde una partita della Roma* | ***Non p. una sillaba***, stare attentissimi alle parole di qlcu. *5* Rimetterci, scapitare: *vendendo a questo prezzo io ci perdo; ho perso la caparra per una vera sciocchezza* | ***P. al paragone***, risultare inferiore, peggiore e sim. | ***P. terreno***, ritirarsi di fronte al nemico cedendogli le proprie posizioni; essere distanziato da chi precede; (*fig.*) venirsi a trovare in difficoltà. CONTR. Guadagnare. *6* Sciupare, sprecare: *perde il suo tempo bighellonando; non intendo p. per voi un'intera giornata* | ***P. colpi***, detto di motore a scoppio difettoso, in cui lo scoppio di quando in quando non avviene per mancanza di scintilla o per altra causa; (*fig.*) dar segni di crisi: *il suo cervello ha cominciato a p. colpi; l'agricoltura perde colpi.* *7* Mandare in rovina: *la sua dabbenaggine ha perduto lui e i suoi soci.* SIN. Rovinare. *8* Concludere con risultati assolutamente negativi, con danni e sim. (*anche assol.*): *ho perso la scommessa e devo pagare; p. una battaglia non significa p. la guerra; hai perso ancora?* CONTR. Vincere. *9* Lasciare uscire o scorrere qlco., per lesione, spacco, ferita e sim. (*anche assol.*): *perde molto sangue dalla ferita; il tubo del gas perde.* *10* Nella loc. ***lasciare p. qlcu.*** o ***qlco.***, non curarne più, ignorare: *lascia p. le sue chiacchiere e tienti ai fatti; devi lasciar p. quell'uomo* | ***Lasciamo p.!***, non parliamone, non occupiamocene. **B** v. intr. (aus. *avere*) (+ *di*) ● Scendere a un piano o livello inferiore: *la faccenda ha perso d'importanza; è un metallo che perde rapidamente di valore; p. di stima, dignità, rispetto.* **C** v. intr. pron. *1* Non riuscire più a trovare, o a ritrovare, la strada (*anche fig.*): *perdersi per Milano, alla stazione, nella boscaglia, tra la folla; ama perdersi nelle sue fantasie* | (*fig.*) ***Perdersi in un bicchier d'acqua***, spaventarsi o preoccuparsi per nulla | ***Perdersi d'animo***, scoraggiarsi | ***Perdersi nei misteri di qlco.***, non riuscire a comprenderli, a chiarirli | ***Perdersi in mare***, detto di nave o naviganti, affondare, naufragare | ***Perdersi dietro***, (*lett.*) ***in, una persona***, esserne perdutamente innamorato. *2* Svanire: *lentamente le luci si persero nella nebbia; il suono lieve si perde nell'aria* | Confondersi in una massa: *ogni goccia si perde nel mare* | ***Perdersi alla vista***, non essere più visibile | Dileguarsi: *fuggì rapidissimo perdendosi tra l'erba.* *3* Estinguersi: *una tradizione che si sta perdendo.* *4* Rovinarsi, sprecarsi: *s'è perduto per la sua maledetta testardaggine; per quella donna si perderà; guarda con chi si perde!; se ti perdi in sciocchezze un giorno lo rimpiangerai.* *5* (*assol.*) Dannarsi: *se continui così la tua anima si perderà.* || PROV. Il lupo perde il pelo, ma non il vizio.

perdiàna (o **-dià-**) o **per Diàna** [da *per Diana*: eufem. per *perdio*; 1823] inter. ● (*eufem.*) Esprime disappunto, impazienza, meraviglia e sim. o serve a rafforzare una minaccia: *p.! me la pagherà.* SIN. (*eufem.*) Perdinci, (*pop.*) perdio.

perdìbile [da *perdere*] agg. ● (*raro*) Che si può perdere. CONTR. Imperdibile.

perdifiàto [comp. di *perdere* e *fiato*; 1858] vc. ● Solo nella loc. avv. ***a p.***, a più non posso, fino a esaurire tutto il fiato che si ha in corpo: *chiamare, gridare a p.; correre, fuggire a p.*

†perdigiornàta [comp. di *perdere* e *giornata*; 1534] s. m. e f. (pl. *-e*) ● Perdigiorno.

perdigiórno [comp. di *perdere* e *giorno*; 1536] s. m. e f. (pl. inv. o *†-i*) ● Chi ama starsene in ozio, chi non ha voglia di far nulla e passa il suo tempo bighellonando. SIN. Bighellone, ozioso.

perdilégno [comp. di *perdere* e *legno*; 1954] s. m. ● (*zool.*) Rodilegno.

perdiménto [av. 1292] s. m. *1* †Perdita | (*fig.*) Spreco. *2* (*fig., lett.*) Rovina e dannazione spirituale: *questo è luogo di corporal morte e p. d'anima* (BOCCACCIO).

perdina inter. ● (*tosc., eufem.*) Perdinci.

perdinci [eufem. per *perdio*; 1694] inter. ● (*eufem.*) Esprime disappunto, impazienza, meraviglia e sim. SIN. Perdiana, perdina, perdio, perdindirindina.

perdindirindina [eufem. per *per Dio*; 1921] inter. ● (*eufem.*) Perdinci.

perdio o **per Dio** [comp. di *per* e *Dio*; sec. XIV] inter. ● (*pop.*) Esprime disappunto, ira, impazienza, meraviglia e sim. o rafforza una minaccia. SIN. Perdiana, perdina, perdinci, perdindirindina.

♦**pèrdita** [f. sost. del lat. *pĕrditus*, part. pass. di *pĕrdere* 'mandare in rovina, consumare'. V. *perdere*; av. 1292] s. f. *1* Il perdere | Cessazione della disponibilità di qlco. che prima si aveva: *la p. del patrimonio, dell'amicizia, della vita; l'esercito subì perdite irreparabili; la p. di Como, significata a Milano, generò … sollevazione nel popolo* (GUICCIARDINI) | Spreco: *p. di tempo* | Morte: *piangere la p. di un caro amico, dei genitori.* CONTR. Acquisto. *2* Diminuzione, esaurimento: *la malattia gli procura una progressiva p. delle forze* | (*fig.*) ***A p. d'occhio***, fin dove la vista può arrivare. CONTR. Aumento. *3* Eccedenza dei costi sui ricavi in qualsiasi operazione economica. *4* (*raro, fig.*) Svantaggio: *rispetto a lui siamo in p.* | Sconfitta: *subire una grave p.; una p. al gioco.* *5* Fuoriuscita irregolare di fluidi: *una p. di gas, di acqua* | (*med.*) ***Perdite bianche***, leucorrea.

perditempo [comp. di *perdere* e *tempo*; 1558] **A** s. m. (pl. inv. o *-i*) ● Opera o attività che causa inutile perdita di tempo. **B** s. m. e f. inv. ● Persona che non combina nulla, che non lavora o lo fa svogliatamente. SIN. Bighellone.

perditóre [vc. dotta, lat. *perditōre(m)* 'distruttore', da *pĕrditus*. V. *perdita*; 1336 ca.] s. m. (f. *-trice*) *1* †Chi perde, disperde, sciupa: *p. delle proprie sostanze.* *2* (*raro, lett.*) Perdente in una battaglia, competizione, gara e sim.: *di vincitori diventare perditori* (MACHIAVELLI).

perdizióne [vc. dotta, lat. tardo *perditiōne(m)*, da *pĕrditus*. V. *perdita*; av. 1294] s. f. *1* Rovina spec. morale, dannazione dell'anima: *il vizio lo condurrà alla p.; gli amici lo trascinano alla p.* *2* †Perdita, spreco.

perdonàbile [av. 1729] agg. ● Degno di perdono, che merita il perdono: *errore p.; distrazione p.* CONTR. Imperdonabile.

†perdonaménto s. m. ● Perdono, condono.

†perdonànza [av. 1250] s. f. *1* Perdono: *p. al fin mi riserbasti* (CAMPANELLA). *2* (*raro*) Penitenza. *3* Licenza, permesso.

♦**perdonàre** [lat. mediev. *perdonāre*, dal class. *condonāre*, con cambio di pref.; av. 1250] **A** v. tr. (*io perdóno*) *1* Assolvere qlcu. dalla colpa commessa, condonare a qlcu. l'errore compiuto: *ti perdono perché sei stato sincero; perdoneranno la tua mancanza, la tua distrazione* | ***Dio lo perdoni!, Dio gli perdoni***, Dio abbia pietà di lui e non tenga conto della sua malvagità | ***Non gliela perdono***, prima o poi gliela farò pagare | ***Non gliela perdonerò mai***, gli serberò sempre rancore per ciò che ha fatto | (*raro*) ***P. la pena, il castigo***, condonarlo, non applicarlo | ***P. il debito***, rimetterlo. *2* Trattare o considerare con indulgenza e comprensione: *bisogna p. certe piccole manie* | Risparmiare: *né le infermità mi hanno perdonato* (LEOPARDI). *3* Scusare: *perdonate il disturbo; perdonami il disordine; mi perdoni se le telefono a quest'ora.* **B** v. intr. (aus. *avere*) ● Concedere il perdono: *sono vent'anni che ha lasciato la casa e i suoi non gli hanno ancora perdonato* | ***Non perdona***, riferito a persona molto dura, o a male fisico mortale, inesorabile: *una malattia che non perdona.* **C** v. rifl. rec. ● Assolversi vicendevolmente: *si perdonarono e tutto finì in un abbraccio.*

perdonatóre [av. 1306] agg.; anche s. m. (f. *-trice*) ● (*raro*) Che (o Chi) perdona o è solito perdonare.

perdonismo [1984] s. m. ● Atteggiamento che privilegia il perdono giudiziario e sociale degli autori di reati.

perdonista [1984] **A** s. m. e f. (pl. m. *-i*) ● Sostenitore, fautore del perdonismo. **B** agg. ● Relativo al perdonismo.

♦**perdóno** [da *perdonare*; sec. XIII] s. m. *1* Remissione di una colpa e del relativo castigo: *ti chiedo p.; domandare p. alla persona offesa; dare il p.* | ***P.!***, escl. di chi invoca d'essere perdonato. *2* Remissione dei peccati, indulgenza concessa dalla Chiesa a chi si reca in determinati santuari e si trovi in determinate condizioni per fruirne | (*est.*) Il luogo in cui si accorda l'indulgenza: *il p. di Assisi.* *3* Scusa: *ti chiedo p. per il ritardo, del modo in cui ti ho trattato.* *4* (*dir.*) ***P. giudiziale***, beneficio previsto per i minori degli anni 18, consistente nella rinuncia da parte del giudice alla condanna che il soggetto avrebbe meritato per avere commesso un reato, allorché questo non sia grave e il minore non sia stato altra volta condannato.

†perdùcere ● V. *†perdurre.*

perduellióne [lat. *perduelliōne(m)*, da *perdŭellis* 'nemico pubblico'; 1546] s. f. ● In diritto romano, crimine di alto tradimento; attentato alla sicurezza del popolo romano.

†perduràbile [da *perdurare*; av. 1311] agg. *1* Lungamente durevole. *2* Eterno. || **†perdurabilménte**, **†perdurabileménte**, avv. *1* Perpetuamente. *2* Ostinatamente.

†perduranza [da *perdurare*] s. f. ● Persistenza | (*lett.*) Costanza.

perduràre [vc. dotta, lat. *perdurāre*, comp. di *per-* e *durāre* 'resistere'. V. *durare*; 1342] v. intr. (aus. *essere* o *avere* nel sign. 1, *avere* nel sign. 2) *1* Durare a lungo, ancora: *il maltempo perdura; la tosse perdura; se il disagio perdura non so cosa faremo.* SIN. Continuare. *2* Persistere, perseverare: *p. nei propositi di vendetta.*

perdurévole [da *perdurare*; sec. XIV] agg. ● (*raro, lett.*) Durevole | Continuo.

†perdùrre o **†perdùcere** [lat. *perdūcere*, comp. di *per-* e *dūcere* 'condurre' (V.); av. 1342] v. tr. ● Condurre, guidare: *la fortuna fu favorevole, e loro perdusse in un piccolo seno di mare* (BOCCACCIO).

♦**perdùto** [av. 1250] part. pass. di *perdere*; anche agg. *1* Che non è più in possesso o nella disponibilità di qlcu. | Smarrito: *il documento p.* | (*fig.*) Che non c'è più: *la perduta serenità* | ***Tutto è p.***, è definitivamente compromesso. *2* Menomato: *braccio p.* *3* Defunto: *il dolore di cari perduti* (MANZONI). *4* (*fig.*) Che è smarrito, sbigottito: *sentirsi p.* | ***Vedersi p.***, senza scampo | (*lett.*) ***Essere, andare p. di qlcu.***, amarlo intensamente. *5* Corrotto, dissoluto: *uomo p.* | ***Una donna perduta***, una prostituta | ***Anima perduta***, dannata. || **perdutaménte**, avv. Appassionatamente: *amare perdutamente una donna.*

†peregrinàggio ● V. *pellegrinaggio.*

peregrinàre o (*lett.*) **pellegrinàre** [vc. dotta, lat. *peregrināri*, da *peregrīnus*. V. *peregrino*; 1342] v. intr. (aus. *avere*) *1* Vagare: *p. senza sosta, senza meta.* *2* †V. *pellegrinare.*

peregrinazióne o (*raro*) **pellegrinazióne** [vc. dotta, lat. *peregrinatiōne(m)*, da *peregrināri* 'peregrinare'; sec. XIV] s. f. *1* Vagabondaggio: *le nostre peregrinazioni non avranno mai fine.* *2* (*raro, fig.*) Divagazione su argomenti scientifici o letterari: *peregrinazioni filosofiche.*

peregrinità o **†pellegrinità** [vc. dotta, lat. *peregrinitāte(m)*, da *peregrīnus*. V. *peregrino*; av. 1729] s. f. *1* (*raro, lett.*) Condizione di chi è pellegrino, straniero, forestiero. *2* (*fig.*) Rarità, eleganza; ricercatezza: *notate la p. delle immagini e dei colori.*

peregrino o (*raro*) **pellegrino** [vc. dotta, lat. *peregrīnu(m)* 'straniero', dall'avv. *pĕrege* 'fuori della città', comp. di *pĕr* 'al di là' e *āger* 'campo'. V. *agro*; 1294] **A** agg. *1* Singolare, fuori del comune, ricercato: *stile p.* | (*iron.*) Stravagante, bizzarro: *ma che trovata peregrina hai avuto!; un parlar saggio, grave e pellegrino* (STAMPA) *2* †V. *pellegrino.* || **peregrinaménte**, avv. **B** s. m. (f. *-a*) ● (*raro, lett.*) V. *pellegrino.*

†perennàre [vc. dotta, lat. *perennāre*, da *perĕnnis* 'perenne'; av. 1725] v. tr. e intr. pron. ● (*lett.*) Perpetuare, eternare.

perènne [vc. dotta, lat. *perĕnne(m)* 'che dura tutto l'anno', comp. di *pĕr* 'attraverso' e *ănnus* 'anno'; 1340] agg. *1* Che dura da tempo e durerà per sempre: *fama p.; monumento eretto a p. ricordo dei caduti* | ***Fonte p.***, che non cessa di scorrere, di fornire acqua; (*fig.*) che è causa continua di qlco.: *quel lavoro è una fonte p. di grattacapi* | (*est.*) Eterno: *nevi perenni; il moto p. del mare* | Continuo, persistente: *di quelle cene ricordo principalmente la mia p. indigestione* (SVEVO). SIN. Perpetuo. *2* (*bot.*) Detto di vegetale che vive più di due anni; CFR. Annuo. || **perenneménte**, avv.

perennità [vc. dotta, lat. *perennitāte(m)*, da *perĕnnis* 'perenne'; av. 1712] s. f. ● Perpetuità.

perènto [vc. dotta, lat. *perĕmptu(m)*, part. pass. di *perĭmere* 'distruggere, render vano', comp. di *pĕr* 'al di là' ed *ĕmere* 'comprare, acquistare' (V. *redimere*); 1812] agg. *1* (*dir.*) Annullato, estinto: *con-*

tratto, credito p. **2** (*lett.*) Non più in uso, cessato: *abitudini perente.*

perentorietà [1953] **s. f.** ● Caratteristica di ciò che è perentorio: *la p. di una scadenza, di un ordine.*

perentòrio [vc. dotta, lat. tardo *peremptōriu(m)* 'che apporta morte, perentorio', da *perēmptus* 'perento'; sec. XIV] **agg.** **1** Che non ammette discussioni, obiezioni e sim.: *ordine, tono p.*; *risposta perentoria.* **2** Che non ammette dilazione: *termine p.* CONTR. Dilazionabile. || **perentoriaménte**, **avv.**

perenzióne [vc. dotta, lat. tardo *peremptiōne(m)*, da *perēmptus* 'perento'; 1581] **s. f.** ● (*dir.*) Provvedimento amministrativo che elimina dall'elenco dei residui i debiti anteriori ai due, tre anni ancora da pagare | Perdita di efficacia di un atto avente rilevanza processuale: *p. del precetto, del pignoramento.*

perepepè [vc. onomat.; 1970] **inter.** ● Riproduce il suono di una trombetta.

perequàre [vc. dotta, lat. tardo *peraequāre*, comp. di *per-* ed *aequāre* 'pareggiare'. V. *equare*; 1521] **v. tr.** (*io perèquo*) **1** Pareggiare, distribuire equamente: *p. le imposte.* CONTR. Sperequare. **2** (*stat.*) Effettuare una perequazione.

perequatìvo [da *perequare*; 1950] **agg.** ● Che tende a perequare.

perequazióne [vc. dotta, lat. tardo *peraequatiōne(m)*, da *peraequātus* 'perequato'; 1607] **s. f.** **1** Pareggiamento, equa distribuzione. CONTR. Sperequazione. **2** (*stat.*) Procedimento per livellare le irregolarità nelle distribuzioni statistiche | ***P. grafica***, tracciamento di una curva continua sostitutiva della spezzata | ***P. meccanica, aritmetica***, consistente nel sostituire a ciascun termine della successione la media aritmetica dei tre, cinque termini, rispetto ai quali quel termine è centrale.

perestròjka /peres'trɔika, *russo* pjɪrjis'trujɪkʌ/ o **perestròika** [vc. russa, propr. 'ristrutturazione', comp. di *pere-* 'ri-' e di un deriv. del v. *stroit'* 'costruire'; 1986] **s. f.** (pl. russo *perestrojki*) ● Radicale opera di riorganizzazione politico-economica dell'Unione Sovietica avviata dallo statista M. S. Gorbaciov a partire dal 1985, basata soprattutto sul rinnovamento ai vertici del partito comunista, sulla lotta alla burocrazia e su moderate aperture al libero mercato | (*est.*) Rinnovamento totale, ricostruzione radicale.

peréto [da *pera* (*1*); av. 1320] **s. m.** ● Terreno piantato a peri.

perétta [dim. di *pera* (*1*); 1962] **s. f.** **1** Piccola pera. **2** Interruttore a pulsante, di forma allungata, appeso a un filo elettrico, usato per accendere e spegnere lampade, suonare campanelli e sim. **3** Piccolo apparecchio igienico di gomma, a forma di pera, terminante con una cannula, usato per clisteri e irrigazioni | (*est.*) Clistere fatto con tale apparecchio.

†**perfàre** [comp. di *per-* e *fare* (*1*)] **v. tr.** **1** Condurre a compimento. **2** Rifondere, compensare.

perfettìbile [da *perfetto*; av. 1588] **agg.** ● Che è in grado di perfezionarsi o di essere perfezionato: *l'uomo è un essere moralmente p.*

perfettibilità [1766] **s. f.** ● (*lett.*) Condizione di perfettibile.

perfettìvo [vc. dotta, lat. tardo *perfectīvu(m)*, da *perfēctus* 'compiuto'. V. *perfetto*; 1363] **agg.** **1** (*lett.*) Che tende o è atto a rendere perfetto. **2** (*ling.*) ***Aspetto p.***, aspetto del verbo che indica, in rapporto al soggetto dell'enunciato, il risultato di un'azione compiuta precedentemente (ad es. *andò al cinema*). CFR. Imperfettivo, durativo.

♦**perfètto** [vc. dotta, lat. *perfēctu(m)* 'compiuto', part. pass. di *perfĭcere* 'compiere', comp. di *per-* e *făcere* 'fare'; av. 1292] **A agg.** **1** Compiuto, completo in ogni suo elemento: *quando l'opera sarà perfetta potremo giudicarla* | (*zool.*) ***Insetto p.***, immagine | (*mus.*) ***Accordo p.***, d'una nota con la sua terza e con la quinta | (*mus.*) ***Cadenza perfetta***, procedimento armonico in cui l'accordo di dominante si risolve su uno di tonica | (*est.*) Totale, completo: *silenzio p.*; *senza amor non è beltà perfetta, / né mai p. amor senza virtude* (MONTI) | †Perfezionato. CONTR. Imperfetto. **2** Privo di difetti, errori, mancanze, lacune e sim.: *esecuzione, conoscenza, descrizione, relazione perfetta*; *è un p. galantuomo* | Ottimo, eccellente: *sono in perfetta salute* | ***Vita perfetta***, assolutamente virtuosa, secondo l'ideale morale e pratico che si prende a modello | (*fig., iron.*) Integrale: *è un p. imbecille!*. **3** (*fis.*) ***Gas p.***, quello, non esistente in realtà, al quale i gas reali tanto più si avvicinano quanto più alta è la loro temperatura e più bassa la loro pressione | ***Dielettrico p.***, quello in cui tutta l'energia necessaria per stabilire in esso un campo elettrico viene restituita alla sorgente quando il campo scompare. || **perfettaménte**, **avv.** **1** In modo perfetto: *conoscere qlcu. perfettamente*; *guarire perfettamente.* **2** In modo totale; completamente, del tutto: *è perfettamente inutile che tu insista.* **B s. m.** ● (*gramm.*) Tempo del verbo che esprime un'azione compiuta nel passato. **C** in funzione di **inter.** ● Esprime soddisfazione, consenso, approvazione: *'Ci vedremo domani.' 'Perfetto!'.*

perfezionàbile [1841] **agg.** ● Che si può perfezionare.

perfezionabilità **s. f.** ● (*raro*) Condizione di ciò che è perfezionabile.

perfezionaménto [av. 1729] **s. m.** ● Completamento di qlco. in tutte le sue parti: *p. di un lavoro, di un'invenzione* | Miglioramento: *il p. di un testo* | Specializzazione | ***Corso di p.***, nel quale si approfondisce qualche ramo speciale degli studi già compiuti.

perfezionàndo [1970] **agg.**; anche **s. m.** (f. *-a*) ● (*raro*) Che (o Chi) segue studi o corsi di perfezionamento.

perfezionàre [da *perfezione*; 1553] **A v. tr.** (*io perfezióno*) **1** Rendere completo in ogni sua parte, portare a un elevato grado di compiutezza: *p. un lavoro, una invenzione*; *sta perfezionando la sua preparazione teorica e pratica.* **2** Portare a compimento | ***P. un contratto***, renderlo perfetto dal punto di vista giuridico. **B v. rifl.** o **intr. pron.** **1** Completarsi: *le mie nozioni in materia si sono ormai perfezionate* | (*est.*) Migliorarsi o procedere verso una maggiore completezza, conoscenza e sim.: *la scienza si perfeziona continuamente.* SIN. Affinarsi. **2** Compiere studi o frequentare corsi di perfezionamento: *perfezionarsi nel francese, in diritto amministrativo.*

perfezionatìvo [1620] **agg.** ● Atto a perfezionare.

perfezionàto **part. pass.** di *perfezionare*; anche **agg.** **1** Concluso, compiuto. **2** Migliorato.

perfezionatóre [1639] **agg.**; anche **s. m.** (f. *-trice*) ● Che (o Chi) perfeziona.

perfezióne [vc. dotta, lat. *perfectiōne(m)*, da *perfēctus* 'perfetto'; av. 1306] **s. f.** **1** Stato o condizione di ciò che è perfetto, mancanza di lacune, errori, difetti e sim.: *bisogna tendere alla p. morale*; *non è possibile raggiungere la p.* | ***A p.***, in modo perfetto. CONTR. Imperfezione. **2** Compimento o realizzazione totale e completa: *l'insetto si evolve per giungere alla p. delle sue strutture vitali.* **3** Eccellenza in doti e qualità, spec. morali: *mi ha decantato ogni sua p.* | ***P. cristiana, evangelica***, quella che si realizza nell'adempimento completo dei doveri cristiani, con l'aiuto della grazia.

perfezionìsmo [comp. di *perfezione* e *-ismo*; 1958] **s. m.** ● Aspirazione a raggiungere, nell'ambito della propria attività o del proprio lavoro, un impossibile ideale di perfezione.

perfezionìsta [1958] **s. m.** e **f.** (pl. m. *-i*) ● Chi pecca di perfezionismo.

perfezionìstico [1973] **agg.** (pl. m. *-ci*) ● Ispirato o caratterizzato da perfezionismo. || **perfezionisticaménte**, **avv.**

†**perfìcere** [vc. dotta, lat. *perfĭcere*. V. *perfetto*; av. 1306] **v. tr.** (difett. usato solo nella terza pers. sing. del **pass. rem.** *perféce*, nel **part. pass.** *perfètto*, nel **part. pres.** *perficiènte*, nell'inf. **pres.** e nei tempi composti) ● Rendere perfetto.

perfìdia [vc. dotta, lat. *perfĭdia(m)*, da *pĕrfidus*. V. *perfido*; 1321] **s. f.** **1** Malvagità sleale e ostinata: *la p. del nemico.* **2** Atto o azione perfida: *tradirlo così è stata una vera p.* **3** †Caparbietà, ostinazione.

perfidiàre [da *perfidia*; av. 1311] **v. intr.** (*io perfìdio*; aus. *avere*) **1** (*lett.*) Essere perfido, negli atti o nelle parole. **2** †Ostinarsi in malafede, spec. nel sostenere un'opinione in sé errata.

perfidióso [vc. dotta, lat. *perfidiōsu(m)*, da *perfidia* 'perfidia'; sec. XIV] **agg.** **1** (*lett.*) Ostinato e caparbio. **2** (*fig.*) †Duro: *il p. porfido* (CELLINI). || **perfidiosaménte**, **avv.** (*raro*) In modo perfidioso.

pèrfido [vc. dotta, lat. *pĕrfidu(m)*, 'sleale, perfido', comp. di *pĕr-* 'al di là di' e *fĭdes* 'fedeltà, lealtà'. V. *fede*; 1313] **agg.** ● Di persona che agisce con subdola e sleale malvagità: *un p. traditore*; *animo p.* | Che denota perfidia: *perfide intenzioni*; *un p. consiglio*; *è stato un p. inganno* | (*fig.*) Molto cattivo (*anche scherz.*): *che tempo p.!*; *stagione perfida.* || **perfidaménte**, **avv.**

perfìne [comp. di *per* e *fine* (*1*); av. 1292] **vc.** ● (*lett.*) Solo nella loc. avv. ***alla p.***, finalmente, alla fin fine: *alla p. l'ha spuntata.*

♦**perfìno** o †**per fino** [comp. di *per* e *fino* (*1*); 1312] **avv.** ● Finanche, addirittura (esprime un limite massimo di possibilità): *p. suo fratello lo respinge*; *lo ha ammesso p. lui*; *p. un bambino lo capisce* | Anche, solamente: *è vergogna p. pensarlo.*

perforàbile [1871] **agg.** ● Che si può perforare.

perforabilità [da *perforare*; 1983] **s. f.** ● Condizione di ciò che è perforabile.

perforaménto [av. 1320] **s. m.** ● (*raro*) Perforazione | Buco, foro.

perforànte [av. 1704] **part. pres.** di *perforare*; anche **agg.** **1** Nei sign. del v. **2** (*anat.*) ***Arteria, vena p.***, che attraversano organi o cavità.

perforàre [vc. dotta, lat. *perforāre*, comp. di *pĕr* 'attraverso' e *forāre* 'forare'; av. 1306] **A v. tr.** (*io perfóro* (o *-ò-*)) **1** Forare da parte a parte: *p. la pelle, il tessuto, la corazza, una montagna* | Forare in profondità: *perforarono la roccia cercando il petrolio.* **2** (*elab.*) Eseguire la perforazione di schede o bande. **B v. intr. pron.** ● Bucarsi, subire una perforazione: *lo stomaco si è perforato a causa dell'ulcera.*

Perforàti [pl. sost. di *perforato*] **s. m. pl.** (sing. *-o*) ● Nella tassonomia animale, gruppo di Foraminiferi con guscio munito di un'apertura principale e di numerose altre accessorie, più piccole.

perforàto [av. 1320] **A part. pass.** di *perforare*; anche **agg.** **1** Nei sign. del v. **2** (*elab.*) ***Scheda perforata, nastro p.***, su cui vengono registrati dati mediante sequenze predefinite di fori per il controllo di macchine tessili, utensili e, un tempo, di computer e telescriventi. **B s. m.** ● (*zool.*) Ogni individuo appartenente al gruppo dei Perforati.

perforatóre [vc. dotta, lat. *perforatōre(m)*, da *perforātus* 'perforato'; 1829] **A agg.** (f. *-trice*) ● Che perfora: *strumento, oggetto p.* **B s. m.** **1** (f. *-trice*) Chi è addetto a lavori di perforazione. **2** Utensile usato per eseguire fori | ***P. a corona***, utensile atto a eseguire fori di grande diametro col quale solo una corona anulare viene asportata, separando così un nocciolo centrale cilindrico che può essere recuperato. **3** (*elab.*) Unità di uscita di un elaboratore che riporta dati su schede o nastri mediante sequenze predefinite di fori: *p. di schede*; *p. di banda.*

perforatrìce [f. di *perforatore*; 1884] **s. f.** **1** Macchina per eseguire nella roccia i fori da mina o, se più potente, per aprire gallerie. **2** Macchina per la perforazione di schede o nastri, gener. azionata manualmente per mezzo di una tastiera.

perforatùra [1925] **s. f.** ● (*raro*) Perforazione.

perforazióne [vc. dotta, lat. tardo *perforatiōne(m)*, da *perforātus* 'perforato'; av. 1320] **s. f.** **1** Operazione del perforare | Trivellazione, escavazione: *p. del terreno, della roccia* | Foro o serie di fori. **2** Serie di fori regolari ai bordi di alcune pellicole, che ne permettono il regolare avanzamento nella macchina fotografica, nella cinepresa o nel proiettore. **3** (*med.*) Condizione patologica di rottura di un organo cavo.

performance /per'fɔrmans, *ingl.* pəˈfɔːməns/ [vc. ingl., dall'ant. fr. *parformance*, da *parformer* 'compiere', dal lat. tardo *performāre*, comp. di *per* e *formāre* 'formare'; 1895] **s. f. inv.** **1** Nel linguaggio sportivo, prova, prestazione fornita, risultato conseguito da un atleta o da un cavallo, che ne determina il valore | (*est.*) Risultato conseguito spec. nell'ambito artistico: *l'attore ha dato un'ottima p., una p. di alto livello* | (*est.*) Rendimento: *la Borsa mantiene buone possibilità di p.* **2** Forma di produzione teatrale, pittorica e gener. artistica, nata negli anni '70 del Novecento, basata sull'improvvisazione degli artisti, il coinvolgimento del pubblico, l'uso sofisticato di particolari mezzi ed effetti tecnici. **3** (*ling.*) Esecuzione.

performànte [adattamento dell'ingl. *performer* 'esecutore'; 1987] **agg.** ● Che fornisce buone prestazioni: *un computer molto p.*

performatìvo [ingl. *performative* 'esecutivo', da *to perform* 'eseguire' (dal lat. tardo *performāre* 'dare forma, conformare': V. *performance*); 1969] agg. ● (*ling.*) Detto di verbo che descrive una determinata azione del soggetto parlante, e la cui enunciazione consiste nel realizzare l'azione che il verbo stesso esprime (per es., dire, promettere, giurare).

performer /ingl. pəˈfɔːmə/ [vc. ingl., dal v. *to perform* 'eseguire, compiere'; 1967] s. m. e f. inv. *1* (*sport*) Atleta o cavallo autore di eccellenti prestazioni. *2* Artista, interprete, esecutore.

perfosfàto [comp. di *per-* e *fosfato*; 1878] s. m. ● Fertilizzante chimico artificiale ottenuto per attacco con acido solforico di apatiti o di fosforiti.

perfrigeràre [vc. dotta, lat. tardo *perfrigerāre* 'raffreddare completamente', comp. di *per-* e *frigerāre* 'rinfrescare', da *frīgus*, genit. *frīgoris* 'freddo'. V. *frigo*; 1954] v. tr. (*io perfrìgero*) ● Sottoporre a perfrigerazione.

perfrigeràto part. pass. di *perfrigerare*; anche agg. ● Nel sign. del v.

perfrigerazióne [da *perfrigerare*; 1958] s. f. *1* Forte e rapido raffreddamento di prodotti alimentari per conservarne a lungo le proprietà commestibili. *2* (*med.*) Condizione patologica determinata nell'organismo dall'azione del freddo.

perfusióne [vc. dotta, lat. *perfusiōne(m)*, da *perfūsus* 'perfuso'; av. 1758] s. f. ● (*med.*) Introduzione di sostanze medicamentose in un distretto isolato dell'organismo.

†**perfùso** [vc. dotta, lat. *perfūsu(m)*, part. pass. di *perfūndere* 'versar sopra', comp. di *per-* e *fŭndere*. V. *fondere*; sec. XIV] agg. ● (*lett.*) Asperso, cosparso.

pergamèna [vc. dotta, lat. (*chărtam*) *pergamēna(m)*, f. sost. di *pergamēnus*, agg. di *Pĕrgamus* 'Pergamo', detta così perché l'uso di essa venne introdotto da Eumene II, re di *Pergamo* (157 ca.-159 ca. a.C.); 1211] s. f. *1* Pelle di agnello, pecora o capra macerata in calce, poi seccata e levigata, usata un tempo per scrivervi sopra e ora per rilegature di lusso, diplomi, paralumi. SIN. Cartapecora. *2* (*est.*) Documento, attestato e sim. scritto su pergamena: *le pergamene degli archivi*; *gli donarono una p. in occasione dei trent'anni d'insegnamento.*

pergamenàceo [1915] agg. ● Di pergamena: *documento p.* | Simile a pergamena: *materiale p.*

pergamenàto [1905] agg. ● Solo nella loc. ***carta pergamenata***, carta che imita la pergamena, dotata di particolari caratteristiche di pesantezza e resistenza.

†**pergamèno** [vc. dotta, lat. *pergamēnu(m)*. V. *pergamena*] s. m. *1* Pergamena. *2* (*est.*) Libro in pergamena.

pèrgamo [sovrapposizione del lat. *pĕrgula* 'loggetta' (V. *pergola* (*1*)) a *Pĕrgamum*, n. della rocca di Troia; sec. XIII] s. m. *1* Nelle chiese cattoliche, costruzione di legno o pietra costituita da un palco sostenuto da colonne, spesso scolpita o ricca di ornamenti, destinata alla predicazione. SIN. Pulpito. *2* (*est.*, *lett.*) Palco, tribuna. || **pergamètto**, dim.

†**pergiuràre** [vc. dotta, lat. *periurāre*, comp. di *pĕr-* 'oltre' e *iurāre* 'giurare'] v. intr. ● Spergiurare.

†**pergiùro** (1) o †**periùro** [vc. dotta, lat. *periūru(m)*, da *periurāre* 'pergiurare'; av. 1348] agg.; anche s. m. ● Spergiuro.

†**pergiùro** (2) [vc. dotta, lat. *periūriu(m)*, da *periurāre* 'pergiurare'; 1584] s. m. ● Giuramento falso.

pèrgola (1) [vc. dotta, lat. *pĕrgula(m)* 'loggetta, ballatoio', di orig. preindeur.; 1340 ca.] s. f. *1* Struttura di sostegno costituita da intelaiature o graticciati a forma di tetti o volte per allevare piante arboree o erbacee rampicanti: *una p. di vite, di rosa, di glicine.* *2* Nelle basiliche cristiane, colonnato posto su un parapetto.

pèrgola (2) [da avvicinare al fr. *pairle*, di etim. incerta; 1895] s. f. ● (*arald.*) Pezza risultante dalla combinazione di un palo abbassato e di uno scaglione rovesciato riunentisi al centro dello scudo, in forma di Y.

pergolàto [da *pergola* (*1*); 1353] s. m. *1* Pergola grande o serie di pergole: *il p. del giardino*; *prendere il fresco sotto il p.* *2* Sistema di allevamento della vite i cui tralci vengono collocati su sostegni e intelaiature, a copertura di superfici più o meno estese: *p. domestico, industriale.* ➡ ILL. **agricoltura e giardinaggio.**

pèrgolo [da *pergola* (*1*); 1476] s. m. *1* †Pulpito, pergamo. *2* †Palco, tribuna. *3* (*region.*) Balcone.

pèri- [dal gr. *perí* 'intorno'] pref. *1* In parole composte derivate dal greco o formate modernamente, significa 'intorno', 'giro', o indica movimento circolare o all'intorno: *periartrite, pericardio, perifrasi, perimetro.* *2* In astronomia, indica il punto di maggiore vicinanza a un astro: *perielio.*

periadenìte [comp. di *peri-* e *adenite*] s. f. ● (*med.*) Infiammazione del tessuto che circonda una ghiandola.

periàmbo [vc. dotta, lat. *periămbu(m)*, comp. del gr. *perí* 'peri-' e del lat. *iămbus* 'giambo'; 1871] s. m. ● (*letter.*) Pirrichio.

perianàle [comp. di *peri-* e *anale*; 1958] agg. ● (*anat.*) Che è situato intorno all'orifizio anale: *ghiandole perianali.*

periantàrtico [comp. di *peri-* e *antartico*] agg. (pl. m. *-ci*) ● (*geogr.*) Che è situato intorno alla regione antartica: *mari periantartici.*

periànzio [vc. dotta, gr. *perianthḗs* 'che fiorisce intorno', comp. di *perí* 'peri-' e *ánthos* 'fiore' (V. *antologia*); 1809] s. m. ● (*bot.*) Involucro, spesso appariscente e colorato, che circonda le parti fertili del fiore | ***P. eteroclamidato***, formato da calice e corolla | ***P. omoclamidato***, formato da elementi simili per forma e colore, detti tepali. SIN. Perigonio.

periarterìte [comp. di *peri-* e *arterite*; 1899] s. f. ● (*med.*) Infiammazione della tunica esterna delle pareti arteriosa.

periàrtico [comp. di *peri-* e *artico*] agg. (pl. m. *-ci*) ● (*geogr.*) Che è situato intorno alla regione artica: *mari periartici.*

periartrìte [comp. di *peri-* e *artrite*; 1958] s. f. ● (*med.*) Infiammazione dei tessuti fibrosi e capsulari attorno all'articolazione: *p. scapolo-omerale.*

periàstro [comp. di *peri-* e *astro*; 1954] s. m. ● (*astron.*) Il punto più vicino a una stella dell'orbita che un corpo descrive attorno a essa.

peribolo [vc. dotta, lat. tardo *perībolu(m)*, nom. *perībolus*, dal gr. *períbolos*, da *peribállein* 'gettare intorno'; av. 1798] s. m. ● (*archeol.*) Muro di cinta.

pericàrdico [1935] agg. (pl. m. *-ci*) ● (*anat.*) Del pericardio: *cavità pericardica*; *liquido p.*

pericàrdio [comp. di *peri-* e *-cardio*; 1684] s. m. ● (*anat.*) Membrana fibro-sierosa che avvolge il cuore. ➡ ILL. p. 2125 ANATOMIA UMANA.

pericardìte [comp. di *pericardio* e *-ite* (*1*); 1821] s. f. ● (*med.*) Infiammazione del pericardio.

pericàrpo o **pericàrpio** [vc. dotta, gr. *perikárpion*, comp. di *perí* 'peri-' e *karpós* 'frutto' (V. *-carpo*); av. 1729] s. m. ● (*bot.*) Parte del frutto che circonda i semi.

periciclo [dal gr. *períkyklos* 'circolo, sferico', comp. di *peri-* 'peri-' e *kýklos* 'cerchio'; 1972] s. m. ● (*bot.*) Strato di cellule parenchimatiche che nel fusto primario e nella radice è posto immediatamente sotto l'endoderma.

periclàsio [comp. di *peri-* e un deriv. del gr. *klásis* 'rottura' (V. *anaclasi*)] s. m. ● (*miner.*) Ossido di magnesio in cristalli cubici, trasparenti.

periclitànte [1336 ca.] part. pres. di *periclitare*; anche agg. ● (*raro, lett.*) Che è in pericolo.

periclitàre [vc. dotta, lat. *periclitāri*, intens. di *perīculāri* 'pericolare'; sec. XIV] **A** v. intr. e †intr. pron. (*io perìclito*; aus. intr. *avere*) ● (*lett.*) Essere in pericolo. **B** v. tr. ● †Mettere alla prova.

†**periclo** ● V. *pericolo.*

pericolànte [av. 1348] part. pres. di *pericolare*; anche agg. *1* Che è in pericolo: *leggiamo di eroici salvataggi di minatori pericolanti* (BACCHELLI). *2* Che minaccia di crollare: *edificio p.*; *case pericolanti* | (*fig.*) ***Situazione economica, economia p.***, che si trova sull'orlo di una crisi, all'inizio di una crisi.

pericolàre [vc. dotta, lat. *periculāri*, da *perīculum* 'pericolo'; av. 1292] **A** v. intr. (*io perìcolo*; aus. *avere*) *1* (*raro, lett.*) Trovarsi o essere in pericolo: *p. di morire, di affogare*; *p. nella tempesta.* *2* (*raro*) Minacciare di crollare: *la casa pericola* | (*fig.*, *raro*) Essere in procinto di finire, di esaurirsi: *la sua fiducia in te sta pericolando.* **B** v. tr. ● †Mandare in rovina, in perdizione.

pericolàto [av. 1400] part. pass. di *pericolare*; anche agg. ● (*lett.*) Nei sign del v.

†**pericolatóre** s. m. ● Chi crea pericoli.

♦**perìcolo** o †**periclo**, †**periculo** [vc. dotta, lat. *perīculu(m)* 'tentativo, prova', poi, 'rischio, pericolo', stessa etim. di *perītus* 'perito (2)'; av. 1292] s. m. *1* Circostanza, situazione o complesso di circostanze che possono provocare un grave danno: *essere, trovarsi in p.*; *p. grave, imminente, lontano, serio, immaginario*; *c'è p. di morte, di polmonite*; *bestiale è quello che, non conoscendo e pericoli, vi entra dentro inconsideratamente* (GUICCIARDINI) | ***Non c'è p., non c'è alcun p.***, non v'è nulla da temere | ***Essere in p. di vita***, nella situazione di poter morire da un momento all'altro | ***Essere fuori p.***, aver superato la fase o il momento critico, spec. di una malattia | ***A tuo, a mio rischio e p.***, sotto la tua, la mia piena responsabilità. SIN. Azzardo. *2* (*est.*) Fatto o persona pericolosa: *evitare, scansare, scongiurare il p.*; *non perdiamo la calma di fronte al p.* | ***P. pubblico***, persona pericolosa per l'intera società. *3* (*fig.*, *fam.*) Probabilità, possibilità: *non c'è p. che sia puntuale!*

pericolosità [1912] s. f. ● Caratteristica di ciò che è pericoloso | ***P. sociale***, ***p. criminale***, condizione o caratteristica personale del reo che, per l'intensa capacità a delinquere, probabilmente commetterà altri reati.

♦**pericolóso** [vc. dotta, lat. *periculōsu(m)*, da *perīculum* 'pericolo'; av. 1294] agg. *1* Che comporta rischi e pericoli: *viaggio, affare p.*; *battaglia, situazione, operazione pericolosa*; *strada, curva pericolosa.* SIN. Malsicuro. *2* Che può fare del male, e da cui è quindi bene guardarsi: *un uomo subdolo e p.*; *amicizia pericolosa* | ***Età pericolosa***, in cui è facile commettere irreparabili errori o in cui, per ragioni fisiologiche, è facile ammalarsi | ***Gioco p.***, nel calcio, intervento irregolare che può danneggiare l'avversario con cui si viene a contatto. || **pericolosaménte**, avv. In modo pericoloso, con pericolo: *vivere pericolosamente.*

pericòndrio [comp. di *peri-* e del gr. *chóndros* 'cartilagine'. V. *condrina*; 1771] s. m. ● (*anat.*) Tessuto fibroso che avvolge la cartilagine.

pericondrìte [comp. di *pericondr(io)* e del suff. *-ite*; 1899] s. f. ● (*med.*) Infiammazione del pericondrio.

pericope [vc. dotta, gr. *perikopḗ* 'amputazione', da *perikóptein* 'tagliare intorno', comp. di *perí* 'peri-' e *kóptein* 'tagliare', di orig. indeur.; 1945] s. f. *1* Brano delle Sacre Scritture, spec. se inserito nella liturgia della messa. *2* Nella retorica, definizione precisa.

†**periculo** ● V. *pericolo.*

peridentàrio [comp. di *peri-* e *dentario*] agg. ● (*anat.*) Riferito al periodonto.

peridèrma [comp. di *peri-* e *derma*; 1875] s. m. (pl. *-i*) ● (*bot.*) Insieme delle cellule sugherose di protezione nel fusto.

perididimo [vc. dotta, comp. di *peri-* e del gr. *dídymos* 'testicolo' (propr. 'gemello'. V. *didimo*); 1958] s. m. ● (*anat.*) La tunica vaginale del testicolo.

peridio [dal gr. *perídion*, dim. di *pḗra* 'sacca'. V. *pera* (*2*); 1835] s. m. ● (*bot.*) Involucro esterno dei Gasteromiceti contenente la gleba.

peridotìte [comp. di *peridoto* e *-ite* (*2*); 1931] s. f. ● (*geol.*) Roccia eruttiva ultra basica costituita in prevalenza da forsterite.

peridòto [fr. *péridot*, di etim. incerta; 1817] s. m. ● (*miner.*) Olivina gialla o verde oliva, usata come gemma.

peridròlo [comp. di *per-* e *idrolo*; 1958] s. m. ● (*chim.*) Soluzione di acqua ossigenata al 30%.

periduodenìte [comp. di *peri-* e *duodeno*, col suff. *-ite* (*2*); 1932] s. f. ● Infiammazione dei tessuti circostanti il duodeno, frequente nell'ulcera.

peridurale [comp. di *peri-* e *dura*(*madre*) col suff. *-ale* (*1*), sul modello dell'ingl. *peridural*] agg. ● (*anat.*) Detto di struttura localizzata intorno alla dura madre o di processo che avviene in questa sede.

perièco [vc. dotta, gr. *períoikos* 'che abita intorno', comp. di *perí* 'peri-' e *óikos* 'casa' (V. *eco-*); 1561] s. m. (pl. *-ci*) ● Presso gli antichi Greci, abitante della Laconia e della Messenia sottomesso dagli Spartani e privato dei diritti politici.

periegèsi [vc. dotta, gr. *periḗgēsis*, propr. 'giro (*hḗgēsis*) intorno (*perí*)', 'descrizione'] s. f. inv. ● (*letter.*) Nell'antica Grecia, opera riguardante la descrizione topografica di un territorio, quasi sempre corredata da notizie storiche e informazioni su usi e tradizioni degli abitanti | (*est.*) Qualsiasi descrizione topografica con notizie sulla storia e sui costumi degli abitanti.

perielìaco [1958] agg. (pl. m. *-ci*) ● Del perielio.

perièlio [comp. di *peri-* e del gr. *hḗlios* 'sole'. V. *elio*; av. 1739] s. m. ● (*astron.*) Il punto più vicino al Sole nell'orbita che un corpo descrive attorno a esso. CONTR. Afelio.

♦**periferìa** [fr. *périphérie*, dal lat. tardo *peripherīa(m)*, nom. *peripherīa*, dal gr. *periphéreia* 'circonferenza', da *periphérein* 'portare intorno', comp. di *perí* 'peri-' e *phérein* 'portare'. V. *-fero*; sec. XIV] **s. f.** *1* †Circonferenza, perimetro. *2* Parte o zona più esterna rispetto a un centro: *il sangue va dal cuore alla p.* | L'insieme dei quartieri più esterni e più lontani dal centro di una città: *abita nella p. di Milano*; *un cinema di p.*

perifèrica [sostantivazione al f. dell'agg. *periferico*; 1985] **s. f.** ● (*elab.*) Ciascuno dei dispositivi collegati all'unità centrale di un elaboratore elettronico e dedicati all'input/output dei dati.

perifèrico [1829] **agg.** (pl. m. *-ci*) *1* Di periferia, posto in periferia: *zona periferica*; *canali periferici* | (*anat.*) ***Sistema nervoso p.***, formato dai nervi e dalle terminazioni nervose. *2* (*fig.*) Marginale, rispetto a un argomento principale: *annotazioni periferiche*; *critiche periferiche che non toccano il nucleo della questione*. *3* (*elab.*) ***Unità periferica***, V. *periferica*. ‖ **perifericaménte**, avv. Nella parte periferica.

perifrașàre [fr. *périphraser*, da *périphrase* 'perifrasi'; av. 1729] **v. tr.** (*io perifrașo*) ● (*raro*) Esprimere con perifrasi.

perìfrași [fr. *périphrase*, dal lat. *perĭphrasi(n)*, nom. *perĭphrasis*, dal gr. *períphrasis*, da *periphrázein* 'parlare con circonlocuzione', comp. di *perí* 'peri-' e *phrázein* 'parlare' (V. *frase*); av. 1729] **s. f. inv.** ● (*ling.*) Giro di parole per mezzo del quale si definisce una cosa o si vuole cercare di non esprimerla direttamente: *labbro mai non attinse il rubicondo / umor del tralcio* (MONTI). SIN. Circonlocuzione.

perifràstico [fr. *périphrastique*, dal gr. *periphrastikós*, da *períphrasis* 'perifrasi'; 1866] **agg.** (pl. m. *-ci*) ● Espresso con perifrasi | (*ling.*) ***Coniugazione, forma perifrastica***, formata sulla combinazione di un verbo e di un ausiliare. ‖ **perifrasticaménte**, avv. Per mezzo di una perifrasi.

perigàstrico [comp. di *peri-* e *gastrico*] **agg.** (pl. m. *-ci*) ● (*anat.*) Che circonda lo stomaco: *tessuti perigastrici*.

perigastrìte [comp. di *peri-* e *gastrite*; 1899] **s. f.** ● (*med.*) Infiammazione dei tessuti che circondano lo stomaco.

perigèo [vc. dotta, gr. *perígeios* 'intorno alla terra', comp. di *perí* 'peri-' e *-geo*; 1623] **A s. m.** ● (*astron.*) Il punto più vicino alla Terra di un corpo che descrive un'orbita attorno a essa. **B agg.** ● (*astron.*) Che si trova nel punto più vicino alla Terra, detto di un corpo che descrive un'orbita intorno a essa. CONTR. Apogeo.

perigliàre [da †*periglio*; 1617] **v. intr. e tr.** (*io perìglio*; aus. *avere*) ● (*raro, lett.*) Correre pericolo, mettere in pericolo.

†**perìglio** [dal provz. *perilh*, dal lat. *perīculum* 'pericolo'; sec. XIII] **s. m.** ● (*lett.*) Pericolo: *sia … ben remeritato / della fatica e del p. grande* (BOIARDO).

periglióso [av. 1250] **agg.** ● (*lett.*) Pericoloso. ‖ **perigliosaménte**, avv.

perigònio [comp. di *peri-* e *-gonio*; 1813] **s. m.** ● (*bot.*) Perianzio omoclamidato.

periménto [da *perire*; av. 1698] **s. m.** *1* †Morte. *2* (*dir.*) Il venire materialmente meno di una cosa oggetto di un diritto.

perimetràle [1922] **agg.** ● Relativo al perimetro: *misura p.* | Che è posto lungo il perimetro: *muro p.* ‖ **perimetralménte**, avv.

perimetrìa [comp. di *peri-* e *-metria*; 1958] **s. f.** ● (*med.*) Indagine e misurazione del campo visivo.

perimètrico [da *perimetro*; 1871] **agg.** (pl. m. *-ci*) *1* (*raro*) Perimetrale: *linea perimetrica*. *2* (*med.*) In oculistica, eseguito o misurato con il perimetro: *esame p.*

perìmetro [fr. *périmètre*, dal lat. *perimetro(n)*, nom. *perimetros*, dal gr. *perímetron*, comp. di *perí* 'peri-' e *-métron* 'misura'; propr. 'misura intorno'; av. 1642] **s. m.** *1* (*mat.*) Somma delle lunghezze dei lati d'un multilatero | Insieme dei suoi lati, intesi come segmenti. *2* (*est.*) Fascia esterna, linea di contorno: *hanno costruito sul p. del campo*. *3* (*med.*) Strumento usato per calcolare l'ampiezza del campo visivo.

perinatàle [da *peri-* sul modello di *prenatale*; 1976] **agg.** ● (*med.*) Relativo al periodo che precede e segue immediatamente la nascita, in particolare quello fra la ventottesima settimana di gestazione e il settimo giorno di vita neonatale.

perinatalità **s. f.** ● (*med.*) Periodo perinatale e insieme dei fenomeni a esso connessi.

perinatologìa **s. f.** ● Parte della medicina volta a ridurre la morbilità e la mortalità perinatali.

perineàle [1835] **agg.** ● (*anat.*) Del perineo, relativo al perineo.

perinèo [dal gr. *períneos*, attraverso il fr. *périnée*; 1712] **s. m.** ● (*anat.*) Insieme delle parti molli, fibromuscolari, che chiudono in basso il bacino e quindi l'addome.

periòca [vc. dotta, lat. tardo *periŏcha(m)*, nom. *periŏcha*, dal gr. *periochḗ* 'sommario', da *periéchein* 'circondare, comprendere', comp. di *perí* 'peri-' ed *échein* 'avere', di orig. indeur.; 1821] **s. f.** ● Sommario, riassunto di opera letteraria compilato nell'antichità classica: *una p. dei libri di Livio*.

perioculàre [vc. dotta, comp. di *peri-* e *oculare*] **agg.** ● (*anat.*) Che è localizzato intorno all'occhio.

periodàre [da *periodo*; av. 1729] **A v. intr.** (*io periodo*; aus. *avere*) ● Costruire i periodi nel parlare o nello scrivere. **B** in funzione di **s. m.** ● Modo di scrivere: *un p. ampolloso, retorico, conciso*.

periodeggiàre [intens. di *periodare*] **v. intr.** (*io periodéggio*; aus. *avere*) ● (*raro*) Costruire periodi, spec. in modo artificioso.

periodicìsta [comp. di *periodico* e *-ista*; 1970] **s. m. e f.** (pl. m. *-i*) ● Redattore o collaboratore di periodici.

periodicità [1789] **s. f.** ● Caratteristica di ciò che è periodico | Regolare ripetizione nel tempo: *fenomeni che si ripetono con p.*

periòdico [vc. dotta, lat. *periŏdicu(m)*, nom. *periŏdicus*, dal gr. *periodikós*, da *períodos* 'periodo'; av. 1320] **A agg.** (pl. m. *-ci*) *1* Di periodo: *misura periodica*. *2* Che avviene o si verifica a regolari intervalli di tempo o di spazio: *le crisi periodiche della malattia, dell'economia nazionale*; *i periodici attacchi di un male*; *bisognerebbe tor via una delle due alterazioni periodiche* (GALILEI) | (*chim.*) ***Sistema p.***, classificazione degli elementi secondo valori crescenti di numero atomico e disposizione degli stessi in serie orizzontali e verticali | (*mat.*) ***Funzione periodica***, che ammetta un periodo | ***Numero p.***, numero nella cui rappresentazione decimale le cifre, dopo la virgola, si ripetono periodicamente da un certo punto in poi. ‖ **periodicaménte**, avv. A periodi, in modo periodico. **B s. m.** ● Qualsiasi pubblicazione che esca a intervalli di tempo regolari: *un p. di storia dell'arte, di caccia*.

periodizzaménto [1913] **s. m.** ● Il periodizzare | La divisione del tempo in periodi.

periodizzàre [1913] **v. tr.** ● Dividere il corso del tempo in periodi: *p. la storia*.

periodizzazióne [1917] **s. f.** ● Periodizzamento.

♦**perìodo** [vc. dotta, lat. *periŏdu(m)*, nom. *periŏdus*, dal gr. *períodos* 'circuito, giro', comp. di *perí* 'peri-' e *hodós* 'strada' (V. *odeporico*); 1550] **s. m.** *1* Spazio di tempo caratterizzato da fatti e situazioni particolari: *il p. bellico, della resistenza*; *il p. dei Comuni*; *è cominciato il p. delle piogge*; *un p. storico molto interessante*; *sta attraversando un brutto p.*; *che p.!* | ***Andare a periodi***, essere incostante. *2* (*ling.*) Unione di due o più proposizioni con un senso compiuto | ***P. ritmico***, porzione definita di testo poetico, per lo più di significato compiuto. *3* (*geol.*) Intervallo di tempo geologico in cui è suddivisa un'era. ➡ TAV. **geologia**. *4* (*mus.*) Insieme di due frasi musicali | ***P. perfetto***, di otto battute. *5* (*fis.*) Tempo nel corso del quale una certa grandezza soggetta a variazioni periodiche compie un ciclo completo. *6* (*mat.*) Quantità minima che, aggiunta alla variabile indipendente, non altera il valore della funzione. *7* (*chim.*) Ciascuna delle serie orizzontali del sistema periodico nelle quali gli elementi si susseguono secondo la loro periodicità. *8* (*med.*) Intervallo di tempo in cui si verifica un processo o uno stadio morboso: *p. dell'induzione polmonitica*; *p. dilatante, espulsivo del parto* | ***P. fecondo***, in cui più facilmente può avvenire la fecondazione della cellula uovo | ***P. finestra***, intervallo di tempo che intercorre tra il contagio di una malattia e il momento in cui compaiono gli anticorpi che permettono la diagnosi | ***P. di incubazione***, arco di tempo che intercorre fra l'esposizione a un agente patogeno e la manifestazione clinica della malattia. *9* (*astron.*) ***P. di rivoluzione***, intervallo di tempo tra due successivi passaggi di un astro a uno stesso punto della sua orbita | ***P. di rotazione***, tempo che un astro impiega a fare un giro intorno a un asse passante per il suo baricentro. *10* (*miner.*) Unità di traslazione minima di un filare di reticolo cristallino. ‖ **periodàccio**, pegg. | **periodétto**, dim. | **periodino**, dim. | **periodóne**, accr. | **periodùccio**, dim.

periodontàle [da *periodonto*] **agg.** ● (*anat.*) Di periodonto, relativo a periodonto.

periodontìte [comp. di *periodonto* e *-ite* (*1*); 1875] **s. f.** ● (*med.*) Infiammazione dei tessuti alveolo-dentari.

periodònto o **periodònzio** [comp. di *peri-* e del gr. *odóus*, genit. *odóntos* 'dente'; 1931] **s. m.** ● (*anat.*) Tessuto che circonda la radice dentaria.

periodontopatìa [comp. di *periodonto* e *-patia*] **s. f.** ● (*med.*) Patologia dei tessuti alveolo-dentari a carattere progressivo.

periodontòși [comp. di *periodont(o)-* e del suff. *-osi*] **s. f. inv.** ● (*med.*) Alterazione degenerativa del periodonto caratterizzata da perdita dell'osso alveolare adiacente agli incisivi e ai primi molari, con conseguente spostamento dei denti.

periodònzio ● V. *periodonto*.

perioftàlmo [comp. di *peri-* e del gr. *ophthalmós* 'occhio', detto così da una speciale palpebra di cui è fornito] **s. m.** ● Pesce dei Perciformi delle coste fangose tropicali che, usando le pinne pettorali come zampe, risale sulla riva fra le mangrovie e respira in ambiente aereo (*Periophthalmus koelreuteri*).

periostàle **agg.** ● (*anat.*) Relativo al periostio.

perìostio o †**periòsteo** [vc. dotta, lat. tardo *periŏsteon*, dal gr. *periósteon*, nt. sost. di *periósteos* 'che circonda le ossa', comp. di *perí* 'peri-' e *ostéon* 'osso'; V. *osteo-*; 1574] **s. m.** ● (*anat.*) Strato fibroso che riveste le ossa.

periostìte [comp. di *periostio* e *-ite* (*1*); 1829] **s. f.** ● (*med.*) Infiammazione del periostio.

perìostraco [comp. di *peri-* e del gr. *óstrakon* 'conchiglia'. V. *ostracione*] **s. m.** (pl. *-chi*, o *-ci*) ● (*zool.*) Lo strato più esterno, formato da conchiolina, dei tre che costituiscono la conchiglia dei Lamellibranchi.

peripatètica [calco sul fr. *péripatéticienne*, f. di *péripatéticien* 'peripatetico'; 1923] **s. f.** ● Prostituta che batte il marciapiede.

peripatètico [vc. dotta, lat. *peripatētĭcu(m)*, dal gr. *peripatētikós*, deriv. di *perípatos* 'passeggio' (comp. di *perí* 'peri-' e *pátos* 'cammino, sentiero' da *patéin* 'camminare', di orig. sconosciuta): i seguaci di Aristotele furono chiamati così perché studiavano e insegnavano passeggiando al Liceo; 1308] **agg.**; anche **s. m.** (pl. m. *-ci*) ● (*filos.*) Aristotelico. ‖ **peripateticaménte**, avv.

peripatetișmo [fr. *péripatétisme*, da *péripatétique* 'peripatetico'; 1714] **s. m.** ● (*filos., raro*) Aristotelismo.

peripezìa [vc. dotta, gr. *peripéteia* 'evento imprevisto', da *peripetḗs* 'che cade sopra, dentro', comp. di *perí* 'peri-' e *-petḗs*, da *píptein* 'cadere', di orig. indeur.; 1543] **s. f.** *1* Nel dramma antico, mutamento improvviso della situazione a causa di eventi imprevedibili. *2* (*spec. al pl.*) Vicenda fortunosa: *non ti ho ancora raccontato tutte le mie peripezie?*; *dopo molte peripezie riuscì a fuggire*.

pèriplo o *poet.* **periplo** [fr. *périple*, dal lat. *pĕriplu(m)*, nom. *pĕriplus*, dal gr. *períplous* 'che naviga intorno', comp. di *perí* 'peri-' e *plóus* 'navigazione', da *plêin* 'navigare', di orig. indeur.; 1829] **s. m.** *1* Circumnavigazione: *il p. di Magellano*. *2* (*letter.*) Descrizione di un viaggio marittimo, tipica della letteratura greco-latina: *il p. di Arriano, di Avieno*.

perìptero o **perìttero** [vc. dotta, lat. *perĭptero(n)*, nom. *perĭpteros*, dal gr. *perípteros* 'cinto da ali, colonne', comp. di *perí-* 'peri-' e *pterón* 'ala'. V. *-ptero*; 1521] **agg.** ● (*archeol.*) Detto di tempio con cella circondata da colonne.

perìre [lat. *perīre*, comp. di *pĕr* 'al di là' e *īre* 'andare'. V. *ire*; av. 1250] **A v. intr.** (pres. *io perisco*, poet. †*pèro*, *tu perisci*, poet. †*pèri*; congv. pres. *io perìsca*, poet. †*pèra*; difett. del **part. pres.**; aus. *essere*) *1* (*lett.*) Essere distrutto, andare in rovina: *nella discordia le nazioni periscono*; *l'intero carico perì nel naufragio*. SIN. Soccombere. *2* Morire, spec. di morte non naturale: *p. in un disastro aereo, in un incendio, in un naufragio*; *tutto l'equipaggio* *perì miseramente* | (*est., lett.*) Finire, estinguersi (*anche fig.*): *una razza che perirà*; *fama, nome che non periranno*; *Anche peria fra poco / la speranza mia dolce* (LEOPARDI). **3** (*fig., lett.*) Languire: *p. per amore*. **B** v. tr. ● †Far perire.

periscòpico [1835] agg. (pl. m. *-ci*) ● Di periscopio, relativo al periscopio | ***Quota periscopica***, nei sommergibili, quella necessaria e sufficiente per esaminare col periscopio la superficie del mare, stando in immersione | ***Lente periscopica***, lente da occhiali di debole curvatura.

periscòpio [comp. di *peri-* e *-scopio*; 1905] s. m. ● Strumento ottico a riflessione che consente l'osservazione dell'intero orizzonte, senza che l'occhio dell'osservatore cambi posizione; è usato spec. nei sommergibili immersi o nei carri armati.

perispèrma [comp. di *peri-* e *sperma*; 1835] s. m. (pl. *-i*) ● (*bot.*) Insieme di materiali nutritivi che nel seme di alcune piante si formano dalla nocella, sostituendo l'albume.

perispòmeno [vc. dotta, lat. tardo *perispōmeno(n)*, dal gr. *perispṓmenon*, part. pres. passivo di *perispân* 'segnare con l'accento circonflesso' (propr. 'strappare, togliere'), comp. di *perí* 'peri-' e *spân* 'tirare', di etim. incerta; 1875] agg.; anche s. m. (f. *-a*) ● Nella grammatica greca, detto di parola con l'accento circonflesso sull'ultima sillaba.

Perisporiàcee [vc. dotta, dal gr. *perispéirein* 'spargere intorno' (perché spargre intorno le spore), comp. di *perí* 'peri-', *spéirein* 'spargere, seminare', di orig. indeur., e *-acee*; 1965] s. f. pl. (sing. *-a*) ● Nella tassonomia vegetale, famiglia di Funghi comprendenti le specie che provocano la fumaggine (*Perisporiaceae*).

Perissodàttili [vc. dotta, comp. del gr. *perissós* 'superfluo, dispari' (da *perí*, V. *peri-*), e *dáktylos* 'dito' (V. *dattilografia*); 1895] s. m. pl. (sing. *-o*) ● Nella tassonomia animale, ordine di Mammiferi erbivori degli Ungulati, gener. di grandi dimensioni, con dita in numero dispari di cui il terzo è il più sviluppato e può anche essere l'unico (*Perissodactyla*).

perissologia [vc. dotta, lat. tardo *perissolŏgia(m)*, nom. *perissología*, dal gr. *perissología*, comp. di *perissós* 'smisurato, superfluo' (V. *Perissodattili*) e *-logia* '-logia'; av. 1589] s. f. ● (*ling.*) Nella retorica, espressione sovrabbondante che va al di là di quello che è richiesto dalla semplice enunciazione di un concetto: *L'amor d'ogni altra donna il cor dispreza, / il cor ch'a tal piacer mai non dà loco* (POLIZIANO).

peristàlsi [ricavato da *peristaltico*; 1895] s. f. inv. ● (*anat.*) Movimento di contrazione e rilassamento dei visceri muscolari cavi con effetto di avanzamento progressivo del contenuto.

peristàltico [vc. dotta, gr. *peristaltikós*, da *peristéllein* 'avvolgere, essere contratto', comp. di *perí* 'peri-' e *stéllein* 'porre', di orig. indeur.; av. 1698] agg. (pl. m. *-ci*) ● (*anat.*) Di peristalsi: *movimento p.*

peristèdio [dal gr. *peristḗthion* 'corazza', comp. di *perí-* 'peri' e *stêthos* 'petto', di orig. indeur.; detto così perché è protetto da una corazza] s. m. ● Pesce di profondità dei Perciformi, tutto corazzato, con muso molto lungo, forcuto, e bocca priva di denti che si apre inferiormente (*Peristedion cataphractum*).

peristìlio [vc. dotta, lat. *peristȳliu(m)*, dal gr. *peristýlion*, comp. di *perí* 'peri-' e *stŷlos* 'colonna'. V. *stilobate*; 1570] s. m. ● Cortile con portici e colonne, posto all'interno della casa greca e romana. ➡ ILL. p. 2116 ARCHITETTURA.

peristòma [comp. di *peri-* e *stoma*; 1835] s. m. (pl. *-i*) ● (*zool.*) Negli animali invertebrati, area che circonda l'apertura orale.

peritàle [1831] agg. ● (*dir.*) Di un perito, che fa parte di una perizia: *relazione, accertamento p.* SIN. Periziale.

peritànza [da *peritarsi*; av. 1294] s. f. ● (*raro, lett.*) Esitazione, timidezza nel fare o dire qlco. CONTR. Decisione, risoluzione.

peritàrsi [lat. tardo *pigritāri* 'essere molto pigro', intens. di *pigrāre* 'esser pigro, indugiare', da *piger*, genit. *pĭgri* 'pigro'; 1364] v. intr. pron. (*io mi pèrito*) **1** (*lett.*) Non osare, per timidezza o altro: *mi peritavo a disturbarti* | ***Non p.***, osare. **2** (*raro, lett.*) Vergognarsi.

peritècio [comp. di *peri-* e del gr. *thḗkē* 'cassa'. V. *teca*; 1821] s. m. ● (*bot.*) Corpo fruttifero dei Funghi ascomiceti che si apre per un foro apicale.

perito (**1**) part. pass. di *perire*; anche agg. ● Morto, deceduto, spec. di morte violenta.

perito (**2**) [vc. dotta, lat. *perītu(m)*, da un v. **perīri* 'fare esperienza, provare', di orig. indeur.; av. 1396] **A** agg. ● (*lett.*) Che è particolarmente esperto in un'attività o in una professione: *Bisogna che il capitano sia p.* (GUICCIARDINI). **B** s. m. (f. *-a*; V. anche nota d'uso FEMMINILE) **1** Chi, per la sua particolare competenza tecnica, può pronunciare pareri, giudizi e sim.: *un p. calligrafo*. SIN. Esperto. **2** Titolo di studio conferito mediante diploma da vari istituti tecnici: *p. chimico, agrario* | Persona fornita di tale titolo.

peritoneàle [1829] agg. ● (*anat.*) Di peritoneo: *cavità, liquido p.*

peritonèo [vc. dotta, lat. tardo *peritonāeu(m)*, dal gr. *peritónaion*, propr. 'teso intorno', da *peritéinein* 'tendere intorno', comp. di *perí* 'peri-' e *téinein* 'tendere' di orig. indeur.; 1574] s. m. ● (*anat.*) Membrana sierosa che riveste le pareti interne dell'addome e avvolge quasi tutti gli organi addominali.

peritonìte [comp. di *peritoneo* e *-ite* (*1*); 1821] s. f. ● (*med.*) Infiammazione del peritoneo con tipica reazione dolorosa e contrattura dei muscoli soprastanti.

peritóso [da *peritarsi*; sec. XIII] agg. **1** (*raro, lett.*) Timoroso. **2** †Debole, fiacco. || **peritosaménte**, avv.

perìttero ● V. *periptero*.

peritùro [vc. dotta, lat. *peritūru(m)*, part. fut. di *perīre* 'perire'; 1342] agg. ● (*lett.*) Destinato a perire (*anche fig.*). CONTR. Imperituro.

periungueàle [comp. di *peri-* e del lat. *ŭnguis* 'unghia'] agg. ● Che è collocato intorno all'unghia: *regione p.*

perìzia [vc. dotta, lat. *perītia(m)*, da *perītus* 'perito (2)'; av. 1348] s. f. **1** (assol.; + *di*, + *in*, seguiti da sost.; + *in* seguito da inf.) Grande e comprovata abilità in qlco.: *la sua p. di scrittore è fuor di dubbio*; *desiderato per la sua p. e riputazione nella disciplina militare* (GUICCIARDINI); *dimostrare la propria p. nel districarsi in una situazione difficile*; *hai notato con quale p. ha deviato il discorso?* SIN. Maestria. CONTR. Imperizia. **2** (*dir.*) Nella procedura civile o penale, consulenza, giudizio tecnico di un perito su una data questione: *p. calligrafica, balistica, psichiatrica*; *chiedere, disporre, ordinare una p.*

periziàle [1848] agg. ● Peritale.

periziàre [da *perizia*; 1838] v. tr. (*io perìzio*) ● Fare la perizia di qlco.: *p. una tenuta agricola*.

periziàto part. pass. di *periziare*; anche agg. ● Sottoposto a perizia | Determinato in base a perizia.

periziatóre [da *periziare*; 1954] s. m. (f. *-trice*) ● (*sport*) Nelle corse a handicap, chi assegna i vantaggi o gli svantaggi ai concorrenti.

perizòma [vc. dotta, lat. tardo *perizōma*, dal gr. *perízōma*, da *perizōnnýnai* 'cingere', comp. di *perí* 'peri-' e *zōnnýnai* 'cingersi', di orig. indeur.; 1313] s. m. (pl. *-i*) ● Fascia che cinge i fianchi e scende a coprire i genitali, portata dalle popolazioni primitive | (*est.*) Indumento intimo maschile o femminile, anche da bagno; tanga.

♦**pèrla** [lat. parl. **pĕrnula(m)*, propr. dim. di *pĕrna* 'coscia di maiale', poi 'mollusco, conchiglia', di orig. indeur.; 1294] **A** s. f. **1** Globuletto di vario colore a forma generalmente sferica che si forma all'interno di certi Molluschi, spec. dell'ostrica perlifera, prezioso come ornamento: *p. naturale, orientale*; *collana di perle nere* | ***P. barocca***, scaramazza | ***P. coltivata***, ottenuta dall'uomo con l'introduzione di un corpo estraneo nella conchiglia | ***P. artificiale, falsa***, ottenuta con vari metodi a imitazione di quella vera | ***Colore di p.***, lattescente. **2** (*fig.*) Ciò che ha la forma o il colore della perla, o che è bello e prezioso come una perla: *le perle della rugiada*; *quando sorride mostra una fila di candide perle*; *Portofino, la p. della Liguria*. **3** (*fig.*) Persona eccellente per qualità e doti: *una p. di galantuomo*; *quel ragazzo è una vera p.* **4** (*fig., antifr.*) Errore grossolano. **5** Piccola sfera di gelatina indurita contenente sostanze medicamentose. **6** Insetto dei Plecotteri con addome munito di due lunghi cerci, che vive in vicinanza di fiumi e torrenti e ha larve acquatiche e carnivore (*Perla maxima*). || **perlétta**, dim. | **perlina**, dim. (V.) | **perlìno**, dim. m. | **perlóna**, accr. | **perlóne**, accr. m. (V.) | †**perlòtta**, accr. **B** in funzione di agg. inv. ● (posposto al s.) Spec. nella loc. ***grigio p.***, di colore grigio chiaro piuttosto opalescente: *un tessuto, un abito grigio p.*

perlàceo [1819] agg. ● Di perla, come di perla: *candore, riflesso p.*

perlage /fr. pɛʀˈlaːʒ/ [vc. fr., riferita genericamente a liquido che si presenta a bollicine, come perle (*perles*); 1988] s. m. inv. ● (*enol.*) L'insieme delle bollicine di anidride carbonica che si sviluppano nello champagne e nei vini spumanti.

perlagióne [1721] s. f. ● (*raro*) Riflesso, baluginio del colore cangiante della perla.

perlàio [1871] s. m. (f. *-a*) ● Chi lavora o vende perle.

perlaquàle o **per la quàle** [da dividersi *per la quale* e da sottintendersi *cosa*, a volte espressa; 1871] **A** in funzione di agg. inv. ● (*fam.*) Raccomandabile, per bene: *è un ragazzo p.*; *è un tipo poco p.* | Ottimo, apprezzabile sotto ogni punto di vista: *una macchina veramente p.* **B** in funzione di avv. ● (*fam.*) In maniera soddisfacente, bene (spec. in espressioni negative): *la cosa non è andata troppo p.*

perlària [da *perla*: per il suo pregio (?)] s. f. ● (*bot.*) Avena maggiore.

perlàto [1664] agg. **1** Che ha il colore, la lucentezza della perla: *nel mattin p. e freddo* (CARDUCCI) | ***Riso, orzo p.***, mondato, ridotto liscio e bianco | ***Cotone p.***, per ricamo, di particolare lucentezza. **2** Che è ornato di perle: *diadema p.* | (*fig.*) ***Note perlate***, note brillanti e separate tra loro (spec. quelle di un pianista).

perlé /fr. pɛʀˈle/ [vc. fr., propr. 'perlato', da *perle* 'perla'; 1940] agg. inv. ● Perlato, solo nella loc. ***cotone p.***

perlìfero [comp. di *perla* e *-fero*; 1640] agg. ● Che produce perle: *ostriche perlifere*.

perlìna [1804] s. f. **1** Dim. di *perla*. **2** Oggetto di vetro o altro a forma di perla adoperato spec. per fare collane e sim. **3** (*edil.*) Ciascuna delle tavolette di legno che, congiunte tra loro a maschio e femmina, costituiscono un perlinato. **4** (*numism.*) Ciascuno dei piccoli rilievi tondi disposti a corona lungo il margine di certe monete: *un cerchio di perline*.

perlinàto [1958] **A** agg. ● Detto di schermo sottoposto a perlinatura. **B** s. m. **1** (*numism.*) Cerchio di perline che delimita il campo della moneta o della medaglia. **2** Nelle costruzioni edili, tavolato di rivestimento formato di perline.

perlinatùra [1983] s. f. ● Applicazione sulla superficie degli schermi cinematografici di uno strato di microscopiche perline di speciale vetro, in modo da ottenere il massimo potere riflettente.

perlinguàle [comp. di *per* e *lingua*, con suff. agg.; 1963] agg. ● Che avviene attraverso la mucosa linguale: *assorbimento p. di un farmaco*.

perlìte [detta così perché formata da una massa vetrosa contenente concrezioni simili a *perle*; 1875] s. f. **1** (*geol.*) Vetro vulcanico a struttura formata da piccole sfere che, espanso, viene usato come coibente leggero. **2** (*metall.*) Eutettoide formato da ferrite e cementite, presente negli acciai raffreddati lentamente.

†**perlochè** o †**per lo che** [av. 1557] cong. ● Per la qual cosa, per la qual ragione (con valore concl.).

perlocutìvo [1988] agg. ● Perlocutorio.

perlocutòrio [ingl. *perlocutionary*, da *perlocution*, comp. di *per-* 'mediante, attraverso' e *locution* 'locuzione'; 1974] agg. ● (*ling.*) Relativo all'enunciato di un parlante, considerato dal punto di vista degli effetti determinati sull'ascoltatore | ***Atto p.***, azione linguistica che tende a provocare nel destinatario un effetto pratico di convincimento, minaccia, invito e sim. SIN. Perlocutivo.

perloméno o **per lo méno** [1482] avv. ● A dir poco, come minimo (con valore restrittivo): *ci saranno ancora p. venti kilometri*; *vale p. cinquecento euro* | Almeno (con valore limitativo): *la cosa si è svolta come ho detto, p. per quello che ne so io*; *potevi p. chiedermelo*.

Pèrlon® [vc. ted., da *Perle* 'perla'] s. m. inv. ● Nome commerciale di una fibra tessile sintetica poliammidica.

perlóne s. m. **1** Accr. di *perla*. **2** (*raro, fig.*) †Poltrone, scioperato. || **perlonàccio**, pegg.

perlopiù o **per lo più** [av. 1558] avv. ● Nella maggioranza dei casi, quasi sempre, in genere: *p. noi pranziamo presto*; *p. a quest'ora è già rientrata a casa*; *faccio p. le compere al supermercato*.

†**perlucènte** [comp. di *per-* e *lucente*] agg. ● Mol-

to lucente.

perlustràre [vc. dotta, lat. *perlustrāre* 'percorrere con l'occhio, con lo sguardo', comp. di *per-* e *lustrāre* 'purificare', poi 'passare in rivista, percorrere', da *lūstrum* 'purificazione'. V. *lustrale*; 1585] v. tr. ● Percorrere un luogo ispezionandolo sistematicamente e attentamente: *p. la città, la campagna; hanno perlustrato tutta la zona alla ricerca dei banditi.*

perlustratóre [1841] agg.; anche s. m. (f. *-trice*) ● Che (o Chi) perlustra.

perlustrazióne [1674] s. f. ● Il perlustrare | Giro di attenta ispezione e vigilanza: *andare in p.; mandare una squadra in p.*

permafrost /'pɛrmafrɔst, *ingl.* 'pʰɜːɹmə,fɹɒ·st/ [vc. ingl., comp. di *perma(nent)* 'permanente' e *frost* 'gelato' (di orig. germ.); 1974] s. m. inv. ● (*geol.*) Suolo dei climi freddi, perennemente gelato in profondità. SIN. Permagelo.

permagèlo [parziale calco sull'ingl. *permafrost* 'gelo (*frost*) permanente (*perma(nent)*)'; 1987] s. m. ● (*geol.*) Permafrost.

permàle [da (*aversene*) *per male*] s. m. ● (*tosc.*) Risentimento, screzio nato da un equivoco, da un malinteso.

permalloy /*ingl.* ,pɜːɹmə'lɔe, 'pʰɜːɹmə,lɔe/ [vc. ingl., comp. di *perm(eable)* 'permeabile' e *alloy* 'lega' (dal fr. ant. *aloi* 'lega'), con riferimento alla permeabilità magnetica] s. m. inv. ● Lega composta di ferro e nichelio, caratterizzata da un'alta permeabilità magnetica.

permalosità [1958] s. f. ● Caratteristica di chi è permaloso: *la sua p. è insopportabile.* SIN. Ombrosità.

permalóso [da *permale*; 1612] agg.; anche s. m. (f. *-a*) ● Che (o Chi) s'impermalisce anche per parole o atti in sé insignificanti. SIN. Ombroso. || **permalosétto**, dim.

permanènte [sec. XIV] **A** part. pres. di *permanere*; anche agg. **1** Nei sign. del v. **2** ***Esposizione p.***, che non viene chiusa mai | ***Fortificazione p.***, quella relativa alle fortezze e opere fortificate | ***Biglietto p.***, che dà diritto di viaggiare, per la durata della sua validità, su tutte le linee ferroviarie o parte di esse a seconda dell'estensione | ***Dentizione p.***, eruzione di denti stabili, successiva a quella caduca infantile | ***Educazione p.***, V. *educazione* | (*dir.*) ***Reato p.***, quando la condotta del reo perdura nel tempo. || **permanentemènte**, avv. **B** s. f. ● Ondulazione duratura dei capelli, eseguita con vari sistemi: *p. a caldo, a freddo, elettrica; p. riccia, morbida; farsi la p.*

permanènza [da *permanente*; av. 1294] s. f. **1** Continua e durevole esistenza o presenza: *la p. della crisi economica.* **2** Soggiorno continuato: *la mia p. in città sarà piuttosto breve* | ***Buona p.!***, augurio fatto da chi parte a chi resta, spec. in località di villeggiatura e sim.

permanére [vc. dotta, lat. *permanēre*, comp. di *per-* e *manēre* 'rimanere'. V. *rimanere*; av. 1294] v. intr. (pres. *io permàngo, tu permàni, egli permàne, noi permaniàmo, voi permanéte, essi permàngono*; pass. rem. *io permàsi, †permànsi, tu permanésti, egli permàse, †permànse, †permanètte* (o *-étte*); fut. *io permarrò*; congv. pres. *io permànga, noi permaniàmo, voi permaniàte, essi permàngano*; condiz. pres. *io permarrèi*; part. pass. *permàso, †permànso, †permàsto*; aus. *essere*) **1** Continuare a essere, durare: *le condizioni del paziente permangono gravi.* SIN. Perdurare. **2** (*raro*) Continuare a stare: *p. in un luogo.*

permanganàto [comp. di *per-* e *manganato*; 1869] s. m. ● (*chim.*) Sale dell'acido permanganico | ***P. di potassio***, energico ossidante, usato come antisettico nell'analisi volumetrica, nell'industria della chimica organica, in metallurgia. SIN. Camaleonte violetto, camaleonte minerale.

permangànico [1871] agg. (pl. m. *-ci*) ● (*chim.*) Detto di composto del manganese eptavalente: *anidride permanganica* | ***Acido p.***, acido del manganese contenente la maggior percentuale di ossigeno.

†permànso ● V. *permaso.*

permarrèi ● V. *permanere.*

permàso o **†permànso**, **†permàsto** part. pass. di *permanere*; anche agg. ● (*lett.*) Nei sign. del v.

permeàbile [vc. dotta, lat. tardo *permeābile(m)* 'per dove si può passare', da *permeāre* 'attraversare'. V. *permeare*; av. 1712] agg. ● Che si può permeare, che assorbe: *corpo p.* CONTR. Impermeabile.

permeabilità [1829] s. f. ● Condizione o proprietà di ciò che è permeabile. CONTR. Impermeabilità | ***P. magnetica di una sostanza***, rapporto tra l'intensità del campo magnetico nell'interno di quella sostanza, e l'intensità del campo magnetico che si formerebbe nel vuoto; SIN. Induttività.

permeànza [da *permeare*, col suff. *-anza* di *induttanza*, ecc.; 1954] s. f. ● (*fis.*) Inverso della riluttanza.

permeàre [vc. dotta, lat. *permeāre* 'attraversare, passare', comp. di *pĕr* 'attraverso' e *meāre* 'passare'. V. *meare*; 1499] v. tr. (*io pèrmeo*) **1** Passare attraverso un corpo, diffondendosi profondamente in esso, riferito a liquidi, gas e sim.: *l'acqua ha permeato il terreno; il gas permea l'aria.* **2** (*fig.*) Penetrare profondamente determinando influenze su qlcu. o qlco.: *la cultura greca ha permeato quella latina.*

permeàsi [comp. di *perme(are)* e *-asi*] s. f. inv. ● (*biol.*) Proteina deputata al trasporto attivo di sostanze attraverso le membrane, legata alle strutture superficiali delle cellule batteriche.

permeatóre [da *permeare*] s. m. ● Apparecchio per la dissalazione dell'acqua, usato in industria e nelle ricerche di laboratorio.

permeazióne [1745] s. f. ● (*raro*) Il permeare.

†permessióne ● V. *permissione.*

†permessìvo ● V. *permissivo.*

permésso (**1**) part. pass. di *permettere*; anche agg. **1** Ammesso, autorizzato. CONTR. Proibito, vietato. **2** ***P.?, è p.?***, formule di cortesia con cui si chiede di entrare o di passare.

♦**permésso** (**2**) [lat. *permĭssu(m)*, part. pass. di *permĭttere* 'permettere'; av. 1411] s. m. **1** Autorizzazione, consenso verbale o scritto con cui a qlcu. viene concesso di fare qlco.: *bisogna chiedere il p. prima di entrare* | ***P. di soggiorno***, V. *soggiorno* | ***Col vostro p.***, con vostra licenza. CONTR. Divieto, proibizione. **2** Breve licenza concessa a militari, impiegati e sim. di star lontano dall'ufficio, dal reparto e sim.: *chiedere, ottenere, concedere un p.; un p. di otto giorni; essere a casa in p.; è scaduto il suo p.*

♦**perméttere** [lat. *permĭttere*, comp. di *per-* e *mĭttere* 'mandare, lasciar andare'. V. *mettere*; av. 1311] **A** v. tr. (coniug. come *mettere*) (qlco.; qlco. + *a*; + *di* seguito da inf.; + *che* seguito da congv.) **1** Dare facoltà o licenza, concedere il permesso di fare qlco.: *p. di dire, di rispondere; permette che entri?; la mi permetta che faccia con lei un piccolo sfogo d'amore* (GOLDONI) | Rendere possibile: *questa porta permette di accedere al giardino* | Autorizzare: *p. il comizio, il corteo, la manifestazione di protesta* | ***Non p.***, impedire, vietare: *l'età non mi permette lunghi viaggi* | ***Permetti?, Permettete?*** e sim., formula di cortesia con cui si chiede il permesso di fare o dire qlco. | ***Dio permettendo***, (*lett.*) ***Dio permettente***, se Dio vorrà | ***Tempo permettendo***, se le condizioni meteorologiche lo consentiranno. CONTR. Proibire, vietare. **2** (con il pron. rifl. in funzione di compl. di termine) Concedersi qlco. spec. che comporti una spesa: *permettersi una vacanza; credo che possiamo permetterci una cena al ristorante.* **3** (*lett.*) Affidare. **B** v. intr. pron. ● Prendersi la libertà: *mi permetto di dirle che ha agito male; come si permette?*

permettività [da *permettere*; 1958] s. f. ● (*fis.*) Rapporto tra l'induzione e il campo elettrico | Costante dielettrica.

permiàno [1875] agg.; anche s. m. ● (*geol.*) Permico.

pèrmico [dalla provincia russa di *Perm*; 1922] **A** s. m. (pl. *-ci*) ● (*geol.*) Ultimo periodo del Paleozoico. **B** anche agg.: *periodo p.*

per mille loc. avv. ● Posto dopo un numero, indica che per ogni mille parti vengono considerate soltanto quelle rappresentate da quel numero (simbolo: ‰): *salinità del 43 per mille* (o *del 43 ‰*).

†permischiàre [comp. di *per-* e *mischiare*; 1659] v. tr. e intr. pron. ● Mischiare, mescolare (*anche fig.*): *voglionsi, come ognun sa, p. il piacere e l'utile* (BARTOLI).

permissìbile [dal lat. *permĭssus* 'permesso'; av. 1580] agg. ● (*raro*) Che si può permettere.

permissionàrio [fr. *permissionnaire*, da *permission* 'permesso' (V. *permissione*)] s. m. (f. *-a*) ● (*dir.*) Chi ha ottenuto un permesso, da parte della pubblica autorità, per lo svolgimento di una determinata attività.

permissióne o **†permessióne** [vc. dotta, lat. *permissiōne(m)*, da *permĭssus* 'permesso'; 1306] s. f. ● (*lett.*) Permesso, concessione: *gran somma di danaro aveano ... sborsato ... per ottenere la p.* (MURATORI).

permissivìsmo [1977] s. m. ● Atteggiamento eccessivamente permissivo, spec. in campo educativo.

permissività [1971] s. f. ● Caratteristica di chi (o di ciò che) è permissivo.

permissìvo o **†permessìvo** [dal lat. *permĭssus* 'permesso'; 1963] agg. **1** (*lett.*) Che permette, atto a permettere | (*dir.*) ***Norma permissiva***, che non contiene un comando di fare o non fare, ma consente certi atti la cui esecuzione trova quindi in essa una particolare tutela. **2** Che concede molta libertà, che mostra una notevole tolleranza nei confronti di comportamenti tradizionalmente considerati da disapprovare: *educazione, scuola, società permissiva; autoritari o permissivi che siano, ai genitori nessuno dirà mai grazie* (CALVINO). || **permissivaménte**, avv.

†permistióne [vc. dotta, lat. *permixtiōne(m)*, da *permĭxtus* 'permisto'] s. f. ● Miscuglio.

†permìsto agg. ● Misto, mescolato.

†permotóre [dal lat. *permōtus*, part. pass. di *permovēre* 'permuovere'; 1321] s. m. ● (*filos.*) Intelligenza, forza che muove ogni essere verso il fine che gli è proprio.

†permuòvere [lat. *permovēre*, comp. di *per-* e *movēre* 'muovere'] v. tr. ● Muovere.

pèrmuta o **†permùta** [da *permutare*; 1507] s. f. **1** (*dir.*) Contratto avente per oggetto il reciproco trasferimento della proprietà di cose, o di altri diritti, da un contraente all'altro. SIN. Baratto. **2** †Cambiamento, commutazione, trasferimento.

permutàbile [vc. dotta, lat. tardo *permutābile(m)*, da *permutāre* 'permutare'; sec. XIV] agg. ● Che si può permutare, scambiare: *merce non p.*

permutabilità [1871] s. f. ● Condizione di ciò che è permutabile | Commutabilità.

permutaménto [av. 1558] s. m. ● (*raro*) Il permutare.

permutàndo [dal gerundivo di *permutare*; 1986] s. m. ● (*mat.*) ***Proprietà del p.***, proprietà secondo la quale scambiando i termini medi o estremi di una proporzione se ne ottiene un'altra.

permutànte [1835] **A** part. pres. di *permutare*; anche agg. ● Che permuta. **B** s. m. e f. ● (*dir.*) In un contratto di permuta, ciascuna delle due parti contraenti.

†permutànza [1321] s. f. ● Permutazione, cambio.

permutàre [vc. dotta, lat. *permutāre* 'cambiare completamente', comp. di *per-* e *mutāre* 'cambiare'; 1313] **A** v. tr. (*io pèrmuto* o *†permùto*) **1** Fare una permuta, barattare: *p. merci, valori.* **2** (*mat.*) Scambiare di posto. **3** †Far passare da uno ad altro o da luogo a luogo. **B** v. intr. pron. **1** †Spostarsi. **2** (*raro*) Tramutarsi.

†permutatìvo [sec. XVI] agg. ● Atto a permutare.

permutàto part. pass. di *permutare*; anche agg. ● Nei sign. del v. || **†permutataménte**, avv. Scambievolmente.

permutatóre [1342] agg.; anche s. m. (f. *-trice*) ● Che (o Chi) permuta | (*tel.*) ***P. telefonico***, nelle centrali telefoniche elettromeccaniche, dispositivo che realizza il collegamento fra la centrale e la rete degli abbonati.

permutazióne [vc. dotta, lat. *permutatiōne(m)*, da *permutātus* 'permutato'; 1336 ca.] s. f. **1** †Permuta | Scambio. **2** (*ling.*) Commutazione | (*ling.*) Enallage. **3** (*mat.*) Ciascuno dei possibili raggruppamenti di *n* elementi che differiscono solo per l'ordine in cui ogni elemento compare. **4** (*mus.*) Nella polifonia, scambio degli incisi di una frase in contrappunto multiplo | Nella musica seriale, scambio di elementi della serie.

permutite® [marchio registrato; 1958] s. f. ● (*chim.*) Sostanza organica o inorganica, naturale o artificiale, capace di sottrarre uno ione da una soluzione sostituendolo con un altro ione ceduto da essa stessa | Sostanza inorganica artificiale, ottenuta per fusione di un miscuglio di silicato di alluminio, soda e silice, usata come setaccio molecolare in operazioni di separazione e come sostanza scambiatrice di ioni nella depurazione delle acque: *p. sodica, potassica, ferrica.*

pernàcchia [lat. *vernăculu(m)* 'relativo agli schiavi, da *schiavo*' (quindi 'volgare'), da *vĕrna* 'schiavo nato in casa': di orig. etrusca (?). V. *vernacolo*; 1918] s. f. ● Rumore volgare che esprime disprezzo e derisione, eseguito con la bocca e talvolta anche premendo le mani sulla bocca: *fare una p. a qlcu.*; *prendere qlcu. a pernacchie.* || **pernacchiètta**, dim. | **pernacchino**, dim. m. | **pernacchióna**, accr. | **pernacchióne**, accr. m.

pernàcchio [1917] s. m. ● (*merid.*) Pernacchia.

pernice [vc. dotta, lat. *perdīce(m)*, nom. *pĕrdix*, dal gr. *pérdix*, da *pérdomai* 'emettere rumori', di orig. indeur., per il rumore che fa volando; av. 1294] s. f. *1* Denominazione di varie specie di Uccelli dei Galliformi | *P. grigia*, starna | *P. bianca*, con piumaggio bianco nell'inverno e bruno macchiettato sul dorso nell'estate (*Lagopus mutus*) | *P. rossa*, con becco e zampe rosse e dorso bruno rossiccio (*Alectoris rufa*) | *P. del deserto*, pterocle. ➡ ILL. animali/8. *2* *Occhio di p.*, V. *occhio.* || **pernicióne**, accr. m. | **perniciòtto**, dim. m.

perniciòsa [da (*febbre*) *perniciosa*] s. f. ● Febbre malarica violenta con alta temperatura e delirio.

perniciosità [1686] s. f. ● (*raro*) Caratteristica di ciò che è pernicioso.

perniciòso o †**perniziòso** [vc. dotta, lat. *perniciōsu(m)*, agg. di *pernĭcies* 'pernizie'; av. 1342] agg. ● Che porta con sé gravi danni, conseguenze funeste e sim.: *consiglio, errore p.*; *fuggi da tanto / p. influsso* (PARINI) | (*med.*) *Anemia perniciosa*, malattia caratterizzata da una forte diminuzione dei globuli rossi e presenza nel sangue circolante di voluminose cellule progenitrici dei globuli rossi | (*med.*) *Malaria perniciosa*, forma particolarmente grave di malaria. || **perniciosaménte**, avv.

pèrnio ● V. *perno.*

pernióne [vc. dotta, lat. *perniōne(m)* 'gelone', da *pĕrna* 'gamba' (V. *perla*)] s. m. ● (*med.*) Gelone.

†**pernìzie** [vc. dotta, lat. *pernĭcie(m)*, comp. di *pĕr* e *nĕx*, genit. *nĕcis* 'morte'. V. †*necare*] s. f. inv. *1* Grave danno. *2* Rovina, sterminio.

†**perniziòso** ● V. *pernicioso.*

pèrno o **pèrnio** [lat. *pĕrna(m)* 'coscia' (V. *perla*), per la forma; av. 1406] **A** s. m. *1* (*mecc.*) Organo d'accoppiamento che permette a una parte di macchina di ruotare rispetto all'altra: *p. della bilancia, dell'orologio* | *P. di contrabbasso*, codolo. *2* (*fig.*) Elemento fondamentale: *il p. del racconto, della famiglia*; *essere il p. della faccenda*. SIN. Fulcro. **B** in funzione di agg. inv. ● (posposto a un s.) Solo nella loc. *nave p.*, attorno a cui cambia la formazione delle altre con manovre evolutive.

Pernod® /fr. pɛʀ'no/ [vc. fr., dalla ditta produttrice *Pernod* Père et Fils, dapprima specializzata in assenzio] s. m. inv. ● Liquore di sapore dolce, a base di anice e di erbe diverse, di solito consumato con aggiunta di acqua ghiacciata.

pernottaménto [1804] s. m. ● Permanenza in un luogo durante la notte.

pernottàre [vc. dotta, lat. *pernoctāre*, comp. di *pĕr* 'attraverso' e *nŏx*, genit. *nŏctis* 'notte', con suff. verbale; 1319] v. intr. (*io pernòtto*; aus. *avere*) ● Trascorrere la notte, spec. durante un viaggio: *p. in albergo*; *ieri ho pernottato a Roma.*

pernòtto [deriv. di *pernottare*] s. m. *1* (*bur.*) Pernottamento. *2* (*mil.*) Permesso, sporadico o continuativo, di trascorrere la notte fuori dalla caserma, rientrandovi il mattino seguente.

péro [lat. *pĭru(m)*, di orig. preindeur.; sec. XIII] s. m. ● Pianta delle Rosacee arborea e arbustiva allo stato selvatico, con foglie glabre che compaiono insieme ai fiori bianchi in corimbi e frutto commestibile con numerose varietà coltivate, che hanno lo stesso nome dei loro frutti (*Pyrus communis*) | *P. selvatico*, perastro | *P. di terra*, topinambur. ➡ ILL. piante/6.

♦**però** [lat. *pĕr hŏc* 'per questo'; av. 1250] cong. *1* Ma (con più forte valore avversativo): *quel quadro è bello, p. non mi convince*; *ciò non ti sarà gradito, p. è giusto*; *sarà vantaggioso, non giusto p.*; *non vorrete p. negare che si sia impegnato a fondo*; *sono stanco, non tanto p. da non poter terminare il lavoro* | (*fam.*) Rafforzato da 'ma': *questa volta lo scuso ma p. deve stare più attento* | Rafforzato da 'nondimeno', 'tuttavia' e sim.: *sono cose spiacevoli nondimeno p. necessarie* | (*iter.*) Si usa per avanzare una critica, un'obiezione: *va bene, p. p., mi sembra che si potrebbe far meglio* | Spec. all'inizio di frase, può esprimere sorpresa, apprezzamento o anche contrarietà: *p., c'è riuscito!*; *p., niente male questo vino*; *p., non è il modo di comportarsi!* *2* Tuttavia, nondimeno (con valore concessivo): *se non puoi andarci di persona, devi p. provvedere in qualche modo.* *3* (*lett.* o *pop.*) Perciò (con valore concl.) | V. anche †*epperò* e †*perocché*.

perobràchio [comp. del gr. *péros* 'storpio, mutilo', di etim. incerta, e *brachíōn* 'braccio'] agg.; anche s. m. ● (*med.*) Che (o Chi) ha arti deformi o mancanti di qualche segmento.

†**perocché** o **però che** /perɔk'ke*, pe'rɔkke*/ [comp. di *però* e *che* (*2*); av. 1250] cong. *1* (*lett.*) Poiché (introduce una prop. causale con il v. all'indic. o al congv.). *2* (*lett.*) Affinché (introduce una prop. finale con il v. al congv.). *3* (*lett.*) Sebbene, per quanto (introduce una prop. concessiva con il v. al congv.).

perodàttilo [comp. del gr. *pêros* 'storpio, mutilo' e *dáktylos* 'dito' (V. *dattilografia*)] agg.; anche s. m. ● (*med.*) Che ha dita storpie o in numero inferiore alla norma.

peróne o **pèrone** [vc. dotta, gr. *perónē* 'spilla, fibbia', poi 'perone', per la forma, da *péirein* 'trafiggere', di orig. indeur. Cfr. *fibula*; 1821] s. m. ● (*anat.*) Osso esterno della gamba. SIN. Fibula. ➡ ILL. p. 2122 ANATOMIA UMANA.

peronèo [1802] agg. ● (*anat.*) Del, relativo al perone.

peronièro [1958] agg. ● (*anat.*) Peroneo.

peronìsmo [dal n. di J. D. *Perón* (1895-1974); 1972] s. m. ● Regime di impronta socialista-nazionalista instaurato in Argentina da J. D. Perón | L'ideologia, dal contenuto populista, caratteristica di tale regime.

peronista [1949] s. m. e f. (pl. m. *-i*) ● Seguace, fautore del peronismo.

peronòspora, (*evit.*) **peronospóra** [comp. del gr. *perónē* 'punta, spilla' (V. *perone*) e *sporá* 'seme' (V. *spora*); detta così perché ha le spore a punta; 1875] s. f. *1* Fungo delle Peronosporacee che si sviluppa con un micelio ramificato entro i tessuti delle foglie (*Peronospora*) | Correntemente, fungo delle Peronosporacee, parassita della vite di cui colpisce le foglie e i frutti che presentano macchie bianche (*Plasmopara viticola*) | *P. della patata*, di origine americana in forma di muffa bianca sulle foglie (*Phytophtora infestans*). *2* Malattia causata da tale fungo.

Peronosporàcee [vc. dotta, comp. di *peronospora* e *-acee*; 1954] s. f. pl. (sing. *-a*) ● Nella tassonomia vegetale, famiglia di Funghi dei Ficomiceti parassiti di piante coltivate (*Peronosporaceae*).

peroràre [vc. dotta, lat. *perorāre*, comp. di *per-* e *orāre* 'pregare'. V. *orare*; av. 1543] **A** v. tr. (*io pèroro* o *peròro*) ● Difendere con particolare calore: *il canonico ... perorava la causa dell'amico* (VERGA). **B** v. intr. (aus. *avere*) ● (*lett.*) Fare o pronunciare una perorazione.

peroràto part. pass. di *perorare*; anche agg. ● Difeso, caldeggiato.

perorazióne [vc. dotta, lat. *peroratiōne(m)*, da *perorātus* 'perorato'; 1566] s. f. *1* Discorso in difesa: *una p. appassionata e convincente.* *2* Nella retorica classica, parte conclusiva di un'orazione, che cerca di suscitare commozione in chi ascolta. CONTR. Esordio.

perossìdico agg. (pl. m. *-ci*) ● (*chim.*) Detto di legame covalente fra due atomi di ossigeno caratteristico dei perossidi.

peròssido [fr. *peroxyde*, comp. di *per-* 'per-' e *oxyde* 'ossido'; 1829] s. m. ● (*chim.*) Composto contenente due atomi di ossigeno legati fra loro da un legame covalente, con effetto disinfettante, deodorante, decolorante | *P. d'idrogeno*, acqua ossigenata.

perovskite [ted. *Perowskit*, dal n. dello statista russo del XIX sec. L.A. *Perovskij* col suff. *-it* '-ite (2)'] s. f. ● (*miner.*) Sale di calcio dell'acido titanico in cristalli pseudo-cubici giallo-bruni presente nelle rocce ultrabasiche serpentinizzate | Famiglia di prodotti sintetici analoghi di varia composizione, alcuni dei quali caratterizzati da superconduttività ad alta temperatura.

†**perpèndere** [vc. dotta, lat. *perpĕndere*, comp. di *per-* e *pĕndere* 'pesare'. V. *pendere*] v. tr. ● Giudicare, valutare.

perpendicolàre [vc. dotta, lat. tardo *perpendiculāre(m)*, da *perpendĭculum* 'perpendicolo'; av. 1320] **A** agg. *1* Che segue la direzione del filo a piombo. *2* (*mat.*) Che forma angolo retto: *rette perpendicolari*. SIN. Ortogonale. || **perpendicolarménte**, avv. In direzione perpendicolare. **B** s. f. ● Retta perpendicolare: *tracciare la p. a un piano.*

perpendicolarità [1561] s. f. ● (*raro*) Condizione, posizione o direzione perpendicolare: *la p. di un muro, di una retta.*

perpendìcolo [vc. dotta, lat. *perpendĭculu(m)*, da *perpĕndere* 'pesare esattamente, esaminare, calcolare'. V. †*perpendere*; sec. XIV] s. m. *1* †Filo a piombo | Archipendolo. *2* Linea segnata dal filo a piombo | *A p.*, secondo la perpendicolare.

perpetràre [vc. dotta, lat. *perpetrāre*, comp. di *per-* e *patrāre* 'compiere'. V. *impetrare*; av. 1321] v. tr. (*io pèrpetro* o *poet. perpètro*) ● Commettere, compiere azioni illecite o disoneste: *p. un misfatto, un delitto, un falso.*

perpetratóre [vc. dotta, lat. tardo *perpetratōre(m)*, da *perpetrātus* 'perpetrato'; sec. XIV] agg.; anche s. m. (f. *-trice*) ● (*raro*) Che (o Chi) perpetra.

perpetrazióne [vc. dotta, lat. tardo *perpetratiōne(m)*, da *perpetrātus* 'perpetrato'; sec. XIV] s. f. ● (*raro*) Il perpetrare.

perpètua [dal nome di *Perpetua*, la serva di don Abbondio nei 'Promessi Sposi' del Manzoni; 1838] s. f. ● Domestica di un sacerdote | (*est.*) Donna di servizio vecchia e ciarliera.

perpetuàbile [1871] agg. ● Che si può o si deve perpetuare.

†**perpetuàle** [vc. dotta, lat. *perpetuāle(m)*, nel sign. però di 'generale, universale', da *perpĕtuus* 'perpetuo'; sec. XIII] agg. ● Perpetuo. || †**perpetualménte**, †**perpetualeménte**, avv. In perpetuo.

perpetuàre [1353] **A** v. tr. (*io perpètuo*) ● Rendere perpetuo: *p. il ricordo, la gloria, la memoria, la fama* | Rendere durevole: *p. l'opera di un benefattore.* SIN. Eternare, immortalare. **B** v. intr. pron. ● Eternarsi.

perpetuatóre [av. 1704] agg.; anche s. m. (f. *-trice*) ● Che (o Chi) perpetua: *p. di tradizioni popolari.*

perpetuazióne [av. 1540] s. f. ● Il perpetuare | Conservazione, mantenimento nel tempo: *la p. di una razza*; *la p. del nome suo* (GUICCIARDINI).

perpetuino [da *perpetuo*, perché conserva molto a lungo i colori. Cfr. *sempreverde*, *semprevivo*; 1813] s. m. ● (*bot.*) Semprevivo.

perpetuità o †**perpetuitàde**, †**perpetuitàte** [vc. dotta, lat. *perpetuitāte(m)*, da *perpĕtuus* 'perpetuo'; sec. XIV] s. f. ● Durata ininterrotta e perenne: *la p. del tempo, della fama*; *la p. della storia universale* (VICO). SIN. Perennità.

perpètuo [vc. dotta, lat. *perpĕtuu(m)*, comp. di *per-* e *pĕtere* 'dirigersi, avanzare' (V. *petere*), propr. 'che avanza ininterrottamente'; sec. XIII] agg. *1* Che dura sempre, che è destinato a non finire mai: *dannazione, felicità perpetua* | *A perpetua memoria*, in perenne ricordo | *Carcere, esilio p.*, che dura tutta la vita | *Socio p. di un'accademia*, a vita | *In p.*, perpetuamente | (*dir.*) *Rendita perpetua*, diritto di esigere in perpetuo la prestazione periodica di denaro o altre cose fungibili come corrispettivo dell'alienazione di un immobile. SIN. Perenne. CONTR. Transitorio. *2* Continuo, ininterrotto: *la sua perpetua indecisione ci ha danneggiato gravemente* | *Lampada perpetua*, tenuta accesa giorno e notte su una tomba o davanti a una sacra immagine. CONTR. Provvisorio. *3* (*mecc.*) *Leva perpetua*, puleggia | *Vite perpetua*, vite senza fine, che per ogni giro sposta di un dente la ruota in cui si ingrana. || **perpetuaménte**, avv.

perpetuum, in ● V. *in perpetuum.*

perplessità [vc. dotta, lat. tardo *perplexitāte(m)* 'aggrovigliamento', da *perplĕxus* 'perplesso'; sec. XIV] s. f. ● Condizione o stato di chi è perplesso: *notai con meraviglia la sua p.*; *dopo alcuni giorni di angosciosa p., le nozze furono stabilite* (PIRANDELLO). SIN. Incertezza, irresolutezza. CONTR. Decisione, risolutezza.

perplèsso [vc. dotta, lat. *perplĕxu(m)* 'intricato, confuso', part. pass. di *perplĕctere* 'intrecciare', comp. di *per-* e *plĕctere* 'intrecciare'. V. *plesso*; 1336 ca.] agg. *1* Incerto, titubante, irresoluto: *essere, dimostrarsi p.*; *rimase p. di fronte alla mia proposta* | Sconcertato, poco convinto: *la sua decisione mi lascia p.* | Che rivela dubbio, incertezza: *sguardo p.*; *ore perplesse ... brividi / d'una vita che fugge* (MONTALE). CONTR. Deciso, risoluto.

2 (*raro, lett.*) Ambiguo, complicato. *3* †Inviluppato, avviticchiato. || **perplessaménte**, avv. In modo perplesso.

perquiṣire [ricavato da *perquisizione*; 1871] v. tr. (*io perquiṣisco, tu perquiṣisci*) ● Cercare frugando o rovistando in un luogo, su una persona e sim., allo scopo di trovare cose nascoste, spec. riguardanti un reato: *p. una stanza*; *p. qlcu. alla dogana.*

†**perquiṣitivo** agg. ● Proprio di chi perquisisce.

perquiṣizióne [vc. dotta, lat. tardo *perquisitiōne(m)*, da *perquisītus* 'ricercato'; 1640] s. f. ● Operazione del perquisire: *p. personale, domiciliare*; *mandato di p.*; *fare, operare, eseguire una p.*; *una p. molto accurata.*

†**perrùcca** ● V. *parrucca.*

perscrutàbile [sec. XIV] agg. ● (*lett.*) Che si può perscrutare. CONTR. Imperscrutabile.

perscrutàre [vc. dotta, lat. *perscrutāri*, comp. di *per-* e *scrutāri* 'scrutare'; av. 1472] v. tr. ● (*raro, lett.*) Investigare, scrutare: *p. i fini dell'esistenza.*

perscrutazióne [vc. dotta, lat. *perscrutatiōne(m)*, da *perscrutātus*, part. pass. di *perscrutāri* 'perscrutare'; 1765] s. f. ● (*raro, lett.*) Investigazione, ricerca.

pèrsea [vc. dotta, lat. *pĕrsea(m)*, nom. *pĕrsea*, dal gr. *perséa*, perché ritenuta di orig. persiana; 1835] s. f. ● (*bot.*) Avocado.

persecutivo [formato da *persecut(orio)* con altro suff.; 1898] agg. *1* (*lett.*) Persecutorio. *2* (*psicol.*) Proprio di chi si sente perseguitato: *mania persecutiva.*

persecutóre [vc. dotta, lat. tardo *persecutōre(m)*, da *persecūtus*, part. pass. di *pĕrsequi* 'perseguire'; 1319] agg.; anche s. m. (f. *-trice*) ● Che (o Chi) perseguita: *p. degli ebrei*; *setta intollerante e persecutrice.*

persecutòrio [1958] agg. ● Caratteristico, tipico di chi perseguita: *metodo p.* || **persecutoriaménte**, avv.

persecuzióne [vc. dotta, lat. *persecutiōne(m)* 'inseguimento'; poi (lat. tardo) 'persecuzione', da *persecūtus*, part. pass. di *pĕrsequi* 'perseguire'; av. 1294] s. f. *1* Vessazione o repressione violenta implacabile: *fare qlcu. oggetto di p.*; *la p. degli ebrei.* *2* (*fig.*) Chi (o ciò che) costituisce un disturbo continuo ed esasperante: *le sue visite sono una vera p.*; *non sarebbe stato serio prestar fede alla p. di un certo spirito maligno* (PIRANDELLO). *3* (*psicol.*) ***Delirio, mania di p.***, credenza, non giustificata dalla realtà, di essere vittima di persecuzioni a opera di altre persone. || **persecuzioncèlla**, dim.

perseguènte part. pres. di *perseguire*; anche agg. ● Nei sign. del v. | †Che insegue.

perseguìbile [1935] agg. *1* Che può essere perseguito, conseguito: *un fine difficilmente p.* *2* (*dir.*) Che può essere causa di un'azione penale.

perseguiménto [av. 1848] s. m. ● Attività mirante a perseguire qlco.

perseguìre [vc. dotta, lat. *pĕrsequi*, comp. di *per-* e *sĕqui* 'seguire'; 1313] v. tr. (pres. *io perséguo*; pass. rem. *io perseguìi*, †*perseguètti* (o *-étti*), *tu perseguìsti*) *1* Cercare di raggiungere, di ottenere: *p. uno scopo, un intento* | Applicare la legge contro chi si rende colpevole di un reato o contro il reato stesso: *p. i trafficanti di droga*; *p. il contrabbando.* *2* (*lett.*) Perseguitare: *p. con odio*; *tu me proscritto / barbaramente perseguivi a morte* (ALFIERI). *3* †Proseguire, continuare. *4* (*lett.*) Inseguire | (*lett.*) Seguire.

perseguitàre [sovrapposizione di *seguitare* a *persecuzione*; sec. XIII] v. tr. (*io perséguito*) *1* Fare oggetto di persecuzione: *p. i nemici, i deboli, gli indifesi* | †Cercare di catturare: *p. il reo, i fuggiaschi.* *2* (*fig.*) Infastidire o molestare senza sosta e in modo insopportabile: *mi perseguitano con le loro pressanti richieste.* *3* †Continuare, proseguire.

perseguitàto [av. 1580] **A** part. pass. di *perseguitare*; anche agg. ● Nei sign. del v. **B** s. m. (f. *-a*) ● Chi subisce o ha subito una persecuzione: *i perseguitati politici.*

†**perseguitatóre** [av. 1348] agg.; anche s. m. (f. *-trice*) *1* Persecutore | Insidiatore. *2* †Seguace, prosecutore.

perseguìto A part. pass. di *perseguire*; anche agg. ● Nei sign. del v. **B** s. m. ● †Persecuzione.

†**perseguitóre** [1336 ca.] agg.; anche s. m. (f. *-trice*) *1* (*lett.*) Che persegue uno scopo. *2* Nemico, persecutore. *3* Inseguitore.

Persèidi [da *Perseo*, vc. dotta, lat. *Pĕrseu(m)*, nom. *Pĕrseus*, dal gr. *Perséus*, figlio di Zeus e di Danae, poi n. di una costellazione; 1891] s. f. pl. ● (*astron.*) Sciame meteoritico radiante dalla costellazione del Perseo, che si può osservare, di notte, tra il 9 e l'11 di agosto. SIN. Lacrime di San Lorenzo.

perseverànte [av. 1294] part. pres. di *perseverare*; anche agg. ● Costante, fermo nei propri propositi. || **perseverantemente**, avv. Con perseveranza.

perseverànza [vc. dotta, lat. *perseverāntia(m)*, da *persevērans*, genit. *perseverāntis* 'perseverante'; av. 1294] s. f. ● Fermezza e costanza di propositi, opinioni e opere: *la sua p. è degna di lode*; *mostrare p. nei propri ideali.* SIN. Pertinacia, tenacia. CONTR. Incostanza, mutevolezza.

perseveràre [vc. dotta, lat. *perseverāre*, comp. di *per-* e *sevērus* 'rigoroso, severo', con suff. verbale; av. 1294] **A** v. intr. (*io persèvero*; aus. *avere*) ● Persistere con costanza e fermezza nei propri propositi: *è deciso a p. nell'impresa*; *p. nel male, nel vizio*; *persevera in trovare … cose per quali il tuo ingegno … s'acquista perpetua fama* (ALBERTI). SIN. Insistere. CONTR. Desistere. **B** v. tr. ● †Mantenere costantemente.

†**perseverévole** agg. ● Durevole.

pèrsi ● V. *perdere.*

persiàna [fr. *persienne*, f. sost. di *persien* 'persiano', perché ritenuta originaria della *Persia*; 1771] s. f. ● Imposta esterna di finestra, formata da stecche intelaiate trasversalmente e inclinate in modo da lasciar passare l'aria e difendere dalla luce troppo forte | ***P. a saracinesca, avvolgibile***, a un solo battente, alzabile e abbassabile | ***P. incanalata***, scorrevole entro incassi laterali fatti nel muro.

persianista [1954] s. m. e f. (pl. m. *-i*) ● Chi si occupa di lingua e letteratura persiana moderna.

persianistica [da *persiano*, sul modello di *germanistica* ecc.; 1941] s. f. ● Disciplina relativa allo studio della lingua e della letteratura persiana moderna.

persiàno [av. 1350] **A** agg. *1* Della Persia: *l'impero p.*; *l'antica arte persiana.* *2* (*est.*) Originario della Persia: *pecora persiana* | ***Gatto p.***, con corpo massiccio, arti corti e robusti, testa larga, pelo soffice e abbondante di color bianco, grigio o grigio-azzurro. **B** s. m. *1* (f. *-a*) Abitante, nativo della Persia. *2* Pelle conciata degli agnelli di razza karakul | (*est.*) Pelliccia confezionata con tale pelle: *un p. grigio, marrone, nero.* *3* (*ellitt.*) Gatto persiano. **C** s. m. solo sing. ● Lingua della famiglia indoeuropea parlata in Persia: *p. antico, medievale, moderno.*

pèrsica ● V. *pèsca* (*1*).

persicària [da *persica*, perché le foglie ricordano, per la forma, quelle del *pesco*; av. 1320] s. f. ● Pianta erbacea annua delle Poligonacee comune nei fossi e in luoghi umidi con fiori rosei raccolti in spiga (*Polygonum persicaria*).

persichino [da *persico* (*3*); av. 1347] **A** agg. ● †Che ha il colore del fior di pesco. **B** s. m. ● Varietà di marmo della Versilia, venato di rosso e viola.

pèrsico (**1**) [vc. dotta, lat. *Pĕrsicu(m)*, nom. *Pĕrsicus*, dal gr. *Persikós*, da *Persia* 'Persia'; av. 1474] agg. (pl. m. *-ci*) ● Persiano, spec. in termini geografici: *golfo p.*; *mar p.*

pèrsico (**2**) [etim. incerta: forse longob. **parsik*; 1518] agg.; anche s. m. (pl. m. *-ci*) ● Pesce d'acqua dolce dei Perciformi con corpo compresso di color verdastro a strisce nere verticali sui fianchi (*Perca fluviatilis*).

pèrsico (**3**) [V. *pesco* (*1*)] s. m. (pl. *-ci*) ● (*region., lett.*) Albero del pesco.

♦**persino** [comp. di *per* e *sino*; sec. XIV] avv. ● Perfino.

persistènte [1829] part. pres. di *persistere*; anche agg. *1* Che persiste, che dura: *pioggia, febbre p.* *2* (*bot.*) Detto di organo vegetale che permane sulla pianta per un periodo più lungo del normale. || **persistentemente**, avv.

persistènza [da *persistente*; 1584] s. f. *1* Continua durata: *la p. del cattivo tempo* | (*med.*) ***P. delle immagini***, il permanere, per circa un decimo di secondo, della sensazione luminosa provocata da un'eccitazione, per cui, anche se questa s'interrompe con una frequenza elevata, si ha la sensazione di un'eccitazione continua. *2* (*lett.*) Perseveranza, ostinazione. CONTR. Incostanza.

persìstere [vc. dotta, lat. *persĭstere*, comp. di *per-* e *sĭstere* 'far fermare', da *stāre* 'stare'; sec. XIV] v. intr. (pass. rem. *io persistéi* o *persistètti* (o *-étti*), *tu persistésti*; part. pass. *persistito*; aus. *avere*) *1* (+ *in* qlco.; + *a*, + *in*, seguiti da inf.) Continuare con fermezza e costanza, quasi con ostinazione: *p. in una opinione, nell'errore*; *p. a credere, a negare, a sostenere qlco.*; *persiste nel ricusar le mie nozze* (GOLDONI). SIN. Perseverare, insistere. CONTR. Desistere. *2* Durare a lungo, essere tenace: *la febbre persiste*; *il maltempo persiste.*

persistito part. pass. di *persistere* ● Compiuto con ostinata tenacia.

pèrso (**1**) part. pass. di *perdere*; anche agg. *1* Perduto | Smarrito. *2* ***Tempo p.***, impiegato male | ***A tempo p.***, nei ritagli di tempo | ***Darsi per p.***, per vinto | ***Mettere, dare qlco. per p.***, considerare come perduto | ***Anima persa***, smarrita | ***Spendere a fondo p.***, senza pensare a un guadagno o a un rimborso | ***Avvocato, difensore delle cause perse***, chi si ostina a difendere chi (o ciò che) è ormai inutile difendere | Loc. avv. ***p. per p.***, con riferimento a tentativi che si fanno comunque, anche senza speranza, per mancanza di alternative.

†**pèrso** (**2**) [lat. mediev. *pĕrsu(m)* 'persiano': dal colore di stoffe che provenivano dalla *Persia* (?); av. 1276] **A** agg. ● Di colore bruno che tende al rossiccio. **B** s. m. ● Panno di colore perso.

persolfàto [comp. di *per-* e *solfato*; 1954] s. m. ● (*chim.*) Sale dell'acido persolforico, dotato di azione ossidante, usato spec. sotto forma alcalina nell'imbianchimento di fibre, come disinfettante e in molte operazioni industriali.

persolfòrico [comp. di *per-* e *solforico*; 1954] agg. (pl. m. *-ci*) ● (*chim.*) Detto di composto dello zolfo esavalente che contiene un gruppo perossidico: *anidride persolforica* | ***Acido p.***, peracido dello zolfo, con potere ossidante, la cui soluzione a caldo si decompone in acido solforico e acqua ossigenata.

persolfùro [comp. di *per-* e *solfuro*] s. m. ● (*chim.*) Solfuro contenente una quantità di zolfo superiore a quella necessaria a saturare la massima valenza del metallo.

♦**persóna** [lat. *persōna(m)*, dall'etrusco *phersu* 'maschera'; 1219] s. f. *1* Essere umano in quanto tale: *una p. per bene, onesta, disonesta, ben nota, illustre, sconosciuta*; *una p. di sesso maschile, femminile*; *una riunione di molte persone* | ***Per interposta p.***, per mezzo di un intermediario | ***In p.***, in carne ed ossa | ***Di p.***, personalmente | ***Fatto p.***, personificato: *quell'atleta è la prestanza fisica fatta p.* | ***Pagare di p.***, (*fig.*) assumersi personalmente le conseguenze di qlco. *2* Essere umano in quanto membro della società, dotato di particolari qualità, investito di specifiche funzioni e sim.: *la p. del re è sacra e inviolabile*; *ogni ordine di persone* | ***P. di servizio***, domestico, domestica | (*dir.*) ***Delitti contro la p.***, che ledono l'essere umano fisicamente o moralmente. *3* Corpo e figura umana: *è un abito non adatto alla sua p.*; *avere cura della propria p.* | ***La propria p.***, sé stesso | ***Conoscere di p.***, direttamente | ***In p.***, personificato: *è la furbizia in p.* | ***È il diavolo in p.***, (*fig.*) persona estremamente malvagia. *4* (*dir.*) Titolare di diritti e di doveri | ***P. fisica***, singolo individuo | ***P. giuridica***, organismo unitario costituito da un complesso di persone fisiche e di beni cui lo Stato riconosce capacità giuridica e d'agire per il perseguimento di uno scopo lecito e determinato. *5* †Vita | ***Togliere la p.***, uccidere | ***Perdere la p.***, morire | ***Pena la p.***, con pena di morte. *6* Designazione con cui si indicano separatamente il Padre, il Figlio e lo Spirito Santo nella Trinità: *le tre persone della Trinità*; *un solo Dio in tre persone.* *7* (*ling.*) Categoria grammaticale basata sul riferimento ai partecipanti alla comunicazione e all'enunciato prodotto | ***Prima p.***, quella che parla | ***Seconda p.***, quella a cui si parla | ***Terza p.***, quella di cui si parla | (*fig.*) ***In prima p.***, direttamente: *dramma vissuto in prima p.* *8* †Personaggio: *le persone del dramma* | ***In p. di***, in vece di. || **personàccia**, pegg. | **personcèlla**, dim. | **personcìna**, dim. | **personcino**, dim. m. | **personcióne**, accr. m.

♦**personàggio** [fr. *personnage*, da *personne* 'persona'; 1476] s. m. *1* Persona assai rappresentativa e ragguardevole: *un p. politico di primo piano.*

2 (*fig., scherz.*) Tipo: *uno strano p.*; *un p. buffissimo.* *3* (*est.*) Persona che agisce o che è rappresentata in un'opera teatrale, letteraria, cinematografica e sim.: *i personaggi di un film, di una commedia, di un originale televisivo*; *i caratteri dei personaggi non sono altro … che le note stesse … dell'anima del poeta* (CROCE). *4* †Persona mascherata.

pèrsonal /'personal, *ingl.* 'pʰɜːɹsn̩ł/ [1982] **s. m. inv.** ● Accorc. di *personal computer.*

personal computer /'personal kom'pjuter, *ingl.* 'pʰɜːɹsn̩ł kəm'pʰjuːtəɹ/ [vc. ingl., comp. di *personal* 'personale, individuale' e *computer* (V.); 1979] **loc. sost. m. inv.** (pl. ingl. *personal computers*) ● Elaboratore elettronico di piccole dimensioni, la cui unità centrale è costituita gener. da uno o più microprocessori, di relativo basso costo, buona capacità di calcolo e bassa capacità di memorizzazione di archivi; è utilizzato spec. per calcoli professionali, contabilità domestica o di piccole aziende e sim. SIN. PC.

♦**personàle** [vc. dotta, lat. tardo *personāle(m)*, da *persōna* 'persona'; 1312] **A agg.** *1* Della persona, relativo alla persona, all'individuo: *libertà, interesse, opinione p.* | ***Motivi personali***, che riguardano esclusivamente sé stessi | ***Piacere p.***, fatto a una data persona per favorirla | ***Carte personali***, documenti relativi a una persona | ***Di uso p.***, proprio | ***Biglietto p.***, che vale solo per chi lo possiede | ***Lettera p., strettamente p.***, di carattere del tutto privato | ***Fatto p.***, che riguarda una certa persona | ***Voto p.***, dato di persona e non a mezzo di altro soggetto a ciò delegato | (*sport*) ***Fallo p.***, nella pallacanestro, quello compiuto da un giocatore ai danni di un avversario | ***Record p.***, limite di prestazione individuale. *2* (*ling.*) ***Pronome p.***, che rappresenta una delle tre persone grammaticali | ***Costruzione p.***, con un soggetto determinato | ***Modi personali***, modi del verbo che comportano flessioni indicanti il tempo e la persona, e cioè l'indicativo, il congiuntivo, il condizionale, l'ottativo e l'imperativo. || **personalménte**, **avv.** *1* Di persona: *assistere, intervenire, decidere personalmente.* *2* Per quanto concerne qlcu.: *noi personalmente non l'intendiamo così.* **B s. m.** *1* Il complesso delle persone occupate in un servizio, un'azienda, un ufficio e sim.: *il p. di un ministero, di una fabbrica, di un albergo*; *il p. medico*; *il p. è in assemblea*; *sciopero del p.*; *p. dipendente, direttivo, avventizio.* *2* Figura fisica, in quanto forma e aspetto della persona: *avere un bel p.*; *un p. slanciato, aggraziato.* SIN. Complessione. *3* L'insieme di tutti gli elementi che costituiscono la sfera individuale di una persona: *il p. e il politico*; *parlare del proprio p.* *4* (*tosc.*) Entrata o provento individuale. *5* (*sport, ellitt.*) Nella pallacanestro, fallo personale | Record personale. **C s. f.** ● Esposizione delle opere di un singolo artista vivente. || **personalino**, **dim.**

personalismo [fr. *personalisme*, dall'ingl. *personalism*, da *personal* 'personale'; 1902] **s. m.** *1* Dottrina etico-politica che asserisce il primato dei valori spirituali della persona in opposizione sia all'individualismo che allo statalismo. *2* (*est.*) Tendenza ad agire o a giudicare in base all'interesse proprio o ai sentimenti che si nutrono verso una determinata persona | Favoritismo personale: *basta con i personalismi.*

personalista [da *personalismo*; 1831] **agg.**; anche **s. m. e f.** (pl. m. *-i*) *1* Seguace del personalismo. *2* Che (o Chi) persegue esclusivamente interessi personali.

personalìstico [1954] **agg.** (pl. m. *-ci*) ● Relativo al personalismo | Da personalista.

personalità [vc. dotta, lat. tardo *personalitāte(m)*, da *persōnālis* 'personale'; av. 1406] **s. f.** *1* (*raro*) Condizione di ciò che è personale: *sottolineo la p. delle opinioni esposte.* *2* (*psicol.*) Insieme dei tratti psicologici caratteristici di un individuo, integrati fra loro in modo da costituire quell'unità tipica che si manifesta nelle varie situazioni ambientali | ***P. multipla***, disturbo della personalità in cui nell'individuo esistono due o più personalità distinte, che emergono alternativamente. *3* Persona che occupa una posizione di rilievo in un dato campo, gode di particolare stima, fiducia, considerazione, notorietà e sim.: *una p. della cultura, dello sport.* *4* Il fatto di essere persona giuridica: *p. dello Stato*; *p. giuridica privata, pubblica.*

personalizzàre [1766] **v. tr.** *1* Dare un'impronta personale | Adattare ai gusti, alle necessità e sim. di una persona o di una categoria di persone: *p. un arredamento, un ambiente.* *2* Personificare.

personalizzàto [1969] **part. pass.** di *personalizzare*; anche **agg.** ● Nei sign. del v.: *ambiente p.*; *forma personalizzata di pagamento.*

personalizzazióne [1967] **s. f.** ● Il personalizzare.

personam, ad ● V. *ad personam.*

personàta [vc. dotta, lat. *persōnāta(m)*, agg. f. di *persōna* 'maschera teatrale, dall'aspetto della corolla'] **agg.** solo f. ● (*bot.*) Detto di corolla gamopetala irregolare a due labbra, l'inferiore con una sporgenza che chiude la gola.

personeggiàre [da *persona*; av. 1827] **A v. tr.** (*io personéggio*) ● (*lett.*) Raffigurare, personificare. **B v. intr.** (aus. *-avere*) ● (*raro, lett.*) Rappresentare la parte di qlcu.

personificàre [fr. *personnifier*, comp. di *personne* 'persona' e *-fier* '-ficare'; av. 1788] **v. tr.** (*io personìfico, tu personìfichi*) *1* Rappresentare concretamente qlco. di astratto: *p. l'avarizia.* *2* Essere simbolo di qlco.: *il Presidente della Repubblica personifica lo Stato.*

personificàto **part. pass.** di *personificare*; anche **agg.** ● Rappresentato concretamente, fatto persona: *Che cosa aveva da temere da quella timidezza personificata?* (SVEVO).

personificazióne [fr. *personnification*, da *personnifier* 'personificare'; calco sul gr. *prosōpopoiïa*. V. *prosopopea*; 1819] **s. f.** *1* Il personificare | Rappresentazione in forma di persona di qlco. di astratto: *la dea bendata è la p. della fortuna* | Chi mostra al massimo grado una caratteristica: *è la p. dell'avarizia, della bontà.* *2* (*ling.*) Prosopopea nel sign. 1.

†**perspettiva** [vc. dotta, lat. tardo *perspectīva(m)*, da *perspĕctus*, part. pass. di *perspĭcere* 'penetrare con lo sguardo', comp. di *per-* e *spĕcere* 'guardare'. V. *spettacolo*; 1308] **s. f.** ● Prospettiva.

perspex® /'perspeks/ [marchio registrato ICI; 1958] **s. m. inv.** ● (*chim.*) Nome commerciale del polimetilmetacrilato.

perspicàce [vc. dotta, lat. *perspicāce(m)*, da *perspĭcere*. V. †*perspettiva*; 1336 ca.] **agg.** *1* Che sa penetrare con l'intelligenza nell'intimo delle cose: *un giovanotto p.*; *ingegno, mente p.* SIN. Sagace. *2* (*est.*) Lungimirante: *provvedimento p.* || **perspicaceménte**, **avv.** In modo perspicace, con perspicacia.

perspicàcia [vc. dotta, lat. *perspicācia(m)*, da *pĕrspicax*, genit. *perspicācis* 'perspicace'; 1664] **s. f.** (pl. *-cie*) ● Caratteristica di chi è perspicace | Intelligenza acuta e pronta: *è dotato di grande p.* SIN. Sagacia.

†**perspicacità** [vc. dotta, lat. tardo *perspicacitāte(m)*, da *pĕrspicax*, genit. *perspicācis* 'perspicace'; 1351] **s. f.** ● Perspicacia.

perspicuità o †**perspicuitàde**, †**perspicuitàte** [vc. dotta, lat. *perspicuitāte(m)*, da *perspĭcuus* 'perspicuo'; 1499] **s. f.** ● Caratteristica di ciò che è perspicuo. SIN. Chiarezza, evidenza.

perspìcuo [vc. dotta, lat. *perspĭcuu(m)*, da *perspĭcere*. V. †*perspettiva*; av. 1496] **agg.** *1* †Chiaro, trasparente: *le parti della Luna irregolarmente opache e perspicue* (GALILEI). *2* (*fig.*) Evidente, chiaro: *ragionamento, discorso p.* || **perspicuaménte**, **avv.**

perspiràre [dal fr. *perspirer*, vc. dotta di provenienza lat.: V. *perspirazione*; 1970] **v. tr.** e **intr.** (aus. *avere*) ● (*fisiol.*) Eliminare acqua mediante perspirazione.

perspirazióne [fr. *perspiration*, dal lat. *perspirāre* 'traspirare' (comp. di *pĕr* 'attraverso' e *spirāre* 'spirare (1)'); av. 1729] **s. f.** ● (*fisiol.*) Eliminazione continua di vapor acqueo per diffusione attraverso la cute o per via respiratoria non dovuta ad attività delle ghiandole sudoripare. CFR. Sudorazione, traspirazione.

persuadènte **part. pres.** di *persuadere*; anche **agg.** ● (*lett.*) Convincente | Persuasivo.

persuadére [vc. dotta, lat. *persuadēre*, comp. di *per-* e *suadēre*. V. *suadere*; 1319] **A v. tr.** (pass. rem. *io persuàsi, tu persuadésti*; part. pass. *persuàso*) (qlcu.; *+ a* seguito da inf.; *+ che*; *+ di*) *1* Indurre qlcu. a credere, dire o fare qlco.: *lo persuasero a partire, a restare, a rispondere*; *mi hanno persuaso del contrario, della verità*; *cercava … di persuaderlo che andasse a dormire* (MANZONI); *ci persuasero di ritirarci a Villabella* (NIEVO) | ***Persuade poco***, di cosa o persona che non garba, non ispira fiducia | †***P. a qlcu. il falso, la verità***, fargli credere il falso, la verità. CONTR. Dissuadere. *2* Muovere all'assenso, ottenere un consenso: *non siamo riusciti a persuaderlo* | Soddisfare: *quel tenore non mi ha del tutto persuaso.* SIN. Convincere. **B v. rifl.** (*+ a* seguito da inf.; *+ che*; *+ di*) *1* Indursi a credere, a fare e sim.: *infine si persuase a intervenire* | Convincersi: *ti sei persuaso che ho ragione?*; *si persuase di poter … ottener facilmente il premio proposto* (MARINO). *2* Capacitarsi: *non riesco a persuadermi di quanto mi dite.*

†**persuadévole** [1738] **agg.** ● Adatto a persuadere.

persuadìbile [da *persuadere*; av. 1573] **agg.** ● (*raro*) Persuasibile.

persuaditóre [1871] **agg.**; anche **s. m.** (f. *-trice*) ● (*raro*) Convincente.

persuasìbile [vc. dotta, lat. *persuasībile(m)*, da *persuāsus* 'persuaso'; 1551] **agg.** *1* Di persona che si può persuadere con facilità. *2* (*lett.*) Plausibile: *storia non p.* || **persuasibilménte**, **avv.** In modo da persuadere.

persuasióne [vc. dotta, lat. *persuasiōne(m)*, da *persuāsus* 'persuaso'; 1308] **s. f.** *1* Opera di convincimento nei confronti di qlcu. perché creda, dica o faccia qlcu.: *è bene procedere con la p.*; *la forza della p.* | ***A p.***, per l'opera persuasiva di qlcu., su istigazione altrui | ***Di facile p.***, che si persuade facilmente. CONTR. Dissuasione. *2* Opinione, credenza, convinzione: *le proprie persuasioni*; *p. ragionevole, errata* | (*raro, lett.*) ***P. di sé***, presunzione, vanagloria: *quella falsa p. che l'uom piglia di se stesso* (CASTIGLIONE).

persuasìva [f. sost. di *persuasivo*; 1608] **s. f.** ● Facoltà o capacità di persuadere.

persuasìvo [da *persuaso*; av. 1363] **agg.** *1* Atto a persuadere: *parole persuasive* | (*iron.*) ***Modi, argomenti*** e sim. ***persuasivi***, basati su minacce, violenze e sim. CONTR. Dissuasivo. *2* Che ottiene consenso e successo: *un'esecuzione musicale libera ma persuasiva.* SIN. Convincente. || **persuasivaménte**, **avv.**

persuàso [av. 1536] **part. pass.** di *persuadere*; anche **agg.** *1* Che si è convinto di qlco.: *sono p. che dica la verità*; *ormai è p. della mia buonafede*; *non sono affatto p.* *2* (*raro, lett.*) Rassegnato.

persuasóre [vc. dotta, lat. tardo *persuasōre(m)*, da *persuāsus* 'persuaso'; sec. XV] **s. m.** (f. *persuaditrice*) ● Chi persuade o è abile nel persuadere | (*est.*) Istigatore: *o p. / orribile di mali* (PARINI) | ***Persuasori occulti***, nella tecnica pubblicitaria, quegli esperti che, influenzando i consumatori con adeguati meccanismi psicologici, ne condizionano le scelte.

persuasòrio [vc. dotta, lat. tardo *persuasōriu(m)*, da *persuāsus* 'persuaso'] **agg.** ● (*raro*) Che serve a persuadere.

persùtto ● V. *prosciutto.*

pertànto o (*raro*) **per tànto** [comp. di *per* e *tanto*; 1312] **cong.** *1* Perciò, quindi (con valore concl.): *sono molto occupato in questo periodo, p. dovremo rinviare il nostro incontro*; *sarebbe p. opportuno che non usciste.* *2* (*lett., raro*) Cionostante | ***Non p.***, V. *nonpertanto.*

†**pertenére** o †**partenére** [dal lat. *pertinēre* 'concernere'] **v. intr.** (coniug. come *tenere*; aus. *essere*) ● (*raro*) Riguardare, concernere.

†**pertèrrito** [vc. dotta, lat. *pertĕrritu(m)*, part. pass. di *perterrēre* 'atterrire', comp. di *per-* e *terrēre* 'atterrire', dalla stessa radice indeur. di *trĕmere* 'tremare'; 1476] **agg.** ● (*raro*) Atterrito, sbigottito.

pèrtica [lat. *pĕrtica(m)* 'lungo bastone', poi 'canna per misurare', di etim. incerta; av. 1320] **s. f.** *1* Lungo bastone, palo sottile: *bacchiare le noci con la p.*; *sostenere una pianta con delle pertiche.* *2* Attrezzo ginnico per gli esercizi di arrampicata, consistente in un'asta cilindrica di legno liscio fissata a terra e al soffitto o a una speciale impalcatura. *3* Misura agraria romana di dieci piedi. *4* (*fig., fam.*) Persona molto alta e magra. SIN. Spilungone. || **pertichèlla**, **dim.** | **pertichétta**, **dim.** | **perticóne**, **accr. m.** (V.).

perticàre [da *pertica*; av. 1536] **v. tr.** (*io pèrtico, tu pèrtichi*) *1* (*raro*) Percuotere, battere con la pertica. *2* †Misurare con la pertica.

perticàta [1550] **s. f.** ● (*raro*) Colpo di pertica.

perticóne [av. 1535] **s. m.** *1* Accr. di *pertica.* *2* (f. *-a*) (*fig., fam.*) Persona magrissima e di alta statura. SIN. Spilungone.

pertinàce [vc. dotta, lat. *pertināce(m)*, comp. di *per-* e *tĕnax*, genit. *tenācis*, 'tenace'; 1308] agg. **1** Molto tenace e costante: *carattere p.*; *volontà p.* | Che dimostra pertinacia: *insistenza p.*; *animo p. a correr prima ogni pericolo* (GUICCIARDINI). SIN. Protervo. CONTR. Incostante. **2** (*raro*) Ostinato, pervicace: *peccatore p.* || **pertinacemènte**, avv.

pertinàcia [vc. dotta, lat. *pertinācia(m)*, da *pĕrtinax*, genit. *pertinācis* 'pertinace'; sec. XIV] s. f. (pl. *-cie*) ● Caratteristica di chi è pertinace | Grande fermezza e costanza in propositi, idee, azioni: *difendere con p. le proprie idee.* SIN. Ostinazione.

pertinènte [vc. dotta, lat. *pertinĕnte(m)* 'appartenente', da *pertinēre*. V. *pertenere*; 1342] agg. (assol.; + *a*) **1** Che riguarda direttamente un determinato argomento: *la domanda è p.*; *il tema che stiamo trattando*; *una domanda, un'osservazione non p.*, *poco p.* SIN. Appropriato, attinente, concernente. CONTR. Estraneo. **2** (*ling.*) ***Tratto p.***, caratteristica fonica la cui presenza o assenza nella realizzazione di un fonema provoca un mutamento di significato e permette di distinguere un'unità di significato da un'altra. || **pertinentemènte**, avv. (*raro*) In modo pertinente.

pertinènza [av. 1348] s. f. **1** (assol.; + *con*) Condizione, caratteristica di ciò che è pertinente: *rilevare la p. di un'osservazione*; *la tua critica non ha alcuna p. con l'argomento.* **2** (*dir.*, *raro*) Competenza: *p. per materia, valore, territorio.* **3** (*dir.*, *spec. al pl.*) Cose accessorie destinate in modo durevole a servizio o a ornamento di un'altra cosa principale | ***P. mobiliare***, cosa mobile che è pertinenza di un immobile o di un'altra cosa mobile.

pertinenziàle [1958] agg. ● (*dir.*) Di pertinenza: *vincolo p.* | ***Unità p.***, complesso di elementi che fanno capo alla cosa principale come elementi accessori.

pertìte [dalla città di *Pert(h)*, nel Canada, da dove è originaria, e *-ite* (2); 1958] s. f. ● (*miner.*) Concrescimento regolare e parallelo di ortoclasio e plagioclasio.

pertósse [comp. di *per-* e *tosse*; 1859] s. f. ● Malattia infettiva epidemica acuta delle vie respiratorie, provocata dal batterio *Bordetella pertussis*, caratterizzata da accessi di tosse convulsiva. SIN. Tosse asinina, tosse canina, tosse cattiva.

pertrattàre [vc. dotta, lat. *pertractāre* 'tastare, considerare', comp. di *per-* e *tractāre* 'toccare, trattare'; 1308] v. tr. **1** (*lett.*) Trattare a fondo, esaminare compiutamente. **2** †Maneggiare.

pertrattazióne [vc. dotta, lat. *pertractatiōne(m)*, da *pertractātus* 'pertrattato'; sec. XVI] s. f. ● (*lett.*) Approfondita trattazione.

†**pertugiàre** [lat. parl. **pertusiāre*, da *pertūsus*, part. pass. di *pertŭndere* 'forare', comp. di *pĕr* 'attraverso' e *tŭndere* 'battere'. V. *ottundere*; 1313] v. tr. (*io pertùgio*) ● Bucare, forare: *p. un muro.*

pertùgio o (*dial.*) †**pertùso** [da *pertugiare*; 1313] s. m. ● Buco, foro | (*est.*) Apertura o passaggio estremamente angusti: *cacciarsi, infilarsi, nascondersi in un p.* || **pertugètto**, dim.

perturbaménto [1499] s. m. **1** Agitazione emotiva, turbamento. **2** Tensione o disordine sociale.

perturbàre [vc. dotta, lat. *perturbāre*, comp. di *per-* e *turbāre* 'turbare'; 1312] **A** v. tr. ● Sconvolgere profondamente, apportare grande turbamento, agitazione, squilibrio (*anche fig.*): *p. l'intera città, l'ordine pubblico, l'animo di qlcu.*; *perturbar ed attossicare tutto quel che si trova di bello e buono nell'amore* (BRUNO). **B** v. intr. pron. ● Agitarsi o turbarsi gravemente (*spec. fig.*): *il tempo si sta perturbando*; *il suo animo si perturbò a quelle parole.*

perturbatìvo [1499] agg. ● Atto a perturbare, a sconvolgere.

perturbàto part. pass. di *perturbare*; anche agg. **1** Emotivamente scosso, turbato e sim. **2** Sconvolto profondamente: *ordine sociale p.* | Caratterizzato da perturbazioni: *tempo p.* **3** †Distratto, distolto. || **perturbataménte**, avv. Con perturbazione.

perturbatóre [vc. dotta, lat. tardo *perturbatōre(m)*, da *perturbātus* 'perturbato'; av. 1472] agg.; anche s. m. (f. *-trice*) ● Che (o Chi) perturba o è causa di perturbazione: *elemento p.*; *p. della quiete pubblica.*

perturbazióne [vc. dotta, lat. *perturbatiōne(m)*, da *perturbātus* 'perturbato'; av. 1337] s. f. **1** Stato di grande agitazione, confusione e disordine: *le gravi perturbazioni sociali del secolo.* **2** (*fig.*) Intenso turbamento dell'animo. **3** (*astron.*) Scostamento del moto di un pianeta da un'orbita ellittica intorno al Sole, per effetto del campo gravitazionale degli altri pianeti. **4** (*meteor.*) ***P. atmosferica***, o (*ellitt.*) ***perturbazione***, turbamento, dovuto a cause varie, di uno stato di equilibrio dell'atmosfera; correntemente depressione, cattivo tempo, complesso delle condizioni meteorologiche legate allo sviluppo di un ciclone. **5** (*mat.*) Piccola variazione arbitraria di una funzione, per calcolare soluzioni approssimate di equazioni che non ammettono soluzioni esatte.

†**pertùso** ● V. *pertugio.*

Perù [dalla fama del *Perù*, come paese ricco d'oro; av. 1742] s. m. ● Solo nelle loc. ***valere***, ***spendere***, ***costare un P.***, valere, spendere, costare moltissimo | (*raro*) ***Essere un P.***, essere di grande pregio o valore, detto di persona o cosa.

perugino [1312] **A** agg. ● Di, relativo a, Perugia. **B** s. m. (f. *-a*) ● Abitante, nativo di Perugia.

pèrula [lat. *pērula(m)* 'piccola bisaccia', dim. di *pēra* 'sacca'. V. *pera* (2); 1835] s. f. ● (*bot.*) Fogliolina modificata che riveste la gemma.

peruviàno [1606] **A** agg. ● Del Perù. **B** s. m. (f. *-a*) ● Abitante, nativo del Perù.

pervàdere [vc. dotta, lat. *pervādere*, comp. di *pĕr* 'attraverso' e *vādere* 'andare'; 1843] v. tr. (pass. rem. *io pervàsi, tu pervadésti*; part. pass. *pervàso*) ● Invadere diffondendosi ovunque (*anche fig.*): *il terrore pervase l'animo di molti.*

†**pervagàre** [vc. dotta, lat. *pervagāri*, comp. di *pĕr* 'attraverso' e *vagāri* 'vagare'; 1499] **A** v. tr. ● Scorrere, percorrere (*anche fig.*). **B** v. intr. ● Vagare, errare.

pervasìvo [ingl. *pervasive*, dal lat. *pervāsus*, part. pass. di *pervādere* 'pervadere'; 1951] agg. ● Che pervade, che tende a diffondersi ovunque.

pervàso part. pass. di *pervadere*; anche agg. ● Nel sign. del v. | (*fig.*) Dominato: *animo p. dalla tristezza.*

♦**pervenìre** [vc. dotta, lat. *pervenīre*, comp. di *pĕr* 'attraverso' e *venīre* 'venire'; av. 1250] v. intr. (coniug. come *venire*; aus. *essere*) (+ *a*; + *in*) **1** Giungere, arrivare (*anche fig.*): *le domande devono p. all'ufficio reclami*; *essere … al mondo per niun altro ultimo fine, che di p. alla beatitudine eterna* (BARTOLI); *Quando pervenne in cima alla scala* (PIRANDELLO) | (*fig.*) Riuscire ad arrivare: *p. a una conclusione.* **2** (*lett.* o *tosc.*) Venire in proprietà: *gli pervennero un podere e una rendita consistente.* SIN. Spettare, toccare. **3** †Accadere, avvenire.

pervenùto part. pass. di *pervenire*; anche agg. ● Nei sign. del v.

†**perversàre** [vc. dotta, lat. tardo *perversāre*, da *pervĕrsus* 'rovesciato, stravolto'. V. *perverso*] v. tr. ● Tormentare, vessare.

perversióne [vc. dotta, lat. *perversiōne(m)* 'inversione', da *pervĕrsus*, part. pass. di *pervĕrtere* 'stravolgere'. V. *pervertire*; sec. XIV] s. f. ● (*psicol.*) Comportamento anormale e socialmente condannato, spec. nella sfera sessuale.

perversità o †**perversitàde**, †**perversitàte** [vc. dotta, lat. *perversitāte(m)*, da *pervĕrsus* 'perverso'; av. 1342] s. f. **1** Natura o carattere di chi (o di ciò che) è perverso: *p. d'animo, delle intenzioni*; *un uomo di inumana p.* **2** Azione perversa: *le sue perversità furono punite.* SIN. Iniquità.

pervèrso [vc. dotta, lat. *pervĕrsu(m)* 'stravolto, perverso', part. pass. di *pervĕrtere* 'pervertire'; 1308] agg. **1** Molto malvagio, profondamente incline al male: *uomo p.*; *istinti, sentimenti perversi*; *intenzioni perverse* | Degenerato, vizioso: *atti perversi.* **2** (*fig.*, *lett.*) Avverso, ostile: *stagione perversa*; *quando la perversa fortuna … toglie a perseguitare un uomo, non gli manca mai modi nuovi da mettere in campo contro a lui* (CELLINI). **3** Molto negativo, dannoso: *gli effetti perversi della riforma sanitaria, della scala mobile.* || **perversaménte**, avv. In modo perverso, iniquo.

pervertiménto [da *pervertire*; sec. XIV] s. m. ● Depravazione, perversione: *p. del gusto*; *p. morale.*

pervertìre [vc. dotta, lat. *pervĕrtere* 'sconvolgere', comp. di *per-* 'al di là' e *vĕrtere* 'volgere'; av. 1292] **A** v. tr. (*io pervèrto*) **1** †Stravolgere, guastare, alterare: *p. l'ordine, la struttura, il gusto.* **2** Rendere corrotto, depravato: *p. i cuori, gli animi, la giustizia*; *le cattive amicizie l'hanno pervertito.* SIN. Corrompere. **B** v. intr. pron. ● Divenire corrotto e depravato.

pervertìto [av. 1315] **A** part. pass. di *pervertire*; anche agg. ● Nei sign. del v. **B** s. m. (f. *-a*) ● Chi manifesta perversione sessuale.

pervertitóre [sec. XIV] agg.; anche s. m. (f. *-trice*) ● Che (o Chi) perverte, corrompe: *discorso p.*; *p. dei giovani.*

pervicàce [vc. dotta, lat. *pervicāce(m)*, da *pervĭncere* 'vincere completamente', comp. di *per-* e *vĭncere* 'vincere'; av. 1292] agg. ● Che insiste o si accanisce con ostinazione e caparbietà, spec. in qlco. di negativo: *peccatore p.* SIN. Ostinato, protervo | (*lett.*) Persistente. || **pervicaceménte**, avv.

pervicàcia [vc. dotta, lat. *pervicācia(m)*, da *pĕrvicax*, genit. *pervicācis* 'pervicace'; 1499] s. f. (pl. *-cie*) ● Natura o carattere di chi (o di ciò che) è pervicace. SIN. Ostinazione, protervia.

pervietà [da *pervio*; 1958] s. f. ● (*anat.*) Condizione di un organo cavo quando il suo lume è libero: *p. di un'arteria.*

pervìgile [vc. dotta, lat. *pervĭgile(m)*, comp. di *per-* e *vĭgil*, genit. *vĭgilis* 'vigile'; 1871] agg. ● (*lett.*) Assai vigile.

pervìnca [vc. dotta, lat. *pervĭnca(m)*, di etim. incerta; sec. XIV] **A** s. f. ● Pianta erbacea perenne delle Apocinacee con foglie scure e lucenti e fiori celesti lungamente picciolati, comunissima nelle boscaglie e sotto le siepi (*Vinca minor*) | ***P. maggiore***, a fiori violacei (*Vinca maior*). ➡ ILL. **piante**/8. **B** in funzione di agg. inv. ● (posposto al s.) Che ha il colore azzurro-violaceo caratteristico dei fiori della pianta omonima: *occhi p.*; *camicetta p.* **C** s. m. inv. ● Il colore pervinca.

pèrvio [vc. dotta, lat. *pĕrviu(m)*, comp. di *pĕr* 'attraverso' e *vĭa* 'via, strada'; av. 1375] agg. **1** (*lett.*) Facilmente accessibile, che permette il passaggio: *luogo p.* SIN. Accessibile, praticabile. CONTR. Impervio. **2** (*anat.*) Caratterizzato da pervietà.

pésa [da *pesare*; 1318] s. f. **1** Operazione del pesare: *la p. delle merci.* **2** Luogo dove si compiono le operazioni di peso | ***P. pubblica***, a disposizione del pubblico | Strumento usato per pesare. **3** †Peso, gravezza.

pesabambìni [comp. di *pesa(re)* e il pl. di *bambino*; calco sul fr. *pèse-bébé*; 1954] **A** s. f. o m. inv. ● Bilancia per pesare i bambini, spec. neonati. **B** in funzione di agg. inv. ● Solo nella loc. ***bilancia p.***

pesàbile [av. 1776] agg. ● Che si può pesare.

pesafìltro [comp. di *pesa(re)* e *filtro*; 1954] s. m. (pl. inv. o *-i*) ● Recipiente cilindrico di piccole dimensioni, a chiusura ermetica, usato in chimica analitica spec. per pesare ed essiccare sostanze spesso poste su filtro.

pesage /fr. pə'zaːʒ/ [vc. fr., da *peser* 'pesare'; 1905] s. m. inv. ● Negli ippodromi, il recinto ove si pesano i fantini per le corse al galoppo.

Pesah o **Pesach** /ebr. 'pesax/ [ebr. *pésaḥ* 'Pasqua', propr. 'passaggio (del mar Rosso)'] s. f. inv. ● Pasqua ebraica.

pesalàtte [comp. di *pesa(re)* e *latte*; calco sul fr. *pèse-lait*; 1965] s. m. inv. ● Densimetro per il latte.

pesalèttere o **pesalèttere** [comp. di *pesa(re)* e il pl. di *lettera*; calco sul fr. *pèse-lettre*; 1891] s. m. inv. ● Bilancina per pesare lettere e plichi e regolarne l'affrancatura.

♦**pesànte** [av. 1250] part. pres. di *pesare*; anche agg. **1** Che pesa. **2** Detto di cosa il cui peso è elevato o superiore alla media: *una valigia p.*; *gas pesanti* | (*mil.*) ***Artiglieria p.***, costituita dalle bocche da fuoco di grosso calibro | (*autom.*) ***Trasporto p.***, i camion, gli autotreni e gli autoarticolati | ***Industria p.***, complesso delle industrie meccaniche, metallurgiche e siderurgiche | ***Abiti pesanti***, spessi e caldi | (*chim.*) ***Acqua p.***, ossido di deuterio. **3** Detto di unità monetaria nuova il cui valore nominale è pari a un multiplo della precedente: *franco p.*, *lira p.* **4** (*est.*) Che agisce con forza e violenza | ***Gioco p.***, nel calcio e sim., falloso e scorretto | ***Avere la mano p.***, colpire, punire duramente; (*fig.*) mancare di misura, esagerare; (*fig.*) giudicare con eccessiva severità. **5** (*est.*) Che impaccia od ostacola provocando un'impressione di pesantezza: *testa p.*; *stomaco p.* | ***Sonno p.***, profondo | ***Cibo p.***, difficile da digerire | ***Occhi, palpebre pesanti***, appesantiti dalla fatica, dal sonno. **6** Che esige un notevole sforzo, molta fatica, grande resistenza fisica e sim.: *lavoro p.* | Difficile, impegnativo: *un esame piuttosto p.* | (*sport*) ***Atletica p.***, quella che, un tempo, comprendeva lotta e sollevamento pesi | (*sport*) ***Terreno p.***, quello di un campo di gioco o di corsa, particolarmente molle per la pioggia. ***7*** (*fig.*) Che opprime, grava, annoia, molesta e sim.: *silenzio p.*; *persona p.*; *un discorso p.* | ***Aria p.***, afosa, greve; (*fig.*) atmosfera tesa, opprimente | ***Battuta p.***, priva di gusto, di spirito, volgare | ***Droghe pesanti***, quelle che, come l'eroina, la morfina e la cocaina, producono notevoli alterazioni dell'equilibrio psicofisico e/o dipendenza fisica o psichica. ***8*** (*fig.*) Tardo nei movimenti, privo di agilità: *corpo massiccio e p.*; *andatura, passo p.*; *è molto p. nel muoversi* | (*est.*) Greve, enfatico: *stile p.*; *prosa p.* ***9*** (*fig.*) Grande, gravoso: *pesanti responsabilità*; *p. eredità* | Grave, preoccupante: *una situazione economica p.*; *danno p.* || **peṣanteménte**, **avv.** In modo pesante; con tutto il peso del corpo: *cadde pesantemente a terra.*

peṣantézza [1733] **s. f.** ***1*** Caratteristica di ciò che è pesante (*anche fig.*): *la p. di una valigia, di uno stile, di un discorso.* **SIN.** Gravosità. **CONTR.** Leggerezza. ***2*** Senso di peso, dovuto a varie cause: *p. di stomaco, di testa.*

†**peṣànza** [av. 1250] **s. f.** ● (*fig.*) Angoscia, affanno.

peṣapersóne [comp. di *pesa(re)* e il pl. di *persona*; 1971] **A s. f. o m. inv.** ● Bilancia di piccole dimensioni, oppure automatica, che fornisce il valore del peso di una persona. **B** in funzione di **agg. inv.** ● Solo nella loc. ***bilancia p.***

♦**peṣàre** [lat. *pensāre*. V. *pensare*; 1264] **A v. tr.** (*io péṣo*) ***1*** Sottoporre qlcu. o qlco. ad apposite misurazioni per stabilirne il peso: *p. alla, con la bilancia, la stadera*; *p. un bambino, una partita di merci, una cassa.* ***2*** (*fig.*) Sottoporre qlco. ad attenta analisi, per valutarne l'importanza, il significato e sim.: *bisogna p. accuratamente il pro e il contro della sua proposta* | ***P. le parole***, pensarci bene prima di pronunciarle | ***P. le persone***, giudicarle | ***P. con la bilancia del farmacista, dell'orefice***, considerare con eccessivo scrupolo o minuziosità. **B v. intr.** (aus. *avere* o *essere*) ***1*** Avere un determinato peso: *p. un kilogrammo, pochi grammi, una tonnellata* | ***P. quanto un masso, come piombo e sim.***, pesare molto, essere di notevole peso | ***P. quanto una piuma***, essere leggero, pesare poco | (*est.*) Essere pesante: *come pesa questa valigia!* ***2*** (*fig.*) Essere o riuscire gravoso, duro, spiacevole e sim.: *tu sapessi come, quanto mi pesa scrivere!*; *gli anni cominciano a p.* | ***P. sulle spalle di qlcu.***, detto di persona, farsi mantenere; detto di cosa, gravare | ***P. sullo stomaco***, (*fig.*) di cibo indigesto | ***P. sulla coscienza***, di rimorso che non si cancella, di cattiva azione che produce continuo rimorso e sim. | (*est.*) Dispiacere, rincrescere: *i tuoi affanni mi pesano.* ***3*** (*fig.*) Essere importante, essere in grado di influire su qlco. in modo determinante: *in sede di voto la sua notorietà peserà molto*; *decisioni che peseranno sul nostro futuro* | (*fig.*) ***Far p. qlco. a qlcu.***, esagerare l'importanza della propria condizione; esagerare le mancanze altrui: *fa sempre p. i suoi grossi guadagni*; *mi fa sempre p. l'errore che ho commesso.* ***4*** (*fig.*) Incombere: *una grave minaccia pesava su di lui.* **C v. rifl.** ● Sottoporsi alle necessarie misurazioni per conoscere il proprio peso: *mi sono pesata ieri in farmacia.*

peṣarése A agg. ● Di Pesaro. **B s. m. e f.** ● Abitante, nativo di Pesaro.

peṣàta [1868] **s. f.** ***1*** Operazione del pesare. ***2*** Quantità di roba pesata in una volta. || **peṣatìna**, **dim.**

peṣàto [av. 1292] **part. pass.** di *pesare*; anche **agg.** ● Nei sign. del v. || **peṣataménte**, **avv.** (*raro*) Consideratamente.

peṣatóre [av. 1306] **s. m.** (f. *-trice*) ● Chi pesa, chi è addetto alle operazioni di pesatura | ***P. pubblico***, un tempo, verificatore municipale del peso nei mercati alimentari.

peṣatùra [1311] **s. f.** ***1*** Operazione del pesare. ***2*** †Gabella del peso.

♦**pésca** (**1**) o (*lett., dial.*) **pèrsica** [lat. *pĕrsica*, nt. pl. di *pĕrsicum* 'pesca', propr. '(frutto) della Persia', da *Pĕrsia* 'Persia'; sec. XIII] **A s. f.** ***1*** Frutto del pesco | ***P. cotogna***, percoca, percoco | ***P. noce***, V. *nocepesca* | ***P.*** (***alla***) ***Melba***, pesca sciroppata servita su un gelato alla vaniglia, con guarnizione di salsa di lamponi, panna montata e pezzetti di mandorle (dal n. della soprano australiana N. Melba (1861-1931) cui il grande cuoco A. Escoffier (1847-1935) la dedicò). ***2*** (*tosc.*) Lividura di percosse | Percossa che lascia il segno. ***3*** (*fig., fam.*) Occhiaia, borsa sotto gli occhi: *la ragazza così gracile, così pallidina, con quelle pesche sotto gli occhi* (VERGA). **B** in funzione di **agg. inv.** ● (posposto al s.) Che ha il colore del frutto omonimo | ***Rosa p.***, rosa lievemente aranciato. || **peschétta**, **dim.** | **peschìna**, **dim.** | **pescùccia**, **dim.**

♦**pésca** (**2**) [da *pescare*; 1534] **s. f.** ***1*** Attività del pescare: *andare a p.*; *p. d'altura, professionale, di frodo, abusiva* | ***P. al lancio***, effettuata spec. con esche artificiali e con canne speciali munite di mulinello. **SIN.** Spinning. | ***P. a mosca***, effettuata con esche artificiali e coda di topo | ***P. subacquea***, effettuata nuotando sotto la superficie con particolari tecniche e attrezzature | ***P. a strascico***, effettuata radendo il fondo con reti a strascico | ***P. sportiva***, attività agonistica regolamentata da una apposita federazione; (*est.*) quella svolta a pagamento in specchi d'acqua appositamente riforniti di pesci. ➡ **ILL. pesca.** ***2*** (*est.*) L'insieme dei pesci e sim. presi in un'unica spedizione o uscita: *p. abbondante, ricca, scarsa, povera, magra*; *vendere la p. della giornata.* ***3*** (*raro, est.*) Ricerca di cosa o persona caduta in acqua. ***4*** (*fig.*) Specie di lotteria con biglietti in parte bianchi e in parte recanti un numero cui corrisponde un premio: *p. di beneficenza.*

pescàggio [da *pescare*; 1900] **s. m.** ● Immersione di un galleggiante.

pescagióne [vc. dotta, lat. tardo *piscatiōne(m)*, da *piscāri* 'pescare'; sec. XIV] **s. f.** ***1*** Pésca. ***2*** (*mar., disus.*) Pescaggio.

pescàia [lat. *piscāria(m)*, nel sign. di 'pescheria', f. sost. di *piscārius* 'relativo ai pesci', da *pĭscis* 'pesce'; sec. XIII] **s. f.** ● Sbarramento collocato lungo il corso di un fiume, fatto di legno, pietre o sim. | (*est.*) Chiusa.

pescaiòlo o †**pescaiuòlo** [da *pescaia*; av. 1348] **s. m.** ● Palizzata, muratura o altra struttura posta trasversalmente in un fiume per sollevarne il livello dell'acqua | Sbarramento utilizzato per la pesca.

pescanóce [sec. XVI] **s. f.** (pl. *peschenóci*) ● (*bot.*) Nettarina.

♦**pescàre** [lat. *piscāri*, da *pĭscis* 'pesce'; av. 1182] **A v. tr.** (*io pésco, tu péschi*) ***1*** Catturare, o cercare di catturare, pesci o altri animali acquatici usando attrezzature come rete, amo, nassa, fiocina e sim.: *p. tonni, anguille, polpi, granchi* | ***P. nel torbido***, (*fig.*) sfruttare una situazione poco chiara, ambigua e sim. | (*est.*) Recuperare o tirar fuori dall'acqua: *p. un annegato*; *ho pescato il mio orologio.* ***2*** (*fig.*) Riuscire a trovare, a reperire e sim.: *ho pescato la notizia nelle sue vecchie carte*; *p. una citazione*; *dove hai pescato quel libro?*; *ha pescato la persona adatta.* ***3*** (*fig.*) Cogliere, sorprendere qlcu. in flagrante: *fu pescato con le mani nel sacco.* ***4*** Prendere a caso una carta da gioco dal mazzo, un pezzo di domino dal mucchio e sim. ***5*** Tirare a sorte biglietti di lotteria: *p. nell'urna.* **B v. intr.** (aus. *avere*) ● Detto di qualsiasi natante, avere lo scafo immerso nell'acqua per una certa altezza: *il motoscafo pesca due metri.*

†**pescarèccio** ● V. *peschereccio.*

pescarése A agg. ● Di, relativo a, Pescara. **B s. m. e f.** ● Abitante, nativo di Pescara.

†**pescarìa** ● V. *pescheria.*

pescàta [av. 1535] **s. f.** ● Attività del pescare | Battuta di pesca | Quantità di pesce pescato in una sola volta.

pescàtico [da *pescare*; 1958] **s. m.** (pl. *-ci*) ● Anticamente, tributo in denaro o in natura che la persona ammessa a pescare doveva al signore del luogo.

pescàto A part. pass. di *pescare*; anche **agg.** ● Nei sign. del v. **B s. m.** ● Quantità di pesce pescata in un dato periodo di tempo.

♦**pescatóre** [lat. *piscatōre(m)*, da *piscāri* 'pescare'; sec. XII] **A s. m.** (f. *-trice*, raro *-tora*, nel sign. 1) ***1*** Chi esercita la pesca: *p. professionale*; *villaggio di pescatori.* ***2*** (*per anton.*) San Pietro | ***Anello del p.***, sigillo dei brevi pontifici che porta l'immagine di San Pietro pescatore. ***3*** (*mar., disus.*) Grosso gancio che veniva incocciato alla varea del pennone di trinchetto ovvero a una piccola gru in coperta, per recuperare l'ancora con ceppo dopo salpata e presentarla sulla scarpa. ***4*** (*min.*) Attrezzo con cui si estraggono dai fori di sonda oggetti che vi siano accidentalmente caduti. ***5*** Nella loc. agg. e avv. ***alla pescatora***, secondo l'uso dei pescatori | ***Risotto alla p.***, con frutti di mare. || **pescatorèllo**, **pegg.** | **pescatorùccio**, **pegg. B agg.** ● Detto di animali che si nutrono prevalentemente di pesci: ***martin p.***, V. *martino*; ***rana pescatrice***, V. *rana.*

pescatòrio ● V. *piscatorio.*

pescatrìce [1646] **s. f.** ● (*zool.*) Rana pescatrice.

pescaturìṣmo [comp. di *pesca* e *turismo* sul modello di *agriturismo*; 1997] **s. m.** ● Particolare tipo di attività turistica che consiste nel partecipare a una uscita in mare su un peschereccio seguendo le attività di pesca e collaborandovi.

♦**pésce** [lat. *pĭsce(m)*, di orig. indeur.; 1250] **s. m.** ***1*** Ogni animale vertebrato acquatico appartenente alla classe dei Pesci | ***P. ago***, singnatiforme a corpo sottilissimo bruno verdastro, comune lungo le coste mediterranee (*Syngnathus acus*) | ***P. angelo***, squadro | ***P. cane***, squalo | ***P. cappone***, denominazione di varie specie di Pesci dell'ordine degli Scorpeniformi; **SIN.** Gallinella | ***P. chitarra***, rinobato | ***P. combattente***, betta | ***P. farfalla***, pteroide | ***P. gatto***, siluriforme delle acque dolci americane ed europee, caratterizzato dal capo tozzo, appiattito e da lunghi barbigli impiantati attorno alla bocca (*Ameiurus nebulosus*) | ***P. imperatore***, luvaro | ***P. istrice***, diodonte | ***P. lucerna***, perciforme grigio brunastro, con occhi nella parte superiore del capo, che può rigonfiare fortemente l'addome (*Uranoscopus scaber*). **SIN.** Uranoscopo | ***P. luna***, lampridiforme a corpo compresso dai magnifici colori rosso, azzurro, rosa e argento, comune nei mari caldi (*Lampris regius*) | ***P. lupo***, spigola | ***P. martello***, squalo con capo arrotondato estendentesi lateralmente con due lobi alle cui estremità stanno gli occhi, viviparo presente nel Mediterraneo (*Sphyrna zygaena*) | ***P. palla***, tetrodontiforme del Mediterraneo, massiccio e spinoso, con grossi caratteristici denti e capacità di rigonfiarsi a palla (*Ephippion maculatum*). **SIN.** Tetraodonte | ***P. pappagallo***, scaro | ***P. persico***, V. *persico* | ***P. pilota***, perciforme comune nel Mediterraneo, grigiastro a fasce trasversali scure, che ha l'abitudine di accompagnare i grandi squali e le navi (*Naucrates ductor*) | ***P. pipistrello***, teleosteo marino con grosso capo di forma triangolare che si prolunga anteriormente con un corno, rivestito lungo il capo e il corpo di protuberanze ossee (*Oncocephalus vespertilio*) | ***P. porco***, squalo del Mediterraneo, tozzo, grigio nerastro, a muso ottuso (*Oxynotus centrina*) | ***P. prete***, uranoscopo, pesce lucerna | ***P. ragno***, trachino | ***P. rondine***, dattilottero. **SIN.** Rondine di mare | ***P. rosso***, carassio dorato | ***P. San Pietro***, ***p. sampietro***, zeiforme comune nel Mediterraneo con capo compresso e piastre ossee al margine dorsale e ventrale (*Zeus faber*) | ***P. sega***, selacio con caratteristico rostro cartilagineo munito ai lati di robusti denti, raro nel Mediterraneo (*Pristis pristis*) | ***P. siluro***, V. *siluro* (*1*) | ***P. spada***, perciforme lungo fino a 5 m, privo di squame, nero, con il muso allungato in una spada appuntita, nuotatore velocissimo, pescato nei mari dell'Italia merid. per le carni molto pregiate (*Xiphias gladius*) | ***P. tamburo***, mola, pesce luna | ***P. tigre***, piranha | ***P. trombetta***, pesciolino a corpo ellissoidale e allungato, con muso tubulare e occhi sviluppatissimi (*Centriscus scolopax*) | ***P. violino***, rinobato | ***P. vela***, ***p. ventaglio***, istioforo | ***P. volante***, esoceto | (*fig.*) ***A spina di p.***, V. *spina*, sign. 6 | (*fig.*) ***P. d'aprile***, burla che si usa fare il primo giorno d'aprile | (*fig.*) ***Essere sano come un p.***, essere in perfetta salute | (*fig.*) ***Muto come un p.***, detto di chi tace ostinatamente | (*fig.*) ***Nuotare come un p.***, molto bene | (*fig.*) ***Non sapere che pesci prendere***, non sapere come agire per risolvere qlco. | (*fig.*) ***Sentirsi un p. fuor d'acqua***, detto di chi si trova a disagio in una data situazione o ambiente | (*fig.*) ***Non essere né carne né p.***, non essere ben definito né definibile, detto di persona o cosa | (*fig.*) ***Fare il p. in barile***, mostrare indifferenza, far finta di nulla | (*fig.*) ***Buttarsi a p. su qlco.***, accoglierla con entusiasmo | (*fig.*) ***Pesci piccoli, grossi***, persone rispettivamente di scarso o forte potere | ***Prendere a pesci in faccia***, (*fig.*) trattare qlcu. in modo villano e umiliante. ➡ **ILL. animali 5-7**; **zoologia generale** | **CFR.** ittio-. ***2*** La carne degli animali vertebrati acquatici: *p. fresco, surgelato, sott'olio, affumicato, salato* | ***P. azzurro***, acciughe, sardine, sgombri | ***P. a carne rossa***, tonno, salmone e storione | ***P. da taglio***, carne di

pescino

pesce senza lisca, come pescecane, rombo e sim. | *P. grasso*, anguilla, salmone, aringa | *P. magro*, merluzzo, luccio, sogliola. **3** Pietanza di pesce: *p. fritto, lesso, in umido; p. con maionese, marinato*. **4** In varie loc. indicanti prodotti ottenuti mediante lavorazione del pesce | *Colla di p.*, ittiocolla | *Olio di p.*, ottenuto per ebollizione in acqua di alcuni pesci, impiegato nella concia delle pelli, nella fabbricazione di saponi, nella preparazione di oli idrogenati | *Farina, polvere di p.*, ottenuta da pesci non commestibili, cotti, seccati e sbriciolati, usata come concime o alimento di animali domestici. **5** In tipografia, salto di composizione. || **pescerèllo**, dim. | **pescétto**, dim. (V.) | **pesciàccio**, pegg. | **pesciarèllo**, dim. | **pesciatèllo**, dim. | **pescino**, dim. (V.) | **pesciolino**, dim. (V.) | **pesciòne**, accr. | **pesciòtto**, dim. | **pescitèllo**, dim. | †**pesciuòlo**, dim. | †**pesciùzzo**, dim.

pescecàne o (*raro*) **pésce càne** [comp. di *pesce* e *cane*; 1481] s. m. (pl. *pescicàni* o *pescecàni*) **1** Correntemente, squalo. **2** (*fig.*) Commerciante, industriale e sim. che si è arricchito rapidamente, spec. speculando, in situazioni di guerra o dopoguerra.

pescèra ● V. *pesciera*.

pescétto s. m. **1** Dim. di *pesce*. **2** Pasta dolce in forma di piccolo pesce.

pescheréccio o †**pescaréccio** [da *pescare*; 1532] **A** agg. (pl. f. *-ce*) **1** Relativo alla pesca: *industria peschereccia*. **2** †Pescoso. **B** s. m. ● Imbarcazione attrezzata per la pesca professionale.

pescherìa o †**pescarìa** [dal lat. *piscāria* (V. *pescaia*), sul modello di *drogheria*; av. 1350] s. f. **1** Negozio in cui si vende pesce. **2** (*sett.*) Misto di pesciolini, per frittura. SIN. Minutaglia. **3** †Pesca.

peschéto [da *pesco*; 1958] s. m. ● Piantagione di peschi.

peschicolo [comp. di *pesco* e *-colo*; 1958] agg. ● Relativo alla coltivazione del pesco: *regione peschicola*.

peschicoltóre [comp. di *pesco* e *-coltore*; 1958] s. m. (f. *-trice*) ● Chi si dedica alla peschicoltura.

peschicoltùra [comp. di *pesco* e *coltura*; 1958] s. f. ● Coltivazione del pesco.

peschièra [da *pescare*; sec. XIII] s. f. **1** Vivaio per pesci. **2** †Luogo di pesca.

†**peschio** [lat. *pěssulu(m)*, nom. *pěssulus*, dal gr. *pássolos*, di orig. indeur.] s. m. ● (*tosc.*) Chiavistello.

Pésci (1) s. m. pl. ● Nella tassonomia animale, classe di Vertebrati acquatici forniti di pinne, con corpo generalmente fusiforme rivestito di squame o scaglie, respirazione branchiale, scheletro cartilagineo o osseo (*Pisces*) | *P. cartilaginei*, classe di Pesci con scheletro cartilagineo | *P. ossei*, classe di Pesci con scheletro osseo. ➡ ILL. **animali**/5-7.

Pésci (2) **A** s. m. pl. **1** (*astron.*) Ultima costellazione dello zodiaco, nella quale cade l'equinozio di primavera. **2** (*astrol.*) Dodicesimo e ultimo segno dello zodiaco, compreso fra i 330 e 360 gradi dell'anello zodiacale, che domina il periodo compreso fra il 19 febbraio e il 20 marzo. ➡ ILL. **zodiaco**. **B** s. m. e f. inv. ● Persona nata sotto il segno dei Pesci.

pesciaiòla o (*raro*) **pesciaiuòla** [da *pesce*; 1863] s. f. **1** Venditrice di pesce. **2** Pesciera. **3** (*zool.*) Monaca.

pesciaiòlo o (*raro*) **pesciaiuòlo** [av. 1348] s. m. (f. *-a*) ● Venditore di pesce. SIN. Piscivendolo.

pesciaiuòla ● V. *pesciaiola*.

pesciaiuòlo ● V. *pesciaiolo*.

pescicoltóre ● V. *piscicoltore*.

pescicoltùra ● V. *piscicoltura*.

pescièra o **pescèra** [da *pesce*; 1885] s. f. ● Recipiente ovale per lessarvi il pesce, con un secondo fondo sollevabile | Vassoio per servire in tavola il pesce.

pescino [1941] **A** s. m. **1** Dim. di *pesce*. **2** Imbarcazione piccola e leggera per una sola persona, usata nella caccia in palude. **B** agg. ● †Di pesce.

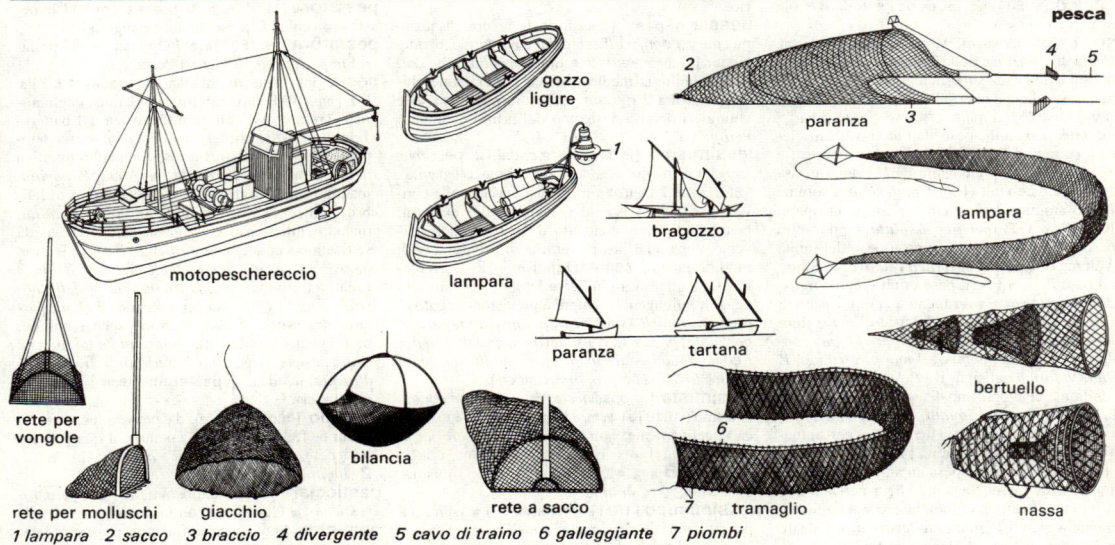

pesca

motopescheraccio, gozzo ligure, paranza, bragozzo, lampara, paranza, tartana, lampara, bertuello, rete per vongole, rete per molluschi, giacchio, bilancia, rete a sacco, tramaglio, nassa

1 lampara *2* sacco *3* braccio *4* divergente *5* cavo di traino *6* galleggiante *7* piombi

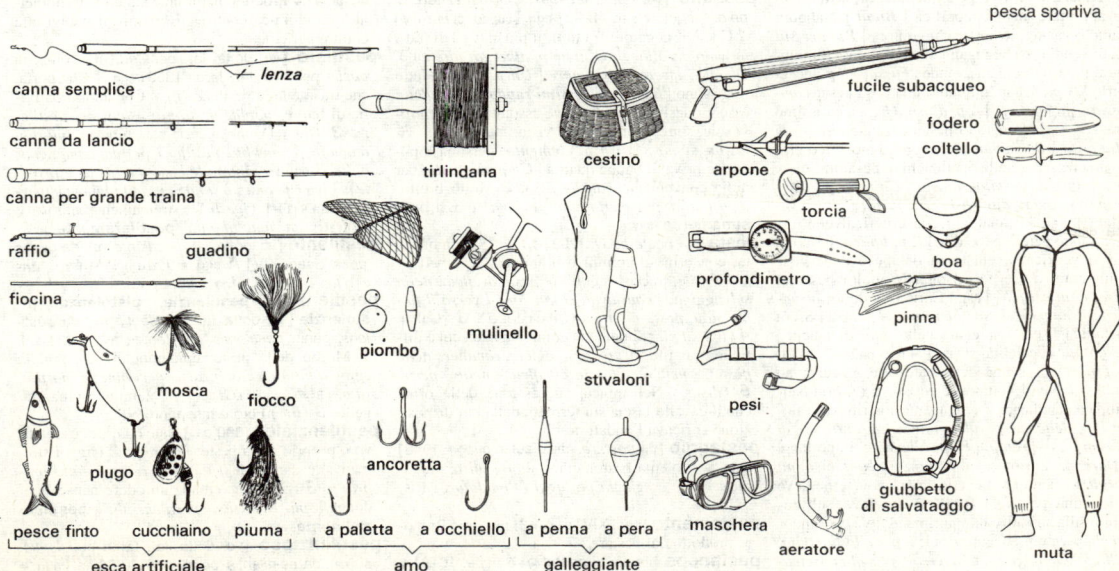

pesca sportiva

canna semplice, lenza, canna da lancio, canna per grande traina, raffio, guadino, tirlindana, cestino, fucile subacqueo, fodero, coltello, arpone, torcia, fiocina, piombo, mulinello, profondimetro, boa, stivaloni, pinna, mosca, fiocco, pesi, plugo, cucchiaino, piuma, ancoretta, a paletta, a occhiello, a penna, a pera, maschera, aeratore, giubbetto di salvataggio, muta, pesce finto

esca artificiale — amo — galleggiante

pesciolino [av. 1375] s. m. *1* Dim. di *pesce*. *2* (*zool.*) *P. d'argento*, lepisma.

†**pescióso** agg. ● Di pesce.

pescivéndolo [comp. di *pesce* e *-vendolo*, ricavato da *vendere*; 1526] s. m. (f. *-a*) ● Venditore di pesce al mercato o in una bottega.

♦**pèsco** [lat. *pĕrsicu(m)*. V. *pesca* (*1*); av. 1320] s. m. (pl. *-schi*) *1* Alberetto delle Rosacee a foglie lanceolate e seghettate, fiori rosei che appaiono prima delle foglie, frutti commestibili (*Prunus persica*). ➡ ILL. **piante**/6. *2* †Pesca.

pesconóce [comp. di *pesco* e *noce*; 1972] s. m. (pl. *peschinoce*) ● (*bot.*) Nocepesco.

pescosità [1958] s. f. ● Caratteristica di mari, fiumi, laghi e sim. ricchi di pesce.

pescóso o †**piscóso** [vc. dotta, lat. *piscōsu(m)*, agg. di *pĭscis* 'pesce'; av. 1566] agg. ● Abbondante, ricco di pesce: *vuotate le chiuse pescose fra graticci di canne* (BACCHELLI).

peséta /*sp.* pe'seta/ [sp., dim. di *peso* (*3*) (V.); 1871] s. f. (pl. *pesète* o sp. *pesetas*) ● Unità monetaria circolante in Spagna e anche in Andorra. SIMB. Pta.

pesièra [1958] s. f. ● Cassetta contenente una serie completa di pesi per la bilancia | La serie stessa.

pesista [1942] s. m. e f. (pl. m. *-i*) ● Chi pratica il sollevamento pesi | Chi lancia il peso.

pesìstica [1942] s. f. ● Sollevamento pesi.

pesìstico [1958] agg. (pl. m. *-ci*) ● Relativo alla pesistica e ai pesisti.

♦**péso** (*1*) [lat. *pēnsu(m)*. V. *penso*; av. 1292] s. m. *1* Forza di attrazione della Terra sui corpi posti in prossimità della sua superficie, proporzionale alla loro massa, dipendente dalla latitudine e dall'altezza sul livello del mare. CFR. bari-, baro-, -baro | ***P. atomico assoluto***, peso dell'atomo di un elemento chimico | ***P. atomico relativo***, rapporto fra la massa di un dato elemento e 1/12 della massa atomica del Carbonio-12 | ***P. molecolare***, somma dei pesi atomici degli elementi che fanno parte della molecola | ***P. specifico assoluto***, rapporto fra il peso e il volume di un corpo o peso dell'unità di volume di esso | ***P. specifico relativo***, rapporto tra il peso del corpo e il peso di un volume uguale di una sostanza di riferimento | (*est.*) Misura di tale forza, determinata con bilance di vario tipo: *calcolare il p. di un carico, di una valigia*; *controllare il p. di un neonato*; *il mio p. è 70 kg* | ***P. forma***, V. *forma* nel sign. B | ***P. lordo***, complessivo della merce e dell'imballaggio | ***P. netto***, della sola merce | ***P. condizionato***, quello che avrebbe la merce se in essa fosse contenuta una percentuale fissa prestabilita di umidità | ***Far p.***, essere pesante | ***P. morto***, quanto pesa un animale ucciso o, trattandosi di merci, la tara; (*fig.*) persona che non ha iniziative né autonomia e si appoggia totalmente a qlcu. | ***Pigliare, sollevare di p.***, alzare qlcu. o qlco. da terra di slancio, in un solo sforzo | ***Prendere di p.***, (*fig.*) copiare integralmente, senza apportare alcuna modifica | ***Buon p.***, abbondante e vantaggioso per chi compra | ***Rubare sul p.***, di venditore che inganna il compratore diminuendo il peso di ciò che vende | ***Passare il p.***, eccederlo | ***A p.***, secondo quanto una cosa pesa: *comperare, pagare a p.* | ***A p. d'oro***, (*fig.*) a carissimo prezzo | (*est.*) Senso di pesantezza: *sentire un p. alla testa, allo stomaco*. *2* Oggetto metallico graduato che serve nelle operazioni di pesatura: *un p. di un etto, di un kilogrammo* | ***Unità di p.***, kilogrammo | ***Usare due pesi e due misure***, (*fig.*) valutare fenomeni analoghi con criteri diversi, dimostrando perciò parzialità | ***P. pubblico***, luogo in cui si verifica la giustezza del peso delle cose comperate. *3* Corpo od oggetto molto pesante: *però, è un bel p.!* | (*est.*) Carico, fardello: *portare pesi*; *un p. eccessivo, enorme*. *4* (*sport*) Sfera metallica liscia impiegata nelle gare di lancio | (*est.*) La specialità stessa. ➡ ILL. p. 2147 SPORT. *5* (*sport*) Ciascuna delle categorie in cui sono suddivisi pugili, lottatori e pesisti. *6* (*sport*) Nell'ippica, handicap. *7* (*fig.*) Autorità, rilievo, valore: *il p. delle sue parole è notevole*; *sono cose di nessun p., di gran p.* | ***Di p.***, rilevante, importante | ***Dare p.***, attribuire importanza | ***Non bisogna dargli p.***, non ci si deve far caso, non se ne deve tener conto. *8* (*fig.*) Tutto ciò che grava sull'uomo o sulla sua attività, opprimendolo e causandogli angosce e preoccupazioni: *il p. della famiglia, della fatica, degli anni*; *avere un p. sulla coscienza*; *liberarsi di un p.* | ***Essere un p. per qlcu.***, ***essere di p. a qlcu.***, arrecargli noia, fastidi e preoccupazioni, anche di natura economica: *non vuole essere di p. ai figli* | (*est.*) Onere od obbligo finanziario: *il p. di un'ipoteca*; *il p. delle imposte*. || **pesétto**, dim. | **pesino**, dim. | **pesóne**, accr. | **pesùccio**, **pesùzzo**, dim.

péso (*2*) [da *pesare*] agg. ● (*tosc.*, *fam.*) Pesante: *oggetto molto p.*; *la bottiglia di cristallo era pesa*: *il braccino esile sembrava non arrivasse a reggerla* (GADDA) | (*fig.*) Noioso: *quella donna è proprio pesa* | ***Aria pesa***, soffocante e afosa.

peso (*3*) /*sp.* 'peso/ [vc. sp., propr. 'peso'; 1533] s. m. inv. (pl. sp. *pesos*) ● Unità monetaria circolante in Argentina, Cile, Colombia, Cuba, Repubblica Dominicana, Filippine, Guinea Bissau, Messico e Uruguay.

†**pèsolo** [lat. *pēnsile(m)* 'pensile'; sec. XIII] agg. ● Pendulo, pendente: *'l capo tronco tenea per le chiome, / pesol con mano a guisa di lanterna* (DANTE *Inf.* XXVIII, 121-122).

pessàrio [vc. dotta, lat. tardo *pessāriu(m)*, da *pĕssum*, dal gr. *pessós* 'dado', di etim. incerta; 1871] s. m. *1* (*med.*) Protesi di materiale e forma varia, per lo più ad anello, per sostenere visceri soggetti a prolasso. *2* Contraccettivo meccanico di forma tondeggiante applicato in corrispondenza del collo dell'utero. SIN. Diaframma.

pessarizzàre v. tr. ● (*raro*) Trattare con pessario.

-pessia o **-pèssi** [dal gr. *pêxis* 'unione, fissazione', dal v. *pēgnýnai* 'fissare, far stare fermo' di orig. indeur.] secondo elemento ● In parole composte della terminologia medica, indica l'operazione chirurgica volta a riportare e fissare nella sua sede naturale l'organo designato dal primo elemento: *nefropessi*.

pessimismo [fr. *pessimisme*, dal lat. *pĕssimus* 'pessimo', in opposizione a *optimisme* 'ottimismo'; 1826] s. m. *1* Dottrina filosofica, basata sulla convinzione della costante prevalenza del male sul bene, che, pur ammettendo il finalismo dell'universo, nega qualsiasi possibilità di progresso e di miglioramento. CONTR. Ottimismo. *2* Correntemente, tendenza a giudicare le cose dal loro lato peggiore giungendo sempre a previsioni negative: *un p. frutto dell'esperienza*; *p. inguaribile, insopportabile*; *p. ... è la consapevole impossibilità per l'uomo di conseguire mai il fine che la sua stessa natura lo spinge a proporsi* (CROCE).

pessimista [fr. *pessimiste*, da *pessimisme* 'pessimismo'; 1818] **A** s. m. e f. (pl. m. *-i*) *1* Chi giudica negativamente, con pessimismo: *essere un p.* *2* Chi segue il, o si ispira al, pessimismo. CONTR. Ottimista. **B** agg. ● Che è portato al pessimismo: *è un ragazzo p. su tutto*.

pessimìstico [1891] agg. (pl. m. *-ci*) ● Ispirato a pessimismo, da pessimista: *considerazioni pessimistiche*. || **pessimisticaménte**, avv.

pèssimo [vc. dotta, lat. *pĕssimu(m)*, superl. di *pĕior* 'peggiore'; av. 1292] agg. (superl. di *cattivo*) *1* Che è il peggiore fra tutti, il più cattivo di tutti: *un vino p.*; *alloggiare in un p. albergo*; *fare un p. viaggio*; *essere di p. umore* | ***Un p. lavoro***, fatto malissimo | ***Essere in pessimi rapporti con qlcu.***, essere quasi nemici. *2* Che è assolutamente riprovevole, sotto ogni punto di vista: *una pessima vita*; *un uomo p.* | ***Un p. elemento***, persona totalmente priva di buone qualità | ***Un p. acquisto***, per nulla conveniente (*anche fig.*). *3* Molto brutto: *oggi hai un p. aspetto, una pessima cera*. || **pessimaménte**, avv.

pésta [da *pestare*; av. 1292] s. f. *1* †Strada battuta, con orme d'uomini o d'animali. *2* (*spec. al pl.*) Orme, tracce: *seguire le peste di qlcu., della selvaggina*; *i cani avidi si lanciano / verso il fiume sulle peste odorose* (QUASIMODO). *3* †Calca. *4* (*fig.*, *al pl.*) Situazione complicata, da cui è difficile tirarsi fuori: *trovarsi, essere, rimanere nelle peste*; *mettere, lasciare qlcu. nelle peste*. *5* (*disus.*) Nell'ippica, successione delle orme che il cavallo lascia sul terreno, dalla cui disposizione si ricava l'andatura.

pestàggio [da *pestare*: calco sul fr. *pilage*; 1948] s. m. ● Violenta bastonatura: *subire un p.*; *squadracce che eseguono pestaggi intimidatori* | Rissa, zuffa.

†**pestaménto** [sec. XIV] s. m. ● Il pestare | Rumore prodotto dal pestare.

pestapépe [comp. di *pesta(re)* e *pepe*; 1618] s. m. e f. inv. ● (*raro*) Chi, nelle drogherie, era addetto a pestare il pepe.

♦**pestàre** [lat. tardo *pistāre*, intens. di *pīnsere* 'pestare', di orig. indeur.; sec. XIII] v. tr. (*io pésto*) *1* Sottoporre alla pressione del piede: *p. le erbe, i fiori, le foglie*; *gli ho pestato inavvertitamente un piede* | ***P. i piedi***, batterli a terra, per ira, per scaldarsi o sim. | ***P. i piedi a qlcu.***, (*fig.*) fare qlco. che lo molesti o lo danneggi, fargli dispetto | ***P. le orme di qlcu.***, seguirlo | ***P. l'uva***, pigiarla. SIN. Calpestare. *2* Ridurre qlco. in frantumi o in polvere mediante colpi continui e ripetuti, con il pestello o con altro strumento adatto: *p. il sale, il pepe*; *p. le erbe nel mortaio* | ***P. la carne***, tritarla finemente | (*fig.*) ***P. l'acqua nel mortaio***, fare una inutile fatica. SIN. Frantumare, sminuzzare. *3* (*est.*) Riempire di botte: *l'hanno pestato con pugni e calci*; *gli hanno pestato la faccia* | (*scherz.*) ***P. il pianoforte***, suonarlo male.

pestaròla o **pestaruòla** [1624] s. f. ● Utensile per pestare la carne di maiale e fare salsicce.

pestàta [av. 1492] s. f. *1* Atto del pestare | Colpo che si dà o si riceve pestando: *dare, ricevere una p. su un piede*. *2* Pestaggio, rissa. || **pestatina**, dim. | †**pestatóna**, accr.

pestàto part. pass. di *pestare*; anche agg. ● Nei sign. del v.

pestatóio [da *pestato*; sec. XIV] s. m. ● (*raro*) Pestello.

pestatóre [1958] s. m. (f. *-trice*) ● (*raro*) Chi pesta o picchia | Chi esegue un pestaggio.

pestatùra [av. 1537] s. f. *1* Operazione del pestare: *la p. del sale*. *2* (*raro*) Pestaggio.

♦**pèste** [lat. *pĕste(m)*, di etim. incerta; av. 1327] s. f. *1* (*med.*) Malattia infettiva epidemica degli animali (roditori) e dell'uomo, causata dal batterio *Yersinia pestis*, che si manifesta in forma bubbonica o polmonare | ***P. aviaria***, malattia infettiva dei Gallinacei sostenuta da un virus | ***P. bovina***, malattia infettiva dei Bovini a decorso acuto febbrile setticemico sostenuta da un virus | ***P. suina***, malattia infettiva e contagiosa caratterizzata da setticemie a carattere emorragico. *2* (*fig.*) Fetore, puzzo: *che p. in questo locale fumoso!* *3* (*fig.*) Calamità, rovina: *la corruzione è la p. della nostra società* | (*fig*) ***Dire p. e corna di qlcu.***, parlarne malissimo. *4* (*fig.*) Persona, spec. bambino, molto vivace e turbolenta: *guardati da lui, perché è una p.*; *quel ragazzino è una vera p.* *5* (*bot.*) ***P. d'acqua***, elodea. || **pesterèlla**, dim. | †**pesticciuòla**, dim.

pestèllo [lat. *pistĭllu(m)*, da *pīnsere* 'pestare'. V. *pestare*; 1353] s. m. *1* Strumento col quale si pesta nel mortaio: *p. di ottone, di vetro*. *2* (*impropr.*) Batticarne.

pesticciàre [intens. di *pestare*; av. 1920] v. tr. (*io pesticcio*) ● Calpestare con insistenza.

pesticida [ingl. *pesticide*, comp. di *pest* 'peste, pianta o animale dannoso' e *-cide* '-cida'; 1974] s. m. (pl. *-i*) ● Prodotto naturale o sintetico usato nella lotta chimica contro gli organismi nocivi alle colture agricole.

pestìfero [vc. dotta, lat. *pestĭferu(m)*, comp. di *pĕstis* 'peste' e *-fer* '-fero'; 1353] agg. *1* Che porta, che trasmette la peste. *2* (*fig.*) Che ammorba l'aria di fetore: *palude pestifera*; *esalazioni pestifere*. *3* (*fig.*) Dannoso, esiziale, funesto: *morbo, animale p.*; *nebbia pestifera per la campagna*; *nulla si truova tanto alle cose pubbliche e private nocivo e p. quanto sono i cittadini ignavi e inerti* (ALBERTI) | (*iperb.*) Estremamente noioso e molesto: *un ragazzino p.* || **pestiferaménte**, avv.

pestilènte [vc. dotta, lat. *pestilĕnte(m)*, da *pĕstis* 'peste'; sec. XIV] **A** agg. ● (*raro*) Pestifero (*anche fig.*). **B** s. m. e f. ● †Appestato.

pestilènza o †**pestilènzia**, †**pistolènza**, †**pistolènza** [vc. dotta, lat. *pestilĕntia(m)*, da *pĕstilens*, genit. *pestilĕntis* 'pestilente'; av. 1292] s. f. *1* Morbo della peste, epidemia di peste: *nella egregia città di Fiorenza ... pervenne la mortifera p.* (BOCCACCIO). *2* (*fig.*) Calamità, rovina, flagello. *3* (*fig.*) Fetore insopportabile.

pestilenziàle [1300 ca.] agg. *1* Di peste, relativo o proprio della peste: *febbre p.* *2* (*fig.*) Estremamente dannoso: *il tuo intervento è stato proprio p.* *3* (*fig.*) Che emana un odore nauseabondo: *miasmi, esalazioni pestilenziali*. || **pestilenzialménte**, avv.

†**pestilenzióso** [vc. dotta, lat. tardo *pestilentiōsu(m)*, da *pestilĕntia* 'pestilenza'; 1336 ca.] agg. ●

Pestilenziale (*spec. fig.*).

pestio [da *pestare*] s. m. ● (*tosc.*) Un pestare continuo e frequente.

pésto [da *pestato*; av. 1306] **A** agg. ● Che ha subito ammaccature, pestature: *carne pesta*; *è tutto p. per le percosse* | ***Occhio p.***, livido per un colpo ricevuto o cerchiato da profonde occhiaie | (*fig.*) ***Buio p.***, fitto, totale. **B** s. m. *1* Poltiglia o insieme di cose pestate. *2* Salsa di basilico, aglio e pinoli pestati, con aggiunta di formaggio pecorino e olio, condimento tipico della cucina genovese: *trenette col p.*; *ravioli al p.*

pestóne [da *pestare*; sec. XV] s. m. *1* Violenta pestata, spec. su un piede. *2* Pestello grande e pesante in ferro per pestare carbone, salnitro e zolfo nelle polveriere.

pestóso [da *peste*; 1958] agg. ● (*med.*) Della peste, relativo alla peste.

PET /pɛt/ [sigla di *PoliEtilenTereftalato*; 1986] s. m. inv. ● (*chim.*) Sigla del polietilentereftalato.

pèta- [contrazione di *penta-* (V.); riferito alla quinta potenza di 10^3] primo elemento ● Anteposto a un'unità di misura la moltiplica per 10^{15}, cioè per un milione di miliardi. SIMB. P.

petàcchio [fr. *patache*, dello sp. *patache*: dall'ar. *baṭāš* 'nave a due alberi'; 1651] s. m. ● Nave da guerra del sec. XV, dei mari del Nord, di solito con compiti ausiliari, attrezzato con due alberi a vele quadre.

petacciòla o (*lett.*) **petacciuòla** [lat. *pittăciu(m)* 'impiastro' perché le foglie vengono usate come impiastri; sec. XIII] s. f. ● (*bot.*) Piantaggine.

petalifórme [comp. di *petalo* e *-forme*; 1954] agg. ● (*bot.*) Che ha forma di petalo.

♦**pètalo** [vc. dotta, gr. *pétalon*, da *petannýnai* 'aprire', di orig. indeur.; 1499] s. m. ● (*bot.*) Ognuno degli elementi del fiore, costituiti da foglie modificate che costituiscono la corolla.

petaloidèo [deriv. di *petalo*, con il suff. *-oide*] agg. ● (*bot.*) Che è simile a petalo, detto spec. di parti del fiore.

petàrdo [fr. *pétard*, da *pet* 'peto'; 1601] s. m. *1* Antico mortaio da attaccare direttamente alla porta o al muro da abbattere. *2* Rudimentale bombetta di carta, che si fa esplodere durante feste e sim. *3* Detonante posto sulle rotaie, che, spec. in caso di nebbia, esplode al passaggio del treno per richiamare l'attenzione del macchinista.

pètaso [vc. dotta, lat. *pĕtasu(m)*, nom. *pĕtasus*, dal gr. *pétasos*, da *petannýnai* 'aprire'. V. *petalo*; 1499] s. m. ● (*archeol.*) Cappello a falda larga proprio dei viaggiatori e dei cacciatori.

petàuro [dal lat. classico *petaurīstes*, dal gr. *petauristḗs* 'acrobata, funambolo' (da *pétauron* 'bilanciere da funamboli', di etim. incerta), per l'abilità di saltatore di questo animale; 1875] s. m. ● Genere di Marsupiali australiani notturni, la cui pelle si estende a guisa di patagio fra gli arti anteriori e quelli posteriori permettendo voli planati (*Petaurus*).

petécchia [lat. parl. *(*im*)*petĭcula(m)*, dim. del lat. *impetīgo*, genit. *impetīginis* 'impetigine'; 1512] s. f. *1* (*med.*) Piccola emorragia puntiforme. *2* (*raro*, *fig.*) Persona spilorcia e taccagna.

petecchiàle [av. 1714] agg. ● (*med.*) Che è caratterizzato da petecchie: *tifo p.*

†**pètere** [vc. dotta, lat. *pĕtere* 'cercare di giungere a', poi 'chiedere', di orig. indeur.; sec. XII] v. tr. ● Chiedere, domandare.

petit-beurre /fr. pəti'bœːʀ/ [vc. fr., propr. 'piccolo burro'] s. m. inv. ● Piccolo biscotto al burro, spec. di forma rettangolare.

petit-four /fr. pəti'fuːʀ/ [vc. fr., propr. 'piccolo (*petit*) dolce al forno (*four*)'; 1908] s. m. inv. (pl. fr. *petits-fours*) ● Pasticcino da tè, a base di pasta di mandorle.

petit-gris /fr. pəti'gʀi/ [vc. fr., propr. 'piccolo (*petit*) grigio (*gris*)'; 1857] s. m. inv. (pl. fr. *petits-gris*) ● Tipo di pelliccia molto morbida, confezionata con pelli di scoiattoli siberiani.

petitòrio [vc. dotta, lat. tardo *petitōriu(m)*, da *petītor*, genit. *petitōris* 'petitore'; 1396 ca.] agg. ● (*dir.*) Di giudizio in cui l'attore rivendica il diritto di proprietà su di un bene o di azione esperibile a difesa della proprietà.

petitum [vc. lat., propr. 'ciò che è richiesto'] s. m. inv. (pl. lat. *petita*) ● (*dir.*) Ciò che la parte chiede in giudizio | Oggetto della pretesa vantata in giudizio.

petizióne [vc. dotta, lat. *petitiōne(m)*, da *petītus* 'richiesto'. V. *petitum*; av. 1292] s. f. *1* Domanda, istanza, supplica. *2* (*dir.*) Richiesta avanzata ai massimi organi dello Stato da un congruo numero di cittadini elettori. *3* (*filos.*) ***P. di principio***, sofisma consistente nel considerare come premessa di un argomento la conclusione che si intende dimostrare. || †**petizioncèlla**, dim.

péto (o **-è-**) [lat. *pēditu(m)*, da *pēdere* 'tirar peti', di orig. indeur. V. *podice*; av. 1400] s. m. ● Fuoriuscita di gas dall'intestino.

-peto [lat. *-pĕtu(m)*, da *pĕtere* 'dirigersi', 'tendere verso', di orig. indeur.] secondo elemento ● In parole composte, indica movimento, tendenza, sviluppo verso qlco.: *centripeto*. CONTR. *-fugo*.

petonciàno o **petronciàno** [deform. dell'ar. *bāḏinǧān*. V. *melanzana*; sec. XIII] s. m. ● (*bot.*) Melanzana: *I petonciani fritti possono servire di contorno a un piatto di pesce fritto* (ARTUSI).

†**pètra** ● V. *pietra*.

petràia ● V. *pietraia*.

petrarcheggiàre [1745] v. intr. (*io petrarchéggio*; aus. *avere*) ● Imitare il Petrarca nelle composizioni poetiche.

petrarchésco [1534] agg. (pl. m. *-schi*) *1* Che è proprio del poeta F. Petrarca (1304-1374): *canzone petrarchesca*; *il Canzoniere petrarchesco*. *2* Che imita il Petrarca: *stile p.* || **petrarchescaménte**, avv. Alla maniera del Petrarca.

†**petrarchévole** agg. ● Che petrarcheggia.

petrarchìsmo [1758] s. m. *1* Imitazione dello stile del Petrarca. *2* Corrente poetica diffusa per secoli in Europa, che s'ispira alla lirica del Petrarca.

petrarchìsta [1539] **A** s. m. e f. (pl. m. *-i*) *1* Poeta imitatore del Petrarca: *i petrarchisti del Cinquecento*. *2* (*raro*) Studioso del Petrarca. **B** agg. ● Relativo al petrarchismo.

†**petràta** ● V. *pietrata*.

petrière o **petrièro** [dal lat. *pĕtra* 'pietra'] **A** s. m. ● (*mil.*) Specie di antico mortaio per lanciare proiettili di pietra di varie specie e dimensioni. **B** anche agg.: *cannone p.*

†**petrificàre** e *deriv.* ● V. *pietrificare* e *deriv.*

petrigno ● V. *pietrigno*.

†**petrìna** [dim. del lat. *pĕtra* 'pietra'; 1319] s. f. ● Pietra: *Era ... / d'una p. ruvida e arsiccia* (DANTE *Purg.* IX, 97-98).

†**petrino** ● V. *pietrigno*.

pètro- [dal gr. *petro-*, da *pétra* 'pietra'] primo elemento ● In parole composte della terminologia scientifica significa 'pietra', 'roccia': *petroglifo*, *petrografia*.

petrochìmica (1) ● V. *petrolchimica*.

petrochìmica (2) [comp. di *petro-* e *chimica*] s. f. ● (*miner.*) Branca della petrografia che studia la composizione chimica delle rocce.

petrochìmico (1) ● V. *petrolchimico*.

petrochìmico (2) agg. (pl. m. *-ci*) ● Relativo alla petrochimica.

petrodòllaro o **petroldòllaro** [comp. di *petro(lio)* e *dollaro*; 1974] s. m. ● (*spec. al pl.*) Fondi in dollari, accumulati dai Paesi produttori di petrolio, depositati presso banche europee.

petrogènesi [comp. di *petro-* e *genesi*; 1895] s. f. inv. ● (*geol.*) Origine e processo di formazione delle rocce, spec. eruttive e metamorfiche.

petròglifo [comp. di *petro-* e del gr. *glýphein* 'intagliare'. V. *glifografia*; 1958] s. m. ● (*archeol.*) Figura incisa su una roccia.

petrografìa [comp. di *petro-* e *-grafia*; 1829] s. f. ● Scienza che studia la composizione, la tessitura e la struttura delle rocce.

petrogràfico agg. (pl. m. *-ci*) ● Relativo alla petrografia: *analisi petrografica*.

petrògrafo [1958] s. m. (f. *-a*) ● Chi si dedica allo studio della petrografia.

petrolchìmica, (*evit.*) **petrochìmica** [comp. di *petrol(io)* e *chimica*; 1963] s. f. ● Ramo dell'industria chimica che utilizza come materie prime il petrolio grezzo, o sue frazioni, e i gas naturali del sottosuolo.

petrolchìmico, (*evit.*) **petrochìmico** [1963] agg. (pl. m. *-ci*) ● Della petrolchimica, relativo alla petrolchimica.

petroldòllaro ● V. *petrodollaro*.

petrolièra [da (*nave*) *petroliera*; 1921] s. f. ● Nave per il trasporto dei combustibili liquidi.

petrolière (1) [da *petrolio*; 1922] s. m. (f. *-a*) *1* Addetto alla lavorazione del petrolio. *2* (*pop.*) Industriale petrolifero: *i petrolieri del Texas*.

petrolière (2) [fr. *pétroleur* 'colui che incendia con il petrolio', da *pétrole* 'petrolio'; av. 1907] s. m. (f. *-a*) ● (*raro*, *lett.*) Negli ultimi decenni dell'Ottocento, rivoluzionario incendiario e devastatore: *van ricantando che io sono un p. ... in versi* (CARDUCCI).

petrolièro [1889] agg. ● Che riguarda l'estrazione, la lavorazione e il trasporto del petrolio.

petrolìfero [fr. *pétrolifère*, comp. di *pétrole* 'petrolio' e *-fère* '-fero'; 1875] agg. ● Che contiene petrolio: *giacimento p.* | Che lavora e distribuisce petrolio e prodotti derivati: *industria petrolifera* | (*est.*) Attinente al petrolio: *crisi petrolifera*.

♦**petròlio** [fr. *pétrole*, propr. 'olio di pietra', comp. del lat. *pĕtra* 'pietra' e *ŏleum* 'olio'; av. 1375] s. m. ● Miscuglio oleoso di idrocarburi gassosi liquidi e solidi, estratto dal sottosuolo e sottoposto a distillazione e ad altri trattamenti per ottenere benzine e prodotti vari quali oli combustibili, lubrificanti, e intermedi per molte industrie organiche | ***Etere di p.***, benzina leggera che bolle tra 40° e 60°, usata come solvente | ***P. da illuminazione***, ***p. lampante***, cherosene. ➡ ILL. p. 2136 SCIENZE DELLA TERRA ED ENERGIA.

petrologìa [comp. di *petro-* e *-logia*; 1954] s. f. ● (*raro*) Petrografia.

Petromizònti [comp. di *petro-* e un deriv. del gr. *mýzein* 'succhiare' (di orig. espressiva); 1931] s. m. pl. (sing. *-e*) ● Nella tassonomia animale, classe di Ciclostomi con pinna dorsale ben sviluppata e bocca munita di numerosi denti cornei, cui appartiene la lampreda (*Petromyzontidae*).

petronciàno ● V. *petonciano*.

petroniàno [dal n. di S. *Petronio* (sec. V), patrono di Bologna; 1835] **A** agg. ● (*lett.*) Relativo a Bologna. **B** s. m. (f. *-a*) *1* (*lett.*) Abitante, nativo di Bologna. *2* Giocatore, sostenitore della squadra di calcio del Bologna.

petrosèllo o **petrosillo**, **petrosìno** [V. *prezzemolo*; av. 1338] s. m. ● (*bot.*, *region.*) Prezzemolo.

petrosità ● V. *pietrosità*.

petróso ● V. *pietroso*.

pettàta [da *petto*; nel sign. 2 perché un cavallo per percorrerla deve fare gran forza col petto; av. 1292] s. f. *1* (*raro*) Colpo dato col petto. *2* (*lett.*) Salita ripida e faticosa | (*raro*, *est.*) Sforzo, fatica.

pettazzùrro o **pètto azzùrro** [detto così dal colore *azzurro* del *petto*; av. 1871] s. m. ● Uccello passeriforme africano con guance, petto e sottocoda azzurri (*Uraeginthus ianthinogaster*).

pettégola [f. di *pettegolo*; 1827] s. f. ● Uccello di palude dei Caradriformi con becco molto lungo e zampe alte e sottili (*Tringa totanus*).

pettegolàre [veneto *petegolàr*, da *petegolo* 'pettegolo'; 1536] v. intr. (*io pettégolo*; aus. *avere*) ● Fare pettegolezzi.

pettegolàta [1790] s. f. ● (*raro*, *lett.*) Chiacchierata pettegola.

pettegoleggiàre [1618] v. intr. (*io pettegoléggio*; aus. *avere*) ● (*raro*, *lett.*) Pettegolare.

pettegolézzo (o **-zz-**) [1761] s. m. ● Chiacchiera da pettegolo: *i soliti pettegolezzi* | Discorso malizioso e indiscreto su qlcu., spec. sulla sua condotta: *riportare*, *fare dei pettegolezzi su qlcu.*; *dare adito a pettegolezzi*.

pettegolìo [1871] s. m. ● Frequente e insistente pettegolare | (*est.*) Chiacchierio noioso e rumoroso: *basta con questo p.*

pettégolo [veneto *petegolo*, di etim. incerta; 1527] **A** agg. *1* Che fa chiacchiere e commenti maliziosi sugli altri: *è una donna sciocca e pettegola*; *un visitatore p.* | (*scherz.*) ***Bambina molto pettegola***, chiacchierina, petulante. *2* Di ciò che è proprio di persone pettegole: *conversazione pettegola*. **B** s. m. (f. *-a*) ● Chi fa chiacchiere maliziose sugli altri. || **pettegolàccio**, pegg. | **pettegolìno**, dim. | **pettegolóne**, accr. | **pettegolùccio**, **pettegolùzzo**, dim.

pettegolùme [av. 1850] s. m. ● (*lett.*) Insieme di pettegolezzi o di persone pettegole.

pèttico ● V. *pectico*.

pèttide o **pèctide**, **pectis** [vc. dotta, gr. *pēktís*, genit. *pēktídos*, propr. 'oggetto composto di parti', da *pēgnýnai* 'fissare insieme', di orig. indeur.; 1581] s. f. ● (*archeol.*) Strumento a corde della Grecia antica.

pettièra [da *petto*; 1572] s. f. ● Pettorale del cavallo.

pettignóne [lat. parl. **pectiniōne(m)*, dal lat.

classico *pĕcten*, genit. *pĕctinis* 'pettine'; detto così perché i peli che lo ricoprono ricordano i denti di un *pettine*; av. 1348] **s. m.** ● (*lett.*) Pube.

pettina ● V. *pectina*.

pettinàio [1319] **s. m.** (f. *-a*) ● Chi fabbrica pettini.

♦**pettinàre** [lat. *pectināre*, da *pĕcten*, genit. *pĕctinis* 'pettine'; sec. XIII] **A v. tr.** (*io pèttino*) **1** Ravviare o riordinare i capelli col pettine o con la spazzola: *p. i bambini prima di mandarli a scuola*. **2** Acconciare i capelli secondo una determinata foggia o i dettami della moda: *quel parrucchiere pettina molto bene*; *vorrei pettinarti con le trecce*. **3** Sottoporre le fibre tessili alla pettinatura. **4** (*fig., fam.*) Conciare male qlcu. con percosse e altro: *l'ho pettinato per bene* | (*fig., fam.*) Criticare severamente o rimproverare in modo aspro. **B v. rifl.** ● Riordinarsi i capelli: *devo ancora pettinarmi* | Avere una determinata acconciatura: *pettinarsi con la riga in mezzo, senza riga, con i capelli raccolti*.

pettinàta [1741] **s. f.** **1** Atto del pettinare e del pettinarsi: *darsi una rapida p.* **SIN.** Ravviata. **2** (*fig.*) Strapazzata. || **pettinatina**, **dim.**

pettinàto [sec. XIII] **A part. pass.** di *pettinare*; anche **agg.** **1** Nei sign. del v. **2** *Filato p.*, ottenuto seguendo il ciclo di lavorazione della filatura a pettine. **B s. m.** ● Tessuto di lana ottenuto con filati pettinati.

pettinatóio [da *pettinato*; av. 1562 ca.] **s. m.** ● Peignoir.

pettinatóre [av. 1370] **s. m.** (f. *-trice* (V.)) ● Chi pettina fibre tessili.

pettinatrice [1855] **s. f.** **1** Donna che pettina e acconcia i capelli femminili. **2** Macchina tessile che esegue la pettinatura.

pettinatùra [1612] **s. f.** **1** Il pettinare, il pettinarsi | (*est.*) Acconciatura dei capelli. **2** (*tess.*) Trasformazione della lana greggia in nastro di pettinato attraverso varie fasi di lavorazione | (*est.*) Fabbrica in cui si effettua tale trasformazione.

♦**pèttine** [lat. *pĕctine(m)*, di orig. indeur.; av. 1182] **s. m.** **1** Oggetto di corno, osso, legno, plastica e sim., usato per ravviare o tenere fermi i capelli, costituito da una fila di denti più o meno lunghi e fitti tenuti insieme da una costola | ***Mascelle del p.***, i due denti più robusti, alle estremità della fila | ***P. da donna*** o ***da testa***, per tenere in sesto la crocchia, arcuato, a costola larga e denti radi ma lunghi | ***P. a coda***, con manico lungo e sottile | ***P. fitto***, pettinella | (*fig.*) ***Parcheggio a p.***, quello in cui le auto si dispongono parallele tra loro e oblique o perpendicolari rispetto al marciapiede. **2** Organo del telaio formato da un riquadro di fitte stecche parallele tra cui passano i fili dell'ordito | Barretta metallica portante punte d'acciaio più o meno grosse e spaziate, montate sulle macchine di preparazione alla filatura. **3** Ferro a sei denti che simboleggia i sestieri della città, posto come ornamento sulla prua delle gondole veneziane. **4** Utensile di quattro parti montato sulla filiera automatica per filettare. **5** (*cuc., region.*) Piccolo attrezzo costituito da un telaio rettangolare su cui sono tesi fili metallici o cannelli, usato per rigare la sfoglia: *maccheroni al p.* **6** (*bot.*) ***P. di Venere***, acicula. **7** (*mus.*) Plettro. **8** (*zool.*) Mollusco dei Lamellibranchi a conchiglia tondeggiante con rilievi irradianti dalla cerniera con una valva convessa e l'altra piana (*Pecten jacobaeus*). **SIN.** Capasanta, ventaglio. ➡ **ILL. animali**/4. || **PROV.** Tutti i nodi vengono al pettine. || **pettinèlla**, **dim. f.** (V.) | **pettinicchia**, **dim. f.** | **pettinina**, **dim. f.** (V.) | **pettinino**, **dim.** (V.).

pettinèlla [1561] **s. f.** **1** Dim. di *pettine*. **2** Pettine fitto usato per la pulizia dei capelli. **3** Piccola fiocina con rebbi fitti e numerosi per la cattura di piccoli pesci. **4** Strumento in legno sagomato, usato dallo scultore per modellare la creta.

pettineo [da *pettine* col suff. dotto *-eo*, sul modello dell'ingl. *pectineus*] **agg.** ● (*anat.*) Riferito al pecten del pube: *muscolo p.*

petting /'pettin(g)/, *ingl.* 'phetiŋ/ [vc. dell'ingl. d'America, da *to pet* 'vezzeggiare' (di orig. sconosciuta); 1951] **s. m. inv.** ● Complesso di pratiche amorose ed erotiche che non giungono all'atto sessuale completo.

Pettinibrànchi [così detti dalle *branchie* a forma di *pettine*] **s. m. pl.** (sing. *-io*) ● (*zool.*) Monotocardi.

†**pettinièra** [sec. XIV] **s. f.** **1** Scatola per riporvi i pettini. **2** Tavolino da toilette per signora.

pettinina [1870] **s. f.** **1** Dim. di *pettine*. **2** Pettinella, nel sign. 2.

pettinino [1958] **s. m.** **1** Dim. di *pettine*. **2** Pettine tascabile.

pettino [1846] **s. m.** **1** Dim. di *petto*. **2** Parte del grembiule che risale sul petto | Davantino di abito femminile in tessuto contrastante | Petto staccabile e inamidato della camicia maschile spec. di un tempo.

pettiróssо [detto così dal colore *rosso* del *petto*; 1481] **s. m.** ● Piccolo e vivace passeriforme buon cantore, con piumaggio abbondantissimo elegantemente colorato (*Erithacus rubecola*). **CFR.** Chioccolare, fischiare. ➡ **ILL. animali**/9.

♦**pètto** [lat. *pĕctus*, di orig. indeur.; av. 1250] **s. m.** **1** Parte anteriore del torace umano, compresa fra il collo e l'addome: *p. ampio, robusto, gracile, scarno* | ***Battersi il p.***, con le mani, in segno di dolore, pentimento e sim. | ***Mettersi una mano sul p.***, per dimostrare la propria lealtà e sim. | (*fig.*) ***Prendere qlcu. di p.***, affrontarlo in modo duro e deciso | ***Prendere qlco. di p.***, dedicarvisi con grande impegno ed energia. **2** (*est.*) L'insieme degli organi racchiusi nella gabbia toracica, spec. i polmoni | ***Debole di p.***, che si ammala facilmente di bronchite e sim. | ***Male di p.***, polmonite, pleurite, tisi | ***Malato di p.***, tisico | ***Do di p.***, il più acuto che può emettere un tenore | ***Voce di p.***, la più naturale. **3** (*est.*) L'insieme delle mammelle femminili: *avere un p. forte, prosperoso*; *il p. materno* | ***Non avere p.***, di donna che ha scarso seno | ***Tenere, avere al p. un bambino***, allattarlo. **4** Negli animali, parte del corpo compresa fra l'attaccatura del collo e l'inizio del ventre | Nelle bestie da tiro, parte anteriore del tronco sotto l'accollatura. **5** Carne bovina o equina della regione toracica | ***Punta di p.***, taglio di carne bovina usata per il bollito | Negli uccelli commestibili, carne che copre lo sterno: *p. di tacchino, di pollo*. **6** Parte dell'abito che ricopre il petto: *p. della camicia* | ***Giacca, cappotto a doppio p.***, con una parte sovrapposta all'altra e due file di bottoni; V. anche *doppiopetto* | ***Prendere qlcu. per il p.***, agguantarlo per la parte anteriore dell'abito; (*fig.*) costringerlo con la forza. **7** Nelle antiche armature, elemento che proteggeva la parte anteriore del busto. **8** (*fig., raro*) Fronte o parte anteriore in genere | ***Dar di p.***, urtare frontalmente | (*fig.*) ***A p.***, al confronto | ***A p. a p.***, a fronte a fronte. **9** (*fig.*) Cuore, animo: *tenere in p. molti segreti*; *p. magnanimo, generoso*; *avere qlco. in p.*; *invece di ritrarre ... la commozione che gli riempie il p., ricorre al ragionamento oratorio* (CROCE) | (*lett.*) Coraggio: *con forte p.* || **petticciuòlo**, **dim.** | **pettino**, **dim.** (V.) | **pettóne**, **accr.** | †**pettùcolo**, **dim.**

pètto azzurro ● V. *pettazzurro*.

pettoràle [vc. dotta, lat. *pectorāle(m)*, agg. di *pĕctus*, genit. *pĕctoris* 'petto'; sec. XIV] **A agg.** ● Del petto | (*anat.*) ***Muscoli pettorali***, quelli che ricoprono la regione anteriore e quella laterale del torace: *grande p., piccolo p.* | ***Croce p.***, in oro o in altro metallo portata dal vescovo sul petto | (*zool.*) ***Pinne pettorali***, le due pinne dei pesci che sono articolate col cinto toracico. || †**pettoralménte**, **avv.** In modo avventato e impulsivo. **B s. m.** **1** Striscia di cuoio o di tela che passa davanti al petto del cavallo, parte del suo finimento. **2** In numerosi sport, quadrato di stoffa e sim. su cui è stampato il numero che contrassegna l'atleta. **3** Muscolo pettorale. **4** †Parapetto.

†**pettoreggiàre** [dal lat. *pĕctus*, genit. *pĕctoris* 'petto'] **A v. tr.** **1** Urtare col petto sul petto di qlcu. **2** (*fig.*) Contrastare. **B v. rifl.** ● Urtarsi nella mischia.

pettorina o †**petturina** [dal lat. *pĕctus*, genit. *pĕctoris* 'petto'; sec. XIV] **s. f.** **1** Lembo di tessuto con cui le donne usavano coprire il seno. **2** Pettino.

pettorùto [dal lat. *pĕctus*, genit. *pĕctoris* 'petto'; 1353] **agg.** ● Che ha petto forte e robusto: *donna formosa e pettoruta* | (*est.*) Che ha un portamento impettito: *se ne andava gonfio, tronfio e p.* || **pettorutaménte**, **avv.** (*raro*) In modo impettito.

pettrinàle [fr. *pétrinal*, dallo sp. *pedernal* 'pietra focaia', dal lat. *pĕtra* 'pietra'] **s. m.** ● Grossa pistola usata dalla cavalleria nel sec. XVI, che si appoggiava al petto per sparare.

†**petturina** ● V. *pettorina*.

petulànte [vc. dotta, lat. *petulānte(m)*, part. pass. di *°petulāre* 'chiedere insistentemente', da *pĕtere* 'chiedere'. V. †*petere*; 1441] **agg.** **1** Che usa toni o modi fastidiosi, inopportuni, impertinenti: *un individuo sciocco e p.* | Che dimostra petulanza: *discorso, atteggiamento p.* **SIN.** Impudente. **2** (*lett., scherz.*) Prominente: *il notaro Nesi, piccolo, calvo, rotondo ... col ventre p.* (VERGA). || **petulanteménte**, **avv.**

petulànza [vc. dotta, lat. *petulāntia(m)*, da *pĕtulans*, genit. *petulāntis* 'petulante'; sec. XIV] **s. f.** **1** Atteggiamento fastidioso, importuno, sfacciato: *non sopporto più la sua p.* **2** (*lett.*) Atteggiamento arrogante, tracotante: *certi personaggi ... s'impongono con ... p. e prepotenza* (PIRANDELLO).

petùlco [vc. dotta, lat. *petŭlcu(m)*, da *pĕtere* 'dirigersi verso, attaccare' (V. †*petere*); 1499] **agg.** (pl. m. *-ci*) ● (*lett.*) Aggressivo, bizzoso, detto spec. di capretto.

petùnia [fr. *petun* 'tabacco', di orig. tupì; 1868] **s. f.** ● Genere di piante erbacee delle Solanacee di origine sudamericana, molto coltivate per i bei fiori campanulati (*Petunia*). ➡ **ILL. piante**/8.

peucèdano [vc. dotta, lat. *peucĕdanu(m)*, dal gr. *peukédanon*, da *péukē* 'pino', di etim. discussa: da *°peukós* 'pungente, aguzzo' (?)] **s. m.** ● Pianta erbacea delle Ombrellifere caratteristica delle zone paludose, con fusto glabro, fistoloso alla base e ombrello di fiorellini bianchi (*Peucedanum palustre*).

pèvera [etim. incerta; 1480] **s. f.** ● Grande imbuto di legno per riempire le botti. **SIN.** Imbottavino. || †**peverétta**, **dim.** | †**peverino**, **dim. m.**

peveràccia ● V. *poveraccia*.

peveràccio [da †*pevere*, per il sapore pepato della polpa; 1933] **s. m.** ● Fungo delle Agaricacee, con cappello a imbuto, commestibile, di sapore piccante, usato nei condimenti (*Lactarius piperatus*).

peveràda o **peveràta** [lat. *piperāta(m)* 'pepata', agg. f. di *pĭper* 'pepe'; sec. XII] **s. f.** ● Salsa piccante, a base di pepe, mollica di pane, midollo, tipica della cucina veneta | Salsa o intingolo a base di peperoni.

†**pévere** ● V. *pepe*.

peverèlla [da †*pevere*, per il sapore piccante; 1563] **s. f.** ● (*region.*) Origano.

peyote /*sp.* pe'jote, -'jo-/ o **peyotl** /*náhuatl* pe'jotl/ [vc. di orig. azteca; 1858] **s. m. inv.** (pl. sp. *peyotes*) ● Pianta delle Cactacee, originaria dei deserti messicani, il cui fusto fornisce una droga medicinale contenente diversi alcaloidi, fra cui la mescalina (*Lophophora williamsii*).

pezìza [vc. dotta, lat. *pezīcae*, nom. pl., 'funghi senza radice', dal gr. *pézis*, n. di un fungo, da avvicinare a *póus*, genit. *podós* 'piede'. V. *-podo*] **s. f.** ● Fungo dei Discomiceti a forma di piccola scodella color rosso aranciato (*Peziza aurantiaca*).

pèzza [lat. parl. *°pĕttia(m)*, di orig. celtica; 1263] **s. f.** **1** Pezzo di tessuto, in genere: *una piccola p. di lino, di flanella, di lana*; *filtrare un liquido con una p.*; *pulire i pavimenti con pezze bagnate* | ***Pezze da piedi***, con cui un tempo i soldati si fasciavano i piedi, usandole al posto delle calze | (*fig.*) ***Essere una p. da piedi***, una nullità, un individuo trascurabile | ***Trattare qlcu. come una p. da piedi***, maltrattare qlcu. umiliandolo. **2** Pezzo di tessuto o altro usato per riparare qlco. di rotto: *mettere una p. nei calzoni, nelle scarpe* | ***Abito con le pezze***, rattoppato, rappezzato | ***Mettere una p.***, rappezzare; (*fig.*) rimediare alla meno peggio una situazione e sim. **SIN.** Toppa. **3** Confezione di molti metri di stoffa arrotolata così come viene dalla fabbrica al commerciante: *una p. di cotone, di lana*; *p. per abiti* | (*est.*) Stoffa, tessuto: *bambola di p.* **4** †Appezzamento, tratto di terra coltivata. **5** (*raro, lett.*) Tratto di spazio o di tempo: *il quale, gli altri ascoltando, buona p. s'era taciuto* (BEMBO) | ***Da lunga p.***, da molto tempo. **6** (*bur.*) Carta, documento | ***Pezze d'appoggio***, documenti giustificativi (*anche fig.*). **7** (*arald.*) ***Pezze onorevoli***, le varie figure sullo scudo come il palo, la fascia, la croce e sim. | ***P. gagliarda***, che attraversa l'arme. ➡ **ILL. araldica**. **8** ***P. d'arme***, (*gener.*) ogni singolo elemento che costituiva l'armatura antica. **9** Chiazza colorata sul manto degli animali: *leopardo con pezze nere*. **10** Nel XVI-XVIII sec., grossa moneta d'oro e d'argento multipla dell'unità monetaria. **11** A Roma, taglio di carne bovina, nella regione della coda. **12** Misura romana di superficie, di are 26,40. || **pezzàccia**,

pegg. | **pezzétta**, **dim.** (V.) | **pezzettina**, **dim.**

†pezzàio [detto così perché vende il cuoio tagliato in *pezzi*] **s. m.** ● Venditore di pezzi di cuoio per suole e sim.

pezzàme [1550] **s. m.** ***1*** (*raro*) Insieme di pezzi. ***2*** (*al pl.*) Parti o pezzi di lana che si ricavano durante l'operazione di scarto dai vari velli e che vengono catalogati e venduti in lotti separati dai velli.

pezzàto [da *pezza*; av. 1470] **A agg.** ***1*** Detto di tipo di mantello di animale che presenta pezzature. ***2*** (*raro*) Che ha macchie, chiazze: *marmo p.* | (*est.*) Variamente colorato. **B s. m.** ● Cavallo pezzato.

pezzatùra (**1**) [da *pezzato*; 1768] **s. f.** ● Chiazza bianca su mantello di animale di colore diverso e viceversa.

pezzatùra (**2**) [da *pezzo*; 1942] **s. f.** ● Divisione in pezzi e dimensione degli stessi: *la p. del carbone*; *legname di piccola, grossa, media p.*

pezzènte [lat. parl. **petiĕnte(m)*, part. pres. di **petĭre* per il classico *pĕtere* 'chiedere'. V. *†petere*; av. 1306] **s. m. e f.** ● Chi vive d'elemosina, andando all'accatto: *una vecchia p.*; *lacero e sudicio come un p.* | (*est.*) Persona miserabile e meschina: *comportarsi da p.* **SIN.** Straccione. || **pezzentèllo**, **dim.** | **pezzentóne**, **accr.** | **pezzentùccio**, **pegg.**

pezzenterìa [1633] **s. f.** ***1*** (*raro, lett.*) Condizione di estrema povertà | Insieme di pezzenti, di mendicanti. ***2*** (*raro, lett.*) Minima quantità di denaro.

pezzétta [sec. XIV] **s. f.** ***1*** Dim. di *pezza*. ***2*** Moneta di mistura dei Grimaldi di Monaco coniata nel XVII-XVIII sec. ***3*** ***†P. di levante***, panno bambagino che soffregato tinge in rosso, un tempo usato nel maquillage femminile.

♦**pèzzo** [da *pezza*; sec. XIII] **s. m.** ***1*** Parte di materiale solido separata o staccata da un tutto: *un p. di pane, di ghiaccio, di torta, di stoffa*; *un buon p. di carne da brodo* | Brandello, frammento: *un p. di cartone, di vetro*; *rompere qlco. a, in pezzi* | ***Rompere, mandare in pezzi, in cento pezzi, in mille pezzi***, frantumare | ***Andare in pezzi, in cento, mille pezzi***, frantumarsi | ***Fare a pezzi qlco.***, romperla | ***Fare a pezzi qlcu.***, (*fig.*) denigrarlo, distruggerlo | ***Cadere a, in pezzi***, di cosa vecchia e malandata che minaccia di rompersi, disfarsi, crollare e sim. | (*fig.*) ***Essere a pezzi***, molto stanco | ***A pezzi e a bocconi***, (*fig.*) di cosa fatta un po' per volta e alla meno peggio | ***Essere un p. di legno***, (*fig.*) essere insensibile | ***Essere tutto d'un p.***, (*fig.*) di persona moralmente inflessibile e incorruttibile | (*fam.*) ***P. di carta***, il titolo di studio, diploma o laurea, considerato esclusivamente nei suoi eventuali effetti pratici; anche, ciò che è soltanto convenzionale, che si può annullare: *studiare per il p. di carta*; *con un p. di carta trovare lavoro è più facile*; *quell'accordo è un p. di carta.* ***2*** Ogni elemento costitutivo di una macchina, di un congegno, di una serie di oggetti e sim.: *i vari pezzi del motore*; *pezzi di ricambio*; *un p. dell'orologio*; *cambiare cinquecento euro con cinque pezzi da cento* | ***P. per p.***, un pezzo alla volta; (*est.*) completamente, del tutto: *ha smontato quel congegno p. per p.* | (*est.*) Oggetto lavorato: *un p. di porcellana, di cristallo*; *il servizio si compone di 48 pezzi*; *la merce fu venduta in blocco a cinque euro il p.* | ***P. raro, da museo***, rarità. ***3*** Brano di opera musicale, letteraria e sim.: *un p. della Traviata, dei Promessi Sposi*; *è un bel p.* | ***P. forte***, il brano migliore del repertorio d'un artista, spec. teatrale. ***4*** (*fig.*) Tratto di spazio o di tempo: *è un p. che non ci si vede*; *c'è ancora un bel p. di strada prima di arrivare* | ***P. di terra***, appezzamento | ***P. di cielo***, tratto visibile da finestre e sim. ***5*** In alcune loc., persona | ***P. grosso***, persona molto influente: *un p. grosso del ministero, della polizia* | ***P. da novanta***, in un'organizzazione mafiosa, chi gode di grande autorità e prestigio; (*est.*) persona importante e potente | (*pleon.*) ***Un bel p. di donna, di giovanotto*** e sim., una donna, un giovanotto e sim. piuttosto robusti o particolarmente ben fatti | ***Un p. d'uomo***, un uomo grande e grosso | ***P. d'asino, di somaro, d'imbecille*** e sim., espressioni o esclamazioni di insulto riferite a persona. ***6*** Ciascuna parte di un capo di abbigliamento che si compone di più elementi: *completo a tre pezzi*; *il p. superiore del tailleur*; *il p. inferiore del bikini* | V. anche *due pezzi*. ***7*** Qualunque arma di artiglieria: *p. da 75 mm, da 149 mm* | ***P. base***, quello che effettua l'aggiustamento del tiro e ai cui dati di puntamento e di aggiustamento vengono riferiti i dati degli altri pezzi della batteria. ***8*** Articolo di giornale: *un p. di cronaca*; *fare, scrivere un p.* ***9*** Ciascun veicolo che compone un treno, esclusa la locomotiva. ***10*** Ciascuno dei 32 elementi con cui si gioca agli scacchi: *mangiare un p.* | ***Pezzi maggiori***, la regina e le torri | ***Pezzi minori***, i cavalli e gli alfieri. || **pezzàccio**, **pegg.** | **pezzettino**, **dim.** | **pezzétto**, **dim.** | **pezzettùccio**, **dim.** | **pezzóne**, **accr.** | **pezzùccio**, **pegg.**

pezzòla ● V. *pezzuola*.

pezzolàta [1840] **s. f.** ● (*raro, tosc.*) Quantità di cose contenute in una pezzuola.

pezzóne [da *pezzo*] **s. m.** ● Telaio con tavole orizzontali per allevare bachi da seta nel Friuli.

pezzòtto [da *pezzo*; av. 1917] **s. m.** ● Tappeto rustico della Valtellina eseguito con ritagli di svariati tessuti a motivi geometrici, rigati e fiammati.

pezzùllo [vc. merid., dim. di *pezzo*; av. 1942] **s. m.** ● (*gerg.*) Breve articolo di giornale.

pezzuòla o **pezzòla** [da *pezza*; av. 1306] **s. f.** ● Piccolo pezzo di tessuto | (*est.*) Fazzoletto, da naso, da testa e sim. || **pezzuolétta**, **dim.** | **pezzuolìna**, **dim.** | **pezzuolùccia**, **dim.**

†pezzuòlo [av. 1400] **s. m.** ● Pezzo, frammento.

Pfennig /*ted.* 'pfɛnɪç/ [vc. ted., da avvicinare all'ingl. *penny* (V.); 1839 ca.] **s. m. inv.** (**pl.** ted. *Pfennige*) ***1*** Piccola moneta d'argento medievale tedesca corrispondente al denaro italiano. ***2*** Moneta tedesca corrispondente alla centesima parte del marco.

pfùi [vc. espressiva; 1921] **A inter.** ● Esprime disprezzo, scherno e sim. **B** in funzione di **s. m. inv.** ● Esclamazione di disprezzo, scherno e sim.: *si udì qualche p.*

pH /pi'akka/ [sigla ted., comp. di *P*(*otenz*) 'potenza, potere' e *H*(*ydrogen*) 'idrogeno'] **s. m. inv.** ● (*chim.*) Indice dell'acidità o alcalinità di una soluzione acquosa, espressa come l'esponente cambiato di segno della concentrazione degli ioni positivi idrogeno, in grammo-ioni per litro | ***pH neutro***, con valore pari a 7 | ***pH acido*** o ***basico***, con valori rispettivamente inferiori o superiori a 7 | ***Detergente a pH naturale o fisiologico***, pari a un valore di 5,5, equivalente a quello medio della pelle umana.

phaéton /*fr.* fae'tõ/ [vc. fr. dal lat. *Phaĕton*, gr. *Phaéthōn* 'Fetonte', figlio del Sole, che morì per aver osato guidare il carro paterno; 1875] **s. m. inv.** ● Tipo di carrozza e di antica automobile molto alta, scoperta, a quattro posti. ➡ **ILL. carro e carrozza.**

phi /fi*/ ● V. *fi* (*1*).

phillipsite /fillip'site/ [dal n. del mineralista ingl. *W. Phillips* (1775-1828)] **s. f.** ● (*miner.*) Zeolite che, in cristalli geminati a croce ricchissimi di faccette, si trova nelle cavità di molte lave.

phmetro /piak'kametro/ ● V. *piaccametro*.

phon /fɔn/, (*evit.*) **fon** (**2**) **s. m. inv.** ***1*** (*fis.*) Unità di misura del livello di intensità sonora soggettiva. ***2*** Asciugacapelli; **SIN.** Fon (1).

phot /fɔt/ ● V. *fot*.

photo finish /fɔto'finiʃ, *ingl.* 'foutou 'finiʃ/ [vc. ingl., comp. di *photo* (abbr. di *photograph* 'fotografia') e *finish* 'fine'; 1963] **loc. sost. m. inv.** ● (*sport*) Fotografia o ripresa filmata automatica della conclusione delle gare di corsa per stabilire l'esatto ordine di arrivo | (*fig.*) ***Al photo finish***, con un margine minimo di vantaggio: *vincere al photo finish.*

Photofit® /fɔto'fit, *ingl.* 'foutou,fit/ [vc. ingl., comp. di *photo* (V. *photo finish*) e *to fit* 'allestire, preparare' (di orig. incerta); 1974] **s. m. inv.** ● Sistema di identificazione personale, analogo all'identikit, nel quale si utilizzano particolari del volto presi da fotografie anziché disegni. **SIN.** Fotofit.

photoflood /*ingl.* 'foutə,flʌd/ [vc. ingl., comp. di *photo* (V. *photo finish*) e *flood* 'inondazione'] **s. m. inv.** ● Lampada fotografica con specchio incorporato che permette di ottenere una luce uniforme su un'ampia superficie.

phylum /*lat.* 'filum/ [vc. del lat. scient., dal gr. *phylḗ* 'tribù'] **s. m. inv.** (**pl.** lat. *phyla*) ***1*** Nella sistematica zoologica, suddivisione inferiore al regno che raggruppa classi fra loro affini, corrispondente al tipo. ***2*** (*raro*) In botanica, suddivisione inferiore al regno che raggruppa classi fra loro affini, corrispondente alla divisione. ***3*** (*ling.*) Insieme di lingue che presentano delle caratteristiche comuni, ma non così marcate da consentirne il raggruppamento in famiglia.

physique du rôle /fi'zik dy'rɔl, *fr.* fi,zigdy'ʀo:l/ [loc. fr., propr. '(il) fisico del ruolo, della parte'; 1924] **loc. sost. m. inv.** (**pl.** fr. *physiques du rôle*) ● Aspetto esteriore adatto alla parte che uno interpreta e (*est.*) alla professione che esercita, alla situazione in cui si trova e sim.: *ha il physique du rôle del seduttore*; *non ha certamente il physique du rôle dell'indossatrice*; *per fare certe cose ti manca il physique du rôle.*

pi /pi*/ o †dial. **pe** /pe*/ **s. f.** o **m. inv.** (solo **m.** nel sign. 2) ***1*** Nome della lettera italiana *p*. ***2*** Nome della sedicesima lettera dell'alfabeto greco | ***pi greco***, rapporto tra la lunghezza di una circonferenza e il suo diametro; è pari a 3, 14159. **SIMB.** π.

piaccàmetro o **phmetro** [comp. della lettura delle lettere di *pH* e *-metro*] **s. m.** ● (*chim.*) Strumento per la determinazione del pH.

piacciachiccio [vc. onomat. come *spiaccicare*; 1871] **s. m.** ● (*tosc.*) Fanghiglia, melma.

piaccicóne [V. *piacciachiccio*; 1871] **s. m.** (**f.** *-a*) ● (*raro, tosc.*) Persona lenta e goffa.

piaccicóso [da *piaccicone*; 1871] **agg.** ● (*tosc.*) Inzaccherato | Fangoso.

piaccicòtto [da *piaccicone*; 1871] **s. m.** ***1*** (*pop., tosc.*) Parte sudicia e appiccicaticcia di qlco. ***2*** (*fig.*) Lavoro eseguito malamente, pasticciandolo.

piàccio ● V. *piacere* (*1*).

piacènte [part. pres. di *piacere*; av. 1250] **agg.** ● Che piace | Di persona che, anche se non bella in senso assoluto, esercita tuttavia una certa attrazione: *donna, uomo p.*; *nonostante l'età è ancora p.* | †Detto di donna che suscita ammirazione per la sua bellezza, la sue virtù e le doti intellettuali: *Mostrasi sì p. a chi la mira* (DANTE). || **†piacenteménte**, **avv.** Con piacevolezza, in modo gradevole.

piacenterìa [av. 1342] **s. f.** ● (*raro*) Adulazione, piaggeria: *avea saputo renderlesi sopportabile e quasi cara, a forza di p.* (NIEVO).

†piacentière o **†piacentèro**, **†piacentièro**, **†piasentière** [da *piacente*] **s. m.**; anche **agg.** ***1*** Chi (o Che) dà o prova piacere. ***2*** Adulatore, lusingatore. ***3*** Piacente, simpatico.

piacentìno [av. 1449] **A agg.** ● Di Piacenza. **B s. m.** (**f.** *-a*) ● Abitante, nativo di Piacenza.

†piacènza [lat. *placĕntia(m)*, da *plăcens*, genit. *placĕntis* 'piacente'; sec. XII] **s. f.** ***1*** Piacere, soddisfazione: *castetade abbi en p.* (JACOPONE DA TODI) | (*est.*) L'oggetto del piacere. ***2*** Leggiadria, avvenenza. ***3*** Compiacenza.

♦**piacére** (**1**) [lat. *placēre*, di orig. indeur.; sec. XII] **A v. intr.** (**pres.** *io piàccio, tu piàci, egli piàce, noi piacciàmo, voi piacéte, essi piàcciono*; **pass. rem.** *io piàcqui, tu piacésti*; **congv. pres.** *io piàccia*; **part. pass.** *piaciùto*; aus. *essere*) ***1*** Andare a genio, corrispondere ai propri gusti, riuscire gradito: *è un piatto che piace molto*; *mi piace la musica*; *la fatica non gli piace* | Risultare attraente: *quel ragazzo mi piace*; *sembra che tua sorella gli piaccia molto* | ***Non finire di p.***, non riuscire mai noioso o sgradevole o non soddisfare interamente | ***Non p.***, lasciare in dubbio, destare sospetto, non soddisfare interamente | ***Cera, colorito, aspetto che non piace***, che desta preoccupazione, che lascia supporre disturbi o malattie. ***2*** Desiderare, volere: *sia come vi piace* | ***Se piace a Dio, a Dio piacendo***, se Dio vorrà | ***Piaccia a Dio!***, così fosse | ***Se vi piace***, se volete | ***Così mi piace***, così voglio | ***Piaccia o non piaccia***, si voglia o no | (*lett.*) ***Vi piaccia dirmi, rispondermi, riferirmi*** e sim., vogliate per cortesia dirmi, rispondermi, riferirmi. ***3*** (*spec. lett.*) Sembrare giusto, lodevole, opportuno: *ci piacque ricordare pubblicamente il loro eroico comportamento*; *piacque al Senato che la guerra continuasse.* **B v. intr. pron.** ● (*raro, lett.*) Compiacersi.

♦**piacére** (**2**) [da *piacere* (*1*); av. 1250] **s. m.** ***1*** Godimento fisico o spirituale: *dare, provare p.*; *i piaceri della tavola, dello studio, della campagna*; *sapere apprezzare il p. di una simpatica conversazione*; *ogni piacer sperato / è maggiore che ottenuto* (METASTASIO) | Godimento erotico, voluttà: *essere inebriato dal p.*; *i piaceri della carne*; *piaceri illeciti, disonesti* | (*lett.*) ***Donna di p.***, prostituta | (*lett.*) Cosa che piace, che è causa di godimento. ***2*** Divertimento, distrazione: *gita, viaggio* *di p.*; *i piaceri del mondo*; *alternare il lavoro col p.*; *prima il dovere, poi il p.* | ***Non è un p.!***, non mi diverte affatto. **3** Onore, soddisfazione: *è per me un immenso p. conoscerla*; *ve lo presento con grande p.* | ***Quale p.!***, come sono contento di conoscerti, rivederti e sim. | ***P.!***, escl. in uso nelle presentazioni | ***Con p.***, formula di cortesia con cui si accetta qlco., si acconsente a qlco. e sim. | Gusto, gradimento: *ne provo un vero p.* **4** Favore, servigio: *fare un p.*; *ricevere molti piaceri da qlcu.* | ***Per p.!***, escl. con cui si chiede un favore, un servigio | ***Fammi il p.!***, (*iron.*) smettila, finiscila | ***Fammi il santo p. di***, (*iron.*) ti prego di. **5** Desiderio, volontà: *contro il suo p.*; *esporre, dire il proprio p.*; *siamo pronti al suo p.* | ***A p.***, a volontà; (*est.*) secondo i gusti personali | Talento, capriccio: *il p. mutevole degli uomini*; *a vostro p.* || **piacerétto**, dim. | **piacerino**, dim. | **piaceróne**, accr. | **piacerùccio**, dim. | **piacerùcolo**, dim. | **piacerùzzo**, dim. pegg.

♦**piacévole** [V. *piacibile*; av. 1292] agg. **1** Che procura piacere, che dà diletto: *un pomeriggio, una serata p.*; *stare in p. compagnia*; *venticello p.* | Faceto, brillante: *discorso, conversazione p.* SIN. Ameno, amabile, gradevole. CONTR. Spiacevole. **2** †Compiacente, favorevole: *egli che p. uomo era* (BOCCACCIO). CONTR. Scontroso. **3** †Caro, amato. || **piacevolàccio**, pegg. | **piacevolétto**, dim. | **piacevolino**, dim. | **piacevolóne**, accr. || **piacevolménte**, †**piacevoleménte**, avv. In modo piacevole: *restare piacevolmente sorpreso.*

†**piacevoleggiàre** [comp. di *piacevole* e *-eggiare*; av. 1364] v. intr. ● Dire o fare piacevolezze, scherzare.

piacevolézza [sec. XIII] s. f. **1** Condizione di chi (o di ciò che) è piacevole: *la p. di una compagnia.* SIN. Amabilità. **2** Espressione spiritosa o scherzosa: *dire delle piacevolezze*; *una ... natura atta a tutte le sorti di piacevolezze* (CASTIGLIONE).

†**piacìbile** [lat. tardo *placìbile(m)*, da *placēre* 'piacere'] agg. ● Grazioso, piacevole.

piaciménto [sec. XII] s. m. ● Piacere | ***A p.***, a volontà.

piacióne [da *piacere* (*1*); 1993] **A** agg. ● Detto di persona che, con atteggiamenti accattivanti e suadenti, fa di tutto per piacere. **B** anche s. m. (f. *-a*): *è proprio un p.*

piaciucchiàre v. intr. (*io piaciùcchio*; aus. *essere*) ● (*raro*) Piacere abbastanza.

piaciùto [sec. XIII] part. pass. di *piacere*; anche agg. ● Nei sign. del v.

piàcqui ● V. *piacere* (*1*).

piàda [dal gr. *pláthana*, pl. di *pláthanon* 'tavola, piatto lungo per impastare il pane', deriv. del v. *plássein* 'plasmare, modellare'; 1905] s. f. ● Piadina.

piadina [dim. di *piada*; 1985] s. f. ● Sottile focaccia di pane azzimo che si cuoce su una lastra di pietra arroventata, tipica dell'Emilia-Romagna.

piàga [lat. *plāga(m)*, nom. *plāga*, 'colpo, percossa', poi 'ferita', dal gr. dorico *plagá* 'colpo, percossa', da una radice indeur. di orig. onomat. che troviamo anche nel lat. *plàngere*. V. *piangere*; sec. XIII] s. f. **1** (*med.*) Lesione del tessuto con perdita di sostanza e scarsa tendenza alla guarigione: *essere coperto di piaghe* | ***Essere tutto una p.***, di persona coperta di ferite. **2** (*fig.*) Afflizione che rode l'animo: *sanare le vecchie piaghe*; *è una p. che non si rimargina* | ***Riaprire una p.***, (*fig.*) risvegliare memorie dolorose | ***Mettere il dito nella, sulla p.***, (*fig.*) trattare un argomento particolarmente scottante e doloroso per qlcu.; indicare il punto dolente di una situazione. **3** (*fig.*) Danno, rovina: *la p. della grandine* | (*est.*) Grave male sociale: *la p. dell'analfabetismo*; *la corruzione è la nostra più grave p.* **4** (*fig., fam., scherz.*) Persona noiosissima, insopportabile: *quella p. non fa altro che lamentarsi!* || **piagàccia**, pegg. | **piaghétta**, dim. | **piaghettina**, dim. | **piagùccia**, **piagùzza**, dim.

piagàre [lat. tardo *plagāre* 'battere, colpire, ferire', da *plāga* 'colpo'. V. *piaga*; sec. XIII] v. tr. (*io piàgo, tu piàghi*) **1** Coprire di piaghe o di ferite: *le scarpe nuove mi hanno piagato i piedi.* **2** (*lett., fig.*) Fare innamorare perdutamente: *... andate in schiere belle, / a guisa d'amoretti / che vanno ardendo i cuor, piagando i petti* (TASSO).

piagàto part. pass. di *piagare*; anche agg. ● Coperto di piaghe.

†**piagentàre** [da *piagente*, sul modello dell'ant. provz. *plazen*; av. 1400] v. tr. ● Secondare, piaggiare.

†**piagènte** o †**plagènte** part. pres. di †*piagere*; anche agg. ● Piacente.

†**piagènza** o †**plagènza** [av. 1250] s. f. ● Piacenza.

†**piagére** o †**plagére** **A** v. intr. ● Piacere. **B** s. m. ● Piacere.

piagetiàno agg. ● Che concerne o interessa lo psicologo svizzero J. Piaget (1896-1980) e le sue teorie.

piaggellàre [intens. di *piaggiare*] v. tr. ● (*raro, tosc.*) Adulare o lusingare con insistenza.

piaggerìa [da *piaggiare*; 1862] s. f. ● Blandizia, lusinga | Vizio dell'adulare: *fare qlco. per p.*; *è molto sensibile alla p.*

piàggia [sovrapposizione del lat. *plăga* 'plaga' (V.) al gr. *plágios* 'obliquo, laterale', di orig. indeur.; 1308] s. f. (pl. *-ge*) **1** (*raro, lett.*) Terreno in declivio: *folta nebbia / occupando le piagge imbruna i colli* (MARINO). **2** †Spiaggia, costa. **3** (*poet.*) Territorio, paese. || **piaggerèlla**, dim. | **piaggétta**, dim. | **piaggettina**, dim. | **piaggióne**, accr. m.

piaggiaménto [av. 1565] s. m. ● (*lett.*) Piaggeria.

piaggiàre [lat. tardo *plagiāre* 'rubare', da *plăgium*. V. *plagio*; 1313] **A** v. tr. (*io piàggio*) ● (*lett.*) Lusingare e adulare qlcu. per essere favoriti e avvantaggiati. **B** v. intr. (aus. *avere*) **1** †Assumere una posizione neutrale tra due contendenti. **2** †Lusingare: *p. a uno.*

piaggiatóre [da *piaggiare*; 1733] agg.; anche s. m. (f. *-trice*) ● (*lett.*) Adulatore: *Gioberti e li altri piaggiatori della corte gridavano ... che la libertà è già soverchia* (CATTANEO).

†**piàgnere** ● V. *piangere*.

piagnistèo [da *piagnere*; av. 1563] s. m. **1** †Pianto per il morto. **2** Lungo pianto noioso e lamentoso, spec. di bambini | (*est.*) Discorso lamentevole: *non sopporto i suoi continui piagnistei* | Lagnanza, lamentela: *se ne andò a fare il soldato senza tanti piagnistei* (VERGA).

piagnolóso ● V. *piangoloso*.

piagnóne [da *piagnere*; i seguaci del Savonarola erano detti così perché si lamentavano continuamente; sec. XV] s. m. (f. *-a*) **1** (*fam.*) Chi piange o si lamenta in continuazione: *è un p. insopportabile.* **2** (*spec. al pl.*) I seguaci del Savonarola in Firenze nella seconda metà del Quattrocento.

piagnucolaménto [1858] s. m. ● Piagnucolio | Lamentela insistente.

piagnucolàre [da †*piagnere*; 1618] **A** v. intr. (*io piagnùcolo*; aus. *avere*) ● Piangere sommessamente a lungo: *un bambino che piagnucola.* SIN. Frignare | Lamentarsi insistentemente. **B** v. tr. ● (*raro*) Dire piangendo: *cosa piagnucola quel bambino?*

piagnucolìo [1875] s. m. ● Un continuo piagnucolare.

piagnucolóne [1863] s. m. (f. *-a*) ● Chi è solito piagnucolare, chi piagnucola molto.

piagnucolóso [1858] agg. ● Che piagnucola, che è solito piagnucolare: *bambino p.* | Di chi piagnucola: *viso p.*; *voce piagnucolosa.* || **piagnucolosaménte**, avv. (*raro*) In modo, e con tono, piagnucoloso.

piagóso [lat. *plagōsu(m)*, da *plāga* 'colpo, ferita'; av. 1708] agg. ● (*raro*) Pieno di piaghe, di ferite.

piàlla [lat. parl. **plānula(m)*, dim. f. dell'agg. *plānus* 'piano', perché spiana il legno; sec. XIV] s. f. ● Utensile del falegname per spianare, assottigliare, lisciare: è formato da un ceppo di legno dalla cui feritoia centrale sporge il ferro a scalpello, che vi sta incassato obliquamente | ***P. a due ferri***, con un secondo ferro smussato sovrapposto al ferro normale, per evitare lo scheggiarsi del legno. || **piallétta**, dim. | **piallétto**, dim. m. (V.) | **piallóne**, accr. m. (V.).

piallàccio [da *pialla*; 1688] s. m. ● Sottile foglio di legno pregiato che si incolla come rivestimento di un legno di qualità inferiore.

piallàre [da *pialla*; av. 1292] v. tr. ● Lavorare, spianare e assottigliare con la pialla | ***P. per il diritto***, nel senso delle fibre del legno | ***P. a ritroso***, in senso contrario | ***P. in tralice***, di traverso.

piallàta [1605] s. f. **1** Rapida piallatura: *dare una p. al tavolo.* **2** Colpo di pialla. || **piallatina**, dim.

piallàto **A** part. pass. di *piallare*; anche agg. ● Nel sign. del v. **B** s. m. ● †Legno piallato.

piallatóre [1678] s. m.; anche agg. (f. *-trice*) ● Chi (o Che) pialla.

piallatrice [1899] s. f. ● Macchina per piallare.

piallatùra [av. 1574] s. f. **1** Lavorazione eseguita con la pialla. **2** L'insieme dei trucioli tolti piallando.

piallettàre [1863] v. tr. (*io piallétto*) ● Spianare col pialletto.

piallétto [sec. XV] s. m. **1** Dim. di *pialla.* **2** Piccola pialla maneggiabile anche con una sola mano. **3** (*raro*) Tagliatartufi. **4** Assicella quadrata fornita di manico usata dai muratori per spianare e lisciare l'intonaco | ***P. tondo***, per gli spigoli delle volte. SIN. Frattazzo.

piallóne s. m. **1** Accr. di *pialla.* **2** Pialla con ceppo lungo, per spianare superfici già sgrossate.

piamàdre o **pia màdre** [detta così perché protegge il cervello come una madre protegge il figlio; calco sull'ar. *umm ad-dimāġ ar-raqīqa*; 1557] s. f. (pl. *piemàdri*) ● (*anat.*) La più interna delle tre meningi, sottile, aderente all'encefalo e al midollo spinale.

piàna [f. sost. di *piano* (*1*); sec. XIV] s. f. **1** Terreno pianeggiante, pianura. **2** Pietra squadrata per stipiti di finestra. **3** †Trave più corta e più larga del corrente.

pianàle [da *piano* (*1*); sec. XIII] s. m. **1** (*agr.*) Ripiano. **2** Piano di carico di un autocarro, un carro ferroviario, e sim. **3** Carro con o senza sponde basse mobili.

pianàre [lat. tardo *planāre*, da *plānus* 'piano (1)'; av. 1320] v. tr. ● (*raro*) Rendere piano, liscio. SIN. Levigare, spianare.

pianatóio o **pianatóre** [da *pianare*; 1561] s. m. ● Tipo di cesello con la cima piatta.

pianatùra [1970] s. f. ● Operazione di spianare, appiattire, stendere i cuoi da suola, prima di essiccarli.

piancìto o **piantito** [dal fr. *plancher* 'impiantito', da *planche* 'lastra', dal lat. tardo *plānca(m)* 'asse', da *plāncus* 'dai piedi piatti' (da avvicinare a *plānus* 'piano (1)'); av. 1698] s. m. ● (*region.*) Pavimento.

pianeggiànte [1789] part. pres. di *pianeggiare*; anche agg. ● Che è in piano o che procede in piano, senza dislivelli: *terreno p.*; *strada, sentiero p.*

pianeggiàre [da *piano* (*2*); 1638] **A** v. intr. (*io pianéggio*; aus. *avere*) ● Essere o tendere a essere piano: *declivio che pianeggia.* **B** v. tr. ● Rendere piano: *p. il suolo stradale.*

pianèlla [da *piano* (*2*); av. 1313] s. f. **1** Pantofola senza tacco | ***Stare in pianelle***, (*fig.*) stare in libertà. **2** Mattone sottile per pavimentazione e copertura di tetti. **3** (*mar.*) Galea a fondo piano. **4** (*bot.*) ***P. della Madonna***, cipripedio. **5** †Specie di elmo di acciaio, sottile e piatto. || **pianellétta**, dim. | **pianellina**, dim. | **pianellino**, dim. m. | **pianellóne**, accr. m. | **pianellùccia**, **pianellùzza**, dim.

†**pianellàio** [av. 1348] s. m. (f. *-a*) ● Fabbricante o venditore di pianelle.

pianellàta [1552] s. f. ● (*raro*) Colpo di pianella.

pianèllo [dim. di *piano* (*2*); sec. XV] s. m. ● Striscia di terreno tra due filari di viti.

pianeròttolo [da *piano* (*2*); av. 1470] s. m. **1** Struttura orizzontale che collega due rampe di una scala e può dare accesso a un piano di un edificio se situato alla sua altezza | ***P. di sosta***, quello situato fra piano e piano | ***P. di arrivo***, quello situato all'altezza di ciascun piano. **2** In alpinismo, spiazzo su rocce ripide.

♦**pianéta** (**1**) o †**pianéto** [lat. *planēta(m)*, nom. *planēta*, dal gr. *planḗtēs* 'errante, vagante', da *planân* 'deviare dalla retta strada', di etim. incerta; 1282] s. m. (pl. *-i*) **1** (*astron.*) Corpo celeste che descrive orbite ellittiche intorno al Sole, privo di luce propria ma luminoso perché riflette la luce solare | ***Pianeti interni*** o ***inferiori***, quelli che distano dal Sole meno di quanto vi disti la Terra | ***Pianeti esterni*** o ***superiori***, distanti dal Sole più della Terra | ***Pianeti medicei***, satelliti galileiani | (*per anton.*) La Terra: *una delle città più grandi del p.* | (*fig., iperb.*) ***È di un altro pianeta***, è straordinario, di qualità eccezionale: *questo vino è di un altro p.!* ➡ ILL. p. 2142 SISTEMA SOLARE. **2** (*fig.*) Nel linguaggio giornalistico, complesso di problematiche, o fatti, considerati come un mondo a sé: *p. donna, p. calcio.* **3** (*lett., fig.*) Destino, sorte. **4** Foglietto recante stampato l'oroscopo. || **pianetino**, dim. (V.) | **pianetóne**, accr.

pianéta (**2**) [gr. *planḗtēs* 'che vaga, gira' (V. precedente), perché poteva girare intorno alla persona; av. 1342] s. f. ● Paramento che il celebrante cattolico indossa durante la messa e nelle processioni, al di sopra del camice, aperto ai fianchi, di colore variabile in rapporto alla dedicazione del giorno o alla natura della cerimonia nella liturgia.

pianetino [1660] s. m. *1* Dim. di *pianeta* (*1*). *2* (*astron.*) Asteroide.

†**pianeto** ● V. *pianeta* (*1*).

pianezza [lat. *planĭtia(m)*, da *plānus* 'piano (1)'; av. 1294] s. f. *1* (*raro*) Caratteristica di ciò che è piano: *la p. di una superficie*. *2* (*raro*) Agevolezza, facilità. *3* (*raro, lett.*) Placidezza, mansuetudine.

piangente [1342] part. pres. di *piangere*; anche agg. *1* Che piange, che è in lacrime. *2* (*bot.*) ***Salice p.***, pianta delle Salicacee caratterizzata dall'ampia chioma con lunghissimi rami ricadenti di color verde tenero (*Salix babylonica*).

♦**piàngere** o (*dial.*) †**piàgnere**, †**plàngere** [lat. *plāngere* 'battere, percuotere, battersi il petto'. V. *piaga*; av. 1250] **A** v. intr. (pres. *io piàngo, tu piàngi*; pass. rem. *io piànsi, tu piangésti*; part. pass. *piànto*; aus. *avere*) *1* Versare lacrime per dolore, commozione o altri sentimenti: *p. dirottamente, amaramente, in silenzio, singhiozzando, a calde lacrime*; *se ci penso mi viene da p.*; *p. alla notizia di qlco., alla morte di qlcu.*; *p. per i mali sofferti, delle ingiustizie patite*; *teneramente di paterno amore / pianse* (ALFIERI) | ***P. dietro a qlcu.***, rimpiangerlo perché ci ha lasciati | ***P. di gioia, rabbia, dispetto*** e sim., versare lacrime per tali sentimenti | ***P. sul latte versato***, (*fig.*) rammaricarsi di qlco. quando è ormai troppo tardi | (*fig.*) ***Far p. i sassi***, essere molto commovente | (*fig.*) ***P. da un occhio solo***, fingere di piangere | (*fig.*) ***Abiti che gli piangono addosso***, che gli stanno malissimo | (*fam.*) ***Piangersi addosso***, autocommiserarsi, lagnarsi esageratamente o senza valida motivazione | (*raro, est.*) Lamentarsi, mandare gemiti: *senti la tortorella che piange sul greto del fiume*. *2* Soffrire molto: *p. dentro di sé, sotto la tirannia* | (*fig.*) ***Mi piange il cuore***, ne soffro moltissimo | ***Beati coloro che piangono***, beati i sofferenti. *3* Gocciolare, stillare: *la linfa piangeva dai rami spezzati* | (*fig.*) ***P. come una vite tagliata***, versare un fiume di lacrime | (*raro, est.*) Piovere. **B** v. intr. pron. ● †Affliggersi, dolersi. **C** v. tr. *1* Versare, emettere: *p. lacrime d'odio, d'ira, di rabbia*; *ha ormai pianto tutte le sue lacrime*; *quante lacrime ho pianto per la sua partenza!* | Esprimere con voce di pianto: *p. versi, querele, parole*. *2* Deplorare, lamentare: *p. la morte di qlcu., i danni subiti, le offese patite* | ***P. qlco. con qlcu.***, condolersi | ***P. miseria***, ostentarla | ***P. guai***, mostrare a tutti i propri guai | (*est.*) Rimpiangere: *p. il bene perduto*. *3* (*lett.*) Espiare, pentirsi di qlco.: *p. i propri peccati*; *S'io son tra quella gente stato / che piange l'avarizia* (DANTE). **D** in funzione di s. m. solo sing. ● Pianto: *quanto p. ha fatto!*; *avere gli occhi rossi dal p.*; *fiume che spesso del mio pianger cresci* (PETRARCA).

piangévole [1325 ca.] agg. *1* (*lett.*) Malinconico. *2* †Che fa piangere, lacrimevole: *lo p. caso* (VILLANI). || †**piangevolménte**, avv. Con pianto.

piangitóre [av. 1294] s. m. (f. *-trice*, raro *-tora*) ● (*raro*) Chi piange | (*al f.*) Prefica.

piangiucchiàre [da *piangere*; 1968] v. intr. (*io piangiùcchio*; aus. *avere*) ● Piangere sommessamente o a tratti.

piangolàre v. intr. (*io piàngolo*; aus. *avere*) ● (*raro*) Piagnucolare.

piangolóne [da *piangolare*] s. m. (f. *-a*) ● (*tosc.*) Piagnucolone.

piangolóso o (*lett.*) **piagnolóso**, (*lett.*) **pianguloso** [sec. XIV] agg. ● (*raro*) Piagnucoloso.

pianguloso ● V. *piangoloso*.

pianificàbile [1958] agg. ● Che si può o si deve pianificare.

pianificabilità [1983] s. f. ● Condizione di ciò che è pianificabile.

pianificàre [comp. di *piano* (*3*) e *-ficare*; 1937] v. tr. (*io pianìfico, tu pianìfichi*) *1* (*raro*) Pareggiare, livellare. *2* Progettare e organizzare qlco. mediante un piano preciso: *p. un'attività, un intervento* | (*est.*) Regolare secondo criteri di pianificazione: *p. la produzione industriale*.

pianificàto [1949] part. pass. di *pianificare*; anche agg. ● Progettato o regolato da un piano: *economia pianificata*.

pianificatóre [1948] s. m. (f. *-trice*) ● Chi fa un piano economico | Sostenitore della politica di pianificazione.

pianificazióne [1937] s. f. ● Il pianificare | Programmazione dell'attività economica in base a un piano | ***P. familiare***, controllo delle nascite.

pianigiano [da *piano* (*2*); av. 1498] agg.; anche s. m. (f. *-a*) ● (*raro*) Che (o Chi) abita in pianura.

pianino (**1**) [dim. di *piano* (*1*) nel sign. B] avv. ● (*fam.*) Adagio, senza fretta (*spec. iter.*): *pianin p. siamo arrivati quassù*; *pian p. si riesce a fare tutto*.

pianino (**2**) s. m. *1* Dim. di *piano* (*4*). *2* Organino, organetto.

pianismo (**1**) [da *piano* (*3*)] s. m. ● Tendenza alla pianificazione economica.

pianismo (**2**) [da *piano* (*4*); 1914] s. m. ● (*mus.*) Arte di trattare il pianoforte, sia nella composizione sia nell'esecuzione: *il p. di Debussy*; *il p. di A. Cortot*.

pianissimo [propr., superl. di *piano* (*1*); 1778] s. m. (pl. inv. o raro *-i*) ● (*mus.*) Indicazione dinamica che richiede la minima intensità di suono; abbreviata in pp, ppp o pppp.

pianista [da *piano* (*4*); 1826] s. m. e f. (pl. m. *-i*) *1* Chi suona il pianoforte, spec. professionalmente. *2* (*polit., gerg.*) Deputato o senatore che, durante una votazione parlamentare, vota al posto di un collega assente.

pianistico [da *pianista*; 1941] agg. (pl. m. *-ci*) ● (*mus.*) Che si riferisce al pianoforte, alla musica per pianoforte o ai pianisti: *tecnica pianistica, composizione pianistica*.

♦**piano** (**1**) [lat. *plānu(m)*, di orig. indeur.; av. 1272] **A** agg. *1* Piatto e disteso secondo la linea orizzontale: *una strada lunga e piana* | Privo di rilievi, sporgenze, rientranze, convessità o concavità: *tavola piana*; *terreno p.*; *piatto p.* | ***Fronte piana***, né prominente né schiacciata | †***Restare in piana terra***, (*fig.*) nella miseria | †***Piè p.***, terreno piano | †***A piè p.***, a piano terra. CFR. plani-. *2* (*fig.*) Agevole, facile: *faccenda piana* | Chiaro, intelligibile: *scrittura piana*; *esprimersi in lingua piana*. *3* Detto di parola con l'accento sulla penultima sillaba | Detto di verso che finisce con una parola piana (V. nota d'uso ACCENTO). *4* (*mus.*) Indicazione dinamica che richiede una debole intensità di suono. SIMB. p. *5* †Modesto, umile, dimesso | (*tosc.*) ***Alla piana***, (*ellitt.*) alla buona, con semplicità | ***Messa piana***, non cantata. *6* Sommesso: *un parlare p.* | (*lett.*) Quieto, tranquillo. || **pianaménte**, avv. *1* Senza far rumore; a bassa voce. *2* In modo modesto, umile. *3* Con lentezza. **B** avv. *1* Adagio, senza fretta: *cammina p.* | (*fig.*) Con prudenza e cautela: *posalo p.*; *p., potresti romperlo!* | (*fig.*) ***Andarci p.***, agire prudentemente: *bisogna andarci p. con certa gente* | Con valore raff., iter.: *p. p. siamo arrivati fino quassù*; *p. p. abbiamo fatto quello che hanno fatto gli altri*. *2* Sommessamente, a voce bassa: *non gridare così, parla più p.* CONTR. Forte. || **pianétto**, dim. (V.) | **pianino**, dim.

♦**piano** (**2**) [lat. *plānu(m)*, nt. sost. dell'agg. *plānus* 'piano (1)'; sec. XII] s. m. (pl. †*piànora*, f.) *1* (*mat.*) Uno degli enti primitivi della geometria, il cui significato è circoscritto dai postulati scelti nel particolare tipo di geometria | In uno spazio numerico tridimensionale, luogo dei punti le cui coordinate soddisfano a un'equazione algebrica di 1° grado | (*astron.*) ***P. fondamentale***, il piano che contiene il circolo massimo, preso come riferimento di un sistema di coordinate sferiche celesti | (*astron.*) ***P. meridiano***, piano su cui giace l'asse terrestre | (*fis.*) ***P. di incidenza***, piano contenente la direzione di propagazione di un'onda che incide su una superficie e la normale condotta alla superficie nel punto di incidenza | (*fis.*) ***P. di polarizzazione***, piano contenente il vettore elettrico e la direzione di propagazione di un'onda elettromagnetica | (*fis.*) ***P. di riflessione***, piano contenente la direzione di propagazione di un'onda riflessa da una superficie e la normale alla superficie condotta nel punto di riflessione. *2* (*gener.*) Superficie piana: *un p. di marmo, di legno*; *p. di lavoro*. CFR. plani- | ***In p.***, orizzontalmente | (*disus.*) ***Mettere, recare al p.***, demolire, diroccare | ***P. stradale***, la superficie stradale su cui transitano i veicoli | (*tecnol.*) ***P. di controllo***, piattaforma su cui vengono appoggiati i pezzi per operazioni di tracciatura e controllo prima e durante la lavorazione | ***P. caricatore***, piazzale sopraelevato sul piano stradale, posto davanti alle aperture di entrata e uscita delle merci in mercati, officine e industrie, destinato a facilitare il carico e lo scarico degli autocarri | ***P. di cottura***, in una cucina, quello dove sono collocate le piastre e i fornelli. *3* Terreno pianeggiante, zona di pianura: *paesi posti al p.*; *la strada scendeva al p. con molte curve*; *guardavano … per i piani sterminati sotto la gran vampa del sole* (PIRANDELLO). *4* Livello: *p. di caricamento*; *il p. delle acque* | ***Mettere sullo stesso p.***, (*fig.*) allo stesso livello | ***Mettere su un altro p.***, (*fig.*) esaminare qlco. da un diverso punto di vista | (*fig.*) ***Sul p. politico, culturale*** e sim., sotto l'aspetto politico, culturale | (*est.*) Strato: *disporre su diversi piani la merce*. *5* (*cine, fot.*) ***Primo p.***, inquadratura di un personaggio dalle spalle in su | ***Primissimo p.***, inquadratura comprendente il solo volto, o particolari del volto, di un personaggio | ***P. americano***, inquadratura di un personaggio dalle ginocchia in su | ***P. medio***, inquadratura comprendente mezza figura, o uno spazio corrispondente | (*cine*) ***P. sequenza***, lunga inquadratura senza stacchi | ***Primo, secondo p.***, in una raffigurazione prospettica, zona che nell'immagine è più o meno vicina al punto di vista dell'osservatore: *una figura, un dettaglio in primo p.* | ***Di primo p.***, (*fig.*) detto di chi (o di ciò che) riveste grande importanza o rilievo: *una figura, un personaggio di primo p.* | ***Di secondo p.***, (*fig.*) detto di chi (o di ciò che) ha un'importanza relativa: *una figura, un personaggio di secondo p.*; *sono questioni di secondo p.* *6* (*aer.*) Corpo molto appiattito rispetto alla sua estensione usato per ottenerne azioni aerodinamiche | ***P. alare***, che schematizza un'ala | ***P. fisso***, deriva, stabilizzatore e sim. | ***P. mobile, di governo***, V. *governo* | ***P. centrale***, tronco centrale di un'ala cui si innestano le semiali | ***P. di coda***, impennaggio | ***Piani fissi e mobili***, governali. *7* (*geol.*) Unità stratigrafica in cui si suddivide la serie comprendente tutte le rocce formatesi durante un'età | ***P. di faglia***, il piano o la superficie lungo la quale due lembi rocciosi si spostano l'uno relativamente all'altro. *8* (*miner.*) ***P. di sfaldatura***, lungo cui si manifesta la rottura di cristalli sfaldabili | ***P. di geminazione***, lungo cui due individui cristallini geminati vengono a contatto | ***P. di simmetria***, tale da dividere un cristallo in due parti speculari e simmetriche. *9* (*ferr.*) ***P. del ferro, di rotolamento***, piano tangente al fungo delle due rotaie di un binario | ***P. di regolamento***, sul quale viene posto lo strato di materiali costituenti la massicciata. *10* Ciascuno degli ordini sovrapposti in cui si divide un edificio secondo l'altezza: *primo, terzo p.*; *un palazzo di dieci piani*; *abitare al primo p.* | ***Pian terreno, p. terra***, V. *pianterreno, pianoterra* | ***P. nobile***, in un palazzo signorile, il primo piano. *11* Palco, costruzione di tavole o altro in piano: *p. d'assi*; *p. lastricato, mattonato* | ***P. scenico***, superficie del palcoscenico dove agiscono gli attori. *12* In legatoria, quadrante.

♦**piano** (**3**) [fr. *plan*, da *planter* 'piantare'; 1685] s. m. *1* Disegno industriale rappresentante un oggetto, una macchina, una costruzione e sim. in proiezione su di una superficie piana. *2* Programma che determina i mezzi, i compiti e i tempi per conseguire alla scadenza un determinato risultato | ***P. regolatore***, atto amministrativo che ha lo scopo di determinare la futura configurazione di una zona di insediamento o di un nucleo urbano preesistente e di stabilire i vincoli ai beni privati necessari per attuarla | ***P. di sviluppo economico***, complesso delle previsioni e dei provvedimenti elaborati dallo Stato allo scopo di determinare e garantire uno sviluppo equilibrato dell'economia | ***P. di studi***, progetto delle discipline da seguire e dei relativi esami da sostenere, che lo studente universitario sottopone all'accettazione di un'apposita commissione | (*mil.*) ***P. operativo***, documento che tratta gli aspetti organizzativi del disegno di manovra secondo cui il comandante di un complesso di forze intende impiegarle nella battaglia o manovra strategica | ***P. di volo***, i vari elementi, come itinerario, quote, tempi, e sim., previsti per un volo che il pilota, in partenza, fornisce al servizio della circolazione aerea, compilando l'apposito modulo. *3* (*est.*) Progetto, proposito, programma: *p. d'azione*; *avere un p. ambizioso*; *mandare a monte i piani di qlcu.*; *i piani per le vacanze*.

♦**piano** (**4**) [1831] s. m. solo sing. ● Accorc. di *pianoforte*. || **pianino**, dim.

piano (**5**) [da *Pio* col suff. di appartenenza *-ano*

(*1*)] agg. ● Che si riferisce a uno dei pontefici di nome Pio | *Catasto p.*, quello iniziato nel 1777 da Pio VI.

piàno-bar /pjano'bar/ [comp. di *piano* (*4*) e *bar*; 1963] s. m. inv. ● Locale pubblico con musica di sottofondo eseguita da un pianista, aperto spec. nelle ore serali e notturne.

pianocòncavo o **piano-còncavo** [comp. di *piano* (*1*) e *concavo*; 1745] agg. (pl. m. *-i*) ● (*fis.*) Detto di lente avente una faccia piana e una concava.

pianoconvèsso o **piano-convèsso** [comp. di *piano* (*1*) e *convesso*; 1745] agg. (pl. m. *-i*) ● (*fis.*) Detto di lente avente una faccia piana e una convessa.

♦**pianofòrte** [comp. di *piano* (*1*) e *forte*, propr. 'clavicembalo con il piano e il forte'; 1771] s. m. *1* (*mus.*) Strumento a corde metalliche percosse da martelletti azionati da una tastiera | *P. a coda*, a corde orizzontali | *P. verticale*, a corde verticali e tastiera sporgente | *P. preparato*, nel quale, fra le corde, sono stati inseriti oggetti estranei, usato nella musica contemporanea. ➡ ILL. musica. *2* (*est.*) Tecnica di musica da eseguire al pianoforte, spec. come materia di studio: *studiare, insegnare p.*; *maestro di p.*; *diplomarsi in p.*

pianòla [da *piano* (*4*); 1923] s. f. ● Pianoforte meccanico in cui il movimento di due pedali fa svolgere un rotolo di carta con fori corrispondenti alle varie note.

pianòro [da *piano* (*2*); 1840] s. m. ● Pianura situata in una zona elevata, fra altura e altura.

pianotèrra o (*raro*) **piano tèrra** [comp. di *piano* (*2*) e *terra*; 1923] s. m. inv. ● (*fam.*) Pianterreno.

pianoterréno ● V. *pianterreno*.

pianparallèlo [comp. di *pian(o)* (*1*) e *parallelo*] agg. ● (*ottica*) A facce piane e parallele, detto di elemento rifrangente, quale una lamina di vetro.

piànsi ● V. *piangere*.

♦**piànta** [lat. *plănta(m)*, da *plantāre* 'piantare'; av. 1292] s. f. *1* Denominazione generica di ogni organismo vegetale, spec. erbaceo, arbustivo o arboreo. CFR. fito-, -fito | *P. officinale*, che contiene sostanze suscettibili di essere usate in medicina per la loro azione terapeutica | *P. carnivora, insettivora*, quella che con vari dispositivi cattura e digerisce i piccoli animali, spec. insetti. ➡ ILL. piante/1-11. *2* (*fig.*) †Stirpe, schiatta. *3* Parte inferiore del piede | (*est.*) Parte inferiore della scarpa: *stivali a p. larga, stretta*. *4* Rappresentazione grafica in scala, ottenuta sezionando con un piano orizzontale, o proiettando verticalmente sul piano orizzontale, oggetti, pezzi meccanici, costruzioni, terreni e sim.: *la p. di un edificio* | *P. a croce greca*, in cui i corpi di fabbrica, ortogonali, sono di uguale lunghezza, spesso con cupola sull'incrocio | *P. a croce latina*, in cui i corpi di fabbrica ortogonali sono di diversa lunghezza e il più breve interseca l'altro a circa due terzi della sua lunghezza | (*est.*) Carta topografica: *la p. di una città* | (*est.*) Disegno che rappresenta la disposizione di cose o persone in un dato luogo: *la p. di una classe, di un ufficio*. *5* (*bur.*) Ruolo, organico: *essere assunto in p. stabile*; *la p. del Ministero* | *In p. stabile*, (*fig.*) in modo continuativo: *si è trasferito a casa mia in p. stabile*. *6* (*fig.*) Nella loc. avv. *di p.*, (*raro*) dalla radice, dal principio | *Di sana p.*, totalmente, integralmente. || **piantàccia**, spreg. | **pianterèlla**, dim. | **pianterellina**, dim. | **piantètta**, dim. | **piantettina**, dim. | **pianticèlla**, dim. | **pianticina**, dim. | **piantina**, dim. (V.) | **piantolina**, dim. | **piantóna**, accr. | **piantùccia**, dim.

piantàbile [av. 1601] agg. *1* Che si può coltivare con piante: *terreno p.* *2* (*raro*) Che si può piantare: *albero p.*

piantàggine [lat. *plantāgine(m)*, da *plănta* 'pianta (dei piedi)', per la forma delle sue foglie con la pianta dei piedi; sec. XIII] s. f. ● Pianta erbacea delle Plantaginacee comune nei prati e nei terreni incolti, con foglie picciolate a rosetta e fiori verdognoli in spighe (*Plantago major*). SIN. Centonervia, lanciola.

piantagióne [lat. *plantatiōne(m)*, da *plantātus* 'piantato'; av. 1320] s. f. *1* (*raro*) Lavoro del piantare, del mettere a dimora piante arboree. *2* Area di terreno occupata da piante coltivate della stessa specie: *p. di caffè, di tabacco* | L'insieme di alberi o piante coltivati | *P. di peschi, peri*, e sim., frutteto | Azienda agricola caratterizzata da grande estensione e monocoltura, tipica delle regioni tropicali. ➡ ILL. agricoltura e giardinaggio.

piantagràne [comp. di *pianta(re)* e il pl. di *grana* (*1*); 1941] s. m. e f. inv. ● Persona pedante e puntigliosa che procura fastidiose complicazioni.

piantaménto [av. 1320] s. m. ● Operazione del piantare.

piantàna [da *pianta*; 1963] s. f. *1* Sostegno verticale, spec. metallico, per librerie e scaffalature | *P. di segnale*, struttura di sostegno di un segnale. *2* (*edil.*) Sostegno tubolare metallico. *3* Lampada a stelo.

†**piantanimàle** [comp. di *pianta* e *animale*] s. f. ● Zoofito.

♦**piantàre** [lat. *plantāre*, da *plănta* 'pianta (del piede)'; si diceva degli ortaggi che si piantavano calcando con la *pianta* del piede; 1280] **A** v. tr. *1* Mettere nel terreno semi, germogli e altri organi vegetali atti a svilupparsi in pianta: *p. semi, talee*; *p. fiori, ortaggi, alberi da frutto*; *p. un terreno a vigna*; *p. a buca, a trincea* | *P. a fessura*, a scopo di rimboschimento | ***Andare a p. cavoli***, (*fig., disus.*) ritirarsi a vita privata. *2* Conficcare profondamente nel terreno o in qualunque superficie solida: *p. un'asta, la bandiera, i pali del telegrafo*; *gli piantò un pugnale nel petto* | ***P. chiodi***, (*fig., fam.*) fare debiti | (*est.*) Collocare o posare saldamente: *p. l'accampamento, le fondamenta, le batterie antiaeree* | ***P. le tende***, accamparsi; (*fig.*) fermarsi a lungo in un luogo | (*fig.*) ***P. una grana***, sollevare questioni noiose e spiacevoli | (*fig.*) ***P. gli occhi addosso a qlcu.***, fissarlo intensamente. *3* (*raro, fig.*) Iniziare, fondare: *p. un negozio, un'azienda* | ***P. bene, male una questione***, porla bene, male. SIN. Impiantare. *4* (*fig.*) Abbandonare, lasciare in modo improvviso: *p. la fidanzata, il marito*; *ha piantato tutto e se n'è andato* | ***P. in asso qlcu.***, abbandonarlo a sé stesso | ***P. baracca e burattini***, (*fig.*) abbandonare ogni cosa e non volerne più sapere | ***Piantarla***, finirla | ***Piantala!***, finiscila, smetti di dire o fare qlco. | (*raro*) ***Piantarla a uno***, ingannarlo. **B** v. intr. pron. ● Conficcarsi: *la freccia si piantò lontano dal bersaglio*; *mi si è piantata una spina nel dito* | ***Piantarsi nel fango*** e sim., impantanarsi. **C** v. rifl. ● Fermarsi in un luogo senza accennare ad andarsene: *mi si è piantato in casa e nessuno lo muove più* | ***Piantarsi davanti, di fronte a qlcu.***, fronteggiarlo con aria risoluta: *mi si piantarono davanti due energumeni, e dovetti tornare indietro*.

piantàta [av. 1540] s. f. *1* Il piantare. *2* L'insieme delle piante della stessa specie che occupano una certa zona di terreno | Terreno piantato. *3* Filare di viti maritate comune nelle pianure dell'Emilia, in Toscana e in Campania.

piantàto [sec. XIII] part. pass. di *piantare*; anche agg. *1* Nei sign. del v. | Coltivato: *terreno p. a vite*. *2* Solido, robusto: *un uomo, un ragazzo ben p.* *3* (*fig.*) Di persona che sta immobile e impettita: *cosa fai p. lì come un palo?*

piantatóio [da *piantato*; 1981] s. m. ● Cavicchio, piolo, foraterra.

piantatóre [lat. tardo *plantatōre(m)*, da *plantātus* 'piantato'; sec. XIV] s. m. (f. *-trice*, raro *-tora*) *1* Chi pianta. *2* Proprietario di una o più piantagioni: *un p. di caffè, di cotone*.

piantatrice [1962] s. f. ● Macchina per piantare bulbi e tuberi, spec. patate.

piantatùra [1891] s. f. ● Operazione del mettere a dimora piante, semi, germogli | Stagione in cui si compie tale operazione.

♦**pianterréno** o **pianoterréno**, **piàn terréno** [comp. di *pian(o)* (*2*) e *terreno*; av. 1465] s. m. ● Piano di casa a livello del suolo stradale o quasi.

piantime [da *pianta*; av. 1915] s. m. ● Pianticella nata da seme, pronta per il trapianto.

piantina [1776] s. f. *1* Dim. di *pianta*. *2* (*fig.*) Cartina topografica: *la p. di Siena*.

piantito ● V. *piancito*.

piànto (**1**) part. pass. di *piangere*; anche agg. *1* Nei sign. del v. | (*lett.*) Rimpianto: *re per tant'anni bestemmiato a p.* (CARDUCCI). *2* †Deprecato.

♦**piànto** (**2**) [lat. *plănctu(m)* 'il battersi il petto', da *plāngere* 'piangere'; sec. XII] s. m. *1* Atto del piangere, come espressione di dolore, di commozione o anche di gioia: *p. dirotto, irrefrenabile, disperato*; *rompere, scoppiare in p.*; *misera me! sollievo a me non resta / altro che il p.* (ALFIERI) | †***Fare il p.***, piangere un defunto | ***Levare il p.***, cominciare a piangere | ***Avere il p. facile***, piangere facilmente per nulla | (*fig.*) ***P. greco***, lamento insistente, lagna, piagnisteo | Lacrime: *un p. di gioia, d'ira, di tenerezza, di commozione*; *viso rigato di p.*; *occhi molli, bagnati di p.* | ***Sciogliersi in p.***, versare abbondantissime lacrime. *2* Afflizione, dolore, lutto: *tutta la nazione è in p.*; *avere il p. nel cuore* | (*lett.*) Tormento. *3* (*fig.*) Cosa, persona, avvenimento e sim. che è causa di grande dolore e tristezza: *quella povera gente fa una vita ch'è un p.*; *è un p. vederla ridursi a quel modo* | (*scherz.*) Cosa o persona noiosa, deludente, fastidiosa e sim.: *che p. quel film!* *4* (*letter., raro*) Epicedio. *5* Fuoriuscita di liquido da ferite prodotte sulle radici o sul fusto di un vegetale. || **pianterèllo**, dim.

piantonàia [da *piantone*; 1759] s. f. ● Piantonaio.

piantonàio s. m. ● (*agr.*) Parte del vivaio dove vengono poste le piante già innestate prima di essere trapiantate a dimora.

piantonaménto [1935] s. m. ● Vigilanza esercitata spec. da forze di polizia.

piantonàre [da *piantone*; 1890] v. tr. (*io piantóno*) ● Sottoporre a vigilanza esercitata da un piantone o gener. da forze di polizia: *p. una casa, la caserma*; *p. i prigionieri*; *il fermato è piantonato in ospedale*.

piantóne [da *piantare*; 1824] s. m. *1* (*agr.*) Pollone radicato staccato dal ceppo della pianta, posto direttamente a dimora. *2* Soldato, normalmente disarmato, comandato per servizi interni di caserma, d'ufficio, di vigilanza e sim.: *p. alle camerate, alla porta*; *stare di p. alla mensa*. *3* (*est.*) Chiunque stia fermo a vigilare qlcu. o qlco.: *stare, mettersi di p.* *4* (*mecc.*) Negli autoveicoli, asse che collega il volante agli organi dello sterzo: *p. di guida*, o *di sterzo* o *del volante*. || **piantoncèllo**, dim. | **piantoncino**, dim.

†**piantorìso** [comp. di *pianto* (*2*) e *riso*] s. m. ● Misto di riso e pianto.

piantumazióne [1986] s. f. ● (*bot.*) Nella selvicoltura e nel giardinaggio, collocazione a dimora di alberi e arbusti in grande quantità e secondo un progetto determinato.

piantùme [da *piant(a)* col suff. *-ume*] s. m. ● (*bot.*) Insieme delle piante coltivate in vivaio e utilizzate per piantumazioni.

♦**pianùra** [da *piano* (*2*); av. 1292] s. f. ● Ampia estensione di terreno pianeggiante: *la p. Padana* | *Alta p.*, terreno pianeggiante di natura alluvionale, molto permeabile | *Bassa p.*, terreno piano a pochi metri sul livello del mare, impermeabile per la prevalente costituzione argillosa | *P. alluvionale*, costituita da depositi fluviali. ➡ ILL. p. 2133 SCIENZE DELLA TERRA ED ENERGIA.

pianùzza [catalano *platussa*, dal lat. tardo *platĕssa(m)*: dal gr. *platýs* 'largo, piatto'. V. *piatto*; 1875] s. f. ● (*zool.*) Passera di mare.

pi̯àre [vc. onomat.; av. 1257] v. intr. (aus. *avere*) ● (*lett.*) Pigolare.

†**piasentière** ● V. †*piacentiere*.

piassàva [vc. di orig. tupi; 1838] s. f. ● Fibra tessile molto robusta, ricavata dalle foglie di alcune palme, usata per fabbricare corde, scope, spazzole.

piàstra [da (*im*)*piastro*; sec. XIII] s. f. *1* Lastra di legno, metallo, pietra, calcestruzzo, vetro o altro, di vario spessore, adibita a usi diversi: *p. di rivestimento, di rinforzo, di protezione*. CFR. placo- | *P. della serratura*, la parte piana, visibile, della serratura | (*est.*) Fornello elettrico inserito nel piano di cottura di una cucina | (*mar.*) Pezzo della corazza delle navi, rettangolare, di ferro o di acciaio. *2* Parte costitutiva delle antiche armature | (*est., raro*) Armatura. *3* Insieme dei congegni di accensione delle antiche armi da fuoco portatili ad avancarica: *p. a serpentino, a ruota, ad acciarino* | Lastra metallica che costituisce sostegno e ancoraggio del mortaio. *4* Parte dell'orologio in cui sono collocati i vari meccanismi. *5* ***P. di registrazione***, (*ellitt.*) *piastra*, in un impianto per la riproduzione del suono, il componente per la registrazione e la lettura di nastri magnetici. *6* (*elettr.*) Nell'accumulatore elettrico, la parte che reca il materiale attivo destinato alle reazioni chimiche. *7* (*zool.*) Parte dorsale, sempre più sviluppata, dell'unghia dei Mammiferi. *8* (*med.*) Preparazione batteriologica di terreno colturale solido per l'insemenzamento dei germi: *p. di agar*. *9* Antica moneta d'argento coniata in Italia nel XVI sec. | Moneta turca ed egiziana del XVII sec. | Moneta divisionale avente corso in Libano, Egitto, Siria e

piazza

Sudan. || **piastrèlla**, dim. (V.) | **piastrèllo**, dim. m. | **piastrétta**, dim. | **piastricìna**, dim. | **piastrìna**, dim. (V.) | **piastrìno**, dim. m. (V.) | **piastróne**, accr. m. (V.).

piastrèlla [sec. XV] s. f. 1 Dim. di *piastra*. 2 Laterizio di cemento smaltato, maiolica, marmo artificiale, porcellana o altro per coprire pavimenti o rivestire muri. SIN. Mattonella. 3 Sasso spianato di cui si servono i ragazzi per certi giochi: *fare, giocare alle piastrelle*. SIN. Muriella. || **piastrellina**, dim.

piastrellàio [1958] s. m. (f. *-a*) ● Piastrellista.

piastrellaménto [1958] s. m. ● Rimbalzo di aereo o di motoscafo che piastrella.

piastrellàre [da *piastrella*; 1936] **A** v. tr. (*io piastrèllo*) ● Coprire, rivestire con piastrelle: *p. un bagno, una cucina*. **B** v. intr. (aus. *avere*) ● Rimbalzare su terreno o acqua come una piastrella lanciatavi in direzione tangenziale, per errore di manovra, eccesso di velocità o altro, detto di aereo in fase di decollo, atterraggio o ammaraggio e (*est.*) di motoscafo in corsa.

piastrellàto [1975] part. pass. di *piastrellare*; anche agg. ● Rivestito di piastrelle.

piastrellìsta [1965] s. m. e f. (pl. m. *-i*) ● Operaio che fabbrica o mette in opera piastrelle. SIN. Piastrellaio.

piastrìccio [da (*im*)*piastricciare*; av. 1665] s. m. ● (*fam.*) Miscuglio di sostanze impiastricciate | (*fig.*) Pasticcio, pasticcino.

piastrìna [1824] s. f. 1 Dim. di *piastra*. 2 **P. di riconoscimento**, targhetta di metallo che i combattenti portano al collo e che contiene, incisi, i dati necessari all'identificazione in caso di morte o di ferimento. 3 (*biol.*) Elemento corpuscolato del sangue senza nucleo, con funzione importante nel meccanismo della coagulazione; deriva dalla frammentazione del citoplasma di un megacariocita. 4 Medaglietta che si appende al collare dei cani per comprovare l'avvenuto pagamento dell'imposta relativa.

piastrìnico agg. (pl. m. *-ci*) ● (*med.*) Relativo a piastrina.

piastrìno s. m. 1 Dim. di *piastra*. 2 **P. di riconoscimento**, V. *piastrina*.

piastrinoaferèsi [comp. di *piastrin*(*a*) e del gr. *aphàiresis* 'sottrazione' (V. *aferesi*)] s. f. inv. ● (*med.*) Tecnica di separazione mediante centrifugazione delle piastrine dal sangue di un donatore, impiegata a scopi trasfusionali o eseguita a scopi terapeutici.

piastróne [1922] s. m. 1 Accr. di *piastra*. 2 (*zool.*) Parte ventrale della corazza dei Cheloni.

†**piateggiàre** v. intr. ● Piatire.

piatìre [da *piato*; av. 1294] **A** v. intr. (*io piatìsco, tu piatìsci*; aus. *avere*) 1 †Promuovere una causa giudiziaria | Litigare, azzuffarsi. 2 (*lett., raro*) Lamentarsi insistentemente | (*lett.*) Insistere in una richiesta. **B** v. tr. 1 †Reclamare in via giudiziaria. 2 Chiedere con insistenza, quasi mendicando: *p. un favore, un prestito; p. soccorsi e provvidenze statali* (BACCHELLI).

piàto [lat. *placitu(m)* 'sentenza'. V. *placito*; sec. XIII] s. m. 1 †Controversia giudiziaria | (*lett.*) Diverbio, discussione: *d'orribil p. risonar s'udìo / già la corte d'Amore* (PARINI). 2 †Briga, pensiero, fastidio. 3 Affare, faccenda.

†**piatóso** ● V. *pietoso*.

piàtta [f. sost. di *piatto* (1); av. 1348] s. f. ● (*raro*) Chiatta.

piattabànda [calco sul fr. *plate-bande* 'banda piatta'; 1863] s. f. (pl. *piattebànde*) ● (*arch.*) Arco a intradosso quasi rettilineo costruito di mattoni o conci di pietra su luci piccole.

piattafórma [calco sul fr. *plate-forme* forma piatta'; 1546] s. f. (pl. *piattafórme, piattefórme*) 1 Superficie piana di varia estensione, formata da terreno spianato e battuto: *una p. rocciosa* | **P. stradale**, parte della strada limitata dalla massicciata, dai due cigli e dalle eventuali scarpate | (*geogr.*) **P. continentale**, area sommersa che va da 0 a 200 m di profondità e circonda i continenti. ➡ ILL. p. 2130, 2133 SCIENZE DELLA TERRA ED ENERGIA. 2 Struttura piana, fissa o mobile, di dimensioni variabili, generalmente elevata da terra: *collocare i missili sulla p. di lancio* | **P. di tiro**, piazzola di tiro | **P. girévole**, dispositivo per far girare carri, locomotive e altri | **P. petrolìfera**, struttura galleggiante, ancorata al fondale oppure fissa su pali per la trivellazione di un giacimento sottomarino ➡ ILL. p. 2136 SCIENZE DELLA TERRA ED ENERGIA. 3 Parte anteriore e posteriore delle vetture tranviarie e sim. per il manovratore e per posti in piedi | Vestibolo, nelle carrozze ferroviarie. 4 (*tecnol.*) Organo di macchina utensile con moto di taglio rotatorio, fissato al mandrino o a tale uso per il montaggio del pezzo mediante griffe o bulloni | **P. autocentrante**, a spostamento radiale simultaneo di tutte le griffe, per il montaggio di pezzi a sezione circolare o poligonale regolare. 5 (*sport*) Incastellatura in cemento per l'esecuzione di gare di tuffi: *tuffi dalla p.* ➡ ILL. p. 2149 SPORT. 6 (*mar.*) Chiusura di forma spianata sulle coffe o sullo sperone. 7 (*mil.*) †Opera fortificata simile al bastione | †Parte superiore della muraglia di cinta sulla quale si ponevano i difensori. 8 (*fig.*) Programma politico di base che ispira l'azione di un movimento, un partito, un governo e sim. | Base di partenza per una discussione, una trattativa e sim., spec. nell'ambito sindacale: *p. rivendicativa*. 9 (*elab.*) Sistema di elaborazione dati configurato, nell'hardware e nel sistema operativo, secondo uno standard riconosciuto.

piattàia [da *piatto*; 1868] s. f. 1 (*raro*) Scolapiatti. 2 Specie di ripiano di credenze o arm. su cui esporre piatti o vasellame.

†**piattàre** [da *piatto* (V.)] v. tr. ● Nascondere, celare.

piattèllo [1353] s. m. 1 Dim. di *piatto*. 2 †Piatto di portata, vassoio, piatto | †Pietanza, portata. 3 Disco di piatto per vari usi: *il p. del candeliere* | **P. labiale**, dischetto di legno o avorio che perfora il labbro, usato come ornamento presso alcuni popoli dell'Africa e del Sud America. 4 Bersaglio mobile di forma appiattita e tondeggiante che viene lanciato in aria da un'apposita macchina e al quale si spara col fucile in prove di tiro eseguite per divertimento o gara: *tiro al p.* | (*est.*) La prova stessa. 5 Gioco d'azzardo. SIN. Pitocchetto. || **piattellétto**, dim. | **piattellino**, dim. | **piattellóne**, accr.

piattería [1697] s. f. ● Assortimento di piatti | (*raro*) Negozio dove si vendono i piatti.

piattézza [1915] s. f. ● (*raro*) Caratteristica di chi (o di ciò che) è piatto (spec. fig.).

piattìna [da *piatto*; 1941] s. f. 1 Carrello piatto per il trasporto degli utensili, in miniera o in cantiere edile. 2 Negli impianti elettrici, conduttore elettrico piatto e sottile | Negli impianti radio e televisivi, coppia di conduttori elettrici isolati tra loro da una striscia di politene, usata come discesa d'antenna. 3 Nastro metallico per rinforzo, guarnizione e sim.

piattino [1800] s. m. 1 Dim. di *piatto*. 2 Sottocoppa per bicchierino, tazzina e sim. 3 (*est.*) Manicaretto: *un p. ghiotto, squisito; sapessi che piattini aveva preparato!*

piattitùdine [av. 1952] s. f. ● (*lett.*) Piattezza, monotonia.

◆**piàtto** [lat. parl. *plattu(m)*, dal gr. *platýs* 'largo', di orig. indeur.; 1290] **A** agg. 1 Di ciò che ha superficie piana e liscia, priva di rilievi e concavità: *corpo, oggetto, sasso, coperchio p.* | **Barca piatta, a fondo p.**, chiatta | **Paesaggio p.**, privo di rilievi | **Motore p.**, motore a combustione interna, a cilindri orizzontali e contrapposti. 2 (*mat.*) **Angolo p.**, di 180°, avente i lati giacenti sulla stessa retta, ma da bande opposte rispetto al vertice. ➡ ILL. geometria. 3 Detto di diagramma costituito da una linea uniforme pressoché orizzontale, che sta a significare la mancanza di qualsiasi variazione nell'andamento del fenomeno rappresentato graficamente dal diagramma stesso: *tracciato, diagramma p.* | **Elettroencefalogramma p.**, che registra la scomparsa dei ritmi bioelettrici del cervello. 4 (*fig.*) Fiacco, scialbo, banale, privo di rilievo e originalità: *discorso, stile p.* | *libro, film p.* | *conversazione, vita piatta*. 5 (*enol.*) Detto di vino carente di acidità, che risulta perciò molle, privo di nerbo. CONTR. Nervoso. 6 †Appiattato, nascosto. || **piattaménte**, avv. In modo piatto, scialbo: *si esprime piuttosto piattamente*. **B** s. m. 1 Recipiente quasi piano, solitamente tondo, in porcellana o ceramica, nel quale si servono e si mangiano le vivande: *l'acciottolio dei piatti; cambiare i piatti a ogni portata; lavare, asciugare i piatti* | *p. di ceramica, di porcellana, d'argento; piatti di plastica* | **P. fondo**, per la minestra | **P. piano**, per la pietanza | **P. da portata**, per portare in tavola le vivande | **P. dipinto**, per tavola o per ornamento, appeso alla parete. 2 (*est.*) Quantità di cibo contenuta in un piatto: *un p. di riso, di carne, di pasta* | Cibo, vivanda: *piatti ricercati, raffinati, casalinghi; piatti freddi, caldi* | **P. tipico**, vivanda caratteristica di una regione, città, paese e sim. 3 Ciascuna portata di un pranzo | **Primo p.**, minestra | **Secondo p.**, pietanza | **P. unico**, che, per i principi nutritivi che contiene, costituisce da solo un pasto completo ed equilibrato (ad es. la pasta e fagioli, lo spezzatino con polenta ecc.) | **P. forte**, quello più spettacoloso; (*fig.*) parte più interessante di uno spettacolo, del repertorio di un artista e sim. | **P. del giorno**, la portata consigliata dal cuoco. 4 Parte piana di qlco.: *il p. della lama* | **Colpire di p.**, con la parte piatta della spada e sim. | †**Tenere il pugnale di p.**, parallelo al terreno | **Calcio di p.**, colpo dato al pallone con l'interno del piede. 5 (*est.*) Qualsiasi oggetto di forma spianata e tondeggiante: *il p. della bilancia* | **P. del respingente** | **P. idrostàtico**, scorrente a stantuffo in un cilindro ed equilibrato da una molla tarata per la pressione dell'acqua a una determinata profondità, usato unitamente a un pendolo per regolare l'assetto e la quota d'immersione del siluro. 6 **P. giradischi**, (*ellitt.*) **piatto**, parte rotante di un apparecchio giradischi; (*est.*) in un impianto di riproduzione del suono, il componente per la lettura di dischi. 7 (*ottica*) Nel microscopio ottico, la parte su cui viene appoggiato l'oggetto da osservare. 8 (*mus.*, spec. al pl.) Strumento idiofono a percussione reciproca, di suono indeterminato, costituito da una coppia di dischi in bronzo. ➡ ILL. musica. 9 In legatoria, quadrante. 10 In vari giochi di carte e non, il denaro della posta che i giocatori mettono in un apposito recipiente e il recipiente stesso | (*fig.*) **Il p. piange**, le poste sono misere, scarse o mancano del tutto | **Mancare al p.**, nel gioco del poker, puntare una determinata cifra senza versarla materialmente. 11 †Provvigione, appannaggio. || **piattàccio**, pegg. | **piattèllo**, dim. (V.) | **piatterellino**, dim. | **piatterèllo**, dim. | **piattino**, dim. (V.) | **piattóne**, accr.

piàttola [lat. parl. *blàttula*(*m*), dim. di *blàtta*, accostata per etim. pop. a *piatto*; 1476] s. f. 1 Pidocchio del pube (*Phthirus pubis*). SIN. Piattone. ➡ ILL. animali/2. 2 (*fig.*) Persona noiosa, importuna. 3 (*tosc.*) Blatta, scarafaggio. || **piattolàccia**, pegg. | **piattolóne**, accr. m.

piattonàre [da *piattone*; 1607] v. tr. (*io piattóno*) ● Colpire di piatto, con la parte piatta della spada e sim.

piattonàta [av. 1400] s. f. ● Colpo di sciabola o di spada dato col piatto della lama.

†**piattóne** [da *piattola*, con cambio di suff.; av. 1556] s. m. ● Piattola.

piattùme [da *piatto* con il suff. *-ume*, con assonanza con *pattume* (V.); 1987] s. m. ● (*spreg.*) Scialbore, banalità: *il p. di certi programmi televisivi*.

piàve [dall'area del fiume *Piave*, zona di produzione] s. m. inv. ● Formaggio di latte vaccino parzialmente scremato, di forma cilindrica, a pasta granulosa e friabile, tipico delle valli percorse dal fiume omonimo.

◆**piàzza** [lat. *platèa*(*m*), nom. *platea*, dal gr. *plateîa*, f. sost. di *platýs* 'largo, ampio, vasto'. V. *piatto*; sec. XIII] s. f. 1 Elemento della città originato dall'allargamento di una via, con funzione di nodo nella rete stradale, svariate funzioni urbanistiche e importanza architettonica: *p. del Duomo, le piazze di Roma; la p. del mercato* | **P. del Gesù**, (per anton.) gli organi direttivi nazionali del partito della Democrazia Cristiana (divenuto nel 1994 Partito Popolare Italiano), con sede in tale piazza, a Roma | **Scéndere in p.**, dimostrare pubblicamente, manifestare | **Fare p. pulìta**, sgomberare totalmente; (*fig.*) spazzare via chi (o ciò che) è molesto, nocivo: *fare p. pulita dei propri nemici* | (*est., raro*) Area, spazio libero | **Fare p.**, fare spazio, far largo | **Andare in p.**, (*scherz.*) diventare calvo. 2 Luogo in cui si svolgono operazioni commerciali, affari e sim.: *p. commerciale*; *la p. di Milano, di Genova; un'ottima p.*; *una p. di prim'ordine*; *essere ben introdotto in una p.* | **Rovinare la p. a qlcu.**, rovinarglì la reputazione (anche scherz.) | Località fornita di servizi bancari: **Assegno fuori p.**, pagabile in una località diversa da quella in cui ha sede la banca che lo ha emesso | Nel linguaggio teatrale, città provvista di teatro. 3 Posto | **Piazze d'onore**, nella classifica di una gara, il secondo, il terzo e, talvolta, il quarto

Piante/1

Atlante delle piante (elenco delle piante più importanti e relativo numero di pagina)

Ogni figura è accompagnata da un numero preceduto dal segno di moltiplicazione «×» che indica quante volte il disegno è più grande della pianta al naturale, oppure da una frazione che indica quante volte è più piccolo.

abete 1	belladonna 8	cerfoglio 7	echinocactus 3	giglio 11	luppolo 2	olivo 8	rafano 4	stella alpina 9
acacia 6	bergamotto 5	cetriolo 10	edera 7	ginepro 1	maggiorana 9	olmo 2	ranuncolo 3	stiancia 10
acanto 8	betulla 2	china 9	equiseto 1	ginestra 6	magnolia 3	ontano 2	rapa 4	strofanto 8
acero 5	biancospino 6	chinotto 5	erica 7	ginkgo 1	malva 4	orchidea 10	ravanello 4	sughera 2
acetosella 4	biodo 11	ciclamino 8	eucalipto 5	girasole 1	mandarino 5	origano 8	ravizzone 4	sulla 6
agave 11	bosso 2	cicoria 9	euforbia 5	giuggiolo 5	mandorlo 6	ortensia 6	ribes 6	susino 6
aglio 11	bucaneve 11	cicuta 7	faggio 2	giunco 11	mandragola 6	orzo 10	ricino 2	tabacco 8
agrifoglio 5	cacao 4	ciliegio 6	fagiolo 7	gladiolo 11	mango 5	papaia 3	riso 10	tamarindo 7
albicocco 6	cachi 8	cipolla 11	fava 7	glicine 7	manioca 2	papavero 4	robinia 6	tasso 1
alloro 3	caffè 9	cipresso 1	favagello 3	gramigna 10	marasco 6	papiro 11	rododendro 7	tè 4
aloe 11	calicanto 3	clivia 11	felce 1	grano 10	margherita 9	passiflora 3	rosa 6	tiglio 4
altea 4	calla 10	coca 4	fico 2	granturco 10	mate 5	patata 8	rosmarino 9	timo 8
ananas 10	camelia 4	cocco 10	fico d'India 3	hevea 2	melanzana 8	peonia 3	rovere 2	trifoglio 6
anemone 3	camomilla 9	cocomero 10	ficus 2	ibisco 4	melissa 9	pepe 4	rovo 6	tuberosa 11
angelica 7	campanula 7	colchico 11	filodendro 10	ippocastano 5	melo 6	peperone 8	ruchetta 4	tuia 1
anice 3, 7	canapa 2	colza 4	finocchio 7	lampone 6	melograno 5	pero 6	ruta 5	tulipano 11
arachide 7	canforo 3	corbezzolo 7	fiordaliso 9	larice 1	melone 10	pervinca 8	saggina 10	valeriana 9
arancio 5	canna 10	cotogno 6	fragola 6	lattuga 9	menta 9	pesco 6	salice 2	vaniglia 10
araucaria 1	cannella 3	cotone 4	frassino 8	lavanda 8	miglio 10	petunia 8	salvia 9	veratro 11
asfodelo 11	capelvenere 1	crescione 4	fritillaria 11	leccio 2	mimosa 6	pino 1	sambuco 9	verbena 8
asparago 4	cappero 4	crespino 3	fucsia 5	lenticchia 7	mirtillo 7	pioppo 2	sansevieria 11	veronica 5
aspidistra 11	cappuccina 5	crisantemo 9	gardenia 9	lentisco 5	mirto 5	pisello 7	scorzonera 9	victoria regia 3
assenzio 9	caprifoglio 9	croton 2	garofano 3	ligustro 8	mogano 5	pistacchio 5	sedano 7	vilucchio 8
avena 10	carciofo 9	cumino 7	gelso 2	lillà 8	mughetto 11	platano 4	segale 10	viola 3
azalea 7	cardo 9	dalia 9	gelsomino 8	limone 5	muschio 1	pomodoro 8	sena 6	vischio 3
bambù 10	carota 7	dattero 10	genepì 9	lino 4	narciso 11	pompelmo 5	senape 4	vite 5
banano 10	carrubo 7	digitale 8	genziana 8	liquirizia 6	nespolo 6	porro 11	sequoia 1	yucca 11
baobab 4	castagno 2	dionea 3	geranio 4	loglio 10	ninfea 3	prezzemolo 7	sesamo 9	zafferano 11
barbabietola 3	cavolo 4	dracena 11	gerbera 9	loranto 3	nocciolo 2	primavera 8	sfagno 1	zenzero 10
basilico 8	cece 7	drosera 3	giacinto 11	loto 3	noce 2	pungitopo 11	sicomoro 2	zucca 10
begonia 3	cedro 1, 5	ebano 8	giaggiolo 11	lupino 6	oleandro 8	rabarbaro 9	soia 7	zucchina 10

Divisione: BRIOFITE
Classe: MUSCHI

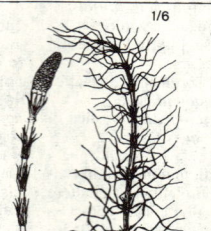

muschio da spazzole 1/2 — sfagno 1/2 — muschio quercino 1/3 — barbusa 1/2

Divisione: PTERIDOFITE
Classe: ARTICOLATE

equiseto arvense 1/6

Divisione: PTERIDOFITE
Classe: FELCI

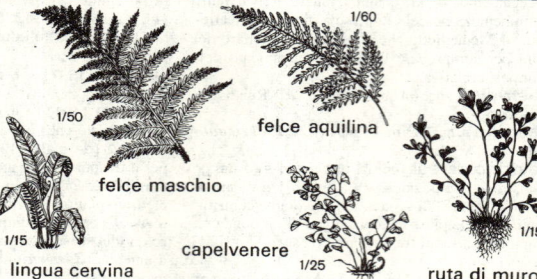

felce maschio 1/50 — lingua cervina 1/15 — felce aquilina 1/60 — capelvenere 1/25 — ruta di muro 1/15

Divisione: GIMNOSPERME
Classe: CONIFERE

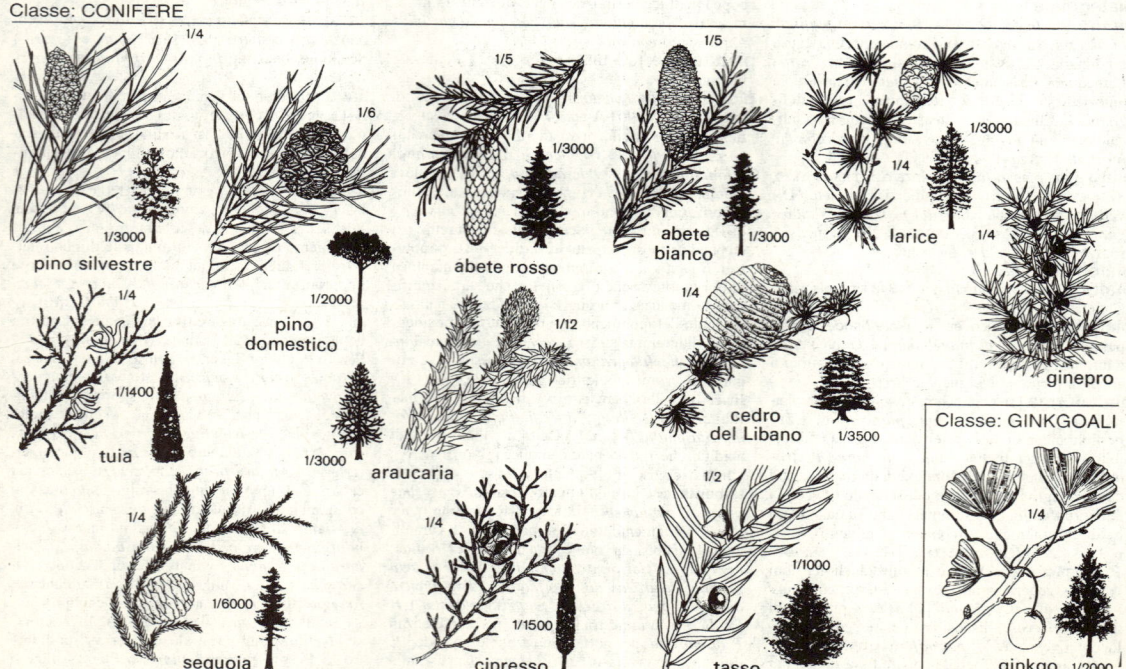

pino silvestre 1/4 (1/3000) — pino domestico 1/4 (1/2000) — abete rosso 1/6 (1/3000) — araucaria 1/12 (1/3000) — abete bianco 1/5 (1/3000) — cedro del Libano 1/4 (1/3500) — larice 1/5 (1/3000) — ginepro 1/4 (1/4) — tuia 1/4 (1/1400) — sequoia 1/4 (1/6000) — cipresso 1/4 (1/1500) — tasso 1/2 (1/1000)

Classe: GINKGOALI

ginkgo 1/4 (1/2000)

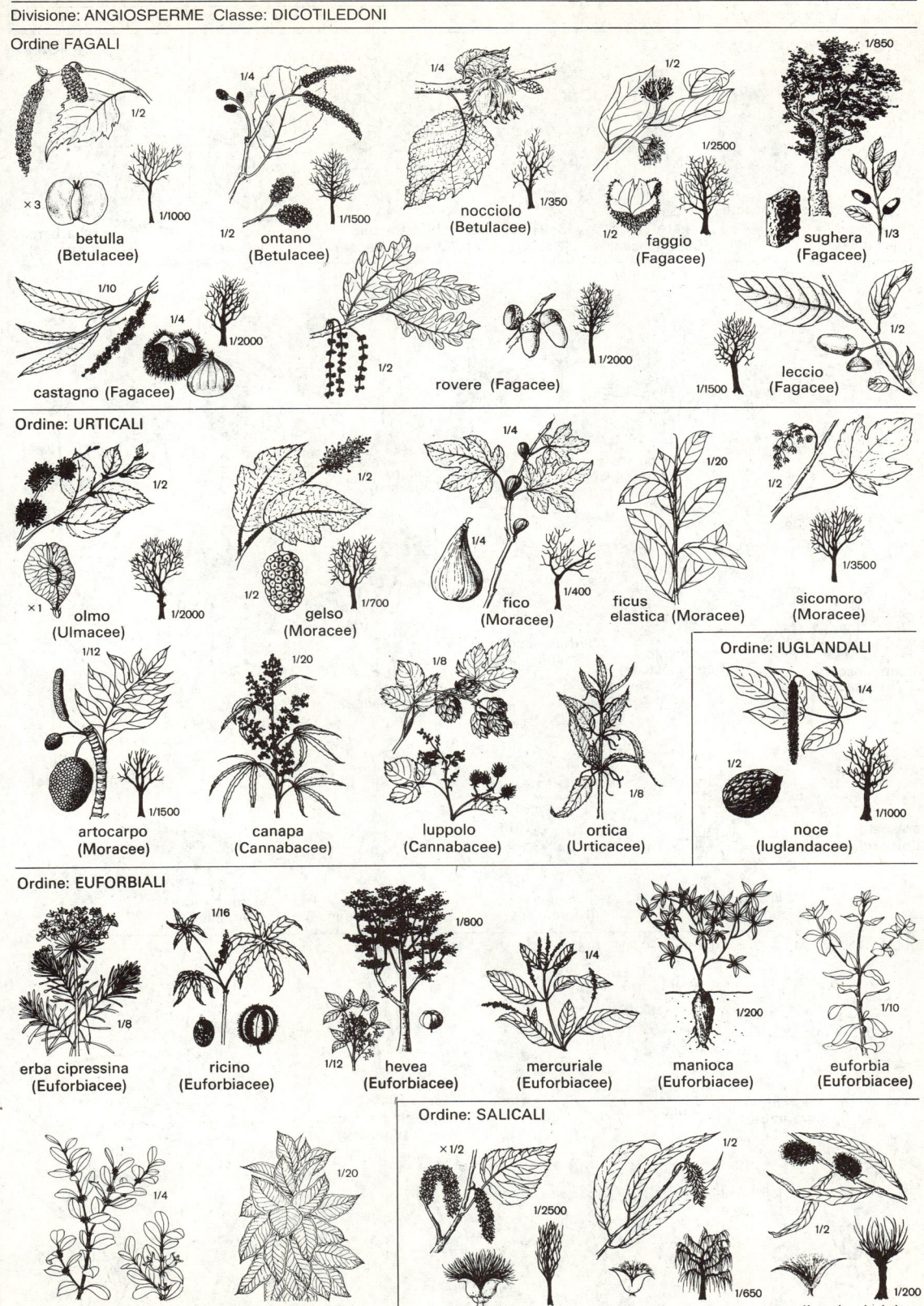

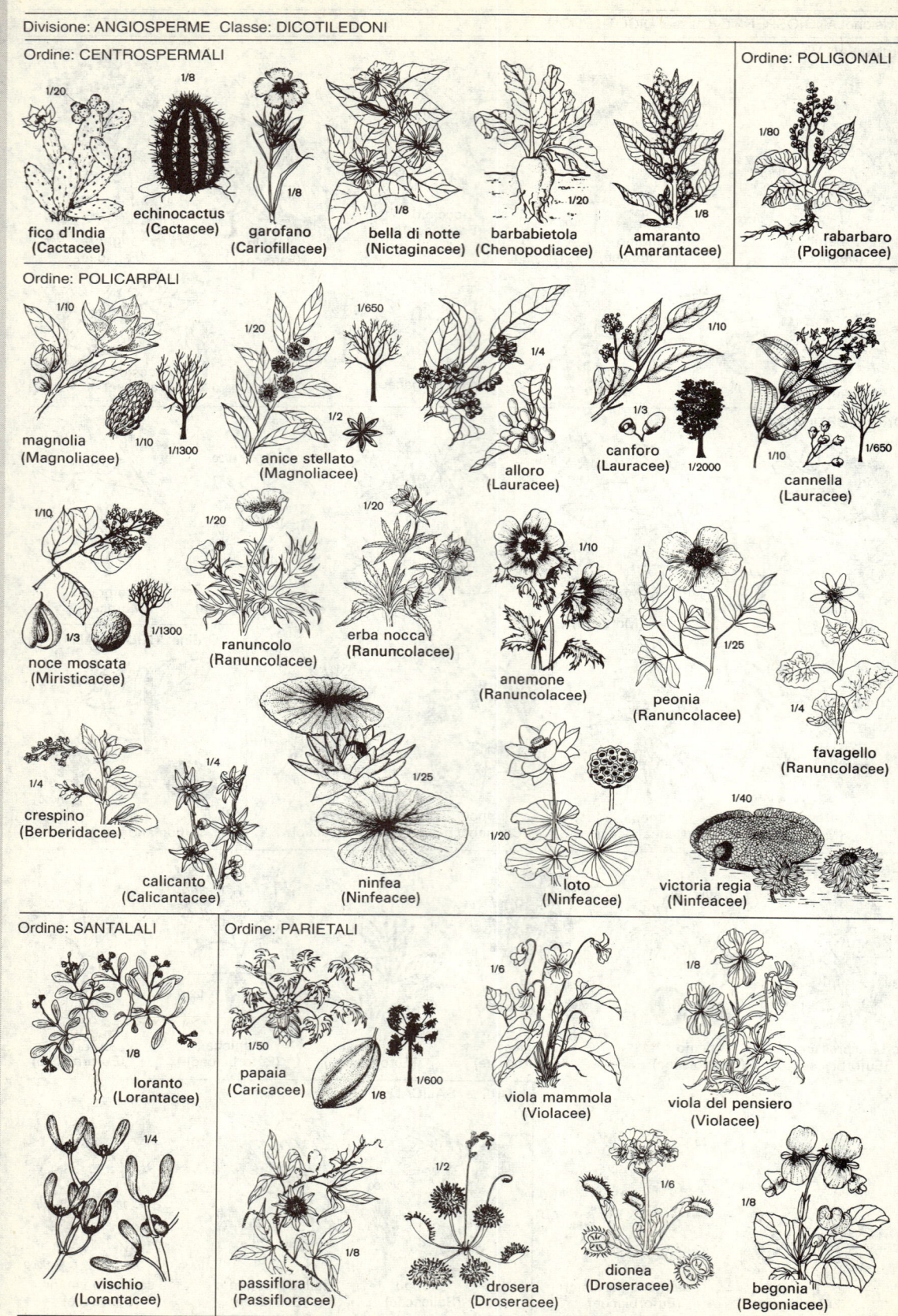

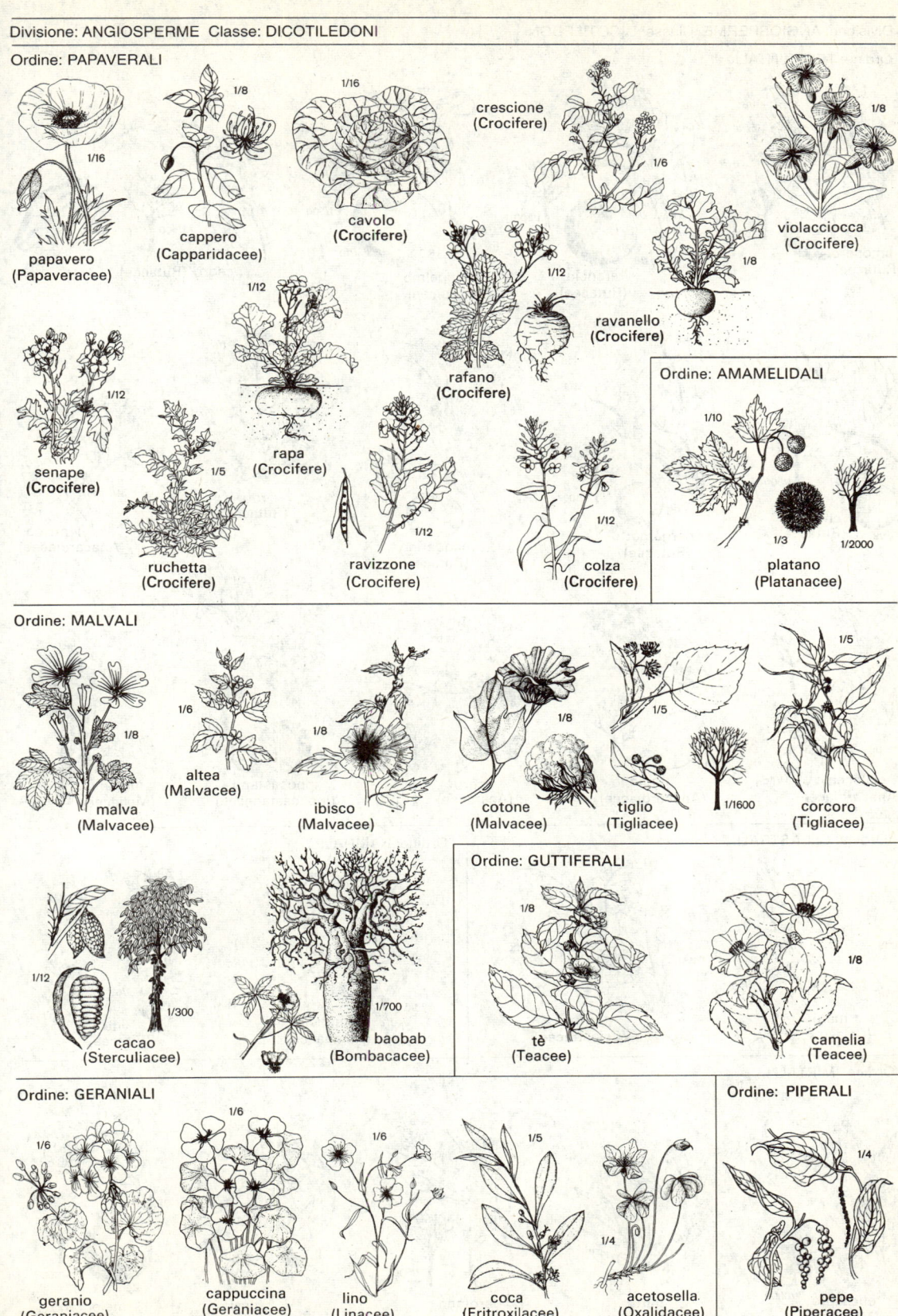

Piante/5

Divisione: ANGIOSPERME   Classe: DICOTILEDONI

Ordine: TEREBINTALI

- limone (Rutacee)
- arancio (Rutacee)
- pompelmo (Rutacee)
- cedro (Rutacee)
- chinotto (Rutacee)
- bergamotto (Rutacee)
- mandarino (Rutacee)
- ruta (Rutacee)
- lentisco (Anacardiacee)
- pistacchio (Anacardiacee)
- mango (Anacardiacee)
- acero (Aceracee)
- ippocastano (Ippocastanacee)
- mogano (Meliacee)

Ordine: CELASTRALI

- mate (Celastracee)
- agrifoglio (Celastracee)

Ordine: RAMNALI

- giuggiolo (Ramnacee)
- vite (Vitacee)

Ordine: MIRTALI

- eucalipto (Mirtacee)
- mirto (Mirtacee)
- garofano (Mirtacee)
- fucsia (Enoteracee)
- melograno (Punicacee)

Divisione: ANGIOSPERME Classe: DICOTILEDONI
Ordine: ROSALI

- mandorlo (Rosacee)
- pesco (Rosacee)
- albicocco (Rosacee)
- ciliegio (Rosacee)
- marasco (Rosacee)
- susino (Rosacee)
- pero (Rosacee)
- nespolo (Rosacee)
- biancospino (Rosacee)
- fragola (Rosacee)
- rovo (Rosacee)
- lampone (Rosacee)
- melo (Rosacee)
- sorbo (Rosacee)
- cotogno (Rosacee)
- rosa (Rosacee)
- ortensia (Sassifragacee)
- uva spina (Sassifragacee)
- ribes (Sassifragacee)
- acacia (Mimosacee)
- mimosa (Mimosacee)
- robinia (Papilionacee)
- ginestra (Papilionacee)
- sena (Papilionacee)
- erba medica (Papilionacee)
- trifoglio (Papilionacee)
- sulla (Papilionacee)
- lupino (Papilionacee)
- liquirizia (Papilionacee)

segue

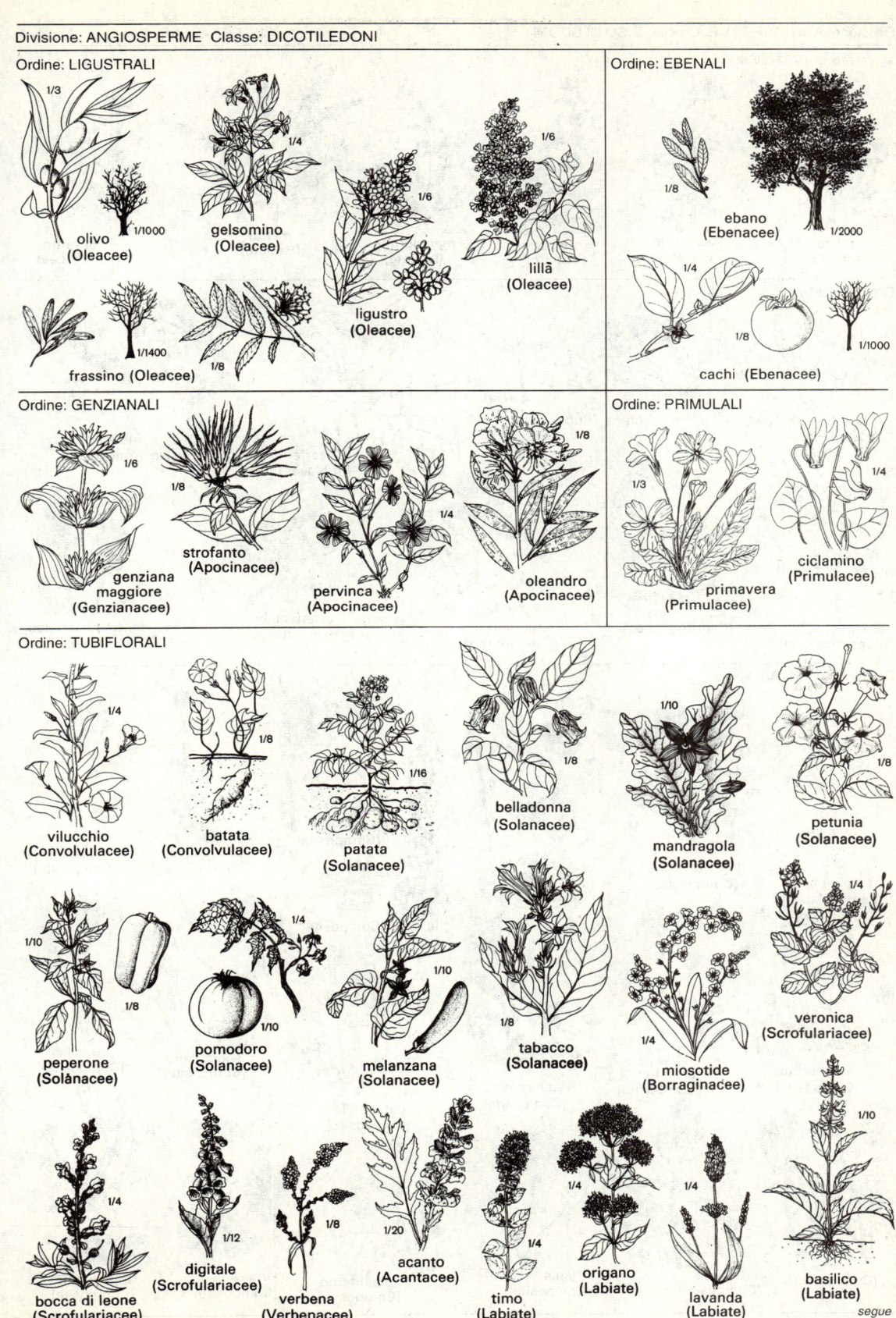

Piante/9

Divisione: ANGIOSPERME Classe: DICOTILEDONI

segue Ordine: TUBIFLORALI

- salvia (Labiate)
- rosmarino (Labiate)
- melissa (Labiate)
- maggiorana (Labiate)
- menta (Labiate)
- sesamo (Pedaliacee)

Ordine: RUBIALI

- gardenia (Rubiacee)
- china (Rubiacee)
- caffè (Rubiacee)
- sambuco (Caprifogliacee)
- caprifoglio (Caprifogliacee)
- linnea (Caprifogliacee)
- valeriana (Valerianacee)
- valerianella (Valerianacee)
- cardo dei lanaioli (Dipsacacee)

Ordine: SINANDRALI

- campanula (Campanulacee)
- dente di leone (Composite)
- cicoria (Composite)
- lattuga (Composite)
- girasole (Composite)
- genepì (Composite)
- assenzio (Composite)
- margheritina (Composite)
- margherita (Composite)
- stella alpina (Composite)
- camomilla (Composite)
- scorzonera (Composite)
- fiordaliso (Composite)
- cardo (Composite)
- carciofo (Composite)
- dalia (Composite)
- crisantemo (Composite)
- gerbera (Composite)
- topinambur (Composite)

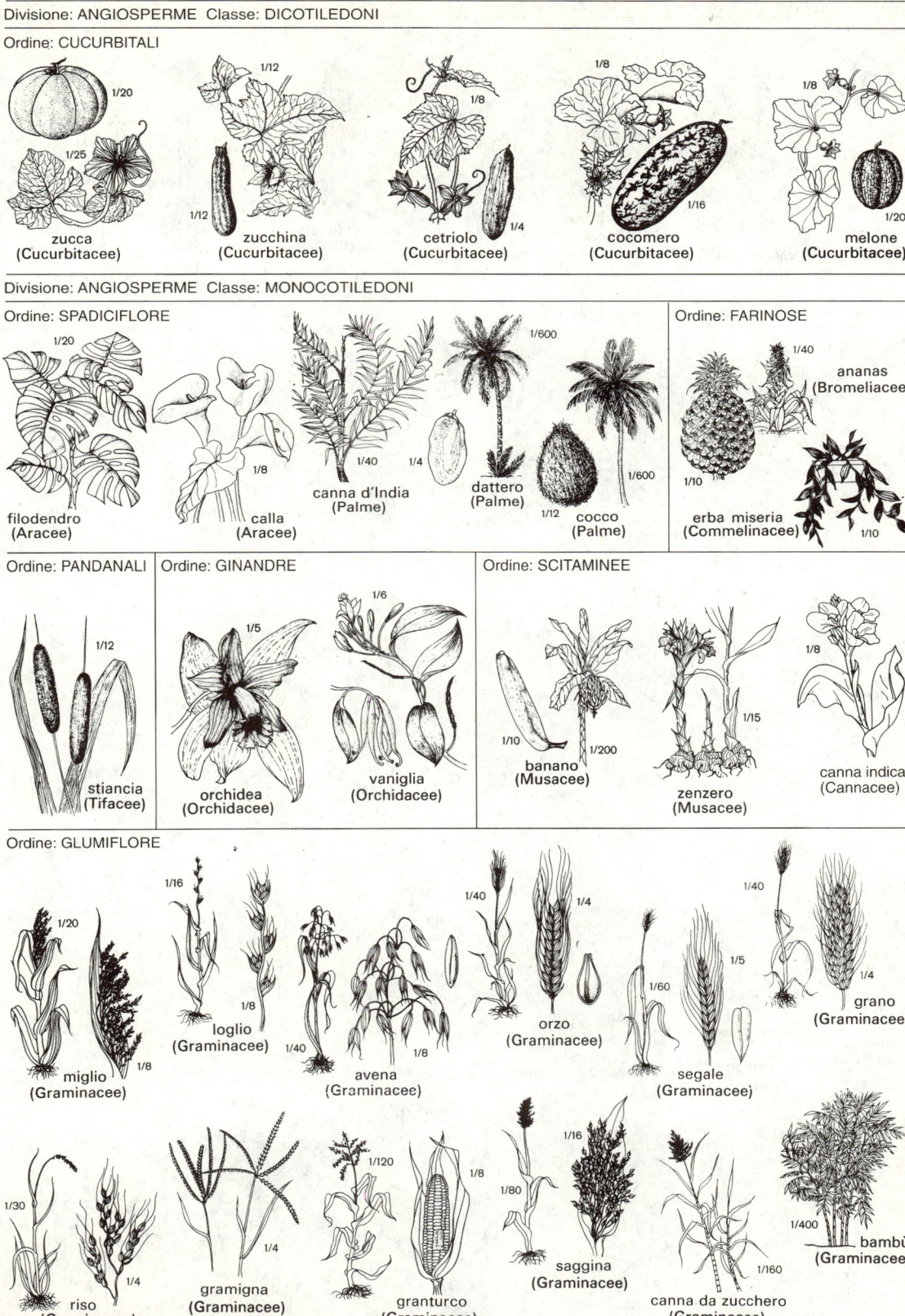

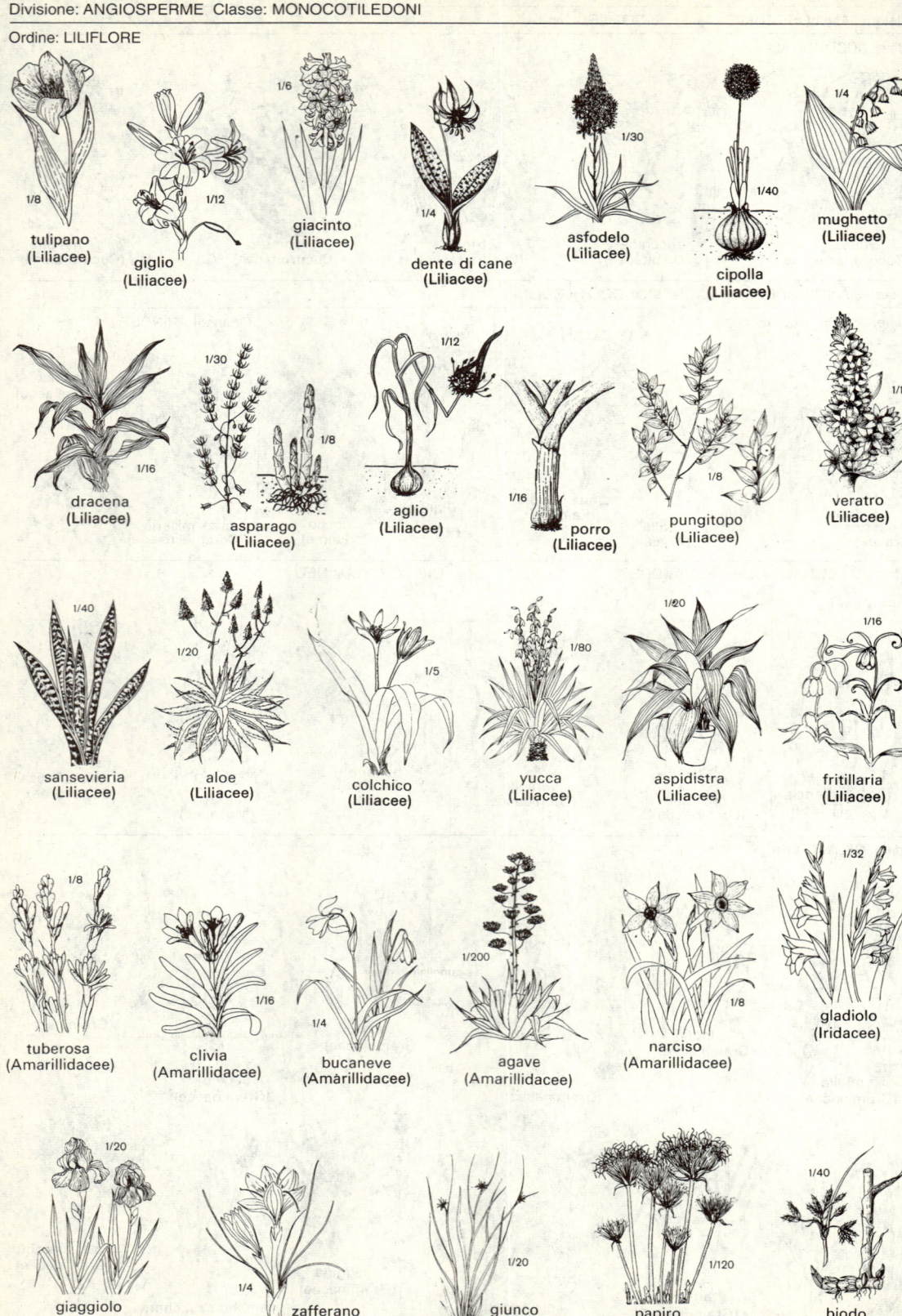

posto | ***Letto a una p.***, singolo | ***Letto a due piazze***, matrimoniale. **4** (*fig.*) Gente radunata in una piazza: *la p. fu presa dal panico* | ***Mettere in p.***, far conoscere a tutti, rendere di pubblico dominio | (*est.*) Massa, gente: *fare della demagogia per accattivarsi i favori della p.* | ***Modi da p.***, volgari. **5** (*mar.*) Negli antichi velieri, spianata della tolda. **6** (*mil.*) Fortezza, campo trincerato: *p. da guerra*; *assediare, espugnare, conquistare una p.*; *il governatore, il comandante della p.* | ***P. d'armi***, luogo spazioso per le esercitazioni delle truppe di presidio; (*est.*) ambiente molto spazioso | ***P. forte***, V. *piazzaforte* | ***P. di frontiera***, fortificazione ai confini. ➡ ILL. p. 2120 ARCHITETTURA. || **piazzétta**, dim. | **piazzettìna**, dim. | **piazzóna**, accr. | **piazzóne**, accr. m. | **piazzòtta**, dim. | **piazzùcola**, dim. | **piazzòla**, **piazzuòla**, dim. (V.).

piazzafòrte o (*raro*) **piàzza fòrte** [calco sul fr. *place forte*; 1551] s. f. (pl. *piazzefòrti*) **1** (*mil.*) Città o cittadina fortificata, che serve spec. come base per un corpo di operazioni. **2** (*est.*, *fig.*) Baluardo di un movimento, un partito e sim.

piazzaiolàta [1891] s. f. ● Scenata da piazzaiolo.

piazzaiòlo o (*lett.*) **piazzaiuòlo** [1870] **A** agg. ● (*spreg.*) Da piazza: *modi piazzaioli*. **B** s. m. (f. *-a*) ● Persona che ha modi chiassosi e grossolani.

◆**piazzàle** [da *piazza*; sec. XIV] s. m. **1** Piazza con almeno un lato non edificato e dal quale si domina una vista panoramica: *p. Michelangelo a Firenze*. **2** Area recintata contenente gli impianti d'esercizio e i servizi di una stazione, di un'autostazione o di un'aerostazione.

piazzaménto [da *piazzare*; 1884] s. m. **1** (*raro*) Il piazzare. **2** Posto ottenuto in una classifica, una graduatoria e sim.: *ottenere un ottimo p.*

◆**piazzàre** [fr. *placer*, da *place* 'posto'. V. *piazza*; 1812] **A** v. tr. **1** Collocare, situare in un luogo o in una posizione determinata: *p. la mitragliatrice in posizione di tiro*. **2** Vendere un prodotto su una piazza commerciale | ***P. la merce***, collocarla, farla accettare. **B** v. rifl. **1** Ottenere un determinato posto, in gare e sim.: *piazzarsi bene, male, onorevolmente* | Conquistare una piazza d'onore. **2** Collocarsi in una buona posizione: *è riuscito a piazzarsi nel posto desiderato* | (*fam.*) Porsi in un luogo con sfacciataggine: *si piazzò lì davanti senza badare a nessuno*. **3** Nel calcio e sim., collocarsi nella posizione migliore.

piazzàta [da *piazza*; 1677] s. f. **1** Scenata rumorosa e volgare: *Che strepito è questo? Che piazzate sono queste?* (GOLDONI). **2** (*raro*) Radura. **3** (*raro*) Macchia di diverso colore nel fondo di un tessuto.

piazzàto [av. 1540] **A** part. pass. di *piazzare*; anche agg. **1** Nei sign. del v. **2** Detto di chi ha un fisico robusto: *un ragazzo ben p.* SIN. Piantato. **3** Detto di chi ha una solida posizione economica, professionale e sim.: *ormai è p.*; *negli affari è ben p.* **4** Nell'ippica, detto di cavallo che occupa una posizione premiata nell'ordine di arrivo, generalmente il secondo e il terzo posto. **5** Nel rugby e nel calcio, tiro effettuato con la palla ferma sul terreno. **B** s. m. ● Cavallo piazzato.

piazzatóre [da *piazzare*] s. m. ● (*sport*, *disus.*) Nel rugby, giocatore che ha il compito di sostenere in posizione verticale il pallone sul terreno, così da consentire a un compagno la battuta di un calcio piazzato.

†**piazzeggiàre** [da *piazza*; sec. XIII] v. intr. ● Andare a zonzo bighellonando, passeggiare per le piazze.

piazzista [da *piazza*; 1901] s. m. e f. (pl. m. *-i*) **1** Intermediario alla compravendita incaricato di promuovere operazioni in una piazza commerciale. **2** Correntemente, commesso viaggiatore.

piazzòla o **piazzuòla** [av. 1598] s. f. **1** Dim. di *piazza* | In un campeggio, piccola area riservata a una roulotte, una tenda e sim. **2** Spiazzo per la sosta, il parcheggio e sim. ai lati di una strada o di un'autostrada. **3** Nel golf, settore di terreno circostante la buca | ***P. di partenza***, area rettangolare da cui viene effettuato il tiro d'inizio di gara. SIN. Tee. ➡ ILL. p. 2154 SPORT. **4** (*mil.*) Tratto di terreno adatto per la collocazione e l'uso di un pezzo d'artiglieria.

pica (**1**) [lat. *pīca(m)*, di etim. incerta; 1319] s. f. **1** (*zool.*) Gazza. **2** (*med.*) Perversione del gusto per anomalie nervose e talvolta durante la gravidanza.

pica (**2**) [vc. ingl., dal n. di un ant. libro liturgico, prob. dal lat. *pīca* 'gazza' con passaggio semantico poco chiaro] s. m. inv. ● (*tipogr.*) Sistema di misura tipografico in cui una riga da 12 punti è pari a 1/6 di pollice (4,216 mm) | Riga tipografica nel sistema pica.

picacìsmo [da *pica* 'gazza', perché come la gazza ruba vari oggetti, così la donna incinta cerca di appropriarsi di sostanze (anche non commestibili); 1875] s. m. ● (*med.*) Pica nel sign. 2.

picador /sp. pika'ðor/ [vc. sp., da *picar* 'pungere', vc. di orig. espressiva; 1829] s. m. inv. (pl. sp. *picadores*) ● Cavaliere che, nella corrida, attacca il toro con una picca.

picarésco [sp. *picaresco*, da *picaro*; 1635] agg. (pl. m. *-schi*) **1** Detto di genere letterario, spec. romanzo o novella in cui siano rappresentate avventure di picari, tipico della letteratura spagnola | (*est.*) Che ricorda l'atmosfera e le situazioni tipiche di tale genere letterario: *il viaggio p. di Renzo* (CALVINO). **2** Da picaro | (*est.*) Furfantesco, bricconesco. || **picarescaménte**, avv.

pìcaro [sp. *pícaro* 'imbroglione', di etim. incerta; 1606] s. m. **1** Popolano sfrontato, astuto, buffo e furfante, che figura in opere letterarie spagnole. **2** (*fig.*) Vagabondo, mascalzone.

picca (**1**) [vc. di orig. onomat.; 1513] s. f. **1** Arma in asta terminante con punta acuta di ferro, usata anticamente dai soldati di fanteria | (*est.*) Soldato armato di picca. **2** (*al pl.*) Seme delle carte da gioco francesi | ***Contare quanto il re*** (o ***il fante***) ***di picche***, (*fig.*) non contare nulla | ***Rispondere picche***, (*fig.*) opporre a una richiesta un netto rifiuto.

picca (**2**) [fr. *pique*, da *piquer* 'punzecchiare', di orig. onomat.; 1699] s. f. ● Puntiglio, risentimento, ostinazione: *fare qlco. per p.*

piccamàrra [comp. di *picca* (*1*) e *marra*; 1965] s. f. (pl. *picchemàrre*) ● Strumento per lavorare il terreno con una zappa da una parte e una punta dall'altra.

piccànte [fr. *piquant*, part. pres. di *piquer* '†piccare'; av. 1597] agg. **1** Che ha sapore e odore molto forti e pungenti: *salsa, formaggio p.*; *peperoni piccanti*. **2** (*fig.*) Un po' spinto, piuttosto audace: *barzelletta, battuta, storiella p.* | Malizioso, scabroso: *le indiscrezioni piccanti sulle signore di città* (MORANTE); *particolari piccanti*. || **piccantìno**, dim.

piccàrdo [1272] **A** agg. ● Della Piccardia, regione della Francia nord-orientale. **B** s. m. (f. *-a*) ● Abitante, nativo della Piccardia. **C** s. m. solo sing. ● Dialetto francese parlato in Piccardia.

†**piccàre** [fr. *piquer*. V. *picca* (*1*); av. 1635] **A** v. tr. ● Ferire di picca | Pungere | (*fig.*) Stimolare. **B** v. intr. ● Essere piccante | Essere frizzante, detto di vino.

piccàrsi [da *picca* (*2*); 1666] v. intr. pron. (*io mi picco, tu ti picchi*) **1** Presumere o pretendere puntigliosamente: *si picca di saperne più di voi*. **2** Impermalirsi, risentirsi: *si è piccato perché non l'abbiamo incitato*.

†**piccasòrci** [comp. di *piccare* 'pungere' e il pl. di *sorcio*] s. m. inv. ● (*bot.*) Pungitopo.

†**piccàta** (**1**) [da *picca* (*1*); av. 1565] s. f. ● Colpo di picca.

piccàta (**2**) [fr. *piqué* 'lardellato', propr. part. pass. di *piquer* (cfr. *piccante*); 1877] s. f. ● Fettina di vitello cotta in padella con prezzemolo tritato e limone spremuto. || **piccatìna**, dim.

piccàto (**1**) part. pass. di *piccarsi*; anche agg. ● Impermalito, risentito.

piccàto (**2**) s. m. ● Adattamento di *piqué* (V.).

picchè s. m. ● Adattamento di *piqué* (V.).

†**piccheggiàrsi** [intens. di *piccarsi*] v. rifl. rec. ● Rimbeccarsi, punzecchiarsi con battute.

picchettàggio [da *picchettare*; 1962] s. m. ● Attività di sorveglianza esercitata da gruppi di lavoratori o da rappresentanti sindacali davanti a luoghi di lavoro in occasione di scioperi o di altre manifestazioni sindacali allo scopo di impedire l'ingresso a chi non aderisce.

picchettaménto [1965] s. m. **1** Picchettatura, picchettazione. **2** Picchettaggio.

picchettàre [da *picchetto* (*1*); 1826] v. tr. (*io picchétto*) **1** Piantare nel terreno picchetti, per delimitare confini, segnare il tracciato di lavori da eseguire e sim. **2** Formare una smerlatura seghettata sul bordo di un tessuto compatto come panno o fustagno. **3** Esercitare il picchettaggio: *gli operai picchettarono la fabbrica per tutta la durata dello sciopero*.

picchettàto o **picchiettàto** **A** part. pass. di *picchettare* ● Nei sign. del v. **B** s. m. ● (*mus.*) Colpo d'arco degli strumenti ad arco con cui vengono eseguite molte note brevi e molto staccate.

picchettatóre [da *picchettare*; 1891] s. m. (f. *-trice*) ● Chi pianta i picchetti.

picchettatùra [1891] s. f. ● Operazione del piantare picchetti | Serie di picchetti piantati nel terreno.

picchettazióne [1958] s. f. ● Picchettatura | Operazione con la quale si esegue il tracciamento di una poligonale, che potrà rappresentare l'asse di una strada, di un canale, e sim. infiggendo sul terreno dei picchetti.

picchétto (**1**) [fr. *piquet*, da *piquer* 'piccare'; nel sign. 3, perché i soldati che costituivano questo drappello tenevano i cavalli, pronti per la partenza, legati a un *picchetto*; av. 1557] s. m. **1** Paletto che si conficca nel terreno per vari usi. SIN. Piolo. **2** (*mar.*) †Bastoncello di alberatura. **3** (*mil.*) Gruppo di soldati a cavallo o a piedi che in tempo di guerra era tenuto pronto nel campo per intervenire in armi al primo comando | Reparto di militari cui è assegnato un servizio particolare: *p. di guardia* | ***P. d'onore***, reparto comandato per rendere gli onori ad alte personalità militari o civili | ***Ufficiale di p.***, comandato a turno fra i subalterni del reggimento, allo scopo di sovrintendere per ventiquattro ore ai servizi e alle operazioni di caserma | (*est.*, *elvet.*) Turno di reperibilità. **4** Gruppo di scioperanti o di rappresentanti sindacali che attuano un picchettaggio.

picchétto (**2**) [fr. *piquet*, uso metaforico del precedente; 1585] s. m. ● Gioco di carte diffuso in Francia, giocato da due persone con un mazzo di trentadue carte.

picchiaménto [sec. XIV] s. m. ● (*raro*) Il picchiare.

picchiànte **A** part. pres. di *picchiare* (*1*); anche agg. ● Che picchia, che bussa. **B** s. m. **1** (*raro*) Picchiotto. **2** †Manicaretto di carne battuta | (*tosc.*) Polmone di bovino macellato.

picchiapètto [comp. di *picchia(re)* (*1*) e *petto*; 1353] **A** s. m. e f. inv. ● (*lett.*) Chi ostenta devozione, religiosità anche per ipocrisia. SIN. Bigotto. **B** s. m. (pl. inv. o *-i*) ● †Ciondolo.

◆**picchiàre** (**1**) [vc. di orig. onomat.; av. 1292] **A** v. tr. (*io picchio*) **1** Colpire o battere ripetutamente: *p. i pugni sul tavolo*; *p. l'incudine col martello* | ***Picchiarsi il petto***, battersi il petto. SIN. Bussare. **2** Percuotere, malmenare: *l'hanno picchiato selvaggiamente*. **B** v. intr. (aus. *avere*) **1** Dare o battere colpi: *p. alla porta, all'uscio*; *qualcuno picchia* | (*fig.*) Battere, detto di fenomeno naturale: *la pioggia picchiava sul tetto*; *Torbide a prua l'onde / picchiavano* (PASCOLI) | (*fig.*) Essere molto forte, essere cocente: *Eravamo fermi sotto il sole che picchiava* (PAVESE) | (*mecc.*) ***P. in testa***, battere in testa, detto di motore a scoppio. **2** (*fig.*) Insistere: *picchia e ripicchia, è riuscito a spuntarla*. **C** v. rifl. rec. ● Percuotersi l'un l'altro, darsele: *si avvoltolavano nel fango, picchiandosi e mordendosi* (VERGA).

picchiàre (**2**) [prob. fr. *piquer* 'trafiggere con una punta', poi 'effettuare bruscamente un movimento in discesa verticale o quasi' (da una radice onomat. che esprime un movimento rapido seguito da un rumore secco)] v. intr. (*io picchio*; aus. *avere*) ● (*aer.*) Abbassare la prua dell'aeromobile con variazione di assetto o di traiettoria: *l'aereo picchiò, poi tornò ad alzarsi*. CONTR. Cabrare.

picchiàta (**1**) s. f. **1** Colpo o serie di colpi dati a qlco.: *dare una p. alla porta*. **2** Quantità di percosse: *gli hanno dato una solenne p.* **3** †Richiesta. || **picchiatèlla**, dim. | **picchiatìna**, dim.

picchiàta (**2**) [da *picchiare* (*2*); 1936] s. f. ● (*aer.*) Volo veloce con prua verso il basso su traiettoria più o meno ripida: *abbassarsi, scendere in p.*

picchiatèllo [dim. di *picchiato*, cioè 'che ha picchiato la testa' (ed è quindi rimasto fuori di senno): vc. creata nel 1936 da T. Gramantieri per tradurre l'amer. scherz. *pixilated*, nel film *È arrivata la felicità*; 1937] agg.; anche s. m. (f. *-a*) ● (*scherz.*) Che (o Chi) appare un po' matto, strambo, stravagante.

picchiàto [av. 1406] part. pass. di *picchiare* (*1*); anche agg. **1** Nei sign. del v. **2** (*mus.*) ***Corde picchiate***, percosse da un corpo sodo, come nel pianoforte. **3** (*fig.*, *scherz.*) Che appare un po' mat-

picchiatore

to, strambo, stravagante. **4** †Picchiettato | †Butterato.

picchiatóre [1958] **A** agg. (f. *-trice*) ● Che picchia. **B** s. m. **1** (f. *-trice*) Chi picchia | Persona che compie, a scopo di intimidazione, atti di violenza fisica sugli avversari, spec. politici: *squadre di picchiatori*. **2** Pugile dotato di molta forza e aggressività.

picchiatura [av. 1712] s. f. **1** Serie di percosse, pestaggio. **2** †Picchiettatura.

picchière [da *picca* (1); 1520] s. m. ● Soldato armato di picca che dal XVI al XVIII sec. costituì il nerbo delle fanterie.

picchierellàre [da *picchiare* (1); av. 1704] v. tr. e intr. (*io picchierèllo*; aus. *avere*) **1** Battere coi picchierello. **2** (*est.*) Battere con colpi piccoli e fitti: *lo pregai di smettere di p. sul pavimento*.

picchierèllo [da *picchiare* (1); 1681] s. m. ● Martelletto a scalpello per picchiettare il porfido.

picchiettàre [intens. di *picchiare* (1); av. 1665] **A** v. tr. e intr. (*io picchiétto*; aus. *avere*) **1** Picchiare frequentemente con colpi piccoli e leggeri: *p. sul muro per comunicare un messaggio*. **2** (*mar.*) Raschiare dalle lamiere la vernice e la ruggine prima di procedere a nuova verniciatura. **B** v. tr. ● Punteggiare con piccoli tocchi di colore: *p. una parete di rosso*.

picchiettàto [1681] **A** part. pass. di *picchiettare*; anche agg. ● Nei sign. del v. **B** s. m. ● (*mus.*) Picchettato.

picchiettatùra [av. 1712] s. f. **1** (*raro*) Il picchiettare. **2** L'insieme delle macchie di cui una cosa è picchiettata.

picchiettìno [doppio dim. di *picchio* (1); 1937] s. m. ● (*mar.*) Operaio che picchietta.

picchiettìo [1912] s. m. ● Il picchiettare continuo, spec. con colpi piccoli e leggeri: *il p. della pioggia sui tetti*.

picchiétto [dim. di *picchio* (2); 1835] s. m. ● (*zool.*) Picchio rosso minore.

pìcchio (1) [da *picchiare* (1); 1483] s. m. ● Colpo dato picchiando, e rumore che ne deriva: *due discreti picchi alla porta lo fecero saltare dallo sgabello* (PIRANDELLO) | †*D'un p.*, di colpo | (*fig.*) *Avere un p.*, un rovescio di fortuna. || **picchiétto**, dim. | **picchiettìno**, dim. (V.)

pìcchio (2) [lat. parl. **piculu(m)*, dim. di *pīcus* 'picchio' (1), di etim. incerta; av. 1294] s. m. ● Denominazione di vari Uccelli dei Piciformi caratterizzati da becco robustissimo e lunga lingua, specializzati nell'arrampicarsi sui tronchi | *P. verde*, vive nei boschi europei e si nutre di insetti o larve che cattura anche sotto le cortecce degli alberi dopo averle perforate col becco (*Picus viridis*) | *P. nero*, di color nero con corto ciuffetto rosso sul capo dei maschi, vivente nelle foreste di conifere (*Pryocopus martius*) | *P. rosso minore*, il più piccolo fra gli esemplari italiani, con occhi rosso ciliegia e corpo nero a strie bianche (*Dryobates minor*) | *P. muratore*, V. *muratore*. ➡ ILL. *animali*/9. || **picchiétto**, dim. (V.)

pìcchio (3) s. m. ● Frequente picchiare, serie continua di colpi.

picchiolàre [da *picchio* (1)] v. tr. (*io pìcchiolo*) ● (*tosc.*) Picchiettare.

picchiòtto (1) [da *picchiare*; 1846] s. m. ● Battiporta di forme diverse, spesso artisticamente lavorato, in bronzo o ferro. SIN. Battente, batacchio.

picchiòtto (2) [propr., dim. di *picchio* (2)] s. m. ● (*zool.*) Picchio muratore.

piccia [da (*ap*)*piccia*(*re*); sec. XV] s. f. (pl. *-ce*) **1** Coppia o paio, spec. di pani o fichi secchi | *A picce*, in gran quantità.

†**piccinàco** [da *piccino*; av. 1400] s. m. (f. *-a*; pl. m. *-chi*) ● Nano: *li damari erano presti, purché ella vedesse che questo suo figliuolo non fosse un p.* (SACCHETTI).

†**piccinàcolo** (f. *-a*) s. m. ● Nano.

piccinerìa [da *piccino*; 1877] s. f. ● Meschinità di mente, di sentimenti: *la sua p. è senza limiti* | Azione meschina e gretta: *è una ridicola p.* | (*fig., lett.*) Inezia, stupidaggine.

piccinìna [av. 1944] s. f. **1** Dim. di *piccino*. **2** (*milan.*) Ragazzina che fa le commissioni per modiste o sarte.

piccìno [da *piccolo*; sec. XIV] **A** agg. **1** Piccolo, spec. di età o dimensioni: *un bambino p.*; è *ancora troppo p. per capire*; *una casetta piccina* | *Farsi p.*, *farsi p. p.*, cercare di passare inosservato, per umiltà, vergogna e sim. | *Sentirsi p. di fronte a qlcu.*, riconoscerne la superiorità. **2** (*fig., spreg.*) Meschino, gretto: *una mente piccina*; *uomo p. di mente*. **B** s. m. (f. *-a*) ● Bambino: *a quest'ora i piccini devono dormire*; *un film adatto a grandi e piccini* | Neonato: *perché piange il p.?* | (*est.*) Cucciolo di animale: *i piccini della nostra gatta sono deliziosi*. || **piccinàccio**, pegg. | **piccinétto**, dim. | **piccinìna**, dim. f. (V.) | **piccinìno**, dim.

picciolàto [da *picciolo* (2); 1983] agg. ● (*bot.*) Detto di organo vegetale, spec. foglia, provvisto di picciolo.

†**picciolézza** [1340] s. f. ● Piccolezza, pochezza.

picciòlo (1) [var. di *piccolo*; sec. XII] **A** agg. **1** (*raro, lett.*) Piccolo, breve, scarso | Di lieve entità. **2** (*fig., lett.*) Umile. **B** s. m. **1** (f. *-a*) (*lett.*) Bambino, fanciullo. **2** (*numism.*) Piccolo | (*tosc.*) Monetina, spicciolo | *Non valere un p.*, nulla: *la ruffiana ... cava de le scarselle i ducati e i piccioli* (ARETINO). || **picciolétto**, dim. | **picciolìno**, dim.

picciòlo (2) o (*lett.*) **picciuòlo** [lat. parl. **peciŏlu(m)*, per il classico *petiŏlu(m)* 'piccolo piede', poi 'picciuolo', da *pēs*, genit. *pĕdis* 'piede'; av. 1320] s. m. ● (*bot.*) Asse che porta il lembo fogliare e lo collega al fusto | (*est.*) Correntemente, il gambo del frutto, il peduncolo.

piccionàia [da *piccione*, av. 1726] s. f. **1** Luogo, locale o piccola torre ove si tengono i piccioni | *Tirare sassi in p.*, (*fig.*) provocare scompiglio, danni e sim. SIN. Colombaia. **2** Sottotetto, soffitta: *salire a piedi fino in p.* **3** (*scherz.*) Loggione del teatro: *andare in p.*

piccioncìno s. m. (f. *-a*) **1** Dim. di *piccione*. **2** Cucciolo di piccione | Piccione giovane. **3** (*fig.*) Persona teneramente innamorata: *guarda come tubano quei due piccioncini!*

◆**piccióne** [lat. tardo *pipiōne(m)*, da *pipiāre* (pigolare), di orig. onomat.; av. 1440] s. m. **1** (f. *-a*) Uccello dei Colombiformi col piumaggio grigio-azzurro con iridescenze sul collo, due fasce nere sulle ali e una macchia bianca sulla parte posteriore del dorso; viene allevato per le sue carni saporite (*Columba livia*). SIN. Colombo. CFR. Tubare, grugare | *P. viaggiatore*, addestrato a portare messaggi da una località all'altra | *Tiro al p.*, gara di tiro al volo (oggi vietata) nella quale i partecipanti cercano di abbattere con un colpo di fucile un piccione fatto uscire da una cassetta || *P. d'argilla*, bersaglio rappresentato da un piccione artificiale usato in gara o in prove di tiro eseguite per divertimento, e lanciato in aria da un apposito apparecchio | *P. di gesso*, messo come richiamo sulla colombaia | Carne dell'omonimo animale, usata come vivanda: *p. in umido, farcito, arrosto* | *Prendere due piccioni con una fava*, (*fig.*) raggiungere due scopi, ottenere due risultati, con un solo mezzo | *I due piccioni*, (*fig.*) coppia di piccioni. **2** (f. *-a*) (*fig.*) Persona ingenua e semplice. **3** Taglio di carne del bue o del vitello macellati, posto sotto la coscia fra il lombo e la rosa. || **piccioncèllo**, dim. | **piccioncìno**, dim. (V.)

picciòtto [siciliano *picciottu* 'piccolo'; 1901] s. m. **1** (*dial.*) In Sicilia, giovanotto | Ognuno dei componenti le bande siciliane che, nel 1860, appoggiarono la spedizione dei Mille. **2** Nella gerarchia della mafia, il grado più basso.

piccirìllo [vc. nap., propr. 'piccino'; 1539] s. m. ● A Napoli, bambino, fanciullo.

picciuòlo ● V. *picciolo* (2).

picco [vc. di orig. onomat. Cfr. *picca* (1); av. 1557] s. m. (pl. *-chi*) **1** Cima di monte in posizione isolata, dalla punta acuminata e a fianchi scoscesi | *A p.*, a perpendicolo, con direzione verticale: *roccia a p. sul mare* | *Andare*, *colare a p.*, affondare, detto di nave; (*fig.*) andare in rovina | (*mar.*) *Portarsi a p.*, *tirarsi a p.*, alarsi sull'ancora fino ad averla perpendicolarmente sotto la prua. ➡ ILL. p. 2132 SCIENZE DELLA TERRA ED ENERGIA. **2** In un diagramma rappresentativo di un fenomeno, punto, o insieme di punti, che indica il valore massimo di una grandezza variabile | (*fis.*) Valore massimo istantaneo raggiunto da una grandezza variabile in un intervallo di tempo: *p. di corrente, di tensione* | (*est.*) Momento di maggiore intensità di un fenomeno: *il p. di ascolto si verifica durante il telegiornale*. **3** (*mar.*) Pennone rastremato, inclinato verso l'alto sulla faccia poppiera di un albero, che serve a sostenere la randa aurica e la vela al terzo | *P. di carico*, robusto trave cilindrico incernierato alla base di un albero verticale, munito di sistemi funicolari che serve come braccio mobile per l'imbarco di grossi pesi. ➡ ILL. p. 2172 TRASPORTI. **4** †Puntiglio | †Frizzo o battuta pungente.

piccolézza [sec. XIII] s. f. **1** Condizione e caratteristica di chi (o di ciò che) è piccolo: *la p. di un oggetto, di una casa*. **2** Insufficienza, pochezza: *vogliate scusare la p. del dono* | (*est.*) Inezia, sciocchezza: *sono piccolezze alle quali non bisogna dare peso*. **3** (*fig.*) Grettezza, meschinità: *p. d'animo, di mente*.

◆**pìccolo** [dalla stessa radice di *picca* (1); sec. XII] **A** agg. (compar. di magg. *minóre* o *più piccolo*; superl. *minimo* o *piccolissimo*) **1** Che è inferiore alla misura ordinaria per dimensioni, numero o intensità: *oggetto p.*; *naso p.*; *piccola statura*; *p. esercito*; *una piccola città*; *abitare in una piccola casa*; *ancora un p. sforzo* | *Lettera piccola*, minuscola | *P. formato*, detto della fotografia eseguita su pellicola perforata da 35 mm | *P. commercio*, al minuto | (*fisiol.*) *Polso p.*, di ampiezza ridotta, quanto a pulsazioni. CFR. micro-, mini-. **2** Che è scarso, esiguo, insufficiente e sim.: *una piccola somma*; *lasciare una piccola eredità*. **3** Che è minore rispetto a ciò che si assume come termine implicito di confronto: *passare dalla porta piccola*; *abito di misura piccola*, *di piccola taglia*; *il Piccolo San Bernardo*; *p. imprenditore*, *p. industriale* | *Piccola industria*, V. *industria* | *P. schermo*, quello televisivo; (*est.*) la televisione | (*anat.*) *P. bacino*, la parte inferiore del bacino | *Piccola pubblicità*, gli avvisi economici pubblicati nei giornali | *Piccola posta*, rubrica nella quale vengono pubblicate le lettere inviate ai giornali e le relative risposte | *P. teatro*, teatro stabile, nato con orientamenti artistici e culturali d'avanguardia. **4** Di breve durata: *p. viaggio*; *piccola sosta*; *una piccola introduzione*. **5** Di giovane età: *avere un figlio p.*; *sei ancora p. per uscire da solo*. **6** Di poco conto, di scarsa importanza e sim.: *un p. errore*; *una piccola svista*; *sollevare una piccola obiezione* | (*est.*) Modesto: *domani daremo una piccola festa*. **7** Di modeste condizioni economiche, di basso livello sociale e sim.: *gente piccola*, *la piccola borghesia* | *P. borghese*, appartenente alla piccola borghesia; (*est.*) di persona di corte vedute, di opinioni meschine, di comportamento banali e sim.: *La mia vera vita non si svolge ... | ... in una casa p.-borghese* (PASOLINI). **8** (*fig.*) Gretto, insignificante, meschino: *animo, cervello p.*; *gente piccola e vile*. **9** (*mus.*) *Flauto p.*, (*ellitt.*) *piccolo*, ottavino. || **piccolìno**, dim. | **piccolétto**, dim. | **piccolìno**, dim. ● In modo meschino, umile, basso. **B** s. m. **1** (f. *-a*) Bambino: *libri, giochi, spettacoli per i piccoli*; *da p. era molto bello* | (*est.*) Cucciolo di animale: *il p. di un gatto*, *di un cane*. **2** (*pop., disus.*) Ragazzo aiutante del cameriere in un caffè. **3** (f. *-a*) (*fam.*) Persona piccola di statura: *non mi piacciono i piccoli*. **4** (*numism.*) Piccola moneta italiana medievale del valore di un denaro. SIN. Picciolo. **5** Nelle loc. avv. *In p.*, in proporzioni ridotte | *Nel mio, tuo, suo p.*, nell'ambito delle mie, tue, sue, limitate possibilità: *nel mio p. vedrò di aiutarti*. || †**piccolèllo**, dim. | **piccolétto**, dim. | **piccolìno**, dim. | **piccolòtto**, accr. (V.)

piccolòtto [av. 1533] agg.; anche s. m. (f. *-a*) **1** Accr. di *piccolo*. **2** Che o Chi è piuttosto piccolo di statura.

picconàre [av. 1648] v. tr. e intr. (*io piccóno*; aus. *avere*) ● (*raro*) Rompere col piccone, dar colpi di piccone | (*fig.*) Assestare colpi demolitori, polemici.

picconàta [1871] s. f. ● Colpo di piccone | (*fig.*) Attacco demolitore, aspra critica.

picconatóre [da *picconare*; 1992] s. m. (f. *-trice*) **1** Operaio che lavora col piccone. **2** (*fig.*) Chi critica in modo radicale e demolitorio persone o istituzioni.

picconatrìce [da *picconare*] s. f. ● Macchina perforatrice usata per abbattere rocce tenere o semidure.

piccóne [da una radice espressiva che indica 'punta'; 1342] s. m. ● Attrezzo a mano con ferro a due punte e lungo manico, per cavar minerali, rompere il suolo duro, abbattere muri | *Dare il primo colpo di p.*, iniziare un lavoro di demolizione o di fondazione | (*raro*) Zappa a dente appuntito.

picconière [1375] s. m. ● Qualunque operaio che lavori di piccone.

piccosità [1871] s. f. ● (*raro*, *lett.*) Permalosità.

piccóso [da *picca* (2); av. 1729] agg. ● Che è permaloso, puntiglioso: *è un tipo molto p.* ‖ **piccosétto**, dim. | **piccosùccio**, dim. ‖ **piccosaménte**, avv.

piccòzza [V. *piccone*; 1908] s. f. ● Attrezzo a forma di piccone usato in alpinismo, spec. nelle ascensioni su ghiaccio, come bastone d'appoggio, per gradinare e come mezzo di progressione e di assicurazione. ➡ ILL. p. 2160 SPORT. ‖ **piccozzino**, dim. m.

piccòzzo ● V. *picozzo*.

picea [vc. dotta, dal lat. *pĭcea(m)* 'di pece' per la sua corteccia resinosa; av. 1472] s. f. ● (*bot.*) Abete rosso.

picèno [vc. dotta, lat. *Picēnu(m)*, di orig. discussa; 1532] **A** s. m. (f. *-a*) **1** Ogni appartenente a un'antica popolazione stanziata nella parte meridionale delle odierne Marche. **2** (*est.*) Abitante dell'antica regione del Piceno. **3** (*lett.*) Abitante, nativo di Ascoli Piceno. **B** agg. **1** Relativo al popolo dei Piceni. **2** Relativo all'antico Piceno | ***Cultura picena***, quella sbocciata in tale regione tra il IX e il VI sec. a.C., corrispondente a una fase della cultura del ferro. **3** (*lett.*) Di Ascoli Piceno.

piceo [vc. dotta, lat. *pĭceu(m)*, agg. di *pĭx*, genit. *pĭcis* 'pece'; 1550] agg. ● (*lett.*) Di pece | In tutto simile alla pece.

pici [vc. senese di orig. espressiva; 1969] s. m. pl. (sing. *-io*) ● (*cuc.*; *region.*) Tipo di pasta casalinga del Senese a forma di grossi spaghetti, che si prepara con farina di grano tenero, acqua e sale.

Picifórmi [vc. dotta, comp. del lat. *pīcus* 'picchio (2)' e del pl. di *-forme*; 1954] s. m. pl. (sing. *-e*) ● Nella tassonomia animale, ordine di Uccelli viventi di norma nelle foreste, cattivi volatori, con becco robusto e piedi zigodattili per cui si arrampicano facilmente (*Piciformes*).

pick-up /pi'kap, *ingl.* 'pʰɪkˌʌp/ [vc. ingl., propr. 'raccoglitore (di vibrazioni)'. Propr. *pick up* significa 'piglia su', comp. di *to pick* 'prendere' (stessa etim. di *picca* (*1*)) e *up* 'su', di orig. indeur.; 1931] s. m. inv. (pl. ingl. *pick-ups*) **1** Dispositivo, costituito da una puntina e da un trasduttore, usato come rivelatore del suono inciso su un disco fonografico. **2** (*tecnol.*) Trasduttore destinato a convertire segnali meccanici, sonori, luminosi e sim. in segnali elettrici: *il pick-up della chitarra elettrica.* **3** (*agr.*) Organo raccoglitore di una macchina di raccolta. **4** (*autom.*) Furgone, spesso fuoristrada, con cabina da tre o sei persone, cassone aperto con sponde laterali fisse e quella posteriore ribaltabile. ➡ ILL. p. 2167 TRASPORTI.

♦**picnic** /pik'nik, *ingl.* 'pʰɪkˌnɪk/ o **pic-nic** [vc. ingl. dal fr. *piquenique*, comp. di *piquer* 'rubacchiare', di orig. espressiva e *nique* 'cosa di nessun valore', di orig. espressiva; 1820] s. m. inv. ● Colazione o merenda fatta all'aperto, durante una scampagnata: *un p. sull'erba* | (*est.*) La scampagnata stessa: *andare a fare un p.*

picnidio [dal gr. *pyknós* 'denso' (V. *picno-*), con riferimento allo spessore dei conidi; 1875] s. m. ● (*bot.*) Piccola cavità rivestita di ife che producono conidi, in alcuni Funghi ascomiceti.

picno- [dal gr. *pyknós* 'denso', di orig. oscura] primo elemento ● In parole composte della terminologia scientifica indica densità, intensità o fittezza: *picnometro*, *picnostilo*.

picnometria [vc. dotta, comp. di *picno-* e *-metria*] s. f. ● (*chim.*) Misura della densità o del peso specifico di un corpo.

picnòmetro [comp. di *picno-* e *-metro*; 1889] s. m. ● (*fis.*) Piccolo vaso di vetro di volume ben determinato, usato per la determinazione della densità di liquidi e solidi.

picnòsi [vc. dotta, gr. *pýknōsis* 'condensazione', da *pyknós* 'denso' (V. *picno-*); 1835] s. f. inv. ● (*biol.*) Stato di contrazione del nucleo cellulare che appare al microscopio come una massa colorata irregolare, sintomo di degenerazione.

picnòstilo [vc. dotta, lat. *pycnostȳlo(n)*, nom. *pycnostȳlos*, dal gr. *pyknóstylos* 'a fitte colonne', comp. di *pyknós* 'denso, fitto' (V. *picno-*) e *-stilo*; 1499] **A** agg. ● Detto di tempio i cui intercolunni corrispondano a una volta e mezzo il diametro delle colonne. **B** anche s. m.

picnòtico [1835] agg. (pl. m. *-ci*) ● (*biol.*) Di picnosi, relativo a picnosi.

pico- [da *piccolo* (?)] primo elemento ● Anteposto a un'unità di misura la divide per mille miliardi, cioè la moltiplica per 10^{-12}: *picofarad*, *picosecondo*. SIMB. p.

picofàrad [comp. di *pico-* e *farad*] s. m. inv. ● Unità di misura di capacità elettrica, pari a 10^{-12} farad. SIMB. pF.

picolit [vc. friulana, da *picolo* 'piccolo' col suff. dim. *-it*, con riferimento alla piccolezza degli acini; av. 1803] s. m. inv. ● Antico vitigno friulano che dà un'uva bianca dagli acini piccoli e radi | Vino bianco di colore giallo paglierino intenso, profumo delicato, sapore tra il secco e l'amabile, prodotto con le uve leggermente appassite del vitigno omonimo: *p. dei Colli orientali del Friuli.*

picornavirus [comp. di *pico-*, *RNA* e *virus*] s. m. inv. ● (*biol.*) Nome comune di ciascun virus appartenente alla famiglia *Picornaviridae* comprendente virus RNA come quelli del raffreddore, dell'epatite A e della poliomielite.

picosecóndo [comp. di *pico-* e *secondo* (*1*)] s. m. ● Unità di misura di tempo corrispondente a 10^{-12} secondi. SIMB. ps.

picòzzo o **piccòzzo** [da *picco*; 1692] s. m. ● (*veter.*) Ciascuno dei due denti che si trovano al centro dell'arcata incisiva dei Bovini e degli Equini.

picrico [dal gr. *pikrós* 'amaro', di orig. indeur.; 1871] agg. (pl. m. *-ci*) ● (*chim.*) Detto di acido giallo cristallino, impiegato come esplosivo, in pirotecnica, nell'analisi chimica e in medicina contro le scottature. SIN. Trinitrofenolo.

picrina [dal gr. *pikrós* 'amaro' (V. *picrico*) e *-ina*] s. f. ● Sostanza amara che si estrae dalla pianta digitale purpurea.

picùra [etim. incerta; 1970] s. f. ● Rientranza più o meno accentuata sul fondo di alcune bottiglie, spec. da vino.

pidgin /'pidʤin, *ingl.* 'pʰɪʤɨn/ [vc. ingl. che rappresenta la pronuncia cin. dell'ingl. *business* 'affari' (V. *business*); 1983] s. m. inv. ● (*ling.*) Lingua ausiliaria nata dal contatto dell'inglese con diverse lingue dell'Estremo Oriente.

pidgin-english /piʤʤi'ninglif*, *ingl.* 'pʰɪʤɨn 'ɪŋglɪʃ/ [loc. ingl., comp. di *pidgin* (V.) e *english* 'inglese'] s. m. inv. ● (*ling.*) Lingua composita con base grammaticale cinese e lessico inglese.

pidiessino /pi(d)dies'sino/ [dalla lettura della sigla del Partito Democratico della Sinistra: *pi*, *di*, *esse*; 1991] **A** agg. ● Relativo o appartenente al Partito Democratico della Sinistra, confluito nel 1998 nei Democratici di sinistra: *congresso p.* **B** s. m. (f. *-a*) ● Militante o sostenitore del Partito Democratico della Sinistra.

pidocchiàra [deriv. di *pidocchio*, dall'uso che se ne faceva per disinfestare i vestiti dai parassiti; 1991] s.f. ● (*bot.*) Stafisagria.

pidocchieria [da *pidocchio*; 1353] s. f. ● Avarizia o meschinità sordida | Azione indegna per taccagneria o grettezza: *è stata una vera p.* SIN. Spilorceria.

pidocchiètto [da *pidocchio* nel senso di 'miserabile'] s. m. ● (*region.*) Albergo o sala cinematografica di infima categoria: *era il Vittorio, un p. dove facevano due film* (PASOLINI).

pidòcchio [lat. *pedūculu(m)* (normalmente *pedĭculum*), dim. di *pēdis* 'pidocchio', di etim. incerta; sec. XIII] s. m. **1** Genere di piccoli Insetti degli Anopluri, atteri, con arti muniti di uncini e apparato boccale pungitore e succhiatore | ***P. dell'uomo***, di colore chiaro, infesta il capo e il corpo deponendo i lendini nei capelli o sugli abiti (*Pediculus humanus*) | ***P. del pube***, piattola | ***P. dei libri***, insetto degli Psocotteri che vive tra i libri e le vecchie carte (*Liposcelis divinatorius*). ➡ ILL. **animali**/2. **2** (*est.*, *gener.*) Insetto parassita di animali e piante: *le rose hanno i pidocchi* | ***P. dei polli***, ***pollino***, insetto dei Mallofagi ectoparassita di uccelli (*Menopon*) | ***P. dell'ulivo***, insetto parassita dei Tisanotteri (*Liothrips oleae*). **3** (*fig.*, *spreg.*) Persona avara e meschina | ***P. rifatto***, ***risalito***, chi ostenta rozzamente la sua recente agiatezza. ‖ **pidocchiaccio**, pegg. | **pidocchiètto**, dim. | **pidocchino**, dim. | **pidocchióne**, accr.

pidocchióso [1357] agg. **1** Pieno di pidocchi. **2** (*fig.*) Taccagno e sordido: *un individuo p.* ‖ **pidocchiosaménte**, avv.

piduista /pi(d)du'ista/ [dalla lettura della sigla P2 '*P*(*ropaganda*)*2*'; 1981] **A** s. m. e f. (pl. m. *-i*) ● Persona affiliata alla loggia massonica segreta P2, sciolta per legge nel 1981. **B** agg. ● Relativo alla loggia P2 o ai suoi affiliati: *strategia p.*

piè /pjɛ*/ [av. 1292] s. m. **1** (*lett.*) Forma tronca di 'piede': *ferma il piè, ninfa, sovra la campagna / ch'io non ti seguo per farti morire* (POLIZIANO) | ***A ogni piè sospinto***, in ogni momento, spesso | ***Saltare a piè pari qlco.***, saltare a piedi uniti; (*fig.*) tralasciare intenzionalmente di fare qlco. | (*lett.*) ***A pié fermo***: stando fermo; (*fig.*) impavidamente. **2** Nella loc. ***a piè di***, in fondo, nella parte inferiore: *a piè del monte*; *note a piè di pagina* | ***Indennità, rimborso*** e sim. ***a piè di lista***, in cui si rimborsano tutte le spese sostenute previa esibizione dei documenti giustificativi delle stesse. **3** ***Piè di capra***, strumento consistente in una spranga di ferro ricurva e fessurata a un lato. **4** (*aer.*) ***Piè d'oca***, negli aerostati e nei dirigibili, insieme di funi che si dipartono da un nodo per suddividere una tensione fra vari punti d'attacco.

pièce /fr. pjɛs/ [vc. fr. di orig. celtica (cfr. it. *pezza*); 1905] s. f. inv. ● Opera teatrale: *una p. in prosa, in versi*; *p. comica, drammatica.*

piedàrm o **pied'arm** [abbr. del comando (*le*) *arm*(*i*) (*al*) *pied*(*e*)?; 1898] **A** inter. ● Si usa come comando di esecuzione a militari schierati perché portino il fucile lungo il fianco destro con la canna rivolta verso l'alto, reggendolo con la mano destra. **B** anche s. m. **1** Il comando stesso. **2** La posizione stessa.

pied-à-terre /pjeda'tɛr, *fr.* ˌpjeta'tɛːʀ/ [vc. fr., propr. 'piede a terra'; 1891] s. m. inv. (pl. fr. inv.) ● Piccolo appartamento che si tiene in un luogo diverso da quello in cui abitualmente si vive, per recapito o per dimora occasionale.

piedattèrra [1873] s. m. inv. ● Adattamento di *pied-à-terre* (V.).

pied-de-poule /*fr.* ˌpjet'pul/ [vc. fr., propr. 'piede di gallina', per l'aspetto] s. m. inv. (pl. fr. *pieds-de-poule*) ● Stoffa per abbigliamento con disegno a quadrettini irregolari, di due o più colori, imitanti l'impronta della zampa di pollo.

♦**piède** [lat. *pĕde(m)*, di orig. indeur.; av. 1250] s. m. (raro o lett. troncato in *piè* (V.)) **1** (*anat.*) Segmento distale dell'arto inferiore del corpo umano: *il dorso, il collo, la pianta del p.*; *avere piedi grandi, piccoli*; *p. torto, equino* | ***P. piatto***, deformazione caratterizzata da diminuzione degli archi plantari | ***P. d'atleta***, micosi del piede umano la cui cute si macera e si desquama favorendo infezioni batteriche | (*mar.*) ***P. marino***, insieme delle abilità e capacità che derivano dalla pratica alla navigazione e alla vita su un'imbarcazione | (*fig.*, *pop.*) ***Piedi dolci***, delicati o piatti | (*fig.*) ***Avere i piedi buoni***, detto di un calciatore, essere dotato di notevoli abilità tecniche | ***Camminare in punta di piedi***, per non fare rumore | (*fig.*) ***Partire col p. giusto***, ***sbagliato***, iniziare qlco. con una mossa giusta o sbagliata | ***Darsi la zappa sui piedi***, (*fig.*) danneggiarsi da sé volendo danneggiare gli altri | ***Sentirsi mancare il terreno***, ***la terra sotto i piedi***, (*fig.*) sentirsi in pericolo | (*fig.*) ***Andare con le ali ai piedi***, correre con grande velocità | ***Mettere un p. in fallo***, perdere l'equilibrio; (*fig.*) commettere un errore | (*fig.*) ***Andarci coi piedi di piombo***, con estrema cautela | ***Mettersi***, ***venire***, ***essere tra i piedi di qlcu.***, (*fig.*) seccarlo con la propria insistenza, invadenza e sim. | ***Levarsi***, ***togliersi dai piedi***, (*pop.*) andarsene | ***Levarsi qlcu. dai piedi***, liberarsene | (*lett.*) ***Volgere il p.***, andarsene | (*fig.*) ***Tenere il p. in due staffe***, ***in due scarpe***, barcamenarsi senza decidere, tenersi aperte due strade, due possibilità e sim. | ***Mettere i piedi nel piatto***, (*fig.*) agire, parlare senza riguardi | (*fig.*) ***Prendere p.***, rafforzarsi, diffondersi | ***Essere con un p. nella fossa***, (*fig.*) stare per morire | ***Stare***, ***reggersi in piedi***, in posizione eretta; (*fig.*) detto di ragionamento, ipotesi e sim., essere fondato, consistente | ***Mettere in piedi***, (*fig.*) allestire, impiantare, preparare | ***Tenere in piedi***, (*fig.*) mantenere, sostenere, conservare | ***Cadere in piedi***, (*fig.*) uscire senza danno e con dignità da situazioni pericolose e sim. | ***Cena***, ***pranzo*** e sim. ***in piedi***, in cui gli invitati si servono da sé a un buffet | ***Da capo a piedi***, da cima a fondo | ***Ai piedi del letto***, in fondo, nella parte opposta a quella in cui si appoggia la testa | ***Mettere un p. innanzi all'altro***, fare un passo alla volta (*anche fig.*) | ***Metter p. in un luogo***, entrarvi | ***Mettersi la via tra i piedi***, (*fig.*) percorrerla | (*fig.*) ***Mettersi i piedi in capo***, darsela a gambe | ***Mettersi qlcu. sotto i piedi***, (*fig.*) umiliarlo, maltrattarlo | ***Mettere i piedi sul collo a*** *qlcu.*, (*fig.*) imporgli con la forza, con la violenza, la propria volontà | ***Non sapere dove mettere i piedi***, (*fig.*) dove stare, dove fermarsi e sim. | ***Andare, gettarsi, prostrarsi ai piedi di qlcu.***, (*fig.*) umiliarsi dinnanzi a lui | ***Vedere il nemico ai propri piedi***, (*fig.*) sconfitto e umiliato | ***Battere, pestare i piedi***, per stizza, ira e sim. | ***Puntare i piedi***, (*fig.*) incaponirsi, ostinarsi, volere qlco. a ogni costo | ***Con le mani e coi piedi***, (*fig.*) con ogni mezzo disponibile | (*fig.*) ***Consegnarsi a qlcu. mani e piedi***, arrendersi incondizionatamente | ***A p. libero***, detto di imputato che non sia in stato di arresto | (*fig.*) ***Fatto coi piedi***, detto di cosa fatta malissimo | ***Avere tutti ai propri piedi***, (*fig.*) di persona molto corteggiata o amata | ***Andare a piedi***, camminando | ***Restare a piedi***, non poter utilizzare un mezzo di trasporto; (*fig.*) non raggiungere uno scopo, restare senza risorse | (*fig.*) ***Su due piedi***, subito, all'improvviso. ***2*** (*zool.*) Negli animali a due o quattro zampe, la parte estrema di ciascuna di queste, che, nella deambulazione, poggia sul terreno | Nei Molluschi, porzione del tronco a funzione locomotoria, di forma variabile nelle singole classi | ***P. mascellare***, massillipede. **CFR.** podo-, -pode. ***3*** (*est.*) Oggetto la cui forma ricorda quella di un piede | ***P. di porco***, palo di ferro leggermente ricurvo a un'estremità per spostare grossi pesi; ferro con un'estremità divaricata, usato come attrezzo da scasso | ***P. d'elefante***, in alpinismo, tipo di sacco da bivacco, in semplice tessuto di fibra sintetica o imbottito di piumino, che protegge solo le estremità inferiori del corpo | (*mar.*) ***P. di ruota***, sulle navi, pezzo ricurvo che raccorda la ruota di prua alla chiglia | (*mar.*) ***P. di pollo***, nodo di forma sferica che si fa all'estremità di una corda. ***4*** (*fig.*) Parte o estremità inferiore di qlco.: *ai piedi della montagna l'abitato si infittisce* | ***I piedi del compasso***, le due punte | ***P. di una pianta***, la base del fusto | ***P. del fungo***, il gambo | (*mar.*) ***P. d'albero***, estremità dell'albero che poggia in coperta | ***P. poppiero***, parte di un motore entrofuoribordo situato all'esterno dello scafo, con la trasmissione e l'elica | (*mat.*) ***P. della perpendicolare***, punto in cui la perpendicolare condotta ad una retta o ad un piano l'incontra | (*mecc.*) ***P. di biella***, estremità di una biella, collegata al perno, che si muove di moto rettilineo alternativo. ***5*** Base o sostegno di qlco.: *i piedi della tavola, del divano, della sedia*; *la catinella poggia su un p. metallico* | Base di una lettera o di un carattere tipografico. ***6*** (*fig.*) Condizione, stato: *porre su un p. di parità* | ***Essere sul p. di guerra***, (*fig.*) pronto a combattere, lottare e sim. ***7*** Unità di misura di lunghezza inglese corrispondente a 12 pollici o a un terzo di yard, ed equivalente a 30,48 cm. **SIMB.** ft | ***P. quadrato***, unità di misura di superficie inglese equivalente a 929,03 cm^2 | ***P. cubico***, unità di misura di volume inglese equivalente a 28 316,85 cm^3. ***8*** (*ling.*) In metrica, combinazione di due o più sillabe brevi e lunghe che può essere unità di misura del verso quantitativo o elemento costitutivo dell'unità di misura, detta metro: *p. dattilico.* ***9*** (*letter.*) Nella versificazione italiana, ciascuna delle due parti in cui può essere divisa la fronte nella stanza di una canzone e ciascuna delle prime due parti nella stanza di una ballata. ***10*** (*bot.*) ***P. vitellino***, gigaro | ***P. di leone***, stellaria | ***P. di oca***, pianta erbacea delle Rosacee con fusto stolonifero e foglie composte di dieci foglioline inferiormente sericee (*Potentilla anserina*). || **peduccio**, **dim.** (V.) | **piedaccio**, **pegg.** | **piedino**, **dim.** (V.) | **piedone**, **accr.** | **pieduccio**, **dim.** | **pieduccino**, **dim.**

piedestàllo ● V. *piedistallo.*

piedino [av. 1422] **s. m.** ***1*** Dim. di *piede* | ***Fare p., farsi p.***, toccarsi con i piedi sotto il tavolo, spec. come segno d'intesa amorosa. ***2*** (*giorn.*) Brano finale di un articolo o pezzo collocato in fondo alla vicina colonna di destra, sotto un intero filetto che lo separa dalla composizione sovrastante. ***3*** Dispositivo della macchina da cucire che tiene fermo il tessuto mentre si cuce. ***4*** (*elettron.*) Nei circuiti elettronici, contatto.

piedipiàtti [comp. del pl. di *piede* e *piatto* (agg.): calco sull'ingl. d'America *flatfoot*; 1959] **s. m. e f. inv.** ● (*spreg.*) Poliziotto.

piedistàllo o **piedestàllo** [comp. di *piede* e *stallo* 'appoggio'; av. 1290] **s. m.** ● Elemento architettonico, talora interposto tra la colonna e il suolo, composto da una parte prismatica e da modanature inferiori e superiori | ***Mettere qlcu. su un p.***, (*fig.*) idealizzarlo, esaltarlo | ***Scendere dal p.***, (*fig.*) finirla con un atteggiamento di superiorità.

pied-noir /fr. pje'nwaʀ/ [loc. fr., propr. 'piede (*pied*) nero (*noir*)', orig. riferito ai marinai algerini dei battelli che trasportavano carbone, abituati a camminare a piedi nudi; 1992] **s. m. e f. inv.** (pl. fr. *pieds-noirs*) ● (*spreg.*) Figlio di genitori francesi nato in Algeria in epoca coloniale.

piedritto [comp. di *piede* e *ritto*; av. 1798] **s. m.** ● (*arch.*) Qualunque elemento verticale con funzione portante nelle costruzioni. ➡ **ILL.** p. 2118 ARCHITETTURA.

pièga [da *piegare*; 1225 ca.] **s. f.** ***1*** Forma curva, arcuata, ripiegata in qlco. di uniforme o rettilineo: *gonna, abito a pieghe* | Punto in cui qlco. si piega: *la p. del braccio, del ginocchio* | (*raro*) Curva, gomito. ***2*** Segno che resta quando si piega qlco.: *la p. del fazzoletto, del tovagliolo*; *i calzoni hanno la p. mal fatta* | (*fig.*) ***Ragionamento che non fa una p.***, dritto, chiaro | ***Messa in p.***, ondulazione artificiale dei capelli. ***3*** (*geol.*) Curvatura o inflessione più o meno serrata di rocce stratificate o scistose | ***P. diritta***, a piano assiale verticale | ***P. coricata***, a piano assiale orizzontale | ***Pieghe isoclinali***, serie di pieghe che inclinano verso la stessa direzione con angoli uguali o sim. ***4*** (*fig.*) Aspetto implicito, sinuosità: *le pieghe del discorso* | (*est.*) Parte intima, profonda: *nelle pieghe della coscienza, della mente.* ***5*** (*fig., fam.*) Andamento: *la faccenda ha una p. che non mi piace* | ***Prendere una brutta, una cattiva p.***, volgere verso un esito sfavorevole o negativo. ***6*** (*anat.*) Plica. || **piegàccia**, **pegg.** | **pieghétta**, **dim.** | **pieghettina**, **dim.** | **pieghina**, **dim.** | **piegolina**, **dim.** | **piegóna**, **accr.** | **piegóne**, **accr. m.** | **pieguccia**, **dim.**

piegabàffi [comp. di *piega(re)* e il pl. di *baffo*; 1938] **s. m. inv.** ● Mascherina di tela legata dietro la nuca, usata un tempo per tenere in piega i baffi, spec. durante il sonno.

piegàbile [sec. XV] **agg.** ● Che si può piegare.

piegaciglia [comp. di *piega(re)* e *ciglia*; 1965] **s. m. inv.** ● Strumento usato per voltare in su le ciglia.

piegafèrro [comp. di *piega(re)* e *ferro*; 1958] **s. m. inv.** ***1*** (*edil.*) Mordiglione. ***2*** Operaio addetto a sagomare e piegare le barre di ferro per le strutture in cemento armato.

piegaménto [av. 1333] **s. m.** ***1*** (*raro*) Il piegare | Piegatura: *p. di un tubo, di una sbarra.* ***2*** Movimento consistente nel piegare una parte del corpo | Flessione: *p. sulle gambe.*

piegànte **part. pres.** di *piegare*; anche **agg.** ● Che si piega | (*lett.*) Flessuoso.

♦**piegàre** [lat. *plicāre*, da una radice indeur. che indica 'intrecciare'; sec. XIII] **A v. tr.** (*io piègo, tu pièghi*) ***1*** Rendere curvo, arcuato, non rettilineo: *p. un giunco, un filo di ferro, una sbarra di ferro* | ***P. le gambe, le braccia***, fletterle | ***P. ad angolo retto, ad arco, a gomito*** e sim., far assumere a qlco. simili forme. **CONTR.** Raddrizzare. ***2*** Avvolgere con ordine, accostando un capo o un lembo di qlco. al capo o lembo opposto, anche più volte: *p. un tovagliolo, un abito, una camicia*; *piegate il foglio in quattro parti uguali.* ***3*** Inchinare, curvare (*anche fig.*): *p. la testa, il capo*; *p. il corpo in avanti, all'indietro* | ***P. la fronte***, in segno di reverenza, umiltà e sim. | ***P. il groppone***, mettersi a lavorare, sottoporsi alla fatica. ***4*** (*fig.*) Indurre, persuadere, domare: *p. qlcu. alla propria volontà*; *piegarono il suo animo fiero e la sua ostinazione.* ***5*** †Deviare. **B v. intr.** (aus. *avere*) ***1*** (*lett.*) Incurvarsi, inclinarsi: *e ferì 'l carro di tutta sua forza*; / *ond' el piegò come nave in fortuna* (DANTE, *Purg.* XXXII, 115). ***2*** Volgersi verso una certa direzione: *p. a destra, a sinistra*; *la strada, nei pressi del fiume, piega a nord.* **C v. rifl. e intr. pron.** ***1*** Incurvarsi, pendere, abbassarsi: *l'edificio parve piegarsi in avanti, poi crollò in una nube di polvere*; *si piegò e raccolse le chiavi.* ***2*** (*fig.*) Arrendersi, cedere, condiscendere: *si piegò alle nostre preghiere, alla nostra volontà*; *piegarsi al male, alla violenza* | ***Si spezza ma non si piega***, (*fig.*) detto di chi preferisce affrontare il peggio piuttosto che sottomettersi o accettare compromessi. **CONTR.** Irrigidirsi.

piegàta [1891] **s. f.** ***1*** Rapida, sommaria piegatura: *dare una p. ai lenzuoli.* ***2*** Nella ginnastica, posizione del corpo con una gamba parzialmente piegata e l'altra protesa, con il busto eretto: *p. avanti, in fuori, indietro* | Nell'ippica, curva della pista dell'ippodromo. || **piegatina**, **dim.**

piegàto **part. pass.** di *piegare*; anche **agg.** ● Nei sign. del v. | ***P. in due***, (*fig.*) di persona curva quasi ad angolo retto per uno sforzo, un dolore, ecc.: *era p. in due dal ridere*; *La baronessa era ancora lì, [...] piegata in due quasi avesse la colica* (VERGA).

piegatondino [comp. di *piega(re)* e *tondino*] **s. m.** ● Macchina edile che piega i tondini per il cemento armato.

piegatóre [av. 1332] **A s. m.** (f. *-trice*) ***1*** Chi piega. ***2*** Doppiatore. **B agg.** ● Che piega.

piegatrice [f. di *piegatore*; 1922] **s. f.** ● In varie tecnologie, macchina per piegare materiali o prodotti più vari, quali lamiere e profilati metallici, tessuti, fogli di carta stampata e altro.

piegatùra [av. 1320] **s. f.** ***1*** Operazione del piegare | (*raro*) ***P. del corpo, di un arto***, flessione | ***P. delle ruote***, curvatura | (*est.*) Punto in cui qlco. si piega o è piegato e segno che ne resta: *tagliare il foglio lungo la p.* ***2*** In legatoria, l'operazione con cui il foglio disteso di ciascuna segnatura viene trasformato in fascicolo. || **piegaturina**, **dim.**

†**pièggio** [dal germ. **plewi* 'responsabilità'] **s. m.** ● Mallevadore.

pieghettàre [da *piegare*; 1841] **v. tr.** (*io pieghétto*) ● Eseguire pieghe minute e ravvicinate su un tessuto e sim.: *p. una gonna, il davanti di una camicetta.*

pieghettàto [1684] **part. pass.** di *pieghettare*; anche **agg.** ● Che presenta pieghe minute e ravvicinate, spec. a scopo ornamentale.

pieghettatóre [1891] **s. m.** (f. *-trice*) ● Chi è addetto alla pieghettatura delle stoffe.

pieghettatùra [1857] **s. f.** ● Lavoro del pieghettare | (*est.*) Insieme di piccole pieghe: *stirare la p.*

pieghévole [av. 1290] **A agg.** ***1*** Che si piega o si può piegare con facilità: *giunco, ramo, metallo p.* | (*lett., fig.*) Versatile: *il suo ingegno tanto vivace, p., svegliato* (NIEVO). **SIN.** Flessibile. ***2*** Che si può ripiegare su sé stesso: *tavolo, sedia p.* | ***Fucile p.***, fuciletto da caccia, a una canna, che si può ripiegare in due parti. ***3*** (*fig., lett.*) Arrendevole, cedevole: *animo, carattere p.* **CONTR.** Rigido. || **pieghevolménte**, **avv.** **B s. m.** ● Stampato composto di poche facciate, recante un messaggio pubblicitario, un'offerta di vendita e sim.

pieghevolézza [av. 1643] **s. f.** ● (*raro*) Caratteristica di chi (o di ciò che) è pieghevole (*anche fig.*). **CONTR.** Rigidezza.

piègo [da *piegare*; av. 1527] **s. m.** (pl. *-ghi*) ● Plico: *ricevere, spedire un p.* || **pieghétto**, **dim.** | **piegùccio**, **dim.**

†**piegóso** [1910] **agg.** ● Ricco di pieghe ornamentali.

pielite [da *pielo-* col suff. *-ite* (*1*); 1865] **s. f.** ● (*med.*) Infiammazione del bacinetto renale.

pièlo- [dal gr. *pýelos* 'bacino', forma dissimilata di *plýelos*, da *plýnein* 'lavare' (di orig. indeur.)] primo elemento ● In parole composte della terminologia medica significa 'bacinetto, pelvi renale': *pielite, pielografia, pielonefrite.*

pielografia [comp. di *pielo-* e *-grafia*; 1911] **s. f.** ● (*med.*) Indagine radiologica del rene e delle vie urinarie mediante sostanza radiopaca iniettata in vena e poi secreta dal rene o direttamente introdotta nell'uretere.

pielogràmma [comp. di *pielo-* e *-gramma*; 1937] **s. m.** (pl. *-i*) ● (*med.*) Immagine radiografica del rene e delle vie urinarie ottenuta con la pielografia.

pielonefrite [comp. di *pielo-* e *nefrite*; 1930] **s. f.** ● (*med.*) Infiammazione del rene e del bacinetto renale.

piemia o **pioemia** [comp. di *pio-* ed *-emia*; 1875] **s. f.** ● (*med.*) Infezione generalizzata con penetrazione nel sangue di batteri piogeni da un focolaio suppurativo.

piemontése [da *Piemonte*, da *piè* (*di*) *monte*; propr. 'che sta ai piedi di un monte'; 1558] **A agg.** ● Del Piemonte. **B s. m. e f.** ● Abitante, nativo del Piemonte. **C s. m.** solo **sing.** ● Dialetto gallo-italico, parlato in Piemonte: *il mio p. … così educato e languido* (LEVI).

piemontesismo [1860] **s. m.** ● Forma linguistica tipica del dialetto piemontese.

piemontite [da *Piemonte*, la regione cui un tempo apparteneva amministrativamente il luogo del principale giacimento, Saint Marcel in Val d'Aosta]

s. f. ● (*miner.*) Epidoto manganesifero di color violetto.

piéna [f. sost. di *pieno*; av. 1292] s. f. *1* Fase di massima portata di un corso d'acqua | (*est.*) Massa d'acqua di un corso d'acqua in piena: *i casolari furono sommersi dalla p.* CONTR. Magra. *2* (*fig.*) Impetuosa abbondanza o intensità: *la p. del suo discorso*; *la p. incontenibile degli affetti*; *qui tutta verso di dolor la piena* (FOSCOLO). *3* (*fig.*) Gran folla, calca di gente che occupa e riempie un luogo: *p. di popolo*; *p. teatrale.* || **pienerèlla**, dim. | **pienóne**, accr. m. (V.).

pienàre [da *pieno*] v. tr. (*io pièno*) ● (*region.*) Riempire.

pienézza [av. 1320] s. f. *1* Condizione o stato di ciò che è pieno: *p. di stomaco* | (*fig.*) Compiutezza, integrità, efficacia: *nella p. delle sue forze, dei suoi poteri.* *2* (*fig.*) Impeto, foga: *un sentimento espresso in tutta la sua p.* *3* (*relig.*) ***P. dei tempi***, nella tradizione cristiana, l'epoca della venuta di Cristo fra gli uomini.

†**pienitùdine** ● V. *plenitudine*.

♦**pièno** [lat. *plēnu(m)*, da una radice indeur. che significa 'riempire'; av. 1250] **A** agg. (assol.; + *di*) *1* Che contiene tutta la quantità di cui è capace: *vaso, piatto, bicchiere p.*; *teatro p.*; *bottiglia piena d'acqua* | ***Con la bocca piena***, mentre si ha il cibo in bocca | ***Respirare a pieni polmoni***, gonfiandoli d'aria al massimo | ***Averne piene le tasche, le scatole***, (*fig., pop.*) averne abbastanza di qlco. o di qlcu. | ***P. come un uovo***, zeppo | ***A piene mani***, (*fig.*) con grande abbondanza | ***In piena assemblea, in piena camera*** e sim., nel bel mezzo del consesso, mentre tutti sono presenti | (*est.*) Completamente ingombro, occupato e sim.: *tavolo p. di carte*; *terreno p. di buche, di sassi.* *2* Che abbonda di qlco., che ha grande quantità di qlco. (*anche fig.*): *un uomo p. di denari, di vizi, di manie*; *casa piena d'ogni ben di Dio*; *un compito p. di errori*; *essere p. di dolori, di guai, di noie* | (*fig.*) ***Essere p. di sé***, essere borioso | ***Un pomeriggio p.***, fitto d'impegni | ***P. impiego***, V. *impiego* | ***Tempo p.***, V. *tempo*, sign. I, 15 | Invaso, pervaso: *p. di gioia, d'amore, di speranza*; *avere l'animo p. di tristezza, di nostalgia*; *mi guardò con occhi pieni di stupore* | (*fam.*) Sazio: *mi sento p.* | ***A stomaco p.***, dopo aver mangiato | ***P. fino agli occhi, fino alla gola***, completamente sazio | (*fig.*) ***Esser p. di qlcu., di qlco.***, averne abbastanza, non poterne più. *3* Non vuoto: *muro p.*; *gomme piene*; *noci piene* | ***Colpo p.***, che raggiunge il bersaglio, che non va a vuoto | (*est.*) Sodo, massiccio, florido: *petto p.*; *fianchi pieni* | ***Gote piene***, paffute | (*est., pop.*) Gravido: *pecora piena.* *4* ***Punto p.***, ricamo che si esegue ricoprendo con punti fitti una leggera imbottitura che riempie il motivo da ricamare. *5* (*fig.*) Totale, integrale, completo: *con p. rispetto dell'autorità*; *ottenere una piena guarigione*; *una risposta piena ed esauriente*; *essere in piena efficienza, in piena regola, nel p. possesso delle proprie facoltà, nel p. vigore della giovinezza* | ***A pieni voti***, col massimo dei voti | ***A p. titolo***, legittimamente, a tutti gli effetti | ***Giorno p.***, fatto | ***In piena notte***, nelle ore più buie, a notte fonda | ***Luna piena***, che si vede per intero | ***In p. inverno***, nei mesi più freddi | ***A piena voce***, a tutta voce. *6* (*enol.*) Detto di vino che possiede ricchezza e corposità. *7* (*fig.*) †Adempiuto, soddisfatto | †***Andar p.***, adempiersi. *8* (*mus.*) ***Accordo p.***, complesso | ***Nota piena***, accompagnata con le proprie consonanze | ***Stile p.***, concertato, a quattro, otto voci. || **pienaménte**, avv. In modo pieno, completo, perfetto: *essere pienamente soddisfatto.* **B** s. m. *1* Parte piena o massiccia di qlco.: *il p. della statua termina all'altezza del torace*; *il vuoto risuona, il p. no.* *2* Fase o momento culminante: *nel p. dell'estate, della notte, dell'uragano* | ***A p.***, V. *appieno* | ***In p.***, del tutto, completamente: *appoggio in p. la tua proposta.* *3* Carico completo, spec. di carburante: *dare il p. di nafta, di carbone*; *fare il p. di benzina* | ***Fare il p.***, (*fig., fam., scherz.*) bere troppo; (*fig., est.*) ottenere il massimo risultato possibile. *4* (*fig.*) Gran folla, calca di gente che occupa e riempie un luogo. *5* (*mus.*) ***P. dell'organo***, suono di tutte le sue voci insieme. *6* (*arald.*) Scudo costituito dal solo campo di un unico smalto. *7* †Compimento, adempimento. || **pienóne**, accr. (V.) | **pienòtto**, accr. (V.).

pienóne [1882] s. m. *1* Accr. di *piena*. *2* Grande folla di spettatori e sim.: *c'era un p. da non dirsi ieri sera a teatro.*

pienòtto [1541] agg. *1* Dim. di *pieno*. *2* Che è piuttosto grasso e abbondante di forme: *viso p.*; *guance pienotte*; *ragazza pienotta.*

piercing /'pirsin(g), ingl. 'pɪəɹsɪŋ/ [vc. ingl., dal v. *to pierce* 'forare, perforare'; 1993] s. m. inv. ● Perforazione di alcune parti del corpo per l'inserimento di anelli, spille o altri ornamenti.

Pièridi [vc. dotta, comp. del lat. *Pīeride(m)*, nom. *Pīeris*, dal gr. *Pieris*, e *-idi*; 1954] s. f. pl. (sing. *-e*) ● Nella tassonomia animale, famiglia di farfalle diurne con spiccato dimorfismo sessuale (*Pieridae*).

Pierino [n. consolidato nelle storielle incentrate sui fatti e misfatti dell'inventato *Pierino*; 1990] s. m. *1* (*scherz.*) Bambino, ragazzo molto vivace e impertinente. *2* (*scherz.*) Primo della classe.

pièrio [vc. dotta, lat. *Pīeriu(m)* 'della Pieria'; 1532] agg. ● (*lett.*) Della Pieria, regione della Grecia, mitica patria delle Muse.

pierre /pi'ɛrre/ [dalla lettura della sigla PR (*pubbliche relazioni* o, all'ingl., *public relations*): *pi, erre*; 1983] s. m. e f. inv. ● Persona incaricata delle relazioni esterne di un'azienda o di un ente.

pierrot /fr. pjɛ'ʀo/ [vc. fr., n. di una maschera del teatro francese, propr. 'Pierino', dall'it. *Pedrolino*, personaggio di commedie; 1857] s. m. inv. ● Persona mascherata con un caratteristico costume bianco, costituito di ampi pantaloni e casacca con grossi bottoni neri, e calottina nera in testa.

†**pièta** [dal lat. *pīetas* con spostamento dell'accento; 1313] s. f. ● (*lett.*) Senso di angoscia, smarrimento e sim.: *la notte ch'i' passai con tanta p.* (DANTE *Inf.* I, 21).

♦**pietà** o †**pièta** o †**pietàde**, †**pietàte** [dal lat. *pietāte(m)*, da *pĭus* 'pio'; av. 1272] s. f. *1* Sentimento di compassione e commossa commiserazione che si prova dinnanzi alle sofferenze altrui: *avere, nutrire, provare, sentire p.*; *muovere qlcu. a p.*; *guardare con occhio di p.*; *invocare p. e perdono*; *se non lo fate per dovere, fatelo almeno per p.*; *la p. s'insinua a' fanciulli col timore d'una qualche divinità* (VICO) | ***Senza p., senz'alcuna p., senz'ombra di p.***, spietatamente | ***Opere di p.***, che tendono ad alleviare le sofferenze altrui | ***Fare p.***, (*fam.*) di cosa o persona particolarmente sgraziata, poco piacevole, o di lavoro malfatto e sim. | (*est.*) Cosa o spettacolo miserando: *che p. quella casa!* *2* (*relig.*) Uno dei sette doni dello Spirito Santo, per il quale si sviluppa e perfeziona la virtù della giustizia | Devozione, culto: *pratiche di p.* *3* (*lett.*) Rispetto e amore verso qlcu.: *p. filiale*; *dimostrare p. verso la patria.* SIN. Venerazione. *4* Nelle arti figurative, composizione rappresentante la Madonna che tiene in grembo il Cristo morto: *la P. di Michelangelo.*

pietànza [da *pietà*, perché era il cibo che si dava ai poveri; av. 1250] s. f. *1* Vivanda servita a tavola, spec. come secondo piatto: *p. di carne, di pesce*; *minestra, una p. e frutta.* SIN. Secondo. *2* †Cibo dato come elemosina | ***Fare p.***, dare da mangiare. || **pietanzétta**, dim. | **pietanzina**, dim. | **pietanzùccia**, dim.

pietanzièra [da *pietanza*; 1970] s. f. ● (*raro*) Piccolo recipiente metallico a chiusura ermetica, atto a contenere vivande che si devono consumare fuori casa.

pietas [nom. lat., *pĭetas*; 1950] s. f. inv. (pl. lat. *pietates*) *1* Sentimento, atteggiamento di doveroso rispetto e devozione, spec. verso famiglia, patria e religione. *2* (*est.*) Cura attenta e rispettosa.

†**pietàte** ● V. *pietà*.

pietica [sovrapposizione di *pertica* al lat. *pēdica* 'trappola, ceppi', da *pēs*, genit. *pĕdis* 'piede'] s. f. ● Cavalletto da falegname con traversa regolabile sul quale si appoggiano i pezzi per segarli.

pietismo [fr. *piétisme*, da *piétiste* 'pietista'; 1749] s. m. *1* Corrente religiosa protestante dei secc. XVII e XVIII che professa la preminenza della vita interiore e del raccoglimento su ogni altra manifestazione religiosa. *2* (*spreg.*) Sentimento di religiosità affettata e soltanto apparente. *3* Atteggiamento di ostentata pietà spesso insincero e ipocrita.

pietista [fr. *piétiste*, dal ted. *Pietist*, dal lat. *pĭetas*, genit. *pietātis* 'pietà'; 1749] s. m. e f. (pl. m. *-i*) *1* Seguace del pietismo. *2* (*spreg.*) Bigotto, bacchettone. *3* Chi fa del pietismo.

pietistico [1927] agg. (pl. m. *-ci*) *1* Relativo a pietismo e a pietista. *2* (*spreg.*) Da bigotto. *3* Improntato a pietismo: *atteggiamento p.* || **pietisticaménte**, avv.

pietóso o (*poet.*) †**piatóso** [da *pietà*; av. 1250] agg. *1* Che sente pietà, compassione: *essere p. verso il prossimo, nei confronti di chi soffre*; *grave oltraggio al tiranno è un cor p.* (ALFIERI). SIN. Compassionevole. CONTR. Impietoso. *2* Che muove a pietà: *storia pietosa*; *racconto p.*; *sfogava … in suon p.* / *un solitario amante il suo cordoglio* (MARINO) | (*fam.*) Di ciò che è fatto così male, in modo così meschino e sim., da destare compassione: *spettacolo p.*; *la festa è stata una cosa veramente pietosa*; *hai fatto una figura pietosa* | ***Essere ridotto in uno stato p.***, estremamente trascurato o malridotto. *3* Che dimostra pietà: *opera pietosa* | ***Menzogna, bugia pietosa***, dette non con l'intenzione di nuocere, ma per evitare un dolore e sim. | ***Mano pietosa***, che compie opere di misericordia. *4* Pieno di rispetto e tenerezza: *un figlio p. verso i genitori* | ***Uomo p.***, mite e buono. *5* (*lett.*) Pio, devoto: *animo p.* | (*raro*) ***Guerra pietosa***, guerra santa. || PROV. Il medico pietoso fa la piaga verminosa. || **pietosaménte**, avv. In modo pietoso: *curare, assistere pietosamente*; *parlare, piangere pietosamente*; *pregare pietosamente.*

♦**piètra** o (*poet.*) †**pétra** [lat. *pĕtra(m)*, nom. *pĕtra*, dal gr. *pétra*, di etim. incerta; 1294] s. f. *1* Frammento di roccia, usato come materiale da costruzione o per ornamento: *cava di pietre*; *muro di p.* CFR. lito-, -lito (1), petro- | Sasso: *gettare, scagliare, tirare una p.* | ***P. concia***, blocco di pietra impiegato in una costruzione, sommariamente lavorato sul lato che rimane in vista | ***P. da taglio***, blocco di pietra impiegato in una costruzione, squadrato a forma regolare | ***P. da calce***, roccia calcarea che si utilizza nella fabbricazione della calce viva | ***P. da sarto***, pezzo di steatite usato dai sarti per fare segni sulla stoffa | ***Età della p.***, epoca preistorica caratterizzata dalla fabbricazione e dall'uso di arnesi e oggetti di pietra; (*fig.*) livello di grande arretratezza: *una mentalità da età della p.* | (*miner.*) ***P. preziosa***, minerale di grande valore suscettibile di essere tagliato a gemma | ***P. semipreziosa***, minerale di medio valore, spesso usato in oreficeria e per intagli | ***P. dura***, varietà di calcedonio o di altro minerale duro di bel colore usata per decorazioni e piccoli lavori di oreficeria | ***P. di luna***, lunaria (2) | ***P. focaia***, V. *focaia* | ***P. ollare***, V. *ollare* | ***P. fine***, vera, naturale | ***P. sintetica***, simile alla vera ma ottenuta in laboratorio | ***P. chimica***, fatta a imitazione della vera | ***P. artificiale***, ottenuta con vari materiali e sistemi | ***P. falsa***, di vetro o altra imitazione | ***P. litografica***, pietra calcarea usata per il disegno e la stampa litografica | ***P. molare***, pietra di forma circolare, dura, che serve per macinare cereali, olive e semi vari | ***P. infernale***, nitrato di argento | ***P. sacra, p. dell'altare***, quella che, nell'altare cattolico, contiene o copre le reliquie di santi o di martiri | ***P. filosofale***, essenza prima, cercata dagli alchimisti, per mezzo della quale, secondo credenze medievali, si trasformavano i metalli in oro e si otteneva l'elisir di lunga vita | ***P. miliare***, cippo che ai bordi delle strade indica il kilometraggio e le distanze; (*fig.*) fatto o data di importanza storica | ***P. sepolcrale***, lapide sepolcrale, coperchio, in marmo o altro, di tomba | ***P. serena***, varietà di arenaria, di colore grigio-azzurrognolo, usata spec. per costruzioni edilizie | ***P. di paragone***, varietà di diaspro nero scistoso usata, spec. in passato, per riconoscere il titolo dell'oro; (*fig.*) riferimento prescelto per la valutazione di persone o cose | ***P. angolare***, quella che, in un edificio, sostiene due muri ad angolo; (*fig.*) elemento essenziale, nucleo centrale: *la p. angolare di una teoria* | ***Di p.***, duro come la roccia (*anche fig.*): *avere un cuore di p.* | ***Avere una p. sullo stomaco***, (*fig.*) sentire un gran peso per cattiva digestione | ***Posare, porre la prima p.***, iniziare la costruzione di un edificio; (*fig.*) dare inizio a qlco. | ***Non lasciare p. su p.***, distruggere dalle fondamenta, demolire completamente | ***Portare la propria p. all'edificio***, (*fig.*) cooperare all'edificazione o alla realizzazione di qlco. | ***Metterci una p. sopra***, (*fig.*) non parlarne più | ***Scagliare la prima p.***, (*fig.*) giudicare qlcu. con intransigenza e senza aver prima valutato i propri errori (con riferimento alla frase del Vangelo di Giovanni 'chi è senza peccato scagli la prima pietra') | (*fig.*) ***P. dello scandalo***, chi (o che) è causa di scandalo, discordia e sim. (locuzione di origine biblica) |

(*fig.*) *Fare piangere*, *ridere le pietre*, essere estremamente commovente o estremamente comico | (*fig.*) *Cavare sangue da una p.*, fare qlco. di impossibile; sfruttare tutto al massimo. **2** (*med.*, *raro*) Calcolo | *Mal della p.*, calcolosi vescicale. || **pietràccia, pegg. | pietrèlla, dim. | pietrètta, dim. | pietrìna, dim.** (V.) | **pietrìno, dim. m.** (V.) | **pietrolìna, dim. | pietróne, accr. m. | pietrùccia, pietrùzza, dim. | pietrùccola, pietrùzzola, dim. | pietruzzolétta, dim. | pietruzzolìna, dim.**
pietràia o (*lett.*) **petràia** [1319] **s. f. 1** Massa o mucchio di pietre | (*est.*) Luogo sassoso, terreno pietroso: *vidi l'ombra vasta / palpitar su la torri- da petraia* (D'ANNUNZIO). **2** Cava di pietre.
†**pietraìno** [da *pietra*; 1779] **s. m.** ● Scalpellino.
pietràme [av. 1775] **s. m.** ● Cumulo di pietre.
pietràta [da *petrata* [av. 1557] **s. f.** ● (*raro*) Colpo di pietra.
pietrificàre o †**petrificàre** [comp. di *pietra* e -*ficare*; av. 1519] **A** v. tr. (*io pietrìfico*, *tu pietrìfichi*) **1** Rendere di pietra o simile a pietra: *pianta che i millenni hanno pietrificata*. **2** (*fig.*) Irrigidire per timore, stupore o altro: *lo pietrificò con una sola risposta*. **B** v. intr. pron. **1** Divenire di pietra o simile alla pietra. **2** Rimanere di stucco, di sasso: *pietrificarsi per lo stupore*.
pietrificàto o †**petrificàto** [1870] **part. pass.** di *pietrificare*; anche **agg. 1** Nei sign. del v. | Fossilizzato: *foresta pietrificata*. **2** (*fig.*) Attonito, sbalordito.
pietrificazióne o †**petrificazióne** [1685] **s. f.** ● Il pietrificare, il pietrificarsi (anche *fig.*).
†**pietrìfico** o †**petrìfico** [comp. di *pietra* e -*fico*] **agg.** ● Che pietrifica.
pietrìgno o (*raro*) **petrìgno**, †**petrìno**, (*raro*, *lett.*) **pietrìno** (**1**) [dal lat. *pĕtra* 'pietra'; av. 1406] **agg.** ● (*raro*) (*detto di pietra anche fig.*): *muro p.*; *il corallo esser arbore petrigno in mare ognun vede* (CAMPANELLA).
pietrìna [av. 1484] **s. f. 1** Dim. di *pietra*. **2** Cilindretto di cerio e ferro che provoca scintille negli accenditori automatici.
pietrìno (**1**) ● V. *pietrigno*.
pietrìno (**2**) **s. m. 1** Dim. di *pietra*. **2** Mattonella, spec. per rivestimenti: *una stanza da bagno in pietrini azzurri e bianchi*.
pietrìsco [da *pietra*; 1826] **s. m.** (**pl.** -*schi*) ● Materiale composto di minuti frammenti irregolari di roccia naturale, usato come materiale inerte nel conglomerato cementizio, per massicciate, terrapieni e sim.
pietrìsta [1958] **s. m. e f.** (**pl. m.** -*i*) **1** Operaio specializzato nella fabbricazione di pietre artificiali. **2** Verniciatore di serramenti e pareti a imitazione della pietra o del legno.
pietroburghése A agg. ● Della città di San Pietroburgo. **B s. m. e f.** ● Abitante, nativo di San Pietroburgo.
pietrosità o (*lett.*) **petrosità** [1940] **s. f.** ● (*raro*, *lett.*) Caratteristica di ciò che è pietroso (*anche fig.*).
pietróso o (*lett.*) **petróso** [lat. *petrōsu(m)*, da *pĕtra* 'pietra'; av. 1292] **agg. 1** Di pietra: *tana pietrosa* | Simile alla pietra: *materiale p.* | (*lett.*) *Acque pietrose*, che sgorgano tra le pietre. **2** Pieno di pietre: *terreno p.* SIN. Sassoso. **3** (*fig.*, *lett.*) Duro o aspro come la pietra. SIN. Insensibile.
pievanìa [1710] **s. f. 1** Giurisdizione del pievano. **2** (*raro*) Pieve.
pievàno o **piovàno** (**2**) [av. 1292] **s. m.** ● Sacerdote che regge una pieve.
pièva [lat. *plēbe(m)* 'plebe', poi 'comunità di fedeli', poi 'parrocchia di campagna'; 1253] **s. f. 1** Chiesa parrocchiale dalla quale dipendevano altre chiese e filiali. **2** Giurisdizione del pievano.
pievelóce /pjeˈveloʧe/ o **piè velóce** [comp. di *piè* 'piede' e *veloce*; calco sul gr. *ōkýpous*; 1786] **agg.**: anche **s. m.** ● (*lett.*) Che corre velocemente, attributo di Achille, l'eroe omerico.
pieviàle ● V. *piviale*.
piezo- [dal gr. *piézein* 'premere, stringere'] primo elemento ● In parole composte della terminologia scientifica e tecnica significa 'pressione': *piezometro*.
piezoelettricità [comp. di *piezo-* ed *elettricità*, perché i corpi dotati di questa proprietà si elettrizzano per compressione; 1900] **s. f.** ● (*fis.*) Generazione di cariche elettriche sulla superficie di alcuni cristalli, come il quarzo, per compressione o dilatazione meccanica in alcune direzioni.

piezoelèttrico [1889] **agg.** (**pl. m.** -*ci*) ● (*fis.*) Relativo alla piezoelettricità | Che presenta piezoelettricità: *accendigas p.*
piezomagnètico agg. (**pl. m.** -*ci*) ● (*fis.*) Relativo al piezomagnetismo.
piezomagnetìsmo [comp. di *piezo-* e *magnetismo*] **s. m.** ● (*fis.*) Insieme dei fenomeni magnetici provocati dalla deformazione o compressione di determinate sostanze.
piezometrìa [comp. di *piezo-* e -*metria*; 1970] **s. f.** ● (*fis.*) Misurazione della compressibilità dei liquidi.
piezomètrico [1929] **agg.** (**pl. m.** -*ci*) ● (*fis.*) Relativo alla piezometria | *Energia piezometrica*, energia interna di un fluido soggetto a pressione.
piezòmetro [V. *piezometria*; 1829] **s. m.** ● Strumento di misura della compressibilità dei solidi e dei liquidi.
piezooscillatóre [comp. di *piezo-* e *oscillatore*; 1958] **s. m.** ● Oscillatore elettronico che impiega come elemento risonante un cristallo di quarzo.
pif o **piffete** [vc. onomat.; 1891] **inter.** ● Riproduce il rumore di un colpo leggero cui segue immediatamente un altro più forte e sonoro: *eccoti due ceffoni: pif e paf!*
†**Pifanìa** ● V. *Epifanìa*.
piffera s. f. ● (*lett.*) Piffero.
pifferàio o (*dial.*) **pifferàro** [1839] **s. m.** ● Suonatore di piffero.
pifferàre [da *piffero*; av. 1590] **v. intr.** (*io pìffero*; aus. *avere*) ● (*raro*) Suonare il piffero.
pifferàro ● V. *pifferaio*.
piffero [medio alto ted. *pfīfer* 'suonatore di piffero', da *pfeiffen* 'fischiare', di orig. onomat.; sec. XIV] **s. m. 1** (*mus.*) Strumento ad aria di legno ad ancia doppia, usato nella musica popolare italiana | Specie di ottavino senza chiavi, usato nelle bande militari. **2** Suonatore di piffero.
piffete ● V. *pif*.
piggiorare e *deriv.* ● V. *peggiorare* e *deriv.*
†**piggióre** ● V. *peggiore*.
pigiadiraspatrice [comp. di *pigia(trice)* e *diraspatrice*; 1981] **s. f.** ● Macchina per pigiare l'uva e separare i raspi dal mosto e dalle bucce.
◆**pigiàma** [ingl. *pyjamas*, dal persiano *pāy jāmè*, propr. 'vestito da gamba', comp. di *pāy* 'piede, gamba' e *jāmè* 'vestito'; 1905] **s. m.** (**pl.** *pigiàma* o *pigiàmi*) ● Indumento da letto o da casa maschile e femminile, composto da giacca e pantaloni di linea morbida | *P. palazzo*, abito da sera femminile con amplissimi pantaloni. || **pigiamétto**, dim. | **pigiamìno**, dim. | **pigiamóne**, accr.
pigiaménto [av. 1704] **s. m.** ● (*raro*) Il pigiare, il pigiarsi | Affollamento, ressa.
pigia pigia [imperat. raddoppiato di *pigiare*; 1865] **loc. sost. m. inv.** ● Calca, folla: *un pigia pigia che non vi dico*; *uscire dal pigia pigia*.
pigiàre [lat. parl. *pīnsiāre*, dal classico *pīnsere*. V. *pestare*; av. 1320] **A v. tr.** (*io pìgio*) **1** Sottoporre a pressione di varia intensità e durata: *p. col pollice il tabacco nella pipa*; *p. la terra coi piedi* | *P. l'uva*, pestarla per fare il mosto. **2** Di persone, spingere, premere (anche assol.): *la folla mi pigia*; *per favore*, *non pigiate!* **B v. intr. pron.** ● Accalcarsi: *Io era tra la folla che si pigiava innanzi dai portici* (CARDUCCI).
pigiàta [1871] **s. f.** ● Il pigiare una sola volta | *Dare una p.*, pigiare in fretta. || **pigiatina**, dim.
pigiàto part. pass. di *pigiare*; anche **agg.** ● Nei sign. del v. | Stipato, stretto, premuto: *pigiati e incalzati tutt'intorno da altri a ridosso* (PIRANDELLO).
pigiatóre [av. 1320] **s. m.**; anche **agg.** (**f.** -*trice*) ● Chi (o Che) pigia, spec. l'uva.
pigiatrìce [1900] **s. f.** ● Macchina per schiacciare l'uva facendola passare fra due rulli | *P. elicoidale*, che in un solo passaggio provvede alla pigiatura, separazione del mosto e parziale torchiatura delle vinacce. ➡ ILL. **vino.**
pigiatùra [1534] **s. f. 1** Operazione del pigiare. **2** (*fig.*) †Gravezza, peso.
pigìdio [gr. *pygídion*, dim. di *pygḗ* 'deretano' (V. *uropigio*); 1931] **s. m.** (*zool.*) Telson.
pigio [da *pigiare*] **s. m.** ● (*lett.*) Calca: *entrare nel p.* | †*Stare al p.*, (*fig.*) negli impicci, nei guai.
pigionàle [da *pigione*; 1303] **s. m.** ● Pigionante | (*tosc.*) Colono, fittavolo.
pigionànte [sec. XVII] **s. m. e f.** ● Chi abita in una casa presa in affitto, oppure sta a pigione presso qlcu.
pigióne [stessa etim. di *pensione*; 1130 ca.] **s. f.**

1 (*dir.*) Corrispettivo della locazione di un immobile: *garanzie per il pagamento della p.*; *i crediti per fitti e pigioni non producono interessi se non dalla costituzione in mora*. **2** Correntemente, locazione di un bene immobile | *Stare a p.*, abitare in una casa o in una stanza affittata | *Prendere, tenere a p.*, ospitare pensionanti.
pigliàbile agg. ● (*raro*) Che si può pigliare.
pigliaménto [av. 1292] **s. m.** ● (*raro*) Il pigliare.
pigliamósche [comp. di *piglia(re)* e il pl. di *mosca*; 1804] **s. m. inv. 1** Piccolo uccello dei Passeriformi con piumaggio bruno grigio superiormente e biancastro inferiormente (*Muscicapa striata*). ➡ ILL. **animali**/10. **2** (*bot.*) Dionea. SIN. Acchiappamosche.
piglia piglia [imperat. iter. del v. *pigliare*] **loc. sost. m. inv.** ● Incetta, accaparramento generale: *suppellettili [...] portate via a vilissimo prezzo, rubate quasi in un piglia piglia indecente* (FOGAZZARO).
◆**pigliàre** [lat. parl. *piliāre*, per il lat. tardo *pilāre* 'rubare' (precedentemente 'calcare fortemente, piantare'), da *pīla* 'pila' (**1**); av. 1250] **A v. tr.** (*io pìglio*) ● (*fam.*) Prendere, spec. in modo energico. **B v. intr.** (aus. *avere*) ● Attecchire, detto di un vegetale.
pigliasciàmi [comp. di *piglia(re)* e il pl. di *sciame*; 1970] **s. m. inv.** ● Sacco tenuto aperto da quattro cerchi di canna o di fil di ferro, che viene utilizzato per catturare uno sciame d'api.
pigliatùtto [comp. di *piglia(re)* e *tutto*; 1937] **A agg. inv. 1** In una varietà del gioco della scopa, detto di asso che prende tutte le carte in tavola. **B s. m. e f. inv.** ● (*fig.*) Persona che cerca di prendere tutto per sé.
piglio (**1**) [da *pigliare*; 1313] **s. m. 1** Il pigliare | *Dar di p.*, afferrare qlco.; (*fig.*) incominciare qlco. **2** †Guadagno.
piglio (**2**) [da *cipiglio*; 1313] **s. m. 1** Espressione del viso, atteggiamento: *mi parlò con p. severo*, *arguto*; *si rivolse con p. grave e collo sguardo terribile* (ALBERTI). **2** (*fig.*) Tono: *novella dal p. colorito e allegro*.
pigmalióne [dal n. del mitico re di Cipro, innamoratosi di una statua muliebre da lui stesso fatta, che poi, una volta divenuta viva, egli sposò; 1983] **s. m.** ● Chi ammaestra e indirizza qlcu., spec. una donna, affinandone e sviluppandone le facoltà intellettuali e il comportamento.
pigmentàle [1865] **agg.** ● (*biol.*) *Cellula p.*, cromatoforo.
pigmentàre [da *pigmento*; 1965] **A v. tr.** (*io pigménto*) ● Far assumere un dato colore, per l'azione di pigmenti. **B v. intr. pron.** ● Assumere un dato colore per l'azione di pigmenti.
pigmentàrio [vc. dotta, lat. *pigmentāriu(m)*, da *pigmĕntum* 'pigmento'; 1958] **agg.** ● Concernente il pigmento.
pigmentàto [1959] **part. pass.** di *pigmentare*; anche **agg.** ● Nel sign. del v.
pigmentazióne [1884] **s. f. 1** (*biol.*) Distribuzione del pigmento in un organo o in un animale. **2** Metodo di tintura delle fibre tessili con coloranti insolubili.
pigmentìfero [1958] **agg.** ● (*biol.*) Che contiene pigmenti | *Cellula pigmentifera*, cromatoforo.
pigménto [vc. dotta, lat. *pigmĕntu(m)* 'tinta', da *pĭngere* 'colorare'. V. *pingere* (**1**); 1838] **s. m. 1** (*biol.*) Sostanza organica di vario colore, presente nelle cellule dei tessuti animali e vegetali, ai quali conferisce la colorazione caratteristica. **2** (*chim.*) Sostanza colorata naturale e artificiale insolubile in acqua e in solventi organici, usata in polvere finissima come base di pitture e vernici.
pigmèo o †**pimmèo** [vc. dotta, lat. *Pygmaeu(m)*, nom. *Pygmaeus*, dal gr. *pygmàios* 'alto un cubito', da *pygmḗ* 'pugno, cubito', dalla stessa radice del lat. *pŭgnus* 'pugno'; av. 1470] **A s. m.** (**f.** -*a*) **1** Aborigeno della foresta equatoriale caratterizzato da statura molto bassa e costituzione materiale rudimentale. **2** (*fig.*) Chi è molto basso di statura. **B** anche **agg.**: *popolazione pigmea*.
pigna [lat. parl. *pĭnea(m)*, f. sost. di *pīneus*, agg. di *pīnus* 'pino'; 1342] **s. f. 1** Il cono dei pini e, spesso, di qualsiasi conifera, quando è legnoso e allungato | *Essere come una p. verde*, (*fig.*) tirchio, avaro | *Avere le pigne in testa*, (*fig.*) avere idee strane e bizzarre | (*est.*) Oggetto o cumulo di oggetti a forma di pigna: *una p. di caramelle* | *P. d'uva*, grappolo. **2** (*mar.*) Specie di bottone alla punta dei cavi | Ornamento conico o sfe-

rico in cima di balaustri e sim. *3* (*arch.*) Parte del muro che si eleva a triangolo per reggere gli spioventi del tetto | Fastigio a forma di pigna. *4* Diaframma bucherellato all'estremo di un tubo aspirante per evitare l'assorbimento di materiali solidi. *5* *P. di mare*, ascidiaceo marino di color bianco latteo con tunica consistente e vistosamente mammellonata (*Phallusia mammillata*).

pignàtta [da *pigna*, per la forma; av. 1342] **s. f.** *1* Pentola, spec. grande. *2* Mattone forato per solaio. || **pignattèlla**, **dim.** | **pignattèllo**, **dim. m.** | **pignattina**, **dim.** | **pignattino**, **dim. m.**

†**pignattàio** o †**pignattàro** [sec. XV] **s. m.** (**f.** *-a*) ● Pentolaio | Vasaio.

†**pignàtto** [av. 1400] **s. m.** ● Pignatta.

†**pignere** (*1*) ● V. *pingere* (*1*).

†**pignere** (*2*) ● V. *spingere* (*1*).

†**pignéta** [sovrapposizione di *pigna* e *pineta*; 1353] **s. f.** ● Pineta.

pignoccàta [da †*pignocco*; av. 1536] **s. f.** ● Dolce siciliano fatto di farina fritta in olio, pistacchi e miele, in forma di pigna | Dolce di miele e pinoli.

†**pignòcco** ● V. *pinocchio*.

pignolàggine [1905] **s. f.** ● Pignoleria.

pignolàta [da *pignolo*; 1967] **s. f.** ● Pignolaggine.

pignoleggiàre [comp. di *pignolo* e *-eggiare*; 1942] **v. intr.** (*io pignoléggio*; aus. *avere*) ● Fare il pignolo.

pignolerìa [1942] **s. f.** ● Carattere o natura di chi (o di ciò che) è pignolo | Atto o discorso da pignolo: *finiamola con queste pignolerie.* **SIN.** Pedanteria.

pignolésco [1942] **agg.** (**pl. m.** *-schi*) ● Da pignolo: *atteggiamento, comportamento p.* **SIN.** Pedantesco. || **pignolescaménte**, **avv.**

pignòlo o (*lett.*) **pignuòlo** [V. *pinolo*; nel sign. B con evoluzione semantica di discussa interpretazione di chi va a cercare il *pinolo* (cfr. *cercare il pel nell'uovo*) (?); 1908] **A s. m.** ● V. *pinolo*. **B agg.**; anche **s. m.** (**f.** *-a*) ● Che (o Chi) eccede in meticolosità e precisione, diventando spesso pedante e molesto: *impiegato, professore p.*; *non sopporto i pignoli.* || **pignolàccio**, **pegg.** | **pignolétto**, **dim.** | **pignolóne**, **accr.**

pignóne (*1*) [lat. parl. **pinniōne(m)*, da *pĭnna* 'merlo delle mura, pala'. V. *penna*; 1343] **s. m.** *1* In costruzioni idrauliche, punta degli argini trasversali, esposta all'azione della corrente dei corsi d'acqua, spesso sagomata a forma di tronco di cono per ridurre i vortici. *2* (*arch.*) Coronamento triangolare della facciata di un edificio, spec. romanico o gotico.

pignóne (*2*) [fr. *pignon*: stessa etim. di *pignone* (*1*); 1749] **s. m.** ● (*mecc.*) In un sistema di ingranaggi, la ruota dentata di diametro minore che ingrana in una ruota più grande: *p. del differenziale.*

pignoràbile [1958] **agg.** ● (*dir.*) Che può essere sottoposto a pignoramento.

pignorabilità [1958] **s. f.** ● (*dir.*) Condizione di ciò che è pignorabile.

pignoraménto [1384] **s. m.** ● (*dir.*) Atto con cui si inizia l'espropriazione forzata processuale, consistente in un'ingiunzione che l'ufficiale giudiziario fa al debitore di astenersi da atti che possano sottrarre alla garanzia di uno o più creditori dati beni | *Beni suscettibili di p.*, che possono essere sottoposti a espropriazione forzata processuale.

pignorànte [1963] **A part. pres.** di *pignorare*; anche **agg.** ● Nel sign. del v. **B s. m. e f.** ● (*dir.*) Il creditore sulla cui istanza l'ufficiale giudiziario ha compiuto un pignoramento.

pignoràre o **pegnoràre** [vc. dotta, lat. *pignorāre*, var. di *pignerāre* 'impegnare, dare in pegno', da *pĭgnus*, genit. *pĭgnoris* 'pegno'; 1287] **v. tr.** (*io pignòro* o, diffuso ma meno corretto, *pignóro*) ● (*dir.*) Sottoporre a pignoramento: *p. un immobile*; *p. beni mobili.*

pignoratìzio [da *pignorato*; 1539] **agg.** ● (*dir.*) Garantito da pegno: *creditore p.*; *credito p.*

pignoràto **part. pass.** di *pignorare*; anche **agg.** ● Sottoposto a pignoramento | *Debitore p.*, chi ha subito un pignoramento sui propri beni.

pignuòlo ● V. *pignolo*.

pigo [etim. incerta; sec. XVI] **s. m.** (**pl.** *-ghi*) ● Pesce lacustre dei Ciprinidi con dorso verdastro e fianchi giallo oro (*Leuciscus pigus*).

pìgola [da avvicinare a *spigolo*; av. 1865] **s. f.** ● Appezzamento di terreno di forma irregolare.

pigolaménto [sec. XVI] **s. m.** ● Il pigolare, spec. con insistenza.

pigolàre [lat. parl. **piulāre*, di orig. onomat.; av. 1292] **v. intr.** (*io pìgolo*; aus. *avere*) *1* Emettere pigolii: *gli uccelletti e i pulcini pigolano.* **SIN.** Pipiare. *2* (*fig.*) Lamentarsi, piagnucolare in modo insistente: *piantala di p. in quel modo.*

pigolìo [da *pigolare*; 1775] **s. m.** ● Verso breve, sommesso e ripetuto, di piccoli animali pennuti.

pigolóne [da *pigolare*; av. 1520] **s. m.** (**f.** *-a*) ● (*tosc.*) Persona piagnucolosa, noiosa, insistente.

Pigopòdidi [comp. del gr. *pygḗ* 'natiche' (di orig. sconosciuta) e *-pode*, detti così dalla posizione in cui si trovano i loro piedi; 1970] **s. m. pl.** (**sing.** *-e*) ● Nella tassonomia animale, famiglia di Rettili dei Sauri privi di arti anteriori e con quelli posteriori brevissimi simili a pinne (*Pygopodidae*).

pigostìlo [comp. del gr. *pygḗ* 'natiche' (V. *Pigopodidi*) e *-stilo*] **s. m.** ● (*zool.*) Piccolo osso caratteristico degli Uccelli, di cui costituisce l'estremità posteriore della colonna vertebrale, essendo formato dalle ultime vertebre coccigee saldate insieme.

pigrézza [av. 1292] **s. f.** ● (*lett.*) Pigrizia.

♦**pigrìzia** [vc. dotta, lat. *pigrĭtia(m)*, da *pĭger*, genit. *pĭgri* 'pigro'; av. 1292] **s. f.** ● Carattere o natura di chi (o di ciò che) è pigro: *la sua incorreggibile p.* | *P. mentale*, atteggiamento di chi evita di rinnovare le proprie idee, la propria mentalità. **SIN.** Infingardaggine, neghittosità. **CONTR.** Operosità, solerzia.

♦**pigro** [vc. dotta, lat. *pĭgru(m)*, di etim. incerta; av. 1292] **agg.** *1* Di persona che per natura è restia ad agire, a muoversi, a prendere decisioni, e sim.: *ragazzo, studente p.*; *essere p. nello studio, nel lavoro*; *è così p. che la mattina non si alzerebbe mai* | Proprio di persona pigra: *un gesto p.*; *movimenti pigri.* *2* (*est.*) Che rende pigri, torpidi, sonnolenti: *il p. inverno.* *3* (*est., fig.*) Lento, tardo: *mente, intelligenza pigra* | (*eufem.*) *Intestino p.*, con rallentata o insufficiente evacuazione | *Acque pigre*, quasi stagnanti. || **pigràccio**, **pegg.** | **pigrétto**, **dim.** | **pigróne**, **accr.** || **pigraménte**, **avv.** In modo pigro; lentamente: *acque che defluiscono pigramente.*

PIL /pil/ [sigla di *P(rodotto) I(nterno) L(ordo)*; 1980] **s. m. inv.** ● (*econ.*) Valore monetario dell'insieme di beni e servizi prodotti in un anno nel territorio nazionale, al lordo degli ammortamenti dei beni durevoli e al netto del valore dei beni intermedi consumati nel medesimo periodo.

♦**pila** (*1*) [lat. *pīla(m)*, di etim. incerta; sec. XIII] **s. f.** *1* Serie di vari oggetti, sovrapposti l'uno all'altro: *una p. di libri, di camicie, di piatti.* *2* (*fis.*) Sorgente di forza elettromotrice costituita da una cella elettrolitica fra gli elettrodi della quale si stabilisce una differenza di potenziale in virtù delle reazioni chimiche che avvengono nell'interno: *batteria di pile* | *P. di Volta, voltaica*, colonna formata di lamine di rame e di zinco alternate con rotelle di panno inzuppate di acido solforico | *P. a secco*, portatile, di piccole dimensioni, in cui il liquido elettrolitico è immobilizzato da sostanze porose | *P. atomica*, *p. nucleare*, reattore nucleare. *3* (*fam.*) Torcia elettrica, alimentata a pile: *tiene una p. nel cruscotto dell'auto*; *p. tascabile*; *p. subacquea.* *4* (*edil.*) Piedritto intermedio di un ponte. || **pilèlla**, **dim.** | **pilétta**, **dim.** | **pilettina**, **dim.** | **pilóne**, **accr. m.** (V.) | **pilùccia**, **dim.**

pila (*2*) [lat. *pīla(m)* 'mortaio', da *pīnsere*. V. *pestare*; 1298] **s. f.** *1* Recipiente fisso per acqua o altri liquidi: *la p. della fontanella, dell'acquaio*; *alla marmorea p. / succiano l'acque* (PASCOLI). *2* Vaschetta di pietra o marmo posta all'ingresso delle chiese, per contenere l'acqua benedetta con la quale i fedeli si segnano. *3* Grande recipiente delle cartiere nel quale vengono triturati e ridotti in pasta gli stracci. *4* Mortaio, spec. quello un tempo usato per pilare il riso. *5* (*region.*) Pentola.

pilàf [turco *pilaw*, dal persiano *pilāu*; 1542] **A s. m. inv.** ● Riso cotto in forno con burro, cipolla e poco brodo, in modo che riesca sgranato. **B** anche **agg.**: *riso p.*

pilàre [fr. *piler*, dal lat. *pīla* 'mortaio'. V. *pila* (*2*); sec. XVIII] **v. tr.** ● Liberare il riso dalla pula, mediante pilatura.

pilastràta [1641] **s. f.** ● Ordine di pilastri.

pilastrino **s. m.** *1* Dim. di *pilastro*. *2* (*arch.*) Piedistallo interposto tra i balaustri di una lunga balaustrata.

pilàstro [da *pila* (*1*); 1342] **s. m.** *1* Elemento costruttivo di pietra, mattoni, cemento armato, acciaio, di sezione generalmente quadrangolare, destinato a sostenere archi, architravi, travi e sim. ➡ **ILL.** p. 2119 ARCHITETTURA. *2* (*anat.*) *P. delle fauci*, piega mucosa che delimita lateralmente l'istmo delle fauci | *P. del diaframma*, propaggine delle due strutture tendinee del diaframma che si unisce al legamento anteriore della colonna vertebrale. *3* (*geol.*) *P. tettonico*, zolla, generalmente allungata, di terreni che sono stati sopraelevati, rispetto ai circostanti, da faglie parallele disposte a gradinata | Nell'alpinismo, roccia isolata con pareti pressoché verticali; **SIN.** Pilone. *4* (*fig.*) Chi (o ciò che) costituisce la base, il fondamento, l'elemento di stabilità in un dato contesto: *fare, fungere da p. nei confronti di qlcu.*; *princìpi che sono i pilastri su cui poggia la nostra società*; *quell'atleta è il p. della sua squadra.* || **pilastràccio**, **pegg.** | **pilastrèllo**, **dim.** | **pilastrétto**, **dim.** | **pilastrino**, **dim.** (V.) | **pilastróne**, **accr.**

pilateggiàre [dal comportamento di Ponzio *Pilato*; 1963] **v. intr.** (*io pilatéggio*; aus. *avere*) ● (*raro*) Evitare di prendere posizione, non assumere le proprie responsabilità.

pilatésco [da Ponzio *Pilato*; 1949] **agg.** (**pl. m.** *-schi*) ● (*spreg.*) Ispirato al pilatismo: *atteggiamento, comportamento p.*

pilatìsmo [dal n. di Ponzio *Pilato* (sec. I); 1983] **s. m.** ● (*raro*) Atteggiamento di chi rifiuta di assumersi le proprie responsabilità, di operare delle scelte.

pilatóio [da *pilare*; 1970] **s. m.** ● Apparecchio usato per pilare il riso.

pilatro [V. *piretro*; sec. XIII] **s. m.** ● (*bot.*) Iperico.

pilatùra [da *pilare*; 1901] **s. f.** ● Operazione con cui si trasforma il risone in riso mercantile, spogliandolo con macchine apposite del pericarpo e del tegumento.

pile /pail, *ingl.* pʰaɪl/ [prob. dall'ingl. *pile* 'pelo'; 1985] **s. m. inv.** ● (*tess.*) Tessuto sintetico morbido, idrorepellente e fortemente isolante, costituito da un supporto a maglia sul quale sono fissati peli più o meno fitti | (*est.*) Capo confezionato con tale tessuto.

pileàto [vc. dotta, lat. *pileātu(m)*, da *pīleus* 'pileo'; 1342] **agg.** ● Che porta il pileo.

†**pilèggio** o †**pelèggio** [etim. incerta; 1336 ca.] **s. m.** ● Percorso, rotta da navigare: *io ho veduto ... nave correr lungo p. con vento prospero* (BOCCACCIO).

pìleo [vc. dotta, lat. *pīleu(m)*, di etim. incerta; av. 1494] **s. m.** *1* Presso gli antichi Romani, berretto emisferico | *P. frigio*, a calotta e terminante a punta. *2* (*zool.*) Parte superiore del capo degli Uccelli. *3* (*bot.*) Cappella dei Funghi.

pileorìza o **pilorìza** [comp. di *pileo* e del gr. *rhíza* 'radice' (V. *rizo-*); 1906] **s. f.** ● (*bot.*) Guaina cellulare che incappuccia l'apice della radice proteggendolo e facilitando la penetrazione nel terreno.

pilerìa [da *pilare*; 1958] **s. f.** ● Stabilimento per la pilatura del riso, brillatoio.

pilière [fr. *pilier*, dal lat. *pīla* 'pilastro'. V. *pila* (*1*); av. 1348] **s. m.** *1* Pilone, pila, spec. di ponte. *2* Pilastretto, paracarro. *3* Ciascuno dei due pali usati nel maneggio per addestrare i cavalli, infissi nel terreno a due passi di distanza l'uno dall'altro.

pilìfero o **pelìfero** [comp. del lat. *pĭlus* 'pelo' e *-fero*; 1813] **agg.** *1* (*anat.*) Del pelo: *apparato p.* *2* Che è ricoperto di peli: *zona pilifera.*

pillàcchera [etim. incerta; 1536] **s. f.** *1* (*tosc.*) Schizzo di fango che macchia l'abito: *essere pieno di pillacchere* | †Sterco appallottolato fra la lana delle pecore. *2* (*raro, fig.*) Macchia, magagna: *avere una p. sulla coscienza.* *3* (*fig.*) †Persona gretta e spilorcia. || **pillaccheràccia**, **pegg.**

pillaccheróso [av. 1562] **agg.** ● (*tosc.*) Pieno di pillacchere: *abito p.*

pillàre [lat. tardo *pilāre* 'calcare fortemente, piantare', da *pīla* 'pilastro'. V. *pila* (*1*); av. 1512] **v. tr.** ● Calcare, premere, battere col pillo.

pillàto [1653] **agg.** ● Detto di zucchero grossolanamente cristallizzato, pestato col pillo mentre è ancora umido e poi essiccato.

pillo [lat. *pīlu(m)* 'pestello', da *pīnsere*. V. *pestare*; sec. XIV] **s. m.** *1* Tipo di mazzeranga di legno che serve a battere e calcare la terra, per fare massicciate e sim. *2* Pestello.

pillola o (*pop., tosc.*) †**pillora** [lat. *pĭlula(m)* 'pallottolina', dim. di *pīla* 'palla', di etim. incerta; 1340 ca.] **s. f.** *1* Preparazione farmaceutica di forma tondeggiante, per uso orale, ottenuta mescolando al farmaco un eccipiente, ricoperta da uno strato di gelatina, cheratina o polvere inerte per preservarla dall'umidità e tenerla isolata: *vitamine in pillole*; *pillole purgative, diuretiche, anticoncezionali* | ***Prendere qlco. in pillole***, (*fig.*) a piccole dosi, un poco per volta. ***2*** (*per anton.*) Pillola anticoncezionale: *prendere la p.*; *la p. fa male?* ***3*** (*fig.*) Cosa spiacevole, situazione difficile da sopportare, da accettare e sim.: *una p. amara* | (*fig.*) ***Indorare la p.***, cercare di rendere meno gravoso qualcosa di spiacevole | ***Inghiottire la p.***, (*fig.*) accettare di malavoglia ciò che non si vorrebbe. ***4*** (*gerg.*) Pallottola d'arma da fuoco. || **pillolétta**, **dim.** | **pillolina**, **dim.** | **pillolóna**, **accr.** | **pillolóne**, **accr. m.**

pillolièra [da *pillola*; 1967] **s. f.** ● Nell'industria farmaceutica, utensile usato per confezionare prodotti medicinali in pillole | Piccolo contenitore per conservare le pillole.

pillolo [da *pillola* col genere gramm. adeguato al destinatario; 1979] **s. m.** ● (*scherz.*) Pillola antifecondativa destinata all'uomo.

†pillora ● V. *pillola*.

†pillòtta [fr. *pelote*, dal lat. *pīla* 'palla'. V. *pillola*; sec. XIV] **s. f.** ● Palla da gioco, soda e rivestita di cuoio, simile alla pelota.

pillottàre o **pilottàre** [etim. incerta; 1481] **v. tr.** (*io pillòtto*) ● Versare a gocce sulle carni allo spiedo il grasso che si è raccolto nella ghiotta, mediante il pillotto.

pillòtto o **pilòtto** [etim. incerta; 1557] **s. m.** ● Mestolo con beccuccio per pillottare l'arrosto.

pilo [lat. *pīlu(m)* 'dardo', di etim. incerta; av. 1292] **s. m.** ● Giavellotto in legno della fanteria romana, provvisto di una punta in ferro.

pilocarpina [da *pilocarpo*, con *-ina*] **s. f.** ● (*chim.*) Alcaloide costituente il principio attivo delle foglie di jaborandi, usato in medicina.

pilocàrpo [comp. del gr. *pílos* 'berretto' (di orig. oscura) e *-carpo*: detto così dalla forma del frutto] **s. m.** ● Genere di piante arboree o arbustive delle Rutacee, cui appartiene lo jaborandi (*Pilocarpus*).

pilóne [1499] **s. m.** ***1*** Accr. di *pila* (*1*). ***2*** (*edil.*) Grande e robusto pilastro, in grado di resistere a forze notevoli, spec. per sostegno di cupola o arcata di ponte | ***P. d'ormeggio***, a cui nei porti si attraccano le navi e negli aeroporti, spec. un tempo, i dirigibili | ***P. di lancio***, usato ai primordi dell'aviazione per sospendervi un forte peso il cui cavo, opportunamente rinviato, forniva la trazione di lancio a velivoli o alianti | ***P. di rotore***, castello per sostenere il rotore o i rotori principali di un elicottero, autogiro e sim. | ***P. di virata***, per segnalare, in prove, gare, e sim., dove virare. ***3*** Traliccio metallico di sostegno delle funi delle teleferiche e sim. ***4*** In alpinismo, pilastro. ***5*** Nel rugby, ciascuno dei due giocatori laterali della prima linea, ai quali si appoggia il tallonatore nella mischia chiusa.

pilorectomìa [comp. di *pilor(o)* e *-ectomia*] **s. f.** ● (*chir.*) Asportazione chirurgica del piloro.

pilòrico [da *piloro*; 1835] **agg.** (**pl. m.** *-ci*) ● (*anat.*) Che concerne il piloro.

pilorìza ● V. *pileoriza*.

pilòro [vc. dotta, lat. tardo *pylōru(m)*, nom. *pylōrus*, dal gr. *pylōrós*, propr. 'guardiano della porta', comp. di *pýlē* 'porta', di etim. incerta, e *horân* 'vedere' (V. *panorama*); 1598] **s. m.** ● (*anat.*) Anello terminale dello stomaco con funzione di sfintere, tra lo stomaco e il duodeno.

piloroplàstica [comp. di *piloro* e *plastica*; 1936] **s. f.** ● (*chir.*) Intervento sul piloro per dilatarne il lume.

†pilóso ● V. *peloso*.

♦pilòta o **†pilòto** [da *pedota*; 1353] **A s. m. e f.** (**pl. m.** *-i*) ***1*** (*mar.*) Chi dirigeva la navigazione anche senza esercitare il comando della nave | Attualmente, chi ha un'approfondita conoscenza dei luoghi ed è in possesso dei titoli che lo autorizzano a dirigere la manovra di entrata e uscita nei porti, canali e passi dove sia necessaria o obbligatoria la sua opera. ***2*** Chi manovra un'automobile, un aeromobile o un altro mezzo di trasporto. **CFR.** -nauta | ***P. collaudatore***, che prova aerei o automobili | ***P. in seconda***, ***secondo p.***, chi si alterna ai comandi con il comandante nei grandi aerei | ***P. automatico***, autopilota. **B** in funzione di **agg. inv.** (posposto al s.) ***1*** Detto di ciò che funge o può fungere da guida: *luce p.* | ***Pesce p.***, V. *pesce*. ***2*** Detto di ciò che costituisce una prima applicazione pratica di nuovi metodi, mezzi e sim., destinata a comprovarne la validità e a servire da modello: *stabilimento, classe p.*; *impianto p.* || **pilotino**, **dim.** (V.).

pilotàbile [1984] **agg.** ● Che può essere pilotato (*anche fig.*): *giudice, inchiesta p.*

pilotàggio [fr. *pilotage*, da *piloter* 'pilotare'; 1571] **s. m.** ● Tecnica e attività riguardanti la condotta delle automobili, degli aerei e delle navi | ***Contratto di p.***, quello che l'armatore conclude con la corporazione dei piloti di nave per usufruire del servizio di pilotaggio in cambio di un dato corrispettivo.

pilotàre [fr. *piloter*, da *pilote* 'pilota'; 1813] **v. tr.** (*io pilòto*) ***1*** Guidare come pilota: *p. una nave, un aereo, una macchina da corsa*. ***2*** (*est., fig.*) Orientare, indirizzare verso l'esito desiderato: *p. una crisi politica*.

pilotàto [1984] **part. pass.** di *pilotare*; anche **agg.** ***1*** Nei sign. del v. ***2*** (*fig.*) Manovrato, guidato, opportunamente indirizzato, spec. da una strategia occulta: *indagine pilotata*. ***3*** Che avviene in modo non totalmente spontaneo e naturale | ***Parto p.***, V. *parto* (*1*).

pilotina [propr. dim. di *pilota*; 1958] **s. f.** ● Battello che guida le navi nei porti, attraverso passaggi difficili e sim. | Imbarcazione che porta il pilota a bordo della nave | Battello da diporto a motore con caratteristiche spiccatamente marine.

pilotino **s. m.** ***1*** Dim. di *pilota*. ***2*** (*aer.*) Piccolo paracadute ausiliario, contenuto in una sacca situata al di sopra della custodia del paracadute principale, di cui facilita l'apertura. ***3*** (*mar.*) †Mozzo incaricato dei servizi di poppa | Allievo pilota.

pilotis /fr. pilɔ'ti/ [dal fr. *pilotis* 'palafitte', insieme di *pilots* 'pali'; 1970] **s. m. inv.** ● Insieme di pilastri di sostegno di un edificio in cemento armato che costituiscono uno spazio aperto adibito a portico, posti-macchina e sim.

†pilòto ● V. *pilota*.

pilottàre ● V. *pillottare*.

pilòtto ● V. *pillotto*.

piluccàre [lat. parl. **piluccāre*, intens. di *pilāre* 'pelare'; sec. XIII] **v. tr.** (*io pilùcco, tu pilùcchi*) ***1*** Spiccare e mangiare uno per volta gli acini di un grappolo d'uva | (*est.*) Mangiare sbocconcellando, a pezzettini: *p. un biscotto*. ***2*** (*fig.*) Spillare quattrini | (*est.*) Arraffare qua e là quel che si può: *è un tipo che riesce a p. sempre qualcosa*. ***3*** †Consumare, tormentare, lentamente.

piluccóne [av. 1412] **s. m.** ***1*** (**f.** *-a*) Chi è abituato a piluccare (*anche fig.*). ***2*** †Dentata, morso.

pim o **pimfete** nel sign. 2 [vc. onomat.; av. 1876] **inter.** ***1*** Riproduce il rumore di uno sparo di rivoltella o fucile cui seguono altri più vicini e più forti: *pim, pam, pam!* ***2*** Riproduce il rumore prodotto da qlco. che viene colpito | ***Pim e pam, pimfete e pamfete***, riproduce il rumore di due colpi, spec. due schiaffi, che si susseguono rapidamente.

pimèlia [dal gr. *pimelḗs* 'grasso' (V. *pimelodo*), detta così dal suo addome rigonfio; 1835] **s. f.** ● Coleottero nero, tozzo, peloso, notturno, frequentissimo nelle zone subdesertiche dell'Africa (*Pimelia grandis*).

pimelòdo [vc. dotta, gr. *pimelṓdēs* 'grasso', da *pimelḗs* 'grasso' di orig. indeur.; 1875] **s. m.** ● Pesce dei Siluriformi proprio dei mari tropicali, allevato in acquario per la livrea dorata a macchie e i lunghi barbigli (*Pimelodus clarias*).

pimelòsi [dal gr. *pimelḗs* 'grasso'. V. *pimelodo*; 1970] **s. f. inv.** ● (*med.*) Obesità.

pimentàre [da *pimento*; av. 1914] **v. tr.** (*io piménto*) ● Condire una vivanda con pimento.

piménto [lat. *pigmĕntu(m)* 'materia colorante, droghe, succhi'. V. *pigmento*; 1563] **s. m.** ***1*** Droga alimentare piccante, affine al pepe, ricavata dal frutto immaturo, seccato al sole, della pianta *Pimenta officinalis* dell'America tropicale. **SIN.** Pepe della Giamaica. ***2*** (*fig., lett.*) Ciò che produce sensazioni eccitanti.

pimfete /'pimfete/ ● V. *pim*.

†pimmèo ● V. *pigmeo*.

pimpànte [fr. *pimpant*, della stessa fam. di *pimper* 'vestire in modo ridicolo, agghindare', vc. di orig. espressiva; 1862] **agg.** ***1*** (*raro*) Elegante, vistoso. ***2*** (*fam.*) Detto di persona, pieno di allegria, di vivacità e di entusiasmo: *una ragazza tutta p.*

pimperimpèra o **pimperimpàra**, **pimpirimpì** [gr. *dià triōn peperéōn* '(sostanza fatta) di tre spezie'; 1891] **s. m.** ● (*scherz.*) Solo nella loc. ***polvere del p.***, polvere magica usata dagli illusionisti; (*fig., raro*) illusione.

pimpinèlla [lat. tardo *pimpinĕlla(m)*, forse da avvicinare a *pĕpo*, genit. *pepōnis* 'popone', per la forma dei frutti che ricorda quella dei poponi; sec. XIII] **s. f.** ● Genere di piante erbacee delle Ombrellifere comprendente varie specie eurasiatiche, spesso con frutti fortemente aromatici (*Pimpinella*).

pimpirimpì ● V. *pimperimpera*.

pimpla [dal gr. *pimplân* 'riempire', di orig. indeur.; 1835] **s. f.** ● Insetto degli Imenotteri nerastro a zampe gialle, che depone le uova nel corpo delle ninfe di lepidotteri parassiti delle piante (*Pimpla instigator*).

pin (**1**) /pin, *ingl.* pʰɪn/ [vc. ingl., propr. 'spillo' di area soprattutto germ.; 1980] **s. m. inv.** ***1*** Spilletta che reca scritte o immagini spiritose (di cantanti, attori, personaggi dei fumetti e sim.) e che spec. i giovani fissano al bavero della giacca. ***2*** (*elettron.*) Nei circuiti elettronici, contatto.

pin (**2**) /pin, *ingl.* pʰɪn/ [sigla ingl. di *P(ersonal) I(dentification) N(umber)* 'numero personale di identificazione'] **s. m. inv.** ● Codice numerico che consente l'uso di dispositivi elettronici solo a chi lo conosce: *il pin del Bancomat, del telefono cellulare*.

pina ● V. *pigna*.

pinàccia [fr. *pinace*, da *pin* 'pino', perché costruita con legno di pino; 1602] **s. f.** (**pl.** *-ce*) ● Imbarcazione a vela o a remi usata un tempo per la vigilanza delle coste e dei porti o come rimorchiatore.

pinàce (**1**) o **pinace** [dal gr. *pínax*, genit. *pínakos* 'tavola, carta geografica', di orig. indeur.] **s. m.** ● (*archeol.*) Tavoletta votiva di legno o terracotta con scene scolpite.

pinàce (**2**) [V. *pinace* (*1*)] **s. m.** ● (*mar., disus.*) Rosa dei venti girevole.

Pinàcee [vc. dotta, comp. di *pino* e *-acee*; 1954] **s. f. pl.** (**sing.** *-a*) ● Nella tassonomia vegetale, famiglia delle Conifere comprendente alberi a foglie aciculari inserite a spirale e strobili legnosi (*Pinaceae*).

pinacòide [vc. dotta, gr. *pinakoeidḗs* 'in forma di tavola', comp. di *pínax*, genit. *pínakos* 'tavola' (V. *pinace* (*1*)) ed *-eidḗs* '-oide'; 1940] **A s. m.** ● (*miner.*) Forma cristallografica costituita da due facce parallele. **B** anche **agg.**: *forma p.*

pinacotèca [vc. dotta, lat. *pinacothēca(m)*, nom. *pinacothēca*, dal gr. *pinakothḗkē*, comp. di *pínax*, genit. *pínakos* 'quadro' (V. *pinace* (*1*)) e *-thḗkē* '-teca'; 1499] **s. f.** ● Museo, edificio destinato a conservare, raccogliere ed esporre opere pittoriche.

pinàstro [vc. dotta, lat. *pinăstru(m)*, da *pīnus* 'pino'; 1499] **s. m.** ● (*bot.*) Pino marittimo.

†pinca [etim. incerta; nel sign. 2, dal sign. di 'cetriolo', per la forma (?); 1353] **s. f.** ***1*** (*tosc.*) Specie di cetriolo. ***2*** (*fig.*) Membro virile.

pince /fr. pɛ̃s/ [vc. fr., da *pincer* 'pizzicare, stringere': stessa etim. dell'it. *pinzare*; 1939] **s. f. inv.** ● Piccola piega che si fa per riprendere l'ampiezza del tessuto o per meglio modellarlo sulla persona.

pince-nez /fr. ˌpɛ̃s'ne/ [vc. fr., 'stringi-naso', comp. di *pincer* 'pinzare' e *nez* 'naso'; 1866] **s. m. inv.** (**pl. fr. inv.**) ● Occhiali privi di stanghetta che una molla tiene fissi al naso.

†pincèrna [vc. dotta, lat. tardo *pincĕrna(m)*, nom. *pincĕrna*, dal gr. *pinkérnēs*, comp. di *pínein* 'bere' (di orig. indeur.) e *kerannýnai* 'versare, mescolare' (V. *crasi*); 1336 ca.] **s. m.** ● (*raro*) Coppiere.

†pincióne [lat. tardo *pinciōne(m)*, di etim. incerta; av. 1400] **s. m.** ● Fringuello.

pinco (**1**) [cfr. *pinca*; 1534] **s. m.** (**pl.** *-chi*) ***1*** (*tosc.*) †Membro virile. ***2*** (*fig.*) Sciocco, minchione. ***3*** (*fig.*) Designazione di persona qualsiasi, sconosciuta o spec. di poco conto: *accetterebbe i consigli di Pinco Pallino, ma non i nostri*. || **pincàccio**, **pegg.** | **pinchellóne**, **accr.** | **pincóne**, **accr.** (V.).

pinco (**2**) [ol. *pinke*, di etim. incerta] **s. m.** (**pl.** *-chi*) ● Mercantile a tre alberi con vele latine, trinchetto molto inclinato in avanti, usato nel Mediterraneo nel XVIII e XIX sec.

pincóne **s. m.** ***1*** Accr. di *pinco* (1). ***2*** (*lett., spreg.*) Persona sciocca e sprovveduta.

pindarésco [1765] **agg.** (**pl. m** *-schi*) ● Proprio di Pindaro, poeta lirico dell'antica Grecia.

pindàrico [vc. dotta, lat. *pindăricu(m)*, nom. *Pindăricus*, dal gr. *Pindarikós*, da *Píndaros* 'Pindaro'; 1546] **agg.** (**pl. m.** *-ci*) ● Del poeta greco Pindaro (518-438 a.C.): *ode pindarica* | Che è fatto a imitazione di Pindaro: *stile p.* | ***Volo, estro p.***, brusco passaggio, in uno scritto o discorso, da un argomento a un altro. || **pindaricaménte**, **avv.** (*raro*) Alla maniera di Pindaro.

pindarismo [dal n. del poeta gr. *Pindaro* (518-438 a.C.); 1888] **s. m.** *1* (*letter.*) Imitazione del poeta greco Pindaro, spec. dei metri che caratterizzano la sua poesia. *2* (*letter.*) L'insieme dei poeti che si ispirano a Pindaro: *il p. dell'Arcadia.*

pineàle [dal lat. *pīnea* 'pigna'; 1668] **agg.** ● Che ha forma di pigna | (*anat.*) ***Ghiandola, corpo p.***, epifisi.

pinèlla [etim. incerta; 1954] **s. f.** ● Carta del due di qualsiasi seme nel gioco della canasta.

pinène [comp. di *pin(o)*, in quanto si ricava dall'olio di trementina, con suff. *-ene* per analogia con *benzene*] **s. m.** ● (*chim.*) Idrocarburo terpenico ottenuto distillando l'olio di trementina dalla frazione fra 150 e 160 °C, liquido oleoso, incolore, dall'odore caratteristico.

♦**pinéta** [vc. dotta, lat. *pinēta*, pl. di *pinētum* 'pineto'; 1319] **s. f.** ● Bosco di pini: *la p. di Ravenna.*

pinéto [vc. dotta, lat. *pinētu(m)*, da *pīnus* 'pino'; av. 1320] **s. m.** ● (*lett.*) Pineta.

pingere (1) o †**pignere (1)** [vc. dotta, lat. *pingere*, da una radice indeur. che significa 'colorire'; av. 1250] **v. tr.** (**pres.** *io pingo, tu pingi*; **pass. rem.** *io pinsi, tu pingésti*; **part. pass.** *pinto*) ● (*poet.*) Dipingere (*anche fig.*): *al re non oso / pinger suo stato orribile* (ALFIERI).

pingere (2) ● V. *spingere (1)*.

†**pingitóre** [da *pingere (1)*] **s. m.** ● (*poet.*) Pittore.

♦**ping-pong**® /pim'pɔŋg, *ingl.* 'pʰiŋ,pɒ'ŋ/ [marchio registrato; 1905] **s. m. inv.** *1* Gioco simile al tennis che si svolge su un tavolo diviso da una reticella tra due singoli contendenti, o tra due coppie di contendenti, i quali si rinviano una pallina colpendola con una racchetta spec. di legno compensato ricoperto di gomma. **SIN.** Tennis da tavolo. *2* (*fig.*) Scambio di battute, di dichiarazioni: *ping-pong diplomatico.*

pingue [vc. dotta, lat. *pĭngue(m)*, di orig. indeur.; 1313] **agg.** *1* Che ha molto tessuto adiposo: *corpo p.*; *le pingui rotondità del corpo*; **SIN.** Grasso, obeso. *2* (*est., fig.*) Fertile, ricco di vegetazione: *la p. pianura padana*; *la terra nera e p. delle valli.* *3* (*fig.*) Lauto, ricco, abbondante: *un guadagno, un patrimonio p.*; *le pingui messi.* || **pingueménte**, **avv.**

pinguèdine [vc. dotta, lat. *pinguēdine(m)*, da *pĭnguis* 'pingue'; av. 1342] **s. f.** *1* Eccessiva grassezza: *una p. malsana*; *vecchio, gigantesco, calvo, sbarbato, dalla p. floscia* (PIRANDELLO). **SIN.** Obesità. *2* (*fig.*) †Lentezza e ottusità di mente.

†**pinguézza** [vc. dotta, lat. tardo *pinguĭtia(m)*, da *pĭnguis* 'pingue'] **s. f.** ● Grassezza, pinguedine.

pinguìcola [lat. tardo *pinguĭculu(m)* 'grassoccio' (detto di piante), da *pĭnguis* 'pingue'; 1935] **s. f.** ● Pianta erbacea carnivora delle Lentibulariacee, con foglie a rosetta dai margini forniti di ghiandole a secreto vischioso, che cresce nei luoghi umidi sulle Alpi (*Pinguicula vulgaris*).

♦**pinguìno** [fr. *pingouin*, dall'ol. *pinguin*, di orig. sconosciuta; 1751] **s. m.** *1* Denominazione di varie specie di Uccelli dell'ordine Sfenisciformi, tipici delle regioni fredde australi, con corpo piuttosto grande di colore nero o grigio-bruno sul dorso, bianco sul ventre, portamento eretto, ali ridotte a moncherini, per cui sono inadatti al volo ma ottimi nuotatori. ➡ **ILL. animali**/7. *2* (*fig.*) Gelato da passeggio, di panna rivestita di cioccolato.

pinìfero [vc. dotta, lat. *pinĭferu(m)*, comp. di *pīnus* 'pino' e *-fer* '-fero'; av. 1732] **agg.** ● Che produce pini o pigne.

pinite (1) [comp. di *pin(o)* e *-ite (2)*; 1871] **s. f.** ● Particolare zucchero che si ottiene dalle essudazioni di un pino californiano.

pinite (2) [detto così perché trovata per la prima volta nella miniera *Pini* in Sassonia; 1871] **s. f.** ● (*miner.*) Prodotto di alterazione del minerale cordierite.

♦**pinna (1)** [vc. dotta, lat. *pĭnna(m)*, variante di *pĕnna(m)*. V. *penna*; 1499] **s. f.** *1* (*zool.*) Organo atto al nuoto e alla stabilizzazione degli animali acquatici | ***P. dei pesci***, arto pari o impari formato da una lamina membranosa sostenuta da raggi cartilaginei, cornei o ossei | ***Pinne dei cetacei***, due pettorali, che rappresentano l'arto anteriore a scheletro pentadattilo molto modificato per adattamento al nuoto, una caudale e una dorsale, formate entrambe da lobi carnosi. *2* Speciale calzatura di gomma o altro a forma di spatola flessibile e di varia lunghezza, atta ad agevolare il nuoto, spec. subacqueo. *3* (*aer., mar.*) Piano longitudinale sporgente dallo scafo o dalla fusoliera con funzioni di stabilità e portanza | (*mar.*) ***P. di deriva***, posta sotto lo scafo delle imbarcazioni a vela per aumentare la stabilità orizzontale e ridurre lo scarroccio | ***P. stabilizzatrice***, montata sotto lo scafo in posizione quasi orizzontale per contrastare i movimenti di rollio e beccheggio. **SIN.** Aletta. ➡ **ILL.** p. 2172 TRASPORTI. *4* (*anat.*) Ala o aletta del naso: *p. nasale.*

pinna (2) [vc. dotta, lat. *pīnna(m)*, var. di *pīna(m)*, nom. *pīna*, dal gr. *pína*, di orig. preindeur.; av. 1698] **s. f.** ● Mollusco dei Lamellibranchi a conchiglia triangolare allungatissima, bruno marrone, con carni dure e bisso molto ricercato (*Pinna nobilis*). ➡ **ILL. animali**/4.

pinnàcolo (1) [vc. dotta, lat. tardo *pinnăculu(m)*, dim. di *pĭnna* 'ala'. V. *pinna (1)*; av. 1342] **s. m.** *1* Guglia di forma piramidale o conica caratteristica dello stile gotico | Sommità di edificio. ➡ **ILL.** p. 2118 ARCHITETTURA. *2* (*est.*) Sottile vetta di montagna.

pinnàcolo (2) [dall'ingl. *pinocle*, d'orig. sconosciuta, deformato sul modello di *pinnacolo (1)*; 1942] **s. m.** ● Gioco affine al ramino, eseguito con un mazzo di 52 carte.

pinnàto [da *pinna (1)* nel sign. 2; 1983] **agg.** ● Nella loc. ***nuoto p.***, disciplina sportiva consistente in prove di nuoto con le pinne su varie distanze.

pinneggiàre [1983] **v. intr.** (*io pinnéggio*) ● Nuotare usando le pinne.

Pinnipedi [vc. dotta, lat. *pinnĭpede(m)* 'dalle ali ai piedi', comp. di *pĭnna* 'pinna (1)' e *pēs*, genit. *pĕdis* 'piede'; 1875] **s. m. pl.** (**sing.** *-e*) ● Nella tassonomia animale, sottordine di Mammiferi dei Carnivori adattati alla vita acquatica, con arti brevi a forma di pinna e dita palmate, caratteristici delle regioni fredde (*Pinnipedis*).

pinnotèro [vc. dotta, lat. *pinnotēre(m)*, nom. *pinotēres*, dal gr. *pinnotḗrēs*, comp. del gr. *pína* 'pinna (2)' e *terêin* 'guardare, proteggere', da una radice indeur. che significa 'guardare'. V. *guardapinna*; av. 1498] **s. m.** ● (*zool.*) Guardapinna.

pìnnula [vc. dotta, lat. *pĭnnula(m)*, dim. di *pĭnna* 'pinna (1)'; 1958] **s. f.** *1* (*zool.*) Ciascuna delle piccole pinne che si trovano dietro la pinna dorsale e anale di certi pesci. *2* (*bot.*) Suddivisione di una fogliolina nelle foglie composte. *3* (*bot.*) Ognuna delle ultime ramificazioni del tallo di alcune alghe.

pinnulària [vc. dotta, deriv. dal lat. *pĭnnula(m)* 'piccola penna'; 1955] **s. f.** ● (*bot.*) Nella tassonomia vegetale, genere di alghe unicellulari delle Diatomee (*Pinnularia*).

♦**pino** [lat. *pīnu(m)*, di orig. indeur.; av. 1292] **s. m.** *1* Genere di alberi delle Conifere con foglie aghiformi in numero da due a sette sui brachiblasti e infiorescenze coniche persistenti (*Pinus*) | ***P. comune silvestre***, di montagna, fornisce legno, balsamo dalle gemme, trementina e catrame vegetale (*Pinus silvestris*) | ***P. domestico, italico, da pinoli***, della regione mediterranea, con chioma a ombrella e pigne grandi con semi commestibili (*Pinus pinea*) | ***P. di Aleppo***, delle regioni mediterranee, con foglie sottili e lunghe, rami tortuosi e fusto in genere contorto (*Pinus halepensis*) | ***P. marittimo***, a fusto slanciato e chioma espansa, fornitore di buon legname (*Pinus maritima*) | ***Gemme di p.***, gemme degli alberi della famiglia delle Pinacee, preparate sotto forma di idrolito o sciroppo, impiegate come espettorante e balsamico delle vie respiratorie | ***Olio di p.***, essenza aromatica oleosa ricavata da conifere. ➡ **ILL. piante**/1. *2* Il legno di tale albero, usato per costruzioni: *un tavolo di p.* *3* (*poet.*) Albero della nave | (*est.*) La nave stessa. *4* ***P. vulcanico***, nube a forma di pino mediterraneo, di gas, ceneri e vapori, emessa da un cratere. *5* (*fig.*) †Fiaccola.

pinocchiàta [da *pinocchio*; av. 1566] **s. f.** ● Pasta dolce fatta di bianchi d'uova montati, pinoli e zucchero.

pinocchino [1940] **s. m.** *1* Dim. di *pinocchio.* *2* (*edil.*) Insieme di frammenti di sassi, di dimensioni fra i 10 e i 25 mm, di uso analogo alla ghiaia. **SIN.** Ghiaietto.

pinòcchio o †**pignòcco** [lat. parl. **pinŭculu(m)*, dim. di *pīnus* 'pino'; av. 1320] **s. m.** ● Pinolo. || **pinocchino**, **dim.** (V.).

pinocitòsi [comp. del gr. *pínein* 'bere' (di orig. indeur.) e *-cito*, sul modello di *fagocitosi*] **s. f. inv.** ● (*biol.*) Forma di assunzione di gocciole liquide contenenti sostanze disciolte, tipica di alcuni protozoi e di cellule in coltura.

pinòlo o **pignòlo** [da *pina*; 1863] **s. m.** ● Seme commestibile dei pini, spec. del pino domestico: *raccogliere, schiacciare, mangiare i pinoli*; *torta con i pinoli.*

pinot /*fr.* pi'no/ [fr., da *pin* 'pino', perché il grappolo assomiglia a una *pigna*; 1874] **s. m. inv.** *1* Vitigno originario della Borgogna, largamente coltivato in Italia (spec. nelle regioni nordorientali e in Lombardia) nelle tre varietà, bianco, grigio e nero; il Pinot bianco e quello nero (vinificato in bianco) sono fondamentali nella produzione di champagne e spumanti. *2* Denominazione di numerosi vini ottenuti da tale vitigno | ***P. bianco***, vino di color giallo paglierino chiaro, asciutto, leggermente amarognolo | ***P. nero***, vino di color rosso rubino brillante e dal sapore aromatico, lievemente fruttato | ***P. grigio***, vino di color giallo dorato con riflessi ramati e sapore vellutato, armonico | ***P. chardonnay***, (*impropr.*) V. *chardonnay.*

pinsàpo [vc. sp., comp. di *pin(o)* e del preromano **sappus* 'n. di una specie di pino'; 1954] **s. m.** ● (*bot.*) Abete spontaneo nella Spagna meridionale, coltivato per ornamento (*Abies pinsapo*).

pinta (1) [fr. *pinte*, di etim. incerta; sec. XIII] **s. f.** ● Antica misura di volume per fluidi, usata in numerose province italiane (a Milano 1,57 l, a Modena 2,26 l, a Genova 1,76 l), impiegata attualmente in Inghilterra, ove equivale a 0,5682 l, e in America ove equivale per solidi a 0,5508 l e per liquidi a 0,4732 l. **SIMB.** pt.

†**pinta (2)** ● V. *spinta.*

pinto [av. 1250] **part. pass.** di *pingere (1)*; anche **agg.** ● (*lett.*) Dipinto.

†**pintóre** [sec. XIII] **s. m.** ● Pittore.

†**pintùra** [av. 1250] **s. f.** ● Pittura | Arte del dipingere.

pin-up /pi'nap, *ingl.* 'pʰɪn,ʌp/ **s. f. inv.** (**pl.** ingl. *pin-ups*) ● Accorc. di *pin-up girl.*

pin-up girl /pinap'gerl, *ingl.* 'pʰɪnʌp,gɜːɫ/ [vc. ingl., propr. 'ragazza da appuntare su', comp. di *to pin* 'attaccare con uno spillo' (vc. germ. di orig. indeur.), *up* 'su, sopra' (vc. germ. di orig. indeur.) e *girl* 'ragazza', dal basso ted. *göre* 'fanciulla', di etim. incerta; 1950] **loc. sost. f. inv.** (**pl.** ingl. *pin-up girls*) ● Ragazza dall'aspetto seducente la cui immagine viene riprodotta spec. su riviste, rotocalchi, materiale pubblicitario e sim.

pinyin /*cin.* ¯pʰin¯jin/ [vc. cin., *pīn-yīn*, propr. 'costruzione fonetica'; 1976] **A s. m.** solo **sing.** ● Sistema ufficiale di traslitterazione dei caratteri cinesi nell'alfabeto latino, adottato dalla Repubblica popolare di Cina nel 1958 e basato sulla pronuncia del mandarino del nord. **B** anche **agg.**: *sistema p.*

pinza [fr. *pince*, da *pincer* 'pinzare'; 1875] **s. f.** *1* (*spec. al pl.*) Utensile costituito da due branche d'acciaio, unite da una cerniera, usato per afferrare, stringere, strappare e sim.: *la p. del meccanico, dell'elettricista* | ***P. da minatore***, quella di bronzo con cui si tagliano le micce e si serrano i detonatori attorno alle loro estremità e con cui si forano le cartucce di esplosivo | ***P. a tormaline***, polarimetro rudimentale costituito da due tormaline funzionanti l'una da polarizzatore e l'altra da analizzatore della luce verde, usato spec. per esperienze di birifrangenza | ***P. da chimico***, usata per sostenere burette, crogioli, provette e sim. *2* (*med.*) Strumento di presa a due branche dentate o meno: *p. chirurgica*; *p. anatomica*; *p. emostatica.* ➡ **ILL. medicina e chirurgia.** *3* (*pop.*) Ciascuna delle chele dei crostacei e degli scorpioni. *4* Piccolo strumento manuale a forma di molla per stringere o afferrare: *la p. dello zucchero.* *5* (*gerg.*) Apparecchio da illuminazione per usi scenografici, composto da una lampada a luce diffusa contenuta entro un cappuccio paraboloide saldato a una pinza. || **pinzétta**, **dim.** (V.).

pinzàre [lat. parl. **pinctiāre*, di orig. espressiva; av. 1749] **v. tr.** *1* Unire con graffette metalliche, usando la pinzatrice. *2* (*region.*) Mordere con le pinze o col pungiglione: *le vespe, le api, i granchi* *pinzano.* **3** (*raro*) Prendere e stringere con le pinze.

pinzàta [1891] **s. f.** ● Atto del pinzare | (*est., region.*) Puntura d'insetto.

pinzatrice [1930] **s. f.** ● Attrezzo usato negli uffici per unire a fascicolo più fogli per mezzo di punti metallici. SIN. Cucitrice.

pinzatùra [da *pinzato*, part. pass. di *pinzare*; 1958] **s. f.** **1** (*region.*) Puntura di insetto. **2** Cucitura con la pinzatrice. **3** (*tess.*) Operazione di rifinitura dei tessuti.

pinzétta [sec. XV] **s. f.** **1** Dim. di *pinza*. **2** Piccolo strumento a forma di molla, usato spec. dai filatelici, dagli orologiai e in cosmetica. || **pinzettina**, **dim.**

pinzillàcchera [etim. incerta; 1930 ca.] **s. f.** ● (*scherz.*) Inezia, quisquilia.

pinzimònio [da *pinzare*, col suff. di *matrimonio* ecc. adoperato scherz.; 1804] **s. m.** ● Condimento di olio, pepe e sale in cui s'intingono sedani, carciofi, peperoni crudi e sim.: *verdure in p.*

pìnzo (**1**) [da *pinzare*] **s. m.** ● (*tosc.*) Puntura o morso d'insetto.

pìnzo (**2**) [da avvicinare a *pizzo* (?)] **s. m.** ● (*tosc.*) Cocca, punta.

pìnzo (**3**) [dal part. pass. di *impinzare*; 1481] **agg.** ● (*tosc.*) Zeppo: *pieno p.*

†**pinzocheràto** **agg.** ● Che vive o veste a modo di pinzochero.

pinzòchero [da avvicinare a *bizzoco*; 1277] **s. m.** (f. *-a*) **1** Appartenente a un movimento trecentesco, condannato dalla Chiesa, di terziari francescani che rifiutavano l'obbedienza all'autorità ecclesiastica. **2** (*spreg.*) Bigotto, bacchettone.

pìo (**1**) [vc. dotta, lat. *pĭu(m)*, di etim. incerta; 1313] **agg.** **1** Che è profondamente devoto alla propria religione e per la pratica: *fanciulla pia* | (*est.*) Che concerne la religione, che manifesta religiosità, devozione e sim.: *pie leggende*; *atteggiamento pio* | ***Luoghi pii***, santuari, chiese e sim. CONTR. Empio. **2** Pietoso, caritatevole, misericordioso: *opere pie*; *animo pio* | ***Le pie donne***, le tre Marie ai piedi della croce | ***Pia fondazione***, persona giuridica caratterizzata da un patrimonio destinato stabilmente al conseguimento di finalità religiose o di culto | ***Pia unione***, congregazione. **3** (*lett.*) Profondamente buono e magnanimo: *cuore pio*; *il pio Enea* | (*lett.*) Placido: *t'amo, o pio bove* (CARDUCCI). **4** (*fig.*) Vano, irrealizzabile: *un pio desiderio*; *una pia illusione*. || **piaménte**, **avv.** In modo pio, con devozione e pietà.

pìo (**2**) ● V. *pio pio*.

pio- [dal gr. *pýon* 'pus', da *pýthesthai* 'putrefarsi', di orig. indeur.] primo elemento ● In parole composte della terminologia medica significa 'pus', 'putrefazione': *piodermite*, *piogeno*.

piocèle [comp. di *pio-* e *-cele*; 1835] **s. m.** ● (*med.*) Raccolta di pus in una cavità preformata del corpo umano, come si può verificare nello scroto o nei seni para-nasali.

piociàneo [da *pio-* e *ciano-*, per il colore blu del pus delle infezioni] **s. m.** ● (*biol.*) Termine comunemente impiegato per indicare il batterio *Pseudomonas aeruginosa*, patogeno opportunistico causa di infezioni ospedaliere.

piòda [vc. lombarda, di etim. incerta; 1942] **s. f.** **1** Nel linguaggio alpinistico, lastrone di roccia privo di appigli. **2** (*geol.*) Direzione lungo la quale è più facile la divisibilità di una roccia.

piodermite [comp. di *pio-* e *dermite*] **s. f.** ● Malattia della pelle provocata da germi piogeni.

pioemìa ● V. *piemia*.

pioftalmìa [comp. di *pio-* e *(o)ftalmia*; 1835] **s. f.** ● Infezione dell'occhio con presenza di pus.

piogènico [1875] **agg.** (pl. m. *-ci*) ● (*med.*) Relativo a piogeno.

piògeno [comp. di *pio-* e *-geno*; 1920] **agg.** ● (*med.*) Che produce pus | ***Germe p.***, che provoca reazioni infiammatorie purulente.

pioggerèlla [av. 1729] **s. f.** **1** Dim. di *pioggia*. **2** Pioggia uniforme, minuta e sottile. SIN. Acquerugiola. || **pioggerellina**, **dim.**

♦**piòggia** [lat. parl. **plŏvia(m)*, per il classico *plŭvia(m)*, da *plŭere* 'piovere'; av. 1250] **s. f.** (pl. *-ge*) **1** Precipitazione atmosferica di particelle di acqua sotto forma di gocce con diametro superiore a mezzo millimetro. CFR. pluvio-, ombro- | ***P. equinoziale***, che cade sulla fascia equatoriale durante gli equinozi | ***P. zenitale***, pioggia torrenziale al passaggio del Sole allo zenit nella fascia intertropicale | ***P. acida***, acqua piovana inquinata dai residui di combustione contenuti nei fumi industriali, dannosa spec. per colture e vegetazione | (*fig.*) ***Fare la p. e il bel tempo***, dettare legge in un certo ambiente, luogo e sim. **2** (*est.*) Grande quantità di cose che scendono dall'alto: *una p. di fiori*, *di sabbia* | (*astron.*) ***P. di stelle cadenti***, sciame meteorico particolarmente denso | (*est.*) Gran numero: *una p. di insulti*; *una violenta p. d'improperi* | (*fig.*) Nella loc. ***a p.***, detto di ciò che si verifica in modo del tutto casuale e indiscriminato: *interventi a p.*; *misure che colpiscono a p. tutti i settori*. **3** (*cine, gerg.*) Difetto che si verifica in una pellicola, rigata a causa dei troppi passaggi nella macchina di proiezione. || **pioggerèlla**, **dim.** (V.) | †**pioggétta**, **dim.** | **pioggettina**, **dim.** | **pioggiolina**, **dim.**

PIOGGIA
nomenclatura

pioggia

● *caratteristiche*: abbondante, torrenziale, dirotta, a cateratte, a gronda, a bigonce, a catinelle, a dirotto, impetuosa, forte, violenta, continua, improvvisa, devastatrice; minuta, leggera, fitta, battente, greve; provvidenziale, ristoratrice, rinfrescante; acida; uggiosa, fastidiosa, moderata, di fango; piova, pioggia fine = piovigine, pioggerella, piovischio, acquerella, acquerugiola; piovasco = rovescio = acquazzone, scroscio, acquata; turbine, tempesta, temporale, nubifragio, diluvio; piovosità, stagione delle piogge ⇔ stagione secca; danza della pioggia;

● *azioni*: piovere, piovigginare, strapiovere, piovere a scrosci, diluviare, tuonare, lampeggiare, scrosciare, scaricarsi; grondare, stillare, spiovere = cessare di piovere; prender l'acqua, bagnarsi; ripararsi, aprire, chiudere l'ombrello;

● *strumenti di misurazione*: idrometro, pluviometro, pluvioscopio, pluviografo a galleggiante;

● *oggetti*: ombrello = paracqua = parapioggia, impermeabile, cerata, cappuccio, calosce, stivali di gomma; tergicristalli;

● *grandine*: secca ⇔ mista a pioggia, grossa ⇔ minuta, sferoidale ⇔ irregolare; globulo = chicco = granello; grandinifugo, artiglieria antigrandine; pioggia grandinosa; grandinata;

● *azioni*: grandinare, battere = percuotere, devastare;

● *fulmine*: saetta, lampo = baleno = folgore, tuono;

● *azioni*: saettare, balenare, guizzare, fulminare, lampeggiare, tuonare, brontolare, cadere;

● *oggetti*: parafulmine.

†**pioggióso** [da *pioggia*; av. 1557] **agg.** ● Piovoso.

piòla [vc. piemontese, dal fr. *piaule* 'taverna', dalla vc. d'argot *pier* 'bere' (d'orig. incerta: dal gr. *pínein* 'bere'?)] **s. f.** ● (*sett.*) Osteria.

piolet-traction /fr. pjɔlɛtrak'sjɔ̃/ [vc. fr., propr. 'trazione (*traction*) esercitata per mezzo della piccozza (*piolet*)'; 1987] **s. f. inv.** ● (*sport*) Nell'alpinismo, tecnica che consente di arrampicarsi su pareti ghiacciate con il solo aiuto dei ramponi e di due piccozze piantate alternativamente.

piòlo o †**piuòlo** [etim. discussa: da avvicinare al gr. *péirein* 'infilzare, trapassare' (?). V. *pirone*; 1353] **s. m.** **1** Piccolo legno cilindrico, aguzzo a un'estremità, che si conficca in terra, nel muro, in asse, trave e sim., per legarvi o appendervi qualcosa: *il p. dell'attaccapanni* | ***Scala a pioli***, con gli scalini costituiti da pioli trasversali tenuti insieme da due aste parallele dette 'staggi' | ***Star piantato come un p.***, (*fig.*) starsene ritto, fermo e impalato. SIN. Paletto | (*sport*) Ciascuno degli elementi trasversali della spalliera. **2** (*agr.*) Cavicchio con cui si fanno i buchi per le piantine. SIN. Piantatoio. **3** (*tosc.*) Pilastrino di pietra o bronzo davanti a portone di palazzo o monumento, per delimitazione, riparo, ornamento. **4** (*elettr.*) Piccolo cilindro di metallo che costituisce la parte maschio di una connessione elettrica.

piombagginàre [da *piombaggine*] **v. tr.** (*io piombàggino*) ● Dare la piombaggine | Strofinare con la piombaggine.

piombàggine [lat. *plumbāgine(m)*, da *plŭmbum* 'piombo'; av. 1498] **s. f.** **1** Minerale di carbonio, spec. grafite impura, usato per dare lucentezza ai pallini da caccia. **2** Pianta erbacea perenne delle Plumbaginacee a fusto eretto e fiore a corolla violacea (*Plumbago europaea*).

piombàggio [da *piombare* (*2*); 1958] **s. m.** ● Chiusura mediante sigilli di piombo: *il p. di un vagone ferroviario*.

♦**piombàre** (**1**) [da (*cadere a*) *piombo*; 1313] **A v. intr.** (*io piómbo*; aus. *essere*) **1** Cadere a piombo, essere perfettamente perpendicolare: *l'abito piomba benissimo*. **2** Cadere dall'alto, di peso o all'improvviso, con violenza: *la folgore piombò sulla quercia schiantandola*; *un meteorite piombò nel lago* | (*fig.*) Sprofondare: *è piombato nella più nera disperazione*. **3** Gettarsi con impeto: *i poliziotti piombarono sui ladri in fuga*. **4** (*fig.*) Giungere, arrivare all'improvviso: *mi è piombato in casa in piena notte*. **B v. tr.** ● Far cadere, gettare improvvisamente in una data situazione: *quando Morgante il battaglio giù piomba* (PULCI); *il guasto piombò nel buio tutta la città*.

♦**piombàre** (**2**) [lat. *plumbāre*, da *plŭmbum* 'piombo'; 1398] **v. tr.** (*piómbo*) ● Chiudere o sigillare con il piombo: *p. i carri ferroviari*, *un pacco postale* | Otturare una carie dentaria mediante amalgama di mercurio, argento e stagno.

†**piombàrìa** **s. f.** ● Materia che contiene o produce piombo.

†**piombaruòla** **s. f.** ● (*raro*) Crogiuolo per il piombo.

piombàto (**1**) **part. pass.** di *piombare* (*1*); anche **agg.** ● Nei sign. del v.: *[...] come quella ragazzaccia piombata dal Continente nel suo paesello* (PIRANDELLO).

piombàto (**2**) [1313] **part. pass.** di *piombare* (*2*); anche **agg.** **1** Nei sign. del v. **2** Ricoperto o appesantito col piombo: *mazze piombate*. **3** (*raro*) Duro o pesante come piombo.

piombàto (**3**) [da *piombo*] **s. m.** ● (*chim.*) Sale o estere dell'acido piombico.

piombatóia [av. 1465] **s. f.** ● Piombatoio.

piombatóio [da *piombare*; av. 1405] **s. m.** ● (*mil.*) Caditoia.

piombatùra [1640] **s. f.** **1** Operazione del piombare: *la p. delle merci*; *la p. di un dente cariato*. **2** Quantità di piombo usata per appesantire qlco., chiudere una cavità e sim.: *la p. della lenza*; *la p. di un dente*. **3** (*agr.*, *raro*) Mal del piombo.

piombemìa [comp. di *piomb(o)* ed *-emia*] **s. f.** ● (*med.*) Concentrazione di piombo nel sangue | Presenza di piombo nel sangue; si riscontra in casi di avvelenamento da composti del piombo. CFR. Saturnismo.

piómbico **agg.** (pl. m. *-ci*) ● Detto di composto del piombo tetravalente | ***Acido p.***, tetrabasico, non conosciuto allo stato libero, ma sotto forma di sali.

piombìfero [comp. di *piombo* e *-fero*; av. 1869] **agg.** ● Che dà piombo.

piombìno (**1**) **s. m.** **1** Dim. di *piombo*. **2** Pezzetto di piombo di forma varia, utilizzato per scopi diversi | ***P. della lenza***, per mantenere la lenza verticalmente in acqua | ***P. della rete***, ciascuno dei pezzi di piombo che si assicurano all'orlo inferiore della rete per tenerla tesa verso il basso | ***Il p. della stadera***, il romano | ***Mettere i piombini a una giacca, a una gonna***, appesantirne la parte inferiore con appositi pezzetti di piombo, perché cadano bene. **3** Cilindretto di piombo appeso alla cordicella del filo a piombo. SIN. Piombo. **4** Scandaglio a mano, formato da una sagola graduata che termina con un cilindretto di piombo. **5** Dischetto di piombo usato per sigillare pacchi e sim. **6** Piccolo proiettile per armi ad aria compressa. **7** Utensile costituito da una palla di piombo fissata a una catena, usato un tempo per sturare condotti di scarico, spec. di servizi igienici. **8** (*zool.*) Martin pescatore.

piombìno (**2**) [da *piombo*] **agg.** ● (*raro*) Che ha il colore del piombo.

♦**piómbo** [lat. *plŭmbu(m)*, di orig. preindeur.; 1290] **A s. m.** **1** Elemento chimico, metallo, molle, di colore grigio, diffuso in natura spec. come solfuro, dal quale viene ricavato, usato per accumulatori, per antidetonanti e per leghe speciali. SIMB. Pb | ***Ossido salino di p.***, minio | ***Acetato basico di p.***, costituente dell'acqua vegeto-minerale | ***Diossido di p.***, corrispondente al piombo tetravalente, polvere bruna usata per le piastre degli accumulatori, come ossidante e nell'analisi chimica | ***P. tetraetile***, sostanza che, aggiunta alla benzina, ne aumenta la resistenza alla detonazione | ***Came-***

1345 pipare

re di p., grandi camere a forma di parallelepipedo in lamiera di piombo, alte anche 18-20 metri, usate nell'omonimo processo industriale di fabbricazione dell'acido solforico | ***Di p.***, fatto in piombo; (*fig.*) di peso: *lo sollevarono di p.* | ***Cadere di p.***, di schianto, di colpo | (*fig.*) ***Avanzare, andare, procedere coi piedi di p.***, con estrema cautela e prudenza | (*fig.*) ***Avere, sentirsi addosso una cappa di p.***, sentirsi oppressi, schiacciati da qlco. che impedisce spec. moralmente | (*fig.*) ***Cielo, mare*** e sim. ***di p.***, di color grigio scuro. ***2*** (*fig., fam.*) Cosa molto pesante: *la sera certi cibi sono p. per lo stomaco* | ***Cadere in un sonno di p.***, in un sonno profondo. ***3*** (*est.*) Oggetto fatto di piombo: *antichi piombi* | ***Filo a p.***, filo al quale è attaccato un corpo pesante, impiegato per avere una linea di riferimento verticale | ***Piombi di palombaro***, per aumentarne il peso | ***A p.***, perpendicolarmente: *essere, cadere a p.* | Sigillo in piombo: *il p. della dogana.* ***4*** (*solo sing.*) (*lett.*) Proiettile d'arma da fuoco: *risponderemo col p.*; *faremo assaggiare loro il nostro p.*; *cadere sotto il p. nemico* | ***Anni di p.***, (dal titolo di un film del 1981 di M. von Trotta) nel linguaggio giornalistico, gli anni '70 del Novecento, caratterizzati dal terrorismo. ***5*** (*spec. al pl.*) Lastre, lamine e sim. usate per rivestimenti, intelaiature e sim.: *i piombi del tetto, di una vetrata.* ***6*** Lega tipografica | La composizione tipografica stessa. || **piombino**, **dim.** (V.) | **piombóne**, **accr.** **B** in funzione di **agg. inv.** ● (posposto al s.) Nelle loc. ***color p.***, ***grigio p.***, detto di una tonalità di grigio piuttosto scuro, a riflessi cupi.

piombóso [lat. *plumbōsu(m)*, da *plŭmbum* 'piombo'; 1336 ca.] **agg.** ***1*** Che contiene piombo o che ha il colore del piombo. ***2*** (*chim.*) Detto di composto del piombo bivalente. ***3*** (*raro*) Che è pesante come piombo.

pióne [da *pi* (*greco*), col suff. *-one* (*3*); 1958] **s. m.** ● (*fis. nucl.*) Tipo di mesone, soggetto a interazione forte.

pionefrósi [comp. di *pio-* e *nefrosi*; 1899] **s. f. inv.** ● (*med.*) Raccolta purulenta nel bacinetto renale.

pionière o **pionière** [fr. *pionnier* 'fante', da *pion* 'pedone'; 1881] **s. m.** ***1*** (f. *-a*) (*fig.*) Chi per primo si dedica con coraggio e abnegazione a nuove scoperte o ricerche, aprendo agli altri nuove terre, nuove vie, nuovi metodi di studio e sim.: *i pionieri americani che conquistarono il West*; *un grande p. dell'automobilismo, della scienza, della civiltà.* ***2*** (f. *-a*) Un tempo, e spec. nell'Unione Sovietica, iscritto a un'organizzazione giovanile comunista. ***3*** (*mil.*) Guastatore | Zappatore | Soldato del Genio.

pionierismo [1940] **s. m.** ● Atteggiamento o attività di pioniere.

pionieristico [1936] **agg.** (pl. m. *-ci*) ● Da pioniere. || **pionieristicaménte**, **avv.**

pio pio o **pio** (2), **pi pi** [vc. onomat.] **A** **inter.** ● Riproduce il pigolio dei pulcini e degli uccellini di nido | Si usa come richiamo quando si distribuisce il mangime ai pulcini o si vuole comunque radunarli | (*merid., fig.*) ***Piove a pio pio***, in modo lento, ma continuo. **B** in funzione di **s. m. inv.** ● Pigolio: *un sommesso pio pio.*

piopneumotoràce [comp. di *pio-* e *pneumotorace*; 1899] **s. m.** ● (*med.*) Raccolta di aria e pus nelle cavità pleuriche.

piòppa [1483] **s. f.** ● (*bot.*) Pioppo nero.

pioppàia [1788] **s. f.** ● Piantagione di pioppi.

piopparèllo [da *pioppo*] **s. m.** ● Fungo delle Agaricacee, commestibile, con cappello di color nocciola e gambo bianco, che cresce vicino ai tronchi di pioppi, salici e sim. (*Pholiota aegerita*). **SIN.** Pioppino.

pioppèlla [av. 1919] **s. f.** ● Giovane pianta di pioppo.

pioppéto [da *pioppo*, sul modello del lat. *populētum*; 1663] **s. m.** ● Luogo coltivato a pioppi, bosco di pioppi.

pioppicolo [comp. di *pioppo* e *-colo*; 1958] **agg.** ● Relativo alla pioppicoltura o ai pioppicoltori.

pioppicoltóre [da *pioppo*, sul modello di *agricoltore*; 1942] **s. m.** (f. *-trice*) ● Chi si dedica alla coltivazione del pioppo.

pioppicoltùra [da *pioppo*, sul modello di *agricoltura*; 1942] **s. f.** ● Razionale coltivazione del pioppo, su larga scala.

pioppino [av. 1737] **A** **agg.** ● (*raro*) Di pioppo: *legname p.* **B** **s. m.** ***1*** (*bot.*) Piopparello. ***2*** (*tosc.*) Cappello a cencio.

piòppo [lat. parl. **plŏppu(m)*, per il classico *pōpulu(m)*, di etim. incerta; 1350 ca.] **s. m.** ● Genere di alberi d'alto fusto delle Salicacee cui appartengono varie specie, caratterizzate da chioma snella, con foglie espanse, lungo picciolo e amenti maschili penduli (*Populus*) | ***P. bianco***, con foglie bianche nella pagina inferiore per una densa pelosità (*Populus alba*). **SIN.** Gattice | ***P. canadese***, ibrido, con numerose varietà coltivate, tra il pioppo nero e il pioppo nordamericano *Populus deltoides*, coltivato per la cellulosa su suoli molto umidi (*Populus canadensis*) | ***P. italico***, varietà di pioppo nero con chioma allungata e piramidale (*Populus nigra*, cultivar *italica*). **SIN.** Pioppo cipressino | ***P. canescente***, probabile ibrido naturale tra pioppo bianco e pioppo tremulo, con foglie debolmente biancastre nella pagina inferiore (*Populus canescens*) | ***P. cipressino***, pioppo italico | ***P. nero***, con corteccia di colore scuro (*Populus nigra*) | ***P. tremulo***, con foglie tremolanti al vento per il picciolo appiattito ortogonalmente alla lamina (*Populus tremula*) | (*raro, fig.*) ***Dormire come un p.***, come un ghiro. ➡ **ILL.** **piante**/2. || **pioppétto**, **dim.**

†**piórno** ● V. *piovorno.*

piorrèa [vc. dotta, gr. *pyórroia*, comp. di *pýon* 'pus' (V. *pio-*) e *-rroia* '-rea'; 1829] **s. f.** ● (*med.*) Scolo di pus | ***P. alveolare***, infiammazione cronica-degenerativa dei tessuti che circondano la radice dentale, con fuoriuscita di pus dal bordo gengivale, periostite e, nei casi gravi, espulsione del dente.

piorròico [1958] **agg.** (pl. m. *-ci*) ● (*med.*) Relativo alla piorrea.

piosalpinge [comp. di *pio-* e *salpinge*; 1958] **s. f.** ● (*med.*) Raccolta di pus nella salpinge.

piòta [lat. *plāutu(m)* 'piatto, largo', di etim. incerta; 1313] **s. f.** ***1*** (*lett.*) Piede o pianta del piede. ***2*** Zolla di terra coperta d'erba, zolla erbosa. ***3*** (*fig., lett.*) †Origine di una stirpe.

piotàre [da *piota*; 1804] **v. tr.** (*io piòto*) ● Ricoprire, rivestire con zolle erbose: *p. un terrapieno.*

piòtta [forse da *piotta*, n. di un pesce] **s. f.** ● (*rom., gerg.*) Moneta da cento lire.

†**piòva** [da *piovere*; av. 1292] **s. f.** ● (*lett.*) Pioggia: *vien fuor la femminetta a cor dell'acqua / della novella p.* (LEOPARDI).

†**piovanàtico** [da *piovano* (*2*); sec. XIV] **s. m.** ● Pievania.

piovanàto [da *piovano* (*2*); av. 1459] **s. m.** ● Titolo, grado e dignità di pievano.

piovanèllo [etim. incerta; av. 1871] **s. m.** ● Uccello dei Caradriformi con ali lunghe, piede palmato, di doppio passo in Italia (*Calidris ferruginea*) | ***P. maggiore***, a becco diritto, di passo in Italia (*Calidris canutus*).

piovàno (1) [da *piova*; sec. XIII] **agg.** ● Di pioggia, solo nella loc. ***acqua piovana.***

piovàno (2) ● V. *pievano.*

piovàsco [da *piova*; 1887] **s. m.** (pl. *-schi*) ● Rovescio di pioggia, spec. accompagnato da raffiche di vento.

piovènte [1340 ca.] **A** **part. pres.** di *piovere*; anche **agg.** ● (*raro*) Nei sign. del v. **B** **s. m.** ● (*raro*) Spiovente.

♦**piòvere** [lat. tardo **plŏvere*, per il classico *plŭere*, di orig. indeur.; sec. XIII] **A** **v. intr. impers.** (pass. rem. *piòvve*, †*piové*; **part. pass.** *piovùto*; aus. *essere* o *avere*) ***1*** Cadere, venire giù, detto della pioggia: *p. a dirotto, a scrosci, a catinelle*; *sta per p.*; *è piovuto tutta la notte*; *ha finito di piovere* | ***Tanto tonò che piovve***, (*fig.*) con riferimento al verificarsi di qlco. che è stata minacciata per molto tempo | ***Piove sul bagnato***, si dice quando un elemento positivo giunge a migliorare una situazione già positiva, o quando un elemento negativo giunge a peggiorare una situazione già negativa | (*fig., fam.*) ***Non ci piove***, con riferimento a ciò che è assolutamente certo, su cui non si discute. ***2*** Gocciolare o trapelare della pioggia: *in questa casa ci piove*; *p. dal tetto.* **B** **v. intr.** (aus. *essere*) ***1*** Scendere dall'alto come pioggia (*anche fig.*): *piovevano tutt'attorno cenere e lapilli*; *la luce piove dall'abbaino*; *un malefico influsso pareva p. dagli astri* | ***P. dal cielo***, (*fig.*) detto di cosa che si desidera e che ci giunge senza alcuno sforzo da parte nostra: *cosa aspetti, che la soluzione ti piova dal cielo?* ***2*** Arrivare con impeto e all'improvviso, affluire in gran numero, in quantità: *piovono telegrammi e notizie*; *non ci vedeva dagli occhi dalla disperazione, per tutte le disgrazie che gli piovevano addosso* (VERGA) | ***Gli è piovuto addosso un seccatore***, gli è arrivato, piombato in casa. ***3*** Essere spiovente, in pendenza: *il tetto piove verso il cortile* | ***Capelli che piovono***, spioventi. **C** **v. tr.** ● (*lett.*) Far fluire, cadere, scendere (*anche fig.*).

†**pioverèccio** **agg.** ● Alquanto piovoso.

†**piovévole** **agg.** ● Che cade come pioggia.

pioviccicàre [av. 1872] **v. intr. impers.** (*pioviccica*; aus. *essere* o *avere*) ● Piovigginare.

†**piovière** ● V. †*piviere* (*2*).

†**piovìfero** [comp. di *piova* e *-fero*] **agg.** ● (*poet.*) Che porta pioggia.

pioviggìnàia [da *piovigginare*; 1921] **s. f.** ● (*lett.*) Pioggia minuta, sottile: *la sera esco sotto la p. uggiosa* (D'ANNUNZIO).

piovigginàre [da *piovere*; sec. XIII] **v. intr. impers.** (*pioviggina*; aus. *essere* o *avere*) ● Piovere minutamente e leggermente.

pioviggine [da *piovigginare*; 1958] **s. f.** ● (*meteor.*) Precipitazione abbastanza uniforme di particelle di acqua sotto forma di gocce con diametro inferiore a mezzo millimetro.

piovigginóso [1313] **agg.** ● Detto di tempo, cielo, periodo e sim. in cui pioviggina: *un p. pomeriggio d'ottobre.*

piovischio [da *piova*, sul modello di *nevischio*; 1895] **s. m.** ● Pioggia leggera.

pioviscolàre [av. 1698] **v. intr. impers.** (*piovìscola*; aus. *essere* o *avere*) ● (*lett.*) Piovigginare, spec. a tratti.

†**piovitùra** [1612] **s. f.** ● Stagione di pioggia | Abbondante pioggia.

piovórno o †**piórno** [da *piova*; 1319] **agg.** ● (*raro, lett.*) Piovoso: *le tue bianche torri / attediate per lo ciel p.* (CARDUCCI).

piovosità [av. 1704] **s. f.** ***1*** Condizione, caratteristica di piovoso: *la p. dei mesi autunnali.* ***2*** Quantità di precipitazioni meteoriche cadute in una data regione in un determinato periodo: *calcolare la p. media estiva nell'Italia centrale.*

piovóso (1) [da *piova*, sul modello del lat. *pluviōsus*; av. 1306] **agg.** ***1*** Che è caratterizzato da piogge frequenti: *estate, stagione piovosa*; *il fine ormai di quel p. inverno / ..., lunge non era* (TASSO). ***2*** Che porta o minaccia pioggia: *tempo p.*

piovóso (2) [da *piovoso* (*1*), sul modello del fr. *pluviôse*] **s. m.** ● Quinto mese del calendario rivoluzionario francese, il cui inizio corrispondeva al 20 gennaio e il termine al 18 febbraio.

piòvra [fr. *pieuvre*, forma dial., dal lat. *pōlypu(m)* 'polipo'; 1891] **s. f.** ***1*** Correntemente, mollusco marino dei Cefalopodi di grandi dimensioni, provvisto di 10 tentacoli. ***2*** (*fig.*) Individuo od organizzazione che sfrutta sistematicamente qlco. o qlcu. fino a esaurirne le risorse: *c'è qualche avvocataccio manipolatore di grandi nomi, e tante piovre industriali e bancarie del bene pubblico* (BACCHELLI). ***3*** (*est.*) Organizzazione criminosa, spec. mafiosa, che si diffonde in modo capillare nella società.

♦**pipa** (1) o (*ant., region.*) **pippa** (1) [fr. *pipe* 'cannuccia, pipa', da *piper* 'emettere un grido, un fischio', dal lat. parl. **pippāre*, per il classico *pipāre* 'pigolare', di orig. onomat.; 1640] **s. f.** ***1*** Strumento per fumare, formato di un piccolo recipiente di forma generalmente tondeggiante (fornello) di legno, schiuma, creta, nel quale si calca il tabacco, e di un cannello per aspirare: *caricare, fumare la p.*; *una p. di radica, di gesso, di legno*; *caminetto, cannuccia della p.* ***2*** Quantità di tabacco contenuta nel fornello della pipa: *una p. di trinciato.* **SIN.** Pipata. ***3*** (*est.*) Oggetto che per la forma ricorda una pipa: *la p. del vetraio.* ***4*** (*fig., scherz.*) Naso, spec. grosso. ***5*** (*gerg.*) Rimprovero. ***6*** (*volg.*) Masturbazione maschile | (*est., fig.*) Persona di poco conto | (*est., fig.*) Cosa noiosa o inutile. ***7*** (*mil., gerg.*) Mostrina con una sola punta, e variamente colorata, che contraddistingue l'artiglieria, il genio e taluni servizi. ***8*** (*ling.*) Segno diacritico (̆) che, sovrapposto a una lettera, indica un'articolazione palatale. **SIN.** Pipetta (1). || **pipàccia**, **pegg.** | **pipétta**, **dim.** (V.) | **pipóna**, **accr.**

pipa (2) [vc. di orig. amer.; 1793] **s. f.** ● Anfibio anuro privo di denti e di lingua, le cui uova si sviluppano in alveoli cutanei sul dorso della femmina (*Pipa americana*).

pipàio [1966] **s. m.** (f. *-a*) ● Fabbricante di pipe e articoli per fumatore.

pipàre [da *pipa* (*1*); av. 1719] **v. intr.** (aus. *avere*) ● Fumare la pipa.

pipàta [1714] s. f. **1** Il fumare la pipa, consumando senza interrompersi tutto il tabacco che essa contiene: *una buona p.* **2** Quantità di tabacco che sta in una pipa. || **pipatina**, dim.

pipatóre [av. 1913] s. m. (f. *-trice*) ● (*scherz.*) Fumatore di pipa.

pipeline /ingl. 'paɪp,laɪn/ [vc. ingl., propr. 'linea (*line*) di tubi (*pipe*)'; 1935] s. f. inv. ● Oleodotto.

Piperàcee [vc. dotta, comp. del lat. *pĭper* 'pepe' e *-acee*; 1875] s. f. pl. (sing. *-a*) ● Nella tassonomia vegetale, famiglia di piante dicotiledoni con fiori aclamidi, frutto a drupa o a bacca (*Piperaceae*). ➡ ILL. **piante**/4.

piperazìna [comp. del lat. *pĭper* 'pepe', *az(oto)* e *-ina*; 1954] s. f. ● (*chim.*) Molecola organica eterociclica formata da quattro atomi di carbonio e due di azoto.

piperìno ● V. *peperino*.

piperita o **peperita** [dal lat. *pĭper*, genit. *pĭperis*, 'pepe', per il suo sapore piccante; 1813] agg. f. ● Detto di una varietà di menta.

pipèrno [da *Piperno*, località del Lazio; av. 1502] s. m. ● (*geol.*) Trachite usata come pietrisco per strade e ferrovie.

pipétta (**1**) [propr., dim. di *pipa* (*1*); 1931] s. f. ● (*ling.*) Pipa.

pipétta (**2**) [fr. *pipette*, dim. di *pipe* 'cannuccia'. V. *pipa* (*1*)] s. f. ● Tubo di vetro, semplice o con graduazione, mediante il quale è possibile prelevare per aspirazione una certa quantità di liquido.

pipì [vc. onomat., da avvicinare a *pisciare*; 1891] **A** s. f. ● (*infant.*) Urina: *fare p.*, *fare la p.*; *mi scappa la p.* **B** s. m. ● (*fam.*) Pene infantile. || **pipino**, dim.

pi pi /pi'pi*/ ● V. *pio pio*.

pipiàre [lat. *pipilāre*, di orig. onomat.; 1564] v. intr. (*io pipio*; aus. *avere*) ● Pigolare.

pipilàre [V. *pipiare*; 1624] v. intr. (*io pìpilo*; aus. *avere*) ● (*lett.*) Pigolare.

pipinàra [di orig. onomat., sia che si rifaccia al dial. *pipino* 'pidocchio', sia che rifletta il fr. *pépinière* 'vivaio'] s. f. ● (*rom.*) Frotta di ragazzini vocianti.

♦**pipistrèllo** o †**vespistrèllo**, †**vespritèllo**, †**vilpistrèllo**, †**vipistrèllo**, **vispistrèllo** [lat. *vespertĭlio*, nom. sing., da *vĕsper* 'sera' (V. *vespro*), perché è un animale notturno; 1300 ca.] **A** s. m. **1** Correntemente, ogni mammifero dei Chirotteri, di color bruno scuro, caratterizzato da abitudini crepuscolari | *P. comune*, poco più lungo di 4 cm, ma con ampia apertura alare, bruno, con ali nerastre, utilissimo divoratore di insetti (*Pipistrellus kuhlii*). CFR. Stridere. ➡ ILL. **animali**/11. **2** Mantello maschile da sera, senza maniche e con mantellina, in uso nell'Ottocento. **B** in funzione di agg. inv. ● (posposto al s.) Nella loc. *pesce p.*, V. *pesce*.

pipìta [lat. tardo *pipīta(m)*, per il classico *pituīta(m)* 'pituita', per l'aspetto filamentoso; av. 1320] s. f. **1** Malattia degli uccelli e spec. dei polli che si manifesta con una pellicola bianca sulla punta della lingua | (*scherz.*) *Ti venisse la p.!*, espressione di malaugurio, spec. verso chi parla troppo. **2** Pellicola cutanea che si solleva ai bordi delle unghie della mano: *Lidia, non strapparti le pipite!* (GINZBURG).

pippa (**1**) ● V. *pipa* (*1*).

pippa (**2**) [var. dial. di *pipa*, che, tra l'altro, può significare anche 'membro virile' (V. *pipa* (*1*)), con un passaggio semantico poco chiaro] s. f. **1** (*rom.*, *volg.*) Masturbazione maschile | *Farsi le pippe*, (*fig.*) perdere tempo. **2** (*fig.*) Persona senza alcuna capacità.

pippiolino [da *pippolo*; 1965] s. m. ● Puntina che limita a volte un merletto o un ricamo.

†**pippionàta** [da *pippione*; av. 1565] s. f. ● (*tosc.*) Insulsaggine.

pippióne [lat. tardo *pipiōne(m)* 'piccione'; av. 1348] s. m. **1** (*tosc.*) Piccione giovane | †*Aver uova e pippioni*, (*fig.*) brigare in più faccende | (*scherz.*) †Testicolo | †*Gli tremano i pippioni*, (*fig.*) ha una gran paura. **2** (*fig.*, *tosc.*) Sciocco. || †**pippionàccio**, pegg. | †**pippioncino**, dim. | †**pippionòtto**, accr.

pippolo [vc. espressiva; 1891] s. m. ● (*tosc.*) Chicco o grano d'uva o altro | (*est.*) Escrescenza, spec. tondeggiante | *Il p. di una mela*, il gambo.

pipra [vc. dotta, gr. *pípra*, var. di *pipṓ* 'picchio', di orig. onomat.; 1875] s. f. ● Grazioso uccello dei Passeriformi delle foreste calde americane, con piumaggio nero, rosso e giallo (*Pipra aureola*).

piqué /fr. pi'ke/ [da *piquer* 'trapuntare'. V. *piccare*; 1811] s. m. inv. ● Stoffa di cotone in cui il tipo di tessitura, a due trame e due orditi diversi, crea un effetto di piccole coste o di disegni geometrici.

pira [vc. dotta, lat. *pȳra(m)*, nom. *pȳra*, dal gr. *pyrá*, da *pŷr*, genit. *pyrós* 'fuoco'. V. *piro-*; 1313] s. f. ● (*lett.*) Catasta di legno innalzata per bruciare i cadaveri o per mettere a morte col fuoco i condannati al rogo: *la p. / dov' Eteòcle col fratel fu miso?* (DANTE *Inf.* XXVI, 53-54). SIN. Rogo.

piràgna [1990] s. m. inv. ● Adattamento di *piranha* (V.).

piràlide [vc. dotta, lat. *pyrălide(m)*, nom. *pyrălis*, dal gr. *pyrallís*, da *pŷr*, genit. *pyrós* 'fuoco', detta così perché si credeva vivesse anche nel fuoco; 1862] s. f. ● Genere di farfalle notturne di modeste dimensioni le cui larve danneggiano numerose piante (*Pyralis*) | *P. del granoturco*, piccola farfalla cosmopolita le cui larve danneggiano fusti e frutti spec. del mais (*Pyrausta nubilalis*) | *P. degli alveari*, le cui larve si sviluppano negli alveari scavando gallerie nella cera e danneggiando gravemente l'allevamento (*Galleria mellonella*). SIN. Tignola degli alveari.

piramidàle [vc. dotta, lat. tardo *pyramidāle(m)*, da *pȳramis*, genit. *pyrămidis* 'piramide'; 1282] agg. **1** Che ha forma di piramide: *corpo*, *masso*, *guglia p.* **2** (*anat.*) *Cellula p.*, cellula della corteccia cerebrale | *Fascio p.*, insieme di fibre nervose provenienti dalle cellule piramidali di alcuni settori della corteccia cerebrale, che trasmettono gli impulsi nervosi volontari | *Sistema p.*, insieme delle cellule dei fasci piramidali | *Osso p.*, osso del carpo. **3** (*fig.*) Detto di organizzazione, struttura e sim. che, partendo da una base molto larga, si restringe sempre più verso il vertice. **4** (*fig.*) Madornale: *sproposito p.* || **piramidalménte**, avv. A forma piramidale; in modo piramidale.

piramidàto [av. 1537] agg. ● Fatto a forma di piramide.

piràmide [vc. dotta, lat. *pyrămide(m)*, nom. *pyramis*, dal gr. *pyramís* 'torta', poi 'piramide', da *pyrós* 'grano', di orig. indeur.: le piramidi sarebbero state chiamate così dalla forma che ricordava quella delle torte; 1282] s. f. **1** (*mat.*) Poliedro che ha una faccia poligonale, mentre le altre sono triangoli che, da un punto, vertice, fuori del suo piano, proiettano i suoi lati | *A p.*, a forma di piramide. ➡ ILL. **geometria**. **2** Monumento sepolcrale a forma di piramide, di proporzioni grandiose, riservato spec. ai faraoni, nell'antico Egitto | *P. precolombiana*, di dimensioni spesso maggiori di quella egiziana, costruita a gradini, con la sommità piatta, su cui sorgeva un tempio, tipica delle antiche civiltà dell'America Centrale. ➡ ILL. **archeologia**. **3** Oggetto o catasta di oggetti a forma di piramide: *una p. di libri*, *di proiettili* | *P. umana*, gruppo di persone poste le une sulle spalle delle altre a forma di piramide, come esercizio ginnico o, in alpinismo, come sistema per vincere un tratto di parete senza fessure o appigli o per superare il crepaccio terminale di un ghiacciaio | *P. sociale*, figura della società, il cui vertice rappresenta il ceto meno numeroso e più ricco e la base quello meno abbiente e più numeroso. **4** Formazione, struttura e sim., la cui forma ricorda quella di una piramide | (*geol.*) *P. di erosione*, massa rocciosa piramidale, colonnare o conica, scolpita dall'erosione in rocce compatte | (*anat.*) *Piramidi del Malpighi*, formazioni piramidali nell'interno del rene | Nell'orologio, cono d'ottone nelle cui spire si avvolge la catena quando si dà la carica. || **piramidétta**, dim.

piramidóne® [marchio registrato; 1900] s. m. ● Derivato dell'antipirina ad azione analgesica e antipiretica.

pirandelliàno [1925] agg. ● Dello scrittore L. Pirandello (1867-1936): *le novelle pirandelliane* | (*est.*) Che ricorda le situazioni angosciose e problematiche caratteristiche dell'opera di Pirandello: *dilemma p.* || **pirandellianaménte**, avv.

pirandellìsmo [1928] s. m. ● Il sistema ideologico di Pirandello e il modo con cui fu attivato scenicamente.

piranha /pi'raɲɲa, *port.* pi'rʌɲʌ, -ɲa/ [vc. port. di orig. tupi; 1838] s. m. inv. (pl. port. *piranhas*) ● Pesce osseo dei Cipriniformi delle acque dolci sudamericane, che vive in branchi, ha denti affilati e robusti ed è aggressivo e voracissimo (*Serrasalmo rhombeus*). SIN. Pesce tigre. ➡ ILL. **animali**/6.

pirargirite [comp. di *piro-* e *argiro-* col suff. mineralogico *-ite* (*2*); 1935] s. f. ● (*miner.*) Solfoantimoniuro d'argento in cristalli di color rosso fuoco e dalla lucentezza metallica.

♦**piràta** o †**piràto** [vc. dotta, lat. *pirāta(m)*, nom. *pirāta*, dal gr. *peiratḗs*, da *peirân* 'tentare, assalire', da *pêira* 'tentativo', di orig. indeur.; 1313] **A** s. m. (pl. *-i*, †*-e*) **1** Chi pratica la pirateria: *scorrerie dei pirati* | (*est.*) *P. della strada*, chi, dopo aver investito qlcu., non lo soccorre; (*est.*) automobilista dal comportamento aggressivo e scorretto | *P. dell'aria*, *del cielo*, dirottatore di aerei. **2** (*fig.*) Chi sfrutta ogni situazione a proprio vantaggio, estorce con ogni mezzo denaro agli altri, e sim.: *quell'industriale è un vero p.*; *i pirati dell'industria*, *della finanza*. **B** in funzione di agg. inv. (posposto al s.) **1** Che esercita la pirateria: *vascello p.*; *nave p.* **2** (*fig.*) Detto di emittente radiofonica o televisiva che trasmette abusivamente, inserendosi su normali circuiti nazionali di ricezione, e delle trasmissioni stesse: *radio p.*; *trasmissione p.* | (*est.*) Detto di materiale sonoro o audiovisivo riprodotto illegalmente: *una videocassetta p.* | *Copia p.*, copia di un'opera dell'ingegno soggetta a copyright, duplicata o commercializzata senza autorizzazione. SIN. Abusivo.

pirateggiàre [comp. di *pirata* e *-eggiare*; av. 1686] v. intr. (*io piratéggio*; aus. *avere*) **1** Esercitare la pirateria: *p. sui mari*. **2** (*fig.*) Fare ruberie, sfruttare gli altri.

pirateria [1650] s. f. **1** Brigantaggio marittimo esercitato dai pirati, nel loro personale interesse, nei confronti di navi o anche contro popolazioni rivierasche. **2** (*dir.*) Atto illegittimo di violenza, detenzione o depredazione commesso dall'equipaggio o dai passeggeri di una nave o di un aeromobile: *un grave episodio di p. aerea*. **3** (*fig.*) Attività abusiva di chi riproduce e vende libri, cassette, dischi, programmi per elaboratori, e sim.: *p. libraria*, *informatica* | *P. letteraria*, plagio. **4** (*fig.*) Ruberia, sopraffazione: *far pagare quei prezzi è una vera p.*

piratésco [1918] agg. (pl. m. *-schi*) ● Da pirata (*anche fig.*): *comportamento p.* || **piratescaménte**, avv.

†**piràtica** [vc. dotta, lat. *pirātica(m)*, f. sost. di *pirāticus* 'piratico'] s. f. ● Pirateria.

piràtico [vc. dotta, lat. *pirāticu(m)*, nom. *pirāticus*, dal gr. *peiratikós*, da *peiratḗs* 'pirata'; av. 1556] agg. (pl. m. *-ci*) ● (*lett.*) Attinente ai pirati | *Guerra piratica*, nella storia romana antica, quella condotta da Gneo Pompeo contro i pirati. || **piraticaménte**, avv. Da pirata.

†**piràto** ● V. *pirata*.

pirazòlo [ted. *Pyrazol* comp. di *pyr-* 'piro' e *-azol* 'azo-' e '-olo' (1)] s. m. ● (*chim.*) Molecola organica eterociclica formata da tre atomi di carbonio e due di azoto adiacenti.

pirazolóne [da *pirazol(o)* e *-one* (*2*)] s. m. ● (*chim.*) Ogni derivato del pirazolo portante un gruppo chetonico.

†**pirchio** [da avvicinare a *tirchio* (?)] agg.; anche s. m. (f. *-a*) ● (*region.*) Avaro, tirchio.

pireliògrafo o **piroeliògrafo** [comp. di *piro-*, *elio-* e *-grafo*; 1958] s. m. ● Pireliometro registratore.

pireliòmetro o **piroeliòmetro** [comp. di *piro-*, *elio-* e *-metro*; 1865] s. m. ● Strumento misuratore dell'intensità della radiazione solare giunta effettivamente al suolo.

pirenàico [vc. dotta, lat. tardo *Pyrenāicu(m)* 'dei Pirenei'; av. 1758] agg. (pl. m. *-ci*) ● Dei Pirenei.

pirène [comp. di *piro-* e *-ene*; 1871] s. m. ● (*chim.*) Idrocarburo aromatico, formato dalla fusione angolare di quattro anelli benzenici, contenuto nel catrame di carbon fossile.

pirenòforo [comp. del gr. *pyrḗn*, genit. *pyrḗnos* 'nocciolo' (V. *Pirenomiceti*) e *-foro*] s. m. ● (*anat.*) Corpo della cellula nervosa, distinto dai suoi processi citoplasmatici.

Pirenomicèti [comp. del gr. *pyrḗn*, genit. *pyrḗnos* 'nocciolo, seme' (di orig. preindeur.) e *mýkēs*, genit. *mýkētos* 'fungo' (V. *micelio*); detti così perché hanno gli aschi contenuti in sacchi completamente chiusi; 1929] s. m. pl. (sing. *-e*) ● Nella tassonomia vegetale, gruppo di Funghi superiori con peritecio a forma di fiasco (*Pyrenomycetales*).

piressia [dal gr. *pyréssein* 'aver la febbre', da *pyretós* 'febbre' (V. *piretico*); 1829] s. f. ● (*med.*) Febbre.

pirètico [dal gr. *pyretós* 'febbre', da *pŷr*, genit. *pyrós* 'fuoco'. V. *piro-*; 1749] **agg.** (**pl. m.** *-ci*) ● Di febbre.

piretrina [da *piretro*; 1875] **s. f.** ● Composto chimico, presente nel piretro, dotato di forte potere insetticida.

pirètro o **piretro** [vc. dotta, lat. *pȳrethron*, dal gr. *pýrethron*, da *pŷr*, genit. *pyrós* 'fuoco' (V. *piro-*), per le sue qualità riscaldanti; sec. XIV] **s. m.** ● Pianta cespugliosa perenne delle Composite, con capolini bianco-giallastri che, polverizzati, sono usati come insetticida (*Chrysanthemum cinerariaefolium*).

pirex o **pyrex**® [marchio registrato] **s. m. inv.** ● Tipo di vetro molto resistente agli sbalzi di temperatura, usato per recipienti da laboratorio e per uso domestico.

pirico [dal gr. *pŷr*, genit. *pyrós* 'fuoco'. V. *piro-*; 1821] **agg.** (**pl. m.** *-ci*) ● Che ha relazione col fuoco, che produce fuoco | ***Spettacolo p.***, spettacolo pirotecnico | ***Polvere pirica***, da sparo.

piridina [fr. *pyridine*, dal gr. *pŷr*, genit. *pyrós* 'fuoco'. V. *piro-*; 1875] **s. f.** ● (*chim.*) Composto organico eterociclico che si estrae dagli oli leggeri del catrame di carbon fossile, impiegato come prodotto di partenza per molte sintesi organiche e come medicamento nei casi in cui si vuole un'azione sedativa sul centro respiratorio.

piridossina o **piridoxina** [comp. di *pirid(ina)* e *ossi-*, col suff. *-ina*; 1956] **s. f.** ● (*chim.*) Uno dei composti con attività di vitamina B_6.

pirifórme [comp. del lat. *pĭrum* 'pera' e *-forme*; 1681] **agg.** ● Che ha forma allungata, simile a quella di una pera: *muscolo p.*

pirimidina [da *piridina*, con inserimento di (*am*)*mide*; 1956] **s. f.** ● (*chim.*) Composto eterociclico a due atomi di azoto, sostanza cristallina ottenibile per sintesi.

pirimidìnico [1958] **agg.** (**pl. m.** *-ci*) ● (*chim.*) Detto di sostanza derivata dalla pirimidina | ***Basi pirimidiniche***, derivati amminici della pirimidina, che partecipano alla costituzione dei nucleosidi e dei nucleotidi.

pirite [vc. dotta, lat. *pyrīte(m)*, nom. *pyrītes*, dal gr. *pyrítēs*, da *pŷr*, genit. *pyrós* 'fuoco' (V. *piro-*); sec. XIV] **s. f.** ● (*miner.*) Bisolfuro di ferro in cristalli cubici o pentagono-dodecaedrici dalla lucentezza metallica e dal colore giallo.

piritico [1788] **agg.** (**pl. m.** *-ci*) ● Di pirite, che contiene pirite.

pirla [prob. deriv. di *pirlare* 'girare come una trottola' (var. di *prillare*); 1920] **A s. m.** (**pl. inv.** o *-i*) ● (*volg.*, *sett.*) Pene. **B s. m. e f. inv.** ● (*pop.*, *sett.*) Uomo sciocco e goffo, facile da raggirare e imbrogliare: *fare la figura del p.*; *Prima di chiudere gli occhi mi hai detto pirla, / una parola gergale non traducibile* (MONTALE).

piro [etim. incerta] **s. m.** ● Grosso palo di legno confitto saldamente nel suolo, attorno al quale si avvolge la fune che trattiene il blocco di marmo durante la lizzatura.

piro- [gr. *pyro-*, da *pŷr*, genit. *pyrós* 'fuoco', di orig. indeur.] primo elemento *1* In parole composte, significa 'fuoco', 'calore', 'combustione' (*pirografia*, *pirotecnica*) o 'che funziona a vapore' (*piroscafo*). *2* Nella terminologia medica, significa 'febbre': *pirogeno*.

pirobazia [comp. di *piro-* e di un deriv. di *-bato*; 1988] **s. f.** ● Capacità di camminare sulle braci ardenti senza scottarsi.

pirocatechina [comp. di *piro(lisi)* e *catechina*] **s. f.** ● (*chim.*) Composto costituito dall'anello aromatico benzenico sostituito con due radicali ossidrilici su carboni adiacenti; si presenta come polvere cristallina bianca solubile in acqua ed è impiegata nello sviluppo delle fotografie.

piroclàşi [vc. dotta, comp. di *piro-* e del gr. *klásis* 'frattura, rottura'; 1958] **s. f. inv.** ● (*chim.*) Nell'industria petrolifera, cracking.

piroclàstico [comp. di *piro-* e *clastico*; 1930] **agg.** (**pl. m.** *-ci*) ● (*geol.*) Relativo all'emissione di materiali solidi nell'atmosfera da parte di un vulcano: *attività piroclastica* | Detto dei materiali stessi: *rocce piroclastiche* | Detto di deposito formato da tali materiali.

piroclastite [da *piroclast(ico)*, col suff. *-ite* (*2*); 1958] **s. f.** ● Roccia formata da elementi piroclastici.

piroconducibilità [comp. di *piro-* e *conducibilità*; 1965] **s. f.** ● Proprietà caratteristica di certe sostanze, consistente nel presentare un cambiamento nella conducibilità elettrica al variare della temperatura.

pirocorvétta [comp. di *piro-* e *corvetta*; 1865] **s. f.** ● Nave militare del XIX sec. a vele quadre e macchina a vapore con propulsore a ruote o a elica, armata come una corvetta.

piroelettricità [comp. di *piro-* ed *elettricità*; 1875] **s. f.** ● Fenomeno di polarizzazione dielettrica, provocato in certi cristalli da variazioni di temperatura.

piroelèttrico [comp. di *piro-* ed *elettrico*; 1835] **agg.** (**pl. m.** *-ci*) ● Relativo alla, o che presenta, piroelettricità | ***Effetto p.***, sviluppo di cariche elettriche da parte di taluni cristalli, quando essi subiscono delle variazioni di temperatura.

piroeliògrafo ● V. *pireliografo*.

piroeliòmetro ● V. *pireliometro*.

piroétta o (*tosc.*) **pirolétta**, (*raro*) **piruétta** [fr. *pirouette*, prob. rifacimento (sul modello di *girouette* 'banderuola') del fr. ant. *pirouelle* 'trottola', da una forma espressiva *pir-*, che si trova in parole significanti 'cavicchio, perno, paletto'; 1696] **s. f.** *1* Nella danza, figura che il ballerino esegue ruotando su sé stesso e appoggiandosi su un solo piede. *2* In ginnastica, danza e sim., movimento di rotazione sull'asse longitudinale in volo o in appoggio su un piede | In equitazione, figura delle arie basse. *3* (*est.*) Capriola, giravolta: *fare piroette per la gioia* | Movimento agile.

piroettàre o (*tosc.*) **pirolettàre** [fr. *pirouetter*, da *pirouette* 'piroetta'; 1816] **v. intr.** (*io piroétto*; aus. *avere*) ● Far piroette: *piroettava sulla corda con grande abilità*.

piròfila [f. sost. di *pirofilo*; 1958] **s. f.** ● Tegame da cucina fabbricato con materiale pirofilo.

piròfilo [comp. di *piro-* e *-filo*; 1942] **agg.** ● Detto di sostanza, spec. vetro, che non si altera a contatto col fuoco.

pirofobia [comp. di *piro-* e *-fobia*; 1821] **s. f.** ● (*psicol.*) Timore ossessivo del fuoco.

piròfobo [da *pirofobia*; 1835] **agg.**; anche **s. m.** (**f.** *-a*) ● Che (o Chi) manifesta pirofobia.

piroforico [dal gr. *pyrophóros* 'che porta fuoco', comp. di *pyro-* 'piro-' e *-phóros* '-foro'; 1871] **agg.** (**pl. m.** *-ci*) ● Detto di sostanza che a contatto con l'aria s'infiamma spontaneamente o dà scintille per semplice sfregamento | ***Lega piroforica***, usata come pietrina per accenditori automatici | ***Ferro p.***, estremamente suddiviso che s'incendia a contatto con l'aria.

piròforo [vc. dotta, gr. *pyrophóros* 'che porta fuoco'. V. *piroforico*] **s. m.** ● Grosso coleottero asiatico che emette una intensa luce rossa dall'addome e bluastra dal corsaletto (*Pyrophorus noctilucus*).

pirofregàta [comp. di *piro-* e *fregata*; av. 1874] **s. f.** ● Nave militare del XIX sec. a vele quadre e macchine a vapore, con dimensioni e armamento da fregata.

piròga [fr. *pirogue*, dallo sp. *pirogua*, da una lingua caribica; 1565] **s. f.** ● Imbarcazione scavata in un tronco o fatta con cortecce cucite, con liane, con pelli e sim., costruita da varie popolazioni antiche e moderne, spec. extraeuropee.

pirogàllico [comp. di *piro-* e *gallico* (*2*); 1891] **agg.** (**pl. m.** *-ci*) ● (*chim.*) ***Acido p.***, pirogallolo.

pirogallòlo [comp. di *pirogall(ico)* e *-olo* (*1*); 1956] **s. m.** ● (*chim.*) Fenolo trivalente ottenuto per decarbossilazione dell'acido gallico, usato come rivelatore fotografico, come assorbitore d'ossigeno nell'analisi dei gas e in medicina.

pirogenàre [comp. di *piro-* e *-geno*, con suff. verbale; 1958] **v. tr.** (*io pirògeno*) ● Sottoporre un composto chimico a pirogenazione.

pirogenazióne [da *pirogenare*; 1937] **s. f.** ● Decomposizione di un composto chimico per opera del calore.

pirògeno [comp. di *piro-* e *-geno*; 1911] **A agg.** ● Detto di farmaco che provoca una reazione febbrile, usato in terapia per combattere germi sensibili a temperature intorno ai 40 °C o per stimolare la difesa dell'organismo. **B** anche **s. m.**

pirografàre [da *pirografia*; 1923] **v. tr.** (*io piròografo*) ● Incidere mediante pirografia.

pirografia [comp. di *piro-* e *-grafia*; 1908] **s. f.** ● Incisione su legno, cuoio, cartone, eseguita con una punta metallica arroventata | (*est.*) Il disegno ottenuto con tale tecnica.

pirogràfico [1954] **agg.** (**pl. m.** *-ci*) ● Che riguarda la pirografia | Che è eseguito mediante pirografia.

pirografista [1956] **s. m. e f.** (**pl. m.** *-i*) ● Specialista di pirografia.

piròografo [1958] **s. m.** ● Apparecchio usato per eseguire la pirografia.

piroincişióne [comp. di *piro-* e *incisione*] **s. f.** ● Pirografia.

Pirolàcee [vc. dotta, comp. del lat. *pĭrus* 'pero', per la somiglianza delle foglie, e *-acee*] **s. f. pl.** (**sing.** *-a*) ● Nella tassonomia vegetale, famiglia di piante erbacee perenni con foglie sempreverdi che possono mancare se la pianta è saprofita, e fiori solitari o in grappolo (*Pirolaceae*).

pirolegnóso [comp. di *piro-* e *legnoso*] **agg.** ● Relativo alla, ottenuto dalla, distillazione del legno | ***Acido p.***, liquido contenente acido acetico, alcol metilico e quantità minima di acetone.

pirolétta e *deriv.* ● V. *piroetta e deriv.*

pirolişi [comp. di *piro-* e *lisi*; 1875] **s. f. inv.** ● (*chim.*) Piroscissione.

pirolitico [1958] **agg.** (**pl. m.** *-ci*) ● Relativo a pirolisi.

piròlo [var. sett. di *piuolo*; av. 1342] **s. m.** *1* (*region.*) Piolo, cavicchio. *2* (*mus.*) Bischero. || **pirolino**, **dim.**

pirolușite [comp. di *piro-* e del gr. *lôusis* 'lavaggio', da *lóuein* 'lavare', di orig. indeur.; detta così per la sua proprietà di scolorire i vetri verdi; 1865] **s. f.** ● (*miner.*) Diossido di manganese in masse fibrose di color grigio acciaio o nerastro.

piromagnetişmo [comp. di *piro-* e *magnetismo*; 1940] **s. m.** ● Fenomeno relativo alla variazione delle proprietà magnetiche dei corpi al variare della loro temperatura.

piròmane [1954] **agg.**; anche **s. m. e f.** ● Che (o Chi) è affetto da piromania.

piromania [fr. *pyromanie*, comp. di *pyro-* 'piro-' e *-manie* '-mania'; 1841] **s. f.** ● (*psicol.*) Impulso ossessivo e irresistibile ad appiccare il fuoco.

piromànte [vc. dotta, lat. *pyromănte(m)*, nom. *pyromăntis*, dal gr. *pyrómantis*, comp. di *pyro-* 'piro-' e *-mantis* '-mante'; av. 1327] **s. m. e f.** ● Chi pratica la piromanzia.

piromanzìa [vc. dotta, lat. tardo *pyromantīa(m)*, nom. *pyromantīa*, dal gr. *pyromantéia*, comp. di *pyro-* 'piro-' e *-mantéia* '-manzia'; 1354] **s. f.** ● Tecnica divinatoria per trarre presagi dall'osservazione del fuoco e delle fiamme.

pirometallurgia [comp. di *piro-* e *metallurgia*; 1970] **s. f.** ● (*metall.*) Parte della metallurgia estrattiva, che comprende tutti i processi che impiegano energia termica per produrre metalli.

pirometria [comp. di *piro-* e *-metria*; 1932] **s. f.** ● Parte della fisica tecnica che studia i metodi per la misurazione delle elevate temperature.

pirométrico [1935] **agg.** (**pl. m.** *-ci*) ● Relativo alla pirometria.

pirometrista [da *pirometro*; 1966] **s. m. e f.** (**pl. m.** *-i*) ● Operaio addetto, nelle industrie siderurgiche, al controllo delle temperature dei forni.

piròmetro [fr. *pyromètre*, comp. di *pyro-* 'piro-' e *-mètre* '-metro'; 1771] **s. m.** ● Strumento per la misurazione delle alte temperature della fiamma e dei corpi incandescenti: *p. elettrico*, *p. ottico*.

piromorfite [comp. di *piro-*, *-morfo* e *-ite* (*2*); detto così perché cambia forma in seguito a riscaldamento; 1987] **s. f.** ● (*miner.*) Fosfato di piombo con cloro in prismi esagonali color verde, bruno oppure rossastro.

piróne [dal gr. *péirein* 'infilzare, trapassare', di orig. indeur.; 1473] **s. m.** *1* (*region.*) Cavicchio, piolo, perno: *il p. della lanterna* | Manovella di mulinello e sim. *2* (*region.*) Forchetta. *3* (*mus.*) Specie di codolo di viola, violoncello e sim., che serve di puntello sul pavimento | Nel pianoforte, chiavarda per fissare e regolare la tensione. || †**pironcino**, **dim.** | †**pironétto**, **dim.**

pìro pìro [vc. onomat.; 1827] **s. m. inv.** ● Uccello dei Caradriformi con zampe e becco sottili, piumaggio di color grigio o bruno e bianco inferiormente (*Tringa*) | ***Piro piro culbianco***, prevalentemente bruno con sopraccoda candido, di passo in Italia, frequenta i luoghi d'acqua (*Tringa ochropus*) | ***Piro piro piccolo***, uccelletto a volte stazionario in Italia, che vive sulle rive di laghi e fiumi (*Tringa hypoleucos*).

piroplàsma [comp. del lat. *pĭrum* 'pera' e *plasma*; detto così dalla forma a pera] **s. m.** (**pl.** *-i*) ● Genere di Sporozoi parassiti del sangue di animali domestici (*Piroplasma*).

piroplasmòsi [da *piroplasm(a)*, col suff. *-osi*; 1956] **s. f. inv.** ● Malattia infettiva di vari animali, a decorso generalmente acuto, dovuta alla presenza nel sangue di piroplasmi.

piròpo [vc. dotta, lat. *pyrōpu(m)*, nom. *pyrōpus*, dal gr. *pyrōpós*, propr. 'che ha aspetto di fuoco', comp. di *pyro-* 'piro-' e *ṓps*, genit. *ōpós* 'vista, aspetto' (V. *-opsia*); av. 1333] **s. m.** ● (*miner.*) Granato di alluminio e magnesio di color rosso fuoco.

piròscafo [comp. di *piro-* e *scafo*; 1840] **s. m.** ● Nave mercantile con apparato motore a vapore: *p. da, per passeggeri*; *p. da, per carico*.

piroscindere [comp. di *piro-* e *scindere*] **v. tr.** (coniug. come *scindere*) ● Operare la piroscissione.

piroscissióne [comp. di *piro-* e *scissione*; 1939] **s. f.** ● Processo di trasformazione dei composti e dei materiali costituiti da grandi molecole in prodotti più semplici per mezzo dell'alta temperatura. **SIN.** Pirolisi.

pirosfèra [comp. di *piro-* e *sfera*] **s. f.** ● (*geol.*) Involucro concentrico del globo terrestre, sottostante alla litosfera, allo stato fisico di un fluido di silicati molto viscoso.

piròsi [vc. dotta, gr. *pýrōsis* 'bruciamento', da *pyrôun* 'bruciare', da *pŷr*, genit. *pyrós* 'fuoco'. V. *piro-*; 1875] **s. f. inv.** ● (*med.*) Sensazione di bruciore all'epigastrio e al retrobocca per eccesso di acidità gastrica.

pirosolfàto [comp. di *piro-* e *solfato*; 1956] **s. m.** ● Sale dell'acido pirosolforico.

pirosolfito [comp. di *piro-* e *solfito*; 1956] **s. m.** ● (*chim.*) Sale dell'acido pirosolforoso.

pirosolfòrico [comp. di *piro-* e *solforico*; 1956] **agg.** (pl. m. *-ci*) ● (*chim.*) Disolforico.

pirosolforóso [comp. di *piro-* e *solforoso*; 1958] **agg.** ● (*chim.*) Detto di acido inorganico, bibasico, non noto allo stato libero, ma solo sotto forma di sali.

pirossenite [comp. di *pirosseno* e *-ite* (2)] **s. f.** ● (*geol.*) Roccia formata in prevalenza da pirosseni.

pirosséno o **piròsseno** [comp. di *piro-* e del gr. *xénos* 'straniero, estraneo' (V. *xenofobia*); detto così perché si riteneva che non fosse presente nelle rocce ignee; 1817] **s. m.** ● (*miner.*) Nome collettivo di un gruppo di silicati del tipo a catena, anidri e di composizione complessa con calcio, magnesio, ferro, alluminio e sodio, che, in forma di prismi da tozzi a mediamente allungati, sono costituenti importanti di molte rocce eruttive e metamorfiche.

pirotècnica o **pirotecnìa** [comp. di *piro-* e del gr. *téchnē* 'arte'. V. *tecnico*; 1871] **s. f.** ● Arte e tecnica della fabbricazione dei fuochi artificiali.

pirotècnico [comp. di *piro-* e *tecnico*; 1771] **A agg.** (pl. m. *-ci*) ● Concernente la pirotecnica o i fuochi d'artificio: *arte pirotecnica*; *spettacolo p.* | (*fig.*) Molto vivace, spumeggiante. **B s. m. 1** (f. *-a*) Chi prepara i fuochi artificiali. **2** Stabilimento militare in cui si preparano bossoli, spolette, inneschi, munizioni e sim.

pirottino [etim. incerta] **s. m.** ● (*region.*) Involucro di carta oleata con bordo pieghettato usato in pasticceria come contenitore singolo di pasticcini, cioccolatini, paste e sim.

pìrrica [vc. dotta, lat. *pyrrhicha(m)*, nom. *pyrrhicha*, dal gr. *pyrrhíchē* '(danza) pirrica', da *Pýrrichos* 'Pirrico' che, secondo la leggenda, ne fu l'inventore; av. 1597] **s. f.** ● Antica danza guerresca dei soldati spartani e ateniesi.

pirrichio [vc. dotta, lat. *pyrrhichiu(m)*, nom. *pyrrhichius*, dal gr. *pyrrhíchios* '(piede) della danza pirrica', da *pyrrhíchē* 'pirrica'; av. 1550] **s. m.** ● Nella poesia greca e latina, successione di due sillabe brevi. **SIN.** Dibraco.

pirro- [dal gr. *pyrrós* 'rosso' (forse da avvicinare a *pŷr* 'fuoco')] primo elemento ● In parole composte della terminologia scientifica, spec. chimica, significa 'rosso, di color rosso': *pirrofillina*.

pirrofillina [comp. di *pirro-*, (*cloro*)*filla* e *-ina*] **s. f.** ● (*chim.*) Acido organico che rappresenta un prodotto di scissione della clorofilla.

Pirrofite [comp. di *pirro-* e *-fita*] **s. f. pl.** (sing. *-a*) ● Nella tassonomia vegetale, gruppo di organismi unicellulari, con membrana, forniti di due flagelli diseguali, facenti parte della flora planctonica del mare e delle acque dolci, contenenti amido e grassi (*Pyrrhophyta*).

pirròlico **agg.** (pl. m. *-ci*) ● (*chim.*) Di pirrolo, relativo a pirrolo: *nucleo p.*

pirròlo [ted. *Pyrrol*, dal gr. *pyrrós* 'rosso' (V. *pirro-*), col suff. *-ol* '-olo (2)'; 1871] **s. m.** ● Composto chimico eterociclico pentatomico contenente un atomo di azoto, liquido oleoso presente nel catrame di carbon fossile; si ottiene dalla scissione di molti composti naturali e dalla distillazione secca delle ossa sgrassate.

pirronìsmo [fr. *pyrrhonisme*, da *Pyrrhon* 'Pirrone', filosofo greco, fondatore della scuola scettica; av. 1744] **s. m.** ● (*filos.*) Forma di scetticismo radicale teorizzata da Pirrone di Elide (360 ca.-270 ca. a.C.).

pirronista [av. 1750] **s. m. e f.** (pl. m. *-i*) ● (*filos.*) Chi segue o si ispira al pirronismo scettico.

pirronìstico [1951] **agg.** (pl. m. *-ci*) ● Che concerne o interessa la filosofia di Pirrone di Elide o quella della scuola da lui fondata.

pirrotìna [1875] **s. f.** ● (*miner.*) Pirrotite.

pirrotite [comp. del gr. *pyrrótēs* 'colore rosso', da *pyrrós* 'rosso', forse da avvicinare a *pŷr*, genit. *pyrós* 'fuoco' (V. *piro-*), e *-ite* (2); 1930] **s. f.** ● (*miner.*) Solfuro di ferro con eccesso di zolfo in cristalli lamellari di color giallo bronzo.

piruétta ● V. *piroetta*.

piruvàto **s. m.** ● (*chim.*) Sale o estere dell'acido piruvico.

pirùvico [comp. di *piro-* e *uva*: detto così perché è un prodotto intermedio della fermentazione alcolica; 1875] **agg.** (pl. m. *-ci*) ● (*chim.*) Detto di composto derivato, almeno originariamente, dalla distillazione secca dell'uva mediante successive trasformazioni: *alcol p.*; *aldeide piruvica* | ***Acido p.***, acido organico monobasico, liquido, importante in biochimica come intermedio di reazioni enzimatiche e di fermentazioni.

pisàno [sec. XIII] **A agg.** ● Di Pisa | (*arald.*) ***Croce pisana***, coi bracci che terminano a forma di chiave antica con tre globetti a ogni estremità. **B s. m.** (f. *-a*) ● Abitante, nativo di Pisa.

piscatòrio o (*raro*) **pescatòrio** [vc. dotta, lat. *piscatōriu(m)*, da *piscātor*, genit. *piscatōris* 'pescatore'; 1499] **agg.** ● (*lett.*) Relativo ai pescatori o alla pesca | ***Anello p.***, nella religione cattolica, quello usato da un Papa come sigillo durante gli anni del proprio pontificato, recante l'immagine di S. Pietro pescatore di anime.

pischèllo [dal gerg. *pischella*, deriv. di *pisca* 'vaso'] **s. m.** (f. *-a*) **1** (*rom.*) Ragazzino. **2** (*rom.*) Pivello. || **pischellètto**, dim.

piscia [da *pisciare*; 1640] **s. f.** (pl. *-sce*) ● (*volg.*) Urina.

pisciacàne [comp. di *piscia(re)* e *cane* (1); 1499] **s. m.** ● (*bot.*) Nome popolare attribuito a molte piante erbacee con proprietà diuretiche, come il dente di leone.

†**pisciadùra** ● V. *pisciatura*.

pisciallètto o **piscialètto** [da *pisciare a letto*; av. 1665] **s. m. e f. inv. 1** (*fam.*, *scherz.*) Bambino piccolo | (*est.*, *spreg.*) Ragazzetto imberbe. **2** (*bot.*, *region.*) Tarassaco.

pisciàre [vc. di orig. onomat.; sec. XIII] **v. intr. e tr.** (*io pìscio*; fut. *io piscerò*; aus. *avere*) ● (*volg.*) Mingere, orinare | ***Pisciarci sopra***, (*fig.*) disprezzare | ***Pisciarsi sotto***, ***pisciarsi addosso***, (*fig.*) avere una gran paura | (*fig.*) ***Pisciarsi sotto dal ridere***, ridere in modo irrefrenabile | (*est.*, *pop.*) Perdere: *un recipiente che piscia acqua da ogni parte*.

pisciarèlla [da *pisciare*; av. 1665] **s. f.** ● (*fam.*) Bisogno continuo e irrefrenabile di orinare: *avere la p.*

pisciasàngue [comp. di *piscia(re)* e *sangue*; av. 1597] **s. m. inv.** ● (*veter.*) Piroplasmosi bovina.

pisciàta [da *pisciare*; av. 1726] **s. f.** ● (*volg.*) Atto dell'urinare | Quantità di urina che si emette in una volta. || **pisciatìna**, dim. | **pisciatóna**, accr.

pisciatóio [da *pisciare*; sec. XV] **s. m.** ● (*pop.*) Orinatoio.

piscìcolo [comp. del lat. *pĭscis* 'pesce' e *-colo*] **agg.** ● Che si riferisce all'allevamento dei pesci.

piscicoltóre o **pescicoltóre** [dal lat. *pĭscis* 'pesce', sul modello di *agricoltore*; 1884] **s. m.** (f. *-trice*) ● Chi si occupa di piscicoltura.

piscicoltùra o **pescicoltùra** [comp. del lat. *pĭscis* 'pesce' e *coltura*; 1861] **s. f.** ● Tecnica dell'allevamento dei pesci, sia a scopo di ripopolamento dei fiumi sia a scopo commerciale. **SIN.** Ittiocoltura.

piscifórme [comp. del lat. *pĭscis* 'pesce' e *-forme*; av. 1886] **agg.** ● Che ha forma di pesce: *figura p.*

♦**piscina** [vc. dotta, lat. *piscīna(m)*, propr. 'peschiera', da *pĭscis* 'pesce'; 1298] **s. f. 1** Vasca di dimensioni medie o grandi, con acqua calda o fredda, stagnante o corrente, usata per fare il bagno e per nuotare: *fare il bagno*, *un tuffo in p.* | (*est.*) Il complesso di opere che serve per la pratica delle discipline natatorie e che comprende, oltre la vasca, tutti i servizi accessori: *p. coperta*, *scoperta* | ***P. olimpionica***, quella lunga 50 metri con 8 corsie. **2** †Vivaio di pesci. || **piscinètta**, dim.

piscio [da *pisciare*; sec. XIV] **s. m.** ● (*volg.*) Urina, spec. quando viene emessa.

piscióne [da *pisciare*; 1871] **s. m.** (f. *-a*) ● (*pop.*; anche *fam. scherz.*) Chi orina spesso e in abbondanza.

piscióso [da *piscia*; 1832] **agg.** ● (*volg.*) Imbrattato d'urina.

piscìvoro [comp. del lat. *pĭscis* 'pesce' e *-voro*; 1824] **agg.** ● Detto di animale che si nutre di pesci.

†**piscòpo** ● V. *vescovo*.

†**piscóso** ● V. *pescoso*.

pisellàia [av. 1565] **s. f.** ● Piantagione di piselli.

pisellàio [1612] **s. m.** ● Pisellaia.

♦**pisèllo** [lat. parl. **pisĕllu(m)*, dim. di *pīsum*, dal gr. *píson*, di orig. straniera; av. 1320] **A s. m. 1** Pianta annua rampicante delle Leguminose, con fusto angoloso, foglie composte terminate da viticci, grandi fiori bianchi, frutti con semi commestibili (*Pisum sativum*). ➡ **ILL.** **piante**/7. **2** Legume della pianta omonima, lungo fino a 12 cm e contenente numerosi semi commestibili: *un kilo di piselli*; *sgranare*, *sgusciare i piselli*; *la buccia dei piselli* | (*est.*) Seme commestibile della pianta omonima, di forma rotonda e di color verde chiaro: *riso e piselli*; *piselli al prosciutto*; *crema di piselli*. **3** (*fam.*) Pene. **4** (*fig.*, *disus.*) Babbeo. || **pisellàccio**, pegg. | **pisellètto**, dim. | **pisellino**, dim. | **pisellóne**, accr. (V.) | **pisellùccio**, dim. **B** in funzione di agg. inv. ● (posposto al s.) Detto di una tonalità di verde piuttosto pallido: *vestito verde p.*

pisellóne [av. 1494] **s. m. 1** Accr. di *pisello*. **2** (f. *-a*) (*fig.*) Gran babbeo.

pisifórme [comp. del lat. *pīsum* 'pisello' e *-forme*; 1835] **s. m.** ● (*anat.*) Osso del carpo.

pisolàre [vc. di orig. onomat.; 1554] **v. intr.** (*io pìsolo*; aus. *avere*) ● (*fam.*) Dormicchiare un poco: *starsene a p. all'ombra*, *al fresco*. **SIN.** Sonnecchiare.

pisolino [av. 1904] **s. m. 1** Dim. di *pisolo*. **2** Sonnellino spec. pomeridiano: *schiacciare un p.*

pisòlite o **pisolìte** [comp. del gr. *píson* 'pisello' (V.) e *-lite*, per la forma; av. 1730] **s. f.** ● (*geol.*) Sferetta minerale, generalmente di calcite, costituita da un nucleo rivestito di involucri concentrici.

pìsolo [da *pisolare*; 1858] **s. m.** ● (*fam.*) Sonno leggerissimo e di breve durata. || **pisolino**, dim. (V.).

pispigliàre [vc. di orig. onomat.; 1319] **v. intr.** (*io pispìglio*; aus. *avere*) ● (*lett.*) Bisbigliare.

pispìglio (1) [da *pispigliare*; 1891] **s. m.** ● (*lett.*) Bisbiglio (1).

pispiglìo (2) o **pispillìo** [da *pispigliare*] **s. m.** ● (*lett.*) Bisbiglio (2).

†**pispillòria** [vc. di orig. onomat.; av. 1705] **s. f.** ● Discorso lungo e noioso | Cicalio di più voci: *là, una p. all'indirizzo del colpito* (DOSSI).

pispinàre [vc. di orig. onomat.; av. 1756] **v. intr.** (*io pìspino*; aus. *essere*) ● (*tosc.*) Zampillare.

pìspino [vc. di orig. onomat.; av. 1557] **s. m.** ● (*tosc.*) Zampillo: *io dovrei tener le labbra al p. del fonte ...?* (PASCOLI).

pìspola o (*dial.*) **spìpola**, **spìppola** [vc. di orig. onomat.; 1483] **s. f. 1** Uccello dei Passeriformi, facilmente addomesticabile, con piumaggio olivastro e giallo, stazionario sui monti italiani (*Anthus pratensis*) | ***Uccellare a pispole***, (*raro*, *fig.*) cercare piccoli guadagni. ➡ **ILL.** **animali**/9. **2** (*fig.*, *disus.*) Frottola: *raccontare pispole*. **3** Fischietto d'osso, o metallo, usato per imitare il fischio di vari uccelli. **4** †Fistola. || **pispolétta**, dim. | **pispolìna**, dim. | **pispolóne**, accr. m. (V.) | **pispolùccia**, dim.

pispolàre [vc. di orig. onomat.; 1853] **v. intr.** (*io pìspolo*; aus. *avere*) ● Fischiare con la pispola.

pispolóne [av. 1871] **s. m. 1** Accr. di *pispola*. **2** Uccello dei Passeriformi, con piumaggio giallo-bruno e strie scure, che vive nell'Italia settentrionale (*Anthus trivialis*).

pisquàno [deformazione di *pistola* (1) B, che ha senso sim.] **s. m.** (f. *-a*) ● (*sett., spreg.*) Persona sciocca o inetta.

pissètta [fr. *pissette*, da *pisser* 'urinare' (stessa etim. dell'it. *pisciare*)] **s. f.** ● (*raro*) Spruzzetta.

pissidàto **agg.** ● (*bot.*) Nella loc. ***lichene p.***, lichene con tallo ricco di ramificazioni.

pìsside [vc. dotta, lat. *pȳxide(m)*, nom. *pȳxis*, dal gr. *pyxís* 'vasetto', da *pýxos* 'bosso' (di orig. straniera), perché in orig. era fatto di bosso; 1644] **s. f.** *1* Nella liturgia cattolica, vaso di argento o di altro metallo, dorato all'interno, con coperchio, nel quale si conservano le particole consacrate. **SIN.** Ciborio. *2* (*bot.*) Frutto secco, deiscente, in cui la parte superiore si apre a coperchio, mentre quella inferiore è a forma di coppa.

pissi pissi [vc. onomat.; av. 1427] **A** **loc. inter.** ● Riproduce il sibilo e il bisbiglio che si fanno con le labbra parlottando piano. **B** in funzione di **loc. sost. m. inv.** ● Bisbiglìo, parlottio: *si sentiva dalla strada un pissi pissi continuato.*

pissòde [vc. dotta, gr. *pissṓdēs* 'simile a pece' (per il colore), da *píssa* 'pece'] **s. m.** ● Insetto coleottero dei Curculionidi che vive nei tronchi di varie conifere (*Pissodes notatus*).

♦**pista** [fr. *piste*, dall'it. *pista*, variante di *pesta* 'orma'; 1447] **s. f.** *1* Traccia, orma: *seguire le piste di qlcu.*; *essere sulla p. buona, giusta* | (*est.*) Percorso tracciato dal passaggio continuo di persone, animali o veicoli: *una p. nel deserto*; **SIN.** Sentiero | (*fig.*) Insieme di circostanze, tracce, indizi che contribuiscono alla soluzione di qlco.: *seguire una nuova p. in un'indagine*; *essere sulla p. giusta.* *2* Impianto sportivo costituito da un circuito in genere ellissoidale su cui si svolgono corse atletiche, ciclistiche, ippiche, motoristiche: *p. coperta*; *p. scoperta*; *correre in p., su p.* | ***P. di collaudo, di prova***, pista con tratti di diverse caratteristiche che si fa percorrere agli autoveicoli o motocicli per collaudarli | ***P. ciclabile***, V. *ciclabile.* *3* (*sport*) Percorso su neve battuta per la pratica dello sci di fondo o alpino | ***P. nera, rossa, blu, verde***, denominazioni convenzionali che contraddistinguono i vari gradi di difficoltà di percorso, in ordine decrescente | ***P.!***, escl. con cui si invita qualcuno a lasciare libero il passaggio, a far largo. *4* Spazio libero di forma per lo più circolare, variamente pavimentato, adibito a passatempi di vario genere e attività sportive: *p. da ballo*; *p. di pattinaggio* | ***P. del circo***, arena in cui ha luogo lo spettacolo. *5* (*aer.*) Striscia pavimentata per il decollo e l'atterraggio tangenziale di aerei: *p. di volo* | ***P. di rullaggio***, pista che collega la pista di volo con l'aerostazione. *6* Ciascuna delle linee lungo cui avviene la registrazione degli impulsi elettrici corrispondenti a suoni, caratteri, ecc., in nastri magnetici per registratori ed elaboratori, pellicole cinematografiche sonore, ecc.

pistacchiàta [av. 1584] **s. f.** ● (*tosc.*) Dolce con pistacchi.

pistàcchio [lat. *pistàciu(m)*, dal gr. *pistákion*, di orig. orient.; av. 1320] **A** **s. m.** *1* Albero delle Anacardiacee con foglie imparipennate rosse e frutto simile a un'oliva con seme commestibile (*Pistacia vera*). ➡ **ILL. piante**/5; **spezie.** *2* Il seme del frutto della pianta omonima, verde e tenero, di delicato aroma | (*fig.*) †***Non valere un p.***, nulla. **B** in funzione di **agg. inv.** ● (posposto al s.) Che ha il colore verde tenero e delicato caratteristico dei semi di pistacchio: *verde p.*; *color p.*

pistacite [dal colore verde come il *pistacchio*] **s. f.** ● (*miner.*) Varietà di epidoto con elevato contenuto in ferro.

pistàgna [sp. *pestaña* 'orlo'; di etim. incerta; 1589] **s. f.** ● Piccola striscia di tessuto su cui si fissa il colletto o il polsino | Filetto colorato che orna i calzoni, il collo e i polsi di certe uniformi militari. ‖ **pistagnina**, **dim.**

pistaiòlo [da *pista*; 1905] **s. m.** ● (*raro*) Pistard.

pistard /fr. pis'taːʀ/ [vc. fr., da *piste* 'pista'; 1905] **s. m. inv.** ● Corridore ciclista specialista delle gare in pista.

pistillìfero [comp. di *pistillo* e *-fero*; 1813] **agg.** ● (*bot.*) Che porta pistilli.

pistillo [vc. dotta, lat. *pistīllu(m)* 'pestello', per la forma; 1747] **s. m.** ● (*bot.*) Organo femminile del fiore formato dall'ovario, dallo stilo e dallo stigma.

pistòcco [ted. *Alpenstock*; 1933] **s. m.** (pl. *-chi*) ● (*gerg., sett.*) Alpenstock.

pistoiése [1765] **A** **agg.** ● Di Pistoia. **B** **s. m. e f.** ● Abitante, nativo di Pistoia. **C** **s. m.** solo **sing.** ● Dialetto del gruppo toscano, parlato a Pistoia.

♦**pistòla** (1) [fr. *pistole*, dal ted. *Pistole*, dal ceco *píštal* 'canna, tubo'; 1574] **A** **s. f.** *1* Arma da fuoco portatile individuale, a canna corta, di peso e ingombro limitati, impugnata generalmente con una mano sola e usata contro bersagli ravvicinati: *un colpo di p.*; *puntare la p. contro qlcu.* | ***P. a tamburo rotante***, a caricamento multiplo, il cui caricatore è costituito da un certo numero di alveoli in cui vengono inserite manualmente le cartucce | ***P. mitragliatrice***, provvista di selettori del tiro a colpo singolo o a raffica di colpi | ***P. da segnalazione***, usata per lanciare piccoli razzi che segnalano pericoli | ***Stare con la p. alla gola di qlcu.***, (*fig.*) essere molto esigenti, pretendere molto. *2* ***P. a spruzzo***, apparecchio a forma di pistola per verniciatura uniforme mediante aria compressa | ***P. sparachiodi***, V. *sparachiodi* | ***P. sparapunti***, V. *sparapunti*. **SIN.** Aerografo. **B** **s. m. inv.** ● (*sett., pop.*) Persona sciocca o ingenua, che si lascia ingannare facilmente. ‖ **pistolàccia**, **pegg.** | **pistolétta**, **dim.** | **pistolétto**, **dim. m.** (V.) | **pistolino**, **dim. m.** (V.) | **pistolóne**, **accr. m.**

pistòla (2) [fr. *pistole*: gli scudi di Spagna furono chiamati così perché più piccoli di quelli di Francia, come la pistola era più piccola dell'archibugio] **s. f.** ● Moneta d'oro spagnola del valore di due scudi coniata da Filippo II nel XVI sec.

†**pistola** (3) ● V. *epistola.*

†**pistolàre** ● V. *epistolare.*

†**pistolènza** ● V. *pestilenza.*

†**pistolènzia** ● V. *pestilenza.*

pistolèro [sp. *pistolero*, da *pistola* 'pistola'; 1935] **s. m.** ● Abile tiratore di pistola, spec. in film o narrazioni di avventure.

pistolése [dalla città di *Pistoia*, da dove si diffuse; 1312] **s. m.** ● Corto pugnale a doppio taglio, usato soprattutto nella caccia.

pistolettàta [1611] **s. f.** ● Colpo di pistola: *ricevette una p. nella gamba destra.*

pistolétto [1565] **s. m.** *1* Dim. di *pistola.* *2* Pistola lunga, da fonda, usata un tempo dalla cavalleria.

†**pistolière** [1900] **s. m.** ● Soldato di cavalleria leggera armato di pistola.

pistolino [1982] **s. m.** *1* Dim. di *pistola.* *2* (*fam.*) Pene.

pistolóne o (*raro*) **epistolóne** [da *pistola* (3); 1580] **s. m.** ● (*lett.*) Pistolotto.

pistolòtto [da *pistola* (3); av. 1539] **s. m.** *1* Scritto o discorso esortatorio o che esprime enfasi e retorica: *ci fece il solito p. sulla morale.* **SIN.** Fervorino. *2* (*teat.*) Battuta lunga ed enfatica di un dialogo.

pistóne [fr. *piston*, dall'it. ant. *pistone* 'pestone' (nel sign. 2); av. 1537] **s. m.** *1* Stantuffo, spec. di motore a combustione interna. *2* (*mus.*) Negli ottoni, meccanismo che permette l'emissione di tutti i suoni cromatici regolando la colonna d'aria in vibrazione. *3* Antica arma da fuoco portatile di grosso calibro, con canna corta e svasata. ‖ **pistoncino**, **dim.**

†**pistóre** [lat. *pistōre(m)* 'pestatore, mugnaio, fornaio', da *pīnsere* 'pestare'. V. *pestare*; sec. XIII] **s. m.** ● Fornaio, panettiere.

†**pistrinàio** ● V. *prestinaio.*

†**pistrìno** ● V. *prestino.*

pita [dallo sp. *pita*, vc. diffusa dall'America merid., ma non necessariamente di orig. indigena] **s. f.** ● Fibra tessile ottenuta dalle foglie di diverse specie di agavi e impiegata spec. per la fabbricazione di tessuti grossolani.

†**pitàffio** ● V. *epitaffio.*

pitagoreìsmo ● V. *pitagorismo.*

pitagorèo [vc. dotta, lat. *Pythagorēu(m)*, nom. *Pythagorēus*, dal gr. *Pythagóreios*, agg. di *Pythagóras* 'Pitagora'; 1659] **agg.** ● Pitagorico.

pitagoricìsmo [1891] **s. m.** ● (*filos.*) Pitagorismo.

pitagòrico [vc. dotta, lat. *Pythagŏricu(m)*, nom. *Pythagŏricus*, dal gr. *Pythagóras* 'Pitagora'; 1308] **A** **agg.** (pl. m. *-ci*) ● Di Pitagora (570 ca.-496 a.C.) o della scuola filosofica da lui fondata | ***Tavola pitagorica***, tabella per la moltiplicazione dei primi dieci numeri naturali. ‖ **pitagoricaménte**, **avv.** **B** **s. m.** ● Seguace della dottrina di Pitagora.

pitagorìsmo o **pitagoreìsmo** [vc. dotta, gr. *Pythagorismós*, da *Pythagóras* 'Pitagora'; av. 1758] **s. m.** ● Il complesso delle dottrine filosofiche, scientifiche e religiose professate dai pitagorici antichi.

pitàle [sovrapposizione di *orinale* al gr. *pitháriōn*, dim. di *píthos* 'orcio', di etim. incerta; av. 1535] **s. m.** ● (*pop.*) Orinale.

pitànga [dal portoghese, che riproduce il suo n. in lingua tupi; 1991] **s. f.** ● (*bot.*) Albero delle Mirtacee, originario dell'America meridionale, coltivato per ornamento e per il frutto commestibile, rosso, dolce-acidulo, usato per marmellate e gelati (*Eugenia uniflora*) | Il frutto di tale albero.

pit bull /'pitbul, *ingl.* 'pʰɪt,bʊl/ **loc. sost. m. inv.** (pl. ingl. *pit bulls*) ● Accorc. di *pit bull terrier.*

pit bull terrier /'pitbul 'terier, *ingl.* 'pʰɪt bʊl 'tʰɛɹiəɹ/ [loc. ingl. comp. di *pit* 'recinto per il combattimento dei cani', di *bull(dog)* (V.) e di *terrier* (V.)] **loc. sost. m. inv.** (pl. ingl. *pit bull terriers*) ● (*zool.*) Cane a pelo corto, selezionato per il combattimento, ottenuto dall'incrocio fra il terrier e il bulldog.

pitcher /*ingl.* 'pʰɪtʃəɹ/ [vc. ingl., 'lanciatore', da *to pitch* 'gettare, lanciare', da avvicinare a *to pick* 'perforare', vc. germ. di orig. espressiva; 1963] **s. m. inv.** ● Nel gioco del baseball, lanciatore.

pitch pine /*ingl.* 'pʰɪtʃ,paen/ [vc. ingl., propr. 'pino pece'; 1908] **loc. sost. m. inv.** ● (*bot.*) Nome popolare nordamericano di alcune specie di pino dell'America settentrionale e centrale, il cui legno è usato per mobili e costruzioni.

pitecàntropo [comp. del gr. *píthēkos* 'scimmia' (V. *pitecia*) e *ánthrōpos* 'uomo' (V. *antropo-*); 1905] **s. m.** ● Tipo fossile, partecipe delle caratteristiche fisiche delle scimmie antropomorfe e dell'uomo, i cui resti furono rinvenuti in isole dell'Indonesia.

pitècia [dal gr. *píthēkos* 'scimmia', di orig. indeur.; 1871] **s. f.** (pl. *-cie*) ● Scimmia dell'Amazzonia con lunga coda non prensile, pelame abbondantissimo e ondulato (*Pithecia monachus*).

pitecòide [comp. del gr. *píthēkos* 'scimmia' e *-oide*; 1905] **agg.** ● (*lett.*) Che mostra somiglianza con le scimmie.

†**piteto** ● V. *epiteto.*

pitia ● V. *pizia.*

pitiàmbico o **piziàmbico** [comp. del gr. *pýthios* 'pizio' e *iambikós* 'giambico'; 1880] **agg.** (pl. m. *-ci*) ● Detto di sistema strofico della poesia classica, formato da un esametro dattilico e da un dimetro o trimetro giambico.

pìtico [vc. dotta, lat. *Pȳthicu(m)*, nom. *Pȳthicus*, dal gr. *Pythikós*, da *Pythṓ*, ant. n. di Delfo ove sorgeva il santuario di Apollo; av. 1597] **agg.** (pl. m. *-ci*) ● Relativo ad Apollo Pizio.

pitirìași [vc. dotta, gr. *pityríasis*, da *pítyra* 'crusca', di etim. incerta, per il suo aspetto; 1829] **s. f. inv.** ● (*med.*) Affezione della pelle caratterizzata da chiazze rosa o rosse e abbondante desquamazione.

pitoccàre [da *pitocco*; 1598] **v. tr.** e **intr.** (*io pitòcco, tu pitòcchi*; aus. *avere*) *1* Mendicare, accattare. *2* (*fig.*) Chiedere con insistenza, piangendo miseria e umiliandosi: *p. un favore, una raccomandazione.*

pitoccherìa [1598] **s. f.** *1* (*spreg.*) Condizione di chi è pitocco. *2* Azione o comportamento da pitocco.

pitocchétto [da *pitocco*, perché si punta poco per volta (?); 1905] **s. m.** ● Gioco a carte in cui vince chi fa 35 punti dello stesso colore.

pitòcco [gr. *ptōchós* 'mendicante, povero'; di etim. incerta; av. 1492] **s. m.**; anche **agg.** (f. *-a*; **pl. m.** *-chi*) *1* (*lett.*) Pezzente, mendicante, accattone. *2* (*fig.*) Tirchio, taccagno: *fare il p.*; *essere un p.* ‖ **pitocchétto**, **dim.** | **pitocchino**, **dim.** | **pitoccóne**, **accr.**

pitòmetro [dal n. dell'ideatore H. *Pitot* (1695-1771) con il suff. *-metro*] **s. m.** ● (*fis.*) Strumento composto di due tubi, uno diretto nella direzione del moto di un fluido e uno perpendicolare a esso; serve a determinare la velocità del fluido tramite la misura della differenza di pressione fra i due tubi.

pitóne [vc. dotta, lat. *Pythōne(m)*, nom. *Pȳthon*, dal gr. *Pýthōn*, n. di un drago ucciso da Apollo, di etim. incerta; 1575] **s. m.** *1* Drago: *A piè del monte ove la maga alberga, / sibilando strisciar novi pitoni / ...vedrete* (TASSO). *2* Genere di serpenti dei Pitonidi arboricoli e non velenosi, lunghi fino a 10 m, di cui sono note diverse specie viventi nei Paesi tropicali (*Python*). ➡ ILL. **animali**/5. *3* (*est.*) Pelle conciata del serpente omonimo, usata per confezionare articoli di abbigliamento: *scarpe, borsetta di p.*

pitonéssa o †**pitonìssa** [vc. dotta, lat. tardo *pythonĭssa(m)*, f. di *pȳthon* 'indovino', detto così perché ispirato da Apollo *Pizio* (V. *pizio*); 1354] **s. f.** *1* Pizia, sacerdotessa di Apollo. *2* (*fig.*) Chiromante, indovina.

pitònico [vc. dotta, lat. tardo *pythōnicu(m)*, agg. di *pȳthon* 'indovino'. V. *pitonessa*; av. 1342] **agg.** (**pl. m.** *-ci*) *1* (*lett.*) Relativo alla Pizia, profetessa di Apollo. *2* (*est.*) Divinatore: *spiriti pitonici.*

Pitònidi [vc. dotta, comp. di *piton(e)* e *-idi*] **s. m. pl.** (**sing.** *-e*) ● Nella tassonomia animale, famiglia di Ofidi, affini ai Boidi, comprendenti anche specie gigantesche, le cui femmine incubano le loro uova acciambellandosi attorno a esse (*Pythonidae*).

†**pitonìssa** ● V. *pitonessa.*

pitòsforo ● V. *pittosporo.*

pitressina [var. di *(vaso)pressina* (di non chiara identificazione la prima parte del composto)] **s. f.** ● (*biol.*) Vasopressina.

pit stop /ingl. 'pɦɪt,stɒp/ [loc. ingl., propr. 'arresto (*stop*) in una fossa (*pit*)'; 1997] **loc. sost. m. inv.** (**pl.** ingl. *pit stops*) ● (*sport*) Nelle competizioni motoristiche, fermata ai box.

pittàre (**1**) [lat. parl. **pictāre*, da *pĭctus* (V. *pittura*); 1957] **v. tr.** ● (*merid.*) Dipingere, pitturare.

pittàre (**2**) [vc. di orig. genov.: 'beccare'] **v. tr.** ● (*dial.*) Riferito ai pesci, dare strappi all'amo senza abboccare.

pittière [da *petto*; 1565] **s. m.** ● (*raro, lett.*) Pettirosso.

pittima (**1**) [etim. incerta; 1804] **s. f.** ● Uccello dei Caradriformi con lunghe zampe ed esile becco diritto (*Limosa limosa*). ➡ ILL. **animali**/8.

pittima (**2**) [stessa etim. di *epitema*; av. 1449] **s. f.** *1* †Impiastro, cataplasma. *2* (*fig.*) Persona importuna, lagnosa, insistente o petulante: *Vedrai che ordine ti metto io qui dentro. E senza far la p.* (GIACOSA).

pittografìa [ingl. *pictography*, comp. del lat. *pĭctus*, part. pass. di *pĭngere* 'dipingere' e *-graphy* '-grafia'; 1925] **s. f.** ● Sistema di scrittura che utilizza disegni figurativi al fine della comunicazione scritta.

pittogràfico [1966] **agg.** (**pl. m.** *-ci*) ● Detto di scrittura i cui segni figurativi comunicano contenuti o descrivono oggetti senza ricorrere alla forma fonetica della frase. || **pittograficaménte**, **avv.** Mediante la pittografia.

pittogràmma [comp. del lat. *pĭctus*, part. pass. di *pĭngere* 'dipingere' e *-gramma*; 1958] **s. m.** (**pl.** *-i*) ● Disegno di vario tipo, in uno o più colori, che riproduce il contenuto di un messaggio senza riferirsi ad alcuna forma linguistica parlata.

♦**pittóre** [lat. *pictōre(m)*, da *pĭctus*, part. pass. di *pĭngere* 'dipingere'; sec. XIV] **s. m.** (**f.** *-trice*, †*-éssa*, **spreg.**) *1* Chi esercita l'arte del dipingere, come attività professionale o per diletto: *p. di ritratti, di paesaggi, di nature morte; p. delicato, originale, di maniera; p. astrattista, futurista, informale, figurativo.* *2* Decoratore, imbianchino. *3* (*fig.*) Scrittore che dà descrizioni molto vive ed efficaci. || **pittorèllo**, **dim.** | **pittorino**, **dim.** | **pittorùccio**, **dim.** | **pittorùcolo**, **spreg.**

pittorésco [1550] **A agg.** (**pl. m.** *-schi*) *1* (*ant.*) Di pittore. *2* (*est.*) Di paesaggio, scena, veduta e sim. aventi caratteristiche di colore e di composizione particolarmente suggestive: *panorama, luogo p.* *3* (*fig.*) Di qualsiasi espressione che ha caratteristiche di efficace vivacità ed evidenza: *stile, linguaggio p.; modo di parlare p.; si esprime con frasi pittoresche* | (*fam.*) Stravagante, bizzarro: *un tipo p.* || **pittorescaménte**, **avv.** **B s. m.** solo **sing.** ● Ciò che è pittoresco: *ricerca del p.*

pittoricìsmo [1949] **s. m.** *1* Ricerca di effetti pittorici, spec. in letteratura. *2* In pittura, la prevalenza espressiva del colore e delle immagini sulle altre componenti dell'opera: *il p. veneziano del Cinquecento.* CONTR. Linearismo.

pittoricità [av. 1952] **s. f.** ● Caratteristica di ciò che è pittorico.

pittòrico [da *pittore*; 1704] **agg.** (**pl. m.** *-ci*) *1* Di pittura, relativo alla pittura: *stile p.* *2* (*fig.*) Che ha potenza o tecnica espressiva analoga a quella della pittura, che ottiene effetti di pittura: *linguaggio, stile p.; efficacia, vivacità pittorica.* || **pittoricaménte**, **avv.** Per quanto si riferisce alla pittura.

pittòsporo o, diffuso ma meno corretto, **pitòsforo** [comp. del gr. *pitta* 'pece' (di orig. indeur.) e *-sporo*: detto così dalla polpa resinosa che racchiude i semi; av. 1965] **s. m.** ● Pianta ornamentale, arbusto con foglie persistenti lucide e fiori bianchi molto profumati, resistente alla salsedine, molto diffuso nei centri balneari (*Pittosporum tobira*).

♦**pittùra** [lat. *pictūra(m)*, da *pĭctus*, part. pass. di *pĭngere* 'dipingere'; 1319] **s. f.** *1* Arte, tecnica, attività del dipingere: *studiare, insegnare p.; corso, scuola di p.; p. a olio, a tempera, a guazzo, ad acquerello; p. su tela, legno, ceramica* | ***P. di genere***, rappresentazione pittorica a carattere profano che illustra, senza intenzioni simboliche o celebrative, scene ed episodi della vita quotidiana | (*est.*) Scuola pittorica: *la p. italiana del Rinascimento; p. astratta, figurativa* | (*est.*) Opera pittorica: *ha esposto le sue pitture; una p. del Caravaggio.* *2* (*fig.*) Descrizione o rappresentazione non pittorica, ricca di colore, di vivacità e di espressività: *ciò che colpisce nel romanzo è la p. dei caratteri; una fedele p. dei costumi dell'epoca.* *3* (*pop.*) Vernice: *dare una mano di p. a qlco.* *4* (*fam.*) Belletto, trucco: *faccia piena di p.* || **pitturàccia**, **pegg.** | **pitturétta**, **dim.**

pitturàre [da *pittura*; 1340] **A v. tr.** *1* Dipingere: *p. un quadro* | (*fam.*) ***Pitturarsi il viso, gli occhi*** e sim., truccarsi. *2* Ricoprire di vernice o di tinta: *p. una carrozza, lo steccato, le pareti di una stanza.* **B v. rifl.** ● (*fam.*) Truccarsi, imbellettarsi.

pitturazióne [da *pitturare*] **s. f.** ● (*raro*) Tinteggiatura, verniciatura.

pitùita o **pituita** [lat. *pituīta(m)* 'gomma, resina', poi 'muco', da *pīnus* 'pino'; av. 1498] **s. f.** ● (*raro*) Flusso, catarro.

pituitàrio [av. 1673] **agg.** ● (*anat.*) Della pituita | ***Ghiandola pituitaria***, ipofisi.

♦**più** /pju*/ o (*pop., tosc.*) †**piùe** [lat. *plūs*, dalla stessa radice di *plēnus* 'pieno'; sec. XII] **A avv.** *1* In maggiore quantità, in maggiore misura o grado (se posposto al v. può introdurre una prop. compar., se è seguito da un agg. o da un avv. forma il compar. di maggioranza, mentre, se in tali condizioni è preceduto dall'art. det., forma il superl. rel.; il secondo termine di paragone può essere espresso o sottinteso): *queste sono le cose che più amo; devi studiare più di quanto tu ora non faccia; questo ragazzo si è fatto più maturo; sarà un'impresa più difficile; cerca di fare più rapidamente; è più tardi di quanto pensassi; il diamante è più duro di ogni altra pietra; è il più intelligente dei miei collaboratori; torna il più presto possibile* | ***A più tardi!***, formula di saluto che si rivolge a persona che si prevede di incontrare in giornata | ***Più che***, premesso ad agg. e avv. dà loro valore di superl. assol.: *è più che onesto; hai fatto più che tardi* | Piuttosto: *più che abile, è furbo; più che parlare, ora occorrerebbe agire* | ***Più o meno, poco più poco meno***, quasi, circa: *può riuscire più o meno simpatico; costerà mille euro, poco più, poco meno* | In correl. con 'meno': *più insisti e meno ottieni; più ci penso e meno mi convinco; chi più, chi meno, daranno tutti la loro offerta* | Con altri avv. di quantità: *pesa poco più di un quintale; costa molto più* | ***Di più***, in maggior misura: *costa molto di più; lavora di più e parla di meno; l'ho pagato di più* | ***Né più né meno***, proprio, per l'appunto: *è accaduto né più né meno quello che avevo previsto* | ***Tanto più***, ***molto più***, ***ancor più***, a maggior ragione: *ho sempre diffidato di lui, tanto più ora, dopo quanto è accaduto* | †***Senza più***, senza indugio | In espressioni correl.: *più la guardo e più mi piace; più ci penso e meno mi ricordo.* CONTR. Meno. *2* Oltre (in frasi negative indica cessazione, fine, esaurimento di qlco., di un'azione, di un fatto): *non parlo più; non disse più niente; non voglio più vederlo; non lo incontrerò più* | (con valore raff.) ***Mai più***: *non parlarne mai più* | ***Non poterne più***, essere all'estremo della sopportazione: *ho camminato tanto che non ne posso più* | ***Niente*** (***di***) ***più***, nient'altro: *è un amico e niente più* | ***Per di più***, inoltre: *è antipatico e per di più maleducato* | ***A più non posso***, (*fam.*) quanto più è possibile: *correre, gridare a più non posso.* *3* Indica addizione nell'operazione matematica: *due più tre fa cinque; quattro più tre è uguale a sette* | Indica aggiunta, sovrappiù nelle misurazioni: *due kilogrammi più due etti* | Nelle misurazioni della temperatura, indica temperature superiori a zero gradi centigradi: *la minima registrata nella notte è di più uno* | Nelle votazioni scolastiche indica una valutazione leggermente superiore: *nell'ultima prova scritta ha preso sette più* | ***In più***, ***di più***, indica eccedenza rispetto all'aspettativa: *ha avuto una carta di più; mi ha dato un euro in più di resto* | In correl. con 'meno', indica una quantità, un numero, una misura approssimata: *sarà largo un metro e mezzo, centimetro più centimetro meno; starò via un mese, giorno più giorno meno.* CONTR. Meno. **B prep.** ● Oltre a, con l'aggiunta di: *questa volta verremo io e mia moglie più mio figlio; il suo stipendio è di mille euro più gli straordinari.* **C agg.** *1* Maggiore in quantità: *ha fatto più punti di te; ci vuole più denaro; ho impiegato più tempo del previsto; oggi ho più lavoro del solito.* CONTR. Meno. *2* Maggiore in numero o misura: *oggi c'è più gente; più persone vengono e meglio è; mi ha trattato con più gentilezza; ormai lui ha più pratica di te* | ***La più parte***, la maggior parte: *ma la più parte d'essi ascondo e celo* (STAMPA). *3* Più di uno, parecchi, molti: *ho viaggiato più mesi; si è discusso per più giorni; l'ho ripetuto più e più volte; la febbre mi ha tenuto a letto più giorni.* *4* Con valore neutro in espressioni ellittiche: *ho riscosso più di te; ci vorrà un'ora e più; tutto sarà pronto entro due settimane, non più; più di così non potevo fare* | ***Essere da più***, essere superiore: *io sono da più di te.* CONTR. Meno. **D** in funzione di **s. m.** *1* La maggior cosa (con valore neutro): *cerca di ottenere il più possibile; il più è incominciare* | La maggior parte (spec. contrapposto a 'meno'): *il più è fatto; il più delle volte ho sbagliato* | ***Il di più***, il superfluo, quello che avanza | ***Parlare del più e del meno***, di cose non importanti, passando da un argomento ad un altro senza impegno | ***Dal più al meno***, all'incirca: *saranno dal più al meno tre settimane* | †***Il numero del più***, il plurale | ***Al più***, ***tutt'al più***, al massimo: *saranno al più dieci euro* | V. anche *perlopiù, tutt'al più.* CONTR. Meno. *2* Il simbolo '+' dell'addizione o di una quantità positiva: *premetti il segno del più.* CONTR. Meno | (*tel.*) Il segno che, premesso al prefisso di uno Stato, simboleggia e sostituisce le cifre da comporre per effettuare chiamate internazionali: *chiamando dall'estero comporre il +39051293111.* *3* La maggioranza (sempre preceduto dall'art. det. pl.): *i più non sono d'accordo; questa è l'opinione dei più; i più si sono astenuti* | ***Passare nel numero dei più***, (*eufem.*) morire. CONTR. Meno. || PROV. Il più conosce il meno.

piuccheperfètto o (*raro*) **piucchepperfètto**, **più che perfètto** [da *più che perfetto*: calco sul lat. tardo *plūs quăm perfĕctum*; 1774] **s. m.** ● Spec. nella grammatica greca classica e in quella latina, tempo verbale esprimente un'azione del passato (in italiano corrisponde al trapassato prossimo).

†**piùe** ● V. *più.*

♦**piùma** [lat. *plūma(m)*, di orig. indeur.; sec. XIII] **A s. f.** *1* Penna più corta e più morbida, che riveste gli uccelli: *materasso, guanciale di p.* | ***Leggero come una p.***, leggerissimo | (*est., lett.*) Ala, penna (*anche fig.*): *le piume del desiderio.* *2* (*poet.*) Lanugine, peluria | ***Mettere le prime piume***, la prima barba. *3* (*al pl., lett.*) Letto, cuscino di piume: *stendersi, adagiarsi sulle piume.* *4* (*fig., poet.*) Comodità, agi: *seggendo in p., / in fama non si vien* (DANTE *Inf.* XXIV, 47-48). **B** in funzione di **agg. inv.** ● (posposto al s.) Solo nella loc. ***peso p.***, nel pugilato, categoria di peso compresa tra quelle dei pesi supergallo e superpiuma. **C s. m. inv.** ● Nel pugilato, atleta appartenente alla categoria dei pesi piuma. || **piumétta**, **dim.** (V.) | **piumettina**, **dim.** | **piumolina**, **dim.**

†**piumàccio** o †**primàccio** [lat. tardo *plumāciu(m)*, detto così perché riempito di piume (lat. *plūma*); 1338 ca.] **s. m.** *1* Guanciale di piume. *2* (*mar.*) Paglietto turafalle. || †**piumaccétto**, **dim.** | †**piumacciuòlo**, **dim.**

piumàggio [fr. *plumage*, da *plume* 'piuma'; av. 1476] **s. m.** ● Insieme delle penne e delle piume che rivestono un uccello.

piumàio [1834] **s. m.** (**f.** *-a*) ● Pennaio.

piumàto [av. 1320] **agg.** ● Coperto od ornato di piume: *cappello p.*

piumétta [1773] **s. f.** *1* Dim. di *piuma.* *2* Porzione superiore della piantina nell'embrione vegetale.

piumìno [da *piuma*; 1511] s. m. *1* Negli uccelli, l'insieme delle piume, più piccole delle penne di contorno e con barbe libere, che limitano la dispersione del calore. *2* Grosso cuscino imbottito di piume, che si pone sulla coperta ai piedi del letto | Piumone. *3* Giubbotto di materiale gener. impermeabile, imbottito di piuma d'oca. SIN. Piumone. *4* Specie di batuffolo di piume di cigno o d'oca usato per darsi la cipria. *5* Ciuffo di piume fissate a un sottile bastone, usato per spolverare i mobili. *6* Proiettile per fucile ad aria compressa, con punta metallica e minuscolo ciuffo di piume posteriore.

piumóne [da *piuma*; 1983] s. m. *1 Piumone®*, marchio registrato di una trapunta imbottita di materiale sintetico, da infilarsi in un'apposita fodera che sostituisce il lenzuolo. *2* Piumino nel sign. 3.

piumóso [vc. dotta, lat. *plumōsu(m)*, da *plūma* 'piuma'; 1360 ca.] agg. ● Coperto o pieno di piume | (*fig.*) Leggero o soffice o morbido come piuma.

piumòtto [da *piuma* col suff. di (*giubb*)*otto*; 1985] s. m. ● Piumone nel sign. 2.

†**piuòlo** ● V. *piolo*.

piùria o **piurìa** [comp. di *pi(o)-* e *-uria*; 1821] s. f. ● (*med.*) Emissione di pus con le urine.

♦**piuttòsto** o **più tòsto** nel sign. A 3 [comp. di *più* e *tosto* 'presto'; av. 1294] **A** avv. *1* Più facilmente, più spesso: *qui piove p. in primavera che in autunno*; *fa p. caldo che freddo* | A preferenza, più volentieri: *prenderei p. una bevanda calda* | *O p.*, o meglio: *ti scriverò per informarti, o p. verrò io direttamente*; *facciamo così, o p. in quest'altro modo*. *2* Alquanto: *oggi mi sento p. stanco*; *ha dei gusti p. discutibili*; *è un uomo p. irascibile* | Abbastanza: *p. bene*; *p. male*. *3* †Più presto. **B** nelle loc. cong. *p. di*, *p. che* *1* Anziché (introduce una prop. compar. con il v. al congv. o all'inf.): *preferisco che muoia p. che tradisca*; *fa mille cose p. che studiare*; *p. di cedere voglio andare in rovina!* | Con ellissi del v.: *p. la morte*; *p. la miseria!* *2* (*fam.*) Oppure, ovvero: *alla sera mangio soltanto del formaggio p. che un uovo o della verdura*.

†**piùvico** [lat. parl. **plūbicu(m)*, per il classico *pūblicu(m)* 'pubblico'; 1353] agg. ● Pubblico.

piva [lat. parl. **pīpa(m)*, da *pipīre* 'pigolare', di orig. onomat.; av. 1313] s. f. ● Cornamusa | *Tornarsene con le pive nel sacco*, (*fig.*) avendo concluso poco, delusi e scornati. || **pivétta**, dim.

pivèllo [dim. di †*pivo* (V.); 1545] s. m. (f. *-a*) ● Ragazzo inesperto | Novellino, principiante. || **pivellìno**, dim.

piviàle o **pieviàle** [lat. mediev. *pluviāle*, propr. '(mantello) da pioggia', nt. sost. del lat. *pluviālis*, agg. di *plūvia* 'pioggia'; 1353] s. m. ● Paramento sacro cattolico costituito da un lungo mantello aperto davanti e trattenuto sul petto da un fermaglio, usato nella benedizione e in altre cerimonie.

pivière (1) [dal lat. *plūvia* 'pioggia', perché arriva verso la stagione delle piogge; 1668] s. m. ● Uccello dei Caradriformi di piccole dimensioni con becco corto e lunghe ali a punta (*Charadrius*) | *P. dorato*, bruno a macchie dorate, ottimo volatore (*Charadrius apricarius*). ➡ ILL. **animali**/8.

†**pivière** (2) o †**piovière** [da *pieve*] s. m. ● (*tosc.*) Pieve | Popolo o giurisdizione di una pieve.

pivierèssa [f. di *piviere* (1); 1827] s. f. ● Piccolo uccello dei Caradriformi che vive lungo le coste del mare e delle lagune, volatore molto resistente, di passo in Italia (*Squatarola squatarola*). SIN. Squatarola.

†**pivo** [da *piva*, nell'uso metaforico di 'membro virile'] s. m. *1* Ragazzo | Paggio. *2* Invertito, cinedo. || †**pivétto**, dim. | **pivèllo**, dim. (V.).

pivot /*fr.* pi'vo/ [fr., uso metaforico di *pivot* 'perno' (di etim. incerta) perché questo giocatore fa perno su un piede per passare o tirare; 1958] s. m. inv. ● Nella pallacanestro, giocatore che costituisce il perno dell'attacco, col compito principale di andare a canestro o conquistare la palla sui rimbalzi. SIN. Centro.

pivotànte [fr. *pivotant*, part. pres. di *pivoter* 'girare intorno a un perno', da *pivot* 'perno' (V. *pivot*); 1993] agg. ● (*tecnol.*) Detto di organo che può girare in tutte le direzioni in quanto montato su un perno.

pixel /'piksel, *ingl.* 'pʰɪksḷ/ [vc. ingl., comp. di *pix* (pl. di *pic*, abbr. di *pic(ture)* 'immagine') ed *el(ement)*; 1981] s. m. inv. ● (*elab.*) In un dispositivo di visualizzazione digitale, ciascuno dei punti elementari che compongono l'immagine.

pìzia o **pìtia** [vc. dotta, lat. *Pȳthia(m)*, nom. *Pȳthia*, dal gr. *Pythía* (*héreia*) 'sacerdotessa di Apollo Pizio', f. sost. di *Pýthios* 'pizio'; av. 1498] s. f. ● Sacerdotessa e profetessa di Apollo in Delfi.

Piziàcee [dal lat. scient. *Phytium*, n. del genere deriv. dal v. gr. *pýthein* 'far imputridire' con il suff. *-acee*; 1991] s. f. pl. (sing. *-a*) ● (*bot.*) Nella tassonomia vegetale, famiglia di funghi degli Oomiceti, affini alle Peronosporacee, comprendente specie saprofite o parassite (*Pythiaceae*).

piziàmbico ● V. *pitiambico*.

pìzio [vc. dotta, lat. *Pȳthiu(m)*, nom. *Pȳthius*, dal gr. *Pýthios*, da *Pythṓ*, ant. n. di Delfi, ove sorgeva il santuario di Apollo; sec. XIV] agg. ● Epiteto di Apollo.

♦**pizza** [etim. incerta; 1535] s. f. *1* Sottile focaccia di pasta lievitata, condita con olio, mozzarella, pomodoro, alici o altro e cotta in forno, specialità napoletana oggi diffusissima ovunque: *p. margherita, capricciosa, quattro stagioni*; *p. al prosciutto, ai funghi* | *P. al trancio, al taglio*, venduta a peso in porzioni rettangolari o triangolari | (*est.*) Specie di focaccia rustica o di schiacciata, cotta in forno, con caratteristiche diverse a seconda del luogo di origine. *2* (*fig.*) Cosa o persona estremamente noiosa e monotona: *quel film è una p.*; *oggi sei proprio una p.* *3* (*gerg.*) Pellicola cinematografica custodita in una apposita scatola rotonda e piatta. || **pizzétta**, dim. (V.).

pizzaccherìno [da *pizzo* 'becco'. Cfr. *beccaccia*; 1884] s. m. ● (*zool.*, *dial.*) Beccaccino reale.

pizzaiòlo [da *pizza*; 1784] s. m. (f. *-a*) *1* Chi fa le pizze | Gestore di pizzeria. *2* Loc. agg. e avv. *alla pizzaiola*, di carne cotta in intingolo di pomodoro, aglio e origano.

pizzàrda [da *pizzo* 'punta, becco'. Cfr. *beccaccia*; 1622] s. f. *1* (*zool.*, *rom.*) Beccaccia. *2* Cappello a due punte, portato dalle guardie municipali romane nell'Ottocento.

pizzardóne [da *pizzarda*; 1871] s. m. ● (*rom.*) Vigile urbano (*spec. scherz.*).

pizzàre [da avvicinare a *pizzo* 'punta, becco'; sec. XIV] v. tr. e intr. (aus. *avere*) *1* †Pungere, pizzicare, pinzare. *2* (*mar.*, *disus.*) Urtare, investire per errata manovra contro un'altra nave o contro una banchina.

♦**pizzerìa** [da *pizza*; 1884] s. f. ● Locale pubblico in cui si preparano e si servono pizze e, spesso, altri piatti freddi o caldi.

pizzétta s. f. ● Dim. di *pizza*: *avevo cotto al forno una p. bassa e dura, ma buona* (MORAVIA). || **pizzettìna**, dim.

pizzicàgnolo [detto così perché vende cibi *pizzicanti*; av. 1348] s. m. (f. *-a*) ● (*region.*) Venditore al minuto di salumi, formaggi e sim.: *Così vado dal p. sulla piazza* (FENOGLIO). SIN. Salumiere.

pizzicaiòlo ● V. *pizzicarolo*.

pizzicaménto [1683] s. m. ● Il pizzicare.

pizzicànte part. pres. di *pizzicare*; anche agg. ● Nei sign. del v. | Piccante: *La pasta era buona davvero…, con tanto pecorino dal sapore p.* (MORAVIA).

pizzicàre [intens. di *pizzare*; 1306] **A** v. tr. (*io pìzzico, tu pìzzichi*) *1* Prendere o stringere, accostando la punta del pollice e dell'indice: *p. l'uva chicco a chicco* | *P. un braccio, il collo*, dare un pizzicotto sul braccio, sul collo | (*est.*) Prendere e stringere col becco: *il pappagallo mi ha pizzicato un dito*. *2* (*est.*) Pungere, pinzare: *le zanzare mi hanno pizzicato una guancia*; *l'ha pizzicato una vespa*. *3* Stimolare col proprio sapore piccante o frizzante: *le bevande gassate pizzicano la lingua* | (*raro*, *est.*) Solleticare: *un cibo che pizzica il palato*. *4* (*mus.*) Far vibrare la corda, stringendola tra il pollice e le due dita vicine. *5* (*pop.*) Cogliere sul fatto: *i carabinieri lo hanno pizzicato mentre fuggiva con la refurtiva* | Catturare: *sono riusciti a pizzicarlo*. *6* (*fig.*) Punzecchiare, stuzzicare: *p. qlcu. con parole ironiche, motti salaci*. **B** v. intr. (aus. *avere*) *1* Sentire prurito, pizzicore: *mi pizzica il palato* | *Sentirsi p. le mani*, (*fig.*) aver voglia di picchiare qlcu. *2* Essere piccante: *formaggio che pizzica*. *3* (*fig.*, *lett.*) Avere sentore: *questo discorso pizzica di insolenza*. **C** v. rifl. rec. ● Punzecchiarsi, scambiarsi frasi pungenti: *quei due si pizzicano di continuo*.

pizzicaròlo o (*raro*) **pizzicaiòlo**, **pizzicaruòlo** [V. *pizzicagnolo*; av. 1262] s. m. (f. *-a*) *1* †Droghiere, speziale. *2* (*rom.*) Pizzicagnolo, salumiere.

pizzicàta [da *pizzicare*; av. 1560] s. f. ● Pizzico: *dare una p.*; *prendere una p. di tabacco*.

pizzicàto [1325 ca.] **A** part. pass. di *pizzicare*; anche agg. ● Nei sign. del v. **B** s. m. ● (*mus.*) Modo di suonare strumenti a corde facendole vibrare con la punta delle dita | Negli strumenti ad arco, prescrizione e tecnica del pizzicare le corde invece di usare l'arco | Brano di musica eseguito con tale tecnica.

pizzicherìa [V. *pizzicagnolo*; 1550] s. f. ● (*region.*) Bottega del pizzicagnolo | Generi di salumeria.

pizzichìno [da *pizzicare*; 1863] agg. ● (*fam.*) Frizzante: *acqua pizzichina* | Piccante: *salsa pizzichina*.

pìzzico [da *pizzicare*; 1340 ca.] s. m. (pl. *-chi*) *1* Atto del prendere e stringere una parte molle del corpo tra la punta delle dita: *dare un p. sulla gota*. *2* Quantità di roba, spec. in polvere, che si può prendere in una volta con la punta delle dita ravvicinate: *un p. di sale, di tabacco, di farina* | (*est.*) Piccola quantità (*anche fig.*): *mettici poco zucchero, appena un p.*; *avere solo un p. d'erudizione* | *Non avere un p. di buon senso*, esserne del tutto sprovvisti. *3* Morso o pinzata d'insetto e il segno che ne resta: *il p. dell'ape è molto doloroso*; *sono pieno di pizzichi di zanzare*. || **pizzicòtto**, accr. (V.).

pizzicóre [da *pizzicare*; av. 1292] s. m. *1* Sensazione prodotta da ciò che è piccante, frizzante e sim.: *lo spumante mi dà p. al naso* | Senso di prurito: *sentire un forte p.* | *P. alle mani*, (*fig.*) voglia di menar botte a qlcu. SIN. Prurigine. *2* (*fig.*) Desiderio o voglia improvvisa e capricciosa: *il p. di conoscere cose nuove* | (*eufem.*) Stimolo sensuale. SIN. Capriccio, uzzolo. || **pizzicorìno**, dim.

pizzicottàre [da *pizzicotto*; 1855] **A** v. tr. (*io pizzicòtto*) ● Prendere a pizzicotti: *p. un bambino paffuto*. **B** v. rifl. rec. ● (*raro*) Darsi pizzicotti.

pizzicòtto [1538] s. m. *1* Accr. di *pizzico*. *2* Forte pizzico, dato con le dita, anche con intenzione affettuosa, per grossolano complimento e sim.: *i pizzicotti mi danno fastidio*. || **pizzicottìno**, dim.

♦**pizzo** [vc. di orig. espressiva; sec. XIV] s. m. *1* Punta o estremità appuntita di qlco.: *p. dello scialle* | (*region.*) Sommità di una montagna: *il Pizzo dei Tre Signori*. *2* Merletto, trina: *il p. di una camicetta*; *sottoveste col p.* *3* Barbetta a punta, sul solo mento | (*al pl.*) Basette a punta. *4* (*merid.*) Forma di tangente estorta dalle organizzazioni mafiose e camorristiche a negozianti, imprenditori ecc. || **pizzétto**, dim. | **pizzóne**, accr.

pizzòcchero [etim. incerta; av. 1459] s. m. *1* (f. *-a*) (*region.*) Pinzochero. *2* (*spec. al pl.*) Tagliatelle a base di farina di grano saraceno, specialità della Valtellina.

pizzóso [da *pizza* nel sign. fig.] agg. ● (*fam.*) Noioso, insopportabile.

pizzutèllo [da *pizzo* 'punta', per la forma allungata degli acini; 1560] s. m. ● Varietà di uva da tavola di media maturazione con acini lunghi, arcuati, molto dolci. SIN. Uva corniola.

pizzùto [da *pizzo*; 1606] agg. ● (*merid.*) Aguzzo, appuntito | *Viso p.*, imbronciato.

placàbile [vc. dotta, lat. *placābile(m)*, da *placāre* 'placare'; 1340] agg. *1* Che si può o si deve placare. CONTR. Implacabile. *2* (*lett.*) Che placa, che è atto a pacificare, a mitigare. || **placabilménte**, avv.

placabilità [vc. dotta, lat. *placabilitāte(m)*, da *placābilis* 'placabile'; 1584] s. f. ● (*raro*) Caratteristica di chi (o di ciò che) è placabile.

placaménto [vc. dotta, lat. *placamĕntu(m)*, da *placāre* 'placare'; 1499] s. m. ● (*raro*) Il placare.

placàre [vc. dotta, lat. *placāre*, di etim. incerta; av. 1306] **A** v. tr. (*io plàco, tu plàchi*) ● Rendere calmo, quieto, tranquillo: *p. l'ira di qlcu.*; *p. la tempesta*; *p. la collera divina* | Mitigare, sedare: *p. gli stimoli della fame, gli accessi di pianto*. CONTR. Eccitare, irritare. **B** v. intr. pron. *1* Farsi calmo, tranquillizzarsi: *dagli il tempo di placarsi, poi riprenderai la discussione*. SIN. Quietarsi, tranquillarsi. *2* Diventare calmo e tranquillo: *le onde si placarono e il sole splendette di nuovo* | Mitigarsi: *spero che il dolore si placherà perché è veramente insopportabile*.

placàto [av. 1306] part. pass. di *placare*; anche agg. ● Nei sign. del v.

placazióne [vc. dotta, lat. *placatiōne(m)*, da *pla-*

cātus 'placato'] **s. f.** ● (*lett.* o *raro*) Propiziazione di una divinità: *rito, cerimonia di p.*

plàcca [fr. *plaque*, deriv. di *plaquer* 'placcare'; 1660] **s. f.** *1* Lastra o lamina sottile di metallo, di varia dimensione, adatta a usi diversi: *ricoprire qlco. con una p. d'argento, d'oro*; *incidere il proprio nome su una p. cromata.* *2* Piastra metallica, recante incise varie indicazioni, usata come stemma, mezzo di riconoscimento e sim. *3* Piastra di un accumulatore. *4* Elettrodo o potenziale positivo in un tubo termoelettronico. *5* Nel linguaggio alpinistico, tratto di parete rocciosa privo di appigli. *6* (*region.*) Teglia rettangolare: *una p. di lasagne al forno.* *7* (*anat.*) Formazione cutanea o mucosa, spec. di forma tondeggiante | ***P. motrice***, formazione neuromuscolare con cui il nervo trasmette gli impulsi alla fibra muscolare striata | ***P. del Peyer***, ammasso linfatico nella parete dell'intestino tenue | ***P. ateromatosa***, ateroma | ***P. batterica, dentaria***, materiale di origine spec. alimentare che, se non asportato regolarmente, si accumula sulla superficie dei denti favorendo la crescita dei batteri della carie. ➡ **ILL.** p. 2124 ANATOMIA UMANA. *8* (*geol.*) Zolla: *tettonica a placche.* || **placchétta**, **dim.** (V.).

placcàggio [fr. *placage*, da *plaquer* 'placcare' (V. *placcare*); 1958] **s. m.** ● Nel rugby, l'azione di arrestare un avversario in corsa e in possesso della palla, afferrandolo alle gambe o alla cintura.

placcàre [fr. *plaquer*, dal medio ol. *placken* 'rattoppare, incollare', da *plak* 'toppa, colpo', di orig. espressiva; 1841] **v. tr.** (*io plàcco, tu plàcchi*) *1* Rivestire di una lamina sottile d'oro o d'argento un metallo meno prezioso o comune. *2* Nel rugby, arrestare mediante placcaggio: *p. un avversario.*

placcàto [av. 1916] **part. pass.** di *placcare*; anche **agg.** ● Nei sign. del v.: *argento p. d'oro.*

placcatùra [da *placcato*; 1929] **s. f.** ● Rivestimento di un metallo comune con una lamina sottile d'oro o d'argento.

placchétta [1890] **s. f.** *1* Dim. di *placca.* *2* Bassorilievo di piccole dimensioni generalmente in bronzo e di forma rettangolare, con figure e ornamentazioni. *3* Nelle montature di occhiali, ciascuna delle due alette che poggiano ai lati del naso. *4* (*raro*) Plaquette.

placèbo [prima pers. fut. del lat. *placēre* 'piacere': 'io piacerò'; 1958] **A s. m. inv.** ● (*farm.*) Ogni preparato privo di sostanze attive somministrato a un paziente con disturbi di origine non organica per suggestionarlo facendogli credere che si tratta di una cura reale, oppure usato in sostituzione di un farmaco per misurarne l'azione farmacologica. **B** anche **agg. inv.** ● Nella loc. ***effetto p.***, effetto psicologico o psicofisiologico prodotto da un placebo.

placènta [vc. dotta, lat. *placēnta(m)* 'focaccia', dal gr. *plakoûnta*, acc. di *plakoûs*, da *plakóeis* 'in forma di vassoio', a sua volta da *pláx*, genit. *plakós* 'ogni superficie larga e piatta'; av. 1698] **s. f.** *1* (*anat.*) Annesso embrionale tipico degli Euteri; di forma variabile (nella specie umana è simile a un cilindro appiattito), garantisce i rapporti funzionali tra embrione e parete uterina | (*med.*) ***P. previa***, V. *previo.* *2* (*bot.*) La parete più interna dell'ovario fornita di nervatura nutritizia, alla quale sono attaccati gli ovuli.

placentàre [1936] **agg.** ● (*anat., bot.*) Di placenta, relativo a placenta.

Placentàti [1922] **s. m. pl.** (**sing.** *-o*) ● (*zool.*) Euteri.

placentazióne [1835] **s. f.** *1* (*anat.*) Processo di formazione della placenta. *2* (*bot.*) Disposizione degli ovuli sulla placenta: *p. assile, marginale, mediana, parietale, centrale.*

placentifórme [comp. di *placenta* e *-forme*] **agg.** ● (*biol.*) Che ha forma di placenta.

plàcet [vc. lat., propr. terza pers. sing. dell'indic. pres. di *placēre* 'piacere'; av. 1552] **s. m. inv.** ● (*dir.*) Formula con la quale negli Stati giurisdizionalisti si approvava la pubblicazione di documenti ecclesiastici o si concedeva l'esecuzione agli atti di provvista dei templi minori | (*est.*) Approvazione, beneplacito.

placidézza [1619] **s. f.** ● (*raro*) Placidità. **CONTR.** Irrequietezza.

placidità [vc. dotta, lat. *placiditāte(m)*, da *plăcidus* 'placido'; 1597] **s. f.** ● Caratteristica, condizione di chi (o di ciò che) è placido.

plàcido [vc. dotta, lat. *plăcidu(m)*, propr. 'che piace', da *placēre* 'piacere'; av. 1364] **agg.** ● Completamente calmo e tranquillo: *mare p.*; *tono, carattere p.*; *un uomo p. e mite*; *distaccarsi dalle placide consuetudini di lunghi anni* (CROCE) | Libero da preoccupazioni o turbamenti: *ho trascorso una placida serata in famiglia*; *se ne stava p. in poltrona a leggere il giornale* | Che infonde serenità, tranquillità: *notte placida.* **CONTR.** Agitato, irrequieto. || **placidaménte**, **avv.**

†**placitàre** [da *placito*; av. 1536] **v. tr.** ● Approvare con decreto.

placitazióne [da *placet*; 1870] **s. f.** ● Nel diritto preconcordatario, istituto per cui era richiesto l'assenso dell'autorità civile, al fine di conferire efficacia nello Stato agli atti emessi dall'autorità ecclesiastica.

plàcito [vc. dotta, lat. *plăcitu(m)*, propr. 'ciò che piace', poi 'parere, massima, precetto', da *placēre* 'piacere'; av. 1424] **s. m.** *1* Nell'epoca feudale, sentenza emanata da un'autorità giudiziaria | (*est.*) Documento contenente il verbale del giudizio e il testo della sentenza. *2* Nel diritto germanico, assemblea generale del popolo libero | Assemblea in cui il feudatario amministrava la giustizia | (*est.*) Tributo che il feudatario esigeva per l'amministrazione della giustizia. *3* (*lett.*) Opinione espressa da persona autorevole in materia di filosofia.

plàco- [dal gr. *pláx*, genit. *plakós* 'piastra' (V. *placenta*)] primo elemento ● In parole composte della terminologia scientifica significa 'piastra, squama': *placoide, placoforo.*

placodàle [da *placod(e)* col suff. *-ale* (*1*)] **agg.** ● (*anat.*) Relativo a placode.

placòde [vc. dotta, gr. *plakṓdēs* 'piatto'] **s. m.** ● (*anat.*) Ispessimento dell'ectoderma dal quale derivano strutture sensoriali e gangliari: *p. otico.*

Placodèrmi [comp. di *placo-* e *-derma*] **s. m. pl.** (**sing.** *-a*) ● Nella tassonomia animale, classe di Pesci fossili paleozoici con dermascheletro che ricopre la metà anteriore del corpo (*Placodermi*).

Placòfori [comp. di *placo-* e *-foro*; 1956] **s. m. pl.** (**sing.** *-o*) ● Nella tassonomia animale, classe di Molluschi marini con corpo depresso e conchiglia formata da otto piastre calcaree articolate fra loro (*Placophora*). **SIN.** Loricati.

placòide [comp. di *placo-* e *-oide*] **agg.** ● Che ha forma di piastra | (*zool.*) ***Squame placoidi***, formazioni dell'esoscheletro caratteristiche dei Pesci degli Elasmobranchi.

plafonatùra [1970] **s. f.** ● Costruzione di un plafone | Il plafone stesso.

plafond /*fr.* pla'fõ/ [vc. fr., 'soffitto, volta', propr. 'fondo piatto', comp. di *plat* 'piatto' e *fond* 'fondo'; 1713] **s. m. inv.** *1* (*raro*) Soffitto. *2* (*aer.*) Tangenza. *3* (*fig.*) Limite massimo, massima capacità raggiungibile: *il p. del credito*; *il p. di un atleta.*

plafóne **s. m.** ● Adattamento di *plafond* (V.).

plafonièra [1933] **s. f.** ● Adattamento di *plafonnier* (V.).

plafonnier /*fr.* plafɔ'nje/ [da *plafond* 'soffitto'. V. *plafond*; 1933] **s. m. inv.** ● Lampada applicata contro il soffitto o in esso incassata.

plàga [vc. dotta, lat. *plăga(m)*, dalla stessa radice del gr. *pélagos* 'mare'. V. *pelago*; 1321] **s. f.** (**pl.** †*-ge*) *1* (*lett.*) Regione, zona della terra: *una p. fredda, calda, deserta, inospitale* | †Parte del cielo: *quindici stelle che 'n diverse plage / lo ciel avvivan di tanto sereno* (DANTE *Par.* XIII, 4-5). *2* †Spiaggia, lido.

plagàle [vc. dotta, lat. tardo *plagāle(m)*, da avvicinare al gr. *plágios* 'obliquo, degradante'; av. 1549] **A agg.** ● (*mus.*) Di modo o di tono collaterale di ciascun modo autentico nella musica liturgica | ***Cadenza p.***, dal 4° grado alla tonica. **B s. m.** ● (*mus.*) Divisione dell'ottava in una quarta nel grave e in una quinta nell'acuto, come *do sol sol.*

plagére e *deriv.* ● V. †*piagere* e *deriv.*

plagiàre [vc. dotta, lat. tardo *plagiāre* 'rubare', da *plăgium* 'plagio'; 1884] **v. tr.** (*io plàgio*) *1* Riprendere e spacciare come proprio, con plagio: *p. un verso di Orazio, un poema.* **SIN.** Copiare, contraffare. *2* (*dir.*) Commettere plagio su qualcuno: *è stata plagiata da quell'uomo.*

plagiàrio [fr. *plagiaire*, lat. *plagiāriu(m)* 'ladro di persone', poi 'plagiario', dal gr. *plágios*. V. *plagio*; 1653] **agg.**; anche **s. m.** (**f.** *-a*) ● Che (o Chi) commette plagio.

plagiàto A part. pass. di *plagiare*; anche **agg.** ● Nei sign. del v. **B s. m.** (**f.** *-a*) ● Colui sul quale è stato commesso plagio.

plagiatóre [da *plagiare*; 1954] **s. m.** (**f.** *-trice*); anche **agg.** ● Chi (o Che) compie un plagio.

plàgio [vc. dotta, lat. tardo *plăgiu(m)*, dal gr. *plágion*, nt. di *plágios* 'obliquo'; 1667] **s. m.** *1* Appropriazione, totale o parziale, di lavoro altrui, letterario, artistico e sim., che si voglia spacciare per proprio | (*est.*) Ciò che viene spacciato per proprio: *questo libro è un p.* *2* Nel diritto romano, comportamento criminoso di chi si impossessa dolosamente o fa commercio di un uomo libero o di uno schiavo altrui | Nel diritto penale moderno, illecito penale di chi assoggetta qlcu. al proprio potere, privandolo di ogni libertà di giudizio e di iniziativa; dal 1981 non costituisce più reato.

plàgio- [dal gr. *plágios* 'obliquo', di orig. incerta] primo elemento ● In parole composte della terminologia scientifica indica posizione obliqua: *plagiocefalia, plagiotropismo.*

plagiocefalìa [comp. di *plagio-* e *-cefalia*; 1931] **s. f.** ● (*med.*) Malformazione del cranio dovuta a obliquità dell'asse principale.

plagioclàsio [comp. di *plagio-* e del gr. *klásis* 'rottura'; 1922] **s. m.** ● (*miner.*) Alluminosilicato contenente sodio o calcio, in cristalli tabulari o prismatici di colore bianco o grigio, frequentemente geminati.

Plagiòstomi [comp. di *plagio-* e del gr. *stóma*, genit. *stómatos* 'bocca'] **s. m. pl.** (**sing.** *-a*) ● (*zool.*) Selaci.

plagiotropìsmo [comp. di *plagio-* e *tropismo*; 1958] **s. m.** ● (*bot.*) Incurvamento di un organo vegetale dovuto spec. a stimoli luminosi.

plaid /plɛid, *ingl.* plæd/ [vc. ingl., dallo scozzese *plaide*, di etim. incerta; 1757] **s. m. inv.** ● Coperta o scialle di lana, a superficie morbida e pelosa con disegni a grandi quadri e a colori vivaci.

planaménto [da *planare* (*2*); 1956] **s. m.** ● (*aer.*) Il planare.

planàre (**1**) [vc. dotta, lat. tardo *planāre(m)*, da *plānus* 'piano (1)'; 1970] **agg.** ● Di forma piana.

planàre (**2**) [fr. *planer*, dal lat. *plānus* 'piano (1)'; 1914] **v. intr.** (aus. *avere*) *1* (*aer.*) Volare in lenta discesa, per il solo effetto della gravità e della portanza aerodinamica. *2* (*mar.*) Procedere velocemente scivolando sul pelo dell'acqua per portanza idrodinamica, detto di imbarcazioni.

planària [dal lat. *plānus* 'piano, piatto'; 1829] **s. f.** ● Denominazione generica di animali invertebrati dei Platelminti, con corpo appiattito, che vivono nelle acque dolci e marine. ➡ **ILL. animali**/1.

planarità [da *planare* (*1*); 1978] **s. f.** ● Proprietà di ciò che è planare.

planàta [1929] **s. f.** ● (*aer.*) Volo planante | ***Traiettoria di p.***, quella percorsa da un aeromobile in discesa, spec. in avvicinamento e atterraggio.

planàto **part. pass.** di *planare*; anche **agg.** ● *Volo p.*, volo librato.

plància [fr. *planche*, dal lat. tardo *plănca(m)* 'tavola, asse', f. di *plăncus* 'dai piedi piatti', da *plānus* 'piano (1)'; 1905] **s. f.** (**pl.** *-ce*) *1* Ponte di comando di una nave: *p. scoperta, coperta, corazzata* | ***P. ammiraglia***, dove sta l'ammiraglio con il suo stato maggiore | ***P. di comando***, dove stanno il comandante e l'ufficiale di guardia. *2* Passerella che permette di caricare o scaricare, salire o scendere, da una nave attraccata alla banchina. *3* (*tipogr.*) Copertina in carta stampata che viene incollata al cartone nella rilegatura dei libri. *4* (*aer., autom.*) Struttura collocata davanti al posto di guida di autoveicoli, aeromobili e motoscafi nella quale sono poste la strumentazione, le bocchette di ventilazione, la sede per l'autoradio e sim.

plàncton o **plànkton** [fr. *plancton*, dal gr. *planktón*, nt. di *planktós* 'errante', da *plázein* 'andare errando', di orig. indeur.; 1895] **s. m. inv.** ● (*biol.*) L'insieme degli esseri viventi, animali e vegetali, fluttuanti nelle acque marine o dolci e incapaci di contrastare il movimento dell'acqua. **CFR.** Necton.

planctònico [1935] **agg.** (**pl. m.** *-ci*) ● (*biol.*) Relativo al plancton: *vita planctonica* | Che costituisce il plancton: *organismo p.*

planetàrio [dal lat. *planēta* 'pianeta (1)'; 1521] **A agg.** *1* (*astron.*) Di pianeta, attinente ai pianeti | ***Sistema p.***, l'insieme di tutti i pianeti. *2* Proprio del pianeta Terra | Mondiale: *un fenomeno di dimensioni planetarie.* *3* (*mecc.*) Detto di moto risultante dalla composizione di una rotazione di un organo intorno al proprio asse e di una simultanea rotazione di tale organo intorno a un altro asse parallelo al proprio | ***Ruota planetaria***, satellite | ***Treno p.***, rotismo epicicloidale. **B** s. m. ***1*** Macchina che proietta la sfera celeste e i fenomeni che vi si possono osservare sulla parte interna di una cupola raffigurante la volta celeste | (*est.*) Edificio, locale in cui si fa tale proiezione. ***2*** (*mecc.*) Ingranaggio del differenziale negli autoveicoli.

planetòide [comp. del lat. *planēta* 'pianeta (1)' e *-oide*; 1963] s. m. ***1*** Piccolo pianeta ruotante intorno al Sole. ***2*** Pianeta artificiale.

planetologìa [comp. del lat. *planēta* 'pianeta (1)' e *-logia*; 1983] s. f. ● (*astron.*) Studio dei pianeti, spec. delle loro caratteristiche superficiali.

planetològico [1983] agg. (pl. m. *-ci*) ● (*astron.*) Di planetologia, relativo a planetologia.

†**plàngere** ● V. *piangere*.

plàni- o **plàno-** [dal lat. *plānus* 'piano (1)'] primo elemento ● In parole composte della terminologia scientifica indica figura piana o rappresentazione in piano di cose (*planimetria*, *planisfero*, *planografia*), o aspetto piano, se si riferisce a organi animali e vegetali (*planipenni*, *planogamete*).

planigrafìa o **planografìa** nel sign. 2 [comp. di *plani-* e *grafia*] s. f. ● (*med.*) Stratigrafia (2), tomografia.

planigràmma [comp. di *plani-* e *gramma*] s. m. (pl. *-i*) ● (*med.*) Stratigramma, tomogramma.

planimetrìa [comp. di *plani-* e *-metria*; sec. XIV] s. f. ***1*** Parte della geometria che tratta delle figure piane. ***2*** Parte della topografia che studia strumenti e metodi atti a rappresentare la proiezione di una zona di superficie terrestre su un piano. ***3*** Rappresentazione grafica in pianta di terreni o nuclei di fabbricati, ridotti in opportuna scala.

planimètrico [1867] agg. (pl. m. *-ci*) ● Di planimetria, relativo a planimetria. || **planimetricamènte**, avv.

planìmetro [comp. di *plani-* e *-metro*; 1865] s. m. ● Strumento che permette di misurare l'area di una figura piana, percorrendone il contorno con una punta.

Planipènni [comp. di *plani-* e *penna*; 1875] s. m. pl. (sing. *-e*) ● Nella tassonomia animale, ordine di Insetti degli Pterigoti i cui individui presentano metamorfosi completa, e le larve conducono vita terrestre (*Planipennia*).

planiròstro [comp. di *plani-* e *rostro*; 1970] agg. ● (*zool.*) Che ha il becco appiattito: *uccello p.*

planisfèro o †**planisfèrio** [comp. di *plani-* ed (*emi*)*sfero*; av. 1536] s. m. ● Rappresentazione grafica piana di tutta la superficie terrestre in un solo disegno ottenuto con una proiezione di sviluppo, con scala da 1:20 milioni a 1:100 milioni.

planitùdine [vc. dotta, lat. tardo *planitūdine*(*m*), da *plānus* 'piano (1)', sul modello di *altitūdo*, genit. *altitūdinis* 'altitudine', *longitūdo*, genit. *longitūdinis* 'lunghezza' (V. *longitudine*) ecc.; 1958] s. f. ● Condizione di una superficie piana.

planivolumètrico [comp. di *plani*(*metrico*) e *volumetrico*; 1988] agg. (pl. m. *-ci*) ● Che riguarda contemporaneamente la planimetria e il volume: *rilievo p.*

†**planìzie** [vc. dotta, lat. *planītie*(*m*), da *plānus* 'piano (1)'] s. f. inv. ● Superficie pianeggiante.

plànkton ● V. *plancton*.

planning /*ingl.* 'plænɪŋ/ [dal v. *to plan* 'progettare', denom. di *plan* 'piano, disegno'; 1966] s. m. inv. ***1*** (*econ.*) Piano di lavoro molto dettagliato, che programma il raggiungimento di determinati obiettivi, tenendo conto delle risorse e dei tempi occorrenti. ***2*** (*est.*) Pianificazione, previsione attuata per raggiungere degli obiettivi prefissati.

plàno- ● V. *plani-*.

planoconìdio [comp. di *plano-* e *conidio*; 1936] s. m. ● (*bot.*) Zooconidio.

planogamète [comp. di *plano-* e *gamete*; 1932] s. m. ● (*bot.*) Gamete mobile mediante ciglia o altri organi. SIN. Zoogamete.

planografìa [comp. di *plano-* e *grafia*; 1925] s. f. ***1*** (*tipogr.*) Procedimento di stampa mediante matrici piane. ***2*** V. *planigrafia*.

planogràfico [1933] agg. (pl. m. *-ci*) ● (*tipogr.*) Relativo alla planografia.

plantagenèto [ingl. *plantagenet*: dal n. di una pianta raffigurata nello stemma del capostipite (?); 1956] agg. ● Appartenente o relativo all'antica dinastia inglese dei Plantageneti.

Plantaginàcee [vc. dotta, comp. del lat. *plantāgo*, genit. *plantāginis* 'piantaggine', e *-acee*; 1956] s. f. pl. (sing. *-a*) ● Nella tassonomia vegetale, famiglia di piante erbacee delle Dicotiledoni con foglie intere, fiori ermafroditi in spighe e semi mucillaginosi (*Plantaginaceae*).

plantàre [vc. dotta, lat. *plantāre*(*m*), agg. di *plānta* 'pianta'; 1804] **A** agg. ● (*anat.*) Relativo alla pianta del piede: *volta, arcata p.* CFR. Volare (2). **B** s. m. ● Protesi ortopedica per correggere la curvatura della pianta del piede.

plantìgrado [comp. del lat. *plānta* 'pianta (del piede)', su cui cammina, e *-grado*; 1829] s. m. (f. *-a*) ***1*** Mammifero che, nel camminare, poggia sul terreno metacarpo o metatarso e dita. ***2*** (*fig.*, *spreg.*) Persona di movimenti lenti o di mente ottusa.

plàntula [lat. scient. *plāntula*, dim. del lat. *plānta* 'pianta'; 1835] s. f. ● (*bot.*) Piantina germinata dall'embrione.

plànula [dal lat. *plānus* 'piano, piatto'; 1931] s. f. ● (*zool.*) Larva ciliata pelagica dei Celenterati.

plaquette /*fr.* pla'kɛt/ [vc. fr., propr. dim. di *plaque* 'placca'; 1899] s. f. inv. ● Opuscolo stampato, piuttosto raro e con poche pagine.

-plasìa [dal gr. *plásis* 'formazione'] secondo elemento ● In parole composte della terminologia scientifica, spec. medica, indica alterazioni di tessuti, animali o vegetali: *neoplasia*.

plàsma [vc. dotta, lat. tardo *plăsma* 'creatura, finzione poetica, modulazione della voce', dal gr. *plásma* 'cosa plasmata, forma', da *plássein* 'formare, modellare', di etim. incerta; 1865] s. m. (pl. *-i*) ***1*** (*biol.*) Parte liquida del sangue, di colore giallognolo, trasparente, costituita da acqua, sali, proteine, lipidi e glucosio. ***2*** (*fis.*) Gas ionizzato le cui cariche negative sono in numero circa uguale alle positive | ***P. stellare***, gas costituito da atomi totalmente ionizzati che si suppone esista all'interno delle stelle. ***3*** (*miner.*) Varietà di calcedonio verde. ***4*** (*mus.*) †Modulazione affettata di voce o suono.

plaṣmàbile [vc. dotta, lat. tardo *plasmābile*(*m*), da *plasmāre* 'plasmare'; 1871] agg. ● Che si può plasmare, formare (*anche fig.*): *creta p.*; *carattere p.* SIN. Malleabile.

plaṣmabilità [1922] s. f. ● Proprietà o caratteristica di ciò che è plasmabile. SIN. Malleabilità.

plaṣmacèllula [comp. di (*cito*)*plasma* e *cellula*, sul modello del ted. *Plasmazell*; 1906] s. f. ● (*biol.*) Cellula voluminosa del sistema reticoloendoteliale implicata nella produzione degli anticorpi. SIN. Plasmocita.

plaṣmacellulàre agg. ● (*biol.*) Relativo a plasmacellula.

plaṣmafèreṣi [vc. dotta, comp. di *plasma* e (*a*)*feresi*] s. f. inv. ● (*med.*) Tecnica di separazione del plasma sanguigno dagli altri elementi del sangue mediante centrifugazione, usata a scopi terapeutici quali la cura di particolari anemie, per arricchire il sangue di cellule (nella autodonazione) e per la preparazione di plasma da impiegare nelle trasfusioni.

plaṣmalèmma [comp. di *plasma* e del gr. *lémma* nel senso di 'scorza'; 1958] s. m. (pl. *-i*) ● (*biol.*) Membrana plasmatica.

plaṣmalògeno [ingl. *plasmalogen*, comp. di *plasmal* 'plasmale', da *plasm* 'plasma', e di *-gen* '-geno'] s. m. ● (*chim.*) Fosfolipide abbondante spec. nelle membrane delle cellule muscolari e nervose e nelle piastrine.

plaṣmàre [vc. dotta, lat. tardo *plasmāre*, da *plăsma* 'plasma' (V.); av. 1294] v. tr. ***1*** Lavorare secondo il modello voluto una materia informe e morbida: *plasmava il blocco di creta con rapidi tocchi delle dita* | (*est.*) Creare, dare forma: *il mondo fu plasmato attraverso i millenni*; *ha plasmato il suo personaggio con rara maestria*. SIN. Modellare. ***2*** (*fig.*) Formare con l'esempio, l'insegnamento, l'educazione: *p. il carattere, i gusti, la sensibilità dei giovani*. SIN. Educare.

plaṣmàtico [vc. dotta, gr. *plasmatikós*, agg. di *plásma*, genit. *plásmatos*. V. *plasma*; 1875] agg. (pl. m. *-ci*) ● (*biol.*) Relativo al plasma.

plaṣmàto part. pass. di *plasmare*; anche agg. ● Nei sign. del v.

plaṣmatóre [vc. dotta, lat. tardo *plasmatōre*(*m*), da *plasmātus* 'plasmato'; sec. XIV] agg.; anche s. m. (f. *-trice*) ● (*lett.*) Che (o Chi) plasma (*spec. fig.*).

plaṣmìde ● V. *plasmidio*.

plaṣmìdio o **plaṣmìde** [comp. di (*cito*)*plasma* e *-idio*] s. m. ● (*biol.*) Piccola molecola di DNA extra-cromosomico presente spec. nei batteri, dotata di autoreplicazione e responsabile della resistenza batterica a molte sostanze (es. antibiotici); trova impiego in ingegneria genetica come vettore di clonazione.

plaṣmocìta o **plaṣmocìto** [comp. di *plasmo-* 'plasma' e *-cita*] s. m. (pl. *-i*) ● (*biol.*) Plasmacellula.

plaṣmocitòṣi [da *plasmocit*(*a*) col suff. *-osi*] s. f. inv. ● (*biol.*, *med.*) Presenza di plasmacellule in sedi non consuete o in numero eccessivo in sedi consuete.

plaṣmodiàle [1973] agg. ● (*biol.*) Di plasmodio, relativo a plasmodio.

plaṣmòdio [ingl. *plasmodium*, da (*proto*)*plasm* 'protoplasma' col suff. lat. scient. *-odium* '-oide'; 1875] s. m. ***1*** (*biol.*) Massa citoplasmatica contenente molti nuclei, derivata da una cellula iniziale, in seguito alla ripetuta divisione del nucleo non seguita da divisione del citoplasma. ***2*** (*zool.*) Genere di Protozoi della classe degli Sporozoi, cui appartengono tre specie che sono agenti della malaria (*Plasmodium*).

plaṣmodiòfora [comp. di *plasmodio* e *-foro*; 1930] s. f. ● Genere di Funghi dei Ficomiceti, parassiti presenti nelle cellule di altri vegetali (*Plasmodiophora*).

Plaṣmodioforàcee [vc. dotta, comp. di *plasmodiofora* e *-acee*; 1956] s. f. pl. (sing. *-a*) ● Nella tassonomia vegetale, famiglia di Funghi degli Archimiceti, cui appartiene la plasmodiofora (*Plasmodiophoraceae*).

◆**plàstica** [vc. dotta, lat. *plăstica*(*m*), nom. *plăstica*, dal gr. *plastikḗ* (*téchnē*) 'arte plastica', f. sost. di *plastikós* 'plastico'; 1476] s. f. ***1*** Arte e tecnica di modellare, plasmare oggetti o figure in rilievo. ***2*** (*chir.*) Intervento correttivo di lesioni o malformazioni organiche: *p. facciale*; *farsi la p. al naso*. ***3*** Sostanza organica ad alto peso molecolare, che per riscaldamento diventa pastosa e può venir stampata a formare oggetti vari, i quali, raffreddandosi, induriscono mantenendo la forma ricevuta. ***4*** (*raro*) Conformazione, rilievo | (*lett.*) Plastico: *una p. in rilievo di cartapesta colorata, con i suoi laghi e i fiumi* (PIRANDELLO).

plasticàre [da *plastica*; av. 1600] v. tr. (*io plàstico, tu plàstichi*) ***1*** Modellare materie plastiche, quali la creta e la cera | Formare immagini in rilievo. ***2*** Impregnare o rivestire di materia plastica.

plasticatóre [vc. dotta, lat. tardo *plasticatōre*(*m*), da *plăstica* 'plastica'; av. 1600] s. m. (f. *-trice*) ● Chi modella oggetti o figure in creta, cartapesta, stucco.

plasticiṣmo [av. 1907] s. m. ● Nel linguaggio artistico, ricerca o raggiungimento di effetti di rilievo.

plasticità [1843] s. f. ***1*** Proprietà di ciò che è plastico, morbido, lavorabile: *è necessario un materiale di notevole p.* SIN. Duttilità. ***2*** Risalto o messa in evidenza degli elementi plastici di un'opera, spec. nelle arti figurative: *p. delle figure umane in un dipinto*. ***3*** (*psicol.*) Capacità di modificarsi al fine di adattarsi sempre meglio alle variazioni dell'ambiente interno ed esterno.

plasticiẓẓànte [da *plastica*] agg.; anche s. m. ● (*chim.*) Plastificante.

plàstico [vc. dotta, lat. tardo *plăsticu*(*m*), nom. *plăsticus*, dal gr. *plastikós*, da *plássein* 'plasmare'. V. *plasma*; 1585] **A** agg. (pl. m. *-ci*) ***1*** Che si presta a essere facilmente plasmato, che ha morbida consistenza: *materiale p.*; *la plastica creta* | ***Materia plastica***, V. *plastica* nel sign. 3 | ***Esplosivo p.***, insieme di materiali esplosivi tali da costituire una massa plastica. ***2*** Che plasma, che modella | ***Arti plastiche***, la scultura, le ceramiche e le arti figurative in genere | ***Chirurgia plastica***, che utilizza tessuti viventi per sostituirne altri mancanti o per ricostruire parti malformate o deformate del corpo. ***3*** Che è plasmato o modellato in rilievo: *idrografia di una regione in rappresentazione plastica*. ***4*** (*est.*) Che è formato o plasmato in modo elegante e armonioso: *corpo p.* | ***Posa plastica***, quasi scultorea. ***5*** (*est.*) Che crea, ottiene o suggerisce con i propri mezzi l'idea del rilievo, della pienezza delle forme, del movimento armonico e sim.: *effetto p.*; *atteggiamento p. del corpo*; *distribuzione plastica del colore* | (*fig.*) Ben articolato, espressivo: *un verso p.*; *valore p. delle parole*; *descrizione plastica*. || **plasticamènte**, avv. Con plasticità, in modo plastico. **B** s. m. ***1*** Rappresentazione topografica in rilievo su scala ridotta | Modello, in gesso o altro materiale, di una costruzione: *il p. di una città.* ***2*** Tipo di esplosivo plastico: *ordigno al p.*

plastìdio [dal gr. *plastós* 'plasmato', da *plássein* 'plasmare', V. *plasma*; 1895] **s. m.** ● (*biol.*) Organulo caratteristico presente nelle cellule vegetali, intimamente legato ai processi metabolici cellulari.

plastificànte [1949] **A part. pres.** di *plastificare*; anche **agg.** ***1*** Nei sign. del v. ***2*** (*chim.*) Detto di sostanza usata per plastificare un materiale polimerico. **B s. m.** ● (*chim.*) Sostanza organica, gener. di basso peso molecolare, addizionata a una materia plastica per ridurne la rigidità e aumentarne la flessibilità. **SIN.** Plasticizzante.

plastificàre [comp. di *plasti(ca)* e *-ficare*; 1954] **v. tr.** (*io plastìfico, tu plastìfichi*) ***1*** Portare allo stato plastico un materiale solido. ***2*** Rivestire con uno strato di plastica.

plastificàto part. pass. di *plastificare*; anche **agg.** ● Nei sign. del v.

plastificazióne [1958] **s. f.** ● Operazione del plastificare.

plastilìna® [da *plasti(ca)*; 1895] **s. f.** ● Prodotto plastico, variamente colorato, composto di zinco, zolfo, caolino, cera e olio, usato per modellare in scultura.

plastisòl [comp. di *plasti(ca)* e *sol (2)*] **s. m. inv.** ● (*chim.*) Liquido viscoso costituito da un polimero disperso in un plastificante liquido utilizzato per rivestimenti o per la fabbricazione di pelli sintetiche.

-plàsto [dal gr. *plastós* 'formato'] secondo elemento ● In parole composte della terminologia scientifica significa 'plastidio': *cloroplasto, leucoplasto.*

plastron /fr. plasˈtrɔ̃/ [vc. fr., dall'it. *piastrone*; 1901] **s. m. inv.** ● Larga cravatta maschile annodata piatta e fermata da una spilla, che si portava ai primi del Novecento con alcuni abiti da cerimonia | Sparato.

Platanàcee [vc. dotta, comp. di *platano* e *-acee*; 1895] **s. f. pl.** (sing. *-a*) ● Nella tassonomia vegetale, famiglia di piante arboree delle Dicotiledoni con infiorescenze sferoidali e frutto ad achenio (*Platanaceae*). ➡ **ILL. piante**/4.

platanària [da *platano*; 1835] **s. f.** ● (*bot.*) Acero riccio.

platanéto [1499] **s. m.** ● Bosco di platani o terreno piantato a platani.

plàtano [vc. dotta, lat. *plătanu(m)*, nom. *plătanus*, dal gr. *plátanos*, di etim. incerta; av. 1320] **s. m.** ● Albero delle Platanacee con grandi foglie palmatolobate e infruttescenza globose pendule avvolte da peluria (*Platanus orientalis*) | ***P. falso, selvatico***, acero bianco. ➡ **ILL. piante**/4.

platèa [vc. dotta, lat. tardo *platēa(m)*, nom. *platēa* 'piazza', dal gr. *platêia*, f. sost. di *platýs* 'largo, ampio, vasto'. V. *piatto*; 1499] **s. f.** ***1*** Settore piano e più basso della sala teatrale, posto davanti al palcoscenico e riservato al pubblico. ***2*** (*est.*) L'insieme degli spettatori che occupano la platea: *tutta la p. era in piedi e applaudiva freneticamente* | (*gener.*) Pubblico, uditorio: *cercare gli applausi della p.*; *la televisione ha una p. di milioni di persone.* ***3*** (*mar.*) Il fondo del bacino di carenaggio dove poggiano le taccate che sostengono la nave a secco. ***4*** (*edil.*) Blocco di muratura, costituito da archi e volte rovesce, oppure da una grossa soletta con nervature in cemento armato, esteso a tutta la base sulla costruzione soprastante. ***5*** (*geol.*) Zona marina con rilievo a sommità pianeggiante: *p. continentale, abissale.*

plateàle [dal lat. tardo *platēa* 'piazza'. V. *platea*; 1810] **agg.** ***1*** (*lett.*) Pubblico: *Né io avrei badato a' rumori plateali sopra di me* (FOSCOLO) | (*lett.*) Grossolano, volgare: *... di un comico corrosivo, non p.* (MONTALE). ***2*** Di estrema evidenza, fatto quasi con ostentazione: *gesto, offesa p.*; *fallo p. di un calciatore.* || **platealménte**, **avv.** In modo plateale: *insultare qlcu. platealmente.*

platealità [av. 1886] **s. f.** ● (*raro*) Caratteristica di ciò che è plateale.

plateàtico [dal lat. tardo *platēa* 'piazza'. V. *platea*; 1500] **s. m.** (pl. *-ci*) ● Antica tassa che si pagava al Comune per l'utilizzazione del suolo pubblico.

plateau /fr. plaˈto/ [vc. fr., da *plat* 'piatto'; 1819] **s. m. inv.** (pl. fr. *plateaux*) ***1*** Vassoio | ***P. da gioielli***, di velluto scuro, per dare risalto ai gioielli presentati dal gioielliere al cliente. ***2*** Cassetta aperta in legno o cartone per l'imballaggio di prodotti ortofrutticoli. ***3*** In un diagramma rappresentativo di un fenomeno, ogni tratto del diagramma stesso approssimativamente parallelo all'asse delle ascisse. ***4*** (*geogr.*) Altipiano. ***5*** (*geol.*) Platea.

Platelmìnti [comp. del gr. *platýs* 'largo' (V. *piatto*) ed *elminti*; 1895] **s. m. pl.** (sing. *-o* o *-a*) ● Nella tassonomia animale, tipo di invertebrati vermiformi a corpo appiattito, non metamerico, spesso parassiti (*Plathelminthes*). ➡ **ILL. animali**/1; **zoologia generale.**

platènse [sp. *platense*, da (*Rio de la*) *Plata*; 1935] **agg.** ● (*geogr.*) Relativo alla zona corrispondente al bacino del Rio de la Plata.

plateresco [sp. *plateresco*, da *platero* 'argentiere', da *plata* 'argento'. V. *platino*; 1873] **agg.** (pl. m. *-schi*) ● Detto di stile architettonico ricco d'ornati gotici e rinascimentali fiorito in Spagna nel XVI secolo.

platèssa [vc. dotta, lat. *platĕssa* 'pesce piatto' (in gr. *platýs*); 1982] **s. f.** ● (*zool.*) Passera di mare.

platforming /ingl. ˈplætˌfɔːmɪŋ/ [vc. ingl., comp. di *platinum* 'platino' e (*re*)*forming* (V.)] **s. m. inv.** ● (*chim.*) Processo industriale che consente di trattare alcune frazioni petrolifere particolari, migliorandone le proprietà antidetonanti, mediante catalizzatori al platino.

platicèrco [comp. del gr. *platýs* 'largo' (V. *piatto*) e *-cerco* 'coda' (V. *cercopiteco*): detto così perché ha la coda larga; 1875] **s. m.** (pl. *-chi*) ● Pappagallo australiano molto variopinto (*Platycercus*).

platidàttilo [comp. del gr. *platýs* 'largo' (V. *piatto*) e *-dattilo*] **s. m.** ● Genere di Rettili di colore variabile dal grigio al giallastro, dotati di cuscinetti adesivi sulla parte inferiore delle dita (*Platydactylus*) | ***P. muraiolo***, geco.

plàtina (1) o **platina** [fr. *platine* 'placca di metallo', da *plat* 'piatto'; 1937] **s. f.** ● Specie di macchina tipografica piana | Il piano di pressione, mobile, che fa parte della macchina omonima.

plàtina (2) s. f. ● Platino.

platinàggio [da *platinare*; 1958] **s. m.** ● Platinatura.

platinàre [da *platino*; 1871] **v. tr.** (*io plàtino*) ***1*** Ricoprire una superficie, spec. metallica, con platino. ***2*** Dare il colore e la lucentezza del platino ai capelli, decolorandoli chimicamente.

platinàto [1948] **part. pass.** di *platinare*; anche **agg.** ***1*** Nei sign. del v. ***2*** Che ha il colore e la lucentezza del platino: *capelli platinati* | (*est.*) Che ha i capelli platinati: *bionda platinata.*

platinatùra [1841] **s. f.** ● Operazione del platinare | Rivestimento di platino.

platìnico [1871] **agg.** (pl. m. *-ci*) ● (*chim.*) Di composto del platino tetravalente.

platinìfero [comp. di *platino* e *-fero*; 1871] **agg.** ● Che contiene platino: *miniera platinifera.*

platinìte [da *platino*, con *-ite (2)*; 1929] **s. f.** ● Lega metallica contenente elevate quantità di nichel.

plàtino [sp. *platina*, da *plata* 'argento', propr. 'lamina di argento' (stessa etim. dell'it. *piatto*), per il colore che assomiglia a quello dell'argento; 1788] **A s. m.** ● Elemento chimico, metallo nobile bianco-argenteo presente in natura allo stato nativo, molto duttile e malleabile, usato in gioielleria, per leghe speciali, per apparecchiature scientifiche e nell'industria. **SIMB.** Pt | ***Nero di p.***, platino finemente diviso con forti proprietà catalitiche | ***Spugna di p.***, platino in massa porosa leggerissima. **B** in funzione di **agg. inv.** ● (posposto al s.) Nella loc. ***biondo p.***, detto di una tonalità di biondo, spec. artificiale, chiarissimo e luminoso: *capelli biondo p.*

Platirrìne [vc. dotta, gr. *platýrrinos* 'dalle larghe narici', comp. di *platýs* 'largo' (V. *piatto*) e *rís*, genit. *rinós* 'narici' (V. *rino-*); 1905] **s. f. pl.** (sing. *-a*) ● Nella tassonomia animale, sottordine di scimmie americane con setto nasale largo, narici laterali e lunga coda prensile (*Platyrrhina*).

platònico [vc. dotta, lat. *Platōnicu(m)*, nom. *Platōnicus*, dal gr. *Platōnikós*, agg. di *Plátōn*, genit. *Plátōnos* 'Platone'; 1364] **A agg.** (pl. m. *-ci*) ***1*** Che si riferisce al filosofo greco Platone (427-347 a.C.), al suo pensiero, alle sue opere: *dialoghi, scritti platonici*; *filosofia platonica* | ***Amore p.***, nella filosofia di Platone, forza che promuove il passaggio dal bello delle cose sensibili al bello eterno e immutabile. ***2*** (*est.*) Detto di sentimento nobile, elevato, privo di ogni sensualità: *amore p.*; *amicizia platonica.* ***3*** (*fig.*) Intenzionale, privo di conseguenze pratiche: *una protesta platonica.* || **platonicaménte**, **avv.** In modo platonico: *amare platonicamente*; *un progetto espresso platonicamente.* **B s. m.** (f. *-a*) ● Seguace della filosofia di Platone.

platonìsmo [av. 1718] **s. m.** ***1*** La dottrina filosofica di Platone. ***2*** (*est.*) Ogni atteggiamento filosofico che assume a proprio fondamento i capisaldi della filosofia di Platone. ***3*** ***P. matematico***, in filosofia della matematica, si dice di ogni teoria secondo la quale le entità matematiche sono dotate di esistenza reale e che assume la loro verità come indipendente dalle operazioni della mente umana.

plaudènte [1499] **part. pres.** di *plaudire*; anche **agg.** ● Che applaude, che acclama, che approva: *folla, pubblico p.*

plàudere [1827] **v. intr.** ● (*lett.*) Plaudire.

plaudìre [lat. *plaudere*, di etim. incerta; 1321] **v. intr.** (*io plàudo*; aus. *avere*; raro nei tempi composti; **pass. rem.** *io plaudéi* o *plaudètti* (o *-ètti*), *tu plaudésti*) ***1*** (*lett.*) Applaudire. ***2*** (*fig.*) Manifestare consenso, approvazione: *p. a un progetto, a un'iniziativa.* **CONTR.** Disapprovare.

plausìbile [vc. dotta, lat. *plausĭbile(m)*, da *plausus* 'plauso'; av. 1590] **agg.** ***1*** (*lett.*) Che merita applausi, approvazione, consensi. ***2*** (*est.*) Che si può accettare in quanto sembra logico, giusto, razionale: *ragioni plausibili*; *argomento abbastanza p.* **SIN.** Ammissibile. **CONTR.** Inaccettabile. || **plausibilménte**, **avv.**

plausibilità [av. 1712] **s. f.** ● Caratteristica di ciò che è plausibile. **SIN.** Accettabilità. **CONTR.** Inaccettabilità.

plàuso [vc. dotta, lat. *plausu(m)*, da *plaudere* 'plaudire'; 1499] **s. m.** ***1*** (*lett.*) Applauso. ***2*** (*fig.*) Approvazione, lode: *meritare il p. dell'intera nazione*; *grande fu il giubilo e il p. del popolo di Pavia per le fortune dell'imperatore* (MURATORI) | Concreta manifestazione di lode: *ricercare il p. degli astanti.*

plàustro [vc. dotta, lat. *plaustru(m)*, di etim. incerta; 1319] **s. m.** ***1*** Carro anticamente usato dai Romani. ***2*** (*lett.*) Carro. ***3*** (*poet.*) Orsa maggiore.

plautìno [vc. dotta, lat. *Plautīnu(m)*, agg. di *Plautus* 'Plauto'; 1524] **agg.** ● Che è proprio del commediografo latino T. M. Plauto (254 ca.-184 a.C.): *il teatro p.*; *le commedie plautine*; *la metrica plautina.* || **plautinaménte**, **avv.** Alla maniera di Plauto.

play /plei, *ingl.* pleɪ/ [vc. ingl., da *to play* 'giocare, recitare, suonare', di orig. germ.; 1892] **A s. m. inv.** ***1*** Tasto che negli apparecchi riproduttori consente l'avvio dell'ascolto. ***2*** (*sport*) Accorc. di *playmaker.* **B inter.** ● (*sport*) Nel tennis, richiamo di chi è al servizio per avvertire l'avversario dell'inizio del gioco.

playback /ˈpleibek, *ingl.* ˈpleɪˌbæk/ [vc. ingl., propr. 'gioca, recita di nuovo', comp. di *to play* 'giocare, recitare' (di orig. germ.) e *back* 'di nuovo' (di orig. germ.); 1942] **s. m. inv.** ***1*** Sincronizzazione di una ripresa cinematografica o televisiva con una colonna sonora creata in sala di doppiaggio. ***2*** Nelle trasmissioni televisive, sistema che consiste nel mandare in onda un brano musicale registrato in precedenza, mentre il cantante simula un'esecuzione in diretta.

playboy /pleiˈbɔi, *ingl.* ˈpleɪˌbɔɪ/ [vc. ingl., comp. di *to play* 'recitare, giocare, scherzare' (V. *playback*) e *boy* 'ragazzo' (vc. germ. di orig. infantile); 1954] **s. m. inv.** ● Uomo dedito alla vita mondana, che appare come gran conquistatore di donne.

player /*ingl.* ˈpleɪə/ [vc. ingl., propr. 'giocatore', da *to play* 'giocare' di area germ.; 1985] **s. m. inv.** ● (*tecnol.*) Apparecchio che riproduce suoni.

playgirl /pleiˈgerl, *ingl.* ˈpleɪˌgɜːl/ o **play girl**, **play-girl** [vc. ingl., propr. 'ragazza (*girl*), che ama divertirsi (*to play*)'; 1966] **s. f. inv.** ● Ragazza avvenente e disinibita, che ama divertirsi e condurre vita mondana, spec. come accompagnatrice di uomini.

playmaker /*ingl.* ˈpleɪˌmeɪkə/ [vc. ingl., comp. di *play* 'gioco' (V. *playback*) e *maker* 'colui che fa' (da *to make* 'fare', di orig. germ.); 1964] **s. m.** e **f. inv.** ● (*sport*) Nella pallacanestro, nell'hockey e sim., giocatore con compiti di regia spec. nel gioco d'attacco.

play off /pleiˈɔf, *ingl.* ˈpleɪˌɒf/ [vc. ingl., deriv. di (*to*) *play off* 'finire, concludere' (una competizione interrotta o differita); 1989] **loc. sost. m. inv.** (**pl.** ingl. *play offs*) ● In un campionato a squadre di pallacanestro, pallavolo e sim., serie di incontri a eliminazione diretta tra le squadre meglio classificate, per l'assegnazione del titolo di campione.

play out /'plei'aut, *ingl.* 'pḥlei,aot/ [vc. ingl., da *to play out* 'giocare fino in fondo'] **loc. sost. m. inv.** (**pl.** ingl. **inv.**) ● (*sport*) Nella pallacanestro, pallanuoto e sim., fase finale di campionato strutturata in vari gironi all'italiana, ai quali partecipano le rappresentative di due serie successive non ammesse ai play off e non retrocesse direttamente, disputata per stabilire quali squadre prenderanno parte l'anno successivo alla serie maggiore.

Playstation® /plei'steʃon, *ingl.* 'plei,steɪʃn/ [comp. ingl. di *play* 'gioco' e *station* 'stazione'; 1996] **s. f. inv.** ● Console per computer game.

plazér /*provz.* pla'tser/ [vc. provz., propr. 'piacere'; 1988] **s. m. inv.** (**pl.** provz. *plazers*) ● (*letter.*) Nella poesia provenzale, genere di componimento in cui sono elencate cose, sensazioni e situazioni piacevoli.

plebàglia [1600] **s. f.** ● (*spreg.*) La parte meno evoluta della plebe: *gli insulti, le grida della p.* | (*est.*) Accozzaglia di gente spregevole: *una p. cenciosa.* **SIN.** Gentaglia, marmaglia.

plebàno [vc. dotta, lat. mediev. *plebānu(m)*, da *plēbs*, genit. *plēbis* 'plebe', poi 'parrocchia di campagna'; 1820] **agg.** ● (*raro*) Detto di territorio o edificio sottoposto alla giurisdizione di una pieve.

plèbe [vc. dotta, lat. *plēbe(m)*, di etim. incerta; 1313] **s. f.** *1* Nell'antica Roma, il complesso dei cittadini sprovvisti di privilegi | (*est.*) Il popolo in contrapposizione ai nobili. **CONTR.** Nobiltà, patriziato. *2* Insieme delle classi economicamente e socialmente meno evolute di una nazione o città: *la miseria della p.; nelle repubbliche … i nobili giuravano d'esser eterni nimici alla p.* (VICO) | (*spreg.*) Massa, popolino. *3* (*fig., lett.*) Folla, moltitudine, volgo. ‖ **plebàccia**, **pegg.** | **plebùcola**, **pegg.**

†**plebèio** ● V. *plebeo.*

plebeìsmo [comp. di *plebeo* e *-ismo*; 1639] **s. m.** ● (*lett.*) Forma, espressione linguistica di origine popolare (*spec. spreg.*) | (*lett., spreg.*) Grossolanità, volgarità.

†**plebeizzàre** [comp. di *plebeo* e *-izzare*; av. 1642] **v. intr.** ● Usare plebeismi.

plebèo o †**plebèio** [vc. dotta, lat. *plebēiu(m)*, da *plēbs*, genit. *plēbis* 'plebe'; 1340] **A agg.** *1* Della plebe, che appartiene alla plebe: *famiglia plebea* | Proprio della plebe o del popolo: *termini, vocaboli plebei; usanza plebea.* **CONTR.** Nobile. *2* (*spreg.*) Volgare, triviale: *insulto p.; esclamazione plebea.* **CONTR.** Eletto. ‖ **plebeaménte**, †**plebeiaménte**, **avv.** In modo plebeo; da plebeo. **B s. m.** (**f.** *-a*) *1* Nell'antica Roma, cittadino appartenente alla plebe. **CONTR.** Patrizio. *2* (*spec. spreg.*) Chi appartiene alla classe popolare: *non a guisa di plebeio ma di signore …* (BOCCACCIO). ‖ **plebeàccio**, **pegg.** | **plebeùccio**, **pegg.**

†**plebésco** **agg.** ● Plebeo.

plebiscitàre [da *plebiscito*; 1958] **v. tr.** ● (*raro*) Votare all'unanimità.

plebiscitàrio [1872] **agg.** *1* Del plebiscito. *2* (*fig.*) Unanime, generale: *approvazione, riprovazione plebiscitaria.* ‖ **plebiscitariaménte**, **avv.**

plebiscito [vc. dotta, lat. *plebiscītu(m)* 'decisione del popolo', comp. di *plēbs*, genit. *plēbis* 'plebe' e *scītum* 'ordine', part. pass. di *scīscere* 'deliberare', incoativo di *scīre* 'sapere'. V. *scibile*; sec. XIV] **s. m.** *1* Presso gli antichi Romani, decreto fatto dall'assemblea della plebe. *2* (*dir.*) Istituto con cui il popolo è chiamato ad approvare o disapprovare un fatto che riguarda la struttura dello Stato o del governo. *3* (*fig.*) Consenso unanime: *un vero p. di consensi, di lodi.*

Plecòtteri [comp. del gr. *plékein* 'intrecciare', di orig. indeur., e *-ttero*; 1835] **s. m. pl.** (**sing.** *-o*) ● Nella tassonomia animale, ordine di Insetti a metamorfosi incompleta con quattro ali trasparenti e ricche di nervature, piegate sul dorso e con larve acquatiche (*Plecoptera*).

-plegia [gr. *plēgía*, da *plēgḗ* 'percossa', dalla radice di *pléssein* 'colpire', di orig. indeur.] secondo elemento ● In parole composte della terminologia medica significa 'paralisi': *cerebroplegia, emiplegia.*

-plègico secondo elemento ● In aggettivi derivati dalle parole composte in *-plegia*: *emiplegico.*

plèiade [V. *Pleiadi*; av. 1472] **s. f.** ● (*fig.*) Insieme di persone dotate di caratteristiche analoghe e peculiari: *una p. di poeti, di scienziati, di ricercatori; tutta la p. di critichelli* (BACCHELLI).

Plèiadi [vc. dotta, lat. *Plēiades*, nom. pl., dal gr. *Pleïádes*, propr. 'figlie di Pleione (*Pleïónē*)'; av. 1320] **s. f. pl.** ● (*astron.*) Caratteristica formazione di sette stelle nella costellazione del Toro.

plein air, en ● V. *en plein air.*

pleiotropìa [comp. del gr. *pléion* 'più' (compar. di *polýs* 'molto', di orig. indeur.), e *-tropia*; 1958] **s. f.** ● (*biol.*) Condizione per cui un gene concorre alla determinazione di due o più caratteri fenotipici, apparentemente non correlati fra loro.

pleiotròpico [1958] **agg.** (**pl. m.** *-ci*) ● (*biol.*) Che presenta pleiotropia: *gene p.*

Pleistocène o **Plistocène** [comp. del gr. *pléistos*, superl. di *polýs* 'molto' (V. *poli-*) e *-cene*; 1879] **s. m.** ● (*geol.*) Primo periodo dell'era quaternaria, nel quale sono comprese le glaciazioni.

pleistocènico [1864] **agg.** (**pl. m.** *-ci*) ● (*geol.*) Del, relativo al, Pleistocene.

plenàrio [vc. dotta, lat. tardo *plenāriu(m)*, da *plēnus* 'pieno'; sec. XIV] **agg.** *1* Pieno o compiuto in ogni sua parte, che raggiunge la completezza numerica: *seduta, assemblea plenaria* | ***Adunanza plenaria***, di tutti i membri di una associazione e sim. *2* Totale: *consenso p.* | ***Indulgenza plenaria***, nella teologia cattolica, remissione dell'intera pena temporale dovuta per i peccati già rimessi in quanto alla colpa, e concessa dalla Chiesa ai vivi, a titolo di assoluzione, ai defunti, a titolo di suffragio. ‖ **plenariaménte**, **avv.**

Plenicòrni [comp. del lat. *plēnus* 'pieno' e del pl. di *corno*; 1931] **A s. m. pl.** ● Nella tassonomia animale, Mammiferi dei Ruminanti dotati di palchi, considerati impropriamente corna piene (*Plenicorni*) | (al sing. *-e*) Ogni ruminante che presenta tale caratteristica. **B** anche **agg.**: *Ruminanti P.* **SIN.** Caducicorni. **CONTR.** Cavicorni.

plenilunàre [av. 1729] **agg.** ● Del plenilunio: *notte, luce p.*

plenilùnio [vc. dotta, lat. *plenilūniu(m)*, comp. di *plēnus* 'pieno' e *lūna* 'luna'; 1321] **s. m.** ● Fase della Luna che, trovandosi in opposizione al Sole, è tutta illuminata.

plenipotenziàrio [vc. dotta, lat. mediev. *plenipotentiāriu(m)*, dal lat. tardo *plenĭpotens* 'che ha pieno potere' (comp. di *plēnus* 'pieno' e *pŏtens* 'che può, potente'); 1636] **A agg.** ● Detto di chi è investito di pieni poteri relativamente alle trattative e alla conclusione di un accordo, spec. nell'ambito della politica internazionale: *agente, negoziatore p.* | ***Ministro p.***, agente diplomatico di grado immediatamente inferiore a quello di ambasciatore posto a capo di una legazione. **B** anche **s. m.** (**f.** *-a*): *l'arrivo dei plenipotenziari nemici.*

plenitùdine o †**pienitùdine** [vc. dotta, lat. tardo *plenitūdine(m)*, da *plēnus* 'pieno'; 1304] **s. f.** *1* (*lett.*) Compiutezza, pienezza, perfezione. *2* (*lett.*) Gran numero di persone, moltitudine.

plènum [vc. lat., propr. nt., con valore di s., dell'agg. *plēnus* 'pieno' (V.); 1895] **s. m. inv.** (**pl.** lat. *plena*) ● Riunione plenaria di organi rappresentativi statuali e di partito, in vari Stati.

pleocroìsmo [comp. del gr. *pléiōn* 'più' e *chiṓs* 'colorito, colore' col suff. *-ismo*; 1875] **s. m.** ● (*miner.*) Diversa colorazione assunta da un cristallo birifrangente col variare della direzione in cui è guardato.

pleonàsmo o (*raro*) **pleonàsma** [vc. dotta, lat. tardo *pleonăsmu(m)*, nom. *pleonăsmus*, dal gr. *pleonasmós* 'eccesso, pleonasmo', da *pleonázein* 'sovrabbondare', da *pléon* 'più' (V. *pleocroismo*); 1585] **s. m.** ● (*ling.*) Presenza di parole, in genere pronomi o aggettivi, sintatticamente e logicamente superflue, usate spesso con valore rafforzativo o per denotare un particolare registro espressivo: *E quantunque a te queste ciance omai non ti stean bene* (BOCCACCIO).

pleonàstico [1865] **agg.** (**pl. m.** *-ci*) ● Di pleonasmo, che costituisce un pleonasmo: *espressione pleonastica* | (*est.*) Superfluo. ‖ **pleonasticaménte**, **avv.**

pleonàsto [dal gr. *pleonastós* 'numeroso' (V. *pleonasmo*), perché i cristalli sono dotati di moltissime facce] **s. m.** ● (*miner.*) Varietà di spinello ferromagnesiaco dal colore verde scuro.

pleròma (**1**) [vc. dotta, lat. tardo *plerōma* 'pienezza, completezza', dal gr. *plḗrōma*, da *plēróun* 'riempire', da *plḗrēs* 'pieno', da *pimplánai* 'riempire', di orig. indeur.; 1835] **s. m.** (**pl.** *-i*) ● Nella filosofia degli gnostici, la pienezza e la perfezione della vita divina.

pleròma (**2**) [dal gr. *plḗrēs* 'pieno'. V. precedente; 1835] **s. m.** (**pl.** *-i*) ● (*bot.*) Cellula meristematica dell'apice della radice e del fusto delle angiosperme destinata a costituire il cilindro centrale.

plesiosàuro [comp. del gr. *plēsíos* 'vicino' e *saûros* 'lucertola' (V. *Sauri*); 1829] **s. m.** ● Rettile fossile marino, con collo lungo e arti a forma di pinne, vissuto dal Trias al Cretaceo (*Plesiosaurus*). ➡ **ILL. paleontologia.**

plessimetro [comp. del gr. *plêxis* 'percossa, colpo', da *pléssein* 'battere', di orig. indeur., e *-metro*; 1829] **s. m.** *1* (*med.*) Strumento di corno, plastica o metallo per la percussione indiretta. *2* (*mus.*) Metronomo.

plèsso [vc. dotta, lat. *plĕxu(m)*, propr. part. pass. di *plĕctere* 'intrecciare', di orig. indeur.; av. 1673] **s. m.** *1* (*anat.*) Formazione anatomica a reticolo: *p. nervoso, p. venoso; p. lombare* | ***P. celiaco***, grosso plesso viscerale posto davanti all'ultima vertebra toracica e alla parte superiore della prima lombare. ➡ **ILL.** p. 2123 ANATOMIA UMANA. *2* (*bur.*) Complesso di organizzazioni affini e coordinate | (*est.*) Nell'ordinamento scolastico, ogni scuola elementare compresa in un circolo didattico, ma che non sia sede della direzione di questa | (*est.*) Qualsiasi istituto scolastico, di insegnamento elementare o secondario, con sede propria.

pletiṣmografìa [dal gr. *pletismos* 'accrescimento' col suff. *-grafia*] **s. f.** ● (*med.*) Registrazione grafica delle variazioni di volume del corpo o di una sua parte.

pletiṣmògrafo [da *pletismografia*; 1993] **s. m.** ● (*med.*) Apparecchio elettromedicale impiegato per la pletismografia.

plètora [vc. dotta, gr. *plēthṓra* 'pienezza', poi 'pletora', da *plḗthein* 'essere pieno', dalla stessa radice di *pimplánai* 'riempire' (V. *pleroma*); 1583] **s. f.** *1* (*med.*) Abito costituzionale caratterizzato da corpulenza, aspetto sanguigno e dinamismo. *2* (*fig.*) Sovrabbondanza che determina conseguenze negative: *una p. di impiegati.* **CONTR.** Deficienza. *3* (*bot.*) Eccesso anormale di succhi in una pianta.

pletòrico [vc. dotta, gr. *plēthōrikós*, da *plēthṓra* 'pletora'; 1493] **agg.** (**pl. m.** *-ci*) *1* (*med.*) Che è affetto da pletora | Di pletora. *2* (*fig.*) Sovraccarico, sovrabbondante: *un esercito p.; una burocrazia pletorica.* **CONTR.** Deficiente. ‖ **pletoricaménte**, **avv.**

Plettognàti o *raro* **Plettògnati** [comp. del gr. *plektós* 'attorto' (da *plékein* 'intrecciare': V. *Plecotteri*) e *gnáthos* 'mascella' (V. *ganascia*)] **s. m. pl.** (**sing.** *-o*) ● (*zool.*) Tetrodontiformi.

plèttro [vc. dotta, lat. *plēctru(m)*, dal gr. *plêktron*, da *pléssein* 'colpire, percuotere' (V. *-plegia*); 1375] **s. m.** *1* Strumento usato anticamente dai Greci per fare vibrare le corde della lira | (*fig.*) Ispirazione o facoltà poetica: *il p. d'Orazio.* *2* Minuscola lamina d'avorio, osso, metallo o celluloide in forma di mandorla atta a far risuonare le corde tese su di una cassa armonica | ***Strumenti a p.***, chitarra, mandolino e affini. **SIN.** Penna.

plèura [vc. dotta, gr. *pleurá*, propr. 'fianco', di etim. incerta; 1494] **s. f.** ● (*anat.*) Membrana sierosa che riveste i polmoni e le pareti toraciche. ➡ **ILL.** p. 2125 ANATOMIA UMANA.

pleuràle [1935] **agg.** ● (*anat.*) Relativo alla pleura.

plèurico [vc. dotta, lat. tardo *plĕuricu(m)*, nom. *plĕuricus* 'laterale', dal gr. *pleurikós* 'laterale', da *pleurá* 'fianco'. V. *pleura*; 1887] **agg.** (**pl. m.** *-ci*) ● (*anat., med.*) Della pleura, relativo alla pleura: *cavo p.; lesione pleurica.*

pleurite [vc. dotta, lat. *pleurītide(m)*, nom. *pleurītis*, dal gr. *pleurîtis*, da *pleurá* 'fianco'. V. *pleura*; 1556] **s. f.** ● (*med.*) Infiammazione della pleura: *p. essudativa, secca.*

pleuritico [vc. dotta, lat. tardo *pleurīticu(m)*, nom. *pleurīticus*, dal gr. *pleuritikós*, da *pleuritis* 'pleurite'; av. 1498] **A agg.** (**pl. m.** *-ci*) ● Della pleurite. **B agg.**; anche **s. m.** (**f.** *-a*) ● Che (o Chi) è affetto da pleurite.

plèuro- [dal gr. *pleurá* 'fianco', di etim. incerta] primo elemento ● In parole composte della terminologia medica significa 'pleura' o 'pleurico' (*pleurocentesi*) o indica, in parole composte scientifiche, posizione su un fianco di un corpo e sim. (*Pleu-*

ronettidi).

pleurocentèsi o **pleurocentèsi** [comp. di *pleuro-* e del gr. *kéntēsis* 'puntura', da *kentêin* 'pungere', di orig. indeur.; 1895] **s. f. inv.** ● (*med.*) Puntura evacuativa del cavo pleurico. **SIN.** Toracentesi.

pleurocèntro (o -è-) [comp. di *pleuro-* e *centro* (della vertebra)] **s. m.** ● (*zool.*) Negli Anfibi estinti, il segmento posteriore, della terna degli elementi scheletrici che, complessivamente, corrispondono a un corpo vertebrale.

pleurodinìa [comp. di *pleur(o)-* e *-odinia*; 1835] **s. f.** ● (*med.*) Dolore al torace, simile a quello della pleurite.

Pleuronèttidi [comp. di *pleuro-* e del gr. *nêktēs* 'nuotatore', da *nêin* 'nuotare', di orig. indeur.; detti così perché nuotano di fianco; 1835] **s. m. pl.** (**sing.** *-e*) ● Nella tassonomia animale, famiglia di Pesci ossei con i due occhi sul lato destro pigmentato (*Pleuronectidae*).

Pleuronettifórmi [comp. di *pleuronetti(di)* e il pl. di *-forme*; 1965] **s. m. pl.** (**sing.** *-e*) ● Nella tassonomia animale, ordine di Pesci ossei a corpo asimmetrico, fortemente appiattito lateralmente e pigmentato solo da un lato (*Pleuronectiformes*).

pleuroperitonite [comp. di *pleuro-* e *peritonite*; 1835] **s. f.** ● (*med.*) Pleurite associata a peritonite.

pleuropolmonàre [comp. di *pleuro-* e *polmone*, con suff. agg.] **agg.** ● (*anat.*) Relativo alla pleura e al polmone.

pleuropolmonite [comp. di *pleuro-* e *polmonite*; 1899] **s. f.** ● (*med.*) Pleurite associata a polmonite.

pleurorragìa [comp. di *pleuro-* e *-ragia*] **s. f.** ● (*med.*) Emorragia della pleura.

pleuroscopìa [comp. di *pleuro-* e *-scopia*] **s. f.** ● (*med.*) Toracoscopia.

pleuròto [comp. di *pleur(o)-* e del gr. *oûs*, genit. *ōtós*, 'orecchia', per la sua forma] **s. m.** ● (*bot.*) Gelone (2).

pleurotomìa [comp. di *pleuro-* e *-tomia*; 1891] **s. f.** ● (*chir.*) Incisione della pleura.

plèuston [dal gr. *plêin* 'navigare', di orig. indeur.; 1958] **s. m. inv.** ● (*biol.*) Insieme degli organismi che si trovano sul pelo dell'acqua formando tappeti verdi.

plexiglàs® o **plèxiglas** [marchio registrato; 1949] **s. m.** ● Materia plastica succedanea del vetro, ottenuta per poliaddizione di esteri dell'acido metacrilico.

pliant /fr. pli'jã/ [vc. fr., da (*siège*) *pliant*, propr. 'sedia' (*siège*) che si piega (*pliant*) dal v. *plier* 'piegare'; 1923] **s. m. inv.** ● Tavolino o seggiolino pieghevole.

plica [vc. dotta, lat. parl. **plĭca(m)* 'piega', da *plĕctere* 'intrecciare', di orig. indeur.; 1499] **s. f.** *1* (*anat.*) Ripiegamento della cute o di una mucosa: *p. ascellare*. *2* (*mus.*) Nella scrittura medievale, trattino verticale che richiede all'esecutore un'appoggiatura.

plicativo [vc. dotta, dal lat. *plicāre* 'piegare'; 1958] **agg.** ● (*geol.*) Di rocce stratificate e successivamente ripiegate.

plicàto [vc. dotta, propr. 'piegato'; 1991] **agg.** ● (*bot.*) Detto di organo, spec. di foglia, con pieghe longitudinali.

plico [dal lat. *plicāre* 'piegare'; av. 1503] **s. m.** (**pl.** *-chi*) ● Insieme di lettere, documenti e sim. racchiusi in un involucro, spec. sigillato: *aprire un p.*; *spedire un p.* || **plichétto**, **dim.**

plicòmetro [comp. di *plic(a)* e *-metro*] **s. m.** ● (*med.*) Strumento impiegato per misurare lo spessore delle pliche cutanee e, quindi, valutare lo spessore del tessuto adiposo presente nel sottocute.

plinìano [vc. dotta, lat. *Pliniānu(m)*, agg. di *Plīnius* 'Plinio'; 1521] **agg.** ● Di, relativo agli, scrittori latini Plinio il Vecchio (23-79) o Plinio il Giovane (61 o 62-113 ca.): *i trattati pliniani*; *l'epistolario p.* | (*geol.*) ***Fase pliniana***, prima fase dell'eruzione vulcanica | ***Eruzione di tipo p.***, esplosione iniziale della sommità di un vulcano quiescente e successiva emissione mista di lava e prodotti piroclastici.

plinto [vc. dotta, lat. *plĭnthu(m)*, nom. *plĭnthus*, dal gr. *plínthos* 'mattone', di etim. incerta; av. 1452] **s. m.** *1* (*arch.*) Parte inferiore della base della colonna o del pilastro, a base quadrata o poligonale | Piastra di fondazione di un pilastro di cemento armato. *2* Attrezzo ginnico a forma di tronco di piramide per esercizi spec. di salto e volteggio. *3* (*arald.*) Piccolo quadrilatero di metallo o colorato. *4* (*mil.*) Nei pezzi d'artiglieria, fascia della culatta.

Pliocène [comp. del gr. *pléon* 'più', di orig. indeur., e *-cene*; 1879] **s. m.** ● (*geol.*) Ultimo periodo dell'era cenozoica o terziaria.

pliocènico [1864] **agg.** (**pl. m.** *-ci*) ● (*geol.*) Del Pliocene.

pliopòlio [da *monopolio* con sostituzione del pref. *mono-* con *plio-* 'più'] **s. m.** ● (*econ.*) Situazione di mercato caratterizzata da un'alta probabilità che compaia un maggior numero di venditori di un determinato bene, quando l'industria che produce quel bene diventa particolarmente redditizia.

pliopsònio [da *monopsonio* con sostituzione del pref. *mono-* con *plio-* 'più'] **s. m.** ● (*econ.*) Situazione di mercato caratterizzata da un'alta probabilità che compaia un maggior numero di compratori di un fattore della produzione, quando l'industria che utilizza quel fattore diventa particolarmente redditizia.

plissé /fr. pli'se/ [vc. fr., part. pass. di *plisser* 'increspare, pieghettare', da *pli* 'piega'; 1885] **A agg. inv.** ● Di tessuto pieghettato a macchina, con pieghe ravvicinate e ben marcate. **B s. m. inv.** ● Tessuto plissé.

plissettàre [ricavato da *plissettato*; 1935] **v. tr.** (*io plissétto*) ● Lavorare a plissé: *p. una gonna*.

plissettàto [1963] **agg.** ● Adattamento di *plissé* (V.).

plissettatrice [da *plissettare*] **s. f.** ● Macchina che esegue la plissettatura.

plissettatùra [1974] **s. f.** ● Lavorazione a plissé.

Plistocène ● V. *Pleistocene*.

-plo [lat. *-plus*, parallelo di *-plĕx*, da una radice indeur. **plĕk* 'piegare (due, tre, quattro ... volte)'] **suff.** ● Forma gli aggettivi numerali moltiplicativi: *triplo*, *sestuplo*, *multiplo*.

Plocèidi [vc. dotta, gr. *plokéus* 'che intreccia' (perché sono abilissimi nell'intrecciare il nido), da *plékein* 'intrecciare', di orig. indeur.; 1954] **s. m. pl.** (**sing.** *-e*) ● Famiglia di uccelli dei Passeriformi che costruiscono ammirevoli nidi, per cui sono detti anche Tessitori, i cui maschi hanno livrea nuziale a colori vivaci.

†**plòia** [provz. *ploja* 'pioggia': stessa etim. dell'it. *pioggia*; 1321] **s. f.** ● Pioggia (*spec. fig.*): *La larga p. / de lo Spirito Santo* (DANTE *Par.* XXIV, 91-92).

plop /plɔp, *ingl.* pʰlɒp/ [vc. onomat.; 1970] **inter.** ● Riproduce il tonfo di un corpo che cade in un liquido.

ploràre [vc. dotta, lat. *plorāre* 'piangere', di orig. onomat.; 1294] **A v. intr.** (*io plòro*; aus. *avere*) ● (*poet.*) Piangere, gemere: *e prega e plora, / come usignuol cui 'l villan duro involve / dal nido i figli* (TASSO). **B v. tr.** ● (*poet.*) Compiangere qlcu. o qlco.

†**plòro** [da *plorare*; sec. XIII] **s. m.** ● Pianto, lamento.

plot /plɔt, *ingl.* pʰlɒt/ [vc. ingl. di orig. sconosciuta; 1959] **s. m. inv.** ● Trama, materia narrativa di un film.

plòto [vc. dotta, gr. *plōtós* 'che nuota', da *plṓein* 'navigare', di orig. indeur.; 1875] **s. m.** ● Genere di Uccelli dei Pelecaniformi, tropicali, con collo lungo, slanciato e nudo (*Anhinga*).

plotóne [fr. *peloton* 'gruppo di soldati', da *pelote* 'gomitolo'. V. *pillotta*; 1670] **s. m.** *1* (*mil.*) Suddivisione organica della compagnia di talune armi e specialità: *p. di fanteria*, *di cavalleria*; *p. del genio* | ***P. di esecuzione***, reparto militare o di polizia incaricato dell'esecuzione di un condannato a morte per mezzo della fucilazione. *2* Nel ciclismo, gruppo di corridori: *p. di testa*; *p. degli inseguitori*. || **plotoncino**, **dim.**

plotter /'plɔtter, *ingl.* 'pʰlɒtəɹ/ [vc. ingl., 'tracciatore', da *to plot* 'disegnare, tracciare'; 1983] **s. m. inv.** ● (*elab.*) Periferica dedicata al tracciamento di diagrammi e grafici, anche complessi, mediante il movimento relativo della carta e dei pennini. **SIN.** Diagrammatore, tracciatore.

pluf [vc. onomat.; av. 1910] **inter.** ● Riproduce il tonfo leggero di un corpo che cade in un liquido.

plug-in /plag'gin, *ingl.* 'pʰlʌɡ,ɪn/ [vc. ingl., propr. 'che si inserisce (dal v. *to plug*) dentro (*in*)'] **agg. inv.** ● (*elab.*) Detto di dispositivo che può essere collegato a un sistema di elaborazione o sim. mediante semplice inserimento in un connettore.

plùgo [dall'ingl. *plug* 'tappo, turacciolo', vc. di orig. germ.; 1958] **s. m.** (**pl.** *-ghi*) ● Esca artificiale a forma di pesciolino con corpo in legno o plastica composto da uno o da più elementi snodati. ➡ **ILL. pesca.**

Plumbaginàcee [dal lat. scient. *plumbāgo* 'piombaggine', n. di una pianta, detta così dal colore di piombo (*plŭmbum*); 1875] **s. f. pl.** (**sing.** *-a*) ● Nella tassonomia vegetale, famiglia di piante dicotiledoni erbacee, a foglie semplici e intere e frutto a capsula con un solo seme (*Plumbaginaceae*).

plùmbeo [vc. dotta, lat. *plŭmbeu(m)*, agg. di *plŭmbum* 'piombo'; av. 1492] **agg.** *1* (*raro*) Di piombo: *vaso p.* *2* (*est.*) Simile al piombo, spec. per il colore grigio scuro: *cielo p.*; *nubi plumbee*. *3* (*fig.*) Oltremodo noioso e pesante: *una trattazione plumbea e prolissa* | ***Atmosfera plumbea***, opprimente, soffocante. **SIN.** Greve.

plum-cake /plum'keik, *ingl.* 'pʰlʌm,keɪk/ [vc. ingl., comp. di *plum* 'prugna' (V.) e *cake* 'dolce', di orig. germ.; 1905] **s. m. inv.** (**pl.** ingl. *plum-cakes*) ● Dolce a base di farina, uova, burro e uva passa, cotto al forno in stampo rettangolare.

plurale [vc. dotta, lat. *plurāle(m)*, da *plūs*, genit. *plūris* 'più'; av. 1294] **A agg.** ● Che si riferisce a, o indica, più persone o cose. **B s. m.** ● (*ling.*) Caso grammaticale della categoria del numero che esprime la pluralità dei nomi numerabili: *aggettivo*, *sostantivo*, *verbo al p.*

plurālis maiestàtis [vc. lat., 'plurale maiestatico'] **loc. sost. m. inv.** (**pl.** lat. *plurales maiestatis*) ● Prima persona plurale usata di solito nei discorsi ufficiali di personaggi eminenti.

pluralismo [ted. *Pluralismus*, dal lat. *plurālis* 'plurale'; 1895] **s. m.** *1* Qualsiasi dottrina filosofica asserente che la pluralità delle sostanze che costituiscono il mondo è irriducibile a una sostanza unica. *2* Dottrina politica che si oppone a una concezione totalitaria dello Stato, dando invece rilievo ai diritti e ai compiti di comunità e associazioni intermedie fra l'individuo e la comunità statale | (*est.*) Condizione per cui, in una data situazione o struttura, coesistono legittimamente molteplici tendenze ideali od organizzative: *il p. all'interno della scuola pubblica*; *salvaguardare il p. dell'informazione*.

pluràlis modèstiae /lat. plu'ralis mo'dɛstje/ [loc. lat., propr. 'plurale di modestia'] **loc. sost. m. inv.** (**pl.** lat. *plurales modestiae*) ● Impiego stilistico della prima persona plurale, in luogo della corrispondente singolare, al quale si ricorre per evitare frequenti ripetizioni, dissimulare artificiosamente l'importanza del locutore o rendere maggiormente partecipi i destinatari.

pluralista [1905] **A s. m. e f.** (**pl. m.** *-i*) ● Seguace del pluralismo. **B agg.** ● Pluralistico.

pluralistico [1907] **agg.** (**pl. m.** *-ci*) *1* Relativo al pluralismo. *2* Ispirato a criteri di pluralismo. || **pluralisticaménte**, **avv.** In modo pluralistico.

pluralità [vc. dotta, lat. tardo *pluralitāte(m)*, da *plurālis* 'plurale'; sec. XIV] **s. f.** *1* Molteplicità: *p. di opinioni*. **CONTR.** Unicità. *2* (*raro*) Maggioranza: *la p. dei presenti emise un parere favorevole*.

pluralizzàre [comp. di *plural(e)* e *-izzare*; 1728] **v. tr.** ● (*ling.*) Mettere al plurale: *p. un aggettivo*.

plùri- [lat. *plūri-*, dal genit. (*plūris*) di *plūs* 'più'] primo elemento ● In parole composte significa 'in numero maggiore di uno' (*pluriaggravato*, *pluridecorato*, *plurilingue*, *plurivalente*) o indica quantità superiore al normale (*pluriatomico*, *pluriclasse*).

pluriaggravàto [comp. di *pluri-* e *aggravato*; 1950] **agg.** ● (*dir.*) Detto di reato aggravato da più circostanze aggravanti: *furto p.*

pluriàrma [comp. di *pluri-* e *arma*] **agg. inv.** ● (*mil.*) Che si riferisce a due o più armi dell'esercito.

pluriarticolàto [comp. di *pluri-* e *articolo*, con suff. agg.] **agg.** ● (*bot.*, *zool.*) Costituito da più articoli.

pluriatòmico [comp. di *pluri-* e *atomo*, con suff. agg.; 1965] **agg.** (**pl. m.** *-ci*) ● (*fis.*) Detto di molecola costituita da più atomi e di sostanze costituite da tali molecole.

pluricellulàre [comp. di *pluri-* e *cellula*, con suff. agg.; 1878] **agg.** ● (*biol.*) Di essere vivente formato da più cellule. **CONTR.** Unicellulare.

pluricèntrico [comp. di *pluri-* e *centrico*; 1987] **agg.** (**pl. m.** *-ci*) *1* Che ha più centri. *2* Che si riferisce a più centri.

pluriclàsse [comp. di *pluri-* e *classe*; 1950] **A** s. f. ● Insieme di classi elementari riunite insieme e affidate a un unico maestro. **B** anche agg. inv.: *scuola p.*

pluricolóre [comp. di *pluri-* e *colore*; 1916] agg. ● (*raro*) Multicolore.

pluricoltùra [comp. di *pluri-* e *coltura*; 1958] s. f. ● (*agr.*) Ordinamento colturale comprendente più piante in una stessa azienda agricola.

pluridecennàle [comp. di *pluri-* e *decennale*; av. 1926] agg. ● Che dura o è durato più decenni: *piano p.*

pluridecoràto [comp. di *pluri-* e *decorato*; 1942] agg.; anche s. m. ● Che (o Chi) è stato insignito di più decorazioni: *un militare p.*

pluridimensionàle [comp. di *pluri-* e *dimensione*, con suff. agg.; 1946] agg. ● Che ha più dimensioni.

pluridimensionalità [da *pluridimensionale*; 1970] s. f. ● Proprietà di ciò che è pluridimensionale.

pluridirezionàle [comp. di *pluri-* e di un deriv. di *direzione*; 1965] agg. ● Orientato, esteso in varie direzioni: *sistema viario p.*

pluridisciplinàre [comp. di *pluri-* e di un deriv. di *disciplina*; av. 1966] agg. ● Multidisciplinare: *ricerca p.*

pluriennàle [da *pluri-* sul modello di *biennale*, *triennale* ecc.; 1865] agg. ● Che ha la durata di molti anni: *corso p. di studi.*

pluriènne [comp. di *pluri-* e *-enne*; 1906] agg. ● (*bot.*) Detto di pianta che fiorisce dopo alcuni anni di sviluppo vegetativo.

plurietnico [comp. di *pluri-* ed *etnico*; 1985] agg. (pl. m. *-ci*) ● Che comprende più etnie: *federazione plurietnica.*

plurifàse [comp. di *pluri-* e *fase*] agg. (pl. *-i* o inv.) ● Relativo a più fasi, costituito da più fasi | ***Sistema p. di correnti***, insieme di correnti elettriche aventi uguale frequenza ma fase diversa.

plurigemellàre [comp. di *pluri-* e *gemello*, con suff. agg.; 1958] agg. ● Detto di parto in cui vengono alla luce più di due figli | ***Gravidanza p.***, precedente a tale parto.

plurigèmino [comp. di *pluri-* e *gemino*; 1942] agg. ● Plurigemellare.

plurilateràle [comp. di *pluri-* e un deriv. del lat. *lătus*, genit. *lăteris* 'lato'; 1950] agg. ● Multilaterale.

plurilateralità [da *plurilaterale*; 1970] s. f. ● Multilateralità.

plurilìngue [da *pluri-*, sul modello di *bilingue*; 1958] agg. (pl. *-i* o inv.) ● (*ling.*) Che usa o parla correntemente più lingue.

plurilinguìsmo [comp. di *pluri-*, che sostituisce *bi-* di (*bi*)*linguismo*; 1951] s. m. *1* Condizione di chi è plurilingue. *2* Situazione di una zona o di una comunità, al cui interno i soggetti parlanti siano in grado di servirsi alternativamente di lingue diverse a seconda delle circostanze: *p. altoatesino* | Situazione di un territorio o di uno Stato nel quale siano state adottate varie lingue ufficiali: *p. svizzero.* *3* Compresenza di più livelli linguistici all'interno di uno stesso testo o nella produzione di un autore: *il p. di Gadda.*

plurilinguìstico [da *plurilinguismo*] agg. (pl. m. *-ci*) ● Relativo al plurilinguismo.

pluriloculàre [comp. di *pluri-* e del lat. *lŏculus*, dim. di *lŏcus* 'luogo', con suff. agg.; 1835] agg. ● (*bot.*) Di ovario che ha più caselle.

plurimandatàrio [comp. di *pluri-* e *mandatario*; 1983] agg. ● (*org. az.*) Detto di agente di vendita che opera per più aziende non in concorrenza tra loro.

plurimiliardàrio [comp. di *pluri-* e *miliardario*; 1983] agg.; anche s. m. (f. *-a*) ● Che (o Chi) possiede molti miliardi di unità monetarie.

plurimilionàrio [comp. di *pluri-* e *milionario*; 1958] agg.; anche s. m. (f. *-a*) ● Che (o Chi) possiede molti milioni di unità monetarie.

plurimillenàrio [comp. di *pluri-* e *millennio*, con suff. agg.; 1950] agg. ● Che è durato più millenni, che dura più millenni: *un'antica civiltà plurimillenaria.*

plùrimo [vc. dotta, lat. *plūrimu(m)*, superl. di *plūs*, genit. *plūris* 'più'; 1901] agg. ● Molteplice: *parto p.* | ***Voto p.***, in passato, sistema elettorale in cui certi elettori potevano votare più volte, in base al censo, all'età o ad altre caratteristiche; attualmente, quello di un votante che dispone di più voti | ***Elezione plurima***, elezione di un deputato avvenuta in più collegi. CONTR. Unico.

plurimotóre [comp. di *pluri-* e *motore*; 1936] **A** s. m. ● (*aer.*) Aereo con più motori. **B** anche agg.: *aereo p.*

plurinazionàle [comp. di *pluri-* e *nazione*, con suff. agg.; 1954] agg. ● Che comprende più nazioni o nazionalità: *organizzazione p.*

plurinominàle [da *pluri-*, sul modello di *uninominale*; 1918] agg. ● (*dir.*) Detto di sistema elettorale basato su collegi elettorali ciascuno dei quali elegge più rappresentanti popolari: *scrutinio p.*; *collegio elettorale p.* CONTR. Uninominale.

plurinucleàto [comp. di *pluri-* e *nucleo*, con suff. agg.; 1958] agg. ● (*biol.*) Detto di cellula fornita di più nuclei. SIN. Polinucleato.

pluriomicìda [comp. di *pluri-* e *omicida*; 1971] s. m. e f. (pl. m. *-i*) ● Chi ha commesso più di un omicidio.

plurìpara [comp. di *pluri-* e il f. di *-paro*; 1939] **A** agg. solo f. ● Detto di donna che abbia precedentemente partorito almeno due volte. **B** anche s. f.

pluripartìtico [comp. di *pluri-* e *partito* (*1*), con suff. agg.; 1958] agg. (pl. m. *-ci*) ● Che concerne più partiti | ***Stato p.***, che ammette la legittimità di organizzazione di partiti politici con libertà di orientamenti ideologici e di tutela di interessi diversi.

pluripartitìsmo [comp. di *pluri-* e *partito* (*1*), con suff. sost., sul modello di *bipartitismo*; 1974] s. m. ● Sistema politico caratterizzato dall'esistenza di più partiti, alcuni dei quali concorrono a formare il governo e gli altri l'opposizione. SIN. Multipartitismo.

pluripennàto [comp. di *pluri-* e *pennato*] agg. ● (*bot.*) Detto di foglia composta di varie foglie a loro volta formate da più foglioline disposte ai lati di un asse.

pluriplàno [da *pluri-*, sul modello di *biplano*; 1970] **A** agg. ● (*aer.*) Caratterizzato da più piani aerodinamici solitamente orizzontali | ***Velivolo p.***, con più ali sovrapposte. **B** s. m. ● Velivolo pluriplano.

pluripòlide [comp. di *pluri-* e del gr. *pólis* 'città, stato'] agg.; anche s. m. e f. ● (*dir.*) Che (o Chi) possiede più cittadinanze.

pluripósto [comp. di *pluri-* e *posto*; 1958] **A** agg. inv. ● Detto di velivolo dotato di più posti. **B** anche s. m. inv.

pluripotènte [comp. di *pluri-* e *potente*] agg. ● (*biol.*) In embriologia, detto di cellula, tessuto, abbozzo embrionale e sim. che presenta una vasta gamma di possibili destini.

pluripotènza [comp. di *pluri-* e *potenza*] s. f. ● (*biol.*) In embriologia, la condizione di ciò che è pluripotente.

plurireattóre [comp. di *pluri-* e *reattore*; 1970] **A** s. m. ● Velivolo con più reattori. **B** anche agg.

plurirèddito [comp. di *pluri-* e *reddito*; 1984] agg. inv. ● Che dispone di più di un reddito: *famiglia p.*

plurisecolàre [comp. di *pluri-* e *secolo*, con suff. agg.; 1958] agg. ● Che è durato più secoli, che dura da più secoli: *impero p.*

plurisettimanàle [comp. di *pluri-* e di un deriv. di *settimana*; 1986] agg. ● Che avviene più volte ogni settimana: *pubblicazione, partenza p.*

plurisettoriàle [comp. di *pluri-* e di un deriv. di *settore*; 1985] agg. ● Riguardante o comprendente più settori: *investimenti plurisettoriali.* SIN. Polisettoriale.

plurisìllabo [da *pluri-*, sul modello di *polisillabo*; 1958] agg. ● Detto di parola formata da più sillabe.

pluristàdio [comp. di *pluri-* e *stadio*; 1958] agg. inv. ● (*aer.*) Che ha più di uno stadio | (*mil.*) ***Missile p.***, quello costituito da più stadi, ciascuno dei quali si distacca dopo aver esaurito la propria carica di propellenti.

pluristilìsmo [comp. di *pluri-* e di un deriv. di *stile*; 1987] s. m. ● Compresenza di vari registri espressivi in uno stesso testo o nella produzione di un autore: *il p. di Lorenzo il Magnifico.*

pluristilìstico agg. (pl. m. *-ci*) ● Relativo al pluristilismo, che manifesta pluristilismo: *opera pluristilistica.*

pluriùso [comp. di *pluri-* e *uso*; 1970] agg. inv. ● Che si può adibire a vari usi: *mobile p.*

plurivalènte [comp. di *pluri-* e *valente*; 1979] agg. ● Che ha più valori.

plurivalutàrio [comp. di *pluri-* e *valutario*] agg. ● (*econ.*) Detto di un finanziamento rinnovabile in più valute o di un prestito obbligazionario rimborsabile in valute diverse da quella di emissione.

plurìvoco [da *pluri-*, sul modello di *univoco*; 1958] agg. (pl. m. *-ci*) ● (*mat.*) ***Funzione plurivoca***, funzione che assume più valori in corrispondenza di ogni scelta della o delle variabili indipendenti nel proprio campo di definizione.

plus [vc. ingl., presa dal lat. *plūs* 'più'; 1985] s. m. inv. ● (*econ.*) Vantaggio, punto a favore: *il nostro prodotto ha molti p. rispetto ai concorrenti.*

plùsia [dal gr. *plóusios* 'ricco', da *plôutos* 'ricchezza', di orig. indeur., per le macchie d'oro e d'argento che ha sulle ali; 1875] s. f. ● Farfalla cosmopolita, non vistosa, crepuscolare e notturna, che attacca piante erbacee di vario tipo (*Plusia gamma*).

plusvalènza [comp. di *plus* 'più' e *valenza*; calco sul fr. *plus-value*; 1863] s. f. ● Aumento di valore di un bene rispetto al suo costo o al suo precedente valore: *p. tassabile.*

plusvalóre [comp. di *plus* 'più' e *valore*; calco sul ted. *Mehrwert*; 1894] s. m. ● Nella teoria marxista, la differenza, di cui si appropria il capitalista, fra il valore della merce prodotta dal lavoratore e il valore della retribuzione corrisposta a quest'ultimo.

plùteo (**1**) [vc. dotta, lat. *plŭteu(m)* 'parete di difesa, riparo', di etim. incerta; sec. XIII] s. m. *1* Antica macchina guerresca a forma di paravento semicircolare usata per riparare gli assedianti durante l'attacco alle mura assediate. *2* Pannello in marmo o legno, spesso decorato a bassorilievo, che unito ad altri forma un parapetto; nelle chiese medievali delimita l'altare, il presbiterio o il coro. *3* Specie di leggio o armadio usato in alcune biblioteche per conservare codici preziosi.

plùteo (**2**) [lat. scient. *pluteus*, dal lat. *plŭteus* 'parete di difesa, riparo' (V. *pluteo* (*1*)); detto così dalla forma] s. m. ● (*zool.*) Stadio larvale pelagico di alcuni Echinodermi.

plutòcrate [ingl. *plutocrat*, dal gr. *ploutokratía* 'plutocrazia'; 1894] s. m. e f. ● (*disus., spreg.*) Chi, grazie alla propria ampia disponibilità di capitali, influisce in misura determinante sulla vita politica e sociale.

plutocràtico [ingl. *plutocratic*, da *plutocrat* 'plutocrate'; 1877] agg. (pl. m. *-ci*) ● (*disus.*) Relativo a plutocrazia o ai plutocrati. ‖ **plutocraticaménte**, avv.

plutocrazìa [ingl. *plutocracy*, dal gr. *ploutokratía*, comp. di *plôutos* 'ricchezza' (V. *plusia*) e *-kratía* '-crazia'; 1835] s. f. ● (*disus., spreg.*) Predominio politico di individui o gruppi detentori di grandi ricchezze | L'insieme dei plutocrati.

plutodemocrazìa [comp. di *pluto*(*crazia*) e *democrazia*; 1939] s. f. ● Demoplutocrazia.

plutóne [vc. dotta, lat. *Plutōne(m)*, nom. *Plūton*, dal gr. *Plôuton*, da *plôutos* 'ricchezza' (V. *plusia*); 1857] s. m. (*Plutóne* nel sign. 1) *1* (*astron.*) Nono e ultimo pianeta in ordine di distanza dal Sole, dal quale in media dista circa 6 miliardi di kilometri, la cui massa è ritenuta da 0,1 a 0,8 volte quella della Terra e del quale si conosce un satellite | (*astrol.*) Pianeta che domina il segno zodiacale dello Scorpione. ➡ ILL. p. 2143 SISTEMA SOLARE; **zodiaco.** *2* (*geol.*) Corpo geologico intrusivo, di varia forma e dimensioni, che si forma entro la crosta terrestre per cristallizzazione di un magma.

plutoniàno [1871] **A** agg. *1* Relativo al pianeta Plutone. *2* (*geol.*) Detto di processo intrusivo profondo | Detto di roccia consolidata da un magma entro la crosta terrestre. **B** s. m. (f. *-a*) ● Ipotetico abitante del pianeta Plutone.

plutònico [dal n. del dio degli Inferi, *Plutone*; av. 1869] agg. (pl. m. *-ci*) *1* Plutoniano. *2* (*lett.*) Infernale, d'oltretomba | (*est.*) Sotterraneo. *3* (*lett., fig.*) Buio, scuro: *antro p.*

plutònio [vc. dotta, lat. *Plutŏniu(m)*, da *Plūton*, genit. *Plutōnis* 'Plutone'; 1948] **A** agg. ● (*lett.*) Di Plutone, dio greco degli Inferi | (*lett.*) Plutonico: *sul varco fatale / della plutonia sede* (LEOPARDI). **B** s. m. ● Elemento chimico, metallico, artificiale, di numero atomico 94, esistente solo in forma radioattiva, usato per generare energia nucleare. SIMB. Pu.

plutonìsmo [da *Plutone*; av. 1869] s. m. ● Teoria geologica secondo la quale tutte le rocce deriverebbero dal consolidamento dei magmi | Complesso dei fenomeni causati dai magmi entro la crosta terrestre.

†**plùvia** [vc. dotta, lat. *plŭvia(m)* 'pioggia'; sec. XIII] **s. f.** ● Pioggia.

pluviàle [vc. dotta, lat. *pluviāle(m)*, da *plŭvia* 'pioggia'; sec. XIV] **A agg.** ● Della pioggia | ***Acqua p.***, piovana | ***Fiume a regime p.***, il cui bacino idrografico è alimentato quasi esclusivamente dalle piogge | ***Foresta p.***, quella equatoriale, caratterizzata dal clima costantemente caldo e umido che favorisce una vegetazione rigogliosissima e sempreverde. **B s. m.** ● (*edil.*) Tubo verticale che raccoglie l'acqua dalla grondaia per scaricarla a terra o nelle fognature.

plùvio [vc. dotta, lat. *plŭviu(m)*, da *plŭere* 'piovere'; sec. XIV] **agg.** ● (*lett.*) Piovoso | ***Giove p.***, che sparge pioggia, che fa piovere.

plùvio- [dal lat. *plŭvia* 'pioggia'] primo elemento ● In parole composte scientifiche significa 'pioggia': *pluviometro*.

pluviògrafo [comp. di *pluvio-* e *-grafo*; 1954] **s. m.** ● Pluviometro con dispositivo per la registrazione cronologica della quantità di acqua delle precipitazioni. **SIN.** Ietografo.

pluviometrìa [1915] **s. f.** ● Misurazione della pioggia tramite il pluviometro.

pluviomètrico [1871] **agg.** (pl. m. *-ci*) ● Di pluviometro: *osservazioni pluviometriche* | ***Indice p. di un bacino idrografico***, il rapporto tra il volume d'acqua caduto annualmente e la superficie del bacino.

pluviòmetro [fr. *pluviomètre*, comp. del lat. *plŭvia* 'pioggia' (V. *pluvio-*), e *-mètre* '-metro'; 1821] **s. m.** ● Strumento per la misura della quantità di acqua caduta come precipitazione in un determinato intervallo di tempo, espressa in millimetri per m^2 | ***P. registratore***, pluviografo.

pluvioscòpio [comp. di *pluvio-* e *-scopio*; 1958] **s. m.** ● Strumento usato per misurare la durata di una precipitazione atmosferica.

pluviòso [vc. dotta, lat. *pluviōsu(m)*, da *plŭvia* 'pioggia'; av. 1306] **agg.** ● (*lett.*) Piovoso: *dal ciel p. / vide un suo vago viso lacrimevole* (D'ANNUNZIO).

pnèuma [vc. dotta, lat. tardo *pnēuma*, dal gr. *pnêuma*, genit. *pnéumatos* 'soffio', da *pnêin* 'soffiare', di orig. indeur.; 1521] **s. m.** (pl. *-i*) **1** Nella filosofia degli stoici, lo spirito divino che anima il mondo ordinandolo e dirigendolo. **2** (*mus.*) Nel canto gregoriano, passo melismatico da eseguire su una sillaba alla fine di un passo melodico.

pneumàtico (**1**) [gr. *pneumatikós* (V. *pneumatico (2)*)] **agg.** (pl. m. *-ci*) ● (*filos.*) Che si riferisce allo pneuma.

pneumàtico (**2**) [vc. dotta, lat. *pneumăticu(m)*, nom. *pneumăticus*, dal gr. *pneumatikós*, agg. di *pnêuma*, genit. *pnéumatos* 'soffio'. V. *pneuma*; av. 1687] **A agg.** (pl. m. *-ci*) ● Che si può gonfiare immettendo aria: *canotto, materassino p.* | ***Macchina pneumatica***, strumento per rarefare l'aria in un recipiente | ***Campana pneumatica***, cassone ad aria compressa usato per fondazioni subacquee pneumatiche | ***Copertura pneumatica***, grande rivestimento in plastica che ripara piscine, campi da tennis e sim. **SIN.** Copertura a pallone | ***Freno p.***, ad aria, la quale costituisce il fluido intermediario per ottenere meccanicamente l'azione frenante | ***Posta pneumatica***, V. *posta* (*1*). **B s. m.** (l'uso colto prevede gli art. *lo*, *gli* e *uno*, l'uso comune sempre più spesso gli art. *il*, *i* e *un*) ● Parte della ruota del veicolo, costituita dal copertone con o senza la camera d'aria. ➡ **ILL.** p. 2161, 2166 TRASPORTI.

pnèumato- [dal gr. *pnêuma*, genit. *pnéumatos* 'soffio, aria' (V. *pneuma* e *pneumo- (1)*)] primo elemento ● In parole composte scientifiche, indica presenza di aria o gas: *pneumatoforo, pneumatologia*.

pneumatòforo [comp. di *pneumato-* e *-foro*; 1954] **s. m. 1** (*bot.*) Particolare radice respirante, emergente verticalmente dall'acqua, che nelle piante delle paludi tropicali, spec. nelle mangrovie, ha il compito di portare l'ossigeno alle radici immerse. **2** (*zool.*) Vescicola contenente gas, a funzione di sostegno, tipica di alcuni Celenterati Sifonofori.

pneumatologìa [comp. di *pneumato-* e *-logia*; 1771] **s. f.** ● (*filos.*) La scienza delle cose spirituali in quanto indagine relativa al principio vitale.

pneumatòmetro [comp. di *pneumato-* e *-metro*; 1970] **s. m.** ● (*med.*) Spirometro.

pneumectomìa [comp. di *pneumo- (2)* ed *-ectomia*; 1885] **s. f.** ● (*chir.*) Asportazione chirurgica di un polmone. **SIN.** Pneumonectomia.

pnèumico [da *pneumo- (2)*] **agg.** (pl. m. *-ci*) ● (*med.*) Polmonare.

pnèumo- (**1**) [gr. *pnêuma* 'soffio, respiro', da *pnêin* 'respirare, alitare', di orig. indeur.] primo elemento ● In parole composte della terminologia scientifica indica presenza di aria o gas, o fa riferimento alla funzione respiratoria: *pneumografia, pneumotorace*.

pnèumo- (**2**) [gr. *pneumo-*, da *pnéumōn* 'polmone', di orig. indeur.] primo elemento ● In parole composte della terminologia medica, significa 'polmone' o 'polmonite': *pneumopatia*.

pneumocèle [comp. di *pneumo- (2)* e *-cele*; 1835] **s. m.** ● (*med.*) Tumefazione prodotta dalla protrusione di una porzione di polmone attraverso uno spazio intercostale.

pneumocistografìa [vc. dotta, comp. di *pneumo-* e *cistografia*] **s. f.** ● (*med.*) Analisi radiografica della vescica previo riempimento di questa con aria.

pneumocòcco [comp. di *pneumo- (2)* e *cocco (4)*; 1899] **s. m.** (pl. *-chi*) ● Batterio a forma di minutissimi granuli riuniti per lo più a coppie, avvolti da una capsula, agente della polmonite (*Diplococcus pneumoniae*).

pneumoconiòsi [comp. di *pneumo- (2)* e del gr. *kónis* 'polvere', di orig. indeur.; 1939] **s. f. inv.** ● Malattia polmonare da accumulo di polveri assorbite per inalazione.

pneumoencèfalo [comp. di *pneumo- (1)* ed *encefalo*; 1958] **s. m.** ● (*med.*) Introduzione di aria nelle cavità cerebrali, spec. a scopo diagnostico.

pneumoencefalografìa [comp. di *pneumoencefalo* e *-grafia*; 1958] **s. f.** ● (*med.*) Studio radiologico delle cavità cerebrali mediante introduzione di aria nelle cavità stesse.

pneumografìa [comp. di *pneumo- (1)* e *-grafia*; 1888] **s. f.** ● (*med.*) Registrazione dei movimenti respiratori.

pneumògrafo [comp. di *pneumo- (1)* e *-grafo*; 1902] **s. m.** ● (*med.*) Apparecchio per la registrazione grafica dei movimenti respiratori.

pneumologìa [vc. dotta, comp. di *pneumo- (2)* e *-logia*; 1835] **s. f.** ● (*med.*) Scienza che studia la struttura, la funzione, la patologia dei polmoni.

pneumòlogo [vc. dotta, comp. di *pneumo- (2)* e *-logo*] **s. m.** (f. *-a*; pl. m. *-gi*) ● Specialista in pneumologia.

pneumometrìa [comp. di *pneumo- (1)* e *-metria*; 1899] **s. f.** ● (*med.*) Spirometria.

pneumòmetro [comp. di *pneumo- (1)* e *-metro*; 1929] **s. m.** ● (*med.*) Spirometro.

pneumonectomìa [comp. del gr. *pnéumōn* 'polmone' (V. *pneumo- (2)*) ed *-ectomia*; 1948] **s. f.** ● (*chir.*) Pneumectomia.

pneumonìa [vc. dotta, gr. *pneumonía*, da *pnéumōn* 'polmone' (V. *pneumo- (2)*); 1835] **s. f.** ● (*med., raro*) Polmonite.

pneumònico [vc. dotta, gr. *pneumonikós*, da *pneumonía* 'pneumonia'; 1745] **agg.** (pl. m. *-ci*) ● (*raro*) Polmonare.

pneumonite [comp. di *pneumo- (2)* e *-ite (1)*; 1835] **s. f.** ● (*raro*) Polmonite.

pneumopatìa [comp. di *pneumo- (2)* e *-patia*; 1958] **s. f.** ● (*gener.*) Malattia del polmone.

pneumopericàrdio [comp. di *pneumo- (1)* e *pericardio*; 1875] **s. m.** ● (*med.*) Raccolta di aria nel pericardio.

pneumoperitonèo [comp. di *pneumo- (1)* e *peritoneo*; 1958] **s. m.** ● (*med.*) Presenza di gas nel cavo peritoneale.

pneumorragìa [comp. di *pneumo- (2)* e *-ragia*; 1835] **s. f.** ● (*med.*) Emorragia dal polmone.

pneumotomìa [comp. di *pneumo- (2)* e *-tomia*; 1835] **s. f.** ● (*chir.*) Incisione del parenchima polmonare.

pneumotoràce [comp. di *pneumo- (1)* e *torace*; 1821] **s. m.** ● (*med.*) Raccolta di aria nella cavità pleurica | ***P. artificiale***, cura della tubercolosi polmonare consistente nell'immobilizzare il polmone mediante immissione di azoto o aria filtrata nel cavo pleurico fino a cicatrizzazione delle lesioni tubercolari | ***P. spontaneo***, presenza di aria nel cavo pleurico, penetrata per rottura o ferita della pleura viscerale o costale.

PNL /piɛnne'ɛlle/ [sigla di *P(rodotto) N(azionale) L(ordo)*] **s. m. inv.** ● (*econ.*) Valore monetario che si ottiene aggiungendo al prodotto interno lordo (PIL) il reddito dei residenti derivante da investimenti all'estero e sottraendo quello prodotto nel Paese dagli stranieri residenti.

♦**po'** (**1**) /pɔ/ **s. m.** solo **sing.** ● Forma tronca di 'poco' (V. nota d'uso ELISIONE e TRONCAMENTO).

po' (**2**) /pɔ/ **avv.** ● (*poet.*) Forma tronca di 'poi'.

pòa [gr. *póa* 'erba, foraggio', di orig. indeur.; av. 1878] **s. f.** ● Genere di piante erbacee delle Graminacee comuni in luoghi erbosi, buone foraggere (*Poa*).

poàna ● V. *poiana*.

poc'ànzi [comp. di *poc(o)* e *anzi*; 1541] **avv.** ● (*lett.*) Prima, poco fa: *come dicevo poc'anzi*.

pòccia [sovrapposizione di *ciucciare* a *poppa*; sec. XV] **s. f.** (pl. *-ce*) ● (*tosc.*) Mammella, poppa. || **poccióne**, accr. m.

pocciàre [da *poccia*; sec. XIV] **v. tr.** (*io pòccio*) ● (*tosc.*) Poppare.

pochade /fr. pɔ'ʃad/ [fr., propr. 'abbozzo', in orig. termine di pittura, da *pocher* 'far gonfiare come una tasca', poi 'rappresentare con un disegno', da *poche* 'tasca', di orig. francone; 1872] **s. f. inv.** ● Genere teatrale leggero simile al vaudeville, ma senza musica, con una trama comica di vicende intricate.

pòcher [1905] **s. m. inv.** ● Adattamento di *poker* (V.). || **pocherino**, dim. (V.).

pocherino ● V. *pokerino*.

pochette /fr. pɔ'ʃɛt/ [fr., propr. dim. di *poche* 'tasca' (di orig. francone), perché di dimensioni tali da poter stare in tasca; 1826] **s. f. inv. 1** Borsetta femminile di piccole dimensioni, da portarsi in mano: *una p. di velluto, di camoscio*. **2** (*mus.*) Piccolo violino apparso in Francia sul finire del XVI secolo.

pochézza [da *poco*; av. 1294] **s. f. 1** Scarsezza: *p. di mezzi*. **2** (*fig.*) Modestia, meschinità: *p. di cuore, d'ingegno* | ***Nella, secondo la mia p.***, modestamente.

pocket /'pɔket, *ingl.* 'pɒkɪt/ [vc. ingl., propr. 'tasca'; 1985] **agg. inv.** ● (posposto al s.) Tascabile: *edizione p.*

pocket book /*ingl.* 'pɒkɪt,bʊk/ [vc. ingl., propr. 'libro tascabile', comp. di *pocket* 'tasca' (vc. di orig. germ.) e *book* 'libro' (vc. di orig. germ.); 1961] **loc. sost. m. inv.** (pl. ingl. *pocket books*) ● Volume in brossura, in edizione economica, di formato adatto a entrare nelle tasche.

♦**póco** [lat. *pāucu(m)*, di orig. indeur.; av. 1250] **A avv.** (troncato in *po'* nelle loc. avv. *un po'*, *un bel po'*, *un po' per*; si elide nella loc. *poc'anzi* e, raro lett., davanti a parole che cominciano per vocale). **1** In piccola misura, scarsamente: *parla p. ma è molto furbo*; *il suo aiuto mi è servito ben p.*; *hai dormito troppo p.*; *leggete p.*; *questa faccenda mi piace p.*; *ci vede e sente p.* | Non molto (seguito da un agg., da un avv. o loc. avv., da un agg. o avv. compar. ne attenua il sign. e il valore); *è p. simpatico*; *sei p. educato*; *sta p. bene*; *lo faccio p. volentieri*; *sono arrivato p. dopo*; *è accaduto poc'anzi*; *abito p. lontano*; *è p. meno di un kilo*; *ha p. più di due anni*; *sono p. superiori alla media* | ***P. male!***, non è poi una cosa grave | Per breve tempo: *mi tratterrò p.*; *è uno spettacolo che dura p.* | (*enfat., iter.*) Pochissimo: *lo vedo p., ma p.*; *è stato p. p.* | ***P. o molto, p. o tanto***, sia quanto sia: *p. o tanto questo è quello che so* | ***Né punto né p.***, per nulla: *ciò non mi garba né punto né p.* | ***Non p.***, parecchio, assai: *mi piace non p.* | ***P. o nulla***, pochissimo | ***A p. a p.***, piano piano, gradatamente. **2** (*antifr.*) Molto, assai: *e dico p.!* **3** Nelle loc. avv. ***un poco, un po'***, alquanto, non molto (con valore attenuativo): *abbiamo parlato un po'*; *ho dovuto attendere un po'*; *vorrei stare un po' in pace*; *sono un po' in collera*; *fammi un po' ridere!*; *questa gonna è un po' corta*; *sto un po' meglio*; *cerca di arrivare un po' prima*; *vieni un po' più vicino* | (con valore raff.) ***Un bel po'***, parecchio: *ho dormito un bel po'* | ***Un po' per … un po' per***, in parte per … in parte per: *era fuori di sé, un po' per la rabbia e un po' per il dispiacere* | (*enfat.*) Dunque (in espressioni di incoraggiamento, di minaccia, di comando e sim.): *senti un po' quello che devo dirti*; *dimmi un po' quello che sai*; *vedi un po' di combinare qualcosa*; *guardate un po' qui che razza d'imbroglio!*; *guarda un po' se devi farti imbrogliare in questo modo!* **B agg. indef. 1** Che è in piccola quantità o misura: *spende p. denaro*; *bevo p. vino*; *c'è p. lavoro*; *inviterò poca gente*; *ne* *traggo p. vantaggio* | (*al pl.*) In piccolo numero: *ho incontrato poche persone*; *ha pochi amici*; *in pochi minuti* | ***In poche parole***, per farla breve | Scarso (con riferimento alla forza o all'intensità): *ha poca pazienza con i bambini*; *parli con poca convinzione*; *oggi fa p. caldo*; *vado, ma con p. entusiasmo* | ***Essere di poche parole***, essere molto riservato. CFR. oligo-. CONTR. Molto. ***2*** Piccolo, esiguo: *lo aggiusterai con poca spesa*; *hanno acquistato una casa a p. prezzo*; *mi è stato di p. aiuto* | ***È poca cosa***, (*fig.*) di scarsa o nessuna importanza | Insufficiente, inadeguato: *ha poca salute*; *è persona di p. ingegno*; *lavora con p. impegno* | Breve, corto (con riferimento a tempo e a spazio): *ha fatto poca strada*; *ci ha messo p. tempo*; *abbiamo p. spazio.* ***3*** Con valore neutro in espressioni ellittiche: *mi tratterrò p.*; *hanno speso p.*; *mangia e dorme p.*; *è arrivato da p.*; *ne avrò ancora per p.*; *arrivederci fra p.*; *c'è p. da dire su di lui*; *si può anche vivere con p.*; *mangi troppo p.*; *ci vuole p. a capirlo*; *oggi ho p. da fare*; *non arrabbiarti per così p.*; *bisogna accontentarsi di p.*; *e questo ti pare p.?* | ***A ogni p.***, con molta frequenza: *a ogni p. si fermava* | ***Ci corre p.***, (*fig.*) c'è poca differenza | ***A dir p.***, almeno, come minimo: *ci vorrà, a dir p., un'ora di cammino* | ***Per p. non***, quasi | ***P. p.***, (*fam.*) quasi quasi: *una tal noia che p. p. mi alzavo e me ne andavo* | ***C'è p. da ridere, da scherzare*** e sim., non è proprio il caso, non c'è motivo di ridere, scherzare e sim. | ***Da p.***, di poco conto, di scarsa importanza: *è un lavoro da p.*; *è una ferita da p.* | ***Sapere di p.***, essere insipido (*anche fig.*): *la minestra sa di p.*; *è una ragazza che sa di p.* | ***Ci vuol p. a***, è facile: *ci vuol p. a capirlo* | ***È p. ma sicuro***, è certissimo. **C** pron. indef. ● Chi (o ciò che) è in piccola quantità o misura o numero: *ci vorrebbe pazienza e io ne ho poca*; *non so esattamente quanti anni ha, ma ne ha pochi*; *pochi sanno quello che hai fatto*; *pochi di noi possono vantare una simile saggezza*; *poche, fra le persone presenti, si sono accorte in tempo del pericolo*; *pochi ma buoni*; *ha tanto dilapidato che gliene sono rimasti pochi.* CONTR. Molto. **D** in funzione di s. m. solo sing. (troncato in *po'* dopo l'art. indet. *un*, davanti alla prep. *di* o al pron. rel. *che*) ***1*** Piccola quantità: *il p. che guadagna gli basta*; *bevve il po' di vino che gli era rimasto*; *si accontenta di quel po' che possiede*; *bisogna distinguere tra il molto e il p.* CONTR. Molto. | ***Un po' di***, una piccola quantità, una piccola dose di (seguito da un compl. partitivo): *versami un po' d'acqua*; *bisogna avere un po' di buon senso*; *abbiamo avuto un bel po' di paura*; *fa un po' di tutto*; *c'è di tutto un po'*; (*assol.*) *un po' per volta entreremo tutti*; *teniamolo un po' per uno.* ***2*** Nella loc. ***po' po' di***, (*enfat.*) quantità di misura notevole: *che po' po' di coraggio a ripresentarsi*; *quel po' po' di imbroglione me la pagherà* | ***Niente po' po' di meno***, V. *nientepopodimeno.* **E** nella loc. sost. m. e f. inv. ***poco di buono*** ● Cattivo soggetto, persona disonesta e poco raccomandabile: *non perderti con quel p. di buono*; *sono dei p. di buono, non devi fidarti*; *Ch'io sia una sfacciata, una donna scorretta, una p. di buono?* (GOLDONI). || **pochettino**, dim. | **pochètto**, dim. | **pochinino**, dim. | **pochissimo**, dim. | **pochino**, dim. | **pocolino**, dim.

pòculo o **pòcolo** [vc. dotta, lat. *pōculu(m)*, di orig. indeur.; 1499] s. m. ● (*lett.*) Calice, bicchiere, boccale.

podàgra [vc. dotta, lat. *pŏdagra(m)*, nom. *pŏdagra*, dal gr. *podágra*, propr. 'laccio per prendere l'animale ai piedi', comp. di *póus*, genit. *podós* 'piede' (V. *podo-*) e *ágra* 'caccia, preda', di orig. indeur.; sec. XIII] s. f. ● (*med.*) Gotta del piede.

podàgrico [vc. dotta, lat. *podăgricu(m)*, nom. *podăgricus*, dal gr. *podagrikós*, da *podágra* 'podagra'; av. 1320] **A** agg. (pl. m. *-ci*) ● (*med.*) Relativo a podagra. **B** s. m. (f. *-a*) ● Chi è affetto da podagra.

podagróso [vc. dotta, lat. *podagrōsu(m)*, da *pŏdagra* 'podagra'; sec. XIV] **A** agg. ● Di podagra | Che soffre di podagra. **B** s. m. (f. *-a*) ● Chi è affetto da podagra.

podalgìa [comp. di *pod(o)-* e *-algia*; 1991] s. f. ● Manifestazione dolorosa localizzata ai piedi.

podàlico [fr. *podalique*, dal gr. *póus*, genit. *podós* 'piede' (V. *podo-*); 1935] agg. (pl. m. *-ci*) ● (*med.*) Che concerne il podice | ***Parto p.***, che avviene con presentazione di podice del feto.

podalìrio [da *Podalirio*, figlio di Esculapio; 1829] s. m. ● Farfalla di color giallo a strisce nere con un prolungamento su ciascuna delle due ali posteriori (*Papilio podalirius*).

podàrgo [dal gr. *pódargos* 'dai piedi agili', comp. di *póus*, genit. *podós* 'piede' (V. *podo-*) e *argós* 'leggero, snello', di orig. indeur.; 1835] s. m. (pl. *-ghi*) ● Uccello australiano dei Caprimulgiformi, notturno e molto torpido, con becco uncinato e lunga coda (*Podargus papuensis*).

podària [da *podo-*, in quanto è il luogo dei piedi delle perpendicolari; 1958] s. f. ● (*mat.*) D'una curva rispetto a un punto, è il luogo dei piedi delle perpendicolari condotte dal punto alle tangenti alla curva. SIN. Pedale.

-pode o **-podo** [dal gr. *póus*, genit. *podós* 'piede' (V. *podo-*)] secondo elemento ● In parole composte della terminologia scientifica, spec. zoologica, significa 'piede' o 'che ha piedi': *diplopodi, miriapodi.*

†**poderàio** [da *podere* (*1*)] s. m. ● (*tosc.*) Colono, fattore.

poderàle [da *podere* (*1*); 1828] agg. ● Del podere, proprio del podere, che sorge in un podere: *casa p.* | ***Strada p.***, che traversa o collega vari poderi.

†**poderàno** [da *podere* (*1*)] agg. ● Contadino.

poderànte [1788] **A** agg. ● Che coltiva e conduce un podere: *colono p.* **B** s. m. e f. ***1*** Chi è padrone di uno o più poderi. ***2*** Chi coltiva e conduce un podere.

podére (**1**) [vc. sett., da *potere* 'possesso, mezzi economici'; 1312] s. m. ● Fondo agricolo di qualche ampiezza con casa colonica: *p. di piano, di poggio, di collina, di costa* | ***Essere a p.***, coltivare un fondo altrui, spec. come mezzadro. || **poderàccio**, pegg. | **poderètto**, dim. | **poderino**, dim. | **poderóne**, accr. | **poderùccio**, **poderùzzo**, dim. | **poderùcolo**, dim.

†**podére** (**2**) ● V. *potere.*

poderóso o †**poteróso** [da *podere* (*2*); sec. XIII] agg. ***1*** Che ha forza, nerbo e gagliardia (*anche fig.*): *esercito p.*; *avere un fisico p.*; *muscolatura, voce, memoria poderosa*; *ingegno p.*; *la barra scricchiolava sotto lo sforzo p. di quel paio di braccia* (VERGA). SIN. Gagliardo, potente. CONTR. Debole. ***2*** †Bastante, sufficiente. || **poderosaménte**, avv.

†**podestà** (**1**) ● V. *potestà* (*1*).

podestà (**2**) o **potestà** (**2**) [da *podestà* (*1*); 1288] s. m. ***1*** Capo del comune medievale, che rendeva giustizia e guidava l'esercito in guerra. ***2*** Capo dell'amministrazione municipale, durante il regime fascista.

†**podestàde** ● V. *potestà* (*1*).

podestarèssa [av. 1536] s. f. ● (*raro, scherz.*) Moglie del podestà: *la p. spiumò tutto un pollaio* (NIEVO).

†**podestariàto** [1416] s. m. ● Ufficio, potere e dignità di podestà.

podestarile [1926] agg. ● Del podestà.

†**podestàte** ● V. *potestà* (*1*).

podesterìa (**1**) o (*lett.*) **potesterìa** [da *podestà* (*2*); 1353] s. f. ● Palazzo del podestà, sede del suo ufficio.

†**podesterìa** (**2**) [da *podestà* (*1*); 1525] s. f. ● Possesso.

podèzio [vc. dotta, dal gr. *póus*, genit. *podós* 'piede' con la terminazione scientifica *-ezio*, lat. *-etium*] s. m. ● (*bot.*) Struttura semplice, ramificata o di varia forma che in alcuni licheni porta il corpo fruttifero del fungo simbionte.

podiàtra [comp. di *podo-* e *-iatra*; 1965] s. m. ● (*disus.*) Medico che cura le affezioni del piede.

pòdice [vc. dotta, lat. *pŏdice(m)*, dalla stessa radice indeur. di *pēdere* 'tirar peti'. V. *peto*; 1598] s. m. ***1*** (*anat.*) Parte inferiore del tronco, nel feto. ***2*** †Deretano, sedere.

Podicepidifórmi [vc. dotta, comp. del lat. *pōdex* 'podice', *pēs* 'piede' e del pl. di *-forme*] s. m. pl. (sing. *-e*) ● (*zool.*) Nella tassonomia animale, ordine di Uccelli adattati alla vita acquatica, comprendente lo svasso maggiore e lo svasso piccolo (*Podicepidiformes*).

pòdio [vc. dotta, lat. *pŏdiu(m)*, dal gr. *pódion*, propr. dim. di *póus*, genit. *podós* 'piede' (V. *podo-*); 1499] s. m. ***1*** Muro dell'anfiteatro romano, recingente l'arena, al disopra del quale prendevano posto i principali magistrati e l'imperatore | Basamento di templi e di edifici in genere. ***2*** Palco provvisorio e sopraelevato eretto per oratori, personalità e sim.: *salire sul p.*; *arringare la folla dal p.* | (*sport*) Piano rialzato a tre livelli su cui salgono i primi tre classificati in un gara. ***3*** Piano di legno rialzato su cui sta in piedi il direttore d'orchestra.

podìsmo [dal gr. *póus*, genit. *podós* 'piede' (V. *podo-*); 1905] s. m. ● Parte dell'atletica leggera che comprende ogni tipo di corsa, spec. di fondo e campestre e ogni tipo di marcia su qualsiasi distanza e percorso.

podista [1905] s. m. e f. (pl. m. *-i*) ● Atleta che pratica la marcia o è specializzato nei vari tipi di corsa a piedi.

podistico [1905] agg. (pl. m. *-ci*) ● Che si riferisce al podismo o ai podisti: *gara podistica di marcia*; *corsa podistica.*

pòdo- [dal gr. *póus*, genit. *podós* 'piede', di orig. indeur.] primo elemento ***1*** In parole composte della terminologia scientifica, significa 'piede', 'zoccolo': *podologia.* ***2*** Nella terminologia botanica, significa 'peduncolo': *podocarpo.*

-podo ● V. *-pode.*

podocàrpo [comp. di *podo-* e *-carpo*; 1835] s. m. ● Genere di piante conifere delle regioni tropicali, con foglie lineari e fiori solitari sostenuti da un peduncolo che diventa carnoso (*Podocarpus*).

Podòcopi [comp. di *podo-* e del gr. *kopé* 'taglio, incisione' (da *kóptein* 'tagliare': V. *pericope*); detti così dalle incisioni che hanno sulle valve] s. m. pl. (sing. *-e*) ● Nella tassonomia animale, sottordine di Crostacei degli Ostracodi, marini o d'acqua dolce, con valve non incise.

podofillina [1875] s. f. ● Resina estratta dal rizoma del podofillo ad azione purgativa.

podofillo [comp. di *podo-* e del gr. *phýllon* 'foglia'; detto così perché le sue *foglie* assomigliano al *piede* di un'anitra; 1821] s. m. ● Erba americana perenne delle Berberidacee con fiori a otto petali bianchi e rizoma medicinale (*Podophyllum peltatum*).

podoflemmatite [comp. di *podo-*, del gr. *phlégma*, genit. *phlégmatos* 'infiammazione' (V. *flemma*), e *-ite* (*1*); 1875] s. f. ● (*veter.*) Infiammazione del tessuto cheratogeno del piede, con deformazione dolorosa dello zoccolo.

podoftàlmo [comp. di *pod(o)-* e *-oftalmo*] agg. ● (*zool.*) Detto di crostaceo munito di occhi peduncolati.

podologìa [comp. di *podo-* e *-logia*; 1865] s. f. ***1*** Parte della veterinaria che studia l'anatomia, la fisiologia, l'igiene ecc. del piede degli animali, spec. del cavallo. ***2*** Attività professionale del podologo.

podològico [1940] agg. (pl. m. *-ci*) ● Relativo alla podologia: *cura podologica.*

podòlogo [comp. di *podo-* e *-logo*; 1983] s. m. (f. *-a*; pl. m. *-gi*) ● Specialista nella cura delle affezioni esterne, della funzionalità e dell'estetica del piede.

podòmetro [comp. di *podo-* e *-metro*; 1865] s. m. ***1*** Strumento atto alla misurazione del piede del cavallo per la ferratura. ***2*** Pedometro.

podùra [comp. di *podo-* e *-ura*; av. 1799] s. f. ● Minuscolo insetto dei Collemboli comunissimo in ogni pozza d'acqua (*Podura acquatica*).

poèma [vc. dotta, lat. *poēma*, dal gr. *póiēma*, da *poiêin* 'fare, creare'. V. *poeta*; 1321] s. m. (pl. *-i*, †*poèmati*) ***1*** Composizione poetica di ampie dimensioni e di carattere narrativo o didascalico: *i poemi di Omero e Virgilio* | ***P. in prosa***, genere letterario di contenuto lirico, ma in forma di narrazione prosastica, spesso breve e frammentaria | ***P. sinfonico***, composizione sinfonica ispirata spec. a temi letterari: *i poemi sinfonici di F. Liszt e di R. Strauss.* ***2*** (*est.*) Scritto estremamente lungo e prolisso: *non fate dei poemi, siate concisi.* ***3*** (*fig.*) Cosa mirabile, straordinaria, per bellezza, bontà e sim.: *questo paesaggio è un p., un vero p.*; *un vino che è un p.* | (*fig., scherz.*) Persona o cosa eccessivamente ridicola, stravagante e sim.: *dovevi vedere quel vestito, era un p.*; *conciato così, sei un p.* || **poemàccio**, pegg. | **poemétto**, dim. (V.) | **poemóne**, accr. | **poemùccio**, dim.

poemétto [1664] s. m. ***1*** Dim. di *poema.* ***2*** Poema di piccole dimensioni e di vario argomento: *i poemetti didascalici del Settecento.*

♦**poesìa** o (*poet.*) †**poesì** [lat. *poēsi(m)*, nom. *poēsis*, dal gr. *póiēsis* 'produzione, poesia', da *poiêin* 'fare'. V. *poeta*; 1319] s. f. ***1*** Arte e tecnica di esprimere in versi, con estrema attenzione all'aspetto fonico, ritmico e timbrico del linguaggio, esperienze, idee, emozioni, fantasie e sim., nelle quali si condensa una visione soggettiva, e talvolta anche universale, di sé e della realtà circostante: *esprimersi in p.*; *p. e prosa*; *p. epica, drammatica, lirica, didascalica, satirica*; *p. dialettale, sentimentale* | *P.* ***visiva***, componimento poetico che utilizza i caratteri grafici di stampa disponendoli in modo tale da delineare le linee di un oggetto, un ritratto e sim. **2** Produzione poetica di un singolo autore, di una corrente, di una nazione, di un'epoca: *la p. di Leopardi, del Petrarca, di Baudelaire*; *la p. del romanticismo, del surrealismo*; *la p. italiana del Duecento*; *la p. moderna, contemporanea*; *la p. greca, latina, inglese, russa, negra*. **3** Singolo componimento in versi, spec. di breve estensione: *dire, recitare una p.*; *la p. di Natale*; *imparare una p. a memoria*; *scelta, raccolta di poesie*; *scrivere poesie*. **4** (*gener.*) Forma metrica: *scrivere in p.*; *mettere, volgere in p.* **5** (*est.*) Senso di elevata tensione spirituale che si può manifestare in qualsiasi opera d'arte: *un quadro pieno di p.*; *una sonata ricca di p.*; *la p. di certe inquadrature cinematografiche*. **6** (*fig.*) Capacità di muovere l'animo e di suscitare emozioni, sentimenti, fantasie: *la p. della notte, dell'alba sul mare*; *sentire tutta la p. di un incontro* | Capacità di una persona di provare in alto grado emozioni, sentimenti e sim.: *un animo ricco di p.*; *generazione, giovani senza p.* **7** (*fig.*) Evasione dalla realtà, abbandono a sogni e utopie: *non si può vivere di p.*; *lascia perdere, questa è solo p.* || **poesiàccia**, pegg. | **poesiètta**, dim. | **poesiòla**, **poesiuòla**, dim. | **poesiùccia**, dim.

♦**poèta** [vc. dotta, lat. *poēta(m)*, nom. *poēta*, dal gr. *poiētḗs* 'che fa, creatore', da *poiéin* 'fare', di orig. indeur.; av. 1294] **s. m.** (f. *-éssa* (V.); pl. m. *-i*, †*-e*) **1** Chi compone poesie: *p. dialettale, classico, ermetico* | ***Il divino p.***, Dante | (*est.*) Scrittore o artista che sa interpretare poeticamente la realtà: *è un verseggiatore e non un p.*; *quel regista è un vero p.* **2** (*est., fig.*) Persona dotata di grande sensibilità e immaginazione, che ricerca e coltiva ciò che è bello, nobile, ideale: *avere un animo di p.*; *essere un p.* | (*iron.*) Persona priva di doti e capacità pratiche, che persegue ideali utopistici: *non combinerai mai niente, se continui a fare il p.* || **poetàccio**, pegg. | **poetàstro**, pegg. | **poetarèllo**, dim. | **poetèllo**, dim. | **poetino**, dim. | **poetóne**, accr. | **poetónzolo**, pegg. | **poetùccio**, **poetùzzo**, pegg. | **poetùcolo**, pegg.

poetàbile [1920] **agg.** ● (*raro*) Che si può trattare in versi: *argomento p.*

†**poetànte** [1338 ca.] **A** part. pres. di *poetare*; anche **agg.** ● (*raro*) Nei sign. del v. **B s. m. e f.** ● Chi compone poesie (*anche spreg.*).

poetàre [vc. dotta, lat. *poetāri*, da *poēta* 'poeta'; 1308] **A v. intr.** (*io poèto*; aus. *avere*) ● Comporre in versi, scrivere poesie. **B v. tr.** ● †Mettere in poesia un argomento: *Quelli ch'anticamente poetaro / l'età de l'oro* (DANTE *Purg.* XXVIII, 139-140). **C v. intr. pron.** ● †Laurearsi poeta.

poetàstro [da *poeta*, col suff. *-astro*; 1639] **s. m.** (f. *-a*) ● (*spreg.*) Pessimo poeta.

poeteggiàre [comp. di *poeta(re)* e *-eggiare*; av. 1449] **v. intr.** (*io poetéggio*; aus. *avere*) **1** (*raro*) Fare, scrivere versi, spec. di tanto in tanto e occasionalmente. **2** (*raro, spreg.*) Atteggiarsi a poeta.

†**poetésco** **agg.** ● Poetico (*anche iron.*).

poetéssa [f. di *poeta*; av. 1333] **s. f.** ● Donna che compone poesie: *le poetesse del Cinquecento*.

poètica [vc. dotta, lat. *poētica(m)*, nom. *poētica*, dal gr. *poiētikḗ* (*téchnē*) 'arte poetica', f. sost. di *poiētikós* 'poetico'; 1550] **s. f.** **1** Arte del poetare | Trattato sull'arte della poesia. **2** Insieme delle concezioni artistiche proprie di uno scrittore, un movimento, un'epoca; (*est.*) anche in riferimento ad ambiti non letterari: *la p. dell'espressionismo*; *la p. di Fellini*; *la p. del Petrarca*; *le poetiche del Novecento*.

†**poeticàre** [da *poetico*] **v. intr.** ● Poetare.

poeticherìa [da *poetico*; 1715] **s. f.** ● (*raro, spreg.*) Bizzarria o stranezza da poeta.

poeticità [1823] **s. f.** ● (*raro*) Caratteristica di ciò che è poetico: *la p. del linguaggio, di una immagine*.

poeticizzàre [comp. di *poetic(o)* e *-izzare*; 1958] **v. tr.** ● Arricchire di poesia, rendere poetico: *p. un episodio della propria vita*.

poètico [vc. dotta, lat. *poēticu(m)*, nom. *poēticus*, dal gr. *poiētikós*, da *poiētḗs* 'poeta'; av. 1313] **A agg.** (pl. m. *-ci*) **1** Di poeta: *estro p.*; *facoltà, fantasia, creazione poetica* | (*est.*) Che nasce o deriva dalla immaginazione del poeta, creato dal poeta: *un personaggio p. e non storico*. **2** Di poesia, della poesia: *esigenze poetiche*; *licenza poetica* | (*est.*) Che ha carattere di poesia, che è ricco di poesia, che esprime poesia: *prosa poetica*; *tramonto p.* **3** (*fig.*) Da poeta: *animo p.*; *sensibilità poetica* | (*fig., scherz.*) Eccessivamente fantasioso o sentimentale | (*antifr.*) Grossolano, volgare: *come sei p.*; *che discorsi poetici!* || **poeticaménte**, avv. In modo poetico. **B s. m.** solo sing. ● Ciò che contiene, manifesta o esprime poesia.

poetizzàre [comp. di *poeta* e *-izzare*; sec. XIV] **A v. tr.** **1** (*lett.*) Mettere in poesia, in versi. **2** (*fig.*) Rendere poetico: *p. un luogo nel ricordo*; *p. un episodio reale*. **B v. intr.** (aus. *avere*) ● †Poetare.

†**poetrìa** [vc. dotta, lat. *poētria(m)*, nom. *poētria*, dal gr. *poiētria* (che però significava 'poetessa'), f. di *poiētḗs* 'poeta'; 1294] **s. f.** **1** Poetica. **2** Trattato di poetica, spec. in riferimento al mondo medievale.

poffarbàcco [da *può far Bacco*: eufem. per *poffardio*; av. 1806] **inter.** ● (*scherz.*) Esprime grande meraviglia. SIN. Poffardio, poffare.

†**poffardìo** [da *può fare Dio*; av. 1735] **inter.** ● Esprime grande meraviglia. SIN. (*eufem.*) Poffarbacco, poffare.

poffàre [da *può fare* (sottinteso *il cielo, Iddio* ecc.); 1608] **inter.** ● (*lett.*) Esprime grande meraviglia: *P.! que' due giovani si cavano gli occhi* (FOSCOLO) | Anche nelle loc. inter. †***p. Iddio!***, †***p. il cielo!***, †***p. il mondo!*** | V. anche *poffarbacco, poffardio*.

pogàre [adatt. del v. ingl. *to pogo* 'saltare su e giù a suon di musica', come sul *Pogo stick*® 'bastone Pogo', giocattolo costituito da un'asta con una molla alla base; 1994] **v. intr.** (*io pógo*) ● Nel linguaggio giovanile, ballare saltando e spingendosi a vicenda.

pòggia o **pùggia** [lat. tardo *pŏdia(m)*, nom. *pŏdia*, dal gr. *podía*, da *póus*, genit. *podós* 'piede' (V. *podo-*), perché indicava gli angoli più bassi della vela; 1321] **s. f.** (pl. *-ge*) **1** (*mar.*) Lato di sottovento di una nave | ***P.!***, ordine che si dà al timoniere perché allontani la prua dalla direzione da cui proviene vento. **2** (*mar.*) Lato di sottovento della cima o paranco che, fissato all'estremità inferiore dell'antenna, serviva a orientare opportunamente la vela latina. CONTR. Orza.

poggiacàpo [comp. di *poggia(re)* (*1*) e *capo*; 1891] **s. m. inv.** ● Appoggiacapo.

poggiafèrro [comp. di *poggia(re)* e *ferro*; 1958] **s. m. inv.** ● Appoggiaferro.

poggiamàno [comp. di *poggia(re)* (*1*) e *mano*; 1957] **s. m. inv.** ● Appoggiamano.

poggiapièdi [comp. di *poggia(re)* (*1*) e il pl. di *piede*; 1947] **s. m. inv.** ● Piccolo sgabello su cui appoggiare i piedi, spec. posto sotto una scrivania.

♦**poggiàre** (**1**) [lat. parl. **podiāre*, da *pŏdium* 'piedistallo', V. *podio*; 1294] **A v. tr.** (*io pòggio*) **1** Appoggiare: *p. la mano sul braccio a qlcu.* | Posare: *p. il piede sul gradino*. **2** †Salire: *cominciammo pian piano a p. il non aspro monte* (SANNAZARO). **B v. intr.** (aus. *avere*) **1** Sostenersi, basarsi (*anche fig.*): *l'edificio poggia su solide fondamenta*; *le tue affermazioni poggiano su presupposti errati*. **2** (*fig., lett.*) Elevarsi, innalzarsi.

poggiàre (**2**) o **puggiàre** [da *poggia*; av. 1353] **v. intr.** (*io pòggio*; aus. *avere*) **1** (*mar.*) Allargare la prua dalla direzione del vento, per prenderlo più favorevolmente nelle vele | Assumere una rotta che allontana dalla tempesta. CONTR. Orzare. **2** Rifugiarsi in un porto o in una rada per sfuggire al maltempo. **3** (*est.*) Effettuare uno spostamento laterale, accostandosi a qlco.: *p. a destra, a sinistra*; *l'automobile poggiò verso il marciapiede*. **4** (*lett.*) †Soffiare, detto del vento.

†**poggiastrèlla** [da *poggia*] **s. f.** ● (*mar.*) Cima fissata all'estremità inferiore dell'antenna della vela latina, per orientarla.

poggiàta (**1**) [da *poggiare* (*1*)] **s. f.** ● (*tosc.* o *lett.*) Tratto di terreno su una collina; poggio: *salire lungo la p.*

poggiàta (**2**) [da *poggiare* (*2*)] **s. f.** ● (*mar.*) Movimento, manovra del poggiare.

poggiatèsta [comp. di *poggia(re)* (*1*) e *testa*; 1929] **s. m. inv.** **1** Accessorio automobilistico che, applicato alla sommità dei sedili di un'autovettura, permette a chi siede di appoggiarvi la testa e di attutire gli effetti di un tamponamento. **2** (*antrop.*) Oggetto di legno o di bambù, variamente sagomato, usato da molte popolazioni extraeuropee per appoggiarvi il capo durante il sonno.

poggièro o **puggièro** [da *poggia* nel sign. 2; 1871] **agg.** ● (*mar.*) Detto di imbarcazione che tende a venire spontaneamente alla poggia.

pòggio [lat. *pŏdiu(m)* 'piedistallo'. V. *podio*; sec. XIII] **s. m.** **1** Piccola altura: *in cima al p.*; *di vaga fera le vestigia sparse / cercai per poggi solitari et ermi* (PETRARCA). SIN. Collina. **2** †Terrazzino, balaustra. || **poggerèllo**, dim. | **poggétto**, dim.

poggiòlo o (*lett.*) **poggiuòlo** [lat. parl. **podiŏlu(m)*, dim. di *pŏdium* 'podio, poggio'; 1400 ca.] **s. m.** **1** (*sett.*) Terrazzino. **2** †Piccola altura. || **poggiolino**, dim.

†**poggiuòla** **s. f.** ● Piccola altura.

poggiuòlo ● V. *poggiolo*.

pògrom /ˈpɔgrom, *russo* paˈgrɯɔm/ [vc. russa, propr. 'distruzione', comp. del pref. *po-* 'sopra' e *gromit'* 'devastare, saccheggiare'; 1908] **s. m. inv.** (pl. russo *pogromy*) ● Sommossa popolare antisemita, sfociante generalmente in saccheggi e massacri.

poh /phɔ, pɔh, phɔʔ/ [vc. espressiva; av. 1542] **inter.** ● Esprime disprezzo o disgusto: *poh!, che farabutto!*; *poh!, è davvero un ipocrita*; *poh!, che minestra cattiva!*

♦**pòi** o (*poet.*) †**pùi** [lat. *pŏst* 'dietro, dopo', di orig. indeur.; av. 1250] **A avv.** (poet. troncato in *po'*) **1** In seguito, in un tempo o in un momento successivo: *se ne riparlerà poi*; *poi si vedrà meglio*; *il resto verrà poi*; *voleva partire ma poi rinunciò*; *lavora adesso perché poi ti mancherà il tempo*; *poi, poi, ripassate più tardi* | In contrapposizione con 'prima': *passa prima tu, poi passerò io*; *prima uno e poi l'altro*; *pensaci prima per non pentirti poi*; *o prima o poi non fa differenza* | ***Prima o poi***, un giorno o l'altro, una volta o l'altra: *prima o poi avremo soddisfazione* | (con valore pleon. o raff.) Con altri avv. di tempo: *adesso facciamo così, poi dopo si vedrà*; *intanto io incomincio, in seguito poi continuerai tu* | ***A poi***, a un'altra volta, a più tardi: *a poi! ci rivediamo fra due ore!* | ***In poi***, in avanti nel tempo: *d'ora in poi le cose cambiano*; *riprenderò il lavoro da giovedì in poi*; *da oggi in poi sono a tua disposizione*; *da quel giorno in poi la sfortuna l'ha perseguitato* | ***Per poi***, per dopo: *conviene lasciarlo per poi*. CONTR. Prima. **2** In un luogo più lontano, in un punto seguente nello spazio: *prima c'è il cinema, poi la casa* | In una posizione successiva relativamente a una serie, una graduatoria e sim.: *prima c'è il due, poi il tre*. **3** Inoltre, in secondo luogo: *poi considera che il tempo è ristrettissimo*; *prima di tutto non voglio e poi non ci guadagnerei niente* | Posposto, si usa per introdurre il seguito di un discorso o un altro argomento: *quanto poi al compenso, se ne parlerà un'altra volta*; *devi poi sapere che oltretutto è un bugiardo*; *quando poi me ne sono accorto, era già tardi*. **4** Dunque, infine (sempre posposto ad altre parole): *ti decidi poi a venire via?*; *che cosa ho detto poi di male?*; *cosa ti viene in mente poi di piantarmi così?* | Alla fine: *l'hai poi comprato quel libro?* | (*enfat.*) ***E poi?***, e allora, e in seguito? | Con valore avversativo: *lei, poi, che c'entra?*; *così mi hanno raccontato, ma poi se sia vero non lo so*; *perché poi non dovevo farlo?*; *tutto, ma questo poi no!* | (*enfat.*) Con valore intens.: *questa poi è bella!*; *questa poi è grossa veramente!*; *e poi avremo ben altro cui pensare*; *e poi hanno il coraggio di lamentarsi!*; *e poi dicono che le donne sono chiacchierone!* | (con valore raff.) Ancora: *bisogna lavorare e poi lavorare*; *e giù acqua e poi acqua!*; *ti ringrazio tanto e poi tanto*; *no e poi no!* **B prep.** **1** †Dopo | †Anche nelle loc. prep. ***poi a***, ***poi di***, di lì a. **2** †Dietro. **C cong.** **1** †Poiché (introduce una prop. caus. con il v. all'indic.). **2** †Dopoché (introduce una prop. temp. con il v. all'indic.): *poi fummo dentro al soglio de la porta / ... / sonando la senti' esser richiusa* (DANTE *Purg.* X, 1-4). **D** in funzione di **s. m. inv.** ● Il tempo futuro, l'avvenire: *bisogna sempre pensare al poi*; *il prima e il poi*; *il senno del poi* | ***C'è sempre un prima e un poi***, (*est.*) una causa e un effetto | (*fig., scherz.*) ***Il giorno del poi***, mai.

poiàna o **poàna**, **pòia**, **pùia**, **puiàna** [lat. parl. **pulliāna(m)*, dim. f. di *pŭllus* 'piccolo (di ogni animale)'. V. *pollo*; av. 1476] **s. f.** ● Uccello rapace diurno, comunissimo, con occhi ben sviluppati, ali lunghe, non appuntite e carattere timido (*Buteo buteo*). ➡ **ILL. animali**/8.

♦**poiché** o **poi che** /poi'ke*, 'poike*/ spec. nel sign. 2 [comp. di *poi* e *che* (*2*); sec. XII] **cong.** **1** Dato che, dal momento che, per il fatto che (introduce una prop. caus. con il v. all'indic., gener. anteposta alla prop. principale): *p. avete già deciso, non ci resta che accettare le cose come stanno*; *p. è tardi rimandiamo a domani la conclusione.* **2** (*lett.*) Dopo che (introduce una prop. temp. con il v. all'indic.): *poi che ebbe detto ciò che doveva, se ne andò*; *Ma poi ch'i' fui al piè d'un colle giunto, / ... / guardai in alto* (DANTE *Inf.* I, 13-16) | Dal giorno in cui: *va, sanza riposo, / poi che morì* (DANTE *Purg.* XI, 124-125).

poichilocita o **poichilocito** [comp. del gr. *poikílos* 'variopinto, vario', e *-cito*; 1936] **s. m.** (**pl.** *-i*) ● (*med.*) Globulo rosso deformato.

poichilocitòsi [comp. di *poichilocit(a)* e *-osi*] **s. f. inv.** ● (*med.*) Alterazione nella forma dei globuli rossi.

poièsi [vc. dotta, gr. *póiēsis* 'produzione'. V. *poesia*; 1950] **s. f. inv.** ● (*filos.*) Il momento creativo di un fatto artistico.

-poièsi [gr. *-póiēsis*, da *póiēsis* 'produzione', deriv. del v. *poiêin* 'fare', di orig. indeur.] secondo elemento ● In parole composte della terminologia scientifica significa 'formazione', 'produzione': *emopoiesi.*

poiètico [da *poiesi*; av. 1952] **agg.** (**pl. m.** *-ci*) ● (*filos.*) Relativo a poiesi: *momento p.*; *attività poietica.*

-poiètico secondo elemento ● Usato in aggettivi derivati dalle parole composte in *-poiesi*: *emopoietico.*

poinsèttia [dal n. del diplomatico inglese R. *Poinsett* (1779-1851)] **s. f.** ● (*bot.*) Genere di piante erbacee perenni delle Euforbiacee con infiorescenze circondati da grandi brattee colorate (*Poinsettia*).

poinsèzia [V. *poinsettia*] **s. f.** ● (*bot.*) Stella di Natale.

pointer /'pointer, *ingl.* 'pʰɔɪntəɹ/ [vc. ingl., propr. '(cane) da punta', da *to point* 'puntare', dal fr. ant. *pointer* 'puntare'; 1841] **s. m. inv.** ● Cane inglese da ferma dal tipico mantello bianco macchiato di nero o di marrone, caratterizzato da ottime doti di forza, di fondo, di eleganza e di leggerezza.

pointillisme /*fr.* pwɛ̃ti'jismə/ [1914] **s. m. inv.** ● Puntinismo, divisionismo.

pois /*fr.* pwa/ [vc. fr., propr. 'pisello', dal lat. *pīsu(m)* 'pisello'; 1905] **s. m. inv.** ● Pallino: *stoffa a p.*

poise /'pwas, *fr.* pwa:z/ [dal n. del fisiologo fr. J. L. M. *Poiseuille* (1799-1869); 1958] **s. m. inv.** ● (*fis.*) Unità di misura della viscosità nel sistema CGS equivalente a un grammo al centimetro e al secondo. **SIMB.** P.

pòker /'poker, *ingl.* 'pʰoʊkəɹ/ [vc. ingl., di etim. incerta; 1905] **s. m. inv.** ● Gioco d'azzardo a carte d'origine americana, in cui vince chi ha la combinazione di valore maggiore e più alta: *giocare a p.*; *una partita di p.*; *perdere al p.* | Nel gioco omonimo, la combinazione di quattro carte uguali: *fare p.*; *p. d'assi.* || **pokerino**, **dim.** (V.).

pokerino o **pocherino** [1942] **s. m.** **1** Dim. di *poker.* **2** Partita a poker giocata in famiglia o tra amici, gener. con poste molto basse.

pokerista [1950] **s. m. e f.** (**pl. m.** *-i*) ● Giocatore di poker.

pòla [vc. veneta, lat. *Pāula(m)* 'Paola', n. proprio di pers.; av. 1348] **s. f.** ● (*zool.*) Cornacchia.

polàcca (**1**) [detta così perché di orig. *polacca*; 1813] **s. f.** **1** Antica danza polacca, moderata e ternaria, d'uso prima popolare e poi anche aristocratico, che si trasformò in forma musicale stilizzata e prosperò nel pianismo romantico: *le 19 polacche di Chopin.* **SIN.** Polonaise, polonese. **2** Stivaletto femminile, allacciato con stringhe. **3** Giacca con alamari e bordure di pelliccia, in uso nell'Ottocento. || **polacchina**, **dim.** | **polacchino**, **dim. m.** (V.).

polàcca (**2**) [etim. discussa: lat. (*nāvem*) *pelāgica(m)* 'nave di alto mare', da *pĕlagus* 'mare'. V. *pelago* (?)] **s. f.** ● Veliero mediterraneo in uso nel sec. XIX, simile al pinco, ma usato solo come mercantile.

polacchino [dim. di *polacca* (*1*), nel sign. 2; 1910] **s. m.** ● (*spec. al pl.*) Calzatura con gambale piuttosto alto, allacciato.

polàcco [polacco *polak* 'della Polonia'; av. 1557] **A agg.** (**pl. m.** *-chi*) ● Della Polonia: *lingua polacca*; *gli antichi re polacchi.* **B s. m.** **1** (**f.** *-a*) Abitante, nativo della Polonia. **2** (*spec. al pl.*) Polacchino. **C s. m.** solo **sing.** ● Lingua del gruppo slavo, parlata in Polonia.

polaccóne [da *polacca* (*2*); 1814] **s. m.** ● (*mar.*) Vela di strallo armata sul bompresso, tipica dei piccoli velieri mediterranei.

polàre [da *polo* (*1*); 1584] **A agg.** **1** Del polo, che si riferisce al polo, ai poli: *terre, ghiacci polari*; *freddo p.* | (*fig.*) ***Oggi fa un freddo p.***, molto intenso | ***Calotta p.***, porzione di superficie terrestre limitata da uno dei due circoli polari con al centro uno dei due poli | (*astron.*) ***Stella p.***, la stella più vicina al polo nord celeste, l'ultima della coda dell'Orsa Minore. **2** (*chim.*) Detto di composto nel quale i legami tra gli atomi sono di tipo polare | ***Legame p.***, legame ionico, eteropolare. **3** (*mat.*) Detto di rappresentazione in coordinate polari | ***Coordinate polari di punto nel piano***, la distanza del punto da un punto fisso *O*, e l'angolo che la congiungente con *O* forma con una retta fissa | ***Coordinate polari d'un punto nello spazio***, la distanza del punto da un punto fisso, l'angolo che la congiungente con questo forma con una retta fissa, e l'angolo che il piano di questa e del punto in questione forma con un piano passante per la retta fissa | (*mar.*) ***Rilevamento p.***, angolo formato dalla linea che congiunge la nave al punto rilevato e l'asse longitudinale della nave stessa. || **polarménte**, **avv.** (*raro*) Diametralmente: *il tuo punto di vista è polarmente opposto al mio.* **B s. f.** ● (*mat.*) ***P. d'un punto rispetto a una conica***, (*assol.*) ***polare***, luogo dei punti coniugati del punto rispetto alla conica.

Polària [comp. di *pol(izia)* e *aria*, come in analoghe formazioni] **s. f. inv.** ● Polizia che presta servizio negli aeroporti.

polarimetrìa [da *polarimetro*; 1891] **s. f.** ● (*fis.*) Misura della rotazione del piano di polarizzazione della luce nell'attraversare una sostanza.

polarimètrico [1963] **agg.** (**pl. m.** *-ci*) ● Relativo alla polarimetria o al polarimetro.

polarimetro [comp. di *polare* e *-metro*; 1865] **s. m.** ● (*fis.*) Strumento di misura del grado di polarizzazione della luce e della rotazione del piano di polarizzazione.

polarità [da *polare*; 1749] **s. f.** **1** (*fis.*) Proprietà di un corpo, un sistema materiale, un apparecchio, di presentare poli | Il polo stesso: *la p. positiva* | ***P. elettrica***, proprietà di un corpo elettrizzato o di una sorgente di forza elettromotrice di presentare un accumulo di cariche elettriche di segno contrario sulle estremità opposte o sui due elettrodi | ***P. magnetica***, proprietà di un magnete di presentare un accumulo di masse magnetiche di segno contrario alle estremità opposte. **2** (*fig.*) Contrapposizione, antitesi: *sottolineare, notare la p. di due teorie, ipotesi, affermazioni.* **3** (*mat.*) Correlazione che a ogni punto d'un piano associa la sua polare rispetto a una conica fissata.

polarizzabilità **s. f.** ● (*fis.*) Proprietà di un sistema fisico (atomo, molecola, materiale ecc.) di potere essere polarizzato.

polarizzàre [fr. *polariser*, da *polaire* 'polare'; 1871] **A v. tr.** **1** (*fis.*) Ottenere una polarizzazione. **2** (*fig.*) Attrarre o far convergere totalmente su di sé o su qlco.: *p. l'attenzione, gli interessi, le menti, la fantasia.* **SIN.** Accentrare. **B v. intr. pron.** ● (*fig.*) Volgersi, orientarsi decisamente verso una data direzione: *la mia attenzione si polarizzò su di loro.*

polarizzàto [1837] **part. pass.** di *polarizzare*; anche **agg.** ● Nei sign. del v. | (*fig.*) Che ha subìto polarizzazione.

polarizzatóre [fr. *polarisateur*, da *polariser* 'polarizzare'; 1875] **A s. m.** ● Strumento o sostanza che provoca polarizzazione. **CFR.** Nicol. **B** anche **agg.** (**f.** *-trice*): *cristallo, strumento p.*

polarizzazióne [fr. *polarisation*, da *polariser* 'polarizzare'; 1835] **s. f.** **1** (*fis.*) Fenomeno capace di determinare in un certo ente fisico una polarità di qualche tipo o una scelta tra varie orientazioni o condizioni possibili | ***P. della luce***, o (*ellitt.*) ***polarizzazione***, trasformazione della luce naturale non polarizzata che si propaga con vibrazioni trasversali in tutte le direzioni perpendicolari a quelle di propagazione, in luce polarizzata, che si diffonde con vibrazioni trasversali in direzione costante o variabile con continuità: *p. lineare, circolare, ellittica* | ***P. delle onde elettromagnetiche***, la direzione dell'inclinazione delle componenti l'onda | ***P. dielettrica***, fenomeno di separazione delle cariche elettriche eteronome in un corpo dielettrico sotto l'influenza di un campo elettrico | ***P. elettrolitica***, variazione del potenziale elettrico di un elettrodo di un voltametro, pila, accumulatore, dovuta al depositarsi, su di esso, dei prodotti della dissociazione liberati dalla corrente | ***P. magnetica***, fenomeno di orientamento delle molecole sotto l'azione di un campo magnetico | ***P. dei tubi elettronici e transistor***, operazione che consente di dare particolari valori costanti alle tensioni o alle correnti di uno o più elettrodi allo scopo di conseguire determinate caratteristiche di funzionamento. **2** (*fig.*) Contrapposizione: *un esempio di quella divergenza e p. che spesso si osserva nelle coppie* (LEVI) | Concentrazione di idee, di forze e sim., intorno a due posizioni contrapposte: *la p. della situazione politica.* **3** (*fig.*) Attrazione, accentramento: *Anche questo mio discorso risente di una tale p. d'interessi* (CALVINO).

polarografìa [comp. di *polare* e *-grafia*; 1954] **s. f.** ● (*chim.*) Metodo di analisi elettrolitica usato spec. nello studio di composti o di fenomeni di ossidazione e riduzione.

polarogràfico **agg.** (**pl. m.** *-ci*) ● Relativo a polarografia.

polarògrafo [adattamento dell'ingl. *polarograph*, comp. di *polar(ization)* 'polarizzazione' e *-graph* '-grafo'] **s. m.** ● (*chim.*) Strumento impiegato per le indagini polarografiche.

Polaròid® [marchio registrato; 1967] **A s. m. inv.** ● Materiale polarizzatore costituito, in genere, da sostanze trasparenti e da sali di chinino opportunamente orientati, usato spec. per lenti e vetri speciali. **B s. f. inv.** ● Nome commerciale di un sistema fotografico a sviluppo immediato che, grazie a una macchina e una pellicola speciali, fornisce direttamente il positivo alcuni secondi dopo aver scattato la foto. **C** anche **agg. inv.**: *macchina p.*; *foto p.*

polaròide [1942] **s. m.** ● Adattamento di *polaroid* (V.).

polaróne [comp. di *polar(izzazione)* e *-one* (*3*), coniato da scienziati russi (*polyarón*)] **s. m.** ● (*fis.*) Distorsione di un reticolo cristallino formata da un elettrone circondato da una nube di fononi; importante nella teoria della superconduttività.

pòlca ● V. *polka.*

†**polcinèlla** ● V. *pulcinella.*

pòlder /'polder, *ol.* 'pɔldəɹ/ [vc. ol., di etim. incerta; 1640] **s. m. inv.** ● In Olanda, terreno bonificato, sotto il livello del mare, difeso da argini.

polédro ● V. *puledro.*

polemàrco [vc. dotta, gr. *polémarchos*, comp. di *pólemos* 'battaglia', di orig. indeur., e *-archos* (V. *-arca*); 1563] **s. m.** (**pl.** *-chi*) ● Nell'antica Atene, uno dei nove arconti con funzioni in origine militari e successivamente amministrative, sacrali e giurisdizionali.

polèmica [f. sost. di *polemico*; av. 1782] **s. f.** **1** Vivace controversia, contrasto di opinioni: *p. di letterati, di giornalisti*; *aprire una p.*; *entrare in p. con qlcu. su qlco.* **SIN.** Diatriba, disputa. **2** Duro attacco, critica aggressiva: *finitela con le vostre polemiche* | Contestazione, talvolta fine a sé stessa: *fare delle polemiche per un nonnulla.*

polemicità [1958] **s. f.** ● Caratteristica di chi è polemico | Tono polemico: *la p. di un articolo.*

polèmico [vc. dotta, gr. *polemikós*, agg. di *pólemos* 'battaglia'. V. *polemarco*; 1676] **agg.** (**pl. m.** *-ci*) **1** Che ha atteggiamenti combattivi ed esprime in modo deciso e aggressivo le proprie idee: *è uno scrittore, uno spirito p.* **2** Tipico o caratteristico della polemica: *argomento, tono p.* | (*est.*) Volutamente provocatorio, che tende a far nascere una discussione fine a sé stessa: *intervento p.*; *una presa di posizione assurda e polemica.* || **polemicaménte**, **avv.** In modo e con tono polemico.

polemista [vc. dotta, gr. *polemistḗs* 'combattente, lottatore', da *polemízein* 'combattere, lottare'. V. *polemizzare*; 1862] **s. m. e f.** (**pl. m.** *-i*) **1** Scrittore di opere polemiche | (*est.*) Chi sostiene con audacia e combattività le proprie idee. **2** Chi predilige la polemica, la discussione anche inutile o fine a sé stessa.

polemizzàre [ingl. *to polemize*, dal gr. *polemí-*

zein 'combattere, lottare', deriv. di *pólemos* 'battaglia'. V. *polemarco*; 1905] v. intr. (aus. *avere*) *1* Contrapporsi vivacemente, condurre una polemica: *p. sull'interpretazione di un testo.* SIN. Disputare. *2* Discutere animosamente, spesso per partito preso o per amore di controversia: *non può fare a meno di p. su ogni cosa.* SIN. Cavillare.

polemologia [comp. del gr. *pólemos* 'guerra' e *-logia*; 1970] s. f. ● Studio sull'arte della guerra | (*est.*) Studio della guerra e delle sue cause in relazione a fenomeni sociologici.

polemòlogo [1974] s. m. (f. *-a*; pl. m. *-gi*) ● Studioso di polemologia.

Polemoniàcee [dal gr. *polemṓnion*, nome di una pianta, e *-acee*; 1875] s. f. pl. (sing. *-a*) ● Nella tassonomia vegetale, famiglia di piante erbacee americane delle Dicotiledoni coltivate nei giardini con parecchi generi (*Polemoniaceae*).

polèna [fr. *poulaine*, per la somiglianza di forma con i *souliers à la poulaine* 'scarpe alla polacca' (dette così perché originarie della Polonia); 1804] s. f. ● Immagine di animale, o di figura statuaria sacra o profana, scolpita per ornamento sulla prua di una imbarcazione.

†**polènda** e *deriv.* ● V. *polenta* e *deriv.*

♦**polènta** o †**polènda**, (*tosc.*) **pulènda** [lat. *polĕnta(m)* 'farina d'orzo abbrustolito, polenta', da avvicinare a *pŏllis* 'polline' e *pŭlvis* 'polvere'; 1312] s. f. *1* Cibo preparato con farina di granturco cotta a lungo in acqua e resa consistente col continuo rimestare: *versare la p.*; *p. al sugo*; *p. con gli uccelletti*; *una fetta di p.*; *p. fritta* | ***P. concia***, che si prepara unendo a metà cottura dei formaggi teneri e si serve per lo più cosparsa di parmigiano grattugiato. *2* (*est.*, *spreg.*) Miscuglio pastoso e appiccicoso, simile alla polenta: *questo risotto è diventato una p.* ‖ **polentàccia**, pegg. | **polentina**, dim. (V.) | **polentòna**, accr. | **polentóne**, accr. m.

polentàio s. m. (f. *-a*) *1* Chi fa o vende polenta. *2* Chi mangia molta polenta.

polentàta [av. 1910] s. f. ● Mangiata di polenta.

polentina o †**polendina**, (*tosc.*) **pulendina** [1883] s. f. *1* Dim. di *polenta*. *2* (*fam.*) Impiastro di farina di lino.

polentóne o †**polendóne**, (*tosc.*) **pulendóne** [da *polenta*; av. 1686] s. m. (f. *-a*) *1* Persona lenta e pigra. *2* (*spreg.* o *scherz.*) Epiteto dato dai meridionali agli abitanti dell'Italia settentrionale (V. nota d'uso STEREOTIPO).

poleografia [comp. del gr. *pólis*, genit. *póleōs* 'città' (V. *polis*) e *-grafia*; 1841] s. f. ● Disciplina geografica che studia la genesi e lo sviluppo delle città.

poleògrafo [1965] s. m. (f. *-a*) ● Studioso di poleografia.

pole position /polpo'ziʃʃon, *ingl.* 'pəʊlpə,zɪʃn/ [vc. ingl., comp. di *pole* 'palo' e *position* 'posizione'; 1978] loc. sost. f. inv. (pl. ingl. *pole positions*) ● Nelle competizioni motoristiche, la posizione di partenza in prima fila e nella corsia più vantaggiosa, assegnata a chi ha conseguito il miglior tempo nelle prove | (*fig.*) Posizione più vantaggiosa, davanti ad altri concorrenti: *il film di X è in pole position per l'assegnazione del Leone d'oro.*

poleṣàno (1) [da *Pol(a)* col doppio suff. *-es(e)* e *-ano* (*1*); 1954] agg.; anche s. m. (f. *-a*) ● Polese.

poleṣàno (2) [1954] **A** agg. ● Del Polesine. **B** s. m. (f. *-a*) ● Abitante, nativo del Polesine. **C** s. m. solo sing. ● Dialetto del gruppo veneto, parlato nel Polesine.

polése A agg. ● Di Pola, città istriana. **B** s. m. e f. ● Abitante, nativo di Pola.

polèṣine (o *-è-*) [gr. biz. *polýkenos* 'che ha molti vuoti, poroso', comp. di *polýs* 'molto' (V. *poli-*) e *kenós* 'vuoto' (V. *cenotafio*); sec. XIV] s. m. ● Terreno pianeggiante, d'aspetto insulare, con flora arbustiva, costituito fra i due rami di un fiume o tra due fiumi, per accumulo dei detriti di questi: *nei polesini e nelle valli qui nostrane* (BACCHELLI) | (*est.*, *per anton.*) ***Il P.***, il territorio della provincia di Rovigo situato tra i corsi inferiori del Po e dell'Adige.

Polfèr [comp. di *Pol(izia)* e *fer(roviaria)*; 1966] s. f. inv. ● Polizia che presta servizio sui treni e nelle stazioni ferroviarie.

pòli- [dal gr. *polýs* 'molto'] primo elemento ● In parole composte della terminologia scientifica indica molteplicità numerica o quantitativa: *policentro*, *policlinico*, *policromia*, *poliestere*, *politeismo*.

-poli [dal gr. *pólis* 'città'. V. *polis*] secondo elemento *1* In parole composte significa 'città': *acropoli*, *metropoli*, *pentapoli*, *tendopoli*. *2* In parole composte del linguaggio giornalistico coniate sul modello di *tangentopoli*, significa corruzione, malcostume, scandalo: *calciopoli*, *sanitopoli*, *farmacopoli*, *invalidopoli*.

poliaccoppiàto [comp. di *poli-* e *accoppiato*] s. m. ● Materiale costituito da tre o quattro strati di sostanze diverse, impiegato spec. per la fabbricazione di recipienti adatti a contenere generi alimentari.

poliachènio [comp. di *poli-* e *achenio*; 1906] s. m. ● (*bot.*) Frutto secco indeiscente sincarpico, che a maturità si separa in due o più logge.

poliacrilàto [comp. di *poli-* e *acrilato*] s. m. ● (*chim.*) Materia plastica ottenuta per polimerizzazione di monomeri acrilici.

poliacrìlico [comp. di *poli-* e *acrilico*; 1958] agg. (pl. m. *-ci*) ● Detto di prodotto di polimerizzazione di composti acrilici | ***Fibre poliacriliche***, costituite da polimeri sintetici.

poliaddizióne [1970] s. f. ● (*chim.*) Tipo di reazione consistente nell'addizione di due o più gruppi attivi di composti diversi senza liberazione di nessun componente.

poliade (1) [da *poli-* sul modello di *monade*, *triade*] s. f. ● (*scient.*) Insieme di più enti o elementi.

poliade (2) [vc. dotta, gr. *poliádēs*, da *pólis* 'città'] agg. ● Nell'antica Grecia, attributo della divinità protettrice della città: *Atena p.*

Poliadèlfia [comp. di *poli-* e del gr. *adelphós* 'fratello' (V. *adelfo*), perché hanno gli stami concresciuti in più fasci] s. f. ● Nella vecchia tassonomia di Linneo, classe comprendente piante con fiori riuniti in fascetti.

poliàdico [da *poli-* sul modello di *monade*, *triade* ecc., con suff. agg.; 1965] agg. (pl. m. *-ci*) ● (*filos.*) Nella logica contemporanea, detto di enunciato costituito da più di due termini.

poliàlcol [vc. dotta, comp. di *poli-* e *alcol*] s. m. ● (*chim.*) Poliolo.

polialite [comp. di *poli-* e del gr. *háls*, genit. *halós* 'sale'; 1875] s. f. ● (*miner.*) Solfato idrato di potassio, calcio e magnesio frequente nei giacimenti salini.

poliambulatòrio [comp. di *poli-* e *ambulatorio* nel sign. B1; 1954] s. m. ● Luogo di visita e di prima cura, dotato di più ambulatori per le diverse specialità mediche e chirurgiche.

poliammide [comp. di *poli-* e *-ammide*; 1929] s. f. ● (*chim.*) Polimero caratterizzato dalla ricorrenza del gruppo ammidico nella catena principale della macromolecola; è gener. usata per la produzione di fibre o, rinforzata con fibre di vetro, come tecnopolimero.

poliammìdico [1983] agg. (pl. m. *-ci*) ● (*chim.*) Che ha la composizione chimica della poliammide: *fibra poliammidica*.

poliammina [comp. di *poli-* e *ammina*] s. f. ● (*chim.*) Polimero nella cui molecola sono presenti molti gruppi amminici.

Poliàndria (1) [lat. scient. *polyandria*, comp. di *poly-* 'poli-' e del gr. *anḗr*, genit. *andrós* 'maschio'] s. f. ● Nella vecchia tassonomia di Linneo, classe comprendente piante con fiori aventi oltre venti stami.

poliandrìa (2) [dal gr. *polýandros* 'che ha molti mariti', comp. di *poly-* 'poli-' e *-andros* '-andro'; 1865] s. f. *1* (*antrop.*) Istituzione sociale per cui una donna ha contemporaneamente più mariti. *2* (*zool.*) Poligamia femminile | (*zool.*) Condizione per cui una specie presenta maschi con varia morfologia e femmine del medesimo aspetto.

poliàndro [comp. di *poli-* e *-andro*; 1835] agg. ● (*bot.*) Detto di fiore con un numero molto grande di stami.

†**poliantèa** [vc. dotta, gr. *polyánthea* 'ricca di fiori', comp. di *poly-* 'poli-' e *ánthos* 'fiore'. V. *antologia*; av. 1712] s. f. ● Antologia, florilegio.

poliarchìa [vc. dotta, gr. *polyarchía*, comp. di *poly-* 'poli-' e *-archía* '-archia'; 1584] s. f. ● Governo di molti.

poliàrchico [av. 1667] agg. (pl. m. *-ci*) ● Di poliarchia: *governo p.*

poliartrite [comp. di *poli-* e *artrite*; 1875] s. f. ● (*med.*) Infiammazione di più articolazioni contemporaneamente: *p. cronica*, *acuta*.

poliatòmico [comp. di *poli-* e *atomo*, con suff. agg.; 1875] agg. (pl. m. *-ci*) ● Formato dall'unione di più atomi, che contiene più atomi: *molecola poliatomica*.

polibaṣite [comp. di *poli-*, *base* e *-ite* (*2*)] s. f. ● (*miner.*) Solfoantimoniuro d'argento in cristalli tabulari.

polìboro [vc. dotta, gr. *polybóros* 'molto vorace', comp. di *poly-* 'poli-' e *borós* 'vorace', da *borá* 'cibo per gli animali', di orig. indeur.; 1835] s. m. ● Uccello rapace diurno sudamericano simile al falco, pericoloso anche per agnelli e animali domestici (*Polyborus plancus*).

polibutadiène [comp. di *poli-* e *butadiene*] s. m. ● (*chim.*) Polimero ottenuto per polimerizzazione del butadiene; usato, dopo vulcanizzazione, come elastomero.

policaprolattàme [comp. di *poli-* e *caprolattame*] s. m. ● (*chim.*) Polimero della famiglia delle poliammidi, ottenuto per polimerizzazione del caprolattame, usato per la produzione di fibre e oggetti vari di elevata resistenza.

policarbonàto [comp. di *poli-* e *carbonato*] s. m. ● (*chim.*) Polimero contenente nella catena principale il gruppo carbonato, caratterizzato da buone proprietà di resistenza agli urti, elevata rigidità e trasparenza; usato in lastre in sostituzione del vetro, per caschi da motociclista e sim.; in sigla PC.

policàrpico [comp. di *poli-* e *-carpo*, con suff. agg.; 1875] agg. (pl. m. *-ci*) ● (*bot.*) Detto di gineceo formato da due o più carpelli liberi.

policàrpio [comp. di *poli-* e *-carpo*] s. m. ● (*bot.*) Frutto indeiscente formato da più carpelli.

policeman /*ingl.* pəˈliːsmən/ [vc. ingl., comp. di *police* 'polizia' (dal fr. *police* 'polizia') e *man* 'uomo' (di orig. germ.)] s. m. inv. (pl. ingl. *policemen*) ● Agente di polizia, nei Paesi anglosassoni.

policèntrico [comp. di *poli-* e *centro*, con suff. agg.; 1875] agg. (pl. m. *-ci*) ● Che ha più centri.

policentrìṣmo [da *policentri(co)* e *-ismo*; 1963] s. m. ● Esistenza di più centri autonomi di potere o di decisione.

Polichèti [vc. dotta, gr. *polychaítēs* 'che ha molti capelli', comp. di *poly-* 'poli-' e *cháitē* 'chioma', di orig. indeur.; 1958] s. m. pl. (sing. *-e*) ● Nella tassonomia animale, classe di Anellidi con metameria evidente e parapodi sviluppati, per lo più marini (*Polychaeta*).

policitemìa [comp. di *poli-*, *cito-*, ed *-emia*; 1899] s. f. ● (*med.*) Aumento numerico dei globuli rossi del sangue. SIN. Poliglobulia.

Policladi [vc. dotta, dal gr. *polýklados* 'dai molti (*poly-*) rami (*kládos*, sing.)'] s. m. pl. (sing. *-e*) ● Nella tassonomia animale, ordine di Turbellari prevalentemente abitatori dei mari caldi e caratterizzati da eterogeneità di forme larvali, alcune delle quali sono componenti del plancton (*Polyclada*).

policlìnico [fr. *policlinique* 'clinica della città', comp. del gr. *pólis* 'città' (V. *polis*) e del fr. *clinique* 'clinica'; 1875] s. m. (pl. *-ci*) ● Istituto ospedaliero a più padiglioni per le diverse specialità mediche e chirurgiche.

policlonàle [comp. di *poli-* e *clonale*] agg. *1* (*biol.*) Che deriva da diverse cellule. *2* (*biol.*) Relativo a vari cloni.

policòcco [comp. di *poli-* e *cocco* (*4*)] s. m. (pl. *-chi*) ● (*bot.*) Frutto secco dirompente.

policoltùra [comp. di *poli-* e *coltura*; 1958] s. f. ● (*agr.*) Coltivazione di diverse specie o varietà di piante effettuata in una stessa regione o in una stessa azienda.

policondensazióne [comp. di *poli-* e *condensazione*; 1958] s. f. ● (*chim.*) Polimerizzazione che si realizza attraverso più reazioni consecutive di condensazione con eliminazione di acqua o di altre sostanze di basso peso molecolare.

policoràle [comp. di *poli-* e *coro*, con suff. agg.; 1958] agg. ● (*mus.*) Di composizione corale in cui il coro è diviso in due o più gruppi.

policòrdo [vc. dotta, gr. *polýchordos* 'che ha molte corde', comp. di *poly-* 'poli-' e *chordḗ* 'corda'; av. 1647] s. m. ● (*mus.*) Strumento con molte corde.

policristallino [da *policristallo*] agg. *1* (*miner.*) Costituito da, relativo a un policristallo. *2* Detto di aggregato formato da un solo minerale, ma in moltissimi granuli diversamente orientati. *3* Detto di roccia composta da granuli di molte specie minerali diverse.

policristàllo [comp. di *poli-* e *-cristallo*] s. m. ● (*miner.*) Cristallo apparentemente unico, ma composto in realtà da una stretta associazione di moltissimi individui della stessa specie che tutti insieme simulano la forma esterna del monocristallo.

policroismo [vc. dotta, dal gr. *polýchroos*, comp. di *polý(s)* 'molto' e *chróa* 'colore', con il suff. *-ismo*; 1865] **s. m.** ● (*fis.*) Proprietà di alcuni cristalli di mostrarsi variamente colorati a seconda della direzione di provenienza della luce incidente. CFR. Dicroismo.

policromàre [da *policromo*; 1958] **v. tr.** (*io policromo* o *policròmo*) ● Rendere policromo | Decorare con policromia.

policromàtico [dal gr. *polychrômatos* 'dai molti colori', comp. di *poly-* 'poli-' e *chrôma*, genit. *chrômatos* 'colore'. V. *cromo-*; 1871] **agg.** (**pl. m.** *-ci*) **1** Di molti colori: *effetto p.* SIN. Multicolore. **2** (*fis.*) Detto di luce composta di più componenti monocromatiche.

policromìa [da *policromo*; 1865] **s. f. 1** Varietà di colori. **2** Arte e tecnica di dipingere o decorare statue, edifici e sim. con colori vari.

policromo [vc. dotta, gr. *polýchrōmos* 'dai molti colori', comp. di *poly-* 'poli-' e *-chrōmos* '-cromo'; 1829] **agg.** ● Di più colori: *facciata policroma.* SIN. Multicolore. CONTR. Monocromo.

polidattilìa [dal gr. *polydáktylos* 'dalle molte dita', comp. di *poly-* 'poli-' e *dáktylos* 'dito' (V. *dattilografia*); 1835] **s. f.** ● (*med.*) Malformazione congenita delle mani e dei piedi, consistente nella presenza di dita in soprannumero. SIN. Polidattilismo.

polidattilismo [1970] **s. m.** ● (*med.*) Polidattilia.

polidàttilo [vc. dotta, gr. *polydáktylos* 'dalle molte dita'. V. *polidattilia*; 1829] **agg.**; anche **s. m.** (**f.** *-a*) ● Che (o Chi) è affetto da polidattilia.

polidemonismo [comp. di *poli-*, *demone* e *-ismo*; 1940] **s. m.** ● Carattere di alcune religioni primitive che presumono l'universo popolato e animato da molteplici forze demoniache.

polidipsìa [comp. di *poli-*, del gr. *dípsa* 'sete', di orig. sconosciuta, e del suff. *-ia*; 1931] **s. f.** ● (*med.*) Eccessivo bisogno di bere; può essere di origine psicogena o dovuta a stati di disidratazione o a disturbi endocrini (diabete).

polidromìa [1965] **s. f.** ● (*mat.*) Proprietà di una funzione polidroma.

polidromo [comp. di *poli-* e *-dromo*; 1958] **agg.** ● (*mat.*) Nella loc. ***funzione polidroma***, relazione fra spazi numerici che ad un punto del primo ne associ più d'uno del secondo.

poliedricità [1942] **s. f.** ● Caratteristica di poliedrico (*spec. fig.*).

poliédrico [1739] **agg.** (**pl. m.** *-ci*) **1** (*mat.*) Di poliedro, proprio del poliedro: *figura poliedrica.* **2** (*fig.*) Che ha molteplici aspetti, facce, attività, interessi e sim.: *individuo, ingegno p.* | Multiforme: *interessi poliedrici.* SIN. Versatile. || **poliedricaménte**, **avv.** (*fig.*) In modo poliedrico.

poliedro [vc. dotta, gr. *polýedros*, propr. 'dai molti sedili', comp. di *poly-* 'poli-' ed *hédra* 'base, faccia, sedile', di etim. incerta; av. 1712] **s. m. 1** (*mat.*) Solido limitato da facce poligonali | ***P. regolare***, tale che le facce siano poligoni regolari uguali fra loro (come il tetraedro, l'esaedro, l'ottaedro, il dodecaedro, l'icosaedro regolari). **2** In topologia algebrica, luogo dei punti appartenenti a un complesso geometrico. **3** (*miner.*) ***P. di coordinazione***, distribuzione geometrica degli anioni attorno a un catione nel reticolo cristallino di un composto.

poliembrionìa [comp. di *poli-* e un deriv. di *embrione*; 1954] **s. f.** ● (*biol.*) Fenomeno per cui dalla segmentazione di un solo uovo fecondato si formano più embrioni.

poliennàle [da *poli-*, sul modello di *biennale*, *triennale* ecc.; 1918] **agg.** ● Che dura più anni: *buono p. del Tesoro.*

polièra [vc. dotta, gr. *polýērēs* 'con molti remi', comp. di *poly-* 'poli-' ed *-ērēs*, da una radice che significa 'remare' (V. *triere*)] **s. f.** ● (*mar., disus.*) Polireme.

poliéstere [comp. di *poli-* ed *estere*; 1949] **A s. m.** ● (*chim.*) Polimero contenente gruppi estere nella catena principale, gener. ottenuto per policondensazione di acidi bicarbossilici e glicoli e usato per produrre fibre, film, vernici, adesivi e sim. | ***P. insaturo***, copolimero ottenuto per polimerizzazione di una miscela di glicoli, acidi bicarbossilici e anidride maleica, che può essere reticolato con stirene per formare polimeri termoindurenti; è usato insieme a fibre di vetro per preparare scafi di barche, grandi serbatoi, parti di carrozzeria e sim. **B** anche **agg.**: *prodotto p.*

poliestesìa [da *poli-*, sul modello di *anestesia* ecc.; 1899] **s. f.** ● (*med.*) Alterazione della sensibilità cutanea per cui il contatto di una punta viene avvertito come se fosse multiplo.

polietere [comp. di *poli-* ed *etere*] **s. m.** ● (*chim.*) Polimero contenente gruppi etere nella catena principale.

polietilène [comp. di *poli-* ed *etilene*; 1950] **s. m.** ● (*chim.*) Materia plastica ottenuta per polimerizzazione di etilene esistente nelle forme ad alta densità e a bassa densità; usata per materiali elettrici, per confezionare prodotti alimentari e per la fabbricazione di svariati oggetti. SIN. Politene.

polietilentereftalàto [comp. di *poli-*, *etilen(e)* e *tereftalato*] **s. m.** ● (*chim.*) Poliestere ottenuto per policondensazione di glicol etilenico con acido tereftalico o suoi derivati; di eccellenti proprietà meccaniche e impermeabile all'anidride carbonica, è usato per la produzione di fibre, film per pellicole fotografiche, nastri per registrazione, bottiglie per liquidi; in sigla PET.

polifagìa [vc. dotta, comp. di *poli-* e *-fagia*; nel sign. 2 dal gr. *polyphagía* 'voracità'; 1829] **s. f. 1** (*biol.*) Condizione degli organismi polifagi | (*est.*) Nutrizione a base di più sostanze. **2** (*med.*) Bulimia.

polifago [vc. dotta, comp. di *poli-* e *-fago*; nel sign. 2 dal lat. *polyphăgus*, gr. *polyphágos* 'che mangia molto'; av. 1569] **agg.**; anche **s. m.** (**f.** *-a*; **pl. m.** *-gi*) **1** (*biol.*) Detto di organismo che può cibarsi di varie sostanze: *parassiti polifagi.* **2** (*med., raro*) Affetto da bulimia.

polifàse [comp. di *poli-* e *fase*; 1899] **agg.** (**pl.** *-i* o **inv.**) ● (*elettr.*) Di grandezze alternate come tensioni o correnti elettriche, che presentano fasi diverse pur avendo lo stesso periodo.

polifilìa [vc. dotta, comp. di *poli-* e *-filo*; nel sign. 2, dal gr. *polyphilía* 'moltitudine di amici', da *polýphilos* 'dai molti amici', comp. di *poly-* 'poli-' e *-philos* '-filo'] **s. f.** ● (*biol.*) Poligenesi.

polifillo [vc. dotta, gr. *polýphyllos* 'che ha molte foglie', comp. di *poly-* 'poli-' e *-fillo*; 1813] **agg.** ● (*bot.*) Che ha più foglie.

polifiodónte [comp. del gr. *polyphyḗs* 'che si divide in più parti' (a sua volta comp. di *poly-* 'poli-' e *phýein* 'nascere, far nascere', di orig. indeur.), e *-odonte* (V. *odonto-*)] **agg.** ● (*zool.*) Detto di animale vertebrato che presenta polifiodontia.

polifiodontìa [da *polifiodonte*] **s. f.** ● (*zool.*) Successione di un notevole numero di dentizioni, quale si osserva nella maggior parte dei Vertebrati Gnatostomi.

polifito [comp. di *poli-* e *-fito*] **agg.** ● (*agr.*) Detto di area coltivata con un numero elevato di specie vegetali.

polifonìa [vc. dotta, gr. *polyphōnía*, da *polýphōnos* 'dalle molte voci', comp. di *poly-* 'poli-' e *-phōnos* '-fono'; 1835] **s. f.** ● (*mus.*) Molteplicità simultanea di suoni | Genere musicale in cui più voci o parti con proprie linee melodiche risuonano contemporaneamente, secondo le regole di armonia e contrappunto. CONTR. Monodia, omofonia.

polifònico [1826] **agg.** (**pl. m.** *-ci*) ● (*mus.*) Della polifonia: *brano p.* || **polifonicaménte**, **avv.** Secondo la polifonia.

polifonismo [1924] **s. m.** ● (*mus.*) Tecnica e uso della polifonia.

polifonìsta [1958] **s. m. e f.** (**pl. m.** *-i*) ● Compositore di musica polifonica.

polifora [comp. di *poli-* e del lat. *fŏris* 'porta', di orig. indeur.] **A s. f.** ● Finestra o porta suddivisa in più aperture per mezzo di pilastrini o colonnine. **B** anche **agg.** solo **f.**: *finestra p.*

polifosfàto [ingl. *polyphosphate*, comp. di *poly-* 'poli-' e *phosphate* 'fosfato'] **s. m.** ● (*chim.*) Composto appartenente a una classe di derivati dell'acido fosforico, usati nella depurazione delle acque, nella composizione di detersivi per lavatrici e come conservanti.

polifunzionàle [comp. di *poli-* e *funzionale*; 1984] **agg. 1** Che è in grado di svolgere più funzioni: *impianto sportivo p.* **2** (*chim.*) Detto di composto che contiene più gruppi funzionali: *acido p.* | Polivalente.

poligala [vc. dotta, lat. *polўgala(m)*, nom. *polўgala*, dal gr. *polýgalon*, comp. di *poly-* 'poli-' e *gála* 'latte' (V. *galassia*), per le sue proprietà lattifere; 1476] **s. f.** ● Pianticella cespugliosa americana delle Poligalacee con fusti sottili, foglie lanceolate e fiori in grappoli biancastri terminali, usata in medicina (*Polygala senega*).

Poligalàcee [vc. dotta, comp. di *poligala* e *-acee*; 1954] **s. f. pl.** (**sing.** *-a*) ● Nella tassonomia vegetale, famiglia di piante delle Dicotiledoni con fiori a cinque sepali saldati alla base e formanti due labbra alla sommità (*Poligalaceae*).

poligamìa [vc. dotta, lat. tardo *polygămia(m)*, nom. *polygămia*, dal gr. *polygamía*, da *polýgamos* 'poligamo'; av. 1610] **s. f. 1** (*antrop.*) Unione coniugale di un uomo con più donne (*poliginia*) o di una donna con più uomini (*poliandria*). **2** (*zool.*) Abitudine del maschio di molti animali di accoppiarsi con parecchie femmine o viceversa. CONTR. Monogamia. **3** (*bot.*) Presenza di fiori ermafroditi e unisessuati sullo stesso individuo vegetale.

poligàmico [1871] **agg.** (**pl. m.** *-ci*) ● Che riguarda la poligamia. || **poligamicaménte**, **avv.**

poligamo [vc. dotta, gr. *polýgamos*, comp. di *poly-* 'poli-' e *-gamos* '-gamo'; 1702] **A agg. 1** Che pratica la poligamia: *tribù poligama.* **2** (*bot.*) Che è caratterizzato da poligamia. **B s. m.** (**f.** *-a*) **1** Chi pratica la poligamia. **2** (*bot.*) Individuo vegetale portante fiori unisessuati e fiori ermafroditi.

poligène [comp. di *poli-* e *gene*; 1958] **s. m.** ● (*biol.*) Ognuno dei geni che, in grande numero, producono manifestazioni fenotipiche molto simili tra loro, sì da restare di solito mascherate.

poligènesi [comp. di *poli-* e *genesi*; 1875] **s. f. inv.** ● Origine molteplice: *p. del linguaggio, delle razze.* CONTR. Monogenesi.

poligenètico [1927] **agg.** (**pl. m.** *-ci*) ● Che si riferisce alla poligenesi | Che si è originato per poligenesi. || **poligeneticaménte**, **avv.** In seguito a poligenesi.

poligènico [1958] **agg.** (**pl. m.** *-ci*) **1** (*biol.*) Di poligene, relativo a poligene. **2** (*biol.*) Detto di carattere genetico che deriva dall'azione coordinata di più geni. SIN. Multigenico. CFR. Monogenico.

poligenismo [comp. di *poligen(esi)* e *-ismo*; 1875] **s. m.** ● Dottrina che attribuisce origine molteplice alle razze umane. CONTR. Monogenismo.

poliginia [comp. di *poli-* e del gr. *gynḗ* 'donna'. V. *poliginio*; 1932] **s. f. 1** (*antrop.*) Istituzione sociale per cui un uomo ha contemporaneamente più mogli. **2** (*zool.*) Poligamia maschile.

poliginio [vc. dotta, gr. *polygýnaios* 'dalle molte mogli', comp. di *poly-* 'poli-' e *gynḗ* 'donna' (V. *-gino*); 1970] **agg.** ● Detto di pianta o fiore con più carpelli.

poliglobulìa [comp. di *poli-* e un deriv. di *globulo*; 1932] **s. f.** ● (*med.*) Policitemia.

poliglòtta o (*raro*) **poliglòtto** [vc. dotta, gr. *polýglōttos* 'dalle molte lingue', comp. di *poly-* 'poli-' e *glôtta* 'lingua' (V. *glotta*); 1725] **agg.**; anche **s. m.** e **f.** (**pl. m.** *-i*) ● Che (o Chi) parla molte lingue: *un archeologo p.*; *una p.* | ***Libro p.***, stampato in più lingue.

poliglòttico [da *poliglotta*; 1781] **agg.** (**pl. m.** *-ci*) ● Che concerne più lingue: *fenomeno p.* | Che è caratterizzato da poliglottismo: *area, zona poliglottica.*

poliglottismo [da *poliglotta*; 1913] **s. m.** ● Conoscenza e uso di più lingue | Coesistenza di più lingue.

poliglòtto ● V. *poliglotta.*

Poligonàcee [vc. dotta, comp. di *poligono (2)* e *-acee*; 1875] **s. f. pl.** (**sing.** *-a*) ● Nella tassonomia vegetale, famiglia di piante dicotiledoni erbacee, con una stipola a forma di guaina abbracciante il fusto all'inserzione della foglia (*Polygonaceae*). ➡ ILL. **piante**/3.

poligonàle [da *poligono (1)*; 1871] **A agg.** ● Che ha forma o sezione a guisa di poligono. **B s. f. 1** (*mat.*) Sequenza di segmenti tali che il secondo estremo di ciascuno coincida con il primo estremo del successivo. **2** Linea spezzata che collega i punti che servono di base in un rilevamento topografico e geodetico | ***P. chiusa***, se il punto di partenza coincide col punto di arrivo | ***P. aperta***, se i due punti non coincidono.

poligonàto [vc. dotta, lat. *polygŏnato(n)*, nom. *polygŏnatos*, dal gr. *polygónaton*, comp. di *poly-* 'poli-' e *góny*, genit. *gónatos* 'ginocchio' (V. *gonal-*

gia); detto così dalla forma del rizoma; 1875] **s. m.** ● Pianta delle Liliacee, tipica dei luoghi ombrosi, con fiori bianchi penduli dalla parte opposta rispetto alla foglia (*Polygonatum multiflorum*).

poligonazióne [da *poligonale*; 1958] **s. f.** ● In geodesia e topografia, rilevamento e misurazione di una poligonale.

poligono (**1**) [vc. dotta, lat. tardo *polygōnu(m)*, dal gr. *polýgōnon*, comp. di *poly-* 'poli-' e *gōnía* 'angolo' (V. *gonio-*); 1638] **s. m.** ***1*** (*mat.*) Ogni figura piana costituita da segmenti di retta | Regione del piano interna all'insieme dei lati d'un poligono: *p. convesso, concavo* | ***P. intrecciato***, tale che due lati non consecutivi abbiano dei punti comuni | ***P. regolare***, con i lati e gli angoli uguali. ***2*** (*mil.*) Tracciato di un'opera fortificatoria: *p. esterno, interno* | ***P. di tiro***, zona adibita a esercitazioni di tiro per armi portatili, anche in ambito sportivo, o per artiglierie | ***P. di lancio***, installazione, costruita sulla Terra o in un'orbita circumterrestre mediante parti staccate ivi trasportate con una navetta spaziale, dotata di attrezzature idonee al lancio di missili e veicoli spaziali per impieghi militari o civili. **SIN.** Spazioporto.

poligono (**2**) [vc. dotta, lat. *polўgonu(m)*, nom. *polўgonus*, dal gr. *polýgonon*, propr. 'dai molti frutti', comp. di *poly-* 'poli-' e *gónos* 'seme, prodotto, frutto' (V. *gono-*)] **s. m.** ● Genere di piante erbacee o suffruticose delle Poligonacee con piccoli fiori colorati (*Polygonum*).

poligrafàre [da *poligrafo*; 1890] **v. tr.** (*io poligrafo*) ● Trarre copie col poligrafo.

poligrafìa [vc. dotta, gr. *polygraphía* 'lo scrivere di vari soggetti', da *polygráphos* 'che scrive molto, che scrive di vari soggetti'. V. *poligrafo*; av. 1686] **s. f.** ***1*** Riproduzione, in varie copie, di scritti o disegni mediante il poligrafo | (*est.*) La copia stessa. ***2*** (*raro*) Scrittura su soggetti vari.

poligràfico [1812] **A agg.** (**pl. m.** *-ci*) ***1*** Che concerne la poligrafia. ***2*** Che esegue opere a stampa valendosi di vari sistemi di composizione, impressione e sim.: *stabilimento, istituto p.*; *officina poligrafica*. **B s. m.** (**f.** *-a*) ● Operaio di uno stabilimento poligrafico.

polìgrafo [vc. dotta, comp. di *poli-* e *-grafo*; nel sign. B dal gr. *polygráphos* 'che scrive molto, che scrive di vari soggetti', comp. di *poly-* 'poli-' e *-gráphos* '-grafo'; 1771] **A s. m.** ***1*** Apparecchio usato un tempo per ottenere riproduzioni di scritti e disegni, in cui la matrice di gelatina e colla di pesce reca un decalco eseguito con inchiostro copiativo. ***2*** (*med.*) Apparecchio, costituito da un registratore a carta e alcuni elettrodi, in grado di registrare contemporaneamente diversi parametri fisiologici come pressione arteriosa, ritmo cardiaco, frequenza respiratoria, tono muscolare e sim. **B agg.**; anche **s. m.** (**f.** *-a, raro*) ● (*lett.*) Che (o Chi) scrive su molti argomenti: *uno scrittore p.*; *è un p.*

poliìbrido [comp. di *poli-* e *ibrido*; 1929] **s. m.** ● (*biol.*) Individuo nato da genitori che differiscono per due o più caratteri.

poliisoprène [comp. di *poli-* e *isoprene*] **s. m.** ● (*chim.*) Polimero con struttura chimica uguale a quella della gomma naturale, ottenuto industrialmente per polimerizzazione dell'isoprene e usato per produrre elastomeri.

polimastìa [comp. di *poli-* e del gr. *mastós* 'mammella' (di orig. incerta)] **s. f.** ● (*med.*) Anomalia ereditaria consistente nella presenza, spec. nella donna, di più mammelle oltre le due normali.

polimatèrico [comp. di *poli-* e *materia*, con suff. agg.; 1933] **agg.** (**pl. m.** *-ci*) ● Costituito di più materiali, detto spec. di creazione artistica.

polimaterismo [comp. di *poli-*, *materia* e *-ismo*; 1965] **s. m.** ● Utilizzazione di più materiali all'interno di un'opera d'arte, spec. plastica o pittorica.

polimelìa [dal gr. *polymelḗs* 'di molti toni', comp. di *poly-* 'poli-' e *mélos* 'canto, melodia' (V. *melos*); 1871] **s. f.** ● (*mus.*) Unione di più melodie.

poliménto ● V. *pulimento*.

polimeràsi [vc. dotta, comp. di *polimer(o)* e del suff. *-asi*; 1988] **s. f. inv.** ● (*biol.*) Enzima che catalizza una reazione di polimerizzazione e, in particolare, la biosintesi di un acido nucleico.

polimerìa [1875] **s. f.** ***1*** (*biol.*) Concorso di più geni alla determinazione di un solo carattere. ***2*** (*chim.*) Polimerismo.

polimèrico [1871] **agg.** (**pl. m.** *-ci*) ***1*** (*biol.*) Caratterizzato da polimeria: *sistema p.* ***2*** (*chim.*) Proprio di un polimero | Costituito di polimeri: *composto p.*

polimerismo [1835] **s. m.** ● (*chim.*) Condizione di polimero.

polimerizzàre [comp. di *polimer(o)* e *-izzare*; 1958] **A v. tr.** ● (*chim.*) Sottoporre a polimerizzazione. **B v. intr. pron.** ● (*chim.*) Subire la polimerizzazione.

polimerizzazióne [1929] **s. f.** ● (*chim.*) Reazione che avviene tra molte molecole di monomero con formazione di molecole di grandi dimensioni (macromolecole).

polìmero [vc. dotta, gr. *polymerḗs* 'di molte parti', comp. di *poly-* 'poli-' e *méros* 'parte' (da *méiresthai* 'ottenere in sorte, dividersi', di orig. indeur.); 1905] **A s. m.** ● (*chim.*) Composto chimico, gener. di natura organica, di elevato peso molecolare, ottenuto partendo da un monomero per mezzo di reazioni di polimerizzazione. **B** anche **agg.**: *composto p.*

polimetilmetacrilàto [comp. di *poli-*, *metil-* e *metacrilato*] **s. m.** ● (*chim.*) Polimero ottenuto per polimerizzazione dell'acrilato di metile; materiale plastico rigido e trasparente, è prevalentemente utilizzato in lastre in sostituzione del vetro; in sigla PMMA. **CFR.** Plexiglas.

polimetrìa [da *polimetro*; 1894] **s. f.** ● Successione di vari metri in uno stesso componimento poetico.

polimètrico [da *polimetria*; 1871] **agg.** (**pl. m.** *-ci*) ● Detto di componimento poetico che contiene metri diversi.

polìmetro [vc. dotta, gr. *polýmetros*, comp. di *poly-* 'poli-' e *métron* 'misura' (V. *metro*); 1871] **A s. m.**; anche **agg.** ● Componimento poetico in metri diversi. **B s. m.** ● Apparecchio atto alla misura di varie grandezze come temperatura, grado igrometrico, tensione di vapore e punto di rugiada dell'aria atmosferica.

polimixìna /polimik'sina/ [vc. dotta, da (*bacterium*) *polymixa*, dal gr. *polýmixos* '(di lampada) a molti becchi', col suff. *-ina*] **s. f.** ● (*farm.*) Ciascuno di un gruppo di antibiotici basici polipeptidici a potente e rapida azione battericida.

polimorfìa [vc. dotta, gr. *polymorphía*, comp. di *poly-* 'poli-' e *-morphía* '-morfia' (V.); 1958] **s. f.** ● Polimorfismo.

polimòrfico [1864] **agg.** (**pl. m.** *-ci*) ● Di polimorfismo, relativo a polimorfismo.

polimorfismo [comp. di *polimorfo* e *-ismo*; 1865] **s. m.** ***1*** (*chim., miner.*) Proprietà di una sostanza chimicamente definita di presentarsi sotto forma di differenti tipi di reticoli cristallini. ***2*** (*biol.*) Variabilità discontinua a basi ereditarie esistente in una popolazione animale o vegetale.

polimòrfo [vc. dotta, gr. *polýmorphos*, comp. di *poly-* 'poli-' e *-morphos* '-morfo'; 1804] **agg.** ***1*** Di elemento o composto chimico che presenta il fenomeno del polimorfismo. ***2*** (*lett.*) Multiforme.

polinesiàno [da *Polinesia*, comp. di *poli-* e del gr. *nē̂sos* 'isola' (di etim. incerta); 1934] **A agg.** ● Della Polinesia: *lingua polinesiana*; *isola polinesiana*. **B s. m.** (**f.** *-a*) ● Abitante, nativo della Polinesia. **C s. m.** solo **sing.** ● Gruppo di lingue della famiglia maleo-polinesiaca, parlate nella Polinesia.

polinevrite o **polineurite** [comp. di *poli-* e *nevrite*; 1885] **s. f.** ● (*med.*) Affezione infiammatoria che colpisce più nervi.

polinomiàle [da *polinomio*, sul modello dell'ingl. *polynomial*; 1965] **agg.** ● (*mat.*) Che concerne un polinomio o ne ripete la forma.

polinòmio [da *poli-*, sul modello di *binomio*; 1771] **s. m.** ● (*mat.*) Somma di monomi.

polinsàturo [comp. di *pol(i)-* e *insaturo*] **agg.** ● (*chim.*) Detto di composto organico ciclico o lineare con più di un legame multiplo nella catena carboniosa.

polinucleàto [comp. di *poli-* e *nucleo*, con suff. agg.; 1958] **agg.** ● (*biol.*) Plurinucleato.

pòlio (**1**) [vc. dotta, lat. *pōliu(m)*, dal gr. *pólion*, da *poliós* 'biancastro, grigio' (V. *polianite*); detto così dal colore] **s. m.** ● Pianta delle Labiate che caratterizza un ambiente arido di steppa della zona mediterranea (*Teucrium polio*).

pòlio (**2**) [1973] **s. f. inv.** ● Accorc. di *poliomielite*.

poliolefina [comp. di *poli-* e *olefina*] **s. f.** ● (*chim.*) Composto polimerico ottenuto per polimerizzazione di un'olefina.

poliòlo [vc. dotta, comp. di *poli-* e *-olo* (*1*)] **s. m.** ● (*chim.*) Composto che presenta nella molecola due o più radicali alcolici. **SIN.** Polialcol.

poliomielite [comp. del gr. *poliós* 'grigio' (V. *polianite*) e *mielite*; detta così dalla infiammazione della materia grigia del midollo spinale; 1890] **s. f.** ● Malattia infettiva acuta virale che colpisce i centri motori del midollo spinale con conseguente paralisi muscolare.

poliomielitico [1935] **agg.**; anche **s. m.** (**f.** *-a*; **pl. m.** *-ci*) ● Che (o Chi) è affetto da poliomielite | Che (o Chi) subisce i postumi della poliomielite.

poliopìa o **poliopsìa** [comp. di *poli-* e *-opia*; 1835] **s. f.** ● (*med.*) Visione di molteplici oggetti, che si verifica spec. nello stigmatismo.

poliorcètica [f. sost. di *poliorcetico*; 1601] **s. f.** ● (*lett.*) Arte di assediare ed espugnare città.

poliorcètico [vc. dotta, gr. *poliorkētikós*, da *poliorkētḗs* 'assediatore', da *poliorkéin* 'cingere d'assedio una città', comp. di *pólis* 'città' ed *hérkos* 'recinto, muro', di etim. incerta; 1585] **agg.** (**pl. m.** *-ci*) ● (*lett.*) Concernente la poliorcetica.

poliossimetilène [comp. di *poli-*, *ossi-* e *metilene*] **s. m.** ● (*chim.*) Tecnopolimero ottenuto per polimerizzazione della formaldeide, con elevata rigidità e buone proprietà meccaniche.

poliovirus [comp. di *polio* (*2*) e *virus*] **s. m. inv.** ● (*biol.*) Specie virale del genere *Enterovirus*, agente eziologico della poliomielite, che si localizza sui neuroni motori del midollo spinale dell'uomo.

polipàio [da *polipo*; 1913] **s. m.** ***1*** Colonia di polipi. ***2*** Scheletro di sostegno delle colonie di Celenterati, secreto dagli stessi polipi.

polipeptide [comp. di *poli-* e *peptide*; 1911] **s. m.** ● (*chim.*) Sostanza costituita da un certo numero di amminoacidi uniti mediante legame peptidico.

polipeptidico **agg.** (**pl. m.** *-ci*) ● (*chim.*) Di polipeptide, relativo a polipeptide.

polipètalo [comp. di *poli-* e *petalo*; av. 1799] **agg.** ● (*bot.*) Che ha più petali.

poliplòide [da *poli-*, sul modello di *aploide*; 1932] **agg.** ● (*biol.*) Detto di cellula dotata di cromosomi in numero superiore a quello normale della specie, e precisamente multiplo del numero aploide.

poliploidìa [da *poliploide*; 1948] **s. f.** ● (*biol.*) Condizione di cellula poliploide.

polipnèa [da *poli-*, sul modello di *apnea*; 1930] **s. f.** ● (*med.*) Aumento di frequenza degli atti respiratori.

polipnòico [da *polipnea*; 1970] **agg.** (**pl. m.** *-ci*) ● (*med.*) Relativo a polipnea.

pòlipo [vc. dotta, lat. *pōlypu(m)*, nom. *pōlypus*, dal gr. *polýpous* 'dai molti piedi', comp. di *poly-* 'poli-' e *póus* 'piede' (V. *-pode*); av. 1333] **s. m.** ***1*** (*zool.*) Denominazione di una forma di individui del tipo dei Celenterati con corpo simile a un cilindro o a un sacco, fisso alla base, che all'estremità opposta, cioè a quella superiore, ha la bocca circondata da tentacoli. ***2*** Impropriamente, polpo. ***3*** (*med.*) Tumore benigno delle mucose, in forma di escrescenza tondeggiante. || **polipètto**, **dim.**

Polipodiàcee [vc. dotta, comp. di *polipodi(o)* (V.) e *-acee*; 1958] **s. f. pl.** (**sing.** *-a*) ● (*bot.*) Nella tassonomia vegetale, famiglia di Felci erbacee e perenni, diffuse ovunque, comprendente molte specie spesso di valore ornamentale.

polipòdio [vc. dotta, lat. *polypŏdiu(m)*, dal gr. *polypódion*, comp. di *poly-* 'poli-' e *póus*, genit. *podós* 'piede' (V. *-pode*); sec. XIV] **s. m.** ● (*bot.*) Felce dolce.

polipòide [comp. di *polipo* e *-oide*; 1917] **agg.** ● (*biol.*) Che ha struttura simile a quella di un polipo: *organismo p.*

polipòlio [da *poli-*, in opposizione a *monopolio*; 1805] **s. m.** ● Forma di mercato caratterizzato dalla esistenza di un numero imprecisato di venditori dello stesso bene o servizio.

polipolista **s. m.** e **f.** (**pl. m.** *-i*) ● (*econ.*) Venditore che opera in un sistema di polipolio.

Poliporàcee [vc. dotta, comp. di *poliporo* e *-acee*; 1954] **s. f. pl.** (**sing.** *-a*) ● Nella tassonomia vegetale, famiglia di Funghi degli Imenomiceti, con numerosi tubuli rivestiti internamente dall'imenio sotto il cappello (*Poliporaceae*).

polìporo [comp. di *poli-* e *poro*, perché molto poroso; 1829] **s. m.** ● Genere di Funghi delle Poliporacee che crescono sui tronchi, vivi o morti (*Polyporus*). ➡ **ILL. fungo.**

polipòsi [comp. di *polipo* e *-osi*; 1911] **s. f. inv.** ● Malattia caratterizzata dalla presenza di numerosi polipi: *p. intestinale*.

polipóso [av. 1758] **agg.** ● (*med.*) Simile a polipo | Caratterizzato da polipi.

polipropilène [comp. di *poli-* e *propilene*; 1958] **s. m.** ● (*chim.*) Polimero ottenuto per polimerizzazione del propilene, utilizzato nella forma isotattica per produrre oggetti vari, film e fibre, e nella forma atattica, mescolato ai bitumi, per l'impermeabilizzazione di costruzioni.

polipsònio [da *poli-*, in opposizione a *monopsonio*; 1958] **s. m.** ● Forma di mercato caratterizzata dalla esistenza di un alto numero di compratori dello stesso bene o servizio.

polipsonista **s. m.** e **f.** (**pl. m.** *-i*) ● (*econ.*) Compratore che opera in un sistema di polipsonio.

Polipterifórmi [vc. dotta, comp. di *poliptero* e il pl. di *-forme*; 1970] **s. m. pl.** (**sing.** *-e*) ● Nella tassonomia animale, famiglia di Pesci ossei africani con corpo corazzato e pinna dorsale suddivisa in corte pinnule (*Polypteriformes*).

polìptero o **polìttero** [vc. dotta, gr. *polýpteros* 'che ha molte penne', comp. di *poly-* 'poli-' e *-pteros* '-ptero'; 1835] **s. m.** ● Pesce africano dei Polipteriformi a corpo subcilindrico, che nella stagione arida si sprofonda nel fango e respira per polmoni (*Polypterus bichir*).

poliptòto o **polittòto** [vc. dotta, lat. tardo *polyptōto(n)*, dal gr. *polýptōtos* 'di molti casi', comp. di *poly-* 'poli-' e *ptōtós*, propr. 'che è caduto', agg. verbale di *píptein* 'cadere' (V. *ptosi*); 1821] **s. m.** ● (*ling.*) Figura retorica per la quale uno stesso vocabolo è usato in funzioni diverse a breve distanza (pur conservando il medesimo significato lessicale): *era, è e sarà sempre così*; *Cred'ïo ch'ei credette ch'io credesse* (DANTE *Inf.* XIII, 25).

polìre o (*raro*) **pulìre** [vc. dotta, lat. *polīre* 'pulire'; av. 1374] **v. tr.** (*io polisco, tu polisci*) **1** (*lett.*) Levigare, rendere liscio: *p. la superficie di qlco.* **2** (*fig., lett.*) Perfezionare: *p. una pagina, una frase, un verso.* **3** †V. *pulire.*

polirematica [comp. di *poli-* e di un deriv. di *rema*] **s. f.** ● (*ling.*) Espressione linguistica costituita da due o più parole, spesso con significato autonomo rispetto alle parole che la costituiscono (per es., *acqua e sapone, oro colato, paradiso fiscale, conto corrente*). **CFR.** Locuzione.

polirème (o **-é-**) [da *poli-*, sul modello di *bireme* e *trireme*; 1889] **s. f.** ● Nave a più ordini di remi sovrapposti.

poliritmìa [1931] **s. f.** ● (*mus.*) Utilizzazione simultanea di strutture ritmiche diverse nelle singole voci di una composizione.

poliritmico [comp. di *poli-* e *ritmo*, con suff. agg.; 1911] **agg.** (**pl. m.** *-ci*) ● (*mus.*) Caratterizzato da poliritmia: *composizione poliritmica.*

polis /gr. 'pɔlis/ [vc. gr., *pólis* 'città', di orig. indeur.; 1918] **s. f. inv.** (**pl.** gr. *poleis*) ● Struttura politica tipica dell'antica civiltà greca, caratterizzata dalla partecipazione di tutti i cittadini al governo della città.

polisaccàride [comp. di *poli-* e *saccaride*; 1895] **s. m.** ● (*chim.*) Glucide formato da più molecole di zuccheri semplici.

polisemàntico [comp. di *poli-* e *semantico*; 1929] **agg.** (**pl. m.** *-ci*) ● (*ling.*) Polisemico.

polisemìa [vc. dotta, deriv. del gr. *polýsēmos* 'che ha molti significati', comp. di *poly-* 'poli-' e *sêma* 'segno' (V. *semantica*); 1954] **s. f.** ● (*ling.*) Proprietà di un segno linguistico di avere più significati.

polisèmico [1975] **agg.** (**pl. m.** *-ci*) ● (*ling.*) Di unità linguistica che ha più significati. **SIN.** Polisemantico. **CONTR.** Monosemico.

polisènso [comp. di *poli-* e *senso*; av. 1375] **A agg.** ● Che ha più significati. **B s. m.** ● Gioco enigmistico incentrato su un vocabolo o su una frase che ha più significati.

polisettoriàle [comp. di *poli-* e *settoriale*; 1966] **agg.** ● Plurisettoriale.

polisillàbico [comp. di *poli-* e *sillabico*; 1886] **agg.** (**pl. m.** *-ci*) ● (*ling.*) Detto di parola costituita da due o più sillabe.

polisìllabo [vc. dotta, lat. tardo *polysýllabu(m)*, nom. *polysýllabus*, dal gr. *polysýllabos*, comp. di *poly-* 'poli-' e *syllabḗ* 'sillaba'; av. 1730] **A s. m.** ● (*ling.*) Parola costituita da più di una sillaba. **CONTR.** Monosillabo. **B** anche **agg.**: *parola polisillaba.* **SIN.** Polisillabico.

polisillogìsmo [comp. di *poli-* e *sillogismo*; 1871] **s. m.** ● Sillogismo composto da una catena di sillogismi disposti in modo tale che la conclusione del primo funga da premessa maggiore al secondo e così via.

polisilossàno [comp. di *poli-*, *sil(icio)*, *oss(igeno)* e *-ano* (2)] **s. m.** ● Silicone.

polisìndeto [vc. dotta, gr. *polysýndetos*, comp. di *poly-* 'poli-' e un deriv. di *syndêin* 'legare insieme', comp. di *sýn* 'con' (V. *sin-*) e *dêin* 'legare', di orig. indeur.; 1695] **s. m.** ● (*ling.*) Figura retorica che consiste nell'accostare fra loro più membri di un'enumerazione con congiunzioni ripetute: *tra ombrosi mirti e pini e fagi e abeti* (BOIARDO). **CONTR.** Asindeto.

polisolfùro [comp. di *poli-* e *solfuro*; 1871] **s. m.** ● (*chim.*) Composto contenente atomi di zolfo in numero superiore alla massima valenza del metallo con cui sono combinati | *P. di sodio*, usato per fabbricare colori allo zolfo e come riducente in chimica organica.

polispecialìstico [comp. di *poli-* e *specialistico*] **agg.** (**pl. m.** *-ci*) ● Che comprende o interessa varie specializzazioni mediche e diversi specialisti: *studio medico p.*

polispermìa [comp. di *poli-* e un deriv. di *sperma*] **s. f.** **1** (*biol.*) Penetrazione di numerosi spermatozoi nel gamete femminile. **2** (*biol.*) Eccessivo numero di spermatozoi nell'eiaculato. **CONTR.** Oligospermia.

polisportiva [comp. di *poli-* e (società) *sportiva*; 1989] **s. f.** ● Società, associazione che svolge la propria attività in diverse discipline sportive.

polisportivo [comp. di *poli-* e *sportivo*; 1942] **agg.** ● Relativo a più sport | ***Società polisportiva***, V. *polisportiva* | ***Campo p.***, attrezzato per la pratica di diversi sport.

polista (**1**) [da *polo* (*1*) nel sign. 6; 1994] **A agg.** (**pl. m.** *-i*) ● Appartenente o relativo al Polo per le libertà: *strategia p.*; *senatori polisti.* **B s. m.** e **f.** ● Esponente o sostenitore di un movimento politico facente parte del Polo per le libertà: *una nuova proposta dei polisti.*

polista (**2**) [da *polo* (*2*); 1958] **s. m.** e **f.** (**pl. m.** *-i*) ● Chi pratica lo sport del polo.

polistàdio [comp. di *poli-* e *stadio*; 1958] **agg. inv.** ● Di apparecchio a più stadi: *turbina p.* | (*mil.*) ***Missile p.***, quello costituito da più stadi, ciascuno dei quali si distacca dopo aver esaurito la propria carica di propellenti.

polìste [vc. dotta, gr. *polistḗs* 'costruttore di città', da *polízein* 'costruire città', da *pólis* 'città'. V. *polis*; 1835] **s. f.** ● Vespa gialla e nera che costruisce il nido, destinato a ospitare società sempre annuali, con legno masticato (*Polistes gallicus*).

polìstico [da *polo* (*2*); 1967] **agg.** (**pl. m.** *-ci*) ● Relativo allo sport del polo e ai polisti.

polìstilo [vc. dotta, gr. *polýstylos* 'dalle molte colonne', comp. di *poly-* 'poli-' e *-stilo*; av. 1798] **agg.** ● (*arch.*) Detto di pilastro costituito o contornato da un fascio di colonne, caratteristico dell'architettura gotica.

polistirène [comp. di *poli-* e *stirene*; 1958] **s. m.** ● (*chim.*) Polimero ottenuto per polimerizzazione dello stirene e usato per la fabbricazione di oggetti vari e, in forma espansa, per l'imballaggio di oggetti fragili; in sigla PS. **SIN.** Polistirolo.

polistiròlico [1970] **agg.** (**pl. m.** *-ci*) ● (*chim.*) Di polistirolo: *resine polistiroliche.*

polistiròlo [comp. di *poli-* e *stirolo*; 1938] **s. m.** ● (*chim.*) Polistirene.

politeàma [comp. di *poli-* e del gr. *théama* 'spettacolo', da *théa* 'sguardo', di orig. indeur. (cfr. *teatro*); 1871] **s. m.** (**pl.** *-i*) ● Costruzione destinata a vari tipi di spettacolo, dalla prosa al circo, al varietà e sim.

politècnico [fr. *polytechnique*, dal gr. *polýtechnos* 'abile in molte arti', comp. di *poly-* 'poli-' e *téchnē* 'arte' (V. *tecnica*); 1796] **A agg.** (**pl. m.** *-ci*) ● Che concerne o tratta più scienze od arti applicate. **B s. m.** ● Istituto ove s'insegnano vari rami delle scienze fisiche, chimiche e matematiche e le loro applicazioni | Nell'ordinamento italiano, istituto universitario comprendente le facoltà di architettura e ingegneria.

politeìsmo [fr. *polythéisme*, dal gr. *polýtheos* 'politeista', comp. di *poly-* 'poli-' e *theós* 'dio' (V. *teocrazia*), col suff. *-isme* '-ismo'; 1745] **s. m.** ● Carattere delle religioni fondate sulla credenza in più dei. **CONTR.** Monoteismo.

politeìsta [fr. *polythéiste*, da *polythéisme* 'politeismo'; 1745] **A s. m.** e **f.**; anche **agg.** (**pl. m.** *-i*) ● Chi (o Che) segue una religione caratterizzata dal politeismo. **CONTR.** Monoteista. **B agg.** ● Politeistico.

politeìstico [1758] **agg.** (**pl. m.** *-ci*) ● Relativo al politeismo. **CONTR.** Monoteistico. || **politeisticaménte**, **avv.** Secondo il politeismo.

politemàtico [comp. di *poli-* e *tema*, sul modello di *tematico*; 1958] **agg.** (**pl. m.** *-ci*) ● (*mus.*) Detto di componimento costruito su molti temi.

politène [da *poli(e)t(il)ene*; 1948] **s. m.** ● (*chim.*) Polietilene.

politetrafluoroetilène [comp. di *poli-*, *tetra-*, *fluoro-* ed *etilene*] **s. m.** ● (*chim.*) Polimero derivato dal tetrafluoroetilene, molto resistente agli agenti chimici e alla temperatura, caratterizzato da un basso coefficiente di attrito e da scarsa adesione con altri materiali; è usato per guarnizioni idrauliche, come rivestimento antiaderente spec. per pentolame da cucina, nell'industria elettrica, in apparecchiature chimiche; una delle sue denominazioni commerciali è Teflon; in sigla PTFE.

politézza (**1**) o (*raro*) **pulitézza** [da *polito* (*1*); av. 1557] **s. f.** **1** (*lett.*) Caratteristica di ciò che è polito, levigato: *la p. dell'onice.* **2** (*fig., lett.*) Perfezione, raffinatezza: *poeta di estrema p. formale.* **3** †V. *pulitezza.*

politézza (**2**) [da *politezza* (*1*) sul modello del fr. *politesse*] **s. f.** ● Cortesia, educazione: *Con chi tratta bene meco, so corrispondere con egual p.* (GOLDONI).

♦**polìtica** [vc. dotta, gr. *politikḗ* (*téchnē*) 'arte politica', f. sost. di *politikós* 'politico'; av. 1294] **s. f.** **1** Scienza e arte di governare lo Stato | ***P. interna***, indirizzo dato dal governo a tutte le forme di attività statuale esercitate entro i confini dello Stato | ***P. estera***, indirizzo dato dal governo all'attività statuale di relazione con gli altri soggetti di diritto internazionale | ***P. dei redditi***, politica economica che tende a una più equa ripartizione del reddito nazionale, commisurando l'incremento dei salari all'incremento della produttività | ***P. criminale***, scienza che studia e ricerca i mezzi più idonei per combattere il fenomeno della delinquenza. **2** Modo di governare: *la p. di Napoleone*; *p. spregiudicata, machiavellica, ingenua*; *p. dirigista, liberista* | Complesso di attività e problemi collegati alla vita pubblica: *darsi alla p.*; *discutere di p.* **3** (*est.*) Atteggiamento, condotta mantenuta in vista del raggiungimento di determinati fini: *per me ha adottato una p. sbagliata*; *la sua p. pecca d'ingenuità*; *p. aziendale*; *p. dei prezzi.* **4** (*fig.*) Accortezza, astuzia o furberia nell'agire o nel parlare: *con la sua p. saprà trarsi d'impaccio.*

politically correct /po'litikali ko'rɛkt, *ingl.* pə'lɪtɪkəlɪ kə'ɹɛkt/ [loc. ingl., propr. 'politicamente corretto'; 1991] **loc. sost. m. inv.** e **loc. agg. inv.** ● Politicamente corretto (V. *corretto* nel sign. 2).

politicànte [1834] **agg.**; anche **s. m.** e **f.** **1** (*spreg.*) Che (o Chi) si dedica alla attività politica senza disporre della necessaria preparazione: *non è un uomo politico, ma un p. da strapazzo.* **2** Che (o Chi) si occupa di politica unicamente per soddisfare le proprie mire e ambizioni, o per trarne vantaggi materiali: *è un volgare p.*

politicàstro [da *politica* con suff. pegg.; av. 1694] **s. m.** ● (*spreg.*) Intrigante di politica, politico da strapazzo.

politichése [da *politico* col suff. *-ese* (*2*); 1982] **s. m.** ● (*spreg.*) Linguaggio, gergo dei politici, volutamente reso astruso dal frequente ricorso a formule stereotipate e a tecnicismi burocratici, spesso gratuiti.

politichìno [av. 1704] **s. m.** **1** Dim. di *politico.* **2** (*lett., spreg.*) Politico meschino ed intrigante. **3** (*fig., fam.*) Chi sa usare garbo e tatto per ottenere qlco.

politicìsmo [comp. di *politico* e *-ismo*; 1931] **s. m.** ● La tendenza a politicizzare tutto.

politicità [1942] **s. f.** ● Condizione, caratteristica di ciò che è politico.

politicizzàre [da *politico*, sul modello dell'ingl. *to politicize*; 1950] **A v. tr.** ● Imporre una finalità politica a un qualunque atto o discorso: *p. una lezione di filosofia, uno sciopero salariale* | Sensibilizzare qlcu. dal punto di vista politico, renderlo consapevole degli aspetti o delle implicazioni politiche di una questione. **B v. rifl.** ● Sensibilizzarsi dal punto di vista politico. **C v. intr. pron.** ● Assumere connotazioni politiche: *la vertenza si è politicizzata.*

politicizzàto **part. pass.** di *politicizzare*; anche **agg.** ● Nei sign. del v.

politicizzazióne [1950] s. f. ● Il politicizzare, il politicizzarsi.

♦**político** [vc. dotta, lat. *polīticu(m)*, nom. *polīticus*, dal gr. *politikós*, agg. di *polítēs* 'cittadino', da *pólis* 'città'. V. *polis*; av. 1375] **A** agg. (pl. m. *-ci*) **1** Che concerne la politica: *partito, libro, giornale p.*; *regime p. a partito unico*; *il pensiero p. di Gioberti* | ***Diritti politici***, di partecipare alla formazione degli organi statali e al loro funzionamento | ***Elezioni politiche***, o (*ellitt.*) ***le politiche***, elezioni dei deputati e dei senatori al Parlamento | ***Sciopero p.***, che non ha per fine vantaggi economici o normativi, ma vuole agire sulle istituzioni e il governo | ***Delitto p.***, quello che offende un interesse politico dello Stato o un diritto politico del cittadino o è determinato in tutto o in parte da motivi politici | ***Scienze politiche***, insieme delle discipline concernenti l'organizzazione e il governo dello Stato; denominazione di una facoltà universitaria in cui si studiano tali discipline | ***Storia politica***, che indaga spec. lo sviluppo degli organi civili e delle istituzioni | ***Geografia politica***, quella che si occupa delle condizioni geografiche dei gruppi umani organizzati | ***Economia politica***, che si occupa dell'attività umana dal punto di vista economico | ***Prezzo p.***, fissato dallo Stato per finalità sociali ed economiche, e diverso (gener. inferiore) da quello di mercato | ***Uomo p.***, chi si dedica professionalmente all'attività politica. **2** (*raro*) Che tende per natura a organizzarsi socialmente: *l'uomo è animale p.* || **politicaménte**, avv. Dal punto di vista politico; (*fig.*) con accortezza, sagacia, furberia: *agire politicamente*. **B** s. m. (f. *-a*) **1** Uomo politico: *è un p. abilissimo*. **2** (*fig.*) Persona che sa parlare e agire con astuzia e tatto in ogni tipo di situazione. **C** s. m. solo sing. ● Sfera pubblica, sociale e sim. di una persona: *il privato e il p.* || **politichino**, dim. (V.) | **politicóne**, accr. (V.) | **politicùccio**, **politicùzzo**, dim.

politicóne [av. 1635] s. m. (f. *-a*) **1** Accr. di *politico*. **2** (*fam.*) Persona molto abile e accorta, che sa destreggiarsi in modo da ottenere vantaggi personali: *quel p. arriva sempre dove vuole*.

polìtipo [comp. di *poli-* e *tipo A1*; 1868] s. m. ● (*tipogr.*) Logotipo.

polito (1) o (*raro*) **pulito** part. pass. di *polire* (*1*); anche agg. **1** (*lett.*) Liscio, levigato, lucente. **2** (*lett.*) Bello, leggiadro: *una giovanetta polita di forse vent'anni* (FOSCOLO). **3** (*lett.*) Elegante, ricercato | Rifinito, corretto (detto di opera, di stile, di espressione).

polito (2) [da *polito* (*1*), sul modello del fr. *poli*; 1483] agg. ● (*lett.*) Bene educato. || **politaménte**, avv.

politologìa [comp. di *polit(ica)* e *-logia*; 1977] s. f. ● Disciplina che studia i sistemi politici.

politològico [1984] agg. (pl. m. *-ci*) ● Relativo alla politologia. || **politologicaménte**, avv. Dal punto di vista politologico.

politòlogo [comp. di *polit(ica)* e *-logo*; 1971] s. m. (f. *-a*; pl. m. *-gi*) ● Studioso di politologia | (*est.*) Esperto di problemi politici.

politonàle [comp. di *poli-* e *tono* (*1*), con suff. agg.; 1935] agg. **1** (*mus.*) Detto di composizione musicale moderna che ammette diverse tonalità simultanee e indipendenti. **2** (*fig.*) Detto di opera letteraria individuata da più toni stilistici, culturali e sim.

politonalità [1930] s. f. ● Caratteristica di ciò che è politonale.

politòpico [comp. di *poli-* e del gr. *tópos* 'luogo', con suff. agg.] agg. (pl. m. *-ci*) ● (*biol.*) Detto di specie originatesi in più località, lontane l'una dall'altra.

polìtopo [vc. dotta, comp. di *poli-* e del gr. *tópos* 'luogo'] s. m. ● (*mat.*) Figura dello spazio a *n* dimensioni, analoga a un poliedro.

politrasfùso [comp. di *poli-* e *trasfuso*; 1985] agg.; anche s. m. (f. *-a*) ● Che (o Chi) ha subìto diverse trasfusioni di sangue.

polìtrico [vc. dotta, lat. *polȳtricho(n)*, dal gr. *polýtrichon* 'folto di peli', comp. di *poly-* 'poli-' e *thrix*, genit. *trichós* 'pelo, capello' (V. *trichiasi*); av. 1498] s. m. (pl. *-chi*) ● Muschio non molto comune che forma piccoli cespi nei boschi (*Polytricum commune*).

polìtrofo [comp. di *poli-* e *-trofo*] agg. ● (*biol.*) Detto di organismo in grado di assimilare diversi tipi di nutrimento.

polìtropo [vc. dotta, gr. *polýtropos* 'molteplice', comp. di *poly-* 'poli-' e *-tropos* '-tropo'; av. 1566] agg. ● (*lett.*) Che ha un ingegno ricco di risorse e di espedienti: *il p. Ulisse* (D'ANNUNZIO).

polìttero ● V. *poliptero*.

polìttico [vc. dotta, gr. *polýptychos* 'con molte piegature', comp. di *poly-* 'poli-' e *ptýx*, genit. *ptychós* 'piega', da *ptýssein* 'piegare', di etim. incerta; av. 1758] s. m. (pl. *-ci*) ● Dipinto o rilievo in avorio, terracotta, alabastro e sim., suddiviso architettonicamente in più pannelli, destinato all'altare di una chiesa.

polittòto ● V. *poliptoto*.

politùra ● V. *pulitura*.

poliuretànico [1970] agg. (pl. m. *-ci*) ● (*chim.*) Relativo ai poliuretani | ***Resina poliuretanica***, poliuretano.

poliuretàno [comp. di *poli-* e *uretano*; 1958] s. m. ● (*chim.*) Materia plastica contenente nella catena principale il gruppo uretano; è usato nella preparazione di vernici, adesivi e pelli sintetiche | ***P. espanso***, usato per imbottitura di poltrone, nell'imballaggio e come isolante termico e acustico.

poliùria o **poliurìa** [comp. di *poli-* e *-uria*; 1829] s. f. ● (*med.*) Aumento della diuresi. SIN. Iperuresi.

poliurònico [comp. di *poli-* e *uronico*] agg. (pl. m. *-ci*) ● (*chim.*) Detto di acido risultante dall'unione di più molecole di acido uronico.

polivalènte [comp. di *poli-* e *valente*; 1911] agg. **1** Detto di elemento chimico che presenta più stati di valenza, quindi può combinarsi con uno stesso elemento in proporzioni diverse, dando origine a composti diversi | Di composto che ha più gruppi funzionali: *acido, alcol, ammina p.* **2** (*fig.*) Che serve per più usi, che determina vari effetti: *teatro p.*; *siero p.*

polivalènza [1958] s. f. **1** Proprietà degli elementi polivalenti. **2** (*fig.*) Caratteristica di ciò che è polivalente.

polivinilclorùro [comp. di *poli-* e *vinilcloruro*] s. m. ● (*chim.*) Polimero del cloruro di vinile, insapore, inodore, insolubile nella maggior parte dei solventi organici; è utilizzato in pellicole sottili per avvolgere alimenti oppure come prodotto rigido per la fabbricazione di tubi, fibre e sim. SIN. Cloruro di polivinile; in sigla PVC.

polivinìle [comp. di *poli-* e *vinile*; 1949] s. m. ● (*chim.*) Prodotto di polimerizzazione del vinile | ***Cloruro di p.***, polivinilcloruro.

polivinìlico [1949] agg. (pl. m. *-ci*) ● (*chim.*) Detto di materiale polimerico ottenuto per polimerizzazione di monomeri vinilici.

♦**polizìa** [vc. dotta, lat. *polītīa(m)*, nom. *polītīa*, dal gr. *politéia* 'modo di governare, forma di governo', da *polítēs* 'cittadino'. V. *politico*; 1363] s. f. **1** Attività amministrativa diretta alla tutela dell'ordine pubblico mediante una funzione di osservazione, di prevenzione e di repressione, contro i danni che potrebbero derivare dall'attività degli individui | ***Stato di p.***, V. *stato* (*3*), sign. 1. **2** Il complesso degli organi e delle persone da cui è esercitata tale attività: *chiedere l'intervento della p.*; *chiamare la p.*; *essere ricercato dalla p.* | ***Autorizzazione di p.***, autorizzazione in materia di polizia | ***Agente di p.***, agente della polizia di Stato | ***P. amministrativa***, che ha la finalità generica della tutela di interessi di varia natura riferentisi ai vari rami dell'amministrazione | ***P. giudiziaria***, organo dello Stato incaricato di prendere notizia dei reati, assicurarne le prove, ricercarne i colpevoli e raccogliere quanto altro possa servire alla applicazione della legge penale | ***P. scientifica***, V. *scientifico* | ***P. sanitaria***, che ha per fine la tutela della pubblica sanità | ***P. tributaria***, con compiti di rilevamento sulle evasioni fiscali e di repressione verso il contrabbando | ***P. municipale***, corpo dei vigili urbani| ***P. stradale***, corpo il cui compito è di disciplinare il traffico stradale e di reprimere le infrazioni al Codice della Strada | ***P. penitenziaria***, con prevalenti funzioni di cura e custodia dei detenuti | ***P. segreta***, in Paesi totalitari, quella costituita sull'intero territorio nazionale da agenti la cui identità è taciuta, spec. con compiti di repressione interna contro gli oppositori. **3** (*pop.*) Questura, commissariato: *andare alla p.*

poliziàno [da Castellum *Politianum*, n. mediev. di Montepulciano; 1950] **A** agg. ● (*lett.*) Di Montepulciano. **B** s. m. (f. *-a*) ● (*lett.*) Abitante, nativo di Montepulciano | ***Il Poliziano***, (*per anton.*) Agnolo Ambrogini, poeta (1454-1494).

poliziésco [da *polizia*; 1871] agg. (pl. m. *-schi*) **1** Della polizia: *indagine poliziesca* | ***Romanzo p.***, il cui intreccio è costituito da indagini della polizia su crimini o delitti. **2** (*spreg.*) Che si fonda sulla violenza, la prepotenza, l'arbitrio: *maniere, misure poliziesche*; *metodi polizieschi*. || **poliziescaménte**, avv. Con metodi polizieschi.

poliziottésco [av. 1964] agg. (pl. m. *-schi*) **1** (*raro, lett.*) Poliziesco. **2** (*lett., spreg.*) Da poliziotto.

♦**poliziòtto** [1843] **A** s. m. (f. *-a*) **1** Agente di polizia. **2** (*spreg.*) Sbirro: *modi da p.* (V. nota d'uso STEREOTIPO). **B** in funzione di agg. inv. (posposto al s.) **1** Detto di cane ammaestrato per aiuto e difesa dei poliziotti. **2** ***Donna p.***, che presta servizio nella Polizia.

pòlizza [dal gr. *apódeixis* 'dimostrazione, prova', da *apodeiknýnai* 'dimostrare', comp. di *apó* 'da' e *deiknýnai* 'mostrare, indicare', di orig. indeur.; 1291] s. f. **1** Scrittura privata contenente l'obbligazione di una parte a pagare una data somma o consegnare una data quantità di cose alla controparte: *rilasciare, firmare la p.* | ***P. di assicurazione***, documento che prova l'esistenza di un contratto di assicurazione e legittima l'assicurato a richiedere l'indennizzo dei rischi assicurati | ***P. di pegno***, documento rilasciato dal Monte di credito su pegno, che contiene la descrizione delle cose date in pegno e legittima alla restituzione delle stesse dopo soddisfatto il credito. **2** (*tipogr.*) Elenco, redatto dalle fonderie in base alla frequenza d'uso, del quantitativo di caratteri e segni tipografici, di cui ci si serviva come base per le ordinazioni. **3** †Biglietto. || **polizzétta**, dim. | **polizzìna**, dim. | **polizzìno**, dim. m. (V.) | **polizzòtto**, accr. m.

†**polizzàrio** [1865] s. m. **1** Registro di polizze. **2** Registratore di polizze.

polizzìno [av. 1547] s. m. **1** Dim. di *polizza*. **2** Fede di credito.

pòlka o **pòlca** [ceco *polka*, propr. 'mezzo passo', da *pul* 'mezzo'; 1844] s. f. ● Danza d'origine boema, rapida e di cadenza marcata, in voga sino ai primi anni del Novecento.

pólla [da *pollare*; 1476] s. f. **1** Vena d'acqua sorgiva. **2** (*lett., fig.*) Vena, ispirazione: *la p. viva della poesia* (CROCE).

pollachiùria o **pollachiurìa** [comp. del gr. *pollákis* 'spesso, molte volte', da *polýs* 'molto' (V. *poli-*), e *-uria*; 1899] s. f. ● (*med.*) Aumento della frequenza delle emissioni di urina.

†**pollàggio** [ant. fr. *poulage*, dal lat. *pŭlla*, f. di *pŭllus* 'pollo'] s. m. ● Pollame.

♦**pollàio** [da *pollo*; av. 1320] s. m. **1** Edificio o recinto per polli: *un p. pieno di galline*; *raccogliere le uova nel p.* | ***Bastone da p.***, (*fig., tosc.*) di cosa o persona estremamente sudicia | ***Andare a p.***, (*pop., fig.*) a dormire. ➡ ILL. p. 2113 AGRICOLTURA. **2** (*fig., fam.*) Luogo sporco, disordinato e chiassoso: *mi hanno ridotto la casa un p.*; *della stanza hanno fatto un p.* | (*est., fam.*) Confusione, chiasso: *fare un gran p.*; *basta con questo p.!* || **pollaiàccio**, pegg. | **pollaiétto**, dim. | **pollaióne**, accr.

pollaiòlo o †**pollaiuòlo**, (*dial.*) **pollaròlo** [av. 1348] s. m. (f. *-a*) ● Chi compra e vende polli.

pollàme [da *pollo*; av. 1479] s. m. ● Insieme di animali pennuti da cortile: *allevatore di p.*; *il p. fornisce carni pregiate*.

pollànca [nap. *pullanca*, da *pollo*; 1698] s. f. (m. †*-o* (V.)) **1** (*region.*) Pollastra | Tacchina giovane. **2** (*fig., scherz.*) Ragazza attraente e disponibile. || **pollanchétta**, dim.

†**pollàre** [lat. tardo *pullāre* 'germogliare', da *pŭllus* 'piccolo di ogni animale'. V. *pollo*; 1340 ca.] v. intr. (*io póllo*; aus. *essere*) ● Rampollare, scaturire | (*lett.*) Sgorgare.

pollàrio o †**pullàrio** [vc. dotta, lat. *pullāriu(m)*, da *pŭllus* 'pollo'; 1521] s. m. ● Nella Roma antica, chi custodiva e nutriva i polli e gli uccelli per gli auspici.

pollaròlo ● V. *pollaiolo*.

pollàstra [lat. *pullāstra(m)*, da *pŭllus* 'pollo'; av. 1388] s. f. **1** Gallina giovane. **2** (*fig., scherz.*) Ragazza attraente e disponibile (espressione tipica di un certo linguaggio maschile). || **pollastràccia**, pegg. | **pollastrèlla**, dim. | **pollastrìna**, dim. | **pollastróna**, accr.

†**pollastrière** [da *pollastra*; 1536] s. m. (f. *-a*) ● Ruffiano, mezzano.

pollàstro [tratto da *pollastra*; 1262] s. m. **1** Pollo giovane. SIN. Galletto. **2** (*fig., scherz.*) Uomo ingenuo, semplicione e credulone: *pelare, spennare il p. al gioco*. || **pollastràccio**, pegg. | **pollastrèl-**

lo, dim. | pollastrino, dim. | pollastróne, accr. | pollastròtto, dim.

pollèdro ● V. *puledro.*

pollerìa [da *pollo*; av. 1400] s. f. ● Negozio di polli e altri pennuti commestibili.

♦**pòllice** [vc. dotta, lat. *pŏllice(m)*, di orig. indeur.; 1367] s. m. *1* Primo e più grosso dito della mano, dalla parte del radio | ***Non cedere, non mollare di un p.***, (*fig.*) resistere, non concedere nulla all'avversario | ***Avere il p. verde***, (*fig.*) essere particolarmente abile nel giardinaggio | ***P. verso***, pollice volto in basso, in segno di condanna; (*fig.*) giudizio negativo, condanna, rifiuto e sim. *2* Misura di lunghezza inglese pari alla trentaseiesima parte della yard, cioè a cm 2,54. SIMB. in.

pollicoltóre o **pollicultóre** [comp. di *pollo* e *coltore*; 1884] s. m. (f. *-trice*) ● Chi si dedica all'allevamento dei polli.

pollicoltùra o **pollicultùra** [comp. di *pollo* e *coltura*; 1883] s. f. ● Allevamento razionale dei polli.

pollicultóre ● V. *pollicoltore.*

pollicultùra ● V. *pollicoltura.*

pollina [da (*merda*) *pollina*, f. sost. di *pollino* (*1*); sec. XIII] s. f. ● Concime naturale proveniente dagli escrementi dei polli; per l'elevato contenuto di azoto e fosforo è indicato per le colture da orto e da giardino.

†**pollinàro** [da *pollo*; av. 1400] s. m. ● Pollivendolo.

pòlline [vc. dotta, lat. *pŏlline(m)*, della stessa famiglia di *pŭlvis* 'polvere'; 1802] s. m. ● (*bot.*) Elemento fecondatore delle piante fanerogame che si presenta come una polvere per lo più gialla formata da minutissimi granuli.

pollìnico [da *polline*; 1802] agg. (pl. m. *-ci*) ● (*bot.*) Che riguarda il polline.

pollino (*1*) [da *pollo*; av. 1449] **A** agg. ● Del pollo, dei polli: *sterco p.* | ***Occhio p.***, formazione callosa tra due dita dei piedi. **B** s. m. ● (*sett.*) Tacchino.

†**pollino** (*2*) [lat. *pŭllu(m)* 'scuro, nerastro', da avvicinare a *pallēre* 'essere pallido' (V. *pallido*); sec. XIV] s. m. *1* Terreno paludoso, ricco di polle d'acqua. *2* Isolotto tra paludi.

pollinòdio [da *polline*] s. m. ● (*bot.*) Estremità rigonfia delle ife dei Funghi dei Ficomiceti che si addossa agli oogoni e li feconda.

pollinòṣi [comp. di *polline* e *-osi*; 1942] s. f. inv. ● Malattia allergica provocata da pollini, caratterizzata da infiammazione agli occhi e all'apparato respiratorio.

pollivéndolo [comp. di *pollo* e *-vendolo*, ricavato da *vendere*; 1872] s. m. (f. *-a*) ● Venditore di pollame.

♦**pòllo** o †**pùllo** (*2*) [lat. *pŭllu(m)* 'piccolo (di ogni animale)', di orig. indeur.; 1260] s. m. *1* Gallinaceo considerato sotto l'aspetto culinario: *p. arrosto, lesso, alla diavola*; *brodo di p.* | ***P. d'India***, tacchino | ***P. sultano***, uccello dei Gruiformi, presente nell'ambiente mediterraneo, simile a un pollo, ma con becco alto e molto forte, piedi di lunghezza sproporzionata e ali brevissime (*Porphyrio porphyrio*). SIN. Porfirione | ***Conoscere i propri polli***, (*fig.*) sapere molto bene con chi si ha a che fare | (*fig.*) ***Far ridere i polli***, dire o combinare delle enormità; di cosa, risultare balorda e ridicola | ***Alzarsi, andare a letto coi polli***, (*fig.*) alzarsi o coricarsi molto presto. *2* †Il nato di un qualunque animale. *3* (*fig.*) Individuo inesperto e credulone, che si può ingannare e raggirare molto facilmente: *fare il p.*; *ha trovato il p. che fa per lei*; *pelare, spennare il p. al gioco.* SIN. Merlo. || **pollétto**, dim.

pollóne [dal lat. *pŭllus* 'germoglio'. V. *pollo*; av. 1320] s. m. *1* (*bot.*) Giovane germoglio che si sviluppa da un ramo o dal rizoma di una pianta. *2* (*fig., lett.*) Rampollo. || **polloncèllo**, dim.

pollonéto [da *pollone*; 1738] s. m. ● Vivaio di polloni.

pollùto [vc. dotta, lat. *pollūtu(m)*, part. pass. di *pollŭere* 'macchiare, insozzare', comp. di *por-* (= *pĕr*) e **lŭere* 'macchiare', da avvicinare a *lŭtum* 'fango' (V. *loto*); av. 1342] agg. ● (*lett.*) Imbrattato, lordato, contaminato.

polluzióne (*1*) [vc. dotta, lat. tardo *pollutiō-ne(m)*, da *pollūtus* 'polluto'; av. 1342] s. f. ● (*med.*) Emissione episodica, involontaria, di sperma durante il sonno.

polluzióne (*2*) [vc. dotta, lat. tardo *pollutiōne(m)* 'inquinamento' (V. *polluzione* (*1*)), sul modello dell'ingl. *pollution*; 1983] s. f. ● Inquinamento ambientale.

polmonàre [av. 1698] agg. ● (*med.*) Del polmone: *arteria, ascesso p.* | ***Circolazione p.***, circolazione del sangue venoso dal ventricolo destro all'atrio sinistro, attraverso le arterie e le vene polmonari.

polmonària o **pulmonària** [detta così perché si credeva utile nelle malattie del *polmone*; 1499] s. f. ● Erba delle Borraginacee che cresce nei boschi, con foglie verdi a macchie bianche e fiori violacei in grappoli scorpioidi (*Pulmonaria officinalis*).

Polmonàti [1891] s. m. pl. (sing. *-o*) ● Nella tassonomia animale, sottoclasse di Molluschi dei Gasteropodi acquatici e terrestri, con sacco polmonare e capo distinto dal tronco e conchiglia a forme diverse (*Pulmonata*).

♦**polmóne** [lat. *pulmōne(m)*, di orig. indeur.; av. 1306] s. m. *1* (*anat.*) Ciascuno dei due organi respiratori presenti nei Vertebrati a respirazione aerea, contenuto nella cavità toracica. CFR. pneumo- (2) | ***Avere buoni polmoni***, (*fig.*) detto di chi parla o canta con voce molto alta, gridando | ***A pieni polmoni***, gonfiandoli al massimo d'aria e (*fig.*) con tutta la forza del proprio respiro: *respirare a pieni polmoni*; *gridare a pieni polmoni* | ***Rimettercì i polmoni***, (*fig.*) sgolarsi e faticarsi inutilmente | (*fam.*) ***Sputare i polmoni***, parlare forte e per molto tempo: *prima di capire quel che volevo mi ha fatto sputare i polmoni.* ➡ ILL. p. 2123, 2125 ANATOMIA UMANA. *2* Recipiente cilindrico con parete sottile ondulata deformabile, chiuso a tenuta di vuoto, la cui deformazione viene utilizzata per misurare pressioni e temperature | ***P. d'acciaio***, respiratore automatico che determina movimenti passivi della parete toracica quando esiste paralisi dei muscoli respiratori. ➡ ILL. **medicina e chirurgia**. *3* (*fig.*) Ciò che permette un continuo e regolare ricambio dell'ossigeno: *zone verdi che sono il p. della città.* *4* (*fig.*) Ciò che fornisce continue risorse e quindi stimola la vita e lo sviluppo di qlco.: *il turismo è un p. della nostra economia*; *un porto che è il p. della città.* || **polmonàccio**, pegg. | **polmoncino**, dim.

polmonite [comp. di *polmone* e *-ite* (*1*); 1871] s. f. ● (*med.*) Infiammazione di un polmone, o di entrambi i polmoni | ***P. lobare***, che interessa un lobo.

polmonìtico agg. (pl. m. *-ci*) ● (*med.*) Di, relativo a, polmonite.

♦**pòlo** (*1*) [vc. dotta, lat. *pŏlu(m)*, nom. *pŏlus*, dal gr. *pólos* 'perno, asse (della terra)', da avvicinare a *pélesthai* 'girare', di orig. indeur.; 1282] s. m. *1* Ciascuno dei due punti di una sfera equidistanti da tutti i punti di un circolo massimo | ***Poli celesti***, i punti in cui l'asse di rotazione della Terra incontra la sfera celeste, equidistanti da tutti i punti dell'equatore celeste. *2* Ciascuno dei due punti estremi dell'asse sul quale la Terra ruota da ponente a levante nelle 24 ore: *p. nord, sud.* *3* (*est.*) Regione polare | ***Dall'uno all'altro p.***, (*fig.*) in ogni parte della Terra. *4* (*fig.*) Estremità, spec. molto lontana o antitetica: *quanto a principi morali noi due siamo ai poli opposti.* *5* (*fis.*) Uno dei due punti di un sistema materiale nei quali sono concentrate quantità fisiche opposte o che ivi presentano la massima o la minima intensità | ***P. positivo, negativo***, ciascuna delle due terminazioni di un magnete, di un conduttore elettrizzato, di una pila elettrica | ***P. d'eccitazione***, del circuito magnetico d'eccitazione di una macchina elettrica | ***P. ausiliario, di commutazione***, disposto tra i poli di eccitazione di una dinamo per consentire la commutazione senza scintilla sul collettore. *6* (*fig.*) Punto o elemento centrale, d'attrazione e di guida: *quella regione è il p. di sviluppo industriale del Paese* | Aggregazione, raggruppamento: *p. moderato, progressista* | (*polit.*) ***Il Polo per le libertà***, (*ellitt.*) ***il Polo***, in Italia, il polo di centro-destra | ***P. scolastico***, organismo amministrativo che riunisce diversi istituti di istruzione. *7* (*mat.*) Punto su cui si basa un sistema di coordinate polari | ***P. d'una retta rispetto a una conica***, punto del quale la retta data è la polare.

pòlo (*2*) [ingl. *polo*, dal tibetano *pulu* 'palla'; 1895] s. m. solo sing. ● Gioco praticato da due squadre di quattro cavalieri ciascuna, che cercano di fare punti inviando con una mazza una piccola palla di legno o di caucciù nella porta avversaria, in incontri di otto tempi di sette minuti e mezzo.

pòlo (*3*) [vc. fr.; detta così perché imita la casacca dei giocatori di *polo* (*2*); 1965] **A** s. f. inv. ● Indumento di maglia simile alla camicia, con breve allacciatura a tre o quattro bottoni. **B** anche agg. inv.: *maglietta p.*

polonaise /fr. pɔlɔˈnɛːz/ [vc. fr., f. di *polonais* 'polacco'; 1884] s. f. inv. ● (*mus.*) Polacca.

polonéṣe [fr. *polonaise*, f. di *polonais* 'polacco'; 1791] **A** s. m.; anche agg. ● Tessuto per tappezzeria, con righe trasversali in rilievo. **B** s. f. ● (*mus.*) Adattamento di *polonaise* (V.).

polònico [da *Polonia*; av. 1557] agg. (pl. m. *-ci*) *1* †Polacco. *2* (*med.*) ***Influenza polonica***, morbo infettivo trasmesso dai pidocchi.

polònio [da *Polonia*, paese di origine di Marie Sklodowska Curie, che lo scoprì; 1905] s. m. ● Elemento chimico, metallo molto più radioattivo del radio, presente in piccolissime quantità nei minerali uraniferi. SIMB. Po.

polòno [da *Polonia*; av. 1529] agg. ● (*raro*) Polacco.

pólpa [lat. *pŭlpa(m)*, di etim. incerta; 1313] s. f. *1* Parte carnosa di un frutto: *la p. dell'ananas.* *2* Carne muscolosa senza osso e senza grasso: *un pezzo di manzo tutto p.*; *p. di vitello.* *3* (*anat.*) Tessuto molle | ***P. dentaria***, insieme dei tessuti connettivo, nervoso e vascolare contenuti nella cavità del dente. ➡ ILL. p. 2127 ANATOMIA UMANA. *4* (*spec. al pl., lett.*) Polpacci | Nella loc. agg. ***in polpe***, abbigliato come nel Settecento con calzoni stretti al ginocchio e calze aderenti che mettono in evidenza il polpaccio: *i domestici erano in cipria e polpe* (TOMASI DI LAMPEDUSA). *5* (*fig.*) Nucleo sostanziale o essenziale di teorie, discorsi, ragionamenti e sim. SIN. Succo, nocciolo.

polpàccio [da *polpa*; av. 1406] s. m. *1* Gruppo muscolare posteriore della gamba sotto il ginocchio. *2* (*raro*) Polpastrello del pollice. || **polpacciòlo**, **polpacciuòlo**, dim. (V.).

polpacciòlo o (*lett.*) **polpacciuòlo** [1871] s. m. *1* Dim. di *polpaccio.* *2* (*raro, tosc.*) Polpastrello. *3* (*raro, tosc.*) Polpa di carne di bestia macellata.

polpacciùto [av. 1698] agg. *1* Polposo. *2* Che ha grossi polpacci: *gambe polpacciute.*

polpàra ● V. *pulpara.*

polpastrèllo [da *polpa*; sec. XIV] s. m. ● Parte carnosa della falange distale delle dita della mano e del piede. ➡ ILL. p. 2126 ANATOMIA UMANA.

polpétta [da *polpa*; 1524] s. f. *1* Vivanda di carne tritata, condita con ingredienti vari e ridotta in piccole forme tonde o schiacciate, fritta o cotta in tegame | ***P. di mare***, in Romagna, vivanda di polpo ripieno di fegatini di pesci, arrostita a fuoco vivo | (*fig.*) ***Fare polpette di qlcu.***, conciarlo male, ucciderlo, farne scempio; sconfiggerlo duramente. *2* Boccone avvelenato per cani o altri animali. *3* (*tosc.*) Rabbuffo, sgridata. || **polpettina**, dim. | **polpettóna**, accr. | **polpettóne**, accr. m. (V.).

polpettóne [1549] s. m. *1* Accr. di *polpetta.* *2* Impasto di carne tritata condito e cucinato, di forma oblunga, variamente, da tagliarsi poi a fette. *3* (*fig.*) Discorso, opera, scritto e sim. che comprende elementi eterogenei, messi insieme in modo confuso e incoerente: *che p. quel romanzo!*; *quel film è un p. storico.* *4* (*tosc.*) Severa sgridata, violento rabuffo.

polpite ● V. *pulpite.*

pólpo [lat. *pŭlpu(m)*, sovrapposizione di *pōlypus* 'polipo' a *pŭlpa* 'polpa'; av. 1292] s. m. ● Mollusco marino dei Cefalopodi, commestibile, con otto tentacoli muniti di due serie di ventose (*Octopus vulgaris*). ➡ ILL. **animali**/4.

polpóṣo [lat. *pulpōsu(m)*, agg. di *pŭlpa* 'polpa'; 1499] agg. *1* Detto di frutta, ricco di polpa: *albicocche polpose.* *2* Che ha la consistenza della polpa: *sostanza polposa.*

polpùto [av. 1342] agg. *1* Detto del corpo umano o di sue parti, che ha molta polpa: *gambe polpute* | (*lett.*) Formoso: *Due ragazzotte polpute* (BACCHELLI). *2* (*fig.*) †Detto di terreno, grasso, fertile. *3* (*fig.*) †Detto di vino, gagliardo e saporoso. || **polputèllo**, dim.

polsino [1846] s. m. *1* Dim. di *polso.* *2* Fascia liscia in cui viene ripresa l'ampiezza della manica nella camicia da uomo, chiusa con bottoni o gemelli: *polsini inamidati* | Finitura della manica nelle camicette femminili. *3* Ciascuno dei bottoni in oro, argento o altro materiale per fermare i polsini della camicia.

♦**pólso** [lat. *pŭlsu(m)* 'battito', da *pĕllere* 'battere', di orig. indeur.; av. 1294] s. m. *1* (*anat.*) Regione compresa tra avambraccio e mano. *2* (*fisiol., med.*) Dilatazione ritmica dei vasi sanguigni determinata dalla contrazione cardiaca rilevabile in particolare dall'arteria radiale; in una persona sana e adulta ha una frequenza di 65-75 battiti al minuto: *p. regolare, debole, frequente* | ***Tastare il p. a qlcu.***, (*fig.*) cercare di conoscerne intenzioni, capacità e sim. | (*fig.*) Andamento, condizioni di un fenomeno: *il convegno sentirà il p. dell'economia italiana.* *3* (*raro, lett.*) Salute fisica. *4* (*fig.*) Forza di carattere, energia morale: *uomo, dirigente, comandante di p.*; *è uno smidollato privo di p.* | ***P. di ferro, p. fermo***, estrema decisione e severità | ***Lavoro di p.***, che esige, in chi lo compie, volontà, capacità ed energia | †***Vino di p.***, gagliardo. || †**polsètto**, dim. | **polsino**, dim. (V.).

polsonétto [etim. incerta; 1614] s. m. ● Recipiente emisferico di rame non stagnato, con manico, per cuocervi salse e creme.

Polstràda [comp. di *pol(izia)* e *strada*; 1964] s. f. inv. ● Polizia stradale.

pólta [lat. *pŭlte(m)* 'polenta', da avvicinare al gr. *póltos* 'polenta', di etim. incerta; 1340 ca.] s. f. ● Polenta di farina bianca o di fave, già cibo ordinario degli schiavi romani e della gente povera, poi pastone per animali: *Dato alla plebe fu cacio con p.* (LEOPARDI).

poltàceo o †**pultàceo** [da *polta*; av. 1758] agg. ● Detto di ciò che è simile, per consistenza, alla polenta.

Poltergeist /'pɔltərgaist, *ted.* 'pɦɔltʌ,gaest/ [vc. ted., comp. del v. *polter(n)* 'far chiasso, strepitare' e *Geist* 'spirito'; 1985] s. m. inv. (pl. ted. *Poltergeister*) ● (*psicol.*) In parapsicologia, fenomeno inspiegabile (rumore improvviso, movimento di oggetti) che si verifica in presenza di un individuo, spesso adolescente, con facoltà medianiche.

poltìglia o †**pultìglia** [ant. fr. *poltille*, dal lat. tardo *pultĭcula(m)*, dim. di *pŭls*, genit. *pŭltis* 'polenta'. V. *polta*; av. 1320] s. f. *1* Composto piuttosto liquido di sostanze, anche commestibili, farinose o in polvere: *una p. di crusca*; *preparare la p. per l'impiastro* | (*est.*) Cibo divenuto colloso e molliccio, per eccesso di cottura: *la carne sbriciolata col sugo formava una p.* | (*fig.*) ***Ridurre qlcu. in p.***, conciarlo per le feste. *2* Fanghiglia: *camminare nella p.* SIN. Mota. *3* (*enol.*) ***P. bordolese***, miscuglio anticrittogamico a base di solfato di rame e carbonato sodico.

poltiglióso [1824] agg. ● Che ha l'apparenza o la consistenza della poltiglia: *composto, miscuglio p.*

poltrìre [da †*poltro*; av. 1543] v. intr. (*io poltrìsco, tu poltrìsci*; aus. *avere*) *1* Starsene in pigro riposo: *p. nel letto, sotto le coltri.* *2* Vivere oziosamente: *p. nell'ozio.* SIN. Oziare.

†**póltro** [lat. parl. **pŭllitru(m)*, da *pŭllus* 'piccolo (di ogni animale)'. V. *pollo*; 1319] **A** agg. *1* Indomito, brado: *bestie spaventate e poltre* (DANTE *Purg.* XXIV, 123). *2* Pigro: *mi piace di posar le poltre / membra* (ARIOSTO). **B** s. m. ● (*raro*) Letto, giaciglio.

♦**poltróna** [da †*poltro*; av. 1787] s. f. *1* Ampia e comoda sedia imbottita e munita di braccioli: *p. di stoffa, di pelle, di velluto*; *un divano e due poltrone* | ***P. letto***, trasformabile in letto | ***Starsene in p.***, (*fig.*) oziare. *2* A teatro, un tempo, posto nelle prime file della platea; oggi, posto in platea: *prenotare una p.* *3* (*fig.*) Ufficio, carica o impiego, spec. di grado elevato: *ambire alla p. di direttore generale*; *non ha nessuna voglia di lasciare la p. di ministro*; *per conservarsi la p. farebbe qualsiasi cosa.* || **poltronàccia**, pegg. | **poltroncina**, dim. (V.).

poltronàggine [av. 1803] s. f. ● Abituale pigrizia di chi è poltrone.

poltroncina [av. 1827] s. f. *1* Dim. di *poltrona.* *2* Un tempo posto a sedere, in una platea teatrale, d'ordine arretrato rispetto alle poltrone | Posto a sedere in galleria.

poltróne [da †*poltro*; sec. XIII] s. m. (f. *-a*) *1* Persona pigra, che predilige l'ozio e la vita comoda: *svegliati p., che è tardi!*; *muoviti, non fare il p.!* *2* †Persona vile e paurosa. *3* †Persona di umile nascita e condizione. *4* (*zool.*) Bradipo. || **poltroncèllo**, dim. | **poltroncióne**, accr.

poltroneggiàre [comp. di *poltron(e)* e *-eggiare*; 1353] v. intr. (*io poltronéggio*; aus. *avere*) ● (*raro*) Vivere, comportarsi da poltrone.

poltronerìa [1353] s. f. *1* Poltronaggine | Atteggiamento da poltrone: *una riprovevole p.* *2* †Vigliaccheria.

poltronésco [1527] agg. (pl. m. *-schi*) ● (*raro*) Da poltrone: *quella poltronesca setta di pedanti* (BRUNO). || **poltronescaménte**, avv.

†**poltronièro** o †**poltronière** [da *poltrone*; 1534] s. m. *1* Poltrone | Vigliacco. *2* Uomo di vile condizione | Ribaldo.

poltronìssima [da *poltrona*, col suff. *-issimo* dei superl.; 1942] s. f. ● Nei teatri, poltrona di primissima fila.

poltronite [comp. di *poltrone* e *-ite* (*1*) usato scherz.; 1891] s. f. ● (*fam., scherz.*) Poltroneria, intesa quasi come una malattia: *è affetto da p. acuta e cronica.*

pólve ● V. *polvere.*

polveràccio [1540] s. m. *1* (*raro*) Polverume. *2* †Letame seccato e ridotto in polvere grossolana, mescolato alla terra, per concime.

polveràio [1853] agg. ● Che solleva molta polvere, perché secco e ventoso, solo nel prov. *gennaio p. empie il granaio.*

†**polveràre** [lat. *pulverāre*, da *pŭlvis*, genit. *pŭlveris* 'polvere'; sec. XIV] v. tr. ● Impolverare.

♦**pólvere** o (*poet.*) **pólve** [lat. *pŭlvere(m)*. V. *polline*; sec. XIII] s. f. o †m. *1* Terra arida scomposta in minutissimi frammenti che, per la sua leggerezza, può sollevarsi dal suolo, fluttuare nell'aria e ricadere depositandosi su persone e cose: *la p. delle strade non asfaltate*; *sollevare, passando, una nuvola di p.*; *siepi piene di p.*; *una fitta p. che acceca, che toglie il respiro* | (*est.*) Insieme di minute particelle di materiale vario che, all'interno di edifici, si accumulano e si depositano: *mobili, libri coperti di p.*; *levare, pulire la p.* | ***Mangiare la p.***, respirarla restando in un luogo polveroso; (*fig.*) essere superati da qlcu. in qlco. | ***Far mangiare la p. a qlcu.***, (*fig.*) avere la meglio su di lui in attività, iniziative e sim. | ***Scuotere la p. di dosso a qlcu.***, (*fig., iron.*) bastonarlo | ***Buttare, gettare la p. negli occhi a qlcu.***, (*fig.*) illuderlo | ***Mordere la p.***, (*lett.*) di chi muore sul campo di battaglia; (*fig.*) di chi resta sconfitto e umiliato | (*fig., lett.*) Simbolo di sconfitta: *due volte nella p., / due volte sull'altar* (MANZONI). *2* Qualsiasi materiale solido scomposto in minutissimi frammenti, spesso adibito a vari usi: *p. di carbone, d'oro, di vetro, di caffè, di cacao*; *polveri farmaceutiche, cosmetiche* | ***P. di Cipro***, cipria | ***In p.***, ridotto in minutissime particelle: *cioccolato, zucchero in p.* | ***Ridurre qlco. in p.***, macinarla; (*fig.*) distruggerla completamente | (*fig.*) ***Ridurre qlcu. in p.***, annientarlo | ***Mulino di p.***, per la triturazione e la miscela di determinate sostanze solide. *3* Polvere pirica o da sparo | ***P. nera***, primo e unico esplosivo usato alle origini delle armi da fuoco, composta di carbone, salnitro e zolfo | ***P. senza fumo***, esplosivo da lancio che bruciando produce pochissimo fumo, facilmente dissipabile, e che non lascia residuo solido | ***Fiutare odore di p.***, (*fig.*) presentire imminenti battaglie, lotte e sim. | (*fig.*) ***Avere le polveri bagnate***, essere nell'impossibilità di usare validamente le proprie risorse | ***Tenere asciutte le polveri***, (*fig., lett.*) stare pronto alla lotta, mantenersi sempre sul chi vive | ***Dar fuoco alle polveri***, (*fig.*) iniziare le ostilità, provocare tumulti. *4* La terra con cui, secondo il racconto biblico, fu plasmato il primo uomo, e ciò che dell'uomo resta dopo il disfacimento del suo cadavere: *fummo fatti di p. e in p. ritorneremo* | (*est.*) Ultime vestigia di un lontanissimo passato, tracce di antichi mondi e civiltà: *interrogare la p. dei ruderi*; *di tutto quello splendore, ora non resta che p.* | (*fig., lett.*) Dimenticanza, oblio: *trarre qlco. dalla p.* *5* (*raro*) Polverino nel sign. 3. || **polveràccia**, pegg. | **polverina**, dim. (V.) | **polverino**, dim. m. (V.) | **polveróne**, accr. m. (V.) | **polverùzza**, dim.

polverièra [calco sul fr. *poudrière*, da *poudre* 'polvere'; 1733] s. f. *1* Magazzino adibito a deposito di munizioni, esplosivi, polvere da sparo, bombe ecc., costruito e dislocato con particolari criteri al fine di evitare o ridurre i pericoli di eventuali scoppi | (*fig.*) ***Stare, essere seduti su una p.***, di chi si trova in una situazione pericolosissima, che può precipitare da un momento all'altro. *2* (*fig.*) Paese o zona in cui esiste uno stato di guerra latente che può sfociare, da un momento all'altro, in eventi bellici veri e propri: *il Medio Oriente è una p.* *3* †Polverio.

polverifìcio [comp. di *polvere* e *-ficio*; 1881] s. m. ● Stabilimento in cui si fabbricano esplosivi.

polverìna [av. 1764] s. f. *1* Dim. di *polvere.* *2* Sostanza medicinale in polvere. *3* (*gerg.*) Stupefacente in polvere, spec. cocaina: *fiutare la p.*

polverìno [av. 1566] s. m. *1* Dim. di *polvere.* *2* Polvere molto fine di materiali vari, spec. quella che serviva per innescare le armi da fuoco ad avancarica | (*est.*) Astuccio metallico a forma di piccolo fiasco, per tale polvere. *3* Sabbia o polvere di varie sostanze, usate un tempo per asciugare la scrittura fresca | (*est.*) Recipiente che conteneva tale polvere. *4* †Clessidra.

polverìo [av. 1292] s. m. ● Quantità di polvere che si solleva per il vento o altra causa: *il p. dei viottoli*; *con tutto questo p. non riesco a vedere niente* | (*est.*) Quantità di polvere non terrosa, che fluttua o turbina nell'aria per varie cause: *nella stanza era tutto un p. di farina.*

polverizzàbile [av. 1320] agg. ● Che si può polverizzare.

polverizzaménto [1666] s. m. ● (*raro*) Il polverizzare | (*raro*) Materiale polverizzato.

polverizzàre [lat. tardo *pulverizāre*, da *pŭlvis*, genit. *pŭlveris* 'polvere'; av. 1320] **A** v. tr. *1* Macinare o frantumare in minutissime particelle: *p. il ferro, il legno, il sale.* *2* (*est.*) Ridurre in goccioline minutissime: *p. un anticrittogamico.* SIN. Nebulizzare. *3* Cospargere di polvere: *polverizzate il dolce con abbondante zucchero vanigliato* | (*est.*) Spruzzare o irrorare con un liquido polverizzato. *4* (*fig.*) Annientare, annullare, distruggere: *p. gli avversari*; *se lo vedo ancora, giuro che lo polverizzo* | (*est.*) Superare con molta larghezza: *p. un record.* **B** v. intr. pron. ● Ridursi in polvere, divenire polvere | (*fig.*) Sparire, andare perduto.

polverizzàto part. pass. di *polverizzare*; anche agg. ● Nei sign. del v.

polverizzatóre [1930] **A** agg. (f. *-trice*) ● Che polverizza: *dispositivo p.*; *macchina polverizzatrice.* **B** s. m. ● Apparecchio impiegato per polverizzare una sostanza solida o liquida: *p. per motori Diesel.*

polverizzazióne [av. 1642] s. f. *1* Operazione del polverizzare. *2* Suddivisione in frammenti minimi: *p. di un fondo agricolo* | (*fig.*) Disgregazione, frantumazione.

polveróne [av. 1735] s. m. *1* Accr. di *polvere.* *2* Grande quantità di polvere sollevata dal vento, da numerose persone o animali che camminano o da veicoli in transito: *con questo p. si va alla cieca* | ***Alzare, sollevare un gran p.***, (*fig.*) comportarsi in modo da confondere la situazione.

polveróso [1313] agg. *1* Pieno o coperto di polvere: *libro, scaffale p.*; *strada sassosa e polverosa*; *di sudor pieno e p.* (ARIOSTO). *2* (*lett.*) Che solleva e fa volare la polvere, detto di vento o di stagione ventosa. *3* Polverulento: *neve polverosa.*

polverulènto o **pulverulènto** [vc. dotta, lat. *pulverulĕntu(m)*, da *pŭlvis*, genit. *pŭlveris* 'polvere'; 1499] agg. *1* Che ha forma o consistenza di polvere | Ridotto in polvere. *2* (*lett.*) Che è coperto di polvere, che la solleva o la porta con sé: *il baglior pulverulento d'un sole d'agosto* (PIRANDELLO).

polverùme [1832] s. m. *1* Quantità di polvere che ricopre luoghi od oggetti lasciati in abbandono: *ripulire dal p.* *2* (*spreg.*) Insieme di oggetti polverosi, di cose vecchie e abbandonate (*anche fig.*). SIN. Vecchiume.

polvìglio [sp. *polvillo*, dim. di *polvo* 'polvere'; 1698] s. m. *1* (*lett.*) Cuscinetto pieno di lavanda tritata, per profumare la biancheria. *2* (*lett.*) Cipria.

polvìscolo ● V. *pulviscolo.*

†**póma** [lat. *pōma*, nt. pl. di *pōmum* 'pomo'; 1260 ca.] s. f. ● Pomo | (*lett.*) Mammella. || †**pométta**, dim.

Pomàcee [vc. dotta, comp. di *pomo* e *-acee*; 1875] s. f. pl. (sing. *-a*) ● Nella tassonomia vegetale, famiglia di piante fruttifere che hanno come frutto il pomo (*Pomaceae*).

†**pomàceo** [1791] agg. ● Di pomo.

pomàio o **pomàrio** [lat. *pomāriu(m)*, da *pōmum* 'pomo'; av. 1348] s. m. ● Frutteto, pometo.

†**pomarància** [comp. di *pomo* e *arancio*; av. 1367] s. m. ● (*raro*) Melarancio.

pomàrio ● V. *pomaio.*

pomàta [da *pomo*, con cui si profumavano gli unguenti; 1525] s. f. ● Preparazione farmaceutica o cosmetica per uso esterno, di consistenza molle: *p. alla penicillina*; *p. per capelli*. SIN. Unguento, crema.

pomàto [da *pomo*; sec. XIV] agg. *1* †Piantato ad alberi da frutto: *terreno, campo p.* *2* (*arald.*) ***Croce pomata***, le cui estremità finiscono in un tondo. *3* (*raro*) Pomellato.

póme ● V. *pomo*.

†**pomèlla** s. f. ● Pomello.

pomellàto [da *pomello*; sec. XIV] agg. ● Detto di mantello equino che presenta pomellature.

pomellatùra [da *pomellato*; 1958] s. f. ● Insieme di peli neri riuniti in listerelle di forma vagamente tondeggiante, su mantelli equini di fondo bianco.

pomèllo [sec. XIV] s. m. *1* Dim. di *pomo*. *2* Piccolo elemento di forma tondeggiante, per impugnatura od ornamento: *maniglia, mobile, cornice con pomelli dorati*; *il bastone ha un p. d'avorio*. *3* Parte rilevata e tondeggiante della gota, corrispondente allo zigomo: *avere i pomelli arrossati dal freddo*.

pomèlo [vc. ingl., dall'ol. *pompelmoes* 'pompelmo', deformato secondo *pome* 'pomo' (?); 1958] s. m. ● (*bot.*) Piccolo albero tropicale delle Rutacee, con varietà coltivate nelle regioni a clima mediterraneo e subtropicale per i frutti commestibili (*Citrus grandis*) | Il frutto di tale pianta simile a un grande pompelmo con polpa verdastra, leggermente amara.

pomerano [av. 1557] **A** agg. ● Della Pomerania, regione storica dell'Europa settentrionale, tra la Polonia e la Germania. **B** s. m. (f. *-a*) ● Abitante della Pomerania.

pomeridiàno [vc. dotta, lat. *pomeridiānu(m)*, da *pŏst merīdiem* 'dopo il mezzogiorno'. V. *meriggio*; 1598] agg. ● Del pomeriggio: *ore pomeridiane* | Che ha luogo nel pomeriggio: *sedute, lezioni pomeridiane* | ***Giornale p.***, che esce nel pomeriggio.

♦**pomeriggio** [da *pomeridiano*, sul modello di *meriggio*; 1848] s. m. ● Parte del giorno compresa tra il mezzogiorno e la sera: *nel primo, nel tardo p.*; *esce tutti i pomeriggi*; *ci vediamo sabato p.*; *andiamo al cinema tutte le domeniche p.*

pomèrio [vc. dotta, lat. *pomēriu(m)*, da *pŏst mūrum* 'dietro le mura'; sec. XIV] s. m. *1* In Roma antica, spazio sacro intorno alle mura sul quale era vietato arare e costruire abitazioni. *2* Spazio intorno a una fortezza fuori e dentro le mura, nel quale non si poteva fabbricare.

pómero (o *-ò-*) [ted. *Pommer*, da *Pommern* 'Pomerania'; av. 1686] s. m. ● (*zool.*) Volpino di Pomerania. || **pomerino**, dim.

pomèto [vc. dotta, lat. tardo *pomētu(m)*, da *pōmum* 'pomo'; 1564] s. m. ● Piantagione razionale di pomi | (*raro*) Frutteto.

pomettàto [da *pometto*, dim. di *pomo*] agg. ● A forma di piccolo pomo | (*arald.*) ***Croce pomettata***, in cui ogni estremità termina con una palla o con un pomo.

pòmfo /ˈpɔmfo/ o **pònfo** [vc. dotta, gr. *pomphós* 'bolla', vc. di orig. espressiva; 1899] s. m. ● (*med.*) Rilievo cutaneo circoscritto, tondeggiante, pruriginoso, di color roseo, caratteristico di alcune malattie della pelle.

pomfòide /pomˈfɔide/ o **ponfòide** [1958] agg. ● (*med.*) Che ha l'aspetto, l'apparenza, le caratteristiche di un pomfo.

pómice [lat. tardo *pōmice(m)*, per il classico *pūmice(m)*, da avvicinare a *spuma*; sec. XIV] s. f. ● Roccia effusiva a pasta vitrea, composta di silicati di allumina, soda e potassa, assai porosa e leggera, usata come abrasivo in polvere o come inerte in agglomerati artificiali con doti di leggerezza e coibenza.

pomiciàre (1) [da *pomice*; av. 1571] v. tr. (*io pómicio*) ● (*raro*) Pulire, lucidare o levigare con la pomice.

pomiciàre (2) [dallo strofinarsi, alle donne, come la pomice alle stoviglie; 1950] v. intr. (*io pómicio*; aus. *avere*) ● (*pop.*) Abbandonarsi a effusioni amorose spec. in luogo pubblico: *quei due hanno pomiciato per tutta la sera*.

pomiciàta [da *pomiciare* (*2*); 1970] s. f. ● (*pop.*) Prolungato scambio di effusioni amorose.

pomiciatùra [da *pomiciare* (*1*); 1868] s. f. ● Rifinitura, levigatura di qlco. con la pomice.

pomiciòne [da *pomiciare* (*2*); 1938] s. m. (f. *-a*) ● (*pop.*) Chi ama pomiciare, spesso in modo molesto: *"Di' un po', Parodi, è un tipo svelto, no?" "Che vuoi dire?" "Insomma: p.?..."* (MORAVIA).

pomicoltóre o **pomicultóre** [comp. di *pomo* e *coltore*; 1954] s. m. (f. *-trice*) ● (*raro*) Coltivatore di alberi da frutto.

pomicoltùra o **pomicultùra** [comp. di *pomo* e *coltura*; 1862] s. f. ● (*raro*) Arte del coltivare le piante da frutto. SIN. Frutticoltura.

pomicultóre ● V. *pomicoltore*.

pomicultùra ● V. *pomicoltura*.

pomidòro e *deriv.* ● V. *pomodoro* e *deriv.*

†**pomière** o †**pomièro** [fr. *pommier*, da *pomme* 'pomo'; av. 1292] s. m. ● Pometo.

†**pomìfero** [vc. dotta, lat. *pomĭferu(m)*, comp. di *pōmum* 'pomo' e *-fer* '-fero'; av. 1342] agg. ● (*lett.*) Che produce pomi.

pommaròla ● V. *pummarola*.

pòmo o (*poet.*) **póme**, nel sign. 1 [lat. *pōmu(m)*, di etim. incerta; sec. XII] s. m. (pl. †*poma*, f., †*pomora*, f.) *1* (*region.*) Mela: *una cesta di pomi* | (*est., region.*) Melo: *un frutteto di pomi*. *2* (*lett.*) Ogni frutto simile a una mela: *veder la terra di pomi coperta* (POLIZIANO) | ***Il p. vietato***, il frutto proibito | ***P. della discordia***, quello che, gettato dalla Discordia alla più bella tra Giunone, Minerva e Venere, fu da Paride, invitato a giudicare, assegnato a Venere, onde le ire delle altre due dee che provocarono la rovina di Troia; (*fig.*) ciò che è causa di discordia fra varie persone. *3* (*bot.*) Falso frutto indeiscente, commestibile, la cui parte carnosa deriva dal ricettacolo rigonfiato | ***P. di terra***, patata | ***P. granato***, V. *pomogranato* | ***P. di acagiù***, frutto dell'anacardio. *4* Oggetto o elemento simile per forma a una mela, destinato a vari usi o anche solo ornamentale: *il manico del bastone è ornato da un p. d'avorio, d'argento*; *il p. del fioretto e della spada*. *5* (*mar., disus.*) Formaggetta. *6* (*anat.*) ***P. d'Adamo***, prominenza della cartilagine tiroidea della laringe nella parte anteriore del collo. || **pomèllo**, dim. (V.) | **pomùccio**, dim.

pomodoràta o (*pop.*) **pomidoràta** [1940] s. f. ● Colpo inferto con uno o più pomodori lanciati contro qlcu. (spec. un oratore, un cantante e sim.) in segno di disapprovazione o disprezzo: *prendere qlcu. a pomodorate*.

♦**pomodòro** o (*pop.*) **pomidòro** [da *pomo d'oro*, inizialmente riferito al frutto dalla buccia gialla dorata; 1563] s. m. (pl. *pomodòri*, pop. *pomidòri*, dial. *pomidòro*) *1* Pianta erbacea annua delle Solanacee, originaria dell'America, con fusto rampicante, piccoli fiori gialli in grappoli e frutto a bacca con numerose varietà coltivate per pelati, conserve e insalate (*Solanum lycopersicum*). ➡ ILL. **piante**/8. *2* Frutto di tale pianta, costituito da una bacca rossa carnosa e sugosa, commestibile, contenente molti piccoli semi: *pomodori in insalata*; *insalata di pomodori*; *pomodori col riso, col tonno* | ***Conserva, salsa di p.***, usato come condimento | ***Succo di p.***, usato come bevanda, spec. come aperitivo | ***Diventare rosso come un p.***, arrossire violentemente. *3* (*zool.*) ***P. di mare***, attinia. || **pomodoràccio**, pegg. | **pomodorétto**, dim. | **pomodorino**, dim. | **pomodoróne**, accr.

pomogranàto o **pòmo granàto** [da *pomo*, sul modello di *melogranato*; sec. XIV] s. m. ● (*bot., region.*) Melograno.

pòmolo [lat. tardo *pōmulu(m)*, dim. di *pōmum* 'frutto' (V. *pomo*), per la forma rotonda; av. 1536] s. m. ● (*region.*) Impugnatura tondeggiante di porta, cassetto, bastone e sim.

pomologìa [comp. di *pomo* e *-logia*; 1802] s. f. ● Studio della frutta e della sua coltivazione.

pomològico [1834] agg. (pl. m. *-ci*) ● Concernente la pomologia.

pomòlogo [1845] s. m. (f. *-a*; pl. m. *-gi*) ● Studioso di pomologia.

pomóso [vc. dotta, lat. *pomōsu(m)*, da *pōmum* 'pomo'; 1556] agg. ● (*lett.*) Che è abbondante, ricco di frutti.

pómpa (1) [vc. dotta, lat. *pŏmpa(m)*, nom. *pŏmpa* 'processione, parata, pompa', dal gr. *pompḗ*, da *pémpein* 'mandare, condurre', di etim. incerta; 1336 ca.] s. f. *1* Dimostrazione di magnificenza e grandiosità in occasione di avvenimenti pubblici e privati importanti o a cui si vuole dare particolare risalto: *la cerimonia si svolse con grande p.*; *p. accademica* | ***Pompe funebri***, il complesso delle cerimonie e delle onoranze previste per un funerale | ***Impresa di pompe funebri***, quella che organizza il trasporto della salma e provvede alle pratiche amministrative per la sepoltura. *2* (*lett.*) Sfarzosa manifestazione di ricchezza: *vestire con p.*; *ricevere, accogliere, ospitare con gran p.*; *una p. veramente regale*; *ciascun s'adorna, inteso / con ricca p. a comparirti avanti* (METASTASIO) | ***In p. magna***, (*scherz.*) con eleganza e lusso eccessivi e vistosi, spesso sproporzionati al momento o all'occasione. *3* (*fig.*) Sfoggio vanaglorioso, sfarzo: *far p. di sé, della propria ricchezza, cultura, erudizione* | (*lett.*) Vanagloria, superbia: *il duca ne montò in gran p.* (VILLANI). *4* †Corteo, processione.

♦**pómpa** (2) [fr. *pompe*, dall'ol. *pompe*, di orig. onomat.; 1663] **A** s. f. *1* Macchina destinata a effettuare lo spostamento di sostanze liquide, gassose o solide allo stato granulare o polverulento: *p. aspirante, premente, aspirante-premente* | ***P. centrifuga***, per liquidi, in cui il movimento del fluido è ottenuto mediante l'azione di palette rotanti | ***P. volumetrica***, che sviluppa la propria azione attraverso l'alternativo riempimento e svuotamento di un volume chiuso | ***P. per vuoto***, atta a estrarre l'aria da un recipiente chiuso e crearvi il vuoto | ***P. di calore***, circuito frigorifero a ciclo invertito, usato cioè per riscaldare, anziché per raffreddare | ***P. per bicicletta***, piccola pompa, azionabile a mano o a pedale, per comprimere aria negli pneumatici di biciclette. *2* Tubo ripiegato e mobile negli strumenti musicali a fiato, che si può alzare e abbassare per allungare o accorciarne il corpo. *3* (*fam.*) Distributore di benzina o altri carburanti, presso le autorimesse e lungo le strade: *alla prima p. fermati*. **B** in funzione di agg. inv. ● (posposto al s.) Solo nella loc. ***carro p.***, autopompa. || **pompétta**, dim. (V.)

pompàggio [fr. *pompage*, da *pomper* 'pompare'; 1958] s. m. ● Operazione del pompare, nel sign. di *pompare* (*1*).

pompàre [fr. *pomper*, da *pompe* 'pompa (2)'; 1640] v. tr. (*io pómpo*) *1* Trarre o immettere un liquido con una pompa: *p. l'acqua dalla cantina allagata*; *p. la benzina nel serbatoio*. *2* Gonfiare d'aria: *p. uno pneumatico*. *3* (*assol.*) Azionare una pompa: *p. è faticoso*. *4* (*fig.*) Esagerare la portata, il significato e sim. di qlco.: *p. una notizia* | (*fig.*) Lodare in modo eccessivo.

pompàta [da *pompare*; 1891] s. f. ● Rapido pompaggio | (*est.*) Quantità di liquido o di gas immesso o estratto in una sola volta con una pompa. || **pompatina**, dim.

pompàto part. pass. di *pompare*; anche agg. *1* Nei sign. del v. *2* (*fam.*) Che si è montato la testa | (*fam.*) Che è lodato in modo eccessivo.

pompeàno ● V. *pompeiano* (*2*).

pompeggiàre [da *pompa* (*1*); sec. XIV] **A** v. intr. (*io pompéggio*; aus. *avere*) ● (*lett.*) Far pompa di qlco. | Vivere con gran lusso. **B** v. rifl. e intr. pron. ● Ornarsi, vestirsi con grande sfarzo | (*est.*) Pavoneggiarsi.

pompeiàno (1) [vc. dotta, lat. *Pompeiānu(m)*, etnico di *Pompēi* 'Pompei'] **A** agg. ● Della città di Pompei: *scavi pompeiani* | ***Rosso p.***, tonalità di rosso molto vivo, apparso negli affreschi di Pompei riportati alla luce | ***Vasca pompeiana***, piccola vasca da bagno in cui si sta seduti. **B** s. m. ● Abitante, nativo di Pompei.

pompeiàno (2) o **pompeàno** [vc. dotta, lat. *Pompeiānu(m)*, agg. di *Pompēius* 'Pompeo'; 1321] **A** agg. ● Di Gneo Pompeo (106-48 a.C.), generale e politico romano: *le milizie pompeiane*. **B** s. m. ● Soldato o sostenitore di G. Pompeo.

pompèlmo (o *-é-*) [ol. *pompelmo(es)*, comp. di *pompel* 'grosso' e del giavanese *limoes* 'limone'; 1876] s. m. ● Albero delle Rutacee, alto fino a 7 m, con foglie sempreverdi coriacee, fiori bianchi simili a quelli del limone, frutti a grappolo (*Citrus paradisi*). ➡ ILL. **piante**/5 | Il frutto commestibile di tale pianta, grosso, di colore giallo canarino, con buccia liscia e polpa biancastra, succosa e acidula: *spremuta di p.*

pompétta [av. 1939] s. f. *1* Dim. di *pompa* (*2*). *2* Nome generico attribuito a numerosi piccoli arnesi, spesso a forma di peretta, basati su un funzionamento aspirante o premente e azionabili con la pressione delle dita: *p. vaporizzatrice, lavavetro*.

pompier /fr. põˈpje/ [vc. fr., 'pompiere': V. *pompiere*; 1927] **A** s. m. e f. inv. ● (*spreg.*) Chi, in arte, si compiace di effetti grandiosi o grossolanamente emotivi (spec. con riferimento ai pittori accademici francesi dell'Ottocento e del primo Novecento). **B** anche agg. inv.: *arte p.*

♦**pompière** [fr. *pompier*, da *pompe* 'pompa (per l'incendio)'; 1811] s. m. (f. *-a*) **1** Vigile del fuoco. **2** (*est.*) Chi cerca di spegnere l'ira altrui, placare una lite, smorzare una polemica. **3** (*arte*) Pompier.

pompierìsmo [dal fr. *pompiérisme*, da *pompier* 'pompiere' in senso art.] s. m. ● (*raro*) Tendenza di artisti e scrittori a ricercare facili effetti mediante il ricorso ad artifici dozzinali.

pompierìstico [1905] agg. (pl. m. *-ci*) **1** (*raro*) Di pompiere, relativo ai pompieri. **2** (*fig.*) Proprio del pompierismo.

Pompìlidi [comp. di *pompilo* (*2*) e *-idi*; 1932] s. m. pl. (sing. *-e*) ● Nella tassonomia animale, famiglia di Imenotteri aculeati, veloci corridori e cacciatori aggressivi (*Pompilidae*).

pòmpilo (**1**) [vc. dotta, lat. *pŏmpilu(m)*, nom. *pŏmpilus*, dal gr. *pompílos*, da *pompḗ* 'accompagnamento' (V. *pompa* (*1*)): detto così perché segue le navi] s. m. ● (*zool.*, *sett.*) Tonno.

pòmpilo (**2**) [dal precedente: il n. sarebbe stato dato loro per l'abitudine di spostarsi rapidamente] s. m. ● Genere di Imenotteri di notevoli dimensioni, agilissimi cacciatori di ragni i quali, paralizzati dalla puntura, servono a nutrire le sue larve (*Pompilus*).

pompìno [da *pompare*; 1917] s. m. ● (*volg.*) Fellatio.

pompista [da *pompa* (*2*); 1942] s. m. e f. (pl. m. *-i*) ● Addetto a un distributore o pompa di benzina.

pompòn /fr. pɔ̃'pɔ̃/ [fr., vc. di orig. espressiva; 1806] s. m. inv. ● Fiocco o nappa in seta, lana o altro, per ornamento.

pomposità [sec. XIV] s. f. ● Caratteristica di chi (o di ciò che) è pomposo (*anche fig.*): *la p. di certe manifestazioni pubbliche*; *p. di stile, di modi.*

pompóso [vc. dotta, lat. tardo *pompōsu(m)*, da *pŏmpa* 'pompa (1)'; 1338 ca.] agg. **1** Solenne e fastoso: *festa, cerimonia pomposa.* **2** Sfarzoso e appariscente: *vesti pompose.* **3** (*mus.*) Indicazione espressiva che richiede di sottolineare il carattere grave e solenne. **4** (*fig.*) Vanaglorioso e ostentatamente solenne: *sedeva in atteggiamento p.*; *parlare con tono p.*; *una pomposa dimostrazione di sapere.* || **pomposaménte**, avv. In modo pomposo, con pompa.

pònce [1873] s. m. ● Adattamento di *punch* (*1*) (V.).

poncho /sp. 'pontʃo/ [di etim. incerta; 1860] s. m. inv. (pl. sp. *ponchos*) ● Indumento tipico dell'America latina costituito da un grande quadrato di lana, usato anche come coperta, con apertura centrale formata da una fessura in cui passa la testa.

poncif /fr. pɔ̃'sif/ [vc. fr., ant. *poncis*, 'relativo alla pomice (*ponce*)', dal lat. tardo *pōmice(m)* per il class. *pūmice(m)*; 1924] s. m. inv. ● (*tecnol.*) Spolvero, nel sign. 6.

pòncio o **pòncio**, **pùncio** [1749] s. m. ● Adattamento di *poncho* (V.).

ponciro [fr. *poncire* di orig. provz., dal lat. parl. **pōmu(m) Sȳriu(m)* 'frutto della Siria'; 1991] s. m. ● (*bot.*) Arbusto spinoso delle Rutacee, con fiori bianchi e frutti simili a piccoli mandarini gialli molto profumati, originario dell'Asia tropicale e del Giappone, coltivato per ornamento e come portainnesto per limoni e mandarini (*Poncirus trifoliatus*).

†**pondàre** v. intr. ● Pesare, gravare.

ponderàbile [vc. dotta, lat. tardo *ponderābile(m)*, da *ponderāre* 'ponderare'; 1499] agg. **1** Che si può pesare: *materia p.* **2** (*fig.*) Che si può o si deve ponderare: *decisione p.* CONTR. Imponderabile.

ponderabilità [1871] s. f. ● Proprietà o condizione di ciò che è ponderabile (*anche fig.*): *la p. dell'aria, di un'affermazione.* CONTR. Imponderabilità.

ponderàle [ingl. *ponderal*, dal lat. *pŏndus*, genit. *pŏnderis* 'peso' (V. *pondo*); 1521] agg. ● Del peso, relativo al peso: *aumento, diminuzione p.*; *esame p.*

ponderàre [vc. dotta, lat. *ponderāre*, da *pŏndus*, genit. *pŏnderis* 'peso'. V. *pondo*; av. 1363] v. tr. e intr. (*io pòndero*; aus. *avere*) **1** †Pesare. **2** (*fig.*) Considerare qlco. con attenzione e cura, valutandone vantaggi, svantaggi e conseguenze, prima di giudicare, agire, decidere o parlare: *è abituato a p. ogni sua iniziativa*; *segga / altri a consiglio, e ponderi, e discuta, / e ondeggi, e indugi, infin che manchi il tempo* (ALFIERI). SIN. Soppesare, valutare. **3** (*stat.*) Nel calcolo dei valori medi, attribuire a ciascun termine un peso, cioè un proprio coefficiente d'importanza proporzionale alla frequenza del termine stesso.

ponderatézza [av. 1841] s. f. ● Qualità o caratteristica di chi è solito riflettere seriamente, prima di giudicare, decidere, agire o parlare: *la sua p. è davvero encomiabile*; *manca di p., è impulsivo e avventato.* SIN. Riflessione. CONTR. Impulsività.

ponderàto [av. 1405] part. pass. di *ponderare*; anche agg. **1** †Pesato | ***Media ponderata***, V. *media* (*1*), sign. 1. **2** (*fig.*) Ben vagliato e giudicato: *decisione ponderata* | ***Tutto p.***, dopo aver ben valutato ogni elemento. **3** (*fig.*) Che riflette attentamente prima di parlare o di agire: *una persona seria e ponderata.* || **ponderataménte**, avv. Con ponderatezza, dopo matura riflessione: *parlare, agire, giudicare ponderatamente.*

ponderatóre [vc. dotta, lat. tardo *ponderatō-re(m)*, da *ponderātus* 'ponderato'; 1600] agg.; anche s. m. (f. *-trice*) ● (*raro*, *lett.*) Che (o Chi) pondera.

ponderazióne [vc. dotta, lat. tardo *ponderatiō-ne(m)*, da *ponderātus* 'ponderato'; av. 1519] s. f. ● Matura riflessione, attenta considerazione: *un problema da trattare con p. e tatto.*

ponderosità [sec. XIV] s. f. ● (*raro*) Caratteristica di ciò che è ponderoso.

ponderóso [vc. dotta, lat. *ponderōsu(m)*, da *pŏndus*, genit. *pŏnderis* 'peso'. V. *pondo*; 1321] agg. **1** Di grave peso, pesante: *carico p.*; *portava un baston duro e p.* (PULCI) | (*est.*) Che richiede sforzo e fatica fisica. **2** (*fig.*) Di grande mole o importanza: *volume, trattato p.* | (*lett.*, *est.*) Arduo da trattare, da comprendere e sim. || **ponderosaménte**, avv.

pòndo [vc. dotta, lat. *pŏndus*, da *pĕndere* 'pesare'. V. *pendere*; sec. XIII] s. m. **1** (*lett.*) Peso, gravezza (*anche fig.*): *di libertà portando il p.* (CAMPANELLA) | (*fig.*) Importanza, gravità. **2** (*lett.*) Ciò che pesa | (*fig.*) Ciò che richiede impegno e fatica, che comporta responsabilità e sim. **3** †Libbra.

ponènte [nel sign. B, da (*sole*) *ponente* 'sole che tramonta'; 1275 ca.] **A** part. pres. di *porre*; anche agg. ● (*raro*) Nei sign. del v. **B** s. m. **1** Parte dell'orizzonte ove si vede tramontare il Sole: *il Sole si arrossa a p.*; *Riviera di p.* CONTR. Levante. SIN. Occidente, ovest. **2** Vento fresco che spira da ovest. **3** (*lett.*) I Paesi occidentali: *il P. partecipò alle crociate.*

ponentìno [1918] **A** agg. ● (*raro*) Che proviene da ponente. **B** s. m. ● Fresca brezza di mare, che spira nei pomeriggi e nelle sere estive, a Roma.

ponèra [gr. *ponērós* 'misero, faticoso', da *pónos* 'fatica', da *pénesthai* 'affaticarsi', di etim. incerta; 1835] s. f. ● Gigantesca formica delle foreste brasiliane con aculeo velenoso che provoca punture molto dolorose (*Dinoponera gigantea*).

†**pónere** ● V. *porre.*

ponésti ● V. *porre.*

pònfo e *deriv.* ● V. *pomfo* e *deriv.*

ponghista ● V. *pongista.*

Pòngidi [comp. di *pong*(*o*) e *-idi*; 1965] s. m. pl. (sing. *-e*) ● Nella tassonomia animale, famiglia di scimmie antropomorfe generalmente di grandi dimensioni, senza coda e con arti anteriori lunghi (*Pongidae*).

pongista o **ponghista** [da (*ping*)-*pong*; 1963] s. m. e f. (pl. m. *-i*) ● (*raro*) Giocatore di ping-pong.

pòngo (**1**) [dal congolese *mpungu* 'scimmia'; 1802] s. m. (pl. *-ghi*) ● Genere di scimmie antropomorfe dei Pongidi, di grandi dimensioni, cui appartiene l'orango (*Pongo*).

póngo® (**2**) o **pòngo** [1964] s. m. inv. ● Materiale plastico usato in attività ricreative da bambini e ragazzi per comporre e modellare figure.

póngo (**3**) ● V. *porre.*

poniménto [dal lat. *pōnere* 'porre'; 1340 ca.] s. m. ● (*raro*) Il porre | †***P. del sole***, tramonto.

†**ponitóre** [dal lat. *pōnere* 'porre'; av. 1320] s. m. **1** Chi pone | ***P. di ragione***, giudice | ***P. di leggi***, legislatore. **2** (*st.*) Nel Medioevo, ufficiale che stabiliva i tributi da riscuotere.

†**ponitùra** [dal lat. *pōnere* 'porre'] s. f. ● Atto, effetto del porre.

ponsò [fr. *ponceau*, da *paon* 'pavone' (cfr. *paonazzo*), secondo la pronuncia fr.; 1669] s. m. ● (*raro*) Colore rosso vivissimo.

pontàggio [ant. fr. *pontage*, da *pont* 'ponte'; 1782] s. m. ● (*dir.*) Pontatico.

pontàio A s. m. ● (*tosc.*) Operaio che fa i ponti per le costruzioni. **B** agg. ● Nelle antiche costruzioni, detto di ciò che era predisposto per sostenere ponteggi: *buche pontaie.*

pontaiòlo [1966] s. m. (f. *-a*) ● Ponteggiatore.

†**pontàre** ● V. *puntare* (*1*).

pontàtico [da *ponte*; av. 1795] s. m. (pl. *-ci*) ● Pedaggio pagato in età medievale per passare su alcuni ponti.

pontàto [1891] agg. ● Detto di imbarcazione munita del ponte di coperta: *chiatta pontata.*

pontatóre [1958] s. m. (f. *-trice*) ● Ponteggiatore.

♦**pónte** [lat. *pŏnte(m)*, di orig. indeur.; 1253] **A** s. m. **1** Manufatto tramite il quale una via di comunicazione può superare un corso d'acqua, una vallata, una via preesistente: *p. ad arco*; *p. di legno, pietra, calcestruzzo, acciaio*; *p. mobile, girevole* | ***P. d'equipaggio***, militare, per il superamento di corsi d'acqua, scomponibile in elementi autotrasportabili | ***Gettare un p.***, (*fig.*) istituire un collegamento, realizzare un contatto, una relazione e sim. | (*fig.*) ***Tagliare, rompere i ponti con qlcu.***, troncare ogni rapporto | ***Bruciarsi i ponti alle spalle***, (*fig.*) precludersi ogni possibilità di tornare indietro, di cambiare una decisione | ***Fare p., fare da p.***, (*fig.*) fungere da sostegno | (*lett.*) ***Tenere in p.***, in sospeso: *ha tenuta la cosa in p. più settimane* (MACHIAVELLI) | (*fig.*) ***Fare a qlcu. i ponti d'oro***, promettergli o procurargli grandi vantaggi. ➡ ILL. **ponte**. **2** Qualunque struttura di collegamento | ***P. radio***, collegamento radio fra due stazioni a portata ottica per la trasmissione di comunicazioni telefoniche, programmi televisivi e sim. | ***P. aereo***, rapida successione di aerei che trasportano uomini o cose fra punti altrimenti irraggiungibili, per condizioni di emergenza | ***Testa di p.***, insieme delle forze e degli apprestamenti schierati e organizzati oltre la sponda nemica di un corso d'acqua o al di là di una fascia di ostacolo | ***P. di imbarco***, negli aeroporti, struttura mobile, gener. fornita di passerelle telescopiche, per l'imbarco diretto dei passeggeri su un aereo. **3** (*mar.*) Ciascuno dei pavimenti di legno o di lamiera di ferro che dividono l'interno dello scafo di una nave nel senso dell'altezza | ***P. di manovra***, coperta | ***P. di corridoio***, ***di batteria***, ogni ponte successivo al principale | ***P. di passeggio***, con balaustra, nei piroscafi per passeggeri | ***P. di protezione***, corazzato, nelle navi da guerra | ***P. di volo***, ***di lancio***, ***di appontaggio***, pista di portaerei | ***P. di rimessa***, sotto il ponte di volo di una portaerei per il ricovero degli aerei imbarcati. **4** Impalcatura provvisoria sulla quale salgono i muratori per continuare l'innalzamento della fabbrica o per farvi restauri, o altri operai per lavori decorativi, pulizia e sim. | ***P. di cavalletti***, con trespoli e tavoloni sovrapposti | ***P. di corda***, con canapi pendenti dall'alto e sostenenti una tavola | ***P. di ferro***, tavolato sostenuto da elementi tubolari metallici. **5** (*mecc.*) Parte posteriore e talvolta anteriore di un autoveicolo che trasmette il moto delle ruote tramite il differenziale. **6** ***P. a bilico***, stadera a ponte. **7** (*med.*) Apparecchio di protesi dentaria sorretto da denti naturali. **8** (*anat.*) ***P. di Varolio***, parte dell'encefalo situata in posizione anteriore rispetto al cervelletto. ➡ ILL. p. 2124 ANATOMIA UMANA. **9** In ginnastica, posizione in arco dorsale in appoggio sui quattro arti | Nella lotta, posizione di difesa in arco dorsale che assume a terra un atleta per evitare di essere messo con la schiena al tappeto. **10** Nell'orologio, sostegno degli alberi delle ruote. **11** (*raro*) Bridge: *gioco del p.*; *giocare a p.* **12** Periodo di vacanza costituito da due o più giorni festivi e dai giorni lavorativi intermedi goduti come ferie: *fare il p.*; *per il p. di Capodanno andremo in montagna*; *per i Santi c'è un lungo p.* **13** (*chim.*) Atomo, o raggruppamento atomico, che ha funzione di collegamento fra due molecole o due parti di molecole. **B** in funzione di agg. inv. ● (posposto a un s.) Detto di ciò che, spec. nel campo politico o legislativo, ha funzione di collegamento provvisorio, di soluzione transitoria: *governo p.*; *soluzione p.*; *legge p.*; *finanziamento p.* || **ponticèllo**, dim. (V.) | **ponticìno**, dim.

PONTE
nomenclatura

ponte
● *caratteristiche*: di corda, in legno, in pietra, in ferro, in cemento armato; coperto, a travata, ad arco, a schiena d'asino, sospeso = pensile, a cantilever, bailey, mobile, scorrevole, girevole, levatoio, ponte del diavolo, di barche, di zattere, di chiatte, portatile, ponte canale; cavalcavia, viadotto; passerella, palancola, passatoio, pontile;
● *parti di un ponte*: piedritto, pila, campata, pignone, testata, ala, arcata, campata, pilone, avambecco = sprone, banchina, luce, cappa, spalletta, impiantito, sovrastruttura, sottostruttura, piano stradale, impiantito, fiancata, travi, marciapiede, parapetto, intradosso = imbotte, banchina, bocca, cassone, fiancata; cavi portanti, tiranti; pontone;
● *azioni*: fare, gettare, levare; tagliare, minare, far saltare, rovinare; attestare.

†**pontefícale** ● V. *pontificale*.
†**ponteficàto** ● V. *pontificato*.
pontéfice [vc. dotta, lat. *pontifice(m)*, propr. 'colui che faceva costruire il ponte sul fiume', comp. di *pōns*, genit. *pŏntis*, 'ponte' e *-fex*, da *făcere* 'fare'; av. 1292] **s. m. 1** Nell'ordinamento religioso degli antichi Romani, sacerdote di uno dei collegi che presiedevano al culto | *P. massimo*, capo del collegio dei pontefici, titolo, poi, assunto dall'imperatore. **2** Nel cattolicesimo, il Papa: *Sommo p.*
ponteggiatóre [1958] **s. m.** (f. *-trice*) ● Operaio edile che mette in opera i ponti o ponteggi.
pontéggio [da *ponte*; 1942] **s. m.** ● Complesso delle opere provvisorie di legno o di acciaio, per sostenere operai e materiali durante la costruzione di un'opera.
ponticèllo [lat. parl. *ponticĕllu(m), dim. di *ponticulus*, dim. di *pōns*, genit. *pŏntis* 'ponte'; 1313] **s. m. 1** Piccolo ponte. **2** (*mus.*) Negli strumenti ad arco, tavoletta di legno collocata sulla tavola armonica che, mediante le tacche, regge le corde delimitandone la sezione vibrante e trasmettendone le vibrazioni alla cassa armonica. **3** Parte di una montatura da occhiali che unisce tra loro i due cerchi che racchiudono le lenti. **4** Lastrina metallica curva, a protezione del grilletto delle armi da fuoco portatili. **5** Parte dell'impugnatura della spada tra coccia e pomo. **6** Elemento di collegamento, fisso o mobile, fra due punti di un circuito elettrico.
pòntico (1) [vc. dotta, lat. *Pŏnticu(m)*, nom. *Pŏnticus*, dal gr. *Pontikós*, da *Póntos* 'mare, il Ponto', di orig. indeur.; 1623] **agg.** (**pl. m.** *-ci*) ● Del Ponto, del Mar Nero.
†**pòntico** (2) [dal precedente, con evoluzione semantica non chiara] **agg.** ● Aspro, brusco, acido (*anche fig.*): *son li suoi frutti amari e pontici* (SANNAZARO).
pontière [da *ponte*; 1867] **s. m. 1** Soldato del genio appartenente alla specialità che provvede alla costruzione e al riattamento di ponti. **2** Tecnico addetto al ponte radio. **3** (f. *-a*) (*fig.*) Nel linguaggio giornalistico, chi favorisce la trattativa o la mediazione tra gruppi o interessi contrapposti, spec. nel campo politico. **4** †Pontonaio.
pontificàle o †**ponteficàle** [vc. dotta, lat. *pontificale(m)*, da *pŏntifex*, genit. *pontificis* 'pontefice'; 1336 ca.] **A agg. 1** Nell'antica Roma, di pontefice, attinente al pontefice | *Pomerio p.*, parte del pomerio dove i pontefici traevano gli auspici | *Giochi pontificali*, concessi dal pontefice al popolo. **2** Nel mondo cattolico, del Papa o del vescovo: *paramenti pontificali*. **3** (*fig.*) Volutamente maestoso e solenne, pieno di sussiego: *assumere un'aria p.*; *si rivolse a noi con fare p.* || **pontificalmente**, avv. (*scherz.*) In modo sussiegoso. **B s. m. 1** Cerimonia liturgica celebrata da un vescovo o da un prelato con abiti pontificali. **2** Libro del rituale proprio del vescovo.
pontificànte *part. pres.* di *pontificare*; *anche agg.* ● Nei sign. del v.
pontificàre [dal lat. *pŏntifex*, genit. *pontificis* 'pontefice'; 1848] **v. intr.** (*io pontifico, tu pontifichi*, aus. *avere*) **1** Celebrare il pontificale. **2** (*fig.*) Assumere, spec. parlando, modi e toni solenni e autoritari: *quando comincia a p., non lo sopporto più*.
pontificàto o †**ponteficàto** [vc. dotta, lat. *pontificatu(m)*, da *pŏntifex*, genit. *pontificis* 'pontefice'; sec. XIII] **s. m. 1** Nell'antica Roma, dignità e carica del *p.* **2** Nel mondo cattolico, papato: *il p. di Giovanni XXIII*.
pontifício [vc. dotta, lat. *pontificiu(m)*, da *pŏntifex*, genit. *pontificis* 'pontefice'; 1499] **agg.** (**pl. f.** *-cie*) **1** Nell'antica Roma, del collegio dei pontefici | *Libri pontifici*, nei quali era esposto lo *ius sacrum*, concernente la religione, l'elenco delle divinità, i riti, le cerimonie | *Commentari pontifici*, contenenti la giurisprudenza dei pontefici. **2** Nel mondo cattolico, del Papa: *stemmi pontifici*; *Università pontificia* | Proprio dello Stato della Chiesa, durato fino al 1870: *la Roma pontificia*; *i domini pontifici*.
pontíle [lat. tardo *pontīle(m)*, agg. di *pōns*, genit. *pŏntis* 'ponte'; av. 1465] **s. m.** ● Struttura portuale radicata alla riva per consentire l'ormeggio di natanti, costituita da un impalcato sorretto da pali.
pontíno [vc. dotta, lat. *Pomptīnu(m)*, n. di una regione del Lazio; 1801] **agg.** ● Che appartiene alla regione Pontina, nel Lazio: *paludi pontine*.
pontísta [da *ponte*; 1958] **s. m. e f.** (**pl. m.** *-i*) ● Pontegiatore.
pònto [V. *pontico* (1); av. 1556] **s. m.** ● (*lett.*) Mare.
pontoàle [detto così perché serve a sostenere i tavolati dei *ponti* (?); 1970] **s. m.** ● (*mar.*) Pezzo di costruzione delle navi in legno, sul quale poggia il baglio all'altezza del ponte.
†**pontonàio** [sec. XIV] **s. m. 1** Traghettatore con pontone. **2** Chi era addetto alla custodia di un ponte.

pontóne [vc. dotta, lat. *pontōne(m)*, da *pōns*, genit. *pŏntis* 'ponte'; av. 1527] **s. m. 1** Barcone parzialmente o totalmente pontato, con prua e poppa quasi quadra, usato per trasporti pesanti od attività di manutenzione portuale o navale | *P. da alberare*, dotato di una gru per alberare | *P. armato*, dotato di armamento. **2** (*raro*) Barca dal fondo piatto con la quale si gettano i ponti.
pontonière [fr. *pontonnier*, da *ponton* 'pontone'; av. 1869] **s. m. 1** Marinaio di pontoni. **2** (*mil.*) Pontiere.
pony /'pɔni, *ingl.* 'phəʊni/ [vc. ingl., dallo scozzese *powney*, dal fr. *poulenet*, dim. di *poulain* 'puledro', dal lat. parl. *pullānu(m)*, da *pŭllus* 'piccolo di ogni animale' (V. *pollo*); 1829] **s. m. inv.** (**pl.** ingl. *ponies*) **1** Cavallo originario della Scozia e dell'Irlanda, piccolo e con lungo pelo. **2** Accorc. di *Pony Express* | (*est.*) Fattorino che lavora alle dipendenze di una società privata di ritiro e recapito postale celere.
Pony Express® /'pɔni ˈɛkspres, *ingl.* 'phəʊni ɪksˈphɹɛs/ [loc. ingl., orig. 'cavallino (*pony*) che fa da corriere (*express*)'; 1986] **A loc. sost. f. inv.** ● Nome di un'agenzia per il recapito rapido di corrispondenza e merci, attiva in varie città italiane dal 1983. **B loc. sost. m. e f. inv.** ● Fattorino, gener. munito di un mezzo a due ruote, che lavora per l'agenzia Pony Express.
ponzaménto [1891] **s. m.** ● (*raro*) Futile elucubrazione.
ponzàre [lat. parl. *punctiāre*, intens. di *pŭngere*; av. 1565] **A v. intr.** (*io pónzo*; aus. *avere*) **1** †Spingere con sforzo | (*tosc.*) Sostenere uno sforzo prolungato e intenso, spec. nel partorire. **2** (*fig., scherz.*) Meditare o pensare intensamente: *da stamattina, sta ponzando.* **B v. tr.** ● (*fig., scherz.*) Elucubrare, macchinare: *cosa stai ponzando?*; *come che l'uomo stesse ponzando una sua cocciuta resistenza* (GADDA) | (*est.*) Produrre dopo lunga fatica mentale, con risultati mediocri.
ponzatóre [1891] **s. m.** (f. *-trice*) ● (*lett., fig.*) Chi ponza.
ponzatùra [1711] **s. f.** ● (*raro*) Elucubrazione.
ponzése A agg. ● Dell'isola di Ponza. **B s. m. e f.** ● Abitante, nativo di Ponza.
ponziàno [vc. dotta, lat. *Pontiāno(m) 'ponzese'] **agg.** ● Appartenente, relativo all'isola di Ponza: *arcipelago p.*
pool /pul, *ingl.* phuul/ [vc. ingl., nel sign. metaforico di 'ammontare delle puntate in un gioco', dal fr. *poule* 'posta in gioco, monte premi'; 1930] **s. m. inv. 1** Accordo tra imprese operanti nello stesso settore economico, o in settori economici complementari, allo scopo di stabilire i prezzi, la politica e le zone di vendita per monopolizzare il mercato | Consorzio fra le imprese stesse costituito in seguito all'accordo. **2** Organismo internazionale costituito per gestire in comune materie prime essenziali per ridurre i costi e razionalizzare la produzione: *il p. dell'oro.* **3** Gruppo di persone operanti insieme per uno stesso fine o in uno stesso set-

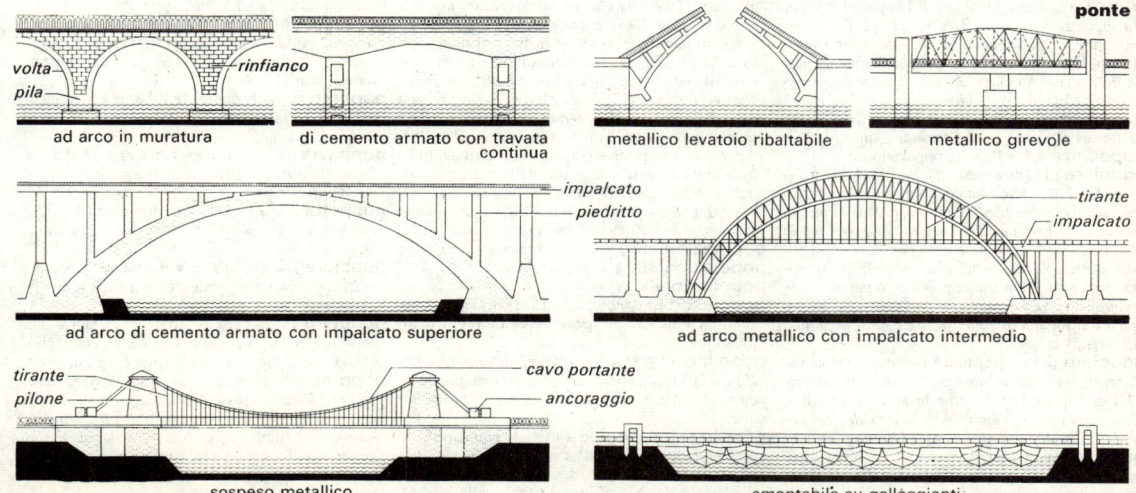

ponte

ad arco in muratura — *volta, pila, rinfianco*
di cemento armato con travata continua
metallico levatoio ribaltabile
metallico girevole
ad arco di cemento armato con impalcato superiore — *impalcato, piedritto*
ad arco metallico con impalcato intermedio — *tirante, impalcato*
sospeso metallico — *tirante, pilone, cavo portante, ancoraggio*
smontabile su galleggianti

tore: *p. antimafia*; *p. sportivo*. **4** (*biol.*) ***P. genetico***, ***p. genico***, l'insieme dei geni di una popolazione.

pop (**1**) /pɔp, *ingl.* pɒp/ [vc. ingl., accorc. di *popular* 'popolare'; 1964] **agg. inv.** ● Detto di genere artistico che, per i suoi contenuti sociologici, culturali e di costume, trova ampia diffusione spec. tra i giovani: *musica, cantanti pop*; *cultura pop*.

pop (**2**) /pɔp/ [sigla ingl. di *p(oint) o(f) p(resence)* 'punto di accesso'; 1994] **s. m. inv.** ● (*elab.*) Punto di accesso telefonico che permette la connessione a un provider.

pop art /*ingl.* ˈpɔp aːt/ [vc. ingl., da *pop(ular) art* 'arte popolare'; 1964] **s. f. inv.** ● Forma artistica, di origine americana, che trae ispirazione dagli aspetti più immediati della civiltà dei consumi, presentandoli nella loro assurda oggettività o combinandoli in messaggi provocatori e surrealistici.

popcorn /pɔpˈkɔrn, *ingl.* ˈpɒp,kɔːɹn/ [vc. anglo-amer., comp. di *pop* 'scoppiato' (di orig. espressiva) e *corn* 'granoturco' (vc. germ. di orig. indeur.); 1958] **s. m. inv.** ● Chicchi di granoturco fatti scoppiare su fuoco vivace.

pòpe [russo *pop*, dal gr. *pápas* 'padre', vc. di orig. infant.; 1611] **s. m.** (**pl.** *-i* o *-e*) ● Nella religione greco-ortodossa, prete.

pòpelin **s. m.** ● Adattamento di *popeline* (V.).

popelina **s. f.** ● Adattamento di *popeline* (V.).

popeline /ˈpɔpelin, *fr.* pɔpˈlin/ [vc. fr., dall'ingl. *poplin*, a sua volta dall'ant. fr. *papeline*, di etim. incerta; 1835] **s. f. inv.** ● Tessuto di qualsiasi fibra caratterizzato dall'ordito più fine della trama: *p. di cotone*.

pop jazz /pɔpˈgɛts, *ingl.* ˈpɒp,ʤæz/ [vc. ingl., comp. di *pop(ular)* e *jazz* 'jazz popolare'; 1989] **loc. sost. m. inv.** (**pl. ingl. inv.**) ● (*mus.*) Jazz che accoglie elementi della pop music, diventando più accessibile e popolare.

pòplite [vc. dotta, lat. *pŏplite(m)*, di etim. incerta; sec. XIV] **s. m.** ● (*anat.*) Regione posteriore del ginocchio, a forma di losanga.

poplitèo [av. 1673] **agg.** ● (*anat.*) Del poplite: *arteria, vena poplitea*.

pop music /pɔpˈmjuzik, *ingl.* ˈpɒp,mjuːzɪk/ [vc. ingl., comp. di *pop(ular)* e *music* 'musica popolare'; 1965] **loc. sost. f. inv.** (**pl. ingl. inv.**) ● (*mus.*) Musica commerciale di natura molto varia, affermata spec. nei Paesi anglosassoni e diffusa tra i giovani.

popò [vc. infant.; 1890] **A s. f.** ● (*infant.*) Escremento, cacca. **B s. m.** ● (*infant.*) Il sedere.

popolàccio o (*lett.*) **popolàzzo** [av. 1292] **s. m.** **1** Pegg. di *popolo*. **2** Plebaglia, marmaglia, accozzaglia di gente spregevole: *io non son nato dalla feccia del popolazzo di Roma* (BOCCACCIO).

popolàglia [da *popolo* (*1*); sec. XIV] **s. f.** ● (*raro, spreg.*) Plebaglia.

popolaménto [1571] **s. m.** ● Insediamento di popolazioni in un territorio | Immissione di specie animali o vegetali in una zona, in un ambiente naturale.

popolàno [1312] **A agg.** **1** Che fa parte del popolo: *una ragazza popolana*. **2** Tipico del popolo: *la saggezza popolana*. **3** †Che appoggia e sostiene il popolo: *politica popolana*. || **popolanaménte**, **avv.** **B s. m.** (**f.** *-a*) **1** Chi, per condizione, fa parte delle classi popolari. **2** †Chi fa parte del popolo, della cittadinanza: *chiamare a raccolta i popolani*. **3** †Fautore politico del popolo, sostenitore delle sue richieste, rivendicazioni e sim.

†**popolànza** **s. f.** ● Popolo, popolazione.

♦**popolàre** (**1**) [da *popolo* (*1*); av. 1348] **A v. tr.** (*io pòpolo*) **1** Rendere abitato, fornire di popolazione: *p. una terra incolta e deserta*; *un immenso paese da p.* | Abitare: *gli animali che popolano la foresta*; *le tribù che un tempo popolavano la zona*. **2** Riempire di gente: *p. un teatro, le carceri*. **B v. intr. pron.** **1** Diventare popolato o popoloso: *la regione si sta rapidamente popolando*. **2** Riempirsi o affollarsi di gente: *le spiagge si popolano di turisti*.

♦**popolàre** (**2**) o †**populàre** [vc. dotta, lat. *populāre(m)*, da *pŏpulus* 'popolo (1)'; sec. XIII] **A agg.** **1** Del popolo, inteso come insieme di cittadini: *favore, plauso p.*; *manifestazione p.*; *ridea del popular giudicio vano* (ARIOSTO) | ***Lingua p.***, comunemente usata | ***Voce p.***, notizia o chiacchiera ripetuta da molti, molto conosciuta | (*dir.*) ***Giudice p.***, privato cittadino chiamato eccezionalmente a svolgere funzioni giurisdizionali in processi civili o, nella corte d'assise, in processi penali. **2** Del popolo, inteso come classe socialmente ed economicamente meno elevata: *interessi popolari*; *rivendicazioni popolari* | ***Partito p. italiano***, partito fondato nel 1919 da L. Sturzo e A. De Gasperi per organizzare una rappresentanza autonoma dei cattolici; fu sciolto dal fascismo nel 1926 e i suoi orientamenti furono ripresi nel secondo dopoguerra dalla Democrazia Cristiana; si è ricostituito nel 1994 come trasformazione della Democrazia Cristiana stessa. **3** Che proviene dal popolo, che vive ed è diffuso tra il popolo: *canzone, musica p.*; *antiche leggende popolari*. **4** Destinato ai ceti meno abbienti: *case popolari*; *spettacolo, festa p.*; *prezzi popolari*. **5** Che gode il favore e le simpatie generali, che è largamente conosciuto o diffuso: *ministro, attore, romanzo p.* **CONTR.** Impopolare. **6** ***Democrazia p.***, V. *democrazia*. || **popolarménte**, **avv.** In modo popolare, con popolarità; comunemente. **B s. m. e f.** ● Aderente, sostenitore del Partito popolare italiano.

popolareggiànte [da *popolare* (*2*); 1908] **agg.** ● Detto di stile artistico che imita la semplicità delle forme popolari: *musica, poesia p.*

popolarésco [da *popolare* (*2*); 1336 ca.] **agg.** (**pl. m.** *-schi*) ● Del popolo, conforme ai suoi gusti e mentalità: *uso p.*; *la franchezza popolaresca*. || **popolarescaménte**, **avv.** In modo popolaresco.

popolarìsmo [da *popolar(e)* con il suff. *-ismo*; 1910] **s. m.** **1** (*raro*) Caratteristica di ciò che è o vuole essere popolare. **2** Atteggiamento di apertura alle esigenze popolari e ai problemi delle classi meno abbienti | (*polit.*) In Italia, nei partiti o nei movimenti cattolici, la componente politica o ideologica che si ispira al Partito popolare (V. *popolare* (*2*) nel sign. 2).

popolarità [vc. dotta, lat. *popularitāte(m)*, da *populāris* 'popolare (2)'; av. 1573] **s. f.** **1** Caratteristica di chi (o di ciò che) è popolare: *è evidente la p. del tema*. **2** Favore che qlcu. o qlco. gode presso il popolo: *essere avido di p.*; *acquistare p.*; *attore di grande p.* **SIN.** Notorietà. **3** †In età comunale, condizione di popolano.

popolarizzàre [fr. *populariser*, dal lat. *populāris* 'popolare (2)'; 1650] **v. tr.** ● (*raro*) Rendere popolare, diffondere tra il popolo: *p. la scienza, l'istruzione*. **SIN.** Divulgare.

popolàto [1264] **part. pass.** di *popolare* (*1*); anche **agg.** **1** Abitato | Popoloso: *quelle belle, ricche e popolate provincie* (PASCOLI) | Affollato. **2** (*fig.*) Pieno, disseminato: *sogni popolati di visioni*; *le convalli | popolate di case e d'oliveti* (FOSCOLO).

popolatóre [1549] **agg.**; anche **s. m.** (**f.** *-trice*) ● (*raro*) Che (o Chi) popola o ha popolato un luogo | Abitatore: *gli antichi popolatori dell'America*.

♦**popolazióne** o †**populazióne** [vc. dotta, lat. tardo *populatiōne(m)*, da *pŏpulus* 'popolo (1)'; av. 1527] **s. f.** **1** Insieme delle persone che abitano un luogo: *la p. della campagna, della città*; *p. mite, laboriosa, combattiva*; *densità della p.* | (*fig.*) Insieme di animali o cose che caratterizzano un luogo: *la p. della giungla*; *p. marina, degli abissi* | ***Popolazioni stellari***, le due grandi famiglie in cui vengono suddivise le stelle in base al tempo di formazione. **2** Complesso di individui aventi caratteristiche comuni: *le antiche popolazioni italiche* | (*est.*) Nazione, popolo: *una p. civile, progredita*; *queste popolazioni furono quelle che distrussero lo imperio romano* (MACHIAVELLI). **3** (*stat.*) Aggregato composto da un numero finito o infinito di unità statistiche ciascuna delle quali è caratterizzata dalla determinazione di una stessa variabile. **4** (*biol.*) Gruppo di individui della stessa specie che coesistono nel medesimo areale.

popolazionìsmo ● V. *populazionismo*.

popolazionìsta ● V. *populazionista*.

popolàzzo ● V. *popolaccio*.

†**popolésco** [da *popolo* (*1*); 1338 ca.] **agg.** (**pl. m.** *-schi*) ● Popolare. || †**popolescaménte**, **avv.** In modo popolaresco.

popolino [1512] **s. m.** **1** Dim. di *popolo* (*1*). **2** (*spreg.*) Infima parte del popolo, socialmente e culturalmente meno progredita: *le chiacchiere del p.*

♦**pòpolo** (**1**) o †**pòpulo** (**1**) [lat. *pŏpulu(m)*, di orig. preindeur.; sec. XIII] **s. m.** **1** Il complesso degli abitanti di uno Stato, di una zona o di una città che costituisce un'unità etnica regolamentata da ordinamenti civili: *il p. italiano, francese*; *il p. di Firenze*; *il p. bolognese*; *parlare solo per il p. più colto, più ricco*. **CFR.** demo- (1) | ***A voce di p.***, per unanime richiesta dei cittadini | ***A furor di p.***, per unanime volontà dei cittadini | ***P. sovrano***, arbitro delle sue sorti. **2** L'insieme dei cittadini che costituiscono le classi economicamente e socialmente meno elevate: *appartenere al p.*; *provenire dal p.*; *la lingua usata dal p.*; *gente del p.* | ***Figlio del p.***, nato da genitori popolani | ***Donna del p.***, popolana | (*spreg.*) ***P. bue***, ottuso, privo di capacità critiche e facilmente influenzabile. **3** Insieme di persone accomunate da caratteristiche o elementi comuni anche molto generici: *tutti i popoli della Terra hanno miti e leggende*; *un p. barbaro, civile, preistorico*; *un p. di costruttori, di matematici*. **CFR.** etno- | ***P. di natura***, popolazione primitiva | ***P. di Dio***, l'insieme dei cristiani accomunati nella Chiesa | (*est.*) Insieme di esseri viventi, di cose: *il p. delle api, delle spighe*; *Giove creò similmente il p. dei sogni* (LEOPARDI) | ***P. dei fax***, V. *fax*. **4** Moltitudine, folla: *una piazza gremita di p.* || **popolàccio**, **pegg.** (V.) | **popolàzzo**, **spreg.** (V.) | **popolétto**, **dim.** | **popolino**, **dim.** (V.) | **popolùccio**, **dim. spreg.**

pòpolo (**2**) o **pòpulo** (**2**) [vc. dotta, lat. *pōpulu(m)*. V. *pioppo*] **s. m.** ● (*bot.*) Pioppo.

popolóso [vc. dotta, lat. *populōsu(m)*, da *pŏpulus* 'popolo (1)'; sec. XIV] **agg.** **1** Ricco di popolazione, molto popolato: *città popolosa*; *quartiere p.* **2** (*raro, lett.*) Numeroso: *famiglia popolosa*.

poponàia [av. 1783] **s. f.** ● (*tosc.*) Campo piantato a poponi.

poponàio [av. 1639] **s. m.** **1** (*tosc.*) Poponaia. **2** (*tosc.*) Venditore di poponi.

popóne [lat. parl. **pepōne(m)*, per il classico *pĕpone(m)*, nom. *pĕpo*, dal gr. *pépōn*, dapprima 'cotto al sole, maturo', poi 'popone': da una radice indeur. che significa 'cuocere'; sec. XIII] **s. m.** ● (*bot., tosc.*) Melone. || **poponcino**, **dim.**

póppa (**1**) [lat. parl. **pŭppa(m)*, dal classico *pūpa* 'fanciulla'. V. *pupa*; 1313] **s. f.** **1** Mammella | (*fig.*) Latte: *il neonato vuole la p.* **2** (*poet.*) Petto. || **poppàccia**, **pegg.** | **poppellina**, **dim.** | **poppétta**, **dim.** | **poppina**, **dim.** | **poppùccia**, **dim.**

póppa (**2**) [lat. *pŭppi(m)*, di etim. incerta; 1313] **s. f.** **1** Parte posteriore di una nave o di una imbarcazione | ***Avere il vento in p.***, ***andare col vento in p.***, (*fig.*) procedere bene in qlco., avere fortuna. **CONTR.** Prua. ➡ **ILL.** p. 2155 SPORT; p. 2172 TRASPORTI. **2** (*poet.*) Nave. || **poppàccia**, **pegg.** | **poppétta**, **dim.** (V.).

poppaiòla **s. f.** ● (*region.*) Poppatoio.

poppànte [sec. XIV] **A part. pres.** di *poppare*; anche **agg.** ● Nei sign. del v. **B s. m. e f.** **1** Lattante. **2** (*fig., scherz.*) Giovane inesperto che assume un'aria esperta e vissuta.

poppàre [da *poppa* (*1*); av. 1348] **v. tr.** (*io póppo*) **1** Prendere il latte dalla mammella o dal poppatoio, succhiando (*anche assol.*): *p. con avidità* | (*est.*) Succhiare qlco. come quando si prende il latte: *ha il vizio di popparsi un dito*. **2** (*fig.*) Bere golosamente, assaporando: *p. il vino*; *s'è poppato un fiasco, quel beone*.

poppàta [1871] **s. f.** **1** Atto del poppare: *dà una p. e poi s'addormenta*. **2** Pasto a base di latte assunto dal neonato: *una p. ogni 3 o 4 ore*. || **poppatina**, **dim.**

poppatóio [da *poppare*; 1885] **s. m.** ● Recipiente in vetro o materiale plastico, usato per l'allattamento artificiale.

poppavìa [comp. di *poppa* (*2*) e *via*; 1585] **s. f.** ● (*mar.*) Direzione relativa verso la parte di poppa: *a p.* **CONTR.** Pruavia.

poppétta [1937] **s. f.** **1** Dim. di *poppa* (*2*). **2** Su una barca, parte esterna a poppa dove sta il timoniere.

poppière [av. 1625] **s. m.** ● Rematore di poppa | Marinaio addetto a operare nella poppa o a poppavia.

poppièro [1889] **agg.** ● Attinente al lato o alla parte di poppa | ***Nave poppiera***, in un convoglio, quella che segue immediatamente ciascuna nave.

poppùto [da *poppa* (*1*); av. 1808] **agg.** ● (*lett., scherz.*) Che ha grosse mammelle: *Era una donna… grassa, paffuta, popputa, panciuta, fiancuta e naticuta* (PARINI) | (*fig., lett.*) Che ricorda la forma di una mammella, che è rotondo, pieno: *delle cassette quasi elastiche dove … stanno stivati i popputi aranci* (SLATAPER).

pop star /pɔps'tar, *ingl.* 'pɔp,stɑ:ɹ/ [vc. ingl., comp. di *pop* e *star*; 1987] **loc. sost. f. inv.** (pl. ingl. *pop stars*) ● Cantante di successo di musica pop.

†**populàre** ● V. *popolare (2)*.

†**populazióne** ● V. *popolazione*.

populazionìsmo o **popolazionìsmo** [dal lat. tardo *populātio*, genit. *populatiōnis* 'popolazione', e *-ismo*; 1942] **s. m.** ● Tendenza politica e sociale favorevole a incrementi demografici.

populazionista o **popolazionista** [da *populazionismo*, sul modello dell'ingl. *populationist*] **A s. m.** e **f.** (pl. m. *-i*) ● Fautore del populazionismo. **B agg.** ● Relativo al populazionismo: *teoria p.*

pòpuleo [vc. dotta, lat. *popŭleu(m)*, agg. di *pōpulus* 'pioppo'; sec. XIV] **agg.** *1* (*lett.*) Di pioppo. *2* (*lett.*) Ornato di pioppi, coltivato o piantato a pioppi.

populìsmo [ingl. *populism*, dal lat. *pŏpulus* 'popolo (1)' col suff. *-ism* '-ismo'; 1921] **s. m.** *1* Movimento politico russo della fine del XIX sec., che aspirava alla formazione di una società socialista di tipo contadino, contraria all'industrialismo occidentale. *2* (*est.*) Ideologia caratteristica di movimento politico o artistico che vede nel popolo un modello etico e sociale. *3* (*spreg.*) Atteggiamento che mira ad accattivarsi il favore popolare mediante proposte demagogiche, di facile presa.

populista [ingl. *populist*, dal lat. *pŏpulus* 'popolo (1)', col suff. *-ist* '-ista'; 1919] **A s. m.** e **f.**; anche **agg.** (pl. m. *-i*) ● Seguace, fautore del populismo. **B agg.** ● Populistico.

populìstico [1963] **agg.** (pl. m. *-ci*) ● Concernente il populismo. || **populisticaménte**, **avv.**

populit® o **pòpulit** [marchio registrato; 1942] **s. m. inv.** ● Isolante termico e acustico, a base di fibre di legno e di materiale agglomerante cementizio, usato per soffitti, rivestimenti di pareti e sim.

†**pòpulo** (1) ● V. *popolo (1)*.

pòpulo (2) ● V. *popolo (2)*.

por /pɔr/ ● V. *porre*.

pòrca [lat. *pŏrca(m)*, di orig. indeur.; av. 1320] **s. f.** ● (*agr.*) Striscia di terreno piuttosto stretta e più o meno rilevata fra due solchi, spec. per smaltire l'acqua piovana.

porcaccióne [da *porco*; av. 1921] **s. m.** (f. *-a*) ● Persona sudicia (*spec. fig.*).

porcàggine [da *porco* in senso fig.; 1826] **s. f.** ● (*lett.*) Oscenità, turpitudine.

porcàio (1) o **porcàro** [lat. tardo *porcāriu(m)*, da *pŏrcus* 'porco'; av. 1320] **s. m.** (f. *-a*) ● Guardiano di porci. || **porcaiuòlo**, **dim.**

porcàio (2) [da *porco*; 1871] **s. m.** *1* Luogo sudicio, immondo. *2* (*fig.*) Luogo, ambiente o complesso di circostanze profondamente immorali: *devi tirarti fuori da quel p.*

porcarèccia o **porcherèccia** [lat. parl. **porcarĭcia(m)*, da *pŏrcus* 'porco'; 1559] **s. f.** (pl. *-ce*) ● Stalla, recinto dove si allevano i maiali.

porcàro ● V. *porcaio (1)*.

porcàta [da *porco*; 1928] **s. f.** *1* Azione vile e indegna: *fare una p. a qlcu.* *2* Discorso, parola, atto che offende il pudore altrui: *non fa altro che dire porcate.* SIN. Porcheria. *3* (*fam.*) Ciò che è di bassissimo livello: *quel film è una autentica p.* SIN. Boiata, schifezza.

porcellàna (1) [da *porcella*, perché assomiglia alla vulva di una scrofa; nel sign. 2, per la lucidezza della superficie, simile alle conchiglie; av. 1350] **s. f.** *1* Piccolo artropode marino di color rosso giallastro con chele setolose (*Porcellana platycheles*). *2* Materiale ceramico, a pasta vetrificata, impermeabile, traslucida, a fine struttura granulosa, usato per lavori artistici, stoviglie, strumenti da laboratorio, sanitari, isolanti elettrici, e sim. *3* (*est.*) Oggetto fatto di porcellana: *una p. di Sèvres, di Capodimonte, di Sassonia.* *4* Mantello di cavallo di colore bianco con riflessi azzurrognoli.

porcellàna (2) [lat. parl. **porcillāna(m)*, per il classico *porcillāca(m)*, da avvicinare a *portulaca* 'portulaca'; sec. XIV] **s. f.** ● Pianta erbacea delle Portulacacee, con fusto sdraiato, piccoli fiori gialli e foglie carnose (*Portulaca oleracea*) | *P. di mare*, pianta arbustiva delle Chenopodiacee, molto ramosa, con foglie grasse, che vive lungo le spiagge mediterranee (*Atriplex halimus*).

porcellanàre [denom. di *porcellana*; 1922] **v. tr.** ● Rivestire con una pittura smaltata vetrosa simile a porcellana: *p. una pentola, una vasca da bagno.*

porcellanàto [1930] **part. pass.** di *porcellanare*; anche **agg.** ● Nel sign. del v.

porcellino [1262] **s. m.** *1* (f. *-a*) Dim. di *porcello*. *2* (f. *-a*) (*fig.*) Bambino sporco. *3* (*zool.*) *P. d'India*, cavia | *P. di terra*, (*pop.*) isopode terrestre. *4* Piccola stufa di ferro che poggia su quattro piedi.

porcèllo [lat. *porcĕllu(m)*, dim. di *pŏrculus*, a sua volta dim. di *pŏrcus* 'porco'; av. 1950] **s. m.** *1* (f. *-a*) Maiale di pochi mesi. *2* (f. *-a*) (*fig., scherz.*) Persona sudicia o di costumi riprovevoli. *3* (*zool.*) *P. acquatico*, capibara. || **porcellétto**, **dim.** | **porcellino**, **dim.** (V.) | **porcellóne**, **accr.** (V.) | **porcellòtto**, **accr.**

porcellóne [1865] **s. m.** (f. *-a*) *1* Accr. di *porcello*. *2* (*fig., scherz.*) Persona sudicia, o dal contegno moralmente riprovevole.

†**porcheggiàre** [1524] **v. intr.** ● Comportarsi da porco.

porcherèccia ● V. *porcareccia*.

†**porcherèccio** **agg.** ● Di porco | *Spiedo p.*, per ferire, a caccia, il cinghiale.

porcheria [da *porco*; 1527] **s. f.** *1* Sporcizia, sudiciume: *raccogli questa p. da terra.* *2* (*fig.*) Cosa fatta in modo pessimo: *che p. quel film!*; *la traduzione che hai fatto è una vera p.* | (*est.*) Cibo, bevanda e sim. sporchi o preparati male: *il caffè così lungo è una p.* *3* (*fig.*) Azione disonesta e sleale: *fare, combinare una p. a qlcu.* *4* (*fig.*) Discorso, parola, atto, che offende il pudore altrui: *non fa altro che dire porcherie*; *non fate porcherie davanti ai bambini!* || **porcheriòla**, **dim.**

porchétta [sec. XIV] **s. f.** *1* Dim. f. di *porco*. *2* Maialino cotto intero al forno o allo spiedo con ripieno di lardo, erbe aromatiche e spezie.

porchettàio o (*rom.*) **porchettàro** [1808] **s. m.** (f. *-a*) ● Chi vende porchetta arrostita.

porchettàro ● V. *porchettaio*.

porciglióne [da *porcello*; 1827] **s. m.** ● Uccello dei Ralliformi di taglia modesta, con becco lungo e piumaggio denso (*Rallus aquaticus*). ➡ ILL. **animali**/8.

porcilàia **s. f.** ● Porcile.

porcile [da *porco*, sul modello di *ovile*; sec. XII] **A s. m.** *1* Fabbricato rurale destinato al ricovero dei suini. ➡ ILL. p. 2113 AGRICOLTURA. *2* (*fig.*) Luogo estremamente sudicio: *la stanza era un p.* **B agg.** ● †Di porco.

porcinèllo [1892] **s. m.** *1* Dim. di *porcino*. *2* Fungo delle Boletacee con cappello carnoso grigio bruno, gambo a squamette nerastre, commestibile (*Boletus scaber*).

porcino [lat. *porcīnu(m)*, agg. di *pŏrcus* 'porco'; av. 1320] **A agg.** *1* Di porco: *carne porcina*; *animali porcini* | *Occhio p.*, piccolo, rotondo e incassato, come gli occhi del porco. SIN. Suino. *2* (*lett., fig.*) Da porco, volgare: *… secondo lo specchio della sua anima porcina* (CARDUCCI). *3* (*bot.*) *Pan p.*, ciclamino. **B s. m.** ● Fungo commestibile con micelio in simbiosi con castagno, quercia, pino, cappello bruno o rossiccio (*Boletus edulis*) | *P. nero*, fungo commestibile, con cappello marrone scuro e gambo molto tozzo (*Boletus aureus*). SIN. Bronzino, moreccio | *P. lurido*, *p. livido*, fungo commestibile purché cotto, con cappello di colore variabile dal giallo al marrone, tubuli a pori arancio-rossi (*Boletus luridus*). ➡ ILL. **fungo**. || **porcinèllo**, **dim.** (V.).

†**porcinóso** [da *porcino*] **agg.** ● Laido, sozzo.

pòrco [lat. *pŏrcu(m)*, di orig. indeur.; 1262] **A s. m.** (f. *-a*; pl. m. *-ci*) *1* (*pop.*) Maiale | *P. selvatico*, cinghiale | *P. spino*, V. *porcospino* | *Essere grasso come un p.*, di persona grassissima | *Essere sudicio come un p.*, di persona estremamente sporca | *Fare la vita del beato p.*, di persona oziosa, che pensa solo a mangiare | *Mangiare come un p.*, con ingordigia. *2* Carne di maiale macellato: *p. salato.* *3* (*fig., spreg.*) Persona moralmente sudicia, viziosa e volgare: *fare il p.*; *parlare come un p.* **B** in funzione di **agg.** (inv. nel sign. 3) *1* (*spreg.*) Indecente, schifoso: *un p. lavoro*; *fare i propri porci comodi.* *2* (*pop.*) Esprime ira, rabbia, disappunto, impazienza, e sim. nelle loc. inter.: *p. mondo!*; *p. cane!*; *p. Giuda!*; *porca miseria!*; *porca l'oca!* e sim. *3* Nella loc. *pesce p.*, V. *pesce*. || **porcàccio**, **pegg.** | **porcacciàccio**, **pegg.** | †**porcacchióne**, **porcaccióne**, **accr.** | †**porcacchiuòlo**, **porcacciuòlo**, **dim.** | **porcèllo**, **dim.** (V.) | **porchétta**, **dim. f.** (V.) | **porchétto**, **dim.** | **porchettóne**, **accr.** | **porchettuòlo**, **pegg.** | **porconcèllo**, **dim.** | **porcóne**, **accr.** || **porcaménte**, **avv.** Da porco, in modo schifoso.

porcospino o (*raro*) **pòrco spino** [comp. di *porco* e *spino*; av. 1367] **s. m.** (pl. *porcospini*, †*pòrci spìni*) *1* (*zool.*) Istrice | (*pop.*) Impropriamente, riccio | *P. americano*, ursone. *2* (*fig.*) Persona burbera e chiusa nei rapporti con gli altri. *3* (*mar., gerg.*) Istrice nel sign. 3.

porcùme [comp. di *porco* e *-ume*; av. 1803] **s. m.** *1* (*raro*) Insieme di cose sudicie, immonde (*anche fig.*): *ripulire qlco. dal p.*; *quell'ambiente è un p.* *2* (*raro*) Porcheria, porcata.

pordenonése **A agg.** ● Di Pordenone. **B s. m.** e **f.** ● Abitante, nativo di Pordenone.

pòrfido o †**pòrfiro** [fr. *porfire*, dal gr. *porphýreos* (V. *porfireo*), con la dissimilazione della seconda *r* in *d*, come in *rado* e *armadio*; sec. XIII] **s. m.** ● (*geol.*) Roccia eruttiva effusiva composta in prevalenza da quarzo e ortoclasio in una massa microcristallina, molto dura, usata per monumenti, pavimentazioni e sim. | (*fig., lett.*) *Cuore di p.*, di pietra.

porfina [ricavato da *porfirina*] **s. f.** ● Composto chimico che costituisce il nucleo essenziale delle porfirine, risultante da quattro gruppi pirrolici.

porfìreo [vc. dotta, gr. *porphýreos* 'di porpora'. V. *porfiro*; av. 1556] **agg.** ● (*lett.*) Di porfido.

porfirìa [1958] **s. f.** ● Malattia, spec. costituzionale, dovuta a un alterato metabolismo delle porfirine, di cui esistono varie forme: *p. congenita*; *p. epatica*; *p. cronica*.

porfìrico (1) [da †*porfiro*] **agg.** (pl. m. *-ci*) ● (*geol.*) Di roccia caratterizzata da fenocristalli immersi in una massa microcristallina: *struttura porfirica*.

porfìrico (2) [da *porfiria*] **agg.** (pl. m. *-ci*) ● (*med.*) Relativo alla porfiria: *sindrome porfirica*.

porfirina [dal gr. *porphýra* 'porpora'; 1942] **s. f.** ● Composto chimico derivato dalla porfina, diffuso in natura come pigmento essenziale per la vita delle cellule animali e vegetali.

porfirióne [vc. dotta, lat. *porphyriōne(m)*, nom. *porphy̆rio*, dal gr. *porphyríōn*, da *porphýra* 'porpora', per il colore rosso del rostro; av. 1498] **s. m.** ● (*zool.*) Pollo sultano.

porfirite [vc. dotta, lat. *porphyrīte(m)*, nom. *porphyrītes*, dal gr. *porphyrítēs*, da *porphýra* 'porpora'; av. 1498] **s. f.** ● (*geol.*) Roccia eruttiva effusiva di tinta verdastra o rossastra, composta in prevalenza da grossi cristalli di plagioclasio in una massa di fondo più scura.

porfirizzàre [comp. di †*porfir(o)* e *-izzare*; 1835] **v. tr.** ● Ridurre una sostanza solida in polvere impalpabile.

porfirizzazióne [da *porfirizzare*; 1804] **s. f.** ● Operazione del porfirizzare.

†**pòrfiro** ● V. *porfido*.

porfiròide [vc. dotta, gr. *porphyroeidḗs* 'purpureo', comp. di *porphýra* 'porpora' ed *-eidḗs* '-oide'; 1819] **A agg.** ● Che ha aspetto di porfido. **B s. m.** ● (*geol.*) Roccia metamorfica finemente scistosa, di color grigio verdognolo, derivante da originari graniti, sieniti o porfidi.

♦**pòrgere** [lat. *porrĭgere*, comp. di *pŏr*, var. di *pro-* 'davanti' (V. *pro*) e *rĕgere* 'dirigere' (V. *reggere*); av. 1250] **A v. tr.** (pres. *io pòrgo* (o *-ó-*), *tu pòrgi* (o *-ó-*); pass. rem. *io pòrsi* (o *-ó-*), *tu porgésti*; part. pass. *pòrto* (o *-ó-*)) *1* Tendere qlco. a qlcu. perché possa afferrarla, impadronirsene, stringerla e sim.: *gli porse il foglio, un bicchiere, alcuni fiori*; *mi porse amichevolmente la mano* | *P. la mano*, (*fig.*) aiutare, soccorrere | *P. orecchio*, ascoltare | *P. ascolto*, prestare attenzione | (*fig., lett.*) *P. gli occhi*, fissare lo sguardo. *2* (*fig.*) Offrire, dare: *p. l'occasione* | *P. il destro*, l'opportunità | *P. fede*, credere | (*lett.*) Apportare, recare: *p. diletto, noia, refrigerio* | (*lett.*) *P. il colpo*, colpire | (*lett.*) *P. la morte*, uccidere. *3* (*fig., lett.*) Riferire, dire | Suggerire. **B v. intr.** (aus. *avere*) *1* Declamare, recitare con efficacia, usando convenientemente l'intonazione, le pause, i gesti ecc.: *sa p. con garbo ed eleganza*; *un modo di p. inconfondibile.* *2* †Sporgere. **C v. rifl.** ● (*lett.*) Mostrarsi: *l'ombra d'Anchise si porse* (DANTE *Par.* XV, 25).

porgiménto [1355] **s. m.** ● (*raro*) Il porgere.

porgitóre [av. 1380] **s. m.** (f. *-trice*) ● (*raro*) Oratore o attore che sa porgere: *è un abile p.*

poricida [comp. di *por(o)* e *-cida*; 1991] **agg.** ● (*bot.*) Detto di capsula che espelle i semi mediante l'apertura di pori, come nel papavero.

Poriferi [vc. dotta, comp. di *poro-* e *-fero*; 1875] **s. m. pl.** (**sing.** *-o*) ● Nella tassonomia animale, tipo di Metazoi acquatici con corpo sacciforme sostenuto da un'impalcatura cornea, silicea o calcarea (*Porifera*). **SIN.** Spongiari.

pòrno [fr. *porno*, ricavato da *pornographique* 'pornografico'; 1970] **A agg. inv.** ● Pornografico: *film, stampa, riviste p.* **B s. m. inv.** ● Pornografia, intesa spec. come produzione e smercio di materiale pornografico: *la capitale, la centrale del p.*

pòrno- [ricavato da *pornografico*] primo elemento ● In parole composte significa 'pornografico', o indica relazione con la pornografia: *pornofilm, pornorivista, pornostar.*

pornoattóre [comp. di *porno-* e *attore*; 1988] **s. m.** (**f.** *-trice*) ● Attore specializzato in film o spettacoli pornografici.

pornocassétta [comp. di *porno-* e *cassetta*; 1986] **s. f.** ● Videocassetta in cui sono registrati film o spettacoli pornografici.

pornodivo [comp. di *porno-* e *divo*; 1986] **s. m.** (**f.** *-a*) ● Attore molto famoso di film o spettacoli pornografici.

pornofilm [comp. di *porno-* e *film*; 1971] **s. m.** ● Film di contenuto pornografico.

pornofumétto [comp. di *porno-* e *fumetto*; 1972] **s. m.** ● Fumetto pornografico.

pornografia [fr. *pornographie*, da *pornographe* 'pornografo'; 1865] **s. f.** *1* Descrizione e rappresentazione di temi o immagini oscene in opere letterarie, artistiche, cinematografiche e sim. *2* †Scritto intorno alla prostituzione.

pornogràfico [da *pornografia*; 1884] **agg.** (**pl. m.** *-ci*) ● Relativo a pornografia, basato sulla pornografia: *materiale p.*; *libro p.*; *fotografie pornografiche.* ‖ **pornograficaménte**, **avv.**

pornògrafo [fr. *pornographe*, dal gr. *pornográphos*, propr. 'che scrive intorno alle meretrici' comp. di *pórnē* 'meretrice', (dal v. difettivo *pérnēmi* 'io vendo', di orig. indeur.) e *-gráphos* '-grafo'; 1865] **s. m.** (**f.** *-a*) ● Chi scrive, disegna o rappresenta soggetti pornografici.

pornolocàle [comp. di *porno-* e *locale* (2)] **s. m.** ● Sala pubblica che ospita spettacoli pornografici.

pornorivista [comp. di *porno-* e *rivista*; 1972] **s. f.** ● Rivista di contenuto pornografico.

pornoshop /pɔrnoʃ'ʃɔp, *ingl.* 'pɔ:ɹnəʊ,ʃɒp/ [comp. di *porno-* e dell'ingl. *shop* 'negozio'; 1970] **s. m. inv.** ● Negozio specializzato nella vendita di materiale pornografico.

pornoshow /pɔrnoʃ'ʃo*, *ingl.* 'pɔ:ɹnəʊ,ʃəʊ/ [comp. di *porno-* e *show*; 1987] **s. m. inv.** ● Spettacolo pornografico.

pornostàmpa [comp. di *porno-* e *stampa*; 1972] **s. f.** ● Il complesso delle pubblicazioni aventi carattere pornografico.

pornostar /pɔrnos'tar, *ingl.* 'pɔ:ɹnəʊ,stɑ:ɹ/ [comp. di *porno-* e *star*; 1974] **s. f. inv.** ● Attore o attrice molto famosi di film o spettacoli pornografici.

pornovìdeo [comp. di *porno-* e *video*(*-clip*); 1984] **s. m. inv.** ● Videoclip che contiene immagini pornografiche | Insieme delle immagini contenute in una pornocassetta.

pòro [vc. dotta, lat. tardo *pŏru*(*m*), nom. *pŏrus*, dal gr. *póros* 'passaggio', da *peírein* 'passare', di orig. indeur.; av. 1311] **s. m.** *1* (*anat.*) Ognuno degli orifizi del condotto escretore della ghiandola sudoripara sulla cute | (*bot.*) ***Pori germinativi***, punti attraverso i quali dai granuli di polline esce il budello pollinico | (*fig.*) ***Sprizzare rabbia, veleno, invidia da ogni p., da tutti i pori***, essere incattivito o invidioso | (*fig.*) ***Sprizzare salute, felicità da ogni p., da tutti i pori***, essere sanissimo, felicissimo e sim. ➡ **ILL.** p. 2126 ANATOMIA UMANA. *2* Ognuno dei piccoli forellini riscontrabili nei corpi solidi: *i pori del legno, della roccia.* *3* (*astron.*) ***P. solare***, area scura e quasi puntiforme che appare sulla fotosfera del Sole e che, espandendosi, produce una macchia. ‖ **porétto**, **dim.**

pòro-, -poro [dal gr. *póros* 'passaggio'; V. *poro*] primo o secondo elemento ● In parole composte della terminologia scientifica significa 'passaggio, orifizio': *poriferi, poroforo, blastoporo.*

poroadenite [comp. di *poro-* e *adenite*] **s. f.** ● (*med.*) Adenite.

poròforo [comp. di *poro-* e *-foro*; 1965] **agg.** ● Detto di sostanza capace di generare porosità.

porosità [1499] **s. f.** *1* Caratteristica di ciò che è poroso. **CONTR.** Compattezza, densità. *2* (*fis.*) Proprietà generale dei corpi di essere forniti di spazi o distanze fra le molecole che li compongono.

poróso [da *poro*; av. 1320] **agg.** ● Ricco di pori: *pelle porosa*; *pietra porosa.*

porpezite [da *Porpez*, località del Brasile ove fu trovata; 1883] **s. f.** ● Lega naturale di oro e palladio.

pórpora [vc. dotta, lat. *pŭrpura*(*m*), nom. *pŭrpura*, dal gr. *porphýra*, di etim. incerta; av. 1250] **s. f.** *1* Sostanza colorante rossa usata dagli antichi, secreta da ghiandole del tegumento di gasteropodi marini del genere *Purpura* e *Murex*. *2* Colore vermiglio: *cielo di p.* | ***Essere, diventare, farsi di p.***, (*fig.*) arrossire violentemente. *3* Drappo, tessuto tinto con la porpora | (*est.*) Veste realizzata con tale tessuto: *la p. regia, prelatizia* | (*est.*) La dignità e il titolo di cardinale: *aspirare alla p.*; *essere innalzato alla p.* | ***Indossare la p.***, essere eletto cardinale. *4* (*med.*) Macula rosso-violacea della pelle dovuta a una piccola emorragia: *p. emorragica* | ***P. retinica***, rodopsina.

porporàto [vc. dotta, lat. *purpurātu*(*m*), da *pŭrpura* 'porpora'; av. 1347] **A agg.** ● Vestito, ornato di porpora: *senatori porporati.* **B s. m.** ● Cardinale | Chi ha diritto alla dignità della porpora.

porporeggiàre o **purpureggiàre** [da *porpora*, sul modello del gr. *porphyrízein*, da *porphýra* 'porpora'; av. 1426] **A v. intr.** (*io porporéggio*; aus. *avere*) ● (*lett.*) Rosseggiare come porpora, tendere al color porpora. **B v. tr.** ● †Tingere nel colore della porpora.

porporina [da *porporino*; sec. XV] **s. f.** *1* Sostanza colorante rossa. *2* Polvere metallica finissima usata per ricoprire oggetti di varia natura e per ottenere effetti particolari.

porporino [da *porpora*; av. 1332] **agg.** ● Purpureo, vermiglio: *guance, labbra porporine*; *un fiore p.*; *il muto cielo / saettato da sprazzi porporini* (D'ANNUNZIO).

†pòrporo **s. m.** ● Porpora.

porràccio [da *porro*; av. 1826] **s. m.** ● (*bot.*) Asfodelo.

porrandèllo [da *porro*; 1972] **s. m.** ● (*bot.*) Erba perenne delle Liliacee, simile al porro, con bulbo commestibile diviso in pochi spicchi e stelo con infiorescenza globosa di piccoli fiori rosei (*Allium ampeloprasum*).

♦**pórre** o †**pònere** [lat. *pōnere*, comp. di *po-* (che indica allontanamento) e *sĭnere* 'lasciare' (di etim. incerta); sec. XII] **A v. tr.** (talvolta troncato in *por*; **pres.** *io póngo, tu póni, egli póne, noi poniàmo, †pognàmo, †pogniàmo, voi ponéte, essi póngono*; **pass. rem.** *io pósi, †puòsi, tu ponésti, egli póse, †puòse, noi ponémmo, voi ponéste, essi pósero, †puòsero*; **fut.** *io porrò, †ponerò*; **congv. pres.** *io pónga, †pógna, noi poniàmo, †pognàmo, †pogniàmo, †ponghiàmo, voi poniàte, †pognàte, †pogniàte, †ponghiàte, essi póngano*; **condiz.** *io porrèi, †ponerèi*; **ger.** *ponèndo, †pognèndo*; **part. pass.** *pósto, †pòsito, †ponùto*) *1* Mettere: *p. a tavola, in un cassetto, da parte, in disparte, al coperto, al riparo*; *posero a confronto i due imputati, le due tesi*; *p. a frutto, a interesse un capitale, una somma* | ***P. agguati, insidie***, disseminarli sul cammino di qlcu. (*anche fig.*) | ***P. fine, p. termine***, concludere questioni, diatribe, discussioni e sim. *2* Collocare, posare: *gli pose una mano sul capo*; *mi pose un foglio tra le mani*; *p. le basi, le fondamenta di un edificio, di una costruzione* | ***P. la prima pietra***, dare inizio a una costruzione edile | Stabilire, piantare (*anche fig.*): *p. il campo, le tende*; *ha posto a vigna tutto il terreno*; *p. le basi di una società migliore, le fondamenta di una nuova cultura* | ***P. confini, limiti***, limitare, contenere (*anche fig.*). *3* (*fig.*) †Deporre, smettere | ***P. giù***, (*fig., lett.*) mettere da parte: *Pon giù omai, pon giù ogni temenza* (DANTE *Purg.* XXVII, 31). *4* Dedicare, spec. in iscrizioni tombali o commemorative: *gli amici riconoscenti posero.* *5* (*lett.*) Innalzare, erigere: *i templi … l'arte non pose a questo fine* (PARINI). *6* (*fig.*) Ritenere, supporre: *Democrito, che 'l mondo a caso pone* (DANTE *Inf.* IV, 136); *poniamo che quanto affermi sia vero*; *poniamo che a sia uguale a b* | ***Poni caso***, per ipotesi: *e se lui, poni caso, decide di accettare?* *7* In molti casi il significato del verbo è determinato dal complemento che lo segue | ***P. una domanda***, rivolgerla | ***P. un quesito***, prospettarlo | ***P. una questione, un problema***, impostarli | †***P. l'animo a qlco.***, interessarsene | ***P. mente a qlco.***, considerarla con attenzione | ***P. la mira***, mirare (*spec. fig.*) | ***P. gli occhi, lo sguardo***, fissarli o appuntarli su qlco. o qlcu.; (*fig.*) guardare con palese interesse o desiderio: *da tempo ha posto gli occhi su quel podere* | ***P. mano a qlco.***, iniziare, intraprendere qlco. | (*fig.*) ***P. un freno***, contenere, limitare, frenare | ***P. in essere***, realizzare | ***P. in esecuzione***, cominciare a realizzare | ***P. a effetto***, mandare a effetto | ***Porsi qlco. in animo, in mente, in cuore***, decidere, stabilire. *8* (*raro*) Attribuire: *p. qlco. a colpa di qlcu.* *9* (*raro*) Aggiungere. *10* †Esporre: *p. la propria persona, la vita.* **B v. intr.** *1* †Tramontare, detto del sole. *2* †Scendere a terra, detto degli uccelli. *3* †Approdare. **C v. rifl.** ● Mettersi: *porsi a sedere, in marcia, in cammino*; *i commensali si posero a tavola*; *la fanciulla si pone accanto al fuoco*; *porsi in salvo*; *porsi in posizione eretta, supina* | (*fig.*) Atteggiarsi: *non so come intenda porsi di fronte a una scelta così difficile.*

porridge /'pɔrridʒ, *ingl.* 'pɒɹɪdʒ/ [vc. ingl., dal fr. *potage* 'minestra'; 1825] **s. m. inv.** ● Piatto a base di farina d'avena non abburattata, bollita in acqua o latte zuccherati, tipico della cucina inglese.

porrìna [vc. dotta, lat. *porrīna*(*m*), che aveva però il sign. di 'aiuola di porri', da *pŏrrum* 'porro'; 1565] **s. f.** ● Pianta di castagno allevata per farne pali o legname da opera.

pòrro [lat. *pŏrru*(*m*), di orig. preindeur.; 1280] **s. m.** *1* Pianta erbacea delle Liliacee con bulbo a tuniche biancastre, piccolo e ovoide, usata come ortaggio (*Allium porrum*). ➡ **ILL. piante**/11. *2* (*pop.*) Verruca volgare. *3* (*veter.*) Cancro del fettone. ‖ †**porrétta**, **dim. f.** | **porrétto**, **dim.** | **porrìno**, **dim.** | **porróne**, **accr.**

porróso [1641] **agg.** ● Pieno di porri, di bitorzoli: *mani porrose.*

pòrsi (1) ● V. *porgere.*

pòrsi (2) ● V. *porre.*

♦**pòrta** (1) [lat. *pŏrta*(*m*), propr. 'passaggio', di orig. indeur.; sec. XIII] **A s. f.** *1* Apertura praticata in una parete o in una recinzione per crearvi un passaggio | Serramento che si applica all'apertura per aprirla o chiuderla: *p. interna, esterna, di sicurezza, a uno o due battenti* | ***P. maestra***, di città, castello, fortezza | ***P. pretoria***, porta principale dell'accampamento romano, volta verso il nemico | ***P. decumana***, opposta alla pretoria | ***P. di servizio***, in alberghi e palazzi, quella riservata ai fornitori e ai domestici | ***P. di sicurezza***, in pubblici locali, vano che in caso d'incendio permette un rapido sfollamento | ***P. a comando pneumatico, a pannelli ripiegabili, a fisarmonica***, nei tram, autobus, automotrici e sim. | ***P. stagna***, nelle paratie stagne navali, chiusura pronta ed ermetica aperta nel passaggio da un locale a un altro | ***P. finestra***, V. *portafinestra* | ***Fuori di p., fuori p.***, alla periferia di una città | ***Alle porte***, (*fig.*) molto vicino, nel tempo e nello spazio: *abita alle porte di Milano*; *ormai l'inverno è alle porte* | ***Mettere qlcu. alla p.***, scacciarlo | ***Prendere la p.***, andarsene | ***Chiudere la p.***, (*fig.*) mettere fine a qlco. | ***Andare di p. in p.***, andare chiedendo l'elemosina o dei favori di casa in casa, da una persona all'altra | ***Abitare p. a p.***, uno accanto all'altro | ***Vendita p. a p.***, V. *porta a porta* | ***Chiudere la p. in faccia a qlcu.***, (*fig.*) rifiutargli ogni aiuto | ***Battere a tutte le porte***, (*fig.*) domandare a tutti spec. aiuto materiale | ***Trovare la p. chiusa, tutte le porte chiuse***, (*fig.*) ottenere solo rifiuti | ***Indicare la p. a qlcu.***, (*fig.*) invitarlo ad andarsene | ***Aprire le porte***, (*fig.*) concedere a qlcu. di entrare in particolari ambienti, gruppi e sim.: *quella conoscenza gli aprirà tutte le porte* | (*fig.*) ***Sfondare una p. aperta***, tentare cose già fatte da altri o sostenere tesi e opinioni che nessuno contesta o discute | ***P. aperta a chi porta, e chi non porta, parta***, libero accesso a chi reca doni, e chi viene a mani vuote, se ne vada (scioglilingua) | (*dir.*) ***A porte chiuse***, a cui il pubblico non può assistere: *udienza, dibattimento a porte chiuse.* *2* (*al pl.*) Imposte, battenti: *le porte bronzee del Battistero.* *3* Sportello: *la p. dell'armadio, del forno, della caldaia.* *4* In vari giochi di palla, struttura di grandezza varia posta alle due estremità del campo, entro la quale i giocatori delle due squadre cercano di mandare la palla o il disco per ottenere un punto a proprio vantaggio: *tirare in p.* | Nello sci, passaggio obbligato per i concorrenti delle gare di slalom e di supergigante, costituito da due paletti di uguale colore tra i quali, nella parte superiore, è teso un telo. ➡ ILL. p. 2158 SPORT. **5** (*elab.*) Connettore di interfaccia | L'interfaccia stessa: *p. parallela, seriale.* **6** (*geogr.*) Valico di montagna, passo | ***P. del ghiacciaio, p. glaciale***, bocca del ghiacciaio. **7** (*st.*) ***Sublime P.***, il governo e la corte dell'impero ottomano; (*est.*) l'impero stesso. **8** (*anat.*) ***P. erniaria***, apertura della parete addominale attraverso cui esce l'ernia. **9** (*est.*) †Apertura, voragine: *la p. / del bassissimo pozzo* (DANTE *Inf.* XXIV, 37-38). || **portàccia**, **pegg.** | **portèlla**, **dim.** | **portellino**, **dim. m.** | **portèllo**, **dim. m.** (V.) | **porticciuòla**, **dim.** | **porticèlla**, **dim.** | **porticina**, **dim.** | **portóne**, **accr. m.** (V.). **B** in funzione di **agg. inv.** (posposto a un s.) ● (*anat.*) Solo nella loc. ***vena p.***, vena che raccoglie il sangue dallo stomaco, dall'intestino e dalla milza convogliandolo al fegato.

PORTA
nomenclatura

porta

● *caratteristiche*: interna ⇔ esterna, segreta;

● *tipi di porta*: girevole (tornello), scorrevole = coulisse (a soffietto = a libro, saracinesca = ghigliottina = avvolgibile, a comando pneumatico, a pannelli ripiegabili, a fisarmonica), a uno, a due battenti, basculante = a pendolo, a vento, portafinestra (cfr. finestra); cancello, portale, portone (portoncino, portello), porta blindata, di sicurezza, antincendio, di servizio, maestra = principale = padronale, bussola, controporta; carraia; porta stagna; portiera = sportello (cfr. automobile); portellone, boccaporto; urbica, maestra, pretoria ⇔ decumana;

● *parti della porta*: telaio a muro, montante, soprapporta, strombatura, cornice, mostra = coprifilo, architrave, stipiti, soglia, arpioni = gangheri = cardini, spinta, battenti, pannelli; campanello, batacchio = battiporta, battuta, serratura, chiave, chiavistello, toppa, maniglia, pomello, paletto, catenaccio, catena di sicurezza, spranga, saliscendi, monachetto, nasello, spioncino, gattaia = gattaiola;

● *azioni*: entrare ⇔ uscire, fare ingresso = varcare la soglia, mettere piede, avere accesso = accedere, introdursi; bussare = suonare, aprire, spalancare ⇔ chiudere, serrare, sbarrare, socchiudere = accostare, accompagnare ⇔ sbattere; incardinare ⇔ scardinare, sfondare, abbattere, scassinare, forzare; cigolare.

†**pòrta** (2) [da *portare*] **s. m.** (**pl.** *-a* o *-i*) ● (*tosc.*) Facchino, portatore | Portalettere.

pòrta- [dall'imperat. del v. *portare*] primo elemento ● In parole composte, indica trasporto (*portacontainers*), contenimento (*portacenere*), custodia (*portagioie*), sostegno (*portasciugamano*) o anche apporto (*portafortuna*) di ciò che è indicato dalla seconda parte del termine.

portaàcqua o **portàcqua** [comp. di *porta-* e *acqua*; 1729] **s. m. e f. inv.** **1** Acquaiolo. **2** Portaborracce.

portaàghi [comp. di *porta-* e il pl. di *ago*; 1835] **s. m. inv.** **1** Astuccio nel quale vengono conservati gli aghi da cucito. **2** Strumento chirurgico a forma di pinza per manovrare gli aghi da sutura.

portaamàlgama ● V. *portamalgama.*

pòrta a pòrta [traduz. dell'ingl. *door-to-door*] **A** **loc. agg. inv.** ● Detto di tecnica di vendita al dettaglio in cui il prodotto viene offerto direttamente al domicilio dell'acquirente: *campagna pubblicitaria porta a porta.* **SIN.** Door-to-door. **B** anche **loc. avv.**: *vendere, distribuire porta a porta.* **C** anche **loc. sost. m. inv.**

portaattrèzzi ● V. *portattrezzi.*

portabagàgli o **portabagàglio** nel sign. A2 [comp. di *porta-* e il pl. di *bagaglio*; calco sul fr. *porte-bagages*; 1914] **A** **s. m. inv.** (anche **f.** nel sign. 1) **1** Facchino. **2** Struttura metallica che si applica al tettuccio degli autoveicoli per il trasporto di valigie, pacchi e sim. | Nelle vetture ferroviarie, nelle autocorriere e sim., ripiano su cui si appoggiano bagagli e soprabiti | (*fam.*) Bagagliaio di un'auto. **B** anche **agg. inv.**: *carrello p.* | ***Vano p.***, bagaglieria.

portabandièra [comp. di *porta-* e *bandiera*; calco sul fr. *porte-bannière*; 1824] **A** **s. m. e f. inv.** **1** Chi ha il compito di portare la bandiera. **SIN.** Alfiere. **2** (*fig.*) Chi è il principale difensore di una dottrina, il primo e migliore sostenitore di una teoria e sim.: *fu per lunghi anni il p. del surrealismo.* **B** anche **agg. inv.**: *sottotenente p.*

portabastóni [comp. di *porta-* e il pl. di *bastone*; 1931] **A** **s. m. inv.** **1** Rastrelliera per i bastoni da passeggio. **2** Nel golf, l'assistente che porta la sacca con i bastoni, segnala la posizione raggiunta dalla palla e svolge altri servizi. **SIN.** Caddie. **B** anche **agg. inv.**: *mobiletto p.*

portabiancheria [comp. di *porta-* e *biancheria*; 1970] **A** **s. m. inv.** ● Mobiletto o custodia di varia forma e materia, usato per contenere la biancheria da lavare. **B** anche **agg. inv.**: *mobile p.*

portabigliétti [comp. di *porta-* e il pl. di *biglietto*; calco sul fr. *porte-billets*; 1866] **A** **s. m. inv.** ● Custodia di pelle o altro, simile a un portafogli, per tenervi biglietti da visita. **B** anche **agg. inv.**: *custodia p.*

portàbile [vc. dotta, lat. tardo *portābile(m)*, da *portāre* 'portare'; av. 1375] **agg.** **1** Che si può portare: *carico p.* **2** Che si può indossare: *abito difficilmente p.* **CONTR.** Importabile.

portabilità **s. f.** **1** Caratteristica di ciò che è portabile, detto spec. di capi di abbigliamento. **2** (*tecnol.*) Caratteristica di determinati prodotti di adattarsi facilmente e senza alcuna modifica a condizioni di impiego diverse da quelle previste in sede progettuale: *p. di un sistema operativo.* **3** (*est.*) Versatilità | Integrabilità.

portàbiti o **portàbito** [comp. di *port(a)-* e il pl. di *abito*; 1963] **A** **s. m. inv.** ● Sostegno per appendere gli abiti ed evitare che si sgualciscano. **B** anche **agg. inv.**: *gruccia p.*

portabòllo [comp. di *porta-* e *bollo*; 1950] **A** **s. m. inv.** ● Oggetto di diversa forma e materiale, in cui è messo il bollo attestante la licenza di circolazione per motoveicoli e autoveicoli. **B** anche **agg. inv.**: *bustina p.*

portabómbe [comp. di *porta-* e il pl. di *bomba*; 1958] **A** **s. m. inv.** ● Apparato che in un aeromobile è atto a contenere o a tenere agganciate le bombe predisposte per il lancio o lo sgancio: *p. ventrale.* **B** anche **agg. inv.**: *vano p.*

portaborràcce [comp. di *porta-* e il pl. di *borraccia*; 1963] **s. m. e f. inv.** ● (*disus.*) Nelle gare ciclistiche, gregario addetto al rifornimento di bevande per il capossquadra.

portabórse [comp. di *porta-* e il pl. di *borsa* (*1*); 1980] **s. m. e f. inv.** ● (*spreg.*) Chi, lavorando spec. come segretario di un personaggio importante o comunque potente, si mostra, nei confronti di questi, disponibile fino al servilismo.

portabottiglie [comp. di *porta-* e il pl. di *bottiglia*: calco sul fr. *porte-bouteilles*; 1846] **A** **s. m. inv.** ● Scaffale di legno o metallo, atto a riporvi e conservarvi orizzontalmente le bottiglie. **SIN.** Bottigliere, cantinetta. **B** anche **agg. inv.**: *scaffale, ripiano, cestello p.*

portabùrro [comp. di *porta-* e *burro*; 1970] **A** **s. m. inv.** ● Burriera. **B** anche **agg. inv.**: *vassoio p.*

portacandéla o **portacandéle** [comp. di *porta-* (*re*) e *candela*; 1974] **s. m.** (**pl. inv.** o *-e*) ● Candeliere che ha il supporto per una sola candela o più candele.

portacappèlli [comp. di *porta-* e il pl. di *cappello*; calco sul fr. *porte-chapeaux*; av. 1594] **A** **s. m. inv.** ● (*raro*) Cappelliera. **B** anche **agg. inv.**: *valigetta p.*

portacàrta [comp. di *porta-* e *carta*] **s. m. inv.** **1** Contenitore per carta igienica in risma. **2** Portarotolo.

portacàrte [comp. di *porta-* e il pl. di *carta*; calco sul fr. *porte-cartes*; 1870] **A** **s. m. inv.** ● Borsa di pelle o altro per mettervi carte, documenti, libri: *un p. in cuoio.* **B** anche **agg. inv.**: *una cartella p.*

portacassétte [comp. di *porta-* e del pl. di *cassetta*] **A** **s. m. inv.** ● Contenitore, gener. di plastica rigida, nel quale si possono riporre ordinatamente cassette audio o video.

portacatino [comp. di *porta-* e *catino*; av. 1909] **A** **s. m. inv.** ● Supporto di ferro del catino. **B** anche **agg. inv.**: *supporto p.*

portacénere [comp. di *porta-* e *cenere*; 1885] **A** **s. m. inv.** ● Vasetto o piattino per deporvi la cenere delle sigarette e dei sigari, i mozziconi, i fiammiferi spenti. **SIN.** Ceneriera, posacenere. **B** anche **agg. inv.**: *vasetto p.*

portacéste o **portacésta** [comp. di *porta-* e il pl. di *cesta*; 1908] **s. m. e f. inv.** ● (*disus.*) Nel gergo teatrale, addetto al trasporto del bagaglio personale degli attori.

portachiàtte [comp. di *porta-* e *chiatte*] **s. f. inv.** ● Nave adibita al trasporto di altura di chiatte.

portachiàvi [comp. di *porta-* e il pl. di *chiave*; calco sul fr. *porte-clefs*; 1954] **A** **s. m. inv.** ● Piccolo oggetto di varia forma e materiale, per riporre le chiavi e portarle con sé. **B** anche **agg. inv.**: *anello p.*

portacìcche [comp. di *porta-* e il pl. di *cicca*] **s. m. inv.** ● (*gerg.*) Nella prima guerra mondiale, giberna.

portacìpria [comp. di *porta-* e *cipria*; 1938] **s. m. inv.** ● Scatoletta con piumino e specchietto, tenuta in borsetta dalle donne.

portacolóri [comp. di *porta-* e il pl. di *colore*; 1958] **s. m. e f. inv.** ● Chi partecipa a una gara sportiva per conto di una società o scuderia | (*est.*) L'atleta più rappresentativo di una squadra | (*est.*) Il personaggio più rappresentativo di un movimento o di un partito politico.

portacontainer /pɔrtakon'teiner/ [comp. di *porta-* e il pl. di *container*; 1968] **A** **agg. inv.** ● Detto di mezzo di trasporto, spec. nave, appositamente costruito per portare container. **B** **s. f. inv.** ● Nave portacontainer.

portacontenitóri [comp. di *porta-* e il pl. di *contenitore*; 1983] **agg. inv.** ● Portacontainer.

portacovóni [comp. di *porta-* e il pl. di *covone*; 1965] **s. m. inv.** ● Tipo di telaio destinato a ricevere i covoni dalla mietilegatrice, quando non vengono scaricati direttamente a terra.

portàcqua ● V. *portaacqua.*

portacravàtte [comp. di *porta-* e il pl. di *cravatta*] **s. m. inv.** ● Piccola rastrelliera per tenere appese le cravatte, generalmente collocata all'interno di un armadio.

portadischi [comp. di *porta-* e il pl. di *disco*; 1965] **A** **s. m. inv.** ● Album o mobiletto per dischi musicali. **B** anche **agg. inv.**: *mobile p.* | ***Piatto p.***, parte del giradischi su cui viene posto il disco.

portadocuménti [comp. di *porta-* e del pl. di *documento*] **A** **s. m. inv.** **1** Portacarte. **2** Custodia di piccolo formato e di svariati materiali, destinata a contenere documenti personali e carte di credito. **B** anche **agg. inv.**: *cartella p.*

portadólci [comp. di *porta-* e il pl. di *dolce*; 1846] **s. m. inv.** ● Piatto a più ripiani munito di un piede di sostegno, usato per servire dolci: *p. di maiolica, d'argento.*

portaelicòtteri [comp. di *porta-* e il pl. di *elicottero*; 1961] **A** **s. f. inv.** ● Nave attrezzata per consentire l'involo e l'appoggio degli elicotteri usati per operazioni di sbarco o caccia ai sommergibili. **B** anche **agg. inv.**: *nave, fregata, incrociatore p.*

portaèrei [comp. di *port(a)-* e il pl. di *aereo*; 1931] **A** **agg. inv.** ● Che è in grado di portare aerei e a farli partire in volo, detto spec. di grandi veicoli attrezzati allo scopo: *nave p.*; *aereo p.* **B** **s. f. inv.** ● Grande nave militare, con ampio ponte di volo dal quale partono e sul quale atterrano gli aerei imbarcati sulla nave stessa con compiti di scorta, esplorazione, attacco. **SIN.** Portaeromobili. **C** **s. m. inv.** ● Aereo portaerei.

portaeromòbili [comp. di *porta-* e il pl. di *aeromobile*] **s. f. inv.** ● (*mil.*) Portaerei.

portaferiti [comp. di *porta-* e il pl. di *ferito*; 1902] **s. m. inv.** ● Soldato addetto al trasporto dei feriti dal campo di battaglia al posto di medicazione.

portafiàccole [comp. di *porta-* e il pl. di *fiaccola*; 1861] **s. m. inv.** ● Braccio di bronzo o ferro battuto fissato al muro esterno di un palazzo, per sostenere fiaccole o torce.

portafiammìferi [comp. di *porta-* e il pl. di *fiammifero*; calco sul fr. *porte-allumettes*; 1891] **A** **s. m. inv.** ● Scatoletta o vasetto per tenervi i fiammiferi. **B** anche **agg. inv.**: *scatoletta p.*

portafiàschi [comp. di *porta-* e il pl. di *fiasco*; 1735] **A** **s. m. inv.** ● Paniere per più fiaschi o bottiglie. **B** anche **agg. inv.**: *paniere p.*

portafiàsco [comp. di *porta-* e *fiasco*] **s. m.** (**pl.** *-schi*) ● Cestello da tavola per tenere il fiasco del vino.

portafilo o **portafili** [comp. di *porta-* e *filo*] **A** **s. m. inv.** ● Dispositivo del telaio tessile che mantiene l'ordito nella posizione voluta. **B** anche **agg. inv.**: *dispositivo p.*

portafinèstra o **pòrta finèstra** [comp. di *porta* (*1*) e *finestra*: calco sul fr. *porte-fenêtre*; 1930] **s. f.** (pl. *portefinèstre* o *pòrte finèstre*) ● Finestra da balcone o terrazzo apribile fino al pavimento.

portafióri [comp. di *porta-* e il pl. di *fiore*; 1891] **A** **s. m. inv.** ● Vaso o sostegno per fiori recisi. **B** anche **agg. inv.**: *recipiente, cassetta p.*

♦**portafògli** [av. 1556] s. m. inv. ● Portafoglio, nei sign. 1 e 2.

portafòglio [comp. di *porta-* e *foglio*; calco sul fr. *porte-feuille*; 1801] s. m. (pl. *-i*) *1* Busta di pelle per banconote e sim.: *il p. è vuoto* | ***Mettere mano al p.***, accingersi a pagare | ***Alleggerire qlcu. del p.***, rubarglielo | ***Avere il p. gonfio, ben fornito e sim.***, essere ricco | ***Gonna a p.***, aperta e sovrapposta largamente sul davanti o sul dietro. *2* (*est.*) Borsa per documenti e sim., usata da uomini d'affari o politici. *3* (*fig.*) Funzione o carica di ministro: *il p. degli Esteri, degli Interni* | ***Senza p.***, detto di membro del governo che abbia dignità o titolo di ministro, senza essere preposto ad alcun dicastero particolare. *4* Complesso delle cambiali esistenti presso una banca in attesa di riscossione, e dei titoli che rappresentano un investimento dell'istituto stesso | ***P. estero***, complesso di titoli o divise estere posseduti da una banca o da un'impresa | Complesso delle azioni, dei depositi, dei titoli, dei fondi comuni e di altre obbligazioni possedute da una persona o da un ente in un certo momento | Complesso delle polizze emesse da una compagnia d'assicurazione in una certa data. || **portafoglino**, dim.

portafortùna [comp. di *porta-* e *fortuna*; 1908] **A** s. m. inv. ● Amuleto | Persona, animale che si ritiene porti fortuna. **B** anche agg. inv.: *un ciondolo p.*

portafòto [comp. di *porta-* e *foto*] s. m. inv. ● Acc. di *portafotografie*.

portafotografie [comp. di *porta-* e il pl. di *fotografia*] s. m. inv. ● Accessorio di forma e materiale vari, in cui inserire una o più fotografie.

portafrùtta [comp. di *porta-* e *frutta*; 1937] **A** s. m. inv. ● Fruttiera. **B** anche agg. inv.: *recipiente p.*

portafuṣìbili [comp. di *porta-* e il pl. di (*valvola*) *fusibile*; 1965] s. m. inv. ● (*elettr.*) Dispositivo di porcellana, bachelite o altro materiale isolante, che contiene uno o più fusibili.

portaghiàccio [comp. di *porta-* e *ghiaccio*] **A** s. m. inv. ● Contenitore per cubetti di ghiaccio. **B** anche agg. inv.: *secchiello p.*

portagiòie [comp. di *porta-* e il pl. di *gioia*; 1958] **A** s. m. inv. ● Cofanetto spesso artisticamente lavorato in cui si pongono e conservano i gioielli. **B** anche agg. inv.: *scrigno p.*

portagioièlli [comp. di *porta-* e il pl. di *gioiello*; 1958] **A** s. m. inv. ● Portagioie. **B** anche agg. inv.: *cofanetto p.*

portagomitoli o **portagomitolo** [comp. di *porta-* e il pl. di *gomitolo*; 1941] **A** s. m. inv. ● Scatoletta cilindrica per chiudervi uno o più gomitoli di lana, spago o altro, il cui capo viene fuori da un buco. **B** anche agg. inv.: *scatola p.*

portaimmondìzie [comp. di *porta-* e il pl. di *immondizia*; 1958] s. m. inv. ● Pattumiera.

portaimprónta [comp. di *porta-* e *impronta*; 1973] s. m. inv. ● Strumento del dentista usato per prendere l'impronta necessaria per le protesi.

portaincènso o **portincènso** [comp. di *porta-* e *incenso*; 1958] s. m. inv. ● (*relig.*) Navicella.

portainnèsto o **portinnèsto** [comp. di *porta-* e *innesto*; 1958] s. m. (pl. *-i*) ● (*agr.*) Pianta o parte di essa che riceve l'innesto.

portainségna o **portinségna** [comp. di *porta-* e *insegna*; calco sul fr. *porte-enseigne*; sec. XVI] s. m. inv. (anche f. inv. nel sign. 2) *1* Soldato che portava la bandiera in sostituzione dell'alfiere, al quale si accompagnava. *2* (*fig.*) Alfiere: *un p. del surrealismo.*

portalàmpada o **portalàmpade** [comp. di *porta-* e *lampada*; 1925] **A** s. m. inv. ● Dispositivo cilindrico cavo di metallo e porcellana in cui si avvita il peduccio della lampadina elettrica. **B** anche agg. inv.: *dispositivo p.*

portalàndre [comp. di *porta-* e il pl. di *landra*] s. m. inv. ● (*mar., raro*) Asse di legno che sostiene le landre delle coffe.

portalàpis [comp. di *porta-* e *lapis*; calco sul fr. *porte-crayon*; 1853] **A** s. m. inv. *1* Cannello spec. metallico dentro il quale si pone la matita consumata per poterla usare anche se corta. SIN. Portamatita. *2* Portamatite. **B** anche agg. inv.: *astuccio p.*

portàle (1) [da (*vena*) *porta*] agg. ● (*anat.*) Della vena porta.

portàle (2) [da *porta* (*1*); 1499] s. m. *1* Grande porta di chiese e palazzi con decorazioni e ornati. ➡ ILL. p. 2118 ARCHITETTURA. *2* (*tecnol.*) Struttura sporgente costituita da una traversa rettilinea, orizzontale o arcuata, sorretta da piedritti ad asse verticale o inclinato, rigidamente collegati a essa. *3* (*elab.*) Sito che offre servizi diversi e rimanda ad altri siti.

portalèttere o **portalèttere** [comp. di *porta-* e il pl. di *lettera*; av. 1547] s. m. e f. inv. ● Chi ha il compito di recapitare lettere a domicilio.

portaliquòri [comp. di *porta-* e il pl. di *liquore*; 1970] s. m. inv. ● Vassoio su cui si dispongono la bottiglia di liquore e i bicchieri.

portamàlgama o **portaamàlgama** [comp. di *port*(*a*)- e *amalgama*; 1973] s. m. inv. ● Strumento del dentista usato per le otturazioni.

†**portamantèllo** o **portamantèlli**, **pòrta-mantèlli** [comp. di *porta-* e *mantello*; calco sul fr. *portemanteau*; 1806] **A** s. m. inv. ● Specie di sacca per vestiario che il soldato di cavalleria un tempo portava legata all'arcione posteriore della sella | Sacca analoga, usata dai civili | Appendiabiti, attaccapanni. **B** anche agg. inv.: *sacca p.*

portamatita [comp. di *porta-* e *matita*; 1939] s. m. inv. ● Portalapis, nel sign. 1.

portamatite [comp. di *porta-* e il pl. di *matita*; 1958] **A** s. m. inv. ● Astuccio a forma di cilindro aperto per contenere matite. **B** anche agg. inv.: *astuccio p.*

portaménto [av. 1250] s. m. *1* †Trasporto | (*est.*) †Ciò che si porta. *2* Modo di camminare, di muoversi e di atteggiare la persona: *un p. altero, nobile*; *avere un bel p.* *3* (*fig., lett.*) Modo di procedere, di comportarsi: *un p. buono, lodevole.* SIN. Condotta. *4* (*mus.*) Passaggio della voce o di uno strumento ad arco da una nota a un'altra sfiorando rapidamente tutti i suoni intermedi.

portamina o **portamine** [comp. di *porta-* e *mina*; 1958] s. m. inv. ● Tipo di matita automatica costituita da un cannello nel cui interno è contenuta una mina che si fa uscire premendo un pulsante | Nel compasso, parte in cui si inserisce la mina.

portamissili [comp. di *porta-* e il pl. di *missile*; 1958] **A** agg. inv. ● Che è in grado di portare missili e a farli partire, detto di veicoli o d'altri mezzi attrezzati allo scopo: *nave p.*; *aereo p.* **B** s. m. inv. ● Aereo portamissili. **C** s. f. inv. ● Nave portamissili.

portamonéte [comp. di *porta-* e il pl. di *moneta*; calco sul fr. *porte-monnaie*; 1857] s. m. inv. ● Oggetto in pelle o altro materiale, a forma di taschino o di piccolo sacchetto, spesso con vari scompartimenti e con cerniere, per riporre monete spicciole e sim.: *un p. in velluto, in plastica* | ***Vuotare il p.***, spendere tutto il denaro che si ha con sé. SIN. Borsellino.

portamòrso [comp. di *porta-* e *morso*; calco sul fr. *porte-mors*; 1562] s. m. inv. ● Ognuna delle cinghiette di cuoio che reggono il morso del cavallo, collegandolo alla testiera.

portampólle [comp. di *port*(*a*)- e il pl. di *ampolla*; 1869] s. m. inv. ● Ampolliera, oliera.

portamunizióni [comp. di *porta-* e il pl. di *munizione*; 1918] s. m. inv. ● Soldato che ha il compito di portare le cassette di munizioni al seguito dell'arma di reparto che le usa.

portamùsica [comp. di *porta-* e *musica*; 1940] **A** s. m. inv. ● (*raro*) Mobiletto per fogli e libri di musica. **B** anche agg. inv.: *mobiletto p.*

portànte [sec. XIII] **A** part. pres. di *portare*; anche agg. *1* Nei sign. del v. | ***Fune p.***, fune d'acciaio a cui è sospesa la teleferica (rispetto alla *fune traente*). *2* (*edil.*) Detto di struttura avente funzioni di sostegno | ***Muro p.***, che regge il peso di una costruzione. *3* (*aer.*) ***Piano, superficie p.***, superficie alare di un aereo su cui agisce la portanza. *4* (*fis.*) ***Onda p.***, V. *onda*. *5* (*mar.*) Detto di andatura dell'imbarcazione a vela, quando il vento viene da poppavia del traverso. **B** s. m. *1* Ambio del cavallo | ***Andare di p., di buon p.***, (*fig.*) detto di chi cammina a passi piccoli e veloci. *2* †Vettura.

portantina [da (*sedia*) *portante*; 1745] s. f. *1* Sedia da viaggio spesso coperta da un baldacchino, con stanghe laterali per i portatori, in uso fino al 1700. *2* Lettiga per ammalati, barella per feriti.

portantino [da *portare*; 1726] s. m. *1* Chi reggeva la portantina. *2* (f. *-a*) Negli ospedali, inserviente addetto al trasporto degli ammalati, ai lavori di fatica e sim. *3* In una vetreria, aiutante che porta l'oggetto di vetro appena lavorato al forno di raffreddamento.

portànza [ant. fr. *portance*, da *porter* 'portare'; 1929] s. f. *1* Portata massima di qlco. *2* (*fis.*) Componente verticale, diretta verso l'alto, delle forze che agiscono su un profilo immerso in un fluido in movimento, come un profilo alare.

portaobiettivi [comp. di *porta-* e il pl. di *obiettivo*; 1983] agg. inv. ● Detto di dispositivo cui sono applicati obiettivi cinematografici, microscopici e sim.

portaocchiàli [comp. di *porta-* e del pl. di *occhiale*; 1959] **A** s. m. inv. ● Custodia in pelle o materiale sintetico nella quale si ripongono gli occhiali. **B** agg. inv. ● Detto di accessorio di materiale vario che si applica, tramite due anellini, alla parte ricurva delle stanghette degli occhiali, per assicurare questi ultimi al collo di chi li porta, quando non sono inforcati: *catenella p.*

portaoggètti [comp. di *porta-* e il pl. di *oggetto*; 1770] **A** agg. inv. ● Che serve a contenere oggetti vari: *vano p.* | ***Vetrino p.***, vetrino su cui si appoggiano i preparati da osservare al microscopio. **B** s. m. inv. ● Vetrino portaoggetti.

portaòlio [comp. di *porta-* e *olio*; 1970] s. m. inv. *1* Oliera: *un p. di ceramica.* *2* Piccolo strumento appuntito dell'orologiaio, usato per lubrificare meccanismi.

portaombrèlli o **portombrèlli** [comp. di *porta-* e il pl. di *ombrello*; calco sul fr. *porte-parapluies*; 1912] **A** s. m. inv. ● Supporto fornito di vaschetta ove si raccoglie l'acqua che gocciola dall'ombrello | Vaso di forma allungata ove porre l'ombrello. **B** anche agg. inv.: *vaso p.*

portaórdini [comp. di *porta-* e il pl. di *ordine*; 1918] s. m. e f. inv. ● Soldato incaricato del recapito di dispacci a mano.

portaòvo ● V. *portauovo.*

portapàcchi [comp. di *porta-* e il pl. di *pacco*; 1922] s. m. inv. (anche f. inv. nel sign. 2) *1* Portabagagli, spec. per cicli e moto. *2* Chi in un negozio, magazzino e sim. è addetto alla consegna a domicilio di pacchi.

portaparòla [comp. di *porta-* e *parola*] s. m. e f. inv. ● (*raro*) Portavoce.

portapénne [comp. di *porta-* e il pl. di *penna*; calco sul fr. *porte-plume*; 1871] **A** s. m. inv. *1* Asticciola, cannello per infilarvi il pennino. *2* Astuccio o contenitore per le penne. **B** anche agg. inv.: *astuccio p.*

portapennóni [comp. di *porta-* e il pl. di *pennone*] s. m. inv. ● (*mar.*) Sostegno di legno sopra la murata, con una larga intaccatura nella quale vengono a posarsi i pennoni maggiori ammainati.

portapèzzo [comp. di *porta-* e *pezzo*] agg. inv. ● Nelle macchine utensili, detto di piano regolabile su cui viene montato il pezzo da lavorare: *tavola p.*

portapiàtti [comp. di *porta-* e il pl. di *piatto*; calco sul fr. *porte-plat*; 1958] **A** s. m. inv. *1* Rastrelliera o cestello di filo metallico in cui si fanno scolare i piatti. *2* Grande vassoio in uso spec. nei collegi per portare i piatti in tavola. **B** anche agg. inv.: *vassoio, rastrelliera p.*

portapillole [comp. di *porta-* e del pl. di *pillola*; 1986] s. m. inv. ● Piccolo contenitore, di varie fogge e materiali, per pillole.

portapipe [comp. di *porta-* e il pl. di *pipa*; 1970] s. m. inv. ● Oggetto in legno, da muro o da tavolo, per reggere le pipe.

†**portapólli** [comp. di *porta-* e il pl. di *pollo*] s. m. e f. inv. ● Mezzano, ruffiano.

portapoṣàte [comp. di *porta-* e il pl. di *posata*; 1958] **A** s. m. inv. ● Vassoio a bordi rialzati e diviso in più scomparti contenente, separati, i vari tipi di posate. **B** anche agg. inv.: *vassoio p.*

portaprànzi o **portaprànzo** [comp. di *porta-* e il pl. di *pranzo*; 1912] **A** s. m. inv. ● Portavivande. **B** anche agg. inv.: *cesta p.*

portapùnta [comp. di *porta-* e *punta*; 1925] **A** agg. inv. ● Detto di mandrino in cui viene fissata la punta di un trapano. **B** anche s. m. inv.

portaràzzi [comp. di *porta-* e il pl. di *razzo*; 1937] **A** agg. inv. ● Che è atto a portare razzi e a farli partire, detto di veicoli o altri mezzi adatti allo scopo. **B** s. m. inv. ● Veicolo, supporto e sim. portarazzi.

♦**portàre** [vc. dotta, lat. *portāre*, da *pŏrta*, il cui sign. originario era 'passaggio'; sec. XII] **A** v. tr. (*io pòrto*) **I** Quando l'idea del movimento, in senso proprio o figurato, è prevalente, il verbo assume i seguenti sign.: *1* Sostenere su di sé un oggetto, un peso e sim. per muoverlo, spostarlo e sim.: *p. un pacco, un vassoio*; *p. i libri in mano*; *p. lo zaino* *sulle spalle*; *p. un fanciullo in braccio*; *p. la borraccia ad armacollo, il fucile in spalla*; *il vecchio cavallo portava faticosamente un grosso carico*; *portatemi il bagaglio al deposito*; *abbiamo portato in solaio molte vecchie cose* | **P. in seno un fanciullo**, detto di donna incinta durante la gestazione | **P. qlcu. in trionfo**, sollevarlo in alto sulle braccia, al di sopra di tutti, per festeggiarlo: *dopo la vittoria l'hanno portato in trionfo per le vie della città* | (*fig.*) **P. legna al bosco**, **acqua al mare**, **vasi a Samo**, **nottole ad Atene**, **cavoli a Legnaia**, fare cose inutili, sprecare tempo e fatica per nulla | **P. in tavola**, servire le vivande ai commensali | **P. qlcu. in palma di mano**, (*fig.*) lodarlo moltissimo | (*fig.*) **P. alle stelle**, **sugli scudi**, esaltare. **2** Consegnare, recare, dare (*anche fig.*): *mi hanno portato adesso questo regalo*; *portatemi il conto, la lista delle vivande*; *p. qlco. in dono, in dote*; *vi porto la sua risposta, le ultime notizie, i suoi saluti* | **P. qlco. a casa**, guadagnare e dare per le spese familiari determinate somme | (*fig.*) **P. aiuto**, **soccorso**, aiutare, soccorrere | (*fig.*) **P. guerra**, farla, dichiararla | (*fig.*) **P. qlco. a conoscenza di qlcu.**, renderglíela nota, informare qlcu. di qlco. **3** Prendere o tenere con sé, spec. quando si viaggia o comunque ci si trasferisce: *portarsi le provviste, un abito pesante*; *ho pensato di portare anche il bambino*; *si è portato dietro un sacco di cianfrusaglie*. **4** (*fig.*) Proporre o designare e fornire di adeguati appoggi: *p. qlcu. come candidato* | (*est., fig.*) Addurre, presentare: *p. un esempio, un paragone fuori luogo*; *temo che porteranno molte prove contro di noi*; *in appoggio alla sua tesi porta l'autorità di Aristotele*. **5** Accompagnare: *p. i bambini a spasso, ai giardini pubblici*; *mi ha portato al cinema* | Condurre: *la strada che porta al mio paese, a casa mia*; *ecco l'autobus che porta fino al centro* | **P. la voce**, guidarla senza staccare le note. **6** Fare arrivare: *hanno portato l'acquedotto fino a qui*; *dicono che porteranno presto l'elettricità anche da noi* | (*fig.*) **Qual buon vento ti porta?**, quale felice circostanza ti ha fatto giungere fin qui? | **P. l'acqua al proprio mulino**, (*fig.*) badare al proprio utile | **P. a maturazione**, **a compimento**, **a conclusione e sim.**, (*fig.*) far sì che qlco. si compia, si concluda, giunga agli effetti che si volevano | **P. avanti**, (*fig.*) far procedere, progredire: *p. avanti una pratica* | **P. avanti il discorso**, rendere d'interesse generale un determinato argomento; (*est.*) impegnarsi in un certo tipo di attività, di lavoro e sim. | **P. in alto**, sollevare; (*fig.*) innalzare: *portate le braccia in alto e flettete il busto in avanti*; *la sua abilità lo sta portando molto in alto* | **P. su**, (*fig.*) fare aumentare: *p. su i prezzi*. **7** Trascinare con sé: *la corrente portava tronchi, rami e relitti d'ogni genere*; *una violenta ondata li travolse e li portò sulla secca* | **Che il diavolo ti porti, se lo porti!**, escl. di stizza, ira e sim. | **P. via**, detto di cosa, asportare, strappare o rubare: *l'ingranaggio gli ha portato via una mano*; *una folata di vento gli portò via il cappello*; *mi hanno portato via il portafogli* | **P. via**, detto di persona, allontanarla, impadronirsene o farla morire: *portatelo via di qui, non lo voglio vedere*; *i carabinieri l'hanno portato via con le manette*; *un male terribile lo sta portando via* | **Portarsi via**, detto di cose, conquistarle, acquistarle; rubarle: *s'è portata via i premi migliori, i pezzi più belli*; *si sono portati via la mia automobile*. **8** Guidare manovrando: *p. l'automobile, un autotreno, una barca*; *sono abituato a p. solo piccole cilindrate* | **P. in porto**, detto di nave, condurla all'attracco; (*fig.*) far giungere qlco. alla conclusione voluta: *p. in porto un affare, una trattativa*. **9** (*fig.*) Indurre: *ecco a cosa ti ha portato l'ambizione*; *ciò porta a considerazioni d'altro genere*; *dopo aver esaminato la faccenda, sono portato a credere alla sua innocenza*. **10** (*lett.*) Avere come conseguenza, esigere: *la natura, almeno quella degli uomini, porta che vita e infelicità non si possono scompagnare* (LEOPARDI). **11** (*fig.*) Causare, generare, produrre: *la tua iniziativa ha portato ottimi frutti*; *p. la neve, la pioggia*; *p. danno, lutti, rovine*; *p. fortuna, disgrazia* | (*fam.*) **P. scalogna**, **iella**, portare disgrazia | (*fam.*) **P. bene**, **male**, portare fortuna, sfortuna. **III** Quando l'idea del movimento si attenua fino a scomparire del tutto, il verbo assume i seguenti sign.: **1** Reggere o sostenere su di sé: *ogni colonna porta il suo capitello*; *le travi portano il tetto*; *ognuno porti il proprio carico* | (*est.*) Riuscire a reggere, avere la forza di sostenere: *è un animale robusto e porta carichi molto pesanti*; *quella vite non può p. tutti i suoi grappoli*. **2** Avere indosso: *p. un abito elegante, un fiore all'occhiello, la pelliccia* | Usare abitualmente: *p. gli occhiali, la parrucca* | **P. i pantaloni**, (*fig., scherz.*) con riferimento a donna che comanda, spec. nell'ambito familiare | Tenere: *p. i capelli lunghi, il pizzo, i baffi*; *ha sempre portato le trecce* | **P. alta la testa**, andare a testa alta | **P. il viso basso**, andare o restare a testa china. **3** Avere: *p. un braccio al collo, una vistosa fasciatura*; *il libro porta sulla copertina la fotografia dell'autore*; *noi portiamo un nome onorato*; *p. il titolo di cavaliere* | **P. scritto in fronte**, (*fig.*) lasciar vedere chiaramente agli altri: *porta scritta in fronte la sua dabbenaggine*. **4** (*fig.*) Provare, nutrire sentimenti nei confronti di qlcu.: *p. odio, amicizia*; *mi hai offeso ma non ti porto rancore*; *te ne prego, per l'amore che ti porto* | (*fig.*) **P. in cuore**, serbare, racchiudere nell'intimità dei propri sentimenti e pensieri | **P. rispetto**, rispettare | **P. pazienza**, pazientare | †**P. dolore**, soffrire | †**P. fede**, mantenerla | †**P. speranza**, sperare. **5** (*raro*) Sopportare: *p. con dignità il proprio dolore, una gran pena, la delusione*; *tu hai sbagliato, tu dovrai portarne le conseguenze* | **P. bene**, **male il vino**, **l'alcol**, essere un buono, un cattivo bevitore | **P. bene gli anni**, conservarsi bene, quanto all'aspetto e alle forze, in rapporto alla propria età | (*fig.*) **P. la propria croce**, sopportare dignitosamente i propri dispiaceri. **6** (*raro, fig.*) Comportare, permettere: *secondo porta la stagione*; *agire come porta il dovere*. **7** (*est., assol.*) Nella navigazione a vela, prendere il vento in modo favorevole alla rotta | **Le vele portano**, quando sono ben gonfie di vento. **8** †Importare: *O frate, l'andar in sù che porta?* (DANTE *Purg.* IV, 127) | (*fig.*) †**P. la spesa**, mettere conto, valere la pena. **B** v. intr. pron. **1** Trasferirsi, recarsi: *cercate di portarvi un poco più in alto*; *portarsi sul luogo del disastro, sulla scena della tragedia* | Spostarsi: *la vettura si portò sulla destra, sul ciglio della strada, in una zona d'ombra*. **2** Comportarsi, agire: *portarsi con grande signorilità e cortesia*; *con noi si è sempre portato da galantuomo*. **3** Stare, di salute: *come ti porti?*; *portarsi abbastanza bene, benino, maluccio, così così*.

†**portarèca** [comp. di *porta(re)* e *recare*] s. m. (pl. inv. o *-chi*) **1** Garzone di mugnaio che fa la spola tra il mulino e i clienti fornitori di grano da macinare. **2** Galoppino.

portareliquie [comp. di *porta-* e del pl. di *reliquia*] s. m. inv. ● Contenitore per la conservazione e la custodia di reliquie.

portarifiùti [comp. di *porta-* e del pl. di *rifiuto*] **A** s. m. inv. ● Recipiente in materiale sintetico rigido, gener. contenente all'interno un sacchetto di plastica, nel quale si getta la spazzatura domestica. **B** anche agg. inv.: *secchio p.*

portarinfùse [comp. di *porta-* e della loc. sost. (*alla*) *rinfusa*] s. f. inv. ● (*mar.*) Cargo mercantile per il trasporto di materiali incoerenti.

portaritràtti [comp. di *porta-* e il pl. di *ritratto*; 1891] s. m. inv. ● Cornice o custodia per mettere in vista fotografie o ritratti.

portariviste [comp. di *porta-* e il pl. di *rivista*; 1958] **A** s. m. inv. ● Mobiletto di forma e materia varia, nel quale si conservano giornali e riviste. **B** anche agg. inv.: *mobile p.*

portarocchétto [comp. di *porta-* e *rocchetto*; 1940] s. m. (pl. inv. o *-i*) ● Piccola asta della macchina da cucire, dove si pone il rocchetto.

portarossétto [comp. di *porta-* e *rossetto*; 1970] **A** s. m. inv. ● Custodia metallica per il rossetto. **B** anche agg. inv.: *astuccio p.*

portaròtolo o **portaròtoli** [comp. di *porta-* e *rotolo*] s. m. (pl. inv. o *-i*) ● Utensile che, fissato al muro, sostiene un rotolo di carta igienica o da cucina.

portasapóne [comp. di *porta-* e *sapone*; calco sul fr. *porte-savon*; 1952] **A** s. m. inv. ● Vaschetta, scatoletta, supporto e sim. per mettervi il sapone. **B** anche agg. inv.: *scatoletta p.*

portascàlmo [comp. di *porta-* e *scalmo*; 1889] s. m. inv. ● (*mar.*) Supporto situato sulla falchetta delle imbarcazioni dove si fissa lo scalmo.

portascì [comp. di *porta-* e *sci*; 1983] s. m. ● Attrezzo che si monta sul tetto o sul retro degli autoveicoli per trasportare e sostenere gli sci.

portasciugamàno o **portasciugamàni** [comp. di *port(a)-* e *asciugamano*; 1970] s. m. inv. ● Accessorio fissato al muro o montato su una base mobile, che serve per appendervi o sostenere asciugamani.

portascopino [comp. di *porta-* e *scopino*] s. m. (pl. inv. o *-i*) ● Piccolo contenitore nel quale si ripone lo scopino del water dopo l'uso.

portasigarétte [comp. di *porta-* e il pl. di *sigaretta*; calco sul fr. *porte-cigarettes*; 1878] **A** s. m. inv. ● Astuccio di varia foggia e materiale, per tenervi le sigarette: *un p. d'oro, di pelle*; *p. da tasca, da tavolo*. **B** anche agg. inv.: *astuccio p.*

portasigari [comp. di *porta-* e il pl. di *sigaro*; calco sul fr. *porte-cigares*; 1846] **A** s. m. inv. ● Astuccio in cuoio o altro, per sigari. **B** anche agg. inv.: *scatola p.*

portaspàda [comp. di *porta-* e *spada*; 1921] s. m. inv. ● Allacciatura che pende dal cinturone e sostiene la spada.

portaspazzolini [comp. di *porta-* e il pl. di *spazzolino*; 1967] s. m. inv. ● Accessorio del bagno adatto a contenere gli spazzolini da denti ed eventualmente il dentifricio.

portaspazzolino [comp. di *porta-* e *spazzolino*; 1958] **A** s. m. inv. ● Astuccio di varia forma e materia per riporre lo spazzolino da denti. **B** anche agg. inv.: *astuccio p.*

portaspilli [comp. di *porta-* e il pl. di *spillo*; 1844] **A** s. m. inv. ● Cuscinetto sul quale si appuntano gli spilli. **B** anche agg. inv.: *cuscinetto p.*

portastànghe [comp. di *porta-* e il pl. di *stanga*; 1869] s. m. inv. ● Ciascuna delle due cinghie di cuoio con fibbia che sostengono le stanghe ai fianchi dell'animale da tiro.

portastecchini [comp. di *porta-* e il pl. di *stecchino*; calco sul fr. *portecuredent*; 1940] s. m. inv. ● Piccolo oggetto di forma e materia varia nel quale si tengono sulla tavola gli stuzzicadenti.

portastendàrdo [comp. di *porta-* e *stendardo*; av. 1915] **A** s. m. e f. inv. ● Persona che ha il compito di portare uno stendardo. **B** s. m. inv. ● Supporto o braccio metallico fissato gener. sulla facciata di antichi palazzi, al quale un tempo veniva appeso uno stendardo.

portastuzzicadènti [comp. di *porta-* e *stuzzicadenti*; 1970] s. m. inv. ● Portastecchini.

portàta [da *portare*; sec. XIV] s. f. **1** Ciascuna delle diverse vivande che si servono in un pranzo: *banchetto di otto portate*; *la p. del pesce*; *due portate di carne*. **2** Capacità di carico di un veicolo o mezzo di trasporto: *verificare la p. di un autotreno*. **3** †Prodotto, produzione | (*est.*) Entrata, rendita. **4** (*mil.*) Gittata. **5** (*fig.*) Limite, livello o punto cui si può arrivare con determinati mezzi: *il prezzo non è alla nostra p.* | **Alla p. di tutti**, accessibile a tutti | **A p. di mano**, di cosa che si tiene a disposizione, reperibile in ogni momento; (*fig.*) di ciò che è raggiungibile: *tengo sempre una candela a p. di mano*; *la vittoria è ormai a p. di mano*. **6** (*fig.*) Capacità: *il loro ingegno è di uguale p.* **7** (*fig.*) Importanza, valore, rilievo: *evento di grande p.*; *la p. storica dei fatti*. **8** (*fis.*) Volume di acqua che passa in una sezione di un corso d'acqua nell'unità di tempo: *fiume con una grande p. d'acqua*. **9** (*arch.*) Corda di un arco.

portatèssere o **portatèssera** [comp. di *porta-* e il pl. di *tessera*; 1942] **A** s. m. inv. ● Busta, spec. trasparente, per custodirvi tessere o documenti in genere. **B** anche agg. inv.: *busta p.*

portàtico [da *porta* (*1*); av. 1795] s. m. (pl. *-ci*) ● In epoca medievale, tributo che si doveva pagare all'entrata in una città o in un porto.

♦**portàtile** [da *portato*, sul modello di *portabile*; sec. XIV] **A** agg. ● Che si può trasportare: *cucina, farmacia, arma p.* | **Sedia p.** portantina. **B** s. m. o f. ● (*ellitt.*) Televisore, computer, macchina per scrivere e sim. portatile.

†**portatìvo** [fr. *portatif*, da *porter* 'portare'] agg. ● Che si può portare, portatile | (*mus.*) **Organo p.** o (*ellitt.*) **portativo**, organo di piccole dimensioni che, un tempo, si metteva a tracolla.

portàto [1313] **A** part. pass. di *portare*; anche agg. **1** Nei sign. del v. **2** Che è già stato usato: *abito p. e non nuovo*. **3** Che è per natura incline a qlco.: *essere p. allo studio, alla vita attiva*; *sono poco p. per il disegno* | Propenso: *sono p. a credere che abbia ragione*. **4** (*mus.*) Colpo d'arco spec. del violino e della viola, in cui l'arco, aderente alla corda, porta il suono tra una nota e l'altra pur senza legarlo. SIN. Separato. **B** s. m. *1* (*lett.*) Parto. *2* Conseguenza, frutto: *il p. del progresso tecnico.* *3* †Portamento.

portatóre [vc. dotta, lat. *portatōre(m)*, da *portātus* 'portato'; 1293] **A** s. m. *1* (f. *-trice*) Chi porta o trasporta: *consegnare la valigia al p.* CFR. -fero, -foro, -gero. *2* (f. *-trice*) Chi trasporta, spec. a mano o a spalla, carichi, anche pesanti, in zone selvagge, d'alta montagna o disabitate. *3* (f. *-trice*) Latore (*anche fig.*): *consegnerete la risposta al p. della presente*; *p. di lieta notizia.* *4* (f. *-trice*) (*med.*) Persona o animale che ospita germi patogeni e li può eliminare pur senza manifestare sintomi evidenti di malattia infettiva, rappresentando una potenziale fonte di infezione: *p. sano.* *5* (f. *-trice*) (*banca*) Chi detiene titoli nominativi così da poter esercitare i diritti in essi incorporati | ***Al p.***, detto di titolo pagabile a chi lo presenta. *6* (*fis.*) ***P. di carica***, ciascuno degli enti responsabili della conduzione elettrica, quali gli elettroni nei conduttori metallici, gli ioni nei conduttori elettrolitici, gli elettroni nei semiconduttori | ***P. di maggioranza***, ***maggioritario***, in un semiconduttore, quello costituente più della metà di tutti i portatori di carica | ***P. di minoranza***, ***minoritario***, in un semiconduttore, quello costituente meno della metà di tutti i portatori di carica. *7* (*zool.*) ***P. di spada***, pesce osseo dei Pecilidi che vive nel Messico, la cui pinna caudale ha un lungo prolungamento scintillante a forma di spada (*Xiphophorus helleri*). *8* ***P. di handicap***, handicappato. *9* ***P. d'acqua***, (*disus.*) nel ciclismo, portaborracce; (*fig.*) nel gergo politico, chi porta voti al proprio partito senza ricevere nulla in cambio. **B** agg. ● (*biol.*) ***Femmina portatrice***, individuo di sesso femminile che porta e sviluppa nel proprio utero un embrione estraneo.

portatovagliòlo [comp. di *porta-* e *tovagliolo*: calco sul fr. *porte-serviettes*; 1893] s. m. (pl. inv. o *-i*) ● Busta o anello di materiale vario in cui si ripone il tovagliolo.

portatrèno [comp. di *porta-* e *treno* nel sign. 6] s. m. inv. ● (*mecc.*) In un rotismo epicicloidale, la parte rotante intorno a un asse fisso e recante i perni dei satelliti.

portattrèzzi o **portaattrèzzi** [comp. di *port(a)-* e del pl. di *attrezzo*] **A** s. m. inv. *1* Cassetta metallica a più scomparti nei quali si possono riporre, razionalmente disposti, numerosi attrezzi e utensili da lavoro. *2* Trattrice congegnata in modo da consentire l'applicazione e il traino, anche contemporaneo, di vari macchinari agricoli. **B** anche agg. inv.: *cassetta p.*; *veicolo p.*

†**portatùra** [da *portato*; 1264] s. f. *1* Trasporto. *2* Modo di acconciarsi abiti, barba, capelli e sim. *3* Portamento.

portauòva [comp. di *porta-* e il pl. di *uovo*; 1954] s. m. inv. ● Recipiente per trasportare uova senza romperle o per conservarle nel frigorifero.

portauòvo o **portaòvo** [comp. di *porta-* e *uovo*; 1954] s. m. inv. ● Piccolo calice per presentare in tavola e consumare l'uovo con il guscio.

portautensili o (*raro*) **portautènsili** [comp. di *porta-* e il pl. di *utensile*; 1949] **A** s. m. inv. ● Nelle macchine utensili, supporto a cui si fissa l'utensile. **B** anche agg. inv.: *barra p.*

portavalóri [comp. di *porta-* e il pl. di *valore*; 1970] **A** s. m. e f. inv. ● Presso banche e agenzie di credito, persona incaricata del trasporto di denaro liquido, assegni e sim. **B** agg. inv. ● Adibito al trasporto o alla protezione di denaro, valori e sim.: *furgone*, *cassetta p.*

portavàsi [comp. di *porta-* e il pl. di *vaso*; 1889] s. m. inv. *1* Sostegno per vasi da fiori | Vaso ornamentale di ceramica, metallo e sim., che ne nasconde uno di terracotta con fiori o piante. *2* (*mar.*) Lunga trave che s'incastra sui parati a fianco delle longarine per sostenere l'invasatura della nave durante il varo.

portavivànde [comp. di *porta-* e il pl. di *vivanda*; 1846] **A** s. m. inv. ● Cesta, carrello e sim. atto a trasportare, conservandoli caldi, cibi già pronti. **B** anche agg. inv.: *carrello p.*

portavóce [comp. di *porta-* e *voce*; calco sul fr. *porte-voix*; 1801] **A** s. m. inv. ● (*mar.*) Megafono | Tubo metallico con imboccatura concava alle due estremità per trasmettere la voce da un punto all'altro, dalla plancia alle macchine e sim. **B** s. m. e f. inv. ● (*fig.*) Chi parla per conto d'altri o riferisce ciò che ha sentito: *non sono il suo p.!* | Chi è autorizzato a rendere noto il pensiero di altri, parlando in sua vece: *il p. del governo*, *del ministero*, *della presidenza*.

porte-enfant /pɔrtan'fan, *fr.* ˌpɔʀtɑ̃'fɑ̃/ [pseudo-francesismo, comp. del fr. *porte(r)* 'portare' e *enfant* 'bambino' (V. *infante*); 1901] s. m. inv. ● Specie di cuscino nel quale si poneva il neonato per tenerlo in braccio.

portégno [sp. *porteño*, n. comune di abitanti di città con 'porto' (*puerto*): *Puerto* è l'ant. nome di Buenos Aires; 1942] agg.; anche s. m. (f. *-a*) ● Bonaerense.

portèlla [lat. tardo *portĕlla(m)*, dim. di *pŏrtula*, a sua volta dim. di *pŏrta* 'porta (1)'; sec. XIV] s. f. *1* Sportello, portello. *2* (*geogr.*) Porta.

portellerìa [1937] s. f. ● (*mar.*) Insieme dei finestrini e dei portelli di una nave.

portellino [1600] s. m. *1* Dim. di *portello*. *2* (*mar.*) Finestrino circolare realizzato nella murata di una nave per dare luce e aria all'interno.

portèllo [av. 1424] s. m. *1* Dim. di *porta* (*1*). *2* Piccola porta che si apre in un portone di strada. *3* (*est.*) Apertura chiusa da battenti: *p. di nave*, *di aereo*. ➡ ILL. p. 2174 TRASPORTI. *4* Sportello, imposta di armadio. ‖ **portellino**, dim. (V.) | **portellóne**, accr. (V.).

portellóne [1937] s. m. *1* Accr. di *portello*. *2* (*aer.*) Ampio sportello nella fusoliera di un velivolo, a chiusura di un vano destinato a contenere merci o ad alloggiare elementi retrattili. *3* (*mar.*) Ampia apertura, gener. provvista di chiusura stagna, praticata nel fianco di una nave per l'imbarco o lo sbarco di materiali o persone. ➡ ILL. p. 2173 TRASPORTI. *4* Nelle automobili, sportello posteriore. ➡ ILL. p. 2165 TRASPORTI.

†**portenàio** ● V. *portinaio*.

†**portèndere** [vc. dotta, lat. *portĕndere* 'preannunziare, presagire', comp. di *por-* 'avanti' (= *prō*) e *tĕndere* 'tendere'; sec. XIV] **A** v. tr. ● Presagire, preannunciare. **B** v. intr. pron. ● (*lett.*) Preannunciarsi.

portènto [vc. dotta, lat. *portĕntu(m)*, da *portĕndere*. V. precedente; 1340 ca.] s. m. ● Avvenimento o fatto straordinario, del tutto al di fuori della norma: *operare portenti*; *era apparito in que' dì gran prodigi* / *portenti* (PULCI) | Ciò che ha effetti eccezionali, quasi miracolosi: *questa medicina è un p.* | Persona prodigiosamente dotata: *è un p. di scienza*, *di memoria*, *d'ingegno*.

portentóso [vc. dotta, lat. *portentōsu(m)*, da *portĕntum* 'portento'; 1499] agg. *1* Che costituisce un portento: *fatto*, *avvenimento*, *risultato p.*; *guarigione portentosa*; SIN. Miracoloso, prodigioso | Molto valido, eccezionale: *atleta p.*; *medicina portentosa*. *2* †Mostruoso. ‖ **portentosaménte**, avv.

†**porterìa** [da *porta* (*1*); av. 1603] s. f. ● Portineria.

portfòlio /port'fɔljo, *ingl.* ˌpɔːt'fəuliəu/ [vc. ingl., dall'it. *portafoglio*; 1983] s. m. inv. (pl. ingl. *portfolios*) ● Cartella in cui è raccolto e presentato, spec. con intento dimostrativo e di campione, materiale scritto e illustrato relativo a un nuovo prodotto, a una nuova attività commerciale, a una campagna pubblicitaria | (*est.*) Inserto illustrato a carattere monografico di un quotidiano o di un settimanale | (*est.*) Cartella in cui sono raccolte le fotografie che costituiscono il curriculum professionale di indossatori, fotomodelli e sim.

†**porticàle** [av. 1292] s. m. ● Portico, porticato.

porticàto [da *portico*; 1554] **A** s. m. ● Serie di portici con carattere essenzialmente monumentale: *un p. del Bernini*. **B** agg. ● Coperto, costituito da portici: *cortile p.*

porticciòlo o **porticciuòlo** [da *porto* col doppio suff. *-icci(o)* e *-olo* (*3*)] s. m. *1* Dim. di *porto* (*3*). *2* Darsena di un porto attrezzata per il ricovero di piccole imbarcazioni disarmate. *3* Specchio d'acqua protetto, idoneo all'attracco, ricovero e rimessaggio di imbarcazioni da diporto: *p. turistico*.

pòrtico [lat. *pŏrticu(m)*, da *pŏrta* 'porta (1)'; av. 1292] s. m. (pl. *-ci*, †*-chi*) *1* Luogo di passaggio o sosta, ampiamente aperto all'esterno con colonne di sostegno della copertura o dell'edificio sovrastante. *2* Nelle case rurali, riparo per animali o attrezzi, coperto da tettoia e aperto almeno da un lato. ‖ **portichétto**, dim.

portièra [fr. *portière*, f. di *portier* 'portiere'; av. 1556] s. f. *1* Porta, sportello di autoveicolo. *2* Tenda pesante disposta davanti alle porte per riparo o per ornamento. *3* Portinaia.

portieràto [1950] s. m. ● Incarico o mansione del portiere in un caseggiato.

♦**portière** [fr. *portier*, dal lat. tardo *portāriu(m)*, da *pŏrta* 'porta (1)'; sec. XIII] s. m. (f. *-a*, V.) *1* Portinaio, di edifici pubblici e privati: *il p. dell'ufficio*, *dell'albergo*, *del ministero*; *dare la mancia al p.* *2* Nel calcio e sim., il giocatore che ha il compito di difendere, parando i tiri avversari, la porta della propria squadra. ‖ **portierino**, dim. | **portieróne**, accr.

portinàio o †**portenàio**, †**portinàro**, †**portonàio** [da *porta* (*1*); 1318] **A** s. m. (f. *-a*) ● Chi esercita mansioni di custode e sorvegliante all'ingresso di abitazioni e ha talvolta incarichi di pulizia. **B** agg. ● Che custodisce e sorveglia la porta di un convento: *frate p.*; *suora portinaia*.

portincènso ● V. *portaincenso*.

portinerìa [lombardo *portinarìa*, da *portinàr* 'portinaio'; 1866] s. f. ● Locale o appartamento posto all'ingresso di uno stabile, destinato al portiere.

portinfànte [1954] s. m. inv. ● Adattamento di *porte-enfant* (V.).

portinnèsto ● V. *portainnesto*.

portinségna ● V. *portainsegna*.

portland /'portland, *ingl.* 'pɔːtlənd/ [dall'ingl. *Portland cement* 'cemento di Portland' per il suo aspetto simile alle pietre dell'isola di Portland] s. m. inv. ● (*edil.*) Tipo di cemento a lenta presa ottenuto per cottura da calcari marnosi o da miscele di calcare e argilla.

♦**pòrto** (**1**) [da *portare*; av. 1566] s. m. *1* Il portare, solo nella loc. inv. ***p. d'armi***, il portare armi con sé e (*est.*) il documento che comprova l'autorizzazione a ciò necessaria: *chiedere*, *ottenere*, *mostrare il p. d'armi*. *2* Spesa del trasporto di cose: *p. a carico del mittente*; *pagare il p. della merce* | ***P. assegnato***, che dev'essere pagato dal destinatario | ***Franco di p.***, ***p. affrancato***, quando il prezzo del trasporto è stato pagato dal mittente.

pòrto (**2**) (o **-ó-**) part. pass. di *porgere*; anche agg. ● Nei sign. del v.

♦**pòrto** (**3**) [lat. *pŏrtu(m)*, di orig. indeur.; av. 1250] s. m. *1* Spazio di mare protetto, dove le navi possono sostare con sicurezza al riparo dalle onde e dalle correnti, compiere agevolmente le operazioni di sbarco e di imbarco dei passeggeri, effettuare rifornimenti e riparazioni: *p. marittimo* | (*est.*) La relativa città: *Taranto è un p. militare* | ***P. naturale***, quello che, per conformazione della costa e andamento dei fondali, si presta a essere utilizzato anche senza il lavoro dell'uomo | ***P. artificiale***, quello ricavato con dighe, moli, frangiflutti, lavori di dragaggio e sim. | ***P. canale***, formato da banchine poste lungo la parte terminale di piccoli corsi d'acqua, fino alla foce, utilizzato da imbarcazioni di piccolo tonnellaggio | ***P. prefabbricato***, costituito da elementi prefabbricati messi in opera nel posto prescelto | ***P. fluviale***, situato nel corso superiore di un fiume | ***P. d'estuario***, situato sull'estuario di un fiume | ***P. militare***, riservato alle navi militari | ***P. d'armamento***, dove le navi mercantili hanno i materiali per le riparazioni e manutenzioni e dove imbarcano l'equipaggio | ***P. a bacini***, scalo marittimo in cui, a causa delle forti maree, le navi devono essere ormeggiate in bacini a livello costante e l'entrata e l'uscita avvengono solo durante l'alta marea | ***P. d'immatricolazione***, domicilio legale dell'armatore, riportato sotto il nome della nave a poppa | ***P. d'imbarco***, ***di sbarco***, quelli in cui rispettivamente s'imbarcano o si sbarcano merci e passeggeri | ***P. di scalo***, previsto nell'itinerario di un viaggio per mare | ***P. di rilascio forzato***, dove si entra per riparo o emergenza | ***P. di mare***, (*fig.*) luogo chiassoso e disordinato, pieno di gente d'ogni tipo che va e viene: *la tua casa è un p. di mare* | Nella laguna veneta, ciascuno dei tre passaggi che mettono in comunicazione il mare con la laguna: *il p. di Malamocco*. ➡ ILL. p. 2171 TRASPORTI. *2* (*fig.*) Meta ultima, conclusione auspicata e desiderata: *giungere in p.*; *condurre in p. un affare* | (*lett.*) Rifugio sicuro e tranquillo: *E la prigione, fino a un certo tempo, era un p. di salvamento* (MANZONI). ‖ **porticciòlo**, **porticciuòlo**, dim. (V.) | **porticino**, dim.

PORTO
nomenclatura

porto
● *tipi di porto*: militare, mercantile; porto franco;

naturale ⇔ artificiale; interno, esterno, chiuso, aperto, riparato, fluviale, d'estuario, di mare, di rifugio, d'imbarco, di sbarco, di scalo, di transito, di rilascio forzato, porticciolo turistico = marina, base navale, idroscalo = idroporto;
● *strutture del porto*: faro, lanterna, torre lanterna, radiofaro, rada, fonda, avamporto = antiporto, imboccatura, diga, molo, frangiflutti = frangionde, antemurale, darsena, angiporto; scalo, dock, magazzino, silos; bacino di raddobbo, di ricovero, arsenale, mancina, carrello elevatore, convogliatore, pontone; posto barca, calata, banchina, pontile, plancia, scalandrone, sbarcatoio, imbarcatoio = imbarcadero, colonna, palo, pilone d'ormeggio, dromo, corpomorto; capitaneria, sanità marittima, di porto, portualità, polizia giudiziaria, marittima, portuale, dogana; pilotina, rimorchiatore, penice, motovedetta; argini = sponde, sbarramento = diga, porto fluviale, darsena, bacino; chiuse (paratoia verticale, piana, cilindrica);
● *persone*: guardaporto, portuale, scaricatore, camallo;
● *cantiere navale*: sala di tracciamento, piazzale di prefabbricazione, scalo (di costruzione, di riparazione, di demolizione), banchina di armamento, varatoio, bacino di carenaggio galleggiante, scivolo (piano dello scivolo, incastellatura di scivolo); squero; calafataggio, raddobbo, varo, battesimo, attrezzatura, dotazione, corredo di una nave, armamento varo;
● *azioni*: calafatare, carenare, varare; essere in cantiere; approdare, attraccare, ormeggiare, avere libera pratica, salpare; entrare in porto, attraccare, ormeggiarsi.

pòrto (4) [dal n. della località portoghese di *Oporto* (da *o porto* 'il porto'); 1889] **s. m. inv.** ● Vino liquoroso portoghese, di colore brillante, dal sottile profumo di mammola, asciutto e aromatico.

portogàllo [dal *Portogallo*, da cui proviene; av. 1755] **s. m.** ● (*region.*) Arancia.

portoghése [port. *portuguez*; nel sign. B 2 l'espressione deriva dal fatto che a Roma nel sec. XVIII in occasione di un avvenimento i portoghesi poterono partecipare a una rappresentazione al Teatro Argentina senza pagare il biglietto; 1528] **A agg.** ● Del Portogallo: *lingua p.* **B s. m. e f.** *1* Abitante, nativo del Portogallo. *2* (*fig.*) Chi entra in teatro o in altro luogo di pubblico spettacolo senza pagare il biglietto. **C s. m. solo sing.** ● Lingua del gruppo romanzo, parlata in Portogallo e in Brasile, e ampiamente diffusa nelle ex colonie portoghesi (come Angola o Mozambico).

portolanìa [1611] **s. f.** ● (*mar.*) Anticamente, a Napoli, ufficio del portolano.

portolàno o †**portulàno** [da *porto* (*3*), sul modello di *ortolano*; av. 1347] **s. m.** *1* (*mar.*) Libro che descrive minuziosamente le caratteristiche di una costa sotto l'aspetto idrografico, meteorologico, nautico, fornendo notizie sui porti, ancoraggi, ridossi, punti pericolosi e sim. *2* Anticamente, guardiano del porto, incaricato di riscuotere i dazi e di sovraintendere al traffico delle merci.

portolàta s. f. ● (*mar.*) Portolato.

portolàto o **portolàtto** [etim. incerta; 1937] **s. m.** ● (*mar.*) Imbarcazione motorizzata che giornalmente raccoglie e porta sul mercato il pesce catturato dai pescherecci al largo. **SIN.** Portolata.

portombrèlli ● V. *portaombrelli*.

†**portonàio** ● V. *portinaio*.

portoncìno [da *portone* con il suff. *-ino* e l'infisso *-c-*; av. 1922] **s. m.** *1* Dim. di *portone*. *2* Porticina ricavata nella sagoma di un grande portone e apribile indipendentemente da quest'ultimo.

♦**portóne** [av. 1494] **s. m.** *1* Accr. di *porta* (*1*). *2* Grande porta di palazzo o casamento, che dà sulla strada. ‖ **portoncino**, **dim.** (V.).

portorealista [fr. *port-royaliste*, da *Port-Royal*, n. della celebre abbazia francese, centro del giansenismo; av. 1793] **s. m.** (**pl.** *-i*) ● Ecclesiastico, laico, uomo di studio, scrittore appartenente alla comunità giansenistica di Port-Royal-des-Champs fiorita in Francia nel sec. XVII.

portoricàno [1955] **A agg.** ● Di Portorico. **B s. m.** (**f.** *-a*) ● Abitante di Portorico.

portòrio [vc. dotta, lat. *portŏriu(m)*, da un precedente **portitōriu(m)*, da *pŏrtitor*, genit. *portitōris* 'doganiere (del porto)', da *pŏrtus* 'porto'; 1499] **s. m.** ● Nel diritto romano, imposizione fiscale gravante sulle merci importate o esportate, in transito in determinati luoghi.

portòro [comp. di *port(a)-* e *oro*, per il colore delle sue venature (?); 1875] **s. m.** ● Marmo giallo e nero di Portovenere.

portuàle [dal lat. *pŏrtus* 'porto (3)'; 1871] **A agg.** ● Del porto, relativo al porto: *zona p.* **B s. m.** ● Lavoratore del porto: *sciopero dei portuali*.

portualità s. f. ● L'insieme delle caratteristiche di un porto.

portuàrio [1871] **agg.** ● Di porto: *lavori portuari*.

portuènse [lat. *portuēnse(m)*] **agg.** ● Dell'antica città di Porto, presso le foci del Tevere: *via p.*

portulàca [vc. dotta, lat. *portulāca(m)*, da avvicinare (almeno paretimologicamente) a *pŏrcus* (nel senso di 'genitali femminili') perché adoperata dalla medicina antica per i lochi dopo il parto; av. 1468] **s. f.** ● Genere di piante erbacee delle regioni calde, con fusto prostrato, foglie opposte e carnose, fiori grandi di colore rosso, bianco o giallo (*Portulaca*).

Portulacàcee [vc. dotta, comp. di *portulaca* e *-acee*; 1958] **s. f. pl.** (**sing.** *-a*) ● Nella tassonomia vegetale, famiglia di piante erbacee o fruticose con foglie carnose e frutto a capsula (*Portulacaceae*).

†**portulàno** ● V. *portolano*.

portuóso [vc. dotta, lat. *portuōsu(m)*, da *pŏrtus* 'porto (3)'; sec. XIV] **agg.** ● (*lett.*) Dotato o fornito di porti: *regione portuosa*; *sulle spiagge portuose dei mari* (NIEVO).

porzàna [da *porcella*, dim. f. di *porco*: detta così perché si avvoltola nel fango] **s. f.** ● Genere di Uccelli dei Ralliformi di piccole dimensioni, cui appartiene il voltolino, comune nelle regioni paludose (*Porzana*).

porzióne [vc. dotta, lat. *portiōne(m)*, di etim. incerta; 1340] **s. f.** *1* Parte, quota (*anche fig.*): *una p. dell'eredità*; *dividere qlco. in porzioni uguali*; *ho anch'io la mia p. di guai*. *2* Quantità di cibo servita, destinata o prevista per ogni commensale: *p. scarsa, abbondante*; *una p. di minestra, di frutta*. *3* (*anat.*) Parte di un organo anatomico caratterizzata da una determinata struttura: *p. membranosa dei muscoli*. ‖ **porzioncèlla**, **dim.** | **porzioncìna**, **dim.** | **porzioncióna**, **accr.**

†**porzionière** [ant. fr. *portionnier*, da *portion* 'porzione'; sec. XIV] **s. m.** ● Chi compartecipa alla proprietà di qlco.

pòsa [lat. *pāusa(m)*. V. *pausa*; av. 1292] **s. f.** *1* Collocazione o sistemazione in luogo appropriato: *la p. della prima pietra*; *Capisco: è la prima p. de' nuovi arrivati* (PELLICO). *2* Quiete, riposo: *non avere p.*; *ora è tempo di p.* (PARINI) | ***Senza p.***, ininterrottamente. *3* (*fot.*) Tempo necessario alla corretta esposizione di una pellicola: *p. lunga, breve* | Unità di prestazione professionale di un attore del cinema | ***Teatro di p.***, studio cinematografico, dove esistono le attrezzature per le pose degli attori. *4* Atteggiamento assunto da chi deve essere ritratto: *stare in p.*; *mettersi in p.*; *una p. di due ore* | Posizione: *assumere una p. sguaiata, composta, più comoda*; *la ragazza allora cambiava di p. le gambe* (PAVESE) | Atteggiamento o comportamento innaturale e affettato: *assumere pose da intellettuale* | ***Per p.***, per ostentazione. *5* (*raro*) Sedimento lasciato da un liquido in un recipiente. *6* (*mus.*) Pausa, fermata.

posacàvi [comp. di *posa(re)* e il pl. di *cavo* (*2*); 1937] **A s. f. inv.** ● Nave specialmente attrezzata per deporre cavi elettrici sottomarini. **B** in funzione di **agg. inv.**: *nave p.*

posacénere [comp. di *posa(re)* e *cenere*; 1916] **s. m. inv.** ● Portacenere.

posafèrro [comp. di *posa(re)* e *ferro*; 1891] **s. m. inv.** ● Supporto per posarvi il ferro da stiro caldo.

†**posalùme** [comp. di *posa(re)* e *lume*; 1919] **s. m.** ● Basamento, spec. di panno, per posarvi il lume a olio o petrolio.

†**posaménto** [sec. XV] **s. m.** *1* Il posare | Base, sostegno. *2* Posa.

posamìne [comp. di *posa(re)* e il pl. di *mina*; 1918] **A s. m. e f. inv.** ● Nave da guerra attrezzata per collocare mine in mare. **B** in funzione di **agg. inv.**: *nave p.*

posamòlle [comp. di *posa(re)* e il pl. di *molla*; 1869] **s. m. inv.** ● Supporto per le molle, la paletta e l'attizzatoio del focolare.

posànte **part. pres.** di *posare*; anche **agg.** *1* Nei sign. del v. | †Situato, appoggiato. *2* (*lett.*) Che è disposto in un certo modo | Che assume un atteggiamento: *L'attrice grandama, elegante, p.* (CARDUCCI).

posapiàno [comp. di *posa(re)* e *piano* (*1*); 1618] **s. m. e f. inv.** ● (*scherz.*) Persona estremamente lenta in ogni suo atto.

♦**posàre** [lat. parl. **pausāre*. V. *pausare*; nel sign. B3, calco sul fr. *poser*; sec. XIII] **A v. tr.** (*io pòso*) *1* Mettere giù, appoggiare: *p. la penna, il cappello*; *posò il carico a terra*; *posa subito quel fucile!* | ***P. le armi***, (*fig.*) cessare le ostilità, non combattere più. *2* †Porre, depositare. *3* (*fig., lett.*) Acquietare, calmare, sedare: *p. l'ira, il desiderio*. **B v. intr.** (aus. *essere*) *1* Avere come base, come fondamento (*anche fig.*): *le fondamenta posano sulla roccia*; *la nostra tesi posa sui fatti*. *2* (*lett.*) Sostare | (*poet.*) Riposare, giacere: *il monumento / vidi ove posa il corpo di quel grande* (FOSCOLO) | †Oziare. *3* Stare in posa: *p. per un ritratto* | (*est., fig.*) Assumere atteggiamenti affettati e ostentati allo scopo di farsi notare: *p. a grande uomo, a donna fatale*. *4* Detto di liquidi, depositare sul fondo del recipiente le particelle più pesanti: *lasciar p. il vino*. **C v. intr. pron.** *1* Appoggiarsi o sostare su qlco. (*anche fig.*): *l'ape si posa sui fiori*; *le sue mani si posarono sulle mie spalle*; *non so dove si posasse il suo sguardo* | Scendere e adagiarsi mollemente: *le foglie appassite si posano sui prati*. *2* (*lett.*) Stare o mettersi fermo | †Coricarsi, riposarsi.

posarèti [comp. di *posa(re)* e il pl. di *rete*; 1937] **s. f. inv.** ● (*mar.*) Nave militare adibita al trasporto e alla posa di ostruzioni, spec. reti, a difesa di forze navali.

posàta (1) [da *posare*] **s. f.** *1* †Il posare, il posarsi | Sosta, fermata. *2* (*raro*) Posatura, sedimento. *3* (*sport*) Nell'equitazione, istante in cui il piede del cavallo arriva a terra.

posàta (2) [da *posato*; av. 1704] **s. f.** *1* Denominazione generica di ciascuno degli utensili (cucchiaio, coltello, forchetta) che si usano a tavola per prendere, dividere, portare alla bocca le vivande: *ho perso una p. d'argento*; *un servizio di posate*; *lavare, asciugare le posate*; *mettere le posate in tavola*. *2* (*raro*) Posto apparecchiato a tavola: *aggiungere una p.* **SIN.** Coperto. ‖ **posatàccia**, **pegg.** | **posatìna**, **dim.** | **posatóna**, **accr.** | **posatùccia**, **dim.**

†**posàta** (3) [sp. *posada*, da *posar* 'posare'] **s. f.** ● Albergo, locanda | Stazione di posta.

posaterìa [da *posata* (*2*); 1936] **s. f.** ● Assortimento, insieme di posate.

posatézza [1670] **s. f.** ● Caratteristica di chi è posato, calmo, riflessivo: *la p. di un ragionamento, di una persona*. **SIN.** Ponderazione, riflessione. **CONTR.** Avventatezza, impulsività.

posàto [av. 1290] **A part. pass.** di *posare*; anche **agg.** *1* Nei sign. del v. *2* Grave, lento: *un andare p.* *3* (*fig.*) Di persona che agisce con accortezza e ponderazione: *uomo, carattere p.* **SIN.** Riflessivo. **CONTR.** Impulsivo. ‖ **posataménte**, **avv.** In modo posato: *parlare posatamente*. **B avv.** ● †Posatamente.

posatóio [av. 1557] **s. m.** *1* †Luogo od oggetto su cui si può posare qlco. o ci si può appoggiare. *2* Ogni ramo o bacchetta dove si posa un uccello in gabbia o un pollo nel pollaio.

posatóre [da *posare*; nel sign. 2, dal fr. *poseur* 'persona affettata'; 1728] **s. m.** *1* Chi è addetto alla messa in opera di cavi, tubi e sim. *2* (**f.** *-trice*) (*fig.*) Chi è affettato nei modi allo scopo di darsi importanza e di farsi notare.

posatùbi [comp. di *posa(re)* e del pl. di *tubo*] **A agg. inv.** ● Detto di mezzo navale o terrestre atto alla posa di condutture e tubazioni: *nave p.* **B** anche **s. m. o f. inv.**: *un moderno p.*

posatùra [da *posato*; av. 1498] **s. f.** ● Fondo, deposito, sedimento: *la p. del vino, del caffè*.

posbèllico ● V. *postbellico*.

†**pósca** [vc. dotta, lat. *pōsca(m)*, sovrapposizione di *ēsca* 'cibo' (V. *esca* (*1*)) a *pōtus* 'che ha bevuto' (V. *pozione*); sec. XIII] **s. f.** ● Miscela di acqua e aceto, usata come bevanda o medicamento | (*lett.*) Vinello.

pòscia [lat. *pŏstea* 'dopo', da *pŏst ĕa* 'dopo di essa'. Per *pŏst* V. *post-*; *ĕa* è l'abl. sing. f. di *ĭs* 'egli'; av. 1243] **avv.** ● (*lett.*) Dopo, poi: *p., più che 'l dolor poté 'l digiuno* (DANTE *Inf.* XXXIII, 75) | V. anche †*posciaché*.

†**posciaché** o †**pòscia che** [comp. di *poscia* e

che (*2*); av. 1316] **cong.** ***1*** Dopoché (introduce una prop. temp. con il v. all'indic.). ***2*** Poiché (introduce una prop. caus. con il v. all'indic.).

posciadésco [da *pochade*; 1950] **agg.** (**pl. m.** *-schi*) ● Che ha il tono proprio della pochade.

posciadìstico [1933] **agg.** (**pl. m.** *-ci*) ● (*raro*) Posciadesco.

posconsonàntico ● V. *postconsonantico*.

†**poscrài** [comp. del lat. *pŏst* 'dopo' (V. *post-*) e *crai*; 1481] **avv.** ● (*merid.*) Dopodomani.

†**poscritta** [1763] **s. f.** ● Poscritto.

poscritto [lat. *pŏst scrīptu(m)* 'dopo lo scritto'. V. *post-* e *scritto*; 1561] **s. m.** ● Ciò che si aggiunge a una lettera e sim., dopo averla già conclusa e firmata.

posdatàre e *deriv.* ● V. *postdatare* e *deriv.*

posdentàle ● V. *postdentale*.

posdiluviàno ● V. *postdiluviano*.

posdomàni o †**posdomàne** [comp. di *pos-* e *domani*; av. 1444] **avv.** ● (*lett.* o *region.*) Dopodomani.

pósi ● V. *porre*.

posidònia [dal gr. *Poseidônios*, agg. di *Poseidôn*, genit. *Poseidônos* 'Posidone', dio del mare: detta così perché pianta marina; 1835] **s. f.** ● Pianta delle Potamogetonacee che forma presso le spiagge estese praterie sottomarine a foglie nastriformi e coriacee (*Posidonia caulini*).

positiva [f. sost. di *positivo*, sul modello del fr. *positive*; 1895] **s. f.** ● (*fot.*) Immagine fotografica, su carta o pellicola, ottenuta dal negativo mediante stampa. **CONTR.** Negativa.

positivismo [fr. *positivisme*, da *positif* 'positivo'; av. 1852] **s. m.** ***1*** Indirizzo filosofico della seconda metà del XIX secolo che, fondando la conoscenza sui fatti e rigettando ogni forma di metafisica, intendeva estendere il metodo delle scienze positive a tutti i settori dell'attività umana. ***2*** (*est.*, *raro*) Spirito pratico, concretezza.

positivista [fr. *positiviste*, da *positif* 'positivo'; 1875] **A s. m. e f.** (**pl. m.** *-i*) ***1*** Chi segue il, o si ispira al, positivismo. ***2*** (*est.*, *raro*) Persona concreta, che bada al sodo. **B agg.** ● Positivistico.

positivistico [1887] **agg.** (**pl. m.** *-ci*) ● Che concerne o interessa il positivismo. || **positivisticaménte**, **avv.** In modo positivistico; dal punto di vista del positivismo.

positività [1848] **s. f.** ● Condizione or caratteristica di chi (o di ciò che) è positivo: *la p. del suo carattere* | Risultato positivo.

positivizzàrsi [da *positivo*] **v. intr. pron.** ● Divenire positivo al test sierodiagnostico per uno specifico microrganismo.

positivizzazióne [da *positivizzarsi*] **s. f.** ● (*med.*) Processo che in seguito a infezione porta un soggetto, in precedenza sieronegativo, a presentare anticorpi specifici rilevabili con test sierodiagnostico.

positìvo [vc. dotta, lat. tardo *positīvu(m)* 'che viene posto', da *pŏsitus* 'posto'; 1336 ca.] **A agg.** ***1*** Che è stabilito da un'autorità, che è storicamente individuabile | ***Diritto p.***, complesso degli atti legislativi vigenti in una determinata epoca, in un dato Stato | ***Religione positiva***, storicamente istituita, con propri riti e credenze, distinta dalle religioni naturali. **CONTR.** Naturale. ***2*** Affermativo: *termine p.*; *giudizio p.* | ***Teologia positiva***, fondata sul principio della definibilità concettuale degli attributi divini. ***3*** Che ordina o consente di fare qlco.: *comando p.* ***4*** (*lett.*) Che esiste effettivamente, che è reale: *un uomo di quel merito… ridotto alla positiva mancanza del pane quotidiano* (METASTASIO) | Che è concreto o si fonda su elementi concreti e sperimentabili: *dato p.*; *scuola positiva del diritto penale* | ***Scienze positive***, matematica, fisica e scienze naturali | (*est.*) Certo, incontrovertibile, sicuro: *notizia positiva*; *questo per ora è l'unico elemento p. della faccenda*; *un fatto è p., che voi non eravate presenti.* ***5*** Che bada alla realtà, alla concretezza, lasciando da parte sogni, fantasie, immaginazioni e sim.: *uomo p.*; *mente positiva*; *ragionamenti positivi.* ***6*** Che conferma, comprova, fornisce una definitiva certezza su ciò che prima si supponeva, si immaginava, si riteneva possibile, probabile e sim.: *risposta positiva*; *l'indagine si è conclusa in modo p.* | (*med.*) Detto di analisi di laboratorio, il cui risultato conferma una diagnosi o la presenza di determinati elementi (batteri, virus, sostanze e sim.): *il test è p.*, (anche riferito a persona) *l'atleta risulta p. al test antidoping.* **CONTR.** Negativo. ***7*** Che agisce e opera nel modo voluto, che ottiene l'effetto sperato, che è comunque buono, favorevole, vantaggioso e sim.: *intervento, esito, risultato p.*; *questo è l'unico lato p. della faccenda*; *gli aspetti positivi di una questione*; *segnali positivi*; *la positiva conquista della scienza* | ***Critica positiva***, che non si limita a porre in risalto gli aspetti negativi di qlco., ma suggerisce e propone miglioramenti e sim. **CONTR.** Negativo. ***8*** In varie scienze e tecnologie, detto convenzionalmente di qlco. in opposizione a ciò che, altrettanto convenzionalmente, è definito negativo: *cariche elettriche positive*; *polo p.*; *ione p.* | ***Catalizzatore p.***, che accelera il compiersi della reazione. ***9*** (*mat.*) Detto di numero maggiore di zero. ***10*** (*fot.*) Detto di immagine fotografica, ottenuta dal negativo mediante stampa, nella quale la disposizione delle luci e delle ombre è uguale a quella dell'oggetto fotografato. ***11*** (*ling.*) Detto di aggettivo o avverbio che non esprime gradazione maggiore o minore. ***12*** (*mus.*) Detto di piccolo organo fisso, non portatile, usato nei secc. XV e XVI. || **positivaménte**, **avv.** ***1*** In modo positivo. ***2*** Con sicurezza: *sapere positivamente qlco.* ***3*** †Con moderazione. **B s. m.** ***1*** (*solo sing.*) (*lett.*) Ciò che concretamente esiste: *il p. e l'eventuale.* ***2*** (*solo sing.*) Ciò che è sicuro, certo: *hai saputo qlco. di p.?*; *per ora sono solo voci, ma non c'è nulla di p.* | ***Di p.***, con certezza: *lo so di p.* ***3*** (*cine*) Copia ottenuta per stampa da un originale negativo. **C avv.** ● Certamente, sicuramente, senza dubbio: *'credi proprio di poterlo convincere?' 'p.!'*

positóne ● V. *positrone*.

positònio ● V. *positronio*.

positróne o **positóne** [da *positivo*, sul modello di *elettrone*; 1934] **s. m.** ● (*fis.*) Antiparticella dell'elettrone con massa uguale a quella dell'elettrone ma con numero leptonico e carica di valore opposto.

positrònio o (*raro*) **positònio** [da *positrone*; 1965] **s. m.** ● (*fis.*) Stato fisico instabile, costituito da un elettrone e da un positrone.

positùra [vc. dotta, lat. *positūra(m)*, da *pŏsitus* 'posto'; av. 1320] **s. f.** ***1*** (*raro*) Modo di stare, di essere collocato: *la p. di un oggetto* | (*spec. lett.*) Atteggiamento, posa: *la p. innaturale degli arti.* ***2*** †Collocazione, posizione: *p. geologica, geografica, astronomica.* || **posituràccia**, **pegg.**

posizionàle [1950] **agg.** ***1*** (*ling.*) Che concerne la posizione dei suoni. ***2*** (*fis.*) Che dipende dalla posizione: *energia, forza p.*

posizionaménto [1983] **s. m.** ***1*** (*tecnol.*) Sistemazione in una posizione opportuna. ***2*** In una campagna pubblicitaria, stretta relazione che dev'essere stabilita fra ciascun prodotto e un bisogno del consumatore.

posizionàre [da *posizione*; 1978] **v. tr.** (*io posizióno*) ***1*** (*tecnol.*) Fare assumere a un oggetto una posizione determinata, voluta o corretta: *p. un pezzo su una macchina utensile.* ***2*** (*tecnol.*) Determinare la posizione di un oggetto. ***3*** (*elab.*) Registrare un determinato valore in una posizione di memoria.

posizionàto **part. pass.** di *posizionare*; anche **agg.** ***1*** Nei sign. del v. ***2*** Nel linguaggio delle inserzioni, detto di persona che si trova in una determinata condizione sociale, economica o professionale, gener. vantaggiosa: *32enne* (*ben*) *p. conoscerebbe laureata max. 28enne scopo matrimonio* | Che è situato in una particolare posizione, gener. favorevole: *attico* (*ben*) *p. vendesi.*

posizionatóre [da *posizionare*; 1974] **s. m.** ● (*tecnol.*) Dispositivo destinato a far assumere a un oggetto una determinata posizione | (*aer.*) ***P. automatico di lancio***, nelle portaerei, dispositivo che colloca automaticamente i velivoli nella posizione corretta sulle catapulte di lancio.

♦**posizióne** [vc. dotta, lat. *positiōne(m)*, da *pŏsitus* 'posto'; 1282] **s. f.** ***1*** Luogo in cui una cosa è situata o si trova, spec. in relazione alla realtà circostante: *una p. ridente, amena, soleggiata*; *la p. di una casa, di un porto, di un astro*; *non è questa la p. che volevamo per il nostro locale* | (*sport*) Posto in cui ci si trova nel corso di una gara: *prime, ultime posizioni*; *posizioni di testa, di coda*; *p. in campo* | (*autom.*) ***Luci di p.***, che segnalano la presenza e la posizione di un veicolo. ***2*** (*mil.*) Luogo difeso o da conquistare | ***Guerra di p.***, quella che si svolge fra avversari fermi nelle rispettive trincee, limitata ad azioni locali non risolutive. ***3*** Atteggiamento del corpo, della persona, di un arto e sim.: *prendere, assumere una p. comoda, scomoda, sbagliata, viziata, rilassante*; *il braccio deve stare in questa p.*; *l'uomo cammina in p. eretta* | ***P. fetale***, modo di situarsi del feto rispetto al bacino della madre al momento del parto. ***4*** (*fig.*) Modo di pensare, convinzione, opinione: *la sua p. politica è nettissima*; *ho assunto una p. cosciente e intendo mantenerla* | ***Prendere p.***, assumere un atteggiamento deciso: *devi prendere p. o a favore o contro di me* | Condizione in cui una persona si trova in rapporto con gli altri o con un complesso di fatti o di circostanze: *la mia p. nei suoi confronti si fa più difficile*; *è una p. insostenibile, sgradevole, imbarazzante*; *venire a trovarsi in una buona, ottima, favorevole p.* ***5*** (*fig.*) Condizione economica e sociale: *ha un'ottima, una florida p.*; *la sua p. è poco solida* | ***Farsi una p.***, raggiungere l'agiatezza. ***6*** (*astron.*) ***P. astronomica di un astro***, quella determinata dalle sue coordinate celesti | ***P. apparente di un astro***, quella in cui è osservato apparentemente nel cielo, differente da quella vera per fenomeni di parallasse, rifrazione, aberrazione e sim. ***7*** (*elab.*) ***P. di memoria***, ciascuna delle parti elementari atte a contenere una singola unità d'informazione in cui è divisa una memoria di elaboratore elettronico. ***8*** (*ling.*) Collocazione di un suono rispetto ad altri in una sequenza | ***P. debole***, tempo debole | ***P. forte***, tempo forte. ***9*** (*mus.*) Ordine dei suoni con cui si presenta un accordo | ***P. stretta, lata, latissima***, secondo la vicinanza dei suoni | ***P. divisa***, negli strumenti a tastiera, quando gli accordi sono disposti in modo da poter essere suonati in parte con la mano destra e in parte con la sinistra | Negli strumenti ad arco, modo con cui la mano sinistra si pone sulle corde. ***10*** (*banca*) Stato debitorio o creditorio di un singolo cliente nei confronti di una banca. ***11*** (*filos.*) Assunto non dimostrato. ***12*** (*dir.*) ***P. comune***, adottata dal Consiglio della Comunità Europea nell'ambito del procedimento per l'emanazione di un atto.

poslìminio ● V. *postliminio*.

poslùdio o **postlùdio** [da *pos-*, in opposizione a *preludio*; 1871] **s. m.** ● (*mus.*) Pezzo per organo alla conclusione di una funzione religiosa, spesso improvvisato | In composizioni vocali e strumentali, specie di coda con funzione di commento.

†**pòso** [da *posare*] **s. m.** ● (*tosc.*) Riposo, quiete.

pòsola [etim. incerta; sec. XIV] **s. f.** ***1*** Striscia doppia di cuoio che nel finimento per la bestia da tiro collega la braca al collare | Cinghia che assicura lo straccale alla sella. ***2*** (*raro*, *tosc.*) Danno, molestia. || **posolino**, **dim. m.** (V.).

posolino [sec. XV] **s. m.** ***1*** Dim. di *posola*. ***2*** Nei finimenti del cavallo, cinghia doppia che, dalla sella, scende sulla groppa e passa sotto la coda. **SIN.** Sottocoda.

posologia [comp. del gr. *pósos* 'quanto', di orig. indeur., e *-logia*; 1821] **s. f.** ● (*farm.*, *med.*) Prescrizione della quantità di farmaci da somministrare.

†**pospàsto** [lat. *pŏst pāstu(m)* 'dopo il pasto'. V. *pos-* e *pasto*; 1621] **s. m.** ● Portata servita al termine del pasto.

posponiménto [1560] **s. m.** ● (*raro*) Posposizione.

pospórre [vc. dotta, lat. *postpōnere* 'porre dietro', comp. di *pŏst* (V. *post-*) e *pōnere* 'porre'; 1321] **v. tr.** (coniug. come *porre*) ***1*** Porre o collocare dopo, di seguito (*anche fig.*): *p. i fogli già scritti*; *p. un articolo di cronaca a uno di politica*; *p. la virtù e l'onestà al proprio utile.* **CONTR.** Anteporre, preporre. ***2*** Rimandare o rinviare a un momento successivo: *p. un viaggio, una visita, una decisione.* **SIN.** Differire, posticipare. **CONTR.** Anticipare.

pospositivo [vc. dotta, lat. tardo *postpositīvu(m)*, da *postpŏsitus* 'posposto'; av. 1565] **agg.** ● (*ling.*) Che si pospone: *pronome p.*; *particella pospositiva.*

posposizióne [dal lat. *postpŏsitus* 'posposto'; 1733] **s. f.** ● Il posporre: *la p. dell'aggettivo al nome* | Rinvio, dilazione.

pospósto [1321] **part. pass.** di *posporre*; anche **agg.** ● Messo dopo: *p. al sostantivo* | Rinviato.

pòssa (**1**) [da *possa*, prob. prima pers. del congv. pres. di *potere*; av. 1306] **s. f.** ● (*lett.*) Forza, potere, potenza | ***A tutta p.***, con tutte le forze disponibili. **CONTR.** Debolezza, fiacchezza.

pòssa (**2**) ● V. *potere* (*1*).

†**possànza** [ant. fr. *poissance* (mod. *puissance*), da *poissant* 'possente'; av. 1250] **s. f.** *1* (*lett.*) Potenza, potere: *Quivi è la sapienza e la p.* (DANTE *Par.* XXIII, 37) | Facoltà. *2* Forza, vigore, virtù.

pòsse /ˈpɔsse, *ingl.* ˈphɒsi/ [vc. ingl., 'compagnia, squadra', originariamente di armati, dal s. fr. *posse* 'potere', deriv. dal v. lat. *posse* 'potere'; 1991] **s. f. inv.** ● Denominazione di gruppi giovanili italiani degli anni '90 del Novecento che si caratterizzano per una produzione musicale basata su una rielaborazione del rap: *le p. dei centri sociali*; *i contenuti di protesta della musica delle p.*

♦**possedére** [lat. *possidēre*, comp. di *pŏtis* 'padrone' (propr. 'che può', di orig. indeur.) e *sedēre* 'risiedere' (V. *sedere* (*1*)); 910] **v. tr.** (coniug. come *sedere*) *1* Avere in proprietà, dominio o possesso: *p. campi, case, automobili*; *a quei tempi possedevano molte colonie*; *quelle due città ... le possedè pacificamente* (GUICCIARDINI) | *P. una donna*, (*lett.*) detto di uomo, avere un rapporto sessuale con lei | (*fig.*) Avere in sé: *possiede molte virtù.* *2* (*assol.*) Essere ricco: *p. per eredità.* *3* (*lett.*) Occupare, popolare: *p. la terra, il deserto.* *4* (*fig.*) Dominare totalmente: *non lasciarti p. dall'ira, dall'invidia*; *dicevano che fosse posseduto dal demonio.* *5* (*fig.*) Conoscere a fondo: *possiede tutte le lingue neolatine.*

possediménto [av. 1347] **s. m.** *1* (*raro*) Il possedere. *2* Ciò che si possiede, spec. in terreni o territori: *ha venduto tutti i suoi possedimenti*; *credo abbia vasti possedimenti nell'Italia meridionale*; *l'Olanda ha perduto ogni suo p. nelle Indie.* *3* Territorio extra-metropolitano sottoposto alla sovranità di uno Stato.

posseditóre [da *possedere*, sul modello di *possessore*; 1308] **s. m.** (**f.** *-trice*) ● (*lett.*) Possessore.

possedùto [1319] **A** **part. pass.** di *possedere*; anche **agg.** *1* Nei sign. del v. *2* Invasato: *giovane p. dal demonio.* **B** **s. m.** (**f.** *-a*) ● Indemoniato: *pareva un p.*

possènte [ant. fr. *poissant* (moderno *puissant*) formato sul lat. *pŏsse* 'potere'; av. 1276] **agg.** *1* Che ha grande forza o potere (*anche fig.*): *muscolatura, voce, ingegno p.*; *la mano p. di Dio*; *la p. poesia dantesca* | *P. di*, forte di | †*P. a*, capace di. *2* †Che gode credito e autorità o per ricchezza o per virtù. || **possentemènte**, **avv.**

possessióne [vc. dotta, lat. *possessiōne(m)*, da *possĕssus*, part. pass. di *possidēre* 'possedere'; 1231] **s. f.** *1* (*raro*) Possesso: *entrare in p. di un bene, dell'eredità.* *2* (*raro*) Possedimento: *vaste possessioni.* *3* (*lett., fig.*) Dote, proprietà: *la virtù è sicura p.* *4* Presunta invasione del corpo da parte di demoni o spiriti | (*psicol.*) Convinzione di essere stato invaso da entità estranee al proprio Io: *delirio di p.*

possessività [av. 1975] **s. f.** ● Caratteristica di chi è possessivo.

possessìvo [vc. dotta, lat. *possessīvu(m)*, da *possĕssus* 'possesso'; 1321] **agg.** *1* (*ling.*) Che indica l'appartenenza a persona o a cosa: *aggettivi, pronomi possessivi.* *2* Di possesso, che esprime possesso: *tono, istinto, atteggiamento p.* | Che ha tendenza a dominare in campo affettivo, limitando la libertà altrui: *amore p.*; *è molto p. nei confronti dei figli.* || **possessivamènte**, **avv.**

possèsso [vc. dotta, lat. *possĕssu(m)*, da *possidēre* 'possedere'; 1540] **s. m.** *1* Piena disponibilità di qlco.: *il p. della libertà* | (*est.*) Padronanza: *essere nel pieno p. delle proprie facoltà mentali*; *vantare il completo p. d'una lingua.* **SIN.** Dominio, padronanza. *2* (*dir.*) Potere su una cosa che si manifesta in un'attività corrispondente all'esercizio della proprietà o di altro diritto reale, indipendentemente dall'esistenza di tale diritto reale: *p. di buona fede, di mala fede*; *azioni a difesa del p.*; *legge regolatrice del p.* *3* (*spec. al pl.*) Possedimenti terrieri: *visitare i possessi di qlcu.* **SIN.** Proprietà.

possessóre [vc. dotta, lat. *possessōre(m)*, da *possĕssus*, part. pass. di *possidēre* 'possedere'; av. 1306] **s. m.** (**f.** *posseditrice*, raro *-sora*) ● Chi ha qlco. in possesso.

possessòrio [vc. dotta, lat. tardo *possessōriu(m)*, da *possĕssor*, genit. *possessōris* 'possessore'; av. 1396] **agg.** ● (*dir.*) Che concerne il possesso | *Azione possessoria*, che assicura una tutela di carattere provvisorio al possessore spogliato o molestato nel suo possesso | *Giudizio p.*, procedimento speciale che sorge con l'esperimento di un'azione possessoria.

possiàmo ● V. *potere* (*1*).

♦**possìbile** [vc. dotta, lat. *possībile(m)*, da *pŏsse* 'potere'; 1292] **A** **agg.** (assol.; + *da* seguito da inf.; seguito direttamente da inf.; + *che* seguito da congv.) *1* Che può essere, accadere o verificarsi: *cose possibili ma non probabili*; *prospettare ogni ipotesi p.*; *è l'unica via p. da seguire* | *Come è p.?*, *è mai p.?*, (*ellitt.*) *p.?*, per esprimere incredulità o contrarietà: *è mai p. che il treno arrivi sempre in ritardo?*; *è p. essere così distratti?* | *Non è p.!*, per esprimere stizza, contrarietà e sim.: *l'ufficio postale è chiuso per sciopero*: *non è p.!*; *non è p. agire con tale superficialità!*; *P. che nessuno mi voglia aiutare!* (MANZONI) | Che si pensa possa essere, accadere, verificarsi: *viaggio, ritorno p.*; *guarigione, promozione p.* **CONTR.** Impossibile. *2* (assol.; + *a* seguito da inf.) Che si può realizzare, che si può fare o porre in essere: *bisogna fare ogni sforzo p.*; *con la maggior diligenza p.*; *telefonagli il più presto p.*; *ti avviserò prima p.*; *credete non essere p. ad altri quel ch'è impossibile a voi* (BRUNO); *p. a vedersi, a farsi, a ripetersi.* *3* (*fam.*) Accettabile, passabile: *era un film appena p.* || **possibilménte**, **avv.** Se si può: *telefonami, possibilmente appena sarai arrivato.* **B** **s. m.** *1* Ciò che può essere, accadere, verificarsi: *restiamo nell'ambito del p.*, *nei limiti del p.* | (*raro*) *Fra i possibili*, fra le cose possibili. *2* (*solo sing.*) Ciò che si può fare: *faremo tutto il p. per aiutarvi.*

possibilìsmo [fr. *possibilisme*, dal lat. *possībilis* 'possibile', col suff. *-isme* '-ismo'; 1889] **s. m.** ● Atteggiamento, spec. politico di chi non rifiuta aprioristicamente nessuna soluzione o possibilità.

possibilista [fr. *possibiliste*, dal lat. *possībilis* 'possibile', col suff. *-iste* '-ista'; 1905] **agg.**; anche **s. m. e f.** (**pl. m.** *-i*) ● Che (o Chi) dà prova di possibilismo.

possibilìstico [1910] **agg.** (**pl. m.** *-ci*) ● Caratterizzato da possibilismo.

♦**possibilità** [vc. dotta, lat. tardo *possibilitāte(m)*, da *possībilis* 'possibile'; 1308] **s. f.** *1* Condizione, caratteristica di ciò che è possibile: *discutere sulla p. di qlco.* **CONTR.** Impossibilità, inattuabilità. *2* Capacità, facoltà: *non ho la p. di aiutarti* | Opportunità: *verrò quando se ne presenti la p.* *3* (*spec. al pl.*) Mezzi materiali o morali di cui si dispone: *le mie p. sono limitate*; *nel limite delle nostre p.*

possidènte [vc. dotta, lat. *possidēnte(m)*, part. pres. di *possidēre* 'possedere'; sec. XIV] **s. m. e f.**; anche **agg.** ● Chi (o Che) dispone di proprietà immobiliari: *un ricco p.*; *un p. terriero.* **CONTR.** Nullatenente.

possidènza [da *possidente*; 1785] **s. f.** *1* (*raro*) Il fatto di possedere qlco. *2* (*lett.*) Proprietà, possedimento. *3* (*raro*) Ceto dei possidenti.

pòsso ● V. *potere* (*1*).

post /*ingl.* phoust/ [vc. ingl., propr. 'pilastro, puntello'] **s. m. inv.** ● Nella pallacanestro, posizione d'attacco | (*est.*) Giocatore che gioca in tale posizione | Giocatore che occupa le posizioni alte della zona del tiro libero | Pivot.

post- [lat. *post-*, di orig. indeur., con senso di posteriorità ('dopo')] **pref.** (anche *pos-*, davanti a parola che incomincia per consonante) *1* Con valore temporale, in parole di origine latina o di moderna formazione, significa 'posteriore', 'successivo', 'dopo': *postmoderno, postbellico.* *2* Nella terminologia anatomica e fonologica, con valore locale, significa 'dietro', 'posteriore', 'situato posteriormente': *postdentale.*

♦**pòsta** (**1**) [lat. *pŏsita*, nt. pl., '(luoghi) posti, fissati'; av. 1292] **s. f.** *1* †Posto | In una stalla, il compartimento dove l'animale viene trattenuto e può riposarsi e mangiare: *I cavalli normanni alle lor poste* (PASCOLI) | †Luogo, sito, posizione topografica | *Non tenere p. ferma*, non avere dimora stabile | *Non aver p. di qlcu.*, non sapere dove possa trovarsi: *p. di lui non si potea avere* (SACCHETTI). *2* Luogo in cui il cacciatore attende da fermo la selvaggina | *Stare, mettersi alla p.*, (*fig.*) spiare qlcu. | *Fare la p. a qlcu.*, cercare di sorprenderlo, attenderlo anche con propositi ostili. *3* Fermata, stazione, tappa per carrozze, viaggiatori o corrieri, situata un tempo sulle grandi strade di comunicazione: *p. ogni 25 o 30 miglia*; *cambiare i cavalli alle poste*; *compiere un viaggio in due o tre poste* | (*region.*) Stazione della Via Crucis | Ciascuna delle parti della recita del rosario | †*Correre le poste*, andare di gran carriera | †*Per le poste*, in fretta e furia. *4* Servizio pubblico per la spedizione e il recapito della corrispondenza: *spedire per p.* | *P. aerea*, trasportata per mezzo di aerei | *P. elettronica*, sistema di scambio e memorizzazione di messaggi tra utenti di terminali collegati a una rete telematica | *P. pneumatica*, in banche, uffici e sim., recapito basato su spedizione all'interno di tubi percorsi da aria compressa | *P. celere*, V. *postacelere* | *P. prioritaria*, servizio postale in grado di recapitare la corrispondenza in tempi rapidi e garantiti | *Fermo p.*, *ferma in p.*, dicitura scritta sulla corrispondenza che il destinatario ritirerà all'ufficio postale del luogo di residenza | *Piccola p.*, rubrica giornalistica formata da lettere dei lettori, a cui la redazione del giornale fornisce una risposta. *5* (*al pl.*) Amministrazione che cura il servizio postale e luogo ove ha sede | Organizzazione del servizio postale: *Ministero delle Poste e Telecomunicazioni.* *6* Corrispondenza: *la p. del giorno*; *ritirare, firmare, spedire la p.* | *Levare la p.*, prelevarla dalla cassetta in cui è stata imbucata. *7* Somma che si punta al gioco o che si impegna in una scommessa: *raddoppiare la p.*; *fissare la p. massima e quella minima* | *Giocare, rischiare una p. molto alta*, (*fig.*) azzardare molto | *La p. in gioco è alta*, (*fig.*) il rischio è molto grande. *8* †Punto di bersaglio, di mira. *9* †Imposta, battente. *10* †Notazione a registro, a conto. **SIN.** Partita. *11* (*raro, lett.*) Piacere, volontà: *a sua p.* | *A p.*, apposta | *A bella p.*, deliberatamente | †*Da sua p.*, per conto proprio, da sé stesso: *e ciascuno mangia da sua p.* (ARIOSTO) | †*A p. fatta*, di proposito. || **posticciuòla**, **dim.**

POSTA
nomenclatura

posta

● *tipi di posta* = corrispondenza: lettera = epistola = missiva (commerciale, circolare; aperta ⇔ chiusa, segreta, familiare; anonima, minatoria; di raccomandazione, di referenze, di assunzione, di licenziamento, di congedo, di accompagnamento; urgente); biglietto (d'auguri, di condoglianze, di invito), annuncio, partecipazione (di nozze, di nascita); biglietto postale, cartolina (illustrata, postale con o senza risposta pagata, doppia), stampe (fascetta), manoscritto (aperto, raccomandato con o senza lettera), espresso, vaglia (postale, telegrafico), postagiro; collo, pacco, pacchetto, incarto, involucro, stretch-pack; posta ordinaria, aerea = aerogramma, pneumatica, elettronica; semplice, assicurata, espresso, raccomandata, raccomandata con ricevuta di ritorno, posta celere; posta prioritaria; affrancata, tassata, giacente = ferma in posta;

● *strutture, servizi e operazioni postali*: ministero delle poste e telecomunicazioni; ufficio postale, sportelli; pacchi (bilancia pesapacchi; etichetta, sigillo, talloncino, bollettino di spedizione; pacco postale, manoscritti aperti con o senza lettera, stampe, campione senza valore; valore dichiarato, franchigia, raccomandazione, assicurazione, espresso, tariffa ridotta ⇔ normale, spedizione, ricevuta); vendita dei francobolli e dei valori bollati (pesalettere; foglio dei francobolli, marche da bollo, carta bollata, stampato, modulo per conto corrente, modulo per vaglia postale); versamenti (pagamento pensioni, vaglia, raccomandate, conto corrente postale; causale del versamento); telegrammi (cablogramma, marconigramma, radiotelegramma, telegramma; modulo per telegramma); servizio postacelere; servizio cai-post; casella postale = casellario (fermo posta); buca = cassetta per le lettere; ritiro della posta (levata; sacco, plico fuorisacco, furgoncino; ora di levata); smistamento; spedizione: timbratura, inoltro, distribuzione (con urgenza, con precedenza); indicazione della località, data, testo, firma, intestazione, P.S., sigillo, S.G.M., S.P.G.M., S.P.M., R.S.V.P., recapito, indirizzo, destinatario, mittente, numero di Codice di Avviamento Postale (C.A.P.); affrancatura (per l'interno ⇔ per l'estero; francobollo ordinario ⇔ commemorativo; soprattassa di beneficenza), timbro postale (a secco, di gomma, per ceralacca), impiombatura, tassa a carico del destinatario, soprattassa, controllo = ispezione postale, consegna; francobollo (dentellatura, margine, vignetta = soggetto, dicitura, valore, filigrana, gomma, tavola, filatelia), imbustatrice, macchina obliteratrice; assegno postale, postagiro, mandato di pagamento, libretto postale, buoni postali fruttiferi; ● *persone*: direttore, ispettore, impiegato, portalettere = postino, procaccia, portapacchi, marconista, telegrafista, postelegrafonico, radiotelegrafista; messo, fattorino, corriere, pony express; ● *azioni*: impostare = imbucare, avviare = istradare, intestare, indirizzare, spedire, mandare per posta, inviare; imbustare, affrancare, tassare, impiombare un pacco, smistare, smaltire la corrispondenza, timbrare, obliterare, annullare, distribuire, consegnare, recapitare, ritirare, respingere, rispedire, restituire al mittente, cestinare; dettare, scrivere, mandare, ricevere, arrivare, leggere, rispondere, firmare, datare.

pósta (**2**) [f. sost. di *posto* (*1*)] **s. f.** *1* (*tosc.*) Il mettere | Messa a dimora: *la p. delle barbatelle.* *2* †Traccia, vestigio, orma: *mi parti' / dietro a le poste de le care piante* (DANTE *Inf.* XXIII, 147-148).

postacèlere [comp. di *posta* e *celere*; 1986] **A s. f.** (pl. *postecèleri*) ● Servizio di corriere espresso gestito dalle Poste Italiane. **B s. m. inv.** ● (*est.*) Plico o pacco spedito tramite tale servizio: *le mando un p.*

postagiro [comp. di *posta* (*1*) nel sign. 4 e *giro*; 1926] **s. m.** (pl. *-o* e *-i*) ● Operazione mediante la quale chi dispone di conto corrente postale fa trasferire ad altro correntista una data somma.

♦**postàle** [da *posta* (*1*) nel sign. 4; 1809] **A agg.** ● Della posta, attinente al servizio delle poste: *corrispondenza p.*; *servizio p.* | ***Cartolina, biglietto p.***, che si vendono già affrancati con francobollo stampato | ***Pacco p.***, spedito per posta. **B s. m.** ● Nave, treno o altro mezzo di comunicazione adibito al servizio postale.

postalizzàre [da *postale*; 1986] **v. tr.** ● Inoltrare raccomandate, espressi o telegrammi con il sistema postale ordinario, qualora essi non abbiano potuto essere recapitati più celermente.

postappèllo [comp. di *post-* e *appello*; 1986] **s. m.** ● Convocazione universitaria posticipata rispetto alle sessione di esami prevista per legge. CFR. Preappello.

postàre [da *posto*; av. 1537] **A v. tr.** (*io pòsto*) ● (*raro*) Collocare a posto, mettere al suo posto | Disporre sul terreno per l'impiego armi, soldati o artiglierie. **B v. intr. pron.** ● Collocarsi, fermarsi | Appostarsi.

postatòmico [comp. di *post-* e *atomico*; 1960] **agg.** (pl. m. *-ci*) *1* Successivo alla scoperta e all'impiego dell'energia nucleare: *era postatomica.* *2* Successivo a un'ipotetica catastrofe atomica finale: *scenario p.* *3* (*fig.*) Desolato, irreale: *paesaggio p.*

postavanguàrdia [comp. di *post-* e *avanguardia*] **s. f.** ● Movimento artistico e letterario successivo a precedenti correnti di avanguardia.

postazióne [da *postare*; 1920] **s. f.** *1* (*mil.*) Luogo, gener. attrezzato e protetto, occupato da un'arma pesante o da un pezzo di artiglieria | ***P. di lancio***, area temporaneamente occupata da un pezzo di artiglieria o missili per eseguire una missione di fuoco. *2* (*est.*) Luogo dove si colloca un impianto di ripresa o di registrazione: *p. microfonica.*

postbèllico o (*pop.*) **poṣbèllico** [dall'espressione lat. *pŏst bĕllum* 'dopo la guerra'. V. *post-* e *bellico*; 1915] **agg.** (pl. m. *-ci*) ● Proprio dell'epoca susseguente a una guerra: *crisi postbellica*; *mentalità postbellica.* CONTR. Prebellico.

postbruciatóre [comp. di *post-* e *bruciatore*; 1958] **s. m.** ● Dispositivo che inietta combustibile nell'effusore di un turboreattore per aumentare l'energia del gas uscente e quindi la spinta.

Postcard® /'pɔskard, *ingl.* 'phəus(t),kɑːd/ [comp. delle vc. ingl., *post* 'postale' e *card* 'carta, tessera', che non ha, però, il sign. del comp. ingl. *postcard* 'cartolina postale'; 1991] **s. f. inv.** ● Tessera magnetica che consente il prelievo e il deposito automatizzato in un conto corrente postale.

postcoitàle [comp. di *post-* e *coitale*; 1976] **agg.** ● (*med.*) Che avviene dopo il coito o è pertinente al periodo successivo al coito | ***Test p.***, indagine diagnostica per stabilire l'eventuale causa immunologica della sterilità di una coppia.

postcommotivo [comp. di *post-* e *commotivo*] **agg.** ● (*med.*) Che segue a una commozione cerebrale: *sindrome postcommotiva.*

postcommùnio [comp. del lat. *post* 'dopo' (V. *post-*) e *commŭnio* (nom.) 'comunione' (in senso religioso); av. 1396] **s. m.** (pl. *-ni*) ● Orazione che il celebrante cattolico recita, nella messa, dopo la comunione.

postcomuniṣmo o **post-comuniṣmo** [comp. di *post-* e *comunismo*; 1975] **s. m.** *1* Periodo successivo alla crisi su scala mondiale dell'ideologia comunista, verificatasi spec. a partire dalla fine degli anni '80 del Novecento. *2* Condizione politico-economica posteriore al crollo dei regimi comunisti dell'Est europeo, con particolare riferimento all'ex Unione Sovietica e ai Paesi satelliti.

postcomunista o **post-comunista** [comp. di *post-* e *comunista*; 1971] **A agg.** (pl. m. *-i*) *1* Proprio del postcomunismo. *2* Relativo a un'ideologia o a un'organizzazione che costituiscono l'evoluzione o il superamento di quella comunista. **B s. m. e f.** ● Seguace, sostenitore di un partito o dell'ideologia postcomunista.

postconciliàre [comp. di *post-* e *concilio*, con suff. agg.] **agg.** ● Posteriore a un concilio, spec. al Concilio Vaticano II: *spirito, atteggiamento p.*

postcongressuàle [comp. di *post-* e *congresso*, con suff. agg.] **agg.** ● Posteriore a un congresso: *riunione p.*

postconsonàntico o **posconsonàntico** [comp. di *post-* e *consonante*, con suff. agg.; 1954] **agg.** (pl. m. *-ci*) ● (*ling.*) Detto di suono che viene dopo una consonante.

postdatàre o (*pop.*) **poṣdatàre** [comp. di *post-* e *datare*; 1723] **v. tr.** *1* Segnare su una lettera o documento una data posteriore a quella reale. *2* Mutare la data generalmente attribuita a certi fatti o avvenimenti in seguito a indagini, esami critici e sim. stabilendone una posteriore.

postdatàto o (*pop.*) **posdatàto** [1950] **part. pass.** di *postdatare*; anche **agg.** ● Nei sign. del v.: *assegno p.*

postdatazióne [1958] **s. f.** ● Il postdatare.

postdentàle o **poṣdentàle** [comp. di *post-* e *dentale*; 1939] **A agg.** ● (*ling.*) Detto di suono nella cui articolazione la lingua batte contro la superficie interna dei denti incisivi. **B s. f.** ● (*ling.*) Suono postdentale.

postdibattimentàle **agg.** ● (*dir.*) Relativo al postdibattimento.

postdibattiménto [comp. di *post-* e *dibattimento*] **s. m.** ● (*dir.*) Fase del processo penale successiva alla fase dibattimentale.

postdiluviàle [comp. di *post-* e *diluviale*; 1958] **agg.**; anche **s. m.** ● (*geol.*, *raro*) Olocenico, Olocene.

postdiluviàno o (*raro*) **poṣdiluviàno** [comp. di *post-*, *diluvi*(*o*) e *-ano* (*1*), in opposizione ad *antidiluviano*; 1733] **agg.** ● Posteriore al diluvio.

posteggiàre (**1**) [da *posta* (*1*); 1813] **v. tr.** (*io postéggio*) ● (*raro*) Fare la posta a qlcu. | (*lett.*) Tener d'occhio.

posteggiàre (**2**) [da *posto*; 1958] **v. tr.** e **intr.** (*io postéggio*; aus. *avere*) ● Sistemare in un posteggio: *p. l'auto*; *non so dove p.*; *in questa zona è impossibile trovare da p.* SIN. Parcheggiare.

posteggiatóre [da *posteggiare* (*2*); 1905] **s. m.** (f. *-trice*) *1* Custode delle automobili nei posteggi. *2* A Napoli, suonatore ambulante. *3* A Roma, venditore che occupa un determinato posto in mercati e sim., pagando il relativo posteggio.

postéggio [da *posteggiare* (*2*); 1918] **s. m.** *1* Luogo in cui i veicoli in servizio pubblico sostano, in attesa di clienti | Luogo in cui si lasciano in custodia veicoli | Parcheggio custodito. *2* Posto spettante dietro pagamento a un rivenditore e alla sua merce, in una piazza, un mercato e sim.: *è il p. migliore*; *il p. costa parecchio.*

Postèl [sigla di *Post*(*a*) *el*(*ettronica*); 1986] **s. m. inv.** ● Servizio pubblico fornito dalle Poste, che consiste nella stampa, l'imbustamento e la distribuzione di corrispondenza predisposta dal mittente su un supporto elettronico.

postelegràfico [comp. di *pos*(*tale*) e *telegrafico*; 1908] **A agg.** (pl. m. *-ci*) ● Che concerne i servizi postale e telegrafico. **B s. m.** (f. *-a*) ● Chi è addetto a tali servizi.

postelegrafònico [comp. di *pos*(*tale*), *telegra*(*fico*) e (*tele*)*fonico*; 1918] **A agg.** (pl. m. *-ci*) ● Che concerne i servizi postali, telegrafici, telefonici. **B s. m.** (f. *-a*) ● Chi è addetto a tali servizi.

postelementàre [comp. di *post-* ed *elementare*; 1955] **agg.** ● Detto dei corsi di studio che seguono quelli elementari.

†**postèma** [aferesi di *apostema*; 1306] **s. f.** *1* Ascesso. *2* (*fig.*) Magagna. *3* †Borsa piena di denaro.

pòster /'pɔster, *ingl.* 'phəustəɹ/ [vc. ingl. 'manifesto, affisso', da *to post* 'piazzare, collocare', da *post* 'posto'; 1971] **s. m. inv.** ● Manifesto che riproduce opere d'arte, fotografie di personaggi celebri e no, paesaggi e sim., da appendere alle pareti come oggetto di arredamento | (*est.*) Nei congressi o convegni scientifici, manifesto su cui si riportano i risultati di una ricerca, spesso corredati da tabelle, disegni e sim.

postergàre [dall'espressione lat. *pŏst tĕrgu*(*m*) 'dietro il dorso'. V. *post-* e *tergo*; 1340] **v. tr.** (*io postèrgo, tu postèrghi*) *1* (*lett.*) Gettare qlco. dietro le proprie spalle. *2* (*fig.*, *lett.*) Trascurare, disprezzare: *così le invidie / de' pastor neghittosi si postergano* (SANNAZARO). *3* Postillare con note a tergo. *4* (*dir.*, *econ.*) Permutare, posporre nel grado i creditori ipotecari. *5* Nel linguaggio bancario, posticipare, postdatare.

postergazióne [1858] **s. f.** ● Il postergare.

postería [vc. milan., da *posta* (*1*), nel senso di 'parte del suolo di una piazza o di un mercato assegnato ai singoli venditori'; av. 1794] **s. f.** ● (*sett.*) Negozio di alimentari.

♦**posterióre** [vc. dotta, lat. *posteriōre*(*m*), compar. di *pŏsterus*. V. *postero*; 1308] **A agg.** *1* Che sta dietro: *la parte p. di un oggetto.* CFR. opisto-. CONTR. Anteriore. *2* Che viene dopo: *scritto p.*; *opera di molto, di poco p. alla maturità* | ***Testamento p.***, successivo a un altro che viene in tal modo revocato in quanto incompatibile. *3* (*ling.*) Detto di vocale o consonante il cui punto di articolazione è situato nella parte posteriore della cavità orale. CONTR. Anteriore. ‖ **posteriorménte**, avv. *1* Nella parte posteriore. *2* In un tempo, in un periodo successivo. **B s. m.** ● (*eufem.*) Deretano.

posteriori, a ● V. *a posteriori.*

posteriorità [1640] **s. f.** ● Condizione di ciò che è posteriore: *la p. di un evento, di un luogo.* CONTR. Anteriorità.

posterità [vc. dotta, lat. *posteritāte*(*m*), da *pŏsterus* 'postero'; sec. XIII] **s. f.** *1* Discendenza: *pensare alla p.* *2* L'insieme di coloro che nasceranno e vivranno dopo di noi: *il giudizio della p.* | ***Passare alla p.***, acquistare una fama duratura. *3* (*raro*) Il tempo futuro.

postèrla ● V. *postierla.*

pòstero [vc. dotta, lat. *pŏsteru*(*m*) 'che viene dopo, che viene dietro', comp. di *pŏst* 'dietro, poi' (V. *post-*) e il suff. **tero*, che indica opposizione tra due (cfr. *maestro*); 1476] **A agg.** ● (*raro*, *lett.*) Che viene o che verrà dopo. **B s. m.** ● (*spec. al pl.*) Discendente lontano, uomo di epoche successive a quella a cui ci si riferisce: *il giudizio dei posteri*; *i nostri posteri* | ***Passare ai posteri***, divenire famoso, acquistare durevole fama.

pòstero- [tratto da *posteriore*] primo elemento ● In aggettivi composti della terminologia anatomica indica posizione posteriore: *posterolaterale.*

posteroanterióre [comp. di *postero-* e *anteriore*] **agg.** ● (*anat.*) Che ha direzione dal dietro verso la parte anteriore del corpo: *proiezione p.*

posterolateràle [comp. di *postero-* e *laterale*] **agg.** ● (*anat.*) Che ha direzione dal dietro verso un lato del corpo.

posteromediàle [comp. di *postero-* e *mediale*] **agg.** ● (*anat.*) Che ha direzione dal dietro verso la linea mediana del corpo.

post fàctum o **postfàtto** [loc. lat., propr. 'dopo (*pŏst*) il fatto (*fāctum*)'] **A loc. avv.** ● A fatto avvenuto, quando tutto è risolto. **B loc. sost. m. inv.** (pl. lat. inv.; pl. it. *postfatti*) ● Condotta criminosa susseguente a un reato, che ai fini della pena è assorbita dal reato stesso.

postfasciṣmo [comp. di *post-* e *fascismo*; 1961] **s. m.** ● Periodo successivo alla fine del regime fascista in Italia.

postfascista o **post-fascista** [comp. di *post-* e *fascista*; 1946] **A agg.** (pl. m. *-i*) *1* Relativo al postfascismo: *le prime elezioni politiche postfasciste.* *2* Relativo a un'ideologia o a un'organizzazione che costituiscono l'evoluzione o il superamento di quella fascista. **B s. m. e f.** ● Seguace, sostenitore di un partito o dell'ideologia postfascista.

postfàtto • V. *post factum*.

postfazióne [da *post-*, sul modello di *prefazione*; 1982] **s. f.** • Scritto che si pone a conclusione di un libro, anche a opera di persona diversa dall'autore del libro stesso. **CFR.** Prefazione.

postglaciàle [comp. di *post-* e *glaciale*; 1958] **agg.**; anche **s. m.** • (*geol.*) Olocene.

posticcia [f. sost. di *posticcio*; 1855] **s. f.** (pl. *-ce*) • Insieme di piante arboree, spec. per la difesa di argini.

posticciàre [da *posticcia*; sec. XVIII] **v. tr.** (*io posticcio*) • (*raro*) Piantare filari d'alberi.

†**posticciàta** [da *posticcia*; sec. XVIII] **s. f.** • Piantata di alberi a difesa di argini.

posticcio [lat. tardo *appositīciu(m)*, da *appŏsitus*, part. pass. di *appōnere* 'porre a fianco' (V. *apporre*); av. 1320] **A agg.** (pl. f. *-ce*) *1* Detto di ciò che è artificiale, finto, e sostituisce qlco. di naturale che manca: *capelli posticci*; *mi farò accomodare una barba posticcia che sii a proposito* (BRUNO). *2* (*raro*) Provvisorio: *ponte p.* ‖ **posticciaménte**, **avv.** In modo posticcio, provvisorio, illegittimo. **B s. m.** *1* Toupet. *2* Appezzamento di terreno dove si pongono provvisoriamente le piante prima del trapianto. *3* (*mar.*) Nelle galee, palco che sporgeva sul fondo come passaggio laterale e posto di combattimento.

posticino [da *posto* col suff. *-ino* e l'infisso *-c-*; av. 1861] **s. m.** *1* Dim. di *posto* (*2*). *2* Luogo ameno e tranquillo, gener. fuori mano: *finalmente un bel p.!* *3* Posto di lavoro non eccelso ma sicuro: *un p. statale*. *4* Locale pubblico accogliente e non pretenzioso, spec. nel campo della ristorazione: *cenare in un p. niente male*.

posticipàre [vc. dotta, lat. tardo *posticipāre* 'seguire a', da *pŏst* (V. *post-*), in opposizione ad *anticipāre* 'anticipare'; 1676] **A v. tr.** (*io postìcipo*) • Rinviare qlco. rispetto al tempo precedentemente fissato: *p. l'appuntamento di un'ora*; *p. il matrimonio*. **CONTR.** Anticipare. **B v. intr.** (aus. *avere*) • (*lett.*) Ritardare: *Per lo più posticipavano tre o quattro giorni* (REDI).

posticipàto [1673] **part. pass.** di *posticipare*; anche **agg.** • Che avviene in ritardo | Differito. ‖ **posticipataménte**, **avv.** Dopo il tempo fissato in precedenza.

posticipazióne [1673] **s. f.** • Rinvio, differimento.

postìcipo [da *posticipare*] **s. m.** • Posticipazione | Partita di calcio o di altri sport che viene giocata più tardi rispetto alle altre: *stasera si gioca il p. Juventus-Milan*.

postìco [vc. dotta, lat. *postīcu(m)*, nt. sost. di *postīcus* 'posteriore', da *pŏst* 'dietro' (V. *post-*); sec. XIV] **agg.** (pl. m. *-chi*) • (*arch.*) Che è nella parte posteriore di un edificio.

postière [da *posta* (*1*); 1585] **s. m.** *1* Nei tempi antichi, organizzatore di un servizio di diligenze. *2* †Postiglione. *3* †Postino.

†**postièri** [lat. *pōst hĕri*, propr. 'dietro a ieri'. V. *post-* e *ieri*; sec. XIII] **avv.** • Ieri l'altro.

postièrla o **postèrla**, **pustièrla** [lat. tardo *postĕrula(m)* (*pŏrtam*), dim. f. di *pŏsterus* 'che viene dietro'. V. *postero*; av. 1348] **s. f.** • Piccola porta di torri, mura, castelli e sim. per il passaggio di una persona per volta. ➡ **ILL.** p. 2121 ARCHITETTURA.

postiglióne [da *posta* (*1*) nel sign. 3; 1584] **s. m.** • Chi guidava i cavalli delle vetture di posta, montando quello di sinistra | Cocchiere di carrozze signorile, che guidava cavalcando un cavallo della pariglia.

postilla [lat. *pŏst ĭlla* 'dopo quelle (parole)'. V. *post-* e *egli*; 1321] **s. f.** *1* Breve annotazione, collocata di solito nel margine esterno delle pagine di un libro, di un atto o documento scritto in genere. **SIN.** Chiosa, glossa. *2* †Immagine riflessa da uno specchio: *Quali per vetri trasparenti e tersi, / o ver per acque nitide e tranquille, … / tornan d'i nostri visi le postille* (DANTE, *Par.* III, 10-13).

postillàre [da *postilla*; av. 1498] **v. tr.** • Far postille, annotare. **SIN.** Chiosare, glossare.

postillàto **part. pass.** di *postillare*; anche **agg.** • Annotato.

postillatóre [1565] **s. m.** (f. *-trice*) • Chi fa postille. **SIN.** Chiosatore, glossatore.

postillatùra [av. 1729] **s. f.** • Il postillare | Complesso di postille.

postìme [da *posto*; av. 1597] **s. m.** • (*agr.*) Pianticella da trapiantarsi allevata in vivaio: *p. di abeti* | Appezzamento dove sono piante da trapiantare.

postimpressionìsmo [comp. di *post-* e *impressionismo*; 1927] **s. m.** • Movimento artistico successivo all'impressionismo, caratterizzato dalla semplificazione del disegno, dalla soppressione del modellato e dalla ricerca di uno stile squisitamente illustrativo.

postindustriàle [comp. di *post-* e *industriale*; av. 1975] **agg.** • Relativo allo stadio evolutivo dell'economia di un Paese in cui le attività terziarie predominano sulle attività industriali e agricole.

postinfartuàle [comp. di *post-* e *infartuale*; 1986] **agg.** • (*med.*) Che è conseguente a infarto, spec. miocardico: *decorso p.*

postinfluenzàle [comp. di *post-* e *influenzale*] **agg.** • (*med.*) Che si manifesta dopo o come conseguenza di una influenza: *sintomo p.*

♦**postino** [da *posta* (*1*); 1841] **s. m.** (f. *-a*) *1* Portalettere. *2* (*gener.*) Vettore di messaggi: *il p. dei rapitori*.

†**postióne** [lat. parl. **posteriōne(m)*, da *pŏsterus* (V. *postero*)] **s. m.** • (*raro*) Deretano.

Post-it® /'pɔstit, *ingl.* 'pħoustɪt/ [marchio registrato; 1990] **s. m. inv.** • Foglietto autoadesivo rimovibile, sul quale si può scrivere un promemoria o un messaggio e che può essere attaccato in evidenza su qualsiasi superficie.

postite [comp. del gr. *pósthē* 'prepuzio' e *-ite* (*1*); 1835] **s. f.** • (*med.*) Infiammazione del prepuzio.

post làuream [comp. dei due elementi lat. *pŏst* 'dopo' e *lăurea(m)* 'laurea'; 1993] **A loc. avv.** • Nel periodo dopo la laurea. **B** anche **loc. agg. inv.**: *corso, specializzazione post lauream*.

postlimìnio o **poslimìnio** [vc. dotta, lat. *postlimĭniu(m)*, comp. di *pŏst* 'dopo' (V. *post-*) e *līmen*, genit. *līminis* 'frontiera, confine' (V. *liminare*); 1499] **s. m.** • Nel diritto romano, diritto riconosciuto al cittadino, caduto in prigionia di guerra e poi rientrato in patria, di recuperare l'antecedente stato giuridico.

postlùdio • V. *posludio*.

postmatùro [comp. di *post-* e *maturo*] **agg.** • (*med.*) Detto di neonato che permane nell'utero oltre il normale periodo di gestazione di 42 settimane.

postmilitàre [comp. di *post-* e *militare*; 1935] **agg.** • Successivo al servizio militare.

postmodernìsmo o **post-modernìsmo** [comp. di *post-* e *modernismo*; 1983] **s. m.** • Indirizzo o atteggiamento caratterizzato dall'adesione alle esperienze culturali postmoderne.

postmodèrno o **post-modèrno** [comp. di *post-* e *moderno*, calco sulla vc. ingl. *post-modern*, usata per la prima volta in campo architettonico da C. Jencks in un'opera del 1977; 1980] **agg.** *1* (*arch.*) Detto di ciascuna delle correnti che, a partire dalla seconda metà degli anni '60 del Novecento, hanno teso al superamento degli schemi funzionali e dei modelli formali del cosiddetto "movimento moderno", cioè dell'architettura razionalistica e dei suoi epigoni. *2* (*est.*) Detto di ogni comportamento o atteggiamento di costume che tende al recupero, in chiave sentimentalistica e formalistica, dei valori del passato.

post mòrtem [loc. lat., propr. 'dopo la morte'; 1555] **A loc. avv.** • Dopo la morte: *onorare qlcu. post mortem*. **B loc. agg. inv.** • Conferito dopo la morte, postumo: *onorificenza post mortem* | Che dura o si manifesta dopo la morte: *fama post mortem*; *estimatori post mortem* | (*med.*) Che si riferisce al periodo successivo alla morte: *irrigidimento post mortem*.

postnatàle [comp. di *post-* e dell'agg. *natale*] **agg.** • Che si verifica dopo la nascita, spec. con riferimento alle prime settimane di vita: *ittero p.*

pósto (1) [lat. *pŏsitu(m)*, part. pass. di *pōnere* 'porre'; 1211] **part. pass.** di *porre*; anche **agg.** *1* Nei sign. del v. | Messo, collocato: *trangugiavano le vivande poste loro innanzi* (BOCCACCIO) | Situato: *[i] paesetti posti sulle rive* (MANZONI). *2* **P. che**, dato che | **P. ciò**, premesso questo.

♦**pósto (2)** [V. precedente; 1452] **s. m.** *1* Luogo determinato, assegnato a qlcu. o a qlco.: *prendere il proprio p.*; *mettere ogni cosa al suo p.* | ***Essere a p.***, in ordine | ***Fuori p.***, in disordine: *hai i capelli fuori p.* | ***Mettere a p.***, riordinare | ***Mettere a p. qlcu.***, (*fig.*) richiamarlo, dargli una lezione: *un giorno o l'altro ti metto a p. io!* | ***Mettere le cose a p.***, (*fig.*) sistemare una questione controversa, una situazione difficile, chiarire un equivoco e sim. | ***Essere, sentirsi a p. con la coscienza***, avere la coscienza tranquilla, non avere rimorsi e sim. | ***Stare al proprio p.***, (*fig.*) saper mantenere le distanze, comportarsi come si deve | ***Tenere le mani a p.***, stare fermo con le mani, non toccare ciò che non si deve | ***Tenere la lingua a p.***, non parlare fuori luogo, controllare il proprio linguaggio | (*fig.*) ***Avere la testa a p.***, essere saggio, equilibrato | (*fig.*) ***Essere una persona a p.***, degna di stima e di fiducia | ***Al p. di***, in vece, in sostituzione di | ***Al mio, al tuo p.***, nella mia, nella tua condizione: *tu, al mio p., che cosa avresti risposto?* *2* Spazio libero: *questo mobile occupa troppo p.*; *fate, lasciate un po' di p.*; *non ho p. per mettere la mia roba*; *esci, qui non c'è più p. per nessuno* | (*est.*) Spazio circoscritto destinato o riservato a un determinato fine: *p. telefonico pubblico* | ***P. di blocco ferroviario***, cabina situata lungo un tracciato ferroviario, contenente i comandi degli apparecchi di segnalazione e protezione installati lungo un tratto di linea | ***Posti-letto***, numero dei letti disponibili in alberghi, ospedali e sim. | ***P. macchina, p. auto***, in autorimesse, parcheggi e sim., zona, spec. delimitata da strisce, destinata alla sosta di un autoveicolo | ***P. barca***, zona destinata all'ormeggio di un natante in porticcioli turistici e sim. | (*est.*) Sedile, sedia o sim. che una persona occupa in luoghi, locali e mezzi pubblici: *stadio con centomila posti*; *automobile a cinque posti*; *prenotare due posti di platea*; *scusi, è libero questo p.?*; *cedi il tuo p. alla signora*; *i posti a sedere sono esauriti* | ***Prendere p.***, sedersi al proprio posto | ***Posti in piedi***, quando tutti i posti a sedere di un locale pubblico sono occupati | ***P. d'onore***, quello tradizionalmente riservato, spec. a tavola, alla persona più importante | ***P. in Parlamento***, seggio | Con riferimento ad aule scolastiche: *assegnare i posti agli alunni*; *torna al tuo p.*; *interrogare qlcu. dal p.*; *rispondere dal p.* *3* (*mil.*) Luogo assegnato a ogni soldato nei ranghi del reparto | ***P. di guardia***, luogo dove risiede una guardia, dal quale vengono distaccate le sentinelle in turno di servizio | ***P. di blocco***, lungo una via di comunicazione, luogo dove vengono collocati sbarramenti, per permettere, spec. da parte di forze dell'ordine, un controllo su persone e mezzi in transito. *4* Incarico, impiego, ufficio: *un p. di segretario, magistrato, professore, cuoco*; *cercare un p. nelle ferrovie, nell'amministrazione statale, in un ente*; *ha trovato un ottimo p.*; *spero di non perdere il p.* | ***P. fisso***, impiego stabile, garantito per un lungo periodo o addirittura per tutta la vita: *i giovani credono meno nel mito del p. fisso* | ***Essere a p.***, avere un buon lavoro | ***Mettere, mettersi a p.***, procurare ad altri o trovare per sé una buona sistemazione. *5* Località, luogo, posizione: *un p. ignorato dai turisti*; *sono posti ameni*; *non ho mai visto questo p.*; *gente, usanze del p.*; *la casa si trova in uno splendido p.* | ***Sul p.***, in quella determinata località di cui si parla, in cui ci si trova o ci si deve recare: *completeremo l'equipaggiamento sul p.*; *recarsi, accorrere sul p.*; *mi trovavo sul p. quando è successa la disgrazia* | ***Conquistare un p. al sole***, di nazione, espandersi conquistando nuovi territori; (*fig.*) di persona, raggiungere una buona posizione sociale, e quindi l'agiatezza | (*est.*) Locale pubblico, in genere: *conosco un p. dove si mangia bene*; *non dovresti frequentare posti del genere* | (*eufem.*) ***Quel p., quel certo p.***, il gabinetto: *devo andare in quel p.*; *dov'è quel p.?* ‖ **postàccio**, pegg. | **posticino**, dim. (V.) | **postùccio**, dim.

postònico [comp. di *post-* e *tonico*; 1873] **agg.** (pl. m. *-ci*) • (*ling.*) Detto di sillaba che segue quella accentata.

postoperatòrio [comp. parasintetico di *post-* e *operazione*, secondo il rapporto *operazione-operatorio*; 1954] **agg.** • Che segue a una operazione chirurgica: *decorso p.*

post pàrtum [loc. lat., 'dopo (*pŏst*) il parto (*părtu(m)*)'] **A loc. sost. m. inv.** • (*med.*) Il periodo di poche ore immediatamente successivo al parto. **B loc. agg. inv.** • Che si riferisce a tale periodo: *pediatria post partum*.

postprandiàle [dal lat. *pŏst prăndium* 'dopo pranzo' (V. *post-* e *pranzo*), con suff. agg.; av. 1552] **agg.** • (*lett.*) Successivo al pranzo: *passeggiata p.*; *sonnolenza p.*

postproduzióne o **post-produzióne** [comp. di *post-* e *produzione*; 1985] **s. f.** • Fase che segue il termine delle riprese di un film o di uno spettacolo televisivo, durante la quale vengono eseguite operazioni come il doppiaggio, il missaggio e sim.

postraumàtico [comp. parasintetico di *post-* e *trauma*, secondo il rapporto *trauma-traumatico*; 1957] agg. (pl. m. *-ci*) ● (*med.*) Successivo a un trauma, causato da un trauma.

postrèmo [vc. dotta, lat. *postrēmu(m)*, da *pŏsterus* (V. *postero*), sul modello di *extrēmus* 'estremo' e *suprēmus* 'supremo'; 1321] agg. ● (*lett.*) Ultimo: *gli Achivi insegue Ettorre, e sempre / uccidendo il p., li disperde* (MONTI).

postribolàre [1904] agg. ● Da postribolo.

postribolo [vc. dotta, lat. *prostĭbulu(m)*, con dissimilazione. *Prostĭbulum* è da *prostāre* 'stare davanti, essere esposto in pubblico, in vendita', poi anche 'prostituirsi', comp. di *prō* 'davanti' (V. *pro*) e *stāre* 'stare'; sec. XIV] s. m. ● (*lett.*) Casa di meretricio, di prostituzione. SIN. Bordello.

postridentino [comp. di *post-* e *tridentino*; 1950] agg. ● Che avviene dopo il Concilio di Trento (1545-1563).

postrisorgimentàle /pɔstrisorʤimen'tale/ [comp. di *post-* e *risorgimentale*; 1963] agg. ● Che è tipico del periodo immediatamente seguente al Risorgimento o che concerne tale periodo.

post scriptum [loc. lat., V. *poscritto*; 1819] loc. sost. m. inv. (pl. lat. *post scripta*) ● Poscritto.

postsinàptico [vc. dotta, comp. di *post-* e *sinaptico*] agg. (pl. m. *-ci*) ● (*biol.*) Detto di struttura cellulare o molecolare situata a valle di una sinapsi. CFR. Presinaptico.

postulànte [1640] **A** part. pres. di *postulare*; anche agg. ● Nei sign. del v. **B** s. m. e f. **1** Chi postula: *la turba dei postulanti*. **2** Nella regola di alcuni ordini religiosi, chi chiede di essere ammesso come novizio ed è nel periodo del postulato.

postulàre [vc. dotta, lat. *postulāre*, di orig. indeur., avvicinato poi a *pŏscere* 'chiedere'; sec. XIV] v. tr. (*io pòstulo*) **1** Chiedere con insistenza: *p. cariche, benefici*. **2** Chiedere l'ammissione a un ordine religioso | Difendere la causa di canonizzazione di un beato. **3** (*filos., scient.*) Ammettere come veri un principio o una proprietà non dimostrati. **4** (*est.*) Implicare, presupporre: *L'una incapacità non postula l'altra capacità, e viceversa* (PAVESE).

postulàto (**1**) [part. pass. di *postulare*; 1631] s. m. ● (*filos., mat.*) Proposizione priva di evidenza e non dimostrata ma ammessa ugualmente come vera in quanto necessaria per fondare un procedimento o una dimostrazione.

postulàto (**2**) [da *postulare* nel sign. 2, sul modello di *noviziato*; 1958] s. m. ● Periodo di prova cui è sottoposto chi aspira ad entrare in un ordine religioso.

postulatóre [vc. dotta, lat. *postulatōre(m)*, da *postulātus*, part. pass. di *postulāre* 'postulare'; av. 1745] s. m. ● Nel diritto canonico, sacerdote secolare o religioso che tratta presso il tribunale della Sacra Congregazione dei riti la causa di beatificazione di un servo di Dio o quella di santificazione di un beato.

postulatòrio [vc. dotta, lat. *postulatōriu(m)*, da *postulātor*, genit. *postulatōris* 'postulatore'; av. 1675] agg. ● (*raro*) Che attiene o riguarda il postulare.

postulazióne [vc. dotta, lat. *postulatiōne(m)*, da *postulātus*, part. pass. di *postulāre* 'postulare'; av. 1311] s. f. **1** (*raro*) Il postulare. **2** †Domanda, preghiera.

pòstumo [vc. dotta, lat. *pŏstumu(m)*, da *pŏst* 'dietro, poi' (V. *post-*); 1342] **A** agg. **1** Che è nato dopo la morte del padre: *figlio p.* **2** Di opera pubblicata dopo la morte dell'autore: *gli scritti linguistici postumi del Manzoni* | Che si verifica dopo la morte di qlcu.: *gloria postuma* | (*est.*) Detto di ciò che avviene in ritardo: *pentimento p.* **B** s. m. (*spec. al pl.*) **1** Effetto tardivo o conseguenza di una malattia. **2** I fatti conseguenti a qlco.: *i postumi della congiuntura economica*.

postunitàrio o **post-unitàrio** [comp. di *post-* e *unitario*] agg. ● Successivo all'unificazione politica di una nazione, con particolare riferimento a quella italiana: *governi postunitari*.

postuniversitàrio o **post-universitàrio** [comp. di *post-* e *universitario*] agg. ● Successivo al conseguimento della laurea universitaria: *corso p. di perfezionamento*.

postùra [V. *positura*; sec. XIII] s. f. **1** (*raro*) Posizione | Disposizione di un campo o di un esercito sul terreno. **2** (*fisiol.*) Atteggiamento abituale del corpo umano o animale, dovuto alla contrazione di muscoli scheletrici che agiscono contro la gravità. **3** †Congiura, accordo segreto, intesa fraudolenta.

posturàle [1958] agg. ● (*fisiol.*) Di postura | ***Riflessi posturali***, riflessi muscolari che dipendono dalla posizione del corpo nello spazio, o di una determinata parte del corpo rispetto al resto.

posturologìa [comp. di *postur(a)* e *-logia*; 1996] s. f. ● (*med.*) Scienza che studia la postura e le correlazioni fra le diverse posizioni assunte dal corpo e alcune patologie.

postùtto [comp. di *post-* e *tutto*; 1294] avv. ● (*lett.*) Solo nella loc. avv. ***al p.***, alla fine, alla fin fine, insomma.

postvocàlico [comp. di *post-* e *vocale*, con suff. agg.; 1958] agg. (pl. m. *-ci*) ● (*ling.*) Detto di suono che viene dopo una vocale.

postvulcànico [comp. di *post-* e *vulcanico*; 1958] agg. (pl. m. *-ci*) ● (*geol.*) Detto di fenomeni conseguenti ad attività vulcanica e che continuano a verificarsi anche nei periodi di quiescenza, come emanazioni di gas o sorgenti termali.

potàbile [vc. dotta, lat. tardo *potābile(m)*, da *potāre* 'bere'. V. *pozione*; sec. XVI] agg. ● Che si può bere senza pregiudizio per la salute: *acqua p.*

potabilità [av. 1936] s. f. ● Condizione di ciò che è potabile.

potabilizzàre [comp. di *potabile* e *-izzare*; 1935] v. tr. ● Rendere potabile.

potabilizzazióne [1958] s. f. ● Insieme di trattamenti di depurazione dell'acqua.

potage /fr. pɔ'taːʒ/ [vc. fr., da *pot* 'vaso, pentola' (forse di orig. preceltica): propr. 'ciò che si mette in pentola'; 1905] s. m. inv. ● Minestra passata, normalmente di verdura.

potàggio o **pottàggio** [adattamento del fr. *potage* (V.); 1389 ca.] s. m. ● (*gener.*) Pietanza di carne in umido.

†**potagióne** ● V. *†potazione*.

potaiòlo [da *potare*; 1416] s. m. ● Potatoio.

pòtamo-, -pòtamo [dal gr. *potamós* 'fiume', di orig. incerta] primo e secondo elemento ● In parole composte, per lo più della terminologia scientifica, significa 'fiume', 'di fiume': *potamologia*, *miopotamo*.

potamochèro [comp. di *potamo-* e del gr. *chôiros* 'porco' (di orig. indeur.): detto così perché vive vicino ai fiumi; 1875] s. m. ● Mammifero africano dei Suidi, rossiccio, con orecchie appuntite e munite di un ciuffo all'estremità (*Potamochoerus porcus*). SIN. Cinghiale rosso.

Potamogetonàcee [vc. dotta, comp. del gr. *potamogéitōn*, propr. '(erba che nasce) vicino al fiume', comp. di *potamós* 'fiume' (V. *potamo-*) e *géitōn* 'vicino' (di etim. incerta), e *-acee*; 1937] s. f. pl. (sing. *-a*) ● Nella tassonomia vegetale, famiglia di piante acquatiche erbacee delle Monocotiledoni a foglie nastriformi o filiformi su cauli articolati e nodosi (*Potamogetonaceae*).

potamologìa [comp. di *potamo-* e *-logia*; 1754] s. f. ● Settore dell'idrografia che si occupa dello studio dei fiumi.

Potamònidi [dal gr. *potamós* 'fiume' (V. *potamo-*) e *-idi*] s. m. pl. (sing. *-e*) ● Nella tassonomia animale, famiglia di Crostacei dei Brachiuri cui appartengono i granchi d'acqua dolce, più comuni nella regione mediterranea (*Potamonidae*).

potamòtoco [comp. del gr. *potamós* 'fiume' (V. *potamo-*) e *-tókos* 'che genera' (della stessa famiglia di *tíktein* 'generare', di orig. incerta)] agg. (pl. m. *-chi*) ● (*zool.*) Detto di pesce che, dal mare, risale i fiumi per riprodurvisi, come, per es., il salmone e lo storione.

potàre [lat. *putāre* 'nettare, ripulire, potare', poi 'ritenere, credere', di orig. indeur.; av. 1306] v. tr. (*io póto*) **1** Tagliare rami o parti di rami o radici di una pianta per scopi diversi, spec. per conferirle una determinata forma, regolare la produzione dei frutti, sfoltire la chioma, e sim. (*anche assol.*) | ***P. lungo, corto***, lasciare rami lunghi, corti | ***P. a corona***, tagliando i rami a uguale altezza. **2** (*fig., lett.*) Tagliare: *a chi tagliava sbergo, a chi potando / venir le mani, e cascono i monconi* (PULCI) | (*lett.*) Ridurre, sfrondare un testo.

potàssa [ted. *Pottasche*, propr. 'cenere di vaso', cioè 'cenere di vegetali cotti in un vaso', comp. di *Pott* 'vaso' (dal fr. *pot*. V. *potaggio*) e *Asche* 'cenere', di orig. indeur.; 1795] s. f. ● (*chim.*) Carbonato di potassio usato nella fabbricazione di alcuni vetri, di saponi molli, nella preparazione di altri sali potassici e nell'analisi chimica | ***P. caustica***, idrossido di potassio, alcali caustico forte, ottenuto per elettrolisi del cloruro potassico, usato per fabbricare saponi molli e in molte altre industrie, oltre che in farmacia e nell'analisi chimica.

potàssico [1865] agg. (pl. m. *-ci*) ● (*chim.*) Di composto del potassio: *cloruro, solfato, nitrato p.* | ***Carbonato p.***, potassa | ***Idrossido p.***, potassa caustica.

potassiemìa [comp. di *potassi(o)* ed *-emia*] s. f. ● (*med.*) Concentrazione di potassio nel sangue. SIN. Kaliemia.

potàssio [da *potassa*; 1819] s. m. ● Elemento chimico, metallo alcalino bianco-argenteo che reagisce violentemente con l'acqua formando idrossido; molto diffuso in natura nei suoi composti che sono usati per fertilizzanti, in farmacia, in fotografia, in enologia. SIMB. K | ***Carbonato di p.***, potassa | ***Ioduro di p.***, usato in molte sintesi organiche e in medicina come espettorante | ***Bromuro di p.***, sedativo del sistema nervoso con azione depressiva sul cuore | ***Permanganato di p.***, ad azione disinfettante | ***Clorato di p.***, usato spec. per la disinfezione del cavo orale nelle faringiti e stomatiti.

potàto part. pass. di *potare*; anche agg. ● Nei sign. del v.

potatóio [lat. tardo *putatōriu(m)* 'che serve a potare', da *putātus* 'potato'; 1618] s. m. ● Strumento per potare, di forma e dimensioni diverse. SIN. Ronchetto, roncola.

potatóre [vc. dotta, lat. *putatōre(m)*, da *putātus* 'potato'; av. 1320] s. m. (f. *-trice*) ● Chi fa la potatura.

potatrìce [da *porta(re)* col suff. *-trice*] s. f. ● (*agr.*) Macchina agricola per potare.

potatùra [1312] s. f. ● Lavoro e tecnica del potare: *la stagione della p.*; *p. a cordone, a piramide* | Insieme di rami tagliati. ➡ ILL. **agricoltura e giardinaggio**.

pot-au-feu /fr. ˌpɔto'fø/ [vc. fr., propr. 'pentola al fuoco'. V. *potage*; 1905] s. m. inv. (pl. fr. inv.) ● Lesso, bollito di manzo alla francese.

†**potazióne** o †**potagióne** [lat. *putatiōne(m)*, da *putātus* 'potato'; av. 1320] s. f. ● Potatura.

potentàto [vc. dotta, lat. *potentātu(m)*, da *pŏtens*, genit. *potĕntis* 'potente'; 1483] s. m. **1** (*lett.*) Dominio, stato potente. **2** (*est., lett.*) Sovrano, principe di uno Stato.

♦**potènte** [vc. dotta, lat. *potĕnte(m)*, da un ant. **pŏtere* (poi sostituito da *pŏsse*): da avvicinare a *pĕtere*, 'chiedere' (V. †*petere*) (?); sec. XII] **A** agg. **1** Che ha un grande potere, una grande autorità o influenza: *esercito, nazione p.*; *un uomo p. presso il Ministero, nell'ambiente sportivo*; *un uomo p. per ricchezza, armi*. **2** Pieno di forza, energia, gagliardia: *volontà, muscolatura, voce p.*; *un vento p. squassava gli alberi* | ***Sberla, pugno p.***, dati con grande forza | ***Vino, liquore p.***, molto alcolico | ***Caffè p.***, molto concentrato | ***Odore p.***, molto intenso | Formidabile: *ingegno p.* **3** Che sviluppa grande potenza: *i potenti aviogetti* | Di grande efficacia: *carburante, veleno, medicamento p.* **4** (*lett.*) Particolarmente atto o dotato: *p. a fare, a dire, a vincere*. **5** †Eminente. || **potentemente**, avv. In modo potente, con potenza. **B** s. m. ● (*spec. al pl.*) Chi ha grande potere e influenza: *i potenti della Terra*.

potentilla [dim., con suff. latineggiante, del lat. *potĕntia* 'potenza, potere', nel sign. di 'piccola virtù (medicinale)'; 1561] s. f. ● (*bot.*) Cinquefoglie.

potentino A agg. ● Di, relativo a, Potenza. **B** s. m. (f. *-a*) ● Abitante, nativo di Potenza.

♦**potènza** o †**potènzia** [vc. dotta, lat. *potĕntia(m)*, da *pŏtens*, genit. *potĕntis* 'potente'; av. 1250] s. f. **1** Natura o condizione di chi (o di ciò che) è potente: *è fiero della sua p.*; *nulla può opporsi alla vostra p. economica*; *la loro p. militare è preoccupante*; *p. di dire, di fare* | Grande autorità, influenza determinante: *la p. delle banche, della stampa*; *tu mostri di non conoscere la p. della moda* (LEOPARDI). **2** Grande forza, energia o intensità: *ha provato la p. dei suoi pugni*; *la p. di quel cavallo è incredibile*; *roccia sbriciolata dalla p. delle onde* | Grande capacità: *la p. della sua mente, della vostra fantasia* | (*med.*) ***P. sessuale***, capacità dell'uomo di avere rapporti sessuali completi con una donna. CONTR. Impotenza. *3* Capacità di produrre effetti concreti su qlco. o su qlcu.: *le armi moderne hanno una p. terrificante*; *ignoro la p. dell'odio*; *oratore di grande p.* *4* Individuo, gruppo, categoria o stato che dispone di capacità e mezzi eccezionali ed è in grado di imporsi agli altri: *non metterti contro di lui, è una p.* | ***Grandi potenze***, gli Stati che eccellono in campo economico e militare. *5* (*filos.*) Possibilità di produrre o di subire mutamenti: *p. attiva, passiva* | ***In p.***, allo stato di possibilità | ***Potenze dell'anima***, facoltà. CONTR. Atto. *6* (*fis.*) Lavoro compiuto nell'unità di tempo: *p. di un motore, di un alternatore* | ***P. al freno, di un motore***, misurata al freno dinamometrico | ***P. fiscale***, valore convenzionale ottenuto dal calcolo di una formula matematica in cui figurano la cilindrata e il numero dei cilindri dei motori a scoppio, per classificare gli autoveicoli agli effetti fiscali | ***P. elettrica***, lavoro prodotto nell'unità di tempo da una corrente elettrica | Nella leva e nelle macchine semplici, la forza attiva che deve equilibrare o superare la resistenza. *7* (*mat.*) Il numero che si ottiene elevando a un certo esponente quello dato | ***Seconda p. d'un numero***, il quadrato del numero, il numero per sé stesso | ***All'ennesima p.***, (*fig.*) massimamente, estremamente: *è odioso all'ennesima p.* *8* (*geol.*) Spessore di un giacimento stratiforme di minerale | ***P. ridotta***, quella del solo minerale utile contenuto.

potenziàle [dal lat. *potĕntia* 'potenza'; 1308] **A** agg. *1* Che è in potenza, che ha la possibilità di realizzarsi: *dati, attitudini potenziali* | (*fis.*) ***Energia p.***, quella posseduta da un corpo che si trova in posizione tale da poter effettuare un lavoro senza l'intervento di forze esterne. *2* (*ling.*) Di forma verbale che esprime una possibilità. || **potenzialménte**, avv. In potenza. **B** s. m. *1* (*fis.*) Grandezza caratteristica di particolari campi di forza il cui valore dipende dalla posizione | ***P. elettrico, magnetico in un punto***, lavoro delle forze nel trasporto dell'unità di massa elettrica, magnetica, da quel punto all'infinito | ***Differenza di p.***, rapporto fra il lavoro compiuto per spostare una carica da un punto all'altro di un campo elettrico e la carica elettrica. *2* Correntemente, tensione elettrica, differenza di potenziale. *3* (*fig.*) Il complesso delle possibilità disponibili in un ente, organismo e sim.: *p. nucleare di uno Stato.*

potenzialità [da *potenziale*; av. 1498] s. f. *1* (*filos.*) Caratteristica fondamentale di tutto ciò che è in potenza e che non è ancora in atto. *2* (*est.*) Capacità di sviluppo, di realizzazione | (*est.*) Predisposizione, attitudine: *tutte le potenze e le p. di quell'anima umana* (D'ANNUNZIO) | Disponibilità di denaro: *p. economica.* *3* (*mecc.*) Produzione di lavoro di una macchina, di un impianto e sim. nell'unità di tempo.

potenziaménto [1932] s. m. *1* Rafforzamento del grado di efficienza o di sviluppo di qlco.: *il p. delle industrie meccaniche, chimiche.* *2* (*farm.*) Azione sinergica di due farmaci, maggiore e più efficace della somma delle singole azioni separate.

potenziàre [dal lat. *potĕntia* 'potenza'; 1927] v. tr. (*io potènzio*) *1* Portare a un alto grado di efficienza o di sviluppo: *p. un'attività economica, il turismo.* SIN. Incrementare. *2* (*farm.*) Provocare il potenziamento: *p. gli effetti di un farmaco.*

potenziàto [1321] part. pass. di *potenziare*; anche agg. *1* Nei sign. del v. *2* (*arald.*) ***Croce potenziata***, con i bracci a forma di T | †Dominato, signoreggiato.

†**potenzintèrra** [da *potenz(a di Dio) in Terra*] inter. ● Esprime meraviglia, sdegno e sim.

potenziòmetro [comp. del lat. *potĕntia* 'potenza' e *-metro*; 1889] s. m. *1* (*elettr.*) Strumento per misurare le differenze di potenziale tra punti diversi di un circuito elettrico. *2* Reostato.

♦**potére** (*1*) o †**podére** (*2*) [lat. parl. **potēre*, rifatto su *pŏtens*, genit. *potĕntis* 'potente' e sulle altre forme (*pŏtes* 'tu puoi', *pŏtui* 'io potei' ecc.) iniziatni per *pot-*. Il classico *pŏsse* è comp. di *pŏtis* 'signore, che può', di orig. indeur., ed *ĕsse* 'essere'; av. 1243] v. intr. (pres. *io pòsso, tu puòi*, pop. *pòi, egli può* /pwɔ*/, pop. *pò* /pɔ*/, poet. †*pòte*, poet. †*puòte*, pop. tosc. *pòle*, pop. †*puòle, noi possiàmo*, pop. †*potiàmo*, dial. †*potémo, voi potéte*, †*possète, essi pòssono*, dial. †*pònno*, †*puònno*; imperf. *io potévo, noi potevàmo*, dial. †*potavàmo, essi potévano*, †*possévano*, poet. †*potieno*, poet. †*potièno*; pass. rem. *io potéi*, raro *potètti* (o *-étti*), †*possètti* (o †*-étti*), *tu potésti, egli poté, essi potérono*, raro *potèttero*, †*potènno*; fut. *io potrò*, †*poterò*, †*porò*; condiz. pres. *io potrèi*, †*poterèi*, †*porèi*, poet. †*potrìa*, poet. †*porìa, tu potrésti, egli potrèbbe* (o *-é-*), poet. *potrìa*, poet. †*porìa, essi potrèbbero* (o *-é-*), poet. †*potrìano*, poet. †*potrìeno*, †*porìano*; congv. pres. *io pòssa, tu pòssa*, pop. *pòssi, essi pòssano*, pop. *pòssino*; congv. imperf. *io potéssi*; imperat. *pòssa, possiàte*; ger. *potèndo*, †*possèndo*; part. pres. *potènte*, lett. *possènte*; part. pass. *potùto*, †*possùto*; aus. *avere* se usato assol.; come v. servile tende ad avere l'aus. del v. a cui si accompagna, a meno di voler particolarmente accentuare l'idea di possibilità: *sono potuto partire*; *non ho potuto uscire*; *ho potuto mangiare*). **I** In un primo gruppo di significati, seguito sempre da un infinito espresso o sottinteso, serve ad esprimere i modi e i gradi della possibilità rispetto all'azione espressa dall'inf. stesso. *1* Avere la possibilità di, essere capace o in grado di: *p. fare, non fare qlco.*; *posso andare e venire quando voglio*; *possiamo controllare dall'alto l'intera rete stradale*; *ti risponderei se potessi leggere nel futuro*; *con le armi di cui dispongono, gli uomini possono autodistruggersi*; *come ha potuto fare una cosa simile?*; *non avrei mai pensato che tu potessi commettere azioni così ignobili!* | ***Non p.***, essere nella impossibilità di, non essere capace o in grado di: *non posso muovere il braccio*; *non ti posso aiutare, eppure lo vorrei*; *non potevate intervenire prima?* | ***Non poter soffrire, non poter vedere qlcu.***, non riuscire a sopportarlo. *2* Avere il diritto o la facoltà di, essere autorizzato a: *solo io posso rimproverarlo*; *voi non potete parlare adesso, dovete attendere che vi si conceda la parola*; *in casa mia non puoi entrarci*; *non puoi affermare ciò se non ne sei assolutamente certo*; *lui può venire quando vuole, ma io non lo riceverò* | Avere il permesso di: *posso sedermi?*; *posso prendere per favore un bicchiere d'acqua?*; *in casa mia puoi fare ciò che ti piace*; *non posso alzarmi da letto ancora per due giorni*; *non può mangiare cibi troppo pesanti.* *3* Essere possibile, probabile, credibile: *tutto può accadere*; *posso anche avere sbagliato, ma non sta a te giudicarmi*; *si possono fare molte cose in una situazione come questa*; *non si poteva verificare nulla di più imbarazzante* | ***Può essere che, può darsi che***, è possibile che: *può essere che sia già rientrato*; *potrebbe darsi che la febbre aumenti* | ***Può darsi***, è possibile, forse: *'Verrai?' 'Può darsi'!* | ***Chi può essere?***, chi sarà? *4* Essere ammissibile, lecito, consentito e sim.: *non si può agire così*; *si può essere egoisti, ma non fino a questo punto*; *non si può accusare un uomo se mancano le prove della sua colpevolezza* | (*ellitt.*) ***Si può?***, è permesso entrare? *5* Essere augurabile, desiderabile: *possa il cielo punirti come meriti!*; *potessimo finalmente trovare un po' di pace!* *6* Disporre dei mezzi per, essere in condizione di: *mi ha chiesto di aiutarlo ma non posso*; *si salvi chi può* (*salvarsi*); *fare ciò che si può*; *mi faresti un favore? certo, se posso* | ***Colui che tutto può***, Dio | ***Si fa quel che si può***, espressione con cui si esprime un certo rammarico e si chiede comprensione per la limitatezza dei propri mezzi. **II** In un secondo gruppo di significati, il verbo è usato solo ellitticamente e acquista valori più determinati. *1* (*lett.*) Riuscire a reggere, a portare, o sopportare e sim.: *camminando con la cavalla che molto male potea quella soma* (SACCHETTI). *2* (*lett.*) Avere forza, vigore, impeto: *in che paese ti trovasti e quando / a poter più di me con l'arme in mano?* (ARIOSTO) | (*raro*) Battere: *uno pratello nel quale l'erba era verde e grande né vi poteva d'alcuna parte il sole* (BOCCACCIO). *3* Essere efficace, raggiungere l'effetto voluto: *l'esempio può più della parola*; *spesso dove non può la legge, può la forza* | Avere autorità, essere influente e importante: *p. molto, poco*; *tu puoi molto più di me presso il Ministro.* *4* Riuscire a fare, a ottenere, a conseguire e sim.: *l'amore può tutto*; *cosa non può la solidarietà umana?* **III** Ricorre in alcune loc. ● ***A più non posso***, con la massima forza, con il maggior impegno possibile, con gran impeto: *guidare, lavorare, correre a più non posso* | ***Non poterne più***, non essere più in grado di sopportare, di resistere e sim.: *non ne posso più di tutte queste chiacchiere*; *il dolore era intensissimo e non ne potevo più* | ***Non potercela con qlcu.***, non reggere al confronto.

♦**potére** (*2*) [da *potere* (*1*); av. 1306] s. m. *1* Possibilità concreta di fare qlcu.: *in questa faccenda il mio p. è piuttosto limitato*; *non ho poteri per risolvere il problema* | ***A mio p.***, per quanto posso | ***Fare tutto ciò che è in proprio p.***, tutto ciò che si può fare, ogni sforzo possibile | Virtù, potenza, forza: *poteri magici, soprannaturali*; *il p. di Dio.* *2* Attitudine o capacità di influenzare in modo determinante persone o situazioni: *ha il p. di convincermi con poche parole*; *avere, esercitare un incredibile p. di corruzione* | (*psicol.*) ***P. inibitorio***, capacità di bloccare alcune funzioni dell'organismo. *3* Balìa, possesso, potestà: *ormai il nemico era in nostro p.*; *avevo finalmente in mio p. quell'oggetto tanto desiderato.* *4* Facoltà di operare oppure no, a propria discrezione, secondo la propria volontà: *non ha il p. di muoversi*; *questo non è in mio p.*; *i suoi poteri sono limitati*; *il p. spirituale, temporale del Papa* | ***P. dissuadente, deterrente***, armamento nucleare che dissuade un potenziale aggressore dall'attaccare | ***P. contrattuale***, forza in base alla quale in una trattativa si ha la possibilità di fare accogliere il proprio punto di vista. *5* Autorità suprema nell'ambito di una comunità o di uno Stato: *la sete del p.*; *ambire, giungere al p.*; *usare il p. per i propri utili personali.* *6* (*dir.*) Capacità accordata dall'ordinamento a un soggetto di diritto, di modificare la propria o l'altrui sfera giuridica: *p. di disporre*; *p. di impulso processuale*; *p. di gravame*; *p. discrezionale*; *p. disciplinare* | ***Pieni poteri***, detto dei documenti ufficiali di cui sono muniti gli agenti diplomatici segreti e quelli inviati a conferenze, congressi e sim., che determinano lo scopo della missione | ***Assumere pieni poteri***, disporre di autorità assoluta | ***P. legislativo, esecutivo, giudiziario***, le tre fondamentali e autonome attribuzioni dello Stato moderno | ***Il quarto p.***, la stampa, perché capace di influenzare l'opinione pubblica | ***Il quinto p.***, la televisione e la radio | ***Poteri forti***, nel linguaggio giornalistico, le istituzioni economiche, giuridiche o culturali, ritenute in grado di influenzare le scelte del potere politico | ***Divisione dei poteri***, il fatto che i poteri legislativo, esecutivo e giudiziario facciano capo a organi specifici e operino separatamente, ciascuno nella propria sfera di competenza, senza reciproche sovrapposizioni o interferenze. CFR. -crazia. *7* (*fis.*) Proprietà di un corpo o di un sistema | ***P. rotatorio***, proprietà di alcune sostanze di provocare la rotazione del piano di polarizzazione di una luce polarizzata che le attraversi | ***P. calorifico***, quantità di calore sviluppata dalla combustione completa di un kg di combustibile liquido o solido o di un m^3 di combustibile gassoso | ***P. risolutivo***, possibilità di separare visualmente due punti o due linee molto vicini di un'immagine | ***P. antidetonante***, facoltà di un carburante di sopportare alti valori della compressione | ***P. emissivo***, flusso luminoso per unità di superficie | ***P. delle punte***, proprietà di un corpo appuntito di scaricare elettricità. *8* Possibilità, capacità | ***P. d'acquisto***, quantità di beni e servizi che può essere acquistata con una unità monetaria.

†**poteróso** ● V. *poderoso.*

potestà (*1*) o (*lett.*) †**podestà** (*1*), †**podestàde**, †**podestàte**, †**potestàde**, †**potestàte** [vc. dotta, lat. *potestāte(m)*, da *pŏtis* 'signore, che può' (V. *potere* (*1*)); av. 1294] s. f. *1* Potere: *avere p. di vita e di morte su qlcu.*; *avere in p. qlco.* | ***Mettersi alla p. di qlcu.***, nelle sue mani, in suo potere | ***P. di sciogliere e di legare***, nella teologia cattolica, il potere di assolvere e di condannare che deriva al pontefice, ai vescovi e ai sacerdoti dall'autorità apostolica. *2* (*lett.*) Potenza: *la divina podestate* (DANTE *Inf.* III, 5). *3* (*dir.*) Capacità, riconosciuta dall'ordinamento, di compiere atti giuridici nell'interesse altrui | Complesso dei poteri e doveri spettanti ai genitori sui propri figli minorenni non emancipati. *4* (*lett.*) Chi è investito di un potere. *5* (*al pl.*) Angeli della terza gerarchia.

potestà (*2*) ● V. *podestà* (*2*).

potestativo [vc. dotta, lat. tardo *potestatīvu(m)*, da *potĕstas*, genit. *potestātis* 'potestà (1)'; 1806] agg. ● (*dir.*) Detto di diritto il cui esercizio dipende dalla scelta del titolare, senza necessità di cooperazione da parte del soggetto passivo.

potesteria ● V. *podesteria* (*1*).

pòthos /ˈpɔtos/ [vc. dell'isola di Sri Lanka] s. m.

inv. ● (*bot.*) Genere di piante delle Aracee, arbustive sempreverdi, rampicanti o volubili, originarie del Madagascar e delle isole comprese tra Asia e Australia (*Pothos*).

†potissimo [vc. dotta, lat. *potĭssimu(m)*, superl. di *pŏtis* 'signore' (V. *potere* (*1*)); 1308] agg. ● (*lett.*) Primario, essenziale, assolutamente determinante. || **†potissimamènte**, avv. (*lett.*) In modo assolutamente determinante.

†pòto (**1**) [vc. dotta, lat. *pōtu(m)*, da *potāre* 'bere' (V. *pozione*)] s. m. ● Il bere: *nel cibo e nel p. fu modestissimo* (BOCCACCIO).

pòto (**2**) [da una vc. dell'isola di Ceylon] s. m. ● Genere di piante legnose e rampicanti delle Aracee con foglie lineari o lanceolate, fiori piccoli e frutto a bacca (*Pothos*).

potòrio [vc. dotta, lat. *potōriu(m)*, da *pōtor*, genit. *potōris* 'bevitore', da *pōtum*, supino di *potāre* 'bere'. V. *pozione*; 1880] agg. ● (*lett.*) Attinente al bere (*anche scherz.*): *gara potoria*.

pòtos [da *pothos*] s. m. inv. ● (*bot.*) Nome popolare delle specie coltivate del genere *Pothos*.

pot-pourri /popur'ri*, *evit.* potp-, *fr.* ˌpopu'ʀi/ [vc. fr., propr. 'pentola putrida', calco sullo sp. *olla podrida* (V.); av. 1729] s. m. inv. (pl. fr. *pots-pourris*) **1** Piatto di carni e verdure varie cotte insieme alla rinfusa. **2** (*fig.*) Scelta di arie musicali o passi letterari e sim., tratti da composizioni eterogenee. **3** (*est.*) Miscuglio profumato di erbe e fiori secchi. **4** (*est.*) Accozzaglia, guazzabuglio.

†pótta [etim. incerta; sec. XIII] s. f. ● (*volg.*) Vulva.

pottàggio ● V. *potaggio*.

pottinìccio [da avvicinare a *poltiglia*; av. 1742] s. m. **1** (*tosc.*) Fanghiglia, mota. **2** (*tosc.*, *fig.*) Guazzabuglio | Pasticcio.

pouf /*fr.* puf/ [vc. fr., di orig. onomat.; 1884] s. m. inv. ● Grosso sgabello cilindrico tutto imbottito.

poujadìsmo /puʒa'dizmo/ o **pugiadìsmo** [dal n. dell'uomo politico fr. P. *Poujad*, che si pose a capo del movimento di protesta; 1958] s. m. **1** Movimento politico sviluppatosi in Francia tra il 1953 e il 1956, basato sulla rivolta fiscale e sulla difesa degli interessi corporativi di piccoli commercianti e artigiani. **2** (*est.*) Ogni movimento politico tendente a esprimere una protesta fiscale o a privilegiare qualunquisticamente determinate fasce contributive.

poujadista /puʒa'dista/ o **pugiadista A** s. m. e f. (pl. m. *-i*) ● Fautore, sostenitore del poujadismo. **B** agg. ● Relativo al poujadismo: *politica p.*

poulain /*fr.* pu'lɛ̃/ [vc. fr., propr. 'puledro'. V. *pony*; 1932] s. m. inv. ● (*raro*) Giovane atleta a cui i tecnici o l'allenatore dedicano attenzioni particolari per le sue doti.

poule /*fr.* pul/ [vc. fr., propr. 'gallina', dal lat. *pŭlla(m)*, f. di *pŭllus* 'pollo', con evoluzione semantica non chiara; 1905] s. f. inv. **1** Puntata al gioco, posta | Insieme delle puntate dei giocatori. **2** Gioco di biliardo, senza birilli, con le sole buche. **3** Nell'ippica, tipo di corsa nella quale il vincitore incassa il complesso delle tasse d'iscrizione e dei ritiri. **4** (*sport*) Gruppo di squadre o atleti che partecipano a una competizione.

pouponnière /*fr.* pupɔ'njɛːʀ/ [vc. fr., da *poupon* 'bamboccio', che risale al lat. *pūpa* (V. *pupa* (*1*)); 1963] s. f. inv. ● Asilo nido.

pour cause /*fr.* puʀ'koːz/ [loc. fr., propr. 'per causa'; 1884] loc. avv. ● A causa di motivi fondati, con buone ragioni: *non ho voluto vederlo, e pour cause*.

pourparler /*fr.* puʀpaʀ'le/ [vc. fr., dal v. ant. *purparler* 'discutere', comp. di *pour* 'per' (ma usato qui con valore intensivo) e *parler* 'parlare'; 1786] s. m. inv. (pl. fr. *pourparlers*) ● Colloquio, conversazione preliminare per arrivare a un accordo: *avere un p. con qlcu.*

povènta o (*raro*) **appovènta** [da *po'* ('dopo, dietro') *vento*; 1863] s. f. ● (*tosc.*) Luogo riparato dal vento | *A p.*, in posizione riparata dal vento.

poveràccia o **peveràccia** [da †*pevere* 'pepe', per il sapore, con accostamento per etim. pop. a *povero*; av. 1742] s. f. (pl. *-ce*) ● Denominazione di vari Molluschi dei Lamellibranchi appartenenti al genere *Venere*.

poveràccio [av. 1525] s. m. (f. *-a*; pl. f. *-ce*) **1** Pegg. di *povero*. **2** Persona che suscita compassione per la situazione disgraziata in cui si ritrova: *il p. tossì, si soffiò il naso, ma non trovò ... le parole da rispondere* (VERGA).

poveràglia [comp. di *povero* e *-aglia*; av. 1449] s. f. ● (*spreg.*) Moltitudine di poveri, di mendicanti: *sembrava escludere dallo sguardo ... la miseria e il giallore della p.* (GADDA).

poverèllo [1225 ca.] s. m.; anche agg. (f. *-a*) **1** Dim. di *povero*. **2** Persona povera ma umile e buona: *è un p.*; *aiutare i poverelli* | *Il p. d'Assisi*, (*per anton.*) S. Francesco | (*lett.*) ***La gente poverella***, i frati mendicanti di S. Francesco. || **poverellamènte**, avv. (*raro*) Da poverello.

poverétto [av. 1536] s. m.; anche agg. (f. *-a*) **1** Dim. di *povero*. **2** Infelice degno di compassione: *quel p. è ridotto proprio male*; *p., come mi dispiace!* || †**poverettamènte**, avv. Da poveretto.

poverino [sec. XIV] s. m.; anche agg. (f. *-a*) **1** Dim. di *povero*. **2** Persona da commiserare per infelicità, sfortuna e sim.: *io non posso più essere moglie di quel p.!* (MANZONI).

♦**pòvero** [lat. *pāuperu(m)* (normalmente *pāuperem*), comp. di *pau-* (da cui *pāucus* 'poco' (V.)) e *-per*, da *pārere* 'generare' (V. *partorire*); sec. XII] **A** agg. **1** (assol.; + *di*) Che dispone di scarsi mezzi di sussistenza, che non ha sufficienti risorse economiche: *un giovane, un uomo, uno studente p.*; *famiglia, società, nazione povera*; *è diventato molto p. in pochi anni*; *è morto p.* | ***P. in canna, come Giobbe***, poverissimo. **2** Che dimostra indigenza, miseria, povertà, che è misero, di scarso pregio o valore: *un dono p.*; *casa povera e disadorna*; *era vestito di poveri panni*. **3** Che manca, scarseggia o è privo di qlco.: *fiume p. di acqua*; *città, regione povera di abitanti*; *abito p. d'ornamenti*; *mente povera d'ingegno*; *un film p. di idee* | Sterile, misero: *terreno, ingegno p.*; *fantasia, mente povera* | ***Stile p.***, disadorno, meschino | ***Lingua povera***, che manca dei vocaboli appropriati per ogni concetto e sfumatura, che non ha possibilità espressive | ***In parole povere***, parlando senza perifrasi o metafore, volendo dire le cose semplicemente, come stanno: *in parole povere, questa è una vera porcheria*. **4** Detto di chi (o di ciò che) desta pietà e commiserazione per la sua indigenza, deformità, infelicità, sfortuna e sim.: *un p. storpio, gobbo, sciancato*; *quel p. ragazzo non guarirà più*; *è ben povera cosa ciò che posso offrirti*; *va, va p. untorello ... non sarai tu quello che spianti Milano* (MANZONI) | ***Un p. uomo***, V. *poveruomo* | (*fig.*, *fam.*) ***Un p. diavolo, un p. cristo***, un poveraccio, un infelice | Di chi desta compassione e disprezzo al tempo stesso: *sei un p. stupido che non sa quel che dice*; *p. ingenuo, cosa credi di fare?* | (*iron.*) ***P. martire!, povera vittima!***, si dice di chi assume atteggiamenti da perseguitato, del tutto fuori luogo | ***P. me, te, lui***, guai a me, a te, a lui: *se entro domani non avrai riparato al mal fatto, p. te.* **5** (*fam.*) Defunto: *la povera nonna lo ripeteva sempre*; *il tuo p. zio era un'ottima persona*. **6** Detto di ciò che è realizzato con materiali, componenti o ingredienti poco costosi o tradizionali o molto elementari: *cucina povera* | ***Arte povera***, termine usato originariamente dal critico G. Celant nel 1966 per indicare una tendenza dell'arte figurativa che usa materiali poveri quali stracci, legno, gesso, paglia e sim., e considera manifestazioni artistiche la semplice esposizione di animali o il gesto dell'essere umano. || **poveramènte**, avv. Da povero, con povertà: *essere poveramente vestito*; *vivere poveramente*. **B** s. m. (f. *-a*) ● Chi non ha ricchezze, o dispone a malapena dello stretto necessario per vivere o scarseggia anche di questo: *i ricchi e i poveri*; *aiutare i poveri* | ***I poveri di spirito***, secondo il Vangelo, gli umili, coloro che non desiderano la ricchezza e (*est.*) gli stupidi | (*est.*) Mendico, mendicante: *un p. tendeva la mano*; *ospizio, ricovero per i poveri*. || **poveràccio**, pegg. (V.) | **poverèllo**, dim. (V.) | **poverétto**, dim. (V.) | **poverino**, dim. (V.) | **poveróne**, accr. | **poverùccio**, dim. (V. nota d'uso ELISIONE e TRONCAMENTO).

poveròmo ● V. *poveruomo*.

♦**povertà** o †**povertàde**, †**povertàte** [lat. *paupertāte(m)*, da *pāuper*, genit. *pāuperis* 'povero'; sec. XII] s. f. **1** Condizione di chi è povero; miseria: *essere in p.* | ***Voto di p.***, pronunciato dai religiosi e consistente nella rinuncia a ogni bene personale, a ogni agio e a ogni possesso. CONTR. Abbondanza, ricchezza. **2** (+*di*) Difetto, scarsezza: *p. d'acqua, di vegetazione, di idee* | (*fig.*) Meschinità: *p. di mente, di spirito*. **3** †Ceto dei poveri.

poveruòmo o (*pop.*) **poveròmo**, **pover'uòmo**, **pòver uòmo** [comp. di *povero* e *uomo*; sec. XII] s. m. (pl. raro *poveruòmini*) ● Uomo che ispira compassione e commiserazione: *quel p. è disperato* | (*spreg.*) Persona senza importanza e valore: *comportarsi da p.*

powellite /povel'lite/ [dal n. del geologo amer. J. W. *Powell* e *-ite* (*2*); 1954] s. f. ● (*miner.*) Molibdato di calcio, in cristalli di colore giallo bruno.

pozióne [vc. dotta, lat. *potiōne(m)*, dalla stessa radice indeur. di *potāre* 'bere'; sec. XIII] s. f. **1** Bevanda medicamentosa. **2** (*lett.*) Bevanda dall'effetto prodigioso.

pozióre o **pozióre** [vc. dotta, lat. *potiōre(m)*, compar. di *pŏtis* 'signore, che può' (V. *potere* (*1*)); 1673] agg. ● (*dir.*, *raro*) Che conferisce un diritto di prelazione: *titolo p.*; *credito p.*

pózza [da *pozzo*; 1313] s. f. **1** Piccolo fosso o conca piena d'acqua: *una p. fangosa*; *strada piena di pozze*. **2** Quantità di liquido caduto o versato a terra e raccolto in un solo punto: *una p. di sangue, d'olio*. || **pozzàccia**, pegg. | **pozzétta**, dim. (V.).

♦**pozzànghera** [da avvicinare a *pozza*, ma la composizione della parola rimane poco chiara; av. 1306] s. f. ● Pozza fangosa d'acqua spec. piovana: *cadere in una p.*

pozzétta [sec. XIV] s. f. **1** Dim. di *pozza*. **2** (*est.*) Piccola cavità praticata in qlco. di solido o di consistente e destinata a contenere liquidi: *praticate una p. nella farina e versatevi il latte*. **3** Fossetta nelle gote, nel mento o sul dorso della mano. || **pozzettina**, dim.

pozzétto [av. 1616] s. m. **1** Dim. di *pozzo* | ***Sedia, poltroncina a p.***, il cui schienale concavo forma coi braccioli un semicerchio. **2** (*mar.*) Nelle imbarcazioni, spazio ribassato rispetto al piano di coperta, situato spec. a poppa, da cui l'equipaggio può manovrare o timonare | Nei kayak, apertura ovale, nella parte centrale dello scafo, in fondo alla quale si trova il seggiolino del rematore. ➡ ILL. p. 2155 SPORT. **3** Apertura di accesso a una fognatura. **4** (*fot.*) Tipo di mirino per fotocamere che consente l'inquadratura dall'alto, generalmente dotato di alette laterali aventi la funzione di parare la luce.

♦**pózzo** [lat. *pŭteu(m)* 'fossa, buca', poi 'pozzo', di etim. incerta; av. 1292] s. m. **1** Scavo più o meno profondo, per lo più verticale e a sezione circolare, eseguito nel suolo e rivestito di muratura o legnami, per raggiungere falde idriche o giacimenti minerari | ***P. d'acqua***, pozzo per raggiungere le falde sotterranee di acqua e utilizzarle per irrigazione e usi civili | ***P. artesiano***, pozzo in cui la pressione della vena d'acqua è sufficiente a far zampillare questa fino al livello del suolo e oltre | ***P. trivellato***, pozzi di piccola sezione, per lo più con parete di tubo di acciaio e non accessibili, ottenuti con trivelle o sonde | ***P. petrolifero***, trivellato, di grande profondità per raggiungere sacche petrolifere | ***Mostrare, promettere la luna nel p.***, (*fig.*) far credere cose impossibili o irrealizzabili. ➡ ILL. p. 2136 SCIENZE DELLA TERRA ED ENERGIA. **2** Buca o cavità naturale o artificiale molto profonda: *lo speleologo ha esplorato il p. prima di esaminare la grotta* | ***P. nero***, cella sotterranea in cui si raccolgono i liquami provenienti dalle latrine e dagli scarichi quando non c'è fognatura | ***P. della scala***, spazio vuoto che può rimanere nel mezzo di una scala a pianta rettangolare o quadrata | (*mar.*) ***P. di bordo***, cassone di ferro per le provviste d'acqua sulle navi | ***P. delle catene***, foro posto ai lati della prua entro cui scorrono le catene delle ancore | ***P. della sentina***, la parte più bassa della nave dove calano e si raccolgono le acque. ➡ ILL. p. 2130 SCIENZE DELLA TERRA ED ENERGIA. **3** (*fig.*) Grandissima quantità: *avere, spendere, guadagnare un p. di soldi, di quattrini* | (*fig.*) ***P. di scienza***, persona estremamente colta | (*fig.*) ***P. senza fondo***, persona insaziabile; attività che richiede continuamente del denaro | (*fig.*) ***Essere, volerci il p. di S. Patrizio***, disporre o abbisognare di inesauribili ricchezze. || **pozzàccio**, pegg. | **pozzétto**, dim. (V.) | **pozzettino**, dim. | **pozzino**, dim.

pozzolàna [lat. *Puteolānu(m)* (*pŭlverem*) '(polvere) di Pozzuoli', da *Putĕoli* 'Pozzuoli' (stessa etim. di †*pozzuolo*); 1471 ca.] s. f. ● (*geol.*) Tufo recente, poco cementato, di colore grigio o rossastro, usato per fare malte idrauliche.

pozzolànico [1871] agg. (pl. m. *-ci*) ● Che ha proprietà di pozzolana, che contiene pozzolana.

†**pozzuòlo** [lat. parl. *puteŏlu(m)*, dim. di *pŭteus* 'pozzo'; 1342] **s. m.** ● Piccolo pozzo.

pracritico **agg.** (**pl. m.** *-ci*) ● (*ling.*) Pracrito.

pràcrito [sanscrito *prākṛta* 'naturale, volgare', comp. di *pra* 'prima, davanti' (di orig. indeur.) e *kṛta-* 'fatto, preparato' (di orig. indeur.); 1819] **A** **agg.** ● (*ling.*) Relativo ai dialetti medio-indiani sviluppatisi accanto al sanscrito. **B** **s. m.** ● Ciascuno di tali dialetti.

praghése [1935] **A** **agg.** ● Di, relativo a, Praga. **B** **s. m. e f.** ● Abitante, nativo di Praga.

pragmàtica [ingl. *pragmatics*, da *pragmatic* 'pragmatico'; 1949] **s. f.** ● (*filos.*) Parte della semiotica che studia le relazioni intercorrenti tra il linguaggio e chi lo usa.

pragmàtico o **prammàtico** [vc. dotta, lat. *pragmăticu(m)*, nom. *pragmăticus*, dal gr. *pragmatikós* 'che riguarda i fatti, le cose', da *prâgma*, genit. *prágmatos* 'fatto', da *prássein* 'fare', di orig. indeur.; 1540] **A** **agg.** (**pl. m.** *-ci*) **1** Che si riferisce all'attività pratica | Che bada ai risultati pratici, alla concretezza: *il suo è un atteggiamento p. e realistico.* **2** V. *prammatico.* **B** **s. m.** (**f.** *-a*) ● Chi bada spec. ai risultati pratici, alla concretezza. || **pragmaticaménte**, **avv.**

pragmatismo o **prammatismo** [ingl. *pragmatism*, dal gr. *prâgma*, genit. *prágmatos* 'fatto' (V. *pragmatico*); 1903] **s. m.** ● Indirizzo filosofico contemporaneo per il quale la funzione fondamentale dell'intelletto non è quella di consentire una conoscenza della realtà, ma quella di consentire una azione efficace su di essa | (*est.*) Atteggiamento pragmatico.

pragmatista o **prammatista** [ingl. *pragmatist*, da *pragmatism* 'pragmatismo'; 1904] **A** **s. m. e f.** (**pl. m.** *-i*) ● Chi segue o sostiene la filosofia del pragmatismo. **B** **agg.** ● Pragmatistico.

pragmatistico o **prammatistico** [1904] **agg.** (**pl. m.** *-ci*) ● Che concerne o interessa il pragmatismo. || **pragmatisticaménte**, **avv.** Secondo le teorie del pragmatismo.

pràho /prao/ [vc. di orig. malese; 1525] **s. m. inv.** ● Nave a vela e a remi di vario tipo e lunghezza, maneggevole, veloce, di origine malese.

pràia [stessa etim. di *piaggia*] **s. f.** ● (*merid.*) Riva, spiaggia.

pralina [fr. *praline*, perché inventata dal cuoco del maresciallo du Plessis-*Praslin* (1598-1675); 1884] **s. f.** ● Specie di confetto, costituito da una mandorla tostata e passata nello zucchero | Cioccolato ripieno.

pralinàre [da *pralina*; 1983] **v. tr.** ● Rivestire una preparazione dolciaria di uno strato esterno di zucchero caramellato o di cioccolato: *p. le mandorle.*

pralinàto **part. pass.** di *pralinare*; anche **agg.** ● Nel sign. del v.

pram /*ingl.* pɹɑːm, -æm/ [vc. ingl., dal neerl. *praam*, da cui anche il fr. *prame*; 1986] **s. m. inv.** ● Piccola imbarcazione di servizio con la prua a specchio come la poppa.

prammàtica [vc. dotta, lat. tardo *pragmătica(m)* (*sanctiōnem*) '(sanzione) prammatica', rescritto imperiale su questioni di diritto pubblico; f. sost. di *pragmăticus* 'pragmatico'; av. 1536] **s. f.** **1** Prammatica sanzione (V. *prammatico*). **2** Pratica prescritta e seguita per consuetudini stabili in materia di relazioni civili e sociali, spec. nella loc. ***essere di p.***: *in questi casi è di p. un ringraziamento scritto.*

prammàtico [V. *pragmatico*; 1673] **agg.** (**pl. m.** *-ci*) **1** (*raro*) V. *pragmatico.* **2** ***Prammatica sanzione***, nel tardo impero romano, costituzione imperiale di applicazione generale emanata normalmente dietro richiesta di alti funzionari; nel Medioevo e nell'età moderna, disposizione di carattere generale emanata dai sovrani.

prammatismo e *deriv.* ● V. *pragmatismo* e *deriv.*

pràna [dal sanscrito *prāṇa**, propr. 'soffio, respiro', comp. di *pra-* 'davanti' e *aniti* 'egli respira'] **s. m. inv.** ● Nell'induismo, la forza vitale dell'universo presente in tutti gli esseri.

†**prandere** [vc. dotta, lat. *prandēre*, da *prāndium* 'pranzo'; 1321] **A** **v. intr.** (oggi difett. usato solo alla terza persona **sing.** del **pres. indic.** *prànde*, nel **part. pass.** *prànso*; aus. *avere*) ● Pranzare, mangiare. **B** **v. tr.** ● Nutrire (*spec. fig.*): *laudando il cibo che là sù li prande* (DANTE *Par.* XXV, 24).

†**pràndio** [vc. dotta, lat. *prāndiu(m)* 'pranzo'; av. 1374] **s. m.** ● Pranzo, convito solenne: *celebrar con lieti inviti i prandi* (TASSO).

pranoterapèuta [1982] **s. m. e f.** (**pl. m.** *-i*) ● Pranoterapista.

pranoterapèutico [1987] **agg.** (**pl. m.** *-ci*) ● Relativo alla pranoterapia o ai pranoterapisti: *seduta pranoterapeutica.* **SIN.** Pranoterapico.

pranoterapia [comp. di *prana*, vc. sanscrita che significa 'soffio vitale', e *terapia*; 1981] **s. f.** ● Terapia, a forte componente psicologica, consistente nell'imposizione delle mani sulla parte malata di una persona.

pranoteràpico [1983] **agg.** (**pl. m.** *-ci*) ● Pranoterapeutico.

pranoterapista [da *pranoterapia*; 1981] **s. m. e f.** (**pl. m.** *-i*) ● Chi pratica la pranoterapia. **SIN.** Pranoterapeuta.

†**prànso** [vc. dotta, lat. *prānsu(m)* 'che ha fatto colazione', part. pass. con valore attivo di *prandēre* 'far colazione' (V. *prandere*); 1319] **agg.** ● (*lett.*) Che ha pranzato, mangiato.

♦**pranzàre** [sec. XIII] **v. intr.** (aus. *avere*) ● Consumare il pranzo: *p. in trattoria, a casa, presso amici, da un parente.*

pranzétto [1821] **s. m.** **1** Dim. di *pranzo.* **2** Pranzo non particolarmente impegnativo: *un p. tra amici.* **3** Pranzo ricco di leccornie: *è stato un p. delizioso.* || **pranzettino**, **dim.** | **pranzettùccio**, **dim.**

♦**prànzo** [lat. *prāndiu(m)*, di orig. indeur.; il sign. originario doveva essere quello di 'primo pasto'; sec. XIII] **s. m.** **1** Pasto principale del giorno, spec. quello consumato intorno a mezzogiorno (in opposizione a *cena*): *è l'ora di p.* | (*region.*) Cena | ***Sala da p.***, dove si consumano i pasti. **2** Lauto ed elegante banchetto, spec. di sera, cui partecipano numerosi convitati: *p. ufficiale*; *p. di gala, di beneficenza*; *un p. a Corte, all'Ambasciata*; *dare, offrire un p.*; *p. di nozze.* **SIN.** Convito. **3** L'ora in cui normalmente si va a tavola, intorno a mezzogiorno: *ci vediamo dopo p.*; *telefonami prima di p.* || **pranzàccio**, **pegg.** | **pranzétto**, **dim.** (V.) | **pranzóne**, **accr.** | **pranzùccio**, **dim.**

praseodimio [comp. del gr. *prasêios* (lezione errata di *prásios* 'verdastro', propr. 'color del pozzo', da *práson* 'pozzo'. V. *prasino*) e (*di*)*dimo*, da cui venne isolato; 1920] **s. m.** ● Elemento chimico, metallo del gruppo delle terre rare. **SIMB.** Pr.

pràsino [vc. dotta, lat. *prăsinu(m)*, nom. *prăsinus*, dal gr. *prásinos* 'verde, color del pozzo', da *práson* 'pozzo'; sec. XIII] **agg.** ● (*lett.*) Di colore verde scuro.

pràssi [vc. dotta, gr. *prâxis* 'azione', da *prássein* 'agire', di orig. indeur.; 1829] **s. f. inv.** **1** Attività pratica. **CONTR.** Teoria | (*filos.*) Secondo il materialismo dialettico, il complesso delle attività che si propongono una radicale trasformazione dell'organizzazione sociale: *è il solo che abbia cercato di costruire scientificamente la filosofia della p.* (GRAMSCI). **2** Procedura corrente, normale modo di comportarsi in determinati casi: *seguire la p.*; *conformarsi alla p.*; *secondo la p.*; *in questi casi la p. prevede che ...*

prassìa [vc. dotta, dal gr. *prâxis* 'azione' (V. *prassi*)] **s. f.** ● (*med.*) Capacità di eseguire movimenti finalizzati per la coordinazione della motilità.

pràssine [dal gr. *prásinos* 'verde, color del pozzo', da *práson* 'pozzo', di orig. indeur.] **s. f.** ● Pietra ornamentale preziosa di color verde con chiazze rossastre o con venature bianche e nere.

†**pratàglia** [lat. parl. **pratālia*, nt. pl., nom. *pratalis*, da *prātum* 'prato'; 1483] **s. f.** ● Prateria.

prataiòla [da *prato*; 1965] **s. f.** ● (*bot.*) Margheritina.

prataiòlo o (*lett.*) **prataiuòlo** [1544] **A** **agg.** ● Dei prati: *gallina prataiola.* **B** **s. m.** ● Fungo delle Agaricacee a cappello prima bianco e poi bruno, comune, commestibile e anche coltivato su terreno concimato (*Psalliota campestris*). **SIN.** Pratolino. ➡ **ILL.** **fungo.**

pratellina [da *prato*; 1804] **s. f.** ● (*bot.*) Margheritina.

pratènse [vc. dotta, lat. *pratēnse(m)*, da *prātum* 'prato'; av. 1585] **agg.** ● (*bot.*) Di prato, che cresce in un prato: *fiore p.*

prateria [da *prato*; 1336 ca.] **s. f.** **1** Vasta pianura tipica di climi continentali caratterizzata da vegetazione di tipo erbaceo, per lo più graminacee e leguminose, con un periodo di riposo invernale. **2** Vasto terreno erboso.

pratése [1312] **A** **agg.** ● Di Prato. **B** **s. m. e f.** ● Abitante, nativo di Prato.

♦**pràtica** [f. sost. di *pratico*; av. 1292] **s. f.** **1** (*filos.*) Il complesso delle azioni che si propongono la realizzazione dell'utile e del bene morale. **2** Correntemente, attività rivolta a operare, eseguire o effettuare concretamente qlco.: *la teoria è ottima ma la p. lascia a desiderare*; *la scienza è il capitano e la p. sono i soldati* (LEONARDO) | ***Mettere in p.***, attuare | ***In p.***, praticamente, sostanzialmente: *le nostre opinioni in p. coincidono* | †***A, di p.***, per pratica. **3** Esercizio concreto di un'attività e competenza o abilità che ne deriva: *la p. di un'arte, di una professione*; *avere una lunga p.*; *avere molta, poca p.* | ***P. religiosa, devota***, atto di devozione consueto nelle persone pie | Tirocinio professionale: *i neolaureati devono fare la p. richiesta.* **4** Esperienza: *i giovani non hanno p. della vita*; *io non ho p. di queste cose* | Conoscenza: *avere p. di un luogo, di un ambiente, degli usi locali.* **5** (*lett.*) Familiarità o continuata relazione con qlcu.: *ho una certa p. con lui*; *questa p. non mi piace* (GOLDONI) | (*raro, lett.*) Tresca: *una brutta p.* **6** (*spec. al pl.*) Atti e procedimenti necessari per conseguire un particolare scopo o raggiungere un risultato: *sono in corso le pratiche per l'acquisto della casa*; *sto facendo le pratiche per ottenere il passaporto* | ***Pratiche illecite***, (*per anton.*) abortive | ***Pratiche occulte***, che riguardano lo spiritismo | (*est.*) Insieme di documenti e sim. relativi a un determinato affare: *cercare una p. in archivio* | (*est.*) L'affare stesso: *chi si è occupato di questa p.?* **7** †Cliente, avventore. **8** (*mar.*) Facoltà di attraccare e di far scendere i marinai data dall'ufficiale sanitario. || **PROV.** Val più la pratica che la grammatica. || **praticàccia**, **pegg.** (V.) | **pratichétta**, **dim.** | **pratichìna**, **dim.** | **praticóna**, **accr.** | **praticùccia**, **dim.**

praticàbile [av. 1557] **A** **agg.** **1** Che può essere messo in pratica: *cura p.*; *progetto p.* **2** Di luogo dove si può andare e passare facilmente: *un sentiero poco p.* **CONTR.** Impraticabile. || **praticabilménte**, **avv.** **B** **s. m.** ● Piano, passerella mobile o fissa, usata per collocarvi parti della scenografia o sulla quale possono stare gli attori durante l'azione scenica.

praticabilità [av. 1704] **s. f.** ● Condizione e caratteristica di ciò che è praticabile. **CONTR.** Impraticabilità.

praticàccia [av. 1465] **s. f.** (**pl.** *-ce*) **1** Pegg. di *pratica.* **2** (*fam.*) Limitata conoscenza di un'attività, ottenuta unicamente con il suo esercizio pratico e priva di ogni base teorica o culturale: *scrive grazie alla sua p. del giornalismo*; *ha una certa p. dei lavori d'ufficio.*

†**praticàle** [av. 1642] **agg.** ● Che si fa per semplice pratica.

praticantàto [da *praticante*, sul modello di *noviziato, apprendistato*; 1942] **s. m.** ● (*raro*) L'esercizio pratico di una professione precedente a quello effettivo.

praticànte [1363] **A** **part. pres.** di *praticare*; anche **agg.** **1** (*raro*) Che esercita una professione. **2** Che pratica attivamente una religione e ne frequenta le cerimonie cultuali: *cattolico p.*; *sono credente, ma non p.* **B** **s. m. e f.** **1** Chi fa un tirocinio professionale: *i praticanti dell'avvocato*; *p. giornalista.* **2** (*spreg.*) Chi sa fare qlco. solo per averne acquisito la pratica, ma senza alcuna base teorica e culturale.

♦**praticàre** [da *pratico*; sec. XIII] **A** **v. tr.** (*io pràtico, tu pràtichi*) **1** Mettere in pratica: *p. la legge, la giustizia, il bene, una cura.* **SIN.** Attuare. **2** Esercitare, (*anche assol.*): *p. la professione legale, forense*; *p. l'insegnamento* | ***P. il cannibalismo, la poligamia, la schiavitù***, osservarli in quanto usi sociali di un determinato gruppo, ambiente, nazione. **3** Frequentare: *p. un ambiente, un luogo, una persona*; *pratica gente che non mi piace.* **4** †Trattare, negoziare: *p. la pace* | †Contrattare. **5** Eseguire, fare: *p. un'incisione, un'iniezione, uno sconto* | ***P. un passaggio, un'apertura***, aprirli. **B** **v. intr.** (aus. *avere*) ● Essere in rapporti d'amicizia o intrattenere relazioni con qlcu.: *vorrei sapere con quali farabutti stai praticando* | Essere assiduo frequentatore di un luogo: *p. in una città, in un locale.* || **PROV.** Chi pratica con lo zoppo impara a zoppicare; dimmi con chi pratichi e ti dirò chi sei.

praticismo [da *pratico*; 1851] **s. m.** ● Atteggiamento proprio di chi agisce sulla base di esperienze pratiche piuttosto che di teorie.

praticistico [1926] agg. (pl. m. *-ci*) ● (*raro*) Derivante o caratterizzato da praticismo: *comportamento, procedimento p.*

praticità [1884] s. f. *1* Caratteristica di ciò che è pratico, comodo, semplice: *la p. di un metodo*; *la scarsa p. di una macchina* | ***Per p.***, per comodità. *2* Senso pratico: *una donna di grande p.*

♦**pràtico** [vc. dotta, lat. tardo *prācticu(m)*, nom. *prācticus*, dal gr. *praktikós*, agg. di *prâxis* 'azione' (V. *prassi*); 1308] **A** agg. (pl. m. *-ci*, pop. †*-chi*) *1* Che si riferisce all'agire concreto: *problema p.* | ***Metodo p.***, nell'insegnamento, quello che insiste più sulle applicazioni concrete dei principi di una disciplina che sulla loro enunciazione teorica: *apprendere una lingua, la matematica, con un metodo p.* CONTR. Teorico. *2* Che è aderente alla realtà e tende a realizzazioni concrete, all'azione: *ingegno, carattere, consiglio p.*; *una mente pratica*; *avere uno spiccato senso p.*; *è un uomo essenzialmente p.* | ***All'atto p.***, in pratica. *3* Che è adatto a essere usato facilmente e utilmente: *un abito, un utensile p.*; *vettura maneggevole e pratica.* *4* Ricco di esperienza e abilità in un lavoro o professione: *operaio p. del mestiere*; *è giovane ma molto p.* | Conoscitore: *non temere, io sono p. della città, della zona, degli usi di questa gente*; *p. di una lingua, di un'arte.* *5* (*filos.*) Che concerne o interessa la prassi | ***Ragion pratica***, che regola la vita morale dell'uomo. || **praticaménte**, avv. *1* In modo pratico: *insegnare praticamente una lingua.* *2* In realtà, in sostanza: *sono praticamente sicuro di avere vinto*; *quasi, pressoché*: *non ho praticamente chiuso occhio per tutta la notte.* **B** s. m. *1* (*lett.*) Persona che tende alle attuazioni pratiche, alla vita fattiva. CONTR. Teorico. *2* (*lett.*) Persona esperta in qlco. SIN. Perito. || **praticóne**, accr. (V.).

praticolo [comp. di *prato* e *-colo*; 1958] agg. ● Di animale che vive spec. in praterie.

praticoltùra [da *prato*, sul modello di *agricoltura*; 1958] s. f. ● Coltivazione scientifica dei prati.

praticóna [1973] s. f. ● Levatrice, o sim., che presta illecitamente la sua opera per pratiche abortive.

praticóne [accr. di *pratico*; 1476] s. m. (f. *-a* (V.)) ● (*spec. spreg.*) Chi esercita attività ignorandone i principi teorici e valendosi solo della pratica. || **praticonàccio**, pegg.

pratile [da *prato*: calco sul fr. *prairial*; 1801] s. m. ● Nono mese del calendario rivoluzionario francese, il cui inizio corrispondeva al 20 maggio e il termine al 18 giugno.

pratio [av. 1642] agg. ● (*raro, lett.*) Prativo.

pratito [av. 1826] agg. ● Tenuto a prato.

prativo [1738] agg. *1* Tenuto a prato. *2* Che cresce nei prati: *erbe prative.*

♦**pràto** [lat. *prātu(m)*, di etim. incerta; sec. XII] s. m. (pl. †*pràta* o *pràtora*, f.) *1* Estensione di terra non coltivata e ricoperta d'erba: *giocare, correre in un p.*; *la fonte discorrea per mezzo un p.* (ARIOSTO). ➡ ILL. p. 2113 AGRICOLTURA. *2* Terreno investito a colture foraggiere | ***P. monofito***, di una sola specie | ***P. polifito***, di più specie | ***A p.***, terreno messo o tenuto a prato | ***Rompere un p.***, ararlo per seminarvi un'altra coltura. || **pratàccio**, pegg. | **pratèllo**, dim. | **pratellétto**, dim. | **pratellino**, dim. | **pratèrello**, dim. | **praticèllo**, dim. | **praticino**, dim.

pratolina [f. sost. di *pratolino*; 1804] s. f. ● (*bot.*) Margheritina.

pratolino [da *prato*; 1823] s. m. ● (*bot.*) Pratajolo.

†**pratóso** [1499] agg. ● Ricco di prati.

pravità [vc. dotta, lat. *pravitāte(m)*, da *prāvus* 'pravo'; av. 1342] s. f. ● (*raro, lett.*) Perversità, malvagità | Azione perversa.

pràvo [vc. dotta, lat. *prāvu(m)*, di etim. incerta; sec. XIII] **A** agg. ● (*lett.*) Malvagio, perverso: *Guai a voi, anime prave!* (DANTE *Inf.* III, 84). || **pravaménte**, avv. (*lett.*) In modo pravo. **B** s. m. ● (*lett.*) Persona crudele o spietata: *ad onta nostra, i pravi si vantan* (CAMPANELLA).

pre- /pre/ [lat. *prae-* 'prima', di orig. indeur., con senso di anteriorità o di rafforzamento] pref. *1* In parole composte di origine latina e di moderna formazione, indica un rapporto di anteriorità nel tempo, o un fatto che precede nel tempo: *preannunciare, prevedere, preavviso, preistoria.* *2* Nella terminologia geografica e anatomica, significa 'prima', 'davanti': *Prealpi, prefrontale.* *3* Nella terminologia scientifica, indica forma evoluta: *preominide.* *4* Indica preferenza, eccellenza, superiorità su altri: *prediletto, predominio, prevolere.* *5* In alcuni latinismi, conferisce valore di superlativo all'agg.: *preclaro.*

preaccennàre [comp. di *pre-* e *accennare*; av. 1688] v. tr. (*io preaccénno*) ● Accennare o menzionare prima.

preaccennàto part. pass. di *preaccennare*; anche agg. ● Detto di ciò a cui si è accennato precedentemente.

preaccensióne [comp. di *pre-* e *accensione*; 1957] s. f. ● (*autom.*) Combustione anomala nei motori a carburazione dovuta all'innesco della combustione della miscela prima dello scoccare della scintilla della candela, per effetto della temperatura troppo elevata delle superfici dei cilindri. SIN. Battito in testa.

preaccòrdo [comp. di *pre-* e *accordo*] s. m. ● Accordo preliminare dal carattere non vincolante rispetto a quello definitivo.

preadamita [comp. di *pre-* e *Adamo*, con suff. agg.; av. 1712] s. m. e f. (pl. m. *-i*) ● Secondo alcune leggende ebraiche e alcune eresie cristiane, essere umano appartenente a una razza vissuta prima di Adamo.

preadamitico [da *preadamita*; 1744] agg. (pl. m. *-ci*) ● Che risale a tempi anteriori ad Adamo | (*fig., scherz.*) Vecchissimo, vieto e disusato: *teorie, idee preadamitiche.*

preadattaménto [comp. di *pre-* e *adattamento*] s. m. ● (*biol.*) Condizione che si verifica quando una specie animale o vegetale ha caratteri tali da essere in grado di vivere in un ambiente simile, se non identico, a quello in cui vive.

preadolescènte [comp. di *pre-* e *adolescente*; 1963] s. m. e f. ● Chi ha un'età compresa fra gli 11 e i 14 anni.

preadolescènza [comp. di *pre-* e *adolescenza*; 1963] s. f. ● La prima parte dell'adolescenza, compresa fra gli 11 e i 14 anni.

preadolescenziàle [comp. di *pre-* e *adolescenziale*; 1994] agg. ● Relativo alla preadolescenza: *sviluppo p.*

preaffrancàto [comp. di *pre-* e *affrancato*; 1997] agg. *1* Affrancato in precedenza. *2* Dotato di affrancatura a carico del destinatario: *busta preaffrancata.*

preagònico [comp. di *pre-* e *agonia*, con suff. agg.; 1911] agg. (pl. m. *-ci*) ● Che precede l'agonia: *stato p.*

preallàrme [comp. di *pre-* e *allarme*; 1942] s. m. ● (*mil.*) Segnale che precede e preannunzia il segnale di allarme | ***Stato di p.***, quello in cui si adottano le predisposizioni necessarie per passare rapidamente allo stato di allarme: *l'esercito è in stato di p.*

prealpéggio [comp. di *pre-* e *alpeggio*; 1965] s. m. ● Periodo di riadattamento al pascolo alpino, degli animali che hanno svernato nelle stalle.

prealpino [av. 1869] agg. ● Delle Prealpi, relativo alle Prealpi.

†**preambolàre** [da *preambolo*; av. 1470] v. intr. ● Fare preamboli (*spec. scherz.*).

preàmbolo o †**preàmbulo** [vc. dotta, lat. tardo *praeămbulu(m)* 'che cammina davanti', da *praeambulāre* 'camminare davanti', comp. di *prae-* 'pre-' e *ambulāre* 'camminare'; sec. XIV] s. m. *1* L'insieme delle parole introduttive di un discorso, di una trattazione, di un'opera. SIN. Esordio, preliminare. *2* (*fam.*) Premessa cerimoniosa e inutile: *lasciar da parte i preamboli.* || **preambolàccio**, pegg. | **preamboletto**, dim. | **preambolóne**, accr. | **preambolùccio**, dim.

preamplificatóre [comp. di *pre-* e *amplificatore*; 1938] s. m. ● (*elettron.*) Amplificatore di tensione posto tra la sorgente del segnale e l'amplificatore di potenza.

preanestesia [comp. di *pre-* e *anestesia*; 1985] s. f. ● (*med.*) Somministrazione di specifici medicamenti come preparazione a una anestesia totale o locale.

preannunciàre o **preannunziàre** [comp. di *pre-* e *annunciare*; 1891] **A** v. tr. (*io preannùncio*) ● Annunciare prima, precedentemente: *la lettera preannuncia il suo arrivo.* SIN. Preavvertire, preavvisare. **B** v. intr. pron. ● Presentarsi, prospettarsi: *la giornata si preannuncia calda*; *si preannuncia una riunione movimentata.*

preannunciàto o **preannunziàto** part. pass. di *preannunciare*; anche agg. ● Nel sign. del v.

preannunciatóre o **preannunziatóre** [1952] agg.; anche s. m. (f. *-trice*) ● Che (o Chi) preannuncia.

preannùncio o **preannùnzio** [comp. di *pre-* e *annuncio*] s. m. ● Annuncio dato in precedenza. SIN. Preavvertimento, preavviso.

preannunziàre e *deriv.* ● V. *preannunciare e deriv.*

preappèllo [comp. di *pre-* e *appello*] s. m. ● Convocazione universitaria anticipata rispetto all'inizio della sessione di esami previsto per legge. CFR. Postappello.

preappenninico [1958] agg. (pl. m. *-ci*) ● Relativo al Preappennino.

preàrio [comp. di *pre-* e *ario* (V. *ariano* (*2*)); 1958] agg. ● (*ling.*) Detto di fatto linguistico precedente alle lingue indoeuropee.

preatlètica [comp. di *pre-* e *atletica*] s. f. ● Ginnastica preatletica.

preatlètico [comp. di *pre-* e *atletico*; 1930] agg. (pl. m. *-ci*) ● Relativo alla preparazione che si compie prima di iniziare una disciplina sportiva o di disputare una gara: *ginnastica preatletica.*

preatletismo [comp. di *pre-* e *atletismo*] s. m. ● Attività ginnica a carattere generale, utile per la preparazione di qualsiasi sport.

preavvertiménto [comp. di *pre-* e *avvertimento*; 1940] s. m. ● Avvertimento dato prima | Premonizione.

preavvertire [comp. di *pre-* e *avvertire*; 1641] v. tr. (*io preavvèrto*) ● Avvertire in precedenza: *p. qlcu. del proprio arrivo.* SIN. Preannunziare.

preavvisàre [comp. di *pre-* e *avvisare*; 1830] v. tr. ● Avvisare in anticipo: *p. il cliente della spedizione.* SIN. Preavvertire.

preavvìso [comp. di *pre-* e *avviso*, sul modello del fr. *préavis*; 1829] s. m. *1* Avviso o avvertimento preventivo: *ricevere un p.*; *p. di pagamento*; *è venuto senza p.* *2* (*dir.*) Comunicazione anticipata della volontà di una delle parti di recedere dal contratto, spec. di lavoro, a tempo indeterminato | Periodo di tempo che intercorre tra tale comunicazione e la cessazione del contratto | ***Indennità di p.***, in caso di licenziamento, corresponsione dovuta al lavoratore, equivalente al periodo di preavviso non lavorato.

prebàrba [comp. di *pre-* e *barba* (*1*); 1963] **A** s. m. inv. ● Preparato che si applica sul viso prima della rasatura. **B** anche agg. inv.: *lozione, crema p.*

prebaròcco [comp. di *pre-* e *barocco*; 1950] **A** agg. (pl. m. *-chi*) ● Detto di arte, stile, periodo che precede il barocco. **B** anche s. m.

prebèllico [comp. di *pre-*, sul modello di *postbellico* e *antebellico*; 1916] agg. (pl. m. *-ci*) ● Che precede immediatamente una guerra: *periodo p.*; *economia prebellica.* CONTR. Postbellico.

prebènda [vc. dotta, lat. tardo *praebĕnda(m)*, gerundivo di *praebēre* 'offrire', comp. di *prae-* 'pre-' e *habēre* 'avere'; av. 1294] s. f. *1* Rendita stabile di un beneficio ecclesiastico | (*est.*) Il beneficio stesso. *2* (*est.*) Guadagno, lucro.

prebendàrio [sec. XIV] s. m. ● Chi gode di una prebenda ecclesiastica.

prebendàto [av. 1306] s. m.; anche agg. ● Chi (o Che) gode di una prebenda ecclesiastica.

prebiòtico [comp. di *pre-* e del gr. *biotikós* 'relativo alla vita'; 1985] agg. (pl. m. *-ci*) ● (*biol.*) Riferito al periodo in cui la vita non era ancora comparsa sulla Terra.

Precambriàno [comp. di *pre-* e *cambriano*; 1958] s. m. ● (*geol.*) Era, o gruppo di ere, precedenti il Cambriano.

precàmbrico [1929] s. m. ● Precambriano.

precampionàto [comp. di *pre-* e *campionato*; 1939] **A** agg. inv. ● Detto di partita di calcio amichevole disputata nel periodo che precede l'inizio del campionato. **B** s. m. (pl. inv. o *-i*) ● Serie di partite amichevoli che precedono il campionato.

precanceróso [comp. di *pre-* e *canceroso*] agg. ● (*med.*) Che precede la comparsa di un tumore maligno | Che è suscettibile di trasformarsi in tumore maligno.

†**precàre** ● V. *pregare.*

precària [f. sost. di *precario* (*1*); 1932] s. f. ● In epoca medievale, benevola concessione di beni immobili in godimento temporaneo e dietro pagamento di un corrispettivo.

precariàto [1980] s. m. ● Stato, condizione di lavoratore precario, spec. nell'ambito scolastico.

precarietà [1851] **s. f.** ● Natura o condizione di chi (o di ciò che) è precario: *p. di salute*; *la p. di una situazione*. SIN. Incertezza, instabilità. CONTR. Durevolezza, stabilità.

precàrio (1) [vc. dotta, lat. *precāriu(m)* 'ottenuto con preghiere, che si concede per grazia', da *prĕx*, genit. *prĕcis* 'preghiera' (V. *prece*); 1619] **A agg.** *1* Temporaneo, incerto, provvisorio: *impiego p.* | Malsicuro, instabile: *situazione economica alquanto precaria* | ***Salute precaria***, cagionevole. CONTR. Stabile. *2* Detto di lavoratore, spec. dipendente di amministrazioni pubbliche, assunto con contratto a termine, e quindi privo di garanzie per il futuro: *personale p.*; *lavoratori precari*. || **precariaménte**, **avv.** **B s. m.** (f. *-a*) ● Lavoratore precario | Nella scuola, laureato che svolge attività didattica e scientifica con un servizio non riconosciuto di ruolo e con un seguito amministrativo assai limitato.

precàrio (2) [vc. dotta, lat. tardo *precāriu(m)*, nt. sost. di *precārius* 'precario (1)'] **s. m.** ● (*dir.*) Comodato senza determinazione di durata in cui il comodante può chiedere la restituzione della cosa in qualunque momento.

precarista [da *precar(io)* (*1*) con il suff. *-ista*; 1954] **s. m. e f.** (pl. m. *-i*) ● Chi presta attività in favore della pubblica amministrazione a titolo precario, in attesa di essere inserito nei ruoli organici.

precauzionàle [1848] **agg.** ● Che ha valore di precauzione o finalità preventive: *provvedimento p.* || **precauzionalménte**, **avv.** Come misura precauzionale.

♦**precauzióne** [vc. dotta, lat. tardo *praecautiōne(m)*, da *praecavēre* 'usar cautela, precauzione', comp. di *prae-* 'pre-' e *cavēre* 'guardarsi' (V. *cauto*), sul modello del fr. *précaution*; 1441] **s. f.** *1* Cautela, circospezione: *agire, parlare con p.* CONTR. Avventatezza. *2* Misura che tende a prevenire o scongiurare un danno, un pericolo e sim.: *con le dovute precauzioni*; *ho preso le mie precauzioni*; *una fondamentale p. sanitaria*.

†**precazióne** [vc. dotta, lat. *precatiōne(m)*, da *precātus*, part. pass. di *precāri* 'pregare'] **s. f.** ● Preghiera.

prèce [vc. dotta, lat. *prĕce(m)*, di orig. indeur.; sec. XII] **s. f.** ● (*lett.*) Preghiera, supplica: *se di preci o di vittime neglette / il Dio m'incolpa* (MONTI) | ***P. eucaristica***, preghiera eucaristica.

♦**precedènte** [1321] **A part. pres.** di *precedere*; anche **agg.** ● Che precede, che viene prima: *l'edizione p.*; *la pagina p.*; *le puntate precedenti*; *il giorno p. all'esame* (o, con valore participiale, *p. l'esame*). CFR. avan-. || **precedenteménte**, **avv.** In precedenza. **B s. m.** *1* Atto o evento che apre, o può aprire, la via ad altri atti o eventi analoghi successivi nel tempo: *un p. che desta qualche preoccupazione* | ***Senza precedenti***, si dice di cosa mai verificatasi prima; (*enfat.*) eccezionale, straordinario: *un caso giuridico senza precedenti*; *un successo discografico senza precedenti* | ***Creare, stabilire un p.***, fare qlco. che in futuro può giustificare cose analoghe. SIN. Antefatto. *2* Ogni dato relativo alla vita di un individuo, anteriore rispetto a un certo momento: *desidero conoscere ogni suo p.*; *mi interessano i suoi precedenti familiari* | ***Precedenti penali***, condanne per reati riportate da chi è attualmente imputato. *3* †Predecessore.

precedènza [vc. dotta, lat. tardo *praecedĕntia(m)* (che aveva però il sign. astronomico di 'precessione'), da *praecēdens*, genit. *praecedĕntis* 'precedente'; 1547] **s. f.** *1* Il precedere qlco. o qlcu.: *le mozioni vanno discusse in ordine di p.* | ***In p.***, prima, anteriormente a qlco. SIN. Antecedenza. *2* Diritto di passare per primo rispetto ad altri, nella circolazione spec. stradale: *dare, avere, concedere la p.*; *le autorità hanno la p. nel corteo* | ***Strada con diritto di p.***, ove chi circola gode di precedenza assoluta nei confronti dei veicoli provenienti da altre strade. *3* Priorità: *questioni che vanno discusse con p. assoluta*; *dare la p. ai problemi economici*.

♦**precèdere** [vc. dotta, lat. *praecēdere*, comp. di *prae-* 'pre-' e *cēdere* 'avanzare' (V. *cedere*); 1260 ca.] **v. tr.** e †**intr.** (pres. *io precèdo*; pass. rem. *io precedètti* (o *-étti*) o *precedéi*, †*precèssi*, *tu precedésti*; part. pass. *precedùto*, †*precèsso*; aus. intr. *avere*, raro *essere*) *1* Andare innanzi a qlcu.: *la guida ci precedeva* | ***Far p.***, mandare o porre innanzi | ***Farsi p.***, inviare prima di sé qlco. o qlcu.: *si è fatta p. da un mazzo di fiori*. CONTR. Seguire, seguitare. *2* Essere anteriore, accadere prima: *il lampo precede il tuono*; *il concerto sarà preceduto da una presentazione*. *3* (*raro, lett.*) Superare in autorità, importanza e sim.

precedùto part. pass. di *precedere*; anche **agg.** ● Nei sign. del v.

†**precellènte** [vc. dotta, lat. *praecellĕnte(m)*, propr. part. pres. di *praecĕllere* 'eccellere, primeggiare', comp. di *prae-* 'pre-' e **cĕllere* (V. *eccellente*); sec. XIV] **agg.** ● Che eccelle sopra tutti.

†**precellènza** [vc. dotta, lat. tardo *praecellĕntia(m)*, da *praecĕllens*, genit. *praecellĕntis* 'precellente'; 1847] **s. f.** ● Assoluta superiorità.

precèltico [comp. di *pre-* e *celtico*] **agg.** (pl. m. *-ci*) ● Che è anteriore ai Celti, spec. nell'ambito linguistico.

†**precentóre** [vc. dotta, lat. *praecentōre(m)*, da *praecentāre* 'pronunciare (preventivamente) una formula magica', comp. di *prae-* 'pre-' e *cantāre* 'cantare'] **s. m.** ● Primo cantore | Maestro del coro.

precessióne [vc. dotta, lat. tardo *praecessiōne(m)*, da *praecēdere* 'precedere'; av. 1647] **s. f.** *1* Movimento di rotazione dell'asse giroscopico di un giroscopio, di una trottola, e sim. *2* (*astron.*) Fenomeno per cui i punti equinoziali descrivono tutta l'eclittica in circa 26 000 anni. *3* †Precedenza.

†**precèsso** part. pass. di *precedere*; anche **agg.** ● Nei sign. del v.

†**precessóre** [vc. dotta, lat. tardo *praecessōre(m)*, da *praecēdere* 'precedere'; 1280] **s. m.** *1* Precursore, predecessore. *2* Antenato.

precettàre [vc. dotta, lat. *praeceptāre* 'raccomandare ripetutamente', intens. di *praecĭpere* (V. *precetto*); av. 1608] **v. tr.** (*io precètto*) *1* (*raro*) Comandare con un precetto scritto. *2* Richiamare alle armi con ordine scritto i militari in congedo, ovvero disporre per la requisizione di automezzi o altri beni necessari all'esercito in guerra | (*est.*) Richiamare in servizio, da parte dell'autorità competente, gli addetti a servizi di pubblica utilità, nell'ambito di scioperi o agitazioni sindacali: *il ministro ha precettato i piloti, i medici ospedalieri*. *3* (*dir., raro*) Richiedere o eseguire la notificazione di un precetto a qlcu.

precettàto part. pass. di *precettare*; anche **agg.** ● Nei sign. del v.

precettazióne [1942] **s. f.** *1* Il precettare | Ingiunzione di adempiere un obbligo o una legge: *Vengono a scuola, i ragazzi, dopo che la famiglia riceve la cartolina di p.* (SCIASCIA). *2* Complesso delle operazioni necessarie per precettare uomini e mezzi.

precettista [1766] **s. m. e f.** (pl. m. *-i*) ● (*raro*) Chi dà precetti | (*spreg.*) Chi limita il proprio insegnamento all'enunciazione di regole, formule e precetti.

precettistica [1879] **s. f.** *1* Insieme di regole e precetti inerenti una determinata disciplina. *2* Insegnamento per formule e precetti.

precettìstico [1874] **agg.** (pl. m. *-ci*) ● Da precettista, basato su formule e precetti: *sistema p.* || **precettisticaménte**, **avv.**

precettivo [vc. dotta, lat. *praeceptīvu(m)*, da *praecēptum* 'precetto'; 1575] **agg.** ● (*lett.*) Che serve a insegnare, che contiene insegnamenti o precetti: *libro p.* | (*dir.*) ***Norma precettiva***, norma, spec. costituzionale, che contiene un preciso comando sufficiente per l'effettiva regolamentazione di un istituto o di un rapporto. || **precettivaménte**, **avv.** *1* (*lett.*) In forma di precetto, di insegnamento. *2* Tassativamente.

precètto [vc. dotta, lat. *praecēptu(m)*, part. pass. sost. di *praecĭpere* 'prendere prima', poi 'prescrivere, ordinare', comp. di *prae-* 'pre-' e *căpere* 'prendere' (V. *cattura*); sec. XII] **A s. m.** (pl. †*precètta*, f.) *1* (*relig.*) Nella dottrina cattolica, legge con cui la Chiesa, applicando i comandamenti di Dio e per autorità di istituzione divina, prescrive ai fedeli alcuni atti di religione e determinate astinenze: *i cinque precetti generali della Chiesa* | ***P. pasquale***, terzo fra i precetti generali, che impone al cristiano di confessarsi almeno una volta all'anno e di comunicarsi almeno a Pasqua | ***Festa di p.***, con obbligo della Messa e dell'astensione dal lavoro | ***È di p.***, di ciò che è obbligatorio per il cristiano, in quanto imposto dai precetti generali della Chiesa. *2* (*lett.*) Insegnamento, norma, regola: *precetti morali, civili, religiosi*. *3* Regola di condotta stabilita da una norma, spec. penale. *4* (*dir.*) Atto consistente nell'intimazione di adempiere l'obbligo risultante da un titolo esecutivo entro un dato termine con l'avvertimento che, in mancanza di adempimento, si procederà a esecuzione forzata. *5* Ordine di richiamo alle armi per mobilitazione o per un periodo di istruzione. **B** in funzione di **agg. inv.** ● (posposto al s.) Nella loc. ***cartolina p.***, documento contenente l'ordine individuale di chiamata alle armi delle reclute o di richiamo dei militari in congedo da mobilitare.

precettóre [vc. dotta, lat. *praeceptōre(m)*, da *praecēptus*, part. pass. di *praecĭpere* (V. *precetto*); av. 1375] **s. m.** (f. *-trice*, raro) ● Spec. in passato, insegnante privato in collegi o presso famiglie nobili o facoltose. SIN. Aio, istitutore, pedagogo. || **precettorèllo**, **dim.**

†**precettoria** [da *precettore*; av. 1536] **s. f.** ● Rettoria, governo, prefettura.

precidere [vc. dotta, lat. *praecīdere* 'tagliar via', comp. di *prae-* 'pre-' e *cāedere* 'tagliare' (V. *cesura*); av. 1321] **v. tr.** (pass. rem. *io precìsi*, *tu precidésti*; part. pass. *precìso*) *1* (*raro, lett.*) Mozzare, troncare, tagliare. *2* (*raro, fig., lett.*) Impedire, interrompere: *quando l'unica strada / di libertà mi fu precisa e tolta* (PETRARCA).

precingere [vc. dotta, lat. *praecĭngere*, comp. di *prae-* 'pre-' e *cĭngere* 'cingere'; av. 1342] **A v. tr.** (coniug. come *cingere*) ● (*raro, lett.*) Cingere intorno. **B v. rifl.** ● (*raro, lett.*) Mettersi la cintura. **C v. intr. pron.** ● †Accingersi.

precinto [1313] **A part. pass.** di *precingere*; anche **agg.** ● (*raro*) Nei sign. del v. **B s. m.** ● †Recinto.

precinzióne [vc. dotta, lat. *praecinctiōne(m)*, da *praecĭnctus* 'precinto'; 1521] **s. f.** *1* (*lett.*) †Recinzione. *2* (*archeol.*) Spazio tra un ordine di gradini e l'altro nel teatro o nell'anfiteatro.

precipitàbile [da *precipitare*; av. 1847] **agg.** ● (*chim.*) Detto di uno ione, di un composto e sim. che può precipitare.

precipitabilità [av. 1306] **s. f.** ● (*chim., raro*) Disposizione a precipitare.

precipitàndo [propr. gerundio di *precipitare*; 1958] **s. m. inv.** ● (*mus.*) Indicazione agogica che prescrive un'esecuzione acceleratissima.

precipitànte [av. 1547] **A part. pres.** di *precipitare*; anche **agg.** ● (*lett.*) Nei sign. del v. **B s. m.** ● (*chim.*) Composto che aggiunto a una soluzione provoca in questa la formazione di un precipitato.

†**precipitànza** [vc. dotta, lat. *praecipitāntia(m)*, da *praecĭpitans*, genit. *praecipitāntis* 'precipitante'; 1740 ca.] **s. f.** ● Precipitazione.

♦**precipitàre** [vc. dotta, lat. *praecipitāre*, da *praeceps*, genit. *praecĭpitis* 'precipite'; av. 1364] **A v. tr.** (*io precìpito*) *1* Gettare con impeto dall'alto in basso: *p. i traditori dalla rupe Tarpea*. *2* (*fig.*) Affrettare troppo, fare qlco. in gran fretta e senza riflettere: *p. un giudizio, una decisione*; *cerca di non p. la cosa* | (*mus.*) Affrettare troppo il movimento. *3* (*lett., fig.*) Mandare in rovina: *a forza di spendere in corbellerie ha precipitata la casa* (GOLDONI). *4* (*chim.*) Separare sostanze da soluzioni mediante aggiunta di opportuni reattivi. **B v. intr.** (aus. *essere*) *1* Cadere con velocità e violenza verso il basso: *p. da una rupe, dall'alto*. *2* (*fig.*) Piombare: *p. nella miseria*; *p. nella più cupa depressione*. *3* (*fig.*) Susseguirsi precipitosamente, evolvere verso una conclusione rapida e affrettata: *la situazione economica sta precipitando*; *gli eventi precipitano*. *4* (*chim.*) Separarsi dalla soluzione e depositarsi sul fondo. **C v. rifl.** ● Gettarsi dall'alto: *precipitarsi nel vuoto, da uno scoglio*. **D v. intr. pron.** ● Andare, dirigersi con gran fretta: *precipitarsi al lavoro, in casa*.

precipitàto [sec. XIV] **A part. pass.** di *precipitare*; anche **agg.** ● Nei sign. del v.: *i resti dell'aereo p.* | (*fig.*) Affrettato, avventato, prematuro: *bisognava guardarsi dalle decisioni precipitate*. || **precipitataménte**, **avv.** **B s. m.** *1* (*mus.*) Notazione di movimento molto veloce. *2* (*chim.*) Sostanza solida, insolubile, che si separa da una soluzione per aggiunta di un reattivo precipitante e si deposita sul fondo del recipiente.

precipitatóre **s. m.** ● Apparecchio elettrostatico per liberare l'aria da polvere e fumi.

precipitazióne [vc. dotta, lat. *praecipitatiōne(m)*, da *praecipitātus* 'precipitato'; av. 1396] **s. f.** *1* (*raro*) Il precipitare | ***P. atmosferica***, particelle di acqua cristallizzate o amorfe che cadono da nubi e raggiungono la superficie terrestre. ➡ ILL.

p. 2135 SCIENZE DELLA TERRA ED ENERGIA. *2* (*fig.*) Fretta eccessiva nel fare o dire qlco.: *parlare con troppa p.*; *decidere qlco. con p.* | (*raro*) Azione o risoluzione troppo affrettata.

precìpite [vc. dotta, lat. *praecĭpite(m)* 'col capo all'ingiù, a capo fitto', comp. di *prae-* 'pre-' e *căput*, genit. *căpitis* 'capo'; av. 1472] **agg.** *1* (*lett.*) Che cade col capo all'ingiù | (*est.*, *lett.*) Che cade con impeto. *2* (*lett.*) Ripido, scosceso. *3* (*raro*, *lett.*) Che va a precipizio (*anche fig.*): *quelli che son troppo precipiti ... si avventurano presuntuosamente* (CASTIGLIONE).

precipitévole [da *precipitare*; av. 1576] **agg.** ● (*raro*, *lett.*) Precipitoso (*anche fig.*). || **precipitevolménte**, **avv.**

precipitevolissimevolménte [superl. di *precipitevolmente*; av. 1712] **avv.** ● (*scherz.*) A gran precipizio: *chi troppo in alto sale, cade sovente p.*

precipitóso [da *precipitare*; sec. XIV] **agg.** *1* Che cade o scorre con impeto: *fiume p.* | (*est.*) Velocissimo: *corsa precipitosa*. SIN. Rovinoso. *2* (*fig.*) Che agisce con troppa fretta e senza ponderazione: *un giovanotto p. e temerario* | Che è fatto con precipitazione, in modo affrettato e senza cura: *lavoro p.*; *fuga, decisione precipitosa*. SIN. Avventato. CONTR. Prudente. *3* (*lett.*) Ripido, scosceso: *su per la strada che si faceva ripida e incassata fra precipitosi costoni* (BUZZATI). || **precipitosaménte**, **avv.** In modo precipitoso, con troppa fretta.

†**precipiziàre** [da *precipizio*] **v. intr.** ● Precipitare.

precipìzio [vc. dotta, lat. *praecipĭtiu(m)*, da *praeceps*, genit. *praecĭpitis* 'precipite'; av. 1342] **s. m.** *1* Luogo dirupato dal quale si può facilmente cadere: *regione montana piena di precipizi* | *A p.*, con fortissima pendenza: *roccia a p. sul mare*; (*fig.*) con grande fretta e impeto: *correre a p.*; *parlare a p.* | *Un p.*, (*fig.*) una grande quantità. SIN. Burrone, dirupo. *2* (*fig.*) Baratro, rovina, perdizione: *essere sull'orlo del p.*

precìpuo [vc. dotta, lat. *praecĭpuu(m)*, propr. 'che si prende prima', comp. di *prae-* 'pre-' e *căpere* 'prendere' (V. *cattura*); 1351] **agg.** ● Principale, fondamentale: *lo scopo p. della nostra ricerca* | (*est.*) Particolare: *i caratteri precipui dell'epoca*. || **precipuaménte**, **avv.**

precisàbile [1922] **agg.** ● Che può essere precisato o definito: *dotato di ben precisabili caratteristiche*. CONTR. Imprecisabile.

♦**precisàre** [da *preciso* (*2*), sul modello del fr. *préciser*; 1670] **v. tr.** ● Rendere preciso con dati di fatto, determinazioni di luogo, tempo o significato: *p. il giorno del proprio arrivo*; *p. i termini di una controversia*; *sarebbe bene p. il senso del termine*. SIN. Definire, determinare.

precisàto [1858] **part. pass.** di *precisare*; anche **agg.** ● Nel sign. del v.

precisazióne [1832] **s. f.** *1* Specificazione che chiarisce qlco. *2* Nel linguaggio politico, forma di smentita che limita la portata di una notizia o ne pone in una luce diversa le motivazioni.

precisìno [1988] **A agg.** *1* Dim. di *preciso* (*2*). *2* (*iron.*) Che dimostra eccessiva pignoleria e meticolosità. **B** anche **s. m.** (**f.** *-a*): *essere un p.*

♦**precisióne** [vc. dotta, lat. *praecisiōne(m)* (che aveva però il sign. di 'recisione, parte tagliata'), da *praecīsus* (V. *preciso* (*2*)); av. 1642] **s. f.** *1* Caratteristica di chi (o di ciò che) è preciso | Assoluta esattezza: *la p. dei termini, delle idee*; *curare la, tenere alla p.* | ***P. di stile***, modo di esporre nitidamente, senza alcuna superficialità o difetto | ***P. del tiro***, caratterizza la qualità di un'arma o di una bocca da fuoco, tanto più elevata quanto minore è la dispersione dei colpi sparati | ***Arma di p.***, che realizza un tiro molto preciso. CONTR. Imprecisione. *2* (*fis.*) In una misurazione, differenza tra il valore effettivo e il valore misurato. CFR. Riproducibilità, Sensibilità.

precìso (*1*) **part. pass.** di *precidere*; anche **agg.** ● (*raro*, *lett.*) Nei sign. del v.

♦**precìso** (*2*) [vc. dotta, lat. *praecīsu(m)* 'tagliato a picco', part. pass. di *praecīdere* 'precidere'; 1313] **A agg.** *1* Esatto: *orologio p.*; *sono le dieci precise* | Ben determinato in ogni elemento, in ogni particolare, privo di incertezze o approssimazioni: *parole, idee precise*; *un comando, un ordine p.*; *mira precisa*; *tiro p.* | ***È mio dovere p.***, lo devo fare proprio io | (*est.*) Privo di elementi superflui: *stile p.* CONTR. Impreciso. *2* Detto di persona che fa le cose con esattezza: *un uomo, un impiegato p.* *3* Perfettamente uguale: *due abiti precisi*; *questo quaderno è p. al mio*. || **precisìno**, **dim.** (V.) || **precisaménte**, **avv.** *1* In modo preciso: *lavorare precisamente*. *2* Esattamente, proprio: *è precisamente quello che desideravo*; per l'appunto: '*Volevi me?*' '*precisamente!*' **B avv.** ● (*lett.*) †In modo esatto: *spiegarsi, parlare p.*

precitàto [comp. di *pre-* e *citato*; av. 1729] **agg.** ● Citato in precedenza.

preclarità [vc. dotta, lat. *praeclaritāte(m)*, da *praeclārus* 'preclaro'; 1940] **s. f.** ● (*raro*, *lett.*) Caratteristica di preclaro.

preclàro [vc. dotta, lat. *praeclāru(m)*, comp. di *prae-* 'pre-' e *clārus* 'famoso' (V. *chiaro*); av. 1294] **agg.** *1* †Splendente. *2* (*fig.*, *lett.*) Illustre, insigne: *la preclara memoria, virtù di qlcu.* || **preclaraménte**, **avv.** (*raro*) In modo preclaro.

preclùdere [vc. dotta, lat. *praeclūdere*, comp. di *prae-* 'pre-' e *clāudere* 'chiudere'; av. 1472] **v. tr.** (**pass. rem.** *io preclùsi*, *tu precludésti*; **part. pass.** *preclùso*) ● Impedire, ostacolare, rendere impossibile: *p. il cammino, la fuga*; *si è precluso ogni scampo*; *ha un titolo che gli preclude ogni promozione*. SIN. Ostacolare. CONTR. Agevolare.

preclusióne [vc. dotta, lat. tardo *praeclusiōne(m)*, da *praeclūsus* 'precluso'; 1954] **s. f.** *1* Il precludere | Impedimento, esclusione | Atteggiamento di chiusura, di rifiuto: *non ho alcuna p. nei suoi confronti*. *2* (*dir.*) Nell'ambito del processo, impedimento a esercitare una facoltà, dovuto al precedente compimento, o mancato compimento, di un atto.

preclusìvo [da *precluso*; 1950] **agg.** ● Che preclude | Che mira a precludere.

preclùso [1745] **part. pass.** di *precludere*; anche **agg.** ● Nel sign. del v.

†**prèco** ● V. *prego* (*1*).

precòce [vc. dotta, lat. *praecoce(m)*, propr. 'che è cotto prima', comp. di *prae-* 'pre-' e *cŏquere* 'cuocere'; 1580] **agg.** ● Che matura innanzi tempo: *frutti precoci* | Che avviene, si manifesta e sim. prima del tempo normale, prevedibile, opportuno e sim.: *ingegno p.*; *pubertà, vecchiaia p.* | ***Diagnosi p.***, fatta prima che si manifestino sintomi rilevanti di una malattia. CONTR. Tardivo. || **precoceménte**, **avv.**

precocità [1826] **s. f.** ● Caratteristica di chi (o di ciò che) è precoce: *p. del raccolto*; *la sua p. mentale*. CONTR. Tardività.

precognitìvo [1957] **agg.** ● Relativo alla precognizione.

precògnito [vc. dotta, lat. *praecŏgnitu(m)*, part. pass. di *praecognōscere* 'preconoscere'; 1499] **agg.** ● (*lett.*) Conosciuto prima.

precognizióne [vc. dotta, lat. tardo *praecognitiōne(m)*, da *praecŏgnitus* 'precognito'; 1529] **s. f.** ● Percezione anticipata di fatti o fenomeni futuri.

†**precognóscere** e *deriv.* ● V. *preconoscere* e *deriv.*

precòio ● V. *procoio*.

precolombiàno [comp. di *pre-* e (*Cristoforo*) *Colombo*, con suff. agg.; 1895] **agg.** ● Detto di ciò che in America è anteriore alla scoperta di C. Colombo, nel 1492: *civiltà precolombiane*.

precomprensióne [comp. di *pre-* e *comprensione*] **s. f.** ● (*filos.*) Nell'ermeneutica contemporanea, punto di vista che precede la comprensione vera e propria, a partire dal quale il soggetto, condizionato dalla sua cultura e dalle sue esperienze personali, accede in forma incerta e approssimativa alla totalità dei significati che costituiscono il mondo.

precompressióne [comp. di *pre-* e *compressione*; 1958] **s. f.** ● Compressione preventiva | Sistema costruttivo consistente nel provocare in travi di calcestruzzo una preventiva sollecitazione mediante cavi tesi di acciaio.

precomprésso [1954] **A part. pass.** di *precomprimere*; anche **agg.** ● Nel sign. del v. **B s. m.** ● Cemento, calcestruzzo che ha subito precompressione.

precomprìmere [comp. di *pre-* e *comprimere*; 1958] **v. tr.** (coniug. come *comprimere*) ● Applicare la tecnica della precompressione.

precongètto [comp. di *pre-* e *concetto* (*2*); calco sul fr. *préconçu*; 1670] **A agg.** ● Di idea, persuasione o concetto che ci si forma su qlco. o qlcu. prima di conoscerli direttamente e che impedisce giudizi sereni e obiettivi: *giudicare, operare senza idee preconcette*; *antipatia preconcetta*. **B s. m.** ● Idea o convinzione preconcetta: *lasciare da parte i preconcetti*. SIN. Pregiudizio.

preconciliàre [comp. di *pre-* e *concilio*, con suff. agg.] **agg.** ● Anteriore a un concilio, spec. al Concilio Vaticano II.

preconcordatàrio [comp. di *pre-* e *concordato*, con suff. agg.] **agg.** ● Detto di ciò che è anteriore a un concordato.

precondizióne [comp. di *pre-* e *condizione*; 1985] **s. f.** ● Condizione preliminare, determinante per il verificarsi di un successivo evento: *porre una p.*

†**precóne** [vc. dotta, lat. *praecōne(m)*, di orig. indeur.; sec. XIV] **s. m.** ● Banditore, araldo.

preconfezionaménto [comp. di *pre-* e *confezionamento*] **s. m.** ● Operazione del preconfezionare.

preconfezionàre [comp. di *pre-* e *confezionare*; 1964] **v. tr.** (*io preconfezióno*) ● Predisporre un prodotto spec. alimentare in apposite confezioni | Confezionare in anticipo, secondo certi modelli, presupponendo una data richiesta sul mercato: *p. abiti*.

preconfezionàto [comp. di *pre-* e *confezionato*; 1985] **A part. pass.** di *preconfezionare*; anche **agg.** *1* Nel sign. del v. *2* (*est.*) Concepito e portato a termine con lo scopo prevalente di ottenere facile e immediata presa sui fruitori: *spettacolo, romanzo p.* **B s. m.** ● Settore industriale che produce merci preconfezionate | Insieme dei prodotti preconfezionati.

precongressuàle [comp. di *pre-* e *congresso*, con suff. agg.; 1950] **agg.** ● Anteriore, precedente a un congresso: *accordi precongressuali*.

precònio [vc. dotta, lat. *praecōniu(m)* 'bando', da *praeco*, genit. *praecōnis* 'banditore, araldo'; 1321] **s. m.** *1* (*lett.*) Annuncio | †Bando | Preghiera per la benedizione del cero pasquale. *2* (*lett.*) Lode pubblica e solenne.

preconizzàre [dal lat. *praeconāri* 'annunziare, proclamare', da *praecōnium* 'bando' (V. *preconio*), sul modello del fr. *préconiser*; av. 1304] **v. tr.** *1* (*lett.*) Annunciare pubblicamente. *2* Annunciare la nomina di vescovi e di cardinali, detto del papa in concistoro. *3* Predire, pronosticare: *gli hanno preconizzato una folgorante carriera*.

preconizzatóre [1476] **agg.**; anche **s. m.** (**f.** *-trice*) ● Che (o Chi) preconizza.

preconizzazióne [av. 1626] **s. f.** ● (*lett.*) Il preconizzare.

preconoscènza o †**precognoscènza** [comp. di *pre-* e *conoscenza*; av. 1565] **s. f.** ● (*lett.*) Conoscenza anteriore, visione anticipata. SIN. Antiveggenza, prescienza.

preconóscere o †**precognóscere** [vc. dotta, lat. *praecognōscere*, comp. di *prae-* 'pre-' e *cognōscere* 'conoscere'; av. 1519] **v. tr.** (coniug. come *conoscere*) ● (*lett.*) Conoscere qlco. prima del suo verificarsi: *l'uomo non può p. il futuro*. SIN. Prevedere.

preconosciménto o †**precognosciménto** [av. 1673] **s. m.** ● (*lett.*) Preconoscenza.

precònscio [comp. di *pre-* e *conscio*; 1931] **s. m.** ● (*psicoan.*) Contenuto mentale non presente alla coscienza in un dato momento, ma che può essere richiamato alla coscienza quando si vuole.

preconsonàntico [comp. di *pre-* e *consonantico*; 1958] **agg.** (**pl. m.** *-ci*) ● (*ling.*) Detto di un fonema la cui articolazione si realizza prima di una consonante.

preconsuntìvo [comp. di *pre-* e *consuntivo*; 1985] **s. m.** ● Consuntivo provvisorio.

precontrattuàle [comp. di *pre-* e *contrattuale*] **agg.** *1* Relativo agli accordi aziendali preliminari rispetto al contratto nazionale di lavoro: *trattativa p.* *2* (*dir.*) Pertinente al periodo di formazione del contratto: *responsabilità p.*

†**precòrdia** **s. f. pl.** ● Precordi.

precordiàle [1500] **agg.** *1* (*med.*) Proprio del precordio: *dolore p.* | ***Regione p.***, il precordio. *2* †Che è proprio dei precordi.

precòrdio [vc. dotta, lat. *praecŏrdia*, nt. pl., comp. di *prae-* 'pre-' e *cŏr*, genit. *cŏrdis* 'cuore'; 1744] **s. m.** *1* (*anat.*) Regione della parte anteriore del torace, in corrispondenza del cuore. *2* (*al pl.*, *lett.*) Petto, cuore, inteso come sede dei sentimenti e degli affetti: *gli intimi precordi*.

precórrere [vc. dotta, lat. *praecŭrrere*, comp. di *prae-* 'pre-' e *cŭrrere* 'correre'; 1321] **A v. tr.** (coniug. come *correre*) *1* (*lett.*) Superare nella corsa.

2 Prevenire, anticipare: *avvenimenti che precorrono i tempi* | ***Non voler p. gli eventi***, attendere il momento opportuno per agire. CONTR. Procrastinare. **B** v. intr. (aus. *essere*) *1* (*lett.*) Correre avanti a qlcu.: *tre de' compagni ... precorsero a recarne avviso alla nave* (BARTOLI). *2* (*fig.*, *lett.*) Venire prima nel tempo: *giorno chiaro, sereno / che precorre alla festa di tua vita* (LEOPARDI).

precorritóre [1607] agg.; anche s. m. (f. *-trice*) ● (*lett.*) Che (o Chi) precorre: *l'alba precorritrice del giorno*; *annuncio p. di sventure*.

precórso part. pass. di *precorrere*; anche agg. ● Nei sign. del v.

precostituire [comp. di *pre-* e *costituire*; 1928] v. tr. (*io precostituisco, tu precostituisci*) ● Costituire, approntare in precedenza: *precostituirsi un alibi*.

precostituito [1958] part. pass. di *precostituire*; anche agg. *1* Nel sign. del v. | (*lett.*) Preconcetto. *2* (*dir.*) ***Prova precostituita***, che si forma al di fuori del processo, come le prove documentali | ***Maggioranza precostituita***, assicurata da accordi anteriori a una votazione.

precòtto [comp. di *pre-* e *cotto*; 1947] **A** agg. ● Detto di alimento o vivanda sottoposti a cottura, gener. parziale, per assicurarne la lunga conservazione e ridurre il tempo di preparazione al momento del consumo: *cotechino, zampone p.* SIN. Precucinato. **B** s. m. ● Alimento o vivanda precotti.

precottùra [comp. di *pre-* e *cottura*] s. f. *1* Nella preparazione delle conserve alimentari, trattamento, eseguito con vapore acqueo o acqua calda, inteso ad aumentare la resa del prodotto o a rendere inattivi gli enzimi pectici in esso presenti. *2* L'insieme delle operazioni per preparare vivande o alimenti precotti.

precristiàno [comp. di *pre-* e *cristiano*; 1911] agg. ● Relativo a tutto ciò che precede il sorgere e la diffusione del Cristianesimo.

precritico [comp. di *pre-* e *critico*; 1970] agg. (pl. m. *-ci*) ● Detto del periodo della filosofia di Kant che precede il criticismo.

precucinàto [comp. di *pre-* e *cucinato*; 1947] agg.; anche s. m. ● Precotto.

precuòio ● V. *procoio*.

precursóre [vc. dotta, lat. *praecursōre(m)*, da *praecŭrrere* 'precorrere'; av. 1342] **A** agg. (f. raro *-a* o *precorritrìce*) ● Che precorre, precede e fa presagire: *un lampo p. del tuono* | (*med.*) ***Segni precursori***, quelli che precedono la comparsa conclamata di una malattia. SIN. Anticipatore. **B** s. m. (f. raro *-a* o *precorritrice* nel sign. 1) *1* Antesignano: *un p. delle teorie psicoanalitiche*. CONTR. Epigono. *2* (*st.*) Soldato delle pattuglie d'avanguardia dell'esercito romano. *3* (*chim.*, *biol.*) Composto che precede la formazione di un altro composto lungo una via metabolica.

♦**prèda** [lat. *prāeda(m)*, comp. di *prae-* 'pre-' e la stessa radice di *prehĕndere* 'prendere'; 1297] s. f. *1* Ciò che si toglie ad altri con la forza e le armi, durante rapine, saccheggi e sim.: *pirati in cerca, a caccia di p.* | ***Fare p.***, impadronirsi con la violenza di qlco. di proprietà altrui. *2* (*dir.*) Bene di proprietà del nemico di cui uno Stato belligerante si può appropriare nel corso di operazioni militari per mare o per terra: *prede marittime, belliche*; *diritto di p.* *3* Animale preso durante la caccia: *tornare col carniere ricco di p.*; *una p. ambita dai cacciatori*; *uccelli da p.* *4* (*fig.*) Balìa, potere | ***Dare in p.***, lasciare in balìa di qlco. o di qlcu. | ***Darsi in p. a qlco.***, abbandonarvisi senza reagire: *si diede in p. alla disperazione* | ***Essere in p. a qlco.***, esserne violentemente dominato: *era in p. all'alcol*; *la casa è in p. alle fiamme*; *sono in p. alla più nera disperazione* | ***Essere p. di qlcu.*** o ***di qlco.***, cadere in suo potere: *il poveretto fu p. di un terribile male* | ***Lasciare qlcu.*** o ***qlco. in p. a qlco.***, abbandonare in un determinato stato: *lasciarono la casa in p. al fuoco*; *lo lasciai in p. al rimorso*. *5* †Pegno.

†**predàce** [da *preda*, sul modello di *rapace*; av. 1561] agg. ● (*lett.*) Che fa preda | (*fig.*) Rapace, avido.

predàre [vc. dotta, lat. *praedāre* (più comunemente *praedāri*), da *prāeda* 'preda'; 1295] v. tr. (*io prèdo*) *1* Sottrarre o strappare con la violenza: *p. oggetti preziosi* | Mettere a sacco: *p. la città* | (*fig.*, *lett.*) Svuotare: *l'ingegnosa pecchia ... / giva predando or uno, or altro fiore* (POLIZIANO). *2* (*assol.*) Vivere di saccheggi, piraterie e sim. *3* Catturare durante la caccia. *4* †Pignorare.

predàto part. pass. di *predare*; anche agg. ● Nei sign. del v.

predatóre [vc. dotta, lat. *praedatōre(m)*, da *praedātus* 'predato'; 1300 ca.] **A** agg. (f. *-trice*) *1* Che preda: *eserciti predatori*; *gli arabi predatori* (TASSO). *2* Detto di animale rapace, appartenente ai Mammiferi o agli Uccelli, che vive predando altri animali. **B** s. m. (f. *-trice*) *1* Predone: *i predatori del mare, del deserto*. *2* Animale predatore.

predatòrio [vc. dotta, lat. *praedatōriu(m)*, da *praedātor*, genit. *praedatōris* 'predatore'; 1745] agg. ● Del predare, del predatore: *attività predatoria*.

predazióne [vc. dotta, lat. *praedatiōne(m)*, da *praedātus* 'predato'; 1521] s. f. *1* †Rapina, saccheggio. *2* (*biol.*) Processo per cui un determinato gruppo di organismi costituisce l'alimentazione di un altro gruppo.

predecessóre [vc. dotta, lat. tardo *praedecessōre(m)*, comp. di *prae-* 'pre-' e *decĕssor*, genit. *decessōris* 'predecessore, magistrato che esce di carica', da *decēdere* 'andar via, ritirarsi' (V. *decedere*); 1336 ca.] s. m. (f. *-a*) *1* Chi ha preceduto altri in un ufficio, una carica, un'attività e sim.: *il mio p. in questa occupazione*; *ha intrapreso una ricerca nuovissima e non può contare sull'opera dei predecessori*. *2* (*spec. al pl.*) Chi è vissuto prima dell'attuale generazione: *i nostri predecessori non potevano immaginarlo*. SIN. Antenati.

predefinire o †**prediffinire** [comp. di *pre-* e *definire*; av. 1557] v. tr. (*io predefinisco, tu predefinìsci*) ● (*raro*) Definire prima.

predefùnto [comp. di *pre-* e *defunto*] s. m. ● (*raro*) Premorto.

predèlla (1) [longob. *pretil* 'assicella, tavola'; sec. XIV] s. f. *1* Largo gradino di legno che fa da base a un mobile: *la p. della cattedra* | Gradino ampio dell'altare, su cui sta il sacerdote. *2* Rinforzo di legno nella parte inferiore esterna di un portone. *3* Predellino di un veicolo. *4* Parte inferiore del polittico e della pala d'altare, divisa in più parti e contenente storie in relazione al soggetto d'altare. *5* †Sgabello per sedersi o per posare i piedi. *6* †Seggetta. ‖ **predellètta**, dim. | **predellina**, dim. | **predellino**, dim. m. (V.) | **predellóne**, accr. m. | **predellùccia**, dim.

†**predèlla** (2) [longob. *pridel* 'redine'; 1319] s. f. ● Briglia, redine | La parte del morso che si impugna quando si conduce a mano il cavallo.

predellino [av. 1535] s. m. *1* Dim. di *predella* (*1*). *2* Nelle vetture ferroviarie, tranviarie e sim., gradino che serve ad agevolare la salita o la discesa. SIN. Montatoio | ***Fare il p.***, intrecciando per gioco le mani in due e mettendovi a sedere un bambino. ➡ ILL. p. 2113 AGRICOLTURA.

predestinàre [vc. dotta, lat. *praedestināre*, comp. di *prae-* 'pre-' e *destināre* 'destinare'; 1321] v. tr. (*io predestino*, raro *predèstino*) (qlcu. + *a*) *1* (*lett.*) Predisporre provvidenzialmente il corso della vita umana e degli avvenimenti della storia (riferito spec. alla provvidenza divina): *Dio misericordioso ... chi sa a quali terribili prove vuol dire che m'ha predestinato* (PIRANDELLO). *2* (*lett.*) Destinare in precedenza. *3* †Stabilire in precedenza.

predestinativo [av. 1694] agg. ● (*raro*) Che predestina, che serve a predestinare.

predestinàto [1321] part. pass. di *predestinare*; anche agg. (assol.; + *a*) ● Destinato in precedenza a qlco.: *erano essi la classe predestinata* (DE SANCTIS); *era p. a grandi imprese, a un grande avvenire* | (con valore neutro) (*raro*) ***Era p. che***, era destino, era fatale che.

predestinazianò [da *predestinazione*; 1696] **A** agg. ● Relativo al predestinazionismo. **B** s. m. (f. *-a*) ● Seguace del predestinazionismo.

predestinazióne [vc. dotta, lat. tardo *praedestinatiōne(m)*, da *praedestinātus* 'predestinato'; av. 1292] s. f. *1* Corso degli avvenimenti già stabilito, segnato: *Durante p. di Firenze ad essere la capitale... dell'arte nuova italiana* (CARDUCCI). SIN. Destino. *2* Ordine stabilito da Dio, per lo sviluppo futuro della vita di ogni uomo e di tutta la storia, ai fini della salvezza, con effetti necessitanti per la condotta umana secondo il Calvinismo, o condizionati dalla libera adesione della volontà secondo il Cattolicesimo. *3* †Predizione, profezia.

predestinazionismo [1835] s. m. ● Dottrina cristiana sorta nel V sec. e accettata poi, con varie interpretazioni, dai Luterani, dai Calvinisti e dai Giansenisti, secondo la quale ogni uomo è predestinato da Dio alla salvezza o alla dannazione.

predeterminàre [comp. di *pre-* e *determinare*; av. 1673] v. tr. (*io predetèrmino*) ● Determinare anticipatamente.

predeterminàto [av. 1876] part. pass. di *predeterminare*; anche agg. ● Nel sign. del v. ‖ **predeterminataménte**, avv. (*raro*) In modo predeterminato.

predeterminazióne [comp. di *pre-* e *determinazione*; av. 1673] s. f. *1* (*raro*) Predestinazione. *2* (*raro*) Determinazione o decisione anticipata.

predétto [1253] part. pass. di *predire*; anche agg. *1* (*lett.*) Annunciato in anticipo: *futuro mal, p. a questo e a quello* (ARIOSTO). SIN. Preconizzato. *2* Di cui si è parlato o scritto in precedenza: *nel p. libro*; *per i predetti motivi*.

prediabète [vc. dotta, comp. di *pre-* e *diabete*] s. m. ● (*med.*) Stadio iniziale, asintomatico, dell'evoluzione clinica del diabete che può evolvere fino alla forma conclamata.

prediàle [dal lat. *prāedium* 'predio'; av. 1419] **A** agg. ● Che concerne i terreni, i fondi: *imposta p.*; *servitù p.* **B** s. f. ● Tassa, imposta sopra terreni, fondi.

predibattimentàle agg. ● (*dir.*) Relativo al predibattimento.

predibattiménto [comp. di *pre-* e *dibattimento*] s. m. ● (*dir.*) Fase del procedimento penale anteriore all'apertura del dibattimento.

prèdica [da *predicare*; av. 1292] s. f. *1* Sermone, discorso rivolto dal sacerdote ai fedeli, in genere dal pulpito, su argomento sacro | ***Da che pulpito viene la p.!***, (*fig.*, *iron.*) detto di persona che elargisce consigli e esortazioni moraleggianti, totalmente in contrasto col suo modo normale d'agire. *2* (*fig.*) Ramanzina, rimprovero | (*est.*, *fam.*) Lungo e noioso discorso di esortazione al bene, di ammonizione e sim.: *finiscila con le prediche*; *non voglio farvi la p.* | ***È sempre la solita p.***, riferito a qlcu. che si ripete nei discorsi o nelle ammonizioni. *3* †Gente che ascolta la predica: *il frate e tutta la p. guatavano come smemorati* (SACCHETTI). ‖ **predichétta**, dim. | **predichina**, dim. | **predichino**, dim. m. | **predicóna**, accr. | **predicóne**, accr. m. | **predicùccia**, dim.

predicàbile [vc. dotta, lat. *praedicābile(m)* 'degno di lode', da *praedicāre* 'lodare' (V. *predicare*); sec. XIV] **A** agg. *1* (*filos.*) Che si può attribuire a un determinato soggetto. *2* (*lett.*) Che può essere argomento di predica. **B** s. m. ● (*filos.*) Ciò che si può attribuire a un determinato soggetto | (*al pl.*) Gli universali in quanto possono essere predicati di più cose.

predicaménto [vc. dotta, lat. tardo *praedicaméntu(m)* 'predizione', da *praedicāre* 'annunziare' (V. *predicare*); av. 1455] s. m. *1* †Il predicare | Predica. *2* †Stima, considerazione: *essere in buon, in cattivo p.* *3* (*filos.*) Categoria.

predicànte part. pres. di *predicare*; anche agg. ● (*raro*) Nei sign. del v.

†**predicànza** s. f. ● Predica, discorso.

predicàre [vc. dotta, lat. *praedicāre* 'annunziare, lodare, celebrare', comp. di *prae-* 'pre-' e *dicāre* 'annunziare', intens. di *dīcere* 'dire'; av. 1292] **A** v. tr. (*io prèdico, tu prèdichi*) *1* Rivolgere la predica ai fedeli | Dare l'annuncio pubblico, a mezzo di predicazione, di una verità, di un'impresa: *p. la Crociata, il Vangelo, la Guerra Santa*. *2* Andare insegnando a molti o pubblicamente: *p. la pace, la verità*; *p. il falso*. *3* (*lett.*) Esaltare e lodare pubblicamente: *p. la grandezza e i meriti di qlcu.* | (*est.*) Esagerare. *4* †Pregare qlcu. di fare qlco. *5* (*filos.*) Attribuire una qualità o un attributo a un soggetto. **B** v. intr. (aus. *avere*) *1* Parlare esortando, insegnando e sim.: *p. a molti, a una piazza gremita* | (*fig.*) ***P. al deserto, al vento*** e sim., sprecare la propria parola con chi non vuole ascoltare. *2* Parlare con affettata solennità, tono oratorio e accenti moraleggianti: *ha la mania di p.* *3* †Parlare in favore di qlcu.

predicativo [vc. dotta, lat. tardo *praedicatīvu(m)*, da *praedicātus* (V. *predicato* (2)); 1585] agg. *1* (*ling.*) Che concerne il predicato | Che ha funzione di predicato. *2* (*ling.*) Detto del verbo *essere* quando è usato, non già nel suo significato di esistenza, ma semplicemente come copula di una proposizione. *3* (*filos.*) Che afferma in modo assoluto e definitivo. ‖ **predicativaménte**, avv.

predicàto (1) part. pass. di *predicare*; anche agg. ●

Nei sign. del v.

♦**predicàto** (2) [vc. dotta, lat. tardo *praedicā̆tu(m)*, nt. sost. di *praedicātus*, part. pass. di *praedicāre* (V. *predicare*): calco sul gr. *katēgoróumenon*; sec. XV] s. m. *1* (*ling.*) Parte della proposizione che indica ciò che si dice del soggetto | *P. verbale*, costituito da una forma verbale | *P. nominale*, costituito da una forma nominale e da una copula. *2* (*filos.*) In logica, ciò che si afferma o si nega di un soggetto. *3* Qualificazione onorifica, corrispondente a una dignità, a una carica, a un grado, a un ufficio (ad es. *Maestà, Eccellenza, Santità*) | *P. di nobiltà*, denominazione di luogo, aggiunta a un titolo nobiliare e indicante per lo più la giurisdizione feudale una volta competente al titolo stesso (per es., conte di Ventimiglia) | *Essere in p. di, per*, essere fra coloro che hanno le maggiori possibilità per ottenere una carica, una dignità e sim.

predicatóre [vc. dotta, lat. *praedicatōre(m)*, da *praedicātus*, part. pass. di *praedicāre* (V. *predicare*); sec. XIII] **A** agg. (f. *-trice*, pop. disus. *-tora*) ● Che predica: *ordini predicatori* | *Frate p.*, dell'Ordine dei Domenicani. **B** s. m. (f. *-trice*) *1* Chi tiene prediche in chiesa. *2* Sostenitore, banditore di un'idea | (*fig.*, *scherz.*) Chi fa sermoni o prediche di tono moraleggiante: *avere un tono da p.* *3* (*raro*) Lodatore.

predicatòrio [vc. dotta, lat. tardo *praedicatōriu(m)*, da *praedicātor*, genit. *praedicatōris* 'predicatore'; 1745] agg. ● Da predicatore, da predica (*spec. spreg.*): *enfasi predicatoria*; *tono p.*

predicazióne [vc. dotta, lat. *praedicatiōne(m)*, da *praedicātus*, part. pass. di *praedicāre* (V. *predicare*); sec. XIII] s. f. *1* Il predicare: *la p. del Vangelo* | †Predica. *2* (*filos.*) Atto del predicare, ossia dell'attribuire una qualità o un attributo a un soggetto, in una proposizione. *3* (*raro*) Ammonizione, esortazione.

†**predìcere** [vc. dotta, lat. *praedīcere*. V. *predire*; 1306] v. tr. ● (*lett.*) Predire.

†**prediciménto** [1659] s. m. ● Predizione | Presagio.

predicitóre agg. e s. m. (f. *-trice*) ● (*raro, lett.*) Che (o Chi) predice.

predicòzzo [da *predica*; av. 1802] s. m. ● (*fam.*, *scherz.*) Ammonizione o esortazione di tono amichevole: *fare un p. a qlcu.*

†**prediffinire** ● V. *predefinire*.

predigerito [comp. di *pre-* e *digerito*; 1965] agg. ● Detto di alimento sottoposto a predigestione: *biscotti predigeriti*.

predigestióne [comp. di *pre-* e *digestione*; 1875] s. f. *1* Trattamento consistente nel sottoporre determinati alimenti, spec. destinati all'infanzia, all'azione di enzimi che decompongono gli amidi e le proteine complesse in sostanze più semplici. *2* (*raro*) L'insieme delle prime fasi della digestione.

predilètto [av. 1342] part. pass. di *prediligere*; anche agg. e s. m. (f. *-a*) ● Che (o Chi) è amato più degli altri, preferito a tutti gli altri. SIN. Beniamino.

predilezióne [comp. di *pre-* e '*dilezione*; 1611] s. f. *1* Spiccata preferenza: *non può nascondere la sua p. per te*; *ha una vera p. per la musica classica*. *2* Ciò che si predilige: *è la sua p.*; *la nostra p. è la caccia*.

prediligere [comp. di *pre-* e *diligere*; 1673] v. tr. (difett. del part. pres.; coniug. come *diligere*) ● Amare qlcu. o qlco. più d'ogni altra persona o cosa: *non prediligo nessuno e mi sforzo d'essere imparziale*; *predilige la lettura dei classici*. SIN. Preferire.

†**predimostrazióne** [comp. di *pre-* e *dimostrazione*; 1351] s. f. ● (*lett.*) Precedente dimostrazione.

prèdio [vc. dotta, lat. *prāediu(m)*, da *prāes*, genit. *prāedis* 'garanzia', comp. di *prae-* 'pre-' e la radice di *vās*, genit. *vădis* 'mallevadore, garante'. Il *praedium* era ogni bene immobile che si potesse dare come cauzione; sec. XV] s. m. ● (*lett.* o *raro*) Podere, fondo: *p. rustico, urbano*.

predire [lat. *praedīcere*, comp. di *prae-* 'pre-' e *dīcere* 'dire'; 1306] v. tr. (imperat. *predici*; coniug. come *dire*) *1* Dire o annunciare in anticipo eventi futuri: *gli predisse molte sventure*; *Eran tre anni che io lo predicevo* (CARDUCCI) | Indicare in anticipo: *si diceva che le comete predicessero grandi calamità*. SIN. Preannunciare, preconizzare. *2* †Esporre una cosa prima di altre. *3* †Prestabilire.

predisponènte [1835] part. pres. di *predisporre*; anche agg. ● Che predispone: *condizione, fattore p. all'insorgere di una malattia*.

predispórre [comp. di *pre-* e *disporre*; 1611] **A** v. tr. (coniug. come *porre*) *1* (qlco. + *per*) Disporre e sistemare anticipatamente ciò che serve a qlco.: *p. tutto per la partenza*. *2* (+ *a*) (*med.*) Favorire l'insorgere delle malattie. *3* (qlcu. + *a*) Rendere psicologicamente preparato ad accettare e sostenere eventi, notizie e sim. capaci di provocare violente emozioni: *p. qlcu. a una tremenda disgrazia* | Disporre: *p. l'animo alla gioia*. **B** v. rifl. (+ *a*) ● Prepararsi spiritualmente, psicologicamente a qlco.: *predisporsi alle novità, a un lieto evento, a una grave decisione*.

predisposizióne [comp. di *pre-* e *disposizione*; 1819] s. f. *1* Preparazione in vista di qlco.: *curare la p. d'ogni cosa, di una legge*. *2* (+ *a*) (*med.*) Insieme delle caratteristiche dell'organismo che favoriscono l'insorgere di una malattia: *p. all'alcolismo, alla scoliosi*. *3* (+ *per*, + *a*) Inclinazione, attitudine: *avere p. per lo sport, per la lettura*; *p. al disegno, alla musica*.

predispósto part. pass. di *predisporre*; anche agg. *1* (assol.; + *per*) Disposto in precedenza: *un piano accuratamente p.* | Fatto in modo da poter essere utilizzato per un determinato scopo: *televisore p. per il Televideo*. *2* (+ *a*) Favorevole, propenso: *ero anche p., predispostissimo al matrimonio* (PIRANDELLO). *3* (+ *a*) (*med.*) Che ha predisposizione a contrarre una malattia.

†**prèdito** [vc. dotta, lat. *prāeditu(m)*, comp. di *prae-* 'pre-' e di una radice indeur. che indica 'porre'; sec. XIV] agg. ● Fornito, dotato | (*lett.*) Insigne.

predittivo [fr. *prédictif*, vc. dotta che si rifà al lat. tardo *praedictīvu(m)* 'che predice', da *praedīctus*, part. pass. di *praedīcere* 'predire'] agg. *1* (*raro*) Che consente di fare previsioni. *2* (*ling.*) Detto di grammatica che, partendo da un sistema di regole stabilite sul campione di una lingua, può descrivere di questa non solo le frasi realizzate ma anche quelle potenzialmente realizzabili.

predizióne [vc. dotta, lat. *praedictiōne(m)*, da *praedīctus* 'predetto'; av. 1540] s. f. ● Previsione, annuncio di eventi futuri: *verificare l'esattezza, la veridicità di una p.* | Ciò che si predice: *ascolta le mie predizioni*. CFR. -manzia. SIN. Profezia, vaticinio.

prednisolóne [da *prednisone*] s. m. ● (*chim.*) Molecola organica ricavata dal cortisolo per introduzione di un secondo doppio legame; utilizzato per la preparazione di farmaci con proprietà antinfiammatorie.

prednisóne [prob. comp. di *pre(gno)*, *di(ene)* e *(cortis)one*] s. m. ● (*chim.*) Molecola organica preparata per introduzione di un secondo doppio legame nella molecola del cortisone.

predominànte [1598] part. pres. di *predominare*; anche agg. *1* Che si impone, che emerge, che si distingue: *la concisione è la caratteristica p. del suo stile*. *2* Che è prevalente, più diffuso e sim.: *gli agrumi sono la coltivazione p. di questa zona*. ‖ **predominantemente**, avv.

predominànza [da *predominante*; 1871] s. f. ● Predominio, prevalenza.

predominàre [comp. di *pre-* e *dominare*; av. 1470] **A** v. intr. (*io predòmino*; aus. *avere*) *1* Essere prevalente e imporsi su altre cose o persone: *nel suo carattere predominano l'impulso e la fantasia*; *è abituato a p. su tutti*. SIN. Emergere. *2* Preponderare: *in questa regione predominano i vigneti*. **B** v. tr. ● (*lett.*) Vincere, sopraffare.

predominàto part. pass. di *predominare*; anche agg. ● Nei sign. del v.

predominio [da *predominare*; 1342] s. m. *1* Superiorità, supremazia: *paese soggetto al p. straniero*; *il p. della ragione sull'istinto*. *2* Preponderanza, prevalenza.

predóne [lat. *praedōne(m)*, da *praedāri* 'predare'; 1313] s. m. (f. *-a*, raro) ● Chi vive di saccheggi e ruberie. SIN. Bandito, brigante.

preedipico [vc. dotta, comp. di *pre-* ed *edipico*; 1988] agg. (pl. m. *-ci*) ● (*psicoan.*) Detto del periodo dello sviluppo psicosessuale precedente a quello edipico, caratterizzato dall'assenza della figura del padre.

†**preelèggere** [vc. dotta, lat. tardo *praelĭgere*, comp. di *prae-* 'pre-' ed *elĭgere* 'scegliere' (V. *eleggere*); 1304] v. tr. ● Preferire, scegliere fra diverse possibilità: *preelesse di stare in esilio* (BOCCACCIO).

preelettoràle o **pre-elettoràle** [comp. di *pre-* ed *elettorale*; 1985] agg. ● Che precede un'imminente elezione pubblica: *clima p.*

preellènico [comp. di *pre-* ed *ellenico*; 1902] agg. (pl. m. *-ci*) ● Detto di tutto ciò che ha preceduto il sorgere della civiltà greca nelle sue sedi storiche.

preeminènza ● V. *preminenza*.

preesàme o **pre-esàme** [comp. di *pre-* ed *esame*; 1987] s. m. ● Prova, spec. universitaria, che precede e determina l'ammissione all'esame vero e proprio.

preesistènte [av. 1342] part. pres. di *preesistere*; anche agg. ● Che esisteva in precedenza.

preesistènza [vc. dotta, lat. tardo *praeexistĕntia(m)*, da *praeexīstens*, genit. *praeexistĕntis* 'preesistente'; 1715] s. f. ● Il fatto di preesistere.

preesistere [vc. dotta, lat. tardo *praeexīstere*, comp. di *prae-* 'pre-' ed *exīstere* 'esistere' (V. *esistere*); 1745] v. intr. (coniug. come *esistere*; aus. *essere*) ● Esistere prima: *I fatti preesistono. Noi li scopriamo, vivendoli* (SABA).

prefabbricàre [comp. di *pre-* e *fabbricare*: calco sull'ingl. *to prefabricate*; 1954] v. tr. (*io prefàbbrico, tu prefàbbrichi*) *1* (*edil.*) Costruire secondo il procedimento e la tecnica della prefabbricazione: *p. case, scuole, ospedali*. *2* (*fig.*) Precostituire qlco. ad arte per ottenere poi un certo risultato: *p. prove*.

prefabbricàto [1942] **A** part. pass. di *prefabbricare*; anche agg. ● Nei sign. del v. | *Casa prefabbricata*, montata in sede con elementi prefabbricati. **B** s. m. ● Unità prefabbricata.

prefabbricazióne [comp. di *pre-* e *fabbricazione*; calco sull'ingl. *prefabrication*; 1946] s. f. ● Procedimento industriale applicato all'edilizia, consistente nel preparare a parte, in officine specializzate, i vari elementi costitutivi di un edificio, come serramenti, pannelli di chiusura, travi di solaio, rampe di scale e sim., e di montarli poi sul posto.

prefàre [vc. dotta, dal lat. *praefāri* 'dire prima'] v. tr. (coniug. come *strafare*, ad eccezione del part. pass. *prefato*) ● Fare, redigere una prefazione.

prefascista [comp. di *pre-* e *fascista*; 1947] agg. (pl. m. *-i*) *1* Precedente all'ascesa del fascismo: *governi prefascisti*. *2* (*est.*) Che ricorda il clima politico-sociale che ha portato all'avvento del fascismo: *situazione p.*

prefàto [vc. dotta, lat. *praefātu(m)*, part. pass. di *praefāri* 'dire prima', comp. di *prae-* 'pre-' e *fāri* 'dire, parlare' (V. *fato*). *Praefātus* assume sign. passivo nel lat. tardo; sec. XIV] agg. ● (*raro, lett.*) Menzionato o citato in precedenza: *questo voglio basti quanto a' prefati popoli* (MACHIAVELLI).

prefatóre [da *prefazione*, sul rapporto di tutti i nomi in *-tore/-zione* (V. *percolatore*); av. 1806] s. m. (f. *-trice*) ● (*lett.*) Autore di una prefazione.

prefàzio [vc. dotta, lat. *praefātio*, nom. V. *prefazione*; av. 1306] s. m. *1* Orazione alternata fra celebrante e fedeli, che precedeva il canone della messa. *2* Musica che accompagna tale orazione. *3* †Preambolo, prefazione. ‖ †**prefaziuòlo**, dim.

prefazionàre [da *prefazione*; 1882] v. tr. (*io prefazióno*) ● Prefare.

prefazióne [vc. dotta, lat. *praefatiōne(m)*, da *praefāri*. V. *prefato*; 1493] s. f. ● Scritto che si premette a un libro per dichiararne gli intendimenti, a opera dell'autore, dell'editore o di altra persona. CFR. Postfazione.

preferènza [da *preferire*; 1611] s. f. ● Opinione o atteggiamento di chi preferisce, presceglie o antepone qlcu. o qlco. ad altro: *la sua p. per te è palese* | *Dare la p. a qlcu. o qlco.*, preferire qlcu., qlco. | *A, di, con p.*, preferibilmente, piuttosto | *Titolo di p.*, quello che, a parità di meriti, può far sì che una persona venga legittimamente anteposta ad altra in una graduatoria, una classifica e sim. | *Voto di p.*, (*ellitt.*) *preferenza*, voto dato a uno o più candidati della lista prescelta.

preferenziale [da *preferenza*; calco sul fr. *préferenciel*; 1922] agg. *1* Di preferenza: *trattamento, titolo p.* | *Voto p.*, che individua un candidato prescelto | *Itinerario p.*, in un grande centro urbano, percorso studiato e attrezzato per rendere il trasporto pubblico più veloce di quello privato | *Corsia p.*, quella che nelle vie urbane è riservata ai soli mezzi di trasporto pubblico per accelerarne, facilitandola, la circolazione. *2* (*dir.*) *Bancarotta* *p.*, V. *bancarotta*. || **preferenzialménte**, avv.

preferìbile [da *preferire*; 1686] agg. (assol.; + *a*; seguito direttamente da inf.; + *che* seguito da congv.) ● Da preferire, degno di essere preferito: *questa è la soluzione p.*; *la professione del prete gli parve ... p. a quella del soldato* (NIEVO) | *È p.*, è meglio, è più opportuno: *è p. partire*; *è p. che tu rimanga qui*; *per lei sarebbe stato p. che le si fosse avvicinato un altro* (SVEVO). || **preferibilménte**, avv. Più volentieri, piuttosto, meglio se: *preferibilmente partirei di mattina*; *usate abiti scuri e preferibilmente neri*.

preferibilità s. f. ● (*raro*) Condizione di chi è preferibile.

preferìcolo [vc. dotta, lat. tardo *praeferĭculu(m)*, comp. di *prae-* 'pre-' e *fĕrculum* 'piatto per portar cibi sulla mensa', di orig. indeur. (cfr. *fĕrre* 'portare'. V. *-fero*)] s. m. ● (*archeol.*) Specie di bacinella in metallo per i sacrifici.

†**preferiménto** s. m. ● Preferenza.

♦**preferire** [lat. *praefĕrre*, propr. 'portare avanti', comp. di *prae-* 'pre-' e *fĕrre* 'portare' (V. *-fero*); sec. XIV] v. tr. (*io preferìsco, tu preferìsci*) ● Anteporre ad altro nella valutazione e nella scelta: *p. il tabacco biondo, il vino bianco, la cucina italiana*; *al mare preferisco la montagna*; *ho sempre detto di p. l'onestà alla ricchezza* | Volere piuttosto: *p. la morte al disonore*; *preferisco morire piuttosto che cedere*. SIN. Preporre. CONTR. Posporre.

♦**preferito** [1516] **A** part. pass. di *preferire*; anche agg. ● Che è anteposto agli altri, che è il più amato: *il mio cantante p.* **B** s. m. (f. *-a*) ● Prediletto, favorito: *dei tre figli il minore è il mio p.* SIN. Beniamino.

prefestivo [comp. di *pre-* e *festivo*; 1958] agg. ● Che viene prima di una festa: *giorno p.*

prefettéssa [1512] s. f. *1* (*lett.* o *scherz.*) Moglie del prefetto. *2* (*spec. scherz.*) Donna investita d'una prefettura.

prefettizia [da (*veste*) *prefettizia*, perché usata dai *prefetti*; 1905] s. f. ● (*sett.*) Redingote, finanziera.

prefettizio [1811] agg. ● Del prefetto, relativo al prefetto nel sign. 2: *palazzo p.*; *carica prefettizia* | ***Di nomina prefettizia***, nominato dal prefetto: *funzionario di nomina prefettizia* | ***Commissario p.***, funzionario che, per vari motivi, il prefetto incarica della temporanea amministrazione di un comune.

prefètto [vc. dotta, lat. *praefĕctu(m)*, part. pass. di *praefĭcere* 'mettere a capo', comp. di *prae-* 'pre-' e *făcere* 'fare'; av. 1292] s. m. *1* Nell'antica Roma, magistrato repubblicano o funzionario imperiale o dell'antica Roma con competenze amministrative, politiche o militari: *p. del pretorio*. *2* (f. *-a*, *-éssa* (V.)) Pubblico funzionario rappresentante del governo nella provincia. *3* Titolo di ciascuno dei cardinali che presiedono le Congregazioni della curia romana | Regolare che, in alcuni ordini religiosi, ha particolari incombenze | ***P. apostolico***, ecclesiastico che, nominato dalla Congregazione per l'evangelizzazione dei popoli, è a capo di missioni e di fedeli, con diritti e facoltà di vescovo, in territori di missione non eretti in diocesi. *4* Chi è a capo di una camerata in collegi, seminari e sim. | ***P. degli studi***, chi è a capo dell'insegnamento nei collegi.

prefettùra [vc. dotta, lat. *praefectūra(m)*, da *praefĕctus* 'prefetto'; 1308] s. f. *1* Titolo, ufficio, dignità del prefetto: *esercitare la p.* *2* Circoscrizione su cui un prefetto esercita il proprio ufficio | (*est.*) Sede di tale circoscrizione: *andare in p.*; *la p. è in via Roma* | ***P. apostolica***, circoscrizione territoriale che, nei territori di missione, è retta dal prefetto apostolico. *3* Organo statale complesso di amministrazione diretta nell'ambito di una provincia | ***Consiglio di p.***, organo della prefettura con funzioni giurisdizionali in materia di responsabilità contabile e consultive in materia tecnico-amministrativa. *4* (*st.*) Nell'età di Diocleziano, ciascuna delle quattro suddivisioni amministrative dell'impero romano.

prèfica [vc. dotta, lat. *praefica(m)*, da *praefĭcere* 'mettere a capo' (V. *prefetto*). La *praefica* era colei che era posta a capo delle ancelle per dirigere il lamento funebre; av. 1659] s. f. *1* Nell'antica Roma, donna pagata per piangere e lodare un morto; questa usanza sopravvive in alcune regioni d'Italia e di altri Stati europei. *2* (*fig.*, *scherz.*) Chi piange disgrazie presenti o future.

prefìggere [vc. dotta, lat. *praefīgere* 'ficcare in cima', comp. di *prae-* 'pre-' e *fīgere* 'figgere'; 1528] v. tr. (part. pass. *prefisso*; nelle altre forme coniug. come *figgere*) *1* Fissare o stabilire prima di agire, per altri o per sé: *p. un termine, un limite*; *prefiggersi uno scopo nella vita*. *2* (*raro*) Premettere: *p. l'aggettivo al nome*.

prefiggiménto [da *prefiggere*; av. 1694] s. m. ● (*lett.*) Determinazione, proposito.

prefiguraménto [av. 1729] s. m. ● (*raro*) Prefigurazione.

prefiguràre [vc. dotta, lat. tardo *praefigurāre*, comp. di *prae-* 'pre-' e *figurāre* 'figurare'; 1260 ca.] v. tr. *1* Rappresentare simbolicamente cose, persone o eventi futuri: *Abele prefigura Cristo*. *2* (*est.*) Precorrere, anticipare: *l'ultimo Beethoven prefigura alcuni motivi della musica del Novecento*.

prefigurativo [comp. di *pre-* e *figurativo*; 1970] agg. ● Detto dei dipinti e dei tracciati eseguiti dall'uomo in età preistorica, in cui non compaiono raffigurazioni naturalistiche.

prefiguràto part. pass. di *prefigurare*; anche agg. ● Nel sign. del v.

prefigurazióne [vc. dotta, lat. tardo *praefiguratiōne(m)*, da *praefigurātus* 'prefigurato'; av. 1375] s. f. ● Figurazione simbolica di cose, persone o eventi futuri: *una p. del Messia*.

prefinanziaménto [1958] s. m. ● Il prefinanziare | L'importo di tale operazione.

prefinanziàre [comp. di *pre-* e *finanziare*; 1965] v. tr. (*io prefinànzio*) ● Anticipare l'importo di un finanziamento a medio o a lungo termine che sta per essere concesso.

prefinire [vc. dotta, lat. *praefinīre*, comp. di *prae-* 'pre-' e *finīre* 'finire'; av. 1472] v. tr. (*io prefinìsco, tu prefinìsci*) ● (*lett.*) Predestinare, prestabilire.

prefinito [comp. di *pre-* e *finito*] agg. ● Detto di elementi in legno che abbiano già subìto un processo di levigatura, lucidatura e laccatura, tale da renderli idonei alla posa in opera senza ulteriori trattamenti: *listone*, *pavimento p.*

prefinizióne [vc. dotta, lat. tardo *praefinitiōne(m)*, da *praefinītus* 'prefinito'; 1579] s. f. ● (*lett.*) Predeterminazione.

prefiorire [comp. di *pre-* e *fiorire*; 1958] v. intr. (*io prefiorìsco, tu prefiorìsci*) ● Fiorire in anticipo.

prefioritùra [comp. di *pre-* e *fioritura*; 1954] s. f. ● Fioritura anticipata rispetto all'epoca normale: *la p. della barbabietola da zucchero*, *della canapa*, *del mandorlo*.

prefissàle [da *prefisso*; 1983] agg. ● (*ling.*) Di prefisso, relativo a prefisso.

prefissàre (1) [comp. di *pre-* e *fissare*] v. tr. ● Fissare, stabilire in precedenza.

prefissàre (2) [da *prefisso*] v. tr. ● (*ling.*) Nella derivazione delle parole, aggiungere un prefisso a un'unità lessicale.

prefissàto [1947] **A** part. pass. di *prefissare*; anche agg. ● Fissato in precedenza: *rispettare il termine p.* **B** s. m. ● (*ling.*) Unità lessicale formata mediante un prefisso.

prefissazióne [da *prefissare*; 1986] s. f. ● (*ling.*) Operazione con la quale si aggiunge un prefisso ad una unità lessicale, ottenendone una nuova.

prefisso [av. 1869] **A** part. pass. di *prefiggere*; anche agg. ● Stabilito, scelto in precedenza: *la meta prefissa*; *il giorno p.* **B** s. m. *1* (*ling.*) Particella che, anteposta alla radice di una parola, ne modifica il significato (ad es. *de-*, *in-*, *pro-*). CFR. Prefissoide. *2* (*tel.*) Serie di cifre che precede il numero dell'utente | (*est.*) Un tempo, l'insieme del prefisso e dell'indicativo interurbano | ***P. internazionale***, codice, costituito da un doppio zero, che precede l'indicativo.

prefissòide [comp. di *prefisso* e *-oide*; 1935] s. m. ● (*ling.*) Elemento formativo iniziale di una parola composta, derivato da una parola avente significato compiuto (ad es. *auto-*, *elettro-*, *foto-*, *tele-*). CFR. Prefisso.

prefiorazióne [comp. di *pre-* e un deriv. del lat. *flōs*, genit. *flōris* 'fiore'; 1875] s. f. ● (*bot.*) Disposizione che assumono gli elementi fiorali nel bocciolo. SIN. Estivazione.

prefogliazióne [comp. di *pre-* e un deriv. di *foglia*; 1875] s. f. ● (*bot.*) Posizione delle foglie nell'interno delle gemme. SIN. Vernazione.

preformàre [vc. dotta, lat. *praeformāre*, comp. di *prae-* 'pre-' e *formāre* 'formare'; 1835] v. tr. (*io prefórmo*) ● Formare in anticipo.

preformazióne [vc. dotta, lat. tardo *praeformatiōne(m)*, da *praeformātus* 'preformato'; 1775] s. f. *1* Il preformare | Ciò che è stato preformato. *2* (*biol.*) Ipotetico processo di sviluppo che porterebbe alla formazione dell'individuo mediante accrescimento di un organismo, microscopico ma già completo, contenuto in un gamete. CONTR. Epigenesi.

preformìsmo [vc. dotta, ingl. *preformism*, dal v. *to preform* 'preformare'; 1909] s. m. ● (*biol.*) Teoria che spiega lo sviluppo dell'individuo come accrescimento di un organismo in scala microscopica ma già completamente strutturato.

prefrontàle [comp. di *pre-* e *fronte*, con suff. agg.] agg. ● (*anat.*) Detto della parte del lobo frontale del cervello situata anteriormente alle aree motorie.

†**prèga** [av. 1342] s. f. ● Preghiera.

pregadio /prega(d)'dio/ o **pregaddio**, **prèga Dio** [comp. di *pregare* e *Dio*; 1934] s. m. inv. ● (*zool.*, *region.*) Mantide religiosa.

pregàdo [vc. veneta, propr. 'pregato'; i *pregadi* erano così chiamati perché venivano pregati dal doge di esprimere il proprio parere; 1500] s. m. ● Ciascuno dei membri del senato della Repubblica Veneta.

pregànte part. pres. di *pregare*; anche agg. ● (*lett.*) Nei sign. del v.

♦**pregàre** o (*lett.*) †**precàre** [lat. *precāri*, da *prĕx*, genit. *prĕcis* 'prece'; 1253] v. tr. (*io prègo*, poet. †*priègo*, *tu prèghi*, poet. †*prièghi*; in tutta la coniug. poet. la *e* può dittongare in †*ie* se tonica) *1* Rivolgersi a qlcu. chiedendo qlco. con umiltà e sottomissione: *ti prego di restare*; *di una sola cosa, ti prego*; *pregalo perché dica di sì*; *vi prego per carità, per amor nostro, nel nome di Dio, per ciò che avete di più caro al mondo*; *pregò suo padre di aiutarlo* | ***P. e supplicare***, ***p. e scongiurare***, pregare con particolare intensità, fervore e sim. | ***Farsi p.***, non concedere facilmente ciò che viene chiesto | ***Non farsi p.***, acconsentire facilmente. SIN. Impetrare, implorare, supplicare. CONTR. Comandare, ordinare. *2* Rivolgersi a Dio, alla divinità, con le parole o il pensiero, come atto di devozione o per chiedere aiuto, assistenza, protezione: *p. Dio*, *la Madonna*, *i Santi*; *prega Dio per me*; *p. per i propri cari*, *per i defunti* | (*assol.*) Dire preghiere: *è in chiesa a p.*; *la donna era inginocchiata a p.* *3* (*lett.*) Domandare o invocare qlco. implorando: *indarno / sul tuo poeta, o Dea, preghi rugiade* (FOSCOLO). *4* Invitare cortesemente: *la prego di non giudicare*; *vi pregherei di soprassedere*; *siete pregati di tacere*; *stia comodo, non si disturbi, la prego!* *5* †Augurare, desiderare | †Imprecare.

†**pregativo** [lat. tardo *precatīvu(m)*, da *precātus*, part. pass. di *precāri* 'pregare'] agg. ● Che esprime preghiera.

†**pregatóre** [lat. *precatōre(m)*, da *precātus*, part. pass. di *precāri* 'pregare'; av. 1294] agg.; anche s. m. (f. *-trice*) ● (*raro*) Che (o Chi) prega, chiede, supplica.

pregévole [da *pregio*; 1598] agg. *1* Di valore, di pregio: *un oggetto p.*; *un'opera p.* CONTR. Dozzinale. *2* Degno di stima, di considerazione: *è una persona p. sotto ogni punto di vista*. CONTR. Spregevole. || **pregevolménte**, avv.

pregevolézza [1840] s. f. ● (*lett.*, *raro*) Qualità di chi (o di ciò che) è pregevole: *p. di un lavoro d'oreficeria*.

†**pregherìa** s. f. ● (*raro*) Preghiera.

♦**preghièra** [provz. *preguiera*, dal lat. parl. **precāria(m)*, f. sost. di *precārius*. V. *precario* (1); av. 1250] s. f. *1* Manifestazione fondamentale della vita religiosa, consistente nel rivolgersi a Dio o al mondo divino, con la parola o con la mente, per chiedere, ringraziare o glorificare | Forma orale o scritta in cui si prega | ***P. liturgica***, quella destinata al servizio cultuale di una comunità religiosa | ***P. eucaristica***, nella liturgia cattolica, quella che si recita durante la consacrazione. SIN. Prece eucaristica | ***P. personale***, quella libera da moduli obbligati e ispirata al personale sentimento | ***Tappeto di p.***, piccolo tappeto usato dai musulmani per inginocchiarvisi durante le preghiere giornaliere | (*mus.*) Composizione musicale di intonazione religiosa. *2* Nella dottrina cattolica, atto intelligente e cosciente della vita umana con il quale l'uomo si eleva a Dio | ***P. mistica***, di coloro che vivono nell'esperienza mistica | ***P. dominicale***, il Paternostro, come orazione rivolta al Signore.

3 (*est.*) Domanda umile e pressante: *ascoltate la mia p.*; *è una p. quella che vi rivolgo.* *4* (*est.*) Cortese invito: *disattendere le preghiere di qlcu.* | *A p. di, dietro p. di*, su istanza di. || **preghierina**, dim.

†**preghièro** s. m. ● Preghiera.

pregiàbile [da *pregiare*; 1622] agg. ● (*lett.*) Pregevole.

pregiabilità [av. 1729] s. f. ● (*lett.*, *raro*) Pregevolezza.

pregiàre [lat. tardo *pretiāre*, da *prĕtium* 'prezzo'; av. 1250] **A** v. tr. (*io prègio*) *1* (*lett.*) Considerare, stimare. CONTR. Disprezzare, spregiare. *2* (*raro, lett.*) Celebrare, encomiare, lodare. *3* †Apprezzare, valutare. **B** v. rifl. *1* Sentirsi onorato: *mi pregio di farle sapere che ho accolto la sua richiesta.* *2* (*raro*) Vantarsi.

pregiatissimo agg. *1* Sup. di *pregiato*. *2* Molto stimato, nelle intestazioni epistolari: *p. sig.*; *p. avv.*

pregiàto [sec. XII] part. pass. di *pregiare*; anche agg. *1* Stimato, spec. nelle intestazioni o nelle formule epistolari: *p. sign.*; *in risposta alla pregiata Vostra del…* *2* Che è tenuto in pregio, che ha valore: *un'opera pregiata*; *un vino p.* || **pregiatissimo**, superl. (V.).

pregiatóre [da *pregiato*; 1363] agg.; anche s. m. (f. *-trice*) ● (*raro*) Che (o Chi) apprezza e stima qlco. o qlcu. nel suo giusto valore.

prègio [lat. *prĕtiu(m)* 'prezzo'; sec. XIII] s. m. *1* Valore, qualità: *oggetto di p.*; *riconoscere tutto il p. di una persona, di un'opera*; *ognuno ha i suoi pregi e i suoi difetti*; *pregi stilistici, oratori, artistici.* *2* Decoro, onore, stima: *acquistare, perdere p.* | ***Avere gran p.***, essere grandemente stimato | (*lett.*) ***Salire, venire in p.***, conquistarlo | ***Tenere in p.***, stimare | ***Farsi un p., farsi p., di qlco.***, sentirsi onorato, pregiarsi | (*est.*) Ciò che conferisce pregio: *il p. della casa.* *3* †Premio. *4* †V. *prezzo.*

†**pregióne** e *deriv.* ● V. *prigione* (*1*) e *deriv.*

†**pregióso** [sovrapposizione di *pregio* a *prezioso*] agg. ● Di pregio.

pregiudicànte part. pres. di *pregiudicare*; anche agg. ● (*raro*) Pregiudizievole.

pregiudicàre [vc. dotta, lat. *praeiudicāre*, comp. di *prae-* 'pre-' e *iudicāre* 'giudicare'; 1312] **A** v. tr. (*io pregiùdico, tu pregiùdichi*) *1* †Giudicare prima, anticipatamente. *2* Compromettere, nuocere, danneggiare: *p. l'avvenire, gli interessi di qlcu., l'esito di qlco.* **B** v. intr. (aus. *avere*) ● (*lett.*) †Recare pregiudizio: *alieno da tutte le cose che pregiudicano al terzo* (GUICCIARDINI).

pregiudicativo [1560] agg. ● (*raro*) Che è dannoso, nocivo.

pregiudicàto [1559] **A** part. pass. di *pregiudicare*; anche agg. *1* Nei sign. del v. | Condizionato in modo negativo, compromesso: *risultato p.*; *nulla è ancora p.* *2* (*lett.*) Pieno di pregiudizi: *mente pregiudicata* | (*lett.*) Prevenuto, parziale: *o forse che tu sia un po' troppo p. su le sue vere intenzioni* (FOSCOLO). **B** s. m. (f. *-a*) ● Persona che ha riportato condanne penali, o che è stata comunque sottoposta a pene detentive. CONTR. Incensurato.

†**pregiudicio** e *deriv.* ● V. *pregiudizio* e *deriv.*

pregiudiziàle o †**pregiudiciàle** [vc. dotta, lat. tardo *praeiudiciāle(m)*, da *praeiudīcium* 'pregiudizio'; 1540] **A** agg. *1* (*raro*) Che reca pregiudizio, danno: *cosa p. all'onore, alla salute.* *2* (*dir.*) Detto di ciò che dev'essere esaminato e deciso prima di ogni ulteriore azione o decisione | ***Questione p.***, questione su cui la stessa autorità giudiziaria nel processo civile, la stessa o altra autorità giudiziaria nel processo penale, deve pronunciarsi con precedenza logica su altre questioni. **B** s. f. ● (*dir.*) Questione, condizione pregiudiziale: *porre una p.*; *porre un argomento come p.* || **pregiudizialménte**, avv. In via pregiudiziale.

pregiudizialità [1673] s. f. ● (*dir.*) Rapporto d'ordine logico che lega le questioni pregiudiziali alle questioni che possono essere decise nel processo dopo la soluzione di quelle.

pregiudiziévole o †**pregiudicévole** [1573] agg. ● Che può portare pregiudizio, danno: *un discorso p.* CONTR. Favorevole, utile. || **pregiudizievolménte**, avv. (*raro*) Con danno o pregiudizio.

pregiudìzio o †**pregiudicio** [vc. dotta, lat. *praeiudīciu(m)*, comp. di *prae-* 'pre-' e *iudīcium* 'giudizio'; av. 1276] s. m. *1* Idea od opinione errata, anteriore alla diretta conoscenza di determinati fatti o persone, fondata su convinzioni tradizionali e comuni ai più: *essere pieno di pregiudizi*; *avere pregiudizi verso, contro, nei confronti di qlcu. o di qlco.* | (*est.*) Superstizione: *vecchi pregiudizi popolari.* *2* Danno: *recare p. a qlcu., a qlco.*; *essere di p., di grave p. per la salute, l'onore*; *ciò avverrà con p. del tuo buon nome.* || **pregiudiziàccio**, pegg.

pregiudizióso [1584] agg. *1* †Pregiudizievole. *2* (*lett.*) Prevenuto, pieno di pregiudizi: *un tortuoso, ipocrita, p. borghese* (BACCHELLI).

pregnànte [vc. dotta, lat. *praegnānte(m)*, comp. di *prae-* 'pre-' e il tema di *gĭgnere* 'generare'; av. 1320] **A** agg. *1* (*lett.*) Pregno, gravido. *2* (*ling.*) Detto di termine o costruzione che contengono un senso che non è esplicitamente enunciato. *3* (*est., fig.*) Ricco di significati: *frasi pregnanti.* || **pregnanteménte**, avv. (*fig.*) In modo pregnante. **B** s. f. ● (*lett.*) Femmina gravida.

pregnànza [da *pregnante*; av. 1597] s. f. *1* (*raro*) Gravidanza. *2* (*ling.*) Ricchezza di significati.

pregnézza [da *pregno*; av. 1292] s. f. ● (*lett.*) Gravidanza.

prégno [da *pregnante*; 1225 ca.] agg. *1* Gravido, riferito a donna o a femmina di mammifero in genere. *2* (*fig.*) Saturo, impregnato: *muro p. d'umidità*; *animo p. d'odio*; *sentimento p. di passione.*

prègo (**1**) o (*lett.*) †**prèco**, †**priègo** [da *pregare*; sec. XIII] s. m. (pl. *-ghi*) ● (*lett.*) Preghiera: *Mille volte mi son ricordato di quel p. e di quelle lagrime* (PELLICO).

♦**prègo** (**2**) [prima pers. dell'indic. pres. di *pregare*; 1868] inter. ● Si usa come formula di cortesia, rispondendo a chi ringrazia o chiede scusa o invitando qlcu. ad accomodarsi, a entrare, ad accettare qlco., e, in genere, attenuando un comando o sollecitando qlco. a qlcu.: *'Grazie' 'p.!'*; *'Scusi tanto!' 'p., non c'è di che'*; *p., sedetevi*; *signori, restate calmi, p.!* | Con tono interrogativo per invitare qlcu. a ripetere ciò che non si è capito: *p.?, vuol ripetere?*

pregrafìsmo [comp. di *pre-* e *grafia* con il suff. *-ismo*] s. m. ● Situazione, condizione che precede l'apprendimento della scrittura.

pregrammaticàle [comp. di *pre-* e *grammaticale*] agg. *1* (*ling.*) Che viene prima della grammatica, che precede lo studio della grammatica: *studio p. di una lingua.* *2* (*ling.*) Detto di un atto linguistico non ancora strutturato secondo un sistema grammaticale. *3* (*ling.*) Detto di voci che non fanno parte della lingua come sistema codificato e come norma, e non hanno una chiara valenza semantica, come le onomatopee. *4* (*ling.*) Detto della funzione originaria di una unità lessicale che per la sua posizione sintattica si è successivamente trasformata in un elemento grammaticale (ad es. 'durante' come part. pres. ha valore pregrammaticale rispetto al suo uso preposizionale in 'durante la giornata').

pregrèco [comp. di *pre-* e *greco*; 1958] agg. (pl. m. *-ci*) ● Anteriore agli antichi Greci, ai loro stanziamenti e alla loro civiltà: *popolazioni, iscrizioni pregreche* | Anteriore al greco: *vocaboli pregreci, di origine pregreca.*

pregrèsso [vc. dotta, lat. *praegrĕssu(m)*, da *praegredi* 'andare avanti', comp. di *prae-* 'pre-' e *grădi* 'avanzare' (di orig. indeur.); 1942] agg. ● (*lett., bur., med.*) Detto di ciò che si è verificato nel passato, o comunque in un momento precedente rispetto a quello attuale: *epoche pregresse*; *anzianità pregressa*; *malattia pregressa.*

pregustaménto [1871] s. m. ● (*raro*) Pregustazione.

pregustàre [vc. dotta, lat. *praegustāre*, comp. di *prae-* 'pre-' e *gustāre* 'gustare'; av. 1342] v. tr. ● Gustare in anticipo col pensiero qlco. che si presenta come molto gradevole e desiderabile: *p. le vacanze*; *p. il piacere della vendetta*; *pregustava le risate che avrebbero accolto il suo racconto* (PIRANDELLO).

pregustatóre [vc. dotta, lat. *praegustatōre(m)*, da *praegustātus*, part. pass. di *praegustare* 'pregustare'; 1745] agg.; anche s. m. (f. *-trice*) *1* (*raro*) Che (o Chi) pregusta. *2* Anticamente, chi era destinato ad assaggiare le vivande per assicurare ai commensali l'assenza di veleni.

pregustazióne [1342] s. f. ● (*lett.*) Il pregustare.

†**pregùsto** [av. 1595] s. m. ● Pregustazione.

prehnite [comp. del n. del colonnello *von Prehn* (sec. XVIII), che la scoprì, e *-ite* (*2*)] s. f. ● (*miner.*) Silicato di calcio e alluminio in cristalli aggregati di color verde o in piccole masse tondeggianti.

preincàrico [comp. di *pre-* e *incarico*] s. m. (pl. *-chi*) ● Mandato conferito dal Presidente della Repubblica a un uomo politico durante una crisi di governo, allo scopo di saggiare la possibilità di ricomporre una maggioranza parlamentare stabile.

preindeuropèo ● V. *preindoeuropeo.*

preindicàto [comp. di *pre-* e *indicato*; av. 1847] agg. ● (*raro*) Sopraindicato.

preindoeuropèo o **preindeuropèo** [comp. di *pre-* e *indeuropeo*; 1932] **A** agg. *1* (*ling.*) Detto di fenomeno linguistico presente in un'area prima della diffusione di una lingua indoeuropea. *2* Detto di gruppi etnici esistiti in determinati territori prima della comparsa delle popolazioni indoeuropee. **B** s. m. (f. *-a*) ● Ogni individuo delle popolazioni preindeuropee.

preindustriàle [comp. di *pre-* e *industriale*; 1914] agg. ● Che precede o non ha ancora conosciuto il processo di industrializzazione: *stadio, civiltà p.*

†**preìre** [vc. dotta, lat. *praeīre*, comp. di *prae-* 'pre-' e *īre* 'andare'; av. 1375] v. tr. ● Precedere: *costor preiva più davanti un poco Aconzio* (BOCCACCIO).

preiscrizióne [comp. di *pre-* e *iscrizione*; 1985] s. f. ● Richiesta anticipata di iscrizione, spec. scolastica, dovuta a esigenze organizzative.

preistòria [comp. di *pre-* e del lat. *histŏria* 'storia'; 1895] s. f. *1* Periodo della evoluzione e dello stabilirsi delle razze e delle culture umane di cui non rimangono documenti scritti, ma di cui si possono ricostruire i fenomeni e gli avvenimenti in base a reperti archeologici. *2* (*raro*) Disciplina che studia tale periodo. *3* (*est., fig.*) L'insieme delle prime e remote origini di un fenomeno, di un evento, di una disciplina e sim.: *la p. delle trattative, della dichiarazione di neutralità*; *la p. della sociologia.*

preistòrico [da *preistoria*; 1870] agg. (pl. m. *-ci*) *1* Della preistoria, relativo alla preistoria: *età preistorica*; *popolazioni preistoriche.* *2* (*fig., scherz.*) Molto vecchio e fuori moda: *un'automobile preistorica.* SIN. Antidiluviano. || **preistoricaménte**, avv. Relativamente alla preistoria.

prelatésco [1542] agg. (pl. m. *-schi*) ● (*scherz.*) Da prelato: *tono, fare p.*

prelatìno [comp. di *pre-* e *latino*; 1954] agg. ● Anteriore ai Latini, ai loro stanziamenti e alla loro civiltà: *popolazioni prelatine* | Anteriore al latino: *vocaboli prelatini, di origine prelatina.*

prelatìzio (**1**) [dal lat. *praelātus* (V. *prelazione*); 1729] agg. ● (*dir.*) Relativo alla prelazione.

prelatìzio (**2**) [da *prelato*; 1967] agg. ● Di prelato, da prelato: *titolo p.*; *abito p.*; *dignità prelatizia.*

prelàto [vc. dotta, lat. *praelātu(m)*, part. pass. di *praeferre* 'mettere innanzi', comp. di *prae-* 'pre-' e *fĕrre* 'portare' (V. *-fero*); av. 1243] s. m. *1* Dignitario ecclesiastico cattolico con giurisdizione ordinaria ovvero con titolo soltanto onorifico. *2* †Superiore, maggiore. *3* †Governatore, vicario regio.

prelatùra [av. 1342] s. f. *1* Carica, ufficio, dignità di prelato. *2* Ambito in cui il prelato esercita la propria giurisdizione | ***P. territoriale***, (*ellitt.*) ***prelatura***, territorio su cui il prelato ha giurisdizione | ***P. personale***, istituzione ecclesiastica retta da un prelato la cui giurisdizione è priva di territorialità. *3* L'insieme dei prelati. *4* †Superiorità, maggioranza.

prelavàggio [comp. di *pre-* e *lavaggio*; 1964] s. m. ● Lavaggio preliminare di breve durata, spec. in macchina lavabiancheria e lavastoviglie.

prelazióne [vc. dotta, lat. *praelatiōne(m)*, da *praelātus*, part. pass. di *praefĕrre* 'mettere innanzi' (V. *preferire*); av. 1306] s. f. *1* †Preferenza, privilegio: *pongono a loro l'onore e la gloria cercando le grandi prelazioni* (CATERINA DA SIENA). *2* (*dir.*) Preferenza accordata per legge o per convenzione a parità di condizioni a un dato soggetto nell'esercizio del diritto di acquisto di un dato bene: *avere, esercitare la p. su un bene*; *diritto di p.* | (*est.*) Diritto di uno o più creditori di precedere gli altri creditori in sede di riparto del ricavato dalla espropriazione del comune debitore. *3* †Superiorità.

prelegatàrio [da *prelegat(o)* con il suff. di (*legat*)*ario*; 1958] s. m. (f. *-a*) ● (*dir.*) Beneficiario di un prelegato.

prelegàto [vc. dotta, lat. *praelegātu(m)*, part. pass. di *praelegāre* 'lasciare per testamento con privilegio di antiparte', comp. di *prae-* 'pre-' e *legāre* 'legare (2)'; 1673] **s. m.** ● (*dir.*) Legato fatto all'erede.

prelèggi [comp. di *pre-* e il pl. di *legge*; 1942] **s. f. pl.** ● Complesso di disposizioni sulla legge in generale che precedono il codice civile.

preletteràrio [comp. di *pre-* e *letterario*; 1965] **agg.** ● Che precede la formazione della civiltà letteraria di un popolo.

prelevaménto [1812] **s. m.** *1* Il prelevare qlco. | Operazione bancaria con cui si ottiene, dalla banca stessa, la disponibilità di una somma depositata: *fare, effettuare un p.* *2* (*est.*) Somma di denaro prelevata dalla banca: *un grosso p.*

prelevàre [vc. dotta, lat. tardo *praelevāre* 'levare prima', comp. di *prae-* 'pre-' e *levāre* 'levare'; 1780] **v. tr.** (*io prelèvo*) *1* Detrarre somme o beni da una massa o deposito di denari o cose: *p. mille euro dal proprio conto in banca*; *domani verranno a p. le merci vendute*; *p. dal magazzino.* **SIN.** Ritirare. **CONTR.** Depositare. *2* Prendere e portare via qlcu. da un luogo, con la forza o d'autorità: *i carabinieri l'hanno prelevato da casa sua* | (*scherz., fam.*) Andare a prendere: *passerò a prelevarti alle sei.* *3* (*med.*) Raccogliere materiale biologico da sottoporre a esame.

prelevazióne [1956] **s. f.** ● (*raro*) Il prelevare | Prelievo.

†**prelezióne** [vc. dotta, lat. *praelectiōne(m)* 'lettura esplicativa, spiegazione', comp. di *prae-* 'pre-' e *lĕctio*, genit. *lectiōnis* 'lettura' (V. *lezione*); av. 1642] **s. f.** ● Lezione introduttiva o inaugurale di un corso accademico o universitario: *le prelezioni del Poliziano.*

†**preliàre** [vc. dotta, lat. *proeliāri*, da *prōelium* 'battaglia', di etim. incerta; av. 1306] **v. intr.** ● Combattere, contendere: *oggi qui non si canta, anzi si prelia: / cessate omai ... cessate alquanto* (SANNAZARO).

prelibàre [vc. dotta, lat. *praelibāre* 'pregustare', comp. di *prae-* 'pre-' e *libāre* 'gustare'; 1321] **v. tr.** *1* (*lett.*) Assaggiare o degustare anticipatamente. *2* (*fig., lett.*) Trattare brevemente, in via preliminare.

prelibatézza [1970] **s. f.** ● Gusto prelibato: *p. di un vino.*

prelibàto [av. 1494] **part. pass.** di *prelibare*; anche **agg.** *1* Nei sign. del v. | (*fig., lett.*) Suddetto. *2* Eccellente, squisito: *vino, cibo, sapore p.* || **prelibataménte**, **avv.**

prelièvo [deriv. di *prelevare*; 1952] **s. m.** *1* Prelevamento: *fare, effettuare un p. in banca* | ***P. fiscale***, decurtazione operata dallo Stato sui redditi dei contribuenti. *2* (*med.*) Sottrazione di una parte di tessuto o di liquido organico per ricerca, analisi o terapia.

preliminàre [comp. di *pre-* e del lat. *līmen*, genit. *līminis* 'soglia' (V. *liminare*), con suff. agg.; propr. 'ciò che è davanti alla soglia'; 1637] **A agg.** (assol.; + *a*) ● Iniziale, introduttivo, preparatorio: *discussione p.*; *notizie, dati preliminari*; *istruzione p.*; *atti preliminari all'istruzione, al dibattimento* | ***Contratto p.***, accordo con cui due o più persone si impegnano a concludere in futuro un contratto definitivo. || **preliminarménte**, **avv.** In modo preliminare, prima di addentrarsi nei particolari. **B s. m.** ● Elemento, momento o parte iniziale, introduttiva o preparatoria di qlco.: *preoccuparsi dei preliminari*; *è un p. che va chiarito immediatamente*; *i preliminari della pace, del trattato.* **CONTR.** Conclusione.

prelodàto [comp. di *pre-* e *lodato*; av. 1577] **agg.** ● (*lett.*) Predetto, suddetto, sullodato.

prelògico [comp. di *pre-* e *logico*; av. 1952] **agg.** (pl. m. *-ci*) ● (*psicol.*) Detto di un tipo di pensiero che non segue le normali regole della logica e che, secondo alcuni autori, caratterizzerebbe i bambini, i popoli primitivi e certi psicotici.

prelogìsmo [comp. di *pre-* e del gr. *logismós* 'ragionamento'; 1958] **s. m.** ● (*psicol.*) Modo di pensare basato su schemi molto semplici ed estranei alle categorie della logica, attribuito da alcuni studiosi alle mentalità primitiva e infantile.

†**prelùcere** [vc. dotta, lat. *praelucēre*, comp. di *prae-* 'pre-' e *lucēre* 'risplendere', da *lūx*, genit. *lūcis* 'luce'] **v. intr.** ● Eccellere | (*lett.*) Manifestarsi in anticipo.

preludènte **part. pres.** di *preludere*; anche **agg.** ● Nei sign. del v.

prelùdere [vc. dotta, lat. *praelūdere* 'far prove, esercitarsi per', comp. di *prae-* 'pre-' e *lūdere* 'giocare', da *lūdus* 'gioco' (V. *ludo*); 1628] **v. intr.** (pass. rem. *io prelùsi, tu preludésti*; part. pass. *prelùso*; aus. *avere*) (+ *a*) *1* Preannunciare con segni indicatori: *quelle schermaglie preludevano ormai alla guerra*; *un brontolio lontano prelude al temporale.* *2* (*raro*) Introdurre a qlco. mediante discorsi o altro che costituiscano una premessa: *p. in prosa a' miei versi confesso che non mi piace* (CARDUCCI).

preludiàre [da *preludio*; 1826] **v. intr.** (*io prelùdio*; aus. *avere*) *1* (*mus.*) Far da preludio | Eseguire un preludio. *2* (*raro*) Preludere.

prelùdio [da *preludere*; 1441] **s. m.** *1* (*mus.*) Pezzo strumentale di forma e uso molto vari, che tra l'altro introduce la suite del Seicento, la fuga del Settecento, l'opera lirica dell'Ottocento, ma nel pianismo romantico è libero e autonomo da altri pezzi: *il p. del Tristano e Isotta*; *i preludi di Chopin, di Debussy.* *2* (*fig.*) Segno foriero e premonitore, azione o atto che prepara a qlco.: *il p. della burrasca, di una rivolta*; *è il p. del matrimonio.* *3* Discorso di introduzione e di preparazione: *questo è il p. al mio intervento di domani* | Proemio, inizio: *il p. del poema.*

prelùso **part. pass.** di *preludere* ● Nei sign. del v.

pré-maman® /fr. pʀema'mɑ̃/ [propr. 'pre-mamma'; 1965] **A s. m. inv.** ● Abito, indumento di taglio molto ampio, tale da poter essere indossato dalle donne in stato di avanzata gravidanza. **B** anche **agg. inv.**: *abito, cappotto pré-maman.*

premarcàto [da *pre-* e *marcato*] **agg.** ● Che reca stampati i dati necessari per effettuare un'operazione, spec. di pagamento: *bollettino, modulo p.*

prematrimoniàle [comp. di *pre-* e *matrimonio*, con suff. agg.; 1932] **agg.** ● Che precede il matrimonio: *periodo p.*; *accertamenti, rapporti prematrimoniali.*

prematurità [1954] **s. f.** ● Condizione di ciò che è prematuro | Condizione di neonato prematuro.

prematùro [vc. dotta, lat. *praematūru(m)*, comp. di *prae-* 'pre-' e *matūrus* 'maturo'; 1586] **A agg.** ● Che si verifica o è fatto prima del tempo giusto, in anticipo sui termini normali o comunque troppo presto: *domanda prematura*; *conclusioni premature*; *parto, neonato p.* | ***Notizie premature***, relative a fatti non ancora accertati | ***È p. fare, dire*** e sim., è troppo presto per fare, dire e sim. **CONTR.** Tardivo. **B s. m.** (f. *-a*) ● Neonato venuto alla luce tra la ventisettesima settimana e il termine della gestazione | Correntemente, neonato che pesa meno di 2,500 kg alla nascita. || **prematuraménte**, **avv.** Prima del tempo.

premeditàre [vc. dotta, lat. *praemeditāri*, comp. di *prae-* 'pre-' e *meditāri* 'meditare'; av. 1342] **v. tr.** (*io premèdito*) ● Preparare qlco. nella mente, prima di effettuarla, meditandola a lungo: *p. un delitto, una rapina.*

premeditàto [av. 1363] **A part. pass.** di *premeditare*; anche **agg.** ● Nel sign. del v.: *omicidio p.* || **premeditataménte**, **avv.** **B avv.** ● †Premeditatamente.

premeditazióne [vc. dotta, lat. *praemeditatiōne(m)*, da *praemeditātus*, part. pass. di *praemeditāri* 'premeditare'; 1441] **s. f.** *1* Ponderazione anticipata di ciò che si vuol compiere: *l'accurata p. di ogni proprio gesto.* *2* (*dir.*) Atteggiamento di chi premedita un crimine, costituente una circostanza aggravante speciale dei reati di omicidio e di lesioni personali: *omicidio commesso con p.*

premenopàusa [comp. di *pre-* e *menopausa*] **s. f.** ● (*anat.*) Periodo della vita della donna che precede la fine dell'età feconda.

premènte **part. pres.** di *premere*; anche **agg.** *1* Che preme | Che esercita una pressione: *pompa p.* *2* (*fig., raro*) Impellente, pressante: *necessità p.*

prementovàto [comp. di *pre-* e *mentovato*; av. 1673] **agg.** ● (*raro, lett.*) Ricordato prima, anteriormente.

♦**prèmere** [lat. *prĕmere*, da una radice indeur. che significa 'schiacciare'; av. 1292] **A v. tr.** (pass. rem. *io preméi* o *premètti* (o *-étti*), †*prèssi*, *tu premésti*; part. pass. *premùto*, †*prèsso*) *1* Comprimere o schiacciare col peso o con la forza: *p. qlco. con le mani, coi piedi*; *p. il pedale del freno*; *premi forte il campanello se vuoi che suoni* | †***P. la pedata***, (*fig.*) calcare le orme. **SIN.** Pigiare, pressare. *2* (*raro*) Stringere: *p. qlco. tra le mani, tra i denti* | (*raro, est.*) Spremere: *p. il succo, il limone.* *3* (*fig., lett.*) Opprimere, gravare: *p. qlcu. con imposte, usure, vessazioni*; *disperato dolor che 'l cor mi preme* (DANTE *Inf.* XXXIII, 5). *4* (*fig.*) Inseguire incalzando: *p. il nemico in fuga.* *5* †Nascondere. **B v. intr.** (aus. *avere*; *essere* nel sign. 3) *1* Esercitare una pressione: *p. sulla ferita, sul coperchio di qlco.* | (*fig.*) ***P. su qlcu.***, cercare di indurlo a qlco. con pressioni morali. *2* Gravare, scaricarsi (*anche fig.*): *l'onere delle tasse preme su di noi.* *3* (*fig.*) Importare, stare a cuore: *è una faccenda che mi preme molto.* *4* (*raro*) Essere urgente | †***Preme!***, scritta apposta un tempo su lettere e sim. per dimostrarne l'urgenza. *5* †Aver cura, premura.

premèssa [f. sost. di *premesso*; av. 1565] **s. f.** *1* Enunciazione, idea che serve d'introduzione e chiarimento a ciò che si dirà in seguito: *dopo le necessarie premesse, daremo inizio alla discussione.* **SIN.** Preliminare. *2* Presupposto, condizione: *non ci sono le premesse per un accordo.* *3* Introduzione: *la p. di un libro* | (*ling.*) Protasi. *4* (*filos.*) In un sillogismo, ciascuna delle prime due proposizioni, maggiore e minore, da cui si inferisce la terza che rappresenta la conclusione del sillogismo stesso.

premésso [1308] **part. pass.** di *premettere*; anche **agg.** *1* Nei sign. del v. *2* ***Ciò p.***, dopo aver detto ciò | ***P. che***, dopo aver esposto, considerato che: *p. che la cosa non mi riguarda di persona, dirò la mia opinione.*

premestruàle [comp. di *pre-* e *mestruo*, con suff. agg.; 1958] **agg.** ● Che precede la mestruazione: *disturbi premestruali.*

premèttere [vc. dotta, lat. *praemĭttere*, comp. di *prae-* 'pre-' e *mĭttere* 'mandare' (V. *mettere*); av. 1320] **v. tr.** (coniug. come *mettere*) ● Dire prima, far precedere: *desidero p. alcune considerazioni generali*; *p. una prefazione, un preambolo, una breve introduzione a un'opera* | ***Premetto che***, in primo luogo faccio presente che. **SIN.** Anteporre. **CONTR.** Posporre.

premiàbile **agg.** ● (*raro*) Che si può premiare.

premiàle [1983] **agg.** ● Che ha carattere di premio, con particolare riferimento alle norme di legge che prevedono sconti di pena o altri benefici in favore di imputati e condannati che collaborino con la giustizia.

premiàndo [gerundio di *premiare*; 1871] **s. m.** (f. *-a*) ● (*raro*) Persona designata per un premio: *i premiandi sono tutti presenti.*

premiàre [vc. dotta, lat. tardo *praemiāre*, da *praēmium* 'premio'; 1351] **v. tr.** (*io prèmio*) ● Riconoscere e ricompensare con un premio il valore o la validità di qlcu. o di qlco.: *p. un romanzo, un poeta*; *il merito e l'onestà devono essere premiati.*

†**premiativo** **agg.** ● Che serve a premiare.

premiàto [av. 1444] **part. pass.** di *premiare*; anche **agg.** e **s. m.** (f. *-a*) ● Che (o Chi) ha ricevuto un premio: *l'elenco dei premiati.*

premiatóre [vc. dotta, lat. tardo *praemiatōre(m)*, da *praemiāre* 'premiare'; av. 1342] **agg.**; anche **s. m.** (f. *-trice*) ● (*raro*) Che (o Chi) premia.

premiazióne [av. 1406] **s. f.** ● Azione di premiare | (*est.*) La cerimonia della distribuzione dei premi: *assistere alla p.*

prèmice [da *premere*: sul modello di *soffice* (?); 1804] **agg.** ● Che si schiaccia premendo tra le dita: *nocciola p.*

premier /'premjer, *ingl.* 'pʰɹɛmiə/ [vc. ingl., dal fr. *premier*, dal lat. *primāriu(m)* 'primario'; 1844] **s. m. e f. inv.** ● Primo ministro inglese e (*est.*) di altre nazioni.

premieràto [da *premier* col suff. *-ato* (*1*); 1994] **s. m.** ● Sistema politico-costituzionale in cui il premier, cioè il capo del governo, è eletto direttamente dal corpo elettorale. **CFR.** Cancellierato.

première /fr. pʀə'mjɛːʀ/ [vc. fr., propr. 'prima', f. di *premier* 'primo' (V. *premier*); 1877] **s. f. inv.** *1* Prima rappresentazione di uno spettacolo. *2* Sarta che dirige un laboratorio di sartoria.

premilitàre [comp. di *pre-* e *militare*; 1931] **A agg.** ● Un tempo, detto di istruzione intesa a preparare moralmente e fisicamente alla vita delle armi i giovani prossimi al servizio di leva. **B s. f.** ● Istruzione premilitare. **C s. m.** ● Giovane che partecipava alla premilitare.

preminènte [vc. dotta, lat. *praeeminĕnte(m)*, part. pres. di *praeeminēre* 'star sopra', comp. di *prae-* 'pre-' ed *eminēre* 'sporgere' (V. *eminente*);

av. 1440] **agg.** ● Di preminenza: *posizione p.* | Che è in posizione di preminenza, di spicco, rispetto ad altri: *il problema è di p. importanza.* || **preminentemènte**, **avv.** In modo preminente, soprattutto.

preminènza o †**preeminènza**, †**preminènzia** [vc. dotta, lat. tardo *praeeminĕntia(m)*, da *praeĕminens*, genit. *praeeminĕntis* 'preminente'; 1353] **s. f.** ● Superiorità, primato, rilievo rispetto ad altre cose o persone: *essere, trovarsi in posizione di p.*; *raggiungere e difendere la propria p. in un ambiente*; *la p. della vita contemplativa* (DE SANCTIS).

♦**prèmio** [vc. dotta, lat. *prāemiu(m)*, comp. di *prae-* 'pre-' ed *ĕmere* 'comperare', di orig. indeur.; av. 1306] **A s. m.** *1* Tangibile riconoscimento del valore o del merito di qlcu. o di qlco.: *meritare, desiderare un p.*; *assegnare, attribuire un p.*; *vincere un p.* | (*est.*) Segno di tale riconoscimento: *il primo, secondo, terzo p.*; *consegnare, distribuire i premi*; *ritirare il p.* | (*fig.*) Ricompensa: *il suo sorriso è stato il miglior p. ai miei sacrifici.* *2* Competizione in cui si premiano i vincitori: *p. di atletica leggera, di motonautica*; *istituire un p. letterario, di pittura* | Denominazione di varie competizioni o sim.: *p. Nobel, Campiello, Viareggio* | ***Gran P.***, spec. nell'automobilismo, nell'ippica, nel ciclismo ecc., concorso o gara di particolare importanza. *3* Vincita di lotterie, estrazioni a sorte e sim.: *il primo p. è di centomila euro*; *premi in denaro, in oggetti d'arte* | ***P. di consolazione***, concesso a chi, pur essendo rimasto escluso dai premi principali, abbia determinati requisiti. *4* Nei contratti a termine di borsa, somma pagata da uno dei contraenti per riservarsi la facoltà di eseguire o risolvere il contratto | ***P. di emissione***, somma pagata in più, al momento della sottoscrizione di azioni, rispetto al loro valore nominale | ***P. di assicurazione***, quota che il sottoscrittore della polizza paga per ottenere la copertura di un rischio. *5* Indennità speciale concessa da un ente pubblico o privato ai propri dipendenti | ***Retribuzione a p.***, quando viene stabilito un compenso aggiuntivo al salario a tempo | ***P. di produzione***, maggiorazione della retribuzione di un lavoratore corrisposta in seguito all'incremento di produzione di un'impresa | ***P. d'ingaggio***, V. *ingaggio* | Agevolazione o contributo finanziario concesso dallo Stato per stimolare attività e sim. *6* (*econ.*) Aggio: *la moneta aurea fa p. su quella cartacea.* || **premiùccio**, **dim. B** in funzione di **agg. inv.** ● (posposto al s.) Detto di ciò che è concesso a titolo di premio: *busta p.*; *viaggio, licenza p.*; *bolli p.*

†**premissióne** [vc. dotta, lat. tardo *praemissiōne(m)*, da *praemĭssus* 'premesso'] **s. f.** ● Anteposizione | (*lett.*) Premessa.

premistòffa [comp. di *premere* e *stoffa*; 1958] **A s. m. inv.** ● (*mecc.*) Pezzo della macchina da cucire che preme la stoffa e la fa scorrere. **B** anche **agg. inv.**: *piedino p.*

premistóppa [comp. di *premere* e *stoppa*; 1899] **s. m. inv.** ● (*mecc.*) Dispositivo che comprime le guarnizioni avvolgenti parti di macchine in movimento per renderne ermetica la tenuta: *p. di una pompa, di una valvola.*

prèmito [da *premere*: sul modello di *fremito* (?); 1547] **s. m.** ● Contrazione della muscolatura addominale, intestinale o uterina.

premitùra [sec. XIV] **s. f.** ● (*raro*) Pressione, pigiatura.

premolàre [comp. di *pre-* e *molare* (agg.); 1922] **A agg.** ● (*anat.*) Che è situato davanti ai molari. **B s. m.** ● (*anat.*) Dente compreso tra i canini e i molari. ➡ **ILL.** p. 2127 ANATOMIA UMANA.

†**premonìre** [vc. dotta, lat. *praemonēre*, comp. di *prae-* 'pre-' e *monēre* 'ammonire, avvertire' (V. *monito*); sec. XV] **v. tr.** ● Ammonire anticipatamente.

premonitóre [vc. dotta, lat. *praemonitōre(m)*, da *praemŏnitus*, part. pass. di *praemonēre* 'premonire'; av. 1498] **A agg.** (f. *-trice*) ● Che mette o deve mettere sull'avviso: *segni, sintomi, indizi premonitori.* **B s. m.** (f. *-trice*) ● (*raro*) Chi avverte in anticipo.

premonitòrio [vc. dotta, lat. tardo *praemonitōriu(m)*, da *praemŏnitus*, part. pass. di *praemonēre* 'premonire'; 1875] **agg.** ● Che premonisce, che costituisce un avvertimento, una premonizione.

premonizióne [vc. dotta, lat. tardo *praemonitiōne(m)*, da *praemŏnitus*, part. pass. di *praemonēre* 'premonire'; 1611] **s. f.** *1* (*lett.*) Preavviso. *2* In metapsichica, presentimento paranormale concernente il verificarsi di eventi futuri.

premoriènza [da *premorire*; 1673] **s. f.** ● Il morire prima di un'altra persona o prima di un determinato termine, precedentemente fissato, spec. con riferimento a effetti giuridici, assicurativi o pensionistici.

premorire [vc. dotta, lat. *prāemori*, comp. di *prae-* 'pre-' e *mŏri* 'morire'; 1479] **v. intr.** (coniug. come *morire*; aus. *essere*) ● (*bur.*) Morire prima di un altro o prima di un dato termine.

premòrte [comp. di *pre-* e *morte*; 1942] **s. f.** ● (*bur., raro*) Premorienza.

premòrto [1673] **part. pass.** di *premorire*; anche **agg.** ● (*lett.* o *bur.*) Morto prima di altri o di un dato termine.

premostràre [vc. dotta, lat. *praemonstrāre*, comp. di *prae-* 'pre-' e *monstrāre* 'mostrare'; 1342] **v. tr.** (*io premóstro*) ● (*lett.*) Preannunciare | (*lett.*) Mostrare prima.

premostratènse [dalla località di *Prémontré* (lat. *Praemonstrātu(m)*, propr. '(luogo) mostrato prima', part. pass. di *praemonstrāre* 'premostrare', perché il luogo era stato indicato profeticamente da S. Norberto), dove l'ordine fu fondato] **s. m.** ● Canonico regolare di un ordine agostiniano fondato nel XII sec., in Francia.

premunire [vc. dotta, lat. *praemunīre*, comp. di *prae-* 'pre-' e *munīre* 'munire'; 1673] **A v. tr.** (*io premunìsco, tu premunìsci*) ● Predisporre o preparare con mezzi atti alla difesa, alla resistenza e sim. (*anche fig.*): *p. il campo, una fortezza*; *p. i vigneti contro i parassiti*; *p. l'organismo contro il freddo*; *p. i giovani dall'impazienza.* **B v. rifl.** ● Armarsi o provvedersi di qlco. (*anche fig.*): *premunirsi di un bastone*; *premunirsi contro gli imprevisti.*

premunito **part. pass.** di *premunire*; anche **agg.** ● Nei sign. del v.

premunizióne [vc. dotta, lat. *praemunitiōne(m)*, da *praemunītus* 'premunito'; calco sul gr. *prokatálēpsis, protherapéia*; 1871] **s. f.** *1* (*raro*) Il premunire, il premunirsi. *2* (*med.*) Aumentata resistenza organica verso una malattia infettiva: *p. contro la tubercolosi.*

premùra [da *premere*, sul modello di *pressura*; 1518] **s. f.** *1* Fretta, urgenza: *avere p. di fare qlco.* | ***Far p. a qlcu.***, sollecitarlo, raccomandargli di far presto. CONTR. Calma, flemma. *2* Cura, sollecitudine nei confronti di qlcu. o di qlco.: *sarà mia p. scriverti* | ***Darsi p.***, prendersi cura. *3* (*spec. al pl.*) Atto gentile, riguardo affettuoso: *circondare qlcu. di premure, di tutte le premure*; *usare ogni p. nei riguardi di qlcu.*; *sorpreso, intontito da tanta p. silenziosa* (PIRANDELLO).

premuràre [da *premura*; 1801] **A v. tr.** ● (*raro*) Sollecitare: *p. qlcu. perché faccia, dica, concluda qlco.* **B v. intr. pron.** ● Darsi cura: *mi premurerò di sbrigare ogni cosa al più presto.*

premurosità [1961] **s. f.** ● Caratteristica di premuroso.

premuróso [1641] **agg.** *1* (*lett.*) Sollecito, interessato: *c'era un uomo troppo p. di aver notizie d'una di loro* (MANZONI). *2* Pieno di premure, attenzioni, riguardi: *amico, padre, marito p.* || **premurosaménte**, **avv.** In modo premuroso, con premura.

premùto **part. pass.** di *premere*; anche **agg.** *1* Nei sign. del v. | (*lett.*) Innalzato, assalito: *Gli Achei bellicosi, premuti* (PASCOLI). *2* (*fig.*) Oppresso: *La vita gli turbinava intorno… premuta da tante cure* (PIRANDELLO).

†**prenarràre** [vc. dotta, lat. *praenarrāre*, comp. di *prae-* 'pre-' e *narrāre* 'narrare'; 1308] **v. tr.** ● Esporre prima: *per le prenarrate parole* (DANTE).

†**prenarrazióne** [comp. di *pre-* e *narrazione*] **s. f.** ● Narrazione che precede.

prenàscere [vc. dotta, lat. tardo *praenāsci*, comp. di *prae-* 'pre-' e *nāsci* 'nascere'; 1702] **v. intr.** (coniug. come *nascere*; aus. *essere*) ● (*raro*) Nascere prima di un altro.

prenatàle [comp. di *pre-* e *natale* (agg.); 1915] **agg.** ● Che si verifica o è presente dopo il concepimento ma prima della nascita: *diagnosi p., vita p.*

prenatalizio [comp. di *pre-* e *natalizio*; 1985] **agg** ● Che precede il Natale: *periodo p.* | Caratteristico del periodo che precede il Natale: *traffico p.*

prenàto **part. pass.** di *prenascere*; anche **agg.** ● (*raro*) Nel sign. del v.

†**prènce** (o -é-) o †**prènze** (o -é-), †**prince** [ant. fr. *prince* 'principe'; 1260 ca.] **s. m.** (f. *-éssa*) ● (*lett.*) Principe.

†**prèncipe** ● V. *principe*.

♦**prèndere** [lat. *prehĕndere*, comp. di *prae-* 'pre-' ed **hĕndere*, della stessa famiglia di *prăeda* 'preda'; 1158] **A v. tr.** (pass. rem. *io prési*, †*prendéi*, †*prendètti* (o *-ètti*), *tu prendésti*; **part. pass.** *préso*, †*prìso*) **I** Un gruppo di significati vede il soggetto, in funzione attiva, che trasferisce o trattiene qlcu. o qlco. sotto il proprio controllo diretto (*anche in senso fig.*). *1* Afferrare: *p. con i denti, le mani, le molle, le tenaglie, il becco, gli artigli*; *p. qlcu. per le braccia, per le falde dell'abito, per la mano*; *p. il cavallo per le briglie*; *p. qlco. per il manico*; *p. in braccio, in grembo, in spalla un bambino* | Attingere: *p. l'acqua dal pozzo, il vino dalla botte* | ***P. il toro per le corna***, (*fig.*) affrontare direttamente e con decisione una persona o una situazione problematica | ***P. qlcu. per il collo***, (*fig.*) approfittare, a proprio vantaggio, della sua condizione o della situazione in cui si trova | ***P. qlcu. per il sedere, per il culo, per il fondo dei calzoni, per i fondelli, per il bavero, per il naso***, (*fig.*) prenderlo in giro; (*est.*) ingannarlo, imbrogliarlo | ***P. di mira qlcu.***, (*fig.*) bersagliarlo coi propri scherzi o cercare di nuocergli | ***P. di peso***, afferrare qlco. o qlcu. e tenerlo sollevato | ***P. qlco. di punta***, (*fig.*) direttamente, con puntiglio | (*fig.*) ***P. qlcu. di punta***, affrontarlo bruscamente | ***P. qlco. sopra di sé***, (*fig.*) assumere un onere, una responsabilità | ***Da p. con le molle***, (*fig.*) da trattare con precauzione perché irascibile, inattendibile, poco raccomandabile o sim.: *è un tipo da p. con le molle* | (*est.*) Afferrare con forza o con decisione, dar di piglio: *p. le armi in pugno*; *prese il coltello e lo lanciò.* *2* Procurarsi, acquistare: *bisogna p. qualche metro di stoffa in più*; *se esci non dimenticare di p. le sigarette.* *3* Ricevere, accettare: *p. uno stipendio misero*; *non ha preso nulla di quel che gli abbiamo offerto* | ***Prenda, prenda pure***, formula di cortesia con cui si invita qlcu. ad accettare ciò che gli si offre | ***O p. o lasciare***, formula usata per sottolineare la definitività di un'offerta o di una proposta | Ottenere mediante pattuizioni: *p. una casa in affitto*; *p. un oggetto in prestito*; *p. lezioni private* | ***P. esempio, ammaestramento da qlcu., da qlco.***, adeguare la propria condotta all'esempio o all'insegnamento che si riceve. *4* Portare con sé: *ho deciso di p. solo pochi bagagli*; *per la vacanza prenderò una somma non troppo elevata.* *5* Utilizzare o usare, spec. come mezzo di locomozione: *p. il tram, il treno, la bicicletta.* *6* Ritirare qlco.: *passa dal sarto a p. l'abito finito*; *la merce è pronta, dobbiamo solo andare a prenderla* | ***Andare, passare a p. qlcu.***, recarsi nel luogo in cui qlcu. si trova e ritornarne insieme: *vado a p. mia madre.* *7* Rubare: *mi hanno preso tutto.* *8* Catturare: *hanno preso il fuggitivo*; *non sono ancora riusciti a prenderlo*; *è difficile p. pesci in questa zona*; *è andato a caccia ma non ha preso niente* | ***P. all'amo***, (*fig.*) adescare o allettare con inganni o lusinghe | ***P. nella rete***, (*fig.*) irretire con inganni e sim. | Nel gioco degli scacchi, catturare un pezzo avversario. *9* Cogliere, raggiungere, sorprendere, detto di persona o di cosa: *l'ho preso mentre tentava di forzare la serratura*; *la sassata lo prese in una gamba* | ***P. qlcu. in fallo, con le mani nel sacco, in flagrante***, sorprenderlo proprio mentre fa qlco. di male | ***P. qlcu. in castagna***, coglierlo mentre sbaglia | ***Se ti ci prendo ancora!*** …, se ti colgo, non la passerai liscia. *10* Conquistare: *p. un forte, una città* | ***P. per fame***, costringendo gli assediati alla resa per mancanza di viveri | ***P. una donna***, possederla | ***P. d'assedio***, assediare | ***P. d'assalto***, conquistare con un assalto. *11* (*fig.*) Pervadere, impadronirsi: *un freddo mortale lo prese*; *mi prese il sonno, la paura, l'ansia*; *si lasciò prendere dal desiderio di vendetta, dall'odio.* *12* (*fig.*) Occupare: *p. molto, troppo, poco spazio*; *gran ciel prendea con negre ombre un'incolta / selva di lauri* (FOSCOLO). *13* (*fig.*) Ritrarre, fotografare: *cerca di prendermi bene, alla giusta distanza, in buona luce*; *ho preso una splendida inquadratura.* *14* Misurare, calcolare, valutare: *credo di avere preso esattamente le dimensioni dell'oggetto*; *p. la distanza, l'altezza, la lunghezza di qlco.* *15* (*fig.*) Trattare: *non sa p. le persone* | ***P. qlcu. per il suo verso, per il verso giusto***, nel modo e col tono più adatto | ***P. qlcu. con le buone, con le cattive***, trattarlo con modi gentili, con modi scortesi o violenti | ***P. qlcu. a contropelo***, con maniere brusche, scortesi e sim. | ***P. qlcu. di petto***, affrontarlo con decisione. ***16*** (*fig.*) Sedurre, affascinare: *mi ha preso con la sua dolcezza* | Possedere sessualmente: *il figlio del medico l'aveva già presa, in casa sua nello studio del padre* (PAVESE). **II** Un altro gruppo di significati vede il soggetto, sempre in funzione attiva, individuare e assumere qlcu. o qlco. nella propria sfera d'azione (*anche in senso fig.*). ***1*** Scegliere qlcu. come collaboratore, dipendente e sim.: *penso di p. qualche nuovo operaio*; *dovremo p. una domestica* | ***P. qlcu. con sé***, farsi accompagnare da lui in viaggi e sim. | ***P. qlcu. in casa***, sceglierlo come ospite | ***P. a bordo***, imbarcare | ***P. in forza***, includere tra gli effettivi, detto di militari e (*est.*) di altri dipendenti | ***P. alle proprie dipendenze***, ***a servizio***, assumere | ***P. sotto la propria protezione***, proteggere | ***P. una donna in moglie***, ***p. un uomo per marito***, sposarsi. ***2*** Scegliere un cammino, una via, una direzione e incamminarsi (*anche fig.*): *presero la scorciatoia che attraversava i campi*; *non so quale strada p.*; *p. una direzione sbagliata, la direzione giusta*. ***3*** Immettere nel proprio corpo, mangiando, bevendo o respirando: *p. un po' di cibo*; *prendo solo un po' d'acqua*; *non prendo mai nulla fuori pasto, fuori ora*; *ha bisogno di p. aria, una boccata d'aria*; *prendersi un'aspirina, un tè caldo* | ***Prende qlco.?***, formula di cortesia con cui si offre qlco. da bere o da mangiare a un ospite. ***4*** Assumere: *p. le forme, l'aspetto, le sembianze di qlcu., di qlco.*; *egli prese il nome dalla città in cui visse*; *p. un titolo, una carica*; *p. odore, sapore di qlco.*; *il bello e il brutto non hanno esistenza reale, ma son opinioni che gli uomini prendono* (SARPI) | ***P. di***, (*ellitt.*) acquistare odore o sapore di: *p. di fumo, di bruciato*. ***5*** (*fig.*) Derivare: *abbiamo preso molte abitudini dai nostri ospiti*; *è un'abitudine che abbiamo preso da voi* | ***P. tutto, qlco. da qlcu.***, somigliargli totalmente o in qlco. ***6*** Intendere, interpretare: *ha preso le mie parole per, come, un'offesa* | ***P. alla lettera***, interpretare letteralmente | ***P. in senso buono***, ***cattivo***, interpretare bene, male, detto di atti, discorsi e sim. | ***P. per buono***, interpretare positivamente: *prendo per buone le tue affermazioni* | ***P. qlco. in esame***, esaminarla | ***P. qlco. in considerazione***, considerarla attentamente, tenerla presente. ***7*** Credere, ritenere, giudicare: *ti avevo preso per un uomo serio* | (*fig.*) ***P. tutto per oro colato***, credere a tutto | (*est.*) Scambiare: *ti avevo preso per mio fratello* | (*fig.*) ***P. fischi per fiaschi***, ***lucciole per lanterne***, scambiare tra loro due cose | ***Per chi mi prendi?***, chi credi ch'io sia, cosa pensi di me, per giudicarmi capace di tanto? ***8*** Giungere a una risoluzione, a una decisione e sim.: *ho preso ormai le mie decisioni*; *ha preso il partito di tacere*; *qui bisogna p. dei provvedimenti* | †Decidere: *la giovane … seco aveva preso di compiacergli in ogni suo desiderio* (BOCCACCIO). **III** Un terzo gruppo di significati vede il soggetto (talvolta costituito da una cosa), in funzione ricettiva, che subisce l'azione di agenti esterni. ***1*** Ricevere: *la cella prendeva luce da una stretta finestra*. ***2*** Subire: *p. un colpo di freddo, di caldo, d'aria*; *ho preso uno spavento che non ti dico* | ***P. la febbre***, ***il raffreddore*** e sim., avere o cominciare ad avere la febbre, il raffreddore e sim., contrarre una malattia e sim. ***3*** Buscarsi: *p. un pugno, un paio di schiaffi, un sacco di legnate*; *p. le botte* | ***Prenderle***, ***prenderne***, essere picchiato. ***4*** Procacciarsi, procurarsi: *prendersi il gusto, la soddisfazione, il piacere di fare, dire qlco.* ***5*** Darsi, spec. seguito da un compl. che ne determina il significato | ***Prendersi cura di qlcu.***, ***di qlco.***, occuparsene con grande attenzione | ***Prendersi pensiero di qlcu. o di qlco.***, preoccuparsene | ***Prendersi gioco di qlcu. o di qlco.***, burlarsene. **IV** Nei casi seguenti assume significati diversi determinati dal complemento diretto, preceduto o no dall'articolo ● ***P. il vento***, gonfiarsi di vento, detto delle vele | ***P. le armi***, armarsi | ***P. il velo***, farsi monaca | ***P. l'abito***, ***l'abito religioso***, ***la tonaca***, intraprendere la vita monastica o ecclesiastica | ***P. l'avvio***, iniziare | ***P. l'aire***, slanciarsi, avviarsi | ***P. un abbaglio***, sbagliarsi | ***P. una decisione***, decidere | ***P. albergo***, ***alloggio***, alloggiare | ***P. casa***, ***domicilio*** e sim., abitare, stabilirsi | ***P. argomento da***, argomentare da | ***P. cappello***, risentirsi, adirarsi | ***P. colore***, colorirsi | ***P. il comando***, assumerlo | ***P. carne***, detto del Verbo divino che si fa carne | ***P. commiato***, accomiatarsi | ***P. consiglio***, consigliarsi | ***Prendersi cura di***, preoccuparsi di | ***P. fiato***, riposarsi, spec. dopo uno sforzo notevole o prolungato | (*fig., lett.*) ***P. frutto da***, trarre vantaggio da | ***P. forza***, rafforzarsi | ***P. la fuga***, fuggire | ***P. fuoco***, accendersi, incendiarsi (*anche fig.*) | ***P. imbarco***, imbarcarsi | ***P. il mare***, cominciare a navigare, mettersi in mare | ***P. terra***, approdare | ***P. il largo***, andare verso il mare aperto, navigando; (*fig.*) fuggire | ***P. informazioni***, informarsi | ***P. un impegno***, impegnarsi a | ***P. il lutto***, vestirsi a lutto | ***P. la mano a qlcu.***, detto di cavallo, sfuggire al controllo di chi guida; (*fig.*) sfuggire alla disciplina di qlcu. | ***P. le mosse***, cominciare, iniziare | ***P. nota***, annotare | ***P. origine***, derivare, cominciare | ***P. parte a qlco.***, partecipare | (*fig.*) ***P. piede***, affermarsi, aver successo, fortuna e sim. | ***P. posizione***, (*fig.*) decidere in un senso piuttosto che in un altro | ***P. possesso di***, impossessarsi, appropriarsi, venire a disporre | ***P. posto***, sedersi | ***P. pratica***, impratichirsi | ***P. atto***, accettare, constatare | ***P. quota***, innalzarsi; (*fig.*) aumentare, progredire | ***P. riparo***, ripararsi | ***P. riposo***, riposarsi | ***P. sonno***, addormentarsi | ***P. servizio***, cominciare a lavorare in un luogo, presso qlcu. | ***P. stanza***, domiciliarsi, stabilirsi | ***P. tempo***, indugiare | ***P. la testa***, mettersi al primo posto in gare e sim. (*anche fig.*) | (*lett.*) ***P. amore***, innamorarsi | ***P. odio***, cominciare a odiare | ***P. una sbornia***, ubriacarsi | ***P. coraggio***, ***animo***, ***cuore***, ***p. ardire***, ***baldanza***, rincuorarsi | ***P. paura***, spaventarsi | ***P. gusto***, ***piacere a qlco.***, goderne | ***P. un malanno***, ammalarsi | ***P. vigore***, rafforzarsi, invigorirsi | ***P.***, ***prendersi le vacanze***, ***le ferie***, andare in vacanza, in ferie | ***P. la voga***, cominciare a vogare | (*fig.*) ***P. voga***, diffondersi, affermarsi | ***P. il volo***, involarsi (*spec. fig.*) | ***P. principio***, cominciare | ***P. forma***, formarsi | ***P. un bagno***, bagnarsi | ***P. il sole***, fare la cura del sole. **V** Nei casi seguenti assume significati diversi determinati dal complemento indiretto: ***p. in giro***, ***in gioco***, burlarsi di qlcu., canzonare qlcu. | ***P. in parola***, credere a ciò che qlcu. dice o promette e attenderne la realizzazione. **VI** Unito al pronome *la* indeterminato, indica varie reazioni emotive ● ***Prenderla***, reagire: *l'ha presa bene, male*; *non so come la prenderà* | ***Prendersela con qlcu.***, sfogare su di lui la propria ira, il proprio risentimento, adirarsi, risentirsi, irritarsi e sim. | ***Prenderla larga***, ***alla lontana***, ***da lontano*** e sim., parlare molto prima di giungere alla sostanza, al punto importante che si vuole esporre | ***Prendersela***, preoccuparsi, risentirsi: *se la prende troppo*; *non te la prendere* | ***Prendersela a male***, offendersi, aversene a male. **B** v. intr. (aus. *avere* nei sign. 1, 2, 3, 4 e 5; aus. *essere* o *avere* nel sign. 6) ***1*** Muoversi andando in una certa direzione: *p. a destra, a sinistra*; *fuggendo prese per i campi e riuscì a dileguarsi*. ***2*** (+ *a*, lett. + *di*, seguiti da inf.) Incominciare, dare inizio a qlco.: *p. a dire, a fare, a scrivere, a dipingere, a narrare*; *la parte guelfa di Firenze … prese di fare festa in Firenze* (VILLANI). ***3*** Detto di piante, attecchire: *il rampicante trapiantato non ha preso*; *non so se la talea prenderà*. ***4*** Detto del fuoco, appiccarsi: *la fiamma non prende* | (*fam., est.*) Detto di arnesi o strumenti attinenti al fuoco, bruciare: *la stufa ha preso bene*. ***5*** Detto di colla o altri materiali che devono indurire, rapprendersi o solidificarsi spec. fissando o sostenendo qlco.: *il cemento, la malta non prende*; *è una colla che prende benissimo*. ***6*** (*fig.*) Capitare addosso all'improvviso: *gli prese una febbre altissima*; *ma che ti prende?* | (*pop.*) ***Che ti, gli, prenda un accidente!***, escl. di malaugurio. **C** v. intr. pron. ● Afferrarsi, appigliarsi: *prenditi al mio braccio*. **D** v. rifl. rec. ***1*** (*fam.*) Andare d'accordo o mettersi d'accordo: *quei due non si prendono*; *è difficile che ci prendiamo sul prezzo*. ***2*** (+ *a*) Azzuffarsi, attaccarsi: *prendersi a parole, a botte, a pugni, a calci*. ***3*** (+ *per*) Afferrarsi: *prendersi per i capelli, per i risvolti della giacca*. ***4*** (+ *a*; + *in*) Cominciare reciprocamente a nutrire un determinato sentimento: *prendersi a benvolere, a noia, in antipatia, in uggia*.

prendibile [1728] agg. ● Che si può prendere, catturare, conquistare: *la fortezza non è p.* CONTR. Imprendibile.

prendibilità s. f. ● (*raro*) Condizione di ciò che è prendibile.

†**prendiménto** [av. 1276] s. m. ● Il prendere.

prendisóle [comp. di *prendere* e *sole*; 1939] **A** s. m. (pl. inv. o *-i*) ● Abito femminile estivo, privo di maniche e molto scollato: *un p. di cotone, di spugna, di seta*. **B** anche agg. inv.: *abito p.*

prenditóre [av. 1257] s. m. (f. *-trice*) ***1*** Chi (o ciò che) prende. ***2*** (*sport, raro*) Nel baseball, ricevitore. ***3*** All'atto dell'emissione di una cambiale, persona all'ordine della quale la stessa dovrà essere pagata | (*gener.*) Chi prende denaro in prestito da una banca. ***4*** (*tosc.*) †Ricevitore del lotto.

†**prenditoria** [da *prenditore*; av. 1850] s. f. ● (*tosc.*) Banco o botteghino del lotto.

prenegoziàto [comp. di *pre-* e *negoziato*; 1982] s. m. ● Fase preliminare di un negoziato.

prenóme (o *-ò-*) [vc. dotta, lat. *praenōmen*, comp. di *prae-* 'pre-' e *nōmen* 'nome'; 1389] s. m. ***1*** Nell'antica Roma, nome personale che si antepone a quello della famiglia. ***2*** Nome proprio di una persona che viene unito al cognome e serve a meglio individuare la stessa. SIN. Nome di battesimo. ***3*** †Cognome.

prenominàto [comp. di *pre-* e *nominato*; 1308] agg. ***1*** (*lett.*) Suddetto, predetto. ***2*** †Soprannominato.

♦**prenotàre** [vc. dotta, lat. *praenotāre*, comp. di *prae-* 'pre-' e *notāre* 'notare'; 1308] **A** v. tr. (*io prenòto*) ● Fissare, riservarsi in precedenza: *le ho prenotato il posto in treno*; *devo p. una camera*. **B** v. rifl. (+ *per*) ● Mettersi in nota per garantirsi qlco.: *per entrare occorre prenotarsi al numero telefonico …*; *prenotarsi per un palco, per una visita guidata*.

prenotàto [1308] part. pass. di *prenotare*; anche agg. ***1*** Fissato con una prenotazione: *posto p.* ***2*** Fornito di prenotazione: *viaggiatore p.*

prenotazióne [vc. dotta, lat. tardo *praenotatiōne(m)*, da *praenotātus* 'prenotato'; 1815] s. f. ● Accordo o contratto consistente nel fissare in precedenza qlco.: *fare, disdire, annullare una p.* | Documento che comprova tale accordo o contratto: *tenere al sicuro la p. per il teatro*.

prènsile [dal lat. *prehēnsus* 'preso'; 1804] agg. ● (*zool.*) Detto di organo animale atto ad afferrare: *coda p.*

prensilità [da *prensile*; 1971] s. f. ● Attitudine a prendere, afferrare: *la p. della coda delle scimmie*.

prensióne [vc. dotta, lat. *prehensiōne(m)*, da *prehēnsus* 'preso'; 1837] s. f. ● Presa | Azione del prendere | ***Organo di p.***, organo prensile.

†**prenunciàre** e *deriv.* ● V. *prenunziare* e *deriv.*

prenunziàre o †**prenunciàre** [vc. dotta, lat. *praenuntiāre*, comp. di *prae-* 'pre-' e *nuntiāre* 'nunziare'; av. 1342] v. tr. (*io prenùnzio*) ***1*** (*lett.*) Preannunciare. ***2*** (*lett.*) Prevedere, predire, presagire.

prenunziatóre [vc. dotta, lat. tardo *praenuntiatōre(m)*, da *praenuntiātus* 'prenunziato'; 1910] agg.; anche s. m. (f. *-trice*) ● (*lett.*) Che predice, che preannuncia.

prenùnzio o †**prenùncio** [vc. dotta, lat. *praenūntiu(m)*, comp. di *prae-* 'pre-' e *nūntius* 'nunzio'; av. 1364] agg. ● (*lett.*) Che costituisce un segno, un indizio | (*lett.*) Che preannuncia qlco.

†**prènze** (o *-é-*) ● V. †*prence*.

preoccupànte [1673] part. pres. di *preoccupare*; anche agg. ● Nei sign. del v.

♦**preoccupàre** [vc. dotta, lat. *praeoccupāre* 'occupare prima', comp. di *prae-* 'pre-' e *occupāre* 'occupare'; av. 1342] **A** v. tr. (*io preòccupo*) ***1*** Mettere o tenere in apprensione, in pensiero: *la sua assenza mi preoccupa*; *mi preoccupa che sia in ritardo*. CONTR. Rassicurare. ***2*** †Occupare anticipatamente: *la velocità … fa atto a p. i luoghi al nemico* (MACHIAVELLI) | †***P. il movimento***, rubare le mosse. ***3*** (*fig.*) †Prevenire con insinuazioni, persuasione e sim.: *p. l'animo, la mente di qlcu.* **B** v. intr. pron. ***1*** (assol.; + *per*; + *di*; + *che*) Stare in pensiero, in ansia: *preoccuparsi per la salute di qlcu., per un figlio*; *preoccuparsi delle conseguenze*; *non c'è di che preoccuparsi*; *si preoccupava che non avesse ancora telefonato*. ***2*** (+ *di*, spec. seguito da inf.; + *che* seguito da congv.) (*con valore attenuativo*) Adoperarsi, interessarsi, darsi da fare: *mi preoccupo io di avvertirli*; *il magistrato si preoccupa di non far trapelare nulla*; *il comitato si preoccupa che il verde pubblico venga protetto*.

♦**preoccupàto** [av. 1342] part. pass. di *preoccupare*; anche agg. ● Che preoccupa, che desta preoccupazione.

♦**preoccupazióne** [vc. dotta, lat. *praeoccupatiō-*

ne(m) 'precedente occupazione', da *praeoccupātus* (V. *preoccupato*); sec. XIV] **s. f.** (assol.; + *di*; + *su*; + *per*; + *che* seguito da congv.) **1** Stato d'animo, condizione di chi è in apprensione, in ansia e sim.: *mostrare a tutti la propria p.*; *p. eccessiva, esagerata*; *aumentano le preoccupazioni su un esito negativo della trattativa*; *c'è una grande p. per la situazione di incertezza*; *la p. che Gralli potesse sospettare un movente* (SVEVO) | Pensiero che provoca timore, ansietà e sim.: *la sua salute desta qualche p.* SIN. Inquietudine. **2** Persona, cosa o fatto che preoccupa: *il suo futuro è la mia p.* **3** †Precedente occupazione. **4** (*fig.*) †Preconcetto, pregiudizio.

preolimpico [comp. di *pre-* e *olimpico*; 1986] **agg.** (pl. m. *-ci*) ● Che precede un'olimpiade, detto di gara, raduno o preparazione in vista della partecipazione alle Olimpiadi: *torneo p. di basket.* SIN. Preolimpionico.

preolimpiònico [comp. di *pre-* e *olimpionico*; 1942] **agg.** (pl. m. *-ci*) ● Preolimpico.

preomèrico [comp. di *pre-* e *omerico*; 1936] **agg.** (pl. m. *-ci*) ● Anteriore a Omero: *civiltà preomeriche.*

Preominidi [vc. dotta, comp. di *pre-* e il pl. di *ominide*] **s. m. pl.** (sing. *-e*) ● Nella tassonomia animale, famiglia di Primati estinti con caratteristiche umanoidi (*Prehominidae*).

preopinànte [vc. dotta, lat. tardo *praeopinănte(m)*, part. pres. di *praeopinări* 'congetturare prima', comp. di *prae-* 'pre-' e *opinări* 'opinare'; 1798] **agg.**; anche **s. m. e f.** ● (*raro*) Che (o Chi) manifesta la propria opinione prima di altri, in una assemblea e sim.

preoràle [comp. di *pre-* e *orale*; 1958] **agg.** ● (*zool.*) Detto di organo situato anteriormente alla bocca: *appendice p.*

preordinaménto [1871] **s. m.** ● Il preordinare.

preordinàre [vc. dotta, lat. tardo *praeordinăre*, comp. di *prae-* 'pre-' e *ordinăre* 'ordinare'; av. 1342] **v. tr.** (*io preórdino*) **1** Organizzare o preparare qlco. in anticipo, rispetto al fine che si intende raggiungere: *a tale scopo abbiamo già preordinato tutti i documenti.* SIN. Predisporre, prestabilire. **2** (*lett., raro*) Predestinare.

preordinàto part. pass. di *preordinare*; anche **agg.** ● Nei sign. del v. ‖ **preordinataménte**, avv.

preordinazióne [vc. dotta, lat. tardo *praeordinatiōne(m)*, da *praeordinātus* 'preordinato'; av. 1617] **s. f.** ● Il preordinare.

prepagaménto [comp. di *pre-* e *pagamento*; 1929] **s. m.** ● Pagamento anticipato: *apparecchio telefonico a p.*

prepagàto [comp. di *pre-* e *pagato*; 1981] **agg.** ● Pagato in anticipo: *abbonamento p.*

prepalatàle [comp. di *pre-* e *palatale*; 1932] **A agg.** ● (*ling.*) In fonetica, detto di suono nella cui articolazione il dorso della lingua tocca o s'avvicina alla parte anteriore del palato duro. **B s. f.** ● (*ling.*) Suono prepalatale.

preparaménto [sec. XIV] **s. m.** ● (*lett.*) Preparazione | †Preparativo: *mostrare i preparamenti … fatti per potere ridurre la milizia negli antichi suoi ordini* (MACHIAVELLI).

preparànte part. pres. di *preparare*; anche **agg.** ● (*raro*) Che prepara.

♦**preparàre** [vc. dotta, lat. *praeparāre*, comp. di *prae-* 'pre-' e *parāre* 'preparare'; 1308] **A v. tr.** (qlcu. o qlco. + *per*, + *a*) **1** Predisporre qlco. in modo che sia pronta all'uso: *p. il letto, la tavola, il pasto*; *ha preparato un pranzetto coi fiocchi*; *p. la cantina per la vendemmia, il terreno per la semina*; *p. una soluzione, una medicina.* **2** (*fig.*) Mettere qlco. o qlcu. nelle condizioni necessarie ad affrontare una determinata situazione: *p. l'animo a una pessima notizia*; *ho cercato di prepararlo alla tua richiesta*; *p. un paziente per un intervento chirurgico* | Addestrare: *p. un atleta*; *p. i soldati alla guerra* | Esercitare, rendere pronto: *p. un ragazzo agli esami* | ***P. il terreno***, (*fig.*) porre le condizioni più opportune perché avvenga qlco. **3** Predisporre, con opere e iniziative adeguate: *p. la guerra, il contrattacco, una offensiva diplomatica*; *hanno preparato per te accoglienze incredibili*; *stanno preparando varie pubblicazioni di estremo interesse* | ***P. un esame, un concorso***, studiare in vista di un esame, di un concorso. **4** Elaborare: *p. un testo di storia, un saggio critico*; *sta preparando alcune opere di divulgazione scientifica.* **5** (*fig.*) Tenere in serbo per qlcu.: *solo Dio sa cosa ci preparano gli anni a venire.* **B v. rifl.** (+ *a*; + *per*) **1** Predisporsi a qlco. (*anche fig.*): *prepararsi a un viaggio*; *preparatevi a partire entro un'ora.* SIN. Accingersi. **2** Mettersi in grado o nelle condizioni migliori per fare qlco.: *prepararsi seriamente a una difficile prova*; *si sta preparando per andare a teatro*; *su, preparati!*; *prepararsi a sostenere uno scontro, un esame.* **C v. intr. pron.** ● Essere in procinto di manifestarsi: *si preparano annate di carestia*; *quando il cielo è così scuro si prepara una tempesta.*

preparativo [sec. XIV] **A agg.** ● (*raro*) Preparatorio. **B s. m.** ● (*spec. al pl.*) Tutto ciò che è necessario fare o preparare per realizzare qlco.: *i preparativi del viaggio, di una festa.*

preparàto [sec. XII] **A part. pass.** di *preparare*; anche **agg.** **1** Predisposto, approntato. **2** Che conosce e sa svolgere alla perfezione una data attività: *un tecnico serio e p.*; *è uno studioso molto p. nel suo campo.* **B s. m.** **1** Prodotto di laboratorio con proprietà cosmetiche o farmacologiche: *p. in polvere.* **2** ***P. anatomico***, dissezione sul cadavere o su parti di esso per accertarne le caratteristiche anatomiche.

preparatóre [vc. dotta, lat. tardo *praeparatōre(m)*, da *praeparātus* 'preparato'; sec. XV] **agg.**; anche **s. m.** (f. *-trice*) ● Che (o Chi) prepara: *p. atletico.*

preparatòrio [vc. dotta, lat. tardo *praeparatōriu(m)*, da *praeparātor*, genit. *praeparatōris* 'preparatore'; 1353] **agg.** ● Che prepara, che serve a preparare: *attività preparatoria di qlco.*; *lezioni preparatorie* | (*dir.*) ***Lavori preparatori***, nella prassi parlamentare, il complesso degli atti che precedono e accompagnano l'elaborazione di un testo di legge.

♦**preparazióne** [vc. dotta, lat. *praeparatiōne(m)*, da *praeparātus* 'preparato'; 1319] **s. f.** **1** Realizzazione di quanto è necessario perché qlco. sia pronto allo scopo e all'uso voluti: *iniziare, completare la p. di qlco.* | ***P. alla messa***, preghiere che il sacerdote cattolico recita prima di celebrare la messa. **2** Complesso di nozioni teoriche acquisite che permettono di fare qlco.: *un giovane dotato di ottima p. tecnica, letteraria, giuridica*; *essere privo della necessaria p.* **3** Addestramento cui ci si sottopone o al quale si è sottoposti in previsione di una determinata attività: *la p. agli esami, a un concorso*; *provvedere alla p. atletica dei giovani.* **4** ***P. anatomica***, dissezione di un organo o apparato a scopo didattico. **5** (*mil.*) ***P. d'artiglieria***, azione di fuoco complessa effettuata prima dell'inizio dell'attacco per diminuire la capacità difensiva del nemico. **6** Fase iniziale delle lavorazioni industriali. **7** (*mus.*) In armonia e contrappunto, procedimento per introdurre e attenuare le dissonanze.

†**prepensàre** [comp. di *pre-* e *pensare*] **v. tr. e intr.** ● Pensare in anticipo.

prepensionaménto [comp. di *pre-* e *pensionamento*; 1983] **s. m.** ● Pensionamento anticipato.

preponderànte [1673] part. pres. di *preponderare*; anche **agg.** ● Predominante, prevalente | Molto più numeroso: *le preponderanti forze nemiche.*

preponderànza [da *preponderante*; av. 1667] **s. f.** ● Maggioranza, prevalenza, superiorità: *la p. dei voti*; *notare una certa p. delle parole straniere*; *la p. del nemico*; *qui è chiara la p. della passione sulla riflessione.*

preponderàre [vc. dotta, lat. *praeponderāre* 'pesare di più', comp. di *prae-* 'pre-' e *ponderāre* 'pesare' (V. *ponderare*); 1540] **v. intr.** (*io prepòndero*; aus. *avere*) ● (*raro*) Prevalere.

prepórre [lat. *praepōnere*, comp. di *prae-* 'pre-' e *pōnere* 'porre'; sec. XIII] **v. tr.** (coniug. come *porre*) **1** Porre innanzi: *p. il cognome al nome.* SIN. Premettere. **2** Mettere a capo: *p. un ufficiale al comando di un reggimento*; *p. qlcu. all'amministrazione della città, al governo dello stato.* **3** (*fig.*) Preferire: *p. qlcu. ad altri*; *p. la lettura a ogni altro passatempo.*

prepositàle [1871] **agg.** ● Di preposito, di prepositura.

prepositivo [vc. dotta, lat. tardo *praepositīvu(m)*, da *praepŏsitus* 'preposto'; av. 1565] **agg.** ● (*ling.*) Detto di parte del discorso che si prepone a un'altra | ***Locuzione prepositiva***, che funge da preposizione.

prepòsito [sec. XIV] **A** †part. pass. di *preporre*; anche **agg.** ● †Posto a capo. **B s. m.** **1** Nella Roma imperiale, rappresentante di un potere superiore posto temporaneamente a capo di una collettività o di uno speciale servizio, al di fuori dei quadri generali dell'amministrazione o dell'esercito. **2** (*relig.*) Ecclesiastico che regge una prepositura. SIN. Preposto, prevosto. **3** †Capo, guida.

prepositùra [vc. dotta, lat. tardo *praepositūra(m)*, da *praepŏsitus* 'preposto'; av. 1348] **s. f.** ● (*relig.*) Ufficio, dignità, sede di parroco con speciali privilegi, in alcuni luoghi | Dignità canonicale in alcuni capitoli | Ufficio di superiore in alcune congregazioni religiose.

prepositurale [1820] **agg.** ● Relativo a prepositura o a prevosto: *chiesa p.*

preposizionàle [1969] **agg.** ● (*ling.*) Di preposizione | Prepositivo.

preposizióne [vc. dotta, lat. *praepositiōne(m)*, da *praepŏsitus* 'preposto'; av. 1472] **s. f.** **1** (*raro*) Il preporre. **2** (*ling.*) Parte invariabile del discorso che indica la relazione di una parola con un'altra | ***Preposizioni improprie*** o ***avverbiali***, che possono fungere da avverbi (ad es. *dopo, davanti*, ecc.) | ***Preposizioni articolate***, congiunte con l'articolo (ad es. *al, del, sulle*, ecc.).

prepossènte [comp. di *pre-* e *possente*, sul modello di *prepotente*; 1683] **agg.** ● (*lett.*) Di estremo potere | (*lett.*) Inesorabile.

†**prepòstero** [vc. dotta, lat. *praepŏsteru(m)*, comp. di *prae-* 'pre-' e *pŏsterus* (V. *postero*); av. 1498] **agg.** **1** Inverso, rovescio. **2** (*fig.*) Inopportuno. ‖ †**preposteraménte**, avv. A rovescio.

prepósto [av. 1364] **A** part. pass. di *preporre*; anche **agg.** (+ *a*) **1** Posto a capo di qlco.: *magistrato p. alle indagini*; *ente p. al monitoraggio dell'attività sismica.* **2** Messo davanti o prima di qlco. **B s. m.** **1** (*relig.*) Chi ha dignità o ufficio di prepositura. SIN. Prevosto, preposito. **2** (*dir.*) Chi è posto a capo di un organo o ufficio. **3** (*raro*) Sovrintendente. **4** †Governatore di città o provincia.

♦**prepotènte** [vc. dotta, lat. *praepotĕnte(m)*, comp. di *prae-* 'pre-' e *pŏtens*, genit. *potĕntis* 'potente'; 1441] **A agg.** **1** (*lett.*) Che è superiore ad altri per potenza: *non … havere rispetto a Francia o a Spagna … né di alcun altro che fosse p. in Italia* (MACHIAVELLI). **2** (*fig.*) Violento e irresistibile: *bisogno, desiderio p.*; *superare gli altri con slancio p., con uno scatto p.* ‖ **prepotenteménte**, avv. In modo prepotente. **B agg.**; anche **s. m. e f.** ● Che (o Chi) impone agli altri, con la forza o con l'arroganza, la propria volontà: *ragazzo capriccioso e p.*; *smetti di fare il p.* SIN. Autocrate, soverchiatore. ‖ **prepotentàccio**, pegg. | **prepotentèllo**, dim. | **prepotentóne**, accr. | **prepotentùccio**, dim.

prepotènza [vc. dotta, lat. tardo *praepotĕntia(m)*, nel senso di 'onnipotenza', da *praepotens*, genit. *praepotĕntis* 'prepotente'; 1667] **s. f.** **1** Carattere, natura di chi è prepotente: *la sua p. non ha limiti*; *agire con p.*; *strappare qlco. a qlcu. con p.* | ***Di p.***, con forza, con decisione. SIN. Arroganza, braveria. CONTR. Mitezza. **2** Atto, comportamento e sim. da prepotente: *è una p. bella e buona*; *prepotenze e orrendi crimini per parte di signorotti e dei loro bravi* (CROCE). SIN. Soperchieria, sopruso. **3** (*raro, fig.*) Impulso incontrollabile, forza, intensità: *la p. di un sentimento*; *la p. dell'istinto.*

prepotére [comp. di *pre-* e *potere*; 1849] **s. m.** ● (*spec. lett.*) Potere eccessivo, sopraffazione: *il p. delle truppe occupanti.*

preppy /ˈprɛppi, *ingl.* ˈpʰɹɛpi/ [vc. dello slang studentesco statunitense, da *prep(aratory) (school)* '(scuola) preparatoria' col suff. *-y*; 1983] **A s. m. e f. inv.** (pl. ingl. *preppies*) **1** Studente che, in alcuni Paesi anglosassoni, prepara privatamente l'ammissione ai livelli successivi della scuola pubblica. **2** (*est.*) Giovane economicamente agiato, che ama distinguersi per atteggiamenti perbenistici e capi di abbigliamento sobri e classici, spesso firmati. **B agg. inv.** ● Relativo ai preppy e ai loro gusti: *moda p.*

preprint /preˈprint, *ingl.* ˈpʰɹiːˌpɹɪnt/ [vc. ingl., propr. 'prestampa'] **s. m. inv.** ● Estratto provvisorio e parziale di un'opera a stampa, diffuso in anticipo rispetto alla pubblicazione definitiva dell'opera stessa.

prepùbere o **prepuberàle** [comp. di *pre-* e *pubere*; 1930] **agg.** ● Relativo alla prepubertà.

prepubertà [comp. di *pre-* e *pubertà*; 1958] **s. f.** ● Periodo precedente la pubertà.

prepuziàle [da *prepuzio*; 1932] **agg.** ● (*anat.*)

Del prepuzio.
prepùzio [vc. dotta, lat. *praepūtiu(m)*, da *prae-* 'pre-'; la seconda parte del n. non è facilmente analizzabile; av. 1364] **s. m.** ● (*anat.*) Piega epiteliale che ricopre il glande. ➡ ILL. p. 2124 ANATOMIA UMANA.
prequòio ● V. *procoio*.
preraffaellismo [da *preraffaellita*; 1896] **s. m.** ● La corrente artistica dei preraffaelliti.
preraffaellita o **preraffaellista** [ingl. *Pre-Raphaelite*, comp. di *pre-* 'pre-' e *Raphael* 'Raffaello', con suff. agg.; 1886] **A s. m. e f.** (pl. m. *-i*) ● Appartenente a un gruppo di pittori e poeti inglesi della metà del sec. XIX, che prediligevano e imitavano l'arte prerinascimentale per la sua semplicità. **B agg.** ● Relativo ai preraffaelliti e al preraffaellismo.
preraffreddaménto [comp. di *pre-* e *raffreddamento*; 1958] **s. m.** ● Operazione consistente nel raffreddare, in appositi magazzini frigoriferi, sostanze deperibili, spec. alimentari, allo scopo di prepararne il trasporto frigorifero.
preraffreddàre [comp. di *pre-* e *raffreddare*; 1958] **v. tr.** (*io preraffréddo*) ● Sottoporre a preraffreddamento.
preregistràre [comp. di *pre-* e *registrare*; 1985] **v. tr.** ● Registrare un programma radiofonico o televisivo per mandarlo in onda in un momento successivo.
preregistràto [comp. di *pre-* e *registrato*; 1988] **part. pass.** di *preregistrare*; anche **agg.** ● Registrato in precedenza.
prerequisito [comp. di *pre-* e *requisito*; sec. XVIII] **s. m.** ● Qualità, condizione o conoscenza minima di base che si ritiene indispensabile ma non sufficiente per aspirare a un obiettivo, spec. scolastico: *verifica dei prerequisiti per l'apprendimento della matematica nella prima media.*
prerinascimentàle [comp. di *pre-* e *rinascimentale*; 1963] **agg.** ● Che precede il Rinascimento.
preriscaldaménto [comp. di *pre-* e *riscaldamento*; 1949] **s. m.** ● Primo riscaldamento parziale cui vengono sottoposte certe sostanze, gener. sfruttando il calore di liquidi o gas caldi che debbono venir raffreddati | **P. dell'acqua o dell'aria**, nelle caldaie col calore dei fumi | **P. di sostanze alimentari**, prima che siano chiuse in scatola e sterilizzate.
preriscaldàre [comp. di *pre-* e *riscaldare*; 1963] **v. tr.** ● Sottoporre a preriscaldamento.
preriscaldatóre [da *preriscaldare*; 1942] **s. m.** ● Apparecchio per il preriscaldamento.
prerogativa [vc. dotta, lat. *praerogatīva(m)* 'centuria che votava per prima nei comizi centuriati', poi 'preferenza, scelta', perché normalmente le altre centurie si uniformavano alla scelta fatta dalla prima; f. sost. di *praerogatīvus* 'interrogato del proprio parere prima degli altri', da *prāe rogātus* 'interrogato prima' (V. *pre-* e *rogato*); av. 1290] **s. f. 1** Nel diritto romano, centuria che, nei comizi centuriati, votava per prima. **2** Vantaggio speciale concesso per legge al titolare di una carica pubblica: *prerogative parlamentari, diplomatiche.* **3** (*est.*) Caratteristica peculiare e tipica di qlcu. o qlco.: *elencare le prerogative di un nuovo medicinale*; *la franchezza è la sua principale p.* **4** †Prosopopea, arroganza.
preromànico [comp. di *pre-* e *romanico*; 1964] **agg.** (pl. m. *-ci*) ● Detto delle forme artistiche che precedettero la fioritura dello stile romanico: *chiesa con elementi architettonici preromanici.*
preromàno [comp. di *pre-* e *romano*; av. 1907] **agg.** ● Detto di manifestazioni culturali, politiche, sociali e sim., anteriori, in una data regione, alla conquista romana: *studi sui reperti archeologici preromani della Provenza.*
preromanticismo [comp. di *pre-* e *romanticismo*; 1902] **s. m.** ● Insieme di tendenze intellettuali e artistiche che nella seconda metà del XVIII sec. anticiparono atteggiamenti tipici del romanticismo.
preromàntico [comp. di *pre-* e *romantico*; 1897] **A agg.** (pl. m. *-ci*) ● Del preromanticismo. **B s. m.** (f. *-a*) ● Artista che prelude al romanticismo.
preromànzo [comp. di *pre-* e *romanzo*; 1925] **agg.** ● Detto di fatto linguistico antecedente alla nascita delle lingue romanze. SIN. Protoromanzo.
preruòlo [comp. di *pre-* e *ruolo*] **A s. m. inv.** ● Nella Pubblica Amministrazione, periodo o condizione precedente all'entrata in ruolo. **B** anche **agg. inv.**: *servizio p.*
†prerùtto [vc. dotta, lat. *praerŭptu(m)* 'scosceso, dirupato', part. pass. di *praerŭmpere* 'rompere, spezzare', comp. di *prae-* 'pre-' e *rŭmpere* 'rompere'] **agg.** ● Dirupato: *dalla sommità de' monti si scendeva per precipizii molto prerutti* (GUICCIARDINI).
♦**présa** [f. sost. di *preso*; sec. XIII] **s. f. 1** Modo e atto del prendere, dell'afferrare: *una forte p.*; *allentare, lasciare la p.* | **Venire alle prese con qlcu.**, (*fig.*) cominciare a contendere | (*fig.*) **Essere alle prese con qlco.**, cimentarsi con qlco. di particolarmente difficile o impegnativo. **2** Atto con cui il cane da caccia, spec. da seguito, immobilizza un selvatico coi denti: *cane da p.* **3** Stretta, morsa: *la p. delle tenaglie è fortissima*; *allentare la p. delle pinze* | **Far p.**, detto di determinati oggetti, mordere: *l'ancora fa p. sul fondo*; detto di materiali che devono indurire, rapprendersi, stringendo o unendo vari corpi: *la colata comincia a far p.*; *cemento a p. rapida*; detto di piante, attecchire: *i nuovi innesti non hanno fatto p.*; (*fig.*) colpire, impressionare: *notizie che fanno p. sul grosso pubblico.* **4** Tutto ciò che serve per prendere, per afferrare: *la p. del coperchio, del catenaccio* | (*est.*) Appiglio: *cercare con la mano una buona, una solida p.* | **Dar p.**, (*fig.*) fornire l'occasione e il pretesto a, per qlco.: *dar p. alle critiche.* **5** Presina da cucina. **6** Dispositivo di una rete di distribuzione, che consente di prelevare un fluido: *p. d'acqua*; *chiudere la p. del gas* | **P. d'aria**, l'imboccatura, protetta o no da un filtro, attraverso cui un motore a combustione interna o un compressore preleva l'aria; l'apertura a grata nel muso degli autoveicoli o altrove, attraverso cui l'aria entra nel vano motore o nell'abitacolo | (*mecc.*) **P. diretta**, condizione del cambio di velocità in cui il moto passa direttamente dall'albero d'entrata a quello d'uscita senza riduzione a opera degli ingranaggi. **7** (*elettr.*) Dispositivo, spec. fissato al muro, entro il quale viene inserita una o più spine | **P. di corrente elettrica**, punto di un circuito elettrico di alimentazione predisposto per eseguire un collegamento scomponibile con un apparecchio utilizzatore | **P. di terra**, conduttore mediante il quale si realizza il collegamento a terra di un'apparecchiatura elettrica. **8** Piccola quantità di una sostanza, spec. in polvere, che si può prendere in una volta con la punta delle dita: *una p. di sale, di origano, di tabacco.* **9** Nel calcio, l'azione del portiere che blocca con le mani il pallone tirato in porta: *p. alta, a terra* | Nella lotta, judo e sim., l'azione di un atleta che afferra l'avversario con le mani o lo serra con le braccia o le gambe | In ginnastica, saldo contatto di una parte del corpo con l'attrezzo: *p. addominale.* **10** In alcuni giochi a carte, atto di prendere una o più carte in tavola calando la propria | Nel gioco della dama o degli scacchi, cattura di una pedina, di un pezzo dell'avversario. **11** Occupazione, espugnazione, conquista: *la p. della Bastiglia, di Sebastopoli* | (*raro*) Cattura: *la p. dei prigionieri.* **12** (*raro*) Preda: *fare una buona p.* **13** Nei casi seguenti, il sign. del termine è determinato dal complemento che lo accompagna: **p. in giro**, (*volg.*) **p. per il culo**, canzonatura; imbroglio, truffa | **P. di posizione**, (*fig.*) dichiarazione esplicita del proprio atteggiamento favorevole o sfavorevole a qlcu. o a qlco. | **P. di possesso**, l'atto con cui si acquista la disponibilità materiale di qlco. | **P. di distanza**, dichiarazione con cui ci si differenzia dalle opinioni o dagli atteggiamenti altrui | **P. d'atto**, riconoscimento formale di un fatto o di un'attività compiuta da altri; (*est.*) constatazione | **P. in considerazione**, esame del merito di una proposta o sim. | **P. di coscienza**, V. *coscienza*. **14** (*cine*) Complesso delle operazioni con cui, mediante apposite macchine, vengono fissate sulla pellicola le scene di un film: *macchina da p.* | **P. diretta dei suoni**, registrazione sonora contemporanea alla ripresa cinematografica | **In p. diretta**, detto di ciò che viene ripreso, spec. con mezzi televisivi, nel corso del suo svolgimento: *l'incontro sarà trasmesso in p. diretta.* || **presèlla**, dim. | **presìna**, dim. (V.) | **presìno**, dim. m. | **presolìna**, dim. | **presóna**, accr.
presagìbile **agg.** ● (*raro*) Che si può presagire.
presagiménto [1858] **s. m.** ● (*lett.*) Presagio.
presàgio [vc. dotta, lat. *praesāgiu(m)*, da *praesāgus* 'presago'; av. 1374] **s. m. 1** Segno premonitore: *tristi presagi di guerra* | Presentimento: *avere il cuore colmo di cattivi presagi.* **2** Previsione, profezia: *trarre i presagi dal volo degli uccelli.*
presagìre [vc. dotta, lat. *praesagīre*, comp. di *prae-* 'pre-' e *sagīre* 'avere fine odorato' (V. *sagace*); 1441] **v. tr.** (*io presagìsco, tu presagìsci*) **1** Presentire: *p. una tragedia, un disastro*; *mi pare di p. qlco. di nuovo.* **2** Prevedere, pronosticare: *p. il futuro*; *tutto lasciava p. la crisi.*
presàgo [vc. dotta, lat. *praesāgu(m)*, comp. di *prae-* 'pre-' e *sāgus* 'presago' (V. *saga (2)*); 1321] **agg.** (pl. m. *-ghi*) ● (*lett.*) Che ha presentimento degli eventi futuri, che sente e prevede l'avvenire: *cuore p.*; *egli era quasi p. della sua sorte*; *presaga e certa ormai di sua fortuna* (ARIOSTO).
presalàrio [comp. di *pre-* e *salario*; 1960] **s. m.** ● Sussidio economico corrisposto allo studente universitario meritevole e privo di mezzi.
presàme [da *preso*, perché fa *rapprendere* il latte; av. 1292] **s. m. 1** Caglio. **2** Carciofo selvatico.
presantificàto [comp. di *pre-* e *santificato*; 1696] **agg.** ● Santificato prima, detto spec. delle ostie che si consacrano nei giorni precedenti il venerdì santo e con le quali si comunicano i fedeli nella messa celebrata il venerdì santo.
†presapére [comp. di *pre-* e *sapere*; calco sul lat. *praescīre* (V. †*prescire*)] **v. tr.** ● Preconoscere, presentire.
presbiacusìa o **presbiacusì** [comp. del gr. *présbys* 'vecchio' (di orig. indeur.) e *ákousis* 'udito' (da *akóuein* 'udire'. V. *acustico*) col suff. *-ia*; 1940] **s. f.** ● (*med.*) Diminuzione progressiva delle capacità uditive tipica della senescenza.
presbiofrenìa [comp. del gr. *présbys* 'vecchio' (V. precedente) e *phrḗn*, genit. *phrenós* 'mente' (V. *frenesia*); 1933] **s. f.** ● (*med.*) Demenza senile in cui predominano i disturbi della memoria.
presbiopìa [comp. del gr. *présbys* 'vecchio' (V. *presbiacusi*) e *-opia*; 1821] **s. f.** ● (*med.*) Difetto del potere di accomodazione dell'occhio dovuto a perdita di elasticità del cristallino, comunemente per vecchiaia, per cui si vedono gli oggetti lontani meglio dei vicini. SIN. Presbitismo.
prèsbite [vc. dotta, gr. *presbýtēs* 'vecchio', poi 'presbite', da *présbys* 'vecchio' (V. *presbiacusi*); perché è un difetto tipico delle persone anziane; 1672] **agg.**; anche **s. m. e f.** ● Che (o Chi) è affetto da presbiopia.
presbiteràle [dal lat. tardo *prĕsbyter* 'prete' (V.); 1363] **agg.** ● Concernente il presbitero, il presbiterato.
presbiteràto [vc. dotta, lat. tardo *presbyterātu(m)*, da *prĕsbyter* 'prete' (V.); av. 1292] **s. m.** ● Sacerdozio cattolico | Ultimo ordine maggiore consistente nell'ordinazione sacerdotale, nella gerarchia ecclesiastica cattolica | Ordine dei cardinali preti.
presbiterianésimo o **presbiterianismo** [ingl. *Presbyterianism*, da *Presbyterian* 'presbiteriano'; 1822] **s. m.** ● Dottrina e carattere organizzativo delle Chiese protestanti di origine calvinista e puritana, nelle quali il governo è affidato al consiglio di laici e di ecclesiastici.
presbiteriàno [ingl. *Presbyterian*, da *presbytery* 'presbiterio' (V.), nel senso di 'collegio dei preti'; 1654] **A agg.** ● Relativo al presbiterianesimo: *Chiesa presbiteriana.* **B s. m.** (f. *-a*) ● Seguace della Chiesa presbiteriana.
presbitèrio [vc. dotta, lat. tardo *presbytĕriu(m)* 'collegio dei preti', dal gr. *presbytérion* 'consiglio degli anziani', da *présbys* 'vecchio' (V. *presbiacusi*); sec. XIV] **s. m. 1** (*arch.*) Parte della chiesa circostante l'altare maggiore, sopraelevata di alcuni gradini e recintata da balaustra, riservata al clero officiante. **2** (*est.*) Casa parrocchiale contigua alla chiesa. **3** Nell'antico linguaggio ecclesiastico, dignità sacerdotale, sacerdozio | Collegio presbiterale di una chiesa, retto dal vescovo e trasformatosi in capitolo nelle varie chiese, in collegio cardinalizio in Roma. **4** Nell'organizzazione delle chiese presbiteriane, raggruppamento di membri della chiesa, superiore alla congregazione locale e inferiore al sinodo e all'assemblea generale.
prèsbitero [vc. dotta, gr. *presbýteros*. V. *prete*; sec. XII] **s. m.** ● In origine, ciascuno degli anziani, che, secondo gli Atti degli Apostoli, reggevano e amministravano le prime comunità cristiane; in seguito, prete, sacerdote, ministro, anche nelle comunità cristiane riformate ed evangeliche.
presbitismo [comp. di *presbite* e *-ismo*; 1871] **s.**

m. ● (*med.*) Presbiopia.

presceglìere [comp. di *pre-* e *scegliere*; calco sul lat. tardo *praeelĭgere* (V. †*preeleggere*); av. 1729] v. tr. (coniug. come *scegliere*) ● Scegliere con cura ciò che appare migliore, preferibile rispetto ad altri: *abbiamo prescelto la vostra ditta per le nostre forniture; lo hanno prescelto per una carica direttiva, a un ufficio, come dirigente.* SIN. Anteporre, preeleggere.

prescélto A part. pass. di *presceglìere*; anche agg. ● Nel sign. del v. **B** s. m. (f. *-a*) ● Chi è stato preferito ad altri: *i prescelti dovranno ripresentarsi tra dieci giorni.*

prèscia [lat. parl. **prĕssia(m)* 'fretta', da *pressāre* 'premere' (V. *pressare*); sec. XIV] s. f. (pl. *-sce*, raro) ● (*region.*) Fretta | ***Andare di p.***, avere molta fretta.

presciènte /preʃˈʃɛnte, -ʃiˈɛ-/ [vc. dotta, lat. *praesciĕnte(m)*, part. pres. di *praescīre* 'prescire'; 1611] agg. ● (*lett.*) Che conosce il futuro.

presciènza /preʃˈʃɛntsa, -ʃiˈɛ-/ o †**presciènzia** /preʃˈʃɛntsja, -ʃiˈɛ-/ [lat. tardo *praesciĕntia(m)*, da *prāesciens*, genit. *praesciĕntis* 'presciente'; av. 1290] s. f. **1** Cognizione che Dio, esente da ogni limite di tempo, ha del futuro: *l'accordo della p. col libero arbitrio è una delle concezioni più difficili e astruse* (DE SANCTIS). **2** Conoscenza anticipata del futuro, capacità di prevedere l'avvenire.

presciìstica [comp. di *pre-* e del f. sost. di *sciistico*] s. f. ● Insieme degli esercizi preparatori alla pratica dello sci.

presciìstico [comp. di *pre-* e *sciistico*; 1970] agg. (pl. m. *-ci*) ● Relativo alla presciistica: *esercizio p.*

prescìndere [vc. dotta, lat. *praescĭndere* 'tagliare davanti, separare', comp. di *prae-* 'pre-' e *scĭndere* 'dividere, separare'; 1673] v. intr. (pass. rem. *io prescindéi* o *prescindètti* (o *-étti*), raro *prescissi*, *tu prescindésti*; part. pass. *prescisso*, raro; aus. *avere*) ● Fare astrazione da ciò che non si ritiene rilevante: *p. dai commenti, dalle critiche, dalle osservazioni banali* | ***Prescindendo da, a p. da***, lasciando da parte, non considerando: *a p. dalla morale*; *prescindendo dalle sue opinioni personali.* SIN. Eccettuare. CONTR. Includere.

†**prescìre** [vc. dotta, lat. *praescīre*, comp. di *prae-* 'pre-' e *scīre* 'sapere' (V. *scienza*)] v. tr. (difett. usato solo all'inf., al part. pres. *presciènte* /preʃˈʃɛnte, -ʃiˈɛ-/, al part. pass. *prescito* e al ger. *prescièndo* /preʃˈʃɛndo, -ʃiˈɛ-/) ● Sapere anticipatamente | ***P. il futuro***, presagirlo.

prescisso part. pass. di *prescindere* ● (*raro*) Nel sign. del v.

presciùtto ● V. *prosciutto.*

prescolàre [comp. di *pre-* e *scolare* (2); 1963] agg. ● Prescolastico.

prescolàstico [comp. di *pre-* e *scolastico*; 1932] agg. (pl. m. *-ci*) ● Che precede l'età scolare: *età, istruzione prescolastica.*

prescrittìbile [da *prescritto*; 1673] agg. ● (*dir.*) Che può essere soggetto a prescrizione: *diritto p.*

prescrittibilità [av. 1835] s. f. ● (*dir.*) Condizione di ciò che è prescrittibile.

prescrittìvo [vc. dotta, lat. *praescriptīvu(m)*, da *praescrīptu(m)*, part. pass. di *praescrībere* 'prescrivere'; 1673] agg. **1** Che ordina, prescrive: *regolamento p.* **2** Normativo: *grammatica prescrittiva.*

prescrìtto [1321] part. pass. di *prescrivere*; anche agg. **1** Imposto, ordinato: *abbiamo dovuto aspettare i nove mesi prescritti dalla legge* (PIRANDELLO) | (*est., lett.*) Stabilito, fissato. **2** (*dir.*) Caduto in prescrizione: *reato p.* **3** †Suddetto.

prescrìvere [vc. dotta, lat. *praescrībere*, comp. di *prae-* 'pre-' e *scrībere* 'scrivere'; 1321] **A** v. tr. e †intr. (coniug. come *scrivere*) **1** Ordinare, disporre secondo certi criteri o certe norme: *p. una medicina, una cura, una dieta; la legge prescrive che ...; il regolamento non prescrive questo.* **2** (*lett.*) Imporre: *a noi prescrisse / il fato illacrimata sepoltura* (FOSCOLO). **3** (*dir.*) Mandare in prescrizione: *p. un diritto, una pena.* **B** v. intr. pron. ● (*dir.*) Cadere in prescrizione: *il reato si prescrive dopo 10 anni.*

prescrivìbile agg. **1** Che può essere prescritto, spec. in campo medico: *medicina p.* **2** (*raro*) Prescrittibile.

prescrizionàle [1950] agg. ● (*dir.*) Di prescrizione, spec. nella loc. ***termine p.***, termine entro il quale un delitto o una pena cadono in prescrizione.

prescrizióne [vc. dotta, lat. *praescriptiōne(m)*, da *praescrīptus* 'prescritto'; av. 1303] s. f. **1** Il prescrivere | Norma, regola, precetto: *le prescrizioni della Chiesa, della morale.* **2** Ogni disposizione data dal medico rispetto a una terapia | Ricetta medica | In una ricetta, l'elenco dei vari medicinali prescritti e della relativa posologia. **3** (*dir.*) In materia civile, estinzione di un diritto quando il titolare non lo esercita per il tempo determinato dalla legge: *cadere in p.* | ***P. acquisitiva***, usucapione | In materia penale, decorso del tempo che opera come causa estintiva del reato o della pena a seconda che il termine indicato dalla legge si compia prima o dopo il passaggio in giudicato della sentenza di condanna. || **prescrizioncèlla**, dim.

†**presedére** e *deriv.* ● V. *presiedere* e *deriv.*

presegnalàre [comp. di *pre-* e *segnalare*; 1963] v. tr. ● Segnalare in precedenza | (*est.*) Segnalare con opportuno anticipo: *p. una macchina ferma a una curva.*

presegnalazióne [comp. di *pre-* e *segnalazione*; 1963] s. f. ● Segnalazione anticipata.

presegnàle [comp. di *pre-* e *segnale*; 1963] s. m. ● Qualsiasi segnale che, nel tempo o nello spazio, ne precede un altro e avverte dell'approssimarsi di questo.

preselettóre [comp. di *pre-* e *selettore*; 1958] s. m. ● (*tecnol.*) Dispositivo che compie o che serve a compiere una preselezione.

preselezionàre [comp. di *pre-* e *selezionare*; 1963] v. tr. (*io preselezióno*) ● Selezionare in precedenza.

preselezióne [comp. di *pre-* e *selezione*; 1958] s. f. **1** Selezione preliminare: *la p. dei concorrenti; gare di p.* **2** (*tecnol.*) Sistema che permette di selezionare anticipatamente una delle diverse operazioni che un apparecchio può compiere, affinché tale operazione si compia automaticamente a tempo debito | In alcuni tipi di cambi di velocità per autoveicoli, predisposizione del cambiamento di rapporto mediante lo spostamento della leva di comando; la manovra vera e propria avviene automaticamente al successivo azionamento del pedale della frizione. **3** ***P. delle correnti di traffico***, instradamento del traffico veicolare lungo corsie differenziate a seconda della destinazione.

presèlla [da *presa*; 1804] s. f. **1** Parte della briglia che nel cavalcare si tiene stretta in mano. **2** Strumento di ferro o d'acciaio che, nella lavorazione a caldo dei metalli, si interpone fra il martello e il pezzo da lavorare. **3** Tipo di morsetto per uno o più cavi costituito da due piastre scanalate unite da bulloni. **4** †Piccolo appezzamento di terreno messo a coltura.

presellàre v. tr. (*io presèllo*) ● Cianfrinare.

presellatùra [da *presella*] s. f. ● Cianfrinatura.

presémina [comp. di *pre-* e *semina*] s. f. ● (*agr.*) Insieme delle attività agricole che vengono svolte in preparazione della semina.

presenìle [comp. di *pre-* e *senile*; 1935] agg. ● (*med.*) Che si manifesta prima dell'età senile.

presentàbile [da *presentare*, sul modello del fr. *présentable*; 1871] agg. ● Che si può presentare | (*est.*) Che si può mostrare o esibire senza vergognarsene: *un abito povero ma p.* | ***Appena p.***, appena decente | ***Non p.***, indecoroso.

presentabilità [1940] s. f. ● (*raro*) Caratteristica di chi (o di ciò che) è presentabile.

†**presentàneo** [vc. dotta, lat. *praesentāneu(m)*, da *prāesens*, genit. *praesĕntis* 'presente'; 1499] agg. ● Rapido, istantaneo. || †**presentaneaménte**, avv. In modo presentaneo.

♦**presentàre** [vc. dotta, lat. *praesentāre*, da *praesens*, genit. *praesĕntis* 'presente'; sec. XIII] **A** v. tr. (*io presènto*) **1** Far vedere a qlcu., sottoporre alla vista, all'esame o al giudizio di qlcu. (*anche fig.*): *p. una lettera, un documento, un saggio; presentarono al ministro un ordine del giorno; presenterò la vostra proposta all'assemblea; il critico ti dèe p. il mondo poetico rifatto ed illuminato da lui con piena coscienza* (DE SANCTIS) | Consegnare: *p. la sfida, una citazione.* **2** (*fig.*) Prospettare, offrire: *questa soluzione presenta dei rischi; è un affare che presenta numerosi vantaggi, svantaggi.* **3** Porgere (*anche fig.*): *p. un dono; p. gli ossequi, i saluti, gli omaggi* | ***Presenterò!***, riferirò a chi di dovere i saluti e sim. | ***P. le armi***, sulla posizione di attenti, portare l'arma verticalmente davanti al corpo, col braccio sinistro disteso e il destro piegato, in segno di onore | †***P. battaglia***, mettere le schiere in ordine di combattimento, provocando il nemico | †Regalare | †***P. alcuno di qlco.***, fargli un dono, un presente. **4** Esporre: *la campagna presenta il suo aspetto autunnale; il soffitto presenta delle macchie d'umidità.* **5** Mostrare al pubblico: *p. un nuovo modello d'automobile, le ultime novità librarie; p. qlco. in una esposizione, alla fiera campionaria* | Esibire in pubblico, spec. per dare spettacolo: *il domatore presenta quattro nuovi leoni; p. il nuovo corpo di ballo* | Condurre uno spettacolo facendo da presentatore: *p. il festival.* **6** Proporre, avanzare: *p. la propria candidatura.* **7** Far conoscere qlcu. ad altra persona: *le presento mio cugino; ho il piacere di presentarle il direttore generale; presentami ai tuoi amici; desidero essere presentato a tua sorella* | (*est.*) Introdurre in un ambiente, raccomandare a qlcu.: *p. qlcu. in società, in famiglia, al circolo.* **B** v. rifl. **1** Recarsi di persona: *presentarsi al generale, al distretto, in comune, in questura, al magistrato, in tribunale.* **2** Comparire in giudizio, venire alla presenza di un organo giudiziario. **3** Farsi vedere: *si è presentato vestito in modo indecente; non ti vergogni a presentarti così?* | ***Presentarsi bene, male*** e sim., di persona che produce buona o cattiva impressione. **4** Offrirsi: *si è presentato per sostituire un dipendente malato.* **5** Farsi conoscere, dicendo il proprio nome: *permetta che prima io mi presenti.* **C** v. intr. pron. **1** Capitare, occorrere, accadere: *si presentò un caso stranissimo.* **2** Offrirsi, prospettarsi: *non so se mi si presenterà ancora una simile occasione; la decisione dipende da come si presenteranno le cose* | ***Presentarsi alla mente***, di idea o pensiero che si manifesta all'improvviso. **3** Apparire, mostrarsi: *il problema si presenta grave; l'affare non si presenta troppo bene* | ***Presentarsi favorevolmente, sfavorevolmente***, di cosa che sembra o non sembra vantaggiosa.

presentat'àrm o **presentatàrm** [da *presentat(e le) arm(i)*; 1799] loc. sost. m. inv. ● Ordine impartito ai soldati perché presentino le armi in segno di onore | Posizione assunta in seguito a tale ordine.

presentàto [sec. XIII] **A** part. pass. di *presentare*; anche agg. ● Nei sign. del v. **B** s. m. (f. *-a*) **1** †Persona alla quale si fa un dono. **2** (*lett.*) Persona che si è fatta conoscere ad altra: *Le due presentate facevano grand'inchini* (MANZONI).

♦**presentatóre** [1320 ca.] s. m. (f. *-trice*) **1** Chi presenta: *il p. di un assegno, di una richiesta, dei nuovi modelli invernali.* **2** Chi, in teatro o in trasmissioni radiotelevisive, presenta al pubblico uno spettacolo e lo intrattiene con brevi interventi: *il p. del festival; fare da p. a un concorso; le battute, le gaffe del p.*

presentazióne [1313] s. f. **1** Il presentare | Esibizione di qlco. a qlcu.: *p. di una domanda, di titoli, di documenti; la p. dei modelli al pubblico* | Consegna, inoltro: *p. di un ricorso, di certificati* | Modo di presentare alla vista: *curare la p. di una vivanda.* **2** Discorso o nota introduttiva con cui si presenta al pubblico qlco. o qlcu.: *una bella p.; la p. dello spettacolo è stata affidata a un noto attore; la breve p. è stata scritta da un famoso critico* | (*est.*) Breve sequenza di scene tratte da un film di imminente programmazione. **3** Il far conoscere una persona ad altre: *non ho capito il suo nome durante la p.* | ***Fare le presentazioni***, presentare fra loro persone che ancora non si conoscono | Introduzione, raccomandazione: *la p. in società, a corte; una lettera di p. per il ministro* | ***P. di Maria Vergine***, festa cattolica del 21 novembre, che commemora l'entrata della Vergine nel tempio di Gerusalemme. **4** Proposta di nomina, elezione e sim.: *la p. di un candidato.* **5** (*fisiol.*) Nel parto, posizione assunta dal feto nei confronti del canale del parto: *p. cefalica; p. podalica.*

♦**presènte** (**1**) [vc. dotta, lat. *praesĕnte(m)*, da *prae-* 'pre-', sul modello di *ăbsens*, genit. *absĕntis* 'assente'; 1253] **A** agg. **1** Che è nel luogo di cui si parla o al quale ci si riferisce, che si trova nello stesso luogo di chi parla o scrive, spec. in relazione ad avvenimenti ai quali si partecipa o si assiste: *gli alunni presenti alle lezioni; i deputati presenti alla seduta; il pubblico p.* | ***Essere p.***, assistere direttamente a qlco.: *era p. al fatto e quindi è un testimone oculare* | ***Non essere p.***, non esserci, mancare | ***P.!***, formula di risposta positiva a un appello | (*fig.*) ***Essere p. a sé stesso***, avere sempre la completa padronanza dei propri pensieri, delle proprie azioni e reazioni | (*fig.*) ***Aver p. qlcu., qlco.***, ricordarsene, non trascurarla | (*fig.*) ***Tener p. qlcu., qlco.***, tenerne conto | ***Far p. qlco. a qlcu.***, proporla all'attenzione, farla notare | (*assol.*) ***Lui p., p. il padre*** e sim., mentre lui era lì, proprio al cospetto del padre e sim. CONTR. Assente. *2* Di ciò che è, accade o è in corso di svolgimento proprio ora, oggi, di chi vive adesso, nella nostra epoca: *nel p. mese, giorno, anno; la p. generazione; i miei protesti / udrà il mondo p., udrà il futuro* (TASSO) | ***Tempo p.***, l'oggi | Attuale: *la p. situazione è complessa; le sue presenti condizioni di salute; la moda p.; gli usi presenti.* CONTR. Passato. *3* Che è immediatamente vicino nel tempo o nello spazio: *nel caso p. non so come agire; il p. libro; la p. lettera.* SIN. Questo. *4* (*gramm.*) Detto di tempo del verbo che colloca l'enunciato nel momento della produzione del discorso, nell'"adesso": *indicativo, congiuntivo, infinito p.* *5* †Pronto, istantaneo | ***†Di p.***, adesso | ***†In p.***, subito. *6* †Propizio, favorevole. ‖ **preṣentemènte**, avv. *1* Ora, in questo momento. *2* †Immediatamente. *3* †In persona. **B** avv. *1* †Al presente | †Subito. *2* †Personalmente. **C** s. m. e f. ● (*spec. al pl.*) Chi è presente: *i presenti possono intervenire nel dibattito; tutti i presenti sono d'accordo* | ***Esclusi i presenti***, si dice per lasciare fuori da critiche e sim. la persona con cui si sta parlando. **D** s. m. *1* (*solo sing.*) Tempo, epoca, momento attuale: *adeguarsi al p.; dimenticare il p. rifugiandosi nel passato* | ***Al p.***, attualmente: *la quale si ritiene che fosse la miglior donna che sia stata insino al p.* (LEOPARDI). *2* (*ling.*) Tempo presente | ***P. storico***, usato per fatti collocati al passato, spec. per dare un'effetto di immediatezza, di vivacità (ad es.: *stavo sciando e all'improvviso mi si para davanti una slitta*) | ***P. iterativo***, usato per presentare azioni abituali, relative anche al passato o al futuro (ad es. *mangio molta verdura*).

preṣènte (2) [fr. *présent*, da *présenter* 'presentare, offrire'; sec. XIII] s. m. ● Dono, regalo: *fare un p., un piccolo p., a qlcu.; voglia gradire questo mio p.* ‖ **preṣentino**, dim. | **preṣentùccio**, **preṣentùzzo**, dim.

presentiménto (o -ṣ-) [da *presentire*; 1712] s. m. ● Sensazione anticipata e confusa, vago presagio: *un p. di vittoria, di sciagure imminenti; il p. / di te m'empiva l'anima* (MONTALE) | ***Avere un p.***, presentire. SIN. Antiveggenza, preveggenza.

presentire [vc. dotta, lat. *praesentīre*, comp. di *prae-* 'pre-' e *sentīre* 'sentire'; sec. XIII] v. tr. e intr. (*io presènto*; aus. *avere*) ● Prevedere confusamente, intuire in modo vago, in base a sensazioni o impressioni soggettive: *presentivo il suo rifiuto; come presentivo non si è fatto più vedere.*

♦**preṣènza** o †**preṣènzia** [vc. dotta, lat. *praesĕntia(m)*, da *prāesens*, genit. *praesĕntis*, 'presente'; 1253] s. f. *1* Lo stare, l'essere in un determinato luogo: *fu notata la sua p.; non è gradita la p. di estranei* | ***Fare atto di p.***, recarsi in un luogo, intervenire a qlco. e sim. per semplice formalità | ***Di p.***, personalmente. CONTR. Assenza. *2* Esistenza: *l'analisi chimica ha rilevato la p. di ferro; notare la p. di grassi.* *3* Cospetto, spec. nelle loc. ***alla p. di, in p. di***: *lo ha schiaffeggiato in p. di testimoni; fu ammesso alla p. del Papa* | ***In mia, tua p.***, al mio, al tuo, cospetto, dinanzi a me, a te | ***†Nella p. di qlcu.***, al suo cospetto. *4* (*fig.*) Prontezza: *p. di spirito.* *5* Aspetto esteriore: *una ragazza di bella p.* | ***Non avere p.***, essere di aspetto sgradevole.

preṣenziàle [dal lat. *praesĕntia* 'presenza'; av. 1332] agg. ● (*lett.*) Presente in modo continuo. ‖ †**preṣenzialménte**, avv. (*raro*) Di persona: *assistere presenzialmente a qlco.*

preṣenzialiṣmo [da *presenziale*; 1974] s. m. ● Tendenza a mettersi in mostra presenziando a ogni tipo di avvenimento, cerimonia e sim., spec. da parte di persone importanti: *peccare di p.; il p. del ministro.*

preṣenzialista [1976] agg.; anche s. m. e f. (pl. m. *-i*) ● Che (o Chi) dà prova di presenzialismo.

preṣenzialità [av. 1566] s. f. ● (*raro, lett.*) Presenza.

preṣenziàre [dal lat. *praesĕntia* 'presenza'; 1855] v. tr. e intr. (*io preṣènzio*; aus. *avere*) ● Assistere di persona, essere presente: *p. la cerimonia; p. al rito.*

†**preṣenzióne** [vc. dotta, lat. *praesensiōne(m)*, da *praesēnsus*, part. pass. di *praesentīre* 'presentire'] s. f. ● Presentimento.

preṣèpe [vc. dotta, lat. *praesāepe* 'greppia, mangiatoia, stalla', propr. 'ogni recinto chiuso', comp. di *prae-* 'pre-' e *saepīre* 'cingere, circondare (con una siepe)', da *sāepes* 'siepe'; 1260 ca.] s. m. ● Presepio.

preṣèpio [vc. dotta, lat. *praesāepiu(m)*, var. di *praesāepe* 'presepe' (V.); av. 1342] s. m. *1* (*lett.*) Stalla, mangiatoia, spec. quella in cui fu posto Gesù. *2* Ricostruzione tradizionale della nascita di Gesù, fatta nelle case e nelle chiese durante il periodo di Natale, con la grotta e con figure di materiale vario che rappresentano i protagonisti della narrazione evangelica della natività e quelli della leggenda popolare a essa connessa: *fare il p.; le figurine del p.; un p. di legno, di ceramica, di terracotta; un p. napoletano, siciliano.* *3* (*est.*) Qualsiasi rappresentazione iconografica della natività di Gesù.

preservaménto (o -ṣ-) [av. 1543] s. m. ● (*raro*) Preservazione.

preservàre (o -ṣ-) [vc. dotta, lat. tardo *praeservāre*, comp. di *prae-* 'pre-' e *servāre* 'serbare'; sec. XIII] v. tr. (*io presèrvo* (o -ṣ-)) ● Tenere lontano, difendere da danni, pericoli e sim.: *p. la salute; p. i giovani dalla corruzione* | Conservare integro, intatto: *p. l'arto.*

preservativo (o -ṣ-) [sec. XIV] **A** agg. ● Che è atto a preservare, a proteggere. **B** s. m. *1* Ogni mezzo fisico, chimico e meccanico usato a scopo antifecondativo o profilattico nel coito umano | (*per anton.*) Sottile guaina di gomma che si applica al pene durante il coito come mezzo profilattico e anticoncezionale. *2* (*raro, lett.*) Rimedio preventivo a qlco.: *Credi tu che ti avrei mostrato il male, se non ne tenessi in serbo il p.?* (NIEVO).

preservàto (o -ṣ-) part. pass. di *preservare*; anche agg. ● Nei sign. del v.

preservatóre (o -ṣ-) [1568] agg.; anche s. m. (f. *-trice*) ● (*raro*) Che (o Chi) preserva o tende a preservare: *cura preservatrice.*

preservazióne (o -ṣ-) [1363] s. f. ● Il preservare | Protezione, difesa da pericoli, danni e sim.

prèṣi ● V. *prendere.*

prèṣide (o -ṣ-) [vc. dotta, lat. *prāeside(m)* 'difensore, governatore', da *praesidēre* 'proteggere, difendere' (V. *presiedere*); 1336 ca.] **A** s. m. e f. ● Capo di un istituto d'istruzione secondaria | ***P. di facoltà***, professore universitario che presiede le adunanze del consiglio di facoltà e la rappresenta. **B** s. m. ● Nei primi secoli dell'Impero romano, governatore di una provincia.

presidentàto (o -ṣ-) [av. 1536] s. m. ● (*raro*) Carica, dignità di presidente | Durata della presidenza.

♦**presidènte** (o -ṣ-) [vc. dotta, lat. *praesidĕnte(m)*, part. pres. di *praesidēre* 'proteggere, governare' (V. *presiedere*); 1342] s. m. e f. (f. anche *-éssa* (V.); V. anche nota d'uso FEMMINILE) ● Chi sovraintende, coordina e dirige l'attività di un'assemblea, di un consiglio, di un seggio elettorale, di un ente pubblico o privato, di un organo collegiale | ***P. della Repubblica***, capo di uno Stato retto a repubblica | ***P. del Consiglio dei ministri***, capo del governo | ***P. della regione, della provincia***, chi ha la rappresentanza dell'ente regione, dell'ente provincia.

presidentéssa (o -ṣ-) [av. 1712] s. f. *1* Donna che ha la carica di presidente. *2* (*spec. scherz.*) Moglie del presidente.

presidènza (o -ṣ-) [av. 1364] s. f. *1* Ufficio, carica di preside o di presidente: *assumere la p.* | Durata di tale carica | ***Ufficio di p., consiglio di p.***, il complesso del presidente e dei vice presidenti. *2* Sede di chi ricopre la carica di preside o di presidente: *la p. è chiusa.* *3* Personale che assiste e aiuta il preside o il presidente nelle sue funzioni.

presidenziàle (o -ṣ-) [da *presidente*, sul modello del fr. *présidentiel*; 1829] agg. *1* Del preside o del presidente, della presidenza: *seggio p.; dignità p.; prerogative presidenziali.* *2* Correntemente, del Presidente della Repubblica: *decreto p.* | ***Repubblica p.***, quella in cui il Presidente della Repubblica, oltreché essere capo dello Stato, dispone in misura determinante di poteri esecutivi e viene eletto direttamente a suffragio universale dagli elettori.

presidenzialiṣmo (o -ṣ-) [1983] s. m. *1* Sistema politico-costituzionale di una Repubblica caratterizzato da una forte preponderanza dei poteri personali del Presidente della Repubblica | Tendenza favorevole a tale sistema. *2* Tendenza favorevole all'elezione diretta a suffragio universale del Presidente della Repubblica o del Presidente del Consiglio.

presidenzialista (o -ṣ-) [1985] **A** s. m. e f. (pl. m. *-i*) ● Fautore, sostenitore del presidenzialismo. **B** agg. ● Del presidenzialismo.

presidenzialistico (o -ṣ-) [1985] agg. (pl. m. *-ci*) ● Relativo al presidenzialismo o ai presidenzialisti: *simpatie presidenzialistiche.*

presidiàle (o -ṣ-) [1598] agg. ● (*raro*) Di presidio (*anche fig.*).

presidiàre (o -ṣ-) [vc. dotta, lat. tardo *praesidiāri*, da *praesīdium* 'presidio'; 1532] v. tr. (*io presìdio* (o -ṣ-)) *1* Occupare con truppe un luogo a scopo di difesa: *p. una fortezza, una città, un caposaldo* | (*est.*) Sorvegliare, proteggere: *picchetti di operai presidiano l'ingresso della fabbrica.* CONTR. Sguarnire. *2* (*fig.*) Difendere, proteggere, tutelare: *p. la pace interna con leggi eque.*

presidiàrio (o -ṣ-) [vc. dotta, lat. *praesidiāriu(m)*, da *praesīdium* 'presidio'; 1550] agg. ● Detto di truppe, servizi e mezzi inerenti a un presidio.

presidio (o -ṣ-) [vc. dotta, lat. *praesīdiu(m)*, da *praesidēre* (V. *presidente* e *presiedere*); sec. XIV] s. m. *1* Complesso di truppe poste a guardia o a difesa di una località, di un'opera fortificata, di un caposaldo e luogo ove risiedono: *truppe del p.; comandante del p.; porre a p.* | ***Servizi di p.***, quelli svolti per assicurare la vita e la disciplina delle truppe di un presidio | (*est.*) Occupazione di un luogo pubblico a fini di controllo e sorveglianza o anche solo di propaganda: *p. sindacale nella piazza.* SIN. Guarnigione. *2* Circoscrizione territoriale sottoposta a un'unica autorità militare. *3* (*bur.*) Complesso delle strutture tecnico-terapeutiche preposte in un dato territorio all'espletamento del servizio sanitario nazionale: *presidi ospedalieri, presidi periferici.* *4* (*fig.*) Difesa, protezione, tutela: *essere il p. delle istituzioni democratiche; porre a p. del proprio nome.* *5* (*med.*) ***Presidi terapeutici***, le sostanze medicamentose | ***Presidi diagnostici***, il complesso dei mezzi di indagine | ***Presidi medici e chirurgici***, strumenti e prodotti usati nella pratica medica e chirurgica (per es., apparecchi di protesi e di contenzione, irrigatori, siringhe e sim., disinfettanti, insetticidi, prodotti dietetici e sim.).

presidium (o -ṣ-) [adattamento del russo *prezidium*, di orig. lat. (da *praesīdium* 'presidio, guarnigione'), usata anche in ted. (*Präsidium*); 1923] s. m. inv. ● Sino ai primi anni '90 del Novecento, presidenza, ufficio di presidenza in organi direttivi statuali o di partito in alcuni Paesi comunisti europei.

presièdere o †**presedére** [lat. *praesidēre*, propr. 'sedere davanti' (comp. di *prae-* 'pre-' e *sedēre* 'sedere'); av. 1375] **A** v. tr. (pres. *io presièdo*; pass. rem. *io presiedéi* o *presiedètti* (o †*-étti*), *tu presiedésti*) *1* Reggere con ufficio e funzioni di presidente: *p. un'adunanza, la Camera dei Deputati, un dibattito.* *2* Dirigere con ufficio e funzioni di preside: *p. un liceo, una facoltà.* **B** v. intr. (aus. *avere*) *1* Stare a capo, come presidente o come preside: *p. a un ufficio, a una scuola.* *2* (*fig.*) Essere di guida: *p. alla realizzazione di un piano* | Svolgere un ruolo primario in una determinata funzione fisiologica: *i polmoni presiedono alla respirazione.*

presiedùto o †**presedùto** part. pass. di *presiedere*; anche agg. ● Governato | Diretto.

preṣina [1938] s. f. *1* Dim. di *presa.* *2* Cuscinetto di stoffa imbottita, o materiale simile, usato in cucina per afferrare oggetti molto caldi. *3* Piccolo involucro di carta preparato in farmacia, contenente polvere medicamentosa da assumersi per via orale | La dose di medicamento in esso contenuto. SIN. Cartina.

presinàptico [vc. dotta, comp. di *pre-* e *sinaptico*] agg. (pl. m. *-ci*) ● (*biol.*) Detto di struttura cellulare o molecolare situata a monte di una sinapsi. CFR. Postsinaptico.

presistole [comp. di *pre-* e *sistole*; 1958] s. f. ● (*anat.*) Contrazione degli atri del cuore che precede la sistole ventricolare e segue alla diastole.

presistòlico [1958] agg. (pl. m. *-ci*) ● (*anat.*) Che si riferisce alla presistole.

prèṣo [sec. XII] part. pass. di *prendere*; anche agg. *1* Nei sign. del v. | (*fig.*) Pervaso da un sentimento, da una passione: *p. da soggezione*; *era il solo... p. d'amore per lei* (D'ANNUNZIO) | ***Per partito p.***, V. *partito* (1). **2** (*fig.*) Pieno di impegni, occupato, assorbito: *oggi sono molto p.*; *era molto p. dalla politica* (CALVINO). || **presissimo**, **superl.**

presocràtico [comp. di *pre-* e *Socrate*, con suff. agg.; 1913] **A agg.** (**pl. m.** *-ci*) ● Anteriore a Socrate e alla sua filosofia: *dottrina presocratica*. **B s. m.** ● Filosofo greco vissuto prima di Socrate.

†**presontuóso** ● V. *presuntuoso*.

†**presonzióne** ● V. *presunzione*.

prèssa [da *pressare*; 1319] **s. f.** **1** (*lett.*) Calca o ressa di più persone: *Orlando nella p. si mettea* (PULCI). **2** (*lett.* o *region.*) Premura, fretta: *avere p.*; *fare qlco. in p.* **3** Macchina atta a comprimere un materiale in lavorazione fino a ridurlo alla forma desiderata: *p. idraulica*, *meccanica*.

pressacàrte [comp. di *pressa(re)* e il pl. di *carta*; calco sul fr. *presse-papiers*; 1885] **s. m. inv.** ● Fermacarte.

pressafièno [comp. di *pressa(re)* e *fieno*; 1965] **s. m. inv.** ● Pressaforaggio.

pressaforàggio o **pressaforàggi** [comp. di *pressa(re)* e *foraggio*; 1929] **s. m. inv.** ● Macchina agricola da raccolta che comprime e lega il foraggio in balle.

press agent /pres'adʒent, *ingl.* 'pɹɛs,eɪdʒənt/ [loc. ingl., propr. 'agente per la stampa', comp. di *press* 'stampa' (dal fr. *presse* 'stampa', deriv. di *presser* 'pressare') e *agent* 'agente'; 1954] **loc. sost. m. e f. inv.** (**pl. ingl.** *press agents*) ● Chi cura le relazioni con la stampa a scopo pubblicitario per conto di una persona in vista, un ente, un'organizzazione e sim.

pressainsilatrice [comp. di *pressa(trice)* e *insilatrice*; 1987] **s. f.** ● (*agr.*) Macchina agricola che pressa e confeziona il foraggio in sacchi di film plastico.

pressànte [1646] **part. pres.** di *pressare*; anche **agg.** **1** Nei sign. del v. **2** Urgente, impellente: *necessità pressanti*. || **pressantemènte**, **avv.** In modo pressante; con premura.

pressapàglia [comp. di *pressa(re)* e *paglia*; 1958] **s. m. inv.** ● Macchina agricola da raccolta che comprime e lega la paglia in balle regolari.

pressapòco ● V. *pressappoco*.

pressappochìsmo [da *pressappoco*; 1922] **s. m.** ● Comportamento o tendenza di chi, nel lavoro, nel modo di comportarsi e sim., non cura la precisione, l'esattezza, facendo le cose con superficialità e approssimazione: *peccare di p.*

pressappochista [1942] **s. m. e f.** (**pl. m.** *-i*) ● Chi tende al pressappochismo, chi agisce con pressappochismo.

pressappochistico [1988] **agg.** (**pl. m.** *-ci*) ● Che manifesta pressappochismo: *opinione pressappochistica*.

♦**pressappòco** o **pressapòco** [comp. di *presso*, *a* e *poco*; 1667] **A avv.** ● All'incirca, più o meno, approssimativamente: *sono p. uguali*; *hanno p. la medesima età*; *manca p. un'ora all'arrivo del treno* | (*fam.*) Anche nella loc. avv. ***a un p.***: *non bisogna fare le cose a un p.* **B s. m. inv.** ● (*raro*) Approssimazione: *ha adottato il p. come metodo di lavoro*; *occorre diffidare del quasi-uguale ... del pressapoco, dell'oppure* (LEVI).

pressàre [vc. dotta, lat. *pressāre*, intens. di *prĕmere* 'premere'; av. 1400] **A v. tr.** (*io prèsso*) **1** Premere forte, schiacciando: *p. carta*, *tessuti in una cassa* | Premere con la pressa. **2** †Urtare: *pinto da un altro questo fanciullo, il detto Guido pressò* (SACCHETTI). **3** (*fig.*) Incalzare o sollecitare in modo continuo e insistente: *p. qlcu. con richieste di aiuti, denaro, raccomandazioni* | (*sport*, anche *assol.*) Contrastare l'avversario facendo il pressing. **B v. intr. pron.** ● †Portarsi vicino.

pressaschède [comp. di *pressa(re)* e il pl. di *scheda*; 1970] **s. m. inv.** ● Negli schedari verticali, dispositivo che comprime le schede, evitandone il deterioramento.

pressàto [1983] **part. pass.** di *pressare*; anche **agg.** **1** Nei sign. del v. **2** Sottoposto a pressatura: *cartone p.*

pressatóre [1958] **s. m.** (**f.** *-trice*) ● Operaio addetto alla pressatura.

pressatrice [da *pressare*; 1983] **s. f.** ● Macchina per orticoltura atta a costipare la terra in piccole zolle a forma di cubetti e a inserirvi un seme, predisponendole così per il trapianto nel terreno. **SIN.** Pressazolle.

pressatùra [1729] **s. f.** ● Operazione del comprimere, spec. mediante pressa.

pressazòlle (o *-z-*) [comp. di *pressa(re)* e il pl. di *zolla*; 1983] **s. f. inv.** ● (*raro*) Pressatrice.

pressèlla [da *pressare*; 1973] **s. f.** ● Utensile del fabbro ferraio usato per premere, schiacciare e sim.

†**pressézza** [da *presso*] **s. f.** ● Vicinità.

pressìbile [dal lat. *prĕssus*, part. pass. di *prĕmere* 'premere'; 1745] **agg.** ● Che si può pressare, che cede alla pressione.

pressibilità [1745] **s. f.** ● (*raro*) Caratteristica di ciò che è pressibile.

prèssing /'pressin(g), *ingl.* 'pɹɛsɪŋ/ [vc. ingl., gerundio di *to press* 'premere, incalzare'; 1953] **s. m. inv.** ● (*sport*) In vari giochi di palla, azione incalzante e insistente di contrasto sull'avversario per sottrargli la palla.

pressìno [da *pressare*; 1973] **s. m.** ● Parte del macinadosatore che preme la quantità di caffè da macinare.

♦**pressióne** [vc. dotta, lat. *pressiōne(m)*, da *prĕssus*, part. pass. di *prĕmere* 'premere'; 1611] **s. f.** **1** Atto del premere | Forza esercitata su un corpo, una superficie e sim.: *esercitare una forte*, *una debole p.*; *alla minima p. può scoppiare*. **2** (*fis.*) Grandezza fisica definita come rapporto fra la componente normale della forza premente su una superficie e la superficie stessa | ***P. atmosferica***, forza esercitata dall'atmosfera, in virtù del suo peso, su di una superficie determinata | ***P. idrodinamica***, pressione in un punto qualsiasi di un liquido in moto | ***P. idrostatica***, pressione in un punto qualsiasi di un liquido in quiete | **CFR.** baro-, -baro, piezo-. **3** (*med.*) ***P. sanguigna***, forza esercitata dal sangue sulle pareti del sistema sanguifero: *p. capillare*, *p. venosa*, *p. arteriosa* | (*per anton.*) Pressione arteriosa: *misurare*, *misurarsi la p.*; *avere la p. alta*, *bassa*; *avere disturbi di p.* **4** (*fig.*) Insistenza incalzante per indurre qlcu. a fare qlco. o ad agire in un modo piuttosto che in un altro: *subire forti pressioni politiche* | ***Far p. su qlcu.***, insistere con forza per costringerlo o indurlo a qlco. | (*fig.*) ***Essere sotto p.***, essere costretto a un'attività continua e molto impegnativa: *essere sotto p. per gli esami* | ***P. tributaria***, ***fiscale***, rapporto fra il reddito nazionale e la parte di esso che viene prelevata dallo Stato come imposta | ***Gruppo di p.***, che esercita pressioni politiche sul Governo e sul Parlamento spec. a favore dei propri interessi economici. || **pressioncèlla**, **dim.**

♦**prèsso** [lat. *prĕsse* 'strettamente', da *prĕssus*, part. pass. di *prĕmere* 'premere'; av. 1292] **A avv.** ● (*raro*) Nelle vicinanze (spec. preceduto da altri avv.): *abitava qui p.*; *non trovava il martello, e lo aveva lì p.* | ***Da p.***, da vicino: *ormai gli inseguitori incalzano da p.* | ***A un di p.***, pressappoco: *saranno a un di p. tre metri* | V. anche *dappresso*, *dipresso*, *pressappoco*, *pressoché*. **SIN.** Vicino. **B prep.** **1** Vicino a, accanto a (con v. di stato e di moto): *arriva fin p. il fiume*; *ha una villa p. Napoli*; *siediti p. la finestra*; *stare p. il caminetto* | Anche nelle loc. ***p. a***, (*lett.*) ***p. di***: *si fermò p. a un ruscello*; *p. della torricella nascoso s'era* (BOCCACCIO) | (*est.*) In casa di: *abita ancora p. i genitori*; *vivono p. i nonni*; *i bambini sono p. una zia* | Nella loc. ***p. di*** (davanti a un pron. pers. atono): *lo accolse p. di sé*; *p. di loro ti troverai bene* | (*lett.*) Nelle loc. ***p. a***, ***p. di***, (*fig.*) a paragone di, in confronto a | †***P. a***, ***p. di***, circa. **2** (*est.*, *fig.*) Indica un rapporto o una relazione, spec. di dipendenza, con una persona o un ambiente: *ha lavorato p. di noi per molti anni*; *è impiegato p. una ditta commerciale*; *farà pratica p. questo ufficio*; *è stato già ambasciatore p. la Santa Sede*; *fu segretario p. un principe romano* | Nell'opinione di (indica relazioni sociali): *ha molto prestigio p. la corte*; *ha trovato favore p. un ricco mecenate*; *gode fama*, *p. il popolo, di uomo democratico* | Nelle opere di, nel pensiero di, nel linguaggio di, e sim.: *troviamo qualche riferimento a questo fatto p. alcuni antichi scrittori*; *p. i toscani sono comuni alcune locuzioni altrove sconosciute* | Nell'ambiente, nella cerchia di: *questa moda si è diffusa velocemente p. i giovani*; *ho assunto informazioni p. la parrocchia* | Nella civiltà di: *p. alcune tribù primitive è d'uso il sacrificio cruento*; *p. i Greci veniva praticato l'ostracismo*. **3** (*lett.*) Intorno, vicino a (con valore temp.): *mi svegliai p. il mattino* | Anche nella loc. ***p. a***: *essere p. alla meta*, *alla morte* | Sul punto di: *essere p. a morire*. **4** †Dopo. **C agg.** ● (*lett.*) †Vicino. **D s. m.** **1** (*al pl.*) Luoghi vicini, dintorni: *la mia villa nei pressi di Roma*; *si aggirava nei pressi di casa mia* | †Prossimità, vicinanza (con valore temporale): *sul p. del mattino*. **2** (*fig.*) †Gravezza, affezione: *noi ... cenammo, ridendoci di quei gran pressi che fa la fortuna* (CELLINI).

pressoché o **prèsso che** /presso'ke*, 'pressoke*/ [comp. di *presso* e *che* (2); 1225 ca.] **avv.** ● (*lett.*) Quasi, circa: *ci siamo ormai p. abituati*; *la sala è p. piena*; *il lavoro è p. terminato*.

pressoflessióne [comp. di *press(ione)* e *flessione*; 1958] **s. f.** ● (*mecc.*) Sollecitazione composta di pressione assiale e di flessione, sia dovuta a momento flettente inerziale, sia come conseguenza del carico di punta.

pressofonditóre [1965] **s. m.** (**f.** *-trice*) ● Operaio che esegue lavori di pressofusione.

pressofusióne [comp. di *press(ione)* e *fusione*; 1941] **s. f.** ● (*metall.*) Operazione che consiste nell'iniettare sotto pressione il metallo fuso nella forma.

pressofùso **agg.** ● Prodotto con il metodo industriale della pressofusione.

pressoiniezióne [comp. di *press(i)o(ne)* e *iniezione*] **s. f.** ● Processo per la formatura di oggetti in materiali termoplastici che, portati alla temperatura di fusione, sono iniettati sotto pressione in uno stampo ove vengono pressati fino alla solidificazione. **SIN.** Stampaggio a iniezione.

pressóio [lat. tardo *pressōriu(m)*, da *prĕssus*, part. pass. di *prĕmere* 'premere'; 1858] **s. m.** ● Utensile per pressare. **SIN.** Pressa.

pressóre [vc. dotta, lat. tardo *pressōre(m)*, che aveva però il sign. di 'cacciatore, battitore di caccia', da *prĕssus*, part. pass. di *prĕmere* 'premere'] **agg.** ● Che esercita una pressione: *rullo p.*

pressòrio [vc. dotta, lat. *pressōriu(m)*, da *prĕmere*, ma col senso sconosciuto al lat. di 'relativo a pressione (sanguigna)'; 1958] **agg.** ● (*fisiol.*) Riferito a pressione, specialmente a ciò che incrementa la pressione sanguigna: *riflesso p.*

pressostatàre [da *pressostato*; 1976] **v. tr.** (*io pressòstato*) **1** (*tecnol.*) Mantenere costante la pressione di un aeriforme in un ambiente o impedirle di superare valori limiti prestabiliti. **2** Impiegare un pressostato a tale scopo.

pressostàtico [1988] **agg.** (**pl. m.** *-ci*) ● (*tecnol.*) Relativo al pressostato.

pressòstato [comp. di *press(ione)* e *-stato*; 1941] **s. m.** ● (*tecnol.*) Dispositivo misuratore e regolatore automatico della pressione, destinato a mantenere costante la pressione di un aeriforme in un ambiente o a impedirle di superare valori limiti prestabiliti.

pressoterapia [comp. di *press(ione)* e *terapia*; 1992] **s. f.** ● (*med.*) Metodica fisioterapica impiegata per ridurre il ristagno venoso e linfatico degli arti inferiori; utilizzata spec. per il trattamento della cellulite delle gambe.

pressùra [vc. dotta, lat. *pressūra(m)*, da *prĕssus*, part. pass. di *prĕmere* 'premere'; sec. XIII] **s. f.** **1** (*lett.*, *raro*) Pressione. **2** (*raro*, *lett.*, *fig.*) Oppressione, afflizione.

pressurizzàre [ingl. *to pressurize*, da *pressure* 'pressione' (stessa etim. dell'it. *pressura*); 1953] **v. tr.** ● Sottoporre a pressurizzazione.

pressurizzàto **part. pass.** di *pressurizzare*; anche **agg.** ● Sottoposto a pressurizzazione.

pressurizzatóre [da *pressurizzare*] **s. m.** ● (*tecnol.*) Dispositivo atto a mantenere in pressione una parte di un impianto.

pressurizzazióne [1954] **s. f.** ● (*tecnol.*, *aer.*) Operazione con cui un ambiente o un impianto contenente un fluido viene mantenuto a una pressione interna regolata, superiore a quella esterna, allo scopo, nel caso delle cabine degli aeromobili e dei veicoli spaziali, di assicurarne l'abitabilità a qualsiasi quota.

†**prèsta** [da *prestare*; 1260] **s. f.** **1** Prestito, pagamento anticipato che si faceva ai soldati d'una parte del loro soldo. **2** Prestito forzoso.

prestabilire [comp. di *pre-* e *stabilire*; 1737] **v. tr.** (*io prestabilisco*, *tu prestabilisci*) ● Stabilire prima: *p. le condizioni*; *p. la data di un viaggio*.

prestabilito **part. pass.** di *prestabilire*; anche **agg.** ● Stabilito in precedenza: *termine p.*

†**prestaménto** [sec. XIV] **s. m.** ● Prestito.

prestampàto [comp. di *pre-* e *stampato*; 1985]

A agg. *1* Detto di modulo, bollettino e sim., fornito di indicazioni generali precedentemente stampate in vista di una definitiva compilazione da parte dell'utente. *2* Che risulta da una precedente operazione industriale di stampaggio: *pneumatico p.* **B** s. m. ● Modulo, bollettino prestampato.

prestanóme (o -ò-) [comp. di *prestare* e *nome*; calco sul fr. *prête-nom*; 1804] s. m. e f. (pl. inv. o *-i*) ● Chi permette l'uso del proprio nome per firmare opere, scritti, contratti e sim. in luogo della persona realmente interessata, che vuole o deve rimanere incognita.

prestànte (1) [sec. XIV] part. pres. di *prestare*; anche agg. ● (*raro*) Che fa prestiti a interesse.

prestànte (2) [vc. dotta, lat. *praestănte(m)*, part. pres. di *praestāre* 'essere superiore' (V. *prestare*); av. 1472] agg. *1* Di bella presenza | Robusto, aitante, vigoroso: *una figura, un uomo p.* CONTR. Mingherlino, sparuto. *2* †Eccellente, che si distingue sugli altri: *noi siam tutti baron de' più prestanti* (PULCI). || **prestanteménte**, avv.

prestantino [da *prestante* 'che eccelle, che emerge'] s. m. ● (*mar.*) Parte del paramezzale che si rialza verso prua e verso poppa.

prestànza (1) o †**prestànzia** [vc. dotta, lat. *praestāntia(m)*, da *prāestans*, genit. *praestāntis* 'prestante (2)'; sec. XIII] s. f. *1* Gagliardia, vigoria: *un giovane di notevole p. fisica.* CONTR. Esilità, gracilità. *2* †Eccellenza, superiorità, singolarità.

†**prestànza** (2) [da *prestare*] s. f. *1* Prestito. *2* Tributo, prestazione.

†**prestanziàre** [da *prestanza* (2); sec. XV] v. tr. ● Mettere nel ruolo delle imposte, fra i contribuenti.

†**prestanzóne** [da *prestanza* (2)] s. m. ● Balzello, imposta, tributo.

♦**prestàre** [vc. dotta, lat. *praestāre* 'essere al disopra, esser garante, accordare': da avvicinare a *prāesto* (V. *presto* (1)); 1211] **A** v. tr. (*io prèsto*; part. pass. *prestàto*, †*prèsto*) *1* Dare denaro o altro con patto di restituzione: *p. un libro; ha dovuto farsi p. dei soldi da suo padre; p. a usura, a interesse; p. sulla parola.* *2* Concedere, porgere, dare: *p. a qlcu. gratuitamente la propria opera* | ***P. fede***, credere | ***P. obbedienza***, obbedire | ***P. giuramento***, giurare solennemente | ***P. orecchio***, ascoltare | ***P. attenzione***, fare attenzione, stare attento a qlco. o a qlcu. | ***P. aiuto***, aiutare | ***P. assistenza***, assistere | ***P. a qlcu. le cure del caso***, curarlo come si deve | ***P. omaggio***, riverire | ***P. culto***, adorare o venerare | (*fig.*) ***P. manforte***, dare aiuto | ***P. mallevadoria***, farsi mallevadore, garante. **B** v. rifl. e intr. pron. *1* Offrirsi, adoperarsi: *prestarsi a fare, a dire qlco.; mi presto volentieri* | Essere disposto, acconsentire a qlco.: *non credevo si prestasse a tali manovre.* *2* Essere adatto per qlco.: *le mie gambe non si prestano più a tali fatiche; il marmo di Carrara si presta molto alla statuaria; questo è il tessuto che si presta di più per il tuo nuovo abito.* || PROV. Chi presta perde l'amico e il denaro.

prestària [da *prestare*; av. 1750] s. f. ● In epoca medievale, documento con cui si concedeva la precaria.

prestasòldi [comp. di *presta(re)* e del pl. di *soldo*; 1985] s. m. e f. inv. *1* Persona che fornisce denaro contante a chi ne ha bisogno immediato (p. es. ai giocatori nei casinò) in cambio di un assegno con importo maggiorato. *2* (*est.*) Usuraio, strozzino.

prestàto part. pass. di *prestare*; anche agg. ● Nei sign. del v.

prestatóre [av. 1342] s. m. (f. *-trice*, pop. disus. *-tora*) *1* †Usuraio | Chi concedeva denaro in prestito allo Stato. *2* ***P. di lavoro***, ***p. d'opera***, lavoratore subordinato.

prestavóce [comp. di *presta(re)* e *voce*; 1950] s. m. e f. inv. ● Chi presta la propria voce per doppiare film e sim.

prestazionàle [1985] agg. ● Relativo a prestazione: *livello p.* | (*med.*) ***Deficit p.***, diminuzione della capacità funzionale o del rendimento di uno o più organi.

prestazióne [vc. dotta, lat. *praestatiōne(m)* 'garanzia, responsabilità, pagamento', da *praestāre* 'garantire' (V. *prestare*); av. 1381] s. f. *1* Risultato, rendimento fornito da persone, animali o cose in una determinata attività: *le prestazioni atletiche di un corridore; purosangue che dà ottime prestazioni* | Rendimento di una macchina: *le prestazioni del motore sono di altissimo livello.* *2* (*dir.*) Il contenuto dell'obbligazione costituito dal contegno del debitore: *la p. deve essere suscettibile di valutazione economica.* *3* †Tassa, tributo.

prestèrno [comp. di *pre-* e *sterno*] s. m. ● (*anat.*) Manubrio sternale. CFR. Mesosterno, metasterno.

prestévole [da *prestare*] agg. ● (*raro*) Servizievole.

prestézza [da *presto* (1); av. 1292] s. f. ● (*raro*) Prontezza, sollecitudine, celerità: *non correva con quella p. che ci soleva fare* (CELLINI). CONTR. Lentezza.

prestidigitatóre [comp. di *presto* (1) e un deriv. del lat. *dĭgitus* 'dito'; 1835] s. m. (f. *-trice*) ● Prestigiatore.

prestidigitazióne [1838] s. f. ● Arte del prestigiatore.

†**prestigiàre** [vc. dotta, lat. tardo *praestigiāre*, da *praestĭgiae* (V. *prestigio*); av. 1311] v. tr. e intr. ● Ingannare illudendo o mostrando false apparenze.

prestigiatóre [vc. dotta, lat. *praestigiatōre(m)*, da *praestĭgiae* (V. *prestigio*); 1539] s. m. (f. *-trice*) *1* Chi fa giochi di prestigio. SIN. Illusionista. *2* (*fig.*) Abile ingannatore.

prestigiazióne [da †*prestigiare*; 1926] s. f. ● (*raro*) Prestidigitazione.

prestìgio [lat. tardo *praestĭgiu(m)*, per il classico *praestĭgiae*, nom. pl., 'illusione, inganno, gherminella', da *praestrĭngere* 'stringere forte, abbagliare, offuscare', comp. di *prae-* 'pre-' e *strĭngere* 'stringere'; 1354] s. m. *1* Grande autorevolezza, alta considerazione e rispetto acquisiti in base ai propri meriti, alla condizione sociale, e sim.: *il p. dell'autorità, del nome, del titolo; godere di grande p.; perdere, veder diminuire il proprio p.* *2* (*lett.*) Illusione, inganno: *p. sono i pianti tuoi* (ALFIERI) | (*raro*) Illusione ottenuta con destrezza o altri trucchi ingegnosi | ***Giochi di p.***, di destrezza manuale, con trucchi ingegnosi.

prestigióso [vc. dotta, lat. *praestigiōsu(m)*, da *praestĭgiae* (V. *prestigio*); av. 1396] agg. *1* Che gode di grande prestigio: *personalità prestigiosa* |Che dà prestigio: *ha ottenuto un successo p.* | (*est.*) Lussuoso, di prestigio: *villa prestigiosa.* *2* (*raro, lett.*) Illusorio, ingannevole. || **prestigiosaménte**, avv. In modo prestigioso.

prestimònio [propr. 'prestazione', da *praestāre* (V. *prestare*); 1823] s. m. ● Rendita ecclesiastica senza titolo di beneficio in dote a un chierico che deve compiere gli studi in seminario, ovvero a un prete perché ne tragga i mezzi di sussistenza.

prestinàio o †**pistrinàio** [lat. tardo *pistrinārįu(m)* 'mugnaio', da *pistrīnum* 'mulino'. V. *pistrino*; av. 1589] s. m. ● (*sett.*) Fornaio, panettiere.

prestino o †**pistrino** [lat. *pistrīnu(m)*, da *pīnsere* 'pestare'. V. *pestare*; av. 1348] s. m. ● (*sett.*) Forno, mulino.

prestissimo [superl. di *presto*; 1353] s. m. ● (*mus.*) Indicazione dinamica che prescrive un movimento più veloce del presto.

♦**prèstito** [vc. dotta, lat. *prāestitu(m)*, part. pass. di *praestāre* 'prestare'; 1385] s. m. *1* Il prestare | Cessione di denaro o altro bene con patto di restituzione: *proporre un p.; fare un p.* | ***Dare in, a p.***, prestare | ***Prendere in, a p.***, farsi prestare qlco.; (*fig.*) assumere e utilizzare qlco. che è proprio di altri: *prendere a p. idee altrui.* *2* La cosa prestata: *un piccolo, ingente p. in, di, denaro; il volume non è mio, è un p.* *3* Denaro dato a prestito: *ottenere, concedere un p.* | ***P. pubblico***, quello contratto dallo Stato con emissioni di titoli | (*dir.*) ***P. d'onore***, mutuo erogato da aziende o istituti di credito a studenti per sopperire ad esigenze connesse alla frequenza degli studi. *4* ***P. linguistico***, adozione di elementi di tradizione linguistica diversa.

♦**prèsto** (1) [lat. *prāesto*, avv. 'presente, alla mano', di etim. incerta. Cfr. *prestare*; sec. XIII] **A** avv. *1* Fra poco, entro breve tempo: *ritorneremo p.; mi stanco p.; se spende così, andrà p. in rovina; arrivederci a p.!; a p.!; torna il più p. possibile a trovarmi* | ***P. o tardi***, prima o poi: *p. o tardi si pentirà.* CONTR. Tardi. *2* Rapidamente, in fretta, con sollecitudine: *bisogna fare p.; venite p. al dunque; fai più p. che puoi; s'è spicciato p.; p.! sbrigatevi!; accorrete p.!; p.! ci vuole un medico!* | ***Al più p.***, nel più breve tempo possibile: *te lo restituirò al più p.;* (*est.*) non prima: *fra una settimana al più p. lo riceverai* | (*est., fig.*) Facilmente: *è p. detto; è p. fatto; si fa p. a criticare; si fa p. a dire, ma poi ...!* *3* In anticipo, prima del tempo stabilito o conveniente: *è meglio arrivare p. alla stazione; sono arrivato p. all'appuntamento; è ancora p. per dare un giudizio; 'che ore sono?' 'è p. ancora'* | (*est.*) Di buon'ora: *partiremo domattina p.; alzati più p. al mattino.* CONTR. Tardi. **B** agg. *1* (*lett.*) Sollecito, rapido, spedito: *artefice p.; pronto e p.; p. di, con mano; Quell'anima gentil fu così presta, / ... / di fare al cittadin suo quivi festa* (DANTE *Purg.* VI, 79-81). *2* (*lett.*) Pronto, acconcio, preparato. *3* (*raro, lett.*) Favorevole, propizio: *sorte amica e presta.* **C** s. m. inv. ● (*mus.*) Movimento in tempo molto veloce. || PROV. Presto e bene raro avviene. || †**prestétto**, dim. | **prestino**, dim. || **prestaménte**, avv. Con prestezza, prontezza, sollecitudine.

†**prèsto** (2) part. pass. di *prestare* ● (*raro*) Nei sign. del v.

†**prèsto** (3) [da *prestato*] s. m. *1* Prestito, prestanza. *2* Monte di pietà.

prèsule [vc. dotta, lat. *prāesule(m)*, propr. 'chi danza davanti, il capo dei danzatori', poi particolarmente 'il capo dei sacerdoti Salii'; nel lat. tardo 'presule, vescovo'. *Prāesul* è comp. di *prae-* 'pre-' e *-sul*, dalla stessa radice di *salīre* 'saltare' (V. *salire*); 1260] s. m. ● Vescovo, prelato.

†**presuménza** [da *presumere*; av. 1306] s. f. ● Presuntuosità.

presùmere, †**presùmmere**, †**prosùmere** [vc. dotta, lat. *praesūmere* 'prendere prima', comp. di *prae-* 'pre-' e *sūmere* 'prendere' (V. *sunto*); 1282] v. tr. (pass. rem. *io presùnsi, tu presuméstí*; part. pass. *presùnto*) (qlco.; + *di* seguito da inf.; + *che* seguito da congv. o fut.) *1* Supporre, ritenere, credere, in base a elementi vaghi e generici: *p. l'innocenza di qlcu.; presumo di aver sbagliato; presumo che adesso adotterai un altro sistema; Non presumo che siate come vi rappresento io* (PIRANDELLO). *2* (*dir.*) Argomentare logicamente da un fatto noto per risalire a un fatto ignoto. *3* Avere la pretesa di: *presume di poterci giudicare; presume di sapere tutto; p. di essere un grand'uomo, un genio.* *4* (+ *di*) Nutrire una ingiustificata ed esagerata stima in sé stesso e nelle proprie capacità: *presume troppo della sua intelligenza; troppo presumerebbe di se medesimo chiunque ardisse consigliarlo* (GUICCIARDINI).

presumìbile [av. 1712] agg. ● Che si può presumere: *dati, elementi presumibili* | ***È p. che***, si può supporre che. || **presumibilménte**, avv. Per quello che si può congetturare: *il risultato è presumibilmente esatto.*

presumibilità [1940] s. f. ● (*raro*) Condizione di ciò che è presumibile.

†**presumìre** v. tr. e intr. ● Presumere.

†**presumitóre** agg.; anche s. m. (f. *-trice*) ● Presuntuoso.

†**presùmmere** ● V. *presumere*.

presuntìvo [vc. dotta, lat. tardo *praesumptīvu(m)*, da *praesūmptus* 'presunto'; 1598] agg. *1* Presumibile, probabile: *don Filippo, erede p. di tutte le Spagne* (FOSCOLO). *2* Previsto e prevedibile in base a ricerche, analisi o considerazioni preventive: *la somma presuntiva per completare l'opera è troppo elevata.* || **presuntivaménte**, avv.

presùnto [av. 1511] part. pass. di *presumere*; anche agg. *1* Supposto, ritenuto tale in base a congetture, impressioni, indizi e sim.: *il p. omicida.* *2* (*dir.*) ***Morte presunta***, quella non derivante da dati certi, ma dichiarata con sentenza del tribunale nei confronti di un assente del quale non si abbiano notizie da almeno dieci anni.

†**presuntuosàggine** [1871] s. f. ● (*raro*) Presuntuosità.

presuntuosità o (*pop.*) †**prosontuosità**, (*pop.*) †**prosuntuosità** [1336 ca.] s. f. ● Esagerata opinione di sé | Arroganza, presunzione.

presuntuóso o (*pop.*) †**presontuóso**, (*pop.*) †**prosontuóso**, (*pop.*) †**prosuntuóso** [vc. dotta, lat. tardo *praesumptuōsu(m)*, da *praesūmptus* 'presunto'; 1308] **A** agg. *1* Che pecca di presunzione: *un giovane sciocco e p.; Dante per lo suo savere fu alquanto p.* (VILLANI). SIN. Orgoglioso, superbo. CONTR. Modesto, schivo. *2* (*raro, lett.*) Audace, ardito. || **presuntuosaménte**, avv. *1* Con presunzione. *2* (*raro, lett.*) Con audacia. **B** s. m. (f. *-a*) ● Persona presuntuosa. || **presuntuosèllo**, dim. | **presuntuosétto**, dim. | **presuntuosino**, dim.

presunzióne, (*pop.*) †**presonzióne**, (*pop.*) †**prosunzióne** [vc. dotta, lat. *praesumptiōne(m)*, da *praesūmptus* 'presunto'; sec. XIII] s. f. *1* Opinione, congettura: *è solo una p.; presunzioni non* *convalidate da prove* | (*dir.*) Conseguenza che la legge o il giudice traggono da un fatto noto per risalire a un fatto ignorato: *p. di paternità* | ***P. legale***, stabilita dalla legge | ***P. d'innocenza***, principio sancito dalla Costituzione, secondo il quale un imputato è ritenuto innocente sino a una condanna definitiva. **2** Opinione esagerata del proprio valore e della propria importanza: *la sua p. non ha limiti*; *peccare di p.* SIN. Burbanza, orgoglio, superbia. CONTR. Modestia, umiltà. || **presunzioncèlla**, dim.

presuòla [V. *presame*; 1813] s. f. ● (*bot.*) Caglio.

presuppórre (o -su-) [comp. di *pre-* e *supporre*; 1308] v. tr. (coniug. come *porre*) **1** Pensare, considerare in via d'ipotesi: *presuppongo che questa faccenda finirà male*; *presuppongo di sì, di no.* SIN. Supporre. **2** Implicare come premessa: *il tuo intervento presuppone una totale conoscenza dei fatti.*

presuppositivo (o -s-) [da *presupporre*, sul modello di *suppositivo*; 1745] agg. ● (*raro*) Che implica o esprime una supposizione.

presupposizióne (o -su-) [comp. di *pre-* e *supposizione*; 1353] s. f. **1** Congettura o supposizione preliminare: *sono presupposizioni del tutto personali*; *certe presupposizioni vanno espresse con cautela.* **2** Ciò che si presuppone: *la p. si è dimostrata erronea* | (*ling.*) Condizione che un enunciato suppone sia realizzata (ad es. l'enunciato *il cane di Alberto è molto affettuoso* presuppone che Alberto abbia un cane). **3** (*dir.*) Istituto giuridico di creazione giurisprudenziale secondo cui può assumere rilevanza, ai fini della validità di un contratto, una determinata circostanza di fatto o di diritto che le parti hanno dato come presupposta, e che risulta essere invece inesistente.

presuppósto (o -su-) [1353] **A** part. pass. di *presupporre*; anche agg. ● Supposto, previsto. **B** s. m. **1** †Supposizione, ipotesi. **2** Condizione preliminare, premessa: *ignoro i presupposti del problema*; *mancare dei presupposti necessari*; *fondare qlco. su un errato p.*

†**presùra** [da *preso*; av. 1292] s. f. **1** Presa | Arresto, cattura: *fu preso e menato allo Imperadore, della cui p. molto si rallegrò* (COMPAGNI) | (*est.*) Diritto che si pagava per la cattura. **2** Conquista, occupazione.

†**prèsvite** [lat. *prĕsbyter*, nom., 'prete'] s. m. ● (*raro*) Prete.

pretàglia [da *prete*, sul modello del fr. *prêtraille*; 1789] s. f. ● (*spreg.*) Insieme di preti | Clero.

†**pretàio** [1427] agg. ● Pretaiolo.

pretaiòlo o †**pretaiuòlo** [1847] agg. ● (*raro, spreg.*) Che frequenta molto i preti e se l'intende con loro.

prêt-à-porter /fr. ˌpretapɔrˈte/ [loc. fr., propr. 'pronto a essere indossato'; 1957] **A** s. m. inv. (pl. fr. *prêts-à-porter*) ● Capo di abbigliamento firmato da uno stilista, che può essere confezionato in serie in un'ampia gamma di taglie | Settore della moda che produce tali capi: *successi del prêt-à-porter italiano.* **B** anche agg. inv.: *abito prêt-à-porter.*

†**pretarìa** o †**preterìa** [da *prete*] s. f. ● (*spreg.*) Quantità di preti | Clero.

pretàttica [comp. di *pre-* e *tattica*; 1985] s. f. ● Nel linguaggio sportivo, atteggiamento volutamente vago dell'allenatore, alla vigilia di una gara, circa la formazione della squadra: *fare p.* | (*est.*) Atteggiamento evasivo che ha lo scopo di mascherare le vere intenzioni prima di una trattativa, di una scadenza ecc.: *i dirigenti sindacali hanno fatto un po' di p.*

♦**prète** [lat. tardo *prĕsbyteru(m)*, nom. *prĕsbyter*, dal gr. *presbýteros* 'più vecchio', compar. di *présbys* 'vecchio' (V. *presbiacusi*); sec. XII] **A** s. m. **1** Sacerdote secolare cattolico o di altre Chiese cristiane e, talvolta, di altre confessioni religiose | ***Farsi p.***, ricevere gli ordini | ***Chiamare il p.***, al capezzale di un malato grave spec. per impartirgli l'unzione degli infermi | ***Morire senza il p.***, senza i sacramenti | ***Boccone del p.***, (*fig., scherz.*) ghiotto | ***Scherzo da p.***, (*pop.*) inaspettato e di cattivo gusto. **2** (*pop.*) Intelaiatura di legno che si infila nel letto fra le lenzuola e regge lo scaldino. **B** in funzione di agg. inv. ● (posposto al s.) Nella loc. ***pesce p.***, pesce lucerna. || **pretacchióne**, accr. | **pretàccio**, pegg. | **pretazzòlo**, dim. | **pretino**, dim. (V.) | **pretóne**, accr. (V.) | **pretònzolo**, pegg. | **pretùcolo**, dim.

pretèlla [dim. di *pietra*, con metatesi; sec. XIII] s. f. ● Forma di pietra nella quale si gettano i metalli fusi | ***Gettare in pretelle***, (*fig.*) fare alla svelta.

pretendènte [1542] **A** part. pres. di *pretendere* ● Nei sign. del v. **B** s. m. e f. ● Chi vuole per sé qlco. o qlcu.: *un p. al trono* | Corteggiatore: *avere molti pretendenti.*

†**pretendènza** [da *pretendente*; 1623] s. f. ● Rivendicazione | Pretensione.

♦**pretèndere** [vc. dotta, lat. *praetĕndere* 'tendere dinanzi a sé, stendere innanzi', comp. di *prae-* 'pre-' e *tĕndere* 'tendere'; sec. XIV] **A** v. tr. (coniug. come *tendere*) (qlco.; + *da* qlcu. o qlco.; + *di* seguito da inf.; + *che* seguito da congv.) **1** Esigere o reclamare in base a un preciso diritto: *p. la propria parte, una giusta retribuzione, un lavoro onesto*; *dopo tutto quello che ho fatto, pretendo almeno un po' di riconoscenza*; *p. il rispetto di qlcu.* **2** Volere per forza, richiedere a ogni costo e spesso ingiustamente: *p. onori, omaggi, privilegi*; *non ha fatto nulla e pretende di essere pagato*; *p. di fare i propri comodi, la bella vita, l'impossibile*; *ciò che pretendi da me è assurdo*; *p. un prezzo eccessivo*; *p. troppo dal proprio fisico, dalla propria intelligenza*; *già non pretendereste che li ammazzassi tutti!* (NIEVO). **3** Presumere: *p. di avere sempre ragione, di arrivare a tutto, di sapere tutto, di non sbagliare mai, di essere infallibile.* **4** Voler far credere, sostenere per forza: *pretende che Omero non sia mai esistito*; *pretende di avere ragione quando i fatti dimostrano il contrario* | ***Pretenderla a***, atteggiarsi a. **5** †Addurre a pretesto. **B** v. intr. (aus. *avere*) (+ *a*) ● Ambire, aspirare: *p. al trono, alla corona, all'eredità* | (*lett.*) ***P. alla mano di una donna***, desiderarla in moglie | †***P. nell'eredità***, volerne una parte, accampare diritti su di essa.

pretensionatóre [comp. di *pre-* e un deriv. di *tensione*; 1993] s. m. ● (*autom.*) Dispositivo di sicurezza azionato da un sensore che, in caso di urto frontale, sposta rapidamente indietro il punto di aggancio della cintura di sicurezza, mettendola in tensione e perciò riducendo lo spostamento in avanti di chi la indossa.

pretensióne (1) [dal lat. *praetēnsus*, part. pass. di *praetĕndere* 'pretendere'; av. 1440] s. f. **1** (*lett.*) Pretesa, esigenza, necessità: *Che cosa è la nostra p. di conoscere il vero?* (LEOPARDI) | ***Senza p.***, senza pretese | ***Pieno di pretensioni***, pretenzioso. **2** (*lett.*) Superbia, alterigia: *parlare con p.* **3** Ricchezza e ricercatezza ostentate, molto appariscenti ma prive di gusto: *in quell'arredamento c'è troppa p.* **4** (*raro*) Prezzo richiesto per qlco.: *una p. eccessiva, esagerata.*

pretensióne (2) [da *pre-* e *tensione*; 1958] s. f. ● (*edil.*) Nel cemento armato precompresso, la tensione che è stata applicata all'armatura.

pretensionóso ● V. *pretenzioso.*

pretensióso e deriv. ● V. *pretenzioso* e *deriv.*

pretenzionóso o **pretensionóso** agg. ● (*tosc.*) Pretenzioso.

pretenziosità o **pretensiosità** [1958] s. f. ● Caratteristica di chi (o di ciò che) è pretenzioso.

pretenzióso o (*lett.*) **pretensióso** [fr. *prétentieux*, da *prétention* 'pretensione'; 1841] agg. ● Pieno di pretese: *uomo p.*; *arredamento p.*; *tono, discorso p.* || **pretenziosaménte**, avv.

prèter- [lat. *praeter* 'oltre', ottenuto con l'ampliamento comparativo (*ter) della prep. *prae* 'pre-'] pref. ● In parole composte dotte, aggettivi e sostantivi significa 'oltre', 'al di là': *preterintenzionale, preternaturale.*

†**preterìa** ● V. †*pretaria.*

preteribile [da *preterire*] agg. ● (*raro, lett.*) Che si può omettere o tralasciare.

preterintenzionàle [dal lat. *praeter intentiōne(m)* 'al di là dell'intenzione (V.)', con suff. agg. *praeter* è da *prae-* 'pre-', col suff. *-tero che indica opposizione (V. *maestro*); 1877] agg. ● (*dir.*) Detto di delitto in cui l'evento dannoso è andato oltre l'intenzione dell'autore: *omicidio p.* || **preterintenzionalménte**, avv.

preterintenzionalità [1877] s. f. ● (*dir.*) Carattere, natura preterintenzionale: *sostenere la p. dell'omicidio.*

preterire [vc. dotta, lat. *praeterīre* 'passare oltre', comp. di *praeter* 'al di là' (V. *preterintenzionale*) e *īre* 'andare'; av. 1306] **A** v. tr. (*io preterisco, tu preterisci*) **1** (*lett.*) Omettere: *non preterisco il vero* (ARIOSTO). **2** (*lett.*) Trasgredire. **B** v. intr. (aus. *essere*) ● †Passare, trascorrere.

pretèrito (1) [av. 1294] **A** agg. ● (*lett.*) Passato, trascorso. **B** s. m. **1** (*lett.*) Il passato | (*ling.*) Forma verbale che esprime il passato in quelle lingue, come le germaniche, che non distinguono tra perfetto e imperfetto. **2** (*fam., scherz.*) Deretano, sedere: *Vi metto fuori io a calci nel p.!* (BACCHELLI).

preterito (2) part. pass. di *preterire*; anche agg. ● (*lett.*) Tralasciato, omesso.

preterizióne [vc. dotta, lat. tardo *praeteritiōne(m)*, da *praetĕritus*, part. pass. di *praeterīre* (V. *preterire*); 1669] s. f. ● (*ling.*) Figura retorica con la quale si dichiara di non volere dire una cosa nel momento stesso in cui la si dice: *Cesare taccio che per ogni piaggia / fece l'erbe sanguigne* (PETRARCA).

pretermésso [sec. XV] part. pass. di *pretermettere*; anche agg. ● (*lett.*) Tralasciato, omesso.

pretermèttere [vc. dotta, lat. *praetermĭttere*, comp. di *prăeter* 'oltre' (V. *preterintenzionale*) e *mĭttere* 'mandare' (V. *mettere*); 1301] v. tr. (coniug. come *mettere*) ● (*lett.*) Omettere, tralasciare: *né pare in questo luogo da p. quel che argutamente rispose a Piero de Medici Lodovico Sforza* (GUICCIARDINI).

†**pretermissióne** [vc. dotta, lat. *praetermissiōne(m)*, da *praetermĭssus*, part. pass. di *praetermĭttere* 'pretermettere'; sec. XIV] s. f. ● Omissione.

preternaturàle [comp. di *preter-* e *naturale*; 1583] agg. **1** Che non è conforme alle leggi di natura | Nella teologia cattolica, detto di ciò che è superiore alla natura umana senza per questo essere soprannaturale e partecipare del divino: *doni preternaturali.* **2** (*med.*) Non fisiologico | ***Ano p.***, ano artificiale.

pretésa [da *preteso*; 1554] s. f. **1** Richiesta energica e legittima: *avanzare una p.*; *le mie pretese non sono eccessive* | Bisogno o esigenza di agi, comodità e sim.: *io non ho pretese*; *ha troppe pretese e non è facile accontentarlo*; *un ospite di grandi pretese* | ***Essere senza pretese***, essere modesto, sapersi adattare a tutto. **2** Esigenza eccessiva e ingiustificata: *è pieno di pretese*; *ignora i suoi doveri ma è sempre pronto ad avanzare pretese*; *queste sono pretese assurde* | ***Avere la p. di***, pretendere di: *avresti la p. di essere infallibile?*; *non avrai la p. di farmi credere simili fandonie!* **3** (*fig.*) Presunzione: *ha la p. di sapere tutto.* **4** (*fig.*) Ricerca di effetti estetici eleganti e raffinati che si risolve in un'esagerata ostentazione di ricchezza, di sfarzo e sim.: *abito pieno di pretese*; *casa di grandi pretese.*

pretésco [da *prete*; 1526] agg. (pl. m. *-schi*) ● (*spreg.*) Da prete.

pretéso [1540] part. pass. di *pretendere*; anche agg. **1** Nei sign. del v. **2** Supposto, ritenuto tale: *il p. errore di qlcu.* | Dubbio, incerto e opinabile: *la sua pretesa nobiltà d'animo* | ***Le pretese rime dantesche***, quelle apocrife.

†**pretèssere** [vc. dotta, lat. *praetĕxere*, propr. 'tessere davanti', comp. di *prae-* 'pre-' e *tĕxere* 'tessere'; av. 1540] v. tr. ● Addurre come pretesto: *pretessendo alla sua cupidità varii colori* (GUICCIARDINI).

pretèsta [vc. dotta, lat. *praetĕxta(m)*, f. sost. di *praetĕxtus*, part. pass. di *praetĕxere* 'tessere davanti, fregiare' (V. *pretessere*); detta così perché era listata di porpora; sec. XIV] s. f. ● Nell'antica Roma, toga listata di porpora portata dai giovani e dai magistrati | ***Lasciare la p.***, entrare nella maggiore età, a 18 anni per i maschi, col matrimonio per le femmine.

pretestàre [da *pretesto*; 1641] v. tr. (*io pretèsto*) ● (*lett.*) Addurre come pretesto.

pretestàta [vc. dotta, lat. tardo (*fābulam*) *praetextāta(m)*, f. sost. di *praetextātus* 'pretestato'; il dramma (*fābula*: V. *fiaba*) era detto così perché i personaggi indossavano la pretesta (*praetēxta*); 1970] s. f. ● Tragedia romana di argomento nazionale.

pretestàto [vc. dotta, lat. *praetextātu(m)*, da *praetēxta* 'pretesta'; av. 1342] agg. ● (*lett.*) Vestito con la pretesta.

♦**pretèsto** [vc. dotta, lat. *praetēxtu(m)* 'fregio, ornamento', poi per metafora 'scusa'; propr. part. pass. di *praetĕxere* 'tessere davanti, fregiare' (V. *pretessere*); 1308] s. m. **1** Scusa addotta per giustificare qlco. che si è fatto o per nascondere la verità: *cercare, addurre, trovare dei pretesti*; *un p. futile, ridicolo, assurdo* | ***Col p. di***, con la scusa di: *col p.*

di controllare i conti compì un grosso furto. SIN. Cavillo, ripiego, scappatoia. *2* Appiglio, motivo, occasione: *dare, fornire un valido p. di critica; questo è un ottimo p. per intervenire.*

pretestuosità [1983] s. f. ● Caratteristica di chi (o di ciò che) è pretestuoso.

pretestuóso [1956] agg. ● Che si avvale di pretesti, che si fonda su pretesti, che è privo di motivazioni convincenti: *individuo p.; un comportamento p.* || **pretestuosaménte**, avv.

pretino [1536] **A** s. m. *1* Dim. di *prete*. *2* Chierichetto. *3* (*spreg.*) Prete di poco conto. *4* (*tosc.*) Intelaiatura di legno che si infila nel letto fra le lenzuola e regge lo scaldino. **B** agg. ● (*raro*) Pretesco.

pretismo [da *prete*] s. m. ● (*raro, spreg.*) Mentalità pretesca | Clericalismo.

pretóne [1871] s. m. *1* Accr. di *prete*. *2* (*tosc., spreg.*) Bacchettone, baciapile.

pretònico [da *pre-*, sul modello di *protonico* (*1*); 1958] agg. (pl. m. *-ci*) ● (*ling.*) Protonico.

pretóre [vc. dotta, lat. *praetōre(m)*, da *praeīre* 'andare avanti', comp. di *prae-* 'pre-' e *īre* 'andare'; 1308] s. m. *1* Nel diritto romano, magistrato a cui veniva affidato il compito di amministrare la giustizia | ***P. urbano***, che amministrava la giustizia tra cittadini romani | ***P. peregrino***, quello competente per le controversie tra romani e stranieri. *2* (f. raro, scherz. *-a*; V. nota d'uso FEMMINILE) (*dir.*) Nell'ordinamento giudiziario italiano, magistrato con funzioni giurisdizionali in materia civile e penale, i cui limiti di competenza sono stabiliti dalla legge; soppresso dalle norme sull'istituzione del giudice unico di primo grado.

†**pretoria** [da *pretore*] s. f. ● Pretura.

†**pretoriàle** [av. 1604] agg. ● Pretorio.

pretoriàno [vc. dotta, lat. *praetoriānu(m)*, da *praetōrium* 'pretorio (2)'; av. 1375] s. m. *1* Chi apparteneva alla coorte pretoria. *2* (*spec. al pl.*) Soldati che componevano la guardia del corpo degli imperatori romani. *3* (*spec. al pl., fig., spreg.*) Giannizzeri: *è sempre circondato dai suoi pretoriani.*

pretorile [1950] agg. ● (*dir.*) Di pretore.

pretòrio (*1*) [vc. dotta, agg. lat. *praetōriu(m)*, da *praētor*, genit. *praetōris*, 'pretore'; sec. XIV] agg. *1* (*dir.*) Del pretore: *decisione, sentenza pretoria.* *2* Del municipio, nelle loc. ***albo p.***, albo che espone al pubblico atti ufficiali; ***palazzo p.***, in cui aveva sede il podestà. *3* Del pretore, come magistrato dell'antica Roma: *editto p.* | ***Coorte pretoria***, gruppo di armati che costituivano la guardia del corpo dell'imperatore.

pretòrio (*2*) [vc. dotta, sost. lat. *praetōriu(m)*, s. da *praētor*, genit. *praetōris* 'pretore'; 1353] s. m. *1* Nell'accampamento romano, tenda del comandante generale. *2* Edificio ove il pretore rendeva ragione. *3* Ordine dei soldati pretoriani e luogo ove risiedevano.

pretrattàre [comp. di *pre-* e *trattare*] v. tr. ● Sottoporre a trattamento preliminare.

prétto (o *-é-*) [sovrapposizione di *schietto* a *puretto*, dim. di *puro*; sec. XIII] agg. *1* (*raro*) Schietto: *vino p.; l'idea dell'omicidio gli cagionò un orrore p. e immediato* (MANZONI). *2* (*fig.*) Puro, tipico: *parlare in p. romanesco, con p. accento toscano.* || **prettaménte**, avv. Schiettamente, tipicamente: *pronuncia prettamente italiana.*

pretùra [vc. dotta, lat. *praetūra(m)*, da *praētor*, genit. *praetōris* 'pretore'; sec. XIV] s. f. *1* Nel diritto romano, ufficio del pretore. *2* La magistratura impersonata nel pretore | La sede ove il pretore esplicava normalmente la propria funzione.

preumanésimo [comp. di *pre-* e *umanesimo*; 1929] s. m. ● Corrente culturale, affermatasi spec. nella seconda metà del XIV sec., che preannuncia certi aspetti dell'umanesimo: *il p. padovano.*

preunitàrio [comp. di *pre-* e *unitario*; 1949] agg. ● Che è anteriore all'unità d'Italia.

prevalènte [sec. XIV] part. pres. di *prevalere*; anche agg. *1* Che prevale | Predominante, principale: *caratteristica p.* *2* Più importante, più rilevante, più diffuso: *l'opinione p.* || **prevalenteménte**, avv. In prevalenza, più che altro.

prevalènza [vc. dotta, lat. tardo *praevalēntia(m)*, da *praēvalens*, genit. *praevalēntis* 'prevalente'; sec. XV] s. f. *1* Maggioranza, preponderanza, superiorità: *ottenere la p.; essere in p. numerica* | Predominio: *lottare contro la p. delle passioni; stimolare la p. della fantasia* | ***In p.***, per la maggior parte: *popolazione in p. cattolica.* *2* (*idraul.*) Altezza alla quale si può sollevare un liquido mediante una pompa.

prevalére [vc. dotta, lat. *praevalēre* 'essere molto forte, avere il sopravvento', comp. di *prae-* 'pre-' e *valēre* 'valere'; av. 1306] **A** v. intr. (coniug. come *valere*; aus. *essere* o *avere*) *1* Valere di più, avere maggiore importanza, forza, capacità, seguito e sim.: *prevale su tutti per dottrina e virtù; questa è l'opinione che prevale fra le tante.* SIN. Predominare. *2* Vincere: *le forze dell'inferno non prevarranno; il nemico prevalse, dopo una furiosa battaglia.* **B** v. intr. pron. ● (*raro*) Servirsi senza discrezione di qlcu. o di qlco.: *prevalersi dell'appoggio di una persona autorevole; prevalersi dell'occasione propizia; egli ... si prevalse della mia debolezza, si rese padrone del mio cuore* (GOLDONI). **C** v. tr. ● †Sopravanzare.

†**prevalicàre** ● V. *prevaricare*.

prevàlso part. pass. di *prevalere*; anche agg. ● Nei sign. del v. | (*lett.*) Invalso.

prevaricaménto [1336 ca.] s. m. ● (*raro*) Il prevaricare | Prevaricazione.

prevaricànte part. pres. di *prevaricare*; anche agg. ● Che prevarica | Che abusa del proprio potere.

prevaricàre o †**prevalicàre** [vc. dotta, lat. tardo *praevaricāre*, per il classico *praevaricāri*, propr. 'oltrepassare allargando le gambe', comp. di *prae-* 'pre-' e *varicāre* 'allargare le gambe' (V. *valicare*); sec. XIII] **A** v. intr. (*io prevàrico, tu prevàrichi*; aus. *avere*) *1* (*lett.*) Agire contrariamente all'onestà, all'onore, eccedere i limiti del lecito. Trasgredire | (*lett.*) Peccare. *2* Abusare del potere e sim., per trarne vantaggi personali. *3* (*raro, lett.*) Deviare, scostarsi. **B** v. tr. ● †Trasgredire.

prevaricatóre [vc. dotta, lat. *praevaricatōre(m)*, da *praevaricātus*, part. pass. di *praevaricāri* 'prevaricare'; 1336 ca.] agg.; anche s. m. (f. *-trice*) ● (*raro*) Che (o Chi) prevarica, che abusa del suo potere | ***Ufficiale p.***, malversatore, concussionario.

prevaricazióne [vc. dotta, lat. *praevaricatiōne(m)*, da *praevaricātus*, part. pass. di *praevaricāri* 'prevaricare'; av. 1290] s. f. *1* Il prevaricare | Abuso, sopruso. *2* (*dir.*) Figura di reato avente per contenuto il comportamento infedele dei consulenti tecnici e dei patrocinatori, nonché il millantato credito di questi ultimi.

♦**prevedére** [vc. dotta, lat. *praevidēre*, comp. di *prae-* 'pre-' e *vidēre* 'vedere'; av. 1292] v. tr. (coniug. come *vedere*; fut. *prevederò* o *prevedrò*) *1* Supporre, congetturare, immaginare in anticipo: *non sono in grado di p. il futuro; bisogna p. tutte le possibili soluzioni.* SIN. Anticonoscere, antivedere. *2* Ritenere possibile, probabile o certo un evento prima che si verifichi: *prevedo che, come al solito, arriverà in ritardo; per domani si prevede tempo bello su tutta la penisola* | ***Era da p.!***, bisognava pensarci, era facile immaginarlo, era inevitabile. SIN. Intuire, presagire. *3* (*bur.*) Considerare e disciplinare: *lo statuto della società non prevede aumenti di capitale; anche questa clausola è prevista nel trattato; il caso non è previsto dalla legge.*

prevedìbile [1824] agg. ● Che si può prevedere: *esito p.; risposta facilmente p.* CONTR. Imprevedibile | (*est.*) Ovvio, scontato, banale: *un individuo troppo p.; il finale del film è del tutto p.* || **prevedibilménte**, avv. In modo prevedibile, con possibilità di previsione.

prevedibilità [1896] s. f. ● Condizione di ciò che è prevedibile. CONTR. Imprevedibilità.

prevediménto [sec. XIV] s. m. ● (*lett.*) Preveggenza.

prevedùto part. pass. di *prevedere*; anche agg. ● Nei sign. del v.

preveggènte [da *prevedente*, rifatto su *veggente*; 1841] agg. ● (*lett.*) Lungimirante, previdente. CONTR. Incauto. || **preveggenteménte**, avv.

preveggènza [1855] s. f. ● (*lett.*) Caratteristica di chi è preveggente. CONTR. Imprevidenza.

prevelàre [comp. di *pre-* e *velare* (*3*)] **A** agg. ● (*ling.*) In fonetica, detto di suono nella cui articolazione il dorso della lingua tocca o s'avvicina alla parte anteriore del velo pendulo o palato molle. **B** s. f. ● (*ling.*) Suono prevelare.

prevéndita [comp. di *pre-* e *vendita*; 1983] s. f. ● Vendita anticipata, spec. di biglietti per spettacoli o avvenimenti sportivi.

prevenìbile agg. ● Che si può prevenire: *infortunio p.*

preveniènte part. pres. di *prevenire*; anche agg. ● (*lett.*) Nei sign. del v. | (*relig.*) ***Grazia p.***, nella teologia cattolica, grazia attuale che precede gli atti liberi dell'uomo.

prevenire [vc. dotta, lat. *praevenīre*, comp. di *prae-* 'pre-' e *venīre* 'venire'; av. 1306] v. tr. (coniug. come *venire*) *1* (*raro*) Precedere qlcu. giungendo prima di lui: *p. l'avversario sul traguardo.* *2* Anticipare qlcu. o qlco. agendo o parlando prima di altri: *volevo aiutarti ma mi hanno prevenuto; p. la risposta, una domanda, una obiezione.* *3* Impedire che qlco. avvenga o si manifesti, provvedendo adeguatamente in anticipo: *p. il desiderio di qlcu.; tentarono inutilmente di p. l'epidemia, il danno, la disgrazia; p. un reato, la delinquenza; preverrò questi empi | disegni loro* (TASSO). *4* Preavvertire, preavvisare: *p. qlcu. con un telegramma; vi prevenni del nostro arrivo, della sua partenza improvvisa* | Mettere sull'avviso: *è chiaro che ti hanno prevenuto contro di me.*

preventivàbile agg. ● Che può essere preventivato: *spese fisse preventivabili.*

preventivàre [da *preventivo*; 1831] v. tr. *1* Calcolare in anticipo l'entità di una spesa | Fare il preventivo, stanziare in bilancio: *p. una somma.* *2* (*est.*) Prevedere, spec. qlco. di spiacevole: *per fortuna avevo preventivato un possibile ritardo dell'aereo.*

preventivàto part. pass. di *preventivare*; anche agg. ● Nei sign. del v.

preventivazióne s. f. ● (*bur.*) Calcolo e stesura di preventivi.

preventivista [1965] s. m. e f. (pl. m. *-i*) ● Chi è addetto al calcolo dei preventivi.

preventivo [dal lat. *praevēntus*, part. pass. di *praevenīre* 'prevenire'; 1601] **A** agg. ● Che previene o serve a prevenire: *consiglio, intervento p.* | ***Carcere p.***, anteriore alla sentenza, prima e durante il processo | ***Censura preventiva***, esercitata sugli scritti da pubblicare, per prevenire la violazione delle leggi | ***Cura preventiva***, atta a prevenire una malattia. || **preventivaménte**, avv. In modo preventivo; anticipatamente, prima: *pensare preventivamente alle possibili complicazioni.* **B** s. m. ● Calcolo presuntivo di una spesa fatto al principio di un esercizio o anno finanziario o prima d'iniziare un lavoro o di costituire un'azienda: *p. finanziario, economico, tecnico* | (*est.*) ***Mettere in p.***, prevedere.

preventòrio [da *prevenire*, sul modello di *sanatorio*; 1942] s. m. ● Istituto specializzato in esami e cure preventive contro la tubercolosi o altre malattie.

prevenùto [sec. XIV] **A** part. pass. di *prevenire*; anche agg. *1* (*lett.*) Preceduto | Preavvisato. *2* (*est.*) Che ha dei preconcetti, delle prevenzioni su qlco. o qlcu.: *è p. contro tutto ciò che è moderno.* **B** s. m. ● (*raro*) Imputato.

prevenzióne [vc. dotta, lat. tardo *praeventiōne(m)*, da *praevēntus*, part. pass. di *praevenīre* 'prevenire'; av. 1540] s. f. *1* Attuazione dei provvedimenti più adeguati a impedire che si manifesti qlco. di dannoso, pericoloso e sim.: *p. dei disordini, dei reati; l'importanza della p. nella lotta contro i tumori.* *2* Pregiudizio, preconcetto: *essere pieno di prevenzioni verso, nei confronti di qlcu., di qlco.; questa è una assurda p. contro di me.* SIN. Preconcetto. *3* (*raro, lett.*) Preavviso. *4* In diritto del lavoro, complesso di regole che i datori di lavoro devono osservare dirette a impedire il verificarsi di infortuni sul luogo di lavoro: *ente nazionale per la p. degli infortuni sul lavoro.*

prevenzionistico agg. (pl. m. *-ci*) ● Relativo alla prevenzione di malattie e infortuni.

preverbàle [comp. di *pre-* e dell'agg. *verbale*; 1964] agg. ● (*med.*) Che precede lo sviluppo della facoltà del linguaggio | ***Sordo p.***, sordomuto.

preverbazióne [da *preverbo*] s. f. ● (*ling.*) Operazione con la quale si aggiunge un prefisso o preverbo a un verbo.

prevèrbo o **prevèrbio** [vc. dotta, lat. *praevĕrbiu(m)*, comp. di *prae-* 'pre-' e un deriv. di *vĕrbum* 'parola' (V. *verbo*)] s. m. ● (*ling.*) Elemento componente di una forma verbale.

†**prevèrtere** [vc. dotta, lat. *praevĕrtere*. V. *prevertire*; 1520] v. tr. ● Sconvolgere.

†**prevertire** [vc. dotta, lat. *praevĕrtere* 'anteporre', comp. di *prae-* 'pre-' e *vĕrtere* 'volgere' (V. *versione*); av. 1492] v. tr. ● Rivoltare, sconvolgere, mutare: *la deliberazione d'andare innanzi coll'esercito fu prevertita dal duca d'Urbino* (GUICCIAR-

DINI).

previdènte [vc. dotta, lat. *praevidĕnte(m)*, part. pres. di *praevidēre* 'prevedere'; sec. XIV] **agg.** ● Che prevede e provvede in anticipo per evitare conseguenze dannose: *persona p.*; *agire con p. cura*; *essere, dimostrarsi p.* **SIN.** Provvido. **CONTR.** Imprevidente. || **previdentemènte**, avv.

previdènza o †**previdènzia** [vc. dotta, lat. tardo *praevidĕntia(m)*, da *praevĭdens*, genit. *praevidĕntis* 'previdente'; av. 1327] **s. f.** *1* Caratteristica di chi è previdente: *la proverbiale p. della formica*; *nessuno dubita della tua p.*; *mancare di p.* **SIN.** Prudenza. **CONTR.** Imprevidenza. *2* Insieme di provvedimenti a carattere assistenziale disposti a favore di una categoria di persone | ***P. sociale***, complesso di istituti giuridici che tendono a prevenire o riparare i danni fisici ed economici che possono derivare ai lavoratori. **SIN.** Assicurazione sociale | ***P. integrativa***, quella ottenuta dai lavoratori mediante contratti aziendali in aggiunta a quella sociale.

previdenziàle [1942] **agg.** ● Relativo alla previdenza sociale: *contributo p.*; *oneri previdenziali*.

previgènte [1988] **agg.** ● In vigore fino a una successiva modifica normativa: *legge p.*

†**previlègio** ● V. *privilegio*.

prèvio [vc. dotta, lat. *praeviu(m)* 'che va innanzi', comp. di *prae-* 'pre-' e *vĭa* 'via'; av. 1468] **agg.** *1* Precedente: *l'esame p. del documento non ha dato l'esito sperato* | (*assol.*, *bur.*) Detto di atto, fatto e sim. che è necessario avvenga prima di un altro atto o fatto: *p. esame, accordo, pagamento, consenso* e sim.; *vi rilasceremo il certificato, previa domanda in carta da bollo*; *p. versamento della soprattassa*. *2* (*med.*) ***Placenta previa***, collocata in posizione anormale, in modo da ostruire l'orifizio cervicale provocando complicazioni nel parto. || **previamènte**, avv. In anticipo, prima.

previṣìbile [da *prevedibile*, sul modello di *visibile*; 1862] **agg.** ● (*raro*) Prevedibile.

previṣionale **agg.** ● Concernente la previsione, proprio di una previsione: *studio p.*

previṣióne [vc. dotta, lat. tardo *praevisiōne(m)*, da *praevīsus* 'previsto' (V. †*previso*); av. 1363] **s. f.** *1* Il prevedere | Valutazione anticipata di qlco. prima che si verifichi: *la p. del danno, della spesa*; *una difficile, facile p.*; *l'esito ha superato ogni p.*, *le più ottimistiche previsioni* | ***In p. di***, prevedendo: *in p. di simile eventualità, abbiamo provveduto per tempo*. *2* Ciò che si prevede: *non sempre le tue previsioni sono esatte*; *una p. che speriamo non si avveri* | ***P. meteorologica***, studio e descrizione delle condizioni atmosferiche previste su un luogo o su una regione della superficie terrestre per un determinato periodo di tempo.

†**previṣo** [vc. dotta, lat. *praevīsu(m)*, part. pass. di *praevidēre* 'prevedere'; av. 1311] **agg.** ● Previsto: *saetta previsa vien più lenta* (DANTE *Par.* XVII, 27).

previssùto [comp. di *pre-* e *vissuto*; 1871] **agg.** ● (*raro*, *lett.*) Vissuto prima di altri.

previsto [av. 1494] **A** **part. pass.** di *prevedere*; anche **agg.** ● Nei sign. del v. **B** **s. m.** solo **sing.** ● Entità o quantità prevista: *spendere meno del p.*; *guadagnare più del p.* | Tempo o momento previsto: *agire, intervenire, decidere, parlare, accadere prima del p.*; *protrarsi oltre il p.*

prevocàlico [comp. di *pre-* e *vocalico*; 1954] **agg.** (pl. m. *-ci*) ● (*ling.*) Detto di suono collocato davanti a una vocale.

prevòsto [ant. fr. *prevost*, dal lat. *praepŏsitu(m)*. V. *preposto*; sec. XIV] **s. m.** *1* (*relig.*) Ecclesiastico che ha ufficio, dignità di prepositura | (*sett.*) Parroco. **SIN.** Preposito, preposto. *2* Funzionario di alto grado, con incarichi di varia natura amministrativa e giudiziaria, nella antica monarchia francese fino ai primi dell'Ottocento.

prevostùra [da *prevosto*, sul modello del lat. tardo *praepositūra* 'prepositura'; av. 1566] **s. f.** ● Carica e ufficio del prevosto.

†**preziàre** ● V. *prezzare*.

preziàrio [1950] **A** **agg.** ● (*raro*) Relativo al prezzo, di prezzi. **B** **s. m.** ● Prezzario.

†**prèzio** ● V. *prezzo*.

preziosiṣmo [comp. di *prezioso* e *-ismo*; 1903] **s. m.** *1* Ricercatezza, preziosità. *2* Nel Seicento francese, corrente letteraria caratterizzata da una esasperata ricerca formale.

preziosità [vc. dotta, lat. tardo *pretiositāte(m)*, da *pretiōsus* 'prezioso'; av. 1294] **s. f.** *1* Condizione di ciò che è prezioso: *la p. di un dono, di una gemma*. *2* Eleganza ricercata e piena di affettazione: *la p. di un arredamento* | (*raro*) Preziosismo stilistico: *la p. dei secentisti*. *3* (*raro*) Oggetto prezioso, opera d'arte preziosa: *museo pieno di p.* **SIN.** Rarità.

♦**prezióṣo** [vc. dotta, lat. *pretiōsu(m)*, da *prĕtium* 'prezzo'; 1224 ca.] **A** **agg.** *1* Che ha molto valore e pregio, che ha prezzo molto elevato: *metallo p.*; *pietre preziose*; *un p. scrigno* | (*lett.*) Fatto con materia preziosa: *preziosi / vasi accogliean le lacrime votive* (FOSCOLO). *2* (*fig.*) Di ciò che è caro per la sua bellezza, la sua rarità, il pregio o l'utilità: *un manoscritto p.*; *la preziosa libertà*; *consigli preziosi* | ***Cibo, vino p.***, finissimo, squisito. *3* (*fig.*) Ricercato, affettato: *ha modi preziosi*; *eleganza preziosa* | ***Stile p.***, di una raffinatezza artificiosa. *4* (*fig.*, *fam.*) Detto di persona che si fa desiderare, che non si fa vedere o trovare con facilità: *farsi, diventare p.* || **preziosamènte**, avv. *1* In modo prezioso: *addobbare preziosamente*; *vestire preziosamente*. *2* (*fig.*) Come cosa rara e preziosa: *conservare, custodire preziosamente*. **SIN.** Gelosamente. **B** **s. m.** *1* Oggetto d'oro, di pietre o altri metalli preziosi: *furto di preziosi*. **SIN.** Gioiello. *2* (**f.** *-a*) (*fam.*) Chi si fa desiderare, chi non concede facilmente la propria amicizia. || **preziosétto**, dim. | **preziosino**, dim.

†**prèzza** [da *prezzare*; 1319] **s. f.** ● Apprezzamento.

prezzàbile [da *prezzare*; av. 1665] **agg.** *1* (*lett.*) Apprezzabile. *2* Che si può o si deve prezzare.

prezzàre o †**preziàre** [lat. tardo *pretiāre*, da *prĕtium* 'prezzo'; av. 1205] **A** **v. tr.** (*io prèzzo*) *1* †Giudicare il prezzo di qlco., farne la stima. **SIN.** Apprezzare. *2* (*fig.*, *lett.*) Prendere in considerazione, curare: *poco prezzando quel ch'ogn'uom disia* (PETRARCA). *3* Applicare a una merce esposta il cartellino recante l'indicazione del prezzo | (*est.*) Fissare, attribuire un prezzo. **B** **v. intr. pron.** *1* †Fare conto. *2* †Pregiarsi.

prezzàrio [da *prezzo*; 1958] **s. m.** ● Catalogo degli articoli in vendita, ciascuno corredato del proprio prezzo | Elenco dei prezzi di servizi, prestazioni professionali e sim. **SIN.** Preziario.

prezzàto **part. pass.** di *prezzare*; anche **agg.** ● Nei sign. del v.

†**prezzatóre** [da *prezzato*; av. 1595] **s. m.** (**f.** *-trice*) ● Chi apprezza.

prezzatrice [da *prezzare*; 1983] **s. f.** ● Macchinetta usata per imprimere l'indicazione del prezzo su merci e prodotti vari.

prezzatùra [1984] **s. f.** ● Operazione del prezzare la merce in vendita | I cartellini segnaprezzo applicati.

prezzémolo [gr. *petrosélinon*, propr. 'sedano che nasce tra le pietre', comp. di *pétra* 'pietra' e *sélinon* 'sedano'; av. 1320] **s. m.** ● Pianta erbacea delle Ombrellifere, bienne, selvatica e coltivata, con foglie frastagliate e lobate, utili in cucina (*Petroselinum hortense*) | ***Essere come il p.***, (*fig.*) intrufolarsi dappertutto. ➡ **ILL. piante**/7.

♦**prèzzo** o (*lett.*) †**prègio**, †**prèzio** [lat. *prĕtiu(m)*, di etim. incerta; 1262] **s. m.** *1* Valore di scambio delle merci | Somma di denaro necessaria per acquistare un bene | Nella vendita, corrispettivo in denaro dovuto dal compratore al venditore: *pagò il p. senza discutere*. *2* (*fig.*) Ciò che si dà o si deve in cambio di qlco.: *il p. della libertà*; *non curo il tuo dono, / quando è p. d'ingiusto favor* (METASTASIO) | ***Pagare, acquistare a caro p.***, con grandi sacrifici, dolori | ***Non avere p.***, detto di ciò che ha un valore inestimabile. *3* (*est.*) Cartellino con l'indicazione del prezzo: *collocare i prezzi sulla merce*. *4* (*lett.*, *fig.*) Pregio, stima: *avere in grande p.* *5* †Lucro. || **prezzàccio**, pegg.

prezzolàre [da *prezzo*; sec. XIV] **v. tr.** (*io prèzzolo*) ● Pagare qlcu., assoldare qlcu. spec. per fini illeciti o spregevoli: *p. sicari*.

prezzolàto [1353] **part. pass.** di *prezzolare*; anche **agg.** *1* Nel sign. del v. *2* ***Soldato p.***, mercenario | ***Stampa prezzolata***, che difende interessi particolari a vantaggio di chi la paga.

pria [lat. *prĭus*, nt. di *prĭor* (V. *priore*); la *-a* è dovuta all'influsso di *prima*; sec. XII] **avv.** ● (*poet.*) Prima: *dopo 'l pasto ha più fame che p.* (DANTE *Inf.* I, 99) | Anche nelle loc. avv. †***di***, ***in p.***: *lo spirto che di p. parlommi / ricominciò* (DANTE *Purg.* XIV, 76-77); *di sedere in p. avrai distretta!* (DANTE *Purg.* IV, 99).

priamo [dal n. del re di Troia] **s. m.** ● Bella e colorata farfalla dell'Asia tropicale, diurna, con forte dimorfismo sessuale (*Papilio priamus*).

priapèo [vc. dotta, lat. tardo *priapēu(m)*, nom. *priapēus*, dal gr. *priápeios*, agg. di *Príapos* 'Priapo'; 1527] **A** **agg.** ● Relativo a Priapo, dio romano della fecondità sessuale e agricola. **B** **s. m.** *1* Verso greco e latino, considerato giustapposizione di un gliconeo e di un ferecrateo. *2* Componimento poetico della letteratura greca e latina, caratterizzato dal contenuto osceno o licenzioso: *i priapei dell'età di Augusto*.

priapiṣmo [vc. dotta, lat. tardo *priapīsmu(m)*, nom. *priapīsmus*, dal gr. *priapismós*, da *Príapos* 'Priapo'; 1835] **s. m.** ● (*med.*) Erezione persistente e dolorosa del pene senza eccitamento sessuale né eiaculazione.

prìapo (o *-ià-*) [vc. dotta, dal lat. *Priăpu(m)*, in gr. *Príapos*, n. di una divinità greca; 1340] **s. m.** ● (*lett.*) Il membro virile, considerato presso alcuni popoli simbolo dell'istinto sessuale e della fecondità e venerato come oggetto di culto.

Priapùlidi [dal gr. *Príapos* 'Priapo': detti così da un'appendice della regione anale; 1883] **s. m. pl.** (**sing.** *-e*) ● Nella tassonomia animale, gruppo di animali marini a corpo quasi cilindrico, fornito di una proboscide retrattile (*Priapulida*).

price-earning /ingl. 'pʰɹaes,ɜːnɪŋ/ [loc. ingl., accorc. di *price-earning ratio* 'rapporto prezzo profitti'; 1986] **s. m. inv.** ● (*econ.*) Rapporto tra prezzo di mercato di un'azione e dividendo pagato nell'ultimo esercizio.

†**prièɡo** ● V. *prego* (*1*).

†**prigionàre** **v. tr.** ● Imprigionare.

♦**prigióne** (**1**) o †**pregióne** [lat. *prehensiōne(m)*. V. *prensione*; sec. XIII] **s. f.** *1* Luogo adibito alla custodia dei condannati che espiano la pena o degli imputati in attesa di giudizio | ***Marcire in p.***, esservi rinchiuso da molto tempo | (*spec. al pl.*) L'edificio o il complesso di edifici adibiti a prigione: *hanno ricostruito le prigioni*. **SIN.** Carcere, galera. *2* (*fig.*) Stanza buia e stretta: *quel solaio è una p.* | (*fig.*) Luogo in cui ci si sente oppressi per mancanza di libertà o eccessiva disciplina: *il collegio per lui era una p.* | (*poet.*, *fig.*) ***La p. eterna***, l'inferno. *3* In giochi di ragazzi, luogo ove sosta chi è fatto prigioniero | Nel gioco dell'oca, casella cadendo nella quale si resta bloccati per una mano o più. || **prigionàccia**, pegg. | **prigioncèlla**, dim. | **prigionétta**, dim.

†**prigióne** (**2**) [da *prigione* (*1*); sec. XIV] **s. m.** e **f.** (**f.** anche †*-a*, †*-essa*) ● Prigioniero: *molti altri servitori del re ... furono per prigioni dati* (BOCCACCIO).

prigionìa o †**pregionìa** [da *prigione* (*1*); sec. XII] **s. f.** *1* Condizione, stato di chi è prigioniero. **SIN.** Cattività, detenzione. *2* (*fig.*, *lett.*) Stato di soggezione, di asservimento morale: *la p. del vizio*.

♦**prigionièro** o †**pregionière**, †**prigionière** [da *prigione* (*1*); 1312] **A** **agg.**; anche **s. m.** (**f.** *-a*) *1* Che (o Chi) è stato rinchiuso in un luogo, ed è quindi privo della libertà: *essere, rimanere p. di qlcu.*; *far p. qlcu.*; *uccello p. in gabbia*; *i prigionieri sono fuggiti*. *2* Che (o Chi), durante operazioni di guerra, è stato catturato dal nemico: *militari prigionieri*; *prigionieri di guerra*; *campo dei prigionieri*; *restituzione, riscatto dei prigionieri*. **B** **agg.** *1* (*fig.*) Che, per vari motivi, subisce limitazioni nella sua libertà di movimento (*anche iperb.*): *il marito la tiene prigioniera in casa*; *a causa di uno sciopero aereo sono qui p.* | (*est.*) Che è dominato, schiavo, succube di qlcu. o di qlco.: *è p. delle sue idee, delle convenzioni sociali*. *2* ***Vite prigioniera***, V. *vite* (*2*). **C** **s. m.** *1* (**f.** *-a*) In giochi di ragazzi, chi è stato catturato ed è perciò escluso dal gioco sino a che non venga liberato da un altro. *2* †Custode di una prigione.

prillàre [vc. di orig. onomat.; av. 1830] **A** **v. intr.** (aus. *avere*) ● (*region.*) Girare attorno a sé stesso. **B** **v. tr.** ● (*region.*) | Far girare il fuso (*anche assol.*): *le donne ripresero a filare ... / tiravano prillavano accoccavano* (PASCOLI).

prillo [1871] **s. m.** *1* (*region.*) Il prillare, il girare attorno a sé stesso. *2* (*region.*) Atto del prillare: *ad or ad or lo sputo / dava alle dite e due prilli alla cocca* (PASCOLI).

♦**prima** (**1**) [lat. tardo *prīma*, da *prīmus* 'primo', con avvicinamento a *pŏstea* 'poi'; 1219] **A** **avv.** *1* Nel tempo anteriore, in precedenza, antecedentemente: *p. ignoravo il fatto*; *bisognava provvedere p.*; *p. ero riuscito ad aprire la scatola, ma ora non sono più capace*; *l'ho conosciuto molto p.*; *tanto tempo p. abitavano in campagna*; *l'ho visto un momento p.*; *sono arrivato due giorni p.* | Per ellissi in luogo di una prop. compar. o rel.: *ne so quanto p.*; *saremo amici come p.*; *sono gli stessi discorsi di p.*; *non sembra più l'uomo di p.*; *allora, amici come p.!* | ***Le cose, le usanze di p.***, di una volta, di un tempo | In contrapposizione con 'dopo' o con 'poi': *p. finisci il lavoro p. usciremo*; *p. o dopo, per me è la stessa cosa* | ***P. o poi***, una volta o l'altra: *p. o poi si ricorderà* | V. anche *dapprima*. CONTR. Poi. *2* Più presto: *credevo di fare p.*; *chi arriva p. al treno occupi i posti anche per gli altri* | ***Quanto p.***, fra non molto, il più presto possibile: *ti scriverò quanto p.* *3* In un luogo, in un punto che precede: *leggi una pagina p.*; *troverai p. un grande palazzo*; *p. veniva la bandiera, poi il reggimento*; *il distributore era tre chilometri p.* SIN. Avanti. *4* In primo luogo, per prima cosa (contrapposto a 'poi' o a 'dopo'): *p. bisogna pensare, poi agire*; *p. il dovere e poi il piacere*; *non ti credo, p. perché sei un bugiardo, e poi perché quanto dici è assurdo.* *5* (*lett.*) †Per la prima volta. **B** nella **loc. prep.** ***p. di*** *1* Indica anteriorità nel tempo: *ti telefonerò p. della partenza per salutarti*; *arriverò certo p. di te*; *lo avrai p. di sera*; *p. d'ora non me n'ero reso conto* | ***Invecchiare, morire p. del tempo***, prematuramente | ***P. di tutto***, in primo luogo: *p. di tutto l'onestà*; *p. di tutto devo provvedere alla loro sicurezza.* CONTR. Dopo. *2* Indica precedenza nello spazio: *p. della mia casa c'è un'autorimessa*; *c'è una galleria p. del bivio.* CONTR. Dopo. **C** nelle **loc. cong.** ***p. di, p. che*** *1* Introduce una prop. temp. che indica anteriorità con il v. all'inf., se implicita, al congv. se esplicita: *rifletti bene p. di decidere*; *avvertimi p. di muoverti*; *p. che sia troppo tardi, decidiamo*; *ha saputo la notizia p. che fosse resa pubblica* | ***P. che posso, p. che potrò, p. che ho potuto*** e sim., appena possibile (con il v. all'indic.): *è venuto p. che ha potuto* | (*lett.*) †***Non, né p. che***, appena, appena che | Anche nella loc. lett. †***come p.***, appena. *2* Piuttosto di, piuttosto che (introduce una prop. compar. con il v. all'inf.): *si sarebbe fatto uccidere p. di tradirlo*; *p. morire che cedere!* | Con ellissi del v.: *p. la miseria che il disonore!* **D** in funzione di **agg. inv.** ● (posposto al s.) In una successione, immediatamente precedente: *il giorno p.* | (*est.*) Precedente: *nei giorni p.*

♦**prima** (2) [f. sost. di *primo*; sec. XIII] **s. f.** *1* (*ellitt.*) Prima classe di una scuola: *andare in p.*; *frequentare la p.*; *i bambini di p.*; *p. media, p. liceo* | Prima classe in un mezzo di trasporto: *viaggiare in p.* *2* Nella divisione della giornata canonica, la prima ora del giorno, al sorgere del sole. *3* Prima rappresentazione di uno spettacolo teatrale o cinematografico: *andare a una p.*; *i biglietti per la p.* *4* Prima marcia nel cambio degli autoveicoli: *ingranare la p.*; *passare dalla p. alla terza.* *5* (*sport*) Atteggiamento schermistico: *invito, legamento di p.* | Azione difensiva: *parata di p.* | ***Giocare di p.***, nel calcio, passare la palla toccandola una sola volta. *6* Prima scalata alpinistica di una parete: *p. invernale.* *7* Nella danza classica, una delle posizioni fondamentali in cui le gambe sono unite, i talloni si toccano senza sovrapporsi e i piedi sono girati completamente in fuori a formare una sola linea diritta.

†**primàccio** ● V. †*piumaccio.*

primadònna o **prima dònna** [da *prima donna* 'attrice'; 1720] **s. f.** (**pl.** *primedònne*) *1* La protagonista di un'opera lirica o di uno spettacolo artistico: *ruolo di p.* *2* (*fig.*) Personaggio di particolare rilievo in un determinato settore: *nel suo campo è un'autentica p.* *3* (*fig., spreg.*) Persona che si compiace di atteggiamenti a effetto allo scopo di essere al centro dell'attenzione: *darsi arie da p.*; *fare la p.*

†**primàio** [lat. *primāriu(m)*. V. *primario*; 1262] **agg. num. ord.** ● Primo: *lo scaglion p. / bianco marmo era* (DANTE *Purg.* IX, 94-95).

primàle [da *primo*; 1871] **agg.** ● (*raro*) Principale, primario.

primalità [da *primale*; av. 1639] **s. f.** ● Nella filosofia di T. Campanella (1568-1639), ciascuno dei principi primi dell'essere, quali la potenza, la sapienza, l'amore, compiutamente realizzati in Dio e limitati dai loro contrari nelle cose corporee.

primanòta o **prima nòta** [comp. di *prim(o)* e *nota*] **s. f.** (**pl.** *primenòte*) ● (*ragion.*) Registrazione dei movimenti contabili di un'attività economica | Il registro in cui vengono effettuate tali registrazioni. CFR. Brogliaccio.

primariàto [1963] **s. m.** ● Ufficio, incarico di medico primario.

primàrio [vc. dotta, lat. *primāriu(m)*, da *prīmus* 'primo'; av. 1348] **A agg.** *1* Che precede gli altri in una successione | ***Scuola primaria***, quella comprensiva di scuola materna e scuola elementare | ***Attività primaria, settore p.***, nel linguaggio economico, quello che produce beni di primo consumo o materie prime, come l'agricoltura, l'allevamento e sim. | ***Bene p.***, materia prima o prodotto dell'attività primaria | (*geol.*) ***Era primaria***, era paleozoica | ***Elezioni primarie***, o (*ellitt.*) ***le primarie***, nel sistema elettorale degli USA, quelle per designare il candidato alla presidenza o i candidati alla Camera e al Senato; (*est.*) quelle per selezionare e designare i candidati a una carica elettiva. *2* Che è primo o fra i primi per importanza, valore o per i suoi meriti: *il motivo p.*; *una questione di primaria importanza* | Fondamentale, essenziale: *il valore p. della cultura.* SIN. Principale. CONTR. Secondario. *3* (*chim.*) Detto di atomo di carbonio che, in un composto alifatico, sta al termine di una catena di più atomi di carbonio o è legato a un solo atomo di carbonio | Detto di composto ottenuto introducendo un gruppo funzionale nel gruppo contenente l'atomo di carbonio primario | ***Ammina primaria***, quella che contiene un gruppo amminico $-NH_2$ su un atomo di carbonio primario. *4* (*psicoan.*) ***Processo p.***, V. *processo.* || **primariaménte**, avv. *1* In primo luogo, primamente. *2* Principalmente. **B s. m.** *1* Medico che dirige un reparto ospedaliero. *2* (*econ.*) Attività, settore primario.

primàte [vc. dotta, lat. *primāte(m)* da *prīmus* 'primo'; sec. XIII] **s. m.** ● Vescovo o arcivescovo che gode di prerogative onorifiche e di diritto di precedenza sui vescovi e arcivescovi di una regione, senza speciale giurisdizione che derivi dal titolo.

Primàti [da *primate* 'primo' (V. precedente); detti così perché costituiscono il più importante ordine di Mammiferi; 1875] **s. m. pl.** (**sing.** *-e*) ● Nella tassonomia animale, ordine di Mammiferi i cui rappresentanti hanno arti plantigradi, muso con pochi peli o glabro, occhi rivolti in avanti, dentatura completa (*Primates*). ➡ ILL. **animali**/14.

primaticcio [dal lat. *primĭtiae*, nom. pl., 'primizie'; av. 1320] **agg.** (**pl. f.** *-ce*) *1* Detto di frutto che matura prima di altri della stessa specie: *pesche primaticce.* CFR. Serotino. *2* †Che viene, comincia troppo presto: *freddo, inverno p.* SIN. Precoce, prematuro. || †**primaticciaménte**, avv. Per tempo.

primatista [1941] **s. m. e f.** (**pl. m.** *-i*) ● (*sport*) Chi detiene un primato: *p. del salto in alto*; *p. italiano, mondiale.*

primàto [vc. dotta, lat. *primātu(m)*, da *prīmus* 'primo'; av. 1363] **s. m.** *1* Superiorità assoluta di qlcu. o qlco. in un determinato campo o una particolare attività: *conquistare, tenere, esercitare un p.*; *p. artistico, letterario, scientifico.* *2* Risultato massimo ottenuto in una specialità sportiva: *p. del salto in alto, dei cento metri*; *p. italiano, europeo, mondiale, olimpionico*; *conquistare, migliorare, battere un p.*; *p. personale, nazionale.* SIN. Record.

primatologia [comp. di *Primati* e *-logia*; 1985] **s. f.** ● (*biol.*) Ramo della biologia che tratta i Primati in rapporto alle loro affinità con l'uomo.

primatòlogo [comp. di *Primati* e *-logo*; 1983] **s. m.** (**f.** *-a*; **pl. m.** *-gi*) ● (*biol.*) Studioso di primatologia.

primattóre o **primo attóre** [da *prim(o)* 'principale' e *attore*; 1894] **s. m.** (**f.** *-trice*) *1* L'attore più importante di una compagnia teatrale | Attore che ricopre il ruolo di protagonista in una rappresentazione teatrale | (*est.*) Chi ama essere in primo piano, al centro dell'attenzione generale. *2* Ruolo, parte ricoperta dall'attore principale.

♦**primavèra** (1) [lat. parl. **primavēra(m)*, dal classico *prīmo vēre* 'all'iniziare della primavera'. Per *prīmus* V. *primo*; *vēr* è di orig. indeur.; sec. XII] **s. f.** *1* Stagione dell'anno che dura 92 giorni e 21 ore, dall'equinozio di primavera (21 marzo) al solstizio d'estate (22 giugno), corrispondente all'autunno nell'emisfero australe. *2* (*est.*) Clima mite e particolarmente benigno: *l'eterna p. di certe regioni.* *3* (*fig.*) Inizio favorevole, giovinezza: *la p. della vita*; *passo del viver mio la p.* (LEOPARDI). *4* (*fig., scherz.*) Periodo di un anno: *avere molte primavere*; *ormai ho quaranta primavere.* *5* (*sport*) ***Squadra p.***, quella giovanile.

primavèra (2) [da *primavera* (1); detta così per la fioritura precoce] **s. f.** ● Pianta erbacea spontanea priva di caule, con foglie rugose e fiori, spec. gialli, dal calice a tubo (*Primula acaulis*). ➡ ILL. **piante**/8. || **primaverina**, dim.

♦**primaverile** [da *primavera* (1); av. 1846] **agg.** ● Di primavera, proprio della primavera: *vento p.*; *stagione p.* | (*lett., fig.*) Fresco, giovanile: *gli azzurrini occhi primaverili dei suoi diciott'anni* (PIRANDELLO).

primazìa [da *primate*, sul rapporto *abate-abbazia*; 1363] **s. f.** *1* Dignità e prerogative di primate. *2* (*lett.*) Supremazia, primato: *questa p. delle lettere ... su tutte le cose grandi e grandissime che gli uomini possono eseguire* (ALFIERI).

primaziàle [da *primazia*; 1619] **agg.** ● Di primate: *chiesa p.*

primeggiàre [comp. di *primo* e *-eggiare*; av. 1755] **v. intr.** (*io priméggio*; aus. *avere*) ● Eccellere, essere superiore, distinguersi: *primeggia su tutti.* SIN. Emergere, spiccare | Avere il primato in qlco.: *p. nelle arti.*

prime rate /*ingl.* 'praɪm 'reɪt/ [loc. ingl., propr. 'tasso (*rate*) primario (*prime*)'; 1980] **loc. sost. m. inv.** (**pl.** ingl. *prime rates*) ● (*banca*) Tasso minimo d'interesse che le banche praticano alla migliore clientela su prestiti a breve termine.

prime time /*ingl.* 'praɪm 'taɪm/ [loc. ingl., nel sign. di 'orario migliore, nel quale si attende il massimo ascolto'; 1983] **loc. sost. m. inv.** ● (*tv*) Prima serata.

primeur /*fr.* pri'mœr/ [dalla loc. fr. (*vente de vin en*) *primeur* '(vendita di vino) anticipata'; 1985] **A agg. inv.** ● Detto di vino che viene messo in commercio subito dopo la fermentazione. CFR. Novello. **B** nella **loc. avv.** ***en p.***, detto di sistema di vendita anticipata di un vino pregiato prima della sua messa in commercio, attraverso l'emissione di certificati a prezzo bloccato.

primèvo [vc. dotta, lat. *primāevu(m)* 'nella prima età, molto giovane', comp. di *prīmus* 'primo' ed *aevum* 'età' (V. *evo*); 1340] **agg.** *1* (*raro, lett.*) Dei primi tempi del mondo. *2* (*lett.*) †Dell'età giovanile.

primiceriàle [1891] **agg.** ● Di primicerio.

primiceriàto [av. 1750] **s. m.** ● Dignità, ufficio e carica di primicerio.

primicèrio [vc. dotta, lat. tardo *primicērium*, propr. 'colui il cui nome si trova in capo alle tavolette cerate', comp. di *prīmus* 'primo' e *cēra* 'cera (1)'; sec. XIV] **s. m.** ● Capo del clero minore in capitoli e collegiate | Chi è a capo di alcune confraternite e congregazioni | Titolo di antichi dignitari della corte pontificia.

primièra [f. di *primiero*, perché formata dalle prime carte di ogni seme; 1517] **s. f.** ● Antico gioco d'azzardo italiano, con le carte | Nel gioco della scopa e dello scopone, combinazione di carte dei quattro semi che dà diritto a un punto.

primièro [ant. fr. *premier*, dal lat. *primāriu(m)* (V. *primario*); sec. XII] **A agg. num. ord.** ● (*poet.*) Primo. **B agg.** ● (*raro, lett.*) Primitivo: *la ... primiera semplicità del primo mondo de' popoli* (VICO) | ***Usanza primiera***, del tempo antico | †***In p.***, primieramente. || **primieraménte**, avv. *1* Prima, in principio, dapprima. *2* In primo luogo, anzitutto. *3* †Per la prima volta. **C avv.** ● †In primo luogo | †Per la prima volta. **D s. m.** ● La prima parte della parola nel gioco enigmistico della sciarada.

primigènio [vc. dotta, lat. *primigĕniu(m)*, comp. di *prīmus* 'primo' e *-gĕnius*, dalla stessa radice di *gignere* 'generare' (V.); av. 1626] **agg.** *1* Che ha l'origine più antica, più remota: *lingua primigenia* | (*est.*) Che ha un'origine oscura, misteriosa, inspiegabile: *le forze primigenie della natura.* *2* Che risale all'origine del mondo, ai tempi primitivi: *uomo p.* | ***Elefante p.***, elefante fossile.

primina (1) [da *primo*] **s. f.** ● (*biol.*) Tegumento interno dell'ovulo delle piante angiosperme.

primina (2) [dim. di *prima* (2) (V.)] **s. f.** ● (*fam.*) La prima classe della scuola elementare, quando sia frequentata privatamente da un alunno che non abbia ancora compiuto sei anni di età.

primipara [vc. dotta, lat. *primĭpara(m)*, comp. di *prīmus* 'primo' e *-para*, da *părere* 'generare' (V. *partorire*); 1721] **s. f. e agg. f.** ● Chi (o Che) è al primo parto.

primipilàre [vc. dotta, lat. *primipilāre(m)*, da *primipīlus* 'primipilo'; sec. XIV] **agg.** ● Relativo a primipilo: *dignità p.*

primipilo [vc. dotta, lat. *primipīlu(m)*, comp. di *prīmus* 'primo' e *pīlus* 'manipolo di triarii', poi 'centurione dei triarii', di etim. incerta; 1321] **s. m.** ● Nell'esercito romano, capo della prima centuria dei triari.

primis, in ● V. *in primis*.

primissimo [1765] **A agg.** ● Che è nettamente all'inizio di un periodo, di una serie, di una successione: *i miei primissimi anni* | Che ha un'importanza fondamentale: *un autore di p. piano*; *un incarico di p. ordine*. **B** anche **s. m.** (f. *-a*): *un ciclista che è sempre tra i primissimi*.

primitiva [agg. sostantivato, sottinteso il s. *funzione*] **s. f.** ● (*mat.*) Funzione primitiva.

primitivismo [comp. di *primitiv(o)* e *-ismo*; 1911] **s. m.** *1* Caratteristica di ciò che è primitivo, rudimentale e sim. *2* Tendenza alla rivalutazione delle culture e dei moduli espressivi dei popoli primitivi.

primitività [1871] **s. f.** ● Condizione di ciò che è primitivo.

♦**primitivo** [vc. dotta, lat. *primitīvu(m)*, dall'avv. *prīmitus* 'da principio', da *prīmus* 'primo'; 1342] **A agg.** *1* Originario, proprio di un periodo iniziale: *significato p.*; *forma primitiva*; *i colori primitivi del dipinto*. *2* (*lett.*) Che si riferisce a un periodo anteriore a quello attuale: *faccendo della sua primitiva vita comparazione alla presente* (BOCCACCIO). *3* (*fig.*) Detto di ciò che è rozzo e rudimentale: *tecniche primitive*; *che metodi primitivi usi!* *4* (*ling.*) **Nome p.**, dal quale si formano i derivati e i composti. *5* (*mat.*) ***Funzione primitiva***, quella la cui derivata è una funzione data. || **primitivamente**, avv. *1* In modo primitivo. *2* †Per tempo, di buon'ora. **B agg.**; anche **s. m.** (f. *-a*) *1* Che (o Chi) appartiene alle popolazioni della preistoria, o a una civiltà ritenuta arcaica nei confronti di quelle più progredite: *tribù, popolazioni primitive*; *costumi primitivi*; *i primitivi dell'Oceania, della Nuova Zelanda*. *2* (*fig.*) Che (o Chi) si dimostra eccessivamente semplice e credulone, o anche rozzo e grossolano. **C s. m.** ● Artista figurativo operante fra il Duecento e i primi del Quattrocento, in Italia e in Europa: *i primitivi toscani, senesi, fiamminghi*.

primizia [vc. dotta, lat. *primĭtiae*, nom. pl., da *prīmus* 'primo'; sec. XI] **s. f.** *1* Frutto, ortaggio, fiore ottenuto con anticipo rispetto alla stagione mediante particolari tecniche di coltura. *2* Anticamente, parte dei frutti della terra e degli animali allevati o catturati che i fedeli offrivano ogni anno alla divinità. *3* (*fig.*) Notizia molto fresca, non ancora divulgata: *articolo pieno di primizie* | Rarità, opera d'arte fatta conoscere per la prima volta: *questa sinfonia è una p.* *4* †Capostipite di una schiatta, primogenito di una famiglia.

primiziale agg. ● Relativo alle primizie offerte: *sacrificio p.*

†**primizio** s. m. ● Primizia.

♦**primo** [lat. *prīmu(m)*, superl. di *prī*, avv. di senso locale e temporale, da avvicinare a *prō*. V. *pro* (*1*); 1205 ca.] **A agg. num. ord.** *1* Corrispondente al numero uno in una successione, in una classificazione, in una serie (rappresentato da I nella numerazione romana, da 1° in quella araba): *il p. piano di un edificio*; *il p. volume di un'opera*; *il p. uomo fu Adamo, la prima donna Eva*; *nel p. anno di vita il bambino è delicato*; *il p. figlio*; *il p. secolo dopo Cristo*; *arrivare, classificarsi p. in una gara*; *Napoleone I*; *Leone I*; *Carlo I*; *che sia la prima e l'ultima volta che succede un fatto simile!* | ***Per p.***, con funzione appositiva: *l'ho saputo per p.*; *il presidente ha parlato per p.*; *sono stata interrogata per prima* | Prossimo: *fermati al p. distributore* | ***Il p. caso***, il nominativo, il caso del soggetto | ***Di p. grado***, del grado più basso, inferiore: *ustioni di p. grado*; *esercizi di p. grado* | ***Minuto p.***, erroneamente usato per minuto. CFR. proto-. *2* Che è al principio di qlco. nell'ordine di tempo: *le prime ore del giorno sono le più fredde*; *i primi passi di un bambino*; *i primi uomini abitavano le caverne*; *mi sveglio alle prime luci dell'alba*; *di p. mattino*; *i primi ricordi della fanciullezza*; *la prima giovinezza*; *i primi secoli di Roma* | ***Il p. dopoguerra***, il periodo successivo alla prima guerra mondiale | ***In un p. tempo, in un p. momento***, dapprima, da principio, sul momento: *in un p. tempo non ti avevo riconosciuto* | ***A prima vista***, subito, alla prima occhiata: *me ne sono accorto a prima vista* | ***A tutta prima, sulle prime***, (*ellitt.*) dapprima, in un primo momento: *a tutta prima non gli ho creduto*; *sulle prime non me ne ero accorto* | ***Prima maniera***, detto dello stile tipico delle origini, dell'inizio di una carriera e sim.: *un Picasso prima maniera*. *3* Principale, fondamentale: *il tuo p. dovere è quello di studiare*; *la sua prima preoccupazione è la famiglia*; *la prima causa del fallimento è stato il disordine amministrativo* | ***In p. luogo, per prima cosa***, anzitutto. *4* Che è in posizione di superiorità assoluta per importanza, valore, prestigio e sim.: *viaggiare in prima classe*; *vincere il p. premio*; *albergo di prima categoria*; *merce di prima scelta*. CFR. archi-, proto- | Con valore superl.: *il p. albergo, il p. ristorante, il p. sarto, il p. parrucchiere della città*, il migliore | ***P. cittadino***, il Presidente della Repubblica, o anche il sindaco | ***Prima donna***, V. *primadonna* | ***Di prim'ordine, di prima qualità***, eccellente: *articoli di prima qualità* | ***Di prima mano***, (*fig.*) di notizia che proviene direttamente dalla fonte. *5* (*econ.*) ***Costo p.***, parte del costo generata dalle voci di spesa relative a materia prima, materiali di consumo e manodopera diretta. *6* (*mat.*) Detto di numero intero che non ha altri divisori oltre sé stesso e il numero 1. || **primamente**, avv. (*lett.*) Anzitutto: *primamente devi imparare a ubbidire*; (*poet.*) prima, per primo: *o voce di colui che primamente / conosce il tremolar della marina* (D'ANNUNZIO). **B avv.** ● In primo luogo (in correl. con *poi*, *secondo* e sim.): *non vengo, p. perché sono stanco e poi perché quel film non mi interessa*. **C s. m.** *1* (f. *-a*) Chi è primo in una successione, in una classificazione, in una serie (per ellissi di un s.): *il p. che vedi è mio fratello*; *è il p. che riesce in quest'impresa*; *sono arrivato fra i primi nella gara di ciclismo* | ***P. della classe***, (*fig.*) chi ostenta superiorità nei confronti degli altri: *assumere atteggiamenti da p. della classe* | ***Il p. che capita***, una persona qualsiasi che si incontra per caso | ***Il p. venuto***, una persona qualsiasi, sconosciuta o estranea: *non sono il p. venuto* | †***Sul p.***, sul principio. CONTR. Ultimo. *2* (*ellitt.*) Prima portata di un pasto, consistente in una minestra in brodo o asciutta: *la lista dei primi*; *per p. prenderò il risotto*; *oggi salterò il p.* *3* Il primo giorno di una settimana, di un mese, di un anno (per ellissi del s.): *il p. di luglio*; *andrò in vacanza ai primi del mese*; *partirò il p.* | I primi anni di un secolo: *sui primi del Novecento*. CONTR. Ultimo. *4* (*ellitt.*) Unità di misura del tempo, equivalente a 60 secondi: *sono le cinque e dieci primi*; *quattro primi e dieci secondi*. *5* Unità di misura degli angoli equivalente a 1/60 di grado. *6* (f. *-a*) (*raro, lett.*) Antenato: *Fieramente furo avversi / a me e a miei primi e a mia parte* (DANTE *Inf.* X, 46-47).

primogènito [vc. dotta, lat. tardo *primogĕnitu(m)*, comp. di *prīmus* 'primo' e *gĕnitus*, part. pass. di *gĭgnere* 'generare' (V. *genito*); sec. XIII] **A agg.** (pl. m. *primogèniti*, †*primigèniti*) *1* Che è stato generato per primo: *figlio p.* | ***Ramo p. della famiglia***, quello dei discendenti del figlio primogenito. *2* (*est., lett.*) Prediletto: *Israele p. del Signore*. **B s. m.** (f. *-a*) ● Figlio nato per primo: *il loro p. si chiama Giovanni*.

primogenitóre [comp. di *primo* e *genitore*, sul modello di *primogenito*; av. 1574] **s. m.** (f. *-trice*; pl. m. *primogenitóri* o *primigenitóri*) *1* (*raro, lett.*) Progenitore. *2* (*raro, spec. al pl.*) Avo, antenato.

primogenitùra [av. 1342] **s. f.** *1* Condizione del figlio primogenito. SIN. Maggiorascato, maggiorasco. *2* (*fig.*) Priorità.

primola ● V. *primula*.

primordiàle [vc. dotta, lat. tardo *primordiāle(m)*, da *primōrdium* 'primordio'; av. 1420] **agg.** ● Di primordio, dei primordi: *manifestazione p.* | Primitivo, originario, iniziale: *ricostruire la forma p.* | (*est., fig.*) Arretrato, non sviluppato: *vivere allo stato p.*; *tecniche primordiali*. || **primordialménte**, avv. (*raro*) In modo primordiale.

primòrdio [vc. dotta, lat. *primōrdiu(m)*, comp. di *prīmus* 'primo' e *ordīri* 'ordire'; 1499] **s. m.** *1* (*spec. al pl.*) Inizio, prima manifestazione di un fenomeno, un movimento, un'epoca: *i primordi della letteratura, della civiltà occidentale*. SIN. Origine, principio. *2* Fase iniziale dello sviluppo di una pianta.

♦**primula** o **primola** [lat. *prīmulu(m)*, dim. di *prīmus* 'primo': detta così dalla precoce fioritura; 1522] **s. f.** *1* Genere di piante erbacee delle Primulacee, spontanee nelle regioni temperate, con foglie semplici, calice e corolla divisi in cinque parti saldate alla base, coltivate per ornamento in diverse varietà dai bellissimi colori (*Primula*). *2* (*fig.*) ***P. rossa***, persona inafferrabile a cui, peraltro, non si smette di dare la caccia (dal titolo di un romanzo della baronessa E. Orczy pubblicato nel 1905, e dell'omonimo film del 1934, di H. Jang).

Primulàcee [vc. dotta, comp. di *primula* e *-acee*; 1834] **s. f. pl.** (sing. *-a*) ● Nella tassonomia vegetale, famiglia di piante dicotiledoni erbacee con calice a cinque denti e corolla regolare gamopetala (*Primulaceae*). ➡ ILL. **piante**/8.

primus inter pàres [loc. lat., propr. 'primo tra pari grado, tra uguali'] **loc. sost. m. inv.** (f. lat. *prima inter pares*, pl. m. lat. *primi inter pares*, pl. f. lat. *primae inter pares*) ● Chi è considerato il capo gerarchico fra persone di uguale prestigio, dignità e sim.

†**prince** ● V. †*prence*.

princeps [riduzione di *editio princeps* (V.)] **s. f.** ● (*edit.*) Accorc. di *editio princeps*.

princesse /fr. prɛ̃'sɛs/ [vc. fr., propr. 'principessa'; detta così per la particolare eleganza; 1923] **s. f. inv.** ● Abito femminile di linea semplice, tagliato in un solo pezzo.

♦**principàle** [vc. dotta, lat. *principāle(m)*, da *prīnceps*, genit. *prīncipis* 'primo' (V. *principe*); sec. XI] **A agg.** ● Che è primo per grado, importanza, autorità: *la città, la regione p.*; *la via p.*; *i principali monumenti della città*; *le principali famiglie*; *nella divina bontà conviene avere la p. speranza* (SARPI) | (*ling.*) ***Proposizione p.***, la proposizione indipendente da cui dipendono una o più proposizioni. SIN. Precipuo, primario. CONTR. Accessorio, secondario. || **principalménte**, avv. Per primo motivo, soprattutto, massimamente. **B s. m. e f.** ● (*lett.*) Chi ha più importanza e autorità di tutti gli altri: *Quando volle mischiarsi co' principali della sua città* (MANZONI) | (*fam.*) Chi, in un negozio, un'azienda, una ditta e sim., ha altre persone alle sue dipendenze. **C s. m.** *1* La cosa più importante: *il p. è capirsi*. *2* (*mus.*) Il registro organistico di fondo più importante.

†**principalità** [vc. dotta, lat. tardo *principalitā-te(m)*, da *principālis* 'principale'; av. 1311] **s. f.** ● Primato.

principàto [vc. dotta, lat. *principātu(m)*, da *prīnceps*, genit. *prīncipis* 'principe'; av. 1292] **s. m.** *1* Nobiltà e titolo di principe | Stato retto da chi ha titolo principesco: *il p. di Monaco*. *2* Signoria, monarchia: *il p. di Augusto* | ***P. civile***, di un cittadino che diventa sovrano | ***P. ecclesiastico***, tenuto da un vescovo e sim. | ***P. temporale***, governo politico del papa. *3* (*lett., fig.*) Preminenza, primato. *4* (*al pl.*) Quarta gerarchia degli angeli.

♦**principe** o †**prèncipe** [vc. dotta, lat. *prīncipe(m)*, propr. 'colui che prende il primo posto', comp. di *prīmus* 'primo' e *căpere* 'prendere' (V. *cattura*); av. 1292] **A s. m.** (f. *-éssa* (V.)) *1* (*gener.*) Sovrano, colui che regna a titolo personale ed ereditario: *la corte, i cortigiani del p.* | (*est.*) Colui che esercita il potere sovrano in uno Stato | ***Il p. della Repubblica di Venezia***, il doge | (*est.*) ***Il p. delle tenebre***, (*per anton.*) Lucifero. *2* Sovrano di un principato: *il p. di Monaco*. *3* Membro non regnante di una famiglia reale: *il p. Eugenio di Savoia Carignano* | Figlio di sovrano regnante | ***Principi del sangue***, i parenti stretti del sovrano | ***P. ereditario***, destinato alla successione del trono per diritto ereditario | ***P. consorte***, marito di una sovrana regnante | ***P. di Galles***, il principe ereditario del Regno Unito di Gran Bretagna e Irlanda del Nord; tipo di tessuto a quadri di varia grandezza, formati da linee incrociate | (*est.*) ***P. della Chiesa***, cardinale della Chiesa cattolica | ***P. azzurro***, (*per anton.*) nelle fiabe, giovane principe che sposa, salva, redime la giovane protagonista femminile; (*est.*) lo sposo ideale: *sognare il p. azzurro*. *4* Persona insignita del grado di nobiltà superiore a quello di duca, il più alto nella gerarchia araldica: *Alessandro Torlonia, p. di Civitella Cesi* | ***Stare, vivere da p., come un p.***, lautamente, negli agi. *5* (*fig.*) Chi eccelle fra tutti per i suoi meriti o le sue qualità: *il p. dei poeti* | ***Il p. degli apo-***

stoli, (*per anton.*) S. Pietro | ***P. del foro***, avvocato che si distingue fra i colleghi per la sua abilità, spec. oratoria. ***6*** (*spec. al pl.*) Soldati che, nello schieramento della legione romana, combattevano originariamente in prima e, in seguito, in seconda fila. ***7*** †Capo, maestro. || **principétto**, **dim.** | **principino**, **dim.** (V.) | **principòtto**, **accr.** | **principùccio**, **dim.** **B agg.** ***1*** (*raro*) Principale, primario: *argomento p.* ***2*** (*edit.*) Nella loc. ***edizione p.***, la prima di un'opera letteraria, spec. classica o stampata nei secoli XV e XVI.

principésco [av. 1742] **agg.** (**pl. m.** *-schi*) ● Attinente al principe, del principe: *dignità principesca; palazzo p.* | (*est.*) Lussuoso: *un'abitazione principesca.* || **principescaménte**, **avv.** In modo principesco, da principe: *accogliere qlcu. principescamente.*

principéssa [av. 1294] **s. f.** ***1*** Sovrana di un principato: *Elisa Baciocchi, p. di Piombino.* ***2*** Moglie o figlia di un principe | Figlia di un sovrano regnante | (*lett.*) Superiora in un monastero: *Gertrudina... parlava... dei suoi destini futuri di badessa, di p. del monastero* (MANZONI). ***3*** (*fig.*) Donna di grande agiatezza: *vivere da p., come una p.* | Donna altezzosa, che si dà delle arie. || **principessina**, **dim.** (V.).

principessina **s. f.** ***1*** Dim. di *principessa*. ***2*** Figlia, giovane o nubile, di un principe.

principiaménto [sec. XIV] **s. m.** ● (*raro*) Inizio. **SIN.** Cominciamento.

principiànte [sec. XIV] **part. pres.** di *principiare*; anche **agg.** e **s. m. e f.** ● Che (o Chi) è agli inizi nell'apprendimento di una scienza, un'arte, una disciplina, uno sport. **SIN.** Esordiente, novizio.

principiàre [vc. dotta, lat. tardo *principiāre*, da *princīpium* 'principio'; 1308] **A v. tr.** (*io principio*) ● (*lett.* o *raro*) Cominciare, dare inizio: *p. un lavoro, un discorso; p. a parlare, a leggere, a camminare.* **B v. intr.** (aus. *avere* se il sogg. è una persona, *essere* se il sogg. è inanimato) ● (*lett.* o *raro*) Avere inizio: *è principiato il brutto tempo.*

principiatóre [1308] **s. m.** (**f.** *-trice*) ● (*raro*) Promotore, iniziatore.

principino **s. m.** ***1*** Dim. di *principe*. ***2*** Figlio, spec. giovane, di un principe.

♦**principio** [vc. dotta, lat. *princīpiu(m)*, da *prīnceps*, genit. *prīncipis* 'primo' (V. *principe*); 1294] **s. m.** ***1*** Il fatto di cominciare | Inizio: *il p. dell'operazione bellica* | ***Prendere p.***, cominciare | ***Dare p.***, avviare. **CONTR.** Fine. ***2*** Tempo, fase iniziale, prime mosse di qlco.: *il p. dell'anno; un p. di raffreddore; il p. dello spettacolo* | ***I principi della civiltà***, i primordi | ***In***, ***al p.***, inizialmente, prima | ***Dal p.***, dall'inizio | Primo tratto di qlco.: *il p. della strada.* **SIN.** Inizio. ***3*** Origine, causa: *il p. di ogni vostro male* | (*lett.*) ***Il p. dell'universo***, Dio. ***4*** (*spec. al pl.*) Concetto fondamentale, prima proposizione di una dottrina, una scienza, una disciplina: *i principi della logica; un p. della retorica* | (*est., raro*) Primi rudimenti, cognizioni elementari: *nessun studio mi avrebbe rapito ... più l'animo che questo, se io avessi avuto i debiti principi per proseguirlo* (ALFIERI). ***5*** Idea originaria, criterio dal quale deriva un sistema di idee o sul quale si basa un ragionamento: *il p. di Archimede; p. di identità; partire da un p. giusto* | Massima, norma morale, valore etico: *ognuno ha i suoi principi; un uomo di saldi principi* | ***Questione di p.***, che tocca le convinzioni più profonde; (*est.*) vitale, fondamentale | ***Per p.***, per profonda convinzione personale | ***In linea di p.***, su un piano teorico. ***6*** (*farm.*) ***P. attivo***, costituente di un farmaco a cui si devono le attività principali espletate dal preparato. ***7*** †Autore, inventore. ***8*** (*al pl.*) †Antipasti.

princisbécco [dal n. dell'inventore Ch. *Pinchbeck* (1670-1732), con accostamento per etim. pop. a *principe* e *becco*; 1753] **s. m.** (**pl.** *-chi*) ● Lega di rame, stagno e zinco, simile d'aspetto all'oro: *fili da ricamo di p.* | (*fig.*) ***Restare, rimanere di p.***, di stucco, male o sorpreso: *io rimasi, come si dice, di p.* (NIEVO).

print on demand /print ondə'mand, *ingl.* pɹɪnt ɒndɪ'mɒnd/ [loc. ingl., propr. 'stampa, pubblicazione (*print*) su (*on*) richiesta (*demand*)'; 1996] **loc. sost. m inv.** ● (*edit.*) Sistema di stampa digitale che consente di stampare libri su ordinazione anche in copia singola.

prióne (1) o **prióno** [dal gr. *príōn* 'sega', detto così dalla forma delle antenne] **s. m.** ● Coleottero notturno la cui tozza femmina depone le uova nelle crepe delle cortecce di tronchi vecchi o secchi (*Prionus coriarius*).

prióne (2) [ingl. *prion*, da *proteinaceous infectious particle* 'particella infettiva costituita da proteine'; 1983] **s. m.** ● (*biol.*) Particella infettante di natura proteica che risulta priva di acido nucleico.

priònico [1996] **agg.** (*pl. m. -ci*) ● (*biol.*) Relativo a prione.

prióra [da *priore*; av. 1380] **s. f.** ● Superiora di un convento di suore. **SIN.** Badessa.

prioràle [sec. XV] **agg.** ● Relativo a priore o priora: *dignità, chiesa p.*

prioràto [vc. dotta, lat. tardo *priorātu(m)* 'primato, preminenza', da *prĭor*, genit. *priōris* (V. *priore*); 1312] **s. m.** ● Ufficio, dignità, sede di priore.

prióre [vc. dotta, lat. *priōre(m)* 'che sta innanzi, anteriore', compar. di *prī*. V. *primo*; av. 1292] **s. m.** (**f.** *-a* (V.)) ***1*** Superiore di monastero in alcuni ordini religiosi | ***P. generale***, superiore generale di alcuni ordini monastici come Serviti, Agostiniani, Certosini. ***2*** Capo di confraternita. ***3*** Primo cardinale dell'ordine dei diaconi. ***4*** Superiore o alto dignitario in alcuni ordini cavallereschi e militari-religiosi. ***5*** Nell'età comunale, titolo talora attribuito a uno dei consoli cui era affidato collegialmente il governo della città | In numerosi comuni medievali, titolare di una carica pubblica | Nel comune di Firenze, ciascuno dei rappresentanti delle arti o corporazioni cittadine.

priori, a ● V. *a priori*.

prioria [da *priore*; 1353] **s. f.** ● Titolo, dignità di priore.

priorità [dal lat. *prĭor*, genit. *priōris* (V. *priore*); av. 1406] **s. f.** ***1*** Anteriorità, precedenza nel tempo: *la p. della sua scoperta* | ***Avere la p.***, avere diritto di precedenza. **CONTR.** Posteriorità. ***2*** Precedenza ideale per motivi di maggior validità, importanza e urgenza: *la p. di un investimento nel settore della cultura.*

prioritàrio [1963] **agg.** ● Che deve avere, che ha, la priorità: *scelta prioritaria; interessi prioritari* | ***In via prioritaria***, prioritariamente | ***Posta prioritaria, corriere prioritario***, servizio della corrispondenza entro il giorno successivo se la spedizione è effettuata entro un orario determinato. || **prioritariaménte**, **avv.** Con priorità.

priscillianèṣimo [1835] **s. m.** ● Movimento cristiano eretico del IV sec., ispirato alle dottrine rigoriste di Priscilliano, che predicava l'assoluta separazione fra il bene e il male, la necessità di ricorrere all'ascesi e la resurrezione della sola anima.

priscillianista [av. 1311] **s. m. e f.**; anche **agg.** (**pl. m.** *-i*) ● Seguace del priscillianesimo.

prisco [vc. dotta, lat. *prīscu(m)*, da **prīs*. Cfr. *prī* alla vc. *primo*; 1340] **agg.** (**pl. m.** *-schi*) ● (*poet.*) Di tempi antichissimi: *lo stil de' moderni e 'l sermon p.* (PETRARCA). **SIN.** Antico, vetusto. || †**priscaménte**, **avv.** Anticamente.

prisma [vc. dotta, lat. tardo *prīsma*, dal gr. *prîsma*, da *príein* 'segare', perché da tutti i lati è tagliato dai piani differenti; av. 1572] **s. m.** (**pl.** *-i*) ***1*** (*mat.*) Poliedro avente per basi due poligoni uguali, giacenti su piani paralleli, con i lati a due a due paralleli e per facce laterali i parallelogrammi ottenuti congiungendo i vertici corrispondenti delle due basi | ***P. retto***, prisma le cui facce laterali sono dei rettangoli. ➡ **ILL. geometria.** ***2*** (*miner.*) Forma cristallina semplice, non terminata alle due estremità, costituita da 3, 4, 6, 8 o 12 facce parallele a un'unica direzione | (*fis.*) Solido trasparente di uguale forma, utilizzato per produrre rifrazione o riflessione della luce. ***3*** (*fig., lett.*) Ciò che dà un'immagine errata o ingannevole della realtà: *il p. delle illusioni; per non credere... che il p. della lontananza ci cangi i minuzzoli in montagne e in diamanti i sassi* (NIEVO). ***4*** (*geol.*) Conoide di deiezione. || **priṣmettino**, **dim.** | **priṣmétto**, **dim.**

priṣmàtico [av. 1703] **agg.** (**pl. m.** *-ci*) ***1*** (*mat.*) Di prisma, relativo a un prisma | ***Accoppiamento p.***, unione di due elementi che non consente rotazione relativa dell'uno rispetto all'altro, ma solo scorrimento | ***Lente prismatica***, lente in cui il centro ottico è spostato rispetto al centro geometrico. ***2*** Che ha forma di prisma: *cristalli prismatici.*

priṣmòide [comp. di *prisma* e *-oide*; 1835] **s. m.** ● Figura simile a un prisma.

pristino [vc. dotta, lat. *prīstinu(m)*, da **prīs*. V. *prisco*; 1336 ca.] **agg.** ● (*lett.*) Di prima, anteriore nel tempo: *nel p. stato, vigore; la tua pristina gioia in volto chiama* (ALFIERI) | ***Rimettere in p.***, nello stato di prima. || **pristinaménte**, **avv.** (*raro*) Primieramente.

pritanèo [vc. dotta, lat. *prytanēu(m)*, dal gr. *prytanéion*, da *prýtanis* 'signore', di orig. preindeur.; av. 1535] **s. m.** ● Nell'antica Grecia, edificio delle città dove si custodiva il fuoco sacro.

pritania [vc. dotta, gr. *prýtanis* 'pritano'; 1835] **s. f.** ● Nell'antico diritto greco, periodo di tempo durante il quale una delle dieci tribù attiche esercitava il potere nella bulè.

pritàno o **pritano** [vc. dotta, lat. *prȳtani(n)*, nom. *prȳtanis*, dal gr. *prýtanis* 'signore', di orig. preindeur.; av. 1788] **A agg.** ● Nell'antico diritto greco, detto di tribù al potere nella bulè. **B s. m.** ● (*spec. al pl.*) Nell'antico diritto greco, membro della bulè facente parte della tribù al potere.

privacy /*ingl.* 'pɹaɪvəsi, 'pɹɪvəsi/ [vc. ingl., da *private* 'privato'; 1951] **s. f. inv.** (**pl.** ingl. *privacies*) ***1*** La vita personale e privata: *difendere la propria p.; violare la p. di qlcu.* ***2*** (*dir.*) ***Legge sulla p.***, complesso delle norme che regolano la tutela e l'utilizzo dei dati personali.

†**privàdo** (1) [sp., propr. 'privato'] **agg.** ● Intimo, familiare.

†**privàdo** (2) ● V. †*privato* (2).

†**privaménto** [1587] **s. m.** ● Privazione.

†**privànza** [sp. *privanza*, da *privar* 'godere il favore del re', propr. 'appartare' (stessa etim. dell'it. *privare*); sec. XIII] **s. f.** ● Familiarità, dimestichezza.

♦**privàre** [vc. dotta, lat. *privāre*, da *prīvus* 'che sta da sé, singolo' (V. *privo*); sec. XIII] **A v. tr.** (qlcu. + *di*) ● Rendere qlcu. privo di qlco.: *p. qlcu. della libertà, dei diritti civili* | ***P. della vita***, uccidere | ***P. della vista***, accecare. **SIN.** Levare, togliere. **CONTR.** Concedere, donare. **B v. rifl.** (+ *di*) ***1*** Rinunciare volontariamente a qlco.: *privarsi del necessario.* **CONTR.** Concedersi. ***2*** (*lett.*) Astenersi dal fare qlco.: *Ella si privò di denunciarlo* (MORANTE).

†**privàta** (1) [f. sost. di *privato*] **s. f.** ● Scala segreta.

†**privàta** (2) **s. f.** ● Latrina, privato.

privatézza **s. f.** ● Intimità, vita privata: *diritto alla p.*

privatista [1829] **A s. m. e f.** (**pl. m.** *-i*) ***1*** Studente che frequenta una scuola privata o che compie privatamente gli studi. ***2*** (*dir.*) Studioso di diritto privato. **B** anche **agg.**: *studente p.*

privatistico [1956] **agg.** (**pl. m.** *-ci*) ***1*** Che si riferisce, che è proprio dell'iniziativa privata. ***2*** Relativo al diritto privato.

privativa [da *privativo*; av. 1722] **s. f.** ***1*** Facoltà esclusiva di godere vantaggi di fabbricare o vendere prodotti, che lo Stato riserva a sé o attribuisce ad altri mediante concessione: *lo Stato ha la p. del tabacco* | ***P. industriale, piccola p.***, diritto dell'inventore di attuare, sfruttare commercialmente e alienare la propria invenzione. ***2*** (*region.*) Negozio per la vendita di tabacchi e altri generi di monopolio dello Stato.

privativo [vc. dotta, lat. *privatīvu(m)*, da *privātus* 'privato'; av. 1375] **agg.** ***1*** Che ha potere di privare | Che denota privazione. ***2*** (*ling.*) Detto di elemento componente di parola che serve a esprimere la mancanza di una qualità | ***Opposizione privativa***, i cui fenomeni sono caratterizzati rispettivamente dalla presenza o dall'assenza di una particolarità. ***3*** †Negativo. || **privativaménte**, **avv.** (*raro*) Con esclusione di altri.

privatiẓẓàbile [da *privatizz(are)* con il suff. *-abile*; 1985] **agg.** ● Che può essere privatizzato: *ente, azienda, servizio p.*

privatiẓẓàre [1963] **v. tr.** ● Trasferire ai privati un'impresa già pubblica.

privatiẓẓazióne [1965] **s. f.** ● Il privatizzare.

♦**privàto** (1) [vc. dotta, lat. *privātu(m)*, part. pass. di *privāre* 'privare'; av. 1171] **A agg.** ***1*** Che è proprio della persona in sé o della persona singola: *interessi privati* | ***Diritto p.***, complesso degli atti legislativi che disciplinano i rapporti tra cittadini o enti privati ***2*** Personale, riservato: *vita privata; faccende private* | Comune a poche persone: *colloquio p.; cappella privata* | ***In via privata, in forma privata, in p.***, privatamente. ***3*** Che appartiene o è gestito da persone o imprese indipendenti dallo Stato, dalla proprietà pubblica: *proprietà privata; scuola privata; televisione privata.* ***4*** †Speciale, particolare. ***5*** †Segreto, nascosto. || **privataménte**, **avv.** ***1*** Da privato: *vivere privatamente;*

(*raro*) **lavorare privatamente**, in casa. CONTR. Pubblicamente. *2* In maniera, in forma privata: *matrimonio celebrato privatamente*; segretamente: *lo ha ammesso solo privatamente*. **B** s. m. (f. *-a*) *1* Semplice cittadino, non investito di cariche pubbliche o che agisce al di fuori del settore pubblico: *associazione di privati*. *2* Persona che agisce per conto proprio, che non rappresenta enti o imprese: *è un'azienda che non vuole trattare con i privati*. **C** s. m. solo sing. *1* La sfera della vita privata, e talvolta anche intima, di una persona: *difendere il proprio p.*; *interferire nel p.* | **In p.**, privatamente: *te ne parlerò in p.* *2* Il settore economico privato: *la concorrenza fra pubblico e p.*

†**privàto** (2) o †**privàdo** (2) [sost. di *privato* (*1*)] s. m. ● Latrina, ritirata, fogna.

privàto (3) part. pass. di *privare*; anche agg. ● Nei sign. del v.

privatóre [av. 1311] agg.; anche s. m. (f. *-trice*) ● (*raro*) Che (o Chi) priva di qlco.

privazióne [vc. dotta, lat. *privatiōne(m)*, da *privātus* 'privato (1)'; 1308] s. f. *1* Il privare di qlco.: *la p. di ogni diritto* | Perdita: *la p. dell'amico*. *2* Rinuncia, spec. volontaria, a qlco. di necessario, di utile o di gradito: *imporsi molte privazioni per vivere*; *una vita di stenti e di privazioni*. SIN. Sacrificio. *3* (*raro, lett.*) Mancanza, assenza: *la p. dell'infelicità è ... meglio dell'infelicità* (LEOPARDI).

privé /fr. pri've/ [vc. fr., propr. 'privato', 'riservato'; 1989] **A** agg. inv. ● Privato | **Club p.**, club privato, spec. destinato ad incontri sessuali. **B** s. m. inv. ● Sala riservata, in un circolo, una discoteca, un casinò e sim.

†**privigno** [vc. dotta, lat. *privīgnu(m)*, comp. di *prīvus* 'singolo, isolato' (V. *privo*) e la radice di *gignere* 'generare'; av. 1367] s. m. (f. *-a*) ● Figliastro.

privilegiàre o †**brivilegiàre** [da *privilegio*; 1225 ca.] v. tr. (*io privilègio*) *1* (*lett.*) Concedere un privilegio. *2* (*est.*) Concedere a qlcu. un favore, un vantaggio speciale: *p. una categoria nei confronti delle altre* | (*est.*) Preferire rispetto ad altro: *ha sempre privilegiato il lavoro rispetto alla famiglia*.

privilegiàto o †**brivilegiàto** [1260 ca.] **A** part. pass. di *privilegiare* ● Nei sign. del v. **B** agg. *1* Che è fornito o insignito di un privilegio | **Altare p.**, quello che, nelle chiese cattoliche, gode di speciali indulgenze | (*dir.*) **Credito, creditore p.**, che ha diritto di prelazione sugli altri. *2* (*est.*) Che gode di uno o più privilegi, facilitazioni, favori e sim.: *trattamento p.*; *classi privilegiate*; *individui privilegiati* | (*est.*) Che è migliore, più favorevole, più favorito e sim., rispetto ad altri: *situazione, posizione, condizione privilegiata* | Particolare, stretto: *con lui ho un rapporto p.* **C** s. m. (f. *-a*) ● Chi è fornito di particolari privilegi: *si credono dei privilegiati*.

privilègio o †**brivilègio**, †**previlègio** [vc. dotta, lat. *privilēgiu(m)* 'legge eccezionale', cioè che riguarda una singola persona, comp. di *prīvus* 'singolo, isolato' (V. *privo*) e un deriv. di *lēx*, genit. *lēgis* 'legge'; 1260 ca.] s. m. *1* Documento sovrano o pontificio medievale di concessione, donazione di diritti o prerogative, di immunità o di esenzione da tributi e prestazioni. *2* (*dir.*) Prelazione legale accordata a dati crediti rispetto ad altri | **P. generale**, prelazione su tutti i beni mobili del debitore che si attua in sede di espropriazione degli stessi | **P. speciale**, prelazione che si instaura su dati beni del debitore | **Privilegi diplomatici**, immunità diplomatiche. *3* Correntemente, vantaggio particolare, condizione favorevole, prerogativa: *privilegi sociali*. *4* (*est.*) Distinzione, onore speciale: *non a tutti capita il p. di conoscerlo* | Merito, caratteristica positiva: *il libro ha il p. della chiarezza*; *ha il p. di essere sempre calmo*.

♦**privo** [vc. dotta, lat. *prīvu(m)*, propr. 'che sta davanti, isolato', da avvicinare a *prae-* 'pre-'; 1313] agg. (+ *di*) ● Che manca di qlco. di utile, di necessario, di opportuno: *essere p. di denaro, di mezzi, di possibilità*; *bambino p. dei genitori*; *casa priva di riscaldamento*; *discorsi privi di senso* | **Essere p. di sensi**, essere svenuto | **Essere p. della vista, dell'udito**, essere cieco, sordo | **Camera priva di luce**, buia.

†**prizzàto** [V. *brizzolato*] agg. ● Cosparso di macchie: *come smeraldo quasi è verde suo colore, bench'ell'è prizzata di sanguigno* (SACCHETTI).

prrr /prrr/ o **prr** [vc. onomat.] inter. ● Riproduce il rumore del motore di una motocicletta spec. quando accelera o va a forte velocità.

pro (1) /prɔ*/ [lat. *prō* 'davanti, a difesa, in favore di', di orig. indeur.] prep. ● In favore di: *lotteria pro mutilati*; *sottoscrizione pro infanzia abbandonata*; *sei pro o contro la proposta?* CONTR. Contro.

pro (2) /prɔ*/ o (*raro*) **prò** [da *prode*, nel sign. di 'utilità'; 1304] s. m. inv. ● Utilità, vantaggio, giovamento: *andrà tutto a nostro pro*; *a che pro?*; *Che pro sarebbe stato per voi, se avessero taciuto?* (MANZONI) | **Il pro e il contro**, ciò che è in favore e ciò che è contrario: *valutare, pesare, considerare il pro e il contro di qlco.* | **Tornare in, a pro**, †*tornare pro*, riuscire utile | **Senza pro**, invano | **Fa pro, buon pro**, giova alla salute, detto di cibo o bevanda | **Buon pro ti faccia!**, ti giovi! | †**Andare, recare a pro**, a buon fine.

pro (3) /prɔ*/ o **prof** (2) s. m. e f. inv.; anche agg. inv. ● Nel linguaggio sportivo, accorc. di *professionista*: *le finali del torneo di pro*.

†**pro'** /prɔ*, prɔ/ o †**prò**, †**pro** **A** agg. ● (*lett.*) Forma tronca di 'prode': *uomo savio ..., di gran lealtà, pro' d'arme, di nobile schiatta* (COMPAGNI). **B** avv. ● (*raro*) Valorosamente.

pro- (1) /prɔ/ [lat. *prō-* col sign. di 'che sta davanti' o anche, nella lingua amministrativa, 'al posto di'] pref. *1* In parole di origine latina o di moderna formazione, significa 'fuori' o 'davanti' o indica estensione nello spazio e nel tempo: *proclamare, procedere, progredire*. *2* Indica gli ascendenti o i discendenti, in nomi di parentela: *progenitori, prozio, pronipote*. *3* Significa 'invece di', 'in luogo di', 'che fa le veci di', in casi come: *proconsole, prodittatore, prorettore, prosindaco*.

pro- (2) /prɔ/ [dal gr. *pró* 'davanti, in favore'] pref. *1* In parole composte di origine greca o di moderna formazione, con valore spaziale o temporale, significa 'davanti', 'primo', esprimendo quindi anteriorità, priorità: *proboscide, profeta, prognosi, prologo*. *2* Nella terminologia biologica, indica struttura più primitiva: *proscimmie*.

pròa [dal malese *p(ā)rā(h)ū*] s. m. inv. ● (*mar.*) Multiscafo anfidromo a remi o a vela di origine polinesiana, formato da uno scafo principale e da un bilanciere laterale che funge da stabilizzatore.

proàvo [vc. dotta, lat. *proăvu(m)*, propr. 'che viene prima dell'avo', comp. di *prō* (V. *pro-* (*1*)) e *ăvus* 'avo'; sec. XIV] s. m. (f. *-a*) *1* (*lett.*) Bisnonno, bisavolo. *2* (*spec. al pl.*) Gli antenati in generale: *i nostri proavi*.

†**proàvolo** s. m. (f. *-a*) ● Proavo.

♦**probàbile** [vc. dotta, lat. *probābile(m)* 'degno di approvazione, verosimile', da *probāre* 'provare'; av. 1292] agg. *1* Che è considerato credibile, verosimile, ammissibile in base a motivi e argomenti abbastanza sicuri: *è una congettura molto p.*; *è p. che ci vedremo presto*; *è poco p. che arrivi in tempo* | **Opinione p.**, nella morale e nel diritto cattolico, quella che ha a suo favore buon fondamento, ragioni e autorità. CONTR. Improbabile. *2* †Degno d'approvazione: *condotta p.* || **probabilménte**, avv. Con probabilità, in modo probabile, forse: *probabilmente è la risposta più adatta*; *probabilmente pioverà*.

probabilioriṣmo [vc. dotta, dal lat. *probābilior*, compar. di *probābilis* 'probabile'; 1745] s. m. ● Dottrina cattolica di teologia morale, secondo la quale non si è obbligati a osservare la legge quando la sua non esistenza sia più probabile della sua esistenza.

probabiliṣmo [1743] s. m. *1* Dottrina filosofica secondo la quale non esistono proposizioni assolutamente certe, ma soltanto opinioni più o meno plausibili, probabili e verosimili | **P. scientifico**, dottrina secondo la quale le leggi scientifiche, fondandosi su un carattere puramente statistico, non hanno per i fatti singoli che un valore di probabilità. *2* Dottrina cattolica di teologia morale sviluppata nei secc. XVI-XVII, secondo la quale, quando esiste conflitto fra norma e libertà o quando sia incerta l'esistenza o l'interpretazione della norma, un'azione è lecita anche contro la legge, se a favore di essa vi sia un'opinione tale da meritare il consenso di una persona prudente.

probabilista [1708] s. m. e f. (pl. m. *-i*) ● Chi segue il probabilismo.

probabilìstico [1743] agg. (pl. m. *-ci*) *1* Che concerne o interessa il probabilismo. *2* Detto di fenomeno il cui verificarsi dipende dal caso.

probabilità [vc. dotta, lat. *probabilitāte(m)*, da *probābilis* 'probabile'; 1551] s. f. *1* Condizione, carattere di ciò che è probabile: *la p. di un avvenimento, di un fatto*. CONTR. Improbabilità. *2* (*mat.*) In relazione al verificarsi d'un certo evento, il rapporto fra il numero dei casi favorevoli e quello dei casi possibili. *3* La misura in cui si giudica che un avvenimento possa realizzarsi: *hanno una sola p. di salvarsi*; *ci sono pochissime p. di successo*; *con molta p. sarò qui domani*.

probàndato [da *probando*, sul modello di *noviziato*; 1959] s. m. ● Periodo di prova cui è sottoposto l'aspirante alla vita religiosa in alcuni ordini e congregazioni.

probàndo [vc. dotta, lat. *probăndu(m)*, gerundio di *probāre* 'provare'; 1950] s. m. (f. *-a*) ● Chi desidera di essere accolto in un ordine religioso.

probànte [vc. dotta, lat. *probănte(m)*, part. pres. di *probāre* 'provare'; sec. XV] agg. ● Che prova, che costituisce una prova: *argomento poco p.*; *ragioni probanti*. SIN. Convincente, dimostrativo.

probàtico [vc. dotta, lat. tardo *probătícu(m)*, nom. *probăticus*, dal gr. *probatikós*, agg. di *próbaton* 'pecora' (da *proibánein* 'avanzare', comp. di *pró* 'davanti' (V. *pro-* (*2*)) e *báinein* 'andare'); la *piscīna probātica* (lat. tardo, dal gr. *probatikḗ kolymbḗthra*) era quella dove si lavavano le pecore destinate al sacrificio; 1550] agg. (pl. m. *-ci*) ● Detto della piscina nella quale si lavavano gli animali per il sacrificio in Gerusalemme e della porta dell'angolo nord-orientale della città.

probatìvo [vc. dotta, lat. tardo *probatīvu(m)*, da *probātus* 'provato'; av. 1375] agg. ● Che serve, è atto o tende a provare: *argomentazione probativa*.

probatòrio [vc. dotta, lat. tardo *probatōriu(m)*, da *probātus* 'provato'; av. 1835] agg. ● (*dir.*) Che costituisce elemento di prova: *documenti, mezzi probatori* | **Istruzione probatoria**, complesso di attività dirette all'assunzione delle prove.

†**probazióne** [vc. dotta, lat. tardo *probatiōne(m)*, da *probātus* 'provato'; av. 1342] s. f. ● Probandato.

probiónte [comp. di *pro-* (*2*) e *bionte*, dal gr. *biôn*, genit. *biôntos* 'vivente'] s. m. ● (*biol.*) Ognuno degli organismi che vive in una simbiosi mutualistica.

probità [vc. dotta, lat. *probitāte(m)*, da *prŏbus* 'probo'; 1308] s. f. ● Virtù di chi è probo: *uomo di specchiata p.*

♦**problèma** [vc. dotta, lat. *problēma*, dal gr. *próblēma*, da *probállein* 'mettere innanzi, proporre', comp. di *pró-* (V. *pro-* (*2*)) e *bállein* 'gettare' (V. *parabola*); 1342] s. m. o †f. (pl. m. *-i*) *1* Questione la cui soluzione incerta implica la possibilità di un'alternativa: *un p. logico, filosofico, etico*; *impostare, formulare, risolvere un p.* | Quesito nel cui enunciato si forniscono i dati necessari per giungere, mediante calcoli o elaborazioni, alla soluzione richiesta nell'enunciato stesso: *p. di geometria, di fisica* | In particolare, esercizio scolastico costituito da tale quesito. *2* (*fig.*) Caso complicato, situazione difficile da affrontare e da risolvere: *il p. della scuola*; *è un p. riuscire a stare un po' insieme*; *la sua venuta mi crea molti problemi* | **Non c'è p.**, va bene, non ci sono difficoltà. *3* (*fig.*) Persona che crea dubbi e preoccupazioni: *quel bambino è diventato un p. per tutti*. || **problemino**, dim. | **problemóne**, accr. | **problemùccio**, dim.

problemàtica [da *problematico*; 1950] s. f. ● Il complesso dei problemi relativi a una scienza, a un argomento, a un periodo storico o anche a un autore, a un movimento culturale e sim.: *la p. filosofica*; *la p. dell'illuminismo*.

problematiciṣmo [1946] s. m. ● Nella filosofia contemporanea, indirizzo di pensiero che tende a non assolutizzare alcuna posizione filosofica e a considerare la vita come continua ricerca sempre aperta alla proposizione di nuovi problemi.

problematicità [av. 1712] s. f. ● Caratteristica di ciò che è problematico.

problemàtico [vc. dotta, lat. tardo *problemăticu(m)*, dal gr. *problēmatikós*, da *próblēma*, genit. *problḗmatos* 'problema'; 1652] agg. (pl. m. *-ci*) *1* (*raro*) Attinente a un problema: *i dati problematici*. *2* (*fig.*) Che comporta dei problemi, che non è risolto: *è questione problematica assai* (ALFIERI) | Che è poco probabile, che non è affatto certo: *l'accordo tra i partiti appare p.* SIN. Dubbio, incerto. *3* (*fig.*) Che si pone o esprime dubbi, interrogativi ecc.: *uno scrittore p.*; *un film p.* | (*est.*) Difficile, che ha o pone dei problemi: *un ragazzino p.* *4* (*filos.*) **Giudizio p.**, giudizio che esprime una semplice possibilità. || **problematicaménte**, avv.

problematizzàre [1962] v. tr. ● Rendere problematico, di difficile soluzione, spec. con riferimento a situazioni o eventi che, di per sé, non sono tali.

pròbo [vc. dotta, lat. *prŏbu(m)*, di orig. indeur.; 1321] agg. **1** (*lett.*) Detto di persona che dà prova di grande integrità morale e onestà di coscienza: *cittadino p.* **2** †Prode, valoroso. || **probaménte**, avv. Con probità, in modo probo.

pro bòno pàcis [loc. lat., propr. 'per il bene della pace'] loc. avv. ● Per amor di pace, per non turbare la tranquillità generale: *ti consiglio, pro bono pacis, di non replicare.*

Proboscidàti [1865] s. m. pl. (sing. *-o*) ● Nella tassonomia animale, ordine di Mammiferi, comprendente oggi solo gli elefanti, con dentatura incompleta, proboscide, zampe a 4-5 dita munite di zoccoletti e pelle spessa (*Proboscidea*).

proboscidàto [1865] **A** agg. ● Fornito di proboscide. **B** s. m. ● (*zool.*) Ogni individuo appartenente all'ordine dei Proboscidati.

probòscide [vc. dotta, lat. *probŏscide(m)*, nom. *probŏscis*, dal gr. *proboskís*, da *bóskein* 'nutrire', di orig. indeur., con *pro-* (2); 1499] s. f. **1** Appendice muscolosa prensile tipica degli elefanti, alla cui estremità si trovano le narici. **2** Organo pungitore-succhiatore di alcuni insetti, risultante dalla modificazione dei vari pezzi boccali. **3** (*fam.*, *scherz.*) Grosso naso.

probovìro [sing. ricavato dal pl. *probiviri*, dalla loc. lat. *probi viri* 'uomini onesti'; 1846] s. m. (pl. *probivìri*) **1** Un tempo, arbitro esplicante funzioni di conciliazione in materia di diritto del lavoro: *collegio dei probiviri.* **2** (*est.*) Attualmente, persona di particolare fama e prestigio, chiamata a esercitare, in giurie, commissioni, collegi e sim., funzioni consultive, di controllo, di conciliazione e sim.: *il collegio dei probiviri*; *deferire qlcu. ai probiviri.*

procaccévole [av. 1566] agg. ● (*lett.*) Industrioso.

procàccia [da *procacciare*; av. 1571] s. m. e f. inv. ● Chi, spec. un tempo, si incaricava, dietro compenso, di fare commissioni o di trasportare merci, lettere, pacchi da un luogo all'altro: *Ecco sopravvenire il p. carico di posta per lei* (PIRANDELLO).

procacciaménto [1300 ca.] s. m. ● (*raro*) Il procacciare, il procacciarsi qlco.: *il p. del necessario.*

procacciànte [av. 1348] part. pres. di *procacciare*; anche agg. **1** †Laborioso. **2** (*spreg.*) Che è sempre in cerca di guadagni. SIN. Faccendiere, trafficone.

procacciàre [sovrapposizione di *cacciare* a *procurare*; 1294] v. tr. (*io procàccio*) ● Trovare il modo di avere, di procurare qlco. a sé o ad altri: *p. il pane alla famiglia*; *funesta necessità di doversi servilmente p. il vitto* (ALFIERI) | †*P. di, che*, fare in modo di | ***Procacciarsi qlco.***, studiarsi, ingegnarsi, sforzarsi con ogni mezzo per ottenere qlco. SIN. Cercare, procurare, provvedere.

procacciatóre [av. 1363] agg.; anche s. m. (f. *-trice*) ● Che (o Chi) procaccia qlco. per sé o per altri: *p. di affari.*

procaccìno [da *procacciare*; av. 1424] s. m. (f. *-a*) **1** Procaccia. **2** (*spreg.*) †Faccendiere.

†**procàccio** [av. 1257] s. m. **1** Procacciamento. **2** Acquisto, guadagno, utile. **3** Sollecitazione, premura, cura. **4** Corriere | (*lett.*) Recapito della corrispondenza: *Spero che, col p. di domani, riceverò una tua lettera* (MANZONI).

procàce [vc. dotta, lat. *procāce(m)*, da *procāri* 'domandare, esigere', da *prŏcus* 'pretendente (alla mano di una donna)' (V. *proco*); sec. XIV] agg. **1** (*lett.*) Protervo, sfacciato nel manifestare le proprie intenzioni. **2** Provocante, eccitante: *occhiata, donna p.*; *forme procaci.* || †**procacétto**, dim. || **procaceménte**, avv.

procàcia [vc. dotta, lat. tardo *procācia(m)*, da *prŏcax*, genit. *procācis* 'procace'; 1676] s. f. (pl. *-cie*) ● (*raro, lett.*) Procacità.

procacità [vc. dotta, lat. *procacitāte(m)*, da *prŏcax*, genit. *procācis* 'procace'; av. 1472] s. f. ● (*lett.*) Caratteristica di chi (o di ciò che) è procace.

procaìna® [marchio registrato; 1958] s. f. ● Composto chimico sintetico, succedaneo della più tossica cocaina, usato come anestetico locale oppure come antidolorifico per via endovenosa.

pro càpite [vc. lat., propr. 'a testa'; 1950] loc. agg. inv. e avv. ● A testa: *assegnare una somma pro capite.*

procariòte [comp. di *pro(to)-* e del gr. *káryon* 'nucleo' (di orig. sconosciuta); 1983] **A** s. m. ● (*biol.*) Organismo unicellulare il cui nucleo non appare morfologicamente distinto, in quanto mancante di membrana nucleare, come i batteri. **B** anche agg. CONTR. Eucariote.

procariòtico agg. (pl. m. *-ci*) ● (*biol.*) Di procariote, relativo a procariote. CONTR. Eucariotico.

†**proccuràre** e *deriv.* ● V. *procurare e deriv.*

procedènza [av. 1835] s. f. ● (*lett.*) Derivazione.

♦**procèdere** [lat. *procēdere*, comp. di *prō-* 'avanti' (V. *pro-* (*1*)) e *cēdere* 'avanzare' (V. *cedere*); 1294] v. intr. (pass. rem. *io procedètti* (o *-étti*) o *procedéi*, †*procèssi*, *tu procedésti*; part. pass. *procedùto*, †*procèsso*; aus. *essere* nei sign. 1, 3, 5; aus. *avere* nei sign. 2, 4, 6 e 7) **1** Andare avanti, camminare avanzando: *p. cautamente, lentamente*; *p. a passo lento, a passo svelto, a passo d'uomo.* CONTR. Retrocedere. **2** (*fig.*) Seguitare, continuare, progredire in ciò che si è intrapreso: *p. nel discorso*; *procediamo per esclusione*; *gli studi procedono di pari passo*; *procediamo con ordine.* **3** (*fig.*) Essere condotto a termine, seguire il proprio corso, detto di cosa: *gli affari procedono bene*; *tutto procede a gonfie vele*; *le cose procedono con lentezza.* **4** Comportarsi, condursi, operare: *p. con onestà, da galantuomo, da gran signore*; *disapprovo il suo modo di p.* **5** Derivare, provenire: *tutto ciò procede dalla vostra ignoranza*; *un fiume che procede da un lago* | Nella teologia cristiana, avere origine, provenire: *lo Spirito Santo procede dal Padre e dal Figlio.* **6** Dare inizio a: *p. all'esame del progetto*; *p. all'esecuzione di qlco.* **7** (*dir.*) Esercitare un'azione in giudizio od operare per lo svolgimento di un dato processo: *p. contro qlcu.* | ***Non luogo a p.***, quando non sussistono le condizioni per avviare un procedimento.

procedìbile [da *procedere*; 1950] agg. ● (*dir.*) Di giudizio che può essere o può avere corso ulteriore: *appello p.*

procedibilità [1950] s. f. ● (*dir.*) Caratteristica di ciò che è procedibile: *p. dell'appello* | ***Condizione di p.***, nel diritto processuale penale, requisito necessario per il promovimento dell'azione penale.

procedimentàle [da *procediment(o)* col suff. *-ale* (*1*)] agg. ● Che riguarda un procedimento: *atto p.*

procedimentalizzàre [da *procedimental(e)* e *-izzare*] v. tr. ● Assoggettare alle regole di un procedimento.

procedimentalizzazióne s. f. ● Atto del procedimentalizzare.

♦**procediménto** [av. 1294] s. m. **1** (*lett.*) Il procedere | ***Il p. dei fatti***, il loro corso, lo svolgimento. **2** Successione ordinata di operazioni o di passaggi logici seguita per realizzare qlco. o per risolvere un problema: *usare un p. troppo complicato*; *un nuovo p. tecnico*; *p. deduttivo.* **3** (*dir.*) Sequenza di attività giuridicamente rilevanti che portano alla decisione su di una questione controversa: *p. cautelare*, *p. possessorio*, *p. arbitrale.*

procedùra [fr. *procédure*, dal lat. *procēdere* 'procedere'; 1638] s. f. **1** (*raro*) Modo di procedere, di operare. **2** Complesso delle formalità che debbono osservare, nel caso dei procedimenti spec. giudiziari, tutti coloro che comunque operano negli stessi: *seguire la p. normale*; *osservare la p.* **3** Nella prassi giuridica, diritto processuale: *norme di p.*; *errore di p.*; *codice di p. civile*; *codice di p. penale.* **4** (*elab.*) L'insieme delle elaborazioni destinate alla risoluzione di un problema complesso, spec. per quanto riguarda i problemi di gestione aziendale.

proceduràle [1901] agg. ● (*dir.*) Che concerne la procedura: *sollevare una eccezione p.*; *incidente p.* || **proceduralménte**, avv. Relativamente alla procedura.

procedurìsta [1918] s. m. e f. (pl. m. *-i*) **1** Giurista particolarmente esperto di diritto processuale. **2** Esperto di procedura nei lavori d'ufficio.

proceleusmàtico o **proceleumàtico** [vc. dotta, lat. tardo *proceleusmăticu(m)*, nom. *proceleusmăticus*, dal gr. *prokeleusmatikós*, da *prokéleusma* 'incitamento', da *prokeléuein* 'incitare', comp. di *pró* 'avanti' (cfr. *pro-* (*2*)) e *keléuein* 'incitare' (da avvicinare a *kélēs* 'che corre', di orig. indeur.); av. 1472] s. m. (pl. *-ci*) ● (*ling.*) Piede metrico della poesia greca e latina, formato da quattro sillabe brevi.

procèlla [vc. dotta, lat. *procĕlla(m)*, comp. di *prō-* 'avanti' (V. *pro-* (*1*)) e un deriv. di **cĕllere* 'battere, percuotere', di orig. indeur.; 1321] s. f. **1** (*lett.*) Impetuosa tempesta, burrasca: *nave in balia della p.* CONTR. Bonaccia, calma. **2** (*fig., lett.*) Serie di avvenimenti calamitosi o dolorosi: *la guerra è una tremenda p.*; *seppi … ch'al clero soprasta gran p. di sangue* (CAMPANELLA).

procellària [da *procella*, detta così perché vola anche in mezzo alle tempeste; 1804] s. f. ● Uccello pelagico dei Procellariformi, poco più grande di un passero, nero e bianco, che vola sfiorando le onde (*Hydrobates pelagicus*). SIN. Uccello delle tempeste. ➡ ILL. **animali**/7.

Procellarifórmi [vc. dotta, comp. di *procellaria* e il pl. di *-forme*; 1935] s. m. pl. (sing. *-e*) ● Nella tassonomia animale, ordine di Uccelli oceanici con ali sviluppatissime e strette, capaci di volare anche nelle tempeste, zampe palmate, abbondante piumaggio (*Procellariiformes*).

procellóso [vc. dotta, lat. *procellōsu(m)*, da *procĕlla* 'procella'; av. 1370] agg. **1** (*lett.*) Tempestoso, burrascoso (*anche fig.*): *stagione procellosa*; *La procellosa e trepida / gioia d'un gran disegno* (MANZONI). **2** (*fig., lett.*) Sconvolto, agitato da discordie, tumulti, gravi disordini: *tempi procellosi.* || **procellosaménte**, avv. (*raro, lett.*) In modo procelloso.

pròceri [vc. dotta, lat. *prŏceres*, di etim. incerta; av. 1498] s. m. pl. ● (*raro, lett.*) Nel mondo classico, i cittadini più importanti.

†**procerità** [vc. dotta, lat. *proceritāte(m)*, da *procērus* 'alto' (V. †*procero*); 1585] s. f. ● Altezza | Alta statura.

†**procèro** [vc. dotta, lat. *procēru(m)*, da avvicinare a *crēscere* 'crescere'; 1499] agg. ● Alto, lungo.

processàbile [1871] agg. ● Che si può processare.

processàre (**1**) [da *processo*; av. 1566] v. tr. (*io procèsso*) ● Sottoporre a processo, spec. penale: *p. qlcu. per rapina* | (*fig.*) Sottoporre qlcu. a critiche, accuse e sim.

processàre (**2**) [da *processo* in senso tecnologico, come l'ingl. *to process*; 1986] v. tr. (*io procèsso*) ● (*tecnol.*) Trattare sistematicamente, analizzare, elaborare: *p. dei dati.*

processionàle [1499] agg. ● Che riguarda la processione, le processioni | (*mus.*) Detto del libro liturgico che contiene testi e melodie per le processioni. || **processionalménte**, avv. **1** In processione. **2** (*est.*) In corteo.

†**processionàre** [da *processione*; 1597] v. intr. (*io processióno*; oggi difett. usato solo all'indic. pres., al ger. *processionando* e al part. pres. *processionànte*) ● Andare in processione.

processionària [detta così perché i bruchi si muovono in lunga fila, come in *processione*; 1875] s. f. ● Denominazione di farfalle notturne appartenenti a varie specie, i cui bruchi, gregari, si spostano in ordinate processioni quando escono dai nidi per portarsi sugli alberi e divorare le foglie | ***P. del pino***, vivente su pini e cedri (*Thaumatopoea pityocampa*).

processióne o (*pop.*) †**procissióne** [vc. dotta, lat. *processiōne(m)* 'l'avanzarsi, l'avanzata (di un esercito)', poi (lat. tardo) 'corteo, processione', da *procĕssum*, supino di *procēdere* 'procedere'; 1312] s. f. **1** Cerimonia liturgica consistente in un corteo di sacerdoti e di laici che procedono in fila, a passo piuttosto lento, per le strade o all'interno di una chiesa, portando immagini sacre, reliquie e sim.: *la p. del Venerdì Santo*; *portare una statua in p.* | (*est.*) Le persone facenti parte di una processione: *passa la p.*; *la p. si è sciolta.* **2** (*est.*) Corteo, fila più o meno lunga di gente o automezzi che vanno nella stessa direzione: *una p. di creditori, di dimostranti*; *la p. delle macchine al casello dell'autostrada* | ***Andare, camminare in p.***, in fila e lentamente. **3** (*raro*) Il procedere | (*lett.*) Successione: *la lenta p. di stagioni* (MONTALE). **4** Nella teologia cristiana, relazione intercorrente fra le tre persone della Trinità. || **processioncèlla**, dim. | **processioncìna**, dim.

processìsta agg.; anche s. m. e f. (pl. m. *-i*) ● (*tecnol.*) Che (o Chi) si occupa della progettazione o elaborazione di schemi di processi tecnici: *ingegnere p. di sistemi energetici.*

♦**procèsso** [vc. dotta, lat. *procĕssu(m)*, da *procēssum*, supino di *procēdere* 'procedere'; av. 1294] **s. m.** ***1*** Successione di fenomeni legati fra di loro, che si determina con una certa regolarità: *un p. storico; il p. evolutivo del linguaggio; p. di evoluzione, di involuzione; p. di conoscenza; p. spirituale, mentale* | (*lett.*) Svolgimento, corso: *Di lei avrà lo scrivente a trattenersi nel p. del suo lavoro* (CARDUCCI) | †Proseguimento, seguito | †***In p. di tempo***, con l'andar del tempo. ***2*** Metodo da seguire, operazione o serie di operazioni da compiere per ottenere un determinato scopo: *un semplice p. logico; p. di fabbricazione; p. di laboratorio; p. siderurgico, chimico, elettrolitico; il p. della cardatura della lana* | ***P. Bessemer***, processo di affinazione o decarburazione della ghisa, che conduce all'acciaio | ***P. alla viscosa***, processo che conduce a una fibra artificiale dall'aspetto lucente, nota col nome di raion, partendo dalla cellula naturale | ***P. delle camere di piombo***, quello che porta alla preparazione industriale dell'acido solforico | ***P. analogico***, quello che avviene nei trasduttori elettrici in cui un segnale viene trasformato, per es., da elettrico in acustico | ***P. industriale***, procedimento industriale di produzione, estrazione o lavorazione, basato su una serie di reazioni chimiche e fisiche concatenate fra loro | ***Ingegnere di p.***, che si occupa dello studio di processi industriali. ***3*** (*dir.*) Svolgimento pratico di attività tese alla formazione di provvedimenti giurisdizionali: *p. civile, penale, amministrativo; istruire, chiudere un p.; mettere qlcu. sotto p.* | ***Condanna generica***, con la quale il giudice accerta la sussistenza del diritto, ma dispone la prosecuzione del giudizio per la determinazione della prestazione dovuta | Correntemente, pubblico dibattito, udienza: *assistere a un p.; rinviare un p.* | (*est.*) Il complesso degli incartamenti relativi a un dato processo: *esaminare il p.* | ***P. verbale***, atto generalmente redatto da un pubblico ufficiale, in cui sono descritte e documentate attività giuridicamente rilevanti | ***P. di esecuzione***, procedura giudiziaria tendente a dare concreta applicazione a un atto, giudiziale o stragiudiziale, avente efficacia autoritaria | ***Fare il p. a qlcu.***, (*fig.*) muovergli accuse, criticare energicamente la sua condotta | ***Fare il p. alle intenzioni***, (*fig.*) giudicare qlcu. basandosi su ciò che si suppone voglia dire o fare e non sui fatti obiettivi. ***4*** (*anat.*) Formazione sporgente cartilaginea o ossea: *p. osseo.* ***5*** (*psicoan.*) ***P. primario***, modalità di funzionamento dell'inconscio, che tende alla gratificazione immediata delle pulsioni | ***P. secondario***, modalità di funzionamento del pensiero cosciente, che tende a rinviare la gratificazione delle pulsioni in base alle esigenze della situazione. ***6*** †Costume di vita, condotta morale. || **processétto**, **dim.** | **processóne**, **accr.**

processóre [vc. ingl., da *process* 'processo, procedimento'; 1983] **s. m.** ● (*elab.*) Unità di elaborazione.

processuale [dal lat. *procēssus* 'processo'; 1857] **agg.** ● (*dir.*) Che concerne un processo: *atto p.* | ***Questione p.***, problema di procedura discusso in giudizio, facente parte della causa | ***Spese processuali***, il costo del processo | ***Danni processuali***, pregiudizi causati da una parte all'altra o alle altre nel caso del processo civile per un comportamento colposo o per avere intentato temerariamente lo stesso | ***Diritto p.***, complesso degli atti legislativi che disciplinano il processo. || **processualménte**, **avv.** Dal punto di vista del diritto processuale.

processualista [1958] **s. m. e f.** (**pl. m.** *-i*) ● Studioso di diritto processuale.

prochèilo [vc. dotta, gr. *prócheilos* 'con le labbra sporgenti', comp. di *pró-* 'pro- (2)' e *chêilos* 'labbro'; 1958] **agg.** ● (*ling.*) Detto di suono pronunciato con le labbra arrotondate e spinte in avanti (ad es., in it., la vocale *u*).

procidènza [vc. dotta, lat. *procidĕntia(m)*, da *prōcidens*, genit. *procedĕntis* part. pres. di *procĭdere* 'cadere in avanti', comp. di *prō* 'davanti' (V. *pro-* (*1*)) e *cădere* 'cadere'; 1561] **s. f.** ***1*** (*med.*) Termine usato in ostetricia per indicare la fuoriuscita prematura dall'utero del cordone ombelicale e di un braccio del feto. ***2*** (*med.*) Fuoriuscita di un viscere dalla cavità in cui normalmente è contenuto non rivestito dai tegumenti.

procima [comp. di *pro-* (*1*) e *cima*] **s. f.** ● (*agr.*) Ramo laterale che supera in sviluppo la cima del fusto.

procinto (**1**) [vc. dotta, lat. *procĭnctu(m)* 'assetto di guerra', comp. di *prō* 'davanti, in difesa' (V. *pro-* (*1*)) e un deriv. di *cĭngere* (sottinteso *ărma* 'le armi'); av. 1527] **s. m.** ● Solo nella loc. ***in p. di***, sul punto di: *Si vedevano alcuni con torchi accesi, in p. di porle il fuoco* (LEOPARDI).

†**procinto** (**2**) [ant. fr. *porceint*, da *porceindre* 'cingere intorno', dal lat. *percĭngere* 'cingere intorno', comp. di *pĕr* 'intorno' e *cĭngere* 'cingere'] **s. m.** ● Spazio, circuito, recinto.

procióne [dal gr. *prokýōn* 'cane latrante', comp. di *pró* 'davanti' e *kýōn* 'cane' (di orig. indeur.); 1821] **s. m.** ● Carnivoro nordamericano grande come un cagnolino, grigio con coda anellata bianca e nera, notturno, che bagna il cibo prima di mangiarlo (*Procyon lotor*). **SIN.** Orsetto lavatore. ➡ **ILL. animali**/13.

†**processióne** ● V. *processione.*

proclàma [da *proclamare*; 1512] **s. m.** o †**f.** (**pl. m.** *-i*) ● Appello, bando solenne: *p. al popolo, all'esercito.*

proclamàre [vc. dotta, lat. *proclamāre* 'gridare ad alta voce, protestare', comp. di *prō* 'davanti' (V. *pro-* (*1*)) e *clamāre* 'gridare' (V. *chiamare*); av. 1484] **A v. tr.** ***1*** Rendere pubblico solennemente, promulgare: *p. una legge* | Dichiarare ufficialmente, nominare: *p. qlcu. vincitore; Ottaviano fu proclamato Augusto* (CARDUCCI) | Indire: *p. uno sciopero.* ***2*** (*est.*) Affermare decisamente: *p. l'innocenza di qlcu.* **B v. rifl.** ● Dichiararsi, affermarsi in pubblico: *si è proclamato vincitore.*

proclamàto **part. pass.** di *proclamare*; anche **agg.** ● Nei sign. del v.

proclamatóre [vc. dotta, lat. *proclamatōre(m)* (che è però lezione incerta), da *proclamātus*, part. pass. di *proclamāre* 'proclamare'; 1745] **s. m.**; anche **agg.** (**f.** *-trice*) ● (*raro*) Chi (o Che) proclama.

proclamazióne [vc. dotta, lat. tardo *proclamatiōne(m)*, da *proclamātus*, part. pass. di *proclamāre* 'proclamare'; 1554] **s. f.** ***1*** Il proclamare. ***2*** Comunicazione solenne: *la p. dello stato d'assedio.*

pròclisi [da *pro-* (*1*) sul modello di *enclisi*; 1900] **s. f. inv.** ● (*ling.*) Fenomeno per cui una parola atona (per lo più articolo, pronome personale, preposizione, particella pronominale o avverbiale, talora in coppia) si appoggia nella pronuncia alla parola tonica seguente (ad es. *la sedia, si vedrà, mi disse, da sé, gliene parlo*). **CONTR.** Enclisi.

proclitica [da *proclitico*; 1900] **s. f.** ● Parola priva di accento proprio, che nella pronuncia si appoggia alla parola seguente (ad es. *mi parlò, glielo dico*).

proclitico [1865] **agg.** (**pl. m.** *-ci*) ● (*ling.*) Detto di parola soggetta a proclisi (V. nota d'uso ACCENTO). || **procliticaménte**, **avv.**

proclive [vc. dotta, lat. *proclīve(m)* 'inclinato all'ingiù', comp. di *prō* 'in avanti' (V. *pro-* (*1*)) e *clīvus* 'clivo'; 1441] **agg.** ● (*lett.*) Disposto, incline, propenso: *essere p. all'indulgenza; uomo p. al vizio, all'alcol.*

proclività [vc. dotta, lat. *proclivitāte(m)*, da *proclīvis* 'proclive'; 1673] **s. f.** ● (*raro, lett.*) Inclinazione, propensione.

pròco [vc. dotta, lat. *prŏcu(m)* 'pretendente', dalla stessa radice di *prĕx*, genit. *prĕcis*, 'preghiera' (V. *prece*); 1499] **s. m.** (**pl.** *-ci*, †*-chi*) ● (*raro, lett.*) Pretendente, innamorato: *e fur sospiro di cotanti proci* (FOSCOLO).

procòio o **precòio**, **precuòio**, **prequòio**, **proquòio**, [etim. incerta; av. 1646] **s. m.** ● (*centr.*) Luogo recintato, destinato ad accogliere bestiame, spec. ovino: *tre aziende diverse: il campo, il p., la masseria* (ALERAMO).

procombènte [1846] **part. pres.** di *procombere*; anche **agg.** ***1*** (*lett.*) Che rivela abbandono. ***2*** (*bot.*) Detto di stelo, ramo, fusto e sim. che si piega verso terra senza mettervi radici.

procómbere [vc. dotta, lat. *procŭmbere*, comp. di *prō* 'avanti' (V. *pro-* (*1*)) e **cŭmbere* (V. *incombere*); 1521] **v. intr.** (**pass. rem.** *io procombètti* (o *-étti*) o *procombéi, tu procombésti*; oggi difett. del **part. pass.** e dei tempi composti) ● (*lett.*) Cadere bocconi, in avanti | (*est.*) Cadere, morire in battaglia, con il viso rivolto intrepidamente al nemico: *io solo / combatterò, procomberò sol io* (LEOPARDI).

proconsolàre [vc. dotta, lat. *proconsulāre(m)*, da *procōnsul* 'proconsole'; sec. XIV] **agg.** ● Del proconsole, che appartiene al proconsole | ***Provincia p.***, governata da un proconsole.

proconsolàto [vc. dotta, lat. *proconsulātu(m)*, da *procōnsul* 'proconsole'; sec. XVI] **s. m.** ● Titolo, ufficio del proconsole e sua durata.

procònsole o †**procònsolo** [vc. dotta, lat. *procōnsule(m)*, comp. di *prō-* (V. *pro-* (*1*)) e *cōnsul*, genit. *cōnsulis* 'console'; av. 1292] **s. m.** ***1*** (*st.*) Nell'ordinamento statale di Roma antica, alto magistrato con funzioni di governo amministrativo e militare in una o più province, nominato dal Senato, originariamente nella persona di un console, a cui la carica veniva eccezionalmente prorogata dopo la scadenza del mandato annuale, e poi di un privato cittadino investito di incarichi straordinari. ***2*** (*est., spreg.*) Personaggio che esercita in un ambito locale un potere assoluto e privo di controllo.

procònsolo [var. antica di *proconsole*; sec. XIV] **s. m.** ***1*** (*st.*) Nell'ordinamento di alcuni comuni medievali italiani, il capo dei consoli o il capo dell'arte dei giudici e notai. ***2*** †Proconsole, nel sign. 1.

procrastinàbile **agg.** ● (*raro*) Che si può procrastinare.

procrastinaménto [1835] **s. m.** ● (*raro*) Differimento, rinvio.

procrastinàre [vc. dotta, lat. *procrastināre*, da *crāstinus* (V. *crastino*), con *prō* 'davanti' (V. *pro-* (*1*)); 1300 ca.] **A v. tr.** (*io procràstino*) ● Rimandare ad altro giorno: *p. i pagamenti, una decisione.* **SIN.** Differire, rimandare, rinviare. **CONTR.** Anticipare, prevenire. **B v. intr.** (aus. *avere*) ***1*** (*raro*) Indugiare, temporeggiare. ***2*** †Tardare a compiersi.

procrastinatóre [1625] **agg.**; anche **s. m.** (**f.** *-trice*) ● (*raro*) Che (o Chi) procrastina.

procrastinazióne [vc. dotta, lat. *procrastinatiōne(m)*, da *procrastinātus* 'procrastinato'; av. 1536] **s. f.** ● (*raro*) Differimento, rinvio. **SIN.** Dilazione. **CONTR.** Anticipazione.

procreàbile [vc. dotta, lat. tardo *procreābile(m)*, da *procreāre* 'procreare'] **agg.** ● Che può essere procreato.

procreaménto [1342] **s. m.** ● (*raro*) Procreazione.

procreàre [vc. dotta, lat. *procreāre*, comp. di *prō* 'in favore di' (V. *pro-* (*1*)) e *creāre* 'creare'; 1340] **v. tr.** (*io procrèo*) ● Generare, partorire: *ciascuno procrea volontieri quegli figliuoli che crede poter nutrire* (MACHIAVELLI).

procreatóre [vc. dotta, lat. *procreatōre(m)*, da *procreātus* 'procreato'; 1441] **agg.**; anche **s. m.** (**f.** *-trice*) ● Che (o Chi) procrea. **SIN.** Genitore.

procreazióne [vc. dotta, lat. *procreatiōne(m)*, da *procreātus* 'procreato'; 1441] **s. f.** ● Il procreare.

proctalgìa [comp. di *procto-* e *-algia*] **s. f.** ● (*med.*) Dolore del retto.

proctìte [comp. di *procto-* e *-ite* (*1*); 1829] **s. f.** ● (*med.*) Infiammazione del retto.

pròcto- [dal gr. *prōktós* 'ano, deretano', di orig. indeur.] primo elemento ● In parole composte della terminologia medica significa 'ano', o indica relazione con l'intestino retto: *proctalgia, proctocele, proctologo.*

proctocèle [comp. di *procto-* e *-cele*] **s. m.** ● (*med.*) Rettocele.

proctodèo o **prottodèo** [da *proct(o)-* e della terminazione lat. *-od(a)eum*, dal gr. *hodaîos* 'sulla via (*hodós*)'] **s. m.** ● (*anat., zool.*) Porzione posteriore del retto, formatasi in epoca embrionale per invaginazione dell'ectoderma.

proctologìa [comp. di *procto-* e *-logia*; 1958] **s. f.** ● Ramo della medicina che studia le affezioni dell'intestino retto.

proctològico **agg.** (**pl. m.** *-ci*) ● Relativo alla proctologia.

proctòlogo [comp. di *procto-* e *-logo*; 1974] **s. m.** (**f.** *-a*; **pl. m.** *-gi*) ● Medico specialista in proctologia.

proctorragìa [comp. di *procto-* ed (*emo*)*rragia*] **s. f.** ● (*med.*) Emorragia dal retto.

proctoscopìa [comp. di *procto-* e *-scopia*] **s. f.** ● (*med.*) Rettoscopia.

procùra [da *procurare*; av. 1343] **s. f.** ***1*** (*dir.*) Negozio giuridico con cui si conferisce ad altri il potere di rappresentanza | ***P. generale***, relativa a una serie determinata di affari | ***P. speciale***, relativa a un singolo, determinato affare | ***P. alle liti***, procura generale che concerne tutti i processi di cui il rappresentato sia o stia per essere parte | ***P. per la lite***, procura speciale che si riferisce a un certo processo o a una certa fase di un processo di cui il rappresentato sia o stia per essere parte | ***Matrimonio per p.***, quello in cui uno o entrambi i contraenti si fanno rappresentare alla celebrazione dello stesso | (*est.*) Documento che testimonia il conferimento di una procura: *p. notarile*; *firmare una p.* | (*est.*) Atto notarile con cui si conferisce una procura: *firmare una p.* **2** Titolo, ufficio di procuratore, spec. quelli di procuratore della Repubblica. **3** Sede di una procura della Repubblica.

†procuragióne ● V. *procurazione*.

♦**procuràre** o †**proccuràre** [vc. dotta, lat. *procurāre* 'aver cura di', comp. di *prō* 'in favore di' (V. *pro-* (*1*)) e *curāre* 'curare'; 1231] **A** v. tr. **1** Fare in modo che si faccia qlco., agire in modo da ottenere determinati risultati: *procura di svegliarti presto*; *procurate che non avvengano disordini* | Cercare di avere, di ottenere: *p. un impiego a un amico*; *procurarsi i biglietti per lo spettacolo*. SIN. Procacciare. **2** Provocare, causare, causarsi: *p. guai, malanni*; *è scivolato procurandosi una distorsione*. **3** †Curare: *gran biasimo a una donna stare tutto il dì cicalando e procurando più le cose fuori di casa che quelle di casa* (ALBERTI). **4** †Amministrare, governare, reggere. **5** †Cercare, investigare. **B** v. intr. (aus. *avere*) ● †Adoperarsi in favore di qlcu.: *procurando per lui, … il feciono lasciare* (SACCHETTI).

†procurarerìa ● V. *†procureria*.

procuratèla [da *procura*; sul modello di *curatela*; 1963] s. f. ● (*raro*) Carica e funzione di procuratore.

procuratéssa [da *procurat(ore)*; av. 1687] s. f. ● Nella repubblica veneta, la moglie del procuratore di S. Marco.

procuratìa [vc. venez., da *procurare*, *procuratore*; 1310] s. f. **1** Carica, ufficio di procuratore di S. Marco, nella Repubblica di Venezia. **2** La residenza del procuratore di S. Marco, a Venezia: *Procuratie vecchie*, *Procuratie nuove*.

procuràto o †**proccuràto** part. pass. di *procurare*; anche agg. **1** Nei sign. del v. | Preparato, ottenuto, ricercato. **2** Provocato intenzionalmente: *aborto p.* | (*dir.*) ***Procurata evasione***, reato di chi procura o agevola l'evasione di un detenuto.

procuratoràto [av. 1837] s. m. ● Ufficio e dignità del procuratore | La durata di tale ufficio.

procuratóre o †**proccuratóre** [vc. dotta, lat. *procuratōre(m)*, da *procurātus*, part. pass. di *procurāre* 'aver cura di' (V. *procurare*); 1270] s. m. (f. *-trice*; V. nota d'uso FEMMINILE) **1** (*gener.*) Chi fa le veci di qlcu., chi rappresenta qlcu. | (*dir.*) Chi è munito di una procura | ***P. legale***, laureato in giurisprudenza abilitato a rappresentare una parte nei giudizi civili e penali, con esclusione di quelli che si svolgono in Corte di Cassazione; dal 1997 questa figura professionale è stata abolita e gli iscritti all'albo sono confluiti in quello degli avvocati | (*banca*) ***P. di banca***, funzionario direttivo di grado inferiore preposto a una branca di servizio di un istituto bancario | (*relig.*) Nell'ordinamento cattolico, rappresentante di un ordine religioso presso la Santa Sede, nominato per il disbrigo degli affari relativi all'ordine stesso | (*relig.*) Postulatore di una causa di santificazione e beatificazione | (*sport*) Manager, impresario, spec. negli sport professionistici. **2** ***P. della Repubblica***, ogni magistrato che esercita le funzioni di pubblico ministero rappresentando le prerogative e i diritti dello Stato presso l'autorità giudiziaria penale: *p. generale*; *p. presso la Corte d'Appello*, *presso la Corte di Cassazione*; *sostituto p.* | (*per anton.*) Il magistrato che esercita le funzioni di pubblico ministero presso il tribunale. **3** (*gener.*) Chi amministra un bene pubblico | Nell'ordinamento di Roma antica, alto funzionario dell'imperatore con compiti amministrativi e finanziari o governatore di una provincia minore | ***P. di S. Marco***, nell'antica Repubblica di Venezia, titolare della magistratura, prima singola e poi di nove membri, preposta originariamente alla gestione dei beni della basilica di S. Marco, poi all'amministrazione delle entrate pubbliche e alla sorveglianza in alcune materie giuridiche | ***P. del registro***, nell'attuale ordinamento finanziario italiano, funzionario dell'intendenza di finanza che dirige un ufficio del registro. **4** (*raro, lett.*) Chi procura o causa qlco.: *sollecito p. della tua morte* (BOCCACCIO). || **procuratorèllo**, dim.

procuratorìa [da *procuratore*; 1835] s. f. ● (*dir.*) Voce della tariffa per la determinazione dei compensi che spettano agli esercenti la professione forense iscritti agli albi.

procuratòrio [vc. dotta, lat. tardo *procuratōriu(m)*, da *procurātor*, genit. *procuratōris* 'procuratore'; 1355] agg. ● Di procuratore: *dignità procuratoria*.

procurazióne o †**proccuragióne**, †**proccurazióne**, †**procuragióne** [vc. dotta, lat. *procuratiōne(m)*, da *procurātus*, part. pass. di *procurāre* 'aver cura di' (V. *procurare*); 1313] s. f. **1** †Procura | Intercessione, mediazione. **2** Nell'ordinamento feudale, obbligo del vassallo di fornire ospitalità al signore in viaggio | Ospitalità che i parroci erano obbligati a fornire ai vescovi in visita pastorale presso la loro parrocchia.

†procurerìa o †**procurarerìa** [da *procur(atore)*; 1353] s. f. ● Procura.

†procùro s. m. ● Il procurare.

pròda [da *prora*, con dissimilazione; 1250] s. f. **1** (*lett.*) Sponda, riva: *toccare la p.*; *lungo la p.* **2** Striscia di terreno lungo il lato maggiore del campo: *vangare la p.* SIN. Rivale. **3** (*lett.*) Orlo di un pendio, di un burrone, di un fosso; estremità, margine: *la p. che 'l pozzo circonda* (DANTE *Inf.* XXXI, 42). **4** †Prora, prua. || **prodicèlla**, dim. | **prodìna**, dim. (V.) | **prodóna**, accr.

†prodàno [gr. *prótonos* 'corda', da *protéinein* 'tendere innanzi', comp. di *pró* 'davanti' (V. *pro-* (*2*)) e *téinein* 'tendere', di orig. indeur.] s. m. ● (*mar.*) Cavo che serviva a montare e smontare l'albero.

pròde [lat. tardo *prōde* (indeclinabile), da *prōdest*, terza pers. indic. pres. di *prodèsse* 'giovare, essere utile', comp. di *èsse* 'essere', col pref. *prod-* (= *prō*. V. *pro-* (*1*)); sec. XIII] **A** agg. ● (*lett.*) Valoroso: *uomo*, *guerriero p.* CONTR. Codardo, vile. || **prodeménte**, avv. (*raro*) Da prode. SIN. Valorosamente. **B** s. m. (anche f., raro, nel sign. 1) **1** (*lett.*) Chi è valoroso, eroico: *in Maratona / ove Atene sacrò tombe a' suoi prodi* (FOSCOLO). **2** †Utilità.

prodecàno [comp. di *pro-* (*1*) e *decano*] s. m. ● Vicedecano.

†prodeggiàre o †**proeggiàre** [da *proda*; av. 1536] v. intr. ● Costeggiare.

prodése o **provése** [da *proda*; 1311] s. m. ● (*mar., disus.*) Cavo disteso dalla prua per ormeggio o tonneggio.

prodézza [da *prode*; 1243] s. f. **1** Caratteristica di chi è prode | ***†P. di virtù***, valore militare. SIN. Valore. CONTR. Viltà. **2** Impresa, atto da prode: *fare grandi prodezze*; *raccontare le proprie prodezze*; *le prodezze de' … paladini, / che sono in terra tanto conosciute* (BOIARDO) | (*est., fam.*) Comportamento arrischiato: *sono prodezze che nelle sue condizioni potrebbe evitare* | (*iron.*) ***Bella p.!***, bella bravata.

pro die [loc. lat., 'per (*prō*) giorno (*die(m)*)'] loc. avv. ● Al giorno, ogni giorno, quasi esclusivamente nella posologia farmacologica e medica: *due grammi pro die*.

prodière [da *proda*; av. 1348] s. m. ● Marinaio cui è affidato il servizio, il remo o le manovre di prua | Nel canottaggio e nella vela, il componente dell'equipaggio che sta a prua dell'imbarcazione.

prodièro [da *proda*; 1813] agg. **1** Che sta a prua: *cannone p.* | ***Onda prodiera***, che si forma davanti al tagliamare durante la navigazione. **2** ***Nave prodiera***, in un convoglio, quella che precede immediatamente ciascuna nave.

prodigalità [vc. dotta, lat. *prodigalitāte(m)*, da *prōdigus* 'prodigo', sul modello di altri s. in *-ālitas*, come *liberālitas* 'liberalità' ecc.; av. 1292] s. f. **1** Caratteristica di chi è prodigo. SIN. Profusione. CONTR. Avarizia. **2** Atto, comportamento da persona prodiga.

†prodigalizzàre [comp. di *prodigale* e *-izzare*; sec. XIV] v. tr. e intr. ● Usare prodigalità.

prodigalménte [av. 1406] avv. ● Con prodigalità: *donare p.*

prodigàre [da *prodigo*, sul modello del fr. *prodiguer*, 1598] **A** v. tr. (*io pròdigo, tu pròdighi*) **1** Spendere largamente, donare con grande generosità: *p. tutte le proprie sostanze*. CONTR. Economizzare, lesinare. **2** (*fig.*) Dispensare, concedere, talvolta in modo esagerato: *p. lodi, carezze, complimenti*. SIN. Largire. **B** v. rifl. ● Impegnarsi a fondo, adoperarsi con ogni mezzo: *prodigarsi per i propri cari, per soccorrere i bisognosi*.

prodìgio [vc. dotta, lat. *prodĭgiu(m)*, di etim. discussa; comp. di *prod-* 'avanti' (V. *prode*) e un deriv. di *āio* 'io affermo', di orig. indeur. (?); av. 1342] **A** s. m. **1** Fenomeno che non rientra nell'ordine naturale delle cose: *uno strano p. dell'atmosfera*; *io sono come quella foglia … / sul nudo ramo, che un p. ancora / tiene attaccata* (SABA). SIN. Miracolo, portento. **2** (*fig.*) Fatto, manifestazione, opera e sim. che è oggetto, per le sue caratteristiche, di stupore, meraviglia, ammirazione e sim.: *i prodigi della scienza, della tecnica*; *il medico ha fatto prodigi*; *quel film è un p. di stile* | (*est.*) Persona eccezionalmente dotata: *quel bambino è un p. d'intelligenza*. **B** in funzione di agg. inv. (posposto al s.) ● Nella loc. ***bambino***, ***bambina p.***, che mostra eccezionali doti intellettuali o artistiche.

prodigiosità [av. 1704] s. f. ● Condizione, caratteristica di ciò che è prodigioso.

prodigióso [vc. dotta, lat. *prodigiōsu(m)*, da *prodĭgium* 'prodigio'; av. 1450] agg. **1** Che ha del prodigio, e quindi suscita grande meraviglia: *effetti prodigiosi*; *invenzione prodigiosa*. SIN. Miracoloso, portentoso. **2** (*iperb.*) Raro, straordinario, eccezionale: *memoria prodigiosa*; *velocità prodigiosa*. **3** †Mostruoso. || **prodigiosaménte**, avv.

pròdigo [vc. dotta, lat. *prōdigu(m)*, da *prodĭgere* 'spingere avanti a sé', poi metaforicamente 'sperperare', comp. di *prōd-* 'avanti' (V. *prode*) e *āgere* 'spingere' (V. *agro*); av. 1292] **A** agg. (pl. m. *-ghi*) **1** Che dà o spende senza misura: *essere p. dei propri averi* | ***Figliol p.***, (*fig.*) chi, dopo un periodo di sbandamento morale, si ravvede e torna sulla buona strada. SIN. Dissipatore, scialacquatore. CONTR. Avaro. **2** (*fig.*) Generoso: *essere p. di premure, di consigli, di attenzioni*. || **prodigaménte**, avv. Da prodigo, con prodigalità: *vivere, dare prodigamente*. **B** s. m. (f. *-a*) ● Chi dona o spende con eccessiva larghezza.

prodìna [prob. da *proda*, su cui si stendono tali reti] s. f. **1** Dim. di *proda*. **2** Sistema di uccellagione costituito da reti basse, disposte orizzontalmente | (*est.*) La rete utilizzata in tale sistema.

†proditóre [vc. dotta, lat. *proditōre(m)*, da *prōditus*, part. pass. di *prōdere* 'consegnare', comp. di *prō* 'davanti' (V. *pro-* (*1*)) e *dāre* 'dare'; sec. XIV] s. m. ● Traditore.

proditòrio [vc. dotta, lat. tardo *proditōriu(m)*, da *prōditor*, genit. *proditōris* 'traditore' (V. *proditore*); 1619] agg. ● Da traditore: *azione proditoria* | Compiuto a tradimento: *omicidio p.* || **proditoriaménte**, avv.

prodittatóre [vc. dotta, lat. *prō dictatōre* 'al posto del dittatore'. V. *pro-* (*1*) e *dittatore*; sec. XIV] s. m. (f. *-trice*) ● Vicario del dittatore.

†prodizióne [vc. dotta, lat. *proditiōne(m)*, da *prōditus*, part. pass. di *prōdere* 'consegnare' (V. *proditore*); 1540] s. f. ● (*lett.*) Tradimento.

pròdomo [vc. dotta, gr. *pródomos*, comp. di *pró* 'davanti' (V. *pro-* (*2*)) e *dómos* 'casa', di orig. indeur.; av. 1798] s. m. ● (*arch.*) Pronao.

♦**prodótto** [av. 1332] **A** part. pass. di *produrre*; anche agg. ● Nei sign. del v. **B** s. m. **1** (*gener.*) Tutto ciò che la terra produce, o che deriva da un'attività umana: *i prodotti dell'agricoltura, della caccia, della pesca*; *i prodotti del sottosuolo*; *i prodotti dell'industria, dell'artigianato*; *prodotti alimentari* | ***Prodotti di bellezza***, cosmetici. **2** Ciò che costituisce il risultato o l'effetto di qlco.: *un p. della sua sfiducia*; *prodotti dell'ingegno, della fantasia*; *il p. del concepimento* | (*econ.*) Risultato del processo di produzione | ***P. interno lordo***, V. *PIL* | ***P. nazionale lordo***, V. *PNL*. **3** (*mat.*) Moltiplicazione | Risultato di un'operazione | ***P. cartesiano degli insiemi*** *A* x *B*, insieme delle coppie ordinate (a x b), con a in A e b in B.

prodròmico [1908] agg. (pl. m. *-ci*) ● (*raro*) Che costituisce prodromo, che preannunzia qlcu.: *sintomi prodromici*.

pròdromo [vc. dotta, lat. *prōdromu(m)*, nom. *prōdromus*, dal gr. *pródromos* 'che corre avanti', comp. di *pró* 'avanti' (V. *pro-* (*2*)) e *drómos* 'corsa' (V. *aerodromo*); av. 1498] **A** s. m. **1** (*spec. al pl.*) Segno precorrente, principio di qlco.: *i prodromi della guerra*. CONTR. Postumo. **2** (*spec. al pl.*) Sintomo che precede l'insorgenza di una malattia. **3** †Discorso preliminare, introduzione. **4** (*arch.*) Porta principale collocata nella facciata di un edificio monumentale. **B** agg. ● †Precedente, previo.

producènte part. pres. di *produrre*; anche agg. ● Nei sign. del v. | Utile, vantaggioso: *una mossa, un atteggiamento poco p.*

†**prodùcere** [1342] v. tr. e rifl. ● Produrre.

producìbile [da *produrre*; av. 1406] agg. *1* Che si può produrre. *2* †Atto a produrre.

producibilità [1913] s. f. ● Condizione di ciò che è producibile.

†**produciménto** [av. 1342] s. m. ● Il produrre.

†**producitóre** [1342] agg.; anche s. m. (f. *-trice*) ● Produttore.

product manager /ˈprɔdakt ˈmanadʒer, *ingl.* ˈpɹɒdʌkt ˈmænɪdʒə/ [vc. ingl., comp. di *product* 'prodotto' e *manager* (V.); 1983] loc. sost. m. e f. inv. (pl. ingl. *product managers*) ● (*org. az.*) Dirigente responsabile della promozione e vendita di un determinato prodotto.

♦**produrre** [lat. *prodūcere* 'condurre innanzi, portar fuori', comp. di *prō* 'avanti' (V. *pro-* (*1*)) e *dūcere* 'condurre' (V.); av. 1226] **A** v. tr. (pres. *io prodùco, tu prodùci*; pass. rem. *io prodùssi, tu producésti*; fut. *io produrrò*, †*producerò*; congv. pres. *io prodùca*; condiz. pres. *io produrrèi*, †*producerèi, tu produrrésti*; part. pres. *producènte*; part. pass. *prodótto*) *1* Far nascere, dare frutto, in seguito a un processo naturale: *albero che produce molti frutti*; *un terreno che produce solo grano*; *la regione produce vino e olio*; *qui la terra produce poco* | (*raro*) Generare, spec. riferito ad animali: *questa pecora ha prodotto molti agnelli* | (*est.*) Fornire le condizioni ideali per la nascita e lo sviluppo di vegetali o animali: *l'Italia produce ottimi pomodori*; *la Spagna produce pregiate razze di ovini* | (*fig.*) Dare i natali: *la Grecia ha prodotto grandi pensatori*. *2* Dare, fornire, come risultato di una serie di lavorazioni o trasformazioni operate dall'uomo: *la miniera produce molto ferro*; *il vino è prodotto dalla cantina sociale*; *p. artificialmente* | (*est.*) Fabbricare: *la ditta produce mobili da giardino*; *la fabbrica produce cento automobili al giorno*; *non produciamo più questo articolo*. *3* Dare vita, porre in essere, con riferimento a creazioni intellettuali: *il suo ingegno produsse grandi opere*; *pittore, musicista che non produce più*. *4* Causare un determinato fenomeno, comportare una determinata conseguenza: *le sue parole produssero stupore fra i presenti*; *l'esplosione ha prodotto gravi danni*; *cadendo si è prodotto un bernoccolo in fronte*; *la malattia gli produce strani effetti*; *uomini ignoranti delle naturali cagioni che producono le cose* (VICO). *5* (*bur.*) Presentare, esporre, mostrare: *p. un documento, una tessera*; *proposi di p. quel certificato alla piccola Annuccia* (SVEVO) | Addurre: *p. validi argomenti*; *p. scuse, pretesti* | ***P. in pubblico***, presentare al pubblico | ***P. sulle scene***, rappresentare in teatro. **B** v. rifl. (+ *in*) ● Esibirsi: *prodursi in uno spettacolo, in pubblico, in teatro, sulle scene*. **C** v. intr. pron. ● Verificarsi, generarsi: *sulla parete si è prodotta una fenditura*; *si è prodotta una situazione nuova*.

produttìbile [dal lat. *prodūctus*, part. pass. di *prodūcere* (V. *produrre*); 1632] agg. *1* (*raro*) Producibile. *2* †Allungabile, prolungabile: *la linea retta, ed in conseguenza il moto per essa, è p. in infinito* (GALILEI).

produttivìstico [da *produttivo*; av. 1937] agg. (pl. m. *-ci*) ● Che riguarda la produzione e tende ad incrementarla.

produttività [da *produttivo*; 1849] s. f. *1* Potere, possibilità di produrre | (*stat.*) ***P. matrimoniale***, frequenza dei nati in seno a una popolazione, compresi i nati morti e gli aborti. *2* (*econ.*) Rapporto tra i fattori di produzione e il prodotto ottenuto, che indica il grado di efficienza dei fattori impiegati in un processo produttivo. *3* (*ling.*) Capacità di generare nuove parole: *la p. del suffisso '-ismo'*.

produttìvo [vc. dotta, lat. tardo *productīvu*(*m*), che significava però 'da essere allungato', da *prodūctus*, part. pass. di *prodūcere* (V. *produrre*); sec. XIV] agg. *1* Che produce | Atto a produrre: *campo p.*; *investimento p.* | (*fig.*) Utile, positivo: *un atteggiamento scarsamente p.* CONTR. Improduttivo. *2* Che riguarda la produzione: *i moderni metodi produttivi* | ***Ciclo p.***, periodo di tempo in cui si effettua una produzione; (*est.*) l'insieme delle fasi operative di una lavorazione. *3* Che dà un utile, un vantaggio: *un'impresa produttiva* | ***Lavoro p.***, quello che si traduce in un accrescimento di ricchezza. SIN. Fruttifero. || **produttivaménte**, avv. In modo produttivo; dal punto di vista della produttività.

♦**produttóre** [dal lat. *prodūctus* 'prodotto'; 1308] **A** s. m. (f. *-trice*) *1* Chi produce: *i produttori di vino*. *2* Impresario cinematografico, finanziatore e organizzatore della produzione di film. *3* Chi è incaricato di procurare ordini e clienti a un'impresa. **B** anche agg. ● Che produce: *paese p. di caffè*; *società produttrice di film*.

♦**produzióne** [vc. dotta, lat. *productiōne*(*m*) 'prolungamento', poi (lat. tardo) 'il far avanzare, far uscire', da *prodūctus*, part. pass. da *prodūcere* (V. *produrre*); 1308] s. f. *1* (*raro*) Generazione: *la p. delle piante, degli animali*; *la p. di anticorpi da parte dell'organismo*. *2* Attività rivolta alla creazione o alla trasformazione di beni: *p. agricola, industriale* | Il bene o i beni prodotti: *una p. scarsa, abbondante, di ortaggi*; *la p. del ferro è aumentata*. *3* (*est.*) Qualsiasi opera dell'ingegno o di un'attività creatrice: *la p. dei surrealisti*; *una p. letteraria di alto livello*. *4* L'organizzazione produttiva di un film, o anche l'insieme dei finanziatori e dirigenti che sovraintendono alla produzione del film stesso | Messinscena teatrale o cinematografica. *5* (*dir.*) Atto del produrre in giudizio: *p. di scritture, di documenti, di memorie*; *p. di testimoni* | ***P. giuridica***, formazione di leggi. *6* †Prolungamento.

proedrìa [vc. dotta, gr. *proedría*, comp. di *pró* 'davanti' (V. *pro-* (*2*)) ed *hédra* 'seggio' (V. *cattedra*); 1835] s. f. *1* Nel teatro greco, la prima fila di posti. *2* Il diritto di sedere nei primi posti in un teatro.

†**proeggiàre** ● V. †*prodeggiare*.

proemiàle [1308] agg. *1* Di proemio, che serve da proemio. *2* (*est.*) Introduttivo. || **proemialménte**, avv. (*raro*) Come proemio.

proemiàre [vc. dotta, lat. *prooemiāri*, da *prooēmiu*(*m*) 'proemio'; 1551] v. intr. (*io proèmio*; aus. *avere*) ● Fare un proemio.

proèmio [vc. dotta, lat. *prooēmiu*(*m*), dal gr. *prooímion* 'preludio', comp. di *pró* 'prima, davanti' (V. *pro-* (*2*)) e *ôimos* 'strada', poi 'melodia', di orig. indeur.; 1294] s. m. *1* Introduzione, esordio, prefazione. *2* (*raro, poet.*) Preambolo: *dopo un verisimil suo p., / gli disse che Zerbin fatto avea questo* (ARIOSTO). || **proemiétto**, dim.

proemizzàre [1803] v. intr. (aus. *avere*) ● (*lett.*) Proemiare.

proenzìma [comp. di *pro-* nel sign. 2 ed *enzima*] s. m. (pl. *-i*) ● (*chim.*) Precursore di un enzima generalmente privo di attività catalitica.

prof (*1*) /prɔf/ [abbr. di *professore*] s. m. e f. inv. ● (*fam., gerg.*) Professore, professoressa: *il p. di latino*; *la p. di matematica mi ha interrogato*; *oggi c'è sciopero dei p.*

prof (*2*) /prɔf/ ● V. *pro* (*3*).

pròfago [comp. di *pro-* (*2*) e *-fago*] agg. (pl. m. *-gi*) ● (*biol.*) Detto di un fago presente all'interno di un batterio lisogeno, unito al cromosoma batterico.

profanaménto [1746] s. m. ● (*raro*) Profanazione.

profanàre [vc. dotta, lat. *profanāre*, da *profānus* 'profano'; 1483] v. tr. *1* Offendere, violare ciò che è sacro: *p. un altare, un tempio*. SIN. Sconsacrare. *2* (*est.*) Contaminare, macchiare (*anche fig.*): *ha profanato la casa di suo padre*; *p. il ricordo di qlcu.* | ***P. una tomba***, violarla | (*fig.*) ***P. un nome***, comprometterlo, usarlo indegnamente.

profanàto part. pass. di *profanare*; anche agg. ● Nei sign. del v.

profanatóre [vc. dotta, lat. tardo *profanatōre*(*m*), da *profanātus* 'profanato'; 1598] s. m.; anche agg. (f. *-trice*) ● Chi (o Che) profana: *un p. di tombe*; *atto p.*

profanazióne [vc. dotta, lat. tardo *profanatiōne*(*m*), da *profanātus* 'profanato'; 1572] s. f. *1* Il profanare: *commettere una p.*; *la p. dei luoghi sacri*. SIN. Sacrilegio. *2* (*fig.*) Violazione, contaminazione, grave offesa: *la p. dei nostri ideali*.

profanità [vc. dotta, lat. *profanitāte*(*m*), da *profānus* 'profano'; av. 1595] s. f. *1* Carattere di ciò che è profano. *2* (*raro*) Atto profano.

profàno [vc. dotta, lat. *profānu*(*m*), propr. 'che deve stare fuori (davanti) del tempio', comp. di *prō* 'davanti' (V. *pro-* (*1*)) e *fānum* 'tempio' (V. *fano*); sec. XIII] **A** agg. *1* Che non è sacro, che è mondano, terreno: *studi profani*; *storia sacra e profana*; *tutte l'antiche storie profane hanno favolosi princìpi* (VICO) | ***Musica profana***, che utilizza strumenti e forme non legati all'uso liturgico. CONTR. Sacro. *2* Che viola la santità, la religiosità di qlco.: *mano profana*. *3* Che non è degno di sentire o toccare ciò che è sacro: *orecchio p.* SIN. Empio, sacrilego, scellerato. *4* †Sconsacrato: *chiesa profana*. || **profanaménte**, avv. (*raro*) In modo profano. **B** s. m. *1* (*solo sing.*) Cosa non sacra: *mescolare il sacro al p.* *2* (f. *-a*) Chi non è consacrato, chi non è iniziato alla vita religiosa o, in particolare, ai misteri. *3* (f. *-a*) Chi non ha competenza e preparazione in un determinato settore: *siamo dei profani in arte greca*.

profàse [comp. di *pro-* (*1*) e *fase*; 1958] s. f. ● (*biol.*) Prima fase della mitosi, in cui i cromosomi si mettono in evidenza e si dividono in una coppia di cromatidi.

profénda [deform. di *prebenda*, attrav. *prefenda*; av. 1294] s. f. ● Razione di biada a cavalli e sim.

proferènza [dal lat. *prōferens*, genit. *proferēntis*, part. pres. di *prōferre* (V. *proferire*)] s. f. *1* (*lett.*) Pronuncia: *lombardeggia un poco in qualche p.* *2* †Offerta, presentazione.

†**profèrere** o †**proffèrere** [sec. XIII] v. tr. e rifl. ● Proferire.

proferìbile [av. 1712] agg. ● Che può essere proferito | ***Parole non proferibili***, sconvenienti.

proferiménto [sec. XIV] s. m. ● (*raro*) Il proferire.

proferire o **profferire** spec. nei sign. A 2 e B [lat. *prōferre* 'portare innanzi, trarre fuori', comp. di *prō* 'davanti' (V. *pro-* (*1*)) e *fĕrre* 'portare' (V. *-fero*); sec. XIII] **A** v. tr. (pres. *io proferìsco*, †*pròfero, tu proferìsci*, †*pròferi*; pass. rem. *io proferìi* o *proffèrsi, tu proferìsti*; part. pass. *proferito* o *proffèrto*, †*profèrto*) *1* (*lett.*) Pronunciare: *p. un nome* | Dire, esprimere, spec. in tono solenne: *p. parole*; *p. un voto, un giudizio* | ***Non p. sillaba***, rimanere in silenzio | Manifestare, palesare: *p. un desiderio*. *2* (*lett.*) Offrire, presentare, esibire: *il servigio che tu mi profferi* (BOCCACCIO). **B** v. rifl. ● Offrirsi: *Si profferiva alla principessa* (DE ROBERTO).

†**profèrta** ● V. *profferta*.

†**profèrto** ● V. *profferto*.

professànte part. pres. di *professare*; anche agg. ● Che professa, che pratica: *cattolico p.*

professàre [da *professo*; sec. XIV] **A** v. tr. (*io profèsso*) *1* Dichiarare pubblicamente un determinato sentimento: *p. gratitudine verso qlcu.*; *p. il proprio amore a qlcu.* | Manifestare apertamente, far conoscere con atti o parole di aderire a un'idea, una credenza: *p. la propria opinione*; *p. il socialismo, il buddismo*. SIN. Dimostrare. *2* Esercitare una professione (*anche assol.*): *p. la medicina*; *quell'avvocato non professa più*. **B** v. rifl. ● Dichiararsi, mostrarsi apertamente: *professarsi grato verso qlcu., amico di qlcu.*; *l'imputato si professa innocente*.

professàto part. pass. di *professare*; anche agg. *1* Nei sign. del v. *2* †Palese. || **professataménte**, avv. (*raro*) Dichiaratamente.

†**professatóre** s. m.; anche agg. (f. *-trice*) ● Chi (o Che) professa.

♦**professionàle** [1845] agg. *1* Che concerne la professione, spec. la professione che si esercita: *diritti, doveri professionali*; *esperienza p.*; *preparazione, competenza p.*; *dare un parere p.*; *correttezza p.* | ***Gelosia, rivalità p.***, quella che nasce fra chi esercita la medesima professione | ***Segreto p.***, quello al quale sono tenuti alcuni professionisti | ***Malattia p.***, causata dal tipo di lavoro o dalle condizioni in cui si svolge | ***Deformazione p.***, V. *deformazione* | ***Scuola, istituto p.***, che, al termine degli studi, offrono una preparazione qualificata in vari rami di discipline tecniche | ***Ordine p.***, persona giuridica pubblica istituita obbligatoriamente per legge a tutela del decoro e dell'autonomia di una specifica professione liberale. *2* Che costituisce una professione: *attività p.* *3* Detto di chi è competente e preparato nel suo lavoro, e di ciò che rivela tale competenza: *un architetto molto p.*; *una linea di condotta p.* *4* Detto di attrezzatura avente prestazioni piuttosto elevate, e destinata a essere usata nell'esercizio di una professione anziché in contesti generici o dilettanteschi: *macchina fotografica, registratore p.* *5* (*dir.*) Di reo che vive abitualmente, anche in parte soltanto, dei proventi del reato: *delinquente p.*; *contravventore p.* || **professionalménte**, avv. Come professione; in modo professionale.

professionalità [1905] s. f. **1** Carattere professionale di un'attività. **2** Condizione personale di chi svolge una professione | (*est.*) Capacità di svolgere il proprio lavoro o la propria professione a un buon livello di competenza e di efficienza: *avere, non avere p.*; *mancare di p.*; *mostrare una notevole p.* **3** (*dir.*) ***P. nel reato***, condizione personale del delinquente o del contravventore professionale.

professionalizzàre [1983] **A** v. tr. ● Rendere professionale, ispirare a criteri di professionalità, detto di qlcu. e di una sua attività. **B** v. intr. pron. ● Acquistare professionalità.

professionalizzazióne [1983] s. f. ● Il professionalizzare.

♦**professióne** [vc. dotta, lat. *professiōne(m)* 'dichiarazione, manifestazione, mestiere, professione (pubblicamente dichiarata)', da *profēssus* (V. *professo*); 1321] s. f. **1** Pubblica dimostrazione di un sentimento, una credenza, un'opinione: *p. di amicizia, di lealtà verso qlcu.*; *far p. della propria fede* | †***Prendere di p.***, obbligarsi. **2** Solenne e pubblica promessa con la quale i religiosi si impegnano all'osservanza dei voti di castità, povertà e obbedienza e delle regole proprie dell'ordine o della congregazione. **3** (*gener.*) Attività lavorativa: *imparare, esercitare una p.* | Attività intellettuale, per lo più indipendente, che si esercita dopo aver conseguito la laurea o una particolare abilitazione: *la p. dell'avvocato, del medico* | ***Fare qlco. di p.***, esercitare una data attività traendone i principali mezzi di sostentamento (*anche iron.*): *fare il ladro di p.* | ***Libera p.***, che si esercita senza dipendere da altri | (*eufem.*) ***La p. più antica del mondo***, la prostituzione. SIN. Lavoro, mestiere.

professionismo [av. 1937] s. m. **1** Stato, condizione di chi è professionista. **2** La pratica dello sport per professione. CONTR. Dilettantismo.

professionista [1842] s. m. e f. (pl. m. *-i*) **1** Chi esercita una professione: *associazione di professionisti.* **2** Chi pratica una specialità sportiva come professione. SIN. Pro, prof. CONTR. Dilettante. **3** (*est.*) Persona molto abile in qlco.: *il furto è opera di professionisti* | (*scherz., eufem.*) ***P. del sesso***, prostituta: *c'erano otto professioniste che ... fecero cose da medaglie al valore* (FENOGLIO).

professionistico [1937] agg. (pl. m. *-ci*) **1** Di professionista. **2** Relativo al professionismo sportivo.

profèsso [vc. dotta, lat. *profēssu(m)*, part. pass. di *profitēri* 'dichiarare apertamente', comp. di *prō* 'davanti' (V. *pro-* (*1*)) e *fatēri* 'confessare, riconoscere', intens. di *fāri* 'parlare' (V. *fato*); sec. XIII] **A** s. m. (f. *-a*) ● Religioso che ha fatto professione solenne. **B** anche agg.: *frate p.*

professoràle [1660] agg. ● Di professore, da professore: *dignità p.* | (*spreg.*) Pedantesco, saccente: *tono, aria p.* || **professoralménte**, avv.

professoràto [av. 1827] s. m. ● (*raro*) Carica di professore | (*est.*) Durata di tale carica.

♦**professóre** [vc. dotta, lat. *professōre(m)*, da *profēssus* (V. *professo*); av. 1342] s. m. (f. *-éssa*, pop. *-sóra*) **1** Chi possiede i titoli necessari per insegnare nelle scuole di istruzione secondaria o nelle università: *p. di latino, di greco, di matematica*; *p. associato, ordinario, straordinario* | ***P. di ruolo***, insegnante che ricopre la cattedra di una disciplina in seguito a vincita di un concorso pubblico | ***P. fuori ruolo***, nell'ordinamento universitario italiano, professore ordinario che, superata l'età di settanta anni, mantiene tutti gli incarichi accademici tranne quello dell'insegnamento | ***P. a contratto***, studioso cui una facoltà universitaria conferisce per contratto l'incarico di svolgere un numero limitato di lezioni su un argomento particolare di sua competenza. **2** (*mus.*) Titolo di componente di un'orchestra: *p. d'orchestra, p. di viola.* **3** (*pop., gener.*) Chi impartisce un qualsiasi insegnamento | (*est.*) Persona molto colta: *parlare come un p.*; *saperne quanto un p.* | (*est., spreg.*) Persona saccente e pedante: *eh, quante arie da p.!* **4** †Chi professa una disciplina, un'arte e sim. || **professorétto**, dim. | **professorino**, dim. (V.) | **professoróne**, accr. (V.) | **professorùccio**, dim. | **professorucolo**, spreg.

professorino [1865] s. m. **1** Dim. di *professore.* **2** Professore giovane e poco esperto.

professòrio [vc. dotta, lat. *professōriu(m)*, da *profēssor*, genit. *professōris* 'professore'; av. 1869] agg. ● (*raro*) Professorale.

professoróne [1841] s. m. (f. *-a*) **1** Accr. di *professore.* **2** Professore dotto e noto (*anche iron.*).

profèta [vc. dotta, lat. *prophēta(m)*, nom. *prophēta*, dal gr. *prophḗtēs*, da *prophánai* 'predire', comp. di *pró* 'prima, davanti' (V. *pro-* (*2*)) e *phánai* 'parlare', di orig. indeur.; 1294] s. m. (f. *-éssa* (V.); pl. *-i*, †*-e*) **1** Chi, parlando per ispirazione divina, predice o prevede gli avvenimenti futuri: *i profeti dell'Antico Testamento* | ***Il p. di Allah***, Maometto. **2** (*est.*) Chi prevede o pretende di rivelare il futuro | ***Cattivo p.***, chi predice avvenimenti che poi non si realizzano | ***P. di sciagure***, chi prevede solo catastrofi. SIN. Indovino, veggente.

†**profetàle** [vc. dotta, lat. tardo *prophetāle(m)*, da *prophēta* 'profeta'] agg. ● Di profeta | (*lett.*) Da profeta.

profetàre [vc. dotta, lat. tardo *prophetāre*, da *prophēta* 'profeta'; sec. XIII] v. tr. e intr. (*io profèto*; aus. *avere*) **1** Parlare in nome di Dio per divina ispirazione. **2** (*est.*) Prevedere, predire, annunziare il futuro: *p. la rovina*; *ha smesso di p.*

profeteggiàre [comp. di *profeta* e *-eggiare*] v. tr. e intr. (*io profetéggio*; aus. *avere*) ● (*raro, lett.*) Profetizzare.

profetéssa [vc. dotta, lat. tardo *prophetīssa(m)*, f. di *prophēta* 'profeta'] s. f. **1** Donna indovina. **2** (*lett.*) Sibilla.

profètico [vc. dotta, lat. tardo *prophēticu(m)*, nom. *prophēticus*, dal gr. *prophētikós*, da *prophḗtēs* 'profeta'; 1321] agg. (pl. m. *-ci*) **1** Di profeta, da profeta: *spirito p.*; *parola profetica.* **2** Che ha un carattere premonitore, divinatorio: *ella aveva detto, con un accento singolare che avrebbe potuto essere p.* || **profeticaménte**, avv. Con spirito profetico.

profetismo [da *profeta*, sul modello dell'ingl. *prophetism*; 1866] s. m. **1** Carattere dei movimenti religiosi in cui assume importanza il profetare. **2** Carattere dell'ispirazione profetica: *il p. di Gioacchino da Fiore.*

profetizzàre [vc. dotta, lat. tardo *prophetizāre*, dal gr. *prophētízein*, da *prophḗtēs* 'profeta'; av. 1304] v. tr. e intr. (aus. *avere*) **1** Parlare per ispirazione divina. **2** (*est.*) Fare profezie, predire il futuro.

profettìzio [vc. dotta, lat. tardo *profectīciu(m)*, da *profēctus*, part. pass. di *proficīsci* 'partire', perché è la dote che proviene dal padre; av. 1396] agg. ● (*dir.*) Di dote proveniente dal padre o da altro ascendente.

†**profètto** ● V. *profitto.*

profezìa [vc. dotta, lat. tardo *prophetīa(m)*, nom. *prophetīa*, dal gr. *prophētéia*, da *prophḗtēs* 'profeta'; av. 1294] s. f. **1** Rivelazione fatta dal profeta, annunzio di avvenimento futuro per ispirazione divina: *le profezie dell'Antico Testamento*; *la p. della Sibilla.* **2** (*est.*) Predizione, pronostico, vaticinio: *le infauste profezie, nunzie di sciagure* (DE SANCTIS).

†**proffèrere** ● V. †*proferere.*

profferire ● V. *proferire.*

proffèrta o †**profèrta** [da *profferire*; 1300 ca.] s. f. ● (*lett.*) Offerta, proposta: *profferte amorose* | (*raro*) Esibizione. || **proffertàccia**, pegg.

proffèrto o †**profèrto** part. pass. di *proferire*; anche agg. ● Nei sign. del v.

†**proffilàre** e *deriv.* ● V. *profilare* e *deriv.*

†**proficiènte** [vc. dotta, lat. *proficiēnte(m)*, part. pass. di *profícere* 'giovare', 'avanzare', comp. di *prō* 'avanti' (V. *pro-* (*1*)) e *făcere* 'fare'; sec. XIV] agg. ● Che progredisce verso la perfezione morale.

proficuità [1963] s. f. ● (*raro*) Caratteristica di ciò che è proficuo.

profìcuo [vc. dotta, lat. tardo *profĭcuu(m)*, da *proficere* 'giovare' (V. *proficiente*); sec. XIV] agg. ● Che dà profitto, utilità, giovamento: *studi proficui*; *attività poco proficua*; *lavoro che ora non si tiene p. nemmeno come esercizio scolastico* (CROCE). || **proficuaménte**, avv. In modo proficuo, con profitto.

profilaménto [av. 1519] s. m. ● (*raro*) Il profilare | Profilo, contorno.

profilàre o †**proffilàre** [comp. di *pro-* (*1*) e *filo*; 1319] **A** v. tr. **1** Delineare i contorni di qlco. | (*fig.*) Descrivere i tratti caratteristici o essenziali di qlco. **2** Ornare un vestito o un mantello con una sottile bordatura in contrasto di colore o di tessuto: *un abito profilato di velluto.* **3** Nel lavoro di cesello, ornare, tracciare linee e disegni col profilo. **4** Passare una trave o una barra metallica al laminatoio così che in sezione trasversale assuma una forma o un profilo determinati. **5** (*aer.*) Dare forma di buona penetrazione aerodinamica: *p. una carenatura.* **B** v. intr. pron. **1** Delinearsi, mostrarsi di profilo. **2** (*fig.*) Apparire imminente o possibile: *si profila una nuova crisi politica.*

profilàssi [vc. dotta, gr. *prophýlaxis*, da *prophylássein* 'custodire', comp. di *pró* 'davanti' (V. *pro-* (*2*)) e *phylássein* 'custodire', da *phýlax*, genit. *phýlakos* 'guardiano', di orig. indeur.; 1829] s. f. inv. ● (*med.*) Insieme dei provvedimenti atti a prevenire la diffusione delle malattie, in particolare di quelle infettive.

profilàto o †**proffilàto** [sec. XIV] **A** part. pass. di *profilare*; anche agg. **1** Nei sign. del v. **2** ***Naso p.***, affilato, sottile. **B** s. m. ● Trave a sbarra metallica ottenuta al laminatoio, e la cui sezione trasversale presenta una forma o profilo determinato.

profilatóio [da *profilato*; 1561] s. m. ● Cesello a bordi arrotondati e non taglienti, usato nella tecnica dell'incisione su metallo. SIN. Profilo.

profilatrice [1983] s. f. **1** Macchina atta a piegare a freddo nastri e lamiere per produrre profilati. **2** Macchina per la lavorazione del legno che esegue sul pezzo una o più operazioni simultanee in un unico passaggio del pezzo stesso.

profilàttico [vc. dotta, gr. *prophylaktikós*, da *prophýlaxis* 'profilassi'; 1749] **A** agg. (pl. m. *-ci*) ● Di profilassi: *tecniche profilattiche* | Che previene le malattie: *cura profilattica.* || **profilatticaménte**, avv. (*raro*) Secondo profilassi. **B** s. m. ● Preservativo.

profilatùra [da *profilare*; av. 1574] s. f. **1** Il profilare | Contorno, profilo. **2** Orlatura di un abito. **3** Operazione o lavorazione effettuata con la profilatrice.

profillo [comp. di *pro-* (*1*) e *-fillo*; 1954] s. m. ● (*bot.*) Bratteola.

profilo o †**proffilo** [da *profilare*; sec. XV] s. m. **1** Linea di contorno: *il p. delle montagne*; *il p. del viso, del naso.* **2** Linea di contorno o sagoma di un corpo, ottenuta in genere sezionando il corpo stesso | ***P. alare***, contorno di una qualsiasi sezione alare fatto parallelamente al piano di simmetria dell'ala | ***P. geologico***, rappresentazione diagrammatica di una sezione verticale ideale attraverso un'area per indicare la disposizione delle rocce in profondità | ***P. fluviale***, diagramma che rappresenta la lunghezza di un fiume e le successive altezze attraverso le quali il fiume passa, dalla sorgente alla foce. **3** Forma della sezione trasversale di un profilato | (*est.*) Il profilato stesso. **4** (*assol.*) Linea del volto osservato di fianco: *avere un bel p.*; *il p. angoloso ... ingentilito dalla pettinatura allora di moda* (VERGA) | ***Figura di p.***, presentata di fianco e non di fronte o dal dietro | (*ellitt.*) Disegno, quadro, fotografia e sim. che rappresenta una persona vista di profilo: *eseguire un p.* **5** (*fig.*) Breve studio critico e biografico: *ha pubblicato un p. del Leopardi.* **6** (*fig.*) Sommaria descrizione delle caratteristiche di qlco. o delle qualità di qlcu.: *annotare i profili dei propri dipendenti* | ***Di basso p.***, modesto, mediocre, di scarso valore | ***Sotto il p.***, per quanto riguarda, in relazione a, dal punto di vista di: *sotto il p. morale*; *sotto il p. professionale*; *sotto il p. della correttezza è una persona poco raccomandabile.* **7** Sottile bordatura in colore o tessuto diverso per guarnire un indumento. **8** Profilatoio.

profime [lat. parl. **provīme(n)*, comp. di *prō* 'davanti' (V. *pro-* (*1*)) e *viēre* 'legare' (V. *vimine*); 1865] s. m. ● Pezzo che nell'aratro unisce lo zoccolo con la bure.

profitènte [vc. dotta, lat. *profitēnte(m)*, part. pres. di *profitēri* 'dichiarare apertamente' (V. *professo*); 1590] s. m. e f. ● Religioso in procinto di pronunciare i voti.

profiterole /fr. prɔfitəˈrɔl/ [fr., da *profiter* 'profittare'; 1963] s. m. o f. inv. ● Piccolo bignè | Dolce formato da tali bignè ricoperti di cioccolato fuso.

†**profittàbile** [av. 1292] agg. ● Profittevole. || **profittabilménte**, avv.

profittàre [ant. fr. *profiter*, da *profit* 'profitto'; av. 1320] v. intr. (aus. *avere*) **1** Progredire: *Gli alunni ... mostrano di aver profittato meglio nel latino* (CARDUCCI). SIN. Avvantaggiarsi. **2** Trarre, ricavare profitto: *p. dell'amicizia di qlcu.*; *p. di un'occasione.* SIN. Approfittare.

profittatóre [da *profittare*; 1927] s. m. (f. *-trice*) ● Chi sfrutta persone o circostanze per ricavarne il proprio vantaggio | *P. di guerra*, chi approfitta della guerra per arricchirsi con operazioni commerciali o speculative. SIN. Approfittatore, sfruttatore.

profittévole [da *profittare*; 1336 ca.] agg. ● (*lett.*) Che è utile e fruttuoso materialmente o spiritualmente: *una speculazione p.*; *incontro p.*; *poter far uso p. della cognizione di questa indubitata verità* (METASTASIO). SIN. Vantaggioso. || **profittevolménte**, avv. (*raro*) In modo profittevole, con profitto.

profitto o †**profètto** [ant. fr. *profit*, dal lat. *profĕctu(m)*, da *proficere* 'giovare' (V. *proficiente*); 1353] s. m. *1* Utile, vantaggio, giovamento: *trarre p. da una cura* | ***Sentire p. di qlco.***, provarne giovamento | (*fig.*) ***Mettere a p. il tempo***, utilizzarlo razionalmente | (*raro*) ***Non fare p.***, non raggiungere lo scopo | (*raro*) ***Venire a p.***, tornare utile, vantaggioso. CONTR. Danno, perdita, svantaggio. *2* (*fig.*) Progresso in un campo del sapere, in un'arte, una disciplina e sim.: *studiare con p.*; *il fine delle leggi non è tanto di cercar la verità delle cose ..., quanto la bontà de' costumi, p. della civiltà* (BRUNO). SIN. Avanzamento. *3* (*econ.*) Eccedenza del ricavo lordo delle vendite sul costo totale di produzione | ***Conto profitti e perdite***, in cui vengono registrate tutte le componenti positive e negative del reddito d'esercizio di una azienda | Utile tratto da un'attività economica. *4* (*econ.*) Rimunerazione spettante all'imprenditore, quale compenso delle prestazioni a carattere organizzativo svolte nell'impresa.

†**profligàre** [vc. dotta, lat. *profligāre*, comp. di *prō* 'avanti' (V. *pro-* (*1*)) e *fligāre* 'battere', di orig. espressiva; av. 1494] v. tr. ● Vincere, sbaragliare.

profligatóre [vc. dotta, lat. *profligatōre(m)*, da *profligātus*, part. pass. di *profligare* 'profligare'] s. m. (f. *-trice*) ● (*lett.*) Dissipatore.

proflùvio [vc. dotta, lat. *proflŭviu(m)*, da *proflŭere* 'scorrere avanti', comp. di *prō* 'avanti' (V. *pro-* (*1*)) e *flŭere* 'fluire'; 1494] s. m. *1* (*lett.*) Abbondante flusso di umori o liquidi organici: *p. di sangue* | Flusso di lacrime. *2* (*fig.*) Serie incessante, sequela: *un p. di lamentele*; *comincia / a spander di parole altro p.* (PARINI).

profondaménto [sec. XIII] s. m. ● (*raro*) Il profondare. SIN. Sprofondamento.

profondàre [da *profondo*; av. 1294] A v. tr. (*io profóndo*) *1* (*lett.*) Mandare, mettere, cacciare a fondo: *p. le radici* | (*fig.*) †Mandare in rovina. SIN. Affondare. *2* †Rendere più profondo: *p. il canale*. B v. rifl. e intr. pron. *1* †Immergersi, andare a fondo: *la nave si profondò* | (*lett.*) Affogarsi. *2* (*fig., lett.*) Addentrarsi con la mente, l'animo: *io mi profondo quanto io posso nelle cogitazioni di questo subietto* (MACHIAVELLI). C v. intr. (aus. *essere*) ● †Cadere a fondo. SIN. Rovinare, sprofondare.

†**profondazióne** s. f. ● Atto, effetto del profondare.

profóndere [vc. dotta, lat. *profŭndere* 'versare', comp. di *prō* 'avanti' (V. *pro-* (*1*)) e *fŭndere* 'versare' (V. *fondere*); 1598] A v. tr. (coniug. come *fondere*) ● Prodigare: *p. lodi* | ***P. sostanze, denaro***, scialacquare. B v. intr. pron. (+ *in*) ● Esprimersi con grande calore, effusione o ricchezza di parole: *la giovinetta cominciò a profondersi in ringraziamenti* (NIEVO).

†**profondézza** s. f. ● Profondità.

profondimetro [comp. di *profondi(tà)* e *-metro*; 1958] s. m. ● Apparecchio per misurare la profondità, usato dai subacquei.

♦**profondità** [vc. dotta, lat. tardo *profunditāte(m)*, da *profŭndus* 'profondo'; 1282] s. f. *1* Condizione o caratteristica di ciò che è profondo (*anche fig.*): *la p. di uno scavo, di una grotta*; *la p. di una ferita*; *p. di pensiero, di concetti*; *la p. di un sentimento* | ***In p.***, nel profondo: *scendere, immergersi in p.* *2* (*spec. al pl.*) Luogo profondo: *le profondità marine, degli abissi, della Terra* | (*fig.*) Parte più intima e segreta: *le profondità del cuore, dell'animo umano*. *3* Distanza, calcolata lungo la verticale, tra il limite superiore di un corpo o di una massa e il suo fondo: *misurare la p. di un pozzo, del mare, di un lago*. CFR. bato-, -bato | ***Bomba di p.***, V. *bomba*, sign. A 1. *4* Spazio prospettico offerto da una rappresentazione figurativa: *i quadri del periodo barocco sono ricchi di p.*; *la p. offerta dal cinemascope*. *5* (*fot., cine*) ***P. di campo***, per una determinata distanza di messa a fuoco e per un determinato diaframma di un obiettivo, intervallo tra le due distanze estreme entro le quali gli oggetti ripresi dall'obiettivo risultano praticamente a fuoco | ***P. di fuoco***, intervallo entro cui è possibile variare il piano focale mantenendo a fuoco l'immagine data da un obiettivo.

profonditóre [1683] agg.; anche s. m. (f. *-trice*) ● (*raro*) Che (o Chi) profonde, scialacqua.

♦**profóndo** [lat. *profŭndu(m)*, da *fŭndus* 'fondo'; 1260 ca.] A agg. *1* Di ciò che presenta una notevole distanza, calcolata lungo la verticale, tra il limite superiore e il fondo: *lago p.*; *acque profonde*; *valle, voragine profonda*. CFR. bati-. *2* (*est.*) Che penetra molto addentro: *profonde radici*; *una grotta molto profonda* | ***Ferita profonda***, che s'interna molto | (*fig.*) ***Sguardo p.***, che cerca di penetrare nell'intimo dell'interlocutore | ***Respiro p.***, con cui si inspira molta aria | ***Sospiro p.***, che viene dal fondo del petto | ***Colore p.***, carico | ***Buio p.***, cupo | ***Notte profonda***, avanzata | ***Sonno p.***, pesante | ***Silenzio p.***, totale | Che costituisce la parte più fonda di qlco.: *nel p. inferno*. *3* (*est.*) Detto della parte più interna, o più meridionale, di regioni geografiche: *nell'Africa profonda*; *il p. Sud*. *4* (*fig.*) Detto di manifestazione intellettuale caratterizzata da grande vastità di dottrina: *sapere p.*; *concetti, studi profondi* | (*est.*) Detto di persona, che conosce a fondo l'argomento di cui si tratta: *essere p. in una scienza, in un'arte*; *è un p. conoscitore della materia*. *5* (*fig.*) Di sentimento o affetto molto intenso, sentito, radicato: *nutrire un amore, un odio p. verso qlcu.*; *ho per te un p. rispetto*; *sento un p. dolore*. *6* †Difficile a capire, a intendere. SIN. Arcano, oscuro. *7* (*mus.*) Grave: *basso p.* | ***Voce profonda***, che viene dal fondo del petto. || **profondaménte**, avv. *1* Molto addentro, a fondo: *piantare qlco. profondamente*; (*est.*) ***dormire profondamente***, con un sonno molto sodo; (*est.*) ***inchinarsi profondamente***, fino a terra; (*fig.*) ***conoscere profondamente***, intimamente. *2* Intensamente, fortemente, grandemente: *essere profondamente addolorato, turbato*. B avv. ● (*raro, lett.*) Profondamente: *arare p.*; *parlare p.*; *mettere p. le radici*. C s. m. solo sing. *1* Profondità, fondo (*anche fig.*): *nel p. dell'Oceano*; *nel p. dell'animo*; *dal p. del cuore* | (*lett.*) ***Nel suo p.***, nel suo intimo | †***Mandare a p.***, in rovina. *2* (*psicol.*) L'inconscio: *psicoanalisi del p.*

pro fórma o **profórma** [lat., propr. 'per la forma'; 1960] A loc. avv.; anche loc. agg. inv. ● Per la sola forma, per pura formalità: *esame, controllo pro forma*. B anche loc. sost. m. inv. ● Formalità: *è un semplice pro forma*.

profósso [dal ted. *Profos* di provenienza fr.] s. m. ● (*st.*) Durante la dominazione austriaca nel Lombardo-Veneto, capocarceriere: *voglio vederlo andare a passeggiare col p. austriaco ... sulla spianata della fortezza* (BACCHELLI).

profràse [comp. di *pro-* (*1*) e *frase*] s. f. ● (*ling.*) Elemento linguistico che sostituisce un'intera frase (es. l'avv. *sì* nell'espressione *Hai fame? Sì*, dove *sì* sostituisce la frase *Ho fame*).

pròfugo [vc. dotta, lat. *prŏfugu(m)*, da *profŭgere* 'fuggire via' (propr. 'fuggire avanti'), comp. di *prō* 'avanti' (V. *pro-* (*1*)) e *fŭgere* 'fuggire'; sec. XIV] agg.; anche s. m. (f. *-a*; pl. m. *-ghi*) ● Che (o Chi) è costretto ad allontanarsi dalla propria patria e a cercare rifugio altrove: *Enea, p. da Troia*; *p. politico, religioso*. SIN. Fuoriuscito.

♦**profumàre** [prob. da *pro-* (var. di *per-*) e *fumare* 'esalare vapori, aromi'; 1508] A v. tr. ● Spargere, dare il profumo: *p. un fazzoletto*; *profumarsi i capelli*. B v. rifl. ● Aspergersi la pelle o i capelli di profumo o spargersi di profumo le vesti: *si profuma di lavanda*. C v. intr. (aus. *avere*) ● Mandare buon odore: *l'aria profumava di fiori*; *la biancheria profuma di pulito*.

♦**profumàto** [1476] part. pass. di *profumare*; anche agg. *1* Nei sign. del v.: *fiore p.* *2* (*fig.*) Generoso, lauto: *paga profumata*. || **profumataménte**, avv. (*fig.*) Generosamente, lautamente: *compensare, pagare profumatamente*.

profumatóre [1684] s. m. ● Sacchetto o piccolo recipiente contenente sostanze odorose, usato per profumare abiti e biancheria all'interno di armadi o cassetti o per profumare ambienti.

profumazióne s. f. *1* Il profumare. *2* Essenza odorosa, gener. artificiale, aggiunta a un prodotto che naturalmente ne è privo: *insetticida con p. al (di) pino*; *saponetta disponibile in tre profumazioni*.

profumerìa [av. 1544] s. f. *1* Arte e tecnica del preparare i profumi | Il laboratorio o il negozio del profumiere. *2* (*spec. al pl.*) Assortimento di profumi e cosmetici.

profumièra [1563] s. f. ● Vaso usato per contenere o bruciare profumi.

profumière [1526] s. m. (f. *-a*) ● Fabbricante o venditore di profumi e cosmetici.

profumièro [av. 1704] agg. ● Concernente i profumi: *commercio p.*

profumista [1958] s. m. e f. (pl. m. *-i*) ● Chi lavora in una fabbrica di profumi e cosmetici.

♦**profùmo** [deriv. di *profumare*; 1481] s. m. *1* Esalazione odorosa gradevole, naturale o artificiale: *nell'aria c'è un delizioso p.*; *i fiori mandano p.*; *che buon p. hai!*; *il p. dell'erba, delle rose, delle viole*; *p. di pulito*; *p. delicato, forte, acuto, sottile, penetrante*; *che p., questo moscato!*; *dalla cucina proveniva un certo profumino...* SIN. Fragranza, olezzo. CONTR. Puzzo. *2* Soluzione più o meno concentrata di essenze odorose variamente combinate: *p. francese*; *mettersi il p.*; *regalare un p.*, *una bottiglia di p.* *3* (*fig.*) Senso gradito, sottile, delicato: *il p. dell'innocenza, della poesia* | Sentore, percezione di ciò che è quasi tangibile: *il p. dei soldi, del potere*. *4* (*fig.*) †Adulazione, incenso. || **profumino**, dim.

†**profumóso** agg. ● Che odora di profumi | (*lett.*) Sdolcinato: *se capisco bene le tue espressioni profumose* (BACCHELLI).

profusióne [vc. dotta, lat. *profusiōne(m)*, da *profūsus* 'profuso'; 1592] s. f. *1* Copioso spargimento: *p. di lacrime*. *2* (*fig.*) Sovrabbondanza: *una p. di parole, di ringraziamenti* | Scialacquamento: *la p. di tutti i suoi averi* | ***A p.***, con eccessiva prodigalità: *spendere a p.*

profùso [1441] part. pass. di *profondere*; anche agg. *1* Versato copiosamente: *sangue p.*; *lacrime profuse*. *2* (*med.*) Detto di secrezione molto abbondante: *sudorazione profusa*. *3* Distribuito prodigalmente; dissipato: *tesori profusi* | †***Andare p. dietro qlco.***, darsi completamente a qlco. SIN. Dissipato. *4* (*raro, fig.*) ***Discorso p.***, prolisso, diffuso. || **profusaménte**, avv. *1* Con profusione, in abbondanza. *2* Prodigalmente. *3* (*raro*) Diffusamente, largamente: *dilungarsi profusamente su un argomento*.

progeneràre [vc. dotta, lat. *progenerāre*, comp. di *prō* 'a favore' (V. *pro-* (*1*)) e *generāre* 'generare'; sec. XIV] v. tr. (*io progènero*) ● (*raro, lett.*) Generare, procreare.

progènie [vc. dotta, lat. *progĕnie(m)*, da *progĭgnere* 'generare, produrre', comp. di *prō* 'avanti' (V. *pro-* (*1*)) e *gĭgnere* 'generare' (V. *generare*); sec. XIII] s. f. inv. *1* (*lett.*) Stirpe, prole, discendenza: *la p. dei Longobardi*. SIN. Generazione, schiatta. *2* (*lett., spreg.*) Genia, gentaglia. *3* (*lett., scherz.*) Il figlio o i figli: *ho conosciuto la sua p.* *4* (*biol., zool.*) I discendenti di un animale o di una pianta | (*biol., zool.*) ***Esame della p.***, valutazione del genotipo di un animale attraverso lo studio della sua progenie in condizioni controllate.

progenitóre [vc. dotta, lat. *progenitōre(m)*, comp. di *prō* 'avanti, prima' (V. *pro-* (*1*)) e *gĕnitor*, genit. *genitōris* 'genitore'; av. 1348] s. m. (f. *-trice*) ● Capostipite di una famiglia, una stirpe: *Adamo è il nostro p.* | Avo, antenato: *conservare la memoria dei progenitori* | †Fondatore.

progerìa [comp. di *pro-*, *ger(o)-* (*1*) e del suff. *-ia*; 1991] s. f. ● (*med.*) Sindrome rara caratterizzata da senilità precoce che si manifesta con nanismo e malformazioni cranio-facciali. SIN. Nanismo senile.

progesteróne [comp. di *pro-* (*1*), *gest(azione)*, *ster(oide)* e *-one* (*2*); 1946] s. m. ● (*biol.*) Ormone secreto dal corpo luteo dell'ovaio, dalla placenta e dal corticosurrene, che mantiene intatta la mucosa uterina durante la gravidanza.

progestina [comp. di *pro-* (*1*) e *gest(azione)*] s. f. ● (*farm.*) Sostanza sintetica con attività simile a quella del progesterone che, unita a piccole dosi di estrogeni e somministrata per bocca, esplica azione antifecondativa.

progestìnico agg. (pl. m. *-ci*) *1* Relativo a progestina. *2* (*biol.*) ***Fase progestinica***, quella che, nel secondo periodo del ciclo mestruale, è caratterizzata dalla produzione di progesterone.

progettàre [fr. *projeter*, dal lat. *proiectāre* 'biasimare', poi 'esporre', intens. di *proìcere* 'gettare avanti', comp. di *prō* 'avanti' (V. *pro-* (1)) e *iàcere* 'gettare' (V.); 1598] **v. tr.** (*io progètto*) **1** Immaginare, ideare qlco. e studiare il modo di attuarla: *p. un viaggio, una spedizione; progetta già di andarsene.* **2** Ideare la costruzione di un edificio, di una struttura, di una macchina ecc., compiendo i relativi calcoli e disegni per la sua realizzazione: *p. un palazzo, un ponte, una ferrovia, un motore.*

progettatóre [da *progettare*; 1970] **s. m.** (**f.** *-trice*); anche **agg.** **1** Chi (o Che) fa progetti. **2** Chi (o Che) per professione elabora progetti industriali.

progettazióne [1958] **s. f.** ● Il progettare qlco. | Elaborazione di un progetto.

progettista [comp. di *progetto* e *-ista*; 1766] **A s. m. e f.** (**pl. m.** *-i*) **1** Autore di un progetto. **2** Chi prepara progetti, spec. industriali, per professione. **B** anche **agg.**: *ingegnere p.*

progettistica [da *progettista*; 1942] **s. f.** ● Attività di ideare e realizzare progetti industriali.

progettistico [1958] **agg.** (**pl. m.** *-ci*) ● Che riguarda i progetti.

♦**progètto** [fr. *projet*, da *projeter* 'progettare'; 1553] **s. m.** **1** Piano di lavoro, ordinato e particolareggiato, per eseguire qlco.: *un p. di riqualificazione dei musei* | *P. di legge*, schema di una futura legge presentato al Parlamento per la discussione e l'eventuale approvazione | *Essere in p.*, essere in fase di realizzazione. **2** Idea, proposito, anche vago: *ho in p. un viaggio all'estero; fare progetti; che progetti hai per le vacanze?; per ora non ho nessun p.; progetti di matrimonio.* **3** (*edil.*) Insieme di calcoli, disegni, elaborati necessari a definire inequivocabilmente l'idea in base alla quale realizzare una qualsiasi costruzione: *il p. di una strada, della nuova università* | *P. di massima*, indicante la soluzione non particolareggiata, con analisi sommaria dei costi | *P. esecutivo*, completo di tutti i calcoli, disegni e particolari tecnici, preventivi e capitolati. || **progettàccio**, **pegg.** | **progettino**, **dim.** | **progettóne**, **accr.**

progettuàle [1983] **agg.** ● Di progetto | Relativo a un progetto e alla sua elaborazione.

progettualità [1983] **s. f.** ● Caratteristica di ciò che è progettuale | Attitudine a elaborare progetti.

proginnàsma [vc. dotta, lat. *progýmnasma*, dal gr. *progýmnasma* 'esercizio preparatorio', da *progymnázein* 'esercitare prima', comp. di *pró* 'prima' (V. *pro-* (2)) e *gymnázein* 'esercitare', da *gymnás* 'esercitato, atleta' (V. *ginnasta*); 1725] **s. m.** (**pl.** *-i*) ● (*lett.*) Esercitazione letteraria, oratoria.

proglòttide [vc. dotta, gr. *proglōssís*, genit. *proglōssídos* 'punta della lingua', comp. di *pró* 'davanti' (V. *pro-* (2)) e *glôssa* 'lingua' (V. *glossa* (2)); 1875] **s. f.** ● (*zool.*) Ciascuno dei segmenti in cui è diviso il corpo di alcuni vermi Cestodi.

prognatìsmo [comp. di *prognat(o)* e *-ismo*; av. 1886] **s. m.** ● (*antrop.*) Sporgenza in avanti della mandibola.

prognàto o (*raro*) **prògnato** [comp. di *pro-* (2) 'in avanti' e del gr. *gnáthos* 'mascella' (V. *gnato-*); 1863] **agg.**; anche **s. m.** (**f.** *-a*) ● (*antrop., med.*) Che (o Chi) presenta prognatismo.

prògne [dal n. della figlia di Pandione che, secondo la leggenda mitologica, fu trasformata in rondine; av. 1374] **s. f.** ● (*poet.*) Rondine.

prògnosi [vc. dotta, lat. tardo *prognōsi(m)*, nom. *prognōsis*, dal gr. *prógnōsis* 'previsione', da *progignṓskein* 'prevedere, giudicare prima', comp. di *pró* 'prima' (V. *pro-* (2)) e *gignṓskein* 'conoscere', di orig. indeur.; 1765] **s. f. inv.** ● (*med.*) Giudizio clinico sulla evoluzione futura della malattia in esame: *p. fausta, infausta; p. di dieci giorni* | *P. riservata*, formula usata quando non è possibile fare alcuna previsione sull'esito di una malattia data la gravità del quadro clinico | *Sciogliere la p.*, fornirla, spec. quando il paziente è fuori pericolo.

prognosticàre e *deriv.* ● V. *pronosticare* e *deriv.*

prognòstico [vc. dotta, gr. *prognōstikón* 'pronostico', nt. sost. di *prognōstikós* 'atto a conoscere', da *prógnōsis* 'previsione' (V. *pronostico*); 1619] **A agg.** (**pl. m.** *-ci*) ● Di prognosi: *giudizio p.* **B s. m.** **1** (*raro*) Pronostico. **2** (*raro*) Prognosi.

♦**programma** [vc. dotta, lat. tardo *programma*, dal gr. *prógramma* 'pubblico avviso, programma', da *prográphein* 'scrivere prima', comp. di *pró* 'prima' (V. *pro-* (2)) e *gráphein* 'scrivere' (V. *grafo-*); av. 1660 ca.] **s. m.** (**pl.** *-i*) **1** Esposizione, enunciazione di ciò che è necessario o che ci si propone di fare: *p. di lavoro; p. politico, economico; il p. della manifestazione; attenersi al p. fissato* | (*est.*) Proposito, progetto: *non avere programmi; ha fatto un p. per la serata; abbiamo in p. un viaggio a Londra* | Trasmissione radiofonica o televisiva: *un buon p.; i programmi della serata.* **2** Piano di lavoro e di studi da realizzare entro un certo periodo scolastico: *p. d'esame; svolgere il p.; prepararsi su tutto il p.* **3** Opuscolo contenente le informazioni essenziali su uno spettacolo o su una serie di spettacoli: *il p. di un concerto; il p. annuale di un teatro* | *Fuori p.*, esibizione non inserita nel programma; (*fig.*) cosa inaspettata e imprevista. **4** (*elab.*) Sequenza di istruzioni codificate secondo un determinato linguaggio che, inserite in un computer, lo abilitano a eseguire un ciclo completo di operazioni: *p. di scrittura* **5** (*mus.*) Nella loc. *musica a p.*, quella che segue un modello extra-musicale. || **programmàccio**, **pegg.** | **programmino**, **dim.** | **programmóne**, **accr.**

programmàbile [1973] **agg.** ● Che si può programmare.

programmàre [da *programma*; 1942] **v. tr.** **1** Prestabilire, organizzare con un programma: *p. un'azione comune* | Progettare: *p. un viaggio* | Mettere, includere in un programma: *p. uno spettacolo.* **2** Predisporre un congegno o una macchina a effettuare determinate operazioni: *p. la lavastoviglie, il videoregistratore* | (*elab.*) Redigere un programma di elaborazione per un sistema elettronico. **3** Formulare un programma economico ed enunciare i mezzi di attuazione.

programmàtico [1885] **agg.** (**pl. m.** *-ci*) ● Relativo a un programma: *dichiarazioni programmatiche* | Ispirato a un programma. || **programmaticaménte**, **avv.**

programmàto [1967] **part. pass.** di *programmare*; anche **agg.** **1** Nei sign. del v. **2** *Istruzione programmata*, tecnica didattica consistente spec. in una serie di spiegazioni e di relative domande, coordinate scientificamente, intesa a facilitare all'allievo l'apprendimento delle nozioni fondamentali di una data materia.

programmatóre [1963] **s. m.** (**f.** *-trice*) **1** (*elab.*) Chi è addetto alla redazione dei programmi in base ai quali operano i sistemi elettronici per l'elaborazione dei dati. **2** Chi sostiene la programmazione economica.

programmatòrio **agg.** ● Di programmazione, relativo alla programmazione: *capacità programmatorie.*

programmazióne [1931] **s. f.** **1** Elaborazione, organizzazione di qlco. in base a un programma | Inclusione, presentazione all'interno di un programma: *film di prossima p.* **2** Impostazione di un'attività economica, industriale o commerciale sulla base di direttive e piani stabiliti. **3** (*elab.*) Sequenza di istruzioni fornite a un elaboratore elettronico per l'esecuzione di una determinata elaborazione | *P. automatica*, ogni tecnica che permetta di farsi aiutare dall'elaboratore nel lavoro di programmazione. **4** (*mat.*) *P. lineare*, tecnica di ricerca dei massimi (o minimi) di una funzione lineare di più variabili, sottoposte a vincoli anch'essi lineari. **5** (*pedag.*) *P. educativa, didattica*, nella scuola italiana, progetto organico che definisce gli obiettivi finali, intermedi e immediati dell'azione didattica e procede a costanti verifiche dei risultati conseguiti.

programmista [1913] **s. m. e f.** (**pl. m.** *-i*) **1** Chi è addetto alla preparazione di programmi. **2** Chi prepara e conduce programmi radio-televisivi.

progrediménto **s. m.** ● (*raro*) Progresso.

progredire [vc. dotta, lat. *progrĕdi*, comp. di *prō* 'avanti' (V. *pro-* (1)) e *grădi* 'camminare' (V. *grado*); sec. XIV] **v. intr.** (*io progredisco, tu progredisci*; aus. *avere* con sogg. di persona, *essere* o raro *avere* con sogg. di cosa) **1** Andare avanti, procedere verso il compimento di qlco.: *il lavoro progredisce; p. negli studi.* **SIN.** Avanzare. **CONTR.** Regredire. **2** (*fig.*) Fare progressi: *le tecniche sono molto progredite.* **SIN.** Migliorare.

progredito [av. 1853] **part. pass.** di *progredire*; anche **agg.** **1** Perfezionato, di livello avanzato: *una tecnica progredita.* **2** Che ha raggiunto un alto livello civile, sociale e sim.: *i Paesi più progrediti.*

progress, in ● V. *in progress.*

progressióne [vc. dotta, lat. *progressiōne(m)*, da *progrĕssus*, part. pass. di *prōgredi* 'progredire'; 1494] **s. f.** **1** Il progredire | Aumento, avanzamento, accrescimento che si verifica con regolarità e continuità: *una p. lenta; essere in costante p.* **CONTR.** Regresso. **2** (*mat.*) *P. aritmetica*, successione di numeri tali che la differenza fra due numeri consecutivi sia costante | *P. geometrica*, successione di numeri tali che il rapporto di due numeri consecutivi sia costante | *Aumentare in p. geometrica*, (*fig.*) rapidamente, vertiginosamente. **3** (*mus.*) Ripetizione di uno stesso inciso melodico o armonico, partendo da note diverse: *p. ascendente, discendente.* **4** (*sport*) Serie di esercizi che sviluppano un tema con un crescendo di difficoltà o di intensità.

progressìsmo [comp. di *progress(o)* e *-ismo*; 1849] **s. m.** ● Opinione, posizione e tendenza di chi è progressista.

progressista [1846] **A s. m. e f.** (**pl. m.** *-i*) ● Seguace, sostenitore, di idee e movimenti innovatori in campo politico, economico e sociale. **B agg.** ● Progressistico: *tendenze, idee progressiste.* **CONTR.** Conservatore.

progressìstico [1922] **agg.** (**pl. m.** *-ci*) ● (*raro*) Del progressismo, che è favorevole al progressismo: *movimento politico p.* || **progressisticaménte**, **avv.**

progressività [1841] **s. f.** ● Caratteristica di ciò che è progressivo.

progressivo [dal lat. *progrĕssus*, part. pass. di *prōgredi* 'progredire'; av. 1406] **agg.** **1** Che procede, va avanti seguendo un andamento più o meno regolare e continuo: *aumento, calo p.* **SIN.** Graduale. **CONTR.** Regressivo. **2** †Che procede verso il progresso. **3** (*ling.*) Detto di forma verbale indicante un'azione che si sta compiendo (ad es. *sta leggendo*) | Detto di assimilazione in cui l'elemento assimilante precede quello assimilato. **4** (*dir.*) Di aliquota che aumenta col crescere della base imponibile: *imposta progressiva* | *Reato p.*, che comporta necessariamente ed assorbe in sé anche la commissione di un altro reato meno grave. **5** (*mus.*) Detto di un tipo di musica jazz che fonde elementi propriamente jazzistici con altri di tradizione europea come l'atonalità. || **progressivaménte**, **avv.** Con progressione; gradatamente.

♦**progrèsso** [vc. dotta, lat. *progrĕssu(m)*, da *progrĕssus*, part. pass. di *prōgredi* 'progredire'; sec. XIV] **s. m.** **1** Avanzamento, evoluzione graduale e continua di qlco.: *i progressi della tecnica; il rapido p. di una malattia; voi averete inteso il p. del mio viaggio* (BEMBO) | *In p. di tempo*, con l'andar del tempo. **CONTR.** Regresso. **2** Profitto, miglioramento: *fare progressi negli studi; il paziente ha fatto dei progressi.* **3** Avanzamento verso forme migliori nel campo delle conoscenze, delle relazioni sociali, dei costumi, dei mezzi di vita: *p. intellettuale, industriale, storico; p. sociale.*

♦**proibire** [lat. *prohibēre* 'tener lontano' (propr. 'tener davanti'), comp. di *prō* 'davanti' (V. *pro-* (1)) e *habēre* 'avere'; av. 1375] **v. tr.** (*io proibisco, tu proibisci*) (qlco. + *a* qlcu.; + *di* seguito da inf.; + *che* seguito da congv.) **1** Imporre di non fare qlco.: *p. le adunanze, le manifestazioni; p. l'ingresso agli estranei; p. a qlcu. di entrare, di muoversi; è proibito fumare; Lei non può p. che mi si venga a far visita* (PIRANDELLO). **SIN.** Vietare. **CONTR.** Permettere. **2** (*est.*) Non dare la possibilità di fare qlco.: *il vento proibisce di navigare.* **3** (qlcu. + *da*, + *di*, seguiti da inf.) (*lett.*) Rimuovere, allontanare: *p. qlcu. dal fare qlco.; gli spartani furono … proibiti sapere di lettera* (VICO).

proibitivo [av. 1406] **agg.** **1** Che ha potere di proibire: *decreto p.* | Che mira a proibire: *provvedimento p.* **2** (*est.*) Che limita o impedisce ciò che si vorrebbe fare: *non si può partire, le condizioni del tempo sono proibitive* | *Prezzo p.*, molto alto. || **proibitivaménte**, **avv.** (*raro*) In modo proibitivo.

♦**proibito** o †**proibito** [1312] **part. pass.** di *proibire*; anche **agg.** ● Che non è concesso, che è vietato da una qualsiasi autorità: *attività proibite dalla legge* | *Colpo p.*, spec. nel pugilato, colpo non ammesso dal regolamento; (*fig.*) azione sleale | *Giochi proibiti*, giochi d'azzardo nei locali pubblici; giochi erotici, spec. trasgressivi | *Sogni proibiti*, desideri irrealizzabili | *Frutto p.*, quello che Dio proibì di mangiare ad Adamo ed Eva; (*fig.*) cosa irraggiungibile e, quindi, molto desiderata.

proibitóre [vc. dotta, lat. *prohibitōre(m)*, da *prohĭbitus*, part. pass. di *prohibēre* 'proibire'; 1618] **s. m.** (**f.** *-trice*) ● (*raro*) Chi proibisce.

proibitòrio [vc. dotta, lat. *prohibitōriu(m)*, da *prohĭbitor*, genit. *prohibitōris* 'proibitore'; 1740 ca.] **agg.** ● (*raro*) Che proibisce.

proibizióne [vc. dotta, lat. *prohibitiōne(m)*, da *prohĭbitus*, part. pass. di *prohibēre* 'proibire'; 1375] **s. f.** ● Imposizione di non fare qlco.: *vige la p. di vendere al pubblico.* SIN. Divieto. CONTR. Autorizzazione.

proibizionismo [ingl. *prohibitionism*, da *prohibitionist* 'proibizionista'; av. 1926] **s. m.** ● Proibizione di produrre e vendere bevande alcoliche attuata spec. negli Stati Uniti dal 1919 al 1933 | (*est.*) Legislazione che proibisce e reprime il commercio o il consumo di sostanze stupefacenti.

proibizionista [ingl. *prohibitionist*, da *prohibition* 'proibizione'; 1917] **s. m.** e **f.**; anche **agg.** (pl. m. *-i*) ● Sostenitore del proibizionismo.

proibizionistico [1930] **agg.** (pl. m. *-ci*) ● Proprio del proibizionismo, basato sul proibizionismo: *regime p.*

†**prociènte** [vc. dotta, lat. *prociĕnte(m)*, part. pres. di *proĭcere* 'gettare avanti' (V. *progettare*); 1632] **agg.**; anche **s. m.** ● Di corpo che imprime moto a un grave.

♦**proiettàre** [vc. dotta, lat. *proiectāre* (V. *progettare*); av. 1496] **A v. tr.** (*io proiètto*) **1** Gettare, scagliare fuori o avanti: *i paracadutisti furono proiettati dall'aereo.* SIN. Lanciare. **2** (*fig.*) Trasferire lontano nel tempo: *p. le proprie ambizioni nel futuro.* **3** (*cine*) Riprodurre su uno schermo una diapositiva o una pellicola mediante un proiettore. **4** (*mat.*) Eseguire una proiezione. **B v. rifl. e intr. pron. 1** Gettarsi, scagliarsi fuori o avanti: *i paracadutisti si proiettarono fuori dall'aereo uno dopo l'altro.* **2** (*fig.*) Trasferirsi, collocarsi col pensiero o con la volontà in una condizione diversa: *proiettarsi nel futuro.* **3** (*fig.*) Detto di luce od ombra, protendersi, andare a cadere: *l'ombra del salice si proiettava sul lago.*

proiettàto part. pass. di *proiettare*; anche **agg.** ● Nei sign. del v. | (*fig.*) Rivolto verso la realtà esterna: *Questo preteso introverso era … p. sul fuori, sulle cose del mondo* (CALVINO).

proiettificio [comp. di *proietto* e *-ficio*; 1918] **s. m.** ● Stabilimento per la fabbricazione di proiettili.

proièttile [da *proietto*; 1749] **s. m.** ● Qualunque corpo che può essere lanciato nello spazio mediante un congegno, spec. un'arma da fuoco, capace di conferirgli una forte velocità iniziale.

proiettività [1938] **s. f. 1** Caratteristica di ciò che è proiettivo. **2** (*mat.*) Corrispondenza biunivoca e continua, che risulta stabilita tra forme geometriche, l'una dall'altra deducibile mediante un numero finito di operazioni di proiezione e sezione.

proiettivo [da *proietto*; 1749] **agg. 1** (*raro*) Atto a proiettare. **2** (*mat.*) Che si riferisce alla proiettività | ***Carattere p.***, proprietà intrinseca a tutti quegli enti geometrici che si mantengono invarianti rispetto alle operazioni di proiezione e sezione. **3** (*psicoan.*) Relativo a proiezione. **4** (*psicol.*) ***Test p., tecnica proiettiva***, situazione relativamente non strutturata, come macchie d'inchiostro, frasi incomplete e sim., a cui una persona viene messa di fronte con il compito di rispondere con ampia libertà, rivelando in tal modo tratti della propria personalità.

proiètto [vc. dotta, lat. *proiĕctu(m)*, part. pass. di *proĭcere* 'gettare avanti' (V. *progettare*); 1631] **s. m. 1** (*mil.*) Corpo lanciato da un pezzo di artiglieria mediante una carica di lancio o un propellente: *la traiettoria, l'azione d'urto di un p.* **2** (*geol.*) Frammento piroclastico solido, lanciato da un vulcano, costituito da rocce sedimentarie, plutoniche, metamorfiche, o da lave consolidate di eruzioni precedenti.

proiettóre [fr. *projecteur*, dal lat. *proiĕctus*, part. pass. di *proĭcere* 'gettare avanti' (V. *progettare*); 1913] **s. m. 1** Apparecchio che, mediante specchi o lenti, convoglia in una determinata direzione il fascio luminoso prodotto da una sorgente ed è destinato a illuminare oggetti che devono essere visti | ***Proiettori per autoveicoli***, quelli applicati sui lati anteriore e posteriore di un autoveicolo per illuminare la strada: *proiettori abbaglianti o di profondità, anabbaglianti o di incrocio, fendinebbia, retromarcia.* ➡ ILL. p. 2113 AGRICOLTURA; p. 2162, 2163, 2164, 2166 TRASPORTI. **2** Apparecchio atto a proiettare su uno schermo diapositive, pellicole cinematografiche o immagini generate da un computer. **3** (*mil.*) Apparecchio in dotazione a speciali reparti del genio per illuminare di notte il campo di battaglia. SIN. Fotoelettrica.

†**proiettùra** [vc. dotta, lat. *proiectūra(m)*, da *proiĕctus*, part. pass. di *proĭcere* 'gettare avanti' (V. *progettare*); av. 1472] **s. f.** ● (*arch.*) Aggetto, sporgenza di una costruzione.

proiezióne [vc. dotta, lat. *proiectiōne(m)*, da *proiĕctus*, part. pass. di *proĭcere* 'gettare avanti' (V. *progettare*); 1582] **s. f. 1** Il proiettare, il venire proiettato: *la p. delle ombre.* **2** Trasmissione di un'immagine luminosa su di uno schermo, ottenuta facendo attraversare da un forte fascio di luce una pellicola impressionata o un disegno posto in un supporto trasparente | (*est.*) Spettacolo cinematografico. **3** Rappresentazione di una figura spaziale su di un piano usando sistemi diversi | ***P. cartografica***, procedimento che, nella costruzione di una carta geografica, consente, con una certa approssimazione, di portare su un piano la superficie curva della Terra | ***P. prospettica***, eseguita, secondo le leggi della prospettiva, su un piano tangente a un punto della superficie del globo osservato da un determinato punto di vista | ***P. di sviluppo***, eseguita proiettando i punti del globo su una superficie conica o cilindrica tangente o secante il globo stesso | ***P. ortogonale***, eseguita proiettando i punti della figura lungo linee perpendicolari al piano dato. **4** (*stat.*) ***P. demografica***, calcolo dello sviluppo futuro di una popolazione, basato su ipotesi prestabilite riguardanti la dinamica delle componenti del movimento della popolazione stessa, ricavate dalle statistiche dello stato civile | ***P. elettorale***, previsione dei risultati di un'elezione politica o amministrativa, effettuata in base ai dati ricavati dall'intervista di un campione rappresentativo della popolazione votante o sulla base dei primi risultati conosciuti. **5** (*raro*) Lancio, tiro, spec. di un proiettile. **6** (*psicoan.*) Spostamento inconscio degli impulsi rimossi da parte dell'Io dall'interno all'ambiente esterno, spec. su persone a cui detti impulsi vengono attribuiti in forma più o meno travisata.

proiezionista [da *proiezione*; 1933] **s. m.** e **f.** (pl. m. *-i*) ● Operaio specializzato addetto alla macchina da proiezione cinematografica.

proinsulina [vc. dotta, comp. di *pro-* (*1*) e *insulina*] **s. f.** ● (*chim.*) Precursore inattivo dell'insulina.

project manager /'prɔdʒekt 'manadʒer, *ingl.* 'pɹɒdʒekt 'mænɪdʒə/ [loc. ingl., comp. di *project* 'progetto, programma' e *manager* (V.); 1983] **loc. sost. m.** e **f. inv.** (pl. ingl. *project managers*) ● (*org. az.*) Dirigente responsabile della gestione delle risorse, dell'organizzazione e programmazione delle attività di lavoro, della verifica gestionale dei risultati di queste.

prolammina [comp. di *pro(lina)*, *amm(oniaca)* e *-ina*] **s. f.** ● (*chim.*) Membro di una classe di proteine vegetali comprendenti la gliadina.

prolassàto [1892] **agg.** ● (*med.*) Detto di organo che ha subìto un prolasso.

prolàsso [vc. dotta, lat. tardo *prolāpsu(m)*, da *prolāpsus*, part. pass. di *prolābi* 'scivolare in avanti', comp. di *prō* 'davanti' (V. *pro-* (*1*)) e *lābi* 'scivolare', di etim. incerta; av. 1718] **s. m.** ● (*med.*) Fuoriuscita di un viscere dalla cavità in cui è contenuto, attraverso un'apertura naturale: *p. rettale, uterino.*

†**prolàto** [vc. dotta, lat. *prolātu(m)*, part. pass. di *proferre* (V. *proferire*); av. 1342] **agg.** ● Proferito, pronunciato.

prolattina [comp. di *pro-* (*2*), *latt(e)* e *-ina*; 1958] **s. f.** ● (*biol.*) Ormone secreto dal lobo anteriore dell'ipofisi, che attiva la secrezione del latte dopo il parto.

prolazióne [vc. dotta, lat. tardo *prolatiōne(m)*, da *prolātus* 'prolato'; 1351] **s. f. 1** †Loquela, parlata: *eloquentissimo fu, e facondo, e con ottima e pronta p.* (BOCCACCIO). **2** Nella musica mensurale, l'insieme dei segni che designavano il valore relativo delle note.

pròle [vc. dotta, lat. *prōle(m)*, comp. di *prō* 'davanti' (V. *pro-* (*1*)) e un deriv. di *ălere* 'nutrire' (V. *almo* (*1*)); 1321] **s. f.** (pl. *†proli*) **1** L'insieme dei figli facenti parte di una famiglia: *avere una p. numerosa; la legittima p.; essere sposato con p., senza p.* | (*raro, lett.*) I piccoli di un animale o i germogli di una pianta. SIN. Discendenza, figliolanza. **2** (*est., lett.*) Generazione, progenie | ***L'umana p.***, il genere umano. **3** (*poet.*) Figlio, discendente: *era Atteone … d'Aristeo / unica p.* (MARINO).

prolegàto [vc. dotta, lat. tardo *prolegātu(m)*, comp. di *pro-* (*1*) e *legātus* 'legato'; av. 1598] **s. m.** ● (*st.*) Chi faceva le veci d'un legato pontificio.

prolegòmeni [vc. dotta, gr. *prolegómena* 'cose dette prima', part. pres. medio nt. pl. di *prolégein* 'dire prima', comp. di *pró* 'avanti, prima' (V. *pro-* (*2*)) e *légein* 'dire', di orig. indeur.; av. 1556] **s. m. pl.** ● Discorso introduttivo a un'opera | Trattato introduttivo allo studio di un autore o di una scienza.

prolèssi o **prolèpsi** [vc. dotta, lat. tardo *prolēpsi(n)*, nom. *prolēpsis*, dal gr. *prólēpsis*, da *prolambánein* 'prendere prima, anticipare', comp. di *pró* 'prima' (V. *pro-* (*2*)) e *lambánein* 'prendere' (V. *astrolabio*); 1540] **s. f. inv. 1** (*ling.*) Procedimento sintattico consistente nell'anticipazione, spesso mediante un pronome, di una o più parole o di un'intera frase successiva: *tu sai la mamma come si preoccupa se rientri tardi; Vuol questo il Ciel e la sventura mia, / che io sia forzato amar quel viso altero?* (BOIARDO) | In un testo narrativo, anticipazione di avvenimenti posteriori al tempo della narrazione; CFR. Analessi. **2** (*ling.*) Figura retorica che consiste nel prevenire un'obiezione confutandola: *non mi negherete che alcuni di essi siano fra i più nobili sentimenti* (BACCHELLI) | Figura retorica consistente nell'enunciare come contemporaneo dell'azione un fatto che dell'azione sarà il risultato: *e infine riuscirono a domare le mansuete belve.* **3** (*filos.*) Nella logica degli epicurei e degli stoici, denominazione dei concetti generali che si trovano in noi come ricordo di ciò che si è presentato spesso fuori di noi e che costituiscono anticipazioni di esperienze future.

proletariàto [fr. *prolétariat*, dal lat. *proletārius* 'proletario'; 1851] **s. m.** ● Classe sociale con reddito basso o minimo, contrapposta alla classe che detiene il potere economico e politico: *p. agricolo, industriale; p. intellettuale* | Nella teoria marxista, classe sociale formata dai lavoratori salariati che, non possedendo i mezzi di produzione, traggono il reddito esclusivamente dalla vendita del proprio lavoro.

proletàrio [vc. dotta, lat. *proletāriu(m)*, da *prōles* 'prole'; sec. XIV] **A s. m. 1** Nel diritto romano, cittadino privo del censo sufficiente per l'iscrizione in una delle cinque classi in cui era diviso il popolo. **2** (f. *-a*) Chi appartiene al proletariato. **B agg.** ● Dei proletari, formato da proletari: *classe proletaria; l'appropriazione indebita l'avevamo battezzata: 'spesa proletaria'* (FO). || **proletariaménte**, avv. (*raro*) In modo proletario; dal punto di vista del proletariato.

proletarizzàre [comp. di *proletar(io)* e *-izzare*; 1897] **A v. tr.** ● Ridurre a condizione proletaria: *p. la classe media.* **B v. intr. pron.** ● Ridursi a condizione proletaria.

proletarizzazióne [1891] **s. f.** ● Trasformazione, riduzione a una condizione proletaria.

prolèttico [vc. dotta, gr. *prolēptikós*, da *prólēpsis* 'prolessi'; 1958] **agg.** (pl. m. *-ci*) ● (*ling., filos.*) Di prolessi. || **prolletticaménte**, avv. Mediante prolessi.

proliferàre [da *prolifero*; 1937] **v. intr.** (*io prolìfero*; aus. *avere*) **1** (*biol.*) Crescere per proliferazione. **2** (*fig.*) Sorgere e diffondersi moltiplicandosi con grande rapidità: *è una moda che sta proliferando dappertutto.*

proliferativo [1958] **agg.** ● (*biol., med.*) Relativo alla proliferazione.

proliferazióne [da *proliferare*; 1875] **s. f. 1** (*biol.*) Processo di produzione di nuove cellule per divisione delle precedenti | Insieme di cellule prodotte per divisione di altre. **2** (*fig.*) Diffusione, espansione rapida e incontrollata: *la p. dei complessi di musica rock; p. nucleare.*

prolìfero [comp. di *prole* e *-fero*, sul modello di *fruttifero*; av. 1764] **agg. 1** (*biol.*) Che genera per proliferazione. **2** (*raro*) Prolifico.

prolificàre [da *prolifico*; 1544] **v. intr.** (*io prolìfico, tu prolìfichi*; aus. *avere*) **1** (*biol.*) Generare altri organismi della stessa specie. **2** (*bot.*) Produrre germogli, detto di piante. **3** Generare prole, detto di uomini e animali. **4** (*fig.*) Riprodursi, espandersi: *idee che prolificano facilmente.*

prolificazióne [1585] **s. f.** ● Il prolificare.

prolificità [1910] **s. f.** ● Caratteristica di chi (o di ciò che) è prolifico (*anche fig.*): *la p. di una cop-*

pia; *la p. di un'idea*. SIN. Fecondità. CONTR. Sterilità.

prolifico [comp. di *prole* e *-fico*; 1441] agg. (pl. m. *-ci*) *1* Che genera o ha generato molta prole: *donna prolifica*. CONTR. Sterile. *2* (*fig.*) Che ha prodotto molte opere: *autore, scrittore, regista p.*

prolina [ted. *Prolin* da *p(yr)roli(di)n* 'pirrolidina'] s. f. ● (*chim.*) Amminoacido ciclico presente nelle proteine.

prolissità [vc. dotta, lat. *prolixitāte(m)*, da *prolīxus* 'prolisso'; sec. XIV] s. f. ● Caratteristica di chi (o di ciò che) è prolisso. CONTR. Concisione, laconicità.

prolisso [vc. dotta, lat. *prolīxu(m)*, comp. di *prō* 'davanti' (V. *pro-* (*1*)) e un deriv. di *liquēre* 'esser liquido' (V. *liquido*); 1342] agg. *1* Che si diffonde troppo nei discorsi o negli scritti: *oratore, scrittore p.* | Eccessivamente esteso e particolareggiato, detto di scritti, discorsi e sim.: *pagine prolisse*; *racconto p.* SIN. Lungo, verboso. CONTR. Conciso, laconico. *2* (*lett.*, *scherz.*) Materialmente lungo, fluente: *barba prolissa*. *3* †Prolungato nel tempo: *pena prolissa*. || **prolissaménte**, avv. In modo prolisso.

pro lòco [lat., propr. 'in favore del luogo'; 1958] loc. sost. f. inv. ● Organizzazione tipica di località di villeggiatura o turistiche, avente lo scopo di favorire e sostenere attività culturali e di potenziare il turismo.

Prolog /ˈprɔlog, *ingl.* ˈpʰɹəʊˌlɒːg/ [sigla ingl. di *Pro(gramming in) Log(ic)* 'programmazione in logica'; 1985] s. m. inv. ● (*elab.*) Linguaggio per la programmazione dei calcolatori elettronici, adatto ad applicazioni nel campo dell'intelligenza artificiale.

†prologàre [da *prologo*; av. 1565] v. intr. *1* Fare prologhi. *2* Narrare qlco. in modo prolisso.

pròlogo [vc. dotta, lat. *prŏlogu(m)*, nom. *prŏlogus*, dal gr. *prólogos*, comp. di *pró* 'avanti' (V. *pro-* (*2*)) e *lógos* 'discorso' (V. *logica*); av. 1292] s. m. (pl. *-ghi*) *1* Scena costituita da un monologo introduttivo di un'opera teatrale; CONTR. Epilogo | Personaggio che recita tale scena. *2* (*mus.*) Brano introduttivo di un'opera lirica: *il p. dei Pagliacci di Leoncavallo*. *3* (*raro, lett.*) Preambolo a un discorso. *4* (*fig.*) Preannuncio, antecedente di qlco. *5* (*sport*) Nelle corse ciclistiche a tappe, la prima di esse, in genere breve e disputata a cronometro. || **prologàccio**, pegg. | **prologhétto**, dim. | **prologóne**, accr. | **prologùccio**, **prologùzzo**, pegg.

†prolongàre ● V. *prolungare*.

prolùdere [vc. dotta, lat. *prolūdere* 'esercitarsi prima, prepararsi', comp. di *prō* 'avanti' (V. *pro-* (*1*)) e *lūdere* 'giocare', da *lūdus* 'gioco' (V. *ludo*); 1806] v. intr. (pass. rem. *io prolụ̀si, tu proludésti*; part. pass. *prolụ̀so*; aus. *avere*) *1* (*lett.*) Pronunciare una prolusione. *2* (*lett.*) Cominciare a parlare.

prolùnga [calco sul fr. *prolonge*, da *prolonger* 'prolungare'; sec. XV] s. f. *1* Qualunque elemento atto ad allungare attrezzi, macchine, oggetti e sim.: *la p. del tavolo, del telefono* | Pezzo di filo elettrico che termina a un capo con una spina e all'altro con una presa, usato per rendere più lungo il cavo di alimentazione di uno strumento elettrico: *la p. della lucidatrice, della televisione*. *2* †Robusto cordame con cui un tempo si collegava l'affusto di un pezzo all'avantreno | Carro a quattro ruote per il servizio d'artiglieria o del genio.

prolungàbile [av. 1752] agg. ● Che si può prolungare.

prolungabilità [1940] s. f. ● Condizione di ciò che è prolungabile.

prolungaménto [1336 ca.] s. m. *1* Allungamento, estensione nello spazio: *il p. della strada* | Protrazione nel tempo: *degli esami, della conversazione*. CONTR. Accorciamento. *2* Ciò che si aggiunge per prolungare qlco., o punto in cui qlco. è stato prolungato: *il p. del viadotto*; *fermarsi sul p.* *3* (*ling.*) Allungamento.

♦**prolungàre** o †**prolongàre** [vc. dotta, lat. tardo *prolongāre*, da *lŏngus* 'lungo', col pref. *prō-* 'avanti' (V. *pro-* (*1*)); av. 1292] **A** v. tr. (*io prolùngo, tu prolùnghi*) *1* Rendere più lungo nello spazio: *p. una linea*. SIN. Allungare. CONTR. Accorciare. *2* Fare durare di più: *p. l'attesa, un discorso* | Prorogare: *p. un termine*. *3* †Differire, rimandare. **B** v. intr. pron. *1* Allungarsi, estendersi nello spazio o nel tempo: *un tracciato che si prolunga all'infinito*; *una storia che si prolunga troppo*. *2* Indugiare, dilungarsi in un discorso: *ma che più mi prolungo io in raccontar quello, che a ciascun può essere manifesto?* (SANNAZARO).

†prolungatìvo [av. 1729] agg. ● Che serve a prolungare.

prolungàto [sec. XIII] part. pass. di *prolungare*; anche agg. ● Nei sign. del v. | Che si protrae nel tempo: *Di questa prolungata lontananza* (CARDUCCI). || **prolungataménte**, avv. (*raro*) Prolissamente, con lungaggine.

prolungatóre [1546] agg.; anche s. m. (f. *-trice*) ● (*raro*) Che (o Chi) prolunga.

prolungazióne [av. 1375] s. f. *1* (*raro*) Prolungamento. *2* (*mus.*) Nota di un accordo antecedente continuata sul susseguente e di tale natura da richiedere dopo di sé una soluzione.

prolusióne [vc. dotta, lat. *prolusiōne(m)*, da *prolūdere* 'proludere'; 1676] s. f. *1* Discorso introduttivo: *p. a un convegno*. *2* Prima lezione tenuta da un professore, assumendo una cattedra universitaria | Discorso inaugurale di un anno accademico.

prolùso part. pass. di *proludere* ● (*lett.*) Nei sign. del v.

prolùvie [vc. dotta, lat. *prolŭvie(m)*, da *prolŭere* 'gettar fuori, bagnare, lavare', comp. di *prō* 'avanti' (V. *pro-* (*1*)) e *lŭere* 'lavare, bagnare', da *lavāre* 'lavare'; av. 1714] s. f. inv. ● (*lett.*) Inondazione, piena | (*fig.*) Abbondanza eccessiva, profluvio: *l'ultima p. di gelati* (SCIASCIA). CONTR. Magra, siccità.

promagistràto [comp. di *pro-* (*1*) e *magistrato*; 1958] s. m. ● Nel diritto romano, magistrato a cui il senato ha prorogato per un anno la durata della carica.

promagistratùra [comp. di *pro-* (*1*) e *magistratura*; 1958] s. f. ● Nel diritto romano, ufficio del promagistrato.

promanàre [vc. dotta, lat. tardo *promanāre*, comp. di *prō* 'davanti' (V. *pro-* (*1*)) e *manāre* 'sgorgare' (V. *emanare*); 1932] v. tr. e intr. (aus. intr. *essere*) ● (*raro*) Emanare, diffondere | (*fig.*) Originarsi, derivare.

promemòria [lat. *prō memŏria* 'per memoria'; 1766] s. m. inv. ● Appunto o breve nota scritti per ricordare a sé o ad altri ciò che si deve fare, dire e sim. SIN. Memorandum.

†pròmere [vc. dotta, lat. *prōmere* 'tirar fuori', comp. di *prō* 'avanti' (V. *pro-* (*1*)) ed *ĕmere* 'comprare, prendere' (V. *premio*); 1321] v. tr. (oggi difett. usato solo nella terza pers. sing. del pres. indic. *pròme*) ● (*lett.*) Palesare, manifestare, svelare: *in ogni loco la natura prome / ogni animale in terra, in aria, in onde* (L. DE' MEDICI).

promèrico [etim. incerta] **A** agg. (pl. m. *-ci*) ● (*tess.*) Detto di tessuto impermeabile e poroso, di poliuretano rinforzato con poliestere. **B** anche s. m.

♦**proméssa** [lat. *promĭssa*, pl. di *promĭssum*, part. pass. nt. sost. di *promĭttere* 'promettere'; sec. XIII] s. f. *1* Impegno formale a fare qlco. o a comportarsi in un determinato modo: *fare una p. a qlcu.*; *mantenere la p.*; *mancare a una p.*; *liberare qlcu. da una p.*; *p. di matrimonio*; *si conosceva la forza degli invasori nella grandezza delle promesse* (NIEVO) | ***P. di marinaio***, (*fig.*) quella che viene subito dimenticata | ***Pascere di promesse***, lusingare | (*raro*) ***Domandare la p.***, chiederne l'adempimento | †***Prolungare la p.***, indugiare a mantenerla. *2* (*fig.*) Persona che intraprende un'attività con ottimi risultati e fa sperare in una buona riuscita: *una giovane p. del teatro*. *3* †Obbligazione, mallevadoria. || PROV. Ogni promessa è debito.

†promessióne ● V. †*promissione*.

†promessìvo ● V. *promissivo*.

prométso [sec. XIII] **A** part. pass. di *promettere*; anche agg. *1* Nei sign. del v. *2* ***Terra promessa***, quella che Dio doveva concedere agli Ebrei; (*fig.*) paese fertilissimo, luogo felice, cosa lungamente e vivamente desiderata | ***Sposi promessi***, fidanzati. **B** s. m. *1* (f. *-a*) Fidanzato, fidanzata: *I due promessi rimaser nascosti dietro l'angolo* (MANZONI). *2* (*raro, lett.*) Cosa promessa.

prometàbolo [comp. di *pro-* (*2*) e del gr. *metabolḗ* 'mutamento'] agg. ● Detto di insetto che presenta due stadi alati.

prometèico [1902] agg. (pl. m. *-ci*) ● (*lett.*) Del Titano Prometeo: *mito p.* | (*est.*) Che esprime una sfida, anche votata al fallimento, contro un'autorità o un'imposizione superiore: *lo sforzo p. delle masse incatenate* (MONTALE). || **prometeicaménte**, avv.

promotèo (*1*) [vc. dotta, lat. *Promethēu(m)*, nom. *Promethēus*, dal gr. *Promêtheus*, agg. di *Promēthéus* 'Prometeo', propr. 'veggente, profeta', comp. di *pró* 'davanti' (V. *pro-* (*2*)) e *mêthos* 'cura, pensiero', di orig. indeur.; 1342] agg. ● (*lett.*) Del Titano Prometeo e del suo mito.

promèteo (*2*) ● V. *promezio*.

promettènte [1342] part. pres. di *promettere*; anche agg. *1* Nei sign. del v. *2* Che fa sperare buoni esiti futuri: *un affare p.*; *un giovane scrittore molto p.*

♦**prométtere** [lat. *promĭttere*, propr. 'mandare avanti', comp. di *prō* 'avanti' (V. *pro-* (*1*)) e *mĭttere* 'mandare' (V. *mettere*); 1211] **A** v. tr. (coniug. come *mettere*) (qlco. + *a* qlcu.; + *di* seguito da inf.; + *che* seguito da indic. o condiz.) *1* Impegnarsi di fronte ad altri a fare qlco. o a comportarsi in un determinato modo (*anche assol.*): *ha promesso di aiutarmi*; *mi promise un impiego*; *promettimi di riposarti*; *è un tipo che promette ma non mantiene*; *io ti prometto che tu non morrai* (BOCCACCIO); *prometteva che avrebbe fatto … secondo le istruzioni ricevute* (PIRANDELLO) | ***P. mari e monti***, ***p. mirabilia***, fare grandi promesse senza l'intenzione di mantenerle | ***P. la figlia in matrimonio a qlcu.***, impegnarsi a dargliela come moglie. *2* (*fig.*) Far presagire determinati esiti, in senso positivo o negativo (*anche assol.*): *il bel tempo promette di durare*; *questo vento promette pioggia*; *la situazione promette bene*; *il suo sguardo non prometteva niente di buono*; *è un ragazzo che promette*; (*anche impers.*) *prometteva di essere una bella giornata*. *3* †Dichiarare, affermare. **B** v. rifl. (+ *a*) ● Impegnarsi, offrirsi, votarsi: *promettersi a Dio*; *una giovine la quale aveva potuto promettersi a un poco di buono* (MANZONI).

promettitóre [1288] s. m. (f. *-trice*) ● (*lett.*) Chi promette | Chi fa molte promesse o promette grandi cose senza mantenerle.

promèzio [V. *prometeo* (*1*)] s. m. ● Elemento chimico, metallo appartenente al gruppo delle terre rare, non noto in natura, ma ottenuto nelle pile atomiche. SIMB. Pm.

prominènte [vc. dotta, lat. *prominĕnte(m)*, part. pres. di *prominēre* 'essere sporgente', comp. di *prō* 'avanti' (V. *pro-* (*1*)). Per la seconda parte V. *eminente*; av. 1494] agg. *1* Che sporge in fuori da una superficie o ha una prominenza: *zigomi prominenti*; *naso p.* SIN. Rilevato. CONTR. Rientrante. *2* (*raro*) Preminente. || **prominenteménte**, avv. (*raro*) In modo prominente.

prominènza [vc. dotta, lat. *prominĕntia(m)*, da *prōminens*, genit. *prominĕntis* 'prominente'; 1598] s. f. ● Caratteristica di ciò che è prominente: *la p. dell'osso* | (*est.*) Parte che sporge: *p. zigomatica*. SIN. Elevazione, sporgenza. CONTR. Concavità, rientranza.

promiscuità [1611] s. f. *1* Condizione di ciò che è promiscuo: *p. di lingue, di religioni*. SIN. Mescolanza. *2* Presenza in uno stesso luogo o convivenza di maschi e femmine, spec. sentita come fatto re negativo.

promìscuo [vc. dotta, lat. *promĭscuu(m)*, da avvicinare a *miscēre* 'mescolare' (V. *mescere*); 1499] **A** agg. *1* Costituito di cose o persone mescolate fra loro in modo confuso e indistinto: *generi promiscui* | ***Scuola promiscua***, per allievi dei due sessi | ***Matrimonio p.***, fra persone che non sono della stessa razza o religione | ***Trasporto p.***, misto di persone e merci. SIN. Misto. *2* (*ling.*) Detto di nome di animale avente un'unica forma grammaticale per designare il maschio o la femmina (ad es. *aquila* o *delfino*). || **promiscuaménte**, avv. **B** s. m. ● (*gerg.*) Autoveicolo di capienza variabile, atto al trasporto di persone e di merci.

promìṣi ● V. *promettere*.

promissàrio [dal lat. *promĭssum* 'promessa'; 1718] s. m. (f. *-a*) ● (*dir.*) Il destinatario di una promessa unilaterale | ***P. acquirente***, ***p. venditore***, parti di un contratto preliminare di vendita.

†**promissióne** o †**promessióne** [vc. dotta, lat. *promissiōne(m)*, da *promĭssus* 'promesso'; 1219] s. f. *1* Promessa. *2* (*dir.*) Atto di obbligazione | In Venezia, editto del Doge.

promissìvo o †**promessìvo** [vc. dotta, lat. tardo *promissīvu(m)*, da *promĭssus* 'promesso'; 1551] agg. ● (*raro*) Che costituisce promessa o serve a promettere. || **promissivaménte**, avv. (*raro*) In forma di promessa.

†**promissóre** [vc. dotta, lat. *promissōre(m)*, da *promĭssus* 'promesso'; sec. XIV] s. m. ● Prometti-

tore.

promissòrio [da *promissore*; 1427] agg. ● (*dir.*) Che riguarda o contiene una promessa: *donazione promissoria*.

promittènte [vc. dotta, lat. *promittĕnte(m)*, part. pres. di *promĭttere* 'promettere'; 1673] s. m. e f. ● (*dir.*) Colui che si obbliga mediante promessa spec. unilaterale.

promo /ˈprɔmo, *ingl.* ˈpɹəʊməʊ/ [1986] **A** s. f. inv. ● (*raro*) Accorc. di *promotion*. **B** s. m. inv. ● Breve filmato, spec. televisivo, a carattere promozionale, contenente in rapida successione le immagini più significative di un film o di un qualunque spettacolo di imminente programmazione | ***Promo-video***, video-clip. **C** anche agg. inv.: *filmato p.*

promontòrio [vc. dotta, lat. *promontōriu(m)*, comp. di *prō* 'avanti' (V. *pro-* (*1*)) e *mōns*, genit *mōntis* 'monte'; av. 1292] s. m. *1* (*geogr.*) Alta sporgenza della costa sul mare. SIN. Capo. ➡ ILL. p. 2133 SCIENZE DELLA TERRA ED ENERGIA. *2* (*anat.*) Angolo sporgente in avanti formato dall'articolazione della quinta vertebra lombare con l'osso sacro. *3* (*meteor.*) Propaggine allungata di una zona di alta pressione che si estende in una zona a pressione inferiore.

promòsso [1871] **A** part. pass. di *promuovere*; anche agg. ● Nei sign. del v. **B** s. m. (f. *-a*) ● Allievo di una scuola ammesso a una classe superiore: *elenco dei promossi*.

promoter /proˈmɔter, *ingl.* pɹəˈməʊtəɹ/ [vc. ingl., propr. 'promotore' di attività commerciali o sportive; 1984] s. m. e f. inv. *1* Persona che svolge attività di lancio o promozione di un prodotto commerciale. *2* Chi cura gli interessi di personaggi di successo, spec. nel mondo dello spettacolo, programmandone le attività. SIN. Agente, manager. *3* Persona che si occupa dell'allestimento di manifestazioni sportive o spettacoli. SIN. Impresario, organizzatore.

promòtion /proˈmɔʃʃon, *ingl.* pɹəˈməʊʃn/ [vc. ingl., dal fr. *promotion*: stessa etim. dell'it. *promozione*; 1958] s. f. inv. ● Promozione delle vendite.

promotóre [dal lat. *promōtus*, part. pass. di *promovēre* 'promuovere'; av. 1556] **A** s. m. (f. *-trice*) *1* Chi promuove, chi porta avanti un'impresa, un'attività e sim.: *i promotori dell'impresa* | (*econ.*) ***P. finanziario***, professionista abilitato a svolgere attività di sollecitazione del pubblico risparmio per conto di una società di intermediazione mobiliare o di un ente creditizio autorizzato. SIN. Fautore, iniziatore. *2* ***P. della fede***, ecclesiastico che, nei processi di beatificazione, rappresenta la legge, esamina i testimoni e i documenti, solleva le eccezioni di rito o di diritto | ***P. della giustizia***, ufficiale ecclesiastico che nei tribunali di ogni diocesi rappresenta la legge nelle cause contenziose di interesse pubblico e nelle cause criminali. **B** agg. ● Che promuove, che organizza qlco.: *il comitato p. della sottoscrizione*.

promovèndo [vc. dotta, lat. *promovĕndu(m)*, gerundivo di *promovēre* 'promuovere'; 1835] agg.; anche s. m. (f. *-a*) ● (*raro*) Che (o Chi) sta per essere promosso: *impiegato p.*; *l'attesa dei promovendi*.

promòvere ● V. *promuovere*.

promoviménto [av. 1292] s. m. ● (*raro*) Il promuovere: *il p. di un'impresa, di un'attività*.

promovitóre [sec. XIV] agg.; anche s. m. (f. *-trice*) ● (*raro, lett.*) Promotore.

promozionàle [da *promozione*, sul modello dell'ingl. *promotional*; 1960] agg. ● Relativo alla promozione di un prodotto: *svolgere un'attività p.*

promozionàre [da *promozione* (delle vendite); 1967] v. tr. (*io promozióno*) ● (*comm.*) Lanciare un prodotto sul mercato servendosi di opportune tecniche di propaganda | Gestire la campagna promozionale di un prodotto.

promozióne [vc. dotta, lat. tardo *promotiōne(m)*, da *promōtus*, part. pass. di *promovēre* 'promuovere'; av. 1342] s. f. *1* Passaggio a una classe superiore di studi: *l'alunno è in possesso di p.*; *ottenere la p. a giugno*; *p. per scrutinio, per esame* | Avanzamento di una persona a una posizione di più alta responsabilità nell'ambito della sua attività. CONTR. Bocciatura. *2* (*sport*) Passaggio di una squadra da una serie o divisione inferiore ad una superiore, alla fine di un campionato: *lotta per la p.* CONTR. Retrocessione | In alcuni sport, campionato minore, a carattere locale. *3* (*comm.*) Attività diretta a sviluppare la conoscenza, l'uso, il bisogno di un prodotto: *p. attraverso concorsi a premi*; *p. di un libro, di un programma televisivo*. *4* Nel gioco degli scacchi, sostituzione del pedone, giunto in una casella dell'ultima fila, con un pezzo di maggior valore. ‖ **promozioncèlla**, dim.

prompt /prɔmt, *ingl.* ˈpɹɒmpt/ [vc. ingl., propr. 'pronto'; 1985] s. m. inv. ● (*elab.*) Messaggio presentato sullo schermo da un programma per richiedere un input all'utente.

promulgaménto [1745] s. m. ● (*raro*) Promulgazione.

promulgàre [vc. dotta, lat. *promulgāre*, da *prō* 'avanti' (V. *pro-* (*1*)): la seconda parte sarà da avvicinare a *mulgēre* 'mungere' (?); av. 1375] v. tr. (*io promùlgo, tu promùlghi*) *1* Fare oggetto di promulgazione: *p. una legge*. *2* (*est.*) Diffondere, divulgare: *p. una teoria*.

promulgativo agg. ● (*raro*) Che mira, serve a promulgare.

promulgatóre [vc. dotta, lat. tardo *promulgatōre(m)*, da *promulgātus*, part. pass. di *promulgāre* 'promulgare'; 1354] agg.; anche s. m. (f. *-trice*) ● Che (o Chi) promulga: *p. delle indulgenze*; *p. di una dottrina*.

promulgazióne [vc. dotta, lat. *promulgatiōne(m)*, da *promulgātus*, part. pass. di *promulgāre* 'promulgare'; 1623] s. f. *1* Atto con cui il Presidente della Repubblica dichiara formalmente valida e operante una legge, ordinandone la pubblicazione e quindi l'osservanza | Analogo atto del Presidente di una Giunta regionale. *2* (*est.*) Divulgazione, emanazione.

♦**promuòvere** o (*pop., lett.*) **promòvere** [lat. *promovēre*, comp. di *prō* 'avanti' (V. *pro-* (*1*)) e *movēre* 'muovere'; av. 1292] v. tr. (coniug. come *muovere*) *1* Dare impulso a qlco., favorire, sostenere: *p. la cultura, le ricerche scientifiche*. CONTR. Ostacolare. *2* Iniziare, indire, avviare qlco.: *p. una sottoscrizione, un referendum, i festeggiamenti* | ***P. una causa***, far sorgere un processo. SIN. Caldeggiare. *3* (qlcu. + *a*; qlcu. + *da* ... *a*) Fare avanzare a un grado o una classe superiore: *p. qlcu. al grado maggiore*; *p. dalla quarta alla quinta elementare un alunno*. CONTR. Bocciare. *4* (*raro*) Stimolare, provocare: *p. sudore, vomito*. SIN. Eccitare. *5* (*comm.*) Attuare la promozione di un prodotto o di un servizio: *p. un detersivo*.

†**promutàre** [da *permutare*, con cambio di pref.; av. 1348] v. tr. ● Permutare, cambiare.

†**promutazióne** [av. 1481] s. f. ● Permutazione.

prònao o (*raro*) **pronào** [vc. dotta, lat. *pronāon*, dal gr. *prónaos* 'posto davanti al tempio', comp. di *pró* 'davanti' (V. *pro-* (*2*)) e *naós* 'tempio', di etim. incerta; 1499] s. m. ● Spazio antistante alla cella del tempio greco, delimitato all'esterno da colonne. ➡ ILL. p. 2116 ARCHITETTURA.

pronatóre [dal lat. tardo *pronātus*, part. pass. di *pronāre* 'abbassare', da *prōnus* 'prono'; av. 1673] agg.; anche s. m. ● (*anat.*) Che determina pronazione: *muscolo p.* ➡ ILL. p. 2122 ANATOMIA UMANA.

pronazióne [dal lat. tardo *pronātus*, part. pass. di *pronāre* 'abbassare', da *prōnus* 'prono'; 1749] s. f. *1* (*anat.*) Movimento di rotazione dell'avambraccio verso l'interno. *2* (*anat.*) Condizione di giacere con la faccia verso il basso. CONTR. Supinazione.

pronipóte o (*pop., lett.*) **pronepóte** [vc. dotta, lat. *pronepōte(m)*, comp. di *prō* 'prima' (V. *pro-* (*1*)) e *nĕpos*, genit. *nepōtis* 'nipote'; av. 1494] s. m. e f. *1* Figlio o figlia di un nipote o di una nipote, rispetto ai nonni o ai prozii di questi. *2* (*spec. al pl.*) Discendenti, posteri.

†**pronità** [vc. dotta, lat. *pronitāte(m)*, da *prōnus* 'prono'; sec. XIV] s. f. ● Propensione, spec. al peccato.

pròno [vc. dotta, lat. *prōnu(m)*, da *prō* 'avanti' (V. *pro-* (*1*)); av. 1306] agg. *1* (*lett.*) Piegato in giù, volto verso terra: *stare, giacere p.* | ***Gettarsi p.***, prostrarsi. CONTR. Supino. *2* (*fig., lett.*) Completamente disposto, pronto, propenso (spec. in senso negativo): *p. al peccato*. SIN. Facile, incline.

pronóme (o *-ò-*) [vc. dotta, lat. *pronōme(n)*, propr. 'al posto del nome', comp. di *pro-* (*1*) e *nōmen* 'nome'; calco sul gr. *antōnymos*; av. 1332] s. m. ● (*ling.*) Parte variabile del discorso che fa le veci del nome: *p. personale, dimostrativo, possessivo, interrogativo, relativo*.

pronominàle [vc. dotta, lat. tardo *pronomināle(m)*, da *pronōmen*, genit. *pronōminis* 'pronome'; 1551] agg. ● (*ling.*) Che si riferisce a pronome | ***Verbo p.***, forma verbale accompagnata da particella indicativa del pronome personale (ad es. *pentirsi, alzarsi*) | ***Particella p.***, forma atona del pronome personale | ***Forma p. di un verbo***, con particella non avente valore di oggetto, ma solo funzione pleonastica (ad es. *asciugarsi* nella frase *asciugarsi le mani*). ‖ **pronominalménte**, avv. A guisa di pronome.

pronominalizzàre [adattamento dell'ingl. *to pronominalize*, da *pronominal* 'pronominale'] **A** v. tr. ● (*ling.*) Sostituire un nome con un pronome, come procedimento per attuare la connessione delle frasi in un testo. **B** v. intr. pron. ● (*ling.*) Trasformarsi in elemento pronominale.

pronominalizzazióne s. f. ● (*ling.*) Il pronominalizzare, il pronominalizzarsi.

pronosticaménto [av. 1406] s. m. ● (*raro*) Il pronosticare.

pronosticàre o (*raro*; *med.*) **prognosticàre** [da *pronostico*; av. 1348] v. tr. (*io pronòstico, tu pronòstichi*) *1* Predire, prevedere il futuro. *2* (*raro*) Dare indizi del futuro, farlo prevedere, detto di cose: *è un segno che pronostica sciagure*. SIN. Preannunciare.

pronosticàto o (*raro*) **prognosticàto** part. pass. di *pronosticare*; anche agg. ● Nei sign. del v.

pronosticatóre o (*raro*) **prognosticatóre** [av. 1311] agg.; anche s. m. (f. *-trice*) ● (*raro*) Che (o Chi) pronostica: *sogno p.*

pronosticazióne [av. 1363] s. f. *1* (*lett.*) Predizione, previsione. *2* (*raro*) Indizio, segno precursore del futuro.

pronòstico [vc. dotta, lat. *prognŏsticu(m)*, dal gr. *prognōstikón*, nt. dell'agg. verb. deriv. da *progignṓskein* 'conoscere (*gignṓskein*) anticipatamente (*pró-*)' (V. *prognostico*); av. 1292] **A** s. m. (pl. *-ci*) *1* Presagio, predizione di fatti, avvenimenti che devono ancora accadere: *fare un p.*; *il p. non si è avverato* | ***Godere il favore del p.***, essere dato come vincitore alla vigilia di una gara. *2* (*raro*) Segno, presagio: *la sua allegria è un buon p.* **B** agg. ● †Che fa conoscere anticipatamente.

†**prontàre** [vc. dotta, lat. *promptāre*, da *prōmptus*, part. pass. di *prōmere* 'promere'; sec. XIII] **A** v. tr. ● Spingere, stimolare. **B** v. intr. ● Fare istanza, sollecito. **C** v. intr. pron. ● Darsi premura.

prontézza [av. 1266] s. f. (assol.; + *di*, + *in*, + *a*, anche seguiti da inf.) *1* Caratteristica di chi (o di ciò che) è pronto: *rispondere con p.*; *p. di mano, di parola, di riflessi*; *avere p. all'ira*; *per la rara p. nel variar gli esercizi* (DE AMICIS); *p. a improvvisare*; *ha avuto la p. di sterzare immediatamente*; *Era ne' franzesi p. di soccorrere* (GUICCIARDINI). SIN. Lestezza, prestezza, rapidità. CONTR. Lentezza, pigrizia. *2* †Improntitudine, sfacciataggine: *usando la sua trascutata p., la sollicitò molte volte* (BOCCACCIO).

†**prontitùdine** [da *pronto*; av. 1380] s. f. *1* Prontezza. *2* Improntitudine.

♦**prónto** [lat. *prōmptu(m)*, propr. 'portato fuori', part. pass. di *prōmere* 'promere' (V.); av. 1293] **A** agg. (assol.; + *a*; + *per*, + *da*) *1* Di ciò che si trova in condizione di poter essere usato subito: *il pranzo è p.*; *tutto è p. per la festa di domani*; *mobili pronti da montare* | ***Tenere qlco. pronta***, averla preparata in precedenza così da poterla usare quando occorre. SIN. Preparato. *2* Di persona che è in condizione di poter fare subito qlco.: *sono p. a partire* | Che si presta, che è disposto: *sono p. ad aiutarvi*; *è p. a fare la sua parte*; *è p. a tutto*; *sarei p. a giurarlo!* | †***Essere in p. di***, essere sul punto di. *3* Che non indugia, che agisce o si manifesta con rapidità: *effetto p.*; *cemento a pronta presa*; *pronta guarigione* | ***P. soccorso***, V. *soccorso* | (*banca*) ***A pronti***, detto di contratto la cui esecuzione è contestuale alla stipulazione | ***Pagare a pronti contanti***, immediatamente, senza dilazioni | ***Pagare a pronta cassa***, alla consegna della merce | ***Ingegno p.***, vivo e brillante | ***Risposta pronta***, adatta, calzante, oltre che immediata | ***Memoria pronta***, agile, svelta | ***Riflessi pronti***, tempestivi | †***In p.***, subito: *non posso aver le risposte così in p.* (GALILEI). SIN. Lesto, sollecito. *4* Facile, propenso: *essere p. all'ira* | (*est.*) †Desideroso, bramoso. *5* †Animoso, sfacciato, ardito. ‖ **prontaménte**, avv. Con prontezza, senza indugio, subito. **B** nella loc. sost. m. inv. ● (*banca*) ***Pronti contro termine***, contratto che prevede la vendita di una derrata, di una materia prima o di valori mobiliari a un certo prezzo e il contestuale impegno al riacquisto da parte del venditore a una scadenza e a un prezzo predeterminati. **C** in funzione di **inter.** *1* Si usa all'inizio di una conversazione telefonica, come conferma del fatto che si sta ad ascoltare: *p.!*, *sono io.* *2* (*al pl.*) Si usa come comando dato prima del via in gare, competizioni e sim.: *pronti! via!*

prontuàrio [vc. dotta, lat. tardo *promptuāriu(m)* 'armadio, dispensa', sost. dell'agg. *promptuārius* 'da chiudervi, da conservarvi cose', da *prōmptus* 'pronto'; 1553] **s. m.** *1* Libro, fascicolo, manuale in cui sono contenute ed esposte con ordine le notizie su un dato argomento, una materia o una disciplina: *il p. dell'ingegnere*; *un p. dei modi di dire.* *2* Elenco dei farmaci che possono essere forniti a prezzo ridotto o gratuitamente agli assistiti dal servizio sanitario nazionale.

prònuba [vc. dotta, lat. *prōnuba(m)*, da *nūbere* 'sposare' (V. *nubile*); calco sul gr. *paránymphos* (V. *paraninfo*); 1532] **s. f.** ● Nell'antica Roma, donna che presiedeva alle nozze per parte della sposa.

prònubo [vc. dotta, lat. tardo *prōnubu(m)*, da *prōnuba* 'pronuba'; 1611] **agg.**; anche **s. m.** (**f.** *-a*) *1* Nell'antica Roma, chi assisteva lo sposo nel rito nuziale. *2* (*est.*, *lett.*) Che (o Chi) protegge un'unione amorosa o favorisce un matrimonio. **SIN.** Paraninfo. *3* (*biol.*) Animale che favorisce l'impollinazione di una pianta.

pronùcleo [comp. di *pro-* (*2*) e *nucleo*] **s. m.** ● (*biol.*) Nucleo aploide del gamete femminile o di quello maschile nelle fasi successive alla fecondazione.

pronùncia o **pronùnzia** [da *pronunciare*; sec. XV] **s. f.** (**pl.** *-ce*, *-zie*) *1* L'articolazione dei suoni che compongono una lingua e il modo di proferirli: *p. aperta*, *chiusa di una vocale.* *2* L'insieme degli elementi caratterizzanti una lingua o una parlata dialettale, regionale, individuale e sim.: *p. fiorentina*, *pugliese*, *settentrionale*; *riconoscere la provenienza di qlcu. dalla p.* *3* (*est.*) Modo di parlare: *non riesco a capire la sua p.*; *una p. chiara*, *affettata.* **SIN.** Parlata. *4* (*dir.*) Decisione: *una recente p. della corte d'appello.*

PRONUNCIA
nomenclatura

pronuncia (cfr. voce)
● *caratteristiche*: aperta = larga ⇔ chiusa = stretta, buona ⇔ cattiva, chiara = netta = distinta = nitida ⇔ confusa = indistinta, corretta ⇔ difettosa = errata, sciolta = scorrevole ⇔ inceppata = impacciata; dizione, accento = parlata = inflessione;
● *termini medici*: logopedista, ortofonista; ortoepia, ortofonia ⇔ disfonia, blesità, lambdacismo, sigmatismo;
● *azioni*: pronunciare = proferire = dire = parlare ⇔ balbettare = barbugliare = biascicare = tartagliare; masticare, mangiarsi le parole, non avere la erre, spiccicare, storpiare, enunciare, recitare = declamare, articolare, scandire = compitare = sillabare = fare lo spelling; imparare.

pronunciàbile o **pronunziàbile** [vc. dotta, lat. tardo *pronuntiābile(m)* 'enunciativo', da *pronuntiāre* 'pronunciare'; 1745] **agg.** ● Che si può pronunciare. **CONTR.** Impronunciabile.

pronunciabilità o **pronunziabilità** **s. f.** ● (*raro*) Possibilità di essere pronunciato.

pronunciaménto (*1*) [1857] **s. m.** ● Adattamento di *pronunciamiento* (V.).

pronunciaménto (*2*) o **pronunziaménto** **s. m.** *1* (*raro*, *lett.*) Modo di pronunciare | Pronuncia. *2* (*raro*) Presa di posizione, decisione ufficiale, spec. attraverso un voto.

pronunciamiento /sp. pronunθja'mjento, -sja-/ [vc. sp., da *pronunciarse* 'dichiararsi, ribellarsi, sollevarsi' (stessa etim. dell'it. *pronunziare*); 1846] **s. m.** (**pl.** sp. *pronunciamientos*) ● Colpo di stato originato da una ribellione di militari.

♦**pronunciàre** o **pronunziàre** [vc. dotta, lat. *pronuntiāre* 'proclamare', comp. di *prō* 'davanti' (V. *pro-* (*1*)) e *nuntiāre* 'nunziare'; 1309] **A** **v. tr.** (*io pronùncio*) *1* Articolare con la voce i suoni di una lingua: *non riuscire a p. bene alcune consonanti.* *2* (*est.*, *gener.*) Dire: *ha pronunciato poche parole di circostanza* | ***Senza p. parola***, in silenzio | Dichiarare, esporre pubblicamente e in modo solenne: *p. un discorso commemorativo*, *un giuramento* | ***P. una sentenza***, emetterla | ***P. un giudizio su qlcu.*** o ***qlco.***, esprimerlo. *3* †Annunziare, predire. **B** **v. intr. pron.** ● Manifestare la propria opinione: *non volere pronunciarsi contro*, *a favore*, *di qlcu.*

pronunciàto o **pronunziàto** [1807] **A** **part. pass.** di *pronunciare*; anche **agg.** *1* Nei sign. del v. *2* Pubblicato, dichiarato, emesso: *sentenza pronunciata.* *3* Rilevato, spiccato, marcato (*anche fig.*): *naso molto p.*; *una simpatia pronunciata*; *vino con sapore molto p.* **B** **s. m.** *1* (*dir.*) Sentenza: *il p. del tribunale*; *attenersi al p.* *2* (*raro*) Asserzione, detto, proposizione.

pronunciatóre o **pronunziatóre** [vc. dotta, lat. *pronuntiatōre(m)*, da *pronuntiātus* 'pronunciato'; sec. XIV] **agg.**; anche **s. m.** (**f.** *-trice*) ● (*raro*) Che (o Chi) pronuncia.

†**pronunciazióne** o †**pronunziazióne** [vc. dotta, lat. *pronuntiatiōne(m)*, da *pronuntiātus* 'pronunciato'; av. 1446] **s. f.** *1* Pronuncia. *2* Dichiarazione.

pronunziaménto ● V. *pronunciamento* (*2*).

pronunziàre e *deriv.* ● V. *pronunciare* e *deriv.*

propagàbile [da *propagare*; 1580] **agg.** ● Che si può propagare o può essere propagato.

propagabilità **s. f.** ● (*raro*) Stato, condizione di ciò che è propagabile.

propagaménto [av. 1673] **s. m.** ● (*lett.*) Propagazione, diffusione.

propagànda [lat. *dē propagānda fīde* 'per la propagazione della fede', n. di un istituto pontificio. *Propagānda* è il gerundivo f. di *propagāre*, ma la vc. it. è venuta attrav. il fr. *propagande*; 1797] **s. f.** ● Opera e azione esercitate sull'opinione pubblica per diffondere determinate idee spec. politiche: *fare*, *svolgere p.*; *incrementare la p.*; *fare p. per un partito*; *mezzi di p.*; *ufficio* (*di*) *p.*; *p. elettorale* | (*raro*) Pubblicità: *p. commerciale* | (*fam.*) ***È solo p.***, non c'è da fidarsi, riferito a notizie gonfiate, a promesse demagogiche, e sim.

propagandàre [fr. *propagander*, da *propagande* 'propaganda'; 1921] **v. tr.** ● Diffondere con la propaganda: *p. un'idea*, *un prodotto*, *un'invenzione.*

propagandista [fr. *propagandiste*, da *propagande* 'propaganda'; 1798] **s. m. e f.** (**pl. m.** *-i*) *1* Chi fa propaganda. *2* Chi collabora con una ditta propagandandone i prodotti.

propagandìstico [1884] **agg.** (**pl. m.** *-ci*) ● Di propaganda: *campagna propagandistica*; *lancio p. di un prodotto* | (*spreg.*) Fatto a puro scopo di propaganda: *affermazioni propagandistiche.* || **propagandisticaménte**, **avv.**

propagàre [vc. dotta, lat. *propagāre*, da *propāges* 'propaggine'; av. 1492] **A** **v. tr.** (*io propàgo*, *tu propàghi*) *1* (*biol.*) Moltiplicare mediante la riproduzione. *2* (*fig.*) Diffondere, divulgare: *p. una fede*, *un culto*; *p. un'idea* | ***P. una notizia***, propalarla. *3* (*lett.*) Allargare, dilatare. **B** **v. intr. pron.** ● Diffondersi (*anche fig.*): *la luce si propaga nello spazio*; *il contagio si è propagato in breve tempo*; *lo scandalo si sta propagando.*

propagàto **part. pass.** di *propagare*; anche **agg.** ● Nei sign. del v.

propagatóre [vc. dotta, lat. *propagatōre(m)*, da *propagātus* 'propagato'; av. 1653] **agg.**; anche **s. m.** (**f.** *-trice*) ● Che (o Chi) propaga (*anche fig.*): *p. della fede*; *i propagatori di nuove idee*; *p. di notizie false.*

propagazióne [vc. dotta, lat. *propagatiōne(m)*, da *propagātus* 'propagato'; 1363] **s. f.** *1* Diffusione (*anche fig.*): *la p. di una malattia*; *p. di notizie false*; *la p. di una dottrina.* **SIN.** Divulgazione. *2* (*biol.*) La diffusione di una specie animale o vegetale per cause naturali o artificiali. *3* (*fis.*) Fenomeno fisico che comporta un passaggio di energia attraverso la materia o il vuoto: *p. della luce*, *del calore*, *del suono*, *delle onde elettromagnetiche.*

propagginaménto [av. 1320] **s. m.** ● Propagginazione.

propagginàre [vc. dotta, lat. tardo *propagināre*, da *propāgo*, genit. *propāginis* 'propaggine'; 1300 ca.] **v. tr.** (*io propàggino*) *1* Moltiplicare, riprodurre piante per propaggine: *p. le viti*, *il fico.* *2* (*est.*, *lett.*) Propagare. *3* Sottoporre al supplizio della propagginazione.

propagginazióne [vc. dotta, lat. tardo *propaginatiōne(m)*, da *propaginātus* 'propagginato'; av. 1320] **s. f.** *1* (*agr.*) Sistema di riproduzione delle piante ottenuta curvando i rami nel terreno in modo che mettano radici e possano essere staccati dalla pianta madre come piante nuove. *2* Antico supplizio per assassini e traditori consistente nel sotterrare il colpevole vivo a testa in giù.

propàggine o †**propàgine**, (*poet.*) †**propàgo** nei sign. fig. [lat. *propāgine(m)*, da *propāges*, comp. di *prō* 'davanti' (V. *pro-* (*1*)) e un deriv. di *pāngere* 'piantare' (V. *pagina*); av. 1320] **s. f.** *1* (*agr.*) Ramo piegato e in parte sotterrato perché metta radici e, staccato dalla pianta madre, costituisca una nuova pianta | ***P. a capogatto***, ottenuta sotterrando l'estremità del ramo piegato ad arco | ***P. totale***, ottenuta interrando tutta la pianta e facendone uscire fuori terra i rami in punti prestabiliti. ➡ **ILL. agricoltura e giardinaggio.** *2* (*lett.*, *fig.*) Prole, rampollo | †Stirpe, lignaggio, discendenza: *o divina propago, invitta e franca / destinata a gran fatti* (POLIZIANO). *3* (*fig.*) Diramazione: *le propaggini degli Appennini.*

propagolazióne o **propagulazióne** [1954] **s. f.** ● Moltiplicazione per propagoli.

propàgolo o **propàgulo** [dal lat. *propāges*. V. *propaggine*; 1875] **s. m.** ● (*bot.*) Organulo dei vegetali inferiori che serve a riprodurre la pianta.

propagulazióne ● V. *propagolazione.*

propàgulo ● V. *propagolo.*

propalàre [vc. dotta, lat. tardo *propalāre*, comp. di *prō* 'davanti' (V. *pro-* (*1*)) e un deriv. di *pālam* 'in pubblico' (V. *palese*); 1483] **A** **v. tr.** ● Rendere palese, noto a tutti, spec. qlco. di riservato: *p. una notizia*, *un delicato segreto.* **SIN.** Diffondere, divulgare. **CONTR.** Tacere. **B** **v. intr. pron.** ● Diffondersi, diventare noto a tutti: *la notizia si è propalata in un baleno.*

propalatóre [1642] **agg.**; anche **s. m.** (**f.** *-trice*) ● Che (o Chi) propala.

propalazióne [sec. XIV] **s. f.** *1* Divulgazione, spec. di qlco. di riservato. *2* (*dir.*) Nella prassi forense, la dichiarazione che il terzo detentore o debitore, nel procedimento di espropriazione mobiliare presso terzi, deve fare in udienza relativamente alla condizione giuridica dei beni presso di lui pignorati.

propàno [comp. di *prop(ionico)* e *-ano* (*2*); 1895] **s. m.** ● (*chim.*) Idrocarburo alifatico saturo a tre atomi di carbonio presente allo stato gassoso nel petrolio greggio; usato come combustibile, come mezzo frigorigeno e in numerosi processi industriali.

propanóne [da *propano*] **s. m.** ● (*chim.*) Acetone.

propantriòlo [comp. di *propan(o)* e *triolo*] **s. m.** ● (*chim.*) Nome scientifico della glicerina.

†**proparalèssi** [dal gr. *proparalambánein* 'ricevere in più' (comp. di *pró* 'avanti' (V. *pro-* (*2*)), *pará* 'presso' e *lambánein* 'prendere' (V. *astrolabio*)), sul modello di *parálēpsis* 'azione di raccogliere'); av. 1565] **s. f. inv.** ● (*ling.*) Epitesi.

proparossìtona **s. f.** ● Parola proparossitona.

proparossitònico [da *proparossitono*] **agg.** (**pl. m.** *-ci*) ● (*ling.*) Detto di lingua che ha la tendenza ad accentare le parole sulla sillaba precedente la penultima.

proparossìtono [gr. *proparoxýtonos*, comp. di *pró* 'davanti' (V. *pro-*(*2*)) e *paroxýtonos* 'parossitono'; 1829] **agg.** ● Nella grammatica greca, detto di parola che ha l'accento acuto sulla terzultima sillaba | (*est.*) Detto di parola con l'accento sulla terzultima sillaba, cioè sdrucciola.

†**pròpe** [vc. dotta, lat. *prŏpe* 'vicino', di orig. indeur.; 1321] nella **loc. prep.** ***p. a***, ● (*poet.*) Vicino a: *molti gridan 'Cristo, Cristo!', / che saranno in giudicio assai men p. / a lui* (DANTE *Par.* XIX, 106-108).

propecettóre [comp. del lat. *prŏpe* 'vicino' (V. *prope*) e (*re*)*cettore*] **s. m.** ● (*anat.*) Recettore (gustativo, cutaneo, tattile, termico, dolorifico) che viene eccitato da stimoli i quali agiscono direttamente e immediatamente.

propedèutica [f. sost. di *propedeutico*; 1835] **s. f.** ● Complesso di nozioni preliminari necessarie allo studio di una scienza, un'arte, una disciplina: *la p. filosofica.*

propedèutico [dal gr. *propaidéuein* 'istruire prima', comp. di *pró* 'prima' (V. *pro-* (*2*)) e *paidéuein* 'educare, istruire', da *pâis*, genit. *paidós* 'fanciullo' (V. *pedagogia*); 1835] **agg.** (**pl. m.** *-ci*) *1* Che serve di introduzione a una dottrina, a una scienza: *trattato p.* **SIN.** Preparatorio. *2* Nell'ordinamento universitario, esame di cui è richiesto il superamento per poterne sostenere uno o più altri. || **propedeuticaménte**, **avv.**

propellènte [1949] **A** part. pres. di *propellere*; anche agg. ● Nel sign. del v. **B** s. m. ● Materiale combustibile liquido o solido che, reagendo in particolari condizioni, sviluppa calore e fornisce particelle di espulsione, usato per la propulsione di razzi, missili e sim.

propèllere [vc. dotta, lat. *propĕllere* 'spingere innanzi', comp. di *prō* 'avanti' (V. *pro-* (*1*)) e *pĕllere* 'spingere' (V. *impellere*); av. 1496] v. tr. (pass. rem. *io propùlsi, tu propellésti*; part. pass. *propùlso*) ● (*raro*) Spingere in avanti.

propèndere [vc. dotta, lat. *propendēre* 'pendere in avanti', comp. di *prō* 'avanti' (V. *pro-* (*1*)) e *pendēre* 'pendere'; 1499] v. intr. (pass. rem. *io propendéi* o *propési, tu propendésti*; part. pass. *propènso*, raro *propendùto*; aus. *avere*) (+ *a*, + *per*, anche seguiti da inf.) ● Essere favorevole, incline verso qlcu. o qlco.: *propendo a credere che abbia ragione*; *ma propendo a quest'ultima opinione* (NIEVO); *propendo per lui*; *p. per l'indulgenza*; *Anch'io, sì, propendevo... per troncar subito* (PIRANDELLO). CONTR. Avversare.

†**propensàre** [comp. di *pro-* (*1*) e *pensare*] v. tr. e intr. *1* Pensare, ritenere. *2* Premeditare.

propensióne [vc. dotta, lat. *propensiōne(m)*, da *propēnsus* (V. *propenso*); 1598] s. f. (+ *a*, lett. + *di*, anche seguiti da inf.; + *per* seguito da pron. o sost.) *1* (*lett.*) Favore, simpatia: *avere p. per qlcu.*: *Dite avere della p. per me* (GOLDONI) | Preferenza: *p. per un genere letterario*; *la sua p. al metodo parlamentare* (CROCE) | Tendenza a pensare, a ritenere: *ho p. a crederlo innocente*; *la p. di censurare i metodi delle nostre scuole* (FOSCOLO) | (*stat.*) ***P. al consumo***, coefficiente numerico ottenuto facendo il rapporto tra l'aliquota del reddito disponibile destinato a spese per consumi, e il reddito disponibile. *2* Tendenza naturale, inclinazione: *avere p. per la matematica, la musica*; *lo che ebbi sempre ... una maledetta p. per le belle donne* (NIEVO); *si divertiva per la sua p. a cogliere il comico* (FOGAZZARO) | Disponibilità a fare qlco.: *la scarsa p. per gli incarichi pubblici* (CALVINO). SIN. Disposizione. CONTR. Avversione. *3* (*raro*) Tendenza di corpi inanimati: *questa propension naturale de i corpi elementari di seguire il moto terrestre* (GALILEI).

†**propensità** s. f. ● (*lett.*) Predisposizione.

propènso [1540] part. pass. di *propendere*; anche agg. (+ *a*, lett. + *di*, seguiti da inf.; + *per*) *1* Nel sign. del v. *2* Favorevole, disposto: *sono p. a incontrarlo*; *sono poco p. a credergli*; *mi sentivo p. di accontentarla* (SVEVO) | Incline: *sempre sono stato assai p. per la bellezza* (ALFIERI).

propergòlo [comp. di *prop(ellente)* ed *ergolo*; 1948] s. m. ● (*chim.*) Qualsiasi sostanza che fornisce energia nei sistemi di propulsione a razzo.

properispòmeno [vc. dotta, gr. *properispṓmenos*, comp. di *pró* 'prima, davanti' (V. *pro-* (*2*)) e *perispṓmenos* 'perispomeno'; 1875] agg.; s. m. (f. *-a*) ● Nella grammatica greca, detto di parola con l'accento circonflesso sulla penultima sillaba.

propilammìna [comp. di *propile* e *ammina*; 1958] s. f. ● (*chim.*) Ammina primaria ove il gruppo amminico è legato al radicale propile.

propìle [comp. di *prop(ionico)* e *-ile* (*2*); 1958] s. m. ● (*chim.*) Residuo monovalente derivante dal propano per perdita di un atomo d'idrogeno.

propilène [comp. di *propil(ico)* e *-ene*; 1871] s. m. ● (*chim.*) Alchene gassoso prodotto nel cracking del petrolio, di largo uso per sintesi organiche, per ottenere benzine ad alto numero di ottani e per la produzione di elastomeri.

propilèo [vc. dotta, lat. *propylāea*, nt. pl., dal gr. *propýlaia*, nt. pl. sost. di *propýlaios* 'posto davanti alla porta', comp. di *pró* 'davanti' (V. *pro-* (*2*)) e un deriv. di *pýlē* 'porta', di etim. incerta; 1499] s. m. ● (*archeol., spec. al pl.*) Porticati antistanti le porte di un tempio, di un palazzo o di una città.

propìlico [da *propile*; 1871] agg. (pl. m. *-ci*) ● (*chim.*) Detto di composto o radicale che contenga il gruppo propile: *estere p.* | ***Alcol p.***, alcol saturo primario, ottenuto industrialmente per ossidazione con aria del propano e del butano, usato in profumeria e come aromatizzante per bevande alcoliche.

propìna [da *propinare*; 1551] s. f. *1* (*bur.*) Compenso corrisposto ai professori facenti parte delle commissioni di esami. *2* (*ant.*) Sportula.

propinàre [vc. dotta, lat. *propināre* 'bere alla salute di uno, invitare a bere, offrire da bere', dal gr. *propínein* 'bere alla salute', comp. di *pró* 'davanti' (V. *pro-* (*2*)) e *pínein* 'bere', di orig. indeur.; sec. XIV] **A** v. tr. *1* Dare, porgere da bere qlco. di nocivo (*anche scherz.*): *p. veleni*; *ci ha propinato un vino imbevibile*. *2* (*fig.*) Rifilare: *ci ha propinato un interminabile resoconto del suo viaggio*. **B** v. intr. (aus. *avere*) ● (*lett.*) Brindare: *p. alla salute di qlcu.*

propinatóre [vc. dotta, lat. tardo *propinatōre(m)*, che significava però 'che invita a bere', da *propinātus*, part. pass. di *propināre* 'propinare'; av. 1828] agg.; anche s. m. (f. *-trice*) ● (*raro*) Che (o Chi) propina.

propinquità [vc. dotta, lat. *propinquitāte(m)*, da *propīnquus* 'propinquo'; sec. XIII] s. f. *1* (*lett.*) Affinità, parentela. *2* †Vicinanza.

propìnquo [vc. dotta, lat. *propīnquu(m)*, da *prŏpe* 'vicino' (V. †*prope*); 1294] **A** agg. *1* (*lett.*) Vicino, prossimo: *avere le ... case propinque a quelle di Piero* (MACHIAVELLI). CONTR. Longinquo. *2* (*lett.*) Legato da vincoli di parentela. || †**propinquaménte**, avv. Da vicino. **B** s. m. (f. *-a*) ● (*lett.*) Affine, parente.

pròpio e *deriv.* ● V. *proprio* e *deriv.*

propiònico [comp. del gr. *pró* 'davanti, prima' (V. *pro-* (*2*)) e *píōn*, genit. *píonos* 'grasso', di orig. indeur.; 1871] agg. (pl. m. *-ci*) ● (*chim.*) Detto di acido o aldeide che deriva formalmente dal propano | ***Acido p.***, acido alifatico saturo che si forma in alcune fermentazioni, ottenuto per sintesi da etilene, ossido di carbonio e acqua in presenza di catalizzatori, usato spec. per la preparazione di esteri impiegati come essenze artificiali aromatiche.

propitèco [comp. di *pro-* (*2*) e del gr. *píthēkos* 'scimmia'; 1865] s. m. (pl. *-chi* o *-ci*) ● Genere di scimmie dei Lemuridi cui appartengono specie tipiche del Madagascar (*Propithecus*) | ***P. coronato***, caratterizzato da un ciuffo circolare di peli bianchi sul capo (*Propithecus coronatus*).

propiziànte part. pres. di *propiziare*; anche agg. ● Nel sign. del v. | (*lett.*) Che intercede.

propiziàre [vc. dotta, lat. *propitiāre*, da *propĭtius* 'propizio'; 1598] v. tr. (*io propìzio*) *1* Rendere propizio, favorevole: *p. gli dei*; *propiziarsi i giudici*. SIN. Cattivare, ingraziare. CONTR. Inimicare, urtare. *2* (*est.*) Favorire, rendere possibile: *p. il sonno*.

propiziatìvo [1567] agg. ● (*raro*) Propiziatorio: *rito p.*

propiziatóre [vc. dotta, lat. tardo *propitiatōre(m)*, da *propitiātus*, part. pass. di *propitiāre* 'propiziare'; av. 1342] agg.; anche s. m. (f. *-trice*) ● Che (o Chi) propizia | Che (o Chi) intercede presso Dio (spec. come attributo di Gesù Cristo o della Madonna).

propiziatòrio [1585] agg. ● Che riguarda la propiziazione o serve a propiziare: *cerimoniale p.*; *sacrificio p.*

propiziazióne [vc. dotta, lat. tardo *propitiatiōne(m)*, da *propitiātus*, part. pass. di *propitiāre* 'propiziare'; av. 1342] s. f. *1* (*raro*) Atto o comportamento tendente a propiziarsi qlcu. *2* Atto, rito volto a placare e rendersi benevola la divinità con preghiere, sacrifici e sim.: *sacrifici di p.*

propìzio [vc. dotta, lat. *propĭtiu(m)*, comp. di *prō* 'in favore di' (V. *pro-* (*2*)) e *pĕtere* 'avanzare' (V. *petere*); sec. XIII] agg. *1* Favorevole, benigno: *vento p.*; *stagione propizia per la caccia*. SIN. Buono, fausto. *2* Opportuno, adatto: *momento p.*; *aspettare l'occasione propizia*. || **propiziaménte**, avv.

pròpoli [vc. dotta, lat. *prŏpoli(n)*, nom. *prŏpolis*, dal gr. *própolis*, dapprima 'sobborgo, dintorni', poi 'propoli', perché le api la pongono intorno all'alveare, comp. di *pró* 'davanti' (V. *pro-* (*2*)) e *pólis* 'città' (V. *polis*); av. 1498] s. f. o m. inv. ● Sostanza gommo-resinosa prodotta da alcuni alberi, come i pioppi, che le api impiegano come mastice nella fabbricazione dei favi e per rivestire le pareti delle celle; si usa in cosmesi e dietologia.

proponènte [1336 ca.] **A** part. pres. di *proporre*; anche agg. ● Nei sign. del v. **B** s. m. e f. ● Chi propone qlco., chi fa una proposta: *il p. è anonimo*.

†**propónere** [vc. dotta, lat. *propōnere*. V. *proporre*; 1308] v. tr. ● Proporre.

proponìbile [dal lat. *propōnere* 'proporre'; 1804] agg. *1* Che si può proporre. CONTR. Improponibile. *2* (*dir.*) Che può essere accolto in giudizio: *azione, ricorso p.*

proponibilità [1947] s. f. ● (*raro*) Condizione di ciò che è proponibile. CONTR. Improponibilità.

proponiménto [dal lat. *propōnere* 'proporre'; av. 1292] s. m. ● Proposito preso fra sé e sé, intenzione: *ha fatto il p. di lasciarci*; *p. fermo, onesto*.

proponitóre [dal lat. *propōnere* 'proporre'; av. 1519] agg.; anche s. m. (f. *-trice*) ● (*raro*) Che (o Chi) propone.

♦**propórre** [lat. *propōnere* 'porre davanti', comp. di *prō* 'davanti' (V. *pro-* (*1*)) e *pōnere* 'porre'; av. 1243] **A** v. tr. (coniug. come *porre*) *1* †Mettere, porre davanti; premettere: *Queste cose proposte, così procedo* (DANTE). *2* Suggerire qlco. che si ritiene utile, giusto, opportuno: *p. un esempio*; *propostero di spianare per onor dell'imperadore in sei luoghi le mura e le fosse della città* (MURATORI). *3* Presentare qlco. all'esame, al giudizio, alla discussione o decisione di qlcu.: *p. un quesito, una questione, un dubbio*; *p. la candidatura di qlcu.* | Designare: *p. qlcu. presidente*. *4* (con la particella pron.) Prefiggersi come fine, come scopo: *proporsi una meta ragionevole*; *si è proposto di dimagrire*. *5* (*fig.*) †Esibire, offrire. **B** v. rifl. ● Offrirsi, dichiararsi disposto: *... e le si era timidamente, riverentemente proposto per marito* (FOGAZZARO). || PROV. L'uomo propone e Dio dispone.

proporzionàbile [1521] agg. ● (*raro*) Che si può mettere o può stare in proporzione. || **proporzionabilménte**, avv. (*raro*) In modo proporzionabile, con proporzione.

proporzionàle [vc. dotta, lat. tardo *proportionāle(m)*, da *propŏrtio*, genit. *proportiōnis* 'proporzione'; av. 1320] **A** agg. *1* Attinente alla proporzione, che è in proporzione: *la pensione è p. agli anni di servizio prestati* | ***Imposta p.***, quando l'aliquota resta costante, pur aumentando la base imponibile | (*polit.*) ***Sistema, rappresentanza p.***, o (*ellitt.*) ***il proporzionale***, sistema elettorale che attribuisce ai diversi partiti politici un numero di rappresentanti in proporzione a quello dei suffragi ottenuti (contrapposto al sistema *maggioritario*). *2* (*mat.*) Detto di grandezze che mantengono un rapporto costante | ***Direttamente p.***, detto di ciascuna delle due sequenze di numeri e/o grandezze, quando il rapporto fra due elementi corrispondenti è costante; (*est.*) anche in riferimento a entità non misurabili: *il successo raggiunto è* (*direttamente*) *p. al suo impegno* | ***Inversamente p.***, detto di ciascuna delle due sequenze di numeri e/o grandezze, quando il rapporto fra un elemento e l'inverso dell'elemento corrispondente è costante; (*est.*) anche in riferimento a entità non misurabili: *la trasparenza semantica di una parola è inversamente p. alla connotazione espressiva* (CALVINO) | ***Medio p.***, tra due numeri a e b il numero x tale che $a : x = x : b$. *3* †Proporzionato: *le proporzionali bellezze d'un angelico viso* (LEONARDO). || **proporzionalménte**, avv. Con proporzione, in modo proporzionato; nella stessa misura. SIN. Analogamente. **B** s. f. ● (*polit.*) Legge elettorale proporzionale: *votare con la p.*

proporzionalìsmo [1915] s. m. *1* Concezione politica favorevole al sistema elettorale proporzionale | Il sistema proporzionale stesso. *2* (*mus.*) Teoria e corrente musicale medievale sostenitrice del sistema di notazione mediante frazioni, detto proporzionale o mensurale.

proporzionalità [av. 1519] s. f. *1* Caratteristica di ciò che è proporzionale: *la p. della pena*. *2* (*mat.*) Sussistenza d'una proporzione.

proporzionàre [da *proporzione*; sec. XIV] v. tr. (*io proporzióno*) ● Ridurre qlco. in una misura tale da farle acquistare debita corrispondenza e con un'altra: *p. il vestito al corpo*; *p. la tassa al reddito*. SIN. Accordare, adeguare.

proporzionàto [av. 1311] part. pass. di *proporzionare*; anche agg. *1* Nel sign. del v. *2* Che ha convenienti proporzioni rispetto a un altro, o a più altri, elementi: *braccia proporzionate al corpo* | ***Corpo p.***, le cui parti armonizzano tra loro | (*est.*) Conforme, adeguato: *p. ai bisogni, alle esigenze*. CONTR. Difforme, smisurato, sproporzionato. *3* †Atto, acconcio, valevole. || **proporzionataménte**, avv. Con giusta proporzione, in modo proporzionato. SIN. Proporzionalmente.

proporzióne [vc. dotta, lat. *proportiōne(m)* 'rapporto, analogia', comp. di *prō* 'per, davanti' (V. *pro-* (*1*)) e *pŏrtio*, genit. *portiōnis* 'porzione'; av. 1292] s. f. *1* Rapporto di misura fra elementi che sono, comunque, legati fra loro: *la ricompensa è in p. al merito*; *aggiungere farina e acqua in p.* | Simmetria, distribuzione armonica delle varie parti di un tutto o delle parti rispetto al tutto: *p. fra le varie membra del corpo*; *la p. fra la luce e i colori di quest'immagine è perfetta*; *c'è poca p. tra la porta e la facciata* | ***In p.***, proporzionalmente, nella giusta misura, nella misura conveniente: *il lavoro deve essere pagato in p. al rischio* | ***In p. a***, in rapporto a: in proporzione all'età dovrebbe essere più maturo | ***Avere, non avere il senso delle proporzioni***, dare, non dare la giusta importanza alle cose; sapere, non sapere comportarsi convenientemente in determinate circostanze | ***Mancare di p.***, essere sproporzionato | (*raro*) ***Senza p.***, senza paragone, senza confronto | (*raro, lett.*) ***A p.***, proporzionalmente. SIN. Analogia, corrispondenza. **2** (*mat.*) Relazione fra quattro termini ordinati, stabilita in modo che il rapporto tra i primi due sia uguale al rapporto fra gli ultimi due (per es. 21:3 = 14:2). **3** (*mus.*) Nella tecnica mensurale, indicazione del valore delle note mediante frazioni. **4** (*med.*) Dose. **5** (*spec. al pl.*) Dimensione, estensione, grandezza (*anche fig.*): *occupare vaste proporzioni*; *le proporzioni della nostra casa*; *un fenomeno, un incendio di grandi proporzioni*.

†**proporzionévole** [av. 1320] **agg.** **1** Proporzionato. **2** Paragonabile. || †**proporzionevolménte**, **avv.**

propósi ● V. *proporre*.

propositìvo [vc. dotta, lat. tardo *propositīvu(m)*, da *propŏsitus*, part. pass. di *propōnere* 'proporre'] **agg.** ● Che fa proposte, che esprime proposte: *avere un atteggiamento p.* | ***Referendum p.***, V. *referendum*.

♦**propòsito** [vc. dotta, lat. *propŏsitu(m)*, nt. sost. di *propŏsitus*, part. pass. di *propōnere* 'proporre'; 1294] **s. m.** **1** Fermo proponimento, intenzione deliberata di fare qlco. o di seguire un dato comportamento: *perseverare nel p. di cambiare vita*; *smuovere qlcu. dal suo p.*; *era un p. eroico quello di voler correggersi di ogni difetto* (SVEVO) | ***Uomo, donna di p.***, fermi, risoluti, tenaci | ***Di p.***, apposta, con tutta l'intenzione: *l'ha fatto di p.* | (*est.*) Fine, scopo: *perdere tempo e scopo senza p.* SIN. Disegno, intendimento, progetto. **2** Tema, assunto, materia di un discorso: *tornando al nostro p.*; *a questo p. non possiamo pronunciarci*; *vorrei spiegazioni in p.* | ***A p. di***, quanto a, intorno a | ***A p.!***, escl. per introdurre un discorso o un argomento in una conversazione | ***Capitare, venire, giungere a p.***, nell'occasione, nel momento più adatto | ***Fuori di p.***, inopportuno, intempestivo | †***Tenere p. di***, conversare, discorrere.

propositóre [da *proposito*] **s. m.**; anche **agg.** (f. *-trice*) ● Chi (o Che) presenta una proposta o si fa promotore di un'iniziativa: *Efficace ... p. di quesiti e di problemi* (BACCHELLI).

proposizionàle [vc. dotta, da *proposizion(e)* con il suff. *-ale* (*1*); 1936] **agg.** ● Relativo alla proposizione | ***Calcolo p.***, in logica, sistema deduttivo basato sulle operazioni logiche di congiunzione, disgiunzione, implicazione e negazione.

proposizióne [vc. dotta, lat. *propositiōne(m)*, da *propŏsitus* 'proposto (2)'; 1308] **s. f.** **1** (*filos.*) Enunciato verbale di un giudizio. **2** (*ling.*) Unità elementare in cui si esprime un pensiero compiuto. SIN. Frase. **3** (*mat.*) Teorema solitamente d'importanza non primaria. **4** Nella retorica, inizio di scritto o poema con dichiarazione del tema affrontato. **5** †Proposito: *la mia bellezza fu cagione di rompere le mie proposizioni* (BOCCACCIO). || **proposizioncèlla**, **dim.**

♦**propósta** [f. sost. di *proposto* (*2*); av. 1292] **s. f.** **1** Atto del proporre: *fare una p. a qlcu.*; *avanzare una p.* | Ciò che viene presentato alla considerazione e alla decisione altrui: *accettare, respingere, rifiutare una p.*; *p. di impiego, di pace, di matrimonio* | ***P. di legge***, progetto di legge presentato da altri che non sia il Governo al Parlamento per la discussione ed eventuale approvazione | ***P. contrattuale***, atto giuridico con cui si inizia il procedimento diretto alla conclusione di un contratto. SIN. Offerta. **2** †Proposizione, argomento. **3** †Proposito, proponimento: *per novi pensier cangia p.* (DANTE *Inf.* II, 38).

propósto (**1**) **part. pass.** di *proporre*; anche **agg.** ● Nei sign. del v.

propósto (**2**) [lat. *propŏsitu(m)*, part. pass. di *propōnere* 'proporre'] **s. m.** **1** †Argomento, soggetto di ciò che viene proposto. **2** (*raro, lett.*) Proposito, deliberazione, intenzione.

†**propósto** (**3**) [sost. del precedente] **s. m.** **1** Prevosto, curato. **2** Capo, comandante.

propretóre [vc. dotta, lat. *propraetōre(m)*, comp. di *pro-* (*1*) e *praētor*, genit. *praetōris* 'pretore'; sec. XIV] **s. m.** ● Nel diritto romano, pretore a cui il senato ha prorogato di un anno la durata della carica affidandogli il governo di una provincia.

propretùra [da *propretore*, sul modello di *pretura-pretore*; 1970] **s. f.** ● Ufficio del propretore.

♦**proprietà** o (*pop.*) **propietà** [vc. dotta, lat. *proprietāte(m)*, da *prŏprius* 'proprio'; 1225 ca.] **s. f.** **1** Caratteristica particolare che distingue una cosa dalle altre o un essere dagli altri: *p. chimiche, fisiche, organolettiche di una sostanza*; *le p. medicinali delle erbe*; *la curiosità, p. connaturale dell'uomo* (VICO). **2** Diritto di godere e disporre di un bene in modo pieno ed esclusivo, entro i limiti e con l'osservanza degli obblighi stabiliti dalla legge: *azioni a difesa della p.*; *modi di acquisto della p.* | ***P. pubblica***, diritto dello Stato o di altri enti pubblici territoriali sui rispettivi beni demaniali | ***P. letteraria, artistica***, diritto patrimoniale d'autore | ***Nuda p.***, quella del soggetto che non è titolare del diritto di usufrutto. **3** Bene, mobile o immobile, che si possiede: *p. mobiliare, immobiliare*; *p. fondiaria*; *ha varie p. in campagna*. **4** (*est.*) Chi detiene la proprietà di un'azienda o sim.: *il sindacato ha chiesto un incontro con la p.* | Categoria dei proprietari, spec. terrieri: *piccola, media p.*; *O miracolo! ... la grande p. è sparita per un incanto* (PASCOLI). **5** Precisione di significato | Uso di parole o frasi appropriate: *esprimersi, parlare, con p.*, *senza p.* **6** Garbo, decoro, pulizia: *vestire con p.*; *la villeggiatura ... ha da essere da par nostro, grandiosa secondo il solito, e colla solita p.* (GOLDONI).

♦**proprietàrio** o (*pop.*) **propietàrio** [vc. dotta, lat. tardo *proprietāriu(m)*, da *propriĕtas*, genit. *proprietātis* 'proprietà'; sec. XIV] **A** **s. m.** **1** (f. *-a*) Chi ha la proprietà di qlco.: *il p. del libro, dell'automobile, della villa, dell'appartamento*. **2** Personaggio cui era concesso, spec. nel XVIII sec., il comando di reggimento o corpo a titolo onorifico e senza obblighi del servizio personale. **B** **agg.** **1** Relativo alla proprietà: *diritti proprietari*. **2** (*elab.*) Detto di prodotto informatico, software o hardware, proposto come standard da chi lo ha sviluppato e ne detiene i diritti.

♦**pròprio** o (*pop.*) **pròpio** [vc. dotta, lat. *prŏpriu(m)*, dalla locuzione *prō prīvo* 'a titolo privato' (V. *privo*); 1221] **A** **agg.** **1** Che è strettamente inerente e appartenente a una sola persona, una sola cosa o una classe di individui: *è p. dell'uomo amare la libertà* | Tipico, peculiare: *ha risposto con l'acume che gli è p.*; *è p. dei giovani essere entusiasti*; *aveva l'insensibilità allo squallore che è propria ai provinciali* (MORAVIA) | ***Senso p.***, di parole, frasi e sim., non estensivo né figurato | (*ling.*) ***Nome p.***, che si applica soltanto a un essere o a una cosa presi in particolare (per es., nomi di individui, di popoli, di città, di fiumi, ecc.) | (*astron.*) ***Moto p.***, il lentissimo spostamento di una stella sulla sfera celeste, che è funzione del suo vero moto nello spazio. **2** Personale, particolare (come raff. di agg. poss.): *agisce così per motivi suoi propri*; *ha idee sue proprie per l'avvenire*; *ci sono riusciti con le loro proprie forze*; *ha un sapore tutto suo p.*; *l'ho sentito con le mie proprie orecchie*. CFR. idio-. **3** Che esprime con esattezza quello che si propone di dire: *usare un linguaggio p.* | (con valore raff.) ***Vero e p.***, per sottolineare le caratteristiche del sost. che segue: *questo è un vero e p. errore*; *hai fatto una vera e propria cattiveria*. **4** (*disus.*) Che ha garbo, che mostra decoro e decenza: *persona molto propria*; *vestito p.* || **propriaménte**, **avv.** **1** Realmente, veramente: *lui propriamente non ne aveva colpa*; *a dire il vero*: *propriamente, non te lo so dire*; specificamente, particolarmente: *medicamento propriamente indicato contro l'emicrania*. **2** In senso proprio: *il vocabolo va inteso propriamente e non in senso traslato*; ***esprimersi, parlare, scrivere, esporre propriamente***, con proprietà di linguaggio; ***propriamente detto***, a rigore di termini, nella sua essenza: *la depressione propriamente detta può nuocere in molti casi*. **B** **avv.** **1** Precisamente, per l'appunto: *i fatti si sono svolti p. così*; *è arrivato p. adesso* | Veramente, davvero: *ora sto p. bene*; *è p. buono*; *le dice p. grosse*; *ma sei p. sicuro?*; *è p. lui?*; *non è p. il caso di insistere* | Come risposta affermativa per confermare e rafforzare quanto è stato detto: *'non è mai puntuale' 'p.!'*; *'allora avevo ragione io!' 'p.!'* **2** Affatto: *non ne ho p. voglia*; *non mi interessa p.*; *non lo credo p.*; *non sapeva p. cosa rispondere*. **3** †Propriamente, con proprietà di linguaggio. **C** **agg. poss.** di terza pers. sing. e pl. ● Indica possesso, appartenenza, peculiarità esclusive del sogg. e si usa al posto di 'suo' e 'loro', di preferenza quando il sogg. è un pron. indef., d'obbligo nelle espressioni impers.: *una madre darebbe la vita per i propri figli*; *ognuno deve ascoltare la propria coscienza*; *l'ha scritto di p. pugno*; *l'ha costruito con le sue proprie mani*; *ognuno è padrone in casa propria*. **D** **pron. poss.** di terza pers. sing. e pl. ● Suo, loro personale: *qui ci sono i libri, ognuno si riprenda il p.*; *è più facile vedere i difetti degli altri che i propri*. **E** **s. m.** solo **sing.** **1** Ciò che è di proprietà o di pertinenza della persona a cui ci si riferisce: *salvaguardare, perdere, il p.*; *avere del p.*; *rimetterci del p.* | Loc. avv. ***in p.***, di proprietà personale: *avere terreno in p.*; (*est.*) per conto proprio, senza dipendere da altri: *lavorare in p.*; *mettersi in p.*; *avere un negozio in p.*; (*fig.*) personalmente, assumendosi ogni responsabilità: *rispondere in p. di qualcosa*. **2** (*raro*) Carattere, elemento peculiare e distintivo: *il p. dell'ape è fare il miele*. **3** (*filos.*) Nella logica di Aristotele, il complesso dei caratteri che appartengono sempre e solamente a tutti gli elementi di una medesima classe. **4** Nella liturgia cattolica, parte del testo che integra quella comune e appartiene allo specifico rito che si celebra, principalmente nell'ordine del Messale Romano.

propriocettóre [ingl. *proprioceptor*, comp. del lat. *prŏprius* 'proprio' e dell'ingl. *(re)ceptor* 'recettore'] **s. m.** ● (*anat.*) Recettore atto a cogliere gli stimoli che si originano da organi interni, esclusi quelli cavi. CFR. Enterocettore, esterocettore.

propriocezióne [comp. del lat. *prŏpriu(m)* 'proprio' e *(re)cezione*, sul modello dell'ingl. *proprioception*] **s. f.** ● (*fisiol.*) Complesso delle funzioni dei recettori e dei centri nervosi che consentono l'acquisizione di informazioni sullo stato degli organi interni, con esclusione di quelli cavi. CFR. Enterocezione, esterocezione.

propugnàcolo [vc. dotta, lat. *propugnācŭlu(m)*, da *propugnāre* 'propugnare'; sec. XIV] **s. m.** ● (*lett.*) Fortezza, forte, bastione | (*fig., lett.*) Ciò che sta a difendere idee, istituzioni e sim.: *la concordia è il p. della nazione*. SIN. Difesa.

propugnàre [vc. dotta, lat. *propugnāre*, comp. di *prō* 'davanti, in difesa' (V. *pro-* (*1*)) e *pugnāre* 'combattere'; av. 1484] **v. tr.** ● (*raro, lett.*) Difendere combattendo | (*fig.*) Sostenere con forza e con impegno: *p. l'abolizione della schiavitù*.

propugnatóre [vc. dotta, lat. *propugnatōre(m)*, da *propugnātus*, part. pass. di *propugnāre* 'propugnare'; 1481] **agg.**; anche **s. m.** (f. *-trice*) ● (*raro*) Che (o Chi) propugna (*spec. fig.*).

propugnazióne [vc. dotta, lat. *propugnatiōne(m)*, da *propugnātus*, part. pass. di *propugnāre* 'propugnare'; 1630] **s. f.** ● (*raro*) Difesa, salvaguardia.

propulsàre [vc. dotta, lat. *propulsāre*, comp. di *prō* 'avanti' (V. *pro-* (*1*)) e *pulsāre* 'spingere'; av. 1429] **v. tr.** **1** (*raro, lett.*) Ricacciare indietro: *le vie e i modi di propulsar le eresie* (SARPI). SIN. Respingere, rintuzzare, scacciare. **2** (*tecnol.*) Determinare una propulsione.

propulsatóre [vc. dotta, lat. *propulsatōre(m)*, da *propulsātus*, part. pass. di *propulsāre* 'propulsare'; av. 1429] **agg.**; anche **s. m.** (f. *-trice*) ● (*raro*) Che (o Chi) respinge.

propulsióne [fr. *propulsion*, dal lat. *propŭlsus*, part. pass. di *propĕllere* 'propellere'; 1611] **s. f.** **1** Sistema atto a imprimere a un corpo la forza necessaria a vincere le resistenze che si oppongono al moto: *p. aerea, navale*; *p. a elica, a getto, a razzo*. **2** (*fig.*) Spinta per realizzare un avanzamento, uno sviluppo e sim., spec. nell'ambito economico: *il nuovo insediamento darà p. al turismo locale*.

propulsìvo [fr. *propulsif*, dal lat. *propŭlsus*, part. pass. di *propĕllere* 'propellere'; 1895] **agg.** ● Che determina, trasmette una propulsione: *spinta propulsiva*.

propùlso **part. pass.** di *propellere*; anche **agg.** ● Nel sign. del v.

propulsóre [fr. *propulseur*, dal lat. *propŭlsus*,

part. pass. di *propèllere* 'propellere'; 1859] **A s. m.** *1* Apparato che comunica a un veicolo la spinta necessaria per ottenere il suo moto. *2* (*antrop.*) Strumento destinato a lanciare armi da getto, quali giavellotti, lance e frecce, con maggiore forza e a maggiore distanza che a mano. *3* (*raro, fig.*) Chi (o ciò che) dà una spinta in avanti: *fu lui il vero p. di quel movimento artistico.* **B** anche **agg. m.**: *centro p.*

propulsòrio [1940] **agg.** ● Propulsivo.

proquestóre [vc. dotta, lat. *prō quaestōre* 'al posto del questore'; 1745] **s. m.** ● Nell'antica Roma, vicario del questore.

proquestùra [1970] **s. f.** ● Ufficio, dignità e sede del proquestore.

proquòio ● V. *procoio*.

pròra [vc. dotta, lat. *prōra(m)*, nom. *prōra*, dal gr. *prôira*, da *pró* 'davanti' (V. *pro-* (*2*)); 1313] **s. f.** *1* Nel linguaggio della marina militare e in quello letterario, prua. *2* (*fig., lett.*) Nave: *degli Achivi era Crise alle veloci / prore venuto a riscattar la figlia* (MONTI).

pro ràta [lat. *pro rata* 'secondo la parte stabilita', attrav. il fr. *prorata*] **loc. avv.** e **agg. inv.** ● In proporzione, proporzionalmente, detto di calcoli finanziari in cui si ripartisce una determinata grandezza, gener. un debito o un credito, in proporzione a un periodo di tempo o a un'altra grandezza di riferimento.

proravìa [comp. di *prora* e *via*; 1866] **s. f.** ● (*mar.*) Pruavia.

prorettóre [comp. di *pro-* (*1*) e *rettore*; av. 1519] **s. m.** (f. *-trice*) ● Chi fa le veci del rettore.

pròroga [da *prorogare*; av. 1600] **s. f.** ● Differimento, prolungamento, dilazione: *una p. di cinque giorni.* **CONTR.** Anticipazione.

prorogàbile [1673] **agg.** ● Che si può prorogare: *scadenza p.* **CONTR.** Improrogabile.

prorogabilità [1963] **s. f.** ● (*bur.*) Condizione di ciò che è proprogabile. **CONTR.** Improrogabilità.

prorogàre [vc. dotta, lat. *prorogāre*, propr. 'proporre, chiedere al popolo una proroga di poteri in favore di qualcuno', comp. di *prō* 'avanti' (V. *pro-* (*1*)) e *rogāre* 'chiedere'; 1309] **v. tr.** (*io pròrogo, tu pròroghi*) ● Differire, rimandare una scadenza: *p. l'iscrizione ai corsi.* **SIN.** Rinviare. **CONTR.** Anticipare.

prorogàtio /*lat.* proro'gatstsjo/ [vc. lat., propr. 'prorogazione'; 1985] **s. f. inv.** (pl. lat. *prorogationes*) ● (*dir.*) Istituto in base al quale un organo rimane in carica, dopo la conclusione del suo mandato, fino a quando non viene nominato il successore: *consiglio di amministrazione in regime di p.*

prorogàto **part. pass.** di *prorogare*; anche **agg.** ● Nel sign. del v.

prorogazióne [vc. dotta, lat. *prorogatiōne(m)*, da *prorogātus* 'prorogato'; 1309] **s. f.** ● (*raro*) Proroga.

prorompènte [1300 ca.] **part. pres.** di *prorompere*; anche **agg.** ● Che prorompe | (*fig.*) Incontenibile: *una gioia, un entusiasmo, una vitalità p.* ‖ **prorompentemènte**, **avv.**

prorómpere [lat. *prorŭmpere*, comp. di *pro-* 'davanti' (V. *pro-* (*1*)) e *rŭmpere* 'rompere'; 1300 ca.] **v. intr.** (coniug. come *rompere*; aus. *avere*) *1* (+ *da*) Uscire con impeto, con violenza: *il torrente proruppe dagli argini.* *2* (assol.; + *in*) (*fig.*) Manifestarsi con forza e all'improvviso: *l'odio lungamente represso proruppe incontenibile* | Lasciarsi andare, erompere, sbottare: *prorompe inconsideratamente nella richiesta d'una vendetta* (METASTASIO); *gli altri tre prorompevano in una fragorosa risata* (PIRANDELLO) | ***P. in lacrime***, scoppiare in pianto con impeto.

prorompiménto [1683] **s. m.** ● (*raro*) Il prorompere (*anche fig.*) | (*lett.*) Impeto d'ira.

prorótto **part. pass.** di *prorompere*; anche **agg.** ● (*raro, lett.*) Uscito, venuto fuori.

prorùppi ● V. *prorompere*.

pròsa [vc. dotta, lat. *prōsa(m ōratiōnem)* 'discorso scritto in linea retta', f. sost. di *prōsus*, var. di *prōrsus* 'che va in linea retta', da un precedente **prōvērsus* 'diretto in avanti', comp. di *prō* 'avanti' (V. *pro-* (*1*)) e *vērsus*, part. pass. di *vērtere* 'volgere' (V. *versione*); 1294] **s. f.** *1* Forma di espressione linguistica non sottomessa alle regole della versificazione: *p. letteraria, epistolare, oratoria; p. scientifica, tecnica; p. chiara, elegante, forbita, ampollosa, armoniosa* | ***P. d'arte***, componimento prosastico condotto con la massima cura stilistica | ***P. rimata***, intarsiata con cadenze studiate e artifici poetici | ***P. poetica***, che arieggia i modi della poesia. *2* (*est.*) Opera scritta in prosa: *le prose del Tasso, dell'Alfieri* | Complesso di opere in prosa: *la p. italiana del Novecento; leggere della p.* | ***Teatro di p.***, (*assol.*) ***prosa***, il teatro recitato (in contrapposizione al *teatro lirico*): *amare la p.; stagione di p.* *3* (*fig.*) Ciò che appare materiale e meschino, troppo legato alle esigenze quotidiane: *la p. della vita; la p. della realtà di ogni giorno.* *4* (*relig.*) Tipo di sequenza. ‖ **prosàccia**, **pegg.** | **proserèlla**, **dim.** | **prosétta**, **dim.** | **prosìna**, **dim.**

prosaicìsmo [comp. di *prosaic(o)* e *-ismo*; 1882] **s. m.** ● (*lett.*) Carattere prosaico, sciatto.

prosaicità [da *prosaico*; 1823] **s. f.** *1* Caratteristica di ciò che è prosaico. *2* (*fig.*) Banalità della vita quotidiana o di ciò che appare meschino e materiale.

prosàico [vc. dotta, lat. tardo *prosăicu(m)*, da *prōsa* 'prosa'; 1294] **agg.** (pl. m. *-ci*) *1* (*raro*) Concernente la prosa: *scritti prosaici.* *2* (*fig.*) Che è alieno da poesia e da sentimentalità: *un discorso p.* | (*fig.*) Di chi manca di idealità e pensa solo alle necessità della vita: *uomo p.* **SIN.** Volgare. ‖ **prosaicamènte**, **avv.** In modo prosaico e volgare.

prosàpia [vc. dotta, lat. *prosāpia(m)*, da una radice indeur. che significa 'fecondare'; 1336 ca.] **s. f.** ● (*lett.*) Stirpe, schiatta, lignaggio: *p. nobile, illustre, reale.*

prosàre [da *prosa*; 1525] **v. intr.** (*io pròso*; aus. *avere*) *1* (*raro*) Scrivere in prosa. *2* †Parlare con prosopopea.

prosasticità [av. 1698] **s. f.** ● Caratteristica, tono di ciò che è prosastico.

prosàstico [da *prosa*, sul modello di *scolastico*; av. 1698] **agg.** (pl. m. *-ci*) *1* Scritto in prosa: *le opere prosastiche del Foscolo.* *2* Che ha il tono dimesso della prosa, detto spec. di versi o poesie. ‖ **prosasticamènte**, **avv.**

prosatóre [da *prosare*; 1525] **s. m.** (f. *-trice*) ● Scrittore in prosa: *i prosatori del Novecento inglese.*

proscènio [vc. dotta, lat. *proscăeniu(m)*, dal gr. *proskḗnion*, comp. di *pró* 'davanti' (V. *pro-* (*2*)) e *skēnḗ* 'tenda, scena, palcoscenico' (V. *scena*); av. 1494] **s. m.** ● Parte anteriore del palcoscenico, compresa fra l'arco scenico e l'orchestra | ***Chiamare al p. l'autore***, alla ribalta per applaudirlo | ***Palchi di p.***, quelli estremi del semicerchio teatrale che danno sul palcoscenico. **SIN.** Avanscena.

Proscìmmie [comp. di *pro-* (*2*) e il pl. di *scimmia*; 1883] **s. f. pl.** (sing. *-a*) ● Nella tassonomia animale, sottordine di Mammiferi dei Primati con grandi occhi, dita con unghie piatte o artigli, arboricoli, notturni (*Prosimiae*). **SIN.** Lemuroidei.

prosciògliere o †**prosciòrre** [lat. *persŏlvere* 'sciogliere interamente' (comp. di *pĕr* intens. e *sŏlvere* 'sciogliere'), con cambio di pref.; sec. XIII] **v. tr.** (coniug. come *sciogliere*) *1* Sciogliere, liberare da impedimenti o impegni: *p. qlcu. da un obbligo, un giuramento* | (*lett.*) P. dal peccato, assolvere. *2* (*dir.*) Nel processo penale, emanare nei confronti di un imputato una sentenza di proscioglimento.

†**prosciogligióne** **s. f.** ● Proscioglimento, assoluzione.

proscioglimènto [sec. XIV] **s. m.** *1* Il prosciogliere. **SIN.** Liberazione | (*lett.*) Perdono, assoluzione. *2* (*dir.*) Nel processo penale, dichiarazione di non doversi procedere nei confronti dell'imputato emessa con sentenza istruttoria o dibattimentale.

prosciòlto **part. pass.** di *prosciogliere*; anche **agg.** ● Nei sign. del v.

†**prosciòrre** ● V. *prosciogliere*.

prosciugaménto [1779] **s. m.** ● Il prosciugare, il prosciugarsi: *il p. delle paludi; il p. del lago è avvenuto in tre mesi.*

prosciugàre [da *asciugare*, con cambio di pref.; 1550] **A v. tr.** (*io prosciùgo, tu prosciùghi*) ● Rendere asciutto, liberando dall'acqua: *p. terreni* | (*fig.*) Svuotare del tutto, spec. di denaro o sim.: *ha prosciugato le tasche dei genitori.* **B v. intr. pron.** *1* Diventare asciutto, perdendo l'umidità: *i muri si sono prosciugati rapidamente.* *2* (*fig., lett.*) Dimagrire | (*fig., lett.*) Inaridire, affievolirsi: *La vita in lui si prosciugava* (PAVESE).

prosciugàto **part. pass.** di *prosciugare*; anche **agg.** ● Nei sign. del v.

prosciuttàto [1726] **agg.** ● Preparato nello stesso modo del prosciutto | Lardellato di prosciutto.

♦**prosciùtto** o (*sett.*) **persùtto**, (*tosc.*) **presciùtto** [da *asciutto*, con cambio di pref.; sec. XIV] **s. m.** ● Coscia di maiale, salata e fatta seccare: *p. crudo, cotto, affumicato; antipasto di p. e melone* | (*scherz.*) ***Orecchi foderati di p.***, quelli di chi non sente o non vuole sentire | Prodotto analogo ottenuto con la carne di altri animali: *p. di cervo, di capriolo, di cinghiale.*

proscrìtto [av. 1375] **A part. pass.** di *proscrivere*; anche **agg.** ● Nei sign. del v. | (*lett.*) Vietato. **B s. m.** (f. *-a*) *1* Nell'antica Roma, persona colpita da proscrizione. *2* Esule.

proscrittóre [vc. dotta, lat. *proscriptōre(m)*, da *proscrīptus* 'proscritto'] **s. m.** (f. *-trice*) *1* (*raro*) Autore di proscrizioni. *2* (*lett., est.*) Chi bandisce, caccia.

proscrìvere [vc. dotta, lat. *proscrībere* 'far noto, annunziare, proclamare', comp. di *prō* 'davanti' (V. *pro-* (*1*)) e *scrībere* 'scrivere'; av. 1375] **v. tr.** (coniug. come *scrivere*) *1* Colpire con proscrizione: *p. un cittadino; Mario e Silla proscrissero i loro nemici.* *2* (*est.*) Esiliare, bandire: *p. i ribelli, i rivoltosi.* *3* (*fig.*) Abolire, vietare: *p. certe idee.*

proscrizióne [vc. dotta, lat. *proscriptiōne(m)*, da *proscrīptus* 'proscritto'; av. 1332] **s. f.** *1* Originariamente, nell'antica Roma, pubblico avviso di vendita all'incanto dei beni di un debitore | In seguito, qualsiasi pena, spec. l'esilio, che implicava per il cittadino romano la confisca e la vendita dei beni | ***Lista di p.***, elenco di persone proscritte: *le liste di p. di Mario, di Silla.* *2* (*est.*) Esilio, bando. *3* (*fig.*) Abolizione, divieto: *la p. di un'iniziativa.*

prosécco [dalla località di *Prosecco* (Trieste), di dove è originario; 1662] **s. m.** (pl. *-chi*) ● Pregiato vino bianco secco, di color giallo paglierino, dal profumo fresco e dal sapore spesso fruttato, prodotto dal vitigno omonimo spec. sulle colline del Trevigiano; anche nei tipi frizzante e spumante per mezzo della fermentazione naturale.

prosecutìvo (o **-s-**) [dal lat. *prosecūtus*, part. pass. di *prōsequi* 'proseguire'] **agg.** ● (*raro*) Atto a proseguire | Che serve alla prosecuzione.

prosecutóre (o **-s-**) [dal lat. *prosecūtu(m)*, part. pass. di *prōsequi* 'proseguire'] **s. m.** (f. *-trice*) ● Chi porta avanti qlco. iniziata da altri prima di lui. **SIN.** Continuatore.

prosecuzióne (o **-s-**) [vc. dotta, lat. tardo *prosecutiōne(m)*, da *prosecūtus*, part. pass. di *prōsequi* 'proseguire'; av. 1363] **s. f.** ● Continuazione: *la p. della causa* | (*est.*) Ciò che costituisce il seguito di qlco.: *la p. di una galleria, di una strada.*

proseggiàre [av. 1651] **v. intr.** (*io prosèggio*; aus. *avere*) ● (*lett.*) Scrivere in prosa | Impiegare stile e modi tipici della prosa.

prosegretàrio [comp. di *pro-* (*1*) e *segretario*] **s. m.** (f. *-a*) ● Vicesegretario.

proseguiménto [1643] **s. m.** ● Prosecuzione ulteriore: *il p. del libro, dell'impresa* | ***Buon p.!***, buon seguito, buona continuazione.

♦**proseguìre** [lat. *prōsequi*, comp. di *prō* 'avanti' (V. *pro-* (*1*)) e *sĕqui* 'seguire'; 1300 ca.] **A v. tr.** (*io proséguo*) *1* Seguitare, continuare: *p. il cammino; p. gli studi.* *2* †Perseguire. **B v. intr.** (aus. *avere* riferito a persona, *essere* o *avere* riferito a cose) (assol.; + *a* seguito da inf.; + *in* seguito da sost.) ● Procedere, andare avanti: *per i troppi ostacoli, non hanno proseguito; p. a trattare, a cercare un'intesa* | Persistere: *p. negli studi.*

†**proseguitàre** [sovrapposizione di *seguitare* a *proseguire*] **A v. tr.** ● Seguitare, proseguire. **B v. intr.** ● Persistere, insistere.

proseguìto **part. pass.** di *proseguire*; anche **agg.** ● Nei sign. del v.

proséguo ● V. *prosieguo*.

prosèlite ● V. *proselito*.

proselitìsmo [fr. *prosélytisme*, da *prosélyte* 'proselito', col suff. *-isme* '-ismo'; 1774] **s. m.** ● L'attività di chi fa e cerca di fare proseliti.

proselitìsta [1940] **s. m.** e **f.** (pl. m. *-i*) ● (*raro*) Chi fa proseliti a un'idea: *fanatico professante le idee del secolo e p. d'irreligione* (BACCHELLI).

prosèlito o (*raro*) **prosèlite** [vc. dotta, lat. tardo *prosēlytu(m)*, nom. *prosēlytus*, dal gr. *prosḗlytos* 'sopravvenuto, forestiero', poi 'proselito, convertito', comp. di *prós* 'verso, oltre' ed *elyt-* 'venire, provenire', di etim. incerta; av. 1292] **s. m.** (f. *-a*) ● Chi da poco si è convertito a una religione o ha abbracciato le idee di una dottrina o di un partito: *fare proseliti; i proseliti del socialismo.*

prosencèfalo [comp. del gr. *prós* 'verso, davanti' ed *encefalo*; 1930] **s. m.** ● (*anat.*) La parte più craniale dell'encefalo primitivo, da cui derivano il telencefalo e il diencefalo.

prosènchima [dal gr. *prós* 'davanti, verso' sul modello di *parenchima*; 1841] **s. m.** (**pl.** *-i*) ● (*bot.*) Tessuto di sostegno costituito da fibre molto allungate e resistenti, incastrate le une nelle altre.

prosettóre [vc. dotta, lat. tardo *prosectōre(m)*, da *prosĕctus*, part. pass. di *prosecāre* 'tagliare davanti', comp. di *prō* 'davanti' (V. *pro-* (*1*)) e *secāre* 'tagliare' (V. *secare*); 1883] **s. m.** (**f.** *-trice*) ● Chi è incaricato di sezionare i cadaveri e preparare i pezzi per i docenti e gli studiosi di anatomia.

prosièguo (o **-siè-**), (*raro*) **proséguo** [da *proseguire*; 1848] **s. m.** ● (*bur.*) Proseguimento, seguito | ***In p. di tempo***, in seguito, poi.

prosillogismo [vc. dotta, lat. tardo *prosyllogī-smu(m)*, nom. *prosyllogĭsmus*, dal gr. *prosyllogismós*, comp. di *pró* 'davanti' (V. *pro-* (*2*)) e *syllogismós* 'sillogismo'] **s. m.** ● Sillogismo la cui conclusione funge da premessa a un altro sillogismo.

prosindaco [comp. di *pro-* (*1*) e *sindaco*; 1920] **s. m.** (**f.** *-a*; **pl. m.** *-ci*) ● Assessore comunale che, per l'assenza e, gener., per l'indisponibilità del sindaco, esercita, su delega di questo, alcune sue funzioni limitate e temporanee | Vicesindaco, in alcuni comuni: *il p. di Roma*.

prosinodàle [comp. di *pro-* (*1*) e *sinodale*; 1871] **agg.** ● Che ha gli stessi caratteri di sinodo o lo sostituisce: *adunanza p.*

pròsit [terza pers. congv. pres. di *prodĕsse* 'giovare' (V. *prode*); 1871] **inter.** *1* Esprime formula augurante la fruizione spirituale del sacrificio della messa, che si fa al sacerdote dopo la celebrazione. *2* Esprime augurio e si usa spec. nei brindisi. **SIN.** Salute!

Prosobrànchi [comp. del gr. *prósō* 'davanti' e *branchi(a)*] **s. m. pl.** (**sing.** *-io*) ● Nella tassonomia animale, sottoclasse di Molluschi dei Gasteropodi dotati di conchiglia esterna (*Prosobranchia*).

prosodia [vc. dotta, lat. *prosōdia(m)*, nom. *prosōdia*, dal gr. *prosōidía*, comp. di *prós* 'accanto, verso' e *ōidḗ* 'canto' (V. *ode*); 1598] **s. f.** *1* Nella metrica classica, insieme di regole relative alla quantità delle sillabe | Nelle lingue moderne, le regole relative all'accentazione dei versi. *2* (*ling.*) Studio delle caratteristiche di una lingua relative ad accento, tono, intonazione, quantità.

prosòdico o **prosodìaco** [1803] **agg.** (**pl. m.** *-ci*) ● Che si riferisce alla prosodia. || **prosodicaménte**, **avv.** Per quanto si riferisce alla prosodia.

prosòdio [vc. dotta, gr. *prosódion* (*mélos*) '(canto) di processione', da *prósodos* 'processione', comp. di *prós* 'verso' e *odós* 'strada' (V. *odeporico*); 1933] **s. m.** ● Canto corale di processione.

prosodista [1871] **s. m. e f.** (**pl. m.** *-i*) ● Studioso di prosodia, di metrica.

pro solùto [dalla loc. lat. *cĕssio prō solūto* 'cessione (di un credito) come pagato'] **loc. agg. inv.** ● (*dir.*) Detto di ciò che si considera pagato anche se l'effettivo pagamento deve ancora aver luogo | ***Cessione pro soluto***, trasferimento di un credito in pagamento.

pro solvèndo [dalla loc. lat. *cĕssio prō solvĕndo* 'cessione (di un credito) come pagabile'] **loc. agg. inv.** ● (*dir.*) Detto di ciò che dovrà, in futuro, essere pagato da un terzo | ***Cessione pro solvendo***, trasferimento di un credito con liberazione del cedente al momento della riscossione dello stesso da parte del cessionario.

prosóne [da *prosare*] **s. m.** *1* (*scherz.*) †Chi scrive e parla con presunzione. *2* (*lett.*) Testo o stile prolisso, ampolloso.

†**prosontuóso** e *deriv.* ● V. *presuntuoso* e *deriv.*

prosopoagnosìa o **prosopagnosìa** [comp. delle vc. gr. *prósōpon* 'volto, persona' e *agnōsía* 'non (*a-*) (ri)conoscimento (*gnósis*)'; 1989] **s. f.** ● (*med.*) Incapacità di riconoscere persone note in base alla loro fisionomia.

prosopografìa [comp. del gr. *prósōpon* 'volto' (comp. di *prós* 'davanti' di una radice indeur. che significa 'vedere'), e *-grafia*; av. 1750] **s. f.** *1* (*ling.*) Descrizione della figura esteriore della persona: *biondo era e bello e di gentile aspetto, / ma l'un de' cigli un colpo avea diviso* (DANTE *Purg.* III, 107-108). *2* Raccolta iconografica di personaggi celebri di epoche passate.

prosopopèa [vc. dotta, lat. *prosopopōeia(m)*, nom. *prosopopōeia*, dal gr. *prosōpopoiía* 'personificazione', da *prosōpopoiêin* 'personificare', comp. di *prósōpon* 'volto' (V. *prosopografia*) e *poiêin* 'fare' (V. *poeta*); 1308] **s. f.** *1* Figura retorica che consiste nel rappresentare come persone vive e parlanti cose inanimate, concetti o entità astratte: *Vieni a veder la tua Roma che piagne / vedova e sola, e dì e notte chiama* (DANTE *Purg.* VI, 112-114). **SIN.** Personificazione. *2* (*fig.*) Aria di gravità e solennità eccessive: *la p. dei pedanti* | ***Con p.***, con gravità presuntuosa e ridicola. **SIN.** Boria.

prosopopèico [av. 1646] **agg.** (**pl. m.** *-ci*) ● Di prosopopea.

prospaltèlla [vc. del lat. scient.: comp. di *pros-* (V. *pro-* (*2*)) e del gr. *paltós* 'lanciato', da *pállein* 'lanciare', di etim. incerta (?); 1930] **s. f.** ● Piccolo insetto imenottero, utile perché parassita della cocciniglia del gelso (*Prospaltella berlesei*).

prosperaménto [sec. XVIII] **s. m.** ● (*lett.*) Fiorente sviluppo.

prosperàre [vc. dotta, lat. *prosperāre*, da *prŏsperus* 'prospero'; 1336 ca.] **A v. intr.** (*io pròspero*; aus. *avere*) ● Crescere in modo sempre più soddisfacente: *è un'attività che prospera* | Essere prospero, crescere rigogliosamente: *in questa regione prospera la vite* | ***P. in salute***, essere sano, stare bene. **B v. tr.** ● (*lett.*) Rendere prosperoso | (*raro*) Favorire: *che il Signore vi prosperi*.

†**prosperazióne** **s. f.** ● Atto, effetto del prosperare.

†**prosperévole** [sec. XIII] **agg.** *1* Prospero, favorevole, propizio. *2* Vigoroso, robusto. || †**prosperevolménte**, **avv.** Prosperamente.

prosperità [vc. dotta, lat. *prosperitāte(m)*, da *prŏsperus* 'prospero'; sec. XII] **s. f.** ● Stato, condizione di chi (o di ciò che) è prospero: *augurare salute e p.*; *nella p. tutti sono amici* | ***La p. della nazione***, il suo benessere economico. **SIN.** Agiatezza, benessere, floridezza. **CONTR.** Indigenza, povertà.

pròspero (**1**) [vc. dotta, lat. *prŏsperu(m)*, comp. di *prō* 'davanti' (V. *pro-* (*1*)) e una radice indeur. che significa 'abbondante'; sec. XIII] **agg.** *1* Che procede nel modo migliore, apportando benessere, agiatezza, salute e sim.: *un p. commercio*; *tempi prosperi*; *condizioni prospere*; *è stata una prospera annata per l'agricoltura*. **SIN.** Fiorente, florido. *2* (*est.*) Favorevole, felice: *un p. evento*; *sorte, fortuna, prospera* | ***Vento p.***, favorevole. **SIN.** Propizio. *3* (*lett.*) Prosperoso, formoso. || **prosperaménte**, **avv.** Con prosperità.

pròspero (**2**) [da *fosforo* con accostamento pop. al n. proprio *Prospero*] **s. m.** ● (*rom.*, *merid.*) Fiammifero, zolfanello: *gli chiedevano … il suo ultimo p.: per accendere … la loro ultima cicca* (GADDA).

prosperosità [av. 1375] **s. f.** ● (*raro*) L'essere prosperoso.

prosperóso [da *prospero*; av. 1292] **agg.** *1* Prospero, felice: *una regione prosperosa*. *2* Florido, robusto, fiorente: *una ragazza prosperosa*. || **prosperosaménte**, **avv.**

prospettàre [vc. dotta, lat. *prospectāre*, intens. di *prospĭcere* 'guardare innanzi' (V. *prospetto*); av. 1547] **A v. tr.** (*io prospètto*) *1* (*raro*) Guardare davanti, avere di fronte, spec. con riferimento a edifici: *il museo prospetta una piazza*. *2* (*fig.*) Mostrare, esporre: *p. le circostanze, la situazione, un'ipotesi*. **B v. intr.** (aus. *essere*) ● Affacciarsi su un luogo: *il giardino prospetta sul lago*. **C v. intr. pron.** ● Profilarsi, mostrarsi in un dato aspetto: *la situazione si prospettava difficile*.

prospettazióne [da *prospettato*, part. pass. di *prospettare*; 1950] **s. f.** ● (*raro*) Presentazione di una questione, un'ipotesi, un problema e sim.

prospèttico [da *prospett(iva)*; sec. XVI] **agg.** (**pl. m.** *-ci*) ● Di prospettiva: *effetto p.* | ***Errore p.***, (*fig.*) previsione errata. || **prospetticaménte**, **avv.** In prospettiva: *giudizio prospetticamente errato*.

prospettìva [f. sost. di *prospettivo*; 1308] **s. f.** *1* Rappresentazione piana d'una figura spaziale, che riproduce la visione che della figura ha un osservatore in una certa posizione | ***P. lineare***, che rappresenta nel disegno le tre dimensioni con sole linee | ***P. aerea***, che nel disegno tiene conto, mediante ombreggiature, delle variazioni dell'intensità della luce e della distanza dei corpi | ***P. cromatica***, quella realizzata mediante la variazione delle tonalità dei colori | ***In p.***, secondo le regole della prospettiva; (*fig.*) in un futuro più o meno lontano: *i fatti / in p. sono appena cenere* (MONTALE). *2* Disegno in prospettiva: *le prospettive di Piero della Francesca*. *3* Veduta, panorama: *quella cima offre una larga p. della vallata*. *4* (*fig.*) Punto di vista, modo di vedere qualcosa: *in una p. ecologica* | ***Errore di p.***, di valutazione. *5* (*fig.*) Previsione, possibilità: *la p. di una promozione è vana*; *quella che mi dici nòn è una p. allettante* | (*spec. al pl.*) Possibilità di futuri e positivi sviluppi: *è una situazione senza prospettive*.

prospettìvo [vc. dotta, lat. tardo *prospectīvu(m)*, da *prospĕctus* 'prospetto'; 1515] **agg.** ● (*raro*) Che concerne la prospettiva.

prospètto [vc. dotta, lat. *prospĕctu(m)*, da *prospĕctus*, part. pass. di *prospĭcere* 'guardare innanzi', comp. di *prō* 'davanti' (V. *pro-* (*1*)) e *spĭcere* 'guardare' (V. *rispetto*); av. 1460] **s. m.** *1* Rappresentazione grafica in proiezione ortogonale verticale delle parti in vista di una costruzione. *2* Veduta di ciò che sta davanti a chi guarda: *la varietà dei prospetti montani* | ***P. scenico***, parte della sala teatrale che sta fra la platea e il palcoscenico vero e proprio, comprendente il proscenio, l'orchestra, la bocca d'opera e l'arco scenico | ***Guardare di p.***, mettendosi di fronte all'oggetto. *3* Ciò che sta di fronte: *il p. di una villa*. **SIN.** Facciata, fronte, visuale. *4* Tabella, specchietto riassuntivo: *il p. del movimento di un porto*; *il p. delle lezioni*; *p. informativo*.

prospettóre [ingl. *prospector*, dal lat. tardo *prospĕctor*, nom., propr. 'che guarda avanti', da *prospĕctus*, part. pass. di *prospĭcere* 'guardare avanti' (V. *prospetto*); 1932] **s. m.** (**f.** *-trice*) ● Chi esegue ricerche minerarie sul terreno.

prospezióne [ingl. *prospection*, dal lat. tardo *prospectiōne(m)* (che aveva però il sign. di 'previdenza'), da *prospĕctus*, part. pass. di *prospĭcere* 'guardare avanti' (V. *prospetto*); 1935] **s. f.** ● Esplorazione del sottosuolo condotta con vari metodi, avente come scopo la ricerca di giacimenti minerari, lo studio delle caratteristiche delle rocce, della sismicità del sottosuolo, e sim.: *p. elettrica, geochimica, geofisica, magnetica, sismica*.

prospiciènte o (*raro*) **prospicènte** [vc. dotta, lat. *prospiciĕnte(m)*, part. pres. di *prospĭcere* 'guardare innanzi' (V. *prospetto*); 1835] **agg.** ● Che dà, guarda, è volto verso un luogo: *una casa p. il giardino* (anche, più raro, *al* o *sul* giardino); *i balconi sono prospicienti la montagna*.

prossèmica [ingl. *proxemics*, termine dotto coniato da E. T. Hall con l'elemento gr. *séma* 'segno'; 1968] **s. f.** ● (*sociol.*) In semiologia, studio dell'uso che l'uomo fa dello spazio, frapponendo distanze fra sé e gli altri per avvicinarli o allontanarli nei rapporti quotidiani e nella strutturazione degli spazi abitativi e urbani.

prossenèta [vc. dotta, lat. *proxenēta(m)*, nom. *proxenēta*, dal gr. *proxenētḗs*, da *proxenêin* 'ospitare', da *próxenos* 'che ospita', comp. di *pró* 'davanti' (V. *pro-* (*2*)) e *xénos* 'straniero, forestiero, ospite' (V. *xenofobia*); 1433] **s. m.** (**pl.** *-i*) ● (*lett.*) Sensale, mezzano | (*spreg.*) Ruffiano.

prossenètico [vc. dotta, lat. tardo *proxenēticu(m)*, da *proxenēta* 'prosseneta'; 1966] **s. m.** (**pl.** *-ci*) ● (*lett.*) Regalo, compenso per la mediazione.

prossenetìsmo [1950] **s. m.** ● (*lett.*) Atto, contegno da prosseneta | (*spreg.*) Lenocinio.

pròsseno [vc. dotta, gr. *próxenos*. V. *prosseneta*; 1841] **s. m.** ● Nell'antica Grecia, cittadino influente che aveva l'incarico di fornire ospitalità e tutela agli inviati delle città amiche.

prossimàle [da *prossimo*; 1950] **agg.** ● (*anat.*) Più vicino all'asse mediano del corpo.

†**prossimàno** [da *prossimo*; sec. XIII] **agg.**; anche **s. m.** (**f.** *-a*) *1* Prossimo, vicino. *2* Congiunto, parente. || †**prossimanaménte**, **avv.** Prossimamente.

†**prossimàre** [vc. dotta, lat. *proximāre*, da *prŏximus* 'prossimo'] **A v. tr.** ● Approssimare, avvicinare. **B v. intr. pron.** ● Approssimarsi.

prossimità [vc. dotta, lat. *proximitāte(m)*, da *prŏximus* 'prossimo'; av. 1292] **s. f.** ● Grande vicinanza, nello spazio o nel tempo: *la p. della Luna alla Terra*; *la p. di un avvenimento* | ***In p. di***, nelle vicinanze: *la casa si trova in p. del paese*; *in p. delle feste natalizie*.

♦**pròssimo** [vc. dotta, lat. *prŏximu(m)*, superl. di **prŏque*, forma originaria di *prŏpe* 'vicino' (V. †*prope*); 1193] **A agg.** (assol.; + *a*) *1* Molto vicino nello spazio: *il giardino è p. alla sua casa* | Che sta per compiere un'azione o per raggiungere una condizione, uno stato, indicati dal verbo o dal complemento che segue: *è p. a partire, ai vent'anni, alle nozze* | Che è vicino a qlcu. per relazioni sociali, parentela, consanguineità: *parente p.* SIN. (*raro*) Propinquo. **2** Seguente, successivo: *il mese p.*; *la prossima corsa* | †*Di, in p.*, tra poco. **3** (*raro*) Che è trascorso da poco: *in un tempo a noi p.* | ***Causa prossima***, immediata | (*gramm.*) ***Passato p.***, tempo del verbo che esprime un'azione del passato i cui effetti durano ancora nel presente. || **prossimamènte**, avv. **1** Fra poco tempo, in un futuro prossimo: *si sposeranno prossimamente.* **2** †Poco fa, di recente. **3** †Approssimativamente. **B** s. m. **1** Nella dottrina cristiana, ogni uomo rispetto a un altro uomo: *ama il p. tuo come te stesso.* **2** (*est., solo sing.*) Gli altri, l'umanità in genere, nei confronti del singolo: *parlare male del p.*; *vorrei che il p. non s'interessasse dei fatti miei.* **3** (*raro*) Congiunto, parente, consanguineo: *co' suoi prossimi si ragunavano i suoi vicini e altri cittadini assai* (BOCCACCIO).

prostafèresi [comp. del gr. *prósth(esis)* 'aggiunta' (V. *prostesi*) e *apháiresis* 'sottrazione' (V. *aferesi*); av. 1642] s. f. inv. **1** (*astron.*) Differenza tra moto vero e medio di un corpo del sistema solare | Equazione del tempo. **2** (*mat.*) ***Formule di p.***, formule di trigonometria che danno la somma o la differenza dei seni (o dei coseni) di due angoli in funzione del seno e del coseno della loro semisomma e della loro semidifferenza.

prostaglandina [comp. di *prosta(ta)* e *gland(ola)*, con il suff. *-ina*] s. f. ● (*biol., chim.*) Ciascuna di una classe di sostanze derivanti da acidi grassi a venti atomi di carbonio, presenti in vari organi dei Mammiferi, con molteplici effetti sull'apparato riproduttore, respiratorio e gastrointestinale, oltre che sul metabolismo.

pròstata [dal gr. *prostátēs* 'che sta davanti', da *proistánai* 'porre innanzi', comp. di *pró* 'davanti' (V. *pro-* (*2*)) e *istánai* 'porre', di orig. indeur.; 1721] s. f. ● (*anat.*) Ghiandola dell'apparato urogenitale maschile, situata nella parte inferiore della vescica. ➡ ILL. p. 2124 ANATOMIA UMANA.

prostatectomia [comp. di *prostat(a)* e del gr. *ektomḗ* 'taglio', comp. di *ek* 'da' e *tomḗ* 'taglio' (V. *-tomia*); 1903] s. f. ● (*chir.*) Intervento di asportazione della prostata.

prostàtico [1829] **A** agg. (pl. m. *-ci*) ● (*med.*) Della prostata. **B** agg.; anche s. m. ● Che (o Chi) è portatore di ipertrofia prostatica.

prostatiṣmo [da *prostata*, col suff. *-ismo*] s. m. ● (*med.*) Condizione causata da disordini cronici a carico della prostata, i cui sintomi più comuni sono l'incontinenza o la ritenzione urinaria.

prostatite [comp. di *prostat(a)* e *-ite* (*1*); 1835] s. f. ● (*med.*) Infiammazione della prostata.

prostatitico [comp. di *prostatit(e)* col suff. *-ico*] s. m. (pl. *-ci*) ● (*med.*) Chi è affetto da prostatite.

prostèndere [comp. di *pro-* (*1*) e *stendere*; av. 1311] **A** v. tr. (coniug. come *tendere*) ● (*lett.*) Distendere, stendere avanti. **B** v. rifl. e intr. pron. ● (*lett.*) Prosternarsi, stendersi a terra | (*raro, fig.*) ***Prostendersi in parole***, dilungarsi.

prosternàre [sovrapposizione di *costernare* al lat. *prostĕrnere* (V. *prosternere*); av. 1420] **A** v. tr. (*io prostèrno*) ● (*lett.*) Gettare a terra. SIN. Abbattere, atterrare. **B** v. rifl. ● Piegarsi, gettarsi a terra, in segno di umiltà o sottomissione. SIN. Inchinarsi.

prosternazióne [1711] s. f. ● (*raro*) Atto del prosternarsi.

†**prostèrnere** [vc. dotta, lat. *prostĕrnere*, propr. 'gettare innanzi', comp. di *prō* 'davanti' (V. *pro-* (*1*)) e *stĕrnere* 'stendere', di orig. indeur. (V. *strato*); av. 1342] **A** v. tr. (difett. del pass. rem., del part. pass. e dei tempi composti) **1** Gettare a terra. **2** (*fig.*) Abbattere, prostrare, avvilire: *non ti p., non ti invilire come una donna* (MACHIAVELLI). **B** v. rifl. e intr. pron. ● Distendersi | (*fig.*) Avvilirsi, umiliarsi.

pròsteṣi [vc. dotta, lat. tardo *prŏsthesi(n)*, nom. *prŏsthesis*, dal gr. *prósthesis*, da *prosthénai* 'apporre', comp. di *prós* 'verso' e *tithénai* 'porre', di orig. indeur.; av. 1750] s. f. inv. ● (*ling.*) Protesi.

prostéso part. pass. di *prostendere*; anche agg. ● (*lett.*) Disteso, prono | (*lett.*) Prostenato: *quel che ieri schernì, p. adora / oggi* (LEOPARDI).

prostètico [vc. dotta, gr. *prosthetikós*, da *prósthesis* 'prostesi'; 1871] agg. (pl. m. *-ci*) **1** (*ling.*) Protetico. **2** (*chim.*) ***Gruppo p.***, la parte non proteica di una proteina coniugata.

pròstilo [vc. dotta, lat. *prostȳlo(n)*, nom. *prostȳlos*, dal gr. *próstylos* 'che ha colonne davanti', comp. di *pró* 'davanti' (cfr. *pro-* (*2*)) e *-stilo*; 1521] s. m. ● (*arch.*) Tempio con una serie di colonne sulla facciata anteriore.

prostituire [vc. dotta, lat. *prostitŭere* 'porre davanti, esporre, prostituire', comp. di *prō* 'davanti' (V. *pro-* (*1*)) e *statŭere* 'porre' (V. *statuire*); av. 1499] **A** v. tr. (*io prostituisco, tu prostituisci*) **1** Concedere ad altri, per denaro o per qualsiasi interesse materiale, ciò che, secondo i principi morali di una società, non può costituire oggetto di lucro: *p. il proprio ingegno, la propria penna, la propria dignità*; *p. il proprio corpo.* **2** Indurre alla prostituzione: *p. la figlia, il figlio, la moglie.* **B** v. rifl. **1** Far commercio del proprio corpo, per denaro o per interessi materiali. **2** (*est., fig.*) Vendersi, avvilirsi per denaro o altri vantaggi: *si è prostituito per fare carriera.*

prostituito part. pass. di *prostituire*; anche agg. ● Nei sign. del v. | (*fig.*) Servilmente piegato: *arte prostituita a propaganda* (CROCE).

prostitùta [vc. dotta, lat. *prostitūta(m)*, part. pass. f. di *prostitŭere* 'prostituire'; sec. XIV] s. f. ● Donna che si prostituisce.

prostitùto [da *prostituta*; av. 1850] s. m. ● Uomo che si prostituisce.

†**prostitutóre** [vc. dotta, lat. tardo *prostitutōre(m)*, da *prostitūtus*, part. pass. di *prostitŭere* 'prostituire'] agg.; anche s. m. (f. *-trice*) ● Che (o Chi) prostituisce | Ruffiano.

prostituzióne [vc. dotta, lat. tardo *prostitutiō-ne(m)*, da *prostitūtus*, part. pass. di *prostitŭere* 'prostituire'; 1598] s. f. **1** Attività consistente nel prostituirsi: *esercitare la p.*; *darsi alla p.*; *istigare alla p.*; *favoreggiamento della p.*; *p. femminile, maschile* | (*est.*) Complesso delle persone che si prostituiscono, e fenomeno sociale che ne deriva: *il mondo della p.*; *la piaga della p.* **2** (*fig., lett.*) Servilismo | (*fig.*) Avvilente subordinazione: *p. dell'ingegno, della cultura.*

prostraménto [av. 1652] s. m. ● (*lett.*) Atto del prostrarsi.

prostràre [vc. dotta, lat. tardo *prostrāre*, da *prostrātus* 'prostrato', part. pass. di *prostĕrnere* 'prosternere'; 1338 ca.] **A** v. tr. (*io pròstro*) **1** (*lett.*) Distendere a terra. SIN. Prosternare. **2** (*fig.*) Fiaccare, infiacchire: *la lunga malattia l'ha prostrato* | (*fig., lett.*) Abbattere, avvilire, umiliare. CONTR. Rianimare, riconfortare. **B** v. rifl. **1** Gettarsi a terra, piegarsi. SIN. Inginocchiarsi, prosternarsi. **2** (*fig.*) Abbassarsi, umiliarsi.

prostràto [av. 1306] part. pass. di *prostrare*; anche agg. **1** Prosternato, piegato a terra. **2** (*fig.*) Molto debole, fiacco | Molto depresso: *mi sento p.*

prostrazióne [vc. dotta, lat. tardo *prostratiō-ne(m)*, da *prostrātus* 'prostrato'; av. 1607] s. f. **1** Il prostrare, il prostrarsi. **2** Stato di profonda stanchezza fisica, di depressione psichica o abbattimento morale: *essere in preda a una profonda p.*; *p. fisica, morale.* SIN. Avvilimento.

†**proṣùmere** ● V. *presumere.*

†**proṣuntuoṣità** ● V. *presuntuosità.*

†**proṣuntuóṣo** ● V. *presuntuoso.*

†**proṣunzióne** ● V. *presunzione.*

prosuòcero [vc. dotta, lat. *prosŏceru(m)*, comp. di *prō* 'prima, davanti' (V. *pro-* (*1*)) e *sŏcer* 'suocero'; sec. XIV] s. m. (f. *-a*) ● Padre del suocero o della suocera.

protagoniṣmo [da *protagonista*; 1980] s. m. ● Ruolo, funzione di protagonista: *il p. dei giovani nel '68* | (*spreg.*) Il voler essere a ogni costo, e comunque, un protagonista: *l'esasperato p. di certi uomini politici.*

♦**protagonista** [vc. dotta, gr. *prōtagōnistés*, comp. di *prôtos* 'primo' (V. *proto-*) e *agōnistés* 'lottatore, combattente' (V. *agonista*); 1580 ca.] **A** s. m. e f. (pl. m. *-i*) **1** Nell'antico teatro greco, il primo attore che, sulla scena, interpretava il personaggio principale; CFR. Deuteragonista | Attore che interpreta il personaggio principale in opere teatrali, cinematografiche, televisive e sim. **2** (*est.*) Il personaggio principale di un'opera narrativa | (*est.*) Chi ha una parte di primo piano in vicende della vita reale: *i protagonisti della politica*; *è stata p. di uno spiacevole episodio.* **B** agg. ● Detto di attore che interpreta il personaggio principale: *attore p., non p.*

protagonistico agg. (pl. m. *-ci*) ● Che manifesta protagonismo: *velleità protagonistiche.*

protàllo [comp. di *pro-* (*1*) e *tallo*; 1940] s. m. ● (*bot.*) Nelle felci, il corpo, per lo più laminare, che porta gli organi sessuali.

protanopìa [comp. di *prot(o)-*, *an-* e *-opia*] s. f. ● (*med.*) Anomalia congenita della visione caratterizzata da incapacità a percepire il colore rosso. CFR. Tritanopia, deuteranopia, dicromatismo.

protàntropo ● V. *protoantropo.*

pròtaṣi [vc. dotta, gr. *prótasis*, propr. 'tensione avanti', da *protéinein* 'tendere avanti', comp. di *pró* 'avanti' (V. *pro-* (*2*)) e *téinein* 'tendere', di orig. indeur.; 1554] s. f. inv. **1** (*ling.*) Proposizione che esprime la condizione in un periodo ipotetico; CFR. Apodosi. **2** Parte introduttiva dei poemi classici: *la p. dell'Iliade.*

protattinio ● V. *protoattinio.*

proteàṣi [da *prote(ina)* e *-asi*, sul modello dell'ingl. *protease*] s. f. inv. ● (*chim.*) Enzima che catalizza il distacco di amminoacidi dalle proteine. SIN. Peptidasi, proteinasi.

♦**protèggere** [lat. *protĕgere*, comp. di *prō* 'davanti' (V. *pro-* (*1*)) e *tĕgere* 'coprire' (V. *tetto*); av. 1529] **A** v. tr. (pres. *io protèggo, tu protèggi*; pass. rem. *io protèssi, tu proteggésti*; part. pass. *protètto*) (qlcu. o qlco.; qlcu. o qlco. + *da*) **1** Coprire costituendo una difesa, un riparo (*anche fig.*): *una tenda che protegge dal caldo*; *la fodera protegge la stoffa*; *ha un carattere che lo proteggerà dalle delusioni.* SIN. Difendere, riparare. **2** Soccorrere, appoggiare, difendere: *p. gli indigenti* | ***P. qlcu.***, cercare di favorirlo in tutti i modi | ***Prendere a p. qlcu.***, tenerlo sotto la propria tutela. **3** Favorire un'attività, cercando di incrementarla: *p. la produzione nazionale del vino.* **4** (*elab.*) Applicare a un programma o a un insieme di dati degli artifici che ne impediscano la modifica, la cancellazione, la copia o l'uso non autorizzato. **B** v. rifl. (+ *da*) ● Preservarsi, difendersi: *proteggersi dal sole, dal freddo.*

proteggitóre [1766] agg.; anche s. m. (f. *-trice*) ● (*raro, lett.*) Protettore.

protèico [da *prote(ina)*; 1875] agg. (pl. m. *-ci*) ● Contenente proteine: *sostanza proteica.*

proteifórme [comp. di *Proteo* (V. *proteo*) e *-forme*; av. 1730] agg. ● Che prende varie forme (*spec. fig.*): *ingegno p.*

proteìna [fr. *protéine*, dal gr. *prṓteios* 'di prima qualità, primario', da *prôtos* 'primo' (V. *proto-*); 1875] s. f. ● (*biol.*) Sostanza organica azotata, costituita dalla combinazione di più amminoacidi, presente negli organismi animali e vegetali per i quali è indispensabile | ***P. coniugata***, risultante dall'unione di una proteina semplice con un gruppo prostetico.

proteinàṣi s. f. inv. ● (*chim.*) Proteasi.

proteìnico [1911] agg. (pl. m. *-ci*) ● Proteico.

proteinoterapìa [comp. di *proteina* e *-terapia*; 1935] s. f. ● Cura mediante introduzione di sostanze proteiche per via parenterale, allo scopo di esaltare le capacità di difesa dell'organismo.

proteinùria o **proteinurìa** [comp. di *protein(a)* e *-uria*] s. f. ● (*med.*) Albuminuria.

proteìṣmo [da *Proteo*, col suff. *-ismo*; 1819] s. m. ● (*lett.*) Attitudine ad assumere varie e diverse forme.

pròtele [comp. del gr. *pró* 'davanti' (cfr. *pro-* (*2*)) e *teléeis* 'perfetto', da *télos* 'fine, compimento', di orig. indeur.; detto così perché gli arti anteriori sono provvisti di cinque dita, mentre i posteriori ne hanno solo quattro; 1835] s. m. ● Mammifero carnivoro africano molto simile alla iena striata, cacciatore notturno di termiti e altri insetti (*Proteles cristatus*).

pro tèmpore [lat., propr. 'per un certo tempo'] loc. avv. ● Per un certo tempo, temporaneamente.

protèndere [vc. dotta, lat. *protĕndere*, comp. di *prō* 'davanti' (V. *pro-* (*1*)) e *tĕndere* 'tendere'; 1319] **A** v. tr. (coniug. come *tendere*) ● Stendere, distendere in avanti: *p. le braccia* | (*lett.*) Stendere sopra: *cipressi e cedri ... / perenne verde protendean su l'urne* (FOSCOLO). CONTR. Contrarre, ritrarre. **B** v. rifl. ● Spingersi, sporgersi in avanti: *protendersi dalla finestra*; *protendersi verso qlcu.*; *protendersi nel vuoto.* CONTR. Ritirarsi. **C** v. intr. ● †Tendere.

pròteo [vc. dotta, lat. *Prŏteu(m)*, nom. *Prŏteus*, dal gr. *Prōtéus*, dio marino capace di metamorfosi; av. 1499] s. m. ● Anfibio degli Urodeli oviparo, privo di pigmento, con branchie persistenti, occhi rudimentali, arti ridotti, che vive spec. nelle grotte del Carso e dell'Istria (*Proteus anguineus*).

➡ ILL. animali/4.

proteoglicàno [da *prote(ina)* e *glicano* (a sua volta dal gr. *glykýs* 'dolce')] s. m. ● (*chim.*) Sostanza complessa costituita da un polisaccaride legato a una proteina, in cui la porzione glicidica, costituita da mucopolisaccaridi, è preponderante. SIN. Mucoproteina.

proteolìsi [comp. di *proteina* e *-lisi*; 1940] s. f. inv. ● (*chim.*) Trasformazione delle proteine in sostanze meno complesse.

proteolìtico [1932] agg. (pl. m. *-ci*) ● (*chim.*) Relativo a proteolisi: *fenomeni proteolitici*.

proterandrìa [comp. di *proter(o)-* e *-andria*; 1954] s. f. ● (*biol.*) Maturazione dei gameti maschili che precede quella dei gameti femminili in un animale ermafrodita o in un fiore.

proteràndro [comp. di *proter(o)-* e *-andro*; 1958] agg. ● (*biol.*) Che presenta proterandria: *animale, fiore p.*

proterànto [comp. di *protero-* e del gr. *ánthos* 'fiore', di etim. incerta] agg. ● (*bot.*) Detto di pianta in cui compaiono prima i fiori delle foglie.

proteranzìa [da *proteranto*] s. f. ● (*bot.*) Caratteristica delle piante proterante.

pròtero- [dal gr. *próteros* 'anteriore'] primo elemento ● In parole composte della terminologia scientifica, significa 'anteriore, che sta davanti': *proterandria, proteranzia, proteroglifo*.

proteroginìa [comp. di *protero-* e *-ginia*; 1936] s. f. ● (*biol.*) Maturazione dei gameti femminili che precede quella dei gameti maschili in un animale ermafrodita o in un fiore.

proterògino [comp. di *protero-* e *-gino*; 1958] agg. ● (*biol.*) Che presenta proteroginia: *animale, fiore p.*

proteròglifo [comp. di *protero-* e del gr. *glyphḗ* 'incisione', di orig. indeur.; detto così dalle incisioni che ha sui denti anteriori; 1931] s. m. ● Serpente che ha parecchi denti veleniferi solcati e posti anteriormente.

proterozòico [comp. di *protero-* e *-zoico*] s. m. (pl. *-ci*); anche agg. ● (*geol.*, *raro*) Archeozoico.

protèrvia [vc. dotta, lat. tardo *protĕrvia(m)*, da *protĕrvus* 'protervo'; av. 1292] s. f. ● Ostinazione piena di arroganza e di superbia: *fu punita dagli Dei col diluvio di Deucalione la p. dei mortali* (LEOPARDI). SIN. Boria. CONTR. Condiscendenza.

†**protervità** [vc. dotta, lat. *protervitāte(m)*, da *protĕrvus* 'protervo'; av. 1342] s. f. ● Protervia.

protèrvo [vc. dotta, lat. *protĕrvu(m)*, di etim. incerta; av. 1303] agg. ● Arrogante e insolente in modo sfrontato: *modi, atteggiamenti protervi* | †*Vento p.*, impetuoso. || **protervaménte**, †**proterviaménte**, avv. In modo protervo, con protervia.

pròtesi [vc. dotta, lat. tardo *prŏthesi(n)*, nom. *prŏthesis*, dal gr. *próthesis* 'esposizione, anticipazione', da *protithénai* 'porre innanzi', comp. di *pró* 'davanti' (V. *pro-* (*2*)) e *tithénai* 'porre', di orig. indeur.; 1540] s. f. inv. *1* (*med.*) Apparecchio sostitutivo di un organo mancante o asportato: *p. dentaria*; *p. oculare*; *p. ortopedica*. *2* (*ling.*) Sviluppo di un elemento non etimologico in sede iniziale di parola: *è cosa che non istà bene* (MANZONI). *3* (*arch.*) Altarino o mensa presso l'altare maggiore o in navata laterale per raccogliere oblazioni.

protèsico [1950] agg. (pl. m. *-ci*) ● (*med.*) Di protesi.

protesìsta [1950] s. m. e f. (pl. m. *-i*) ● Chi confeziona protesi, spec. dentarie.

protéso [1313] part. pass. di *protendere*; anche agg. ● Teso, spinto in avanti | (*fig.*) Intento, rivolto: *voi eravate intanto al capezzale del moribondo, protesa in una lotta ... per strapparlo alla morte* (D'ANNUNZIO).

protèssi ● V. *proteggere*.

♦**protèsta** [da *protestare*; av. 1557] s. f. *1* Espressione e manifestazione decisa della propria opposizione, del proprio parere contrario: *p. verbale, scritta*; *parole di p.*; *se ne andò in segno di p.*; *per p. contro le decisioni del preside, la classe ha scioperato*; *p. di massa*; *la p. giovanile*; *manifestazione di p.* *2* (*lett.* o *raro*) Attestazione, testimonianza pubblica di un sentimento, un'idea, una convinzione: *grandi proteste di gratitudine*; *una p. di estraneità al fatto*. *3* (*dir.*) Nel contratto di scrittura artistica, recesso dallo stesso dell'impresario.

protestànte [vc. dotta, lat. tardo *protestănte(m)*, part. pres. di *protestāri* 'protestare'; 1574] **A** agg. ● Del protestantesimo: *Chiesa, setta p.*; *pastore p.* **B** s. m. e f. ● Chi segue le dottrine del protestantesimo.

protestantésimo [da *protestante*; 1677] s. m. *1* L'insieme delle confessioni religiose che derivano dalla riforma luterana, diffuse spec. nei Paesi anglosassoni. *2* Concezione religiosa dei protestanti.

protestàntico [1927] agg. (pl. m. *-ci*) ● Relativo al protestantesimo, ai protestanti.

♦**protestàre** [vc. dotta, lat. tardo *protestāri* 'testimoniare, attestare, dichiarare pubblicamente', comp. di *prō* 'davanti' (V. *pro-* (*1*)) e *testāri* 'testimoniare, attestare', da *tĕstis* 'testimone' (V. *teste*); av. 1311] **A** v. tr. (*io protèsto*) *1* (*lett.* o *raro*) Dichiarare, attestare, assicurare formalmente: *p. la propria gratitudine*; *uscì allora in parole di collera e di minaccia, protestando di non voler subire intimazioni* (FOGAZZARO). *2* (*dir.*) Levare il protesto contro un titolo di credito: *p. una cambiale, un assegno bancario*. **B** v. intr. (aus. *avere*) (+ *per*; + *contro*) ● Dichiarare la propria contrarietà o disapprovazione, anche in modo pubblico e collettivo: *p. per i disagi subiti*; *p. contro le ingiustizie*. **C** v. rifl. ● (*lett.* o *raro*) Dichiararsi: *protestarsi innocente, devotissimo ammiratore*.

protestatàrio [fr. *protestataire*, da *protester* 'protestare'; 1901] agg. ● Che contiene, esprime una protesta: *atto p.* | Detto di chi è solito protestare, contestare e sim.

protestàto [1581] part. pass. di *protestare*; anche agg. *1* Nei sign. del v. *2* (*dir.*) Che ha subìto un protesto: *debitore p.*; *cambiale protestata*.

protestatóre [av. 1563] s. m. (f. *-trice*) ● (*raro*) Chi protesta, chi è solito protestare.

protestatòrio [1686] agg. ● (*raro*) Che riguarda il protestare.

protestazióne [vc. dotta, lat. tardo *protestatiōne(m)*, da *protestāri* 'protestare'; av. 1348] s. f. *1* (*lett.*) Il protestare | Dichiarazione, affermazione. *2* †Protesta.

protèsto [da *protestare*; 1461] s. m. *1* †Lamento, protesta: *Ruggiero a quel p. poco bada* (ARIOSTO). *2* (*dir.*) Constatazione formale del mancato pagamento o della mancata accettazione di un titolo di credito, effettuata da un pubblico ufficiale: *p. di una cambiale, di un assegno bancario*.

protètico [vc. dotta, gr. *prothetikós*, da *próthesis* (V. *protesi*); 1940] agg. (pl. m. *-ci*) ● (*ling.*) Dovuto a protesi.

protettìvo [da *protetto*; 1859] agg. ● Che serve, mira o tende a proteggere: *casco p.*; *atteggiamento p.* | *Occhiali protettivi*, che servono a evitare che gli occhi vengano colpiti da schegge, polvere, oppure da radiazioni troppo intense o comunque nocive | *Dazio p.*, che colpisce le merci estere, allo scopo di difendere la produzione nazionale. || **protettivaménte**, avv.

♦**protétto** [1590] **A** part. pass. di *proteggere*; anche agg. ● Nei sign. del v. | Munito di ripari, di difese: *porticciolo p.* | Posto sotto protezione: *zona, selvaggina protetta* | Tutelato: *categorie protette*. **B** s. m. (f. *-a*) ● Persona che gode della protezione di qlcu.: *è una sua protetta*.

protettoràle [1835] agg. ● (*lett.*) Da protettore.

protettoràto [fr. *protectorat*, da *protecteur* 'protettore'; 1691] s. m. *1* (*lett.*) Protezione, difesa. *2* Nel diritto internazionale, rapporto posto in essere tra due Stati, il protettore e il protetto, in base a un accordo bilaterale che impone al primo l'obbligo della tutela internazionale del secondo e gli concede una certa ingerenza nei suoi affari esteri | *P. coloniale*, analogo rapporto intercorrente tra uno Stato e un ente non dotato di personalità giuridica internazionale. *3* (*est.*) Il territorio dello stato, o di altro ente, protetto.

protettóre [vc. dotta, lat. tardo *protectōre(m)*, da *protĕctus* 'protetto'; 1260 ca.] **A** s. m. (f. *-trice*) *1* Chi protegge e difende qlcu. o ha cura di certi interessi: *un p. dei diseredati* | *P. delle arti*, mecenate, fautore. *2* (*eufem.*) Chi vive sfruttando i guadagni di una prostituta, con la pretesa di proteggerla. **B** agg. ● Che difende, aiuta, soccorre: *società protettrice degli animali* | *Cardinale p.*, incaricato di difendere o proteggere gli interessi di un ordine religioso presso il Papa | *Santo p.*, patrono.

♦**protezióne** [vc. dotta, lat. tardo *protectiōne(m)*, da *protĕctus* 'protetto'; 1321] s. f. *1* Il proteggere | Difesa, riparo da pericoli, danni e sim.: *una fortezza è a p. della città*; *p. dal freddo, dall'umidità, dal caldo* | *P. antiaerea*, difesa antiaerea | *P. civile*, quella fornita dallo Stato alle popolazioni colpite da gravi catastrofi o calamità naturali; (*est.*) l'organismo preposto a tale servizio operativo. SIN. Difesa. *2* Opera protettrice di assistenza e tutela nei confronti di persone, interessi o istituzioni: *la p. dell'infanzia abbandonata*; *invocare la p. delle industrie nazionali*. *3* Favoreggiamento: *ha ottenuto il posto solo per mezzo di protezioni*; SIN. Favoritismo | (*est.*) Tutela imposta dalla malavita organizzata a scopo di estorsione, sotto la minaccia di ritorsioni violente. *4* (*elab.*) Artificio applicato a un programma o a un insieme di dati, che ne impedisce la modifica, la cancellazione, la copia o l'uso non autorizzato.

protezionìsmo [fr. *protectionnisme*, da *protection* 'protezione'; 1851] s. m. *1* Politica economica tendente a difendere la produzione agricola o industriale nazionale dalla concorrenza estera, mediante varie disposizioni tra cui principalmente l'imposizione di alte tariffe doganali sulle importazioni dall'estero. CONTR. Liberismo. *2* Insieme delle attività, dei provvedimenti e sim. volti alla protezione della natura, delle specie vegetali e animali minacciate di estinzione.

protezionìsta [fr. *protectionniste*, da *protection* 'protezione'; 1849] **A** s. m. e f. (pl. m. *-i*) ● Chi sostiene il protezionismo. **B** agg. ● Protezionistico.

protezionìstico [1857] agg. (pl. m. *-ci*) ● Relativo al protezionismo. || **protezionisticaménte**, avv.

protìde [da *proto-*; 1875] s. m. ● (*biol.*) Proteina.

protìdico agg. (pl. m. *-ci*) ● (*biol.*) Proteico: *metabolismo p.*

protidogràmma [vc. dotta, comp. di *protide* e *-gramma*] s. m. (pl. *-i*) ● (*med.*) Tracciato ottenuto mediante l'analisi densitometrica delle concentrazioni delle sieroproteine separate con processo di elettroforesi.

pròtio o **pròzio** (2) [da *proto-*; 1974] s. m. ● (*chim.*) L'isotopo più abbondante dell'idrogeno.

pròtiro [vc. dotta, gr. *próthyron* 'vestibolo, portico', comp. di *pró* 'davanti' (V. *pro-* (*2*)) e *thýra* 'porta', di orig. indeur.; 1521] s. m. *1* Arco sorretto da due colonne, che orna la porta centrale d'ingresso di alcune chiese e basiliche. *2* Vestibolo della casa greco-romana.

protìsta [vc. dotta, gr. *prṓtistos*, superl. di *prôtos* 'primo'; 1875] s. m. (pl. *-i*) ● Organismo unicellulare procariote (batterio) o eucariote (alga, protozoo, fungo).

Protìsti [vc. dotta, dal gr. *prṓtistos* 'principale, primario'] s. m. pl. (sing. *-a*) ● (*biol.*) Nella classificazione biologica tradizionale, regno comprendente gli organismi unicellulari procarioti (batteri) e gruppi di microrganismi eucarioti unicellulari o pluricellulari (protozoi, alghe e funghi); in alcune più recenti classificazioni, regno che comprende microrganismi eucarioti unicellulari come protozoi e alghe.

protistologìa [comp. di *protista* e *-logia*; 1891] s. f. ● Branca della biologia che studia gli organismi unicellulari.

pròto [vc. dotta, gr. *prôtos* 'primo' (V. *proto-*), cioè il capo in una tipografia; 1585] s. m. *1* (*tipogr.*) Chi ha la responsabilità diretta del reparto composizione e funzioni di coordinamento, controllo e corresponsabilità sull'intero ciclo produttivo. *2* †A Venezia, capomastro, direttore di lavori.

pròto- [gr. *prōto-*, da *prôtos* 'primo', da *pró* 'davanti'] primo elemento *1* In parole composte, significa 'primo', in relazione al tempo o allo spazio (*protocollo, protomartire, protoromantico*) o in ordine di dignità, di importanza (*protofisico, protomedico, protonotaro*). *2* In paleontologia e paletnologia, indica cose, esseri, fenomeni della preistoria: *protoantropo*. *3* In linguistica, designa lo stadio ipotetico e unitario di gruppi etnici, o etnico-linguistici (*protogermani, protoindoeuropei, protoslavi*), o delle rispettive lingue derivate dalla cosiddetta *protolingua* ricostruita (*protogermanico, protoindoeuropeo, protoslavo*). *4* In parole composte della terminologia biologica, botanica e zoologica, indica organismo strutturalmente semplice: *protofillo, protoplasma, protozoo*.

protoàntropo o **protàntropo** [comp. di *proto-* e *-antropo*; 1942] s. m. ● In antropologia, una delle prime e più antiche forme di ominide presente nel Pleistocene.

protoattinio o **protattinio** [ted. *Protoaktinium*, comp. di *proto-* 'proto' e *Aktinium* 'attinio'; 1930] **s. m.** ● Elemento chimico, metallo radioattivo del gruppo degli attinidi, contenuto in piccolissime quantità nella pechblenda. **SIMB.** Pa.

Protobrànchi [comp. di *proto-* e *branchi(a)*] **s. m. pl.** (**sing.** *-io*) ● Nella tassonomia animale, ordine di Lamellibranchi primitivi con piede a suola piatta e branchie a forma di penna (*Protobranchia*).

protocanònico [comp. di *proto-* e *canonico*; 1804] **agg.** (**pl. m.** *-ci*) ● Detto di ciascuno dei libri biblici che, accettati unanimemente in quanto ad autenticità e autorità, furono i primi a essere inseriti nel canone.

Protococcàcee [comp. di *proto-* e un deriv. di *cocco*; 1929] **s. f. pl.** (**sing.** *-a*) ● Nella tassonomia vegetale, famiglia di alghe verdi raramente coloniali, di acqua dolce o su substrati umidi (*Protococcaceae*).

protocollàre (1) [da *protocollo*; 1829] **v. tr.** (*io protocòllo*) ● (*bur.*) Mettere a protocollo: *p. le lettere*.

protocollàre (2) [da *protocollo*; 1804] **agg.** *1* Riguardante le norme del protocollo. *2* (*fig.*) Conforme all'uso, pertinente: *una relazione p.* *3* (*filos.*) Nella filosofia neopositivistica, detto di quelle proposizioni elementari su cui si fonda il sistema di una scienza che non necessitano di verifica in quanto contengono un protocollo, e che nello stesso tempo si pongono come strumento di verifica empirica di ogni altra enunciazione di quello stesso sistema scientifico. || **protocollarmente**, **avv.**

protocollista [av. 1748] **s. m. e f.** (**pl. m.** *-i*) ● Impiegato addetto al protocollo.

protocòllo [vc. dotta, gr. *prōtókollon* 'primo (foglio del rotolo di papiro), incollato', comp. di *prôtos* 'primo' (V. *proto-*) e *kólla* 'colla'; 1309] **s. m.** *1* Nel Medioevo, registro sul quale i notai trascrivevano gli atti da essi rogati. *2* Registro su cui vengono annotati gli atti concernenti l'attività di enti pubblici, aziende o studi professionali: *mettere a p.*; *ufficio del p.*; *numero di p.* *3* Accordo internazionale, spec. accessorio ad altro: *p. d'intesa*; *firmare il p.* | (*est.*) Testo di un accordo, spec. di carattere sindacale. *4* Complesso di norme che riguardano e regolano il cerimoniale diplomatico: *capo del p.*; *le regole del p.*; *rispettare il p.*; *contravvenire al p.* *5* (*filos.*) Nella filosofia del neopositivismo, enunciazione risultante da un'osservazione immediata. *6* Nelle loc. ***carta p.***, ***foglio p.***, ***formato p.***, carta da stampa o da scrivere avente, rispettivamente, il formato di cm 64x88 e di cm 31x42. *7* Insieme dei procedimenti necessari a sviluppare una certa indagine o a svolgere una certa attività: *p. terapeutico*. *8* (*elab.*) In un sistema di comunicazione, convenzione per l'interpretazione univoca delle informazioni scambiate.

Protocordàti [comp. di *proto-* e *cordati*; 1970] **s. m. pl.** (**sing.** *-o*) ● Nella tassonomia animale, denominazione di dubbio valore sistematico sotto la quale talora si raggruppano i Tunicati e gli Acrani.

protofillo [comp. di *proto-* e *-fillo*; 1958] **s. m.** ● (*bot.*) Cotiledone.

protofìsico [comp. di *proto-* e *fisico*; 1761] **s. m.** (**pl.** *-ci*) ● (*lett.*) Protomedico, archiatra.

protogermànico [comp. di *proto-* e *germanico*] **agg.**; anche **s. m.** (**pl. m.** *-ci*) ● (*ling.*) Detto della fase linguistica unitaria non attestata, ipoteticamente derivata dal ceppo indoeuropeo e ricostruita, che sta all'origine delle lingue germaniche attestate storicamente.

protògino (1) [comp. di *proto-* e *-gino*] **agg.** ● (*bot.*) Detto di fiore in cui gli stimmi maturano prima delle antere.

protògino (2) [comp. di *proto-* e *-gino*, var. di *-geno*] **s. m.** ● (*geol.*) Varietà di granito, tipica di alcuni massicci alpini, a grossi cristalli di ortoclasio in una matrice scistosa.

protoindoeuropèo [comp. di *proto-* e *indoeuropeo*] **agg.**; anche **s. m.** (*ling.*) ● Detto della fase linguistica unitaria non attestata, ipotetica e ricostruita sulla base della comparazione, che sta all'origine delle lingue indoeuropee le cui affinità sono attestate storicamente | ***Popoli protoindoeuropei***, parlanti la lingua supposta unitaria.

protolingua [comp. di *proto-* e *lingua*; 1958] **s. f.** ● (*ling.*) Nella linguistica storica, fase linguistica unitaria non attestata, ipotetica e ricostruita sulla base della comparazione, che sta all'origine di un gruppo di lingue affini e attestate in epoca storica: *p. indoeuropea*, *p. germanica*.

†**protomaèstro** o **protomaèstro** ● V. †*protomastro*.

protomàrtire [vc. dotta, gr. *prōtomártyr*, comp. di *prōto-* 'proto-' e *mártyr* 'testimone, martire'; 1260 ca.] **s. m.** ● Primo martire e assertore della fede cristiana: *Santo Stefano p.*

†**protomàstro** o †**protomaèstro** [comp. di *proto-* e *mastro*; 1550] **s. m.** ● Capomastro.

protomatèria [comp. di *proto-* e *materia*] **s. f.** ● Materia primordiale indifferenziata dalla quale, secondo una teoria astrofisica, si sarebbe originato l'intero universo.

pròtome [vc. dotta, gr. *protomḗ* 'testa, busto', da *protémnein* 'tagliare', comp. di *pró* 'davanti' (V. *pro-* (*2*)) e *témnein* 'tagliare' (V. *-tomo*); 1818] **s. f.** ● (*archeol.*) Testa umana o animale, in rilievo, usata nell'arte antica come elemento decorativo di strutture architettoniche, sculture, e sim.

protomèdico [comp. di *proto-* e *medico*; av. 1536] **s. m.** (**pl.** *-ci*) ● Anticamente, archiatra di corte o primario d'ospedale; anche, ufficiale sanitario.

protomòrfo [comp. di *proto-* e *-morfo*; 1958] **agg.**; anche **s. m.** ● In antropologia, che (o chi) presenta caratteri di primitività.

protomotèca [comp. di *protome* e *-teca*; av. 1837] **s. f.** ● Raccolta, galleria di teste e busti scolpiti.

protóne [da *proto-*, sul modello di *elettrone*; 1930] **s. m.** ● (*fis.*) Particella di carica unitaria positiva, formata da quark, costituente del nucleo atomico | ***Reazione p. p.***, una delle più importanti reazioni termonucleari che si suppone avvengano all'interno delle stelle per la continua produzione di energia mediante trasformazione di idrogeno in elio.

protonefridio [comp. di *proto-* e *nefridio*] **s. m.** ● (*zool.*) Tipo primitivo di apparato escretore, in cui la filtrazione dei liquidi avviene attraverso la parete di speciali cellule.

protonèma [comp. di *proto-* e del gr. *nêma* 'filo' (V. *nemato-*); 1930] **s. m.** (**pl.** *-i*) ● (*bot.*) Corpo filiforme o laminare che si origina dalle spore dei muschi e genera la piantina.

protònico (1) [da *protone*; 1873] **agg.** (**pl. m.** *-ci*) ● (*fis.*) Relativo al protone.

protònico (2) [comp. del gr. *pró* 'prima' (cfr. *pro-* (*2*)) e *tónos* 'accento' (V. *tono* (*1*)), con suff. agg.; 1949] **agg.** (**pl. m.** *-ci*) ● (*ling.*) Detto di sillaba che precede quella accentata.

protònio [da *protone*; 1965] **s. m.** ● (*fis.*) Stato fisico instabile, costituito da un protone e da un antiprotone.

protonotariàto [av. 1540] **s. m.** ● Anticamente, nella curia romana, l'ufficio, la dignità di protonotario.

protonotàrio o **protonotàro** [comp. di *proto-* e del lat. *notārius* (V. *notaio*); av. 1442] **s. m.** *1* Anticamente, nella curia romana, prelato incaricato di ricevere gli atti dei concistori e dei processi di beatificazione. *2* Primo cancelliere o segretario della Curia imperiale.

protooncogène [comp. di *proto-* e *oncogene*; 1989] **s. m.** ● (*biol.*) Gene normalmente presente nelle cellule di un organismo la cui mutazione è alla base della trasformazione neoplastica della cellula interessata.

protoplàṣma [comp. di *proto-* e *plasma*; 1871] **s. m.** (**pl.** *-i*) ● (*biol.*) La sostanza, la materia vivente di una cellula.

protoplaṣmàtico [1884] **agg.** (**pl. m.** *-ci*) ● Relativo al protoplasma.

protoplàsto [vc. dotta, lat. tardo *protoplăstu(m)*, nom. *protoplăstus*, dal gr. *prōtóplastos*, comp. di *prōto-* 'proto-' e *-plastos* '-plasto'; 1584] **s. m.** *1* †Primo uomo creato. *2* (*biol.*) Cellula batterica o vegetale alla quale è stata rimossa la parete, in seguito a trattamento enzimatico od osmotico.

protoquàmquam [comp. di *proto-* e del lat. *quamquam* 'sebbene'; av. 1686] **s. m. e f.** ● (*disus.*, *scherz.*) Persona saccente.

protoràce [comp. di *pro-* (*1*) e *torace*; 1841] **s. m.** ● (*zool.*) Il primo dei tre segmenti in cui è diviso il torace degli Insetti, sempre privo di ali e dotato di due zampe.

protoromàntico [comp. di *proto-* e *romantico*; 1920] **agg.**; anche **s. m.** (**f.** *-a*; **pl. m.** *-ci*) ● Che (o Chi) precorre il romanticismo.

protoromànzo [comp. di *proto-* e *romanzo* (*1*)] **A agg.** ● (*ling.*) Detto del latino parlato, che costituisce l'antecedente delle lingue romanze. **SIN.** Preromanzo. **B s. m.** solo **sing.** ● (*ling.*) Lingua latina parlata dell'età imperiale.

protosemìtico [comp. di *proto-* e *semitico*] **agg.**; anche **s. m.** (**pl. m.** *-ci*) ● (*ling.*) Detto della fase ipotetica, ricostruita sulla base della comparazione, che raccoglie gli elementi comuni alle lingue semitiche.

protosincrotróne [comp. di *proto(ne)* e *sincrotrone*; 1961] **s. m.** ● (*fis.*) Sincrotrone, cioè macchina acceleratrice di particelle, particolarmente idoneo ad accelerare protoni.

protoṣlàvo [comp. di *proto-* e *slavo*] **agg.**; anche **s. m.** ● (*ling.*) Detto della fase linguistica unitaria non attestata, ipoteticamente derivata dal ceppo indoeuropeo e ricostruita, che sta all'origine delle lingue slave attestate storicamente.

protospatàrio o **protospadàrio** [vc. dotta, gr. biz. *prōtospathários*, comp. di *prōto-* 'proto-' e *spathários* 'guardia del corpo', da *spáthē* 'spada'; 1835] **s. m.** ● Nell'impero bizantino, il governatore di una provincia.

protòssido [comp. di *proto-* e *ossido*; 1829] **s. m.** ● (*chim.*) Primo grado di combinazione di un elemento con l'ossigeno | ***P. d'azoto***, gas esilarante.

protostélla [comp. di *proto-* e *stella*; 1974] **s. f.** ● (*astron.*) Massa di gas nello spazio dalla quale si ipotizza che si origini una stella.

Protòstomi [comp. di *proto-* e del gr. *stóma*, genit. *stómatos* 'bocca'; 1931] **s. m. pl.** (**sing.** *-a*) ● Nella tassonomia animale, grande raggruppamento dei Metazoi comprendente le forme in cui la bocca deriva dal blastoporo (*Protostomata*).

protostòria [comp. di *proto-* e *storia*; 1957] **s. f.** ● Prima fase, la più antica, che attiene alle origini della storia di un popolo o di una cultura | Il periodo più recente della preistoria.

protostòrico [1958] **agg.** (**pl. m.** *-ci*) ● Appartenente alla protostoria: *civiltà protostoriche*.

protòtipo [vc. dotta, lat. tardo *protŏtypu(m)*, nom. *protŏtypus*, dal gr. *prōtótypos* 'che è primo tipo', comp. di *prōto-* 'proto-' e *týpos* 'impronta, modello' (V. *tipo*); 1598] **A s. m.** *1* Modello, esemplare primitivo: *il p. dei moderni sottomarini*. *2* (*fig.*) Perfetto esemplare: *è il p. degli imbroglioni*. **B agg.** ● Di prima ideazione o costruzione: *strumento p.* **SIN.** Primitivo.

protòttero [comp. di *proto-* e *-ttero*; 1875] **s. m.** ● Pesce dei Dipnoi delle acque interne dell'Africa, munito, oltre alle branchie, di polmone bilobo, per cui può in caso di necessità respirare in ambiente aereo (*Protopterus annecteus*).

protovangèlo [comp. di *proto-* e *vangelo*; 1835] **s. m.** ● Testo del Genesi in cui la Chiesa riconosce l'annunzio dell'incarnazione del Cristo e della redenzione del genere umano.

protozoàrio [1946] **agg.** ● (*biol.*, *med.*) Relativo ai protozoi, causato da protozoi: *cellula*, *malattia protozoaria*; *virus p.*

Protozòi [comp. di *proto-* e il pl. di *-zoo*; 1841] **s. m. pl.** (**sing.** *-zoo*) ● Nella tassonomia animale, sottoregno di animali unicellulari microscopici, diffusi ovunque, nelle acque e nel terreno, anche parassiti (*Protozoa*). ➡ **ILL. animali**/1; **zoologia generale.**

protozòico [comp. di *proto-* e *-zoico*; 1875] **agg.** (**pl. m.** *-ci*) ● (*geol.*) Archeozoico.

protraènte **part. pres.** di *protrarre* ● Nei sign. del v.

protràrre [vc. dotta, lat. *protrăhere*, comp. di *prō* 'avanti' (V. *pro-* (*1*)) e *trăhere* 'trarre'; 1342] **A v. tr.** (coniug. come *trarre*) ● Prolungare nel tempo, far durare di più: *p. gli studi*, *l'adunanza*, *i colloqui* | Differire: *hanno protratto la data dell'incontro di una settimana*. **B v. intr. pron.** ● Continuare, durare: *l'incontro si protrasse fino alle cinque*.

protràttile [dal lat. *protrāctus*, part. pass. di *protrăhere* 'protrarre'; 1958] **agg.** ● Che si può spingere in avanti, in fuori: *unghia p.*

protràtto [1342] **part. pass.** di *protrarre*; anche **agg.** ● Nei sign. del v.

protrazióne [vc. dotta, lat. tardo *protractiōne(m)*, da *protrāctus*, part. pass. di *protrăhere* 'protrarre'; av. 1396] **s. f.** ● Il protrarre, il protrarsi. **SIN.** Allungamento, differimento, prolungamento.

protrombina [comp. di *pro-* (*2*) e *trombina*; 1958] **s. f.** ● (*biol.*) Proteina presente nel plasma, nella milza e nel midollo osseo, che si trasforma in trombina nel processo di coagulazione del sangue.

protrombìnico agg. (pl. m. *-ci*) ● (*chim.*) Relativo a protrombina.

protrùdere [vc. dotta, lat. *protrūdere* 'spingere innanzi', comp. di *prō* 'innanzi' (V. *pro-* (*1*)) e *trūdere* 'spingere' (V. *intrusione*); 1958] v. tr. e intr. (pass. rem. *io protrùsi, tu protrudésti*; part. pass. *protrùso*; aus. *essere*) ● (*med.*) Sporgere in fuori.

protrudìbile [da *protrudere*] agg. ● (*fisiol.*) Che può essere protruso; *lingua p.*

protrusióne [dal lat. *protrūsus*, part. pass. di *protrūdere* 'protrudere' (V.); 1884] s. f. **1** (*med.*) Anormale sporgenza di un organo | *P. labiale*, avanzamento delle labbra nella fonazione. **2** (*geol.*) Emissione di lava molto viscosa dal camino vulcanico, da cui si forma una guglia solida.

protrùso [1952] part. pass. di *protrudere*; anche agg. ● (*med.*) Che sporge in modo anomalo.

protodèo ● V. *proctodeo*.

protuberànte [av. 1789] part. pres. di †*protuberare*; anche agg. ● Che sporge, che forma una protuberanza: *erta sul busto p.* (PIRANDELLO).

protuberànza [da *protuberante*; av. 1730] s. f. **1** Gonfiezza sporgente: *le protuberanze del terreno*; *ho una piccola p. sul braccio*. **2** (*astron.*) *P. solare*, getto di gas incandescente emesso dalla cromosfera solare, che ha dimensioni e forma diverse e mutevoli e presenta le stesse righe di emissione della cromosfera. ➡ ILL. p. 2144 SISTEMA SOLARE.

†**protuberàre** [vc. dotta, lat. tardo *protuberāre*, comp. di *prō* 'davanti' (V. *pro-* (*1*)) e *tūber* 'protuberanza' (V. *tubero*)] v. intr. ● Sporgere in fuori.

Protùri [comp. di *prot*(*o*)- e il pl. di *-uro*; 1954] s. m. pl. (sing. *-o*) ● Nella tassonomia animale, ordine di Insetti atteri, molto piccoli, giallicci, che vivono fra le foglie marcescenti o nel terreno umido (*Protura*).

protutèla [vc. dotta, lat. tardo *protutēla*(*m*), comp. di *pro-* (*1*) e *tutēla* 'tutela'; 1983] s. f. ● (*dir.*) Ufficio del protutore: *esercitare la p.*

protutóre [vc. dotta, lat. tardo *protutōre*(*m*), comp. di *pro-* (*1*) e *tūtor*, genit. *tutōris* 'tutore'; 1806] s. m. (f. *-trice*) ● (*dir.*) Persona nominata dal giudice tutelare per rappresentare il minore in caso di conflitto di interessi tra questi e il tutore.

proustiàno /prus'tjano/ [1929] agg. ● Relativo allo scrittore francese M. Proust (1871-1922) e alla sua opera.

proustista /prus'tista/ s. m. e f. (pl. m. *-i*) ● Studioso dell'opera di M. Proust.

proustite /prus'tite/ [chiamata così in onore del chimico J.-L. *Proust* (1754-1826)] s. f. ● (*miner.*) Solfoarseniuro d'argento frequentemente misto a pirargirite in masse di color rosso dalla lucentezza metallica.

♦**pròva** o †**pruòva** [da *provare*; av. 1294] s. f. **1** Ogni esperimento compiuto per accertare le qualità di una cosa, dimostrare il valore o la giustezza di un'affermazione, verificare le attitudini di qlcu. o controllare il funzionamento di una macchina: *sottoporre a p. una lega metallica*; *mettere qlcu. alla p.*; *prove di velocità, di resistenza* | *Assumere, tenere qlcu. in p.*, per controllare e verificare le capacità di qlcu. a svolgere un determinato lavoro | *A p. di bomba*, molto resistente; (*fig.*) molto sicuro, solidissimo: *amicizia a p. di bomba* | *A tutta p.*, provato, sperimentato | *Banco di p.*, (*fig.*) circostanza o insieme di circostanze in cui si verificano le capacità di qlcu., il valore di una affermazione o il reale valore di qlco. | *Conoscere qlco. per p.*, per averne fatto esperienza | *Mettere un abito in p.*, farlo indossare al cliente durante la lavorazione, per eventuali correzioni e modifiche | *P. genealogica*, dimostrazione della discendenza di un individuo da una famiglia, fatta attraverso documenti o inchieste | Esame: *sostenere le prove scritte di italiano*. **2** Cimento cui ci si assoggetta per dimostrare di possedere determinate qualità: *mettersi a una p. difficile*; *alla p. dei fatti* | *Terza p.*, prova scritta dell'esame di Stato che si svolge dopo due prove in materie tra le principali del corso di studi; è preparata da una Commissione d'esame e si basa su questionari, soluzione di problemi, sviluppo di progetti e sim.; accerta la cultura pluridisciplinare del candidato nelle materie dell'ultimo anno di corso | *P. del fuoco*, (*fig.*) durissima e rivelatrice | *Una p. dolorosa, una dura p.*, sofferenza, dolore, disgrazia | Competizione sportiva. **3** Tentativo: *una p. riuscita*; *fare, ritentare la p.* **4** Testimonianza, documento, elemento che dimostra l'autenticità di un fatto o la veridicità di una affermazione: *una p. certa, irrefutabile, luminosa, decisiva*; *con le prove alla mano* | *Fino a p. contraria*, fino a che non viene dimostrato il contrario | *P. d'acquisto*, talloncino staccabile dalla confezione di un prodotto che dà diritto a sconti, premi e sim. **5** (*dir.*) Rappresentazione di un fatto giuridicamente rilevante, utilizzabile a fini processuali: *p. orale, scritta* | *P. legale*, che non è liberamente valutabile dal giudice | *P. costituenda*, che si forma nel corso del processo, come la prova testimoniale. CFR. Indizio. **6** Dimostrazione: *ha fatto buona p.*; *dar p. di coraggio* | *Portare in p.*, come dimostrazione, conferma | (*lett.*) Dimostrazione di valore, impresa: *l'alta fatica e le mirabil prove / che fece il franco Orlando per amore* (BOIARDO). **7** (*teat.*) Ogni rappresentazione preparatoria di uno spettacolo, che precede quella definitiva fatta dinanzi al pubblico: *assistere alle prove di un dramma* | *P. generale*, quella completa di tutto lo spettacolo, con costumi, luci e scenografie definitive. **8** (*mat.*) Verifica di un determinato calcolo | *P. del nove*, V. *nove*. **9** (*dir.*) *Messa in p.*, V. *messa* (*2*). **10** †Gara: *correre a p.* || PROV. Alla prova si scortica l'asino. || **provétta**, dim. | **provino**, dim. m. (V.).

provàbile [1747] agg. ● Che può essere provato. SIN. Dimostrabile, documentabile.

provabilità [1551] s. f. ● (*raro*) Condizione di ciò che è provabile.

provacircùiti [comp. di *prova*(*re*) e il pl. di *circuito*; 1958] s. m. inv. ● (*elettr.*) Multimetro di bassa precisione per misure di tensione, intensità di corrente, resistenza e sim., sia in corrente alternata sia in corrente continua.

†**provagióne** ● V. †*provazione*.

†**provaménto** [vc. dotta, lat. tardo *probamĕntu*(*m*) 'prova, saggio', da *probāre* (V. *provare*)] s. m. **1** Prova, esperimento. **2** Dimostrazione.

provanatùra [vc. sett. da far risalire al lat. *propāgo*, genit. *propāginis* 'propaggine'; 1958] s. f. ● (*agr.*) Specie di propaggine multipla usata un tempo per ricostituire i vigneti deperiti.

†**provàno** [ant. fr. *provant* 'che resiste alla prova', dal lat. *probāre* 'provare'; sec. XIV] agg. ● (*raro*) Caparbio: *è p. e ostinato in dire e fare* (ALBERTI).

provànte part. pres. di *provare*; anche agg. ● Nei sign. del v. | (*lett.*) Che sostiene una prova, un esame | (*lett.*) Convincente, probante: *un argomento p.* (MANZONI).

†**provànza** [av. 1306] s. f. ● Prova.

provapile [comp. di *prova*(*re*) e del pl. di *pila*; 1987] s. m. inv. ● (*elettr.*) Apparecchio a voltmetro per verificare lo stato di efficienza di una pila.

♦**provàre** [lat. *probāre* 'riconoscere che una cosa è buona', da *prŏbus* 'buono, di buona qualità' (V. *probo*); av. 1243] **A** v. tr. (*io pròvo*, †*pruòvo*) **1** Cercare di conoscere e sperimentare, mediante una o più prove, le qualità di una cosa o le capacità di qlcu.: *p. la resistenza del vetro*; *p. un abito*; *p. un cameriere per una settimana*. SIN. Sperimentare. **2** (assol.; + *a*, lett. + *di*, seguiti da inf.) Fare una prova, un tentativo: *non conviene p.*; *bisogna p. per credere*; *prova a sentire che cosa ne pensa*; *proviamo a passare di là*; *ho provato a telefonargli, ma non risponde*; *Vo' p. di mettere in pratica il progetto* (GOLDONI) | *Provaci!, prova!, non ti ci p.!*, esclamazione di sfida e di minaccia rivolta a chi intende fare qlco. di non gradito: *provaci e vedrai!*; *non ti ci p. a toccarla!* | *Provarci*, (*fam.*) fare un tentativo, arrischiarsi: *io non ci riesco, provaci tu*; *provati almeno a telefonargli*; (*fam.*) tentare un approccio: *carina quella ragazza: io ci provo*. **3** Conoscere mediante esperienza: *p. tutto il peso dell'esistenza*; *p. la fedeltà di qlcu.* | *P. la sete*, soffrirla | Sentire dentro di sé: *p. stupore, gioia, rabbia* | (*raro*) Assaggiare: *p. una pietanza*. **4** Mettere alla prova, cimentare: *quell'esperienza lo ha duramente provato* | (*est.*) Indebolire, fiaccare: *la malattia ti ha provato*. **5** (qlco.; + *di* seguito da inf.; + *che* seguito da indic.) Dimostrare con prove il valore, la verità di un fatto, un'asserzione: *p. la legge di gravità*; *p. di aver capito*; *con l'orologio alla mano egli le provò di non aver tardato* (SVEVO); *molti testimoni provarono che l'imputato aveva detto la verità*; *la sua colpevolezza fu ampiamente provata*. SIN. Confermare. **6** Fare la prova di uno spettacolo o sim.: *p. il duetto*; (*assol.*) *oggi si prova*. **7** †Dar prova, saggio del proprio valore | †*P. bene*, comportarsi bene. **B** v. intr. pron. **1** (assol.; + *a*, lett. + *di*, seguiti da inf.) Tentare: *nessuno si provò ad opporsi*; *non provartici!*; *La giovinetta si provò di sorridere* (VERGA). **2** (+ *in*; + *con*; + *contro*) Cimentarsi, misurarsi: *provarsi nell'uso delle armi*; *si è provato contro tutti*.

†**provatìvo** [da *provare*, sul modello del lat. tardo *probatīvus* 'probativo'; sec. XIV] agg. ● Atto a provare, confermare.

provàto [av. 1250] part. pass. di *provare*; anche agg. **1** Nei sign. del v. **2** Sperimentato: *amico di provata fiducia*. **3** Affaticato: *atleta p.*; *truppe provate*. || **provataménte**, avv. (*raro*) In modo provato.

†**provatóre** [av. 1348] s. m. (f. *-trice*) ● Chi prova, mette alla prova o si cimenta in qlco.

provatransistóri [comp. di *prova*(*re*) e il pl. di *transistore*; 1974] s. m. inv. ● (*elettron.*) Dispositivo che permette di determinare i parametri caratteristici di un transistore.

provatùra [da *provato*, perché serve di assaggio (?); av. 1548] s. f. ● Formaggio fresco di latte intero di bufala o anche di mucca, a forma rotonda e pasta filata, simile alla mozzarella.

†**provazióne** o †**provagióne** [vc. dotta, lat. *probatiōne*(*m*), da *probātus*, part. pass. di *probāre* 'provare, approvare'; 1340] s. f. **1** Prova, traversia. **2** Dimostrazione.

†**proveccìàre** [sp. *aprovechar* 'approfittare', da *provecho* 'profitto' (V. *proveccio*); 1617] v. intr. ● Approfittare.

†**provèccio** [sp. *provecho*: stessa etim. dell'it. *profitto*; 1827] s. m. ● Profitto.

†**provedènza** ● V. *provvidenza*.

†**provedére** e *deriv.* ● V. *provvedere* e *deriv.*

provènda [deformazione di *profenda*; 1937] s. f. ● Antica misura di capacità pari a litri 8,8.

proveniènte part. pres. di *provenire*; anche agg. ● Che proviene: *il volo p. da Parigi*; *notizia p. da fonte sicura*.

proveniènza [1728] s. f. **1** Il provenire | (*fig.*) Origine, derivazione: *la p. delle vostre disgrazie*; *oggetti di misteriosa p.* **2** Luogo di origine: *la p. del clandestino non è stata accertata*.

♦**provenìre** [vc. dotta, lat. *provenīre* 'venire innanzi', comp. di *prō* 'avanti' (V. *pro-* (*1*)) e *venīre* 'venire'; av. 1294] v. intr. (coniug. come *venire*; aus. *essere*) **1** Venire, arrivare da un luogo: *merci che provengono dall'America*. **2** (*fig.*) Avere, trarre origine: *dai suoi maneggi provengono solo guai*; *numerosi termini gastronomici provengono dal francese*. SIN. Derivare, dipendere, procedere.

provènto [vc. dotta, lat. *provĕntu*(*m*), da *provenīre* 'provenire'; 1336] s. m. ● Entrata, rendita, guadagno, introito: *i proventi dell'erario*; *lauti proventi*; *non avrebbe potuto vivere con gli scarsi proventi di quella saltuaria professione* (PIRANDELLO).

proventrìglio [comp. di *pro-* (*1*) e *ventriglio*; 1958] s. m. ● Stomaco ghiandolare degli uccelli.

†**proventuàle** [dal lat. *provĕntus* 'provento'] s. m. ● Esattore, riscuotitore.

provenùto part. pass. di *provenire*. ● Nei sign. del v. | (*fig.*) Derivato.

provenzàle [fr. *provençal*, da *Provence* 'Provenza', dal lat. *provĭncia*(*m*) 'provincia'; av. 1205] **A** agg. ● Della Provenza: *letteratura p.* || **provenzalménte**, avv. Alla maniera dei provenzali. **B** s. m. e f. ● Abitante, nativo della Provenza. **C** s. m. solo sing. ● Lingua del gruppo romanzo, parlata in Provenza, detta anche *lingua d'oc*.

provenzaleggiànte [1925] part. pres. di *provenzaleggiare*; anche agg. ● Nel sign. del v.

provenzaleggiàre [comp. di *provenzal*(*e*) e *-eggiare*; 1726] v. intr. (*io provenzaléggio*; aus. *avere*) ● (*raro*) Imitare i poeti provenzali.

provenzalésco [sec. XIII] agg. (pl. m. *-schi*) ● (*lett.*) Provenzale | Provenzaleggiante.

provenzalìsmo [av. 1698] s. m. ● Forma linguistica propria del provenzale.

provenzalìsta [1966] s. m. e f. (pl. m. *-i*) ● Studioso di lingua e letteratura provenzale.

proverbiàle [vc. dotta, lat. *proverbiāle*(*m*), da *provĕrbium* 'proverbio'; 1524] agg. **1** Che ha caratteristiche di proverbio o appartiene a un proverbio: *detto p.*; *sapienza p.* **2** (*fig.*) Passato in proverbio: *la p. ricchezza di Creso* | (*est.*) Ben noto a tutti: *la sua p. avarizia*; *colla p. affabilità dei*

Veneziani (NIEVO). || **proverbialménte**, avv.

†**proverbiàre** [da *proverbio*; av. 1342] v. tr. *1* Sgridare, rimproverare. *2* Schernire, canzonare, beffare.

♦**provèrbio** [vc. dotta, lat. *provĕrbiu(m)*, da *vĕrbum* 'parola' (V. *verbo*); 1225 ca.] s. m. *1* Detto breve e spesso arguto, di origine popolare e molto diffuso, che contiene massime, norme, consigli fondati sull'esperienza: *raccolta di antichi proverbi*; *i proverbi sono la sapienza popolare* | ***Passare in p.***, diventare esempio tipico di qlco. SIN. Adagio. CFR. Paremia, paremiografia, paremiologia. *2* †Ingiuria, villania. *3* †Parabola, paragone. || **proverbiàccio**, pegg. | **proverbiùccio**, dim.

proverbióso [1353] agg. *1* (*raro*) Pieno di proverbi: *discorso p.* SIN. Sentenzioso. *2* †Villano, offensivo, beffardo. || †**proverbiosaménte**, avv. Sdegnosamente, villanamente.

provése ● V. *prodese*.

provétta [fr. *éprouvette*, da *éprouver* 'provare'; av. 1921] s. f. *1* Recipiente tubolare di vetro, chiuso a una estremità, usato per analisi di laboratorio. *2* Piccolo elemento di forma stabilita di un metallo, lega o altro sul quale si fanno prove di trazione, flessione, torsione e sim., per stabilire le caratteristiche di resistenza del materiale. *3* Antico strumento per saggiare la qualità delle polveri da sparo. SIN. Provino.

provètto (o -é-) [vc. dotta, lat. *provĕctu(m)*, part. pass. di *provĕhere* 'portare innanzi', comp. di *prō* 'avanti' (V. *pro-* (*1*)) e *vĕhere* 'condurre' (V. *vettura*); 1340] agg. *1* Che ha esperienza, conoscenza sicura di qlco.: *alpinista p.* | ***Mano provetta***, esercitata. SIN. Esperto, pratico. CONTR. Inesperto. *2* (*lett.*) Inoltrato negli anni, non più giovane: *uomo p.*; *età provetta*; *amore, / sospiro acerbo de' provetti giorni* (LEOPARDI).

†**proviànda** [dall'oland: *proviand*, ted. *Proviant*, per incrocio del fr. *provende* 'prebenda' e *viande* 'carne, vivanda'; 1641] s. f. ● Vitto, vettovaglia.

provicariàto s. m. ● Ufficio, dignità di provicario.

provicàrio [comp. di *pro-* (*1*) e *vicario*] s. m. ● Chi fa le veci del vicario.

†**providènza** ● V. *provvidenza*.

†**providénzia** ● V. *provvidenza*.

provider /pro'vaider, *ingl.* prə'vaɪdəɹ/ [vc. ingl., propr. 'che provvede, fornitore'; 1996] s. m. inv. ● (*elab.*) Società che offre agli utenti il servizio di accesso alla rete Internet.

†**pròvido** ● V. *provvido*.

†**provigióne** e *deriv.* ● V. *provvisione* e *deriv.*

provinca [1353] s. f. ● (*bot.*) Pervinca.

♦**provincia** [vc. dotta, lat. *provĭncia(m)*, di etim. incerta; av. 1292] s. f. (pl. *-ce* o disus. *-cie*; spesso scritto con iniziale maiuscola nel sign. 2) *1* Anticamente, territorio di competenza di un magistrato e poi paese di conquista soggetto a Roma e amministrato da un magistrato romano | ***Province senatorie***, dipendenti dal Senato | ***Province imperiali***, dipendenti dall'Imperatore. *2* Ente territoriale autonomo di amministrazione statale indiretta, retto da un Presidente eletto direttamente dal corpo elettorale e da una Giunta nominata dallo stesso Presidente | (*est.*) Sede dell'amministrazione provinciale. *3* Il complesso dei paesi e dei piccoli centri, spesso considerati culturalmente e socialmente arretrati rispetto al capoluogo e alle grandi città: *andare, ritirarsi in p.*; *la noia della vita di p.*; *città, giornale di p.*; *mentalità, abitudini di p.* *4* †Ufficio, incarico: *io non so se mi prenderò una p. tanto dura e piena di tante difficoltà* (MACHIAVELLI). *5* Nel diritto canonico, circoscrizione che comprende più diocesi e che è retta da un arcivescovo metropolita | ***P. religiosa***, congiunzione di più case religiose sotto il medesimo superiore.

provincialàto [av. 1610] s. m. ● Funzione, carica, sede del padre provinciale negli ordini religiosi.

♦**provinciàle** [vc. dotta, lat. *provinciāle(m)*, da *provĭncia* 'provincia'; 1308] **A** agg. *1* Che è attinente, che appartiene, alla provincia: *amministrazione p.* | ***Consiglio p.***, organo deliberativo in tutte le materie di maggiore importanza attribuite alla provincia | ***Giunta p.***, organo della provincia con funzioni esecutive, di controllo e di giurisdizione in campo amministrativo. *2* Che vive o è nato in provincia | (*spreg.*) Di mentalità e abitudini di vita spesso considerate arretrate e rozze rispetto a quelle delle grandi città: *cultura p.* (V. nota d'uso STEREOTIPO) *3* ***Padre p.***, (*ellitt.*) ***provinciale***, religioso che è a capo della provincia religiosa in alcuni ordini e congregazioni. || **provincialménte**, avv. In modo provinciale, al modo dei provinciali. **B** s. m. e f. ● Persona nativa, abitante della provincia | (*spreg.*) Persona di mentalità e gusti provinciali. **C** s. f. ● Strada provinciale. || **provincialàccio**, pegg. | **provincialétto**, dim. | **provincialino**, dim. | **provincialóne**, accr. | **provincialùzzo**, pegg.

provincialésco agg. (pl. m. *-schi*) ● (*raro*, *spreg.*) Da provinciale.

provincialismo [comp. di *provincial(e)* e *-ismo*; 1895] s. m. *1* Stato, condizione di chi è provinciale | (*spreg.*) Mentalità, abitudine da provinciale. *2* (*ling.*) Forma propria della lingua di un'area circoscritta.

provincialità [1822] s. f. ● Caratteristica di chi (o di ciò che) è provinciale: *p. di gusti, di modi.*

provincializzàre [comp. di *provincial(e)* e *-izzare*; 1970] **A** v. tr. ● (*raro*) Trasferire all'amministrazione provinciale. **B** v. intr. pron. ● Acquisire mentalità e gusti provinciali.

provincializzazióne [1970] s. f. ● Il provincializzare | Il provincializzarsi.

provino [1835] s. m. *1* Dim. di *prova*. *2* Breve prova di recitazione cinematografica cui viene sottoposto un aspirante attore | (*disus.*) Presentazione di un film di prossima programmazione. *3* Campione di materiale da sottoporre a una determinata prova. *4* Strumento che serve a determinare la densità di liquidi, la resistenza di materiali e sim. | Campione di materiale sottoposto alle prove. *5* Provetta. *6* (*fot.*) Copia fotografica stampata per contatto da una negativa, e usata per scegliere le immagini da ingrandire.

†**provisióne** e *deriv.* ● V. *provvisione* e *deriv.*

provitamina [comp. di *pro-* (*1*) e *vitamina*; 1934] s. f. ● (*biol.*) Sostanza capace di trasformarsi nell'organismo in una vitamina attiva.

†**pròvo** (1) o †**pruòvo** [lat. *prŏpe* 'vicino'. V. *prope*; av. 1380] vc. ● (*raro*) Solo nella loc. avv. ***a p.***, vicino.

pròvo (2) /'prɔvo, *ol.* 'pro:fo/ [vc. ol., da *provo(kant)* 'provocatore'] agg.; anche s. m. e f. inv. ● Appartenente al movimento di contestazione giovanile sorto in Olanda negli anni 1960-70 e diffusosi poi in altri Stati europei.

provocàbile [vc. dotta, lat. tardo *provocābile(m)*, da *provocāre* 'provocare'; 1950] agg. ● (*raro*) Che si può provocare.

provocànte [sec. XIV] part. pres. di *provocare*; anche agg. *1* Nei sign. del v. | (*lett.*) Provocatorio. *2* Che eccita il desiderio erotico: *sguardi, parole provocanti*; *vestito, posa p.*; *donna p.* || **provocanteménte**, avv.

♦**provocàre** [vc. dotta, lat. *provocāre* 'chiamar fuori, far uscire', comp. di *prō* 'avanti' (V. *pro-* (*1*)) e *vocāre* 'chiamare', da *vōx*, genit. *vōcis* 'voce'; av. 1292] v. tr. (*io pròvoco, tu pròvochi*) *1* Determinare l'insorgenza di un fatto, una situazione e sim.: *p. il vomito*; *p. un'azione di forza*; *il terremoto ha provocato gravi danni*; *la malattia gli provoca forti dolori.* CONTR. Frenare, trattenere. *2* Eccitare, muovere, spingere: *p. all'azione*; *p. il riso, la pietà* | Sfidare, irritare qlcu. con un comportamento ostile o con ingiurie: *p. chi non può difendersi* | (*est.*) Comportarsi in modo da eccitare il desiderio erotico, detto spec. di donna: *le piace p. gli uomini*; *ha un modo di guardare che provoca.*

provocativo [vc. dotta, lat. tardo *provocatīvu(m)*, da *provocātus* 'provocato'; av. 1320] agg. *1* (*lett.*) Provocatorio. *2* Detto di medicinale che promuove una funzione.

provocàto part. pass. di *provocare*; anche agg. ● Nei sign. del v. || †**provocataménte**, avv. (*raro*) Da provocatore.

provocatóre [vc. dotta, lat. *provocatōre(m)*, da *provocātus* 'provocato'; 1513] agg.; anche s. m. (f. *-trice*) ● Che (o Chi) provoca, spec. all'ira e alla violenza: *lettera provocatrice* | ***Agente p.***, persona che induce altri a commettere reato per poterlo denunciare avendone le prove o provoca incidenti che si risolvono a favore di un mandante.

provocatòrio [vc. dotta, lat. *provocatōriu(m)*, da *provocātor*, genit. *provocatōris* 'provocatore'; 1498] agg. ● Che ha un carattere di provocazione, di sfida: *parlare con tono p.*; *una domanda provocatoria* | Che suscita una reazione violenta: *atteggiamento p.* || **provocatoriaménte**, avv.

provocazióne [vc. dotta, lat. *provocatiōne(m)*, da *provocātus* 'provocato'; sec. XIV] s. f. *1* Atto o contegno volto a provocare qlcu. o qlco.: *non sopportare provocazioni* | Sfida che mediante ingiurie o sim., istiga a una reazione violenta: *raccogliere la p.*; *l'insulto e la p. di un ubriaco che non sa quel che si dice* (PIRANDELLO). *2* (*med.*) ***Prove di p.***, test di induzione artificiale di irritazione per misurare il grado di iperreattività (per es. bronchiale). *3* (*dir.*) Circostanza attenuante comune del reato prevista per chi ha reagito in stato d'ira determinato da un fatto ingiusto altrui. || **provocazioncèlla**, dim.

pròvola [da *provare*, perché serve di assaggio (?); 1611] s. f. ● Formaggio fresco di forma sferica od oblunga, per lo più di latte di bufala, tipico dell'Italia meridionale: *p. affumicata.* || **provolétta**, dim. | **provolina**, dim.

provolóne [da *provola*; 1892] s. m. ● Formaggio crudo a pasta dura, dolce o piccante, prodotto con latte di vacca intero in grosse forme oblunghe o tondeggianti.

†**provvedènza** ● V. *provvidenza*.

♦**provvedére** o †**provedére** [lat. *providēre* 'vedere innanzi a sé, provvedere', comp. di *prō* 'davanti' (V. *pro-* (*1*) e *vidēre* 'vedere'); sec. XIII] **A** v. intr. (pres. *io provvédo*; fut. *io provvederò*; condiz. pres. *io provvederèi*; pass. rem. *io provvìdi, tu provvedésti*; part. pass. *provvedùto* o *provvìsto*, †*provvìso*; aus. *avere*) (assol; + *a*, anche seguito da inf.; + *che*, + *perché*, + *affinché* seguiti da congv.; lett. raro + *di* seguito da inf.) *1* Agire con previdenza procurando ciò che è utile, necessario, opportuno: *provvedete finché c'è tempo*; *p. ai bisogni della famiglia*; *provvedi perché si possa partire subito*; *la natura provvide che il canto degli uccelli ... fosse pubblico* (LEOPARDI); *in quello tempo provvide di pigliare con trappole ... parecchi sorgi* (SACCHETTI) | Disporre quanto occorre per soddisfare una pubblica necessità, un pubblico servizio: *p. alla sistemazione dei disoccupati*; *hanno provveduto a riaprire gli uffici.* *2* Prendere un provvedimento, stabilire le misure più opportune per ottenere un determinato fine, per risolvere una situazione critica o per ovviare a un inconveniente: *il governo ha già provveduto.* **B** v. tr. *1* Procacciare, procurare: *p. il riscaldamento per l'inverno.* *2* (qlco. + *di*) Fornire, rifornire, dotare: *p. di vettovaglie l'esercito.* **C** v. rifl. ● Fornirsi di quanto è necessario: *provvedersi del lasciapassare*; *mi sono provveduto di libri.*

†**provvedigióne** s. f. *1* Retribuzione. *2* Rifornimento.

♦**provvediménto** o †**provediménto** [av. 1276] s. m. *1* (*raro, lett.*) Il fornire, il fornirsi: *il p. del necessario* | Rimedio, riparo: *diede tal p. alle cose, che le recò a non poca quiete* (BARTOLI). *2* Misura, disposizione attuata per risolvere una situazione, rimediare a un inconveniente, e sim.: *prendere, adottare un p.*; *un p. savio, giusto, tardivo* | ***P. disciplinare***, punizione. *3* (*dir.*) Atto con cui lo Stato esplica il proprio potere nell'ambito di una delle sue funzioni fondamentali: *emanare un p.*; *p. amministrativo, giudiziario.* *4* †Previdenza abituale.

provveditoràto [sec. XV] s. m. *1* Ufficio, dignità di provveditore. *2* Organismo dipendente da un ministero e avente lo scopo di provvedere al coordinamento di attività analoghe nell'ambito di una provincia: *p. alla Pubblica Istruzione, ai trasporti* | Luogo, edificio in cui si trova tale organismo: *recarsi in p.*; *andare al p.*

provveditóre o †**proveditóre** [da *provvedere*; av. 1342] **A** agg.; anche s. m. (f. *-trice*) ● †Che (o Chi) provvede a qlcu. o a qlco. | Ufficiale con compiti logistici e di sorveglianza. **B** s. m. *1* Titolo di chi, nell'ambito di una provincia, un ente o un'associazione, è a capo del settore amministrativo: *il p. agli studi.* *2* In passato e in vari luoghi, titolo di governatori o amministratori.

provveditoria [av. 1547] s. f. ● (*st.*) Ufficio di provveditore durante la Repubblica Veneta.

provvedùto o †**provedùto** [av. 1294] part. pass. di *provvedere*; anche agg. *1* (*raro*) Provvisto. *2* (*raro*) Attento, cauto, accorto: *lettore p.* CONTR. Sprovveduto. || †**provvedutaménte**, avv. Accortamente, cautamente.

provvidènte o †**providénte** [lat. *providĕnte(m)*, part. pres. di *providēre* 'provvedere'; 1260 ca.] agg. ● (*lett.*) Provvido, preveggente, accorto. || †**prov-**

videntemente, avv.

provvidènza o †**provedènza**, †**providènza**, †**providènzia**, †**provvedènza**, †**provvidènzia** [vc. dotta, lat. *providĕntia(m)*, da *prōvidens*, genit. *providĕntis* 'provvidente'; av. 1250] s. f. *1* Il provvedere, spec. alle necessità altrui | (*spec. al pl.*) Provvedimento, misura economica a favore di particolari categorie: *provvidenze a favore dei terremotati*. *2* Spec. nella religione cristiana, ordine con il quale Dio regge e protegge la creazione e guida lo sviluppo della storia: *il concetto della p.* | Assistenza benevola di Dio a favore delle creature: *ringraziare la p.*; *sperare nella p.*; *accettare i voleri della p.*; *le vie della p. sono infinite*. *3* (*fig.*) Fatto, avvenimento felice e inaspettato: *la tua venuta è stata una vera p.* *4* †Previdenza.

provvidenziàle [fr. *providentiel*, dal lat. *providĕntia* 'provvidenza'; 1839] agg. *1* Proprio della provvidenza divina: *il disegno p. di Dio*; *ordine p.* *2* (*est.*) Che viene, o è venuto, molto a proposito: *pioggia p.*; *il tuo arrivo è stato p.* SIN. Opportuno, utile. || **provvidenzialménte**, avv.

provvidenzialìsmo [comp. di *provvidenzial(e)* e *-ismo*; 1970] s. m. ● Dottrina filosofica che asserisce esservi nel mondo della storia un ordine provvidenziale.

provvidenzialista [1970] s. m. e f. (pl. m. *-i*) ● Chi segue il provvidenzialismo o si ispira ad esso.

provvidenzialità [1967] s. f. ● Caratteristica di ciò che è provvidenziale.

pròvvido o †**pròvido** [vc. dotta, lat. *prōvidu(m)*, da *providēre* 'provvedere'; 1338 ca.] agg. *1* (*lett.*) Che provvede. *2* (*lett.*) Che opera con preveggenza e saggezza: *sei come la provvida / formica* (SABA). CONTR. Improvvido. *3* (*lett.*) Utile, opportuno, detto di cosa: *una deliberazione molto provvida*. || **provvidaménte**, avv. Con prudenza, previdenza.

†**provvigionàre** ● V. †*provvisionare*.

provvigióne [vc. dotta, lat. *provisiōne(m)* 'previsione, approvvigionamento', da *provīsus*, part. pass. di *providēre* 'provvedere'; av. 1389] s. f. *1* Tipo di retribuzione generalmente corrisposta al personale di vendita o ad agenti o rappresentanti e commisurata alle vendite fatte o agli affari procacciati. SIN. Percentuale. *2* V. *provvisione*.

provvisionàle [fr. *provisionnel*, da *provision* 'provvisione'; 1619] **A** agg. ● (*disus.*) Provvisorio. **B** s. f. ● (*dir.*) Indennizzo provvisorio contenuto nei limiti della quantità per cui l'autorità giudiziaria ritiene già raggiunta la prova, dovuto in attesa della definitiva liquidazione dei danni o della pretesa | Clausola di una pronuncia giurisdizionale contenente condanna a tale indennizzo.

†**provvisionàre** o †**provigionàre**, †**provisionàre**, †**provvigionàre** [fr. *provisionner*, da *provision* 'provvisione'; 1550] v. tr. ● Provvedere di stipendio, di salario.

provvisionàto [av. 1348] **A** part. pass. di *provvisionare*; anche agg. ● (*raro*) Nel sign. del v. **B** s. m. ● †Veterano, soldato o ufficiale, con soldo ridotto o stipendio vitalizio.

provvisióne o †**provigióne**, †**provisióne**, †**provvigióne** [V. *provvigione*; av. 1348] s. f. *1* †Il provvedere. SIN. Provvedimento, provvidenza. *2* (*dir., relig.*) Conferimento di un ufficio ecclesiastico. *3* †Quantità di viveri e munizioni a cui si provvede per un esercito o per una guerra. *4* †Salario, paga, stipendio: *se li guadagnò facendoli sua gentili uomini e dando loro grandi provisioni* (MACHIAVELLI) | Assegnazione, appannaggio. *5* †Rimedio, riparo. || **provvisioncèlla**, dim.

†**provvìso** o **provìso** part. pass. di *provvedere*; anche agg. ● Nei sign. del v.

†**provvisóre** o †**provisóre** [vc. dotta, lat. *provisō-re(m)*, da *provīsus* 'provviso'; sec. XIV] s. m. ● Provveditore.

provvisorietà [1871] s. f. ● Caratteristica di ciò che è provvisorio. SIN. Precarietà.

provvisòrio [fr. *provisoire*, dal lat. *provīsus* 'provviso' in quanto è ciò che *provvede* temporaneamente; 1670] agg. ● Che ha durata, compiti e sim. assai limitati nel tempo: *governo, impiego p.*; *sistemazione provvisoria*; *la nomina è solo provvisoria*; *libertà provvisoria* | ***In via provvisoria***, temporaneamente, per adesso: *in via provvisoria mi sistemerò in albergo*. SIN. Temporaneo. CONTR. Definitivo, duraturo, stabile. || **provvisoriaménte**, avv.

♦**provvista** [f. sost. di *provvisto*; av. 1673] s. f. *1* Il provvedere ciò che è necessario materialmente a sé, alla famiglia o a una comunità: *fare p. per l'inverno*; *fare p. di pane, di pasta, di gasolio*. *2* Ciò che si è provveduto a mettere da parte per necessità materiali proprie o altrui: *avere abbondanti provviste*; *le provviste sono finite*; *avevano comprato una buona p. di barilotti e il sale per le acciughe* (VERGA). *3* (*banca*) Insieme delle operazioni con le quali la banca si provvede di fondi da impiegare. *4* (*dir., relig.*) Provvisione. *5* (*dir.*) Rapporto intercorrente tra il traente e il trattario di una cambiale e tra delegante e delegato nella delegazione.

provvisto [1478] part. pass. di *provvedere*; anche agg. (assol.; + *di*) ● Nei sign. del v. | Dotato, fornito: *albergo p. di ogni comodità* | Che ha una buona disponibilità economica: *essere ben p.*; *il nostro giovane ... si trovava p. bastantemente* (MANZONI).

proxy /ˈprɔksi/, *ingl.* ˈprɒksɪ/ [vc. ingl., propr. 'delega, procura'; 1995] s. m. inv. (pl. ingl. *proxys*) ● (*elab.*) Funzione offerta da un provider e svolta da un sistema dedicato che conserva le informazioni richieste dagli utenti in una memoria collettiva così da offrire un accesso più rapido.

Pròzac® [marchio registrato; 1990] s. m. inv. ● (*med.*) Nome commerciale di un antidepressivo, usato nel trattamento dei disordini dell'umore.

prozìo (1) (o -z-) [da *zio*, sul modello di *pronipote*; 1640] s. m. (f. *-a*) ● Zio del padre o della madre, rispetto ai pronipoti.

prozìo (2) ● V. *protio*.

prr /pṛṛ/ ● V. *prm*.

prùa o **pròra** [vc. dial., lat. *prōra(m)* 'prora'; sec. XIII] s. f. *1* Parte anteriore di qualsiasi nave o imbarcazione, a forma di cuneo più o meno acuto, per fendere l'acqua; nelle costruzioni moderne è svasata verso l'alto per sostenere la nave sull'onda e tagliente verso il basso: *albero di p.*, *ancora di p.* | ***Mettere la p. al vento, a terra***, volgersi con la nave dalla parte da cui spira il vento, da cui si trova la terra ferma. *2* (*aer.*) Parte anteriore di un aeromobile. *3* (*aer., mar.*) Angolo che una direzione di riferimento fissa forma con l'asse longitudinale di un aeromobile o di una nave e che ne definisce l'orientazione | ***P. magnetica***, quella in cui la direzione di riferimento è il meridiano magnetico | ***P. geografica, p. vera***, quella in cui la direzione di riferimento è il meridiano geografico | ***P. alla bussola, p. bussola***, quella indicata dalla bussola | ***P. girodirezionale, p. giro***, quella fornita da un giroscopio direzionale | ***P. griglia***, quella misurata rispetto a una direzione, detta nord griglia, individuata da un reticolo trasparente sovrapposto alla carta geografica. ➡ ILL. p. 2155 SPORT; p. 2172 TRASPORTI.

pruavia [comp. di *prua* e *via*; 1887] s. f. ● (*mar.*) Parte che guarda verso la prua | ***A p.***, verso prua.

prude /fr. pʀyd/ [V. *pruderie*; 1905] agg. inv. ● Conforme a pruderie: *un discorso p.*; *non essere così p. nei tuoi giudizi!*

♦**prudènte** [vc. dotta, lat. *prudĕnte(m)*, da *prōvidens*, genit. *providĕntis* 'provvidente'; sec. XII] agg. *1* Che usa misura e ponderazione nel parlare o nell'agire: *una ragazza p.* | (*est.*) Che cerca di evitare il pericolo: *guidatore, autista p.*; *sei stato poco p. in quel sorpasso*. SIN. Accorto, cauto. CONTR. Imprudente, sconsiderato. *2* Ispirato alla prudenza: *contegno p.*; *parole prudenti*. SIN. Assennato, savio. || **prudenteménte**, avv. In modo prudente, con prudenza.

prudènza [vc. dotta, lat. *prudĕntia(m)*, da *prūdens*, genit. *prudĕntis* 'prudente'; av. 1292] s. f. *1* Misura, ponderazione, equilibrio nel parlare o nell'agire: *Se bene si mira, da la p. vegnono li buoni consigli* (DANTE); *la p. di Salomone* (BOCCACCIO). *2* Nella teologia cattolica, prima delle quattro virtù cardinali che consente di distinguere il bene dal male e fa operare secondo retta ragione. *3* Caratteristica, comportamento di chi sa evitare inutili rischi agendo con cautela e assennatezza: *procedere, guidare con p.*; *in certe situazioni bisogna avere p.*

prudenziàle [dal lat. *prudĕntia(m)* 'prudenza'; 1679] agg. ● Consigliato, dettato dalla prudenza: *proposito p.*; *misure prudenziali*. || **prudenzialménte**, avv. (*raro*) In modo prudenziale.

prùdere [lat. parl. **prūdere*, dissimilazione del classico *prurīre*, di orig. indeur.; sec. XIV] v. intr. (pass. rem. *io prudéi* o *prudètti* (o *-étti*), *tu prudésti*; difett. del part. pass. e dei tempi composti) ● Dare prurito | ***Sentirsi p. le mani***, (*fig.*) aver voglia di picchiare, di azzuffarsi | ***Sentirsi p. la lingua***, (*fig.*) aver desiderio di parlare, spec. per dire a qlcu. il fatto suo | ***Toccare qlcu. dove gli prude***, (*fig.*) toccare un suo punto debole. SIN. Pizzicare.

pruderie /fr. pʀydəˈʀi/ [vc. fr., da *prude* 'donna saggia', poi 'donna che ha una riservatezza affettata'; stessa etim. dell'it. *prode*; 1873] s. f. inv. ● Eccessivo e superficiale pudore che si rivela quasi esclusivamente nelle forme esteriori della condotta morale.

prudóre [da *prudere*; av. 1424] s. m. ● (*lett.*) Pizzicore, prurito.

prueggiàre [comp. di *prua* e *-eggiare*; av. 1645] v. intr. (*io pruéggio*; aus. *avere*) ● (*mar.*) Affrontare il mare di prua, procedendo lentamente per evitare danni allo scafo.

pruéggio [1669] s. m. ● (*mar.*) Il prueggiare | ***Stare a p.***, con la prua al vento o a terra e ormeggiato | ***Andare a p.***, tenendo la prua verso il vento.

prùgna [lat. parl. **prūnea(m)*, agg. f. di *prūnus* 'susino', di orig. preindeur.; av. 1320] **A** s. f. ● Susina | ***P. cinese***, litchi. **B** in funzione di agg. inv. ● (posposto al s.) Che ha il colore rosso violaceo scuro, proprio della prugna matura: *una borsa color p.*; *un vestito p.*

prùgno [da *prugna*; av. 1320] s. m. ● Susino.

prùgnola [dim. di *prugna*; av. 1320] s. f. ● Frutto del prùgnolo.

prùgnolo (1) [dim. di *prugna*; av. 1320] s. m. ● Arbusto delle Rosacee a rami divergenti terminanti in lunghe spine, con piccole foglie seghettate, fiori bianchi e frutti violetti aspri (*Prunus spinosa*). SIN. Pruno, spino nero.

prugnòlo (2) [detto così dall'odore, simile a quello delle *prugne*; av. 1449] s. m. ● Piccolo fungo delle Agaricacee, commestibile, biancastro o gialliccio, con gambo corto rigonfio alla base (*Tricholoma georgii*).

prùina [vc. dotta, lat. *pruīna(m)*, di orig. indeur.; av. 1327] s. f. *1* (*poet.*) Brina, brinata: *Zefiro già, di be' fioretti adorno, / avea de' monti tolta ogni p.* (POLIZIANO). *2* (*bot.*) Cera secreta in minuti granuli, che produce un rivestimento biancastro su alcuni organi vegetali.

pruinóso [vc. dotta, lat. *pruinōsu(m)*, da *pruīna* 'pruina'; 1499] agg. ● (*bot.*) Di organo vegetale con rivestimento di pruina.

†**prùna** [lat. *prūna*, pl. di *prūnum* 'prugna', di orig. preindeur.] s. f. ● (*bot.*) Prugna.

prunàia [av. 1600] s. f. ● Prunaio, pruneto.

prunàio [1618] s. m. *1* Pruneto | Ginepreto. *2* (*fig., disus.*) Situazione poco chiara o di difficile soluzione. SIN. Ginepraio.

prunàlbo [comp. di *pruno* e *albo*; av. 1320] s. m. ● (*bot.*) Biancospino.

prunèlla (1) [fr. *prunelle*, da *prune* 'prugna', per il colore] s. f. *1* Stoffa lucida, di lana, seta o cotone, di colore simile a quello delle prugne. *2* Liquore simile all'acquavite ottenuto dalla distillazione delle prugne.

prunèlla (2) [V. *prunella* (1)] s. f. ● (*bot.*) Brunella.

prunéto [av. 1333] s. m. ● Luogo pieno di pruni o di piante spinose. SIN. Prunaio.

prùno [lat. *prūnu(m)* 'susino', di orig. preindeur.; sec. XIII] s. m. *1* (*bot.*) Prugnolo, nel sign. di *prugnolo (1)* | ***P. gazzerino***, agazzino. *2* (*est.*) Spina del pruno | ***P. nell'occhio***, (*fig., lett.*) cosa o persona molesta.

†**prunóso** [av. 1498] agg. ● Pieno di pruni.

†**pruòva** ● V. *prova*.

†**pruòvo** ● V. †*provo (1)*.

prurìgine [vc. dotta, lat. *prurīgine(m)*, da *prurīre* 'prudere'. V. *prudere*; 1499] s. f. *1* (*lett.*) Prurito (*anche fig.*): *p. alle mani*; *p. delle lodi*. *2* (*med.*) Malattia cutanea caratterizzata da prurito e da lesioni cutanee quali papule, noduli, chiazze e sim.

pruriginóso [vc. dotta, lat. tardo *pruriginōsu(m)*, da *prurīgo*, genit. *prurīginis* 'prurigine'; 1583] agg. *1* Che provoca prurito: *papule pruriginose*. *2* (*fig.*) Stuzzicante, solleticante, eccitante, spec. dal punto di vista sensuale: *film p.*; *letture pruriginose*. || **pruriginosaménte**, avv. In modo pruriginoso (*spec. fig.*).

†**prurìre** [vc. dotta, lat. *prurīre*. V. *prudere*; 1832] v. intr. *1* Prudere, pizzicare. *2* (*lett.*) Stare per manifestarsi. *3* (*lett.*) Fervere di vita.

prurito [vc. dotta, lat. *prurītu(m)*, da *prurīre* 'prurire'; av. 1250] **s. m. *1*** Sensazione cutanea sgradevole che, come reazione, induce a grattarsi: *avere p. al naso.* **SIN.** Pizzicore, prudore. ***2*** (*fig.*) Voglia, stimolo improvviso: *pruriti erotici* | Capriccio, ghiribizzo.

prussianèṣimo [1916] **s. m.** ● Spirito militarista proprio dell'antico regno di Prussia.

prussiàno [1758] **A agg. *1*** Della Prussia: *esercito p.* ***2*** (*est.*) Detto di atteggiamento mentale ispirato a un senso di rigida disciplina e rigore autoritario: *spirito p.*; *mentalità prussiana.* **B s. m.** (f. *-a*) ● Abitante, nativo della Prussia. **C s. m.** solo **sing.** ● Lingua parlata un tempo nella Prussia orientale.

prussiàto [da *prussico*; av. 1799] **s. m.** ● (*chim.*) Sale o estere dell'acido prussico.

prùssico [detto così perché ricavato dal *blu di Prussia*; 1795] **agg.** (**pl. m.** *-ci*) ● (*chim.*) ***Acido p.***, acido cianidrico.

ps ● V. *pss.*

†**psalmodia** ● V. *salmodia.*

†**psaltèrio** ● V. *salterio.*

†**psaltèro** ● V. *salterio.*

psammite [vc. dotta, gr. *psammítēs*, agg. di *psámmos* 'sabbia' (V. *psammo-*); 1823] **s. f.** ● (*geol.*) Roccia detritica sabbiosa a elementi sciolti o cementati.

psàmmo- [dal gr. *psámmos* 'sabbia', di orig. indeur.] primo elemento ● In parole composte della terminologia scientifica significa 'sabbia' o indica relazione con la sabbia: *psammofilo, psammografia.*

psammòdromo [comp. di *psammo-* e *-dromo*; detti così perché corrono sulla sabbia; 1958] **s. m.** ● Lucertola grigio-olivastra o bruna e bianca inferiormente, caratteristica dell'Africa e della Spagna del sud (*Psammodromus hispanicus*).

psammòfilo [comp. di *psammo-* e *-filo*; 1935] **agg.** ● (*biol.*) Detto di organismo animale o vegetale che vive su terreni sabbiosi.

psammòfita [comp. di *psammo-* e *-fita*; 1935] **s. f.** ● (*bot.*) Pianta che vive su terreni sabbiosi.

psammografìa [comp. di *psammo-* e *-grafia*; 1927] **s. f.** ● Studio fisico e chimico delle sabbie.

psàmmon [da *psammo-*, sul modello di *plancton*; 1958] **s. m.** ● (*zool.*) Fauna vivente negli interstizi presenti nella sabbia o nella ghiaia lungo le rive sabbiose dei mari o dei laghi.

psammoterapìa [comp. di *psammo-* e *-terapia*; 1950] **s. f.** ● (*med.*) Cura mediante applicazione di sabbia calda.

psefite [dal gr. *psêphos* 'ciottolo', di orig. indeur.; 1823] **s. f.** ● (*geol.*) Roccia detritica a elementi grossolani, ciottolosi, sciolti o cementati tra loro.

psefìtico [1931] **agg.** (**pl. m.** *-ci*) ● (*geol.*) Di psefite, analogo a psefite: *roccia, struttura psefitica.*

psefologìa [vc. dotta, comp. del gr. *psêphos* 'piccola pietra' col quale si votava (e, quindi, 'voto') e *-logia*; 1987] **s. f.** ● Studio statistico delle elezioni, con particolare riguardo al comportamento dell'elettorato e allo spostamento dei voti da un partito all'altro.

Pselàfidi [dal gr. *psēlaphân* 'andare a tentoni, palpare', da avvicinare a *psállein* 'tirare con scosse', di orig. indeur.; detti così per i lunghi palpi; 1958] **s. m. pl.** (**sing.** *-e*) ● Nella tassonomia animale, famiglia di Coleotteri con testa grossa, con o senza occhi, corpo di colore rosso o giallastro viventi nei detriti vegetali del sottobosco o nei nidi di formiche (*Pselaphidae*).

pselafobìa [comp. del gr. *psēlaphân* 'toccare, palpare' (V. *Pselafidi*) e *-fobia*; 1958] **s. f.** ● (*psicol.*) Paura morbosa del contatto di determinati oggetti.

psellìṣmo [vc. dotta, gr. *psellismós* 'balbuzie', da *psellízein* 'balbettare', da *psellós* 'balbuziente', di orig. onomat.] **s. m.** ● (*med.*, *raro*) Balbuzie.

pseudacàcia o **pseudoacàcia** [comp. di *pseud(o)-* e *acacia*; 1809] **s. f.** (**pl.** *-cie*) ● (*bot.*) Robinia.

pseudepìgrafo o **pseudoepìgrafo** [comp. di *pseud(o)-* e di *epigrafe* con adattamento morfologico della vocale finale; 1765] **A agg.** ● In filologia, detto di documento, spec. antico, che reca una falsa epigrafe e che per questo viene attribuito dalla tradizione a un falso autore: *libro, codice p.* **B s. m.** ● Documento, testo pseudepigrafo.

psèudo- [gr. *pseudo-*, dal tema di *pséudein* 'mentire, dire il falso (*psêudos*)', di orig. incerta] primo elemento (*pseud-*, davanti a vocale) ● In parole composte della terminologia dotta e scientifica, significa genericamente 'falso': *pseudoartrosi* | In vari casi indica analogia esteriore, qualità apparente, semplice somiglianza puramente estrinseca, o qualche affinità con quanto designato dal secondo componente, talora con valore spreg.: *pseudomorfo, pseudoprofeta.*

pseudoacàcia ● V. *pseudacacia.*

pseudoartròṣi [comp. di *pseudo-* e *artrosi*] **s. f. inv.** ● (*med.*) Articolazione abnorme che si forma tra due monconi di ossa fratturati e mal saldati.

pseudocàrpo [comp. di *pseudo-* e *-carpo*; 1875] **s. m.** ● (*bot.*) Corpo globoso che ha l'apparenza di un frutto.

pseudoconcètto [comp. di *pseudo-* e *concetto*; 1905] **s. m.** ● Nella filosofia di B. Croce, rappresentazione o gruppi di rappresentazioni che si distinguono dai concetti veri e propri per non essere capaci di pervenire alla vera universalità o all'autentica comprensione della vita determinata dallo spirito.

pseudocultùra [comp. di *pseudo-* e *cultura*] **s. f. *1*** In una popolazione o in un gruppo sociale, complesso di cognizioni, esperienze e comportamenti privi o carenti di valori culturali autentici. ***2*** Insieme raccogliticcio di conoscenze individuali, basato non su una reale preparazione ma sul nozionismo e sulla pretesa di apparire colto.

pseudoepìgrafo ● V. *pseudepigrafo.*

pseudoermafroditìṣmo [comp. di *pseudo-* ed *ermafroditismo*] **s. m.** ● (*biol.*) Anormale presenza in uno stesso individuo di caratteri sessuali contrastanti con il sesso delle gonadi.

pseudoermafrodito A agg. ● Che presenta pseudoermafroditismo. **B s. m.** ● Individuo vegetale o animale caratterizzato da pseudoermafroditismo.

pseudoesteṣìa [comp. di *pseudo-* e un deriv. del gr. *áisthēsis* (V. *estetica*); 1835] **s. f.** ● (*med.*) Disturbo della sensibilità per cui si hanno sensazioni fisiche non corrispondenti in alcun modo alla realtà.

pseudoetimològico [comp. di *pseudo-* e *etimologico*; 1969] **agg.** (**pl. m.** *-ci*) ● (*ling.*) Detto di procedimento retorico per il quale si usano nella stessa frase parole che hanno una somiglianza formale, ma non la medesima radice: *Girò tre volte a l'orïente il vólto* (TASSO).

pseudofrùtto [comp. di *pseudo-* e *frutto*; 1958] **s. m.** ● (*bot.*) Falso frutto, derivante non dall'ovario ma da carpelli aperti.

pseudogravidànza [comp. di *pseudo-* e *gravidanza*] **s. f.** ● (*med.*) Insorgenza di cambiamenti anatomo-fisiologici simili a quelli della gravidanza senza che sia avvenuta la fecondazione dell'uovo; è causata dalla secrezione di ormoni da parte del corpo luteo dell'ovaio.

pseudointellettuàle [comp. di *pseudo-* e *intellettuale*; 1962] **s. m.** e **f.**; anche **agg.** ● (*spreg.*) Chi (o Che) si atteggia a intellettuale.

pseudomembràna [comp. di *pseudo-* e *membrana*; 1829] **s. f.** ● (*anat.*) Formazione avente l'aspetto, ma non la natura istologica, di una membrana.

pseudomòrfo [comp. di *pseudo-* e *-morfo*; 1821] **agg.** ● Detto di minerale prodottosi per fenomeno di pseudomorfosi.

pseudomorfòṣi o **pseudomòrfoṣi** [da *pseudomorfo*; 1821] **s. f. inv.** ● (*miner.*) Fenomeno per cui un minerale, trasformandosi o alterandosi, mantiene la sua forma esterna, pur cambiando la struttura cristallina interna.

pseudònimo [vc. dotta, gr. *pseudṓnymos*, comp. di *pseud(o)-* 'pseudo-' e *ónyma* 'nome' (V. *onomastico*); 1772] **A agg.** ● (*raro*) Di testo letterario noto o pubblicato con un nome diverso da quello vero di chi lo ha scritto: *opera pseudonima.* **B s. m.** ● Nome fittizio, spec. quello con cui scrittori e giornalisti firmano le loro opere o i loro articoli.

pseudoparàliṣi [comp. di *pseudo-* e *paralisi*; 1916] **s. f. inv.** ● (*med.*) Perdita della motilità non associata a lesioni dei nervi motori ma causata da inibizione degli impulsi motori, per un dolore localizzato o altre cause psicologiche od organiche.

pseudòpo [comp. di *pseudo-* e del gr. *póus* 'piede' (V. *-pode*): detto così dai due rudimenti di piedi posti da ciascuna parte dell'ano; 1865] **s. m.** ● Rettile dei Sauri con corpo lungo, arti anteriori mancanti e posteriori rudimentali, di colore giallo-bruno (*Ophisaurus apodus*).

pseudopòdio [comp. di *pseudo-* e un deriv. di *-pode*; 1895] **s. m.** ● (*biol.*) Prolungamento protoplasmatico emesso da certe cellule o da protozoi per la locomozione o la fagocitosi.

pseudoprofèta [vc. dotta, lat. tardo *pseudoprophēta(m)*, nom. *pseudoprophēta*, dal gr. *pseudoprophḗtēs*, comp. di *pseudo-* 'pseudo-' e *prophḗtēs* 'profeta'; av. 1561] **s. m.** (**f.** *-éssa*; **pl. m.** *-i*) ● Chi finge di avere ispirazione profetica.

pseudoscarlattìna [comp. di *pseudo-* e *scarlattina*] **s. f.** ● (*med.*) Quarta malattia.

pseudoscientìfico [comp. di *pseudo-* e *scientifico*] **agg.** (**pl. m.** *-ci*) ● Che ha i caratteri di una pseudoscienza: *teoria, dimostrazione pseudoscientifica.*

pseudosciènza [comp. di *pseudo-* e *scienza*; 1932] **s. f.** ● Teoria, disciplina e sim., alla quale si attribuisce carattere scientifico pur non avendo i requisiti, spec. metodologici, propri delle scienze.

Pseudoscorpiòni [comp. di *pseudo-* e il pl. di *scorpione*] **s. m. pl.** (**sing.** *-e*) ● Nella tassonomia animale, ordine di Aracnidi simili a Scorpioni miniaturizzati, ma privi del lungo e sottile addome aculeato (*Pseudoscorpiones*).

pseudosimmetrìa [comp. di *pseudo-* e *simmetria*; 1958] **s. f.** ● (*miner.*) Mimesia.

pseudosoluzióne [comp. di *pseudo-* e *soluzione*; 1865] **s. f.** ● (*chim.*) Sistema apparentemente omogeneo, che non ha il comportamento della vera soluzione: *la soluzione colloidale e la sospensione sono pseudosoluzioni.*

pseudozàmpa (o *-z̧-*) [comp. di *pseudo-* e *zampa*] **s. f.** ● (*zool.*) Zampa inarticolata addominale dei bruchi delle farfalle. **SIN.** Falsa zampa.

psi /psi*/ [dal gr. *psî*; 1958] **s. m.** o **f. inv.** ● Nome della ventitreesima lettera dell'alfabeto greco.

psicagogìa [vc. dotta, gr. *psychagōgía* 'il guidare le anime, la persuasione', comp. di *psychḗ* 'anima' (V. *psico-*) e *agōgḗ* 'trasporto', da *ágein* 'condurre', di orig. indeur.; 1841] **s. f. *1*** Nelle antiche religioni mediterranee, cerimonia di placazione con cui si guidava l'anima del defunto agli inferi. ***2*** Antica cerimonia di evocazione di un defunto, spec. a scopo di divinazione. ***3*** (*psicol.*) Attività psicoterapeutica volta a favorire lo sviluppo della personalità, stimolandone le capacità di analisi e riflessione.

psicagògico [vc. dotta, gr. *psychagōgikós*, da *psychagōgía* 'psicagogia'; 1875] **agg.** (**pl. m.** *-ci*) ● Relativo a psicagogia, a psicagogo.

psicagògo [vc. dotta, gr. *psychagōgós*, comp. di *psychḗ* 'anima' (V. *psico-*) e *agōgós* 'guida', da *ágein* 'condurre', di orig. indeur.; 1821] **s. m.** (**pl.** *-ghi*) ***1*** Sacerdote che praticava la psicagogia. ***2*** (*lett.*, *scherz.*) Chi si atteggia a guida spirituale.

psicanàliṣi e *deriv.* ● V. *psicoanalisi* e *deriv.*

psicastenìa o **psicoastenìa** [fr. *psychasthénie*, comp. di *psycho-* 'psico-' e *asthénie* 'astenia'; 1899] **s. f.** ● (*psicol.*) Nevrosi caratterizzata da ansia e idee o azioni ossessive. **SIN.** Nevrosi ossessiva.

psicastènico o **psicoastènico** [fr. *psychasthénique*, da *psychasthénie* 'psicastenia'; 1910] **A agg.** (**pl. m.** *-ci*) ● Di psicastenia: *sintomi psicastenici.* **B agg.**; anche **s. m.** (**f.** *-a*) ● Che (o Chi) è affetto da psicastenia.

psiche (**1**) [vc. dotta, gr. *psychḗ* 'anima', da *psýchein* 'soffiare', di orig. indeur.; 1829] **s. f. inv. *1*** (*lett.*) Vita interiore, anima: *capirai quanto soffra la mia p. di povero e di sfortunato* (PASCOLI). ***2*** (*psicol.*) Complesso delle funzioni psicologiche che assume significati diversi nelle varie teorie. **CFR.** Mente, comportamento.

psiche (**2**) [dal n. di *Psiche*. V. *psiche* (*3*); 1818] **s. f. inv.** ● Grande specchio inclinabile imperniato su sostegni laterali, usato un tempo per camere da letto.

psiche (**3**) [vc. dotta, gr. *psychḗ* 'farfalla', dal n. di un personaggio delle Metamorfosi di Apuleio] **s. f. inv.** ● Farfalla il cui maschio ha livrea modesta, la femmina è attera e con zampe rudimentali, le larve vivono in astucci sericei (*Canephora unicolor*).

psichedèlico [ingl. *psychedelic*, comp. del gr. *psychḗ* 'anima' e di una seconda parte variamente interpretata: dal gr. *dēlôun* 'mostrare, manifestare' (gli elementi psichici normalmente repressi) (?); 1967] **agg.** (**pl. m.** *-ci*) ***1*** Detto spec. di droghe che provocano dilatazione della coscienza, allucinazioni, fenomeni di evasione dalla realtà. *2* (*est.*) Detto di figurazione o composizione musicale che si ispira agli effetti visivi e sonori prodotti sull'uomo dall'uso di droghe allucinogene: *manifesto, spettacolo p.*; *musica, arte psichedelica* | ***Luci psichedeliche***, fasci luminosi colorati e lampeggianti che, collegati con un impianto di amplificazione del suono, accompagnano visivamente la musica.

psichiàtra [comp. di *psico-* e *-iatra*; 1860] s. m. e f. (pl. m. *-i*) ● Medico specialista in psichiatria.

psichiatria [comp. di *psico-* e *-iatria*; 1841] s. f. ● Branca della medicina che tratta della prevenzione, diagnosi e cura delle malattie psichiche o mentali.

psichiàtrico [1865] agg. (pl. m. *-ci*) ● Che concerne la psichiatria: *ospedale, reparto p.* || **psichiatricaménte**, avv. Dal punto di vista psichiatrico.

psichiatrizzàre [1983] v. tr. ● Rendere di competenza psichiatrica: *p. i tossicomani.*

psichiatrizzazióne [1985] s. f. ● Attribuzione alla competenza, all'ambito della psichiatria.

psìchico [vc. dotta, gr. *psychikós*, da *psyché* 'anima' (V. *psiche* (*1*)); 1829] agg. (pl. m. *-ci*) *1* Attinente alla psiche: *depressione psichica*; *fenomeno p.*; *trauma p.* | ***Fatto, processo p.***, non fisico, ma reale nella coscienza individuale. *2* (*est., raro*) Relativo a manifestazioni psicologiche paranormali. || **psichicaménte**, avv. Sotto l'aspetto psichico.

psichìsmo [da *psich*(*ico*); 1916] s. m. ● (*psicol.*) Attività psichica spontanea che si svolge indipendentemente dalla coscienza, dall'attenzione e dalla volontà.

psico- o **psic-**, davanti a vocale [gr. *psycho-*, dal tema di *psyché* 'anima', dal v. *psýchein* 'respirare', di orig. indeur.] primo elemento ● In parole composte, soprattutto della terminologia filosofica, medica e scientifica, indica relazione con la psiche, con i processi, le condizioni della coscienza, dell'anima, dell'individuo: *psicodramma, psicologia, psicopatia.*

psicoanalèttico [comp. di *psico-* e *analettico*] **A** s. m. (pl. *-ci*) ● (*farm.*) Sostanza capace di produrre effetti di stimolo o ripristino delle funzioni psichiche. **B** anche agg.: *farmaco p.*

psicoanàlisi o **psicanàlisi** [ted. *Psychoanalyse*, comp. di *Psycho-* 'psico-' e *Analyse* 'analisi'; 1908] s. f. inv. ● Teoria psicologica e tecnica psicoterapeutica fondate da S. Freud (1856-1939) e basate sull'analisi dei processi psichici inconsci e dei conflitti tra le varie sfere della psiche.

psicoanalista o **psicanalista** [1913] s. m. e f. (pl. m. *-i*) ● Medico che pratica la psicoanalisi.

psicoanalitico o **psicanalitico** [1908] agg. (pl. m. *-ci*) ● Di psicoanalisi: *terapia psicoanalitica*; *teorie psicoanalitiche*; *metodi psicoanalitici.* || **psicoanaliticaménte**, avv. Per quanto riguarda la psicoanalisi; mediante la psicoanalisi.

psicoanalizzàre o **psicanalizzàre** [comp. di *psicanal*(*isi*) e *-izzare*; 1926] v. tr. ● Sottoporre a terapia psicoanalitica: *farsi p.*

psicoastenìa e *deriv.* ● V. *psicastenia* e *deriv.*

psicoastènico ● V. *psicastenico.*

psicoattitudinàle [comp. di *psico-* e *attitudinale*] agg. ● Che mira a valutare il grado di attitudine psicologica di una persona nei confronti di una particolare mansione: *questionario, test p.*

psicoattivo [comp. di *psico-* e *attivo*; 1963] agg. ● Detto di sostanza capace di agire sui processi psichici. SIN. Psicomimetico.

psicobiologìa [comp. di *psico-* e *biologia*] s. f. ● Studio delle basi biologiche del comportamento sia umano che animale.

psicochirurgìa [1958] s. f. ● Chirurgia terapeutica di alcune malattie mentali.

psicocinèsi [comp. di *psico-* e *-cinesi*; 1980] s. f. inv. ● (*psicol.*) In parapsicologia, il movimento, lo spostamento e la materializzazione di corpi fisici, non provocati da cause note e attribuiti all'influenza mentale di un soggetto.

psicodiagnòstica [comp. di *psico-* e *diagnostica*; 1948] s. f. ● (*psicol.*) Insieme dei procedimenti per la diagnosi psicologica degli individui o dei gruppi.

psicodiagnòstico [comp. di *psico-* e *diagnostico*; 1965] agg. (pl. m. *-ci*) ● Concernente la psicodiagnostica.

psicodidàttica [comp. di *psico-* e *didattica*; 1983] s. f. ● Studio dei processi di apprendimento e insegnamento in relazione alle condizioni ambientali, sociali, economiche e sim.

psicodinàmica [comp. di *psico-* e *dinamica*; 1905] s. f. ● (*psicol.*) Sistema psicologico psicodinamico | (*raro*) Psicoanalisi.

psicodinàmico [comp. di *psico-* e *dinamico*; 1931] agg. (pl. m. *-ci*) ● (*psicol.*) Detto dei sistemi psicologici che ricercano una spiegazione del comportamento in termini di motivazioni o impulsi.

psicodràmma [comp. di *psico-* e *dramma*; 1950] s. m. (pl. *-i*) ● (*psicol.*) Recita improvvisata, da parte di un paziente, di certi ruoli e scene drammatiche, diretta da uno psicoterapeuta allo scopo di curare disturbi psichici | (*fig.*) Situazione, spec. collettiva, di forti conflitti interiori con aspetti di teatralità.

psicofàrmaco [comp. di *psico-* e *farmaco*; 1961] s. m. (pl. *-ci*) ● Farmaco che provoca effetti psichici: *psicofarmaci tranquillanti, antidepressivi, stimolanti.*

psicofarmacologìa [comp. di *psico-* e *farmacologia*; 1963] s. f. ● Studio dell'azione dei farmaci sull'attività psichica in condizioni sia normali sia patologiche.

psicofarmacològico [1963] agg. (pl. m. *-ci*) ● Relativo alla psicofarmacologia.

psicofìsica [ted. *Psychophysik*, comp. di *Psycho-* 'psico-' e *Physik* 'fisica'; 1883] s. f. ● (*psicol.*) Studio della relazione tra gli attributi fisici dello stimolo e gli attributi quantitativi della sensazione.

psicofìsico [comp. di *psico-* e *fisico*; 1880] agg. (pl. m. *-ci*) ● Che è attinente a psicofisica | Di reazioni psichiche e fisiche aventi stretti rapporti tra loro. SIN. Fisiopsichico.

psicofisiologìa [comp. di *psico*(*logia*) e *fisiologia*] s. f. ● (*psicol.*) Studio dei processi fisiologici responsabili delle funzioni psichiche. SIN. Fisiopsicologia.

psicofisiològico [1908] agg. (pl. m. *-ci*) ● Relativo alla psicofisiologia.

psicogalvànico [comp. di *psico-* e *galvanico*] agg. (pl. m. *-ci*) ● (*med.*) Nella loc. ***riflesso p.***, variazione della conducibilità elettrica della cute in relazione a stimoli emotivi.

psicogènesi [comp. di *psico-* e *genesi*; 1895] s. f. inv. ● (*psicol.*) Nascita e sviluppo della vita psichica | Origine psichica di un sintomo.

psicogenètico [1983] agg. (pl. m. *-ci*) ● Relativo a psicogenesi.

psicògeno [comp. di *psico-* e *-geno*; 1958] agg. ● (*med.*) Detto di fenomeno morboso a eziologia esclusivamente, o prevalentemente, psichica.

psicografìa [fr. *psychographie*, comp. di *psycho-* 'psico-' e *-graphie* '-grafia'; 1940] s. f. *1* Caratterizzazione, anche letteraria, di un individuo mediante l'uso di categorie e teorie psicologiche. *2* Tecnica di registrazione grafica di reazioni fisiche corrispondenti a fatti psichici.

psicogràfico [da *psicografia*; 1890] agg. (pl. m. *-ci*) ● (*psicol.*) Relativo alla psicografia.

psicògrafo [comp. di *psico-* e *-grafo*; 1883] s. m. ● Strumento per la psicografia.

psicogràmma [comp. di *psico-* e *-gramma*; 1940] s. m. (pl. *-i*) ● Tracciato delle reazioni somatiche ad alcuni fenomeni psichici ottenuto mediante lo psicografo.

psicoimmunologìa [comp. di *psico-* e *immunologia*; 1987] s. f. ● Disciplina che studia i rapporti esistenti fra gli stati psichici e il sistema immunitario.

psicolàbile [comp. di *psico-* e *labile*; 1980] agg.; anche s. m. e f. ● (*psicol.*) Che (o Chi) è predisposto a turbe emotive.

psicolèttico [da *psico-*, sul modello di *organolettico*; 1974] **A** agg. (pl. m. *-ci*) ● Detto di farmaco psicotropo che esercita azione deprimente sull'attività mentale. **B** anche s. m.

psicolinguista [comp. di *psico-* e *linguista*; 1974] s. m. e f. (pl. m. *-i*) ● Studioso di psicolinguistica.

psicolinguìstica [comp. di *psico-* e *linguistica*; 1969] s. f. ● Studio delle correlazioni fra comportamento linguistico e caratteri psichici dell'individuo.

psicolinguìstico [1974] agg. (pl. m. *-ci*) ● Relativo alla psicolinguistica.

♦**psicologìa** [comp. di *psico-* e *-logia*; 1739] s. f. *1* Scienza che studia il comportamento e i processi mentali dell'uomo e dell'animale | ***P. analitica***, la dottrina psicoanalitica di C.G. Jung (1875-1961) | ***P. applicata***, che adatta le teorie psicologiche a diversi settori, quali i disturbi mentali, il lavoro, l'educazione e il crimine | ***P. clinica***, che individua tecniche di cura avvalendosi delle scoperte dei vari settori della psicologia | ***P. filosofica***, disciplina che tratta, come parte della filosofia, i problemi dell'essenza dell'anima | ***P. della forma***, gestaltismo | ***P. evolutiva***, quella che studia lo sviluppo psichico degli individui o dei gruppi | ***P. del profondo***, parte della psicologia che studia i processi inconsci | ***P. del lavoro***, psicotecnica | ***P. sociale***, studio del comportamento degli individui e dei gruppi in un ambiente sociale | ***P. sperimentale***, che adotta il metodo sperimentale, per cui, conosciute le condizioni in cui si manifesta un fenomeno, diventa possibile riprodurlo. *2* (*gener.*) Conoscenza dell'anima umana: *con lui bisogna usare un po' di p.* *3* (*est.*) Maniera di pensare o di sentire di un individuo o di una categoria di individui, osservata attraverso determinate reazioni: *la p. del compratore*; *la p. degli adolescenti*: *una p. completamente traviata dalla malattia e dall'abbandono* (MORAVIA).

♦**psicològico** [1816] agg. (pl. m. *-ci*) *1* Di psicologia, che è studiato dalla psicologia: *analisi psicologica.* *2* Che riguarda l'anima, lo spirito: *mondo p.* *3* Che si riferisce all'esperienza interiore, all'introspezione: *osservazione psicologica.* || **psicologicaménte**, avv. Dal punto di vista psicologico.

psicologìsmo [da *psicologico*; 1850] s. m. *1* Qualsiasi tendenza filosofica che tenda a interpretare su basi psicologiche i problemi filosofici. *2* Tendenza a giustificare la validità di una conoscenza solo nella misura in cui essa si fonda sulla coscienza. *3* Preponderanza dell'elemento psicologico in un'opera letteraria o in un'analisi critica.

psicologista [1846] s. m. e f. (pl. m. *-i*) ● (*filos.*) Seguace, fautore dello psicologismo.

psicologìstico [1922] agg. (pl. m. *-ci*) ● Relativo allo psicologismo.

psicologizzàre v. tr. ● Analizzare da un punto di vista psicologico un fatto o una persona: *p. una risposta, un'esperienza.*

psicòlogo [comp. di *psico-* e *-logo*; 1818] s. m. (f. *-a*; pl. m. *-gi*, pop. *-ghi*) *1* Studioso, specialista di psicologia. *2* (*est.*) Chi conosce profondamente l'anima umana.

psicomànte [vc. dotta, gr. *psychómantis*, comp. di *psycho-* 'psico-' e *-mantis* '-mante'; 1841] s. m. e f. ● Chi esercita la psicomanzia.

psicomanzìa [comp. di *psico-* e *-manzia*; 1610] s. f. ● Tecnica divinatoria che trae presagi dall'evocazione delle anime dei defunti.

psicometrìa [comp. di *psico-* e *-metria*; 1884] s. f. *1* (*psicol.*) Misurazione dei fenomeni psichici attraverso l'impiego di test mentali o attraverso applicazione di metodi statistici o matematici alla psicologia. *2* In parapsicologia, forma di conoscenza paranormale relativa a un determinato oggetto, la quale si manifesta in un soggetto sensitivo attraverso il contatto con l'oggetto stesso.

psicomètrico [1884] agg. (pl. m. *-ci*) ● Di psicometria.

psicomimètico [comp. di *psico-* e *mimetico*; 1963] agg. (pl. m. *-ci*) ● (*med.*) Psicoattivo.

psicomotòrio [comp. di *psico-* e *motorio*; 1896] agg. *1* (*psicol.*) Relativo alle interazioni fra funzioni motorie, sensoriali e cognitive. *2* (*med.*) Detto di sindrome avente manifestazioni psichiche e motorie insieme: *turbe psicomotorie.*

psicomotricista [da *psicomotricità*; 1987] s. m. e f. (pl. m. *-i*) ● Medico o paramedico specialista nel trattamento di disturbi psicomotori.

psicomotricità [1983] s. f. ● (*psicol.*) Insieme di studi e pratiche terapeutiche riguardanti interazioni e integrazioni tra funzioni motorie, sensoriali e cognitive, con particolare riferimento all'età evolutiva.

psiconevròsi o **psiconeuròsi** [comp. di *psico-* e *nevrosi*; 1880] s. f. inv. ● (*psicoan.*) Nevrosi.

psiconevròtico o **psiconeuròtico** [da *psiconevrosi*; 1926] **A** agg. (pl. m. *-ci*) ● Relativo a psiconevrosi: *sintomi psiconevrotici.* **B** agg.; anche s. m. (f. *-a*; pl. m. *-ci*) ● Che (o Chi) è affetto da psiconevrosi.

psicopatìa [comp. di *psico-* e *-patia*; 1829] s. f.

1 (*psicol.*) Malattia mentale in genere. *2* (*gener.*) Qualsiasi disturbo della personalità.

psicopàtico [1885] **A** agg. (pl. m. *-ci*) ● (*psicol.*) Proprio della psicopatia | ***Personalità psicopatica***, di individuo con disturbi del comportamento non dovuti a malattia mentale ma ad alterazioni del carattere. **B** agg.; anche s. m. (f. *-a*) ● Che (o Chi) è affetto da psicopatia.

psicopatologia [comp. di *psico-* e *patologia*; 1883] s. f. ● (*psicol.*) Studio fenomenologico delle malattie mentali.

psicopatològico [1904] agg. (pl. m. *-ci*) ● Di psicopatologia.

psicopatòlogo [1926] s. m. (f. *-a*; pl. m. *-gi*) ● Studioso di psicopatologia.

psicopedagogia [comp. di *psico-* e *pedagogia*; 1958] s. f. ● Branca della psicologia che si occupa dei fenomeni di ordine psicologico capaci di permettere una più adeguata formulazione dei metodi didattici e pedagogici.

psicopedagògico [comp. di *psico(logico)* e *pedagogico*] agg. (pl. m. *-ci*) ● Relativo alla psicopedagogia: *tecniche psicopedagogiche*.

psicopedagogista [1958] s. m. e f. (pl. m. *-i*) ● Chi si dedica allo studio della psicopedagogia.

psicoplegia [comp. di *psico-* e *-plegia*; 1958] s. f. ● (*med.*) Improvviso deficit mentale.

psicoplègico [1987] agg. (pl. m. *-ci*) *1* (*med.*) Relativo a psicoplegia. *2* (*farm.*) Detto di farmaco con spiccata funzione moderatrice delle funzioni psichiche e sensoriali.

psicopòmpo [gr. *psychopompós*, comp. di *psychḗ* 'anima' (V. *psico-*) e *pompós* 'che conduce' (da *pémpein* 'mandare, condurre': V. *pompa* (*1*)); 1835] agg.; anche s. m. ● Nell'antica Grecia, epiteto di divinità (spec. Ermete o Caronte), che guida le anime dei defunti verso il regno dei morti.

psicoprofilàssi [comp. di *psico-* e *profilassi*; 1958] s. f. inv. ● (*psicol.*) Trattamento di prevenzione di disturbi o di preparazione a situazioni traumatiche quali il parto, attraverso informazioni e tecniche psicologiche.

psicoprofilàttico [1958] agg. (pl. m. *-ci*) ● Di psicoprofilassi.

psicosensoriàle [comp. di *psico-* e *sensoriale*; 1958] agg. ● (*psicol.*) Detto di fenomeno psicopatologico di origine sensoriale: *allucinazione p.*

psicosessuàle [1931] agg. ● (*psicol.*) Detto di fenomeno psichico riguardante la sessualità.

psicosessuologia [comp. di *psico-* e *sessuologia*] s. f. ● (*psicol.*) Studio delle componenti psicologiche della sessualità.

psicòsi [comp. di *psic(o)-* e *-osi*; 1877] s. f. inv. *1* (*psicol.*) Malattia mentale con grave alterazione della personalità, caratterizzata da allucinazioni, delirio, perdita di contatto con il mondo esterno: *p. esogena, endogena*; *p. alcolica* | ***P. puerperale***, complesso di disturbi psichici che insorgono durante il puerperio. *2* (*est.*) Fenomeno di esaltazione o eccitazione collettiva: *la p. delle armi nucleari*.

psicòsico ● V. *psicotico*.

psicosociàle [comp. di *psico(logico)* e *sociale*] agg. ● Relativo al rapporto tra comportamenti individuali e ambiente sociale: *conflittualità p.*

psicosociologia [comp. di *psico-* e *sociologia*; 1983] s. f. ● Psicologia sociale.

psicosomàtico [comp. di *psico-* e *somatico*; 1950] agg. (pl. m. *-ci*) ● (*med.*) Che riguarda la mente e il corpo | ***Medicina psicosomatica***, (*ellitt.*) ***psicosomatica***, che studia le ripercussioni dei fenomeni psichici sull'organismo | ***Malattia psicosomatica***, malattia di origine psichica con sintomi somatici o fisiologici. SIN. Somatopsichico.

psicostașia [comp. del gr. *psycho-*, da *psychḗ* 'anima', e *stásis* 'lo stare (diritto)'] s. f. ● (*relig.*) Nelle religioni antiche, spec. in quella degli Egizi, cerimonia del giudizio divino che si riteneva avvenisse pesando l'anima del defunto.

psicostimolànte [comp. di *psico-* e *stimolante*] **A** s. m. ● (*farm.*) Sostanza con azione stimolante sul sistema nervoso centrale. **B** anche agg.: *farmaco p.*

psicotècnica [da *psicotecnico*; 1930] s. f. ● (*psicol.*) Applicazione di procedimenti psicologici alla vita economica, commerciale e industriale allo scopo di migliorare l'orientamento, la qualificazione e la selezione professionale.

psicotècnico [ingl. *psycho-technical*, comp. di *psycho(logical)* 'psicologico' e *technical* 'tecnico'; 1929] **A** agg. (pl. m. *-ci*) ● Che concerne la psicotecnica. **B** s. m. (f. *-a*) ● Chi si occupa di psicotecnica.

psicoterapèuta [comp. di *psico-* e *terapeuta*; 1935] s. m. e f. (pl. m. *-i*) ● Psicoterapista.

psicoterapèutico [comp. di *psico-* e *terapeutico*; 1949] agg. (pl. m. *-ci*) ● Di psicoterapia, proprio della psicoterapia: *trattamento p.*

psicoterapia [comp. di *psico-* e *-terapia*; 1900] s. f. ● (*psicol.*) Cura dei disturbi mentali e dei disadattamenti attraverso una tecnica psicologica fondata sul rapporto tra medico e paziente | ***P. di gruppo***, V. *gruppo*.

psicoteràpico [1907] agg. (pl. m. *-ci*) ● Psicoterapeutico.

psicoterapista [1958] s. m. e f. (pl. m. *-i*) ● Chi pratica la psicoterapia.

psicòtico o **psicòsico** [1926] **A** agg. (pl. m. *-ci*) ● Che riguarda la psicosi: *fenomeno p.* **B** agg.; anche s. m. (f. *-a*) ● Che (o Chi) è affetto da psicosi.

psicotomimètico [vc. dotta, comp. di *psicot(ico)* e *mimetico*] agg. (pl. m. *-ci*) ● (*farm.*) Detto di sostanza o farmaco che determina manifestazioni di tipo psicotico quali allucinazioni visive, comportamento schizoide, eccitazione maniacale e sim.

psicotònico [comp. di *psico-* e *tonico*] **A** agg. (pl. m. *-ci*) ● (*med.*) Che stimola l'attività mentale, la vigilanza, l'umore e sim. **B** s. m. (pl. *-ci*) ● (*med.*) Farmaco ad azione psicotonica.

psicòtropo [comp. di *psico-* e *-tropo*; 1958] agg. ● (*med.*) Detto di farmaco che agisce o influisce sui processi psicologici.

psicròfilo [comp. del gr. *psychrós* 'freddo' (V. *psicrometro*), e *-filo*] agg. ● (*biol.*) Detto di organismo che vive a temperature basse, vicine a 0 °C.

psicromètrico agg. (pl. m. *-ci*) ● Dello, relativo allo psicrometro e alle sue misurazioni.

psicròmetro [comp. del gr. *psychrós* 'freddo, gelido' (da *psýchein* 'soffiare', di orig. indeur.), e *-metro*; 1749] s. m. ● Strumento che consente la misurazione dell'umidità dell'aria dai valori di temperatura di due termometri, uno dei quali ha il bulbo mantenuto bagnato per mezzo di una garza imbevuta di acqua pura.

psictère [gr. *psychtḗr*, propr. 'rinfrescatore'; 1934] s. m. ● Antico vaso greco ad anfora o a fungo, per mantenere fresco il vino.

psilla [gr. *psýlla* 'pulce', di orig. indeur.; 1835] s. f. ● Insetto degli Omotteri, parassita, che vive generalmente su foglie e può produrre galle, spec. su alberi da frutta (*Psylla*).

psillio o **silio**, **sillio** [vc. dotta, lat. *psýllio(n)*, dal gr. *psýllion*, da *psýlla* 'pulce' (V. *psilla*), perché i semi sono simili a pulci; 1823] s. m. ● (*bot.*) Pulicaria.

psilomelàno [comp. del gr. *psilós* 'liscio', di orig. indeur., e *mélas*, genit. *mélanos* 'nero' (V. *melano-*); 1934] s. m. ● (*miner.*) Diossido di manganese microcristallino, spesso in forma dendritica o arborescente.

psilòsi [vc. dotta, gr. *psílōsis* 'denudamento', da *psilôun* 'spelare, denudare', da *psilós* 'liscio' (V. *psilomelano*); 1841] s. f. inv. *1* (*med.*) Alopecia. *2* (*ling.*) Perdita dell'aspirazione in inizio di parola, in alcuni dialetti greci antichi.

Psittacifórmi [comp. del gr. *psittakós* 'pappagallo' e il pl. di *-forme*; 1954] s. m. pl. (sing. *-e*) ● Nella tassonomia animale, ordine di Uccelli delle foreste calde con becco robusto e fortemente ricurvo, zampe brevi con due dita in avanti e due indietro, piumaggio abbondante e vivacemente colorato, cui appartengono i pappagalli (*Psittaciformes*).

psittacișmo [dal gr. *psittakós* 'pappagallo' e *-ismo*; 1841] s. m. ● Tendenza a ripetere pappagallescamente quanto dicono gli altri.

psittacòsi [dal gr. *psittakós* 'pappagallo', e *-osi*; 1896] s. f. inv. ● (*med.*) Pneumopatia dell'uomo causata dal batterio *Chlamydia psittaci* trasmesso da pappagalli infetti. CFR. Ornitosi.

psòas [vc. dotta, dal gr. *psóa* 'muscolo lombare'; 1823] s. m. inv. ● (*anat.*) Ciascuno dei due muscoli che, partendo dalle vertebre lombari, fanno flettere l'uno il tronco e l'altro la coscia sul bacino: *piccolo p.*, *grande p.*

psoàtico [1983] agg. (pl. m. *-ci*) ● (*anat.*) Dello psoas, relativo allo psoas.

psòco [dal gr. *psṓchein* 'sminuzzare', da *psên* 'grattare', di orig. indeur.: detto così per la sua abitudine di ridurre in polvere diversi corpi legnosi; 1835] s. m. (pl. *-chi*) ● Piccolo insetto degli Psocotteri, gialliccio, con ali trasparenti munite di due piccole macchie, che vive sotto le cortecce o le pietre (*Psocus bipunctatus*).

Psocòtteri [comp. del gr. *psṓchein* 'sminuzzare' (V. precedente) e *-ttero*; 1954] s. m. pl. (sing. *-o*) ● Nella tassonomia animale, ordine di Insetti con apparato boccale masticatore, che conducono vita terrestre sotto sassi, pietre o tra i libri e le vecchie carte (*Psocoptera*).

psòfo [dal gr. *psóphos* 'rumore, strepito' (che questo animale fa con la voce), di etim. incerta; 1970] s. m. ● Insetto ortottero del gruppo delle cavallette, grigiastro con ali rosse, che saltando produce un forte stridio (*Psophus stridulus*).

psoriași [vc. dotta, gr. *psōríasis*, da *psṓra* 'scabbia', da *psên* 'grattare', di orig. indeur.; 1829] s. f. inv. ● (*med.*) Affezione cutanea cronica a tipo desquamativo che compare di preferenza sulle ginocchia e sui gomiti.

psòrico [vc. dotta, gr. *psōrikós*, da *psṓra* 'scabbia' (V. *psoriasi*); 1550] agg. (pl. m. *-ci*) ● (*med.*) Di psoriasi.

pss /ps:/ o **ps**, **pst** [vc. onomat.; 1858] inter. ● Riproduce il sibilo leggero che si emette per imporre silenzio o per richiamare l'attenzione di qlcu.

ptàrmica ● V. *tarmica*.

ptèride [vc. dotta, lat. *ptĕride(m)*, nom. *ptĕris*, dal gr. *pterís*, genit. *pterídos*, da *pterón* 'penna' (V. *ptero-*); 1821] s. f. ● (*bot.*) Felce aquilina.

Pteridòfite [comp. del gr. *pterís*, genit. *pterídos* 'felce' (V. *pteride*) e *-fito*; 1899] s. f. pl. (sing. *-a*) ● Nella tassonomia vegetale, divisione di piante con radice, fusto e foglie, ma prive di fiori e di semi, cui appartengono le felci (*Pteridophyta*). ➡ ILL. piante/1.

pterigio [gr. *pterýgion*, dim. di *ptéryx*, genit. *ptérygos* 'ala' (da *pterón* 'ala': V. *ptero-*); 1835] s. m. *1* (*med.*) Ispessimento della congiuntiva del bulbo oculare, dovuta spec. a irritazioni croniche. *2* (*zool.*) Pinna pari dei Pesci.

pterigòide [vc. dotta, gr. *pterygoeidḗs* 'simile ad ala', comp. di *ptéryx*, genit. *ptérygos* 'ala' (V. *ptero-*) ed *-eidḗs* '-oide'; 1835] s. m. ● (*anat.*) Ciascuna delle due sottili apofisi inferiori dello sfenoide.

pterigoidèo [da *pterigoide*; 1681] agg. ● (*med.*) Che concerne le apofisi pterigoidi.

Pterigòti [vc. dotta, gr. *pterygōtós* 'alato', da *ptéryx*, genit. *ptérygos* 'ala' (V. *ptero-*); 1927] s. m. pl. (sing. *-o*) ● Nella tassonomia animale, sottoclasse di Insetti provvisti di ali o atteri per riduzione secondaria (*Pterygota*).

pterilòși [comp. di *ptero-* e del gr. *hýlē* 'selva' (di orig. sconosciuta)] s. f. inv. ● (*zool.*) Distribuzione delle piume e delle penne sul corpo degli Uccelli.

ptèro- o **ptèr-**, davanti a vocale [dal gr. *pterón* 'ala', da una base indeur.] primo elemento ● In parole composte della terminologia scientifica significa 'ala': *pterobranchi*, *pteroglosso*, *pterosauri*.

-ptero ● V. *-ttero*.

Pterobrànchi [comp. di *ptero-* e *branchia*: detti così dall'aspetto piumoso delle branchie] s. m. pl. (sing. *-io*) ● Gruppo di animali marini di discussa posizione sistematica, aventi piccole dimensioni e formanti colonie sessili nei mari freddi (*Pterobranchiata*).

ptèrocle [da *ptero-*; la seconda parte è dal gr. *kléis* 'chiavistello' (di orig. indeur.), per la forma delle ali (?); 1835] s. m. ● Uccello con ali molto sviluppate, colori intonati all'ambiente arido e desertico in cui vive, voce alta e sgradevole (*Pterocles*). SIN. Pernice del deserto.

pterodàttilo [comp. di *ptero-* e *dattilo*: detto così dagli artigli emergenti dalle ali] s. m. ● Genere di Rettili volanti fossili mesozoici, con dentatura ridotta e coda corta (*Pterodactylus*).

pteròfora [vc. dotta, gr. *pterophóros* 'piumato', comp. di *pterón* 'penna, piuma' (V. *ptero-*) e *-phóros* '-foro'; detta così perché ha le ali come costituite da piccole piume; 1835] s. f. ● Piccola farfalla biancastra con ali anteriori biforcate e posteriori triforcate (*Alucita pentadactyla*).

pteroglòsso [comp. di *ptero-* e del gr. *glôssa* 'lingua' (V. *glossa* (*2*)); detto così perché ha la lingua a forma di penna; 1841] s. m. ● Uccello brasiliano dei Tucani con grande becco giallo superiormente e nero inferiormente (*Pteroglossus atricollis*).

pteròide [comp. di *pter(o)-* e *-oide*; detto così dalle pinne a forma di ali; 1875] s. m. ● Pesce marino osseo dei Perciformi, con ampie pinne pettorali e spine velenose (*Pterois volitans*). SIN. Pesce farfalla.

pteròmalo [comp. di *ptero-* e del gr. *malós* 'tenero', di etim. incerta] s. m. ● Minuscolo insetto degli Imenotteri con corpo peloso e ali trasparenti di color verde bronzeo (*Pteromalus puparum*).

pteròmide [comp. di *ptero-* e del gr. *mŷs* 'topo' (V. *mio-*); detto così per la membrana dei piedi; 1970] s. m. ● Genere di Roditori notturni dell'India con coda a ciuffo e con patagio che permette lunghi voli planati (*Pteromys*).

ptèropo [vc. dotta, gr. *pterópous* 'dai piedi alati', comp. di *pterón* 'ala' (V. *ptero-*) e *póus*, genit. *podós* 'piede' (V. *-pode*)] s. m. ● Genere di pipistrelli degli Pteropodi, gregari, caratteristici dell'Australia e delle isole della Sonda, dannosi ai frutteti (*Pteropus*).

Pteròpodi [comp. di *ptero-* e *-pode*; detti così perché le parti laterali del piede si trasformano in pinne natatorie; 1821] s. m. pl. (sing. *-e*) ● Nella tassonomia animale, ordine di piccoli Molluschi dei Gasteropodi con conchiglia sottile e piede espanso a formare due appendici che consentono il movimento (*Pteropoda*).

Pterosàuri [comp. di *ptero-* e del gr. *sâuros* 'lucertola' (V. *sauro*); 1883] s. m. pl. (sing. *-o*) ● Nella tassonomia animale, ordine di Rettili mesozoici adattati al volo, in cui la membrana alare è sostenuta da un solo dito degli arti anteriori, molto sviluppato (*Pterosauria*).

pterotrachèa [comp. di *ptero-* e *trachea*; denominata così dal Forksal che aveva scambiato le fibre muscolari delle pinne per la trachea] s. f. ● Genere di Molluschi dei Gasteropodi, con corpo trasparente privo di conchiglia, che contribuiscono a formare il plancton spec. nei mari tropicali (*Pterotrachea*).

ptialina [dal gr. *ptýalon* 'saliva', da *ptýein* 'sputare', da una radice indeur. di orig. espressiva; 1871] s. f. ● (*med.*) Enzima, contenuto nella saliva, che trasforma le sostanze amidacee insolubili in zuccherine solubili.

ptialismo [vc. dotta, gr. *ptyalismós*, da *ptýalon* 'saliva' (V. *ptialina*); 1745] s. m. ● (*med.*) Aumento della secrezione salivare. SIN. Scialorrea.

pticozòon [comp. del gr. *ptýx*, genit. *ptychós* 'piega' e *-zoon*; detto così dalle piegature della pelle] s. m. ● Sauro asiatico con larghe dita a spatola collegate da membrana e pelle rivestita da granuli e tubercoli, che forma espansioni ai lati del corpo e della coda (*Ptychozoon homalocephalum*).

ptilonorinco [comp. del gr. *ptílon* 'piuma' (di orig. indeur.), *ónos* 'asino' (V. *onisco*) e *rýnchos* 'becco'; detto così dalle *piume* che si trovano alla base del suo *becco*] s. m. (pl. *-chi*) ● Uccello australiano delle Paradisee, il cui maschio costruisce caratteristici nidi a pergolato (*Ptilonorhynchus violaceus*).

ptilòsi [vc. dotta, gr. *ptílōsis*, da *ptilôun* 'fornire di ali, di piume', da *ptílon* 'piuma' (V. *ptilonorinco*); 1821] s. f. inv. ● (*med.*) Caduta delle ciglia per infiammazione cronica palpebrale.

ptino [vc. dotta, gr. *ptēnós* 'alato, pennuto', da una radice indeur. che significa 'volare'; 1970] s. m. ● Piccolo insetto coleottero notturno, con lunghe antenne, che vive in case e magazzini danneggiando sostanze commestibili, carta, pelli (*Ptinus fur*).

†ptisi ● V. *tisi*.

ptomaina [dal gr. *ptôma*, genit. *ptṓmatos* 'caduta', poi 'cadavere', di orig. indeur.: detta così perché si forma negli organismi in putrefazione; 1878] s. f. ● (*biol.*) Sostanza che si forma nella putrefazione degli organismi animali.

ptòsi [vc. dotta, gr. *ptôsis*, di orig. indeur.; 1821] s. f. inv. ● (*med.*) Caduta, abbassamento di un organo.

pu /puh, phuʔ/ ● V. *puh*.

puàh /pwah, phwaʔ/ [vc. espressiva; 1882] inter. ● Esprime disprezzo, disgusto e sim. spec. ostentati.

pub /pab, *ingl.* pʰʌb/ [vc. ingl., accorc. di *public house* 'locale pubblico'; 1931] s. m. inv. ● In Gran Bretagna e, gener., nei Paesi anglosassoni, locale pubblico dove si consumano bevande alcoliche | (*est.*) In altri paesi, tipo di bar o caffè il cui arredamento rievoca quello del pub inglese.

pubalgia [comp. di *pub(e)* e *-algia*; 1976] s. f. ● (*med.*) Qualsiasi sensazione dolorosa avvertita nella zona pubica.

pubblicàbile [1885] agg. ● Che si può pubblicare.

pubblicàno o (*lett.*) **publicàno** [vc. dotta, lat. *publicānu(m)*, da *pūblicum* 'proprietà dello stato, erario', nt. sost. di *pūblicus* 'pubblico'; av. 1342] s. m. **1** Nel diritto romano, aggiudicatario di appalti per forniture, opere pubbliche e riscossione di imposte. **2** (*est.*, *lett.*) Gabelliere, appaltatore | (*spreg.*) Uomo odioso per la sua esosità.

♦**pubblicàre** o (*lett.*) **publicàre** [vc. dotta, lat. *publicāre*, da *pūblicus* 'pubblico'; sec. XIII] v. tr. (*io pùbblico, tu pùbblichi*) **1** (*lett.*) Rendere di pubblico dominio: *p. un'ordinanza*; *p. un segreto*. SIN. Diffondere, divulgare. **2** Divulgare per mezzo della stampa uno scritto, un disegno, un'opera letteraria, un giornale e sim.: *p. un romanzo a puntate*; *p. un mensile di arredamento*. **3** †Confiscare: *arse le loro case, e' beni publicò in comune* (COMPAGNI).

pubblicàto o (*lett.*) **publicàto** part. pass. di *pubblicare*; anche agg. ● Nei sign. del v.

pubblicatóre [vc. dotta, lat. tardo *publicatōre(m)*, da *publicātus* 'pubblicato'; av. 1571] agg.; anche s. m. (f. *-trice*) ● (*lett.*) Editore, stampatore.

pubblicazióne o (*lett.*) **publicazióne** [vc. dotta, lat. *publicatiōne(m)*, da *publicātus* 'pubblicato'; 1337] s. f. **1** (*lett.*) Pubblica rivelazione: *E poi gli spiaceva la p. … di un segreto di bellezza* (D'ANNUNZIO). **2** Divulgazione per mezzo della stampa: libri, scritti e sim.: *la p. della sentenza*; *la p. del giornale è stata sospesa* | L'opera che viene pubblicata per mezzo della stampa: *sono uscite nuove pubblicazioni scientifiche*; *una p. periodica*. **3** ***Pubblicazioni matrimoniali***, (*ellitt.*) ***pubblicazioni***, documento recante le indicazioni anagrafiche degli sposi esposto in municipio e in chiesa prima del matrimonio. **4** †Confisca.

pubblicismo [da *pubblicista*; 1950] s. m. ● (*raro*) L'insieme dei mezzi di pubblica informazione.

pubblicista [fr. *publiciste*, da *public* 'pubblico'; 1764] s. m. e f. (pl. m. *-i*) **1** Chi scrive per riviste, giornali e sim. come collaboratore esterno. **2** Chi è esperto di diritto pubblico.

pubblicistica [da *pubblicista*; 1928] s. f. **1** Attività svolta da giornalisti libellisti e sim. nella pubblicazione di articoli, libelli politici e sim. | Complesso di pubblicazioni di attualità. **2** Scienza del diritto pubblico.

pubblicistico [1932] agg. (pl. m. *-ci*) **1** Dei pubblicisti, della pubblicistica. **2** Relativo al diritto pubblico.

♦**pubblicità** [fr. *publicité*, da *public* 'pubblico'; 1673] s. f. **1** Condizione di ciò che è pubblico: *la p. di un atto*; *la p. di una udienza*. **2** Divulgazione, diffusione tra il pubblico: *fare p. a una notizia* | ***Fare grande p. a qlco.***, richiamare l'attenzione di tutti su qlco. **3** Attività aziendale diretta a far conoscere l'esistenza di un bene o servizio e a incrementarne il consumo e l'uso: *spendere grosse cifre per la p.*; *la p. è l'anima del commercio*; *agenzia di p.* **4** (*est.*) Qualsiasi forma di annuncio diretto al pubblico per scopi commerciali: *p. radiofonica*, *murale*, *televisiva* | ***P. istituzionale***, fatta a vantaggio di un ente o di una azienda | ***Piccola p.***, inserzione in rubriche speciali predisposte dai giornali in determinate pagine | ***P. diretta***, effettuata mediante invio direttamente al pubblico di lettere, dépliant e sim. | ***P. comparativa***, quella in cui il prodotto propagandato è paragonato con altri concorrenti | ***P. ingannevole***, che può indurre in errore le persone cui è rivolta pregiudicando i loro interessi economici o danneggiando un concorrente | ***P. occulta***, in spettacoli cinematografici o televisivi, in libri, riviste ecc. ogni forma di pubblicità non chiaramente riconoscibile come tale | ***P. subliminale***, in filmati o programmi televisivi, quella effettuata con immagini tanto brevi da non essere percepite visivamente, ma sufficienti a esercitare un'influenza inconscia sul pubblico. SIN. Réclame.

pubblicitàrio [fr. *publicitaire*, da *publicité* 'pubblicità'; 1931] **A** agg. ● Che si riferisce o serve alla pubblicità: *manifesto p.*; *campagna pubblicitaria*. **B** s. m. (f. *-a*) ● Chi lavora nella pubblicità.

pubblicizzàre [1965] v. tr. ● Promuovere la conoscenza, spec. di prodotti industriali, per mezzo della pubblicità: *p. detersivi, automobili*.

pubblicizzàto part. pass. di *pubblicizzare*; anche agg. ● Nel sign. del v.

pubblicizzazióne [1983] s. f. ● Il pubblicizzare.

♦**pùbblico** o (*lett.*) **pùblico** [vc. dotta, lat. *pūblicu(m)*, da avvicinare a *pōpulus* 'popolo'; 1266] **A** agg. (pl. m. *-ci*, †*-chi*) **1** Che concerne, riguarda la collettività: *la pubblica utilità*; *è una necessità pubblica*; *pericolo p.*; *garantire l'ordine p.*, *la quiete pubblica* | ***Vita pubblica***, politica | ***Forza pubblica***, (*gener.*) le forze di polizia | ***P. impiego***, attività lavorativa svolta alle dipendenze dello Stato; le categorie di lavoratori che svolgono tale attività | ***Servizi pubblici***, considerati di primario interesse per la collettività (come le telecomunicazioni, i trasporti, ecc.) | ***Bene p.***, che appartiene allo Stato o alla comunità | ***Debito p.***, l'insieme di tutti i prestiti contratti dallo Stato | ***Diritto p.***, complesso degli atti legislativi che regolano l'organizzazione e l'attività dello Stato e degli altri minori enti politici nelle relazioni con privati o tra loro | ***Atto p.***, documento redatto da un notaio o da altro ufficiale autorizzato | ***Pubblico Ministero***, organo giudiziario che compie attività processuali in veste di parte o di ausiliario di giustizia in processi civili o penali | ***Pubblica Accusa***, Pubblico Ministero | ***Pubbliche relazioni***, V. *relazione*. **2** Che è di tutti: *voce pubblica*; *opinione pubblica* | Che tutti conoscono e giudicano: *è una faccenda di dominio p.* | ***Rendere di pubblica ragione***, fare oggetto dei discorsi e degli apprezzamenti di tutti | Fatto di fronte a tutti: *cerimonia pubblica*; *pubblica ammissione* | ***Esame p.***, al quale possono assistere tutti. **3** Che è accessibile a tutti, che tutti possono utilizzare: *luogo p.*; *locale p.*; *strada pubblica*; *giardini pubblici*. ‖ **pubblicaménte**, avv. In pubblico, di fronte a tutti: *lo ha accusato pubblicamente*; universalmente, a tutti: *è un fatto pubblicamente noto*. **B** s. m. **1** Numero indeterminato di persone considerate nel loro complesso e aventi spesso interessi comuni in quanto frequentano uno stesso luogo, assistono a un medesimo spettacolo, ecc.: *avviso al p.*; *luogo aperto al p.*; *il teatro è affollato da un p. irrequieto* | ***In p.***, in un luogo frequentato, al cospetto di un numero indeterminato di persone: *mostrarsi*, *apparire*, *farsi vedere*, *in p.* | †***A p.***, in pubblico. **2** †Comunità, comune, stato. **C** s. m. solo sing. ● Il settore pubblico dell'economia: *la concorrenza fra p. e privato*.

pùbe [vc. dotta, lat. *pūbe(m)* 'pelo, pube', di etim. incerta; 1499] s. m. **1** (*anat.*, *zool.*) Osso pari ventrale e anteriore della cintura pelvica. CFR. Ileo, ischio. ➡ ILL. p. 2124 ANATOMIA UMANA. **2** (*anat.*) Regione del corpo umano sovrastante la sinfisi pubica e sottostante alla regione ombelicale.

puberàle [da *pubere*; 1942] agg. ● Relativo alla pubertà.

pùbere o †**pùbero** [vc. dotta, lat. *pūbere(m)*, da *pūbes* 'pube'; sec. XIV] **A** agg. ● Detto di individuo in cui si sono già manifestati i caratteri della pubertà: *ragazzo*, *ragazza p.* **B** anche s. m. e f.

pubertà [vc. dotta, lat. *pubertāte(m)*, da *pūbes*, genit. *pūberis* 'pubere'; av. 1342] s. f. **1** Periodo di sviluppo o di inizio dell'attività delle ghiandole sessuali, che si manifesta nella donna con la prima mestruazione, nell'uomo con la produzione di sperma. **2** (*est.*) Adolescenza: *O sogno di bellezza in cieli aperti, / che la prima p. compose* (D'ANNUNZIO).

pubescènte [vc. dotta, lat. *pubescĕnte(m)*, part. pres. di *pubēscere* 'mettere i primi peli, divenire adulto', da *pūbes* (V. *pube*); 1342] agg. **1** (*bot.*) Di organo vegetale ricoperto da fitti peli. **2** (*raro*, *lett.*) Puberale.

pubescènza [da *pubescente*; av. 1498] s. f. ● (*bot.*) Presenza di peli su un organo vegetale o sull'intera pianta.

pùbico [1829] agg. (pl. m. *-ci*) ● (*anat.*) Del pube | ***Sinfisi pubica***, riunione delle due ossa del pube sulla linea mediana | ***Regione pubica***, in corrispondenza della sinfisi pubica.

publicàno ● V. *pubblicano*.

public company /*ingl.* 'pʰʌblɪk 'kʰʌmpəni/ [loc. ingl., propr. 'società (*company*) pubblica (*public*)'; 1993] loc. sost. f. inv. (pl. ingl. *public companies*) ● (*econ.*) Società quotata in Borsa e caratterizzata da azionariato diffuso.

pùblico e deriv. ● V. *pubblico* e *deriv.*

publishing /'pabliʃʃin(g), *ingl.* 'pʰʌblɪʃɪŋ/ [vc.

ingl., propr. 'editoria', da *to publish* 'pubblicare'] **s. m. inv.** ● Gestione, attività editoriale.

Pucciniàcee [dal n. dello scienziato T. *Puccini* (vissuto tra il XVII e il XVIII sec.), con *-acee*; 1954] **s. f. pl.** (sing. *-a*) ● Nella tassonomia vegetale, famiglia di Funghi dei Basidiomiceti parassiti dannosi su molte piante (*Pucciniaceae*).

puccinìano **A** agg. ● Relativo al musicista G. Puccini (1858-1924) e alla sua opera: *produzione, critica pucciniana*. **B** s. m. (f. *-a*) ● Seguace, ammiratore, studioso di Puccini.

puddellàggio o **pudellàggio** [da *puddellare*; 1942] **s. m.** ● (*metall.*) Processo di affinazione, in speciali forni a riverbero, per ottenere ferro dalla ghisa.

puddellàre o **pudellàre** [ingl. *to puddle* 'mescolare', da *puddle* 'pozzanghera, malta', di orig. espressiva; 1942] **v. tr.** (*io puddèllo*) ● (*metall.*) Sottoporre a puddellaggio.

puddellazióne o **pudellazióne** [1965] **s. f.** ● (*metall.*) Puddellaggio.

pudding /'puddin(g), *ingl.* 'pʊdɪŋ/ [vc. ingl., 'budino': dal fr. *boudin*, di orig. espressiva (?); av. 1764] **s. m. inv.** ● Budino.

puddinga [fr. *poudingue*, dall'ingl. *pudding* (*stone*) 'pietra a forma di budino' (V. *budino*); 1769] **s. f.** ● (*geol.*) Roccia conglomeratica con elementi tondeggianti uniti da abbondante cemento siliceo.

pudellàre e *deriv.* ● V. *puddellare* e *deriv.*

pudènde o **pudènda** [vc. dotta, lat. *pudĕnda*, gerundivo nt. pl. di *pudēre* 'vergognarsi', da *pŭdor*, genit. *pudōris* 'pudore'; sec. XV] **s. f. pl.** ● (*lett.*) Genitali esterni.

pudèndo [vc. dotta, lat. *pudĕndu(m)* 'cosa di cui ci si deve vergognare', gerundio di *pudēre* 'vergognarsi'. V. *pudende*] **A** agg. ● (*lett.*) Detto di parte del corpo che si ha pudore a mostrare. **B** s. m. ● (*lett.*) Genitali esterni.

pudibóndo [vc. dotta, lat. *pudibŭndu(m)*, da *pudēre* 'vergognarsi' (V. *pudende*); 1499] **agg.** ● (*lett.*) Che mostra grande pudore: *fanciulla pudibonda; atto, discorso, sguardo p.* || **pudibondaménte**, avv. (*raro*) In modo pudibondo.

pudicìzia [vc. dotta, lat. *pudicĭtia(m)*, da *pudīcus* 'pudico'; av. 1292] **s. f.** ● Atteggiamento caratterizzato da grande riservatezza e da forte senso del pudore: *rispettare, offendere, violare la p. di qlcu.* CONTR. Impudicizia.

pudìco [vc. dotta, lat. *pudīcu(m)*, da *pudēre* 'aver vergogna' (V. *pudende*); av. 1292] **agg.** (pl. m. *-chi*) **1** Che mostra di avere pudicizia, detto di persona: *donna pudica* | Di ciò che rivela pudicizia: *silenzio, sguardo p.* SIN. Casto, verecondo. CONTR. Impudico, inverecondo. **2** (*lett.*) Modesto, timido, umile, riservato: *mantenne per tutto il tempo un silenzio p.* (MANZONI). CONTR. Sfacciato, svergognato. || **pudicaménte**, avv. Con pudicizia, da persona pudica.

†**pudino** ● V. *budino*.

pudóre [vc. dotta, lat. *pudōre(m)*: di orig. indeur. (?); av. 1306] **s. m.** **1** Naturale sentimento di riserbo per quanto riguarda la sfera sessuale, la nudità e sim.: *avere, non avere p.; provare p.; mancare di p.; il comune senso del p.; atti, gesti che offendono il p. altrui.* **2** (*est.*) Senso di discrezione, di rispetto di sé e degli altri: *abbi almeno il p. di tacere; uno strano p. m'impedì di parlare; i tuoi pudori sono eccessivi; il pudor mi fa vile, e prode l'ira* (FOSCOLO) | ***Persona senza p.***, sfacciata, spudorata.

pùdu [da una vc. dell'America merid.] **s. m.** ● Genere di Cervidi sudamericani, grandi come un'antilope nana, con corna brevi (*Pudu*).

pueblo /*sp.* 'pweβlo/ [vc. sp., propr. 'villaggio': stessa etim. dell'it. *popolo*; 1895] **A** s. m. inv. (pl. sp. *pueblos*) **1** Particolare tipo di villaggio dell'epoca precolombiana tuttora presente nell'Arizona e nel Nuovo Messico, costituito per lo più da case agglomerate e terrazzate con caratteristico accesso mediante scale a pioli. **2** Gruppo di antiche popolazioni stanziate in Nuovo Messico e Arizona, così chiamate dai colonizzatori spagnoli per la tipica struttura dei loro villaggi. **B** anche agg. inv.: *le popolazioni p.*

puericultóre [comp. del lat. *pŭer*, genit. *pŭeri* 'fanciullo', di orig. indeur. e *cultore*; 1958] **s. m.** (f. *-trice*) ● Medico che si occupa dell'assistenza dei fanciulli, spec. dei lattanti e nella prima infanzia.

puericultrice [f. di *puericultore*; 1942] **s. f.** **1** F. di *puericultore*. **2** Infermiera abilitata all'assistenza dei neonati e dei bambini nella prima infanzia in istituti, case nido e sim.

puericultùra [comp. del lat. *pŭer*, genit. *pŭeri* 'fanciullo', di orig. indeur. e *cultura*; 1875] **s. f.** ● Ramo della medicina che studia le caratteristiche morfologiche e di sviluppo del bambino. SIN. Pedologia.

puerile [vc. dotta, lat. *puerīle(m)*, da *pŭer*, genit. *pŭeri* 'fanciullo' (V. *puericultura*); av. 1306] **agg.** **1** Proprio dei fanciulli: *età p.; divertimento p.* SIN. Fanciullesco, infantile. **2** (*spreg.*) Che rivela ingenuità, leggerezza o immaturità: *sono discorsi, questioni puerili; sarebbe p. intendere quelle parole in modo letterale* (CROCE). || **puerilménte**, avv. In maniera puerile (*spec. spreg.*).

puerilìsmo [comp. di *pueril(e)* e *-ismo*; 1935] **s. m.** ● (*med.*) Infantilismo.

puerilità [vc. dotta, lat. *puerilitāte(m)*, da *puerīlis* 'puerile'; av. 1511] **s. f.** **1** (*spreg.*) Caratteristica, condizione di chi (o di ciò che) è puerile: *è inammissibile la p. del vostro comportamento.* **2** (*spreg.*) Atto, comportamento, discorso puerile: *fare, dire p.* SIN. Fanciullaggine, ingenuità, sciocchezza. **3** †Puerizia.

puerìzia [vc. dotta, lat. *puerĭtia(m)*, da *pŭer*, genit. *pŭeri* 'fanciullo' (V. *puericultura*); 1260 ca.] **s. f.** **1** (*lett.*) Età puerile. SIN. Fanciullezza. **2** †Azione, pensiero puerile.

puerocentrìsmo [comp. del lat. *pŭeru(m)* 'bambino' e della seconda parte di (*ego*)*centrismo*] **s. m.** ● (*pedag.*) Teoria che mette il bambino al centro del processo educativo, adattando le tecniche didattiche alle sue esigenze.

puèrpera [vc. dotta, lat. *puĕrpera(m)*, comp. di *pŭer* 'bambino' (V. *puericultura*) e *părere* 'partorire' (V.); 1499] **s. f.** ● Donna che ha appena espletato il parto.

puerperàle [1828] **agg.** ● Relativo al puerperio.

puerpèrio [vc. dotta, lat. *puerpĕriu(m)*, da *puĕrpera* 'puerpera'; sec. XIV] **s. m.** ● Periodo, della durata di circa 60 giorni, che segue il parto e il secondamento, fino al ritorno della donna nelle condizioni normali.

puf (1) **s. m.** ● Adattamento di *pouf* (V.).

puf (2) o **puff** [vc. onomat.; 1765] **inter.** ● Riproduce il rumore di un soffio o di uno sbuffo o di qlco. che si sgonfia | Riproduce il rumore sbuffante di una locomotiva a vapore o l'ansimare affannoso di una persona che ha corso o sostenuto una grande fatica.

puffino [ingl. *puffin*, di etim. incerta; 1804] **s. m.** ● Genere di Uccelli marini dei Procellariformi, avidissimi cacciatori di pesci in mare aperto, con lunghe ali e becco sottile ricurvo in basso (*Puffinus*). SIN. Berta.

pùggia e *deriv.* ● V. *poggia* e *deriv.*

puggiàre ● V. *poggiare* (2).

puggièro ● V. *poggiero*.

pugiadìsmo ● V. *poujadismo*.

pugiadista ● V. *poujadista*.

pugilàto [vc. dotta, lat. *pugilātu(m)*, da *pŭgil*, genit. *pŭgilis* 'pugile'; 1592] **s. m.** **1** Sport di combattimento nel quale due atleti, servendosi dei soli pugni protetti da appositi guantoni, si possono colpire dalla cintola in su nella parte anteriore e laterale del corpo e del capo. SIN. Boxe. **2** (*est.*) Scambio di pugni: *la lite finì in un p. generale.*

PUGILATO
nomenclatura

pugilato
● *incontro* = match: ring = quadrato (corde, angolo neutro), gong, riprese = round, sfida; borsa, spugna; picchiatore, incassatore, ripresa a round; ● *colpi e azioni*: diretto, schivata a tuffo e guardia = duck, corpo a corpo = clinch, sventola = swing, montante = uppercut, gancio = hook = crochet, punch, doppietta = uno-due, colpo basso, colpo proibito, break, boxe, out, suonato, groggy, allungo, bloccaggio, conteggio, K.O. = knock out = fuori combattimento = abbandono, getto della spugna, knock down; allenamento (sacco = palla di sabbia = punch-bag, palla di cuoio = punching ball, sacco di sabbia = sand-bag; fascia, guantone); conchiglia, paradenti;
● *categorie*: peso americano = minimosca (49 kg), mosca (50 kg), gallo (53 kg), piuma (57 kg), super piuma = leggero junior (58 kg), leggero (61 kg), welter junior = super-leggero (63 kg), welter (66 kg), medio junior = super-welter (69 kg), medio (72 kg), mediomassimo (79 kg), massimo (più di 79 kg);
● *persone*: pugile = boxeur, fighter, sparring partner, secondo = aiutante, commissario = relatore, procuratore = manager.

pugilatóre [vc. dotta, lat. tardo *pugilatōre(m)*, da *pugilātus* 'pugilato'; 1631] **s. m.** ● (*raro*) Pugile.

pùgile [vc. dotta, lat. *pŭgile(m)*, dalla stessa radice di *pŭgnus* 'pugno'; av. 1566] **s. m. e f.** ● Atleta che pratica il pugilato. SIN. Boxeur.

pugilista [1831] **s. m. e f.** (pl. m. *-i*) ● (*disus.*) Pugile.

pugilìstico [1923] **agg.** (pl. m. *-ci*) ● Relativo al pugilato o ai pugili: *attività pugilistica; incontro p.* || **pugilisticaménte**, avv.

pugillàre [vc. dotta, lat. *pugillāre(m)*, propr. 'della grossezza di un pugno', da *pugĭllus* 'pugno, manciata', da *pŭgnus* 'pugno'] **s. m.** ● (*spec. al pl.*) Tavolette cerate di piccole dimensioni, o fogli di pergamena, usati nell'antica Roma per note e appunti.

pùgio [vc. dotta, lat. *pūgio*, nom., 'pugnale', da avvicinare a *pŭngere* 'pungere'; 1891] **s. m.** ● Nell'antica Roma, pugnale portato alla cintura dagli imperatori e dagli alti ufficiali.

pùglia [sp. *polla*, propr. 'gallina' (V. *pollo*): perché il deporre il denaro nel piatto ricorda il deporre delle uova della gallina (?); av. 1712] **s. f.** ● Nei giochi a carte, il gettone che si punta o l'insieme dei gettoni posseduti da un giocatore | Denaro puntato al gioco, che si mette nel piatto.

pugliése [1313] **A** agg. ● Relativo alla Puglia. **B** s. m. e f. ● Abitante, nativo della Puglia. **C** s. m. solo sing. ● Dialetto italiano meridionale, parlato in Puglia.

pùgna o †**pùnga** [vc. dotta, lat. *pŭgna(m)*, da *pugnāre* 'combattere'; av. 1292] **s. f.** ● (*lett.*) Battaglia, combattimento, mischia: *vincere la p.* | (*lett., fig.*) Contrasto.

pugnàce [vc. dotta, lat. *pugnāce(m)*, da *pugnāre* 'combattere'; 1499] **agg.** **1** (*lett.*) Bellicoso, battagliero, combattivo. **2** (*lett.*) Che spinge, incita al combattimento. || **pugnaceménte**, avv. (*lett.*) Con atteggiamento pugnace, fiero, battagliero.

pugnalàre [1640] **v. tr.** ● Ferire, ammazzare con un pugnale | ***P. alle spalle***, (*fig.*) colpire a tradimento.

pugnalàta [1525] **s. f.** ● Colpo, ferita di pugnale | (*fig.*) Colpo improvviso e inferto a tradimento che reca dolore: *la sua defezione è stata una p. per tutti.*

pugnalatóre [1791] **s. m.** (f. *-trice*) ● Chi pugnala.

pugnàle [detto così perché è l'arma che si tiene in *pugno*; 1483] **s. m.** ● Arma bianca corta a due tagli e con punta acuminata | ***Colpo di p.***, pugnalata | ***Lavorare di p.***, dare pugnalate. || **pugnalàccio**, pegg. | **pugnalétto**, dim. | **pugnalino**, dim. | **pugnalóne**, accr.

pugnàre [vc. dotta, lat. *pugnāre*, propr. 'combattere con i pugni', da *pŭgnus* 'pugno'; 1294] **v. intr.** (aus. *avere*) **1** (*lett.*) Combattere. **2** (*fig., lett.*) Contrastare, polemizzare: *questo articolo non pugna col primo, e col secondo, come ad alcuni potria apparire* (CAMPANELLA). **3** (*raro, lett.*) Darsi da fare.

pugnatóre [vc. dotta, lat. *pugnatōre(m)*, da *pugnātus*, part. pass. di *pugnāre* 'pugnare'; 1342] **s. m.** (f. *-trice*) ● (*raro, lett.*) Chi pugna, lotta, combatte.

pugnèllo [sec. XIV] **s. m.** **1** Dim. di *pugno*. **2** (*raro*) Quantità di roba che si può stringere in un pugno: *un p. di polvere d'artiglieria* (GALILEI). SIN. Manciata.

†**pùgnere** ● V. *pungere*.

†**pugnerèccio** [av. 1348] **agg.** ● Appuntito.

†**pugneróne** [da *pugnere*] **s. m.** ● Pungiglione, stimolo.

pugnétta [da *pugno*, come il corrispondente sp. *puñeta* da *puño*; 1988] **s. f.** ● (*volg., region.*) Masturbazione maschile.

pugnétto [1835] **s. m.** **1** Dim. di *pugno*. **2** (*anat.*) Regione del polso.

pugnitòpo ● V. *pungitopo*.

†**pugnitùra** [da *pugnere*; av. 1375] **s. f.** ● Puntura.

♦**pùgno** [lat. *pŭgnu(m)*, da una radice indeur. che significa 'colpire, pungere', da cui anche *pŭngere* 'pungere'; av. 1284 ca.] **s. m.** (pl. lett. †*pugna*, †*pu-*

gnora, f.) *1* Mano serrata con le dita strette fortemente insieme per tenere qlco. o per colpire: *allargare il p.*; *stringere la spada in p.* | (*fig.*) ***Tenere qlcu. in p.***, averlo in proprio potere | ***Avere qlco. in p.***, (*fig.*) essere sicuro di ottenerla | ***Mostrare il p.***, minacciare | ***P. duro***, ***p. di ferro***, (*fig.*) atteggiamento estremamente deciso ed energico | ***Avere p. di ferro in guanto di velluto***, (*fig.*) agire energicamente, ma con molto garbo e diplomazia | (*est.*) Mano chiusa o che sta per chiudersi: *stringere i pugni per la rabbia* | ***Firmare di proprio p.***, di propria mano. *2* Colpo dato col pugno, cazzotto: *tirare*, *sferrare pugni* | ***Fare a pugni***, lottare, azzuffarsi; (*fig.*) essere in contrasto: *ciò che ha fatto fa a pugni con le sue idee*; *quella cravatta fa a pugni col tuo vestito* | ***Avere il p. proibito***, (*pop.*) essere fortissimo (in riferimento a una certa pericolosità). *3* (*est.*) Ciò che si stringe in pugno: *un p. di sale*, *di olive* | (*est.*) Quantità minima o trascurabile: *un p. di soldati*; *possedere un p. di terra* | ***Restare con un p. di mosche***, restare deluso. SIN. Manciata. *4* ***P. di ferro***, tirapugni. || **pugnèllo**, **dim.** (V.) | **pugnerèllo**, **dim.** | **pugnétto**, **dim.** (V.) | **pugnino**, **dim.** | **pugnolino**, **dim.** | **pugnòlo**, †**pugnuòlo**, **dim.** || **pugnóne**, **accr.**

†**pugnolàre** [variante metatetica di *pungolare*; av. 1384] **v. tr.** ● Pungere, molestare.

puh /puh, phu?/ o (*raro*) **pu** [av. 1542] **inter.** ● Esprime fastidio, disgusto, disprezzo, derisione e sim.: *puh! che grand'uomo!*

†**pùi** ● V. *poi*.

pùia ● V. *poiana*.

puiàna ● V. *poiana*.

puìna [dal lat. *popīna* 'bettola, taverna, vivanda da osteria'; 1958] **s. f.** ● (*sett.*) Ricotta.

pùla (**1**) [da *pulire*; 1340 ca.] **s. f.** *1* Rivestimento dei semi di cereali o di altre piante che si stacca con la trebbiatura. SIN. Lolla, loppa. *2* Sottoprodotto della sbiancatura del riso, costituito dagli strati corticali del seme.

pùla (**2**) [da *pol(izi)a* con *u* non spiegato dal momento che il fr. *poule*, ipotetico ispiratore, è detto di orig. it.; 1961] **s. f.** ● (*gerg.*) Polizia.

pùlca o **pùlka** [lappone *pulka*; av. 1698] **s. f.** ● Tipica slitta dei Lapponi trainata da renne, adatta a lunghi percorsi.

pùlce [lat. *pūlice(m)*, di orig. indeur.; av. 1306] **A** **s. f.** *1* Insetto degli Afanitteri, ovale, bruno rossastro, che si nutre di sangue umano o di animali domestici e vive fra le stoffe, o anche sul terreno, deponendo le uova su detriti organici (*Pulex irritans*) | ***P. d'acqua***, piccolo Cladocero comune nelle acque dolci (*Daphnia pulex*) | ***P. nell'orecchio***, (*fig.*) sospetto, scrupolo, pensiero molesto | ***Fare le pulci a qlcu.***, (*fig.*) ricercarne i difetti e gli errori con spirito eccessivamente critico e malevolo | ***Noioso come una p.***, noiosissimo. ➡ ILL. **animali**/2. *2* ***Gioco delle pulci***, che si svolge fra due o più giocatori con gettoni d'osso o di plastica, i quali vengono fatti saltare su un tavolo premendone l'orlo con un altro gettone più grande: vince chi mangia i gettoni dell'avversario saltandovi sopra con uno dei suoi | ***Mercato delle pulci***, in cui si vendono oggetti d'occasione di ogni genere, gener. vecchi o usati. *3* Nel linguaggio giornalistico, microspia. || **pulcétta**, **dim.** | **pulcettina**, **dim.** | **pulcióna**, **accr.** **B** in funzione di **agg. inv.** ● (posposto al s.) Solo nella loc. *color p.*, detto di colore tra il marrone e il rossiccio. || PROV. Una pulce non leva il sonno.

pulcèlla ● V. *pulzella*.

pulcellàggio o (*raro*) **pulzellàggio** [fr. *pucelage*, da *pulcele* 'pulzella'] **s. m.** ● (*raro*, *lett.*) Verginità.

pulcesécca [comp. di *pulce* e (*colpo*) *secco* (?); av. 1588] **s. f.** ● (*tosc.*) Pizzico, pizzicotto | Segno che ne rimane.

pulciàio [1841] **s. m.** ● (*tosc.*) Luogo pieno di pulci | (*est.*) Luogo pieno di sporcizia.

pulcianèlla [da (*Monte*)*pulciano* (?); 1963] **s. f.** ● Fiasco molto panciuto, avente una capacità di circa mezzo litro o 3/4 di litro, usato spec. per i vini di Orvieto. ➡ ILL. **vino**.

pulcinàio [1891] **s. m.** ● Luogo in cui si allevano i pulcini.

pulcinèlla o †**polcinèlla** [da *pulcino*, nel senso di 'persona timida e impacciata'; 1765] **s. m.** (pl. *pulcinèlla*, raro *pulcinèlli*) *1* Maschera napoletana, con naso adunco a doppia gibbosità, abbigliata con camiciotto e calzoni bianchi da facchino, cappello a pan di zucchero e mascherina nera a metà faccia: *mascherarsi da p.*; *alla festa c'erano molti p.* | ***Naso di p.***, grosso e a becco | ***Il segreto di p.***, quello che tutti conoscono. *2* (*fig.*) Persona che cambia facilmente idea e opinione. SIN. Buffone. *3* ***P. di mare***, uccello artico dei Caradriformi gregario, buon nuotatore, con tronco tozzo e zampe brevi, alto becco percorso da solchi e piumaggio bianco e nero (*Fratercula actica*). || **pulcinellino**, **dim.**

pulcinellàta [1750] **s. f.** ● (*raro*) Azione, comportamento da pulcinella (*spec. fig.*).

pulcinellésco [av. 1828] **agg.** (pl. m. *-schi*) ● (*raro*) Di pulcinella | (*fig.*) Ridicolo, grottesco.

♦**pulcino** [lat. tardo *pullicēnu(m)*, da *pŭllus* 'pollo'; 1260] **s. m.** *1* Il nato della gallina da poco uscito dall'uovo. CFR. Pigolare, pipiare | Qualunque uccello che ancora non esce dal nido | ***Bagnato, inzuppato come un p.***, bagnato fradicio | ***P. bagnato***, (*fig.*) persona timida dall'aria mortificata | ***P. nella stoppa***, (*fig.*) persona impacciata, irresoluta. *2* (*est.*, *fam.*) Bambino molto piccolo: *una madre con i suoi pulcini*. *3* (*fig.*) Ognuno dei giocatori che formano una delle squadre giovanili di una società calcistica. || **pulcinèllo**, **dim.** | **pulcinétto**, **dim.**

pulcióso [da *pulce*; av. 1745] **agg.** ● Che ha molte pulci, che è pieno di pulci: *mendicante p.*; *cane p.*

†**pulcritùdine** [vc. dotta, lat. *pulchritūdine(m)*, da *pŭlcher*, genit. *pŭlchri* 'bello' (V. *pulcro*)] **s. f.** ● Bellezza.

†**pùlcro** [vc. dotta, lat. *pŭlchru(m)*, di etim. incerta; 1260 ca.] **agg.** ● Bello: *la faccia pulcra*, *angelica*, *modesta* (PULCI).

puledràia [1871] **s. f.** ● Recinto dove si tengono i puledri.

pulédro o (*lett.*) **polédro**, (*lett.*) **pollédro** [lat. parl. **pullĕtru(m)*, da *pŭllus* 'piccolo di ogni animale' (V. *pollo*); av. 1292] **s. m.** (f. *-a*) *1* Giovane equino. *2* (*est.*, *fig.*) Ragazzo, giovane vivace. || **puledràccio**, **pegg.** | **puledrétto**, **dim.** | **puledrino**, **dim.** | **puledrùccio**, **dim.**

pulèggia [lat. parl. **polīdia(m)*, che risale al gr. *pólos* 'asse, perno' (V. *polo* (*1*)); av. 1564] **s. f.** (pl. *-ge*) ● (*mecc.*) Ruota metallica o di legno, montata su un albero rotante, che trasmette il moto mediante cinghie, funi, catene.

pulèggio o **pulégio** [lat. *pulēiu(m)*, di orig. preindeur.; av. 1557] **s. m.** ● (*bot.*) Varietà di menta.

pulènda e *deriv.* ● V. *polenta* e *deriv.*

pulésco [da avvicinare a *pulire*; 1958] **s. m.** (pl. *-schi*) ● Massa pulverulenta simile a terriccio, che si ritrova nei tronchi, spec. di castagno, colpiti dalla carie; è usato come concime.

pùlica o **pùliga** [venez. *pùlega*, propr. 'pulce', dal lat. *pūlice(m)* 'pulce'; av. 1557] **s. f.** ● Bollicina o vescichetta che si forma durante la lavorazione in vetro, gesso, cera, metallo.

pulicària [vc. dotta, lat. tardo (*hĕrbam*) *pulicāria(m)*, da *pūlex*, genit. *pūlicis* 'pulce'; detta così perché i semi sono simili a pulci. Cfr. *psillio*; sec. XIII] **s. f.** ● Varietà di piantaggine degli ambienti arenosi vicini al mare con fusto rivestito di foglie (*Plantago psyllium*). SIN. Psillio.

pùliga ● V. *pulica*.

puligóso [da *puliga*; 1958] **agg.** ● Detto di vetro che, per un cattivo processo di affinazione, appare pieno di bollicine gassose.

pulimentàre [da *pulimento*; av. 1879] **v. tr.** (*io puliménto*) ● Levigare superfici di pietra, metallo, legno, a mano o a macchina.

pulimentatóre [1967] **s. m.** (f. *-trice*) ● Operaio addetto alla pulimentazione.

pulimentatùra [1983] **s. f.** ● Pulimentazione.

pulimentazióne [da *pulimentato*, part. pass. di *pulimentare*; 1958] **s. f.** ● Operazione del pulimentare.

puliménto o **poliménto** nel sign. 2 [av. 1547] **s. m.** *1* (*lett.*) Il pulire | (*lett.*, *fig.*) Revisione, rifinitura, accuratezza formale o stilistica. *2* Operazione del pulimentare: *tirare a p. una superficie* | Levigatezza, lucentezza. *3* Vernice con cui si pulimenta il legname.

♦**pulìre** o †**polìre** [lat. *polīre* 'pulire, levigare', di orig. indeur.; av. 1292] **A** **v. tr.** (*io pulisco*, *tu pulisci*) *1* Levare lo sporco usando vari mezzi o procedimenti: *p. una ferita*, *una piaga*; *p. la casa spazzando e spolverando*; *pulirsi le mani*, *i denti*, *le orecchie* | ***Pulirsi il naso***, soffiandoselo | ***P. dalla polvere***, spolverare. SIN. Detergere, forbire, nettare. CONTR. Sporcare. *2* V. *polire*. *3* (*fig.*) †Adulare. **B** **v. intr.** ● †Divenire pulito, puro.

pulisciorécchi /puliʃʃ(i)o'rekki/ [comp. di *pulire* e il pl. di *orecchio*; 1891] **s. m. inv.** ● (*med.*) Strumento per togliere l'eccesso di cerume dal canale uditivo | Sottile bastoncino di plastica con le estremità rivestite di cotone idrofilo per la pulizia delle orecchie.

pulisciménne [comp. di *pulire* e il pl. di *penna*; 1907] **s. m. inv.** ● Nettapenne.

pulisciepièdi [comp. di *pulire* e il pl. di *piede*; 1891] **s. m. inv.** ● (*raro*) Stuoia o grata di ferro stesa sull'uscio di casa per pulirsi la suola delle scarpe.

pulisciscàrpe [comp. di *pulire* e del pl. di *scarpa*; 1891] **s. m. inv.** *1* Apparecchio elettrico dotato di spazzola rotante per la pulitura e la lucidatura di calzature. *2* Zerbino, nettapiedi.

pulìta [1871] **s. f.** ● Il pulire in una volta sola e rapidamente: *darsi una p. al vestito*. || **pulitina**, **dim.**

pulitézza o †**politézza** (**1**) [1441] **s. f.** *1* (*raro*) Pulizia, nettezza (*anche fig.*). *2* (*raro*) Lucentezza, lustro, candore. *3* V. *politezza* (*1*).

♦**pulìto** o †**polìto** (**1**) [part. pass. di *pulire*; 1282] **A** **agg.** *1* Che è privo di ogni genere di sporcizia: *lenzuola pulite*; *biancheria pulita*; *mettersi una camicia pulita*; *pavimento*, *locale p.*; *devi tenere la casa più pulita* | ***Fare piazza pulita***, V. *piazza* | ***Osso p.***, ben spolpato | (*fig.*) ***Scritto p.***, ordinato e privo di cancellature. *2* Detto di persona, che cura la pulizia personale: *un vecchio p.*; *andare sempre p.*; *mandare puliti i bambini* | Detto di parte del corpo la cui pulizia è ben curata: *denti*, *capelli puliti* | ***Viso p.***, privo di trucco | ***Faccia pulita***, (*fig.*) di persona franca, onesta. *3* (*fig.*) Che non presenta nessun elemento scorretto, sleale, disonesto e sim.: *animo p.*; *pensieri puliti e onesti*; *una ragazza semplice e pulita*; *lavoro*, *affare poco p.*; *questa è una faccenda poco pulita* | Nel gergo sportivo, regolare, tecnicamente perfetto: *tiro*, *gioco*, *passaggio p.* | ***Avere la coscienza pulita***, essere tranquillo perché sicuro di non avere colpe | ***Avere le mani pulite***, (fig.) essere onesto | ***Mani pulite***, (*est.*) detto di inchieste relative a episodi di corruzione | (*ellitt.*) ***Farla pulita***, ***passarla pulita***, farla franca, passarla liscia | (*gerg.*, *fig.*) ***Essere p.***, non avere addosso, armi, droga, denaro sporco e sim. *4* (*fig.*, *fam.*) Completamente privo di denaro: *questa spesa mi ha lasciato p. p.*; *dopo il poker*, *sono tornato a casa con le tasche pulite*. *5* (*est.*) Detto di energia la cui produzione e utilizzazione non inquinano l'ambiente | Detto di bomba atomica nella quale è particolarmente ridotta la produzione di contaminanti radioattivi. *6* V. *polito* (*1*). || **pulitaménte**, **avv.** *1* (*raro*) In modo pulito. *2* (*fig.*) Con garbo: *scrivere pulitamente*. *3* (*fig.*) Per bene, onestamente: *vivere*, *lavorare pulitamente*. **B** **s. m.** solo **sing.** *1* Luogo pulito: *camminare sul p.* *2* †Bella copia: *mettere uno scritto al p.* || **pulitino**, **dim.**

pulitóre [vc. dotta, lat. *polītōre(m)*, da *polītus* 'pulito'; 1660] **agg.**; anche **s. m.** (f. *-trice*) ● Che (o Chi) pulisce.

pulitrice [f. di *pulitore*; 1922] **s. f.** *1* Macchina per levigare e lucidare marmo o legno. *2* Macchina per ripulire il grano dalla pula e dalla polvere.

pulitùra o **politùra** nel sign. 2 [vc. dotta, lat. *polītūra(m)*, da *polītus* 'pulito'; 1476] **s. f.** *1* Operazione, lavoro del pulire: *una p. faticosa*; *la p. dei vetri* | Spesa per pulire qlco.: *quanto per la p.?* | ***Dare l'ultima p.***, dare l'ultima mano a un lavoro. SIN. Detersione. *2* (*raro*) Levigatura: *la p. dei marmi* | (*lett.*, *fig.*) Rifinitura: *la p. di un verso*.

♦**pulìzia** [da *pulire*; 1566] **s. f.** *1* Condizione, aspetto di ciò che è pulito: *la p. del quartiere*, *di una casa*, *di un appartamento*; *p. personale*; *curare*, *trascurare la p.* *2* Attività, lavoro del pulire: *personale addetto alla p. del locale*; *donna delle pulizie*; *pulizie pasquali* | ***Fare le pulizie***, pulire la casa | ***Fare p.***, (*fig.*) sgombrare, portar via tutto da un luogo | ***P. etnica***, V. *etnico*. *3* (*raro*) Eleganza, perfezione, spec. di componimento letterario. SIN. Nitore. *4* (*raro*, *lett.*) Buone maniere: *saper profittare di tutto*, *con buona grazia*, *con p.*, *con un poco di disinvoltura* (GOLDONI).

pùlka ● V. *pulca*.

pull /pul, *ingl.* pʊl/ [fr. *pull*, abbr. di *pull-over*;

1973] s. m. inv. ● (*fam.*) Pullover.

†**pullàrio** ● V. *pollario.*

♦**pullman** /'pulman, *ingl.* 'pʰulmən/ [dal n. dell'inventore, l'americano G.M. Pullman (1831-1897); 1869] s. m. inv. *1* Tipo speciale di carrozza ferroviaria di lusso. *2* Autopullman. ➡ ILL. **autoveicoli.** || **pulmino, pullmino,** dim. (V.).

pullmino /pul'mino/ ● V. *pulmino.*

†**pùllo** (1) [vc. dotta, lat. *pŭllu(m)* 'bruno, fosco', da avvicinare a *pallēre* 'essere pallido' (V. *pallido*)] agg. ● (*raro*) Fosco, scuro.

†**pùllo** (2) ● V. *pollo.*

†**pullolàre** ● V. *pullulare.*

pullòver [vc. ingl., *pull-over,* propr. 'tira sopra'; 1927] s. m. inv. ● Indumento di maglia di lana o di cotone, privo di bottoni, con maniche lunghe o senza, che si infila dalla testa. || **pulloverino,** dim.

pullulaménto [av. 1320] s. m. ● (*raro*) Il pullulare.

pullulàre o †**pullolàre** [vc. dotta, lat. *pullulāre,* da *pŭllulus* 'germoglio, rampollo', a sua volta dim. di *pŭllus* 'giovane, germoglio' (V. *pollo*); 1313] v. intr. (*io pùllulo;* aus. *avere,* raro *essere*) *1* Apparire, sorgere in gran numero: *pullulavano le iniziative benefiche; intorno a questo mondo ariostesco pullulano poemi e romanzi e novelle* (DE SANCTIS). *2* Essere pieno, gremito: *l'acqua del lago pullulava di pesci.* *3* †Gorgogliare, gonfiarsi in piccole bolle, detto dell'acqua | †Scaturire, sgorgare.

pullulazióne [vc. dotta, lat. tardo *pullulatiōne(m),* da *pullulāre* 'pullulare'; 1308] s. f. ● (*raro, lett.*) Germinazione | (*lett., fig.*) Diffusione.

†**pulmentàrio** [vc. dotta, lat. *pulmentāriu(m),* da *pulmĕntum* 'pulmento'] s. m. ● Vivanda.

pulménto [vc. dotta, lat. *pulmĕntu(m),* di etim. incerta; av. 1315] s. m. ● Nell'antica Roma, qualsiasi cibo che si accompagnava al pane.

♦**pulmìno** o **pullmino** [1960] s. m. *1* Dim. di *pullman.* *2* Vettura capace di trasportare fino a nove persone compreso il conducente e avente forma e sistemazione dei sedili simili a quelle di un pullman.

pulmìstico agg. (pl. m. *-ci*) ● Di pullman, che si effettua con pullman: *trasporto p.*

pulmonària ● V. *polmonaria.*

pulóne [da *pula;* 1609] s. m. ● (*agr.*) Lolla.

pulp /*ingl.* pʰʌlp/ [vc. ingl., propr. 'pasta di cellulosa', poi 'carta scadente' usata per le riviste pop., esteso negli Stati Uniti d'America a qualsiasi scritto di scarsa qualità, popolare e sensazionale; 1986] **A** s. m. inv. ● In America, romanzo popolare ricco di colpi di scena | (*est.*) Genere letterario o cinematografico che ricorre a temi di facile presa, come il sesso e la violenza, trattandoli con uno stile aggressivo e spesso volutamente trascurato. **B** anche agg. inv.: *cinema p.; scrittore p.* CFR. Splatter.

pulpàra o **polpàra** [da *polpo;* 1937] s. f. ● Attrezzo per la pesca dei polpi.

pulpàre [ingl. *pulpar,* deriv. di *pulp* 'polpa'; 1958] agg. ● (*anat.*) Relativo alla polpa dentaria.

pulpìte o **polpìte** [comp. del lat. *pŭlpa* 'polpa' e *-ite* (1); 1931] s. f. ● (*med.*) Infiammazione della polpa dentaria.

pùlpito [dal lat. tardo *pŭlpitu(m),* di etim. incerta; sec. XIV] s. m. *1* Nelle chiese, tribuna o palco sopraelevato, simile all'ambone ma di dimensioni minori, destinato alla predicazione | ***Salire sul p., montare in p.,*** (*fig.*) mettersi a parlare in tono declamatorio, sentenzioso o pieno di prosopopea | ***Da che p. viene la predica!,*** (*iron.*) con riferimento a chi fa delle critiche o dei rimproveri verso dei comportamenti da cui egli stesso non è esente. SIN. Pergamo. *2* Nella Roma antica, il palcoscenico del teatro | Palco o tribuna per oratori. *3* †Tribuna dell'organo. *4* Nel linguaggio alpinistico, terrazzino naturale di roccia a strapiombo su una parete. *5* (*tecnol.*) Nei macchinari industriali, quadro di comando posto in posizione elevata da cui si può controllare l'esecuzione del processo. *6* (*mar.*) Ringhiera in tubo metallico che completa la battagliola del ponte di un'imbarcazione a prua e a poppa.

pulque /*sp.* 'pulke/ [vc. sp., di orig. amer.; 1929] s. m. inv. ● Bevanda alcolica in uso nel Messico, ottenuta dalla fermentazione del succo d'agave.

♦**pulsànte** [1481] **A** part. pres. di *pulsare;* anche agg. *1* Che pulsa | (*fig.*) Pieno di movimento, di vita: *il cuore p. della città.* *2* (*elettr.*) ***Corrente p.,*** che ha direzione costante e intensità variabile ciclicamente. **B** s. m. *1* Bottone che si spinge per azionare un meccanismo: *p. del cronografo.* *2* Bottone che, premuto, apre o chiude un circuito elettrico, spec. di una lampada o di un campanello | (*elab.*) Area definita nella videata di un programma, attivando la quale l'utente dà istruzioni o acquisisce informazioni. SIN. Bottone. || **pulsantino,** dim.

pulsantièra [da *pulsante;* 1958] s. f. ● Scatola o pannello di metallo, materia plastica e sim. destinati a sostenere e proteggere una serie di pulsanti di comando o di segnalazione.

pùlsar [vc. ingl., composto di *puls(ating)* (*st*)*ar* 'stella pulsante', sul modello di *quasar;* 1968] s. f. o m. inv. ● Stella a neutroni, residuo di una supernova, caratterizzata da un'emissione di radiazione elettromagnetica a impulsi.

pulsàre [vc. dotta, lat. *pulsāre,* intens. di *pĕllere* 'spingere' (V. *espellere*); sec. XIV] v. intr. (aus. *avere*) *1* Dare battiti, palpitare: *il cuore pulsa regolarmente.* *2* (*fig.*) Essere pieno di vita, di movimento, di fervore: *il traffico della metropoli pulsa.* *3* †Bussare, battere alla porta. *4* (*mus.*) Battere, picchiare.

pulsàtile [1481] agg. ● (*raro*) Che pulsa: *organo p.*

pulsatilità s. f. ● (*raro*) Proprietà di ciò che è pulsatile.

pulsatilla [da *pulsare* 'spingere', perché il rizoma produce dei rami aerei; 1561] s. f. ● Pianta erbacea perenne delle Ranuncolacee con foglie divise in lacinie lineari, pelose, comune nei luoghi erbosi o fra le rocce delle Alpi (*Pulsatilla vulgaris*).

pulsatóre [vc. dotta, lat. tardo *pulsatōre(m)* 'che batte', da *pulsātus,* part. pass. di *pulsāre* 'pulsare'; av. 1952] s. m. ● (*fis.*) Vibratore.

pulsazióne [vc. dotta, lat. tardo *pulsatiōne(m),* da *pulsātus,* part. pass. di *pulsāre* 'pulsare'; av. 1535] s. f. *1* Sensazione tattile di urto che si percepisce in corrispondenza del cuore e delle arterie superficiali. SIN. Battito. CFR. sfigmo-. *2* Oscillazione di una corda, spec. riferita a strumento musicale. *3* (*fis.*) ***P. di una grandezza,*** prodotto della frequenza per l'angolo 2π.

†**pulseggiàre** [intens. di *pulsare*] v. intr. ● (*lett.*) Palpitare, battere.

pulsìmetro [comp. del lat. *pŭlsus* 'polso' e *-metro;* 1835] s. m. ● (*med.*) Apparecchio per la misurazione del polso.

pulsionàle [1968] agg. ● (*psicoan.*) Relativo a pulsione: *carica p.*

pulsióne [vc. dotta, lat. tardo *pulsiōne(m)* (che significa però 'lo scacciare'), da *pŭlsus,* part. pass. di *pĕllere* 'spingere' (V. *espellere*); 1612] s. f. *1* (*raro*) Impulso, spinta. *2* (*psicoan.*) L'insieme delle tendenze istintive che spingono l'individuo alla soddisfazione immediata dei bisogni primari | (*est.*) Tendenza profonda, più o meno consapevole: *pulsioni xenofobe.*

pulsogètto [dall'ingl. *pulse jet,* propr. 'getto a pulsione'; 1958] s. m. ● (*aer.*) Pulsoreattore.

pulsòmetro [ingl. *pulsometer,* comp. del lat. *pŭlsus* 'spinta', da *pŭlsus,* part. pass. di *pĕllere* (V. *pulsione*) e *-meter* '-metro'; 1954] s. m. ● Apparecchio che utilizza la pressione esercitata dal vapore acqueo per sollevare un liquido.

pulsoreattóre [da *reattore,* sul modello di *pulsogetto;* 1946] s. m. ● (*aer.*) Esoreattore con combustione a intermittenza, in cui l'aria comburente entra, attraverso valvole a lamelle, direttamente nella camera di combustione, quando la pressione interna diventa minore di quella esterna.

†**pultàceo** ● V. *poltaceo.*

†**pultìglia** ● V. *poltiglia.*

pulverulènto ● V. *polverulento.*

pulvinar [lat. *pulvīnar* 'cuscino' (V. *pulvinare*)] s. m. inv. (pl. lat. *pulvinaria*) ● (*anat.*) Nucleo posteriore del talamo dei Mammiferi, connesso con aree della neocorteccia legate alle attività cerebrali più complesse.

pulvinàre [vc. dotta, lat. *pulvināri,* abl. di *pulvīnar,* da *pulvīnus* 'cuscino', di etim. incerta; sec. XIV] s. m. *1* Letto sul quale gli antichi Romani deponevano le immagini degli dei nella cerimonia del lettisternio. *2* Letto matrimoniale degli imperatori romani | Luogo destinato alla famiglia imperiale nel circo.

pulvinarectomìa [comp. di *pulvinar* e *-ectomia*] s. f. ● (*chir.*) Intervento chirurgico di asportazione del pulvinar.

pulvìno [vc. dotta, lat. *pulvīnu(m)* 'cuscino' (V. *pulvinare*), per la forma; 1375 ca.] s. m. *1* (*arch.*) Elemento architettonico compreso tra il capitello e l'imposta di due o più archi, in pietra liscia o lavorata, con funzione di ripartire sulla colonna il peso delle strutture sovrastanti. *2* (*bot.*) Rigonfiamento alla base della foglia le cui variazioni di turgore possono causare movimenti della foglia, come nella sensitiva.

pulviscolàre [1922] agg. ● (*raro*) Di pulviscolo.

pulvìscolo o (*raro*) **polvìscolo** [vc. dotta, lat. *pulvīsculu(m),* dim. di *pŭlvis* 'polvere'; 1499] s. m. *1* (*gener.*) Polvere minutissima | ***P. atmosferico,*** complesso delle particelle solide o liquide sospese nell'atmosfera e attorno alle quali si condensa il vapore acqueo per formare le nubi | ***P. radioattivo,*** complesso delle particelle radioattive liberate da un'esplosione nucleare. *2* (*bot., pop.*) Polline.

pulzèlla o (*lett.*) **pulcèlla** [ant. fr. *pulcele,* dal lat. parl. **pulicĕlla(m),* di etim. incerta; av. 1250] s. f. ● (*raro, lett.*) Fanciulla, vergine | ***La p. d'Orléans,*** Giovanna d'Arco. || **pulcellétta,** dim. | **pulcellóna,** accr.

pum o **pùmfete** [vc. onomat.; 1945] inter. ● Riproduce il rumore di uno sparo, di un'esplosione o il tonfo di qlcu. che cade pesantemente.

pùma [vc. di orig. quechua; 1769] s. m. inv. ● Felino americano di forme snelle, con capo piccolo, colorazione fulva, cacciatore abilissimo, che corre, salta e si arrampica sugli alberi con eccezionale agilità (*Felis concolor*). ➡ ILL. **animali**/14.

pùmfete ● V. *pum.*

pummaròla o **pommaròla** [vc. nap., prob. var. di *pummadora* 'pomodoro'; 1942] s. f. ● (*merid.*) Pomodoro | (*est.*) Salsa di pomodoro, spec. usata come condimento: *spaghetti, maccheroni con la p.*

punch (1) /*ingl.* pʰʌntʃ/ [vc. ingl., *punch,* prob. dal sanscrito *pañca* 'cinque', di orig. indeur., perché composto, in orig., di cinque elementi: arak, tè, zucchero, acqua e succo di limone; 1749] s. m. inv. (pl. ingl. *punches*) ● Bevanda preparata con acqua bollente, rum o altro liquore, zucchero e scorza di limone.

punch (2) /*ingl.* pʰʌntʃ/ [vc. ingl., 'pugno'. V. *punching-ball;* 1958] s. m. inv. (pl. ingl. *punches*) ● Nel pugilato, pugno secco di notevole potenza.

punching bag /'panʃin(g) bɛg, *ingl.* 'pʰʌntʃiŋ-ˌbæg/ [vc. ingl., propr. 'sacchetto da pugni'. Per *punching* V. *punching-ball; bag* è di orig. celtica] loc. sost. m. inv. (pl. ingl. *punching bags*) ● Involucro in pelle o altro materiale contenente segatura o sabbia, sospeso a una corda, che il pugile colpisce per allenamento. SIN. Sacco.

punching ball /'panʃin(g) bɔl, *ingl.* 'pʰʌntʃiŋ-ˌbɔːl/ [vc. ingl., comp. di *to punch* 'dare pugni' (forma collaterale di *to pounce* 'balzare addosso', dal medio ingl. *ponson, ponchon* 'strumento appuntito', che risale, attrav. il fr., al lat. *punctiōne(m).* V. *punzione*) e *ball* 'palla' (vc. germ. di orig. indeur.)] loc. sost. m. inv. (pl. ingl. *punching balls*) ● Palla di cuoio appesa a un supporto o fissata al pavimento e al soffitto per mezzo di due cordoni elastici, che il pugile colpisce per allenamento.

pùncio ● V. *poncio.*

pùnctum dòlens [loc. lat., propr. 'punto dolente'] loc. sost. m. inv. (pl. lat. *puncta dolentia*) ● Il punto più delicato e scottante di una questione, una situazione, un argomento e sim.

†**pùnga** ● V. *pugna.*

†**pungèllo** [av. 1313] s. m. *1* Pungolo. *2* (*fig.*) Stimolo, istigazione.

pungènte [sec. XIII] part. pres. di *pungere;* anche agg. *1* Nei sign. del v. | (*fig.*) Conturbante, acuto: *nostalgia, ricordo, desiderio p.* *2* (*fig.*) Molto intenso: *freddo, vento p.* | (*fig.*) Beffardo, mordace, maligno: *una battuta p.; Talvolta l'odio s'esalava … in motti pungenti* (MANZONI). || **pungentemènte,** avv. (*raro*) In modo pungente (*spec. fig.*).

♦**pùngere** o (*poet.*) †**pùgnere** [lat. *pŭngere.* V. *pugno;* av. 1250] **A** v. tr. (pres. *io pùngo, tu pùngi;* pass. rem. *io pùnsi, tu pungésti;* part. pass. *pùnto*) *1* Ferire lievemente penetrando nella pelle o nei tessuti superficiali con una punta acuminata: *p. una vena con un ago; lo ha punto una zanzara; fuggendo lei vicina all'acque, / una biscia la punse* (POLIZIANO). *2* (*est.*) Dare la sensazione di una puntura, pizzicando o irritando (*anche assol.*):

l'ortica punge la pelle; il freddo invernale punge. SIN. Pizzicare. **3** (*raro, lett.*) Spronare: *p. il cavallo* | (*lett., fig.*) Stimolare: *mi punge il desiderio di vedervi; te punge e move / studio de' carmi* (LEOPARDI) | (*scherz.*) ***Mi punge vaghezza***, desidero, vorrei. **4** (*fig.*) Offendere, punzecchiare, ferire con atti o parole: *p. la sensibilità, la vanità di qlcu.* | ***P. qlcu. sul vivo***, colpirlo dove è più sensibile | (*lett.*) Affliggere: *poiché troppa di te cura mi punge* (PARINI). SIN. Irritare, molestare. **B** v. rifl. ● Ferirsi lievemente con una punta acuminata.

†pungìglio [1340 ca.] s. m. **1** Pungolo. **2** Pungiglione.

pungiglióne [da *pungere*; av. 1292] s. m. **1** (*zool.*) Aculeo addominale di alcuni animali, e in particolare di alcuni Imenotteri, che serve a inoculare il veleno prodotto da apposite ghiandole. **2** †Pungolo | (*fig.*) †Stimolo, incitamento.

†pungiglióso [da *pungere*; av. 1342] agg. ● Spinoso | (*fig., lett.*) Pressante.

†pungiménto [av. 1292] s. m. ● Il pungere (*anche fig.*) | Puntura.

pungitóio [sec. XIV] s. m. **1** †Strumento per pungere. **2** (*tosc.*) Stiletto con il quale si uccidono i maiali trafiggendone il cuore. SIN. Accoratoio.

pungitòpo o **pugnitòpo** [comp. di *pungere* e *topo*; detto così perché nelle campagne lo si usava per tenere lontani i topi dalle provviste; 1499] s. m. (pl. inv. o *-i*) ● Pianta perenne delle Liliacee con rizoma orizzontale e polloni eretti duri e rigidi, superiormente trasformati in cladodi simili a foglie aculeate, portanti fiori verdastri e bacche rosse invernali (*Ruscus aculeatus*) SIN. Rusco. ➡ ILL. **piante**/11.

pungitóre [1728] agg.; anche s. m. (f. *-trice*) ● (*raro*) Che (o Chi) punge.

†pungitùra [av. 1375] s. f. ● Puntura.

pungolàre [da *pungolo*; av. 1665] v. tr. (*io pùngolo*) **1** Colpire, stimolare col pungolo. **2** (*fig.*) Stimolare, sollecitare.

pùngolo [da *pungere*; 1300 ca.] s. m. **1** Lungo bastone acuminato o con punta di ferro, per stimolare i buoi al lavoro. **2** (*fig.*) Incitamento, sprone, stimolo: *il p. della fame, del bisogno; è mosso dal p. dell'ambizione.*

punìbile [da *punire*; 1498] agg. ● Che può, che deve, essere punito: *reato p.; atto p.*

punibilità [1871] s. f. **1** Condizione di chi (o di ciò che) è punibile. **2** Possibilità giuridica di infliggere a un soggetto una sanzione penale: *condizione obiettiva di p., di non p.*

Punicàcee [dal lat. (*mālum*) *pūnicum* 'mela fenicia', per l'orig.; 1929] s. f. pl. (sing. *-a*) ● Nella tassonomia vegetale, famiglia di piante dicotiledoni arboree o arbustive con frutto diviso da diaframmi in logge con molti semi (*Punicaceae*). ➡ ILL. **piante**/5.

punìceo [vc. dotta, lat. *pūnĭceu(m)* 'color rosso scuro', da *Pūnicus* 'punico', perché la porpora veniva dalla Fenicia; 1499] agg. ● (*lett.*) Di colore rosso intenso e scuro: *il p. strascico di foglie* (PASCOLI).

pùnico [vc. dotta, lat. *Pūnicu(m)*, da *Pŏenus* 'Cartaginese', da avvicinare al gr. *Phôinix* 'fenicio'; sec. XIV] agg. (pl. m. *-ci*) ● Cartaginese | ***Guerre puniche***, quelle tra Roma e Cartagine | (*lett.*) ***Pomo p.***, melagrana: *scrissi i miei versi in su le poma puniche* (SANNAZARO).

†puniménto [av. 1292] s. m. ● Punizione.

♦**punìre** [vc. dotta, lat. *punīre*, da *pŏena* 'pena'; av. 1250] v. tr. (*io punisco, tu punisci*) **1** Sottoporre a una pena, a un castigo: *p. i traditori; la legge punisce i colpevoli; p. con il carcere, con l'esilio* | Sanzionare una colpa, un reato: *la tua disubbidienza sarà punita; la legge punisce lo spaccio di droga* | ***P. le offese***, vendicarle: *l'antiche repubbliche non avevano leggi da p. l'offesa ed ammendar i torti privati* (VICO). **2** (*est.*) Danneggiare, penalizzare: *una tassa che punisce i ceti medi.* SIN. Castigare. CONTR. Premiare, ricompensare.

punitìvo [av. 1406] agg. ● Che tende, serve a punire: *legge punitiva; spedizione punitiva* | Che danneggia, che penalizza: *provvedimento p. per l'agricoltura.*

punìto part. pass. di *punire*; anche agg. ● Nei sign. del v.

punitóre [vc. dotta, lat. *punitōre(m)*, da *punītus* 'punito'; sec. XIII] agg.; anche s. m. (f. *-trice*) ● Che (o Chi) punisce: *giustizia punitrice.*

♦**punizióne** [vc. dotta, lat. *punitiōne(m)*, da *punītus* 'punito'; 1312] s. f. **1** Il punire | Pena, castigo: *dare, infliggere una p.; meritare una p.; una p. severa, esemplare; per p. non andrai al cinema.* SIN. Castigo, pena. CONTR. Premio, ricompensa. **2** Nel calcio e altri sport, tiro decretato dall'arbitro, a norma di regolamento, contro la squadra che ha commesso un fallo: *tiro di p.; battere la p.*

punk /paŋk, *ingl.* pʰʌŋk/ [vc. ingl. di orig. sconosciuta; 1977] **A** s. m. e f. inv. ● Seguace di un movimento giovanile di protesta sorto negli anni 1976-78, caratterizzato da segni esteriori quali il trucco esagerato, i capelli tinti in colori vivaci, gli abiti disseminati di spilloni, borchie e sim., e da forme di comportamento spesso anticonvenzionali. **B** anche agg. inv.: *movimento p.; moda p.*

punk-rock /paŋk'rɔk, *ingl.* 'pʰʌŋk,ɹɒk/ [vc. ingl., comp. di *punk* e *rock*] s. m. inv. ● (*mus.*) Rock molto semplice e ritmato che, sovrapposto a testi spesso irriverenti, è l'espressione musicale del movimento punk.

pùnsi ● V. *pungere.*

♦**pùnta (1)** [lat. tardo *pŭncta(m)*, f. sost. di *pŭnctus*, part. pass. di *pŭngere* 'pungere'; av. 1292] s. f. **1** Estremità aguzza e pungente di qlco.: *la p. del coltello, di uno spillo, della lancia* | ***Prendere qlco. di p.***, (*fig.*) direttamente, con puntiglio | (*fig.*) ***Prendere qlcu. di p.***, affrontarlo bruscamente o contrastarlo con decisione | Estremità superiore, parte terminale di qlco. non necessariamente aguzza: *la p. della vela; la p. del naso* | ***La p. del campanile***, la cima | ***La p. degli asparagi***, la parte superiore, più tenera, utilizzata spec. per risotti e frittate | ***Punte d'asparagi***, germogli commestibili utilizzati per risotti, creme e frittate | ***Camminare in p. di piedi***, reggendosi solo sulla parte anteriore per non fare rumore | ***Ballare sulle punte***, nel modo tipico della danza classica | ***Scrivere in p. di penna***, (*fig.*) con ricercatezza | ***Avere qlco. sulla p. della lingua***, stare per dirla ma non ricordarsene | ***Avere qlco. sulla p. delle dita***, conoscerla molto bene | ***P. secca***, V. *puntasecca* | ***P. dell'iceberg***, V. *iceberg* | ***†A p. di giorno***, allo spuntare del sole. **2** (*raro*) Colpo di punta | †Ferita (*anche fig.*): *io il vidi morto davanti alla mia porta di più punte di coltello* (BOCCACCIO) | (*raro*) Fitta: *sentire una p. ad un fianco.* **3** (*est., fig.*) Massima frequenza, maggiore intensità di un fenomeno: *p. massima, p. minima; la p. delle partenze si è verificata ieri* | Picco: *il caldo ha raggiunto punte di 38 gradi* | ***Ore di p.***, quelle in cui attività, movimento, traffico cittadino, consumo di energia e sim. raggiungono la massima intensità. **4** (*est.*) La parte più avanzata di un gruppo, di un raggruppamento di individui: *pattuglia di p.* | ***Uomo di p.***, persona che emerge per le sue qualità, e a cui è affidato lo sforzo maggiore nella realizzazione di una qualsiasi impresa | Nel calcio e sim., chi gioca in prima linea, in posizione avanzata, col compito di sviluppare azioni offensive: *p. fissa* | (*fig.*) ***P. di diamante***, V. *diamante.* **5** Frammento, scaglia, minima parte (*anche fig.*): *una p. di formaggio; qui ci vuole appena una p. di zucchero; sentire una p. di invidia.* **6** (*tecnol.*) Chiodo nel sign. 1. **7** (*tecnol.*) Utensile destinato all'esecuzione di fori o di cave per asportazione di truciolo, gener. con il trapano, in materiali quali i metalli, il legno e la pietra | ***P. elicoidale, da trapano***, utensile destinato all'esecuzione di fori cilindrici, gener. in materiali metallici | ***P. per legno***, utensile di varia forma destinato all'esecuzione di fori o cave nel legno mediante il trapano o la mortasatrice | (*fis.*) ***P. fonografica***, puntina fonografica. **8** (*geogr.*) Sommità aguzza di un monte | Piccola sporgenza costiera. **9** (*antrop.*) Manufatto di pietra appuntito alle due estremità, usato in lance e frecce. **10** Nell'alpinismo, ciascuno dei denti del rampone da ghiaccio: *ramponi a 10, a 12 punte.* **11** ***P. di petto***, (*ellitt.*) ***punta***, taglio di carne bovina usata per il bollito. **12** (*arald.*) Pezza triangolare movente dal basso e con il vertice al centro dello scudo | (*est.*) La parte inferiore dello scudo | ***P. coronato***, corona. **13** (*enol.*) Principio di acidità del vino. SIN. Forte, spunto. **14** (*autom.*) ***P. tacco***, nella guida automobilistica, manovra per cui il piede destro aziona contemporaneamente con la punta il freno e con il tacco l'acceleratore o viceversa. **15** (*med.*) ***P. d'ernia***, ernia nella fase iniziale. **16** (*mus.*) Estremità superiore dell'archetto degli strumenti ad arco, a cui è fissato un capo dei crini | ***Suonare alla p.***, ottenendo suoni piuttosto deboli e dolci. || **puntarèlla** (V.), **punterèlla**, dim. | **punterellìna**, dim. | **puntìna**, dim. (V.) | **†pùntola**, dim. | **puntolìna**, dim.

pùnta (2) [da *puntare (3)*; 1880] s. f. ● Atteggiamento del cane da caccia quando punta la selvaggina: *cane da p.; il cane è in p.*

†puntàglia [da *punta (1)*; 1338 ca.] s. f. ● Combattimento, contrasto | ***Tenere la p.***, non cedere al nemico.

puntàle [da *punta (1)*; av. 1348] s. m. **1** Rinforzo o decorazione che si applica all'estremità di alcuni oggetti: *il p. dell'ombrello; il p. dell'albero di Natale.* **2** (*mar.*) Regolo diviso in punti e numeri che messo verticalmente serve a misurare l'altezza della nave | Altezza della nave, dalla faccia superiore della chiglia alla inferiore del baglio maestro | (*mar.*) Musone. || **puntalétto**, dim. | **puntalìno**, dim.

†puntalménte [1353] avv. **1** Punto per punto. **2** Esattamente.

puntaménto [1814] s. m. **1** (*mil.*) Operazione mediante la quale un'arma da fuoco o un'artiglieria viene disposta in modo che la traiettoria rispettiva passi per il bersaglio | ***P. diretto***, quando si mira direttamente al bersaglio, se visibile | ***P. indiretto***, quando, essendo il bersaglio non visibile, si mira a un punto ausiliario. **2** Operazione del portare e disporre l'aereo nel punto e nella posizione da cui, lanciando la bomba, possa colpire il bersaglio. **3** (*elab.*) ***Dispositivo di p.***, dispositivo di input, come un mouse, un joystick o una trackball, che permette di puntare un elemento sullo schermo.

puntapièdi [comp. di *punta(re)* (*1*) e il pl. di *piede*; 1889] s. m. inv. **1** Asse trasversale che unisce tra loro le gambe di certi tipi di tavolo. **2** (*mar.*) Pedagna.

♦**puntàre (1)** o **†pontàre**, spec. nei sign. A 1 e B 1 [da *punta (1)*; av. 1276] **A** v. tr. **1** Appoggiare qlco. spec. di appuntito su una superficie cercando di premervi con il proprio peso: *p. un chiodo sul muro per conficcarvelo; p. i gomiti sul tavolo* | ***P. i piedi***, cercare di fare forza sulle gambe per reggersi bene in piedi; (*fig.*) ostinarsi, impuntarsi. **2** Dirigere, rivolgere verso un punto: *p. la lancia; p. il cannocchiale* | ***P. un'arma da fuoco***, dirigerne la linea di mira sul bersaglio dopo aver segnato sulla graduazione di alzo la distanza di tiro, così che la traiettoria del proiettile passi per il bersaglio. **3** Scommettere (*anche assol.*): *p. cinquanta euro; p. sull'asso; p. sul rosso, sul nero* | ***P. tutto su qlco.***, (*fig.*) impegnarsi con tutte le proprie forze per raggiungere un dato scopo. **4** (*elab.*) Individuare un elemento sullo schermo tramite un cursore grafico mosso da un dispositivo di puntamento. **B** v. intr. (aus. *avere*) **1** Avanzare direttamente e risolutamente in una determinata direzione: *p. su una città per conquistarla* | (*fig.*) Mirare a un determinato obiettivo e impegnarsi con tutte le proprie forze per raggiungerlo: *p. al successo, alla carriera, alla vittoria.* SIN. Avviarsi, dirigersi. **2** (*fig.*) Fare assegnamento su qlco. per realizzare un'aspirazione o raggiungere un determinato fine: *p. su una cospicua eredità; p. solo sulle proprie forze.* SIN. Contare. **3** †Poggiare, gravare. **4** †Trovare da ridire, criticare | ***†P. addosso a qlcu.***, opprimerlo.

†puntàre (2) [da *punto*; sec. XIII] v. tr. **1** Appuntare, segnare. **2** Criticare.

puntàre (3) [da *punto*; 1827] v. tr. **1** Rimanere immobile dinanzi all'emanazione del selvatico, detto del cane da ferma. **2** (*est.*) Guardare fissamente e con insistenza: *p. una donna; ti ha puntato, e adesso non te ne libererai più.*

puntarèlla [da *punta* con doppio suff.] s. f. **1** Dim. di *punta* (1). **2** (*spec. al pl., rom.*) Germogli della cicoria chiamata catalogna: *insalata di puntarelle.*

puntaruòlo ● V. *punteruolo.*

puntasécca o **pùnta sécca** [comp. di *punta* (*1*) e il f. di *secco*: detta così perché le sbavature dell'incavo trattengono l'inchiostro; 1821] s. f. (pl. *puntesécche*) ● Tecnica d'incisione, di solito associata all'acquaforte, in cui s'incide la lastra di rame direttamente con una punta d'acciaio | (*est.*) Incisione eseguita con tale tecnica.

puntaspìlli [comp. di *puntare* (*1*) e il pl. di *spillo*; 1914] s. m. inv. ● Portaspilli.

puntàta (1) [da *punta* (*1*); 1555] s. f. **1** Colpo, tiro di punta: *una p. di sciabola* | Nel calcio, azione offensiva rapida e penetrante: *effettuare una pericolosa p. a rete.* *2* Incursione di truppe rapida e decisa, per offendere o per esplorare: *p. offensiva.* *3* (*est.*) Gita di breve durata, prolungamento di un viaggio: *all'ultimo momento decisero una p. a Capri.* || **puntatina**, dim.

♦**puntàta** (2) [da *puntare* (*1*); 1871] s. f. ● Il puntare una somma al gioco, nelle corse o anche in una scommessa: *fare una p. su un cavallo, sul rosso* | (*est.*) Somma di denaro che si punta: *una forte p.*; *raddoppiare la p.*; *una p. di cinquanta euro.*

♦**puntàta** (3) [da *punto* (*1*); 1812] s. f. ● Ciascuna delle parti di un'opera, anche televisiva o radiofonica, di un racconto, di un servizio giornalistico e sim., trasmessa o pubblicata a più riprese: *romanzo a puntate*; *l'ultima p.*; *segue alla prossima p.*

puntàto (1) part. pass. di *puntare* (*1*); anche agg. ● Nei sign. del v.

puntàto (2) part. pass. di *puntare* (*2*); anche agg. *1* †Nei sign. del v. *2* Costituito di una serie di punti: *linea puntata* | Segnato con un punto o seguito da un punto: *S puntata significa Santo* | (*mus.*) ***Nota puntata***, seguita da un punto, prolunga la durata di metà del suo valore.

†**puntàto** (3) [da *punta* (*1*)] agg. ● Fornito di punta.

puntatóre [da *puntare* (*1*); 1641] s. m. (f. *-trice*) *1* Chi punta. *2* (*mil.*) Servente di un pezzo d'artiglieria che ha il compito di agire agli strumenti di puntamento per disporre la bocca da fuoco nel modo voluto. *3* Chi scommette denaro al gioco. *4* Nel gioco delle bocce a coppie, chi s'incarica di fare i punti accostando al pallino, mentre la bocciata viene lasciata al compagno. *5* (*elab.*) Variabile di memoria che contiene l'indirizzo dove si trova il valore a essa associato | Cursore grafico, controllato da un dispositivo di puntamento come un mouse.

†**puntatùra** [1553] s. f. *1* Punteggiatura, interpunzione. *2* Puntamento, spec. di armi.

puntazióne [1823] s. f. *1* (*ling.*) Interpunzione. *2* Puntuazione.

puntàzza [da *punta*; 1823] s. f. ● Punta di ferro all'estremità di un palo di legno da conficcare nel terreno.

punteggiaménto [1599] s. m. ● (*raro*) Il punteggiare | Insieme di piccoli punti o di piccole macchie: *stoffa con un p. molto irregolare.*

punteggiàre [comp. di *punto* (*1*) e *-eggiare*; 1566] v. tr. (*io puntéggio*) *1* Segnare con un punto o con punti successivi | Forare con una serie di punti: *p. una stoffa.* *2* (*fig.*) Intercalare, frammezzare: *p. un discorso di errori.*

punteggiàto [av. 1488] part. pass. di *punteggiare*; anche agg. *1* Nei sign. del v. | Formato da punti. *2* Cosparso irregolarmente di punti o di piccole macchie: *foglia punteggiata* | Che presenta un certo numero di elementi che staccano sull'uniformità del fondo: *cielo p. di stelle*; *campagna punteggiata di alberi, orti e casupole.* *3* (*fig., lett.*) Intervallato.

punteggiatóre [1670] agg.; anche s. m. (f. *-trice*) ● (*raro*) Che (o Chi) cura la punteggiatura.

punteggiatùra [av. 1537] s. f. *1* (*raro*) Il punteggiare | Insieme di punti o di piccole macchie sparse. SIN. Macchiettatura. *2* (*ling.*) Interpunzione. La punteggiatura è un elemento fondamentale del testo scritto. Il suo scopo è, da un lato, riprodurre le pause, l'espressività, l'intonazione della lingua parlata; dall'altro, di evidenziare le componenti grammaticali e sintattiche di una frase o di un discorso, separandone o segnalandone le varie parti. Poche sono le regole fisse della punteggiatura. Il suo uso dipende molto dallo stile dello scrivente, dalle sue intenzioni espressive. Si tratta comunque di uno strumento essenziale che permette di comprendere o esprimere meglio i contenuti di un messaggio comunicativo (V. note d'uso BARRA, PARENTESI, PUNTO, TRATTINO, VIRGOLA, VIRGOLETTA). *3* (*bot.*) Zona nella quale la parete delle cellule vegetali non si ispessisce per permettere gli scambi con l'esterno.

puntéggio [1934] s. m. *1* (*raro*) Serie di fori, di piccoli punti | Cucitura. *2* Numero di punti riportati da chi partecipa a una gara sportiva, un esame, un gioco: *p. scarso* | ***P. pieno***, massimo, conseguito senza sconfitte o penalità.

puntellaménto [1889] s. m. ● Il puntellare (*anche fig.*).

puntellàre [da *puntello*; av. 1342] **A** v. tr. (*io puntèllo*) *1* Sorreggere, sostenere con puntelli (*anche fig.*): *p. un muro, una finestra*; *p. la propria tesi con ragioni plausibili.* *2* †Puntare. **B** v. rifl. ● Sostenersi, reggersi appoggiandosi a qlco.

puntellàto [1340] part. pass. di *puntellare*; anche agg. ● Nei sign. del v.

puntellatùra [av. 1497] s. f. ● Il puntellare | Insieme di puntelli.

puntèllo [da avvicinare a *punta* (*1*); av. 1320] s. m. *1* Trave posta obliquamente a sostegno di muro o casa pericolante | (*raro*) Palo o sbarra obliqui che impediscono a una porta di aprirsi o di chiudersi. *2* (*mar.*) Ognuna delle travi verticali di legno che sostengono lo scafo di una nave in corso di costruzione. *3* (*fig.*) Appoggio, sostegno, anche morale: *cercare un p. per la vecchiaia*; *P. della tirannia ... era la parte guasta del Paese* (CARDUCCI). || **puntellétto**, dim. | **puntellino**, dim.

punterìa [da *punta* (*1*); 1601] s. f. *1* (*mecc.*) Asta metallica interposta tra la camma e il bilanciere di azionamento valvola per comandare l'apertura delle valvole nei motori a scoppio. *2* (*mil.*) Atto del puntare il pezzo, aggiustandolo sulla linea orizzontale precisa e diritta | ***Congegni di p.***, meccanismi di cui sono dotati i pezzi di artiglieria per effettuare il puntamento in direzione e in elevazione.

punteruòlo o (*raro*) **puntaruòlo**, (*pop.*) **punteròlo** [da *punta* (*1*); 1402] s. m. *1* Ferro sottile e appuntito per fare o allargare fori. *2* (*zool.*) Nome comune degli Insetti appartenenti alla famiglia dei Curculionidi | ***P. del grano***, calandra del grano (*Calandra granaria*).

puntifórme [comp. di *punto* e *-forme*; 1957] agg. ● Detto di ciò che ha la forma di un punto, che è piccolo come un punto: *macchie puntiformi.*

puntigliàre [da *puntiglio*; 1813] v. intr. e intr. pron. (*io puntiglio*; aus. *essere*) ● (*raro, lett.*) Impuntarsi, ostinarsi.

puntiglio [sp. *puntillo*, dim. di *punto* 'punto d'onore'; av. 1556] s. m. *1* Ostinazione di chi sostiene qlco. solo per orgoglio o per partito preso: *fare qlco. per p.*, *soltanto per p.* *2* Grande volontà, impegno tenace: *impegnarsi, lavorare con p.*

puntigliosità [1911] s. f. ● Caratteristica di chi (o di ciò che) è puntiglioso.

puntiglióso [1618] agg. *1* Che agisce per puro puntiglio; che rivela ostinazione: *indole puntigliosa.* *2* Che si impegna con tenacia, con scrupolo: *studente p.* SIN. Caparbio | Preciso, meticoloso: *una puntigliosa ricostruzione dei fatti.* || **puntigliosaménte**, avv.

puntillismo [dal fr. *pointillisme*, a sua volta da *pointiller* 'punteggiare', deriv. di *point* 'punto'] s. m. ● (*mus.*) Metodo di composizione che utilizza i suoni isolatamente, come momenti timbrici autonomi.

puntillista **A** s. m. e f. (pl. m. *-i*) ● Seguace del puntillismo. **B** agg. ● Puntillistico.

puntillistico agg. (pl. m. *-ci*) ● Relativo al puntillismo.

puntina [av. 1566] s. f. *1* Dim. di *punta.* *2* (*disus.*) Pennino. *3* Piccolo chiodo con o senza testa usato da calzolai e falegnami | ***P. da disegno***, bulletta di acciaio a testa larga e piatta, usata per fissare fogli di carta su tavoli da disegno, pareti e sim. *4* Minuscola punta metallica o di diamante fissata alla testina del grammofono. *5* (*spec. al pl.*) Pasta da minestra in forma di piccole punte. *6* (*mecc.*) Contatto mobile inserito nello spinterogeno, azionato dalle camme dell'alberino dello spinterogeno stesso: *regolare l'apertura delle puntine.*

puntinàto [1983] agg. ● Detto di disegno o di tecnica di disegno in cui il chiaroscuro è dato da puntini più o meno fitti.

puntinatóre [da *puntino*] s. m. ● Strumento di precisione usato per segnare dei punti su carta, pellicole fotografiche e sim. mediante la forte e istantanea pressione che si esercita sull'ago di cui è dotato.

puntinismo [da *puntino*, sul modello del fr. *pointillisme*; 1915] s. m. ● Divisionismo.

puntino [sec. XV] s. m. ● Dim. di *punto* | (*fig.*) ***Mettere i puntini sulle i***, ricostruire con esattezza un fatto chiarendone i particolari, precisare minuziosamente un concetto | ***Puntini puntini***, per indicare qlco. a cui si allude, talora maliziosamente, talora col significato di 'eccetera, eccetera', 'e così via': *i soliti lavori di casa: rifare i letti, lavare le stoviglie, puntini puntini*; *si appartarono dietro una siepe, puntini puntini* | ***A p.***, benissimo, come si deve, come è necessario e sim.: *fare qlco. a p.*; *cibo cotto a p.*

puntizzatóre s. m. ● (*mecc.*) Scalpello appuntito per segnare con piccoli punti una traccia sui pezzi da lavorare.

♦**pùnto** (1) [vc. dotta, lat. *pŭnctu(m)* 'forellino', poi 'punto'; sec. XIII] s. m. *1* (*mat.*) Ente geometrico primitivo, intuitivamente legato al concetto di posizione nello spazio, non scomponibile e privo di dimensioni | (*est.*) Ente fondamentale di uno spazio dotato di struttura topologica | ***P. d'accumulazione***, per un sottoinsieme d'uno spazio topologico, punto tale che in ogni suo intorno vi siano elementi del sottoinsieme distinti dal punto stesso | ***P. di fuga***, ***p. limite***, punto nel quale concorrono le rette che in una data rappresentazione sono le immagini di rette parallele | ***P. di tangenza***, ***di contatto***, punto nel quale le curve, o le superfici, considerate sono tangenti | ***Punti cardinali***, i quattro punti fondamentali dell'orizzonte, nord, sud, est, ovest, ai quali si riferisce ogni sistema d'orientamento | †***Tiro di p. bianco***, ***in p. bianco***, nell'artiglieria antica, tiro senza elevazione, con la linea di mira orizzontale, che non richiedeva particolare preparazione | ***Di p. in bianco***, (*fig.*) a un tratto, all'improvviso (dalla loc. mil. fr. 'de but en blanc', propr. 'nel punto segnato sul bersaglio'; cioè 'ad alzo zero', 'a bruciapelo') | ***Punti di riferimento***, quelli caratteristici del terreno e topografi-camente noti, che servono per determinare rapidamente la posizione di un qualunque obiettivo | ***P. di riferimento***, (*fig.*) chi (o ciò che) viene assunto come termine fondamentale di confronto, di orientamento | ***P. zero***, proiezione verticale, sulla superficie, del punto di scoppio di un ordigno nucleare | ***P. morto***, (*mil.*) luogo non battuto dal tiro del nemico; (*mecc.*) ciascuno dei due punti estremi della traiettoria di un organo meccanico dotato di moto alternativo, quale uno stantuffo mobile in un cilindro, nei quali è nulla la velocità istantanea dell'organo stesso | (*fig.*) ***Essere***, ***arrivare***, ***trovarsi a un p. morto***, in una situazione da cui non si vede possibilità di uscita | ***P. di vista***, (*fig.*) quello dal quale si giudica qlco. *2* (*mar.*) Posizione | ***Fare***, ***prendere il p.***, rilevare la posizione | (*fig.*) ***Fare il p. sulla*** (***della***) ***situazione***, definirne esattamente i termini, lo stato attuale. *3* ***P.*** (***fermo***), segno grafico formato da un tocco della punta della penna che individua la *i* minuscola e, posto al termine di un periodo, il suo senso compiuto | ***P. fermo***, (*fig.*) elemento irrinunciabile in una trattativa, un programma e sim. | ***Due punti***, segno grafico che introduce un membro del periodo in diretta dipendenza con l'antecedente | ***P. e virgola***, segno grafico che introduce un membro del periodo in posizione autonoma rispetto all'antecedente | ***P. interrogativo***, ***esclamativo***, segni grafici che connotano l'intonazione interrogativa o esclamativa di un periodo | ***Punti di sospensione***, ***sospensivi***, serie di punti posti in fine di un periodo per connotarne una prosecuzione logica implicita | ***Fare p.***, (*fig.*) fermarsi; †fare attenzione | ***P. e basta!***, (*ellitt.*) ***punto!***, esclamazione che conclude in modo perentorio una discussione: *ho detto che non ci vengo, p. e basta!*; *ti ripeto che si fa così: p.!* | ***P. interrogativo***, (*fig.*) persona dal comportamento poco chiaro, cosa di incerta risoluzione | ***Mettere i punti sulle i***, (*fig.*) chiarire, precisare bene. *4* Oggetto, segno molto piccolo o piccolo come un punto: *le stelle appaiono come punti* | ***P. nero***, (*pop.*) comedone; (*fig.*) azione moralmente riprovevole nella condotta, nella vita di qlcu. | (*anat.*) ***P. lacrimale***, foro terminale delle ghiandole lacrimali sulla palpebra | (*anat.*) ***P. cieco***, punto della retina ove si espande il nervo ottico, insensibile alla luce | Macchiolina: *insetto a punti rossi.* *5* Luogo determinato, preciso: *da quel p. si gode una bella vista* | ***P. iniziale***, di partenza; (*fig.*) quello dal quale procede un ragionamento, un discorso, un'azione | Posto: *è il nostro p. di ritrovo* | ***P. nevralgico***, (*fig.*) luogo o fase più delicati, più difficili: *un p. nevralgico per il traffico*; *il p. nevralgico di una questione* | ***P.*** (***di***) ***vendita***, centro di vendita, negozio in cui si vende un dato prodotto | (*raro*) Posizione: *il p. del sole all'orizzonte* | ***P. luce***, (*spec. al pl.*) sorgente di illuminazione artificiale | ***P. dolente***, (*fig.*) il più delicato e scottante di una questione | *P. caldo*, (*fig.*) zona in cui esistono forti contrasti, tensioni, conflitti | *P. debole*, (*fig.*) l'aspetto meno valido o più criticabile di qlcu. o qlco. | *P. di forza*, (*fig.*) elemento di maggior validità: *la bellezza delle immagini è il p. di forza del film.* **6** Passo di un discorso, di un testo: *rispondere sopra un p.*; *scegliere un p. della Divina Commedia*; *un p. molto toccante* | *P. controverso*, passo oggetto di interpretazioni discordanti | (*est.*) Argomento di una discussione: *abbiamo già affrontato molti punti* | *Venire al p.*, esaminare la questione più importante: *Ci sono quegli altri, i conclusivi, che vengono subito al p.* (GADDA) | *Questo è il p.*, questa è la questione più difficile, più importante | *Trattare p. per p.*, con ordine, precisione e particolareggiatamente | *P. d'onore*, questione delicata, che coinvolge l'onore, il buon nome di qlcu. **7** Istante, attimo, momento: *cogliere il p. giusto* | *Arrivare a buon p.*, al momento giusto, opportuno | *Essere sul p. di*, stare per: *essere sul p. di partire* | *In p. di morte*, vicino a morire | †*Essere in p. a fare qlco.*, essere disposto, pronto | *A mezzogiorno in p.*, a mezzogiorno preciso | *In un p.*, nello stesso momento; (*raro*) subito, a un tratto: *felice io sono e misero in un p.* (ALFIERI) | †*Di*, †*a p.*, precisamente, esattamente. **8** Termine, segno, limite: *essere a buon p.*; *arrivate fino a questo p.?* | *Di tutto p.*, completamente, con estrema cura: *si vestì di tutto p.* | Grado, momento culminante di un processo, di un'azione: *il p. di cottura*; *toccare il p.* | *P. di non ritorno*, in volo o in navigazione, punto oltre il quale il carburante rimasto non è sufficiente per il rientro alla base di partenza; (*fig.*) punto raggiunto il quale un processo diventa irreversibile | (*tecnol.*) *Mettere a p. un dispositivo, una macchina*, metterli nelle migliori condizioni di funzionamento | (*fig.*) *Mettere a p. un problema, una questione* e sim., precisare i termini che li definiscono. **9** (*raro*) Segno, simile a quello grafico, che compare su scale, strisce graduate e indica il grado, l'unità: *i punti della bilancia.* **10** Espressione della variazione di fenomeni misurati numericamente: *la contingenza scatta di tre punti* | Ogni unità che costituisca un elemento di valutazione del merito di un esaminando, della posizione di un giocatore, del vantaggio di un concorrente, in una classifica, ecc.: *essere promosso con il massimo dei punti*; *perdere per uno scarto di tre punti* | *Vittoria ai punti*, nel pugilato, quella assegnata a chi riporta il miglior punteggio in base al maggior numero di colpi portati a segno e, in caso di parità, ai coefficienti di abilità, aggressività, difesa, efficacia | *P. della bandiera*, nel calcio e sim., l'unico realizzato da una squadra che perde con un pesante punteggio | *Dare dei punti a un competitore*, concedergli un vantaggio | *Dare dei punti a qlcu.*, (*fig.*) superarlo in qlco. **11** Tratto di filo fra due fori che segnano l'entrata e l'uscita dell'ago nel tessuto: *punti lunghi, corti, fitti, radi*; *p. a filza*; *p. occhiello*; *p. erba*; *p. a smerlo*; *p. a croce*; *piccolo p.* | *P. a maglia*, lavorato con i ferri | *Dare un p.*, fare una rapida cucitura | *P. metallico*, piccola graffa metallica usata nelle cucitrici per carta, cartone e sim. **12** (*med.*) Elemento di filo o di metallo che viene posto a chiusura di una ferita: *p. chirurgico*; *suturare con quattro punti*; *mettere, togliere i punti.* **13** (*fis.*) Valore o insieme di valori di determinate grandezze che caratterizzano e individuano particolari fenomeni: *p. d'infiammabilità dei materiali volatili* | *P. di ebollizione*, temperatura a cui un liquido bolle sotto la pressione di un'atmosfera | *P. di fusione*, temperatura costante a cui fonde ogni sostanza pura per ogni valore della pressione esterna | *P. di gelo*, temperatura di congelamento di una soluzione | *P. critico*, punto dell'isoterma critica di un gas reale che assegna i valori di pressione, volume e temperatura tali che solo al di sotto di detti valori di temperatura e volume è possibile liquefare il gas aumentando la pressione; (*fig.*) momento particolarmente difficile | *P. di infiammabilità*, temperatura minima a cui, in condizioni standardizzate, si accendono i vapori di una sostanza al contatto con una fiamma | *P. di Curie*, temperatura al di sopra della quale le sostanze ferromagnetiche perdono le loro proprietà e diventano paramagnetiche | *P. eutettico*, temperatura a cui una soluzione eutettica solidifica o fonde completamente | *P. triplo*, la pressione e la temperatura particolari a cui le tre diverse fasi di una data sostanza coesistono in equilibrio. **14** Gradazione di colore: *un bel p. di blu.* **15** (*mus.*) Segno che, posto dopo nota o pausa, ne prolunga la durata di metà del suo valore e, collocato sopra le note, indica lo staccato | *P. coronato*, corona. **16** *P. tipografico*, (*ellitt.*) *punto*, unità di misura tipografica, pari a un dodicesimo di riga (0,376 mm nel sistema Didot, 0,351 nel sistema Pica). **17** Centesimo di carato. || **puntarèllo**, **punterèllo**, dim. | **punticino**, dim. | **puntino**, dim. | **puntolino**, dim. (V.) | **puntóne**, accr.

PUNTO
nota d'uso

Tra i segni di punteggiatura il **punto**, o **punto fermo**, indica la pausa più lunga e si pone generalmente alla fine di una frase. Dopo il punto è necessario usare la lettera maiuscola: *Ora devo proprio andare. Ne riparleremo domani.* Il punto fermo si alterna talvolta nell'uso con il punto e virgola e i due punti, in qualche caso anche con la virgola: la scelta dipende da un particolare stile o da accentuazioni diverse che si vogliono conferire al testo. Il punto fermo si usa anche nelle abbreviazioni: *sim.*, *es.*, *ecc.*; è bene ricordare che il punto alla fine di un'abbreviazione fa anche, quando serve, da punto finale di un periodo e quindi non va raddoppiato. ATTENZIONE: il simbolo delle unità di misura non è mai seguito dal punto: *35 cm*, *12 kg*, *3 °C*, ecc.

Il **punto e virgola** indica una pausa più lunga di quella indicata dalla virgola, ma più breve del punto fermo. Divide in genere i termini di un elenco se sono di una certa lunghezza o contengono delle virgole (V. nota d'uso VIRGOLA). Si usa talvolta al posto di congiunzioni che indichino rapporti di tempo, di causa ecc.: *Tornò a casa molto tardi*; *i suoi genitori erano andati a letto.*

I **due punti** indicano una sospensione del discorso e servono a introdurre un elenco: *Gli ingredienti sono*: *burro, zucchero, farina e uova*; a introdurre un discorso diretto o una citazione: *Mi rispose*: *'Conosci già il mio parere'*; *Come dice l'art. 34 della Costituzione*: *'La scuola è aperta a tutti'*; oppure a chiarire il contenuto della frase precedente: *I suoi propositi erano incrollabili*: *mai avrebbe rinunciato a quell'incarico.* In qualche caso i due punti vengono usati al posto di una congiunzione (causa, temporale e sim.) per dare al periodo un tono di maggior vivacità: *Uscì*: *e non ne aveva voglia* (al posto di *sebbene non ne avesse voglia*); *Si alzò da tavola*: *era ormai sazio* (al posto di *poiché era ormai sazio*).

Il **punto esclamativo** indica il tono di un'esclamazione che esprime sorpresa, gioia, dolore, avvertimento e sim. o che costituisce un ordine perentorio: *Smettila!*; *Attenzione!* Di solito il punto esclamativo si pone alla fine di un periodo ed è seguito da iniziale maiuscola: *Smettetela con questo chiasso! Così non si può lavorare.* Talvolta è posto dopo una parola all'inizio di frase o separa una successione di frasi esclamative; in questi casi può essere seguito da iniziale minuscola: *Ah! non me lo sarei mai aspettato*; *Che agitazione! che rumore! che andirivieni di persone!*; *Attenzione! la trave sta cedendo!*

Il **punto interrogativo** o **punto di domanda** indica il tono di domanda alla fine di una frase o anche di una sola parola: *Che ore sono?*; *Come?* Normalmente la parola che segue il punto interrogativo vuole l'iniziale maiuscola; tuttavia – come per il punto esclamativo – in determinati casi si può usare l'iniziale minuscola: *Perché? che vuoi dire?*; *Come se la sarebbe cavata? quale risposta avrebbe dato? come avrebbe reagito alle accuse?*

Talvolta il punto esclamativo e interrogativo si possono usare insieme per dare al proprio un'espressione un tono allo stesso tempo di domanda e di sdegno: *Ma è impazzito?!*; *Davvero!?*

I **punti** (o **puntini**) **di sospensione** indicano una sospensione del discorso ed esprimono imbarazzo, allusione, reticenza, ammiccamento e sim.: *Mah… non so*; *Tra lui e lei… mi capisci?*; *Tanto va la gatta al lardo…* (accennando al proverbio senza citare la seconda parte: *che ci lascia lo zampino*). Se i punti di sospensione coincidono con la fine di una frase, la parola seguente ha l'iniziale maiuscola: *Non mi convince… Meglio rimandare la decisione* (V. note d'uso MAIUSCOLA e PUNTEGGIATURA).

pùnto (**2**) [da *punto* (*1*) nel sign. di 'misura piccolissima'] **A** avv. ● (*tosc.*) Affatto, per nulla (spec. preceduto dalla negazione): *non sono p. stanco*; *non ne voglio sentire parlare né p. né poco*; *Io non v'invidio p., angeli santi* (STAMPA). **B** agg. indef. ● (*tosc.*) Niente, alcuno: *non ha punta voglia di studiare*; *non ha punti quattrini.*

pùnto (**3**) part. pass. di *pungere*; anche agg. ● Nei sign. del v. | (*fig.*) Spinto, stimolato: *p. dalla curiosità, dalla gelosia.*

†**puntocòma** [comp. di *punto* (*1*) e *coma* (*3*)] s. m. ● Punto e virgola.

puntofrànco [comp. di *punto* (*1*) e *franco*; 1912] s. m. (pl. *puntifrànchi*) ● Zona portuale in cui vige un regime di franchigia doganale.

puntóne [da *punta* (*1*); 1319] s. m. **1** (*arch.*) Asta compressa nelle strutture reticolari | Ciascuna delle due travi inclinate della capriata destinate a sostenere l'orditura del tetto | *Falso p.*, trave della grossa orditura del tetto, disposta secondo la retta di maggior pendenza, non appartenente a una capriata ma appoggiata semplicemente agli estremi. **2** (*mil.*) †Schiera di soldati disposta a forma triangolare con la punta verso il nemico. **3** Torre poco elevata, a pianta pentagonale, usata nelle fortificazioni dell'epoca medievale. **4** †Punta. || **puntoncèllo**, dim. | **puntoncino**, dim.

puntòrio agg. ● (*med.*) Detto di dolore localizzato, acuto, simile a quello evocato da una puntura.

♦**puntuàle** [dal lat. *pŭnctus* 'punto (1)'; 1476] agg. **1** Di persona che fa le cose al tempo dovuto, con la precisione richiesta: *essere p. nei pagamenti*, *negli impegni presi* | Che arriva all'ora stabilita, che non ritarda: *arrivare p. a un appuntamento*; *mi raccomando, sii p.*; *non è mai p. nelle consegne*; *treno p.* **2** Che prende in considerazione ogni punto, ogni particolare: *critica, precisazione, osservazione p.* SIN. Circostanziato, preciso. **3** (*mat.*) Del punto, relativo al punto. **4** (*ling.*) *Aspetto p.*, aspetto che esprime l'azione considerata in un momento del suo sviluppo, nel suo inizio o nel suo compimento. CFR. Durativo. || **puntualménte**, avv. **1** Al punto, al momento giusto, con puntualità: *arrivare puntualmente.* **2** Punto per punto: *rispondere puntualmente.* **3** (*raro*) Con esattezza, precisione, minuzia; (*iron.*) *essere puntualmente in ritardo*, immancabilmente in ritardo.

puntualità [1611] s. f. **1** Caratteristica di chi (o di ciò che) è puntuale (*anche fig.*): *persona di grande p.*; *la p. dei vostri pagamenti*; *la p. di un'osservazione.* SIN. Esattezza, diligenza. **2** †Decoro, proprietà: *p. nel vestire.*

puntualizzàre [comp. di *puntual(e)* e *-izzare*; 1880] v. tr. ● Definire con precisione, fare il punto di una situazione (*anche assol.*): *dunque, puntualizziamo i fatti*; *stando così le cose, è necessario p.*

puntualizzazióne [1963] s. f. ● Il puntualizzare.

puntuazióne [fr. *ponctuation*, da *ponctuer* 'punteggiare', dal lat. *pŭnctum* 'punto'; av. 1594] s. f. **1** (*raro*) Documento contenente i punti essenziali d'intesa delle parti di un futuro contratto | (*st.*) Dichiarazione ufficiale. **2** †Interpunzione.

♦**puntùra** [vc. dotta, lat. tardo *punctūra(m)*, da *pŭnctus* 'punto (1)'; 1225 ca.] s. f. **1** Atto del pungere | Ferita superficiale procurata dalla penetrazione nella pelle di un oggetto a punta: *p. di spillo* | Punzecchiatura, morsicatura: *le punture delle zanzare, delle vespe.* **2** (*med.*) Intervento chirurgico consistente nel prelevare del tessuto da un organo per mezzo di un ago, o nell'introdurre un liquido in una cavità, sempre per mezzo di un ago: *p. esplorativa*; *p. sternale* | *P. lombare*, rachicentesi. **3** (*pop.*) Iniezione: *farsi fare le punture*; *punture ricostituenti.* **4** Dolore, trafittura simile a quelli procurati da un oggetto appuntito: *sentire una p. a una spalla* | (*fig., lett.*) Tormento, afflizione. **5** (*fig.*) Frecciata, allusione maligna: *quel maldicente ha sempre qualche p. per gli altri.* || **punturàccia**, pegg. | **punturétta**, dim. | **punturina**, dim.

puntùto [1499] agg. ● Munito di punta | Acuto in punta: *bastone p.* | Ossuto: *ginocchia puntute* |

(*lett.*) Erto, proteso: *seni puntuti*; *boccuccia pontuta e carnosa* (MONTALE). SIN. Aguzzo, appuntito.

punzecchiaménto (o -ẓ-) [1871] s. m. ● Il punzecchiare | (*fig.*) Serie di piccole provocazioni, di battute pungenti e sim.: *i tuoi continui punzecchiamenti lo hanno irritato.*

punzecchiàre (o -ẓ-) o †**punzellàre** (o -ẓ-), (*fam.*) **spunzecchiàre** (o -ẓ-) [da *pungere*; 1353] **A** v. tr. (*io punzécchio*) **1** Pungere leggermente e spesso. **2** (*fig.*) Molestare, infastidire ripetutamente con parole pungenti, con atti dispettosi, e sim.: *non fa che p. la sorella*; *sta tutto il giorno a punzecchiarmi.* **B** v. rifl. rec. ● Stuzzicarsi reciprocamente: *i due fratelli si punzecchiano sempre.*

punzecchiatùra (o -ẓ-) [1804] s. f. ● Leggera puntura, spec. d'insetto | (*fig.*) Frecciata, allusione maligna: *le solite punzecchiature sul mio matrimonio* (MORAVIA).

punzécchio (1) (o -ẓ-) [da *punzecchiare*] s. m. ● In equitazione, la rosetta dello sperone.

punzecchio (2) (o -ẓ-) s. m. ● Frequente punzecchiamento.

†**punzellàre** ● V. *punzecchiare.*

†**punzèllo** [da *punzellare*, var. di *punzecchiare*; 1313] s. m. **1** Punzecchiamento. **2** Stimolo, istigazione.

†**punzióne** [vc. dotta, lat. *punctiōne(m)*, da *pūnctus* 'punto (1)'] s. f. ● Puntura.

punzonàre [da *punzone*; 1598] v. tr. (*io punzóno*) **1** Imprimere col punzone. **2** Nello sport, contrassegnare con un bollo a punzone i veicoli partecipanti a una gara, per impedirne la sostituzione, salvo nei casi previsti dal regolamento.

punzonatóre [1958] s. m. (f. *-trice*) ● Chi esegue la punzonatura, spec. l'operaio che lavora alla punzonatrice.

punzonatrice [1905] s. f. ● Macchina per eseguire fori su lamiere o per ritagliare rondelle.

punzonatùra [1912] s. f. **1** Operazione eseguita col punzone o con la punzonatrice. **2** Nelle competizioni automobilistiche, motociclistiche, ciclistiche, operazione ufficiale del punzonare.

punzóne [stessa etim. di *punzione*; 1353] s. m. **1** Asticciola, blocchetto e sim., in acciaio duro, con un'estremità profilata a lettera, numero o sigla, che serve per marcare metalli | ***P. per monete***, conio, torsello. **2** Punteruolo. **3** (*tosc.*) †Colpo dato con la mano raccolta o con il pugno.

punzonista [1868] s. m. e f. (pl. m. *-i*) ● Operaio addetto all'incisione dei punzoni.

può ● V. *potere* (*1*).

puòi ● V. *potere* (*1*).

pùpa (1) [lat. *pūpa(m)* 'fanciulla, bambola', vc. di orig. espressiva; 1614] s. f. **1** Bambola. **2** (*pop.*) Bambina | Ragazza (spec. con tono di apprezzamento): *E chi è questa bella p.?* (MORAVIA). || **pupétta**, dim.

pùpa (2) [dal lat. *pūpa* 'bambola' (V. precedente), per l'aspetto; 1922] s. f. ● (*zool.*) Forma di passaggio dalla condizione di larva a quella di insetto perfetto, propria degli insetti a metamorfosi completa.

pupario [da *pupa* (*2*); 1940] s. m. ● (*zool.*) Astuccio che ricopre la pupa costituito dall'ultima forma larvale.

pupàro [1908] s. m. (f. *-a*) ● Proprietario o esercente di un teatrino di marionette siciliane.

pupàttola [da *pupa* (*1*); 1669] s. f. **1** Bambola. **2** (*fig.*) Ragazza, donna che ha i lineamenti del viso aggraziati e regolari, ma privi di espressione.

pupàzza [da *pupa* (*1*); 1606] s. f. ● (*region.*) Bambola | (*lett.*) Donna attraente ma frivola.

pupazzettàre [1895] v. tr. (*io pupazzétto*) ● (*raro*) Illustrare con figurine.

pupazzettista [av. 1921] s. m. e f. (pl. m. *-i*) ● Disegnatore di pupazzetti o caricature.

pupazzétto [1890] s. m. **1** Dim. di *pupazzo* | ***P. di carta***, figurina umana ritagliata nella carta. **2** Figura, spec. di persona, rappresentata in modo caricaturale.

♦**pupàzzo** [da *pupo*; av. 1635] s. m. (f. †*-a* (V.)) **1** Figura disegnata, scolpita o variamente lavorata che rappresenta, in scala minore, la persona umana. SIN. Burattino, fantoccio, pupo. **2** (*fig.*) Persona leggera o debole: *non fidatevi di quel p.* || **pupazzétto**, dim. (V.).

pupilàre ● V. *paupulare.*

pupilla [vc. dotta, lat. *pupīlla(m)*, dim. di *pūpula*, a sua volta dim. di *pūpa* 'pupa (1)'; detta così dalla piccola immagine che si vede riflessa nell'occhio; 1308] s. f. **1** (*anat.*) Apertura situata nell'iride, visibile per trasparenza attraverso la cornea e destinata al passaggio di raggi luminosi. ➡ ILL. p. 2127 ANATOMIA UMANA. **2** (*est.*) Iride: *avere le pupille azzurre, nere* | Occhio: *con le pupille asciutte*; *abbassare le pupille* | ***Guardare con le pupille dilatate***, con gli occhi sbarrati | (*fig.*) ***La p. dei propri occhi***, chi (o ciò che) uno ha di particolarmente caro e prezioso. **3** (*fis.*) Foro di un diaframma in un sistema ottico. || **pupillétta**, dim. | **pupillùzza**, dim.

pupillàre (1) [da *pupilla*; 1829] agg. ● (*anat.*) Della pupilla: *riflessi pupillari.*

pupillàre (2) [vc. dotta, lat. *pupillāre(m)*, da *pupĭllus* 'pupillo'; sec. XIV] agg. ● (*dir.*) Relativo al pupillo: *beni pupillari* | ***Sostituzione p.***, nel diritto romano, nomina di un erede al proprio figlio per il caso che egli muoia prima di aver acquistato la capacità di far testamento.

pupillàre (3) ● V. *paupulare.*

pupillo [vc. dotta, lat. *pupīllu(m)*, dim. di *pūpulus*, a sua volta dim. di *pūpus* 'pupo'; sec. XIII] s. m. (f. *-a*) **1** (*dir.*) Minorenne soggetto a tutela. **2** (*est.*) Chi gode di particolare protezione o della predilezione di qlcu.: *è il p. del direttore.* SIN. Protetto. || **pupillétto**, dim. | **pupillino**, dim.

pupinizzàre v. tr. ● (*tel.*) Sottoporre a pupinizzazione.

pupinizzazióne [dal n. di M. I. *Pupin* (1858-1935), fisico ed elettrotecnico americano d'origine serba che nel primo Novecento inventò il dispositivo] s. f. ● (*tel.*) Inserzione di bobine d'induttanza a intervalli regolari su una linea telefonica, per ridurre l'attenuazione e la distorsione dei segnali.

pùpo [lat. *pūpu(m)*, vc. di orig. espressiva; av. 1556] s. m. **1** (f. *-a* (V.)) (*fam.*) Bambino piccolo. **2** Marionetta siciliana: *il teatro dei pupi.*

†**pùppa** ● V. *upupa.*

pùppola (1) [da *puppa*, variante di *poppa* (mammella)] s. f. ● (*bot.*) Ovolo.

†**pùppola** (2) ● V. *upupa.*

pupurrì s. m. ● Adattamento di *pot-pourri* (V.).

pur ● V. *pure.*

†**puràre** [da *puro*] v. tr. ● Purificare.

♦**purché** o (*raro*) **pur che** /pur'ke*, 'purke*/ [comp. di *pure* e *che* (*2*); sec. XII] cong. **1** A patto che, a condizione che (introduce una prop. condiz. con il v. al congv.): *ti aspetterò p. tu faccia presto*; *lo porterò con me p. stia buono*; *p. la cosa non si ripeta più, sono disposto ad aiutarlo* | ***P. sia vero!***, esprime dubbio e speranza: *'è pentito' 'p. sia vero!'.* **2** †Quand'anche, anche se (introduce una prop. concessiva con il v. al congv.).

purchessia o (*raro*) **pur che sia** [da *pure che sia*; 1882] agg. indef. inv. ● Qualunque, qualsiasi (sempre posposto al s.): *nelle mie condizioni sono disposto ad accettare un lavoro p.*; *mandami dei libri p.*

♦**pùre** [lat. *pūre* 'puramente, semplicemente', avv. relativo a *pūrus* 'puro'; sec. XII] **A** cong. (talora troncato in *pur*) **1** Tuttavia, nondimeno (con valore avversativo): *trovare una soluzione non è facile, p. bisogna riuscirci*; *è assai giovane, p. ha buon senso* | In correl. con le cong. concessive 'benché', 'quantunque', 'sebbene' e sim. rafforza il valore concessivo di tutto il periodo: *benché non se lo meriti, p. voglio venirgli incontro* | Con valore raff. con altre cong. avversative: *sono molto impegnato, pur tuttavia cercherò di venire*; *lavoro molto, ma p. trovo anche il tempo per altre cose.* **2** Anche se, sebbene (introduce una prop. concessiva con il v. al gerundio o al congv.): *p. volendolo, non riuscirei a farlo*; *pur lavorando vi ascolto ugualmente*; *fosse p. d'oro non lo vorrei*; *non lo farei, fosse p. il re in persona a ordinarmelo*; *mi coprissero p. d'oro, non accetterei* | Anche nelle loc. cong.: ***quando p.***, ***se p.***, ***sia p.***: *quando p. lo volessi non potrei fare ciò che chiedi*; *sia p. a malincuore, ho dovuto rinunciare*; *se p. ti ascoltassi, non vorrei seguire i tuoi consigli* | V. anche *neppure, oppure, seppure.* **B** avv. **1** Anche (con valore aggiuntivo): *verrò io e p. mia moglie*; *lui è avvocato e suo padre e suo fratello p.*; *importa a te, ma importa molto p. a me*; *comprami due quaderni e p. una matita*; *voglio la borsetta rossa e le scarpe p.*; *Vidi e conobbi pur l'inique corti* (TASSO) | (*lett.*) ***Senza p.***, ***non p.***, neppure. **2** (*pleon.*) Con valore raff. in espressioni di incoraggiamento e di rimprovero e in prop. concessive: *bisognerà p. che tu l'aiuti*; *te l'avevo pur detto di stare attento!*; *sei pur capace di dire le tue ragioni*; *entri p.!*; *faccia p. come fosse a casa sua!*; *continua p.!*; *ammettiamo p. che sia vero.* **3** (*lett.*) Proprio, davvero: *è p. vero ciò che dici* | ***Pur ora***, ***pur ieri*** e sim., proprio ora, proprio ieri e sim.: *torna a fiorir la rosa / che pur dianzi languia* (PARINI). **4** (*lett.*) †Solamente: *La tua benignità non pur soccorre / a chi domanda* (DANTE *Par.* XXXIII, 16-17). **5** (*lett.*) †Sempre, continuamente: *e l'occhio vostro pur a terra mira* (DANTE *Purg.* XIV, 150) | †***Non p.***, non appena. **C** nella loc. cong. ***pur di***, al fine di, allo scopo esclusivo di (introduce una prop. finale o condiz. implicita con il v. all'inf.): *si è sacrificato pur di vederlo contento*; *pur di non essere disturbato, gli lascia fare quello che vuole*; *darei qualsiasi cosa pur di saperlo* | Nella loc. cong. ***pur senza***, anche senza (introduce una prop. concess. con il v. all'inf.): *è entrato duro sull'avversario pur senza commettere fallo.*

purè [fr. *purée*, part. pass. dell'ant. fr. *purer* 'passare (i legumi)', dal lat. tardo *purāre*; 1773] s. m. ● Passato di verdure o di frutta | (*per anton.*) Vivanda di patate lessate e passate insaporite con latte, burro e parmigiano.

purèa [fr. *purée*. V. *purè*; 1938] s. f. ● Purè.

purézza [lat. *purĭtia(m)*, da *pūrus* 'puro'; sec. XIII] s. f. **1** Caratteristica, condizione di chi (o di ciò che) è puro: *la p. del cristallo*; *la p. della linea nella pittura del Quattrocento* | (*enol.*) ***In p.***, detto di vino ottenuto con le uve provenienti da un unico tipo di vitigno: *un sangiovese vinificato in p.* **2** (*fig.*) Integrità | Castità, illibatezza.

pùrga [da *purgare*; nel sign. 4 rende il russo *čistka*, propr. 'purificazione', poi 'epurazione'; av. 1374] s. f. **1** (*lett.*) Cura consistente nel purificare l'organismo: *Sono alla fine della mia p.* (GALILEI); *Ti guarirà una buona p. d'olio e di decotti* (BACCHELLI) | (*fig., lett.*) Purgamento. **2** Medicamento lassativo. SIN. Purgante. **3** Operazione tecnologica del purgare da impurità o da scorie: *la p. delle pelli, dei filati.* SIN. Purgatura. **4** (*fig.*) Drastica operazione atta a eliminare o comunque a mettere fuori gioco i propri oppositori politici, attuata nell'ambito di regimi autoritari da chi detiene il potere | (*est.*) Epurazione: *in quell'ufficio c'è stata una vera p.* || **purghétta**, dim. | **purghettina**, dim.

purgàbile [vc. dotta, lat. *purgābile(m)*, da *purgāre* 'purgare'; 1673] agg. ● (*fig.*) Emendabile.

†**purgagióne** ● V. *purgazione.*

purgaménto [vc. dotta, lat. *purgamĕntu(m)*, da *purgāre* 'purgare'; 1308] s. m. **1** (*lett.*) Depurazione | Scoria, impurità. **2** (*fig., lett.*) Purificazione, espiazione | Correzione. **3** †Purga, purgante.

purgànte [av. 1311] **A** part. pres. di *purgare*; anche agg. **1** Nei sign. del v. **2** ***Anime purganti***, del Purgatorio. **B** s. m. ● Sostanza, farmaco che ha l'effetto di aumentare notevolmente la peristalsi intestinale favorendo l'espulsione del contenuto. SIN. Lassativo, purga.

purgàre [lat. *purgāre*, da *pūrus* 'puro'; av. 1306] **A** v. tr. (*io pùrgo, tu pùrghi*) **1** Curare con un purgante | Dare una purga. **2** Liberare da impurità, scorie o sudiciume: *p. il sangue*; *p. il canale dalla feccia*; *p. l'aria dai miasmi* | (*lett.*) Eliminare: *se la dottrina è perfetta in sé … purga tutti i dubii* (BRUNO) | (*fig.*) ***P. uno scritto***, eliminarne ciò che è osceno o sconveniente | (*fig.*) Epurare: *p. un'amministrazione.* SIN. Nettare, pulire, purificare. CONTR. Insozzare, sporcare. **3** Fare venire meno mediante purgazione: *p. la contumacia.* **4** (*fig.*) Espiare: *p. le colpe.* **B** v. rifl. **1** Prendere la purga. **2** (*fig.*) Purificarsi da colpe o peccati | ***Purgarsi dell'accusa***, liberarsene dimostrando di essere innocente. **C** v. intr. pron. ● †Dileguarsi, detto di nebbie, vapori e sim.: *per che si purga e risolve la roffia* (DANTE, *Par.* XXVIII, 82).

purgàta [1891] s. f. ● (*raro*) Il purgare, il purgarsi. || **purgatina**, dim.

purgatézza [da *purgato*; 1685] s. f. ● (*lett.*) Purità, castigatezza di lingua o stile.

purgativo [vc. dotta, lat. tardo *purgatīvu(m)*, da *purgātus* 'purgato'; av. 1320] agg. ● Che ha capacità di purgare.

purgàto [sec. XII] part. pass. di *purgare*; anche agg. **1** Nei sign. del v. **2** ***Stile p.***, castigato o puro dal punto di vista formale | ***Edizione purgata***, dalla quale sono state eliminate oscenità o parti ritenute sconvenienti. || **purgataménte**, avv. In modo purgato (*spec. fig.*).

purgatóre [vc. dotta, lat. tardo *purgatōre(m)*, da *purgātus* 'purgato'; 1342] **A** agg.; anche s. m. (f. *-trice*) ● (*raro*) Chi (o Che) purga, purifica. **B** s. m. *1* †Chi attesta l'altrui innocenza. *2* (f. *-trice*) Operaio addetto a operazioni di purgatura.

purgatòrio [vc. dotta, lat. tardo *purgatōriu(m)* 'che purifica', da *purgātus* 'purgato'; sec. XIII] **A** s. m. *1* Nella dottrina cattolica, luogo e condizione in cui le anime dei morti, giustificati, ma ancora in condizione di peccato, si trovano per completare la purificazione prima di ascendere al paradiso. *2* (*est.*) Situazione di grande pena e tormento: *essere in un p.* | ***Anima del p.***, (*fam.*, *fig.*) persona continuamente in ansia. **B** agg. ● (*raro*, *fig.*) Che serve a purgare (spec. nel diritto canonico): *pena purgatoria*; *giuramento p.*

purgatùra [vc. dotta, lat. tardo *purgatūra(m)*, da *purgātus* 'purgato'; av. 1342] s. f. *1* Operazione che ha lo scopo di allontanare scorie o impurità da materiali lavorati. SIN. Purga. *2* L'insieme delle scorie eliminate.

purgazióne o †**purgagióne** [vc. dotta, lat. *purgatiōne(m)*, da *purgātus* 'purgato'; av. 1294] s. f. *1* (*raro*, *lett.*) Espiazione, purificazione: *p. dei peccati* | ***P. canonica***, deferimento di giuramento solenne di innocenza a un ecclesiastico accusato, ma la cui colpevolezza sia dubbia, per ridargli completa estimazione. *2* (*dir.*) ***P. dall'ipoteca***, liberazione di un immobile da un'ipoteca.

pùrgo [da *purgare*; av. 1565] s. m. (pl. *-ghi*) ● Luogo in cui si purgano lana, panni, pelli, e sim.

purificaménto [sec. XIV] s. m. ● Il purificare o il purificarsi.

purificàre [vc. dotta, lat. *purificāre*, comp. di *pūrus* 'puro' e *-ficāre* '-ficare'; av. 1294] **A** v. tr. (*io purìfico*, *tu purìfichi*) *1* Liberare da scorie o impurità: *p. l'oro*, *il vino* | (*fig.*) Liberare da passioni, tentazioni, colpe: *p. la propria coscienza*. SIN. Depurare, mondare. *2* Liberare una persona, una cosa o un luogo da una condizione di impurità per renderla sacra o accetta alla divinità. *3* Nella liturgia della Messa, compiere il rito della purificazione. **B** v. intr. pron. ● Diventare puro (*anche fig.*).

purificatìvo [av. 1604] agg. ● (*raro*) Atto a purificare.

purificàto part. pass. di *purificare*; anche agg. ● Nei sign. del v.

purificatóio [lat. tardo *purificatōriu(m)* 'che serve a purificare', da *purificātus* 'purificato'; av. 1498] s. m. ● Panno di lino con il quale il celebrante, durante la Messa, asciuga il calice, le dita e le labbra.

purificatóre [1601] agg.; anche s. m. (f. *-trice*) ● Che (o Chi) purifica.

purificatòrio [1958] agg. ● Atto a purificare: *rito p.*

purificazióne [vc. dotta, lat. *purificatiōne(m)*, da *purificātus* 'purificato'; sec. XIII] s. f. *1* Liberazione da scorie e impurità: *la p. dei metalli*; *impianto di p. delle acque* | (*fig.*) Liberazione da passioni, tentazioni, colpe e sim: *la p. della mente*; *il carattere di poeta della pietà, della bontà, della p.* (CROCE). *2* In molte religioni, rito con il quale si libera persona, animale, cosa o luogo dallo stato o dagli elementi che impediscono l'accesso al sacro | Nell'ebraismo, ciascuno dei riti che liberavano dalla condizione di impurità determinata da crisi fisiologiche o da particolari avvenimenti. *3* Nella liturgia della Messa, cerimonia nella quale il celebrante deterge i vasi sacri dai residui delle particole e del vino. *4* ***P. della Vergine***, festa liturgica cristiana, celebrata il 2 febbraio, che commemora la purificazione alla quale la Vergine si sottopose, secondo il rito ebraico, quaranta giorni dopo il parto, oggi detta della Presentazione del Signore al Tempio.

purillo [vc. dial. sett., di incerta spiegazione ed etim.; 1963] s. m. ● Piccola appendice di panno alla sommità del copricapo basco | (*est.*) Il copricapo stesso.

Purim /*ebr.* puˈrim/ [ebr. *pūrīm* '(festa delle) sorti', perché Aman, ministro del re Assuero, stabilì di affidare alla sorte il giorno del progettato sterminio degli Ebrei] s. m. inv. ● Festa ebraica che si svolge il 14 del mese di *adar* (febbraio-marzo) nella quale si commemora lo scampato pericolo corso in Persia dagli Ebrei come narrato nel libro biblico di Ester; nel corso dei secoli, spec. in Europa, ha assunto alcune caratteristiche del carnevale.

purìna [ted. *Purin*, comp. del lat. *pūrus* 'puro' e lat. scient. *ūricum* '(acido) urico'; 1942] s. f. ● (*chim.*) Base organica azotata il cui scheletro strutturale si riscontra nell'acido urico, in alcaloidi quali la caffeina, negli acidi nucleici, nei gruppi prostetici di proteine.

purìnico [1933] agg. (pl. m. *-ci*) ● (*chim.*) Che contiene il nucleo della purina | Che ha struttura analoga alla purina | ***Basi puriniche***, la purina e le basi azotate derivate da essa, quali l'acido urico, la caffeina, la guanina.

purìno [dal lat. *pūs*, genit. *pūris* 'pus'; 1958] s. m. ● Colaticcio del letame di color bruno.

purìṣmo [fr. *purisme*, da *pur* 'puro'; 1759] s. m. *1* Corrente linguistica della prima metà del sec. XIX che propugnò l'uso di una lingua italiana pura, lontana dagli influssi stranieri, fondata sulle opere dei nostri primi scrittori, spec. del Trecento. *2* (*est.*) Ogni teoria linguistica moderna che si colleghi ai capisaldi di tale indirizzo.

purista [fr. *puriste*, da *pur* 'puro'; 1744] s. m. e f.; anche agg. (pl. m. *-i*) ● Fautore e seguace del purismo | (*est.*) Chi si attiene con intransigenza alla correttezza linguistica.

purìstico [av. 1952] agg. (pl. m. *-ci*) *1* Relativo al purismo. *2* Da purista. || **puristicaménte**, avv. Secondo le teorie del purismo.

purità [vc. dotta, lat. tardo *puritāte(m)*, da *pūrus* 'puro'; 1260 ca.] s. f. ● (*lett.*) Purezza (*spec. fig.*): *la p. di una pietra preziosa*, *di una lingua*.

puritanéṣimo o **puritanìṣmo** [ingl. *puritanism*, da *puritan* 'puritano'; 1598] s. m. *1* Movimento rigorista inglese e scozzese del sec. XVII, che riconosceva come unica fonte di vita la Bibbia e predicava una morale molto severa. *2* (*est.*) Atteggiamento di eccessiva intransigenza morale, di rigida austerità di costumi.

puritàno [ingl. *puritan*, da *purity* 'purezza', dal fr. *pureté*, dal lat. tardo *puritāte(m)* 'purità': i puritani erano detti così perché affermavano di seguire la religione pura; 1598] **A** agg. *1* Del puritanesimo: *movimento p.* *2* (*est.*) Dettato, ispirato da un'intransigenza moralistica esagerata, spec. in ciò che attiene al pudore, alla decenza: *timore p.*; *mentalità puritana*. || **puritanaménte**, avv. **B** s. m. (f. *-a*) *1* Seguace del puritanesimo. *2* (*est.*) Persona che affetta un'eccessiva rigidità di principi morali.

♦**pùro** [lat. *pūru(m)*, di orig. indeur.; 1225 ca.] **A** agg. *1* Di sostanza che non è mescolata ad altre: *argento p.*; *pura lana* | ***Aria pura***, sana, non inquinata | ***Luce pura***, chiara, limpida | ***Cielo p.***, terso, sgombro da nubi | ***Linea architettonica pura***, non contaminata da altri stili; (*est.*) armoniosa, elegante | ***Razza pura***, senza incroci | ***Lingua pura***, senza contaminazioni dialettali o di altre lingue. CONTR. Adulterato, impuro. *2* Di disciplina non applicata: *matematica pura* | (*est.*) ***Teorico***, ***letterato***, ***scienziato p.***, che non esce dal suo campo. SIN. Astratto, speculativo, teorico. *3* Mero, solo, schietto, semplice: *la pura verità*; *per p. caso*; *la mia è pura e semplice curiosità*. *4* (*fig.*) Non contaminato, macchiato da colpa o peccato: *anima pura*; *labbra*, *mani pure*. SIN. Casto, onesto. *5* (*filos.*) Nella filosofia kantiana, indipendente dall'esperienza. || **puraménte**, avv. *1* Con purezza. *2* Semplicemente, solamente, unicamente. **B** s. m. (f. *-a*) ● Chi tiene fede con intransigenza alle proprie convinzioni, senza scendere a compromessi. || **purèllo**, dim. | **purètto**, dim.

purosàngue [comp. di *puro* e *sangue*; 1838] **A** agg. inv. *1* Di animale, spec. cavallo da corsa, che discende da individui della stessa razza. *2* (*est.*, *scherz.*) Detto di persona che proviene da una famiglia da tempo stabilita in una località o che ha radicati costumi e sentimenti propri di una regione: *romano p.* **B** anche s. m. e f. inv. ● Animale, spec. cavallo, purosangue.

purpureggiàre ● V. *porporeggiare*.

purpùreo [vc. dotta, lat. *purpŭreu(m)*, nom. *purpŭreus*, dal gr. *porphýreos*, da *porphýra* 'porpora'; 1294] agg. *1* Del colore della porpora, o di colore rosso vivo come la porpora: *manto p.* *2* (*lett.*) Vestito di porpora, spec. in segno di autorità.

purpùrico [dal lat. *pŭrpura* 'porpora'; detto così perché forma dei sali color porpora; 1835] agg. (pl. m. *-ci*) ● (*chim.*) Detto di acido organico non isolato di cui si conoscono i sali ottenuti trattando l'acido urico con acido nitrico e salificando quindi con una base.

♦**purtròppo** o (*raro*) **pur tròppo** [comp. di *pur(e)* e *troppo*; 1509] avv. ● Disgraziatamente, malauguratamente: *p. è così*; *p. è vero*; *p. non c'è più niente da fare*; *p. dobbiamo partire*; *'la tua domanda è stata respinta?' 'p.!'*; *'hai finito?' 'p. no!'*.

purulènto [vc. dotta, lat. *purulĕntu(m)*, da *pūs*, genit. *pūris* 'pus'; av. 1498] agg. ● Costituito da pus, contenente pus: *sostanza*, *infiltrazione purulenta*.

purulènza [vc. dotta, lat. tardo *purulĕntia(m)*, da *purulĕntus* 'purulento'; 1598] s. f. *1* (*raro*) Caratteristica di ciò che è purulento. *2* (*raro*) Sostanza purulenta, pus.

pus [vc. dotta, lat. *pūs*, di orig. indeur.; 1818] s. m. inv. ● (*med.*) Essudato provocato da microrganismi che si forma nei tessuti in seguito a un processo infiammatorio, e i cui principali componenti sono i globuli bianchi caduti in disfacimento e gli elementi di tessuti andati incontro a necrosi. CFR. pio-. SIN. (*raro*) Icore.

pusher /ˈpuʃʃer, *ingl.* ˈpʰʊʃəɹ/ [vc. ingl., propr. 'chi si fa largo a spinte, arrivista', da *to push* 'spingere e, per traslato, piazzare, vendere', dal lat. *pulsāre*; 1974] s. m. e f. inv. ● (*gerg.*) Spacciatore di droga.

push up /puʃˈʃap, *ingl.* ˈpʰʊʃˌʌp/ [loc. ingl., propr. 'alzare, aiutare a salire spingendo'; 1994] **A** loc. sost. m. inv. ● Reggiseno o collant appositamente modellati per mettere in evidenza e sostenere il seno o i glutei. **B** anche loc. agg. inv.: *reggiseno push up*.

†**puṣignàre** [sec. XIV] v. intr. ● Fare il pusigno.

puṣigno [lat. parl. **postcēniu(m)*, comp. di *post* 'dopo' e un deriv. di *cēna*; 1625] s. m. ● (*raro*, *tosc.*) Spuntino che si fa a tarda ora, dopo la cena.

puṣillànime o †**puṣillànimo** [vc. dotta, lat. tardo *pusillănime(m)*, comp. di *pusĭllus* 'piccolo' (V. *pusillo*) e *ănimus* 'animo'; av. 1292] **A** agg. ● Detto di chi (o di ciò che) denota meschinità, pavidità, viltà: *comportamento*, *mentalità p.*; *non essere così p. con i superiori!* **B** s. m. e f. ● Persona pusillanime. SIN. Vigliacco, vile.

puṣillanimità [vc. dotta, lat. tardo *pusillanimitāte(m)*, da *pusillănimis* 'pusillanime'; av. 1292] s. f. ● Caratteristica di pusillanime | Comportamento da pusillanime. SIN. Vigliaccheria, viltà.

†**puṣillànimo** ● V. *pusillanime*.

†**puṣillo** [vc. dotta, lat. *pusĭllu(m)*, dim. di *pūsus* 'ragazzo', da avvicinare a *pŭer* 'fanciullo' (V. *puericultura*); 1321] agg.; anche s. m. *1* Piccino, piccolino. *2* (*fig.*) Umile, misero.

pùssa via [da *pussa(re)* onomat. e *via*] loc. inter. ● (*region.*, *fam.*) Indica desiderio di liberarsi di una persona o di una cosa molesta e sgradevole (*anche fig.*): *le malattie? Pussa via!*

pùsta [1863] s. f. ● Adattamento di *puszta* (V.).

pustièrla ● V. *postierla*.

pùstola [vc. dotta, lat. *pŭstula(m)*, di orig. onomat.; av. 1320] s. f. ● (*med.*) Lesione cutanea circoscritta che contiene pus. || **pustolètta**, dim. | **pustolina**, dim.

pustolóṣo [vc. dotta, lat. *pustulōsu(m)*, da *pŭstula* 'pustola'; 1778] agg. ● Di pustola | Ricoperto di pustole.

puszta /ˈpusta, *ungh.* ˈpustɒ/ [vc. ungherese di orig. slava; 1848] s. f. inv. ● Vasta pianura stepposa dell'Ungheria nella quale prospera l'allevamento di bovini ed equini.

put /*ingl.* pʰʊt/ [vc. ingl., 'getto'; 1985] s. m. inv. ● (*borsa*) Contratto che conferisce a un operatore il diritto, in considerazione del pagamento di un premio, di esercitare o meno l'opzione di vendita prevista dal contratto stesso. CFR. Dont.

putacàṣo o **pùta càṣo** [comp. dell'ant. *putare* 'supporre' e *caso*; 1855] avv. ● Per ipotesi: *mettiamo*, *p.*, *che non ne voglia sapere*, *cosa facciamo?*; *se*, *p.*, *diventassi miliardario*, *cosa faresti?* | ***P. che***, metti il caso che: *p. che tu riceva il permesso*, *avvisami subito*.

putàmen [vc. dotta, dal lat. *putāmen*, nt., 'guscio, scorza'] s. m. inv. ● (*anat.*) Componente del complesso dei nuclei del corpo striato dei Mammiferi.

putatìvo [vc. dotta, lat. tardo *putatīvu(m)* 'preteso, supposto', da *putātus*, part. pass. di *putāre* 'credere, supporre'; 1342] agg. ● Che è ritenuto tale anche se in realtà non lo è, spec. nella loc. ***padre p.*** || **putativaménte**, avv. (*raro*) In modo putativo.

puteàle [vc. dotta, lat. *puteāli*, abl. di *putĕal*, da *pŭteus* 'pozzo'; 1499] s. m. *1* Nell'antica Roma, luogo recintato con altare eretto per la purificazio-

puteolano

ne dal fulmine ivi caduto. **2** (*arch.*) Recinzione cilindrica della bocca di un pozzo, spesso adorna di sculture.
puteolàno A agg. ● Di Pozzuoli. **B** s. m. (f. *-a*) ● Abitante, nativo di Pozzuoli.
putèra [dal lat. *putēre* 'puzzare', dalla stessa radice di *pus*] s. f. ● (*bot.*) Cara (3).
pùtido [vc. dotta, lat. *pŭtidu(m)*, da *putēre* 'puzzare' (V. *putera*); av. 1375] agg. ● (*lett.*) Puzzolente, maleodorante.
putifèrio [deformazione di *vituperio*; 1871] s. m. **1** Grande schiamazzo e clamore sollevati da un litigio, una scenata, un diverbio: *è successo un p.*; *quei tre fanno un gran p*. **2** (*fig.*) Confusione, estremo disordine: *un p. di automobili e di gente* (PAVESE). SIN. Bailamme.
putipù [vc. onomat.; 1883] s. m. ● Strumento musicale folcloristico napoletano, formato da un tamburo con foro centrale, attraversato da un'asticella lignea che produce il suono per sfregamento con la pelle del tamburo.
putire [lat. *putēre* 'puzzare' (V. *putera*); av. 1292] v. intr. (*io putìsco o pùto, tu putìsci o pùti*; aus. *avere*) **1** (*lett.*) Mandare puzzo, fetore. **2** (*fig.*) †Dispiacere, dare noia.
putizza [da *putire*; 1761] s. f. ● Emissione fredda di acido solfidrico di origine vulcanica da condotti del suolo.
†**putolènte** o **putulènte** [da *puzzolente*, rifatto su *putire*; sec. XIII] agg. ● Puzzolente.
†**pùtre** [vc. dotta, lat. *pŭtre(m)*, dalla stessa radice di *pūs* e *putēre* 'putire'; av. 1448] agg. ● Fradicio, marcio, guasto.
putrèdine o (*poet.*) †**putrèdo** [vc. dotta, lat. tardo *putrēdine(m)*, da *pūtris* 'putre'; av. 1320] s. f. **1** Processo di putrefazione: *i primi segni della p*. **2** Sostanza organica in putrefazione, o già putrefatta. **3** (*fig.*) Rovina, corruzione morale.
putredinóso [da *putredine*; 1583] agg. ● (*raro*) Che è in putrefazione: *carogna putredinosa*.
†**putrèdo** ● V. *putredine*.
putrefàre [vc. dotta, lat. *putrefăcere*, comp. di *pŭtris* 'putre' e *făcere* 'fare'; 1441] **A** v. intr. e intr. pron. (coniug. come *strafare*; aus. *essere*) ● Subire un processo di putrefazione. **B** v. tr. ● Fare andare in putrefazione: *il caldo putrefà il pesce*.
putrefattìbile [da *putrefatto*; sec. XIV] agg. ● (*raro*) Che può putrefarsi.
putrefattìvo [sec. XIV] agg. ● Di putrefazione, che porta alla putrefazione: *processo p*.
putrefàtto [1336 ca.] part. pass. di *putrefare*; anche agg. **1** Andato in putrefazione. **2** (*fig.*) Che ha subìto un processo di rovina, di disfacimento morale: *società ormai putrefatta*.
putrefazióne [vc. dotta, lat. tardo *putrefactiōne(m)*, da *putrefăctus* 'putrefatto'; av. 1320] s. f. **1** (*biol.*) Processo demolitivo delle sostanze proteiche operato da attività enzimatiche di microrganismi con formazione di sostanze puzzolenti (ammoniaca, putrescina, cadaverina): *andare in p*.; *essere in p*., *in avanzato stato di p*. CFR. pio-, sapro-. **2** (*fig.*) Corruzione, rovina morale: *società che va in p*.
putrèlla [fr. *poutrelle*, propr. dim. di *poutre* 'trave', in orig. 'puledra' (stessa etim. dell'it. *puledra*); per l'evoluzione semantica cfr. *cavalletto*; 1903] s. f. ● Trave metallica con profilo a doppio T, usata per solai e altre costruzioni.
putrescènte [vc. dotta, lat. *putrescènte(m)*, part. pres. di *putrescere* 'divenir putrido', incoativo di *putrēre* 'essere in dissoluzione', da *pūtris* 'putre'; 1499] agg. ● (*raro*) Che è in via di putrefazione o si sta putrefacendo (*anche fig.*): *corpi, carogne putrescenti*; *una società p*.
putrescènza [da *putrescente*; av. 1320] s. f. ● (*raro*) Putrefazione.
putrescìbile [vc. dotta, lat. tardo *putrescĭbile(m)*, da *putrēscere* 'divenir putrido' (V. *putrescente*); 1499] agg. ● (*raro*) Che è soggetto a putrefarsi.
putrescina [dal lat. *putrēscere* 'divenir putrido' (V. *putrescente*); 1911] s. f. ● (*chim.*) Diammina

che si forma durante la putrefazione della carne dei tessuti animali.
†**putridire** [da *putrido*] v. intr. ● Imputridire.
putridità [1686] s. f. ● (*raro*) Condizione di ciò che è putrido.
pùtrido [vc. dotta, lat. *pŭtridu(m)*, da *putrēre* 'essere in dissoluzione' (V. *putrescente*); av. 1292] **A** agg. **1** Che è in stato di putrefazione: *acqua, carne putrida*. SIN. Marcio, putrefatto | Prodotto da putrefazione: *odore p.*; *umori putridi*. **2** (*fig.*) Guasto, corrotto moralmente: *ambienti putridi*. **B** s. m. solo sing. ● (*fig.*) Corruzione: *nelle sue idee c'è del p*.
putridùme [sec. XIV] s. m. **1** Insieme di cose marce, putride. **2** (*fig.*) Sozzura, bassezza, corruzione morale.
putrire [lat. *putrēre* (V. *putrescente*); sec. XIV] v. intr. (*io putrìsco, tu putrìsci, egli putrìsce o pùtre, essi putrìscono o pùtrono*; aus. *essere*) ● (*raro, lett.*) Imputridire.
putsch /ted. *putʃ*/ [vc. ted. di orig. espressiva] s. m. inv. (pl. ted. *Putsche*) ● Complotto, colpo di mano di un gruppo politico armato allo scopo di prendere il potere: *tentare un p.*; *il p. è fallito*.
putschista /putʃˈtʃista/ **A** s. m. e f. (pl. m. *-i*) ● Organizzatore o sostenitore di un putsch. **B** agg. ● Relativo a un Putsch: *strategia p*. | Che compie un putsch: *generale p*.
putt /ingl. *phʌt*/ [vc. ingl., da *to putt* 'colpire leggermente la palla', alterazione di *to put* 'mettere'] s. m. inv. ● (*sport*) Nel golf, colpo corto che serve sul green per imbucare la pallina.
†**pùtta** (1) [f. di *putto* (1); 1280] s. f. **1** (*region.*) Ragazza, fanciulla: *Cara la mia p., fammi grazia di venir meco* (ARETINO). **2** Gazza.
†**pùtta** (2) [fr. *pute*. V. *puttana*] s. f. ● (*lett.*) Meretrice: *p. sfacciata: e dove hai posto spene?* (PETRARCA).
puttàna [ant. fr. *putaine*, da *pute* 'putta (2)', f. di *put*, propr. 'puzzolente, sporco', dal lat. *pŭtidu(m)*, 'putido'; sec. XII] **A** s. f. (m. *-o*) **1** (*volg.*) Prostituta | (*fig.*) **Figlio di p.**, persona furba, intrigante e disonesta | (*volg., fig.*) **Mandare, andare a puttane**, far fallire, fallire, riferito a un affare, una trattativa o sim. **2** (*spreg.*) Chi è disponibile a intrattenere numerose relazioni sessuali | (*est., spreg.*) Persona di scarsi principi morali, disposta a ogni compromesso per il proprio tornaconto | (*spreg.*) *scherz.*) Chi, con modi raffineschi, cerca di ingraziarsi gli altri: *fare la p. con tutti*. **B** anche agg. *Allora ti punirò come il marito l punisce la moglie p*. (PASOLINI) | Maledetto, infame (spec. in invettive o imprecazioni): *miseria p.!* || **puttanàccia**, pegg. | **puttanèlla**, dim. (V.) | **puttanellàccia**, dim. pegg. | **puttanóna**, accr. | **puttanóne**, accr. pegg.
puttanàio [da *puttana* col suff. di luogo *-aio*; 1987] s. m. **1** (*volg.*) Luogo frequentato da prostitute. **2** (*fig.*) Luogo assai rumoroso, immerso nel disordine e nella confusione | (*fig.*) Baccano, disordine, confusione.
puttanàta [da *puttana*; 1958] s. f. **1** (*volg.*) Stupidaggine, sciocchezza: *non dire puttanate!* **2** (*volg.*) Azione vile e perfida.
puttaneggiàre [da *puttana*; 1312] v. intr. (*io puttanéggio*; aus. *avere*) ● (*volg.*) Fare la puttana | Comportarsi da puttana.
puttanèlla A s. f. **1** Dim. di *puttana* | Giovane prostituta. **2** (*spreg.*) Ragazza o giovane donna di facili costumi, che ama cambiare frequentemente partner. **3** (*merid., pop.*) Denominazione di alcune varietà di uva. **B** anche agg. nel sign. 3: *uva p*.
puttanésco [av. 1380] agg. (pl. m. *-schi*) ● (*volg.*) Da puttana | **Spaghetti alla puttanesca**, spaghetti conditi con una salsa a base di filetti di acciuga dissalati, olive nere, capperi e pomodori. || **puttanescaménte**, avv. (*raro, volg.*) In modo puttanesco.
puttanésimo [da *puttana*; 1534] s. m. **1** †Meretricio, prostituzione. **2** (*fig., lett.*) Dissolutezza, scostumatezza: *Era una terra di p., dove i mariti si scambiavano le mogli* (LEVI).

puttanière [sec. XII] s. m. **1** (*volg.*) Uomo che frequenta le puttane. **2** (*est.*) Donnaiolo.
putter /ingl. ˈphʌtər/ [vc. ingl., propr. 'che dà un colpo leggero' (V. *putt*)] s. m. inv. **1** (*sport*) Nel golf, bastone che si usa per eseguire un putt. **2** (*sport*) Giocatore di golf intento a giocare un putt.
†**putterìa** [da *putto* (1); av. 1642] s. f. ● Fanciullaggine.
pùtto (1) [lat. *pŭtu(m)*, dalla stessa radice di *pŭer* 'fanciullo' (V. *puericultura*); 1303] s. m. (f. *-a*) **1** († o *region.*) Fanciullino, bambino: *non ti vergogni …? pensi ancor esser p.* (BRUNO). **2** Amorino: *decorazione floreale con putti*. || **puttèllo**, dim. | **puttino**, dim. | **puttóne**, accr.
pùtto (2) [da *putta* (2); 1313] agg. ● (*spreg.*) Da puttana | Ignobile, corrotto.
†**putulènte** ● V. *putolente*.
pùzza o (*dial.*) †**spùzza** [sec. XIII] s. f. ● (*region. o lett.*) Puzzo | **Avere la p. al, sotto il naso**, (*fig.*) essere altezzoso e scostante. || **puzzétta**, dim.
puzzacchiàre [1891] v. intr. (*io puzzàcchio*; aus. *avere*) ● (*fam.*) Puzzicchiare.
puzzàre o (*dial.*) †**spuzzàre** [da *puzzo*; 1342] v. intr. (aus. *avere*) **1** (*assol.*; + *di*) Mandare, emanare puzzo: *le carogne puzzano*; *p. da levare il fiato*; *gli puzza il fiato*; *questi piatti puzzano di pesce*; *gli puzza l'alito di cipolla*. **2** (*fig.*) Dare fastidio, stancare: *è finita con quella superbia, che pareva ti si puzzasse tutti!* (BACCHELLI) | Rappresentare una preoccupazione, un pericolo e sim.: *la faccenda comincia a p.*; *il suo silenzio mi puzza* | Dare l'impressione, sembrare, in base a indizi piuttosto eloquenti: *questa faccenda mi puzza di imbroglio*. **3** (*fig., fam.*) Non tenere nella giusta e dovuta considerazione: *ma che, ti puzza la salute?*
puzzicchiàre [da *puzzare* col suff. attenuativo *-icchiare*; av. 1803] v. intr. (*io puzzìcchio*; aus. *avere*) ● (*fam.*) Puzzare un poco | Cominciare a puzzare.
puzzle /ˈpazol, ingl. ˈphʌzl/ [vc. ingl., di etim. incerta; 1927] s. m. inv. **1** Gioco di pazienza consistente nel ricostruire un'immagine rimettendo insieme i vari pezzi in cui essa è stata precedentemente scomposta | (*est.*) Problema di difficile o impossibile soluzione. **2** (*fig.*) Cruciverba.
pùzzo [lat. parl. **pŭtiu(m)*, da *putēre* 'puzzare' (V. *putera*); av. 1300] s. m. **1** Odore sgradevole, cattivo odore: *p. insopportabile, ripugnante*; *p. di fogna, di uova marce* | **Dare, mandare p.**, puzzare. SIN. Fetore, lezzo, tanfo. **2** (*fig., fam.*) Sentore, indizio eloquente: *qui c'è p. di imbroglio*. || **puzzàccio**, pegg.
pùzzola [dal *puzzo* che emette; 1481] s. f. ● Mammifero carnivoro, cacciatore agilissimo e feroce, di forme snelle, con zampe corte e unghiose, pelliccia rugginosa sul dorso e nera sul ventre (*Mustela putorius*). ILL. **animali**/14.
puzzolènte o ■**puzzolènto** [da *puzzo*; sec. XIII] agg. **1** Che puzza, che manda puzzo: *esalazione p*.; *pesce, carne p*. **2** (*lett., fig.*) Laido, osceno. || **puzzolenteménte**, avv. (*raro*) In modo puzzolente.
puzzonàta [da *puzzone*; 1913] s. f. **1** (*centr., pop.*) Azione vile e disonesta. **2** Cosa riuscita molto male. SIN. Porcheria.
puzzóne [da *puzzare*; av. 1828] s. m. (f. *-a*) **1** (*centr., pop.*) Chi emana un cattivo odore. **2** (*centr., fig.*) Persona spregevole e disonesta. SIN. Mascalzone.
puzzóre [da *puzzo*, sul modello di *fetore*; sec. XIV] s. m. ● Puzzo, tanfo.
†**puzzóso** [da *puzzo*; av. 1400] agg. ● Puzzolente.
PVC /pivvuˈtʃi*/ [sigla di *PoliVinilCloruro*] s. m. inv. ● (*chim.*) Polivinilcloruro.
pyrex® /ˈpireks/ o **pirex** [marchio registrato; 1930] s. m. inv. ● Tipo di vetro molto resistente agli sbalzi di temperatura, usato per recipienti da laboratorio e per uso domestico.

q, Q

La lettera *Q* ha lo stesso valore della *C* 'dura', rappresentando la consonante occlusiva velare non-sonora /k/, e è sempre seguita da un'*U* col valore di consonante /w/. Questo nesso /kw/ è espresso dalla grafia *qu* nella maggior parte dei casi in cui ricorre (es. *quàndo* /'kwando/, *dùnque* /'duŋkwe/, *inìquo* /i'nikwo/); è scritta però *cu* in alcune parole che in latino hanno una grafia con *c* prevocalico (es. *cuòcere* /'kwɔtʃere/, *scuòla* /s-'kwɔla/). Se la consonante è geminata, la sua grafia è di regola *cq* (es. *àcqua* /'akkwa/, *acquistàre* /akkwis'tare/), eccezionalmente *qq* (es. *soqquàdro* /sok'kwadro/, *beqquàdro* /bek'kwadro/).

q, (*maiusc.*) **Q** [1516] s. f. o m. ● Diciassettesima lettera dell'alfabeto italiano (nome per esteso *qu, cu*): *q minuscola, Q maiuscolo* | Nella compitazione spec. telefonica it. *q come Quarto*; in quella internazionale *q come Quebec*.

qàsba /'kazba, *ar.* 'qɒsba/ ● V. *casba*.

qat /kat, *ar.* qɑːt/ o **kat, khat** [ar. *qāt*; 1963] s. m. inv. ● (*bot.*) Arbusto diffuso in Africa e Arabia le cui foglie, masticate o utilizzate per preparare un infuso, producono effetti simili a quelli delle amfetamine per la presenza di un alcaloide con azione euforizzante (*Catha edulis*).

qibla /'kibla, *ar.* 'qɪbla/ [vc. ar. (anche *kibla*), propr. 'direzione' della Mecca] s. f. inv. ● Direzione della Mecca, verso cui il fedele deve rivolgersi durante la preghiera.

qu /ku*/ s. f. o m. inv. ● Nome, meno comune di *cu*, della lettera *q*.

♦**qua** (**1**) /kwa*/ [lat. (*ĕc*)*cu*(*m*) *hāc* 'ecco per di qua'; av. 1294] **A** avv. **1** In questo luogo, in questo posto (con v. di stato e di moto, si riferisce al luogo vicino a chi parla o in cui si trova chi parla o comunque comunica, ed ha valore più indet. di 'qui': *sono qua da alcuni minuti; qua non vedo niente; eccoci qua; venite qua; sto meglio qua da voi che a casa mia; mettimi qua sulla poltrona* | *Sono qua io, siamo qua noi*, eccomi, eccoci (offrendo il proprio aiuto o la propria protezione) | Contrapposto a 'là', con valore locativo più o meno indeterminato: *qua non è venuto, può darsi sia ancora là; va sempre qua e là per gli uffici; qua e là si vedeva ancora un po' di neve; lavora un po' qua e un po' là, dove gli capita; sono voci che girano qua e là; le pie lucerne brillano intorno / là nelle case, qua su la siepe* (PASCOLI) | Con valore raff. seguito da altri avv. di luogo, dà loro maggior determinatezza: *venite qua fuori; entrate qua dentro; corri qua dietro; è qua sopra; è qua sotto; sono qua vicino.* V. anche *quaggiù, quassù* | *A questo punto: qua ti volevo!; qua volevo arrivare!; qua viene il difficile.* **2** Con valore enfat. o raff. in espressioni di esortazione, comando, sdegno e sim.: *prendi qua questi soldi; date qua quei libri; guarda qua che pasticcio!; eccolo qua di nuovo!*; (*ellitt.*) *qua, fammi vedere; qua subito!; qua la mano, e facciamo la pace!* | (*pleon.*) Con valore raff. preceduto da 'questo': *questo disordine qua, non lo voglio più vedere; cosa vuole questo qua?; prendi questa roba qua* | In correl. con 'là' per indicare il ripetersi insistente di qualcosa: *papà qua, papà là! devo sempre correre io; non è mai contento, protesta, si lamenta e qua e là.* **3** Nella loc. avv. *in qua*, verso questa parte: *guarda in qua; voltati in qua; fatevi più in qua; non venite troppo in qua* | Ad oggi, a questa parte (con valore temp.): *da un anno in qua; da un po' di tempo in qua si comporta stranamente; onde vedemo ne le cittadi d'Italia … da cinquanta anni in qua molti vocabuli essere spenti e nati e variati* (DANTE) | In prop. interr. retoriche con tono di rimprovero: *da quando in qua si parla in questo modo?* **4** Nella loc. avv. *di qua*, da questo luogo, di questo luogo (indica moto verso luogo o da luogo o per luogo, oppure stato in luogo; *anche fig.*): *di qua non mi muovo; di qua si gode un bellissimo panorama; vieni via di qua; di qua non si passa; prendete di qua e arriverete ad un semaforo; quei monti azzurri / che di qua scopro* (LEOPARDI) | (*fam.*) In questa stanza: *venite di qua che parliamo con calma; voi restate di qua un momento, torno subito* | (*fig.*) In questo mondo: *finché sto di qua voglio godermi la vita* | (*fig.*) *Essere più di là che di qua*, essere mezzo morto, essere sul punto di morire | *Andare di qua e di là*, in vari luoghi gironzolando | *Di qua, di là, di su, di giù*, in ogni luogo | *Per di qua*, per questo luogo, per questa strada, da questa parte: *passate per di qua; prendiamo per di qua, faremo più presto* | *Al di qua*, da questa parte: *al di qua c'è la Francia, al di là la Svizzera.* **B** nelle loc. prep. *di qua da, al di qua di; in qua di, in qua da* ● Dalla parte, dal versante di qlco. vicino o in cui si trova chi parla e sim.: *di qua dal fiume il terreno è di mio zio; al di qua dei monti la vallata è più verde; abita più in qua di piazza Risorgimento*.

qua (**2**) /kwa*, kwa/ o **qua qua** [vc. onomat.; av. 1400] **A** inter. ● Riproduce il verso delle oche e delle anatre (*spec. iter.*). **B** in funzione di s. m. inv. ● Il verso stesso: *il qua qua delle oche* (V. nota d'uso ACCENTO).

quaccherìsmo o **quacquerìsmo** [1749] s. m. **1** Movimento religioso protestante, fondato in Inghilterra da Giorgio Fox verso la metà del sec. XVI, diffuso anche negli Stati Uniti; improntato a una vita semplice e a un culto privo di cerimonie e di riti, condannando il militarismo, la violenza e il lusso. **2** Comportamento, atteggiamento da quacchero (*anche fig.*).

quàcchero o **quàcquero** [ingl. *quaker* 'che trema', da *to quake* 'tremare', di orig. espressiva; il n. venne dato perché il fondatore della setta aveva invitato gli aderenti a tremare davanti alla parola di Dio; 1708] **A** s. m. (f. -*a*) **1** Seguace del quaccherismo. **2** (*fig., raro*) Persona molto austera o puritana. **B** agg. ● (*raro*) Da quacchero | *Alla quacchera*, (*ellitt., fig.*) senza cerimonie, alla buona.

quàcquero e *deriv.* ● V. *quacchero* e *deriv.*

quad /kwɔd, *ingl.* kʰwɒd/ [vc. ingl., da *quad*(*rillion*) 'quadrilione'] s. m. inv. ● (*fis.*) Unità di misura anglosassone dell'energia pari a 10[15] British thermal unit o 1,0551 · 10[18] joule.

quadèrna ● V. *quaterna* nel sign. 1.

quadernàccio [av. 1620] s. m. **1** Pegg. di *quaderno.* **2** †Brogliaccio.

†**quadernàle** [da *quadernario*, con cambio di suff.] s. m. ● (*mar.*) Quarnale.

quadernàrio o †**quadernàro** [V. *quaternario*; 1765] **A** agg. ● Quaternario, nel sign. A 1. **B** s. m. ● Nel sonetto, quartina.

♦**quadèrno** [lat. *quatĕrni*, nom. pl., 'a quattro a quattro' (con riferimento alla legatura dei fogli), da *quattuor* 'quattro'; 1211] s. m. **1** Fascicolo di più fogli di carta da scrivere uniti insieme e rilegati in una copertina, destinato spec. a usi scolastici: *q. a righe, a quadretti; q. degli appunti* | Libro di cassa | Titolo di pubblicazioni: *Quaderni della 'Voce'.* **2** Ciascuno degli spazi quadri che si fanno nei giardini od orti per coltivarli. **3** (*letter.*) †Quadernario, quartina. || **quadernétto**, dim. | **quadernìno**, dim. | **quadernóne**, accr. | **quadernùccio**, dim.

quàdra [vc. dotta, lat. *quădra*(*m*) 'quadrato, pezzetto, fetta', f. sost. di *quădrus* 'quadrato, quadro'; av. 1316] s. f. **1** †Quadrante. **2** Vela rettangolare o trapezoidale inferita con il lato orizzontale superiore a un pennone. **3** †Maniera, qualità | †*Dare la q.*, adulare o motteggiare. **4** †Tagliere, mensa quadrata | Focaccia.

quadràbile [da *quadrare*; 1575] agg. **1** (*raro*) Riducibile a quadrato. **2** In contabilità, che può quadrare: *contabilità difficilmente q.; bilancio non q.*

quadragenàrio [vc. dotta, lat. *quadragenāriu*(*m*), da *quadragēni* 'quaranta per volta', da *quadrăgĭnta* 'quaranta'; 1745] **A** agg. **1** (*raro*) Che ha quarant'anni. **2** †Che dura quaranta giorni, mesi o anni. **B** s. m. (f. -*a*) ● (*raro*) Chi ha quarant'anni d'età.

quadragèsima (o -é-) [vc. dotta, lat. *quadragēsima*(*m*); av. 1547] s. f. ● Quaresima | *Domenica di q.*, la prima domenica di quaresima.

quadragesimàle [vc. dotta, lat. tardo *quadragesimāle*(*m*), da *quadragēsima* 'quaresima'; 1525] agg. ● (*raro*) Quaresimale.

quadragèsimo [vc. dotta, lat. *quadragēsimu*(*m*), da *quadrăgĭnta* 'quaranta'; sec. XIV] agg. num. ord.; anche s. m. ● (*lett.*) Quarantesimo: *nel q. giorno della morte, della scomparsa; q. primo; q. secondo; q. terzo*.

quadraménto [1835] s. m. ● (*raro*) Il quadrare | Quadratura.

quadrangolàre [vc. dotta, lat. tardo *quadrangulārem*, da *quadrăngulus* 'quadrangolo'; av. 1555] agg. **1** (*mat.*) A forma di quadrangolo, relativo a un quadrangolo. **2** (*sport*) *Incontro q.*, quello disputato tra quattro squadre.

†**quadrangolàto** [vc. dotta, lat. tardo *quadrangulātu*(*m*), da *quadrăngulus* 'quadrangolo'] agg. ● Fatto a quadrangolo.

quadràngolo [vc. dotta, lat. *quadrăngulu*(*m*), comp. di *quădri*- e *ăngulus* 'angolo'; 1308] **A** agg. ● Che ha quattro angoli. **B** s. m. ● Poligono con quattro vertici.

quadrantàle [1835] agg. ● Relativo a un quadrante, spec. di bussola: *deviazione q.* | *Quota q.*, altitudine che gli aerei devono mantenere lungo le rotte orientate nei diversi quadranti di bussola.

quadrànte [vc. dotta, lat. *quadrănte*(*m*) 'quarta parte', da *quădri*-; 1319] s. m. **1** (*mat.*) Parte d'un piano compresa fra due semirette perpendicolari uscenti dallo stesso punto | Ciascuna delle quattro parti in cui è diviso un cerchio da due diametri perpendicolari tra loro. **2** Superficie che, in uno strumento di misura, porta la scala graduata | In orologeria, superficie sulla quale sono indicate le divisioni del tempo e davanti alla quale si spostano le lancette per indicare il tempo. **3** Ciascuno dei settori di 90°, della bussola, compresi tra i punti cardinali | *Primo q.*, da nord a est | *Secondo q.*, da est a sud | *Terzo q.*, da sud a ovest | *Quarto q.*, da ovest a nord. **4** *Q. solare*, meridiana. **5** Antico strumento d'osservazione astronomica per la determinazione dell'altezza delle stelle al loro passaggio in meridiano. **6** (*mil.*) Strumento usato per il puntamento in elevazione delle antiche artiglierie. **7** Moneta romana repubblicana di bronzo, quarta parte dell'asse, ossia di tre once. **8** (*edit.*)

In legatoria, ciascuno dei due cartoni, del formato del libro, o lievemente più grandi, che formano la copertina del libro rilegato.

quadrantectomìa [comp. di *quadrante* in senso anat. ed *-ectomia*; 1985] **s. f.** ● (*med.*) Tecnica chirurgica che consente di asportare una massa tumorale con il tessuto sano circostante senza compromettere la funzionalità dell'organo o dell'apparato: *q. mammaria*.

quadràre [vc. dotta, lat. *quadrāre*, da *quădrus* 'quadro'; av. 1306] **A v. tr.** *1* (*mat.*) Calcolare l'area d'una figura bidimensionale | Costruire un quadrato che abbia la stessa area di una figura bidimensionale. *2* Dare forma quadra | ***Q. la testa a qlcu.***, (*fig.*) abituarlo al ragionamento, alla meditazione. *3* (*mat.*) Elevare al quadrato. *4* (*raro*) In contabilità, procedere alla verifica delle esatte corrispondenze nei conti: *il bilancio si deve q. annualmente*. **B v. intr.** (aus. *essere* e *avere*) *1* In contabilità, corrispondere esattamente: *in una azienda sana le uscite devono quadrare con le entrate*. *2* Essere esatto, detto d'un calcolo e sim.: *il tuo conto non quadra*. *3* Essere preciso, corrispondere con esattezza: *la descrizione che ne hai fatto quadra perfettamente con la realtà* | (*fig.*) Adattarsi perfettamente: *è un soprannome che gli quadra proprio*. **SIN.** Coincidere, concordare. *4* (*fig., fam.*) Andare a genio, garbare, piacere: *il suo è un ragionamento che non mi quadra molto*; *non mi quadra proprio il fatto che debba intervenire sempre io!* | Convincere: *ciò che mi ha raccontato non mi quadra per niente*.

quadràtico [da *quadrato* (*2*); 1871] **agg.** (**pl. m.** *-ci*) ● (*mat.*) Detto di ente nel quale compaiono con particolare importanza delle seconde potenze.

quadratino [1932] **s. m.** *1* Dim. di *quadrato* (*2*) | Piccolo cubo o sim.: *un q. di zucchero, di cioccolata*. *2* (*mar.*) Alloggio in comune per i guardiamarina sulle navi da guerra. *3* (*tipogr.*) Spazio bianco di giustificazione il cui spessore corrisponde alla metà del corpo tipografico usato.

quadrativo [1607] **agg.** ● (*raro*) Atto a quadrare.

♦**quadràto** (**1**) [av. 1294] **part. pass.** di *quadrare*; anche **agg.** *1* Che ha la forma di un quadrato geometrico: *tavolo, giardino q.*; *una pietra quadrata*. *2* (*mat.*) Elevato alla seconda potenza: *centimetro q.* | ***Radice quadrata***, V. *radice*. *3* (*fig.*) Solido, robusto, gagliardo: *statura, corporatura, complessione quadrata*; *petto q.*; *spalle quadrate* | ***Avere le spalle quadrate***, (*fig.*) sapere affrontare difficoltà o avversità con grande equilibrio | ***Testa quadrata***, (*fig.*) di persona che ragiona bene. *4* (*fig.*) Assennato, equilibrato, giudizioso: *un uomo q.* *5* ***Verso q.***, settenario trocaico latino. || †**quadrataménte**, **avv.** A modo di quadrato, in forma quadrata.

♦**quadràto** (**2**) [vc. dotta, lat. *quadrātu(m)*, sost. di *quadrātus* 'quadrato', agg.; sec. XIV] **s. m.** *1* (*mat.*) Quadrangolo regolare, con i lati e gli angoli uguali. ➡ **ILL. geometria.** *2* (*mat.*) Seconda potenza | ***Q. perfetto***, numero, o funzione razionale, che sia il quadrato d'un altro numero, d'un'altra funzione razionale. *3* Pezzo o frammento di forma quadrata: *un q. di stoffa*. *4* (*mil.*) Formazione usata un tempo dalla fanteria per difendersi dalle cariche di cavalleria qualunque ne fosse la provenienza | (*fig.*) ***Fare q.***, coalizzarsi, stringersi insieme per difendersi e respingere o battere un avversario. *5* (*sport*) Nel pugilato e sim. piattaforma quadrata, delimitata da un triplice ordine di corde tese tra quattro pali posti agli angoli | ***Salire sul q.***, disputare un incontro. *6* (*mar.*) Sala riservata agli ufficiali e ai sottufficiali per i pasti o per incontri durante le ore libere | Area centrale della cabina di un'imbarcazione arredata con tavolo e sedili. *7* Pezzo di terreno regolare a forma quadra | Misura romana di superficie di 10 tavole quadrate | Antica unità di misura di superficie agraria, usata spec. in Toscana, equivalente a 35 are ca. | ***Q. latino***, tipo di schema distributivo delle tesi nelle ricerche parcellari di campo. *8* Osso del capo che nei Vertebrati inferiori partecipa all'articolazione mascella-mandibola e nei Mammiferi forma l'incudine dell'orecchio interno. *9* (*astrol.*) Posizione di due pianeti distanti tra loro 90°. *10* (*tipogr.*) Quadratone. *11* ***Q. magico***, gioco enigmistico consistente nell'indovinare parole che, disposte nelle caselle di un quadrato, siano leggibili tanto verticalmente che orizzontalmente. || **quadratino**, **dim.** (V.) | **quadratóne**, **accr.** (V.).

quadratóne [1891] **s. m.** *1* Accr. di *quadrato* (*2*). *2* (*tipogr.*) Spazio bianco che stacca una parola dall'altra e il cui spessore corrisponde al corpo tipografico usato. **SIN.** Quadrato (2).

quadratóre [vc. dotta, lat. tardo *quadratōre(m)*, nel sign. però di 'tagliapietre', da *quadrātus*, part. pass. di *quadrāre* 'quadrare, squadrare'; 1584] **s. m.**; anche **agg.** (**f.** *-trice*) ● (*raro*) Chi (o Che) quadra.

quadratùra [vc. dotta, lat. tardo *quadratūra(m)*, da *quadrātus*, part. pass. di *quadrāre* 'quadrare, squadrare'; 1499] **s. f.** *1* Il ridurre in forma quadrata | Riquadro o insieme di riquadri | (*fig.*) ***Q. mentale***, chiarezza e solidità di idee | Anche come qualità morale: *una persona di una grande q.* *2* (*mat.*) Calcolo dell'area di una figura | Determinazione d'un quadrato avente la stessa area di una figura data | ***La q. del cerchio***, problema classico, insolubile con la riga e il compasso; (*fig.*) cosa impossibile a farsi, irrealizzabile | Calcolo d'un integrale. *3* (*mat.*) Operazione, risultato, dell'elevazione alla seconda potenza. *4* (*fis.*) Differenza di fase di 90° tra grandezze alternate, sinusoidali, della stessa frequenza. *5* In contabilità, la condizione (e meno comunemente, l'operazione) del quadrare: *la q. dei conti*. *6* Il trovarsi di due astri a longitudini differenti di 90°. *7* Pittura di prospettive architettoniche, per decorazioni di volte, pareti e sim., in uso spec. dal XVII al XVIII sec.

quadraturìsmo [da *quadratura*, col suff. *-ismo*; 1965] **s. m.** ● Genere di pittura decorativa basata su rappresentazioni illusionistiche di elementi architettonici.

quadraturista [1935] **s. m. e f.** (**pl. m.** *-i*) ● Pittore di quadrature.

quadrellatùra [da *quadrello*; 1932] **s. f.** ● Reticolato geometrico a piccoli quadrati tracciabile su una superficie per riprodurvi, nella proporzione voluta, un disegno suddiviso, a sua volta, nello stesso numero di quadratini.

quadrèllo [propr. dim. di *quadro* (*2*); sec. XIII] **s. m.** (**pl.** *quadrèlla*, **f.** nel sign. 1) *1* (*lett.*) Freccia, dardo: *per l'aer ronzando esce 'l q.* (POLIZIANO). *2* Pezzetto di pelle o di tessuto cucito nell'interno della biforcazione delle dita del guanto. *3* Mattonella quadrata per pavimento o rivestimento di parete. *4* Lombata del vitello, dell'agnello o del maiale macellati. *5* Grosso ago a tre spigoli, di forma schiacciata, usato dai tappezzieri. *6* Parte inferiore della chiave da orologio. *7* Righello. || **quadrellétto**, **dim.**

quadrerìa [da *quadro* (*2*), sul modello di *libreria*; av. 1704] **s. f.** ● Raccolta o galleria di quadri.

quadrétta [fr. *quadrette*, dal lat. *quădrus* (V. *quadro* (*1*))] **s. f.** ● Squadra di quattro giocatori alle bocce.

quadrettàre [da *quadretto*; 1839] **v. tr.** (*io quadrétto*) ● Suddividere in più quadretti, tracciando molte linee parallele e perpendicolari: *q. un foglio di carta*.

quadrettàto [1922] **part. pass.** di *quadrettare*; anche **agg.** *1* Nel sign. del v. *2* Formato da più quadretti: *pavimento q.*

quadrettatùra [1935] **s. f.** ● Il quadrettare | Reticolo di quadretti.

quadrétto [av. 1452] **s. m.** *1* Dim. di *quadro* (*2*). *2* Piccolo quadrato: *un q. di carta, di tessuto*; *tagliare qlco. a quadretti* | Piccolo riquadro: *un foglio a righe e uno a quadretti*. *3* (*mar.*) Banderuola di comando, quadrata, che issavano alla maestra le galee capitane. *4* (*fig.*) Spettacolo, scenetta (*anche iron.*): *un bel q. familiare*; *un grazioso q. di bambini intenti a giocare*. *5* (*spec. al pl.*) Pasta minuta da brodo, in forma di minuscoli quadrati. || **quadrettino**, **dim.** | **quadrettóne**, **accr.** | **quadrettùccio**, **dim.**

quàdri- [in comp. dotti ripete il lat. *quădri-*, per **quatr(i)-*, da *quăttuor* 'quattro'] primo elemento ● In parole composte significa 'di quattro', 'che ha quattro', 'costituito di quattro': *quadricipite*, *quadricromia*, *quadrifoglio*, *quadrimotore*.

quàdrica [da *quadro* (*1*); 1893] **s. f.** ● (*mat.*) Superficie che corrisponde al luogo dei punti dello spazio le cui coordinate cartesiane soddisfano un'equazione di secondo grado.

quadricìclo [comp. di *quadri-* e *-ciclo*; 1987] **s. m.** ● (*autom.*) Veicolo a quattro ruote di peso inferiore a 400 kg e potenza minore di 15 kw; si può guidare da 16 anni con patente motociclistica | ***Q. leggero***, di peso inferiore a 350 kg e potenza minore di 4 kw; si può guidare da 14 anni e non richiede patente.

quadricìpite [vc. dotta, lat. tardo *quadricĭpite(m)*, comp. di *quădri-* e *căput*, genit. *căpitis* 'capo'; 1931] **s. m.** ● (*anat.*) Muscolo anteriore della coscia.

quadricromìa [comp. di *quadri-* e *-cromia*; 1952] **s. f.** ● Procedimento di stampa che riproduce le immagini a colori sovrapponendo i tre colori fondamentali (giallo, magenta e ciano) e il testo (o i tratti) mediante il nero.

†**quadridiàno** ● V. *quatriduano*.

quadridimensionale [da *quadri-* sul modello di *tridimensionale*; 1954] **agg.** ● A quattro dimensioni. **SIN.** Quadrimensionale.

†**quadriduàno** ● V. *quatriduano*.

quadriennàle [da *quadriennio*; 1824] **A agg.** *1* Che dura quattro anni: *esperienza q.*; *corso di studi q.* *2* Che ricorre ogni quattro anni: *competizione q.* || **quadriennalménte**, **avv.** **B s. f.** ● Esposizione d'arte che si fa ogni quattro anni: *la q. di Roma*; *la q. di pittura*.

quadriènnio [vc. dotta, lat. *quadriĕnniu(m)*, comp. di *quădri-* e *ănnus* 'anno', con suff. agg.; 1691] **s. m.** ● Spazio di tempo di quattro anni: *un q. di ricerche*; *lavoro che richiede un q. per la sua esecuzione*.

quadrifàrmaco [comp. di *quadri-* e *farmaco*: calco sul gr. *tetraphármakon*; 1927] **s. m.** (**pl.** *-ci* o *-chi*) ● (*filos.*) Le quattro regole fondamentali dell'etica epicurea, secondo cui la divinità non si occupa del mondo, la morte non è nulla per noi, il piacere è l'annullamento del dolore, il dolore fisico ha breve durata.

quadrifòglio [da *quadri-*, sul modello di *trifoglio*; 1892] **s. m.** *1* Correntemente, pianticella delle Oxalidacee con foglioline disposte in gruppi di quattro. *2* (*est.*) ***A q.***, detto di intersezione di due autostrade il cui complesso di raccordi ricorda in pianta la forma del quadrifoglio.

quadrifonìa [fr. *quadriphonie*, comp. di *quadri-* 'quadri-' e *-phonie* '-fonia'; 1971] **s. f.** ● Tecnica di registrazione e di riproduzione del suono su quattro canali, attraverso la quale l'ascoltatore riceve un accentuato effetto spaziale del suono riprodotto.

quadrifònico [1971] **agg.** (**pl. m.** *-ci*) ● Di quadrifonia: *effetto q.* || **quadrifonicaménte**, **avv.**

quadrìfora [vc. dotta, lat. *quadrĭfore(m)*, comp. di *quădri-* e *fŏris* 'apertura' (V. *foro*)] **s. f.**; anche **agg.** ● Finestra o apertura divisa in quattro parti da tre colonnine o regoli.

quadrifórme [vc. dotta, lat. tardo *quadrifŏrme(m)*, comp. di *quădri-* e *-formis* '-forme': calco sul gr. *tetrámorphos*; 1595] **agg.** ● (*raro, lett.*) Che ha quattro forme.

quadrifrónte [vc. dotta, lat. tardo *quadrifrŏnte(m)*, da *quădri-*, sul modello di *bĭfrons*, genit. *bifrŏntis* 'bifronte'; sec. XIV] **agg.** ● Che ha quattro fronti o facciate.

quadrìga [vc. dotta, lat. *quadrīga(m)* (comunemente al pl.), comp. di *quădri-* e *iŭgum* 'giogo'; 1532] **s. f.** *1* Antico cocchio, che si guidava in piedi, con due coppie di cavalli affiancate al timone. ➡ **ILL. carro e carrozza.** *2* Attacco, gruppo di quattro cavalli o altri animali da tiro, impiegati insieme per uno stesso uso o per l'esecuzione di uno stesso lavoro.

quadrìgamo [vc. dotta, lat. tardo *quadrīgamu(m)*, comp. di *quădri-* e *-gamus* (V. *bigamo*); 1871] **agg.**; anche **s. m.** ● (*raro*) Che (o Chi) ha quattro mogli o si è sposato quattro volte.

quadrigàrio [vc. dotta, lat. *quadrigāriu(m)*, da *quadrīga*; 1745] **A agg.** ● Relativo alla quadriga. **B s. m.** ● Conduttore di quadriga.

quadrigàto [vc. dotta, lat. *quadrigātu(m)*, da *quadrīga*; detto così perché vi era impressa una quadriga; av. 1580] **s. m.** ● Moneta di argento con impronta d'una quadriga nel rovescio, coniata nel 251 a.C. in Roma, del valore di 10 assi.

quadrigèmino [vc. dotta, lat. *quadrigĕminu(m)* 'quadruplo', comp. di *quădri-* e *gĕminus* 'gemino'; 1712] **agg.** *1* Detto di parto in cui nascono quattro gemelli. *2* ***Lamina quadrigemina***, la regione dorsale del mesencefalo dei Mammiferi.

quadrigètto [comp. di *quadri-* e *getto* (*2*); 1970] **s. m.** ● Aeroplano propulso da quattro motori a reazione.

quadriglia [sp. *cuadrilla*, da *cuadro* 'quadro'; 1623] s. f. *1* Vivace danza di società a coppie contrapposte, ricca di figure, in voga nell'Ottocento: *ballare la q.* | Musica con cui si balla la quadriglia. *2* Gruppo di almeno quattro cavalieri che insieme partecipavano a un torneo.

quadrigliàti [da *quadriglio*; 1871] s. m. pl. ● Gioco di carte simile al tressette, tra due coppie che si formano durante il gioco per chiamata.

quadriglio [fr. *quadrille*, dallo sp. *cuartillo*, da *cuarto* 'quarto'; 1959] s. m. ● Quadrigliati.

quadrilàtero [vc. dotta, lat. tardo *quadrilăteru(m)*, comp. di *quădri-* e *lătus*, genit. *lăteris* 'lato'; av. 1572] **A** agg. ● Che ha quattro lati: *figura quadrilatera*. **B** s. m. *1* Multilatero con quattro lati. *2* Antica opera di fortificazione a pianta quadrangolare con baluardi ai vertici | Durante la dominazione austriaca, territorio di forma pressoché quadrata difeso da quattro piazzeforti situate a Peschiera, Verona, Mantova e Legnago. *3* Nel gioco del calcio, blocco dello schieramento costituito dai mediani e dalle mezze ali. *4* (*numism.*) Pane fuso di bronzo di forma rettangolare con tipi vari sulle due facce, della fine del IV-inizi III sec. a.C.

quadrilingue [da *quadri-*, sul modello di *bilingue*; 1891] agg. (pl. *-i* o inv.) ● (*raro*) Che parla quattro lingue: *interprete q.* | Che è scritto in quattro lingue: *testo q.*

quadrilióne [da *quadri-*, sul modello di *milione*; 1871] s. m. *1* Un milione di miliardi, secondo l'uso contemporaneo italiano, francese e statunitense. *2* Un milione elevato alla quarta potenza, secondo l'uso italiano antico e quello contemporaneo tedesco e inglese.

quadrilionèṣimo (o -è-) **A** agg. num. ord. ● Corrispondente a un quadrilione in una sequenza, in una successione, in una classificazione, in una serie. **B** s. m. ● Ciascuna del quadrilione di parti uguali in cui può essere divisa una quantità.

quadrilobàto [comp. di *quadri-* e *lobato*; 1990] agg. ● Che presenta quattro lobi: *cerchio q.*; *foglia quadrilobata*.

quadrilobo [comp. di *quadri-* e *lobo*; 1959] s. m.; anche agg. ● Motivo decorativo costituito da quattro lobi o petali, di solito iscritti in un quadrato.

quadrilogìa [comp. di *quadri-* e *-logia*; 1959] s. f. ● (*raro*) Tetralogia.

quadrilùngo [comp. di *quadri-* e *lungo*; 1564] agg. (pl. m. *-ghi*) ● (*raro*) Di figura quadrangolare più lunga che larga.

quadrilùstre [comp. di *quadri-* e *lustro*; av. 1799] agg. ● (*lett.*) Di quattro lustri: *a lui non valse / merito q.* (PARINI). SIN. Ventennale.

quadrimèmbre [vc. dotta, lat. tardo *quadrimĕmbre(m)*, che significa però 'che cammina a quattro piedi', comp. di *quădri-* e *mĕmbrum* 'membro'; sec. XIV] agg. ● (*lett.*) Di quattro parti.

quadrimensionàle [comp. di *quadri-* e (*di*)*mensionale*, ridotta per aplologia; 1983] agg. ● Quadridimensionale.

quadrimensionalità [1970] s. f. ● Quadridimensionalità.

quadrimestràle [1796] **A** agg. *1* Di quadrimestre: *periodo q.* *2* Della durata di un quadrimestre: *abbonamento, corso q.* *3* Che si verifica o si fa ogni quattro mesi: *convegno q.*; *rivista q.* || **quadrimestralménte**, avv. Ogni quattro mesi, con la durata di quattro mesi: *una pubblicazione che esce quadrimestralmente*. **B** s. m. ● Periodico che esce ogni quattro mesi.

quadrimestralità s. f. *1* Durata quadrimestrale. *2* Periodicità quadrimestrale. *3* (*raro*) Somma da versarsi ogni quattro mesi.

quadrimèstre [vc. dotta, lat. *quadrimēstre(m)*, da *quădri-*, sul modello di *bimēstris* (V. *bimestre*); 1691] **A** s. m. *1* Periodo di quattro mesi | Ciascuno dei due periodi in cui può dividersi l'anno scolastico, in Italia. *2* Quantità di denaro versata quadrimestralmente: *pagare un q. anticipato*. **B** agg. ● (*raro*) Quadrimestrale.

quadrimotóre [comp. di *quadri-* e *motore*; 1936] **A** s. m. ● Aeroplano propulso da quattro motori, spec. a elica. **B** anche agg.: *aereo q.*

quadrinòmio [da *quadri-*, sul modello di *binomio*; 1772] s. m. ● Somma algebrica di quattro monomi.

quadripàla [comp. di *quadri-* e *pala*; 1970] agg. inv. ● Con quattro pale: *elica, rotore q.*

quadripartire [vc. dotta, lat. tardo *quadripartīre*, da *quădri-*, sul modello di *bipartīre*; av. 1502] v. tr. (*io quadripartìsco, tu quadripartìsci*) ● Dividere in quattro parti: *q. un'eredità*.

quadripartìtico agg. (pl. m. *-ci*) ● Del quadripartito: *formula quadripartitica* | Formato da rappresentanti di quattro partiti politici: *coalizione quadripartitica*.

quadripartìto (1) [1499] part. pass. di *quadripartire*; anche agg. ● Diviso in quattro parti. || **quadripartitaménte**, avv. Con divisione in quattro parti.

quadripartìto (2) [comp. di *quadri-* e *partito*; 1958] **A** agg. ● Formato da quattro partiti: *accordo q.*; *governo q.*; *alleanza, coalizione quadripartita*. **B** s. m. ● Governo di quattro partiti alleati: *la crisi del q.*; *la riforma voluta dal q.*

quadripartizióne [vc. dotta, lat. *quadripartitiō-ne(m)*, da *quadripartītus* 'quadripartito (1)'; 1823] s. f. ● (*raro*) Divisione in quattro parti.

quadripètalo [comp. di *quadri-* e *petalo*; 1906] agg. ● Che ha quattro petali.

quadriplàno [da *biplano*, con sostituzione di *quadri-* 'di quattro' a *bi-* 'di due'; 1970] **A** s. m. ● Tipo di velivolo che aveva quattro piani alari. **B** agg. ● Con quattro piani aerodinamici: *struttura quadriplana*.

quadriplegìa [comp. di *quadri-* e *-plegia*; 1959] s. f. ● (*med.*) Paralisi che colpisce quattro arti.

quadriplègico [1970] agg.; anche s. m. (f. *-a*; pl. m. *-ci*) ● Che (o Chi) è colpito da quadriplegia.

quadripolàre [1959] agg. ● Relativo a quadripolo.

quadripòlo o **quadrupòlo** [comp. di *quadri-* e *polo* (*1*); 1954] s. m. ● (*fis.*) Circuito elettrico a quattro morsetti.

quadripòrtico [comp. di *quadri-* e *portico*; 1935] s. m. (pl. *-ci*) ● Cortile con vasca per l'acqua lustrale che, contornato da quattro porticati, si trova dinanzi ad alcune basiliche paleocristiane.

quadripósto [comp. di *quadri-* e *posto*] **A** agg. inv. ● Che ha quattro posti: *cabina q.* **B** s. m. o f. inv. ● Veicolo, velivolo, imbarcazione che dispone di quattro posti.

quadrireattóre [comp. di *quadri-* e *reattore*; 1959] s. m.; anche agg. ● Quadrigetto.

quadrirème (o -è-) [vc. dotta, lat. *quadrirē-me(m)*, comp. di *quădri-* e *rēmus* 'remo'; av. 1558] s. f. ● Nave da guerra del periodo classico a quattro ordini di remi, apparsa nel Mediterraneo a partire dal IV sec. a.C.

quadrirotóre [comp. di *quadri-* e *rotore*; 1970] agg. ● Con quattro rotori: *elicottero q.*

quadrisillàbico [comp. di *quadri-* e *sillabico*] agg. (pl. m. *-ci*) ● Detto di parola costituita da quattro sillabe.

quadrisìllabo [vc. dotta, lat. tardo *quadrisȳllabu(m)*, da *quădri-*, sul modello di *bisȳllabus* 'bisillabo'; 1700] **A** s. m. *1* Parola formata da quattro sillabe. *2* Nella metrica italiana, verso la cui ultima sillaba accentata è la terza di quattro sillabe se termina con parola piana: *su le carte* (CARDUCCI) (V. nota d'uso ACCENTO). SIN. Quaternario. **B** agg. ● Quadrisillabico.

quadrista [da *quadro* (*2*), nel sign. 7; 1983] s. m. e f. (pl. m. *-i*) ● In varie tecnologie, tecnico addetto al controllo dei quadri: *quadristi elettrici, quadristi termici*.

quadrittòngo (o -ó-) [da *quadri-*, sul modello di *dittongo*; 1586] s. m. (pl. *-ghi*) ● (*ling.*) Successione di quattro elementi vocalici in una stessa sillaba (ad es. in *colloquiai*).

quadrivalènte [comp. di *quadri-* e *valente*; 1954] agg. ● (*chim.*) Tetravalente.

quadrivettóre [comp. di *quadri-* e *vettore*; 1974] s. m. ● (*fis.*) Vettore in uno spazio a quattro dimensioni; in particolare, nella teoria della relatività, vettore con tre componenti spaziali e una temporale.

quadrivio [vc. dotta, lat. *quadrĭviu(m)*, comp. di *quădri-* e *vĭa*; 1308] s. m. ● Luogo donde si dipartono quattro strade o dove due si incrociano | ***Arti del q.***, nel sistema pedagogico medievale, l'aritmetica, la geometria, la musica e l'astronomia, ascritte al gruppo scientifico; CFR. Trivio.

♦**quàdro** (1) [vc. dotta, lat. *quădru(m)*, dalla stessa radice indeur. di *quăttuor* 'quattro'; 1282] agg. *1* Di forma quadrata: *figura, superficie, lastra quadra*; *mattone q.* | ***Parentesi quadra***, che ha questa forma: [ ] | ***Punto q.***, punto di ricamo caratterizzato da tanti quadratini ravvicinati. *2* (*fig.*) Robusto: *ben il conosco a le sue spalle quadre* (TASSO) | (*fig.*) ***Testa quadra***, di chi è logico e raziocinante; (*spreg.*) di chi è duro di comprendonio. *3* Detto di motore a scoppio i cui cilindri hanno la corsa uguale all'alesaggio. *4* (*mat.*) Elevato alla seconda potenza: *metro q.*

♦**quàdro** (2) [sost. di *quadro* (*1*); sec. XIII] **A** s. m. *1* Dipinto o disegno gener. incorniciato: *q. a tempera, a olio*; *un q. del Botticelli, di Rubens, di Picasso*; *i quadri dell'espressionismo*. *2* In geometria descrittiva e in prospettiva, il piano sul quale sono tracciate le immagini degli oggetti spaziali. *3* Oggetto, pezzo o spazio quadrato: *un q. di legno*; *un q. metallico*; *gonna a quadri*; *soffitto a quadri*. *4* (*fig.*) Descrizione a grandi linee: *q. clinico*; *fare un q. delle attuali condizioni economiche, della situazione politica internazionale*; *prospettare, presentare un q. positivo, pessimistico* | ***Q. politico***, la situazione politica in atto, nazionale o internazionale | Contesto: *dobbiamo valutare i fatti in un q. più ampio* | ***Nel q.***, all'interno, nell'ambito di qlco. di più vasto: *un provvedimento deciso nel q. della legge di riforma della scuola*. *5* (*fig.*) Scena, spettacolo: *ci apparve un q. di incredibile bellezza*; *un q. commovente, triste, miserevole*. *6* (*fig.*) Foglio o tabella contenente dati e informazioni di vario genere: *un q. riassuntivo delle votazioni, dei risultati, dei dati tecnici*; *q. sinottico*; *q. comparativo* | ***Q. murale***, recante scritte e figure, utilizzato nella scuola, spec. elementare, come sussidio visivo all'insegnamento. *7* In varie tecnologie, pannello recante dispositivi di controllo, comando, strumenti indicatori e sim., applicato su macchine, veicoli o apparecchiature di vario genere: *q. di manovra, di distribuzione*; *sala quadri*; *q. portastrumenti*. *8* Ogni parte, con scena unitaria, in cui può essere suddiviso ogni atto di un'opera teatrale: *dramma in un atto e quattro quadri* | ***Q.!***, escl. con cui nella sala cinematografica si protesta per l'imperfetta proiezione della pellicola. *9* (*mar.*) ***Q. di poppa***, specchio di poppa. *10* ***Q. svedese***, V. *svedese*. *11* (*al pl.*) Coloro che rivestono un grado nella gerarchia militare e che perciò inquadrano reparti ed unità. *12* (*spec. al pl.*) Nell'inquadramento del personale di un'azienda o in altre organizzazioni, chi ricopre cariche di responsabilità o svolge mansioni organizzative: *i q. intermedi*; *i q. di un partito*. *13* (*al pl.*) Uno dei quattro semi delle carte da gioco francesi. **B** in funzione di agg. inv. ● (posposto al s.) Nella loc. ***legge q.***, detto di legge o complesso di leggi che contengono i principi fondamentali relativi all'ordinamento di una determinata materia. || **quadrèllo**, dim. (V.) | **quadrétto**, dim. (V.) | **quadricèllo**, dim. | **quadróne**, accr. (V.) | **quadrùccio**, dim. (V.) | **quadruccióne**, accr.

†**quadróne** [1539] s. m. *1* Accr. di *quadro* (*2*). *2* Lastra quadra per pavimentazione. *3* Torcia di quattro ceri uniti insieme.

quadròtta [da *quadro* (*1*); 1931] s. f. ● Formato della carta da scrivere in cui le dimensioni dei due lati del foglio differiscono di poco.

quadrùccio [1952] s. m. *1* Dim. di *quadro* (*2*). *2* (*spec. al pl.*) Quadretti: *quadrucci in brodo*.

quadrùmane [vc. dotta, lat. *quadrŭmane(m)*, comp. di *quădri-* e *mănus* 'mano', rifatto sul modello di *quădrupes*, genit. *quadrŭpedis* 'quadrupede'; 1773] **A** agg. ● Che ha quattro mani, detto della scimmia. **B** s. m. ● (*disus.*) Scimmia.

quadrumviràto o **quadrunviràto** [da *quadri-* sul modello di *duumvirato, triumvirato*; av. 1675] s. m. *1* Nella Roma antica, magistratura collegiale costituita da quattro persone. *2* (*est.*) Gruppo di quattro persone di pari grado e dignità con funzioni direttive nell'ambito di una qualsiasi organizzazione | (*per anton.*) Nel 1922, comitato di quattro esponenti del partito fascista cui vennero conferiti pieni poteri straordinari allo scopo di organizzare e dirigere le operazioni di conquista violenta del governo.

quadrùmviro o **quadrùnviro** [da *quadri-*, sul modello di *duumviro, triumviro*; 1835] s. m. ● Membro del quadrumvirato.

quadrùpede o †**quadrùpedo** [vc. dotta, lat. *quadrŭpede(m)*, comp. di *quădri-* e *pēs*, genit. *pĕdis* 'piede'; av. 1320] **A** agg. ● Detto di animale che ha quattro zampe. **B** s. m. *1* Animale a quattro zampe. *2* (*fig., lett.*) Persona rozza e ignorante.

quàdrupla [f. sost. di *quadruplo*; 1935] s. f. ●

Moneta d'oro di due doppie o quattro zecchini.

quadruplatóre [vc. dotta, lat. *quadruplatōre(m)*, da *quădruplus* 'quadruplo'; 1871] **s. m.** *1* Nell'antica Roma, accusatore pubblico, delatore cui toccava il quarto sui beni dell'accusato. *2* †Chi aumenta del quadruplo il proprio patrimonio.

quadruplicàre [vc. dotta, lat. *quadruplicāre*, da *quădruplex* 'quadruplice'; av. 1472] **A v. tr.** (*io quadrùplico, tu quadrùplichi*) ● Moltiplicare per quattro, accrescere di quattro volte | (*est.*) Accrescere grandemente: *q. gli sforzi nella ricerca*. **B v. intr. pron.** ● Aumentare di quattro volte: *il capitale si è quadruplicato* | (*est.*) Aumentare grandemente.

quadruplicàto **part. pass.** di *quadruplicare*; anche **agg.** ● Nei sign. del v.: *si ricordi delle triplicate e quadruplicate promesse* (CARDUCCI). || **quadruplicataménte**, **avv.** In quantità quadruplicata.

quadruplicazióne [vc. dotta, lat. tardo *quadruplicatiōne(m)*, da *quadruplicātus*, part. pass. di *quadruplicāre*; 1745] **s. f.** ● Il quadruplicare.

quadrùplice [vc. dotta, lat. *quadrŭplice(m)*, comp. di *quădri-* e *-plex* (V. *duplice*); 1499] **agg.** ● Che è costituito, caratterizzato da quattro elementi, parti o aspetti, anche diversi tra loro: *la nostra azione ha un q. scopo*; *presentare il certificato in q. copia*; *la q. alleanza fra Francia, Inghilterra, Olanda e Austria fu conclusa nel 1718*.

quadruplicità [1745] **s. f.** ● Caratteristica di ciò che è quadruplice: *la q. di una questione da affrontare*.

quàdruplo [vc. dotta, lat. *quădruplu(m)*, variante di *quădruplex* 'quadruplice'; 1509] **A agg.** *1* Che è quattro volte maggiore relativamente ad altra cosa analoga: *oggi il nostro rendimento è q. rispetto a quello iniziale*; *ci occorrerebbe una somma di denaro quadrupla*. *2* Costituito da quattro parti uguali o simili fra loro: *filo q.* **B s. m.** ● Quantità, misura quattro volte maggiore: *costare, rendere, guadagnare il q.* **C** In funzione di **avv.** ● Quattro volte di più | (*raro, fig.*) ***Vedere q.***, avere le traveggole.

quadrupòlo ● V. *quadripolo*.

†**quaéntro** o †**qua éntro** [comp. di *qua* (*1*) ed *entro*; 1525] **avv.** ● (*raro, lett.*) In questo luogo (con v. di stato e di moto).

quàgga [vc. dell'Africa merid.; 1959] **s. m. inv.** ● Mammifero degli Equidi dell'Africa meridionale affine alla zebra e oggi estinto (*Equus quagga*).

quaggiù o †**quaggiùso**, (*lett.*) †**qua giù**, †**qua giùso** [comp. di *qua* (*1*) e *giù*; 1308] **avv.** *1* In questo luogo, posto in basso rispetto alla persona cui ci si rivolge (con v. di stato e di moto): *sono q. in cortile*; *vieni q. ad aiutarmi*; *q., in cantina fa molto fresco* | (*est.*) Con riferimento a un luogo di pianura o posto al sud: *q. la vita è molto diversa*; *q. gli inverni sono miti* | (*fig.*) Qua sulla Terra, in questo mondo: *noi q. siamo di passaggio*; *le cose, q., sono misere*; *così qua giù si gode / e la strada del ciel si trova aperta* (PETRARCA). **CONTR.** Lassù. *2* Nelle loc. avv. ***da, di q.***, stando qua in basso: *da q. non si vede niente*; dalla Terra: *stelle … tanto picciole che distinguere di qua giù non le potemo* (DANTE).

quàglia [lat. parl. **coăcula(m)*, vc. di orig. onomat.; 1320 ca.] **s. f.** ● Piccolo uccello migratore dei Galliformi dal piumaggio bruniccio macchiettato (*Coturnix coturnix*). **CFR.** Stridere. ➡ **ILL. animali**/8 | ***Re di q., delle quaglie***, uccello dei Gruiformi, simile a un piccolo gallinaceo, ottimo corridore (*Crex crex*).

quagliàre [var. antica di *cagliare* (*2*); av. 1580] **v. intr.** (*io quàglio*; aus. *essere*) *1* (*region.*) V. *cagliare* (*2*). *2* (*fig.*) Giungere a compimento, concludersi positivamente.

quaglière [da *quaglia*; av. 1320] **s. m.** ● Fischio artificiale di richiamo che imita il maschio della quaglia.

†**quàglio** ● V. *caglio* (*1*).

quagliòdromo, (*evit.*) **quagliodròmo** [da *quaglia*, sul modello di *ippodromo*; 1965] **s. m.** ● Terreno destinato alla preparazione dei cani per la caccia alla quaglia.

quai /*fr.* ke, kɛ/ [vc. fr., normanno-piccarda, di orig. gallica; 1776] **s. m. inv.** *1* Nelle stazioni ferroviarie, marciapiede, banchina che corre lungo i binari. *2* Banchina lungo un fiume | Riva o banchina di scarico.

♦**quàlche** /'kwalke*/ [da *qual(e) che (sia)*; av. 1294] **A agg. indef.** solo **sing.** *1* Alcuni, non molti (riferito a persona o cosa indica un numero o una quantità o un'entità indef. ma non grande): *ha avuto q. attimo d'incertezza*; *ha avuto q. perplessità prima di accettare*; *ha ancora q. dubbio*; *posso restare solo q. minuto*; *fra q. mese tutto sarà sistemato*; *q. persona ha visto e può testimoniare*; *c'era solo q. donna per le strade*; *cerca di trovare q. pretesto per non andare*; *ho ancora q. soldo da parte*; *se fia che q. Acheo, / del sangue ancor de' tuoi lordo l'usbergo, / lagrimosa ti tragga in servitude* (MONTI) | ***Q. volta***, talvolta, di rado: *l'ho incontrato solo q. volta* | V. anche *qualcosa*. *2* Uno (riferito a persona o cosa con valore indet.): *hai q. libro da prestarmi?*; *troverò q. soluzione*; *deve essere q. personaggio importante*; *conosci q. persona influente che possa aiutarmi?*; *speriamo si faccia vivo q. parente* | ***Q. volta, q. giorno***, una volta o l'altra, un giorno o l'altro: *q. volta gli capiterà di farsi male*; *q. giorno verremo a trovarti* | ***In q. parte, da q. parte***, in un luogo o in un altro: *ci sarà in q. parte un luogo tranquillo*; *devo già averlo incontrato da q. parte* | ***In q. modo***, alla meno peggio, in un modo o nell'altro: *ho messo già le mie idee in q. modo*; *in q. modo troveremo la soluzione*. *3* Un certo (seguito da un s. astratto e preceduto o no dall'art. indet.), esprimendo quantità o qualità o dati di fatto più o meno rilevanti o abbastanza sostanziali: *ci fermeremo là per q. tempo*; *è un uomo di q. rilievo*; *ho accettato ma non senza q. esitazione*; *c'è q. fondamento di verità*; *ho q. ragione per dubitare di lui*; *è un'opera di un q. valore*. *4* (*enfat.*) Appropriato, idoneo; determinato (preceduto dall'art. indet.): *ci sarà pure un q. mezzo per convincerlo*; *non mancherà una q. spiegazione a questa vicenda*; *deve esserci sotto un q. mistero*; *bisognerà trovare una q. scusa*. **B avv.** ● († o *region.*) Circa, qualcosa come: *possiede q. dieci appartamenti*; *eran q. otto leghe cavalcate* (PULCI).

†**quàl che** /'kwalke*, kwal'ke*/ [1319] **agg.** e **pron. indef. m.** e **f.** solo **sing.** ● (*lett.*) Qualunque, qualsiasi (con valore relativo): *da qual che parte il periglio l'assanni* (DANTE *Purg.* XIV, 69).

qualche còsa ● V. *qualcosa*.

qualchedùno ● V. *qualcuno*.

†**qualchessìa** o †**quàle che sia** [da *qual(e) che sia*] **agg. indef.** ● Qualsiasi.

♦**qualcòsa** o **qualche còsa** [da *qual(che) cosa*; av. 1400] **A pron. indef. m.** e **f.** solo **sing.** *1* Una o più cose (con valore neutro e concordato con il genere m., esprime indeterminatezza): *hai bisogno di q.?*; *desiderate q.?*; *beviamo q.?*; *datemi q. da mangiare*; *q. si è certamente rotto*; *possiamo fare q. per voi?*; *appena arrivate, fateci sapere q.*; *conosce un'assistente sociale o q. di simile* | ***Avere q. da parte***, (*fam.*) un po' di denaro | ***Ne so q. io!***, (*fam.*) ne ho una personale esperienza | ***Avere q. al sole***, avere delle proprietà, dei terreni coltivabili e sim. | ***Ho provato un q. dentro nel vederlo così malridotto***, ho provato un sentimento di pena e sim. | ***È già q.***, è meglio di niente, non è poco: *è già q. che si sia fatto vivo* | ***Q. mi dice***, ho un presentimento, una sensazione: *q. mi dice che quel ragazzo farà strada* | ***Q. come***, nientemeno che: *ha già speso q. come diecimila euro* | ***Ha speso duemila euro e q.***, un po' più di duemila euro | ***Q. (di) meno, q. (di) più***, un po' meno, un po' più: *l'ho pagato q. di più di venti euro*; *'quanto hai speso? trenta euro?' 'q. di meno!'*. *2* Con valore più determinato seguito da 'altro' o da un compl. partitivo: *vorrei qualcos'altro da mangiare*; *puoi fare ancora qualcos'altro per noi*; *c'è q. di poco chiaro nel suo comportamento*; *ha detto che non può o q. del genere*; *non hai q. di meglio da fare?*; *c'è q. di nuovo oggi nel sole* (PASCOLI) | (*fam.*, *enfat.*) Con determinazione di grado superlativo: *lo spettacolo è stato q. di straordinario*; *è q. di spassoso questo libro*; *ha un bambino che è q. di bello*. *3* Qualcuno, persona di un certo rilievo, prestigio e sim.: *spera di diventare q.*; *si crede q.*; *pensa di essere q.* **B** in funzione di **avv.** ● (*raro, lett.*) In parte: *la vista spazia per prospetti più o meno estesi ma ricchi sempre e q. nuovi* (MANZONI). || **qualcosellina**, **dim.** | **qualcoserèlla**, **dim.** | **qualcosétta**, **dim.** | **qualcosina**, **dim.** | **qualcosùccia**, **pegg.**

♦**qualcùno** o (*raro*) **qualchedùno** [da *qualc(he) uno*; 1354] **A pron. indef.** oggi solo **sing.** (**pl. m.** pop., tosc. lett. †*qualcùni*.) Si può troncare davanti a parola che comincia per consonante; si tronca sempre davanti a *'altro'* e si elide davanti ad *'altra'*: *qualcun altro*; *qualcun'altra* (V. nota d'uso ELISIONE e TRONCAMENTO). *1* Alcuni, non molti (riferito a cose, persone o animali indica una quantità o un numero indef. ma non grande): *ho visto q. dei suoi quadri*; *c'era q. della famiglia*; *puoi prestarmi q. dei tuoi libri?*; *hai troppi mobili, dovresti darne via q.*; *guarda fra quei giornali se ce n'è q. che ti interessa*; *q. è favorevole a noi, altri sono decisamente contrari*; *forse q. fra i più anziani si ricorda di questo famoso attore di prosa*; *conosci qualcuna di quelle persone?*; *alla mostra c'erano molti bei cani: q. era davvero eccezionale* | Con valore raff. seguito da 'altro' con valore più det.: *chiedete ancora a qualcun altro*; *ne vorrei qualcun'altra* | Con riferimento abbastanza determinato: *q. ne dovrà pur rispondere*; *q. la dovrà pur pagare*; *q. ne è certamente a conoscenza*. *2* Uno (riferito a persona, *raro* a cosa, con valore indet.): *sento avvicinarsi q.*; *stai aspettando q.?*; *c'è q. in anticamera che chiede di te*; *ci vorrebbe q. pratico di queste faccende*; *gli avrà fatto q. dei suoi stupidi scherzi*; *q. ha suonato alla porta* | ***C'è q.?***, entrando in una stanza o chiamando dall'esterno | ***Ne ha fatta, detta, combinata qualcuna delle sue***, una delle sue marachelle, delle sue solite sciocchezze. *3* Persona di una certa importanza, di un certo valore o autorità: *nel campo dei suoi studi è ormai q.*; *si crede q. ora che è diventato ricco*; *spera un giorno di diventare q.* **B agg. indef.** ● †Qualche: *se pietà ancor serba / l'arco tuo saldo, e qualcuna saetta* (PETRARCA).

♦**quàle** [lat. *quāle(m)*, di orig. indeur.; sec. XII] **A agg. interr.** (**pl.** *quali*, poet. †*quai*, poet. †*qua'* davanti a parola che comincia per consonante.) Si tronca davanti a parole che cominciano per vocale, spec. davanti alle forme del v. *essere*, e anche davanti a parole che cominciano per consonante spec. in alcune espressioni entrate nel linguaggio comune: *qual è*; *qual era*; *qual sono*; *per la qual cosa*; *in un certo qual modo*. ATTENZIONE: poiché si tratta di troncamento e non di elisione, non si apostrofa mai: *qual è* e non *qual'è* (V. nota d'uso ELISIONE e TRONCAMENTO). ● Si usa in prop. interr. dirette e indirette e in prop. dubitative allo scopo di conoscere la qualità, l'identità, la natura o anche il numero o l'entità di qlco. o di qlcu.: *con q. criterio scegli i dipendenti?*; *non so quali motivi possano averlo indotto ad agire così*; *q. decisione posso prendere?*; *a q. conclusione sei giunto?*; *non si sapeva q. uomo egli fosse*; *per q. ragione dovrei andarmene?*; *non sa a q. santo votarsi*; *dimmi con q. gente sei stato ieri*; *ignoravo q. successo avrebbe ottenuto*; *quale velocità puoi raggiungere?*; *quali misure hai?*; *per q. giorno potrai consegnare il lavoro?*; *devi decidere per q. data vuoi partire*; *in q. mese vi siete visti l'ultima volta?*; *q. metraggio ti occorre?*; *quali a noi secoli / sì mite e bella ti tramandaronо?* (CARDUCCI) | ***Non so q.***, un certo, una certa (con valore indet.): *provo non so q. rimpianto*; *ha un non so q. fascino sottile* | In frasi escl. che esprimono disappunto, meraviglia, rifiuto e sim.: *ma quali vacanze: non ho il becco di un quattrino!* **SIN.** Che. **B agg. escl.** ● (*enfat.*) Si usa per sottolineare la qualità, la natura di qlco. o di qlcu.: *q. orrore!*; *q. coraggio!*; *q. audacia!*; *q. scempio è stato fatto della nostra patria!*; *q. eroe muore con lui!* **SIN.** Che. **C agg. rel.** *1* Come quello che, nelle condizioni, nella qualità che (spec. in correlazione con 'tale', anche se sottinteso): *ho avuto un successo tale, q. non osavo sperare*; *piacemi almen che' miei sospir sian quali / spera 'l Tevere e l'Arno / e 'l Po* (PETRARCA); *sarò qual fui* (PETRARCA); *l'appartamento, q. lo vedete, è in vendita per una sciocchezza* | (*est.*) Della qualità, della grandezza di: *scrittori quali Leopardi e Manzoni*; *filosofi quali Bruno e Campanella* | Come per esempio: *alcuni artropodi, q. la tarantola, hanno un veleno mortale* | ***Tale q., tale e q., tal q.***, somigliantissimo, identico: *è tale q. suo nonno*; *è uno scrittore nato, tale e q. suo zio*; *ho un mobile proprio tale e q.* | ***Mi ha detto proprio così, tale e q.***, testuale. *2* In qualità di, con funzioni di: *noi, quali rappresentanti della stampa, abbiamo diritto di assistere al dibattito*. *3* (*lett.*) In correlazione o no con 'tale', introduce il primo termine di una similitudine: *Quali colombe dal disio chiamate…* (DANTE *Inf.* V, 82); *q. ne' plenilunii sereni / Trivia ride tra le ninfe etterne / … / vid' i' sopra migliaia di lucerne / un sol* (DANTE *Par.* XXIII, 25-29). *4* (*lett.*, *enfat.*) Si usa al principio di un periodo per stabilire connessione con quello precedente: *a' quai ragionamenti Calandrino posto orecchio ... si congiunse con loro* (BOCCACCIO). **D** agg. indef. *1* Qualunque (con valore rel., spec. seguito da 'che' e con il v. al congv.): *quando io vi offendo in qualunque modo e con qual si sia mezzo, io non me n'avveggo* (LEOPARDI); *devi assolutamente intervenire, quali che siano le tue opinioni personali* | V. anche †*qual che*. *2* Con valore correl. (*lett.*) Uno, l'altro: *qual fior cadea sul lembo, / qual sulle trecce bionde* (PETRARCA). *3* (*pleon.*) Con valore raff.: *in un certo qual modo tu hai ragione*; *parla di lei con un certo qual rimpianto*. **E** pron. interr. m. e f. *1* Si usa nelle prop. interr. dirette ed indirette e nelle prop. dubitative allo scopo di conoscere la qualità, la natura, l'identità di qlco. o di qlcu.: *q. dei due scegli?*; *se vuoi che ti porti dei libri, dimmi quali preferisci*; *sono incerto su q. comprare*; *di quali hai maggior copia, di beni o di mali?* (LEOPARDI). *2* (*fam.*) Nella loc. ***per la q.***, come deve o dovrebbe essere, con tutte le qualità necessarie: *non è una persona troppo per la q.*; *quello era per lei un posticino proprio per la q.* (PIRANDELLO). *3* (*lett.*) †Chi: *Qual se' tu che così rampogni altrui?* (DANTE *Inf.* XXXII, 87). *4* (*raro, lett.*) †Quale delle due cose (con valore neutro): *dicendoli q. e' volesse, o subito restituire il suo porco, o che egli andasse al rettore* (SACCHETTI). **F** pron. rel. m. e f. *1* Che, cui (sempre preceduto dall'art. det., come sogg. e compl., riferito a cosa o a persona): *sono andato dal principale il q. mi ha rassicurato*; *la figlia di mio fratello, la q. è in collegio, si è ammalata*; *ho incontrato degli amici ai quali ho raccontato la tua vicenda*; *molte persone per le quali la generosità non significa nulla dovrebbero imparare da lui*; *il libro del q. parla Carlo è appena stato pubblicato*; *il paese nel q. abito è piuttosto squallido*; *la persona con la q. mi hai visto è solo un conoscente*; (*lett.* anche senza l'art. det.) *E come questa imagine rompeo / sé per sé stessa, a guisa d'una bulla / cui manca l'acqua sotto qual si feo* (DANTE *Purg.* XVII, 31-33) | (*lett., enfat.*) Si usa al principio di un periodo per stabilire connessione con quello precedente. *2* (*lett.*) Colui che (o chi) (riferito a persona): *Qual più gente possede / colui è più da suoi nemici avvolto* (PETRARCA). **G** pron. indef. m. e f. *1* (*lett.*, con valore correl.) Alcuni, altri; gli uni, gli altri; l'uno, l'altro e sim.: *qual va dinanzi, e qual di dietro il prende, / e qual dallato li si reca a mente* (DANTE *Purg.* VI, 5-6); *e poi scesero al frate poverello, / quali sul capo, quali sulle spalle* (PASCOLI). *2* (*lett.*) †Chiunque (con valore rel. anche seguito da 'che' e con il v. al congv.): *miserere di me ... / qual che tu sii, od ombra od omo certo!* (DANTE *Inf.* I, 65-66); *ivi fa che 'l tuo vero, / qual io mi sia, per la mia lingua s'oda* (PETRARCA). **H** in funzione di s. m. ● (*poet.*) †La qualità: *l'alto effetto / ch'uscir dovea di lui e 'l chi e 'l quale, / non pare indegno ad omo d'intelletto* (DANTE *Inf.* II, 17-19). || PROV. Qual madre tal figlio. || **qualménte**, avv. (V.).

†quàle che sìa /'kwale kes'sia/ ● V. †*qualchessia*.

†qualèsso [comp. di *qual(e)* e *esso*] agg. e pron. interr. m. solo sing. ● (*raro, intens.*) Quale.

qualìfica [da *qualificare*; 1745] s. f. *1* Attributo o appellativo derivante da un giudizio sulle caratteristiche di una persona: *q. di onesto*; *guadagnarsi la q. di specialista*; *meritare la q. di sciocco, di ladro*. *2* Denominazione della specifica posizione del prestatore di lavoro relativamente alle mansioni che esplica. *3* Titolo professionale: *q. di dottore, di geometra*.

qualificàbile [1871] agg. ● Che si può qualificare: *merce q. come prodotto di prima qualità*.

qualificànte [1823] part. pres. di *qualificare*; anche agg. *1* Nei sign. del v. *2* Significativo, saliente, rilevante: *i punti qualificanti del recente accordo fra i partiti al governo*.

qualificàre [comp. di *quale* e *-ficare*; sec. XIV] **A** v. tr. (*io qualìfico, tu qualìfichi*) *1* Giudicare e definire in base a precise qualità o caratteristiche: *q. qlcu. come un serio professionista, un buon padre, un pessimo soggetto*; *non si può q. buono un simile libro*; *io lo qualifico tra i nostri maggiori scienziati*. *2* Preparare allo svolgimento di una attività, fornendo specifiche cognizioni e facendo acquisire tecniche particolari (*anche assol.*): *q. i lavoratori*; *sono apprendistati che qualificano*. **B** v. rifl. *1* Attribuirsi una qualifica, un titolo, anche abusivamente: *qualificarsi come giornalista*; *si è qualificato come ingegnere, medico*. *2* Ottenere una qualifica, una posizione o un diritto, superando precise prove od esami: *qualificarsi a un concorso*. *3* (assol.; + *per*; + *a*) Nello sport, superare turni eliminatori o di qualificazione, per poter partecipare a una fase successiva di una competizione o a una determinata gara: *si è qualificato per la finale dei cento metri*; *l'Italia si è qualificata alla finale del campionato europeo*.

qualificatìvo [1871] agg. ● Che serve a qualificare | ***Aggettivo q.***, che indica una qualità (ad es. *bruno, triste, lento, insipido*).

qualificàto [sec. XIV] part. pass. di *qualificare*; anche agg. *1* Nei sign. del v. *2* Fornito di qualità: *uomo q. e di grande estimazione* (MACHIAVELLI) | (*est.*) Che si distingue per capacità, ceto, ricchezza e sim.: *una delle famiglie più qualificate* | ***Ambiente q.***, socialmente elevato. *3* Dotato di una specifica qualifica e competenza professionale: *tecnico q.*; *operaio q.* | (*est.*) Abile ed esperto in un lavoro e sim.: *è un medico molto q.*; *è il più q. tra noi* | ***Essere q. per qlco., a fare qlco.***, disporre della necessaria preparazione: *non mi ritengo q. per questo incarico*.

qualificatóre [av. 1698] s. m.; anche agg. (f. *-trice*) ● (*raro*) Chi (o Che) qualifica.

qualificazióne [1745] s. f. *1* Il qualificare, il qualificarsi | Definizione, classificazione | Nel diritto internazionale privato, individuazione della norma che deve applicarsi a un dato fatto concreto: *problema della q.* *2* Nel diritto del lavoro, acquisizione da parte del lavoratore subordinato di una specifica capacità tecnica, in seguito alla partecipazione dello stesso a opportuni corsi. *3* Gara o serie di gare che un atleta o una squadra devono superare per poter partecipare a una determinata competizione.

♦**qualità** [vc. dotta, lat. *qualitāte(m)*, da *quālis* 'quale'; calco sul gr. *poiótēs*; 1294] s. f. *1* Elemento o insieme di elementi concreti che costituiscono la natura di qlcu. o di qlco., e ne permettono la valutazione in base a una determinata scala di valori: *una merce di q. buona, ottima, cattiva, scadente*; *la q. di un materiale, di un prodotto*; *un vino di pessima q.*; *q. innate, acquisite*; *è un ragazzo ricco di buone q.*; *l'intensità del freddo, e l'ardore estremo de la state, ... sono q. di quel luogo* (LEOPARDI) | ***Di prima q.***, qualitativamente ottimo | ***Salto di q.***, mutamento, rinnovamento radicale | ***Q. negative***, vizi, difetti. SIN. Requisito. *2* Dote, virtù, pregio: *l'intelligenza è la sua unica q.*; *un libro privo di q.*; *un film di q.*; *non posso enumerare tutte le sue q. morali*; *la q. del prodotto è fuori discussione*. *3* Specie, sorta, genere: *ogni q. di fiori, di frutta*; *oggetti, animali di varie q.* *4* (*lett.*) Condizione sociale, rango, grado: *secondo la q. del morto vi veniva il chericato* (BOCCACCIO) | ***In q. di***, in quanto tale, nella veste di: *in q. di vostro medico personale, vi proibisco l'alcol nel modo più assoluto*; *ho presentato una formale protesta, nella mia q. di ambasciatore*. *5* Modo di essere particolare: *considerata la q. del vivere e de' costumi di Toscana* (BOCCACCIO) | ***Q. della vita***, insieme delle condizioni ambientali, sociali, lavorative e sim. che concorrono a determinare il grado di benessere del vivere quotidiano | †***Di q. che***, di modo che. *6* (*filos.*) Modo di essere di un qualsiasi oggetto | ***Q. di una proposizione***, la sua proprietà di essere affermativa o negativa. *7* (*ling.*) Timbro di una vocale. *8* (*org. az.*) Conformità di un prodotto o di un servizio alle specifiche stabilite | ***Circolo di q.***, gruppo di lavoratori che, all'interno dell'azienda, partecipa al miglioramento della qualità dei prodotti e all'ottimizzazione dei processi produttivi, esprimendo suggerimenti e critiche basati sull'esperienza operativa | ***Q. totale***, metodo di gestione aziendale volto a migliorare l'efficienza del sistema attraverso il rispetto di norme stabilite | ***Certificazione di q.***, V. *certificazione* | ***Controllo di q.***, controllo statistico fatto sui pezzi della produzione per assicurarsi delle loro caratteristiche | ***Sistema q.***, insieme organico di procedure, programmi e risorse messo in atto per la gestione dell'organizzazione aziendale e il controllo dei processi produttivi.

qualitatìvo [vc. dotta, lat. tardo *qualitatīvu(m)*, dal lat. *quālitas*, genit. *qualitātis* 'qualità'; 1353] **A** agg. ● Attinente alla qualità: *scelta qualitativa*; *esame, giudizio q.* | ***Salto q.***, (*fig.*) salto di qualità | ***Analisi qualitativa***, operazione chimica atta a riconoscere i vari componenti di una sostanza o di un miscuglio di sostanze, senza stabilirne le rispettive quantità. || **qualitativaménte**, avv. Per quanto riguarda la qualità: *merce qualitativamente superiore, inferiore, mediocre, scadente, ottima, pessima*. **B** s. m. ● Qualità: *il q. della merce*.

qualménte [comp. di *qual(e)* e *-mente*] avv. ● (*raro, lett.*) Come: *la sora Carolina...venne a raccontare q. avevano vista la Gilda in Galleria* (VERGA) | (*pleon., spec. scherz.*) ***Come (e) qualmente***, come e in che modo esattamente: *vi racconterò come e q. siano andate le cose*.

qualóra [comp. di *quale* e *ora*; 1294] cong. (poet. troncato in *qualor*) *1* Nel caso che, se mai (introduce una prop. condiz. con il v. al congv.): *q. vi metteste d'accordo, si potrebbero evitare molti fastidi*; *q. avvenissero dei mutamenti, vi prego di informarmene tempestivamente*. *2* (*lett.*) Allorché, quando (introduce una prop. temp. con il v. all'indic.): *q. egli avvien che noi insieme ci raccogliamo, è maravigliosa cosa a vedere* (BOCCACCIO).

†qualsìa [da *quale (che) sia*; 1810] agg. indef. (pl. *qualsiano*) ● (*raro, lett.*) Qualsiasi.

♦**qualsìasi** [da *quale siasi* 'quale che si sia'; 1611] **A** agg. indef. (pl. inv. se posposto al s., raro lett. *qualsiansi* se preposto al s.) ● Qualunque: *sono a tua disposizione in q. momento*; *vieni un giorno q. della settimana prossima*; *lo farò a prezzo di q. sacrificio*; *sono disposto a pagare q. somma per quel quadro*; *per lui farei q. cosa*; *q. somaro lo saprebbe* | (*spreg.*) Comune, ordinario: *un uomo q.*; *persone q.*; *è un quadro q.* **B** agg. rel. indef. m. e f. solo sing. ● Qualunque (seguito da un v. al congv. o, pop. o †, all'indic.): *sarò d'accordo con te, q. scelta tu faccia*.

qualsisìa o (*raro*) **qual si sia** [da *quale (che) si sia*; 1441] agg. indef. (pl. inv. o raro *qualsisiano*) ● (*lett.*) Qualsiasi: *q. la ragione che possa trattenerti, non devi mancare*.

qualsivòglia o †**qualsivògli** [da *quale si voglia*; 1476] agg. indef. (pl. inv. o raro *qualsivògliano*) ● (*lett.*) Qualsiasi, qualunque si voglia: *non che tollerata, ma sommamente amata da q. animale* (LEOPARDI).

†qualùnche ● V. *qualunque*.

♦**qualùnque** o †**qualùnche** [comp. di *qual(e)* e *-unque* (V. *chiunque*); 1219] **A** agg. indef. inv. (nell'uso lett. †riferito anche a un s. pl.) *1* L'uno o l'altro che sia, indifferentemente: *telefona a q. ora*; *passami un giornale q.*; *vieni un giorno q. di questa settimana*; *una risposta q. bisogna dargliela*; *compero a q. prezzo*; *partiremo con q. tempo* | (*spreg.*) Posposto a un s., esprime indifferenza, noncuranza: *prenderemo un treno q.*; *mi dia un dopobarba q.* | Comune, ordinario: *è un medico q.*; *è una donnetta q.*; *non è un pianista q.* *2* (*est., enfat.*) Ogni: *sono disposto a fare q. cosa per lui*; *ho fatto q. sacrificio per aiutarlo*; *gli uomini sono tutti uguali, in q. parte del mondo*; *voglio riuscire a q. costo*; *è capace di q. infamia*; *q. altra persona avrebbe agito così*. **B** agg. indef. rel. m. e f. inv. (pop. riferito anche a un s. pl.) ● L'uno o l'altro che (introduce una prop. rel. con il v. al congv. o, pop. o †, all'indic.): *q. sia il risultato che possa avere il nostro tentativo, pure bisogna farlo*; *q. cosa io facessi, sbagliavo sempre*; *q. sia stato il movente, la punizione deve essere esemplare*; *a q. animale alberga in terra* (PETRARCA); *q. siano le sue giustificazioni ha diritto di esporle* | †***Q. volta, q. ora, q. otta***, ogni volta che. **C** pron. rel. indef. m. e f. solo sing. ● †Chiunque: *batte col remo q. s'adagia* (DANTE *Inf.* III, 111).

qualunquìsmo [dal titolo del giornale *L'uomo qualunque* fondato nel 1944 da G. Giannini; 1945] s. m. *1* Movimento di opinione italiano nato nel secondo dopoguerra che, pretendendo di esprimere le opinioni e le aspirazioni del cittadino medio, affermava che la forma ideale di Stato fosse quella puramente amministrativa, ispirata da semplici criteri di buonsenso, senza la presenza di partiti politici. *2* (*est., spreg.*) Atteggiamento di critica generica e semplicistica o di indifferenza nei confronti della politica dei partiti, dei problemi sociali, ecc.

qualunquìsta [1945] **A** s. m. e f. (pl. m. *-i*) *1* Seguace, sostenitore del qualunquismo. *2* (*est.*) Chi dimostra qualunquismo. **B** agg. ● Qualunquistico: *tendenza q.*

qualunquìstico [1950] **agg.** (**pl. m.** *-ci*) ***1*** Relativo al qualunquismo. ***2*** Da qualunquista: *atteggiamento q.* ‖ **qualunquisticaménte**, **avv.**

qualvòlta o **qual vòlta** [da *quale volta*; av. 1321] **cong.** ● (*raro, lett.*) Ogni volta che (introduce una prop. temp. con valore rel. e il v. all'indic.): *quanta pietà mi stringe per te, qual volta leggo, qual volta scrivo cosa che a reggimento civile abbia rispetto!* (DANTE) | V. anche *ogniqualvolta*.

quàmquam [lat. 'quantunque', raddoppiamento di *quăm*, dalla stessa radice di *quĭs* 'chi'; 1816] in funzione di **s. m.** ● (*lett., scherz.*) Nelle loc. ***fare il q.***, ***stare sul q.***, ***spacciare il q.***, ***arroccarsi sul q.*** e sim., fare il saccente, fare il saputo, ostentare la propria importanza e farsene vanto.

quandànche o **quand'ànche** [comp. di *quand(o)* e *anche*] **cong.** ● Anche se, quando pure, anche qualora, seppure (introduce una prop. concessiva, dal valore leggermente condiz., con il v. al congv.): *q. vincessi l'ultima partita, non mi qualificherei ugualmente.*

♦**quàndo** [lat. *quăndo*, dal pron. *quĭs* 'chi'; av. 1250] **A avv.** ***1*** In quale tempo o momento (in prop. interr. dirette e indirette): *q. arriverà tuo fratello?*; *q. l'hai saputo?*; (*enfat.*) *quand'è che sei ritornato?*; fammi sapere di preciso q. verrai; chiedigli q. ha intenzione di decidersi; dimmi come e q. è successo; (*assol.*) *'Devo partire presto' 'q.?'* | In prop. interr. retoriche: *q. la finirai con queste storie?*; *q. mai ho detto questo?*; *da q. in qua ti permetti di rispondermi così?*; *q. metterai la testa a posto?*; *q. si deciderà a cambiare vita?* | ***Da q.***, da quanto o quale tempo o momento: *da q. sei qui?*; *da q. hai smesso di fumare?* | ***Di q.***, di quale periodo, epoca: *di q. sono questi scritti?*; *di q. è la sua conversione?* | ***Per q.***, per quale tempo, epoca o periodo: *per q. avrai finito?*; *per q. sarai pronta?* | ***Fino a q.***, fino a che tempo o momento: *fino a q. dovrò sopportarti?*; *fino a q. continuerai a lamentarti?* | ***Chissà q.***, ***Dio solo sa q.***, per indicare un tempo indefinito in espressioni dubitative: *Dio solo sa q. potremo rivederci*; *chissà q. finirà.* ***2*** (con valore correl.) (*lett.*) Ora ... ora, una volta ... l'altra: *ci andava q. a piedi, q. in carrozza*; *dice q. una cosa, q. un'altra*; *Pasqua cade q. in aprile e q. in maggio* | ***Q. sì, q. no***, non sempre | ***Di q. in q.***, (*raro*) ***a q. a q.***, di tanto in tanto, ogni tanto, qua e là (con valore temp. e locativo): *di q. in q. esco a cena con gli amici*; *a q. a q. la pioggia cadeva più forte.* **B cong.** ***1*** Nel tempo o nel momento in cui (introduce una prop. temp. con il v. all'indic. o, lett. al congv.): *q. sarai grande, capirai meglio*; *verrò q. avrò finito questo lavoro*; *è arrivato q. ormai non l'aspettavamo più*; *l'ho ritrovato tale e quale come q. l'ho lasciato*; *è accaduto q. meno me l'aspettavo*; *avevo già deciso di uscire, q. squillò il telefono*; *ti prometto, q. io muoia, di lasciarti tutta la mia roba* (LEOPARDI); *non è molto facile essere onesti q. si sta male* (PIRANDELLO) | Preceduto da una prep. che meglio determina il valore temp.: *non ha più scritto da q. è partito*; *raccontaci di q. eri bambino*; *tutto deve essere a posto per q. tornerà*; *farete così fino a q. non disponga diversamente* | Tutte le volte che, ogni volta che (con valore iter.): *q. penso al pericolo corso, non posso non tremare ancora* | ***Quand'ecco***, ed ecco, e inaspettatamente, e all'improvviso, e proprio in quel momento (anche con il v. all'inf.): *stavo per uscire quand'ecco mi vedo arrivare quello scocciatore*; *eravamo già arrivati in vista della villa, quand'ecco scatenarsi un temporale fortissimo* | ***Q. che sia***, una volta o l'altra, prima o poi: *q. che sia dovrò pur decidermi* | (*region.*) †***Q. che***: *lo faremo q. che lo vorrai tu* | V. anche *allorquando*. ***2*** Introduce una prop. escl. con il v. all'indic. ed esprime meraviglia, dispiacere, disappunto, dolore, rammarico e sim.: *q. si dice la sfortuna ...!*; *q. si dice la combinazione ...!*; *q. si nasce disgraziati!*; *q. si nasce con la camicia!* ***3*** Nel quale, in cui (preceduto da un s. introduce una prop. relativa con il v. all'indic.): *l'ho visto lo stesso giorno q. ci siamo incontrati noi*; *è stato quella volta q. sono venuto da te*; *il giorno q. si saprà la verità, vorrò esserci.* ***4*** Mentre, laddove (con valore avversativo): *ha voluto parlare q. gli conveniva tacere*; *tu protesti in continuazione q. chi dovrebbe giustamente lamentarsi, tace*; *chiede i danni q.* (pop. *q. che*) *il vero danneggiato sono io.* ***5*** Se, qualora (introduce una prop. condiz. con il v. all'indic. o al congv.): *q. tu lo volessi comprare, potrei aiutarti*; *q. ci sono i soldi, è facile trarsi d'impaccio*; *q. c'è la salute, c'è tutto* | (*raff.*) ***Quand'anche***, V. quandanche. ***6*** Giacché, dal momento che (introduce una prop. caus., con il v. all'indic.): *q. tutti lo desiderano, facciamolo senz'altro!*; *q. ti dico che non lo so, non lo so davvero!* ***7*** Come rafforzativo di *mai*, con valore di certamente no, sicuramente no, in frasi interrogative retoriche o in risposta a interrogazione: *q. mai ha avuto tanti denari in mano?*; *io mancarle di rispetto, eccellenza? q. mai!* **C** in funzione di **s. m. inv.** ● Il momento, la circostanza, il tempo: *vorrei avere notizie precise sul come e sul q. di questo episodio*; *per il dove e il q. ti informerò appena possibile* | (*lett.*) Attimo, momento: *io l'ho visto / là 've s'appunta ogne ubi e ogne q.* (DANTE *Par.* XXIX, 11-12).

†**quandùnque** [comp. di *quand(o)* e *-unque* (V. *chiunque*); 1319] **cong.** ● Ogni volta che, tutte le volte che (introduce una prop. temp. con il v. all'indic.): *q. l'una d'este chiavi falla, / ... / ... non s'apre questa calla* (DANTE *Purg.* IX, 121-123).

quàntico [da *quanto* (*3*); 1930] **agg.** (**pl. m.** *-ci*) ***1*** (*fis.*) Quantistico. ***2*** (*fis.*) Detto di fenomeno, condizione, ente ai quali, per una certa grandezza, possono corrispondere solo certi valori discreti: *stato, salto q.*; *orbita quantica* | ***Numero q.***, V. *numero*.

quantificàbile [1912] **agg.** ● Che si può quantificare.

quantificàre [ingl. *to quantify*, dal lat. mediev. *quantificāre*, comp. di *quăntus* 'quanto' e *-ficāre* '-ficare'; 1974] **v. tr.** (*io quantìfico, tu quantìfichi*) ● Esprimere, valutare in termini di quantità o di numero: *non si possono ancora q. i danni provocati dall'incendio.*

quantificatóre [1970] **A s. m.** ● In logica, simbolo che si premette a una proposizione, per indicare quanti sono gli elementi della proposizione per cui essa è vera | ***Q. esistenziale***, quello che indica l'espressione 'esiste un', 'esiste almeno un' | ***Q. universale***, quello che indica l'espressione 'tutti', 'per ogni'. **B** anche **agg.** (**f.** *-trice*): *simbolo q.*

quantificazióne [ingl. *quantification*, dal lat. *quăntus* 'quanto', col suff. *-fication* '-ficazione'; 1959] **s. f.** ● Il quantificare: *la q. dei danni* | In logica, operazione con la quale si attribuisce a un termine della proposizione una determinata estensione mediante i quantificatori.

quantìle [da *quanto* (*1*)] **s. m.** ● (*stat.*) In un insieme di valori ordinati in senso non decrescente, ciascuno dei valori che lasciano al di sotto o al di sopra di sé una determinata percentuale dei dati.

quantìstico [da *quanto* (*3*); 1930] **agg.** (**pl. m.** *-ci*) ● (*fis.*) Relativo ai quanti e alla teoria dei quanti. **SIN.** Quantico | ***Meccanica quantistica***, teoria fisica che studia e descrive i sistemi basandosi sul concetto di quanto.

♦**quantità** [vc. dotta, lat. *quantitāte(m)*, da *quăntus* 'quanto'; sec. XIII] **s. f.** ***1*** Entità valutabile o misurabile per numero, peso, dimensione o grandezza: *dimmi la q. di cibo che desideri*; *ignoro la q. di denaro che possiede*; *piccola, grande q.*; *q. sufficiente, insufficiente*; *una certa q.*; *la q. non deve andare a scapito della qualità*; *la q. delle riserve è in continua diminuzione* | ***Q. di elettricità***, insieme delle cariche elettriche considerate sommate algebricamente | ***Q. di moto***, prodotto della massa di un corpo per la sua velocità. ***2*** Gran numero, copia, abbondanza: *una q. di turisti, di visitatori*; *una grande q. di gente affluiva da ogni parte*; *una incredibile q. di denaro*; *riesce a svolgere una discreta, buona, notevole q. di lavoro* | ***In q.***, in abbondanza, molto | ***In grande q.***, moltissimo | ***In piccola q.***, con scarsezza, poco. **SIN.** Infinità, moltitudine. ***3*** (*ling.*) Durata di emissione di un suono o gruppo di suoni. ***4*** (*mat.*) Elemento di quelli appartenenti a una classe in cui si possono stabilire operazioni e relazioni analoghe a quelle sui numeri. ***5*** (*filos.*) Proprietà di una proposizione di essere universale o particolare.

quantitatìvo [dal lat. *quăntitas*, genit. *quantitātis* 'quantità'; sec. XIV] **A agg.** ***1*** Che concerne la quantità: *dati, valori quantitativi*; *valutazione quantitativa* | ***Analisi quantitativa***, operazione chimica atta a stabilire le quantità dei vari componenti di una sostanza o di un miscuglio di sostanze. ***2*** (*ling.*) Che si riferisce alla quantità | Che è fondato sulla quantità delle sillabe: *ritmo, verso q.*; *poesia quantitativa greco-latina.* ‖ **quantitativaménte**, **avv.** Relativamente alla quantità. **B s. m.** ● Quantità: *un piccolo, un discreto, un ingente q.*; *un grosso q. di merce è avariato*; *per stabilire il prezzo bisogna prima sapere il q.*

quantizzàre [da *quanto* (*3*); 1959] **v. tr.** ● (*fis.*) Applicare i principi della teoria dei quanti | Imporre, con ragioni teoriche o sperimentali, che una certa grandezza fisica vari per quanti.

quantizzàto [1941] **part. pass.** di *quantizzare*; anche **agg.** ● (*fis.*) In meccanica quantistica, detto di grandezza che può assumere solo un insieme discreto di valori.

quantizzazióne [da *quantizzare*; 1935] **s. f.** ● (*fis.*) Fenomeno studiato dalla meccanica quantistica, per il quale le grandezze fisiche (energia, momento angolare, carica, massa ecc.) possono assumere solo alcuni valori e non altri.

♦**quànto** (**1**) [lat. *quăntu(m)*, da *quăm* (V. *quamquam*); av. 1250] **A agg. interr.** (Si può elidere davanti a parole che cominciano per vocale: *quant'era?*; *quant'altri*) ● Si usa in prop. interr. dirette e indirette e in prop. dubitative allo scopo di conoscere la quantità, la misura, il numero di qlco. o di qlcu.: *q. tempo impiegherai?*; *quante volte ti ha scritto?*; *q. denaro guadagnate?*; *quante persone hanno risposto all'inserzione?*; *vorrei sapere quanta stoffa ci vuole*; *non mi ha detto quanti anni ha*; *gli ho chiesto per quanti mesi sarà assente.* **B agg. escl.** ● (*enfat.*) Si usa per sottolineare la quantità, la misura, il numero di qlco. o di qlcu.: *quante storie racconta!*; *q. tempo è che non lo vedevo!*; *quante miserie ci sono al mondo!*; *q. chiasso per nulla!*; *quanti discorsi e parole inutili!*; *q. tempo sprecato!* **C agg. rel.** ● Tutto quello che: *prendi quanti libri vuoi*; *tienlo per q. tempo credi opportuno*; *puoi fermarti quanti giorni vuoi*; *avrà q. denaro gli occorre* | Con ellissi del v.: *quante teste, tanti pareri* | Nella loc. ***e quant'altro***, eccetera, e via dicendo (al termine di un'elencazione): *hanno chiacchierato di calcio, di economia e quant'altro.* **D pron. interr.** ● Si usa in prop. interr. dirette e indirette e in prop. dubitative allo scopo di conoscere la quantità, la misura, il numero di qlcu. o di qlco.: *quanti ne comperi?*; *quante me ne hai portate?*; *in quanti eravate?*; *quante di noi potranno fare qualcosa per loro?*; *devo comprare della stoffa ma non so quanta me ne occorre*; *so che starai via alcuni mesi, ma dimmi esattamente quanti* | ***Quanti ne abbiamo oggi?***, che giorno è del mese? | Quanto tempo (per ellissi del s.): *q. starai via?*; *fra q. sarai pronta?*; *da q. sei qui?*; *dimmi quant'è che non lo vedevi*; *non so q. corre tra il fratello maggiore e il minore* | (*est.*) Quanta strada (per ellissi del s.): *q. c'è di qui alla farmacia?* | Quanto denaro (per ellissi del s.): *non so q. l'abbia pagato*; *q. costa questo vestito?*; *sono tanto ricchi che nemmeno sanno quanti ne hanno*; *mi dica q. vuole per quello specchio.* **E pron. escl.** ● (*enfat.*) Si usa per sottolineare la quantità, la misura, il numero di qlco. o di qlcu.: *vedi quanti hanno aderito!*; *guarda quei fiori, quanti sono!* | ***Sapessi quante me ne ha dette!***, quante insolenze, villanie e sim. | ***Quante me ne combina e quante me ne racconta!***, quanti guai, quante marachelle e quante bugie. **F pron. rel.** ***1*** (*al pl.*) Tutti coloro che, tutti quelli che: *potranno intervenire nel dibattito quanti hanno ricevuto l'invito*; *prendine quanti ne vuoi*; *dammene quante ti pare*; *se vuoi invitare i tuoi amici, chiamane pure quanti desideri.* ***2*** Nella quantità, nella misura che (in correl. con 'tanto'): *ha tanta paura quanta non si può immaginare*; *conclude tanti affari in un mese solo quanti tu non ne concluderesti nemmeno in un anno* | (*intens.*) Preceduto da 'tutto': *verrete tutti quanti*; *datemi tutto q.* ***3*** Quello che (con valore neutro): *devi dargli q. ti chiede*; *faremo q. potremo per aiutarti*; *da q. mi dici ritengo che il torto sia tuo*; *per q. ne sappiamo noi, potrebbe anche essere già morto*; *a q. mi dici potrebbero licenziarti da un momento all'altro*; *non chiedo niente di più di q. ho già*; *la tua ragazza è q. di meglio potessi trovare*; *la mia famiglia è q. di più caro io abbia* | (*bur.*) ***In risposta a q. sopra esposto***, a ciò che si è detto sopra | ***Questo è q.***, questo è tutto. **G** in funzione di **s. m.** ● La quantità, l'entità: *ditemi il come e il q. di ciò che devo fare*; *tutto prendeva / il q. e 'l quale di quella allegrezza* (DANTE *Par.* XXX, 119-120) | (*est.*) Somma di denaro, importo da pagare, prezzo, costo: *vi manderò al più presto il q. dovuto*; *prima di decidermi all'acquisto vorrei conoscere il q.*

♦**quànto** (2) [lat. *qŭantu(m)*, avv. da *qŭantus* 'quanto (1)'; 1211] **A** avv. **1** In quale misura o quantità (in prop. interr. dirette e indirette e in prop. escl.): *q. hai mangiato?*; *q. fuma?*; *tu non sai q. sia pentito!*; *q. sono contento!*; *non avete idea di q. lo desiderassi!*; *non so q. abbiamo camminato*; *q. l'ho aspettato!*; *Dio solo sa q. ho pianto per lui*; *desideravo conoscerti e non sai q.!*; *mi sono proprio annoiato, e q.!* **2** Nella misura, nella quantità che (in prop. rel.): *aggiungi sale q. basta*; *strillava q. poteva*; *studierò q. posso*; *bisogna che lavoriate q. è necessario* | ***Q. a, in q. a***, per ciò che riguarda (con valore restrittivo): *in q. alle mie intenzioni, non è cosa che ti riguarda*; *q. ai suoi capricci, non ho intenzione di incoraggiarli*; *q. a fare le parti, pensateci voi*; *q. ai denari che vi devo, provvederò a spedirvi un assegno.* **3** Come (in compar. di uguaglianza o in prop. compar.): *è tanto buona q. è bella*; *non è poi tanto q. lo si crede*; *siamo ricchi q. loro*; *non sono così ingenua q. tu immagini*; *è furbo q. è intelligente* | (*enfat.*) In espressioni che valgono ad affermare la veridicità di ciò che si dice: *q. è vero che mi chiamo Maria, gli farò passare queste idee!*; *q. è vero Iddio, avrà il fatto suo!*; *te lo giuro, q. è vero che sono tuo fratello!* | ***Q. mai***, come mai: *ho dormito q. mai non avevo dormito da anni*; *si è divertito q. mai in vita sua* | V. anche *quantomai* | ***Non tanto per … q. per***, ma piuttosto: *gli sono affezionato non tanto per la sua devozione, q. per la sua bontà*; *è noto non tanto per gli scritti, q. per i dipinti.* **4** Nelle loc. avv. ***q. più, q. meno*** (in correl. con tanto in prop. compar.): *q. più mi avvicinavo, tanto più distinguevo i particolari della scena*; *q. più studio, tanto meno riesco a ricordare*; *q. si mostra men, tanto è più bella* (TASSO). **5** Seguito da un agg. o da un avv. compar., determina un valore di superl. rel.: *farò q. più presto potrò*; *si comporta q. più disinvoltamente le riesce*; *verrò q. prima* | V. anche *quantomeno*. **6** Nelle loc. avv. ***in q.***, come, in qualità di, nella veste di: *io, in q. insegnante, ho il dovere di darvi questo consiglio*; *in q. capofamiglia ho dei precisi doveri.* **7** Nella loc. avv. ***tanto q., tanto o q.***, più o meno, circa: *'l'avrai pagata duemila euro' 'sì, tanto q.'* | (*lett.*) Un poco: *fermati tanto o q., e guardami* (LEOPARDI). **8** (*fam.*) Nelle loc. avv. ***da q., per q.*** tanto, in tanto grande misura: *non si può mangiare da q. scotta*; *non gli si può credere per q. è bugiardo.* **B** nella loc. cong. ***in q.*** ● Perché, per il fatto, per la ragione che (introduce una prop. caus. con il v. all'indic.): *non sono venuto in q. temevo di disturbarti* | (con valore correl.) ***In tanto…, in q.*** (introduce una prop. caus. con valore limitativo e il v. all'indic.): *in tanto l'uomo è superiore alla bestia in q. controlla i propri istinti* | ***In q. che***, perché, per il fatto che (introduce una prop. caus. con il v. all'indic.): *è una persona estremamente intelligente e gentile, in q. che non rifiuta mai di discutere con i dipendenti.* **C** nella loc. cong. ***per q.*** **1** Nonostante che, anche se (introduce una prop. concessiva con il v. al congv.): *per q. si sforzi non riesce a fare più di quel tanto*; *per q. fosse svelto, trovava sempre chi lo superava*; *per q. sia difficile, una soluzione deve esserci.* **2** Anche se, peraltro (in principio di frase, con valore avversativo o conclusivo): *cercheremo di fare qlco. per lui*; *per q. non se lo meriti certo* | Tuttavia: *vieni a trovarmi oggi stesso*; *per q. è meglio che prima telefoni.*

♦**quànto** (3) [termine scient. ted. *Quantum*, nt. sost. dall'agg. lat. *quăntum* 'quanto (3)'; 1929] s. m. **1** Quantità. **2** (*fis.*) Quantità estremamente piccola, non ulteriormente divisibile, di grandezze fisiche: *q. d'energia* | ***Q. d'azione***, costante di Planck | ***Q. acustico***, fonone | ***Teoria dei quanti***, ogni teoria fisica in cui la costante di Planck ha un ruolo essenziale. **3** (*fis.*) Numero quantico: *q. azimutale, magnetico, totale.*

†**quantoché** [comp. di *quanto* (2) e *che*; sec. XIII] **A** cong. ● (*raro*) Sebbene, ancorché (introduce una prop. concessiva con il v. al congv.) **B** avv. ● (*raro*) Come, quanto.

†**quantochessia** [da *quanto che sia*] avv. ● (*raro*) Tanto o quanto, più o meno.

quantomài o **quànto mài** avv. ● Moltissimo, assai (assol. o raff. di un agg.): *ho riso q.*; *è una ragazza q. semplice.*

quantomeccànica [comp. di *quanto* (3) e *meccanica*; 1965] s. f. ● (*fis.*) Meccanica quantistica.

quantoméno o **quànto méno** [comp. di *quanto* (2) e *meno*; 1838] avv. ● Perlomeno, almeno: *sarà senz'altro condannato o q. dovrà pagare le spese processuali.*

quantòmetro [comp. di *quanto* (3) e *-metro*; 1959] s. m. ● Apparecchio, usato spec. nei procedimenti metallurgici, per individuare e misurare i componenti di una lega metallica.

quantosòma [comp. di *quanto* (3) e *-soma*; 1984] s. m. (pl. *-i*) ● (*bot.*) Particella localizzata sulla superficie interna delle lamelle del cloroplasto, probabilmente coinvolta nelle reazioni della fase luminosa della fotosintesi.

quàntum [V. *quanto* (3); 1935] s. m. inv. (pl. lat. *quanta*) **1** Una certa quantità, un tanto | L'entità. **2** (*fis.*) Quanto. **3** (*dir.*) Quantità di denaro o di altri beni di cui viene richiesto il pagamento.

♦**quantùnque** o †**quantùnche** [comp. di *quanto* (2) e *-unque* (V. *chiunque*); 1294] **A** cong. **1** Esprime una circostanza che, pur ostacolandolo, non impedisce né pregiudica il compimento di un fatto (con valore concessivo e v. al congv.): *non era in casa q. lo avessi avvertito del mio arrivo*; *cercherò di fare il possibile per salvarlo, q. sia ormai tardi* | Con ellissi del v. seguito da un avv. o da un agg.: *lo farò, q. malvolentieri*; *è di aspetto arcigno, q. buona nel fondo*; *accetto, q. non convinto del tutto.* SIN. Benché, sebbene. **2** (*assol.*) Ma, però (con valore avversativo): *andrò senz'altro io da lui, q. chi mi dice che io sia ben accetto?*; *lo faremo studiare ancora q. non siamo sicuri se ne valga la pena.* **B** agg. rel. inv. ● (*lett.*) †Quanto, quanti: *cignesi con la coda tante volte / q. gradi vuol che giù sia messa* (DANTE *Inf.* V, 11-12); *q. volte, graziosissime donne, meco pensando riguardo* (BOCCACCIO) | (*lett.*) †Per quanto grande, o piccola, sia: *chi negherà questo, q. egli si sia, non molto più alle vaghe donne che agli uomini convenirsi?* (BOCCACCIO). **C** pron. rel. m. solo sing. ● (*lett.*) †Tutto ciò che (con valore neutro): *chi vuol veder q. può natura / e 'l ciel tra noi, venga a mirar costei* (PETRARCA) | †Qualunque cosa che, appena che qualcosa: *privato che ne fia, q. di sinistro abbi lo occupatore, lo riacquista* (MACHIAVELLI). **D** avv. ● (*lett.*) †Quanto: *q. più poté, il raccomandò ad un nobile uomo* (BOCCACCIO).

qua qua /kwa(k)'kwa*/ ● V. *qua* (2).

quaquaraquà /kwakwara'kwa/ [vc. sicil. di natura onomat.; 1961] s. m. e f. inv. ● (*spreg.*) Persona priva di ogni valore, nullità: *gli uomini… gli ominicchi… e i q.* (SCIASCIA).

♦**quarànta** [lat. *quadragìnta*, comp. di *quădri-* e *-gìnta* (V. *venti*); sec. XIII] agg. num. card. inv.; anche s. m. e f. inv. (si elide davanti a parole che iniziano per *a* e per *o*: *quarant'anni, quarant'ore*) ● Quattro volte dieci, quattro decine, rappresentato da 40 nella numerazione araba, da XL in quella romana. **I** Come agg. ricorre nei seguenti usi. **1** Rispondendo o sottintendendo la domanda 'quanti?', indica la quantità numerica di quaranta unità (spec. preposto a un s.): *ci sono da qui q. kilometri*; *la quaresima dura q. giorni*; *ha già quarant'anni*; *pesa q. kili*; *febbre a q. gradi*; *un mazzo di q. carte* | ***Q. volte***, molte volte (con valore indef.). **2** Rispondendo o sottintendendo la domanda 'quale?', identifica qlco. in una pluralità, in una successione, in una sequenza (posposto a un s.): *leggi a pagina q.*; *porta il numero q. di scarpe*; *porta la taglia q.*; *il nove marzo si commemorano i q. martiri* | ***Gli anni Q.***, (*per anton.*) gli anni compresi tra il 1940 e il 1949. **3** In composizione con altri numeri semplici o composti, forma i numerali superiori: *quarantuno*; *quarantotto*; *quarantasette*; *quarantamila*; *duecentoquaranta.* **II** Come s. ricorre nei seguenti usi. **1** Il numero quaranta; il valore, la quantità che vi corrisponde (per ellissi di un s.): *il dieci nel q. sta quattro volte*; *il q. per cento del raccolto non ha trovato collocazione*; *porta il q. di scarpe*; *giocare il q. al lotto* | ***I q.***, i quarant'anni nell'età di un uomo: *compiere i q.* | ***Essere sui q.***, avere circa quarant'anni di età | ***Nel '40***, nel 1940 o nel 1840, o nel 1740 e sim.: *l'Italia è entrata in guerra nel '40.* **2** Il segno che rappresenta il numero quaranta.

quarantamìla [comp. di *quaranta* e *mila*; 1481] agg. num. card. inv.; anche s. m. e f. inv. ● Quaranta volte mille, quaranta migliaia, rappresentato da 40 000 nella numerazione araba, da XL in quella romana. **I** Come agg. ricorre nei seguenti usi. **1** Rispondendo o sottintendendo la domanda 'quanti?', indica la quantità numerica di quarantamila unità (spec. preposto a un s.): *il mutuo ammonta a q. euro*; *la mia macchina ha già fatto q. kilometri*; *una popolazione di q. abitanti.* **2** Rispondendo o sottintendendo la domanda 'quale?', identifica qlco. in una pluralità, in una successione, in una sequenza (posposto a un s.): *abbonamento numero q.* **II** Come s. ricorre nei seguenti usi. **1** Il numero quarantamila (per ellissi di un s.): *il q. nel centoventimila sta tre volte.* **2** Il segno che rappresenta il numero quarantamila.

quarantàna ● V. *quarantena.*

quarantàno agg. ● Quarantino.

quarantèna o †**quarantàna**, †**quarentàna** [da *quaranta*; av. 1342] s. f. **1** †Periodo di tempo di quaranta giorni. **2** Periodo di isolamento, in origine di quaranta giorni e successivamente anche più breve, di persone o animali colpiti da malattie infettive contagiose o sospette tali | ***Mettere qlcu. in q.***, (*fig.*) tenerlo lontano, in disparte, per punizione | ***Mettere in q. una notizia***, (*fig.*) aspettare precisazioni sulla sua attendibilità prima di renderla di pubblico dominio. **3** In passato, digiuno penitenziale di quaranta giorni con relativa indulgenza.

†**quarantenànte** s. m. e f. ● Chi è sottoposto a quarantena.

quarantennàle **A** agg. **1** Che dura quarant'anni. **2** Che si verifica ogni quarant'anni. **B** s. m. ● Ricorrenza del quarantesimo anno da un avvenimento memorabile | (*est.*) La cerimonia che si celebra in tale occasione.

quarantènne [comp. di *quarant(a)* ed *-enne*; 1855] **A** agg. **1** Che ha quarant'anni, detto spec. di persona: *una signora q.* **2** (*lett.*) Che dura da quarant'anni: *un'amicizia q.*; *la q. peregrinazione degli Ebrei nel deserto.* **B** s. m. e f. ● Chi ha quarant'anni d'età.

quarantènnio [comp. di *quarant(a)* ed *-ennio*; 1922] s. m. ● Periodo di tempo di quarant'anni: *un q. di lotte e fatiche.*

quarantèsimo (o -é-) [da *quaranta*; 1308] **A** agg. num. ord. **1** Corrispondente al numero quaranta in una sequenza, in una successione, in una classificazione, in una serie (rappresentato da XL nella numerazione romana, da 40° in quella araba): *si è classificato q. in graduatoria*; *la quarantesima parte di qlco.* | ***Due alla quarantesima***, (*ellitt.*) alla quarantesima potenza. SIN. (*lett.*) Quadragesimo. **2** In composizione con altri numerali, semplici o composti, forma gli ordinali superiori: *quarantesimo primo*, *centoquarantesimo*, *milleduecentoquarantesimo.* **B** s. m. ● Ciascuna delle quaranta parti uguali di una stessa quantità: *un q. del totale*; *tredici quarantesimi.*

quarantìna [av. 1311] s. f. **1** Complesso, serie di quaranta, o, più spesso, circa quaranta, unità: *il paese più vicino è ad una q. di kilometri*; *inviterò una q. di persone.* **2** I quarant'anni nell'età dell'uomo: *si avvicina ormai alla q.*; *ha già passato la q.*; *è sulla q.* **3** (*lett.* o *tosc.*) Quarantena: *il nostro padre Felice, …, conduce oggi a far la q. altrove i pochi guariti che ci sono* (MANZONI).

quarantìno [da *quaranta*, come se la durata della maturazione si compisse molto brevemente in quaranta giorni; 1789] agg. ● Detto di piante coltivate a ciclo di sviluppo molto breve, come il mais. SIN. Quarantano.

quarantóre o **quarant'óre** [da *quaranta ore*; 1669] s. f. pl. ● Nella liturgia cattolica, esposizione solenne dell'ostia consacrata per la durata di quaranta ore consecutive e relativa pratica devota.

quarantottàta [da *quarantotto*, con riferimento al 1848 e ai moti rivoluzionari avvenuti in quell'anno; av. 1881] s. f. ● (*spreg.*, *disus.*) Dimostrazione politica clamorosa ma inefficace.

quarantottésco [da *quarantotto*, con riferimento al 1848 e ai moti rivoluzionari avvenuti in quell'anno; 1905] agg. (pl. m. *-schi*) **1** Proprio, tipico del 1848 e di azioni o comportamenti di tale anno: *sommosse, barricate quarantottesche*; *di tendenza democratica legata alle ideologie quarantottesche* (GRAMSCI). **2** (*spreg.*, *disus.*) Altisonante ma sconclusionato: *eloquenza quarantottesca.*

quarantottèsimo (o -é-) [da *quarantotto*] **A** agg. num. ord. ● Corrispondente al numero quarantotto in una sequenza, in una successione, in una classificazione, in una serie (rappresentato da XLVIII nella numerazione romana, da 48° in quella araba): *classificarsi q.*; *la quarantottesima parte di qlco.* **B** s. m. ● Ciascuna delle quarantotto parti uguali di una stessa quantità: *un q.*; *undici quarantottesimi* | ***In q.***, in legatoria e stampa, formato che si ottiene piegando un foglio di carta in quarantotto parti: *volume in q.*

quarantòtto [comp. di *quarant(a)* e *otto*] agg. num. card. inv.; anche s. m. inv. ● Quattro volte dieci, o quattro decine più otto unità, rappresentato da 48 nella numerazione araba, da XLVIII in quella romana. **II** Come agg. ricorre nei seguenti usi. *1* Rispondendo o sottintendendo la domanda 'quanti?', indica la quantità numerica di quarantotto unità (spec. preposto a un s.): *sono le ore dieci e q. primi*; *ha già compiuto q. anni* | ***Q. ore***, due giorni e due notti. *2* Rispondendo o sottintendendo la domanda 'quale?', identifica qlco. in una pluralità, in una successione, in una sequenza (posposto a un s.): *abito al numero q. di questa strada*; *leggi alla pagina q.* | ***Mandare a carte q.***, mandare all'aria, scombinare, mandare al diavolo. **III** Come s. ricorre nei seguenti usi. *1* Il numero quarantotto; il valore, la quantità che vi corrisponde (per ellissi di un s.): *abito al q.*; *sono le venti e q.*; *sei per otto fa q.* | ***Il '48***, l'anno 1848, fatidico per i moti e rivolgimenti politici e la prima guerra d'indipendenza italiana. *2* (*fam.*) Confusione, subbuglio, baccano: *ha fatto un q.*; *quando l'ha saputo è successo un q.!* *3* Il segno che rappresenta il numero quarantotto.

quarantott'óre o **quarantottóre** [1974] **A** s. f. pl. ● Periodo di tempo di quarantotto ore, corrispondente a due giorni: *previsioni meteo valevoli per le prossime quarantott'ore.* **B** s. f. inv. ● Valigetta che contiene l'occorrente per un viaggio di breve durata.

†**quàre** [lat., 'per la qual cosa'; 1313] **A** avv. ● Perché, per quale ragione (con valore interr. e rel.): *e come e q., voglio che m'intenda* (DANTE *Inf.* XXVII, 72). **B** cong. *1* (*raro, lett.*) Perché, per questa ragione (introduce una prop. causale con il v. all'indic.). *2* (*raro, lett.*) Perciò (con valore concl.). **C** in funzione di s. m. ● Solo nella loc. ***non sine q.***, non senza ragione; *non sine q. Carlo di Buem Imperadore il fece re dei buffoni e delli istrioni d'Italia* (SACCHETTI).

†**quarentàna** ● V. *quarantena.*

quarèṣima [lat. *quadragēsima(m)* 'quarantesima'; nel lat. ecclesiastico, sottinteso *dīe(m)* 'quarantesimo giorno (prima della Pasqua)'; av. 1350] s. f. (*Quarésima* nel sign. 1) *1* Periodo di penitenza di quaranta giorni, dalle Ceneri al Sabato Santo | ***Fare la q.***, rispettarne i precetti | ***Rompere la q.***, non rispettarne i precetti | (*fig.*) ***Lungo come la q.***, di persona o cosa prolissa, molesta, insistente: *quando parla è lungo come la q.* *2* (*fig.*) Situazione o periodo di penuria, di disagi: *l'anno non era per loro che una lunga q.* (NIEVO).

quareṣimàle [av. 1363] **A** agg. ● Di quaresima: *periodo q.* **B** s. m. *1* Predica composta e recitata per la quaresima. *2* (*fig., fam.*) Sermone o ramanzina noiosa, che ripete sempre gli stessi argomenti: *quando attacca coi suoi quaresimali, non vale la pena di ascoltarlo.* *3* Pasta dolce con miele, pinoli e zibibbo, tradizionale a Roma durante la quaresima | Biscotto duro con mandorle, talvolta in forma di numero o lettera dell'alfabeto.

quareṣimalìsta [1858] s. m. (pl. *-i*) ● Predicatore per il periodo quaresimale | Autore di quaresimali.

quark (*1*) /kwark, *ingl.* kʰwɔːɹk/ [termine proposto dal fisico americano M. Gell-Mann, da una parola senza significato coniata da J. Joyce (1882-1941) nell'opera Finnegans Wake; 1964] s. m. inv. ● (*fis.*) Ciascuna delle particelle elementari che costituiscono gli adroni e che si ritiene siano responsabili dell'interazione forte.

Quark (*2*) /kwark, *ted.* 'kvaːɐ̯k/ [vc. ted., di ant. provenienza slava; 1991] s. m. inv. (pl. *ted.* inv.) ● Formaggio fresco a pasta molle che si ottiene eliminando il latticello dal latte vaccino.

quarkònio [da *quark*; 1991] s. m. ● (*fis.*) Sistema di particelle formato da una coppia quark-antiquark di tipo pesante.

quarnàle [V. *quadernale*] s. m. ● (*mar., disus.*) Canapo di quattro legnoli, ordito a quattro occhi in un paranco | Paranco semplice, di due taglie e quattro occhi, con il canapo suddetto | Canapo e paranco attaccati al calcese del trinchetto per tirare pesi a bordo | Vela che si issava con il quarnale.

quàrta [lat. *quārta(m pārtem)* 'quarta parte'; 1556] s. f. *1* Quarta classe elementare, o di scuola secondaria superiore: *frequentare, ripetere la q.*; *passare in q.* *2* Negli autoveicoli, la quarta marcia o velocità: *ingranare la q.* | ***Partire in q.***, V. *partire.* *3* (*mus.*) Quarto grado della scala, detto sottodominante | Intervallo abbracciante quattro note della scala diatonica. *4* Nella danza classica, posizione in cui i piedi, voltati completamente in fuori, sono posti uno davanti all'altro alla distanza di un piede circa | Atteggiamento schermistico: *invito, legamento di q.* *5* Quarta parte. *6* (*mar.*) Ognuna delle trentadue suddivisioni della rosa della bussola marina: *la q. è di 11° e 15'.* *7* (*astron.*) †La quarta parte della circonferenza.

quartabuòno o **quartabòno** [sp. *cartabón* che risale al lat. *quārtus* 'quarto': av. 1574] s. m. ● Squadra da falegname, con un angolo retto e i due lati adiacenti uguali.

quartàna [vc. dotta, lat. *quartāna(m fēbrem)* 'febbre che si manifesta ogni quattro giorni', da *quārtus* 'quarto'; av. 1306] s. f. ● (*med.*) Febbre intermittente, per lo più di origine malarica, che insorge ogni quarto giorno.

quartanèllo [detto così perché composto per un *quarto* di lana e tre d'accia] s. m. ● Antico tessuto di un quarto di lana e tre d'accia.

quartàra [V. *quartaro*; 1935] s. f. ● Antica misura di capacità, di valore variabile a seconda della località, corrispondente a circa 10 litri. SIN. Quartaro.

quartàre [da *quarto*] v. tr. ● (*lett.*) Dividere in quarti.

quartàro o †**quartàrio** [vc. dotta, lat. *quartāriu(m)* 'quarta parte di una misura', da *quārtus* 'quarto'; 1935] s. m. ● Quartara.

quartaròla s. f. ● Moneta genovese del valore di 1/4 del genovino.

quartaròlo o **quartaruòlo** [dal lat. *quartārius* 'quarta parte di una misura' (V. *quartaro*); 1503] s. m. *1* Antica misura di capacità equivalente a 14,585 l. *2* Quarto rematore della galea. *3* Moneta del valore di un quarto di un'unità | Moneta veneziana di mistura del valore di 1/4 del denaro coniata dal doge Enrico Dandolo nel XII sec.

quartàto [da *quarto*; sec. XIV] agg. ● (*raro*) Di complessione robusta; inquartato: *cavallo q.*; *un ragazzo, un uomo ben q.*

quartaziòne [da *quarto*; 1895] s. f. ● Aggiunta di argento all'oro così da avere una lega formata per tre quarti dal primo e per un quarto dal secondo.

quarterback /*ingl.* 'kʰwɔːɹtəɹ,bæk/ [vc. ingl., comp. di *quarter* 'quarto' e *back* 'indietro'] s. m. inv. ● (*sport*) Nel football americano, giocatore che sul campo occupa una posizione centrale e si incarica di dirigere il gioco offensivo della propria squadra | Ruolo ricoperto da tale giocatore.

quarterìa [da *quarto*; 1891] s. f. ● Rotazione quadriennale di coltura agraria, col primo anno a maggese e i tre successivi a grano o cereale affine.

†**quarteruòlo** [da *quarto*] s. m. ● Dischetto metallico a forma di moneta per usi vari.

quartettìsta [1959] s. m. e f. (pl. m. *-i*) *1* Componente di un quartetto strumentale o vocale. *2* Compositore di musica per quartetti.

quartettìstico [da *quartetto*] agg. (pl. m. *-ci*) ● (*mus.*) Relativo a quartetto: *la produzione quartettistica di Mozart.*

quartétto [da *quarto*; 1816] s. m. *1* Gruppo di quattro persone che agiscono di comune accordo: *un q. di buontemponi, di truffatori*; *lui è la mente direttiva del q.* *2* (*mus.*) Composizione per quattro strumenti o voci | Il complesso degli esecutori di tale genere di composizione.

quàrtica [da *quarto (grado)*; 1935] s. f. ● (*mat.*) Curva algebrica del quarto ordine.

quarticìno [1871] s. m. ● (*tipogr.*) Carticino.

quartieràto [V. *quartato*; 1614] agg. ● (*mar., disus.*) Di nave, molto più larga spec. a poppa.

♦**quartière** o †**quartièri**, †**quartièro** [fr. *quartier*, dal lat. *quartāriu(m)* 'quarta parte' (V. *quartaro*); av. 1348] s. m. *1* Ognuno dei quattro settori in cui si suddividevano numerose città medievali: *Firenze era divisa in quartieri* | Nucleo più o meno funzionalmente autonomo all'interno di un agglomerato urbano: *q. elegante, parigino* | (*est.*) Il complesso degli abitanti di un quartiere: *per protesta l'intero q. è sceso in piazza* | (*est.*) Ambito giurisdizionale di particolari organi comunali decentrati all'interno di un vasto territorio urbano: *il consiglio di q.* | ***I quartieri alti***, il settore più elevato e più elegante di una città: *abitante nei quartieri alti.* *2* (*mil.*) Complesso di fabbricati adibiti ad alloggio di truppe | ***Q. generale***, riunione organica, presso un comando di grande unità mobilitata, di tutti gli elementi e mezzi adatti ai vari servizi logistici e amministrativi necessari per la vita e il funzionamento del comando; base delle operazioni; insieme di persone che dirigono e organizzano qlco. e luogo in cui si riuniscono: *gli ordini del q. generale*; (*fig.*) centro direttivo, base operativa di un partito, un'organizzazione, un gruppo | †Tregua; (*est.*) clemenza | ***Dare, non dare q.***, (*fig.*) accettare, non accettare la resa, risparmiando la vita; concedere, non concedere tregua: *una malattia che non gli dà q.* | ***Chiedere q.***, (*fig.*) arrendersi | ***Senza q.***, (*fig.*) detto di lotta asperrima e senza esclusione di colpi, spietata, implacabile. *3* (*region.*) Appartamento: *un q. di quattro, cinque, dieci stanze*; *q. ammobiliato, vuoto, sfitto*; *furono alloggiate nel q. della fattoressa attiguo al chiostro* (MANZONI). *4* Parte posteriore di una calzatura che copre il calcagno e il collo del piede. *5* Parte laterale della sella dei cavalli, dove poggia il ginocchio. ➡ ILL. p. 2152 SPORT. *6* (*sport*) ***Q. corridori***, nel ciclismo, recinto all'interno della pista dove i corridori riposano. SIN. Zeriba. *7* (*mar.*) Ciascuna delle tre parti che dividono la nave per la sua lunghezza: *q. prodiero, centrale, poppiero.* *8* (*mar.*) Angolo formato da una manovra dormiente con l'asse dell'albero cui essa è fissata. *9* Parte del tavolo da biliardo dalla quale si inizia la partita. *10* (*arald.*) Quarto | ***Decorazione a q.***, detto di un tipo di decorazione divisa in scomparti su piatti in ceramica. ‖ **quartierìno**, dim. (V.).

quartierìno s. m. *1* Dim. di *quartiere.* *2* (*region.*) Piccolo appartamento: *dalla terrazza del nostro q.* (ALERAMO). *3* Parte della sella. ➡ ILL. p. 2152 SPORT.

quartiermàstro [propr. *capo* ('mastro') del *quartiere*; calco sull'ol. *kwartiermeester*; av. 1696] s. m. ● Ufficiale al quale, un tempo, era affidata la sovrintendenza degli alloggiamenti, del vitto e delle paghe di un reggimento | ***Q. generale***, quello che soprintendeva per tutto l'esercito.

†**quartièro** ● V. *quartiere.*

quartiglière [da *quartiere*; attraverso lo sp. *cuartelero* (?); 1853] s. m. ● (*mar., disus.*) Nelle navi militari, chi esercita la sorveglianza diurna dei ponti inferiori della nave.

quartìglio [1905] s. m. ● Quadriglio.

quartìle [ingl. *quartile*, dal lat. *quārtus* 'quarto'; 1959] s. m. ● (*stat.*) In un insieme di valori ordinati in senso non decrescente, ciascuno dei quantili che lo ripartiscono in quattro sottoinsiemi successivi, ciascuno contenente un ugual numero di dati.

quartìna [da *quarto*; av. 1698] s. f. *1* Strofa di quattro versi, variamente rimati. *2* Blocco di quattro francobolli uniti, due su due, che è oggetto di collezionismo e di particolare quotazione filatelica. *3* (*mus.*) Successione di quattro note | Figura ritmica irregolare di quattro note che, in un contesto a suddivisione ternaria, vale per tre o sei. *4* Formato grande di carta, spec. da lettere.

quartìno [da *quarto*; nel sign. musicale, cfr. *ottavino*; sec. XIII] s. m. *1* Quarta parte di una misura di capacità, spec. di litro. *2* Recipiente bollato, spec. di vetro, simile alla bottiglia che contiene un quarto di litro, spec. di vino | (*est.*) Il contenuto di tale recipiente: *era all'osteria a bersi il solito q.* *3* Antica piccola moneta d'argento di Urbino e Pesaro del valore di 1/4 di grosso. *4* Serie di quattro pagine stampate, risultante da un foglio piegato in due. *5* (*tipogr.*) Carticino. *6* Strumento a fiato più piccolo del clarinetto e della medesima forma.

quartiròlo [detto così perché sarebbe pronto per essere tagliato una *quarta* volta; nel sign. 2, perché si fa al tempo del fieno *quartirolo*; 1500] s. m. *1* Quarto taglio dei prati non falciato e lasciato per pascolo al bestiame. *2* Formaggio fresco di latte di vacca intero, simile allo stracchino.

♦**quàrto** [lat. *quārtu(m)*, dalla stessa radice di *quāttuor* 'quattro'; 1260] **A** agg. num. ord. *1* Corrispondente al numero quattro in una sequenza, in una successione, in una classificazione, in una serie (rappresentato da IV nella numerazione romana, da 4° in quella araba): *abito al q. piano*; *è la quarta volta che te lo ripeto*; *ho già finito il q. capitolo*; *cala il sipario sul q. atto della commedia*; *è arrivato q.*; *palco di quart'ordine*; *stelle di quarta grandezza*; *frequentare la quarta classe elementare*; *Enrico IV*; *Clemente IV era amico di Carlo d'Angiò* | ***Due alla quarta***, (*ellitt.*) elevato alla quarta potenza | ***La quarta elementare, liceo scientifico*** e sim., (*ellitt.*) la quarta classe di tali ordini di studio: *ripetere la quarta* | (*raro*) ***Il q. caso***, l'accusativo | ***La quarta arma***, l'aeronautica | (*fis.*) ***La quarta dimensione***, il tempo | ***Il q. potere***, la stampa | ***Il q. stato***, il proletariato | ***La quarta età***, la vecchiaia dopo i 75 anni | (*polit.*) ***Il q. mondo***, insieme di nazioni dell'Asia, Africa e America latina, che, essendo pressoché prive di risorse naturali, hanno scarse prospettive di sviluppo e sono considerate perciò più povere di quelle del terzo mondo. **CFR.** Terzo mondo | ***Quarta malattia***, malattia esantematica dell'infanzia simile alla scarlattina. **2** (*lett.*) In composizione con altri numerali, forma gli ordinali superiori: *decimoquarto*, *ventesimoquarto*. **B s. m. 1** Ciascuna delle quattro parti uguali di una stessa quantità: *gli spetta un q. dell'eredità*; *questa bistecca è enorme, dammene un q.*; *riduciamo le spese di un q. e andremo meglio*; *calcolare i tre quarti di un numero*; *vale un q. di quanto l'hai pagato* | ***Un q. di kilo***, (*assol.*) ***un q.***, due etti e mezzo | ***Un q. di bue, d'agnello, di pollo, di capretto, di coniglio*** e sim., ciascuno dei quattro pezzi in cui si divide l'animale già macellato: *un q. d'agnello al forno*; *mangerebbe un q. di bue!* | ***Cappotto, soprabito, giacca tre quarti***, (*assol.*) ***un tre quarti***, soprabito di un quarto più corto del normale che si può indossare anche su gonna o pantaloni dello stesso tessuto | ***Primo, ultimo q.***, la seconda e quarta o ultima posizione assunta dalla Luna nella sua rivoluzione intorno alla Terra, in cui sono rispettivamente illuminate la metà volta a occidente e la metà volta a oriente della faccia visibile | ***Un q. d'ora***, (*ellitt.*) ***un q.***, periodo di tempo corrispondente alla quarta parte di un'ora, cioè a quindici minuti: *l'orologio è indietro di un q. d'ora*; *è arrivato con tre quarti d'ora di ritardo*; *manca un q. alle undici*; *sono le undici e un q.*; *sono le nove e tre quarti*, o *le dieci meno un q.*; *l'orologio del mio paese batte anche i quarti* | ***Q. d'ora***, (*est.*) breve periodo di tempo: *alcuni anni or sono ha avuto il suo q. d'ora di notorietà*; *sta vivendo il suo q. d'ora di celebrità* | ***Passare un brutto q. d'ora***, un momento di grande difficoltà | ***Q. d'ora accademico***, ritardo, tacitamente convenuto, con cui di solito iniziano le lezioni universitarie | (*sport*) ***I quarti di finale***, nelle gare a eliminazione, terz'ultima fase che impegna i concorrenti che hanno superato gli ottavi di finale per qualificare quelli che disputeranno la semifinale | (*edit.*) ***In q.***, in tipografia, detto di foglio su ognuna delle cui facce vengono stampate quattro pagine; in legatoria, detto del tipo di formato ottenuto piegando in quattro tali fogli. **2** La quarta parte di un litro spec. di vino, olio e sim. e (*est.*) recipiente di vetro bollato in cui lo si misura o lo si serve nei locali pubblici; (*est.*) il liquido contenuto: *un q. di vino*; *beviamo un q.*; *bottiglie da un q.*; *un q. di latte*. **3** (*arald.*) Quarta parte dello scudo | (*est.*) Tutte le successive ripartizioni di ciascuna parte per mezzo di linee orizzontali, verticali e diagonali intersecantisi al centro | ***Quarti di nobiltà***, l'insieme degli ascendenti nobili di una persona | ***Avere quattro quarti di nobiltà***, avere quattro ascendenti nobili. **4** Ciascuno dei quattro pezzi arcati di legno che formano la periferia della ruota di carro o carrozza. **5** (*mar.*) Durata della guardia che si fa a bordo per quattro ore. **6** (**f.** *-a*) Chi (o ciò che) viene a trovarsi dopo altri tre, che viene al quarto posto: *lei è la quarta a cui mi rivolgo*; *manca il q. per giocare a scopa*; *basta gelati! è il q. che mangi oggi*. || **quartino**, **dim.** (V.) | **quartùccio**, **dim.** (V.).

quartodecimàni [vc. dotta, lat. tardo *quartodecimānu(m)* 'del quattordicesimo giorno'; detti così perché celebravano la Pasqua nel quattordicesimo (ant. *quarto-decimo*) giorno della luna di marzo] **s. m. pl.** ● Cristiani delle antiche Chiese di Asia, che celebravano la Pasqua nel 14° giorno della luna nuova di marzo, anche se tale giorno non cadeva di domenica.

quartodècimo [comp. di *quarto* e *decimo*; 1308] **agg. num. ord.**; anche **s. m.** ● (*lett.*) Quattordicesimo. **SIN.** Decimoquarto.

quartogènito [da *quarto*, sul modello di *primogenito*; av. 1557] **agg.**; anche **s. m.** (**f.** *-a*) ● Quarto dei nati in una famiglia: *figlio q.*; *essere il q.*

quartùccio [dim. di *quarto*; sec. XIV] **s. m. 1** Misura di capacità di un quarto di litro. **2** (*fam.*) Un quarto di litro di vino: *bere un q.* | ***Farsi un q. all'osteria***, berlo.

quartùltimo o **quart'ùltimo** [comp. di *quart(o)* e *ultimo*; 1641] **agg.**; anche **s. m.** (**f.** *-a*) ● Che (o Chi) corrisponde al numero quattro o sta al quarto posto, partendo a contare dall'ultimo, in una sequenza, in una successione, in una classificazione, in una serie: *venga avanti il q.!*; *sono risultato q. nella graduatoria*; *l'accento è sulla quartultima sillaba*.

quarzìfero [comp. di *quarzo* e *-fero*; 1871] **agg.** ● Contenente quarzo.

quarzìte [da *quarzo*, col suff. *-ite* (2); 1875] **s. f.** ● Roccia silicea formata in gran prevalenza da quarzo.

quàrzo [ted. *Quarz*, di etim. incerta; 1550] **s. m.** ● (*miner.*) Silice cristallizzata nel sistema trigonale, spesso in bei cristalli trasparenti, da incolori a neri, geminati, dalla caratteristica frattura concoide, caratterizzati da polarizzazione rotatoria della luce e da piezoelettricità: *orologio al q.*, *lampada al q.* | ***Q. ialino***, cristallo di rocca | ***Q. madera***, di color topazio bruciato | ***Q. rosa***, usato per oggetti decorativi. **CFR.** Ametista, avventurina, citrino, morione (2).

quarzóso [1777] **agg.** ● Contenente quarzo.

quàsar [ingl. da *quas(i)* (*st*)*ar*, 'quasi stella, (oggetto) simile a una stella'; 1966] **s. m.** o **f. inv.** ● (*astron.*) Sistema, apparentemente stellare, a enorme distanza dalla Terra, che emette una notevolissima quantità di energia, e che si sposta con velocità quasi uguale a quella della luce.

♦**quàsi** [lat. *quăsi*, da *quăm sī* 'come se'; 1294] **A avv. 1** Circa, poco meno che: *è q. un litro*; *pesa q. un quintale*; *l'ho pagato q. cinquanta euro*; *ha q. quarant'anni*; *attendo da q. un'ora*; *lo tratto con affetto q. paterno*; *da qui alla città sono q. venti kilometri*; *è q. due metri d'altezza* | Pressoché: *ho q. finito il lavoro*; *siamo q. arrivati*; *sono q. senza soldi*; *ci sono andato q. vicino* | ***Q. mai***, molto raramente (in espressioni negative): *non serve q. mai*; *non lo trovo q. mai in casa* | (*fam.*) ***Senza q.***, assolutamente, certo lo è: *'si direbbe q. indifferente' 'senza q.'* | (*assol.*) Nelle risposte, per significare che si è vicini alla conclusione di qlco.: *'ha finito?' 'q.'*; *'siete pronte?' 'q.'*. **2** Forse, probabilmente (con funzione attenuativa): *direi q. di essere riuscito*; *oserei q. dire che il lavoro era meglio prima che fosse rifatto*; *ci si potrebbe q. mettere a tavola* | (*iter.*) Esprime dubbio, incertezza e sim.: *quasi quasi sono pentito di averlo raccomandato*; *quasi quasi era meglio non cambiare*. **3** Per poco non, a momenti: *q. m'investiva*; *q. cadevo*; *q. mi addormentavo*. **4** Come, come se fosse: *sembra q. diamante*; *parrebbe q. pentito*; *avanzava rapido, q. portato dal vento*. **B cong.** ● Come se (introduce una prop. modale con il v. al congv.): *dà continuamente ordini q. fosse lui il padrone*; *non è venuto q. avesse previsto il rinvio della riunione*; *q. obliando d'ire a farsi belle* (DANTE *Purg.* II, 75) | V. anche *quasiché*. || (*pop.*, *tosc.*) †**quaṣimènte**, **avv.** Quasi: *quasimente lo farei*.

quaṣiché o **quàsi che** [da *quasi che*; 1708] **cong.** ● Come se (introduce una prop. modale con il v. al congv.): *si disinteressa della cosa q. non riguardi anche lui*; *non ha obiettato niente, q. se lo fosse aspettato*; *non mostrò alcuno stupore q. fosse un fatto del tutto normale*.

quaṣiconduttóre [comp. di *quasi* e *conduttore*; 1974] **A agg.** (**f.** *-trice*) ● (*fis.*) Quasimetallico. **B s. m.** ● (*fis.*) Ogni ossido metallico (per es. l'ossido di titanio) in cui esistono legami metallici che permettono la conduzione elettrica con valori di conducibilità simili a quelli dei metalli.

quaṣicristallìno [comp. di *quasi* e *cristallino*; 1959] **agg.** ● (*miner.*) Proprio di un materiale il cui stato di ordinamento atomico interno differisce sia da quello rigidamente periodico dei cristalli sia da quello casuale dei vetri.

quaṣimetàllico [comp. di *quasi* e *metallico*; 1974] **agg.** (**pl. m.** *-ci*) ● (*fis.*) Detto di particolari ossidi metallici che, avendo nella molecola dei legami metallici con elettroni liberi, hanno valori di resistività simili a quelli dei metalli. **SIN.** Quasiconduttore.

quaṣimòdo [dall'inizio dell'introito della messa della 'domenica in albis': *Quasi modo geniti infantes*; 1835] **s. m.** solo **sing.** ● Domenica in albis, cioè la prima domenica dopo Pasqua.

quaṣi-particèlla [comp. di *quasi* e *particella*, sul modello dell'ingl. *quasi-particle*] **s. f.** ● (*fis.*) Entità che, pur non essendo una particella, ne possiede alcune caratteristiche quali massa, energia e quantità di moto: *fononi e rotoni sono quasi-particelle*.

†**quassaménto** [dal lat. *quassāre*, intens. di *quătere* 'scuotere', di etim. incerta; 1499] **s. m.** ● Squassamento, scuotimento.

quassazióne [vc. dotta, lat. *quassatiōne(m)*, da *quassātus*, part. pass. di *quassāre* (V. vc. precedente); 1940] **s. f.** ● Operazione farmaceutica che consiste nel triturare foglie, radici e sim. per agevolarne l'estrazione dei principi attivi.

quàssia [da Graman *Quassi* (sec. XVIII) che ne scoprì le qualità terapeutiche; 1804] **s. f.** ● Alberetto tropicale delle Simarubacee, con foglie opposte, fiori rossi raccolti in grappoli, dotato di proprietà medicinali (*Quassia amara*).

quassìna [1835] **s. f.** ● Principio attivo del legno di quassia, utilizzato come insetticida o in farmacia per le proprietà toniche e antielmintiche.

quàssio [1922] **s. m.** ● Legno che si ricava dalla quassia.

quassù o †**quassùṣo**, †**qua su**, †**qua sùṣo** [da *qua su*; av. 1321] **avv. 1** In questo luogo, posto in alto rispetto alla persona cui ci si rivolge (con v. di stato e di moto): *sono q. in terrazzo*; *devi salire fin q.*; *venite q. ad aiutarmi* | (*est.*) Fa riferimento a un luogo di montagna o posto al nord: *q. fa molto freddo*; *q. è già caduta la neve*; *q. in montagna posso finalmente riposarmi*. **CONTR.** Laggiù. **2** Nelle loc. avv. ***da***, ***di q.***, stando qua in alto: *di q. si gode un'ottima veduta panoramica*; *li ho visti salire da q.*; *da q. si domina completamente la valle*.

quatèrna o (*tosc.*) **quadèrna** [dal lat. *quatĕrni*, nom. pl., 'a quattro a quattro', da *quăttuor* 'quattro'; 1889] **s. f. 1** Nel gioco del lotto, combinazione di quattro numeri compresi nei cinque estratti per ogni ruota che paga 80 000 volte la posta: *giocare*, *vincere una q.* | Nel gioco della tombola, serie di quattro numeri estratti su un'unica fila di una cartella: *fare q.* **2** Insieme di quattro elementi: *una q. di numeri*; *una q. di concorrenti*.

quaternàrio [vc. dotta, lat. *quaternāriu(m)* 'di quattro', da *quatĕrni* (V. vc. precedente); 1614] **A agg. 1** Di quattro unità o elementi | ***Lega quaternaria***, formata di quattro metalli diversi | ***Sostanza quaternaria***, composto costituito di quattro elementi diversi | ***Verso q.***, formato di quattro sillabe. **2** (*chim.*) Di atomo legato direttamente a quattro atomi di carbonio. **3** Appartenente all'era neozoica: *era quaternaria*. **B s. m. 1** Verso quadrisillabo. **2** (*Quaternario*) L'ultima era geologica, iniziata 2 milioni di anni fa, caratterizzata da forti oscillazioni climatiche, dalle glaciazioni e dalla comparsa e diffusione dell'uomo sulla Terra. **SIN.** Antropozoico, Neozoico. **3** (*econ.*) Terziario avanzato.

quaternióne [vc. dotta, lat. tardo *quaterniōne(m)* 'il numero quattro', da *quatĕrni* (V. *quaterna*); 1938] **s. m.** ● (*mat.*) Numero complesso a quattro unità appartenente a un'estensione del campo dei numeri complessi proposta da W. R. Hamilton (1805-1865).

†**quaternità** [vc. dotta, lat. tardo *quaternitāte(m)*, da *quatĕrni* 'a quattro a quattro' (V.)] **s. f.** ● (*raro*) Complesso, serie di quattro persone.

quatriduàno o †**quadridiàno**, †**quadriduàno**, †**quatridiàno** †**quattriduàno** [vc. dotta, lat. tardo *quatriduānu(m)*, da *quatrĭduum* 'spazio di quattro giorni', comp. di *quăttuor* 'quattro' e *dĭes* 'giorno' (V. *dì*); 1306] **agg.** ● (*lett.*) Di quattro giorni: *questa potrà esser l'ultima chiusa de i nostri ragionamenti quatriduani* (GALILEI).

quàtto o (*tosc.*) **guàtto** [lat. *coāctu(m)* 'raccolto, compresso' (V. *coatto*); 1313] **agg.** ● Chinato e addossato a un riparo o protetto da esso, per lo più in silenzio, per nascondersi o non farsi notare: *q. e immobile* | ***Starsene q.***, acquattato | (*iter.*) ***Quat-***

quattóni

to quatto, zitto, zitto, di soppiatto; *avanzare quatto quatto*; *O tu che siedi l tra li scheggion del ponte quatto quatto* (DANTE *Inf.* XXI, 88-89). || **quattaménte**, avv.

quattóni o †**quattóne** avv. ● (*raro*) Quatto quatto, spec. nella loc. avv. *quatton q.*: *veniva avanti quatton q.*

quattordicènne [comp. di *quattordic(i)* ed *-enne*; 1871] **A** agg. **1** Che ha quattordici anni, detto spec. di persona: *una ragazza q.* **2** (*raro, lett.*) Che dura da quattordici anni: *una questione q.* **B** s. m. e f. ● Chi ha quattordici anni d'età: *una q. molto graziosa*.

quattordicèsima (o -é-) s. f. ● Retribuzione corrisposta ai lavoratori dipendenti in aggiunta alle altre tredici mensilità: *gli impiegati hanno già riscosso la q.*

quattordicèsimo (o -é-) [1611] **A** agg. num. ord. ● Corrispondente al numero quattordici in una sequenza, in una successione, in una classificazione, in una serie (rappresentato dal XIV nella numerazione romana, dal 14° in quella araba): *il q. parallelo; si è classificato q.*; *Benedetto XIV; Luigi XIV, re di Francia*; *la quattordicesima parte di una somma* | *Tre alla quattordicesima*, (*ellitt.*) elevato alla quattordicesima potenza | *La quattordicesima mensilità*, V. *quattordicesima* | *Il secolo XIV*, gli anni dal 1301 al 1400. SIN. (*lett.*) Decimoquarto, (*lett.*) quartodecimo, †quattrodecimo. **B** s. m. ● Ciascuna delle quattordici parti uguali di una stessa quantità: *calcolare i tre quattordicesimi di un numero*.

♦**quattórdici** (o -ó-) [lat. *quattuŏrdeci*, comp. di *quăttuor* 'quattro' e *děcem* 'dieci'; 1211] agg. num. card. inv.; anche s. m. ● (*mat.*) Numero naturale successivo di tredici, rappresentato da 14 nella numerazione araba, da XIV in quella romana. ❙ Come agg. ricorre nei seguenti usi. **1** Rispondendo o sottintendendo la domanda 'quanti?', indica la quantità numerica di quattordici unità (spec. preposto a un s.): *una ragazza di q. anni; q. giorni corrispondono a due settimane; il verso alessandrino ha q. sillabe*; *i q. punti del presidente americano Wilson per la composizione politica alla fine della prima guerra mondiale*; *sono le quattro e q. minuti.* **2** Rispondendo o sottintendendo la domanda 'quale?', identifica qlco. in una pluralità, in una successione, in una sequenza (posposto a un s.): *abito al numero q.*; *oggi è il giorno q.*; *sono le ore q.* | (*raro*) Quattordicesimo: *Luigi q.* ❙ Come s. ricorre nei seguenti usi. **1** Il numero quattordici; il valore, la quantità che vi corrisponde (per ellissi di un s.): *il sette nel q. sta due volte*; *il q. di febbraio è San Valentino, festa degli innamorati* | *Le q.*, le due dopo mezzogiorno | *Nel '14 è scoppiata la prima guerra mondiale*, nell'anno 1914 | *Nel '14 ha avuto inizio il Congresso di Vienna*, nell'anno 1814. **2** Il segno che rappresenta il numero quattordici.

†**quattriduàno** ● V. *quatriduano*.

quattrìna [da *quattrino*, per la forma rotonda delle foglie che ricordano una moneta; 1970] s. f. ● (*bot.*) Nummolaria.

quattrinàio [da *quattrino*; 1842] agg.; anche s. m. (f. *-a*) ● (*lett.*) Che (o Chi) è danaroso e, in genere, avido: *hanno parenti quattrinai*.

quattrinària [da *quattrino*; 1823] s. f. ● (*bot.*) Nummolaria.

quattrinèlla [dim. di *quattrina*; 1891] s. f. ● (*bot.*) Nummolaria.

quattrinèllo [dim. di *quattrino*] s. m. ● (*lett.*) Quattrino: *io non ne cavo un marcio q.* (PARINI) | (*est.*) Somma di denaro.

quattrìno [detto così perché valeva *quattro denari*; av. 1348] s. m. **1** Moneta di rame o d'argento di quattro denari coniata in molte zecche italiane intorno al XIV sec., in particolare a Roma e in Toscana. ● ILL. **monèta. 2** (*est.*) Quantità minima di denaro: *mi pagherai fino all'ultimo q.* | *Non avere un q.*, *l'ombra, il becco d'un q.*, essere in bolletta | *Non valere un q.*, non valere nulla. **3** (*spec. al pl.*) Denaro: *quattrini sonanti; essere pieno di quattrini* | *Far quattrini*, guadagnare molto | *Senza quattrini*, povero | *Star male a quattrini*, non averne | (*fig.*) *Fior di quattrini*, gran quantità di denaro: *guadagnare, spendere, ereditare, costare fior di quattrini.* || **quattrinàccio**, pegg. | **quattrinèllo**, dim. (V.) | **quattrinùccio**, **quattrinùzzo**, dim.

quattrinóso [da *quattrin(o)* con il suff. *-oso* (3); 1958] agg. ● (*fam.*) Ricco, danaroso.

♦**quàttro** [lat. *quăttuor*, di orig. indeur.; sec. XII] agg. num. card. inv.; anche s. m. e f. inv. (si elide in alcune loc.: *a quattr'occhi*; *in q. e quattr'otto*) ● Numero naturale successivo di tre, rappresentato da 4 nella numerazione araba, da IV in quella romana. ❙ Come agg. ricorre nei seguenti usi. **1** Rispondendo o sottintendendo la domanda 'quanti?', indica la quantità numerica di quattro unità (spec. preposto a un s.): *le q. operazioni aritmetiche*; *le q. stagioni*; *i q. punti cardinali*; *i q. evangelisti*; *il gioco dei q. cantoni*; *i q. lati del quadrato*; *i q. elementi per gli antichi erano aria, acqua, terra e fuoco*; *gli animali a q. zampe sono detti quadrupedi*; *tragedia in q. atti*; *motore a q. tempi*; *opera in q. volumi.* CFR. quadri-, tetra-. | *Pezzo, sonata a q. mani*, suonata su un pianoforte da due pianisti | (*fig.*) *Gridare ai q. venti qlco.*, renderla di pubblico dominio, divulgarla | *Chiuso tra q. mura, tra q. pareti*, costretto a restare in casa o in una stanza | *Tetto a q. acque*, spiovente da quattro parti | *Parlare a quattr'occhi*, in confidenza, in segreto, senza testimoni | *Avere quattr'occhi*, (*scherz.*) portare gli occhiali | *Quattr'occhi vedono meglio di due*, è opportuno consigliarsi con qlcun. prima di fare qlco. o prendere una decisione. **2** (*est.*) Pochi, alcuni (con valore indet. per indicare una piccola quantità): *ha detto in tutto q. parole*; *abito qui a q. passi*; *con quei q. soldi che guadagna!*; *ha messo su casa con q. cianfrusaglie*; *vado a fare q. passi in giardino* | *Fare q. chiacchiere*, discorrere in tutta familiarità e senza impegno | *Fare q. salti*, ballare in famiglia o tra amici intimi | *Q. gatti*, (*fig.*) pochissime persone: *ad ascoltare la conferenza c'erano solo q. gatti* | *Q. parole in croce*, poche e frutto di cattiva improvvisazione | (*disus.*) *Sono q. noci in un sacco*, poche persone, ma che fanno molta confusione. **3** Rispondendo o sottintendendo la domanda 'quale?', identifica qlco. in una pluralità, in una successione, in una sequenza (spec. posposto a un s.): *la basilica dei q. Santi Coronati a Roma*; *il numero q. è pari.* **4** In composizione con altri numeri semplici e composti, forma i numeri superiori: *ventiquattro*, *centoquattro*, *quattrocento*, *quattromila*, *duecentoventiquattro*. ❙ Come s. ricorre nei seguenti usi. **1** Il numero quattro; il valore, la quantità che vi corrisponde (per ellissi di un s.): *il q. per cento della popolazione è analfabeta*; *due più due fa q.*; *giocare il q. di picche*; *oggi ne abbiamo q.*; *verrò il q. aprile*; *prepara la tavola per q.*; *entrate q. alla volta*; *per giocare a poker bisogna essere in q.*; *mettetevi in fila per q.*; *spezzare, dividere, rompere qlco. in q.*; *andiamocene tutti e q.* | Nei dadi, la faccia segnata con quattro punti: *ho tirato e ho fatto q.* | Nella valutazione scolastica, il voto inferiore di due punti alla sufficienza: *ha la pagella piena di q.* | *Le q.*, le ore quattro del mattino; (*fam.*) le ore sedici | *Tiro a q.*, a quattro cavalli | *Fare le scale a q. a q.*, salendo quattro gradini per volta; (*est.*) velocissimamente | *Farsi in q.*, (*fig.*) adoperarsi con ogni mezzo per aiutare qlcu.: *mi faccio in q. per lui* | *Dirne q. a qlcu.*, fargli una scenata, rimproverarlo aspramente | *Fare il diavolo a q.*, (*fig.*) fare molto rumore e confusione; fare una scenata; reagire violentemente | (*est.*) darsi molto da fare per raggiungere uno scopo (calco sul fr. 'faire le diable à quatre', dal numero di diavoli che generalmente comparivano nelle rappresentazioni medioevali) | *In q. e quattr'otto*, (*fig.*) in un attimo, in men che non si dica: *in q. e quattr'otto sono da te*; *in q. e quattr'otto ho preparato la cena* | *È vero come due e due fanno q., come q. e q. fanno otto*, e sim., è sicuramente vero. **2** (*sport*) Nelle loc. sost. m. inv. *q. con, q. senza*, nel canottaggio, imbarcazione montata da quattro vogatori, con o senza timoniere, che azionano ciascuno un solo remo, posto o a destra o a sinistra; *q. di coppia*, imbarcazione montata da quattro vogatori che azionano due remi ciascuno | Nella loc. sost. f. inv. *q. per q.*, 4×4, autoveicolo con quattro ruote motrici. **3** Il segno che rappresenta il numero quattro: *scrivere un q. sul registro.*

quattròcchi o **quattr'òcchi** nel sign. 3 [comp. di *quattr(o)* e *occhi*, pl. di *occhio*; detto così dalla macchia che ha dietro gli occhi; 1865] s. m. inv. (anche f. inv. nel sign. 2) **1** Uccello degli Anseriformi, di colore nero con riflessi verdi e due macchie chiare sotto gli occhi, che vive nelle acque interne e lungo le coste (*Bucephala clangula*). **2** (*fig., fam., scherz.*) Persona che porta gli occhiali. **3** Nella loc. avv. *a q.*, senza testimoni, in confidenza, in segreto (V. anche *quattro*).

quattrocentésco [1901] agg. (pl. m. *-schi*) ● Del secolo XV, del Quattrocento: *cultura quattrocentesca*.

quattrocentèsimo (o -é-) **A** agg. num. ord. ● Corrispondente al numero quattrocento in una sequenza, in una successione, in una classificazione, in una serie (rappresentato da CCCC o da CD nella numerazione romana, dal 400° in quella araba): *la statale è interrotta dalla corsa del q. kilometro*; *la quattrocentesima copia di un libro in edizioni numerate*; *la quattrocentesima parte di qlco.* **B** s. m. ● Ciascuna delle quattrocento parti uguali di una stessa quantità: *un q.*

quattrocentìno [1933] agg. ● In bibliografia, del secolo XV, del Quattrocento: *volume q.*

quattrocentìsta [1765] s. m. e f. (pl. m. *-i*) **1** Artista, scrittore del secolo XV, del Quattrocento. **2** Atleta specialista della corsa dei quattrocento metri piani | Nuotatore dei quattrocento metri stile libero.

quattrocentìstico [1860] agg. (pl. m. *-ci*) ● Relativo al secolo XV, al Quattrocento, ai quattrocentisti.

quattrocènto [comp. di *quattro* e *cento*; sec. XIII] agg. num. card. inv.; anche s. m. inv. ● Quattro volte cento, quattro centinaia, rappresentato da 400 nella numerazione araba, da CD in quella romana. ❙ Come agg. ricorre nei seguenti usi. **1** Rispondendo o sottintendendo la domanda 'quanti?', indica la quantità numerica di quattrocento unità (spec. preposto a un s.): *un viaggio di q. kilometri*; *c'erano più di q. invitati*; *ha partecipato alla corsa dei q. metri.* **2** Rispondendo o sottintendendo la domanda 'quale?', identifica qlco. in una pluralità, in una successione, in una sequenza (posposto a un s.): *nell'anno q.*; *leggi a pagina q.* ❙ Come s. ricorre nei seguenti usi. **1** Il numero quattrocento; il valore, la quantità che vi corrisponde (per ellissi di un s.): *nel q. a.C.*; *nel 411 a.C. fu istituito ad Atene il Consiglio dei Quattrocento* | *Il Quattrocento*, (*per anton.*) il secolo XV: *le scoperte e le invenzioni del Quattrocento*; *le Signorie italiane del Quattrocento*; *il Quattrocento è il secolo dell'Umanesimo.* **2** Il segno che rappresenta il numero quattrocento. **3** (*sport, al pl.*) Nell'atletica e nel nuoto, distanza di quattrocento metri su cui si svolge una classica gara: *correre i q.*

quattroesettànta /kwattr(o)esset'tanta/ [dalla lunghezza dell'imbarcazione, in metri e centimetri] s. m. inv. ● (*mar.*) Deriva olimpica per due persone, leggera e veloce, attrezzata con randa, fiocco e spinnaker.

quattroevènti /kwattr(o)ev'venti/ [dalla lunghezza dell'imbarcazione, in metri e centimetri] s. m. inv. ● (*mar.*) Deriva da regata per due persone, leggera, veloce e più piccola del quattroesettanta da cui è derivato, attrezzata con randa, fiocco e spinnaker.

quattrofòglie [comp. di *quattro* e il pl. di *foglia*] s. m. inv. ● (*arald.*) Figura che rappresenta un fiore stilizzato a quattro petali.

quattromìla [comp. di *quattro* e *mila*; 1338 ca.] agg. num. card. inv.; anche s. m. e f. inv. ● Quattro volte mille, quattro migliaia, rappresentato da 4000 nella numerazione araba, da IV in quella romana. ❙ Come agg. ricorre nei seguenti usi. **1** Rispondendo o sottintendendo la domanda 'quanti?', indica la quantità numerica di quattromila unità (spec. preposto a un s.): *la sua nuova pelliccia è costata q. euro*; *ho circa q. volumi nella mia biblioteca*; *un corteo di q. persone*; *poche cime in Italia raggiungono i q. metri di altezza.* **2** Rispondendo o sottintendendo la domanda 'quale?', identifica qlco. in una pluralità, in una successione, in una sequenza (posposto a un s.): *l'abbonato numero q.* ❙ Come s. ricorre nei seguenti usi. **1** Il numero quattromila; il valore, la quantità che vi corrisponde (per ellissi di un s.). **2** Il segno che rappresenta il numero quattromila. **3** Montagna che supera i 4000 m di quota.

quattuorvirato [vc. dotta, lat. *quattuorvirātu(m)*, da *quattuŏrviru* 'quattuorviro'] s. m. ● (*st.*) Nell'antica Roma, collegio costituito dai quattuorviri | Dignità, carica dei quattuorviri.

quattuòrviro [vc. dotta, lat. *quattuŏrviru(m)*,

comp. di *quăttuor* 'quattro' e *vĭru(m)* 'uomo'] **s. m.** ● (*st.*) Nell'antica Roma, ciascuno dei quattro magistrati che svolgevano funzioni giurisdizionali e amministrative nei municipi.

que' /kwe/ ● V. *quegli*.

quebecchése /kebek'keze, -se/ [adattamento del fr. *québecois*; 1990] **A agg.** ● Della provincia canadese del Québec e dei suoi abitanti. **B s. m.** e **f.** ● Abitante, nativo del Québec.

quebracho /*sp.* ke'βratʃo/ [sp., propr. 'rompi-ascia' (per la sua durezza), comp. di *quebrar* 'rompere' (dal lat. *crepāre*, V.) e *hacha* 'ascia' (V. *ascia*); 1892] **s. m. inv.** (pl. sp. *quebrachos*) **1** Nome di varie piante che danno un legno durissimo usato spec. per fabbricare bocce, traversine ferroviarie e mobili. **2** Il legno che se ne ricava.

quechua /*sp.* 'ketʃwa/ [vc. sp., dal quechua *kkechúwa*, propr. 'predone, ladro'; 1929] **A s. m. inv.** (pl. sp. *quechas*) **1** Popolo amerindiano originario degli altipiani del Perù, che costituì il primo gruppo etnico su cui si fondò l'impero degli Incas. **2** Lingua parlata dai Quechua (in Bolivia e Perù è lingua ufficiale, accanto allo spagnolo). **B agg. inv.** ● Relativo al popolo dei Quechua: *lingua q.*

quégli o (*raro*) **que'**, (*raro*) **quéi**, †**quélli** [lat. parl. *(*ĕc*)*cu(m)* *ĭlli* 'ecco quello'; sec. XIII] **pron. dimostr. m.** solo **sing.** (le forme *que'* e *quei* si usano solo davanti a parole che cominciano per consonante) **1** (*lett.*) Quella persona (spec. come sogg., raro come compl.): *quelli è Omero poeta sovrano* (DANTE *Inf.* IV, 88); *q. allora mi domandò che peccato quel fosse* (BOCCACCIO) | **Q. che**, colui che: *con voi nasceva e s'ascondeva vosco / quelli ch'è padre d'ogne mortal vita* (DANTE *Par.* XXII, 115-116). **2** †Quella cosa o animale (V. nota d'uso ELISIONE e TRONCAMENTO).

quéi ● V. *quegli*.

quél ● V. *quello*.

†**quélli** ● V. *quegli*.

♦**quéllo** o **quél** [lat. parl. *(*ĕc*)*cu(m)* *ĭllu(m)* 'ecco quello'; 960] **A agg. dimostr.** (pl. m. *quegli*, *quei*, lett. tosc. *que'*, †*quelli*.) *Quello* al singolare maschile si tronca in *quel* davanti a consonante: *quel giornale*, *quel micio*, *quel cantante*; rimane però *quello* davanti a *s impura*, *z*, *x*, *gn*, e (più raramente) *ps* e *pn*: *quello stupido*, *quello zero*, *quello sbaglio*. Sia *quello* che *quella* si elidono sempre davanti a vocale tonica: *quell'altro*, *quell'ala*; si possono elidere davanti a vocale atona: *quell'assemblea* (ma anche *quella assemblea*), *quell'uscita* (ma anche *quella uscita*). Al plurale diventa *quei* davanti a consonante: *quei computer*, *quei programmi*, *quei tipi*; diventa però *quegli* (che si elide in *quegl'* molto raramente solo davanti a parola che comincia per *i*: *quegl'idioti*) davanti a vocale oppure a *s impura*, *z*, *x*, *gn* e (più raramente) *ps* e *pn*: *quegli uomini*, *quegli sciatori*, *quegli zaini*. La forma femminile plurale *quelle* generalmente non si elide: *quelle amicizie*, *quelle industrie*, *quelle urla* (V. nota d'uso ELISIONE e TRONCAMENTO). **1** Indica persona, animale o cosa, lontana sia da chi parla, o comunque comunica, sia dalla persona cui ci si rivolge (sempre preposto al s.): *quella bambina vorrebbe giocare con voi*; *quell'uomo grida troppo*; *togli quel quadro*; *allungami quegli arnesi*; *guarda che strane quelle case!*; *dammi, dammi quel ferro* (ALFIERI) | In contrapposizione a 'questo': *tra questa vostra meticolosità e quella loro incertezza c'è un abisso* | Seguito da un avv., da un agg. o da una prop. rel., che lo rafforza o maggiormente lo determina: *quella casa lì sopra sarà abbattuta*; *non voglio parlare con quella gente là*; *abitano in quel palazzo là dietro*; *vedi quel lago laggiù?*; *è inutile che vi ripeta quelle cose che già conoscete* | Con valore raff. seguito da 'tale', 'stesso', 'medesimo': *in quel medesimo istante si aprì la porta*; *lo vidi quel tal giorno che sai*; *in quel momento stesso ho capito dove parava* | (*enfat.*) Con ellissi di una prop. rel.: *ho avuto una di quelle sorprese ...!*; *s'è preso uno di quegli spaventi ...!*; *e giù di quegli schiaffi ...!* | ***Ne dice, ne pensa, ne fa di quelle!***, (*ellitt.*) di sciocchezze, di enormità e sim. | ***Ne abbiamo viste e sentite di quelle!***, (*ellitt.*) cose che destano grande stupore o riprovazione | ***In quella***, (*ellitt.*) in tale preciso istante: *in quella arrivò proprio suo padre* | (*lett.*) ***In quella che***, (*ellitt.*) mentre, nel momento in cui: *in quella che s'appresta il sacerdote / a consacrar la mistica vivanda* (GIUSTI). **2** Con valore intens. nelle escl., nel comandare qlco. o nel sottolineare alcunché: *spegni quella radio!*; *hai finito con quell'aspirapolvere?*; *sono proprio seccanti con quella loro presunzione*; *guarda quel matto di tuo fratello!*; *quel briccone me l'ha fatta*; *quel disordinato di Mario!* **3** Indica persona, animale o cosa, di cui si è già trattato o che comunque è già noto a chi ascolta: *quei fatti ebbero gravi conseguenze*; *non dimenticherò mai quella persona*; *non potevo certo presentarmi vestito in quel modo*; *quel fattorino chiede se c'è risposta*; *La vista / di quel lontano mar, quei monti azzurri* (LEOPARDI) | ***Mandare, andare a quel paese***, (*eufem.*) all'inferno | ***Una di quelle***, (*ellitt.*, *eufem.*) una prostituta. **4** (*lett.*) Si usa per chiamare una persona di cui non si sappia o non si voglia dire il nome: *ehi, quell'uomo!*; *quella signora! quella signora! una parola, per carità* (MANZONI). **B pron. dimostr.** (si tronca al **m. sing.** in *quel* spec. davanti a 'che' e nell'espressione *in quel di*, nel territorio, nel centro di. Il **m. pl.** *quei* si usa solo nell'espressione *quei di*, gli abitanti di) **1** Indica persona, animale o cosa, lontana sia da chi parla, o comunque comunica, sia dalla persona cui ci si rivolge: *quella è la mia automobile*; *q. è mio fratello*; *quelli sono i miei alunni*; *il tuo posto è q.*; *quella sì che è una cosa utile!*; *vorrei q. bianco*; *prendiamo q. là*; *guardate quella laggiù!* | Indicando con il gesto: *datemi q.*; *scelgo quelli*; *prendete q., è migliore* | ***Quelli del piano di sopra, di sotto e sim.***, i coinquilini del piano di sopra, di sotto e sim. | ***Quelli di Torino, Genova e sim.***, i Torinesi, i Genovesi e sim. | ***È tornato q. di ieri***, la persona che era già venuta ieri | ***C'è q. del gas, della luce e sim.***, l'esattore, il controllore, l'operaio del gas, della luce e sim. | (*iron.*) ***Buono q.!***, alludendo a persona astuta, non raccomandabile e da cui è meglio guardarsi | ***Un litro di q. buono***, di vino buono | Contrapposto o correlativo di 'questo': *preferisci questo o q.?*; *questa o quella per me sono uguali*; *scegli: o questi o quelli!* **2** (*lett.*) Con valore correl. indica, fra due persone, animali o cose menzionate, quella nominata per prima: *attendiamo Giovanni e Paolo: questo da Napoli, q. da Catanzaro* | Correlativo di 'questo' con il sign. indef. di 'l'altro': *i frati erano due, questo col cappuccio, q. senza*; *facevano entrambi la stessa strada ma questo andava a Roma, q. a Napoli*; *parla sempre con questo e con q. dei miei affari*. **3** Colui, ciò (seguito dal pron. rel.): *quelli che già lo sapevano sono fuggiti*; *vedi laggiù? sono quelle che ti dicevo*; *quand'era in parte altr'uom da quel ch'i' sono* (PETRARCA); *ho fatto q. che potevo per te*; *è una situazione dolorosa e, quel che è peggio, senza uscita*; *quel che è più strano è che nessuno ne sapesse niente*; *per quel che mi riguarda non faccio obiezioni*; *q. che è giusto è giusto* | Come, quanto (con valore neutro, seguito dal pron. rel.): *è finito meglio di quel che credevamo*; *a quel che vedo sei riuscito nel tuo intento*; *a quel che pare abbiamo finito*; *per q. che ne so io, puoi stare tranquillo*. **4** Nelle loc. ***in, da quel di***, nel territorio, nel centro di: *stanno in quel di Bergamo*; *vengono da quel di Mantova*.

quem, ad ● V. *ad quem*.

quèrce ● V. *quercia*.

quercéta [1891] **s. f.** ● (*raro*) Querceto.

quercetina [dal lat. *quĕrcus* 'quercia'] **s. f.** ● Pigmento flavonico giallo contenuto sotto forma di glucoside nella corteccia del quercitrone.

quercéto [vc. dotta, lat. *quercētu(m)*, da *quĕrcus* 'quercia'; 1320 ca.] **s. m.** ● Bosco di querce | Tratto di terreno piantato a querce.

♦**quèrcia** o (*tosc.*) **quèrce** [lat. *quĕrcea(m)*, agg., f. di *quĕrcus* 'quercia', di orig. indeur.; sec. XIII] **s. f.** (pl. *-ce*, lett. *-cie*, tosc. *-ci*) **1** Genere di alberi delle Cupulifere che formano boschi in collina e sui monti, con foglie a margine lobato, fiori pendenti e i cui frutti sono ghiande (*Quercus*) | (*per anton.*) La specie *Quercus robur*, quercia comune, rovere | ***Q. gentile***, farnia | ***Q. da sughero***, sughera | ***Q. dei tintori***, quercitrone | ***Q. marina***, alga bruna con fronde piatte presentanti vescicole piene d'aria che servono per il galleggiamento (*Fucus vesiculosus*) | (*fig.*) ***Essere una q.***, di persona forte, robusta | ***La Quercia***, (*per anton.*) in Italia, i Democratici di sinistra, che hanno nel loro simbolo tale albero. ➡ **ILL. alga.** **2** Il legno della pianta omonima, duro e pesante, impiegato per lavori navali, botti, traversine ferroviarie. || **querciòne**, **accr. m.** | **querciòla** o **querciuòla**, **dim. f.** (V.) | **querciòlo**, **dim. m.** (V.).

quercino [vc. dotta, lat. tardo *quercīnu(m)*, da *quĕrcus* 'quercia'; 1599] **A agg.** ● Di quercia | ***Muschio q.***, lichene che cresce sulle cortecce di alcuni alberi, usato nella fabbricazione dei profumi. **B s. m.** ● Piccolo mammifero roditore arboricolo delle Alpi con lunga coda pelosa e muso appuntito (*Eliomis quercinus*).

querciòla o **querciuòla** [sec. XIV] **s. f.** **1** Dim. di *quercia*. **2** (*bot.*) Camedrio.

querciòlo o **querciuòlo** [1353] **s. m.** **1** Dim. di *quercia*. **2** Quercia giovane.

querciόso [da *quercia*] **agg.** ● (*raro*, *lett.*) Abbondante o ricco di querce: *un colle q. di Vignola* (CARDUCCI).

quercite [da *quercia*, col suff. *-ite* (2); 1871] **s. f.** ● Zucchero analogo all'inosite contenuto nelle ghiande e nella corteccia di quercia. **SIN.** Quercitolo.

quercitòlo [1959] **s. m.** ● Quercite.

quercitrina [da *quercitr(one)*] **s. f.** ● Glucoside della corteccia del quercitrone da cui costituisce il principio colorante.

quercitróne [fr. *quercitron*, dall'ingl. *quercitron*, comp. del lat. *quĕrcus* 'quercia' e dell'ingl. *citron* 'cedro'; 1871] **s. m.** ● Albero delle Cupulifere originario dell'America settentrionale dalla cui corteccia si ricava un estratto usato nella tintura della lana e della seta (*Quercus tinctoria*). **SIN.** Quercia dei tintori.

querciuòla ● V. *querciola*.

querciuòlo ● V. *querciolo*.

querèla [vc. dotta, lat. *querēla(m)*, da *quĕri* 'lamentarsi', di orig. indeur.; 1342] **s. f.** **1** (*dir.*) Atto con cui la persona offesa da un reato non perseguibile d'ufficio lo denuncia all'autorità giudiziaria chiedendo il procedimento penale a carico del colpevole: *sporgere*, *proporre q. contro qlcu.*; *ritirare la q.*; *q. di parte*; *q. per diffamazione* | ***Q. di falso***, nel diritto processuale civile, mezzo per impugnare e eventualmente rimuovere l'efficacia probatoria di atti pubblici o scritture private idonee a far prova nei processi. **2** (*lett.*) Lamento: *quante querele e lacrime / sparsi* (LEOPARDI) | Gracidio prolungato e monotono delle rane: *echeggiano le rane / con la q. sempre ugual* (PASCOLI). || **querelàccia**, **pegg.**

querelàbile **agg.** ● (*dir.*) Che può essere querelato.

querelànte [1585] **A part. pres.** di *querelare*; anche **agg.** ● (*raro*) Nei sign. del v. **B s. m.** e **f.** **1** Chi propone o ha proposto querela | ***Condanna del q.***, in caso di proscioglimento dell'imputato, alle spese e ai danni. **2** (*psicol.*) Persona che provoca liti per motivi insignificanti e ricerca ostinatamente una riparazione ai pretesi danni subiti, con scarsa aderenza alla situazione reale.

querelàre [lat. tardo *querelāri* 'lamentarsi', da *querēla*; 1508] **A v. tr.** (*io querèlo*) ● (*dir.*) Proporre querela contro qlcu.: *querelare per calunnia*, *per ingiurie* | (*per anton.*) Proporre querela per diffamazione. **B v. intr. pron.** ● (*lett.*) Lamentarsi o rammaricarsi di qlco.: *né mi querelo / altro che, invan, contra il destin mio duro!* (PINDEMONTE).

querelàto [av. 1565] **A part. pass.** di *querelare*; anche **agg.** ● Nei sign. del v. **B s. m.** (f. *-a*) ● La persona contro cui è stata proposta querela.

†**querelatòrio** **agg.** ● Che esprime rammarico o rimprovero: *che scrisse poi nel breve suo q. a Cesare* (GUICCIARDINI).

querelle /*fr.* kə'rɛl/ [vc. fr., dal lat. *querēla* 'querela' (V.); 1935] **s. f. inv.** ● Disputa, dibattito appassionato, spesso protratto nel tempo, che vede contrapposte due teorie od opinioni su quesiti o problemi culturali, politici, religiosi e sim.: *una garbata q.*; *l'amorosa q.*

†**querelóso** ● V. †*queruloso*.

querènte [vc. dotta, lat. *quaerēnte(m)*, part. pres. di *quaerere* 'chiedere' (V.); 1321] **agg.**; anche **s. m.** ● (*lett.*) Che (o Chi) chiede qlco.

querimònia [vc. dotta, lat. *querimōnia(m)*, da *quĕri* 'lamentarsi' (V. *querela*); 1313] **s. f.** **1** (*lett.*) Lamentela, spec. per un danno o torto ricevuto: *dopo molte querimonie piangendo gli disse ...* (BOCCACCIO). **2** (*dir.*) †Reclamo. **3** (*raro*, *lett.*, *spec. al pl.*) Voci lamentose di animali.

querimonióso [vc. dotta, lat. tardo *querimoniōsu(m)*, da *querimōnia(m)* 'querimonia'] **agg.** ● (*lett.*) Lamentevole, lagnoso: *persona querimoniosa* | Lamentoso, querulo: *tono q.*; *supplica querimoniosa*. || **querimoniosaménte**, **avv.** In modo o con tono querimonioso.

quèrulo [vc. dotta, lat. *quĕrulu(m)*, da *quĕri* 'lamentarsi' (V. *querela*); 1342] **agg.** *1* (*lett.*) Di tono lamentoso: *voci querule*; *querule richieste* | Che risuona di lamenti. *2* (*lett.*) Che si lamenta spesso: *un vecchio q.* || **querulaménte**, **avv.**

querulomanìa [comp. del lat. *quĕrulu(m)* 'che si lamenta' e *-mania*; 1959] **s. f.** ● (*psicol.*) Impulso ossessivo a lamentarsi, prodotto dalla convinzione di avere subìto un danno.

†**querulóso** o †**queremlóso** [vc. dotta, lat. tardo *querulōsu(m)*, da *quĕrulus* 'querulo'; av. 1342] **agg.** *1* Lamentevole, dolente. *2* Che presenta querela.

query /'kwiri, *ingl.* 'kẖwiɹı/ [vc. ingl., dal v. *to query* 'chiedere'; 1971] **s. f. inv.** (pl. ingl. *queries*) ● (*elab.*) Interrogazione.

†**quesìre** [lat. *quaesere*, intens. di *quaerere* 'chiedere'] **v. tr.** ● Domandare, chiedere.

quesìto (1) o †**quisìto** [vc. dotta, lat. *quaesītu(m)* 'ricerca, investigazione', da *quaesītus*, part. pass. di *quaerere* 'chiedere'; sec. XV] **s. m.** *1* Interrogativo, problema: *un q. di fisica*; *proporre un difficile q.*; *non so come rispondere ai vostri quesiti*; *per risolvere il q. ci bisogna in altra maniera procedere* (GALILEI). *2* (*dir.*) Questione, oggetto della controversia, di cui si tratta in giudizio: *quesiti proposti dalle parti all'autorità giudiziaria.* *3* †Supplica, richiesta.

quesìto (2) **part. pass.** di †*quesire*; anche **agg.** ● (*dir.*) ***Diritti quesiti***, diritti già maturati da un soggetto ed entrati a far parte del suo patrimonio giuridico.

†**quèsta** ● V. *questua*.

†**questésso** [da *que(sto) stesso*] **pron. dimostr.** ● (*raro*) Questo stesso.

quèsti [lat. parl. *(*ĕc*)*cu(m) īsti* 'ecco questo'; sec. XIII] **pron. dimostr. m.** solo **sing.** *1* (*lett.*) Questa persona (spec. come sogg., raro come compl.): *q. in sua prima età fu dato all'arte / di vender parolette* (PETRARCA) | La seconda nominata, di due persone di cui si fa menzione: *ieri sono giunti alla villa Giovanni e Paolo, q. era atteso, quello no.* *2* (*raro*, *lett.*) Questo animale o cosa: *la vista che m'apparve d'un leone. / Questi parea che contra me venisse* (DANTE *Inf.* I, 45-46).

questionàbile [da *questionare*; 1745] **agg.** ● (*raro*) Dubbio e discutibile.

questionànte o (*raro*, *lett.*) **quistionànte** [1336 ca.] **A part. pres.** di *questionare*; anche **agg.** ● (*raro*) Nei sign. del v. **B s. m. e f.** ● (*lett.*) Chi questiona.

questionàre o (*raro*, *lett.*) **quistionàre** [da *questione*; 1308] **v. intr.** (*io questióno*; aus. *avere*) *1* Discutere, disputare: *q. di politica* | (*raro*) ***Q. in giudizio***, discutere o sollevare obiezioni in giudizio. *2* Venire a diverbio, litigare anche violentemente: *q. con qlcu. su qlco.*; *ben pasciuti, e ben avvinazzati cominciano a quistionare* (SACCHETTI).

questionàrio [da *questione*, sul modello del fr. *questionnaire*; 1882] **s. m.** ● Prospetto di domande o quesiti su un dato argomento da sottoporre a più persone, formulati con precisi criteri allo scopo di effettuare varie inchieste: *preparare un q.* | (*est.*) Il foglio su cui sono scritte le domande: *richiedere il q.*; *compilare il q.*

questionatóre o (*raro*, *lett.*) **quistionatóre** [1338 ca.] **s. m.** (f. *-trice*) ● (*raro*) Chi questiona, disputa con facilità: *è un gran q.*

♦**questióne** o (*lett.*) **quistióne** [vc. dotta, lat. *quaestiōne(m)*, da *quaerere* 'cercare' (V. *chiedere*); av. 1294] **s. f.** *1* (*raro*, *lett.*) Domanda: *più cauta diverrete nella risposta alle quistioni che fatte vi fossero* (BOCCACCIO). *2* Problema, argomento: *proporre, affrontare, risolvere una q.*; *si tratta di una q. essenzialmente tecnica*; *una q. preliminare*; *prospettare una q. giuridica, filologica*; *ignoro i termini della q. e non posso quindi intervenire*; *la vostra risposta lascia impregiudicata la q.* | ***È q. di***, si tratta di: *è solo q. di tempo*; *è q. di vita o di morte* | (*raro*) Dubbio, discussione: *mettere qlco. in q.*; *non è il caso di porre in q. il risultato dell'indagine.* *3* Controversia, disputa: *sono impegnati in una difficile, grave q. di procedura*; *è sorta una q. su questo argomento* | ***Essere in q.***, essere discusso, essere messo in dubbio: *non è in q. la tua buona fede* | ***Essere fuori q.***, non essere messo in dubbio: *la sua onestà è fuori q.* | ***Il caso in q.***, di cui si discute | ***Esaurire la q.***, concludere la disputa | ***Comporre la q.***, risolverla eliminando i motivi di contrasto | ***Il nodo della q.***, il suo punto centrale e cruciale | ***Q. pendente***, aperta, in atto | (*fig.*) ***Q. di lana caprina***, inutile | (*fig.*) ***Q. bizantina***, cavillo | (*polit.*) ***Q. di fiducia***, V. fiducia, sign. 3. *4* Litigio, diverbio: *venire a q. con qlcu.*; *ha avuto una q. con lui* | ***Non c'è q.***, siamo d'accordo | (*est.*) Causa, lite: *una q. relativa ad un contratto*; *sono in q. per l'eredità.* *5* (*raro*) Obiezione, opposizione: *vi conviene non fare, non sollevare questioni.* *6* Problema politico o sociale da affrontare e risolvere prioritariamente: *q. meridionale* | ***Q. morale***, relativa alla moralità nella vita pubblica. *7* †Inquisizione | Tortura. || **questionàccia**, **pegg.** | **questioncèlla**, **dim.** | **questioncìna**, **dim.**

†**questioneggiàre** **v. intr.** ● Questionare spesso.

†**questionévole** **agg.** ● Questionabile.

question time /'kwestjon taim, *ingl.* 'kẖwestʃən,taem/ [loc. ingl., propr. 'periodo' (*time*) delle 'domande' (*question*); 1985] **loc. sost. m. inv.** (pl. ingl. **inv.**) ● Tempo dedicato a fornire risposta immediata a una serie di domande.

♦**quésto** [lat. parl. *(*ĕc*)*cu(m) īstu(m)* 'ecco questo'; 1186] **A agg. dimostr.** *1* Indica persona, animale o cosa vicina (anche come condizione) a chi parla o comunque comunica (precede sempre il s.): *queste persone desiderano parlare con il direttore*; *q. bambino cresce molto in fretta*; *q. cavallo ha vinto molte corse*; *questa finestra non chiude bene*; *queste sue osservazioni mi sembrano giuste*; *su q. punto non si discute*; *che vuol dire questa / solitudine immensa?* (LEOPARDI) | Con valore correl. in contrapposizione con 'quello' o con 'altro': *questa sera o quell'altra per me è lo stesso*; *devo scegliere fra quell'imbroglione e q. trafficante*; *q. vino è migliore dell'altro* | ***In q. mondo e nell'altro***, (*fig.*) in vita e dopo la morte | Rafforzato o maggiormente determinato da un avv., da un agg. o da una prop. rel.: *guarda quest'uomo qui*; *metti q. vestito grigio*; *questa notizia che ho avuto ora mi allieta* | Con valore raff. seguito da 'tale', 'stesso', 'medesimo': *queste stesse cose potrebbero accadere a te*; *in q. momento stesso in cui ti parlo, stanno decidendo tutto* | (*enfat.*) Sostituisce l'agg. poss. 'mio': *l'ho visto con questi occhi*; *con queste braccia, da solo, mi sono creato una posizione*; *l'ho sentito con queste orecchie* | ***Questa mattina***, ***questa sera***, nella mattina, nella sera di oggi | ***Quest'anno***, ***q. mese***, nell'anno, nel mese in corso | ***Quest'altr'anno***, l'anno prossimo | ***Questa notte***, nella notte passata o in quella prossima | ***Uno di questi giorni***, fra qualche giorno: *ci vedremo uno di questi giorni* | ***Q. lunedì***, ***q. martedì***, e sim., lunedì, martedì prossimo: *ho fissato l'appuntamento per q. giovedì* | ***Quest'oggi***, oggi stesso: *lo farò quest'oggi* | (*lett.*) ***In q. mentre***, ***in q. frattempo***, frattanto. *2* Indica persona, animale, cosa di cui si è trattato poco prima o di cui si tratterà poco dopo: *queste vicende lo hanno molto colpito*; *non posso che darvi q. consiglio*; *q. nostro aiutante era veramente bravo*; *questa orrenda novella vi dò* (MANZONI); *mi argomentai di purgare questa dottrina da ogni residuo di astratto apriorismo* (CROCE) | ***Quest'ultimo***, l'ultimo nominato: *c'erano Carlo, Luigi e Michele, quest'ultimo con la fidanzata.* *3* Simile, di tale genere: *non voglio più sentire di queste storie*; *con q. caldo non si resiste*; *non vorrai uscire con questa pioggia senza ombrello!*; *questi benedetti ragazzi!* | ***Di questi tempi***, coi tempi che corrono. **B pron. dimostr.** *1* Indica persona, animale, o cosa vicina a chi parla o comunque comunica: *q. è mio cugino*; *questa è la mia villa*; *il tuo posto è q.*; *q. qui è un nostro caro amico* | Indicando con il gesto: *prendo q. qui*; *vorrei due dozzine di queste*; *datemi q. e q.* | Contrapposto o correlativo a 'quello': *lo racconterà certo a q. e a quello*; *preferisci q. o quello?* *2* Indica persona, animale o cosa di cui si sta parlando: *q. rispose che non ne sapeva niente*; *e allora questa, che era furba, se ne stette zitta*; *questa sì che è un'idea!* | ***Prendi q.!***, questo schiaffo o pugno | ***In q.***, ***in q. (che)***, in quel mentre, frattanto: *in q. me lo vidi arrivare tutto trafelato* | In alcune espressioni di meraviglia, stupore, disappunto, sdegno, fa riferimento a qlco. di inaspettato, di bizzarro o di sgradito e sim.: *questa è veramente bella!*; *questa mi giunge proprio nuova!*; *questa poi …!*; *questa poi è grossa!*; *sentite questa!*, *vuole sposarsi!*; *questa non la passi liscia*; *ci mancherebbe anche questa!* *3* (*lett.*) Con valore correl. indica, fra due persone, animali o cose menzionate, quella nominata per seconda: *aspettiamo Carlo e Paolo*: *q. da Venezia, quello da Bari* | Correlativo di 'quello' con il sign. indef. di 'l'uno, l'altro': *in classe non c'è mai un momento di tranquillità*: *q. parla, quello si alza, q. chiede d'uscire, quello infastidisce il compagno.* *4* Ciò, la cosa di cui si parla (con valore neutro): *q. non devi dirlo*; *q. mi fa dispiacere*; *q. non mi convince*; *dirai q. e q.*; *non dico q.*; *q. è quanto ho potuto sapere*; *q. è tutto*; *da q. si deduce che la sua salute va migliorando*; *per q. non sono venuto*; *q. mai e poi mai*; *q. no!*; *per q. ho rinviato il viaggio*; *q. sì!* | ***E con q. ho finito***, ***vi saluto***, concludo, non ho altro da aggiungere | ***Con tutto q.***, nonostante ciò: *con tutto q. pensa che possiamo ancora credergli* | ***E con q.?***, e allora?, cosa vorresti dire? | ***A q. siamo arrivati!***, a tale punto, a tale situazione.

questóre [vc. dotta, lat. *quaestōre(m)*, da *quaerere* 'ricercare' (V. *chiedere*); sec. XIV] **s. m.** *1* Nel diritto romano, magistrato minore con competenze e funzioni stabilite di volta in volta dal senato all'inizio della carica. *2* Pubblico funzionario che fa parte dell'amministrazione dell'Interno, preposto ai servizi di polizia nelle città capoluogo di provincia, alle dipendenze del prefetto. *3* Membro del Parlamento incaricato di coadiuvare il presidente nel mantenimento dell'ordine durante le sedute assembleari e di occuparsi gener. dei problemi di buon funzionamento interno e di cerimoniale dell'organo parlamentare.

questòrio [vc. dotta, lat. *quaestōriu(m)*, da *quaestōre(m)* 'questore'; 1745] **A agg.** ● (*st.*) Relativo all'antico questore romano o alla sua carica: *provincia questoria*. **B s. m.** ● Nell'accampamento romano, tenda riservata al questore.

quèstua o †**quèsta** [da *questuare*; 1804] **s. f.** ● Richiesta e raccolta di elemosina o di offerte o oblazioni: *fare una q.*; *andare alla q.* | (*est.*) Accatto: *proibire la q.*

questuànte [1724] **A part. pres.** di *questuare*; anche **agg.** ● Nei sign. del v. **B s. m. e f.** ● Chi questua: *fare un'offerta a un q.*

questuàre [dal lat. *quaestus* 'ricerca, guadagno, lucro', da *quaerere* 'cercare' (V. *chiedere*); av. 1540] **A v. intr.** (*io quèstuo*; aus. *avere*) ● Chiedere denaro o altro in elemosina o come offerta o oblazione. **B v. tr.** ● Elemosinare (*spec. fig.*): *q. favori, appoggi, raccomandazioni.*

questùra [vc. dotta, lat. *quaestūra(m)*, da *quaestor*, genit. *quaestōris* 'questore'; sec. XVII] **s. f.** *1* Nel diritto romano, ufficio del questore. *2* Organo amministrativo periferico del ministero dell'Interno presso ogni capoluogo di provincia, costituito dal questore e dai suoi dipendenti e la sede in cui gli stessi esplicano normalmente la loro funzione: *funzionario di q.*; *provvedimento della q.*; *recarsi in q.* *3* Ufficio, carica del questore parlamentare.

questurìno [1864] **s. m.** (f. *-a*) ● (*pop.*) Agente della questura. SIN. Poliziotto.

quetànza ● V. *quietanza*.

quetàre ● V. *quietare*.

quèto ● V. *quieto*.

quetzal /*sp.* ket'θal, -sal/ [sp. d'America, dall'azteco *quetzalli*, propr. 'splendenti penne della coda'; 1930] **s. m. inv.** (pl. sp. *quetzales*) *1* Unità monetaria circolante in Guatemala. *2* Uccello tropicale dei Trogoniformi, arboricolo, con becco corto e robusto, lunga coda e piumaggio variopinto (*Pharomacrus mocinno*).

♦**qui** /kwi*/ o (*raro*, *tosc.*) †**quie** [lat. *ĕcc(um) hīc* 'ecco qui'; 960] **avv.** *1* In questo luogo, in questo posto (con v. di stato e di moto, si riferisce al luogo vicino a chi parla o in cui si trova chi parla o comunque comunica, ed ha valore più determinato di 'qua'): *sono qui*; *è da un'ora che è qui ad aspettarti*; *io abito qui*; *appoggiati qui*; *aspettami qui*; *vieni qui*; *abito qui a due passi*; *qui vivo benissimo*; *quelli che muoion ne l'ira di Dio / tutti convegnon qui d'ogne paese* (DANTE *Inf.* III, 122-123) | In questo punto, in questa parte del corpo (indicando con il gesto): *sento male qui*; *ho un forte dolore qui*; *mi fa male qui* | Con valore correl. contrapposto a 'lì' o 'là' con valore locativo più o meno indeterminato: *mettine uno qui e uno lì*; *sta ora qui ora là*; *leggi da qui a lì* | Con valore raff. seguito da altri avv. di luogo, da loro maggiore determinatezza: *vieni qui dentro*; *sto* *qui fuori*; *fatti qui vicino*; *sta qui dirimpetto*; *qui dietro c'è un bar*; *qui intorno ci sono molti alberi*; *mettiti qui sotto*; *sali qui sopra* | ***Fin qui***, fino a questo luogo; (*fig.*) fino a questo punto. ***2*** (*pleon.*) Con valore enfat. o raff. in espressioni di esortazione, comando, sdegno e sim.: *date qui!*; *tieni qui!*; *prendete qui!*; *guarda qui cosa hai combinato!*; *eccoci qui!*; *qui subito!* | (*pleon.*) Con valore raff. preceduto da 'questo': *aiutami a sollevare questa cassa qui*; *questo libro qui è veramente interessante*; *chi sarebbe questo qui?*; *questa qui è proprio grossa!*; *in questo momento qui non è possibile* | In correl. con 'là' per indicare ripetizione insistente: *corri qui e corri là*, *devo sempre correre io*; *dice che non sta bene e qui e là*. ***3*** In questo momento; a questo punto; su questo punto: *qui finisce la mia storia*; *e qui è finita la nostra avventura*; *qui comincio a non capire più bene*; *qui comincia il bello*; *qui mi pare che abbiano ragione loro*; *qui si esagera!* | ***Qui lo dico e qui lo nego***, espressione che precede o segue un'affermazione di cui non ci si vuole assumere la responsabilità | Minacciando: *non finisce*, *non finirà qui!* | Con riferimento a una particolare difficoltà in un'azione o in un ragionamento: *qui ti volevo!*; *qui ti voglio!* | (*fig.*) In questa situazione, in questo frangente: *qui occorre avere pazienza*; *qui ci vuole molta calma*; *qui bisogna tenere gli occhi e le orecchie bene aperte*; *qui dobbiamo cercare di prendere tempo*. ***4*** Nelle loc. avv. ***da***, ***di qui***, da questo luogo (indica moto a o da o attraverso luogo o stato in luogo (*anche fig.*)): *muoviti da qui*; *spostati di qui*; *da qui alla piazza non c'è molta distanza*; *da qui si vede un bel panorama*; *di qui non si passa*; *non è distante da qui*; *di qui in giù la strada è tutta curve*; *di qui in avanti la strada non è asfaltata* | ***È di qui***, è originario, nativo di questo luogo | ***Per*** (***di***) ***qui***, per questo luogo, da questa parte: *dobbiamo passare proprio per di qui?*; *venite per di qui* | ***Di qui in avanti***, da ora in poi (con valore temp.): *di qui in avanti non tollererò più nessun ritardo* | ***Di qui a una settimana***, ***a un mese***, ***a un anno***, ***a pochi minuti***, ***a poco***, e sim., tra una settimana, un mese, un anno, pochi minuti, e sim. | ***Di qui a domani***, nello spazio di tempo che corre fra oggi e domani: *di qui a domani prenderò la mia decisione* (V. nota d'uso ACCENTO).

quia [dal lat. della scolastica *quĭa* 'che', prob. antico nt. pl. di *quĭs*, *quĭd* (V. *quid*); 1294] **s. m. inv.** ● (*lett.*) Argomento principale, punto fondamentale: *venire*, *tornare al q.* | ***Stare al q.***, stare ai fatti, all'argomento: *State contenti*, *umana gente*, *al q.* (DANTE *Purg.* III, 37).

†**quicèntro** [comp. di †*quic*(*i*) ed *entro*] **avv.** ● (*raro*) Qui dentro: *io son certa che ella è ancora q.* (BOCCACCIO).

quiche /fr. kiʃ/ [vc. fr., dal ted. dial. *küche*, dim. di *Kuchen* 'torta'] **s. f. inv.** ● (*cuc.*) Torta salata, specialità della Lorena, a base di pasta sfoglia con ripieno di uova, pancetta affumicata e panna.

†**quici** [lat. parl. *(*ĕc*)*cu*(*m*) *hīce* 'ecco qui'; 1319] **avv.** ● (*raro*) Qui: *Illuminato e Augustin son q.* (DANTE *Par.* XII, 130).

quid [lat. 'che cosa?', nt. di *quĭs* 'chi'; 1618] **s. m. inv.** ● Indica qualche cosa di indeterminato, di indefinibile: *nel suo fare c'è un q. che non convince* | (*est. fam.*) Somma imprecisata di denaro: *pretendeva un q. per le sue prestazioni*.

quìdam [vc. lat., 'un tale, qualcuno'; 1766] **s. m. inv.** ● (*raro*) Un tale, un uomo qualsiasi: *poi lo pianta per un 'q.'… che ha dinanzi un bell'avvenire* (CARDUCCI).

quiddità [dal lat. *quĭd* (V.); 1321] **s. f.** ● (*filos.*) Nella filosofia medievale, l'essere, la sostanza.

quidditativo [1691] **agg.** ● (*filos.*) Che si riferisce alla quiddità.

quidsìmile ● V. *quissimile*.

†**quie** ● V. *qui*.

quiescènte [vc. dotta, lat. *quiescĕnte*(*m*), part. pres. di *quiĕscere*; sec. XIV] **agg.** ● Che è in stato di riposo o d'inerzia: *vulcano q.* | (*ling.*) ***Lettera q.***, nella descrizione dell'ebraico, lettera che si pronuncia solo se accompagnata da un segno diacritico vocalico.

quiescènza [vc. dotta, lat. tardo *quiescĕntia*(*m*), da *quiēscens*, genit. *quiescĕntis* 'quiescente'; 1829] **s. f.** ***1*** (*lett.*) Stato di riposo o di inerzia: *È di ieri… questo mio stato di q.* (SVEVO). ***2*** Condizione di dipendente collocato a riposo | ***Porre in q.***, di impiegati e sim., mettere in pensione | ***Trattamento di q.***, la corresponsione della liquidazione e della pensione. ***3*** (*dir.*) Situazione transitoria durante la quale un diritto soggettivo non può essere esercitato da chi ne rimane tuttavia titolare o un rapporto giuridico pur senza estinguersi non ha effetto per il temporaneo venir meno di taluno dei suoi elementi: *q. dei diritti*; *q. del processo*. ***4*** Fase più o meno prolungata di sospensione dell'attività vulcanica fra due eruzioni.

†**quiéscere** [vc. dotta, lat. *quiēscere*, da *quĭes*, genit. *quiētis* 'quiete'; sec. XIII] **A v. intr.** ● Stare in riposo, in quiete. **B v. intr. pron.** ● Quietarsi, placarsi.

†**quièta** ● V. *quiete*.

quietànza o **quetànza**, †**quitànza** [fr. *quittance* (da *quitter* 'liberare da una obbligazione', dal lat. mediev. *quitāre* per il lat. tardo *quietāre*), rifatto su *quieto*; 1289] **s. f.** ● Dichiarazione del creditore di aver ricevuto il pagamento | Documento contenente tale dichiarazione.

quietanzàre [da *quietanza*, sul modello del fr. *quittancer*; 1812] **v. tr.** ● Firmare una ricevuta di pagamento.

quietanzatrice [1970] **s. f.** ● Macchina da calcolo scrivente, analoga ai registratori di cassa, utilizzata presso gli sportelli di esazione gener. per apporre sui documenti un timbro di quietanza.

quietàre o (*lett.*) **quetàre**, †**quitàre** [vc. dotta, lat. tardo *quietāre*, da *quĭes*, genit. *quiētis* 'quiete'; 1308] **A v. tr.** (*io quièto*) ***1*** Rendere calmo e tranquillo, ricondurre alla quiete: *q. gli animali imbizzarriti*; *q. un bambino irrequieto*. **SIN.** Calmare, sedare. ***2*** (*fig.*) Appagare, contentare: *q. un desiderio* | ***Q. i creditori***, pagarli. **B v. intr. pron.** ***1*** Tornare alla calma, a uno stato di quiete: *il tumulto si quietò* | ***Quietati!***, calmati, mettiti tranquillo | (*fig.*, *lett.*) Appagarsi: *Nel vero in che si queta ogne intelletto* (DANTE *Par.* XXVIII, 108). ***2*** Cessare: *la tempesta si quietò*; *nel suo animo l'ira*, *il dolore e l'umiliazione non si quietavano*. ***3*** (*lett.*) Tacere: *Queta'mi allor per non farli più tristi* (DANTE *Inf.* XXXIII, 64).

quietàto [av. 1306] **part. pass.** di *quietare*; anche **agg.** ● Nei sign. del v.

†**quietazióne** o †**quitazióne** [vc. dotta, lat. tardo *quietatiōne*(*m*), da *quietāre*; 1477] **s. f.** ***1*** Quiete, calma. ***2*** Quietanza.

quiète o †**quièta** [vc. dotta, lat. *quiēte*(*m*), di orig. indeur.; av. 1306] **s. f.** ***1*** Mancanza di movimento, stato di ciò che è immobile: *essere in q.* | Stato di tranquillità esterna, non turbata da stati di agitazione, da rumori: *sovrumani / silenzi*, *e profondissima quïete / io nel pensier mi fingo* (LEOPARDI). ***2*** Riposo, requie: *non avere*, *non trovare q.*; *godere un poco di q.* ***3*** Calma, tranquillità, pace: *amare la q. della famiglia*, *della propria casa*. ***4*** (*lett.*) Sonno eterno, riposo della morte: *forse perché della fatal quïete / tu sei l'imago*, *a me sì cara vieni* (FOSCOLO). ***5*** (*fis.*) Assenza o cessazione di moto per un corpo o un fenomeno fisico.

quietézza [1615] **s. f.** ● (*lett.*) Condizione di quiete, di serenità.

quietìsmo [fr. *quiétisme*, da *quiet* 'quieto'; 1698] **s. m.** ***1*** Nella storia della spiritualità cattolica, dottrina condannata dello spagnolo Molinos (XVII sec.), che nel rapporto religioso riteneva la contemplazione mistica e le predisposizioni dell'anima assolutamente preminenti sugli atti di culto esteriore. ***2*** (*est.*) Apatia, amore del quieto vivere: *il suo q. è esasperante*.

quietista [fr. *quiétiste*, da *quiet* 'quiete'; 1681] **A s. m. e f.** (**pl. m.** *-i*) ***1*** Seguace del quietismo. ***2*** (*est.*) Persona apatica, che ama il quieto vivere. **B agg.** ● Quietistico.

quietìstico [1959] **agg.** (**pl. m.** *-ci*) ***1*** Del quietismo: *dottrina quietistica*. ***2*** Da quietista: *atteggiamento*, *comportamento q.*

quièto o (*lett.*) **quèto** [vc. dotta, lat. *quiētu*(*m*), da *quĭes*, genit. *quiētis* 'quiete'; av. 1306] **agg.** ***1*** Calmo, fermo, immobile: *mare q.*; *aria tiepida e quieta* | Tranquillo: *cerca di stare un po'q.*; *un ragazzo che non sta mai q.* ***2*** Privo di rumore, di disordine o agitazione, pieno di tranquillità, di silenzio: *una quieta cittadina di provincia*; *una zona quieta e riposante*; *trascorrere giornate quiete e serene*; *il malato ha trascorso una notte quieta*. **SIN.** Calmo, tranquillo. ***3*** (*fig.*) Alieno da brighe, discordie o disordini: *un uomo q.*; *avere un carattere q.*; *amare la vita quieta* | ***Il q. vivere***, vita priva di rischi, di contrasti e preoccupazioni: *amare*, *cercare il q. vivere*; *un sistema di q. vivere*, *ch'era costato tant'anni di studio e di pazienza* (MANZONI). || **quietaménte**, **avv.**

†**quietùdine** [da *quieto*, sul modello di *irrequietudine*; 1306] **s. f.** ● Quiete: *una q. d'amore le discendeva su lo spirto* (D'ANNUNZIO).

quillàia [vc. araucana] **s. f.** ● Albero sempreverde delle Rosacee dell'America meridionale dalla corteccia ricca di saponina (*Quillaia saponaria*).

quinàle [dal lat. *quīni* 'a cinque a cinque', da *quīnque* 'cinque' sul modello di *quarnale*, *senale*; av. 1348] **s. m.** ● (*mar.*, *disus.*) Canapo di cinque legnuoli ordito in un paranco di cinque fila | Paranco ordito con questo canapo.

†**quinamónte** o †**quinamónti** [da *quine a monte*; 1473] **avv.** ● (*tosc.*) Qui su, in alto: *I' sono stato ad Empoli al mercato*, */ a Prato*, *a Monticegli*, *a San Casciano*, */ a Colle*, *a Poggibonsi e San Donato / a Grieve e q. a Decomano* (L. DE' MEDICI).

quinàrio [vc. dotta, lat. *quināriu*(*m*), da *quīni* 'a cinque a cinque' (V. *quinale*); 1835] **A s. m.** ***1*** Moneta d'argento della Roma repubblicana del valore di 5 o 8 assi, pari a mezzo denaro | ***Q. aureo***, uguale a mezzo aureo. ***2*** Nella metrica italiana, verso la cui ultima sillaba accentata è la quarta; è composto di cinque sillabe se termina con parola piana: *senti nel cuore…* (PASCOLI) (V. nota d'uso ACCENTO). **B** anche **agg.**: *verso q.* | (*mat.*) ***Sistema q.***, ***numerazione quinaria***, che ha per base il numero cinque.

†**quinavàlle** [da *quine a valle*; sec. XIV] **avv.** ● (*tosc.*) Qui giù, in basso.

†**quincèntro** o †**quinc'èntro**, †**quinci éntro** [comp. di *quinci* e *entro*; 1313] **avv.** ● Qui dentro: *dinne s'alcun Latino è tra costoro / che son quinc'entro* (DANTE *Inf.* XXIX, 88-89).

quinci [lat. parl. *(*ĕc*)*cu*(*m*) *hĭnce* 'ecco di qui'; 1294] **A avv.** ***1*** (*lett.*) †Da questo luogo (come compl. di moto da luogo e di moto attraverso luogo): *q. non passa mai anima buona* (DANTE *Inf.* III, 127); *se io q. esco vivo* (BOCCACCIO). ***2*** (*lett.*) †Poi (con valore temp.): *q. rivolse in ver' lo cielo il viso* (DANTE *Par.* I, 142) | ***Da q. innanzi***, d'ora in poi: *a qualunque della proposta novella da q. innanzi novellerò* (BOCCACCIO) | (*raro*) ***Da q. addietro***, finora: *poco impaccio m'ha dato da q. addietro* (SACCHETTI). ***3*** (*fig.*) †Per ciò, da ciò, in seguito a ciò: *q. si può veder come si fonda / l'essere beato ne l'atto che vede* (DANTE *Par.* XXVIII, 109-110). ***4*** (*lett.*) Di qua, da una parte (in correl. con 'quindi'): *un fiato / di vento*, *ch'or vien q. e or vien quindi* (DANTE *Purg.* XI, 100-101); *q. spunta per l'aria un vessillo*, */ quindi un altro s'avanza spiegato* (MANZONI). **B** in funzione di **s. m. inv.** ● (*lett.*, *scherz.*) Solo nelle loc. ***parlare in q. e quindi***, ***stare sul q. e sul quindi***, parlare o comportarsi con affettazione e sussiego.

†**quinci éntro** ● V. †*quincentro*.

†**quinciòltre** [comp. di *quinci* e *oltre*] **avv.** ● (*raro*) Qui intorno.

quincónce o **quincùnce** [lat. *quincŭnce*(*m*), comp. di *quīnque* 'cinque' e *ŭncia* 'oncia'; av. 1597] **s. f. o m. inv.** ***1*** Moneta di bronzo dell'Italia antica del valore di 5 once e contrassegnata da 5 globetti disposti come i 5 punti sui dadi. ***2*** Disposizione degli alberi messi a dimora ai vertici di una serie di triangoli isosceli tracciati idealmente sul terreno: *piantagione a q.* ➡ **ILL. agricoltura e giardinaggio**. ***3*** Misura di 5 ciati.

quinconciàle [vc. dotta, lat. *quincunciāle*(*m*), da *quīncunx*, genit. *quincŭncis* 'quinconce'; av. 1597] **agg.** ● A forma di quinconce.

quincùnce ● V. *quinconce*.

quindecemviràle o **quindecenviràle** [vc. dotta, lat. *quindecimvirāle*(*m*), da *quindecĭmviri* 'quindecemviri'] **agg.** ● Dei quindecemviri.

quindecemviràto o **quindecenviràto** [vc. dotta, lat. tardo *quindecimvirātu*(*m*), da *quindecĭmviri* 'quindecemviri'] **s. m.** ● Ufficio dei quindecemviri.

quindecèmviro o **quindecènviro** [vc. dotta, lat. *quindecimvĭru*(*m*) comp., tratto dal pl., di *quīndecim* 'quindici' e *vĭr*, genit. *vĭri* 'uomo' (in opposizione a 'donna'), con altre corrispondenze indeur.: da *vīs* 'forza' (?); 1769] **s. m.** ● Membro del collegio di quindici sacerdoti addetti in Roma antica alla consultazione dei libri sibillini.

quindecènviro /kwinde'tʃɛnviro/ e *deriv.* ● V. *quindecemviro* e *deriv.*

quindècimo [vc. dotta, lat. tardo *quindĕcimu*(*m*),

comp. di *quīntus* 'quinto' e *dĕcimus* 'decimo'; 1340] agg. num. ord.; anche s. m. ● (*lett.*) Quindicesimo: *dopo il dì q. si pose / fine alle feste* (BOCCACCIO). SIN. (*lett.*) Decimoquinto.

†**quindènnio** [dal lat. *quindēni* 'quindici per volta', sul modello di *decennio*; 1615] s. m. *1* (*raro*) Quindicennio. *2* (*st.*) Tassa ecclesiastica sui benefici.

♦**quindi** [lat. parl. *(*ĕc*)*cu*(*m*) *ĭnde* 'ecco di là'; av. 1292] A avv. *1* In seguito, poi: *gli scrissi varie lettere, q. mi recai personalmente da lui*; *lo feci avvertire da altre persone, q. intervenni io direttamente*; *andate dritti fino in fondo a questa strada, q. voltate a destra.* *2* (*lett.*) †Di qui, di lì (come compl. di moto da luogo): *q. andarono i due cavalieri in Inghilterra* (BOCCACCIO) | †Di qui (come compl. di origine): *q. fu' io* (DANTE *Purg.* V, 73) | †Stando in quel luogo (come compl. di stato in luogo): *q. giù nel fosso / vidi gente attuffata in uno sterco* (DANTE *Inf.* XVIII, 112-113) | (*fig.*) †Da ciò, per tale motivo: *q. Cocito tutto s'aggelava* (DANTE *Inf.* XXXIV, 52) | †***Quind'oltre***, di qui intorno. *3* (*lett.*) †Per quel luogo (come compl. di moto attraverso luogo): *E q. uscimmo a riveder le stelle* (DANTE *Inf.* XXXIV, 139); *da un suo luogo tornando passò q. un gentile uomo* (BOCCACCIO) | †Anche nella loc. avv. ***per q.***: *a chi andava e veniva per q.* (BOCCACCIO). *4* (*lett.*) †Da ora, da allora (con valore temporale) | ***Q. a pochi dì***, a distanza di pochi giorni, dopo qualche giorno | (***Da***) ***q. innanzi***, da ora, da allora in poi: *il che da q. innanzi ciascun fece* (BOCCACCIO). *5* (*lett.*) Di là, dall'altra parte (in correl. con 'quinci'): *or quinci or q. mi volgea guardando* (PETRARCA); *e quinci il mar da lungi e q. il monte* (LEOPARDI). B cong. *1* Perciò, di conseguenza (con valore conclusivo): *hai sbagliato, q. pagherai* | (*assol.*) Sollecitando una risposta, una conclusione e sim.: *q.?, cosa farai?*; *hai già provato più volte, q.?* *2* Per tale motivo (introduce una prop. concl. con il v. all'indic.): *non conosco bene i fatti, q. non posso esprimere un giudizio sicuro.* C in funzione di s. m. inv. ● (*lett.*, *scherz.*) Solo nelle loc. ***parlare in quinci e q.***, ***stare in quinci e sul q.***, parlare o comportarsi con affettazione e sussiego.

quindicennàle [da *quindicennio*] A agg. *1* Che dura quindici anni: *fare un contratto q.* *2* (*raro*) Che dura da quindici anni: *un conflitto q.* *3* Che ricorre ogni quindici anni: *celebrazione q.* B s. m. ● Ricorrenza del quindicesimo anno di un avvenimento memorabile: *il q. della Repubblica Italiana* | (*est.*) La cerimonia che si celebra in tale occasione.

quindicènne [comp. di *quindic*(*i*) ed *-enne*; 1871] A agg. *1* Che ha quindici anni, detto di cosa e di persona: *un ragazzo q.* *2* (*raro*, *lett.*) Che dura da quindici anni. B s. m. e f. ● Chi ha quindici anni d'età: *una q. molto assennata.*

quindicènnio [comp. di *quindic*(*i*) ed *-ennio*; 1812] s. m. ● Spazio di tempo di quindici anni: *un q. di studi e ricerche.*

quindicèṣimo (o *-é-*) [1766] A agg. num. ord. ● Corrispondente al numero quindici in una sequenza, in una successione, in una classificazione, in una serie (rappresentato da XV nella numerazione romana, da 15° in quella araba): *è il q. arrivato*; *il q. canto del Purgatorio*; *il q. capitolo di un romanzo*; *Luigi XV di Francia*; *papa Benedetto XV*; *la quindicesima parte di qlco.* | ***Due alla quindicesima***, (*ellitt.*) elevato alla quindicesima potenza | ***Il secolo q.***, gli anni dal 1401 al 1500. SIN. (*lett.*) Decimoquinto, (*lett.*) quintodecimo. B s. m. ● Ciascuna delle quindici parti uguali di una stessa quantità: *un q. della somma.*

♦**quìndici** [lat. *quīndeci*(*m*), comp. di *quīnque* 'cinque' e *dĕcem* 'dieci'; sec. XII] agg. num. card. inv.; anche s. m. ● Numero naturale successivo di quattordici, rappresentato da 15 nella numerazione araba, da XV in quella romana. I Come agg. ricorre nei seguenti usi. *1* Rispondendo o sottintendendo la domanda 'quanti?', indica la quantità numerica di quindici unità (spec. preposto a un s.): *una ragazza di q. anni*; *starò assente q. giorni*; *congedo, licenza di q. giorni* | ***Sono le sette e q. minuti***, le sette e un quarto. *2* Rispondendo o sottintendendo la domanda 'quale?', identifica qlco. in una pluralità, in una successione, in una sequenza (posposto a un s.): *oggi è il giorno q.*; *sono le ore q.*; *abito al numero q.*; *punto sul numero q.* | (*raro*) Quindicesimo: *Luigi q.* II Come s. ricorre nei seguenti usi. *1* Il numero quindici; il valore, la quantità che vi corrisponde (per ellissi di un s.): *il q. è divisibile per tre e per cinque*; *siamo al q. del mese*; *è uscito il q. sulla ruota di Firenze*; *il governo dei Quindici a Siena* | ***Gioco del q.***, gioco di pazienza e abilità insieme, consistente nel riordinare, secondo uno schema prefissato, gener. quello dell'ordine naturale dei numeri, quindici tasselli quadrati scorrevoli fra loro e all'interno di un telaio quadrato atto a contenerne sedici | ***Le q.***, le tre del pomeriggio | ***Oggi a q.***, fra due settimane | ***Il q.***, nel rugby, la squadra, composta da quindici giocatori | ***L'Italia è entrata nella prima guerra mondiale nel '15***, nel 1915. *2* Il segno che rappresenta il numero quindici.

quindicina [1838] s. f. *1* Complesso, serie di quindici, o circa quindici, unità: *una q. di rose*; *c'era una q. di persone.* *2* (*fam.*) Periodo di quindici, o circa quindici, giorni: *partiremo nella seconda q. di ottobre.* *3* (*est.*) Paga, salario di quindici giorni: *chiedere in anticipo la q.*

quindicinàle [da *quindicina*; 1875] A agg. *1* Che dura quindici giorni: *turni quindicinali.* *2* Che ricorre, che esce ogni quindici giorni: *pubblicazione q.* ‖ **quindicinalménte**, avv. B s. m. ● Rivista, giornale che viene pubblicato ogni quindici giorni.

†**quine** [comp. di *qui* e *ne*; sec. XIII] avv. ● Qui.

quinquagenàrio [vc. dotta, lat. *quinquagenāriu*(*m*) 'di cinquanta', da *quinquagēni* 'cinquanta alla volta', da *quinquagīnta* 'cinquanta'; 1611] A agg. ● (*lett.*) Che ha cinquant'anni d'età. B s. m. ● (*raro*) Cinquantenario.

quinquagèṣima (o *-é-*) [vc. dotta, lat. tardo *quinquagēsima*(*m diem*) 'cinquantesimo giorno', f. sost. di *quinquagēsimus* 'cinquantesimo' (V. *quinquagesimo*); 1669] s. f. ● Nel calendario liturgico, ultima domenica di carnevale, che precede di 50 giorni la Pasqua.

quinquagèṣimo (o *-é-*) [vc. dotta, lat. *quinquagēsimu*(*m*), da *quinquagīnta* 'cinquanta'; sec. XIV] agg. num. ord.; anche s. m. ● (*lett.*) Cinquantesimo.

Quinquàtrie [vc. dotta, lat. *Quinquātria*, nt. pl. di orig. etrusca, accostato a *quīnque* 'cinque' (?); 1891] s. f. pl. ● Nell'antica Roma, feste celebrate in onore di Minerva.

quinquennàle o **cinquennàle** [vc. dotta, lat. *quinquennāle*(*m*), da *quinquĕnnis* 'quinquenne'; 1533] A agg. *1* Che dura cinque anni. *2* Che ricorre ogni cinque anni. ‖ **quinquennalménte**, avv. B s. m. ● (*raro*) Ricorrenza del quinto anno di un avvenimento memorabile.

quinquennalità [da *quinquennale*; 1871] s. f. *1* (*raro*) Durata, spazio di cinque anni. *2* Rata o versamento quinquennale: *una q. anticipata*; *pagare per q.*

quinquènne ● V. *cinquenne.*

quinquènnio o (*raro*) **cinquènnio** [vc. dotta, lat. *quinquĕnniu*(*m*), da *quinquĕnnis* 'quinquenne'; sec. XIV] s. m. ● Spazio di tempo di cinque anni: *un q. di studi e di ricerche.*

quinquerème (o *-è-*) ● V. *cinquereme.*

†**quinquesìllabo** [dal lat. *quīnque*, sul modello di *bisillabo*, *trisillabo* ecc.; 1585] s. m.; anche agg. ● Di cinque sillabe | (*letter.*) Quinario.

quinqueviràto [vc. dotta, lat. *quinquevirātu*(*m*), da *quinquĕviri*; 1965] s. m. ● Ufficio di quinqueviro.

quinquèviro [vc. dotta, lat. *quinquĕvir*, comp. di *quīnque* 'cinque' e *vīr* 'uomo'; 1871] s. m. ● Nell'antica Roma, membro del collegio di cinque cittadini che si occupavano del restauro di edifici, dell'assegnazione di terre e della limitazione delle spese pubbliche.

quinquiliòne [dal lat. *quīnque* 'cinque', sul modello di *milione*] s. m. ● (*raro*) Quintilione.

quinta [f. sost. di *quinto*; 1829] s. f. *1* Elemento di scena prospettica, usato già nel sec. XVI e di impiego universale nel teatro ottocentesco, consistente in un telaio alto e stretto posto, spesso a coppie, sui lati del palcoscenico | (*fig.*) ***Dietro, fra le quinte***, senza comparire, di nascosto: *manovrare dietro le quinte*; *è già un po' che lavoran fra le quinte* (BACCHELLI) | (*est.*) Ciò che ha la funzione di delimitare, dividere uno spazio: *sui tetti ritagliati, tra le quinte / dei frondami ammassati* (MONTALE). *2* Negli autoveicoli, la quinta marcia o velocità. *3* (*mus.*) Quinto grado della scala, detto dominante | Intervallo abbracciante cinque note della scala diatonica. *4* Nella danza classica, posizione in cui i piedi, voltati completamente in fuori, sono uniti in modo che l'alluce del piede che sta dietro sporga oltre il tallone del piede che sta davanti e viceversa. *5* Posizione schermistica in cui l'arma è in linea quasi orizzontale e la mano ha le dita chiuse volte in basso: *invito*, *legamento di q.* *6* Quinta classe elementare, liceale: *frequentare, ripetere la q.*; *passare in q.*

quintadècima [vc. dotta, lat. *quīnta*(*m*) *dĕcima*(*m*, *dīem*) 'quindicesimo giorno', f. sost. di *quīntus dĕcimus* 'quintodecimo'; 1336 ca.] s. f. *1* (*raro*) Giorno quindicesimo dal principio del novilunio | Plenilunio. *2* (*mus.*) Uno dei registri dell'organo che suona due ottave sopra il suono naturale.

quinta essènza ● V. *quintessenza.*

quintalàto [da *quintale*; 1938] s. m. ● Compenso corrisposto in passato agli operai dei panifici per ogni quintale di farina impastato.

quintàle [sp. *quintal*, dall'ar. *qinṭār*; 1300] s. m. ● Unità di misura di massa, equivalente a 100 kg.

quintàna (*1*) [da (*febbre*) *quintana*; dal lat. *quintānus*, da *quīntus* 'quinto', cioè 'la febbre del quinto giorno'; 1602] s. f. ● (*med.*) Febbre che compare ogni quinto giorno.

quintàna (*2*) [vc. dotta, lat. *quintāna*(*m viam*), f. sost. di *quintānus* 'che appartiene al quinto', detta così perché separava il *quinto* dal sesto manipolo] s. f. ● Negli accampamenti romani, via parallela alla principale posta tra le tende del quinto e sesto manipolo di legionari.

quintàna (*3*) [dal precedente (attraverso il fr. *quintaine*), perché sulla via *quintana* i legionari facevano probabilmente gli esercizi militari; av. 1367] s. f. ● Giostra di origine medievale nella quale i concorrenti, armati di lancia, correvano a cavallo contro una sagoma girevole, abbigliata da saraceno, cercando di colpirne lo scudo, senza farsi disarcionare dal colpo della mazza fissata all'altro braccio della sagoma.

quintaròlo [dal lat. *quintārius* 'di cinque', da *quīntus* 'quinto'; 1823] s. m. ● Quinto rematore dopo il vogavanti nelle galere.

quinterìa [da *quinto*; 1891] s. f. ● (*agr.*) Rotazione di cinque anni col primo anno a maggese ed i quattro successivi a grano o cereale affine.

quintèrno [da *quinto*, sul modello di *quaderno*; sec. XIV] s. m. ● Gruppo di cinque fogli piegati in due e inseriti l'uno dentro l'altro. ‖ †**quinternèllo**, dim.

quintessènza o (*raro*) **quinta essènza**, (*raro*) **quint'essènza** [da *quinta essenza*; calco sul gr. *pémptē ousía*; av. 1519] s. f. *1* Nella fisica aristotelica, l'etere, ossia l'elemento di cui sono composti i corpi celesti. *2* Per gli alchimisti, parte più pura di una sostanza, ottenuta dopo cinque distillazioni | Prodotto intermedio nella purificazione di certi oli essenziali, costituito da un miscuglio di questi con sostanze estrattive non volatili. *3* (*fig.*) Intima natura, verità profonda: *conoscere, cercare la q. di qlco.* *4* (*fig.*) Perfetto campione, esempio purissimo: *è la q. dei bugiardi*; *sei la q. dell'idiozia.*

quintessenziàle [1848] agg. ● Di quintessenza (*spec. fig.*).

quintessenziàre [1868] v. tr. (*io quintessènzio*) ● (*lett.*, *fig.*) Portare alla quintessenza, approfondire fino alla quintessenza: *q. le proprie concezioni morali.*

quintétto [da *quinto* (*strumento*), sul modello di *quartetto*; 1801] s. m. *1* (*mus.*) Composizione per cinque strumenti o voci | Il complesso degli esecutori di tale genere di composizione. *2* Gruppo di cinque persone che agiscono di comune accordo: *un bel q. di furfanti.* *3* ***Q. d'attacco***, nel calcio, l'insieme dei cinque giocatori della prima linea | ***Q. base***, nel basket, la formazione tipo.

quintigliàti s. m. pl. ● Gioco di carte simile al tressette ma con cinque giocatori.

quintìglio o **quintìlio** [sp. *quintillo*, dal lat. *quīntus* 'quinto', perché si gioca in cinque persone; 1871] s. m. ● Quintigliati.

quintìle [vc. dotta, lat. *quintīle*(*m*), da *quīntus* 'quinto', perché era il quinto mese dell'anno; av. 1580] s. m. ● Quinto mese dell'anno romano, corrispondente all'odierno luglio.

quintìlio ● V. *quintiglio.*

quintiliòne [da *quinto*, sul modello di *milione*; 1891] s. m. *1* Un miliardo di miliardi, secondo l'uso contemporaneo italiano, francese e statunitense. *2* Un milione elevato alla quinta potenza, secondo l'uso italiano antico e quello contemporaneo tedesco e inglese.

quintina [da *quinto*; av. 1850] **s. f.** **1** (*mus.*) Figura ritmica irregolare di cinque note che, in un contesto a suddivisione binaria, vale per quattro e, in un contesto a suddivisione ternaria, vale per sei. **2** (*raro*) Cinquina.

quintino [1891] **s. m.** **1** Dim. di *quinto*. **2** Recipiente bollato, spec. di vetro, simile alla bottiglia che contiene un quinto di litro, spec. di vino.

♦**quinto** [lat. *quīntu(m)*, da *quīnque* 'cinque'; 1225 ca.] **A agg. num. ord.** **1** Corrispondente al numero cinque in una sequenza, in una successione, in una classificazione, in una serie (rappresentato da V nella numerazione romana, da 5° in quella araba): *abito al q. piano*; *il q. capitolo dei Promessi Sposi*; *il q. volume di un'opera*; *il q. atto di una tragedia*; *essere il q. in graduatoria*; *tra 'l q. dì e 'l sesto* (DANTE *Inf.* XXXIII, 72); *Carlo V*; *Pio V* | ***Due alla quinta***, (*ellitt.*) elevato alla quinta potenza | ***La quinta elementare***, ***liceo scientifico***, ***e sim.***, (*ellitt.*) la quinta classe di tali ordini di studi: *ripetere la quinta* | ***Q. dito***, il dito mignolo | ***Il q. potere***, la televisione, per la sua capacità di influenzare il pubblico | ***La quinta colonna***, V. *colonna* (*1*), sign. 9 | ***Quinta malattia***, malattia esantematica dell'infanzia simile al morbillo | ***La quinta ora del giorno***, le undici. **2** (*lett.*) In composizione con altri numerali, forma gli ordinali superiori: *decimoquinto*, *ventesimoquinto*. **B s. m.** **1** Ciascuna delle cinque parti uguali di una stessa quantità: *gli spetta un q. dell'eredità*; *riduciamo le spese di un q.*; *eran il q. di quei ch'or son vivi* (DANTE *Par.* XVI, 48); *i quattro quinti di cento*; *i tre quinti di otto* | ***Cessione del q.***, disposizione riguardante i dipendenti statali e gener. pubblici e consistente in un mutuo che viene restituito a rate mensili versando al mutuante la quinta parte dello stipendio. **2** La quinta parte di un litro spec. di vino, olio e sim. e (*est.*) il recipiente bollato in cui lo si misura o lo si contiene. **3** (*mar.*) Ciascuna delle coste principali che si piantano sulla chiglia a giusta distanza per disegnarne il garbo generale dell'ossatura: si compone di più pezzi curvi uniti insieme per formare la lunghezza della costa. **4** (**f.** *-a*) Persona, animale o cosa considerata dopo altre quattro, che viene al quinto posto: *sei il q. a cui mi rivolgo*; *è stato il q. a presentarsi*. ‖ **quintino**, **dim.** (V.).

quintodècimo [vc. dotta, lat. *quīntu(m) dĕcimu(m)* (V. *quinto* e *decimo*); 1340] **agg. num. ord.**; anche **s. m.** ● (*lett.*) Quindicesimo. **SIN.** (*lett.*) Decimoquinto.

quintogènito [da *quinto*, sul modello di *primogenito*; 1673] **agg.**; anche **s. m.** (**f.** *-a*) ● Che (o Chi) è nato dopo altri quattro figli.

quintùltimo o **quint'ultimo** [comp. di *quint(o)* e *ultimo*; 1641] **agg.**; anche **s. m.** (**f.** *-a*) ● Che (o Chi) corrisponde al numero cinque o sta al quinto posto, partendo a contare dall'ultimo, in una sequenza, in una successione, in una classificazione, in una serie: *leggi la quintultima riga della pagina*; *essere il q. in una graduatoria*.

quintuplicàre [da *quintuplice*; av. 1712] **A v. tr.** (*io quintùplico, tu quintùplichi*) ● Moltiplicare per cinque; accrescere di cinque volte: *q. i propri guadagni*. **B v. intr. pron.** ● Aumentare di cinque volte: *gli interessi si sono quintuplicati*.

quintùplice [vc. dotta, lat. tardo *quintŭplice(m)*, da *quīntus* 'quinto', sul modello di *quădruplex*, genit. *quadrŭplicis* 'quadruplice'; 1584] **agg.** ● Che è costituito, caratterizzato da cinque elementi, parti o aspetti anche diversi tra loro.

quìntuplo [da *quinto*, sul modello di *quadruplo*; av. 1642] **A agg.** **1** Che è cinque volte maggiore relativamente ad altra cosa analoga: *ha versato una somma di denaro quintupla*. **2** Costituito da cinque parti uguali o simili fra loro: *filo q.* **B s. m.** ● Quantità, misura cinque volte maggiore: *guadagnare, spendere il q.*

qui pro quo /*lat.* 'kwi prɔ'kwɔ/ o **quiproquò** [lat. mediev. '*qui* invece di *quo*'; 1540] **loc. sost. m. inv.** ● Equivoco, confusione: *per un banale qui pro quo non ci siamo incontrati alla stazione*.

quipu /*sp.* 'kipu/ [vc. quechua, che designa le '(multicolori cordicelle con) nodi', usate per scrittura e conto; 1931] **s. m. inv.** ● Sistema di numerazione praticato nel Perù incaico, consistente in corde che sostenevano frange di altre corde a loro volta frangiate: tutte le corde portavano nodi le cui diverse specie indicavano i numeri, mentre la loro posizione segnava le decine, le centinaia, secondo un sistema decimale.

quirinalista [dal palazzo del *Quirinale*, sede del Presidente della Repubblica; 1991] **s. m. e f.** (**pl. m.** *-i*) ● Giornalista che si occupa dell'attività politica del Presidente della Repubblica italiana.

quirinalizio [da *Quirinale* col suff. *-izio*; 1995] **agg.** ● Che riguarda il Presidente della Repubblica italiana (con riferimento al palazzo del Quirinale, sede del Presidente stesso).

quiritàrio [1744] **agg.** ● Dei quiriti, dell'antica Roma.

quirite [vc. dotta, lat. *quirīte(m)*, di etim. incerta; 1725] **A s. m.** ● Cittadino dell'antica Roma. **B** anche **agg.** ● (*scherz.*) Romano: *aristocrazia q.*

†**quiritta** o †**quiritto** [comp. di *qui* e del lat. *rēcta* 'in linea retta'; 1319] **avv.** **1** In questo luogo, proprio qui: *perché assiso / q. se'?* (DANTE *Purg.* IV, 124-125). **2** Ora, in questo momento: *tu sai che io son quiritto sbandito* (BOCCACCIO).

†**quisito** ● V. *quesito* (*1*).

Quisling /'kwizlin(g)/, *norv.* 'kvisliŋ/ [dal n. di V. *Quisling* (1887-1945), capo del governo norvegese che collaborò con i tedeschi invasori dal 1940 al 1945] **s. m. inv.** ● Ogni capo di governo fantoccio creato dai nazisti nei Paesi da essi invasi durante il periodo 1939-1945 | (*est.*) Uomo politico asservito agli invasori del proprio Paese e con essi collaborazionista.

quisquilia o **quisquiglia** [vc. dotta, lat. *quisquĭliae*, nom. pl., 'rifiuti, immondezze', di orig. espressiva onomat.; 1321] **s. f.** **1** †Pagliuzza | Impurità. **2** (*fig.*) Minuzia, inezia, piccolezza, bazzecola: *non badare a simili quisquilie* | ***Quisquilie letterarie***, scritti di poco conto.

quissimile o **quidsimile** [lat. *quĭd sĭmile* 'qualche cosa di simile'; av. 1850] **s. m.** solo **sing.** ● (*raro*, *lett.*) Qualcosa di simile: *molti architettavano un q. di Sacro Romano Impero* (CROCE).

questionàre ● V. *questionare*.

quistionatóre ● V. *questionatore*.

quistióne ● V. *questione*.

†**quitànza** ● V. *quietanza*.

†**quitàre** ● V. *quietare*.

†**quitazióne** ● V. †*quietazione*.

quivi [lat. parl. *(ĕc)cu(m) ĭbi 'ecco ivi'; 1294] **A avv.** **1** (*lett.*) Lì, là: *q. sospiri, pianti ed alti guai / risonavan per l'aere sanza stelle* (DANTE *Inf.* III, 22-23); *togliendo or qui or q.* (DANTE *Par.* XVIII, 128) | (*raro*) Qui | †***Di q.***, di qui, di lì | (*lett.*) †Seguito da altri avv. di luogo che meglio lo determinano: *q. entro*; *q. presso*; *q. vicino*; *q. intorno*; *q. su*; *q. oltre*. **2** (*lett.*) Allora, a quel punto, in quel momento, in quella circostanza (con valore temp.): *q. lume del ciel ne fece accorti* (DANTE *Purg.* V, 54). **B** in funzione di **s. m. inv.** ● †Questo, quel luogo: *domandò … come q. si chiamasse* (BOCCACCIO).

†**quiviritta** [av. 1333] **avv.** ● Quiritta.

quiz /kwits*, *ingl.* kʰwiz/ [ingl. *quiz*, di etim. incerta; 1949] **s. m. inv.** (**pl.** ingl. *quizzes*) ● Domanda, quesito su un argomento specifico che si pone a voce o per iscritto ai partecipanti a esami o a giochi a premi per saggiarne il grado di memoria o di cultura: *i q. dell'esame di guida*; *i q. radiofonici, televisivi*.

quo, a ● V. *a quo*.

†**quòcere** ● V. *cuocere*.

†**quòco** ● V. *cuoco*.

quòdlibet [lat. *quŏd lĭbet* 'ciò che piace'] **s. m. inv.** **1** Nel Medioevo, questione di vario argomento, discussa nelle università, anche su proposta degli ascoltatori. **2** Mescolanza di musiche scelte e raccolte senza un particolare legame.

quodlibetàle [1959] **agg.** ● Relativo al quodlibet: *le questioni quodlibetali di S. Tommaso*.

quògliο ● V. *cuoio*.

†**quoiàio** ● V. *cuoiaio*.

†**quòio** ● V. *cuoio*.

quòkka /'kwɔkka/ [n. aborigeno] **s. m. inv.** ● (*zool.*) Marsupiale australiano molto studiato in laboratorio, particolarmente per gli aspetti dello sviluppo embrionale (*Setonyx brachyurus*).

quòndam [lat., 'un tempo, una volta', da *quomdam 'a un dato momento'; 1483] **A avv.** ● (*scherz.*) Una volta, un tempo, in passato: *suo marito, q. colonnello, ora è in pensione* | Fu (davanti al nome di un genitore defunto): *Carlo Rossi del q. Enrico*. **B** in funzione di **s. m. inv.** ● (*scherz.*) †Defunto: *essere tra i q.*

†**quòre** ● V. *cuore*.

quòrum [lat. *quōrum* 'dei quali'; espressione usata, prima che da noi, in Inghilterra e in Francia e derivata da formule lat. come *quorum maxima pars* 'la massima parte dei quali' e simili; 1552] **s. m. inv.** ● (*dir.*) Numero legale | ***Q. costitutivo***, numero minimo di partecipanti necessario per la valida costituzione di un'assemblea | ***Q. deliberativo***, numero legale minimo richiesto per una valida deliberazione assembleare | (*est.*) Percentuale minima di voti o di votanti necessaria perché un'elezione sia valida: *il referendum non ha raggiunto il q.*

quòta [lat. *quŏta(m pārtem)* 'quanta parte', f. di *quŏtus* (V. *quoto*); 1708] **s. f.** **1** Parte di una somma globale dovuta o che spetta secondo una ripartizione: *stabilire, calcolare le quote*; *ricevere, esigere la propria q.*; *pagare una prima q.*; *q. di abbonamento*; *q. di ammortamento*; *q. di sottoscrizione, di partecipazione*. **2** (*dir.*) Ciascuna delle parti o frazioni di un bene, reale o ideale, spettante a ciascuno degli aventi diritto: *q. di bene indiviso*; *q. di partecipazione dei soci a una società* | ***Q. composita***, nella comunione di più diritti, misura di partecipazione dei titolari a ciascuno dei singoli diritti | ***Q. ereditaria***, porzione del patrimonio ereditario sottoposta a una specifica destinazione giuridica: *q. disponibile, indisponibile*; *q. di legittima* | ***Q. parte***, nelle assicurazioni, frazione, fissata per contratto che, in caso di sinistro, resta a carico dell'assicurato | ***Q. di produzione***, quantitativo massimo di un prodotto alimentare che, in base a un accordo sopranazionale, può essere prodotto in un certo periodo da un Paese aderente a tale accordo | ***Q. di immigrazione***, contingente di immigranti ammessi annualmente in uno Stato. **3** (*banca, borsa*) L'insieme delle quotazioni di Borsa: *la q. risale*. **4** (*mat.*) In geometria, distanza di un punto da un piano orizzontale prefissato a cui si attribuisce un segno + o - a seconda che si trovi al di sopra o al di sotto del piano stesso. **5** (*geogr.*) Distanza di un punto sulla superficie terrestre da un piano di riferimento, gener. il livello del mare considerato come quota zero | ***Tenersi in q.***, in un'escursione, procedere mantenendosi, per un certo tratto, ad un'altitudine costante | (*est.*) Una qualunque località indicata, per mancanza di un nome specifico, dal numero che ne rappresenta l'altezza rispetto al livello del mare nelle carte topografiche: *fante caduto a q. 420*; *la q. 110 fu ripresa dopo duri combattimenti*. **6** (*aer.*) Altitudine di un aeromobile considerata come distanza verticale dal livello medio del mare | ***Q. relativa***, (*ellitt.*) **quota**, altezza considerata come distanza verticale rispetto a un dato specifico, comunemente il suolo | ***Prendere***, ***perdere q.***, detto di un aeromobile, rispettivamente innalzarsi o abbassarsi durante il volo; (*fig.*) crescere o diminuire di valore, di importanza e sim.: *è un'ipotesi che sta prendendo quota*; *un dirigente politico che ha perso quota*. **7** (*mar.*) Profondità a cui si trova un punto immerso nell'acqua rispetto alla superficie di questa | ***Q. periscopica***, quella a cui un sottomarino immerso riesce a mantenere il periscopio in funzione. **8** (*tecnol.*, *arch.*) In un disegno, la misura, su questo riportata, di un oggetto o di una sua parte. **9** Negli ippodromi, la proporzione offerta dagli allibratori per le scommesse su ciascun cavallo | ***Q. del totalizzatore***, quella determinata, invece, dalla divisione tra la somma incassata per tutte le scommesse e quella incassata per il cavallo vincente.

quotalite o **quòta lite** [lat. mediev. *quŏta lītis* 'quota della lite'; 1959] **s. f.** (**pl.** *quotelìti*) ● Patto, vietato dalla legge, tra cliente e difensore, con cui quest'ultimo si rende cessionario di parte dei diritti costituenti l'oggetto del procedimento in corso.

quotalizio [1891] **s. m.** ● Patto di quotalite.

quotàre [da *quota*; av. 1406] **A v. tr.** (*io quòto*) **1** Obbligare per una quota: *q. qlcu. per cento euro*. **2** Assegnare il prezzo ad un titolo in un listino di borsa. **3** (*fig.*) Valutare, stimare: *q. un quadro*. **4** Nei disegni tecnici, rilievi topografici e sim., attribuire una quota. **B v. intr. pron.** ● Partecipare a una contribuzione impegnandosi a pagare una certa somma: *quotarsi per centomila lire*.

quotàto [1891] **part. pass.** di *quotare*; anche **agg.** **1** Nei sign. del v. | Che ha una quotazione. **2** (*fig.*) Apprezzato, rinomato: *un pittore molto q.*

quotatùra [1959] s. f. ● Nel disegno tecnico, scrittura di tutte le quote necessarie per poter costruire il pezzo.

quotazióne [1908] s. f. **1** Il quotare | Il prezzo assegnato ad un titolo in un listino | *Q. filatelica*, valore commerciale di un francobollo da collezione, di cui si trova indicazione nei cataloghi. **2** (*fig.*) Valutazione di una persona, relativa all'attività che essa svolge: *un attore le cui quotazioni sono piuttosto in ribasso*.

quotidiàna o †**cotidiàna** [f. sost. di *quotidiano*; av. 1557] s. f. ● Febbre che presenta cicli di elevazione e remissione quotidiana.

quotidianità o (*lett.*) **cotidianità** [1950] s. f. **1** Condizione di ciò che è quotidiano, abituale: *la q. del lavoro*. **2** La vita di tutti i giorni.

◆**quotidiàno** o (*lett.*) **cotidiàno** [vc. dotta, lat. *quotidiānu(m)*, da *quotīdie* (V.); av. 1292] **A** agg. ● Di ogni giorno, di tutti i giorni: *passeggiata quotidiana; i bisogni quotidiani della vita; l'esistenza è una lotta quotidiana* | (*fig.*) *Il pane q.*, quanto è necessario per vivere | *Stampa quotidiana*, i giornali che si pubblicano tutti i giorni | (*est.*) Ordinario, concreto: *il film affronta i problemi della vita quotidiana*. || **quotidianaménte**, avv. Ogni giorno: *leggere quotidianamente il giornale*; (*est.*) con molta frequenza. **B** s. m. ● Giornale quotidiano: *i quotidiani indipendenti*; *un q. d'informazione*.

†**quotìdie** [vc. dotta, lat. *quotīdie*, comp. di *quōtti* (locativo, da *quŏt* 'quanti'. V. *quoto*) e *dīes* 'giorno'] avv. ● Ogni giorno.

quotìsta [1959] s. m. e f. (pl. m. -*i*) ● Titolare di una quota | Socio di una società a responsabilità limitata.

†**quotità** s. f. ● Quota, aliquota.

quotizzàre [1714] **A** v. tr. ● Suddividere in quote, in parti | *Q. un terreno*, lottizzarlo. **B** v. rifl. ● (*raro*) Obbligarsi per una quota determinata.

quotizzazióne [1667] s. f. **1** Suddivisione in quote | Quota. **2** Frazionamento in lotti.

quòto [vc. dotta, lat. *quŏtu(m)* 'quanto, in qual numero', da *quŏt* 'quanti', di orig. indeur.; 1871] s. m. ● (*mat.*) Quoziente di divisione senza resto.

quovis, in ● V. *in quovis*.

quoziènte [vc. dotta, lat. *quŏtiens*, avv., 'quante volte', da *quŏtus* (V. *quoto*); 1631] s. m. **1** (*mat.*) Risultato della divisione; numero che, moltiplicato per il divisore e aggiungendo al prodotto l'eventuale resto, dà il dividendo. **2** (*med.*) *Q. respiratorio*, rapporto tra l'ossigeno introdotto con la respirazione e l'anidride carbonica emessa, indicativo dell'attività cellulare di tutto l'organismo. **3** (*chim.*) *Q. di purezza*, quantità percentuale di sostanza pura rispetto al materiale greggio che la contiene. **4** (*dir.*) *Q. elettorale*, numero di voti che un candidato deve conseguire per essere eletto. **5** (*sport*) *Q. reti*, nel calcio e in altri giochi di palla, la cifra ottenuta dividendo il numero delle reti realizzate per quello delle reti subite da una squadra e che è considerato per stabilire la priorità in classifica fra due squadre con uguale punteggio. **6** (*psicol.*) *Q. d'intelligenza*, V. *intelligenza*.

qwerty /'kwɛrti/ [dalle lettere che compaiono nei primi sei tasti della prima riga dell'area alfabetica] agg. inv. ● (*elab.*) *Tastiera q.*, tipo di tastiera la cui distribuzione dei tasti è adottata come standard sulle macchine per scrivere nel mondo anglosassone e nell'informatica. CFR. Azerty, qzerty.

qzerty /k'zɛrti, k'dz-/ [dalle lettere che compaiono nei primi sei tasti della prima riga dell'area alfabetica] agg. inv. ● (*elab.*) *Tastiera q.*, tipo di tastiera la cui distribuzione dei tasti è adottata come standard sulle macchine per scrivere e in alcuni tipi di elaboratore in Italia. CFR. Azerty, qwerty.

r, R

Il suono rappresentato in italiano dalla lettera *R* è quello della consonante vibrante /r/, che è alveolare e, come tutte le sonanti, sonora. Può essere, secondo i casi, semplice (es. *pùro* /'puro/, *pùoi rubàre* /pwɔiru'bare/; *cùrvo* /'kurvo/, *rubàre* /ru'bare/, *pòsson rubàre* /pɔssonru'bare/) oppure geminata (es. *bùrro* /'burro/, *può rubàre* /pwɔrru'bare/); quand'è semplice e in sillaba non-accentata più frequentemente si pronuncia come un vibrato, o monovibrante /ɾ/, più che un vero vibrante, o polivibrante /r/ (es. *però* /pe'rɔ*/, ma *pùro* /'puro/, *cùrva* /'kurva/, ma *curvàre* /kur'vare/, *fràte* /'frate/, ma *fratèllo* /fra'tello/).

r, (*maiusc.*) **R** [sec. XIII] **s. f. o m.** ● Diciottesima lettera dell'alfabeto italiano (nome per esteso *èrre*): *r minuscola, R maiuscolo* | Nella compitazione spec. telefonica it. *r come Roma*; in quella internazionale *r come Romeo*.

ra- ● V. *ri-*.
rabàrbaro o (*pop.*) **reobàrbaro** [lat. tardo *reubárbaru*(*m*), dal gr. *réon bárbaron*, a cui si sovrappose *Rã*, n. lat. del fiume Volga, sulle cui rive cresceva. *Réon* è di orig. persiana ed era detto 'barbaro' (*bárbaron*) appunto perché di provenienza straniera; av. 1493] **s. m. 1** Pianta erbacea delle Poligonacee, originaria della Cina e coltivata in Europa, dal cui rizoma si ricava una sostanza amara usata in medicina (*Rheum officinale, Rheum palmatum*). ➡ ILL. **piante**/3. **2** Liquore amaro, tonico e digestivo, preparato col rizoma della pianta omonima.
rabattino [da (*ar*)*rabattare*; 1865] **s. m.**; anche agg. (f. -*a*, raro) ● (*fam., tosc.*) Chi (o Che) ingegnosamente s'industria in mille modi per raggiungere uno scopo o per guadagnare qlco.
rabàzza o **rabbàzza** [etim. incerta; 1871] **s. f.** ● (*mar., disus.*) Parte bassa di albero minore, quadra per assettarsi alla testata dell'albero maggiore.
rabbaruffàre [comp. di *r*(*i*)- e *abbaruffare*; av. 1563] **v. tr.** ● (*raro, tosc.*) Mettere sottosopra.
rabbaruffàto [1481] **part. pass.** di *rabbaruffare*; anche agg. **1** (*tosc.*) Disordinato. **2** (*raro*) Detto di chi ha un aspetto che rivela una recente baruffa: *vede quel r. | per la battaglia* (PULCI).
rabbassàre ● V. *riabbassare*.
rabbàttere [comp. di *r*(*i*)- e *abbattere*; sec. XIV] **A v. tr.** (coniug. come *battere*) **1** (*raro*) Socchiudere i battenti di una porta, una finestra. **2** †Togliere, detrarre. **B v. intr. pron.** ● †V. *riabbattere*.
rabbàzza ● V. *rabazza*.
rabbellìre ● V. *riabbellire*.
rabbellire ● V. *riabbellire*.
rabberciaménto [1872] **s. m.** ● Il rabberciare | Rabberciatura.
rabberciàre o †**rabbrenciàre** [etim. incerta; av. 1565] **v. tr.** (*io rabbèrcio*) ● Accomodare in qualche modo: *r. una stuoia* | (*fig.*) Correggere alla meglio: *r. brutti versi*. SIN. Racconciare, raffazzonare.
rabberciatóre [1872] **s. m.** (f. -*trice*) ● (*raro*) Chi rabbercia o è solito rabberciare (*anche fig.*).
rabberciatùra [1872] **s. f.** ● Il rabberciare: *è una r. molto difficile* | Ciò che viene rabberciato: *quello scritto non è che una r.*
ràbbi [vc. dotta, lat. tardo *rābbi*, dall'aramaico *rab-bī*'mio maestro'; 1367] **s. m. inv.** ● Titolo onorifico usato anticamente per i dottori della legge, nella religione ebraica.
♦**ràbbia** [lat. tardo *răbia*(*m*), per il classico *răbies*(*m*), di orig. indeur.; 1305] **s. f. 1** Malattia virale trasmessa dal morso di Mammiferi, spec. cane e lupo, attraverso l'inoculazione di saliva, caratterizzata da sintomi nervosi con senso di angoscia e dolorosi crampi muscolari | *R. silvestre*, quella che colpisce animali selvatici, quali il lupo, la volpe e il pipistrello. SIN. Idrofobia, lissa (1). **2** (*fig.*) Sdegno, furore, grande irritazione che possono provocare accessi d'ira o reazioni incontrollate: *essere in preda alla r.; parole piene di r.; consumarsi dalla r.* SIN. Collera, ira. **3** Dispetto, stizza, disappunto: *la sua impazienza mi fa r.* **4** Accanimento: *ha costruito la sua difesa con r.* | (*est.*) Furia violenta e disordinata, detto di cose inanimate: *la r. del vento*. **5** (*lett.*) Grande desiderio, bramosia: *è in tal r. / d'esser teco* (ARIOSTO). ‖ PROV. Chi tutto vuole di rabbia muore. ‖ **rabbiàccia**, pegg. | **rabbiétta**, dim. | **rabbiolina**, dim. | **rabbiùccia**, dim. | **rabbiùzza**, pegg.
ràbbico o **ràbico** [1835] **agg. (pl. m. -ci)** ● (*med.*) Di rabbia: *virus r.*
rabbinàto [1970] **s. m. 1** Dignità, carica di rabbino | *Gran r.*, suprema autorità rabbinica. **2** L'insieme dei rabbini di un Paese, di una regione. **3** Ente che coordina le attività religiose di una comunità ebraica.
rabbìnico [da *rabbino*: attraverso il fr. *rabbinique* (?); 1668] **agg. (pl. m. -ci)** ● Dei rabbini, di rabbino: *lingua, letteratura rabbinica*.
rabbinìsmo [1872] **s. m.** ● Metodo di interpretazione rabbinica della Bibbia, del Talmud e della tradizione orale | Corrente esegetica e dottrinale propria delle scuole giudaiche posteriori alla distruzione del Tempio.
rabbinìsta [da *rabbino*; 1835] **s. m. e f. (pl. m. -i)** ● Studioso e interprete della Bibbia, del Talmud e della tradizione orale.
rabbìno [da *rabbi*; 1584] **s. m. 1** Anticamente, dottore della legge, nella religione ebraica. **2** Ministro del culto della religione ebraica.
ràbbio [vc. veneta, lat. *rutābulu*(*m*) 'paletta' (da *rŭere* 'rovesciare'. V. *irruzione*) per la forma; 1937] **s. m.** ● Rete per piccoli pesci, avente forma di sacco, tenuta aperta da un semicerchio in ferro e da una sbarra trasversale.
rabbióso [lat. *rabiōsu*(*m*), da *răbies* 'rabbia'; 1313] **agg. 1** Affetto da rabbia: *cane r.* **2** (*fig.*) Pieno di rabbia o reso violento dall'ira: *discorso, rimprovero r.; un vecchio r.* SIN. Adirato, infuriato | (*est.*) Furioso, furente: *nutriva un odio r.* | (*est.*) Smodato, violento: *fame rabbiosa* | (*est.*) Impetuoso: *Terra… accumunata dai rabbiosi capricci del Rodano* (MONTALE). ‖ **rabbiosàccio**, pegg. | **rabbiosèllo**, dim. | **rabbiosètto**, dim. | **rabbiosìno**, dim. | **rabbiosaménte**, avv. Con rabbia, in modo rabbioso: *rivoltarsi rabbiosamente; si impegna rabbiosamente per riuscire*.
rabboccàre [comp. di *r*(*i*)- e *abboccare*; 1835] **v. tr.** (*io rabbòcco, tu rabbòcchi*) **1** Riempire di nuovo fino all'orlo, detto spec. di fiaschi, bottiglie e sim. | Aggiungere liquido in un recipiente fino a ripristinare il livello iniziale: *r. l'olio del motore*. **2** Pareggiare, spianare la superficie di un muro con l'intonaco.
rabboccatùra [1682] **s. f.** ● Operazione del rabboccare.
rabbócco [deriv. di *rabboccare*; 1976] **s. m. (pl. -chi)** ● Rabboccatura.
rabbonacciàre [comp. di *r*(*i*)- e *abbonacciare*; sec. XIV] **A v. tr.** (*io rabbonàccio*) **1** (*raro*) Riportare in bonaccia, riferito a elementi della natura. **2** (*fig.*) Calmare. **B v. intr. pron. 1** Tornare in bonaccia, in stato di quiete: *il mare si è rabbonacciato*. **2** (*fig.*) Tranquillizzarsi. **C v. rifl.** ● (*lett.*) Rappacificarsi: *rabbonacciandosi con Gherardo* (SACCHETTI).
rabbonìre [comp. di *r*(*i*)- e *abbonire*; 1699] **A v. tr.** (*io rabbonìsco, tu rabbonìsci*) ● Rendere di nuovo buono, calmo. SIN. Quietare, rappacificare. **B v. intr. pron.** ● Calmarsi, placarsi.
rabbonìto part. pass. di *rabbonire*; anche agg. ● Ridiventato calmo: *Compare Nanni, completamente r.* (VERGA).
rabbottonàre ● V. *riabbottonare*.
rabbracciàre ● V. *riabbracciare*.
†**rabbrenciàre** ● V. *rabberciare*.
rabbriccicàre [da *briccica*, col pref. *ra*-; 1872] **v. tr.** (*io rabbrìccico, tu rabbrìccichi*) ● (*fam., tosc.*) Mettere assieme, racconciare alla meglio. SIN. Rabberciare.
rabbrividàre v. intr. e intr. pron. ● Rabbrividire.
†**rabbrividàre v. intr. e intr. pron.** ● Rabbrividire.
rabbrividìre [comp. di *r*(*i*)- e *abbrividire*; av. 1742] **v. intr.** (*io rabbrividìsco, tu rabbrividìsci*; aus. *essere*, raro *avere*) **1** Avere, sentire i brividi: *r. al gelo invernale*. **2** (*fig.*) Provare paura, orrore e sim.: *r. allo spettacolo doloroso*. SIN. Inorridire, fremere.
rabbrunàre [comp. di *r*(*i*)- e *abbrunare*; 1337] **v. tr.** ● (*raro*) Abbrunare.
rabbruscàre [da *brusco* (1), col pref. *ra*-; 1565] **A v. intr. e intr. pron.** (*io rabbrùsco, tu rabbrùschi*; aus. *essere*) **1** (*tosc.*) Turbarsi, detto del tempo. SIN. Annuvolarsi. **2** (*fig.*) Offuscarsi in volto, adombrarsi, detto di persona. **B v. intr. impers.** (aus. *essere*) ● (*tosc.*) Annuvolarsi, volgere al brutto, offuscarsi, detto del tempo.
†**rabbruzzàrsi** [da *bruzzico*, col pref. *ra*-] **v. intr. pron.** ● (*raro*) Oscurarsi, farsi buio.
rabbuffaménto [1336 ca.] **s. m.** ● (*raro*) Disordine, scompiglio, spec. di capelli.
rabbuffàre o †**rabuffàre** [da *buffo* (1), col pref. *ra*-; av. 1306] **A v. tr.** (*io rabbùffo*) **1** Scompigliare, disordinare, sconvolgere: *r. i capelli a qlcu*. **2** (*fig.*) Fare un rabbuffo. SIN. Rimproverare, sgridare. **B v. intr. pron. 1** Turbarsi minacciando tempesta, detto del tempo o sim.: *Il pescoso Oceàno si rabbuffa* (MONTI). **2** †Azzuffarsi, agitarsi.
rabbuffàta s. f. ● (*fam.*) Rabbuffo.
rabbuffàto [av. 1292] **part. pass.** di *rabbuffare*; anche agg. **1** Arruffato, scompigliato. **2** (*est., fig.*) Molto turbato, sconvolto: *un'espressione rabbuffata*.
rabbùffo [da *rabbuffare*; av. 1565] **s. m. 1** Forte rimprovero, spec. con intonazione minacciosa. **2** (*lett.*) Folata di vento. ‖ **rabbuffétto**, dim.
rabbuiàre [comp. di *r*(*i*)- e *abbuiare*; sec. XIV] **A v. intr.** (*io rabbùio*; aus. *essere*) ● Diventare, farsi buio, annottare. **B v. intr. pron.** ● Oscurarsi (*anche fig.*): *l'orizzonte si è tutto rabbuiato; rabbuiarsi per l'ira, lo sdegno*.
Rabdocèli [vc. dotta, gr. *rábdos* 'verga, bastone', di orig. indeur., e *kôilos* 'vuoto', di orig. indeur.: detti così dalla forma del loro intestino; 1931] **s. m. pl. (sing. -o)** ● Nella tassonomia animale, ordine di vermi turbellari che vivono in acqua o nel terreno umido (*Rhabdocoela*).
rabdomànte [vc. dotta, gr. *rabdómantis*, comp. del gr. *rábdos* 'verga' (V. *Rabdoceli*) e *-mantis* '-mante'; 1872] **s. m. e f.** ● Chi esercita la rabdomanzia.
rabdomàntico [1872] **agg. (pl. m. -ci)** ● Di rabdomante, di rabdomanzia.

rabdomanzia [vc. dotta, gr. *rabdomantéia*, comp. del gr. *rábdos* 'verga' (V. *Rabdoceli*) e *-mantéia* '-manzia'; 1766] s. f. ● Tecnica divinatoria tendente a localizzare, attraverso le vibrazioni di una bacchetta, sorgenti d'acqua o giacimenti di minerali.

rabdomiòma [comp. del gr. *rábdos* 'verga' e di *mioma*; 1932] s. m. (pl. *-i*) ● (*med.*) Raro tumore benigno della muscolatura striata.

rabeleṣiàno o **rabelaiṣiàno** [da F. *Rabelais* (1494 ca.-1553); 1889] agg. *1* Che concerne lo scrittore F. Rabelais o ne imita lo stile: *spirito r.* *2* (*raro*) Caustico, sboccato, satirico.

rabescàre e *deriv.* ● V. *arabescare* e *deriv.*

rabescatùra [av. 1712] s. f. ● (*raro*) Il rabescare | Decorazione fatta ad arabeschi.

rabésco ● V. *arabesco.*

rabicàno [sp. *rabicano*, propr. 'dalla coda (*rabo*) bianca (*cano*)'; 1550] **A** agg. ● Di mantello equino che presenta peli bianchi sparsi su tutto o su parte del corpo, in proporzione tale da non alterare il colore del mantello. **B** s. m. ● Cavallo rabicano.

ràbico ● V. *rabbico.*

ràbido [vc. dotta, lat. *răbidu(m)*, da *răbies* 'rabbia'; av. 1396] agg. ● (*poet.*) Rabbioso, irato, furioso: *r. ventare di scirocco / che l'arsiccio terreno gialloverde / bruci* (MONTALE). || **rabidaménte**, avv. (*raro*) Rabbiosamente.

†**rabuffàre** ● V. *rabbuffare.*

ràbula [vc. dotta, lat. *răbula(m)* 'avvocato che sa solo gridare', propr. 'abbaiatore', di etim. discussa: di orig. etrusca (?); 1819] s. m. o f. (pl. m. *-i* o pl. f. *-e*) ● (*raro*, *lett.*) Avvocato imbroglione e chiacchierone.

ràcano ● V. *ragano.*

raccapezzàre [comp. di *r(i)-* e *accapezzare*; av. 1470] **A** v. tr. (*io raccapézzo*) *1* Riuscire a trovare, a mettere insieme qlco. con grande sforzo: *r. un po' di denaro.* *2* Riuscire a comprendere o a spiegare qlco.: *r. il senso di un discorso.* **B** v. intr. pron. ● Venire a capo di qlco.: *ci siamo raccapezzati a fatica* | ***Non raccapezzarsi***, confondersi.

raccapigliàrsi ● V. *riaccapigliarsi.*

†**raccapriccévole** [av. 1704] agg. ● Raccapricciante.

raccapricciànte [av. 1729] part. pres. di *raccapricciare*; anche agg. ● Che provoca, che desta raccapriccio: *spettacolo r.* SIN. Agghiacciante.

raccapricciàre [comp. di *r(i)-* e *accapricciare*; 1313] **A** v. intr. (*io raccapriccio*; aus. *essere*; raro nei tempi composti) ● Provare raccapriccio, orrore, turbamento: *r. alla vista di qlco.* SIN. Agghiacciare. **B** v. intr. pron. ● (*lett.*) Sentirsi inorridire: *solo all'idea di perderti mi raccapriccio* (ALFIERI). **C** v. tr. ● †Turbare profondamente.

raccapriccio [da *raccapricciare*; sec. XIV] s. m. ● Grave turbamento provocato da orrore, paura per qlco.: *sentirsi rizzare i capelli per il r.*

raccàre [prob. da una base onomat. *rak-*; 1932] v. intr. (*io ràcco, tu ràcchi*; aus. *avere*) ● Nel linguaggio dei marinai, vomitare per il mal di mare.

raccartocciàre [comp. di *r(i)-* e *accartocciare*; av. 1673] v. tr. e intr. pron. (*io raccartòccio*) ● (*raro*) Accartocciare.

raccattacénere [comp. di *raccatta(re)* e *cenere*; 1891] s. m. inv. *1* (*raro*) Portacenere, posacenere. *2* Ceneratoio.

raccattacìcche [comp. di *raccatta(re)* e il pl. di *cicca*; 1942] s. m. e f. inv. ● Chi raccoglie cicche per le strade.

raccattafièno [comp. di *raccatta(re)* e *fieno*; 1891] s. m. inv. ● Rastrello meccanico a scarico intermittente per la raccolta di foraggi in cumuli o andane.

raccattaménto s. m. ● (*raro*, *lett.*) Il raccattare notizie, dati e sim.

raccattapàlle [comp. di *raccatta(re)* e il pl. di *palla*; 1953] s. m. e f. inv. ● Ragazzo che raccoglie le palle sui campi da tennis o i palloni durante le partite di calcio per restituirli ai giocatori.

raccattàre [comp. di *r(i)-* e *accattare*; sec. XIV] v. tr. *1* Raccogliere da terra: *r. il libro caduto*; *r. cicche.* *2* (*fig.*) Mettere insieme, radunare: *r. frasi, modi di dire*; *r. denaro.*

raccattatìccio [da *raccattato*; 1872] s. m. ● (*raro*, *pop.*, *tosc.*) Insieme di roba raccattata.

raccattàto part. pass. di *raccattare*; anche agg. *1* Nei sign. del v. *2* (*fig.*) Rimediato, trovato quasi per caso: *qualche… romagnolismo r. dal poeta* (CARDUCCI).

raccattatóre [1872] s. m. (f. *-trice*) ● (*raro*) Chi raccatta (*anche fig.*): *r. di mozziconi*; *r. di pettegolezzi.*

raccattatùra [1872] s. f. ● (*raro*) Raccolta: *la r. delle olive.*

raccenciàre [da *cencio*, col pref. *ra-*; av. 1492] **A** v. tr. (*io raccéncio*) ● (*pop.*, *tosc.*) Rattoppare | (*est.*) Raffazzonare, rabberciare: *r. brutti versi.* **B** v. intr. pron. ● (*fig.*) Ravvivarsi, riprendersi: *omai più non si raccencia / quella rosa scolorita* (L. DE' MEDICI).

raccèndere e *deriv.* ● V. *riaccendere* e *deriv.*

†**raccennàre** ● V. *riaccennare.*

raccerchiàre o (*raro*) **riaccerchiàre** [comp. di *r(i)-* e *accerchiare*; sec. XIV] v. tr. (*io raccérchio*) *1* Accerchiare del tutto, circondare. *2* Rimettere i cerchi alle botti o alle ruote.

raccertàre o (*raro*) **riaccertàre** [comp. di *r(i)-* e *accertare*; 1319] **A** v. tr. (*io raccèrto*) ● Accertare in modo più valido, confermare. **B** v. rifl. e intr. pron. ● (*lett.*) Accertarsi, assicurarsi: *A guisa d'uom che 'n dubbio si raccerta* (DANTE *Purg.* IX, 64) | Persuadersi: *pur nel tristo pensier non si raccerta* (TASSO).

racchetàre [comp. di *r(i)-* e *acchetare*; 1336 ca.] **A** v. tr. (*io racchéto* (o *-è-*)) ● (*lett.*) Fare smettere di piangere | (*est.*, *lett.*) Calmare, acchetare. **B** v. intr. pron. ● (*lett.*) Calmarsi, placarsi.

racchétta [fr. *raquette*, dapprima 'palma della mano', dall'ar. dial. *rāhet* e class. *rāha*: nel sign. 3, alterazione di *rocchetta*; av. 1536] s. f. *1* Attrezzo costituito da un telaio ellittico un tempo di legno, oggi di metallo o altri materiali con una cordatura di budello ritorto o di materiale sintetico, e da un manico di forma prismatica | ***Sport della r.***, il tennis | Attrezzo analogo di forma più piccola e col piano battente gommato o ricoperto di sughero, per il gioco del ping-pong | ***R. da neve***, attrezzo che si applica sotto gli scarponi per procedere sulla neve fresca, costituito da una intelaiatura di fibre artificiali, montata su un supporto ovale di legno o di metallo | ***R. da sci***, bastone metallico o di altri materiali, alla cui estremità appuntita è fissata una rotella, usato dallo sciatore per mantenersi in equilibrio, prendere velocità e sim. SIN. Bastoncino. ➡ ILL. p. 2158 SPORT. *2* (*est.*) Tennista: *un'abile r.* *3* (*mil.*) Dispositivo per illuminazione o per segnalazioni luminose. || **racchettina**, dim. | **racchettóne**, accr. m. (V.).

racchettàre [da *racchetta* (da sci); 1608] v. intr. (*io racchétto*; aus. *avere*) ● (*gerg.*) Procedere sugli sci spingendosi con i bastoncini.

racchettóne [1983] s. m. *1* Accr. di *racchetta.* *2* Racchetta da tennis di dimensioni più ampie dell'usuale, per rendere più facile e potente il gioco. *3* Grossa racchetta di forma rotonda con cui si palleggia al volo, spec. sulla spiaggia.

ràcchio (1) [etim. incerta; 1773] s. m. ● Piccolo grappolo di pochi chicchi maturati male che viene lasciato sulla vite dopo la vendemmia.

ràcchio (2) [dal precedente; 1948] agg.; anche s. m. (f. *-a*) ● (*pop.*) Che (o Chi) è brutto, sgraziato.

racchiocciolàrsi [comp. di *r(i)-* e *acchiocciolarsi*; 1920] v. rifl. (*io mi racchiòcciolo*) ● (*raro*) Rannicchiarsi, accovacciarsi.

racchiùdere [comp. di *r(i)-* e *acchiudere*; 1313] v. tr. (coniug. come *chiudere*) *1* Contenere: *biblioteca che racchiude molti tesori* | (*fig.*) Implicare: *questione che ne racchiude altre.* *2* (*raro*, *lett.*) Serrare dentro, rinchiudere.

racchiùṣo part. pass. di *racchiudere*; anche agg. ● Nei sign. del v. | Contenuto: *Che posso dirti che non sia tutto r. in queste parole?* (FOSCOLO).

racciabattàre [comp. di *r(i)-* e *acciabattare*; av. 1470] v. tr. ● (*raro*) Rabberciare alla meglio. SIN. Acciabattare.

†**raccoccàre** [comp. di *r(i)-* e *accoccare*; 1481] v. tr. (*io raccòcco* o *raccócco*, *tu raccòcchi* o *raccócchi*) ● Vibrare un altro colpo con forza.

raccoglibriciole [comp. di *raccogli(ere)* e il pl. di *briciola*; 1983] s. m. inv. ● Insieme di spazzola e paletta o piccolo utensile con spazzola incorporata, con cui si tolgono le briciole di pane dalla tovaglia dopo il pasto.

♦**raccògliere** o (*poet.*) **raccòrre** [comp. di *r(i)-* e *accogliere*; av. 1292] **A** v. tr. (coniug. come *cogliere*) *1* Prendere, levare, sollevare da terra qlco. o qlcu.: *r. un ciottolo, una lettera caduta*; *r. i feriti dal campo* | ***R. il guanto***, (*fig.*) accettare una provocazione, una sfida | (*fig.*) ***R. un'allusione***, mostrare di averla capita. *2* Prendere i frutti della terra o i prodotti agricoli: *r. le patate, le susine*; *r. il fieno, il grano* | (*fig.*) Ricavare, trarre: *r. il frutto delle proprie fatiche*; *r. onori, successo* | (*fig.*) Ottenere, incontrare: *r. l'approvazione di tutti.* *3* Radunare, mettere insieme (*anche fig.*): *r. truppe*; *r. denaro per una colletta*; *r. notizie utili* | Collezionare: *r. francobolli, monete* | Riunire per sommare, computare: *r. i nomi dei votanti* | Riunire per dare rifugio, soccorrere, proteggere: *r. i bambini abbandonati* | (*fig.*) Concentrare in un punto, spec. per potenziare, moltiplicare: *r. la mente, l'attenzione, tutte le proprie energie.* *4* Riunire insieme le parti di qlco., per ripiegarla, avvolgerla, ecc.: *r. i lembi di una bandiera, le pieghe di un abito* | ***R. le reti***, tirarle a sé | ***R. il freno***, stringerlo | (*raro*, *fig.*) ***R. i passi***, trattenerli | †***R. il fiato***, riprenderlo | (*raro*) Ridurre: *r. qlco. alla giusta misura.* *5* Accogliere, ricevere, accettare (*anche fig.*): *r. l'eredità, il consiglio* | ***R. un'ingiuria, un'offesa***, o sim., non lasciarla cadere: *è meglio non r. le sue provocazioni* | (*raro*) Afferrare, percepire: *r. parole confuse* | †Capire, intendere e riflettere: *poi ch'ebbe la parola a sé raccolta* (DANTE *Purg.* XIV, 72). *6* †Sommare. **B** v. rifl. *1* Rannicchiarsi, accomodarsi: *raccogliersi nel divano.* *2* (*fig.*) Volgere la mente, l'attenzione: *raccogliersi su un problema* | Concentrarsi: *raccogliersi in sé stesso.* **C** v. intr. pron. ● Radunarsi, riunirsi in un luogo o stringersi attorno a qlcu.: *raccogliersi in una località stabilita*; *tutti si raccolsero attorno all'oratore* | Ammassarsi, addensarsi, detto di cose: *L'acqua sparsa subito si raccoglie in goccia* (TASSO). || PROV. Chi semina vento, raccoglie tempesta.

raccogliménto [1525] s. m. *1* (*raro*) Il raccogliere | †Raccolta. *2* Concentrazione intellettuale o spirituale, meditazione: *pregare con grande r.* | ***Un minuto di r.***, tradizionale forma di commemorazione dei defunti, che si fa in una sede pubblica.

raccoglitìccio [da *raccogliere*; av. 1600] **A** agg. (pl. f. *-ce*) ● Raccolto, preso qua e là o scelto a caso (*anche fig.*): *truppe raccogliticce*; *cultura raccogliticcia.* **B** s. m. ● Insieme di cose o persone riunite in modo casuale e disordinato: *un r. di brutte sentenze.*

raccoglitóre [1744] s. m. *1* (f. *-trice*) Chi raccoglie, spec. chi compila antologie, testi letterari e sim.: *r. di monete romane*; *r. di proverbi russi.* *2* Custodia per documenti, francobolli, monete e sim.: *r. a fogli mobili.* *3* (*gener.*) Vaschetta o sim. usata in varie tecnologie per la raccolta di qlco.: *il r. del pluviometro.*

raccoglitrìce [1860] s. f. *1* Macchina per la raccolta di prodotti agricoli come bietole, tuberi, foraggi, mais. ➡ ILL. p. 2115 AGRICOLTURA. *2* (*edit.*) Macchina per raccogliere i fogli stampati.

raccoglitùberi [comp. di *raccogli(ere)* e del pl. di *tubero*] s. m. inv. ● (*agr.*) Macchina agricola per la raccolta dei tuberi.

raccoglitùra s. f. ● (*lett.*) Raccolta.

♦**raccòlta** [da *raccolto*; 1572] s. f. *1* (*gener.*) Attività, lavoro del raccogliere: *iniziare la r. del materiale*; *r. di firme* | Attività stagionale del raccogliere frutti e prodotti agricoli: *raccolta dei pomodori, delle olive, delle noci, delle pere* | (*raro*) Raccolto: *Era quello il second'anno di r. scarsa* (MANZONI). *2* Insieme di cose riunite e ordinate seguendo un dato ordine: *una r. di libri, di quadri*; *una famosa r. di statue.* CFR. -teca. SIN. Collezione. *3* Segnale dato un tempo con le trombe e con i tamburi per fare riunire i soldati sotto la propria insegna | ***Suonare a r.***, dare il segnale. *4* Adunata, massa: *una grande r. di gente* | Riunione, accoglienza: *centro di r. dei profughi* | ***Chiamare a r.***, riunire, raccogliere insieme. *5* Insieme dei mezzi che ha a disposizione una banca. *6* Nella ginnastica, nel nuoto e nei tuffi, posizione raggruppata del corpo. *7* †Accoglienza. || **raccoltàccia**, pegg. | **raccoltina**, dim. | **raccoltóna**, accr. | **raccoltùccia**, pegg. | **raccoltucciàccia**, pegg.

♦**raccòlto** [av. 1374] **A** part. pass. di *raccogliere*; anche agg. *1* Nei sign. del v. | Stretto insieme: *capelli raccolti sulla nuca.* *2* (*fig.*) Dignitoso, composto: *atteggiamento r.* | Di dimensioni ridotte ma ben disposto, detto di luoghi: *casa raccolta* | Tranquillo, ordinato: *quartiere r.* | Contenuto, detto di sentimenti: *una gioia raccolta.* || **raccoltaménte**, avv. Con raccoglimento. **B** s. m. *1* Insieme dei frutti raccolti o da raccogliersi nell'annata: *si spera in un buon r.* **2** †Riepilogo | Somma. || **raccoltétto**, **dim.** | **raccoltino**, **dim.** | **raccoltóne**, **accr.**

raccomandàbile [av. 1799] **agg.** ● Che si può o si deve raccomandare: *libro r.*; *comportamento r.* | ***Persona poco r.***, di dubbia onestà.

♦**raccomandàre** [comp. di *r(i)-* e *accomandare*; av. 1257] **A** **v. tr.** **1** Affidare alle cure e al favore altrui persone o cose molto care: *r. la famiglia a un amico*; *le raccomandava la sua roba, di proteggerla, di difenderla* (VERGA) | ***R. l'anima a Dio***, (*fig.*) essere in punto di morte. **2** (*lett.*) Commettere, affidare: *non raccomandate tutto alla memoria.* **3** (*lett.*) Assicurare a sostegno, legando o attaccando saldamente: *r. l'ancora a una corda.* **4** (*raro*) Spedire una lettera o un pacco per raccomandata. **5** Indicare qlcu. all'attenzione altrui perché venga favorito, appoggiato in un esame, un concorso, ecc.: *r. qlcu. perché venga assunto* | (*gener.*) Consigliare: *ti raccomando quella commedia* | (*iron.*) ***Te lo raccomando!***, riferito a qlcu. poco raccomandabile: *che individuo, quello lì, te lo raccomando!* **SIN.** Appoggiare, caldeggiare. **6** Consigliare con insistenza cercando di esortare qlcu. o di inculcare qlco. (*anche assol.*): *r. la disciplina*; *non parlare, mi raccomando!* **B** **v. rifl.** ● Chiedere, implorare protezione, grazia, favore, ecc.: *si raccomandava ai giudici* | ***Raccomandarsi da sé***, avere tutte le qualità per imporsi | ***Raccomandarsi alle proprie gambe***, fuggire | Affidarsi: *mi raccomando al vostro buon senso.*

raccomandàta [da *raccomandato*; 1880] **s. f.** ● Lettera registrata dalle Poste previo pagamento e consegnata al destinatario che ne firma la ricevuta.

raccomandatàrio [da *raccomandato*; 1890] **s. m.** (**f.** *-a*) **1** Persona cui è diretta una raccomandazione, a cui è raccomandata qlco. **2** Agente incaricato dagli armatori di provvedere a tutte le necessità della nave al suo arrivo in porto.

raccomandatizio [da *raccomandare*, sul modello di *commendatizio*; 1959] **agg.** ● (*raro*) Solo nella loc. ***lettera raccomandatizia***, quella inviata a una persona influente per richiamare la sua attenzione su qlcu. da favorire o appoggiare.

raccomandàto [av. 1292] **A** **part. pass.** di *raccomandare*; anche **agg.** **1** Nei sign. del v. | Che ha una raccomandazione. **2** ***Lettera raccomandata***, raccomandata | ***Pacco r.***, pacco postale con raccomandazione. **B** **s. m.** (**f.** *-a*) ● Persona raccomandata, affidata alla protezione di qlcu.: *molti raccomandati sono stati assunti* | (*scherz.*) ***R. di ferro***, chi si afferma perché appoggiato costantemente da qlcu. molto potente.

raccomandatóre [av. 1667] **s. m.** (**f.** *-trice*) ● (*raro*) Chi raccomanda qlcu. o qlco.

raccomandatòrio [av. 1348] **agg.** ● Di raccomandazione: *lettera raccomandatoria.*

raccomandazióne [av. 1400] **s. f.** **1** Il raccomandare qlcu. o qlco. alla altrui sollecitudine, protezione e sim.: *gli faccia le mie caldissime raccomandazioni* (TASSO). **2** Segnalazione di qlcu. all'attenzione altrui perché venga favorito in un esame, un concorso e sim.: *tempestare di raccomandazioni*; *è stato promosso per una r.*; *lettera di r.*; *Una r., una parolina d'un par suo* (MANZONI). **3** Consiglio, esortazione spec. autorevole: *segui le raccomandazioni dei tuoi insegnanti*; *l'infermiere che aveva sentita la r. del medico, volle impedirgli di levarsi da letto* (SVEVO). **4** Spedizione raccomandata di una lettera o di un pacco | L'affrancatura necessaria per tale spedizione: *tassa, diritto, di r.* || **raccomandazioncèlla**, **dim.** | **raccomandazioncina**, **dim.**

†**raccomandìgia** [sec. XIV] **s. f.** ● Raccomandazione.

raccomodaménto [1855] **s. m.** ● Il raccomodare.

raccomodàre [comp. di *r(i)-* e *accomodare*; 1638] **v. tr.** (*io raccòmodo*) **1** Rassettare, riparare (*anche fig.*): *r. le calze*; *raccomodarsi la cravatta*; *r. una situazione.* **2** V. *raccomodare.*

raccomodatóre [1745] **s. m.** (**f.** *-trice*) ● (*raro*) Chi raccomoda.

raccomodatùra [1865] **s. f.** ● Riparazione | Spesa del raccomodare.

raccompagnàre ● V. *riaccompagnare.*

raccomunàre o **riaccomunàre** [comp. di *r(i)-* e *accomunare*; 1312] **A** **v. tr.** ● (*raro*) Accomunare ancora. **B** **v. rifl. rec.** ● †Rimettersi insieme, riunirsi.

racconciaménto [av. 1580] **s. m.** ● (*raro*) Risistemazione, riparazione | (*lett.*) Correzione.

racconciàre o †**riacconciàre** [comp. di *r(i)-* e *acconciare*; 1274] **A** **v. tr.** (**pres.** *io raccóncio*; **part. pass.** *racconciàto*, †*raccóncio*) **1** (*raro*) Rimettere in buono stato (*anche fig.*): *r. una vela, canapi*; *r. un componimento* | ***Racconciarsi i capelli***, rimetterli in ordine. **SIN.** Accomodare, rassettare, riparare. **2** †Conciliare. **B** **v. intr. pron.** ● Rimettersi al bello, detto del tempo. **SIN.** Rasserenarsi. **C** **v. rifl. rec.** ● †Rappacificarsi, riconciliarsi. **D** **v. rifl.** ● (*raro*) Rimettersi in ordine.

racconciatóre [1292] **s. m.**; anche **agg.** (**f.** *-trice*) ● (*raro*) Chi racconcia | (*lett.*) Chi rielabora.

racconciatùra [1296] **s. f.** ● (*raro*) Il racconciare (*anche fig.*) | (*lett.*) Correzione, rifacimento.

†**raccóncio** o †**riaccóncio** [1353] **part. pass.** di *racconciare*; anche **agg.** **1** †Aggiustato, riparato | Acconcio. **2** (*lett.*) Rifatto. **3** †Rasserenato: *da ieri in qua il tempo pare r.* (GUICCIARDINI).

racconsolàre [comp. di *ra-* e *consolare* (*1*); 1336 ca.] **v. tr.** (*io racconsólo*) ● (*lett.*) Confortare, rasserenare, consolare.

raccontàbile **agg.** ● Che si può raccontare: *un fatto r.*

raccontafàvole [comp. di *raccontа(re)* e il pl. di *favola*; 1891] **s. m. e f. inv.** ● (*raro*) Persona che racconta fandonie.

♦**raccontàre** o †**racontàre** [comp. di *ra-* e *contare*; sec. XIII] **v. tr.** (**pres.** *io raccónto*; **part. pass.** *raccontàto*, †*raccónto*) **1** Riferire parole o avvenimenti spec. a voce: *mi hanno raccontato ciò che si dice di te* | *Solea spesso pietà bagnarmi il viso / odendo racontar caso infelice* (BOIARDO) | ***Raccontano che*** ..., si dice, si va dicendo che ... | ***R. per filo e per segno***, minutamente | ***Uno che la sa r.***, che ha faccia tosta e spaccia menzogne | ***Raccontarne delle belle***, ***di cotte e di crude***, ***di tutti i colori***, riferire cose incredibili, strane, inconsuete | ***Vai a raccontarla altrove!***, non credo a ciò che riferisci | ***A me la vieni a r.?***, a me che non c'entro; a me che non ci credo o lo so già. **SIN.** Dire, narrare. **2** Narrare spec. per iscritto: *r. la vita dei santi*; *nella sua ultima lettera mi racconta dei vostri viaggi*; *il film racconta una vicenda reale dell'ultima guerra.* **3** †Menzionare, annoverare.

raccontàto **part. pass.** di *raccontare*; anche **agg.** ● Nei sign. del v.

raccontatóre [av. 1396] **s. m.** (**f.** *-trice*) ● (*raro*) Chi racconta: *Machiavelli nelle 'Istorie' è gran r.* (CARDUCCI).

♦**raccónto** (**1**) [1570] **s. m.** **1** Esposizione, narrazione: *iniziò il r. delle sue avventure.* **2** Ciò che viene raccontato: *un r. inventato, fantastico.* **3** (*letter.*) Componimento letterario in prosa, più breve di un romanzo ma più lungo di una novella: *i racconti di Tolstoi.* || **raccontàccio**, **pegg.** | **raccontino**, **dim.** | **raccontùccio**, **dim.**

†**raccónto** (**2**) **part. pass.** di *raccontare*; anche **agg.** ● Nei sign. del v.

raccoppiàre ● V. *riaccoppiare.*

raccorciaménto [sec. XIV] **s. m.** ● Il raccorciare | Abbreviazione.

raccorciàre [comp. di *r(i)-* e *accorciare*; 1321] **A** **v. tr.** (**pres.** *io raccórcio*; **part. pass.** *raccorciàto*, †*raccórcio*) ● Fare diventare più breve, più corto: *r. la distanza, il percorso*; *r. un testo*; *r. i capelli.* **SIN.** Abbreviare, accorciare. **B** **v. intr. pron.** e †**intr.** ● Diventare più breve o più corto: *le giornate si sono raccorciate*; *sì che la via col tempo si raccorci* (DANTE *Par.* XXIX, 129) | ***La vista si raccorcia con l'età***, si indebolisce.

†**raccórcio** **part. pass.** di *raccorciare*; anche **agg.** ● Nei sign. del v.

raccorcire [1803] **v. tr.**, †**intr.** e **intr. pron.** (*io raccorcisco, tu raccorcisci*) ● (*tosc.* o *lett.*) Raccorciare.

raccordàre (**1**) [comp. di *r(i)-* e *accordare*; av. 1400] **v. tr.** (*io raccòrdo*) ● Congiungere, collegare con un raccordo: *r. due autostrade*; *r. un tubo alla bocca di una pompa.*

†**raccordàre** (**2**) ● V. *ricordare.*

raccordàre (**3**) [comp. di *r(i)-* e di un deriv. di *corda*] **v. tr.** (*io raccòrdo*) ● Applicare le apposite corde sul telaio di una racchetta da tennis, fornendole della necessaria tensione.

raccordatùra [da *raccordare*] **s. f.** ● Operazione del raccordare racchette da tennis | Insieme delle corde applicate e tese.

raccorderìa [da *raccordo*; 1983] **s. f.** ● (*tecnol.*) Insieme dei raccordi, alcuni dei quali unificati, usati come elementi di giunzione delle tubazioni nelle reti di distribuzione di acqua, gas e sim.

raccòrdo [1908] **s. m.** **1** Congiunzione, collegamento (*anche fig.*): *episodio che serve da r. fra la prima e la seconda parte del romanzo.* **2** Parte, segmento, pezzo che ne tiene congiunti tra loro altri: *r. a gomito, a manicotto* | ***R. anulare***, circonvallazione periferica urbana, che collega fra loro le strade di grande comunicazione convergenti sulla città, spec. a Roma | ***R. stradale***, ***autostradale***, per collegare fra loro strade principali o autostrade | ***R. ferroviario***, tratto di binario che collega uno stabilimento, porto, e sim. ad uno scalo ferroviario. **3** (*cine*) Breve inquadratura, spesso di esterni, che unisce due sequenze logicamente distanti nello spazio o nel tempo.

†**raccòrgersi** [comp. di *r(i)-* e *accorgersi*; 1321] **v. intr. pron.** ● (*lett.*) Accorgersi dei propri errori, ravvedersi | (*lett.*) Avvedersi.

†**raccòrre** ● V. *raccogliere.*

†**raccosciàrsi** [comp. di *r(i)-* e *accosciarsi*; 1313] **v. rifl.** ● Accosciarsi.

raccostaménto [1872] **s. m.** ● Avvicinamento | (*fig.*) Raffronto, paragone.

raccostàre [comp. di *r(i)-* e *accostare*; 1313] **A** **v. tr.** (*io raccòsto*) **1** Avvicinare: *r. i battenti di una persiana* | Rinchiudere: *la porta che la madre, uscendo, aveva raccostato* (PIRANDELLO). **2** (*fig.*) Mettere in relazione, raffrontare: *r. due colori contrastanti.* **3** V. *riaccostare.* **B** **v. intr. pron.** **1** Avvicinarsi. **2** V. *riaccostare.*

raccozzaménto [av. 1405] **s. m.** **1** (*raro*) Il raccozzare | †Raggruppamento | (*lett.*) Riunione fatta alla peggio: *le lacune, i raccozzamenti disparati* (DE SANCTIS). **2** (*fig.*) †Pacificazione, ravvicinamento.

raccozzàre [comp. di *r(i)-* e *accozzare*; 1306] **A** **v. tr.** (*io raccòzzo*) ● Congiungere, riunire alla peggio: *r. le truppe dopo la fuga*; *il tempo di raccozzar due idee* (MANZONI). **B** **v. intr. pron.** **1** (*raro*) Radunarsi. **2** †Incontrarsi: *dopo non s'eran mai più raccozzati* (ARIOSTO). **3** †Trovarsi o mettersi d'accordo.

racé /*fr.* ʀaˈse/ [vc. fr., propr. 'di razza (*race*)'; 1987] **agg. inv.** ● Dotato di distinzione ed eleganza naturali.

racèmico [da *racemo*, perché si trova nel mosto; 1872] **agg.** (**pl. m.** *-ci*) ● (*chim.*) Di composto risultante dalla miscela, in uguali quantità, di antipodi ottici.

racemìfero [vc. dotta, lat. *racemĭferu(m)*, comp. di *racēmus* 'racemo' e *-fer* '-fero'; av. 1729] **agg.** ● (*lett.*) Che porta racemi: *alta racemifera vite* (D'ANNUNZIO).

racemizzazióne [da *racemico*; 1959] **s. f.** ● (*chim.*) Trasformazione della metà di un composto organico otticamente attivo, nella forma otticamente inattiva con conseguente formazione del racemo.

racèmo [vc. dotta, lat. *racēmu(m)* 'grappolo', di orig. preindeur.; av. 1320] **s. m.** **1** Grappolo spec. d'uva. **2** Motivo decorativo composto da volute stilizzate di tralci vegetali. **3** (*chim.*) Sostanza inattiva alla luce polarizzata costituita dalla miscela di ugual numero di molecole di due composti chimici identici che ruotano l'uno a destra, l'altro a sinistra il piano della luce.

racemóso [vc. dotta, lat. *racemōsu(m)*, da *racēmus* 'racemo'; 1499] **agg.** ● (*lett.*) Che ha forma di grappolo | (*bot.*) Detto di infiorescenza con fiori disposti in racemo.

racer /*ingl.* ˈɹeɪsə/ [ingl., propr. 'corridore', da *to race* 'gareggiare in velocità', vc. germ. di orig. indeur.; 1930] **s. m. inv.** ● (*mar.*) Imbarcazione da regata.

ràchi [bulgaro e serbo *rakiia*, dall'ar. *'araq* 'sudore', attraverso il turco *raki*; 1965] **s. m. inv.** ● Liquore ottenuto per distillazione dalle fecce, tipico dei Balcani.

ràchi- [dal gr. *ráchis* 'spina dorsale'] primo elemento ● V. *rachio-*.

rachialgìa [comp. di *rachi-* e *-algia*; 1829] **s. f.** ● (*med.*) Dolore alla colonna vertebrale.

rachianestesìa [comp. di *rachi-* e *anestesia*; 1959] **s. f.** ● (*med.*) Anestesia locale mediante iniezione di soluzione anestetica nello spazio subaracnoidale del midollo spinale.

rachicèntesi o **rachicentèsi** [comp. di *rachi-* e del gr. *kéntēsis* 'puntura', da *kentêin* 'pungere' (V. *pleurocentesi*); 1959] **s. f. inv.** ● (*med.*) Estrazione del liquido cefalorachidiano mediante puntura degli spazi subaracnoidei del midollo spinale.

ràchide [dal gr. *ráchis* 'spina dorsale'; 1865] **s. f.** o **m.** *1* (*anat.*) Colonna vertebrale. *2* (*bot.*) Picciolo comune delle foglie composte | Asse principale dell'infiorescenza a spiga o a grappolo | Nervatura principale delle foglie penninervie. *3* (*zool.*) Asse del vessillo delle penne; rappresenta il prolungamento distale del calamo e da esso emanano le barbe.

rachidèo [1841] **agg.** ● (*anat.*) Rachidiano.

rachidiàno [da *rachide*; 1959] **agg.** ● Della colonna vertebrale.

rachidinòso **agg.** ● Rachitico.

Rachiglòssi [comp. di *rachi-* e *glossa*, per la forma; 1959] **s. m. pl.** (**sing.** *-o*) ● Nella tassonomia animale, gruppo di Molluschi dei Gasteropodi la cui radula porta tre serie di piastre dentate (*Rachiglossa*).

ràchio- o **ràchi-** [dal gr. *ráchis* 'spina dorsale'] primo elemento ● In parole composte della terminologia scientifica e medica significa 'spina dorsale': *rachialgia, rachicentesi.*

rachischìsi [comp. di *rachi-* e del gr. *schísis* 'separazione, divisione', da *schízein* 'separare' (V. *scisma*); 1931] **s. f. inv.** ● (*med.*) Spina bifida.

rachìtico [dal gr. *ráchis* 'spina dorsale'; 1750] **A** **agg.** (**pl. m.** *-ci*) *1* Di rachitismo | Affetto da rachitismo: *arti rachitici.* *2* (*est.*) Poco sviluppato: *piante rachitiche* | (*fig.*) Stentato, misero: *O mie strofe rachitiche* (D'ANNUNZIO). **B** **agg.**; anche **s. m.** (**f.** *-a*) ● Che (o Chi) è affetto da rachitismo.

rachìtide [dal gr. *rachítēs*. V. *rachitico*; av. 1758] **s. f.** ● Forma attenuata di rachitismo.

rachitìsmo [da *rachit(ide)*; 1773] **s. m.** *1* (*med.*) Disturbo dello sviluppo in particolare dello scheletro per carenza di vitamina D. *2* (*bot.*) Difetto di sviluppo di una pianta.

racimolàre [da *racimolo*; av. 1388] **v. tr.** (*io racìmolo*) *1* (*raro, spec. assol.*) Raccogliere i racimoli che sono rimasti sotto le viti dopo la vendemmia. *2* (*fig.*) Mettere insieme a fatica, raggranellare: *r. un po' di denaro.*

racimolatóre [1940] **agg.**; anche **s. m.** (**f.** *-trice*) ● (*raro*) Chi (o Che) racimola (*spec. fig.*).

racimolatùra [1865] **s. f.** ● Il racimolare | Ciò che si è raccolto (*anche fig.*).

racìmolo [dal lat. tardo *racīmus*, variante di *racemo*; av. 1320] **s. m.** *1* Grappoletto d'uva. *2* (*raro, fig.*) Piccola parte di qlco. | (*lett.*) Gruppo residuo: *racimoli di fanterie che erano restate quivi* (MACHIAVELLI). || **racimolétto**, **dim.** | **racimolino**, **dim.** | **racimolùzzo**, **dim.**

raciniàno /rasi'njano/ [1876] **agg.** ● Dell'autore drammatico francese J. Racine (1639-1699): *le tragedie raciniane.*

rack /ingl. ræk/ [vc. ingl., propr. 'rastrelliera' (d'orig. germ.); 1983] **s. m. inv.** *1* Mobiletto, piccola scaffalatura a più ripiani che contiene tutti gli apparecchi di un impianto stereofonico per la riproduzione del suono, escluse le casse acustiche. *2* (*elab.*) Telaio normalizzato in acciaio nel quale si possono incastrare o fissare mediante viti apparecchi elettronici a struttura modulare.

ràcket /'raket, *ingl.* 'rækɪt/ [vc. ingl., propr. 'chiasso, frastuono', di orig. espressiva; 1959] **s. m. inv.** ● Organizzazione della malavita, diffusa in vari settori dell'attività commerciale, che esercita l'estorsione e il ricatto con mezzi intimidatori e con la violenza.

racon /ingl. 'reɪkɒn/ [accorc. ingl. di *ra(dar bea)con* 'segnale d'allarme radar'] **s. m. inv.** ● (*mar.*) Risponditore radar.

†**racontàre** ● V. *raccontare.*

racquattàrsi [comp. di *r(i)-* e *acquattarsi*] **v. rifl.** ● (*raro, lett.*) Acquattarsi: *Si racquattò nel suo rifugio* (CALVINO).

racquetàre o (*raro*) **racquietàre** [comp. di *r(i)-* e *acquetare*; 1313] **A** **v. tr.** (*io racquèto*) ● (*lett.*) Fare diventare quieto: *facea racquetar li fiumi e i venti* (POLIZIANO). **B** **v. intr. pron.** ● (*lett.*) Calmarsi, acquietarsi.

racquistàre ● V. *riacquistare.*

†**racquisto** ● V. *riacquisto.*

rad [da *rad(iazione)*; 1959] **s. m.** ● (*fis.*) Unità di dose di radiazione ionizzante assorbita, pari a 10^{-2} gray. **SIMB.** radio

ràda [fr. *rade*, dall'ant. ingl. *rad*; 1640] **s. f.** ● Piccolo golfo naturale o artificiale antistante un porto: *ancorarsi nella r.*

†**radàia** [da *rado*] **s. f.** ● (*tosc.*) Radura.

radància ● V. *redancia.*

ràdar [sigla dell'ingl. *Ra(dio) D(etection) A(nd) R(anging)* 'scoperta e localizzazione (per mezzo della) radio'; 1943] **A** **s. m. inv.** ● Apparecchio che permette la localizzazione di ostacoli mobili e fissi mediante la riflessione su di essi delle onde elettromagnetiche emesse dall'apparecchio stesso | ***R. secondario***, quello, sistemato a terra, che interroga gli aeromobili con un segnale a impulsi codificato, provocando la risposta del transponder | ***R. ottico***, radar che impiega, invece di un fascio di microonde, un fascio di luce laser. **SIN.** Lidar | ***R. tachimetro***, V. *radartachimetro* | ***R. tridimensionale***, atto a indicare simultaneamente distanza, direzione e quota di un aeromobile e sim. **B** in funzione di **agg.** ● (posposto al s.) Che si riferisce al radar o che avviene mediante questo: *schermo r.*; *collegamento r.* | ***Uomini r.***, nel linguaggio giornalistico, controllori di volo.

radaràbile [1974] **agg.** ● Che può essere rivelato con mezzi radar: *boa r.* **SIN.** Radarriflettente.

radaraltìmetro [comp. di *radar* e *altimetro*; 1974] **s. m.** ● Altimetro basato sull'impiego di un radar.

radarassistènza [comp. di *radar* e *assistenza*; 1959] **s. f.** ● Radioassistenza alla navigazione aerea o marittima basata sull'uso di apparecchi radar.

radarastronomìa [comp. di *radar* e *astronomia*; 1963] **s. f.** ● Parte dell'astronomia che studia gli echi radio ottenuti su corpi del sistema planetario con segnali lanciati dalla Terra.

radarfàro [comp. di *radar* e *faro*; 1959] **s. m.** ● Risponditore radar.

radargeodesìa [comp. di *radar* e *geodesia*; 1974] **s. f.** ● Tecnica di effettuazione di rilievi geodetici mediante l'uso del radar.

radargeodètico [da *radargeodesia*; 1974] **agg.** (**pl. m.** *-ci*) ● Relativo alla radargeodesia.

radarìsta [1959] **s. m.** e **f.** (**pl. m.** *-i*) ● Operatore addetto al funzionamento e alla manutenzione di un'apparecchiatura radar.

radarìstica [1970] **s. f.** ● Studio delle tecniche d'impiego, spec. militare, del radar.

radarlocalizzazióne [comp. di *radar* e *localizzazione*; 1974] **s. f.** ● Localizzazione di un oggetto mediante il radar.

radarmeteorologìa [comp. di *radar* e *meteorologia*; 1974] **s. f.** ● Applicazione del radar e degli strumenti da esso derivati ai rilievi e alle misurazioni meteorologiche.

radarmeteorològico [da *radiometeorologia*] **agg.** (**pl. m.** *-ci*) ● (*meteor.*) Della radarmeteorologia.

radarnavigazióne [comp. di *radar* e *navigazione*; 1974] **s. f.** ● Navigazione aerea e marittima con l'ausilio del radar.

radarriflettènte [comp. di *radar* e *riflettente*; 1983] **agg.** ● Radarabile.

radarsónda [comp. di *radar* e *sonda*; 1983] **s. f.** ● Apparato trasportato da un pallone e destinato a misurare e trasmettere, se interrogato da apposito radar al suolo, grandezze di interesse meteorologico quali pressione, temperatura e umidità.

radarspolétta [comp. di *radar* e *spoletta*; 1959] **s. f.** ● Spoletta il cui funzionamento si basa sull'emissione di onde persistenti e sulla ricezione dell'eco riflessa dal bersaglio. **SIN.** Radiospoletta.

radartachìmetro [comp. di *radar* e *tachimetro*; 1974] **s. m.** ● Piccolo radar destinato a misurare la velocità dei veicoli in transito per accertare se abbiano superato il limite di velocità consentito sulla strada percorsa.

radartècnica [comp. di *radar* e *tecnica*; 1959] **s. f.** ● (*elettr.*) Disciplina dell'ingegneria che studia la progettazione e i possibili impieghi degli impianti radar.

radarterapìa [comp. di *radar* e *terapia*; 1963] **s. f.** ● Fisioterapia di forme morbose reumatiche e flogistiche basata sull'impiego di onde radar.

radartopografìa [comp. di *radar* e *topografia*] **s. f.** ● Parte della topografia che impiega tecniche radar per il rilevamento.

radartopogràfico [da *radartopografia*] **agg.** (**pl. m.** *-ci*) ● Della radartopografia.

radàzza ● V. *redazza.*

raddensàbile [1872] **agg.** ● Che si può raddensare.

raddensaménto [1872] **s. m.** ● (*raro*) Il raddensare, il raddensarsi.

raddensàre [comp. di *r(i)-* e *addensare*; 1686] **A** **v. tr.** (*io raddènso*) ● Rendere denso o più denso: *r. un composto* | (*lett.*) Compendiare. **B** **v. intr. pron.** ● Diventare più denso formando quasi una massa compatta: *i vapori si andavano raddensando nell'aria.*

raddensatóre [1872] **agg.**; anche **s. m.** (**f.** *-trice*) ● Che (o Chi) raddensa.

†**raddimandàre** ● V. †*raddomandare.*

raddirizzàre e *deriv.* ● V. *raddrizzare* e *deriv.*

raddobbàre [comp. di *r(i)-* e *addobbare*; 1769] **v. tr.** (*io raddòbbo*) ● (*mar.*) Riparare una nave.

raddòbbo [1769] **s. m.** ● (*mar.*) Operazione del raddobbare | ***Bacino di r.***, di carenaggio.

raddolciménto [av. 1698] **s. m.** *1* Il raddolcire, il raddolcirsi. *2* (*ling.*) Palatalizzazione.

raddolcìre [comp. di *r(i)-* e *addolcire*; 1300 ca.] **A** **v. tr.** (*io raddolcisco, tu raddolcisci*) *1* Fare diventare dolce o più dolce: *r. una bevanda con lo zucchero.* **SIN.** Dolcificare. *2* (*fig.*) Rendere meno fiero, aspro: *r. gli esasperati*; *i sonatori / … raddolciro il sonno* (CAMPANELLA). **SIN.** Lenire, mitigare, temperare. *3* Raffreddare lentamente un metallo dopo averlo riscaldato per eliminare gli effetti dell'incrudimento. **B** **v. intr. pron.** ● Diventare meno rigido, detto del tempo: *la stagione si è molto raddolcita* | Rabbonirsi: *il suo atteggiamento non si raddolcisce.*

raddolcìto **part. pass.** di *raddolcire*; anche **agg.** ● Nei sign. del v.: *disse la signora con voce raddolcita* (MANZONI).

†**raddolicàre** [comp. di *r(i)-* e *addolcare*, con inserimento di *i* eufonica intermedia] **v. tr.** *1* (*tosc.*) Lenire, spec. con unguento, decotto e sim. *2* (*tosc., fig.*) Rabbonire.

†**raddomandàre** o †**raddimandàre**, †**riaddomandàre** [comp. di *r(i)-* e *addomandare*; 1312] **v. tr.** ● Richiedere ciò che spetta o che si possedeva.

raddoppiaménto [sec. XIV] **s. m.** *1* Il raddoppiare, il raddoppiarsi: *il r. dello stipendio* | (*fig.*) Aumento, intensificazione: *r. degli sforzi.* **SIN.** Accrescimento. *2* (*ling.*) Figura retorica che consiste nella ripetizione immediata di una parola: *Il carro è dilungato lento lento* (PASCOLI) | Anadiplosi. *3* (*ling.*) Ripetizione fonetica o grafica di un elemento di una parola | ***R. fonosintattico***, V. *fonosintattico.* *4* Gioco enigmistico consistente nel raddoppiare la consonante di una parola sì da ottenerne un'altra di significato diverso (ad es. *calo - callo*).

raddoppiàre [comp. di *r(i)-* e *addoppiare*; av. 1292] **A** **v. tr.** (*io raddóppio*) *1* Rendere doppio: *r. la multa, la paga, il corpo di guardia.* **SIN.** Duplicare. *2* (*est.*) Accrescere, aumentare (*anche fig.*): *r. i colpi*; *r. le premure.* *3* (*mus.*) Prescrivere o eseguire un raddoppio. **B** **v. intr.** (aus. *essere* e *avere* nel sign. 1, *avere* nei sign. 2 e 3) *1* Diventare doppio: *le entrate non raddoppieranno* | Accrescersi, intensificarsi: *gronda il sangue, raddoppia il ferir* (MANZONI). *2* Effettuare il raddoppio, detto di cavallo o schermidore. *3* Eseguire il colpo del raddoppio, giocando al biliardo.

raddoppiàto **part. pass.** di *raddoppiare*; anche **agg.** *1* Nei sign. del v.: *vincita raddoppiata*; *con r. vigore.* *2* Piegato in due: *lenzuolo r.* || **raddoppiataménte**, **avv.** In misura doppia.

raddoppiatùra [sec. XVII] **s. f.** *1* (*raro*) Il raddoppiare. **SIN.** Raddoppio. *2* †Piegatura in due.

raddóppio [av. 1696] **s. m.** *1* Raddoppiamento (*anche fig.*) | (*sport*) ***R. del marcamento***, tattica difensiva consistente nell'intervento di un secondo giocatore nel marcamento di un avversario. *2* (*ferr.*) Inserimento, su una linea a binario semplice, di un secondo binario per permettere il transito contemporaneo di treni nei due sensi: *r. di una linea ferroviaria.* *3* In equitazione, tipo di salto di montone che il cavallo compie facendo precedere la levata degli arti anteriori a quella dei posteriori | In equitazione, galoppata eseguita su due peste. *4* Nella scherma, avvicinamento del piede posteriore a quello anteriore prima di effettuare l'affondo. *5* (*mus.*) Duplicazione all'unisono o all'ottava di un suono o di una parte, tipica della musica orchestrale. *6* Al biliardo, doppio cammino su un'unica linea della palla colpita, da una sponda all'altra: *tiro di r.* *7* (*teat.*) Doppione.

raddormentàre • V. *riaddormentare*.

raddossàre • V. *riaddossare*.

raddótto [1612] part. pass. di *raddurre*; anche agg. • (*lett.*) Radunato | (*lett.*) Ridotto.

raddrizzàbile agg. • Che si può raddrizzare.

raddrizzaménto o (*raro*) **raddirizzaménto** [av. 1729] s. m. *1* Il raddrizzare, il raddrizzarsi (*anche fig.*): *con dei raddrizzamenti repentini del busto* (D'ANNUNZIO); *il r. dei torti*. *2* (*fis.*) Operazione consistente nel trasformare una grandezza elettrica alternata in continua o pulsante.

raddrizzàre o (*raro*) **raddirizzàre** [comp. di *r(i)-* e *addrizzare*; av. 1367] **A** v. tr. *1* Rimettere, fare tornare diritto: *r. una lama piegata* | (*fig.*) ***R. le gambe ai cani***, fare una cosa impossibile e inutile | (*iron.*) ***R. le ossa a qlcu.***, picchiarlo, bastonarlo. *2* (*fig.*) Rimettere nel giusto: *r. le opinioni di qlcu.* SIN. Correggere. *3* (*fis.*) ***R. una corrente alternata***, trasformarla in corrente continua o pulsante. **B** v. rifl. • Rimettersi diritto. **C** v. intr. pron. *1* Rimettersi nel giusto: *le cose si raddrizzeranno*. *2* (*raro*) Rimettersi al bello, detto del tempo.

raddrizzàto o (*raro*) **raddirizzàto** part. pass. di *raddrizzare*; anche agg. • Nei sign. del v. | (*lett.*) Corretto: *nuove o raddrizzate notizie* (CARDUCCI).

raddrizzatóre o (*raro*) **raddirizzatóre** [1872] **A** agg. (f. *-trice*); anche s. m. • (*raro*) Che (o Chi) raddrizza (*spec. fig.*). **B** s. m. • (*fis.*) Dispositivo che permette il passaggio della corrente in un solo verso, impiegato per la trasformazione di una corrente alternata in continua o pulsante.

raddrizzatrice [1959] s. f. • (*tecnol.*) Macchina per raddrizzare barre, profilati, lamiere di ferro facendoli passare attraverso coppie di cilindri opportunamente sagomati che girano in senso opposto.

raddrizzatùra [1865] s. f. • Raddrizzamento.

†**radduràre** [comp. di *r(i)-* e di un deriv. di *duro*] v. intr. (aus. *essere*) • (*fig.*) Inasprirsi | Sdegnarsi: *L'amante sospettoso… drento a se raddura* (ALBERTI).

raddùrre [comp. di *r(i-)* e *addurre*; av. 1431] **A** v. tr. (coniug. come *addurre*) • (*lett.*) Condurre | (*fig.*) Rivolgere. **B** v. intr. pron. • (*lett.*) Raccogliersi, riunirsi.

radènte [1592] part. pres. di *radere*; anche agg. *1* (*lett.*) Tagliente: *un coltellino r.* (MORAVIA). *2* Che rasenta una superficie, spec. il suolo: *volo, tiro r.* | ***Sole r.***, basso sull'orizzonte | ***Attrito r.***, in fisica, la resistenza incontrata da un corpo nel suo moto di strisciamento su un altro | ***Corrente r.***, corrente marina parallela al lido.

radènza [1889] s. f. • Movimento radente.

♦**ràdere** [lat. *rādere*, di etim. incerta; 1319] **A** v. tr. (pass. rem. *io ràsi, tu radésti*; part. pass. *ràso*) *1* Liberare dai peli passando il rasoio: *r. le guance, il mento*. *2* (*est., raro*) Pulire raschiando o limando | †Raschiare | †Cancellare raschiando: *r. lettere, segni*. *3* Abbattere, diroccare: *r. a terra un tronco*; *r. al suolo un intero quartiere*. SIN. Demolire. *4* (*fig.*) Rasentare, toccare strisciando: *r. terra camminando* | ***R. la sabbia***, toccare il fondo, detto di natante. *5* †Tagliare, mozzare. **B** v. rifl. • Tagliarsi i peli | (*fam.*) Farsi la barba.

radézza [av. 1320] s. f. • Caratteristica di ciò che è rado: *la r. di un tessuto*; *la r. delle sue visite*.

radiàle (*1*) [dal lat. *rădius* 'raggio'; 1321] **A** agg. *1* Relativo al raggio di un cerchio: *linea r.* | ***Strada r.***, strada di uscita veloce da un centro urbano | ***Velocità r.***, in astronomia, proiezione della velocità di un corpo sulla direzione di osservazione | ***Pneumatico a struttura r.***, ***pneumatico r.***, quello in cui i fili delle tele costituenti la carcassa sono disposti in piani passanti per l'asse di rotazione dello pneumatico stesso | ***Trapano r.***, quello in cui il mandrino e gli organi di taglio e avanzamento sono portati da un carrello scorrevole orizzontalmente lungo un braccio spostabile verticalmente. *2* †Di raggi luminosi: *lista r.* || **radialménte**, avv. In direzione radiale, lungo il raggio. **B** s. f. *1* Linea radiale. *2* Linea tranviaria che collega il centro di una città alla periferia. **C** s. m. • Pneumatico radiale.

radiàle (*2*) [da *radio* (*2*); 1659] agg. • (*anat.*) Del radio: *polso r.*; *arteria, vena r.*

radialista [da (*trapano*) *radiale*] s. m. e f. (*pl. m. -i*) • Operatore di un trapano radiale.

radiànte (*1*) part. pres. di *radiare* (*1*); anche agg. *1* (*lett.*) Splendente: *ellu è bellu e r. cum grande splendore* (FRANCESCO D'ASSISI). *2* (*med.*) ***Terapia r.***, attuata a mezzo di radiazioni ionizzanti | (*bot.*) ***Fiore r.***, fiore periferico di una infiorescenza con corolla zigomorfa | (*astron.*) ***Punti radianti***, luoghi della sfera celeste dai quali apparentemente sembrano provenire gli sciami meteoritici | ***Pannello r.***, pannello che irraggia calore normalmente applicato sul soffitto o sulle pareti. *3* (*fig., lett.*) Raggiante di gioia, beatitudine, splendore e sim.: *aquila, aquila … / onde torni sì r.?* (D'ANNUNZIO).

radiànte (*2*) [dal lat. *rădius* 'raggio', sul modello di *quadrante*; 1935] s. m. • (*fis.*) Unità di misura degli angoli piani nel Sistema Internazionale, pari all'angolo piano che, su una circonferenza avente centro nel vertice dell'angolo e giacente sul piano dell'angolo, intercetta un arco di lunghezza uguale al raggio della circonferenza stessa. SIMB. rad

radiànza [da *radiante* (*1*); 1959] s. f. • (*fis.*) Flusso luminoso totale irradiato in un semispazio da ogni cm^2 di sorgente luminosa.

radiàre (*1*) [vc. dotta, lat. *radiāre*, da *rădius* 'raggio'; 1321] v. intr. (*io ràdio*; aus. *avere*) • (*lett.*) Mandare raggi, sfavillare.

radiàre (*2*) [fr. *radier*, dal lat. mediev. *radiāre*, latinizzazione erronea del fr. *rayer* 'tirare una linea, una riga', da *raie* 'riga'; 1841] v. tr. (*io ràdio*) *1* (*bur.*) Cancellare il nome di una persona da un elenco per espellerla da una società, un partito e sim.: *r. un medico dall'albo professionale per indegnità*. *2* Cancellare dai registri un aeromobile o una nave destinati alla demolizione.

radiatìvo [da *radiare* (*1*); 1959] agg. • (*fis.*) Relativo a irraggiamento.

radiàto (*1*) [vc. dotta, lat. *radiātu(m)* 'raggiante', da *rădius* 'raggio'] agg. *1* †Che è disposto a raggi | ***Immagine radiata***, con corona dalle caratteristiche punte simboleggianti i raggi del sole. *2* (*bot.*) Detto dei fiori della periferia delle ombrelle, più grandi dei centrali ed a petali ineguali, i maggiori volti all'esterno.

radiàto (*2*) part. pass. di *radiare* (*2*) • Nel sign. 1 del v.: *avvocato r. dall'albo*.

♦**radiatóre** [da *radiare* 'irradiare', sul modello del fr. *radiateur*; 1910] s. m. *1* (*fis.*) Qualunque corpo in grado di emettere radiazioni. *2* Negli impianti di riscaldamento, dispositivo che cede all'ambiente circostante il calore che emana da un fluido caldo in esso circolante. *3* Apparecchio che irradia energia termica per il raffreddamento dell'acqua di circolazione o dell'olio lubrificante nei motori a combustione interna.

radiatorista [da *radiatore*; 1959] s. m. e f. (pl. m. *-i*) • Operaio specializzato nella messa in opera e nella riparazione di radiatori per automobili.

radiazióne (*1*) [vc. dotta, lat. *radiatiōne(m)*, da *radiāre* 'radiare' (*1*); 1909] s. f. *1* (*fis.*) Forma di propagazione dell'energia elettromagnetica sotto forma di onde elettromagnetiche o di corpuscoli | Le onde o i corpuscoli così propagati: *radiazioni atomiche, solari, cosmiche* | ***R. di frenamento***, Bremsstrahlung | ***R. ionizzante***, radiazione elettromagnetica o corpuscolare con energia sufficiente a ionizzare la sostanza che attraversa. *2* (*anat.*) Propagazione di un'informazione sensoriale verso i distretti centrali del sistema nervoso: *r. olfattiva*.

radiazióne (*2*) [fr. *radiation*, da *radier* 'radiare' (*2*); 1802] s. f. • Esclusione da un elenco, da un registro e sim. SIN. Espulsione.

ràdica [lat. parl. **rādica(m)*, da *rādix*, genit. *radīcis* 'radice'; av. 1597] s. f. *1* Tessuto legnoso di radici o parti basali di alberi usato per intarsi e decorazioni: *r. di noce* | Radice legnosa di una specie di Erica, adoperata per fabbricare pipe o oggetti ornamentali. *2* (*region.*) Radice | ***R. gialla***, carota | ***R. rossa***, barbabietola | ***R. amara***, scorzonera | ***R. saponaria***, V. *saponario*. || **radichétta**, dim. | **radicóne**, accr. m.

radical-chic /*ingl.* 'rædɪkl 'ʃiːk/ [loc. amer. (comp. di *radical* 'radicale' e *chic* (V.)), coniata nel 1970 dal giornalista T. Wolfe parlando di un concerto di beneficenza dato da L. Bernstein per le Pantere nere; 1977] **A** s. m. e f. inv. • (*iron.*) Chi, spec. in politica, ostenta atteggiamenti anticonformistici o di rottura con la tradizione, ma in realtà è fondamentalmente borghese e aristocratico. **B** anche agg. inv.: *atteggiamento radical-chic*.

radicàle [lat. parl. **radicāle(m)*, da *rādix*, genit. *radīcis* 'radice'; nel sign. politico, calco sull'ingl. *radical*; 1308] **A** agg. *1* (*bot.*) Della radice: *apparato r.* | ***Assorbimento r.***, effettuato per mezzo dei peli della radice. *2* (*ling.*) Di elemento che appartiene alla radice. *3* (*fig.*) Che propone, sostiene, mutamenti e trasformazioni sostanziali da apportare alle radici, in profondità | (*fig.*) ***Cura, rimedio, intervento r.***, che tendono a estirpare il male combattendone le cause | Proprio del radicalismo e (*est.*) di ogni profonda trasformazione politica e sociale. *4* †Fondamentale, sostanziale. || **radicalménte**, avv. *1* (*fig.*) Dalla radice, dall'origine: *curare un male radicalmente*. *2* (*est.*) Interamente, totalmente: *sono radicalmente diversi*. **B** s. m. (anche f. nel sign. 2, raro nel sign. 1) *1* (*ling.*) Radice di un vocabolo. *2* Chi segue e sostiene il radicalismo | Appartenente al Partito Radicale. **C** s. m. *1* (*mat.*) Numero irrazionale espresso come radice di un numero razionale | Numero reale ottenibile da numeri razionali con le operazioni razionali ed estrazioni di radice. *2* (*chim.*) Residuo monovalente formato da una molecola spec. organica per la perdita di un atomo di idrogeno | ***R. libero***, atomo o gruppo molecolare che possiede un elettrone spaiato e quindi molto reattivo; (*med.*) composto altamente reattivo e mutageno che si produce da una macromolecola biologica per rottura simmetrica di un legame covalente | ***R. alchilico***, residuo monovalente che si può ritenere formato da un alcano per perdita di un atomo d'idrogeno.

radicaleggiànte part. pres. di *radicaleggiare*; anche agg. • Che mostra simpatia verso il Partito Radicale o verso posizioni o atteggiamenti radicali.

radicaleggiàre [1891] v. intr. (*io radicaléggio*; aus. *avere*) • Essere sostenitore di idee ed azioni politiche radicali.

radicalìsmo [fr. *radicalisme*, da *radical* 'radicale'; 1820] s. m. *1* Movimento filosofico sorto in Inghilterra tra il XVIII e il XIX secolo, che si ispirava al positivismo e all'utilitarismo e proponeva radicali riforme di tutte le istituzioni tradizionali. *2* Atteggiamento di chi affronta le questioni risolutamente ed assume posizioni estreme e intransigenti: *il nuovo r. politico degli studenti del Sessantotto* (CALVINO).

radicalità [da *radical(e)*; 1883] s. f. *1* Caratteristica di ciò che agisce in modo radicale, risolutivo, decisivo: *la r. di una cura, di una riforma*. *2* (*fig.*) Estrema durezza, intransigenza: *la r. dello scontro politico*.

radicalizzàre [da *radicale*; 1923] **A** v. tr. • Portare una polemica, un contrasto e sim. verso posizioni estreme senza accettare compromessi: *r. una protesta, una lotta*. **B** v. intr. pron. • Diventare più aspro, più acuto: *le posizioni si sono radicalizzate*.

radicalizzazióne [1959] s. f. • Il radicalizzare, il radicalizzarsi | Inasprimento di un contrasto politico o di un conflitto sociale.

radicaménto [1745] s. m. • (*raro*) Il radicare, il radicarsi | (*fig.*) Stabile inserimento in un contesto: *il r. sociale di un partito*; *il r. della coscienza civica nell'opinione pubblica*.

radicàndo [da *radice*, sul modello di *moltiplicando*; 1891] s. m. • (*mat.*) Espressione sotto il segno di radice.

radicàre [vc. dotta, lat. tardo *radicāre* 'metter radici', da *rādix*, genit. *radīcis* 'radice'; av. 1306] **A** v. intr. (*io ràdico, tu ràdichi*; aus. *essere*) • Mettere radici | (*fig.*) Attecchire, abbarbicarsi: *quei pregiudizi sono troppo radicati in lui*. **B** v. intr. pron. • (*fig.*) Attaccarsi, inserirsi profondamente: *quei valori si sono radicati nella coscienza di molti*. **C** v. tr. • (*raro*) Fare penetrare, infondere.

radicàto [av. 1306] part. pass. di *radicare*; anche agg. • Nei sign. del v. | (*fig.*) Profondamente e stabilmente penetrato, inserito: *consuetudini ormai radicate*.

radicazióne [av. 1698] s. f. • (*bot.*) Emissione, formazione di radici | (*est.*) Lo stato e la disposizione delle radici di una pianta.

radicchio [lat. parl. **radīculu(m)*, dim. di *radīcula*, a sua volta dim. di *rādix*, genit. *radīcis* 'radice'; 1449] s. m. • Nome comune di diverse specie erbacee, appartenenti alla famiglia delle Composite, che crescono spontaneamente nei prati | In particolare, denominazione di alcune varietà coltivate

radice

note con il nome di cicoria | *R. rosso*, *trevigiano*, varietà di cicoria con foglie variegate di un rosso violaceo.

◆**radice** [lat. *radīce(m)*, di orig. indeur.; av. 1292] **s. f. 1** Organo delle piante cormofite per lo più sotterraneo, che fissa il vegetale al terreno ed assorbe l'acqua ed i sali disciolti. **SIN.** (*pop.*) Radica. **CFR.** rizo-, -riza | *Radici avventizie*, che si sviluppano sul fusto e sulle foglie per tenere fissata la pianta al sostegno o con funzione assorbente | *Cuffia della r.*, pileoriza | *R. dolce*, liquirizia | *R. di S. Apollonia*, iperico | *Mettere r., radici*, (*fig.*) diffondersi, penetrare, detto di idee, sentimenti | *Mettere r., radici in un luogo*, stabilirvisi definitivamente. ⇒ ILL. botanica generale. **2** (*est.*) Parte bassa di qlco. | *R. dentaria*, parte inferiore del dente infissa nell'alveolo | *R. di una montagna*, base. ⇒ ILL. p. 2127 ANATOMIA UMANA. **3** (*ling.*) Elemento irriducibile di una parola e parte fondamentale di una famiglia di parole. **4** (*mat.*) *R. di un numero*, numero che elevato ad una certa potenza dà il numero dato | *R. quadrata* (*seconda*), *cubica* (*terza*), *quarta*, ecc., numero che elevato rispettivamente alla seconda o alla terza o alla quarta, ecc. potenza dà il numero assegnato | *R. d'una equazione*, soluzione dell'equazione. **5** (*fig.*) Origine, principio, fonte, causa: *la prima r. del male*; *cercare dalla r.*; *la r. di tutti i vizi*. **6** (*anat.*) Tratto di uscita o di inserzione di un nervo o di una sua componente rispetto al nevrasse. **7** †Genitore | (*raro, poet.*) Antenato, capostipite, progenitore: *D'una r. nacqui e io ed ella* (DANTE *Par.* IX, 31). || **radicella**, o **radichella**, dim. (V.) | **radicetta**, o **radichetta**, dim. (V.) | **radicina**, dim. (V.) | **radicione**, accr. m.

◆**radio** (1) [vc. dotta, lat. *radĭu(m)*, di etim. incerta; sec. XIV] **s. m. 1** Raggio. **2** Asticciola per misurare la ballestriglia l'altezza degli astri.

radio (2) [lat. *radĭu(m)* 'raggio', di etim. incerta, per la forma; 1598] **s. m.** ● (*anat.*) Una delle due ossa dell'avambraccio, dalla parte del pollice. ⇒ ILL. p. 2122 ANATOMIA UMANA.

radio (3) o **radium** [lat. *radĭu(m)* 'raggio', perché emette radiazioni; 1905] **s. m. solo sing.** ● Elemento chimico, metallo alcalino-terroso, presente nei minerali di uranio, fortemente radioattivo, chimicamente molto reattivo, usato in medicina come antineoplastico e in vari settori scientifici. **SIMB.** Ra.

◆**radio** (4) [da *radio(fonia)*; 1918] **A s. f. inv. 1** Accorc. di *radiotelefonia*, *radiotelegrafia*, *radiofonia*: *navi e aerei comunicano mediante r.* | (*est.*) Accorc. di *radiotrasmissione*: *ascoltare la r.* **2** Accorc. di *radioricevitore*; apparecchio radiofonico: *accendere*, *spegnere la r.*; *comprare una r. portatile* | *Alzare*, *abbassare la radio*, il volume della radio. || *radio.* **3** Stazione, centro da cui vengono irradiate trasmissioni radiofoniche: *r. Londra* | *R. fante*, *gavetta*, il rapido trasmettersi delle notizie fra i soldati | *R. carcere*, il rapido trasmettersi delle notizie fra i detenuti | *R. libera*, negli anni intorno al 1970, denominazione delle prime emittenti private che iniziarono a trasmettere in regime non monopolistico. || **radiolina**, dim. (V.) **B** in funzione di **agg. inv.** ● (*posposto al s.*) Nella loc. *onda r.*, radioonda (*est.*) Di ciò che emette, riceve o comunque utilizza le radioonde: *ponte r.*; *contatto r.*; *collegamento r.* | *Stazione r.*, centro di generazione, emissione e ricezione di radio-segnali | *Apparecchio r.*, radioricevitore | *Giornale r.*, notiziario periodico trasmesso per radio | *Via r.*, per mezzo delle onde radio: *collegarsi via r.*

radio- (1) [dal lat. *radĭu(m)* 'raggio'] primo elemento ● In parole scientifiche e tecniche composte indica relazione con energia raggiante e radiazioni di varia natura: *radiostella*, *radioestesia*.

radio- (2) primo elemento ● In parole scientifiche e tecniche composte fa riferimento al radio e alla radioattività (*radioisotopo*, *radioattivo*) o ai raggi X (*radiografia*).

radio- (3) primo elemento ● In parole scientifiche e tecniche composte fa riferimento alle onde elettromagnetiche e alle loro applicazioni: *radiocomunicazione*, *radiofonia*, *radiotecnica*.

radioabbonato [comp. di radio- (3) e *abbonato*; 1940] **s. m.** (**f.** *-a*) ● Chi è abbonato alle radioaudizioni.

radioaltimetro [comp. di radio- (3) e *altimetro*; 1939] **s. m.** ● Misuratore di altezza mediante radar.

radioamatore [comp. di radio- (3) e *amatore*; 1935] **s. m.** (**f.** *-trice*) ● Dilettante che effettua e riceve radiotrasmissioni utilizzando bande di frequenza autorizzate, con un particolare codice di linguaggio e secondo precise convenzioni internazionali.

radioamatoriale agg. ● Di radioamatore, relativo ai radioamatori: *apparecchiatura r.*

radioascoltatore [comp. di radio- (3) e *ascoltatore*; 1941] **s. m.** (**f.** *-trice*) ● Chi ascolta le trasmissioni radiofoniche.

radioascolto [comp. di radio- (3) e *ascolto*; 1959] **s. m.** ● Tempo dedicato da parte di radioamatori o stazioni radio alla ricezione di trasmissioni radiofoniche.

radioassistenza [comp. di radio- (3) e *assistenza*; 1959] **s. f.** ● (*aer.*, *mar.*) L'insieme dei metodi e degli apparecchi radioelettrici atti a facilitare la navigazione aerea e marittima.

radioassistere [comp. di radio- (3) e *assistere*; 1959] **v. tr.** (coniug. come *assistere*) ● (*aer.*, *mar.*) Facilitare la navigazione aerea o marittima mediante metodi e apparecchi radioelettrici.

radioassistito part. pass. di *radioassistere*; anche agg. ● Nel sign. del v.: *atterraggio r.*

radioastronomia [comp. di radio- (3) e *astronomia*; 1963] **s. f.** ● Branca dell'astronomia che studia la radioonde di natura cosmica.

radioastronomico [1959] **agg.** (**pl. m.** *-ci*) ● Relativo alla radioastronomia.

radioastronomo [comp. di radio- (3) e *astronomo*; 1959] **s. m.** (**f.** *-a*) ● Studioso, esperto di ra-

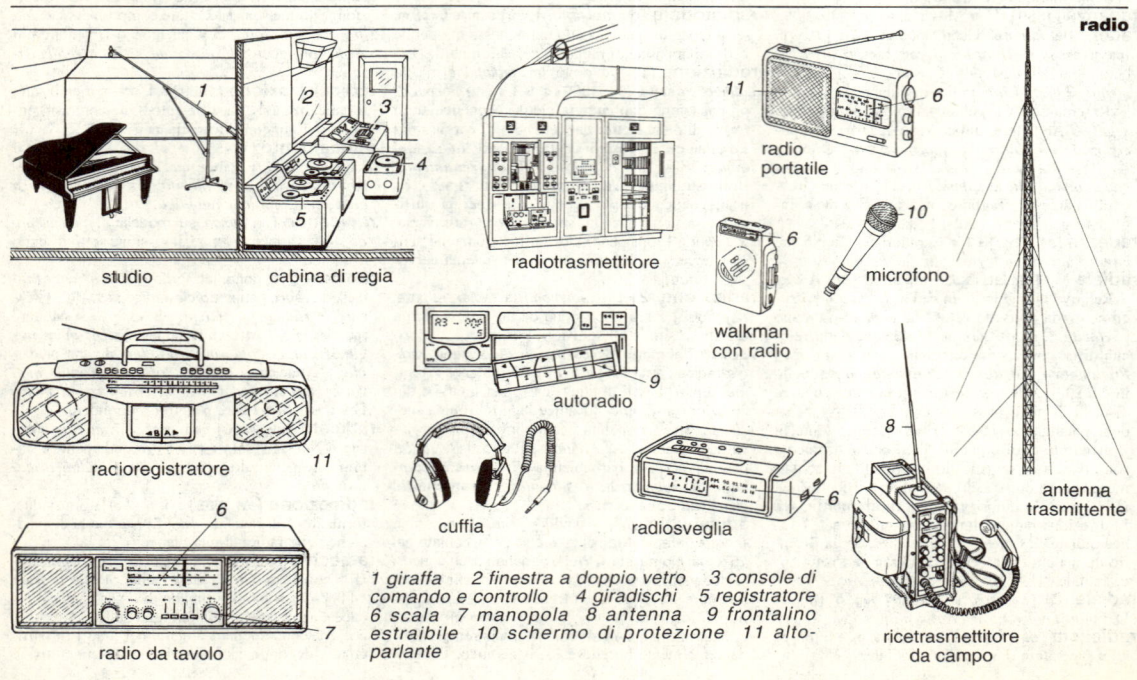

radio

1 giraffa 2 finestra a doppio vetro 3 console di comando e controllo 4 giradischi 5 registratore 6 scala 7 manopola 8 antenna 9 frontalino estraibile 10 schermo di protezione 11 altoparlante

dioastronomia.
radioattinio [comp. di *radio-* (*2*) e *attinio*; 1957] **s. m.** ● (*chim.*) Isotopo radioattivo del torio con massa atomica 227. **SIMB.** RdAc.
radioattivazióne [da *radioattivo*] **s. f.** ● (*fis.*) Procedimento per rendere radioattivo un elemento mediante irraggiamento fotonico.
radioattività [ingl. *radioactivity*, comp. di *radio* e *activity* 'attività'; 1902] **s. f.** ● Proprietà di alcune sostanze di emettere radiazioni corpuscolari (raggi alfa e beta) ed elettromagnetiche (raggi gamma) in grado di attraversare corpi opachi, impressionare lastre fotografiche, produrre fluorescenza e fosforescenza, rendere i gas conduttori dell'elettricità | *R. naturale*, propria delle sostanze radioattive che si trovano in natura | *R. artificiale, indotta*, propria delle sostanze non radioattive di per sé, ma rese temporaneamente tali per avvicinamento a un sale di radio o per bombardamento atomico | *R. residua*, presente in zone ove siano avvenute esplosioni nucleari.
radioattivo [ingl. *radioactive*, comp. di *radio* e *active* 'attivo'; 1908] **agg.** ● Dotato di radioattività: *elemento r.* || **radioattivaménte**, **avv.**
radioauditóre [comp. di *radio-* (*3*) e *auditore*; 1935] **s. m.** (**f.** *-trice*, raro) ● (*disus.*) Radioascoltatore.
radioaudizióne [comp. di *radio-* (*3*) e *audizione*; 1931] **s. f.** ● Ascolto di radiotrasmissioni | Complesso dei programmi radiofonici.
radiobiologia [comp. di *radio-* (*2*) e *biologia*; 1930] **s. f.** ● Studio degli effetti biologici delle radiazioni.
radiobùssola [comp. di *radio-* (*3*) e *bussola*; 1937] **s. f.** ● (*aer.*) Radiogoniometro di bordo che dà il rilevamento della stazione emittente.
radiocanàle [comp. di *radio-* (*3*) e *canale*; 1947] **s. m.** ● Intervallo di frequenze che una stazione radio può utilizzare per le proprie trasmissioni.
radiocarbònico [1989] **agg.** (**pl. m.** *-ci*) ● Relativo al radiocarbonio | ***Analisi radiocarbonica***, metodo di datazione dei resti organici presenti in reperti archeologici e paleontologici mediante il carbonio 14.
radiocarbònio [comp. di *radio-* (*2*) e *carbonio*; 1959] **s. m.** ● Isotopo radioattivo del carbonio, usato per ricerche cliniche, biologiche e archeologiche.
radiocèntro (o **-é-**) [comp. di *radio-* (*3*) e *centro*; 1948] **s. m.** ● Complesso delle attrezzature di un centro di radiodiffusione.
radiochìmica [comp. di *radio-* (*2*) e *chimica*, sul modello dell'ingl. *radiochemistry*; 1959] **s. f.** ● (*chim.*) Ramo della chimica che studia gli aspetti chimici degli elementi radioattivi e gli effetti chimici delle radiazioni nucleari.
radiochìmico [comp. di *radio-* (*2*) e *chimico*; 1977] **agg.** (**pl. m.** *-ci*) ● (*chim.*) Che concerne la radiochimica.
radiochirurgìa [comp. di *radio*(*logia*) e *chirurgia*; 1959] **s. f.** ● Abbinamento della chirurgia e della radiologia nella diagnosi e nella terapia.
radiocobàlto [comp. di *radio-* (*2*) e *cobalto*] **s. m.** ● Isotopo radioattivo del cobalto, usato spec. in medicina come antineoplastico.
radiocollàre [comp. di *radio-* (*3*) e *collare*; 1981] **s. m.** ● Collare munito di radiotrasmettitore che viene applicato ad animali selvatici, quali lupi e volpi, per seguirne i movimenti a scopo di studio.
radiocollegaménto [comp. di *radio-* (*3*) e *collegamento*; 1949] **s. m.** ● Collegamento effettuato per mezzo di onde radio.
radiocollegàre [comp. di *radio-* (*3*) e *collegare*] **A v. tr.** (*io radiocollégo* (o *-è-*), *tu radiocolléghi* (o *-è-*)) ● Collegare per mezzo di onde radio. **B v. rifl. rec.** ● Collegarsi per mezzo di onde radio.
radiocomandàre [comp. di *radio-* (*3*) e *comandare*; 1955] **v. tr.** ● Comandare a distanza mediante mezzi radio.
radiocomandàto [part. pass. di *radiocomandare*; 1937] **agg.** ● Comandato a distanza con mezzi radio: *aereo, missile, natante r.*
radiocomàndo [comp. di *radio-* (*3*) e *comando*; 1937] **s. m.** ● Comando a distanza con mezzi radio.
radiocommèdia [comp. di *radio-* (*3*) e *commedia*; 1941] **s. f.** ● Commedia opportunamente adattata per essere trasmessa dalla radio.
radiocomunicazióne [comp. di *radio-* (*3*) e *comunicazione*; 1935] **s. f.** ● Comunicazione attuata per mezzo di radioonde.
radiocontaminazióne [comp. di *radio-* (*2*) e *contaminazione*; 1987] **s. f.** ● Contaminazione ad opera di sostanze radioattive.
radioconversazióne [comp. di *radio-* (*3*) e *conversazione*; 1941] **s. f.** ● Conversazione radiofonica di soggetto vario.
radiocrònaca [comp. di *radio-* (*3*) e *cronaca*; 1935] **s. f.** ● Cronaca di avvenimenti, competizioni sportive, cerimonie e sim. trasmessa per radio durante il loro svolgimento.
radiocronìsta [comp. di *radio-* (*3*) e *cronista*; 1935] **s. m. e f.** (**pl. m.** *-i*) ● Chi fa radiocronache.
radiodermatite [comp. di *radio-* (*2*) e *dermatite*] **s. f.** ● (*med.*) Radiodermite.
radiodermite [comp. di *radio-* e *dermite*; 1940] **s. f.** ● (*med.*) Lesione della cute e dei suoi annessi causata dall'esposizione a radiazioni ionizzanti o a sostanze radioattive. **SIN.** Radiodermatite.
radiodiàgnosi [comp. di *radio-* (*2*) e *diagnosi*; 1959] **s. f. inv.** ● (*med.*) Diagnosi formulata in base ai risultati di tecniche radiologiche.
radiodiagnòstica [comp. di *radio-* (*1*) e *diagnostica*; 1934] **s. f.** ● Parte della radiologia che studia le applicazioni delle radiazioni ionizzanti nella diagnosi delle malattie.
radiodiagnòstico [comp. di *radio-* (*1*) e *diagnostico*; 1959] **agg.** (**pl. m.** *-ci*) ● Relativo alla radiodiagnostica. || **radiodiagnosticaménte**, **avv.**
radiodiffóndere [comp. di *radio-* (*3*) e *diffondere*; 1955] **v. tr.** (coniug. come *fondere*) ● Diffondere per mezzo di radiotrasmissioni.
radiodiffusióne [comp. di *radio-* (*3*) e *diffusione*; 1931] **s. f.** ● Diffusione di programmi di vario genere fatta da stazioni radiotrasmittenti.
radiodilettànte [comp. di *radio-* (*3*) e *dilettante*; 1939] **s. m. e f.** ● Radioamatore che impiega apparati di piccola potenza.
radiodistùrbo [comp. di *radio-* (*3*) e *disturbo*; 1941] **s. m.** ● Ogni perturbazione che renda impossibile o imperfetta la radioricezione o la radiotrasmissione.
radiodràmma [comp. di *radio-* (*3*) e *dramma*; 1941] **s. m.** (**pl.** *-i*) ● Opera drammatica scritta per la radio.
radioèco [comp. di *radio-* (*3*) ed *eco*; 1941] **s. m. o f.** ● Fenomeno per cui un segnale radioelettrico si riflette su un ostacolo e ritorna alla stazione emittente.
radioecologìa [comp. di *radio-* (*2*) ed *ecologia*; 1974] **s. f.** ● Branca dell'ecologia che si occupa dello studio degli effetti prodotti dalle radiazioni radioattive sull'ambiente e sugli organismi.
radioeleménto [comp. di *radio-* (*2*) ed *elemento*; 1930] **s. m.** ● Elemento chimico radioattivo.
radioelettricità [da *radioelettrico*; 1983] **s. f.** ● Parte dell'elettrologia che studia e utilizza la trasmissione di segnali per mezzo di onde elettromagnetiche.
radioelèttrico [comp. di *radio-* (*3*) ed *elettrico*; 1983] **agg.** (**pl. m.** *-ci*) ● Relativo a radioelettricità.
radioemanazióne [comp. di *radio-* (*2*) ed *emanazione*; 1959] **s. f.** ● (*chim.*) Radon.
radioemissióne [comp. di *radio-* (*1*) ed *emissione*; 1974] **s. f.** ● Emissione di radiazioni.
radioestesìa o **radiestesìa** [comp. di *radio-* (*1*) e un deriv. del gr. *áisthēsis* 'sensazione' (V. *estetica*); 1935] **s. f.** ● Facoltà di captare anche a distanza radiazioni di oggetti o esseri viventi, che si manifesta con oscillazioni di un pendolino sostenuto dal ricercatore.
radioestèsico o **radiestèsico** [1950] **agg.** (**pl. m.** *-ci*) ● Relativo alla radioestesia.
radioestesìsta o **radiestesìsta** [av. 1956] **s. m. e f.** (**pl. m.** *-i*) ● Chi pratica la radioestesia.
radiofàro [comp. di *radio-* (*3*) e *faro*; 1932] **s. m.** ● Stazione radiotrasmittente terrestre, automatica, posta in posizione nota, che permette ad aerei e navi di rilevare la loro posizione.
radiofonìa [comp. di *radio-* (*3*) e *-fonia*; 1930] **s. f.** *1* Radiotelefonia. *2* Radiodiffusione.
radiofònico [da *radiofonia*; 1930] **agg.** (**pl. m.** *-ci*) ● Radiotelefonico | Detto di apparecchio riceventе le emissioni radioelettriche da apposite stazioni. || **radiofonicaménte**, **avv.** Via radio, per mezzo della radiofonia.
radiofonìsta [da *radiofonia*; 1970] **s. m.** (**pl.** *-i*) ● Militare specializzato del genio trasmissioni addetto ai collegamenti radiofonici.
radiofonobàr [comp. di *radio*(*grammo*)*fono* e *bar*; 1952] **s. m.** ● Mobiletto con radiogrammofono e servizio di bar.
radiofonògrafo [comp. di *radio-* (*3*) e *fonografo*; 1942] **s. m.** ● Apparecchio radioricevente fornito di fonografo.
radiofòto [comp. di *radio-* (*3*) e *foto*; 1970] **s. f. inv.** ● Immagine fotografica trasmessa mediante radiotelefotografia.
radiofotografìa [comp. di *radio-* (*3*) e *fotografia*; 1959] **s. f.** ● Radiotelefotografia.
radiofrequènza [comp. di *radio-* e *frequenza*; 1935] **s. f.** ● Frequenza delle radioonde.
radiofurgóne [comp. di *radio-* (*3*) e *furgone*; 1950] **s. m.** ● Automezzo attrezzato per le trasmissioni radiofoniche.
radiogalàssia [comp. di *radio-* (*1*) e *galassia*; 1974] **s. f.** ● (*astron.*) Galassia la cui emissione di radioonde rispetto all'emissione di onde luminose è molto maggiore che nel caso delle galassie ordinarie.
radiògeno [comp. di *radio-* (*2*) e *-geno*; 1983] **agg.** ● Che genera raggi X.
radiogiornàle [comp. di *radio-* (*3*) e *giornale*; 1941] **s. m.** ● Giornale radio.
radiogoniometrìa [da *radiogoniometro*; 1940] **s. f.** ● Procedimento tecnico che permette di determinare la provenienza di radioonde di qualsiasi origine.
radiogoniomètrico [1937] **agg.** (**pl. m.** *-ci*) ● Relativo al radiogoniometro.
radiogoniòmetro [comp. di *radio-* (*3*) e *goniometro*; 1920] **s. m.** ● Strumento che consente di determinare la direzione e la provenienza di onde elettromagnetiche, usato spec. a bordo di navi o aeromobili per determinare la posizione.
radiografàre [1901] **v. tr.** (*io radiògrafo*) *1* Ritrarre mediante radiografia. *2* (*fig.*) Analizzare in modo minuzioso: *r. un territorio dal punto di vista ambientale.*
radiografìa [comp. di *radio-* (*2*) e *-grafia*; 1896] **s. f.** *1* Impressione di lastra sensibile mediante i raggi X | (*est.*) La lastra così impressionata. *2* (*fig.*) Esame, analisi molto approfonditi e minuziosi di una situazione, di un evento e sim.: *la r. dei risultati elettorali.*
radiogràfico [1905] **agg.** (**pl. m.** *-ci*) ● Di radiografia, che si fa o si ottiene mediante radiografia: *esame r.* || **radiograficaménte**, **avv.**
radiogràmma (**1**) [abbr. di *radiotelegramma*; 1905] **s. m.** (**pl.** *-i*) ● Radiotelegramma.
radiogràmma (**2**) [comp. di *radio-* (*2*) e *-gramma*; 1901] **s. m.** (**pl.** *-i*) ● Lastra sensibile impressionata mediante raggi X.
radiogrammòfono [comp. di *radio-* (*3*) e *grammofono*; 1931] **s. m.** ● Radiofonografo.
radioguìda [comp. di *radio-* (*3*) e *guida*; 1947] **s. f.** ● Sistema di guida a distanza, spec. di aerei o di natanti, mediante radioonde.
radioguidàre [comp. di *radio-* (*3*) e *guidare*; 1959] **v. tr.** ● Guidare mediante radioguida.
radioimmunologìa [comp. di *radio-* (*2*) e *immunologia*] **s. f.** ● (*biol.*) Insieme delle tecniche diagnostiche e di ricerca basate sulla reazione antigene-anticorpo e sull'impiego di isotopi radioattivi per la rivelazione della reazione.
radioindicatóre [comp. di *radio-* (*2*) e *indicatore*] **s. m.** ● (*chim., nucl.*) Tracciante radioattivo.
radiointerferòmetro [comp. di *radio-* (*3*), *interfer*(*enza*) e *-metro*] **s. m.** ● Radiotelescopio costituito da due o più antenne opportunamente distanziate che, sfruttando il fenomeno dell'interferenza delle onde, permette di risolvere radiosorgenti di piccole dimensioni angolari.
radiointervìsta [comp. di *radio-* (*3*) e *intervista*; 1941] **s. f.** ● Intervista radiofonica.
radioiòdio [comp. di *radio-* (*2*) e *iodio*] **s. m.** ● Isotopo radioattivo dello iodio, usato come tracciante e per la cura del cancro della tiroide.
radioisòtopo [comp. di *radio-* (*2*) e *isotopo*; 1945] **s. m.** ● Isotopo radioattivo di un elemento.
Radiolàri [dal lat. tardo *radĭolus*, dim. di *rădius* 'raggio', per la presenza di peduncoli disposti a raggiera; 1892] **s. m. pl.** (**sing.** *-io*) ● Nella tassonomia animale, ordine di Protozoi marini con corpo protetto da un involucro minerale per lo più siliceo, i cui depositi costituiscono la farina fossile (*Radiolaria*). ➡ **ILL. animali**/1.
radiolarìte [da *Radiolari*; 1933] **s. f.** ● Roccia silicea molto dura, a frattura concoide, dovuta spec. al deposito di involucri di Radiolari.

radiolina [1963] s. f. *1* Dim. di *radio* (*4*). *2* Correntemente, radio a transistor.

radiolo [vc. dotta, lat. *radĭolu(m)* 'piccolo (*-olu(m)*) raggio (*rădiu(m)*)'] s. m. ● (*zool.*) Amulo.

radiolocalizzàre [comp. di *radio-* (*3*) e *localizzare*; 1959] v. tr. ● Individuare oggetti mediante radiolocalizzazione.

radiolocalizzatóre [comp. di *radio-* (*3*) e *localizzatore*; 1950] s. m. ● Radar.

radiolocalizzazióne [comp. di *radio-* (*3*) e *localizzazione*; 1946] s. f. ● Sistema col quale la presenza di un oggetto lontano può essere scoperta mediante l'emissione di onde elettromagnetiche ad altissima frequenza che vengono da esso riflesse.

radiologìa [comp. di *radio-* (*2*) e *-logia*; 1905] s. f. *1* (*fis.*) Studio delle proprietà e delle applicazioni delle radiazioni elettromagnetiche di cortissima lunghezza d'onda, spec. dei raggi X e gamma, e delle radiazioni corpuscolari emesse da sostanze radioattive. *2* (*med.*) ***R. medica***, (*ellitt.*) ***radiologia***, studio e applicazione dei raggi X e gamma per scopi diagnostici e terapeutici.

radiològico [1903] agg. (pl. m. *-ci*) ● Di radiologia, relativo alla radiologia | ***Diagnosi radiologica***, effettuata con l'ausilio della radiologia. || **radiologicaménte**, avv.

radiòlogo [comp. di *radio-* (*2*) e *-logo*; 1923] s. m. (f. *-a*; pl. m. *-gi*) ● Studioso, specialista in radiologia.

radioluminescènza [comp. di *radio-* (*1*) e *luminescenza*] s. f. ● (*fis.*) Scintillazione.

radiomessàggio [comp. di *radio-* (*3*) e *messaggio*; 1935] s. m. ● Messaggio trasmesso per radio.

radiometallografìa [comp. di *radio-* (*2*) e *metallografia*; 1970] s. f. ● Applicazione dei raggi X alle indagini metallografiche.

radiometeorologìa [comp. di *radio-* (*3*) e *meteorologia*; 1933] s. f. ● (*meteor.*) Disciplina che studia gli effetti delle condizioni atmosferiche sulla propagazione radioelettrica.

radiometrìa [comp. di *radio-* (*1*) e *-metria*; 1927] s. f. ● (*fis.*) Misura dell'energia posseduta o ceduta da una radiazione.

radiomètrico [1934] agg. (pl. m. *-ci*) ● (*fis.*) Relativo alla radiometria.

radiòmetro [comp. di *radio-* (*1*) e *-metro*; 1876] s. m. ● Strumento per la misura delle radiazioni.

radiomicròfono [comp. di *radio-* (*3*) e *microfono*; 1983] s. m. ● Microfono collegato a un radiotrasmettitore tascabile che invia il segnale a un radioricevitore senza bisogno del cavo di collegamento.

radiomicròmetro [comp. di *radio-* (*1*), *micro-* e *metro*; 1938] s. m. ● Strumento che permette di misurare l'energia raggiante.

radiomisùra [comp. di *radio-* (*3*) e *misura*; 1974] s. f. *1* (*tecnol.*) Misura relativa a grandezze radioelettriche. *2* (*mil.*) Complesso di operazioni atte a danneggiare le apparecchiature radioelettriche nemiche o a proteggere le proprie.

radiomòbile [comp. di *radio-* (*3*) e *mobile*; 1941] s. f. ● Autoveicolo munito di apparecchio radio ricetrasmittente: *una r. della polizia*.

radiomontàggio [comp. di *radio-* (*3*) e *montaggio*] s. m. ● Programma radiofonico allestito utilizzando un insieme eterogeneo di registrazioni sonore opportunamente montate.

radiomontatóre [comp. di *radio-* (*3*) e *montatore*; 1959] s. m. (f. *-trice*) ● Operaio, tecnico specializzato nel montaggio di apparecchiature radioelettriche o elettroniche.

radionavigazióne [comp. di *radio-* (*3*) e *navigazione*; 1959] s. f. ● (*mar.*, *aer.*) Navigazione che si avvale dell'assistenza di metodi e apparecchi radioelettrici.

radionuclide [comp. di *radio-* (*2*) e *nuclide*; 1959] s. m. ● (*fis.*) Nuclide radioattivo.

radioónda [comp. di *radio-* (*3*) e *onda*; 1935] s. f. ● (*spec. al pl.*) Onde elettromagnetiche usate per trasmissioni radio, radiotelegrafiche, televisive e sim. di lunghezza d'onda compresa fra i 10^{-1} cm e i 10^{7} cm. SIN. Onda hertziana.

radiooscillatóre [comp. di *radio-* (*3*) e *oscillatore*; 1974] s. m. ● (*radio*) Oscillatore elettrico a radiofrequenza.

radiopacità [comp. di *radio-* (*2*) e *opacità*; 1983] s. f. ● (*fis.*) Proprietà delle sostanze radiopache.

radiopàco [comp. di *radio-* (*2*) e *opaco*; 1959] agg. (pl. m. *-chi*) ● (*fis.*) Opaco ai raggi X o ad altre radiazioni, detto per es. dei mezzi di contrasto usati in radiologia.

radiopilòta [comp. di *radio-* (*3*) e *pilota*; 1942] s. m. (pl. *-i*) ● Dispositivo che, a bordo di aeromobili, può essere radiocomandato a fare le veci del pilota.

radiopolarìmetro [comp. di *radio-* (*3*) e *polarimetro*] s. m. ● (*radio*) Strumento utilizzato per la misurazione del grado di polarizzazione delle onde radio.

radiopropagazióne [comp. di *radio-* (*3*) e *propagazione*] s. f. ● Trasmissione di energia per mezzo di onde radio.

radioprotettóre [comp. di *radio-* (*1*) e *protettore*; 1974] A agg. (f. *-trice*) ● Detto di sostanza o mezzo capace di proteggere dalle radiazioni di qualunque genere: *farmaci radioprotettori*. B anche s. m.

radioprotezióne [comp. di *radio-* (*1*) e *protezione*; 1978] s. f. ● (*biol.*, *tecnol.*) Studio dei metodi atti ad evitare i danni biologici delle radiazioni ionizzanti e non ionizzanti.

radioregistratóre [comp. di *radio-* (*3*) e *registratore*] s. m. ● Apparecchio che riunisce una radio e un registratore consentendo così di registrare su cassetta i programmi della radio e di riascoltarli.

radiorelè [comp. di *radio-* (*3*) e *relè*] s. m. ● (*radio*) Relè elettromagnetico azionato da un radiosegnale, utilizzato in diversi tipi di radiocomandi.

radioricevènte [comp. di *radio-* (*3*) e *ricevente*; 1955] A agg. ● Atto alla ricezione delle radioonde: *stazione r.* | ***Apparecchio r.***, radioricevitore. B s. f. *1* Radioricevitore. *2* Stazione radioricevente.

radioricevitóre [comp. di *radio-* (*3*) e *ricevitore*; 1934] s. m. ● Apparecchio radioricevente.

radioricezióne [comp. di *radio-* (*3*) e *ricezione*; 1941] s. f. ● Ricezione di radiotrasmissioni.

radioriflettènte [da *radio-* (*3*) e *riflettente*; 1974] agg. ● (*radio*) Che è in grado di riflettere onde radio.

radiorilevaménto [comp. di *radio-* (*3*) e *rilevamento*; 1959] s. m. ● (*aer.*) Nell'aeronavigazione radioassistita, rilevamento eseguito mediante apparecchi radioelettrici, quali il radiogoniometro e il radar.

radioriparatóre [comp. di *radio-* (*3*) e *riparatore*; 1959] s. m. (f. *-trice*) ● Tecnico che ripara radioricevitori.

radioripetitóre [comp. di *radio-* (*3*) e *ripetitore*] s. m. ● (*radio*) Dispositivo che, dopo aver ricevuto i segnali radio, li amplifica e li propaga verso un'altra stazione.

radioscandàglio [comp. di *radio-* (*3*) e *scandaglio*] s. m. ● Radiolocalizzatore per ricerche sottomarine.

radioscintillazióne [comp. di *radio-* (*1*) e *scintillazione*] s. f. ● (*astron.*) Fluttuazione dell'intensità dei segnali provenienti da una radiosorgente.

radioscopìa [comp. di *radio-* (*2*) e *-scopia*; 1901] s. f. ● (*med.*) Esame radiologico diretto mediante raggi X su schermo fluorescente.

radioscòpico [1908] agg. (pl. m. *-ci*) ● Di radioscopia, ottenuto mediante radioscopia. || **radioscopicaménte**, avv.

radioscrivènte [comp. di *radio-* (*3*) e (*tele*)*scrivente*] s. f. ● (*radio*) Radiotelescrivente.

radiosegnalatóre [comp. di *radio-* (*3*) e *segnalatore*; 1965] s. m. ● Indicatore di radiosegnali.

radiosegnàle [comp. di *radio-* (*3*) e *segnale*; 1935] s. m. ● Segnale per mezzo di radioonde: *r. orario*.

radiosensibilità [comp. di *radio-* (*1*) e *sensibilità*; 1935] s. f. ● (*med.*) Diversa reattività delle cellule e dei tessuti all'azione delle radiazioni ionizzanti.

radiosentièro [comp. di *radio-* (*3*) e *sentiero*; 1959] s. m. ● Spazio entro il quale un segnale radio emesso da un radiofaro può essere ricevuto da un aereo.

radioservìzio [comp. di *radio-* (*3*) e *servizio*; 1941] s. m. *1* Servizio giornalistico trasmesso per radio. *2* Insieme dei servizi e dei supporti radioelettrici di terra per l'assistenza alla navigazione aerea o marittima.

radiosità [av. 1565] s. f. ● Caratteristica di ciò che è radioso (*anche fig.*).

radióso [vc. dotta, lat. *radiōsu(m)*, da *rădius* 'raggio'; sec. XIV] agg. *1* Raggiante, sfolgorante (*anche fig.*): *sole r.*; *bellezza radiosa*; *voi / disparirete, radiose schiere, / ne l'infinito* (CARDUCCI). SIN. Smagliante, splendente. *2* (*fig.*) Felice, gioioso: *sorriso r.* | (*enfat.*) Prospero, luminoso: *futuro r.* || **radiosaménte**, avv.

radiosónda [comp. di *radio-* (*3*) e *sonda*; 1935] s. f. ● Meteorografo provvisto di stazione radiotrasmittente che invia i dati raccolti a una stazione radioricevente al suolo. SIN. Telesonda.

radiosondàggio [comp. di *radio-* (*3*) e *sondaggio*; 1948] s. m. ● Sondaggio con mezzi radioelettrici | ***R. ionosferico***, misurazione delle caratteristiche elettriche della ionosfera mediante una ionosonda | ***R. atmosferico***, misurazione delle caratteristiche dell'atmosfera mediante una radiosonda.

radiosorgènte [comp. di *radio-* (*3*) e *sorgente*; 1959] s. f. *1* Sorgente di radioonde. *2* (*astron.*) Corpo celeste la cui emissione di radioonde può essere captata dai radiotelescopi | ***R. galattica***, ***extragalattica***, ***r. discreta***, radiosorgente localizzata.

radiospèttro [comp. di *radio-* (*3*) e *spettro*] s. m. ● (*fis.*) Spettro di emissione di una sorgente di radiazioni elettromagnetiche a frequenze radio.

radiospettrògrafo [comp. di *radio-* (*3*) e *spettrografo*; 1974] s. m. ● (*radio*) In radioastronomia, strumento che permette di registrare l'intensità di emissione di una sorgente radio in funzione della frequenza.

radiospìa [comp. di *radio-* (*3*) e *spia*; 1974] s. f. ● Radiotrasmettitore miniaturizzato, usato per captare di nascosto conversazioni o telefonate e trasmetterle a una stazione ricevente, a scopo di spionaggio o di investigazione.

radiospolétta [comp. di *radio-* (*3*) e *spoletta*; 1947] s. f. ● Radarspoletta.

radiostazióne [comp. di *radio-* (*3*) e *stazione*; 1941] s. f. ● Stazione radiotrasmittente.

radiostélla [comp. di *radio-* (*1*) e *stella*; 1963] s. f. ● Radiosorgente discreta.

radiostellàre [comp. di *radio-* (*1*) e *stellare*] agg. *1* (*astron.*) Relativo alle radiostelle. *2* (*est.*) Relativo alla radioastronomia.

radiostereofonìa [comp. di *radio-* (*3*) e *stereofonia*] s. f. ● (*radio*) Sistema di radiotrasmissione a modulazione di frequenza che permette la ricezione stereofonica dei suoni.

radiostereofònico [comp. di *radio-* (*3*) e *stereofonico*] agg. (pl. m. *-ci*) ● (*radio*) Relativo alla radiostereofonia | Ottenuto per mezzo della radiostereofonia: *trasmissione radiostereofonica*. || **radiostereofonicaménte**, avv.

radiosvéglia [comp. di *radio-* (*3*) e *sveglia*; 1983] s. f. ● Apparecchio radio la cui accensione all'ora desiderata è comandata da un orologio a sveglia.

radiotàxi o **radiotassì** [comp. di *radio-* (*3*) e *taxi*; 1970] s. m. inv. ● Auto pubblica, munita di apparecchio radio ricevente e trasmittente, che viene indirizzata sul luogo richiesto da una centrale cui fanno capo tutte le chiamate dei clienti.

radiotècnica [comp. di *radio-* (*3*) e *tecnica*; 1935] s. f. ● Scienza e tecnica che si occupa spec. delle radioonde e dei mezzi per produrle, trasmetterle e riceverle.

radiotècnico [1939] A s. m. (f. *-a*; pl. m. *-ci*) ● Chi si occupa di radiotecnica applicata. B agg. ● Di radiotecnica, relativo alla radiotecnica.

radiotelecomandàre [comp. di *radio-* (*3*) e *telecomandare*] v. tr. ● (*radio*) Comandare a distanza con mezzi radio.

radiotelecomandàto [comp. di *radio-* (*3*) e *telecomandato*; 1965] part. pass. di *radiotelecomandare*, anche agg. ● Radiocomandato.

radiotelecomàndo [comp. di *radio-* (*3*) e *telecomando*; 1940] s. m. ● Radiocomando.

radiotelefonìa [comp. di *radio-* (*3*) e *telefonia*; 1927] s. f. ● Trasmissione di suoni mediante onde elettromagnetiche.

radiotelefònico [1927] agg. (pl. m. *-ci*) ● Relativo alla radiotelefonia | ***Contatto r.***, effettuato per mezzo della radiotelefonia. || **radiotelefonicaménte**, avv.

radiotelèfono [comp. di *radio-* e *telefono*; 1970] s. m. *1* Apparecchio portatile radioricevente e trasmittente *2* Telefono cellulare.

radiotelefotografìa [comp. di *radio-* (*3*) e *tele-*

fotografia; 1959] **s. f.** ● Trasmissione a distanza di fotografie, disegni e sim. per mezzo di onde elettromagnetiche.

radiotelegrafàre [denom. di *radiotelegrafo*; 1959] **v. tr. e intr.** (*io radiotelègrafo*; aus. *avere*) ● Trasmettere, comunicare per mezzo del radiotelegrafo.

radiotelegrafìa [comp. di *radio-* (*3*) e *telegrafia*; 1905] **s. f.** ● Trasmissione di segnali telegrafici per mezzo di onde elettromagnetiche.

radiotelegràfico [1927] **agg.** (**pl. m.** *-ci*) ● Relativo alla radiotelegrafia | *Contatto r.*, ottenuto mediante radiotelegrafia. || **radiotelegraficaménte**, **avv.**

radiotelegrafìsta [da *radiotelegrafia*; 1916] **s. m. e f.** (**pl. m.** *-i*) ● Operatore di una stazione radiotelegrafica. **SIN.** Marconista.

radiotelègrafo [comp. di *radio-* (*3*) e *telegrafo*; 1959] **s. m.** ● Trasmettitore di segnali telegrafici operante per mezzo di onde elettromagnetiche.

radiotelegràmma [comp. di *radio-* (*3*) e *telegramma*; 1903] **s. m.** (**pl.** *-i*) ● Comunicazione radiotelegrafica. **SIN.** Marconigramma.

radiotelemetrìa [da *radiotelemetro*] **s. f.** ● Telemetria che impiega radioonde.

radiotelèmetro [comp. di *radio-* (*3*) e *telemetro*; 1965] **s. m.** ● Apparecchio impiegato nella radiotelemetria.

radiotelescòpio [comp. di *radio-* (*3*) e *telescopio*; 1963] **s. m.** ● Complesso radio ricevente particolarmente adatto a captare le radioonde di natura cosmica, stabilirne la direzione di provenienza e misurarne la densità di flusso.

radiotelescrivènte [comp. di *radio-* (*3*) e *telescrivente*; 1943] **s. f.** ● Telescrivente il cui collegamento avviene mediante radioonde. **SIN.** Radioscrivente.

radiotelevisióne [comp. di *radio-* (*3*) e *televisione*; 1942] **s. f.** *1* Trasmissione di immagini in movimento per mezzo di onde elettromagnetiche. *2* L'insieme degli impianti e delle trasmissioni radiofoniche e televisive.

radiotelevisìvo [comp. di *radio-* (*3*) e *televisivo*; 1964] **agg.** ● Della radiotelevisione, relativo alla radiotelevisione.

radioterapèutico [1959] **agg.** (**pl. m.** *-ci*) ● Radioterapico.

radioterapìa [comp. di *radio-* (*2*) e *-terapia*; 1903] **s. f.** ● (*med.*) Parte della radiologia che studia le possibilità di applicazione delle radiazioni ionizzanti nella cura delle malattie, spec. dei tumori.

radioteràpico [1906] **agg.** (**pl. m.** *-ci*) ● Relativo a radioterapia. || **radioterapicaménte**, **avv.**

radioterapìsta [1959] **s. m. e f.** (**pl. m.** *-i*) ● Medico o tecnico specializzato in radioterapia.

radiotrasméttere [comp. di *radio-* (*3*) e *trasmettere*; 1935] **v. tr.** (coniug. come *mettere*) ● Trasmettere per radio.

radiotrasmettitóre [comp. di *radio-* (*3*) e *trasmettitore*; 1956] **s. m.** ● Apparecchio per la trasmissione a mezzo onde radio.

radiotrasmissióne [comp. di *radio-* (*3*) e *trasmissione*; 1929] **s. f.** ● Trasmissione di segnali, programmi, messaggi e sim. per mezzo di onde elettromagnetiche | Comunemente, ciò che viene trasmesso da una rete radiofonica pubblica o privata. **SIN.** Radioemissione.

radiotrasmittènte [1955] **A** **part. pres.** di *radiotrasmettere*; anche **agg.** ● Nei sign. del v. **B** **s. f.** ● L'insieme delle apparecchiature e degli impianti per eseguire radiotrasmissioni.

radiotrasparènte [comp. di *radio-* (*2*) e *trasparente*] **agg.** ● (*med.*) Detto di tessuto che permette il passaggio delle radiazioni ionizzanti, così da impressionare una pellicola situata oltre il tessuto stesso.

radioulnàre [comp. di *radio* (*2*) e *ulna*, con suff. agg.] **agg.** ● (*anat.*) Che concerne il radio e l'ulna: *articolazione r.*

radioutènte [comp. di *radio-* (*3*) e *utente*; 1939] **s. m. e f.** ● Chi possiede un apparecchio radioricevente e paga il relativo canone.

radiovènto [comp. di *radio-* e *vento*; 1959] **s. m.** ● Strumentazione per la determinazione del vento in quota inseguendo, con apparecchiature elettroniche, la traiettoria di un pallone libero nell'atmosfera.

radiovisióne [comp. di *radio-* (*3*) e *visione*; 1935] **s. f.** ● (*disus.*) Radiotelevisione, nel sign. 1.

radità [1520] **s. f.** ● (*raro*) Caratteristica di ciò che è rado o raro.

raditùra [da *radere*; av. 1320] **s. f.** *1* Raschiatura. *2* (*raro*) Rasatura.

ràdium ● V. *radio* (*3*).

radiumterapìa [comp. di *radium* e *terapia*] **s. f.** ● Radioterapia.

ràdo (**1**) [lat. *rāru(m)* 'raro', con dissimilazione; av. 1292] **A** **agg.** *1* Che non ha compattezza, spessore: *tessuto r.*; *tela rada*. **CONTR.** Fitto. *2* Che non è folto: *capelli ormai r.*; *piante rade*; *barba rada*. **CONTR.** Folto. *3* Non frequente nel tempo: *incontri molto radi* | (*lett.*) ***Rade volte***, raramente | ***Di r.***, raramente | ***Non di r.***, spesso. **SIN.** Raro. || **radétto**, **dim.** | **radóne**, **accr.** || **radaménte**, **avv.** Di rado, raramente. **B** **avv.** ● (*poet.*) Raramente.

ràdo (**2**) ● V. *radon*.

radome /ingl. 'ɹeɪdoʊm/ [vc. ingl., da *radar*] **s. m. inv.** ● Struttura, gener. a forma di cupola, per la protezione di radar, costruita con materiali, come la vetroresina, che, pur essendo resistenti, lasciano passare le onde radar.

ràdon o **ràdo** (**2**) [da *radium*; 1932] **s. m.** ● Elemento chimico, gas nobile radioattivo, emanazione del radio da cui si genera per perdita di una particella alfa. **SIMB.** Rn. **SIN.** Radioemanazione.

radóre [da *rado*; av. 1712] **s. m.** ● (*raro*) Radezza | †Radura.

ràdula [vc. dotta, lat. *rādula(m)* 'raschiatoio', da *rādere*; 1931] **s. f.** ● (*zool.*) Massa muscolare ricoperta di dentelli chitinosi rinnovabili e disposti in serie trasversali, che si trova nella bocca di alcuni Molluschi.

radùme [1880] **s. m.** ● (*raro*) Radezza | (*spreg.*) Parte rada di qlco.

radunàbile **agg.** ● (*raro*) Che si può radunare.

radunaménto [av. 1698] **s. m.** ● (*raro, lett.*) Adunanza, raduno | (*raro*) Accumulo. **SIN.** Ammassamento.

radunànza o †**ragunànza**, †**raunànza** [da *radunare*; sec. XIII] **s. f.** *1* (*raro, lett.*) Ammassamento, accumulo di cose: *r. di acque, di tesori*. *2* (*lett.*) Adunanza, riunione, assembramento di persone: *o Nerina, a radunanze, a feste / tu non ti acconci più, tu più non movi* (LEOPARDI).

♦**radunàre** o †**ragunàre**, †**raunàre** [comp. di *r(i)-* e *adunare*; av. 1292] **A** **v. tr.** *1* Riunire, adunare in uno stesso luogo: *r. il popolo sulla piazza* | Mettere insieme raccogliendo qua e là: *r. un esercito di sbandati* | (*fig., lett.*) Raccogliere: *Raduno tutto il mio coraggio* (MORAVIA). *2* (*est.*) Ammassare, accumulare: *r. tesori*. *3* (*mar.*) ***R. le rotte***, eseguire il calcolo grafico e analitico per determinare, partendo da un punto osservato, le coordinate del punto stimato dopo aver percorso rotte diverse. **B** **v. intr. pron.** ● Raccogliersi, riunirsi, assembrarsi.

radunàta o †**ragunàta**, †**raunàta** [da *radunato*; sec. XV] **s. f.** *1* Riunione di più persone in uno stesso luogo | ***Fare r.***, raccogliere molte persone in un luogo. *2* Insieme di persone radunate: *una r. molto chiassosa* | (*dir.*) ***R. sediziosa***, di dieci o più persone tale da esporre a pericolo l'ordine pubblico o la pubblica tranquillità. *3* (*mil.*) Complesso dei trasporti e dei movimenti con i quali le forze dell'esercito di campagna si raccolgono in una zona prestabilita per procedere allo schieramento previsto per le operazioni di guerra.

radunàto o †**ragunàto**, †**raunàto** [1521] **part. pass.** di *radunare*; anche **agg.** ● Nei sign. del v.

radunatóre o †**ragunatóre**, †**raunatóre** [1308] **agg.**; anche **s. m.** (**f.** *-trice*) ● (*raro*) Che (o Chi) raduna.

radunìsta [1938] **s. m. e f.** (**pl. m.** *-i*) ● (*raro*) Chi partecipa a un raduno, spec. sportivo.

radùno [1863] **s. m.** ● Riunione di più persone in uno stesso luogo, spec. allo scopo di partecipare a una manifestazione, a una celebrazione, a una gara sportiva, e sim: *un r. di reduci, di alpini*; *un r. velico, aereo*.

♦**radùra** [da *rado*; 1789] **s. f.** *1* (*raro*) Parte rada di qlco.: *un po' di r. sul cranio* (PIRANDELLO). *2* Spazio privo di alberi in un bosco.

rafanèllo ● V. *ravanello*.

ràfano [lat. *răphanu(m)*, nom. *răphanus*, dal gr. *ráphanos*, di orig. indeur.; 1298] **s. m.** ● Pianta erbacea delle Crocifere, con ciuffo di foglie basali e fiori venati di viola, che è coltivata in parecchie varietà per le radici piccanti usate in cucina (*Raphanus sativus*). ➡ **ILL. piante**/4.

ràfe [vc. dotta, gr. *raphḗ* 'cucitura', da *ráptein* 'cucire', di orig. indeur.; 1813] **s. m.** *1* (*anat.*) Sutura naturale fra parti simmetriche o fra le due metà di un organo. *2* (*bot.*) Nelle Diatomee, la linea che attraversa longitudinalmente tutto il corpo dell'alga.

ràffa [da *raffare*; 1542] **s. f.** *1* Nella loc. avv. ***di riffa o di r.***, in un modo o nell'altro, in ogni modo: *vogliono guadagnarci sopra o di riffa o di r.* *2* †Nella loc. avv. ***a ruffa a r.***, ***alla ruffa alla r.***, prendendo e afferrando in fretta e furia, disordinatamente e a chi più può. *3* Nel gioco delle bocce, tiro della propria boccia effettuato facendola rotolare sul terreno per colpire e spostare un'altra boccia o il boccino.

†**raffacciàre** [da *faccia* (*1*), col pref. *ra-*; sec. XIV] **v. tr.** ● Rinfacciare.

†**raffàccio** [da *raffacciare*; 1902] **s. m.** ● (*lett.*) Rinfaccio, rimprovero.

raffaèlla [f. di *Raffaello*, con riferimento al n. del pittore Raffaello Sanzio (1483-1520); 1865] **agg.** ● Solo nella loc. avv. e agg. ***alla r.***, alla maniera di Raffaello | ***Capelli alla r.***, lunghi fino alle spalle e acconciati come quelli di Raffaello negli autoritratti giovanili | ***Berretto, cappello alla r.***, basco ampio ricadente da un lato come quelli dipinti da Raffaello.

raffaellésco [1763] **agg.** (**pl. m.** *-schi*) *1* Relativo a Raffaello Sanzio (1483-1520): *studi raffaelleschi*. *2* Che ricorda lo stile e l'arte di Raffaello: *ritratto r.* *3* (*est.*) Elegante, fine, puro: *profilo r.*; *grazia raffaellesca*.

raffagottàre [comp. di *r(i)-* e *affagottare*; av. 1712] **v. tr.** (*io raffagòtto*) ● Avvolgere alla meglio in un fagotto.

raffàre [longob. *hraffōn* 'strappare'; 1618] **A** **v. tr.** *1* †Arraffare, rapire. *2* Nel gioco delle bocce, colpire e spostare una boccia o il boccino con la propria, fatta rotolare sul terreno. **B** **v. intr.** (aus. *avere*) ● Effettuare una raffa.

raffazzonaménto [av. 1597] **s. m.** ● Il raffazzonare | Ciò che è raffazzonato: *quel libro è solo un r. di idee diverse*. **SIN.** Abborracciamento.

raffazzonàre [comp. di *r(i)-* e *affazzonare*; sec. XIV] **v. tr.** (*io raffazzóno*) *1* Accomodare, aggiustare alla meglio una cosa mal fatta o mal riuscita: *r. un vestito, un quadro* | ***R. un discorso***, comporlo in fretta, senza cura. **SIN.** Abborracciare. *2* †Acconciare, adornare.

raffazzonàto [1553] **part. pass.** di *raffazzonare*; anche **agg.** *1* Nei sign. del v. *2* (*fig.*) Composto di elementi eterogenei, messo insieme alla meglio, in modo frettoloso e casuale: *una cultura raffazzonata, orecchiata, da autodidatta* (MORAVIA).

raffazzonatóre [1872] **s. m.** (**f.** *-trice*) ● Chi raffazzona, spec. di artista, scrittore, musicista che lavora senza impegno o adattando opere altrui.

raffazzonatùra [1872] **s. f.** ● Raffazzonamento.

rafférma [da *raffermare* (*2*); 1547] **s. f.** *1* Conferma in un ufficio, un incarico. *2* Vincolo volontario a prolungare il servizio militare oltre il termine previsto dalla ferma di leva.

raffermàre (**1**) ● V. *riaffermare*.

raffermàre (**2**) [comp. di *r(i)-* e *affermare*; nel sign. B 2, da *ferma*, col pref. *ra-*; 1353] **A** **v. tr.** (*io rafférmo*) *1* (*tosc.*) Riconfermare qlco. o qlcu. in un ufficio, una carica: *r. i patti*; *lo hanno raffermato assessore*. *2* (*raro*) Rendere saldo, assicurare: *r. qlco. con una fune*. *3* †Rinnovare | †***R. i colpi***, insistervi, incalzare. **B** **v. intr. e intr. pron.** (aus. *essere*) ● (*tosc.*) Diventare duro, sodo o raffermo: *è un composto che non rafferma*; *il pane si è raffermato troppo*. **C** **v. rifl.** ● (*mil.*) Rinnovare la ferma.

raffermatóre [1835] **agg.**; anche **s. m.** (**f.** *-trice*) ● (*lett.*) Che (o Chi) rafferma: *a te raffermator di pace* (ALFIERI).

†**raffermazióne** [av. 1547] **s. f.** ● Rafferma.

raffèrmo [da *raffermato*, part. pass. di *raffermare* (*2*); 1804] **agg.** ● Non fresco, un po' indurito, detto spec. del pane: *un dolce r.* **SIN.** Assodato.

ràffia ● V. *rafia*.

raffibbiàre ● V. *riaffibbiare*.

ràffica [da avvicinare a *raffare* (?); 1614] **s. f.** *1* Variazione improvvisa della velocità del vento durante un breve intervallo di tempo | ***Vento a raffiche***, che soffia con buffi improvvisi, repentini e violenti: *Le raffiche lo sbattono e lo schiaffeggiano fischiando* (MORANTE). *2* Serie di colpi consecutivi sparati con un'arma automatica leggera a tiro continuo: *r. di mitra* | ***Tiro a raffiche***, scariche intermittenti di armi automatiche. *3* (*fig.*) Successione rapida e ininterrotta: *una r. di scioperi*; *una r. di contumelie*; *aumenti a r. delle tariffe*.

†**raffidàre** [comp. di *r(i)-* e *affidare*] **A** v. tr. ● Rassicurare, rincuorare. **B** v. intr. pron. ● Confidarsi.

raffievolìre [comp. di *r(i)-* e *affievolire*; 1611] v. tr. e intr. pron. (*io raffievolìsco, tu raffievolìsci*) ● (*raro*) Affievolire.

raffiguràbile [av. 1712] agg. ● Che si può raffigurare.

raffiguraménto [sec. XIV] s. m. ● (*raro*) Raffigurazione.

♦**raffiguràre** [comp. di *r(i)-* e *affigurare*; 1274 ca.] v. tr. *1* (*lett.*) Riconoscere dall'aspetto. *2* Figurare, rappresentare: *quell'affresco raffigura un paesaggio autunnale* | ***Non riuscire a raffigurarsi qlcu.***, non riuscire a immaginarne le sembianze. *3* Simboleggiare: *la lonza dantesca raffigura la lussuria*.

raffigurazióne [1932] s. f. *1* Il raffigurare | Rappresentazione figurativa: *le varie raffigurazioni pittoriche della Madonna*; *una r. della Crocifissione*. *2* (*est.*) Rappresentazione simbolica: *la colomba è la r. della pace*.

raffilàre o **riaffilàre** nel sign. 1 [comp. di *r(i)-* e *affilare*; 1598] v. tr. *1* Affilare nuovamente: *r. le forbici*. *2* Pareggiare tagliando a filo: *r. i capelli*. SIN. Rifilare.

raffilatóio [da *raffilare*; 1835] s. m. ● (*tipogr.*) Taglierina.

raffilatrice [da *raffilare*] s. f. ● Macchina utensile impiegata per rifilare contemporaneamente i due bordi lunghi di lastre appositamente preparate per la fabbricazione delle marmette.

raffilatùra [1738] s. f. *1* Rifilatura. *2* Materiale scartato raffilando qlco.

raffinaménto [1599] s. m. *1* (*raro*) Raffinazione: *il r. dello zucchero*. *2* (*fig.*) Affinamento, perfezionamento: *r. del gusto, della sensibilità*.

raffinàre [comp. di *r(i)-* e *affinare*; av. 1276] **A** v. tr. *1* Purificare prodotti greggi con opportuni trattamenti chimici o fisici: *r. olio, zucchero, sale*. *2* (*fig.*) Sgrossare, ingentilire: *r. la propria educazione, il gusto* | (*fig.*) Perfezionare, migliorare: *ha raffinato la sua lingua*. *3* †Limare, assottigliare. **B** v. intr. pron. e †intr. (aus. *essere*) *1* (*lett.*) Purificarsi: *Nel foco / l'oro più si raffina* (CARDUCCI). *2* (*fig.*) Perfezionarsi, affinarsi, ingentilirsi.

raffinatézza [av. 1729] s. f. *1* (*fig.*) Caratteristica, condizione di chi (o di ciò che) è raffinato: *possiede una grande r. di modi*; *la r. di una cena*. SIN. Finezza, squisitezza. CONTR. Grossolanità. *2* Ciò che è raffinato, squisito: *conoscere tutte le raffinatezze della tavola*.

raffinàto [av. 1537] **A** part. pass. di *raffinare*; anche agg. *1* Sottoposto a raffinazione: *zucchero, olio r.* *2* (*fig.*) Ricercato, squisito: *pranzo r.* | Studiato, sottile (in contesti negativi): *agire con raffinata perfidia*. || **raffinataménte**, avv. In modo raffinato: *arredare raffinatamente la propria casa*; in contesti negativi, con sottile piacere: *raffinatamente crudele*. **B** agg. e s. m. (f. *-a*) ● Che (o Chi) ha gusti raffinati, ostenta eleganza o ama le squisitezze e gli agi della vita: *una compagnia di raffinati*.

raffinatóio [da *raffinato*; 1803] s. m. ● Crogiuolo per la raffinazione dei metalli.

raffinatóre [av. 1577] **A** agg. (f. *-trice*) ● Che raffina: *macchina raffinatrice*. **B** s. m. *1* (f. *-trice*) Chi raffina | Chi nell'àmbito industriale sottopone a trattamento di raffinazione prodotti greggi. *2* Macchina per raffinare paste dure o dense, nell'industria alimentare, dolciaria, dei colori e sim.

raffinatùra [sec. XIV] s. f. ● (*raro*) Raffinamento, raffinazione.

raffinazióne [da *raffinare*; 1762] s. f. ● Operazione industriale consistente nel rendere più pura una sostanza grezza: *la r. dello zucchero, del sale, dell'olio* | ***R. del petrolio***, distillazione frazionata del greggio per separarne i vari componenti | ***R. dei grassi***, purificazione dei grassi animali e vegetali per renderli atti all'uso alimentare.

raffineria [fr. *raffinerie*, da *raffiner* 'raffinare'; 1837] s. f. ● Stabilimento ove si effettua la raffinazione di prodotti industriali: *r. di petrolio* | ***Gas di r.***, idrocarburi gassosi ottenuti come sottoprodotto della lavorazione del petrolio.

†**raffinìre** [da *fine*, col pref. *ra-*; av. 1527] v. intr. *1* Divenire più fine: *la virtù perseguitata raffinisce come al fuoco l'oro* (VASARI). *2* (*fig.*) Farsi più sagace, astuto.

ràffio [longob. *krapfo* 'uncino'; 1313] s. m. *1* Attrezzo di ferro a denti uncinati, con manico, per afferrare oggetti | Uncino di ferro innestato, rampino. *2* Gancio in acciaio con manico, usato per arpionare grossi pesci presi all'amo. SIN. Gaffa. ➡ ILL. pesca. || **raffiétto**, dim.

†**raffittàre** ● V. *riaffittare*.

raffittìre [comp. di *r(i)-* e *affittire*; 1759] **A** v. tr. (*io raffittisco, tu raffittisci*) ● (*raro*) Fare diventare più fitto o più frequente: *r. una siepe*; *r. le visite*. **B** v. intr. e intr. pron. (aus. *essere*) ● Diventare più denso o più fitto: *la grandine raffittisce*; *le tenebre si sono raffittite*.

rafforzaménto [1872] s. m. *1* Il rafforzare, il rafforzarsi (*anche fig.*): *il r. della guarnigione*; *il r. di un'idea, di una convinzione* | ***Lavori di r.***, di fortificazione campale. *2* (*ling.*) Aumento dell'intensità nell'articolazione di una consonante.

rafforzàre [comp. di *r(i)-* e *afforzare*; sec. XIII] **A** v. tr. (*io raffòrzo*) ● Fare diventare più forte, saldo, resistente (*anche fig.*): *r. un muro*; *r. un dubbio* | ***R. un suono***, dargli maggiore intensità | (*mus.*) ***R. un suono***, intensificarlo. **B** v. intr. pron. ● Fortificarsi, rinforzarsi.

rafforzativo [1970] agg. *1* Che rafforza. *2* (*ling.*) Detto di elemento che serve ad accrescere l'intensità espressiva di una parola o di una frase.

rafforzàto part. pass. di *rafforzare*; anche agg. *1* Nei sign. del v. *2* ***Legge rafforzata***, quando nel corso del suo procedimento formativo sono stati chiamati a fornire pareri organi estranei al Parlamento.

raffratellàre [comp. di *r(i)-* e *affratellare*] **A** v. tr. (*io raffratèllo*) ● Affratellare, affratellare di nuovo. **B** v. rifl. rec. ● Tornare ad essere come fratelli o a stringersi in fraterna unione.

raffreddaménto [sec. XIV] s. m. *1* Abbassamento, diminuzione della temperatura | ***Impianto, circuito di r.***, apparecchiatura per smaltire il calore prodotto da una macchina, da un motore, mediante circolazione d'aria, d'acqua e sim. | (*est.*) Refrigerazione. *2* (*fig.*) Attenuazione dell'intensità di un rapporto affettivo: *c'è stato un certo r. nei miei confronti*; *del tuo r., non mi darei pace mai* (PASCOLI) | Diminuzione dell'intensità di un contrasto o conflitto | ***Procedure di r.***, quelle che in caso di controversie contrattuali regolano i rapporti tra le parti sociali allo scopo di prevenire e comporre i conflitti. *3* (*econ.*) Contenimento di un processo o di un fattore: *r. dell'inflazione*. *4* (*lett.*) Infreddatura.

♦**raffreddàre** [comp. di *r(i)-* e *affreddare*; 1310] **A** v. tr. (*io raffréddo*) *1* Fare diventare freddo o più freddo: *r. una bevanda con ghiaccio* | Refrigerare, rinfrescare: *il temporale ha raffreddato l'aria*. *2* (*fig.*) Rendere meno fervido, vivo, intenso: *r. l'amore, l'interesse per qlcu.* **B** v. intr. pron. *1* Diventare freddo: *l'ambiente si è raffreddato*. *2* (*fig.*) Perdere l'ardore, il fervore o diminuire di intensità: *il desiderio si raffreddò*; *la loro amicizia si è molto raffreddata*. SIN. Intiepidirsi. *3* Infreddarsi, prendere un raffreddore: *ieri per il vento gelido mi sono raffreddato*.

raffreddàto [1336 ca.] part. pass. di *raffreddare*; anche agg. ● Nei sign. del v. | Che ha il raffreddore: *sono molto r.*

raffreddatóre [1745] **A** agg.; anche s. m. (f. *-trice*) ● (*raro*) Che (o Chi) raffredda (*anche fig.*). **B** s. m. ● Parte metallica inserita in una forma, allo scopo di accelerare la solidificazione del metallo fuso.

raffreddatùra [av. 1698] s. f. *1* (*raro*) Raffreddamento. *2* (*raro*) Raffreddore.

♦**raffreddóre** [da *raffreddare*; av. 1730] s. m. ● Infiammazione acuta delle mucose del naso e della faringe. SIN. Coriza, rinite.

raffrenàbile [1745] agg. ● (*raro*) Che si può raffrenare (*spec. fig.*): *ira non r.*

raffrenaménto [1336 ca.] s. m. ● (*raro*) Il raffrenare: *r. delle passioni*.

raffrenàre [comp. di *r(i)-* e *affrenare*; av. 1292] **A** v. tr. (*io raffréno* o *raffrèno*) ● (*lett.*) Frenare energicamente: *r. il cavallo* | (*fig.*) Contenere, tenere a freno: *r. il desiderio*; *colui che raffrena e domina le passioni è austero* (CROCE). **B** v. rifl. ● (*lett.*) Moderarsi, contenersi: *Raffrena / questo ardor generoso. Altro riparo / offre la sorte* (METASTASIO).

raffrenatóre [sec. XIV] agg.; anche s. m. (f. *-trice*) ● (*raro*) Che (o Chi) raffrena (*spec. fig.*).

raffrescaménto s. m. ● (*tosc.*) Rinfrescamento: *il r. dell'aria*.

raffrescàre [comp. di *r(i)-* e un deriv. di *fresco*; av. 1597] **A** v. tr. (*io raffrésco, tu raffréschi*) ● (*lett.*) Ristorare | Rinfrancare. **B** v. intr. (aus. *essere*) ● (*tosc.*) Diventare più fresco, detto del tempo. **C** v. intr. impers. (aus. *essere*) ● (*tosc.*) Farsi più freddo: *di sera raffresca sempre un po'*.

†**raffrettàre** [comp. di *r(i)-* e *affrettare*; 1319] v. tr. *1* Affrettare. *2* V. *riaffrettare*.

raffrignàre [da avvicinare a *frinzello*, col pref. *ra-*; 1872] v. tr. ● (*tosc.*) Fare una cucitura alla meglio.

raffrigno [da *raffrignare*] s. m. ● (*tosc.*) Cucitura mal eseguita, con punti radi e disuguali | (*lett.*) Margine di ferita.

†**raffrontaménto** [1825] s. m. *1* Confronto. *2* Battaglia.

raffrontàre [comp. di *r(i)-* e *affrontare*; 1319] **A** v. tr. (*io raffrónto*) *1* Confrontare due cose o persone per metterne in evidenza disparità e somiglianze: *r. due manoscritti*; *r. due bambine molto somiglianti*. SIN. Paragonare. *2* †V. *riaffrontare*. **B** v. intr. pron. ● †Incontrarsi di nuovo. **C** v. rifl. rec. ● †Mettersi d'accordo.

raffrontatóre [1872] s. m. (f. *-trice*) ● Chi raffronta.

raffrónto [1872] s. m. ● Confronto: *fare, istituire un r.*; *un r. mal riuscito*. SIN. Paragone, riscontro.

ràfia o **ràffia** [vc. di orig. malgascia; 1815] s. f. *1* Palma dell'Africa orientale che fornisce con le foglie giovani fibre per lavori di intreccio, corde, materiale da imballaggio (*Raphia ruffia*). *2* Fibra tessile ricavata dalla pianta omonima.

rafidia [dal gr. *raphís*, genit. *raphídos* 'ago, punteruolo', da *ráptein* 'cucire', di orig. indeur.; detta così dal pungolo di cui è provvisto l'ano delle femmine (?); 1835] s. f. ● Insetto dei Neurotteri bruno scuro con il primo segmento toracico stretto e lungo che sorregge il capo appiattito (*Raphidia ophiopsis*).

Rafìdidi [stessa etim. di *rafidia*; 1965] s. m. pl. (sing. *-o*) ● Nella tassonomia animale, famiglia di Insetti dei Neurotteri con protorace allungato e quattro ali quasi uguali membranose (*Raphididae*).

rafting /ingl. 'ɹæ·ftıŋ/ [vc. ingl., da *to raft* 'navigare su una zattera'; 1987] s. m. inv. ● (*sport*) Discesa di rapide tumultuose di torrenti a bordo di un canotto.

ràga [dal sanscrito *rāga*, propr. 'tono, colore'] s. m. inv. ● (*mus.*) Nella musica indiana, antica melodia caratterizzata da preciso significato espressivo e soggetta all'improvvisazione.

ràgade [vc. dotta, gr. *ragás*, genit. *ragádos* 'fessura, screpolatura', da *rēgnýnai* 'rompere' (V. *mioressia*); 1493] s. f. ● (*med.*) Lesione della cute o delle mucose in forma di fessura senza tendenza alla cicatrizzazione: *r. del capezzolo*, *r. anale*.

raganèlla [dim. di *ragana*, di etim. incerta; 1750] s. f. *1* Anfibio degli Anuri più piccolo della rana, verde chiaro, con dita terminate da ventosa, che conduce vita arborea (*Hyla arborea*). SIN. Ila. ➡ ILL. animali/4. *2* Strumento formato da una ruota montata su un perno, attorno alla quale è fissato un telaio con una lamina, che strisciando contro i denti della ruota produce un suono stridente.

ràgano o **ràcano** [da una base **rakanus*, forse onomat., perché riferita in orig. al gracidare delle rane, poi ad altro animale di simile colore] s. m. *1* (*centr., merid.*) Ramarro. *2* (f. *-a*) (*fig.*) Persona di notevole bruttezza.

ràgas [vc. sarda, variante di *bragas*, pl., 'gonnellino di orbace nero, sotto cui sono i calzoni bianchi di lino', corrispondente all'it. *brache*; 1970] s. m. pl. ● Gonnellino proprio del costume maschile sardo.

ragastina o **ravastina** [dal lat. *revīsĭtāre* 'rivedere, tornare a vedere'. V. *rovistare*; 1937] s. f. ● Rete da circuizione derivata dalla lampara, che si usa di notte con lampada elettrica sommersa.

♦**ragàzza** [f. di *ragazzo*; 1686] s. f. *1* Adolescente, giovinetta: *una r. studiosa*; *una r. brava, buona* | Figlia femmina: *ha due maschi e una r.* *2* Giovane donna: *una r. da marito*; *una r. in gamba* | Donna nubile, signorina: *rimanere r.*; *firmare con il cognome da r.* | ***R. madre***, che ha un figlio senza essere sposata | (*eufem.*) ***R. allegra***, molto disponibile a relazioni amorose | ***R. squillo***, prostituta avvicinabile mediante appuntamento telefonico | (*eufem.*) ***R. di vita***, prostituta | ***R. pompon***, spec. negli Stati Uniti, sostenitrice di squadre sportive che accompagna i giocatori in campo, marciando, ballando e agitando nappe colorate. *3* (*fam.*) Innamorata, fidanzata: *avere la r.*; *la sua r. l'ha lasciato.*

ragazzàccio [1536] s. m. (f. *-a*) *1* Pegg. di *ragazzo* | Ragazzo maleducato, villano, prepotente ecc. | Piccolo delinquente: *comparve sulla soglia un r., armato come un saracino* (MANZONI). *2* (con tono attenuato) Ragazzo molto vivace, scriteriato ecc.: *Siete un r., che non ha giudizio* (GOLDONI).

ragazzàglia [da *ragazzo*; 1640] s. f. *1* (*spreg.*) Turba, insieme di ragazzi rumorosi e turbolenti. *2* †Complesso di servitori umili o di mozzi da stalla.

ragazzàme [av. 1620] s. m. ● (*lett.*, *spreg.*) Ragazzaglia.

ragazzàta [1560] s. f. ● Azione da ragazzo, compiuta cioè con leggerezza e senza riflessione. SIN. Bambinata.

ragazzésco [1765] agg. (pl. m. *-schi*) ● (*raro*, *spreg.*) Da ragazzo: *atto, comportamento r.*

♦**ragàzzo** [ar. *raqqāṣ* 'messaggero, corriere'; av. 1311] s. m. (f. *-a* (V.)) *1* Adolescente, giovinetto: *un r. vispo, studioso*; *un r. bravo, buono* | ***Da r.***, nell'età in cui si è ragazzi, giovani | ***Ragazzi del '99***, gli ultimi arruolati nell'esercito italiano, nati nel 1899, che, a diciotto anni, partirono per il fronte nella prima guerra mondiale | (*eufem.*) ***R. di vita***, adolescente già sulla strada del vizio e della corruzione | Figlio maschio: *ha tre ragazzi e una bambina.* *2* Giovanotto: *un r. in gamba*; *quel r. è un ottimo lavoratore* | Adulto, spec. privo di esperienza: *non fare il r.* | ***R. padre***, (*scherz.*) uomo celibe che ha un figlio. *3* Garzone: *r. di bottega, di studio.* *4* (*fam.*) Innamorato, fidanzato: *avere il r.* *5* †Mozzo di stalla, servitore. || **ragazzàccio**, pegg. (V.) | **ragazzettàccio**, pegg. | **ragazzettino**, dim. | **ragazzétto**, dim. | **ragazzino**, dim. | **ragazzóne**, accr. | **ragazzòtto**, accr. (V.) | **ragazzùccio**, dim. | **ragazzuòlo**, dim.

ragazzòtto [1816] s. m. (f. *-a*) *1* Accr. di *ragazzo* | Ragazzo cresciuto, giovanotto: *un r. che non aveva ancora peli al mento* (VERGA). *2* Ragazzo robusto, ma un po' rozzo e grossolano. *3* Ragazzino, ragazzetto: *i ragazzotti che correvano tra le gambe alla gente* (PAVESE).

ragazzùme [da *ragazzo*; av. 1764] s. m. ● (*raro*, *spreg.*) Ragazzaglia.

raggelàre [comp. di *r(i)-* e *agghiacciare*; 1313] **A** v. intr. e intr. pron. (*io raggèlo*; aus. *essere*) ● (*raro*) Gelare (*spec. fig.*): *r. al freddo invernale*; *r. a una notizia*; *si sentì r.* **B** v. tr. ● Gelare, ghiacciare completamente (*spec. fig.*): *con uno sguardo mi ha raggelato*; *ha il potere di r. qualsiasi conversazione.*

raggentilìre [comp. di *r(i)-* e *aggentilire*; av. 1729] v. tr. (*io raggentilisco, tu raggentilisci*) ● (*raro*) Aggentilire, ingentilire.

raggèra ● V. *raggiera.*

†**ragghiàre** e *deriv.* ● V. *ragliare* e *deriv.*

raggiaménto [1872] s. m. ● (*raro*) Il raggiare.

raggiànte [1308] part. pres. di *raggiare*; anche agg. *1* Nei sign. del v.: *sole r.*; *luce, energia r.* *2* (*fig.*) Molto contento, esultante: *dopo la promozione era r.*

raggiàre [lat. *radiāre*, da *rădius* 'raggio'; 1308] **A** v. intr. (*io ràggio*; aus. *avere*) *1* (*lett.*) Emanare raggi: *il sole, le stelle raggiano*; *i pianeti … van raggiando / timidamente per l'aereo caos* (FOSCOLO) | (*est.*) Splendere, risplendere: *una forte luce raggiava nell'oscurità.* *2* (*fis.*) Propagarsi, irradiarsi, diffondersi, detto della luce, del calore, della radiazione in genere. **B** v. tr. *1* (*lett.*) Emanare (*anche fig.*): *Un punto vidi che raggiava lume* (DANTE *Par.* XXVIII, 16); *raggiava gioia dal volto.* *2* (*poet.*) Illuminare.

raggiàti [da *raggiato*, per il loro aspetto] s. m. pl. (sing. *-o*) ● Nelle vecchie tassonomie, gli animali a simmetria raggiata, oggi suddivisi in parecchi tipi.

raggiàto [1865] part. pass. di *raggiare*; anche agg. *1* Nei sign. del v. *2* Disposto a raggi: *simmetria raggiata.*

raggièra o (*raro*) **raggèra** [da *raggio*; 1865] s. f. *1* Cerchio, fascio di raggi che si dipartono da un punto | Cosa disposta a raggiera: *acconciatura a r.* *2* Ornamento di spille disposte a raggi, infilate nella crocchia delle contadine brianzole. *3* Parte dell'ostensorio a forma di raggi.

♦**ràggio** o (*pop.*) †**ràzzo** (3) [lat. *rădiu(m)*, di etim. incerta; sec. XIII] s. m. *1* Fascio di radiazioni luminose di piccolissima sezione rispetto al tragitto che si considera. CFR. radio-, attino- | ***R. verde***, fugace balenio di luce verde talvolta visibile al tramontare del sole | (*est.*, *assol.*) Lista, filo di luce: *dallo spiraglio entrò un r.* | (*assol.*) Luce, raggio solare, sole: *un r. mite, pallido*; *il r. nascente*; *l'alba rideva, e parea ch'ella / tutti i raggi del sole avesse intorno* (TASSO) | ***Il nuovo, l'ultimo r.***, quello che il sole manda la mattina o la sera. *2* (*fig.*) Lampo, sprazzo, guizzo, di intensità o durata limitata: *un r. di speranza, di amore*; *un tenue r. d'intelligenza*; *manca anche il minimo r. d'amore.* *3* (*fis.*) Sottile fascio collimato di fotoni o particelle elementari | ***Raggi alfa***, emessi dalle sostanze radioattive naturali, sono costituiti da atomi di elio con due cariche positive | ***Raggi beta***, emessi dalle sostanze radioattive naturali, sono elettroni provenienti dal nucleo | ***Raggi gamma***, onde elettromagnetiche di grande frequenza emesse in vari processi nucleari | ***Raggi anodici***, flusso di ioni positivi, proiettati dall'anodo dei tubi a vuoto spinto, formati da molecole di gas prive di uno o più elettroni | ***Raggi catodici***, flusso di elettroni veloci, nel gas rarefatto di un tubo catodico | ***Raggi infrarossi***, onde elettromagnetiche invisibili, di lunghezza d'onda da 0,79 a 200 micron | ***Raggi Röntgen, X***, oscillazioni elettromagnetiche generate da raggi catodici che abbiano incontrato un ostacolo, e per le quali sono trasparenti i corpi otticamente opachi, ma di densità non elevata | (*fam.*) ***Fare i raggi***, sottoporsi a una radiografia o a una radioscopia | ***Raggi ultravioletti***, raggi invisibili di lunghezza d'onda compresa fra 0,02 e 0,39 micron | ***Raggi visibili***, onde elettromagnetiche luminose, di lunghezze d'onda comprese fra 0,79 e 0,394 micron. *4* (*mat.*) Retta, spec. nella geometria proiettiva, quando la si pensa come un elemento, un ente primitivo | ***R. d'una circonferenza***, distanza d'un punto qualsiasi della circonferenza dal centro | ***R. di curvatura***, raggio del cerchio osculatore | ***R. d'un cerchio, d'una sfera***, estremo superiore delle distanze dei punti dal centro | ***R. minimo di sterzata***, il raggio del cerchio ideale che un autoveicolo descrive quando le ruote sono sterzate al massimo a destra o a sinistra | ***R. vettore***, la retta che congiunge il centro di massa di un astro orbitante col suo centro di gravitazione. *5* (*est.*) Distanza intorno a un punto fisso: *ci siamo mossi entro un r. di dieci metri* | ***R. d'azione di un proiettile***, distanza di proiezione delle schegge all'atto dello scoppio | ***R. d'azione***, (*fig.*) ambito, spazio in cui qlco. ha effetto, efficacia | ***A breve, a largo r.***, di osservazione, esplorazione, incursioni ecc. effettuate a breve o a grande distanza | ***A largo raggio***, (*fig.*) ampio, di vasta portata. *6* Ciascuno dei legni o dei grossi fili d'acciaio che in una ruota congiungono il mozzo al cerchio. SIN. Razza (3). ➡ ILL. p. 2161 TRASPORTI. *7* L'insieme dei fiori periferici nelle Composite | ***R. midollare***, ciascuna delle strette zone di tessuto parenchimatico che si diparte a raggiera dal midollo dirigendosi verso la corteccia nel fusto e nella radice. *8* (*zool.*) Negli animali a simmetria raggiata, ciascuno degli assi perpendicolari all'asse bipolare principale passante per il centro. *9* (*zool.*) Ognuno degli elementi scheletrici, costituiti da cartilagine, da connettivo elastico o da osso, che sorreggono le pinne pari e quelle impari dei Condroitti e degli Osteitti. *10* (*arald.*) Raggio di carbonchio, figura composta da otto scettri moventi tutti in giro da un carbonchio posto al centro. *11* Ala di un edificio carcerario. || **raggiuòlo**, dim.

raggiornàre [comp. di *r(i)-* e *aggiornare*; 1319] **A** v. tr. (*io raggiórno*) ● (*tosc.*) Aggiornare. **B** v. intr. (aus. *essere*) ● (*poet.*) Ritornare chiaro, detto del giorno, della luce e sim.: *raggiorna, lo presento / da un albore di frusto / argento alle pareti* (MONTALE). **C** v. intr. impers. (aus. *essere*) ● Rifarsi giorno: *ormai raggiorna.*

raggiraménto [da *raggirare*; 1865] s. m. *1* (*raro*) Raggiro. *2* †L'aggirarsi nei pressi di un luogo.

raggiràre [comp. di *r(i)-* e *aggirare*; 1524] **A** v. tr. *1* †Rigirare, girare intorno. *2* (*fig.*) Circuire, ingannare, abbindolare: *si è lasciato r. con poche parole.* **B** v. intr. pron. *1* Muoversi in giro. *2* (*raro*) Vertere, concernere: *i suoi discorsi si raggirano su un solo argomento.*

raggiràto [1342] part. pass. di *raggirare*; anche agg. ● Nei sign. del v. | Abbindolato: *r., / frastornato dal furbo contafavole* (BACCHELLI).

raggiratóre [1738] s. m.; anche agg. (f. *-trice*) ● Chi (o Che) raggira (*spec. fig.*): *un r. senza scrupoli.* SIN. Abbindolatore, ingannatore.

raggiro [1618] s. m. ● Il raggirare (*solo fig.*): *un ignobile r.* SIN. Imbroglio, inganno, maneggio. || **raggirétto**, dim.

raggiróne [1872] s. m. (f. *-a*) ● (*fam.*, *tosc.*) Chi usa raggiri o è abile nel raggirare. SIN. Raggiratore.

♦**raggiùngere** o †**raggiùgnere** [comp. di *r(i)-* e *aggiungere*; 1313] **A** v. tr. (coniug. come *giungere*) *1* Arrivare a riunirsi con qlcu. nella corsa, il cammino e sim.: *r. qlcu. a metà strada*; *r. il fuggitivo.* *2* (*est.*) Arrivare a cogliere, colpire, toccare qlco.: *r. il bersaglio* | (*est.*) Toccare un luogo: *r. la vetta.* *3* (*fig.*) Conseguire, ottenere, conquistare: *r. la meta, il proprio intento, la promozione.* *4* †Unire, congiungere, ricongiungere: *raggiugne e l'una e l'altra cocca* (POLIZIANO). **B** v. rifl. ● †Unirsi, ricongiungersi.

raggiungìbile [1892] agg. ● Che si può raggiungere (*anche fig.*): *cima facilmente r.*

raggiungiménto [1872] s. m. ● Il raggiungere | (*fig.*) Conseguimento: *il r. del nostro fine.*

raggiuntàre [comp. di *r(i)-* e *aggiuntare*; 1879] v. tr. ● Aggiuntare di nuovo, aggiuntare: *r. i capi di una corda spezzata.*

raggiùnto [1342] part. pass. di *raggiungere*; anche agg. ● Nei sign. del v.: *Felicità raggiunta, si cammina / per te su fil di lana* (MONTALE).

raggiustaménto [1745] s. m. ● (*raro*) Riparazione | (*fig.*) Accomodamento: *sono arrivati al r. della lite.*

raggiustàre ● V. *riaggiustare.*

raggomitolaménto s. m. ● (*raro*) Il raggomitolare, il raggomitolarsi.

raggomitolàre [comp. di *r(i)-* e *aggomitolare*; av. 1400] **A** v. tr. (*io raggomìtolo*) ● Aggomitolare, aggomitolare di nuovo. SIN. Ravvolgere. **B** v. rifl. ● (*fig.*) Rannicchiarsi: *si era raggomitolato nel suo letto.*

raggomitolàto part. pass. di *raggomitolare*; anche agg. ● Nei sign. del v.

raggranchiàre [comp. di *r(i)-* e *aggranchiare*; 1550] **A** v. tr. (*io raggrànchio*) ● Rattrappire, contrarre per il freddo. SIN. Aggranchiare, aggranchire. **B** v. intr. e intr. pron. (aus. *essere*) ● Intirizzirsi per il freddo.

raggranchìre [comp. di *r(i)-* e *aggranchire*; 1872] v. tr., intr. e intr. pron. (*io raggranchisco, tu raggranchisci*; aus. intr. *essere*) ● Raggranchiare.

raggranellàre [da *granello*, col pref. *ra-*; av. 1565] v. tr. (*io raggranèllo*) ● Mettere insieme poco per volta e a fatica (*anche fig.*): *r. una sommetta.* SIN. Raccogliere, racimolare.

raggravàre [comp. di *r(i)-* e *aggravare*; av. 1342] v. tr. e intr. pron. ● (*lett.*) Aggravare, aggravarsi.

raggricciàre o †**raggricchiàre** [comp. di *r(i)-* e *aggricciare*; av. 1566] v. intr. e intr. pron. (*io raggrìccio*; aus. *essere*) *1* (*lett.*) Rannicchiarsi, restringersi, contrarsi | (*est.*) Rabbrividire. *2* (*lett.*, *raro*) Accartocciarsi, spec. di foglie.

raggrinzaménto [sec. XIV] s. m. ● Il raggrinzare, il raggrinzarsi.

raggrinzàre [comp. di *r(i)-* e *aggrinzare*; av. 1320] v. tr., intr. e intr. pron. ● Raggrinzire.

raggrinzìre [comp. di *r(i)-* e *aggrinzire*; 1872] **A** v. tr. (*io raggrinzisco, tu raggrinzisci*) ● Rendere grinzoso. **B** v. intr. e intr. pron. (aus. *essere*) ● Diventare grinzoso, fare le grinze, detto di stoffa, pelle e sim.

raggrinzìto [av. 1557] part. pass. di *raggrinzire*; anche agg. ● Grinzoso, rinsecchito, solcato da rughe: *lui fece un viso tutto r., schifato, infastidito* (MORAVIA).

†**raggroppàre** [comp. di *r(i)-* e *aggroppare*; 1441] v. tr. ● Riannodare.

raggrottàre [comp. di *r(i)-* e *aggrottare*; 1625] v. tr. (*io raggròtto*) ● Aggrottare di più: *r. le ciglia.*

raggrovigliàre [comp. di *r(i)-* e *aggrovigliare*; av. 1597] v. tr. (*io raggrovìglio*) ● Aggrovigliare di più o di nuovo: *r. una corda.*

raggrumàre [comp. di *r(i)-* e *aggrumare*; 1872] v. tr. e intr. pron. ● Far rapprendere o rapprendersi in grumi.

raggrumàto [1803] part. pass. di *raggrumare*; anche agg. ● Rappreso in grumi: *sangue r.*

raggrumolàre [comp. di *r(i)-* e un deriv. di *grumolo*; 1872] v. tr. (*io raggrùmolo*) ● (*raro*) Formare uno o più grumoli | (*lett., fig.*) Raggranellare: *avea raggrumolato de' bei denari* (NIEVO).

raggruppaménto [1598] s. m. *1* Il raggruppare, il raggrupparsi: *procedere al r. dei candidati*. *2* Insieme di cose o persone raggruppate: *un nuovo r. politico*. SIN. Gruppo | ***R. tattico***, complesso militare di due o più gruppi tattici posti sotto unico comando. *3* (*fis.*) ***R. atomico***, insieme di più atomi legati a formare un radicale, una molecola, un gruppo funzionale, e sim.

♦**raggruppàre** [comp. di *r(i)-* e *aggruppare*; 1481] **A** v. tr. ● Riunire in uno o più gruppi: *r. gli impiegati secondo le loro mansioni*. **B** v. rifl. ● Riunirsi, stringersi in un gruppo: *si raggruppavano intorno ai più anziani*.

raggruppàto [1964] part. pass. di *raggruppare*; anche agg. *1* Nei sign. del v. *2* (*sport*) Detto di tuffo effettuato con le gambe piegate verso il petto e cinte con le braccia.

†**raggruzzàrsi** [da *gruzzo*, col pref. *ra-*; av. 1300] v. rifl. ● Rannicchiarsi, aggranchiarsi.

raggruzzolàre [comp. di *r(i)-* e *aggruzzolare*; av. 1494] v. tr. (*io raggrùzzolo*) ● Mettere insieme denaro formando un gruzzolo: *in poco tempo ha raggruzzolato un piccolo capitale* | (*est., lett.*) Raccogliere, ammassare, raggranellare: *raggruzzolo / sotto la mensa qualche minuzzolo* (POLIZIANO).

ragguagliàbile agg. ● (*raro*) Che si può ragguagliare: *situazioni non ragguagliabili*. SIN. Confrontabile, paragonabile.

ragguagliaménto [av. 1320] s. m. ● (*raro*) Il ragguagliare.

ragguagliàre [comp. di *r(i)-* e *agguagliare*; 1260] v. tr. (*io ragguàglio*) *1* (*raro*) Pareggiare, livellare. *2* Paragonare: *non è possibile r. il loro reddito*. *3* Mettere al corrente: *non mancherò di ragguagliarvi su quella questione*. SIN. Informare.

ragguagliatìvo [1745] agg. ● (*raro*) Che serve a ragguagliare.

ragguagliàto [1587] part. pass. di *ragguagliare*; anche agg. ● Nei sign. del v. ‖ †**ragguagliataménte**, avv. *1* In media. *2* Dettagliatamente.

ragguagliatóre [1745] s. m.; anche agg. (f. *-trice*) ● (*raro*) Chi (o Che) ragguaglia, fornisce ragguagli o informazioni.

ragguàglio [av. 1400] s. m. *1* Raffronto | †***In r.***, al paragone | †***A r.***, in comparazione. SIN. Comparazione, confronto, paragone. *2* Informazione, notizia precisa: *dare ampi ragguagli*. *3* †Proporzione, misura | †***A quel r.***, in quella proporzione, secondo quella forma.

†**ragguardaménto** s. m. ● Il ragguardare.

†**ragguardàre** [comp. di *r(i)-* e *agguardare*; 1338 ca.] v. tr. *1* Riguardare. *2* Guardare con attenzione | Considerare, valutare.

ragguardévole [da *ragguardare*; 1351] agg. *1* Degno di riguardo, di stima, considerazione: *persona r.* SIN. Notabile. *2* Cospicuo, ingente: *una somma r.* ‖ **ragguardevolménte**, avv.

ragguardevolézza [av. 1642] s. f. ● (*raro*) Condizione di chi (o di ciò che) è ragguardevole.

ràgia [lat. parl. **rāsia(m)*, per il lat. tardo *rāsi(m)*, tipo di pece: da avvicinare a *rēsina* (?); sec. XIII] s. f. (pl. *-gie* o *-ge*) *1* Resina che cola dal fusto di alcune conifere | ***Acqua r.***, V. *acquaragia*. *2* (*pop., tosc.*) Inganno, astuzia, frode.

ragià o **rajah** [sanscrito *rājā* 're'; 1891] s. m. ● Titolo che indicava originariamente i re indiani, esteso poi a principi e alti dignitari.

-ragia [gr. *-ragía*, dalla radice di *regnýnai* 'rompere' e quindi 'far sgorgare', di etim. incerta] secondo elemento (con la *r* iniziale generalmente raddoppiata) ● In parole composte della terminologia medica, indica fuoriuscita anormale di un liquido, che è designato dal primo elemento della parola: *emorragia, menorragia* | Può indicare un fatto emorragico se il primo elemento della parola designa un organo: *gastrorragia*.

ragionacchiàre [da *ragionare*; 1872] v. intr. (*io ragionàcchio*; aus. *avere*) ● Ragionare senza rigore e senza impegno.

♦**ragionaménto** [av. 1292] s. m. *1* Riflessione volta ad arrivare a una conclusione seguendo un procedimento logico: *un r. lento, faticoso, sbagliato*; *seguire un r.* | Argomentazione, dimostrazione: *perdersi in inutili ragionamenti*. *2* (*filos.*) Operazione mentale mediante la quale si inferisce una conclusione da una o più proposizioni precedentemente date. SIN. Inferenza. *3* (*lett.*) Conversazione, discorso: *Quanto mi tarda... di tornare a' nostri usati ragionamenti* (CARDUCCI) | †***Avere, entrare, essere in r. con qlcu.***, parlare, discorrere con qlcu. *4* †Disamina, dissertazione.

ragionànte part. pres. di *ragionare*; anche agg. ● Nei sign. del v.

♦**ragionàre** [da *ragione*; av. 1250] **A** v. intr. (*io ragióno*; aus. *avere*) *1* Usare la ragione per riflettere, discorrere o argomentare con rigore logico: *ogni uomo può r.*; *r. con i piedi, a vanvera*; *parla senza r.* | Considerare, discutere ragionevolmente: *r. attentamente su tutto* | Pensare assennatamente: *è un uomo che ragiona*. SIN. Riflettere. *2* Discorrere, conversare, parlare: *r. di un affare*; *né teco le compagne ai dì festivi / ragionavan d'amore* (LEOPARDI) | Trattare un argomento: *r. di politica*. **B** v. tr. *1* †Trattare, esporre: *poi che i vari casi di ciascuno tutti e tre ragionato ebbero* (BOCCACCIO). *2* †Dire, palesare: *r. qlco. a qlcu.* *3* †Tenere conto, pensare: *ragiona, Lorenzo mio, che io vivo di rendita* (SACCHETTI). *4* †Computare, calcolare. **C** v. rifl. rec. ● †Accordarsi. **D** in funzione di s. m. ● (*lett.*) Discorso, ragionamento.

ragionatìvo [da *ragionato*; 1308] agg. *1* †Razionale. *2* (*lett.*) Fondato sul ragionamento: *la serrata prosa ragionativa* (CARDUCCI). ‖ **ragionativaménte**, avv.

ragionàto [1353] part. pass. di *ragionare*; anche agg. ● Che si basa su fondati argomenti, che è meditato, razionale e sim.: *un discorso r.*; *una proposta, una critica ragionata* | ***Bibliografia ragionata***, ordinata secondo particolari criteri e fornita di commento. ‖ **ragionataménte**, avv. (*raro*) In maniera ragionata, con raziocinio. SIN. Ragionevolmente.

ragionatóre [1308] **A** s. m. (f. *-trice*) ● Chi ragiona o ha la capacità di ragionare bene: *un forte r.*; *quel ragazzo è un r.* **B** agg. ● (*raro*) Che ragiona: *intelletto r.*

♦**ragióne** [lat. *ratiōne(m)* 'conto, calcolo, facoltà di calcolare e di pensare', da *rēri* 'credere, pensare', di orig. indeur.; 1225 ca.] s. f. (troncato in *ragion* in alcune loc.: *a ragion veduta*; *la ragion di Stato*; *la ragion d'essere* e sim.) *1* La facoltà di pensare stabilendo rapporti e legami tra i concetti, di giudicare bene discernendo il vero dal falso, il giusto dall'ingiusto: *le bestie non hanno r.*; *il dominio della r. sui sensi*; *i diritti, i limiti della r.*; *l'età della r.* | ***Perdere l'uso, il lume della r.***, impazzire. SIN. Discernimento, giudizio, riflessione. *2* †Discorso, conversazione, ragionamento | †***Mettere a r.***, trattenere con discorsi | (*lett.*) †Argomento, tema, soggetto di una composizione poetica: *Canzon, chi tua ragion trovasse oscura ...* (PETRARCA). *3* Argomentazione, prova, dimostrazione usate per persuadere qlcu., confutare un ragionamento o dimostrarne la validità: *è una r. inoppugnabile, evidente*; *allegare le proprie ragioni* | ***Non ascoltare, non intendere, non sentire r.***, non lasciarsi convincere | ***A ragion veduta***, avendo ben valutata la situazione. *4* †Sede della giustizia, tribunale: *palazzo della Ragione* | (*est.*) †Diritto, giustizia | ***R. canonica, civile***, diritto canonico, civile | †***Fare r. a qlcu.***, rendergli la giustizia dovuta | ***Farsi r. da sé***, farsi giustizia personalmente | (*est.*) Appartenenza di diritto, competenza: *non è di sua r.* | ***A chi di r.***, a chi spetta | ***Di pubblica r.***, noto a tutti | ***Avere r. di qlcu.***, vincerlo, sopraffarlo. *5* Causa giusta, legittimo motivo che spiega un fatto o un'azione: *la r. sta dalla parte sua* | ***Avere r. da vendere***, essere nettamente nel giusto | ***Dare r. a qlcu.***, riconoscere la giustezza dei suoi argomenti | ***A r.***, giustamente, di diritto | ***A maggior r.***, tanto più: *se sono offeso io, a maggior r. dev'esserlo lei* | †***È r.***, è giusto, conviene | ***Di santa r.***, in abbondanza, fortemente: *lo ha picchiato di santa r.* | (*est.*) Causa, motivo: *volere conoscere la r.*; *non è una buona r.*; *non c'è r. di preoccuparsi*; *ragioni di famiglia, di forza maggiore* | (*fam.*) ***R. per cui***, e per questa ragione | ***Farsi una r.***, rassegnarsi | ***La r. ultima***, il fine | †***Fare r.***, stimare, credere. *6* †Calcolo, conto, computo | †***Mettere a r.***, computare | †***Fare la r.***, fare i conti | (*fig.*) ***Domandare, chiedere, rendere r. di qlco.***, domandare, chiedere, rendere conto, giustificazione, soddisfazione di qlco. *7* Misura, rapporto, proporzioni: *in r. del 20 per cento* | ***In r. di***, come, quanto a | ***A r. di***, in proporzione di | ***R. d'una progressione aritmetica***, differenza costante fra un termine e il precedente | ***R. d'una progressione geometrica***, rapporto costante fra un termine e il precedente | (*raro*) ***Fuori di r.***, eccessivamente. *8* ***R. sociale***, nome delle società commerciali non aventi personalità giuridica | ***Ragion di Stato***, l'esigenza superiore dello Stato, a cui si sacrifica ogni altra considerazione, anche di natura etica. *9* †Natura, qualità, specie. *10* †Scienza, dottrina: *composizione è quella r. di dipignere con la quale le parti delle cose vedute si pongono insieme in pittura* (ALBERTI) | †Perizia, maestria. ‖ **ragionétta**, dim.

ragionerìa [da *ragioniere*; 1812] s. f. *1* Disciplina che studia la regolamentazione delle funzioni amministrative e del controllo contabile di un'azienda | Corso di studi dell'istituto tecnico commerciale che conferisce il diploma di ragioniere: *frequentare r.* *2* Complesso di impiegati che, in un'azienda, un ente e sim., si occupano del settori contabile e amministrativo, e il relativo ufficio | ***R. generale dello Stato***, organo del ministero del Tesoro, preposto al controllo delle erogazioni di somme da parte dello Stato.

♦**ragionévole** [da *ragione*; 1281] agg. *1* Che è dotato di ragione: *l'uomo è un essere r.* SIN. Razionale. *2* Che si lascia guidare dalla ragione: *non siete molto ragionevoli* | (*est.*) Discreto, equilibrato: *è una persona molto r.* *3* Conforme alla ragione o al buon senso: *sono sospetti ragionevoli*. SIN. Legittimo. *4* Giusto, conveniente, non eccessivo o esagerato: *proposta, prezzo, statura r.* *5* †Razionale. ‖ †**ragionevoleménte**, **ragionevolménte**, avv. *1* In modo ragionevole, secondo ragione: *discutere, comportarsi ragionevolmente*. *2* Fondatamente: *si può ragionevolmente sperare in una buona riuscita*. *3* Giustamente, né poco né troppo: *hanno pagato ragionevolmente il loro acquisto*.

ragionevolézza [1640] s. f. ● Caratteristica di chi (o di ciò che) è ragionevole: *è un bambino pieno di r.*; *la r. della vostra domanda*.

ragionière [da *ragione*, nel senso di 'conto, calcolo'; av. 1292] s. m. (f. *-a*; V. nota d'uso FEMMINILE) *1* Chi ha studiato e conseguito il diploma di ragioneria | Chi esercita la ragioneria. *2* †Chi è incaricato di fare o rivedere conti. SIN. Contabile.

ragionierésco agg. (pl. m. *-schi*) ● (*raro*) Tipico di un ragioniere (*spec. spreg.*).

ragionierìstico [1936] agg. (pl. m. *-ci*) *1* Che concerne la ragioneria. *2* (*est.*) Troppo scrupoloso e attento ai particolari più minuti: *procedimento r.*

raglàn [ingl. *raglan*, dal n. del generale *Raglan* (1788-1855) che lo usava; 1856] **A** s. m. inv. ● Soprabito maschile con l'attaccatura delle maniche che parte dal collo con cuciture oblique che arrivano sotto l'ascella. **B** anche agg. inv., anche nella loc. agg. *alla r.*: *cappotto r.*; *maniche (alla) r.*

ragliaménto [av. 1698] s. m. ● Un ragliare spec. forte e prolungato.

ragliàre o (*pop., tosc.*) †**ragghiàre** [lat. parl. **ragulāre*, di orig. onomat.; av. 1306] **A** v. intr. (*io ràglio*; aus. *avere*) *1* Mandare, emettere uno o più ragli: *gli asini ragliano*. *2* (*fig.*) Gridare, parlare, cantare sgradevolmente: *non fa che r.* **B** v. tr. ● (*fig., lett.*) Cantare, parlare male o senza senso: *r. un lungo discorso*. ‖ PROV. Asino che raglia mangia poco fieno; al ragliare si vedrà che non è leone.

ragliàta [da *ragliare*; 1865] s. f. ● Raglio ripetuto, (*spec. fig.*).

ràglio o (*pop., tosc.*) †**ràgghio** [da *ragliare*; av. 1313] s. m. *1* Verso dell'asino. CFR. Hi ho. *2* (*fig.*) Canto disarmonico. ‖ PROV. Raglio d'asino non sale al cielo.

ràgna [V. *ragno*; 1319] s. f. *1* †Ragno. *2* (*lett.*) Ragnatela. *3* (*tosc.*) Zona logora di tessuto. *4* (*tosc.*) Nuvola rada, sottile. *5* Grande rete verticale che si tende ai passi obbligati degli uccelli. SIN. Tramaglio. *6* †Rete disposta a pruavia della coffa per ridurre l'usura per contatto delle vele quadre. *7* (*fig.*) Inganno, insidia | (*raro*) ***Dare nella r.***, cadere nell'agguato. *8* (*pop.*) Bava dei bozzoli del baco da seta. ‖ **ragnòla**, dim. (V.).

ragnàia [1584] s. f. *1* Sistema di uccellagione che usa le ragne tese fra gli alberi. *2* (*est.*) Boschetto in cui si tendono ragne.

ragnàre [av. 1584] **A** v. intr. (aus. *avere*) *1* Tendere le ragne. **2** Di bozzolo, sbavare. **B** v. intr. e intr. pron. (aus. *essere* e *avere*) **1** (*tosc.*) Di tessuto, mostrar la trama per eccessivo logorio. **2** (*tosc.*) Coprirsi di nuvole rade e sottili, detto del cielo | †Coprirsi alla superficie di una specie di velo, detto dell'acqua.

♦**ragnatéla** [comp. di *ragno* e *tela*; sec. XIV] s. f. **1** Il dispositivo a rete che il ragno fabbrica per catturare gli insetti di cui si nutre: *stanza piena di ragnatele*. **2** (*fig.*) Intrico: *Una r. fittissima di sentieri* (MORAVIA) | (*fig.*) Intreccio sottile e tenace di legami, inganni e sim. atto spec. ad irretire qlcu.: *una r. di menzogne*. **3** (*fig.*) Tessuto molto leggero o logorato. **4** (*raro, fig., poet.*) Velatura di nuvole rade: *quella chiostra di rupi / che sembra sfilacciarsi / in ragnatele di nubi* (MONTALE). || **ragnatelina**, dim. | **ragnatelùccia**, dim.

ragnatélo [av. 1400] s. m. **1** †Ragno. **2** (*lett.* o *raro*) Ragnatela.

ragnatelóso [1959] agg. ● (*lett.*) Coperto, pieno di ragnatele: *soffitto r.*

ragnàto [1865] part. pass. di *ragnare*; anche agg. **1** Nei sign. del v. **2** (*lett.*) Sottile e rado come ragnatela: *tela ragnata*.

ragnatùra [da *ragna*; av. 1712] s. f. **1** (*tosc.*) Parte logora di una stoffa. SIN. Ragna. **2** (*tosc.*) Zona in cui il cielo è cosparso di nuvole rade, sottili.

♦**ràgno** [lat. *arāneu(m)*; sec. XIII] **A** s. m. **1** Artropode della classe degli Aracnidi, con corpo diviso in cefalotorace e addome uniti da un sottile peduncolo, otto zampe e ghiandole addominali il cui secreto vischioso, coagulando all'aria, forma il caratteristico filo | ***R. palombaro***, argironeta | ***R. di Volterra***, malmignatta | ***R. crociato***, comune nei giardini, con addome globoso su cui figura una croce bianca (*Epeira diademata*) | ***R. rosso***, acaro assai dannoso a diverse piante legnose ed erbacee (*Trombidinus*) | ***Non cavare un r. dal buco***, (*fig.*) non riuscire a nulla. ➡ ILL. **zoologia generale**. **2** Corto sostegno a tre zampe al quale si fissa la macchina da presa, prima di issarla sul cavalletto o sul dolly o sulla gru. **B** in funzione di agg. inv. ● (posposto al s.) Nella loc. ***pesce r.*** V. *pesce* | ***Uomo r.***, nel linguaggio del circo, contorsionista. || **ragnétto**, dim. | **ragnino**, dim. | **ragnolino**, dim. | **ragnóne**, accr.

ragnòla [dim. di *ragna*; 1865] s. f. ● Rete più sottile della ragna usata per catturare uccelletti.

ràgnolo [1300 ca.] s. m. ● (*tosc.*) Ragno: *il ribrezzo che mi faceano i ragnoli* (D'ANNUNZIO).

ragtime /ˈrɛgtaim, *ingl.* ˈræg͵taem/ o **rag-time** [vc. ingl., propr. 'tempo (*time*) a pezzi (*rag*)'; 1933] s. m. inv. ● Tipo di musica sincopata da considerare quale immediato predecessore del jazz.

ragù [fr. *ragoût*, da *ragoûter* 'risvegliare l'appetito', comp. di *ra-* e *goût* 'gusto'; 1669] s. m. ● Condimento, spec. per pastasciutta, ottenuto facendo soffriggere, in un battuto di cipolla, sedano e carote, della carne di manzo gener. macinata, e poi cuocendo a fuoco lento e a lungo dopo aver aggiunto pomodoro.

†**ragunàre** e *deriv.* ● V. *radunare* e *deriv.*

ragusàno **A** agg. ● Di Ragusa, in Sicilia. **B** s. m. (f. *-a*) ● Abitante di Ragusa, in Sicilia.

raguṣèo [av. 1557] **A** agg. ● Di Ragusa (Dubrovnik), in Dalmazia. **B** s. m. (f. *-a*) ● Abitante di Ragusa (Dubrovnik), in Dalmazia.

ragutièra [1970] s. f. ● Salsiera per il ragù.

rài [provz. *rai*, dal lat. *rădiu(m)* 'raggio'; 1321] s. m. pl. ● (*poet.*) Raggi luminosi | (*est., poet.*) Sguardi luminosi, occhi: *et ella alzando i begli umidi rai* (ARIOSTO).

raï /*fr.* ˈʀaj/ [vc. ar., maghrebina, diffusa dalla Francia; 1987] s. m. inv. ● (*mus.*) Genere di canzone algerina degli anni intorno al 1970, ballabile, provocatoria, che associa strumenti tradizionali a strumenti e stili occidentali.

ràia [lat. *rāia(m)*, di orig. preindeur.; 1598] s. f. ● (*zool.*) Razza.

†**raiàre** [da *rai*] v. intr. e tr. ● (*poet.*) Raggiare.

ràid /raid, *ingl.* ɹeɪd/ [vc. ingl., dalla vc. scozzese corrispondente all'ingl. *road* 'strada'; 1895] s. m. inv. **1** Viaggio lungo e difficoltoso, compiuto come impresa sportiva: *il r. automobilistico Pechino-Parigi*. **2** Azione, incursione, spec. aerea | (*est.*) Rapida operazione di polizia | (*est.*) Scorreria, azione criminosa o delittuosa.

ràider /ˈraider, *ingl.* ˈɹeɪdəɹ/ [vc. ingl., propr. 'razziatore', da *raid* 'razzia, scorreria'; 1985] s. m. inv. ● Finanziere che compie in borsa operazioni speculative di acquisto di grosse partite di titoli per poi rivenderli lucrando il vantaggio.

Ràidi [comp. del lat. *rāia* 'razza' e *-idi*; 1959] s. m. pl. (sing. *-e*) ● Nella tassonomia animale, famiglia di Pesci cartilaginei dei Raiformi con corpo romboidale, che vivono sul fondo marino a tutte le latitudini (*Rajidae*).

raidìsta [1970] s. m. e f. (pl. m. *-i*) ● Partecipante a un raid.

Raifórmi [comp. del lat. *rāia* 'razza' e il pl. di *-forme*; 1965] s. m. pl. (sing. *-e*) ● Nella tassonomia animale, ordine di Pesci cartilaginei con pinne pettorali grandi, che formano con il corpo un tutto unico, fessure branchiali ventrali e occhi dorsali (*Rajiformes*).

ràion® o **ràyon** [marchio registrato; 1935] s. m. ● Fibra tessile artificiale ottenuta a partire dalla cellulosa e usata come sostituto della seta | ***R. viscosa***, costituito da cellulosa rigenerata: molto igroscopico, poco elastico, non attaccato dai comuni solventi, è impiegato nella fabbricazione di tessuti.

ràis o **rais** nel sign. 2 [ar. *ra'īs* 'capo'; av. 1536] s. m. inv. **1** Capitano di una nave, nella flotta ottomana e barbaresca. **2** Nei Paesi arabi, comandante, governante. **3** Il capo che sceglie il posto, dirige la messa a mare della tonnara e comanda gli uomini nella pesca del tonno.

ràitro [ted. *Reiter* 'cavaliere', di orig. germ.; 1630] s. m. ● Nel XVI secolo, soldato tedesco a cavallo che militava nelle guerre civili di Francia e di Fiandra.

rajah /*fr.* ʀaˈʒa, *ingl.* ˈɹɑːdʒʌ/ ● V. *ragià*.

ralenti /*fr.* ʀalɑ̃ˈti/ [vc. fr., propr. part. pass. di *ralentir* 'rallentare'; 1931] s. m. inv. ● (*cine, tv*) Rallentatore.

ralinga [fr. *ralingue*, dall'ant. norreno *rar-lik*, comp. di *rar*, genit. di *ra* 'bastone', e *lik* 'lembo di vela'; 1804] s. f. ● Rinforzo del bordo di una vela costituito da un cavetto cucito o dalla doppiatura del tessuto.

ralingàre [fr. *ralinguer*, da *ralingue* 'ralinga'; 1813] v. tr. (*io ralìngo, tu ralìnghi*) ● (*mar.*) Guarnire le vele di ralinghe.

ràlla (1) [lat. *rānula(m)*, dim. di *rāna*; dall'uso di attribuire n. di animali femminili a pezzi di congegni meccanici la cui caratteristica consiste nell'essere provvisti di incavi o di vuoti destinati a ricevere in sé un altro pezzo; av. 1472] s. f. **1** (*mecc.*) Anello di ferro o bronzo entro il quale gira un perno, avente funzione di supporto di spinta per alberi verticali. **2** Untume nero che si forma intorno al mozzo della ruota. CFR Morchia.

ràlla (2) [lat. *rāllu(m)*, da *rādere*] s. f. **1** Taglio obliquo dello scalpello, opposto al codolo. **2** Lato smusso della rasiera.

rallacciàre ● V. *riallacciare*.

rallargaménto s. m. ● (*raro*) Il rallargare.

rallargàre o **riallargàre** [comp. di *r(i)-* e *allargare*; 1319] **A** v. tr. (*io rallàrgo, tu rallàrghi*) ● Allargare ulteriormente, ampliare (*spec. fig.*) **B** v. intr. pron. ● Dilatarsi.

rallegraménto [sec. XIV] s. m. **1** (*raro*) Il rallegrarsi | (*lett.*) Allegrezza, compiacimento: *il quale assentì con molto r.* (D'ANNUNZIO). **2** (*spec. al pl.*) Congratulazioni: *vi faccio i miei sinceri rallegramenti*.

†**rallegrànza** [da *rallegrare*] s. f. ● Letizia, gioia.

rallegràre [comp. di *r(i)-* e *allegrare*, sul modello del fr. *ralegrer*; 1228] **A** v. tr. (*io rallégro*) ● Rendere allegro, mettere allegria: *r. l'animo, la vista* | Rendere più lieto: *con la sua presenza rallegra la festa*. SIN. Allietare. **B** v. intr. pron. **1** Diventare allegro o più allegro: *si rallegravano tutti a quella vista*. SIN. Gioire. **2** Congratularsi: *mi rallegro!*

rallegràta [da *rallegrato*; 1891] s. f. ● Salto che fa il cavallo come per allegrezza.

rallegratìvo [sec. XIV] agg. ● (*raro*) Atto a rallegrare.

rallegratóre [av. 1698] s. m.; anche agg. (f. *-trice*) ● (*raro*) Chi (o Che) rallegra.

rallegratùra s. f. ● (*lett.*) Il rallegrarsi | (*raro*) Espressione di allegrezza.

rallentaménto [sec. XIV] s. m. **1** Diminuzione di velocità: *il r. della corsa* | (*fig.*) Diminuzione di intensità, frequenza e sim.: *segnali di r. dell'inflazione*; *c'è un notevole r. nel suo interesse allo studio*. **2** (*cine, tv*) Particolare tecnica nella ripresa cinematografica che determina, in proiezione, un effetto di minor velocità rispetto all'azione reale.

rallentàndo [gerundio di *rallentare*; 1826] s. m. inv. ● (*mus.*) Indicazione agogica che prescrive di rendere il tempo progressivamente più lento. CONTR. Accelerando.

♦**rallentàre** [comp. di *r(i)-* e *allentare*; av. 1347] **A** v. tr. (*io rallènto*) **1** Rendere lento, meno veloce (*anche assol.*): *r. la corsa*; *il veicolo rallentò prima della curva* | (*raro*) Rendere più lento, meno teso: *r. una corda*. **2** (*fig.*) Diminuire di intensità: *r. la sorveglianza* | ***R. le visite***, renderle meno frequenti, diradarle. **3** (*mus.*) Rallentando. CONTR. Accelerare. **B** v. intr. pron. ● (*fig.*) Diventare più lento, più rado o meno intenso: *il suo entusiasmo si è molto rallentato*.

rallentàto s. m. ● (*mus.*) Rallentando.

rallentatóre [1931] s. m. **1** (f. *-trice*) Chi rallenta. **2** (*cine, tv*) Dispositivo che permette di ottenere l'effetto del rallentamento | ***Al r.***, di proiezione effettuata con la tecnica del rallentamento; (*fig.*) molto lentamente: *i lavori procedono al r.*

†**rallettàre** [comp. di *r(i)-* e *allettare* (1)] v. tr. **1** Allettare. **2** V. *riallettare*.

rallevàre [comp. di *r(i)-* e *allevare*; av. 1294] v. tr. (*io rallèvo*) ● (*tosc.*) Allevare.

Rallifórmi [comp. di *rallo* e il pl. di *-forme*; 1937] s. m. pl. (sing. *-e*) ● Nella tassonomia animale, ordine di Uccelli carenati con lungo collo e becco e zampe lunghe e nude (*Ralliformes*). SIN. Gruiformi.

rallignàre [comp. di *r(i)-* e *allignare*; 1319] v. intr. e intr. pron. (aus. *essere*) ● (*lett.*) Rinascere: *Quando in Bologna un Fabbro si ralligna?* (DANTE *Purg.* XIV, 100) | (*lett.*) Rinvigorirsi.

rallìsta [1974] s. m. e f. (pl. m. *-i*) ● Pilota o navigatore di rally automobilistico.

rallìstico agg. (pl. m. *-ci*) ● Di rally, relativo a rally: *gara rallistica*.

ràllo [dal lat. *rallus* 'rasato, raso', deriv. di *rādere* 'radere'; 1959] s. m. ● (*zool.*) Uccello dei Gruiformi di taglia modesta, con becco lungo e denso piumaggio (*Rallus aquaticus*). SIN. Porciglione.

†**rallogàre** [comp. di *r(i)-* e *allogare*] v. tr. ● Riaffittare.

†**ralloggiàre** [comp. di *r(i)-* e *alloggiare*] v. tr. **1** Alloggiare. **2** V. *rialloggiare*.

†**rallumàre** [comp. di *r(i)-* e *allumare*; 1716] v. tr. ● Illuminare (*anche fig.*) | Riaccendere.

†**ralluminàre** [comp. di *r(i)-* e *alluminare*; av. 1306] v. tr. ● Illuminare (*anche fig.*).

rallungàre [comp. di *r(i)-* e *allungare*; 1336 ca.] v. tr. (*io rallùngo, tu rallùnghi*) **1** (*raro*) Allungare ulteriormente. **2** †V. *riallungare*.

rally /ˈrɛlli, relˈli*, *ingl.* ˈræli/ [vc. ingl., dal fr. *rallier* 'adunare', comp. di *re-* 'ri-' e *allier* 'riunire', dal lat. *alligāre*, comp. di *ăd* e *ligāre* 'legare'; 1935] s. m. inv. (pl. ingl. *rallies*) ● Competizione automobilistica di regolarità e velocità su percorsi stradali anche accidentati, per autovetture opportunamente rinforzate e con un equipaggio di due persone: *il vincitore del r. di Montecarlo*.

rally cross /*ingl.* ˈɹæli͵kɹɒs/ [loc. ingl., comp. di *rally* (V.) e *cross* 'corsa campestre' (accorc. di *cross-country* 'attraverso la campagna')] loc. sost. m. inv. ● (*sport*) Competizione automobilistica che si disputa su piccoli circuiti ricavati da strade accidentate di campagna.

ram [sigla ingl., che sta per *r(andom) a(ccess) m(emory)* 'memoria ad accesso casuale'; 1983] s. f. inv. ● (*elab.*) In un elaboratore elettronico, parte della memoria centrale nella quale è possibile scrivere e leggere dati e che viene impiegata durante l'esecuzione delle istruzioni.

ràma [1325 ca.] s. f. ● (*tosc.*) Ramo, spec. quello secondario che porta i frutti | Chioma di un albero.

Ramadàn [ar. *ramaḍān*; 1804] s. m. inv. ● Nono mese del calendario musulmano, in cui vi è l'obbligo dello stretto digiuno dall'alba al tramonto | Serie delle osservanze rituali cadenti in tale mese.

ramages /*fr.* ʀaˈmaːʒ/ [fr., dal lat. *rāmus* 'ramo'; 1866] s. m. pl. ● Disegni di stoffa o biancheria a rami e fiori | ***Stoffa a r.***, damascata, fiorata.

ramàglia [fr. *ramaille*, dal lat. *ramālia*, nt. pl., da *rāmus* 'ramo'; 1841] s. f. **1** Insieme di frasche e rami tagliati. **2** (*lett.*) Chioma di pianta bassa: *nidi penduli dalla r. in fiore* (D'ANNUNZIO).

ramagliatùra [1891] s. f. ● Taglio delle ramaglie.

ramàio [1834] s. m. (f. *-a*) ● Artigiano che lavora il rame, che fa, ripara e vende recipienti in rame.

SIN. Calderaio.

ramaiolàta o **romaiolàta** [1865] s. f. *1* Quantità che può contenere un ramaiolo. *2* Colpo dato col ramaiolo.

ramaiòlo o †**ramaiuòlo**, **romaiòlo**, †**romaiuòlo** [detto così perché fatto di *rame*; sec. XIV] s. m. *1* (*region.*) Mestolo, nel sign. 2: *versate un altro r. di brodo* (ARTUSI). *2* Utensile con manico uncinato, che serve al muratore per aggiungere acqua alla calce. *3* †Pentola, secchio o altro recipiente di rame.

ramanzina o †**rammanzina**, (*pop.*) †**romanzina** [detta così perché lunga come un *romanzo*; av. 1665] s. f. ● Lungo rimprovero: *fare, prendersi una r.*; *quel ragazzo ha proprio bisogno di una bella r.* SIN. Paternale, rabbuffo, sgridata.

ramàre [1940] v. tr. *1* Ricoprire una superficie metallica con un sottile strato di rame. *2* Dare il solfato di rame alle viti o ad altre piante o semi. *3* Legare, unire con fili di rame.

ramàrro [etim. incerta; 1313] A s. m. ● Sauro simile alla lucertola, di colore verdastro, che vive nei prati, boschi, sassaie, cacciando insetti (*Lacerta viridis*). SIN. Lucertolone. ➡ ILL. **animali**/5. B in funzione di agg. inv. ● (posposto al s.) Solo nella loc. ***verde r.***, detto di un verde vivo.

ramàta [da *ramo*; av. 1470] s. f. *1* Fitto graticolato di fili metallici, per finestre, gabbie e sim. *2* Attrezzo per la caccia notturna a forma di mestolo usato in passato per colpire gli uccelli abbagliati dal frugnolo.

†**ramatàre** [1612] v. tr. ● Colpire con la ramata.

ramàto [1938] A part. pass. di *ramare*; anche agg. *1* Rivestito di rame: *pentola col fondo r.* *2* Di colore rossiccio come il rame: *capigliatura, barba ramata.* *3* Che contiene rame o sali di rame: *acqua ramata.* B s. m. ● La soluzione di solfato di rame per irrorare le viti.

ramatùra (1) s. f. *1* Operazione del ramare | Rivestimento di rame. *2* Sottile strato di rame che si deposita, dopo un uso prolungato, nelle righe dell'anima di un cannone così da rendere impreciso il tiro. *3* Irrorazione di piante fruttifere con anticrittogamici a base di rame.

ramatùra (2) s. f. ● (*raro*) L'insieme dei rami di una pianta.

ramazza [vc. di orig. piemontese, da *ramo*; sec. XVI] s. f. *1* Scopa grossolana di rami, per spazzare terra o neve | ***Essere di r.***, avere l'incarico di ramazzare, spec. caserme. *2* (*gerg.*) Soldato incaricato di ramazzare.

ramazzàre [1544] v. tr. ● Spazzare con una ramazza.

rambìsmo [da *Rambo*, come nell'ingl. *Ramboism*; 1985] s. m. ● Atteggiamento o visione del mondo improntati alla risoluzione di ogni questione attraverso la violenza spettacolare e indiscriminata, spesso assunta a valore morale individuale.

Rambo [dal n. del protagonista del film d'azione di Ted Kotcheff *First Blood* (1982); 1985] s. m. inv. *1* Vendicatore solitario protagonista di una serie di film americani | (*est.*) Cultore del proprio vigore fisico, che assume atteggiamenti aggressivi e violenti. *2* Persona atletica e imponente, che ama esibire la propria forza fisica. *3* Chi esercita il mestiere delle armi per denaro.

rambutàn [vc. malese, da *rambut* 'capelli' per il tegumento peloso del frutto] s. m. inv. ● (*bot.*) Albero delle Sapindacee, originario dell'Asia tropicale (*Nephelium lappaceum*) | Il frutto commestibile di tale pianta dai cui semi si ricava un grasso di uso alimentare e medicinale.

♦**ràme** [lat. tardo *aerāme(n)*, da *āes*, genit. *āeris* 'rame, bronzo', di orig. indeur.; av. 1250] A s. m. *1* Elemento chimico, metallo, rosso chiaro, duttile, presente in natura sia allo stato nativo sia sotto forma di sali, dai quali si ricava; buon conduttore dell'elettricità e del calore, si lega facilmente ad altri metalli per formare leghe adatte ad applicazioni in tutti i campi industriali. SIMB. Cu. CFR. calco-, cupro- | ***Leghe di r.***, bronzo, alpacca, argentana e sim. | ***Solfato di r.***, usato per preparare con la calce la poltiglia bordolese, per prevenire e combattere la peronospora della vite ed altre malattie crittogame | ***Età del r.***, la terza della preistoria. *2* (*al pl.*) Recipienti di rame per la cucina. *3* Incisione su rame: *un pregevole r. d'autore.* B in funzione di agg. inv. ● ***Biondo r.***, colore biondo che tende al rossiccio: *capelli di color biondo r.* | ***Verde r.***, V. *verderame.* || **ramàccio**, pegg. | **ramétto**, dim.

rameggiàre [da *ramo*; 1599] A v. tr. (*io raméggio*) ● Piantare nel terreno rami a sostegno di piante erbacee. B v. intr. (aus. *avere*) ● (*lett.*) Ramificarsi | (*fig.*) Aprirsi come ramo, detto delle corna dei cervi.

ramèico [1942] agg. (pl. m. *-ci*) ● Detto di composto del rame bivalente: *sali rameici.*

raméngo o **ramèngo**, **ramingo** nel sign. 2, (*veneto*) **reméngo** [dial. per *ramingo*: è il bastone di chi va *ramingo*; 1942] s. m. (pl. *-ghi*) *1* (*dial.*) Bastone. *2* (*sett.*) Rovina, malora: *andare, mandare a r.* *3* V. *ramingo.*

rameòso [1963] agg. ● Detto di composto del rame monovalente | ***Ossido r.***, si trova in natura come cuprite e può essere ottenuto per riduzione di sali rameici.

ramerino [sovrapposizione di *ramo* a *rosmarino*; av. 1320] s. m. ● (*tosc.*) Rosmarino.

rameuse /*fr.* ra'mø:z/ [vc. fr., da *rame*, n. d'un apparecchio, che pare risalga al francone *hrama* 'travicello, intelaiatura'; 1959] s. f. inv. ● (*tess.*) Nella rifinizione, macchina destinata all'asciugatura dei tessuti dopo il lavaggio o altro trattamento a umido e talvolta al termofissaggio di quelli di fibre sintetiche e alla polimerizzazione di quelli di fibre cellulosiche.

ramia [1942] s. f. ● Ramiè.

ramiè [fr. *ramie*, dal malese *rami*; 1895] s. m. *1* Pianta erbacea perenne delle Urticacee, con foglie bianche inferiormente, che fornisce fibre tessili (*Boehmeria nivea*). SIN. Ortica bianca. *2* Fibra tessile ottenuta da tale pianta.

ramìfero (1) [comp. di *rame* e *-fero*; 1872] agg. ● (*raro*) Che contiene rame.

ramìfero (2) [comp. di *ramo* e *-fero*; 1892] agg. ● Ricco di rami.

ramificàre [comp. di *ramo* e *-ficare*; av. 1519] A v. intr. (*io ramìfico, tu ramìfichi*; aus. *avere*) ● Produrre rami. B v. intr. pron. ● (*est.*) Biforcarsi, diramarsi: *la miniera si ramifica in tre filoni* | (*fig.*) Articolarsi, espandersi in vari àmbiti: *l'organizzazione si è ramificata nel territorio.*

ramificàto [1885] part. pass. di *ramificare*, anche agg. *1* Nei sign. del v. *2* Che ha rami | (*chim.*) ***Catena ramificata***, caratteristica dei composti organici in cui gli atomi si susseguono in diverse direzioni. || **ramificataménte**, avv.

ramificazióne [comp. di *ramo* e *-ficazione*; av. 1519] s. f. *1* La produzione e la disposizione dei rami in una pianta. ➡ ILL. **botanica generale**. *2* (*est.*) Divisione che segue un andamento ramificato: *la r. di un corso d'acqua* | (*fig.*) Diramazione, espansione: *le varie ramificazioni di una società.*

ramìfico [comp. di *ramo* e *-fico*; av. 1788] agg. (pl. m. *-ci*) ● (*lett.*) Che produce rami.

ramina [da *rame*; av. 1306] s. f. *1* Scaglia che si stacca nella lavorazione del rame. *2* (*sett.*) Recipiente o pentolino di rame. *3* Paglietta d'acciaio per pulitura di pentole e sim.

ramingàre [1640] v. intr. (*io ramìngo, tu ramìnghi*; aus. *avere*) ● (*lett.*) Andare ramingo: *senti rasspar fra le macerie e i bronchi / la derelitta cagna ramingando* (FOSCOLO).

ramìngo o (*sett.*) **raméngo** nel sign. 2 [da *ramo*, perché in orig. si diceva degli uccelli che vanno *di ramo in ramo*; av. 1320] agg. (pl. m. *-ghi*) *1* †Di uccello che, inesperto del volo, salta di ramo in ramo. *2* Di chi va errando senza mai fermarsi e non ha una meta precisa: *andare r. per il mondo*; *un fuggiasco r.*; *un povero giovane ..., tutto solo e r., andava per le foreste cacciando* (BARTOLI). SIN. Errabondo, errante. *3* V. *ramengo.*

ramino (1) [da *rame*; sec. XIV] s. m. *1* Recipiente tondeggiante di rame, con manico e bocca a becco, per scaldare l'acqua. *2* (*region.*) Ramaiolo bucherellato per spannare il latte.

ramino (2) [etim. incerta; 1931] s. m. ● Gioco di carte tra più giocatori, con due mazzi di 52 carte completi di matte o jolly, il cui scopo è di realizzare delle combinazioni che vengono via via scartate dai giocatori fino a rimanere senza carte in mano.

rammagliàre [comp. di *r(i)-* e *ammagliare*; 1940] v. tr. (*io rammàglio*) ● Aggiustare le maglie di un tessuto o sim.: *r. le calze, le reti.*

rammagliatrice [da *rammagliare*; 1966] s. f. ● Donna che per mestiere riprende le sfilature delle calze.

rammagliatùra [1940] s. f. ● Lavoro del rammagliare.

rammansìre [comp. di *r(i)-* e *ammansire*] v. tr. (*io rammansisco, tu rammansisci*) ● (*lett.*) Ammansire.

†**rammanzina** ● V. *ramanzina.*

†**rammarcàre** ● V. *rammaricare.*

†**rammàrco** ● V. *rammarico.*

†**rammarginàre** [da *rimarginare*, con cambio di pref.; 1566] v. tr. *1* (*lett.*) Rimarginare | (*fig.*) Lenire, placare. *2* Saldare: *r. a caldo.*

†**rammaricaménto** [1336 ca.] s. m. ● Lagnanza, rammarico.

rammaricàre o (*poet.*) †**rammarcàre** [comp. di *r(i)-* e del lat. tardo *amaricāre* 'rendere amaro', da *amārus* 'amaro'; sec. XIII] A v. tr. (*io rammàrico, tu rammàrichi*) ● Affliggere, amareggiare: *il tuo comportamento lo rammarica.* B v. intr. pron. (+ *di*, + *per*, anche seguiti da inf.; + *che* seguito da congv.) ● Provare dispiacere, amarezza, rincrescimento: *mi rammarico di non averlo aiutato*; *mi rammarico per il suo insuccesso*; *Ho curiosità di vedere ... se si rammarica, per non aver riportata quella vittoria* (GOLDONI); *Anch'ella si rammarica dell'assenza del nostro amico* (D'ANNUNZIO); *tanti vecchi avvezzi a rammaricarsi che fosse già vicina a finire* (MANZONI) | (*raro*) Lamentarsi.

rammaricazióne [da *rammaricare*; 1342] s. f. ● (*raro*) Lamento, rammarico. || **rammaricazioncèlla**, dim.

†**rammarichévole** [da *rammaricare*; 1336 ca.] agg. *1* Che dà amarezza, afflizione. *2* Querulo, lamentevole.

rammarichìo [da *rammaricare*; 1525] s. m. ● (*raro, lett.*) Continuo e reiterato rammaricarsi: *tutto il resto era languore, angoscia, spavento, r., fremito* (MANZONI).

rammàrico o (*poet.*) †**rammàrco** [av. 1565] s. m. (pl. *-chi*) ● Espressione di rincrescimento, di rimpianto, di delusione: *con grande r. sono costretto a non accettare il vostro invito* | Amarezza, afflizione: *provare r. per qlco.* | Lamento, lagnanza: *ti esprimo il mio r.*

rammassàre [comp. di *r(i)-* e *ammassare*; av. 1348] v. tr. *1* Ammassare, accumulare. *2* (*raro*) Ammassare di nuovo.

rammattonàre [comp. di *r(i)-* e *ammattonare*; av. 1449] v. tr. (*io rammattóno*) ● Ammattonare o riammattonare.

rammemoràbile [av. 1799] agg. ● (*raro, lett.*) Degno di essere rammemorato.

†**rammemorànza** [da *rammemorare*] s. f. ● Rimembranza.

rammemoràre [da *rimemorare*, con cambio di pref.; 1338 ca.] A v. tr. (*io rammèmoro*) ● (*lett.*) Richiamare alla memoria. SIN. Rammentare, rimembrare. B v. intr. pron. ● (*lett.*) Ricordarsi: *rammèmorati se ad alcun segnale riconoscerla credessi* (BOCCACCIO).

rammemorazióne [1353] s. f. ● (*lett.*) Ricordo | Esposizione, elencazione.

rammendàre o (*tosc.*) **rimendàre** [comp. di *r(i)-* e *ammendare*; av. 1320] v. tr. (*io rammèndo* o *ramméndo*) *1* Eseguire i rammendi. *2* †Correggere, emendare.

rammendatóre [1872] s. m. (f. *-trice*, pop. disus. *-tora*) *1* Chi esegue i rammendi per professione. *2* Operaio tessile addetto alla rammendatura.

rammendatùra [1872] s. f. *1* Rammendo. *2* Operazione di apparecchiatura dei tessuti, per correggere eventuali difetti di tessitura e orditura.

rammèndo o **ramméndo** [da *rammendare*; 1872] s. m. ● Il lavoro che si fa per ricostruire o rinforzare trama e ordito in un tessuto strappato o molto usato | La parte rammendata | ***R. invisibile***, rifacimento perfetto di una parte di tessuto.

†**rammentànza** [da *rammentare*] s. f. ● Ricordo.

rammentàre [comp. di *r(i)-* e *ammentarsi*; av. 1292] A v. tr. (*io ramménto*) *1* Ricordare: *non rammento dove l'ho conosciuto*; *rammentate di raffrenar la collera* (GOLDONI). *2* Richiamare alla mente, alla memoria: *r. la propria vita*; *ti rammento l'impegno di domani*; *i torti miei rammento / e non mi so sdegnar* (METASTASIO) | ***Rammenta suo padre***, gli assomiglia. B v. intr. pron. (+ *di*, anche seguito da inf.; + *che* seguito da indic.) ● Ricordarsi: *Rammentati di me. Addio* (VERGA); *rammentati di non dire a papà che domani è il mio compleanno* (SVEVO); *bisogna rammentarsi che quella legge era fatta in origine per gli schiavi* (MAN-

ZONI).

rammentàto part. pass. di *rammentare*; anche agg. *1* Nei sign. del v. *2* (*lett.*) Menzionato.

rammentatóre [sec. XIV] s. m. (f. *-trice*) *1* Chi rammenta. *2* Suggeritore nel teatro d'opera.

rammeschinìre [da *meschino*, col pref. *ra-*; av. 1907] v. intr. (*io rammeschinìsco, tu rammeschinìsci*; aus. *essere*) ● (*raro, lett.*) Divenire meschino.

†**rammezzàre** [comp. di *r(i)-* e *ammezzare*] v. tr. ● Ammezzare.

rammodernàre [comp. di *r(i)-* e *ammodernare*; 1870] v. tr. (*io rammodèrno*) ● Rendere moderno o più moderno. SIN. Ammodernare.

rammollàre [comp. di *r(i)-* e *ammollare* (*1*); 1584] v. tr., intr. e intr. pron. (*io rammòllo*; aus. intr. *essere*) ● (*raro*) Rammollire.

rammolliménto [1872] s. m. *1* Il rammollire: *il r. della cera* | (*fig.*) Infiacchimento: *un notevole r. nel carattere.* *2* (*med.*) Lesione di un organo per cui questo perde la sua normale consistenza. SIN. Malacia | *R. cerebrale*, lesione cerebrale da insufficiente vascolarizzazione.

rammollìre [comp. di *r(i)-* e *ammollire*; sec. XIV] **A** v. tr. (*io rammollìsco, tu rammollìsci*) ● Fare diventare molle: *r. la cera* | (*fig.*) Infiacchire, indebolire: *gli ozi lo hanno rammollito* | (*fig., lett.*) Intenerire, impietosire. **B** v. intr. e intr. pron. (aus. *essere*) ● Diventare molle (*anche fig.*): *è un composto che non rammollisce; invecchiando si è rammollito.*

rammollìto [1905] **A** part. pass. di *rammollire*; anche agg. ● Nei sign. del v. **B** s. m. (f. *-a*) ● Persona di poca forza morale, di scarso carattere.

rammontàre [comp. di *r(i)-* e *ammontare*; 1902] v. tr. ● (*lett.*) Raccogliere in mucchio: *il carico fu pronto, e Zi' Scarda aiutò Ciaula a disporlo e rammontarlo sul sacco* (PIRANDELLO).

rammorbidàre [comp. di *r(i)-* e †*ammorbidare*; av. 1400] v. tr., intr. e intr. pron. (*io rammòrbido*; aus. intr. *essere*) ● (*raro*) Rammorbidire.

rammorbidiménto [1871] s. m. ● Ammorbidimento (*anche fig.*).

rammorbidìre o †**rammorvidìre** [comp. di *r(i)-* e *ammorbidire*; sec. XIV] **A** v. tr. (*io rammorbidìsco, tu rammorbidìsci*) ● Rendere morbido o più morbido: *r. un metallo* | (*fig.*) Mitigare, raddolcire: *r. l'asprezza di un discorso.* **B** v. intr. e intr. pron. (aus. *essere*) ● Diventare morbido (*spec. fig.*): *l'asprezza del suo carattere si è rammorbidita.*

rammucchiàre [comp. di *r(i)-* e *ammucchiare*; 1858] v. tr. (*io rammùcchio*) ● (*lett.*) Ammucchiare.

Ramnàcee [da *ramno*; 1882] s. f. pl. (sing. *-a*) ● Nella tassonomia vegetale, famiglia di piante dicotiledoni arboree o arbustive con foglie semplici e fiori piccoli e giallicci (*Rhamnaceae*). ➡ ILL. piante/5.

ràmno [vc. dotta, lat. *rhămnu(m)*, nom. *rhămnus*, dal gr. *rámnos*, da avvicinare a *rábdos* 'bastone' (V. *Rabdoceli*); sec. XIII] s. m. ● (*bot.*) Arbusto delle Ramnacee talvolta spinoso, con foglie alterne od opposte, fiori piccoli e frutti a drupa con più noccioli (*Rhamnus*).

♦**ràmo** [lat. *rāmu(m)*, dalla stessa radice di *rādix*, genit. *radīcis* 'radice'; av. 1292] s. m. (pl. f. †*ràmora*) *1* Suddivisione primaria del fusto delle piante che a sua volta può dividersi in rami secondari, rametti, ramoscelli. CFR. clado- | ***Rami maestri***, principali nell'ossatura dell'albero | ***Rami da frutto***, più pieghevoli e sottili | ***Rami delle radici***, barbe | ***Rami delle viti***, tralci | ***R. a legno***, con gemma a legno | ***R. misto***, con gemma a legno e a frutto | ***R. anticipato***, derivato da una gemma dell'anno | ***Avere un r. di pazzia***, (*fig.*) avere una parte di pazzia o essere un po' strano | ***R. secco***, (*fig.*) persona, azienda, attività improduttiva, eccessivamente onerosa o inutile. *2* Tutto ciò che sporge a forma di ramo da un corpo principale: *i rami dei coralli, delle corna dei cervi* | ***I rami della croce***, i bracci | ***R. di un fiume, di un canale***, corso secondario che si stacca dal principale | ***Il r. di una strada***, la biforcazione, il tronco secondario, la diramazione | ***Il r. di una miniera***, il filone secondario | ***Il r. di un'amministrazione***, la divisione, la sezione che dipendono da un ufficio più importante | ***R. del Parlamento***, ciascuna delle due Camere del Parlamento. *3* Settore, branca, specialità di una disciplina, una scienza: *un r. della zoologia; i vari rami della fisica* | (*est.*) Materia di studio, disciplina: *quello è il suo r.* *4* (*mat.*) ***R. d'una curva***, componente connessa della curva o tratto di curva che possa percorrersi con il movimento continuo d'un punto. *5* (*mat.*) Segmento che connette due nodi in un diagramma ad albero. *6* (*ling.*) In un diagramma ad albero, linea continua che unisce due nodi e serve a indicare che la categoria espressa dal nodo superiore domina la categoria espressa dal nodo inferiore. *7* Lato compreso fra due nodi di una maglia di una rete elettrica. *8* Branca collaterale di arteria, vena, nervo. *9* Linea di parentela, di consanguineità: *discendere da un r. cadetto.* *10* †Albero: *'l r. / vede a la terra tutte le sue spoglie* (DANTE *Inf.* III, 113-114). || PROV. Ramo corto vendemmia lunga. || **ramàccio**, pegg. | †**ramèllo**, dim. | **ramétto**, dim. | **ramicèllo**, dim. | **ramicino**, dim. | **ramóne**, accr. | **ramùccio**, pegg.

†**ramógna** [etim. incerta; 1319] s. f. ● (*raro*) Augurio.

ramolàccio [sovrapposizione di *ramo* al lat. *armorăcia*, di etim. incerta; 1536] s. m. ● Pianta erbacea delle Crocifere, con foglie inferiori molto suddivise, coltivata per la radice commestibile a polpa croccante e piccante (*Raphanus niger*).

†**ramolùto** [dal lat. *rămulus*, dim. di *rămus* 'ramo'] agg. ● Ramoruto.

†**ramorùto** [da *ramo*, sul modello di *nerboruto*; av. 1320] agg. ● Ramoso: *rami spogli ma ramoruti* (D'ANNUNZIO).

ramoscèllo o †**ramucèllo**, (*lett.*) **ramuscèllo** [lat. parl. **ramuscĕllu(m)*, dim. del lat. tardo *ramŭsculus*, dim. di *rāmus* 'ramo'; av. 1306] s. m. ● Piccolo ramo. || **ramoscellino**, dim.

ramosità [1599] s. f. ● Caratteristica di ciò che è ramoso.

ramóso [vc. dotta, lat. *ramōsu(m)*, da *rāmus* 'ramo'; av. 1320] agg. ● Fornito di rami: *quercia ramosa* | Ramificato: *corna ramose.*

ràmpa [da *rampare*; av. 1566] s. f. *1* Parte di una scala costituita da una serie non interrotta di gradini compresa fra un pianerottolo e l'altro. *2* Piano lievemente inclinato, pavimentato o lastricato, eventualmente attraversato ad intervalli regolari da piccolissimi cordoni di pietra o laterizio: *la r. di accesso ai box.* *3* (*est.*) Tratto di salita ripida: *i ciclisti affrontarono una dura r.; le ultime rampe del Passo Sella.* *4* (*aer.*) In un aeroporto, piazzale dove gli aeromobili sostano per l'imbarco e sbarco di passeggeri e merci e per le necessarie operazioni di assistenza all'aeromobile, quali pulizia, controlli tecnici e sim. | ***Operaio di r.***, addetto alle operazioni di assistenza a terra di un aeromobile | ***R. di lancio***, torre di lancio. *5* (*aer.*) Sistema di guide a inclinazione variabile, e talvolta regolabile da 0° a 90°, per il lancio di aerei, missili o razzi. *6* (*mat.*) ***Funzione a r.***, quella caratterizzata dall'essere nulla in un dato istante e crescente linearmente da tale istante in poi. *7* (*ferr.*) ***R. di accesso***, piano inclinato che consente a veicoli e bestiame di accedere a un piano caricatore. *8* (*anat.*) Ognuna delle ripartizioni longitudinali di un condotto anatomico caratterizzato da un andamento spiralato, come nel dotto cocleare dell'orecchio interno dei Mammiferi: *r. vestibolare, r. timpanica.* *9* (*arald.*) Zampa unghiata. || **rampìno**, dim. m. (V.) | **rampóne**, accr. m.

rampànte [1336 ca.] **A** part. pres. di *rampare*; anche agg. *1* (*arald.*) Attributo dei quadrupedi levati sulle zampe posteriori. *2* ***Arco r.***, arco con dislivello tra i due piani di imposta. **B** s. m. *1* Rampa di scala. *2* (*sport*) Nello sci alpinismo, lama metallica dentata o striscia di gomma applicata al lato o sotto lo sci per assicurarne una più salda presa sul ghiaccio. **C** agg.; anche s. m. e f. ● (*fig.*) Detto di persona ambiziosa, aggressivamente protesa a raggiungere una posizione economica o sociale di prestigio | Arrampicatore, arrivista.

rampantìsmo [da *rampante*; 1986] s. m. ● Atteggiamento, tendenza di chi si dedica alla continua ricerca di un sempre maggiore successo professionale e di prestigio sociale.

rampàre [francone *hrampōn* 'contrarsi'; 1598] v. intr. (aus. *avere*) *1* (*raro*) Arrampicarsi. *2* Azione di animale che si leva a colpire o ghermire.

rampàro [fr. *rempart*, da *remparer* 'fortificare', da *emparer* 'fortificare, munire', dal provz. *emparar*, a sua volta dal lat. parl. **anteparāre* 'proteggersi, preparare (*parāre*) davanti (*ānte*)'; 1624] s. m. ● Terrapieno incamiciato che forma il recinto di una fortezza. ➡ ILL. p. 2120 ARCHITETTURA.

rampàta [da *rampa*; 1558] s. f. *1* (*raro*) Colpo di zampa unghiata. SIN. Zampata. *2* (*raro*) Tratto di strada in salita.

rampicànte [av. 1704] **A** part. pres. di *rampicare*; anche agg. *1* Nei sign. del v. *2* ***Pianta r.***, che cresce abbarbicandosi a muri e sim. **B** s. m. *1* Pianta rampicante: *vecchie mura coperte di rampicanti.* *2* (*al pl.*) Nelle vecchie tassonomie animali, ordine di uccelli arboricoli con piedi a quattro dita, due rivolte in avanti e due indietro, atti ad arrampicarsi.

rampicàre [intens. di *rampare*; 1447] v. intr. (*io ràmpico, tu ràmpichi*; aus. *essere* e *avere*) ● (*raro*) Aggrapparsi, arrampicarsi, detto spec. di animali e di piante.

rampicatóre [da *rampicare*; 1891] s. m.; anche agg. (f. *-trice*) ● Chi (o Che) si arrampica o si arrampica bene | (*sport, raro*) Arrampicatore.

rampichìno [da *rampicare*; 1804] s. m. *1* (f. *-a*) (*scherz.*) Ragazzo che s'arrampica dappertutto | (*est.*) Ragazzo molto vivace. *2* (*bot.*) Rampicante. *3* (*zool.*) Uccello dei Passeriformi, abile nel camminare sui tronchi, con becco a sciabola per catturare insetti e larve (*Certhia brachydactyla*). *4* ®Nome commerciale di una mountain bike.

†**rampicóne** [sovrapposizione di *rampicare* a *rampone*; 1353] s. m. ● Rampone, arpione.

rampinàre [1937] v. tr. *1* Dragare il fondo con il rampino. *2* †Aggrapparsi col rampino all'arrembaggio.

rampinàta [1891] s. f. ● Colpo di rampino | Il segno che rimane.

rampinìsmo [da *rampino*; 1954] s. m. ● (*veter.*) Difetto di direzione del piede del cavallo per cui la parete di questo anteriormente è verticale o anche obliqua dall'avanti all'indietro, e l'appoggio sul terreno avviene quasi esclusivamente con la punta.

rampìno [av. 1557] **A** s. m. *1* Dim. di *rampa.* *2* (*gener.*) Ferro, chiodo, gancio fatto a uncino, per sostenere o afferrare | ***A r.***, a uncino, ricurvo. *3* (*mar.*) Ferro a tre o quattro uncini usato per ripescare dal fondo oggetti caduti in mare, o per riportare a galla cavi sottomarini da riparare | Ferro per l'ancoraggio di piccole imbarcazioni. *4* (*raro, fig.*) Pretesto, cavillo: *si attacca a ogni r.* **B** agg. ● (*veter.*) Detto di piede di cavallo affetto da rampinismo.

rampìsta [da *rampa*; 1983] s. m. e f. (pl. m. *-i*) ● (*aer.*) In un aeroporto, addetto alle operazioni di imbarco passeggeri e al coordinamento e controllo tempi dei lavori di assistenza a terra di un aeromobile.

†**ràmpo** [av. 1400] s. m. ● Rampino, uncino | Artiglio.

rampógna [ant. fr. *ramposne*: di orig. francone (?); av. 1294] s. f. ● (*lett.*) Rimprovero, spec. aspro e duro per biasimare un atto, un comportamento.

rampognàre [ant. fr. *ramposner* 'schernire': di orig. francone (?); sec. XIII] v. tr. (*io rampógno*) ● (*lett.*) Biasimare, rimproverare duramente, rimbrottare: *Qual se' tu che così rampogni altrui?* (DANTE *Inf.* XXXII, 87).

†**rampognóso** [da *rampogna*; av. 1306] agg. ● Ingiurioso | Brontolone.

rampollaménto [sec. XIV] s. m. ● (*raro*) Il rampollare (*anche fig.*).

rampollàre [da *pollare* col pref. *ra-*; non chiara l'inserzione della *-m-*; av. 1276] v. intr. (*io rampòllo*; aus. *essere*) *1* Zampillare, scaturire dal suolo, detto di acqua: *la sorgente rampolla dalla montagna.* *2* Germogliare, nascere dal seme, detto di piante: *rampollano i primi rami.* *3* (*fig., lett.*) Discendere, detto di stirpe, famiglia | (*est.*) Sorgere, generarsi, detto di idee, pensieri, sentimenti | (*est.*) Derivare, avere origine, detto di istituzioni, dottrine e sim. *4* (*poet.*) Risorgere: *nascondi le cose lontane, / tu nebbia impalpabile e scialba, / tu fumo che ancora rampolli, / su l'alba* (PASCOLI).

rampòllo [da *rampollare*; 1308] s. m. *1* (*lett.*) Getto d'acqua che scorre | Vena d'acqua che scaturisce dal suolo. SIN. Polla, sorgente. *2* (*lett.*) Germoglio nato su fusto o ramo vecchio di pianta. SIN. Pollone. *3* (f. *-a*) (*fig., lett.*) Discendente diretto di una famiglia: *il r. di una nobile stirpe* | (*scherz.*) Figlio, figliolo: *è il nostro ultimo r.* || **rampollétto**, dim. | **rampollìno**, dim. | **rampollùccio**, dim.

ramponàre v. tr. (*io rampóno*) ● (*raro*) Colpire con un rampone.

rampóne [da *rampare*; 1483] s. m. **1** Fiocina grande ad ali lunghe taglienti e snodate usata per la pesca dei cetacei. **2** (*gener.*) Ferro piegato a uncino | Ferro dentato applicabile alle scarpe di chi deve arrampicarsi su alberi, pali e sim. **3** (*spec. al pl.*) In alpinismo, ciascuno degli attrezzi metallici costituito da punte collegate rigidamente fra loro, da fissarsi con apposite cinghie sotto lo scarpone per assicurarne l'aderenza sulla neve gelata o sul ghiaccio. ➡ ILL. p. 2160 SPORT. **4** Ripiegatura in basso, ad angolo retto, delle estremità del ferro di cavallo, per impedire che la bestia scivoli.

ramponière [1813] s. m. ● Marinaio addetto a lanciare il rampone nella caccia alle balene.

†**ramucèllo** ● V. *ramoscello*.

ramuscèllo ● V. *ramoscello*.

†**ramùscolo** [vc. dotta, lat. tardo *ramŭsculu(m)*, dim. di *rāmus* 'ramo'] s. m. ● Rametto.

ramùto [1891] agg. ● (*raro*) Pieno di rami.

♦**ràna** [lat. *rāna(m)*, da una radice onomat.; 1310] **A** s. f. **1** Anfibio anuro a pelle liscia, denti nella mascella superiore e zampe posteriori atte al salto (*Rana*). CFR. Gracidare. ➡ ILL. **animali**/4 | *R. verde*, abbondante in paludi e risaie, si nutre di insetti e vermi e sverna in letargo (*Rana esculenta*) | *R. rossa*, a pelle bruno-rossiccia (*Rana fusca*) | *R. alpina*, delle montagne italiane (*Rana temporaria*) | *Cantare come una r.*, (*fig.*) essere stonato | (*fig.*) *Gonfio come una r.*, di persona piena di boria. **2** *R. pescatrice*, pesce osseo dei Lofiformi, a capo largo ed appiattito su cui sono impiantate appendici filamentose erettili, bocca enorme e denti robusti (*Lophius piscatorius*). SIN. Lofio, gianello. ➡ ILL. **animali**/7. **3** (*sport*) Stile di nuoto in posizione prona con respirazione frontale caratterizzato da azioni simultanee e coordinate delle braccia e delle gambe che si distendono e si raccolgono in modo simile agli arti delle rane. ➡ ILL. p. 2148 SPORT. || **ranèlla**, dim. | **ranùzza**, dim. **B** in funzione di agg. inv. ● (posposto al s.) solo nella loc. *uomo r.*, sommozzatore.

ranàtra [dal lat. *rāna(m) ātra(m)* 'rana scura': il n. fu dato perché il suo canto ricorda il gracidare delle rane; 1932] s. f. ● Insetto emittero di forme slanciate, con occhi sporgenti, comune fra la vegetazione lacustre (*Ranatra linearis*).

rancàre [da *ranco*; 1614] v. intr. (*io rànco, tu rànchi*; aus. *avere*) ● (*raro*) Arrancare.

ranch /rɛntʃ, *ingl.* ɹæntʃ/ [vc. ingl., dallo sp. *rancho* (V.); 1901] s. m. inv. (pl. ingl. *ranches*) ● Fattoria per l'allevamento di animali, nella parte occidentale degli Stati Uniti d'America.

rancho /*sp.* *ˈrantʃo/ [vc. sp. V. *rancio* (*1*); 1959] s. m. inv. (pl. sp. *ranchos*) ● Fattoria per l'allevamento del bestiame, nel sud degli Stati Uniti d'America e nel Messico.

rancia [da *rancio* (*1*); 1932] s. f. ● (*mar.*) Un tempo, elenco giornaliero dei turni di mensa del personale di bordo.

†**ranciàta** ● V. *aranciata*.

ranciàto [da *rancio* (*2*); av. 1566] agg. ● (*raro*) Di colore arancione.

rancicàre [prob. da *rancico*; 1945] v. intr. (*io ràncico, tu ràncichi*; aus. *avere*) **1** (*tosc.*) Tossicchiare per schiarirsi la voce. **2** Avere la gola irritata per fumo, malattia e sim.

ràncico [da *rancido*, con cambio di suff.; 1872] **A** s. m. (pl. *-chi*) ● (*region.*) Il sapore sgradevole che, dopo aver mangiato cibi fritti con grassi rancidi, torna alla gola e stimola la tosse. **B** agg. ● (*tosc.*) Rancido.

rancidézza [1340] s. f. ● La caratteristica di ciò che è rancido o (*lett., fig.*) di ciò che è sorpassato, fuori moda.

rancidire [av. 1577] v. intr. (*io rancidìsco, tu rancidìsci*; aus. *essere*) ● Divenire rancido. SIN. Irrancidire.

rancidità [da *rancido*; av. 1642] s. f. ● Alterazione degli oli e dei grassi per ossidazione all'aria.

ràncido [vc. dotta, lat. *rāncidu(m)* 'fetido, putrefatto', da *rancēre* 'essere rancido, guasto', di etim. incerta; 1340] **A** agg. **1** Di olio, burro o altre sostanze grasse che, per un processo di ossidazione, assumono un sapore sgradevole di stantio: *salumi rancidi*. SIN. Corrotto, guasto, putrefatto. **2** (*fig., lett.*) Vecchio, antiquato, sorpassato: *idee rancide*. **B** s. m. ● Il sapore e l'odore delle sostanze irrancidite: *prendere il r.* || **rancidètto**, dim.

rancidùme [av. 1698] s. m. **1** Puzzo di rancido | Sostanza o cibo rancido. **2** (*fig., lett.*) Ciò che è superato, antiquato. SIN. Vecchiume.

rancière [da *rancio* (*1*); 1797] s. m. ● (*raro*) Soldato addetto alla confezione del rancio. SIN. Cuciniere.

ràncio (**1**) [sp. *rancho* 'camerata dei soldati', da *rancharse* 'prendere alloggio', a sua volta dal fr. *se ranger* 'mettersi in ordine, schierarsi', da *rang* 'fila' (V. *rango*); 1804] s. m. **1** Pasto dei soldati e dei marinai: *primo, secondo r.*; *ora del r.*; *distribuzione del r.* | *Suonare il r.*, dare l'apposito segnale di tromba. **2** (*mar.*) Ciascun gruppo dell'equipaggio di una nave che, a turno, consuma i pasti. **3** (*est., raro*) Pasto, gener. scadente, servito a una comunità o sim.: *È più facile sia stato il r. scolastico a peggiorare* (SCIASCIA).

ràncio (**2**) e deriv. ● V. *arancio e deriv.*

†**ràncio** (**3**) agg. ● Rancido.

rànco [longob. *rank*; 1336 ca.] agg. (pl. m. *-chi*) ● (*raro*) Detto di chi cammina arrancando | (*est.*) Storto, zoppo: *gamba ranca*.

♦**rancóre** [vc. dotta, lat. tardo *rancōre(m)* 'rancidezza', poi 'rancore', da *rancēre* 'essere rancido', di etim. incerta; av. 1306] s. m. ● Sentimento di malanimo, di astio, di risentimento tenuto nascosto: *covare, serbare un sordo r.*; *io albergai nell'animo un grande rancore che stranamente s'avvinse al mio dolore e lo falsificò* (SVEVO).

rancoróso [av. 1963] agg. ● Che cova o serba rancore. || **rancorosaménte**, avv. In modo rancoroso.

†**rancùra** [sovrapposizione di *cura* a *rancore*; av. 1250] s. f. **1** Senso di angoscia: *fa … vera r. / nascer a chi la vede* (DANTE *Purg.* X, 133) | *Darsi r.*, affannarsi. **2** Fatica, cura grave. **3** Rancore, astio.

†**rancuràrsi** [da *rancura*; 1313] v. intr. pron. ● Dolersi, rammaricarsi.

rand /*ingl.* ɹænd, *afrikaans* rɑnt/ [vc. ingl., da *Rand*, abbreviazione di *Witwatersrand*, n. di un rilievo del Transvaal; 1965] s. m. inv. ● Unità monetaria circolante nella Repubblica Sudafricana.

rànda [got. *randa* 'orlo' (cfr. ted. moderno *Rand*); 1313] s. f. **1** (*mar.*) Vela triangolare inferita all'albero col suo lato verticale prodiero e al boma con quello inferiore, spesso dotata di stecche lungo la balumina per consentire un maggiore allunamento | *R. aurica*, quella trapezoidale il cui lato superiore è inferito al picco | *R. svedese*, piccola randa da tempesta non inferita sul boma. ➡ ILL. p. 2155 SPORT; p. 2173 TRASPORTI. **2** Rudimentale strumento per disegnare cerchi, usato da artigiani o muratori. **3** Regolo mobile su di un asse che serve ai muratori per disegnare archi sul muro. **4** †Rasiera. **5** †Margine, estremità, orlo | †*A r.*, *a r.*, sul bordo estremo | †*A r.*, per l'appunto, a stento. || **randella**, dim.

randàgio [da avvicinare a *randa* 'orlo' (?); av. 1320] agg. (pl. f. *-gie* o *-ge*) **1** (*lett.*) Che va vagando senza meta: *quando io era più giovane, io sono stato molto r.* (MACHIAVELLI). SIN. Errante, ramingo, vagabondo. **2** Detto di animale domestico senza padrone o fuori dal branco: *cane r.*; *un vitello r. sui monti*.

randagìsmo [da *randagi(o)* e *-ismo*; 1983] s. m. ● Condizione degli animali domestici, spec. cani, senza padrone.

randeggiàre [da *randa*; 1872] **A** v. tr. (*io randéggio*) ● (*raro*) Spingere la nave con vele di randa. **B** v. intr. (aus. *avere*) ● Navigare rasente la costa, un'isola e sim.

randellàre [1481] v. tr. (*io randèllo*) ● Picchiare, colpire con il randello. SIN. Arrandellare.

randellàta [av. 1484] s. f. ● Colpo di randello. SIN. Bastonata, mazzata.

randèllo [etim. incerta; av. 1400] s. m. **1** Bastone piuttosto grosso: *minacciare qlcu. con un r.* SIN. Mazza. **2** †Bastone corto e incurvato usato per stringere legature di balle, some e sim. **3** †Grosso e corto bastone appeso al collo di alcuni animali per ostacolarli nel cammino, nella corsa, ecc. || **randellétto**, dim. | **randellino**, dim.

randista [da *rand(a)* col suff. *-ista*; 1991] s. m. e f. (pl. m. *-i*) ● (*mar.*) Membro dell'equipaggio di una barca a vela, spec. in regata, addetto alla regolazione della randa.

ràndom /ˈrandom, *ingl.* ˈɹændəm/ [vc. ingl., propr. 'casuale, fortuito' (vc. germ. giunta attraverso il fr. antico); 1974] agg. inv. **1** (*stat.*) Detto di una variabile statistica suscettibile di assumere valori aleatori (ad es., il risultato del lancio di un dado) o di un campione statistico ottenuto con un metodo casuale. **2** Nella loc. (*elab.*) *accesso r.*, metodo di accesso diretto a un dato precedentemente memorizzato, realizzato mediante calcolo algoritmico.

randomizzàre [da *random*, sul modello dell'ingl. *to randomize*] v. tr. ● (*elab., stat.*) Rendere casuale | Attribuire valori casuali.

randomizzazióne [da *randomizzare*, come l'ingl. *randomization* da *to randomize*] s. f. ● (*elab., stat.*) Il randomizzare.

randonnée /*fr.* rɑ̃dɔˈne/ [vc. fr., propr. 'corsa impetuosa', da *randon* 'impetuosità'; 1930] s. f. inv. ● (*sport*) Corsa lunga e ininterrotta | Nello sci alpinismo, gara di gran fondo.

ranèlla [dalla forma che ricorda quella di una *rana*; 1891] s. f. ● (*med.*) Ranula.

ranétta ● V. *renetta*.

Ranfàstidi [dal gr. *rhámphos* 'becco adunco' (V. *ranforinco*) e *-idi*; 1937] s. m. pl. (sing. *-e*) ● Nella tassonomia animale, famiglia di Uccelli della foresta tropicale, variopinti, di taglia variabile ma mai molto grossa, arboricoli, caratterizzati da un enorme becco ricurvo e vivacemente colorato (*Ranfastidae*).

rànfia [longob. *rampf*, da avvicinare al francone *hrāmpon*. V. *rampare*; 1891] s. f. ● (*pop.*) Granfia, artiglio.

rànfio [da *ranfia*; 1891] s. m. **1** (*raro, pop.*) Raffio, uncino. **2** (*raro, tosc.*) Graffio.

ranforinco [comp. del gr. *rhámphos* 'becco adunco, ricurvo' (di etim. incerta) e *rhýnchos* 'muso, grugno' (V. *ornitorinco*)] s. m. (pl. *-chi*) ● Rettile volatore del Giurassico fornito di denti acuminati e di lunga coda (*Ramphorynchus*). ➡ ILL. **paleontologia**.

ranfotèca [comp. del gr. *rhámphos* 'becco adunco' (V. *ranforinco*) e *-teca*; 1959] s. f. ● Formazione cornea che riveste le mascelle e le mandibole di alcuni animali costituendo il becco.

range /rɛndʒ, *ingl.* ɹeɪndʒ/ [vc. ingl., dal fr. ant. *renge*, deriv. di *reng, renc* 'linea, posto, riga, fila'] s. m. inv. **1** (*scient.*) Raggio d'azione, portata, estensione. **2** (*fis.*) Lunghezza del percorso compiuto in una determinata sostanza da una particella subatomica, fino al momento in cui l'energia di quest'ultima sia così degradata da non produrre più alcun effetto sulla sostanza attraversata.

ranger /ˈrɛndʒer, *ingl.* ˈɹeɪndʒəɹ/ [vc. ingl., 'girovago' e 'poliziotto', da *to range* 'andare in giro', 'schierarsi', dal fr. *rang* (V. *rango*); 1948] s. m. inv. **1** (*mil.*) Soldato di un reparto di truppe d'assalto addestrato a compiere incursioni nel territorio occupato dal nemico. **2** Negli Stati Uniti e nel Canada, chi è incaricato della sorveglianza dei parchi nazionali.

ranghinatóre [da *rango* nel sign. 1; 1959] s. m. ● Macchina agricola per compiere varie operazioni nella fienagione.

rangifero [dal finnico *raingo*, dal norreno *hreinn* 'cervo' (?); av. 1557] s. m. ● (*zool.*) Renna.

ràngo [fr. *rang*, dal francone *hring* 'anello', poi 'assemblea'; 1643] s. m. (pl. *-ghi*) **1** (*mil.*) Schiera, riga, ordinanza | *Uscire dai ranghi*, dallo schieramento; (*fig.*) contravvenire alle regole, alle direttive ricevute | *Rientrare nei ranghi*, reinserirsi nello schieramento; (*fig.*) rinunciare a un'azione contraria alle direttive ricevute o tornare a occupare una carica meno importante | *Serrare i ranghi*, avvicinare i componenti di una schiera; (*fig.*) impegnarsi a fondo, con decisione in qlco., rafforzando i vincoli di coesione, detto di un gruppo di persone. **2** (*mar.*) Ognuna delle classi in cui erano suddivisi i vascelli militari a vela in relazione al numero dei ponti armati. **3** (*est.*) Grado, condizione sociale: *di alto, basso r.* | *R. sociale*, status di una persona. SIN. Ceto, classe, ordine. **4** (*elvet.*) Posto occupato in una graduatoria: *il Lugano si è classificato al secondo r.* **5** (*stat.*) Posizione di ogni dato in una serie ordinata quantitativamente. **6** (*mat.*) Ordine della più grande sottomatrice quadrata a determinante non nullo estraibile da una matrice.

†**ràngola** o †**ràngula** [etim. incerta; av. 1292] s. f. ● Sollecitudine, ansia, premura.

†**rangolàre** [etim. incerta; av. 1294] v. intr. **1** Darsi premura. **2** Arrangolare, bofonchiare.

†**ràngolo** [1827] s. m. ● Rangola.

†**ràngula** ● V. *†rangola.*
rangutàn o **rangutàno** ● V. *orangutan.*
ranista [1931] s. m. e f. (pl. m. *-i*) ● Nuotatore specialista nel nuoto a rana.
ranking /ˈrɛŋkin(g), *ingl.* ˈræŋkɪŋ/ [vc. ingl., da *to rank* 'mettere in riga, ordinare'; 1985] s. m. inv. ● (*sport*) Classifica, graduatoria: *il r. mondiale di golf* | Elenco, lista di atleti, squadre e sim.
rannaiòla [1872] s. f. ● (*raro*) Colatoio per il ranno.
rannàta [av. 1400] s. f. *1* (*raro*) Lavatura di panni nel ranno. *2* (*raro*) Il ranno già usato per lavare.
ranneràre [comp. di *r(i)-* e *annerare*; 1872] v. intr. e intr. pron. (*io rannéro*; aus. *essere*) ● Diventare nero o più nero.
rannerìre [comp. di *r(i)-* e *annerire*; 1872] **A** v. tr. (*io rannerisco, tu rannerisci*) ● Rendere nero o più nero. **B** v. intr. e intr. pron. (aus. *essere*) ● Diventare nero o più nero.
†**rannestàre** [comp. di *r(i)-* e *annestare*; sec. XVI] v. tr. ● Innestare ancora (*anche fig.*).
rannicchiàre [da *nicchia*, col pref. *ra-*; 1319] **A** v. tr. (*io rannìcchio*) ● Contrarre, restringere, ripiegare in piccolo spazio, come in una nicchia: *r. le gambe.* **B** v. rifl. ● Raccogliersi come in una nicchia: *rannicchiarsi in un angolo.*
rannicchiàto part. pass. di *rannicchiare*; anche agg. ● Nei sign. del v. | (*fig.*) Che sorge isolato e raccolto: *un paesino r. ai piedi del Monte Bianco.*
rannidàre o (*pop.*) **rannidiàre** [comp. di *r(i)-* e *annidare*; av. 1380] **A** v. tr. ● (*raro*) Annidare, annidare di nuovo (*anche fig.*). **B** v. rifl. o intr. pron. ● Annidarsi di nuovo (*spec. fig.*).
†**rannière** s. m. ● (*tosc.*) Vaso destinato a ricevere il ranno che passa dal colatoio.
rànno [longob. *rannjā* 'mezzo per ammollire', da avvicinare al ted. *rinnen* 'gocciolare'; 1306] s. m. ● Miscela di cenere e acqua bollente, un tempo usata per fare il bucato | ***Perdere il r. e il sapone***, (*fig., disus.*) perdere tempo e fatica.
rannobilìre [comp. di *r(i)-* e *annobilire*; av. 1742] v. tr. (*io rannobilisco, tu rannobilisci*) ● (*lett.*) Far diventare nobile.
rannodaménto [av. 1729] s. m. ● Il rannodare (*spec. fig.*).
rannodàre [comp. di *r(i)-* e *annodare*; 1309] v. tr. (*io rannòdo*) *1* Annodare. *2* V. *riannodare.* *3* (*raro*) Ricongiungere.
rannóso [av. 1687] agg. ● (*raro*) Di ranno | Che è simile al ranno o che lo contiene.
†**rannugolàre** ● V. *rannuvolare.*
rannuvolaménto [av. 1519] s. m. ● Il rannuvolarsi (*anche fig.*): *il r. del cielo*; *un r. del volto.*
rannuvolàre o †**rannugolàre** [comp. di *r(i)-* e *annuvolare*; sec. XIV] **A** v. tr. (*io rannùvolo*) ● Coprire di nuvole, oscurare (*spec. fig.*): *il ghiribizzo, che… ha rannuvolato il cervello di mia nipote* (SVEVO). **B** v. intr. pron. *1* Ricoprirsi di nuvole: *l'orizzonte si è rannuvolato.* *2* (*fig.*) Turbarsi, oscurarsi in volto: *Guardò… alla faccia del padrone, che s'era rannuvolata* (MANZONI). **C** v. intr. impers. (aus. *essere*) ● (*tosc.*) Diventare nuvoloso: *sta rannuvolando.*
rannuvolàta [da *rannuvolato*; 1891] s. f. ● (*raro*) Improvviso addensarsi di nuvole.
rannuvolàto part. pass. di *rannuvolare*; anche agg. ● Nei sign. del v. | (*fig.*) Accigliato, turbato: *Nepo si fermò, r., inquieto* (FOGAZZARO).
ranòcchia [lat. parl. **ranùcula(m)*, dim. di *rāna*; 1598] s. f. ● Ranocchio (*anche fig.*).
ranocchiàia [1879] s. f. *1* Luogo pieno di ranocchi | (*est., spreg.*) Luogo pantanoso, inospitale. *2* (*zool.*) Sgarza. *3* (*geol.*) Varietà di serpentina venata e macchiata di bianco e di verdastro.
ranocchiésco [1325 ca.] agg. (pl. m. *-schi*) ● Da ranocchio (*spec. spreg.*).
♦**ranòcchio** [lat. *ranŭnculu(m)*, dim. di *rāna*; 1300] s. m. *1* (*fam.*) Rana verde. *2* (*fig., scherz.*) Persona di bassa statura e sgraziata. *3* (*fig., fam., scherz.*) Bambino. || **ranocchiétto**, dim. | **ranocchìno**, dim. | **ranocchióne**, accr.
rantolàre [vc. di orig. almeno lontanamente onomat.; 1359] v. intr. (*io ràntolo*; aus. *avere*) ● Mandare rantoli | (*est.*) Agonizzare.
rantolìo [av. 1742] s. m. ● Un rantolare frequente o continuato.
ràntolo [da *rantolare*; 1612] s. m. *1* Respiro ansimante proprio degli agonizzanti. *2* (*med.*) Rumore prodotto dal passaggio dell'aria nelle vie respiratorie quando in esse è presente un secreto fluido o vischioso: *r. crepitante.* || **rantolìno**, dim.
rantolóso [1364] agg. ● (*raro*) Che ha il rantolo.
rànula [V. *ranella*; 1474] s. f. *1* (*med.*) Cisti che si sviluppa a carico della ghiandola salivare sottolinguale. *2* (*veter.*) Ingrossamento delle barbule per ectasia dei dotti delle ghiandole salivari, frequente nel cavallo.
Ranuncolàcee o **Ranunculàcee** [da *ranuncolo*; 1891] s. f. pl. (sing. *-a*) ● Nella tassonomia vegetale, famiglia di piante erbacee dicotiledoni che hanno fiori con calice di cinque sepali e corolla di cinque petali, e frutto secco (*Ranunculaceae*). ➡ ILL. **piante**/3.
ranuncolìno s. m. *1* Dim. di *ranuncolo.* *2* ***R. muschiato***, adoxa.
ranùncolo [vc. dotta, lat. *ranŭnculu(m)*, propr. dim. di *rāna*, per la somiglianza della radice colla zampa di una rana; calco sul gr. *batráchion*, dim. di *bátrachos* 'rana' (V. *Batraci*); av. 1696] s. m. ● Pianta erbacea annua o perenne delle Ranuncolacee con fiori gialli o bianchi o rosa e frutto ad achenio (*Ranunculus*) | ***R. dei ghiacciai***, dai fiori rosa e bianchi che spiccano fra le rocce (*Ranunculus glacialis*) | ***R. di montagna***, botton d'oro | ***R. palustre***, sardonia. ➡ ILL. **piante**/3. || **ranuncolìno**, dim. (V.).
Ranunculàcee ● V. *Ranuncolacee.*
ranz des vaches /*fr.* ʀɑ̃zdeˈvaʃ/ [loc. del fr. della Svizzera, traduz. del ted. locale *Kuhreihen* o *Kuhreigen*, 'aria, canto della vacca', la cui seconda parte è stata confusa con il ted. *Reihe* 'fila' e tradotta con *ranz*, grafia locale di *rang*; 1957] s. m. inv. ● (*mus.*) Melodia per canto o per corno tipica delle Alpi svizzere come richiamo delle greggi; si usa nella musica colta per evocare atmosfere campestri.
rap /rɛp, *ingl.* ræp/ [vc. ingl. di orig. onomat., propr. 'colpo (secco)', ma V. anche *rapper*; 1981] **A** s. m. inv. ● Genere musicale nato in America negli anni 1970-80, caratterizzato dal ritmo fortemente sincopato e uniforme sul quale la voce scandisce una filastrocca cantilenante. **B** agg. inv. ● Relativo al rap: *musica, ritmi rap.*
ràpa [lat. *rāpa(m)*, da *rāpa*, nt. pl. di *rāpum* 'rapa', di orig. indeur.; av. 1320] s. f. *1* Pianta delle Crocifere, coltivata, con piccoli fiori dorati, foglie senza pruina, utili come foraggio e grossa radice carnosa commestibile (*Brassica rapa*) | Radice della rapa | ***Broccoli, cime di r.***, foglie giovani e steli fioriferi della rapa commestibili | (*scherz.*) ***Avere la testa come una r.***, avere la testa rasata o del tutto calva | ***Valere una r.***, non valere niente | ***Volere cavare sangue da una r.***, (*fig.*) pretendere da qlcu. ciò che non può dare. ➡ ILL. **piante**/4. *2* (*scherz.*) Testa rasata o calva | (*est.*) Testa, cervello; SIN. Zucca. *3* (*fig.*) Persona sciocca: *quel ragazzo è una r.* || **rapétta**, dim. | **rapettìna**, dim. | **rapìna**, dim. | **rapóne**, accr. m.
rapàce [vc. dotta, lat. *rapāce(m)*, da *răpere* 'rapire'; 1313] **A** agg. ● Che vive di preda, predatore: *uccello r.* | Feroce, aggressivo: *lupo r.* | (*fig.*) Avido, pieno di brama: *sguardo r.*; *il re … li aveva protetti contro i rapaci e crudeli baroni* (CROCE). || **rapaceménte**, avv. In modo rapace, con rapacità. **B** s. m. ● Ogni uccello predatore degli ordini dei Falconiformi e degli Strigiformi, che hanno becco adunco ed unghia ad artiglio | ***R. diurno***, attivo di giorno | ***R. notturno***, attivo di notte.
rapacità [vc. dotta, lat. *rapacitāte(m)*, da *răpax*, genit. *rapācis* 'rapace'; av. 1320] s. f. ● Caratteristica di rapace (*anche fig.*): *la r. dell'aquila*; *la r. degli strozzini.*
rapàio [1872] s. m. *1* (*tosc.*) Terreno a rape o ad altre erbe frammiste. *2* (*raro, fig., tosc.*) Luogo pieno di disordine, confusione.
rapaiòla [detta così perché i bruchi vivono sulle *rape*; 1959] s. f. ● Farfalla simile alla cavolaia, ma più piccola, con bruco verdastro dannoso a molti ortaggi (*Pieris rapae*). SIN. Cavolaia minore.
rapallizzàre [dalla città ligure di *Rapallo*; 1974] v. tr. ● Ridurre una città o una località in condizioni ambientali deteriori a causa del numero eccessivo e incontrollato di edifici d'abitazione, costruiti per speculazione, senza adeguate opere di urbanizzazione.
rapallizzazióne [da *rapallizzare*; 1971] s. f. ● (*disus.*) Il rapallizzare, il venire rapallizzato.
rapanèllo ● V. *ravanello.*
rapàre [da *rapa*; propr. 'rendere la testa liscia e netta come una rapa'; 1640] **A** v. tr. ● Radere, tagliare i capelli a zero. **B** v. rifl. ● Radersi o farsi radere a zero i capelli.
rapastróne [dal lat. *rapĭstrum* 'rapa selvatica'] s. m. ● Rapa selvatica.
rapàta s. f. ● Operazione del rapare.
rapàto part. pass. di *rapare*; anche agg. ● Nel sign. del v.: *testa rapata*; *r. a zero.*
rapatùra [1959] s. f. ● Il rapare, il raparsi | Taglio dei capelli fino al cuoio capelluto.
rapazzòla o (*lett.*) **rapazzuòla** [etim. incerta] s. f. ● (*region.*) Giaciglio rustico, spec. di pastori.
rapé [fr. *râpé*, part. pass. di *râper* 'raspare'; av. 1793] agg. inv. *1* Detto di tappeto logoro, pelato, con l'ordito in vista. *2* Detto di tabacco da fiuto ottenuto in origine raspando un pezzo di tabacco, in uso spec. nel XVIII sec.
†**ràpere** v. tr. ● Rapire.
raperèlla ● V. *riparella* (*2*).
raperìno [da *rapa*: per il colore (?); av. 1742] s. m. ● (*zool.*) Verzellino.
raperónzolo o **rapónzolo** [da *rapa*; av. 1400] s. m. ● Campanulacea perenne con fiori violetti in lunga pannocchia e foglie commestibili come la radice carnosa a fittone (*Campanula rapunculus*).
raperùgiolo [V. *raperino*; 1483] s. m. ● (*zool.*) Verzellino.
ràpida [da *rapido*; 1891] s. f. *1* Tratto di fiume con pendenza e corrente fortissime. *2* (*ferr.*) Frenatura rapida.
rapidézza [1615] s. f. ● (*raro*) Rapidità.
rapidità [vc. dotta, lat. *rapiditāte(m)*, da *răpidus* 'rapido'; av. 1540] s. f. *1* Caratteristica di chi (o di ciò che) è rapido: *la r. della corrente, del pensiero*; *r. di riflessi.* SIN. Celerità, prestezza, velocità. *2* (*fot., impropr.*) Sensibilità di un'emulsione fotografica.
♦**ràpido** [vc. dotta, lat. *răpidu(m)* 'che trascina, che porta via violentemente, veloce', da *răpere* 'rapire'; 1319] **A** agg. *1* (*lett.*) Che scorre velocemente e trascina quello che trova: *R. fiume che d'alpestre vena / … scendi* (PETRARCA) | Di azione, movimento molto veloce: *una rapida mossa* | (*est.*) Veloce, presto: *devi essere r. nel prendere una decisione.* CFR. tachi-. CONTR. Lento. *2* Che si compie, avviene in breve tempo: *lavoro r.*; *una rapida occhiata*; *dopo un r. esame* | ***Frenatura rapida***, frenatura d'emergenza per arrestare i convogli ferroviari nel più breve spazio possibile. *3* (*fot., impropr.*) Detto di un'emulsione fotografica che, avendo una notevole sensibilità, consente brevi tempi di posa. *4* (*tecnol.*) Detto di acciaio o lega atti alla fabbricazione di utensili per la lavorazione dei metalli duri mediante asportazione di truciolo con elevata velocità di taglio. *5* †Rapace. || **rapidaménte**, avv. Con rapidità. SIN. Velocemente. **B** s. m. ● Treno ad elevata velocità, che ferma solo nelle stazioni più importanti; nella tipologia ufficiale, oggi è sostituito dai treni intercity.
Rapidograph® /raˈpidograf/ [da *rapido* col secondo elemento ingl. *-graph*, '-grafo'; 1981] s. m. inv. ● Penna con serbatoio per l'inchiostro, usata per il disegno a china spec. da grafici e tipografi.
rapiménto [sec. XIV] s. m. *1* Atto di chi sottrae e trattiene qlcu. con la forza, con l'inganno: *architettare un r.*; *il famoso r. di Elena.* SIN. Ratto. *2* Nel linguaggio mistico, l'esser sollevati dalla realtà naturale nella contemplazione delle realtà divine | Esperienza interiore dell'estasi. *3* (*fig.*) Emozione profonda: *contemplare un paesaggio con r.*
♦**rapìna** [vc. dotta, lat. *rapīna(m)*, da *răpere* 'rapire'; av. 1250] s. f. *1* (*dir.*) Delitto di chi s'impossessa della cosa mobile altrui sottraendola a chi la detiene mediante violenza alla persona o minaccia, per procurare a sé o ad altri un profitto: *r. a mano armata*; *condannare qlcu. per r.* *2* (*est.*) Appropriazione, ruberia, ingiusta estorsione: *con le sue rapine è diventato ricco.* *3* (*raro*) Bottino di una rapina: *occultare la r.* *4* ***Uccelli di r.***, rapaci. *5* (*lett.*) Violenza, forza travolgente, spec. di bufera, acque, venti: *come un turbine vasto … va a cercare negli angoli le foglie passe e leggieri, … e le porta in giro ravvolte nella sua r.* (MANZONI). *6* †Ratto, rapimento.
rapinàre [da *rapina*; 1598] v. tr. *1* Sottrarre, portare via mediante rapina: *hanno rapinato quasi duecentocinquantamila euro* | (*est.*) Estorcere, fare ruberie: *ha rapinato molto denaro* | Derubare con rapina: *lo hanno rapinato dei suoi gioielli.*

2 †Rapire.

rapinatóre [vc. dotta, lat. *rapinatōre(m)*, da *rapīna*; 1441] **s. m.** (f. *-trice*) ● Chi compie rapine a mano armata: *i rapinatori della banca.*

rapinóso [da *rapina*; 1342] **agg.** *1* (*lett.*) Rapido, travolgente: *torrente, vento r.* | (*lett.*) Repentino: *rapinosa morte* (BOCCACCIO). *2* (*lett., fig.*) Molto seducente: *sguardo r.* || **rapinosaménte**, avv.

♦**rapire** [lat. parl. **rapīre*, per il classico *răpere*, di orig. indeur.; av. 1292] **v. tr.** (pres. *io rapisco, tu rapìsci*; part. pass. *rapìto*, †*ràtto*) *1* Portare via a forza o con la frode: *i banditi hanno rapito la moglie dell'industriale* | Condurre con sé qlcu. con la violenza, l'inganno e la seduzione: *r. una donna*; *r. il figlio alla madre* | (*est.*) Carpire, togliere (*anche fig.*): *r. il pane di bocca* | ***Essere rapito dalla morte***, morire improvvisamente. *2* (*fig.*) Attrarre, affascinare (*anche assol.*): *è una musica che rapisce.* SIN. Avvincere, estasiare. *3* (*lett.*) Travolgere con sé.

rapito [1308] **A** part. pass. di *rapire*; anche **agg.** ● Nei sign. del v. | (*fig.*) Avvinto, estasiato, pervaso: *Li vede, e r. d'ignoto contento* (MANZONI). **B** **s. m.** (f. *-a*) ● Persona rapita, sequestrata: *i familiari del r.*

rapitóre [av. 1396] **s. m.**; anche **agg.** (f. *-trice*) ● Chi (o Che) rapisce (*anche fig.*): *hanno catturato i rapitori*; *furia rapitrice.*

rapóntico [lat. *rheupŏnticu(m)*, comp. di *rhēu* (V. *rabarbaro*) e *pŏnticus* 'pontico', cioè del Mar Nero; av. 1557] **s. m.** (pl. *-ci*) ● Pianta delle Poligonacee dell'Asia occidentale, coltivata come pianta ornamentale (*Rheum rhaponticum*).

rapónzolo ● V. *raperonzolo.*

ràppa (1) [fr. *râpe*, dal germ. **raspōn* 'arraffare'] **s. f.** *1* Cima di finocchio, rosmarino, ulivo e altre piante. *2* (*raro*) Raspo. *3* Nappina colorata, posta un tempo sul copricapo dei soldati quale distintivo d'arma e di reparto.

†**ràppa** (2) [got. **rappa*] **s. f.** ● Ruga, grinza. || **rappèlla**, dim.

rappaciàre o **riappaciàre** [comp. di *r(i)-* e *appaciare*; 1313] **A** **v. tr.** (*io rappàcio*) ● (*lett.*) Mettere, rimettere in pace: *r. due contendenti*; *r. il popolo in discordia.* SIN. Rappacificare. **B** **v. rifl. e rifl. rec.** ● (*lett.*) Rimettersi d'accordo, tornare in pace: *cercate di rappaciarvi.*

rappacificaménto [sec. XIV] **s. m.** ● (*raro*) Rappacificazione.

rappacificàre o **riappacificàre** [comp. di *r(i)-* e *appacificare*; 1353] **A** **v. tr.** (*io rappacìfico, tu rappacìfichi*) ● Rimettere in pace: *r. due nemici*; *r. due nazioni in lotta*; *tu con le tue parole dolcissime sempre rappacificavi le questioni de' litiganti pastori* (SANNAZARO) | (*est.*) Quietare, calmare: *r. gli animi.* SIN. Pacificare, riconciliare. **B** **v. rifl. e rifl. rec.** ● Riconciliarsi: *non si è rappacificato con il padre*; *padre e figlio si sono rappacificati.*

rappacificazióne o **riappacificazióne** [1855] **s. f.** ● Il rappacificarsi. SIN. Riconciliazione.

rappallottolàre [comp. di *r(i)-* e *appallottolare*; 1600] **v. tr. e rifl.** (*io rappallòttolo*) ● (*raro*) Appallottolare.

†**rapparire** ● V. *riapparire.*

rappattumàre [da *patto*, col pref. *ra-* (?); 1353] **A** **v. tr.** ● Fare tornare d'accordo o in pace, spesso non definitivamente. SIN. Riconciliare. **B** **v. rifl. e rifl. rec.** ● Rappacificarsi in qualche modo: *Ti sei servita di me per rappattumarti col tuo amante* (MORAVIA).

rappellàre [comp. di *r(i)-* e *appellare*; av. 1348] **v. tr.** (*io rappèllo*) ● (*lett.*) Richiamare: *gli rompe quel silenzio e lui rappella* (TASSO) | Appellare.

rapper /ˈrɛpper, *ingl.* ˈræpə/ [vc. ingl., dal v. *to rap* 'parlare in maniera discorsiva'; 1981] **s. m. e f. inv.** ● Autore, interprete o appassionato di musica rap.

rappezzaménto [av. 1582] **s. m.** ● Il rappezzare.

rappezzàre [comp. di *r(i)-* e *appezzare*; sec. XIV] **v. tr.** (*io rappèzzo*) *1* Aggiustare mettendo il pezzo mancante | Rattoppare, mettere una pezza. *2* (*fig.*) Mettere insieme, comporre alla meglio: *r. uno scritto.* SIN. Aggiustare.

rappezzatóre [av. 1698] **s. m.** (f. *-trice*) ● Chi rappezza (*anche fig.*): *un r. di articoli.*

rappezzatùra [1640] **s. f.** *1* (*raro*) Il rappezzare | Pezza, toppa. *2* (*fig.*) Aggiunta rimediata per rappezzare qlco.: *composizione piena di brutte rappezzature.*

rappèzzo [1804] **s. m.** *1* Il rappezzare: *lavoro di r.* *2* Il pezzo aggiunto: *giacca con un r. colorato.* *3* (*raro, fig.*) Rimedio poco efficace, scusa non convincente.

†**rappianàre** [comp. di *r(i)-* e *appianare*; av. 1348] **v. tr.** *1* Appianare, livellare | Colmare un fosso o sim. *2* V. *riappianare.*

†**rappiastràre** [comp. di *r(i)-* e *appiastrare*] **v. tr.** ● Racconciare, rabberciare.

†**rappiattàre** [comp. di *r(i)-* e *appiattare*] **v. tr. e rifl.** ● Appiattare.

rappiccàre [comp. di *r(i)-* e *appiccare*; av. 1400] **A** **v. tr.** (*io rappicco, tu rappicchi*) *1* †Appiccare: *r. il fuoco* | (*raro*) Congiungere, attaccare: *r. la testa al busto.* *2* V. *riappiccare.* **B** **v. intr.** ● †Fare presa, detto della calcina.

rappiccicàre e deriv. ● V. *riappiccicare* e deriv.

rappiccinire [comp. di *r(i)-* e *(im)piccinire*; sec. XVI] **v. tr.** (*io rappiccinìsco, tu rappiccinìsci*) ● (*lett.*) Rimpicciolire | (*lett., fig.*) Sminuire.

rappicciolire [comp. di *r(i)-* e *(im)picciolire*] **v. tr.** (*io rappicciolìsco, tu rappicciolìsci*) ● (*raro*) Rappiccolire.

rappiccolire [comp. di *r(i)-* e *appiccolire*; sec. XIV] **v. tr. e intr.** (*io rappiccolìsco, tu rappiccolìsci*; aus. intr. *essere*) ● (*lett.*) Rimpicciolire | (*lett., fig.*) Sminuire, diminuire.

rappigliàre [comp. di *r(i)-* e *appigliare*; av. 1320] **A** **v. tr.** (*io rappìglio*) ● (*raro*) Rapprendere, coagulare: *la natura del gesso si viene a r. di modo che si può mettere in una mestoletta di legno* (CELLINI). **B** **v. intr. pron.** ● (*raro*) Coagularsi: *il sangue si rappiglia.*

rappisolàrsi ● V. *riappisolarsi.*

rapportàbile [1970] **agg.** ● Che si può rapportare.

†**rapportaménto** [av. 1348] **s. m.** *1* Racconto, resoconto. *2* Calunnia.

rapportàre [comp. di *r(i)-* e *apportare*; 1312] **A** **v. tr.** (*io rappòrto*) *1* (*lett.*) Riferire, riportare: *r. una notizia, un fatto*; *la parola fu rapportata al signore, sì come spesso interviene* (CELLINI) | (*raro*) Riferire per mettere male, per accusare: *r. il falso.* *2* Riferire l'una all'altra due grandezze o due quantità per stabilire un rapporto fra loro: *r. due redditi* | Confrontare: *r. due fenomeni.* *3* Riprodurre con le dovute proporzioni disegni, progetti e sim.: *r. un bozzetto su scala minore.* *4* †Portare, apportare, cagionare. **B** **v. intr. pron.** (+ *a*; + *con*) *1* Mettersi in rapporto, confrontarsi: *bisogna rapportarsi alla situazione economica del paese*; *non è sempre facile rapportarsi con gli altri.* *2* (*tosc.*) Riferirsi, rimettersi: *mi rapporto al suo parere.*

rapportatóre [1336 ca.] **A** **s. m.**; anche **agg.** (f. *-trice*) ● (*raro*) Chi (o Che) rapporta | †Spia, delatore. **B** **s. m.** ● Strumento che serve a riportare un angolo e anche a misurarlo, come il goniometro.

♦**rappòrto** [da *rapportare*; av. 1348] **s. m.** *1* Relazione, informazione, denuncia: *fare un r. dettagliato della situazione*; *farò r. ai superiori* | Resoconto scritto che contiene i fatti che si vogliono far conoscere: *mandare, stendere un r.* *2* (*mil.*) Relazione scritta per notificare avvenimenti, mancanze disciplinari, incidenti e sim. | ***R. personale***, documento compilato da ogni comandante per la valutazione caratteristica dei propri dipendenti al termine di un determinato periodo di servizio da essi svolto | Riunione fra il comandante e i suoi subordinati per comunicazioni di servizio, disposizioni e ordini verbali e sim. | ***R. ufficiali***, limitato ad essi | ***Gran r.***, riunione di tutti gli ufficiali per comunicazioni di particolare importanza | ***Chiamare a r.***, mediante apposita convocazione scritta o verbale, o anche con apposito segnale di tromba | ***Mettersi a r.***, per esporre al proprio superiore questioni personali o di servizio. *3* Notizia di reato fornita dagli ufficiali o agenti di polizia giudiziaria o da altri pubblici ufficiali o da esercenti un pubblico servizio all'autorità giudiziaria: *azione penale iniziata d'ufficio in seguito a r.*; *omissione di r.* *4* Connessione, relazione, dipendenza fra le cose: *non c'è r. tra i due fenomeni*; *r. di causalità, di causa ed effetto* | (*dir.*) ***R. di causalità***, rapporto immediato che deve intercorrere tra un fatto e un evento perché si producano gli effetti previsti dalla legge | ***Per, in r. a***, rispetto a, riguardo a, relativamente a | ***Sotto tutti i rapporti***, da tutti i punti di vista. SIN. Correlazione | (*fig.*) Paragone, confronto: *non c'è rapporto tra quel pianista e il grande Rubinstein.* *5* Relazione fra persone o fra persone e organismi sociali: *r. di amicizia, di parentela*; *rapporti tra scuola e famiglia*; *troncare ogni r.*; *essere in buoni rapporti*; *stabilire, rompere i rapporti diplomatici*; *rapporti epistolari* | ***R. giuridico***, relazione tra soggetti giuridici, instaurata da una norma giuridica | ***Rapporti a miglioria***, in diritto agrario, complesso dei contratti agrari per l'utilizzazione del suolo con l'obbligo di apportarvi miglioramenti | ***R. sessuale***, unione sessuale: *avere un r. completo, incompleto* | (*eufem.*) ***Avere rapporti intimi con qlcu.***, avere una relazione sessuale con qlcu. | ***Rapporti prematrimoniali***, rapporti sessuali in una coppia prima del matrimonio. *6* (*mat.*) Quoziente di due elementi d'un corpo, quando cioè la divisione è possibile, senza resto | ***R. incrementale d'una funzione d'una variabile***, dato un incremento della variabile indipendente, è il rapporto fra il corrispondente incremento della funzione e quello della variabile indipendente | ***R. statistico***, quoziente tra due quantità di cui almeno una ha natura statistica. *7* Nel linguaggio scientifico e tecnico, quoziente tra due grandezze o valori | ***R. di compressione***, tra il volume complessivo del cilindro di un motore a combustione interna e il volume della camera di combustione | ***R. di trasmissione***, tra due alberi rotanti collegati per mezzo di ruote dentate, catene, cinghie, è il rapporto tra le loro velocità di rotazione | ***R. di trasformazione***, tra il numero delle spire del primario e quello del secondario di un trasformatore. *8* (*est.*) Nel ciclismo, il cambio di velocità favorito dal rapporto di trasmissione. *9* In tessitura, disegno da stampare su stoffa | (*est.*) Punto di congiungimento che segna il ripetersi del disegno su un tessuto stampato | ***Mettere a r.***, disporre un disegno in modo da renderne possibile la ripetizione. || **rapportino**, dim.

rapprèndere [comp. di *r(i)-* e *apprendere*; sec. XIV] **A** **v. tr.** (coniug. come *prendere*) ● Rendere denso, solido. **B** **v. intr. pron. e intr.** (aus. *essere*) ● Coagularsi.

rappresàglia o †**ripresàglia** [da *ripresaglia* 'azione di riprendere ciò che era stato preso'; av. 1348] **s. f.** *1* Misura coercitiva presa da uno Stato nei confronti di un altro come reazione a un illecito commesso da quest'ultimo nei confronti del primo: *compiere una r.* | ***R. pacifica***, che non comporta misure militari | ***R. armata***, attuata con misure militari. *2* (*est.*) Reazione violenta compiuta per vendetta: *una r. sanguinosa*; *uccidere per r.* *3* Azione di rivalsa: *licenziamenti di r.* | Vendetta personale, reazione: *disegni di r. e di perfidia* (D'ANNUNZIO).

rappresentàbile [av. 1712] **agg.** ● Che si può rappresentare: *commedia r.*; *interessi non rappresentabili.*

rappresentabilità **s. f.** ● (*raro*) Possibilità di essere rappresentato.

†**rappresentaménto** [sec. XIII] **s. m.** ● Raffigurazione.

♦**rappresentànte** [1554] **A** part. pres. di *rappresentare*; anche **agg.** ● Nei sign. del v. **B** **s. m. e f.** *1* Chi fa le veci di qlcu., rappresenta un ente, una società e sim.: *ha mandato alla cerimonia il suo r.*; *il r. del ministero* | ***R. sindacale aziendale***, in un'azienda, lavoratore designato a rappresentare gli iscritti alle confederazioni sindacali per coordinarne l'attività sindacale | ***R. di lista***, V. *lista.* *2* (*fig.*) Chi caratterizza o simboleggia un periodo, una corrente, una disciplina e sim.: *è un tipico r. della pop art.* *3* (*dir.*) Colui che per legge o per procura può compiere una attività negoziale in nome e per conto d'altri: *contratto concluso dal r.* | ***R. processuale***, chi sta legalmente in giudizio per altri | ***R. permanente***, agente diplomatico di uno Stato presso un altro o presso un'organizzazione internazionale, con carattere di stabilità e di durata | ***R. popolare***, l'eletto a ricoprire una data carica | ***R. di commercio***, (*ellitt.*) ***rappresentante***, intermediario alla compravendita che effettua operazioni commerciali in nome e per conto della ditta da cui ha ricevuto l'incarico.

rappresentànza [av. 1712] **s. f.** *1* Opera svolta in nome e per conto d'altri: *il ministro ha partecipato ai funerali in r. del capo dello Stato* | (*est.*) Persona o gruppo di persone incaricate di rappresentare altri: *una r. di cittadini è stata ricevuta* *dalle autorità comunali* | (*est.*) Immagine di decoro o prestigio connessa all'esercizio pubblico di una carica o una funzione: *spese di r.*; *appartamento, sale di r.* **2** Compimento di attività giuridica in nome e per conto di altri: *r. processuale*; *mandato con r.* | ***R. legale***, conferita dalla legge | ***R. volontaria***, conferita mediante procura | ***R. impropria***, in cui il rappresentante agisce in nome proprio e per conto di altri | ***R. politica***, lo specifico rapporto esistente tra i componenti di un organo elettivo e il corpo elettorale | (*polit.*) ***R. proporzionale***, V. *proporzionale* | ***R. nazionale***, il Parlamento. **3** Ufficio, incarico, mansione del rappresentante commerciale: *ottenere una r.* | ***R. sindacale unitaria***, organismo sindacale d'azienda o di fabbrica, che a partire dal 1991 ha sostituito i consigli dei delegati.

♦**rappreṣentàre** o †**repreṣentàre** [lat. *repraesentāre*, comp. di *re-* intens. e *praesentāre* 'presentare', con cambio di pref.; av. 1294] **A** v. tr. (*io rappreṣènto*) **1** (*raro* o *lett.*) Fare presente, esporre: *fu incaricato di r. la situazione all'assemblea*; *Se nulla avete / da chiedergli altro, o da rappresentargli* (ALFIERI) | †Mostrare, dimostrare. **2** Riprodurre la realtà mediante immagini, figure o segni, spec. in un disegno, un dipinto, una scultura: *r. di profilo, in primo piano, al naturale*; *r. un'aquila nel bronzo*; *la pittura studia representare cose vedute* (ALBERTI) | ***Non riesco a rappresentarmelo***, non riesco a immaginarlo, a figurarmelo | (*est.*) Descrivere, narrare: *è un testo che rappresenta bene la realtà comunale.* **3** Compiere un'attività giuridica in nome e per conto di altri: *r. qlcu. nella conclusione di un dato contratto.* **4** Simboleggiare: *la lupa dantesca rappresenta l'avarizia* | (*est.*) Essere, costituire, equivalere: *il dato elettorale rappresenta una pesante sconfitta* | ***Non rappresenta niente***, non vale niente. **5** Recitare, portare in scena: *r. l'Amleto* | (*est.*) Sostenere un dato ruolo in un ambiente: *ama r. la parte del donnaiolo.* **6** Interpretare interessi e sentimenti di persone, enti, istituzioni: *r. una minoranza, l'intera nazione* | (*est.*) Parlare, operare in nome di altri: *in questo momento rappresenta tutti noi* | ***R. un'idea***, identificarsi con essa, incarnarla in sé. **B** v. rifl. ● †Presentarsi, mostrarsi: *a tutti i padri che aveano figliuoli da portare arme feciono certa taglia se fra venti dì non si rappresentassero nell'arte* (COMPAGNI).

rappreṣentativa s. f. **1** Squadra rappresentativa: *la r. italiana di atletica leggera.* **2** (*raro*) Gruppo di persone con funzioni di rappresentanza: *r. parlamentare.*

rappreṣentatività [1959] s. f. ● Caratteristica, condizione di chi (o di ciò che) è rappresentativo.

rappreṣentativo [1549] agg. **1** Che rappresenta, che è atto o serve a rappresentare: *immagine rappresentativa* | Significativo, importante: *un gesto molto rappresentativo* | ***Persone rappresentative***, che riassumono in sé i caratteri di un'epoca, un'idea, un partito | ***Squadra rappresentativa***, compagine di atleti scelti a rappresentare una città, una regione, una nazione in una competizione sportiva | (*stat.*) ***Campione r.***, quello che rispecchia le caratteristiche della popolazione da cui è prelevato: *il campione non è abbastanza r. per consentire stime attendibili.* **2** (*dir.*) Fondato sulla rappresentanza | ***Sistema r.***, sistema di governo esercitato da rappresentanti del popolo eletti a suffragio universale. **3** (*dir.*) ***Titolo r.***, titolo di credito in cui l'emittente si obbliga a consegnare al portatore legittimo del titolo una determinata quantità di merce specificata che egli ha ricevuto in deposito ovvero che deve trasportare. **4** (*psicol.*) Relativo a rappresentazione. **5** †Che si può recitare. || **rappreṣentativamente**, avv. (*raro*) In modo rappresentativo.

rappreṣentàto A part. pass. di *rappresentare*; anche agg. ● Nei sign. del v. **B** s. m. (f. *-a*) ● (*dir.*) Titolare di un rapporto di rappresentanza, in nome e per conto del quale agisce il rappresentante.

rappreṣentatóre [av. 1604] s. m.; anche agg. (f. *-trice*) ● (*raro*) Chi (o Che) rappresenta, spec. chi (o che) porta sulla scena opere teatrali.

rappreṣentazióne [da *rappresentato*, sul modello del lat. *repraesentātio*, genit. *repraesentatiōnis*; sec. XIV] s. f. **1** Raffigurazione di aspetti della realtà o di concetti mediante immagini grafiche, scultoree e sim.: *la r. di una scena fantastica* | (*est.*) Descrizione, narrazione: *una precisa r. della vita nel periodo comunale.* **2** (*filos.*) Operazione conoscitiva in base alla quale un oggetto risulta più o meno chiaramente presente alla coscienza. **3** (*psicol.*) Contenuto mentale intuitivo, simile alla percezione ma distinto da questa per il fatto che il suo oggetto non è presente. **4** Spettacolo presentato al pubblico | ***Sacra r.***, dramma di carattere religioso, senza divisione in atti e cambiamenti di scene. **5** (*dir.*) Istituto di diritto successorio per cui i discendenti, legittimi o naturali, dei figli o dei fratelli del de cuius subentrano nel luogo e nel grado del loro ascendente, nei casi in cui questo non può o non vuole accettare l'eredità o il legato: *r. in linea retta, in linea collaterale* | ***Contratto di r.***, quello che ha per oggetto la concessione da parte dell'autore della facoltà di rappresentare un'opera. **6** (*mat.*) Modo convenzionale di rappresentare enti matematici | ***R. decimale***, espressione d'un numero reale mediante le cifre decimali | ***R. binaria***, rappresentazione d'un numero reale mediante cifre binarie | Equazione o sistema d'equazioni, le cui soluzioni sono tutte e sole le coordinate dei punti d'una figura geometrica | Applicazione. **7** †Rappresentanza. || **rappreṣentazioncèlla**, dim.

rappréṣo [av. 1375] part. pass. di *rapprendere*; anche agg. ● Nei sign. del v.

†**rapprofondàre** [comp. di *r(i)-* e *approfondare*] v. tr. ● Approfondare.

†**rappropriàre** ● V. *riappropriare.*

rapprossimàre [comp. di *r(i)-* e *approssimare*] v. tr. (*io rappròssimo*) **1** Approssimare, avvicinare | (*lett.*) Ricondurre. **2** V. *riapprossimare.*

rapsodia [vc. dotta, gr. *rapsōidía*, da *rapsōidós* 'rapsodo'; 1640] s. f. **1** L'arte del rapsodo e il genere di poesia epica da lui recitata. **2** Brano di poesia epica recitato in pubblico. **3** (*mus.*) Componimento composto di reminiscenze di varie melodie nazionali popolari: *r. ungherese.*

rapsòdico [vc. dotta, gr. *rapsōidikós*, da *rapsōidós* 'rapsodo'; 1959] agg. (pl. m. *-ci*) **1** Relativo ai rapsodi, alla rapsodia: *composizione rapsodica.* **2** (*fig.*) Scarsamente unitario, frammentario: *lettura rapsodica.* || **rapsodicaménte**, avv.

rapsodìsta [1745] s. m. e f. (pl. m. *-i*) **1** Rapsodo. **2** (*mus.*) Compositore di rapsodie.

rapsòdo [vc. dotta, gr. *rapsōidós*, propr. 'cucitore di canti', comp. di *ráptein* 'cucire insieme', di orig. indeur., e *ōidḗ* 'canto' (V. *ode*); 1598] s. m. **1** Nell'antica Grecia, recitatore di canti epici. **2** (*est.*) Recitatore o cantore di composizioni poetiche popolaresche.

raptatòrio [dal lat. *raptāre*, intens. di *rǎpere* 'rapire'; 1959] agg. ● (*zool.*) Detto dell'arto anteriore di alcuni Insetti atto a catturare la preda, robusto e dentellato, in cui il tarso si ripiega completamente contro la tibia. SIN. Raptorio.

raptòrio [1983] agg. ● (*zool.*) Raptatorio.

ràptus [vc. lat., 'strappo', dal part. pass. di *rǎpere* 'strappare, rapire'; 1900] s. m. inv. (pl. lat. inv.) **1** (*psicol.*) Impulso irresistibile a compiere azioni improvvise, spesso violente e aggressive verso di sé o verso gli altri, senza coscienza di ciò che si esegue: *r. suicida*; *r. omicida.* **2** (*est.*) Momento di ispirazione, breve e improvviso: *r. poetico.*

ràra àvis [lat., propr. 'uccello raro', dall'inizio di un verso della *Satira VI* di Giovenale; 1900] loc. sost. f. inv. (pl. lat. *rarae aves*) ● Persona o cosa rara o eccezionale per qualche suo aspetto o caratteristica particolarmente stimabile.

rarefàbile [av. 1519] agg. ● (*raro*) Che si può rarefare: *l'aria è condensabile e r.* (LEONARDO).

rarefaciménto [dal lat. *rarefăcere* 'rarefare'; 1553] s. m. ● (*raro*) Rarefazione.

rarefàre [lat. *rarefăcere*, comp. di *rāre* 'raramente' e *făcere* 'fare'; av. 1623] **A** v. tr. (pres. *io rarefàccio* o *rarefò, tu rarefài, egli rarefà*; imperat. *rarefà* /rare'fa, -a*/ o *rarefa'* o *rarefài*; nelle altre forme, coniug. come *fare*) ● Fare diventare meno denso o più rado: *r. l'aria.* **B** v. intr. pron. ● Diventare rado: *la nebbia si è rarefatta* | Diventare meno intenso, meno frequente e sim.: *il traffico si rarefà.*

rarefattìbile [1745] agg. ● Che può essere rarefatto: *vapore r.*

rarefattìvo [av. 1502] agg. ● Atto a rarefare: *il calore è r.*

rarefàtto [1585] part. pass. di *rarefare*; anche agg. **1** Meno denso. **2** (*fig.*) Elevato: *stile r.* | (*fig.*) Distaccato, formale: *atmosfera rarefatta.*

rarefazióne [av. 1642] s. f. **1** Il rarefare, il rarefarsi. **2** (*fig.*) Il diventare meno frequente: *la progressiva r. della sacra cicogna* (MONTALE) | (*fig.*) Astrazione.

rarézza [1532] s. f. ● (*raro*) Caratteristica di ciò che è rado o raro. SIN. Radezza, rarità, singolarità.

rarità [vc. dotta, lat. *raritāte(m)*, da *rārus* 'raro'; av. 1311] s. f. **1** Condizione, caratteristica di ciò che è raro, insolito, singolare: *la r. del caso.* **2** Cosa rara, singolare: *questo libro è una vera r. bibliografica.* **3** (*raro*) Scarsezza, radezza: *la r. di certe piante*; *in tanta r. di danaro* (FOSCOLO).

♦**ràro** [vc. dotta, lat. *rāru(m)*, di orig. indeur.; av. 1250] **A** agg. **1** Di persona, cosa, caratteristica poco comune o poco frequente: *fenomeni rari*; *animali rari* | ***Bestia rara***, (*fig.*) persona fuori del comune. SIN. Insolito, singolare. CONTR. Comune. **2** Pregiato, prezioso perché non comune: *pietra rara*; *ingegno r.*; *un profilo di rara bellezza* | ***Gas r.***, gas nobile. **3** Che si verifica poche volte in un determinato periodo di tempo: *casi rari*; *visite rare*; *è r. che nevichi in questa stagione* | (*med.*) ***Polso r.***, di frequenza inferiore alla media. SIN. Infrequente. **4** (*chim.*) ***Terre rare***, gruppo di minerali, spec. fosfati e silicati, che contengono elementi trivalenti detti anch'essi terre rare o lantanidi, tutti molto simili fra loro e con numero atomico dal 57 al 71, a cui si suole aggiungere lo scandio e l'ittrio. **5** (*raro*) Che non è denso, fitto, spesso: *nuvole rare.* SIN. Rado. || **raraménte**, avv. Di rado, rare volte. **B** s. m. ● †Rarità, radezza. **C** avv. ● †Raramente, radamente: *uno velo sottilissimo, tenuto r.* (ALBERTI). || **rarétto**, dim.

ras [aramaico *ras* 'capo'; 1891] s. m. inv. **1** Nell'impero etiopico, titolo dato al capo politico e militare preposto al governo di determinate province. **2** (*fig., spreg.*) Personaggio, autorità locale che agisce dispoticamente e arbitrariamente.

raṣaménto [1959] s. m. **1** (*raro*) Rasatura. **2** (*edil.*) Operazione, effettuata spec. nel caso delle murature in mattoni, che consiste nel realizzare una superficie regolare orizzontale su cui tracciare lo spiccato. **3** Nelle murature in mattoni, il corso di mattoni costituente la superficie regolare orizzontale su cui si traccia lo spiccato.

raṣàre [lat. parl. **rasāre*, intens. di *rādere*; 1598] **A** v. tr. **1** Tagliare i peli col rasoio: *r. la barba*; *r. completamente la testa* | ***R. a zero***, tagliare i capelli fino alla radice. **2** Pareggiare levando le sporgenze: *r. la siepe.* **B** v. rifl. ● Tagliarsi i peli con il rasoio | (*fam.*) Farsi la barba: *hai dimenticato di rasarti.*

raṣatèllo [propr. dim. di *rasato*; 1942] s. m. ● Rasato leggero e più andante, di solito una fodera di cotone molto apprettata, adatta per tasche da calzoni.

raṣàto [av. 1582] **A** part. pass. di *rasare*; anche agg. **1** Nei sign. del v.: *viso ben r.*; *prato r.* **2** Detto di tessuto molto liscio | ***Maglia rasata***, quella che si ottiene lavorando un ferro a diritto e l'altro a rovescio. **B** s. m. ● Tessuto liscio, lucente, ottenuto, senza garzatura e follatura, lavorando su armatura raso.

raṣatóre [1959] **A** s. m.; anche agg. (f. *-trice*) ● Chi (o Che) rasa. **B** s. m. ● Operaio addetto alla rasatura delle pelli.

raṣatrice [1940] s. f. ● Macchina per rasare feltri, pellami e sim.

raṣatùra [1872] s. f. **1** Il rasare, il rasarsi | Ciò che viene asportato radendo qlcu. o qlco. **2** Operazione che si effettua sulle pelli conciate e umide, allo scopo di pareggiarne lo spessore asportando una parte del lato carneo con apposita macchina.

raschèra [vc. piemontese, prob. legata al provz. *rascar* 'raschiare, grattare'] s. f. ● (*cuc.*) Formaggio di latte vaccino, a pasta compatta ed elastica, tipico della provincia di Cuneo.

raschiàbile [av. 1704] agg. ● Che si può raschiare.

raschiaménto [1598] s. m. **1** Il raschiare | ***R. di gola***, raschio. **2** (*med.*) Procedura chirurgica atta a liberare una cavità patologica o naturale del suo contenuto o rivestimento mucoso oppure a scopo di prelievo bioptico: *r. uterino.* CFR. Curettage.

raschiaòlio [comp. di *raschia(re)* e *olio*; 1959] s. m. inv. ● Nei pistoni dei motori a scoppio, fascia, gener. di ghisa, che ha la funzione di rimuovere i depositi di olio lubrificante.

raschiàre [lat. parl. **rasculāre*, da **rāsculum* 'strumento per radere', da *rādere*; 1160] **A** v. tr. (*io* *ràschio*) ● Fregare con forza per spianare, ripulire o levigare una superficie: *r. il muro, il pavimento* | ***R. la carena di una nave***, eliminarne incrostazioni, alghe e sim. | ***R. il fondo del barile***, (*fig.*) dar fondo alle ultime risorse, cercare di raccogliere o recuperare tutto quello che si può. SIN. Grattare, levigare. **B** v. intr. (aus. *avere*) ● Fare il raschio per eliminare catarro o richiamare l'attenzione di qlcu.

raschiàta [av. 1642] s. f. ● Il raschiare, spec. una sola volta e in fretta: *dare una r.* || **raschiatina**, dim.

raschiàto part. pass. di *raschiare*; anche agg. **1** Nei sign. del v. **2** Rauco, cupo: *gli era venuto … un gemito r., protratto* (PIRANDELLO).

raschiatóio [da *raschiato*; av. 1537] s. m. ● Strumento che serve a raschiare.

raschiatóre [av. 1828] agg.; anche s. m. (f. *-trice*) ● (*raro*) Che (o Chi) raschia.

raschiatùra [av. 1537] s. f. **1** Operazione del raschiare: *iniziare la r.*; *una r. sufficiente*. **2** Ciò che è stato raschiato e che gener. viene gettato via: *r. di ferro, di mattoni*.

raschiettàre [1959] v. tr. (*io raschiétto*) ● Usare il raschietto nel trattamento di una superficie.

raschiettatùra [1959] s. f. ● Lavorazione di una superficie col raschietto.

raschiétto [da *raschia*; 1863] s. m. **1** Attrezzo per raschiare | Laminetta con manico, usata un tempo per cancellare. **2** Utensile impiegato per rifinire a mano superfici metalliche lavorate con strumenti da taglio. **3** Strumento per la raschiatura di muri, assiti e sim. **4** Lamina di ferro infissa a lato delle porte delle case per togliere il fango dalla suola delle scarpe.

raschìno [1863] s. m. ● Attrezzo per raschiare. SIN. Raschietto, raschiatoio.

ràschio (**1**) [da *raschiare*; 1734] s. m. **1** Rumore che si produce con la gola per liberarsi dal catarro o attirare l'attenzione di qlcu.: *fare il r.* **2** Senso di prurito, di irritazione alla gola causato da infiammazione, sapori aspri e sim.

raschio (**2**) [av. 1850] s. m. ● Il raschiare continuato e il rumore che ne deriva.

ràscia [dalla città di *Rascia*, serbocroato *Raška*, in Serbia; 1527] s. f. (pl. *-sce*) **1** (*lett.*) Tessuto spinato di grossa lana. **2** Ciascuno dei drappi neri e argentei coi quali si addobbano per i funerali la porta della chiesa e il feretro.

rasciugaménto [av. 1676] s. m. ● (*raro*) Asciugatura | Prosciugamento.

rasciugàre [comp. di *r(i)-* e *asciugare*; 1336 ca.] **A** v. tr. (pres. *io rasciùgo, tu rasciùghi*; part. pass. *rasciugàto*, raro *rasciùtto*) **1** (*raro, tosc.*) Asciugare (*anche fig.*): *r. le lacrime*; *r. le tasche a qlcu.* | Prosciugare. **2** V. *riasciugare*. **B** v. intr. pron. ● Diventare asciutto.

rasciugàto part. pass. di *rasciugare*; anche agg. ● Nei sign. del v.

rasciugatùra [av. 1712] s. f. ● (*raro*) L'asciugare, l'asciugarsi.

rasciùtto [1342] part. pass. di *rasciugare*; anche agg. ● Nei sign. del v. | (*lett.*) Asciutto: *sul prato… già r.* (BACCHELLI).

rasènio o **raséno** [dall'etrusco *rasna*, inteso comunemente come etnico: 'appartenente al popolo degli Etruschi'; 1840] agg. ● (*lett.*) Etrusco: *le rasenie cittadi in mezzo a' boschi* (CARDUCCI).

rasentàre [da *rasente*; av. 1406] v. tr. (*io rasènto*) **1** Camminare, passare rasente a qlco. o accostarsi a qlco. fino quasi a toccarla: *r. la riva, il muro*; *r. un'automobile*. SIN. Sfiorare. **2** (*fig.*) Avvicinarsi molto a qlco., sfiorare: *r. l'ottantina*; *r. il ridicolo* | ***R. la galera***, rischiarla | ***R. il codice penale***, agire poco onestamente, tanto da commettere quasi dei reati.

rasènte [sovrapposizione di *raso* a *radente*; 1342] **A** prep. ● Vicinissimo, quasi sfiorando in un movimento continuato: *camminare r. il muro*; *tagliare un albero r. le radici*; *una macchina mi è passata r.*; *l'aeroplano volava r. terra* | Anche nella loc. prep. ***r. a***: *prese la strada, con gli occhi bassi, r. al muro* (MANZONI). **B** anche avv.: *S'accostò al muro, … e passò r., sotto la finestra* (PIRANDELLO).

†**raserenàre** ● V. *rasserenare*.

rash /ingl. ræʃ/ [vc. ingl., propr. 'eruzione cutanea'] s. m. inv. ● (*med.*) Eruzione cutanea gener. estesa e di natura infiammatoria.

ràsi ● V. *radere*.

rasìccia [da *rasicciare*, da *raso* (?); 1872] s. f. (pl. *-ce*) ● Terreno da cui sono stati tagliati erbe e sterpi per metterlo a coltura.

rasièra [fr. *rasière*, da *raser* 'rasare'; av. 1320] s. f. **1** Attrezzo di legno a forma cilindrica, usato per rasare lo staio, levandone via il colmo. **2** Sottile lama di acciaio, comunemente fornita d'impugnatura, impiegata per piallare a mano superfici di legno | Strumento simile al precedente, usato dai legatori per pareggiare il taglio dei libri.

rasieràre [1880] v. tr. (*io rasièro*) ● Spianare, livellare, con la rasiera.

†**ràsile** [vc. dotta, lat. *rāsile(m)*, da *rāsus* 'raso'; 1563] agg. ● Che si può facilmente levigare, raschiare, radere.

ràso [1295] **A** part. pass. di *radere*; anche agg. **1** Rasato: *Nel volto r., pallido* (PIRANDELLO). **2** Privo di asperità, di sporgenze | ***Campagna rasa***, non alberata, priva di vegetazione | ***Fare tabula rasa***, cacciare tutti o esaurire, consumare, eliminare tutto | ***Punto r.***, tipo di ricamo piatto. SIN. Appianato, lisciato, pareggiato. **3** (*est.*) Pieno, ma non colmo, detto di misure di capacità o altro: *staio r.*; *un cucchiaio r. di zucchero* | ***Bicchiere r.***, pieno fino all'orlo. **4** †Privo, privato | ***Nave rasa***, costruita senza cassero e castelli. **B** s. m. ● Tessuto di qualsiasi fibra caratterizzata dall'intreccio minimo dei fili, sia di ordito che di trama, per cui il tessuto prende aspetto liscio e lucente: *r. di seta, di lana, di cotone*; CFR. Saia, tela | ***R. operato***, con disegni. || **rasóne**, accr. (V.). **C** prep. ● In alcune loc. avv. | ***R. terra***, rasente la terra: *volare r. terra*; (*fig.*) mediocre, di scarsa levatura: *discorsi r. terra* | ***R. bocca***, a filo della bocca di un recipiente, spec. per liquidi, come bottiglie, fiaschi e sim. | ***A r.***, a livello del piano stradale: *attraversamento a r.* | †***A, per r. d'acqua***, a pelo dell'acqua.

rasoiàta [1891] s. f. ● Colpo di rasoio.

♦**rasóio** [lat. tardo *rasōriu(m)*, da *rāsus* 'raso'; 1160] s. m. ● Coltello affilatissimo d'acciaio fino, senza punta, con grossa costola e manico mobile d'osso o metallo, per radere barba e capelli: *r. a mano libera*; *affilare, arrotare il r.*; *il filo del r.*; *sfregiare col r.* | ***R. di sicurezza***, con lama a doppio taglio cambiabile e protetta da piastrine per evitare tagli | ***R. elettrico***, costituito da una fresa in rapido movimento dietro un pettine metallico e azionato da un motorino incorporato | ***R. radi e getta***, V. *radi e getta* | (*fig.*) ***Lingua tagliente come un r.***, pronta alla maldicenza e alla malignità | ***Camminare sul filo del r.***, (*fig.*) essere in una situazione rischiosa, pericolosa | ***R. di Occam***, nella filosofia di G. Occam (fine sec. XIII - 1349 o 1350), principio in base al quale tutte le ipotesi non suffragate dall'esperienza e non indispensabili per conoscere la realtà vanno eliminate. || PROV. A barba folle rasoio molle. || **rasoiàccio**, pegg.

rasóne s. m. **1** Accr. di *raso*. **2** Tessuto simile al raso ma più pesante, usato soprattutto per confezionare fodere e sim.

rasotèrra [comp. di *raso* (*A*) e *terra*; 1939] **A** avv. ● Rasente la terra: *volare r.*; *bocciata r.* **B** agg. ● (*fig.*) Mediocre, di scarsa levatura: *discorsi r.* **C** s. m. inv. ● (*sport*) Nel calcio e sim., tiro rasente il terreno: *il centravanti segnò con un potente r.*

ràspa (**1**) [da *raspare*; av. 1537] s. f. **1** Lima a scagliette acute e rilevate, usata per raschiare e levigare legno, metallo e sim. | (*est.*) Qualunque strumento che serva a raschiare qlco.: *r. per caminetti, botti*. **2** Sistema di frenatura nello sci di fondo, attuato con forte pressione esercitata sulle racchette.

ràspa (**2**) [sp. d'America *raspa*, vc. usata in diverse accezioni; 1950] s. f. ● Ballo d'origine messicana, simile al samba, in voga in Europa e in America negli anni intorno al 1950.

raspaménto [av. 1519] s. m. ● (*raro*) Il raspare.

raspàre [vc. di orig. germ.; av. 1306] **A** v. tr. **1** Levigare, raschiare con la raspa: *r. legno, avorio* | †Erodere, detto dell'acqua. **2** (*est.*) Irritare la gola, detto del vino o di altre bevande frizzanti. **3** Grattare con le unghie o percuotere la terra con le zampe anteriori, quasi zappando, detto spec. di animali (*anche assol.*): *il cane raspava il cortile*; *i cavalli non smettevano di r.*; *pien di sanguigna spuma il cinghial bolle / …, / e rugge, e raspa* (POLIZIANO) | ***Il pollo raspa***, razzola. **4** (*fig., pop.*) Rubare: *ha raspato quello che ha potuto*. **B** v. intr. (aus. *avere*) **1** Grattare, raschiare: *questa spazzola raspa troppo*; *una maglia di lana che raspa*. **2** (*fig., lett.*) Scribacchiare | Scrivere in modo quasi illeggibile. **3** (*est.*) Armeggiare, frugare.

raspatóio [da *raspare*; 1835] s. m. ● Tipo di rastrello per togliere le erbacce raspando il terreno.

raspatùra [av. 1578] s. f. ● Il raspare | Trucioli, scarto che restano dopo aver raspato qlco. | (*fig.*) ***R. di gallina***, scrittura brutta, non curata.

rasperèlla [dal lat. *ăsper* 'aspro, ruvido', con accostamento a *raspare*, per etim. pop.; 1803] s. f. ● (*bot.*) Equiseto.

†**raspettàre** ● V. *riaspettare*.

raspìno [da *raspa* (*1*); av. 1704] s. m. ● Strumento usato spec. nella lavorazione dell'argento per eliminare le asperità.

raspìo [av. 1764] s. m. ● Un raspare continuato.

ràspo [da avvicinare a *raspare*; 1640] s. m. **1** Grappolo d'uva da cui sono stati levati gli acini. **2** Tipo di tridente con i rebbi piegati a squadra.

raspollàre o **raspolàre** [da *raspollo*; av. 1587] v. tr. (*io raspóllo*) ● Raccogliere i raspolli rimasti sulle viti. SIN. Racimolare.

raspollatùra [1835] s. f. ● Il raspollare | Ciò che si raccoglie raspollando.

raspóllo [da *raspo*; sec. XIV] s. m. ● Grappolo di uva con radi chicchi.

raspóso [da *raspa*; sec. XV] agg. **1** Ruvido: *un cane, che… mi leccasse le mani con la sua lingua rasposa* (MORANTE). **2** Acre: *Un odore r. e tenace* (PAVESE) | Detto di vino dal gusto alquanto aspro.

†**rassaggiàre** ● V. *riassaggiare*.

†**rassalìre** ● V. *riassalire*.

†**rassaltàre** ● V. *riassaltare*.

†**rassecuràre** ● V. *rassicurare*.

rassegàre [da *sego*, col pref. *ra-*; 1738] v. intr. e intr. pron. (*io rasségo, tu rasséghi*; aus. *essere*) ● (*tosc.*) Rapprendersi come sego, detto di brodo, condimento e sim.

rasségna [da *rassegnare*; av. 1400] s. f. **1** (*mil.*) Rivista: *passare in r.* **2** (*est.*) Esame accurato di persone o cose: *fare la r. dei presenti*; *passare in r. i libri di una biblioteca* | Esame minuzioso di fatti, circostanze, avvenimenti: *una esauriente r. dei problemi economici del momento*. **3** Resoconto accurato, cronaca di avvenimenti, pubbliche rappresentazioni, feste, ecc.: *la r. degli spettacoli teatrali della stagione* | Descrizione ordinata del contenuto di libri, pubblicazioni: *una r. di storia greca*. **4** Mostra, esposizione, concorso: *la r. dell'artigianato locale*; *una r. cinematografica*. **5** †Iscrizione a corsi universitari.

rassegnaménto [1692] s. m. ● (*raro*) Rassegnazione.

♦**rassegnàre** o †**rassignàre** [lat. *resignāre* 'restituire, assegnare', comp. di *re-* e *signāre* 'segnare', con cambio di pref.; 1277] **A** v. tr. (*io rasségno*) **1** Consegnare, presentare: *r. le dimissioni, un reclamo* | ***R. un mandato***, rinunciarvi, dimettersi. **2** (*mil.*) †Passare in rassegna. **3** †Restituire, riconsegnare: *all'inferno, onde uscisti, io ti rassigno* (ARIOSTO). **4** (*lett.*) Catalogare, registrare, iscrivere. **B** v. intr. pron. (assol.; + *a*, anche seguito da inf.) ● Conformarsi, rimettersi alla volontà altrui o accettare a malincuore qlco. di inevitabile: *rassegnarsi al destino, ad una separazione*; *in queste circostanze bisogna rassegnarsi*; *egli non poteva rassegnarsi a star zitto* (DE ROBERTO); *abbiamo dovuto rassegnarci di fronte alla sua intransigenza*. SIN. Adattarsi, arrendersi. **C** v. rifl. **1** †Dichiararsi, sottoscriversi. **2** †Presentarsi. **3** †Iscriversi.

rassegnàto [1673] part. pass. di *rassegnare*; anche agg. (assol.; + *a*, anche seguito da inf.) ● Nei sign. del v. | Che prova o esprime rassegnazione: *persona rassegnata*; *era r. al suo destino*; *animo r. al peggio*; *Son rassegnata a obbedirvi* (GOLDONI); *Col sorriso r. sulle labbra* (PIRANDELLO). || **rassegnataménte**, avv. Con rassegnazione: *soffrire rassegnatamente*.

rassegnatóre [av. 1400] s. m. **1** (f. *-trice*) (*raro*) Chi cura una rassegna letteraria | (*raro*) Chi presenta le dimissioni. **2** L'ufficiale o generale più elevato in grado che passa in rassegna truppe.

rassegnazióne [da *rassegnare*; 1673] s. f. **1** (*raro*) Rinuncia a un incarico. **2** Disposizione d'animo di chi è pronto ad accettare a malincuore la volontà altrui o qlco. di ineluttabile: *soffrire con r.* SIN. Pazienza, sopportazione. **3** †Consegna, presentazione.

†**rassemblàre** ● V. †*rassembrare* (*1*) e †*rassembrare* (*2*).

1481 rateo

rassemblement /rassamble'man, *fr.* rasɑ̃blə'mɑ̃/ [vc. fr., da *rassembler* 'riunire, raggruppare'; 1985] **s. m. inv.** ● Coalizione formata da elementi diversi per un'azione comune: *quel r. è solo un'alleanza a scopo elettorale.*

†**rassembrànza** [da *rassembrare (1)*] **s. f.** ● (*lett.*) Rassomiglianza | Sembianza.

†**rassembràre (1)** o †**rassembiàre** [comp. di *r(i)-* e *assembrare (1)*] **v. tr. e v. intr.** ● (*lett.*) Sembrare, somigliare: *Rinaldo vi compar su eminente / e ben rassembra il fior d'ogni gagliardo* (ARIOSTO).

†**rassembràre (2)** o †**rassemblàre** [comp. di *r(i)-* e *assembrare (2)*, sul modello del fr. *rassembler*] **A v. tr.** ● Adunare, riunire. **B v. intr. pron.** ● Unirsi, radunarsi.

rasserenaménto [av. 1557] **s. m.** ● Il rasserenarsi: *r. del cielo* | Ritorno a una condizione o a uno stato d'animo privi di turbamento: *un improvviso r. dell'animo.*

rasserenànte **part. pres.** di *rasserenare*; anche **agg.** ● Che infonde serenità: *La vista di questi carri... aveva su di me un effetto r.* (CALVINO).

rasserenàre o †**raserenàre** [comp. di *r(i)-* e *asserenare*; av. 1374] **A v. tr.** (*io rasseréno*) ● Rendere sereno: *r. l'aria, il cielo* | (*fig.*) Liberare da timore, turbamento e sim.: *la tua venuta lo ha rasserenato; l'ora del giorno che ad amar ce invita, / dentro dal petto el cor mi raserena* (BOIARDO) | *R. la fronte*, rischiararla, distenderla. **B v. intr. e intr. pron.** (aus. *essere*) ● Diventare, ritornare sereno (*anche fig.*): *passioni e sentimenti ... si placano, si rasserenano e si trasmutano in immagini* (CROCE).

rasserenàto [av. 1566] **part. pass.** di *rasserenare*; anche **agg.** ● Nei sign. del v.: *animo r.* || **rasserenataménte**, **avv.**

rasserenatóre [1872] **agg.**; anche **s. m.** (f. *-trice*) ● (*raro*) Che (o Chi) rasserena.

rassestàre ● V. *riassestare.*

rassettaménto [av. 1547] **s. m.** ● (*raro*) Riordino | Adattamento, sistemazione.

rassettàre o **riassettàre** nei sign. A 1 e B [comp. di *r(i)-* e *assettare*; av. 1292] **A v. tr.** (pres. *io rassètto*; part. pass. *rassettàto*, raro *rassètto*) **1** Mettere, rimettere in ordine, a posto: *r. la casa facendo pulizia.* SIN. Riordinare. **2** Accomodare, riparare, aggiustare (*anche fig.*): *r. uno strappo alla camicia; r. un imbroglio* | (*fig., lett.*) *R. un discorso*, correggerlo. **3** †Ristabilire l'ordine: *r. la città.* **B v. rifl.** ● Mettersi, rimettersi in ordine curando il proprio abbigliamento, l'aspetto esteriore: *rassettarsi per un ricevimento.*

rassettàto **part. pass.** di *rassettare*; anche **agg.** ● Nei sign. del v.

rassettatóre [1690] **agg.**; anche **s. m.** (f. *-trice*) ● (*raro*) Che (o Chi) rassetta.

rassettatùra [1745] **s. f.** ● Riordino | Riparazione, aggiustatura.

rassètto (1) **part. pass.** di *rassettare*; anche **agg.** ● (*raro*) Rassettato.

rassètto (2) [da *rassettare*] **s. m.** ● (*raro*) Rassettatura.

rassicurànte [1814] **part. pres.** di *rassicurare*; anche **agg.** ● Che infonde tranquillità, sicurezza, fiducia: *previsioni rassicuranti; stato di salute tutt'altro che r.* || **rassicuranteménte**, **avv.**

♦**rassicuràre** o †**rassecuràre** [comp. di *r(i)-* e *assicurare*; av. 1292] **A v. tr. 1** Fare diventare sicuro, liberando da sospetto, dubbio, paura: *r. gli animi.* **2** V. *riassicurare.* **B v. intr. pron.** ● Diventare sicuro, tranquillo acquistando coraggio: *alle parole di lui, si rassicurò; rassicurati: tutto andrà per il meglio.*

rassicuràto **part. pass.** di *rassicurare*; anche **agg.** ● Nei sign. del v. | Tranquillizzato, rincuorato.

rassicuratóre [1843] **agg.**; anche **s. m.** (f. *-trice*) ● (*raro*) Che (o Chi) rassicura.

rassicurazióne [1872] **s. f.** ● Il rassicurare | Parola, discorso rassicurante: *con ampie rassicurazioni.*

†**rassignàre** ● V. *rassegnare.*

†**rassimigliàre** ● V. *rassomigliare.*

rassodaménto [av. 1604] **s. m.** ● Il rassodare, il rassodarsi | (*fig., lett.*) Rinvigorimento: *r. stilistico.*

rassodànte [1970] **part. pres.** di *rassodare*; anche **agg. 1** Nei sign. del v. **2** Detto di preparato avente la funzione di ridare elasticità e compattezza al tessuto cutaneo: *crema r.*

rassodàre [comp. di *r(i)-* e *assodare*; 1340 ca.] **A v. tr.** (*io rassòdo*) **1** Rendere sodo o più sodo: *r. la terra.* SIN. Indurire. **2** (*raro*) Rendere di nuovo, un'altra volta sodo. **3** (*fig.*) Consolidare, rinsaldare: *r. un'amicizia.* **B v. intr. e intr. pron.** (aus. *essere*) **1** Divenire sodo, indurire: *con l'esercizio i muscoli si sono rassodati.* **2** (*fig.*) Consolidarsi, rinsaldarsi.

rassodàto **part. pass.** di *rassodare*; anche **agg.** ● Nei sign. del v.

rassodatóre [1872] **agg.**; anche **s. m.** (f. *-trice*) ● (*raro*) Che (o Chi) rassoda.

rassomigliànte [1612] **part. pres.** di *rassomigliare*; anche **agg.** ● Somigliante.

rassomigliànza [1586] **s. f. 1** Condizione di chi (o di ciò che) è rassomigliante. **2** (*lett.*) Analogia.

rassomigliàre o (*lett.*) †**rassimigliàre** [comp. di *r(i)-* e *assomigliare*; av. 1304] **A v. intr. e intr. pron.** (*io rassomìglio*; aus. *essere* e *avere*) ● Parere, esser simile a qlcu.: *rassomiglia a suo fratello; s'ha da fuggir, narrando ed imitando di rassimigliarsi ai buffoni e parassiti* (CASTIGLIONE). **B v. tr. 1** (*raro*) Paragonare, comparare. **2** †Imitare, rappresentare, figurare. **C v. rifl. rec.** ● Essere simile l'uno all'altro: *si rassomigliano in modo incredibile.*

rassottigliaménto [1872] **s. m.** ● (*raro*) Il rassottigliare, il rassottigliarsi.

rassottigliàre [comp. di *r(i)-* e *assottigliare*; av. 1363] **v. tr. e intr. pron.** (*io rassottìglio*) **1** Assottigliare. **2** (*raro*) V. *riassottigliare.*

†**rassùmere** ● V. *riassumere.*

†**rassummàre** [dal lat. *sŭmma* 'somma', col pref. *ra-*] **v. tr.** ● Sommare, sommare di nuovo.

ràsta [1985] **s. m. e f. inv.**; anche **agg. inv.** ● Accorc. di *rastafariano.*

rastafarianìsmo [da *rastafariano*: in ingl. *Rastafar(in)ism*] **s. m.** ● (*relig.*) La religione dei rastafariani.

rastafariàno [dall'ingl. *Rastafarian*, da *Ras Tafari*, appellativo dell'imperatore d'Etiopia divinizzato Hailé Selassié; 1979] **A s. m.** (f. *-a*) ● Membro o seguace di una setta politico-religiosa, nata in Giamaica intorno al 1920, che considera la razza nera come popolo eletto destinato al ritorno in una ideale madrepatria africana, identificata con l'Etiopia dell'allora imperatore Hailé Selassié, venerato come divinità. **B agg.** ● Relativo a tale setta.

†**rastèllo** [lat. *rastĕllu(m)*, dim. di *rāstrum* 'rastro'; 1606] **s. m.** ● Rastrello.

rastrellaménto [1926] **s. m. 1** Il rastrellare | In borsa, raccolta, incetta: *r. di azioni.* **2** Ispezione, perlustrazione sistematica condotta in una data zona da forze militari o di polizia per ricerca, controllo e sim.

rastrellàre [1536] **v. tr.** (*io rastrèllo*) **1** Raccogliere, radunare in mucchio col rastrello: *r. il fieno* | Ripulire col rastrello: *r. i viali del giardino.* **2** Raccogliere, racimolare: *quanto conti di rastrellare con i lavoretti estivi?* | (*econ.*) Incettare, spec. azioni o beni scarsi. **3** (*mil.*) Sottoporre una zona a controlli sistematici per eliminare forze nemiche residue | (*est.*) Detto di forze di polizia, o militari, controllare perquisendo: *r. un quartiere* | (*raro*) Catturare: *r. i ribelli.* **4** (*mar.*) Esplorare accuratamente una zona di mare. **5** Trascinare sul fondo del mare ganci e rampini per ricercare oggetti sommersi.

rastrellàta [1804] **s. f. 1** Attività, lavoro del rastrellare | Quantità di erba, fieno e sim. che si raccoglie in una sola volta col rastrello. **2** Colpo di rastrello.

rastrellatùra [av. 1539] **s. f.** ● Il rastrellare.

rastrellièra [1536] **s. f. 1** Specie di rastrello a lunghi pioli, fissato al muro di una stalla, sopra la mangiatoia, per mettervi il fieno. **2** Intelaiatura, situata spec. sopra l'acquaio, su cui si mettono diritti i piatti dopo lavati per farli sgocciolare e asciugare. SIN. Scolapiatti. **3** Intelaiatura da appendere al muro, usata per reggere e talvolta esporre armi, piatti e sim. **4** Dispositivo a pioli, barre o ripiani per appendere o sostenere più cose consimili: *r. per biciclette, per sci, per stecche da biliardo.*

rastrellìna [1970] **s. f. 1** Dim. di *rastrello.* **2** Piccolo rastrello a denti lunghi e radi per foglie e per pareggiare la ghiaia nei viali.

rastrellinàre [1970] **v. tr.** ● Raccogliere o pareggiare con la rastrellina.

rastrèllo [lat. parl. **rastrĕllu(m)*, sovrapposizione di *rāstrum* 'rastro' a *rastĕllus*, dim. di *rāstrum* 'rastro'; sec. XIV] **s. m.** (pl. †*rastrelle*, f.) **1** Attrezzo in legno o ferro, formato da un regolo munito di denti paralleli, assicurato a un lungo manico, per riunire foglie, foraggi, sassi e sim. o livellare la superficie del terreno | ***R. scopa***, con denti lunghi ed elastici, usato spec. dai giardinieri. **2** Macchina adibita alla raccolta o al trasporto del fieno: *r. meccanico.* ➡ ILL. p. 2114 AGRICOLTURA. **3** Strumento con cui il croupier raccoglie dal tavolo da gioco le puntate perdenti. **4** †Specie di pettine del telaio con denti di ferro o legno, tondi e radi, per avvolgere l'ordito sul subbio. **5** (*region.*) Cancello, steccato a regoli paralleli tenuti insieme da due stecconi orizzontali. **6** (*mil.*) †Steccato posto dinanzi alle porte delle fortezze | Saracinesca a difesa delle porte stesse. || **rastrellétto**, **dim.** | **rastrellìna**, **dim. f.** (V.).

rastremàre [da *(e)stremo*, col pref. *ra-*; 1556] **A v. tr.** (*io rastrèmo*) ● (*arch.*) Ridurre progressivamente il diametro di una colonna verso l'alto | (*est.*) Ridurre progressivamente la misura trasversale di una struttura portante. **B v. intr. pron.** ● (*arch.*) Ridursi progressivamente di diametro.

rastremàto **part. pass.** di *rastremare*; anche **agg.** ● Che si assottiglia verso l'alto: *pilastro r.*

rastremazióne [av. 1616] **s. f.** ● Riduzione progressiva | ***R. di una colonna***, diminuzione graduale del diametro di una colonna dal basso verso l'alto.

ràstro [vc. dotta, lat. *rāstru(m)*, da *rādere*; av. 1320] **s. m. 1** (*lett.*) Rastrello. **2** (*agr.*) Tipo di scarificatore usato per la lavorazione dei terreni. **3** (*mus.*) Strumento d'ottone con cui si tracciano sulla carta le righe del pentagramma.

rasùra [vc. dotta, lat. *rasūra(m)*, da *rāsus*, part. pass. di *rādere*; sec. XIV] **s. f. 1** (*raro*) Il radere | (*raro*) Il materiale che si asporta radendo. **2** Cancellatura degli antichi manoscritti spec. in pergamena.

ràta [lat. *răta(m pārtem)* 'parte calcolata', f. del part. pass. di *rēri* 'credere, calcolare', di orig. indeur.; av. 1348] **s. f. 1** Ciascuna quota o parte in cui viene frazionato il pagamento di una somma entro un limite di tempo determinato e spec. a intervalli regolari: *r. trimestrale, annuale; pagare a rate.* **2** ***R. di caricazione, di scarico***, quantità di merce che deve essere caricata o scaricata da una nave in un giorno.

ratafià [fr. *ratafia*, di orig. creola; 1749] **s. m.** ● Liquore ottenuto da succhi di frutta, alcol, zucchero, sostanze aromatiche, toniche e amare.

ratània [vc. di orig. quechua; 1813] **s. f.** ● Arbusto delle Mimosacee delle Ande boliviane e peruviane da cui si ricava una sostanza astringente (*Krameria triandra*).

rataplàn [vc. fr. d'orig. onomat.; 1869] **inter.** ● Riproduce il rullo del tamburo (*anche iter.*).

ratatouille /*fr.* rata'tujə/ [vc. fr., nata dall'incrocio dei due v. *tatouiller* 'mescolare', dal lat. *tudiculāre* 'triturare', e *ratouiller*, suo reduplicato, ambedue di formazione espressiva] **s. f. inv. 1** (*cuc.*) Piatto tipico della cucina francese, a base di cipolle, zucchine, melanzane, peperoni, pomodori stufati nell'olio. **2** (*est.*) Accozzaglia di cose eterogenee | (*fig.*) Confusione, disordine.

ràte [vc. dotta, lat. *rāte(m)* 'zattera'; 1563] **s. f.** ● (*lett.*) Zattera: *la spaziosa / r. carica di tronchi* (D'ANNUNZIO).

rateàle [1886] **agg.** ● Di rata, relativo alla rata | Effettuato a rate: *pagamento r.* || **ratealménte**, **avv.** A rate.

rateàlista [1974] **s. m. e f.** (pl. m. *-i*) ● Chi, per professione, organizza e porta a termine vendite rateali.

rateàre [da *rata*; 1942] **v. tr.** (*io ràteo*) **1** Dividere in rate un pagamento. SIN. Rateizzare. **2** (*est.*) Dividere, suddividere nel tempo.

rateazióne [1884] **s. f.** ● Suddivisione in rate | Versamento rateale.

rateizzàre o (*raro*) **ratizzàre** [1845] **v. tr.** ● Dividere un importo in rate | Stabilire importo, durata e scadenza delle rate.

rateizzazióne o **ratizzazióne** [1955] **s. f.** ● Il rateizzare | Rateazione.

ratéizzo [1858] **s. m.** ● (*bur.*) Rateizzazione.

ratèle o **ratèlo** [ingl. *ratel*, di orig. afric.; 1959] **s. m.** ● (*zool.*) Mellivora.

ràteo o †**ratèo** [da *rateare*; 1812] **s. m.** ● Voce del

ratiera 1482

bilancio relativa a costi e ricavi maturati nell'esercizio considerato ma che verranno pagati o riscossi nel futuro esercizio | ***R. d'interesse***, quota d'interessi correnti dal giorno dell'ultimo godimento a quello della negoziazione.

ratièra [fr. *ratière*, propr. 'trappola per topi', da *rat* 'topo' (stessa etim. dell'it. *ratto* (*2*)); 1959] **s. f.** ● Dispositivo del telaio tessile che alza i fili dell'ordito secondo il disegno del tessuto, per il passaggio della navetta.

ratìfica [da *ratificare*; 1786] **s. f.** ***1*** (*dir.*) Nel diritto privato, atto col quale il rappresentato assume su di sé gli effetti giuridici conseguenti all'attività del rappresentante non munito di procura o che ha ecceduto i limiti in essa fissati. ***2*** (*dir.*) Nel diritto internazionale, atto gener. emanato dal capo di uno Stato, con cui lo Stato stesso dichiara costitutivo di effetti giuridici un trattato internazionale il cui contenuto è stato precedentemente oggetto di negoziato e di accordo fra le delegazioni plenipotenziarie. ***3*** (*est.*) Convalida, riconoscimento, anche formale, di un documento, di una situazione e sim. preesistenti: *la r. di un accordo*; *la r. di una nomina*.

ratificànte **A** **part. pres.** di *ratificare*; anche **agg.** ● Nei sign. del v. **B** **s. m. e f.** ● Chi ratifica: *il r. di un incarico*.

ratificàre [comp. del lat. *rātum*, nt. di *rātus* 'ratificato', e *-ficare*; av. 1348] **A** **v. tr.** (*io ratìfico, tu ratìfichi*) ***1*** (*dir.*) Emanare la ratifica. ***2*** (*est.*) Confermare, riconoscere come stabilito: *r. una promozione, una promessa*. **SIN.** Convalidare. **B** **v. rifl.** ● †Dichiararsi devoto.

ratificàto **part. pass.** di *ratificare*; anche **agg.** ● Nei sign. del v.

ratificatóre [1737] **s. m.** (**f.** *-trice*) ● (*raro*) Chi ratifica.

ratificazióne [da *ratificare*; 1521] **s. f.** ● (*raro*) Approvazione, conferma.

ratina o (*tosc.*) **rattina** [fr. *ratine*, da un v. **raster* 'raschiare'; 1727] **s. f.** ● Stoffa di lana fortemente pelosa, sottoposta all'azione della ratinatrice.

ratinàre [da *ratina*, come il fr. *ratiner* da *ratine*; 1813] **v. tr.** ● (*tess.*) Sottoporre una stoffa a ratinatura.

ratinatrìce [da *ratina*; 1959] **s. f.** ● (*tess.*) Macchina atta a eseguire la ratinatura.

ratinatùra [1959] **s. f.** ● (*tess.*) Operazione di arricciatura del pelo di stoffe di lana per ottenere un particolare effetto estetico o per imitare la pelliccia.

rating /*ingl.* 'reɪtɪŋ/ [vc. ingl., da *to rate* 'valutare, stimare'; 1983] **s. m. inv.** ***1*** (*econ.*) Valutazione del livello di affidabilità e di efficienza di imprese, istituti e sim., ai fini della concessione di crediti | Il grado stesso di affidabilità. ***2*** (*tv*) Indice, percentuale di gradimento o di ascolto di un programma televisivo, in rapporto a una campionatura di utenti. ***3*** (*sport*) Nelle regate aperte a vari tipi di imbarcazioni, coefficiente di correzione che tiene conto delle caratteristiche tecniche delle diverse barche, applicato ai fini della compilazione di una classifica compensata. **SIN.** Stazza di regata.

†**ratio** (**1**) [lat. parl. **erratīvu(m)*, da *errāre*] **vc.** ● Solo nella loc. ***andar r.***, andare errando qua e là.

ràtio (**2**) /*lat.* 'ratstsjo/ [vc. lat., che significa 'ragione' (V.); 1985] **s. f. inv.** (**pl. lat.** *rationes*) ● Ragione, motivo: *non è chiara la r. del provvedimento* | ***Extrema r.***, ***ultima r.***, l'ultimo rimedio praticabile, l'ultima soluzione possibile in circostanze disperate o comunque difficili.: *vendere la casa è l'extrema r. per scongiurare il fallimento* | (*dir.*) ***R. legis***, ragione ispiratrice e scopo di una determinata norma.

ratióne lóci /*lat.* rats'tsjone 'lɔtʃi/ [loc. lat., propr. 'per motivo del luogo'] **loc. agg. inv.** ● Nel linguaggio giuridico, detto della individuazione del giudice per competenze territoriali.

ratìti [dal lat. *rătis* 'zattera': detti così dalla forma appiattita dello sterno; 1959] **s. m. pl.** (**sing.** *-e*) ● Nelle vecchie tassonomie, sottoclasse di Uccelli inetti al volo e con sterno privo di carena (*Ratitae*).

ratizzàre e *deriv.* ● V. *rateizzare* e *deriv.*

rat musqué /*fr.* ˌramys'ke/ [vc. fr., propr. 'topo muschiato'; 1939] **loc. sost. m. inv.** (**pl. fr.** *rats musqués*) ● Pelliccia di topo muschiato.

ràto [vc. dotta, lat. *rătu(m)*, part. pass. di *rēri* 'credere, calcolare', di orig. indeur.; 1260] **agg.** ***1*** (*dir.*) Ratificato | ***Matrimonio r. e non consumato***, in diritto canonico, matrimonio regolare ma che, non essendo stato consumato, può essere sciolto. ***2*** (*raro, lett.*) Che viene confermato, approvato.

ràtta [f. di *ratto* (*3*); av. 1574] **s. f.** ● Diametro di estremità di una colonna | ***R. superiore***, estremità superiore | ***R. inferiore***, estremità inferiore.

†**rattaccàre** ● V. *riattaccare*.

rattacconàre [comp. di *r(i)-* e di un deriv. di *taccone*; av. 1587] **v. tr.** (*io rattaccóno*) ● (*raro*) Rattoppare, rappezzare scarpe o vestiti.

rattan /rat'tan, *ingl.* ɹə'tʰæn/ [vc. ingl., dal suo n. malese, *rōtan*] **s. m. inv.** ● Palma rampicante più nota come canna d'India (*Calamus rotang*) | Il legno di tale pianta, impiegato per la fabbricazione di sedie, canne da pesca, bastoni da passeggio e sim.

rattemperàre o †**rattempràre** [1336 ca.] **A** **v. tr.** (*io rattèmpero*) ● (*raro, lett.*) Moderare, frenare: *Ah! padre, / lo sdegno tuo rattempra* (ALFIERI). **B** **v. intr. pron.** ● (*raro, lett.*) Moderarsi, temperarsi.

rattenére [lat. *retinēre* (V. *ritenere*), con cambio di pref.; av. 1337] **A** **v. tr.** (coniug. come *tenere*) ● (*lett.*) Trattenere, cercare di frenare qlcu. o qlco. in movimento (*anche fig.*): *r. qlcu. per un braccio*; *sbarramento per r. l'impeto della corrente*; *r. le lacrime, l'ira, lo sdegno* | ***R. il passo***, arrestarsi, fermarsi: *qui si rivolse, e qui rattenne il passo* (PETRARCA) | †***R. una somma***, ritenerla. **B** **v. rifl.** e **intr. pron.** ***1*** (*lett.*) Sostare, fermarsi. ***2*** (*fig., lett.*) Temperarsi, moderarsi. **SIN.** Contenersi, dominarsi.

rattenimènto [1353] **s. m.** ● (*raro*) Il trattenere | (*lett., fig.*) Moderazione.

†**rattenitìva** [da *rattenere*; av. 1729] **s. f.** ● Facoltà di trattenere un impulso | Memoria.

†**rattènto** [da *rattenere*; 1313] **s. m.** ● Impedimento, ostacolo.

rattenùta [da *rattenuto*; av. 1348] **s. f.** ● (*raro*) Trattenuta, ritenuta.

rattenùto **part. pass.** di *rattenere*; anche **agg.** ***1*** Nei sign. del v. ***2*** †Cauto, guardingo: *andrei col parlare più r.* (MACHIAVELLI).

rattepidìre ● V. *rattiepidire*.

rattézza [1308] **s. f.** ***1*** Velocità, rapidità: *r. di destrier* (MONTI). ***2*** (*lett.*) Pendenza, ripidità.

ratticìda [comp. di *ratto* e *-cida*] **agg.**; anche **s. m.** (**pl.** *-i*) ● Topicida.

†**rattiepidàre** [var. di *rattiepidire*; 1336 ca.] **v. tr.** ● Intiepidire.

rattiepidìre o (*raro*) **rattepidire** [comp. di *r(i)-* e di un deriv. di *tiepido*; 1336 ca.] **v. tr.**, **intr.** e **intr. pron.** (*io rattiepidìsco, tu rattiepidìsci*; aus. intr. *essere*) ● (*lett.*) Intiepidire (*anche fig.*).

rattìna ● V. *ratina*.

rattizzàre ● V. *riattizzare*.

ràtto (**1**) [vc. dotta, lat. *răptu(m)*, da *răpere* 'rapire'; sec. XIV] **s. m.** ***1*** (*dir.*) Delitto di chi a scopo di matrimonio o di libidine sottrae o ritiene taluno con violenza, minaccia o inganno, o un minore o una persona in condizioni di inferiorità psichica o fisica senza violenza, minaccia o inganno. ***2*** Correntemente, rapimento di donna: *il r. di Elena*. ***3*** †Furto, rapina: *animale di r.* ***4*** †Rapimento, estasi religiosa.

†**ràtto** (**2**) [av. 1306] **part. pass.** di *rapire*; anche **agg.** ● Nei sign. del v.

ràtto (**3**) [lat. *răpidu(m)* 'rapido'; av. 1250] **A** **agg.** ***1*** (*lett.*) Veloce, rapido, presto: *andavanne ratti quanto potevano* (BOCCACCIO). ***2*** (*lett.*) Che ha una forte pendenza. **B** **avv.** ● (*lett.*) Velocemente | (*iter.*) Presto, presto | Subito. **C** nella **loc. cong.** ***r. che***, ***r. come*** ● (*lett.*) Appena (introduce una prop. temp. con il v. all'indic.): *giacean per terra tutte quante, / fuor d'una ch'a seder si levò, r. / ch'ella ci vide passarsi davante* (DANTE *Inf.* VI, 37-39). || **rattaménte**, **avv.** (*lett.*) In modo ratto.

ràtto (**4**) [vc. di orig. onomat., in cui la *r-* ricorderebbe il rosicchiare (?); av. 1400] **s. m.** ● Mammifero roditore affine al topo, ma di dimensioni molto maggiori, diffusissimo e dannoso (*Rattus*) | ***R. comune***, scuro, cosmopolita (*Rattus rattus*) | ***R. delle chiaviche***, surmolotto. ➡ **ILL. animali**/11.

rattoppaménto [1550] **s. m.** ● Rattoppare, rappezzare scarpe o vestiti. **SIN.** Rappezzamento.

rattoppàre [da *toppa*, col pref. *ra-*; av. 1556] **v. tr.** (*io rattòppo*) ***1*** Riparare mettendo toppe: *r. un abito, le scarpe*; *rattopparsi i calzoni*. **SIN.** Rappezzare. ***2*** (*fig.*) Aggiustare alla meglio: *r. un componimento correggendo gli errori* | Rimediare: *r. con scuse un discorso inopportuno*. **SIN.** Accomodare, rabberciare.

rattoppàto **part. pass.** di *rattoppare*; anche **agg.** ● Nei sign. del v.

rattoppatóre [1553] **s. m.** (**f.** *-trice*) ● (*raro*) Chi rattoppa.

rattoppatùra [1832] **s. f.** ● Il rattoppare: *la r. di un abito* | La parte rattoppata o il materiale usato per rattoppare: *una r. perfetta*; *questa r. è di colore differente dal tessuto strappato*.

rattòppo [1940] **s. m.** ● Il rattoppare | Parte rattoppata | (*fig.*) Rimedio provvisorio.

rattòrcere [comp. di *r(i)-* e *attorcere*; av. 1556] **v. tr.** (coniug. come *torcere*) ● (*raro, lett.*) Attorcere con più energia.

†**rattóre** [lat. *raptōre(m)*, da *răptus*, part. pass. di *răpere* 'rapire'; 1353] **s. m.** ● Rapitore: *io non venni come r. a torle la sua virginità* (BOCCACCIO).

rattòrto **part. pass.** di *rattorcere*; anche **agg.** ● Nei sign. del v.

†**rattraiménto** **s. m.** ***1*** Il rattrarre o il rattrarsi. ***2*** (*lett.*) Rattrappimento: *con un insanabile r. di vita andava giù inclinata e curva fin quasi col volto a terra* (BARTOLI).

rattralciàre [da *tralcio*, col pref. *ra-*; 1872] **v. tr.** (*io rattràlcio*) ● Raccogliere come a fascio, legandoli in alto, giovani tralci di vite.

rattralciatùra [1891] **s. f.** ● Lavoro del rattralciare. **SIN.** Affasciatura.

rattrappànte [fr. *rattrapant*, propr. part. pres. del v. *rattraper* 'riprendere'] **agg.** ● Detto di cronografo dotato di due lancette normalmente sovrapposte e che possono essere messe in moto o bloccate simultaneamente o separatamente.

†**rattrappàre** [comp. di *r(i)-* e *attrappare*] **A** **v. tr.** ● Rattrappire. **B** **v. intr. pron.** ● Rattrappirsi, contrarsi, raccogliersi con le membra.

rattrappiménto [av. 1712] **s. m.** ***1*** Contrazione. ***2*** (*fig., lett.*) Intorpidimento morale.

rattrappìre [comp. di *r(i)-* e *attrappire*; 1292] **A** **v. tr.** (*io rattrappìsco, tu rattrappìsci*) ● Produrre un lieve irrigidimento delle membra in modo da rendere faticoso o difficile il movimento: *le scarpe troppo strette mi hanno rattrappito i piedi*. **B** **v. intr. pron.** ● Subire una contrazione, un lieve irrigidimento: *le mani si sono rattrappite per il freddo*.

rattrappìto **part. pass.** di *rattrappire*; anche **agg.** ● Nel sign. del v. | (*est.*) Contorto, curvo, ingobbito: *Poco dopo entrò il dottor…, tutto r. dall'età* (BACCHELLI).

rattràrre [comp. di *r(i)-* e *attrarre*; 1313] **A** **v. tr.** (coniug. come *trarre*) ● (*lett.*) Rattrappire, contrarre. **B** **v. intr. pron.** ● (*lett.*) Contrarsi, rattrappirsi.

rattràtto **part. pass.** di *rattrarre*; anche **agg.** ● (*lett.*) Rattrappito.

rattristaménto [1870] **s. m.** ● (*raro*) Il rattristare, il rattristarsi. **SIN.** Afflizione.

rattristànte **part. pres.** di *rattristare*; anche **agg.** ● Nel sign. del v. || **rattristanteménte**, **avv.**

rattristàre [comp. di *r(i)-* e *attristare*; 1521] **A** **v. tr.** ● Fare diventare triste, affliggere: *la tua situazione mi ha molto rattristato*. **SIN.** Accorare, addolorare. **B** **v. intr. pron.** ● Farsi triste, provare afflizione: *r. per la morte di qlcu.*

rattristàto **part. pass.** di *rattristare*; anche **agg.** ● Diventato triste | Afflitto, addolorato. || **rattristataménte**, **avv.**

rattristìre [comp. di *r(i)-* e *attristire*; 1870] **A** **v. tr.** (*io rattristìsco, tu rattristìsci*) ● Rattristare, intristire: *il nero è un colore che mi rattristisce*. **B** **v. intr. pron.** ***1*** Affliggersi, addolorarsi, diventare triste. ***2*** (*raro*) Perdere freschezza, vigore, detto di fiori o piante.

raucèdine [vc. dotta, lat. tardo *raucēdine(m)*, da *răucus* 'rauco'; av. 1698] **s. f.** ● (*med.*) Alterazione del timbro e del tono della voce causata da affezioni della laringe, spec. delle corde vocali.

ràuco [vc. dotta, lat. *răucu(m)*, ant. **rāvicu(m)*, da *rāvis* 'raucedine': di orig. onomat. (?); 1342] **agg.** (**pl. m.** *-chi*) ***1*** Che ha voce roca per raucedine, infreddatura o altro: *non può cantare perché è diventato r. urlando* | Aspro, basso, quasi soffocato, detto della voce: *quella voce un poco rauca, fredda, materna* (PAVESE); con rifer. al verso di animali: *il suono r. delle colombe* (MONTALE). ***2*** (*est.*) Debole, fioco, detto di suono e sim.: *il r. suon de la tartarea tromba* (TASSO). || **raucaménte**, **avv.** Con voce rauca: *parlare raucamente*; (*est.*) con suono rauco.

†**raumiliàre** [comp. di *r(i)-* e *umiliare*; 1312] **v. tr.**

(*io raumìlio*) ● (*lett.*) Placare, addolcire, ammansire: *con dolci parole raumiliandolo, lo 'ncominciò a lusingare* (BOCCACCIO).

†**raunàre** e *deriv.* ● V. *radunare* e *deriv.*

†**rauncinàto** [comp. di *ra-* e *uncinato*] **agg.** ● Ritorto a uncino: *la punta della coda rauncinata d'un insidioso scorpione* (BARTOLI).

rauwòlfia /rau'vɔlfja/ [dal n. del medico L. *Rauwolf* (sec. XVI); 1959] **s. f.** ● Pianta erbacea delle Apocinacee dalla cui radice si estrae un alcaloide (*Rauwolfia serpentina*).

ravagliàre [etim. incerta; 1959] **v. tr.** (*io ravàglio*) ● Approfondire con la vanga o l'aratro il solco già aperto impiegando il ravagliatore.

ravagliatóre [da *ravagliare*; 1940] **s. m.** ● Aratro in grado di approfondire con un secondo corpo lavorante il solco aperto dal primo, portando in superficie il terreno rimosso.

ravagliatùra [1940] **s. f.** ● Aratura effettuata con il ravagliatore.

ravanàre [forse vc. d'orig. espressiva; 1924] **v. intr.** (aus. *avere*) ● (*sett.*) Rovistare, frugare, spec. mettendo in disordine: *ravanava nella valigia cercando le chiavi.*

ravanèllo o (*region.*) **rafanèllo**, (*pop.*) **rapanèllo** [dim. di *rafano*; av. 1492] **s. m.** ● Varietà di rafano con radici ingrossate, esternamente rosse, commestibili (*Raphanus sativus radicula*). ➡ **ILL. piante**/4.

ravanéto [da una radice mediterr. **rava* 'massa di detriti'; 1568] **s. m.** ● Luogo dove, nelle cave di marmo o pietra, si accumulano i materiali di scarto.

ravastìna ● V. *ragastina.*

ravastrèllo [da *ravanello* con sovrapposizione del lat. tardo *rapĭstrum* 'specie di *rapa* selvatica', ripreso dai botanici; 1881] **s. m.** ● Crocifera delle zone ghiaiose vicino al mare, piuttosto grassa, con foglie oblunghe e lobate (*Cakile maritima*).

rave /*ingl.* ɹeɪv/ [vc. ingl., dal v. *to rave* 'farneticare', prob. dal fr. ant. *raver, rever* 'vagabondare, delirare'; 1990] **A s. m. inv.** ● Raduno musicale, party tra giovani, per lo più notturno e clandestino, all'insegna della trasgressione. **B** anche **agg. inv.**: *festa, moda r.*

raveggiòlo o (*lett.*) **raveggiuòlo**, **raviggiòlo**, **raviggiuòlo** [etim. ignota; 1534] **s. m.** ● (*tosc.*) Formaggio tenero di latte di pecora o capra, in piccole forme schiacciate, da mangiare fresco.

ravegnàno [da *Ravenna*; 1532] **agg.** ● (*lett.*) Ravennate.

ravennàte [vc. dotta, lat. *Ravennāte(m)*, etnico di *Ravenna*; 1499] **A agg.** ● Di Ravenna: *mosaico r.*; *architettura r.* **B s. m. e f.** ● Abitante, nativo di Ravenna.

ravièra [fr. *ravier*, propr. 'piatto di rape (*rave*, dal lat. *rāpa*)'] **s. f.** ● Piccolo piatto oblungo, in cui si servono gli antipasti.

raviggiòlo ● V. *raveggiolo.*

raviggiuòlo ● V. *raveggiolo.*

raviolatóre [1963] **s. m.** ● Stampo per la preparazione casalinga dei ravioli.

raviolatrice [1959] **s. f.** ● Macchina per ravioli.

raviòlo o †**raviuòlo** [etim. incerta; 1353] **s. m.** ● (*spec. al pl.*) Pezzetto di pasta all'uovo con ripieno di verdura, ricotta, carne o altro: *ravioli in brodo, al sugo* | Pasta dolce con ripieno.

ravizzóne [dal lat. *rapīcius*, agg. di *rāpum* 'rapa'; 1598] **s. m.** ● Crocifera annua o bienne molto simile al cavolo con foglie superiori abbraccianti il fusto, coltivata per i semi oleiferi (*Brassica napus oleifera*). **SIN.** Navone, napo. ➡ **ILL. piante**/4.

ravvaloràre [comp. di *r(i)-* e *avvalorare*; 1673] **v. tr.** (*io ravvalóro*) ● Rafforzare il valore di qlco.: *le nuove scoperte hanno ravvalorato la mia tesi* | (*lett.*) Rinvigorire: *La solitudine ravvalora l'immaginazione* (DE SANCTIS).

ravvedérsi [comp. di *r(i)-* e *avvedersi*; sec. XIII] **v. intr. pron.** (*io mi ravvèdo*) **1** Riconoscere i propri errori e cercare di tenersene lontano per l'avvenire, di correggersi: *ha sbagliato, ma si è subito ravveduto.* **SIN.** Pentirsi. **2** †Accorgersi, rendersi conto.

ravvedimènto [1659] **s. m.** **1** Riconoscimento, anche nei fatti, dei propri errori: *speriamo in un suo r.*; *un improvviso r. lo ha riportato a noi.* **SIN.** Pentimento. **2** (*econ.*) ***R. operoso***, atto volontario ammesso dalla legge ed esercitato dal contribuente, con il quale egli può riparare a certe omissioni o infrazioni di obblighi tributari.

ravvedùto **part. pass.** di *ravvedersi*; anche **agg.** ● (*raro*) Nel sign. del v.

ravvenaménto [da *ravvenare*; 1936] **s. m.** ● (*idraul.*) Arricchimento di una falda freatica, che viene alimentata e innalzata dal livello con acque di un fiume fatte filtrare artificialmente nel terreno.

ravvenàre [da *vena*, col pref. *ra-*; 1872] **v. intr.** (*io ravvéno*; aus. *essere*) ● (*lett.*) Ritornare a dare acqua rianimandosi, detto di sorgenti.

ravviaménto [av. 1560] **s. m.** **1** (*raro*) Il ravviare | (*lett.*) Ravviata ai capelli: *ne 'l folto de le chiome un lene / r. di materne dita* (D'ANNUNZIO). **2** (*lett.*) Riordinamento.

ravviàre [comp. di *r(i)* e *avviare*; sec. XIV] **A v. tr.** (*io ravvìo*) **1** †Rimettere sulla buona via (*spec. fig.*). **2** (*fig.*) †Ridare impulso, fare tornare attivo, detto di traffici, commerci e sim. **3** Rimettere a posto, in ordine: *ravviarsi i capelli* | ***R. il fuoco***, rattizzarlo | ***R. una stanza***, rassettarla. **SIN.** Riordinare. **B v. rifl.** **1** †Rimettersi sulla buona via. **2** (*fig.*) Rimettersi in ordine.

ravviàta [da *ravviato*; 1872] **s. f.** ● Gesto del ravviare, del ravviarsi in fretta: *darsi una r. ai capelli, alle vesti.* || **ravviatina**, **dim.**

ravviàto **part. pass.** di *ravviare*; anche **agg.** ● Nei sign. del v. || **ravviatino**, **dim.** || **ravviataménte**, **avv.** (*raro*) Ordinatamente.

ravvicinaménto [1813] **s. m.** **1** Avvicinamento: *speriamo, col tuo r. alla città, di incontrarci* | (*fig.*) Comparazione, accostamento: *il r. di poesia a pittura* (PASCOLI). **2** Riconciliazione, ripresa di rapporti: *è prossimo il suo r. alla famiglia.*

ravvicinàre [comp. di *r(i)-* e *avvicinare*; 1374] **A v. tr.** **1** Avvicinare di più o di nuovo: *r. due oggetti fra loro.* **2** †V. *riavvicinare.* **3** (*fig.*) Confrontare, raffrontare: *r. due mentalità opposte fra loro.* **4** (*fig.*) Riappacificare: *dopo molti sforzi li ho ravvicinati.* **B v. rifl. e rifl. rec.** ● (*fig.*) Riappacificarsi: *ravvicinarci è difficile, ma proveremo.*

ravvicinàto **part. pass.** di *ravvicinare*; anche **agg.** ● Avvicinato di più o di nuovo | Molto vicino, nello spazio o nel tempo: *gli occhi quasi gialli ravvicinati* (MORAVIA); *scadenza ravvicinata*; *a distanza ravvicinata* | ***Incontro r.***, incontro faccia a faccia; nel linguaggio della fantascienza, incontro con alieni.

ravvigorìre [da *rinvigorire*, con cambio di pref.; av. 1685] **v. tr. e intr.** (*io ravvigorìsco, tu ravvigorìsci*; aus. intr. *essere*) ● (*raro*) Rinvigorire.

ravviluppaménto [av. 1492] **s. m.** ● Il ravviluppare, il ravvilupparsi | Viluppo: *un r. di braccia e gambe.*

ravvilluppàre [comp. di *r(i)-* e *avviluppare*; av. 1363] **A v. tr.** ● Avviluppare in modo stretto: *r. i piedi freddi in un panno di lana*; *r. una matassa* | (*fig., lett.*) ***R. qlcu. con abili parole***, confonderlo per ingannarlo o imbrogliarlo. **B v. intr. pron.** ● Avvolgersi intrecciandosi, facendo viluppo: *il gomitolo che si è tutto ravviluppato* | (*raro*) Mescolarsi: *e 'l mar comincia a mostrar l'ira sua: / … / cominciano apparir baleni … / e par che l'aria e il ciel si ravviluppi* (PULCI). **C v. rifl.** ● Avvolgersi ben bene: *si ravviluppava in quello scialle* (GINZBURG).

ravvìo [1863] **s. m.** ● (*raro*) Ravviamento.

ravvisàbile [1872] **agg.** ● Che si può ravvisare: *somiglianza facilmente r.*

ravvisàre [comp. di *r(i)-* e *avvisare*; 1319] **v. tr.** **1** (*spec. lett.*) Riconoscere qlcu. dai lineamenti del viso, dalle caratteristiche fisiche: *la bella faccia a ravvisar non tarda* (TASSO) | (*est., raro*) Distinguere, percepire, ritrovare l'elemento distintivo di qlco.: *in questo quadro si ravvisa lo stile di Leonardo* | Individuare: *nel suo comportamento si possono r. gli estremi del reato.* **2** †Pensare, credere. **3** †Avvisare, avvertire.

†**ravvìsto** **part. pass.** di *ravvedersi*; anche **agg.** ● (*raro*) Nei sign. del v.

ravvivaménto [1629] **s. m.** ● Il ravvivare, il ravvivarsi (*anche fig.*).

ravvivànte **part. pres.** di *ravvivare*; anche **agg.** ● (*lett.*) Vivificante: *aria r.*

ravvivàre [comp. di *r(i)-* e *avvivare*; 1319] **A v. tr.** **1** Rinvigorire, rianimare: *r. un malato*; *r. le forze con una cura ricostituente* | Ridare freschezza: *r. una pianta appassita* | ***R. il fuoco***, attizzarlo | (*fig.*) Rendere più intenso: *r. una speranza, un ricordo* | Rendere più vivace: *r. un abito con nuovi accessori*; *con le sue battute ha ravvivato la serata.* **2** (*tecnol.*) Effettuare la ravvivatura. **B v. intr. pron.** ● Riprendere vigore, forza, energia (*anche fig.*): *la vegetazione non accenna a ravvivarsi*; *si è ravvivato l'interesse.*

ravvivatóre [av. 1681] **s. m.**; anche **agg.** (**f.** *-trice*) ● (*raro*) Chi (o Che) ravviva (*spec. fig.*): *una fotografia ravvivatrice di lontani ricordi.*

ravvivatùra [1976] **s. f.** ● (*tecnol.*) Operazione consistente nel ripristinare il tagliente di un utensile: *r. di una mola.*

ravvòlgere [comp. di *r(i)-* e *avvolgere*; 1313] **A v. tr.** (coniug. come *volgere*) **1** Avvolgere più volte, involgere: *r. un lenzuolo* | Avvolgere coprendo completamente: *r. un vaso nella carta* | Avvolgere strettamente. **2** (*raro, lett.*) Rimuginare: *qualche orrendo pensier certo ravvolgi* (MONTI). **B v. rifl.** ● Avvolgersi strettamente in qlco.: *ravvolgersi in un mantello.* **C v. intr. pron.** ● †Aggirarsi.

ravvolgiménto [1300 ca.] **s. m.** **1** (*raro*) Avvolgimento ripetuto, completo o stretto. **2** (*lett.*) Tortuosità, giro (*anche fig.*): *i ravvolgimenti di un fiume*; *ravvolgimenti di parole.*

ravvolgitóre [av. 1793] **agg.**; anche **s. m.** (**f.** *-trice*) ● (*raro*) Che (o Chi) ravvolge.

ravvolgitùra [av. 1530] **s. f.** ● (*raro*) Ravvolgimento: *una nuova r. di capelli, sopra i quali una verde ghirlanda portava* (SANNAZARO).

ravvòlto [1313] **part. pass.** di *ravvolgere*; anche **agg.** **1** Nei sign. del v. | Rivestito, fasciato: *r. in un'ampia toga nera* (MANZONI). **2** (*lett., fig.*) Involuto, complicato: *parole ravvolte.*

ravvoltolàre [comp. di *r(i)-* e *avvoltolare*; 1513] **A v. tr.** (*io ravvòltolo*) ● Avvolgere più volte o in fretta: *r. la frutta in un pezzo di giornale.* **B v. rifl.** ● Avviluppàrsi in fretta in qlco.: *ravvoltolarsi in un mantello.*

ràyon /'rajon/ ● V. *raion.*

raziàle ● V. *razziale.*

raziocinànte [av. 1590] **part. pres.** di *raziocinare*; anche **agg.** ● Che è dotato di raziocinio: *l'uomo è un essere r.* | Relativo alla ragione, al ragionamento: *il dominio dello strumento r. e logico* (BACCHELLI).

raziocinàre [vc. dotta, lat. *ratiocināri* 'calcolare, esaminare, riflettere', da *rătio*, genit. *ratiōnis* 'calcolo'. V. *ragione*; sec. XIV] **A v. intr.** (aus. *avere*) ● (*raro*) Ragionare in modo equilibrato e sensato, con raziocinio. **B v. tr.** ● (*tosc.*) Considerare bene: *r. una proposta di lavoro.*

raziocinativo [vc. dotta, lat. *ratiocinatīvu(m)*, da *ratiocināri*. V. *raziocinare*; 1725] **agg.** ● (*raro, lett.*) Che serve a raziocinare: *facoltà raziocinativa* | Che esercita il raziocinio.

raziocinatóre [vc. dotta, lat. *ratiocinatōre(m)* 'calcolatore', da *ratiocināri* (V. *raziocinare*); 1799] **s. m.** (**f.** *-trice*); anche **agg.** ● (*raro*) Razionalista | Sottile ragionatore.

raziocinazióne [vc. dotta, lat. *ratiocinatiōne(m)*, da *ratiocināri*. V. *raziocinare*; sec. XIV] **s. f.** ● (*raro, lett.*) Ragionamento, riflessione.

raziocìnio [vc. dotta, lat. *ratiocìniu(m)*, da *ratiocināri*. V. *raziocinare*; 1584] **s. m.** **1** Facoltà di esercitare la ragione in modo equilibrato: *usare il r.*; *mancare di r.* | (*est.*) Ragione, buon senso, criterio: *uomo pieno di r.*; *erano di niuno r. e di tutti robusti sensi e vigorosissime fantasie* (VICO). **2** (*lett.*) Argomentazione, ragionamento: *Il r. che tu fai non istà* (CARDUCCI).

†**razionàbile** (**1**) [vc. dotta, lat. *rationābile(m)*, da *rătio*, genit. *ratiōnis*. V. *ragione*; 1321] **agg.** ● Proprio di chi è provvisto di ragione. || †**razionabilménte**, †**razionabilménte**, **avv.** Ragionevolmente.

razionàbile (**2**) [1970] **agg.** ● Che può essere razionato.

†**razionabilità** [vc. dotta, lat. tardo *rationabilitāte(m)*, da *rationābilis* 'razionabile'; 1989] **s. f.** ● Razionalità | Ragionevolezza.

razionàle (**1**) [vc. dotta, lat. *rationāle(m)*, da *rătio*, genit. *ratiōnis*. V. *ragione*; av. 1294] **A agg.** **1** Che ha la ragione, che è provvisto di ragione: *anima r.*; *creatura r.* **SIN.** Ragionevole. **2** Che deriva dalla ragione pura e astratta: *ordine r.* | †Della ragione: *lume r.* **3** Fondato sulla scienza o su un procedimento scientifico: *metodo r.*; *cura r.*, non empirica | ***Condurre un esame r.***, rigoroso, sistematico. **4** Studiato rigorosamente e realizzato in modo da adempiere nel modo migliore al suo scopo: *architettura r.*; *mobile r.* | (*est.*) Che antepone la praticità all'estetica: *abbigliamento r.* **SIN.** Funzionale. *5* Che si sviluppa per deduzione logica da princìpi: *geometria, meccanica r.* *6* (*mat.*) Detto di numero che può essere espresso come rapporto di due numeri interi | Detto di funzione e sim. ottenuta con operazioni razionali sui coefficienti e sulle incognite | ***Operazioni razionali***, le quattro operazioni aritmetiche | (*astron.*) ***Orizzonte r.***, circolo massimo della sfera celeste a 90° dello zenit | (*mus.*) ***Intervallo r.***, intervallo basato su precisi rapporti matematici. *7* (*chim.*) Detto di formula usata spec. in chimica organica, in cui vengono, convenzionalmente, riuniti tra loro gli atomi che formano gruppi funzionali, radicali e sim. || **razionalménte**, avv. *1* Secondo le norme della ragione. *2* Seguendo un ragionamento rigorosamente scientifico. *3* Con razionalità e praticità. **B** s. m. solo sing. ● Ciò che è razionale: *distinguere il r. dall'irrazionale.*

razionàle (**2**) [dal lat. *rationāle(m)*, calco dal gr., a sua volta calco dall'ebr.; sec. XIV] s. m. ● Borsa di stoffa quadrata, fissata sul petto fra le due giunte omerali e portante dodici gemme che rappresentavano le dodici tribù di Israele, posta nel manto che il Gran Sacerdote del Tempio di Gerusalemme indossava per entrare nel Santo dei Santi.

razionàle (**3**) [vc. dotta, lat. tardo *rationāle(m)* 'computista, contabile', da *rătio*, genit. *rationis* 'conto, calcolo' (V. *ragione*); av. 1400] s. m. ● Nell'età imperiale romana e nel Medioevo, amministratore dei beni della corona, dello stato o del comune | Ragioniere, nelle amministrazioni comunali dell'Italia merid. del Settecento.

razionalișmo [da *razionale* (*1*); av. 1855] s. m. *1* Qualsiasi indirizzo filosofico che consideri la realtà governata da un principio razionale e assuma la ragione come fondamento della conoscenza e dell'agire umano: *il r. di Cartesio, di Spinoza.* *2* In teologia, tendenza di chi ritiene possibile la conoscenza di Dio per il solo tramite della ragione. *3* (*est.*) Prevalenza del ragionamento astratto, dell'elemento razionale in una concezione, in un'opera artistica, e sim. *4* Movimento dell'avanguardia europea che, a partire dagli anni '20 del Novecento, si propone di collegare l'architettura e il design ai processi industriali e ai problemi edilizi del ventesimo secolo, spec. della residenza, e che si esprime in forme semplificate e ripetibili in serie, privilegiando nella progettazione l'aspetto funzionale degli edifici.

razionalista [1870] **A** s. m. e f. (pl. m. *-i*) *1* Chi segue o si ispira al razionalismo. *2* (*est.*) Chi antepone la forza della ragione e del ragionamento all'intuizione e ai sentimenti. **B** agg. ● Razionalistico.

razionalistico [1930] agg. (pl. m. *-ci*) *1* Che concerne o interessa il razionalismo o i razionalisti. *2* (*est.*) Che è proprio di chi crede alla superiorità della ragione: *mentalità razionalistica.* || **razionalisticaménte**, avv. Secondo criteri razionalistici.

razionalità [da *razionale* (*1*); av. 1406] s. f. *1* La facoltà di ragionare: *la r. distingue l'uomo dall'animale.* *2* Condizione di ciò che è razionale, logico, rigoroso: *r. di un piano di lavoro, di studi.* *3* Caratteristica di ciò che risponde a criteri di praticità, di funzionalità: *la r. di un arredamento.*

razionalizzàre [1910] v. tr. *1* Rendere razionale, più adeguato e rispondente allo scopo: *r. i programmi scolastici*; *r. il piano di lavoro di un'azienda.* *2* (*psicoan.*) Sostituire inconsciamente motivazioni non accettabili o intollerabili con altre non vere, ma accettabili dalla coscienza | (*est.*) Attribuire motivazioni logiche e razionali a fatti istintivi o emotivi. *3* (*mat.*) Rendere razionale, detto in particolare con riferimento al denominatore d'una frazione che inizialmente contenga degli irrazionali.

razionalizzazióne [1929] s. f. ● Il razionalizzare: *la r. di un programma di studio, di un piano di lavoro*; *la r. del denominatore di una frazione.*

razionaménto [1918] s. m. ● Provvedimento del razionare, spec. generi alimentari e beni di consumo in periodi di emergenza: *in tempo di guerra era in atto un duro r.*; *introdurre il r. del pane.*

razionàre [da *razione*; 1918] v. tr. (*io razióno*) *1* Disciplinare il consumo di generi alimentari o altri beni di prima necessità durante periodi di emergenza assegnando a ciascuno una razione fissa: *r. la carne, l'olio, la benzina.* *2* †Raziocinare.

razióne [sp. *ración*, dal lat. *ratiōne(m)* 'conto, calcolo'. V. *ragione*; av. 1540] s. f. *1* Porzione assegnata o spettante ogni volta a ciascuno (*anche fig.*): *riceverete una doppia r. di acqua*; *hanno avuto una bella r. di insolenze.* *2* Quantità di generi alimentari o di beni di consumo che è stato stabilito di assegnare a ciascuno durante un periodo di razionamento: *aumentare la r. di latte ai bambini* | ***R. viveri***, nel linguaggio militare, quantitativo di viveri per la sussistenza giornaliera del soldato | ***R. bilanciata***, atta a soddisfare i fabbisogni degli animali da allevamento nel modo più economico.

♦**ràzza** (**1**) [ant. fr. *haraz* 'allevamento di cavalli', di etim. incerta; av. 1400] s. f. *1* L'insieme degli individui di una specie animale o vegetale che si differenziano da altri gruppi della stessa specie per uno o più caratteri costanti e trasmissibili ai discendenti: *razze bovine, equine* | ***Di r. pura, di r.***, detto di animale o vegetale che possiede al massimo grado di purezza le caratteristiche della sua razza: *cane, cavallo di r.*; (*fig.*) molto dotato, di classe: *commediografo, atleta, musicista di r.* | ***Fare r.***, riprodursi | ***Far r. a sé***, (*fig.*) essere isolato | ***Fare r. con qlcu.***, trovarsi d'accordo, essergli amico. *2* (*est.*) Tradizionale suddivisione della specie umana in base a caratteri morfologici quali il colore della pelle, la forma degli occhi o del cranio, la statura media, ecc.: *r. bianca, nera, gialla*; *lotta di r.* CFR. etno-. *3* Generazione, discendenza, schiatta | ***Essere di r., di buona r.***, avere le buone qualità della propria stirpe o famiglia | (*spreg.*) ***R. di vipere, di cani***, persona malvagia o falsa | ***R. umana***, genere umano. *4* (*spec. spreg.*) Specie, sorta, tipo: *che r. di educazione hai?*; *non voglio avere a che fare con quella r. di stupido.* || **razzàccia**, pegg.

ràzza (**2**) [vc. sett., dal lat. *rāia(m)*, di orig. preindeur.; 1549] s. f. ● Pesce dei Raiformi a corpo romboidale, coda lunga, denti conformati a piastre masticatrici adatte a triturare Molluschi e Crostacei, colore mimetico con il fondo marino (*Raja*) | ***R. cornuta***, manta. ➡ ILL. **animali**/5.

ràzza (**3**) [var. di *razzo* (*3*); 1640] s. f. ● Raggio di una ruota, di un volante e sim.

razzamàglia ● V. *razzumaglia.*

†**razzànte** part. pres. di *razzare*; anche agg. ● (*raro*) Splendente.

razzàre [lat. *radiāre*. V. *radiare*; 1406] **A** v. tr. *1* (*raro*) Disegnare qlco. che rassomigli a un insieme di raggi: *r. un tessuto con colori cangianti.* *2* †***R. una ruota***, legarne un raggio, con una catena o corda, al carro, per frenarlo in discesa. **B** v. intr. (aus. *avere*) ● (*region.*) †Risplendere, raggiare. **C** v. intr. e intr. pron. (aus. *essere*) ● (*med.*) Detto della pelle, ricoprirsi come di raggi a causa di un'infiammazione.

razzatóre [da *razza* (*1*); 1965] s. m. (f. *-trice*) ● (*zoot.*) Ogni animale che trasmette alla discendenza le sue pregevoli caratteristiche zootecniche ed è quindi destinato alla riproduzione.

razzatùra [da *razzare*; 1738] s. f. ● (*raro*) Insieme di disegni o segni a forma di raggi | (*med.*) Striscioline rosse simili a raggi che compaiono sulla pelle per infiammazione o altro.

razzènte [etim. incerta; av. 1548] agg. ● (*raro*) Di sapore frizzante: *vino r.*

razzia [ar. maghrebino *ġāziyya*, per l'ar. classico *ġazwa* 'incursione'; 1866] s. f. *1* Scorreria compiuta da truppe irregolari o da ladri armati per devastare, saccheggiare ed estorcere con la violenza prede di varia natura. *2* (*est.*) Furto, ruberia, spec. di animali: *la volpe fece r. nel pollaio* | ***Far r. di qlco.***, (*fig.*) portarne via una gran quantità. *3* (*lett.*) Retata.

razziàle o (*disus.*) **raziale** [fr. *racial*, da *race* 'razza'; 1900] agg. ● Della razza: *caratteristiche razziali* | Che riguarda la razza, che è fondato sulla razza: *pregiudizi razziali*; *integrazione r.* | ***Leggi razziali***, provvedimenti legislativi emanati in Italia dal regime fascista a partire dal 1938 sul modello della Germania nazista; introducevano forti discriminazioni contro gli ebrei (ad es. espulsione degli studenti da tutte le scuole pubbliche, divieto di insegnamento nelle scuole statali, divieto di ricoprire uffici pubblici; espulsione dagli albi professionali, divieto di matrimoni misti fra ebrei e non ebrei, limiti al possesso di immobili e aziende, ecc.). || **razzialménte**, avv.

razziàre [da *razzia*; 1908] v. tr. (*io razzìo*) ● Fare razzia: *r. pecore e buoi* | ***R. un deposito di carne***, saccheggiarlo. SIN. Depredare, saccheggiare.

razziatóre [da *razziare*; 1918] agg.; anche s. m. (f. *-trice*) ● Che (o Chi) fa razzia.

razzièra [da *razzo* (*2*), sul modello di *mitragliera*; 1872] s. f. ● (*mil.*) Lanciarazzi a tubi multipli | Rampa di lancio mobile multipla.

†**razzimàto** [comp. di *r(i)-* e *azzimato*; 1525] agg. ● Azzimato.

razzișmo [fr. *racisme*, da *race* 'razza', col suff. *-isme* '-ismo'; 1935] s. m. *1* Ideologia che, in base a un'arbitraria gerarchia tra le popolazioni umane, attribuisce superiori qualità biologiche e culturali a una razza, affermando le necessità di conservarla pura e legittimando discriminazioni e persecuzioni nei confronti delle altre razze considerate inferiori. *2* (*est.*) Atteggiamento di disprezzo e intolleranza verso determinati individui o gruppi, basato su pregiudizi sociali radicati.

razzista [1935] **A** s. m. e f. (pl. m. *-i*) ● Aderente al razzismo. **B** agg. ● Razzistico.

razzistico [1955] agg. (pl. m. *-ci*) ● Del razzismo | Da razzista. || **razzisticaménte**, avv.

†**ràzzo** (**1**) ● V. *arazzo.*

♦**ràzzo** (**2**) (o **-zz-**) [lat. *rădiu(m)* 'raggio'; av. 1348] s. m. *1* Fuoco artificiale aereo, costituito da un tubo pieno di polvere pirica come carica propulsiva per reazione, recante un miscuglio di sostanze che, accendendosi gener. alla fine della combustione della carica propulsiva, producono luci colorate, detonazioni e sim. per spettacoli o segnalazioni: *accendere, lanciare, far partire un r.* | ***R. da segnalazione, da segnale***, quello che produce luce variamente colorata ed è usato, spec. di notte, per es. per segnalare la presenza e la posizione di persone in pericolo | (*fig.*) ***Partire a r., scappare, correre via come un r.***, a grande velocità. *2* (*aer.*) Endoreattore | ***Propulsione a r.***, propulsione a getto mediante un endoreattore | ***Proiettile a r.***, proiettile autopropulso a getto, usato in alcuni tipi di pistole a ripetizione. *3* Veicolo propulso da un endoreattore di qualsiasi tipo: *r. chimico, nucleare, elettrico, ionico, fotonico*; *r. monostadio, pluristadio* | ***R. vettore***, quello utilizzato nella ricerca spaziale per mettere in orbita o trasportare nello spazio un carico utile | ***R. antigrandine, grandinifugo***, che fa esplodere cariche esplosive nelle nubi o vi diffonde sostanze atte a impedire la formazione della grandine o a renderla meno nociva | ***R. sonda***, destinato a rilevare informazioni sulle regioni dell'atmosfera o dello spazio che attraversa | ***R. lanciatore***, vettore spaziale destinato alla messa in orbita di satelliti. *4* (*aer.*) Missile non guidato | (*impropr.*) Missile guidato | (*mil.*) Proiettile autopropulso non guidato che, dopo l'esaurimento della spinta impartita dall'endoreattore, percorre una traiettoria balistica: *r. terra-terra, aria-aria, aria-terra, terra-aria.* || **razzétto** (o **-zz-**), dim.

†**ràzzo** (**3**) ● V. *raggio.*

ràzzola [da *razzolare*] s. f. ● Rete a sacco provvista di ali, calata in cerchio in acqua bassa, per la cattura di pesci di fondo.

razzolaménto [av. 1944] s. m. ● (*raro*) Il razzolare.

razzolàre [da *razzare* 'grattare'; av. 1370] **A** v. intr. (*io ràzzolo*; aus. *avere*) *1* Raspare in terra come fanno i polli per trovare cibo: *le galline razzolavano nell'aia.* *2* (*est., scherz.*) Frugare, rovistare: *perché stai razzolando nel mio cassetto?* **B** v. tr. ● †Frugare, rovistare | (*lett.*) Raccogliere qua e là. || PROV. Chi di gallina nasce convien che razzoli; padre Zappata predicava bene e razzolava male.

razzolàta [1745] s. f. ● Il razzolare spec. un poco, in una sola volta e in fretta.

razzolatùra [av. 1638] s. f. *1* Raspatura di polli sul terreno. *2* (*fig., lett.*) Rimasuglio.

razzolio [av. 1712] s. m. ● Un razzolare frequente: *il r. delle galline nel pollaio.*

razzuffàrsi ● V. *riazzuffarsi.*

razzumàglia o (*raro*) **razzamàglia** [sovrapposizione di *marmaglia* a un **razzume*, da *razza* (*1*) (?); 1746] s. f. ● (*spreg.*) Marmaglia.

♦**re** (**1**) /re*/ [lat. *rēx*, nom., di orig. indeur.; sec. XIII] s. m. inv. *1* Sovrano di uno Stato retto a monarchia: *re assoluto, costituzionale*; *il re del Belgio* | ***Re Sole***, appellativo di Luigi XIV, re di Francia | ***Re dei Re, Re celeste, Re dei cieli***, Dio | ***Vita da re***, felice, comoda | ***Stare come un re***, stare molto comodo | (*spreg., fig.*) ***Re da operetta, da burla***, sovrano senza autorità. SIN. Monarca. **2** Persona dotata di particolari qualità che la fanno eccellere in qualche campo (*anche iron.*): *è il re dei cantanti; il re del petrolio; il re dei mascalzoni*. **3** Animale che supera gli altri per forza o bellezza: *il leone è il re degli animali* | Ciò che presenta particolari caratteristiche di grandezza o qualità: *il Po è il re dei fiumi italiani*. **4** La più alta figura, come numero, delle carte da gioco: *re di picche, di quadri; re di coppe, di bastoni*. **5** Il pezzo principale nel gioco degli scacchi: *dare scacco matto al re*. **6** Il birillo più grosso e di maggior valore. **7** †Chi presiede un banchetto, un convito, un'adunanza: *restava solamente al re di dover novellare* (BOCCACCIO). **8** †Signore, potente. **9** (*zool.*) ***Re di aringhe***, chimera | ***Re dei granchi***, grande crostaceo commestibile che vive nei mari freddi dell'Alaska (*Paralithodes camtschatica*) | ***Re di quaglie***, uccello dei Gruiformi, dal colore simile alla quaglia, di passo in Italia (*Crex crex*) | ***Re di triglie***, piccolo pesce osseo marino dei Perciformi, di colore scarlatto con grossa testa dagli occhi voluminosi, ampia bocca, corpo compresso (*Apogon imberbis*). || PROV. In casa sua ciascuno è re. || **reino**, dim. | **reùccio**, dim. (V.) (V. nota d'uso ACCENTO).

†**re** (**2**) /rɛ*/ [vc. dotta, lat. *rēs* 'cosa', di orig. indeur.; sec. XIV] s. f. solo sing. ● (*raro*) Bene, patrimonio: *ebbe ad avere cura della re famigliare e della re pubblica* (BOCCACCIO).

re (**3**) /rɛ*, rɛ/ [lettere iniziali della seconda parte del primo verso (*Ut queant laxis resonare fibris*) dell'inno a S. Giovanni, scelto da Guido d'Arezzo a fondamento della scala musicale; av. 1527] s. m. inv. ● (*mus.*) Seconda nota della scala musicale di *do* (V. nota d'uso ACCENTO).

re- /re/ [lat. *re-*, unico pref. di area italica (senza altre corrispondenze), con vari sign.: movimento all'indietro, ritorno ad uno stato precedente, poi atto ripetuto o in senso contrario, quindi negativo] pref. di verbi e loro derivati ● Esprime soprattutto ripetizione di un'azione, anche in senso contrario: *reiterare, reagire, reazione, respingere* | V. anche *ri-*.

-rèa [dal gr. *rêin* 'scorrere, fluire', di orig. indeur.] secondo elemento (con *r* iniziale sempre raddoppiata) ● In parole composte della terminologia medica, indica eccesso di produzione, secrezione patologica di umori in genere indicati dal primo elemento compositivo: *diarrea, gonorrea, leucorrea, scialorrea*.

reacher /ingl. 'ɹiːtʃəɹ/ [vc. ingl., dal v. *to reach* 'navigare al traverso'] s. m. inv. ● (*mar.*) Grande genoa in tessuto leggero, per andature al traverso.

readership /'riderʃip, ingl. 'ɹiːdəɹʃɪp/ [vc. ingl., comp. di *reader* 'lettore' e del suff. *-ship*: V. *leadership*; 1987] s. f. inv. ● Complesso dei lettori di un quotidiano o di una rivista.

reading /'ridin(g), ingl. 'ɹiːdɪŋ/ [vc. ingl., da *to read* 'leggere' (vc. germ. d'orig. indeur.); 1983] s. m. inv. **1** (*edit.*) Raccolta monografica di più passi di autori diversi, tratti da opere già pubblicate, su uno specifico argomento, spec. di carattere scientifico. **2** Lettura pubblica di componimenti poetici, spec. compiuta dallo stesso autore.

ready /ingl. 'ɹɛdi/ [vc. ingl., propr. 'pronto!'; 1905] inter. ● (*sport, disus.*) Nel tennis, avvertimento di essere pronto a iniziare il gioco, rivolto dal ricevitore al battitore.

ready made /ingl. 'ɹɛdi 'meɪd/ [loc. ingl., propr. 'fatto (*made*) per essere pronto (*ready*)' per la vendita o l'uso, senza molti interventi; 1966] **A** loc. sost. m. inv. ● Oggetto di uso quotidiano che, tolto dal suo contesto abituale, viene provocatoriamente presentato al pubblico come il frutto di un'esperienza creativa, senza alcun intervento su di esso da parte dell'artista | Corrente artistica del Novecento i cui aderenti espongono tali oggetti. **B** loc. agg. inv. **1** (*spreg.*) Detto di prodotto standardizzato, privo di caratteristiche originali. **2** Detto di prodotto pronto per l'uso: *abito ready made*.

reaganismo /rega'nizmo/ [1984] s. m. ● Teoria e prassi governativa di R. W. Reagan (presidente degli Stati Uniti negli anni 1981-88), basata su un ritorno ai valori pionieristici e patriottici della vecchia America, ma soprattutto su un radicale programma di liberalizzazione dei mercati e parallela riduzione delle spese assistenziali dello Stato.

reagentàrio [da *reagente*; 1884] s. m. ● (*chim.*) Insieme dei reagenti impiegati in un laboratorio di analisi chimiche, biologiche e sim. | (*est.*) Il mobile, spec. scaffale, che li contiene.

reagènte [1804] **A** part. pres. di *reagire*; anche agg. ● Nei sign. del v. **B** s. m. ● Sostanza che entra in una reazione chimica. SIN. Reattivo.

reagibilità s. f. ● (*chim.*) Reattività.

reagina [da *reagire*, poiché coinvolta nelle reazioni allergiche, col suff. *-ina*] s. f. ● (*biol.*) Anticorpo appartenente alle immunoglobuline della classe E, implicate nelle reazioni di natura allergica.

reagire o †**riagire** [comp. di *re-* e *agire*; 1766] v. intr. (*io reagisco, tu reagisci*; aus. *avere*) (assol.; + *a*) **1** Rispondere con un'azione propria a una violenza, a un'offesa, o anche a una sconfitta, a un dolore e sim.: *restare senza r.; non lasciarti andare, cerca di r.; r. alle insolenze di qlcu.* SIN. Opporsi, ribellarsi. **2** Rispondere a un determinato stimolo: *l'organismo ha reagito bene alla terapia*. **3** Prender parte a una reazione chimica.

reàl /re'al, *port.* *rɨ'jał, ʀjau/ [vc. port., propr. 'reale', già unità monetaria brasiliana prima del 1942] s. m. inv. (pl. port. *reais*) ● (*econ.*) Unità monetaria circolante in Brasile. CFR. Cruzeiro.

♦**reàle** (**1**) [dal lat. *rēs* 'cosa'. V. *re* (*2*); 1308] **A** agg. **1** Che ha un'effettiva esistenza: *oggetto r. e non immaginario*; CFR. Virtuale | Autentico, vero: *i reali motivi di un comportamento; vorrei conoscere le sue reali intenzioni* | ***Un fatto r.***, veramente accaduto | (*raro*) ***Significato r.***, non metaforico. SIN. Vero. CONTR. Illusorio. **2** (*econ.*) ***Reddito, salario r.***, valutato in termini di potere d'acquisto. CFR. Nominale. **3** (*dir.*) Inerente a una cosa: *contratto r.* | ***Diritto r.***, rapporto giuridico che consente a un soggetto di soddisfare un proprio interesse direttamente sopra un bene determinato | ***Azione r.***, a tutela di un diritto reale | ***Garanzia r.***, quella che vincola dati beni del debitore a favore di un creditore con preferenza rispetto ad altri | ***Offerta r.***, eseguita con la materiale consegna al creditore delle cose dovute | ***Imposta r.***, che colpisce le singole ricchezze indipendentemente dalla situazione economica del soggetto cui appartengono. **4** (*mat.*) Detto di numero razionale o irrazionale | Detto di funzione a valori nel campo dei numeri reali. || **realménte**, avv. In modo reale, effettivo e non immaginario: *raccontare una vicenda realmente accaduta; sono realmente dispiaciuto*. **B** s. m. solo sing. ● Ciò che esiste veramente: *la complessità del r. spesso ci spinge al sogno*. SIN. Vero. CONTR. Ideale, immaginario.

♦**reàle** (**2**) [ant. fr. *reial*, dal lat. *regāle(m)* 'regale'; sec. XIII] **A** agg. **1** Del re, attinente al re: *palazzo, manto, corona r.; decreto r.* | ***La coppia r.***, il re e la regina | (*raro*) Regio, governativo: *la guardia r.* **2** (*fig.*) †Degno di un re per la magnificenza o l'aspetto pieno di dignità | †***Alla r.***, con magnificenza regale. SIN. Regale. **3** (*lett., tosc.*) Sincero, schietto. **4** (*fig.*) †Principale, maggiore: *porta r.* | †***Pilota r.***, primo pilota. **5** (*est.*) Detto di tutto ciò che si distingue per le più alte qualità nel proprio ambito: *artiglieria, fortificazione r.; aquila r.* | ***Pasta r.***, per dolci, compatta, a base di mandorle pestate e zucchero, o miele, legati con farina e chiare d'uova montate; per dolci, molto soffice, a base di rossi d'uova, chiare montate e poca farina; per minestra, insieme di pallottoline leggere di pasta all'uovo, che si cuociono e mangiano nel brodo caldo | ***Scala r.***, nel gioco del poker, sequenza di cinque carte dello stesso seme, in ordine progressivo. || **realménte**, avv. **1** †In modo regale, degno di un re. **2** (*lett., tosc.*) Sinceramente, lealmente. **B** s. m. pl. **1** La coppia formata dal re e dalla regina: *la folla attendeva l'arrivo dei reali*. **2** †Dinastia, stirpe, famiglia reale.

reàle (**3**) [sp. *real* 'regale', cioè moneta fatta coniare dal re] s. m. ● Moneta d'argento coniata per la prima volta da Pietro I di Castiglia, di vario valore secondo le epoche | ***R. d'oro***, moneta fatta coniare da Carlo I d'Angiò nella zecca di Barletta dal 1266 al 1278.

reàle (**4**) [da *reale* (*2*), perché carne scelta] s. m. ● Nell'Italia settentrionale, polpa bovina scelta, sotto la coppa, usato spec. per la preparazione di arrosti, spezzatini e bolliti.

realgàr [fr. *réalgar*, dall'ar. *rahğ al-ğār* 'polvere di miniera'; 1819] s. m. ● (*miner.*) Solfuro di arsenico, rosso, che si trova in piccoli cristalli o in masse cristalline compatte.

realismo [da *reale* (*1*); 1870] s. m. **1** Ogni dottrina filosofica che riconosce all'universo un'esistenza reale indipendente dall'attività del soggetto. CONTR. Idealismo. **2** Dottrina filosofica secondo cui gli universali esistono contemporaneamente come concetti e come essenze necessarie delle cose. CONTR. Nominalismo. CFR. Concettualismo. **3** Senso concreto della realtà di chi si basa soprattutto sull'esperienza pratica e non cede a idealismi, fantasie, illusioni: *decidere del proprio futuro con lucido, sano r.* CONTR. Idealismo. **4** Nelle arti figurative e nella letteratura, corrente che si prefigge una rappresentazione obiettiva della realtà: *il r. di Zola; il r. del Caravaggio* | ***R. socialista***, quello particolarmente accentuato in senso didattico e celebrativo propugnato nell'Unione Sovietica durante l'era staliniana.

realista (**1**) [da *reale* (*1*); 1872] agg. e s. m. e f. (pl. m. *-i*) **1** Che (o Chi) segue o si ispira al realismo. **2** Correntemente, che (o chi) prende in considerazione soprattutto gli aspetti reali, concreti di qlco. CONTR. Idealista.

realista (**2**) [da *reale* (*2*); 1644] agg. e s. m. e f. (pl. m. *-i*) ● Sostenitore di un sovrano spodestato e di una monarchia | (*fig.*) ***Essere più r. del re***, difendere qlco. con più impegno e rigore dei diretti interessati.

realistico [da *realista* (*1*); 1884] agg. (pl. m. *-ci*) **1** Che considera soprattutto la realtà materiale e si fonda su essa | ***Atteggiamento r.***, fondato sulla realtà delle cose. CONTR. Idealistico. **2** Detto di ciò che concerne il realismo filosofico e artistico e i suoi seguaci. || **realisticaménte** avv.

realità [da *reale* (*1*); 1540] s. f. **1** (*raro*) Valore reale | Realtà. **2** (*dir.*) Inerenza di un diritto a un bene: *r. dell'ipoteca, del pegno*.

realizzàbile [1832] agg. **1** Che può essere realizzato: *un desiderio r.* SIN. Attuabile, effettuabile. **2** Che si può trasformare in moneta: *è un bene r.*

realizzabilità [da *realizzabile*; 1956] s. f. ● Condizione di ciò che è realizzabile.

♦**realizzàre** [fr. *réaliser*, da *réel* 'reale (1)', da cui dipende direttamente anche l'ingl. *to realize*, passato in it. col sign. (3); 1759] **A** v. tr. **1** Rendere reale qlco. attuandola praticamente: *r. una promessa, uno scopo; ho realizzato il mio sogno di viaggiare*. **2** Nel calcio e sim., segnare: *r. un gol, un canestro*. **3** (*fig.*) Comprendere esattamente, in tutta la sua portata: *r. l'importanza di un avvenimento*. **4** Ridurre, convertire in moneta, in denaro contante: *r. titoli, crediti*. **B** v. intr. (aus. *avere*) ● Guadagnare. **C** v. intr. pron. ● Attuarsi nella realtà: *ha pensato di r. il capitale di una pensione* (GIACOSA). SIN. Avverarsi. **D** v. rifl. ● Attuare concretamente le proprie aspirazioni e sentirsi appagato e soddisfatto di ciò: *realizzarsi nel lavoro*.

realizzatóre [1919] s. m. (f. *-trice*) **1** Chi realizza. **2** (*sport*) Chi segna un gol, un canestro e sim.

♦**realizzazióne** [fr. *réalisation*, da *réaliser* 'realizzare'; 1797] s. f. **1** Attuazione pratica di qlco.: *la r. delle sue speranze è andata delusa; quell'industria è una r. della tecnica più aggiornata* | ***R. scenica***, messa in scena teatrale. **2** (*mus.*) Complemento di un basso o di altra parte di un pezzo con gli accordi relativi.

realizzo [da *realizzare*; 1901] s. m. **1** Riscossione, conversione in denaro di titoli e sim. **2** Vendita forzata di merci, a prezzo inferiore a quello corrente: *r. a prezzo di costo*.

Realpolitik /ted. re,alpoli'tiːk/ [vc. ted., propr. 'politica (*Politik*) reale (*real*, nel senso di 'realistico')'; 1918] s. f. inv. (pl. ted. *Realpolitiken*) ● (*st.*) Politica fondata su criteri di duro realismo, seguita nella seconda metà del XIX sec. dal cancelliere tedesco O. von Bismarck (1815-1898) | (*est.*) Prassi politica realistica che, prescindendo da astratte questioni ideologiche o morali, bada a interessi concreti e immediati, spec. nell'ambito dei rapporti internazionali.

♦**realtà** [da *reale* (*1*); av. 1400] s. f. **1** Ciò che ha un'esistenza reale: *rappresentare in un libro la r. interna, affettiva; la r. è dura e pesante e vuol altro che buona volontà di individui e illusioni di poeti* (CROCE) | ***R. esterna***, tutto ciò che ci circonda | La vita concreta: *affrontare la r.; la dura r. del lavoro; mancare di contatto con la r.* **2** Condizione di ciò che è reale, vero, materiale, esistente o concreto: *illusioni prive di r.* | Verità reale: *verificare la r. di un fatto* | ***In r.***, in effetti, veramente, effettivamente; però, invece. **3** Insieme di elementi che compongono e caratterizzano un luogo, un ambiente, una comunità e sim.: *la r. locale*; *la r. del nostro quartiere*; la scuola e le sue realtà. **4** (*elab.*) ***R. virtuale***, tecnica di simulazione in cui l'utilizzatore, grazie a speciali dispositivi (caschi con visiere, tute, guanti) dotati di sensori collegati a un calcolatore elettronico, ha una percezione globale e immediata dell'ambiente simulato con cui è in grado di interagire senza barriere spaziali e temporali.

real time /riəl'taim, *ingl.* ˌɹiəl'tʰaɪm/ [1992] loc. sost. m. inv. ● (*elab.*) Tempo reale.

reàme [ant. fr. *reame*: sovrapposizione di *reial* 'reale (2)' al lat. *rēgimen* 'governo, regime'; 1294] s. m. ● (*lett.*) Regno.

†**reassùmere** ● V. *riassumere*.

reatino [dal lat. *Reatīnu(m)* 'di Rieti (*Reāte*)'] **A** agg. ● Di Rieti. **B** s. m. (f. *-a*) ● Abitante, nativo di Rieti. SIN. Rietino.

reàto [vc. dotta, lat. tardo *reātu(m)*, da *rēus* 'reo'; av. 1311] s. m. **1** (*dir.*) Infrazione di una norma penale. SIN. Illecito penale | ***R. aberrante***, quando per errore si cagiona offesa a persona diversa da quella voluta o un evento diverso da quello voluto | ***R. complesso***, i cui elementi costitutivi o le cui circostanze aggravanti sono fatti che costituirebbero, per sé stessi, reato | ***R. proprio***, quando la legge esige per la sua esistenza una determinata qualifica soggettiva dell'agente | ***R. impossibile***, quando per l'inidoneità dell'azione o l'inesistenza dell'oggetto di essa è impossibile l'evento dannoso o pericoloso costituente il reato | ***R. di pericolo***, per il quale è sufficiente che il bene giuridico tutelato venga posto in pericolo, anche se non leso | ***R. consumato***, del quale sono presenti tutti gli elementi costitutivi richiesti dalla legge | ***R. tentato***, compimento di atti idonei e diretti in modo non equivoco a commettere un reato; tentativo di reato | ***Corpo del r.***, oggetto che ha permesso l'esecuzione del reato o anche il bottino derivatone. **2** (*iron.*) Mancanza più o meno grave: *oggi non ho studiato, ma spero non sia un r.*

reattànza [da *reattivo*, sul modello di *induttanza*; 1924] s. f. **1** (*elettr.*) La componente immaginaria dell'impedenza, che percorsa da corrente provoca caduta di tensione ma non determina dissipazione di energia | ***R. capacitiva***, quella offerta alla corrente alternata da una capacità | ***R. induttiva***, quella offerta alla corrente alternata da un'induttanza. **2** (*psicol.*) Stato emozionale di chi, avendo subìto una restrizione della propria libertà personale, tende a recuperarla.

reattino [da *re* (*1*), col doppio suff. dim. *-atto* (proprio dei piccoli animali) e *-ino*; 1561] s. m. ● (*zool.*) Scricciolo.

reattività [1930] s. f. **1** Disposizione a reagire a stimoli o sim. **2** (*chim.*) Attitudine o tendenza di una specie chimica a reagire, in determinate condizioni o nell'ambiente. SIN. Reagibilità.

reattivo [fr. *réactif*, sovrapposizione di *réagir* 'reagire' ad *actif* 'attivo'; 1759] **A** agg. **1** Che ha capacità o disposizione a reagire. **2** (*elettr.*) Relativo alla reattanza o che la possiede | ***Potenza reattiva***, potenza elettrica assorbita dalla reattanza. **3** Detto di alcuni disturbi psichici dovuti spec. a fattori ambientali. || **reattivamente** avv. **B** s. m. **1** Composto specifico che serve nell'analisi chimica per il riconoscimento o il dosaggio di altre sostanze. SIN. Reagente. **2** (*psicol.*) ***R. mentale***, test mentale.

reattóre [fr. *réacteur*, sovrapposizione di *réagir* 'reagire' ad *acteur* 'attore, che agisce'; 1946] s. m. **1** (*aer.*) Motopropulsore costituito essenzialmente da un tubo in cui materie o dispositivi vari accelerano violentemente masse fluide, che vengono poi espulse; la sua spinta è costituita dalle reazioni che le masse contrappongono agli acceleratori | (*est.*) Aeroplano fornito di tale motopropulsore. **2** ***R. nucleare***, ***r. a fissione***, dispositivo che utilizza una reazione nucleare a catena per fornire i prodotti della reazione assieme ad energia termica. SIN. Pila nucleare, pila atomica | ***R. a fusione***, dispositivo in grado di produrre energia, in maniera controllata, sfruttando il fenomeno della fusione nucleare. ➡ ILL. p. 2137 SCIENZE DELLA TERRA ED ENERGIA. **3** (*elettr.*) Dispositivo circuitale che ha prevalentemente reattanza | Bobina in serie nel circuito di un tubo fluorescente, che crea le condizioni favorevoli per l'innesco e limita quindi la corrente assorbita inizialmente dalla lampada. **4** Apparecchiatura nella quale avviene una reazione chimica.

Réaumur /*fr.* reo'myːʀ/ [dal n. del fisico fr. R.-A. Ferchault de *Réaumur* (1683-1757)] agg. inv. ● (*fis.*) Detto di scala termometrica che attribuisce valore 0 alla temperatura del ghiaccio fondente e valore 80 a quella dell'acqua bollente alla pressione di 1 atmosfera | ***Grado R.***, grado relativo a detta scala. SIMB. °r. | ***Termometro R.***, quello con scala Reaumur. CFR. Scala.

reazionàrio [fr. *réactionnaire*, da *réaction* 'reazione'; 1855] agg.; anche s. m. (f. *-a*) ● Che (o Chi) auspica il ritorno a sistemi politici autoritari | (*est.*) Retrogrado, oscurantista, ostile al progresso.

reazionarìsmo [1902] s. m. ● Atteggiamento proprio del reazionario.

♦**reazióne** o †**riazióne** [sovrapposizione di *reagire* ad *azione*; av. 1348] s. f. **1** Il reagire | Risposta, replica ad un'azione ritenuta offensiva, violenta o comunque negativa: *la r. della folla fu incontenibile*; *la ricerca della leggerezza come r. al peso di vivere* (CALVINO). **2** (*polit.*) Complesso di iniziative tese a ristabilire un sistema politico autoritario: *la r. e la rivoluzione* | (*est.*) Complesso di forze, tendenze, correnti, movimenti e sim. di aperto carattere conservatore e fautore di regimi e strutture politiche autoritarie | (*est.*) Insieme di persone reazionarie. **3** (*est.*, *gener.*) Posizione ideologica o atteggiamento pratico dichiaratamente ostile al progresso. SIN. Oscurantismo. **4** (*fis.*) Azione con cui un corpo risponde a quella da cui è sollecitato: *ad ogni azione corrisponde una r. uguale e contraria* | ***R. vincolare***, forza che, sostituita al vincolo nel punto di applicazione del medesimo, ne produce gli stessi effetti meccanici sul corpo | ***A r.***, detto di dispositivo, motore, aereo e sim. che sfrutta il principio della reazione | ***Aereo a r.***, aviogetto | ***Motopropulsore a r.***, reattore | ***Proiettile a r.***, razzo. **5** ***R. chimica***, o (*assol.*) ***reazione***, trasformazione di una o più sostanze in altre chimicamente diverse | ***R. (chimica) a catena***, serie di reazioni in ognuna delle quali si formano prodotti necessari per lo sviluppo di quelle successive. **6** ***R. nucleare***, trasformazione di uno o più nuclei atomici in altri nuclei diversi | ***R. di fusione***, in cui due nuclei leggeri si uniscono a formarne uno più pesante | ***R. di fissione***, in cui un nucleo pesante si spezza in due nuclei più leggeri | ***R. (nucleare) a catena***, serie di reazioni nucleari di fissione provocate da neuroni prodotti in reazioni precedenti | (*fig.*) ***R. a catena***, serie di eventi ognuno dei quali è causato da un evento precedente | ***R. fotonucleare***, reazione nucleare provocata da un fotone. SIN. Fotodisintegrazione | ***R. termonucleare***, reazione nucleare che può avvenire solo ad altissima temperatura. **7** (*biol.*) Ogni fenomeno di risposta ad uno stimolo | ***Tempo di r.***, l'intervallo tra la presentazione di uno stimolo e l'inizio della risposta da parte del soggetto che lo riceve | ***R. antigene-anticorpo***, unione tra un antigene (ad es. un microrganismo) e il suo anticorpo specifico, con formazione di un immunocomplesso; in vivo, nell'uomo ha scopo difensivo e talvolta può determinare fenomeni allergici; in vitro, viene impiegata per la sierodiagnosi.

rebbiàre [da *rebbio*; av. 1756] v. tr. (*io rébbio*) ● Percuotere coi rebbi della forca | (*est.*) Bastonare.

rebbiàta [sec. XIV] s. f. ● (*raro*) Colpo dato coi rebbi della forca | (*est.*) Colpo dato con un bastone o sim.

rébbio [francone *ripil* 'pettine coi denti di ferro' (?); 1585] s. m. ● Ciascuna delle punte di una forca, di una forchetta, di un diapason e sim.

†**rebellàre** e *deriv.* ● V. *ribellare* e *deriv.*

†**rebèlle** ● V. *ribelle*.

†**rebèllo** ● V. *ribelle*.

reboànte o (più diffuso ma etimologicamente meno corretto) **roboànte** [vc. dotta, lat. *reboănte(m)*, part. pres. di *reboāre* 'rimbombare, rintronare', comp. di *re-* 'ri-' e *boāre* 'risonare'. V. *boato*; 1872] agg. **1** Che rimbomba: *voce, suono r.* **2** (*fig.*, *spreg.*) Di grande effetto ma privo di contenuto: *tenere una r. concione*; *usare una r. oratoria*; *declamare versi reboanti*.

reboàto [vc. dotta, lat. tardo *reboātu(m)*, da *reboāre*. V. *reboante*; av. 1406] s. m. ● (*lett.*) Sonorità eccessiva spec. dilatata dall'eco.

rebùffo [da *buffare* 'soffiare, sputar fuori'. Cfr. *sbuffo*; 1835] s. m. **1** Piccolo cannone, corto ma di grosso calibro, in uso fino al XVII sec. **2** (*mar.*) †Inversione di una manovra | ***Ormeggiare di r.***, mandare prima in terra tutta la gomena e poi tirarne a bordo la cima.

rèbus [lat. *rēbus* 'per mezzo di cose, di oggetti', abl. pl. di *rēs* 'cosa'. V. *re* (*2*); 1869] s. m. inv. **1** Gioco enigmistico in cui la frase da indovinare è suggerita da figure, lettere, note musicali, segni matematici e sim. **2** (*fig.*) Persona o cosa incomprensibile: *quel bambino per me è un r.*; *la sua improvvisa venuta resta un r.* SIN. Enigma.

rèbus sic stàntibus [lat. 'stando così le cose'] loc. avv. ● Stando così le cose, in queste condizioni.

rebussìstico [da *rebus*; 1891] agg. (pl. m. *-ci*) ● Relativo a rebus | (*scherz.*) Enigmatico, incomprensibile.

†**recadìa** ● V. †*ricadia*.

recalcitrànte o (*lett.*) **ricalcitrànte** part. pres. di *recalcitrare*; anche agg. ● Nei sign. del v. | (*fig.*) Restio, riluttante: *è un po' r. alla nostra proposta*.

recalcitràre o (*lett.*) **ricalcitràre** [vc. dotta, lat. *recalcitrāre*, comp. di *re-* e *calcitrāre*; av. 1306] v. intr. (*io recàlcitro*; aus. *avere*) **1** Tirare calci o indietreggiare impuntandosi, detto di cavalli, muli, asini e sim. **2** (*fig.*) Opporsi, fare resistenza: *recalcitrava di fronte alla disciplina militare* | (*est.*) Riluttare, esitare: *recalcitrava, poi si è deciso*.

†**recaménto** [1505] s. m. ● Modo, atto del recare.

recanatése [1615] **A** agg. ● Di, relativo a Recanati. **B** s. m. e f. ● Abitante di Recanati | ***Il R.***, (*per anton.*) il poeta Giacomo Leopardi (1798-1837).

recànte part. pres. di *recare*; anche agg. ● (*lett.*) Nei sign. del v. | Che ha, che contiene: *sigillo r. un'impronta*.

recapitàre o (*raro*) **ricapitàre** (**1**) [comp. di *re-* e *capitare* 'concludere, portare a capo'; 1476] **A** v. tr. (*io recàpito*) ● Portare e consegnare qlco. ad un indirizzo o ad una persona: *r. una lettera, un pacco*; *ho fatto r. il plico a casa tua*; *recapiteranno i documenti direttamente a te, nelle tue mani.* **B** v. intr. (aus. *avere*) ● (*lett.*) Avere recapito: *per lo più recapitava da una famiglia* (NIEVO).

recàpito o (*raro*) **ricàpito** [da *recapitare*; 1525] s. m. **1** Luogo dove si può trovare qlcu. o gli si possono far pervenire lettere e sim.: *avere il r. presso un amico, un albergo*; *cambiare, mutare r.* **2** (*raro*) Consegna di lettere e sim.: *occuparsi del r. di un pacco*; *il r. è avvenuto in ritardo* | (*filat.*) Francobollo particolare usato per affrancare la corrispondenza da recapitare in città a mezzo di agenzie private autorizzate. **3** ***R. marittimo***, l'insieme dei documenti di registro, atti di bordo, atti di carico e doganali, di cui ogni nave mercantile deve essere in regolare possesso. **4** †Offerta di matrimonio | †***Dare r. a una ragazza***, maritarla convenientemente. **5** †Impiego, sistemazione | †***Trovar r.***, collocarsi, sistemarsi.

recapitolàre ● V. *ricapitolare*.

♦**recàre** [got. *rikan* 'ammucchiare, ammassare'; 1238] **A** v. tr. (*io rèco, tu rèchi*) **1** Portare, condurre: *O tu che ne la fortunata valle / … / recasti già mille leon per preda* (DANTE *Inf.* XXXI, 115-118); *r. un dono a qlcu.*; *r. qlco. in dono a qlcu.*; *r. in dote al marito una considerevole somma.* **2** Avere su di sé: *il foglio reca in calce la firma del ministro*; *la facciata dell'edificio reca ancora le tracce della guerra.* **3** Arrecare, causare, produrre: *l'alluvione ha recato gravissimi danni*; *non vorrei recarvi disturbo o molestia*; *non sai quale gioia mi rechi con questa notizia.* **4** (*lett.*) Riportare, ridurre: *r. qlco. alla memoria, alla mente, in proprio potere*; *r. qlcu. in schiavitù, in servitù.* **5** †Indurre: *se io la posso r. a fare i piacer miei* (BOCCACCIO). **6** (*raro, lett.*) Tradurre. **7** (*lett.*) Attribuire: *r., recarsi qlco. a lode, ad onore, a biasimo, a giustificazione* | †***R. qlcu. a noia, a sospetto***, esserne annoiati, insospettiti e sim. **B** v. intr. pron. **1** Andare: *tra qualche giorno dovrò recarmi in città e ti porterò con me*; *recarsi in ufficio, a scuola, a far visita a qlcu., a teatro, al cinema.* **2** †Indursi.

†**recàta** [f. sost. di *recato*; 1337] s. f. **1** Trasporto. **2** Proposta | Reclamo. **3** Respiro affannoso di moribondo.

recàto part. pass. di *recare*; anche agg. ● Nei sign. del v.

†**recatóre** agg.; anche s. m. (f. *-trice*) ● Che (o Chi) reca.

†**recàtto** ● V. *ricatto*.

récchia (1) [etim. incerta; av. 1912] **s. f.** ● Agnella che non ha partorito.

†**récchia** (2) ● V. *orecchio* nel sign. 1.

recchióne o **orecchióne**, **ricchióne** [1918] **s. m.** ● (*region.*, *volg.*) Omosessuale, pederasta.

recèdere [vc. dotta, lat. *recēdere*, comp. di *re-* e *cēdere* 'ritirarsi'. V. *cedere*; 1481] **v. intr.** (**pass. rem.** *io recedètti* (o *-étti*), o *recedéi*, †*recèssi*, *tu recedésti*; **part. pass.** *recedùto*, raro lett. *recèsso*; aus. *avere*, raro *essere*) **1** (*raro*) Arretrare, indietreggiare: *r. di un passo, di qualche metro.* **2** (*fig.*) Tirarsi indietro: *r. da una decisione, da un impegno.* **3** (*dir.*) Esercitare il recesso: *r. dal rapporto di lavoro.*

recensióne o **recènsio** nel sign. 2 [vc. dotta, lat. *recensiōne(m)* 'rassegna, ricognizione', da *recensēre* 'passare in rassegna'. V. *recensire*; 1816] **s. f.** **1** (*giorn.*) Esame critico, sotto forma di articolo, di un'opera letteraria di recente pubblicazione, con giudizio sul suo valore e pregio | (*est.*) Analogo commento di spettacoli teatrali e cinematografici, concerti ed esecuzioni musicali, trasmissioni televisive, mostre d'arte. **2** (*letter.*) In filologia, scelta dell'esatta lezione di un testo fra tutte le varianti, manoscritte e a stampa, che ne sono state raccolte al fine di costruirne l'edizione critica.

recensìre [vc. dotta, lat. *recensēre* 'passare in rassegna', comp. di *re-* e *censēre* 'valutare'. V. *censire*; 1905] **v. tr.** (*io recensìsco, tu recensìsci*) ● Sottoporre a recensione. **SIN.** Criticare.

recensóre [da *recensire*; 1891] **s. m.** (f. *recensitrice*, raro *-a*) ● Chi effettua la recensione.

♦**recènte** [vc. dotta, lat. *recĕnte(m)*, di etim. discussa: comp. di *re-* e *-cent*, da una radice indeur. che significa 'cominciare'; av. 1292] **A agg.** **1** Fatto o accaduto da poco: *edificio r.*; *scoperte recenti*; *un caso piuttosto r.* | *Di r.*, poco tempo fa, negli ultimi tempi: *è partita di r.* **CFR.** ceno- (1), -cene, neo-. **2** †Fresco: *... e le caverne ne' monti ..., essendo esse e per ombra e per li venti recentissime, cercavano* (BOCCACCIO). || **recenteménte**, **avv.** Poco tempo fa; †subito. **B avv.** ● †Recentemente.

recentìssime [da (*notizie*) *recentissime*, superl. di *recente*; 1858] **s. f. pl.** ● (*giorn.*) Le ultime notizie. **SIN.** Ultimissime | (*est.*) Sezione di un giornale o parte del telegiornale e del giornale radio in cui vengono trasmesse tali notizie.

recenzióre o **recenzióre** [vc. dotta, lat. *recentiōre(m)*, compar. di *rĕcens*, genit. *recĕntis* 'recente'; 1950] **agg.** ● (*raro*) Nel linguaggio dotto, più recente: *edizione r.*

†**recèpere** ● V. *ricevere.*

recepiménto [1959] **s. m.** ● Il recepire, il fare proprio: *il r. della normativa europea nell'ordinamento italiano.* **SIN.** Accoglimento.

recepìre [lat. *recĭpere*. V. *recepere*; 1959] **v. tr.** (*io recepìsco, tu recepìsci*) **1** Accogliere, ricevere, far proprio: *Leopardi recepì la filosofia dell'Illuminismo* | Capire, rendersi conto: *il Governo ha recepito le istanze dei lavoratori.* **2** (*dir.*) Accogliere norme o atti posti in essere da altri ordinamenti o da altri soggetti.

reception /re'sɛpʃon, *ingl.* ɹɪ'sɛpʃn̩/ o **réception** /*fr.* ʀesɛp'sjõ/ [vc. ingl., dal lat. *receptiōne(m)* 'ricevimento', tramite il fr.; 1929] **s. f. inv.** ● Ufficio di accoglienza e accettazione di clienti in alberghi, campeggi, congressi, aziende e sim. | Portineria d'albergo.

recèptionist /re'sɛpʃonist, *ingl.* ɹɪ'sɛpʃnɪst/ [vc. ingl., da *reception* 'ricevimento, il ricevere' (stessa etim. dell'it. *ricezione*); 1967] **s. m. e f. inv.** ● Chi, in un'azienda, in un albergo e sim., ha l'incarico di ricevere i clienti, di rispondere al telefono o di fornire informazioni.

rècere [lat. *reĭcere* 'scagliare indietro, respingere', comp. di *re-* e *iăcere* 'gettare'; 1364] **v. intr.** (oggi difett. usato spec. alla terza pers. sing. dell'indic. **pres.** *rèce*, all'inf. **pres.** e in qualche forma dei tempi composti; **part. pass.** *reciùto*; aus. *avere*) ● (*tosc.*, *lett.*) Vomitare | (*fig.*) *R. un segreto*, manifestarlo | *R. l'anima*, vomitare tutto | (*fig.*) *Far r.*, dare nausea, fare schifo.

recessióne [vc. dotta, lat. tardo *recessiōne(m)*, da *recēdere*; 1640] **s. f.** **1** (*astron.*) *R. delle galassie*, reciproco allontanamento delle galassie con velocità proporzionali alle relative distanze. **2** (*fig.*) Ritiro, rinuncia. **3** (*econ.*) Temporaneo ristagno, rallentamento degli affari e dell'attività economica in genere, con effetti meno gravi e profondi di quelli derivanti da una vera e propria crisi.

recessionìstico **agg.** (pl. m. *-ci*) ● Che è proprio di un periodo di recessione economica.

recessività [da *recessivo*; av. 1970] **s. f.** ● (*biol.*) Tendenza di certi caratteri ereditari di rimanere latenti per ricomparire in alcuni discendenti.

recessìvo [dal lat. *recĕssum*, supino di *recēdere*; 1918] **agg.** **1** (*biol.*) Detto di carattere ereditario che si manifesta solo se l'individuo è omozigote, perché negli eterozigoti è sopraffatto dai caratteri dominanti. **2** (*econ.*) Relativo alla recessione. || **recessivaménte**, **avv.**

recèsso (1) [vc. dotta, lat. *recĕssu(m)*, da *recēdere*; av. 1342] **s. m.** **1** (*raro*) Il recedere | †Il riflusso della marea. **2** Parte o zona nascosta, solitaria, recondita (*anche fig.*): *penetrare nei recessi inesplorati della giungla*; *celare qlco. nei recessi della propria anima*; *il rimorso maturava nei recessi della sua coscienza*; *conosce anche i più intimi recessi del suo carattere.* **3** Atto giuridico con cui un soggetto di un rapporto giuridico dichiara di non volere più esserne parte: *r. da un contratto* | *R. dal processo*, desistenza dal perseguire in giudizio la propria pretesa | *R. attivo*, volontario abbandono criminoso da parte del reo che, portata a termine l'attività esecutiva del reato, agisce per impedire il verificarsi dell'evento | Nel diritto internazionale, uscita di uno Stato da una organizzazione internazionale. **4** (*med.*) Remissione.

recèsso (2) **part. pass.** di *recedere* ● (*raro*, *lett.*) Nei sign. del v.

†**recettàcolo** ● V. *ricettacolo.*

†**recettàre** ● V. *ricettare* (*1*).

†**recettatóre** ● V. *ricettatore.*

†**recettìbile** o †**ricettìbile** [vc. dotta, lat. tardo *receptĭbile(m)* 'recuperabile, intelligibile', da *recĕptus* 'recetto' (agg.)] **agg.** ● Atto a ricevere.

recettìvo e *deriv.* ● V. *ricettivo* e *deriv.*

recettìzio o **ricettìzio** [vc. dotta, lat. tardo *receptīciu(m)*, da *recĕptus* 'recetto'; 1744] **agg.** ● (*dir.*) Che produce i suoi effetti giuridici quando giunge a conoscenza del destinatario: *atto r.*

†**recètto** (1) [av. 1306] **part. pass.** di †*recepere*; anche **agg.** ● Nei sign. del v.

†**recètto** (2) ● V. *ricetto.*

recettóre o (*raro*) **ricettóre** [vc. dotta, lat. *receptōre(m)* 'riconquistatore, ricettatore', poi (lat. tardo) 'accoglitore', da *recĕptus*, part. pass. di *recĭpere* 'ricevere'; sec. XIV] **A s. m.** **1** Chi (o ciò che) riceve | (*fis.*) *R. di radioonde*, radioricevitore. **2** (*biol.*) Apparato od organo nervoso capace di reagire a stimoli specifici con una reazione caratteristica: *r. colinergico* | *Recettori alfa e beta adrenergici*, quelli con cui interagiscono la noradrenalina e l'adrenalina | *R. a distanza*, telecettore | *R. di pressione*, barocettore | *R. somatico*, ciascuno degli esterocettori o dei propriocettori | *R. termico*, termocettore. **3** (*biol.*) Gruppo molecolare di una cellula atto ad agire da anticorpo, unendosi al gruppo di una tossina destinato a fissare l'anticorpo. **B agg.** (f. *-trice*) ● Che riceve | (*biol.*) Atto a ricevere stimoli: *apparato, organo r.*; *cellule recettrici.*

recezióne ● V. *ricezione.*

recherche /*fr.* ʀə'ʃɛʀʃ/ [vc. fr., propr. 'ricerca' con diretto riferimento al capolavoro di M. Proust (1871-1922) *À la recherche du temps perdu*; 1985] **s. f. inv.** ● (*lett.*) Ricerca minuziosa e scrupolosa nei ricordi del proprio passato.

†**rechèrere** ● V. *richiedere.*

†**rechinàre** ● V. *richinare.*

recìdere o †**ricìdere** [vc. dotta, lat. *recīdere*, comp. di *re-* e *cāedere* 'tagliare'. V. *incidere*; av. 1292] **A v. tr.** (**pass. rem.** *io recìsi*, *tu recidésti*; **part. pass.** *recìso*) **1** Tagliare con un solo colpo: *r. l'erba con la falce, i rami con la scure* | *R. il capo*, mozzarlo | *R. un arto*, amputarlo. **2** (*raro*, *fig.*) Interrompere definitivamente, eliminare: *la tagliente definizione non recide i miei o i nostri dubbi* (PASCOLI). **3** †Attraversare. **B v. intr. pron.** ● (*raro*) Fendersi, tagliarsi, screpolarsi: *la seta si recide facilmente nelle pieghe*; *pelle che si recide con il freddo.*

†**recidiménto** **s. m.** ● Taglio.

†**reciditùra** [da *recidere*] **s. f.** ● Fenditura, taglio, intaccatura.

recidìva [da *recidivo*; av. 1696] **s. f.** **1** (*dir.*) Circostanza aggravante del reato che si applica a chi, dopo essere stato condannato definitivamente per un reato, ne commette un altro | *R. semplice*, quando il nuovo reato è commesso dopo aver subito la condanna per un altro | *R. aggravata*, quando il nuovo reato è della stessa indole o è stato commesso nei cinque anni dalla condanna precedente o durante o dopo l'esecuzione della pena | *R. reiterata*, quando il nuovo reato è commesso da chi è già recidivo. **2** (*med.*) Ricomparsa, spec. in forma più acuta, di una malattia già guarita. **CFR.** Ricaduta.

recidivànte [1959] **part. pres.** di *recidivare*; anche **agg.** ● Recidivo | (*med.*) Detto di processo morboso che si riacutizza: *calcolosi r.*

recidivàre [da *recidiva*, sul modello del fr. *récidiver*; av. 1468] **v. intr.** (aus. *avere*) **1** (*dir.*) Essere recidivo: *r. in un reato.* **2** Ricomparire, spec. in forma più acuta, detto di una malattia già guarita o in via di guarigione.

recidività [da *recidivo*; 1818] **s. f.** ● Condizione di chi (o di ciò che) è recidivo: *r. in un reato.*

recidìvo o †**ricidìvo** [vc. dotta, lat. *recidīvu(m)*, da *recĭdere* 'ricadere', comp. di *re-* e *cădere* 'cadere'; 1686] **agg.**; anche **s. m.** (f. *-a*) **1** Che (o Chi), dopo essere stato condannato irrevocabilmente per un reato, ne commette un altro: *imputato r.*; *reato commesso da un r.* **2** (*est.*) Che (o Chi) ripete più volte lo stesso errore, che ricade ripetutamente nella stessa colpa: *un ragazzo r. nella sua impertinenza*; *per i recidivi non vi saranno giustificazioni.* **3** (*med.*) Detto di chi ricade nella stessa malattia | Detto di malattia che si ripresenta. || **recidivaménte** **avv.**

recìngere o †**ricìgnere**, (*tosc.*) **ricìngere** [vc. dotta, lat. tardo *recĭngere*, comp. di *re-* e *cĭngere*; 1319] **v. tr.** (coniug. come *cingere*) ● Cingere tutto intorno: *r. una città di mura, di fortificazioni*; *r. un luogo con un reticolato, con una palizzata* | (*lett.*) Cingere: *e fa' che tu costui ricinghe / d'un giunco schietto* (DANTE *Purg.* I, 94).

recingiménto [1550] **s. m.** ● (*lett.*) Il recingere | Ciò che cinge, che circonda qlco.

recintàre [1892] **v. tr.** ● Circondare o chiudere con un recinto: *r. un podere, uno spiazzo, un pascolo.*

♦**recìnto** o (*lett.*) **ricìnto** [1546] **A part. pass.** di *recingere*; anche **agg.** ● Nei sign. del v. | (*lett.*) Cinto da una corona, una ghirlanda e sim.: *Co' l'irte chiome ricinte d'ellere* (D'ANNUNZIO). **B s. m.** **1** Spazio circondato da mura, siepi, steccati e sim.: *r. riservato alle autorità* | *R. del peso*, negli ippodromi, luogo dove vengono pesati i fantini e dove passeggiano i cavalli prima della corsa | *R. delle grida*, in borsa, spazio un tempo riservato agli agenti di cambio. **2** Ciò che recinge qlco.: *un r. in muratura, di assi.*

recinzióne [1942] **s. f.** **1** Operazione del recingere, del recintare: *procedere alla r. dei propri campi, di un'area fabbricabile.* **2** Recinto: *una r. metallica.*

reciòto [etim. incerta; 1937] **s. m.** ● Vino bianco o rosso da dessert, prodotto nel Veneto con varie uve locali passite: *r. di Soave, della Valpolicella* | *R. amarone*, V. *amarone.*

rècipe [imperat. del v. lat. *recĭpere* 'ricevere', propr. 'prendi!'] **A vc.** ● †Nelle ricette per preparazioni galeniche indica la quantità del rimedio prescritto (accorc. *r.* o *rp.*): *r. un pugno di foglie di belladonna in infusione*; *Prese di mano del dottore il fogliolino col r.* (GADDA). **B s. m. inv.** ● (*lett.*) Ricetta | (*lett.*, *scherz.*) Rimedio, espediente: *avevano un r. infallibile più del papa per farlo ridere* (NIEVO).

†**recìpere** ● V. *ricevere.*

♦**recipiènte** [1499] **A part. pres.** di †*recipere*; anche **agg.** **1** †Che riceve qlco. | Capiente, ampio. **2** †Capace, idoneo, acconcio: *bisogna avere un argano il quale sia r. a sostenere la detta forma* (CELLINI). **B s. m.** **1** Contenitore di forma e materiali diversi spec. per prodotti liquidi: *r. di latta, di vetro*; *mettere l'olio in un r.*; *un r. piccolo, capace, graduato.* **2** †Bacino, invaso.

reciprocànza [da *reciproco*; 1785] **s. f.** ● (*lett.*, *raro*) Relazione reciproca: *diritti di r.* | *R. di sentimenti*, reciprocità.

reciprocàre [vc. dotta, lat. *reciprocāre*, da *recĭprocus*. V. *reciproco*; 1483] **v. tr.** (*io recìproco, tu recìprochi*) **1** (*raro*) Avvicendare alternativamente: *r. le vibrazioni*; *la luna reciproca il flusso e il* *riflusso del mare.* **2** (*comm.*) Offrire un trattamento equivalente a quello ricevuto.

reciprocazióne [vc. dotta, lat. *reciprocatiōne(m)* da *reciprocāre*; av. 1406] **s. f.** ● (*raro*) Avvicendamento alternativo di movimenti o altro: *la r. del pendolo, dei suoni.*

reciprocità [1786] **s. f.** **1** Condizione di ciò che è reciproco: *r. degli scambi commerciali* | (*dir.*) ***Clausola di r.***, con cui ciascuna delle parti contraenti di un trattato si obbliga a concedere all'altra o alle altre lo stesso trattamento che riceverà da queste. **2** (*mat.*) Proiettività fra due forme fondamentali della stessa specie, ma di tipo diverso.

reciproco [vc. dotta, lat. *recĭprocu(m)* 'che ritorna al punto di partenza', comp. degli agg. **rĕcus* e **prŏcus*, formati con i pref. *re-* 'indietro' e *pro-* 'avanti'; 1476] **A agg.** (**pl. m.** *-ci*, †*-chi*) **1** Scambievole, vicendevole: *stima, considerazione reciproca; è un favore r. che ci facciamo* | ***Testamento r.***, quello con cui un soggetto lascia beni a condizione di reciprocità ad altro soggetto a condizione di ricevere per testamento da quest'ultimo. **2** (*mat.*) Detto di ogni numero che, moltiplicato per il numero dato, dia per risultato 1. **3** (*ling.*) Detto di forma verbale con la quale si esprime un'azione scambievole tra due o più persone (ad es. *abbracciarsi*) | ***Versi reciproci***, che si leggono ugualmente a cominciare sia dalla prima sia dall'ultima parola. || **reciprocaménte**, **avv.** In modo reciproco; l'un l'altro: *salutarsi, stimarsi reciprocamente.* **B s. m.** **1** (*mat.*) Numero, elemento che, moltiplicato per il numero dato, dia per risultato 1. **2** (*mat.*) L'enunciato, o teorema, inverso dell'enunciato, o teorema, dato.

†**recircolàre** o †**recirculàre** ● V. *ricircolare.*

recisióne [vc. dotta, lat. *recisiōne(m)*, da *recīsus* 'reciso'; 1617] **s. f.** **1** (*raro*) Il recidere | Taglio: *la r. di un ramo secco.* **2** (*fig., lett.*) Risolutezza.

reciso [av. 1321] **part. pass.** di *recidere*; anche **agg.** **1** Tagliato di netto | ***Fiori recisi***, in floricoltura, quelli posti in vendita, tagliati alla base del ramo o dello stelo, presso i fiorai. **2** (*fig.*) Perentorio, risoluto: *risposta recisa; replicare con tono r.; opporre un r. rifiuto.* CONTR. Dilatorio, incerto. || **recisaménte**, **avv.** **1** In modo reciso, con risolutezza e decisione: *rifiutare recisamente una proposta.* **2** †Di netto.

recisùra [da *reciso*; 1872] **s. f.** ● (*raro*) Fenditura, screpolatura, spec. della pelle.

♦**rècita** [da *recitare*; av. 1698] **s. f.** **1** Rappresentazione di un'opera teatrale. **2** (*fig.*) Finzione, simulazione.

recitàbile [av. 1587] **agg.** ● Che si può recitare.

rècital /'rɛtʃital, retʃi'tal, *ingl.* ɹɪ'saetḷ/ [ingl., da *to recite* 'recitare', dal fr. *réciter* 'recitare' (stessa etim. dell'it. *recitare*); 1897] **s. m. inv.** ● Esibizione solistica di attore, cantante, danzatore o strumentista.

†**recitaménto** **s. m.** ● Recita | Rappresentazione teatrale.

recitànte [1342] **A part. pres.** di *recitare*; anche **agg.** **1** Nei sign. del v. **2** (*mus.*) Dicesi di voce che in una composizione musicale abbia il compito di recitare un testo. **B s. m. e f.** ● †Attore | Attore a cui veniva affidata la parte narrativa in un'opera cantata, spec. nelle passioni e negli oratori antichi.

♦**recitàre** [vc. dotta, lat. *recitāre*, comp. di *re-* e *citāre*; 1294] **A v. tr.** (*io rècito*) **1** Dire ad alta voce ciò che si è studiato e imparato a memoria: *r. una poesia, le preghiere* | Leggere ad alta voce: *r. un discorso.* **2** Declamare: *r. con molto sentimento i versi di qlcu.* **3** Sostenere un ruolo, avere una parte in spettacoli teatrali, cinematografici e sim.: *ha recitato l'Amleto* | (*fig.*) Simulare: *r. la parte dell'offeso, dello sprovveduto* | ***R. la commedia***, (*fig.*) fingere. **4** †Raccontare, narrare. **5** †Allegare, citare. **B v. intr.** (aus. *avere*) **1** Esercitare il mestiere di attore | Sostenere un ruolo in uno spettacolo teatrale, cinematografico e sim.: *questa volta ha recitato con più sentimento.* **2** (*est.*) Esprimersi in modo innaturale e affettato: *smetti di r. e parla con naturalezza.* **3** (*est.*) Nel linguaggio giuridico, affermare, dire, con riferimento al contenuto di norme legislative o parte di esse: *l'articolo 1 della Costituzione recita: l'Italia è una Repubblica democratica, fondata sul lavoro* | Recare scritto, citare.

recitativo [av. 1647] **A agg.** ● Relativo alla recitazione | ***Stile r.***, recitativo. **B s. m.** ● (*mus.*) Modo di cantare che tende a riprodurre la naturalezza della lingua parlata, riducendo al minimo l'elemento melodico | ***R. secco o semplice***, in cui la voce è sostenuta dal solo basso continuo | ***R. obbligato o accompagnato***, interpolato di frasi melodiche e sostenuto da orchestra | Brano eseguito in stile recitativo.

recitàto **part. pass.** di *recitare*; anche **agg.** ● Nei sign. del v. | (*fig.*) Simulato: *mi accoglie con gioia ben recitata* (MORAVIA).

recitatóre [vc. dotta, lat. *recitatōre(m)*, da *recitātus* 'recitato'; sec. XIV] **s. m.** (f. *-trice*) **1** (*lett.*) Chi recita (*spesso spreg.*). **2** †Relatore.

recitazióne [vc. dotta, lat. *recitatiōne(m)*, da *recitātus* 'recitato'; av. 1375] **s. f.** **1** Il recitare: *la r. di una poesia.* **2** Arte, tecnica del recitare: *scuola di r.* | Modo in cui un attore recita: *r. efficace, nervosa.* **3** †Narrazione, relazione.

reciticcio [da *recere*; av. 1566] **s. m.** **1** (*raro*) Materia che si emette vomitando. **2** (*raro, fig., spreg.*) Cosa o persona ripugnante.

reciùto **part. pass.** di *recere* ● (*tosc., lett.*) Vomitato.

reclamànte **A part. pres.** di *reclamare*; anche **agg.** ● Nei sign. del v. **B s. m. e f.** ● Chi reclama.

♦**reclamàre** [vc. dotta, lat. *reclamāre* 'gridar contro', comp. di *re-* e *clamāre* 'gridare' (V. *chiamare*); 1513] **A v. intr.** (aus. *avere*) ● Protestare mediante lamentele o reclami: *r. contro un provvedimento ingiusto, presso l'autorità, nei confronti di un'azione arbitraria.* **B v. tr.** **1** Chiedere con forza ciò che spetta: *r. i propri diritti, il pagamento di qlco., lo stipendio arretrato.* SIN. Esigere, pretendere. **2** (*fig.*) Richiedere con urgenza: *la situazione reclama un tuo intervento; una casa che reclama una generale ripulita.*

reclamazióne [vc. dotta, lat. *reclamatiōne(m)*, da *reclamātus*, part. pass. di *reclamāre*; av. 1536] **s. f.** ● (*lett., raro*) Reclamo.

réclame /*fr.* ʀe'klam/ [vc. fr. *réclame* 'richiamo'; 1858] **s. f. inv.** **1** Pubblicità, propaganda di un prodotto commerciale: *fare r. a un prodotto sui giornali, alla televisione* | ***R. luminosa***, insegna al neon | ***Fare r. a qlcu.*** o ***a qlco.***, (*fig.*) divulgarne le buone qualità. **2** (*est.*) Ciascuno dei mezzi audio-visivi con cui si reclamizza un prodotto, quali cartelloni, comunicati commerciali e sim.

reclamista [da *réclame*; 1884] **s. m. e f.** (**pl. m.** *-i*) **1** (*disus.*) Agente di pubblicità. **2** (*lett., raro*) Chi ama mettersi in mostra.

reclamistico [da *reclamista*; 1892] **agg.** (**pl. m.** *-ci*) **1** Che ha carattere pubblicitario: *condurre sui giornali una campagna reclamistica.* **2** (*fig., spreg.*) Privo di serietà e fatto con rumorosa esibizione: *un intervento r.*

reclamizzàre [comp. di *réclam(e)* e *-izzare*; 1942] **v. tr.** ● Fare réclame a un prodotto.

reclamizzàto [1972] **part. pass.** di *reclamizzare*; anche **agg.** **1** Nel sign. del v. **2** ***Auto reclamizzata***, appartenente a una azienda e data in uso a dipendenti o collaboratori, che reca scritte o immagini pubblicitarie dei prodotti dell'azienda medesima.

reclamizzazióne **s. f.** ● (*raro*) Il reclamizzare: *r. di prodotti italiani.*

reclàmo [da *reclamare*; 1635] **s. m.** **1** Protesta o lamentela espressa a voce o per iscritto a chi di dovere: *presentare un r. al Ministero, alla posta; io dovrei fare un r.; ogni r. è stato inutile.* SIN. Lagnanza, rimostranza. **2** Documento con cui si reclama: *un r. in carta da bollo.* **3** (*dir.*) Impugnazione di un provvedimento cautelare.

reclinàbile [1983] **agg.** ● Che si può reclinare: *sedile r.*

reclinàre [vc. dotta, lat. *reclināre*, comp. di *re-* e **clināre*. V. *chinare*; av. 1306] **A v. tr.** (**part. pass.** *reclinàto*, raro lett. *reclìno*) **1** Piegare verso il basso: *reclinò il capo e non si mosse più.* **2** Inclinare e adagiare il capo su qlco.: *r. la testa sul tavolo, sul braccio.* **B v. intr.** (aus. *avere*) ● Piegarsi in senso contrario: *la nave inclinava a sinistra, poi reclinava a destra.*

reclinàto **part. pass.** di *reclinare*; anche **agg.** ● Piegato, abbassato.

reclinazióne [vc. dotta, lat. tardo *reclinatiōne(m)*, dal v. *reclināre* 'piegare, reclinare'; 1892] **s. f.** ● (*raro, lett.*) Il reclinare il capo: *la r. della bella testa muliebre* (D'ANNUNZIO).

reclino **part. pass.** di *reclinare*; anche **agg.** ● (*raro, lett.*) Reclinato, curvo.

reclùdere [vc. dotta, lat. *reclūdere*, comp. di *re-* e *claudere* 'chiudere'; av. 1306] **v. tr.** (**pass. rem.** *io reclùsi, tu recludésti*; **part. pass.** *reclùso*) ● (*lett.*) Rinchiudere | Imprigionare.

reclusióne [da *recluso*; av. 1306] **s. f.** **1** Il recludere | Isolamento, segregazione: *non sopporto questa ingiustificata r.* **2** (*dir.*) Pena detentiva prevista per i delitti da scontarsi in uno degli stabilimenti a ciò destinati con l'obbligo del lavoro e con l'isolamento notturno.

reclùso [1841] **A** **part. pass.** di *recludere*; anche **agg.** ● (*lett.*) Rinchiuso. **B s. m.** (f. *-a*) ● (*dir.*) Chi sta scontando una reclusione.

reclusòrio [da *recluso*; 1848] **s. m.** **1** (*raro*) Stabilimento penale. **2** †Ricovero od ospizio di mendicità.

rècluta o †**reclùta** [sp. *recluta*, dal fr. *recrue* 'ricrescita (del reggimento)'; 1644] **s. f.** **1** Militare da poco tempo sotto le armi. SIN. Coscritto. **2** (*fig.*) Chi è nuovo in una professione o attività, chi è da poco entrato a far parte di un ente, un gruppo e sim.: *una promettente r.; ecco le ultime reclute della nostra società.* SIN. Novizio. **3** †Reclutamento. **4** †Accrescimento, supplemento.

reclutaménto [1841] **s. m.** **1** Assunzione di personale: *r. di comparse per un film, di lavoratori per l'estero* | Reperimento di nuovi aderenti a un partito o sim. **2** Complesso delle disposizioni con le quali si provvede alla scelta e alla raccolta degli uomini atti alle armi, nonché alla determinazione dei loro obblighi di servizio. SIN. Arruolamento.

reclutàre [sp. *reclutar*, da *recluta* 'recluta'; av. 1712] **v. tr.** (*io rècluto* o †*reclùto*) **1** Procedere alle operazioni previste dalle leggi sul reclutamento. SIN. Arruolare. **2** (*est.*) Ricercare ed assumere: *r. operai, mano d'opera qualificata* | Trovare nuovi seguaci, far proseliti: *r. nuovi iscritti per un partito, una associazione.*

reclutatóre [1950] **s. m.** ● Chi negli antichi eserciti provvedeva al reclutamento.

†**recognizióne** ● V. *ricognizione.*

†**recolèndo** [vc. dotta, lat. *recolĕndus*, gerundivo di *recŏlere*; av. 1424] **agg.** ● Reverendo, venerando: *la recolenda memoria del vittorioso Re Alfonso d'Aragona* (SANNAZARO).

†**recolère** [vc. dotta, lat. *recŏlere*, comp. di *re-* e *cŏlere* 'coltivare' (V. *-colo*)] **v. tr.** (difett. coniug. come *colere*) ● Ricordare con riverenza.

†**reconciliàre** e *deriv.* ● V. *riconciliare* e *deriv.*

recòndito o †**ricòndito** [vc. dotta, lat. *recŏnditu(m)*, part. pass. di *recŏndere* 'mettere da parte', comp. di *re-* e *cŏndere* 'mettere insieme', comp. di *cŭm* 'con' e una radice indeur. che indica 'porre'; 1485] **agg.** **1** Lontano e nascosto: *luogo r.* **2** (*fig.*) Occulto, misterioso: *le recondite ragioni del suo agire; non ho intenzioni recondite.* || **reconditaménte**, **avv.**

reconditòrio [vc. dotta, lat. tardo *reconditōriu(m)*, da *recŏnditus* 'recondito'; 1825] **s. m.** ● (*relig.*) Piccolo incavo nel centro della mensa dell'altare dove sono conservate le reliquie dei santi.

†**reconvenzióne** ● V. *riconvenzione.*

♦**rècord** /'rɛkord, *ingl.* 'ɹɛkɔːɹd, -kəɹd/ [vc. ingl. *record* 'registrazione (di un primato)', da *to record* 'iscrivere, registrare', dall'ant. fr. *recorder* 'ricordare'; 1895] **A s. m. inv.** **1** (*sport*) Primato: *r. mondiale* | ***A tempo di r.***, (*fig.*) in un tempo brevissimo: *ha terminato il lavoro a tempo di r.* **2** (*elab.*) In un data base, insieme strutturato di informazioni suddiviso in campi. **B** in funzione di **agg. inv.** (posposto al s.) ● Si dice di persona o cosa la cui superiorità è assoluta rispetto ad altre: *cifra r.*

†**recordàre** ● V. *ricordare.*

recordista [dall'ingl. *recordist*, da *to record* 'registrare', dall'ant fr. *recorder* 'ricordare' (stessa etim. dell'it. *ricordare*); 1942] **s. m. e f.** (**pl. m.** *-i*) ● Tecnico cinematografico incaricato del funzionamento della macchina per la registrazione dei suoni.

rècordman /'rɛkordmen/ [pseudo-ingl. comp. di *record* 'record' e *man* 'uomo', di orig. germ.; 1905] **s. m. inv.** ● Primatista: *un r. del salto in alto.*

recòtto [forma sett. di *ricotto*; detto così perché si ottiene mediante bollitura; 1940] **s. m.** ● Cascame del bozzolo.

recovery /*ingl.* ɹɪ'kḥʌvə̣ɹi/ [vc. ingl., propr. 'recupero', prob. di provenienza fr.; 1991] **s. m. inv.** ● (*elab.*) Insieme di procedure per la ripresa del corretto funzionamento di un sistema dopo il verificarsi di una condizione di errore.

†**recreàre** ● V. *ricreare.*

recriminàre [dal lat. *crīmen*, genit. *crīminis* 'accusa' (V. *crimine*), col pref. *re-*; 1640] **A** v. tr. (*io recrìmino*) **1** (*raro*) Ritorcere l'accusa contro chi accusa. **2** Disapprovare, biasimare: *r. le parole avventate, un giudizio imprudente e inopportuno*. **B** v. intr. (aus. *avere*) ● Lamentarsi, considerare con rammarico ciò che è stato fatto o ciò che è avvenuto: *il male ormai è fatto ed è inutile r.*; *smetti di r. su ciò che è stato e pensa al futuro*.

recriminatóre [1872] agg.; anche s. m. (f. *-trice*) ● (*raro*) Che (o Chi) recrimina.

recriminatòrio [1970] agg. ● Di recriminazione: *tono r.*

recriminazióne [1640] s. f. **1** Il recriminare | (*raro*) Ritorsione di un'accusa. **2** Accusa, lagnanza, rimprovero: *le inevitabili recriminazioni dei vicini di casa e del portinaio* (MONTALE).

recrudescènza [dal lat. *recrudēscere* 'rincrudire', comp. di *re-* e *crudēscere* 'riuscire indigesto, aggravarsi', denom. incoativo di *crūdus* 'crudo'; 1835] s. f. ● Improvvisa ripresa o aggravamento di qlco. che sembrava in via di esaurimento o di estinzione: *una r. dell'epidemia influenzale, del freddo, della carestia*; *la malattia ha avuto una grave r.*; *assistere impotenti alla r. dei disordini, delle repressioni*.

rècto [lat. (*fŏlio*) *rēcto* 'sulla parte diritta del foglio'. V. *retto*; 1905] s. m. inv. ● Faccia o pagina anteriore di un foglio: *annotare sul r.* | (*est.*) Faccia anteriore di moneta o medaglia. CONTR. Verso.

†**reculàre** [da *culo*, col pref. *re-*] v. intr. ● Rinculare, indietreggiare: *Veduto ho in fine r. i Tedeschi* (GOLDONI).

recùpera [1806] s. f. ● (*bur.*) Recupero.

recuperàbile o **ricuperàbile** [1598] agg. ● Che si può recuperare (*anche fig.*): *ricchezze difficilmente recuperabili*; *delinquente r.*

recuperabilità o **ricuperabilità** [1959] s. f. ● Condizione di chi (o di ciò che) è recuperabile.

recuperaménto o **ricuperaménto** [1872] s. m. ● (*lett., raro*) Recupero.

recuperànte o **ricuperànte** [1969] s. m. ● (*region.*) Chi, dopo la prima guerra mondiale, ricercava residuati bellici, quali bombe inesplose, proiettili, spezzoni, rottami metallici e sim., per utilizzarli e gener. trarne profitto.

♦**recuperàre** o **ricuperàre** [vc. dotta, lat. *recuperāre*, comp. di *re-* e un deriv. di *căpere* 'prendere'. V. *cattura*; av. 1306] **A** v. tr. (*io recùpero*) **1** Riacquistare, riavere, riprendere nel possesso o nell'uso ciò che era nostro o che ci era stato tolto (*anche assol.*): *r. il portafoglio rubato*; *r. la vista, le forze*; *stenta a r. dopo la malattia*. **2** Riportare, portare al sicuro, in salvo: *r. i pericolanti* | (*fig., est.*) Integrare o reinserire socialmente: *r. gli handicappati*; *r. un tossicodipendente* | Restituire funzionalità, utilità e sim.: *r. il centro storico urbanisticamente degradato* | (*fig.*) †Redimere, riscattare. **3** Ritrovare persone o cose perdute in mare: *r. i naufraghi*; *r. i relitti del vascello*. **4** Rimontare uno svantaggio (*anche assol.*): *dovete r. il tempo perduto*; *l'atleta cercava di r. nella corsa*. **5** (*sport, anche assol.*) Eseguire il recupero: *scaduto il novantesimo minuto, l'arbitro fece r. tre minuti*. **6** Utilizzare, almeno in parte, materiali o sostanze che andrebbero perdute: *r. i cascami*; *r. l'ammoniaca nel processo Solvay*; *r. i rottami delle autovetture*. **B** v. rifl. ● †Salvarsi, redimersi.

recuperàto part. pass. di *recuperare*; anche agg. ● Nei sign. del v.

recuperatóre o **ricuperatóre** [vc. dotta, lat. *recuperatōre(m)*, da *recuperātus*, part. pass. di *recuperāre*; 1612] s. m. **1** (f. *-trice*) (*raro*) Chi recupera | (*mar.*) Chi effettua le operazioni di recupero di relitti navali. **2** Qualunque congegno che serve a recuperare qlco. | ***R. di calore***, apparecchio nel quale l'aumento di temperatura delle sostanze da riscaldare viene ottenuto sfruttando il calore di liquidi o gas caldi che debbono venir raffreddati. **3** Congegno elastico che negli affusti a deformazione delle artiglierie riconduce la bocca da fuoco nella posizione iniziale al termine del rinculo | Nelle armi automatiche, sistema di caricamento che utilizza il rinculo del blocco otturatore, ad opera del gas della carica di lancio, per espellere il bossolo e per introdurre una cartuccia quando il blocco ritorna nella posizione primitiva.

recuperatòrio o **ricuperatòrio** [vc. dotta, lat. *recuperatōriu(m)*, da *recuperātor*, genit. *recuperatōris* 'recuperatore'; 1871] agg. **1** (*raro*) Che serve, tende a fare recuperare. **2** (*dir.*) Che tende a consentire il recupero di un bene illegittimamente sottratto: *giudizio r.*; *azione recuperatoria*.

recuperazióne o **ricuperazióne** [vc. dotta, lat. *recuperatiōne(m)*, da *recuperātus* 'recuperato'; sec. XIV] s. f. ● (*lett.*) Recupero | Riconquista: *Carlo, nel riordinare la guerra per la recuperazione di quella, si morì* (MACHIAVELLI).

recùpero o **ricùpero** [1812] s. m. **1** Il recuperare qlco. di perduto, di disperso e sim.: *il r. di una nave affondata, del bottino*; *il r. degli handicappati* | Valorizzazione, ripristino: *il r. del centro storico* | ***R. crediti***, insieme di attività mediante le quali si obbliga il debitore a pagare la somma dovuta | ***Classe, corso di r.***, frequentati da studenti in ritardo rispetto a una materia o a un corso scolastico | ***Materiali di r.***, in un processo produttivo, quelli che possono essere recuperati. **2** Cosa, oggetto recuperato: *i recuperi del campo di battaglia*; *r. di una nave affondata, di un carico*. **3** Rimonta di uno svantaggio, e gener. di una situazione sfavorevole o avversa: *il prodigioso r. della Roma in campionato*; *il partito ha avuto un buon r. nelle ultime elezioni*. **4** (*med., psicol.*) Ripresa della funzionalità fisica o psicologica | Nella memoria, richiamo delle informazioni immagazzinate in precedenza. **5** (*sport*) Prova tra concorrenti eliminati che permette al vincitore di essere riammesso alla competizione | Nel calcio e sim., partita disputata dopo un rinvio determinato da cause di forza maggiore | ***Minuti di r.***, ***zona di r.***, nel calcio, quelli concessi dall'arbitro a tempo scaduto.

recuṣàre e *deriv.* ● V. *ricusare* e *deriv.*

†**rèda** e *deriv.* ● V. *erede* e *deriv.*

†**redàggio** ● V. *retaggio*.

†**redamàre** [vc. dotta, lat. *redamāre*, comp. di *red-* 'ri-' e *amāre*; calco sul gr. *antiphilêin*] v. tr. ● (*lett.*) Riamare: *quella a cui io servissi, mi redamasse di cuore* (CASTIGLIONE).

redan /fr. rəˈdɑ̃/ [vc. fr., var. di *redent* 'sporgenza a forma di dente', comp. di *re-* e *dent* 'dente'; 1931] s. m. inv. ● (*mar.*) Gradino trasversale alla carena delle imbarcazioni a motore da competizione, che genera una turbolenza minimizzando l'attrito in planata.

redància o **radància** [etim. incerta; 1813] s. f. (pl. *-ce*) ● (*mar.*) Asola di metallo intorno alla quale si avvolge, in apposita scanalatura, il cappio di estremità di una cima o di un cavo di acciaio, per proteggerlo dall'attrito di ganci, caviglie e sim.

redàre [denom. di *reda* (*1*); 1537] v. tr. (*io rèdo*) ● (*ant.*; *pop. tosc.*) Ereditare.

redarguìbile o **redarguìbile** [1855] agg. ● Che si può redarguire.

redarguìre (o *-gui-*) o †**ridarguìre** [vc. dotta, lat. *redargŭere*, comp. di *red-* 'ri-' e *argŭere*. V. *arguire*; sec. XIV] v. tr. (*io redarguisco* /redargu-'isko, -'gwi-/, *tu redarguisci* /redargu'iʃʃi, -'gwi-/) **1** Rimproverare, riprendere: *r. aspramente il colpevole*; *r. qlcu. per*, (*lett.*) *delle mancanze commesse*. **2** †Confutare.

†**redarguizióne** (o *-gui-*) [av. 1872] s. f. ● Rimprovero: *quelle redarguizioni in pubblico erano veramente oltraggiose* (SVEVO).

redàssi ● V. *redigere*.

redàtto [av. 1742] part. pass. di *redigere*; anche agg. ● Nel sign. del v.

redattóre [fr. *rédacteur*, dal lat. *redāctus* 'redatto'; 1812] s. m. (f. *-trice*) **1** Chi redige, stende un atto, un documento e sim.: *il r. è il cancelliere*. **2** Scrittore di giornale o di periodico | Giornalista che negli uffici della redazione rivede le notizie e gli articoli da pubblicare | ***R. capo***, redattore che dirige e coordina l'attività dei servizi redazionali secondo le disposizioni impartite dalla direzione del giornale. SIN. Caporedattore | ***R. pubblicitario***, colui che scrive testi o inventa slogan pubblicitari. **3** Chi, presso case editrici, cura e segue le varie fasi necessarie alla pubblicazione di libri, riviste, enciclopedie e sim.

redazionàle [1919] agg. ● Pertinente a redattore o a redazione: *lavoro, incarico r.* | (*giorn.*) ***Articolo r.***, (*ellitt.*) ***redazionale***, articolo privo delle firme di un autore specifico, compilato dalla redazione utilizzando notizie di varia fonte esterna | ***Pubblicità r.***, quella redatta sotto forma di notizia o servizio di informazione obiettiva, che compare a pagamento in giornali o periodici contraddistinta da opportuni segni grafici. || **redazionalménte** avv. Dal punto di vista redazionale; da parte, ad opera della redazione.

redazióne [fr. *rédaction*, dal lat. *redactus* 'redatto'; 1812] s. f. **1** Stesura: *curare la r. di un articolo*. **2** Attività del redattore: *avere mansioni di r.* **3** (*est.*) Complesso dei redattori | Ufficio, sede, in cui svolgono la loro attività. **4** Composizione del giornale, nei suoi vari articoli. **5** In filologia, ciascuno dei testi parzialmente diversi per forma o contenuto in cui appare un'opera letteraria e sim.: *una r. diversa del Decameron è nella biblioteca Chigiana*; *Boccaccio fece tre redazioni della vita di Dante*.

redàzza o **radàzza**, **retàzza** [da *rede*, forma dei dial. sett. di *rete*; 1813] s. f. ● (*mar.*) Scopa di filacce con cui si lava il ponte.

rèdde rationem /lat. 'redde rats'tsjonem/ [lat., propr. 'rendi conto'; 1891] loc. sost. m. inv. ● Giudizio finale, resa dei conti, usata spec. con tono solenne, sarcastico, scherzoso e sim.: *venire al redde rationem*.

†**rèddere** e *deriv.* ● V. *rendere* e *deriv.*

†**reddìre** e *deriv.* ● V. *redire* e *deriv.*

redditière [1920] s. m. (f. *-a*) ● Chi percepisce redditi | Chi vive di rendita, chi ha redditi elevati.

redditività [da *redditivo*, agg. di *reddito*; 1954] s. f. ● Capacità di produrre reddito.

redditìvo [1881] agg. ● (*raro*) Redditizio.

redditìzio [1881] agg. ● Che dà reddito, frutto: *podere r.*; *speculazione redditizia*.

rèddito [vc. dotta, lat. *rĕdditu(m)*, part. pass. di *rĕddere*. V. †*reddere*; 1810] s. m. ● Entrata netta, espressa in moneta, che un individuo o un ente realizza in un dato intervallo di tempo tramite l'impiego di capitali, l'esercizio di un'attività economica o professionale, la prestazione di un servizio: *dichiarazione dei redditi* | ***R. nazionale***, insieme dei beni e dei servizi prodotti da una collettività nazionale in un dato intervallo di tempo, al netto dei reimpieghi e del logorio prodottosi nel periodo considerato | ***R. pro capite***, la somma teoricamente disponibile per ogni singolo cittadino risultante dalla divisione del reddito nazionale per il numero dei cittadini | ***R. dominicale***, reddito soggetto all'imposta sui terreni, che compete al proprietario del fondo in quanto tale | ***Titoli a r. fisso***, quando il reddito che danno non è soggetto a variazioni | ***Titoli a r. misto***, quelli che al reddito fisso percentuale aggiungono quello conseguibile dalla partecipazione agli utili eventuali dell'azienda o dell'ente pubblico emittente.

redditòmetro [comp. di *reddito* e *-metro*; 1983] s. m. ● Strumento fiscale che, sulla base di una serie di coefficienti attribuiti in rapporto ai beni posseduti e ai servizi fruiti, si propone di determinare presuntivamente il tenore di vita di ciascun contribuente e il conseguente reddito necessario per mantenerlo.

redditùale [1890] agg. ● Relativo al reddito.

†**reddizióne** [vc. dotta, lat. *redditiōne(m)*, da *rĕdditus* 'restituito'. V. *reddito*; 1740 ca.] s. f. ● Restituzione.

†**rède** ● V. *erede*.

redènsi ● V. *redimere*.

redènto [1598] **A** part. pass. di *redimere*; anche agg. ● (*lett.*) Riscattato, affrancato | Liberato, spec. dalla dominazione straniera: *suolo r.* (D'ANNUNZIO). **B** s. m. (f. *-a*) ● Riscattato dal peccato ad opera del Cristo.

redentóre [vc. dotta, lat. *redemptōre(m)*, da *redēmptus* 'redento'; sec. XIII] **A** agg.; anche s. m. (f. *-trice*) ● Che (o Chi) redime: *opera redentrice*. **B** s. m. ● ***Il Redentore***, Gesù Cristo Salvatore.

redentorìsta [1951] s. m. e f. (pl. m. *-i*) ● Ecclesiastico regolare appartenente alla congregazione del Redentore, fondata da S. Alfonso de' Liguori nel XVIII sec. SIN. Liguorino.

redenzióne [vc. dotta, lat. *redemptiōne(m)*, da *redēmptus* 'redento'; av. 1294] s. f. **1** Liberazione, riscatto: *la r. degli schiavi*; *lottare per la r. del popolo dalla miseria, del proprio paese dal dominio straniero*. **2** Nel cristianesimo, liberazione del genere umano dalle conseguenze del peccato originale, operata a mezzo dell'incarnazione e della passione di Gesù Cristo. **3** (*raro, lett.*) Riparo, scampo.

†**redetàre** ● V. *ereditare*.

redibitòrio [vc. dotta, lat. tardo *redhibitōriu(m)*, da *redhĭbitor*, genit. *redhibitōris* 'chi riprende un oggetto venduto perché difettoso', da *redhibēre* 'far riprendere, restituire', comp. di *red-* 'ri-' e *habēre* 'avere'; 1804] **agg.** ● (*dir.*) Che dà luogo a risoluzione di un contratto di compravendita il cui oggetto sia affetto da vizi: *giudizio r.* | ***Azione redibitoria***, spettante al compratore e il cui esercizio fa sorgere il giudizio redibitorio.

†**redificàre** e *deriv.* ● V. *riedificare* e *deriv.*

redigènte **A** **part. pres.** di *redigere*; anche **agg.** ● Relativo alla redazione di un testo legislativo: *in sede r.* CFR. Legislativo, referente. **B** **s. m. e f.** ● (*dir.*) Chi redige un atto giuridico.

redigere, (*evit.*) **redàrre** [vc. dotta, lat. *redĭgere* 'far rientrare, ordinare', comp. di *red-* 'ri-' e *ăgere* 'spingere, condurre', di orig. indeur.; 1812] **v. tr.** (**pres.** *io redigo, tu redigi*; **pass. rem.** *io redàssi*, raro *redigéi*, raro *redigètti, tu redigésti*; **part. pass.** *redàtto*) ● Stendere, scrivere, compilare: *il notaio redige gli atti, i verbali*; *r. una lettera, un articolo, un dizionario.*

redimere [vc. dotta, lat. *redĭmere* 'ricomperare', comp. di *red-* 'ri-' ed *ĕmere* 'comperare', di orig. indeur.; av. 1306] **A** **v. tr.** (**pass. rem.** *io redènsi, tu rediméstì*; **part. pass.** *redènto*) **1** Affrancare, liberare o riscattare da ciò che opprime e reca danno, dolore, umiliazione e sim.: *r. qlcu. dalla prigionia, dal peccato, dal vizio, dalla vergogna*; *r. il popolo, i fratelli oppressi, la patria asservita.* **2** (*raro*) Estinguere un debito. **B** **v. rifl.** ● Liberarsi, riscattarsi: *ha saputo redimersi da ogni colpa, dal male*; *senza la volontà non ci si redime.*

redimibile [1742] **agg.** **1** (*lett., raro*) Che si può redimere. **2** Detto di debito pubblico che lo Stato ha contratto nei confronti dei cittadini, impegnandosi a corrispondere l'interesse alla scadenza e a restituire il capitale entro un determinato periodo di tempo.

redimibilità [1673] **s. f.** ● Condizione di ciò che è redimibile: *r. di un debito pubblico* | ***R. della rendita***, riscattabilità della stessa.

redimire [vc. dotta, lat. *redimīre* 'cingere, ornare', da *redimĭculum* 'benda, fascia', comp. di *red-* 'ri-' e *amĭculum* 'mantello, soprabito'; *amĭculum* a sua volta è da *amicīre* 'avvolgere, mettere intorno', comp. di *am(b)-* 'intorno' e *iăcere* 'gettare'; av. 1420] **v. tr.** (*io redimisco, tu redimisci*; usato spec. al **part. pass.** e nei tempi composti) ● (*raro, lett.*) Incoronare: *t'elessi, Oleandro, ti colsi / per r. le mie tempie / di rose e d'alloro* (D'ANNUNZIO).

redimito [1321] **part. pass.** di *redimire*; anche **agg.** ● (*lett.*) Cinto da una corona o sim.: *Ti veggo, co la redimita / fronte d'allori* (MONTALE).

rèdine (o -é-) o †**rèdina** (o †-é-) [dal lat. *retinēre* 'trattenere'. V. *ritenere*; av. 1290] **s. f.** **1** Ciascuno dei due elementi, gener. di cuoio, attaccati agli anelli dell'imboccatura, utilizzati per trasmettere al cavallo gli ordini del cavaliere: *prendere le redini*; *allentare le redini* | †***A redini sbandite***, a briglia sciolta (*anche fig.*). SIN. Briglia. ➡ ILL. p. 2152, 2153 SPORT. **2** (*fig.*) Comando, direzione, governo: *le redini dello Stato, della casa, dell'amministrazione*; *non cedere a nessuno le redini della famiglia.* **3** †Freno.

redingote /fr. rədɛ̃'gɔt/ [fr., dall'ingl. *riding-coat*, propr. 'vestito (*coat*) per andare a cavallo (*to ride*)'; 1748] **s. f. inv.** **1** Nel Settecento e nell'Ottocento, lunga giacca usata come soprabito | Finanziera. SIN. Stiffelius. **2** Cappotto molto appoggiato alla vita in genere lungo e allargato verso il fondo.

redintegràre ● V. *reintegrare.*

redire o †**reddire** [vc. dotta, lat. *redīre* 'ritornare', comp. di *red-* 'ri-' e *īre* 'andare' (V. *ire*); av. 1282] **v. intr.** (*io rièdo*; in tutta la coniug. la *e* diventa *ie* se tonica; V. anche *riedere*; aus. *essere*) ● (*raro, poet.*) Ritornare: *riede alla sua parca mensa, / fischiando, il zappatore* (LEOPARDI).

redistribuìre e *deriv.* ● V. *ridistribuire* e *deriv.*

†**redita** o †**reddita** [da *redire*; av. 1250] **s. f.** ● Ritorno.

†**redità** e *deriv.* ● V. *eredità* e *deriv.*

†**reditière** **s. m.** (f. *-a*) ● (*raro*) Erede.

†**rèdito** [av. 1503] **A** **part. pass.** di *redire* ● Ritornato. **B** **s. m.** ● Ritorno.

†**reditùro** [vc. dotta, lat. *reditūru(m)*, part. fut. di *redīre*; 1810] **agg.** ● (*poet.*) Che dovrà ritornare: *attendean lì fermi il r. / re lor* (MONTI).

redivivo [vc. dotta, lat. *redivīvu(m)* 'rinnovato', di etim. incerta; av. 1306] **agg.**; anche **s. m.** (f. *-a*) ● Tornato in vita (*anche fig.*): *Lazzaro r.*; *sei tuo padre r.*; *il r. aprì lentamente gli occhi*; *giorno verrà, tornerà il giorno, in cui / redivivi ormai gl'Itali staranno / in campo audaci* (ALFIERI) | ***Il, un r.***, (*fig., scherz.*) si dice di persona che si rifà viva dopo lunghissima assenza.

rèdo [aferesi di *erede*; 1789] **s. m.** ● (*tosc.*) Vitello o puledro durante il periodo di allattamento: *vacca col r.*

rèdola [etim. incerta; 1768] **s. f.** ● (*tosc.*) Viottolo erboso che attraversa un campo | (*est.*) Vialetto ghiaioso di giardino. || **redolina**, **dim.** | **redolòna**, **accr.**

redolènte [sec. XIII] **part. pres.** di *redolire*; anche **agg.** ● (*lett.*) Molto profumato: *il forte e r. / vino matura* (CARDUCCI).

redolìre [vc. dotta, lat. *redolēre* 'mandare odore', comp. di *red-* e *olēre*. V. *olente*; 1321] **v. intr.** (*io redolisco, tu redolisci*; aus. *avere*) ● (*raro, lett.*) Emanare un profumo: *ogni cosa redoliva della fertile estate* (SANNAZARO).

rèdova [ceco *rejdowak*, di etim. incerta; 1891] **s. f.** ● Danza ceca a tre tempi, specie di mazurca, meno viva.

rèdox /'rɛdoks/ [vc. ingl. ricavata da *red(uction)* 'riduzione' e *ox(idation)* 'ossidazione'; 1959] **agg.** ● (*chim.*) Termine che indica le reazioni di ossidoriduzione: *reazione r.*

rèduce [vc. dotta, lat. *rĕduce(m)*, da *redūcere* 'ricondurre indietro'. V. *ridurre*; 1810] **agg.**; anche **s. m. e f.** (assol.; + *da*) ● Che (o Chi) è ritornato da un viaggio, da un'impresa rischiosa e difficile, dalla prigionia o dall'esilio e, in particolare, da una guerra: *Sono anche r., perché ... sono ritornato* (PIRANDELLO); *r. dalla guerra, da un campo di concentramento* | ***R. dalle patrie galere***, (*scherz.*) birbante matricolato | ***Essere r. da***, essere appena uscito da una situazione negativa: *sono r. da una brutta influenza, da un esame disastroso.*

†**redùcere** ● V. *ridurre.*

reducìsmo [da *reduc(e)* col suff. *-ismo*; 1946] **s. m.** ● Condizione, atteggiamento di chi torna dalla guerra e deve reinserirsi nella vita civile | Il fenomeno sociale relativo ai reduci.

reducìstico [1985] **agg.** (pl. m. *-ci*) ● Da reduce: *comportamento r.* | Relativo al reducismo: *fenomeno r.*

†**redundàre** e *deriv.* ● V. *ridondare* e *deriv.*

reduplicàre [vc. dotta, lat. tardo *reduplicāre*, comp. di *re-* e *duplicāre*; 1745] **v. tr.** (*io redùplico, tu redùplichi*) ● (*lett., ling.*) Raddoppiare | Ripetere.

reduplicativo [1745] **agg.** ● Che serve a reduplicare.

reduplicazióne [vc. dotta, lat. tardo *reduplicatiōne(m)*, comp. di *re-* e *duplicātio*, genit. *duplicatiōnis* 'duplicazione'; 1745] **s. f.** **1** (*lett.*) Il reduplicare | (*ling.*) Ripetizione (ad es. *un grido forte forte*; anche per sottolineare il pieno significato di un sostantivo: *preparami un caffè caffè*; *abiti a Bologna Bologna?*). **2** (*biol., chim.*) Replicazione.

†**redùrre** e *deriv.* ● V. *ridurre* e *deriv.*

reduttàsi o **riduttàsi** [calco sull'ingl. *reductase*; 1929] **s. f. inv.** ● (*biol., chim.*) Enzima che catalizza un processo di riduzione.

†**reedificàre** e *deriv.* ● V. *riedificare* e *deriv.*

reef /rif, *ingl.* ɹiːf/ [vc. ingl., dal nordico ant. *rif*] **s. m. inv.** ● (*geogr.*) Barriera corallina.

†**reelèggere** ● V. *rieleggere.*

†**refaiuòlo** [da *refe*] **s. m.** ● (*tosc.*) Merciaio.

réfe [etim. incerta; 1353] **s. m.** ● Filato ritorto, di lino, di cotone, di canapa o di altra fibra, comunemente usato per fare cuciture | ***Cucire a r. doppio***, (*fig., tosc.*) usare inganno, doppiezza | (*tosc.*) ***Campare, vivere r. r.***, a stento.

refendu /fr. rəfɑ̃'dy/ [vc. fr., propr. part. pass. del v. *refendre* 'rifendere' nel senso tecnologico di 'tagliare per il lungo'] **A** **s. m. inv.** ● Materiale usato per la costruzione di canne da pesca dalle notevoli prestazioni, costituito da listelli di bambù incollati in modo da formare una sezione esagonale. **B** anche **agg.**: *bambù r.*

referee /refə'ri, *ingl.* ɹefə'ɹiː/ [vc. ingl., dal v. *to refer* nel senso di 'fare riferimento'; 1905] **s. m. inv.** **1** In alcuni sport, giudice di gara. **2** (*edit.*) Consulente incaricato di valutare un manoscritto o un volume al fine di deciderne o meno la pubblicazione.

referendàrio o †**riferendàrio** [vc. dotta, lat. tardo *referendāriu(m)*, propr. 'addetto alle cose da riferire', da *referĕnda* 'cose da riferire', gerundio nt. pl. di *refĕrre* 'riportare', comp. di *re-* e *fĕrre* 'portare' (V. *-fero*); av. 1363] **A** **s. m.** **1** Funzionario delle cancellerie bizantine e regie medievali, addetto alla tenuta dei registri o a trasmettere l'ordine del sovrano ai redattori dei documenti. **2** (f. *-a*) Membro di un organo collegiale che ha ufficio di studiare una questione e riferirne al consiglio: *r. della Corte dei Conti* | Membro supplente di un organo collegiale amministrativo. **3** (f. *-a*) (*lett.*) Spia. **B** **agg.** ● Relativo al referendum: *voto r.*; *consultazione referendaria* | Favorevole a uno o più referendum: *maggioranza referendaria.* || **referendariaménte**, **avv.**

referendarista [da *referendario*; 1987] **agg.** anche **s. m. e f.** (pl. m. *-i*) ● Che (o Chi) è favorevole a indire referendum: *schieramento r.*

referèndum [lat., propr. 'da riferire', gerundio nt. di *refĕrre*. V. *referendario*; 1892] **s. m. inv.** **1** Istituto giuridico con cui il popolo è chiamato a pronunciarsi mediante votazione su questioni di interesse nazionale, spec. ad approvare o ad abrogare un atto normativo: *indire un r.* | ***R. abrogativo***, che abroga una norma legislativa esistente | ***R. manipolativo***, che abroga alcune parti di una legge esistente in modo da modificarla | ***R. consultivo***, che ha lo scopo di consultare gli elettori su un determinato argomento | ***R. propositivo***, che ha per oggetto una proposta di legge. **2** (*est.*) Consultazione di una particolare categoria di cittadini su una questione specifica: *il sindacato ha indetto un r. fra i lavoratori.*

referènte [vc. dotta, lat. *referĕnte(m)*, part. pres. di *refĕrre* 'riportare'. V. *referendario*; 1872] **A** **agg.** ● Che riferisce, che informa, senza pervenire a decisioni | (*dir.*) ***In sede r.***, detto dell'attività di una commissione di un'assemblea legislativa quando prende in esame un progetto di legge e successivamente lo invia alla discussione e all'approvazione dell'assemblea plenaria accompagnato da una relazione; CFR. Legislativo, redigente. **B** **s. m.** (anche **f.** nel sign. 2) **1** (*ling.*) Realtà extra-linguistica, reale o immaginaria, a cui il segno linguistico rinvia | Contesto situazionale a cui il messaggio linguistico rinvia. **2** (*est.*) Persona a cui si fa riferimento nello svolgimento di un'attività: *la dottoressa Rocca sarà la vostra r. presso di noi.*

referènza [fr. *référence*, da *référer* 'riferire', dal lat. *refĕrre*. V. *referendario*; 1908] **s. f.** **1** (*spec. al pl.*) Dati informativi, inerenti alle caratteristiche, capacità e attitudini spec. professionali di una persona o alla correttezza professionale e sicurezza finanziaria di un'azienda: *sono in attesa delle vostre referenze*; *le sue referenze lasciano a desiderare.* **2** Chi è in grado di rilasciare tali informazioni: *una r. di prim'ordine.* **3** (*ling.*) Funzione in base alla quale un segno linguistico rinvia al mondo extra-linguistico, reale o immaginario. **4** (*lett.*) Collegamento, relazione.

referenziàle [da *referenza*; 1962] **agg.** ● (*ling.*) Relativo al referente | ***Funzione r.***, propria del messaggio rivolto prevalentemente alla conoscenza della realtà extralinguistica o del contesto situazionale.

referenziàre [da *referenza*; 1950] **A** **v. tr.** (*io referènzio*) ● Munire di buone referenze: *r. il personale licenziato.* **B** **v. intr.** (aus. *avere*) ● Allegare o mostrare la referenza di cui si dispone.

referenziàto [1967] **part. pass.** di *referenziare*; anche **agg.** ● (*bur.*) Fornito di buone referenze.

†**referire** e *deriv.* ● V. *riferire* (*1*) e *deriv.*

refèrto o †**rifèrto** [ricavato dal lat. *refĕrre* 'riferire' (V. *referendario*). Cfr. *inferto, offerto* e *sofferto*; sec. XIV] **s. m.** ● Relazione clinica | (*dir.*) Notizia di reato che le persone esercenti una professione sanitaria sono per legge obbligate a fornire all'autorità giudiziaria o ad altra autorità che abbia l'obbligo di riferire a questa: *omissione di r.*

†**refètto** [vc. dotta, lat. *refĕctu(m)*, part. pass. di *reficere* 'rifare, ristorare', comp. di *re-* e *făcere* 'fare'; av. 1294] **A** **agg.** ● Ristorato, riposato. **B** **s. m.** ● Ristoro.

refettoriàle [1535] **agg.** ● Di refettorio.

refettòrio [dal lat. tardo *refectōrius* 'che serve a rifare, a ristorare', da *refĕctus*, part. pass. di *reficere*. V. *refetto*; av. 1306] **s. m.** **1** Grande sala da pranzo comune, in conventi, collegi e sim. **2** †Luogo in cui si prendono i pasti.

refezióne o †**rifezióne** [vc. dotta, lat. *refectiōne(m)* 'rifacimento, ristoro', da *refĕctus*, part. pass. di *reficere*. V. *refetto*; 1306] **s. f.** **1** (*lett.*) Ristoro derivante dal cibo | Sobrio pasto. **2** Pasto di mezzogiorno, spec. nella scuola: *r. calda, fredda; la r. è a spese del Comune.* || **refezioncèlla**, dim. | **refezioncina**, dim.

†**reficiàre** o †**refiziàre** [rifacimento del lat. *refĭcere*. V. *refetto*; av. 1315] **A** v. tr. ● Ristorare, rinvigorire. **B** v. intr. pron. ● Rinvigorirsi, rimettersi.

refilàre [da *filo*, *fila*, con *re-*] v. tr. ● Tagliare i margini di una pubblicazione, dopo la piegatura e l'impaginazione, in modo da avere un formato perfettamente squadrato.

rèfill /ˈrɛfil, reˈfil, *ingl.* ˈɹiːˌfɪl/ [vc. ingl., da *to refill* 'riempire di nuovo', comp. di *re-* 're-' e *to fill* 'riempire', di orig. germ.; 1970] s. m. inv. ● Nelle penne a sfera, in certi accendisigari a gas o in certi vaporizzatori di profumo, tubetto, cartuccia o altro, contenente la quantità di materiale necessario per la ricarica dell'apparecchio.

refilo [da *refilare*] s. m. ● (*edit.*) Bordino che viene tagliato dopo la piegatura di una pubblicazione allo scopo di pareggiare i margini e squadrare il formato.

†**refiziàre** ● V. †*reficiare*.

reflazióne o **riflazióne** [da (*in*)*flazione*, con sostituzione di pref.; 1938] s. f. ● (*econ.*) Processo mediante il quale si determina un rientro dell'inflazione.

reflazionìstico o **riflazionìstico** agg. (pl. m. *-ci*) ● Relativo a reflazione.

reflessògeno ● V. *riflessogeno*.

reflessologìa ● V. *riflessologia*.

†**reflèttere** e *deriv.* ● V. *riflettere* e *deriv.*

rèflex /ˈrɛfleks, *ingl.* ˈɹiːflɛks/ [vc. ingl., propr. 'riflesso'; stessa etim. dell'it. *riflesso*; 1963] s. f. inv.; anche agg. ● Macchina da presa fotografica o cinematografica che, mediante un sistema speculare, spesso supportato da un pentaprisma, raccoglie in un mirino l'immagine che si imprime sulla pellicola.

reflùire ● V. *rifluire*.

rèfluo [vc. dotta, lat. *rĕfluu(m)*, da *reflŭere* 'rifluire'; 1499] agg. ● Che rifluisce, che fluisce indietro | (*fisiol.*) ***Sangue r.***, che ritorna al cuore o che rifluisce da un organo | ***Acque reflue***, acque che, dopo essere state utilizzate in attività domestiche, industriali, agricole e sim., vengono restituite, gener. inquinate, dall'impianto che le ha sfruttate.

reflùsso [da *refluire*, sul rapporto *flusso-fluire*; av. 1519] s. m. **1** (*raro*, *lett.*) Riflusso: *i flussi e i reflussi del mare* (GALILEI). **2** (*med.*) Passaggio di un liquido da un organo cavo, o da un condotto, a un altro nel senso contrario a quello fisiologico | ***R. esofageo***, del succo gastrico verso l'esofago.

†**refocillàre** ● V. *rifocillare*.

rèfolo o (*raro*) **rifolo** [da avvicinare a *folata*; av. 1566] s. m. ● Soffio di vento leggero che a tratti cresce e diminuisce, comunemente residuo di tempesta. SIN. Buffo, folata.

reforming /*ingl.* ɹɪˈfɔːmɪŋ/ [vc. ingl., da *to reform* 'riformare, correggere'; 1959] s. m. inv. **1** (*chim.*) Trattamento a cui vengono sottoposte le benzine a basso numero di ottano per aumentarne, attraverso modificazioni molecolari degli idrocarburi che le costituiscono, il numero di ottano stesso e quindi il potere antidetonante. **2** (*chim.*) Trattamento di parziale ossidazione a cui vengono sottoposti idrocarburi liquidi o gassosi per ottenere gas di uso domestico.

refósco (o -fò-) [etim. sconosciuta, forse da un toponimo scomparso; 1782] s. m. (pl. *-schi*) ● Vitigno del Friuli da cui si ricava il vino rosso omonimo di colore violaceo tendente al granato, profumo intenso e vinoso, aroma pieno, leggermente tannico: *r. dal peduncolo rosso*.

†**refòsso** ● V. *rifosso*.

refoulé /*fr.* ʀəfuˈle/ [vc. fr., part. pass. di *refouler* 'cacciare indietro, respingere'; 1970] agg. inv.; anche s. m. inv. ● (*psicoan.*) Represso.

refoulement /*fr.* ʀəfuləˈmɑ̃/ [vc. fr., da *refouler* 'cacciare indietro'; 1989] s. m. inv. ● (*psicoan.*) Rimozione.

†**refragàre** (1) [vc. dotta, lat. *refragāri* 'essere di avviso contrario, opporsi', comp. di *re-* e *frángere*] v. intr. ● Opporsi, resistere.

†**refragàre** (2) [da *fragrante*, col pref. *re-*] v. intr. ● Essere fragrante, profumato.

refrain /*fr.* ʀəˈfʀɛ̃/ [vc. fr., alterazione di *refrait*, part. pass. di *refraindre* 'rifrangere', perché ritorna a intervalli regolari; 1905] s. m. inv. **1** (*lett.*) Ritornello di pochi versi alla fine di ogni stanza, talora senza relazione di significato con essa e cantato con melodia propria. SIN. Ritornello. **2** (*mus.*) Frase musicale che ricorre alla fine di ogni stanza della canzone | Ritornello.

†**refràngere** e *deriv.* ● V. *rifrangere* e *deriv.*

refrattarietà [da *refrattario*; 1871] s. f. **1** Caratteristica di chi (o di ciò che) è refrattario. **2** Caratteristica di un materiale, di resistere senza fondere o rammollirsi ad alte temperature | ***Grado di r.***, temperatura alla quale un materiale usato come refrattario dà segno di rammollimento. **3** (*med.*) Insensibilità all'azione di uno stimolo fisico o chimico.

refrattàrio [fr. *réfractaire*, dal lat. *refractāriu(m)*, da *refragāri*. V. *refragare* (*1*); 1667] agg. (assol.; + *a*) **1** Detto di materiale atto a resistere, senza alterazioni notevoli, a elevate temperature: *terra refrattaria*. **2** (*med.*) Che non reagisce allo stimolo | ***Individuo r.***, in cui non si manifesta la malattia, nonostante il contatto con l'agente patogeno. **3** (*raro*) Che non ottempera ad obblighi o doveri: *r. alla norma di legge*. **4** (*fig.*) Inerte a stimoli, negato totalmente per qlco. (*anche scherz.*): *carattere r. alla commozione, alla pietà; ha un fisico r. al dolore; sono r. alla matematica.* || **refrattariaménte**, avv.

refràtto ● V. *rifratto*.

refrattòmetro ● V. *rifrattometro*.

†**refrenàre** [vc. dotta, lat. *refrenāre*, comp. di *re-* e *frenāre*] v. tr. ● Raffrenare.

refrigeraménto [av. 1563] s. m. **1** (*raro*) Refrigerazione. **2** †Ristoro, rinfresco.

refrigerànte [av. 1698] **A** part. pres. di *refrigerare*; anche agg. **1** Che dà refrigerio, che rinfresca: *bagno r.* **2** Che raffredda, che abbassa la temperatura: *fluido r.* | ***Miscuglio r.***, costituito in genere da sale di cucina misto a ghiaccio pestato, una volta largamente usato in gelateria. **B** s. m. **1** (*fis.*) Parte di una macchina termica che sottrae calore, cioè raffredda il fluido operante e può essere costituita da un condensatore o anche dalla libera atmosfera e sim. **2** Fluido usato nelle macchine utensili per raffreddare il pezzo e l'utensile durante la lavorazione. **3** Apparecchio nel quale si effettua la refrigerazione di un liquido o di un gas: *r. a pioggia; r. a bolla; r. a ricadere; r. a serpentina*.

refrigeràre o †**rifrigeràre** [vc. dotta, lat. *refrigerāre*, comp. di *re-* e *frigerāre* 'rinfrescare', da *frīgus*, genit. *frīgoris* 'freddo'. V. *frigo*; 1300 ca.] **A** v. tr. (*io refrìgero*) **1** Rinfrescare: *r. la bocca, la gola con bevande ghiacciate* | Placare dando refrigerio: *r. la sete, l'arsura* | (*fig.*, *lett.*) Alleviare: *quel tuo soccorso che solea refrigerarmi* (BRUNO). **2** Compiere una refrigerazione. **B** v. rifl. ● Rinfrescarsi: *refrigerarsi con un buon bagno*.

refrigeratìvo [vc. dotta, lat. tardo *refrigeratīvu(m)*, da *refrigerātus* 'refrigerato'; sec. XIV] agg. ● Atto a refrigerare.

refrigeràto [1942] part. pass. di *refrigerare*; anche agg. ● Nei sign. del v. | (*fig.*, *lett.*) Riconfortato: *Trasse un respiro di sollievo: se ne sentì r.* (PIRANDELLO).

refrigeratóre [1940] **A** agg. (f. *-trice*) ● Che refrigera | Nei frigoriferi, detto del liquido che ha la funzione di sottrarre calore. **B** s. m. **1** Ciò che serve a refrigerare. **2** Apparecchio destinato a refrigerare corpi sottraendo loro calore a mezzo di fluidi intermediari freddi.

†**refrigeratòrio** [vc. dotta, lat. *refrigeratōriu(m)*, da *refrigerātus* 'refrigerato'] agg. ● Refrigerante.

refrigerazióne [vc. dotta, lat. *refrigeratiōne(m)*, da *refrigerātus* 'refrigerato'; sec. XIV] s. f. **1** †Abbassamento della temperatura corporea. **2** Procedimento atto a diminuire la temperatura di fluidi o di corpi in genere. **3** Processo di conservazione temporanea di merci deteriorabili mediante l'abbassamento della loro temperatura, sempre comunque superiore al punto di congelamento: *r. del latte, vino, carni*.

refrigèrio o †**refrigèro**, †**rifrigèrio** [vc. dotta, lat. tardo *refrigĕriu(m)*, da *refrigerāre*; 1308] s. m. **1** Sensazione piacevole di fresco: *cercare, provare un po' di r.; un'arietta che reca r.* **2** (*fig.*) Piacevole sollievo o conforto, fisico o morale: *dopo tanta sofferenza, finalmente qualche r.; ciò che ci è di r. alla mia anima, al mio spirito* | (*lett.*) ***Eterno r.***, il Paradiso.

†**refrùsto** ● V. *rifrusto*.

†**refùgio** e *deriv.* ● V. *rifugio* e *deriv.*

refùgium peccatòrum [lat., propr. 'rifugio dei peccatori'] loc. sost. m. inv. (pl. lat. *refugia peccatorum*) **1** (*relig.*) Titolo attribuito alla Madonna che intercede per i peccatori. **2** (*fig.*, *scherz.*) Persona molto indulgente e generosa alla quale ricorrere per aiuti morali e materiali | (*fig.*, *scherz.*) Istituzione o ambiente che assicura una sistemazione sicura e tranquilla.

†**refùlgere** ● V. *rifulgere*.

refurtiva [lat. *rē(m) furtīva(m)* 'cosa di furto'. Per *rēs* V. *re* (*2*) e per *furtīvus* V. *furtivo*; 1895] s. f. ● Beni che sono stati oggetti di furto: *nascondere la r.*

refùso [vc. dotta, lat. *refūsu(m)*, part. pass. di *refŭndere* 'riversare, rimescolarsi', comp. di *re-* e *fŭndere* 'versare'. V. *fondere*; 1742] s. m. ● (*tipogr.*) Lettera di altro stile, serie o famiglia usata erroneamente in una composizione | (*est.*) Ogni errore di stampa.

†**refutatìvo** agg. ● Che serve a refutare, a confutare.

refutazióne [vc. dotta, lat. *refutatiōne(m)*, da *refutātus*, part. pass. di *refutāre*; sec. XIV] s. f. ● (*raro*) Confutazione.

reg /rɛg/ [vc. araba; 1931] s. m. inv. ● Tipo di deserto pietroso consistente in strati di ghiaie modellate dal vento, che ricoprono il terreno.

regàglia ● V. *rigaglia*.

regalàbile [1745] agg. **1** Che si può regalare. **2** †Di persona a cui si può regalare qlco.

♦**regalàre** [sp. *regalar*. V. *regalo*; 1598] **A** v. tr. **1** Dare in regalo a qlcu.: *r. un libro, una moneta antica, un monile prezioso; me lo ha regalato per ricordo, per ringraziarmi del favore che gli ho fatto.* SIN. Donare. **2** Concedere o dare per generosità, a titolo di favore e sim.: *non ha voluto che lo restituissi e quindi me lo ha praticamente regalato* | (*fig.*) ***R. un pugno***, darlo | (*fig.*) ***R. la propria fatica, il proprio denaro, la propria energia***, sciuparli inutilmente, per chi non ne è degno | (*fig.*, *scherz.*) ***Regalarsi un sigaro, una fumatina, una giornata di riposo*** e sim., concederseli. **3** (*iperb.*) Vendere a buon mercato: *una stoffa così, per quel prezzo te la regalano*. **4** (*lett.*) Favorire qlcu. con regalo: *io spendo uno zecchino il giorno, signor Marchese, e la regalo continuamente* (GOLDONI). **5** †Condire ottimamente e rendere squisito. **B** v. rifl. ● †Trattarsi bene.

regalàto [av. 1712] part. pass. di *regalare*; anche agg. ● Nei sign. del v. | (*iperb.*) Venduto a un prezzo molto basso: *un cappotto davvero r.*

regàle [vc. dotta, lat. *regāle(m)*, da *rēx*, genit. *rēgis* 're'; 1319] **A** agg. **1** Proprio di un re: *dignità r.* **2** Degno di un re: *lusso, portamento r.* | Splendido: *un dono veramente r.* || **regalménte**, avv. In modo regale: *accogliere regalmente gli ospiti*. **B** s. m. ● (*mus.*) Piccolo organo portativo di registro acuto, usato nel Medioevo. SIN. Rigabello.

regalèco [comp. del lat. *regālis* 'regale' e *ālec* 'salsa di pesce', di etim. incerta; 1970] s. m. (pl. *-ci*) ● Pesce osseo marino dei Lampridiformi, lungo fino a sei metri, con corpo flessuoso, nastriforme, di colore argenteo e rosso, che vive di norma in profondità (*Regalecus glense*). SIN. Re delle aringhe.

regalìa [vc. dotta, lat. *regālia*, nt. pl. di *regālis* 'regale': propr. 'le cose che spettano al re'; sec. XIV] s. f. **1** Dono in denaro. SIN. Mancia. **2** In epoca medievale, diritto spettante al sovrano, o ad altra autorità per concessione del sovrano. **3** (*al pl.*, *region.*) Prestazione in natura di polli, uova, frutta o altro, che il contadino doveva al proprietario.

regalìsmo [sp. *regalismo*, da *regalía* 'potere del sovrano', deriv. del lat. *regāle(m)* 'regale'; av. 1862] s. m. ● (*st.*) Nella Spagna del XVIII sec., dottrina che affermava su basi giurisdizionalistiche la priorità dei diritti regi su quelli dello Stato e della Chiesa.

regalìsta [sp. *regalista*, da *regalismo*; av. 1745] **A** s. m. e f. (pl. m. *-i*) ● Sostenitore, seguace del regalismo. **B** agg. ● Relativo al regalismo o ai regalisti: *concezione r.*

regalìstica [da *regalo* col suff. agg. *-istico* sostantivato al f.; 1989] s. f. ● Insieme di oggetti da regalo | Settore artigianale, industriale o commerciale che si occupa di tali oggetti: *r. privata e aziendale*.

regalità [da *regale*; av. 1574] s. f. **1** Condizione, stato o diritto di re: *la sua r. è fuori discussione*. **2** Condizione di regale, splendido, maestoso: *la r. di una dimora; la r. del suo portamento*.

♦**regàlo** [sp. *regalo* 'dono al re', dal lat. *regāle(m)*,

regamo 1492

agg. di *rēx*, genit. *rēgis* 're'; av. 1543] **A** s. m. *1* Ciò che si regala o si deve regalare: *acquistare molti regali*; *regali di Natale, di nozze*; *un r. gradito, bellissimo, di classe, di pessimo gusto*; *non voglio regali!* | ***Fare un r.***, regalare qlco. a qlcu. | ***Dare qlco. in r.***, regalarla | ***R. d'uso***, liberalità che non costituisce giuridicamente una donazione, effettuata nella misura quantitativa conforme alle abitudini locali. SIN. Dono. *2* (*iperb.*) Ciò che viene venduto a un prezzo molto conveniente: *a questo prezzo un televisore è un vero r.!* *3* Cosa gradita, che fa piacere: *questo è il miglior r.*; *non potevi farmi un r. più bello*; *la vostra visita è stata un vero r.* | ***Bel r.!***, (*iron.*) si dice di ciò che irrita, molesta o è comunque sgradito. *4* †Gala, pompa, sfarzo. || **regalàccio**, pegg. | **regalètto**, dim. | **regalino**, dim. | **regalóne**, accr. | **regalùccio**, dim. **B** in funzione di agg. inv. ● (posposto al s.) Da regalo: *confezione r.*

règamo o **rìgamo** [stessa etim. di *origano*; sec. XIV] s. m. ● (*region.*) Origano.

regàta [venez. *regata*, da *regatar* 'contendere', dal lat. parl. **recaptāre* 'contendere'. V. *ricattare*; sec. XIV] s. f. ● Gara di velocità tra imbarcazioni a remi, a vela, a motore: *regate veliche*.

regatànte [part. pres. di *regatare*; 1959] s. m. e f. ● Chi partecipa a una regata.

regatàre [venez. *regatar*. V. *regata*; 1614] v. intr. (aus. *avere*) ● Gareggiare in una regata.

rège [vc. dotta, lat. *rēge(m)* 're'; 1308] s. m. ● (*poet.*) Re.

†**regeneràre** ● V. *rigenerare*.

regèsto [vc. dotta, lat. tardo *regēsta* 'registro, repertorio', part. nt. pl. sost. di *regĕrere* 'riportare', comp. di *re-* e *gĕrere* 'portare' (V. *gestione*); 1727] s. m. *1* Nel Medioevo, repertorio cronologico degli atti governativi, comunali, privati | Registro di documenti, diplomi. *2* Riassunto del contenuto di un documento o di un atto, con la citazione degli elementi essenziali e delle formule tipiche.

règgae /ˈrɛgge, *ingl.* ˈɹɛgeɪ/ [vc. d'orig. sconosciuta; 1979] s. m. inv. ● Tipo di musica popolare della Giamaica risultante dalla fusione di diverse tradizioni africane e americane col rhythm and blues, poi divenuta commerciale nello stile detto ska.

†**règge** [lat. (*pŏrtam*) *rēgia(m)* '(porta) regia'; calco sul gr. *basilikḗ*; 1319] s. f. ● Porta dei tramezzi che un tempo separavano il celebrante dai fedeli | Porta di chiesa, convento e sim.: *fuor ne' cardini distorti / gli spigoli di quella r. sacra* (DANTE *Purg.* IX, 133-134).

reggènte [1342] **A** part. pres. di *reggere*; anche agg. *1* (*ling.*) Che regge un costrutto sintattico | ***Proposizione r.***, che regge una proposizione subordinata. *2* Che regge, che governa | (*dir.*, *polit.*) ***Capitani reggenti***, nella Repubblica di S. Marino, i due capi dello Stato | Che esercita provvisoriamente un potere: *principe r.* | (*dir.*) ***Segretario comunale r.***, che esercita le funzioni del titolare in sua assenza o mancanza. **B** s. m. e f. *1* Chi governa sovranamente lo Stato nel caso di minorità, malattia, assenza del re. *2* (*mar.*) Chi è preposto alla reggenza dei fari marittimi. **C** s. f. ● Proposizione reggente: *il verbo della r.*

reggènza [da *reggente*; 1630] **A** s. f. *1* Titolo, ufficio e dignità di reggente | Durata di tale ufficio. *2* Esercizio delle funzioni sovrane da parte di una o più persone, diverse dal re, nei casi previsti dalla legge o da disposizioni aventi forza di legge. *3* (*st.*) ***La Reggenza***, in Francia, nel secondo e terzo decennio del XVIII sec., il periodo in cui fu reggente Filippo d'Orléans, in attesa che Luigi XV giungesse alla maggiore età. *4* (*ling.*) Il costrutto sintattico richiesto da un elemento della proposizione. *5* (*mar.*) Organo operativo periferico del servizio fari marittimi. **B** in funzione di agg. inv. ● (posposto al s.) Proprio o caratteristico della Reggenza, spec. nella loc.: ***stile r.***, stile ornamentale di transizione tra il Luigi XIV e il Luigi XV caratterizzato da soggetti orientaleggianti, profili mossi, motivo della conchiglia e, nei mobili, presenza di applicazioni metalliche in bronzo dorato.

♦**règgere** [lat. *rĕgere*, di orig. indeur.; av. 1292] **A** v. tr. (pres. *io règgo, tu règgi*; pass. rem. *io rèssi, tu reggésti*; part. pass. *rètto*) *1* Tenere stretto qlco. o qlcu., perché stia ritto, stabile, in equilibrio: *r. un fanciullo che muove i primi passi, un vecchio debole e malato*; *in due reggevano il ferito che si trascinava a fatica* | (*fig.*) ***R. il sacco a qlcu.***, essere il complice | (*fig.*) ***Reggersi la pancia dal gran ridere***, ridere a crepapelle. SIN. Sostenere. *2* Sorreggere qlcu. o qlco., sopportandone il peso, la pressione e sim.: *gli infermieri reggevano la barella*; *r. un pacco, un carico, una valigia, una pila di piatti* | (*fig.*) ***R. l'anima, il fiato coi denti***, essere in agonia, stare malissimo. *3* Sopportare, tollerare (*anche fig.*): *r. il peso, la spinta di qlco.*; *è troppo noioso: non lo reggo più* | ***R. il mare***, resistere alle burrasche, detto di imbarcazioni | ***R. l'acqua***, essere impermeabile, detto di stoffa | ***R. il vino***, non ubriacarsi pur bevendone parecchio. *4* (*ling.*) Richiedere un determinato costrutto sintattico: *r. il dativo, l'accusativo*. *5* Guidare, regolare, dirigere: *r. un negozio, una ditta, un'impresa*; *r. il carro, il cavallo con mano ferma*; *r. lo Stato, la Repubblica con leggi inique* | Essere a capo: *resse per lunghi anni la Prefettura, il Comune*. **B** v. intr. (aus. *avere*) *1* Resistere (*anche fig.*): *r. al peso, alla pressione, all'urto*; *non reggo più alla fatica*; *non ha saputo r. alle lusinghe di una facile ricchezza* | ***R. al paragone***, non sfigurare | ***Non potere più r. dall'ira, dalla fame*** e sim., non resistere più all'ira, alla fame e sim. | ***Non mi regge il cuore, l'animo di ...***, non ho il coraggio di. *2* Durare: *la buona stagione non ha retto che per pochi giorni*; *è un vino che non regge e non si può invecchiare*. *3* Essere coerente, logico, consistente: *come teoria regge*; *è un discorso che non regge*. *4* (*lett.*, *raro*) Essere al potere, al governo: *nel paese regge un monarca*. **C** v. rifl. e intr. pron. *1* Stare o tenersi ritto, in piedi, in equilibrio: *l'edificio non può reggersi su fondamenta così fragili*; *un'antica muraglia che si regge ancora*; *dammi una mano che non mi reggo più*; *non si regge in piedi per la febbre, la stanchezza, la debolezza*; *si reggeva a fatica sul tetto pericolante* | ***Reggiti forte***, tienti bene stretto; (*fig.*) preparati a una notizia impressionante, che ti colpirà. *2* (*fig.*) Dominarsi, controllarsi: *non mi reggo più a sentire tante sciocchezze*; *è difficile reggersi quando si vedono simili spettacoli*. *3* Governarsi: *l'Italia si regge a repubblica dal 1946*; *i Comuni decisero di reggersi in autonomia* | (*fig.*) †Regolarsi, comportarsi. **D** v. rifl. rec. ● Sostenersi o aiutarsi l'un l'altro: *si reggevano, tenendosi per mano*; *cerchiamo almeno di reggerci tra noi*.

reggétta [dal lat. *rēgula* 'asticella di legno'. V. *regola*; 1872] s. f. ● Nastro di metallo, di plastica o di fibra vegetale, di alcuni millimetri di altezza, impiegato per legare un imballaggio di spedizione al fine di renderlo più resistente e impedirne la manomissione.

reggettatrice [da *reggetta*; 1973] s. f. ● (*tecnol.*) Apparecchio, fisso o portatile, usato per tendere e tagliare la reggetta avvolta intorno a un imballaggio. SIN. Reggiatrice.

♦**règgia** o †**règia** (1) [lat. *rēgia(m dŏmum)* 'casa del re', f. sost. di *rēgius* 'regio'; av. 1374] s. f. (pl. *-ge*) *1* Dimora del re, palazzo reale: *una r. sontuosa, splendida*; *la r. di Caserta*. *2* (*fig.*) Dimora di Dio: *la r. celeste* | Dimora degli dei: *la r. del cielo* | ***La r. di Giove***, l'Olimpo. *3* (*fig.*) Abitazione di grande sfarzo: *vivere in una r.*

reggiàno [av. 1400] **A** agg. ● Della città di Reggio Emilia. **B** s. m. *1* (f. *-a*) Abitante di Reggio Emilia. *2* Formaggio parmigiano reggiano.

reggiatrice [da *reggetta*; 1983] s. f. ● (*tecnol.*) Reggettatrice.

reggìbile [1690] agg. ● Che si può reggere.

reggibórsa o **reggibórse** [comp. di *reggere* e *borsa*; 1983] s. m. e f. inv. ● (*raro*) Portaborse.

reggicàlze [comp. di *reggere* e il pl. di *calza*; 1959] s. m. inv. ● Cintura con nastri elastici e mollette con cui si fissano le calze.

reggicànne [comp. di *reggere* e del pl. di *canna*] **A** s. m. inv. ● Striscia di cuoio o materiale analogo, dotata di alloggiamento per sostenere la canna da pesca nella traina d'altura | Supporto per appoggiare la canna durante la pesca in acque ferme. **B** anche agg. inv.: *cintura r.*

reggicóda [comp. di *reggere* e *coda*] s. m. e f. inv. ● Chi è al servizio di un personaggio potente e ne esegue ciecamente incarichi fiduciari, spec. scabrosi o delicati.

reggilìbro o **reggilìbri** [comp. di *reggere* e *libro*; 1959] s. m. inv. ● Elemento a L per sorreggere una fila di libri.

reggilùme [comp. di *reggere* e *lume*; 1942] s. m. inv. ● Supporto a braccio o a sospensione per reggere un lume.

reggimentàle [1855] agg. ● Che fa parte del reggimento: *compagnia, comando r.*

reggiménto [lat. tardo *regimĕntu(m)* 'governo', da *rĕgere* 'reggere', rifatto su *reggere*; av. 1250] s. m. *1* (*lett.*) Governo, guida: *il r. della cosa pubblica, dello Stato*. *2* Un tempo, unità dell'esercito italiano, costituita da più battaglioni e comandata da un colonnello. *3* (*ling.*) Costruzione. *4* (*fam.*, *iperb.*) Moltitudine: *ho in casa un r. di persone*; *dispone di un r. di domestici*. *5* †Modo di comportarsi, di procedere, di agire. *6* †Atto, atteggiamento, gesto. *7* †Sostegno, sostentamento. *8* †Resistenza.

reggìno [av. 1536] **A** agg. ● Della città di Reggio Calabria. **B** s. m. (f. *-a*) ● Abitante di Reggio Calabria.

reggipàlo [comp. di *reggere* e *palo*; 1959] s. m. ● Tipo di fondazione in cemento armato per pali in legno delle linee elettriche e telefoniche.

reggipància [comp. di *reggere* e *pancia*; 1872] s. m. inv. ● (*fam.*) Panciera.

reggipénne [comp. di *reggere* e il pl. di *penna*; 1891] s. m. inv. ● Oggetto da tavolo, con scanalature per appoggiarvi le penne da scrivere.

reggipètto [comp. di *reggere* e *petto*; 1918] s. m. *1* Reggiseno. *2* Nel finimento del cavallo, striscia di cuoio che sostiene il pettorale.

reggipiccòzza [comp. di *reggere* e *piccozza*; 1959] s. f. inv. ● In alpinismo, laccio di canapa fissato a un anello di acciaio scorrevole lungo il manico della piccozza fino ad un opportuno chiodo o ghiera di arresto, che viene stretta al polso dell'alpinista.

reggipośàta [comp. di *reggere* e *posata*; 1877] s. m. inv. ● Specie di ponticello metallico o di cristallo su cui durante il pranzo si appoggiano le posate, per evitare di sporcare la tovaglia.

reggiséno [comp. di *reggere* e *seno*; 1941] s. m. (pl. *-i*, raro *-o*) ● Fascia di tessuto o pizzo modellata da cuciture e con sottili bretelle, per sorreggere il seno femminile.

reggispinta [comp. di *reggere* e *spinta*] s. m. inv. ● Supporto, per lo più un cuscinetto, in cui s'impernia un albero spingente.

reggitèsta [comp. di *reggere* e *testa*; 1940] s. m. inv. ● Appoggiatesta.

reggitóre [1286] agg.; anche s. m. (f. *-trice*) *1* (*lett.*) Che (o Chi) regge, guida, governa | ***Un r. di popoli***, un governante | ***Il sommo r.***, Dio. *2* (*region.*) Capo della famiglia colonica.

†**règia** (1) ● V. *reggia*.

regìa (2) [fr. *régie*, da *régir* 'reggere'; 1929] s. f. *1* Opera di coordinamento generale e di direzione artistica di uno spettacolo teatrale, cinematografico, radiofonico o televisivo | ***Cabina di r.***, locale con le apparecchiature per la direzione di uno spettacolo radiofonico o televisivo; (*fig.*) centro direttivo | (*dir.*) ***Cabina di r. nazionale***, organo istituito presso il Ministero del bilancio e della programmazione economica con compiti di coordinamento, promozione e controllo in materia di interventi finanziati con fondi comunitari. *2* (*fig.*) Organizzazione accurata di cerimonia, manifestazione e sim.: *l'abile r. del corteo* | (*fig.*) Elaborazione di un piano; conduzione, spesso non manifesta, di qlco.: *Baba sorveglia la r. della conversazione* (MORAVIA). *3* La professione, l'attività di regista. *4* Società che aveva in appalto dal governo la riscossione di tasse indirette o la vendita di generi di privativa | Monopolio, privativa: *la r. dei tabacchi*.

regicìda [comp. del lat. *rēx*, genit. *rēgis* 're' e *-cida*, sul modello del fr. *régicide*; 1640] **A** s. m. e f. (pl. m. *-i*) ● Chi si è reso colpevole di regicidio. **B** agg. ● Di regicidio, che è favorevole o istiga al regicidio: *idea regicida*; *teoria regicida*.

regicìdio [da *regicida*; 1640] s. m. ● Uccisione di re o di regina.

regimàre [da *regime*, nel sign. 4; 1974] v. tr. *1* (*idraul.*) Regolare, contenere un corso d'acqua nel regime della sua portata, spec. mediante opportune opere murarie. *2* (*tecnol.*) Portare una macchina, un congegno e sim. al suo regime ottimale di funzionamento.

regimazióne [1974] s. f. ● Il regimare.

regìme o (*raro*) **règime** [vc. dotta, lat. *rĕgime(n)*, da *rĕgere* 'reggere'; 1308] s. m. *1* Forma di governo, sistema politico: *r. repubblicano, monarchico*

| (*spreg.*) Governo autoritario, dittatoriale | (*per anton.*) Il sistema politico fascista in Italia dal 1922 al '43: *schiacciati dalla prepotenza del r.* (CROCE) | (*est., spreg.*) Situazione politica caratterizzata da mancanza di ricambio nella guida di un Paese e da ingerenze partitiche nel campo dell'economia e della cultura. *2* (*dir.*) Complesso organico di norme, interne o internazionali, disciplinanti uno o più istituti giuridici: *r. patrimoniale della famiglia*; *r. degli Stretti* | **R. aureo**, fondato su un'unità monetaria aurea, avente un certo peso e un certo titolo | **R. vincolistico**, situazione in cui lo Stato, per risolvere temporaneamente gravi problemi immediati, vincola con provvedimenti legislativi speciali il libero gioco della domanda e dell'offerta. *3* (*relig.*) Supremo organo di governo, in alcuni ordini religiosi. *4* Regola pratica di vita, in particolare relativamente alla dieta alimentare | **R. latteo, vegetariano**, tipo di alimentazione a base di latte, di verdura | **Essere a r.**, seguire una determinata dieta con rigore (*anche fig.*). *5* Andamento di un fenomeno in un certo intervallo di tempo: *r. minimo, massimo*; *a pieno r.* | **R. di corso d'acqua**, modo col quale è distribuita la portata durante l'anno | **R. fluviale**, con leggere variazioni di portata | **R. torrentizio**, con forti e brusche variazioni di portata | **R. pluviometrico**, modo con cui le precipitazioni in una data località si distribuiscono durante l'anno | **R. termico**, andamento della temperatura di un luogo durante l'intero corso dell'anno. *6* Insieme di condizioni che caratterizzano il funzionamento stazionario di una macchina, impianto, apparecchiatura o motore | **R. di giri**, velocità di rotazione spec. di motori | **R. di circolazione**, sistema per regolare la marcia dei treni in linea garantendone la sicurezza | **A r.**, detto di un fenomeno quando è trascorsa la fase iniziale di avvio; (*est.*) detto di provvedimento quando è pienamente operante.

regimental /ingl. ˌredʒɪˈmentl/ [vc. ingl., propr. 'reggimentale, del reggimento' e, più ampiamente, 'militare'; 1976] **A** agg. inv. ● Detto di capo di abbigliamento che imiti lo stile e la foggia dei vestiti militari inglesi: *pantaloni r.* | **Cravatta r.**, cravatta a strisce oblique colorate. **B** s. f. inv. ● Cravatta regimental.

♦**regina** o †**reina** [lat. *regīna(m)*, di orig. indeur.; av. 1276] **A** s. f. *1* Moglie del re: *ottenere la grazia per intervento della r.* | **La r. madre**, la madre del sovrano regnante | **Erba della r.**, tabacco. *2* Donna che regna, essendo a capo di una monarchia: *la r. d'Olanda, d'Inghilterra* | **Sembrare, parere una r.**, per maestà, imponenza, ricchezza | **L'incedere di una r.**, portamento e passo maestoso. *3* (*fig.*) Donna che eccelle e primeggia tra le altre, per motivi contingenti o duraturi: *è una r. di bellezza*; *tra noi è la r. per virtù* | **La r. della danza**, colei che balla meglio d'ogni altra | **La r. della festa**, colei che è più ammirata di tutte. *4* (*est.*) Cosa che eccelle, primeggia o si fa preferire tra altre simili: *la rosa è la r. dei fiori* | **La r. del mare**, Venezia | **R. dei vigneti**, uva precoce da tavola dall'acino grosso, giallo-dorato, con aroma di moscato | **R. dei frutteti**, varietà coltivata di pesco a frutto grosso quasi sferico | **R. Claudia**, varietà pregiata di susino con frutto a polpa soda spiccagnola | **R. dei prati**, pianta perenne delle Rosacee con grappoli di fiori bianchi che cresce in luoghi umidi e che contiene composti dell'acido salicilico (*Spiraea ulmaria*). *5* La femmina feconda degli insetti viventi in forme sociali, quali formiche, api, vespe, termiti | **R. di mare**, albastrello. *6* Il pezzo più potente del gioco degli scacchi che può essere mosso in direzione orizzontale, verticale e diagonale: *muovere la r.* SIN. Donna. *7* Carta da gioco raffigurante una regina: *r. di cuori*. SIN. Dama. **B** anche agg. ● Che è regina: *ape r.* | **Cannella r.**, varietà di cannella dell'India orientale e di Ceylon (*Cinnamomum zeylanicum*). || **reginèlla**, dim. | **reginètta**, dim. (V.) | **reginòtta**, dim. (V.).

reginétta [1923] s. f. *1* Dim. di *regina*. *2* Giovane regina. *3* Titolo conferito a una ragazza che primeggia in un concorso di bellezza: *dopo il ballo ci sarà la proclamazione della r.*

reginòtta [1913] s. f. *1* Dim. di *regina*. *2* Principessa, spec. di fiaba e sim.

régio [vc. dotta, lat. *rēgiu(m)*, da *rēx*, genit. *rēgis* 're'; 1481] **A** agg. (pl. f. *-gie*) *1* Del re, in quanto capo di una monarchia: *titolo r.*; *potestà, autorità regia*; *per r. decreto*. *2* Di uno Stato retto a monarchia: *il r. esercito*; *la regia marina*. *3* (*chim.*) **Acqua regia**, miscela di acido nitrico e acido cloridrico usata per sciogliere i metalli nobili. *4* (*fig.*) †Principale: *cammino r.* | **Via, strada regia**, la via maestra, la più comoda e ampia | **Scala regia**, scala principale dei palazzi. || **regiaménte**, avv. (*raro*) Regalmente; per decreto reale. **B** s. m. ● (*spec. al pl.*) Soldati del re, nell'età risorgimentale.

regiolètto [da *regio(ne)*, sul modello di *idioletto*] s. m. ● (*ling.*) Dialetto usato in una regione.

regionàle [vc. dotta, lat. tardo *regionāle(m)*, da *rĕgio*, genit. *regiōnis* 'regione'; 1572] agg. *1* Della regione in generale o di una in particolare: *struttura r.*; *legislazione r.*; *i problemi regionali locali*; *consiglio r.*; *autonomia legislativa r.* | **Voce, locuzione r.**, regionalismo | **Legge r.**, emanata dagli organi legislativi della regione | **Stato r.**, Stato unitario con autonomie regionali, cioè istituzionalmente decentrato a mezzo di regioni | **Treno r.**, (*ellitt.*) **regionale**, treno a percorso regionale, che ferma in tutte le stazioni intermedie. *2* Detto di fenomeno geologico che interessa vaste aree della superficie terrestre, quali oceani, continenti, catene montuose | **Metamorfismo r.**, metamorfismo di rocce dovuto alla loro localizzazione in profondità entro la crosta terrestre. || **regionalménte**, avv. Secondo le regioni.

regionalìsmo [comp. di *regionale* e *-ismo*; 1878] s. m. *1* Eccessivo interesse e amore per la propria regione: *peccare di r.* *2* Tendenza politica favorevole alle autonomie regionali. *3* (*ling.*) Fenomeno linguistico proprio di una regione.

regionalista [da *regionale*; 1891] s. m. e f.; anche agg. (pl. m. *-i*) *1* Sostenitore della propria regione in quelle che sono i suoi usi e le sue caratteristiche più tipiche: *è un acceso r. per quello che riguarda la cucina*. *2* Sostenitore del regionalismo.

regionalìstico [1926] agg. (pl. m. *-ci*) ● Da regionalista, conforme al regionalismo. || **regionalisticaménte**, avv.

regionalizzàre [fr. *régionaliser*, da *régional* 'regionale'; 1970] v. tr. ● (*bur.*) Trasferire, attribuire alla competenza normativa o alla proprietà di una regione.

regionalizzazióne [1966] s. f. ● Il regionalizzare, il venire regionalizzato.

♦**regióne** [vc. dotta, lat. *regiōne(m)* 'direzione, linea di confine', poi 'territorio', da *rĕgere* 'dirigere'. V. *reggere*; av. 1294] **A** s. f. *1* Porzione della superficie terrestre, del cielo o dello spazio dotata di caratteristiche omogenee: *r. boreale*; *r. antartica*; *regioni tropicali, polari, temperate, aride, steppose* | **R. climatica**, zona limitata della superficie terrestre con clima uniforme, omogeneo. *2* Plaga, territorio: *la r. dei grandi laghi*; *le regioni disabitate della terra*; *una ridente r. ricca di boschi e prati*. *3* (spesso scritto con iniziale maiuscola) Ente di amministrazione statale indiretta, autonomo e autarchico, che esercita attività nell'interesse dello Stato oltre che proprio: *presidente della r.* | **R. a statuto speciale**, a cui è riconosciuta una più ampia autonomia. *4* (*anat.*) Particolare suddivisione topografica dell'organismo a scopo descrittivo: *r. dorsale, lombare*. *5* (*mat.*) Sottoinsieme d'una figura, solitamente della stessa dimensione di questa. *6* Ogni circoscrizione territoriale dell'antica città di Roma. *7* (*fig.*) Campo, dominio, settore: *la r. della fantasia, dell'arte*; *le meravigliose regioni della scienza, ancora in parte inesplorate*; *le più intime regioni della moralità umana* (DE SANCTIS). **B** in funzione di agg. inv. ● (posposto al s.) Nella loc. **Ente r.**, regione nel sign. A 3.

♦**regista** [da *regia*, sul tipo *allegoria-allegorista*, *economia-economista* ecc.; 1932] s. m. e f. (pl. m. *-i*) *1* Responsabile del coordinamento, dell'impostazione e del risultato artistico di uno spettacolo: *r. teatrale, cinematografico* | **Aiuto r.**, assistente del regista durante la lavorazione di un film o la preparazione di uno spettacolo teatrale o televisivo | (*sport*) Nei giochi di squadra, chi imposta e detta gli schemi di gioco. *2* (*fig.*) Chi organizza e dirige un'attività | (*est.*) Chi elabora un piano, chi coordina e dirige, spesso in modo non manifesto, una trattativa, un'iniziativa, ecc.

registico [1941] agg. (pl. m. *-ci*) ● Di regia o regista. || **registicaménte**, avv.

registràbile [1581] agg. *1* Che si può registrare: *spesa r.* *2* Che merita, deve essere registrato, ricordato: *un fatto r.* | **Musica r.**, adatta ad essere registrata.

♦**registràre** [da *registro*; 1313] v. tr. *1* Scrivere in un registro: *r. le nascite, le morti*; *r. un ricavo, un'entrata*; *r. a partita semplice, doppia*; *r. un marchio d'impresa* | **R. un veicolo**, immatricolarlo. *2* (*est.*) Riportare, rilevare, segnalare: *la stampa registra un aumento della criminalità* | (*ling.*) Attestare l'uso di un vocabolo o di una locuzione: *il dizionario registra numerose voci regionali*. *3* Detto di un apparecchio registratore, trascrivere direttamente in un grafico la grandezza misurata. *4* Fissare suoni o immagini su supporti adatti, quali dischi pellicole o nastri, utilizzando tecniche atte a permettere una riproduzione dei medesimi suoni o immagini a distanza di tempo. *5* (*mus.*) Aprire i registri dell'organo in modo che le canne loro assegnate suonino. *6* Mettere a punto un congegno o una macchina: *r. l'indice di uno strumento* | **R. un orologio**, spostare la levetta del bilanciere per fare anticipare o ritardare il meccanismo.

registràta [f. sost. dell'agg. *registrato*; 1991] s. f. ● Programma televisivo o radiofonico registrato in un momento precedente a quello della messa in onda. SIN. Differita. CFR. Diretta.

registràto part. pass. di *registrare*; anche agg. ● Nei sign. del v.: *marchio r.*

registratóre [1598] **A** agg. (f. *-trice*) ● Che registra | Detto di strumento di misura provvisto di organo scrivente che traccia un diagramma dei valori assunti dalla grandezza misurata in funzione del tempo | **Barometro r.**, barografo. **B** s. m. *1* Chi registra, spec. il funzionario delle cancellerie medievali addetto alla registrazione su apposito registro dei documenti emanati. *2* Apparecchio o strumento per registrare | **R. del suono**, (*ellitt.*) **registratore**, strumento atto a registrare o a riprodurre i suoni: *r. a cassette* | **R. di cassa**, macchina da calcolo scrivente utilizzata in negozi e sim. per facilitare i conteggi, fornire uno scontrino con la prova dell'avvenuto pagamento e registrare gli importi incassati | **R. a nastro magnetico**, apparecchiatura elettronica per registrare su nastro magnetico una informazione sonora o visiva | (*aer.*) **R. di volo**, scatola nera | CFR. -grafo. *3* (*disus.*) Grossa cartellina di cartone o altro, con fermagli, per la raccolta della corrispondenza o di documenti in genere.

registratùra [1881] s. f. ● (*raro*) Registrazione.

registrazióne [1584] s. f. *1* Il registrare | Iscrizione in un registro: *la r. di un incasso*; *la r. di una nascita*; *spese di r.* | Messa a punto: *la r. di un orologio* | Trascrizione di una grandezza registrata; rilevazione: *r. di un fenomeno mediante diagramma*; *la r. di una scossa sismica* | **R. del suono**, operazione mediante la quale si fissano suoni o immagini su supporti adatti, quali dischi pellicole o nastri, utilizzando tecniche atte a permettere una riproduzione dei medesimi suoni o immagini a distanza di tempo | **R. dell'organo**, arte di scegliere e mescolare i vari registri dell'organo. *2* (*radio, tv*) Programma trasmesso successivamente all'esecuzione e quindi non in diretta | (*est.*) Locale, studio, in cui viene eseguita la registrazione. *3* (*dir.*) Annotazione degli atti e fatti giuridici stabiliti dalla legge su pubblici registri avente funzioni di pubblicità o, raramente, costitutive: *r. della ditta, di un trattato internazionale, delle società* | **R. con riserva**, atto con cui la Corte dei Conti dispone che il provvedimento da essa riconosciuto illegittimo può avere esecuzione sotto la responsabilità politica dell'autorità governativa. *4* (*mus.*) Scelta e combinazione, da parte dell'esecutore, dei vari registri dell'organo o altro strumento a tastiera che disponga di registri.

registro [deformazione del lat. tardo *regĕsta*. V. *regesto*; av. 1348] s. m. *1* Libro, quaderno, fascicolo in cui si registra, si prende nota di qlco. | **R. dell'insegnante**, nell'ordinamento scolastico, quello individuale di ciascun insegnante | **R. di classe**, quello collettivo su cui i vari insegnanti annotano assenze e presenze degli allievi, note disciplinari, e sim. | (*mar.*) **R. di bordo**, su una nave mercantile, quello su cui si annotano le merci caricate con l'indicazione della quantità, origine, destinazione. *2* (*dir.*) Documento pubblico, spesso in forma di libro o fascicolo, su cui si annotano atti giuridicamente rilevanti concernenti beni e persone fisiche o giuridiche al fine di assicurare loro pubblicità verso i terzi e valore probatorio:

registri immobiliari; *r. automobilistico*; *r. aeronautico*; *r. delle successioni*; *r. catastale* | ***Imposta di r.***, quella dovute sugli atti scritti in genere, spec. sentenze e contratti | ***Ufficio del r.***, organo periferico dell'amministrazione finanziaria dello Stato che accerta e riscuote le imposte indirette sugli affari, fra cui anche le imposte di registro. ***3*** (*est.*) Ufficio o ente pubblico che emette e conserva i documenti e i registri relativi a un dato tipo di beni: *Registro Aeronautico Italiano*. ***4*** Congegno per la messa a punto di un meccanismo | Negli orologi, ordigno sul ponte del bilanciere che permette, grazie ai suoi spostamenti circolari, di allungare o accorciare la lunghezza attiva della spirale, e quindi di fare ritardare o anticipare l'orologio. ***5*** (*elab.*) Organo o zona di memoria destinato a particolari e prestabilite funzioni di calcolo o logiche. ***6*** (*mus.*) Parte dell'estensione della voce o di uno strumento: *r. di tenore*; *r. alto*, *basso* | Nell'organo, nell'armonio e nel clavicembalo, leva per azionare il meccanismo preposto alla produzione di ciascun timbro in dotazione allo strumento | Nell'organo, serie di canne del medesimo tipo e timbro | ***Cambiare r.***, (*fig.*) cambiare contegno, modo di fare. ***7*** (*ling.*) Fascia di frequenza in cui si collocano acusticamente i suoni della voce umana | Utilizzazione che il parlante fa dei diversi usi linguistici in rapporto al contesto sociale in cui si trova: *r. familiare*, *burocratico*. ***8*** (*tipogr.*) Perfetta concordanza di posizione fra due o più elementi costituenti un unico insieme, ma stampati in tempi diversi | ***Mettere a r.***, far concordare la posizione di due o più dei suddetti elementi. ***9*** †Regesto.

registrotèca [comp. di *registrato*, accorciato in *registro* per evitare l'incontro di troppe *t*, e *teca*; 1966] **s. f.** ● (*raro*) Nastroteca.

regiudicàta o **re giudicàta** [lat. *rē(m) iudicāta(m)* 'cosa giudicata'. V. *re* (*2*) e *giudicato*; 1745] **s. f.**; anche **agg.** ● (*dir.*) Provvedimento giurisdizionale non più soggetto ai normali mezzi di impugnazione e quindi definitivo | ***Divenire r.***, passare in giudicato.

†regnàme [sovrapposizione di *regno* a *reame*] **s. m.** ● Regno, reame.

regnànte [av. 1374] **A part. pres.** di *regnare*; anche **agg.** ● Che regna: *famiglia r.* | (*lett.*) Dominante: *quello che la ragione vuole è vinto dal r. furore* (BOCCACCIO). **B s. m. e f.** ● (*lett.*) Re: *saranno presenti gli ultimi regnanti europei*; *ivi eran quei che fûr detti plebei, / pontefici, regnanti, imperadori* (PETRARCA).

regnàre [vc. dotta, lat. *regnāre*, da *rēgnum* 'regno'; av. 1250] **A v. intr.** (*io régno*; aus. *avere*) ***1*** Essere a capo di uno stato monarchico esercitandovi l'autorità e le funzioni di re: *regnava in la terra de oriente, / di là da l'India, un gran re* (BOIARDO); *Vittorio Emanuele II regnò per molti anni* | Avere autorità sovrana: *la dinastia degli Asburgo regnò in Europa*. ***2*** (*est.*) Avere potere, dominio (*anche fig.*): *i Turchi regnarono in Oriente*; *spesso regnano i malvagi e gli astuti* | ***Dio regna nei cieli***, ha il regno divino | (*fig.*) Essere presente, diffuso ovunque: *qui regna la concordia*; *fra voi regna un'opinione falsa*. **SIN.** Predominare. ***3*** Allignare, prosperare, vegetare, detto di piante: *in questa regione regna l'ulivo*. ***4*** Soffiare, spirare, tirare, detto di venti. ***5*** †Ricorrere, continuare. **B v. tr.** ***1*** †Dominare, governare. ***2*** †Far prosperare, vivere, vegetare.

regnatóre [vc. dotta, lat. *regnatōre(m)*, da *regnātus* 'regnato'; av. 1332] **agg.**; anche **s. m.** (f. *-trice*) ● (*lett.*) Che (o Chi) regna (*anche est.*).

regnìcolo [vc. dotta, lat. tardo *regnĭcola(m)*, comp. di *rēgnum* 'regno' e *-cola*; 1319] **agg.**; anche **s. m.** ***1*** (*lett.*) Abitante, cittadino di un regno. ***2*** (*spec. al pl.*) Nell'Ottocento, detto dei cittadini del Regno di Napoli e poi di quelli del Regno d'Italia.

♦**régno** [vc. dotta, lat. *rēgnu(m)*, da *rēx*, genit. *rēgis* 're'; sec. XIII] **s. m.** ***1*** Stato monarchico retto da un re: *il r. di Spagna* | ***Il r. Unito***, (*per anton.*) la Gran Bretagna | (*est.*) Il territorio posto sotto l'autorità del re: *è un piccolo r.*; *cambiare i confini del r.* | (*est.*) Dominio, sovranità di re e la sua durata: *pervenire al r.*; *aveva ambizioni di r.*; *sotto il r. di Luigi XIV* | ***Abdicare al r.***, rinunciare a regnare. ***2*** (*est.*) Luogo di dimora, di potere, di predominio di qlcu. o qlco. (*anche fig.*): *il r. di Dio*; *l'Antartide è il r. dei ghiacci*; *questa casa è il r. del disordine* | ***Essere nel proprio r.***, (*fig.*) sentirsi a proprio agio, nell'ambiente adatto, più congeniale | ***I regni oltremondani***, inferno, purgatorio e paradiso | ***Il r. beato***, il Paradiso | ***Il r. delle tenebre***, l'Inferno | ***Il r. di Dio***, nell'ebraismo, l'ordine costituito con l'avvento del Messia; nel cristianesimo, la comunità dei redenti del Cristo partecipanti alla gloria di Dio | ***Il r. della fantasia***, il mondo della fantasia. ***3*** (*biol.*) Nella classificazione degli organismi, la maggiore categoria sistematica: *il r. animale*. ***4*** †Corona reale. || **regnétto**, **dim.** | **regnùccio**, **pegg.** | **regnùcolo**, **pegg.**

♦**régola** o †**règula** [vc. dotta, lat. *rēgula(m)* 'asticella, squadra', poi 'regola, norma', da *rĕgere* 'dirigere'. V. *reggere*; av. 1292] **s. f.** ***1*** Andamento più o meno ordinato e costante di un complesso di eventi: *fenomeni al di fuori di ogni r.*; *senza una r. fissa* | ***Di r.***, normalmente, solitamente | ***Fare r.***, rappresentare la norma, la consuetudine | ***Essere eccezione alla r.***, essere fuori della norma | ***Disporre qlco. con una certa r.***, seguendo una disposizione ordinata. ***2*** (*est.*) Precetto, norma indicativa di ciò che si deve fare in certe circostanze: *trasgredire*, *osservare*, *mutare la r.*; *avere una r. di vita* | ***Tenersi a una r.***, regolarsi secondo un certo criterio | ***Essere in r.***, essere nella situazione ideale o richiesta per fare qlco. | ***Essere in r. verso qlcu.***, avere mantenuto un contegno ineccepibile verso qlcu., non avere colpe verso qlcu. | ***Avere le carte in r.***, (*fig.*) essere in condizione di aspirare a qlco. in virtù dei requisiti posseduti | Norma, prescrizione frutto dell'esperienza o della consuetudine: *trasgredire le regole della buona educazione*; *stare alle regole del gioco* | ***È fatto a r. d'arte***, è privo di difetti | ***Agire con tutte le regole***, ***in piena r.***, con attenzione, coscienza o perizia | ***È buona r.***, è consuetudine universalmente accettata | ***Per vostra norma e r.***, affinché sappiate regolarvi. ***3*** Metodo che permette la risoluzione di problemi o l'applicazione di determinati assunti: *la r. del tre semplice*; *le regole della grammatica*. ***4*** (*ling.*) Nella grammatica tradizionale, norma prescrittiva per parlare o scrivere secondo il modello stilistico dominante | In linguistica, ipotesi descrittiva riguardante il funzionamento grammaticale della lingua o i mutamenti storici della lingua stessa | Nella grammatica generativa, istruzione per assegnare in modo esplicito una descrizione strutturale a ciascuna frase, o per operare cambiamenti su intere sequenze di frase convertendole in nuove strutture derivate: *r. di riscrittura*; *r. trasformazionale*. ***5*** Misura, modo: *avere una r. nello spendere* | ***Senza r.***, senza moderazione. ***6*** Il complesso delle norme per le quali generalmente il fondatore disciplina la vita comunitaria e gli obblighi degli appartenenti a un ordine religioso o ad una congregazione | Libro o testo scritto contenente tali norme: *r. di S. Benedetto*, *di S. Francesco*, *di S. Domenico*. ***7*** (*spec. al pl.*) (*pop.*) Mestruazioni. || **regolétta**, **dim.** | **regolina**, **dim.** | **regolùccia**, **regolùzza**, **dim.**

regolàbile [1959] **agg.** ● Che si può regolare: *meccanismo r.*; *velocità r.*

regolamentàre (**1**) [1811] **agg.** ● (*bur.*) Del regolamento: *norma r.* | Conforme al regolamento: *distanza r.* || **regolamentarménte**, **avv.** (*raro*) In modo regolamentare.

regolamentàre (**2**) [1812] **v. tr.** (*io regolaménto*) ● Ordinare, sistemare con l'emanazione di un regolamento: *r. il traffico di valuta*.

regolamentazióne [1938] **s. f.** ● (*bur.*) Il regolamentare | Complesso di regole; normativa, regolamento.

♦**regolaménto** [av. 1556] **s. m.** ***1*** Regolazione | Modificazione rivolta a migliorare: *r. delle acque fluviali*, *marine* | ***R. di conti***, (*gerg.*) soluzione violenta di vertenze, spec. fra bande rivali appartenenti alla malavita. ***2*** (*dir.*) Provvedimento normativo, emanato da un organo dell'Unione europea, a ciò legittimato, con caratteristiche di obbligatorietà e applicabilità diretta. ***3*** Complesso delle norme per mezzo delle quali si dirige o conduce qlco.: *attenersi al r.*; *r. scolastico*; *r. edilizio*. **SIN.** Ordinamento. ***4*** Pagamento di un debito: *r. rateale*.

regolànte [1308] **part. pres.** di *regolare* (*1*); anche **agg.** ● Nei sign. del v. | (*lett.*) Che guida, che dirige.

♦**regolàre** (**1**) [vc. dotta, lat. tardo *regulāre*, da *rēgula* 'regola'; sec. XIII] **A v. tr.** (*io règolo*) ***1*** Ordinare, sistemare in base a una regola o a un complesso di regole: *r. il traffico*, *la circolazione stradale*. **SIN.** Disciplinare. ***2*** (*est.*) Governare, guidare, dirigere, detto di autorità, princìpi morali o leggi: *l'amore per il prossimo regola la loro vita*; *leggi fisiche regolano l'universo*. ***3*** Ridurre, limitare: *r. le spese domestiche* | Moderare: *r. il calore di una stufa*. ***4*** Modificare il funzionamento di qlco. allo scopo di migliorarlo: *r. un apparecchio* | ***R. un fiume***, ***un corso d'acqua***, ***le acque di un fiume***, mantenerne ottimale il regime mediante opportune opere murarie. ***5*** Sistemare nel modo migliore (*anche fig.*): *r. una questione*; *avrei avuto bisogno di un grande riposo per chiarire il mio animo e anche r. e forse assaporare il mio dolore* (SVEVO) | ***R. un conto***, liquidarlo, pagarlo | ***R. i conti con qlcu.***, (*fig.*) risolvere un diverbio, una discussione, un litigio con la vendetta | ***R. gli avversari***, nel linguaggio sportivo, spec. nel ciclismo, batterli. **B v. rifl.** ***1*** Avere un comportamento, un atteggiamento adatto alle circostanze: *non sapere come regolarsi con qlcu.*; *sapere regolarsi da sé* | ***Regolatevi!***, fate come credete meglio. **SIN.** Procedere. ***2*** Tenersi nel giusto limite senza eccedere: *regolarsi nel mangiare*, *nel bere*, *nello spendere*. **SIN.** Controllarsi, moderarsi.

♦**regolàre** (**2**) [vc. dotta, lat. tardo *regulāre(m)*, da *rēgula* 'regola'; sec. XIV] **A agg.** ***1*** Che segue o mantiene una regola: *andamento*, *moto r.* | ***Esercito r.***, reclutato e ordinato secondo le leggi. ***2*** Che non contravviene l'uso, le norme dettate dall'esperienza o la consuetudine: *la tua domanda non è r.* **SIN.** Consueto, corretto. ***3*** Che non rivela irregolarità o imperfezioni: *lineamenti regolari* | ***Statura r.***, né alta né bassa | ***Tenere un passo r.***, costante | ***Polso r.***, che ha un ritmo normale | ***Essere r. in qlco.***, essere costante, puntuale, detto di persone. ***4*** (*ling.*) Detto di fatto linguistico conforme ad un tipo considerato dominante | ***Verbi regolari***, che seguono i tipi stabiliti di coniugazione. ***5*** Relativo o appartenente a un ordine religioso: *clero*, *religioso r.* || **regolarménte**, **avv.** ***1*** Con regola, secondo le regole: *compilare regolarmente un modulo*. ***2*** Secondo il regolamento o l'uso: *la domenica i negozi sono regolarmente chiusi*. ***3*** In modo simmetrico, ordinato: *gli alunni erano regolarmente seduti in due file di banchi*. ***4*** Secondo una successione temporale costante; con regolarità costante: *vado dal dentista regolarmente due volte all'anno*; (*iron.*) sistematicamente: *è impossibile mettersi in contatto con lui*: *il suo telefono è regolarmente occupato*. **B s. m. e f.** ● Appartenente a un ordine religioso.

regolarìsta [1963] **s. m. e f.** (pl. m. *-i*) ● (*sport*) Chi prende parte a gare di regolarità.

regolarità [1561] **s. f.** ● Caratteristica di ciò che è regolare: *non è accertata la r. della procedura*; *una rara r. di lineamenti* | ***R. nel pagare***, puntualità | ***Gare di r.***, nell'automobilismo e motociclismo, prove in cui i concorrenti devono osservare la tabella di marcia e compiere il percorso nel tempo stabilito.

regolarizzàre [comp. di *regolar(e)* e *-izzare*; 1802] **v. tr.** ● Rendere regolare, conforme alla regola: *r. una situazione*.

regolarizzazióne [1812] **s. f.** ● Il regolarizzare.

regolàta [part. pass. f. sost. di *regolare* (*1*); 1971] **s. f.** ● Messa a punto, spec. frettolosa: *dare una r. alla leva del cambio* | (*fig.*, *fam.*) ***Darsi una r.***, adattare il proprio comportamento alle circostanze; calmarsi, moderarsi.

regolatézza [da *regolato*; 1872] **s. f.** ● Modo di vita regolato, moderato, sobrio e sim.: *vivere con grande r.*

regolatìvo [da *regolato*; 1584] **agg.** ● Che agisce come elemento regolatore: *carattere r. di una disciplina di studio*.

regolàto [av. 1306] **part. pass.** di *regolare* (*1*); anche **agg.** ***1*** Ordinato, sistemato, gestito in base a regole: *espansione regolata di un centro urbano*. ***2*** Moderato, sobrio: *condurre una vita regolata*. || **regolataménte**, **avv.** In modo regolato: *vivere regolatamente*. **SIN.** Moderatamente, ordinatamente.

regolatóre [1308] **A agg.** (f. *-trice*) ● Che regola, dà le norme: *principio r.*; *mente regolatrice* | ***Piano r.***, complesso di programmi tecnici di organizzazione e disciplina urbanistica, di un determinato territorio, città o parte di essa. **B s. m.** ***1*** (f. *-trice*) (*raro*) Chi regola. ***2*** Meccanismo, dispo-

sitivo che regola il funzionamento di qlcu.
regolazióne [av. 1311] **s. f.** ● Assoggettamento a una regola o a un sistema di regole: *r. del traffico* | Modificazione atta a migliorare il funzionamento di qlco.: *r. di un apparecchio*; *vite di r.* ➡ ILL. p. 2114 AGRICOLTURA.
regolistica [da *regola* col suff. *-istica*, proprio di diversi raggruppamenti, dall'*-istico* degli agg.] **s. f.** ● Sistema, complesso di regole.
regolìzia [stessa etim. di *liquirizia*, con alterazione pop.; av. 1347] **s. f.** ● (*raro, pop.*) Liquirizia.
règolo (1) [da *regolare* (*1*) (V.); 1340 ca.] **s. m.** *1* Listello, di legno o metallo, per vari usi | Asta di legno che serve al muratore per verificare se i mattoni sono ben allineati o l'intonaco spianato a dovere. *2* Striscia rettangolare di materiale solido | ***R. calcolatore***, strumento un tempo molto usato per eseguire rapidamente calcoli approssimativi, costituito da due parti, una fissa e l'altra scorrevole su di essa, su ciascuna delle quali è riportata una scala. *3* Nella scacchiera, filare di otto caselle.
règolo (2) [vc. dotta, lat. *rēgulu(m)*, dim. di *rēx*, genit. *rēgis* 're'; sec. XIV] **s. m.** *1* (*spreg., lett.*) Re avente scarsa potenza e piccolo dominio: *a un affamato r. nov'esca / offron d'anime e di terre* (CARDUCCI). *2* Piccolo uccello dei Passeriformi, con sottile becco appuntito, vivente nei boschi di conifere nutrendosi di insetti (*Regulus regulus*). ‖ **regolùzzo**, **pegg.**
regrediènte [1872] **part. pres.** di *regredire*; anche **agg.** ● Nei sign. del v.
regredìre [vc. dotta, lat. *rĕgredi*, comp. di *re-* e *grădi* 'avanzare'. V. *grado*; 1598] **v. intr.** (*io regredìsco, tu regredìsci*; **part. pass.** *regredito*, o *regrèsso*; aus. *essere*) *1* Tornare indietro (*spec. fig.*): *r. nel lavoro, negli studi.* **SIN.** Retrocedere. **CONTR.** Progredire. *2* (*psicol.*) Subire una regressione.
regredito **part. pass.** di *regredire*; anche **agg.** ● Nei sign. del v. | Che è ritornato a uno stadio più arretrato, a un livello primitivo: *eravamo fortemente regrediti e induriti.*
regressióne [vc. dotta, lat. *regressiōne(m)*, da *regrĕssus*, part. pass. di *rĕgredi* 'regredire'; 1598] **s. f.** *1* Il regredire | (*raro*) Regresso, decadenza. **CONTR.** Progressione. *2* (*geol.*) Arretramento, presso il mare, della linea di spiaggia con la conseguente emersione di aree già sommerse. *3* (*biol.*) Retrocessione di una malattia o di un fenomeno biologico. *4* (*psicol.*) Ritorno a stadi precedenti dello sviluppo psichico: *r. all'infanzia.* *5* (*stat.*) Studio della dipendenza fra due variabili | ***Linea di r.***, che serve a regredire, cioè a passare, dai valori di una variabile a quelli corrispondenti di un'altra. *6* (*astron.*) Retrogradazione.
regressista [da *regress(o)* con il suff. *-ista*; 1910] **s. m. e f.** (**pl. m.** *-i*); anche **agg.** ● Chi (o Che) auspica il ritorno ad alcuni valori positivi del passato e tende a considerare negativamente i cambiamenti.
regressìvo [da *regresso* (*2*); 1585] **agg.** *1* Che regredisce, tende alla regressione o la favorisce: *andamento r. di un fenomeno*; *idee regressive.* **CONTR.** Progressivo. *2* (*filos.*) Che concerne o interessa il metodo analitico | Che procede induttivamente dagli effetti alle cause. *3* Che per vari motivi grava maggiormente su redditi minori: *imposta di fatto regressiva.* **CONTR.** Progressivo. ‖ **regressivaménte**, **avv.** Con moto regressivo.
regrèsso (1) o †**rigrèsso** [vc. dotta, lat. *regrĕssu(m)*, da *rĕgredi* 'regredire'; sec. XIV] **s. m.** *1* Arretramento, diminuzione: *il r. di una malattia.* *2* Ritorno a un livello precedente e inferiore: *il r. delle arti, delle discipline letterarie*; *il progresso e il r.* **SIN.** Decadenza. **CONTR.** Progresso. *3* Diritto di chi, dovendo adempiere insieme ad altri a una obbligazione in solido e avendola adempiuta per intero, intenda ottenere dagli altri il rimborso delle loro parti di debito: *azione di r.*
regrèsso (2) **part. pass.** di *regredire* ● Nei sign. del v.
†**regrètto** [fr. *regret*, da *regretter* 'fare il lamento su un morto', poi 'rammaricarsi', di etim. discussa: ant. scandinavo *grāta* 'piangere, gemere', col pref. *re-* (?); 1573] **s. m.** ● Rammarico, rincrescimento.
†**règula** ● V. *regola.*
†**regurgitàre** e *deriv.* ● V. *rigurgitare* e *deriv.*
Reich /raix, -k, *ted.* raeç/ [vc. ted., 'regno', di ampia diffusione in tutte le lingue germ.; 1885] **s. m. inv.** (**pl.** ted. *Reiche*) ● (*st.*) Impero, regno o altra forma di governo dello Stato tedesco | ***Primo R.***, il Sacro Romano Impero ricostituito nel 962 da Ottone I e durato fino al 1806 | ***Secondo R.***, impero tedesco su base federale, costituitosi nel 1871 e durato fino al 1918 | ***Terzo R.***, il regime instaurato dal nazismo hitleriano e il periodo di tempo (1933-1945) nel corso del quale ha dominato in Germania e in Europa: *durante il terzo R.*
reidratànte **A** **part. pres.** di *reidratare*; anche **agg.** ● Che reidrata. **B** **s. m.** ● Cosmetico che serve a reidratare la pelle.
reidratàre [comp. di *re-* e *idratare*] **v. tr.** ● Idratare nuovamente una sostanza o un organo che abbia subìto un processo di disidratazione: *r. la pelle.*
reidratazióne [da *reidratare*] **s. f.** ● Ripristino del normale contenuto di acqua in sostanze, organi o individui disidratati.
reiètto [vc. dotta, lat. *reiĕctu(m)*, part. pass. di *reĭcere* 'gettare indietro, respingere', comp. di *re-* e *iăcere* 'gettare' (V.); 1441] **agg.**; anche **s. m.** (**f.** *-a*) ● Che (o Chi) è respinto, allontanato come indegno di aiuto o considerazione: *essere r. da tutti*; *un r. della società.*
reiezióne [vc. dotta, lat. *reiectiōne(m)*, da *reiĕctus*, part. pass. di *reĭcere*. V. *reietto*; sec. XIV] **s. f.** *1* (*raro*) Il ripudiare, respingere qlcu. **SIN.** Rifiuto. *2* (*dir.*) Atto con cui un organo giudiziario o amministrativo respinge una domanda avanzata da un cittadino o un documento presentato dallo stesso: *r. di una domanda giudiziale.* *3* (*psicol.*) ***R. parentale***, avversione dei genitori per il figlio, compensata di solito con eccessive attenzioni.
reificàre [1959] **v. tr.** (*io reìfico, tu reìfichi*) ● Sottoporre a reificazione.
reificazióne [ingl. *reification*, comp. del lat. *rēs*, genit. *rĕi* 'cosa' (V. *re* (*2*)) e dell'ingl. *-fication* '-ficazione'; 1959] **s. f.** *1* Nel marxismo, processo per cui l'uomo si estranea da sé stesso, identificandosi con gli oggetti e le realtà materiali da lui prodotte fino a divenirne lo strumento passivo | (*est.*) Mercificazione. *2* (*psicol.*) Processo mentale per cui concetti astratti vengono trasformati in realtà concrete, in oggetti.
Reifórmi [comp. del lat. scient. *Rhēa*, n. di un genere di uccelli (dal lat. classico *Rhēa*, altro n. di Cibele, dal gr. *Rhéa*, di etim. incerta), e il pl. di *-forme*; 1959] **s. m. pl.** (**sing.** *-e*) ● Nella tassonomia animale, ordine di Uccelli non volatori, privi di carena, con tre dita in ciascun piede (*Rheiformes*).
Reiki /'reiki, *giapp.* ˌreːˌki/ [comp. giapp. di *rei* 'spirito' e *ki* 'energia vitale'; 1994] **s. m. inv.** ● Tecnica di concentrazione che si basa sull'ipotesi che l'essere umano possa diventare, attraverso diversi livelli di attivazione, un canale di trasmissione di energia cosmica e possa sfruttarla a scopi terapeutici.
reimbarcàre o **rimbarcàre** [comp. di *re-* e *imbarcare*; av. 1566] **A** **v. tr.** (*io reimbàrco, tu reimbàrchi*) ● Imbarcare di nuovo: *r. i passeggeri, la merce sulla nave.* **B** **v. rifl.** ● Imbarcarsi di nuovo.
reimbàrco o **rimbàrco** [da *reimbarcare*; 1940] **s. m.** (**pl.** *-chi*) ● Il reimbarcare, il reimbarcarsi.
reimpiantàre [comp. di *re-* e *impiantare*; 1985] **v. tr.** ● Impiantare di nuovo.
reimpiànto **s. m.** *1* Nuovo impianto. *2* (*agr.*) Rinnovamento di una coltura legnosa mediante la sostituzione di una pianta vecchia con una giovane della stessa specie. *3* (*med.*) Tecnica chirurgica che serve a ricongiungere parti del corpo separate: *r. di un arto*; *r. dentale.*
reimpiegàre o (*raro*) **rimpiegàre** [comp. di *re-* e *impiegare*; 1812] **v. tr.** (*io reimpiègo, tu reimpièghi*) ● Impiegare un'altra volta: *r. il personale più capace.*
reimpiègo o (*raro*) **rimpiègo** [1812] **s. m.** (**pl.** *-ghi*) ● Nuovo impiego di qlcu. o di qlco.
reimpostàre [comp. di *re-* e *impostare* (*1*); 1983] **v. tr.** (*io reimpòsto*) ● Impostare di nuovo, spec. con criteri diversi: *r. un problema.*
reimpostazióne [1983] **s. f.** ● Il riformulare un problema, un lavoro ecc. in base a criteri diversi.
reimpressióne [comp. di *re-* e *impressione*; 1959] **s. f.** *1* Ristampa. *2* (*filat.*) Riproduzione di francobolli fuori corso fatta con i punzoni originari.
†**rèina** ● V. *regina.*
reincaricàre [comp. di *re-* e *incaricare*] **v. tr.** (*io reincàrico, tu reincàrichi*) ● Dare di nuovo lo stesso incarico | (*polit.*) Affidare al Primo Ministro o Presidente del Consiglio dimissionario un reincarico.
reincàrico [comp. di *re-* e *incarico*; 1938] **s. m.** (**pl.** *-chi*) ● Nuovo incarico o riconferma di un incarico precedente | (*per anton., polit.*) Incarico di formare il nuovo governo affidato al Primo Ministro o Presidente del Consiglio dimissionario.
reincarnàre o (*raro*) **rincarnàre** [comp. di *re-* e *incarnare*; 1959] **A** **v. tr.** ● Ripetere in modo molto somigliante le fattezze di qlcu.: *quel bambino reincarna perfettamente il nonno.* **B** **v. intr. pron.** ● Assumere un nuovo corpo, nel ciclo delle esistenze, secondo le credenze relative alla reincarnazione.
reincarnazióne o (*raro*) **rincarnazióne** [comp. di *re-* e *incarnazione*; 1904] **s. f.** *1* In alcune religioni e scuole mistico-filosofiche, il trasmigrare dell'anima, dopo la morte, in altro corpo, umano, animale o vegetale, più volte successivamente e con efficacia purificatoria, fino alla liberazione finale dal ciclo delle esistenze. *2* (*fig., raro*) Chi assomiglia moltissimo a qlcu. nel fisico, nel carattere, nel modo di agire: *è la r. di un grande condottiero.*
†**reincidènza** [comp. di *re-* e *incidenza*] **s. f.** ● (*raro*) Recidività.
reinfettàre [comp. di *re-* e *infettare*; 1940] **A** **v. tr.** (*io reinfètto*) ● Infettare di nuovo. **B** **v. intr. pron.** ● Infettarsi di nuovo.
reinfezióne [comp. di *re-* e *infezione*] **s. f.** ● (*med.*) Nuova infezione prodotta in un soggetto dagli stessi microrganismi responsabili di un'infezione precedente.
reingàggio [comp. di *re-* e *ingaggio*; 1855] **s. m.** ● Nuovo ingaggio, spec. di un atleta | (*sport*) ***Premio di r.***, nel calcio e sim., quello corrisposto in caso di rinnovo del contratto.
reingrèsso [comp. di *re-* e *ingresso* (*1*); 1806] **s. m.** ● Nuovo ingresso, spec. in seno a comunità, associazioni e sim.: *ha fatto un solenne r. nella vita del teatro.*
reinnestàre o **rinnestàre** [comp. di *re-* e *innestare*; av. 1320] **v. tr.** (*io reinnèsto*) *1* (*agr.*) Compiere un nuovo innesto. *2* (*raro, fig.*) Reinserire, ricollocare.
reinnèsto [1959] **s. m.** ● Nuovo innesto.
reinscritto **part. pass.** di *reinscrivere* ● (*bur.*) Iscritto nuovamente.
reinscrìvere [comp. di *re-* e *inscrivere*] **v. tr.** (coniug. come *scrivere*) ● (*bur.*) Inscrivere di nuovo.
reinsediàre [comp. di *re-* e *insediare*] **A** **v. tr.** (*io reinsèdio*) ● Reintegrare qlcu. in un ufficio, in una carica importante. **B** **v. intr. pron.** ● Riprendere possesso di una carica.
reinseriménto [comp. di *re-* e *inserimento*; 1955] **s. m.** ● Nuovo inserimento in un dato contesto: *il r. nella vita attiva dopo la lunga detenzione gli è stato difficile.*
reinserìre [comp. di *re-* e *inserire*; 1970] **A** **v. tr.** (*io reinserìsco, tu reinserìsci*) ● Inserire nuovamente qlcu. o qlco. in un complesso o un insieme di cui faceva parte: *r. una vite nel suo foro*; *r. qlcu. in un ambiente.* **B** **v. rifl.** ● Rimettersi, ricollocarsi in un determinato ambiente: *reinserirsi nella società, nel mondo del lavoro.*
reinstallàre [comp. di *re-* e *installare*] **v. tr.** *1* Installare di nuovo. *2* Reinsediare.
reintegra [da *reintegrare*; 1858] **s. f.** ● (*bur.*) Reintegrazione.
reintegràbile [da *reintegrare*] **agg.** ● Che si può reintegrare.
reintegraménto o (*lett.*) **rintegraménto** [1848] **s. m.** ● (*raro*) Reintegrazione.
reintegràre o (*raro, lett.*) **redintegràre**, (*lett.*) **rintegràre** [lat. *redintegrāre* (V.), con cambio di pref.; 1336 ca.] **A** **v. tr.** (*io reintegro*) *1* Fare ritornare qlco. nello stato in cui era prima, nell'interezza precedente (*anche fig.*): *r. la produzione tessile con nuove fibre*; *r. le energie con la ginnastica*; *quest'etere vivace, / che gli egri spirti accende / e le forze rintegra* (PARINI). *2* Rimettere di nuovo qlcu. in una certa posizione, secondo i suoi diritti: *r. un impiegato nel suo ufficio* | ***R. qlcu. del danno subito***, risarcirlo. **B** **v. rifl.** ● Riprendere le proprie funzioni, il proprio posto e sim.: *reintegrarsi in un impiego, in un'attività.* **C** **v. intr. pron.** ● †Ridiventare intero | (*fig.*) Riordinarsi, ricomporsi.
reintegrativo [1673] **agg.** ● Che serve a reinte-

grare: *risarcimento r. dei danni.*

reintegràto [1336 ca.] part. pass. di *reintegrare*; anche agg. ● Nei sign. del v.

reintegratóre o (*lett.*) **rintegratóre** s. m.; anche agg. (f. *-trice*) ● (*raro*) Chi (o Che) reintegra.

reintegrazióne o (*lett.*) **rintegrazióne** [av. 1518] s. f. *1* Il reintegrare | Ripristino dello stato, dell'interezza precedente (*anche fig.*): *r. di un deposito*; *r. delle forze* | ***R. dei danni***, risarcimento. *2* Ricollocazione di qlcu. nella posizione posseduta antecedentemente al verificarsi di eventi dannosi: *r. in una carica.*

reintegro [da *reintegrare*; 1965] s. m. ● (*bur.*) Reintegrazione.

reinterpretàre [comp. di *re-* e *interpretare*] v. tr. (*io reintèrpreto*) ● Interpretare di nuovo, spiegare in maniera diversa un fatto, una consuetudine, un comportamento, un testo, un'espressione artistica.

reinterpretazióne [da *reinterpretare*] s. f. ● Nuova o diversa interpretazione.

reintrodùrre o **rintrodùrre** [comp. di *re-* e *introdurre*; 1619] **A** v. tr. (coniug. come *introdurre*) ● Introdurre di nuovo. **B** v. intr. pron. o rifl. ● Entrare, inserirsi di nuovo: *reintrodursi in un gruppo.*

reinventàre [comp. di *re-* e *inventare*; 1984] v. tr. (*io reinvènto*) ● Inventare di nuovo | Ricreare, rielaborare, rinnovare: *r. un personaggio.*

reinvestiménto o **rinvestiménto** [1848] s. m. ● Il reinvestire | Nuovo investimento di denaro: *r. di un capitale.*

reinvestìre o **rinvestìre** [comp. di *r(i)-* e *investire*; 1340] v. tr. (*io reinvèsto*) *1* (*econ.*) Investire di nuovo, mettere di nuovo a frutto, detto dei proventi da realizzo di precedenti capitali: *reinvestì subito in azioni l'eredità dello zio.* *2* Investire di nuovo con un urto violento: *dopo la macchina lo reinvestì anche una motocicletta.* *3* (*st.*) Investire di nuovo, concedere di nuovo un feudo, un privilegio, un'onorificenza, un beneficio: *l'imperatore lo reinvestì della contea da cui era stato esautorato.* *4* †Rivestire.

reinvestitùra o **rinvestitùra** [comp. di *r(i)-* e *investitura*; 1745] s. f. ● (*st., raro*) Nuova investitura.

†**reinvitàre** ● V. *rinvitare.*

reità o †**reitàde**, †**retà** [av. 1321] s. f. *1* Condizione di reo. SIN. Colpevolezza. *2* †Colpa, delitto, malvagità, empietà.

reiteràbile [1745] agg. ● (*raro*) Che si può reiterare.

reiteraménto [1745] s. m. ● (*raro*) Reiterazione.

reiteràre [vc. dotta, lat. *reiterāre*, comp. di *re-* e *iterāre*; 1319] v. tr. (*io reitero*) ● Replicare qlco. che si è già fatta: *r. le promesse, un decreto* | (*raro*) Ripetere: *r. i baci, i saluti.*

reiteràto [av. 1363] part. pass. di *reiterare*; anche agg. ● Nei sign. del v. | Ripetuto: *con reiterati assalti* (ALFIERI) || **reiterataménte**, avv. Più volte, ripetutamente.

reiterazióne [sec. XIV] s. f. *1* Ripetizione: *r. di una promessa.* *2* (*ling.*) Figura retorica che consiste nel ripetere la stessa idea con sinonimi o perifrasi: *Movesi il vecchierel canuto et bianco* (PETRARCA).

relais /*fr.* ʀəˈlɛ/ [vc. fr., ant. 'cambio di posta', da *relayer* 'dare il cambio', comp. di *re-* e dell'ant. fr. *laier* 'lasciare', di etim. incerta; 1905] s. m. inv. ● (*elettr.*) Relè.

relàpso o **relàsso** [vc. dotta, lat. *relāpsu(m)*, part. pass. di *relābi* 'ricadere', comp. di *re-* e *lābi* 'scivolare, cader giù', di etim. incerta; 1619] agg.; anche s. m. (f. *-a*) ● (*relig.*) Che (o Chi) è ricaduto nell'eresia o nel peccato.

†**relassàre** e *deriv.* ● V. *rilassare* e *deriv.*

relàsso ● V. *relapso.*

relàta [f. sost. di †*relato*] s. f. inv. ● (*dir.*) Nella loc. ***r. di notifica***, relazione che l'ufficiale giudiziario appone in calce alla copia dell'atto notificato e con la quale attesta l'attività compiuta.

relativa [sost. f. di *relativo*; 1959] s. f. ● (*ling.*) Proposizione subordinata che specifica un termine della reggente o fa da opposizione a esso.

relativìsmo [da *relativo*; 1903] s. m. ● Concezione della relatività della conoscenza. CONTR. Dogmatismo.

relativìsta [da *relativo*; 1959] s. m. e f. (pl. m. *-i*) ● Chi segue una concezione filosofica relativistica.

relativìstico [1936] agg. (pl. m. *-ci*) ● Che si riferisce al relativismo | Che concerne la teoria della relatività. || **relativisticaménte**, avv.

relatività [1765] s. f. *1* Condizione di ciò che è relativo, non assoluto nel suo significato o valore: *la r. di un'opinione*; *la r. del gusto* | ***R. della conoscenza***, concezione secondo la quale è impossibile raggiungere una conoscenza assoluta e universalmente valida. *2* Principio fisico matematico, attestante l'inesistenza di osservatori o di sistemi di riferimento privilegiati per lo studio dei fenomeni meccanici e fisici, e quindi l'inesistenza d'uno spazio e d'un tempo assoluti | Teoria della meccanica e della fisica fondata sul principio di relatività | ***R. galileiana***, esprimente il fatto che le leggi meccaniche hanno la medesima forma per due osservatori in moto rettilineo e uniforme uno rispetto all'altro | ***R. ristretta, speciale***, esprime l'equivalenza di due sistemi di riferimento in moto rettilineo e uniforme uno rispetto all'altro per quanto riguarda tutte le leggi meccaniche e fisiche ed è basata sull'ipotesi della costanza della velocità della luce | ***R. generale***, basata sull'invarianza delle leggi meccaniche e fisiche per qualsiasi osservatore.

relativizzàre [comp. di *relativo* e *-izzare*; av. 1606] v. tr. ● Rendere relativo.

relativizzazióne s. f. ● Il relativizzare.

♦**relativo** [vc. dotta, lat. tardo *relatīvu(m)*, da *relātus*, part. pass. di *refĕrre* 'riferire'; av. 1292] agg. (assol.; + *a*) *1* Che ha rapporto, relazione con qlco.: *risposta relativa alle domande*; *atteggiamento r. alla situazione.* SIN. Attinente. *2* Che si riferisce, che è attinente a qlco.: *addurre le relative prove*; *pagare l'importo r. alla merce* | (*ling.*) ***Pronome r.***, che richiama un nome o una frase antecedente | (*ling.*) ***Proposizione relativa***, V. *relativa.* *3* Che non ha valore o significato in sé ma rispetto a qlco. con cui ha un rapporto: *la spesa è relativa* | Parziale, circoscritto, limitato: *gode di un r. benessere*; *quella testimonianza ha un valore r.*; *una felicità relativa* | ***Tutto è r.***, le situazioni, le esperienze cambiano a seconda del punto di vista di chi le esamina | ***Termine, elemento r.***, che assume un significato solo riferito a un altro | ***Numero r.***, in matematica, numero dotato di segno. CONTR. Assoluto. *4* (*fis.*) Detto di movimento e di ciò che lo riguarda, riferito a un sistema di assi mobili | ***Velocità relativa***, velocità del movimento relativo. *5* Detto di metodo di misura in cui si determina il rapporto fra la grandezza da misurare e quella della stessa specie assunta come unità di misura. *6* (*mus.*) Detto del rapporto fra una tonalità maggiore ed una minore aventi le stesse alterazioni in chiave. || **relativaménte**, avv. In modo relativo; abbastanza, parzialmente: *un libro relativamente nuovo*; ***relativamente a***, per ciò che riguarda.

†**relàto** [vc. dotta, lat. *relātu(m)*, part. pass. di *refĕrre* 'riferire'; 1499] agg. ● Riferito.

relatóre [vc. dotta, lat. *relatōre(m)*, da *relātus*, part. pass. di *refĕrre* 'riferire'; 1525] **A** agg. (f. *-trice*) ● Che riferisce, riporta: *ascoltare le conclusioni del segretario r.* | ***Ufficiale r.***, ufficiale superiore addetto alla direzione dell'ufficio amministrazione del reggimento | ***Giudice r.***, giudice istruttore che compie davanti al collegio prima del dibattimento l'esposizione dei fatti concernenti la causa e delle questioni trattate nella stessa. **B** s. m. (f. *-trice*) *1* Chi ha l'incarico di riferire su determinate questioni e argomenti dopo un esame personale o una discussione collegiale: *la commissione ha nominato il r.* *2* In ambito universitario, docente che segue il laureando nella preparazione della tesi.

relàx /reˈlaks, *ingl.* ɹɪˈlæks/ [vc. ingl., da *to relax* 'rilassarsi', dal lat. *relaxāre* 'rilassare'; 1959] s. m. inv. ● Stato di riposo fisico e psichico: *fare una mezz'ora di r.*

relazionàle [1959] agg. ● Che concerne o riguarda una relazione.

relazionalità [1959] s. f. ● (*filos.*) Carattere di ciò che è relazionale.

relazionàre [da *relazione*; av. 1597] **A** v. tr. (*io relazióno*) ● Ragguagliare, informare qlcu. su qlco. **B** v. intr. (aus. *avere*) ● (*raro*) Entrare in relazione con gli altri: *ha difficoltà a r. con i compagni* | (*raro*) Intessere una relazione, spec. amorosa.

♦**relazióne** [vc. dotta, lat. *relatiōne(m)*, da *relātus*, part. pass. di *refĕrre* 'riferire'; 1308] s. f. *1* Legame, rapporto fra due cose, due o più fenomeni, e sim.: *r. di somiglianza, di uguaglianza, di causa ed effetto* | Stretto nesso esistente tra due o più concetti, fatti, fenomeni ognuno dei quali richiama direttamente e immediatamente l'altro: *la r. tra materia e forma*; *avvenimenti in intima r. tra loro*; *mettere in r. le premesse con le conseguenze* | ***In r. a***, in rapporto a. SIN. Dipendenza, rapporto. *2* (*mat.*) Associazione, rapporto, legame di dipendenza tra elementi o grandezze: *r. di uguaglianza* | Legge fisica: *la r. di Einstein* | ***R. fra gli insiemi A e B***, sottoinsieme del prodotto cartesiano di A e B. *3* Rapporto o legame di natura economica, affettiva e sim. tra persone: *r. di amicizia, di parentela*; *interrompere le relazioni con qlcu.*; *essere in cordiali relazioni con il vicinato* | ***Essere in buone relazioni con qlcu.***, andare d'accordo | ***Non avere relazioni***, non avere amicizie | ***Avere una r. con un uomo, una donna***, avere rapporti amorosi | ***Pubbliche relazioni***, complesso di varie attività informative volte a influenzare favorevolmente la pubblica opinione intorno a persone, cose, istituzioni, aziende | (*org. az.*) ***Relazioni industriali***, complesso dei rapporti fra sindacati e datori di lavoro | ***Relazioni umane***, teoria sociologica e di organizzazione aziendale che rivaluta l'elemento umano del lavoro, quale fattore produttivo, nel quadro dei migliori rapporti personali fra dipendenti e imprenditori. *4* Resoconto scritto od orale svolto su un incarico o un dato argomento: *fare una r.*; *ascoltare la r. dell'incaricato alle vendite*; *leggere una r.* *5* †Notizia | †Diceria, maldicenza. || **relazioncèlla**, dim. | **relazionétta**, dim.

relazionìsmo [1951] s. m. ● Dottrina filosofica che interpreta la realtà come un complesso di relazioni.

relè [adattamento della vc. fr. *relais* (V.); 1935] s. m. ● (*elettr.*) Apparecchio che permette di utilizzare un segnale di comando di piccola potenza per agire su un circuito comandato di potenza anche molto maggiore: *r. elettrico, elettromagnetico, termico* | (*est.*) Dispositivo non elettrico in grado di comandare apparecchiature: *r. idraulico, termico, fluidico, pneumatico.*

release /reˈliz, *ingl.* ɹəˈliːz/ [vc. ingl., propr. 'rilasciare, rendere libero'; 1991] s. f. inv. ● (*elab.*) Versione di un programma o di un dispositivo.

relegaménto [av. 1667] s. m. ● (*raro*) Segregazione.

relegàre o †**rilegàre** (2) [vc. dotta, lat. *relegāre*, comp. di *re-* e *legāre* 'mandare (come ambasciatore), inviare, incaricare', da *lēx*, genit. *lēgis* 'legge'; 1353] v. tr. (*io rèlego, †relégo, tu rèleghi, †reléghi*) ● Allontanare, mandare via qlcu. e costringerlo a vivere in una sede lontana e sgradita: *fu relegato in un'isola sperduta* | Esiliare, confinare: *Fa r. Napoleone all'Elba* (UNGARETTI) | (*fig.*) Mettere come in disparte: *fu relegato in un angolino della sala.* SIN. Confinare.

relegàto [1336 ca.] part. pass. di *relegare*; anche agg. ● Nei sign. del v.: *Le scrivo, r… in una sala pompeiana con molte colonne* (CARDUCCI).

relegatóre agg.; anche s. m. (f. *-trice*) ● (*raro*) Che (o Chi) relega.

relegazióne [vc. dotta, lat. *relegatiōne(m)*, da *relegātus* 'relegato'; sec. XIV] s. f. ● Allontanamento, esilio | Costrizione, segregazione: *sopportare un'interminabile r. a letto.*

reliability /*ingl.* ɹɪˌlaɪəˈbɪlətɪ/ [vc. ingl., propr. 'fiducia, attendibilità', da *reliable* 'fidato, sicuro', deriv. di *to rely* 'aver fiducia, fare affidamento', dal fr. ant. *relier* 'legare a sé' (stessa etim. di *rilegare* (*1*)); 1983] s. f. inv. ● (*elab.*) Caratteristica di un calcolatore o altra macchina elaboratrice di dati sull'esattezza dei cui risultati si può fare affidamento | (*est.*) In varie tecnologie, il grado di rispondenza di un meccanismo, un apparato e sim. alla funzione per cui è stato progettato e prodotto. SIN. Affidabilità.

†**religàre** ● V. *rilegare* (*1*).

religionàrio [1667] s. m. (f. *-a*) ● (*raro*) Chi professa una religione | Correligionario.

♦**religióne** o †**rilìgióne** [vc. dotta, lat. *religiō-ne(m)*, di etim. incerta; av. 1292] s. f. *1* Complesso delle narrazioni mitiche, delle norme etiche e salvifiche e dei comportamenti cultuali che esprimono, nel corso della storia, la relazione delle varie società umane con il mondo divino. *2* Atteggiamenti e comportamenti che corrispondono al sentimento di dipendenza della creatura dal mondo divino | ***R. monoteistica***, quella che riconosce un Dio unico | ***R. politeistica***, quella che è fondata nella credenza di una pluralità di rappresentazioni divine | ***R. superiore***, delle civiltà di alta cultura | ***R. panteistica***, quella che riconosce natura divina a tutto l'universo | ***R. rivelata***, che si fonda su una rivelazione direttamente fatta da Dio all'uomo e conservata, talvolta, in forma scritta | ***R. naturale***, che è fondata sulla sola ragione | ***R. di Stato***, quella che uno Stato riconosce ufficialmente sua propria. ***3*** Nel vecchio diritto canonico, denominazione degli istituti di vita consacrata. ***4*** Rispetto devoto e fervido per entità astratte profondamente sentite o per sentimenti nobili: *la r. dell'arte, dell'umanità, della patria, della famiglia, dell'onestà* | (*est., fig.*) ***Con r.***, con intenso raccoglimento o con esattezza scrupolosa | ***Non c'è più r.***, (*fig.*) è crollato ogni rispetto per valori umani o spirituali. ***5*** (*lett.*) Solennità, santità che incute rispetto e reverenza: *almen l'antica / r. del bel loco io sento* (FOSCOLO).

RELIGIONE
nomenclatura

religione

● *caratteristiche*: naturale, rivelata, animista, monoteistica, politeistica, panteistica, materialistica, positiva, trascendente, immanentistica, di stato;

● *forme e comunità religiose*: idolatria, feticismo, animismo, culto degli antenati, vuduismo, sciamanismo, babismo, brahmanesimo, induismo, vedismo, buddhismo, lamaismo, giainismo, tantrismo, zenismo, confucianesimo, taoismo, scintoismo, islamismo, wahabismo, manicheismo, catarismo, mazdaismo = zoroastrismo, parsismo, mitraismo, sabeismo, rastafarianismo; cristianesimo, ebraismo, giudaismo, anglicanesimo, calvinismo, presbiterianesimo, puritanesimo, luteranesimo, protestantesimo, zwinglismo, ussitismo, quaccherismo, nestorianesimo, anabattismo, mormonismo, monofisismo; albigesi, drusi, basiliani; cristadelfiani, maroniti, melchiti, testimoni di Geova, uniati, valdesi;

● *alcuni testi sacri*: Bibbia (Antico Testamento, Nuovo Testamento = Vangelo), Talmud, Veda, Brahmana, Upanisad, Tantra, Yasna, Torah, Corano, Avesta, Libro dei morti;

● *alcuni principi di base*: mana, tabu; dogma; karma, nirvana, yoga, zen, tao, yin ⇔ yang;

● *edifici di culto*: chiesa (cfr.), tempio, moschea, pagoda (indiana, birmana, cinese, giapponese), sinagoga, pantheon, sacello, santuario, tabernacolo, minareto; *attività religiose*: culto (religioso ⇔ profano, permesso ⇔ proibito, misterico, ufficiale ⇔ tollerato, cattolico ⇔ acattolico, privato ⇔ pubblico); mito, rito, festa, cerimonia, processione, calendario liturgico, liturgia (romana, ambrosiana, armena, copta, gallicana, greca, illirica, ortodossa, slava; di rito romano, ambrosiano), messa, preghiera, catechismo; fede, confessione, teofania = ierofania, rivelazione, comandamento, decalogo, ortodossia ⇔ eterodossia = eresia, scisma; empio = sacrilego, iniziazione, conversione; abiura, apostasia, setta, fanatismo, ascetismo, pietismo, ecumenismo; religioso ⇔ aconfessionale, discepolo, proselito, comunità religiosa, fedele = credente, praticante = osservante; integralismo;

● *azioni*: credere, essere credente, essere osservante del culto = professare, esercitare gli atti del culto; confessare, espiare, pentirsi; meditare, contemplare, pregare, adorare, venerare, ringraziare, propiziarsi la divinità, sacrificare; iniziare, convertire; rinnegare, abiurare.

religiósa [f. di *religioso*] **s. f.** ● Monaca, suora.

religiosità [vc. dotta, lat. tardo *religiositāte(m)*, da *religiōsus* 'religioso'; 1673] **s. f.** ***1*** Caratteristica di chi (o di ciò che) è religioso: *un uomo di profonda r.* | (*est.*) Senso religioso inteso soggettivamente e al di là di ogni riferimento a religioni storiche o istituzionali: *il Romanticismo è permeato di una sottile e confusa r.* ***2*** (*est., fig.*) Scrupolosa esattezza, cura in qlco.: *eseguire con estrema r. gli ordini ricevuti.* **SIN.** Scrupolo, zelo.

♦**religióso** [vc. dotta, lat. *religiōsu(m)*, da *relĭgio*, genit. *religiōnis* 'religione'; av. 1292] **A agg.** ***1*** Della religione, di una religione: *insegnamento r.; rito r.* | (*est.*) Che è fatto in conformità alle norme della religione: *matrimonio r.* **SIN.** Sacro. ***2*** Che crede in una religione, che osserva la religione: *sono persone molto religiose.* **SIN.** Devoto, pio. ***3*** (*fig.*) Riverente, rispettoso: *silenzio r.; ha una devozione religiosa per i genitori* | (*est., enfat.*) Scrupoloso: *eseguire con religiosa attenzione un delicato lavoro di restauro.* || **religiosaménte**, **avv.** ***1*** Con religione, osservando i precetti religiosi: *vivere religiosamente.* ***2*** (*fig.*) Scrupolosamente: *adempiere, osservare religiosamente i precetti.* **B s. m.** (f. *-a* (V.)) ● Chi appartiene ad un ordine o a una congregazione religiosa e ha pronunciato voti semplici o solenni.

†**relinquere** [vc. dotta, lat. *relĭnquere* 'lasciare', comp. di *re-* e *lĭnquere* 'lasciare', di orig. indeur.; 1321] **v. tr.** (oggi difett. usato solo nel **pres. indic.** e **congv.**, nel **part. pass.** *relitto*) ● (*lett.*) Lasciare, abbandonare: *era in terra di mal peso carco / come adiviene a chi virtù relinque* (PETRARCA).

reliquàrio ● V. *reliquiario*.

reliquàto [dal lat. *rĕliquus*. V. *reliquia*; 1662] **A agg.** ● (*raro*) Rimanente. **B s. m.** ● (*raro*) Residuo | (*lett.*) Postumo: *r. di tosse.*

reliquia o †**orliqua**, †**orliquia** [lat. *relĭquiae*, nom. pl. f., da *rĕliquus* 'restante'. V. †*relinquere*; 1319] **s. f.** ***1*** (*lett., spec. al pl.*) Ciò che rimane di qlco. o di qlcu.: *se pia la terra … sacre le reliquie renda / dall'insultar de' nembi* (FOSCOLO). ***2*** Ciò che resta del corpo, delle vesti o degli oggetti appartenuti a un santo o a un beato | (*fig., scherz.*) ***Tenere qlco. o qlcu. come una r.***, come qlco. di estremamente prezioso. ***3*** (*fig., lett.*) Ciò che resta di qlco. di molto caro o grandioso o nobile: *i monumenti sono le reliquie del passato.*

reliquiàrio o (*pop.*) **reliquàrio** [sec. XVI] **s. m.** ● Urna, o sim., dove si conservano le reliquie | (*fig., lett.*) Luogo della mente dove si conservano i ricordi: *nel r. della memoria* (NIEVO).

†**reliquière** [1566] **s. m.** ● Reliquiario.

relitto [1619] **A part. pass.** di †*relinquere*; anche **agg.** ***1*** †Lasciato, abbandonato. ***2*** (*dir.*) *Bene r.*, patrimonio del de cuius al momento della morte. **B agg.** ● (*geol., geogr., biol.*) Residuo, restante, da un fenomeno precedente più ampio | ***Lago r.***, isolato, per movimenti tettonici, da un bacino marino | ***Flora, fauna relitta***, la cui attuale area di estensione è una minima parte di quella primitiva. **C s. m.** ***1*** Rottame, avanzo di naufragio, spec. abbandonato in mare | Carcassa di nave incagliata o abbandonata sulla costa | Rottame di un aereo caduto. ***2*** (*dir.*) Porzione di terreno indivisa, situata fra due grandi fondi che sono invece oggetto di divisione. ***3*** (*fig., est.*) Chi è ridotto in misere condizioni economiche o è socialmente decaduto: *l'alcol ha fatto di lui un r. umano.*

†**relùcere** ● V. *rilucere*.

†**reluttàre** ● V. *riluttare*.

rem (**1**) /rɛm/ [sigla dell'ingl. *r(oentgen) e(quivalent) m(an)* 'equivalente in raggi X per un organismo umano'; 1965] **s. m. inv.** ● (*fis.*) Unità di misura dell'equivalente di dose, definita come la dose assorbita di qualsiasi radiazione ionizzante che ha la stessa efficacia biologica di 1 rad di raggi x. **SIMB.** rem.

REM (**2**) /rɛm/ [sigla dell'ingl. *Rapid Eye Movement* 'movimento oculare rapido'; 1957] **agg. inv.** ● (*fisiol.*) Detto di fase del sonno caratterizzata da attività psichica e da rapidi movimenti dei globi oculari.

rèma (**1**) [gr. moderno *réma*, per il classico *rèuma* 'corrente, flusso'. V. *reuma*; 1348] **s. f.** ● Flusso straordinario, vorticoso della marea rotta fra due ostacoli.

rèma (**2**) [gr. *rhêma* 'verbo'; 1974] **s. m.** (**pl.** *-i*) ● (*ling.*) Parte dell'enunciato che aggiunge una nuova informazione al tema, cioè alla parte del discorso data per già conosciuta (ad es. nella frase *Carlo arriverà domani*, l'elemento nuovo, cioè *arriverà domani*, rappresenta il rema, mentre *Carlo*, che è l'elemento noto, rappresenta il tema; **CFR.** tema (1) nel sign. B 3).

remainder /re'mender, *ingl.* ɹɪ'meɪndəɹ/ [vc. ingl., propr. 'resto, rimanenza (sottinteso di libri)', dall'ant. fr. *remaindre* 'rimanere', usato come s.; 1967] **s. m. inv.** ● Copia di un volume che costituisce giacenza di magazzino e che è venduto dall'editore a prezzo ridotto dato l'esito negativo delle vendite.

remake /ri'meik, *ingl.* 'ɹiː,meɪk/ [vc. ingl., da *to remake* 'rifare', comp. di *re-* 're-' e *to make* 'fare' (d'orig. germ.); 1956] **s. m. inv.** ● (*cine*) Nuova versione, rifacimento di un vecchio film di successo.

remàre [da *remo*; av. 1342] **v. intr.** (*io rèmo* (o *-é-*); aus. *avere*) ***1*** Azionare i remi al fine di imprimere il movimento ad una imbarcazione. **SIN.** Vogare | ***R. contro***, (*fig.*) ostacolare o rallentare dall'interno l'attività di un gruppo o di un'organizzazione. ***2*** (*raro, fig.*) Muoversi come se si stesse remando: *remando con le mani, come se facesse a mosca cieca, era arrivato all'uscio* (MANZONI).

remàta [1653] **s. f.** ***1*** Azione del remare, spec. a lungo: *ho fatto una bella r. sul lago.* ***2*** Colpo di remo.

rematóre [1598] **s. m.** (f. *-trice*) ● Chi rema.

rembàta [da avvicinare ad *arrembare* (?); 1600] **s. f.** ● (*mar.; disus.*) Ciascuno dei due palchi che alla prua delle galee formavano un solo castello.

remeàbile [vc. dotta, lat. *remeābile(m)* 'che torna indietro', da *remeāre* 'tornare indietro', comp. di *re-* e *meāre* 'passare'. V. *meare*; av. 1808] **agg.** ● (*lett.*) Che si può ripercorrere (*anche fig.*).

†**remèdio** e *deriv.* ● V. *rimedio* e *deriv.*

remeggiàre [da *remeggio*; 1640] **v. intr.** (*io meméggio*; aus. *avere*) ● (*lett.*) Remare | (*fig.*) Muoversi come chi adopera i remi, detto spec. di uccelli: *l'aquila nuota remeggiando lenta* (PASCOLI).

reméggio o †**remigio** [lat. *remĭgiu(m)* 'ordine di remi', da *rēmex*, genit. *rēmigis* 'rematore', da *rēmus* 'remo'; sec. XIV] **s. m.** ● (*lett.*) Il remeggiare (*spec. fig.*): *l'ode … di Pindaro, aquila trionfale / distende altera e placida il r. dell'ale* (CARDUCCI).

reméngo o **remèngo** ● V. *ramengo*.

†**remènso** [vc. dotta, lat. *remēnsu(m)*, part. pass. di *remetīri* 'misurare di nuovo, percorrere di nuovo', comp. di *re-* e *metīri* 'misurare', di orig. indeur.; av. 1470] **agg.** ● (*raro*) Riesaminato, aggiornato.

rèmico [da *remo*; 1959] **agg.** (**pl. m.** *-ci*) ● (*raro*) A remi spec. in contrapposizione a velico: *navigazione remica.*

remièro [1889] **agg.** ● Che concerne i remi o i rematori.

remigaménto [av. 1694] **s. m.** ● (*raro*) Il remigare (*anche fig.*).

remigànte [av. 1566] **A part. pres.** di *remigare*; anche **agg.** ***1*** (*lett.*) Che rema. ***2*** (*zool.*) Detto di ciascuna delle penne delle ali degli uccelli che costituiscono le superfici portanti per il volo. **B s. m. e f.** ● (*lett.*) Chi rema. **C s. f. pl.** ● (*zool.*) Penne remiganti.

remigàre [vc. dotta, lat. *remigāre*, da *rēmex*, genit. *rēmigis* 'rematore', da *rēmus* 'remo'; av. 1311] **v. intr.** (*io rémigo*, tosc. *rèmigo*, *tu rémighi*, tosc. *rèmighi*; aus. *avere*) ***1*** (*raro, lett.*) Remare. ***2*** Battere le ali volando con moto uguale: *gli uccelli remigavano lenti nel cielo.*

remigatóre [sec. XIV] **s. m.** (f. *-trice*) ● (*raro, lett.*) Rematore.

†**rèmige** [vc. dotta, lat. *rēmige(m)*, da *rēmus* 'remo'; av. 1552] **s. m.** ● (*poet.*) Rematore.

remigino [da san *Remigio*, che si festeggia il 1° di ottobre, un tempo inizio dell'anno scolastico; 1968] **s. m.** (f. *-a*) ● (*disus.*) Bambino nel primo giorno della prima elementare.

†**remigio** ● V. *remeggio*.

reminiscènza [vc. dotta, lat. tardo *reminiscĕntia(m)*, da *reminīsci* 'ricordare', dalla stessa radice di *mēns*, genit. *mĕntis* 'mente' e *memŏria*, col pref. *re-*; 1342] **s. f.** ***1*** Ricordo vago di qlco. lontano nel tempo e che si era quasi dimenticato: *quella foto presenta una r. approssimativa del suo volto* | Ciò che si ricorda: *le mie reminiscenze letterarie.* ***2*** Riecheggiamento, imitazione di temi letterari, musicali o sim.: *in questa commedia trovo molte reminiscenze pirandelliane.* ***3*** (*filos.*) Anamnesi.

remisier /*fr.* rəmi'zje/ [vc. fr., da *remise* 'rimessa', propr. part. pass. f. di *remettre* 'rimettere'; 1918] **s. m. inv.** ● Un tempo, intermediario fra l'agente di cambio e il cliente.

remissìbile o †**rimessibile** [vc. dotta, lat. tardo *remissĭbile(m)* 'perdonabile', da *remĭssus*, part. pass. di *remĭttere* 'rimandare, perdonare'. V. *rimettere*; av. 1406] **agg.** ● Che si può rimettere, perdonare: *un peccato r.* || †**remissibilménte**, **avv.** Con remissione.

remissióne [vc. dotta, lat. *remissiōne(m)*, da *remĭssus*. V. *remissibile*; 1212] **s. f.** ***1*** Il rimettere, il condonare completamente o in parte: *r. delle colpe, r. dei peccati, r. delle offese ricevute* | (*fig.*) Scampo, rimedio (*anche scherz.*): *pericolo senza* *r.*; *chiacchierava senza r.* | ***R. del debito***, atto con cui il creditore rinuncia in tutto o in parte al proprio diritto, estinguendo in tal modo l'obbligazione | (*dir.*) ***R. della querela***, atto espresso o tacito che toglie effetto alla querela proposta e determina l'estinzione del reato. ***2*** Sottomissione, acquiescenza alla volontà altrui: *la vostra r. ai superiori è indiscutibile*. ***3*** (*raro, tosc.*) Perdita in un affare: *è una vendita in cui avrei solo della r.* ***4*** (*med.*) Arresto nell'evoluzione di una malattia.

remissività [1903] **s. f.** ● Sottomissione, acquiescenza alla volontà altrui: *dimostrare una grande r. in ogni circostanza difficile*. **SIN.** Condiscendenza.

remissivo [vc. dotta, lat. *remissīvu(m)*, da *remĭssus*. V. *remissibile*; 1598] **agg.** ***1*** Che si rimette senza sforzo al parere, al volere altrui: *avere un carattere poco r.*; *essere, diventare r.* | Docile: *è un bambino molto r.* **SIN.** Condiscendente, sottomesso. ***2*** (*dir.*) Che è atto o serve a rimettere una pena e sim.: *formula remissiva*. || **remissivaménte**, **avv.**

remissòria [dal lat. *remĭssus*. V. *remissibile*] **A s. f.** ● Documento con il quale un'autorità ecclesiastica dichiara la remissione delle pene di un suo suddito, autorizzandone il trasferimento in altra giurisdizione. **B** anche **agg.** solo **f.**: *lettera r.*

†**remita** ● V. *eremita*.

†**remitòrio** ● V. *romitorio*.

remittènte [vc. dotta, lat. *remittĕnte(m)*, part. pres. di *remĭttere* 'rimandare indietro, restituire'. V. *rimettere*; 1585] **agg.** ● (*med.*) Che ha carattere di remittenza: *febbre r.*

remittènza [dal lat. *remĭttere*. V. *remissibile*; av. 1816] **s. f.** ● (*med.*) Attenuazione o scomparsa temporanea dei sintomi di una malattia, in particolare della febbre | ***Periodo di r.***, fase di una malattia caratterizzata da remissione dei sintomi.

rèmo (o **-é-**) [lat. *rēmu(m)*, di orig. indeur.; sec. XIII] **s. m.** ● Lunga asta, spec. di legno, con estremità larga a forma di pala che, immersa nell'acqua, permette, agendo da leva, il movimento di un'imbarcazione: *barca a remi*; *manico, ginocchio, giglione del r.*; *levare, tuffare i remi*; *salutare coi remi* | ***Remi di poliera***, sovrapposti in più ordini e di lunghezza diversa | ***Remi di bancata***, raddoppiati sullo stesso banco | ***Condannare qlcu. al r.***, a remare nelle galee | ***Sport del r.***, il canottaggio | ***Tirare i remi in barca***, (*fig.*) concludere una qualsiasi attività o desistere da un'impresa, spec. rischiosa.

remolino [sp. *remolino* 'mulinello', da *remolinar*, dal lat. parl. **remolināre* 'girare come un mulino', da *molīna* 'mulino', col pref. *re-*; sec. XIII] **s. m.** ● Particolarità dei mantelli equini che consiste in una direzione irregolare dei peli per cui essi assumono una forma di spirale.

rèmolo [da *remolino*, sentito come un dim.; av. 1510] **s. m.** ***1*** (*region.*) Crusca. ***2*** (*raro*) Mulinello d'acqua o di vento.

rèmora (**1**) [vc. dotta, lat. *rĕmora(m)*, comp. di *re-* e *mŏra* 'indugio'. V. *mora* (*3*); av. 1646] **s. f.** ***1*** (*lett.*) Indugio, ritardo: *Dopo lunga r. di più e più mesi* (GOLDONI) | Freno: *porre una r. alla corruzione*. ***2*** (*mar.*) Scia laterale di nave che, avendo ferme le macchine o serrate le vele, scarroccia sottovento | Zona apparentemente calma e quasi oleosa nella scia di una nave.

rèmora (**2**) [dal precedente, perché si credeva che questo piccolo pesce avesse la forza di arrestare le navi; 1598] **s. f.** ● Pesce osseo marino degli Echeneiformi con corpo slanciato, che ha sul capo un disco adesivo a ventosa con cui si attacca a pesci, tartarughe o navi per farsi trasportare (*Remora remora*). ➡ **ILL. animali**/7.

†**remorchiàre** ● V. *rimorchiare* (*1*).

remòto o †**rimòto** [vc. dotta, lat. *remōtu(m)*, part. pass. di *removēre* 'allontanare, rimuovere'. V. *rimuovere*; 1308] **agg.** ***1*** Che è molto lontano nel tempo: *cercare le cause remote di un avvenimento* | ***Passato, trapassato r.***, esprimenti un'azione del passato definitivamente compiuta (ad es.: *andai, ebbi mangiato*). ***2*** (*lett.*) Che è molto lontano nello spazio: *Dai remoti campanili intorno* (PASCOLI) | (*est., lett.*) Che è lontano, isolato, poco frequentato: *pervenuti in un luogo molto solitario e rimoto* (BOCCACCIO). ***3*** (*elab.*) Che avviene a distanza. || **remotaménte**, **avv.**

removìbile ● V. *rimovibile*.

remozióne ● V. *rimozione*.

†**rempairàre** [dal fr. ant. *repairier*, propr. 'rimpatriare', dal lat. *repatriāre*, con la *m* di *impatriare*] **v. intr.** (*io rempàiro*; aus. *essere*) ● Trovare rifugio, prendere dimora. **SIN.** Riparare (2).

remuage /*fr.* rə'mɥaːʒ/ [vc. fr., propr. 'scotimento' dal v. *remuer* 'ricambiare', dal lat. *re-mutāre*; 1936] **s. m. inv.** ● (*enol.*) Nella spumantizzazione col metodo champenois, pratica di rotazione periodica delle bottiglie di vino spumante capovolte così da favorire la sedimentazione dei depositi sul tappo.

remuneràre o (*lett.*) **rimuneràre** [vc. dotta, lat. *remunerāri*, da *mūnus*, genit. *mūneris* 'dono', col pref. *re-*; av. 1306] **v. tr.** (*io remùnero*) ***1*** (*lett.*) Ripagare, ricompensare, contraccambiare, spec. per un servizio, un beneficio ricevuto: *la giustizia divina che rimunera e punisce* (CARDUCCI). ***2*** (*assol.*) Rendere, dare profitto: *un'azienda che non remunera*. ***3*** †Ristorare.

remuneratività o **rimuneratività** [1884] **s. f.** ● Caratteristica di ciò che è remunerativo: *un investimento di sicura r.*

remunerativo o (*lett.*) **rimunerativo** [1894] **agg.** ● Che remunera | Che dà sufficiente compenso: *lavoro r.* | (*fig.*) Gratificante. || **remunerativaménte**, **avv.**

remuneràto **part. pass.** di *remunerare*; anche **agg.** ● Premiato, ricompensato: *Egli, vedendosi male r. de' meriti suoi* (FOSCOLO) | Retribuito, compensato: *un lavoro ben r.*, *mal r.*

remuneratóre o **rimuneratóre** [vc. dotta, lat. tardo *remuneratōre(m)*, da *remunerātus*, part. pass. di *remunerāri* 'remunerare'; av. 1342] **agg.**; anche **s. m.** (**f.** *-trice*) ● (*lett.*) Che (o Chi) remunera.

remuneratòrio o **rimuneratòrio** [1745] **agg.** ● (*raro*) Che remunera | (*dir.*) ***Donazione remuneratoria***, donazione effettuata per riconoscenza e in considerazione dei meriti del donatario.

remunerazióne o **rimunerazióne** [vc. dotta, lat. *remuneratiōne(m)*, da *remunerātus*, part. pass. di *remunerāri* 'remunerare'; av. 1348] **s. f.** ● Ricompensa, premio: *chiedere la r. di un servizio*; *a titolo di r.* | Compenso, retribuzione: *questa somma è una congrua r.*

†**remùno** **s. m.** ● Remunerazione.

†**remurchiàre** ● V. *rimorchiare* (*1*).

réna ● V. *arena* (*1*).

renàccio [da *ren(a)* col suff. deprezzativo *-accio*; 1340 ca.] **s. m.** ● Terreno sabbioso, arido.

renàio [da *rena*, sul modello del lat. tardo *arenārius*; av. 1320] **s. m.** ***1*** Zona di lido o fiume in secca. ***2*** Cava di rena.

renaiòla [da *rena*, perché si trova particolarmente nei luoghi sabbiosi; 1891] **s. f.** ● Pianta erbacea delle Cariofillacee con fusti sdraiato-ascendenti e foglie filiformi in fascetti (*Spergula arvensis*). **SIN.** Spergola.

renaiòlo o †**renaiuòlo** [1342] **s. m.** ● (*tosc.*) Chi lavora in una cava di rena.

renàle [vc. dotta, lat. tardo *renāle(m)*, da *rēn*, genit. *rēnis* 'rene'; av. 1694] **agg.** ● Del rene: *arteria r.* | ***Capsula r.***, fascia adiposa che avvolge e protegge il rene | ***Blocco r.***, arresto delle funzioni del rene.

renàno [dal fiume *Reno* in Germania; av. 1557] **agg.** ● Del Reno: *vino r.* | ***Bottiglia renana***, da vino, di forma cilindrica e affusolata e capacità di circa 3/4 di litro | ***Riesling r.***, V. *riesling*.

renard /*fr.* rə'naːʀ/ [vc. fr., 'volpe', ant. n. proprio d'uomo, adoperato come n. della volpe protagonista del *Roman de Renart*: dal francone *Reginhart*, comp. di *ragin* 'consiglio' e *hart* 'duro'; 1901] **s. m. inv.** ● In pellicceria e nel linguaggio della moda, volpe.

renàre [da *rena*; 1863] **v. tr.** (*io réno*) ● (*tosc.*) Pulire, strofinare con la rena.

renatùra [1872] **s. f.** ● (*tosc.*) Pulitura con la rena.

♦**rèndere** o †**rèddere** [sovrapposizione di *prendere* al lat. *rĕddere*, comp. di *re-* 'ri-' e *dăre*; av. 1250] **A v. tr.** (**pass. rem.** *io rési*, raro lett. *rendéi*, raro lett. *rendètti*, *tu rendésti*; **part. pass.** *réso*, lett. †*rendùto*) ***1*** Restituire, ridare a qlcu. ciò che si è avuto da lui, gli si è preso o ha perduto: *r. il denaro prestato*; *r. un libro*; *l'operazione gli ha reso la vista* | ***Bottiglia, vuoto a r.***, da restituire dopo averne asportato o consumato il contenuto | (*eufem.*) ***R. l'anima a Dio***, morire | ***R. giustizia***, riconoscere i diritti, le pretese di qlcu. | †***R. un voto***, scioglierlo | †***R. ragione***, scontare la pena | Contraccambiare: *r. bene per male*; *r. risposta a qlcu.* | ***R. la pariglia***, (*fig.*) vendicarsi di un torto, un'offesa | ***R. il saluto a qlcu.***, salutarlo a propria volta | ***R. merito***, ricompensare | ***A buon r.***, detto di favore e sim., impegnarsi a restituirlo | (*est.*) Dare, tributare: *r. a ciascuno secondo il merito*; *r. lode, omaggio a qlcu.* | ***R. grazie***, ringraziare | ***R. onore***, onorare | ***R. un servizio***, farlo, prestarlo | ***R. conto***, dare ragione, spiegare | ***Rendersi conto di qlco.***, comprendere le ragioni, le cause di qlco. | ***R. gli estremi onori a qlcu.***, onorarne le spoglie solennemente | †***R. alle stampe***, stampare, pubblicare | ***R. una testimonianza***, riferirla, farla | (*lett.*) Dare qlco. che si è promessa: *o natura, o natura, / perché non rendi poi / quel che prometti allor?* (LEOPARDI). ***2*** Fruttare, produrre (*anche assol.*): *podere che rende bene*; *una linea ferroviaria che non rende* | (*assol.*) Dare buoni risultati: *è un bambino che a scuola non rende*. ***3*** (*lett.*) Riflettere una immagine come uno specchio: *e i suoi atti venusti / gli rendean l'onde* (FOSCOLO). ***4*** (*est.*) Raffigurare: *r. con un disegno l'aspetto di qlco.* | Rappresentare, descrivere, esprimere: *una poesia che rende bene lo stato d'animo dell'autore*; *r. a parole una rapida immagine di qlco.* | ***R. l'idea***, riuscire a spiegarsi in modo chiaro | †***R. figura di***, dare l'immagine di | Tradurre: *r. un verso in francese*. ***5*** Far essere, far diventare, produrre un determinato effetto: *la solitudine lo ha reso arido*; *la pioggia ha reso il fiume torbido*; *lo odorato vento per li fiori / e lo schiarir de' lucidi liquori / che rendon nostra vista più ioconda* (BOIARDO) | ***R. qlco. di pubblica ragione***, diffonderne la conoscenza. ***6*** (*lett.*) Emettere, fare uscire: *r. un sospiro*; *r. luce, suono* | (*raro*) ***R. il cibo***, rigettarlo | (*lett.*) Produrre. ***7*** (*lett.*) Portare, recare da un posto all'altro: *la vela, in cima all'arbore rimessa / rendè la nave all'isola funesta* (ARIOSTO). ***8*** (*raro*) Consegnare: *r. qlco. a domicilio* | †Cedere, abbandonare: *r. la fortezza al nemico* | †***R. le armi***, arrendersi. **B v. rifl.** ***1*** Far in modo di essere o di apparire: *rendersi certo, persuaso*; *rendersi spregevole, criticabile*. ***2*** (*lett.*) †Arrendersi: *senza troppi assalti voltò le spalle, e rendessi per vinto* (BOCCACCIO). **C v. intr. pron.** ***1*** Diventare in un certo modo: *l'operazione si è resa indispensabile*. ***2*** (*lett.*) Dirigersi, recarsi in un dato luogo.

rèndering /'rendəriŋ(g)/, *ingl.* 'ɹendəɹiŋ/ [vc. ingl., propr. 'riproduzione', dal v. *to render* 'riprodurre'; 1996] **s. m. inv.** ● (*elab.*) Processo di elaborazione elettronica di un disegno per ottenere un'immagine realistica.

rendévole [av. 1566] **agg.** ***1*** (*raro*) Arrendevole. ***2*** †Produttivo.

rendez-vous /*fr.* ʀɑ̃de'vu/ [vc. fr., propr. imperat. del v. *se rendre* 'incontrarsi', dal lat. tardo **rendere* per il classico *rĕddere* con influenza di *prendre* (V. *prendere*); 1644] **s. m. inv.** (**pl. fr. inv.**) ***1*** (*raro*) Appuntamento. ***2*** L'incontro, all'interno di un'orbita determinata, di due astronavi o mezzi spaziali.

rendìbile [1891] **agg.** ● (*raro*) Che si può rendere.

rendicontàre [denom. di *rendiconto*] **v. intr.** ● (*bur.*) Presentare il rendiconto.

rendicontazióne [da *rendiconto*; av. 1984] **s. f.** ● (*bur.*) Stesura, presentazione di un rendiconto.

rendicónto [comp. di *rendere* e *conto*; 1802] **s. m.** ***1*** Esposizione orale o scritta di conti: *fare, dare il r.* | ***R. consuntivo***, bilancio dell'esercizio scaduto, secondo le entrate e le spese avvenute | (*est.*) Resoconto, consuntivo: *il r. di un anno di studio*. ***2*** Narrazione particolareggiata: *fare il r. di un'esposizione, di un giro turistico* | Nota, memoria: *i rendiconti dell'accademia*.

♦**rendiménto** o †**reddiménto** [sec. XIV] **s. m.** ***1*** (*raro*) Resa | †***R. di grazie***, ringraziamento | ***R. dei conti***, procedimento civile speciale sorto incidentalmente nel corso di una causa in conseguenza dell'obbligo di una parte di rendere un conto a una o più altre | ***R. funzionale***, in linguistica, grado di utilizzazione di un fonema a fini distintivi. ***2*** Misura dell'efficienza della manodopera che si esprime come rapporto fra il tempo assegnato preventivamente per eseguire il lavoro e il tempo effettivamente impiegato | Correntemente, capacità di produrre: *tecnico di alto r.*, *ad alto r.* | (*est.*) Capacità di ottenere buoni risultati: *il r. di una squadra, di un atleta, di uno studente*. ***3*** Reddito, frutto: *il r. di un podere*. ***4*** Rapporto tra grandezze fisiche della stessa natura, al denominatore l'ammontare della grandezza impiegata, al numeratore l'ammontare della grandezza utilizzata | Rapporto, sempre minore di uno, tra l'energia ottenuta in forma utile e quella spesa in una trasformazione d'energia: *r. di un motore, di una macchina, di un apparecchio* | (*chim.*) Rapporto tra il numero di grammo-molecole realmente ottenute e quelle che si sarebbero ottenute se il processo chimico non fosse limitato dalle reazioni inverse che portano all'equilibrio chimico e da altre reazioni oltre alla desiderata.

rèndita [da *rendere*; sec. XIII] **s. f.** ***1*** (*econ.*) Reddito, utile derivante dalla pura proprietà di un bene | ***Vivere di r.***, (*est.*) senza lavorare | ***R. fondiaria***, percepita dai proprietari di fondi agricoli | ***R. edilizia***, percepita dal proprietario di un immobile | ***R. parassitaria***, utile ricavato da una pura posizione di potere o di privilegio | ***R. di posizione***, utile aggiuntivo ricavato da un bene perché questo si trova in posizione favorita geograficamente o per altri motivi, rispetto al mercato; (*fig., est.*) godimento di un prestigio o di una condizione favorevole, dovuto alla tradizione o al ruolo svolto in un determinato ambito sociale. ***2*** (*dir.*) ***R. perpetua***, contratto con cui una parte conferisce all'altra il diritto di esigere in perpetuo la prestazione periodica di una somma di denaro o di altri beni, quale corrispettivo dell'alienazione di un immobile o della cessione di un capitale | ***R. fondiaria***, quella costituita mediante l'alienazione di un immobile | ***R. vitalizia***, quella costituita per la durata della vita del beneficiario o di un'altra persona. **SIN.** Vitalizio | ***R. vitalizia immediata***, formula che garantisce il pagamento di una rendita fino alla morte dell'assicurato, in qualunque momento avvenga | ***R. differita***, quella che garantisce il pagamento di un capitale o di una rendita a partire da una data determinata | ***R. temporanea immediata***, quella che garantisce il pagamento di una rendita fino a una data determinata oppure fino alla morte dell'assicurato se anteriore | Nelle assicurazioni sulla vita, la somma pagata dall'assicuratore al beneficiario come corrispettivo del capitale versato a tale scopo. ***3*** (*borsa*) Titolo obbligazionario che rappresenta un debito irredimibile dello Stato: *r. al 5%.* ***4*** †Tributo. || **renditùccia**, **renditùzza**, **dim.**

†**renditóre** [1342] **s. m.** (**f.** *-trice*) ***1*** Chi rende, restituisce. ***2*** Latore di una missiva.

†**rendùto** [1308] **part. pass.** di *rendere*; anche **agg.** ● Nei sign. del v.

♦**rène** (o -è-) [vc. dotta, lat. *rēne(m)*, di etim. incerta; av. 1698] **s. m.** ***1*** (*anat.*) Ciascuna delle due ghiandole poste nella parte alta dell'addome, posteriormente sui due lati, aventi la funzione di secernere l'urina: *le malattie del r.* **CFR.** nefro-. **CFR.** Reni. ➡ **ILL.** p. 2123, 2125 ANATOMIA UMANA. ***2*** (*med.*) ***R. artificiale***, apparecchio destinato a sostituire temporaneamente la funzione depuratrice della dialisi del rene, specie verso l'urea. ➡ **ILL. medicina e chirurgia.**

renèlla (1) [dim. di *rena*; sec. XIV] **s. f.** ***1*** †Rena finissima. ***2*** (*med.*) Concrezione simile alla sabbia che si forma nelle vie urinarie e che viene eliminata con l'urina passando, senza danno, attraverso l'uretra. **SIN.** Sabbia.

renèlla (2) [per la forma a *rene* della foglia; 1813] **s. f.** ● (*bot.*) Asaro.

renétta, **ranétta**, [fr. *reinette*, propr. 'reginetta', dim. di *reine* 'regina'; 1892] **A s. f.** ● Varietà di melo dal frutto di sapore acidulo, comprendente diverse specie coltivate | Frutto di tale albero. **B** anche **agg.**: *mela r.*

réni o **rèni** [lat. *rēnes*, pl. di *rēn* 'rene' (V.); av. 1292] **s. f. pl.** ● La regione lombare | (*fig.*) ***Avere le r. rotte***, essere molto stanco e affaticato | (*fig.*) ***Spezzare le r. a qlcu.***, sconfiggerlo, piegarlo alla propria volontà, stroncandone la resistenza | †***Dare le r.***, fuggire.

renìccio [da *rena*; 1956] **s. m.** ● Quantità, ammasso di rena.

†**renìcolo** ● V. *arenicolo.*

renifórme [comp. di *rene* e *-forme*; 1804] **agg.** ● (*bot.*) Che ha forma di rene: *foglia r.*

renìna [da *rene* col suff. *-ina*] **s. f.** ● (*biol.*) Enzima proteolitico prodotto da cellule specializzate del rene che attiva il sistema dell'angiotensina, dotato di azione ipertensiva.

rènio [detto così dal fiume *Reno*; 1936] **s. m.** ● Elemento chimico, metallo, raro in natura, estratto da minerali del molibdeno, in cui è presente in tracce, usato nella fabbricazione di termocoppie per altissime temperature, di filamenti resistenti all'urto, di catalizzatori. **SIMB.** Re.

†**renìschio** [da *rena*; sec. XVII] **A agg.** ● Arenoso. **B s. m.** ● Suolo arenoso.

renitènte [vc. dotta, lat. *renitĕnte(m)*, part. pres. di *renīti* 'sforzarsi contro', comp. di *re-* e *nīti* 'appoggiarsi, sforzarsi', di orig. indeur.; 1340] **A agg.** ***1*** Che fa resistenza spec. opponendosi alla volontà di qlcu.: *essere r. ai voleri, ai consigli di qlcu.* **SIN.** Riluttante. ***2*** †Detto di contribuente moroso. **B s. m. e f.** ● Chi è renitente | ***R. alla leva***, chi commette il reato di renitenza alla leva.

renitènza [1598] **s. f.** ***1*** Resistenza, rifiuto: *r. a credere qlco., a seguire i consigli di un amico.* **SIN.** Riluttanza. ***2*** (*dir.*) ***R. alla leva***, illecito del cittadino che, iscritto nella lista di leva, senza legittimo motivo non si presenta nel giorno fissato all'esame personale e all'arruolamento.

renminbi /*cin.* 'ɹɜnˉminˋpi/ [vc. cinese; 1983] **s. m. inv.** ● Nome ufficiale dell'unità monetaria della Repubblica Popolare Cinese, nota correntemente come yuan.

rènna (o -è-) [fr. *renne*, dall'islandese *hreinn*; 1679] **s. f.** ***1*** Tozzo mammifero dei Cervidi con corna nel maschio e nella femmina, coda breve, arti robusti e zoccoli larghi e adatti a camminare sulla neve delle regioni artiche in cui vive (*Rangifer tarandus*). ➡ **ILL. animali**/12. ***2*** La pelle conciata dell'animale omonimo: *una giacca, un paio di guanti di r.*

rennìna [vc. ingl. *rennin*, da *rennet* 'caglio'] **s. f.** ● (*biol.*) Enzima proteolitico simile alla pepsina, secreto dalla mucosa gastrica dei vitelli e di altri ruminanti, impiegato nell'industria casearia per provocare la cagliatura del latte.

renosità ● V. *arenosità.*

renóso ● V. *arenoso.*

†**renovàre** o †**rinovàre** [vc. dotta, lat. *renovāre*. V. *rinnovare*; av. 1400] **v. tr.** ● Rinnovare.

rènsa [dalla città fr. di *Reims*; 1524] **s. f.** ● Tela bianca e fine di lino, originariamente prodotta a Reims.

rentier /*fr.* rɑ̃'tje/ [vc. fr., da *rente* 'rendita', regolare sviluppo del lat. **rĕndita(m)* 'rendita'; 1957] **s. m. inv.** (**f.** fr. *rentière*) ● Chi percepisce una rendita | Possidente, benestante.

rentrée /*fr.* rɑ̃'tʀe/ [vc. fr., propr. 'rientrata'; 1894] **s. f. inv.** ***1*** Ritorno in teatro di un attore assente per lungo tempo dalle scene. ***2*** Ricomparsa di qlcu. in un ambiente dopo lunga assenza: *ha fatto la sua r. in società, in quel circolo di amici.*

†**renunciàre** e *deriv.* ● V. *rinunciare* e *deriv.*

†**renunziàre** e *deriv.* ● V. *rinunciare* e *deriv.*

rèo [vc. dotta, lat. *rĕu(m)*, di etim. incerta; av. 1250] **A s. m.** (**f.** *-a*) ***1*** Soggetto attivo del reato | Correntemente, colpevole: *reo di furto, di omicidio*; *reo confesso.* ***2*** (*lett.*) Persona malvagia: *morte fura / prima i migliori, e lascia stare i rei* (PETRARCA). ***3*** †Colpa, male. **B agg.** ***1*** (*lett.*) Malvagio, crudele: *gente rea.* ***2*** †Infelice, spiacevole, triste: *interromper conven questi anni rei* (PETRARCA). ***3*** (*poet.*) †Fiero, minaccioso: *con vista il guarda disdegnosa e rea* (ARIOSTO). ***4*** †Brutto, cattivo. || **reaménte**, **avv.** (*lett.*) Malvagiamente, scelleratamente.

rèo- [dal gr. *réos* 'flusso, corrente', da *rêin* 'scorrere'] primo elemento ● In parole composte scientifiche significa 'corrente d'acqua', 'corrente elettrica', o, più genericamente, 'scorrimento': *reologia, reometro, reotomo.*

reobàrbaro ● V. *rabarbaro.*

reoelettroencefalògrafo [comp. di *reo-* ed *elettroencefalografo*; 1983] **s. m.** ● (*med.*) Reoencefalografo.

reoencefalografìa [comp. di *reo-* ed *encefalografia*; 1983] **s. f.** ● (*med.*) Registrazione continua delle variazioni che subisce una corrente elettrica fatta passare attraverso il capo, allo scopo di mettere in evidenza i percorsi del sangue nell'encefalo e le loro eventuali alterazioni.

reoencefalògrafo [comp. di *reo-*, *encefalo* e *-grafo*; 1983] **s. m.** ● (*med.*) Elettroencefalografo per reoencefalografia. **SIN.** Reoelettroencefalografo.

reoencefalogràmma [comp. di *reo-* ed *encefalogramma*; 1983] **s. m.** (**pl.** *-i*) ● (*med.*) Il tracciato del reoencefalografo.

reòforo [comp. di *reo-* e *-foro*; 1872] **s. m.** ● Filo metallico conduttore di corrente elettrica.

reografìa [comp. di *reo-* e *-grafia*; 1990] **s. f.** ● (*med.*) Tecnica diagnostica mediante reografo in grado di individuare le eventuali alterazioni della circolazione sanguigna di un segmento anatomico.

reògrafo [comp. di *reo-* e *-grafo*; 1940] **s. m.** ● Apparecchio usato per la registrazione di correnti elettriche rapidamente variabili.

reogràmma [comp. di *reo-* e *-gramma*; 1990] **s. m.** (**pl.** *-i*) ● (*med.*) Registrazione grafica ottenuta con la reografia.

reologìa [ingl. *rheology*, comp. del gr. *réos* 'flusso, corrente' (V. *reo-*) e dell'ingl. *-logy* '-logia'; 1949] **s. f.** ● (*fis.*) Scienza che studia lo scorrimento e l'equilibrio della materia deformata per azione di sollecitazioni.

reòmetro [comp. di *reo-* e *-metro*; 1872] **s. m.** ● Strumento elettrico indicante direttamente una grandezza elettrica dipendente dalle intensità di una o più correnti che lo percorrono.

reoscòpio [comp. di *reo-* e *-scopio*; 1940] **s. m.** ● Strumento che rivela la corrente elettrica.

reostàtico [1940] **agg.** (**pl. m.** *-ci*) ● Di reostato, che si riferisce a reostato.

reòstato [comp. di *reo-* e *-stato*; 1901] **s. m.** ● Resistore a resistenza variabile inserito nei circuiti elettrici percorsi da una corrente della quale si vuole poter variare l'intensità.

reotàssi o **reotassìa** [comp. di *reo-* e *-tassi*; 1959] **s. f. inv.** ● (*zool.*) Capacità di movimento degli organismi acquatici in risposta alla corrente | ***R. positiva***, in direzione della corrente | ***R. negativa***, in direzione opposta alla corrente.

reòtomo [comp. di *reo-* e *-tomo*; 1875] **s. m.** ● Interruttore o deviatore della corrente elettrica.

reotropìsmo [comp. di *reo-*, *-tropo* e *-ismo*; 1940] **s. m.** ● Movimento di curvatura di un organo vegetale per effetto di una corrente d'acqua.

reovìrus [comp. di *reo-* e *virus*; 1984] **s. m. inv.** ● (*biol.*) Genere di virus a RNA della famiglia *Reoviridae*, diffusi in natura e in quasi tutti i Mammiferi, che causano infezioni lievi nell'uomo.

†**reparàre** (1) ● V. *riparare* (*1*).

†**reparàre** (2) ● V. *riparare* (*2*).

♦**repàrto** [variante di *riparto*; av. 1712] **s. m.** ***1*** (*raro*) Ripartizione. ***2*** Distribuzione, spec. del ricavato da una espropriazione forzata | ***Piano di r.***, elenco degli aventi diritto alla distribuzione del ricavato da una espropriazione forzata e indicazione della somma a essi spettante. ***3*** Sezione, suddivisione di un complesso aziendale, ospedaliero, di una comunità e sim.: *il r. psichiatrico di un ospedale* | ***R. di truppa***, qualsiasi unità organica costitutiva di altra d'ordine superiore | ***R. d'attacco, r. difensivo***, nei giochi di squadra, ciascuna delle linee o complesso di giocatori che hanno compiti analoghi. || **repartìno**, **dim.**

†**repatriàre** ● V. †*ripatriare.*

†**repatriazióne** o †**ripatriazióne** [da †*repatriare*; 1353] **s. f.** ● (*lett.*) Rimpatrio.

repêchage /*fr.* ʀəpɛ'ʃaːʒ/ [vc. fr., da *repêcher* 'ripescare', comp. di *re-* 're-' e *pêcher* 'pescare' (stessa etim. dell'it. *pescare*); 1910] **s. m. inv.** ***1*** (*sport*) Gara di recupero dei concorrenti battuti nelle fasi eliminatorie. ***2*** (*est., fig.*) Recupero, ripescamento, ripescaggio.

repellènte [1872] **A part. pres.** di *repellere*; anche **agg.** ***1*** Che respinge. ***2*** (*fig.*) Che ripugna, disgusta: *cibo r.* ***3*** (*idraul.*) Detto di opera che sporgendo trasversalmente dalla riva di un corso d'acqua tende ad allontanare la corrente da essa, proteggendola. ***4*** (*chim.*) Insettifugo. ***5*** (*biol.*) Detto di organismo animale o vegetale dotato di sapore, odore e sim. atti a respingere i potenziali predatori. ***6*** (*mil.*) Detto di aggressivo chimico che provoca il vomito. **B s. m.** ***1*** (*idraul.*) Pennello. ***2*** (*chim.*) Insettifugo.

repellènza [av. 1952] **s. f.** ● Condizione di chi (o di ciò che) è repellente | (*fig.*) Ripugnanza | (*chim.*) Capacità di una superficie di impedire a un liquido di spargersi su di essa.

repèllere [vc. dotta, lat. *repĕllere* 'respingere', comp. di *re-* e *pĕllere* 'spingere, cacciare', di orig. indeur.; av. 1374] **A v. tr.** (**pass. rem.** *io repùlsi, tu repellésti*; **part. pass.** *repùlso*) ● (*raro, lett.*) Respingere, allontanare. **B v. intr.** (**aus.** *avere*) ● (*fig., raro*) Disgustare, essere ripugnante: *è una soluzione che mi repelle.*

repentàglio o †**ripentàglio** [lat. parl. **repentālia* 'pericoli improvvisi', nt. pl. di **repentālis*, da *rĕpens*, genit. *repĕntis* 'repentino, improvviso'. V. *repente*; av. 1543] **s. m.** ● Grave rischio e pericolo | ***Mettere a r.***, esporre al rischio: *mettendo a grave r. la sua dignità* (PIRANDELLO).

repènte [vc. dotta, lat. *repĕnte(m)*, di etim. incerta; nel sign. B, lat. *repĕnte* 'repentinamente'; sec. XIII] **A agg.** *1* (*lett.*) Improvviso, subitaneo, presto | ***Di r.***, all'improvviso. *2* (*bot.*) Strisciante. *3* †Rapido, furioso, violento. *4* †Ripido, erto: *il luogo donde si passa è più stretto che r.* (MACHIAVELLI). || **repentemènte**, **avv.** (*lett.*) All'improvviso, di colpo. **B avv.** ● (*lett.*) All'improvviso, di colpo.

repentinità [1915] **s. f.** ● Caratteristica di ciò che è repentino.

repentino [vc. dotta, lat. *repentīnu(m)*, da *rĕpens*, genit. *repĕntis*. V. *repente*; av. 1343] **agg.** ● Che accade, si manifesta all'improvviso: *morte repentina di qlcu.*; *un mutamento r.*; *pioggia repentina*. **SIN.** Improvviso, subitaneo. || **repentinamènte**, **avv.** In modo repentino, all'improvviso.

†**repentirsi** ● V. *ripentirsi*.

repènza [da *repente*; 1872] **s. f.** ● (*lett.*) Veemenza | (*lett.*) Frequenza: *Poi mi tasta il polso per sentirne la r.* (PIRANDELLO).

†**rèpere** [vc. dotta, lat. *rēpere*, di orig. indeur.; av. 1460] **v. intr.** (difett. del **pass. rem.**, del **part. pass.** e dei tempi composti) *1* Serpeggiare, strisciare, spec. di piante o serpenti. *2* (*fig.*) Insinuarsi.

reperìbile [1690] **agg.** ● Che si può reperire, trovare: *documento facilmente r.*; *medico r.* **SIN.** Ritrovabile.

reperibilità [1940] **s. f.** ● Condizione di chi (o di ciò che) è reperibile | ***Servizio di r.***, servizio effettuato a turno dai medici ospedalieri consistente nel rendersi rintracciabili, nelle ore notturne o nei giorni festivi, per eventuali interventi urgenti.

reperiménto [1812] **s. m.** *1* (*bur.*) Ritrovamento: *il r. di oggetti e di prove*. *2* (*raro*, *stat.*) Dépistage.

reperire [vc. dotta, lat. *reperīre*, comp. di *re-* e *părere* 'condurre a termine, partorire'; 1321] **v. tr.** (**pres.** *io reperisco*, *tu reperisci*; **part. pass.** *reperito*, lett. *repèrto*) ● (*lett.*) Trovare, riscontrare: *Fede e innocenza son reperte / solo ne' parvoletti* (DANTE *Par.* XXVII, 127) | (*bur.*) ***R. un indizio***, scoprire un indizio | ***R. fondi***, mettere assieme fondi.

reperito **part. pass.** di *reperire*; anche **agg.** ● Trovato.

repertàre [1923] **v. tr.** (*io repèrto*) *1* (*dir.*) Produrre come reperto: *r. prove al processo*. *2* (*med.*) Accertare, acquisire materiale diagnostico attraverso esame o indagine medica.

repèrto [1321] **A part. pass.** di *reperire*; anche **agg.** ● (*lett.*) Nel sign. del v. **B s. m.** *1* Ciò che è stato trovato dopo una ricerca scientifica, un'indagine, ecc.: *r. archeologico*; *r. giudiziario*. *2* Descrizione di ciò che si è rilevato con l'esame medico.

†**repertoriàre** [1862] **v. tr.** ● Mettere a repertorio.

repertòrio o †**ripertòrio** [vc. dotta, lat. tardo *repertōriu(m)*, da *repĕrtus*, part. pass. di *reperīre*; sec. XIV] **s. m.** *1* Insieme dei lavori teatrali di cui una compagnia dispone per le rappresentazioni | Complesso delle opere o dei brani che un attore o cantante conosce. *2* Registro, indice che contiene ordinatamente una rassegna particolare di dati: *r. bibliografico*; *si ritirano in studio a scartabellare gl'indici e i repertori* (GALILEI) | Raccolta ordinata e facile da consultare: *quel fascicolo è un utile r. per gli automobilisti* | (*est.*, *fig.*) Raccolta: *questo libro è un r. di idiozie*. *3* (*cine*, *tv*) ***Immagini di r.***, sequenze d'archivio inserite come commento, per ricordare un personaggio o un avvenimento, e sim.

†**repètere** ● V. *ripetere*.

†**repetìo** o †**repitìo**, †**ripetìo**, †**ripitìo** [da *repetere* 'richiedere'; av. 1363] **s. m.** *1* Contesa, disputa, battibecco. *2* (*raro*) Rammarico: *visse quel tempo … con un r. in sé del perduto pesce* (SACCHETTI).

†**repetitóre** ● V. *ripetitore*.

†**repetizióne** ● V. *ripetizione*.

†**repilogàre** ● V. *riepilogare*.

†**repitìo** ● V. †*repetio*.

replay /re'plei, *ingl.* 'ɹiː,pleɪ/ [vc. ingl., 'rigiocare', comp. di *re-* 're-' e *to play* 'giocare' (V. *fair play*); 1979] **s. m. inv.** ● (*tv*) In una trasmissione in diretta, spec. di una gara sportiva, ripetizione delle immagini di una fase di particolare interesse, trasmessa immediatamente dopo che questa è avvenuta.

†**replèto** [vc. dotta, lat. *replētu(m)*, part. pass. di *replēre* 'riempire' (V.); av. 1306] **agg.** ● Pieno, ripieno: *novo tormento e novi frustatori, / di che la prima bolgia era repleta* (DANTE *Inf.* XVIII, 23-24).

†**replezióne** [vc. dotta, lat. tardo *repletiōne(m)*, da *replētus* 'riempito'. V. *repleto*; 1346] **s. f.** ● Pienezza.

rèplica [av. 1543] **s. f.** *1* Ripetizione di qlco.: *la r. di un tentativo sfortunato* | Ciò che viene o è stato replicato: *la r. di quel discorso ha annoiato tutti*. *2* (*dir.*) Atto con il quale una parte, in giudizio, contraddice le affermazioni dell'altra, in particolare dopo il deposito delle comparse conclusionali. *3* Risposta a una critica o sim.: *r. del segretario del partito all'opposizione interna* | Obiezione: *contro l'evidenza non c'è r.*; *disse in tono da non ammetter r.* (CALVINO). *4* (*teat.*) Ogni rappresentazione seguente la prima. *5* Riproduzione o facsimile di un'opera artistica eseguita dallo stesso autore. **CFR.** Copia.

replicàbile [vc. dotta, lat. tardo *replicābile(m)*, da *replicāre*; 1872] **agg.** ● (*raro*) Che si può replicare.

replicabilità **s. f.** ● Condizione di ciò che è replicabile.

replicaménto [sec. XV] **s. m.** ● (*raro*) Ripetizione, replica.

replicànte [1982] **A part. pres.** di *replicare*; anche **agg.** *1* Nei sign. del v. *2* (*biol.*, *chim.*) Che subisce un processo di replicazione: *DNA r.* **B s. m.** e **f.** ● Nella fantascienza, essere artificiale che riproduce l'aspetto e i comportamenti di un essere umano | (*est.*) Spec. nel linguaggio giornalistico, chi imita il comportamento di un altro.

♦**replicàre** [vc. dotta, lat. *replicāre* 'ripiegare, ripetere', comp. di *re-* e *plicāre* 'piegare'; 1321] **v. tr.** (*io rèplico*, *tu rèplichi*) *1* Eseguire nuovamente qlco.: *r. un atto, un esperimento* | ***Domani si replica***, detto di concerto, opera, spettacolo. *2* Rispondere a voce o per iscritto (*anche assol.*): *r. poche parole*; *non ho nulla da r.* | (*est.*) Contraddire a ciò che è stato detto precedentemente (*spec. assol.*): *guai a chi replicherà*. *3* (*raro*, *lett.*) Partire da un dato punto, per spiegare qlco.

replicativo [1427] **agg.** ● (*raro*) Che serve a replicare, a ripetere qlco.

replicàto [1668] **part. pass.** di *replicare*; anche **agg.** *1* Nei sign. del v. *2* ***Rime replicate***, quando si susseguono in ordine uguale in ciascuna strofa. || **replicataménte**, **avv.** Più volte.

replicazióne [vc. dotta, lat. *replicatiōne(m)*, da *replicātus* 'replicato'; sec. XIV] **s. f.** *1* †Replica. *2* (*ling.*) Ripetizione. *3* (*biol.*, *chim.*) Processo di duplicazione di una struttura nel quale è usata come modello, o stampo, una struttura preesistente | Sintesi di una nuova molecola di DNA uguale a un'altra fungente da stampo. **SIN.** Reduplicazione.

rèplo [vc. dotta, lat. *rēplu(m)* 'telaio', di etim. incerta; 1959] **s. m.** ● (*bot.*) Setto che forma il tramezzo su cui sono attaccati i semi nella siliqua.

†**repórre** ● V. *riporre*.

report /'report, *ingl.* ɹɪ'pɔːt/ [vc. ingl., propr. 'relazione', dal v. *to report* 'riferire, relazionare'; 1987] **s. m. inv.** ● Resoconto, rapporto, relazione: *r. aziendale*.

reportage /*fr.* ʀəpɔʀ'taːʒ/ [vc. fr., da *reporter*, che è l'ingl. *reporter* (V.); 1890] **s. m. inv.** *1* Articolo di giornale scritto dopo un'inchiesta del reporter. *2* (*est.*) Inchiesta trasmessa per radio o per televisione o filmata.

repòrter /re'porter, *ingl.* ɹɪ'phɔːɹtəɹ/ [vc. ingl., da *to report* 'riportare'; 1875] **s. m. e f. inv.** ● Giornalista che descrive fatti e avvenimenti o per esserne stato testimone oculare, o per aver raccolto informazioni su di essi. **SIN.** Cronista.

repositòrio o †**ripositòrio** [vc. dotta, lat. tardo *repositōriu(m)*, da *repŏsitus* 'riposto'; sec. XIV] **s. m.** *1* Nel linguaggio ecclesiastico, recipiente, talvolta portatile, quasi sempre a forma di colomba, in cui si conserva l'ostia consacrata; (*est.*) ogni coppa, teca o scrigno in cui si conservano oggetti sacri e talora ossa e reliquie | Armadio di sacrestia per riporre le vesti liturgiche. *2* (*raro*) Ripostiglio.

reposizióne ● V. *riposizione*.

†**reprèndere** e *deriv.* ● V. *riprendere* e *deriv.*

reprensìbile ● V. *riprensibile*.

reprensióne ● V. *riprensione*.

†**represẹntàre** ● V. *rappresentare*.

repressióne [vc. dotta, lat. tardo *repressiōne(m)*, da *reprĕssus* 'represso'; 1584] **s. f.** *1* Azione che mira a reprimere: *r. di un tumulto*; *r. del brigantaggio*; *r. violenta, sanguinosa*. *2* (*psicol.*) Impedimento volontario, cosciente, della soddisfazione di un impulso. *3* (*psicoan.*) Meccanismo cosciente di esclusione di contenuti spiacevoli dalla coscienza. *4* (*mil.*) Azione di fuoco di artiglieria su di una posizione conquistata dal nemico.

repressivo [da *represso*; 1812] **agg.** ● Che serve a reprimere: *procedimento r. della criminalità*. || **repressivaménte**, **avv.**

reprèsso [av. 1540] **A part. pass.** di *reprimere*; anche **agg.** *1* Frenato, trattenuto: *sfogare… il mal umore lungamente r.* (MANZONI). *2* (*psicol.*) Escluso, impedito: *istinti repressi*; *desiderio r.* **B agg. e s. m.** (**f.** *-a*) ● (*psicol.*) Che (o Chi) reprime dentro di sé la soddisfazione di un impulso.

repressóre [vc. dotta, lat. *repressōre(m)*, da *reprĕssus* 'represso'; 1872] **agg.**; anche **s. m.** (**f.** *repritrice*) ● Che (o Chi) reprime.

reprimènda [fr. *réprimande*, dal lat. (*cŭlpam*) *reprimĕnda(m)* 'colpa da reprimere', gerundivo di *reprĭmere*; 1673] **s. f.** ● (*raro*) Severa sgridata, grave rimprovero: *s'aspettava una r. affettuosa e burbera* (BACCHELLI).

reprimere [vc. dotta, lat. *reprĭmere*, comp. di *re-* e *prĕmere*; 1321] **A v. tr.** (**pass. rem.** *io reprèssi*, *tu reprimésti*; **part. pass.** *reprèsso*, †*reprimùto*) *1* Contenere, frenare, dominare un moto istintivo: *r. la violenza, l'ira, lo sdegno*; *r. un gesto di stizza, di sorpresa*; *un lieve sapore d'ironia ch'egli non poté r.* (NIEVO). **SIN.** Domare, trattenere | (*psicol.*) Impedire la soddisfazione di un impulso: *r. un istinto, un desiderio*. *2* Domare e arrestare con la forza ciò che tende a rivoluzionare o a sconvolgere spec. un determinato assetto politico, sociale, economico e sim.: *r. una ribellione*; *r. un movimento rivoluzionario*. **SIN.** Soffocare. **B v. rifl.** ● Frenarsi, dominarsi, trattenersi: *non riuscire a reprimersi in tempo*.

reprimibile [da *reprimere*; 1959] **agg.** ● Che si può reprimere: *un impeto non r.*

reprint /re'print, *ingl.* 'ɹiː,pɹɪnt/ [vc. ingl., da *to reprint* 'ristampare', comp. di *re-* 're-' e *to print* 'stampare', dal fr. ant. *empreinter* (cfr. *imprenta*); 1973] **s. m. inv.** ● Opera letteraria o scientifica ristampata anastaticamente da edizione precedente divenuta rara.

†**reprobàre** ● V. *riprovare* (*2*).

rèprobo [vc. dotta, lat. tardo *rĕprobu(m)*, da *reprobāre* 'condannare'. V. *riprovare* (2); sec. XIV] **agg.**; anche **s. m.** (**f.** *-a*) ● (*lett.*) Che (o Chi) è disapprovato e condannato da Dio: *animo r.*; *è un r.* | (*est.*) Che (o Chi) è cattivo, ribelle.

reprografia o **riprografia** [calco sul fr. *reprographie*, a sua volta comp. di *repro(duction)* 'riproduzione' e *-graphie* '-grafia'; 1982] **s. f.** ● Ogni tecnica di riproduzione di documenti, disegni e sim., mediante duplicazione ottenuta con vari apparecchi e procedimenti.

reprogràfico o **riprogràfico** [1987] **agg.** (**pl. m.** *-ci*) ● Relativo a reprografia. || **reprograficaménte**, **avv.**

†**repromissióne** ● V. *ripromissione*.

†**reprovàre** ● V. *riprovare* (*2*).

reps /*fr.* ʀɛps/ [vc. fr., di etim. incerta; 1887] **s. m. inv.** ● Tessuto pesante, per lo più di seta o anche di altre fibre, a coste rilevate, sia diritte che diagonali.

reptànte [vc. dotta, lat. *reptānte(m)*, part. pres. di *reptāre* 'strisciare', intens. di *rēpere*. V. *repere*; 1959] **agg.** ● Che striscia.

Reptànti **s. m. pl.** ● Nella tassonomia animale, gruppo di Crostacei decapodi non nuotatori, ma striscianti sul fondo (*Reptantia*).

reptatòrio [dal lat. *reptāre* (V. *reptante*); 1959] **agg.** ● Relativo alla reptazione: *locomozione reptatoria*.

reptazióne [vc. dotta, lat. *reptatiōne(m)*, da *reptāre*. V. *reptante*; 1939] **s. f.** ● Locomozione caratteristica dei rettili.

♦**repùbblica** o †**repùblica** [lat. *rē(m) pūblica(m)* 'cosa pubblica'. V. *re* (*2*) e *pubblico*; 1438] **s. f.** *1* (spesso scritto con iniziale maiuscola) Forma di governo rappresentativo, il cui presidente viene eletto dai cittadini o dal parlamento per un periodo determinato | ***R. presidenziale***, in cui il Presidente della Repubblica, oltreché essere capo dello Stato, dispone in misura determinante di poteri esecutivi e viene eletto direttamente a suffragio universale dagli elettori | ***R. parlamentare***, in cui il governo viene eletto dalla maggioranza del parlamento | ***Prima R.***, ***seconda R.***, nel linguaggio giornalistico, la Repubblica italiana prima e dopo i mutamenti politici e legislativi dei primi anni '90 del Novecento, spec. l'introduzione del sistema maggioritario nel 1993. *2* †Stato, governo | (*est.*, *fig.*) ***R. letteraria***, insieme dei letterati. *3* (*fam.*, *disus.*) Disordine, confusione: *qui c'è, han fatto la r.* || **repubblicàccia**, pegg. | **repubblichétta**, dim. | **repubblichìna**, dim.

repubblicanèṣimo o **repubblicaniṣmo** [1793] s. m. ● Aspirazione a un governo repubblicano.

repubblicàno [av. 1764] **A** agg. *1* Di repubblica, appartenente alla repubblica: *statuto r.*; *governo r.* *2* Che è favorevole alla repubblica | ***Partito r.***, partito favorevole all'instaurazione della repubblica; in una repubblica, partito di orientamento moderato. *3* Relativo a un partito repubblicano. || **repubblicanaménte**, avv. **B** s. m. (f. *-a*) *1* Sostenitore della repubblica. *2* Appartenente a un partito repubblicano.

repubblicànte [da *repubblica*] agg. ● (*lett.*, *raro*) Fautore della repubblica.

repubblichìno [1943] **A** agg. ● (*spreg.*) Della Repubblica sociale italiana. **B** s. m. (f. *-a*) ● (*spreg.*) Aderente alla Repubblica sociale italiana creata dal fascismo (1943-1945).

†**repùblica** ● V. *repubblica*.

repùdio e *deriv.* ● V. *ripudio* e *deriv.*

repugnàre e *deriv.* ● V. *ripugnare* e *deriv.*

repulisti o (*pop.*) **ripulisti** [dal versetto del salmo 42: *Quare me repulisti?* 'Perché mi hai respinto?', con accostamento pop. a *ripulire*; 1521] s. m. inv. ● (*scherz.*) Serie di misure rivolte a ripulire un luogo o un ambiente, spec. in senso morale relativamente alla corruzione, oppure allontanando persone ritenute ostili o incapaci | ***Fare*** (***un***) ***r.***, portare via tutto da un luogo, fare piazza pulita (*anche fig.*).

repùlsa ● V. *ripulsa*.

†**repulsàre** ● V. †*ripulsare*.

repulsióne o **ripulsióne** [vc. dotta, lat. tardo *repulsiōne(m)*, da *repŭlsus*, part. pass. di *repĕllere* 'respingere'. V. *repellere*; 1745] s. f. *1* (*fis.*) Tendenza di due corpi a respingersi fra loro | Forza che provoca in due corpi la tendenza a respingersi fra loro. *2* (*fig.*) Reazione che esprime avversione e ripugnanza verso qlcu. o qlco.: *provare r. per un cibo, per uno spettacolo*; *è una persona che mi ispira un'invincibile r.*; *l'attrattiva e la r. per l'infinito* (CALVINO).

repulsìvo o **ripulsìvo** [da *repulso*; 1747] agg. *1* Che respinge, che allontana: *forze repulsive*. *2* (*fig.*) Che suscita repulsione: *spettacolo r.* || **repulsivaménte**, avv.

repùlso ● V. *ripulso*.

repulsóre [vc. dotta, lat. tardo *repulsōre(m)*, da *repŭlsus*, part. pass. di *repĕllere* 'respingere'. V. *repellere*; 1940] s. m. ● (*raro*) Respingente.

reputàre o (*lett.*) **riputàre** [vc. dotta, lat. *reputāre* 'calcolare, computare, riflettere', comp. di *re-* e *putāre* 'ritenere'; av. 1243] **A** v. tr. (*io rèputo*, †*repùto*) ● Considerare, stimare, credere: *r. necessario, utile qlco.*; *r. qlcu. intelligente, onesto* | †***R. a***, attribuire a | †***Reputarsi qlco. a onore***, attribuirsi, ascriversi qlco. come onore. SIN. Giudicare, ritenere. **B** v. rifl. ● Stimarsi, credersi: *reputarsi intelligente*. SIN. Considerarsi, ritenersi.

reputàto o (*lett.*) **riputàto** [av. 1475] part. pass. di *reputare*; anche agg. ● Nei sign. del v. | (*lett.*) Eminente, stimato: *Suo figlio è curato... da due riputati medici del paese* (CARDUCCI).

reputazióne o (*lett.*) **riputazióne** [av. 1342] s. f. ● Opinione nei riguardi di qlcu.: *buona, cattiva r.* | Considerazione, stima: *godere di un'ottima r.*; *tanto di r. perdè con quella sua infelice vittoria, che fu ... dannato* (BARTOLI) | ***Rovinarsi, guastarsi la r.***, perdere la stima in cui si era tenuti. || **reputazioncèlla**, dim.

†**rèquia** ● V. *requie*.

†**requiàre** [da *requie*; av. 1400] v. intr. ● Trovare requie, riposo: *ella si venia a doler di quelle cose, che il suo marito ogni dì l'addomandava, non lasciandola requiare* (SACCHETTI).

rèquie o †**rèquia** [vc. dotta, lat. *rĕquies*, nom., 'pace', comp. di *re-* e *quĭes* 'quiete'; 1342] **A** s. f. solo sing. ● Riposo, quiete, pace: *dar r.*; *non lasciare r.* | ***Senza r.***, senza mai smettere | ***Non avere r.***, non essere mai tranquillo. **B** s. m. inv. ● Adattamento di *requiem* (V.).

rèquiem [vc. lat., prima parola della preghiera per i defunti: *Requiem aeternam* (propr. 'pace eterna'. V. *requie*); 1534] s. m. inv. *1* Preghiera cattolica per le anime dei morti | ***Messa di*** (***da***) ***r.***, in suffragio delle anime dei defunti | (*mus.*) Composizione vocale e strumentale sul testo della Messa in suffragio delle anime dei defunti: *la 'Messa da Requiem' di Verdi*; *il 'Requiem' di Mozart*. *2* (*fig.*, *pop.*) Ufficio funebre.

†**requièscere** [vc. dotta, lat. *requiēscere*, comp. di *re-* e *quiēscere* 'riposare'. V. *quiescere*] v. intr. ● (*raro*) Trovare requie (*spec. fig.*).

requirènte [vc. dotta, lat. *requirĕnte(m)*, part. pres. di *requīrere*. V. *requirere*; 1970] agg. ● (*dir.*) Inquirente: *organo giudiziario r.*; *magistratura r.*; *comitato r.*

†**requìrere** [vc. dotta, lat. *requīrere*, comp. di *re-* e *quaerere* 'chiedere'] v. tr. ● (*raro*) Richiedere, ricercare.

requiṣìre [inf. ricavato da *requisito* (*2*); 1841] v. tr. (*io requiṣìsco, tu requiṣìsci*) ● Prendere d'autorità, esigere la disponibilità di qlco. per adibirla a usi pubblici: *r. un edificio per adibirlo a ospedale da campo*. | (*fig.*, *scherz.*) ***R. una persona***, riservarsene la compagnia. SIN. Sequestrare.

requiṣìto (**1**) [1499] part. pass. di *requisire*; anche agg. ● Nel sign. del v.: *i due mulini requisiti, sequestrati con tutto il personale* (BACCHELLI).

requiṣìto (**2**) [vc. dotta, lat. *requisītu(m)*, nt. sost. di *requisītus* 'richiesto', part. pass. di *requīrere* 'requirere' (V.)] s. m. ● Caratteristica, condizione o titolo che si richiede per ottenere un incarico o per aspirare a qlco.: *i requisiti per l'ammissione al concorso*; *gli manca il r. principale per fare carriera: la volontà* | (*est.*) Buona qualità, pregio: *un giovane con molti requisiti*.

requiṣitòria [da (*arringa*) *requisitoria*, dal lat. *requisītus*, part. pass. di *requīrere* 'requirere' (V.); 1615] s. f. *1* Atto con cui il Pubblico Ministero, tipicamente in sede di discussione finale nel dibattimento, presenta e illustra le proprie richieste al giudice che deve decidere. *2* (*est.*) Discorso di severo rimprovero rivolto a qlcu.: *mi ha fatto una solenne r. per i miei brutti voti*.

requiṣizióne [vc. dotta, lat. *requisitiōne(m)*, da *requisītus*, part. pass. di *requīrere* 'requirere' (V.); av. 1527] s. f. *1* Il requisire | Sequestro disposto d'autorità: *ordinare la r. degli impianti funzionanti*. *2* †Richiesta: *stare provvisto d'armadure a ogni r. del re* (MACHIAVELLI) | †***A r. di***, a richiesta, domanda di.

réṣa [f. sost. di *reso*, part. pass. di *rendere*; av. 1565] s. f. *1* L'arrendersi, l'abbandonare ogni difesa davanti al nemico: *intimare, accettare, trattare la r.* | ***R. incondizionata***, ***a discrezione***, senza condizioni di sorta, sottostando all'arbitrio del nemico | ***R. per capitolazione***, secondo trattative a determinate condizioni. *2* Restituzione: *chiedere la r. di un prestito* | ***R. dei conti***, rendiconto delle spese fatte per altri; (*fig.*) momento di affrontare le proprie responsabilità subendone le conseguenze. *3* Merce invenduta: *chiedere l'inventario di una r. di libri* | L'insieme dei giornali che vengono restituiti perché invenduti. *4* Rapporto fra le grandezze che entrano in gioco in una operazione e ne caratterizzano la convenienza: *100 kg di farina danno una r. di 121 kg di pane*.

†**reṣarcìre** ● V. *risarcire*.

rescindènte part. pres. di *rescindere*; anche agg. ● Nei sign. del v.

rescìndere [vc. dotta, lat. *rescĭndere*, comp. di *re-* e *scindere*; av. 1547] v. tr. (pass. rem. *io rescìssi, tu rescindésti*; part. pass. *rescisso*) *1* (*lett.*) Tagliare, rompere, fare a pezzi. *2* (*dir.*) Eliminare con efficacia retroattiva gli effetti di un negozio quando sussiste una sproporzione originaria tra le prestazioni in esso dedotte: *r. un contratto concluso in stato di pericolo*; *r. per lesione una divisione*.

rescindìbile [1940] agg. ● Che si può rescindere: *contratto r.*

rescindibilità [1935] s. f. ● Condizione di ciò che è rescindibile: *r. di un negozio giuridico*.

rescissióne [vc. dotta, lat. tardo *rescissiōne(m)*, da *rescĭssus* 'rescisso'; av. 1547] s. f. ● (*dir.*) Annullamento, risoluzione: *r. di un contratto*.

rescìsso [av. 1571] part. pass. di *rescindere*; anche agg. ● Nei sign. del v. | (*lett.*) Reciso, tagliato.

rescissòrio [vc. dotta, lat. tardo *rescissōriu(m)*, da *rescĭssus* 'rescisso'; 1673] agg. ● (*dir.*) Tendente a rescindere: *azione, domanda rescissoria* | ***Giudizio r.***, riesame della causa conseguente all'annullamento della sentenza deciso nella fase rescindente.

†**rescrìtta** s. f. ● Rescritto.

rescrìtto [vc. dotta, lat. *rescrīptu(m)*, part. pass. di *rescrībere* 'rescrivere'; av. 1363] s. m. *1* Nell'antica Roma, risposta risolutiva data dagli imperatori romani su questioni di difficile o incerta soluzione sottoposte loro da magistrati, funzionari o privati. *2* (*est.*, *gener.*) Disposizione normativa di un capo dello Stato, spec. se comunicata sotto forma epistolare. *3* Atto normativo dell'autorità ecclesiastica con cui si concede una grazia o si risolve una controversia.

resecàre [vc. dotta, lat. *resecāre*, comp. di *re-* e *secāre* 'secare' (V.); 1342] v. tr. (*io rèseco, tu rèsechi*) *1* (*med.*) Sottoporre a resezione. *2* V. *risecare*.

reṣèda [vc. dotta, lat. *resēda(m)*, da *resedāre* 'calmare, guarire', comp. di *re-* e *sedāre*, perché la pianta era adoperata per sedare i dolori; 1640] s. f. *1* Pianta erbacea delle Resedacee a fusto ramoso e fiori giallo-verdastri a grappolo (*Reseda lutea*). SIN. Amorino, melardina | ***R. dei tintori***, guaderella, erba guada, anticamente usata per tingere in giallo. *2* Erba annua delle Resedacee dalla quale si ottiene l'olio essenziale detto essenza di reseda, usata in profumeria (*Reseda odorata*).

Reṣedàcee [vc. dotta, comp. di *reseda* e *-acee*; 1936] s. f. pl. (sing. *-a*) ● Nella tassonomia vegetale, famiglia di piante dicotiledoni erbacee a foglie sparse, fiori ermafroditi e frutto a capsula (*Resedaceae*).

resèdio o **resède** [etim. incerta] s. m. ● Nel linguaggio notarile, fabbricato accessorio a un edificio | Porzione di terreno attorno a una casa colonica tra il muro del fabbricato e il confine della proprietà.

reserpìna [dal nome della specie bot. da cui è estratto, *R(auwolfia) serp(ent)ina*; 1957] s. f. ● (*chim.*) Alcaloide ricavato dalle radici della *Rauwolfia*; usato in medicina per le sue proprietà sedative e ipotensive.

reset /re'sɛt, *ingl.* ɹiː'sɛt/ [vc. ingl., propr. 'ricollocamento', dal lat. *recĕptu(m)* 'ripreso'; 1966] s. m. inv. ● (*elab.*) Operazione che riporta il sistema nello stato iniziale.

resettàre /reset'tare/ [1988] v. tr. (*io resètto*) ● (*elab.*) Eseguire il reset.

resezióne [vc. dotta, lat. *resectiōne(m)* 'taglio', da *resĕctus*, part. pass. di *resecāre*; 1862] s. f. ● (*med.*) Asportazione di una parte di organo: *r. gastrica*. CFR. -tomìa.

réṣi ● V. *rendere*.

†**reṣìa** ● V. *eresia*.

residence /*ingl.* 'ɹɛzɪdəns/ [vc. ingl., dal fr. *résidence* 'residenza'; accorc. di *residence house*; 1973] s. m. inv. ● Complesso alberghiero costituito da piccoli appartamenti completamente arredati e forniti dell'attrezzatura per la cucina | (*est.*) Complesso di abitazioni costituito da piccole costruzioni singole o da appartamenti spesso arredati, in cui alcuni servizi, come pulizie, lavanderia e talora ristorazione, sono centralizzati.

residènte (o *-ṣ-*) [vc. dotta, lat. *residĕnte(m)*, part. pres. di *residēre*. V. *risiedere*; 1342] **A** agg. *1* Che risiede, ha fissa dimora: *società r. a Roma*; *lavoratore r. all'estero* | ***Ministro r.***, agente diplomatico di grado immediatamente inferiore a quello di ministro plenipotenziario. *2* †Che siede: *fu condotto al Papa r. in concistoro* (GUICCIARDINI). *3* (*elab.*) Detto di programma che, caricato nella memoria centrale di un elaboratore elettronico, rimane a disposizione dell'utente per ripetute esecuzioni. *4* †Di liquido, materia che lascia deposito, sedimento. || †**residenteménte** (o *-ṣ-*), avv. In modo stabile. **B** s. m. e f. *1* Chi risiede, ha fissa dimora in un luogo: *i residenti francesi in Italia*. *2* Correntemente, ministro residente.

residènza (o *-ṣ-*) o (*tosc.*) †**risedènza** (o *-ṣ-*), †**risedènzia** (o *-ṣ-*) [da *residente*; 1340] s. f. *1* (*raro*) Permanenza: *la nostra r. in campagna è* *stata piacevole.* SIN. Soggiorno. *2* Luogo dove si risiede: *cambiare spesso r.*; *fissare una r. stabile* | (*bur.*) Il luogo dove una persona vive abitualmente, indicato nei registri dell'anagrafe comunale: *comune di r.*; *Enrico ha trasferito la r. da Torino a Bologna.* CFR. Domicilio, dimora | (*est.*) Sede fissa: *la r. del governo è a Roma.* *3* (*est.*) L'edificio in cui si abita: *possedere, costruire una r. lussuosa, principesca.* SIN. Dimora. *4* Edificio sede di chi si ricopre particolari incarichi: *la r. del capo dello Stato.* *5* Tronetto con baldacchino per esporvi il SS. Sacramento. *6* Deposito dei vagoni, delle vetture ferroviarie. *7* †Seggio, sedia, posto. *8* †Sedimento, deposito.

residenziàle (o -ṣ-) [1673] agg. ● Di residenza: *indennità r.* | ***Quartiere, zona r.***, zona di una città urbanisticamente destinata a costruzioni di abitazione.

residuàle [1804] agg. *1* Di residuo | Che rappresenta un residuo | (*fig.*) Marginale. *2* (*dir.*) Che si può esperire quando non sono possibili altre azioni più specifiche: *azione r.*, *rimedio r.*

residuàre (o -ṣ-) [da *residuo*; 1804] v. intr. (*io residuo* (o -ṣ-); aus. *essere*) ● Rimanere come residuo.

residuàto (o -ṣ-) [1804] **A** part. pass. di *residuare*; anche agg. ● Rimasto, rimanente. **B** s. m. ● Rimanenza | ***Residuati bellici***, materiale bellico che viene recuperato e riutilizzato per usi civili, o che deve essere disinnescato.

resìduo (o -ṣ-) [vc. dotta, lat. *resīduu(m)*, da *residēre* 'risiedere'; 1351] **A** agg. ● Che resta, avanza, rimane: *consumare la residua quantità di carbone.* SIN. Rimanente. **B** s. m. *1* Ciò che resta di qlco. (*anche fig.*): *spegnere i residui di un incendio*; *in lui c'è un piccolo r. di sincerità* | ***R. di bilancio***, somma stanziata e non utilizzata nell'anno | (*econ.*) ***R. attivo***, nel bilancio dello Stato, somma iscritta in entrata ma non ancora riscossa | (*econ.*) ***R. passivo***, nel bilancio dello Stato, somma iscritta in uscita ma non ancora spesa. *2* Quello che resta di una sostanza dopo trattamenti chimici o fisici: *r. alla calcinazione.* *3* Gruppo atomico, incapace di esistenza libera, derivato formalmente per sottrazione di uno o più atomi da vari composti chimici. SIN. Radicale. *4* (*mat.*) Resto.

resilïènte [1959] agg. ● (*fis.*) Caratterizzato da resilienza: *pavimento r.*

resilïènza [dal lat. *resīliens*, genit. *resiliĕntis*, part. pres. di *resilīre* 'saltare indietro, rimbalzare', comp. di *re-* e *salīre* 'saltare'. V. *salire*; 1855] s. f. ● (*fis.*) Capacità di un materiale di resistere ad urti improvvisi senza spezzarsi.

rèsina (o -ṣ-) [lat. *resīna(m)*, di orig. preindeur.; sec. XIV] s. f. ● Prodotto naturale o sintetico con spiccate proprietà plastiche | ***R. naturale***, prodotto trasparente di consistenza molle o pastosa, di origine spec. vegetale, di varia composizione chimica e di vario impiego | ***R. sintetica***, prodotto organico ad alto peso molecolare, ottenuto artificialmente, impiegato nell'industria come costituente principale delle materie plastiche | ***R. clorovinilica***, ottenuta gener. per polimerizzazione del cloruro di vinile, termoplastica, dura, non infiammabile, largamente usata in molte lavorazioni. SIN. Cloruro di polivinile | ***R. vinilica***, ottenuta per polimerizzazione di composti chimici contenenti l'aggruppamento vinilico | ***R. fenolica***, fenoplasto | ***R. antipiega***, sostanza a base di resine artificiali usate per apprettare tessuti di fibre cellulosiche onde renderli ingualcibili.

reṣinàceo [vc. dotta, lat. *resinăceu(m)*, da *resīna*; 1499] agg. ● Che contiene resina.

reṣinàre [da *resina*; 1959] v. tr. (*io rèṣino*) ● Sottoporre a resinatura: *r. una conifera*; *r. un tessuto.*

reṣinàto [av. 1577] **A** part. pass. di *resinare*; anche agg. *1* Sottoposto a resinatura. *2* ***Vino r.***, vino bianco della Grecia, aromatizzato con resina di pino. **B** s. m. ● Sale di un acido resinico.

reṣinatùra [1959] s. f. *1* Operazione dell'estrarre e raccogliere la resina da piante resinose. *2* Apprettatura di tessuti con resine artificiali.

reṣinazióne [da *resina*; 1959] s. f. ● Operazione di estrazione dell'olio di trementina dalle piante resinose.

reṣinèṣe [dal n. mediev. della città, *Resina*, forse n. comune per 'terra impaludata'] **A** agg. ● Di Ercolano. **B** s. m. e f. ● Abitante, nativo di Ercolano.

reṣìnico [1959] agg. (pl. m. *-ci*) ● Detto di acido contenuto nelle resine naturali.

reṣinìfero [comp. di *resina* e *-fero*; av. 1577] agg. ● Che produce o contiene resina: *albero r.*; *cellula resinifera.*

reṣinificàre [comp. di *resina* e *-ficare*; av. 1826] **A** v. tr. (*io reṣinìfico, tu reṣinìfichi*) ● Rendere resinoso. **B** v. intr. e intr. pron. (aus. *essere*) ● Diventare resinoso.

reṣinificazióne [da *resinificare*; 1959] s. f. ● Processo consistente nel trasformare o nel rendere qlco. simile a resina.

reṣinìsta [da *resina*; 1983] s. m. e f. (pl. m. *-i*) ● Operaio specializzato nella lavorazione delle resine.

reṣinóso [vc. dotta, lat. *resinōsu(m)*, da *resīna*; av. 1557] agg. ● Di resina, che ha proprietà e caratteristiche di resina | ***Elettricità resinosa***, specie di elettricità negativa che si produce strofinando una sostanza resinosa.

resipiscènte [vc. dotta, lat. *resipiscĕnte(m)*, part. pres. di *resipīscere* 'riprendere i sensi, ravvedersi', incoativo di *săpere* 'esser savio' (V. *sapere* (1)), col pref. *re-*; 1872] agg. ● (*lett.*) Che si ravvede da un errore: *si è dimostrato r.*

resipiscènza [vc. dotta, lat. tardo *resipiscĕntia(m)*, da *resipīscens*, genit. *resipiscĕntis* 'resipiscente'; 1598] s. f. ● (*lett.*) Riconoscimento del male commesso o dell'errore compiuto, accompagnato da consapevole ravvedimento.

reṣìpola ● V. *risipola.*

resistènte [1336 ca.] **A** part. pres. di *resistere*; anche agg. *1* Che resiste: *un tessuto r.*; *la r. nave* (BOCCACCIO); *un ragazzo r. alla fatica* | (*dir.*) ***Parte r.*** o (*ellitt.*) ***resistente***, in un procedimento giuridico, chi si oppone all'accoglimento delle istanze della controparte. *2* (*fis.*) ***Lavoro r.***, in fisica e in meccanica, si ha quando le direzioni della forza e dello spostamento del suo punto di applicazione formano, tra loro, un angolo ottuso. || **resistentemènte**, avv. **B** s. m. e f. ● Chi ha partecipato alla Resistenza.

♦**resistènza** [vc. dotta, lat. tardo *resistĕntia(m)*, da *resīstens*, genit. *resistĕntis* 'resistente'; av. 1306] s. f. (*Resistènza* nel sign. 7) *1* Sforzo tendente a opporsi, a resistere all'azione di qlcu. o qlco.: *fiaccare la r. del nemico* | Opposizione: *hanno vinto la r. dei genitori al loro matrimonio* | ***R. a un pubblico ufficiale***, reato consistente nell'usare violenza o minaccia per opporsi a un pubblico ufficiale o a un incaricato di un pubblico servizio nella esplicazione delle proprie funzioni | ***R. passiva***, quella non violenta di chi si rifiuta di collaborare | (*est.*) Ostacolo (*anche fig.*): *opponevano solo la r. della loro scarsa volontà*; *resistenze aperte, palesi, sotterranee.* *2* (*fis.*) Ogni forza che si opponga al moto del punto materiale o del corpo a cui è applicata | Quella delle due forze applicate a una macchina semplice che deve essere equilibrata dall'altra: *in una leva di 1° genere il fulcro si trova tra la potenza e la r.* *3* (*fis.*) Proprietà fisica, governata da leggi diverse a seconda dei casi, consistente nell'opporsi o nel contrastare determinati fenomeni ed effetti | ***R. elettrica***, impedimento che una corrente incontra passando per un circuito, espresso dal rapporto fra la tensione agli estremi di un conduttore e la corrente che lo percorre | ***R. magnetica***, riluttanza | ***R. specifica***, riluttività. *4* Capacità di non lasciarsi rompere, annientare, spezzare, frammentare e sim.: *la r. di questo materiale non è ancora sperimentata* | (*est.*) Durata, solidità, detto di cose: *è nota la r. di questo tessuto* | (*est.*) Capacità di resistere allo sforzo fisico, intellettuale o all'abbattimento morale: *avere una notevole r. alla fatica*; *sviluppare la r. alle depressioni dello spirito*; *corsa, gara di r.* *5* (*psicoan.*) Opposizione a ogni tentativo di rivelare i contenuti dell'inconscio. *6* (*biol.*) Insensibilità acquisita da parte di un ceppo batterico nei confronti dell'azione di uno o più specifici antibiotici o batteriofagi. *7* Movimento di lotta politico-militare sorto in tutti i Paesi d'Europa contro i nazisti e i regimi da questi sostenuti durante la seconda guerra mondiale | (*est.*) Ogni movimento di opposizione armata a un esercito straniero o a un regime dittatoriale: *la r. palestinese, afgana.*

resistenziàle [1960] agg. ● Della Resistenza.

♦**resìstere** [vc. dotta, lat. *resĭstere*, comp. di *re-* e *sĭstere* 'fermarsi', dalla stessa radice di *stāre*; sec. XIII] v. intr. (pass. rem. *io resistéi*, o *resistètti* (o *-étti*), *tu resistésti*; part. pass. *resistito*; aus. *avere*) (assol.; + *a*) *1* Sopportare una forza avversa senza lasciarsi abbattere, annientare, spezzare, frantumare, ecc.: *Sa ch'io non posso r. più* (FOSCOLO); *r. ai colpi, alla pressione, a un urto, a una forte scossa*; *la nave resisteva bene alla furia del mare*; *mi è parso … di leggere una fatale necessità … nell'istinto che hanno i piccoli di stringersi fra loro per r. alle tempeste* (VERGA) | (*est.*) Opporsi a qlcu. o a qlco. contrastandola (*anche fig.*): *con le quali genti aggiunte alle forze sue sperava potere r.* (GUICCIARDINI); *r. all'invasione, al nemico*; *non ha saputo r. alla tentazione* | (*fig.*) ***Non resiste all'ira***, non sa frenare l'ira. *2* Perdurare in una data situazione o atteggiamento senza ricevere danno (*anche fig.*): *pianta che resiste al freddo*; *batteri che resistono ai farmaci*; *opere d'arte che hanno resistito nei secoli*; *non ho potuto r. e ho riposto male.*

resistìbile [ricavato da *irresistibile* togliendo il pref. *in*, sul modello del fr. *résistible*; 1962] agg. ● (*raro, lett.*) Cui si può resistere, opporre resistenza, in contrapposizione a irresistibile: *'La r. ascesa di Arturo Ui, dramma di Bertolt Brecht.'*

resistività [da *resistere*; 1932] s. f. ● Resistenza di un conduttore uniforme di lunghezza e sezione unitarie a temperatura costante.

resistìvo agg. *1* (*elettr.*) Detto di circuito elettrico o suo elemento la cui resistenza prevale sulla capacità e sull'induttanza e che quindi può essere considerato una resistenza pura: *carico r.* *2* (*elettr.*) Ohmico.

resistóre [ingl. *resistor*, dal lat. *resĭstere*; 1942] s. m. ● (*elettr.*) Componente di circuito elettrico con comportamento prevalentemente resistivo. CFR. Induttore, capacitore.

res nullius [lat., propr. 'cosa di nessuno'] loc. sost. f. inv. (pl. lat. inv.) ● (*dir.*) Bene giuridico del quale nessuno è proprietario.

réṣo (1) **A** part. pass. di *rendere*; anche agg. ● Nei sign. del v. | Fatto diventare, diventato: *e stette ad aspettare, resa vivace dall'impazienza* (D'ANNUNZIO). **B** s. m. ● Merce lasciata in deposito, che viene restituita.

rèṣo (2) [da *Reso*, personaggio della mitologia gr.; 1959] s. m. ● Scimmia dell'India, tozza, con vello folto nella parte superiore del corpo, e rado e biancastro nella parte inferiore (*Macacus rhesus*).

reṣocontàre [da *resoconto*] v. tr. (*io reṣocónto*) ● (*raro*) Fornire, elaborare un resoconto.

reṣocontìsta [1886] s. m. e f. (pl. m. *-i*) ● Chi fa il resoconto di sedute, udienze, avvenimenti vari spec. per un giornale: *r. giudiziario, sportivo.*

reṣocónto [calco sul fr. *compte-rendu*; 1812] s. m. *1* Rapporto dettagliato, a scopo informativo, su sedute, adunanze, avvenimenti di rilievo: *hanno pubblicato il r. dell'ultimo congresso medico.* SIN. Relazione. *2* (*est.*) Minuta esposizione scritta od orale di qlco.: *ti farò con calma il r. del mio viaggio.* *3* Rendiconto: *compilare il r. dell'anno finanziario.*

†**resòlvere** e *deriv.* ● V. *risolvere* e *deriv.*

resorcìna [comp. di *res(ina)* e *orcina*; 1875] s. f. ● (*chim.*) Fenolo bivalente ottenuto per fusione alcalina di alcune resine, usato come antisettico in dermatologia, nella fabbricazione di coloranti, dischi fonografici, colle.

†**resórgere** (o -ó-) ● V. *risorgere.*

resorgivo ● V. *risorgivo.*

†**respètto** e *deriv.* ● V. *rispetto* e *deriv.*

†**respignere** ● V. *respingere.*

respingènte [1937] **A** part. pres. di *respingere*; anche agg. ● Nei sign. del v. **B** s. m. ● Organo di repulsione, con molla a spirale, adottato nelle testate dei veicoli ferroviari.

♦**respìngere** o †**respignere**, †**ripignere**, †**ripingere** (2), †**rispignere**, †**rispingere** nel sign. 1 [comp. di *re-* e *spingere*; av. 1276] v. tr. (coniug. come *spingere*) *1* Spingere indietro con più o meno forza allontanando da sé (*anche fig.*): *r. l'aggressore*; *r. le accuse di qlcu.*; *così l'avria ripinte per la strada / ond'eran tratte, come fuoro sciolte* (DANTE *Par.* IV, 85-86) | Rimandare, rinviare: *r. un pacco al mittente.* *2* Rifiutare di accogliere, di accettare: *r. una proposta, una petizione* | ***R. qlcu. a un esame***, bocciarlo. SIN. Rigettare.

respingimènto [av. 1604] s. m. ● (*raro*) Il respingere | (*lett.*) Rinvio al mittente di una lettera.

respingitóre [1872] **A** s. m.; anche agg. (f. *-trice*) ● (*raro*) Chi respinge. **B** s. m. ● (*raro*) Respingente.

respinta [comp. di *re-* e *spinta*; 1891] **s. f.** ● (*sport*) Rilancio della palla verso il settore avversario. SIN. Rinvio | Azione con cui il portiere allontana il pallone dalla porta: *r. di pugno*; *r. corta*.

respinto [av. 1642] **A** part. pass. di *respingere*; anche **agg.** ● Nei sign. del v. **B s. m.** (f. *-a*) ● Chi è stato bocciato a un esame: *il numero dei respinti supera quello dei promossi*.

respiràbile [vc. dotta, lat. tardo *respirābile(m)*, da *respirāre*; av. 1493] **agg.** ● Che si può respirare, che è buono da respirare: *aria r.*

respirabilità [1788] **s. f.** ● Qualità, condizione di ciò che è respirabile.

†**respiraménto** [vc. dotta, lat. tardo *respiramĕntu(m)* 'sollievo, ristoro', da *respirāre*; av. 1580] **s. m.** ● Respirazione | (*fig.*) Senso di sollievo.

♦**respiràre** [vc. dotta, lat. *respirāre*, comp. di *re-* e *spirāre*; 1321] **A v. intr.** (aus. *avere*) **1** Effettuare la respirazione: *r. con i polmoni, le branchie* | Inspirare ed espirare: *r. a pieni polmoni* | (*est.*) Vivere: *il moribondo respira ancora* | (*est.*) Sentirsi fisicamente a proprio agio: *in questa stanza non si respira per il caldo*. **2** (*fig.*) Riprendere sollievo, avere un po' di pace, di tranquillità: *cominciare a r. dopo anni di difficoltà economiche*; *ora che il pericolo è passato, finalmente respiro*. **3** †Sfiatare. **4** †Mandare fuori odore. **B v. tr.** ● Immettere nei polmoni, inspirare: *r. l'aria resinosa di una pineta*; *r. vapori mefitici* | ***Tornare a r. l'aria nativa***, (*fig.*) ritornare sul luogo dove si è nati | ***Non ne posso più di r. quest'aria***, (*fig.*) voglio andarmene di qui | ***Essere necessario come l'aria che si respira***, essere indispensabile.

respiratìvo [1823] **agg.** **1** †Respiratorio. **2** (*fig., lett.*) Che dà sollievo, conforto.

respiratóre [1891] **s. m.** **1** (*med.*) Apparecchio che serve a favorire o regolare la respirazione | ***R. automatico***, che esegue i movimenti respiratori senza la partecipazione diretta del paziente. **2** Apparecchiatura per la respirazione di ossigeno, per mezzo di una maschera, nei voli ad alta quota o fuori dall'atmosfera. **3** Tubo rigido, ricurvo ad una o ad entrambe le estremità, munito di un boccaglio e di una valvola che impedisce l'entrata dell'acqua durante l'immersione subacquea.

respiratòrio [1872] **agg.** ● Che serve alla respirazione: *organi respiratori*.

respirazióne [vc. dotta, lat. *respiratiōne(m)*, da *respirāre*; av. 1557] **s. f.** **1** Processo fondamentale di tutti gli esseri viventi che assumono ossigeno ed emettono anidride carbonica | ***R. artificiale***, attuazione di una ventilazione polmonare simile a quella spontanea mediante manovre manuali o dispositivi meccanici. CFR. pneumo- (1). **2** (*fig.*) †Sollievo, riposo.

♦**respìro** [da *respirare*; av. 1612] **s. m.** **1** Atto del respirare: *riprendere il r. dopo una corsa* | Movimento della respirazione: *avere il r. regolare, affannoso*; *trattenere il r. per la paura*; *Don Gesualdo intanto andavasi calmando, col r. più corto* (VERGA) | ***Fino all'ultimo r.***, fino alla morte | ***Esalare***, (*lett.*) ***rendere l'ultimo r.***, morire | ***Tirare***, (*lett.*) ***trarre un r. di sollievo***, provare sollievo. **2** (*fig.*) Sollievo, riposo: *godere di un momento di r.* | Pausa, interruzione: *lavorare senza r.* | Dilazione in un pagamento: *accordare un breve r.* **3** (*fig.*) Portata ideologica, estensione culturale, vastità e intensità d'ispirazione, espressione, risonanza e sim., spec. nella loc. ***di ampio r.***: *lavoro, opera, composizione di ampio r.* **4** (*mus.*) Segno che indica il punto in cui il cantante o il suonatore di strumenti a fiato può effettuare una breve pausa per respirare. || **respiróne**, accr.

†**respìtto** ● V. †*rispitto*.

†**rèspo** [deformazione di *cespo*; 1566] **s. m.** ● Cespuglio: *isdrucciolò invero il lago, e s'attenne a un r., il quale era sottilissimo* (CELLINI).

†**respóndere** ● V. *rispondere*.

♦**responsàbile** o †**risponsàbile** [fr. *responsable*, dal lat. *respōnsus*, part. pass. di *respondēre* 'rispondere'; 1657] **A agg.** **1** Che deve rispondere, rendere ragione o garantire delle proprie azioni o delle altrui: *non è ancora r. delle sue azioni*; *non siamo responsabili della tua condotta* | ***Direttore, vice-direttore r.***, che a norma di legge risponde degli scritti pubblicati in un giornale. **2** Che è consapevole delle conseguenze derivanti dalla propria condotta: *è un ragazzo r. nonostante la giovane età*. SIN. Cosciente | Che rivela giudizio, assennatezza: *tenere un comportamento r.* **3** Colpevole: *si è rivelato r. di gravi torti* | *Che provoca, che causa qlco. spec. di negativo*: *lo stress è r. di vari disturbi*. || **responsabilménte**, avv. In modo responsabile: *agire responsabilmente*. **B s. m. e f.** ● Chi deve rispondere di qlco.: *i responsabili della vita politica italiana*; *il r. del furto non è stato trovato* | ***R. dell'imposta***, chi è tenuto al pagamento dell'imposta insieme con il contribuente.

♦**responsabilità** o †**risponsabilità** [fr. *responsabilité*, dall'ingl. *responsability*, da *responsible* 'responsabile'; 1760] **s. f.** **1** Onere giuridico o morale derivante da atti propri o altrui: *assumersi le proprie responsabilità*; *fare qlco. sotto la propria r.*; *r. civile, morale*; *declinare ogni r.* **2** Consapevolezza delle proprie azioni e delle conseguenze che ne derivano: *dimostrare* (*senso di*) *r.* **3** Sottomissione, disposta dalla legge, alla sanzione in conseguenza alla violazione di un dovere giuridico: *r. diretta, indiretta* | ***R. civile***, che grava su chi ha commesso un atto illecito | ***Assicurazione della r. civile***, quando l'assicuratore si obbliga a rimborsare all'assicurato quanto questi deve pagare in seguito a una propria responsabilità | ***R. oggettiva***, quando si risponde di un fatto, anche senza colpa o dolo | ***R. patrimoniale***, principio per cui il debitore risponde delle proprie obbligazioni con tutti i beni | ***R. limitata***, quella degli azionisti o dei detentori di quote di capitale limitatamente al valore delle azioni o quote sottoscritte | ***R. congiunta***, tipo di conduzione aziendale in cui i rappresentanti dei lavoratori partecipano al processo di formulazione delle direttive aziendali.

responsabilizzàre [comp. di *responsabil(e)* e *-izzare*; 1961] **A v. tr.** ● Rendere responsabile o consapevole, spec. con riferimento a ruoli, funzioni o problemi di carattere sociale: *r. i giovani* | Fare assumere una diretta responsabilità: *r. un dipendente*. **B v. intr. pron.** ● Assumersi una responsabilità | Diventare consapevoli delle proprie responsabilità.

responsabilizzazióne [1970] **s. f.** **1** Il responsabilizzare, il responsabilizzarsi. **2** (*org. az.*) Strumento di controllo organizzativo, consistente nel definire le responsabilità, sia generali che di spesa, a ogni livello della scala gerarchica.

†**responsióne** o †**risponsióne** [vc. dotta, lat. *responsiōne(m)* 'risposta', da *respōnsus*, part. pass. di *respondēre* 'rispondere'; av. 1292] **s. f.** **1** Risposta. **2** Canone, tributo.

responsìva [sost. f. di *responsivo*; sec. XIV] **s. f.** ● (*raro, bur.*) Lettera di risposta.

responsività [dall'ingl. *response* 'risposta', dal lat. *respōnsu(m)*] **s. f.** ● (*biol.*) Capacità dell'organismo di rispondere, modificandosi, a variazioni delle condizioni ambientali.

responsìvo o †**risponsìvo** [vc. dotta, lat. tardo *responsīvu(m)*, da *respōnsus*, part. pass. di *respondēre* 'rispondere'; av. 1498] **agg.** ● (*raro, lett.*) Che serve a rispondere: *lettera responsiva*.

respònso o †**rispònso** [vc. dotta, lat. *respōnsu(m)*, part. pass. nt. sost. di *respondēre* 'rispondere'; 1342] **s. m.** **1** (*lett.*) Risposta di un oracolo: *uscian quindi i responsi / de' domestici Lari* (FOSCOLO). **2** Risposta data spec. con tono solenne (*anche iron.*): *la commissione ha dato il suo r.*; *tuo padre ha dato il r.?* **3** (*relig.*) †Responsorio.

responsoriàle [da *responsorio*; av. 1672] **A agg.** ● Che ha carattere di responsorio. **B s. m.** ● Libro di canto fermo contenente le antifone e i responsori.

responsòrio [vc. dotta, lat. tardo *responsōriu(m)*, da *respōnsus*, part. pass. di *respondēre* 'rispondere'; av. 1590] **s. m.** ● Risposta del coro al solista nella funzione cantata.

†**responsùra** [dal lat. *respōnsus*, part. pass. di *respondēre* 'rispondere'; av. 1306] **s. f.** ● Risposta.

rèssa [lat. *rīxa(m)* 'rissa'; 1342] **s. f.** **1** Affollamento di gente che si muove disordinatamente spec. spingendo e urtando: *fanno r. per entrare al cinematografo*. SIN. Calca. **2** †Contrasto, rissa. **3** †Insistenza importuna per ottenere qlco.

rèssi ● V. *reggere*.

rèsta (1) [lat. *arĭsta(m)* 'arista'; sec. XIV] **s. f.** **1** (*bot.*) Arista. **2** Lisca di pesce, spina.

rèsta (2) [da *restare*; sec. XIV] **s. f.** ● Ferro applicato al lato destro del petto della corazza per appoggiarvi la lancia in posizione per colpire: *lancia in r.* | (*fig.*) ***Partire lancia in r.***, attaccare qlcu. o affrontare qlco. con decisione e impeto.

rèsta (3) [lat. *rĕste(m)* 'fune', di orig. indeur.; av. 1336] **s. f.** **1** Filza di cipolle, agli e sim. riuniti a formare una treccia. **2** Lungo cavo di canapa per trascinare la rete nella pesca d'altura.

restànte [1525] **A** part. pres. di *restare*; anche **agg.** ● Rimanente, residuo. **B s. m.** ● Quello che resta, rimane: *tutto il r. della giornata passò interminabile* | †***Del r.***, del resto.

†**restànza** [1337] **s. f.** ● Avanzo, resto.

♦**restàre** [lat. *restāre*, comp. di *re-* e *stāre*; 1294] **A v. intr.** (*io rèsto*; aus. *essere*) **1** Rimanere in un luogo spec. per un certo tempo: *r. a cena, a pranzo da qlcu.*; *r. molti giorni in campagna* | ***Che resti fra noi***, che non si venga a sapere da altri | (*est.*) Resistere, durare: *restarono al loro posto* | ***R. sulla breccia***, (*fig.*) continuare a essere partecipe di fatti e vicende in modo diretto spec. occupando una certa posizione o svolgendo un'attività | (*lett.*) Fermarsi, arrestarsi: *e fuggendo nella terra dinanzi a' detti buoi, non restò mai* (SACCHETTI); SIN. (*lett.*) Ristare. **2** Stare ancora, continuare a stare in un certo atteggiamento o una certa condizione: *r. in rapporti cordiali con qlcu.*; *r. indietro rispetto agli altri*; *è restato uno zotico nonostante il suo denaro* | ***R. comodi***, non incomodarsi alzandosi di fronte a qlcu. | (*est.*) Sopravvivere: *pensiamo a quelli che restano*. SIN. Rimanere. **3** Venire a trovarsi in una determinata condizione in seguito a fatti, avvenimenti, processi vari: *r. orfano, zoppo per sempre, a carico di qlcu.*; *la nave è restata in secco* | ***R. a piedi***, perdere il treno, l'autobus o altri mezzi di locomozione; (*fig.*) rimanere esclusi da qlco. | ***R. col danno e con le beffe***, avere danno ed essere deriso | ***R. a bocca asciutta***, (*fig.*) non aver potuto godere di qlco. | ***R. con un palmo di naso***, trovarsi deluso | ***R. a bocca aperta, senza fiato, di stucco, di sale***, essere molto meravigliato | ***R. al verde***, senza denaro | ***R. sul colpo, restarci***, morire all'improvviso | Assumere un certo atteggiamento, un certo modo di essere di fronte a qlco.: *r. persuaso, incredulo, sconvolto* | ***R. d'accordo***, accordarsi, essere d'accordo. **4** Rimanere d'avanzo, esserci ancora: *nel frigorifero non restava più niente*; *ci resta ancora molto da fare* | ***Resta a vedere se*** ..., bisogna vedere se ... | ***Restano pochi giorni a*** ..., mancano pochi giorni a ... | ***Non resta che*** ..., non si può far altro che ... **5** (*lett.*) Conseguire, risultare: *resta che tu non possa fuggire per nessun verso di non essere infelice* (LEOPARDI). **6** Essere posto, situato: *l'edificio resta sul lato sinistro del viale* | ***R. lontano***, distare. SIN. Essere, trovarsi. **7** (*lett.*) Cessare: *La bufera infernal, che mai non resta* (DANTE *Inf.* V, 31). **8** †Avvenire, accadere per causa di qlcu. **B v. tr.** ● †Far restare. || PROV. Chi muore giace e chi resta si dà pace.

†**restàta** [da *restato*] **s. f.** **1** Fermata, pausa. **2** Cessazione.

restàto [1294] part. pass. di *restare*; anche **agg.** ● Nei sign. del v.

restauràbile o †**ristauràbile** [1872] **agg.** ● Che si può restaurare.

restauraménto o †**ristauraménto** **s. m.** **1** (*raro*) Restauro. **2** †Risarcimento.

restaurant /fr. rɛstɔˈrɑ̃/ [vc. fr., propr. part. pres. di *restaurer* 'ristorare', dal lat. *restaurāre*. V. *restaurare*; 1867] **s. m. inv.** ● Ristorante.

restauràre o †**ristauràre** [vc. dotta, lat. *restaurāre*, da *instaurāre*, con cambio di pref.; 1308] **v. tr.** (*io restàuro*) **1** Restituire allo stato primitivo opere d'arte o altri manufatti, rifacendoli, riparandoli o rinnovandoli: *r. un edificio danneggiato*; *r. un affresco del Trecento* | (*scherz.*) ***Restaurarsi il viso***, truccarsi il viso per apparire giovani. **2** Rimettere in vita, ripristinare, ristabilire: *r. le rappresentazioni teatrali classiche*; *r. consuetudini dimenticate*; *del suo dovere di r. il patrimonio e il decoro e il lustro famigliare* (BACCHELLI). **3** (*raro*) Rimettere in salute, in forze.

restauratìvo o †**ristauratìvo** [1891] **agg.** ● (*raro*) Che serve a restaurare.

restauràto [1481] part. pass. di *restaurare*; anche **agg.** ● Nei sign. del v.

restauratóre o †**ristauratóre** [vc. dotta, lat. tardo *restauratōre(m)*, da *restaurātus* 'restaurato'; 1483] **s. m.**; anche **agg.** (f. *-trice*) ● Chi (o Che) restaura: *r. di mobili* | (*lett.*) Chi (o Che) ripristina.

restaurazióne o †**ristaurazióne** [vc. dotta, lat. tardo *restauratiōne(m)*, da *restaurātus* 'restaurato'; av. 1306] **s. f.** **1** (*raro*) Restauro di quadri, edifici, sculture e sim. *2* (*raro, lett.*) Ristabilimento di salute, buone condizioni fisiche. *3* Ristabilimento di forme di governo, istituzioni politiche, dinastie e sim. | (*per anton.*) Il periodo della storia europea tra il 1815 e il 1830, che sancì il ripristino della situazione politica e istituzionale precedente la rivoluzione francese con l'abrogazione delle profonde riforme introdotte nel periodo napoleonico. *4* †Risarcimento.

restàuro o †**ristàuro** [1855] s. m. *1* Tecnica del restaurare un bene di valore artistico, culturale o storico: *il r. di un vaso, di un affresco, di una scultura*; *L'arte di rendere leggibili le scritture è la tecnica del r.* (CROCE) | La parte restaurata: *il r. non si nota affatto* | (*est.*) Intervento edilizio per la conservazione e la valorizzazione di un edificio senza alterarne la forma e la divisione. *2* (*fig., lett.*) Ristoro, sollievo: *dato r. a' corpi esausti e vòti* (ARIOSTO). *3* (*raro, lett.*) Ricompensa: *richiede ormai da noi qualche r.* (POLIZIANO).

†**restia** [etim. incerta] s. f. ● Moto ondoso che impedisce l'accesso al porto, e tormenta le navi che vi sono ormeggiate.

restio [lat. parl. *resistīvu(m)*, da *resĭstere*; av. 1348] **A** agg. (assol.; + *a*, anche seguito da inf.; raro lett. + *di*, + *da*, + *in*, seguiti da inf.) *1* Di cavallo o altro animale da carico o da tiro che non vuole andare avanti: *mulo bizzarro e r.* *2* (*est.*) Detto di persona che è riluttante a fare qlco., che la fa malvolentieri: *si mostrava molto r. a quella vendita* (NIEVO); *essere r. a chiedere favori*; *io non sono molto r. di aiutarmi con un po' di furberia* (SVEVO); *non era r. dal ricorrere a questo demonio* (NIEVO); *Perché meco si mostra restia nel confidarsi?* (GOLDONI). SIN. Alieno, contrario. || †**restiaménte**, avv. **B** s. m. ● Difetto di animale restio: *cavallo che ha il r., che è guarito dal r.*

restituìbile [1629] agg. ● Che si può restituire: *regalo, prestito r.*

♦**restituire** [lat. *restitŭere*, comp. di *re-* e *statŭere* 'stabilire'. V. *statuire*; sec. XIII] **A** v. tr. (*io restituìsco, tu restituìsci*) *1* Rendere, ridare quello che si è tolto a qlcu. o che è stato prestato, donato o dato in consegna: *r. i prigionieri*; *r. il denaro avuto*; *r. la merce* | *R. a qlcu. la parola*, (*fig.*) sciogliérlo da un impegno preso | Dare di nuovo a qlcu. qlco. che aveva perduto: *la cura gli ha restituito energia* | (*est.*) Contraccambiare: *r. un calcio, un favore*; *r. una visita*. *2* (*lett.*) Rimettere nello stato, nel posto di prima: *r. qlcu. nel suo grado*; *il suo gesto lo ha restituito nelle grazie dei superiori* | Richiamare: *r. gli esuli alle loro case*. *3* †Riparare, rimettere in buono stato | Rifare danni. **B** v. rifl. e intr. pron. ● (*lett.*) †Ritornare: *restituirsi in una città* | (*fig.*) Darsi di nuovo: *si è restituito alle ricerche filosofiche.*

restituìto part. pass. di *restituire*; anche agg. ● Nei sign. del v.

restitùtio in integrum /lat. resti'tutstsjo i'nintegrum/ [lat., propr. 'restituzione in intero'] loc. sost. f. inv. (pl. lat. *restitutiones in integrum*) ● (*dir.*) Forma di risarcimento del danno consistente nel ripristinare lo stato di fatto antecedente al verificarsi del danno stesso.

restitutivo agg. ● Che indica ritorno: *il prefisso 'ri' ha valore r.* | Che serve a ricostituire: *un cosmetico r.*

restitutóre [vc. dotta, lat. *restitutōre(m)*, da *restitūtus*, part. pass. di *restitŭere* 'restituire'; 1353] **A** s. m.; anche agg. (f. *-trice*) *1* Chi (o Che) restituisce. *2* (*lett.*) Chi (o Che) restaura, ristabilisce qlco.: *ringraziandogli ciascuno come restitutori della gloria italiana* (GUICCIARDINI). **B** s. m. ● Strumento che permette di ricavare, da uno o più fotogrammi opportunamente orientati, la rappresentazione in scala di una zona di terreno fotografata.

restitutòrio [vc. dotta, lat. *restitutōriu(m)*, da *restitūtus*, part. pass. di *restitŭere* 'restituire'; 1673] agg. ● (*dir.*) Che tende alla restituzione di un bene.

restituzióne [vc. dotta, lat. *restitutiōne(m)*, da *restitūtus*, part. pass. di *restitŭere*; av. 1348] s. f. *1* Il restituire: *impegnarsi alla r. di qlco.*; *r. dei libri alla biblioteca*. SIN. Resa, ritorno. *2* (*lett.*) Reintegrazione, ristabilimento: *r. di qlcu. nel suo onore*; *la r. dei Medici a Firenze* | *R. di un testo*, reintegrazione, attraverso il lavoro critico o la congettura, della lezione originale. *3* (*dir.*) Reintegrazione nella detenzione, nel possesso o nella proprietà di un bene. *4* †Ritorno di un astro in una posizione già occupata e presa come punto di partenza.

♦**rèsto** [da *restare*; 1312] s. m. *1* Ciò che avanza, rimane di qlco. o che ancora manca per completare qlco.: *faremo il r. del viaggio in treno*; *il r. della casa sarà terminato presto*; *non vi racconto il r. per non annoiarvi* | *Fare il r.*, compiere l'opera | *Del r.*, per altro, d'altronde. SIN. Avanzo, residuo, rimanente. *2* (*mat.*) *R. ennesimo d'una serie*, serie ottenuta sopprimendo i primi *n* termini della serie data | *R. d'una divisione*, quantità che, aggiunta al prodotto del divisore per il quoziente, dà il dividendo. *3* Differenza in denaro che spetta a chi paga un bene, un servizio e sim. con una somma superiore a quella dovuta: *aspetto il r.*; *c'è altro di r.?*; *lasciare il r. di mancia* | (*lett.*) *Rifare il r.*, (*fig.*) fare un altro favore a chi ne ha già avuto uno e, senza dimostrarsi riconoscente, ne pretende un altro. *4* (*al pl.*) Ciò che rimane di monumenti, opere d'arte, costruzioni antiche: *visitammo i resti di una necropoli etrusca* | Avanzi di un pranzo, di un esercito che ha combattuto o altro: *mangeremo i resti della colazione*; *i resti di una bellezza giovanile* | *Resti mortali*, corpo, salma, cadavere. || **resticciuòlo**, dim. | **restóne**, accr.

†**restrignere** ● V. *restringere*.

restringènte [1872] **A** part. pres. di *restringere*; anche agg. ● Nei sign. del v. | (*raro*) Astringente. **B** s. m. ● Ciò che restringe.

restringere o †**restrignere**, †**ristrignere**, †**ristringere** (**1**) [vc. dotta, lat. *restrĭngere*, comp. di *re-* e *strĭngere*; 1313] **A** v. tr. (pres. *io restrìngo, tu restrìngi*; pass. rem. *io restrìnsi, tu restringésti*; part. pass. *ristrétto*) *1* Diminuire il volume o limitare l'estensione di qlco. riducendolo in uno spazio minore: *il lavaggio ha ristretto l'abito*; *r. lo spazio occupato da qlcu.* | Fare addensare sughi o salse tenendoli sulla fiamma vivace in un tegame senza coperchio: *r. la besciamella*. *2* (*fig.*) Limitare, ridurre, contenere: *r. le spese, le esigenze*; *r. i particolari di una narrazione*. *3* †Radunare: *in un lato della piccola valle le nostre pecore e le capre restringemmo* (SANNAZARO). *4* †Obbligare, costringere. *5* †Legare strettamente | †Fasciare. **B** v. intr. pron. *1* Farsi più stretto o più ridotto in estensione: *la strada si restringe poco alla volta* | (*raro, fig.*) Moderarsi, limitarsi: *restringersi nelle spese*. *2* Raccogliersi, avvicinarsi a qlcu. per occupare meno spazio: *restringetevi sul divano* | †*Restringersi con qlcu.*, avvicinarsi a qlcu. per chiedergli consiglio. **C** v. rifl. *1* †Avvicinarsi molto a qlcu.: *poi per lo vento mi restrinsi retro / al duca mio* (DANTE *Inf.* XXXIV, 8-9). *2* †Contenersi.

restringiménto [sec. XIV] s. m. *1* Diminuzione di volume o di estensione: *r. di una stoffa dopo il lavaggio* | Punto in cui qlco. si restringe o è ristretto: *rallentare al r. di una strada*. *2* (*med.*) Riduzione di volume, di calibro: *r. uretrale*; *r. arterioso*. SIN. Stenosi. *3* (*raro, lett., fig.*) Limitazione, moderazione.

restringitivo [1872] agg. ● (*raro*) Che è atto a restringere: *farmaco r.* | (*fig.*) Restrittivo: *provvedimento r.*

restrittività s. f. ● Caratteristica di ciò che è restrittivo.

restrittivo [dal lat. *restrĭctus*, part. pass. di *restrĭngere*; 1592] agg. ● Che determina o comporta una limitazione: *provvedimento r. della libertà personale*; *legge, clausola restrittiva*. SIN. Limitativo. || **restrittivaménte**, avv.

restrizióne [vc. dotta, lat. tardo *restrictiōne(m)*, da *restrĭctus*, part. pass. di *restrĭngere*; 1584] s. f. ● (*raro*) Diminuzione, riduzione | (*fig.*) Limitazione: *imporre restrizioni alla libertà di qlcu.* | (*fig.*) Riserva che limita un'affermazione, una dichiarazione, una promessa, ecc.: *r. mentale*; *l'accettò con una r. che lo riduceva quasi a nulla* (MANZONI). || **restrizioncèlla**, dim.

restrizionismo [1959] s. m. ● (*econ.*) Politica basata sulle restrizioni, specialmente dei consumi e della spesa pubblica.

restyling /ingl. ɹiˈstaelɪŋ/ [vc. ingl., comp. di *re* e *styling*, dal v. *to style* 'disegnare, modellare'; 1979] s. m. inv. *1* Modifica del design o del modello di un prodotto o manufatto. *2* (*est.*) Rifacimento, rinnovamento, rielaborazione.

resultàre e *deriv.* ● V. *risultare* e *deriv.*

†**resùmere** [vc. dotta, lat. *resūmere*] v. tr. *1* Riassumere, riprendere. *2* Compendiare.

resupino [vc. dotta, lat. *resupīnu(m)*, comp. di *re-* e *supīnus* 'supino'; av. 1375] agg. ● (*lett.*) Supino: *già resupina ne l'arena giace* (ARIOSTO).

†**resùrgere** ● V. *risorgere*.

†**resurrèssi** o †**resurrèsso**, †**risurrèsso** [lat. *resurrēxit*, terza pers. perfetto indic. di *resūrgere* 'risorgere'; propr. 'egli risorse'; av. 1292] s. m. inv. ● Solo nella loc. *Pasqua di r.*, resurrezione di Gesù.

†**resurressire** [da †*resurressi*] v. intr. ● Risorgere.

†**resurrèsso** ● V. †*resurressi*.

resurrezióne (o -ṣ-) o **risurrezióne** (o -ṣ-) [vc. dotta, lat. tardo *resurrectiōne(m)*, da *resurrēctum*, supino di *resūrgere* 'risorgere'; 1313] s. f. *1* Il risorgere, il risuscitare. *2* (*relig.*) Il ricostituirsi del corpo e dello spirito o anche del solo spirito dell'uomo dopo la morte e il giudizio individuale, o alla fine del mondo e dopo il giudizio finale | *R. della carne*, nel Giudaismo, nel Cristianesimo e nell'Islamismo, verità di fede secondo la quale, alla consumazione dei tempi, per il Giudaismo all'avvento del Messia, i giusti risorgeranno con corpo glorioso e perfetto e non soggetto più a morte | *R. di Cristo*, avvenuta tre giorni dopo la sua morte | *Pasqua di R.*, commemorazione della resurrezione del Cristo, come festa mobile dei cristiani. *3* (*est., fig.*) Rifioritura, ripristinamento: *la r. di usi, vocaboli dimenticati* | (*fig.*) Rinnovamento: *una poesia ... annunziava la r. interiore in un popolo* (DE SANCTIS).

resuscitàre ● V. *risuscitare*.

†**retà** ● V. *reità*.

retablo /sp. *r:e'taβlo/ [vc. sp., dal catalano *retaule*, comp. del lat. *retro-* e *tăbula* 'tavola'; 1959] s. m. inv. (pl. sp. *retablos*) ● Ancona di grandi dimensioni, inquadrata in cornice architettonica, con dipinto spesso alternato a rilievo, originaria della Spagna e poi diffusasi in Europa fra il XV e il XVIII secolo.

retàggio o †**eretàggio**, †**eritàggio**, †**redàggio** [ant. fr. *heritage*, da *heriter* 'ereditare'; 1308] s. m. *1* (*lett.*) Eredità: *or discerno perché dal r. / li figli di Levì furono essenti* (DANTE *Purg.* XIII, 131-132). *2* (*lett., fig.*) Patrimonio spirituale che viene dagli antenati: *il r. dei Romani nel campo del diritto*. *3* (*est.*) †Possedimento avito.

retard /ri'tard, *ingl.* riːˈtɑːd/ [vc. ingl., 'rallentamento', dal v. *to retard* 'ritardare, rallentare'; 1987] agg. inv. ● (*med.*) Detto di farmaco a lento rilascio.

retàre (**1**) [da *rete*; 1681] v. tr. (*io réto*) *1* (*raro*) Tracciare su un'immagine un reticolo di linee per poterla riprodurre in scala ridotta o maggiorata. *2* Stendere la rete per pescare, prendere uccelli e sim.

†**retàre** (**2**) [fr. *hériter*: stessa etim. dell'it. *ereditare*; av. 1350] v. tr. ● Ereditare.

retàta [da *rete*; 1728] s. f. *1* Gettata di rete | Quantità di pesce o uccelli catturati in una rete (*anche fig.*): *prendere una r. di sardine*; *alla lotteria, ha fatto una bella r. di soldi*. *2* (*fig.*) Rapida operazione militare o di polizia in cui vengono controllate e arrestate più persone: *una r. di ladruncoli*; *a valle i tedeschi avevano fatto una r.* (MORAVIA).

†**retàto** [da *rete*; 1728] agg. ● Reticolato, intrecciato a rete.

retàzza ● V. *redazza*.

♦**réte** [lat. *rēte*, di etim. incerta; 1313] s. f. *1* Strumento di fune, o di filo tessuto a maglie, per prendere pesci, uccelli o altri animali: *gettare, tirare la r.* | *R. portapesci*, piccola rete di spago o nylon, tenuta aperta da un cerchietto metallico, per conservare e trasportare il pesce durante la pesca | *R. da insacco*, tramaglio | *R. da gettata*, giacchio | *R. a strascico*, trainata da barche, motopescherecci o anche a braccia, radente il fondo, per raccogliere nel sacco tutto ciò che incontra | (*fig.*) Agguato: *cadere, incappare nella r.* | (*fig.*) Insidia, inganno: *tendere la r. a qlcu.* | *Prendere qlcu. nella r.*, (*fig.*) riuscire a ingannarlo, raggirarlo | (*fig., lett.*) Seduzione amorosa: *quel bel volto / ch'all'amorose reti il tenea involto* (ARIOSTO). ➡ ILL. **pesca**. *2* (*est.*) Intreccio di filo o altro materiale con maglie di misura e forma variabili, usata spec. come struttura di riparo, protezione o sbarramento: *recingere un campo con una r.*; *r. da circo* | *Senza r.*, (*fig.*) senza protezione, senza appoggio | *R. metallica*, spec. in fil di ferro zincato, a chiusura di finestre, recinti e sim. | *R. del letto*, quella in metallo su cui poggia il materasso | *R. per la spesa*, borsa traforata, in spago o nylon | *R. per i ca-*

pelli, cuffia a maglia per mantenere in ordine i capelli | ***R. mimetica***, rete di spago o corda con incorporati elementi multicolori di materiale vario per mascherare armi, postazioni e sim. | ***R. da ostruzione***, ostruzione di cavi posta all'imboccatura dei porti per impedirne il forzamento da parte di mezzi subacquei, incursori e sim. | ***R. parasiluri***, ostruzione di reti che si sistema attorno a una nave ormeggiata per proteggerla dai siluri | ***Punto a r.***, sfilato su tela ripreso in vari modi con l'ago | Intreccio di maglie di corda costituente un ripiano, spec. su mezzi di trasporto: *Prese la sua valigia dalla r.* (MONTALE). **3** (*sport*) Nel calcio, porta: *tirare a r.* | (*fig.*) Punto segnato, gol: *segnare una r.* | Nel tennis e nella pallavolo, quella che divide il campo in due parti uguali. **4** (*cuc.*) Omento del maiale usato per ravvolgervi i fegatelli da cuocere in tegame o arrostire allo spiedo. **5** Insieme di linee, reali o meno, che si intersecano formando come le maglie di una rete: *r. autostradale, ferroviaria, aerea, idrografica*; *la r. dei meridiani e dei paralleli* | (*mat.*) Sistema di curve piane o di superfici algebriche | ***R. topografica***, rappresentazione, in esatta posizione relativa, di un insieme di punti del terreno | ***R. geodetica***, complesso dei punti geodetici ottenuti con la triangolazione ai fini del rilevamento topografico | ***R. elettrica***, elementi di circuito collegati fra loro in modo da dar luogo a più diramazioni | ***R. telegrafica, telefonica***, complesso di circuiti elettrici che collegano fra di loro i vari utenti | ***R. di distribuzione***, insieme di cavi, tubazioni e sim. che partendo da un centro si ramificano in modo da collegare gli utenti di un determinato servizio pubblico, come telefono, acqua, gas e sim., alla centrale di distribuzione. **6** (*anat.*) Intreccio di vasi sanguigni o di nervi. **7** (*fig., est.*) Intreccio, insieme articolato od organizzato: *una fitta r. di amicizie*; *r. di spionaggio*; *una r. di spacciatori* | (*org. az.*) ***R. commerciale***, il sistema di filiali, agenzie e organismi sim. diretti dal centro e fra loro connessi che, in un'azienda, svolgono l'attività di diffusione, distribuzione e vendita dei prodotti | (*radio, tv*) Sistema accentrato e coordinato di trasmissioni o di stazioni trasmittenti: *la r. 1 della RAI*; *le reti private televisive* | ***La R.***, (*per anton.*) movimento politico italiano in aspra polemica con i partiti tradizionali. **8** (*elab.*) Collegamento tra più elaboratori elettronici, situati anche a grande distanza | Rete globale, rete telematica, (*per anton.*) ***la R.***, sistema di collegamento e interscambio di dati tra sistemi informativi a livello planetario: *navigare nella R.*; *lavorare in r.* | ***R. locale***, sistema informatico in cui più elaboratori elettronici, gener. situati nello stesso edificio, condividono le stesse risorse, quali periferiche, accesso ai dati contenuti nella memoria di massa di ciascun elaboratore e sim.: *r.* (*locale*) *ad anello*, *a stella*, *a controllo distribuito*. || **reticèlla**, dim. (V.) | **reticola**, dim. | **retina**, dim. (V.) | **retino**, dim. m. (V.) | **retóne**, accr. m.

†**retentire** [fr. *retentir*, comp. di *re-* e dell'ant. fr. *tentir*, dal lat. parl. **tinnitīre*, intens. di *tinnīre* 'far risuonare', vc. di orig. onomat.] v. intr. ● (*poet.*) Echeggiare: *il cantar novo e 'l pianger delli augelli / in sul dì fanno retentir le valli* (PETRARCA).

retentiva ● V. *ritentiva*.

retentività ● V. *ritentività*.

†**retenzióne** ● V. *ritenzione*.

reticèlla [av. 1320] s. f. **1** Dim. di *rete*. **2** Cuffia a maglia, maschile o femminile, usata un tempo per tenere in ordine i capelli o per ornamento. **3** (*chim.*) Elemento divisorio di rete metallica, coperta in parte di amianto, usato nei laboratori chimici spec. per impedire un diretto contatto tra fiamma e recipienti di vetro. **4** (*anat., raro*) Plesso.

reticènte [vc. dotta, lat. *reticĕnte(m)*, part. pres. di *reticēre*, comp. di *re-* e *tacēre*; 1901] agg. ● Che tace per nascondere qlco. che dovrebbe dire: *testimone r.* | Che è restio a parlare: *mostrarsi r. sui propri progetti* | (*est.*) Detto di ciò che rivela reticenza: *frasi reticenti*. || **reticentemènte**, avv.

reticènza [vc. dotta, lat. *reticĕntia(m)*, da *rĕticens*, genit. *reticĕntis* 'reticente'; 1598] s. f. **1** Atteggiamento di chi è reticente: *essere privo di r.* | ***Senza r.***, senza tacere nulla. **2** (*ling.*) Figura retorica consistente nell'interrompere il discorso lasciando però intendere ciò che non si dice: *Se la cosa dipendesse da me, ... vedon bene che a me non me ne vien nulla in tasca ...* (MANZONI). SIN. Aposiopesi.

rètico (**1**) [vc. dotta, lat. *Rāeticu(m)*, nom. *Rāeticus*, da *Rāeti*, n. di una popolazione tra il Danubio e il Reno; av. 1498] **A** agg. (pl. m. *-ci*) ● Della Rezia, dell'antica popolazione dei Reti. **B** s. m. solo sing. ● Lingua parlata dai Reti.

†**rètico** (**2**) [aferesi di *eretico*] s. m. ● Eretico: *e sia saracino, r., paterino e scomunicato* (SACCHETTI).

reticolaménto [1704] s. m. ● (*raro*) Reticolo.

reticolàre (**1**) [av. 1555] agg. ● Che ha forma di reticolo.

reticolàre (**2**) [av. 1616] v. tr. (*io retìcolo*) ● (*raro*) Disporre, tracciare un reticolo.

reticolàto [av. 1320] **A** part. pass. di *reticolare* (*2*); anche agg. ● Fatto o disegnato a forma di reticolo. **B** s. m. **1** Intreccio di linee a forma di rete o di reticolo | ***R. geografico***, l'insieme dei meridiani e dei paralleli su una carta geografica | ***R. delle parole incrociate***, schema in forma di rete entro le cui caselle bianche devono essere scritte le lettere delle parole trovate. **2** Intreccio di fili metallici usato come recinzione | (*mil.*) Ostacolo passivo costituito da intreccio di filo spinato, ancorato al terreno mediante una palificazione di legno o metallica. **3** (*chim.*) Detto di polimero lineare che, avendo subito un processo di reticolazione, ha acquistato una struttura simile alle maglie di una rete, tipica dei prodotti termoindurenti.

reticolatùra [da *reticolo*; av. 1959] s. f. ● (*fot.*) Minutissima screpolatura della gelatina, dovuta a varie cause, non visibile ad occhio nudo ma in sede di ingrandimento.

reticolazióne [1886] s. f. **1** Reticolamento. **2** (*chim.*) Reazione chimica che, stabilendo legami trasversali fra le molecole filiformi di un polimero lineare, lo trasforma in un polimero reticolato, rendendolo insolubile e infusibile, privandolo della plasticità e conferendogli durezza e rigidità | Formazione di legami trasversali nella vulcanizzazione della gomma. **3** (*tess.*) Trattamento di rifinizione di un tessuto fabbricato con fibre cellulosiche, per renderlo irrestringibile, ingualcibile e sim., consistente nell'impregnarlo con adatti composti e nel sottoporlo poi a riscaldamento per determinare la condensazione di tali composti con la cellulosa.

retìcolo [vc. dotta, lat. *retĭculu(m)*, dim. di *rēte*; 1872] s. m. **1** Disegno o struttura avente forma, più o meno approssimativamente, di una rete: *r. geografico*; *r. di nervi, di vasi sanguigni* | ***R. geodetico***, rete geodetica. **2** (*ottica*) Serie di fili sottilissimi, o di sottili incisioni su vetro, incrociati e giacenti sul piano focale di un cannocchiale o telescopio | ***R. di diffrazione***, dispositivo costituito da numerosi tratti rettilinei, paralleli ed equidistanti, consistenti in fenditure o solchi in uno schermo opaco, i quali, quando vengono illuminati, producono altrettanti fasci luminosi che, interferendo, generano uno spettro di diffrazione. **3** (*mat.*) Configurazione risultante dall'intersezione sopra una superficie piana o curva di due o più fasci di rette, per lo più parallele, aventi direzioni differenti. **4** (*zool.*) Seconda cavità a pareti alveolate dello stomaco dei ruminanti. CFR. Abomaso, omaso, rumine. **5** (*chim., miner.*) ***R. cristallino, spaziale***, configurazione geometrica tridimensionale assunta dagli atomi o dalle molecole in un cristallo ideale o perfetto.

reticoloendoteliàle [comp. di *reticolo* e di un deriv. di *endotelio*] agg. ● (*anat.*) Relativo al complesso delle cellule fagocitarie localizzate nelle pareti dei vasi linfatici e di quelli sanguigni di particolari organi e tessuti (midollo osseo, milza, fegato, linfonodi e polmoni).

retifórme [comp. di *rete* e *-forme*; 1681] agg. ● Che ha forma di rete.

rètina (**1**) o †**retina** [dim. di *rete*, per la disposizione a forma di rete dei vasi sanguigni; sec. XV] s. f. ● Membrana del fondo oculare sensibile alle stimolazioni luminose. ➡ ILL. p. 2127 ANATOMIA UMANA.

retìna (**2**) [1872] s. f. **1** Dim. di *rete*. **2** Sottile rete per tenere composti o schiacciati i capelli, usata spec. da uomini.

retinàle s. m. ● (*chim.*) Retinene.

retinàre [1959] v. tr. **1** Munire di rete o reticolato. **2** (*tecnol.*) Fornire un materiale di una struttura ad elementi incrociati a rete metallica: *r. il vetro, il cemento*. **3** Nella riproduzione delle immagini per la stampa, scomporre con un retino i chiaroscuri dell'originale in punti completamente neri di diametro proporzionale alla tonalità dell'originale in quel punto.

retinàto part. pass. di *retinare*; anche agg. ● Nei sign. del v.

retinatùra [1970] s. f. ● Operazione del retinare.

retinène [da *retina* (*1*) col suff. *-ene*] s. m. ● (*chim.*) Aldeide derivata dal retinolo; è il costituente non proteico della rodopsina. SIN. Retinale.

†**retinènza** [vc. dotta, lat. *retinĕntia(m)*, da *rĕtinens*, genit. *retinĕntis*, part. pres. di *retinēre* 'ritenere, trattenere'; av. 1320] s. f. **1** Forza di ritenere | Ritentiva. **2** Ritegno.

retìnico [1868] agg. (pl. m. *-ci*) ● (*anat.*) Della retina: *emorragia retinica*.

retinìte [comp. di *retina* e *-ite* (*1*); 1875] s. f. ● (*med.*) Infiammazione della retina.

retìno [1640] s. m. **1** Dim. di *rete*. **2** (*tipogr.*) Pellicola recante una trama formata da minuscoli punti, che viene interposta tra l'originale e l'emulsione nella riproduzione tipografica di originali a tinta continua per ottenere un impianto di stampa a punti bianchi e neri | (*est.*) Riproduzione di un'illustrazione ottenuta con tale sistema. **3** Piccola rete usata spec. per i pesci pescati o per catturare le farfalle.

retinòide [da *retin(olo)* col suff. *-oide*] s. m. ● (*chim.*) Ogni appartenente a un gruppo di composti di sintesi chimicamente affini alla vitamina A, usati in prodotti dermatologici per la loro azione dermoprotettiva.

retinòlo [da *retina* (*1*) con il suff. *-olo* (*1*)] s. m. ● Forma attiva della vitamina A; presente solo negli alimenti di origine animale, si usa nell'industria cosmetica.

retinopatìa [comp. di *retina* (*1*) e *-patia*] s. f. ● (*med.*) Qualsiasi patologia della retina di natura non infiammatoria: *r. ipertensiva*.

rètore [vc. dotta, lat. *rhētore(m)*, nom. *rhētor*, dal gr. *rḗtōr*, da *éirein* 'parlare', di orig. indeur.; av. 1294] s. m. **1** Chi nell'antica Grecia svolgeva la professione di oratore | Cultore e maestro di retorica. **2** (*spreg.*) Chi, scrivendo o parlando, si compiace di frasi artefatte e ampollose: *quell'oratore è un r.* || **retorùzzo**, pegg.

retòrica o (*raro*) **rettòrica** [vc. dotta, lat. *rhetŏrica(m)* (*ărtem*), nom. *rhetŏrica* (*ārs*), dal gr. *rētorikḗ* (*téchnē*) 'arte retorica', f. sost. di *rētorikós* 'retorico'; av. 1294] s. f. **1** Arte e tecnica del parlare e dello scrivere con efficacia persuasiva, secondo sistemi di regole espressive varie a seconda delle epoche e delle culture. **2** (*est., spreg.*) Modo di scrivere o di parlare pieno di effetti esteriori o di ampollosità, ma privo di autentico impegno intellettuale e di contenuto affettivo: *un resoconto giornalistico pieno di r.* SIN. Gonfiezza, prolissità, ridondanza. **3** (*est., spreg.*) Insistenza formale e superficiale in gesti, forme di vita, esaltazione di valori: *la r. dei buoni sentimenti*. **4** Denominazione di un corso di insegnamento secondario, corrispondente grosso modo all'attuale livello liceale inferiore, nell'antico ordinamento scolastico italiano. || **retoricùzza**, pegg.

†**retoricàre** [vc. dotta, lat. *rhetoricāre*, da *rhētor*, genit. *rhētoris* 'retore'; av. 1500] v. intr. ● (*spreg.*) Fare della retorica.

retoricàstro [da *retorico*; av. 1642] s. m. **1** (*spreg.*) †Retore da poco. **2** (*lett., spreg.*) Chi usa intonazioni retoriche nel parlare o nello scrivere.

retòrico o (*raro*) **rettòrico** [vc. dotta, lat. *rhetŏricu(m)*, nom. *rhetŏricus*, dal gr. *rētorikós*, da *rḗtor*, genit. *rḗtoros* 'retore'; la forma *rettorico* è dovuta all'accostamento a *rettore*; 1294] **A** agg. (pl. m. *-ci*) **1** Relativo all'arte della retorica, conforme alle regole della retorica: *studi retorici*; *artificio r.* | ***Figura retorica***, V. *figura* | (*gramm.*) ***Frase interrogativa, domanda, retorica***, V. *interrogativo*. **2** (*spreg.*) Vuoto e ampolloso: *esprimersi in modo r.*; *stile r.*; *ornamenti retorici*. SIN. Gonfio, prolisso, ridondante. || **retoricaménte**, avv. **B** s. m. ● (*raro*) Maestro di retorica.

retoricùme o (*raro*) **rettoricùme** [da *retorico*; av. 1850] s. m. ● (*spreg.*) Discorso o scritto pieno di concetti convenzionali | Artifici usati per abbellire un discorso o uno scritto.

retoromànzo [comp. del n. dei *Reti* e *romanzo* (*1*); 1934] **A** s. m. ● Gruppo di lingue e dialetti neolatini comprendenti il romancio del cantone dei Grigioni, il ladino dolomitico e il friulano. SIN. Ladino. **B** anche agg.: *lingue retoromanze*.

†**retòrta** [vc. dotta, lat. *retŏrta(m)* 'ritorta'] s. f. ● (*chim.*) Storta.

retour match /re'tur 'mɛtʃ/ [loc. ingl., comp. di *retour* 'ritorno' (dal fr. *retour*) e *match* (V.); 1905] s. m. inv. (pl. ingl. *retour matches*) ● (*sport*) Nel calcio e sim., la partita di ritorno giocata con la stessa squadra.

retràrre v. tr. (coniug. come *trarre*; usato spec. nel part. pass. *retràtto* e nei tempi comp.) ● (*raro*) Ritrarre | Tirare indietro, ritirare (spec. nel linguaggio scient. e tecn.).

†**retrattazióne** ● V. *ritrattazione*.

retràttile [dal lat. *retrāctus*, part. pass. di *retrāhere* 'ritrarre'; 1827] agg. ● Che si può retrarre o può essere retratto: *unghia r.*; *carrello r.* | ***Unghie retrattili***, quelle dei felini.

retrattilità [1905] s. f. ● Caratteristica, proprietà di ciò che è retrattile.

retràtto [vc. dotta, lat. tardo *retrāctu(m)*, dal part. pass. di *retrāhere* 'ritrarre'; 1751] s. m. ● (*dir.*) Rivendicazione, riscatto | ***R. successorio***, diritto di un coerede di riscattare la quota alienata da un altro coerede senza preavviso, versando il prezzo pagato dall'acquirente.

retrazióne [V. *ritrazione*; 1876] s. f. ● Il retrarre | Spostamento all'indietro, ritiro: *r. del carrello*; *r. degli artigli* | (*med.*) Restringimento, riduzione di lunghezza e/o di volume di un organo, un muscolo o un tessuto leso: *r. cicatriziale* | ***R. di un coagulo***, riduzione di un coagulo di fibrina per azione delle piastrine.

retribuire [vc. dotta, lat. *retribūere*, comp. di *re-* e *tribūere* 'tribuire'; sec. XIV] v. tr. (*io retribuisco, tu retribuisci*) ● Compensare per la prestazione d'opera: *r. largamente i dipendenti* | (*raro*) Pagare un lavoro: *r. una traduzione* | (*fig., lett.*) Ricompensare, premiare (*anche assol.*): *r. la virtù di qlcu.*; *Dio vi retribuisca*. SIN. Pagare, (*lett.*) rimeritare.

retribuito part. pass. di *retribuire*. ● Nel sign. del v.: *un collaboratore ben r.*; *una prestazione mal retribuita*.

retributivo [1965] agg. ● Che serve a retribuire: *complesso r.* | Della retribuzione: *onere r.* | ***Giungla retributiva***, V. *giungla*. || **retributivaménte**, avv.

retributóre [vc. dotta, lat. tardo *retributōre(m)*, da *retribūtus*, part. pass. di *retribūere* 'retribuire'; av. 1342] s. m.; anche agg. (f. *-trice*) ● (*raro*) Chi (o Che) retribuisce.

retribuzióne [vc. dotta, lat. tardo *retributiōne(m)*, da *retribūtus*, part. pass. di *retribūere* 'retribuire'; 1353] s. f. **1** Il retribuire: *la r. dei dipendenti* | Compenso spettante al prestatore d'opera per il lavoro effettuato: *r. in denaro*; *una meschina r.*; *chiedere una migliore r.* | ***R. differita***, quella percepita al termine del rapporto di lavoro. SIN. Ricompensa, paga, rimunerazione. **2** (*est., lett.*) Premio.

retrivo [da *retro*, sul modello di *tardivo*; av. 1566] **A** agg. **1** †Tardivo. **2** (*fig.*) Che è contrario e ostile al progresso, spec. per ignoranza: *avere un atteggiamento r. nella politica*. SIN. Reazionario, retrogrado. || **retrivaménte**, avv. **B** s. m. (f. *-a*, raro) ● Chi è contrario al progresso e vi si oppone: *dimostrarsi, essere un r.*

rètro [lat. *rĕtro*, comp. di *re-* e il suff. *-ter*, che indica opposizione fra due (*rĕtro* è opposto a *ĭntro* 'entro'); 1308] **A** avv. **1** (*poet.*) Dietro | Anche nelle loc. avv. ***a r.***, ***di r.***, di dietro. **2** (*raro*) Indietro, come nella loc. lat. ***vade r., Satana!*** **B** nelle loc. prep. ***r. a***, ***r. di*** ● Dietro a. **C** s. m. inv. ● La parte posteriore di qlco.: *il r. del foglio*; *il parcheggio è nel r. dell'edificio* | ***Vedi r.***, nei rimandi, vedi la facciata posteriore di un foglio, di una pagina e sim. | ***Fronte r.*** (o ***fronte-retro***), che concerne sia la facciata anteriore che quella posteriore di un foglio: *fotocopia fronte r.* | (*assol.*) ***Il r.***, il retrobottega.

rétro /fr. re'tro/ [vc. fr., accorc. di *rétrospectif* 'retrospettivo'; 1980] agg. inv. (pl. fr. inv.) ● Che si ispira al recente passato: *un arredamento r.*; *gusto r.* | Retrospettivo: *mostra r.*; *rassegna r.*

rètro- [dal lat. *rĕtro* 'dietro', 'indietro'] pref. ● In parole composte derivate dal latino o formate modernamente, indica posizione arretrata o posteriore o movimento all'indietro (con valore temporale e soprattutto spaziale): *retroattivo, retrobocca, retrobottega, retrocedere, retrodatare, retroguardia, retromarcia, retrospettivo*.

retroagire [1931] v. intr. (*io retroagisco, tu retroagisci*; aus. *avere*) ● (*dir.*) Produrre effetti da un momento anteriore al proprio sorgere.

retroattività [fr. *rétroactivité*, da *rétroactif* 'retroattivo'; 1877] s. f. ● Effetto retroattivo: *r. di una norma*.

retroattivo [fr. *rétroactif*, dal lat. *retroāctus*, part. pass. di *retroāgere* 'ritirare, spingere indietro', comp. di *rĕtro* (V. *retro-*) e *āggere* 'spingere', di orig. indeur.; 1797] agg. ● (*dir.*) Che produce effetti da un momento anteriore al suo sorgere: *legge retroattiva*. || **retroattivaménte**, avv.

retroazióne [fr. *rétroaction*, da *rétroactif* 'retroattivo'; 1804] s. f. **1** Retroattività. **2** (*elettron., elab.*) Operazione, insita in un sistema o introdotta in esso volutamente, con cui la variabile d'uscita di tale sistema influenza quella d'ingresso | In un amplificatore, operazione con cui una frazione della tensione d'uscita è riportata all'ingresso dell'amplificatore stesso in modo che si sommi alla tensione d'ingresso | ***R. negativa***, quella tendente a stabilizzare il sistema | ***R. positiva***, quella tendente a creare instabilità nel sistema. SIN. Feedback. **3** In sistemi biologici, psicologici, pedagogici e sociali, trasferimento parziale degli effetti di un dato processo a uno stadio precedente, allo scopo di rinforzarlo o modificarlo. **4** (*psicol.*) Percezione diretta dell'effetto del proprio comportamento su altri individui.

retrobócca [comp. di *retro-* e *bocca*; calco sul fr. *arriér-bouche*; 1940] s. m. o (*raro*) f. inv. ● Parte posteriore della cavità boccale.

retrobottéga [comp. di *retro-* e *bottega*; 1881] s. m. o f. (pl. m. *retrobottéga*, pl. f. *retrobottéghe*) ● Piccola stanza dietro una bottega usata in genere come deposito o ripostiglio.

retrocàmera [comp. di *retro-* e *camera*; av. 1536] s. f. ● Stanzetta di disimpegno dietro una camera più grande.

retrocàrica [comp. di *retro-* e *carica*; 1872] s. f. ● Spec. nella loc. avv. ***a r.***, detto di arma che si carica dalla culatta.

retrocedènte part. pres. di *retrocedere*; anche agg. ● Che retrocede | (*lett.*) Che si ritira: *Ettore, veduto il suo nemico / r.* (MONTI).

retrocèdere [vc. dotta, lat. *retrocēdere*, comp. di *rĕtro* e *cēdere* 'ritirarsi'. V. *cedere*; 1499] **A** v. intr. (pass. rem. *io retrocèssi* o *retrocedéi* o *retrocedètti, tu retrocedésti*; part. pass. *retrocèsso* o *retrocedùto*; aus. *essere*, raro *avere*) ● Farsi indietro (*anche fig.*): *r. lentamente per non cadere*; *r. da una decisione* | Indietreggiare, arretrare: *r. davanti al nemico*. **B** v. tr. ● Fare tornare a un grado, una posizione inferiore: *r. un militare*; *la squadra è stata retrocessa in serie B*.

retrocediménto [av. 1694] s. m. ● (*lett.*) Il retrocedere.

retrocedùto part. pass. di *retrocedere*; anche agg. ● Nei sign. del v.

retrocessióne [vc. dotta, lat. tardo *retrocessiōne(m)*, da *retrocēdere*; av. 1598] s. f. **1** Indietreggiamento. **2** Massima punizione disciplinare inflitta a militare o a impiegato resosi immeritevole di conservare il grado. **3** (*sport*) Passaggio di una squadra da una serie superiore a quella immediatamente inferiore. **4** (*dir.*) Trasferimento di un diritto o di un bene al precedente titolare. **5** (*econ.*) Cessione a un intermediario di parte delle commissioni incassate in relazione a operazioni da lui procurate o facilitate.

retrocèsso part. pass. di *retrocedere*; anche agg. ● Nei sign. del v.

retrocognizióne [comp. di *retro-* e *cognizione*] s. f. ● (*psicol.*) In parapsicologia, percezione extrasensoriale di eventi concernenti il passato.

retrocopertina [comp. di *retro-* e *copertina*] s. f. ● Quarta facciata della copertina di un libro.

retrocucina [comp. di *retro-* e *cucina*; 1870] s. m. inv. o s. f. ● Stanzino posto dietro la cucina.

retrodatàre [comp. di *retro-* e *datare*; 1905] v. tr. **1** (*bur.*) Indicare su un documento una data anteriore a quella corrente: *r. un certificato*. **2** Assegnare a un testo letterario, a un prodotto artistico, a una parola o a un fenomeno linguistico e sim. una data anteriore a quella correntemente ritenuta vera.

retrodatazióne [comp. di *retro-* e *datazione*; 1932] s. f. ● Il retrodatare.

rètrofit [vc. ingl., comp. di *retro-* 'retro-' e *fit* 'adattamento'; 1991] s. m. inv. ● Dispositivo che si applica alla marmitta degli autoveicoli, allo scopo di rendere meno inquinanti i gas di scarico.

retroflessióne [comp. di *retro-* e *flessione*; 1959] s. f. **1** Ripiegamento indietro. **2** (*ling.*) Posizione assunta dalla lingua per articolare un suono retroflesso. **3** (*med.*) Posizione anomala dell'utero, quando il corpo rispetto al collo è rivolto all'indietro anziché in avanti. CFR. Retroversione.

retroflèsso [1959] agg. **1** Ripiegato indietro. **2** (*ling.*) Detto di suono nella cui articolazione la parte anteriore della lingua è volta in alto e indietro. **3** (*med.*) Detto di utero caratterizzato da retroflessione.

retroformazióne [comp. di *retro-* e *formazione*] s. f. ● (*ling.*) Processo mediante il quale una parola deriva da un'altra che sembrerebbe un suo derivato | La parola stessa così formata: *bonifica è una r. di bonificare*.

retrofrontespizio [comp. di *retro-* e *frontespizio*; 1959] s. m. ● Il verso della pagina su cui è stampato il frontespizio.

retrogradàre [vc. dotta, lat. *retrogradāri*, da *grădus* 'passo' (V. *grado*), col pref. *retro-*; sec. XIII] v. intr. (*io retrògrado*; aus. *avere*; raro nei tempi composti) **1** (*raro, lett.*) Retrocedere. **2** (*astron.*) Essere animato di moto retrogrado.

retrogradazióne [vc. dotta, lat. tardo *retrogradatiōne(m)*, da *retrogradāri* 'retrogradare'; av. 1348] s. f. **1** (*raro, lett.*) Ritirata | Arretramento. **2** (*astron.*) Moto retrogrado | ***R. dei nodi***, spostamento, nel senso delle longitudini decrescenti, dei due punti d'intersezione tra l'equatore celeste e l'eclittica.

retrògrado [vc. dotta, lat. *retrŏgradu(m)*, comp. di *rĕtro* (V. *retro-*) e *grădi* 'camminare' (V. *grado*); sec. XIV] **A** agg. **1** (*biol.*) Caratterizzato da movimento all'indietro | (*psicol.*) Relativo a eventi anteriori a un evento di riferimento | ***Amnesia retrograda***, perdita della memoria di eventi anteriori al trauma causale o all'inizio del disturbo | ***Memoria retrograda***, capacità di ricordare eventi del passato remoto, con perdita della memoria di quelli del passato recente, o di ricordare eventi anteriori a un avvenimento quale un trauma cranico. CONTR. Anterogrado. **2** (*astron.*) ***Moto r. degli astri***, opposto al moto solare. **3** †Inverso. **B** agg. e s. m. (f. *-a*) ● Che (o Chi) sostiene idee retrive e arretrate ed è contrario al progresso. SIN. Conservatore.

retrogressióne [dal lat. tardo *retrogrĕssus*, da *retrogrădi* 'ritornare indietro', comp. di *rĕtro* (V. *retro-*) e *grădi* 'camminare' (V. *grado*); 1913] s. f. ● (*lett., raro*) Retrocessione, regressione.

retroguàrdia [comp. di *retro-* e *guardia*; av. 1348] s. f. **1** Reparto che una unità in movimento distacca alle spalle per proteggersi dalle offese del nemico | ***Essere, stare alla r.***, (*fig.*) essere su posizioni arretrate; non seguire gli altri nelle loro iniziative e decisioni. **2** Nel calcio, complesso dei giocatori della difesa.

†**retroguàrdo** [variante di *retroguardia*; 1481] s. m. ● Retroguardia: *in prima ei pose / ... / i cavalieri, e al r. i fanti* (MONTI).

†**retroguida** [comp. di *retro-* e *guida*; 1552] s. f. ● Ufficiale o sottufficiale posto in coda ad un reparto. SIN. Serrafila.

retrogùsto [comp. di *retro-* e *gusto*: calco sul fr. *arrière-goût*; 1959] s. m. ● Residuo caratteristico di sapore che si percepisce in un cibo o in una bevanda dopo averlo degustato: *vino con r. amaro, acidulo*.

retroilluminàto [comp. di *retro-* e *illuminato*; 1992] agg. ● Illuminato da dietro, spec. di dispositivi di visualizzazione.

retromàrcia [comp. di *retro-* e *marcia*; 1955] s. f. (pl. *-ce*) **1** Negli autoveicoli, la marcia indietro e meccanismo che la comanda | ***Fare r.***, (*fig.*) ritirarsi da una impresa, sottrarsi a un impegno assunto o cambiare idea o comportamento. **2** (*cine.*) In una cinepresa, dispositivo che permette di effettuare la sovrimpressione di più immagini | In un proiettore cinematografico, dispositivo che determina lo scorrimento in senso inverso della pellicola.

retromutazióne [comp. di *retro-* e *mutazione*; 1990] s. f. ● (*biol.*) Mutazione a carico di un gene, precedentemente mutato, che ne ripristina il funzionamento.

retronèbbia [comp. di *retro-* e *nebbia*; 1979] s. m. inv. ● (*autom.*) Proiettore posteriore a luce rossa più intensa di quella delle luci di posizione, da utilizzare in caso di nebbia per rendere l'autoveicolo più visibile ai veicoli che seguono.

retropàlco [comp. di *retro-* e *palco*; 1937] **s. m.** (pl. *-chi*) ● Parte finale del palcoscenico posto dietro il panorama, contenente il materiale scenografico preparato per lo spettacolo.

retropassàggio [comp. di *retro-* e *passaggio*; 1985] **s. m.** ● (*sport*) In alcuni giochi di squadra, spec. nel calcio, passaggio del pallone a un giocatore che si trova in posizione più arretrata.

retroproieziòne [comp. di *retro-* e *proiezione*] **s. f.** ● Particolare sistema di proiezione di diapositive per cui, grazie a uno schermo speciale, i proiettori sono disposti dietro lo schermo, e non davanti come di solito.

retropulsiòne [comp. di *retro-* e *pulsione*; 1959] **s. f.** ● (*med.*) Disturbo della deambulazione per cui il paziente tende a camminare all'indietro.

retroràzzo (o **-zz-**) [comp. di *retro-* e *razzo*; 1965] **s. m.** ● Motore a razzo per frenare un veicolo spaziale.

retròrso [vc. dotta, lat. *retrōrsu(m)* 'indietro', da *retrovĕrsum* 'all'indietro', comp. di *rĕtro* (V. *retro-*) e *vĕrsus*, part. pass. di *vĕrtere* 'volgere'. V. *versione*; 1321] **A agg.** ● (*bot.*) Detto di pelo o aculeo rivolto verso la base dell'organo che lo porta. **B avv.** ● †All'indietro: *Iordan volto r.* (DANTE *Par.* XXII, 94).

retrosapóre [comp. di *retro-* e *sapore*: calco sul fr. *arrière-goût*; 1959] **s. m.** ● Retrogusto.

retroscèna [comp. di *retro-* e *scena*; 1890] **A s. f.** ● Parte del palcoscenico dietro la scena non esposta allo sguardo del pubblico, nascosta. **B s. m. inv.** *1* Ciò che avviene dietro la scena. *2* (*fig.*) Tutto ciò (spec. maneggi, intrighi ecc.) che si nasconde dietro un fatto: *conoscere tutti i r. di una faccenda*.

retroscrìtto [comp. di *retro-* e *scritto*; 1600] **agg.** ● Che è scritto nella parte posteriore: *un biglietto r.*

†**retròso** ● V. *ritroso*.

retrospettìva [sost. f. di *retrospettivo*, sul modello del fr. *rétrospective*; 1970] **s. f.** ● Mostra, esposizione avente lo scopo di illustrare e chiarire l'evoluzione di un artista, di un movimento artistico, di un'epoca: *una r. di Picasso*; *si è aperta una r. del cinema tedesco del secondo dopoguerra*.

retrospettìvo [fr. *rétrospectif*, comp. di *retro-* 'retro-' e di un deriv. del v. lat. *spectāre* 'guardare', intens. di *spĕcere* 'guardare'. V. *spettacolo*; 1872] **agg.** ● Rivolto al passato: *sguardo r.*; *dare un'occhiata retrospettiva a una serie di avvenimenti*; *mostra retrospettiva*. || **retrospettivaménte**, **avv.** In modo, in senso retrospettivo: *considerare retrospettivamente un periodo storico*.

retrospeziòne [dal lat. *retrospĕctu(m)*, propr. part. pass. del v. *retrospĭcere* 'guardare (*spĕcere*) dietro (*rĕtro*)'; 1988] **s. f.** ● (*psicol.*) Analisi delle esperienze passate che sta alla base dell'introspezione.

retrostànte [comp. di *retro-* e *stante*, part. pres. di *stare*; 1909] **agg.** ● Che sta, è situato dietro: *il terreno r. al casale*; *la camera r. l'ingresso*.

retrostànza [comp. di *retro-* e *stanza*] **s. f.** ● Retrocamera.

retrotèrra [comp. di *retro-* e *terra*; calco sul ted. *Hinterland*; 1915] **s. m. inv.** *1* Territorio immediatamente interno a una città marittima: *la Liguria ha un r. molto stretto* | (*est.*) Zona che fa capo spec. economicamente a un porto: *il r. di Genova è vastissimo*. *2* (*fig.*) Complesso di interessi economici, politici, ecc. che gravitano attorno a un'attività o a una serie di attività | (*fig.*) Complesso di idee, situazioni o avvenimenti che fanno da sfondo alla maturazione di eventi o costituiscono la base della formazione di un individuo o di gruppi sociali: *il r. culturale dell'ultima generazione*. SIN. Background.

†**retrotràrre** [comp. di *retro-* e *trarre*; av. 1685] **v. tr.** ● Rendere retroattivo | Riportare indietro.

retrotrèno [comp. di *retro-* e *treno*; 1959] **s. m.** *1* (*autom.*) Gruppo posteriore dell'autoveicolo comprendente le ruote, le sospensioni, i freni ed, eventualmente, gli organi di trasmissione. *2* (*zool.*) Parte posteriore di un quadrupede, spec. di un cane o di un cavallo. SIN. Treno posteriore.

retrovéndere [comp. di *retro-* e *vendere*; 1673] **v. tr.** (coniug. come *vendere*) ● Fare oggetto di retrovendita: *r. un immobile*.

retrovéndita [comp. di *retro-* e *vendita*; av. 1571] **s. f.** ● Vendita di un bene alla persona da cui lo si era acquistato in precedenza.

retroversiòne [dal lat. *retrovĕrsus* 'rivolto all'indietro', comp. di *rĕtro* (V. *retro-*) e *vĕrsus* 'rovesciato'. V. *verso* (*1*); 1835] **s. f.** *1* (*raro*) Inversione di marcia. *2* (*med.*) Condizione di un utero completamente inclinato all'indietro senza angolazione fra il corpo e il collo. CFR. Retroflessione. *3* Versione nella lingua originale di un passo che da essa era stato tradotto in altre lingue.

retrovèrso [1991] **agg.** ● (*med.*) Detto di utero caratterizzato da retroversione.

retrovìa [comp. di *retro-* e *via*; 1891] **s. f.** ● (*spec. al pl.*) Zona retrostante all'area della battaglia di cui costituisce base per l'alimentazione tattica e logistica.

retrovìrus [comp. di *retro-* e *virus*; 1982] **s. m. inv.** ● (*biol., med.*) Tipo di virus con RNA a singola elica che, mediante transcriptasi inversa, trasferisce l'informazione genetica dal suo RNA al DNA della cellula infetta; è causa di leucemia, della trasmissione dell'AIDS e di altre gravi infezioni.

retrovisìvo [comp. di *retro-* e *visivo*; 1942] **agg.** ● Che serve a vedere indietro: *specchietto r.*

retrovisóre [comp. di *retro-* e *visore*; 1956] **A s. m.** ● Specchietto retrovisivo. **B** anche **agg. m.**: *specchietto r.*

retrusiòne [da *retro-*] **s. f.** ● (*med.*) Difetto di posizione di un organo o struttura che risulta arretrata rispetto a quella normale | ***R. della mandibola***, posizione arretrata della mandibola che comporta una chiusura anomala della bocca.

rètta (*1*) [lat. *arrēcta(m āurem)* 'orecchia tesa', part. pass. di *arrĭgere* 'drizzare', comp. di *ăd* e *rĕgere* 'dirigere, drizzare'. V. *reggere*; av. 1775] **s. f.** ● Solo nella loc. ***dar r.***, porgere ascolto e attenzione, badare; dare credito, fiducia: *non dar r. a quelle sciocchezze!*; seguire, ascoltare i consigli: *dai r. a ciò che ti dice tuo padre* | ***A dar r. a lui*** ..., a seguire i suoi consigli ...

rètta (*2*) [da (*somma*) *retta* 'somma giusta', f. sost. di *retto*; 1863] **s. f.** ● Pensione che paga chi è ospite in un convitto: *essere a mezza r.*; *pagare la r. del collegio*.

♦**rètta** (*3*) [lat. *rēcta(m līneam)*, part. pass. f. sost. di *rĕgere* 'dirigere'. V. *reggere*; av. 1642] **s. f.** ● Ente primitivo della geometria, definito attraverso una serie di assiomi, che si può visualizzare in maniera intuitiva come una corda infinita senza spessore, perfettamente tesa | In un piano (o in uno spazio, a *n* dimensioni) numerico, il luogo dei punti le cui coordinate soddisfano una data equazione lineare (o un sistema lineare di *n* - 1 equazioni) | ***R. impropria***, insieme dei punti impropri d'un piano | ***R. orientata***, tale che l'insieme dei suoi punti sia totalmente ordinato | ***R. numerica***, spazio numerico di dimensione uno.

rettàle [da *retto* (*1*) nel sign. B 3; 1935] **agg.** ● (*anat.*) Del retto.

♦**rettangolàre** [1872] **agg.** ● Che ha la forma di un rettangolo.

♦**rettàngolo** [da *retto* (*1*), sul modello di *triangolo*; av. 1472] **A agg.** ● (*mat.*) Detto di termine che contiene il prodotto di due variabili. **B s. m.** *1* Quadrilatero con tutti gli angoli retti. ➡ ILL. **geometria**. *2* (*sport*) Campo di calcio: *r. di gioco*. || **rettangolino**, **dim.**

rettangolòide [comp. di *rettangol(o)* e *-oide*; 1959] **s. m.** ● (*mat.*) Figura piana simile a un rettangolo, costituita da segmenti e archi di curva che formano tra loro angoli quasi retti.

†**rettàre** [vc. dotta, lat. *reptāre*, intens. di *rēpere* 'strisciare', di orig. indeur.; sec. XIV] **v. intr.** ● Strisciare per terra.

†**rettézza** [da *retto* (*1*)] **s. f.** ● Rettitudine.

rettìfica [1855] **s. f.** *1* Il rettificare | Modificazione che ha lo scopo di correggere: *procedere alla r. dei confini*; *r. di un errore* | (*giorn.*) Correzione di un'affermazione inesatta pubblicata su un giornale e sim. a richiesta della persona cui si riferiva tale affermazione. *2* (*mecc.*) Operazione di finitura eseguita dalla mola sulla superficie di un pezzo.

rettificàbile [1959] **agg.** *1* Che si può rettificare. *2* (*mat.*) Detto di curva della quale si può calcolare la lunghezza.

rettificaménto [da *rettificare*; 1692] **s. m.** ● (*raro*) Rettifica.

rettificàre [comp. di *retto* e *-ficare*; sec. XIV] **v. tr.** (*io rettìfico, tu rettìfichi*) *1* Rendere rettilineo, raddrizzare: *r. una strada, il corso di un fiume* | ***R. l'andamento di un fronte***, modificarlo, accorciandolo, per renderlo tatticamente più vantaggioso ed economizzare forze | ***R. il tiro***, portarlo alla massima esattezza possibile | (*mat.*) ***R. un arco di curva***, costruire un segmento di lunghezza pari a quella di un arco dato. *2* (*fig.*) Modificare correggendo: *r. un errore, un'inesattezza*. *3* (*mecc.*) Operare una finitura di precisione su una superficie metallica mediante rettificatrice. *4* (*chim.*) Sottoporre a rettificazione. *5* †Migliorare, purificare.

rettificàto [sec. XIV] **A part. pass.** di *rettificare*; anche **agg.** ● Nei sign. del v.: *testo r.*; *alcol r.* **B s. m.** ● (*chim.*) Sostanza ottenuta per rettificazione.

rettificatóre [1970] **A agg.**; anche **s. m.** (**f.** *-trice*) ● Che (o Chi) rettifica. **B s. m.** *1* (*chim.*) Apparecchio in cui si effettua la rettificazione. *2* Operaio metalmeccanico addetto a una rettificatrice.

rettificatrìce [f. di *rettificatore*; 1959] **s. f.** ● Macchina utensile che esegue la finitura della superficie di un pezzo facendovi strisciare sopra una mola rotante ad alta velocità | ***R. piana***, quella che esegue la finitura di superfici piane.

rettificaziòne [av. 1320] **s. f.** *1* Il rettificare | (*fig.*) Correzione, rettifica. *2* (*chim.*) Particolare distillazione che avviene in controcorrente tra vapore e liquido di condensa e che permette una migliore separazione dei componenti la miscela da distillare.

rettifìlo [comp. di *retto* e *filo*; 1812] **s. m.** ● Strada o tratto di strada, ferrovia e sim. in linea retta. SIN. Rettilineo.

rettilàrio [da *rettile*, sul modello di *acquario* (*1*)] **s. m.** ● Parte di uno zoo opportunamente attrezzata per l'esposizione di rettili | (*est.*) Raccolta, mostra di rettili.

♦**rèttile** (*1*) [vc. dotta, lat. tardo *rēptile(m)*, da *rēptum*, supino di *rēpere* 'strisciare', di orig. indeur.; av. 1320] **s. m.** *1* Ogni animale appartenente alla classe dei Rettili. *2* (*fig., spreg.*) Persona vile e malvagia: *tienti lontano da quel r.*

rèttile (*2*) [V. *rettile* (*1*); 1965] **agg.** ● (*bot.*) Di organo strisciante sul terreno.

Rèttili **s. m. pl.** ● Nella tassonomia animale, classe di Vertebrati eterotermi con corpo rivestito di squame cornee e talvolta forniti di dermascheletro osseo, a respirazione polmonare e riproduzione ovipara, ovovivipara o vivipara (*Reptilia*). ➡ ILL. **animali 5**; **zoologia generale**.

rettiliàno [da *rettile* (*1*)] **agg.** ● Relativo a rettile, proprio dei rettili: *caratteri rettiliani negli uccelli*.

rettilìneo [vc. dotta, lat. *rectilīneu(m)*, comp. di *rēctus* 'retto (1)' e *līnea*; 1598] **A agg.** *1* Che segue la linea retta: *direzione rettilinea*. *2* (*fig.*) Coerente, lineare: *una condotta morale rettilinea*. **B s. m.** ● Rettifilo | ***R. d'arrivo***, dirittura in cui è posto il traguardo di una gara di corsa.

rettitùdine [vc. dotta, lat. tardo *rectitūdine(m)*, da *rēctus* 'retto (1)'; 1308] **s. f.** *1* (*raro*) Condizione di ciò che è diritto: *la r. della sua ossatura* (D'ANNUNZIO). *2* (*fig.*) Dirittura morale, onestà, integrità: *r. di vita*; *ammira la r. delle sue intenzioni, dei suoi propositi*. SIN. Probità.

♦**rètto** (*1*) [vc. dotta, lat. *rēctu(m)*, part. pass. di *rĕgere* 'dirigere'. V. *reggere*; 1308] **A agg.** *1* Diritto: *linea, strada retta* | ***Angolo r.***, un angolo che sia metà d'un angolo piatto. ➡ ILL. **geometria** | ***Caso r.***, il nominativo e l'accusativo; CFR. Obliquo. *2* Detto di chi (o di ciò che) è leale, onesto, buono: *una retta intenzione, coscienza*; *è una persona retta e sincera*; *riportare qlcu. sulla retta via*. *3* Corretto, giusto, esatto: *retta pronuncia delle nasali*; *fare un uso r. di un vocabolo*. *4* (*anat.*) ***Intestino r.***, ultimo tratto dell'intestino crasso, dal sigma all'ano. || **rettaménte**, **avv.** *1* In modo retto, onesto: *pensare, agire rettamente*. *2* In modo giusto, esatto: *interpretare rettamente un testo*; *pronunciare rettamente una consonante*. **B s. m.** *1* (*solo sing.*) (*lett.*) Ciò che è giusto e onesto: *nel suo animo vi è solo il r. e il vero*. *2* Parte anteriore di un foglio, pagina | Lato di una moneta su cui si trova la figura. *3* (*anat., ellitt.*) Intestino retto | Muscolo dell'addome e del femore. ➡ ILL. p. 2122, 2124, 2125 ANATOMIA UMANA.

rètto (*2*) **part. pass.** di *reggere*; anche **agg.** ● Nei sign. del v. | Ordinato, regolato: *un Paese r. a sistema costituzionale*.

rettocèle [comp. di *retto* (*1*) nel sign. B 3 e *-cele*;

1940] s. m. ● (*med.*) Spostamento verso il basso della parete anteriore del retto che trascina con sé la parete posteriore della vagina, nella donna. SIN. Proctocele.

rettoràle [1950] agg. ● Del rettore, che è proprio del rettore.

rettoràto [av. 1565] s. m. ● Dignità, ufficio di rettore | Edificio in cui risiede il rettore | Durata della carica di rettore.

rettóre [vc. dotta, lat. *rectōre(m)*, da *rēctus*, part. pass. di *rĕgere* 'reggere'; sec. XIII] **A** s. m. (f. *-trice*) **1** Chi regge o è a capo di convitti, comunità e sim.: *il r. di un collegio*; *Magnifico rettore dell'università di Bologna*. **2** (*lett.*) Chi regge, governa | ***R. del cielo***, Dio | ***R. della nave***, pilota. **3** In diritto canonico, l'ecclesiastico che regge un collegio, una chiesa non parrocchiale con titolo di rettoria, un seminario o un'università. **4** †Titolo attribuito a magistrati, funzionari e sim. **B** agg. **1** (*lett.*) Che regge, che governa, che regola: *prudenza rettrice e regolatrice* (PASCOLI). **2** Che regge spec. un collegio, una chiesa non parrocchiale e sim.: *padre r.* **3** (*zool.*) ***Penne rettrici***, penne timoniere.

rettoréssa [f. di *rettore*; 1872] s. f. ● (*region.*, *raro*) Moglie del rettore (*anche scherz.*).

rettorìa [da *rettore*; 1280] s. f. **1** Chiesa non parrocchiale affidata a un ecclesiastico. **2** †Ufficio, carica di rettore.

rettòrico e *deriv.* ● V. *retorico* e *deriv.*

rettoscopìa [comp. di *retto* (*1*) nel sign. B 3 e *-scopia*; 1957] s. f. ● (*med.*) Esame endoscopico del retto.

rettoscòpio [comp. di *retto* (*1*) e *-scopio*; 1959] s. m. ● (*med.*) Endoscopio che consente l'esame ottico e bioptico della mucosa rettale.

reùccio [da *re* col suff. dim. vezz. *-uccio*] s. m. **1** Dim. di *re*. **2** Nelle favole, re bambino o principe ereditario.

reuchliniàno /roikli'njano, rɔix-/ [dal n. di J. *Reuchlin* (1455-1522) che ne fu sostenitore; 1883] agg. ● Detto della pronuncia del greco antico conforme a quella bizantina e moderna. CFR. Itacismo. CONTR. Erasmiano.

rèuma [vc. dotta, lat. tardo *rhĕuma*, dal gr. *rêuma* 'corrente, flusso', poi 'reuma', da *rêin* 'scorrere', di orig. indeur.; 1832] s. m. (pl. *-i*) ● Reumatismo.

reumatèst [comp. di *reuma* e *test*; 1983] s. m. inv. ● (*med.*) Esame del sangue per la diagnosi dell'artrite reumatoide.

reumàtico [vc. dotta, gr. *reumatikós*, da *rêuma* 'reuma'; 1546] **A** agg. (pl. m. *-ci*) ● Di reumatismo: *dolori reumatici*. **B** s. m. (f. *-a*) ● (*raro*) Chi è affetto da reumatismi.

reumatìsmo [vc. dotta, lat. *rheumatĭsmu(m)*, nom. *rheumatĭsmus* 'catarro', dal gr. *reumatismós*, da *reumatízein* 'soffrire di reuma', da *rêuma* 'reuma'; av. 1698] s. m. ● (*med.*) Termine generico con cui si designa un gruppo di affezioni caratterizzate da segni di infiammazione e sintomatologia dolorosa a carico dei muscoli e delle articolazioni: *r. articolare acuto, cronico*; *r. cardiaco*.

reumatizzàre [vc. dotta, lat. tardo *rheumatizāre*, dal gr. *reumatízein*. V. *reumatismo*; 1868] **A** v. tr. ● Procurare un reumatismo. **B** v. intr. pron. ● Prendersi un reumatismo.

reumatòide [dal gr. *rêuma*, genit. *réumatos* (V. *reuma*), col suff. *-oide*; 1957] agg. ● (*med.*) Nella loc. ***artrite r.***, malattia cronica delle articolazioni caratterizzata da infiammazione delle membrane sinoviali e delle strutture articolari e da osteoporosi e atrofia ossea.

reumatologìa [dal gr. *rêuma*, genit. *réumatos* (V. *reuma*), col suff. *-logia*; 1959] s. f. ● Scienza che studia e cura i fenomeni reumatici.

reumatològico agg. (pl. m. *-ci*) ● Che si riferisce alla reumatologia.

reumatòlogo [1983] s. m. (f. *-a*; pl. m. *-gi*) ● Studioso di reumatologia | Medico specializzato in reumatologia.

revanche /fr. ʀə'vɑ̃:ʃ/ [vc. fr., dall'ant. v. *revancher*, da *vencher*, variante di *venger* 'vendicare'] s. f. inv. ● Rivincita, spec. in ambito politico e militare, di uno Stato su di un altro | ***Spirito di r.***, forte desiderio di rivalsa nei confronti della Germania, diffusosi in Francia dopo la sconfitta nella guerra franco-prussiana del 1870-71.

revanscìsmo [fr. *revanchisme*, da *revanche* 'contraccambio, riscossa, rivincita', da *revancher*, var. di *revencher*, comp. di *re-* 're-' e *vencher*, var. di *venger* 'vendicare' (stessa etim. dell'it. *vendicare*); 1950] s. m. ● Atteggiamento politico nazionalista fondato sulla volontà di rivincita nei confronti di altri Stati, dopo una sconfitta bellica.

revanscìsta [1911] **A** s. m. e f. (pl. m. *-i*) ● Sostenitore del revanscismo. **B** agg. ● Revanscistico.

revanscìstico [1963] agg. (pl. m. *-ci*) ● Che concerne il revanscismo e i revanscisti.

†**revelàre** e *deriv.* ● V. *rivelare* e *deriv.*

revellìno ● V. *rivellino*.

revenant /fr. ʀəvə'nɑ̃/ [vc. fr., dal part. pres. del v. *revenir* 'ritornare'; 1862] s. m. e f. inv. ● Chi ricompare dopo una lunga assenza | Sopravvissuto, superstite.

†**reverberàre** e *deriv.* ● V. *riverberare* e *deriv.*

reverendìssimo [av. 1348] agg. **1** Sup. di *reverendo*. **2** Titolo onorifico riservato ai prelati: *r. monsignore*.

♦**reverèndo** [vc. dotta, lat. *reverĕndu(m)* 'degno di venerazione', gerundivo di *reverēri* 'rispettare'. V. *riverire*; 1321] **A** agg. **1** (*lett.*) †Degno di essere riverito. **2** Titolo onorifico dei membri del clero cattolico e di ecclesiastici di alcune Chiese riformate. || **reverendìssimo**, superl. (V.). **B** s. m. (f. *-a*) ● (*fam.*) Ecclesiastico, sacerdote.

reverènte ● V. *riverente*.

reverènza ● V. *riverenza*.

†**reverènzia** ● V. *riverenza*.

reverenziàle o (*raro*) **riverenziàle** [dal lat. *reverĕntia* 'riverenza'; av. 1342] agg. ● Fatto con riverenza, che esprime riverenza: *fare un saluto r.*; *un inchino r.* | Causato, provocato da riverenza, da rispetto: *timore r.* || **reverenzialménte**, avv.

rêverie /reve'ri*, fr. ʀɛv'ʀi/ [vc. fr., da *rêve* 'sogno', deriv. di *rêver* 'sognare', comp. di *re-* e un v. non attest. **esver* 'vagabondare', che risale al lat. parl. **ĕxvagus* 'vagabondo' (da *văgus* 'vago'); av. 1808] s. f. inv. ● Sogno, abbandono fantastico | Nel linguaggio della critica, opera dalla quale traspaiono sogni, fantasie, fantasticherie: *una r. musicale, poetica*.

†**reverìre** ● V. *riverire*.

revers /fr. ʀə'vɛːʀ/ [vc. fr., dal lat. *revĕrsu(m)*. V. *reversale*; 1905] s. m. inv. (pl. fr. inv.) ● Risvolto di giacca, soprabito e sim.

reversàle [dal lat. *revĕrsus*, part. pass. di *revĕrti* 'ritornare'. V. *riverso*; 1923] s. f. **1** (*dir.*) Documento probatorio e di legittimazione nel contratto di trasporto terrestre per ferrovia. **2** (*banca*) Autorizzazione scritta che legittima un tesoriere o un cassiere a incassare una somma di denaro.

reversìbile o (*raro*) **riversìbile** [dal lat. *revĕrsus*. V. *reversale*; 1858] agg. **1** Che può essere invertito, rovesciato: *il rapporto causa-effetto è r.* | ***Ragionamento r.***, quello in cui la conclusione può diventare premessa. **2** (*mat.*) Che si può rovesciare, che si può seguire o eseguire in senso inverso. **3** (*fis.*) Detto di processo, ciclo, trasformazione spec. termodinamica che possono avvenire o essere realizzati nei due versi opposti | ***Macchina elettrica r.***, che da motore può trasformarsi in dinamo e viceversa | ***Meccanismo r.***, in cui la trasmissione del moto può aver luogo così dall'organo motore all'organo comandato, come da questo a quello. **4** (*dir.*) Di bene oggetto di una donazione che può tornare in proprietà del donante in caso di premorienza allo stesso del donatario | Di quota di pensione che alla morte del beneficiario deve essere corrisposta a determinati congiunti dello stesso. || **reversibilménte**, avv.

reversibilità o **riversibilità** [1766] s. f. ● Caratteristica di ciò che è reversibile | ***Pensione di r.***, pensione reversibile.

reversìna [da *riverso* 'rovesciato'; 1959] s. f. ● Parte alta del lenzuolo, che si ripiega sulle coperte. SIN. Rovescina.

reversìno [fr. *reversi*, sovrapposizione di *revers* 'rovescio' all'it. *rovescino* (da *rovescio*), perché guadagna chi fa meno punti; 1905] s. m. ● (*region.*) Gioco di carte in cui vince chi segna meno punti: *fare un r. di, a scopa*. SIN. Rovescino.

reversióne o **riversióne** [vc. dotta, lat. *reversiōne(m)*, da *revĕrsus*. V. *riverso*; 1831] s. f. **1** (*dir.*) Devoluzione dei beni di una persona giuridica ad altro soggetto indicato nell'atto di fondazione. **2** (*biol.*) Comparsa di caratteri somatici o psichici riconducibili a caratteri di progenitori lontani.

†**revertìgine** [da *revĕrti* 'ritornare' (V. *riverso*); av. 1519] s. f. ● Vortice.

†**revertiginóso** [da *revertigine*] agg. ● Vorticoso, vertiginoso.

revìndica ● V. *rivendica*.

revìndice s. f. ● (*dir.*) Rivendicazione.

revirement /fr. ʀəviʀ'mɑ̃/ [vc. fr., da *revirer* 'virare in senso contrario', comp. di *re-* 're-' e *virer* 'virare'; 1862] s. m. inv. ● Improvviso cambiamento di opinioni, idee, convinzioni ideologiche.

revisionàre [da *revisione*; 1928] v. tr. (*io revisióno*) ● Rivedere attentamente sottoponendo a disamina e analisi: *r. un motore, i conti*.

revisióne [vc. dotta, lat. tardo *revisiōne(m)*, da *revidēre* 'rivedere'; av. 1595] s. f. **1** Attento riesame volto a correggere, cambiare, modificare: *accingersi alla r. di un componimento*; *promuovere la r. di un processo, di un trattato* | ***R. di un motore***, operazione di controllo e manutenzione necessaria per garantirne una perfetta efficienza. **2** (*mus.*) Ricostruzione filologica di testi del passato e loro adeguamento alla scrittura attuale. || **revisioncèlla**, dim.

revisionìsmo [comp. di *revisione* e *-ismo*; 1915] s. m. **1** Atteggiamento, spec. di gruppi, partiti o Stati, favorevole a rivedere o a modificare l'assetto politico dei trattati internazionali. **2** (*est.*) Tendenza a riconsiderare posizioni, conclusioni e sim. | Tendenza, in ambito storiografico, a rivedere e modificare valutazioni e giudizi storici consolidati, spec. a proposito di fenomeni come il fascismo e il nazismo. **3** Corrente del marxismo sorta alla fine del XIX sec. su una base politica ispirata a principi di moderazione e attenuazione della lotta di classe: *il r. della socialdemocrazia*.

revisionìsta [1922] **A** s. m. e f. (pl. m. *-i*) ● Sostenitore del revisionismo: *un r. del marxismo*. **B** agg. ● Revisionistico.

revisionìstico [1950] agg. (pl. m. *-ci*) ● Relativo al revisionismo o ai revisionisti: *tendenze revisionistiche*. || **revisionisticaménte**, avv.

revisóre [da *revisione*; 1615] s. m. (f. *-a*, raro) ● Chi è incaricato di rivedere, fare osservazioni e rilievi su qlco.: *r. di bozze, dei conti*.

revival /re'vaival, ingl. ɹɪ'vaevł/ [vc. ingl., propr. 'ritorno alla vita', da *to revive* 'rivivere', a sua volta dal fr. *revivre*; 1929] s. m. inv. ● Riproposta, reviviscenza, ritorno di attualità di motivi, tendenze, correnti appartenenti al passato, spec. nel campo della moda, del costume o della produzione artistica o letteraria: *il r. della moda anni quaranta*; *un quadro ispirato al r. della pittura del primo Novecento*.

revivalìsmo [ingl. *revivalism*, da *to revive* 'far rinascere, rivivere', dal lat. *revīvere* 'rivivere'; 1908] s. m. **1** Movimento interno di una religione, tendente a rinnovarne lo spirito, con il ritorno alle forme originarie. **2** Tendenza a riproporre artisti, mode, orientamenti culturali del passato: *il r. della moda attuale*.

revivalìsta [1957] s. m. e f. (pl. m. *-i*) ● Chi segue un movimento di revivalismo.

revivalìstico [1965] agg. (pl. m. *-ci*) ● Relativo al revivalismo o ai revivalisti.

reviviscènte o (*raro*) **riviviscènte** [vc. dotta, lat. *reviviscĕnte(m)*, part. pres. di *revivīscere* (V. *reviviscere*); 1938] agg. ● Che presenta, che è caratterizzato da reviviscenza.

reviviscènza o (*raro*) **riviviscènza** [da *reviviscente*, part. pres. di *reviviscere*; av. 1694] s. f. **1** (*biol.*) Capacità di alcuni animali e piante, gener. inferiori, di ravvivarsi dopo avere trascorso un periodo di morte apparente o vita latente per superare avverse condizioni ambientali, interrompendo le funzioni vitali e gli scambi con l'ambiente | (*med.*) Ripresa delle attività vitali, dopo una morte clinica di breve durata. **2** (*fig.*) Risveglio di sentimenti, idee, fatti culturali, ecc.: *la r. di certami poetici assai antichi*. **3** (*med.*) Reazione cutanea che si produce nella sede di una cutireazione pregressa, dopo che è stato introdotto lo stesso antigene in altra sede sottocutanea. **4** (*dir.*) Ritorno in vigore di una norma abrogata quando cessa di avere vigore quella abrogativa. **5** (*relig.*) ***R. dei sacramenti***, nella teologia cattolica, qualità propria dei sacramenti, eccettuata l'eucaristia, di poter produrre i loro frutti quando, dopo l'amministrazione valida ma infruttuosa, siano rimossi gli ostacoli che la rendevano tale.

†**revivìscere** [vc. dotta, lat. *revivīscere*, incoativo di *vīvere*, col pref. *re-*; 1340 ca.] v. intr. ● Tornare in vita.

rèvoca [da *revocare*; 1812] s. f. **1** Il revocare |

(*lett.*) Richiamo, invocazione. *2* (*dir.*) Negozio giuridico unilaterale con cui un soggetto, nei casi consentiti dalla legge, priva di effetti un altro precedente negozio giuridico: *r. di una proposta contrattuale, di un mandato* | Provvedimento della Pubblica Amministrazione o del giudice che priva di effetti un provvedimento amministrativo o giurisdizionale precedente: *r. di un'ordinanza*; SIN. Abrogazione, soppressione | (*borsa*) *A r.*, detto di ordine di borsa valido fino all'esecuzione o fino a espressa revoca da parte del cliente.

revocàbile o (*raro*) **rivocàbile** [vc. dotta, lat. *revocābile(m)*, da *revocāre*; 1673] **agg.** ● Che si può ritirare, annullare: *decreto non r.* | ***Sentenza r.***, non ancora passata in giudicato o che è soggetta allo specifico mezzo di impugnazione per revocazione.

revocabilità [1673] **s. f.** ● Condizione di ciò che è revocabile.

revocaménto o †**rivocaménto** [1309] **s. m.** ● (*raro*) Revoca.

revocàre o (*raro*) **rivocàre** [vc. dotta, lat. *revocāre*, comp. di *re-* e *vocāre*, da *vox*, genit. *vōcis* 'voce'; av. 1306] **v. tr.** (*io rèvoco*, †*revòco*, *tu rèvochi*, †*revòchi*) *1* (*lett.*) Richiamare (*anche fig.*): *lo costrinse a rivocare Nicolò Piccino di Toscana* (MACHIAVELLI) | ***R. in dubbio***, dubitare di qlco. data già per certa e definitiva. *2* Annullare, disdire: *r. un ordine, una decisione* | (*bur.*) Destituire da un incarico.

revocativo [av. 1566] **agg.** ● Che si riferisce alla revoca | Che serve a revocare qlco.

revocatóre [1959] **agg.**; anche **s. m.** (f. *-trice*) ● Che (o Chi) revoca.

revocatòrio o (*raro*) **rivocatòrio** [vc. dotta, lat. tardo *revocatōriu(m)*, da *revocātus*, part. pass. di *revocāre*; av. 1566] **agg.** ● Di revoca, che revoca: *provvedimento r.* | ***Azione revocatoria***, diretta a rendere inefficace un atto di alienazione di un bene compiuto dal debitore in frode dei creditori.

revocazióne o (*raro*) **rivocazióne** [vc. dotta, lat. *revocatiōne(m)*, da *revocātus*, part. pass. di *revocāre*; sec. XIV] **s. f.** ● (*raro*) Revoca | (*dir.*) Mezzo di impugnazione consentito in casi specifici determinati dalla legge. SIN. Revoca.

revolùto [vc. dotta, lat. *revolūtu(m)*, part. pass. di *revŏlvere* 'rivolvere'; sec. XIV] **agg.** *1* (*lett.*) Che ha compiuto un giro completo | Sinuoso | (*fig.*) Contorto. *2* (*lett.*, *fig.*) Che si ripete | Ricominciato: *L'anno è appena r.* (BACCHELLI).

†**revoluzióne** ● V. *rivoluzione*.

revòlver /re'vɔlver, *ingl.* ɹɪ'vɒlvəɹ/ [vc. ingl., *revolver*, da *to revolve* 'girare', dal lat. *revŏlvere* 'rivolvere', detto così dal tamburo girante; 1862] **s. m. inv.** ● Pistola a tamburo rotante.

revolveràta [1891] **s. f.** ● Colpo di revolver: *si udì una r.*

revulsióne o **rivulsióne** [vc. dotta, lat. *revulsiōne(m)* 'lo strappare, lo staccare', da *revŭlsus*, part. pass. di *revĕllere* 'strappare', comp. di *re-* e *vĕllere* 'tirare'; 1692] **s. f.** ● (*med.*) Spostamento del sangue da una parte all'altra del corpo, provocato con sostanze revulsive allo scopo di decongestionare organi profondi.

revulsivo o **rivulsivo** [da *revulsione*; av. 1698] **A s. m.** ● Farmaco che provoca sulla cute un'irritazione locale accompagnata da iperemia o da bolle cutanee. **B agg.** ● Che provoca dilatazione vascolare.

rexìsmo [dal fr. *rexisme*, da (*Christus*) *rex* 'Cristo re'; 1938] **s. m.** ● Movimento politico sorto in Belgio nel 1935, di ispirazione fascista, che collaborò con le forze di occupazione durante la seconda guerra mondiale.

rexìsta [1948] **s. m. e f.** (pl. m. *-i*) ● Seguace, sostenitore del rexismo.

reziàrio [vc. dotta, lat. *retiāriu(m)*, da *rēte*; av. 1498] **s. m.** ● Nella Roma antica, gladiatore che, vestito della sola tunica, armato di tridente e di rete, cercava di avvolgere l'avversario armato prima di colpirlo.

rèzza [lat. *rētia*, pl. di *rēte*; 1481] **s. f.** *1* †Rete di refe a minutissime maglie, per lavori di ricamo: *e la corazza gli parve una r.* (PULCI). *2* (*merid.*) Tramaglio.

rezzàglio o **rizzàgio** [lat. tardo *retiăculu(m)* 'giacchio', dim. di *rēte*; av. 1494] **s. m.** ● (*pesca*) Giacchio.

rèzzo (o *-zz-*) o (*poet.*) †**orèzzo** (o *-zz-*) [aferesi di *orezzo*; V. *orezzare*; av. 1311] **s. m.** *1* Soffio d'aria fresca: *Fra le tenebre folte e 'l freddo r.* (MICHELANGELO). *2* (*poet.*) Luogo fresco e ombroso.

Rh /ɛrre'akka/ [da *Rh(esus)*, n. scient. di una scimmia, il cui sangue possiede un agglutinogeno che esiste anche in alcuni individui della specie umana; 1949] **s. m. inv.** ● (*biol.*) Fattore antigene del sangue, evidenziato per la prima volta nei globuli rossi della scimmia Reso (*Macacus rhesus*), la cui presenza (Rh +) o assenza (Rh -) nel sangue umano è ereditaria.

rho /rɔ*/ ● V. *ro*.

rhodesiàno /rode'zjano/ **A agg.** ● Della Rhodesia, regione dell'Africa centro-meridionale, oggi suddivisa in Zambia e Zimbabwe. **B s. m.** ● Abitante, nativo della Rhodesia.

rhum /rum/ ● V. *rum*.

rhythm and blues /'ritmem 'bluz, *ingl.* 'ɹɪðməm 'blouz/ [loc. ingl., comp. di *rhythm* 'ritmo' e *blues* (V.); 1983] **loc. sost. m. inv.** ● Genere musicale che trae origine dal folklore dei neri d'America, in cui si fondono elementi di blues e di jazz.

rhyton /*gr.* ry'tɔn/ o **ryton** [vc. dotta, gr. *rhytón*, da *rêin* 'scorrere', di orig. indeur.; 1983] **s. m. inv.** (pl. gr. *rhytà*) ● (*archeol.*) Specie di bicchiere per vino, largo nella parte superiore, appuntito nella parte inferiore, spesso terminante con testa di animale, tipico dell'antica Grecia.

ri- o **ra-**, **rin-** [lat. *re-* (V.)] **pref.** di verbi e loro derivati ● Esprime ripetizione, reduplicazione (*riascoltare, ricadere, rimbalzare, riproporre, ritentare, rivedere*), ritorno a fase anteriore, con un valore di opposizione (*riacquistare, rialzare, risanare, ritrovare*), intensità (*rassettare, rasserenare, rinchiudere, ricercare, risvegliare*) o con funzione derivativa (*raffreddare*) | *Può conferire un valore nuovo al verbo di derivazione* (*ricavare, rilegare, riprodurre*) | Si alterna con *re-*: *ricuperare, recuperare*; *ricezione, recezione*; *re-* dà luogo talvolta a forme dotte o letterarie (ad es. *refluire*) | *Rin-* deriva dalla fusione di *ri-* e *in-* ed è presente in alcuni verbi, ad es. *rincasare, rinsanire*; davanti a *b* e *p* si ha gener. la forma *rim-*: *rimbombare, rimpiangere*.

rìa /*sp.* 'rria/ [vc. sp., da *río* 'fiume'. V. *rio*] **s. f.** (pl. sp. *rías*) ● (*spec. al pl.*) Insenatura costiera abbastanza stretta, derivata dall'invasione del mare in valle fluviale perpendicolare alla costa: *coste a rías*.

rià ● V. *riavere*.

riabbaiàre [comp. di *ri-* e *abbaiare*] **v. intr.** (*io riabbàio*; aus. *avere*) ● Abbaiare di nuovo o a propria volta.

riabbandonàre [comp. di *ri-* e *abbandonare*; 1886] **A v. tr.** (*io riabbandóno*) ● Abbandonare di nuovo. **B v. rifl.** ● Abbandonarsi di nuovo.

riabbassaménto [comp. di *ri-* e *abbassamento*] **s. m.** ● Ulteriore abbassamento.

riabbassàre o (*raro*) **rabbassàre** [comp. di *ri-* e *abbassare*; 1481] **v. tr.**, **rifl.** e **intr. pron.** ● Abbassare ancora di più o di nuovo.

riabbàttere o †**rabbàttere** nel sign. B [comp. di *ri-* e *abbattere*; 1738] **A v. tr.** (coniug. come *battere*) ● Abbattere nuovamente. **B v. intr. pron.** ● †Imbattersi di nuovo in qlcu. o in qlco.

riabbellire o (*raro*) **rabbellire** [comp. di *ri-* e *abbellire*; av. 1494] **A v. tr.** (*io riabbellisco, tu riabbellisci*) ● Abbellire ancora, di nuovo o di più: *r. la casa con nuove tende*. **B v. intr. pron.** ● Farsi bello di nuovo o di più: *vede lieta ... / sorger sua ninfa e rabbellirsi il mondo* (POLIZIANO).

riabboccàre [comp. di *ri-* e *abboccare*] **A v. tr.** (*io riabbócco, tu riabbócchi*) ● †Riprendere con la bocca. **B v. rifl. rec.** ● (*lett.*) Tornare ad incontrarsi con qlcu. per parlare.

riabbonàre [comp. di *ri-* e *abbonare* (*2*)] **A v. tr.** (*io riabbóno*) ● Abbonare di nuovo: *r. qlcu. a un circolo sportivo*. **B v. rifl.** ● Tornare ad abbonarsi.

riabbottonàre o (*raro*) **rabbottonàre** [comp. di *ri-* e *abbottonare*; 1872] **v. tr.** e **rifl.** (*io riabbottóno*) ● Abbottonare ancora, di nuovo: *riabbottonarsi il cappotto*; *si riabbottonò in fretta e uscì*.

riabbracciàre o (*raro*) **rabbracciàre** [comp. di *ri-* e *abbracciare* (*1*); 1556] **A v. tr.** (*io riabbràccio*) ● Tornare ad abbracciare: *r. con affetto qlcu.* | (*est.*) Vedere di nuovo qlcu. dopo un certo periodo: *desidero tanto riabbracciarti* | (*fig.*) ***R. una fede***, professarla di nuovo. **B v. rifl. rec.** ● Abbracciarsi di nuovo | (*est.*) Vedersi, riunirsi di nuovo dopo molto tempo.

riabilitànte [da *riabilitare*; 1982] **agg.** ● Di riabilitazione | Che serve a riabilitare: *terapia r.*

riabilitàre [comp. di *ri-* e *abilitare*; 1692] **A v. tr.** (*io riabìlito*) *1* Rendere di nuovo abile a qlco. *2* (*med.*) Riportare parti del corpo o funzioni menomate a una normale attività: *r. l'arto leso*. *3* (*dir.*) Reintegrare nell'esercizio dei diritti mediante provvedimento di riabilitazione. *4* (*fig.*) Rendere nuovamente a qlcu. l'onore, la stima e sim. che aveva perduto o che gli erano stati ingiustamente tolti: *il suo gesto lo ha riabilitato agli occhi di tutti*. *5* Ripristinare, rendere di nuovo efficiente. **B v. rifl.** ● Rendersi nuovamente degno di stima: *riabilitarsi agli occhi dei colleghi*.

riabilitativo [da *riabilitare*; 1980] **agg.** ● Relativo alla riabilitazione | Riabilitante: *terapia riabilitativa*.

riabilitazióne [da *riabilitare*, sul modello del fr. *réhabilitation*; 1804] **s. f.** *1* Il riabilitare, il riabilitarsi (*anche fig.*) | Recupero di una piena efficienza, ripristino di funzioni compromesse, e sim. *2* Provvedimento giudiziale che fa cessare le incapacità personali, conseguenti a una sentenza dichiarativa di fallimento o a una sentenza penale di condanna: *r. del fallito, del condannato*.

riabitàre [comp. di *ri-* e *abitare*; sec. XIV] **v. tr.** (*io riàbito*) ● Tornare ad abitare.

riabituàre [comp. di *ri-* e *abituare*; 1959] **A v. tr.** (*io riabìtuo*) ● Abituare di nuovo: *lo sport lo ha riabituato al moto*. **B v. rifl.** ● Prendere di nuovo un'abitudine: *riabituarsi a fumare moderatamente*.

riaccadére [comp. di *ri-* e *accadere*] **v. intr.** (coniug. come *accadere*; aus. *essere*) ● (*raro*) Accadere un'altra volta.

riaccalappiàre [comp. di *ri-* e *accalappiare*] **v. tr.** (*io riaccalàppio*) ● Accalappiare di nuovo (*anche fig.*).

riaccalcàrsi [comp. di *ri-* e *accalcarsi*] **v. intr. pron.** (*io mi riaccàlco, tu ti riaccàlchi*) ● Accalcarsi di nuovo o di più.

riaccampàre [comp. di *ri-* e *accampare*; 1912] **A v. tr.** ● Accampare di nuovo diritti, pretese e sim. **B v. rifl.** ● Accamparsi di nuovo.

riaccaparràre [comp. di *ri-* e *accaparrare*; 1956] **v. tr.** ● Accaparrare di nuovo.

riaccapigliàrsi o (*raro*) **raccapigliàrsi** [comp. di *ri-* e *accapigliarsi*; av. 1470] **v. rifl. rec.** (*io mi riaccapìglio*) ● Accapigliarsi di nuovo.

riaccasàre [comp. di *ri-* e *accasare*; 1954] **A v. tr.** ● (*raro*) Accasare di nuovo. **B v. rifl.** ● Accasarsi di nuovo.

riaccèndere o (*lett.*) **raccèndere** [lat. tardo *reaccĕndere*, comp. di *re-* e *accĕndere*; 1313] **A v. tr.** (coniug. come *accendere*) ● Accendere nuovamente (*anche fig.*): *r. il fuoco spento*; *Amor nel-l'alma, ov'ella signoreggia / raccese il foco, e spense la paura* (PETRARCA). **B v. intr. pron.** ● Tornare ad accendersi (*anche fig.*): *la polemica si è riaccesa*.

riaccennàre o †**raccennàre** [comp. di *ri-* e *accennare*; 1872] **v. tr.** e **intr.** (*io riaccénno*; aus. *avere*) ● Accennare di nuovo a qlco.: *r. a un lontano episodio* | Far nuovamente atto di fare qlco.: *riaccennò ad alzarsi*.

riaccensióne [comp. di *ri-* e *accensione*] **s. f.** ● Nuova accensione di qlco.

riaccentràre [comp. di *ri-* e *accentrare*] **v. tr.** (*io riaccèntro* (o *-é-*)) ● Accentrare di nuovo o di più: *r. i poteri nelle proprie mani*.

riaccerchiàre ● V. *raccerchiare*.

riaccertàre ● V. *raccertare*.

riaccéso part. pass. di *riaccendere*; anche **agg.** ● Nei sign. del v. | (*fig.*, *lett.*) Reso nuovamente acuto: *Volgeami con voglia riaccesa* (DANTE *Par.* XXXI, 55).

riaccettàre [comp. di *ri-* e *accettare*; 1898] **v. tr.** (*io riaccètto*) ● Accettare di nuovo.

riacchiappàre [comp. di *ri-* e *acchiappare*; 1872] **v. tr.** ● (*fam.*) Acchiappare di nuovo.

riacciuffàre [comp. di *ri-* e *acciuffare*; 1913] **v. tr.** ● Acciuffare di nuovo chi è fuggito: *r. un borseggiatore*.

riacclamàre [comp. di *ri-* e *acclamare*] **v. tr.** ● Acclamare di nuovo.

riaccoccolàrsi [comp. di *ri-* e *accoccolarsi*] **v. intr. pron.** (*io mi riaccòccolo*) ● Accoccolarsi di nuovo.

riaccògliere [comp. di *ri-* e *accogliere*; 1525] **v. tr.** (coniug. come *cogliere*) ● Accogliere di nuovo, spec. chi si era allontanato: *r. un figlio in famiglia*.

riaccollàre [comp. di *ri-* e *accollare*] v. tr. (*io riaccòllo*) ● Accollare di nuovo (*spec. fig.*): *r. una responsabilità*; *riaccollarsi un lavoro*.

riaccòlto part. pass. di *riaccogliere*. ● (*raro*) Nel sign. del v.

riaccomiatàre [comp. di *ri-* e *accomiatare*] **A** v. tr. ● Accomiatare di nuovo. **B** v. intr. pron. ● Accomiatarsi di nuovo.

riaccomodàre o (*raro*) **raccomodàre** [comp. di *ri-* e *accomodare*; av. 1580] **A** v. tr. (*io riaccòmodo*) ● Accomodare di nuovo: *r. uno sportello scardinato*. **B** v. rifl. rec. ● (*fig.*) Tornare in buoni rapporti con qlcu.: *non è facile riaccomodarsi con chi ci ha danneggiato*.

riaccompagnàre o (*raro*) **raccompagnàre** [comp. di *ri-* e *accompagnare*; 1640] **A** v. tr. ● Accompagnare indietro (spec. a casa), di nuovo o a propria volta. **B** v. rifl. rec. ● Unirsi di nuovo in compagnia con qlcu.

riaccomunàre ● V. *raccomunare*.

†**riacconciàre** e *deriv.* ● V. *racconciare* e *deriv.*

riaccoppiàre o (*raro*) **raccoppiàre** [comp. di *ri-* e *accoppiare*] **A** v. tr. (*io riaccòppio* o *io riaccóppio*) ● Accoppiare di nuovo. **B** v. rifl. rec. ● Accoppiarsi di nuovo.

riaccorciàre [comp. di *ri-* e *accorciare*; 1884] v. tr. e intr. pron. (*io riaccórcio*) ● Accorciare di nuovo.

riaccordàre [comp. di *ri-* e *accordare*; 1910] **A** v. tr. (*io riaccòrdo*) ● Tornare ad accordare: *r. il violino*. **B** v. intr. pron. ● Tornare ad accordarsi: *riaccordarsi con qlcu. dopo una lite*.

riaccòrgersi [comp. di *ri-* e *accorgersi*] v. intr. pron. (coniug. come *accorgersi*) ● Accorgersi di nuovo.

riaccòrto part. pass. di *riaccorgersi*. ● Nel sign. del v.

riaccostàre o (*raro*) **raccostàre** [comp. di *ri-* e *accostare*; av. 1712] **A** v. tr. (*io riaccòsto*) ● Accostare di nuovo: *r. due oggetti*. **B** v. rifl. ● Accostarsi nuovamente (*anche fig.*): *r. a un muro*; *r. alla religione*.

riaccovacciàrsi [comp. di *ri-* e *accovacciarsi*] v. intr. pron. (*io mi riaccovàccio*) ● Accovacciarsi di nuovo.

riaccreditàre [comp. di *ri-* e *accreditare*] **A** v. tr. (*io riaccrédito*) ● Tornare ad accreditare. **B** v. intr. pron. ● (*lett.*) Riacquistare il credito presso qlcu., la stima di qlcu.

riaccrédito [comp. di *ri-* e *accredito*; 1959] s. m. ● In contabilità, registrazione a credito di una partita in precedenza stornata.

riaccucciàrsi [comp. di *ri-* e *accucciarsi*] v. intr. pron. (*io mi riaccùccio*) ● Accucciarsi di nuovo.

riaccuṣàre [comp. di *ri-* e *accusare*; sec. XVI] v. tr. ● Accusare di nuovo o a propria volta.

riacquartieràrsi [comp. di *ri-* e *acquartierarsi*] v. intr. pron. (*io mi riacquartièro*) ● (*mil.*) Tornare ad acquartierarsi.

riacquattàrsi [comp. di *ri-* e *acquattarsi*; 1881] v. intr. pron. ● Acquattarsi di nuovo.

riacquiṣìre [comp. di *ri-* e *acquisire*] v. tr. (coniug. come *acquisire*) ● Acquisire di nuovo.

riacquistàbile [1872] agg. ● Che si può riacquistare: *vantaggio r.*

riacquistàre o (*raro*) **racquistàre** [comp. di *ri-* e *acquistare*; 1312] **A** v. tr. **1** Tornare ad acquistare. **2** Recuperare ciò che si era perduto (*spec. fig.*): *r. la libertà, la salute*; *ella riacquistò le belle rose delle guance* (NIEVO). **B** v. intr. (aus. *avere*) ● (*lett.*) Guadagnare, avvantaggiarsi di nuovo.

riacquisto o †**racquisto** [av. 1527] s. m. **1** Il riacquistare. **2** Ciò che si riacquista: *è un r. vantaggioso*.

riacutiẓẓàre [comp. di *ri-* ed *acutizzare*; 1903] **A** v. tr. ● Rendere di nuovo acuto o più acuto (*spec. fig.*): *il freddo gli ha riacutizzato i dolori artritici*; *r. una divergenza di opinione*. **B** v. intr. pron. ● Farsi di nuovo acuto o più acuto: *la malattia si è riacutizzata*. **C** anche in funzione di s. m. inv. ● Riacutizzarsi, riacutizzazione: *in seguito al riacutizzarsi dell'infezione*.

riacutiẓẓazióne [1933] s. f. ● Il riacutizzare, il riacutizzarsi | Nuovo aggravamento.

riadagiàre [comp. di *ri-* e *adagiare*; 1892] **A** v. tr. (*io riadàgio*) ● Adagiare nuovamente: *r. l'ammalato sui cuscini*. **B** v. intr. pron. ● Tornare ad adagiarsi.

riadattaménto [av. 1704] s. m. ● Il riadattare, il riadattarsi | Riattamento di un edificio: *fervono i lavori di r.* (SCIASCIA).

riadattàre [comp. di *ri-* e *adattare*; av. 1704] **A** v. tr. ● Adattare di nuovo: *r. un abito* | Riattare un edificio. **B** v. intr. pron. ● Tornare ad adattarsi: *vi riadatterete a vivere come prima*.

riaddentàre [comp. di *ri-* e *addentare*; 1835] v. tr. (*io riaddènto*) ● Addentare di nuovo.

†**riaddomandàre** ● V. †*raddomandare*.

riaddormentàre o (*raro*) **raddormentàre** [comp. di *ri-* e *addormentare*; sec. XIV] **A** v. tr. (*io riaddorménto*) ● Addormentare di nuovo. **B** v. intr. pron. ● Riprendere il sonno interrotto.

riaddossàre o (*raro*) **raddossàre** [comp. di *ri-* e *addossare*; 1677] v. tr. (*io riaddòsso*) ● Attribuire una colpa, una responsabilità.

riadiràrsi [comp. di *ri-* e *adirarsi*] v. intr. pron. ● Adirarsi di nuovo.

riadombràre [comp. di *ri-* e *adombrare*] **A** v. tr. (*io riadómbro*) ● (*lett.*) Delineare nuovamente: *quasi il semplice animo riadombrasse il sentimento... degli antichi pagani* (BACCHELLI). **B** v. intr. pron. ● (*raro*) Adombrarsi di nuovo.

riadoperàre [comp. di *ri-* e *adoperare*; sec. XVI] v. tr. (*io riadòpero*) ● Adoperare di nuovo.

riadottàre [comp. di *ri-* e *adottare*] v. tr. (*io riadòtto*) ● Adottare di nuovo.

riaffacciàre [comp. di *ri-* e *affacciare*; 1803] **A** v. tr. (*io riaffàccio*) ● Affacciare di nuovo. **B** v. rifl. e intr. pron. ● Affacciarsi di nuovo: *r. alla finestra* | (*fig.*) Ripresentarsi: *mi si riaffaccia alla memoria il suo viso*.

riaffermàre o (*raro, lett.*) **raffermàre (1)** [comp. di *ri-* e *affermare*; av. 1375] **A** v. tr. (*io riafférmo*) **1** Affermare in modo più deciso: *r. la propria fedeltà, la propria innocenza*. SIN. Confermare. **2** (*raro, lett.*) Tornare ad affermare: *il che raffermando più volte il famigliare né potendo altra risposta avere, tornò a messer Geri* (BOCCACCIO). **B** v. rifl. ● Dimostrare di nuovo i propri meriti, le proprie capacità: *riaffermarsi fra i grandi della letteratura contemporanea*.

riaffermazióne [da *riaffermare*; 1885] s. f. ● Il riaffermare | Riconferma.

riafferràre [comp. di *ri-* e *afferrare*; 1827] **A** v. tr. (*io riaffèrro*) ● Afferrare di nuovo. **B** v. rifl. ● Tornarsi ad afferrare | Afferrarsi con più forza. SIN. Riattaccarsi.

riaffezionàre [comp. di *ri-* e *affezionare*; 1653] **A** v. tr. (*io riaffezióno*) ● Affezionare di nuovo: *r. qlcu. a un amico, al lavoro che amava*. **B** v. intr. pron. ● Tornare ad affezionarsi.

riaffiatàrsi [comp. di *ri-* e *affiatarsi*] v. rifl. e rifl. rec. ● Affiatarsi di nuovo con qlcu.: *riaffiatarsi con i colleghi di lavoro dopo una lunga assenza*.

riaffibbiàre o (*raro*) **raffibbiàre** [comp. di *ri-* e *affibbiare*; 1600] v. tr. (*io riaffìbbio*) ● Affibbiare di nuovo.

riaffilàre ● V. *raffilare*.

riaffioràre [comp. di *ri-* e *affiorare*; 1949] v. intr. (*io riaffióro*; aus. *essere*) ● Affiorare di nuovo | Riapparire in seguito a un restauro | (*est.*) Ritornare alla memoria: *rivedere quel luogo ha fatto r. in me tanti ricordi*.

riaffittàre o †**raffittàre** [comp. di *ri-* e *affittare*] v. tr. ● Affittare di nuovo: *r. un appartamento, una camera ammobiliata*.

riaffogliàre [da *foglio*, coi pref. *ri-* e *a-* (*2*); 1859] v. tr. (*io riaffòglio*) ● (*banca*) Aggiungere un nuovo foglio cedole a un titolo mobiliare nel quale tutte le cedole precedenti siano state esaurite.

riaffollàre [comp. di *ri-* e *affollare* (*1*); 1813] **A** v. tr. (*io riaffóllo* o *riaffòllo*) ● Affollare di nuovo. **B** v. intr. pron. ● Affollarsi di nuovo.

riaffondàre [comp. di *ri-* e *affondare*; 1902] **A** v. tr. e intr. (*io riaffóndo*; aus. intr. *essere*) ● Affondare di nuovo: *r. una nave*; *r. nel fango*. **B** v. intr. pron. ● Affondarsi di nuovo.

riaffratellàre [comp. di *ri-* e *affratellare*] **A** v. tr. (*io riaffratèllo*) ● Affratellare di nuovo. **B** v. rifl. rec. ● Affratellarsi, unirsi di nuovo in fratellanza.

riaffrettàre o †**raffrettàre** [comp. di *ri-* e *affrettare*] **A** v. tr. (*io riaffrétto*) ● Affrettare di nuovo. **B** v. intr. pron. ● Affrettarsi di nuovo.

riaffrontàre o †**raffrontàre** [comp. di *ri-* e *affrontare*] **A** v. tr. (*io riaffrónto*) ● Affrontare di nuovo: *r. una situazione pericolosa con sicurezza*. **B** v. rifl. rec. ● Affrontarsi di nuovo: *i due nemici si riaffrontarono con coraggio*.

riagganciàre [comp. di *ri-* e *agganciare*; 1919] **A** v. tr. (*io riaggàncio*) ● Agganciare di nuovo: *r. gli scarponi* | (*spec. assol.*) Agganciare il ricevitore del telefono alla forcella, chiudendo la comunicazione: *Poi udii balbuzie / ma non parole. E riagganciò di scatto* (MONTALE). **B** v. intr. pron. ● Agganciarsi nuovamente (*spec. fig.*): *un romanzo che si riaggancia alla tradizione verista*.

riaggàncio [deriv. di *riagganciare*] s. m. ● Il riagganciare | (*fig., lett.*) Riferimento.

riaggeggiàre [comp. di *ri-* e *aggeggiare*] v. tr. (*io riaggéggio*) ● (*raro, tosc.*) Aggiustare alla meno peggio. SIN. Riaccomodare, riaggiustare.

riaggiogàre [comp. di *ri-* e *aggiogare*] v. tr. (*io riaggiógo* (o *-ò-*), *tu riaggióghi* (o *-ò-*)) ● Aggiogare di nuovo: *r. i buoi all'aratro*.

riaggiustàre o (*lett.*) **raggiustàre** [comp. di *ri-* e *aggiustare*; av. 1712] **A** v. tr. ● Aggiustare (*anche fig.*): *r. un vestito*; *r. una macchina*; *r. una controversia*. SIN. Accomodare, acconciare. **B** v. rifl. rec. ● Pacificarsi, riconciliarsi.

riaggravàre [comp. di *ri-* e *aggravare*; 1525] **A** v. tr. ● Aggravare nuovamente. **B** v. intr. pron. ● Tornare ad aggravarsi: *le condizioni del malato si riaggravarono*.

riaggregàre [comp. di *ri-* e *aggregare*; 1872] **A** v. tr. (*io riaggrègo, tu riaggrèghi*) ● Aggregare di nuovo. **B** v. intr. pron. ● Aggregarsi di nuovo.

riagguantàre [comp. di *ri-* e *agguantare*; 1864] v. tr. ● Riafferrare qlco. | Riacchiappare: *r. un fuggiasco*.

†**riagire** ● V. *reagire*.

riagitàre [comp. di *ri-* e *agitare*; 1896] **A** v. tr. (*io riàgito*) ● Agitare di nuovo. **B** v. intr. pron. ● Agitarsi di nuovo | Ritornare attuale: *in questo riagitarsi di filosofia* (CARDUCCI).

riaguzzàre [comp. di *ri-* e *aguzzare*] v. tr. ● Aguzzare di nuovo.

riài ● V. *riavere*.

riaiutàre [comp. di *ri-* e *aiutare*; 1877] v. tr. ● Aiutare di nuovo.

riàl /ri'al, *ar.* ri'jæ:l/ [ar. *riyāl*, dallo sp. *real* 'reale', n. di moneta] s. m. inv. (pl. ar. *rialàt*) ● (*econ.*) Unità monetaria dell'Iran, dell'Oman, dello Yemen, dell'Arabia Saudita e del Qatar.

†**riàle** [da *rio*] s. m. ● Rigagnolo, fossatello.

rialitàre [comp. di *ri-* e *alitare*] v. intr. (*io riàlito*; aus. *avere*) ● (*raro*) Alitare di nuovo. SIN. Risoffiare.

riallacciaménto [comp. di *ri-* e *allacciamento*] s. m. ● Nuovo allacciamento: *r. di una linea telefonica* | (*fig.*) Ripresa di relazioni diplomatiche e sim.

riallacciàre o (*raro*) **rallacciàre** [comp. di *ri-* e *allacciare*; 1872] **A** v. tr. (*io riallàccio*) ● Allacciare di nuovo (*anche fig.*): *r. le maglie di una rete*; *r. un'amicizia interrotta*. **B** v. intr. pron. ● (*fig.*) Ricongiungersi, ricollegarsi: *è un'idea che si riallaccia direttamente alle altre*.

riallargàre [comp. di *ri-* e *allargare*] **A** v. tr. (*io riallàrgo, tu riallàrghi*) **1** Allargare di nuovo. **2** V. *rallargare*. **B** v. intr. pron. ● Allargarsi di nuovo.

riallattàre [comp. di *ri-* e *allattare*; 1877] v. tr. ● Allattare di nuovo.

riallettàre o †**rallettàre** [comp. di *ri-* e *allettare*] v. tr. (*io riallètto*) ● (*raro*) Allettare di nuovo.

riallineaménto [comp. di *ri-* e *allineamento*; 1983] s. m. **1** Nuovo o migliore allineamento di una fila, una schiera e sim. **2** (*banca, econ.*) Complesso di operazioni con le quali vengono contemporaneamente modificate le parità di alcune monete, attraverso procedimenti di svalutazione o rivalutazione: *il r. delle monete europee*.

riallineàre [comp. di *ri-* e *allineare*; 1983] **A** v. tr. (*io riallìneo*) ● Allineare di nuovo | Mettere o rimettere su una stessa linea. **B** v. rifl. ● Rimettersi in linea | (*fig.*) Uniformarsi nuovamente: *si è riallineato alle direttive del partito*.

riallogàre [comp. di *ri-* e *allogare*; 1550] v. tr. (*io riallògo, tu riallòghi*) ● (*lett.*) Allogare di nuovo | ***R. una figlia***, rimaritarla.

rialloggiàre o †**ralloggiàre** [comp. di *ri-* e *alloggiare*; 1877] v. tr. (*io riallòggio*) ● Alloggiare di nuovo.

riallungàre o †**rallungàre** [comp. di *ri-* e *allungare*; 1869] **A** v. tr. (*io riallùngo, tu riallùnghi*) ● Tornare ad allungare: *r. gli orli delle gonne*. **B** v. intr. pron. ● Allungarsi di nuovo.

rialto [da *rialzare*, rifatto su *alto*; 1520] s. m. **1** Luogo rilevato da terra | Prominenza, rilievo. **2** (*tosc.*) Piatto aggiunto o pasto più abbondante per l'arrivo di qlcu. o una ricorrenza.

rialzaménto [av. 1703] s. m. *1* (*raro*) Rialzamento, elevazione | Rialzo, parte rialzata. *2* (*fig.*) Aumento di prezzi, temperatura ecc. *3* (*mar.*) Linea d'incontro tra il fasciame esterno e i madieri di una nave che si alza gradualmente verso prua e verso poppa.

♦**rialzàre** [comp. di *ri-* e *alzare*; av. 1484] **A** v. tr. *1* Alzare di nuovo | ***R. la testa, il capo***, (*fig.*) riacquistare coraggio | Sollevare da terra: *r. l'animale colpito.* *2* Aumentare l'altezza di qlco.: *r. il muro di cinta di una casa.* *3* (*fig.*) Fare salire: *r. il prezzo del grano.* **B** v. intr. (aus. *essere*) *1* Aumentare di prezzo: *le azioni rialzano.* SIN. Rincarare. *2* Salire, elevarsi: *la temperatura rialza.* *3* (*raro*) Sporgere, fare rialto: *la piattaforma rialza da terra un metro.* **C** v. rifl. ● Sollevarsi o sollevarsi di nuovo (*anche fig.*): *il bambino si rialzò piangendo; rialzarsi da una delusione* | ***Rialzarsi da una malattia***, rimettersi. **D** v. intr. pron. ● Salire a valori più alti: *il termometro si è rialzato.*

rialzàto [1959] part. pass. di *rialzare*; anche agg. *1* Sollevato | (*fig., lett.*) Migliorato: *Anche lo zio Gigio mi pare r. alquanto* (FOGAZZARO). *2* ***Piano r. di una casa***, posto poco più in alto del livello stradale.

rialzista [1905] **A** s. m. e f. (pl. m. *-i*) ● (*borsa*) Chi effettua speculazioni al rialzo, prevedendo aumenti del corso dei titoli. **B** agg. ● Detto di tendenza o aspettativa al rialzo dei corsi o prezzi di mercato. CONTR. Ribassista.

♦**rialzo** [1797] s. m. *1* (*raro*) Rialzamento | (*ferr.*) ***Squadra r.***, quella di operai specializzati nella riparazione e manutenzione dei veicoli ferroviari. *2* Aumento, incremento: *r. del dollaro, della temperatura.* *3* (*borsa*) Aumento del corso dei titoli | ***Le sue azioni sono in r.***, (*fig.*) va aumentando in stima, reputazione, potenza presso gli altri | ***Giocare al r.***, effettuare speculazioni nella previsione di un rialzo dei titoli; (*fig.*) in una trattativa o in un contenzioso, continuare ad aumentare le proprie pretese. *4* Prominenza, sporgenza: *costruire una casa su un r. del terreno.* *5* (*tecnol.*) Ogni pezzo atto a rialzare o mantenere alto qlco.

riamàre [comp. di *ri-* e *amare*; av. 1306] v. tr. *1* Amare di nuovo. *2* Amare a propria volta chi ci ama, corrispondere qlcu. in amore: *la dolce necessità di amare e di essere riamati* (FOSCOLO).

riamicàre [comp. di *ri-* e *amicare*; 1870] **A** v. tr. (*io riamico, tu riamìchi*) ● (*raro*) Rendere nuovamente amico | Riconciliare. **B** v. intr. pron. ● (*raro*) Ridiventare amico con qlcu.: *riamicarsi con una persona dopo una lite.*

riammalàre [comp. di *ri-* e *ammalare*; 1612] v. intr. e intr. pron. (aus. *essere*) ● Ammalarsi di nuovo, ricadere in una malattia: *dopo la convalescenza, si è riammalato gravemente.*

riammanettàre [comp. di *ri-* e *ammanettare*] v. tr. (*io riammanétto*) ● (*raro*) Ammanettare di nuovo.

riammattonàre o **rimattonàre** [comp. di *ri-* e *ammattonare*] v. tr. (*io riammattóno*) ● Ammattonare di nuovo.

riammésso [1615] part. pass. di *riammettere*; anche agg. ● Nel sign. del v.

riamméttere [comp. di *ri-* e *ammettere*; 1673] v. tr. (coniug. come *mettere*) ● Ammettere di nuovo, spec. in un luogo o un ambiente, qlcu. che ne era stato espulso: *r. un alunno a scuola; r. un socio al circolo.*

riammissìbile [comp. di *ri-* e *ammissibile*; 1872] agg. ● Che si può riammettere.

riammissióne [comp. di *ri-* e *ammissione*; 1872] s. f. ● Nuova ammissione dopo un periodo di esclusione: *opporsi alla r. di qlcu. in un gruppo.*

riammobiliàre [comp. di *ri-* e *ammobiliare*; 1847] v. tr. (*io riammobìlio*) ● Ammobiliare di nuovo o in parte ma con dei miglioramenti: *r. la sala da pranzo.*

riammogliàre [comp. di *ri-* e *ammogliare*; sec. XVII] **A** v. tr. (*io riammóglio*) ● (*raro*) Ridare moglie. **B** v. intr. pron. ● Riprendere moglie: *riammogliarsi per la seconda volta.*

riammonire [comp. di *ri-* e *ammonire*] v. tr. (*io riammonìsco, tu riammonìsci*) ● Ammonire di nuovo: *r. un ragazzo indisciplinato.*

riammucchiàre [comp. di *ri-* e *ammucchiare*] v. tr. (*io riammùcchio*) ● Ammucchiare di nuovo: *r. dei cuscini su un letto.*

†**riandaménto** s. m. ● Movimento di ritorno | Ripetizione.

riandàre [comp. di *ri-* e *andare* (*1*); 1313] **A** v. intr. (coniug. come *andare*; aus. *essere*). ATTENZIONE: *rivò* e *rivà* si scrivono con l'accento. ● Andare di nuovo (*anche fig.*): *r. al mare; r. con il pensiero al passato.* **B** v. tr. *1* (*lett.*) Rifare uno stesso percorso: *Ancor non sei tu paga / di r. i sempiterni calli* (LEOPARDI). SIN. Ripercorrere. *2* (*fig., lett.*) Riesaminare con la memoria, rievocare: *mostrando che non era bene r. le cose passate* (MACHIAVELLI).

rianimàre [comp. di *ri-* e *animare*; av. 1537] **A** v. tr. (*io riànimo*) *1* Rimettere in salute, in forze, restituire vigore, energie: *il riposo lo ha rianimato.* *2* (*fig.*) Ridare coraggio, fiducia: *la vostra comprensione ci rianima.* *3* (*med.*) Ripristinare le funzioni vitali (respirazione, circolazione) qualora siano momentaneamente compromesse. **B** v. intr. pron. *1* Riprendere forza, vigore: *il ferito si rianimò lentamente.* *2* (*fig.*) Riprendere animo, coraggio: *alle sue parole ci rianimammo.* *3* (*fig.*) Tornare attivo, pieno di movimento: *dopo il temporale, le vie si rianimarono.*

rianimàto part. pass. di *rianimare*; anche agg. ● Nei sign. del v. | (*fig.*) Rinfrancato, sollevato.

rianimatologìa [comp. di *rianimato* e *-logia*; 1990] s. f. ● (*med.*) Disciplina medica che studia le tecniche di rianimazione.

rianimatóre [deriv. di *rianimare*; 1985] **A** s. m. *1* (*med.*) Apparecchio in grado di ripristinare le funzioni vitali (respirazione, circolazione) qualora siano momentaneamente compromesse. *2* (f. *-trice*) (*med.*) Sanitario che esercita la sua opera in un centro di rianimazione. **B** anche agg.: *apparecchio r.*

rianimatòrio [1987] agg. ● (*med.*) Pertinente alla rianimazione: *intervento r.*

rianimazióne [1776] s. f. *1* Il rianimare, il rianimarsi (*anche fig.*). *2* (*med.*) Insieme di pratiche mediche atte a recuperare la funzione cardio-respiratoria acutamente venuta meno, la cui tempestiva applicazione può evitare l'insorgenza di danni irreversibili dell'organismo | ***Centro di r.***, unità operativa ospedaliera per il recupero dei malati con grave compromissione delle funzioni circolatorie e respiratorie e per l'assistenza degli operati dopo un grave intervento chirurgico.

riannaffiàre [comp. di *ri-* e *annaffiare*] v. tr. (*io riannàffio*) ● Annaffiare di nuovo.

riannebbiàre [comp. di *ri-* e *annebbiare*] **A** v. tr. (*io riannébbio*) ● (*raro*) Annebbiare di nuovo. **B** v. intr. pron. ● Tornare ad annebbiarsi (*spec. fig.*): *mi si è riannebbiata la mente.*

riannessióne [comp. di *ri-* e *annessione*; 1872] s. f. ● Nuova annessione: *chiedere la r. di una zona di confine.*

riannèsso o **riannésso** part. pass. di *riannettere*; anche agg. ● (*raro*) Nel sign. del v.

riannèttere o **riannéttere** [comp. di *ri-* e *annettere*; 1872] v. tr. (coniug. come *annettere*) ● Annettere di nuovo: *r. una zona, un territorio.*

riànno ● V. *riavere.*

riannodàre o **rannodàre** [comp. di *ri-* e *annodare*; 1870] **A** v. tr. (*io riannòdo*) ● Annodare di nuovo (*anche fig.*): *r. le cocche di un fazzoletto; r. una relazione amorosa.* **B** v. intr. pron. ● Annodarsi, allacciarsi di nuovo.

riannunziàre [comp. di *ri-* e *annunziare*] v. tr. (*io riannùnzio*) ● Annunciare di nuovo.

riannuvolàre [comp. di *ri-* e *annuvolare*] v. intr. e intr. pron. (*io riannùvolo*; aus. *essere*) ● Tornare ad annuvolarsi: *il cielo era riannuvolato; l'orizzonte si riannuvola.*

riapèrto [1575] part. pass. di *riaprire*; anche agg. ● Di nuovo aperto.

riapertùra [comp. di *ri-* e *apertura*; 1872] s. f. *1* Nuova apertura (*anche in senso fig.*): *r. di una ferita.* *2* Ripresa di attività o di rapporti col pubblico, di luoghi, enti, istituti, ecc.: *la r. delle scuole, di un teatro; la r. del Parlamento.* *3* Ripresa di un procedimento di fallimento o di una fase di istruzione penale per il sopravvenuto verificarsi di fatti indicati dalla legge: *r. del fallimento; r. dell'istruzione di un processo.*

riappaciàre ● V. *rappaciare.*

riappacificàre e *deriv.* ● V. *rappacificare* e *deriv.*

riappaltàre [comp. di *ri-* e *appaltare*; 1872] v. tr. ● Appaltare di nuovo | Appaltare ad altri l'impresa assunta precedentemente in appalto.

riappaltatóre [comp. di *ri-* e *appaltatore*; 1872] s. m. (f. *-trice*) ● Chi ridà ad altri un appalto precedentemente assunto.

riappàlto [comp. di *ri-* e *appalto*; 1831] s. m. ● Appalto ad altri di un lavoro già preso in appalto. SIN. Subappalto.

riapparecchiàre [comp. di *ri-* e *apparecchiare*; 1923] v. tr. (*io riapparécchio*) ● Apparecchiare di nuovo (*anche assol.*): *r. la tavola per la cena; è ora di r.*

riapparigliàre [comp. di *ri-* e *appariglare* (*1*)] v. tr. (*io riapparìglio*) ● Appariglare di nuovo.

riapparire o †**rapparire** [comp. di *ri-* e *apparire*; av. 1294] v. intr. (coniug. come *apparire*; aus. *essere*) ● Apparire nuovamente: *le comete riappaiono a intervalli fissi.*

riapparizióne [comp. di *ri-* e *apparizione*; 1870] s. f. ● Ricomparsa: *la r. dei sintomi di una malattia.*

riappàrso part. pass. di *riapparire*; anche agg. ● (*raro*) Ricomparso: *facce inaspettate, riapparse da lontano.*

riappassionàre [comp. di *ri-* e *appassionare*; 1877] **A** v. tr. (*io riappassióno*) ● Appassionare di nuovo: *r. qlcu. a un'attività.* **B** v. intr. pron. ● Appassionarsi di nuovo: *riappassionarsi al proprio lavoro.*

riappassire [comp. di *ri-* e *appassire*] v. intr. e intr. pron. (*io riappassìsco, tu riappassìsci*; aus. *essere*) ● Appassire di nuovo.

riappèndere [comp. di *ri-* e *appendere*; 1937] v. tr. (coniug. come *appendere*) ● Appendere di nuovo | Riagganciare (*anche assol.*).

riappéso part. pass. di *riappendere* ● Nel sign. del v.

riappianàre o †**rappianàre** [comp. di *ri-* e *appianare*; 1840] v. tr. ● Appianare di nuovo.

riappiccàre o (*raro*) **rappiccàre** [comp. di *ri-* e *appiccare*; av. 1803] **A** v. tr. (*io riappìcco, tu riappìcchi*) ● Appendere di nuovo | Riattaccare. **B** v. intr. pron. ● (*lett.*) Stringersi, avvicinarsi a qlcu. | Incontrarsi di nuovo con qlcu.

riappiccicàre o (*raro*) **rappiccicàre** [comp. di *ri-* e *appiccicare*; 1872] **A** v. tr. (*io riappìccico, tu riappìccichi*) ● Appiccicare nuovamente: *r. un francobollo.* **B** v. intr. pron. ● Appiccicarsi di nuovo (*anche fig.*): *quei fogli si sono riappiccicati al tavolo; quella seccatrice anche oggi mi si è riappiccicata.*

riappigionàre [comp. di *ri-* e *appigionare*] v. tr. (*io riappigióno*) ● (*disus.* o *region.*) Appigionare di nuovo | Subaffittare.

riappisolàrsi o **rappisolàrsi** [comp. di *ri-* e *appisolarsi*; 1891] v. intr. pron. (*io mi riappìsolo*) ● Appisolarsi di nuovo: *svegliarsi e riappisolarsi dopo breve tempo.*

riapplaudire [comp. di *ri-* e *applaudire*] v. tr. e intr. (*io riapplàudo*, o *riapplaudìsco, tu riapplàudi* o *riapplaudìsci*; aus. *avere*) ● Applaudire di nuovo.

riapplicàre [comp. di *ri-* e *applicare*; 1619] **A** v. tr. (*io riàpplico, tu riàpplichi*) ● Applicare di nuovo: *r. un'etichetta a una bottiglia.* **B** v. intr. pron. ● Applicarsi di nuovo: *mi riapplicavo allo studio.*

riappoggiàre [comp. di *ri-* e *appoggiare*; 1886] **A** v. tr. (*io riappòggio*) ● Appoggiare di nuovo. **B** v. rifl. ● Appoggiarsi di nuovo.

riapprèndere [comp. di *ri-* e *apprendere*; 1910] **A** v. tr. (coniug. come *prendere*) ● Apprendere di nuovo. **B** v. intr. pron. ● (*raro, lett.*) Divampare di nuovo, detto del fuoco.

riappréso part. pass. di *riapprendere* ● Nei sign. del v.

riappressàre [comp. di *ri-* e *appressare*] **A** v. tr. (*io riapprèsso*) ● (*lett.*) Avvicinare di nuovo. **B** v. rifl. ● (*raro*) Riavvicinarsi.

riapprodàre [comp. di *ri-* e *approdare* (*1*)] v. intr. (*io riappròdo*; aus. *essere* e *avere*) ● Approdare di nuovo (*anche fig.*).

riappropriàre o †**rappropriàre** nel sign. A [comp. di *ri-* e *appropriare*] **A** v. tr. (*io riappròprio*) ● †Fare proprio. **B** v. intr. pron. ● Prendere di nuovo possesso di qlco., anche di un bene non materiale: *riappropriarsi di un podere; del tempo libero.*

riappropriazióne [1983] s. f. ● Il riappropriarsi.

riapprossimàre o (*raro*) **rapprossimàre** [comp. di *ri-* e *approssimare*] **A** v. tr. (*io riappròssimo*) ● (*lett., raro*) Riavvicinare. **B** v. intr. pron. ● Riavvicinarsi.

riapprovàre [comp. di *ri-* e *approvare*; 1872] **v. tr.** (*io riappròvo*) ● Approvare di nuovo: *r. una proposta di legge.*

riappuntàre [comp. di *ri-* e *appuntare* (*1*); 1868] **v. tr.** ● Appuntare di nuovo.

riappuntellàre [comp. di *ri-* e *appuntellare*; 1842] **v. tr.** (*io riappuntèllo*) ● Appuntellare di nuovo o meglio: *r. dei pali di sostegno.*

riapriménto [1673] **s. m.** ● (*raro, lett.*) Riapertura.

riaprire [comp. di *ri-* e *aprire*; 1546] **A v. tr.** (coniug. come *aprire*) **1** Aprire di nuovo: *r. una cassa* | ***R. una ferita, una piaga,*** (*fig.*) rinnovare un dolore, un ricordo molto triste | ***R. gli occhi,*** (*fig.*) disilludersi. **2** (*fig.*) Ricominciare, riprendere un'attività, una funzione, spec. nei riguardi del pubblico: *r. un negozio, una scuola*; *r. le iscrizioni all'Università* | ***R. bottega,*** riprendere un commercio interrotto o cessato. **B v. intr.** (aus. *avere*) ● Riprendere l'attività: *la banca riapre alle quindici.* **C v. intr. pron.** ● Aprirsi nuovamente: *il negozio si è riaperto il mese scorso.*

†**riapritùra** **s. f.** ● Riapertura.

riaràre [comp. di *ri-* e *arare*] **v. tr.** ● Arare di nuovo.

riàrdere [comp. di *ri-* e *ardere*; av. 1320] **A v. tr.** (coniug. come *ardere*) **1** Ardere di nuovo | (*lett.*) Ardere interamente o completamente (*spec. fig.*): *Fu il sangue mio d'invidia sì riarso* (DANTE *Purg.* XIV, 82). **2** (*est.*) Disseccare, inaridire. **3** †Esaurire, consumare. **B v. intr.** (aus. *essere*) **1** Ardere, bruciare: *le fiamme riarsero all'improvviso.* **2** Accendersi di nuovo.

riarginàre [comp. di *ri-* e *arginare*; 1870] **v. tr.** (*io riàrgino*) ● Arginare di nuovo.

riarmaménto [1872] **s. m.** ● Il riarmare | Riarmo.

riarmàre [comp. di *ri-* e *armare*; 1614] **A v. tr.** **1** Armare di nuovo | Fornire di nuove armi: *r. un paese.* **2** In un'arma automatica, riportare il colpo in canna. **3** (*est.*) Provvedere nuovamente di attrezzatura: *r. una nave* | Rimettere in sesto, in efficienza: *r. un edificio.* **B v. rifl.** ● Fornirsi di nuove armi. **C v. intr.** (aus. *avere*) ● Provvedersi nuovamente di armi: *alcune nazioni sconfitte riarmano.*

riarmatùra [1872] **s. f.** ● Operazione del riarmare spec. provvedendo di nuove strutture e sim.: *r. di una nave.*

riàrmo [1935] **s. m.** **1** Il riarmare, il riarmarsi | ***Corsa al r.,*** fase durante la quale uno Stato aumenta le spese militari e provvede all'incremento delle forze armate e del proprio potenziale bellico | (*fig.*) ***R. morale,*** impegno in vista di un rinnovamento delle coscienze. **2** In un'arma automatica, insieme delle operazioni che riportano il colpo in canna.

riàrso [1319] **part. pass.** di *riardere*; anche **agg.** **1** Bruciato dal fuoco. **2** Secco per eccessiva aridità: *terra riarsa*; *l'incartocciarsi della foglia / riarsa* (MONTALE) | (*est.*) Secco, asciutto: *aveva le labbra e la gola riarse quasi per febbre* (NIEVO) | (*est.*) Torrido: *pomeriggio r.*

rias /*sp.* *r:ias/ ● V. *ria*.

riascéndere o **riascèndere** [comp. di *ri-* e *ascendere*; 1766] **v. intr.** (coniug. come *scendere*; aus. *essere*) ● (*raro*) Salire di nuovo.

riascéso **part. pass.** di *riascendere* ● (*raro*) Nel sign. del v.

riasciugàre o (*raro*) **rasciugàre** [comp. di *ri-* e *asciugare*; av. 1712] **A v. tr.** (*io riasciùgo, tu riasciùghi*) ● Asciugare nuovamente. **B v. intr. pron.** e **rifl.** ● Asciugarsi di nuovo.

riasciugàto **part. pass.** di *riasciugare*; anche **agg.** ● Nel sign. del v.

riascoltàre [comp. di *ri-* e *ascoltare*; av. 1729] **v. tr.** (*io riascólto*) ● Ascoltare di nuovo: *r. un concerto sinfonico.*

riaspettàre o †**raspettàre** [comp. di *ri-* e *aspettare*] **v. tr.** (*io riaspètto*) ● Aspettare di nuovo (*anche assol.*).

riassaggiàre o †**rassaggiàre** [comp. di *ri-* e *assaggiare*] **v. tr.** (*io riassàggio*) ● Assaggiare di nuovo: *r. un dolce.*

riassalire o †**rassalire** [comp. di *ri-* e *assalire*; 1525] **v. tr.** (coniug. come *assalire*) ● Tornare ad assalire: *r. una trincea nemica.*

riassaltàre o †**rassaltàre** [comp. di *ri-* e *assaltare*; sec. XVIII] **v. tr.** ● Assaltare di nuovo.

riassaporàre [comp. di *ri-* e *assaporare*; 1677] **v. tr.** (*io riassapóro*) ● Assaporare di nuovo (*anche fig.*): *r. un vino*; *r. il successo.*

riassediàre [comp. di *ri-* e *assediare*] **v. tr.** (*io riassèdio*) ● Assediare di nuovo.

riassegnàre [comp. di *ri-* e *assegnare*; 1872] **v. tr.** (*io riasségno*) ● Assegnare di nuovo: *r. una sede a un professore*; *r. un compito.*

riassestaménto [1924] **s. m.** ● Risistemazione, riordino di qlco., spec. per ristabilire o potenziare la funzionalità e l'efficienza di una struttura produttiva: *per snellire le vendite, abbiamo iniziato il r. dell'ufficio spedizioni* | Ritorno a una condizione di stabilità: *il r. del terreno dopo la frana.*

riassestàre o **rassestàre** [comp. di *ri-* e *assestare*; 1803] **A v. tr.** (*io riassèsto*) **1** Rimettere in sesto ciò che era in disordine o in cattivo stato (*anche fig.*): *r. i conti di cassa*; *r. l'arredamento di una casa.* **2** Rimettere in relativo ordine: *ho rassestato gli armadi come ho potuto.* **B v. rifl.** ● Mettersi più comodo: *Si riassesta sullo scomodo trespolo* (CALVINO) | (*fig.*) Sistemarsi, riadattarsi. **C v. intr. pron.** ● Subire un nuovo assestamento: *dopo il terremoto, il terreno si è riassestato.*

riassettàre ● V. *rassettare*.

riassètto [1872] **s. m.** **1** Il riassettare (*anche fig.*): *il r. di una stanza*; *r. di un bilancio.* **2** Nuovo ordinamento: *il r. delle carriere statali.*

riassicuràre o (*raro*) **rassicuràre** [comp. di *ri-* e †*assicurare*; 1699] **A v. tr.** **1** (*lett.*) Assicurare di nuovo. **2** (*dir.*) Assicurare rinnovando il contratto di assicurazione: *r. la macchina per un valore maggiore.* **3** (*dir.*) Assicurare stipulando un contratto di riassicurazione. **B v. rifl.** ● Assicurarsi di nuovo.

riassicuratóre [1835] **s. m.**; anche **agg.** (f. *-trice*) ● Chi riassicura.

riassicurazióne [1872] **s. f.** **1** (*raro*) Il riassicurare, il riassicurarsi. **2** (*dir.*) Contratto con cui l'assicuratore assicura in tutto o in parte presso un altro assicuratore i rischi assunti nei confronti dei propri assicurati.

riassociàre [comp. di *ri-* e *associare*; 1877] **A v. tr.** (*io riassòcio*) ● Tornare ad associare. **B v. rifl.** ● Associarsi di nuovo: *riassociarsi a un circolo sportivo.*

riassoggettàre [comp. di *ri-* e *assoggettare*] **v. tr.** e **rifl.** (*io riassoggètto*) ● Assoggettare o assoggettarsi di nuovo: *r. un popolo libero.*

riassoldàre [comp. di *ri-* e *assoldare*; 1877] **v. tr.** (*io riassòldo*) ● Assoldare di nuovo.

riassopire [comp. di *ri-* e *assopire*; 1884] **A v. tr.** (*io riassopisco, tu riassopisci*) ● Assopire di nuovo. **B v. intr. pron.** ● Assopirsi di nuovo: *svegliarsi e riassopirsi di continuo.*

riassorbìbile **agg.** ● Detto di ciò che si può riassorbire.

riassorbiménto [av. 1758] **s. m.** ● Nuovo o completo assorbimento (*anche fig.*): *controllare il r. di un liquido in un tessuto*; *r. di un ematoma*; *r. di capitali, di operai specializzati.*

riassorbire [comp. di *ri-* e *assorbire*; av. 1698] **A v. tr.** (*io riassòrbo* o *riassorbisco, tu riassòrbi* o *riassorbisci*) **1** Assorbire di nuovo o del tutto (*anche fig.*): *il terreno riassorbì l'acqua piovana*; *i nuovi guadagni saranno riassorbiti da altri investimenti.* **2** (*fig.*) Nel linguaggio dei cronisti del ciclismo, raggiungere chi è in fuga: *il fuggitivo venne riassorbito dal gruppo.* **B v. intr. pron.** ● Essere nuovamente assorbito.

riassortiménto [comp. di *ri-* e *assortimento*] **s. m.** ● (*comm.*) Nuovo assortimento di merci.

riassottigliàre o (*raro*) **rassottigliàre** [comp. di *ri-* e *assottigliare*] **A v. tr.** (*io riassottìglio*) ● Assottigliare nuovamente. **B v. intr. pron.** ● Assottigliarsi di nuovo.

♦**riassùmere** o †**rassùmere**, †**reassùmere** [comp. di *ri-* e *assumere*; 1342] **v. tr.** (coniug. come *assumere*) **1** Riprendere: *r. le funzioni* | Accogliere come lavoratore subordinato qlcu. precedentemente già stato alle proprie dipendenze: *r. un operaio licenziato.* **2** Compendiare, condensare il contenuto di scritti o discorsi: *r. una novella del Boccaccio*; *r. brevemente un comizio politico* | ***Riassumendo,*** in breve, in conclusione. SIN. Ricapitolare, riepilogare.

riassumìbile [1893] **agg.** **1** Che si può assumere di nuovo: *impiegati non riassumibili*; *impegno difficilmente r.* **2** Che si può riassumere, detto di discorso, scritto, pensiero, ecc.: *pagine, idee poco riassumibili.* SIN. Compendiabile.

riassuntìvo [da *riassunto*; 1872] **agg.** ● Che serve, tende a riassumere, a compendiare: *capitolo r.*; *introduzione riassuntiva* | Che contiene un riassunto: *cenno r.* || **riassuntivaménte**, **avv.**

♦**riassùnto** [1342] **A part. pass.** di *riassumere*; anche **agg.** ● Nei sign. del v.: *operaio r.*; *un articolo r. in poche righe.* **B s. m.** ● Esposizione sintetica del contenuto di un testo, di un discorso, di uno spettacolo e sim: *r. scritto, orale*; *fammi un r. dei fatti*; *mi ha fatto un breve r. della tua relazione.* SIN. Compendio, riepilogo, sommario. || **riassuntino**, **dim.**

riassunzióne [comp. di *ri-* e *assunzione*; 1657] **s. f.** ● Nuova assunzione: *r. in servizio del personale di una ditta*; *la r. del potere da parte dell'esercito* | ***R. del processo,*** serie di atti procedurali che ne consentono la ripresa dopo che esso è stato sospeso o interrotto | ***R. della causa,*** necessaria per consentirne il proseguimento davanti al giudice dichiarato competente.

riattaccaménto **s. m.** ● (*raro*) Il riattaccare.

riattaccàre o †**rattaccàre** [comp. di *ri-* e *attaccare*; av. 1400] **A v. tr.** (*io riattàcco, tu riattàcchi*) **1** Attaccare di nuovo: *r. un gancio alla gonna*; *r. i cavalli al carro.* **2** Riprendere, ricominciare immediatamente o dopo una breve sosta (*anche assol.*): *r. battaglia*; *r. il discorso con qlcu.*; *appena finito di mangiare, ha riattaccato.* **3** (*assol., fam.*) Concludere, interrompere una telefonata: *ha riattaccato senza una parola.* **B v. rifl.** e **intr. pron.** **1** Tornare ad attaccarsi: *con quella colla il manico della tazza si è riattaccato.* **2** (*lett.*) Collegarsi.

riattaménto [av. 1758] **s. m.** ● Il riattare | Ristrutturazione, restauro: *il r. di una casa, di una fabbrica.*

riattàre [comp. di *ri-* e *attare* (frequentemente attestato nell'it. ant.), dal lat. tardo *aptāre* 'rendere atto, accomodare'; av. 1758] **v. tr.** ● Riparare o riadattare qlco. per renderla nuovamente atta all'uso: *r. una strada, un fabbricato, un abito.*

riattèndere [comp. di *ri-* e *attendere*] **A v. tr.** (coniug. come *tendere*) ● (*raro*) Attendere di nuovo. **B v. intr.** (aus. *avere*) ● (*lett.*) Badare, dedicarsi di nuovo a qlco.: *r. allo studio*; *riattenderemo presto alle nostre occupazioni.*

riattéso **part. pass.** di *riattendere*; anche **agg.** ● (*raro*) Nei sign. del v.

riattingere [comp. di *ri-* e *attingere*; 1877] **v. tr.** (coniug. come *attingere*) ● Attingere di nuovo | (*fig., lett.*) Recuperare: *Se… tu riattingessi da me la fede* (D'ANNUNZIO).

riattinto **part. pass.** di *riattingere* ● (*raro*) Nel sign. del v.

riattivàre [comp. di *ri-* e *attivare*; 1831] **v. tr.** ● Attivare di nuovo rimettendo in moto, in efficienza: *r. una linea tranviaria*; *r. il commercio all'ingrosso.*

riattivazióne [1810] **s. f.** ● Ripristino dell'efficienza, della funzionalità di qlco.

riattizzàre nel sign. 2 o (*lett.*) **rattizzàre** [comp. di *ri-* e *attizzare*; 1585] **v. tr.** **1** Attizzare. **2** Attizzare nuovamente: *r. le braci nel caminetto* | (*fig.*) Rinfocolare: *r. la maldicenza, la passione, l'invidia di qlcu.* SIN. Riaccendere.

riattràrre [comp. di *ri-* e *attrarre*] **A v. tr.** (coniug. come *trarre*) ● Attrarre di nuovo | (*lett.*) Interessare: *un impulso riattraevami a Plinio* (FOSCOLO). **B v. rifl. rec.** ● Attrarsi di nuovo.

riattràtto **part. pass.** di *riattrarre*; anche **agg.** ● (*raro*) Nei sign. del v. | (*lett.*) Conquistato: *mi sentii r. e convertito… alla monarchia* (CARDUCCI).

riattraversàre [comp. di *ri-* e *attraversare*; 1869] **v. tr.** (*io riattravèrso*) ● Attraversare di nuovo.

riauguràre [comp. di *ri-* e *augurare*] **v. tr.** (*io riàuguro*) ● Augurare di nuovo.

riavére [comp. di *ri-* e *avere* (*1*); 1305] **A v. tr.** (*io riò, tu riài, egli rià, essi riànno,* nelle altre forme coniug. come *avere*) ATTENZIONE: *riò* e *rià* si scrivono con l'accento. **1** Avere di nuovo: *r. la parola nell'assemblea* | Avere in restituzione: *non sono riuscito a r. i miei libri.* **2** Recuperare, riacquistare: *riebbe all'improvviso la vista.* **B v. intr. pron.** **1** Recuperare vigore, rimettersi in salute, in forze: *dopo la lunga infermità, sta riavendosi* | (*fig.*) Tornare ad avere dominio di sé, riacquistare coraggio: *riaversi dallo stordimento, da un brutto colpo, dallo spavento* | (*assol.*) Rinvenire: *non riesce a riaversi.* **2** Rifarsi da perdite economiche, dissesti finanziari e sim.: *dopo il fallimento, non si è più ria-*

vuto.

riàvolo [lat. *rutābulu(m)*, da *rŭere* 'precipitare, ammassare', di orig. indeur., detto così perché serviva a smuovere il fuoco; 1612] **s. m.** ● Lunga asta di ferro incurvata e appiattita all'estremità, usata per rimestare e impastare masse vetrose e metalli fusi, attizzare il carbone e togliere le ceneri nei forni.

riavùto **part. pass.** di *riavere*; anche **agg.** ● Nei sign. del v. | (*fig.*) Ritornato in sé: *riavutosi dalla sorpresa, si alzò*; *il conte / r. dal colpo anco ne geme* (TASSO).

riavvallàre [comp. di *ri-* e *avvallare*] **v. intr.** e **intr. pron.** (aus. *essere*) ● (*lett.*) Avvallarsi ancora.

riavvampàre [comp. di *ri-* e *avvampare*; 1883] **v. intr.** (aus. *essere*) ● Avvampare nuovamente.

riavvelenàre [comp. di *ri-* e *avvelenare*] **v. tr.** (*io riavveléno*) ● Avvelenare di nuovo.

riavventàre [comp. di *ri-* e *avventare*] **A v. tr.** (*io riavvènto*) ● Avventare di nuovo. **B v. rifl.** ● Tornarsi ad avventare.

riavvertìre [comp. di *ri-* e *avvertire*] **v. tr.** (*io riavvèrto*) ● Avvertire di nuovo: *D'improvviso, riavverte l'odore d'ospedale* (CALVINO).

riavvezzàre [comp. di *ri-* e *avvezzare*; 1803] **A v. tr.** (*io riavvézzo*) ● (*raro* o *lett.*) Riabituare. **B v. intr. pron.** ● Riabituarsi.

riavvicinaménto [1884] **s. m.** ● Avvicinamento; nuovo avvicinamento: *ha ottenuto un r. alla sua città natale* | (*fig.*) Riconciliazione: *dopo il litigio, ha tentato un r.*

riavvicinàre o †**ravvicinàre** [comp. di *ri-* e *avvicinare*; 1612] **A v. tr.** ● Avvicinare di nuovo, rimettere vicino (*anche fig.*): *r. il bicchiere alla bottiglia*; *r. due persone in disaccordo.* **B v. rifl.** ● Riaccostarsi (*anche fig.*): *si è riavvicinato ai genitori.* **C v. rifl. rec.** ● Avvicinarsi di nuovo reciprocamente | (*fig.*) Riconciliarsi.

riavvincere [comp. di *ri-* e *avvincere*] **v. tr.** (coniug. come *vincere*) ● (*lett.*) Avvincere di nuovo.

riavvinto **part. pass.** di *riavvincere* ● (*raro, lett.*) Nel sign. del v.

riavvòlgere [comp. di *ri-* e *avvolgere*; 1872] **A v. tr.** (coniug. come *volgere*) ● Avvolgere nuovamente o più volte. **B v. intr. pron.** ● Tornare ad avvolgersi.

riavvolgiménto [comp. di *ri-* e *avvolgimento*; 1973] **s. m.** ● Il riavvolgere, il riavvolgersi nella stessa sede: *r. del nastro magnetico.*

riavvòlto **part. pass.** di *riavvolgere* ● Nei sign. del v.

†**riazióne** ● V. *reazione.*

riazzonaménto [da *riazzonare*; 1986] **s. m.** ● Nuova e diversa suddivisione in zone territoriali, effettuata da un ente pubblico o privato che funziona mediante strutture locali: *r. delle unità sanitarie locali.*

riazzuffàrsi (o **-zz-**) o (*raro, lett.*) **razzuffàrsi** (o **-zz-**) [comp. di *ri-* e *azzuffarsi*] **v. intr. pron.** ● Azzuffarsi di nuovo.

RIBA [da *ri(cevuta) ba(ncaria)*; 1987] **s. f. inv.** ● Ricevuta bancaria.

ribaciàre [comp. di *ri-* e *baciare* (*1*); 1344] **A v. tr.** (*io ribàcio*) ● Baciare di nuovo o a propria volta. **B v. rifl. rec.** ● Baciarsi di nuovo.

ribadìbile [da *ribadire*] **agg.** ● Che si può ribadire (*spec. fig.*): *è un'affermazione non r.*

ribadibilità **s. f.** ● Condizione di ciò che è ribadibile.

ribadiménto [1726] **s. m.** ● (*raro*) Ribaditura | (*fig.*) Decisa riconferma, riaffermazione: *il r. di un'idea, di una certezza.*

ribadìre [etim. incerta, ma da avvicinare, almeno lontanamente o per etim. pop., a *badile* e *ribattere*; 1313] **A v. tr.** (*io ribadisco, tu ribadisci*) **1** Ritorcere col martello la punta del chiodo conficcato e farla rientrare nel legno affinché stringa più forte | ***R. le catene***, (*fig.*) accrescere l'oppressione, rendere più dura la schiavitù | ***R. qlco. nella mente, in testa a qlcu.***, ripetere più volte per ficcare bene in testa, detto spec. di idee, convinzioni, massime e sim. **2** (*fig.*) Ripetere, riaffermare con decisione, con altre ragioni o nuovi argomenti: *r. un concetto*; *r. l'accusa.* **B v. intr. pron.** ● (*lett., fig.*) Radicarsi: *si è ribadita in lui una nuova convinzione.*

ribadito **part. pass.** di *ribadire*; anche **agg.** ● Nei sign. del v.

ribaditóio [1940] **s. m.** ● Strumento per ribadire i chiodi.

ribaditrìce [1935] **s. f.** ● Macchina per ribadire, a caldo o a freddo, chiodi, perni e sim. mediante pressione statica.

ribaditùra [sec. XIV] **s. f.** **1** Operazione del ribadire. **2** La parte ribadita del chiodo.

ribadocchìno [fr. *ribaudequin*, da avvicinare a *ribaud* 'ribaldo'; 1835] **s. m.** ● Antica bocca da fuoco di piccolo calibro, in ferro o bronzo, che lanciava palle di ferro di circa una libbra.

ribagnàre [comp. di *ri-* e *bagnare*] **A v. tr.** ● Bagnare di nuovo. **B v. rifl.** ● Bagnarsi di nuovo.

ribàlda o **rubàlda** [da *ribaldo*, perché indossata dai soldati così chiamati nel Medioevo; 1481] **s. f.** ● Nel Medioevo, parte dell'armatura che proteggeva la testa.

†**ribaldàggine** [1686] **s. f.** ● Ribalderia, scelleratezza.

ribaldàglia [1690] **s. f.** ● (*raro*) Massa di ribaldi | (*est., lett.*) Marmaglia.

ribalderìa o †**rubalderìa** [sec. XIV] **s. f.** **1** Caratteristica di chi è ribaldo: *la sua r. è nota a tutti.* **SIN.** Furfanteria, scelleratezza. **2** Azione da ribaldo: *sta scontando le sue ribalderie.* **SIN.** Furfanteria, scelleratezza. **3** (*lett., fig.*) Opera di scarso valore.

ribàldo o †**rubàldo** [ant. fr. *ribaud*, dall'ant. alto ted. *hrība* 'donna di malaffare'; sec. XIII] **A s. m.** **1** (*mil.*) Nel Medioevo, individuo di bassa condizione che si accodava agli eserciti formando delle bande dedite spec. ai saccheggi. **2** (*est.*) Scellerato, briccone: *è un'impresa da r.* **SIN.** Furfante, mascalzone. **3** (*est.*) †Vagabondo, sciagurato. **B agg.** ● Perverso, scellerato | Spavaldo, sfrontato: *perfettamente sicura di sé, con quella sua aria sempre un po' ribalda* (BUZZATI). || **ribaldàccio**, **pegg.** | **ribaldèllo**, **dim.** | **ribaldino**, **dim.** | **ribaldonàccio**, **accr. pegg.** | **ribaldóne**, **accr.**

ribalenàre [comp. di *ri-* e *balenare*; 1884] **v. intr.** (*io ribaléno*; aus. *essere*) ● Balenare di nuovo (*spec. fig.*): *mi ribalena alla mente il tuo discorso.*

riballàre [comp. di *ri-* e *ballare*] **v. tr.** e **intr.** (aus. *avere*) ● Ballare di nuovo.

ribàlta [da *ribaltare*; 1303] **s. f.** **1** Piano, sportello e sim. che, imperniato orizzontalmente, può essere alzato e abbassato | (*est.*) Cassettone munito di piano ribaltabile che fa da scrittoio | ***Letto a r.***, col piano imperniato a una parete o a un mobile. **2** (*teat.*) Lunga tavola di legno fissata con cerniere al proscenio, che, se ribaltata, impediva alle luci di proscenio di illuminare la scena | ***Luci della r.***, (*est., fig.*) il teatro, l'attività teatrale | Correntemente, proscenio | ***Venire, salire alla r.***, (*fig.*) acquistare notorietà e importanza pubblica, emergere per doti e meriti personali o professionali. || **ribaltina**, **dim.** (V.).

ribaltàbile [1955] **agg.** ● Che si può rovesciare, ribaltare (*anche fig.*): *sedile r.*; *una sentenza difficilmente r.* | ***Cassone r.***, cassone di autocarro e sim. inclinabile, per scaricare materiali alla rinfusa.

ribaltaménto [1931] **s. m.** ● Capovolgimento, rovesciamento | (*sport*) In ginnastica artistica, rotazione del corpo di 360° intorno all'asse sagittale o trasversale, in avanti o indietro, con fase di volo tra l'appoggio delle mani e dei piedi.

ribaltàre [da *balta*, col pref. *ri-*; av. 1557] **A v. tr.** ● Mandare sottosopra, rovesciare: *r. una carrozza* | (*fig.*) Far cadere: *A Roma hanno ribaltato il Ministero* (SVEVO) | (*fig.*) Mutare radicalmente qlco.: *r. una situazione.* **SIN.** Capovolgere. **B v. intr.** e **intr. pron.** (aus. *essere*) ● Rovesciarsi, andare sottosopra: *il carro è ribaltato*; *si sono ribaltati molti veicoli.*

ribaltàto **part. pass.** di *ribaltare*; anche **agg.** ● Nei sign. del v.

ribaltatùra [av. 1767] **s. f.** ● (*disus.*) Ribaltamento di veicoli.

ribaltìna [1970] **s. f.** **1** Dim. di *ribalta.* **2** Piccola scrivania a ribalta, spec. antica. **3** (*edit.*) Parte della sopraccoperta di un libro ripiegata in dentro, in cui sono succintamente riportate notizie riguardanti l'autore. **SIN.** Aletta.

ribaltóne [da *ribaltare*; 1872] **s. m.** **1** (*fam.*) Improvviso e violento sussulto di un veicolo che ribalta o sta per ribaltare | (*fig.*) Improvviso dissesto economico. **2** (*est., fig.*) Rovesciamento improvviso e radicale spec. del quadro politico: *l'alleanza tra i due partiti fu uno storico r.*

†**ribalzaménto** [av. 1642] **s. m.** ● Rimbalzo.

ribalzàre [comp. di *ri-* e *balzare*; 1623] **v. intr.** (aus. *essere*) **1** (*raro*) Balzare di nuovo. **2** Rimbalzare.

†**ribàlzo** [1453] **s. m.** ● Ribalzo.

ribandìre [comp. di *ri-* e *bandire*; 1312] **v. tr.** (*io ribandisco, tu ribandisci*) **1** (*raro*) Bandire di nuovo. **2** †Richiamare dall'esilio chi è stato bandito.

ribarattàre [comp. di *ri-* e *barattare*] **v. tr.** ● Barattare di nuovo.

ribassaménto [1959] **s. m.** ● (*raro*) Diminuzione | Ribasso.

ribassàre [da *basso*, col pref. *ri-*; 1801] **A v. tr.** ● Abbassare, diminuire un costo, una spesa e sim.: *la concorrenza ha ribassato i prezzi.* **B v. intr.** (aus. *essere*) ● Diminuire di prezzo o di valore: *il cambio è ribassato.*

ribassàto **part. pass.** di *ribassare*; anche **agg.** ● Nei sign. del v. | (*arch.*) ***Arco*** (***a sesto***) ***r.***, V. *arco*, sign. 3.

ribassista [1891] **A s. m.** e **f.** (pl. m. *-i*) ● (*borsa*) Chi effettua speculazioni al ribasso, prevedendo diminuzioni nel corso dei titoli. **B agg.** ● Detto di tendenza o aspettativa al ribasso dei corsi o prezzi di mercato. **CONTR.** Rialzista.

♦**ribàsso** [da *ribassare*; 1745] **s. m.** **1** Diminuzione, calo, abbassamento, spec. detto di prezzi o valori | (*fam.*) ***Fare un r.***, diminuire di prezzo facendo sconti | ***Ondata di r.***, repentino e simultaneo abbassamento di prezzi su tutti i generi | ***Vendere a r.***, praticando forti sconti, come durante le liquidazioni | ***Essere in r.***, (*fig.*) avere perduto stima, importanza, autorità e sim. **2** (*borsa*) Diminuzione nel corso dei titoli | ***Giocare al r.***, ritenere che la quotazione di un titolo mobiliare sia destinata al ribasso e comportarsi di conseguenza realizzando il titolo anche allo scoperto.

ribastonàre [comp. di *ri-* e *bastonare*] **v. tr.** (*io ribastóno*) ● Bastonare di nuovo.

ribàttere [comp. di *ri-* e *battere*; 1313] **A v. tr.** (coniug. come *battere*) **1** Tornare a battere: *r. le coperte, i tappeti* | Battere più volte, anche frequentemente: *battere e r. un chiodo col martello* | (*fig.*, *assol.*) Insistere: *r. sulla stessa affermazione.* **2** Battere di rimando, per respingere: *r. la palla* | (*fig.*) Rintuzzare: *r. il colpo* | (*fig.*) Controbattere, confutare: *r. le ragioni avversarie* | (*fig.*) Contraddire, replicare (*anche assol.*): *r. le accuse nemiche*; *non ha il coraggio di r.* **3** Riscrivere a macchina: *ribatta due copie di questo dattiloscritto.* **4** †Riflettere, detto di un raggio di luce. **B v. intr.** (aus. *avere*) **1** (*raro*) Andare a battere, cadere riflettendosi, detto della luce. **2** (*fig.*) Insistere, perseverare | ***Batti e ribatti***, a forza di insistere | †Rinculare.

ribattezzàre [comp. di *ri-* e *battezzare*; av. 1396] **v. tr.** (*io ribattézzo*) **1** Battezzare nuovamente | (*fig.*, *scherz.*) ***R. il vino***, aggiungervi acqua. **2** (*fig.*) Dare un nuovo nome o un nome diverso: *hanno ribattezzato molte vie periferiche.*

ribattiménto [sec. XIV] **s. m.** **1** (*raro*) Ribattitura. **2** †Simmetria, riscontro.

ribattino [da *ribattere*; 1872] **s. m.** ● (*tecnol.*) Chiodo per lamiere o sim., che viene infilato in un foro praticato nelle parti da collegare e ribadito a freddo all'estremità sporgente. **SIN.** Rivetto.

ribattitóre [1872] **s. m.** (f. *-trice* raro) ● Chi ribatte, spec. una palla o un pallone.

ribattitùra [av. 1406] **s. f.** ● (*raro*) Operazione del ribattere: *r. di un chiodo* | Parte ribattuta.

ribattùta [1587] **s. f.** **1** Atto del ribattere, spec. in una sola volta. **2** Modifica apportata alla composizione di un giornale durante la stampa spec. per riferire ultime notizie | La pagina così modificata. **3** (*sport*) Nei giochi di palla, il colpo con cui questa viene rinviata.

ribattùto **part. pass.** di *ribattere*; anche **agg.** ● Nei sign. del v.

ribéca o †**rubéca** [ar. *rabāb* 'strumento mus. a corde', attraverso il provz. *rebeb*; av. 1400] **s. f.** ● Antico strumento a tre corde, suonato mediante archetto. ➡ **ILL. musica.**

ribeccàre [comp. di *ri-* e *beccare*] **v. tr.** (*io ribécco, tu ribécchi*) ● Beccare di nuovo | (*fig., lett.*) Controbattere.

ribechista [1872] **s. m.** e **f.** (pl. m. *-i*) ● Suonatore di ribeca.

†**ribellagióne** ● V. †*ribellazione.*

ribellaménto [av. 1292] **s. m.** ● (*raro, lett.*) Ribellione.

ribellànte [1313] **part. pres.** di *ribellare*; anche **agg.** ● (*lett.*) Che si ribella.

♦**ribellàre** o †**rebellàre**, †**rubellàre** [vc. dotta, lat. *rebellāre*, comp. di *re-* e *bellāre* 'far guerra'. V. *bellare*; sec. XIII] **A** v. tr. (*io ribèllo*) ● (*lett.*) Rendere ribelle contro un sovrano o uno Stato: *Ghino di Tacco… ribellò Radicofani alla Chiesa di Roma* (BOCCACCIO). **B** v. intr. pron. (assol.; + *a*) **1** Sollevarsi spec. in armi contro un'autorità, un governo, un sovrano e sim.: *non hanno ostinazione né nel difendersi né nel ribellarsi* (GUICCIARDINI); *i vescovi si ribellarono al Papa.* SIN. Insorgere. **2** (*est.*) Rifiutare di ubbidire, opporsi con violenza: *Voleva ribellarsi, parlare, e non poteva* (FOGAZZARO); *ribellarsi alla legge*; *si ribellò di fronte al sopruso.* SIN. Rivoltarsi.

†**ribellazióne** o †**ribellagióne**, †**rubellazióne** [vc. dotta, lat. *rebellatiōne(m)*, da *rebellāre* 'ribellare'; sec. XIII] s. f. ● Ribellione, rivolta.

ribèlle o †**rebèlle**, †**rebèllo**, †**ribèllo**, †**rubèllo** [vc. dotta, lat. *rebĕlle(m)*, propr. 'che rinnova la guerra', comp. di *re-* e *bĕllum* 'guerra'. V. *bellico* (*1*); 1312] **A** agg. **1** Che si ribella opponendosi a una legge o insorgendo contro l'autorità costituita: *i soldati ribelli saranno condannati.* **2** (*est.*) Che non vuole sottomettersi, rifiutando di ubbidire: *ragazzo r. all'autorità paterna* | (*est.*) Indocile: *temperamento r.* | (*fig.*) ***Malattia r.***, che non si lascia vincere dalle cure | (*fig.*) Che rimane in disordine: *aveva… gli occhi nascosti da molte ciocche ribelli* (D'ANNUNZIO). **3** †Ostile, nemico, contrario. **B** s. m. e f. ● Chi si ribella: *catturare i ribelli*; *quel giovane è diventato un r.*

ribellióne o †**rebellióne** [vc. dotta, lat. *rebelliōne(m)*, da *rebēllis* 'ribelle'; 1312] s. f. **1** Sollevazione spec. in armi e contro un'autorità costituita: *organizzare, scatenare, sedare una r.*; *r. a mano armata.* SIN. Insurrezione, rivolta. **2** (*est.*) Rifiuto di obbedienza: *è in aperta r. contro la famiglia* | Atteggiamento di malcontento, di insofferenza: *r. contro il conformismo, contro i soprusi.*

ribellismo [comp. di *ribelle* e *-ismo*; 1938] s. m. ● Tendenza a ribellarsi | Atteggiamento contestatore o protestatario, spec. in campo politico o sociale: *il r. studentesco si è espresso con alcune azioni dimostrative* | (*raro, est.*) Ostinata indocilità.

ribellista [da *ribellismo*; 1983] agg. (pl. m. *-i*) ● (*raro*) Ribellistico.

ribellistico [1944] agg. (pl. m. *-ci*) ● (*raro*) Che riguarda i ribelli o la ribellione: *attività ribellistiche* | (*spec. spreg.*) Che è proprio del ribellismo politico o sociale o ne ha il carattere: *astrazioni, velleità ribellistiche.*

†**ribèllo** ● V. *ribelle.*

ribenedire [comp. di *ri-* e *benedire*; 1525] v. tr. (coniug. come *benedire*) ● Benedire di nuovo | (*lett.*) Benedire per annullare una condanna o una maledizione, o per riconsacrare un luogo.

ribére o (*raro, pop.*) **ribévere** [comp. di *ri-* e *bere* (*1*); av. 1557] v. tr. (coniug. come *bere*) ● Bere di nuovo o di più.

ribes [ar. *rībās*; sec. XIV] s. m. inv. ● Genere delle Sassifragacee con varie specie arbustive spontanee in Europa e in Asia, con foglie lobate e dentate, fiori e frutti in grappolo (*Ribes*) | Comunemente, alcune specie di questo genere coltivate per le bacche commestibili: *r. rosso, r. nero.* ➡ ILL. **piante**/6.

ribévere ● V. *ribere.*

ribevùto part. pass. di *ribere* ● (*raro*) Nei sign. del v.

ribiondire [da *biondo*, col pref. *ri-*] v. tr. (*io ribiondisco, tu ribiondìsci*) ● (*raro, lett.*) Rendere biondo.

ribobinàre [comp. di *ri-* e del denom. di *bobina*: V. *sbobinare*] v. tr. ● Riavvolgere in bobina un filo, un nastro, una pellicola.

ribobolista [comp. di *ribobolo* e *-ista*; 1836] s. m. e f. (pl. m. *-i*) ● (*raro*) Chi usa troppi riboboli nella lingua scritta o parlata.

ribòbolo [vc. onomat.; sec. XV] s. m. ● (*tosc.*) Motto espressivo | (*lett.*) Modo di dire o frase spec. dell'uso toscano usati in un testo letterario. || **ribobolino**, dim.

riboccànte part. pres. di *riboccare*; anche agg. ● Nei sign. del v. | (*lett.*) Molto fornito: *le grandi barche riboccanti come cornucopie* (D'ANNUNZIO).

riboccàre [da *bocca*, col pref. *ri-*; sec. XIV] v. intr. (*io ribócco, tu ribócchi*; aus. *essere* se il sogg. è il liquido, *avere* se il sogg. è il recipiente) **1** †Traboccare, detto di liquidi e sim. **2** (*fig., lett.*) Essere pienissimo, sovrabbondare: *Le carceri riboccavano* (BACCHELLI). SIN. Traboccare, straripare.

†**ribócco** [da *riboccare*; av. 1406] s. m. ● Traboccamento | (*lett.*) Sovrabbondanza | ***A r.***, a profusione.

riboflavina [comp. di *ribo(sio)* e *flavina*; 1949] s. f. ● Vitamina B_2.

ribollènte part. pres. di *ribollire*; anche agg. ● Nei sign. del v. | (*lett.*) Eccitato, acceso: *questa mia r. alma nell'ira* (FOSCOLO).

ribolliménto [1542] s. m. **1** Il ribollire: *il r. del metallo fuso* | Gorgo: *vortici e ribollimenti pericolosissimi* (GALILEI) | (*fig.*) Eccitazione, agitazione: *un r. di sdegno* (MANZONI). **2** Detonazione imperfetta della dinamite, con sviluppo di vapori nitrosi.

ribollio [da *ribollire*; 1726] s. m. ● (*raro*) Ribollimento agitato e continuo | Rumore, gorgoglio di un liquido in intensa ebollizione.

ribollire [vc. dotta, lat. tardo *rebullīre*, comp. di *re-* e *bullīre* 'bollire'; 1481] **A** v. intr. (*io ribóllo*, pop. *ribollisco, tu ribólli*, pop. *ribollisci*; aus. *avere*) **1** Bollire di nuovo: *il brodo ribolle* | Bollire: *l'acqua comincia a r.* **2** Tumultuare, agitarsi in superficie o fermentare: *il vino sta ribollendo*; *fra gli scogli il mar spuma e ribolle* (TASSO) | (*fig.*) Agitarsi, accendersi, riscaldarsi: *il sangue ribolliva per lo sdegno.* **3** (*raro, tosc.*) Tornare in mente: *mi ribollono le tue accuse.* **B** v. tr. ● Bollire di nuovo.

ribollita [f. sost. di *ribollito*; 1983] s. f. ● (*tosc.*) Zuppa a base di fagioli, cavolo nero, cipolla e altre verdure, lasciata riposare per qualche ora dopo la prima cottura e poi di nuovo bollita prima di servirla.

ribolliticcio [1779] s. m. ● (*spreg.*) Cibo ribollito e di cattivo sapore.

ribollito [1481] part. pass. di *ribollire*; anche agg. ● Nei sign. del v. | ***Fieno r.***, V. *fieno.*

ribollitùra [1872] s. f. ● Operazione del ribollire: *terminare la r. del brodo* | Ciò che è stato ribollito: *una r. dei fondi del caffè.*

ribombàre ● V. *rimbombare.*

ribonuclèico [comp. di *ribo(sio)* e *nucleico*; 1959] agg. (pl. m. *-ci*) ● Detto di acido, chiamato comunemente RNA, che si trova sia nel nucleo sia nel citoplasma delle cellule, la cui funzione principale è la sintesi proteica.

ribòsio [fr. *ribose*, deformazione arbitraria di *arabinose*, specie di zucchero, deriv. di (*gomme*) *arab(ique)* 'gomma arabica'; 1930] s. m. ● (*chim.*) Zucchero a cinque atomi di carbonio contenuto nell'acido ribonucleico.

ribosòma [comp. di *ribo(nucleico)* e *-soma*; 1974] s. m. (pl. *-i*) ● (*biol.*) Ciascuno degli elementi cellulari costituiti di proteine e di acido ribonucleico che intervengono nel controllo della sintesi delle proteine.

ribòtta [fr. *ribote*, da avvicinare a *ribaud* 'ribaldo'; 1872] s. f. ● (*pop., disus.*) Riunione allegra di amici, spec. allo scopo di mangiare e bere assieme | ***Fare r.***, far baldoria. SIN. Bisboccia. || **ribottina**, dim. | **ribottóne**, accr. m.

ribovirus [comp. di (*acido*) *ribo(nucleico)* e *virus*; 1987] s. m. inv. ● (*biol.*) Qualsiasi virus il cui genoma è costituito da RNA.

ribramàre [comp. di *ri-* e *bramare*] v. tr. ● (*lett.*) Bramare ancora | (*raro*) Rimpiangere.

†**ribrezzàre** (o *-zz-*) [da *brezza*, col pref. *ri-*; 1723] v. intr. e intr. pron. ● Sentire brividi | (*fig.*) Ripugnare.

ribrézzo (o *-zz-*) o †**riprézzo** (o †*-zz-*) [da *ribrezzare*; 1313] s. m. **1** †Brivido causato da freddo o febbre: *onde mi vien riprezzo / … de' gelati guazzi* (DANTE *Inf.* XXXII, 71-72). **2** Senso di repulsione, di schifo od orrore: *provare r. del sangue*; *ho r. della sua malvagità* | †Moto, impulso.

ribruciàre [comp. di *ri-* e *bruciare*] v. tr. e intr. (*io ribrùcio*; aus. intr. *essere*) ● Bruciare di nuovo.

ribruscolàre [da *bruscolo*, col pref. *ri-*; 1872] v. tr. (*io ribrùscolo*) **1** (*tosc.*) Cogliere i frutti rimasti sulla pianta dopo la raccolta. **2** (*fig.*) Raggranellare.

ribucàre [comp. di *ri-* e *bucare*] v. tr. (*io ribùco, tu ribùchi*) ● Bucare di nuovo.

†**ribuffàre** [da *buffa* (*1*), col pref. *ri-*] v. tr. ● Percuotere.

ribuscàre [comp. di *ri-* e *buscare*] v. tr. (*io ribùsco, tu ribùschi*) ● (*fam.*) Buscare di nuovo.

ribussàre [comp. di *ri-* e *bussare*] v. tr. e intr. (aus. *avere*) **1** Bussare di nuovo. **2** Nel tressette, avvertire con due bussi il compagno che si ha il due del seme giocato.

ributtànte [1835] part. pres. di *ributtare*; anche agg. ● Che provoca schifo, nausea, orrore: *un volto r.*; *una cattiveria r.* SIN. Ripugnante. || **ributtanteménte**, avv.

ributtàre [comp. di *ri-* e *buttare*; 1342] **A** v. tr. **1** Buttare o gettare di nuovo: *r. la matita in terra*; *r. il sasso contro il muro.* **2** Buttare fuori: *il canale ributta le scorie* | Vomitare: *ha ributtato la cena.* **3** Respingere con forza (*anche fig.*): *r. i nemici*; *r. l'assalto*; *ributto le vostre insinuazioni.* **B** v. intr. (aus. *avere*) **1** Suscitare ribrezzo, schifo, repulsione: *la sua sfacciataggine mi ributta.* SIN. Ripugnare. **2** Tornare a germogliare, a mettere foglie. **C** v. rifl. **1** Buttarsi di nuovo (*anche fig.*): *si è ributtato a letto per la stanchezza*; *ributtarsi nel lavoro* | ***Ributtarsi giù***, (*fig.*) perdersi d'animo. **2** †Aborrire, disdegnare.

†**ributtàta** [da *ributtare*] s. f. **1** Sconfitta: *il Turco acceso dall'ignominia della r. di Vienna … preparò grossissimo esercito* (GUICCIARDINI). **2** Nuova emissione di foglie, nuova fioritura.

ribuzzàre [1940] v. tr. ● Battere col ribuzzo, chiodando o schiodando.

ribùzzo [etim. incerta; 1853] s. m. ● Scalpello a punta ottusa, testa piana e manico nel mezzo, usato spec. per schiodare o scalzare.

ricacciaménto s. m. ● (*raro*) Il ricacciare i nemici.

ricacciàre [comp. di *ri-* e *cacciare*; 1481] **A** v. tr. (*io ricàccio*) **1** Cacciare, mandare via, respingere di nuovo: *è stato ricacciato dal locale per le sue intemperanze.* **2** Cacciare, respingere con la forza: *r. l'invasore.* **3** Mandare giù, cacciare indietro (*spec. fig.*): *ricaccia in gola le tue ingiurie.* **4** Rificcare, rimettere con forza: *ha ricacciato una mano in tasca.* **5** (*gerg.*) Tirare fuori di nuovo: *ricaccia i soldi che mi hai preso!* **6** (*assol.*) Tornare a germogliare, a mettere foglie. **B** v. rifl. ● Cacciarsi dentro di nuovo: *si è ricacciato nella tana*; *ricacciarsi nei guai.*

ricadènte [1342] part. pres. di *ricadere*; anche agg. ● Nei sign. del v.

ricadére [comp. di *ri-* e *cadere*; 1319] v. intr. (coniug. come *cadere*; aus. *essere*) **1** Cadere di nuovo (*anche fig.*): *r. in terra, nel letto*; *r. nel peccato, nell'errore* | ***R. nella malattia***, riammalarsi | ***R. in basso***, (*fig.*) nella miseria o in una vita disonesta | Capitare di nuovo, ritornare: *r. nelle mani dei nemici.* SIN. Ricascare. **2** Pendere, scendere, detto di capelli, di abiti, di tende, festoni e sim.: *il mantello le ricadeva in un morbido drappeggio* | (*est.*) Chinarsi, piegarsi non reggendosi diritto: *le spighe mature ricadono per il peso.* **3** Scendere a terra, detto di cose lanciate in alto: *il pallone gli ricadde ai piedi.* **4** (*fig.*) Riversarsi, gravare su qlcu.: *il biasimo ricadrà su di lui*; *tutta la responsabilità ricade sulle mie spalle.* **5** †Spettare, toccare in eredità.

†**ricadia** o †**recadia** [da *ricadiare*; av. 1313] s. f. ● Molestia, travaglio, tormento: *che volgarmente ha nome r.* (ANGIOLIERI).

†**ricadiàre** [lat. parl. **recadivāre*, sovrapposizione di *cădere* 'cadere' a *recidivāre*, da *recidīvus* 'recidivo'] v. tr. ● Dare noia, molestia.

ricadiménto [av. 1320] s. m. ● (*raro*) Ricaduta | (*lett.*) Decadenza.

ricadùta [av. 1566] s. f. **1** Il ricadere | ***R. radioattiva***, caduta di polvere o altro materiale radioattivo sospeso nell'atmosfera in seguito ad una esplosione nucleare. SIN. Fallout. **2** (*fig.*) Conseguenza indiretta, ripercussione: *la r. tecnologica delle imprese spaziali.* **3** (*med.*) Ripresa dei sintomi patologici di una malattia prima della guarigione completa. CFR. Recidiva.

ricadùto [1342] part. pass. di *ricadere*; anche agg. ● Nei sign. del v.

†**ricagnàto** ● V. *rincagnato.*

ricalàre [comp. di *ri-* e *calare*; 1912] v. tr. e intr. (aus. intr. *essere*) **1** Calare di nuovo: *r. la fune al naufrago*; *il sole è ricalato dietro i monti.* **2** (*mar.*; *disus.*) Sghindare.

ricalcàbile [1891] agg. ● Che si può ricalcare.

ricalcàre [vc. dotta, lat. tardo *recalcāre*, comp. di *re-* e *calcāre*; av. 1519] v. tr. (*io ricàlco, tu ricàlchi*) **1** Calcare di nuovo o di più: *r. le tracce di qlcu.*; *ricalcarsi il cappello in capo* | ***R. le orme di qlcu.***, (*fig.*) agire seguendo l'esempio di qlcu. **2** Riprodurre un disegno facendone un calco. **3** (*fig.*) Riprodurre, imitare, seguire con fedeltà: *la trama del film ricalca quella del romanzo.* **4** Battere un metallo per averlo più compatto: *r. oro, rame.*

ricalcàto part. pass. di *ricalcare*; anche agg. ● Nei sign. del v.

ricalcatóio [1940] s. m. ● Utensile per ricalcare metalli, a forma di pestello.

ricalcatùra [1891] s. f. ● Operazione del ricalcare | Copia ottenuta mediante il ricalco.

ricalcificàre [comp. di *ri-* e *calcificare*; 1959] **A** v. tr. (*io ricalcifico, tu ricalcifichi*) ● (*med.*) Ripristinare la normale quantità di calcio nei vari organi del corpo, spec. nelle ossa. **B** v. intr. pron. ● (*med.*) Riacquistare la normale quantità di calcio, detto di vari organi del corpo, spec. delle ossa.

ricalcificazióne [1959] s. f. ● (*med.*) Il ricalcificare | Il ricalcificarsi.

ricalcitraménto s. m. ● (*lett.*) Il ricalcitrare.

ricalcitràre e *deriv.* ● V. *recalcitrare* e *deriv.*

ricàlco [da *ricalcare*; 1959] s. m. (pl. *-chi*) ● Ricalcatura | ***Carta da r.***, carta carbone.

ricalibràre [comp. di *ri-* e *calibrare*; 1959] v. tr. (*io ricàlibro*) ● Effettuare la ricalibratura.

ricalibratùra [da *ricalibrare*; 1959] s. f. ● Operazione con la quale si riportano al calibro primitivo bossoli dilatati dall'esplosione.

ricalpestàre [comp. di *ri-* e *calpestare*] v. tr. (*io ricalpésto*) ● Calpestare di nuovo.

ricalzàre [comp. di *ri-* e *calzare* (*1*); 1813] v. tr. **1** Calzare di nuovo: *r. gli stivali.* **2** (*lett., raro*) Rimettere a qlcu. una calzatura.

♦**ricamàre** [ar. *raqama*; 1400 ca.] v. tr. **1** Eseguire a mano o a macchina un ricamo (*anche assol.*): *r. in bianco, r. in seta, r. in oro.* **2** (*fig.*) Curare molto la forma, facendo molte correzioni e badando talora eccessivamente ai particolari (*anche assol.*): *r. i periodi di un racconto*; *è un pittore che ricama.* **3** (*fig., spreg.*) Riferire un fatto, un discorso aggiungendo particolari inventati (*anche assol.*): *mi ha detto dell'incidente ricamandovi sopra con molta fantasia.*

ricamàto [av. 1492] part. pass. di *ricamare*; anche agg. **1** Nei sign. del v. **2** (*est.*) Segnato come se fosse coperto di ricami: *sotto il cielo... di turchesia r. dai fogliami* (D'ANNUNZIO).

ricamatóre [da *ricamato*; 1550] s. m. (f. *-trice*, pop. disus. *-tora*) **1** Chi esegue per professione i ricami. **2** (*fig.*) Chi cura talora eccessivamente qlco., spec. una composizione artistica: *quel poeta è un r.*

ricamatùra [av. 1446] s. f. ● (*raro*) Attività, lavoro del ricamare | Il lavoro eseguito ricamando.

♦**ricambiàre** [comp. di *ri-* e *cambiare*; av. 1306] **A** v. tr. (*io ricàmbio*) **1** Contraccambiare: *r. la cortesia, l'offesa.* SIN. Restituire. **2** Cambiare di nuovo: *r. le fodere alle poltrone*; *si è ricambiata la gonna.* **B** v. rifl. ● Cambiarsi di nuovo: *vuoi decidere cosa metterti? Non fai altro che cambiarti e ricambiarti.* **C** v. rifl. rec. ● Scambiarsi: *si sono ricambiati gli auguri.*

ricàmbio [1848] s. m. **1** Il ricambiare: *il r. dell'aria* | Sostituzione: *camicia di r.* | ***Pezzo di r.***, (*ellitt.*) ***ricambio***, pezzo nuovo di macchina che ne sostituisce un altro fuori uso. **2** Scambio, contraccambio: *r. di saluti, di auguri*; *ebbene, in r. che gli chiedeva lui?* (PIRANDELLO) | Avvicendamento: *r. della classe dirigente*; *r. generazionale.* **3** (*fisiol.*) Bilancio tra l'introduzione e l'eliminazione in un organismo di sostanze (elementi minerali, acqua) non modificate chimicamente dall'organismo stesso: *r. del calcio*; *malattie del r.* **4** (*fisiol.*) Metabolismo.

ricambìsta [da *ricambio*; 1983] s. m. e f. (pl. m. *-i*) ● Chi vende pezzi di ricambio per autoveicoli.

ricamminàre [comp. di *ri-* e *camminare*] v. intr. (aus. *avere*) ● Camminare di nuovo | Ricominciare il cammino.

ricàmo [da *ricamare*; 1441] s. m. **1** Attività, tecnica del ricamare: *scuola di r.*; *cotone, aghi da r.*; *disegno per r.* **2** Lavoro eseguito con l'ago su un tessuto per abbellirlo. **3** (*fig.*) Finissima opera artistica: *i ricami dei marmi sul Duomo di Milano.* **4** (*spec. al pl., fig.*) Aggiunta fantastica a un racconto, una descrizione e sim. || **ricamino**, dim.

ricanalizzàre [comp. di *ri-* e *canalizzare*] v. tr. **1** Canalizzare di nuovo. **2** (*med.*) Rendere di nuovo pervio un organo cavo tubolare, come l'intestino, l'uretra o un'arteria.

ricanalizzazióne s. f. ● Il ricanalizzare.

ricancellàre [comp. di *ri-* e *cancellare*; 1895] v. tr. (*io ricancèllo*) ● Cancellare di nuovo: *ha ricancellato la sua firma.*

ricandidàre [comp. di *ri-* e *candidare*; 1985] **A** v. tr. (*io ricàndido*) (qlcu. + *a*; + *come*) ● Ripresentare, riproporre qlcu. come candidato a una carica o a un ufficio, spec. elettivi, sia pubblici che privati: *la maggioranza lo ricandida alla guida del governo*; *l'assemblea vi ha ricandidati come suoi rappresentanti.* **B** v. rifl. (+ *a*; + *come*; + *per*) ● Ripresentarsi, riproporsi come candidato: *ricandidarsi alla segreteria di un partito*; *ricandidarsi come ministro*; *non intendo ricandidarmi per il vostro partito.*

ricantàre [vc. dotta, lat. *recantāre*, comp. di *re-* e *cantāre*; 1583] v. tr. **1** Cantare di nuovo. **2** (*fam.*) Dire e ridire ripetendo insistentemente o in modo noioso: *r. su tutti i toni un rimprovero.* **3** (*lett.*) Ritrattare (*anche assol.*): *oltraggio che egli poi ricantò* (PASCOLI).

†**ricantazióne** [da *ricantare*; av. 1729] s. f. ● Palinodia, ritrattazione.

ricapitalizzàre [comp. di *ri-* e *capitalizzare*; 1983] v. tr. **1** (*banca*) Aumentare il capitale, aggiungendovi gli interessi che se ne ricavano. **2** (*econ.*) Aumentare il capitale esistente mediante nuovi conferimenti o mediante l'accantonamento di utili non distribuiti.

ricapitalizzazióne [1982] s. f. ● (*banca, org. az.*) Il ricapitalizzare.

ricapitàre (1) ● V. *recapitare.*

ricapitàre (2) [comp. di *ri-* e *capitare*; 1920] v. intr. (*io ricàpito*; aus. *essere*) ● Capitare di nuovo: *mi è ricapitato di incontrarlo*; *ricapiterai a Roma?*

ricàpito ● V. *recapito.*

ricapitolàre o (*raro*) **recapitolàre** [vc. dotta, lat. tardo *recapitulāre*, da *capĭtulum*, dim. di *căput*, genit. *căpitis* 'capo', col pref. *re-*; av. 1704] v. tr. (*io ricapìtolo*) ● Ridire sinteticamente, per sommi capi: *r. un lungo discorso*; *r. tutte le materie trattate.* SIN. Riassumere, riepilogare.

ricapitolazióne [vc. dotta, lat. tardo *recapitulatiōne(m)*, da *recapitulare* 'ricapitolare'; sec. XIV] s. f. ● Il ricapitolare | Riassunto, riepilogo.

ricardiàno [1827] **A** agg. ● Relativo all'economista inglese D. Ricardo (1772-1823) e alle sue teorie. **B** s. m. ● Seguace, sostenitore delle idee di D. Ricardo.

ricàrica [1640] s. f. **1** Operazione del ricaricare: *la r. di un cannone* | Dispositivo per ricaricare: *la r. di un orologio.* **2** Confezione di ricambio: *la r. di una biro, di un accendino.* **3** (*fig., raro*) Recupero psicologico.

ricaricàbile **A** agg. ● Che può essere ricaricato: *batteria r.* **B** s. f. ● Scheda ricaricabile per telefono cellulare.

ricaricaménto [1940] s. m. ● (*raro*) Nuovo caricamento.

ricaricàre [comp. di *ri-* e *caricare*; 1336 ca.] **A** v. tr. (*io ricàrico, tu ricàrichi*) **1** Caricare nuovamente qlco.: *r. il fucile, il carro, la pipa* | (*fig.*) Dare nuova energia, vigore e sim.: *la vacanza lo ha ricaricato.* **2** (*elettr.*) Fornire energia elettrica a un accumulatore dopo che si è scaricato. **3** (*org. az.*) Effettuare un ricarico. **B** v. rifl. ● (*fig.*) Riprendere energia, vigore e sim.: *dopo la promozione s'è ricaricato.*

ricàrico [1959] s. m. (pl. *-chi*) **1** Il ricaricare | Ciò che è stato ricaricato. **2** Opera di manutenzione di una struttura muraria che abbia subìto usura o cedimento per assestamento: *r. delle massicciate stradali.* **3** (*ragion., org. az.*) Addebito al compratore di spese sostenute dal venditore: *r. delle spese di trasporto* | (*est.*) Addebito al compratore del margine lordo, costituito dal recupero dei costi più il guadagno, a favore del venditore.

ricascànte [av. 1704] part. pres. di *ricascare*; anche agg. ● Che ricade | (*lett.*) Che si piega: *i campi adorni delle ricascanti biade* | (*est.*) Floscio.

ricascàre [comp. di *ri-* e *cascare*; 1481] v. intr. (*io ricàsco, tu ricàschi*; aus. *essere*) ● (*fam.*) Cascare di nuovo (*spec. fig.*): *è ricascato sul letto dalla stanchezza*; *r. nello stesso errore* | (*fig.*) ***Ricascarci***, farsi ancora ingannare; ricadere nello stesso errore: *ti metti nei guai. Poi ci ricaschi* (PAVESE) | ***R. a parlare di qlco.***, parlarne ancora. SIN. Ricadere.

†**ricàsco** [da *ricascare*; 1872] s. m. **1** Cascame. **2** Drappeggio.

ricàsso [etim. incerta; 1891] s. m. ● Parte più larga della lama del fioretto o della spada italiana che va ad adattarsi fra la coccia e il gavigliano.

ricattàbile [1983] agg. ● Che può essere ricattato.

ricattàre [lat. parl. **recaptāre*, comp. di *re-* e *captāre* 'cercar di prendere' (V. *captare*); 1484] **A** v. tr. **1** Fare qlcu. oggetto di ricatto. **2** Estorcere qlco. a qlcu. minacciandolo di svelare cose per lui compromettenti: *lo ricattava con la minaccia di uno scandalo* | (*est., scherz.*) Chiedere qlco. a qlcu. in modo che non la possa rifiutare: *mi ricatti con la tua gentilezza.* **3** †Recuperare, riprendere, riscattare. **B** v. rifl. ● (*lett.*) Vendicarsi, rifarsi di un danno, di un'offesa: *soltanto con la furberia il minuto popolo trovava il bandolo di ricattarsi delle sofferte prepotenze* (NIEVO).

ricattàto part. pass. di *ricattare*; anche agg. ● Sottoposto a ricatto.

ricattatóre [1865] s. m.; anche agg. (f. *-trice*, pop. disus. *-tora*) ● Chi (o Che) ricatta: *il r. è stato arrestato*; *mi libera ora dalle noie ricattatrici del Giusti* (PASCOLI).

ricattatòrio [1934] agg. ● Che serve a ricattare o riguarda un ricatto: *lettera ricattatoria*; *tecnica ricattatoria.* || **ricattatoriaménte**, avv.

ricàtto o †**recàtto** [da *ricattare*; 1476] s. m. **1** Estorsione di denaro o altro ingiusto profitto attuata con minacce: *non cederemo al vostro r.* | (*est.*) Pressione esercitata su qlcu. allo scopo di costringerlo a fare o non fare qlco., accompagnata da minacce, talvolta implicite e sottili, di ritorsioni: *r. morale, psicologico*; *i ricatti del sentimento non erano da lui* (CALVINO). **2** †Riscatto | Prezzo del riscatto. **3** †Vendetta.

ricavàbile [1831] agg. ● Che si può ricavare.

ricavalcàre [comp. di *ri-* e *cavalcare*] v. tr. e intr. (*io ricavàlco, tu ricavàlchi*; aus. *avere*) ● Cavalcare di nuovo.

♦**ricavàre** [comp. di *ri-* e *cavare*; 1525] v. tr. **1** (*raro*) Cavare di nuovo | Estrarre. **2** Trarre, ottenere spec. mediante una trasformazione: *da quell'uva ho ricavato un ottimo vino*; *dal vestito ricaverò una giacca* | Ricopiare, disegnando o dipingendo: *r. un'immagine da un modello* | Riuscire ad ottenere un risultato, un vantaggio: *da lui non ricavai nulla*; *dalle quali... potesse r. onore ed utilità* (FOSCOLO). **3** Arrivare a comprendere, dedurre, capire: *da quel libro si ricavano notizie interessanti*; *se ne ricavano brutte conclusioni.* **4** (*ragion.*) Ottenere un ricavo: *dall'ultima vendita ha ricavato mille euro* | (*est.*) Ottenere un utile, un guadagno, un reddito: *dai suoi terreni ricava di che vivere.*

ricavàto [1848] **A** part. pass. di *ricavare*; anche agg. ● Nei sign. del v. **B** s. m. **1** Ciò che si è riusciti a ottenere da una vendita o altra iniziativa: *il r. di una lotteria.* SIN. Guadagno, profitto. **2** (*fig.*) Vantaggio, frutto, utilità: *non vedrai il r. dei tuoi consigli* | Risultato: *bel r.!*

ricàvo [da *ricavare*; 1812] s. m. **1** Operazione del cavare, del trarre fuori | Materiale estratto mediante tale operazione. **2** (*ragion.*) Corrispettivo che deriva da una vendita di beni materiali o da una prestazione di servizi. **3** (*est.*) Ricavato, utile, guadagno (*anche fig.*): *da quell'azione non avrai nessun r.*

ricavòmetro [comp. di *ricavo* e *-metro*; 1996] s. m. ● Strumento fiscale che, in base a parametri correlati all'attività svolta da imprese e lavoratori autonomi, si propone di determinare presuntivamente i ricavi e di stabilire un adeguamento dell'imposta dovuta.

♦**ricchézza** [da *ricco*; av. 1250] s. f. **1** Condizione di chi è ricco di beni materiali, di denaro: *la sua r. non è durata molto*; *sfoggia la sua improvvisa r.* | (*fig.*) Abbondanza di beni spirituali o di doti intellettuali: *la sua r. d'animo è nota*; *r. interiore.* CONTR. Povertà. **2** (*econ.*) Ogni bene economico | ***R. mobile***, complesso dei redditi non derivanti da beni immobili. **3** Complesso di averi, sostanze, beni posseduti da chi è ricco (*anche al pl.*): *r. di dubbie origini*; *far buon uso della r.*; *accumulare, sperperare ricchezze*; *le ricchezze di Creso*; *né sia chi stimi le ricchezze se non faticose a chi non sa bene usarle* (ALBERTI). **4** (*iperb.*) Ciò che si possiede o bene che appare di gran valore al possessore: *quella casetta è la sua r.*; *sei la nostra r.* | Caratteristica preziosa, pregio: *la r. di quell'artista è la sua voce.* **5** (*est.*) Complesso dei beni materiali e spirituali che costituiscono le risorse di un luogo, un paese e sim.: *la r. di quella nazione sono i minerali del suo sottosuolo*; *la r. dell'Arabia è il petrolio*. SIN. Risorsa. **6** Abbondanza (*anche fig.*): *la r. di vocaboli della lingua cinese*; *ci ha convinti con una grande r. di prove*; *r. di particolari*. **7** Ampiezza, comodità ottenuta in un indumento con l'abbondanza del tessuto: *in questa gonna occorre maggior r.*

ricchióne ● V. *recchione*.

ricciàia [av. 1320] s. f. **1** Luogo dove si tengono ammucchiate le castagne perché maturino, in modo da poterle dirricciare. **2** Mucchio di ricci di castagno. **3** †Quantità di capelli ricciuti: *una bella r. bionda*.

ricciarèlla [detta così per la forma *arricciata* (?)] s. f. ● (*spec. al pl.*) Tipo di pasta alimentare a forma di nastro frastagliato.

ricciarèllo [da *riccio* (2), per la forma che aveva un tempo (?); 1909] s. m. ● Pasta dolce di mandorle, a rombo o losanga, specialità di Siena.

♦**riccio** (1) [da *riccio* (2), per la forma; sec. XIII] **A** agg. (pl. f. *-ce*) **1** Ricciuto, detto di capelli, barba o pelo di animali: *ha una chioma riccia* | Che ha capelli ricciuti: *bimbo r.*; *donna riccia*; *un uomo r., fazzoletto al collo* (PAVESE). **2** (*est.*) Che non è liscio o ha forma di spirale: *insalata riccia* | ***Foglia riccia***, con margini molto ondulati | ***Pasta riccia***, tipo di fettuccine ondulate | ***Oro, argento r.***, filo di seta con lama d'oro o argento a volute. **B** s. m. **1** Ciocca di capelli o peli inanellati: *ha i capelli a ricci naturali*. **2** (*est.*) Oggetto, cosa a forma di riccio, di spirale | ***Il r. del violino***, chiocciola | Truciolo: *i ricci di legno* | ***Ricci di burro***, pezzetti tagliati con un apposito utensile che conferisce loro tale forma, per antipasto o colazione | ***I ricci della grattugia***, gli orli rialzati dei buchi | Voluta. **3** (*al pl.*) Confetti rugosi. **4** (*bot.*) ***R. di dama***, giglio gentile. ‖ **riccètto**, dim. | **ricciolo**, dim. (V.).

♦**riccio** (2) [lat. *ericiu(m)*, da *ēr*, genit. *ēris* 'riccio', di etim. incerta; 1350 ca.] s. m. **1** Piccolo mammifero degli Insettivori che dorsalmente porta un rivestimento di aculei e che può avvolgersi a palla per difesa (*Erinaceus europaeus*). CFR. echino- | ***R. di mare***, correntemente, echinoderma marino degli Echinoidi a forma più o meno sferica, rivestito di aculei mobili. SIN. Echino | (*fig.*) ***Chiudersi a r.***, assumere un atteggiamento di difesa, trincerandosi nel silenzio, per paura o diffidenza. ➡ ILL. **animali**/11; **animali**/4. **2** Scorza spinosa della castagna. **3** Travone armato di lunghe punte di ferro usato anticamente dai difensori per impedire al nemico l'accesso alle brecce.

ricciòla [da *leccia* alterato da *riccio*; 1959] s. f. ● (*zool.*) Pesce osseo marino dei Perciformi, di dimensioni considerevoli, munito di corti aculei dorsali e con carni pregiate (*Seriola dumerili*). SIN. Seriola.

ricciolina [1872] s. f. **1** Dim. di *ricciolo*. **2** (*fam.*) Bambina o ragazza che ha capelli ricci. **3** Indivia a foglie crespe e frastagliate.

ricciolino [1618] **A** s. m. (f. *-a* (V.)) **1** Dim. di *ricciolo*: *ha la testa a ricciolini*. **2** (*fam.*) Bambino o ragazzo che ha i capelli ricci. **B** agg. ● Riccio, ricciuto: *un bambino r.*

ricciolo [dim. di *riccio* (1); av. 1850] **A** s. m. ● Ciocca di capelli inanellati. **B** agg. ● (*raro*) Ricciuto: *una bimba ricciola*. ‖ **ricciolèllo**, dim. | **ricciolina**, dim. f. (V.) | **ricciolino**, dim. (V.) | **ricciolóne**, accr.

ricciolùto [1840] agg. **1** Che ha capelli ricci: *un giovane r.* | Ricciuto: *neri e riccioluti i capelli* (PIRANDELLO). **2** (*est.*) Crespo, arricciato: *ortaggio r.*

ricciòtto [1896] agg. ● (*raro*) Alquanto riccio.

ricciùto [1344] agg. ● Che ha capelli o peli ricci: *capo r.*; *barba ricciuta* | Che ha chioma riccia: *Dove se ne vanno le ricciute donzelle* (MONTALE) | ***Indivia ricciuta***, ricciolina | (*est.*) Riccio, inanellato: *velluto r.* ‖ **ricciutèllo**, dim. | **ricciutino**, dim.

♦**ricco** [longob. *rîhhi*; sec. XII] **A** agg. (pl. m. *-chi*) **1** Fornito di beni, sostanze e denaro in abbondanza: *un r. mercante*; *r. a palate, sfondato*; *r. di ogni ben di Dio*; *è r. di famiglia*; *viene da una famiglia ricca*. SIN. Facoltoso. CONTR. Povero. **2** (*est.*) Fornito abbondantemente di elementi di varia natura: *città ricca di monumenti*; *testo r. di citazioni*; *essere r. di buone qualità, di scienze, di intelletto, di bontà*; *il latte è r. di proteine* | ***Terra ricca***, che dà molti frutti | ***Vegetazione ricca***, lussureggiante | ***Gonna, mantello ricchi***, ampi e comodi | ***Drappeggio r.***, con abbondanza di pieghe | ***Fantasia ricca***, vivace, sbrigliata. CONTR. Povero. **3** (*chim.*) Di sostanza che contiene una elevata percentuale di un dato elemento o composto, considerato costituente principale. **4** Ingente, notevole: *ha lasciato una ricca mancia* | Prezioso: *una ricca merce*; *un gioiello molto r.* | (*est.*) Che esprime ricchezza in quanto è vistoso, magnifico, lussuoso o sfarzoso: *un r. ricevimento di nozze* | Molto ornato: *una ricca cornice* | (*fam.*) Detto di qlco. di molto gradito e desiderato: *farsi una ricca dormita*. **5** Che fornisce ricchezza o un cospicuo reddito, detto di cosa: *una ricca miniera*; *un r. negozio* | Lucroso: *ha scelto un r. mestiere*. ‖ **riccaménte**, avv. **1** Da ricco: *vestito riccamente*. **2** (*est.*) Lussuosamente, magnificamente: *riccamente ornato di pietre preziose*. **3** Abbondantemente, doviziosamente: *libro riccamente illustrato*. **B** s. m. (f. *-a*) ● Persona economicamente ricca | ***Nuovi ricchi***, persone arricchitesi da poco conservando una certa grossolanità di modi. CONTR. Povero. ‖ **riccàccio**, pegg. | **ricconàccio**, accr. | **riccóne**, accr. (V.) ‖ PROV. Fammi indovino e ti farò ricco.

riccòmetro [comp. di *ricco* per 'ricchezza' e *-metro*; 1997] s. m. ● Nel linguaggio giornalistico, insieme di norme e di criteri per valutare la situazione economica dei cittadini che intendono chiedere prestazioni sociali agevolate; in sigla ISE (Indicatore della Situazione Economica).

riccóne [accr. di *ricco*; 1540 ca.] s. m. (f. *-a*) ● Persona che possiede una grande ricchezza.

†**riccóre** [da *ricco*] s. m. ● Ricchezza.

†**riccùra** [da *ricco*] s. f. ● Ricchezza.

ricèdere [comp. di *ri-* e *cedere*; 1872] v. tr. e intr. (coniug. come *cedere*; aus. *avere*) **1** Cedere di nuovo. **2** Cedere a qlcu. ciò che ci aveva precedentemente ceduto.

ricelebràre [comp. di *ri-* e *celebrare*; 1912] v. tr. (*io ricèlebro*) ● Celebrare di nuovo.

ricenàre [comp. di *ri-* e *cenare*] v. intr. (*io ricéno*; aus. *avere*) ● Cenare di nuovo.

ricensuràre [comp. di *ri-* e *censurare*] v. tr. ● Censurare di nuovo.

riceppàre [da *ceppo*, col pref. *ri-*; 1959] v. tr. (*io ricéppo*) ● In arboricoltura, tagliare le piante al colletto.

riceppatùra [1965] s. f. ● Operazione del riceppare.

♦**ricérca** [av. 1470] s. f. **1** Attività rivolta a cercare qlcu. o qlco. con molta cura e impegno: *la r. di un anello perduto, di un colpevole*; *fare, promuovere, concludere una r.*; *una r. lunga, diligente, inutile*; *malgrado tutte le ricerche fu impossibile scoprire anche la benché minima traccia del giovane scomparso*; *sono alla r. di un lavoro*. **2** Indagine o studio condotti con sistematicità e tendenti ad accrescere o a verificare il complesso di cognizioni, documenti, teorie, leggi inerenti a una determinata disciplina o a un determinato argomento: *una erudita r. filologica*; *il professore ci ha detto di fare una r. su Giulio Cesare*; *r. nucleare*; *laboratorio di r.* | ***Dottorato di r.***, V. *dottorato* | ***R. di mercato***, indagine che ha lo scopo di prevedere nel tempo l'entità della domanda, la richiesta di nuovi prodotti e l'opportunità di offrirli sul mercato | ***R. sul campo***, svolta nell'ambiente stesso in cui si realizza il fenomeno o l'evento oggetto di studio | Scritto che registra i risultati di tale indagine: *pubblicare una r. storica, scientifica*; *ho passato tutta la sera a ricopiare la mia r. sui mestieri che vanno scomparendo* | ***R. motivazionale***, ricerca delle ragioni psicologiche del comportamento dell'uomo in quanto consumatore | ***R. applicata***, ricerca scientifica volta a fini pratici | ***R. operativa***, studio di problemi organizzativi, eseguito con metodi matematici e statistici. **3** Insieme delle attività pratiche, intellettuali, culturali che fondano e sviluppano il complesso del sapere dell'uomo: *Ministero della r. scientifica*; *Consiglio Nazionale delle Ricerche*.

ricercaménto [av. 1557] s. m. ● (*raro*) Ricerca.

ricercapersóne [comp. di *ricercare* e il pl. di *persona*; 1983] s. m. inv.; anche agg. inv. ● Cercapersone.

♦**ricercàre** [comp. di *ri-* e *cercare*; 1312] **A** v. tr. (*io ricérco, tu ricérchi*) **1** Cercare di nuovo | ***Cerca e ricerca***, a forza di cercare: *Finalmente, cerca e ricerca, trovò chi scrivesse per lui* (MANZONI). **2** Cercare con molta cura e impegno: *r. un oggetto smarrito*; *r. attivamente un latitante* | Tentare di scoprire, indagare: *r. la verità*; *stanno ricercando i moventi del crimine*; *r. in sé stessi una ragione di vita* | ***R. le parole***, sceglierle con cura. **3** (*lett.*) Perquisire, inquisire | (*lett.*) Perlustrare, esplorare: *vo ricercando ogni contrada / ov'io la vidi* (PETRARCA). **4** (*lett.*) Penetrare: *un gelo che ricerca le ossa* | (*fig., lett.*) Toccare, commuovere: *una musica che ricerca l'anima*. **5** (*lett.*) Scorrere, percorrere, detto di strumenti a corda: *r. le corde dell'arpa*. **6** †Richiedere, esigere. **B** in funzione di s. m. ● (*mus.*) Composizione strumentale di forma libera, dei secc. XVI e XVII, intesa a sfruttare le possibilità tecniche di uno strumento o le possibilità contrappuntistiche di una melodia.

ricercatézza [av. 1764] s. f. **1** Caratteristica di chi (o di ciò che) è ricercato: *la sua r. nel vestire*; *la r. delle sue parole*. SIN. Affettazione. **2** (*spec. al pl.*) Azione o espressione improntate a una raffinata eleganza, a volte eccessiva: *una r. stilistica dell'autore* (CALVINO); *un discorso pieno di ricercatezze*.

ricercàto [1336 ca.] part. pass. di *ricercare*; anche agg. **1** Che è oggetto di ricerche. **2** Richiesto, apprezzato o desiderato da molti: *un conversatore r.*; *una bevanda molto ricercata*. **3** Raffinato, elegante: *veste in modo r.* | Manierato, affettato: *stile r.* ‖ **ricercataménte**, avv. **1** (*raro*) Di proposito. **2** Con affettazione.

ricercatóre [sec. XIV] s. m. **1** (f. *-trice*) Chi ricerca qlcu. o qlco.: *r. di luoghi remoti* (GALILEI). **2** (f. *-trice*) Chi si dedica alla ricerca scientifica | Nell'ordinamento universitario italiano attuale, chi ricopre il ruolo iniziale della carriera universitaria con funzione di ricerca scientifica e di attività didattica. **3** Apparecchio usato per ricercare: *r. di mine*.

ricerchiàre [comp. di *ri-* e *cerchiare*] v. tr. (*io ricérchio*) ● (*lett.*) Cerchiare di nuovo o più saldamente: *r. la botte*.

ricèrnere [comp. di *ri-* e *cernere*; 1321] v. tr. (coniug. come *cernere*; difett. del part. pass. e dei tempi composti) **1** (*raro, lett.*) Illustrare, chiarire. **2** (*raro, lett.*) Scegliere di nuovo.

†**ricesellàre** [comp. di *ri-* e *cesellare*] v. tr. (*io ricesèllo*) ● (*raro*) Cesellare di nuovo.

ricetrasméttere [comp. di *rice(vere)* e *trasmettere*; 1959] v. tr. (coniug. come *mettere*) ● Comunicare mediante un ricetrasmettitore.

ricetrasmettitóre [comp. di *rice(vitore)* e *trasmettitore*; 1963] **A** s. m. ● Apparecchiatura che riceve e trasmette messaggi telegrafici, telefonici e radiofonici. **B** anche agg. (f. *-trice*): *apparecchio r.*

ricetrasmissióne [da *ricetrasmittente*; 1983] s. f. ● Ricezione e trasmissione mediante ricetrasmettitore.

ricetrasmittènte [comp. di *rice(vente)* e *trasmittente*; 1980] s. f.; anche agg. ● Ricetrasmettitore.

♦**ricétta** [lat. *recĕpta(m)*, f. di *recĕptus*, part. pass. di *recĭpere* 'prendere', comp. di *re-* e *căpere* 'prendere' (V. *capzioso*); av. 1320] s. f. **1** Prescrizione di farmaci scritta dal medico, con relativa posologia e modalità d'uso. **2** (*est.*) Rimedio, accorgimento (*anche fig.*): *non ho ricette per il mal di denti*; *una r. infallibile per consolar se stesso* (PIRANDELLO). **3** Prescrizione per la preparazione di un composto, una bevanda, una pietanza, contenente anche l'indicazione degli ingredienti: *copiare una r.*; *la r. di un sugo per la pastasciutta*; *è un'ottima r. per la crema*. ‖ **ricettàccia**, pegg. | **ricettina**, dim. | **ricettóna**, accr. | **ricettùccia**, **ricettùzza**, dim.

ricettàcolo o †**recettàcolo** [vc. dotta, lat. *receptāculu(m)*, da *receptāre*. V. *ricettare* (1); 1308] s. m. **1** Luogo che contiene, riceve qlco., spazio, oggetto in cui si raccoglie qlco.: *la valle è un r. di acque* | (*lett.*) Rifugio, nascondiglio | Luogo, ambiente e sim. con caratteristiche negative: *quella piazza è un r. di spacciatori*; *r. di ogni bruttura*. SIN. Ricovero, rifugio. **2** (*bot.*) La parte terminale dilatata del peduncolo florale, sulla quale originano i pezzi florali. SIN. Talamo.

ricettàre (1) o †**recettàre** [vc. dotta, lat. *receptāre* 'trarre a sé, accogliere presso di sé', intens. di *recĭpere* 'raccogliere'. V. *ricevere*; 1309] v. tr. (*io ricètto*) **1** (*raro, lett.*) Dare ricetto, ricoverar: *potre-*

stemi voi r. con questi cavalli per questa sera? (SACCHETTI). **2** Ricevere oggetti di provenienza illecita.

ricettàre (2) [da *ricetta*; sec. XIV] v. tr. (*io ricètto*) ● (*med.*) Prescrivere mediante ricetta: *r. un farmaco* | (*assol.*) Compilare ricette.

ricettàrio [1498] s. m. **1** Raccolta di ricette di vario tipo: *un r. chimico*; *un rarissimo r. di cucina*. **2** (*med.*) Blocco di fogli stampati con l'intestazione del nome e dell'indirizzo del medico per scrivervi sopra ricette.

ricettatóre o †**recettatóre** [vc. dotta, lat. tardo *receptatōre(m)*, da *receptātus* 'ricettato'; 1342] s. m. (f. *-trice*) **1** †Chi accoglie, dà ricovero. **2** (*dir.*) Colpevole di ricettazione.

ricettazióne (1) [da *ricettare* (*1*); 1930] s. f. **1** (*dir.*) Reato di chi acquista, riceve od occulta, per proprio o altrui profitto, denari o cose di provenienza illecita o anche di chi ne facilita l'acquisto o l'occultamento. **2** †Accoglimento | †Ospitalità.

ricettazióne (2) [da *ricetta*; 1987] s. f. ● (*med.*) Compilazione, rilascio di una ricetta da parte di un medico.

†**ricettìbile** ● V. †*recettibile*.

ricettività o **recettività** [1835] s. f. **1** Capacità di recepire stimoli: *la r. di uno studente*; *La r. del lettore* (CALVINO). **2** (*filos.*) Secondo I. Kant, facoltà di ricevere impressioni tramite i sensi. **3** (*med.*) Possibilità di contrarre una malattia. **4** (*radio, tv*) Particolare sensibilità, di un apparecchio ricevente, a una o più frequenze. **5** Capacità che un luogo ha di ricevere, accogliere, ospitare un certo numero di persone, spec. turisti: *l'alta r. alberghiera delle spiagge romagnole*.

ricettìvo o **recettìvo** [dal part. pass. del v. lat. *recĭpere* 'ricevere, accogliere', *receptu(m)*, non attestato in lat.; av. 1565] agg. **1** Atto a recepire e assimilare spec. stimoli, impressioni, nozioni e sim.: *mente ricettiva*. **2** (*med.*) Di individuo che può essere colpito da una malattia. **3** Detto di un luogo che è capace di ricevere, accogliere, ospitare un certo numero di persone: *un albergo poco r.* | ***La capacità ricettiva di un albergo***, di accogliere un certo numero di persone. || **ricettivaménte**, avv.

ricettìzio [V. *recettizio*; 1872] agg. **1** (*dir.*) Recettizio. **2** Nella loc. ***chiesa ricettizia***, corporazione di chierici per l'esercizio collettivo del culto, dotata di patrimonio proprio, un tempo riconosciuta come persona giuridica.

ricètto o †**recètto** [vc. dotta, lat. *recĕptu(m)*, da *recĭpere* 'raccogliere'. V. *ricevere*; av. 1294] s. m. **1** (*ant.*) Raggruppamento medievale di case cinto da mura turrite a difesa collettiva di uomini e beni da scorrerie e saccheggi, diffuso spec. nelle aree rurali di tutto il Piemonte. **2** (*lett.*) Luogo che dà rifugio, ricovero: *quante fiate al mio dolce r., / fuggendo altrui ... / vo* (PETRARCA) | (*fig.*, *lett.*) Accoglienza, ospitalità: *per avere l'onore di dar r. a un portento dell'arte* (PIRANDELLO).

ricettóre ● V. *recettore*.

ricevènte [sec. XIV] **A** part. pres. di *ricevere*; anche agg. **1** Che riceve. **2** Detto di ciò che, spec. nell'attrezzatura radiofonica, è destinato alla ricezione: *apparecchio r.*; *stazione r.*; *antenna r.* **B** s. m. e f. ● Chi riceve: *il r. non è soddisfatto della merce*.

♦**ricévere** o †**recépere**, †**recipere** [lat. *recĭpere* 'raccogliere', comp. di *re-* e *căpere* 'prendere'. V. *capzioso*; sec. XII] v. tr. (pass. rem. *io ricevéi*, o *ricevètti* (o *-étti*), *tu ricevésti*) **1** Accogliere, accettare, prendere ciò che viene dato, consegnato, inviato, recapitato, somministrato o conferito: *r. un'eredità, un regalo, un pacco*; *r. i sacramenti*; *r. un'onorificenza*; *ho ricevuto un grande favore, ottimi consigli* | Raccogliere: *r. una preziosa testimonianza* | Riscuotere: *r. lo stipendio, il saldo* | Prendere in pagamento: *dichiaro di r. la somma pattuita* | Subire: *r. un insulto, un'offesa*; *r. uno schiaffo*; *ha ricevuto una vera lezione!* | †***R. battaglia***, accettarla | Ammettere, detto di persona: *r. un novizio in convento*. **2** Prendere, contenere: *quel campeggio riceve più di mille persone*; *il bosco riceve tutta l'umidità della notte* | Prendere, trarre dal di fuori (*anche fig.*): *la stanza riceve luce dal cortile*; *l'azienda ha ricevuto impulso dalla sua attività*; *ricevemmo forza dal tuo discorso*. **3** Avere, provare, sentire per causa esterna: *r. dolore, gioia, sollievo*. **4** Accogliere all'arrivo, spec. in modo cordiale, affettuoso o con onore: *r. festosamente, con grande pompa*; *r. l'ospite alla stazione* | Ammettere alla propria presenza o a un'udienza: *r. i clienti, i postulanti* | (*assol.*) Tenere ricevimento o ammettere a visitare: *il venerdì non riceve*. **5** †Comprendere. **6** Raccogliere segnali di tipo telefonico, radiofonico e sim.: *r. una trasmissione*.

ricevìbile [1872] agg. ● (*raro*) Che si può ricevere | Ammissibile, accettabile: *ricorso r.*

ricevibilità s. f. ● (*raro*) Condizione di ciò che è ricevibile.

ricevimènto [av. 1342] s. m. **1** Il ricevere | Accoglimento, ricezione di ciò che viene spedito o consegnato: *il r. di una lettera* | (*bur.*) Ammissione a un colloquio: *il r. dei genitori degli allievi da parte degli insegnanti* | (*raro, lett.*) ***Accusare r.***, accusare ricevuta. **2** Accoglienza, ammissione di una persona in un luogo, un sodalizio, una comunità, anche in modo solenne o secondo un determinato cerimoniale: *il r. del nuovo socio*; *il r. solenne dell'ambasciatore*. **3** Trattenimento offerto a vari invitati in occasione di feste, cerimonie, ricorrenze: *offrire un r. con un ricco rinfresco*.

ricevitóre [da *ricevere*; 1308] **A** s. m. **1** (f. *-trice*) (*raro*) Chi riceve: *acciò che 'l dono faccia lo r. amico, conviene a lui essere utile* (DANTE) | (*raro*) Chi accoglie. SIN. Ricevente. **2** (f. *-trice*) (*bur.*) Persona, ufficio, ente incaricati di riscuotere somme per conto d'altri, spec. per conto dello Stato o di organi pubblici: *r. delle gabelle*; *r. del lotto*; *r. del totocalcio* | ***R. delle imposte***, chi raccoglie dagli esattori le imposte da questi riscosse. **3** (*min.*) Ingabbiatore. **4** (*tipogr.*) Levafoglio. **5** (*sport*) Nel baseball, giocatore della difesa, piazzato dietro la casa base, che ha il compito di ricevere la palla tirata dal lanciatore. SIN. Catcher, prenditore. **6** (*fis., fisiol., elettr., elettron.*) Apparecchio, dispositivo od organo atto a ricevere, rivelare ed eventualmente amplificare l'energia emessa da una sorgente e propagantesi spec. sotto forma di onde sonore o elettromagnetiche | ***R. telegrafico***, apparecchio atto a ricevere e rivelare i segnali telegrafici trasmessi da un trasmettitore telegrafico | ***R. telefonico***, (*ellitt.*) ***ricevitore***, capsula inserita nel microtelefono, costituita da un trasduttore che riceve la corrente telefonica e la trasforma in onde sonore; (*est.*) microtelefono: *alzare, abbassare il r.* | ***R. radioelettrico***, radioricevitore | ***R. radar***, radioricevitore ad alta sensibilità atto ad amplificare e demodulare i segnali radar riflessi, ricevuti tramite l'antenna radar, e a visualizzarli su uno schermo. **B** agg. ● Che riceve | (*cine*) ***Bobina ricevitrice***, in una macchina cinematografica da presa o da proiezione, la bobina su cui si riavvolge la pellicola dopo essere passata davanti all'obiettivo. SIN. Ricevente.

ricevitorìa [da *ricevitore*; 1812] s. f. ● Luogo in cui si accolgono o ricevono spec. somme di denaro: *r. del totocalcio* | ***R. del lotto***, botteghino, ufficio in cui si ricevono le giocate.

♦**ricevùta** [da *ricevuto*; av. 1527] s. f. **1** Dichiarazione scritta che qlcu. rilascia al ricevimento di qlco., spec. di una somma di denaro, attestando di averla realmente ricevuta: *esigere, compilare una r.*; *smarrire la r. del gas* | ***Accusare r.***, dichiarare il ricevimento di qlco. | ***R. di ritorno***, attestazione inviata al mittente, sottoscritta dal destinatario, comprovante l'avvenuta ricezione di una lettera raccomandata | Quietanza. **2** (*banca*) ***R. bancaria***, titolo di credito emesso e scontato presso una banca direttamente da un fornitore che vanta un credito commerciale nei confronti di un cliente. || **ricevutina**, dim.

ricevùto [av. 1348] **A** part. pass. di *ricevere*; anche agg. ● Nei sign. del v. | ***Per grazia ricevuta***, V. *grazia*, sign. 7. **B** s. m. ● Ciò che si è ricevuto: *respingere il r.*

ricezióne o **recezióne** [vc. dotta, lat. tardo *receptiōne(m)*, da *recĕptus*. V. *ricetto*; av. 1306] s. f. **1** (*raro*) Ricevimento. **2** Processo con cui viene captata un'onda elettromagnetica. **3** (*sport*) Nella pallavolo, tocco con cui si riceve la palla battuta dalla squadra avversaria.

†**richèrere** e *deriv.* ● V. *richiedere* e *deriv.*

richiamàbile [1872] agg. ● (*raro*) Che si può richiamare.

♦**richiamàre** [comp. di *ri-* e *chiamare*; sec. XIII] **A** v. tr. **1** Chiamare di nuovo: *chiamare e r. insistentemente* | Chiamare nuovamente al telefono: *richiamami stasera* | ***R. sotto le armi***, chiamare di nuovo in servizio, per istruzione o per mobilitazione, i militari in congedo | ***R. l'aereo***, manovrare un aereo in modo da farlo cabrare, spec. dopo una picchiata. **2** Chiamare per fare tornare indietro (*anche fig.*): *r. dall'esilio, dal confino*; *r. qlcu. per trasferirlo*; *r. in vita usanze ormai dimenticate*; *r. bruscamente alla realtà* | (*fig.*) Sollecitare a rispettare nuovamente regole o princìpi: *r. qlcu. all'ordine, al dovere* | ***R. una cambiale***, ordinare alla banca cui è stata presentata per l'incasso di restituirla, senza esigerne il pagamento | Ritirare: *r. le truppe dalle località occupate*. **3** (*fig.*) Far tornare alla mente un'idea, far riprovare una sensazione o un sentimento spec. per associazione con altre idee, sensazioni o sentimenti: *queste letture mi richiamano i sogni della giovinezza*. **4** Fare accorrere, far venire: *r. folla, gente* | Attirare: *la luce richiama gli insetti* | (*fig.*) ***R. l'attenzione***, farla dirigere su un determinato oggetto. **5** Riprendere, rimproverare: *r. con brusche parole i dipendenti*. **6** Citare, riportare: *richiamerò un verso del Tasso*; *richiamiamo per via di rapidi accenni le forme principali dell'arte e del pensiero al tempo del Carducci* (CROCE). **B** v. intr. pron. **1** Riferirsi, rifarsi: *mi richiamo al primo articolo del regolamento*. **2** (*lett.*) Dolersi, rammaricarsi | (*lett.*) Lamentarsi di un'ingiuria, un torto ricevuto.

richiamàta [av. 1595] s. f. **1** (*raro*) Richiamo. **2** (*aer.*) Manovra consistente nel far cabrare l'aereo.

richiamàto [1891] **A** part. pass. di *richiamare*; anche agg. ● Nei sign. del v. **B** s. m. ● Militare già in congedo chiamato di nuovo alle armi.

♦**richiàmo** [sec. XIII] s. m. **1** Il richiamare | Sollecitare a tornare indietro: *il r. dell'ambasciatore, della flotta*; *r. alle armi* | (*fig.*) Ammonimento: *insensibile a ogni r.* | (*fig.*) Invito: *un severo r. all'ordine, al dovere* | (*raro*) Analogia: *certi richiami d'immagini, tra loro lontane, sono ... particolari a ciascuno di noi* (PIRANDELLO) | (*med.*) ***Vaccino, iniezione di r.***, (*ellitt.*) ***richiamo***, vaccinazione o iniezione che hanno lo scopo di rafforzare uno stato immunitario già acquisito. **2** Segno, gesto, mezzo con cui si richiama qlcu. o qlco.: *un flebile r.* **3** (*mar.*) ***Bozzello di r.***, carrucola che serve a condurre la chiamata dei cavi dall'una all'altra parte. **4** Mezzo, modo per attirare: *la pubblicità di quel prodotto è un potente r.* | Fascino, attrazione: *il grande r. della natura*; *il r. della madrepatria* (MONTALE) | ***Il r. della foresta***, V. *foresta* | ***Uccello da r.***, che serve ad attirare gli uccelli ad una tesa. **5** Segno che in uno scritto rimanda ad altra parte della pagina. **6** †Lamento | †Reclamo.

richiarìre [comp. di *ri-* e *chiarire*] v. tr. (*io richiarìsco, tu richiarìsci*) ● (*raro*) Chiarire di nuovo.

richiedènte [1872] **A** part. pres. di *richiedere*; anche agg. ● Nei sign. del v. **B** s. m. e f. ● (*bur.*) Chi richiede qlco., spec. documenti: *rispondere al r.*; *i richiedenti la patente*.

♦**richièdere** o †**rechèrere**, †**richèrere** [lat. parl. **requaerere* (per il classico *requīrere*), comp. di *re-* e *quaerere* 'chiedere'; av. 1292] v. tr. (part. pass. *richièsto*, †*richèsto*, †*richiedùto*; nelle altre forme coniug. come *chiedere*) **1** Chiedere di nuovo: *gli ho richiesto il suo parere sulla mia partenza*. **2** Chiedere con insistenza o con decisione e fermezza per ottenere qlco.: *r. aiuto, assistenza*; *r. un sussidio economico* | (*bur.*) Chiedere il rilascio di un documento: *r. la carta di identità* | Reclamare: *r. giustizia, riparazione* | Cercare per acquistare, comprare, ecc.: *la nuova vettura è molto richiesta*. **3** Interrogare, domandare per sapere: *ti richiedo notizie dei tuoi parenti*; *r. qlcu. di un'opinione* | Chiedere in restituzione: *r. il libro prestato*. **4** Esigere, pretendere: *richiedo tutta la vostra attenzione*; *è un lavoro che richiede diligenza*; *si richiede il certificato di nascita*. **5** †Mandare a chiamare, far venire, convocare: *r. a parlamento* | ***R. a battaglia***, sfidare | †***R. battaglia***, provocarla. **6** †Citare in tribunale.

richieditóre [1336 ca.] s. m. **1** (f. *-trice*) (*raro*) Chi fa una richiesta. SIN. Richiedente. **2** †Chi richiede in matrimonio.

†**richiedùto** part. pass. di *richiedere*; anche agg. ● (*raro*) Nei sign. del v.

richièsta o †**richèsta** [da *richiesto*; av. 1292] s. f. **1** Il richiedere | Domanda: *rifiutare una r. sfac-*

ciata di denaro; accogliere una r. di matrimonio | Ciò che si richiede come prezzo, come compenso per una prestazione: *la vostra r. è giusta* | ***Richieste salariali***, rivendicazioni. **2** Domanda, istanza: *mi presento a sua r.; non abbiamo avuto nessuna r. in proposito* | ***A r. dell'interessato***, in seguito alla domanda dell'interessato | Domanda di replica di uno spettacolo: *si recita a r. generale* | ***Fermata a r.***, facoltativa. **3** (*bur.*) Domanda con la quale si chiede il rilascio di un documento: *inviare una r. al Ministero* | (*bur.*) Il foglio o il modulo su cui si stende la richiesta: *la vostra r. è andata smarrita.*

richièsto part. pass. di *richiedere*; anche agg. ● Nei sign. del v. | Domandato: *un parere non r.* (BACCHELLI).

richinàre o †**rechinàre** [lat. *reclināre*, comp. di *re-* e *°clināre* 'chinare'; 1321] **A** v. tr. **1** (*raro*) Chinare di nuovo. **2** (*lett.*) Fare abbassare (*anche fig.*). **B** v. rifl. ● (*raro*) Chinarsi di nuovo o di più | †***Richinarsi ad uno***, riverirlo.

richino [comp. di *ri-* e *chino*] agg. ● (*lett.*) Richinato, chinato | Inchinato.

richiùdere [comp. di *ri-* e *chiudere*; 1313] **A** v. tr. (coniug. come *chiudere*) **1** Chiudere di nuovo: *richiudi subito la finestra* | Chiudere ciò che di solito non viene aperto: *r. la cassaforte.* **2** (*lett.*) Cingere, delimitare. **3** †Accogliere, ricoverare. **B** v. intr. pron. ● Chiudersi di nuovo: *il cancello si è richiuso per il vento* | Rimarginare: *la ferita si è richiusa bene.*

richiudìbile [1999] agg. ● Che si può chiudere di nuovo | ***Confezione r.***, di alcuni prodotti, che può essere richiusa spec. mediante una linguetta adesiva.

†**richiudiménto** [sec. XIV] s. m. ● (*raro*) Chiusura, ostruzione.

richiùso [1312] part. pass. di *richiudere*; anche agg. ● Nei sign. del v.

richiusùra [comp. di *ri-* e *chiusura*; sec. XIV] s. f. **1** (*raro*) Il richiudere, il richiudersi. **2** †Clausura.

ricicciàre [comp. di *ri-* e del denom. di *ciccio* 'grumolo, germoglio'; 1938] v. intr. (*io ricìccio*; aus. *essere*) ● (*tosc.*) Rispuntare, ricomparire.

riciclàbile [1983] agg. ● Che si può riciclare (*anche fig.*): *carta, stoffa, metallo r.; rifiuti non riciclabili.*

riciclabilità s. f. ● Caratteristica di ciò che è riciclabile.

riciclàggio [1971] s. m. **1** Operazione del riciclare, spec. materiale di scarto: *il r. della lana, del vetro; studiare un procedimento meno costoso per il r. dei rifiuti urbani* | Trattamento che permette la riutilizzazione dell'aria e dell'acqua impure | Reimpiego, riqualificazione: *la crisi economica impone il r. di alcune categorie produttive.* **2** (*est.*) Il riciclare spec. denaro sporco | (*econ.*) ***R. dei petrodollari***, nuova immissione, sul mercato monetario internazionale, dei dollari incassati dai Paesi produttori di petrolio grezzo, spec. dopo gli aumenti verificatisi nel corso degli anni '70 del Novecento.

riciclàre [da *ciclo*, col suff. *ri-*; 1959] v. tr. **1** In varie tecnologie, spec. chimiche, sottoporre più volte una sostanza, o parte di essa, e sim. a uno stesso ciclo di lavorazione. **2** Riutilizzare materiale di scarto all'interno di un processo produttivo: *durante la costruzione di questi pezzi meccanici sono stati riciclati alcuni rottami.* **3** (*fig.*) Aggiornare, riqualificare professionalmente o impiegare con mansioni differenti: *l'azienda ha riciclato molti tecnici.* **4** (*fig.*) Rimettere in circolazione denaro o beni spec. di provenienza illecita, mediante operazioni finanziarie, commerciali o investimenti consentiti dalla legge: *r. denaro sporco; r. la merce rubata; il ricavato del riscatto fu riciclato nell'acquisto di proprietà immobiliari.*

riciclàto [1972] part. pass. di *riciclare*; anche agg. **1** Nei sign. del v. | Che è stato costruito con materiale sottoposto a riciclaggio: *carta riciclata.* **2** (*est.*) Utilizzato nuovamente o in modo diverso, anche dopo aver subito qualche modifica; detto di ciò che proviene da attività criminose: *denaro r.; automobili riciclate.* **3** (*fig., iron.*) Detto di chi si ripresenta sotto nuova veste o in un nuovo contesto.

riciclatóre s. m.; anche agg. (f. *-trice*) ● Chi (o Che) provvede al riciclaggio (*anche est.*).

riciclo [1910] s. m. ● (*chim.*) Operazione del riciclare | (*raro*) Riciclaggio.

ricìdere ● V. *recidere.*

†**ricidìvo** ● V. *recidivo.*

†**ricìgnere** ● V. *recingere.*

†**ricimàre** [comp. di *ri-* e *cimare*] v. tr. ● (*raro*) Cimare di nuovo.

ricimatùra s. f. ● (*raro*) Operazione del ricimare.

ricìngere [vc. dotta, lat. tardo *recĭngere* (nel lat. classico significava 'slacciare, sciogliere'), comp. di *re-* e *cĭngere*; 1550] v. tr. (coniug. come *cingere*) **1** Cingere di nuovo. **2** V. *recingere.*

ricino [vc. dotta, lat. *rĭcinu(m)* 'zecca' (insetto), poi 'ricino', di etim. incerta, per la somiglianza dei suoi semi con l'insetto; 1542] s. m. ● Pianta arborescente delle Euforbiacee di origine tropicale a larghe foglie palmate e lobate, fiori in grappoli, frutto grigio, con grossi semi da cui si estrae un olio purgativo e industriale (*Ricinus communis*). SIN. Fico d'inferno. ➡ ILL. **piante**/2.

ricinolèico [comp. di *ricino* e *oleico*; 1872] agg. (pl. m. *-ci*) ● Detto di ossiacido, organico, insaturo, monobasico, principale costituente dell'olio di ricino in cui si trova come ricinoleina.

ricinoleìna [da *ricinole(ico)*; 1959] s. f. ● Gliceride dell'acido ricinoleico, ad azione purgativa, contenuto nell'olio di ricino.

ricinto ● V. *recinto.*

†**ricioncàre** [comp. di *ri-* e *cioncare*] v. intr. ● Tracannare di nuovo: *e béi e ribei, cionca e ricionca* (SACCHETTI).

ricircolàre o †**recircolàre**, †**recirculàre** [comp. di *ri-* e *circolare* (*1*) (V.); av. 1321] v. intr. (*io ricìrcolo*; aus. *avere*) **1** (*raro*) Tornare in circolazione. **2** †Rigirare, girare intorno.

ricircolo [da *ri-* e *circolo*] s. m. ● (*autom.*) Dispositivo dell'impianto di climatizzazione di un'automobile che impedisce l'immissione di aria esterna, consentendo solo la circolazione di aria prelevata dall'interno | L'interruttore che aziona il dispositivo stesso.

rickèttsia /rik'kɛtstsja/ [detta così dal n. di H. T. *Ricketts* (1871-1910), che fu tra i primi a studiare il microrganismo; 1947] s. f. ● (*biol.*) Genere batterico Gram-negativo patogeno per Artropodi e Vertebrati incluso l'uomo, nel quale può causare infezioni caratterizzate da esantema (*Rickettsiaceae*).

rickettsiòsi /rikkets'tsjɔzi/ [da *rickettsia*; 1959] s. f. inv. ● (*med.*) Nome generico di malattie causate, nell'uomo, da diverse rickettsie.

riclassificazióne [da *riclassificare*] s. f. ● Nuova e diversa classificazione.

ricògliere o (*lett.*) **ricòrre** [comp. di *ri-* e *cogliere*; av. 1292] **A** v. tr. (coniug. come *cogliere*) **1** (*raro*) Cogliere di nuovo: *ti ho ricolto in fallo.* **2** (*raro, lett.*) Raccogliere, raccattare da terra. **3** †Riprendere, recuperare, ripescare: *fatto il corpo della bella donna ricoglier di man, lungamente e con molte lacrime il pianse* (BOCCACCIO). **4** †Riscuotere, ricevere in pagamento. **5** †Ricevere, accogliere | (*fig.*) †Ascoltare, intendere, capire. **6** †Adunare, mettere insieme. **B** v. rifl. **1** †Rifugiarsi, ritirarsi. **2** †Raccogliersi, ricomporsi (*anche fig.*).

†**ricogliménto** [da *ricogliere*] s. m. ● Raccoglimento.

†**ricoglitóre** [da *ricogliere*; 1832] s. m. (f. *-trice*) **1** Chi raccoglie qlco. **2** Compilatore di saggi, trattati e sim. **3** Esattore, riscuotitore.

†**ricoglitùra** [da †*ricoglitore*; 1872] s. f. **1** Raccolta | Tempo in cui si raccolgono alcuni prodotti della terra. **2** Riscatto di pegni.

ricognitivo [rifatto su *ricognizione*; 1872] agg. **1** (*raro*) Di ricognizione. **2** (*dir.*) Che riconosce, che ammette come valido: *atto, negozio r.* || **ricognitivaménte**, avv.

ricognitóre [1940] s. m. **1** (f. *-trice*) (*raro*) Chi effettua una ricognizione. **2** (*aer.*) Aereo per la ricognizione.

ricognizióne o †**recognizióne** [vc. dotta, lat. *recognitiōne(m)*, da *recŏgnitus*, part. pass. di *recognōscere* 'riconoscere'; 1509] s. f. **1** (*lett.*) Riconoscimento | Ricompensa: *mi aveva promesso una giusta r.* (GOLDONI). **2** (*dir.*) Riconoscimento dell'esistenza di un atto, spec. a scopo probatorio nel diritto civile: *atto di r.; r. di un debito* | Accertamento dell'esistenza, della veridicità, della natura di un fatto, spec. dell'identità di persone o cose nel diritto penale: *la r. della salma.* **3** (*mil.*) Attività aerea, terrestre o marittima intesa ad accertare l'entità, la posizione e i movimenti delle forze nemiche o la conformazione del territorio in vista di un'azione | (*est.*) Missione informativa (*anche scherz.*): *la direzione ha inviato due ispettori in r.; prima di affittare la casa, faremo una breve r. nei dintorni.* **4** †Verificazione, riscontro. **5** †Censo, tributo, decima.

ricolàre [comp. di *ri-* e *colare*] v. tr. e intr. (*io ricólo*; aus. intr. *essere* e *avere*) ● Colare di nuovo.

†**ricolcàre** ● V. *ricoricare.*

†**ricòlere** [vc. dotta, lat. *recŏlere* 'coltivare di nuovo, riandare colla mente', comp. di *re-* e *cŏlere* 'coltivare'. V. †*colere*] v. tr. ● Ricordare.

ricollegàbile agg. ● Che può essere ricollegato.

ricollegàre [comp. di *ri-* e *collegare*; av. 1558] **A** v. tr. (*io ricollégo* (o *-è-*), *tu ricolléghi* (o *-è-*)) ● Collegare di nuovo, ricongiungere | (*fig.*) Collegare insieme stabilendo relazioni: *r. due ragionamenti.* **B** v. intr. pron. (+ *a*; + *con*) ● Riferirsi: *la mia proposta si ricollega a un'esigenza concreta; Queste tre questioni si ricollegano … con quella più vasta e complessa …* (PIRANDELLO). **C** v. rifl. (+ *con*; + *a*) ● Collegarsi di nuovo: *ci ricolleghiamo con lo studio per le ultime notizie.* **D** v. rifl. rec. ● Essere in relazione reciproca: *questi due fenomeni fisici si ricollegano.*

ricollocaménto [1987] s. m. ● (*raro*) Il ricollocare: *r. in congedo.*

ricollocàre [vc. dotta, lat. *recollocāre*, comp. di *re-* e *collocāre*; av. 1729] v. tr. (*io ricòlloco, tu ricòllochi*) ● Collocare di nuovo, rimettere: *ho ricollocato i soprammobili nei loro posti.*

ricolmàre [comp. di *ri-* e *colmare*; 1667] v. tr. (*io ricólmo*) **1** Colmare di nuovo: *r. il bicchiere di vino.* **2** Colmare del tutto, riempire (*spec. fig.*): *andò … da Gertrude, la ricolmò di lodi, di carezze e di promesse* (MANZONI).

ricolmatùra [1872] s. f. ● (*raro*) Operazione del ricolmare, del riempire spec. un terreno.

ricólmo [da *ricolmare*; av. 1729] agg. ● Ben colmo, pieno (*anche fig.*): *coppa ricolma di vino; animo r. di speranza.*

ricoloràre [comp. di *ri-* e *colorare*; av. 1735] **A** v. tr. (*io ricolóro*) ● Colorare di nuovo, ridare il colore: *r. un quadro sbiadito.* **B** v. intr. pron. ● Colorarsi di nuovo o più intensamente: *durante la convalescenza gli si sono ricolorate le guance.*

ricolorìre [comp. di *ri-* e *colorire*; 1550] **A** v. tr. (*io ricolorisco, tu ricolorisci*) ● Colorire di nuovo | Ritoccare il colore. **B** v. intr. pron. ● Colorirsi di nuovo o più intensamente.

†**ricòlta** [da *ricolto*] s. f. **1** Raccolta dei prodotti della terra. **2** Deposito, pegno. **3** Malleveria.

ricoltivàre [comp. di *ri-* e *coltivare*] v. tr. ● Coltivare di nuovo.

ricòlto A part. pass. di *ricogliere*; anche agg. ● Nei sign. del v. **B** s. m. ● †Raccolto.

ricomandàre [comp. di *ri-* e *comandare*; 1476] v. tr. ● Comandare di nuovo.

ricombàttere [comp. di *ri-* e *combattere*; sec. XIII] v. tr. e intr. (coniug. come *battere*; aus. *avere*) ● Combattere di nuovo.

ricombinànte [1983] **A** part. pres. di *ricombinare*; anche agg. ● (*biol.*) Nella loc. ***DNA r.***, in ingegneria genetica, molecola di DNA che è ottenuta prelevando un segmento di DNA da una cellula donatrice e inserendolo nel DNA prelevato da una cellula ospite e che, quando viene restituita a quest'ultima, vi si replica nel processo di moltiplicazione cellulare permettendo di ottenere un numero indefinito di copie della sequenza nucleotidica inserita. **B** s. m. ● (*biol.*) In genetica, il nuovo individuo o la nuova cellula proveniente da una ricombinazione.

ricombinàre [comp. di *ri-* e *combinare*; 1600] **A** v. tr. ● Combinare di nuovo. **B** v. intr. pron. e rifl. rec. ● (*chim.*) Riunirsi: *uno ione idrogeno e uno ione cloro si ricombinano per formare una molecola di acido cloridrico.*

ricombinazióne [1934] s. f. **1** (*raro*) Il ricombinare | Ciò che risulta dall'unione di elementi di diversa origine: *falsificazioni che sono… ricombinazioni delle opere originali* (CROCE). **2** (*fis.*) Il processo con cui due particelle o due corpi che portano cariche di segno opposto si combinano formando una particella o un corpo neutro. **3** (*biol.*) In genetica, fenomeno per cui nella progenie sono presenti combinazioni di geni diverse da quelle dei genitori.

ricominciaménto [sec. XIV] s. m. ● (*raro*) Il

ricominciare: *il risveglio della città, il r. inevitabile* (D'ANNUNZIO).

♦**ricominciàre** [comp. di *ri-* e *cominciare*; av. 1292] **A** v. tr. (*io ricomìncio*) (qlco.; + *a* seguito da inf.) ● Cominciare da capo: *ricominciò la lettera interrotta* | Riprendere a dire o a fare (*anche assol.*): *r. il conto, il lavoro, il discorso; ho ricominciato a studiare; non ricominciamo a discutere; ricominciamo da capo; tacque un momento e poi ricominciò* | ***Si ricomincia!***, siamo daccapo! **B** v. intr. (aus. *essere*) ● Avere nuovamente inizio: *l'inverno è ricominciato; da che è ricominciato il supplizio* (D'ANNUNZIO). **C** v. intr. impers. (aus. *essere* o *avere*) (+ *a* seguito da inf.) ● Cominciare di nuovo: *ricomincia a piovere; ha ricominciato a fare brutto tempo.*

ricominciàto part. pass. di *ricominciare*; anche agg. ● Ripreso dopo un interruzione.

ricommésso part. pass. di *ricommettere* ● (*raro*) Nei sign. del v.

ricomméttere [comp. di *ri-* e *commettere*; sec. XIV] v. tr. (coniug. come *mettere*) **1** (*raro*) Commettere di nuovo, rifare: *r. lo stesso errore.* **2** Mettere bene insieme le parti staccate di qlco.: *r. i pezzi di una statua.* **3** †Affidare di nuovo.

ricommettitùra [1872] s. f. ● (*raro*) Operazione del ricommettere insieme due parti staccate | Il punto in cui si uniscono i pezzi divisi.

ricommòsso part. pass. di *ricommuovere* ● (*raro*) Nel sign. del v.

ricommuòvere [comp. di *ri-* e *commuovere*] **A** v. tr. (coniug. come *muovere*) ● Commuovere di nuovo. **B** v. intr. pron. ● Commuoversi di nuovo.

ricompaginàre [comp. di *ri-* e *compaginare*; 1499] v. tr. (*io ricompàgino*) ● Rimettere insieme, riordinare ciò che era stato scompaginato.

ricomparire [comp. di *ri-* e *comparire*; 1640] v. intr. (coniug. come *comparire*; aus. *essere*) ● Comparire di nuovo: *è ricomparso il sole.*

ricompàrsa [comp. di *ri-* e *comparsa*; 1872] s. f. ● Riapparizione: *un'improvvisa r. del colera* | Nuova manifestazione di qlco.: *la r. di un sintomo* | ***Fare la propria r.***, ritornare: *dopo una lunga assenza, ha fatto la sua ricomparsa sulla scena politica; la neve ha fatto la sua r. sulle cime più alte.*

ricompàrso part. pass. di *ricomparire*; anche agg. ● Nel sign. del v.

ricompattàre [comp. di *ri-* e *compattare*; 1986] **A** v. tr. ● Rendere nuovamente compatto un insieme, spec. di persone: *r. il partito.* **B** v. intr. pron. ● Ritornare ad essere un gruppo compatto.

♦**ricompènsa** [da *ricompensare*; av. 1375] s. f. **1** Contraccambio che si dà per un servizio reso, un favore ricevuto o come premio di un'azione lodevole: *ricevere una r. adeguata alla fatica; la nostra r. è la vostra amicizia* | ***R. al valor militare***, distinzione onorifica a premio di un atto di valore compiuto in guerra | Atto del ricompensare: *non so che cosa darti in r.* **2** (*psicol.*) Rinforzo.

ricompensàbile [1872] agg. ● Che si può o si deve ricompensare.

♦**ricompensàre** [vc. dotta, lat. tardo *recompensāre*, comp. di *re-* e *compensāre*; av. 1342] v. tr. (*io ricompènso*) **1** Premiare con una ricompensa (*anche iron.*): *r. qlcu. per i suoi servigi; ti ricompenserò per la tua gentilezza; ci ha ricompensati con l'ingratitudine.* SIN. Ripagare. **2** †Punire. **3** †Riparare, risarcire.

†**ricompensatìvo** agg. ● Atto a ricompensare.

ricompensàto part. pass. di *ricompensare*; anche agg. ● Ripagato.

ricompensatóre [1872] s. m.; anche agg. (f. *-trice*) ● (*raro, lett.*) Chi (o Che) ricompensa.

†**ricompensazióne** [vc. dotta, lat. tardo *recompensatiōne(m)*, da *recompensātus*, part. pass. di *recompensāre* 'ricompensare'; sec. XIV] s. f. **1** Ricompensa, contraccambio. **2** Risarcimento, soddisfazione.

ricomperàre e *deriv.* ● V. *ricomprare* e *deriv.*

ricómpiere [comp. di *ri-* e *compiere*; 1319] v. tr. (coniug. come *compiere*) ● Compiere di nuovo.

ricompilàre [comp. di *ri-* e *compilare*; 1957] v. tr. (*io ricompìlo*, o raro *ricòmpilo*) ● Compilare di nuovo.

ricompilazióne [comp. di *ri-* e *compilazione*] s. f. ● Nuova compilazione.

ricompìre v. tr. (coniug. come *compire*) ● (*raro*) Ricompiere.

ricomponiménto [dal lat. *recompōnere* 'ricomporre'; 1872] s. m. ● (*raro*) Ricomposizione.

ricompórre [comp. di *ri-* e *comporre*; 1575] **A** v. tr. (coniug. come *porre*) **1** Comporre di nuovo, riunire insieme: *r. una lettera; r. i frammenti di un ingranaggio* | (*fig.*) Sanare, superare: *r. un contrasto.* **2** Riordinare, ricostruire: *r. un fatto; r. una situazione caotica* | ***R. il viso***, riassumere un atteggiamento composto. **B** v. intr. pron. ● Riacquistare il controllo di sé e della propria espressione: *ricomporsi dopo un moto di stupore.*

ricomposizióne [comp. di *ri-* e *composizione*; 1819] s. f. **1** Il ricomporre | Ricostituzione: *la r. di un comitato, una società* | (*fig.*) Superamento: *r. di un contrasto.* **2** (*ling.*) Procedimento per il quale uno degli elementi di un composto riprende la forma primitiva.

ricompósto part. pass. di *ricomporre*; anche agg. ● Nei sign. del v.

ricómpra o (*raro*) **ricómpera** [1353] s. f. **1** (*raro*) Il ricomprare. **2** †Riscatto. **3** †Redenzione.

ricompràbile o **ricomperàbile** [1872] agg. ● Che si può o si deve ricomprare.

ricompraménto [av. 1311] s. m. **1** (*raro*) Modo, atto, effetto del ricomprare. **2** (*fig.*) Redenzione.

ricompràre o **ricomperàre** [comp. di *ri-* e *comprare*; av. 1292] v. tr. (*io ricómpro*) **1** Comprare di nuovo qlco. dello stesso tipo di un'altra: *r. una birra* | Comprare ciò che si era venduto: *r. la casa venduta; r. i possedimenti della propria famiglia* | Comprare a propria volta: *non so chi potrà r. la tua automobile.* **2** †Raccattare, liberare. **3** (*raro, lett.*) Recuperare (*anche fig.*): *ricompriamo il tempo: la mezzanotte è vicina* (MANZONI).

ricompratóre o **ricomperatóre** [av. 1311] s. m. (f. *-trice*) **1** Chi ricompra. **2** †Riscattatore. **3** (*fig.*) †Chi redime.

ricomprésso part. pass. di *ricomprimere*; anche agg. ● Nei sign. del v.

ricomprìmere [comp. di *ri-* e *comprimere*; 1987] v. tr. (coniug. come *comprimere*) ● Comprimere di nuovo o di più.

†**ricomùnica** [da *ricomunicare*; av. 1400] s. f. ● Assoluzione dalla scomunica.

ricomunicàre [comp. di *ri-* e *comunicare*; av. 1348] **A** v. tr. (*io ricomùnico, tu ricomùnichi*) **1** Comunicare di nuovo: *vi ricomunicherò le sue decisioni.* **2** (*relig.*) Amministrare nuovamente l'Eucaristia | †Assolvere dalla scomunica. **B** v. intr. (aus. *avere*) ● Avere di nuovo relazione, rapporto con qlcu.: *ricomunicherò con te con una lettera.* **C** v. intr. pron. ● Ricevere di nuovo l'Eucaristia.

riconcèdere [comp. di *ri-* e *concedere*; 1540] v. tr. (coniug. come *concedere*) ● Concedere di nuovo.

riconcedùto part. pass. di *riconcedere*; anche agg. ● (*raro*) Nel sign. del v.

riconcentraménto [av. 1694] s. m. ● (*raro*) Atto del riconcentrare.

riconcentràre [comp. di *ri-* e *concentrare*; 1690] **A** v. tr. (*io riconcèntro* (o *-é-*)) **1** Concentrare nuovamente o in modo più imponente: *hanno riconcentrato ingenti forze alla frontiera.* **2** Raccogliere in un solo punto (*anche fig.*): *ci hanno riconcentrati nella piazza; r. la mente.* **3** Sottoporre a ulteriore concentrazione una soluzione o una miscela. **B** v. rifl. ● Raccogliersi in sé stesso, nei propri pensieri.

riconcepìre [comp. di *ri-* e *concepire*; 1835] v. tr. (coniug. come *concepire*) ● Concepire di nuovo.

riconcèsso part. pass. di *riconcedere*; anche agg. ● (*raro*) Nel sign. del v.

riconciàre [comp. di *ri-* e *conciare*; 1525] **A** v. tr. (*io ricóncio*) **1** Conciare di nuovo. **2** †Restaurare. **B** v. intr. pron. e rifl. ● †Riaggiustarsi.

riconciliàbile [1765] agg. ● Che si può riconciliare.

riconciliaménto [av. 1363] s. m. ● (*raro*) Riconciliazione.

riconciliàre o †**reconciliàre** [vc. dotta, lat. *reconciliāre*, comp. di *re-* e *conciliāre*; sec. XIII] **A** v. tr. (*io riconcìlio*) **1** Fare tornare d'accordo o in buona armonia: *r. due Stati in guerra; r. suocera e nuora* | ***R. con Dio***, rimettere in grazia di Dio, assolvere dai peccati commessi. SIN. Rappacificare. **2** Fare riacquistare, ritrovare: *la tua umiltà ti ha riconciliato la nostra stima* | †***R. la pace***, farla ritornare. **B** v. rifl. e rifl. rec. ● Rappacificarsi, tornare in pace o in armonia: *si sono riconciliati dopo una spiegazione.*

riconciliàto part. pass. di *riconciliare*; anche agg. ● Rappacificato.

riconciliatóre [vc. dotta, lat. *reconciliatōre(m)*, da *reconciliātus* 'riconciliato'; av. 1311] s. m.; anche agg. (f. *-trice*) ● Chi (o Che) riconcilia.

riconciliatòrio [1835] agg. ● (*raro*) Atto a riconciliare.

riconciliazióne o †**reconciliazióne** [vc. dotta, lat. *reconciliatiōne(m)*, da *reconciliātus* 'riconciliato'; 1336 ca.] s. f. **1** Ristabilimento di una condizione di pace, di armonia e sim.: *favorire, procurare la r.; fra i due rivali è avvenuta una sicura r.* SIN. Rappacificazione. **2** (*relig.*) Nella disciplina penitenziale cattolica, atto e rito con cui un chierico interdetto è riammesso alla sua dignità e funzione, o una chiesa è riconsacrata | ***Sacramento della R.***, altra denominazione del sacramento della penitenza, dopo il Concilio Ecumenico Vaticano Secondo.

†**ricóncio** [da *riconciare*] agg. ● Preparato, condito: *fagioli riconci.*

ricondannàre [comp. di *ri-* e *condannare*; 1835] v. tr. ● Condannare di nuovo.

ricondensàre [comp. di *ri-* e *condensare*; 1835] **A** v. tr. (*io ricondènso*) ● Condensare di nuovo o di più. **B** v. intr. pron. ● Condensarsi di nuovo. SIN. Raddensarsi.

ricondire [comp. di *ri-* e *condire*; 1835] v. tr. (*io ricondisco, tu ricondìsci*) ● Condire di nuovo.

†**ricóndito** ● V. *recondito.*

ricondizionàre [comp. parasintetico di (*buona*) *condizione*, col pref. *ri-*; 1987] v. tr. (*io ricondizióno*) **1** (*gener.*) Condizionare di nuovo. **2** Riparare l'imballaggio di un pacco scondizionato, deteriorato.

†**ricondótta** [da *ricondotto*; av. 1540] s. f. **1** Rinnovo della condotta di un condottiero: *faceva ogni diligenza per indurre l'Alviano alla ricondotta* (GUICCIARDINI). **2** †Riconferma in un incarico retribuito.

ricondótto [av. 1374] part. pass. di *ricondurre*; anche agg. ● Nei sign. del v.: *r. a casa.*

riconducènte part. pres. di *ricondurre* ● (*raro*) Nei sign. del v.

†**ricondùcere** ● V. *ricondurre.*

riconducìbile [da *ricondurre*, sul modello di *conducibile*; 1967] agg. ● Che si può ricondurre (*anche fig.*): *Si trattava di un caso unico, ... cioè non r. al già noto* (MORAVIA).

riconduciménto [dal lat. *recondūcere* 'ricondurre'] s. m. ● (*lett., fig.*) Riferimento a qlco.

♦**ricondùrre** o †**ricondùcere** [lat. *recondūcere*, comp. di *re-* e *condūcere* 'condurre'; 1353] **A** v. tr. (coniug. come *condurre*) **1** Condurre di nuovo: *ci ha ricondotti in quel locale* | (*fig.*) Far risalire, attribuire, mettere in relazione: *il suo rifiuto a continuare gli studi è da r. ai suoi rapporti col padre.* SIN. Rimenare, riportare. **2** Riportare al luogo di partenza o alla condizione precedente (*anche fig.*): *appena cominciò a piovere, ci ricondusse a casa; r. il bestiame alla stalla; r. qlcu. alla ragione.* **3** †Riconfermare nel servizio militare o in un incarico stipendiato. **4** †Ridurre. **5** †Affittare di nuovo. **B** v. intr. pron. ● †Tornare in un luogo | †Trasferirsi di nuovo. **C** v. rifl. ● †Arruolarsi di nuovo.

riconduzióne [dal lat. *recondūctus*, part. pass. di *recondūcere* 'ricondurre'; 1872] s. f. ● (*dir.*) Rinnovo del contratto di locazione, in caso di mancata disdetta alla scadenza del termine.

riconférma [av. 1704] s. f. **1** Rinnovo di un incarico: *ha ottenuto la r. nel suo ufficio* | Nuova conferma, prova ulteriore: *il suo atteggiamento rappresenta la r. dei miei sospetti.* **2** Nel calcio, rinnovo del contratto di ingaggio a un giocatore.

riconfermàbile [1872] agg. ● Che si può riconfermare.

riconfermàre [comp. di *ri-* e *confermare*; av. 1348] **A** v. tr. (*io riconférmo*) ● Confermare di nuovo: *vi riconfermo la bella notizia* | Confermare: *r. qlcu. in un incarico, un ufficio.* **B** v. rifl. **1** Dare nuova prova, nuova conferma delle proprie caratteristiche: *si è riconfermato giocatore vincente, autentico cialtrone, ottimo cuoco.* **2** Rafforzarsi in un'opinione e sim.: *si è riconfermato nei suoi dubbi.* **3** (*disus.*) Dichiararsi di nuovo: *mi riconfermo vostro amico.*

†**riconfermazióne** [1353] s. f. ● Riconferma.

riconfessàre [comp. di *ri-* e *confessare*; 1481] **A** v. tr. (*io riconfèsso*) ● Confessare di nuovo. **B** v.

rifl. ● Confessarsi di nuovo.

riconficcàre [comp. di *ri-* e *conficcare*; 1835] v. tr. (*io riconficco, tu riconficchi*) ● Conficcare di nuovo.

riconfinàre [comp. di *ri-* e *confinare*] **A** v. tr. ● (*raro*) Confinare di nuovo. **B** v. rifl. ● Confinarsi di nuovo.

riconfiscàre [comp. di *ri-* e *confiscare*; 1872] v. tr. (*io riconfisco, tu riconfischi*) ● Confiscare di nuovo.

riconfitto [part. pass. di †*riconfiggere*, comp. di *ri-* e *configgere*; 1858] agg. ● (*lett.*) Nuovamente costretto: *Eccomi r. alla pazienza* (NIEVO).

riconfóndere [comp. di *ri-* e *confondere*] v. tr. (coniug. come *fondere*) ● Confondere di nuovo.

riconformàre [comp. di *ri-* e *conformare*; 1308] **A** v. tr. (*io riconfórmo*) ● (*lett.*) Rendere conforme. **B** v. rifl. ● Conformarsi di nuovo.

riconfortàre [comp. di *ri-* e *confortare*; 1294] **A** v. tr. (*io riconfòrto*) **1** Confortare di nuovo o di più: *mi ha riconfortato con il suo ottimismo*; *le tue parole mi riconfortano*. **2** (*est., lett.*) Ristorare. **3** †Ravvivare. **B** v. intr. pron. ● Riprendere conforto.

riconfrontàre [comp. di *ri-* e *confrontare*; av. 1698] **A** v. tr. (*io riconfrónto*) ● Confrontare di nuovo: *r. testimonianze, codici*. **B** v. rifl. e rifl. rec. ● Confrontarsi, misurarsi di nuovo: *dopo il congresso, i vertici hanno deciso di riconfrontarsi con la base*; *i partiti si sono riconfrontati sul nuovo disegno di legge*.

riconfùso part. pass. di *riconfondere* ● Nel sign. del v.

riconfutàre [comp. di *ri-* e *confutare*] v. tr. (*io ricònfuto*, o *riconfùto*) ● Confutare di nuovo.

ricongedàre [comp. di *ri-* e *congedare*; 1872] **A** v. tr. (*io ricongèdo*) ● Congedare di nuovo. **B** v. rifl. ● Congedarsi di nuovo.

ricongegnàre [comp. di *ri-* e *congegnare*] v. tr. (*io ricongégno*) ● (*raro*) Congegnare di nuovo o in un altro modo.

ricongelàre [comp. di *ri-* e *congelare*; 1835] **A** v. tr. (*io ricongèlo*) ● Congelare di nuovo. **B** v. intr. pron. ● Congelarsi di nuovo.

ricongiùngere o †**ricongiùgnere** [comp. di *ri-* e *congiungere*; 1308] **A** v. tr. (coniug. come *giungere*) ● Congiungere di nuovo: *r. le parti divise*. **B** v. rifl. e rifl. rec. ● Congiungersi di nuovo, riunirsi, detto di persone: *ricongiungersi alla famiglia, ai compagni*; *i due fratelli si sono ricongiunti in cielo*.

ricongiungiménto [1598] s. m. ● Il ricongiungere | Riunione.

ricongiùnto part. pass. di *ricongiungere*; anche agg. ● (*raro*) Nuovamente unito.

ricongiunzióne [1351] s. f. ● Ricongiungimento, spec. di cose: *effettuare la r. di due linee tranviarie*.

riconnèsso o **riconnésso** part. pass. di *riconnettere*; anche agg. ● Ricollegato.

riconnèttere o **riconnéttere** [comp. di *ri-* e *connettere*; 1865] **A** v. tr. (coniug. come *connettere*) ● Connettere di nuovo o in modo migliore: *r. due fatti*; *cerca di r. i tuoi pensieri*. **B** v. intr. pron. ● Connettersi, collegarsi di nuovo o meglio | Ricollegarsi: *questo capitolo si riconnette al precedente*.

riconoscènte [av. 1311] part. pres. di *riconoscere*; anche agg. ● Che prova riconoscenza: *ti sono molto r.*; *sono loro r.*; *sono verso di loro*; *Le sono r. per i (o dei) favori che mi ha fatto* | Che esprime, contiene riconoscenza: *parole riconoscenti*; *ricordo r.* SIN. Grato. || **riconoscentemènte**, avv.

riconoscènza [1319] s. f. ● Sentimento di chi è grato del bene, del favore ricevuto: *esprimere r. a qlcu., verso qlcu., per qlcu.*; *mostrare r. per qlco., di qlco.*; *eterna, viva, inestinguibile r.*; *avere un debito di r. per qlcu.* SIN. Gratitudine.

♦**riconóscere** [lat. *recognōscere*, comp. di *re-* e *cognōscere* 'conoscere'; sec. XII] **A** v. tr. (coniug. come *conoscere*) **1** Individuare, identificare cosa o persona nota: *r. l'automobile rubata dalla targa*; *r. qlcu. alla voce*; *r. l'amico dopo molti anni* | ***Non lo riconosco più***, detto di chi è molto cambiato. **2** Distinguere, conoscere realmente, nella sua essenza: *so r. un buon vino*; *r. il giusto dall'ingiusto* | Identificare: *non ha documenti per farsi r.* | Sapere ciò che significa: *il cavallo riconosce la briglia*. **3** Nel diritto interno, attribuire, da parte dello Stato, la personalità giuridica: *r. un'associazione, un ente* | Dichiarare, ammettere l'esistenza di un diritto altrui: *r. un debito* | ***R. in conto***, accreditare | ***R. un figlio naturale***, dichiarare nelle forme previste dalla legge che una data persona è proprio figlio naturale. **4** Nel diritto internazionale, dichiarare di accettarne la legittimità o l'esistenza: *r. un nuovo Stato, una organizzazione internazionale*; *r. una conquista* | (*est.*) ***R. il fatto compiuto***, accettarlo con tutte le sue conseguenze. **5** Ammettere, confessare: *riconosco che così non va*; *riconosco di avere sbagliato*; *r. il proprio errore*. **6** (*lett.*) Ispezionare | (*mil.*) ***R. un terreno, un itinerario***, prenderne cognizione ai fini delle operazioni tattiche e tecniche da svolgere | †Passare in rassegna, esaminare. **7** †Considerare qlco. come un favore, un beneficio e sentirne gratitudine | ***R. qlco. da qlcu.***, considerare qlco. proveniente da qlcu. **8** (*raro*) Ricompensare: *r. le spese fatte*. **B** v. rifl. **1** Ammettere di essere in una certa condizione: *l'imputato si è riconosciuto colpevole*. **2** (+ *in*) Identificarsi, trovare corrispondenza: *non mi riconosco nelle sue opinioni*; *gruppi di lavoratori che si riconoscono in un sindacato autonomo*. **3** (*lett.*) Avere coscienza di sé, delle proprie caratteristiche. **C** v. rifl. rec. ● Identificarsi a vicenda: *rivedendosi dopo tanti anni, hanno stentato a riconoscersi*. **D** v. intr. pron. **1** †Ravvedersi. **2** †Essere grato, riconoscente a qlcu. di qlco.

riconoscìbile [1699] agg. ● Che si può riconoscere: *differenza r. a prima vista*; *il casale è r. dal colore rosa della pietra*. || **riconoscibilménte**, avv.

riconoscibilità [1987] s. f. ● Condizione di chi (o di ciò che) è riconoscibile. CONTR. Irriconoscibilità.

riconosciménto [1351] s. m. **1** Identificazione di persona o cosa nota: *un r. immediato*; *segnale di r.*; *documento di r.* | Segno distintivo che serve a far riconoscere qlcu. o qlco.: *dare, perdere il r.* **2** Accettazione: *r. del nuovo Stato, di un diritto* | Ammissione, confessione: *il r. di una colpa, di un errore*. **3** (*dir.*) ***R. del figlio naturale***, atto con il quale il genitore dichiara di essere il padre, o la madre, del figlio naturale | ***R. della scrittura privata***, dichiarazione con la quale una parte riconosce che una scrittura privata prodotta in giudizio è stata da lei sottoscritta o redatta. **4** Ricompensa, apprezzamento: *assegnare un premio come r. dei meriti di qlcu.* | ***Dare in r.***, dare in ricompensa, per riconoscenza. **5** (*teat.*) Scoperta di parentela, amicizia e sim. tra persone prima ignote tra loro. SIN. Agnizione. **6** (*psicol.*) Consapevolezza di un oggetto, di cui si è già avuto esperienza | Consapevolezza del significato di un simbolo. **7** †Contraccambio, compenso. **8** †Pentimento, ravvedimento.

riconoscitivo [1608] agg. ● (*raro*) Che fa riconoscere.

riconoscitóre [av. 1527] **A** s. m. (f. *-trice*) ● Chi riconosce. **B** agg. ● †Grato, riconoscente.

riconosciùto part. pass. di *riconoscere*; anche agg. ● Nei sign. del v. | (*est.*) Unanimemente accettato: *stavano sempre attorno a Filippo come al loro capo r.* (MORAVIA) | (*fig.*) Accertato, indiscutibile: *un uomo di riconosciuta onestà*.

riconquista [comp. di *ri-* e *conquista*; av. 1694] s. f. ● Nuova conquista di ciò che era stato perduto: *la r. di un territorio, della libertà*.

riconquistàre [comp. di *ri-* e *conquistare*; av. 1350] v. tr. ● Conquistare di nuovo combattendo: *r. un territorio, un paese* | Recuperare ciò che era stato perduto: *r. la fiducia degli amici*; *r. il potere*.

riconsacràre o †**riconsecràre** [comp. di *ri-* e *consacrare*; 1653] v. tr. ● Consacrare di nuovo.

riconsacrazióne [1987] s. f. ● Il riconsacrare.

†**riconsecràre** ● V. *riconsacrare*.

riconségna [1872] s. f. ● Il riconsegnare | Cerimonia durante la quale si riconsegna qlco.: *la r. delle bandiere*. SIN. Restituzione.

riconsegnàre [comp. di *ri-* e *consegnare*; av. 1484] v. tr. (*io riconségno*) **1** Consegnare di nuovo: *vi riconsegno le chiavi di casa*. **2** Restituire a qlcu. ciò che questi aveva affidato ad altri in consegna, che aveva smarrito o che gli era stato tolto: *l'impiegato ci riconsegnò i documenti*; *i carabinieri riconsegnarono al derubato i gioielli ritrovati*.

riconsideràre [comp. di *ri-* e *considerare*; av. 1565] v. tr. (*io riconsìdero*) ● Considerare di nuovo, con maggiore attenzione o da un altro punto di vista: *r. una questione*; *abbiamo riconsiderato tutta la situazione*.

riconsiderazióne s. f. ● Il riconsiderare. SIN. Riesame.

riconsigliàre [comp. di *ri-* e *consigliare* (*1*); av. 1374] **A** v. tr. (*io riconsiglio*) ● Consigliare di nuovo, ripetere un consiglio: *vi riconsiglio di non partire*. **B** v. intr. pron. ● (*poet.*) Indursi nuovamente: *Ogni animal d'amor si riconsiglia* (PETRARCA).

riconsolàre [comp. di *ri-* e *consolare* (*1*) (V.); 1336 ca.] **A** v. tr. (*io riconsólo*) ● Consolare di nuovo o di più | (*lett.*) Riconfortare: *ma quei rossor, ma quei timori suoi / rassecura il guerriero e riconsola* (TASSO). **B** v. rifl. ● Tornare a consolarsi.

riconsultàre [comp. di *ri-* e *consultare*; 1832] v. tr. ● (*raro*) Consultare di nuovo | (*lett.*) Riconsiderare.

ricontàre [comp. di *ri-* e *contare*; av. 1374] v. tr. (*io ricónto*) **1** Contare di nuovo: *r. il denaro riscosso*. **2** †Dire, raccontare: *lungo fôra a ricontarve / quanto la nova libertà m'increbbe* (PETRARCA).

ricontestualizzàre [comp. di *ri-* e *contestualizzare*] v. tr. ● Inserire in un contesto diverso da quello originario.

†**ricónto** [da *ricontare*; 1340 ca.] s. m. ● Riepilogo | Resoconto.

ricontràrre [comp. di *ri-* e *contrarre*; sec. XIV] v. tr. (coniug. come *trarre*) ● Contrarre di nuovo.

ricontrattàre [comp. di *ri-* e *contrattare*; 1985] v. tr. ● Contrattare di nuovo.

ricontràtto part. pass. di *ricontrarre* ● (*raro*) Nel sign. del v.

ricontrollàre [comp. di *ri-* e *controllare*; 1922] v. tr. (*io ricontròllo*) ● Controllare di nuovo.

riconvalidàre [comp. di *ri-* e *convalidare*; sec. XVI] v. tr. (*io riconvàlido*) ● Convalidare di nuovo o meglio. SIN. Riconfermare.

riconvenìre [comp. di *ri-* e *convenire*; av. 1565] **A** v. intr. (coniug. come *venire*; aus. *avere*) ● Convenire nuovamente: *riconveniamo che tu hai ragione*. **B** v. tr. **1** (*dir.*) Proporre da parte del convenuto a propria volta e nello stesso giudizio delle domande giudiziali contro l'attore. **2** †Rimproverare, accusare.

riconvenùto part. pass. di *riconvenire*; anche agg. ● (*raro*) Nei sign. del v.

riconvenzionale [1940] agg. ● (*dir.*) Relativo a riconvenzione: *domanda, causa r.*

riconvenzióne o †**reconvenzióne** [da *riconvenire*; 1566] s. f. **1** †Impugnazione di affermazioni altrui. **2** †Rimprovero. **3** (*dir.*) Azione del riconvenire.

riconversióne [comp. di *ri-* e *conversione*; 1950] s. f. ● (*econ.*) Riorganizzazione degli orientamenti, degli apparati, dei processi produttivi, che determina una radicale trasformazione di questi: *la r. tecnologica delle aziende*.

riconvertire [comp. di *ri-* e *convertire*; av. 1556] **A** v. tr. (coniug. come *convertire*) **1** Convertire nuovamente | (*est.*) Convincere di nuovo. **2** Riorganizzare un'azienda per adattarla a nuovi tipi di produzione. **B** v. intr. pron. **1** Convertirsi di nuovo | (*est., econ.*) Sottoporsi a riconversione, detto di industrie e sim. **2** (*fig., est.*) Convincersi di nuovo.

riconvìncere [vc. dotta, lat. tardo *reconvĭncere* 'convincere perfettamente' comp. di *re-* e *convĭncere*] v. tr. (coniug. come *vincere*) ● Convincere di nuovo.

riconvocàre [comp. di *ri-* e *convocare*; 1872] v. tr. (*io ricònvoco, tu ricònvochi*) ● Convocare di nuovo: *r. un'assemblea*.

riconvocazióne [1872] s. f. ● Il riconvocare.

†**ricoperchiàre** [comp. di *ri-* e *coperchiare*] v. tr. ● Ricoprire con il coperchio | (*est.*) Racchiudere, richiudere.

†**ricopèrta** [da *ricoperto*; 1353] s. f. **1** Copertura, riparo. **2** (*fig.*) Scusa, giustificazione.

ricopèrto o †**ricovèrto** [1614] part. pass. di *ricoprire*; anche agg. ● Nei sign. del v. | Completamente coperto: *prato r. di fiori* | †Segreto. || **ricopertaménte**, avv. †Segretamente.

ricopertùra [1603] s. f. **1** Il ricoprire | Ciò con cui si ricopre: *si è scucita la r. delle poltrone*. **2** (*borsa*) Acquisto mediante il quale il venditore allo scoperto si ricopre mettendosi in grado di consegnare i titoli a suo tempo venduti.

ricopiàre [comp. di *ri-* e *copiare*; av. 1595] **v. tr.** (*io ricòpio*) **1** Copiare di nuovo: *mi si è macchiato il foglio e ho dovuto r. tutto* | Trascrivere in bella copia: *r. una lettera.* **2** (*raro*) Riprodurre, ritrarre dal vero o da un modello | Imitare.

ricopiàto **part. pass.** di *ricopiare*; anche **agg.** ● Nei sign. del v.

ricopiatóre [1872] **s. m.** (f. *-trice*) ● Chi ricopia.

ricopiatùra [av. 1594] **s. f.** ● Operazione del ricopiare | Trascrizione.

ricoprènte [1835] **part. pres.** di *ricoprire*; anche **agg.** ● Che ricopre: *pigmento, vernice r.*; *di tra le vesti ricoprenti* (D'ANNUNZIO).

ricopribile [av. 1712] **agg.** ● Che si può ricoprire | (*lett.*) Occultabile.

ricopriménto [av. 1406] **s. m.** **1** Il ricoprire. **2** Ciò che serve a ricoprire o che costituisce la ricopertura di qlco. | (*lett., fig.*) Occultamento. **3** (*geol.*) Deformazione o dislocamento di vasti lembi di rocce che vengono sospinti a ricoprire altre regioni di una catena montuosa in formazione.

♦**ricoprire** o (*poet.*) †**ricovrire** [comp. di *ri-* e *coprire*; av. 1300] **A** **v. tr.** (coniug. come *coprire*) **1** Coprire di nuovo: *la foschia ha ricoperto l'orizzonte.* **2** Coprire bene per preservare, conservare: *r. i mobili con un panno* | Coprire del tutto: *la polvere aveva ricoperto i mobili* | ***R. il seme***, mettervi sopra della terra perché germogli | Rivestire: *r. le poltrone nuove* | †***R. una trincea, una posizione***, ripararle dal tiro nemico. **3** (*fig.*) Riempire, colmare: *r. di denaro, di baci, di carezze* | ***R. qlcu. d'oro***, (*fig.*) fargli doni di gran valore. **4** Nascondere, celare, occultare (*anche fig.*): *la terra ricopre le spoglie*; *r. le magagne di qlco., di qlcu.* | (*fig.*) ***R. i propri pensieri***, dissimularli | (*fig.*) Difendere, cercare di scusare: *r. i propri errori.* **5** Esercitare, occupare, detto di incarico, ufficio: *ricopre una carica importante.* **B** **v. rifl.** o **intr. pron.** **1** Rivestirsi, coprirsi di nuovo | (*est., fig.*) Ripararsi, difendersi. **2** (*raro*) Assicurare i propri crediti | Rifarsi di una spesa.

ricopritóre [sec. XIII] **s. m.** (f. *-trice*) ● (*raro*) Chi ricopre (*anche fig.*).

ricopritùra [1891] **s. f.** ● (*raro*) Ricopertura.

†**ricorcàre** ● V. *ricoricare.*

ricordàbile [vc. dotta, lat. tardo *recordàbile(m)*, da *recordàri* 'ricordare'; 1832] **agg.** ● Che si può ricordare | (*lett.*) Degno di essere ricordato; **SIN.** Memorabile. || †**ricordabilménte**, **avv.** Memorabilmente.

ricordànza [lat. tardo *recordàntia(m)*, da *recŏrdans*, genit. *recordàntis* 'ricordante'; av. 1294] **s. f.** **1** (*poet.*) Ricordo, memoria: *dove sei gita, / che qui sola di te la r. / trovo, dolcezza mia?* (LEOPARDI). **2** †Facoltà del ricordare. **3** †Pegno che serve di ricordo. **4** †Nominanza, fama. **5** †Menzione, commemorazione.

♦**ricordàre** o †**raccordàre** (2), †**recordàre** [lat. *recordàri*, da *cŏr*, genit. *cŏrdis* 'cuore' (che era per gli antichi la sede della memoria), col pref. *re-*; av. 1292] **A** **v. tr.** (*io ricòrdo*) (qlcu. o qlco. + *a*; + *che*, + *come* o altre cong., seguiti gener. da indic.; + *di* seguito da inf.) **1** (anche nella forma *ricordarsi*, con il pronome atono usato in funzione intensiva) Avere presente nella memoria: *ricordo i giorni passati con voi*; *ricordo bene il suo indirizzo*; *un nome facile da r.*; *ricordo che ammirai la costanza del gran vecchio* (NIEVO); *non ricordo come si chiama*; *Ricordi dove morì mio padre e perché?* (PIRANDELLO); *non ricordava di essersi steso di nuovo* (SVEVO); *me lo ricordavo magro*; *ancora mi ricordo quella vacanza* | Rinnovare nella memoria: *lapide che ricorda i caduti.* **SIN.** Rammentare. **CONTR.** Dimenticare. **2** Richiamare alla memoria propria o di altri: *ricorderò i pericoli passati*; *ricordate la promessa*; *ti ricordo l'appuntamento*; *ti ricordo di arrivare puntuale* | Tener presente: *Ricorda che quasi tutti gli affari da me si fanno per telegrafo* (SVEVO) | (*est.*) Rassomigliare: *r. i lineamenti della madre.* **3** Nominare, menzionare: *ti ricordo i nomi dei più bisognosi*; *vi ricordiamo spesso nei nostri discorsi.* **4** Commemorare: *r. una memoranda battaglia.* **B** **v. intr. pron.** (+ *di*, anche seguito da inf.; + *che* seguito gener. da indic.) ● Conservare nella memoria: *ricorditi di me, che son la Pia* (DANTE *Purg.* V, 133); *mi ricordo confusamente dei vostri amici*; *ricordarsi del bene ricevuto*; *non mi sono ricordato di telefonargli*; *mi ricordai che venivamo a visitare un ospite moriente* (D'ANNUNZIO); (*lett.* anche in costruzioni impers.) *Mi ricorda peraltro di aver veduto più musi arrovesciati che allegri* (NIEVO) | Farsi tornare in mente: *mi sono ricordato del suo cognome* | Tener presente: *ricordati che tu devi essere in ogni cosa la prima del monastero* (MANZONI) | Non dimenticarsi del male ricevuto e pensare a restituirlo: *mi ricorderò di voi!* | ***Ricordarsi di qlcu. in un testamento***, lasciargli qlco. in eredità | (*lett.*) Fare menzione | †Anche impers.: *se ben mi ricorda*; *mi ricorda esser non quasi lontana dal fiume una torricella disabitata* (BOCCACCIO). **SIN.** Rammentarsi. **CONTR.** Dimenticarsi.

ricordatìvo [1872] **agg.** **1** (*raro, lett.*) Atto a ricordare: *facoltà ricordativa.* **2** (*lett.*) Che serve a commemorare | (*est.*) Memorabile: *giorno r.*

ricordàto [av. 1250] **part. pass.** di *ricordare*; anche **agg.** ● Nei sign. del v. | Menzionato: *un poeta r. da Orazio*; *il sopra r. critico.*

ricordatóre [sec. XIV] **s. m.** (f. *-trice*) ● (*lett.*) Chi ricorda.

†**ricordazióne** [vc. dotta, lat. *recordatiōne(m)*, da *recordàtus*, part. pass. di *recordàri* 'ricordare'; av. 1342] **s. f.** ● Rievocazione: *l'amaritudine della continua r.* (BOCCACCIO) | Ricordo, memoria | Menzione | Rievocazione.

ricordévole [1342] **agg.** **1** (*lett.*) Che si ricorda. **SIN.** Memore. **2** (*lett.*) Memorabile. || **ricordevolménte**, **avv.** (*raro*) In modo ricordevole.

ricordino [av. 1767] **s. m.** **1** Dim. di *ricordo.* **2** Oggettino che serve a ricordare qlcu. o qlco. **3** Cartoncino con immagine sacra e una dedica a ricordo di persone scomparse o di ricorrenze come cresime o prime comunioni.

♦**ricòrdo** [av. 1342] **A** **s. m.** **1** Il ricordare, il ricordarsi | Richiamo alla mente di fatti, cose o persone: *perdersi nel r. del passato*; *te lo offro per r.* | (*raro*) Avvertimento: *fare un r. a qlcu.* **2** Memoria di persone, cose, fatti o eventi trascorsi che permane nella mente: *il tuo amico ci ha lasciato un pessimo r.*; *abbiamo perduto il r. di quel viaggio* | Tradizione orale o scritta, spec. di avvenimenti storici: *di quelle imprese gloriose si è perduto ogni r.* **3** Ciò che viene ricordato: *i ricordi scolastici, dell'infanzia, della giovinezza*; *quel viaggio è un bel r.*; *vivere di ricordi.* **SIN.** Memoria. **4** Ciò che serve a fare ricordare qlcu. o qlco. o a rinnovarne la memoria: *conserviamo molti ricordi turistici di Roma*; *quel libro è un r. di famiglia* | ***R. marmoreo***, monumento, lapide | Vestigia: *i ricordi della civiltà cretese* | Nota, appunto: *prendere ricordi giorno per giorno* | Segno, lasciato da malattia, ferita, percossa, ecc.: *quella caduta gli ha lasciato un brutto r.* **5** †Avviso, consiglio: *differire ogni lite è buon r.* (ARIOSTO). || **ricordétto**, **dim.** | **ricordino**, **dim.** (V.). **B** in funzione di **agg. inv.** (posposto al s.) ● Si dice di ciò che serve a far ricordare qlcu. o qlco. o a rinnovarne la memoria: *foto r.*

ricoricàre o †**ricolcàre**, (*poet.*) †**ricorcàre** [comp. di *ri-* e *coricare*; 1319] **A** **v. tr.** (*io ricòrico, tu ricòrichi*) ● Coricare di nuovo: *r. il bambino nel letto.* **B** **v. rifl.** ● Coricarsi di nuovo: *dopo essersi alzato, si è ricoricato* | (*fig.*) Adagiarsi, stendersi | (*fig., poet.*) Tramontare di nuovo, detto del sole.

ricoronàre [comp. di *ri-* e *coronare*] **v. tr.** (*io ricoróno*) ● Coronare di nuovo.

ricòrre ● V. *ricogliere.*

ricorrèggere [lat. *recorrĭgere*, comp. di *re-* e *corrĭgere* 'correggere'; av. 1348] **v. tr.** (coniug. come *reggere*) ● Correggere di nuovo e con cura: *r. le bozze*; *r. il compito* | Rivedere e correggere: *non si stanca di r. i suoi romanzi.*

ricorrènte [av. 1729] **A** **part. pres.** di *ricorrere*; anche **agg.** **1** Che si ripete, che si manifesta periodicamente: *fatto, fenomeno r.*; *Barbarie sempre r., nella storia* (BACCHELLI) | ***Motivo r.***, che ritorna abbastanza frequentemente in un'opera musicale o in un testo letterario, critico e sim. | ***Nervo r.***, ramo del nervo vago, che dal torace risale verso la laringe innervandone quasi completamente i muscoli | ***Febbre r.***, che si ripete presentando le stesse caratteristiche. **2** (*mat.*) Ricorsivo. || **ricorrenteménte**, **avv.** **B** **agg.** e **s. m.** e **f.** ● (*dir.*) Che (o Chi) fa o ha fatto ricorso: *parte r.*

ricorrènza [da *ricorrente*; 1640] **s. f.** **1** Ritorno, ricomparsa periodica: *la r. di un fenomeno*; *la r. della febbre.* **2** (*est.*) Celebrazione o festività che ritorna ogni anno: *una triste, una lieta r.*; *l'allegra r. di Capodanno.*

♦**ricórrere** [lat. *recŭrrere*, comp. di *re-* e *cŭrrere* 'correre'; av. 1243] **A** **v. intr.** (coniug. come *correre*; aus. *essere*) **1** (*raro*) Correre nuovamente: *siamo ricorsi a cercarti* | Correre indietro tornando al punto di partenza (*spec. fig.*): *appena usciti, dovemmo r. a casa*; *r. con la memoria al passato.* **2** (*assol.*) Ritornare, cadere periodicamente: *domani ricorre una festa solenne*; *ricorrerà presto l'anniversario della sua nascita* | Ripresentarsi, ripetersi a intervalli più o meno regolari: *un fenomeno che ricorre spesso*; *un motivo ornamentale che ricorre su tutta la facciata* | Presentarsi, comparire: *nel testo ricorrono numerose espressioni dialettali.* **3** (+ *a*) Indirizzarsi, rivolgersi a qlcu. per ottenere qlco.: *r. a un amico per aiuto*; *r. a Dio per avere conforto*; *r. al medico, all'avvocato* | Fare appello: *r. alla bontà, alla generosità di qlcu.* | Avvalersi di qlco.: *r. al dizionario*; *per conoscere la lezione esatta del testo è meglio r. al manoscritto* | ***R. alle minacce, alla violenza, alla maniera forte*** e sim., usare le minacce, la forza, la violenza e sim. **4** (*dir.*) Rivolgersi all'autorità giudiziaria o amministrativa, proponendo ricorso: *r. al tribunale, alla legge, alla giustizia*; *r. al capo dello Stato*; *r. contro una sentenza iniqua* | ***R. in Cassazione***, impugnare una sentenza per questioni di diritto portandola all'esame della corte di Cassazione. **B** **v. tr.** **1** Tornare a correre: *ha ricorso i quattrocento metri.* **2** †Ripassare, percorrere. **C** **v. intr. pron.** ● †Tornare correndo.

ricorrètto **part. pass.** di *ricorreggere*; anche **agg.** ● Nei sign. del v.

ricorrezióne [lat. tardo *recorrectiōne(m)*, da *recorrĭgere* 'ricorreggere'; 1872] **s. f.** ● Nuova correzione | (*raro*) Parte di uno scritto che è stata ricorretta.

ricorriménto [sec. XIV] **s. m.** ● (*raro*) Il ricorrere | Ricorso.

ricorsività [da *ricorsivo*; 1970] **s. f.** **1** Frequenza con cui si ripete un fatto o un fenomeno. **2** (*mat.*) Proprietà di ciò che è ricorsivo | ***Teoria della r.***, studio sistematico delle funzioni ricorsive. **3** (*ling.*) Fenomeno per cui una regola sintattica può essere applicata più volte di seguito.

ricorsìvo [da *ricorso*, part. pass. di *ricorrere*; 1959] **agg.** **1** (*mat.*) Detto di una successione di formule, funzioni e sim. ciascuna delle quali si può costruire a partire dalla precedente. **2** (*ling.*) Detto di regola sintattica che può essere applicata più volte di seguito.

ricórso [1514] **A** **part. pass.** di *ricorrere*; anche **agg.** ● Nei sign. del v. | (*lett.*) Ricorrente: *nella barbarie ricorsa* (VICO). **B** **s. m.** **1** Il ricorrere | ***Fare r.***, rivolgersi a qlco. o a qlcu. per cercare aiuto, protezione, sollievo, ecc.: *fare r. a una medicina più efficace*; *far r. al proprio sangue freddo, alla propria abilità*; *fare r. a un tecnico, a un avvocato.* **2** Istanza diretta all'autorità giudiziaria o amministrativa per ottenere la tutela di un diritto o di un interesse: *r. giurisdizionale, amministrativo*; *r. per cassazione* | ***R. gerarchico***, istanza diretta all'organo amministrativo superiore a quello che ha emanato l'atto | (*est.*) Documento contenente tale istanza: *redigere un r.* **3** (*lett.*) Il ripresentarsi periodicamente di fatti, avvenimenti, fenomeni: *la teoria richiama dei corsi e ricorsi storici.* **4** (*disus., spec. al pl.*) Mestruazioni.

†**ricorsóio** [comp. di *ri-* e *corsoio*; av. 1484] **agg.** ● Che va avanti e indietro | ***Canapo a r.***, scorsoio | ***Bollire a r.***, impetuosamente, con la maggiore intensità | ***A r.***, smodatamente.

†**ricortèo** [comp. di *ri-* e *corteo*] **s. m.** ● Corteo di ritorno a casa dello sposo.

ricospàrgere [comp. di *ri-* e *cospargere*; 1957] **v. tr.** e **rifl.** (coniug. come *spargere*) ● Cospargere di nuovo.

ricospàrso **part. pass.** di *ricospargere* ● (*raro*) Nel sign. del v. | (*lett.*) Soffuso.

ricostituènte [1891] **A** **part. pres.** di *ricostituire*; anche **agg.** ● Nei sign. del v. | Che rinforza, che rinvigorisce: *cura r.* **B** **s. m.** ● Preparato medicinale che, in caso di deperimento, porti al completo ripristino funzionale dell'organismo o che prevenga le conseguenze dell'affaticamento psicofisico.

ricostituire [comp. di *ri-* e *costituire*; sec. XIV] **A** **v. tr.** (*io ricostituisco, tu ricostituisci*) **1** Costituire di nuovo: *r. il governo.* **2** (*fig., lett.*) Rinvigorire: *r. l'organismo affaticato*; *r. la coscienza è r. nell'anima una religione* (DE SANCTIS). **3** Redigere nuovamente un documento mancante per un qualunque motivo ricostruendone il contenuto: *r. un atto distrutto, un atto sottratto.* **B** v. intr. pron. ● Riorganizzarsi, rifondarsi: *la società si è ricostituita su nuove basi.*

ricostituito [1606] part. pass. di *ricostituire*; anche agg. **1** Nei sign. del v. **2** (*chim.*) Detto di materiale o sostanza che si ottiene dal prodotto originario, mediante opportuni trattamenti, sostituendolo nelle applicazioni: *legno r.*; *latte r.*; *olio r.*

ricostituzióne [1870] s. f. ● Il ricostituire | Ripristino, riorganizzazione: *la r. dell'esercito, di una organizzazione.*

ricostrétto part. pass. di *ricostringere* ● (*raro*) Nel sign. del v.

ricostringere [comp. di *ri-* e *costringere*] v. tr. (coniug. come *stringere*) ● Costringere di nuovo.

ricostruibile agg. ● Che può essere ricostruito.

ricostruibilità s. f. ● Condizione di ciò che è ricostruibile.

♦**ricostruire** [comp. di *ri-* e *costruire*; 1804] v. tr. (*io ricostruisco, tu ricostruisci*) **1** Costruire di nuovo (*anche fig.*): *r. un edificio sulle sue rovine*; *r. le fondamenta dello Stato*; *ricostruirsi una vita.* **2** Riordinare, rifare un testo pervenuto mutilato o alterato su dati, documenti, frammenti: *r. un verso di Saffo* | Ricomporre lo svolgimento di fatti, avvenimenti, fenomeni secondo una serie di dati certi o di ipotesi molto probabili: *la polizia ha ricostruito la dinamica dell'incidente* | (*bur.*) ***R. la carriera***, effettuare la ricostruzione della carriera.

ricostruito [1803] part. pass. di *ricostruire*; anche agg. ● Nei sign. del v.: *pneumatico r.*

ricostruttivo [da *ricostruire*] agg. **1** Che riguarda la ricostruzione di qlco.: *piano r.* | Che tende a ricostruire: *chirurgia ricostruttiva.* **2** (*ling.*) ***Linguistica ricostruttiva***, branca della linguistica che confrontando forme linguistiche attestate mira a ricostruire strati linguistici precedenti di cui non esiste documentazione. ‖ **ricostruttivaménte**, avv. Con finalità o procedure ricostruttive.

ricostruttóre [1872] s. m.; anche agg. (f. *-trice*) ● Chi (o Che) ricostruisce: *opera ricostruttrice.*

ricostruzióne [1872] s. f. **1** Il ricostruire (*anche fig.*): *ultimare la r. di un acquedotto*; *la r. di un delitto*; *tentare la r. della trama di un romanzo* | ***R. di un pneumatico***, applicazione di un nuovo battistrada sulla carcassa di un (di uno) pneumatico | ***R. linguistica***, procedimento scientifico attraverso il quale si ricostruisce una forma linguistica non attestata | (*bur.*) ***R. della carriera***, provvedimento consistente nel determinare ex novo la qualifica contrattuale e la retribuzione di un dipendente, spec. pubblico, per effetto di rinnovi contrattuali, nuove leggi, sentenze di magistratura aventi carattere retroattivo | (*est.*) Parte o elemento ricostruito. **2** Complesso di iniziative economiche, politiche, culturali, e sim. volte a riparare danni morali e materiali causati da una guerra: *dopo la seconda guerra mondiale, l'opera di r. progredì rapidamente.*

ricòtta [f. sost. di *ricotto*, perché si ottiene dalla bollitura del siero; av. 1320] s. f. ● Latticinio ottenuto dalla ricottura del siero di latte di pecora residuato dalla fabbricazione del formaggio, con aggiunta di siero acido: *r. romana, salata* | ***Essere fatto di r.***, (*fig.*) essere fiacco, debole | (*fig.*) ***Mani di r.***, che non sanno reggere le cose. ‖ **ricottàccia**, pegg. | **ricottèlla**, dim. | **ricottina**, dim. | **ricottóna**, accr.

ricottàio o (*region.*) **ricottàro** [1891] s. m. (f. *-a*) **1** Venditore di ricotta. **2** (*tosc.*) Persona ghiotta di ricotta.

ricòtto part. pass. di *ricuocere*; anche agg. **1** Nei sign. del v. **2** ***Acciaio r.***, acciaio riscaldato e lasciato lentamente raffreddare affinché perda una tempera precedente o assuma una struttura interna omogenea.

ricottùra [da *ricotto*; 1929] s. f. **1** Operazione del ricuocere. **2** Trattamento termico consistente nel riscaldare un metallo e lasciarlo raffreddare lentamente, per omogeneizzare la struttura interna del metallo stesso, diminuirne la durezza ed eliminare gli effetti di eventuali trattamenti termici precedenti.

ricoveràre o †**ricovràre** [lat. *recuperāre* 'rientrare in possesso, recuperare'; av. 1292] **A** v. tr. (*io ricòvero* (o *-ó-*)) **1** Accogliere in un luogo di cura o di assistenza (*anche assol.*): *r. in ospedale, in clinica*; *è stato ricoverato d'urgenza* | Offrire asilo o riparo: *r. i senzatetto nelle tende*; *r. i cavalli nella stalla.* **2** (*disus.*) Rinchiudere, internare: *fu ricoverato in manicomio.* **3** †Recuperare | (*fig.*) †Riscattare. **B** v. intr. pron. e lett. intr. (aus. *essere*) **1** Entrare in ospedale o in una qualsiasi struttura di cura o di assistenza: *ha deciso di ricoverarsi per sottoporsi a una cura disintossicante.* **2** Ripararsi, rifugiarsi: *durante il temporale, si ricoverarono in un casolare*; *desideroso di r. anch'egli nella stessa pace* (BACCHELLI).

ricoveràto [1872] **A** part. pass. di *ricoverare*; anche agg. ● Nei sign. del v. **B** s. m. (f. *-a*) ● Chi è ospite o degente di un ricovero, ospizio, ospedale e sim.

ricoveratóre [lat. *recuperatōre(m)*, da *recuperātus*, part. pass. di *recuperāre*. V. *recuperare*; 1618] s. m. (f. *-trice*) **1** (*lett.*) Chi dà ospitalità a qlcu. **2** †Recuperatore.

ricòvero (o *-ó-*) [sec. XIV] s. m. **1** Trasferimento in un luogo di cura, assistenza e sim.: *ordinare il r. in casa di cura* | ***R. urgente***, quello deciso per un paziente in gravi condizioni. **2** Luogo in cui si può trovare rifugio, salvezza, protezione: *cercammo r. dall'acquazzone sotto una tettoia*; *costruire ricoveri per le truppe.* SIN. Rifugio, riparo. **3** Ospizio dove sono accolte persone anziane o indigenti: *cercare un posto al r. di mendicità.* **4** †Recuperamento.

†**ricovràre** ● V. *ricoverare.*

†**ricovrire** e *deriv.* ● V. *ricoprire* e *deriv.*

ricreaménto o †**ricriaménto** [av. 1363] s. m. ● (*lett.*) Ricreazione, svago | †Ristoro.

ricreànte part. pres. di *ricreare*; anche agg. ● Nei sign. del v. | (*lett.*) Che dà piacere: *venticello fresco... odorifico e r.* (LEOPARDI).

ricreàre o †**recreàre**, †**ricriàre** [vc. dotta, lat. *recreāre*, comp. di *re-* e *creāre* 'costituire, creare'; 1319] **A** v. tr. (*io ricrèo*) **1** Creare di nuovo | Riprodurre: *r. un'atmosfera* | (*raro, lett.*) Rieleggere. **2** Ristorare, ritemprare, rallegrare (*anche assol.*): *è una bevanda che ricrea il fisico*; *questa bella vista ricrea*; *la vostra beatitudine rilieva e ricria in meravigliosa allegrezza il mondo* (COMPAGNI). **3** (*est., assol.*) Divertire, svagare: *un passatempo che ricrea.* **B** v. rifl. **1** Svagarsi: *ci siamo ricreati con una bella gita in campagna.* SIN. Distrarsi. **2** (*lett.*) Ritemprarsi: *era il luogo dove i signori venivano... a ricrearsi delle fatiche della giornata* (MANZONI).

ricreativo [sec. XIV] agg. ● Che serve a svagare, a divertire: *gioco r.*; *lettura ricreativa* | Che offre svaghi, intrattenimenti e sim.: *circolo r.* ‖ **ricreativaménte**, avv.

ricreatóre [vc. dotta, lat. tardo *recreatōre(m)*, da *recreātus*, part. pass. di *recreāre* 'ricreare'; sec. XIV] agg.; anche s. m. (f. *-trice*) ● (*lett.*) Che (o Chi) ricrea.

ricreatòrio [1891] **A** agg. ● (*raro*) Ricreativo. **B** s. m. ● (*disus.*) Istituzione sorta a metà dell'Ottocento per accogliere a scopo ricreativo spec. i ragazzi delle classi popolari.

♦**ricreazióne** o †**ricriazióne** [vc. dotta, lat. *recreatiōne(m)*, da *recreātus* 'ricreato'; 1313] s. f. **1** (*raro*) Il ricreare | Nuova creazione. **2** Ristoro, svago, distrazione: *prendere un po' di r.* | Pausa, intervallo, spec. tra due periodi di studio: *l'ora della r. in cortile.* **3** Ciò che ricrea, distrae: *la pesca è la sua r.*

†**ricredènte** [propr. part. pres. di *ricredere*; sec. XIV] agg. ● Pusillanime, pauroso | ***Fare r.***, far recedere qlcu. da un proposito, indurlo a mutare atteggiamento.

ricrédere [comp. di *ri-* e *credere* (*1*); calco sul provz. (*se*) *recreire*; av. 1250] **A** v. intr. (coniug. come *cedere*; aus. *avere*) ● (*raro*) Credere nuovamente. **B** v. intr. pron. **1** Cambiare opinione rispetto a qlcu. o qlco. ammettendo di essersi sbagliato: *lo credevo onesto ma mi sono ricreduto*; *ricredersi su qlcu., sul conto di qlco.*; *Se vi siete ricreduta degl'ingiusti vostri sospetti* (MONTI). **2** †Perdersi d'animo, avvilirsi. **3** †Capacitarsi: *tutti i Fiorentini che v'erano ... non si poteano r. di questo così nuovo dono* (SACCHETTI).

ricredùto [sec. XIII] part. pass. di *ricredere*; anche agg. ● Indotto a ricredersi | (*lett.*) Disilluso, deluso.

†**ricrèo** ● V. †*ricrio.*

♦**ricréscere** [vc. dotta, lat. *recrēscere*, comp. di *re-* e *crēscere*; 1308] **A** v. intr. (coniug. come *crescere*; aus. *essere*) **1** Crescere di nuovo: *farsi r. la barba.* **2** (*region.*) Aumentare di volume: *è una minestra, una pasta che ricresce.* **B** v. tr. ● (*raro*) Fare crescere di nuovo.

†**ricresciménto** [1476] s. m. ● Ricrescita | Aumento | Ingrandimento: *la vicinanza dell'oggetto è causa di r. maggiore* (GALILEI).

ricréscita [comp. di *ri-* e *crescita*; 1872] s. f. **1** Nuova crescita: *la r. del grano.* **2** (*region.*) Aumento di volume: *pasta che fa una gran r.*

†**ricriàre** e *deriv.* ● V. *ricreare* e *deriv.*

†**ricrìo** o †**ricrèo** [da †*ricriare*] s. m. ● Conforto.

ricristallizzàre [1959] **A** v. intr. (aus. *essere*) ● Subire un processo di ricristallizzazione. **B** v. tr. ● Sottoporre una sostanza a processo di ricristallizzazione.

ricristallizzazióne [comp. di *ri-* e *cristallizzazione*; 1959] s. f. **1** (*miner.*) Formazione di nuovi cristalli a spese di materia rimossa da cristalli precedenti. **2** In metallurgia, cambiamento di una struttura cristallina in un metallo o lega per riscaldamento oltre la temperatura critica di quella lega o metallo.

ricrociàto [comp. di *ri-* e *crociato*; 1872] agg. ● (*arald.*) Detto di croce i cui bracci formano altre croci.

ricrocifiggere o †**ricrucifiggere** [comp. di *ri-* e *crocifiggere*] v. tr. (coniug. come *crocifiggere*) ● (*raro, lett.*) Crocifiggere di nuovo.

†**ricrucifiggere** ● V. *ricrocifiggere.*

ricsciò /rikʃʃɔ*/ ● V. *risciò.*

ricsiò /rik'sjɔ*/ ● V. *risciò.*

ricsò /rik'sɔ*/ ● V. *risciò.*

rictus [vc. lat., propr. 'apertura della bocca', da *rĭngi* 'digrignare i denti'. V. *ringhiare*; 1891] s. m. inv. (pl. lat. inv.) ● (*med.*) Atteggiamento stirato delle labbra per spasmo dei muscoli facciali | (*est.*) Smorfia, ghigno.

ricuciménto [av. 1698] s. m. ● (*raro*) Ricucitura.

ricucire [comp. di *ri-* e *cucire*; av. 1320] v. tr. (*io ricùcio*) **1** Cucire di nuovo | Cucire uno strappo, rammendare. **2** (*fig.*) Accozzare, mettere insieme elementi diversi, detto spec. di scritti, componimenti letterari e sim.: *con vecchie frasi ha ricucito una novella.* **3** (*chir.*) Rimarginare, suturare. **4** (*fig.*) Ricomporre una controversia o superare motivi di contrasto, dissidio e sim.: *con molti sforzi è stata ricucita la frattura tra i due partiti*; *hanno tentato invano di r. il dialogo tra loro.*

ricucitóre [1726] s. m. (f. *-trice*, pop. disus. *-tora*) ● (*raro*) Chi ricuce (*spec. fig.*).

ricucitùra [1686] s. f. **1** Operazione del ricucire | Segno del rammendo, della parte ricucita. **2** (*fig.*) Accozzamento di elementi diversi, detto di scritti, opere letterarie e sim.: *il suo dramma è una r. di luoghi comuni.* **3** (*fig.*) Risoluzione di un contrasto o superamento dei motivi di disaccordo fra due o più persone.

ricuòcere [lat. parl. **recŏcere*, per il classico *recŏquere*, comp. di *re-* e *cŏquere* 'cuocere'; av. 1537] v. tr. (coniug. come *cuocere*) **1** Cuocere di nuovo o a lungo: *bisogna r. l'arrosto.* **2** Effettuare la ricottura di un metallo.

ricuperàre e *deriv.* ● V. *recuperare* e *deriv.*

ricurvàre [vc. dotta, lat. *recurvāre*, comp. di *re-* e *curvāre*; 1623] **A** v. tr. ● (*raro*) Curvare di nuovo | Incurvare | (*lett.*) Chinare: *ricurvava le spallucce sul tavolino* (PIRANDELLO). **B** v. rifl. e intr. pron. ● Curvarsi di nuovo | Incurvarsi.

ricùrvo [vc. dotta, lat. *recŭrvu(m)*, comp. di *re-* e *cŭrvus* 'curvo'; 1342] agg. **1** Curvo | Arcuato: *dorso r. del delfino* | Molto curvo: *bastone r.* | (*est.*) Ingobbito: *un vecchio r.* **2** (*raro*) Curvo due volte.

ricùsa o (*raro, lett.*) **recùsa** [1483] s. f. ● (*lett.*) Rifiuto.

ricusàbile o (*lett.*) **recusàbile** [vc. dotta, lat. tardo *recusābile(m)*, da *recusāre* 'ricusare'; 1632] agg. ● Che si può o si deve ricusare.

ricusabilità o (*raro, lett.*) **recusabilità** [1940] s. f. ● (*raro*) Condizione di ciò che è ricusabile.

ricusànte o (*raro*) **recusànte** [1353] **A** part. pres. di *ricusare*; anche agg. ● (*lett.*) Che rifiuta, che si oppone. **B** s. m. e f. ● (*dir.*) Chi richiede una ricusazione.

ricusàre o (*raro, lett.*) **recusàre** [vc. dotta, lat. *recusāre*, da *cāusa*, col pref. *re-*; av. 1292] **A** v. tr. **1** Non volere, non accettare: *r. il cibo* | Rifiutare di fare qlco.: *r. di ricevere qlcu.* | ***R. la battaglia***, evitarla. **2** (*dir.*) Chiedere giudizialmente che un funzionario giudiziario, un consulente tecnico o un arbitro non esplichi nel caso concreto la propria funzione non sussistendo tutte le condizioni perché ciò possa avvenire ritualmente: *r. il giudice.* **B** v. intr. pron. ● (*lett.*) Rifiutarsi, non acconsentire: *mi ricuso di parlargli.* **C** v. intr. (aus. *avere*) ● (*mar.*) Detto di imbarcazione a vela, fallire la virata in prua restando sul bordo precedente | Detto del vento, scarseggiare o girare verso prua. CONTR. Ridondare.

ricuṣazióne o (*raro, lett.*) **recuṣazióne** [vc. dotta, lat. *recusatiōne(m)*, da *recusātus*, part. pass. di *recusāre*; av. 1540] s. f. *1* (*raro, lett.*) Ricusa, rifiuto: *parendogli conveniente, che il Re, dopo la sua r., avesse dovuto replicare* (GUICCIARDINI). *2* (*dir.*) Richiesta volta a ricusare: *r. del giudice.*

ridacchiàre [intens. di *ridere*; sec. XVI] v. intr. (*io ridàcchio*; aus. *avere*) ● Ridere sommessamente a più riprese e a brevi tratti, spec. con intonazione sarcastica o canzonatoria: *alla sua vista, tutti presero a r.*

ridanciàno [da *ridere*; 1884] agg. *1* Di persona facile al riso, che ride di gusto e spesso, anche con superficialità: *ragazzo r.*; *temperamento r.* *2* Che fa ridere di gusto, talvolta con grossolanità: *novella ridanciana.*

♦**ridàre** [comp. di *ri-* e *dare* (*1*); 1269] **A** v. tr. (pres. *io ridò, tu ridài, egli ridà*; imperat. *ridà* /ri'da, ri'da*/, o *rida'* o *ridài*; nelle altre forme coniug. come *dare*) ATTENZIONE: *ridò* e *ridà* si scrivono con l'accento. *1* Dare di nuovo: *ridammi il tuo indirizzo* | Rifare: *ha ridato l'esame di Storia romana* | Rappresentare di nuovo: *alla Scala si ridà la Traviata* | (*assol.*) ***Dai e ridai, dagli e ridagli***, a forza di insistere: *dai e ridai, ce l'ha fatta*; *dagli e ridagli è riuscito a spuntarla.* *2* Restituire, rendere: *non mi ha ridato il libro che mi chiese tempo fa* | ***R. fuori qlco.***, detto di cibo, vomitarlo. **B** v. intr. (aus. *avere*) *1* (*pop.*) Riprodursi, manifestarsi ancora: *gli ha ridato fuori la febbre.* *2* (*raro*) Incappare, capitare di nuovo, andare a finire di nuovo: *r. nella rete* | (*raro*) ***R. giù***, ammalarsi di nuovo. **C** v. rifl. ● (*lett.*) Sottomettersi di nuovo. **D** v. intr. pron. ● (*lett.*) Rimettersi a fare qlco.: *si ridiè... al lavoro* (CARDUCCI).

ridarèlla o **riderèlla** [1929] s. f. ● (*fam.*) Continua voglia di ridere, o riso continuo: *avere la r.*; *non riuscire a trattenere la r.*

ridarèllo o **riderèllo** [1881] agg. ● Gioioso e spesso ridente: *la solita indovina, mi riguardò con / quegli occhi ridarelli* (MORANTE).

†**ridarguìre** ● V. *redarguire.*

rìdda [da †*riddare*; 1353] s. f. *1* Antico ballo in cui le persone giravano velocemente tenendosi per mano e cantando: *il minuetto digradava in r.* (GIACOSA). *2* (*est.*) Moto disordinato e convulso di cose o persone intorno a qlco. (*anche fig.*): *una r. di automobili*; *una r. di ammiratori*; *una r. di pensieri, di supposizioni.*

†**riddàre** [longob. *rīdan* 'girare intorno'; av. 1237] v. intr. *1* Ballare la ridda. *2* (*est.*) Girare in tondo, andare rigirando.

ridefinìre [comp. di *ri-* e *definire*; 1935] v. tr. (*io ridefinisco, tu ridefinisci*) ● Determinare nuovamente la natura di qlco. in base a criteri diversi | (*est.*) Riconsiderare, modificare: *r. un obiettivo.*

ridefinizióne [da *ridefinire*; 1985] s. f. ● Nuova determinazione di qlco. in base a criteri diversi: *la r. degli obiettivi da raggiungere.*

ridènte [av. 1250] part. pres. di *ridere*; anche agg. *1* Che ride, che esprime letizia, gioia, allegria e sim.: *viso r.*; *occhi ridenti, splendidi e soavi* (BOCCACCIO). *2* Piacevole, ameno, dilettevole: *spiaggia, paese r.*; *r. e bella / ardisce aprire il seno al sol la rosa* (POLIZIANO). || **ridenteménte**, avv.

rider /'raider, *ingl.* 'ɹaɪdəɹ/ [vc. ingl., propr. 'cavaliere', dal v. ingl. *to ride* 'andare a cavallo'; 1992] s. m. e f. inv. ● In molti sport, conducente, pilota | Fantino, cavaliere.

♦**rìdere** [lat. parl. **rīdere*, per il classico *ridēre*, di etim. incerta; av. 1250] **A** v. intr. (pass. rem. *io riṣi, tu ridésti*; part. pass. *riṣo*; aus. *avere*) *1* Mostrare allegria spec. spontanea ed improvvisa, con particolare contrazione e increspamento dei muscoli della faccia e suoni caratteristici: *r. fragorosamente, sguaiatamente, di gusto*; *venire, scoppiare da r.*; *r. per un moto nervoso, per il solletico*; *è cosa tutta da r.*; *non c'è da r.* | ***R. a crepapelle***, di cuore, fortissimo, senza trattenersi | ***R. a fior di labbra***, sorridere | ***R. sotto i baffi***, ridere quasi di nascosto, con malizia | ***R. di qlcu., alle spalle di qlcu.***, deriderlo, canzonarlo | ***Ridere delle disgrazie, di una disavventura altrui***, farsene beffe | ***Far r. i polli***, dire scempiaggini, o mostrarsi goffo e ridicolo | ***Non c'è nulla da r., non ridete!***, è cosa seria, vera | ***Non farmi r.!***, non dire assurdità | ***Ridendo e scherzando***, (*fig.*) tra una cosa e l'altra: *e così, ridendo e scherzando, abbiamo fatto le tre!* | ***Fare per r.***, per scherzare | (*est.*) Mostrare gioia: *i suoi occhi ridono.* CONTR. Piangere. *2* (*fig., lett.*) Brillare, splendere: *il cielo rideva* | (*fig., lett.*) Mostrare bellezza, vivacità di colori: *ridono i prati, e 'l ciel si rasserena* (PETRARCA). *3* (*lett.*) Essere propizio, arridere: *gli ha riso la fortuna.* **B** v. intr. pron. *1* Burlarsi, farsi beffe: *ridersi della stoltezza di qlcu.* *2* Non fare conto, non temere: *mi rido delle vostre minacce* | ***Ridersela***, avere un'espressione divertita; burlarsi di qlcu. o qlco., spec. con aria di scherno; infischiarsene: *lo guardava adesso con l'aria di chi se la ride* (PAVESE); *se la ride* (*o se ne ride*) *delle tue minacce.* **C** v. tr. ● †Deridere. **D** in funzione di s. m. ● Il ridere | Riso: *morire dal r.*; *ricordo il gran r. che facemmo*; *Forse che tu ti maravigli, / ... del rider ch'io feci* (DANTE *Purg.* XXI, 122). || PROV. Ride bene chi ride ultimo.

riderèlla ● V. *ridarella.*

riderèllo ● V. *ridarello.*

ridestaménto s. m. ● (*raro, lett.*) Reviviscenza.

ridestàre [comp. di *ri-* e *destare*; 1374] **A** v. tr. (pres. *io ridésto*; part. pass. *ridestàto*, lett. *ridésto*) *1* Risvegliare | Destare: *fu ridestata dal canto degli uccelli.* *2* (*fig., lett.*) Riaccendere, rinfocolare: *r. l'odio.* **B** v. intr. pron. *1* Svegliarsi: *mi sono ridestato stanco.* *2* (*fig., lett.*) Risorgere, ravvivarsi: *nasce il coraggio / o si ridesta* (LEOPARDI).

ridestàto part. pass. di *ridestare*; anche agg. ● Nei sign. del v.

ridésto part. pass. di *ridestare*; anche agg. ● (*lett.*) Nei sign. del v.

rideterminàre [comp. di *ri-* e *determinare*; 1985] v. tr. (*io ridetèrmino*) ● Determinare di nuovo.

ridettàre [comp. di *ri-* e *dettare*; 1970] v. tr. (*io ridétto* o *ridètto*) ● Dettare di nuovo.

ridétto [av. 1547] part. pass. di *ridire*; anche agg. ● Nei sign. del v.: *le cose tante volte dette e ridette da tanti* (GOLDONI).

ridévole [1313] agg. *1* (*lett.*) Che fa ridere, che diverte: *Con ridevol motto* (BOCCACCIO). *2* (*lett.*) Che suscita scherno, derisione. SIN. Ridicolo. || **ridevolménte**, avv. (*raro*) In maniera ridicola.

ridicènte part. pres. di *ridire* ● (*raro*) Nei sign. del v.

ridicìbile [dal lat. tardo *redīcere* 'ridire'; av. 1564] agg. ● (*raro*) Ripetibile.

†**ridicitóre** [dal lat. tardo *redīcere* 'ridire'; av. 1294] s. m. ● Chi riferisce fatti o parole altrui.

ridicolàggine [1767] s. f. *1* Caratteristica di chi (o di ciò che) è ridicolo: *fa ridere tutti con la sua r.*; *la r. di certi discorsi.* SIN. Goffaggine, ridicolezza. *2* Atto, detto ridicolo: *hai fatto una grossa r.*

ridicoleggiàre [1789] v. tr. (*io ridicoléggio*) ● (*raro*) Ridicolizzare.

ridicolézza [1788] s. f. ● (*lett., raro*) Ridicolaggine | Ciò che è ridicolo.

ridicoliẓẓàre [fr. *ridiculiser*, da *ridicule* 'ridicolo'; 1789] v. tr. ● Fare apparire ridicolo, mettere, volgere in ridicolo: *r. un avversario*; *r. una situazione grave.*

♦**ridìcolo** [vc. dotta, lat. *ridīculu(m)*, da *ridēre* 'ridere'; sec. XIV] **A** agg. *1* Che fa ridere perché goffo, strano, grottesco o insulso: *aspetto r.*; *figura ridicola*; *sono pretese ridicole.* SIN. Buffo. *2* (*est.*) Da non prendersi in considerazione perché meschino, inadeguato, troppo esiguo: *è un compenso r. rispetto al nostro lavoro.* || **ridicolménte**, **ridicolaménte**, avv. **B** s. m. solo sing. ● Aspetto che suscita il riso, che diverte: *non capisco il r. della situazione* | Condizione di chi è oggetto di derisione: *cadere nel r.*; *coprirsi di r.*; *Dico anche quello che un altro forse non direbbe per paura del r.* (PIRANDELLO) | ***Mettere***, (*lett.*) ***Porre qlcu. in r.***, ridicolizzare. SIN. Comico. || **ridicolàccio**, pegg. | **ridicolóne**, accr.

†**ridicoloṣàggine** [sec. XVI] s. f. ● Ridicolaggine.

†**ridicoloṣità** s. f. ● Battuta ridicola | Sciocchezza.

†**ridicolóṣo** [vc. dotta, lat. tardo *ridiculōsu(m)*, da *ridīculus* 'ridicolo'; sec. XIV] agg. ● Ridicolo, schernevole. || †**ridicoloṣaménte**, avv. In modo ridicolo.

†**ridificàre** ● V. *riedificare.*

†**ridimandàre** ● V. *ridomandare.*

ridimensionaménto [1951] s. m. ● Riorganizzazione di qlco. gener. allo scopo di ridurne le dimensioni, l'entità e sim.: *il r. di un'azienda*; *a causa del r. del personale* (MORAVIA) | (*fig.*) Riduzione in limiti più ristretti dell'importanza di qlco. o di qlcu.: *il r. di un fatto storico.*

ridimensionàre [da *dimensione*, col pref. *ri-*; 1950] **A** v. tr. (*io ridimensióno*) *1* Riorganizzare e ristrutturare, spec. un complesso industriale, per adeguarlo a mutate circostanze, riducendone in generale l'entità: *r. un'industria farmaceutica.* *2* (*fig.*) Ridurre alle giuste proporzioni o a proporzioni minori: *r. uno scrittore, un'azione politica.* **B** v. intr. pron. ● Ridursi a giuste proporzioni, a proporzioni minori: *le sue ambizioni si sono ridimensionate.*

ridipìngere [comp. di *ri-* e *dipingere*; 1550] v. tr. (coniug. come *dipingere*) ● Dipingere di nuovo | Ritoccare.

ridipintùra [1959] s. f. ● Il ridipingere | Strato di vernice o nuova pittura su un dipinto preesistente: *affresco cinquecentesco con estese ridipinture posteriori.*

♦**ridìre** [lat. tardo *redīcere*, comp. di *re-* e *dīcere* 'dire'; av. 1292] **A** v. tr. (imperat. *ridì* /ri'di, ri'di*/ o *ridi'*; nelle altre forme coniug. come *dire*) *1* Dire di nuovo: *ridimmi il tuo numero di telefono* | Ripetere di frequente: *non si stanca di dire e r. le stesse cose* | †Dire in risposta | †Soggiungere. SIN. Replicare. *2* Riferire, riportare cose sentite o comunicate da altri: *Io dirò vero, e tu 'l ridì tra 'vivi* (DANTE *Purg.* V, 103) | Riportare con leggerezza cose dette da altri in confidenza: *non andare a r. ciò che hai saputo.* *3* Narrare, raccontare: *non credo di riuscirvi a r. tutto ciò che ho visto* | (*est., lett.*) Esprimere: *le angosce, i dubbi, il palpitar mio lungo / poss'io ridir?* (ALFIERI). *4* Obiettare: *non vedo che cosa tu possa r.* | Criticare, commentare, esprimere riserve (*anche assol.*): *non trovar nulla da* (lett. *a*) *r.*; *Non che avesse da r... su la moglie* (PIRANDELLO). **B** v. intr. pron. ● †Disdirsi, ricredersi.

ridiriẓẓàre ● V. *ridrizzare.*

ridiscéndere (o **-é-**) [comp. di *ri-* e *discendere*; 1827] v. intr. e tr. (coniug. come *scendere*; aus. intr. *essere*) ● (*raro*) Scendere di nuovo: *r. le scalinate* | Scendere fino al luogo da dove si era saliti: *l'alpinista*; non riusciva a r. a valle.

ridiscéṣo part. pass. di *ridiscendere*; anche agg. ● Nel sign. del v.

ridisciògliere [comp. di *ri-* e *disciogliere*] v. tr. (coniug. come *sciogliere*) ● Disciogliere di nuovo.

ridiscórrere [comp. di *ri-* e *discorrere*; 1716] v. intr. (coniug. come *correre*; aus. *avere*) ● Discorrere di nuovo.

ridiscùtere [comp. di *ri-* e *discutere*] v. tr. (coniug. come *discutere*) ● Discutere di nuovo, rimettere in discussione: *r. una legge.*

ridiṣegnàre [comp. di *ri-* e *disegnare*; av. 1571] v. tr. (*io ridiṣégno*) ● Disegnare di nuovo | (*fig.*) Modificare in base a nuovi criteri: *r. una strategia.*

ridisfàre [comp. di *ri-* e *disfare*] v. tr. (coniug. come *disfare*) ● Disfare un'altra volta.

ridispórre [comp. di *ri-* e *disporre*; 1872] v. tr. (coniug. come *porre*) ● Disporre di nuovo o in altro modo: *r. la partenza*; *r. i soprammobili secondo un nuovo ordine.*

ridistaccàre [comp. di *ri-* e *distaccare*] v. tr. (*io ridistàcco, tu ridistàcchi*) ● Distaccare di nuovo.

ridistèndere [comp. di *ri-* e *distendere*; 1878] **A** v. tr. (coniug. come *tendere*) ● Distendere di nuovo. **B** v. rifl. ● Distendersi di nuovo.

ridistéṣo part. pass. di *ridistendere* ● (*raro*) Nel sign. del v.

ridistillàre [comp. di *ri-* e *distillare*; sec. XV] v. tr. ● Distillare di nuovo.

ridistìnguere [comp. di *ri-* e *distinguere*; sec. XVI] v. tr. (coniug. come *distinguere*) ● Distinguere nuovamente.

ridistribuìre o **redistribuìre** [comp. di *ri-* e *distribuire*; 1959] v. tr. (*io ridistribuìsco, tu ridistribuìsci*) ● Distribuire di nuovo o in modo diverso: *r. i doni*; *r. i compiti.*

ridistribuzióne o **redistribuzióne** [comp. di *ri-* e *distribuzione*; 1959] s. f. ● Nuova distribuzione di qlco. | Modificazione della distribuzione dei redditi e della ricchezza fra le varie classi sociali.

ridivenire [comp. di *ri-* e *divenire* (*1*); av. 1673] **v. intr.** (coniug. come *divenire*; aus. *essere*) ● Divenire di nuovo. **SIN.** Ridiventare.

♦**ridiventàre** o †**ridoventàre** [comp. di *ri-* e *diventare*; 1513] **v. intr.** (*io ridivènto* o *ridivénto*; aus. *essere*) ● Diventare di nuovo: *r. ottimista*; *r. povero*.

ridivenùto **part. pass.** di *ridivenire* ● Nel sign. del v.: *Polidori, r. l'uomo di prima* (VERGA).

ridividere [comp. di *ri-* e *dividere*; 1525] **A** **v. tr.** (coniug. come *dividere*) ● Dividere di nuovo. **B** **v. intr. pron.** ● Dividersi, scindersi nuovamente: *i due partiti si sono ridivisi*.

ridolère [comp. di *ri-* e *dolere*; 1910] **A** **v. intr.** (coniug. come *dolere*; aus. *essere* e *avere*) ● Dolere di nuovo: *gli ridolgono i denti*. **B** **v. intr. pron.** ● (*lett.*) Affliggersi di nuovo: *Allor mi dolsi, e ora mi ridoglio* (DANTE *Inf.* XXVI, 19).

ridomandàre o (*dial.*) †**ridimandàre** [comp. di *ri-* e *domandare*; 1336 ca.] **v. tr.** *1* Domandare di nuovo: *gli ho ridomandato quanti anni ha* | Domandare con insistenza: *non fa che r. le stesse cose*. *2* Richiedere qlco. in restituzione: *ti ridomando i miei libri*.

ridonàre [vc. dotta, lat. *redonāre*, comp. di *re-* e *donāre*; 1481] **v. tr.** (*io ridóno*) *1* Donare di nuovo | Ridare, rendere, restituire: *le tue parole mi ridonano fiducia*. *2* Donare a propria volta.

ridonatóre [1872] **s. m.**; anche **agg.** (f. *-trice*) ● (*raro*) Chi (o Che) ridona.

ridondànte [av. 1503] **part. pres.** di *ridondare*; anche **agg.** (assol.; + *di*) *1* Nei sign. del v. | (*lett.*) Traboccante | (*raro*) Pingue: *due natiche ridondanti* (MORAVIA). *2* Eccessivamente ricco, sovrabbondante o superfluo: *testo r. di citazioni*. ‖ **ridondantemènte**, **avv.** (*raro*) In modo ridondante.

ridondànza o †**redundànza** [vc. dotta, lat. *redundāntia*(*m*), da *redūndans*, genit. *redundāntis* 'ridondante'; av. 1459] **s. f.** ● Caratteristica di ciò che è ridondante | (*lett.*) Pinguetudine: *nella r. della pappagorgia* (PIRANDELLO) | *R. di parole*, nel discorso, aggiunta di parole non necessarie alla comprensione di una frase. **CFR.** Pleonasmo | Nella teoria dell'informazione, misura della frazione di un messaggio che può essere abolito senza perdita di informazione | ***Controllo per r.***, nei sistemi di trattamento automatico delle informazioni, controllo automatico dell'alterazione d'informazioni. **SIN.** Sovrabbondanza.

ridondàre o †**redundàre** [vc. dotta, lat. *redundāre* 'traboccare', da *ŭnda* 'onda' col pref. *red-* 'ri-'; av. 1306] **A** **v. intr.** (*io ridóndo*; aus. *essere*) *1* (*lett.*) Abbondare, traboccare, sovrabbondare: *i suoi discorsi ridondano di luoghi comuni*. *2* (*lett.*) Tornare, riuscire, risolversi: *r. a onore, a danno*. *3* (*mar.*) Detto del vento, girare verso poppa. **CONTR.** Ricusare. **B** **v. tr.** ● †Superare, soverchiare.

ridormire [comp. di *ri-* e *dormire*; 1726] **v. intr.** (*io ridòrmo*; aus. *avere*) ● Dormire di nuovo | (*lett.*) Riaddormentarsi.

ridossàre [da *ridosso*; 1937] **A** **v. tr.** (*io ridòsso*) ● (*mar.*) Fornire riparo. **B** **v. rifl.** ● (*mar.*) Mettersi al riparo dal mare, dal vento e dalla pioggia.

ridòsso [comp. di *ri-* e *dosso*; 1521] **s. m.** *1* Riparo eretto alle spalle di qlco. | *A r.*, a riparo; (*est.*) di fianco, presso; vicino: *su di una panca a r. della scena* (VERGA); *eravamo ormai a r. dell'estate* | ***Avere qlcu. a r.***, avere qlcu. che incalza alle spalle, spec. minacciosamente. *2* (*mar.*) Riparo.

ridotàre [comp. di *ri-* e *dotare*; sec. XIV] **v. tr.** (*io ridòto*) ● Dotare di nuovo.

ridòtta [fr. *redoute*, a sua volta dall'it. *ridotto*; 1940] **s. f.** *1* (*mil.*) Nelle antiche fortificazioni, opera di secondaria importanza, provvisoria o stabile, isolata o facente parte di un sistema difensivo | Postazione. *2* (*mat.*) ***R. di una frazione continua***, frazione continua limitata ottenuta troncando una frazione continua illimitata | ***R. di un prodotto finito***, prodotto di un numero finito di fattori ottenuto troncando un prodotto infinito | ***R. di una serie***, somma di un numero finito di termini della serie. *3* (*autom.*) Marcia ridotta.

†**ridottàbile** [fr. *redoutable*, da *redouter* 'temere'. V. †*ridottare*] **agg.** ● Temibile.

†**ridottàre** [ant. fr. *redouter*, comp. di *re-* e *douter* 'temere', dal lat. *dubitāre*; av. 1348] **v. tr.** ● Temere, paventare.

†**ridottévole** [da †*ridottabile*; sec. XIV] **agg.** ● Spaventoso.

ridòtto o †**ridùtto** [sec. XIV] **A** **part. pass.** di *ridurre*; anche **agg.** *1* (+ *a*; + *in*) Portato a un determinato stato o a una particolare condizione, gener. negativi: *un palazzo decaduto, r. a fabbrica di cordami* (D'ANNUNZIO); *un popolo r. in schiavitù*; *un edificio r. in cenere*; *nello stato in cui sono r.*; *Il poveretto ormai r. l'ombra di se stesso* (VERGA) | ***Mal r.***, ***r. male***, malridotto. *2* Che è minore del normale, che ha subìto una riduzione: *prezzo r.*; *biglietto r.*; *scartamento r.* | (*autom.*) ***Marcia ridotta***, spec. nei fuoristrada, rapporto di marcia inferiore al normale, che consente di superare forti dislivelli. *3* (*chim.*) Che ha subìto un processo di riduzione: *stato, ferro, rame r.* *4* (*mat.*) Che è stato semplificato: *frazione ridotta ai minimi termini*. **B** **s. m.** *1* Vestibolo adiacente alla platea di una sala teatrale o cinematografica, adibito alla sosta e alla conversazione del pubblico durante gli intervalli di uno spettacolo. *2* †Luogo appartato per ritrovo, conversazione, riunione. *3* (*mil.*) Ridotta. *4* (*mar., mil.*) Parte della nave corazzata, situata gener. nel centro, comprendente gli organi essenziali quali l'apparato motore, le artiglierie e le santebarbare, e protetta da una spessa corazzatura e altri accorgimenti.

†**ridoventàre** ● V. *ridiventare*.

ridovère [comp. di *ri-* e *dovere*] **v. intr.** (coniug. come *dovere*; aus. *avere* o *essere*) ● Dovere nuovamente.

ridrizzàre o **ridirizzàre** [comp. di *ri-* e *drizzare*; 1351] **v. tr.** ● (*raro*) Drizzare di nuovo | (*lett.*) Raddrizzare (*anche fig.*).

riducènte [av. 1375] **A** **part. pres.** di *ridurre*; anche **agg.** ● Che riduce | ***Crema r.***, crema dimagrante | (*chim.*) Capace di operare una riduzione: *agente r.* **B** **s. m.** ● (*chim.*) Agente riducente. **SIN.** Riduttore.

†**ridùcere** ● V. *ridurre*.

riducìbile [dal lat. *redūcere* 'ridurre'; av. 1492] **agg.** *1* Che può essere ridotto: *prezzo non ulteriormente r.* *2* (+ *a*) Che si può ricondurre a una certa condizione: *r. all'ubbidienza*. *3* (*chim.*) Detto di sostanza che può subire una riduzione. *4* (*med.*) Che si può ridurre: *frattura facilmente r.*

riducibilità [1959] **s. f.** ● Condizione di ciò che è riducibile.

riduciménto [dal lat. *redūcere* 'ridurre'; av. 1685] **s. m.** ● (*raro*) Riduzione | (*lett.*) Riconduzione, conversione: *era da sperarne il r. alla fede* (BARTOLI).

♦**ridùrre** o †**redùcere**, †**redùrre**, †**ridùcere** [lat. *redūcere*, comp. di *re-* e *dūcere* 'condurre'; 1294] **A** **v. tr.** (**pres.** *io ridùco, tu ridùci*; **pass. rem.** *io ridùssi, tu riducésti*; **part. pass.** *ridótto*, †*ridùtto*) (qlcu. o qlco. + *a*, + *in*) *1* (*lett.*) Ricondurre, portare al luogo di partenza o a quello dovuto (*spec. fig.*): *r. a casa il bambino smarrito*; *r. qlcu. a una vita più onesta*; *qual estimate voi … più felice dominio e più bastante a ridur al mondo quell'età d'oro …* (CASTIGLIONE) | ***R. alla memoria***, far ricordare | (*lett.*) Raccogliere, adunare: *r. il gregge all'ovile*; *r. i ribelli sotto una stessa bandiera* | Riuscire a portare con opera di persuasione, e non senza sforzo, qlcu. a una determinata condizione: *r. un ragazzo insofferente alla disciplina*; *r. al silenzio i dissenzienti*; *r. qlcu. all'obbedienza*. *2* Far pervenire a una condizione diversa, gener. peggiore: *r. il vestito un cencio*; *r. una stanza un letamaio*; *la febbre l'ha ridotto uno scheletro*; *i debiti lo hanno ridotto al verde*; *r. qlcu. in fin di vita*; *Mi riduce ogni volta così questo mal di capo!* (PIRANDELLO) | ***R. qlcu. una belva***, farlo imbestialire | ***R. in pezzi, in frantumi***, spezzare, frantumare | ***R. al silenzio l'artiglieria nemica***, inattivarla con fuoco di controbatteria | Mutare, trasformare: *Michelangelo ridusse parte delle Terme di Diocleziano a chiesa* | Adattare: *r. un testo per le scuole*; *r. un romanzo per la televisione*; *r. un convento a ospedale* | Tradurre: *r. un romanzo in lingua cinese*. *3* Far diventare più piccolo o più breve: *r. la velocità*; *r. le spese*; *r. i tempi di lavoro* | (*fig.*) Restringere: *ridusse il suo intervento a poche parole*. **SIN.** Diminuire, rimpicciolire, scemare. *4* (*lett.*) Costringere a comportarsi in un determinato modo: *r. il prigioniero a ribellarsi*. *5* (*mat.*) Semplificare con opportune operazioni | ***R. una frazione ai minimi termini***, trovarne una equivalente in cui numeratore e denominatore siano primi fra loro | ***R. più frazioni al minimo comun denominatore***, trovarne altrettante equivalenti il cui denominatore sia il minimo multiplo di quelli dati | (*fis.*) ***R. una misura***, esprimerla nell'unità di un sistema diverso da quello a cui essa appartiene: *r. una misura da miglia in kilometri*. *6* (*med.*) Ricollocare un viscere nella posizione naturale: *r. un'ernia* | (*med.*) Riportare in posizione naturale i monconi o i frammenti di un osso fratturato: *r. una frattura semplice*. *7* (*chim.*) Sottoporre una sostanza a riduzione. **B** **v. intr. pron.** (+ *a*; + *in*) *1* Pervenire a una condizione peggiore: *si è ridotto a non poter più camminare*; *ridursi all'elemosina*; *si è ridotto in un grave stato di prostrazione* | ***Ridursi all'ultimo***, fare le cose all'ultimo momento. *2* Diminuire, calare, detto di cose: *ridursi alla metà*; *il suo lavoro si è ridotto a ben poco* | Essere riconducibile, consistere: *Tutto il sapere si riduceva a un poco di grammatica* (MURATORI). *3* (*lett.*) Rifugiarsi, ritirarsi: *ridursi in un'isola, in una stanzetta, a vita privata* | (*raro*) Portarsi (*anche fig.*): *ridursi in Ungheria*; *si ridusse in salvo* | †Ricoverarsi. ‖ **PROV.** Bacco, tabacco e Venere riducon l'uomo in cenere.

riduttàsi ● V. *reduttasi*.

riduttìvo [1960] **agg.** *1* Relativo a riduzione: *misure riduttive dei costi*. *2* (*fig.*) Che riduce la consistenza, limita o sminuisce l'importanza di qlco.: *rispetto alle premesse, sono conclusioni molto riduttive*. ‖ **riduttivaménte**, **avv.**

†**ridùtto** ● V. *ridotto*.

riduttóre [vc. dotta, lat. *reductōre*(*m*), da *redūctus*, part. pass. di *redūcere* 'ridurre'; sec. XIV] **A** **s. m.** *1* (f. *-trice*) Chi riduce o ha la funzione di ridurre: *un r. televisivo di opere teatrali*. *2* Dispositivo che regola la trasmissione di un moto rotatorio diminuendo il numero dei giri. *3* In topografia, strumento che, con diversi accorgimenti, permette di ottenere le distanze ridotte all'orizzonte. *4* (*tecnol.*) ***R. di pressione***, regolatore di pressione atto a ridurre la pressione di un fluido mantenendola costante: *il r. di pressione di una bombola di gas*. *5* (*mil.*) ***R. di cadenza***, in alcune armi da fuoco automatiche, dispositivo che consente di variare la cadenza di tiro, per ridurre le sollecitazioni e quindi l'usura dell'arma stessa e per economizzare le munizioni | ***R. di vampa***, dispositivo che viene applicato alle bocche o alle armi da fuoco a tiro rapido per ridurre la vampa di bocca. **SIN.** Spegnifiamma, rompifiamma | ***R. di rinculo***, in alcune bocche da fuoco, dispositivo che, agendo sul freno, riduce la lunghezza di rinculo del pezzo. *6* (*elettr.*) Dispositivo, gener. un trasformatore in discesa, atto a ridurre, secondo un rapporto fisso o variabile, l'intensità di una corrente elettrica o una tensione elettrica: *r. di corrente, di tensione*. *7* (*elettr.*) Dispositivo adattatore che consente di inserire una spina, gener. bipolare o tripolare, in una presa di passo maggiore o minore. *8* (*chim.*) Agente riducente. **B** **agg.** ● (*chim.*) Che riduce: *agente r.* | ***Apparecchio r.***, reattore chimico in cui viene svolta una riduzione | ***Zuccheri riduttori***, quelli dotati di proprietà riducenti, che possono essere dimostrate con specifiche reazioni.

riduzionàle [da *riduzione*, per calco sull'ingl. *reductional*; 1983] **agg.** ● (*biol.*) Nella loc. ***divisione r.***, nella meiosi, la prima divisione nucleare mediante la quale il numero diploide di cromosomi si riduce al numero aploide. **CFR.** Equazionale.

♦**riduzióne** o †**reduzióne** [vc. dotta, lat. *reductiōne*(*m*), da *redūctus*, part. pass. di *redūcere* 'ridurre'; 1308] **s. f.** *1* Il ridurre a una determinata condizione: *r. alla ragione*; *r. di un fenomeno alla sua essenza*. *2* Diminuzione di numero o di quantità: *r. delle tasse, dell'occupazione*; *si è registrata una r. delle entrate* | ***R. dei punti***, in maglieria, diminuzione del numero dei punti in lavorazione | Diminuzione, abbuono, sconto: *ha ottenuto una r. del 10%*. *3* Adattamento, trasposizione: *r. teatrale, musicale, cinematografica, radiofonica*. *4* (*filos.*) Sostituzione di una proposizione con un'altra equivalente più semplice e schematica capace di dimostrare la verità o la falsità della proposizione originaria | ***R. eidetica***, nella filosofia di Husserl (1859-1938), l'eliminazione degli elementi empirici del dato in funzione della conservazione della pura essenza | ***R. fenomenologica***, nella filosofia di Husserl, la messa in parentesi del mondo; **SIN.** Epochè | ***R. all'assurdo***, dimostrazione per assurdo (V. *assurdo*). *5* Riproduzione di un disegno, una fotografia e sim. secondo una scala prestabilita, rispettando le proporzioni delle parti: *scala, compasso di r.* **6** (*mat.*) Passaggio ad altra forma o espressione più semplice, o antecedente logicamente, e sim. | ***R. di una frazione ai minimi termini***, operazione che ne fa trovare una equivalente in cui numeratore e denominatore siano primi fra loro | ***R. dei termini simili di un polinomio***, operazione consistente nel sommare algebricamente i monomi simili, per scriverne uno solo al loro posto | ***Formula di r.***, quella che consente di riportare enti od operazioni matematici a una forma più semplice e quindi trattabile più facilmente. **7** (*scient.*) ***R. delle misure***, insieme delle operazioni compiute sulle misure per eliminare o correggere gli errori sistematici o per riportarle a determinate condizioni di riferimento: *r. dei dati meteorologici al livello del mare*; *r. del volume di un gas alle condizioni normali di pressione e temperatura* | ***R. all'orizzonte***, in topografia, conversione della distanza vera fra due punti nella distanza orizzontale, ossia in quella intercorrente fra le proiezioni orizzontali dei due punti. **8** (*ling.*) Passaggio di una forma più lunga, o piena, ad una forma più breve, o ridotta. **9** (*med.*) Operazione con cui si riportano alla posizione naturale un viscere o i monconi di un osso fratturato: *r. di una frattura*; *r. dell'ernia.* **10** (*chim.*) Reazione per la quale una sostanza perde ossigeno o acquista idrogeno o diminuisce di valenza. CFR. Ossidazione. **11** Elemento di tubo che collega due tubi di diametro diverso. **12** (*biol.*) Diminuzione del numero di cromosomi da diploide ad aploide nella meiosi. || **riduzioncella**, **dim.**

riduzionismo [da *riduzione*; 1963] **s. m.** **1** (*filos.*) Tesi epistemologica contemporanea che stabilisce un rapporto di gerarchia tra le diverse discipline scientifiche (considerando fondamentale la fisica, cui seguono, in ordine di importanza, la chimica, la biologia, la psicologia e la sociologia), ognuna delle quali può essere ricondotta e riformulata nel linguaggio di un'altra più generale (ad es. i fenomeni psicologici vengono ricondotti al loro sostrato neurofisiologico). **2** (*biol.*) Teoria che fa risalire tutti i fenomeni vitali a un unico principio. **3** (*est.*) Tendenza a limitare il valore di un fatto, di un fenomeno e sim. a un suo aspetto parziale.

riduzionista [1985] **s. m. e f.**; anche **agg.** (**pl. m.** *-i*) ● Chi (o Che) segue le teorie filosofiche o biologiche del riduzionismo.

riduzionistico [da *riduzionista*] **agg.** (**pl. m.** *-ci*) ● Che riguarda o è proprio del riduzionismo.

rieccitàre [comp. di *ri-* ed *eccitare*; 1827] **A v. tr.** (*io rièccito*) ● Eccitare di nuovo. **B v. intr. pron.** ● Eccitarsi di nuovo.

riècco [comp. di *ri-* ed *ecco*; 1848] **avv.** **1** Ecco di nuovo, ecco un'altra volta: *r. la pioggia!*; *r. il sole!* **2** Si unisce, in posizione encl., ai pron. pers. atoni 'mi', 'ti', 'ci', 'si', 'vi', 'lo', 'la', 'le', 'li' e alla particella 'ne': *rieccoci qua*; *rieccoli!*; *rieccoci da capo, alle solite!*; *rieccola con le sue lamentele*; *rieccoti il tuo libro*; *rieccosi fatto giorno*; *rieccovi i vostri soldi.*

riecheggiamènto [1959] **s. m.** ● (*raro*) Il riecheggiare | (*fig.*) Eco, reminiscenza: *una poesia ricca di riecheggiamenti futuristici.*

riecheggiàre [comp. di *ri-* ed *echeggiare*; 1872] **A v. intr.** (*io riechéggio*; aus. *essere*) ● Echeggiare, echeggiare di nuovo | (*fig.*) Essere presente come eco di esperienze precedenti: *nelle tue pagine riecheggiano molti ricordi letterari.* **B v. tr.** ● Restituire l'eco | (*fig.*) Riprendere, richiamare contenuti, motivi o forme precedenti: *quel romanzo riecheggia cadenze manzoniane.*

rièdere [lat. *redīre*, comp. di *red-* 'ri-' e *īre* 'andare' (V. *ire*); 1313] **v. intr.** (ricostruito sul **pres. indic.** di *redire* per cui segue una coniug. regolare in cui la *e* è dittongata in *ie* se tonica; aus. *essere*) ● (*lett.*) Redire: *uopo è che Achille in campo rieda e sperda / le troiane falangi* (MONTI).

riedificàre o †**redificàre**, †**reedificàre**, †**ridificàre** [comp. di *ri-* ed *edificare*; 1342] **v. tr.** (*io riedìfico, tu riedìfichi*) ● Edificare di nuovo: *r. una casa distrutta.*

riedificatóre [av. 1348] **s. m.**; anche **agg.** (**f.** *-trice*) ● Chi (o Che) riedifica.

riedificazióne o †**redificazióne**, †**reedificazióne** [av. 1363] **s. f.** ● Il riedificare | Ricostruzione.

rièdito [comp. di *ri-* ed *edito*; av. 1912] **agg.** ● Edito, pubblicato di nuovo: *la prima edizione è esaurita, ma il libro sarà r. entro l'anno.*

riedizióne [comp. di *ri-* ed *edizione*; 1959] **s. f.** **1** Nuova edizione: *la r. di un testo esaurito.* **2** (*est.*) Rappresentazione rinnovata di un'opera teatrale o ristampa di un vecchio film. **3** (*fig.*) Riproposta, ripresentazione di qlco., con modifiche più o meno sostanziali: *la r. di un'alleanza politica.*

rieducàbile [1959] **agg.** ● Che si può rieducare.

rieducàre [comp. di *ri-* ed *educare*; 1872] **v. tr.** (*io rièduco, tu rièduchi*) **1** Educare di nuovo e meglio, colmando le lacune e correggendo i difetti della prima educazione: *r. un ragazzo ribelle.* **2** Far recuperare una funzionalità parziale o totale a un soggetto menomato: *r. i ciechi, i mutilati*; *r. un carattteriale* | Riportare organi o funzioni menomate a una normale attività: *r. una mano paralizzata, l'udito.*

rieducativo [da *rieducare*; 1968] **agg.** ● Che tende a rieducare.

rieducazióne [1923] **s. f.** **1** Il rieducare. **2** Ripresa di funzioni motorie ridotte o assenti mediante istruzione del malato e terapia fisica.

riel /rjɛl/ [etim. incerta; 1970] **s. m. inv.** ● Unità monetaria circolante in Cambogia.

rielaboràre [comp. di *ri-* ed *elaborare*; 1970] **v. tr.** (*io rielàboro*) ● Elaborare di nuovo o con criteri diversi.

rielaboràto **part. pass.** di *rielaborare*; anche **agg.** ● Nel sign. del v.

rielaborazióne [1953] **s. f.** ● Nuova elaborazione di qlco., spec. con criteri diversi.

rielèggere o †**reelèggere** [comp. di *ri-* ed *eleggere*; sec. XIV] **v. tr.** (coniug. come *leggere*) ● Eleggere di nuovo, spec. alla scadenza di un mandato: *r. qlcu. sindaco.*

rieleggìbile [1819] **agg.** ● Che si può rieleggere.

rieleggibilità [1851] **s. f.** ● Condizione di chi è rieleggibile.

rielètto **part. pass.** di *rieleggere*; anche **agg.** ● Nel sign. del v.

rielezióne [comp. di *ri-* ed *elezione*; 1813] **s. f.** ● Nuova elezione di qlcu. alla stessa carica, spec. alla scadenza del mandato: *il presidente americano punta alla r.*

riemanàre [comp. di *ri-* ed *emanare*] **v. tr.** ● Emanare di nuovo.

riemanazióne [comp. di *ri-* ed *emanazione*] **s. f.** ● (*raro*) Nuova emanazione | †Nuova diffusione della luce.

riemanniàno /rima'njano/ **agg.** ● Relativo al matematico tedesco B. G. F. Riemann (1826-1866): *geometria riemanniana.*

riemendàre [comp. di *ri-* ed *emendare*] **v. tr.** (*io riemèndo*) ● Correggere, revisionare di nuovo.

riemèrgere [comp. di *ri-* ed *emergere*; 1872] **v. intr.** (coniug. come *emergere*; aus. *essere*) ● Emergere di nuovo | Tornare alla superficie: *il sottomarino riemerse subito* | (*fig.*) Ripresentarsi, manifestarsi nuovamente: *i vecchi rancori sono riemersi*; *il volto / dell'antico dolore che riemerge ogni sera* (PAVESE).

riemersióne [da *riemerso*, part. pass. di *riemergere*; 1940] **s. f.** ● Ritorno alla superficie.

riemèrso **part. pass.** di *riemergere*; anche **agg.** ● Nei sign. del v. (*anche fig.*): *ricordo r. dagli anni* (BACCHELLI).

riemigràre [comp. di *ri-* ed *emigrare*; 1874] **v. intr.** (aus. *essere* e *avere*) ● Emigrare di nuovo.

riempìbile [av. 1712] **agg.** ● Che si può riempire.

riempibottiglie [comp. di *riempi(re)* e il pl. di *bottiglia*; 1970] **s. f. inv.** ● Macchina per riempire automaticamente le bottiglie.

rièmpiere [comp. di *ri-* ed *empiere*, *empire*; 1338 ca.] **v. tr. e intr. pron.** (coniug. come *empiere*) ● (*raro*) Riempire.

riempiménto [av. 1320] **s. m.** **1** Operazione del riempire: *il r. di una bombola* | (*raro*) Ciò che serve a riempire | ***Materiale di r.***, nelle costruzioni civili, insieme di ghiaia, pietra, sabbia e sim. usato quando occorra livellare o rialzare il terreno. **2** (*mar.*) Nella costruzione di imbarcazioni in legno, quanto manca, e va aggiunto, per rendere a misura un pezzo.

♦**riempìre** [comp. di *ri-* ed *empire*; av. 1292] **A v. tr.** (*io riémpio*; coniug. come *empire*) **1** Rendere pieno, colmare (*anche fig.*): *r. la botte di vino*; *mi ha riempito le orecchie di insinuazioni*; *vederti mi riempie di gioia* | (*fig.*) ***Riempirsi la bocca di paroloni***, parlare in modo ampolloso, reboante | (*fig.*) ***Riempirsi la bocca di promesse, di belle parole***, farne, dirne, in gran quantità | ***R. una lacuna***, colmarla | ***R. un tramezzino***, farcirlo, imbottirlo | ***R. lo stomaco***, saziarlo | ***R. i vuoti***, nominare nuovi incaricati nei posti vacanti di una Pubblica Amministrazione o dell'esercito. **2** Compilare moduli, schede e sim. scrivendo ciò che si richiede accanto allo stampato: *r. una richiesta di pensione.* **3** †Impregnare, detto di animali. **B v. intr. pron.** ● Diventare pieno (*anche fig.*): *il cane si è riempito di pulci*; *riempirsi di tristezza.* **C v. rifl.** ● Mangiare troppo, saziarsi.

riempìta [da *riempito*; 1872] **s. f.** ● (*fam.*) Atto del riempire spec. in fretta.

riempitìvo [da *riempito*; 1551] **A agg.** ● Che riempie o è atto a riempire: *materiale r.* || **riempitivaménte**, **avv.** (*raro*) In modo riempitivo. **B s. m.** **1** (*fig.*) Materia che serve a riempire un vuoto: *usare come r. un materiale schiumoso.* **2** Ciò che serve solo a colmare un vuoto, a far numero, e sim. e non ha particolare importanza: *lo hanno invitato solo per fare da r.* **3** Parola o frase superflua.

riempìto **part. pass.** di *riempire*; anche **agg.** ● Nei sign. del v.

riempitóre [1536] **s. m.** **1** (**f.** *-trice*) (*raro*) Chi riempie. **2** (*enol.*) Imbuto a collo lungo a fondo cieco, che viene adattato pieno di vino al cocchiume delle botti per mantenerle colme. **3** (*mar.*) Pezzo di riempimento.

riempitrice [f. di *riempitore*; 1959] **s. f.** ● Macchina che esegue il riempimento di confezioni, imballaggi o per l'imbottigliamento automatico.

riempitùra [1550] **s. f.** ● Operazione del riempire | Ciò che serve a riempire.

†**rienfiàre** [comp. di *ri-* e *enfiare*] **v. intr. e intr. pron.** (*io riénfio*; aus. *essere*) ● Gonfiare di nuovo o di più.

rientràbile [da *rientrare*; 1959] **agg.** ● Retrattile: *carrello, antenna r.*

rientraménto [1525] **s. m.** **1** (*raro*) Rientro. **2** Punto, parte in cui una linea o un corpo rientrano: *i rientramenti costieri*; *c'è un r. nel muro.* SIN. Rientranza.

rientrànte [1804] **A part. pres.** di *rientrare*; anche **agg.** ● Che presenta una rientranza: *superficie r.* CONTR. Sporgente. **B s. m.** ● Nelle fortificazioni, l'angolo con la concavità rivolta verso l'esterno.

rientrànza [1952] **s. f.** ● Parte che rientra, rispetto all'andamento di una linea, di una superficie e sim.: *un bar incastrato in una r. della parete* (MORAVIA) | (*tipogr.*) Linea spostata in dentro rispetto al margine. SIN. Rientro.

♦**rientràre** [comp. di *ri-* e *entrare* (*1*); 1336 ca.] **A v. intr.** (*io riéntro*; aus. *essere*) **1** Entrare di nuovo nel luogo da dove si era usciti: *i giocatori stanno rientrando in campo*; *r. in casa, nella sala* | (*assol.*) Rincasare: *rientri presto stasera?* | Tornare in una certa condizione o situazione: *r. nell'ordine, nell'ubbidienza*; *r. in famiglia* | (*fig.*) ***R. nelle grazie di qlcu.***, tornare ad essere benvoluti, amati da qlcu. | ***R. in sé***, riassumere il controllo delle proprie azioni | ***R. in possesso di qlco.***, rimpossessarsene | ***R. in gioco***, in alcuni giochi di carte, spec. ramino, esservi riammesso dopo essere stato eliminato, previo accollo o pagamento di una certa quota di punti negativi; (*fig.*) tornare a partecipare a un'attività concorrendovi in maniera rilevante o determinante. **2** (*est.*) Ritirarsi: *r. nei propri confini*; *dopo il contrattacco la fanteria rientrò in trincea* | (*raro*) Accorciarsi, restringersi, detto di un tessuto: *a lavarlo il tuo golf è rientrato* | Riassorbirsi senza sfogo naturale, detto di un'eruzione cutanea: *i foruncoli della bambina sono rientrati* | (*fig.*) Annullarsi, non realizzarsi: *il progetto è rientrato per mancanza di finanziamenti* | Risolversi, cadere: *la polemica è rientrata.* **3** Presentare una concavità, una piega all'interno, detto di superfici e linee: *il muro rientrava bruscamente*; *dopo tre kilometri il fiume rientra verso sud.* **4** Essere compreso, far parte: *il tuo caso non rientra in quelli noti*; *ciò non rientra nei tuoi compiti.* **5** Recuperare il denaro speso o impiegato in un affare, messo a frutto, dato in prestito e sim. | ***R. nel proprio***, ***rientrarci***, uscire da un affare con un guadagno modesto o senza perdita | ***R. in cassa***, detto di denaro che dà frutto o si recupera con sicurezza, se imprestato | (*est.*) Tornare a un livello normale, in riferimento a una situazione negativa: *misure del Governo per r.*

dall'inflazione. **B** v. tr. *1* (*mar.*) Riportare, ritirare qlco. entro il bordo dell'imbarcazione: *r. i remi*. *2* (*mar.*) Serrare, chiudere le vele guarnite su aste scorrevoli: *r. i coltellacci*.

rientràta [1940] s. f. *1* (*raro*) Rientro. *2* Curvatura dei fianchi di un'imbarcazione.

rientràto [1336 ca.] part. pass. di *rientrare*; anche agg. *1* Nei sign. del v.: *in possessione r. de' suoi beni* (BOCCACCIO). *2* (*fig.*) Chi non ha avuto modo di riuscire, svilupparsi, farsi valere: *impresa rientrata*; *tentativo r.* | **Articolo r.**, scritto, ma non pubblicato.

riéntro [1865] s. m. *1* Il rientrare, il ritornare: *è l'ora del r.*; *il r. di un impiegato in sede* | **Il grande r.**, quello in direzione delle grandi città dopo un periodo di vacanze (spec. le vacanze estive) | Ritorno di veicolo spaziale nell'atmosfera terrestre. *2* (*raro*) Accorciamento o restringimento, spec. di stoffa bagnata. *3* (*raro*) Parte che rientra: *i rientri del muro* | (*tipogr.*) Linea spostata in dentro rispetto al margine. SIN. Concavità, rientranza. *4* Recupero di denaro speso | Ripresa da una situazione negativa: *r. del debito pubblico* | (*tosc.*) Provento, entrata.

riepilogaménto [1872] s. m. ● (*raro*) Riepilogo.

riepilogàre o †**repilogàre** [da *riepilogo*; av. 1406] v. tr. (*io riepìlogo, tu riepìloghi*) ● Fare un riepilogo, dire in breve: *r. un racconto*; *r. i fatti, l'accaduto* | (*assol.*) **Riepilogando**, ricapitolando. SIN. Riassumere, ricapitolare.

riepilogatìvo [1959] agg. ● (*raro*) Che riepiloga, serve a riepilogare: *cenno, discorso r.* || **riepilogativamente**, avv.

riepilogazióne [1818] s. f. ● (*raro*) Riepilogo.

riepìlogo [comp. di *ri-* e *epilogo*; 1745] s. m. (pl. *-ghi*) ● Esposizione riassuntiva di scritti o discorsi: *ti farò un chiaro r. della sua conferenza*; *un r. della materia trattata*. SIN. Riassunto, ricapitolazione.

riequilibràre [comp. di *ri-* ed *equilibrare*; av. 1963] **A** v. tr. ● Rimettere in equilibrio (*anche fig.*): *r. due pesi*; *r. il disavanzo pubblico*. **B** v. rifl. e intr. pron. ● Rimettersi, ritornare in equilibrio fino a raggiungere una certa stabilità (*anche fig.*): *la situazione si è riequilibrata in poco tempo*.

riequilìbrio [comp. di *ri-* ed *equilibrio*; 1963] s. m. ● Ristabilimento di una condizione di equilibrio (*anche fig.*): *il r. di due forze*; *raggiungere il r. delle spese con le entrate*.

rièrgere [comp. di *ri-* e *ergere*; 1884] **A** v. tr. (coniug. come *ergere*) ● (*raro*) Ergere di nuovo. **B** v. intr. pron. ● (*raro*) Ergersi di nuovo.

rieṣàme [comp. di *ri-* ed *esame*; 1942] s. m. ● Nuovo esame spec. più circostanziato e alla luce di nuovi elementi: *occorre un attento r. di tutta la questione*. SIN. Riconsiderazione.

rieṣaminàre o †**riṣaminàre** [comp. di *ri-* e *esaminare*; 1677] v. tr. (*io rieṣàmino*) ● Esaminare di nuovo: *r. un candidato* | Riprendere in esame, spec. alla luce di nuovi elementi: *r. una situazione*.

riescìre ● V. *riuscire*.

rieṣeguìre [comp. di *ri-* e *eseguire*] v. tr. (*io rieṣeguìsco* o *rieṣéguo* (o *-è-*), *tu rieṣeguìsci* o *rieṣégui* (o *-è-*)) ● Eseguire di nuovo.

rieṣercitàre [comp. di *ri-* e *esercitare*] **A** v. tr. (*io rieṣèrcito*) ● Esercitare di nuovo o ancora: *r. una professione*; *r. la vista*. **B** v. rifl. ● Esercitarsi di nuovo.

rieṣiliàre [comp. di *ri-* e *esiliare*] v. tr. (*io rieṣìlio*) ● Esiliare di nuovo.

Riesling /'rizlin(g), *ted.* 'ri:slɪŋ/ [vc. ted. d'orig. sconosciuta; 1894] s. m. inv. (pl. ted. *Rieslinge*) *1* Vitigno originario della Germania, chiamato anche *Riesling renano*, diffuso in Italia spec. in Alto Adige, Friuli e Oltrepò Pavese; dà un'uva di colore giallo-verde o dorato | **R. italico**, variante italiana del Riesling. *2* Denominazione di numerosi vini ricavati dal vitigno omonimo, gener. di color giallo paglierino, profumo fruttato e sapore secco lievemente acidulo.

riespèllere [comp. di *ri-* ed *espellere*] v. tr. (coniug. come *espellere*) ● Espellere di nuovo.

riesplòdere [comp. di *ri-* ed *esplodere*] v. intr. e tr. (coniug. come *esplodere*; aus. intr. *essere* riferito a materie esplosive e nel sign. fig.; aus. *avere* riferito ad arma) ● Esplodere di nuovo (*anche fig.*): *è riesplosa la protesta*.

riesploràre [comp. di *ri-* e *esplorare*; 1872] v. tr. (*io riesplòro*) ● Esplorare di nuovo.

riespórre [comp. di *ri-* ed *esporre*; 1872] **A** v. tr. (coniug. come *esporre*) ● Esporre di nuovo: *Le risposi riesponendole il mio disegno* (CARDUCCI). **B** v. rifl. ● Esporsi di nuovo.

riesportàre [comp. di *ri-* ed *esportare*; 1819] v. tr. (*io riespòrto*) ● Esportare prodotti finiti, lavorati con materie prime importate | Esportare merci importate.

riesportazióne [1797] s. f. ● Il riesportare.

rieṣposizióne [comp. di *ri-* ed *esposizione*; 1935] s. f. *1* Nuova esposizione. *2* (*mus.*) Nella fuga, ritorno succinto di soggetto e risposta iniziale, in tonalità differente.

riespósto part. pass. di *riesporre* ● Nei sign. del v.

riespugnàre [comp. di *ri-* e *espugnare*] v. tr. ● Espugnare di nuovo.

riespùlso part. pass. di *riespellere* ● Nel sign. del v.

rièssere [comp. di *ri-* e *essere*; 1872] v. intr. (pass. rem. *io rifùi, tu rifósti, egli rifù*; nelle altre forme coniug. come *essere*; aus. *essere*) ATTENZIONE: *riè* e *rifù* si scrivono con l'accento. ● Essere di nuovo: *dobbiamo r. presto a casa* | (*lett.*) Ripetersi, accadere di nuovo: *risarà tutto quel che fu* (PASCOLI) | **Ci risiamo!**, ritorna una situazione spiacevole.

riestèndere [comp. di *ri-* e *estendere*; 1879] v. tr. (coniug. come *tendere*) ● Estendere di nuovo.

riestéṣo part. pass. di *riestendere* ● (*raro*) Nel sign. del v.

riestràrre [comp. di *ri-* ed *estrarre*] v. tr. (coniug. come *trarre*) ● Estrarre o ricavare dal composto.

riestràtto part. pass. di *riestrarre* ● (*raro*) Nel sign. del v.

rieṣumàre [comp. di *ri-* ed *esumare*; av. 1916] v. tr. (*io rièṣumo* o (*raro*) *rieṣùmo*) ● Dissotterrare, togliere dalla tomba: *r. un cadavere* | (*fig.*) Portare alla luce, rimettendo in uso o facendo tornare attuale: *r. una vecchia moda*; *r. commedie popolari ormai dimenticate*.

rieṣumazióne [1933] s. f. *1* Esumazione | (*fig., lett.*) Rievocazione. *2* (*fig.*) Riproposizione: *r. di una vecchia usanza*.

rietìno [da *Rieti*: V. *reatino*; sec. XVI] **A** agg. ● Di Rieti. **B** s. m. (f. *-a*) ● Abitante, nativo di Rieti. CFR. Reatino.

rievocàre [comp. di *ri-* ed *evocare*; av. 1872] v. tr. (*io rièvoco* o *poet. rievòco, tu rièvochi*) ● Evocare di nuovo | Richiamare alla memoria altrui o propria, ricordare: *r. gli anni della giovinezza* | Commemorare: *hanno rievocato il Presidente scomparso*. SIN. Ricordare.

rievocatìvo [1953] agg. ● Che rievoca o ha lo scopo di rievocare: *scritto r.*; *cerimonia, mostra rievocativa*. || **rievocativamente**, avv.

rievocàto part. pass. di *rievocare*; anche agg. ● Richiamato alla memoria.

rievocazióne [1898] s. f. ● Il rievocare: *la r. di un importante avvenimento politico* | Ciò che viene rievocato: *queste sono rievocazioni inutili* | Commemorazione: *la r. di un noto personaggio*. SIN. Ricordo.

†**rièzza** [da *rio*; av. 1406] s. f. ● (*raro*) Reità, colpevolezza.

rifabbricàre [vc. dotta, lat. tardo *refabricāre*, comp. di *re-* e *fabricāre* 'fabbricare'; av. 1803] v. tr. (*io rifàbbrico, tu rifàbbrichi*) ● Fabbricare di nuovo | Ricostruire, riedificare.

rifacènte part. pres. di *rifare* ● (*raro*) Nei sign. del v.

rifacìbile [comp. di *ri-* e un deriv. del lat. *fàcere* 'fare'; av. 1704] agg. ● (*raro*) Che si può rifare: *correzione r.*

rifaciménto [comp. di *ri-* e *facimento*; av. 1348] s. m. *1* Ricostruzione, ristrutturazione, restauro: *il r. di un antico palazzo* | Rielaborazione: *il r. di un ricamo, di un film*; *un cattivo r. di un'opera letteraria*. *2* †Compensazione, indennità: *dare … per r. della spesa … fino in dodici ducati d'oro* (MACHIAVELLI).

rifacitóre [comp. di *ri-* e *facitore*; av. 1729] agg.; anche s. m. (f. *-trice*) ● Che (o Chi) rifà o rielabora.

rifacitùra [da *rifare* con influenza del lat. *fàcere* 'fare'] s. f. ● Rifacimento.

rifallìre [comp. di *ri-* e *fallire*] v. tr. (*io rifallìsco, tu rifallìsci*) ● Fallire di nuovo.

rifamicìna [vc. formata sul modello di *streptomicina*; non chiara la prima parte del composto] s. f. ● (*farm.*) Ogni antibiotico naturale prodotto dal batterio *Nocardia mediterranei*, ad azione battericida ad ampio spettro.

rifampicìna® [da *rifamicina*] s. f. ● (*farm.*) Antibiotico semisintetico della rifamicina, attivo sia su batteri parassiti intracellulari (micobatteri) che extracellulari.

♦**rifàre** [comp. di *ri-* e *fare* (*1*); av. 1292] **A** v. tr. (pres. *io rifàccio*, o *rifò, tu rifài, egli rifà*; imperat. *rifà* /ri'fa, ri'fa*/ o *rifa'* o *rifài*; nelle altre forme coniug. come *fare*) ATTENZIONE: *rifò* e *rifà* si scrivono con l'accento. *1* Fare di nuovo, un'altra volta ciò che si ritiene erroneo o mal fatto (*anche assol.*): *r. il compito sbagliato*; *r. qlco. di sana pianta, da cima a fondo*; *è tutto da r.* *2* Fare di nuovo ciò che è andato parzialmente o totalmente distrutto o deteriorato o che è stato perduto (*anche fig.*): *r. il tetto della casa*; *rifarsi una vita, una cultura*; *non riesce a rifarsi le amicizie di prima* | Riparare, accomodare: *r. i polsini alla camicia* | **R. una casa**, ricostruirla | **R. il letto**, riassettarlo | **Rifarsi** (*o Farsi r.*) **il seno, il naso, la bocca**, farseli ricostruire o rimodellare chirurgicamente | **Rifarsi una verginità**, (*fig.*) riacquistare la stima, la credibilità o il buon nome perduti o compromessi, cercando di dimostrare la propria estraneità a fatti riprovevoli. *3* Compiere un'azione un'altra volta, ripetere: *non occorre r. sempre lo stesso discorso* | **R. la strada**, percorrerla un'altra volta. *4* (*lett.*) Rendere nuovamente o restituire allo stato primitivo: *r. certo, sicuro*; *r. sano un ammalato* | Rieleggere: *r. qlcu. presidente* | **Rifarsi gli occhi**, (*fig.*) ricrearsi con una vista gradevole | **Rifarsi la bocca, lo stomaco**, (*fig.*) assaggiare cibi graditi, dopo aver mangiato qlco. di sgradevole. *5* Imitare: *r. l'andatura, il gesticolare di qlcu.* | Contraffare: *r. la voce di un amico* | **R. il verso**, imitare, spec. a scopo caricaturale. *6* Compensare, risarcire: *r. qlcu. delle spese*; *ti rifarò i danni*. SIN. Indennizzare. *7* Cucinare di nuovo o in modo diverso: *r. il pesce fritto in umido*. *8* (*raro, tosc.*) Imporre a un bambino il nome del padre, del nonno, ecc.: *r. il padre, il nonno*. **B** v. intr. pron. *1* Diventare nuovamente: *rifarsi cattolico*; *il tempo si è rifatto brutto* | (*assol.*) Riprendere le forze, ritornare sano o in buone condizioni economiche: *dopo la malattia si è rifatto*; *spera di rifarsi con un nuovo negozio* | (*assol.*) Ristabilirsi, detto del tempo: *speriamo che il tempo si rifaccia*. *2* Prendersi la rivincita: *rifarsi di una perdita, una disfatta* | **Rifarsi con un altro**, prendersela con un altro. *3* Cominciare, prendere le mosse, ricominciare: *rifarsi dal principio, da capo* | Richiamarsi: *rifarsi a ciò che si era detto prima* | Ispirarsi, ricollegarsi: *non avevo esempi a cui rifarmi* (CALVINO).

rifaṣaménto [da *sfasamento*, con cambio di pref.; 1936] s. m. ● (*elettr.*) Operazione destinata ad annullare o diminuire lo sfasamento fra intensità di corrente e tensione in un circuito elettrico, allo scopo di aumentarne il rendimento.

rifaṣàre [da *fase*, col pref. *ri-*; 1950] v. tr. ● (*elettr.*) Fare oggetto di rifasamento: *r. un motore elettrico*.

rifaṣatóre [1983] **A** s. m. ● (*elettr.*) Dispositivo usato per il rifasamento. **B** agg. (f. *-trice*) ● Atto a rifasare.

rifasciàre [comp. di *ri-* e *fasciare*; sec. XIV] v. tr. (*io rifàscio*; fut. *io rifascerò*) *1* Tornare a fasciare | Fasciare, fasciare bene: *r. un bambino*. *2* †Rinnovare il fasciame di una nave.

rifàscio [comp. di *ri-* e *fascio*; av. 1400] s. m. ● Solo nella loc. avv. ***a r.***, (*lett.*) alla rinfusa: *gli abiti buttati a r. ricadevano dalla spalliera del sofà* (SACCHETTI) | **Andare a r.**, andare in rovina, a catafascio.

rifattìbile [av. 1704] agg. ● (*raro*) Che può essere rifatto.

rifàtto [av. 1348] part. pass. di *rifare*; anche agg. *1* Nei sign. del v.: *gesto r. meccanicamente*; *lesso r.*; *letto r.*; *due vecchie case coloniche rifatte un secolo prima* (MONTALE). *2* **Villano r.**, persona rozza e grossolana che, arricchita, ostenta modi e vita da gran signore.

rifattùra [1872] s. f. ● (*raro*) Rifacimento.

rifavellàre [comp. di *ri-* e *favellare* (*1*); 1505] v. intr. (*io rifavèllo*; aus. *avere*) ● (*lett.*) Riparlare.

rifazióne [da *rifare*; sec. XIII] s. f. *1* (*lett.*) Rifacimento, restauro | (*fig.*) Rifacimento di un'opera letteraria: *la r. ha reso leggibile e piacevole il poema* (DE SANCTIS). *2* †**R. dei danni**, risarcimento.

rifecondàre [comp. di *ri-* e *fecondare*; 1835] v. tr. (*io rifecóndo*) ● Fecondare di nuovo.

†rifedìre ● V. *riferire* (2).

rifèndere [comp. di *ri-* e *fendere*] v. tr. e intr. pron. (coniug. come *fendere*) ● (*raro*) Fendere di nuovo o più volte.

rifenditùra [comp. di *ri-* e *fenditura*; 1965] s. f. ● Aratura preliminare del terreno, in uso in Emilia, alla quale ne segue una seconda dopo qualche tempo.

†riferendàrio ● V. *referendario*.

riferènte [1872] part. pres. di *riferire* (1); anche agg. ● (*raro*) Che riporta, che riferisce.

riferìbile [1673] agg. 1 Che può essere riportato, ripetuto: *segreto non r.*; *parola r.* SIN. Dicibile, ripetibile. 2 Che può essere collegato o ricondotto: *un atteggiamento r. al suo pessimo carattere.* SIN. Concernente, relativo, riguardante. || **†riferibilménte**, avv. Rispetto, riguardo a.

riferiménto o **†referiménto** [av. 1557] s. m. 1 Allusione, cenno, rimando: *abbiamo trovato riferimenti a un fatto attuale*; *riferimenti storici, letterari*; *Bello o brutto sono riferimenti a convenzioni di giudizio* (MONTALE). 2 Relazione, rapporto: *facciamo r. a ciò che già sapete* (*bur.*) **Con r. a**, **in r. a**, riferendosi a: *con r. alla vostra lettera* | **Punto di r.**, elemento del terreno o del oggetto visibile cui ci si riferisce per orientamento o riconoscimento; (*fig.*) chi (o ciò che) viene assunto come termine fondamentale di confronto, di orientamento; (*econ.*) *Azionista di r.*, V. *azionista* (1). 3 In lavorazioni tecnologiche, dispositivo definito da assi, piani, fori, atto a fissare l'esatta posizione del pezzo in lavorazione rispetto agli utensili. 4 (*mat.*) **Sistema di r.**, (*ellitt.*) *riferimento*, insieme degli elementi geometrici usati per individuare la posizione di enti geometrici, quali punti e linee, nel piano o nello spazio, o per descrivere matematicamente lo svolgimento di un fenomeno, quale il moto di un punto.

♦**riferìre** (1) o **†referìre** [lat. *refĕrre*, comp. di *re-* e *fĕrre* 'portare'; av. 1292] **A** v. tr. (*io riferìsco, tu riferìsci*) 1 Ridire, riportare fatti, notizie, discorsi e sim.: *r. gli ultimi avvenimenti, cose vedute*; *r. le parole altrui* (*lett.*) | **†R. grazie**, rendere grazie. SIN. Dire, raccontare. 2 Mettere in relazione, ricollegare qlco. a un inizio, un'origine, un principio: *r. un fatto a due diversi motivi*; *r. gli effetti alle cause.* **B** v. intr. pron. (+ *a*) 1 Richiamarsi: *mi risco alla questione a voi nota* | Accennare, alludere: *non capisco a che cosa vogliate riferirvi.* 2 Riguardare, concernere: *ciò che hai saputo può riferirsi senz'altro a lui.* **C** v. intr. (aus. *avere*) (assol.; + *a*; + *su*) ● Presentare una relazione specifica di propria competenza: *studieremo la questione e poi riferiremo*; *r. per iscritto all'autorità competente*; *r. sui fatti accaduti.*

riferìre (2) o **†rifedìre** [vc. dotta, lat. *refĕrre*, comp. di *re-* e *ferìre*; 1336 ca.] v. tr. (*io riferìsco, tu riferìsci*) ● Ferire di nuovo.

riferìto part. pass. di *riferire* (1); anche agg. 1 Nei sign. del v. 2 **Giuramento r.**, giuramento decisorio rimesso dalla parte cui era stato deferito all'altra. 3 (*fis.*) **R. a**, detto di grandezza fisica che si divide per un'altra per ottenere una grandezza derivata: *una lunghezza riferita a un intervallo di tempo è una velocità.*

†riferitóre [sec. XIV] s. m.; anche agg. (f. *-trice*) ● Chi (o Che) riferisce, racconta.

†riférma [da *rifermare*; av. 1667] s. f. ● Conferma.

rifermàre [comp. di *ri-* e *fermare*; 1312] **A** v. tr. (*io rifèrmo*) 1 Fermare di nuovo: *r. la finestra.* 2 †Confermare | (*raro*) †Raffermare un patto. 3 †Fortificare. **B** v. intr. pron. 1 Fermarsi di nuovo. 2 †Confermarsi di nuovo al servizio di qlcu.

rifermentàre [comp. di *ri-* e *fermentare*; sec. XVIII] v. intr. (*io rifermènto*; aus. *essere*) ● Fermentare di nuovo.

rifermentazióne [da *rifermentare*; 1959] s. f. ● Pratica enologica che permette, con la ripresa della fermentazione, di modificare le caratteristiche dei vini e di risanare quelli alterati | Alterazione delle caratteristiche di un vino spec. dolce per una ripresa della fermentazione.

riferràre [comp. di *ri-* e *ferrare*] v. tr. (*io rifèrro*) ● Ferrare di nuovo.

†rifèrto ● V. *referto*.

rifervère [vc. dotta, lat. *refervēre*, comp. di *re-* e *fervēre* 'fervere'] v. intr. (coniug. come *fervere*), difett. del **part. pass.** e dei tempi composti (*lett.*) ● Fervere di nuovo o di più: *come robusto il cuore rimandava il sangue a rigenerarsi a r.* (BACCHELLI).

rifèsso part. pass. di *rifendere* ● (*raro*, *lett.*) Nei sign. del v.

rifesteggiàre [comp. di *ri-* e *festeggiare*; 1908] v. tr. (*io rifestéggio*) ● Festeggiare di nuovo.

†rifezióne ● V. *refezione*.

riff /rif, *ingl.* rɪf/ [ingl.: abbr. e deform. di *refrain* (?); 1959] s. m. inv. ● (*mus.*) Nel jazz, frase ripetuta ostinatamente da sezione ritmica e fiati, contrapposta all'improvvisazione solistica.

rìffa (1) [sp. *rifa*, da *rifar* 'sorteggiare', di orig. espressiva; 1804] s. f. ● Lotteria privata, avente per premio un oggetto di valore.

rìffa (2) [etim. incerta; 1863] s. f. ● (*tosc.*) Violenza, prepotenza: **Di r.**, di prepotenza: *ha voluto entrarci di r.* | **Di r. o di raffa**, ad ogni costo, in ogni modo: *di r. o di raffa si è intascato lui ogni cosa.* || **riffàccia**, pegg.

riffóso [da *riffa* (2); 1872] agg. ● (*tosc.*) Rissoso, prepotente. || **riffosàccio**, pegg.

rifiammeggiàre [comp. di *ri-* e *fiammeggiare*; 1921] v. intr. (*io rifiamméggio*; aus. *avere* o *essere*) ● (*lett.*) Fiammeggiare di nuovo o di più (anche fig.).

rifiancàre [comp. di *ri-* e *fiancare*; av. 1574] v. tr. (*io rifiànco, tu rifiànchi*) ● (*raro*) Rinfiancare.

rifiatàre [comp. di *ri-* e *fiatare*; sec. XIV] v. intr. (aus. *avere*) 1 Riprendere fiato, respirare | (*fig.*) Provare sollievo, avere un po' di riposo, di ristoro | **Lavorare senza r.**, (*fig.*) lavorare senza posa. 2 Pronunciare una parola: *ho ascoltato senza r.*

rifiatàta [1872] s. f. ● (*raro*) Il rifiatare una volta.

ricàre [comp. di *ri-* e *ficcare*; 1319] **A** v. tr. (*io rifìcco, tu rifìcchi*) 1 Ficcare di nuovo: *r. le mani in tasca* (*fig.*, *lett.*) | **R. la mente**, fissarla, rivolgerla a qlco. 2 (*pop.*, *tosc.*) Insinuare, riferire come delatore. **B** v. rifl. ● Ficcarsi di nuovo: *si è rificcato addosso quel brutto vestito.*

rificolóna [metatesi di *fierucolona*, dim. di *fiera* (1); 1816] s. f. ● (*tosc.*) Pallonicino di carta colorata con un lume all'interno, che in alcune feste popolari si usa portare in giro in cima a una canna.

†rifidàre [comp. di *ri-* e *fidare*; 1336 ca.] **A** v. tr. ● Affidare di nuovo. **B** v. intr. pron. ● Fidarsi di nuovo.

rifìggere [comp. di *ri-* e *figgere*; 1321] v. tr. (coniug. come *figgere*) ● (*raro*, *lett.*) Conficcare di nuovo, più a fondo o più tenacemente: *Poi la spada gli fisse e gli rifisse / ne la visiera* (TASSO).

rifigliàre [comp. di *ri-* e *figliare*; 1319] **A** v. tr. (*io rifìglio*) ● (*raro*) Figliare di nuovo. **B** v. intr. (aus. *avere*) ● (*raro*) Avere nuovi figli | (*raro*) Rigermogliare, ripullulare (*anche fig.*).

rifiguràre [comp. di *ri-* e *figurare*] v. tr. (*raro*, *lett.*) Ricomporre.

rifilàre [comp. di *ri-* e *filare* (1); 1858] **v. tr. 1** (*raro*) Filare di nuovo: *r. la tela.* **2** Tagliare a filo: *r. un orlo.* **3** (*raro*) Dare, dire tutto di seguito: *r. una scarica di pugni.* **4** (*fam.*) Dare per buono ciò che non lo è: *r. un quadro falso* | Affibbiare, appioppare: *gli rifilò un ceffone, una sberla*; *r. una incombenza sgradita.*

rifilàto part. pass. di *rifilare*; anche agg. ● Nei sign. del v.

rifilatóre [1940] agg.; anche s. m. (f. *-trice*) ● (*raro*) Che (o Chi) rifila.

rifilatrice [1940] s. f. ● Macchina utensile per rifilare.

rifilatùra [1897] s. f. ● Operazione del rifilare, del pareggiare i margini di qlco.

rifiltràre [comp. di *ri-* e *filtrare*; 1950] v. tr. ● Filtrare di nuovo.

rifinanziaménto [1983] s. m. ● Il rifinanziare | Ulteriore finanziamento.

rifinanziàre [comp. di *ri-* e *finanziare*; 1983] v. tr. (*io rifinànzio*) ● Finanziare di nuovo un'impresa o un investimento per i quali sono stati esauriti i fondi precedentemente stanziati: *r. la Cassa per il Mezzogiorno.*

†rifinàre [comp. parasintetico di *fine* (1), col pref. *ri-*; av. 1306] v. tr. e intr. (aus. *avere*) ● Cessare.

rifinìre [comp. di *ri-* e *finire* (1); av. 1742] **A** v. tr. (*io rifinìsco, tu rifinìsci*) **1** (*raro*) Finire di nuovo: *abbiamo rifinito i soldi.* **2** Portare il tutto a compimento, perfezionando: *r. un'opera d'arte*; *r. un mobile, un vestito.* **3** (*tosc.*) Consumare del tutto: *r. i propri beni.* **4** Ridurre in cattive condizioni economiche o di salute: *la malattia lo ha rifinito.* **B** v. intr. (aus. *avere*) **1** Convincere, soddisfare compiutamente: *la tua tesi non rifinisce.* **C** v. intr. pron. ● Esaurirsi, ridursi in cattive condizioni fisiche | Consumarsi, detto di oggetti, vestiti, ecc.

rifinitézza [1863] s. f. **1** Qualità di ciò che è rifinito, compiuto: *la r. di un lavoro, di un'opera d'arte.* SIN. Compiutezza, perfezione. **2** (*tosc.*) Spossatezza, languore allo stomaco | (*fig.*, *lett.*) Crisi.

rifinìto [av. 1665] part. pass. di *rifinire*; anche agg. **1** Perfezionato, completato | Eseguito con cura: *un lavoro ben r.* **2** (*fig.*) Sfinito, stanchissimo | Ridotto in miseria: *il meschino è r.* (GOLDONI).

rifinitóre [1863] s. m. (f. *-trice*) **1** Operaio o artigiano addetto a lavori di rifinitura. **2** Chi è atto a rifinire un'opera, un testo e sim. **3** (*sport*) Spec. nel calcio, giocatore abile nel giocare la palla e nel mettere i compagni nella condizione migliore per andare a rete.

rifinitùra [av. 1767] s. f. **1** Il rifinire: *la r. di un mobile, di un ricamo.* **2** Elemento che rifinisce un'opera: *una borsa di canapa grezza con le rifiniture di cuoio* (MORAVIA). SIN. Guarnizione. **3** (*tess.*) Rifinizione.

rifinizióne [1940] s. f. **1** (*raro*) Rifinitura. **2** (*raro*, *tosc.*) Consunzione: *andare in r.* | Rovina: *mandare in r.* **3** (*tess.*) Insieme delle operazioni effettuate sui tessuti dopo la tessitura per migliorarne l'aspetto o modificarne la struttura rendendoli idonei agli scopi a cui sono destinati: *r. laniera, cotoniera.* SIN. Rifinitura.

rifiorènte part. pres. di *rifiorire*; anche agg. ● Che fiorisce di nuovo (*anche fig.*).

rifioriménto [av. 1712] s. m. ● Rifioritura (*spec. fig.*): *il r. degli studi, della civiltà.*

rifiorìre [lat. tardo *reflorēre*, comp. di *re-* e *florēre* 'fiorire'; sec. XIV] **A** v. intr. (*io rifiorìsco, tu rifiorìsci*; aus. *essere*) **1** Tornare a fiorire: *a maggio rifioriscono le rose* (*fig.*) | Riprendere vigore, energia, attività: *rifioriscono gli studi*; *dappertutto sono rifiorite rivolte*; *la tua salute rifiorisce.* **2** Ricoprirsi di macchie, muffa, ruggine, pustole, e sim.: *le pagine di quell'antico codice sono rifiorite.* **3** †Risperperare. **B** v. tr. ● (*lett.*) Fare fiorire: *la primavera rifiorisce i prati* (*lett.*) | Abbellire, ravvivare: *r. la bellezza di qlcu.* | **R. una strada**, spargervi sopra ghiaia.

rifiorìta [comp. di *ri-* e *fiorita*; av. 1579] s. f. ● Nuova fioritura.

rifiorìto part. pass. di *rifiorire*; anche agg. ● Nei sign. del v.: *una lingua... rifiorita in una nuova società* (PAVESE).

rifioritùra [av. 1738] s. f. **1** Nuova fioritura di una pianta. **2** (*fig.*) Nuovo sviluppo di qlco.: *una straordinaria r. della pittura.* **3** (*est.*, *raro*) Abbellimento, frangia: *raccontare con mille rifioriture.* **4** Ricomparsa su una superficie di macchie di vario tipo: *sul muro c'è una r. di muffa*; *libro antico con rifioriture.*

rifischiàre [comp. di *ri-* e *fischiare*; 1827] **A** v. tr. (*io rifìschio*) **1** Fischiare di nuovo: *r. un motivo musicale.* **2** (*fam.*) Riferire, ridire per fare la spia. **B** v. intr. (aus. *avere*) ● Fischiare di nuovo, o a propria volta per rispondere.

rifìtto part. pass. di *rifiggere*; anche agg. ● (*raro*) Nei sign. del v.

rifiutàbile [lat. tardo *refutābile*(*m*), da *refutāre* 'rifiutare (1)'; av. 1566] agg. ● Che si può o si deve rifiutare: *consiglio, dono non r.*

†rifiutagióne ● V. †*rifiutazione*.

†rifiutaménto [sec. XIII] s. m. **1** Rifiuto. **2** Ripudio.

rifiutànza [av. 1306] s. f. **1** Rifiuto | Rinuncia. **2** Quietanza.

♦**rifiutàre** (1) o **†refutàre**, **†rifusàre**, **†rifutàre** [lat. *refutāre*, comp. di *re-* e **futāre* 'battere', di etim. incerta. Cfr. *confutare*; sec. XIII] **A** v. tr. **1** Non accettare o non voler ricevere: *r. i consigli, le proposte*; *r. la merce, le lettere, l'onorificenza*; *r. una candidatura*; *r. il vestito mal fatto*; *il parlar dolce di colei rifiuta* (BOIARDO) | Rinunciare a qlco.: *Libertà vo cercando ch'è sì cara, | come sa chi per lei vita rifiuta* (DANTE *Purg.* I, 72). SIN. Respingere, ricusare. CONTR. Accettare. **2** Non voler fare: *r. di fare parte di un partito*; *la battaglia* | **R. l'ostacolo**, arrestarglisi davanti, non volerlo superare, detto del cavallo non concorsi ippici | Negare di concedere: *r. il consenso*; *r. l'obbedienza.* **3** †Non riconoscere, negare: *r. il padre, il fratello* (*lett.*) Rinnegare: *r. i propri scritti giovanili* | †Ripudiare. **B** v. intr. pron. ● Non voler acconsentire, spec. con decisione, a fare, concedere qlco.: *si rifiutò di intervenire*; *mi rifiuto di accordarmi con voi* | ***Non mi rifiuto di***, accetto di. **C** v. intr. impers. ● (*mar.*) Detto del vento, cambiare direzione in modo sfavorevole rispetto a chi naviga di bolina | Prendere il vento dalla parte normalmente sottovento, sgonfiandosi, detto di vela.

rifiutàre (2) [comp. di *ri-* e *fiutare*; 1872] v. tr. ● (*raro*) Fiutare di nuovo.

rifiutàto [sec. XIII] part. pass. di *rifiutare* (*1*); anche agg. ● Nei sign. del v.

rifiutatóre [lat. tardo *refutatōre(m)*, da *refutātus* 'rifiutato'; 1336 ca.] **A** agg.; anche s. m. (f. *-trice*) ● (*raro*) Che (o Chi) rifiuta. **B** s. m. ● †Confutatore.

†rifiutazióne o **†rifiutagióne** [lat. *refutatiōne(m)*, da *refutātus* 'rifiutato'; 1615] s. f. *1* Rifiuto, ripudio. *2* Quietanza.

♦**rifiùto** [da *rifiutare* (*1*); 1313] s. m. *1* Il rifiutare | Negazione opposta da chi respinge o non accetta qlco.: *il r. di un incarico*; *il tuo improvviso r. ci ha sorpresi* | (*lett.*) ***Il gran r.*** (DANTE *Inf.* III, 60), l'abdicazione di papa Celestino V nel 1294. SIN. Rinuncia. *2* Diniego: *rispondere con un r.*; *opporre un reciso r.* | In alcuni giochi di carte, il non rispondere all'invito del compagno. *3* Nei concorsi ippici, l'atto di un cavallo che si arresta improvvisamente davanti ad un ostacolo: *primo, secondo, terzo r.* *4* Avanzo, scarto: *mettere, buttar tra i rifiuti*; *sbarazzarsi dei rifiuti* | (*fig.*) ***I rifiuti della società***, le persone considerate spregevoli, le persone socialmente emarginate | ***Merce di r.***, di scarto | ***Acque di r.***, V. *acqua*. *5* (*al pl.*) Immondizia: *raccolta dei rifiuti*. *6* (*lett.*) Ripulsa | †Ripudio, divorzio.

riflazióne e *deriv.* ● V. *reflazione e deriv.*

riflessànte [da *rifless(o)* (*1*) col suff. di part. pres. e agg. *-ante*] s. m. ● Preparato che dà riflessi colorati ai capelli.

riflessìbile [da *riflesso*; 1872] agg. ● (*raro*) Che può riflettersi.

riflessibilità [1872] s. f. ● (*raro*) Caratteristica, proprietà di ciò che è riflessibile.

♦**riflessióne** o **†reflessióne** [vc. dotta, lat. tardo *reflexiōne(m)*, da *reflĕxus* 'riflesso'; sec. XIV] s. f. *1* Riverbero, riflesso | (*fis.*) In propagazioni ondulatorie e materiali, fenomeno per cui un raggio, incidendo su una superficie riflettente, viene rinviato secondo un raggio riflesso, che forma con la normale alla superficie un angolo di riflessione uguale all'angolo d'incidenza e giacente sullo stesso piano: *r. del suono, della luce, di onde elettromagnetiche, di elettroni* | ***Angolo di r.***, angolo formato dal raggio riflesso con la normale alla superficie riflettente nel punto d'incidenza | ***R. totale***, quando il raggio luminoso, provenendo dal mezzo più rifrangente, giunge alla superficie di separazione dei due mezzi con un angolo d'incidenza che supera l'angolo limite. *2* (*filos.*) Atto conoscitivo mediante il quale l'intelletto prende coscienza delle sue operazioni e dei loro caratteri. *3* (*fig.*) Considerazione attenta e approfondita: *per questa decisione è necessaria una lunga r.*; *occorre una pausa di r.* | Ragionamento, pensiero, osservazione: *sono riflessioni giuste, importanti*; *far conoscere le proprie riflessioni*. || **riflessioncèlla**, dim.

riflessività [1959] s. f. ● (*raro*) Caratteristica di riflessivo | Inclinazione, abitudine alla riflessione.

riflessìvo [da *riflesso*; av. 1719] agg. *1* (*raro*) Atto a riflettere: *raggio r.* *2* Che è incline alla riflessione, alla ponderatezza: *mente riflessiva*; *persona riflessiva*; *la mia indole tranquilla e riflessiva* | Di riflessione, relativo alla riflessione: *capacità riflessiva*. *3* Detto di forma verbale, quando l'azione compiuta dal soggetto si riflette sul soggetto stesso (ad es. *vestirsi*) | ***Verbo r. reciproco***, quando l'azione si riflette reciprocamente sui soggetti (ad es. nella frase *i due ragazzi si picchiano*) | ***Pronome r.***, i pronomi personali *sé*, tonico, e *si*, atono, e gli altri pronomi personali (*mi, ti, ci, vi*) che riflettono sul soggetto l'azione verbale (*si spoglia*; *ti trucchi*; *vi abituate*, ecc.). *4* (*mat.*) ***Proprietà riflessiva***, quella della relazione nella quale ogni elemento è associato a sé stesso. *5* (*borsa*) Prudente, con pochi scambi: *mercato r.* | (*est., eufem.*) Che è in flessione, in perdita: *le vendite hanno un andamento r.* || **riflessivaménte**, avv. In modo riflessivo, consideratamente.

♦**riflèsso (1)** o **†reflèsso** [vc. dotta, lat. tardo *reflĕxu(m)*, da *reflĕctere* 'riflettere'; av. 1519] s. m. *1* Luce o gener. radiazione che ha subito una riflessione | Riverbero: *ripararsi dal r. del sole*; *non aveva paura*; *né … delle ombre … né del subito guizzare di qualche r. rossastro qua e là in una pozzanghera* (PIRANDELLO). *2* (*fig.*) Conseguenza, ripercussione, effetto: *i riflessi di un avvenimento internazionale sulla politica interna* | ***Per r., di r.***, indirettamente, di conseguenza. *3* (*fisiol.*) Risposta motoria, involontaria, ad uno stimolo che parte da un organo periferico di senso | ***R. condizionato***, risposta nuova o modificata, provocata da un dato stimolo dopo il condizionamento.

riflèsso (2) [1336 ca.] part. pass. di *riflettere*; anche agg. *1* Che ha subito riflessione: *raggio r.* | Rinviato da una superficie riflettente: *il mio viso r. nell'acqua* (MORAVIA) | ***Brillare di luce riflessa***, (*fig.*) essere famoso non per meriti propri ma per quelli di un'altra persona con cui si è in relazione | ***Azione riflessa***, movimento che risponde a uno stimolo fisiologico. *2* (*fig., lett.*) Che deriva da atteggiamenti altrui: *provava una pena riflessa* (D'ANNUNZIO) | (*raro*) Meditato, ponderato. || **riflessaménte**, avv. (*raro*) Per riflesso.

riflessògeno o **reflessògeno** [vc. dotta, comp. del lat. tardo *reflĕxu(m)* (V. *riflesso*) e *-geno*; 1959] agg. ● (*fisiol.*) Che evoca o esalta un riflesso nervoso mediante stimolazione.

riflessologìa o **reflessologìa** [vc. dotta, comp. del lat. tardo *reflĕxu(m)* (V. *riflesso*) e *-logia*; 1921] s. f. *1* (*fisiol.*) Studio dei riflessi nervosi. *2* (*psicol.*) Dottrina che studia i rapporti tra riflessi nervosi e funzioni psichiche dell'uomo. *3* (*med.*) Riflessoterapia.

riflessoterapìa [comp. di *riflesso* (*1*) e *terapia*; 1941] s. f. ● (*med.*) Forma di terapia attuata mediante stimolazione di particolari aree del corpo, spec. nel piede o nella mano, per migliorare lo stato di salute.

riflettènte [1872] part. pres. di *riflettere*; anche agg. *1* Che riflette | ***Potere r.***, rapporto tra l'intensità della luce riflessa da un corpo e l'intensità della luce incidente sul corpo. *2* ***Giudizio r.***, nella filosofia di Kant, quello in cui la conoscenza sensibile viene riferita solo al soggetto.

♦**riflèttere** o **†reflèttere** [vc. dotta, lat. *reflĕctere* 'volgere indietro', comp. di *re-* e *flĕctere* 'piegare'. V. *flettere*; 1319] **A** v. tr. (pres. *io riflètto*; pass. rem. *io riflettéi*, o raro *riflèssi* spec. nei sign. A, *tu riflettésti*; part. pass. *riflèsso* nei sign. A e C, *riflettùto* nel sign. B) *1* (*fis.*) Rinviare secondo le leggi della riflessione: *una lamina speculare riflette i raggi luminosi*. *2* Rimandare: *lo specchio riflette le immagini*. *3* (*fig.*) Rispecchiare, manifestare: *il tuo discorso riflette la scarsa considerazione che hai di noi*. **B** v. intr. (aus. *avere*) ● Pensare, considerare con attenzione: *r. sui fatti*; *Francesca aveva riflettuto a tutto quanto voleva dirgli* (SVEVO); *bisogna rifletterci*; *gli uomini prima sentono senz'avvertire, dappoi avvertiscono con animo perturbato e commosso, finalmente riflettono con mente pura* (VICO) | ***Agire senza r.***, con leggerezza, inconsideratamente. SIN. Pensare. **C** v. rifl. *1* Riverberarsi, essere riflesso. *2* (*fig.*) Ripercuotersi, influire: *la debolezza del governo si rifletteva su ogni settore della vita nazionale*.

riflettività [da *riflettere*] s. f. ● (*fis.*) Coefficiente pari al rapporto tra l'intensità dell'onda elettromagnetica riflessa da una superficie e l'intensità dell'onda incidente.

riflettometrìa [comp. di *riflett(ere)* e *-metria*] s. f. ● (*fis.*) Tecnica sperimentale, utilizzata nello studio delle proprietà ottiche dei materiali, consistente nella misurazione della riflettività di una superficie.

riflettomètrico agg. (pl. m. *-ci*) ● (*fis.*) Relativo alla riflettometria.

riflettòmetro [da *riflett(ere)* e *-metro*; 1987] s. m. ● (*fis.*) Strumento per riflettometria.

riflettóre [fr. *réflecteur*, dal lat. *reflĕctere* 'riflettere'; 1892] **A** s. m. *1* (*gener.*) Ogni dispositivo atto a riflettere energia radiante. *2* Dispositivo d'illuminazione, gener. a specchio concavo metallico, che riflette i raggi luminosi emessi da una sorgente proiettandoli a distanza | ***Sotto i riflettori***, (*fig.*) al centro dell'attenzione. *3* (*astron.*) Telescopio le cui parti ottiche sono costituite da specchi. *4* Nelle telecomunicazioni, elemento di un'antenna che ne potenzia la capacità. *5* (*fis. nucl.*) ***R. nucleare***, parte di un reattore che riflette i neutroni verso il nucleo. **B** anche agg. ● (*fis.*) Che riflette energia radiante: *telescopio r.*

riflettorizzàre [calco sul v. ingl. *to reflectorize*] v. tr. ● Rendere riflettente la superficie di un oggetto mediante l'applicazione di vernici fluorescenti o dispositivi catarifrangenti, spec. per migliorare la visibilità notturna della segnaletica stradale.

riflettorizzazióne [da *riflettorizzare*] s. f. ● Operazione del riflettorizzare.

riflettùto [1865] part. pass. di *riflettere*; anche agg. ● (*raro*) Meditato, ponderato. || **riflettutaménte**, avv. Consideratamente.

rifluìre o (*raro*) **refluìre** [vc. dotta, lat. *reflŭere*, comp. di *re-* e *flŭere* 'fluire'; 1549] v. intr. (*io rifluìsco, tu rifluìsci*; aus. *essere*, raro *avere*) *1* Tornare a scorrere, scorrere nuovamente (*anche fig.*): *il sangue rifluì nelle vene*; *il traffico comincia a r.*; *far r. la vita culturale*. *2* Scorrere indietro o nella direzione contraria al flusso normale: *l'acqua cominciò a r. dai territori allagati*. *3* Tornare ad affluire (*anche fig.*): *le merci rifluivano sul mercato*.

riflùsso [comp. di *ri-* e *flusso*; av. 1519] s. m. *1* Flusso o scorrimento in senso contrario (*anche fig.*): *r. della marea*; *il r. della folla*. *2* Flusso di sangue in una parte del corpo. *3* Periodo di sei ore durante il quale la marea si abbassa. SIN. Bassa marea. *4* (*fig.*) Tendenza a riscoprire valori che si ritenevano superati, privilegiando la vita privata rispetto all'impegno pubblico: *un periodo di r. culturale*.

rifocillaménto [sec. XIV] s. m. ● Il rifocillare, il rifocillarsi.

rifocillàre o **†refocillàre** [vc. dotta, lat. tardo *refocilāre*, comp. di *re-* e *focilāre*, 'richiamare in vita, rianimare', da *fovēre* 'riscaldare, ristorare', di orig. indeur.; sec. XIV] **A** v. tr. ● Ristorare con bevande, cibi o altro: *r. lo stomaco, un mendicante*. **B** v. rifl. ● Ristorarsi mangiando o bevendo qlco.: *nell'intervallo si rifocillò con un caffè*.

rifocillàto part. pass. di *rifocillare*; anche agg. ● Ristorato.

rifoderàre [comp. di *ri-* e *foderare*; 1872] v. tr. (*io rifòdero*) ● Foderare di nuovo.

rifoderatùra [da *rifoderare*; 1936] s. f. *1* Nuova foderatura. *2* (*pitt.*) Rintelatura.

rifolgorànte part. pres. di *rifolgorare*; anche agg. ● (*raro, lett.*) Sfolgorante.

rifolgoràre [comp. di *ri-* e *folgorare*, 1822] v. intr. (*io rifólgoro*; aus. *avere*) ● (*lett.*) Risplendere, rifulgere.

rìfolo ● V. *refolo*.

rifomentàre [comp. di *ri-* e *fomentare*; sec. XVII] v. tr. (*io rifoménto*) ● Fomentare di nuovo.

rifondàre [comp. di *ri-* e *fondare*; 1313] v. tr. (*io rifóndo*) ● Fondare di nuovo | (*raro, est.*) Riedificare: *r. una città*; *ho visto r. alcun pezzo di muro vecchio di Pavia* (LEONARDO).

rifondatóre [dal n. del Partito della *Rifondazione* (*Comunista*); 1991] s. m. (f. *-trice*); anche agg. ● Appartenente o relativo al Partito della Rifondazione Comunista.

rifondazióne [1872] s. f. ● (*raro*) Il rifondare | (*fig.*) Ricostituzione, riorganizzazione su nuove basi: *r. di un movimento politico* | *Partito della R. Comunista*, (*ellitt.*) *Rifondazione*, partito fondato nel 1991 dalla minoranza di sinistra al momento dello scioglimento del Partito Comunista Italiano.

rifóndere [lat. *refŭndere*, comp. di *re-* e *fŭndere* 'versare'. V. *fondere*; 1321] **A** v. tr. (coniug. come *fondere*) *1* Fondere di nuovo: *r. metalli* | (*fig., lett.*) Rimaneggiare, ricomporre cambiando o modificando: *ho da r. un discorso su la letteratura del '400* (CARDUCCI). *2* (*fig.*) Risarcire, rimborsare, restituire: *r. i danni*; *r. le spese*; *r. denaro*. *3* (*raro*) Versare di nuovo per compensare una diminuzione: *r. olio alla lampada*; *r. acqua nella caldaia*. *4* (*lett.*) Riflettere, della luce. **B** v. intr. pron. ● (*poet.*) †Riflettersi, detto della luce.

rifondìbile [1872] agg. ● Che si può rifondere.

rifondiménto [da *fondere*, col pref. *ri-*] s. m. ● (*veter.*) Podoflemmatite.

rifóndita [da *rifondere*; 1959] s. f. ● Rifusione.

riforàre [comp. di *ri-* e *forare*] v. tr. (*io rifóro* (o *-ò-*)) ● Forare di nuovo.

riforbìre [comp. di *ri-* e *forbire*; 1481] **A** v. tr. (*io riforbìsco, tu riforbìsci*) ● Forbire di nuovo o meglio. **B** v. rifl. ● (*raro*) Ripulirsi.

riforestazióne [comp. parasintetico di *foresta*, col pref. *ri-*; 1983] s. f. ● Rimboschimento.

♦**rifórma** [1525] s. f. *1* Modificazione volta a dare un ordine nuovo e migliore, a trasformare una situazione, una società e sim.: *r. dell'insegnamento universitario*; *r. burocratica, amministrativa*; *il teatro andava di male in peggio ed aveva bisogno di una r.* (GOLDONI) | Modifica di un ordinamento giuridico o di una parte di esso: *r. sanitaria*; *r. elettorale*. *2* (*est.*, *lett.*) Emendamento, correzione. *3* ***R. protestante***, (*per anton.*) ***la R.***, l'insieme dei movimenti religiosi originati nel XVI sec. dalla predicazione e dalla dottrina di Lutero, estesi dalla Germania ad altre regioni d'Europa; essi intendevano recuperare i valori originali del Vangelo e delle Scritture, accentuando i temi della grazia e della personale responsabilità, adottando nella liturgia le lingue nazionali e distaccandosi dalla Chiesa cattolica | ***R. cattolica***, la Controriforma. *4* (*dir.*) Parziale modifica di un provvedimento giurisdizionale o amministrativo impugnato. *5* Invio in congedo assoluto del militare inabile al servizio per infermità permanente.

riformàbile [vc. dotta, lat. tardo *reformābile(m)*, da *reformāre* 'riformare'; 1745] agg. ● Che si può o si deve riformare, modificare e sim.

†**riformagióne** ● V. *riformazione*.

†**riformaménto** [sec. XV] s. m. ● Riforma.

riformàre [vc. dotta, lat. *reformāre*, comp. di *re-* e *formāre*; sec. XIII] **A** v. tr. (*io rifórmo*) *1* Formare di nuovo: *hanno riformato una squadra di calcio* | Rimettere nell'ordine primitivo: *r. la schiera, la fila*. *2* Modificare, trasformare allo scopo di migliorare, rinnovare, riordinare qlco.: *r. lo Stato*; *r. una legge*; *r. la società*; *r. l'ordinamento scolastico*; *cacciati i principali … riformarono la città a governo dell'inimico del pontefice* (GUICCIARDINI) | Emendare, correggere: *r. una sentenza* | (*scherz.*) Cambiare, trasformare: *r. i connotati a qlcu.* *3* Apportare modificazioni al corpo dottrinale o istituzionale di una religione, di una Chiesa, di un ordine o di una congregazione religiosa con particolare riferimento alla riforma protestante. *4* Porre in congedo assoluto il militare inabile permanentemente al servizio per infermità. **B** v. intr. pron. *1* Formarsi di nuovo: *si è riformato il ghiaccio*. *2* (*raro*, *lett.*) Tornare nella forma primitiva. *3* (*lett.*) Emendarsi, correggersi.

riformativo [av. 1667] agg. ● (*raro*) Che serve, tende a riformare: *legge riformativa*.

riformàto [av. 1543] **A** part. pass. di *riformare*; anche agg. *1* Nei sign. del v. *2* ***Chiesa riformata***, ciascuna delle Chiese nazionali o locali derivate dalla riforma protestante. **B** s. m. *1* (f. *-a*) Seguace della riforma protestante o di Chiesa da essa derivata. *2* Chi è inabile al servizio militare.

riformatóre [vc. dotta, lat. *reformatōre(m)*, da *reformātus* 'riformato'; 1336 ca.] agg.; anche s. m. (f. *-trice*) ● Che (o Chi) riforma o si propone di riformare: *la vocazione del r. letterario* (CALVINO); *politica riformatrice*.

riformatòrio [da *riformato*; 1895] s. m. ● Istituto di detenzione e rieducazione per minorenni.

riformazióne o †**riformagióne** spec. nel sign. 2 [vc. dotta, lat. *reformatiōne(m)*, da *reformātus* 'riformato'; av. 1348] s. f. *1* Nuova formazione. *2* †Riforma.

riformismo [da *riforma*; 1936] s. m. ● Tendenza a modificare con riforme graduali l'assetto sociale e la struttura dello Stato.

riformista [fr. *réformiste*, da *réforme* 'riforma'; 1798] **A** s. m. e f. (pl. m. *-i*) ● Seguace, esponente del riformismo. **B** agg. ● Riformistico.

riformistico [1910] agg. (pl. m. *-ci*) ● Che riguarda il riformismo | Proprio dei riformisti. || **riformisticaménte**, avv.

rifornimento [1872] s. m. *1* Operazione del rifornire o del rifornirsi di qlco.: *fare r. di benzina* | ***R. in volo***, ***in navigazione***, operazione mediante la quale un aeromobile o una nave vengono forniti di carburante da un altro velivolo o nave. *2* Attività logistica diretta a ripristinare dotazioni o scorte di tutto quanto necessita l'esercito: *r. di viveri, di munizioni*. *3* Nel ciclismo e nella maratona, distribuzione di alimenti ai corridori nel corso di una gara su strada | ***R. volante***, quello per cui il corridore riceve cibi e bevande senza arrestarsi. *4* (*spec. al pl.*) Vettovaglie, provviste: *i rifornimenti stanno esaurendosi*.

rifornìre [comp. di *ri-* e *fornire*; 1336 ca.] **A** v. tr. (*io rifornìsco, tu rifornìsci*) *1* (*raro*) Fornire di nuovo. *2* Fornire, provvedere: *r. qlcu. di armi, di denaro* | Approvvigionare: *r. la casa del necessario*. **B** v. rifl. ● Provvedersi, fornirsi di qlco.: *mi sono appena rifornito di vino*.

rifornito part. pass. di *rifornire*; anche agg. ● Provvisto di qlco.

rifornitóre [1940] agg.; anche s. m. (f. *-trice*) ● Che (o Chi) rifornisce.

rifornitùra [1940] s. f. ● (*raro*) Rifornimento.

rifortificàre [comp. di *ri-* e *fortificare*] v. tr. (*io rifortìfico, tu rifortìfichi*) ● (*lett.*) Fortificare di nuovo e meglio: *disegnando … r. quella città, fecero Michelangelo … commissario generale* (VASARI).

†**rifòsso** o †**refòsso** [comp. di *ri-* e *fosso*; 1872] s. m. ● Fosso doppio secondario in una fortificazione.

rifrangènte [1970] part. pres. di *rifrangere*; anche agg. ● Di rifrazione: *potere r.* | Che produce rifrazione.

rifrangènza [da *rifrangente*; 1965] s. f. ● (*fis.*) Proprietà per cui certi mezzi danno luogo alla rifrazione. SIN. Rifrattività.

rifràngere o †**refràngere** [comp. di *ri-* e *frangere*; 1321] **A** v. tr. (part. pass. *rifrànto* nei sign. A 1 e B 1, *rifràtto* nei sign. A 2 e B 2, per le altre forme coniug. come *frangere*) *1* (*lett.*) Frangere, spezzare di nuovo o di più. *2* (*fis.*) Far subire una rifrazione. **B** v. intr. pron. *1* (*lett.*) Spezzarsi, rompersi | (*fig.*) Ripercuotersi. *2* (*fis.*) Subire una rifrazione.

rifrangìbile o †**refrangìbile** [1872] agg. ● (*raro*) Che può rifrangersi.

rifrangibilità [1803] s. f. ● (*raro*) Condizione di ciò che è rifrangibile.

rifrangiménto [sec. XVI] s. m. ● (*lett.*) Rifrazione.

rifrànto part. pass. di *rifrangere*; anche agg. ● (*lett.*) Infranto, spezzato.

rifrattività [da *rifrattivo*; 1987] s. f. ● (*fis.*) Rifrangenza.

rifrattivo [da *rifratt(o)*, part. pass. del v. *rifrangere*, con il suff. *-ivo*; av. 1686] agg. ● (*fis.*) Rifrangente.

rifràtto o (*raro*) **refràtto** [1319] part. pass. di *rifrangere*; anche agg. *1* (*fis.*) Che ha subìto rifrazione. *2* ***Dosi rifratte***, nel linguaggio medico e farmacologico, suddivisione di un dosaggio giornaliero in piccole quantità da somministrare frequentemente.

rifrattometria [comp. di *rifratto* e *-metria*; 1991] s. f. ● (*ottica*) Misura dell'indice di rifrazione e di altre proprietà correlate.

rifrattòmetro o **refrattòmetro** [comp. di *rifratto* e *-metro*; 1936] s. m. ● In ottica, strumento per misurare l'indice di rifrazione di sostanze trasparenti, solide o liquide | In optometria, strumento per la misura della vista, mediante il quale si può stabilire se un occhio è normale o difettoso e misurare l'eventuale difetto.

rifrattóre [da *rifratto*; 1872] **A** agg. (f. *-trice*) ● Che rifrange: *telescopio r.* **B** s. m. *1* Dispositivo che realizza nelle lampade una buona illuminazione, sfruttando essenzialmente la rifrazione. *2* Telescopio le cui parti ottiche sono costituite da lenti.

rifrazióne [da *rifratto*; sec. XIV] s. f. ● (*fis.*) In propagazioni ondulatorie, fenomeno per cui un raggio incidente, passando da un mezzo a un altro, varia, secondo certe leggi, la direzione di propagazione: *l'aurora … è una r. dei raggi solari* (GALILEI); *r. del suono, della luce, di onde elettromagnetiche, di onde sismiche* | ***Angolo di r.***, angolo formato dal raggio rifratto con la normale alla superficie di separazione dei due mezzi nel punto d'incidenza | ***Indice di r.***, rapporto fra il seno dell'angolo d'incidenza e il seno dell'angolo di rifrazione, relativo a due mezzi rifrangenti | ***R. doppia***, birifrangenza | ***R. astronomica***, ***atmosferica***, dovuta all'atmosfera della Terra, per cui l'altezza degli astri risulta maggiorata.

rifreddàre [comp. di *ri-* e *freddare*; av. 1290] **A** v. tr. (*io rifréddo*) ● Freddare nuovamente | Raffreddare. **B** v. intr. e intr. pron. (aus. *essere*) ● Raffreddarsi di nuovo | Raffreddarsi: *la minestra si è rifreddata*; *si serve col cappone in galantina o con qualunque altro r.* (ARTUSI).

rifréddo [comp. di *ri-* e *freddo*; av. 1543] **A** agg. ● Che è stato fatto raffreddare, detto spec. di cibo. **B** s. m. ● (*disus.*) Cibo cotto e conservato che si mangia freddo.

rifregàre [comp. di *ri-* e *fregare*; 1858] v. tr. (*io rifrégo, tu rifréghi*) ● Fregare di nuovo.

rifrequentàre [comp. di *ri-* e *frequentare*] v. tr. (*io rifrequènto*) ● Frequentare di nuovo.

†**rifrigeràre** e deriv. ● V. *refrigerare* e deriv.

rifrìggere [comp. di *ri-* e *friggere*; av. 1535] **A** v. tr. (coniug. come *friggere*) *1* Friggere di nuovo. *2* (*fig.*) Ridire o ripresentare le stesse cose tentando di farle apparire nuove o diverse: *r. luoghi comuni*; *Niente poesie da mandarti, niente idee da rifriggerti* (PAVESE). **B** v. intr. (aus. *avere*) ● Friggere a lungo.

rifriggiménto [av. 1712] s. m. ● (*raro*) Rifrittura (*spec. fig.*).

rifriggitóre [1872] s. m. (f. *-trice*) ● (*raro*) Chi rifrigge (*spec. fig.*).

rifrìtto [av. 1449] **A** part. pass. di *rifriggere*; anche agg. ● Fritto di nuovo | (*fig.*) Risaputo, vieto | (*fig.*) ***Fritto e r.***, trito e ritrito: *Sono cose risapute, fritte e rifritte* (MORAVIA). **B** s. m. ● Cattivo odore o sgradevole sapore di cibi rifritti o di tegami utilizzati per rifriggere o per friggere troppe volte: *sapere di r.* | (*fig.*) ***È un'idea che sa di r.***, è un'idea vecchia, troppo sfruttata.

rifrittume [1803] s. m. ● (*fig.*, *spreg.*) Insieme di cose rifritte: *questo libro è un r. di vecchie idee*.

rifrittùra [1764] s. f. ● Cibo rifritto | (*fig.*) Rifacimento, ripetizione di cose note, vecchie.

†**rifronzìre** o †**rifrondìre** [comp. di *ri-* e †*fronzire*; 1308] v. intr. ● Mettere di nuovo le fronde.

rifrugàre o †**rifrucàre** [comp. di *ri-* e *frugare*; av. 1712] v. tr. e intr. (*io rifrùgo, tu rifrùghi*; aus. *avere*) ● Frugare di nuovo, ripetutamente o più a fondo: *r. le tasche*; *non fa che r. nei suoi cassetti*.

rifrullàre [comp. di *ri-* e *frullare*] v. tr. e intr. (aus. *avere*) ● (*raro*) Frullare di nuovo.

rifrustàre [comp. di *ri-* e *frustare*; 1524] v. tr. *1* Frustare di nuovo o più volte | (*est.*) Percuotere di nuovo. *2* (*tosc.*, *fam.*) Rovistare (*anche assol.*): *r. tutto il solaio*; *r. tra i rifiuti* | Scartabellare, compulsare: *r. lessici, repertori* | (*fig.*, *lett.*) Riandare a cose vecchie, dimenticate: *r. il passato*.

†**rifrùsto** o †**refrùsto** [da *rifrustare*; av. 1506] s. m. ● Percossa, bastonatura.

†**rifuggiménto** s. m. ● Forte avversione.

rifuggìre [lat. *refŭgere*, comp. di *re-* e *fŭgere* 'fuggire'; 1312] **A** v. intr. e †intr. pron. (coniug. come *fuggire*; aus. *essere*) *1* (*raro*) Fuggire di nuovo: *il prigioniero è rifuggito* | (*lett.*) Fuggire, fuggirsene: *indietro rifuggironsi le Grazie* (PARINI). *2* (*fig.*) Aborrire, essere alieno: *rifuggo dal credere a queste atrocità*; *r. dalle bassezze*. *3* (*lett.*) Rifugiarsi durante una fuga (*anche fig.*): *r. in un paesello*. *4* †Indietreggiare, ritirarsi. **B** v. tr. *1* (*raro*) Scansare, evitare: *r. la fatica*; *r. le cattive compagnie*. *2* †Nascondere.

†**rifuggìta** [da *rifuggire*] s. f. ● Ritirata | Rifugio.

♦**rifugiàrsi** o †**refugiàrsi** [da *rifugio*; av. 1571] v. intr. pron. (*io mi rifùgio*) ● Cercare rifugio, riparo: *si rifugiarono in Francia per sfuggire alle persecuzioni politiche* | (*fig.*) Cercare conforto, aiuto morale: *ci rifugiamo spesso nella lettura*.

rifugiàto [1872] **A** part. pass. di *rifugiarsi*; anche agg. ● Nei sign. del v. **B** s. m. (f. *-a*) ● Individuo costretto, in seguito a vicende politiche, ad abbandonare lo Stato nel quale aveva stabile dimora per cercare rifugio in un altro Stato.

♦**rifùgio** o †**refùgio** [vc. dotta, lat. *refŭgiu(m)*, da *refŭgere* 'rifuggire'; 1319] **A** s. m. *1* Riparo, difesa, protezione materiale e morale: *trovare r. durante una tempesta*; *cercare r. dalle avversità*. *2* Luogo che offre riparo, protezione: *quella capanna è un ottimo r.* | (*sport*) In alpinismo, costruzione in muratura o in legno, che serve come base per escursioni e ascensioni, dotata di posti letto e spesso di servizio alberghiero | Locale protetto a prova di bombardamento di artiglieria o aereo, per riparo dalle offese del nemico: *r. antiatomico, antiaereo*. *3* (*est.*) Luogo di ritrovo abituale: *quel bar è un r. di sfaccendati*. *4* (*fig.*) Chi (o ciò) a cui si ricorre per aiuto, protezione e sim.: *quell'amico è il suo unico r.*; *cercare un r. nel lavoro* | ***R. dei peccatori***, titolo attribuito alla Madonna che intercede per i peccatori. **B** in funzione di agg. inv. (posposto al s.) ● (*econ.*) ***Beni r.***, quelli che conservano il loro potere d'acquisto nel tempo e che vengono acquistati per tutelarsi spec. in caso di inflazione (ad es. immobili, gioielli, opere d'arte, ecc.).

rifulgènte part. pres. di *rifulgere*; anche agg. ● (*lett.*) Che risplende (*spec. fig.*).

†**rifulgènza** [vc. dotta, lat. *refulgĕntia(m)*, da *refŭlgens*, genit. *refulgĕntis* 'rifulgente'; av. 1311] **s. f.** ● Splendore, fulgore (*anche fig.*).

rifùlgere o †**refùlgere** [vc. dotta, lat. *refulgēre*, comp. di *re-* e *fulgēre*; 1321] **v. intr.** (**part. pass.** *rifùlso*, raro; nelle altre forme coniug. come *fulgere*; aus. *essere* o *avere*) ● Risplendere, brillare (*spec. fig.*): *r. di bellezza.*

rifùlso **part. pass.** di *rifulgere* ● Nel sign. del v.

rifumàre [comp. di *ri-* e *fumare*; 1872] **v. tr.** e **intr.** (aus. *avere*) ● Fumare di nuovo: *r. la pipa*; *il Vesuvio cominciò a r.*

†**rifuṣàre** ● V. *rifiutare* (*1*).

rifuṣìbile [1872] **agg.** ● (*raro*) Che si può rifondere.

rifuṣióne [vc. dotta, lat. tardo *refusiōne(m)*, da *refūsus* 'rifuso'; 1802] **s. f.** *1* Nuova fusione: *la r. di un metallo* | (*fig., lett.*) Rifacimento, rielaborazione: *la r. di uno scritto.* *2* (*fig.*) Rimborso, risarcimento: *chiedere la r. dei danni.*

rifùṣo [av. 1566] **part. pass.** di *rifondere*; anche **agg.** *1* Nei sign. del v. *2* **A r.**, (*raro*) in abbondanza.

†**rifutàre** ● V. *rifiutare* (*1*).

♦**riga** [longob. *rīga*; 1313] **s. f.** *1* Linea diritta o segno lineare in rilievo, incavato, tracciato o comunque prodotto su di una superficie: *carta, tessuto a righe*; *sottolineare con una r.* | (*mus.*) Rigo. *2* Serie di parole disposte in una linea diritta orizzontale: *una pagina di trenta righe*; *la divisione delle parole in fine di r.* | ***Leggere tra le righe***, (*fig.*) desumere da uno scritto quello che, pur non essendo chiaramente espresso, sta dietro le parole | Contenuto di una o più righe scritte o stampate: *di quel romanzo ho letto poche righe* | (*iperb.*) ***Non ricevere una r.***, ***scrivere due righe***, non ricevere nessuna lettera, scrivere brevemente. *3* (*est.*) Serie di persone, animali o cose disposte una di fianco all'altra nella medesima linea: *una r. di soldati, di alberi, di carri*; *come i gru van cantando lor lai, / faccendo in aere di sé lunga r.* (DANTE *Inf.* V, 46-47) | ***Rompere le righe***, comando dato a militari in formazione allineata per metterli in libertà; (*fig.*) sciogliere una riunione, un raduno, un'assemblea e sim. | ***Di prima r.***, (*fig., disus.*) di prim'ordine | ***Mettersi in r. con qlcu.***, (*fig.*) cercare di essergli pari, emularlo | ***Sopra le righe***, (*fig.*) detto di tono, atteggiamento, comportamento e sim. enfatico, retorico, caricato, che eccede la norma | ***Mettere in r. qlcu.***, (*fig.*) ridurlo all'obbedienza | ***Rimettersi in r.***, (*fig.*) tornare all'obbedienza. *4* Scriminatura dei capelli: *farsi la r. a destra.* *5* Piccola asta di legno, metallo, materiale plastico e sim., atta a tracciare segmenti di retta | ***R. millimetrata***, riga su un bordo della quale sono segnate, in centimetri e in millimetri, le distanze da un estremo. *6* (*mat.*) Strumento ideale della geometria, mediante il quale si può solamente tracciare la retta congiungente due punti dati. *7* (*fis.*) ***R. spettrale***, radiazione monocromatica emessa o assorbita da un atomo o da una molecola. *8* (*elettron., tv*) Ciascuno degli elementi orizzontali dell'immagine da trasmettere, esplorati successivamente da un fascetto elettronico nel tubo da ripresa per trasformare l'immagine nel segnale video, o tracciati da un fascetto elettronico sullo schermo del cinescopio per trasformare il segnale video nell'immagine corrispondente. **SIN.** Linea. *9* Unità di misura | ***Riga tipografica***, (*ellitt.*) ***riga***, unità di misura tipografica, suddivisa in dodici punti (4,512 mm nel sistema Didot, 4,216 mm nel sistema Pica). ‖ **rigàccia**, **pegg.** | **righèlla**, **dim.** | **righèllo**, **dim. m.** (V.) | **righétta**, **dim.** | **righettina**, **dim.** | **righina**, **dim.** | **righino**, **dim. m.** | **rigóne**, **accr. m.**

rigabèllo [etim. incerta; 1872] **s. m.** ● (*mus.*) Regale.

rigàggio [da *rigare*; 1959] **s. m.** ● In tipografia, lineatura orizzontale di tabelle, prospetti e sim.

rigàglia o (*raro*) **regàglia** [lat. *regālia* 'cose degne di un re', nt. pl. sost. di *regālis* 'regale'; av. 1400] **s. f.** *1* (*spec. al pl.*) Interiora e cresta di pollo o altro volatile: *pasticcio, fettuccine con rigaglie.* *2* Cascame di seta, scarto del bozzolo. *3* †Rimasuglio, avanzo di nessun valore. ‖ **rigagliuòla**, **dim.**

†**rigàgno** [1313] **s. m.** ● Rigagnolo.

rigàgnolo [sovrapposizione di *rigare* 'irrigare' a un dim. di *rivo*; sec. XIII] **s. m.** ● Piccolo ruscello | Piccolo corso d'acqua che scorre nella parte più bassa delle strade dopo la pioggia. ‖ **rigagnolàccio**, **pegg.** | **rigagnolèllo**, **dim.** | **rigagnolétto**, **dim.** | **rigagnolino**, **dim.** | **rigagnolùccio**, **dim.**

rigalleggiàre [comp. di *ri-* e *galleggiare*; 1872] **v. intr.** (*io rigallèggio*; aus. *avere*, raro *essere*) ● Galleggiare di nuovo | Tornare a stare a galla: *la nave avariata non può ancora r.*

rigaloppàre [comp. di *ri-* e *galoppare*] **v. intr.** ● (*lett.*) Galoppare di nuovo.

rigàme [da *riga*; 1881] **s. m.** ● Scanalatura degli stipiti, entro la quale scorre la saracinesca.

rigamo ● V. *regamo.*

†**rigangheràre** [comp. parasintetico di *ganghero*, col pref. *ri-*] **v. tr.** ● (*lett.*) Riaccomodare (*spec. fig.*): *r. e raccozzare ... parole ... in prosa* (GALILEI).

rigàre (*1*) [da *riga*; 1313] **A v. tr.** (*io rigo, tu righi*) *1* Tracciare una o più righe, segnare rigando: *r. un foglio con la matita* | (*fig.*) Solcare: *mi abbracciava, o mi rigava il volto / d'amaro pianto* (ALFIERI) | (*est.*) Rovinare, guastare con incisioni, sfregi e sim. qlco. *2* Effettuare la rigatura nella canna di un'arma da fuoco. **B v. intr.** (aus. *avere*) ● Solo nella loc. ***r. diritto***, (*fig.*) procedere, comportarsi rettamente, facendo il proprio dovere.

†**rigàre** (*2*) [vc. dotta, lat. *rigāre*, di etim. incerta] **v. tr.** ● Irrigare, solcare bagnando: *abbondanti fontane rigavano le fresche erbette* (BOCCACCIO).

rigàta [1708] **s. f.** *1* Colpo di riga. *2* (*mus.*) Riga, rigo. *3* In geometria, superficie rigata.

rigatino [da *rigato* (*1*); 1841] **s. m.** *1* Tessuto di cotone a righe minute, solitamente bianche e turchine, per grembiuli. **SIN.** Bordatino. *2* (*tosc.*) Pancetta di maiale. *3* (*spec. al pl.*) Tipo di pasta piccola a forma di tubi rigati.

rigàto (*1*) [av. 1292] **part. pass.** di *rigare* (*1*); anche **agg.** *1* Nei sign. del v.: *carta rigata*; *tessuto r.* *2* Solcato da rivoli: *fronte rigata di sudore.* *3* ***Superficie rigata***, in geometria proiettiva, detto di superficie generata dal movimento di una retta generatrice.

†**rigàto** (*2*) **part. pass.** di †*rigare* (*2*); anche **agg.** ● Nel sign. del v.

rigatóne [da *rigato* (*1*), per la forma; 1935] **s. m.** ● (*spec. al pl.*) Tipo di pasta a cannelli scanalati, che si mangia asciutta.

rigatóre [da *rigato*; 1837] **s. m.** *1* (**f.** *-trice*) Chi riga. *2* Attrezzo per rigare. *3* (*agr.*) Attrezzo manuale per tracciare piccoli solchi sul terreno. **SIN.** Segnafile.

rigatrice [1959] **s. f.** ● (*cart.*) Macchina usata per rigare la carta, costituita da più rulli a distanza regolabile sotto i quali scorrono i fogli.

rigatterìa [1881] **s. f.** *1* (*raro*) Bottega del rigattiere. *2* Ciò che viene venduto dal rigattiere | (*est.*) Quantità, insieme di cose vecchie | Ciarpame.

rigattière [fr. *regrattier*. Cfr. it. *grattare*; 1353] **s. m.** (**f.** *-a*, raro) *1* Chi acquista e rivende roba vecchia, usata o fuori uso, spec. vestiti, masserizie e sim. *2* (*st.*) A Firenze, nel Medioevo, chi commerciava in tessuti nuovi di lino.

rigatùra [1872] **s. f.** *1* Operazione del rigare: *procedere alla r.* | Insieme di righe: *ottenere una perfetta r.*; *la r. di una pagina.* *2* Insieme delle righe ricavate nella faccia interna della canna di un'arma da fuoco o della bocca da fuoco di un'artiglieria allo scopo di imprimere un moto rotatorio ai proiettili | ***R. destrorsa***, ***sinistrorsa***, a seconda che le righe si sviluppino in senso orario o antiorario.

rigaudon /fr. rigo'dõ/ [vc. fr., da H. *Rigaud* (1659-1743), n. dell'inventore di questa danza; 1931] **s. m. inv.** ● Antica danza d'origine provenzale, di ritmo vivace, diffusa spec. in Francia e in Inghilterra nel Settecento.

rigelàre [comp. di *ri-* e *gelare*; 1872] **A v. tr.** (*io rigèlo*) ● Far gelare di nuovo. **B v. intr.** (aus. *essere*) ● Gelare di nuovo: *lo stagno rigela.* **C v. intr. impers.** (aus. *essere* o *avere*) ● Gelare di nuovo: *stanotte potrebbe r.*

rigèlo [da *rigelare*; 1879] **s. m.** ● Fenomeno per cui il ghiaccio, fondendo se sottoposto a elevata pressione, ritorna allo stato solido quando venga a cessare tale pressione; è alla base del fenomeno dello scorrimento dei ghiacciai.

rigeneràbile [1970] **agg.** ● Che si può rigenerare.

rigeneraménto [1959] **s. m.** ● (*raro*) Rigenerazione.

rigenerànte **part. pres.** di *rigenerare*; anche **agg.** ● Che rigenera, che rinnova (*anche fig.*): *aria r.* | Che rinforza: *tonico r.*

rigeneràre o †**regeneràre** [vc. dotta, lat. *regenerāre*, comp. di *re-* e *generāre*; av. 1306] **A v. tr.** (*io rigènero*) *1* Generare di nuovo | (*fig.*) Far risorgere l'antica grandezza, gloria, dignità: *r. una società* | (*est.*) Rendere di nuovo efficiente: *r. le forze.* *2* (*biol.*) Riformare, da parte di un organismo, le parti o gli organi accidentalmente lesi o perduti. *3* Ripristinare in una sostanza peculiari caratteristiche perdute o attenuate con l'uso o l'invecchiamento: *r. un carbone attivo, un catalizzatore, una resina scambiatrice.* **B v. intr.** e **intr. pron.** (aus. *essere*) *1* (*biol.*) Riprodursi, ricostituirsi, riferito a tessuti animali e vegetali. *2* (*fig.*) Nascere a nuova vita: *rigenerarsi nel battesimo.*

rigenerativo [1745] **agg.** ● Che riguarda la rigenerazione: *processo r.*

rigeneràto [av. 1342] **A part. pass.** di *rigenerare*; anche **agg.** *1* Nei sign. del v. | (*fig.*) Rinnovato: *un popolo libero e r.* (FOSCOLO). *2* ***Gomma rigenerata***, rifusa | ***Lana rigenerata***, tratta da vecchi tessuti. **B s. m.** ● Prodotto che si ottiene con la rigenerazione.

rigeneratóre [1686] **A agg.** (**f.** *-trice*) ● Che rigenera (*anche fig.*): *lozione rigeneratrice*; *ideale r.* **B s. m.** ● Chi rigenera (*anche fig.*): *un r. dei tessuti*; *un grande r. della società* | ***R. termico***, scambiatore di calore utilizzato per la pratica della rigenerazione.

rigenerazióne [vc. dotta, lat. tardo *regeneratiōne(m)*, da *regenerātus* 'rigenerato'; sec. XIV] **s. f.** *1* Ricostituzione di organismi animali o vegetali | (*fig.*) Rinascita, rinnovamento: *la r. ... e il rinvigorimento spirituale della umana società* (CROCE). *2* Ripristino, ricostituzione delle proprietà perdute o attenuate di un materiale o di una sostanza: *la r. degli oli*; *r. di un tessuto.* *3* Nella teologia cristiana, conseguenza del battesimo, secondo i cattolici, o dell'accettazione del Vangelo, secondo i riformati, comportante la trasformazione spirituale dell'uomo e la sua salvezza. *4* (*nucl.*) Ritrattamento. *5* (*tecnol.*) In una macchina termica, trasferimento al fluido attivo di una certa quantità di calore, prelevata dallo stesso fluido durante una diversa fase del ciclo termico.

rigènte [vc. dotta, lat. *rigĕnte(m)*, part. pres. di *rigēre* 'esser rigido, irrigidito', di etim. incerta; 1905] **agg.** ● (*poet.*) Gelido, irrigidito dal freddo.

rigerminàre [vc. dotta, lat. *regermināre*, comp. di *re-* e *germināre*; sec. XVI] **v. tr.** e **intr.** (*io rigèrmino*; aus. intr. *essere* o raro *avere*) ● Germinare di nuovo (*anche fig.*).

rigermogliàre [comp. di *ri-* e *germogliare*; av. 1577] **v. intr.** (*io rigermóglio*; aus. *essere*, raro *avere*) ● Germogliare di nuovo | (*fig.*) Rinascere, rigenerarsi.

rigettàbile [av. 1704] **agg.** ● Che si può o si deve rigettare (*spec. fig.*): *istanza r.*

rigettàre [lat. *reiectāre*, intens. di *reĭcere* 'gettare indietro', comp. di *re-* e *iăcere* 'gettare' (V.); sec. XIV] **A v. tr.** (*io rigètto*) *1* Gettare di nuovo: *r. il sasso.* *2* Fondere di nuovo: *r. una campana.* *3* (*bot.*) Germogliare. *4* Gettare fuori o indietro: *il mare rigettò i rifiuti* | (*fig.*) Rifiutare, respingere, non accogliere: *r. una domanda, un ricorso*; *vedevo i miei concittadini r. il vecchio gusto per la farsa* (GOLDONI). *5* (*fam.*) Vomitare (*anche assol.*): *r. la colazione*; *gli veniva da r.* **B v. rifl.** ● Gettarsi di nuovo, ritornare (*anche fig.*): *rigettarsi a letto*; *rigettarsi nella mischia.* **C v. intr.** (aus. *essere*) ● Ridar fuori, rifiorire: *sull'intonaco spesso rigettano le macchie sottostanti.*

rigettàto [1987] **part. pass.** di *rigettare*; anche **agg.** ● Nei sign. del v.

rigètto [1598] **s. m.** *1* Il rigettare | (*fig.*) Rifiuto, bocciatura: *il r. di una domanda, di un ricorso*; *abbiamo saputo del r. della tua proposta.* *2* (*bot.*) Pollone. *3* (*biol.*) Fenomeno immunitario per cui l'organismo reagisce nei confronti di parti estranee che sono state introdotte, spec. in relazione a organi trapiantati: *crisi di r.* | (*fig.*) Rifiuto, reazione nei confronti di ciò che viene considerato estraneo: *ho avuto, come dire? una crisi di r. per le cose che mi stavano intorno* (MORAVIA). *4* (*med.*) Reazione immunitaria che porta alla distruzione, distacco o espulsione di un tessuto od organo trapiantato: *crisi di r.*

riggia [lat. *rēgula(m)* 'assicella'. V. *regola*; 1889] **s. f.** (**pl.** *-ge*) ● (*mar.*) Ciascuno dei due bastoni di ferro o dei pezzi di sartie fissati ai due lati delle coffe o delle crocette per sostenere le sartie di gabbia e di velaccio.

righèllo [1891] s. m. **1** Dim. di *riga*, spec. nel sign. 5. **2** Asticella a sezione quadrata, impiegata spec. un tempo per tracciare righe.

righettàre [da *righetta*; 1835] v. tr. (*io righétto*) ● Segnare con piccole righe a breve distanza l'una dall'altra.

righettàto part. pass. di *righettare*; anche agg. ● Nel sign. del v.

righino [1872] s. m. **1** Dim. di *rigo*. **2** Righello, nel sign. 2. **3** (*tipogr.*) Linea di composizione che non raggiunge la fine della giustezza. **4** (*mar.*) Listello sporgente che, sul fasciame esterno di una nave, segna l'orlo del ponte di coperta.

rigiacère [comp. di *ri-* e *giacere*] v. intr. (coniug. come *giacere*; aus. *essere*, raro *avere*) ● (*raro*) Giacere di nuovo | (*lett.*) Cadere di nuovo ammalato.

rigidézza [1336 ca.] s. f. **1** Caratteristica di ciò che è rigido | (*fig.*) Inclemenza del clima: *l'orrore e la r. delle alpi ci piace dopo la amenità de' laghi e dei giardini* (TASSO). **2** (*fis.*) Proprietà di un corpo solido espressa dal rapporto fra il carico applicato e la deformazione subita, dipendente dalla forma della sezione trasversale, dalla natura del materiale, dal tipo di sollecitazione: *r. di una lastra, di una molla, di una trave*; *r. a flessione, a torsione, a trazione*. SIN. Rigidità. **3** (*fig.*) Durezza, severità: *la r. di un giudizio*. SIN. Inflessibilità, rigore.

rigidità [vc. dotta, lat. *rigiditāte(m)*, da *rĭgidus* 'rigido'; sec. XIV] s. f. **1** Caratteristica di ciò che è rigido: *la r. del ferro* | (*fig.*) Rigidezza: *soffrire per la r. del clima*; *ha impostato la sua vita a una grande r.* | (*fig.*) Inflessibilità, intransigenza: *nel corso della trattativa il sindacato ha manifestato una certa r.* **2** (*med.*) Mancanza di movimento | ***R. articolare***, limitazione grave o abolizione della funzionalità di un'articolazione | ***R. cadaverica***, indurimento muscolare e blocco delle articolazioni per coagulazione delle proteine muscolari | ***R. nucale***, irrigidimento dell'articolazione cervico-occipitale per contrattura dei muscoli posteriori del collo, frequente nella meningite. **3** (*econ.*) ***R. della domanda, dell'offerta***, nel caso in cui la quantità domandata di un bene, o la quantità offerta, rimane invariata al mutare del prezzo. **4** (*fis.*) Rigidezza.

rigido [vc. dotta, lat. *rĭgidu(m)*, da *rigēre* 'essere rigido'. V. *rigente*; 1308] agg. **1** Duro, non elastico, indeformabile, non facilmente piegabile o perforabile: *un r. bastone*; *me vivo il r. avello preme* (CAMPANELLA) | (*elab.*) ***Disco r.***, V. *disco* | Non articolato: *membra rigide* | Duro, perché irrigidito dal freddo: *dita rigide*. CFR. sclero-. **2** (*mat.*) Detto di figura d'uno spazio metrico tale che, pur potendo essa variare, la distanza di due suoi punti rimanga sempre costante. CFR. stereo-. **3** (*fig.*) Freddissimo, crudo, detto di condizioni atmosferiche: *tempo, clima r.* **4** (*fig.*) Severo, austero, rigoroso, inflessibile: *magistrato r.*; *rigide parole di rimprovero*; *educazione rigida* | (*dir.*) ***Costituzione rigida***, per la modifica delle cui norme è previsto uno speciale procedimento formativo. **5** (*econ.*) Che è caratterizzato da rigidità: *domanda, offerta rigida*. || **rigidétto**, dim. || **rigidaménte**, avv. Con rigore, severità, asprezza: *procedere, giudicare rigidamente*.

rigiocàre o (*lett.*) **rigiuocàre** [comp. di *ri-* e *giocare*; av. 1566] v. intr. e tr. (*io rigiòco* o raro *rigiuòco*, *tu rigiòchi* o raro *rigiuòchi*; in tutta la coniug. la *o* può dittongare in *uo* soprattutto se tonica; aus. *avere*) ● Giocare di nuovo.

†**rigiraménto** [1746] s. m. **1** Segno circolare | Giravolta, spira. **2** (*fig.*) Circonlocuzione.

rigiràre [comp. di *ri-* e *girare*; 1319] **A** v. tr. **1** Girare di nuovo o più volte: *r. la chiave nella serratura*; *r. qlco. tra le mani* | Andare e venire continuamente: *girare e r. la città* | (*fig.*) ***R. il discorso***, cambiare argomento | (*fig.*) ***R. qlcu.***, farlo agire secondo la propria volontà | ***Saperla r.***, ***rigirarla***, maneggiare accortamente una situazione per trarne vantaggio | (*tosc.*) ***R. bene il denaro***, spenderlo bene. **2** Percorrere girando attorno: *r. la montagna* | Ripercorrere seguendo lo stesso cammino: *rigirammo, per cercarlo, tutta la casa*. **B** v. intr. (aus. *avere*) ● Muoversi, andare in giro (*anche fig.*): *r. a lungo per la città*; *l'acqua che ruina in tale bassezza, rigira ... sotto e sopra* (LEONARDO); *r. sullo stesso argomento* | ***Gira e rigira***, (*fig.*) alla fin fine: *gira e rigira, il problema è sempre quello*. **C** v. rifl. ● Voltarsi indietro: *ci rigirammo a guardarlo* | Rivoltarsi, girare su sé stesso: *rigirarsi nel letto senza poter prendere sonno* | ***Non ci si rigira***, non è possibile muoversi per lo spazio limitato.

rigiràta [1891] s. f. ● (*raro*) Il rigirare o il rigirarsi una sola volta | Mescolata: *dare una r. alla zuppa*.

rigiratóre s. m. (f. *-trice*) **1** (*raro*) Raggiratore. **2** †Chi amministra, conduce un negozio. || **rigiratorèllo**, dim.

rigirìo [1842] s. m. ● Andirivieni, per lo più insolito, di persone: *Seguitando a almanaccar tra sé che cosa mai potesse essere tutto quel r.* (MANZONI).

rigìro [1615] s. m. **1** Giro ripetuto o in senso contrario: *per trovarti abbiamo fatto molti rigiri* | Movimento circolare: *i rigiri della corrente* | (*raro*) Curva di una strada | (*fig.*) Viluppo, garbuglio: *usare molti rigiri di parole*. **2** (*fig.*) Imbroglio, intrigo: *essere vittima di un r.* | (*raro*) Tresca amorosa. **3** †Giro di affari.

rigiudicàre [comp. di *ri-* e *giudicare*; 1542] v. tr. (*io rigiùdico, tu rigiùdichi*) ● (*dir.*) Emanare una nuova pronuncia sulla medesima controversia: *r. una causa in appello*.

rigiùngere o †**rigiùgnere** [comp. di *ri-* e *giungere*; 1319] **A** v. intr. (coniug. come *giungere*; aus. *essere*) ● (*raro*) Giungere di nuovo. **B** v. tr. ● †Raggiungere o raggiungere nuovamente: *e poi rigiugnerò la mia masnada* (DANTE *Inf.* XV, 41).

rigiùnto part. pass. di *rigiungere* ● (*raro*) Nei sign. del v. | †Unito, appiccicato.

rigiuocàre ● V. *rigiocare*.

rigiuràre [comp. di *ri-* e *giurare*; 1536] v. intr. e tr. (aus. *avere*) ● Giurare di nuovo.

rignàre e *deriv.* ● V. *ringhiare* e *deriv.*

rigo [da *riga*; av. 1566] s. m. (pl. *-ghi*) **1** Linea tracciata su foglio o sim. con penna, matita, ecc.: *tracciare un r. sotto una parola* | Riga di scrittura o di stampa, e il suo contenuto: *scrivere pochi righi a un amico*. CFR. stico-, -stico. SIN. Riga. **2** (*mus.*) Gruppo di righe orizzontali parallele su cui si scrivono le note determinandone, in base alla chiave preposta, l'altezza assoluta: *r. musicale* | ***R. tetralineo***, di quattro linee, per il canto fermo | ***R. pentalineo***, pentagramma. || **righèllo**, dim. | **righino**, dim. (V.) | **rigolino**, dim.

rigodére [comp. di *ri-* e *godere*; av. 1793] v. tr. e intr. (coniug. come *godere*; aus. *avere*) ● Godere di nuovo.

rigodon /fr. riɡɔ'dɔ̃/ [sec. XVII] s. m. inv. ● Rigaudon.

rigodóne s. m. ● Adattamento di *rigaudon* (V.).

rigóglio (o *-ò-*) [metatesi di *orgoglio*; 1312] s. m. **1** (*bot.*) Grande sviluppo, talora eccessivo, assunto da un vegetale. **2** (*est.*) Esuberanza di vigore, forza, energia: *un grande r. di giovinezza*. **3** (*raro*) Gorgoglio, detto spec. di pentole o tegami in ebollizione. **4** (*tosc.*) †Orgoglio, presunzione: *i Fiorentini, accecati dal loro r., si misono contro allo imperadore* (COMPAGNI).

rigogliosità [1959] s. f. ● (*raro*) Condizione di ciò che è rigoglioso.

rigogliόso [da *rigoglio*; av. 1292] agg. **1** (*bot.*) Che si sviluppa vigorosamente, abbondantemente. **2** (*fig.*) Pieno di vigore, salute, energia: *ragazzo sano e r.*; *intelligenza rigogliosa*. SIN. Esuberante, vigoroso, vivace. **3** †Orgoglioso. || **rigogliosaménte**, avv. Con rigoglio (*anche fig.*): *crescere, prosperare rigogliosamente*.

rigògolo [lat. parl. **aurigălbulu(m)*, comp. di *ăurum* 'oro' (per il colore) e *gălbulus*, n. di quest'uccello, da *gălbus* 'verde pallido, giallastro', di etim. incerta; av. 1294] s. m. ● Uccello dei Passeriformi con piumaggio giallo dorato, canto melodioso, di passo estivo in Italia (*Oriolus oriolus*). SIN. Giallone, oriolo.

rigolétto [ant. fr. *rigolet* 'specie di danza', da *rigoler* 'divertirsi, darsi buon tempo'; dal lat. *ridēre* 'ridere' (?); sec. XIV] s. m. **1** Antica danza ballata girando in tondo, ridda. **2** (*est.*) †Cerchio, corona di persone.

rigolo [etim. incerta; av. 1597] s. m. **1** Nel gioco delle bocce, bocciata rasoterra. **2** †Ruscello | Fossatello.

†**rigolóne** s. m. ● Adattamento di *rigaudon* (V.).

rigonfiaménto [1632] s. m. **1** Il rigonfiare. **2** Punto in cui qlco. si è rigonfiata: *ha un r. sul ventre*. SIN. Gonfiore.

rigonfiàre [comp. di *ri-* e *gonfiare*; av. 1597] **A** v. tr. (*io rigónfio*) ● Gonfiare di nuovo: *r. il pallone*. **B** v. intr. (aus. *essere*) ● Lievitare, crescere di volume, detto spec. di pasta: *l'impasto deve r.* **C** v. intr. pron. ● Diventare gonfio, ingrossarsi di nuovo: *mi si è rigonfiata una gamba*.

rigonfiàto part. pass. di *rigonfiare*; anche agg. ● Nei sign. del v. | (*fig., raro*) Amplificato.

rigonfiatùra [1858] s. f. ● Rigonfiamento | (*fig., raro*) Amplificazione: *narrano le cose alla casalinga e senza rigonfiature* (NIEVO).

rigónfio [comp. di *ri-* e *gonfio*; nel sign. B, da *rigonfiare*; av. 1638] **A** agg. ● Gonfio, tumido o assai gonfio. **B** s. m. ● Cosa gonfia o parte gonfia. SIN. Gonfiezza, rigonfiamento.

♦**rigóre** [vc. dotta, lat. *rigōre(m)*, da *rigēre* 'esser rigido'. V. *rigente*; av. 1320] s. m. **1** Freddo intenso, clima rigido: *il r. della stagione invernale*. **2** (*med.*) Spasmo, contrattura. **3** Rigidità severa, asprezza, durezza: *il r. della disciplina*; *mitigare il r. di una condanna*; *sfuggire al r. della legge*. **4** Grado di severità di talune punizioni disciplinari | ***Camera di punizione di r.***, per soldati e graduati | ***Sala di r.***, per i sottufficiali | ***Arresti di r.***, per gli ufficiali e per i marescialli. **5** Austerità, rigorosità: *il r. della vita del penitente* | ***A stretto r.***, stando rigorosamente a ciò che è prescritto, detto, indicato | ***Di r.***, prescritto rigorosamente. **6** (*sport*) Calcio di rigore: *battere un r.*, *andare ai rigori*. **7** Metodo, procedimento del tutto coerente con le premesse: *il r. della logica* | (*est.*) Esattezza, scrupolosità, precisione: *ammiriamo il r. della sua speculazione filosofica* | ***A rigor di termini***, secondo il preciso significato delle parole | ***A rigor di logica***, secondo logica. **8** (*lett.*) Rigidità, durezza di un materiale: *Vince de' sassi / il nativo rigor picciola stilla / collo spesso cader* (METASTASIO).

rigorgogliàre [comp. di *ri-* e *gorgogliare*] v. intr. (*io rigorgóglio*; aus. *avere*) ● (*raro*) Gorgogliare di nuovo o di più.

rigorìsmo [fr. *rigorisme*, dal lat. *rĭgor*, genit. *rigōris* 'rigore'; 1745] s. m. **1** Rigidezza, rigorosità eccessiva nel seguire o applicare leggi, teorie, ideologie e sim.: *r. morale* | Rigore, severità eccessiva: *i tuoi superiori peccano di r.* CONTR. Lassismo. **2** (*filos.*) Secondo I. Kant (1724-1804), atteggiamento che non ammette alcun tipo di neutralità morale né nelle azioni né nei caratteri umani.

rigorista [fr. *rigoriste*, dal lat. *rĭgor*, genit. *rigōris* 'rigore'; 1708] s. m. e f.; anche agg. (pl. m. *-i*) **1** Chi (o Che) è eccessivamente severo, rigido o rigoroso: *è un moralista, un r. intransigente*; *giudice r.* **2** (*filos.*) Seguace del rigorismo. **3** Calciatore particolarmente abile nel realizzare i calci di rigore.

rigorìstico [1959] agg. (pl. m. *-ci*) ● Proprio del rigorismo, dei rigoristi: *un r. senso del dovere*. || **rigoristicaménte**, avv.

rigor mòrtis [loc. lat., propr. 'rigidità (*rigōre(m)*: V. *rigore*) della morte (*mŏrte(m)*)'] loc. sost. m. inv. (pl. lat. *rigores mortis*) ● Rigidità cadaverica.

rigorosità [sec. XIV] s. f. **1** Caratteristica di chi (o di ciò che) è rigoroso o denota rigore morale e intellettuale: *la r. di un insegnante, di una disposizione di legge*; *esigere r.*; *la r. delle sue conclusioni, della nostra indagine*. **2** (*raro, lett.*) Atto, comportamento rigido, severo.

rigoróso [1342] agg. **1** Di persona che agisce con rigore, rigidità o severità: *giudice, esaminatore r.* | Che denota rigidità o è concepito in modo rigido: *ordine r.*; *disciplina rigorosa*. **2** Che si attiene strettamente a leggi, norme e sim.: *deduzione, definizione rigorosa* | Coerente, consequenziale rispetto alle premesse: *sistema r.* | Preciso, scrupoloso: *studio r.*; *lavorare con un metodo r.* **3** (*mus.*) Detto di uno stile che rispetta scrupolosamente le regole del contrappunto. || **rigorosaménte**, avv. **1** In modo rigoroso: *giudicare rigorosamente*; *osservare rigorosamente la legge*; *rigorosamente parlando*, parlando con grande esattezza. **2** (*lett.*) Aspramente: *quei prìncipi che così rigorosamente mi castigano* (TASSO).

†**rigóso** [da †*rigare* (2)] agg. ● (*poet.*) Ricco di acque irrigue: *tosto all'Ida, di belve e di rigosi / fonti altrice, arrivò* (MONTI).

†**rigottàto** [dal provz. *rigotat* 'increspare', da *rigot* 'capello ricciuto', dal gallico **rica* 'solco'] agg. ● Crespo, ricciuto, spec. di capelli.

rigovernàre [comp. di *ri-* e *governare*; sec. XIV] **v. tr.** (*io rigovèrno*) **1** Lavare e asciugare stoviglie (*anche assol.*). **2** Curare, pulire e dare da mangiare ad animali domestici: *r. i cavalli*. **3** †Riporre.

rigovernàta [1891] **s. f.** ● Il rigovernare una sola volta, o in fretta.

rigovernatùra [1618] **s. f.** ● Il rigovernare le stoviglie | L'acqua sporca con la quale si sono rigovernate le stoviglie: *stanza piena d'un lezzo di cipolle, di r. e di carbone spento* (D'ANNUNZIO) | (*est.*) Brodaglia di sapore sgradevole.

rigraffiàre [comp. di *ri-* e *graffiare*] **v. tr.** (*io rigràffio*) ● Graffiare di nuovo.

rigrattàre [comp. di *ri-* e *grattare*; 1823] **v. tr.** ● Grattare di nuovo.

rigràzie [comp. di *ri-* e *grazie*; 1872] **inter.** ● (*fam.*) Grazie ancora, grazie di nuovo: *grazie e r. tante!*

†**rigrèsso** ● V. *regresso* (*1*).

rigridàre [comp. di *ri-* e *gridare*; 1827] **v. tr.** e **intr.** (aus. *avere*) ● Gridare di nuovo.

riguadagnàre [comp. di *ri-* e *guadagnare*; sec. XIII] **v. tr.** **1** Guadagnare di nuovo: *r. una forte somma* | Recuperare, riacquistare ciò che si era perduto: *r. la stima, il favore di qlcu.*; *r. il tempo perduto*. **2** Raggiungere nuovamente un luogo: *Riguadagnava a rapide bracciate il suo scoglio* (CALVINO).

†**riguardamènto** [av. 1320] **s. m.** **1** Il riguardare | Sguardo. **2** Considerazione | Rispetto, riguardo.

riguardànte [1342] **A** **part. pres.** di *riguardare*; anche **agg.** ● Nei sign. del v. | Che riguarda qlco., che è relativo o si riferisce a qlco.: *una disposizione r. i dipendenti pubblici*. **SIN.** Attinente, concernente. **B** **s. m.** e **f.** ● †Chi guarda: *il gran prodigio immobili / i riguardanti lassa* (MONTI).

♦**riguardàre** [comp. di *ri-* e *guardare*; sec. XII] **A** **v. tr.** **1** Guardare di nuovo: *lo guardava e riguardava cercando di riconoscerlo* | (*raro*) Guardare indietro. **2** (*raro*) Guardare attentamente o intensamente: *riguardava la scena molto interessato* | ***R. il conto***, riscontrarlo | †Considerare bene: *come nell'altre cose, è in questa da r. il tempo e il luogo e con cui si favella* (BOCCACCIO). **3** (*lett.*) Considerare, stimare, tenere in conto di: *r. qlcu. come nemico*; *Renzo, da che cominciò a discorrere, l'ho sempre riguardato come un mio figliuolo* (MANZONI). **4** Concernere, appartenere, riferirsi, detto di cosa: *la discussione riguarda la scuola*; *sono affari che ci riguardano da vicino*; *per quel che mi riguarda, non lo vedrò* | ***Per quanto riguarda***, per quanto concerne. **5** Preservare, custodire con cura e attenzione: *è un regalo prezioso: riguardalo*. **B** **v. intr.** (aus. *avere*) **1** (*lett.*) Volgersi col pensiero | (*lett.*) Mirare: *r. a uno scopo* | (*lett.*) Aver riguardo, badare: *r. alla fatica*. **2** (*lett.*) Essere volto, situato: *la villa riguardava verso il mare*. **3** (*lett.*) Avere attinenza con qlco.: *in tutto ciò che riguarda a persona così distinta* (METASTASIO). **C** **v. rifl.** ● Stare in guardia, fare attenzione: *riguardarsi dalle correnti d'aria*; *riguardarsi dai pericoli* | (*assol.*) Aver cura della propria salute: *durante l'inverno riguardati*.

riguardàta [1872] **s. f.** ● Il riguardare una sola volta e in fretta | Ripassata: *dare una r. alla lezione*. || **riguardatina**, **dim.**

riguardàto **part. pass.** di *riguardare*; anche **agg.** ● Nei sign. del v. | ***Stare, tenersi r.***, aver cura della propria salute, adottare precauzioni e sim.: *voglio che stiate riguardata fin che non è finito questo influsso* (MANZONI).

†**riguardatóre** [1308] **s. m.** (f. *-trice*) **1** Chi guarda | Spettatore. **2** Conoscitore. **3** Custode.

riguardévole [da *riguardare*; 1504] **agg.** ● (*raro*) Degno di grande riguardo | Ragguardevole: *Più r. è un'altra carta del medesimo archivio* (MURATORI). || †**riguardevolménte**, **avv.** Ragguardevolmente.

♦**riguàrdo** [da *riguardare*; av. 1276] **A** **s. m.** **1** Cura, attenzione, cautela nel toccare, usare qlco.: *avere r. del vestito nuovo*; *maneggiare qlco. con r.* | ***Fare r.***, usare attenzione | ***Non avere r. a qlco.***, non badarvi | †***Tenere in r.***, custodire. **2** Cura, precauzione nei confronti della propria salute: *dovrai stare in r. per non riammalarti*. **3** Stima, rispetto, considerazione: *l'ho fatto per r. tuo*; *aver r. dell'età*; *senza r. per nessuno* | Deferenza, premura: *gli si avvicinò con i debiti riguardi* | ***Non avere riguardi nell'agire, nel parlare***, agire, parlare liberamente | ***Avere r. di qlcu.***, avere soggezione, timore | ***Farsi r.***, non osare dire o fare qlco., farsi scrupolo | ***Persona di r.***, degna di stima, ragguardevole. **4** Relazione, attinenza: *quello che dici non ha r. con la nostra domanda*. **5** †Motivo, ragione: *avere giusti riguardi*. **6** †Sguardo. **7** †Termine o segno di confine: *quando venimmo a quella foce stretta / dov'Ercule segnò li suoi riguardi* (DANTE *Inf.* XXVI, 107-108). **8** †Interesse sul denaro prestato. **9** V. *risguardo*. **B** nella **loc. prep.** ***r. a***, (*lett.*) ***in r. a***, in relazione a, per quanto si riferisce a: *ho qualcosa da dire r. alla sua richiesta*; *Ora una digressione in r. allo spiedo* (NIEVO) | Nella **loc. prep.** ***nei riguardi di***, nei confronti di, per quanto riguarda: *nei suoi riguardi non ho alcun commento da fare*.

riguardóso [1505] **agg.** **1** Che usa riguardi nei confronti di qlcu. o di qlco.: *essere r. verso tutti, verso i diritti altrui*. **SIN.** Educato, rispettoso. **2** †Cauto, prudente. || **riguardosaménte**, **avv.** In modo riguardoso: *parlare riguardosamente a una persona più anziana*.

†**riguarìre** [comp. di *ri-* e *guarire*; 1835] **v. tr.** e **intr.** (*io riguarìsco, tu riguarìsci*; aus. intr. *essere*) ● Guarire (*anche fig.*).

†**riguarnìre** o †**riguernìre** [comp. di *ri-* e *guarnire*] **v. tr.** (*io riguarnìsco, tu riguarnìsci*) ● Fornire nuovamente di quanto è necessario.

riguastàre [comp. di *ri-* e *guastare*; 1573] **A** **v. tr.** ● Guastare di nuovo: *r. l'orologio*. **B** **v. intr. pron.** ● Guastarsi di nuovo.

†**riguatàre** [comp. di *ri-* e *guatare*] **v. tr.** ● Guatare di nuovo (*anche assol.*): *Guata e riguata, ... più gli pareva averlo morto* (SACCHETTI).

†**riguernìre** ● V. *riguarnire*.

riguerreggiàre [comp. di *ri-* e *guerreggiare*] **v. intr.** (*io riguerréggio*; aus. *avere*) ● (*raro, lett.*) Riprendere la guerra.

riguidàre [comp. di *ri-* e *guidare*; 1983] **v. tr.** ● (*lett.*) Ricondurre.

rigurgitaménto [1699] **s. m.** ● (*raro*) Rigurgito.

rigurgitànte [1835] **part. pres.** di *rigurgitare*; anche **agg.** ● Che trabocca | (*fig.*) Pieno, colmo: *stadio r. di tifosi*.

rigurgitàre o †**regurgitàre** [da *ingurgitare*, con cambio di pref.; av. 1642] **A** **v. intr.** (*io rigùrgito*; aus. *avere* se il sogg. è il luogo, *essere* se il sogg. è il liquido) **1** Sgorgare con impeto o rifluire indietro per mancanza di spazio o per un ostacolo, detto di massa liquida o semiliquida: *il liquame rigurgitò dalle fognature*. **2** (*fig.*) Essere pieno, colmo: *il cinema rigurgita di spettatori*. **SIN.** Traboccare. **B** **v. tr.** ● Fare uscire liquido dalla bocca: *r. acqua, vino, latte*.

rigùrgito o †**regùrgito** [da *rigurgitare*; 1660] **s. m.** **1** Ritorno vorticoso all'indietro, detto di acque troppo gonfie o arrestate da un ostacolo (*anche fig.*): *il r. del fiume*; *assistere al r. della folla* | (*fig.*) Improvviso e violento ritorno, spec. di breve durata, di un fenomeno negativo: *rigurgiti di razzismo, di terrorismo* | Ciò che rigurgita (*anche fig.*): *un r. di latte*; *un r. di insofferenza*. **2** (*med.*) Ritorno degli alimenti non digeriti dall'esofago o dallo stomaco nella bocca senza contrazioni antiperistaltiche.

rigustàre [vc. dotta, lat. *regustāre*, comp. di *re-* e *gustāre*; 1881] **v. tr.** ● Gustare di nuovo.

rilacrimàre o (*raro*) **rilagrimàre** [comp. di *ri-* e *lacrimare*] **v. intr.** (*io rilàcrimo*; aus. *avere*) ● (*raro*) Lacrimare di nuovo.

rilagnàrsi [comp. di *ri-* e *lagnarsi*; 1879] **v. intr. pron.** ● (*raro*) Lagnarsi di nuovo.

rilagrimàre ● V. *rilacrimare*.

rilamentàre [comp. di *ri-* e *lamentare*] **A** **v. tr.** (*io rilaménto*) ● Lamentare nuovamente. **B** **v. intr. pron.** ● Lamentarsi di nuovo.

rilampeggiàre [comp. di *ri-* e *lampeggiare*; 1900] **v. intr.** (usato quasi sempre come impers.; *rilampéggia*; aus. *essere* e *avere*) ● Lampeggiare di nuovo.

rilanciàre [comp. di *ri-* e *lanciare*; 1624] **A** **v. tr.** (*io rilàncio*) **1** Lanciare di nuovo o a propria volta: *r. un sasso*; *r. la palla*. **2** Fare un'offerta maggiore in un'asta: *r. un'offerta*. **3** Nel gioco del poker, aumentare la somma puntata da un giocatore precedente (*anche assol.*): *r. la posta* | (*est., assol.*) Formulare a propria volta una richiesta più alta di quella precedente: *il sindacato ha rilanciato*. **4** (*fig.*) Fare tornare attuale, degno di attenzione, importante: *r. una moda*. **B** **v. rifl.** ● Lanciarsi di nuovo.

rilanciàto **part. pass.** di *rilanciare*; anche **agg.** ● Nei sign. del v.

rilàncio [da *rilanciare*; av. 1635] **s. m.** ● Il rilanciare (*anche fig.*): *il r. di un'offerta, della posta* | (*fig.*) Riproposta: *r. di un progetto*.

rilasciaménto [1823] **s. m.** **1** (*raro*) Allentamento. **2** (*med.*) Rilassamento.

rilasciàre o **rilassàre** nei sign. A 3, 4, 5, 7 [lat. *relaxāre* 'rilassare, allargare', comp. di *re-* e *laxāre* 'allentare'. V. *lasciare*; 1598] **A** **v. tr.** (*io rilàscio*; fut. *io rilascerò*) **1** Lasciare di nuovo: *r. le chiavi a casa*. **2** Dare, concedere: *r. un certificato, una ricevuta*; *r. un'intervista*. **3** Liberare: *r. un prigioniero*. **4** (*raro*) Allentare, mollare, sciogliere: *r. il freno, la lingua* | (*est., fig.*) Diminuire: *r. il rigore*. **5** (*raro*) Rinunciare, abbandonare, cedere. **6** †Condonare: *r. un'offesa*. **7** †Sollevare, ricreare, divertire. **8** (*med.*) V. *rilassare*. **B** **v. rifl. rec.** ● Lasciarsi, separarsi di nuovo: *dopo un litigio, i fidanzati si sono rilasciati*. **C** **v. intr. pron.** **1** V. *rilassare*. **2** (*mar.*; *disus.*) Detto di nave, fermarsi in un porto o in un riparo costiero per maltempo o avaria.

rilasciàto **part. pass.** di *rilasciare*; anche **agg.** ● Nei sign. del v.

rilàscio [1598] **s. m.** **1** Liberazione: *il r. di un detenuto* | (*dir.*) ***Azione di r.***, azione di esecuzione forzata esperibile in caso di inadempimento del debitore al proprio obbligo di consegnare un dato bene al creditore. **2** (*bur.*) Consegna, concessione: *il r. di un documento*. **3** Cessione. **4** (*comm.*) Svincolo, detto di merci | (*raro*) ***Porto di r.***, dove la nave si ferma per riposo o rifornimento.

rilassaménto [av. 1557] **s. m.** **1** Allentamento, decontrazione: *r. dei muscoli* | (*fig.*) Distensione psichica, serenità, svago. **SIN.** Relax. **2** (*fig.*) Decadimento, scadimento: *un r. della tensione morale, della disciplina*.

rilassànte [av. 1758] **part. pres.** di *rilassare*; anche **agg.** ● Nei sign. del v. | Riposante, distensivo: *una lettura, una musica, un bagno r.*

♦**rilassàre** o †**relassàre**, **rilasciàre** nei sign. A 2 e C 1 [vc. dotta, lat. *relaxāre*. V. *rilasciare*; av. 1292] **A** **v. tr.** **1** Allentare, distendere, spec. una tensione fisica: *r. i nervi, i muscoli*; *r. l'animo, gli spiriti* | (*fig.*) Rendere meno rigido, duro, stretto: *r. la disciplina, la sorveglianza*. **2** V. *rilasciare*. **B** **v. rifl.** ● Distendersi, riposarsi: *prendere qualche giorno di vacanza per rilassarsi*. **C** **v. intr. pron.** ● Infiacchirsi, scadere: *la moralità si sta rilassando*.

rilassatézza [da *rilassato*; av. 1729] **s. f.** ● Rilassamento (*spec. fig.*): *una grande r. morale*.

rilassàto [av. 1574] **part. pass.** di *rilassare*; anche **agg.** **1** Nei sign. del v. | (*fig.*) Disteso, riposato: *è tornato r. dalla montagna*. **2** (*fig.*) Allentato, infiacchito: *costumi rilassati*. **3** (*ling.*) Detto di articolazione che comporta una debole tensione muscolare. || †**rilassataménte**, **avv.** Con rilassatezza.

rilassatóre [vc. dotta, lat. tardo *relaxatōre(m)*, da *relaxātus*, part. pass. di *relaxāre*. V. *rilasciare*; 1879] **agg.** (f. *-trice*) ● (*lett.*) Che rilassa: *fare un bagno r.*

†**rilassazióne** o †**relassazióne** [vc. dotta, lat. *relaxatiōne(m)*, da *relaxātus*, part. pass. di *relaxāre*. V. *rilasciare*; av. 1320] **s. f.** **1** Allentamento, indebolimento. **2** Mitigazione di legge, disciplina e sim.

rilastricàre [comp. di *ri-* e *lastricare*] **v. tr.** (*io rilàstrico, tu rilàstrichi*) ● Lastricare di nuovo.

rilavàre [vc. dotta, lat. tardo *relavāre*, comp. di *re-* e *lavāre*; sec. XIV] **v. tr.** ● Lavare di nuovo.

rilavatùra [1872] **s. f.** ● Il rilavare | Acqua in cui si è rilavato o rigovernato qlco.

rilavoràre [comp. di *ri-* e *lavorare*] **v. tr.** (*io rilavóro*) ● Lavorare di nuovo | In varie tecnologie, ripetere una o più operazioni per correggere errori e sim.: *r. un pezzo*.

rilavorazióne [comp. di *ri-* e *lavorazione*] **s. f.** ● Ulteriore lavorazione | (*fig., lett.*) Rielaborazione: *una r. in prosa* (CARDUCCI).

rileccàre [comp. di *ri-* e *leccare*; av. 1850] **v. tr.** (*io rilécco, tu rilécchi*) **1** Leccare di nuovo. **2** (*fig.*) Rifinire con troppa cura.

rilegàre (**1**) o †**religàre** [lat. *religāre*, comp. di *re-* e *ligāre* 'legare'; 1313] **v. tr.** (*io rilégo, tu rilé-ghi*) **1** Legare di nuovo o meglio: *aprì il pacco e poi lo rilegò con la stessa corda*. **2** (*edit.*) Mettere una copertina definitiva, spesso lussuosa e artistica, a un volume | Legare. **3** In oreficeria, incastonare pietre preziose.

†**rilegàre** (2) ● V. *relegare*.

rilegatóre [av. 1642] s. m. (f. *-trice*) ● Chi rilega libri.

rilegatrìce s. f. ● Macchina per rilegare libri, fascicoli e sim.

rilegatùra [1766] s. f. *1* (*edit.*) Operazione e modalità del rilegare | Legatura. *2* Incastonatura di pietre preziose.

rilèggere [comp. di *ri-* e *leggere*; 1336 ca.] v. tr. (coniug. come *leggere*) ● Leggere di nuovo: *r. un articolo interessante* | Leggere con attenzione per correggere, rivedere: *r. la traduzione francese* | (*fig.*) Interpretare in base a un diverso punto di vista: *r. alcuni episodi del dopoguerra*.

rilènto o (*tosc.*) **rilènte** [comp. di *ri-* e *lento*; 1521] A agg. ● (*lett.*) Cauto, prudente: *Nelle convalescenze non si va mai troppo rilenti a far le cose da sani* (MANZONI). B avv. ● †Lentamente, piano: *andare r.* | Nella loc. avv. *a r.*, particolarmente piano, più piano del normale o del previsto; (*fig.*) cautamente: *i lavori procedono troppo a r.*; *occorre andare a r. nel giudicare*.

rilètto [1336 ca.] part. pass. di *rileggere*; anche agg. ● Nei sign. del v.: *un giornale letto e r.*

rilettùra [comp. di *ri-* e *lettura*; 1959] s. f. ● Il rileggere | (*est.*) Nuova interpretazione: *una r. di Ibsen*.

rilevàbile [1959] agg. ● Che può essere rilevato.

rilevaménto [av. 1306] s. m. *1* Determinazione di una grandezza fisica, di un fenomeno e sim. | (*stat.*) Rilevazione | ***R. topografico***, complesso delle operazioni atte a determinare gli elementi necessari alla rappresentazione topografica di una certa zona di terreno | (*geogr.*, *mar.*) ***R. idrografico***, l'insieme delle operazioni effettuate per riportare la configurazione e la descrizione delle coste sulle carte idrografiche e nautiche | ***R. geologico***, raccolta dei dati relativi alla composizione, la giacitura e qualunque carattere delle rocce affioranti in un territorio. *2* (*aer.*, *mar.*) L'angolo orizzontale compreso fra una direzione fissa di riferimento e la direzione secondo cui un oggetto è visto da bordo di un aeromobile o di una nave, spesso misurato da 0° a 360° a partire dalla direzione di riferimento | ***R. polare***, quello in cui la direzione di riferimento è l'asse longitudinale della nave | ***R. vero***, quello in cui la direzione di riferimento è quella del nord geografico | ***R. magnetico***, quello in cui la direzione di riferimento è quella del nord magnetico | ***R. alla bussola***, quello in cui la direzione di riferimento è la direzione del nord indicata dalla bussola di bordo | ***R. radiogoniometrico***, ***radar***, quello ottenuto rispettivamente mediante il radiogoniometro o il radar | ***Aprire il r.***, far ruotare la prua in modo da aumentare il rilevamento di un dato oggetto. *3* Il rilevare | Subentro in un'attività, un'azienda e sim.: *il r. di un negozio* | Sostituzione: *r. della guardia di turno*. *4* (*raro*) Rialzo, rilievo. *5* †Sollevamento.

rilevànte [1598] part. pres. di *rilevare*; anche agg. *1* Nei sign. del v. *2* Importante, considerevole: *un r. aumento*. *3* Pertinente, attinente: *sono osservazioni non rilevanti*. *4* †Prominente, rilevato: *tetti a colmo r.* (BARTOLI). *5* (*ling.*) Detto di elemento linguistico che esercita nella parola o nella frase una funzione distintiva, per cui, se sostituito con un altro elemento appartenente alla stessa classe, la frase stessa subisce un cambiamento di significato (es. le desinenze *-a* / *-o*, che configurano il femminile o il maschile).

rilevànza [da *rilevante*; 1745] s. f. ● Importanza, rilievo, valore: *questo fatto assume una straordinaria r.*; *aveva cose di qualche r. da comunicarmi* (NIEVO) | (dir.) ***Avere***, ***non avere r.***, essere preso, non essere preso in considerazione.

rilevàre [vc. dotta, lat. *relevāre*, comp. di *re-* e *levāre* 'sollevare'. V. *levare* (*1*); 1294] A v. tr. (*io rilèvo*) *1* (*raro*) Levare di nuovo: *r. la pentola dal fuoco*; *rilevarsi gli occhiali*. *2* (*lett.*) †Rialzare. *3* (*fig.*) †Sollevare, confortare: *r. l'animo*. *4* (*raro*) Ricevere, prendersi (*anche fig.*): *r. percosse*; *r. il frutto dei propri guadagni*; *rilevammo solo insulti*. *5* Ricavare, trarre (*anche fig.*): *r. un disegno da uno schizzo*; *da quel libro non si rileva niente di interessante* | Venire a conoscere, apprendere: *r. una notizia da un giornale*. *6* Cogliere, mettere in evidenza qlco. che appare importante per esaminarla, discuterla, controbatterla: *r. una grossa mancanza*; *r. un'affermazione azzardata* | Notare, osservare: *rilevo che avete dimenticato di rispondere in tempo*. *7* (*stat.*) Fare oggetto di una rilevazione statistica | (*est.*) Raccogliere dati su qlco. per delineare, descrivere, rappresentare: *r. le cifre sugli ultimi incrementi demografici*; *r. i fatti economici più importanti*. *8* Compiere un rilevamento topografico | (*geogr.*, *mar.*) ***R. una costa***, effettuarne il rilevamento idrografico | (*mar.*) ***R. una nave***, prenderne il rilevamento. *9* Assumere a proprio carico, subentrando: *r. una ditta*, *una trattoria* | ***R. merce***, comprarla in blocco | ***R. il pacchetto azionario di una società***, mediante l'acquisto delle relative azioni. *10* Sostituire, dare il cambio: *r. la guardia di turno* | (*est.*) Andare a prendere per accompagnare altrove: *r. qlcu. allo stadio*, *in ufficio*. *11* (*raro*, *tosc.*) Allevare. B v. intr. (aus. *avere*) *1* Alzarsi, sollevarsi, sporgere, fare rilievo: *i ricami rilevano di qualche millimetro sul tessuto*. *2* (*lett.*) Importare, contare: *sai quanto ciò rilevi* (TASSO). *3* Influire, essere pertinente. C v. intr. pron. ● (*lett.*) Alzarsi, sollevarsi (*anche fig.*): *Carolina si rilevò coperta di rossore* (VERGA); *si sforzò di rilevarsi dallo stato di abulia*.

rilevatàrio [da *rilevato*; 1891] s. m. (f. *-a*) ● Chi acquista un negozio, una ditta, o subentra ad altri nell'esercizio di azienda in stato di fallimento.

rilevàto [1312] A part. pass. di *rilevare*; anche agg. *1* Nei sign. del v. | ***R. che***, accertato, constatato che. *2* Prominente, rialzato rispetto a una superficie | In rilievo: *i contorni rilevati di una figura* | †Elevato | (*fig.*, *lett.*) Ragguardevole, eminente. *3* (*mar.*) ***Punto r.***, posizione geografica di una nave determinata mediante i rilevamenti rispetto a due punti terrestri la cui posizione è nota. ‖ **rilevataménte**, avv. (*raro*) Marcatamente. B s. m. *1* Rialzo del terreno. *2* Riporto di terreno costipato e limitato lateralmente da scarpate naturali o da muri di sostegno, costituito quando per necessità di tracciato la piattaforma stradale deve trovarsi al disopra dell'esistente piano di campagna.

rilevatóre [1835] s. m. *1* (f. *-trice*) Chi effettua un rilevamento | (*stat.*) Chi effettua un rilevamento statistico | (*stat.*) Nel censimento, chi consegna e ritira a domicilio i questionari, aiutando eventualmente nella compilazione. *2* (*elettron.*, *fis.*, *mil.*, *nucl.*, *tecnol.*) Strumento per effettuare rilevamenti, rivelatore | (*mil.*) ***R. di vampa***, apparecchio che determina la direzione di una bocca da fuoco utilizzando la vampa di bocca | (*mar.*, *mil.*) ***R. tattico***, dispositivo registratore del rilevamento polare di un bersaglio, per la punteria navale e aerea.

rilevatùra [sec. XVIII] s. f. *1* (*raro*, *tosc.*) Allevamento della prole. *2* (*raro*) Prominenza.

rilevazióne [1336 ca.] s. f. *1* Il rilevare. *2* (*stat.*) Insieme di operazioni mediante le quali si raccolgono dati individuali di un fenomeno collettivo per trarne dati statistici che riguardano il fenomeno stesso oggetto di studio. *3* †Riabilitazione morale.

†**rilèvo** [da *rilevare*] s. m. ● (*tosc.*) L'allevare uccelli o (*fam.*) bambini | Allievo, bambino.

♦**rilièvo** [sec. XIII] s. m. *1* Stacco, risalto di ciò che sporge o si staglia su una superficie di sfondo: *le figure nere contro la parete bianca facevano un grande r.* *2* Tecnica scultorea che fa emergere le figure, dal fondo su cui sono scolpite, con maggiore o minore stacco: *alto r.*; *basso r.* | ***R. a stiacciato***, ***mezzo r.***, bassorilievo | Evidenza plastica di cui possono essere dotate tanto opere pittoriche quanto opere di scultura. *3* Parte rilevata, che risalta dal piano: *al tatto si sente un discreto r.* | Parte scolpita che sporge dal fondo. *4* (*geogr.*) Complesso delle alture di una regione. *5* (*fig.*) Importanza, rilevanza, risalto: *cose di nessun r.*; *questa notizia ha assunto un notevole r.* | ***Mettere in r.***, far emergere, spiccare, segnalare all'attenzione, alla considerazione altrui. SIN. Evidenza, spicco. *6* Pertinenza, attinenza. *7* Osservazione, nota spec. critica: *hanno fatto molti rilievi su di lui*. *8* Rilevamento: *r. fotografico* | ***R. topografico***, levata topografica | ***R. dei tempi***, determinazione dei tempi di lavorazione che può essere eseguita mediante cronometraggio.

rilievografìa [comp. di *rilievo* e *-grafia*; 1936] s. f. ● Il complesso delle tecniche di stampa a rilievo.

rilievogràfico [1959] agg. (pl. m. *-ci*) ● Relativo a rilievografia.

†**riligióne** ● V. *religione*.

rilimàre [comp. di *ri-* e *limare*; 1745] v. tr. ● Limare di nuovo (*anche fig.*): *r. una sbarra di ferro*; *r. un componimento poetico*.

riliquidazióne [comp. di *ri-* e *liquidazione*] s. f. ● Nuova erogazione di una parte della liquidazione dovuta al lavoratore e in un primo tempo illegittimamente non corrisposta.

rilisciàre [comp. di *ri-* e *lisciare*; 1872] A v. tr. (*io rilìscio*; fut. *io riliscerò*) ● Lisciare di nuovo. B v. rifl. ● Curare troppo la propria eleganza, il proprio aspetto fisico: *rilisciarsi a lungo prima di uscire*.

rilitigàre [comp. di *ri-* e *litigare*] v. intr. (*io rilìtigo*, *tu rilìtighi*; aus. *avere*) ● Litigare di nuovo.

rilodàre [comp. di *ri-* e *lodare*; 1585] v. tr. (*io rilòdo*) ● Lodare di nuovo.

rilòga [n. commerciale ted. (?); 1963] s. f. ● Sostegno per tende, fornito di una piccola guida in cui scorre la tenda stessa mossa da tiranti.

riluccicàre [comp. di *ri-* e *luccicare*; 1835] v. intr. (*io rilùccico*, *tu rilùccichi*; aus. *essere* o *avere*) ● (*lett.*) Brillare intensamente.

rilucènte [av. 1250] part. pres. di *rilucere*; anche agg. ● Luminoso, splendente (*anche fig.*): *stelle rilucenti*; *occhi rilucenti*.

rilucentézza [av. 1729] s. f. ● (*raro*) Lucentezza.

rilùcere o †**relùcere** [vc. dotta, lat. *relucēre*, comp. di *re-* e *lucēre* 'lucere' (V.); av. 1292] v. intr. (coniug. come *lucere*; difett. del part. pass. e dei tempi composti) ● (*lett.*) Essere lucente, risplendere: *r. come una stella* | (*raro*, *fig.*) Distinguersi: *r. per la bellezza*. SIN. Brillare.

rilustràre [comp. di *ri-* e *lustrare*] v. tr. ● Lustrare di nuovo | (*fig.*, *lett.*) Perfezionare, abbellire.

riluttànte [1342] part. pres. di *riluttare*; anche agg. ● Che si dimostra restio, maldisposto, poco propenso a fare qlco.: *essere*, *mostrarsi r. a partire*; *acconsentì*, *benché r.* ‖ **riluttanteménte**, avv.

riluttànza [1745] s. f. *1* Condizione, atteggiamento di chi è riluttante: *r. a compiere qlco.*; *vincere la r. di qlcu.* | ***Con r.***, malvolentieri, controvoglia: *io mi lascio trascinare con r.* SIN. Renitenza, resistenza, ritrosia. *2* (*fis.*) Grandezza espressa dal rapporto tra la forza magnetomotrice applicata a un circuito magnetico e il flusso di induzione esistente nel circuito stesso | ***R. specifica***, quella di un conduttore magnetico di lunghezza e sezione unitarie.

riluttàre o †**reluttàre** [vc. dotta, lat. *reluctāri* 'far resistenza, opporsi', comp. di *re-* e *luctāri* 'lottare'; 1804] v. intr. (aus. *avere*) ● (*lett.*) Essere restio, contrario a fare, accettare qlco.: *riluttava a partire*, *ma si è convinto*. SIN. Resistere.

riluttività [da *riluttare*; 1959] s. f. ● L'inverso della permeabilità magnetica. SIN. Riluttanza specifica.

rim- ● V. *rin-*.

rìma (1) [ant. fr. *rime*, dal lat. *rhy̆thmu(m)* 'ritmo'; 1294] s. f. *1* Consonanza per identità di suono di due o più parole dalla vocale accentata alla fine: *r. facile*, *difficile*, *rara*; *r. piana*, *tronca*, *sdrucciola*; *tanto è spietata la mia sorte e dura*, / *che mostrar non la pon rime né versi* (BOIARDO) | ***R. imperfetta***, se la vocale accentata o qualche consonante non è identica | ***R. baciata***, di due versi consecutivi | ***R. alternata***, di versi che rimano alternativamente | ***R. grammaticale***, di desinenze | ***R. al mezzo***, V. *rimalmezzo* | ***R. interna***, rimalmezzo | ***Terza r.***, metro della terzina | ***Sesta r.***, metro della sestina | ***Ottava r.***, metro dell'ottava | ***Nona r.***, stanza di nove versi | ***Decima r.***, strofa di dieci endecasillabi | ***Dicitore in r.***, poeta | ***Rispondere per le rime***, nella tenzone poetica medievale, usando le stesse rime della proposta; (*fig.*) rispondere a tono, ribattendo in modo risentito | (*fig.*) ***Dire***, ***cantare qlco. in r.***, parlare chiaro e tondo. *2* (*spec. al pl.*, *est.*) Versi: *voi ch'ascoltate in rime sparse il suono* / *di quei sospiri ond'io nudriva 'l core* (PETRARCA). ‖ **rimàccia**, pegg.

rìma (2) [vc. dotta, lat. *rīma(m)*, di etim. incerta; av. 1535] s. f. *1* †Fessura, crepa. *2* (*med.*) Fessura compresa fra due strutture piene simmetriche che immette in una cavità anatomica: *r. della glottide*.

rimacchiàre [comp. di *ri-* e *macchiare*] A v. tr. (*io rimàcchio*) ● Macchiare di nuovo. B v. rifl. ● Macchiarsi di nuovo.

rimacinàre [comp. di *ri-* e *macinare*] v. tr. (*io rimàcino*) ● Macinare di nuovo: *tutto pesta in su una pietra … poi rimacina insieme tutte le dette* *droghe* (CELLINI).

rimagliàre [comp. di *ri-* e *(am)magliare*] **v. tr.** (*io rimàglio*) ● Riprendere una maglia nella trama di un tessuto smagliato.

rimagliatrice [1970] **s. f.** *1* Rammagliatrice. *2* (*tess.*) Macchina da confezione di capi a maglia in grado di riprendere l'esatta successione delle maglie di un tessuto smagliato.

rimalmèzzo o **rima al mèzzo** [da *rima al mezzo*; av. 1555] **s. f.** o (*raro*) **m.** (**pl. inv.** o *rime al mèzzo*) ● Rima posta alla metà di un verso. **SIN.** Rima interna.

rimandàbile **agg.** ● Che si può rimandare: *termine r.*; *consegna non r.*

♦**rimandàre** [comp. di *ri-* e *mandare*; sec. XIII] **v. tr.** *1* Mandare ancora, di nuovo: *ci ha rimandato una lunga lettera.* *2* Mandare indietro per ridare, restituire: *r. il denaro prestato* | Rinviare: *r. la palla.* *3* Far tornare al luogo di provenienza: *r. in patria* | Mandare via, licenziare: *r. la cameriera* | Respingere: *r. il regalo.* *4* Differire, rinviare: *r. a domani la gita*; *r. la festa.* *5* (*est.*) Giudicare insufficiente la preparazione di un candidato rinviandolo a un altro esame | ***R. a settembre, a ottobre***, in passato, nella scuola primaria e in quella secondaria, dichiarare un alunno non promosso dandogli facoltà di sostenere nella sessione autunnale uno o più esami di riparazione. *6* (*fig.*) Consigliare qlcu. di ricorrere a qlco.: *r. ad un'altra pagina del testo* | (*fig.*) Fare riferimento: *questo periodo rimanda a tutte le considerazioni precedentemente udite.*

rimandàto [1940] **A** **part. pass.** di *rimandare*; anche **agg.** ● Nei sign. del v. **B** **s. m.** (**f.** *-a*) ● Studente che doveva sostenere uno o più esami di riparazione nella sessione autunnale: *l'elenco dei rimandati.*

rimàndo [sec. XV] **s. m.** *1* Il rimandare | Rinvio: *il r. della palla* | ***Di r.***, in risposta, in replica: *e lui di r.: 'Ma nemmeno per sogno!'.* *2* Dilazione: *ottenere un breve r.* *3* (*edit.*) Contrassegno, segno particolare, parola che in un testo spec. scientifico rimanda il lettore a cercare altrove: *saggio con molti rimandi.*

rimaneggiamento [1872] **s. m.** *1* Il rimaneggiare | Rifacimento, rielaborazione: *il r. di un testo.* *2* Cambiamento di incarichi: *r. del Governo.* **SIN.** Rimpasto.

rimaneggiàre [comp. di *ri-* e *maneggiare*; 1664] **v. tr.** (*io rimanéggio*) *1* Maneggiare ancora, di nuovo. *2* In tipografia, ricomporre un brano per rimediare a errori di composizione. *3* Ricostituire cambiando l'ordine o rifare mutando il significato; modificare, rielaborare: *r. la lista degli iscritti*; *r. un sonetto* | ***R. un ministero***, cambiare o spostare le cariche, rimpastarlo.

rimanènte [1313] **A** **part. pres.** di *rimanere*; anche **agg.** ● Nei sign. del v. **B** **s. m.** ● Ciò che rimane, avanza, resta: *il r. della merce sarà spedito oggi* | †***Essere del r.***, sopravanzare | (*lett.*) ***Del r.***, del resto. **C** **s. m. e f.** *1* (*spec. al pl.*) Chi rimane; gli altri: *i rimanenti non hanno votato.* *2* †Successore, erede.

rimanènza [da *rimanente*; sec. XIV] **s. f.** *1* Ciò che rimane | Avanzo, residuo di merce, giacenza di magazzino: *liquidare le rimanenze.* *2* †Fermata, sosta.

♦**rimanére** [lat. *remanēre*, comp. di *re-* e *manēre* 'rimanere', di orig. indeur.; 1294] **A** **v. intr.** (**pres.** *io rimàngo*, †*rimàgno*, *tu rimàni*, *egli rimàne*, *noi rimaniàmo*, *voi rimanéte*, *essi rimàngono*; **pass. rem.** *io rimàsi*, *tu rimanésti*; **fut.** *io rimarrò*; **congv. pres.** *io rimànga*; **condiz. pres.** *io rimarrèi*, *tu rimarrésti*; **part. pass.** *rimàsto*, †*rimàso*; aus. *essere*) *1* Fermarsi in un luogo, trattenersi, restare: *oggi rimango in casa*; *per le vacanze rimarremo a Napoli*; *rimanemmo in piedi tre ore*; *preferisco r. con gli amici* | ***Dove siamo rimasti?***, dove è arrivato il racconto, la narrazione, il discorso? | Restare in proprietà: *tutti i suoi beni rimarranno al figlio* | Durare, permanere, persistere: *r. in carica un anno*; *non riusciva a r. diritto*; *il pericolo rimane* | Essere situato, trovarsi: *la nostra casa rimane proprio sulla via del mare.* *2* Risultare, finire per essere, trovarsi o ritrovarsi in una determinata condizione: *r. povero, confuso, meravigliato, vedovo*; *siamo rimasti a piedi*; *nulla di te conto si farà, se io spento rimango* (CAMPANELLA) | (*fam.*) ***R. al verde, all'asciutto***, restare senza denaro | ***R. in forse***, restare, essere in dubbio | ***R. indietro***, lasciarsi distanziare (*anche fig.*) | ***Rimango dell'idea che*** ..., continuo a ritenere che ... | ***R. a bocca aperta***, (*ellitt.*) ***rimanere***, restare stupefatto: *a vederlo sono rimasto*; *cose da far r.* | ***Rimanerci***, restare ingannato; (*fam.*) morire | †***Rimanete con Dio***, ***in pace***, addio, arrivederci | ***R. scoperto***, non venire saldato, detto di conto | ***R. sospeso***, è da decidere, detto di cosa | Trovarsi d'accordo: *non so come sono rimasti* | Essere: *rimane accertato che verremo.* *3* Avanzare: *non gli è rimasto un soldo* | Restare: *non ti rimane che accettare* | Mancare: *rimane poco al nostro arrivo* | Sopravvivere, essere superstite: *gli è rimasto un solo parente.* **B** **v. intr. pron.** *1* (*raro, lett.*) Fermarsi, non procedere oltre. *2* (*lett.*) Restare, mantenersi di un determinato stato: *ciascuno si rimanga col suo parere, che niuno gliele caverebbe di capo* (LEOPARDI). *3* †Cessare di fare qlco. | Trattenersi, astenersi.

rimangiàre [comp. di *ri-* e *mangiare* (*1*); av. 1294] **v. tr.** (*io rimàngio*) ● Mangiare ancora, di nuovo: *aveva fame e ha chiesto di r.*; *abbiamo rimangiato le ciliegie* | (*fig.*) ***Rimangiarsi la promessa, la parola***, ritrattare, essere costretto a rinnegarle.

rimànte [av. 1667] **A** **part. pres.** di *rimare*; anche **agg.** ● (*lett.*) Che fa rima. **B** **s. m.** ● †Rimatore, poeta.

rimarcàbile [1641] **agg.** ● Rimarchevole. ‖ **rimarcabilménte**, **avv.**

rimarcàre (*1*) [comp. di *ri-* e *marcare*; 1940] **v. tr.** (*io rimàrco, tu rimàrchi*) ● (*raro*) Marcare di nuovo.

rimarcàre (*2*) [fr. *remarquer*, comp. di *re-* 'ri-' e *marquer* 'marcare'; 1643] **v. tr.** (*io rimàrco, tu rimàrchi*) ● Osservare, notare, rilevare.

rimarchévole [fr. *remarquable*, da *remarquer* 'rimarcare (2)'; 1640] **agg.** ● Notevole, importante. ‖ **rimarchevolménte**, **avv.**

rimàrco [fr. *remarque*, da *remarquer* 'rimarcare (2)'; 1637] **s. m.** (**pl.** *-chi*) ● (*bur.*) Nota, rilievo, censura.

rimàre [da *rima* (*1*); av. 1294] **A** **v. intr.** (aus. *avere*) *1* Far rima: *due parole che rimano tra loro.* *2* (*raro*) Poetare, scrivere, comporre versi. **B** **v. tr.** *1* (*lett.*) Comporre in rima. *2* (*lett.*) Mettere in versi: *colui che rimasse cosa sotto vesta di figura* (DANTE).

rimarginàbile [da *rimargin(are)* con il suff. *-abile*; 1985] **agg.** *1* Che si può rimarginare: *piaga, ferita r.* *2* (*fig.*) Che può essere mitigato, placato, superato: *dolore r.*

rimarginàre [comp. di *ri-* e *marginare*; 1566] **A** **v. tr.** (*io rimàrgino*) *1* Ricongiungere i margini di una ferita. **SIN.** Cicatrizzare. *2* (*fig.*) Lenire: *r. una piaga del cuore.* **B** **v. intr.** e **intr. pron.** (aus. *essere*) ● Cicatrizzarsi | (*fig.*) Mitigarsi, lenirsi.

rimarginàto **part. pass.** di *rimarginare*; anche **agg.** ● Nei sign. del v.

rimàrio [da *rima* (*1*); 1529] **s. m.** ● Vocabolario dove sono raggruppate le voci che rimano, di un testo letterario o anche di una intera lingua, seguendo l'ordine alfabetico delle rime dalla vocale accentata: *r. dantesco.*

rimaritàre [comp. di *ri-* e *maritare*; 1308] **A** **v. tr.** *1* Maritare di nuovo: *r. una donna vedova.* *2* (*poet., fig.*) Ricongiungere. **B** **v. intr. pron.** ● Riprendere marito | (*est.*) Riprendere moglie.

rimarrèi ● V. *rimanere.*

†**rimàso** [sec. XIII] **A** **part. pass.** di *rimanere*; anche **agg.** ● Che è rimasto o è stato lasciato indietro: *dicendo: 'Cianfa dove fia r.?'* (DANTE *Inf.* XXV, 43) | Che si è venuto a trovare: *La donna, rimasa scornata* (BOCCACCIO). **B** **s. m.** ● Avanzo, resto, rimanente.

rimasticàre [comp. di *ri-* e *masticare*; av. 1311] **v. tr.** (*io rimàstico, tu rimàstichi*) *1* Masticare di nuovo. *2* (*fig.*) Ripensare, rimuginare: *r. un'offesa* | Rimettere assieme alla meglio o ripetere monotonamente: *r. vecchie nozioni*; *r. il solito discorso.*

rimasticatìccio [da *rimasticare*, sul modello di *appiccicaticcio* e sim.; 1959] **s. m.** ● Roba rimasticata | (*fig., spreg.*) Ciò che è frutto di scarsa rielaborazione o rivela poca originalità: *questa commedia musicale è un r. di vecchi motivi.*

rimasticàto **part. pass.** di *rimasticare*; anche **agg.** ● Nei sign. del v.: *quel vecchio argomento tanto r.* (BACCHELLI).

rimasticatùra [1883] **s. f.** ● Il rimasticare | (*fig.*) Opera poco originale.

rimàstico [av. 1912] **s. m.** (**pl.** *-chi*) ● (*lett.*) Ruminazione.

rimàsto **part. pass.** di *rimanere*; anche **agg.** ● Nei sign. del v.

rimasùglio [da †*rimaso*; sec. XIV] **s. m.** ● Ciò che rimane, avanza ed è generalmente di poco valore o scarsamente consistente: *buttare via i rimasugli della cena.* **SIN.** Avanzo | (*fig.*) Residuo: *C'era quasi un r. di rancore* (VERGA).

rimasùgliolo **s. m.** ● (*pop., tosc.*) Rimasuglio.

rimàto [1294] **part. pass.** di *rimare*; anche **agg.** ● In rima: *versi rimati* | ***Prosa rimata***, prosa divisa in parti il cui finale è in rima o in assonanza.

rimatóre [da *rimato*; 1294] **s. m.** (**f.** *-trice*) *1* Nella letteratura delle origini, poeta: *i rimatori dello stilnovismo.* *2* (*spreg.*) Verseggiatore.

rimattonàre ● V. *riammattonare.*

†**rimazióne** [dal lat. *rimāri*] **s. f.** ● Indagine, ricerca.

rimbacuccàre [comp. di *r(i)-* e *imbacuccare*; 1872] **A** **v. tr.** (*io rimbacùcco, tu rimbacùcchi*) ● Imbacuccare di nuovo o di più. **B** **v. rifl.** ● Imbacuccarsi di nuovo o di più.

rimbaldanzìre [comp. di *r(i)-* e *imbaldanzire*; sec. XIII] **A** **v. intr.** e **intr. pron.** (*io rimbaldanzìsco, tu rimbaldanzìsci*; aus. *essere*) ● Imbaldanzire di nuovo. **B** **v. tr.** ● Fare imbaldanzire di nuovo o maggiormente.

†**rimbaldìre** [comp. di *r(i)-* e *imbaldire*; av. 1306] **A** **v. tr.** ● Rianimare. **B** **v. intr.** ● Rinfrancarsi.

rimballàre [comp. di *r(i)-* e *imballare*; 1872] **v. tr.** ● Imballare di nuovo o meglio.

rimbalzàre [comp. di *rin-* e *balzare*; 1321] **A** **v. intr.** (aus. *essere* o *avere*) *1* Balzare in direzione contraria, detto di corpo che urta contro un ostacolo: *il pallone rimbalzò sul muro* | (*est.*) Riflettersi: *le lame di luce rimbalzavano verso l'alto* (CALVINO). *2* (*fig.*) Trasmettersi spec. con rapidità: *la novità spiacevole è rimbalzata dappertutto.* **B** **v. tr.** ● †Respingere, rimandare: *rimbalzando la ruzzola in alto, la sua velocità scemerà* (GALILEI).

rimbalzèllo [propr. dim. di *rimbalzo*; 1842] **s. m.** ● Gioco consistente nel lanciare a fior d'acqua un ciottolo piatto, così da farlo rimbalzare il maggior numero possibile di volte: *giocare, fare a r.*

rimbalzìno [propr. dim. di *rimbalzo*; 1891] **s. m.** ● Gioco consistente nel lanciare una moneta contro il muro, in modo da farla ricadere il più vicino possibile a un punto prefissato.

rimbalzista [da *rimbalzo*] **A** **s. m. e f.** (**pl. m.** *-i*) ● (*sport*) Nella pallacanestro, giocatore specialista nel recupero del pallone dopo un tiro fallito. **B** anche **agg.**: *ala r.*

rimbàlzo [1313] **s. m.** *1* Balzo in direzione opposta di un corpo che urta contro un ostacolo: *il r. del pallone* | (*est.*) Rialzo successivo a un calo: *r. tecnico della Borsa* | ***Di r.***, (*fig.*) non direttamente, di riflesso. *2* Deviazione dalla sua traiettoria di un proiettile o missile quando urta obliquamente contro un ostacolo: *colpo, tiro di r.* *3* Nella pallacanestro, tecnica di riconquista del pallone che ricade dal tabellone dopo un tiro che ha mancato il canestro: *andare a r.*

rimbambiménto [av. 1573] **s. m.** ● Il rimbambire | Condizione di chi è rimbambito.

rimbambinìre [da *bambino*, col pref. *rin-*; 1872] **v. intr.** (*io rimbambinìsco, tu rimbambinìsci*; aus. *essere*) ● (*raro*) Comportarsi da bambino | (*raro, spreg.*) Rimbambire.

rimbambìre [da † *bambo*, col pref. *rin-*; 1526] **A** **v. intr.** e **intr. pron.** (*io rimbambìsco, tu rimbambìsci*; aus. *essere*) ● (*spreg.*) Perdere la capacità di ragionare: *con gli anni si è un po' rimbambito* | (*est.*) Rincretinire: *impari mio figlio a r. dietro a una donnetta* (BACCHELLI). **B** **v. tr.** ● Istupidire, stordire: *quel lavoro l'ha rimbambito.*

rimbambìto [av. 1357] **part. pass.** di *rimbambire*; anche **agg. e s. m.** (**f.** *-a*) ● Che (o Chi) non ha più la capacità di ragionare: *è un r.* ‖ **rimbambitàccio**, **pegg.**

rimbarbarìre [comp. di *r(i)-* e *imbarbarire*; 1870] **A** **v. intr.** (*io rimbarbarìsco, tu rimbarbarìsci*; aus. *essere*) ● Imbarbarire di nuovo o di più. **B** **v. tr.** ● (*raro*) Fare tornare barbaro.

rimbarcàre e *deriv.* ● V. *reimbarcare* e *deriv.*

rimbastìre [comp. di *r(i)-* e *imbastire*; 1726] **v. tr.** (*io rimbastìsco, tu rimbastìsci*) ● Imbastire di nuovo | (*fig.*) ***R. un discorso***, ricomporlo.

rimbàtto [da *battere*, col pref. *rin-*; 1835] **s. m.** ● (*mar.*; *disus.*) Colpo di vento che colpisce le vele di rovescio, in senso opposto al lato per il quale sono bordate. || **rimbattóne**, accr.

rimbeccàre [comp. di *r(i)-* e *imbeccare*; 1319] **A** v. tr. (*io rimbécco, tu rimbécchi*) **1** (*raro*) Beccare a propria volta, detto di uccelli. **2** (*fig.*) Contraddire vivacemente, ribattere prontamente: *r. una malignità.* **B** v. rifl. rec. **1** (*raro*) Combattere beccandosi, detto di uccelli. **2** (*fig.*) Contraddirsi l'un l'altro vivacemente, in modo pungente e polemico.

rimbeccàto [av. 1400] part. pass. di *rimbeccare*; anche agg. ● Nei sign. del v.

rimbécco [1566] s. m. (pl. *-chi*) ● Scambio di battute vivaci | ***Di r.***, di rimando, ribattendo prontamente.

rimbecillìre [comp. di *r(i)-* e *imbecillire*; 1863] **A** v. tr. (*io rimbecillìsco, tu rimbecillìsci*) ● Fare imbecillire | (*est.*) Stordire, confondere. **B** v. intr. e intr. pron. (aus. *essere*) ● Diventare imbecille | (*est.*) Rincretinire, rimbambire.

rimbecillìto [1872] part. pass. di *rimbecillire*; anche agg. e s. m. (f. *-a*) ● Che (o Chi) è diventato imbecille.

rimbellettàre [comp. di *r(i)-* e *imbellettare*] v. tr. e rifl. (*io rimbellétto*) ● (*lett.*) Imbellettare di nuovo (*anche fig.*).

rimbellìre [comp. di *r(i)-* e *imbellire*; av. 1311] **A** v. tr. (*io rimbellìsco, tu rimbellìsci*) ● Fare ridiventare bello o più bello. **B** v. intr. e intr. pron. (aus. *essere*) ● Imbellire di nuovo o di più.

rimbiancàre [comp. di *r(i)-* e *imbiancare*; 1686] **A** v. tr. (*io rimbiànco, tu rimbiànchi*) ● Imbiancare di nuovo. **B** v. intr. e intr. pron. (aus. *essere*) ● (*lett.*) Impallidire di nuovo: *il suo volto si rimbiancò* (VERGA).

rimbiondìre [comp. di *r(i)-* e *imbiondire*; av. 1484] **A** v. tr. (*io rimbiondìsco, tu rimbiondìsci*) ● Fare imbiondire di nuovo. **B** v. intr. e intr. pron. (aus. *essere*) ● Imbiondire di nuovo.

rimboccaménto [1575] s. m. ● (*raro*) Rimboccatura.

rimboccàre [da *bocca*, col pref. *rin-*; sec. XIV] v. tr. (*io rimbócco, tu rimbócchi*) **1** Ripiegare l'estremità di qlco.: *r. un sacco, un lenzuolo*; *r. il tessuto prima di fare l'orlo* | ***Rimboccarsi le maniche***, (*fig.*) mettersi a lavorare con impegno. **2** (*raro*) Imboccare di nuovo. **3** †Rovesciare, mettere con la bocca all'ingiù.

rimboccàto part. pass. di *rimboccare*; anche agg. ● Nei sign. del v.: *maniche rimboccate*; *lenzuola rimboccate*; *davanti al letto r. e nitido* (PAVESE).

rimboccatùra [av. 1320] s. f. ● Operazione del rimboccare | Parte che si ripiega verso l'esterno: *la r. del lenzuolo.*

rimbócco [1863] s. m. (pl. *-chi*) ● (*raro*) Rimboccatura.

rimbombaménto [sec. XIV] s. m. ● (*raro*) Rimbombo.

rimbombànte [av. 1543] part. pres. di *rimbombare*; anche agg. **1** Nei sign. del v. **2** (*fig.*) ***Frasi, parole, periodi rimbombanti***, ricchi di sonorità, di effetto, ma vuoti di contenuto. || **rimbombanteménte**, avv.

rimbombàre o (*raro*) **ribombàre** [da *bombo* (*1*), col pref. *rin-*; av. 1292] **A** v. intr. (*io rimbómbo*; aus. *essere* e *avere*) ● Fare un gran rumore, echeggiando in modo cupo: *il tuono rimbombò a lungo*; *tutta la grotta rimbombò del mio urlo, e parve una risata di scherno* (SVEVO). SIN. Rintronare, risuonare. **B** v. tr. ● (*lett.*) Fare risuonare: *quassù la fama il ver rimbomba* (POLIZIANO).

rimbombévole [av. 1340] agg. ● (*lett.*) Rimbombante.

rimbombìo [sec. XVI] s. m. ● Il rimbombare continuato.

rimbómbo [1313] s. m. ● Il rimbombare | (*est.*) Rumore, strepito (*anche fig.*): *il r. della cascata*; *il r. della tua paura è giunto fino a noi*; *dietro noi correa sull'aure / lungo un r. di voci di pianto* (ALFIERI).

rimborsàbile [1799] agg. ● Che si può o si deve rimborsare: *buono postale r. dopo un anno.*

rimborsabilità [1970] s. f. ● (*raro*) Condizione di ciò che è rimborsabile.

†**rimborsaménto** [1745] s. m. ● Rimborso.

rimborsàre [comp. di *r(i)-* e *imborsare*; av. 1542] v. tr. (*io rimbórso*) **1** Restituire a qlcu. il denaro che ha speso per conto d'altri, che ha prestato o che ha pagato per un servizio di cui non abbia usufruito: *ti rimborserò fino all'ultimo centesimo ciò che mi hai anticipato* | Risarcire qlcu. di una spesa: *sospeso lo spettacolo, gli spettatori sono stati rimborsati*; *dovendo r. la signora Moor … del vitto che mi ha apprestato* (PIRANDELLO). **2** †Rimettere nella borsa.

rimborsàto [1540] part. pass. di *rimborsare*; anche agg. ● Nei sign. del v. | Restituito, detto di debito, spesa e sim. | Risarcito, detto di persona: *soddisfatti o rimborsati.*

rimbórso [1799] s. m. ● Restituzione a qlcu. di denaro speso per conto d'altri, prestato e sim.: *effettuare un r.* | La somma rimborsata: *un esiguo r.* | ***R. a pie' di lista***, quello ottenuto dietro presentazione di fatture e sim. che attestino le spese sostenute per conto del proprio datore di lavoro | (*comm.*) ***R. di banca***, modo di pagamento della merce acquistata, emettendo tratta non direttamente sul compratore ma su una banca da lui indicata.

rimboscaménto [1866] s. m. ● Rimboschimento.

rimboscàre [da *bosco*, col pref. *rin-*; 1375] **A** v. tr. (*io rimbòsco, tu rimbòschi*) ● Effettuare il rimboschimento di un terreno, di una zona: *r. le montagne appenniniche.* **B** v. intr. pron. ● (*lett.*) Addentrarsi in un bosco per nascondervisi.

rimboschiménto [1879] s. m. ● Insieme di opere attuate per ricostituire terreni boschivi degradati o distrutti. SIN. Riforestazione.

rimboschìre [da *bosco*, col pref. *rin-*; 1851] **A** v. tr. (*io rimboschìsco, tu rimboschìsci*) ● Ricostituire un bosco piantando alberi. **B** v. intr. (aus. *essere*) ● Diventare di nuovo boscoso, detto di luoghi, terreni e sim.

†**rimbottàre** [comp. di *r(i)-* e *imbottare*; 1835] v. tr. e intr. ● Imbottare di nuovo.

†**rimbrèncio** [comp. di *rin-* e †*brencio* 'straccio'; av. 1566] s. m. ● (*tosc.*) Straccio.

rimbricconìre [comp. di *r(i)-* e *imbricconire*; 1872] v. intr. (*io rimbricconìsco, tu rimbricconìsci*; aus. *essere*) ● (*raro*) Diventare più briccone.

rimbrodolàre [comp. di *ri-* e *imbrodolare*; 1872] v. tr. (*io rimbròdolo*) ● (*tosc.*) Imbrodolare di nuovo o di più | (*fig., tosc.*) Giustificare malamente: *r. un torto.*

rimbrogliàre [comp. di *r(i)-* e *imbrogliare*; 1835] v. tr. e rifl. (*io rimbròglio*) ● Imbrogliare di nuovo.

rimbrottàre [da avvicinare a *brontolare*; sec. XIV] **A** v. tr. (*io rimbròtto*) ● Rimproverare, spec. rinfacciando: *[il marito] sempre la rimbrottava di non esser buona a dargli un figliuolo* (PIRANDELLO). **B** v. rifl. rec. ● Rinfacciarsi torti scambievolmente.

rimbrottatóre agg.; anche s. m. (f. *-trice*) ● (*raro*) Che (o Chi) rimbrotta.

rimbròtto [1353] s. m. ● Rimprovero, ammonizione brusca e risentita: *eccedere nel r.* | Le frasi, le parole che servono a rimbrottare: *un efficace r.*

rimbrunìre [comp. di *r(i)-* e *imbrunire* (*1*); av. 1573] **A** v. tr. e intr. (*io rimbrunìsco, tu rimbrunìsci*; aus. intr. *essere*) ● (*tosc.*) Imbrunire. **B** v. intr. pron. ● (*fig.*) Diventare serio, cupo: *Antonia si rimbrunì* (BACCHELLI).

rimbruttìre [comp. di *r(i)-* e *imbruttire*; 1835] **A** v. tr. (*io rimbruttìsco, tu rimbruttìsci*) ● Fare imbruttire di nuovo o di più. **B** v. intr. (aus. *essere*) ● Diventare brutto di nuovo o di più.

rimbucàre [comp. di *r(i)-* e *imbucare*; av. 1400] **A** v. tr. (*io rimbùco, tu rimbùchi*) ● Imbucare di nuovo. **B** v. intr. pron. ● Rientrare nella buca o nella tana per nascondersi di nuovo, detto spec. di animali.

†**rimburchiàre** [variante di *rimorchiare*] v. tr. ● Rimorchiare.

rimbussolàre [comp. di *r(i)-* e *imbussolare*; 1872] **A** v. tr. (*io rimbùssolo*) ● Imbussolare di nuovo, rimettendo in un'urna schede, palline numerate e sim. per un'estrazione. **B** v. intr. (aus. *avere*) ● (*tosc.*) Scuotere il sacchetto contenente le palline numerate per rimescolarle.

rimbustàre [da *busta*, col pref. *rin-*; 1970] v. tr. ● Rimettere nella busta.

rimbuzzàre [comp. di *r(i)-* e *imbuzzare*; 1872] **A** v. tr. ● (*fam., tosc.*) Riempire lo stomaco di cibi. **B** v. rifl. ● Riempirsi di cibo, rimpinzarsi.

rimediàbile [vc. dotta, lat. *remediābile(m)*, da *remediāre* 'rimediare'; av. 1566] agg. ● Che si può rimediare: *danno r.*

♦**rimediàre** o (*dial.*) †**remediàre** [vc. dotta, lat. *remediāre*, da *remĕdium* 'rimedio'; 1312] **A** v. intr. (*io rimèdio*; aus. *avere*) **1** (assol.; + *a*) Portare rimedio: *rimedieranno con un decreto*; *r. ai danni sofferti*; *Cercava di r. a questo difetto, portando i tacchi alti* (PIRANDELLO). SIN. Riparare. **2** (*lett.*) Provvedere: *vedrai che rimedio io, in modo che tu non faccia sacrifizi* (PASCOLI). **B** v. tr. **1** (*fam.*) Trovare, mettere insieme, procurarsi (*anche fig.*): *non sappiamo come r. la colazione*; *r. una scusa*; *abbiamo rimediato una figuraccia* | (*fig.*) Ricevere, subire: *ha rimediato un solenne ceffone*; *la squadra ha rimediato una storica batosta* | Aggiustare alla meglio: *r. uno strappo nei pantaloni.* **2** †Medicare, curare, sanare.

rimediàto part. pass. di *rimediare*; anche agg. ● Nei sign. del v.: *un vestito r. al mercato.*

rimedicàre [comp. di *ri-* e *medicare*; 1803] **A** v. tr. (*io rimèdico, tu rimèdichi*) ● Medicare di nuovo, fare una nuova medicatura. **B** v. rifl. ● Medicarsi di nuovo.

♦**rimèdio** o †**remèdio** [vc. dotta, lat. *remĕdiu(m)*, dalla stessa radice di *medēri* 'medicare'. V. *medico*; av. 1292] s. m. **1** Medicamento, farmaco, medicina, cura con cui si guarisce o si combatte una malattia: *hanno trovato un eccellente r. contro l'influenza* | (*med.*) †***R. attuale***, che agisce prontamente | (*disus.*) ***R. eroico***, farmaco molto efficace ma pericoloso. **2** (*est.*) Provvedimento, espediente che mette riparo a una situazione negativa o elimina una difficoltà: *trovare, porre r. alla recessione economica* | ***Non c'è r.***, non si può fare altrimenti | ***Senza r.***, senza via di uscita: *nella mia solitudine senza r.* (SABA). || PROV. A tutto c'è rimedio fuorché alla morte; spesso è peggio il rimedio del male; a mali estremi, rimedi estremi. || **rimediùccio**, dim.

†**rimedìre** [etim. incerta; av. 1350] v. tr. ● Riscattare: *fece prendere e r. i buoni mercanti* (VILLANI).

rimeditàre [comp. di *ri-* e *meditare*; 1680] v. tr. e intr. (*io rimèdito*; aus. *avere*) ● Meditare di nuovo.

rimeggiàre [intens. di *rimare*; av. 1620] v. intr. (*io riméggio*; aus. *avere*) ● (*raro*) Comporre versi.

rimèma [comp. di *rim(a)* ed *-ema*] s. m. (pl. *-i*) ● (*ling.*) Parola in rima.

rimembrànza [fr. *remembrance*, da *remembrer* 'rimembrare'; av. 1250] s. f. ● (*lett.*) Rievocazione, ricordo | Ciò che si ricorda: *fu assalito in un punto da una folla di rimembranze dolorose* (MANZONI).

rimembràre [fr. *remembrer*, dal lat. *rememorāri* 'ricordarsi'. V. *rimemorare*; av. 1250] **A** v. tr. (*io rimèmbro* (o *-é-*)) ● (*poet.*) Richiamare alla memoria, ricordare (*anche impers.*): *Silvia, rimembri ancora / quel tempo della tua vita mortale …?* (LEOPARDI). **B** v. intr. pron. ● (*lett.*) Ricordarsi, rammentarsi: *Non ti rimembra di quelle parole …?* (DANTE *Inf.* XI, 79); *de' grand'avi tuoi / le imprese ti rimembra* (PARINI).

rimemoràre [vc. dotta, lat. *rememorāri* 'ricordarsi', comp. di *re-* e *memorāre*; sec. XIII] v. tr. e intr. pron. ● (*lett.*) Ricordare.

rimemorazióne [sec. XIV] s. f. ● (*raro, lett.*) Ricordo, rievocazione: *un'osservazione che concluda al necessario ritiro in se stessi, … alla r.* (CROCE).

rimenàre [comp. di *ri-* e *menare*; 1340] **A** v. tr. (*io riméno*) **1** (*lett.*) Ricondurre, riportare: *zefiro torna e il bel tempo rimena* (PETRARCA). **2** Dimenare | (*tosc.*) Agitare, mescolare: *r. la pasta, la calcina* | (*fig.*) Strapazzare, trattare male. **B** v. rifl. ● †Condursi in giro, a zonzo: *sciolto da quel pensiero, andò a rimenarsi e visitar alcuni amici* (BRUNO).

rimenàta [1342] s. f. **1** Il rimenare spec. una sola volta | Rapida mescolata. **2** (*fig., region.*) Sgridata, strapazzata.

rimendàre ● V. *rammendare.*

rimenìo [da *rimenare*; av. 1578] s. m. ● (*raro*) Frequente rimescolio | (*fig.*) Turbamento: *si sentiva dentro lo stesso r.* (VERGA).

†**riméno** [da *rimenare*; 1551] s. m. ● Scempio.

rimerìa [da *rima* (*1*); 1803] s. f. ● (*raro*) Produzione poetica in rima, spec. di scarso valore: *la r. petrarchistica.*

rimeritàbile [1872] agg. ● (*raro*) Che si può o si deve ricompensare.

rimeritàre o (*poet.*) †**rimertàre** [comp. di *ri-* e *meritare*; av. 1306] v. tr. (*io rimèrito*) ● (*lett.*) Ricompensare, rendere merito, rimunerare: *r. un benefattore*; *r. qlcu. di una buona azione*; *r. qlcu. con l'ingratitudine*; *che Dio ti rimeriti!*

rimèrito [1897] s. m. ● (*lett.*) Premio, ricompensa.

†**rimertàre** ● V. *rimeritare*.

riméscere [lat. *remiscēre*, comp. di *re-* e *miscēre* 'mescolare'. V. *mescere*; sec. XVII] v. tr. (coniug. come *mescere*) ● Mescere di nuovo.

rimescolaménto [1353] s. m. **1** Il rimescolare, il rimescolarsi | ***R. delle carte***, (*fig.*) mutamento di una situazione in seguito al cambiamento dell'ordine o del valore degli elementi costitutivi. **2** (*fig.*) Turbamento per improvvisa e violenta emozione: *la paura gli provocò un grande r.* SIN. Rimescolio.

rimescolànza [da *rimescolare*; 1586] s. f. ● (*raro*) Mescolanza.

rimescolàre [comp. di *ri-* e *mescolare*; 1342] **A** v. tr. (*io riméscolo* (o *-è-*)) **1** Mescolare di nuovo. **2** Mescolare meglio e a lungo: *r. la polenta* | ***R. le carte***, scozzarle | Rovistare: *r. vecchie carte* | (*fig.*) Rivangare: *r. vecchi ricordi* | (*fig.*) ***R. il sangue***, turbare, agitare. **B** v. intr. pron. **1** Mischiarsi a un gruppo, confondersi fra gli altri, detto di persone: *rimescolarsi tra la folla*. **2** Agitarsi, andare sottosopra, detto di cose: *prima della tempesta, il mare si rimescolò con violenza*. **3** (*fig.*) Agitarsi, turbarsi per una viva emozione: *a quella vista si rimescolò tutta*; *gli si rimescolò il sangue nelle vene*.

rimescolàta [comp. di *ri-* e *mescolata*; 1872] s. f. ● Il rimescolare spec. una sola volta e in fretta: *dare una r. alle carte*. || **rimescolatina**, dim.

rimescolàto [1340] part. pass. di *rimescolare*; anche agg. ● Nei sign. del v.

rimescolìo [1858] s. m. **1** Trambusto; confusione, agitazione: *in teatro c'era un gran r.* **2** (*fig.*) Turbamento.

riméscolo [1342] s. m. ● (*lett.*) Turbamento, emozione. || **rimescolóne**, accr.

riméssa [f. sost. di *rimesso*; av. 1306] s. f. **1** Il rimettere: *la r. in funzione di un impianto*. **2** (*sport*) Nei giochi di palla, azione di rimettere la palla in campo quando sia uscita dal terreno di gioco o dopo una sospensione della partita: *r. laterale*, *r. in gioco* | ***Giocare di r.***, rispondere alle iniziative dell'avversario senza attaccare (*anche fig.*) | Nella scherma, secondo colpo che si vibra successivamente allo stesso bersaglio del primo nel caso in cui l'avversario dopo aver parato non risponda subito | (*raro*) Nel tennis, risposta al servizio. **3** Ricovero del bestiame | Operazione del mettere in magazzino derrate, provviste, raccolti e sim. **4** (*raro*) Stalla | Magazzino di derrate, provviste, raccolti e sim. | ***Fare una buona r.***, fare un buon raccolto. **5** Locale, edificio in cui si raccolgono veicoli di vario tipo: *la r. dei tram*, *degli autobus*. **6** Invio di denaro o di merce: *fare una congrua r.* | ***Rimesse degli emigranti***, quantità di denaro che gli emigranti inviano dall'estero o spendono in patria. **7** Scapito, perdita: *vendere a r.* **8** †Risposta | Severo rimprovero. **9** †Aggiunta, correzione apportata a un testo. **10** Germoglio di pianta. || **rimessàccia**, pegg. | **rimessina**, dim. | **rimessóne**, accr. m.

rimessàggio [da *rimessa* nel sign. 4; 1963] s. m. ● Ricovero in un apposito locale per la custodia durante il periodo in cui non si usano, detto spec. di imbarcazioni da diporto, roulotte e sim.

†**rimessìbile** ● V. *remissibile*.

rimessióne [sec. XIV] s. f. **1** (*raro*) Remissione. **2** Trasferimento di un procedimento da un ufficio giudiziario a un altro.

rimessìticcio [da *rimesso*; 1574] **A** agg. (pl. f. *-ce*) ● Posticcio. **B** s. m. ● Pollone che germoglia nel fusto o nei rami di una pianta in seguito a recisione.

rimésso [1550] **A** part. pass. di *rimettere*; anche agg. **1** Nei sign. del v. | Ristabilito in salute; rinfrancato | Ritornato al bello: *Oggi il tempo par r.* (CARDUCCI). **2** †Dimesso, umile, detto di stile. **3** †Sommesso, detto di voce. **4** (*fig.*) †Remissivo, arrendevole. **B** s. m. **1** †Intarsio: *lavoro di r.* | (*est.*) Ciascun elemento usato per l'intarsio. **2** †Ritocco fatto nel dipingere. **3** Parte di un tessuto ripiegato per eseguire l'orlatura.

†**riméstа** s. f. **1** †Rimescolamento. **2** (*fig.*, *lett.*) Rimbrotto, rimprovero.

rimestaménto [1959] s. m. ● Un rimestare prolungato | (*fig.*) Inopportuna riproposizione | (*fig.*, *lett.*) Rielaborazione faticosa.

rimestàre [comp. di *ri-* e *mestare*; av. 1340] v. tr. (*io riméstо*) **1** Rimescolare (*anche assol.*): *r. la salsa*. **2** (*fig.*) Riagitare e dibattere (*anche assol.*): *r. questioni vecchie*; *è un oratore che ama r.* **3** †Maneggiare, rimaneggiare.

rimestàto part. pass. di *rimestare*; anche agg. ● Nei sign. del v.

rimestatóre [1745] s. m. (f. *-trice*) ● Chi rimesta (*spec. fig.*).

rimestatùra [1940] s. f. ● (*raro*) Rimestamento.

rimestìo [1965] s. m. ● Il rimestare continuo.

rimettàggio [da *rimettere*; 1929] s. m. ● Operazione tessile con la quale si introducono i fili dell'ordito nelle maglie dei licci.

♦**rimèttere** [lat. *remĭttere*, comp. di *re-* e *mĭttere* 'mandare'. V. *mettere*; av. 1292] **A** v. tr. **1** Mettere di nuovo: *r. in discussione di qlco.*; (anche con la particella pron.) *rimettersi il cappello in testa* | ***R. mano***, ricominciare | ***R. piede***, ritornare | (*raro*) ***R. qlcu. in possesso di qlco.***, restituire qlco. a qlcu. | Riportare a uno stato precedente: *r. a posto*, *in ordine*, *in libertà* | ***R. qlcu. in salute***, ***in carne***, riportarlo in buone condizioni di salute | ***R. insieme***, ricongiungere | ***R. in piedi***, (*fig.*) far risorgere, ravvivare | (*raro*, *fig.*) Riacquistare, riguadagnare: *r. il sonno perduto* | †Ricacciare, respingere. **2** Riprodurre, tornare a dare, mettere (*anche assol.*): *r. le radici*, *il pelo*; *è una pianta che continua a r.* **3** Rimandare, rispedire, rinviare: *r. la palla*. **4** Demandare, assegnare, affidare ad altri: *r. al giudizio altrui la decisione*. **5** Perdonare, condonare: *r. la pena*, *il debito*; *empiamente ostinato di non r. una privata offesa fattagli da Agamennone* (VICO). **6** (*raro*) Mettere al riparo: *r. le pecore*. **7** (con la particella pron. *ci*) (*fam.*) Subire un danno, una perdita sia materiale che morale: *rimetterci di tasca propria*; *rimetterci la pelle*, *la vita*; *non ci ho rimesso molto*. **8** Ripiegare, rimboccare: *r. le maniche per fare l'orlo*. **9** (*raro*) Differire, rimandare: *r. la gita a una stagione migliore*. **10** Inviare, mandare, spec. denaro o valori: *r. un assegno* | Rilasciare, recapitare: *r. una lettera nelle mani di una persona fidata*. **11** Vomitare (*anche assol.*): *r. il cibo*; *gli veniva da r.* **12** †Dare in restituzione, rendere. **13** †Deporre, lasciare. **14** †Correggere aggiungendo. **15** †Intarsiare. **B** v. intr. pron. **1** (+ *a*, anche seguito da inf.; + *in*, o altre prep. di luogo) Mettersi di nuovo: *si è rimesso al lavoro di gran lena*; *si sono rimessi a giocare*; *premuroso … soprattutto di poter presto rimettersi in cammino* (MANZONI). **2** (assol.; + *in*; + *da*; lett. + *di*) Ristabilirsi, riprendersi, detto di persona: *Bisogna che restiate qui con me, in campagna, … per rimettervi* (D'ANNUNZIO); *si è rimesso presto in salute*; *rimettersi dalla malattia*; *Sentivo sempre il bisogno di rimettermi di quella perdita* (SVEVO) | ***Rimettersi in carne***, ingrassare | ***Rimettersi dallo spavento***, riaversi. **3** (assol.; + *a*) Rasserenarsi, detto del tempo: *il tempo non si è ancora rimesso*; *il cielo si è rimesso al buono*, *al bello*. **4** (+ *a*) Rassegnarsi, affidarsi alla volontà altrui: *si sono rimessi al giudizio del più anziano*; *sarebbe necessitato rimettersi alla discrezione di Cesare* (GUICCIARDINI). **5** (*caccia*) Tornare a posarsi o celarsi, detto di selvaggina inseguita o stanata. **C** v. intr. (aus. *avere*) ● †Diminuire, scemare.

rimettìna [da *rimettere*; 1959] s. f. ● Operaia tessile addetta al rimettaggio.

rimettitóre [1551] s. m. **1** (f. *-trice*) Chi rimette. **2** (f. *-tora*) (*raro*) Operaio addetto al rimettaggio.

rimettitùra [1726] s. f. **1** Il rimettere | †Rifornimento. **2** Rimettaggio.

riminése [1482] **A** agg. ● Di Rimini. **B** s. m. e f. ● Abitante, nativo di Rimini.

rimiràre [comp. di *ri-* e *mirare*; 1313] **A** v. tr. **1** †Guardare di nuovo: *L'animo mio … / si volse a retro a rimirar lo passo* (DANTE *Inf.* I, 25-26). **2** (*lett.*) Guardare | (*lett.*) Guardare con compiacimento, con ammirazione: *r. il paesaggio*; *con amoroso occhio le rimira il dilicato petto* (BOCCACCIO) | (*lett.*) Guardare con meraviglia, con stupore: *assai con l'occhio bieco / mi rimiraron sanza far parola* (DANTE *Inf.* XXIII, 85-86) | (*est.*, *lett.*) Considerare: *r. la natura del fenomeno*; *rimirandolo, conosciamo più superficie del veduto corpo* (ALBERTI). **B** v. intr. (aus. *avere*) ● Guardare prendendo di nuovo la mira (*anche fig.*): *r. al bersaglio*; *r. a uno scopo*. **C** v. rifl. ● Guardarsi con compiacimento: *rimirarsi allo specchio*.

rimischiàre [comp. di *ri-* e *mischiare*; 1827] v. tr. (*io rimìschio*) ● Mischiare di nuovo o meglio.

rimisuràre [comp. di *ri-* e *misurare*; av. 1400] v. tr. ● Misurare di nuovo.

rimmel® [marchio registrato; 1939] s. m. ● Cosmetico, liquido o in pasta, per scurire le ciglia.

rimminchionìre [comp. di *r(i)-* e *imminchionire*; av. 1850] v. intr. (*io rimminchionìsco*, *tu rimminchionìsci*; aus. *essere*) ● (*volg.*) Rimbecillire.

rimodellàre [comp. di *r(i)-* e *modellare*; 1816] v. tr. (*io rimodèllo*) ● Modellare di nuovo.

rimodernaménto [1872] s. m. ● Rinnovamento volto a rendere moderno o più moderno: *il r. di una nave*, *delle strutture alberghiere*.

rimodernàre [da *moderno*, col pref. *ri-*; 1598] **A** v. tr. (*io rimodèrno*) ● Rendere moderno o più moderno: *r. la facciata di una casa* | Riadattare secondo la moda: *r. un vestito* | (*fig.*) Rinnovare: *r. le proprie idee*. **B** v. intr. pron. ● Adattarsi a ciò che è moderno.

rimodernàta [da *rimodernare*; 1991] s. f. ● Il rimodernare o il rimodernarsi in modo rapido e sommario (*anche fig.*): *dare una r. all'arredamento*, *all'organizzazione dell'ufficio*.

rimodernàto part. pass. di *rimodernare*; anche agg. ● Nei sign. del v.

rimodernatóre [av. 1729] agg.; anche s. m. (f. *-trice*) ● Che (o Chi) rimoderna.

rimodernatùra [1872] s. f. ● Il rimodernare | Spesa sostenuta per rimodernare qlco.: *pagare la r. della stanza*.

rimónda [da *rimondare*; 1897] s. f. ● Potatura che elimina rami inutili e secchi dalle piante.

rimondàre [comp. di *ri-* e *mondare*; 1319] v. tr. (*io rimóndo*) **1** Ripulire: *r. un albero*, *un terreno*, *una fogna*. SIN. Nettare. **2** (*fig.*, *lett.*) Liberare da colpe, peccati, ecc.

rimondatùra [av. 1712] s. f. ● Il rimondare | Rimonda.

rimóndo [da *rimondare*; av. 1320] agg. ● (*raro*) Mondato, ripulito.

rimónta [1652] s. f. **1** (*sport*) Nel corso di una gara o di un campionato, progressivo recupero del distacco o dello svantaggio da parte di un atleta o di una squadra: *tentare*, *effettuare la r.* **2** (*zool.*) Risalita degli uccelli migratori. **3** (*mil.*) Nelle antiche pratiche logistiche, reclutamento dei quadrupedi in sostituzione di quelli vecchi o inservibili. **4** (*zoot.*) In un allevamento, sostituzione periodica di animali vecchi, malati o non più produttivi. **5** (*min.*) Galleria inclinata che parte da una galleria di livello per raggiungere dal basso il giacimento di minerale. **6** Sostituzione della tomaia o di una parte di essa nella riparazione delle scarpe.

rimontàggio [1987] s. m. **1** Operazione del rimontare. **2** (*enol.*) Operazione di pompaggio del mosto dal fondo dei grandi tini sopra le vinacce per arieggiarlo.

rimontàre [comp. di *ri-* e *montare*; 1313] **A** v. tr. (*io rimónto*) **1** Montare di nuovo: *r. un motore*, *un congegno* | (*mar.*) ***R. il timone***, metterlo negli agugliotti. **2** Recuperare un distacco, uno svantaggio. **3** Risalire il corso di un fiume: *r. il Naviglio in barca* | (*mar.*) Percorrere controcorrente, controvento e sim. | ***R. un promontorio***, doppiarlo. **4** Rimettere a nuovo la tomaia della scarpa. **5** (*mil.*) Rifornire di cavalli reparti o soldati di cavalleria. **B** v. intr. (aus. *essere*) **1** Montare nuovamente: *r. a cavallo*, *su per le scale*. **2** (*fig.*) Risalire: *la fondazione di Roma si fa r. al 753 a.C.*

rimontatùra [1863] s. f. **1** Rimontaggio: *la r. dell'orologio è durata parecchio*. **2** Rimonta, nel sign. 6.

rimorchiàre (**1**) o †**remorchiàre**, †**remurchiàre** [da *rimorchio*; 1532] v. tr. (*io rimòrchio*) **1** Trainare un galleggiante o un veicolo avariato o lento agganciandolo a un altro: *r. una nave*, *una vettura*. **2** (*fig.*) Trascinarsi dietro qlco. o qlcu. | (*fig.*) Indurre qlcu. a fare qlco. controvoglia: *non ha personalità e si lascia r. da tutti*. **3** (*fam.*) Trovare compagnia per rapporti amorosi occasionali (*anche assol.*): *r. una ragazza*; *pareva un pischello quando se ne va … a r.* (PASOLINI).

†**rimorchiàre** (**2**) [etim. incerta; 1353] v. tr. ● Rimproverare una persona amata.

rimorchiàto part. pass. di *rimorchiare* (*1*); anche agg. ● Nei sign. del v.

rimorchiatóre [1872] **A** s. m. **1** Nave di piccole dimensioni e di grande potenza che serve per rimorchiare navi all'entrata e all'uscita di porti, per aiutare la manovra di ormeggio e per altri servizi portuali | ***R. d'alto mare***, di dimensioni e forma adatte alla navigazione d'altura e attrezzato per portare aiuto a navi in difficoltà. *2* (*aer.*) Aerorimorchiatore. **B** anche **agg.** (**f.** *-trice*) ● Che rimorchia.

rimòrchio [lat. parl. **remŭrculu(m)*, per il classico *remŭlcum*, dal gr. *rymoulkêin* 'rimorchiare', da *rýmati hélkein* 'tirare all'alzaia'. *Rýma* è da *erýein* 'tirare', di etim. incerta; *hélkein* è di orig. indeur.; 1490] **s. m.** *1* Il rimorchiare | ***Prendere a r.***, agganciare un veicolo, natante e sim. per rimorchiarlo | (*fig.*) ***Essere, andare a r. di qlcu.***, seguirlo passivamente; andargli dietro, accompagnarsi con lui: *sempre a r. del marito* (NIEVO). *2* Qualsiasi veicolo privo di motore, trainato da un altro veicolo o motrice: *attaccare il r.*; *camion con r.* | ***R. agricolo***, per trasportare materiali, attrezzi, macchine e sim. | ***R. ferroviario***, veicolo atto ad essere accoppiato ad una automotrice | (*mar.*) La nave trainata dal rimorchiatore. *3* Cavo, catena e sim. usati per rimorchiare spec. due imbarcazioni.

rimòrdere [vc. dotta, lat. *remordēre*, comp. di *re-* e *mordēre* 'mordere'; 1319] **v. tr.** (coniug. come *mordere*) *1* Mordere di nuovo: *mordeva e rimordeva la pipa*. *2* (*fig.*) Tormentare, dare rimorso: *è un pensiero che rimorde la coscienza*. *3* (*raro, lett.*) Rampognare, rimproverare: *in cotal guisa rimordea sovente / l'altero giovinetto* (POLIZIANO).

rimordiménto [da *rimordere*; av. 1342] **s. m.** ● (*lett.*) Pentimento, rimorso | †Forte rimpianto.

rimorire [comp. di *ri-* e *morire*; av. 1638] **v. intr.** (coniug. come *morire*; aus. *essere*) ● Morire di nuovo (*spec. fig.*): *La grande lirica può morire, rinascere, r.* (MONTALE).

rimormoràre [lat. *remurmurāre*, comp. di *re-* e *murmurāre* 'mormorare'; 1623] **v. tr.** e **intr.** (*io rimórmoro*; aus. *avere*) ● (*lett.*) Mormorare di nuovo: *e sordo il tuon rimormora* (CARDUCCI).

†rimorsióne **s. f.** ● Rimorso.

rimòrso [av. 1342] **A** **part. pass.** di *rimordere*, anche **agg.** ● Nei sign. del v. | (*fig., lett.*) Rimproverato, tormentato: *El mi parea da se stesso r.* (DANTE *Purg.* III, 7). **B** **s. m.** ● Tormento, cruccio, procurato dalla coscienza di aver fatto male: *essere preso, perseguitato, straziato dal r.*

rimòrto [1319] **part. pass.** di *rimorire*; anche **agg.** *1* Nel sign. del v. | (*fig., lett.*) Definitivamente finito: *mondane velleità d'una cavalleria rimorta* (BACCHELLI). *2* (*est., lett.*) Scheletrito, sciupato, molto macilento: *l'ombre, che parean cose rimorte* (DANTE *Purg.* XXIV, 4).

rimòsso [1313] **A** **part. pass.** di *rimuovere*; anche **agg.** (assol.; + *da*) *1* Nei sign. del v. (*anche fig.*): *un funzionario r. dall'incarico*; *un sentimento r.* *2* †Lontano, remoto. **B** **s. m.** ● (*raro, psicoan.*) Ciò che è stato allontanato dalla coscienza per effetto della rimozione: *il ritorno del r.*

rimostrànza [da *rimostrare*; 1575] **s. f.** *1* Espressione di rimprovero o di protesta contro un torto patito: *fare, portare le proprie rimostranze al capoufficio*. *2* †Dimostrazione.

rimostràre [comp. di *ri-* e *mostrare*; 1521] **A** **v. tr.** (*io rimóstro*) ● Mostrare di nuovo. **B** **v. intr.** (aus. *avere*) ● Far conoscere i propri motivi, le proprie ragioni: *hanno rimostrato vivacemente alle autorità competenti*. **SIN.** Protestare.

†rimòto ● V. *remoto*.

rimòvere ● V. *rimuovere*.

rimovìbile o (*raro*) **removìbile** [da *rimovere*; av. 1642] **agg.** ● Che si può rimuovere (*anche fig.*): *ostacolo r.*

†rimoviménto [da *rimovere*; av. 1320] **s. m.** ● Il rimuovere | Rimozione.

†rimovitóre [da *rimovere*; av. 1375] **agg.**: anche **s. m.** (**f.** *-trice*) ● Che (o Chi) rimuove.

rimozióne o (*raro*) **remozióne** [vc. dotta, lat. *remotiōne(m)*, da *remōtus*, part. pass. di *removēre* 'rimuovere'; av. 1311] **s. f.** *1* Spostamento, allontanamento: *la r. di una lapide* | (*fig.*) Eliminazione: *la r. di un grosso ostacolo*. *2* Sospensione, destituzione da una carica, da un ufficio e sim.: *non conosco le cause della sua r. dall'impiego* | ***R. dal grado***, massima punizione prevista per l'ufficiale che per gravissima mancanza disciplinare si sia reso indegno del grado rivestito. *3* (*psicoan.*) Repressione inconsapevole di sentimenti o tendenze istintive inaccettabili per l'Io e fonti di ansia | (*est.*) Rifiuto, cancellazione: *una r. collettiva della memoria storica*. *4* †Esclusione.

rimpacchettàre [comp. di *r(i)-* e *impacchettare*; av. 1826] **v. tr.** (*io rimpacchétto*) ● Impacchettare di nuovo.

rimpaciàre [comp. di *r(i)-* e *impaciare*; av. 1850] **A** **v. tr.** (*io rimpàcio*) ● (*tosc.*) Rappacificare. **B** **v. rifl.** e **rifl. rec.** ● (*tosc.*) Rappacificarsi.

rimpadronìrsi [comp. di *r(i)-* e *impadronirsi*; av. 1580] **v. intr. pron.** (*io mi rimpadronisco, tu ti rimpadronisci*) ● Impadronirsi di nuovo.

rimpaginàre [comp. di *r(i)-* e *impaginare*; 1872] **v. tr.** (*io rimpàgino*) ● Impaginare nuovamente.

rimpaginatùra [1872] **s. f.** ● Rimpaginazione.

rimpaginazióne [comp. di *r(i)-* e *impaginazione*; 1986] **s. f.** ● Nuova impaginazione. **SIN.** Rimpaginatura.

rimpagliàre [comp. di *r(i)-* e *impagliare*; 1872] **v. tr.** (*io rimpàglio*) ● Impagliare di nuovo.

rimpagliatóre [1872] **s. m.** (**f.** *-trice*) ● Chi rimpaglia: *r. di seggiole*.

rimpagliatùra [1872] **s. f.** ● Operazione del rimpagliare.

rimpallàre [da *palla*, col pref. *rin-*; 1863] **A** **v. intr.** (aus. *avere*) ● Nel gioco del biliardo, fare rimpallo | Rimbalzare (*anche fig.*). **B** **v. tr.** ● Rimandare indietro | (*fig.*) Rimandare, attribuire ad altri (anche con valore rec.): *r. un problema*; *rimpallarsi una responsabilità*.

rimpàllo [da *rimpallare*; 1863] **s. m.** *1* Nel calcio e sim., rimbalzo del pallone che colpisce un giocatore o un palo della porta. *2* Nel biliardo, ritorno della palla su quella che l'ha colpita.

†rimpalmàre [da *spalmare*, con cambio di pref.; 1313] **v. tr.** ● Spalmare nuovamente di pece l'esterno di un'imbarcazione.

rimpanàre [comp. di *r(i)-* e *impanare*; 1872] **v. tr.** *1* Impanare di nuovo: *r. una cotoletta*. *2* (*mecc.*) Rifare il pane di una vite.

rimpannucciàre [da *panno*, col pref. *rin-*; av. 1587] **A** **v. tr.** (*io rimpannùccio*) ● Rivestire con nuovi panni | (*fig.*) Far tornare in buone condizioni economiche. **B** **v. intr. pron.** ● Migliorare le proprie condizioni finanziarie, rifarsi.

rimpantanàrsi [comp. di *r(i)-* e *impantanarsi*; 1872] **v. intr. pron.** ● Impantanarsi di nuovo o peggio (*anche fig.*).

rimparàre [comp. di *r(i)-* e *imparare*; 1549] **v. tr.** ● Imparare di nuovo.

rimparentàrsi [comp. di *r(i)-* e *imparentarsi*; 1872] **v. intr. pron.** (*io mi rimparénto*) ● Imparentarsi di nuovo, spec. con la stessa famiglia.

rimpastàre [comp. di *r(i)-* e *impastare*; 1598] **v. tr.** *1* Impastare di nuovo. *2* (*fig.*) Rimaneggiare, ricomporre cambiando l'ordine, la composizione o la sostanza: *r. un ministero, un dramma*.

rimpasticciàre [comp. di *r(i)-* e *impasticciare*; 1790] **v. tr.** (*io rimpastìccio*) ● Impasticciare di nuovo o di più (*anche fig.*).

rimpàsto [1851] **s. m.** ● Il rimpastare | (*fig.*) Rimaneggiamento | ***R. ministeriale***, sostituzione di uno o più ministri in un governo senza aprire formalmente una crisi dello stesso. **SIN.** Ricomposizione.

rimpatriàre [comp. di *r(i)-* e *impatriare*; av. 1276] **A** **v. intr.** (*io rimpàtrio*; aus. *essere*) ● Tornare in patria. **B** **v. tr.** ● Rimandare, fare tornare in patria.

rimpatriàta [da *rimpatriare*; 1880] **s. f.** ● (*fam.*) Incontro, riunione di amici che non si incontravano da tempo: *fare una bella r.*

rimpàtrio [da *rimpatriare*; 1877] **s. m.** ● (*bur.*) Ritorno in patria: *r. dei lavoratori all'estero*.

†rimpaurire [comp. di *ri-* e *impaurire*; av. 1375] **v. intr.** e **intr. pron.** (*io rimpaurisco, tu rimpaurisci*; aus. *essere*) ● Impaurire di nuovo.

rimpazzire [comp. di *r(i)-* e *impazzire*; 1872] **v. intr.** (*io rimpazzisco, tu rimpazzisci*; aus. *essere*) ● Impazzire di nuovo.

rimpegnàre [comp. di *r(i)-* e *impegnare*] **A** **v. tr.** (*io rimpégno*) ● Impegnare di nuovo. **B** **v. rifl.** ● Impegnarsi di nuovo.

rimpellàre [da *pelle*, col pref. *rin-*; 1879] **v. tr.** (*io rimpèllo*) ● Ricostruire un muro a partire dal basso | Costruire un muro a ridosso di una parete.

rimpellicciàre [comp. di *r(i)-* e *impellicciare*; 1872] **A** **v. tr.** (*io rimpellìccio*) ● Ricoprire di pelliccia. **B** **v. rifl.** e **intr. pron.** ● Ricoprirsi di pelliccia.

rimpennàre [comp. di *r(i)-* e *impennare* (*1*); 1342] **A** **v. tr.** (*io rimpénno*) ● (*raro*) Ricoprire di penne. **B** **v. intr. pron.** ● Detto di uccelli, rimettere le penne. **C** **v. intr.** (aus. *essere*) ● (*raro, lett.*) Rimettere foglie: *rimpennava ogni tiglio, ogni betulla* (PASCOLI).

rimpettinàre [da *pettine*, col pref. *rin-*; 1897] **v. tr.** (*io rimpèttino*) ● Introdurre di nuovo nel pettine del telaio i fili usciti.

rimpettìrsi [da *petto*, col pref. *rin-*; 1803] **v. intr. pron.** (*io mi rimpettisco, tu ti rimpettisci*) ● (*raro*) Camminare sporgendo il petto spec. in segno di boria, forza, orgoglio.

rimpètto [comp. di *rin-* e *petto*; sec. XIII] **A** **avv.** ● (*raro, lett.*) Di fronte, di faccia | V. anche *dirimpetto*. **B** nelle **loc. prep.** ***r. a, a r. di***, raro ***r. di*** ● (*lett.*) Di fronte a: *trovati r. al monumento alle nove*; *a r. di me da l'altra sponda* (DANTE *Purg.* XIX, 89) | (*fig., lett.*) In confronto a, a paragone di: *r. alla pluralità dei corpi e degli impeti* (GADDA) | V. anche *dirimpetto*.

rimpiaccicottàre [comp. di *r(i)-* e *impiaccicottare*; 1872] **v. tr.** (*io rimpiaccicòtto*) ● (*tosc.*) Rammendare malamente | (*fig., lett.*) Riutilizzare.

rimpiagàre [comp. di *r(i)-* e *impiagare*; 1530] **v. tr.** (*io rimpiàgo, tu rimpiàghi*) ● (*lett.*) Ferire di nuovo.

†rimpiàgnere ● V. *rimpiangere*.

rimpiallacciàre [comp. di *r(i)-* e *impiallacciare*; 1872] **v. tr.** (*io rimpiallàccio*) ● Impiallacciare di nuovo.

rimpiàngere o **†rimpiàgnere** [comp. di *rin-* e *piangere*; av. 1543] **v. tr.** (coniug. come *piangere*) *1* (*lett.*) Ricordare con dolore: *e Dante ne rimpiange la perdita acerba* (PASCOLI). *2* Ricordare con rammarico e nostalgia chi (o ciò che) si è perduto e di cui si sente ancora il desiderio o il bisogno: *r. un caro amico*; *r. le vacanze* | Rammaricarsi, rincrescersi di qlco.: *r. una decisione presa*; *aveva rimpianto di non esser venuta con Amelia* (PAVESE). *3* †Compiangere.

rimpiànto [1940] **A** **part. pass.** di *rimpiangere*; anche **agg.** ● Nei sign. del v. **B** **s. m.** ● Ricordo dolente e nostalgico di qlcu. o qlco. che si è perduto: *vivere di rimpianti*; *il vivo r. della giovinezza*; *della gioia resta il rimpianto ed è anch'esso un dolore* (SVEVO) | Rammarico.

†rimpiastràre [comp. di *r(i)-* e *impiastrare*] **v. tr.** ● Impiastrare di nuovo (*anche fig.*).

rimpiastricciàre [comp. di *r(i)-* e *impiastricciare*] **v. tr.** (*io rimpiastrìccio*) ● Impiastricciare rozzamente | (*fig., lett.*) Rimaneggiare malamente.

rimpiattàre [da *piatto* (agg.), col pref. *rin-*; 1539] **A** **v. tr.** ● Appiattare, nascondere bene. **B** **v. rifl.** ● Nascondersi, acquattarsi: *andare a rimpiattarsi* | ***Fare a rimpiattarsi***, giocare a rimpiattino.

rimpiattàto **part. pass.** di *rimpiattare*; anche **agg.** ● Nei sign. del v.

rimpiatterèllo [da *rimpiattare*; 1967] **s. m.** ● (*tosc.*) Rimpiattino.

rimpiattino [da *rimpiattare*; av. 1735] **s. m.** ● Gioco di ragazzi, uno dei quali deve scovare i compagni che si sono nascosti e toccarli prima che essi raggiungano la tana. **SIN.** Nascondino, nascondarella, rimpiatterello.

rimpiazzàre [fr. *remplacer*, da *place* 'posto' (V. *piazza*), col pref. *ren-* 'rin-'; 1652] **v. tr.** ● (*bur.*) Mettere al posto di un altro: *r. un impiegato* | Sostituire, detto di cosa: *r. l'ingranaggio fuori uso*.

rimpiàzzo [1804] **s. m.** ● Il rimpiazzare; **SIN.** Sostituzione | La persona che rimpiazza, sostituisce: *fare da r.*

rimpiccinire [comp. di *r(i)-* e *impiccinire*; 1870] **A** **v. tr.** (*io rimpiccinisco, tu rimpiccinisci*) ● Fare diventare piccolo o più piccolo (*spec. fig.*): *r. la questione*. **B** **v. intr.** e **intr. pron.** (aus. *essere*) ● Diventare piccolo o più piccolo.

rimpicciolimènto [1803] **s. m.** ● Il rimpicciolire, il rimpicciolirsi.

rimpicciolire [comp. di *r(i)-* e *impicciolire*; 1642] **A** **v. tr.** (*io rimpicciolisco, tu rimpicciolisci*) ● Rendere più piccolo. **B** **v. intr.** e **intr. pron.** (aus. *essere*) ● Diventare più piccolo.

rimpiccolimènto [av. 1712] **s. m.** ● Il rimpiccolire.

rimpiccolire [comp. di *r(i)-* e *impiccolire*; av. 1642] **v. tr.**, **intr.** e **intr. pron.** (*io rimpiccolisco, tu rimpiccolisci*; aus. intr. *essere*) ● (*raro*) Rimpiccolire.

rimpiegàre e *deriv.* ● V. *reimpiegare* e *deriv.*

rimpigrire [comp. di *r(i)-* e *impigrire*; 1872] **v. tr.**, **intr.** e **intr. pron.** (*io rimpigrisco, tu rimpigrisci*; aus. intr. *essere*) ● Impigrire di nuovo o di più.

rimpinguàre [comp. di *r(i)-* e *impinguare*; 1728] **A** **v. tr.** (*io rimpìnguo*) ● Impinguare di più o di nuovo (*spec. fig.*): *provvedimenti volti a r. l'erario*. **B** **v. intr. pron.** ● Impinguarsi di più o di nuovo.

rimpinzaménto [av. 1698] **s. m.** ● Il rimpinzare,

il rimpinzarsi (*anche fig.*).

rimpinzàre [comp. di *r(i)-* e *impinzare*; 1543] **A** v. tr. ● Riempire troppo, il più possibile, spec. di cibo (*anche fig.*): *lo hanno rimpinzato di dolci*; *r. il discorso di fandonie.* SIN. Imbottire, inzeppare. **B** v. rifl. ● Riempirsi esageratamente di cibo.

rimpinzàta [da *rimpinzare*; 1891] s. f. ● (*disus.*) Abbondante mangiata, scorpacciata.

rimpinzàto part. pass. di *rimpinzare*; anche agg. ● Nei sign. del v.

rimpiumàre [comp. di *r(i)-* e *impiumare*; 1553] v. intr. e intr. pron. (aus. *essere*) ● Rimettere le piume.

rimpolpàre [comp. di *r(i)-* e *impolpare*; 1600] **A** v. tr. (*io rimpólpo*) **1** Impolpare di nuovo, rimettere la carne, la polpa. **2** (*fig.*) Accrescere, arricchire: *r. un articolo troppo scarno.* **B** v. intr. pron. ● Ingrassare, rimettersi in carne.

rimpolpettàre [da *polpetta*, col pref. *rin-*; av. 1673] v. tr. (*io rimpolpétto*) **1** (*raro*) Ricucinare facendo polpette. **2** (*fig., spreg.*) Raffazzonare, rimettere insieme alla meglio. **3** †Rimproverare, rimbeccare.

rimpoltronìre [comp. di *r(i)-* e *impoltronire*; 1872] **A** v. tr. (*io rimpoltronìsco, tu rimpoltronìsci*) ● Fare diventare più poltrone o poltrone. **B** v. intr. e intr. pron. (aus. *essere*) ● Diventare poltrone o più poltrone.

rimporporàre [comp. di *r(i)-* e *imporporare*] **A** v. tr. (*io rimpórporo*) ● (*lett.*) Imporporare di nuovo. **B** v. intr. pron. ● Imporporarsi di nuovo.

rimpossessàrsi [comp. di *r(i)-* e *impossessarsi*; 1872] v. intr. pron. (*io mi rimpossèsso*) ● Impossessarsi di nuovo.

rimpoverìre [comp. di *r(i)-* e *impoverire*; av. 1527] **A** v. tr. (*io rimpoverìsco, tu rimpoverìsci*) ● Far diventare di nuovo povero o più povero. **B** v. intr. e intr. pron. (aus. *essere*) ● Diventare di nuovo povero o più povero.

rimpratichìre [comp. di *r(i)-* e *impratichire*; 1940] **A** v. tr. (*io rimpratichìsco, tu rimpratichìsci*) ● Impratichire di nuovo o di più. **B** v. intr. pron. ● Impratichirsi di nuovo o meglio.

rimpresciuttìre ● V. *rimprosciuttire*.

rimprigionàre [comp. di *r(i)-* e *imprigionare*; 1872] v. tr. (*io rimprigióno*) ● Imprigionare di nuovo.

rimprìmere [comp. di *r(i)-* e *imprimere*] v. tr. (coniug. come *imprimere*) ● Imprimere di nuovo.

†**rimproccévole** [da *rimproccio*] agg. ● Che ha tono o valore di rimprovero.

†**rimprocciaménto** s. m. ● Rimprovero.

†**rimprocciàre** [fr. *reprocher*, dal lat. parl. **repropiāre* 'riavvicinare, mettere sotto gli occhi', da *prŏpe* 'vicino' (V. *prossimo*), col pref. *re-* 'ri-'; av. 1348] v. tr. ● Rinfacciare, rimproverare, rampognare: *rimprocciando i Fiorentini di lor viltate* (VILLANI).

rimpròccio [da *rimprocciare*; 1340 ca.] s. m. ● (*lett.*) Rimprovero: *Sotto il croscio dei rimprocci non aprii bocca* (D'ANNUNZIO) | (*lett.*) Ingiuria, scherno.

†**rimprontàre** [comp. di *r(i)-* e *improntare*] v. tr. ● Improntare di nuovo.

rimprosciuttìre o (*pop. tosc.*) **rimpresciuttìre** [comp. di *r(i)-* e *improsciuttire*; 1840] v. intr. (*io rimprosciuttìsco, tu rimprosciuttìsci*; aus. *essere*) ● (*pop.*) Improsciuttire di più. SIN. Rinsecchirsi.

rimproveràbile [1686] agg. ● Che si può rimproverare: *mancanza r.*

†**rimproveraménto** [sec. XIV] s. m. ● Rimprovero.

♦**rimproveràre** [comp. di *ri-* e del lat. tardo *improperāre* 'rimproverare, rinfacciare', da *prŏbrum* 'rimprovero' (V. *obbrobrio*), col pref. *in-*; av. 1313] **A** v. tr. (*io rimpròvero*) **1** Disapprovare, biasimare a voce o per iscritto per fare ravvedere, cambiare, migliorare e sim.: *r. uno scolaro della sua negligenza*; *r. aspramente i ritardatari.* SIN. Ammonire, riprovare, sgridare. **2** Rinfacciare qlco. brontolando: *gli rimprovera la scarsa attenzione che gli concede.* **3** †Respingere, ridare indietro. **B** v. rifl. ● Provare rammarico, rincrescimento, pentimento: *si rimproverava di non essere andato a salutare la madre*; *non ho nulla di cui rimproverarmi.*

†**rimproverazióne** [av. 1667] s. f. ● Rimprovero, riprensione. || †**rimproverazioncèlla**, dim.

†**rimproverio** [da *rimprovero*] s. m. ● Biasimo, rimprovero | (*lett.*) Dura critica.

♦**rimpròvero** [av. 1292] s. m. ● Espressione di biasimo, di disapprovazione: *muovere r.*; *non considerare un r.*; *dalla notte sorse una sola figura bella: Anna … la bella rosea faccia atteggiata a dolore e r.* (SVEVO) | Parole che servono a rimproverare: *un forte, giusto r.* SIN. Ammonimento, sgridata.

rimpulizzìre [da *pulizia*, col pref. *rin-*; 1872] **A** v. tr. (*io rimpulizzìsco, tu rimpulizzìsci*) ● (*tosc., fam.*) Far diventare pulito o più pulito nella persona, nel vestire | (*raro*) ***R. la casa***, rimbiancarla. **B** v. rifl. ● (*tosc., fam.*) Diventare più elegante o più compito nei modi.

rimugghiàre [comp. di *r(i)-* e *mugghiare*; sec. XIV] v. intr. (*io rimùgghio*; aus. *avere*) **1** (*lett.*) Muggire nuovamente o in modo insistente: *Il rimugghiar del bestiame* (NIEVO). **2** (*fig., lett.*) Echeggiare con un suono lungo e lamentoso, simile a un muggito, detto del vento, della tempesta e sim.

rimuggìre [vc. dotta, lat. *remugīre*, comp. di *re-* e *mugīre* 'muggire'; 1806] v. intr. (coniug. come *muggire*; aus. *avere*) ● Muggire a lungo (*lett., anche fig.*): *Oh! qual rimugge / l'aura infuocata!* (ALFIERI).

rimuginàre [comp. di *ri-* e del lat. *mugināri* 'ruminare, riflettere', di orig. onomat.; av. 1712] v. tr. e intr. (*io rimùgino*; aus. *avere*) **1** (*lett.*) Agitare, mescolare, frugando, cercando, rivoltando qlco.: *r. le carte*; *r. fra le immondizie.* **2** (*fig.*) Ripensare a lungo, agitare nella mente: *r. un'idea*; *perdersi a r.*; *R. è poco cristiano, è doloroso, noioso, e in generale non rende* (LEVI).

†**rimuneraménto** [1300 ca.] s. m. ● Remunerazione.

†**rimuneránza** s. f. ● Remunerazione.

rimuneràre e *deriv.* ● V. *remunerare* e *deriv.*

rimunìre [comp. di *ri-* e *munire*; av. 1494] v. tr. (*io rimunìsco, tu rimunìsci*) **1** Munire di nuovo. **2** †Ripulire: *e 'l poggio è netto e rimunito e bello* (POLIZIANO).

rimuòvere o (*raro, lett.*) **rimòvere** [lat. *removēre*, comp. di *re-* e *movēre* 'muovere'; 1294] **A** v. tr. (coniug. come *muovere*) **1** (*raro*) Muovere di nuovo. **2** (qlco.; qlcu. o qlco. + *da*) Levar via, spostare, scostare, allontanare (*anche fig.*): *r. un sigillo, il coperchio dalla pentola*; *r. le cause dell'insuccesso, un ostacolo* | (*fig.*) Distogliere: *r. qlcu. da un proposito* | (*raro*) Smuovere: *r. la terra.* **3** (qlcu. + *da*, lett. + *di*) Deporre, destituire: *hanno rimosso dal loro ufficio i funzionari più anziani*; *e inanimossi di rimuoverlo del vicariato di Bologna* (VILLANI). **4** (*psicoan.*) Effettuare una rimozione: *r. un pensiero negativo, un sentimento di pena* | (*est.*) Dimenticare, non ricordare: *ha rimosso il suo passato burrascoso.* **B** v. intr. pron. (+ *da*) ● Allontanarsi da un'idea, un pensiero, una convinzione: *non si rimuove dal suo proposito* | †Dissentire.

rimuràre [comp. di *ri-* e *murare*; 1310] v. tr. **1** Murare di nuovo | Chiudere murando: *r. una finestra.* **2** †Riedificare, rifabbricare.

rimutàbile [1891] agg. ● (*raro*) Che si può o si deve mutare.

†**rimutaménto** [av. 1348] s. m. ● Mutamento.

rimutàre [comp. di *ri-* e *mutare*; av. 1250] **A** v. tr. **1** Mutare di nuovo, mutare profondamente: *r. parere su qlco.* | (*lett.*) Trasformare, riformare: *r. l'ordinamento della società.* **2** †Rimuovere, distogliere qlcu. da un parere, un'opinione, un'idea: *Che tu mi voglia r.?* (SACCHETTI). **B** v. intr. (aus. *essere*) ● (*raro*) Cambiare di nuovo: *la rotta della nave è rimutata.* **C** v. intr. pron. ● (*lett.* o *raro*) Cambiare d'opinione, di idea, di gusto, ecc.

rin- o **rim-** ● V. *ri-*.

rinacerbìre [comp. di *r(i)-* e *inacerbire*; av. 1729] v. tr. e intr. pron. (*io rinacerbìsco, tu rinacerbìsci*) ● (*lett.*) Inacerbire di nuovo o di più | (*lett.*) Rendere ancora più difficile: *il mesto addio / rinacerbir col niego* (LEOPARDI).

rinalgìa [comp. di *rino-* e *-algia*; 1829] s. f. ● (*med.*) Dolore al naso.

rinarràre [vc. dotta, lat. *renarrāre*, comp. di *re-* e *narrāre*; sec. XIV] v. tr. ● Narrare di nuovo.

rinascènte [sec. XVI] part. pres. di *rinascere*; anche agg. ● Nei sign. del v.

rinascènza [da *rinascente*; 1584] s. f. ● (*lett.*) Rinascita (*spec. fig.*) | (*lett.*) ***La R.***, il Rinascimento: *l'età della r.*

rinàscere [lat. *renāsci*, comp. di *re-* e *nāsci* 'nascere'; av. 1292] v. intr. (coniug. come *nascere*; aus. *essere*) **1** Nascere di nuovo, un'altra volta: *non rinascerà un nuovo Dante.* **2** Tornare a vegetare, a germogliare, a fiorire, detto di piante: *rinascerà presto il grano* | Spuntare di nuovo, detto di peli, capelli, unghie: *gli rinasce subito la barba* | (*est.*) Tornare a scaturire, detto di acque | (*est., raro*) Tornare in uso, detto di parole. **3** (*fig.*) Risorgere, rinnovarsi, ridestarsi, detto di sentimenti, idee, usi e sim.: *è rinata in lui una grande fiducia*; *rinasce la cultura, la civiltà, la vita economica* | ***R. all'amicizia, alla gioia***, provare ancora amicizia, gioia | Rinvigorirsi: *rinascono le forze dopo la malattia* | ***Sentirsi r.***, ritrovare la serenità, la gioia di vivere. SIN. Rifiorire, rivivere.

rinascimentàle [1942] agg. ● Del Rinascimento: *stile, architettura r.*

rinasciménto [sec. XIV] **A** s. m. (*Rinasciménto* nel sign. 2) **1** Rinascita (*spec. fig.*): *r. delle arti, della cultura.* **2** Movimento culturale sorto in Italia alla fine del XIV sec. e diffusosi in tutta Europa fino al sec. XVI, caratterizzato dall'uso rinnovato della lingua e letteratura latina classica, dal libero rifiorire delle arti, degli studi, della politica, dei costumi, nello spirito e nelle forme dell'antichità classica: *la pittura, l'arte del R.*; *il R. italiano.* **B** in funzione di agg. inv. (posposto al s.) ● Rinascimentale: *stile r.*; *mobile r.*

rinàscita [comp. di *ri-* e *nascita*; 1550] s. f. **1** Il rinascere | Nuova crescita: *la r. delle unghie* | (*fig.*) Ripresa: *la r. dell'amore per qlcu.* **2** (*fig.*) Rinnovata vitalità: *r. dell'economia nazionale* | (*lett.*) ***La R.***, il Rinascimento.

rinascóndere [comp. di *ri-* e *nascondere*] **A** v. tr. (coniug. come *nascondere*) ● Nascondere di nuovo. **B** v. rifl. ● Nascondersi di nuovo.

rinasprìre [comp. di *r(i)-* e *inasprire*] **A** v. tr. (*io rinasprìsco, tu rinasprìsci*) ● (*lett.*) Rendere ancora più aspro. **B** v. intr. pron. ● (*lett.*) Diventare più aspro.

rinàto part. pass. di *rinascere*; anche agg. ● Nei sign. del v. (*spec. fig.*): *l'amore per quella donna era in lui r.* (D'ANNUNZIO) | (*fig.*) Che è pieno di rinnovata energia: *oggi mi sento r.*

rinavigàre o †**rinavicàre** [vc. dotta, lat. *renavigāre*, comp. di *re-* e *navigāre*; 1822] v. intr. e tr. (*io rinàvigo, tu rinàvighi*; aus. *avere*) ● Navigare di nuovo: *r. lungo la costa*; *r. il Tirreno.*

rincagnàrsi [da *cagna*, col pref. *ri-*; av. 1566] v. intr. pron. ● (*raro*) Atteggiarsi come il muso del cane, detto del volto umano.

rincagnàto o †**ricagnàto** [1353] part. pass. di *rincagnarsi*; anche agg. ● Nel sign. del v. | ***Naso r.***, appiattito e rivolto all'insù.

rincalcagnàre [da *calcagna*, col pref. *rin-*] v. tr. ● (*raro, tosc.*) Stipare premendo in breve spazio.

rincalcàre [comp. di *r(i)-* e *incalcare*; 1540] v. tr. (*io rincàlco, tu rincàlchi*) ● (*fam.*) Calcare con forza: *rincalcarsi il cappello in testa.*

†**rincalzaménto** [av. 1320] s. m. ● Rincalzatura.

rincalzàre [comp. di *r(i)-* e *incalzare*; 1319] v. tr. **1** (*lett.*) Sostenere qlcu. o qlco. (*anche fig.*). **2** (*est.*) Fortificare, rinforzare, assicurare alla base fermando con più sostegni: *r. un muro con grossi pali*; *r. un terrapieno* | ***R. piante***, raccogliere terra intorno al fusto per sostenerlo e favorire lo sviluppo di radici avventizie, permetterne l'irrigazione, provocarne l'imbianchimento | ***R. un mobile***, impedire che tentenni ponendogli sotto il piede zoppo un tassello di legno, o sim. | ***R. il letto***, piegare e fermare le lenzuola e coperte sotto il materasso, al piede e ai lati. **3** (*lett., raro*) Incalzare, inseguire ricacciando. **4** (*lett.*) Aggiungere di rimando o di rincalzo.

rincalzàta [da *rincalzato*; av. 1566] s. f. ● Il rincalzare una sola volta o in fretta.

rincalzàto part. pass. di *rincalzare*; anche agg. ● Nei sign. del v.

rincalzatóre [1891] s. m. **1** (f. *-trice*) (*raro*) Chi rincalza. **2** Aratro a doppio versoio per rincalzare le piante lungo la fila e per aprire solchi e fossetti.

rincalzatrìce [1959] s. f. ● Macchina atta alla rincalzatura delle piante.

rincalzatùra [1835] s. f. ● Operazione del rincalzare, spec. le piante.

rincàlzo [1313] s. m. **1** Appoggio, sostegno, aiuto | Ciò con cui si rincalza (*anche fig.*): *mettere un r. alla parete pericolante*; *mandare truppe di r.*; *attendere un r. dalla famiglia* | ***Di r.***, a sostegno, in aiuto | ***Dire, rispondere di r.***, dire, rispondere aggiungendo qlco. a sostegno di quanto già detto. SIN. Rinforzo. **2** Aliquota di forze tenuta a disposizione nelle minori unità per intervenire nel combattimento quando necessario. **3** Giocatore di riserva: *una squadra che possiede ottimi rincalzi*.

rincamminàrsi [comp. di *r(i)*- e *incamminarsi*; 1827] v. intr. pron. ● Incamminarsi di nuovo.

rincanalàre [comp. di *r(i)*- e *incanalare*; 1872] **A** v. tr. ● Incanalare di nuovo. **B** v. intr. pron. ● Incanalarsi di nuovo.

rincantucciàre [comp. di *r(i)*- e *incantucciare*; av. 1698] **A** v. tr. (*io rincantùccio*) ● Spingere, mettere in un cantuccio. **B** v. rifl. ● Ritirarsi, nascondersi in un cantuccio: *per non essere sgridato, il ragazzo si rincantucciò in un angolo*.

rincantucciàto part. pass. di *rincantucciare*; anche agg. ● Nei sign. del v. | (*est.*) Appartato, isolato.

rincaràre [comp. di *r(i)*- e *incarare*; av. 1348] **A** v. tr. ● Aumentare il prezzo di qlco. rendendolo più caro: *r. il pane* | (*fig.*) Ribattere con maggiore durezza: *Clelia rincarò: 'Mangiate già?...'* (MORAVIA) | *R. la dose*, aggravare un danno, un dispiacere, un'accusa, un rimprovero. **B** v. intr. (aus. *essere*) ● Crescere di prezzo, diventare più caro: *è rincarato l'affitto*.

rincarceràre [comp. di *r(i)*- e *incarcerare*; 1872] v. tr. (*io rincàrcero*) ● Incarcerare di nuovo.

rincarìre [da *caro*, col pref. *rin*-; 1551] v. tr. e intr. (*io rincarìsco, tu rincarìsci*; aus. intr. *essere*) ● (*raro*) Rincarare.

rincarnàre [comp. di *r(i)*- e *incarnare*; av. 1604] **A** v. tr. **1** (*raro*) Incarnare di nuovo. **2** V. *reincarnare*. **B** v. intr. e intr. pron. (aus. *essere*) ● (*raro*) Rimettersi in carne.

rincarnazióne ● V. *reincarnazione*.

rincàro [da *rincarare*; av. 1803] s. m. ● Aumento di prezzo di merci o generi vari: *r. della benzina* | *R. della vita*, aumento del costo della vita.

rincartàre [comp. di *r(i)*- e *incartare*; 1353] v. tr. ● Incartare di nuovo o meglio.

rincàrto [da *rincartare*; 1835] s. m. ● (*raro*) Nella tecnica di stampa, incarto.

rincartocciàre [comp. di *r(i)*- e *incartocciare*] v. tr. (*io rincartòccio*) ● Riavvolgere in un cartoccio.

rincasàre [da *casa*, col pref. *rin*-; 1810] v. intr. (*lett.*) intr. pron. (aus. *essere*) ● Rientrare a casa: *rincaseremo alle otto; or ti rincasa, e a' tuoi lavori intendi* (MONTI).

rincastràre [comp. di *r(i)*- e *incastrare*; 1536] v. tr. ● Incastrare di nuovo.

rincatenàre [comp. di *r(i)*- e *incatenare*] v. tr. (*io rincaténo*) ● Incatenare di nuovo o più strettamente.

rincattivìre [comp. di *r(i)*- e *incattivire*; av. 1742] v. intr. (*io rincattivìsco, tu rincattivìsci*; aus. *essere*) ● Incattivire di nuovo o di più.

†rincavallàre [comp. di *r(i)*- e *incavallare*] **A** v. tr. ● (*raro*) Fornire di cavalcatura. **B** v. intr. pron. ● †Provvedersi di un nuovo cavallo | (*fig.*) Rimettersi in forze.

rincentràre [comp. di *r(i)*- e *incentrare*; 1940] v. tr. (*io rincèntro* (o *-é-*)) ● Incentrare di nuovo e meglio rimettendo qlco. in simmetria ed equilibrio con il centro.

†rinchièdere [comp. di *rin*- e *chiedere*] v. tr. ● Richiedere | Convocare.

rinchinàre [comp. di *r(i)*- e *inchinare*; 1556] **A** v. tr. ● (*lett.*) Inchinare, piegare di nuovo. **B** v. rifl. ● (*lett.*) Inchinarsi di nuovo o di più, anche con umiltà.

rinchiodàre [comp. di *r(i)*- e *inchiodare*; 1913] v. tr. (*io rinchiòdo*) ● Inchiodare di nuovo.

♦**rinchiùdere** [comp. di *r(i)*- e *inchiudere*; sec. XIII] **A** v. tr. (coniug. come *chiudere*) **1** Chiudere dentro per segregare, proteggere o assicurare meglio da furti o altri pericoli: *r. un delinquente in prigione, la belva nella gabbia; rinchiuse i gioielli in cassaforte*. **2** (*est.*) †Contenere. **B** v. rifl. **1** Chiudersi dentro per appartarsi, isolarsi, segregarsi o difendersi da qlcuno o qlco.: *si sono rinchiusi nella sala a discutere; si rinchiusero nella fortezza aspettando l'assalto nemico*. **SIN.** Ritirarsi. **2** (*fig.*) Chiudersi in sé stesso: *bisogna trattarlo con molta delicatezza, altrimenti si rinchiude e non parla più*.

†rinchiudiménto [1336 ca.] s. m. ● Il rinchiudere | Incarcerazione.

†rinchiùsa [da *rinchiuso*] s. f. ● Monastero di clausura.

rinchiùso [av. 1292] **A** part. pass. di *rinchiudere*; anche agg. ● Chiuso dentro | (*fig.*) Appartato, ritirato | *Aria rinchiusa*, non rinnovata da tempo, viziata. **B** s. m. ● Luogo completamente chiuso e senz'aria | (*est.*) Recinto | *Sapere di r.*, mandare il cattivo odore dei luoghi tenuti sempre chiusi.

rinciampàre [comp. di *r(i)*- e *inciampare*; av. 1294] v. intr. (aus. *avere* o *essere*) ● Inciampare di nuovo (*anche fig.*).

rincincignàre [comp. di *r(i)*- e *incincignare*] v. tr. ● (*raro, tosc.*) Squalcire, stropicciare.

rincitrullìre [comp. di *r(i)*- e *incitrullire*; 1872] **A** v. tr. (*io rincitrullìsco, tu rincitrullìsci*) ● Fare diventare citrullo. **B** v. intr. pron. ● Diventare citrullo.

rincitrullìto [1879] part. pass. di *rincitrullire*; anche agg. ● Rincretinito, istupidito (*spec. scherz.*): *in trattoria, ... io, r., cercavo di svicolare* (MORAVIA).

rinciuchìre [comp. di *r(i)*- e *inciuchire*; 1872] v. intr. (*io rinciuchìsco, tu rinciuchìsci*; aus. *essere*) ● (*raro*) Inciuchire di nuovo o di più.

rinciviliménto [comp. di *r(i)*- e *inciviliment*o; 1872] s. m. ● Il rincivilire, il rincivilirsi.

rincivilìre [comp. di *r(i)*- e *incivilire*; av. 1604] **A** v. tr. ● Rendere civile o più civile: *Sarto e barbiere l'avevano rincivilito* (BACCHELLI). **B** v. intr. pron. (*io rincivilìsco, tu rincivilìsci*; aus. *essere*) ● Acquisire modi più civili | Migliorare la propria condizione sociale: *'Villano rincivilito!' proseguì don Rodrigo* (MANZONI).

Rincobdèllidi [comp. dal gr. *rýnchos* 'becco, grugno' e *bdélla* 'sanguisuga', col suff. *-idi*] s. m. pl. (sing. *-e*) ● Nella tassonomia animale, ordine di Irudinei provvisti di proboscide e parassiti su chiocciole, vermi o pesci (*Rhynchobdellidae*).

Rincocèfali [comp. del gr. *rýnchos* 'becco, grugno' e *-cefalo*; detti così dalla forma del premascellare che si prolunga verso il basso in forma di becco; 1959] s. m. pl. (sing. *-o*) ● Nella tassonomia animale, ordine di Rettili di modeste dimensioni, con corpo lacertiforme, 5 dita con unghie, coda compressa, comprendente soltanto lo sfenodonte (*Rhynchocephalia*).

Rincòfori [comp. del gr. *rýnchos* 'becco, grugno' e *-foro*; 1821] s. m. pl. (sing. *-o*) ● Nella tassonomia animale, ordine di Coleotteri con capo che si prolunga in una proboscide più o meno allungata e antenne terminanti a clava (*Rhinchophora*).

rincoglionìre [comp. di *coglione*, col pref. *rin*-; 1967] **A** v. tr. (*io rincoglionìsco, tu rincoglionìsci*) ● (*pop.*) Rendere imbecille, rimbambito: *l'età lo ha rincoglionito*. **SIN.** Rincretinire. **B** v. intr. e intr. pron. (aus. *essere*) ● (*pop.*) Diventare imbecille, rimbambito. **SIN.** Rimbecillire.

rincoglionìto [1958] part. pass. di *rincoglionire*; anche agg. e s. m. (f. *-a*) ● (*pop.*) Che (o Chi) è diventato tardo a comprendere e lento nei riflessi. **SIN.** Rimbecillito.

rincollàre (1) [comp. di *r(i)*- e *incollare* (1); sec. XVI] v. tr. (*io rincòllo*) ● Incollare di nuovo.

†rincollàre (2) [da *collo*, col pref. *rin*-; 1761] v. tr. ● Rigurgitare, ringorgare, detto di acque o liquidi.

rincollerìre [comp. di *r(i)*- e *incollerire*; 1872] v. intr. e intr. pron. (*io rincollerìsco, tu rincollerìsci*; aus. *essere*) ● Incollerire di nuovo.

rincòllo [da *rincollare* (2); 1761] s. m. ● Ingorgo, ristagno di acque correnti per un ostacolo naturale o artificiale.

rincolpàre [comp. di *r(i)*- e *incolpare*; 1835] v. tr. (*io rincólpo*) ● Incolpare di nuovo.

rincominciàre [comp. di *r(i)*- e *incominciare*; sec. XIII] v. tr. (*io rincomìncio*) ● (*lett.*) Ricominciare.

†rincóntra ● V. *rincontro*.

rincontràre [comp. di *r(i)*- e *incontrare*; av. 1484] **A** v. tr. **1** Incontrare di nuovo: *abbiamo rincontrato un vecchio amico*. **2** (*pop.*) †Incontrare: *andò coll'esercito a r. le genti che di Grecia in aiuto di Belisario venivano* (MACHIAVELLI) | †Riscontrare. **B** v. rifl. rec. ● (*raro*) Scontrarsi.

rincóntro o **†rincóntra** [1353] **A** s. m. **1** (*lett.* o *raro*) Incontro | †Scontro, scaramuccia. **2** (*al pl.*) Segni o tagli che gli artigiani fanno sui vari pezzi per vedere se combaciano: *segnare i rincontri*. **3** Palo di contro a rinforzo della struttura di sostegno in vigneti, frutteti e sim. **4** (*fig.*) †Riprova, confronto, paragone. **B** prep. ● †Dirimpetto, di fronte a | Anche nella loc. prep. *r. a, r. di, di r. a, di r. alla porta*.

rincoraggiàre [comp. di *r(i)*- e *incoraggiare*; 1340] **A** v. tr. (*io rincoràggio*) ● Rincuorare dando nuovo coraggio | (*fam.*) Incoraggiare. **B** v. intr. pron. ● Riprendere coraggio.

rincoraménto ● V. *rincuoramento*.

rincoràre ● V. *rincuorare*.

rincorbellìre [da *corbello*, col pref. *rin*-] v. intr. (*io rincorbellìsco, tu rincorbellìsci*; aus. *essere*) ● (*pop.*) Rimbecillire.

†rincordàre [comp. di *r(i)*- e *incordare*; 1612] v. tr. ● Incordare di nuovo.

rincorniciàre [comp. di *r(i)*- e *incorniciare*; 1872] v. tr. (*io rincornìcio*) ● Incorniciare di nuovo.

rincoronàre [comp. di *r(i)*- e *incoronare*; 1853] **A** v. tr. (*io rincoróno*) ● Incoronare di nuovo. **B** v. rifl. ● Incoronarsi di nuovo.

rincorporàre [comp. di *r(i)*- e *incorporare*; av. 1577] **A** v. tr. (*io rincòrporo*) ● Incorporare di nuovo: *r. una regione in una Confederazione di Stati*. **B** v. intr. pron. ● Incorporarsi di nuovo.

♦**rincórrere** [comp. di *rin*- e *correre*; av. 1374] **A** v. tr. (coniug. come *correre*) ● Inseguire, correre dietro: *r. un ragazzo per strada* | (*fig., lett.*) Rievocare, ravvivare: *r. i propri ricordi* | (*fig.*) Perseguire con affanno: *r. il successo, i facili guadagni*. **B** v. rifl. rec. ● Corrersi dietro l'un l'altro: *i ragazzi giocavano a rincorrersi; le rondini si rincorrono nel cielo*. **C** v. intr. pron. ● Succedersi, richiamarsi: *i giorni si rincorrevano; Da borghi sparsi le campane intanto / si rincorron coi lor gridi argentini* (PASCOLI).

rincórsa [da *rincorso*; 1804] s. f. ● Breve corsa, spec. per prendere lo slancio: *prendere la r. prima di saltare* | *Di r.*, con la rincorsa; di slancio | Corsa dietro a qlcu.: *ragazzi che ingombravano la via con giuochi e rincorse* (BACCHELLI).

rincórso part. pass. di *rincorrere* ● Nei sign. del v.

rincospèrmo [comp. del gr. *rýnchos* 'becco' (1)' (V. *ornitorinco*) e *spérma* 'seme' (V. *sperma*): detto così dalla forma dell'appendice del seme; 1835] s. m. ● Pianta per spalliere a fusto flessuoso, dalle piccole foglie verdi e lucide, con fiori bianchi molto profumati (*Trachelospermum iasminoides*).

rincospòra [comp. del gr. *rýnchos* 'becco, grugno' (V. *ornitorinco*) e *spora*; detta così dall'appendice rostriforme del becco] s. f. ● Pianta erbacea delle Ciperacee, con fusto gracile e fiori in spighette biancastre (*Rhyncospora*).

Rincòti [dal gr. *rýnchos* 'becco, grugno' (V. *ornitorinco*): detti così perché provvisti di rostro; 1940] s. m. pl. (sing. *-a*) ● (*zool.*) Emitteri.

♦**rincréscere** [comp. di *r(i)*- e *increscere*; av. 1257] v. intr. (coniug. come *crescere*; aus. *essere*) **1** Essere motivo di dispiacere, di rammarico, di disappunto: *gli rincrescerà doverti dire di no; mi rincresce che tu sia malato; rincrescermi forse ... esser messo al mondo?* (BRUNO) | *Se non ti rincresce*, per piacere, se non ti dispiace. **SIN.** Dispiacere. **2** †Diventare insopportabile, venire a noia: *Colle, che mi piacesti, or mi rincresci* (PETRARCA).

rincrescévole [da *rincrescere*; av. 1347] agg. ● (*lett.*) Molesto, noioso, detto di cosa o di persona: *qualunque azione o passione viva e forte, purché non ci sia r. e dolorosa* (LEOPARDI). || **†rincrescevolménte**, avv. Con rincrescimento.

rincresciménto [da *rincrescere*; av. 1292] s. m. **1** Dispiacere misto a disappunto, rammarico, amarezza: *provare, sentire r.; con r. sono costretto a rifiutare la proposta*. **2** †Noia, fastidio: *il r. dell'attendere* (BOCCACCIO). **3** †Offesa, ingiuria.

rincrescióso [da *rincrescere*; av. 1565] agg. **1** (*raro*) Che provoca rincrescimento e sim. **SIN.** Increscioso. **2** †Tedioso, noioso. **3** †Che sente rincrescimento, detto di persona.

rincresciùto [1859] part. pass. di *rincrescere* ● Nei sign. del v. | (*lett.*) Spiacevole | (*lett.*) Dispiaciuto.

rincrespaménto [1883] s. m. ● (*raro, lett.*) Increspamento.

rincrespàre [comp. di *r(i)*- e *increspare*; av. 1374] **A** v. tr. (*io rincréspo*) ● (*lett.*) Increspare: *crin ... che natura per sé rincrespa e dora* (TASSO) | Increspare di nuovo o di più. **B** v. intr. pron. ● (*raro*) Incresparsi | Incresparsi di nuovo o di più.

rincretinìre [da *cretino*, col pref. *rin*-; 1976] **A** v. tr. (*io rincretinìsco, tu rincretinìsci*) ● Rendere cretino | (*est.*) Confondere, stordire: *lo ha rincretinito di chiacchiere*. **B** v. intr. e intr. pron. (aus. *essere*) ● Diventare cretino, rimbecillirsi.

rincretinito [1970] part. pass. di *rincretinire*; anche agg. ● Diventato cretino | (*est.*) Intontito, inebetito.

rincrociàre [comp. di *r(i)-* e *incrociare*; 1803] **A** v. tr. (*io rincrócio*) ● Incrociare di nuovo. **B** v. rifl. rec. ● Incrociarsi di nuovo.

rincrudelìre [comp. di *r(i)-* e *incrudelire*; 1600] v. intr. e intr. pron. (*io rincrudelìsco, tu rincrudelìsci*; aus. *essere*) ● (*lett.*) Inasprirsi | (*lett.*) Rimbarbarire: *Firenze rincrudelì con le fazioni* (VICO).

rincrudiménto [1788] s. m. ● Aggravamento, inasprimento: *arrestare il r. del male*; *un improvviso r. del tempo.*

rincrudìre [comp. di *r(i)-* e *incrudire*; av. 1675] **A** v. tr. (*io rincrudìsco, tu rincrudìsci*) ● Esacerbare di nuovo o di più: *un nuovo dolore ha rincrudito la sua sofferenza* | (*lett.*) Aggravare, inasprire. **B** v. intr. e intr. pron. (aus. *essere*) ● Diventare più crudo, duro, aspro: *la malattia è rincrudita*; *il freddo si sta rincrudendo.*

rinculàre [da *culo*, col pref. *rin-*; 1312] **A** v. intr. (aus. *avere*, raro *essere*) **1** Indietreggiare senza voltare le spalle: *il cavallo rinculò improvvisamente.* **2** Arretrare, detto di un'arma portatile o di una bocca da fuoco, all'atto dello sparo, per l'azione dei gas della carica di lancio in direzione opposta a quella del proiettile. **B** v. tr. ● †Cacciare indietro.

rinculàta [1624] s. f. ● Il rinculare | Rinculo.

rinculcàre [comp. di *r(i)-* e *inculcare*] v. tr. (*io rincùlco, tu rincùlchi*) ● (*lett.*) Ribadire.

rincùlo [1855] s. m. **1** Il rinculare | Arretramento | Retromarcia. **2** Moto retrogrado di un'arma da fuoco all'atto dello sparo | ***Cannone senza r.***, particolarmente organizzato per il parziale sfogo posteriore dei gas della carica di lancio con conseguente annullamento del rinculo.

rincuoraménto o **rincoraménto** [1823] s. m. ● (*lett.*) Conforto, consolazione.

rincuoràre o (*lett.*) **rincoràre** [comp. di *r(i)-* e *incuorare*; 1336 ca.] **A** v. tr. (*io rincuòro*, lett. *rincòro*; in tutta la coniug. di *rincorare* la *o* dittonga preferibilmente in *-uo* se tonica) ● Dare nuovo o maggior coraggio: *qualcuno mi voleva rincorare, mi diceva che la signora si riavrebbe ...* (FOGAZZARO). SIN. Confortare, incoraggiare, racconsolare. **B** v. intr. pron., †intr. ● Riprendere coraggio, animo. SIN. Incoraggiarsi, racconsolarsi.

rincupìre [comp. di *r(i)-* e *incupire*; 1872] **A** v. tr. (*io rincupìsco, tu rincupìsci*) ● Rendere cupo o più cupo. **B** v. intr. e intr. pron. (aus. *essere*) ● Diventare più cupo | (*est.*) Abbassarsi di tono: *la sua voce ha una risonanza singolare, quasi argentina ...*; *poi sùbito si rincupisce* (D'ANNUNZIO) | (*fig.*) Rattristarsi.

rincurvàre [comp. di *r(i)-* e *incurvare*; 1835] v. tr. e intr. (aus. intr. *essere*) ● Incurvare di nuovo | Incurvare.

rincurvìre [1913] v. tr. e intr. (*io rincurvìsco, tu rincurvìsci*; aus. intr. *essere*) ● (*raro*) Rincurvare.

rindebitàre [comp. di *r(i)-* e *indebitare*; 1891] v. tr. e rifl. (*io rindébito*) ● Indebitare, indebitarsi di nuovo.

rindirizzàre [comp. di *r(i)-* e *indirizzare*; 1550] v. tr. e rifl. ● Indirizzare, indirizzarsi di nuovo.

rindolcìre [comp. di *r(i)-* e *indolcire*; 1515] v. tr. e intr. (*io rindolcìsco, tu rindolcìsci*; aus. intr. *essere*) ● (*raro*) Addolcire di nuovo o di più.

rindossàre [comp. di *r(i)-* e *indossare*; av. 1673] v. tr. (*io rindòsso*) ● Indossare di nuovo.

rindurìre [comp. di *r(i)-* e *indurire*; 1566] **A** v. tr. (*io rindurìsco, tu rindurìsci*) ● Fare diventare duro di nuovo | Indurire. **B** v. intr. e intr. pron. (aus. *essere*) ● Indurirsi o indurirsi di nuovo.

rinèchide [comp. di *rino-* e del gr. *échis* 'vipera' (V. *echide*); 1970] s. m. ● Serpente lungo fino a 1 metro, bruno rossiccio con due linee nere sul dorso, agile sia sul terreno che sugli alberi (*Rinechis scalaris*).

†**rinegàre** ● V. *rinnegare*.

rinegoziàbile [1983] agg. ● Che si può rinegoziare: *accordo r.*

rinegoziabilità [1983] s. f. ● Condizione di ciò che è rinegoziabile.

rinegoziàre [comp. di *ri-* e *negoziare*; 1983] v. tr. (*io rinegòzio*) ● Negoziare di nuovo | Intavolare delle trattative per rimettere in discussione un accordo già negoziato: *r. un'alleanza.*

rinegoziàto [1983] **A** part. pass. di *rinegoziare*; anche agg. ● Nei sign. del v. **B** s. m. ● (*raro*) L'insieme delle trattative necessarie per rimettere in discussione accordi già negoziati.

rinegoziazióne [1985] s. f. ● Atto del rinegoziare: *avviare la r. di un'alleanza.*

rinencèfalo [comp. di *rino-* ed *encefalo*; 1835] s. m. ● (*anat.*) Parte del telencefalo che ha rapporto con la funzione olfattoria.

rinettàre [comp. di *ri-* e *nettare* (*2*); 1550] v. tr. (*io rinétto*) ● (*lett.*) Nettare, pulire di nuovo o meglio: *di poi, con una punta di smeriglio si va rinettando detti pezzi ...* (VASARI) | (*fig., lett.*) Purificare, emendare.

rinettatùra s. f. ● (*raro, lett.*) Ripulitura.

rinevicàre [comp. di *ri-* e *nevicare*; 1959] v. intr. impers. (*rinévica*; aus. *essere* o *avere*) ● Nevicare di nuovo.

rinfacciaménto [av. 1673] s. m. ● Il rinfacciare: *l'aspro r. dell'ingratitudine*; *il r. di un dono.*

rinfacciàre [da *faccia* (*1*), col pref. *rin-*; av. 1342] v. tr. (*io rinfàccio*) **1** Rimproverare apertamente e in modo aspro a qlcu. un difetto, una colpa, un errore e sim.: *rinfacciava al giovane la sua viltà* | ***Rinfacciarsi qlco.***, (con valore rec.) rinfacciare l'un l'altro: *rinfacciarsi colpe e responsabilità.* **2** Rammentare a qlcu. con risentimento e in modo umiliante ciò che si è fatto per lui: *r. un beneficio, un favore*; *il padre gli rinfacciava il pane che mangiava* (BACCHELLI).

rinfàccio [da *rinfacciare*; 1891] s. m. ● Rinfacciamento, rimprovero.

rinfagottàre [comp. di *r(i)-* e *infagottare*; av. 1767] **A** v. tr. (*io rinfagòtto*) ● Ravvolgere qlco. facendone un fagotto | Infagottare. **B** v. rifl. ● Infagottarsi, imbacuccarsi.

†**rinfamàre** [da *fama*, col pref. *rin-*; 1319] v. tr. ● Restituire nella buona fama.

rinfanciullìre [da *fanciullo*, col pref. *rin-*; sec. XIV] v. intr. (*io rinfanciullìsco, tu rinfanciullìsci*; aus. *essere*) ● (*raro*) Rimbambire.

rinfangàre [comp. di *r(i)-* e *infangare*; sec. XIV] v. tr. e rifl. (*io rinfàngo, tu rinfànghi*) ● Infangare di nuovo.

†**rinfantocciàre** [da *fantoccio*, col pref. *rin-*; 1618] **A** v. tr. (*io rinfantòccio*) ● Rivestire come un fantoccio. **B** v. intr. e intr. pron. (aus. *essere*) ● Tornare bambino | (*est.*) Rimbambire.

†**rinfarciàre** [1313] v. tr. (*io rinfàrcio*) ● (*raro, lett.*) Rinfarcire: *s'i' ho sete e omor mi rinfarcia* (DANTE *Inf.* XXX, 126).

rinfarcìre [comp. di *r(i)-* e *infarcire*; 1872] v. tr. (*io rinfarcìsco, tu rinfarcìsci*) ● Infarcire troppo o di nuovo (*spec. fig.*): *r. il compito di errori.*

rinfarinàre [comp. di *r(i)-* e *infarinare*; av. 1645] v. tr. ● Infarinare di nuovo o ben bene.

rinferràre [comp. di *r(i)-* e *inferrare*; 1525] **A** v. tr. (*io rinfèrro*) ● †Riparare un attrezzo di ferro o una parte di esso. **B** v. intr. pron. ● (*raro, fig.*) Rimettersi in sesto economicamente o riacquistare vigore fisico.

rinfervoràre [comp. di *r(i)-* e *infervorare*; 1673] v. tr. e intr. pron. (*io rinfèrvoro*) ● Infervorare di nuovo.

rinfiammàre [comp. di *r(i)-* e *infiammare*; 1321] v. tr. e intr. pron. ● Infiammare di nuovo o di più (*anche fig.*): *r. gli animi.*

rinfiancàre [da *fianco*, col pref. *rin-*; 1550] v. tr. (*io rinfiànco, tu rinfiànchi*) **1** Rinforzare una costruzione sui fianchi. **2** (*est., fig.*) Rafforzare, sostenere: *r. un ragionamento*; *r. un'ipotesi con nuovi elementi.*

rinfiànco [1682] s. m. (pl. *-chi*) **1** Il rinfiancare | Ciò che serve a sostenere qlco. **2** Struttura di riempimento che si appoggia sull'estradosso dell'arco dei ponti in muratura, sulla quale viene impostata la struttura stradale. ➡ ILL. **ponte.** **3** (*fig., lett.*) Riscontro, sostegno: *[una credenza] che non ha alcun r. dalla lettera di Dante* (PASCOLI).

rinfichìre [da *fico*, col pref. *rin-*; 1872] v. intr. (*io rinfichìsco, tu rinfichìsci*; aus. *essere*) ● (*raro, tosc.*) Rinfichisecchire.

rinfichisecchìre [da *fico secco*, col pref. *rin-*] v. intr. (*io rinfichisecchìsco, tu rinfichisecchìsci*; aus. *essere*) ● (*raro, tosc.*) Diventare magro, grinzo o vizzo come un fico secco, detto di persona o di cosa.

rinfierìre [comp. di *r(i)-* e *infierire*; av. 1827] v. intr. (*io rinfierìsco, tu rinfierìsci*; aus. *avere* nel sign. 1, *essere* nel sign. 2) **1** Infierire di nuovo o di più, detto di persona. **2** Diventare più forte o violento, detto di malattie, elementi naturali, catastrofi, ecc. | (*fig., lett.*) Diventare più aspro (detto di una critica).

rinfilàre [comp. di *r(i)-* e *infilare*; av. 1543] v. tr. ● Infilare di nuovo.

rinfioràre o †**rinfloràre** [comp. di *r(i)-* e *infiorare*; sec. XIV] **A** v. tr. (*io rinfióro*) ● (*lett.*) Infiorare di nuovo. **B** v. intr. e intr. pron. (aus. *essere*) ● (*lett.*) Ricoprirsi di fiori.

rinfittìre [comp. di *r(i)-* e *infittire*; 1872] **A** v. intr. (*io rinfittìsco, tu rinfittìsci*; aus. *essere*) ● Infittire di nuovo o di più. **B** v. intr. pron. ● Infittirsi di nuovo o di più.

†**rinfloràre** ● V. *rinfiorare*.

rinfocàre ● V. *rinfuocare*.

rinfocolaménto [av. 1729] s. m. ● Il rinfocolare | (*fig.*) Risveglio, rievocazione.

rinfocolàre [comp. di *r(i)-* e †*infocolare*; sec. XIV] **A** v. tr. (*io rinfòcolo*) **1** (*raro*) Attizzare di nuovo il fuoco. **2** (*fig.*) Riaccendere, ridestare o acuire un sentimento, una passione e sim.: *r. l'odio, la discordia.* SIN. Fomentare. **B** v. intr. pron. ● (*fig.*) Riaccendersi, ridestarsi.

rinfoderàre [comp. di *r(i)-* e *infoderare*; 1640] v. tr. (*io rinfòdero*) **1** Rimettere nel fodero, infoderare di nuovo: *l'ufficiale rinfoderò la spada* | (*est.*) Ritrarre, ritirare: *r. gli artigli.* **2** (*fig.*) Rinunciare a dire o fare qlco.: *r. le proprie intenzioni.*

rinfóndere [comp. di *rin-* e *fondere*; 1632] v. tr. (coniug. come *fondere*) **1** †Aggiungere | Rimettere, rifornire. **2** (*lett.*) Infondere nuovo vigore.

rinfornàre [comp. di *r(i)-* e *infornare*; sec. XVII] v. tr. (*io rinfórno*) ● Infornare di nuovo.

rinfornàta [comp. di *r(i)-* e *infornata*; 1872] s. f. ● Nuova infornata.

rinforzaménto [av. 1597] s. m. ● Il rinforzare.

rinforzàndo [gerundio di *rinforzare*; 1826] s. m. inv. ● (*mus.*) Indicazione dinamica che richiede un graduale accrescimento d'intensità del suono.

rinforzàre [comp. di *r(i)-* e *inforzare*; av. 1292] **A** v. tr. (*io rinfòrzo*) **1** Rendere più forte, rinvigorire: *r. i muscoli, il corpo* | Rendere più saldo, stabile: *r. un mobile, un edificio* | (*raro*) Intensificare | (*fig.*) Rafforzare, avvalorare, ribadire: *r. un'autorità*; *r. un'ipotesi con nuovi elementi.* **2** (*mil.*) Accrescere di forza o mezzi per aumentare le capacità di offesa o di difesa. **3** (*raro*) Rendere di nuovo forte, vigoroso. **B** v. intr. e intr. pron. (aus. *essere*) ● Diventare più forte, vigoroso: *il vento è rinforzato*; *ci siamo rinforzati con una buona cura.*

†**rinforzàta** s. f. ● Opera del rinforzare.

rinforzàto [1581] part. pass. di *rinforzare*; anche agg. **1** Nei sign. del v. **2** (*bot.*) ***Calice r.***, che presenta alla base squame e foglioline a costituire il calicetto.

†**rinforzìre** v. tr., intr. e intr. pron. ● Rinforzare.

rinfòrzo [av. 1600] s. m. **1** Il rinforzare | Rafforzamento: *curare il r. delle mura esterne* | Ciò con cui si rinforza qlco.: *mettere un r. ai tacchi, al gomito della giacca* | Sostegno, aiuto, appoggio: *di r. vennero due amici* | (*region.*) ***Insalata di r.***, insalata di cimette di cavolfiore, acciughe, capperi, olive nere e spicchi d'uova sode. **2** (*mil.*) Assegnazione di forze o mezzi ad una unità ad incremento di quelli in organico: *due reggimenti di r.* | (*spec. al pl.*) Le truppe inviate a sostegno di altre già in azione: *chiedere, attendere, inviare rinforzi*; *I rinforzi vanno calando dalle Alpi* (MONTI). **3** (*psicol.*) Nell'apprendimento per condizionamento strumentale, la conseguenza piacevole che segue a una risposta e aumenta la probabilità che questa si ripeta. SIN. Ricompensa.

rinfoscàrsi [comp. di *r(i)-* e *infoscarsi*; 1504] v. intr. pron. (*io mi rinfósco* (o *-ò-*), tu ti *rinfóschi* (o *-ò-*)) ● (*raro, lett.*) Diventare cupo, buio: *cantate infin che i campi si rinfoscano* (SANNAZARO).

rinfoschìrsi [da *fosco*, col pref. *rin-*] v. intr. pron. (*io mi rinfoschìsco, tu ti rinfoschìsci*) ● (*lett.*) Infoschirsi di nuovo | (*fig.*) Rattristarsi nuovamente: *e poi ridubitare e raccigliarsi e r.* (PASCOLI).

rinfradiciàre [comp. di *r(i)-* e *infradiciare*] **A** v. tr. (*io rinfràdicio*) ● Infradiciare di nuovo o di più. **B** v. intr. pron. ● Diventare fradicio di nuovo o di più.

rinfrancaménto [1716] s. m. ● (*lett.*) Ripresa di vigore, di fiducia e sim.

rinfrancàre [comp. di *r(i)-* e *infrancare*; 1342] **A** v. tr. (*io rinfrànco, tu rinfrànchi*) **1** Ridare sicurezza, fiducia, coraggio e sim.: *un breve discorso d'incoraggiamento rinfrancò i concorrenti*; *r. la* *coscienza, lo spirito.* SIN. Rassicurare. **2** (*raro, lett.*) Rendere di nuovo forte, vigoroso nel corpo. **3** †Risarcire. **B** v. intr. pron. **1** Riacquistare sicurezza, fiducia, coraggio e sim.: *dopo le parole della madre, il bambino si rinfrancò; rinfrancarsi da uno spavento.* **2** (*raro, lett.*) Rinvigorirsi, detto del corpo. **3** †Rifarsi di una spesa.

rinfrancàto part. pass. di *rinfrancare*; anche agg. ● Che ha ripreso sicurezza, fiducia, vigore e sim.: *r. nell'animo; r. dalla virtù tonica del bagno* (D'ANNUNZIO).

†rinfrancescàre [deformazione di *rinfrescare*] v. tr. ● (*raro, lett.*) Rinnovare la memoria di qlco.: *sono andati a r. le liti* (GIUSTI); *r. il passato* (CARDUCCI).

†rinfrànco [da *rinfrancare*; av. 1673] s. m. ● Conforto, aiuto.

rinfràngere [comp. di *r(i)-* e *infrangere*; av. 1250] **A** v. tr. (coniug. come *frangere*) **1** (*raro*) Infrangere, infrangere di nuovo. **2** (*raro*) Rifrangere. **3** †Replicare. **B** v. intr. pron. e intr. (aus. *essere*) **1** (*lett.*) Infrangersi: *il mare si rinfrange sulla scogliera.* **2** (*raro, lett.*) Rifrangersi.

rinfrànto part. pass. di *rinfrangere*; anche agg. ● (*raro*) Nei sign. del v.

†rinfrenàre [comp. di *r(i)-* e *infrenare*] v. tr. ● Raffrenare.

rinfrescaménto [sec. XIV] s. m. **1** (*raro*) Il rinfrescare | †Refrigerio. **2** †Approvvigionamento, rifornimento. **3** †Ristoro, riposo, rincuoramento: *pigliando r. e cibo* (BOCCACCIO). **4** †Rinfresco, ricevimento.

rinfrescànte [1872] **A** part. pres. di *rinfrescare*; anche agg. ● Che rinfresca: *il brodo di endivia ch'è molto r.* (MONTI) | Che disseta: *una bevanda r.* **B** s. m. ● (*fam.*) Medicina che attenua lo stato di infiammazione.

♦rinfrescàre [comp. di *r(i)-* e *infrescare*; av. 1294] **A** v. tr. (*io rinfrésco, tu rinfréschi*) **1** Rendere fresco o più fresco, refrigerare: *il vento ha rinfrescato l'aria; r. la camera con un ventilatore; r. la strada innaffiandola; si rinfrescò la gola con una bibita; r. i piedi nell'acqua* | ***R. il pezzo***, raffreddare la bocca da fuoco di un'arma eccessivamente riscaldata dal tiro | (*fig.*) ***R. gli ormeggi***, agire sui cavi in modo che le parti soggette all'attrito non siano sempre le stesse. **2** (*fam.*) Diminuire lo stato infiammatorio, spec. dell'intestino: *gli ho dato la gramigna per rinfrescarlo* (VERGA). **3** †Dare refrigerio, sollievo, riposo e sim., ristorare con cibo o riposo: *r. un viandante* | ***R. le truppe***, sostituire con forze fresche le truppe stanche | (*raro, fig.*) Rinnovare, ravvivare: *r. la memoria a qlcu. su qlco.*; *Adon rinfresca a Venere il suo pianto* (POLIZIANO). **4** Ritoccare, restaurare | ***R. le pareti***, ridipingerle. **5** †Rendere più fluido con la lega il metallo in fusione: *r. con stagno.* **6** †Rendere più gagliardo. **B** v. intr. (aus. *essere*, raro *avere*) **1** Diventare fresco, detto del tempo (*anche impers.*): *la stagione è rinfrescata; d'autunno comincia a r.*; *oggi è rinfrescato.* **2** Farsi più gagliardo, detto del vento. **C** v. rifl. ● Ristorarsi col cibo e col riposo, ma spec. con bevande fresche: *il Priore don Ludovico rifiutava di rinfrescarsi a motivo che era vigilia* (DE ROBERTO) | Lavarsi, ripulirsi dopo un viaggio, una fatica, ecc.: *mi sono rinfrescato con una doccia fredda.* **D** v. intr. pron. ● (*raro, lett.*) Rinnovarsi, ravvivarsi.

rinfrescàta [av. 1698] s. f. **1** Diminuzione della temperatura, che rinfresca l'aria: *con l'autunno è venuta una bella r.* | (*raro, lett.*) Periodo in cui una stagione si mitiga. **2** Azione volta a rinfrescarsi e a ristorarsi: *dopo una giornata così calda, ho proprio bisogno di una bella r.* | (*est.*) ***Dare una r.***, ripulire, ravvivare dipingendole di nuovo, detto spec. delle pareti. **3** (*mar.*) Aumento della forza del vento. || **rinfrescatina**, dim.

rinfrescatìvo [av. 1557] agg. ● (*disus.*) Atto a rinfrescare: *decotto r.* SIN. Rinfrescante.

rinfrescàto part. pass. di *rinfrescare*; anche agg. ● Nei sign. del v.

†rinfrescatóio [sec. XIII] s. m. ● Recipiente in cui si ponevano in fresco le bevande. SIN. Cantimplora.

rinfrescatùra [sec. XVI] s. f. ● (*raro*) Rinfrescata nei sign. 1 e 2.

rinfrésco [1666] s. m. (pl. *-schi*) **1** (*lett.*) Rinfrescamento, refrigerio. **2** Servizio di bevande fresche, cibi leggeri e dolci che si offrono in occasione di feste, ricevimenti e sim.: *essere invitati a un r.*; *dare un sontuoso r.* | (*al pl.*) I cibi e le bevande stesse che vengono offerti: *gli ospiti esaurirono in breve tutti i rinfreschi.* **3** †Riposo, ristoro. **4** †Soccorso, sussidio.

†rinfrigidàrsi [comp. di *r(i)-* e *infrigidarsi*] v. intr. pron. (*io mi rinfrìgido*) ● (*raro, poet.*) Diventare freddo o più freddo: *pria che per anni il sangue si rinfrigidi* (SANNAZARO).

†rinfrigno [comp. di *r(i)-* e *infrigno*; 1845] s. m. ● Cucitura o rammendo mal fatto.

†rinfrondàre [comp. di *r(i)-* e *infrondare*] v. tr. e intr. pron. ● Rivestire, rivestirsi di fronde.

†rinfronzìre [comp. di *rin-* e *†fronzire*; av. 1665] v. intr. ● Rifronzire.

rinfronzolàre [1913] v. tr. e rifl. (*io rinfrónzolo*) ● (*raro, lett.*) Rinfronzolire.

rinfronzolìre [da *fronzolo*, col pref. *rin-*; av. 1767] **A** v. tr. (*io rinfronzolìsco, tu rinfronzolìsci*) ● Adornare di fronzoli (*spec. scherz.*). **B** v. rifl. ● Adornarsi di fronzoli, azzimarsi.

rinfuocàre o (*lett.*) **rinfocàre** [comp. di *r(i)-* e *infuocare*; 1481] v. tr. e intr. pron. (*io rinfuòco* o *rinfòco, tu rinfuòchi* o *rinfòchi*; in tutta la coniug. di *rinfocare la -o-* dittonga preferibilmente in *-uo-* se accentata) ● Infuocare di nuovo o di più.

rinfurbìre [comp. di *r(i)-* e *infurbire*; 1872] v. intr. (*io rinfurbìsco, tu rinfurbìsci*; aus. *essere*) ● (*tosc.*) Diventare più furbo.

rinfuriàre [comp. di *r(i)-* e *infuriare*; 1913] v. intr. (*io rinfùrio*; aus. *essere*) ● Infuriare di nuovo | (*lett.*) Diventare più agitato: *il mare rinfuriò sì, che non vi fu momento in quella notte che non credessero andar sotto* (BARTOLI).

rinfùṣa [da *†rinfuso*; sec. XV] s. f. **1** Nella loc. avv. ***alla r.***, disordinatamente, confusamente e senza distinzione: *libri e carte gettati alla r. sul banco; tenere alla r. nei cassetti abiti e biancheria; dire qlco. alla r.* **2** (*mar.*) ***Merci alla r.***, (anche s. f. pl. *rinfuse*), quelle trasportate sciolte nella stiva, come carbone, cereali, minerali e sim.

†rinfùṣo [1884] part. pass. di *†rinfondere*; anche agg. **1** Nei sign. del v. | (*lett.*) Pieno, grondante. **2** Confuso, mescolato. || **†rinfuṣaménte**, avv. Alla rinfusa.

ring /riŋg, ingl. ɹɪŋ/ [vc. ingl., 'anello', di orig. germ.; 1897] s. m. inv. **1** (*sport*) Nel pugilato, quadrato | ***Campione del r.***, campione di pugilato. **2** (*sport*) Recinto nell'interno dell'ippodromo, in prossimità della tribuna principale, nel quale, dopo una corsa, i cavalli che hanno gareggiato vengono esibiti e talvolta venduti all'asta. **3** (*econ.*) Accordo fra imprese per incettare una materia prima o un prodotto, determinando un calo dell'offerta e un conseguente aumento di prezzo, per venderlo poi gradatamente speculando sulla differenza fra il nuovo e il vecchio prezzo. **4** (*tess.*) Filatoio continuo per cotone e lana, nel quale il lucignolo passa in un anellino di acciaio o nylon, scorrevole e girevole su un anello che circonda il fuso e destinato a imprimere e regolare la torsione del lucignolo stesso. SIN. Cursore, filatoio ad anelli | Anellino attraverso il quale passa il lucignolo in tale filatoio.

ringabbiàre [comp. di *r(i)-* e *ingabbiare*; 1872] v. tr. (*io ringàbbio*) ● Ingabbiare di nuovo.

ringaggiàre [comp. di *r(i)-* e *ingaggiare*; 1872] v. tr. (*io ringàggio*) ● Ingaggiare di nuovo.

ringagliardiménto [1835] s. m. ● (*lett.*) Rinvigorimento.

ringagliardìre [comp. di *r(i)-* e *ingagliardire*; av. 1533] **A** v. tr. (*io ringagliardìsco, tu ringagliardìsci*) ● Rinvigorire, rafforzare. **B** v. intr. e intr. pron. (aus. *essere*) ● Riacquistare vigore, forza e sim.: *Il vecchio ringagliardì* (BACCHELLI); *Il vento ringagliardiva* (MONTALE).

ringagliardìto part. pass. di *ringagliardire*; anche agg. ● Nei sign. del v.: *si sentì r.*

ringalluzzàre [av. 1566] v. tr., intr. e intr. pron. (aus. intr. *essere*) ● (*lett.*) Ringalluzzire.

ringalluzzìre [comp. di *r(i)-* e *ingalluzzire*; av. 1543] **A** v. tr. (*io ringalluzzìsco, tu ringalluzzìsci*) ● (*scherz.* o *iron.*) Far diventare baldanzoso, fiero o vivace come un galletto: *i complimenti lo ringalluzziscono.* **B** v. intr. e intr. pron. (aus. *essere*) ● (*scherz.* o *iron.*) Diventar vispo, baldanzoso, euforico: *Chi non è tentato di ringalluzzirsi quando … senta ripetere … il suo nome con una lode qualunque?* (MANZONI).

ringalluzzìto [1872] part. pass. di *ringalluzzire*; anche agg. ● Nel sign. del v. | Imbaldanzito.

ringarbugliàre [comp. di *r(i)-* e *ingarbugliare*; 1891] v. tr. (*io ringarbùglio*) ● Ingarbugliare di nuovo o maggiormente.

†ringavagnàre [da *gavagno*, col pref. *rin-*; 1313] v. tr. ● (*fig.*) Riacquistare: *poi ride, e la speranza ringavagna* (DANTE *Inf.* XXIV, 12).

ringemmàre [comp. di *r(i)-* e *ingemmare*] v. tr. e intr. pron. (*io ringèmmo*) ● Ingemmare di nuovo.

ringentilìre [comp. di *r(i)-* e *ingentilire*; 1441] **A** v. tr. (*io ringentilìsco, tu ringentilìsci*) ● Ingentilire: *quegli ornamenti la ringentiliscono.* **B** v. intr. e intr. pron. (aus. *essere*) ● Diventare più gentile, più amabile | Ingentilirsi.

ringgit /malese 'riŋgit/ [n. locale, che significa anche 'orlo di moneta'] s. m. inv. ● (*econ.*) Unità monetaria circolante in Malaysia.

ringhiànte part. pres. di *ringhiare*; anche agg. ● Nei sign. del v. | (*fig., lett.*) Aspro, stridente: *in suon r. e forte* (FOSCOLO).

ringhiàre o (*raro, tosc.*) **rignàre** [lat. parl. **ringulāre*, per il classico *ringī*, di orig. onomat.; 1313] **A** v. intr. (*io ringhio*; aus. *avere*) **1** Digrignare i denti mandando un brontolio minaccioso, detto di cani o di lupi | (*lett.*) Nitrire fortemente: *il cavallo si drizzò ringhiando* (PAVESE). **2** (*fig.*) Parlare a denti stretti con irritazione o in tono ostile e minaccioso. **B** v. tr. ● (*fig.*) Dire qualcosa in tono rabbioso, minaccioso: *lo accolse ringhiando parole ostili.*

ringhièra [aferesi di *aringhiera*, da *aringo*; sec. XIII] s. f. **1** Parapetto costituito di barre o tubi di metallo variamente disposti, per scale, ballatoi e terrazzi | (*sett.*) ***Casa di r.***, caseggiato popolare a più piani, tipico dell'edilizia della fine 1800, fornito di lunghi ballatoi con ringhiera metallica, su cui si aprono le porte delle singole abitazioni, talvolta con servizi igienici in comune. **2** †Tribuna, luogo elevato per oratori: *Portato più che salito … su quella nuova r.* (MANZONI). || **ringhierina**, dim.

ringhio o (*raro, tosc.*) **rigno** [sec. XV] s. m. ● Atto del ringhiare | Digrignamento e brontolio rabbioso di chi ringhia.

ringhióṣo [1319] agg. **1** Che ringhia: *cane, botolo r.*; *gonfiava le froge al pari di un mastino r.* (VERGA). **2** (*fig.*) Che parla a denti stretti e in tono minaccioso: *vecchio r.* || **ringhioṣaménte**, avv. In modo ringhioso (*anche fig.*).

ringhiottìre [comp. di *r(i)-* e *inghiottire*; av. 1729] v. tr. (*io ringhiótto* o *ringhiottisco, tu ringhiótti* o *ringhiottìsci*) ● Inghiottire di nuovo | (*fig., lett.*) Far scomparire: *treman corrotte / le vestigia / che il vuoto non ringhiotte* (MONTALE) | (*fig.*) Rimangiarsi: *ha ringhiottito le sue offese.*

ringiallìre [comp. di *r(i)-* e *ingiallire*; 1879] **A** v. tr. (*io ringiallìsco, tu ringiallìsci*) ● Ingiallire di nuovo o di più. **B** v. intr. e intr. pron. (aus. *essere*) ● Ingiallire: *i pioppi incominciano a r.*

ringinocchiàrsi [comp. di *r(i)-* e *inginocchiarsi*; 1835] v. intr. pron. (*io mi ringinòcchio*) ● Inginocchiarsi di nuovo.

†ringioìre [comp. di *rin-* e *gioire*; av. 1348] **A** v. tr. ● Rallegrare. **B** v. intr. ● Gioire vivamente: *ciò che sguardate fate r.* (DANTE).

ringiovaniménto [1872] s. m. ● Il ringiovanire | (*fig., lett.*) Rinnovamento | (*geol.*) ***R. del paesaggio***, fenomeno per cui in una regione, già ridotta a penepiano dall'erosione, si ha la ripresa di un nuovo ciclo erosivo.

ringiovanìre o **†ringiovenìre** [comp. di *r(i)-* e *ingiovanire*; av. 1320] **A** v. tr. (*io ringiovanìsco, tu ringiovanìsci*) ● Rendere giovane, fare ritornare giovane | (*est.*) Far sembrare più giovane: *il biondo ringiovanisce le donne* (D'ANNUNZIO) | (*fig., lett.*) Rinnovare. **B** v. intr. e intr. pron. (aus. *essere*) ● Tornare giovane nell'aspetto, nel vigore fisico (*anche fig.*): *dopo questa vacanza sei ringiovanito; in primavera, gli alberi ringiovaniscono; ringiovanisce tutto / nell'aspetto dei figli il caro padre* (PARINI).

ringiovanìto [1835] part. pass. di *ringiovanire*; anche agg. ● Nei sign. del v. | (*fig.*) Rigenerato: *Ritornava da quei viaggi r. nell'anima e nel corpo* (PIRANDELLO).

†ringiovenìre ● V. *ringiovanire*.

ringoiàre [comp. di *r(i)-* e *ingoiare*; av. 1694] v. tr. (*io ringóio*) **1** Ingoiare di nuovo: *ha ringoiato la medicina.* **2** (*fig.*) Rimangiare, ritrattare: *ha dovuto r. tutte le sue maldicenze* | (*fig.*) Trattenere, reprimere: *'Sì, sì', ripetè l'Adriana, ringoiando le*

ringolfarsi

lagrime (PIRANDELLO).
ringolfàrsi [comp. di *r(i)*- e *ingolfarsi*; 1803] v. intr. pron. (*io mi ringólfo*) ● Ingolfarsi di nuovo | (*fig., lett.*) Impegnarsi nuovamente con passione in qlco.: *mi ringolfai nei romanzi* (ALFIERI) ●
ringollàre [comp. di *r(i)*- e *ingollare*; 1879] v. tr. (*io ringóllo*) ● (*pop.*) Ingollare di nuovo | (*fig., lett.*) Reprimere.
ringorgaménto [av. 1348] s. m. ● Il ringorgare, il ringorgarsi | Ristagno.
ringorgàre [comp. di *r(i)*- e *ingorgare*; av. 1348] **A** v. tr. (*io ringórgo, tu ringórghi*) ● Ingorgare di nuovo. **B** v. intr. pron. e †intr. ● Ingorgarsi, ingorgarsi di nuovo.
ringórgo [comp. di *r(i)*- e *ingorgo*; 1688] s. m. (pl. *-ghi*) ● (*raro*) Ingorgo, rigurgito.
ringozzàre [comp. di *r(i)*- e *ingozzare*] **A** v. tr. (*io ringózzo*) ● Ingozzare | (*fig., lett.*) Ringoiare. **B** v. rifl. ● Ingozzarsi di nuovo.
ringranàre (**1**) [da *grano*, col pref. *rin-*; 1738] v. tr. ● (*agr.*) Seminare nuovamente un terreno a grano o altro cereale, senza lasciarlo riposare. SIN. Ristoppiare.
ringranàre (**2**) [comp. di *r(i)*- e *ingranare*; 1872] **A** v. intr. ● (*tecnol.*) Ingranare di nuovo reciprocamente, detto delle ruote dentate di un ingranaggio | (*fig., fam.*) Riprendere il ritmo consueto: *r. nel lavoro dopo una vacanza*. **B** v. tr. **1** (*tecnol., autom.*) Fare ingranare di nuovo fra loro le ruote dentate di un ingranaggio: *r. la marcia*. **2** (*tecnol.*) Otturare un foro di diametro eccessivo con una spina forzata a caldo, in cui trapanare poi il foro di diametro corretto. **3** (*numism.*) Ricollocare una medaglia o una moneta nel conio, per effettuarvi una nuova impressione.
ringrandìre [comp. di *r(i)*- e *ingrandire*; 1524] **A** v. tr. (*io ringrandìsco, tu ringrandìsci*) **1** Fare diventare grande di nuovo o di più. **2** †Inorgoglire. **B** v. intr. e intr. pron. (aus. *essere*) ● Diventare grande di nuovo o di più | (*fig., lett.*) Insuperbirsi, inorgoglirsi.
ringràno [deriv. di *ringranare* (1); 1891] s. m. ● (*agr.*) Operazione del ringranare (1). SIN. Ristoppio.
ringrassàre [comp. di *r(i)*- e *ingrassare*; 1320] v. tr. e intr. (aus. *essere*) ● Ingrassare di nuovo o di più.
ringravidàre [comp. di *r(i)*- e *ingravidare*; 1835] v. tr. e intr. (*io ringràvido*; aus. intr. *essere*) ● Ingravidare di nuovo.
ringraziaménto [av. 1342] s. m. ● Espressione di gratitudine, di riconoscenza: *lettera, visita di r.* | (*spec. al pl.*) Parole o atti con cui si ringrazia: *cavarsela con un semplice r.*; *vivi, sinceri ringraziamenti* | *Giorno del r.*, negli Stati Uniti, festività istituita dai primi coloni nel 1621, che si celebra nel quarto mercoledì di novembre, originariamente come ringraziamento al Signore per il raccolto dell'anno. || **ringraziamentóne**, accr.
♦**ringraziàre** [comp. di *r(i)*- e l'ant. *ingraziare*; av. 1292] v. tr. (*io ringràzio*) ● Esprimere con le parole o altre manifestazioni esteriori la propria gratitudine a qlcu.: *ti ringraziamo vivamente, di tutto cuore*; *r. a voce, per iscritto*; *vi ringrazio, ma non posso venire alla vostra festa*; *non vi abbiamo ancora ringraziato per il (o del) bellissimo regalo* | (*escl.*) *Ringraziamo Dio, il cielo!*, siamo soddisfatti, sollevati, contenti | (*est.*) Esser contenti, esser soddisfatti di qlco. (*anche assol.*): *ringrazia la buona sorte*; *ringrazia (il fatto) che me ne sono ricordato*; *Ringraziasse. C'era chi stava peggio* (PAVESE).
ringrinzìre [comp. di *r(i)*- e *ingrinzire* 'rendere bene accetto'; 1835] **A** v. tr. (*io ringrinzìsco, tu ringrinzìsci*) ● Fare diventare grinzoso. SIN. Raggrinzire. **B** v. intr. pron. ● Diventare grinzoso o più grinzoso.
ringrossaménto [1879] s. m. ● Il ringrossare | Parte ingrossata o sporgente.
ringrossàre [comp. di *r(i)*- e *ingrossare*; 1340] **A** v. tr. (*io ringròsso*) ● Ingrossare di nuovo o di più. **B** v. intr. e intr. pron. (aus. *essere*) ● Diventare grosso di nuovo o di più.
ringrossatùra [da *ringrossare*; 1540] s. f. ● (*raro*) Ingrossatura, ringrosso.
ringròsso [1891] s. m. ● Il ringrossare | Ingrossamento | Parte aggiunta che aumenta lo spessore di qlco.
ringrullìre [comp. di *r(i)*- e *ingrullire*; 1872] v. tr. intr. (*io ringrullìsco, tu ringrullìsci*; aus. intr. *essere*) ●

● (*tosc.*) Ingrullire di più | Rincitrullire, rimbambire.
ringuainàre [comp. di *r(i)*- e *inguainare*; av. 1673] v. tr. (*io ringuaìno* o, più diffuso ma meno corretto, *ringuàino*) ● Inguainare di nuovo: *r. la spada*.
†**ringurgitàre** [variante di *rigurgitare*; 1631] v. tr. ● Ringorgare: *la diversa positura dei lidi può far ringurgitar parte dell'acqua* (GALILEI).
rinìte [comp. di *rino*- e *-ite* (1); 1829] s. f. ● (*med.*) Infiammazione della mucosa nasale di natura infettiva o allergica.
rinnalzaménto [1664] s. m. ● Il rinnalzare, il rinnalzarsi.
rinnalzàre [comp. di *r(i)*- e *innalzare*; sec. XIV] **A** v. tr. ● Innalzare di nuovo. **B** v. rifl. ● Innalzarsi ancora, crescere di peso, d'importanza. **C** v. intr. pron. ● Farsi maggiore | (*fig.*) Farsi più acuto, più forte: *sempre il lamento rinnalza* (PULCI).
rinnamoraménto [1835] s. m. ● (*raro*) Nuovo innamoramento.
rinnamoràre [comp. di *r(i)*- e *innamorare*; av. 1492] **A** v. tr. (*io rinnamóro*) ● Fare innamorare di nuovo. **B** v. intr. pron. ● Innamorarsi di nuovo.
rinnegaménto [sec. XIV] s. m. ● (*raro*) Il rinnegare.
rinnegàre o †**rinegàre** [comp. di *rin*- e *negare*; av. 1348] v. tr. (*io rinnégo* o *rinnègo, tu rinnèghi*) ● Dichiarare di non voler riconoscere una persona alla quale si era legati da vincolo d'affetto, di amicizia o di parentela: *fu rinnegato da tutti i suoi amici*; *r. il proprio figlio* | (*est., raro*) Dichiarare di non conoscere qlcu. | (*est.*) Non essere più fedeli, non credere più a qlcu. o a qlco. che si rispettava o in cui si credeva: *r. una religione, le proprie idee*; *ha rinnegato la patria* | (*raro*) *R. il cielo*, spergiurare.
rinnegàto [av. 1348] part. pass. di *rinnegare*; anche ag. e s. m. (f. *-a*) ● *Chi* (o *Che*) *ha rinnegato una fede, un'idea, una dottrina: Cavallotti … per i socialisti è un r.* (CARDUCCI).
rinnegatóre [av. 1380] s. m.; anche agg. (f. *-trice*) ● (*raro*) Chi (o Che) rinnega.
rinnegazióne [sec. XIV] s. f. ● (*raro, lett.*) Rinnegamento: *non conosciamo noi né i trenta denari né la r.* (D'ANNUNZIO).
rinnervàre [comp. di *r(i)*- e *innervare*; 1910] **A** v. tr. (*io rinnèrvo*) ● (*raro*) Rinvigorire. **B** v. intr. pron. ● Innervarsi nuovamente | (*fig.*) Riprendere nerbo, vigore.
rinnestàre ● V. *reinnestare*.
rinnovàbile [av. 1704] agg. ● Che può essere rinnovato: *un incarico biennale r.* | Detto di fonte di energia non soggetta a esaurimento, quale il vento, il sole, le maree.
rinnovabilità [1970] s. f. ● Condizione di ciò che è rinnovabile.
rinnovaménto [av. 1320] s. m. **1** Il rinnovare: *r. dell'aria viziata* | (*raro*) Ripetizione: *il r. di una querela*. **2** Mutamento positivo, trasformazione volta a rinnovare: *r. culturale, politico*; *r. letterario*; *operare un r. politico*; *un importante r. sociale*.
♦**rinnovàre** [lat. *renovāre*, da *nŏvus* 'nuovo', col pref. *re-* 'ri-'; av. 1292] **A** v. tr. (*io rinnòvo*, lett. *rinuòvo*; la *o* dittonga tar. in *-uo* e solo se tonica) **1** Rendere nuovo: *r. lo spettacolo con nuovi numeri* | *R. la facciata di un edificio*, restaurarla | (*fig.*) *R. il fuoco*, aumentarlo | *R. il fuoco*, ravvivarlo | (*raro, fig.*) *R. l'animo*, ricrearlo, confortarlo | (*fig.*) *R. la società*, cambiarla moralmente, spiritualmente o culturalmente. **2** Ripetere, fare di nuovo: *r. la domanda, le scuse, l'alleanza, l'assalto* | *R. un contratto*, tacitamente, mediante la continuazione dopo scaduto il termine, o espressamente, mediante la conclusione di un altro contratto dello stesso tipo. **3** Sostituire il vecchio con il nuovo: *r. l'armamento dell'esercito*. SIN. Modernizzare | *R. l'aria*, cambiarla aprendo porte e finestre. **4** (*tosc.*) Mettere qlco. per la prima volta: *r. un vestito*. **B** v. intr. pron. **1** Diventare o tornare nuovo (*anche fig.*): *a contatto con la nostra cultura, si sono rinnovati*. **2** Ripetersi, avvenire di nuovo: *è un fenomeno che non si rinnova spesso*. **C** v. intr. ● †Ripetersi, ricominciare.
rinnovatìvo [1745] agg. ● Che rinnova o è atto a rinnovare.
rinnovàto part. pass. di *rinnovare*; anche agg. ● Nei sign. del v. | Ripetuto: *dopo rinnovati tentativi* | Nuovo e più intenso: *con r. entusiasmo*; *con rinnovata cura* (BACCHELLI).

rinnovatóre [lat. tardo *renovatōr(m)*, da *renovātus* 'rinnovato'; 1835] agg.; anche s. m. (f. *-trice*) ● Che (o Chi) rinnova, spec. in senso morale o spirituale: *idea rinnovatrice*.
rinnovazióne [lat. tardo *renovatiōne(m)*, da *renovātus* 'rinnovato'; sec. XIV] s. f. ● (*lett.*) Rinnovamento.
rinnovellaménto [1340] s. m. ● (*lett.*) Il rinnovellare | Rinnovamento: *mirava a un r. morale* (CARDUCCI).
rinnovellàre o †**rinovellàre** [lat. tardo *renovellāre*, da *novēllus* 'novello', col pref. *re-*; sec. XIII] **A** v. tr. (*io rinnovèllo*) **1** (*poet.*) Rinnovare: (*lett.*) *R. la memoria*, ravvivare il ricordo. **2** (*lett.*) Ridire, ripetere | *R. qlco.*, ricordarla di nuovo, farla tornare alla mente. **B** v. intr. e intr. pron. (aus. *essere*) ● (*lett.*) Rinnovarsi, cambiarsi, mutarsi, rifarsi di nuovo.
rinnòvo o (*lett.*) **rinnuòvo** [1841] s. m. **1** Il rinnovare | Riconferma, proroga: *il r. di un contratto*; *il r. della una cambiale*. **2** (*agr.*) Insieme dei lavori che precedono un nuovo ciclo colturale.
rìno-, -rìno [gr. *rino*-, da *rís*, genit. *rinós* 'naso', di etim. incerta] primo o secondo elemento (come secondo elemento con la *r* iniziale generalmente raddoppiata) ● In parole scientifiche composte, significa 'naso', o indica relazione col naso: *rinoceronte, rinofonia, rinologia, ossirino, platirrino*.
rinobàto [comp. di *rino*- e del gr. *batís* 'razza', di etim. incerta; 1835] s. m. ● Pesce cartilagineo degli Elasmobranchi con corpo allungato squaliforme e grandi pinne pettorali (*Rhinobatos rhinobatos*).
rinobilitàre [comp. di *ri*- e *nobilitare*; 1818] v. tr. (*io rinobìlito*) ● (*lett.*) Nobilitare di nuovo.
rinocerónte [vc. dotta, lat. *rhinocerōte(m)*, nom. *rhinŏceros*, dal gr. *rinókerōs*, propr. 'che ha un corno sul naso', comp. di *rís*, genit. *rinós* 'naso' (V. *rino*-) e *kéras* 'corno' (V. *cerambice*; 1481] s. m. ● Massiccio mammifero dei Perissodattili con testa voluminosa e lungo muso portante uno o due corni (*Rhinoceros*) | *R. africano*, generalmente nero con due corni (*Rhinoceros bicornis*) | *R. indiano*, di colore grigio bruno e con un solo corno (*Rhinoceros indicus*). ● ILL. *animali*/12.
rinofarìnge [comp. di *rino*- e *faringe*; 1959] s. m. o f. ● (*anat.*) Porzione della faringe caratterizzata dallo sbocco delle vie respiratorie.
rinofaringèo o **rinofarìngeo** [comp. di *rino*- e *faringeo*] agg. ● (*anat.*) Relativo alla rinofaringe.
rinofaringìte [comp. di *rinofaringe* e *-ite* (1); 1940] s. f. ● Infiammazione della rinofaringe.
rinòfide [comp. di *rino*- e del gr. *óphis* 'serpente' (V. *ofi*-)] s. m. ● Serpente indiano con muso appuntito, testa piccola non distinta dal collo, occhi piccolissimi e colorazione spesso vivace (*Rhinophis*).
rinofìma [comp. di *rino*- e gr. *phýma* 'tumore, escrescenza', da *phýein* 'nascere, crescere', di orig. indeur.; 1957] s. m. (pl. *-i*) ● (*med.*) Dermatosi della metà inferiore del naso, caratterizzata da arrossamento, ispessimento cutaneo e da formazioni bernoccolute.
rinofonìa [comp. di *rino*- e *-fonia*; 1835] s. f. ● (*med.*) Rinolalia.
rinofrìno [comp. di *rino*- e del gr. *phrýnos* 'rospo', di orig. indeur.] s. m. ● Anfibio messicano simile a un tozzo rospo, che scava il terreno molle per nascondersi nelle ore calde (*Rhinophrynus dorsalis*). SIN. Rospo scavatore.
rinògeno [comp. di *rino*- e *-geno*] agg. ● (*med.*) Che trae origine dal naso: *sordità rinogena, secrezione rinogena*.
rinoiatrìa [comp. di *rino*- e *-iatria*; 1895] s. f. ● Cura delle affezioni nasali.
rinolalìa [comp. di *rino*- e *-lalia*; 1905] s. f. ● (*med.*) Disturbo della voce, quando acquista risonanza nasale.
rinolaringìte [comp. di *rino*- e *laringite*; 1940] s. f. ● (*med.*) Infiammazione della mucosa nasale e laringea.
rinòlofo [comp. di *rino*- e del gr. *lóphos* 'pennacchio, cresta', di orig. indeur.; detto così dalle membrane in forma di cresta che ha sul naso; 1957] s. m. ● (*zool.*) Pipistrello che presenta all'estremità del muso un'espansione a forma di ferro di cavallo e vive anche in Italia (*Rhinolophus*). SIN. Ferro di cavallo.
rinologìa [comp. di *rino*- e *-logia*; 1886] s. f. ● (*med.*) Studio delle affezioni del naso.
rinomànza [da †*rinomare*; sec. XIII] s. f. ● Fama,

celebrità: *salire in r.*; *un artista di r. mondiale.*

†**rinomàre** [ant. fr. *renommer*, comp. di *re-* e *nommer* 'nominare'; av. 1363] **v. tr.** ● Nominare lodando, celebrare.

rinomàto [ant. fr. *renommé*, part. pass. di *renommer* 'rinomare'; av. 1600] **agg.** ● Famoso, celebre: *scrittore r.*; *vino r.* || **rinomataménte**, **avv.** (*raro*) Con rinomanza.

†**rinomèa** [ant. fr. *renommée*, f. di *renommé* 'rinomato'; sec. XIII] **s. f.** ● Rinomanza, nome, celebrità: *nobili e possenti della città di Firenze, che ... erano di r. e di stato* (VILLANI).

rinominàre [comp. di *ri-* e *nominare*; 1835] **v. tr.** (*io rinòmino*) ● Nominare di nuovo.

†**rinòmo** [da *rinominare*] **s. m.** ● Fama, rinomanza.

rinopitèco [comp. di *rino-* e del gr. *píthēkos* 'scimmia' (V. *piteco*): detto così per il caratteristico naso rivolto in alto; 1931] **s. m.** (**pl.** *-chi* o *-ci*) ● Scimmia asiatica con folto pelame dai colori vivaci e muso rincagnato con naso rivolto all'insù (*Rhinopithecus*).

rinoplàstica [comp. di *rino-* e *plastica*; 1829] **s. f.** ● Intervento chirurgico di plastica per correggere deformazioni del naso.

rinopòma [comp. di *rino-* e del gr. *pôma* 'coperchio', di orig. indeur.; detto così dagli opercoli che ha sul naso; 1835] **s. m.** (**pl.** *-i*) ● Pipistrello africano con lunga coda e ampie orecchie unite alla base (*Rhinopoma microphyllum*).

rinorragìa [comp. di *rino-* e *-rragia*; 1829] **s. f.** ● Emorragia dal naso. **SIN.** Epistassi.

rinorrèa [comp. di *rino-* e *-rrea*; 1821] **s. f.** ● (*med.*) Scolo di materiale liquido dal naso.

rinoscleròma [comp. di *rino-* e *scleroma*; 1957] **s. m.** (**pl.** *-i*) ● (*med.*) Malattia granulomatosa progressiva del naso causata da *Klebsiella rhinoscleromatis* e caratterizzata dalla formazione di noduli duri.

rinoscopìa [comp. di *rino-* e *-scopia*; 1865] **s. f.** ● (*med.*) Esame endoscopico delle cavità nasali.

rinoscòpio [comp. di *rino-* e *-scopio*; 1959] **s. m.** ● Strumento per la rinoscopia.

rinotàre [comp. di *ri-* e *notare*; 1872] **v. tr.** (*io rinòto*) **1** Notare di nuovo. **2** Tornare a prendere nota.

rinotìte [comp. di *rino-*, *oto-* e *-ite* (*1*); 1970] **s. f.** ● (*med.*) Infiammazione del naso e dell'orecchio.

†**rinovàre** ● V. †*renovare*.

†**rinovellàre** ● V. *rinnovellare*.

rinovìrus [comp. di *rin(o)-* e *virus*; 1987] **s. m. inv.** ● (*biol.*) Genere virale appartenente alla famiglia dei *Picornaviridae*, comprendente gli agenti causali del raffreddore, delle faringiti e delle riacutizzazioni di bronchiti e polmoniti (*Rhinovirus*).

rinquadràre [comp. di *r(i)-* e *inquadrare*; 1891] **v. tr.** ● Inquadrare di nuovo.

rinquartàre [da *quarto*, col pref. *rin-*; av. 1572] **A v. tr.** **1** (*raro*) Moltiplicare o dividere per quattro. **2** (*agr.*) Ringranare per il quarto anno consecutivo. **B v. intr. pron.** ● †Spartirsi, dividersi in quattro. **C v. intr.** (aus. *avere*) ● Nel gioco del biliardo, fare un rinquarto.

rinquàrto [da *rinquartare*; 1863] **s. m.** ● Nel gioco del biliardo, colpo alla palla avversaria per il quale essa colpisce i birilli o il pallino dopo aver toccato tre sponde.

rinsaccaménto [av. 1729] **s. m.** ● Il rinsaccare: *Il r. delle robe nostre* (NIEVO).

rinsaccàre [comp. di *r(i)-* e *insaccare*; sec. XIV] **A v. tr.** (*io rinsàcco, tu rinsàcchi*) **1** (*raro*) Insaccare di nuovo o ancora. **2** Scuotere un sacco facendolo battere sul terreno per comprimere il contenuto (*anche assol.*). **B v. intr. e intr. pron.** (aus. *essere*) **1** Stare con la testa affondata nelle spalle o alzare queste ultime: *camminava rinsaccando*; *invece di rispondere, si rinsaccò.* **2** Subire violenti scossoni o urti contro la sella, spec. per inesperienza nel cavalcare.

rinsaldaménto [av. 1729] **s. m.** ● Il rinsaldare | (*fig.*) Rafforzamento della coesione: *il r. di un'alleanza, di un'amicizia.*

rinsaldàre [comp. di *r(i)-* e *insaldare*; 1872] **A v. tr.** ● (*fig.*) Rendere più saldo, robusto: *r. un'amicizia.* **SIN.** Consolidare, rafforzare. **B v. intr. pron.** ● Diventare più saldo, sicuro: *si è rinsaldato nei suoi propositi.* **SIN.** Consolidarsi, rafforzarsi.

rinsalvatichìre [comp. di *r(i)-* e *inselvatichire*] **v. tr. e intr.** (*io rinsalvatichìsco, tu rinsalvatichìsci*; aus. intr. *essere*) ● (*tosc.*) Rinselvatichire.

rinsanguaménto [1959] **s. m.** ● Arricchimento, rinvigorimento: *r. ... dei mezzi d'espressione estenuati* (CALVINO).

rinsanguàre [da *sangue*, col pref. *rin-*; 1864] **A v. tr.** (*io rinsànguo*) ● (*fig.*) Rinvigorire, ridare forza, energia | (*fig.*) Rinnovare, vivificare | (*fig.*) Rifornire con nuove entrate: *r. le finanze dello Stato.* **B v. intr. pron.** ● Riprendere forza, vigore: *dopo il lungo riposo, si è rinsanguato* | (*fig.*) Rifornirsi di denaro, rimettersi economicamente.

rinsanguinàre [comp. di *r(i)-* e *insanguinare*; av. 1555] **v. tr.** (*io rinsànguino*) ● Insanguinare di nuovo.

rinsanicàre [comp. di *rin-* e *insanicare*; av. 1604] **A v. tr.** (*io rinsànico, tu rinsànichi*) **1** (*tosc.*) Risanare. **2** (*tosc.*) Bonificare. **B v. intr. e intr. pron.** (aus. *essere*) ● (*tosc.*) Tornare sano.

rinsanìre [da *sano*, col pref. *rin-*; 1598] **v. intr.** (*io rinsanisco, tu rinsanisci*; aus. *essere*) ● (*tosc.*) Ridiventare sano | †Rinsavire.

rinsaponàre [comp. di *r(i)-* e *insaponare*; 1872] **A v. tr.** (*io rinsapóno*) ● Insaponare di nuovo. **B v. rifl.** ● Insaponarsi di nuovo.

rinsaporìre [comp. di *r(i)-* e *insaporire*; 1970] **A v. tr.** (*io rinsaporisco, tu rinsaporisci*) ● Insaporire di più. **B v. intr. pron.** ● Diventare più saporito.

rinsavìre [da *savio*, col pref. *rin-*; av. 1642] **A v. intr.** (*io rinsavisco, tu rinsavisci*; aus. *essere*) ● Recuperare la ragione | (*est.*) Tornare assennato, correggersi, ravvedersi: *dopo alcune intemperanze giovanili, sembra r.* **B v. tr.** ● (*raro*) Rendere sano di nuovo.

rinsecchìre [comp. di *r(i)-* e *insecchire*; 1959] **A v. intr.** (*io rinsecchisco, tu rinsecchisci*; aus. *essere*) ● Diventare secco | (*est.*) Diventare magro, asciutto, detto di persona. **B v. tr.** ● (*raro*) Rendere secco. **C v. intr. pron.** ● Diventare secco | Detto di persona, diventare magro, asciutto.

rinsecchìto [av. 1879] **part pass.** di *rinsecchire*; anche **agg.** ● Diventato secco | (*fig.*) Dimagrito, avvizzito: *nella faccia rinsecchita come una castagna* (CALVINO).

rinseccolìto [comp. di *r(i)-* e *inseccolito*, part. pass. di *inseccolire*, da *seccolo*, dim. di *secco*; 1890] **agg.** ● (*region.*) Rinsecchito.

rinsegnàre [comp. di *r(i)-* e *insegnare*; 1353] **v. tr.** (*io rinségno*) **1** Insegnare di nuovo: *r. a leggere e a scrivere.* **2** †Dare notizie, indicare.

rinselvàre [comp. di *r(i)-* e *inselvare*; 1319] **A v. tr.** (*io rinsélvo*) **1** (*raro*) Rimboschire. **2** (*raro*) Cacciare, spingere di nuovo nella selva. **B v. intr. pron.** **1** (*lett.*) Rientrare nella selva per nascondersi, rifugiarsi: *l'astuto lupo viepiù si rinselva* (POLIZIANO). **SIN.** Imboscarsi. **2** Ricoprirsi di nuovo di fitti alberi. **SIN.** Rimboschire.

rinselvatichìre [comp. di *r(i)-* e *inselvatichire*; av. 1667] **A v. tr.** (*io rinselvatichìsco, tu rinselvatichìsci*) ● Rendere di nuovo selvatico. **B v. intr.** (aus. *essere*) ● Diventare di nuovo selvatico.

rinserenàre [comp. di *r(i)-* e *inserenare*; 1870] **v. intr.** (*io rinseréno*; aus. *essere*) ● (*raro*) Rasserenarsi.

rinserraménto [av. 1758] **s. m.** ● (*raro*) Il rinserrare | Chiusura.

rinserràre [comp. di *rin-* e *serrare*; av. 1519] **A v. tr.** (*io rinsèrro*) ● Serrare di nuovo | Rinchiudere: *r. il prigioniero.* **B v. rifl.** ● Chiudersi, serrarsi dentro: *si è rinserrato in casa.*

†**rinsignorìrsi** [comp. di *r(i)-* e *insignorirsi*] **v. intr. pron.** (*io mi rinsignorisco, tu ti rinsignorisci*) ● Riprendere possesso: *Filippo Visconti ... desiderava sommamente rinsignorirsi di Genova* (MACHIAVELLI).

rinsozzàre [comp. di *r(i)-* e *insozzare*; 1872] **A v. tr.** (*io rinsózzo*) ● Insozzare di nuovo o di più. **B v. rifl.** ● Insozzarsi di nuovo o di più.

rinsudiciàre [comp. di *r(i)-* e *insudiciare*; 1840] **A v. tr.** (*io rinsùdicio*) ● Insudiciare di nuovo o di più. **B v. rifl.** ● Insudiciarsi di nuovo o di più.

rinsuperbìre [comp. di *r(i)-* e *insuperbire*; 1872] **A v. intr. e intr. pron.** (*io rinsuperbisco, tu rinsuperbisci*; aus. *essere*) ● Insuperbirsi di nuovo o di più. **B v. tr.** ● (*lett.*) Acuire (un sentimento).

rintanaménto [av. 1704] **s. m.** ● Il rintanarsi | Tana.

rintanàre [comp. di *r(i)-* e *intanare*; av. 1646] **A v. tr.** ● (*raro*) Ricacciare, fare rientrare nella tana. **B v. intr. pron.** **1** Ritornare nella propria tana o in un nascondiglio. **2** (*fig.*) Nascondersi, rifugiarsi: *durante l'estate, si è rintanato in un paesino di montagna.*

rintanàto **part. pass.** di *rintanare*; anche **agg.** ● Nei sign. del v. | Nascosto, chiuso: *Egli stette r. in casa* (VERGA).

rintaṣàre [comp. di *r(i)-* e *intasare*; av. 1597] **A v. tr.** ● Intasare di nuovo, ancora. **B v. intr. pron. e intr.** (aus. *essere*) ● Intasarsi di nuovo: *la conduttura dell'acqua si è rintasata.*

rintascàre [comp. di *r(i)-* e *intascare*; 1872] **v. tr.** (*io rintàsco, tu rintàschi*) ● Intascare di nuovo.

rintavolàre [comp. di *r(i)-* e *intavolare*; 1872] **v. tr.** (*io rintàvolo*) ● Intavolare di nuovo: *r. un discorso.*

rintegràre e *deriv.* ● V. *reintegrare* e *deriv.*

rintelaiàre [comp. di *r(i)-* e *intelaiare*; 1872] **v. tr.** (*io rintelàio*) ● Intelaiare di nuovo | Effettuare la rintelaiatura di un dipinto su tela.

rintelaiatùra **s. f.** ● Nel restauro di un dipinto su tela, operazione, a volte preceduta dalla rintelatura, che consiste nel sostituire il telaio di legno originario con uno nuovo di legno o talvolta di metallo | Il nuovo telaio.

rintelàre [da *tela*, col pref. *rin-*; 1959] **v. tr.** (*io rintélo*) ● Intelare di nuovo | Effettuare la rintelatura di un dipinto su tela.

rintelatùra [1959] **s. f.** ● Nel restauro di un dipinto su tela, operazione, a volte seguita dalla rintelaiatura, che consiste nell'incollare una o più tele nuove sul retro di quella originaria, per rafforzarla e migliorare l'aderenza del colore su di essa. **SIN.** Rifoderatura.

rintenerìre [comp. di *r(i)-* e *intenerire*; 1336 ca.] **A v. tr.** (*io rintenerìsco, tu rintenerìsci*) ● Intenerire di nuovo o di più. **B v. intr. e intr. pron.** (aus. *essere*) ● Intenerirsi di nuovo o di più: *rintenerì nel cuor per la dolcezza* (PULCI).

rinterraménto [da *rinterrare*; 1754] **s. m.** ● Nuovo interramento | Rinterro. **SIN.** Colmata.

rinterràre [comp. di *r(i)-* e *interrare*; 1664] **A v. tr.** (*io rintèrro*) **1** Interrare di nuovo. **2** Colmare, riempire di terra: *r. una palude.* **B v. intr. pron.** ● Colmarsi di terra: *le bocche del fiume si stanno rinterrando.*

rintèrro [1761] **s. m.** **1** Lavoro del rinterrare | *Opere di r.*, lavori di riempimento e di costipamento di uno scavo o di rialzamento del livello di un terreno. **SIN.** Colmata. **2** Ciò con cui si rinterra.

rinterrogàre [comp. di *r(i)-* e *interrogare*; 1618] **v. tr.** (*io rintèrrogo, tu rintèrroghi*) ● Interrogare di nuovo.

rinterzàre [comp. di *r(i)-* e *interzare*; av. 1405] **A v. tr.** (*io rintèrzo*) **1** (*lett.*) Moltiplicare per tre. **SIN.** Triplicare. **2** Ripetere per tre volte di seguito l'aratura o la semina sullo stesso terreno. **3** †Aumentare, moltiplicare: *si rinterza l'inverisimile col disordinare sproporzionatissimamente l'ordine* (GALILEI). **B v. intr.** (aus. *avere*) ● Nel gioco del biliardo, fare il rinterzo.

rinterzàto [av. 1698] **part. pass.** di *rinterzare*; anche **agg.** **1** Nei sign. del v. **2** *Sonetto r.*, a cui è stato inserito, entro ogni coppia di versi, un nuovo verso, spec. un settenario.

rintèrzo [1863] **s. m.** ● Nel biliardo, tiro che manda la palla dell'avversario a toccare due sponde prima di colpire i birilli o il pallino.

rintiepidìre [comp. di *r(i)-* e *intiepidire*; sec. XIV] **A v. tr.** (*io rintiepidìsco, tu rintiepidìsci*) ● Rendere di nuovo tiepido | Intiepidire. **B v. intr. e intr. pron.** (aus. *essere*) ● Intiepidirsi di nuovo | Intiepidirsi (*anche fig.*).

rintoccàre [da *tocco*, col pref. *rin-*; av. 1535] **v. intr.** (*io rintócco, tu rintócchi*; aus. *avere* e *essere*) ● Suonare a tocchi staccati, detto di campane, orologi e sim.: *il pendolo rintoccò.*

rintócco [da *rintoccare*; av. 1565] **s. m.** (**pl.** *-chi*) ● Tocco ripetuto e staccato di una campana: *si odono lugubri rintocchi* | (*est.*) Replica delle ore battute da un orologio.

rintombàre [da *tomba*, col pref. *rin-*; 1940] **v. intr. impers.** (*rintómba*; aus. *essere*) ● (*raro, tosc.*) Diventare cupo, minaccioso, detto del tempo: *È mezzodì. Rintomba* (PASCOLI).

rintonacàre [comp. di *r(i)-* e *intonacare*; 1551] **v. tr.** (*io rintònaco, tu rintònachi*) ● Intonacare di nuovo.

rintonacatùra [1897] **s. f.** ● Nuova intonacatura.

rintonàre (**1**) [comp. di *r(i)-* e *intonare* (*1*); av. 1698] **v. tr.** (*io rintòno*, †*rintuòno*; in tutta la coniug. arcaica, la *o* dittonga preferibilmente *-uo* se tonica) ● Intonare di nuovo: *Ne' lor canti armoniosi / ...*

rintonare

rintuonino | viva Bacco il nostro re (REDI).
rintonàre (2) [comp. di *r(i)*- e *intonare* (2), variante di *intronare*; sec. XIV] **v. tr.** e **intr.** (*io rintòno*) ● (*lett.*) Rintronare.
rintontiménto [1883] **s. m.** ● Stordimento.
rintontìre [comp. di *r(i)*- e *intontire*; 1863] **A v. tr.** (*io rintontisco, tu rintontisci*) ● Intontire, stordire fortemente: *questi rumori mi rintontiscono; la caduta lo ha rintontito*. **B v. intr.** e **intr. pron.** (aus. *essere*) ● Diventare tonto o come tonto.
rintoppàre [comp. di *r(i)*- e *intoppare*; 1313] **A v. tr.** (*io rintòppo*) **1** (*region.* o *lett.*) Incontrare per caso: *si accozzava col primo che rintoppasse nella via* (MANZONI) | †Incontrare di nuovo. **2** †Rattoppare. **B v. intr.** e **intr. pron.** (aus. *essere* e *avere*) ● (*region.* o *lett.*) Imbattersi | Incorrere in qlco. di negativo.
rintóppo [av. 1292] **s. m.** ● (*lett.*) Intoppo, ostacolo, impedimento | †*Di r.*, per contrasto, di rimando: *Alichin non si tenne e, di r. / a li altri, disse a lui* (DANTE *Inf.* XXI, 15).
rintorbidàre [comp. di *r(i)*- e *intorbidare*; 1840] **A v. tr.** (*io rintórbido*) ● Intorbidare di nuovo o di più. **B v. intr. pron.** ● Intorbidarsi di nuovo o di più (*anche fig.*).
rintorbidìre v. tr. e **intr. pron.** (*io rintorbidìsco, tu rintorbidìsci*) ● (*raro*) Rintorbidare.
rintorpidìre [comp. di *r(i)*- e *intorpidire*; 1872] **A v. tr.** (*io rintorpidìsco, tu rintorpidìsci*) ● Intorpidire di nuovo o di più (*anche fig.*): *r. le membra; l'ozio gli ha rintorpidito la memoria*. **B v. intr. pron.** ● Intorpidirsi di nuovo o di più (*anche fig.*).
†rintostàre [da *tosto* (2), col pref. *rin*-; av. 1850] **v. tr.** e **intr.** (aus. *intr. essere*) ● (*raro, lett.*) Rendere o diventare più tosto, più duro, più forte: *una costipazione che ogni tanto rintosta* (GIUSTI).
rintracciàbile [1872] **agg.** ● Che si può rintracciare (*anche fig.*): *un medico r. anche nelle ore notturne*; *verità difficilmente r.*
rintracciaménto [1671] **s. m.** ● (*raro*) Il rintracciare. SIN. Rintraccio, ritrovamento.
rintracciàre [da *traccia*, col pref. *rin*-; 1623] **v. tr.** (*io rintràccio*) **1** †Trovare, seguire una traccia. **2** Trovare dopo una lunga e laboriosa ricerca (*anche fig.*): *r. il colpevole; abbiamo rintracciato il tuo documento*.
rintràccio [deriv. di *rintracciare*] **s. m.** ● (*bur.*) Ritrovamento, reperimento.
rintrecciàre [comp. di *r(i)*- e *intrecciare*; 1889] **v. tr.** (*io rintréccio*) ● Intrecciare di nuovo o meglio: *rintreccia, o bella, le chiome* (CARDUCCI).
rintristìre [comp. di *r(i)*- e *intristire*; 1872] **v. tr.** e **intr. pron.** (*io rintristìsco, tu rintristìsci*; aus. *essere*) ● Intristire di nuovo o di più: *invecchiando, rintristisce*.
rintronaménto [1582] **s. m. 1** Rimbombo | Assordamento. **2** (*fig.*) Intontimento.
rintronàre [comp. di *r(i)*- e *intonare*; sec. XIV] **A v. intr.** (*io rintròno*, †*rintruòno*; in tutta la coniug. arcaica, la *o* può dittongare in *-uo* se tonica; aus. *essere* e *avere*) ● Risuonare in modo cupo e fragoroso, detto del tuono o di un rumore simile: *i tuoni hanno rintronato tutto il giorno; La sua voce rintrona nelle stanze vuote* (PIRANDELLO). **B v. tr. 1** Assordare, stordire: *quell'altoparlante ci ha rintronato le orecchie*. **2** (*raro*) Scuotere con un gran rimbombo: *il temporale rintronò il paese*.
rintronàto part. pass. di *rintronare*; anche agg. ● Nei sign. del v. | (*fig.*) Stordito, confuso.
†rintrònico [da *rintronare*] **s. m.** ● Solo nella loc. *rispondere per r.*, rispondere per le rime.
rintuzzaménto [av. 1673] **s. m.** ● (*raro*) Il rintuzzare.
rintuzzàre [da far risalire al lat. *tŭndere* 'battere'. V. *ottuso*; 1342] **A v. tr. 1** (*lett.*) Rendere ottusa, spuntare, ribattere una punta: *La sega ... dalla pietra è rintuzzata* (TASSO). **2** (*fig.*) Reprimere, soffocare, contrastare: *r. la superbia* | Ribattere, respingere: *r. un'accusa*. **B v. intr. pron. 1** (*fig.*) †Affievolire, attutirsi: *si rintuzzarono le loro forze* (BOCCACCIO). **2** †Rannicchiarsi, raccogliersi con la persona.
rinumeràre [comp. di *ri*- e *numerare*; 1441] **v. tr.** (*io rinùmero*) ● Numerare di nuovo.
rinùncia o †**renùnzia**, **rinùnzia** (av. 1527] **s. f.** (pl. *-ce*, *-zie*) **1** Atto del rinunciare: *fare, notificare la r. all'impiego* | Dichiarazione, documento con cui si rinuncia a qlco.: *inviare una r. motivata*. **2** Rifiuto volontario di soddisfazioni, beni,

vantaggi e sim.: *abbandonare la carriera diplomatica è stata per lui una grossa r.* | (*spec. al pl., est.*) Privazione, sacrificio: *nella sua vita si è assoggettato a molte rinunce*. **3** (*dir.*) Potere di un soggetto di abbandonare un diritto di cui è titolare: *r. a un diritto immobiliare, al diritto di querela; r. all'eredità* | **R. agli atti del giudizio**, dichiarazione di non volere più compiere attività processuale, causa di estinzione del processo o di recesso dallo stesso della parte da cui proviene tale dichiarazione.
rinunciàbile o **rinunziàbile agg.** ● Detto di ciò a cui è possibile rinunciare, spec. nel linguaggio giuridico: *bene r.; diritto non r.*
◆**rinunciàre** o †**renunciàre**, †**renunziàre**, **rinunziàre** [vc. dotta, lat. *renuntiāre*, propr. 'annunciare contro', comp. di *re-* e *nuntiāre* 'nunziare'; av. 1292] **A v. intr.** (*io rinùncio*; aus. *avere*) (+ *a*, lett. + *di*, *anche seguito da inf.*) ● Ricusare, rifiutare spontaneamente qlco. che è nostra o dovrebbe esserlo di diritto: *r. alla corona, a un'eredità*; *ha rinunciato a un'alta carica* | Decidere di astenersi dal fare qlco., allontanarsi con l'animo e il pensiero da qlco.: *rinuncia a presentarsi candidato; r. alla vendetta*; *r. ai piaceri del mondo per la vita monastica*; *Ma ancora non avevo rinunciato ad arrivare subito alla mia villa* (SVEVO). **B v. tr. 1** (*lett.*) Abbandonare, ricusare, rifiutare: *Ora egli s'è costretto ... a rinunziare l'ufficio* (CARDUCCI). **2** †Annunciare, riferire pubblicamente.
rinunciatàrio o **rinunziatàrio** [1919] **agg.**; anche **s. m.** (f. *-a*) ● Che (o Chi) rinuncia troppo facilmente a diritti o vantaggi: *persona con atteggiamenti rinunciatari; politica rinunciataria*.
rinunciatóre o †**renunziatóre**, **rinunziatóre** [av. 1342] **agg.**; anche **s. m.** (f. *-trice*) ● (*raro*) Che (o Chi) rinuncia | Rinunciatario.
◆**rinunciazióne** o †**renunciazióne**, †**rinunziazióne** [vc. dotta, lat. *renuntiatiō(m)* 'annunzio', da *renuntiāre* 'annunciare'. V. *rinunciare*; 1540] **s. f.** ● Rinuncia, abdicazione.
rinunziàre e deriv. ● V. *rinunciare* e deriv.
†**rinunziazióne** ● V. *rinunciazione*.
rinuotàre [comp. di *ri*- e *nuotare*] **v. intr.** (*io rinuòto*; aus. *avere*) ● Nuotare di nuovo o in direzione opposta.
rinutrìre [vc. dotta, lat. tardo *renutrīre*, comp. di *re-* e *nutrīre*; 1902] **v. tr.** (coniug. come *nutrire*) ● Nutrire di nuovo (*lett., anche fig.*): *rinutriva una ... risoluta intenzione* (BACCHELLI).
rinvangàre [comp. di *rin-* e *vangare*; av. 1557] **A v. tr.** (*io rinvàngo, tu rinvànghi*) ● Rivangare: *r. una vecchia storia*. **B v. intr.** (aus. *avere*) ● (*lett.*) Riandare col pensiero a cose passate: *Anna, poverina, rinvangava nei ricordi* (PIRANDELLO).
rinvasàre [comp. di *r(i)*- e *invasare* (2); 1872] **v. tr.** ● In floricoltura, trapiantare da un vaso più piccolo in uno più grande una pianta in sviluppo.
rinvasatùra [1959] **s. f.** ● Operazione del rinvasare. SIN. Rinvaso.
rinvàso [da *r(i)*- e *invaso*] **s. m.** ● Rinvasatura.
rinvelenìre [comp. di *r(i)*- e *invelenire*; 1686] **v. intr.** (*io rinvelenìsco, tu rinvelenìsci*; aus. *essere*) ● Invelenire di nuovo o di più.
rinvenìbile [av. 1704] **agg.** ● Che si può rinvenire.
rinveniménto (1) [da *rinvenire* (1); av. 1671] **s. m.** ● Ritrovamento: *r. di una lettera smarrita, di un tesoro*. SIN. Scoperta.
rinveniménto (2) [da *rinvenire* (2); 1936] **s. m. 1** Recupero dei sensi dopo uno svenimento. **2** Operazione che serve a fare ritrovare freschezza, morbidezza, volume a qlco. **3** In metallurgia, trattamento degli acciai temprati e delle leghe leggere, che consiste in un loro riscaldamento uniforme a una temperatura inferiore al punto critico inferiore, e in un successivo raffreddamento allo scopo di conferire le migliori condizioni di lavorabilità.
rinvenìre (1) [comp. di *r(i)*- e *invenire*; 1353] **A v. tr.** (coniug. come *venire*) **1** Ritrovare, riuscire a trovare: *r. il portafoglio perduto* | Scoprire: *r. un raro esemplare di moneta romana* | (*lett.*) Scoprire che fosse la cosa* (BOCCACCIO) | †Inventare: *r. un nuovo congegno*. **2** †Risultare, venire ad essere. **B v. intr. pron.** ● (*raro, poet.*) Riscoprirsi: *l'uomo / curvato / sull'acqua / sorpresa / dal sole / si rinviene / un'ombra* (UNGARETTI).

rinvenìre (2) [da *svenire* con cambio di pref.; av. 1484] **v. intr.** (coniug. come *venire*; aus. *essere*) **1** Recuperare i sensi, la coscienza, detto di persona. SIN. Rianimarsi, riaversi. **2** Tornare alla primitiva freschezza, morbidezza o riacquistare volume dilatandosi, detto di alimenti conservati per essiccazione e del legno: *mettere a r. funghi secchi, baccalà*. **3** In metallurgia, subire il processo di rinvenimento.
rinvenitóre [1989] **s. m.** (f. *-trice*) ● Operaio addetto alle operazioni di rinvenimento.
rinvenùto (1) part. pass. di *rinvenire* (1); anche agg. ● Nei sign. del v. | Ritrovato.
rinvenùto (2) part. pass. di *rinvenire* (2); anche agg. ● Nei sign. del v. | Che è ritornato in sé; che si è ripreso: *La Santa, ... rinvenuta della meraviglia* (NIEVO).
rinverdiménto [da *rinverdire*; 1835] **s. m. 1** (*raro*) Il rinverdire (*anche fig.*): *il r. di una speranza*. **2** In conceria, trattamento del rinverdire.
rinverdìre [comp. di *r(i)*- e *inverdire*; 1319] **A v. tr.** (*io rinverdìsco, tu rinverdìsci*, †*rinvérdi*) **1** Fare ritornare verde: *la pioggia ha rinverdito l'erba*. **2** (*fig.*) Far rifiorire, ravvivare: *r. la speranza* | (*fig.*, *lett.*) Tornare vigoroso, forte: *r. le membra*. **3** Trattare le pelli grezze con acqua per pulirle e reintegrarne l'umidità perduta con trattamenti di conservazione. **B v. intr.** (aus. *essere*) **1** Ritornare verde. **2** (*fig.*, *lett.*) Rinnovarsi, ritornare: *Come da quella età che non rinverde* (CARDUCCI).
rinverdìto part. pass. di *rinverdire*; anche agg. ● Nei sign. del v.
rinvergàre [comp. di *r(i)*- e *invergare*; 1344] **A v. tr.** ● †Rinvenire, trovare, rintracciare. **B v. intr.** (aus. *essere*) ● (*lett.*) Concordare.
rinverginàre [da *vergine*, col pref. *rin*-; 1840] **A v. tr.** (*io rinvérgino*) ● (*lett.*) Fare ritornare vergine | (*fig.*) Rendere di nuovo puro, sano moralmente. **B v. intr. pron.** ● (*lett.*) Ritornare vergine | (*fig.*) Tornare puro spiritualmente.
rinvermigliàre [comp. di *r(i)*- e *invermigliare*; 1623] **A v. tr.** (*io rinvermìglio*) ● (*raro*) Rendere di nuovo vermiglio. **B v. intr. pron.** ● (*raro, lett.*) Tornare di nuovo vermiglio.
rinverniciàre [comp. di *r(i)*- e *inverniciare*] **v. tr.** (*io rinvernìcio*) ● (*lett.*) Riverniciare (*anche fig.*).
†**rinversàre** [comp. di *rin-* e *versare*] **v. tr.** e **pron.** ● Riversare: *gli occhi, onde dì e notte si rinversa / il gran desìo* (PETRARCA).
rinvertìre [comp. di *r(i)*- e *invertire*; 1313] **A v. tr.** ● †Volgere, rivolgere. **B v. intr.** (aus. *essere*) **1** (*lett.*) Trasformarsi: *Ogni amore al fin si sente / r. in pianto e lutto* (L. DE' MEDICI). **2** †Ritornare | Regredire. **3** †Abiurare la fede religiosa: *inorridì tanto che stette per r.* (BARTOLI).
rinverzàre [da *sverza*, col pref. *rin*-; av. 1712] **v. tr.** (*io rinvèrzo* o *rinvèrzo*) ● Chiudere fessure nel legno con schegge lunghe e sottili (sverze).
†**rinverzicàre** [comp. di *r(i)*- e *inverzicare*] **v. intr.** ● Tornare verde.
†**rinverzìre** [da avvicinare a *rinverdire* e *verzura*; 1505] **v. intr.** ● Tornare verde | (*fig.*, *lett.*) Rinascere.
†**rinvescàre** [comp. di *r(i)*- e *invescare*; av. 1374] **v. tr.** (*io rinvésco, tu rinvéschi*) ● (*lett.*) Invescare di nuovo | (*fig.*, *lett.*) Allettare di nuovo.
rinvestìre e deriv. ● V. *reinvestire* e deriv.
rinviàbile [1933] **agg.** ● Che si può rinviare, differibile: *stando così le cose, la decisione non è r.*
†**rinviaménto s. m.** ● Rinvio.
rinviàre [comp. di *r(i)*- e *inviare*; sec. XIII] **v. tr.** (*io rinvìo*) **1** Mandare indietro: *lo specchio rinvia l'immagine* | Restituire, riconsegnare: *ci hanno rinviato una partita avariata* | Respingere: *r. la palla*. **2** Rimandare a un testo, a una citazione, a un autore e sim.: *si rinvia alla nota a piè di pagina*. **3** Rimandare nel tempo, dilazionare, differire: *r. un appuntamento; hanno rinviato l'udienza a fine mese*. **4** (*dir.*) **R. un imputato a giudizio**, decidere il rinvio a giudizio (V. *rinvio* nel sign. 3). **5** (*tecnol.*) Cambiare la direzione o il verso del moto mediante apposito dispositivo | (*mar.*) **R. un cavo**, cambiarne la direzione mediante un bozzello o una pastecca.
rinvigoriménto [av. 1311] **s. m.** ● Il rinvigorire, il rinvigorirsi (*anche fig.*). SIN. Rafforzamento.
rinvigorìre [comp. di *r(i)*- e *invigorire*; 1336 ca.] **A v. tr.** (*io rinvigorìsco, tu rinvigorìsci*) ● Ridare

vigore, rendere nuovamente o più vigoroso (*anche fig.*): *la vacanza lo ha rinvigorito*; *r. i combattenti*. SIN. Rafforzare. **B** v. intr. e intr. pron. (aus. *essere*) ● Riprendere vigore, forza, gagliardia (*anche fig.*): *in montagna rinvigorirete presto*; *le nostre illusioni si rinvigoriscono*. SIN. Rinforzare.

rinvigorito part. pass. di *rinvigorire*; anche agg. ● Nei sign. del v. | (*est.*, *raro*) Vigoroso: *una stretta di mano rinvigorita* (CARDUCCI).

rinviliàre [da *vile*, col pref. *rin-*; 1600] v. tr. e intr. (*io rinvilio*; aus. intr. *essere*) ● (*tosc.* o *lett.*) Rinvilire: *la maniera di far r. il pane* (MANZONI).

rinvilio o **rinvilìo** [da *rinviliare*; 1841] s. m. ● (*tosc.*) Ribasso di prezzo.

rinvilìre [comp. di *r(i)-* e *invilire*; sec. XVI] **A** v. tr. (*io rinvilisco, tu rinvilisci*) ● (*lett.*) Abbassare il prezzo spec. in modo considerevole: *r. il prezzo del frumento*. **B** v. intr. e intr. pron. (aus. *essere*) ● (*lett.*) Diminuire di prezzo. SIN. Ribassare.

rinviluppàre [comp. di *r(i)-* e *inviluppare*; 1340 ca.] **A** v. tr. ● Inviluppare | Avvolgere. **B** v. rifl. ● Invilupparsi | (*fig.*, *lett.*) Impegolarsi di nuovo.

rinvìo [1812] s. m. **1** Il rinviare | Rimando, restituzione: *Mi raccomando … per il pronto r. dell'originale* (CARDUCCI) | Invio: *chiedere un sollecito r. della corrispondenza* | Nei giochi di palla, respinta: *tiro di r.* | (*tecnol.*) ***Puleggia di r.***, in un impianto di trasporto mediante funi, carrucola attorno a cui si avvolge il cavo traente nella stazione opposta a quella motrice. **2** Rimando, in un testo, un'opera letteraria, e sim.: *pagina con molti rinvii* | Foglio messo al posto di un documento estratto dalla sua posizione nel quale è indicato dove temporaneamente esso si trovi. **3** Differimento ad altra data, dilazionamento: *il r. di un incontro*; *il r. di un'udienza* | (*dir.*) ***Giudizio di r.***, procedimento civile di cognizione davanti a un giudice di secondo grado designato dalla cassazione | ***R. a giudizio***, nel processo penale, provvedimento con cui, al termine dell'udienza preliminare, il giudice dichiara doversi far luogo a giudizio nei confronti dell'imputato. **4** (*tecnol.*) Ogni dispositivo destinato a cambiare la direzione o il verso del moto | ***Asta, albero di r.***, elemento meccanico che, interposto tra altri due organi, trasmette il moto e la forza. **5** In alpinismo, fettuccia annodata ad anello e munita di moschettoni, per facilitare le manovre di assicurazione e lo scorrimento della corda durante la progressione. **6** (*mar.*) Sulle imbarcazioni a vela, dispositivo che cambia direzione a una cima o una manovra, gener. costituito da un bozzello, una pastecca o sim. | Parte di cavo da alare tra un bozzello e il tirante.

rinviperìre [comp. di *r(i)-* e *inviperire*] v. intr. e intr. pron. (*io rinviperisco, tu rinviperisci*; aus. *essere*) ● Inviperirsi di nuovo o di più.

rinvischiàre [comp. di *r(i)-* e *invischiare*; 1679] **A** v. tr. (*io rinvischio*) ● Invischiare di nuovo (*spec. fig.*). **B** v. intr. pron. ● (*fig.*) Invischiarsi di nuovo.

rinvitàre o †**reinvitàre** [comp. di *r(i)-* e *invitare* (*1*); av. 1492] v. tr. ● Invitare di nuovo o a propria volta per ricambiare un invito.

rinvivìre [da *vivo*, col pref. *rin-*; 1340 ca.] v. intr. e intr. pron. (*io rinvivisco, tu rinvivisci*; aus. *essere*) ● (*tosc.*) Risuscitare (*spec. fig.*).

rinvogliàre [comp. di *r(i)-* e *invogliare*; 1600] v. tr. (*io rinvòglio*) ● Invogliare di nuovo.

rinvòlgere [comp. di *r(i)-* e *involgere*; 1518] **A** v. tr. (coniug. come *volgere*) ● Involgere di nuovo o più strettamente | Involgere. **B** v. rifl. ● Ravvolgersi, ravvoltolarsi.

rinvoltàre [comp. di *r(i)-* e *involtare*; sec. XIV] **A** v. tr. (*io rinvòlto*) ● Involtare di nuovo o meglio. **B** v. rifl. ● (*fam.*) Ravvolgersi.

rinvoltàto part. pass. di *rinvoltare*; anche agg. ● Nei sign. del v.: *i bambini piangenti, mal rinvoltati nelle fasce cenciose* (MANZONI).

rinvòlto [av. 1588] **A** part. pass. di *rinvolgere*; anche agg. ● Nei sign. del v. **B** s. m. ● †Fagotto, involto. || **rinvoltino**, dim.

rinvoltolàre [comp. di *r(i)-* e *involtolare*; 1520] **A** v. tr. (*io rinvòltolo*) ● Involtolare molto bene o più volte. **B** v. rifl. ● (*raro*) Ravvoltolarsi.

rinvoltùra [comp. di *r(i)-* e *involtura*; av. 1566] s. f. **1** Operazione del rinvolgere. **2** Ciò con cui si rinvolge qlcu. o qlco. | (*tosc.*) Tela grezza usata per avvolgere una merce. **3** (*fig.*) †Sconvolgimento.

rinzaffàre (o -z-) [comp. di *r(i)-* e *inzaffare*; 1550] v. tr. ● (*edil.*) Dare al muro la prima, ruvida crosta di intonaco | Turare con malta commessure, crepe, piccoli vani.

rinzaffatùra (o -z-) [1682] s. f. ● (*edil.*) Operazione del rinzaffare | Rinzaffo.

rinzàffo (o -z-) [da *rinzaffare*; 1804] s. m. ● (*edil.*) Primo intonaco sulla superficie muraria ancora grezza, costituito di solito da malta idraulica.

rinzeppaménto (o -z-) s. m. ● (*raro*) Inzeppamento.

rinzeppàre (o -z-) [comp. di *r(i)-* e *inzeppare* (*1*); av. 1704] **A** v. tr. (*io rinzéppo* (o -z-)) ● (*fam.*) Inzeppare, rimpinzare: *r. il discorso di strafalcioni*; *inzepparsi lo stomaco di dolci*. **B** v. rifl. ● (*fam.*) Rimpinzarsi.

rinzuppàre [comp. di *r(i)-* e *inzuppare*] v. tr. ● Inzuppare di nuovo o di più.

rìo (**1**) [lat. *rīvu(m)* 'rivo'; 1313] s. m. **1** (*lett.*) Piccolo corso d'acqua, ruscello, fiumicello: *Narcisso al rio si specchia come suole* (POLIZIANO). **2** Nella laguna veneta, diramazione di un canale. **3** †Fiume. || †**riòttolo**, dim. | †**riòzzolo**, dim.

rìo (**2**) [lat. *rĕu(m)* 'reo'; av. 1250] **A** agg. ● (*lett.*) Reo | (*poet.*, *fig.*) Malvagio, perverso: *dalle stanche ceneri / sperdi ogni ria parola* (MANZONI). **B** s. m. ● †Peccato, colpa: *per null'altro rio / lo ciel perdei che per non aver fé* (DANTE *Purg.* VII, 7).

riò ● V. *riavere*.

riobbligàre [comp. di *ri-* e *obbligare*; 1853] **A** v. tr. (*io riòbbligo, tu riòbblighi*) ● Obbligare di nuovo. **B** v. rifl. ● Obbligarsi di nuovo.

rioccupàre [comp. di *ri-* e *occupare*; av. 1555] **A** v. tr. (*io riòccupo*) ● Occupare di nuovo: *r. le posizioni perdute*. **B** v. intr. pron. ● Occuparsi di nuovo di qlcu. o qlco. o in qlco.: *ci rioccuperemo presto di voi*.

rioccupazióne [comp. di *ri-* e *occupazione*; av. 1574] s. f. ● Nuova occupazione di un luogo.

rioffèndere [comp. di *ri-* e *offendere*; 1835] v. tr. (coniug. come *offendere*) ● Offendere di nuovo.

†**riofferìre** ● V. *rioffrire*.

rioffèrto part. pass. di *rioffrire* ● (*raro*) Nel sign. del v.

rioffèso part. pass. di *rioffendere* ● (*raro*) Nei sign. del v.

rioffrìre o †**riofferìre** [comp. di *ri-* e *offrire*; 1840] **A** v. tr. (coniug. come *offrire*) ● Offrire di nuovo: *r. un dono, una carica*. **B** v. rifl. ● Offrirsi di nuovo: *si è riofferto volontario*.

rioffuscàre [comp. di *ri-* e *offuscare*] **A** v. tr. (*io rioffùsco, tu rioffùschi*) ● Offuscare di nuovo. **B** v. intr. pron. ● Offuscarsi di nuovo: *il cielo si è rioffuscato*.

riolite [comp. del gr. *rýax* 'torrente' (in questo caso 'lava fluente'), da *rêin* 'scorrere' (V. *-rrea*), e *-lite*; 1934] s. f. ● (*geol.*) Liparite.

rionàle [1950] agg. ● Relativo al rione, del rione: *mercato r.* || **rionalménte**, avv.

rióne [lat. *regiōne(m)* 'regione'; av. 1348] s. m. ● Quartiere di una città: *stabilirsi in un r. popolare*; *r. centrale, periferico*.

rioperàre [comp. di *ri-* e *operare*; 1835] **A** v. tr. (*io riòpero*) ● Operare di nuovo: *è stato rioperato al ginocchio*. **B** v. intr. (aus. *avere*) **1** †Reagire. **2** (*lett.*) Agire a propria volta: *filosofia e pensiero rioperano … sulla poesia* (CROCE).

riordinaménto [1554] s. m. ● Il riordinare | Riorganizzazione, nuovo ordinamento, nuovo assetto: *r. della carriera statale, degli studi*. SIN. Riforma.

◆**riordinàre** [comp. di *ri-* e *ordinare*; av. 1357] **A** v. tr. (*io riórdino*) **1** Rimettere in ordine: *r. la stanza* | Riorganizzare dando un nuovo e migliore assetto: *r. la biblioteca*; *r. lo Stato, l'esercito* | (*fig.*) Chiarire, chiarirsi: *r. le idee* | Rassettare: *r. la casa*; *riordinarsi i capelli*. **2** Impartire di nuovo un ordine. **3** (*comm.*) Ordinare di nuovo una merce, un lavoro e sim. **4** (*relig.*) Ordinare di nuovo qlcu. sacerdote. **B** v. rifl. ● Rimettersi in ordine.

riordinàto [1525] part. pass. di *riordinare*; anche agg. ● Nei sign. del v.

riordinatóre [1872] agg.; anche s. m. (f. *-trice*) ● Chi riordina.

riordinazióne [1568] s. f. **1** (*lett.*) Riordinamento. **2** (*comm.*) Nuova ordinazione di una merce, di un lavoro e sim. **3** (*relig.*) Nuova ordinazione sacerdotale.

riórdino [1938] s. m. ● (*bur.*) Riordinamento: *r. di un fascicolo, di una pratica, delle finanze*.

riorganizzàre [comp. di *ri-* e *organizzare*; calco sul fr. *réorganiser*; 1799] **A** v. tr. **1** (*raro*) Organizzare di nuovo: *r. un torneo di calcetto*. **2** Riordinare in base a nuovi criteri: *r. il movimento del traffico aereo*; *r. il proprio tempo libero*. **B** v. rifl. ● Organizzarsi di nuovo o meglio.

riorganizzàto part. pass. di *riorganizzare*; anche agg. ● Nei sign. del v.

riorganizzatóre [1889] s. m. (f. *-trice*) ● Chi riorganizza.

riorganizzazióne [comp. di *ri-* e *organizzazione*; calco sul fr. *réorganisation*; 1947] s. f. ● Nuova o migliore organizzazione | Riordino, riforma.

rioscuràre [comp. di *ri-* e *oscurare*] **A** v. tr. ● Oscurare di nuovo. **B** v. intr. pron. ● Oscurarsi di nuovo.

riosservàre [comp. di *ri-* e *osservare*; 1835] v. tr. (*io riossèrvo*) ● Osservare di nuovo o meglio.

†**riòtta** [ant. fr. *riotte*, da *rioter* 'riottare'; 1353] s. f. ● Contesa, discordia: *grave e dura r. incominciarono* (BOCCACCIO).

†**riottàre** [ant. fr. *rioter*, di etim. incerta; 1370] v. intr. ● Contendere, questionare.

riottosità [av. 1956] s. f. **1** (*lett.*) Spirito di ribellione | Indocilità, irrequietezza. **2** (*lett.*) Resistenza, ritrosia.

riottóso [da *riotta*; 1353] agg. **1** (*lett.*) Litigioso, attaccabrighe: *Non saprei che fare di gente … riottosa e rissosa e dispettosa* (BACCHELLI). **2** (assol.; + *a*) (*est.*) Caparbio, indocile, restio: *quel contadiname r. che guardava di sbieco l'albero della libertà* (NIEVO); *r. ad ascoltare i buoni consigli*; *r. all'ubbidienza*. || **riottosaménte**, avv.

rìpa [vc. dotta, lat. *rīpa(m)* 'riva'; 1308] s. f. **1** (*lett.*) Sponda, riva che fiancheggia un corso d'acqua o cinge un lago: *una pegola spessa, / che 'nviscava la r. d'ogne parte* (DANTE *Inf.* XXI, 17-18) | ***Uccelli di r.***, quei trampolieri che frequentano le sponde dei laghi e delle paludi. **2** (*lett.*) Argine, dirupo di fossato o burrone. **3** †Riva, spiaggia di mare. || **riperèlla**, dim. | **ripètta**, dim.

ripacificàre [comp. di *ri-* e *pacificare*; 1504] **A** v. tr. (*io ripacìfico, tu ripacìfichi*) ● Pacificare di nuovo. **B** v. rifl. rec. ● Pacificarsi di nuovo.

ripagàre [comp. di *ri-* e *pagare*; av. 1311] v. tr. (*io ripàgo, tu ripàghi*) **1** Pagare di nuovo: *ci ha ripagato la cena*. **2** Ricompensare (*anche iron.*): *ti ripagherò della tua cortesia*; *ci ha ripagati con l'ingratitudine* | Compensare di sacrifici, disagi e sim.: *l'esito dell'esame mi ha ripagato degli sforzi fatti* | ***R. con la stessa moneta***, contraccambiare il male allo stesso modo. SIN. Ricambiare. **3** Risarcire, indennizzare, ricomperare a proprie spese: *abbiamo dovuto r. lo specchio che gli rompemmo*.

ripalpitàre [comp. di *ri-* e *palpitare*; 1900] v. intr. (*io ripàlpito*; aus. *avere*) ● Palpitare di nuovo (*spec. fig.*): *stupiva lui … di aver sentita r. l'antica amicizia* (BACCHELLI).

riparàbile [vc. dotta, lat. *reparābile(m)*, da *reparāre* 'riparare (1)'; av. 1530] agg. ● Che si può riparare: *mali riparabili*; *meccanismo non r.*

riparabilità [1872] s. f. ● Condizione di ciò che è riparabile.

†**riparaménto** [1584] s. m. ● (*raro*) Restauro, riparazione.

riparametràre [da *r(i)-* e il denom. di *parametro*; 1985] v. tr. (*io riparàmetro*) ● (*bur.*) Ricalcolare secondo nuovi parametri: *r. gli stipendi dei dipendenti pubblici*.

riparametrazióne [da *riparametrare*; 1981] s. f. ● (*bur.*) Il riparametrare.

◆**riparàre** (**1**) o †**reparàre** (**1**) [vc. dotta, lat. *reparāre* 'recuperare, riparare', comp. di *re-* e *parāre* 'procurare'. V. *parare*; sec. XIII] **A** v. tr. **1** Difendere, proteggere da un pericolo, un attacco, un danno; dare riparo: *r. il torace con la corazza*; *r. qlcu. con il proprio corpo* | ***R. le spalle a qlcu.***, (*fig.*) difenderlo dagli attacchi e accuse altrui usando la propria influenza, autorità e sim. **2** Cercare di porre rimedio a un male, un danno o un errore, attenuandone o eliminandone gli effetti negativi (*anche assol.*): *r. un'ingiustizia, un torto*; *r. un errore*; *non sappiamo come r.* | ***R. una materia***, (*anche assol.*) ***riparare***, nell'uso scolastico di un tempo, sostenere un esame di riparazione. **3** Rimettere in buono stato, aggiustare: *r. il televisore*;

far r. la macchina. SIN. Accomodare, aggiustare. **4** (*fam., tosc.*) Fare qlco. di utile, necessario: *non posso r. tutte le vostre esigenze* | †***R. che non avvenga***, impedire che avvenga. **B** v. intr. (aus. *avere*) (+ *a*) **1** Provvedere, rimediare: *r. a una mancanza*; *bisogna r. a tutto*. **2** (*fam., tosc.*) ***Non r. a fare qlco.***, non riuscire a farvi fronte pur dandosi da fare: *la moglie non riparava a servir tutti* (PIRANDELLO). **C** v. rifl. ● Mettersi al riparo, in salvo: *ripararsi dal temporale, dall'assalto nemico* | Trovare ricovero, riparo, rifugio materiale: *ci siamo riparati in una capanna*; *Ciaula, atterrito, era scappato a ripararsi in un antro noto soltanto a lui* (PIRANDELLO).

riparàre (2) o †**reparàre (2)** [provz. *repairar*, dal lat. tardo *repatriāre* 'rimpatriare', da *pătria*, col pref. *re-*; 1308] v. intr. (aus. *essere*) **1** Rifugiarsi, cercare rifugio, asilo spec. per sfuggire a traversie politiche, persecuzioni, ricerche e sim.: *durante la guerra, riparammo in Francia*; *dopo l'evasione riparò all'estero*. **2** Trovare ricovero per ristorarsi | †Dimorare, albergare: *alla sua casa in Parigi si riparava* (BOCCACCIO).

riparàta [1897] s. f. ● Riparazione effettuata in fretta e alla meglio: *dare una r. all'automobile*.

riparàto (1) [sec. XV] part. pass. di *riparare* (*1*); anche agg. ● Nei sign. del v. | Protetto: *un luogo r. dal vento*.

riparàto (2) [1970] part. pass. di *riparare* (*2*); anche agg. ● Nei sign. del v. | Che ha trovato rifugio, asilo o riparo: *famiglie lombarde riparate e accolte nella nostra città* (CARDUCCI). || **riparataménte**, avv.

riparatóre [vc. dotta, lat. *reparatōre(m)*, da *reparātus* 'riparato'; sec. XV] s. m.; anche agg. (f. *-trice*) ● Chi (o Che) ripara, rimette in buono stato: *r. di orologi* | Che pone rimedio: *sentenza riparatrice*.

riparatòrio [da *riparare*] agg. ● (*lett.*) Che ha la funzione di riparare un danno, un'offesa, un'ingiustizia: *atto r.*

♦**riparazióne** [vc. dotta, lat. tardo *reparatiōne(m)*, da *reparātus* 'riparato'; 1301] s. f. **1** Azione volta a eliminare, attenuare o compensare le conseguenze di un danno, un'offesa, un errore e sim.: *ottenere la r. di un torto subìto*; *l'offeso pretende r.*; *r. dei danni, di un errore giudiziario*; *pregare per la r. dei propri peccati* | (*est.*) ***Esami di r.***, nel passato ordinamento scolastico, quelli che uno studente doveva sostenere in una sessione autunnale quando era stato giudicato insufficiente in una o più materie in sede di scrutini o negli esami della sessione estiva | (*est., dir.*) ***Riparazioni di guerra***, risarcimento dei danni causati a persone. **2** Aggiustatura, accomodatura di oggetti rotti, guasti e sim.: *la r. del mobile è durata tre ore*.

†**ripareggiàre** [comp. di *ri-* e *pareggiare*] v. tr. (*io riparéggio*) ● Pareggiare di nuovo: *r. il terreno*.

riparèlla (1) [da *ripa*, perché cresce sulle rive] s. f. ● (*bot.*) Salcerella.

riparèlla (2) o **raperèlla** [da *riparare* (*1*); 1540] s. f. **1** Pezzetto di pietra per otturare fori nelle pietre lavorate. **2** (*raro*) Rondella.

ripària [f. sost. di *ripario*; detta così perché cresce preferibilmente lungo le rive dei corsi d'acqua; 1937] s. f. ● Vitigno originario dell'America usato in Europa come portainnesto.

ripàrio [vc. dotta, lat. *ripāriu(m)*, da *rīpa* 'riva'; 1595] agg. ● (*lett.*) Che abita sulle rive: *pianta riparia*.

riparlàre [comp. di *ri-* e *parlare* (*1*); 1353] **A** v. intr. (aus. *avere*) ● Parlare di nuovo, un'altra volta | ***Ne riparleremo!***, per rinviare il discorso ad altra occasione, con o senza intonazione o intento di minaccia. **B** v. rifl. rec. ● Rivolgersi reciprocamente la parola spec. dopo discussione e sim. | (*est.*) Ripacificarsi.

♦**ripàro** [da *riparare* (*1*); av. 1250] s. m. **1** Protezione da un danno, un pericolo e sim.: *hanno costruito una ringhiera a r.*; *cercare r. contro i colpi* | ***Mettersi al riparo da qlco., correre ai ripari***, prendere le necessarie misure o i necessari provvedimenti per evitare danni. **2** Ciò che è posto a difesa: *un r. di terra, di sassi* | Schermo: *la siepe è un r. alla vista* | (*est., spec. al pl.*) Fortificazione, bastione: *salire sui ripari*. SIN. Difesa. **3** Rimedio, provvedimento: *mettere, creare, porre r.*; *non c'è r. alla disonestà*. **4** †Dimora, rifugio.

ripartènza [comp. di *ri-* e *partenza*; 1997] s. f. **1** (*raro*) Nuova partenza. **2** Nel calcio, rapida iniziativa di attacco dopo un'offensiva avversaria.

ripartìbile [da *ripartire* (*2*); 1771] agg. ● Che si può o si deve ripartire: *somma r.*

ripartimentàle [1959] agg. ● (*bur.*) Di un ripartimento, che riguarda un ripartimento: *amministrazione r.*

ripartiménto [da *ripartire* (*2*); av. 1557] s. m. **1** †Suddivisione. **2** (*raro*) Scomparto, riquadro. **3** (*bur.*) Sezione.

♦**ripartìre (1)** [comp. di *ri-* e *partire* (*1*); sec. XIV] v. intr. (*io ripàrto*; aus. *essere*) ● Partire di nuovo, rimettersi in viaggio: *il treno riparte fra dieci minuti*; *sono ripartiti per l'Australia* | Rimettersi in moto, riavviarsi: *l'auto non riparte*.

♦**ripartìre (2)** [comp. di *ri-* e *partire* (*2*); av. 1525] v. tr. (*io ripartìsco, tu ripartìsci*) **1** Dividere in più parti: *r. il guadagno* | Ordinare, dopo aver diviso in gruppi secondo un criterio prestabilito: *r. le lettere secondo la data, la provenienza* | Spartire con altri: *ripartirsi il bottino, un'eredità*. SIN. Suddividere. **2** Assegnare ciò che è stato già diviso: *r. le incombenze fra i vari dipendenti*. **3** †Separare, allontanare.

ripartìto (1) part. pass. di *ripartire* (*1*); anche agg. ● Nel sign. del v.

ripartìto (2) [1619] part. pass. di *ripartire* (*2*); anche agg. ● Nei sign. del v. | Suddiviso. || **ripartitaménte**, avv. (*raro*) In modo ripartito.

ripartitóre [1872] s. m. **1** (f. *-trice*) (*raro*) Chi ripartisce, distribuisce. **2** (f. *-trice*) Negli uffici postali, impiegato addetto allo smistamento della corrispondenza secondo i quartieri postali. **3** Intelaiatura alla quale fanno capo le linee esterne e interne di una centrale elettrica, allo scopo di facilitare le connessioni volanti.

ripartizióne [da *ripartire* (*2*); 1635] s. f. **1** Suddivisione: *la r. del guadagno* | Distribuzione secondo criteri stabiliti: *la r. degli incarichi*. SIN. Divisione. **2** Ogni parte di qlco. che è stata ripartita: *grosse ripartizioni di terreno*; *le classificazioni e ripartizioni di cui ogni capitolo è costellato* (CALVINO). **3** Reparto di un'amministrazione.

ripàrto [da *ripartire* (*2*); av. 1742] s. m. **1** Ripartizione. **2** (*raro*) Reparto.

ripartorìre [comp. di *ri-* e *partorire*; 1835] v. tr. (*io ripartorisco, tu ripartorisci*) ● (*raro, lett.*) Partorire di nuovo (*anche fig.*).

ripasciménto [dall'ant. *ripascere* 'pascere di nuovo', dal lat. tardo *repăscere*, comp. di *re-* e *păscere*; 1986] s. m. ● (*geogr.*) Insieme dei fenomeni naturali di trasporto e deposito di sabbia che determina l'accrescimento del volume di una spiaggia | ***R. artificiale***, quello determinato attraverso la costruzione di appositi sbarramenti, gener. perpendicolari alla costa.

♦**ripassàre** [comp. di *ri-* e *passare*; 1313] **A** v. tr. **1** Passare di nuovo, riattraversare: *per andare in Francia, ripasseremo le Alpi*. **2** Passare di nuovo sopra qlco.: *r. la vernice sulle finestre*; *r. la porta con la vernice*; *r. la biancheria col ferro* | Tracciare di nuovo: *r. un disegno a china* | ***R. un libro***, dargli di nuovo una rapida lettura | ***R. un quadro***, ritoccarlo | ***R. la lezione***, rivederla, ristudiarla, ripeterla | ***R. il conto***, riscontrarlo | (*lett.*) Rievocare. **3** (*fam.*) Sgridare, anche usando maniere forti. **B** v. intr. (aus. *essere*) ● Passare di nuovo: *passa e ripassa davanti al mio portone* | Ritornare, farsi rivedere in un luogo: *provi a r. più tardi*; *ripasseremo presto*.

ripassàta [1598] s. f. **1** Attività del ripassare spec. una sola volta o in fretta: *dare una r. alla biancheria per aggiustarla* | Rilettura, revisione: *dare una r. alla lettera per correggerla*. **2** (*fam.*) Ammonizione severa, rabbuffo, ramanzina anche energica: *dare una buona r.* **3** †Il ripassare in un luogo. || **ripassatina**, dim.

ripassatóre [1891] s. m. (f. *-trice*) ● Chi ripassa.

ripassatrice [da *ripassare*; 1959] s. f. ● (*tess.*) Macchina usata per il controllo della fattura dei tessuti.

ripassatùra [da *ripassare*; 1987] s. f. ● (*tecnol.*) Operazione di controllo della qualità e del buon funzionamento di un prodotto o di un manufatto.

ripàsso [1699] s. m. **1** Moto migratorio degli uccelli di passo dai luoghi di svernamento a quelli di riproduzione. **2** Ripetizione sistematica di una materia scolastica: *iniziare il r. della storia in vista dell'esame*.

ripàtica [dal lat. *rīpa* 'riva'; 1671] s. f. ● Nel Medioevo, diritto di sbarcare cose o persone o attraccare natanti alle sponde di fiumi, laghi e sim. | (*est.*) Tassa dovuta per l'esercizio di tale diritto.

ripàtico [1671] s. m. (pl. *-ci*) ● Ripatica.

ripatìre [comp. di *ri-* e *patire*; 1580] v. intr. e tr. (*io ripatìsco, tu ripatìsci*; aus. *avere*) ● (*raro*) Patire di nuovo.

†**ripatriaménto** [da †*ripatriare*; 1803] s. m. ● Rimpatrio.

†**ripatriàre** o †**repatriàre** [vc. dotta, lat. tardo *repatriāre*. V. *riparare* (*2*); 1520] v. tr. e intr. ● Rimpatriare.

†**ripatriazióne** ● V. †*repatriazione*.

ripatteggiàre [comp. di *ri-* e *patteggiare*; 1959] v. intr. e tr. (*io ripattéggio*; aus. *avere*) ● (*raro*) Patteggiare di nuovo.

ripeccàre [comp. di *ri-* e *peccare*] v. intr. (*io ripècco, tu ripècchi*; aus. *avere*) ● Peccare di nuovo.

ripeggioràre [comp. di *ri-* e *peggiorare*; 1872] v. tr. e intr. (*io ripeggióro*, pop. tosc. *ripèggioro*; aus. intr. *essere*) ● Peggiorare di nuovo: *r. la situazione*; *il tempo è ripeggiorato*.

ripensaménto [sec. XIV] s. m. **1** Nuova riflessione su qlco.: *è necessario un r. attento del fatto*. **2** Cambiamento di idea, di parere: *è una decisione frutto di un improvviso r.* **3** ***Diritto di r.***, diritto del consumatore di recedere entro sette giorni da un contratto per la fornitura di beni o la prestazione di servizi concluso con un operatore commerciale fuori dai locali in cui egli esercita la sua attività.

♦**ripensàre** [comp. di *ri-* e *pensare*; av. 1292] **A** v. intr. (*io ripènso*; aus. *avere*) **1** Pensare di nuovo, tornare a pensare, a riflettere, a meditare: *ho ripensato alla risposta che mi hai dato* | ***Ripensarci***, cambiare pensiero, parere: *ci ho ripensato: resto a casa*. **2** Riandare col pensiero: *ripensiamo spesso all'adolescenza*. **B** v. tr. **1** (*lett.*) Ricordare con nostalgia, rievocare: *ripenso il tuo sorriso, ed è per me un'acqua limpida / scorta … tra le pietraie d'un greto* (MONTALE). **2** Riconsiderare, riesaminare: *la Chiesa ripensa il suo ruolo nella società*; *Chi ripensi la storia politica nostra* (CARDUCCI).

ripensàto part. pass. di *ripensare*; anche agg. ● Nei sign. del v.

ripènse [vc. dotta, lat. tardo *ripēnse(m)*, da *rīpa* 'riva'; 1872] agg. ● (*lett.*) Della riva, posto sulla riva.

†**ripentàglio** ● V. *repentaglio*.

ripentiménto [comp. di *ri-* e *pentimento*; av. 1348] s. m. ● (*lett.*) Nuovo pentimento | (*lett.*) Rammarico per decisioni prese, scelte fatte, o sim.

ripentìrsi o †**repentìrsi** [comp. di *ri-* e *pentirsi*; av. 1374] v. intr. pron. (*io mi ripènto*) **1** (*lett.*) Pentirsi: *non vedi che al fine s'è ripentito d'aver detto?* (BRUNO). **2** (*lett.*) Rammaricarsi per una decisione, un comportamento e sim.

ripercórrere [comp. di *ri-* e *percorrere*; 1818] v. tr. (coniug. come *correre*) ● Percorrere di nuovo (*anche fig.*): *r. una strada in salita*; *r. col pensiero gli avvenimenti della giornata*.

ripercórso part. pass. di *ripercorrere* ● Nei sign. del v.

ripercòssa [da *ripercosso*; av. 1646] s. f. ● (*lett.*) Urto ripetuto | Contraccolpo (*anche fig.*).

ripercòsso part. pass. di *ripercuotere*; anche agg. ● Nei sign. del v. | Ripetutamente percosso: *Il suon funesto / del r. acciar* (METASTASIO).

ripercòtere ● V. *ripercuotere*.

ripercotiménto o (*raro*) **ripercuotiménto** [da *ripercuotere*; sec. XIV] s. m. ● (*raro*) Ripercossa | †Rifrazione: *Lo splendore è cagionato per lo r. de' raggi* (TASSO).

ripercuòtere o (*lett.*) **ripercòtere** [vc. dotta, lat. *repercŭtere*, comp. di *re-* e *percŭtere* 'percuotere'; 1308] **A** v. tr. (coniug. come *percuotere*) **1** Percuotere di nuovo, di più o più volte: *r. l'acqua con i remi* | (*raro*) Percuotere di rimando: *percosso, il cavalier non ripercote* (TASSO). **2** (*mus.*) Ribattere, ripetere: *r. note*. **3** (*lett.*) Riflettere, respingere indietro: *la Terra … è atta a ricevere ed a r. il lume del Sole* (GALILEI). **B** v. intr. pron. (+ *in*; + *su*) **1** (*lett.*) Rimbalzare, riflettersi, riverberare. **2** Provocare un urto, una brusca scossa, un contraccolpo: *l'arresto dell'automobile si è ripercosso nella lunga fila di autovetture* | (*fig.*) Provocare indirettamente una conseguenza spec. negativa: *la crisi della Borsa di Tokyo si ripercuote sui mercati europei*.

ripercuotiménto ● V. *ripercotimento*.

ripercussióne [vc. dotta, lat. *repercussiōne(m)*,

da *repercŭssus* 'ripercosso'; av. 1320] **s. f.** ● Il ripercuotersi | Rifrazione, riflessione: *la r. della luce, del suono* | (*fig.*) Effetto, conseguenza indiretta di qlco.: *le ripercussioni del Trattato di Versailles.*

†**ripercussìvo** [dal lat. *repercŭssus* 'ripercosso'; sec. XIV] **agg.** ● Antinfiammatorio.

ripèrdere [comp. di *ri-* e *perdere*; av. 1348] **v. tr.** e **intr.** (coniug. come *perdere*) ● Perdere di nuovo.

riperdonàre [comp. di *ri-* e *perdonare*] **v. tr.** (*io riperdóno*) ● Perdonare di nuovo.

†**ripertòrio** ● V. *repertorio.*

ripeṣàre [comp. di *ri-* e *pesare*] **v. tr.** (*io ripéṣo*) ● Pesare di nuovo (*anche fig.*): *r. la frutta per controllarla; non v'è pure una virgola ch'io non abbia pesata e ripesata* (LEOPARDI).

ripescàggio [da *ripescare*, calco sul fr. *repêchage*; 1978] **s. m.** ● (*fig.*) Recupero: *il r. di un concorrente eliminato* | Riesame, riproposta: *il r. di un progetto accantonato.*

ripescaménto **s. m.** ● (*raro*) Recupero.

ripescàre [comp. di *ri-* e *pescare*; 1481] **v. tr.** (*io ripésco, tu ripéschi*) **1** Pescare di nuovo: *ho ripescato una trota* | Tirare fuori dall'acqua qlco. che vi era caduto: *r. un cadavere, un anello.* **2** (*fig.*) Ritrovare dopo una ricerca: *abbiamo ripescato quelle vecchie fotografie della mamma.* **3** (*est.*) Ripresentare, riproporre all'attenzione: *r. un vecchio attore; r. una teoria da tempo abbandonata* | (*fig.*) Riprendere in considerazione, riesaminare: *r. una soluzione precedentemente scartata.*

ripésco [da avvicinare a *pescare* (?); 1849] **s. m.** (pl. *-schi*) ● (*raro, tosc.*) Tresca amorosa.

ripestàre [comp. di *ri-* e *pestare*; 1803] **v. tr.** (*io ripésto*) ● Pestare di nuovo (*anche assol.*).

ripetènte [1902] **part. pres.** di *ripetere*; anche **agg.** e **s. m. e f.** ● Che (o Chi) ripete un anno scolastico.

ripetènza [da *ripetente*; 1980] **s. f.** ● Nel linguaggio scolastico, anno di corso o esame ripetuti per bocciatura | Il verificarsi di tale evento considerato come fenomeno collettivo: *studiare le cause della r.; il tasso di r. è in aumento* | (*est.*) Il numero degli alunni che ripetono un anno scolastico: *in questa scuola la r. è scarsa.*

♦**ripètere** o †**repètere** [vc. dotta, lat. *repĕtere* 'andare contro, chiedere di nuovo, ripetere', comp. di *re-* e *pĕtere* 'cercar di giungere, chiedere'. V. †*petere*; 1319] **A v. tr.** (*io ripèto*; **pass. rem.** *io ripetéi* o *ripetètti* (o *-étti*)) **1** Replicare, rifare, eseguire nuovamente: *r. un interessante esperimento; r. un esame, una prova* | ***R. l'anno***, (*anche assol.*) ***ripetere***, nel linguaggio scolastico, frequentare di nuovo lo stesso anno di corso, in seguito a bocciatura | ***Paganini non ripete***, (*scherz.*) detto di chi, come il famoso violinista che non concedeva bis, si rifiuta di ridire o rifare qlco. | Ottenere di nuovo, ancora: *ha ripetuto il trionfo dell'anno scorso.* **2** Ridire, tornare a dire: *r. la domanda; r. ad alta voce il racconto; r. sempre le stesse parole* | ***R. la lezione***, rispiegarla o ripassarla. **3** (*raro, lett.*) Richiamare alla mente, alla memoria: *ripetendo … i passati pericoli* (BOCCACCIO). **4** (*dir.*) Chiedere qlco. a titolo di restituzione: *r. il pagamento di una somma non dovuta.* **5** †Ridomandare, richiedere: *r. il dominio.* **6** (*raro*) Derivare: *r. la propria investitura dal Parlamento* | †Far derivare, discendere: *r. le origini di Padova da Antenore.* **B v. intr.** (aus. *avere*) ● (*lett.*) Contraddire, ridire: *e chi ha da r. si faccia avanti* (CARDUCCI). **C v. rifl.** ● Essere ripetitivo, monotono: *è un artista che si ripete* | (*est.*) Dire o fare sempre le stesse cose: *i vecchi si ripetono facilmente.* **D v. intr. pron.** ● Ricorrere, tornare a succedere, detto di fatti, avvenimenti e sim.: *il fenomeno si è ripetuto tale e quale.*

ripetìbile [1831] **agg.** **1** Che si può ripetere: *una cura r.; un'espressione non r.* | ***Ricetta, prescrizione r., non r.***, che è valida più volte, o una sola volta, in farmacia. **2** (*dir.*) Detto di pagamento o prestazione di cui sia possibile chiedere la restituzione.

ripetibilità [1959] **s. f.** ● Caratteristica di ciò che è ripetibile | (*dir.*) Condizione di un pagamento o di una prestazione di cui sia possibile chiedere la restituzione | (*fis.*) Caratteristica di uno strumento di misurazione, da cui dipende la sua fedeltà.

†**ripetio** ● V. †*repetio.*

ripetitività [1983] **s. f.** ● Caratteristica, condizione di ciò che è ripetitivo.

ripetitivo [1974] **agg.** ● Detto di ciò che viene rifatto, ridetto, replicato molte volte: *un lavoro r.; discorso monotono e r.* ‖ **ripetitivaménte**, **avv.**

ripetitóre o †**repetitóre** [vc. dotta, lat. *repetitōre(m)*, da *repetītus*, part. pass. di *repĕtere*. V. *ripetere*; av. 1311] **A agg.** (f. *-trice*) ● Che ripete | ***Nave ripetitrice***, ripetitore nel sign. B 3 | ***Stazione ripetitrice***, impianto di telecomunicazione avente lo scopo di ricevere e ritrasmettere i segnali che riceve da un'analoga stazione. **B s. m.** **1** (f. *-trice*) Chi ripete | (*gerg.*) Nel teatro, suggeritore. **2** (f. *-trice*) (*lett.* o *raro*) Insegnante che impartisce lezioni private. **3** (*mar.*; *disus.*) Nave fuori linea che ripeteva alle navi lontane i segnali dell'ammiraglia. **4** Apparecchiatura radiofonica o televisiva atta a ricevere il segnale elettrico emesso da un trasmettitore e a ritrasmetterlo opportunamente ampliato. **5** (*tel.*) ***R. di impulsi***, teletaxe.

ripetitrìce [f. di *ripetitore*; 1970] **s. f.** ● In fotomeccanica, macchina che permette di copiare più volte su una stessa lastra un'immagine di piccole dimensioni.

ripetizióne o †**repetizióne** [vc. dotta, lat. *repetitiōne(m)*, da *repetītus*, part. pass. di *repĕtere*. V. *ripetere*; av. 1342] **s. f.** **1** Il ripetere, il ripetersi | Nuova effettuazione o manifestazione di qlco.: *la frequente r. genera abitudine; assistere alla r. della gara; la r. del fenomeno si è verificata ieri.* CFR. palin- | ***Arma a r.***, provvista di meccanismo che accelera l'esecuzione del caricamento, aumentando la rapidità di tiro dell'arma | ***Orologio a r.***, che, quando si preme un bottone, suona l'ora e i minuti. **2** Nuova trattazione di argomenti scolastici già svolti: *r. generale della grammatica; fare un'ora di r. la settimana* | Lezione privata: *dare ripetizioni; andare a r. di matematica.* **3** (*ling.*) Ogni figura retorica che consiste nel ripetere la stessa parola o frase, spesso con valore enfatico. SIN. Raddoppiamento. CFR. Amplificazione, anadiplosi, anafora, antanaclasi, epanafora, epanadiplosi, epanalessi, epifora | Reiterazione. **4** (*spreg.*) Replica della stessa parola o dello stesso concetto a distanza troppo breve: *componimento pieno di ripetizioni.* **5** (*dir.*) ***R. dell'indebito***, diritto di ottenere la restituzione di ciò che è stato pagato indebitamente. ‖ **ripetizioncèlla**, **dim.**

ripettinàre [comp. di *ri-* e *pettinare*; 1813] **A v. tr.** (*io ripèttino*) ● Pettinare di nuovo. **B v. rifl.** ● Pettinarsi di nuovo.

ripetùto [av. 1729] **part. pass.** di *ripetere*; anche **agg.** **1** Nei sign. del v. **2** (*est.*) Numeroso, frequente: *ci siamo difesi da ripetute accuse.* ‖ **ripetutaménte**, **avv.** Più volte, spesso: *ti abbiamo ripetutamente ammonito.*

†**ripezzàre** [da *pezza*, col pref. *ri-*; av. 1311] **v. tr.** ● Rappezzare.

†**ripezzatùra** [da †*ripezzare*; 1835] **s. f.** ● Rappezzatura.

ripiacére [comp. di *ri-* e *piacere*] **v. intr.** (coniug. come *piacere*; aus. *essere*) ● Piacere di nuovo o di più.

ripiagàre [comp. di *ri-* e *piagare*; 1835] **v. tr.** (*io ripiàgo, tu ripiàghi*) ● Piagare di nuovo.

†**ripiàgnere** ● V. *ripiangere.*

ripianaménto **s. m.** ● Il ripianare | (*econ., ragion.*) Pareggiamento, estinzione: *r. del debito pubblico.*

ripianàre [comp. di *ri-* e *pianare*; sec. XV] **v. tr.** **1** (*tecnol.*) Rendere piana, liscia, uguale una superficie. **2** (*econ., ragion.*) Estinguere, pareggiare, con riferimento a debiti, deficit o passività di bilancio e sim.: *r. il deficit ferroviario.*

ripiàngere o †**ripiàgnere** [comp. di *ri-* e *piangere*; 1319] **A v. tr.** e **intr.** (coniug. come *piangere*; aus. *avere*) ● Piangere di nuovo. **B v. intr. pron.** ● †Rammaricarsi, dolersi.

ripiàno (**1**) [comp. di *ri-* e *piano* (*2*); 1619] **s. m.** **1** Superficie, zona piana. **2** (*agr.*) Tratto di terreno pianeggiante ricavato dalla sistemazione di terreni declivi per permetterne la coltivazione. SIN. Gradone, lenza, pianale, terrazzo. **3** Palchetto di scaffale, armadio, mobile in genere. **4** Pianerottolo.

ripiàno (**2**) [da *ripianare*, nel sign. 2] **s. m.** ● (*econ., ragion.*) Ripianamento.

ripiantàre [vc. dotta, lat. tardo *replantāre*, comp. di *re-* e *plantāre* 'piantare'; 1534] **v. tr.** ● Piantare di nuovo.

ripicca [1841] **s. f.** ● Dispetto fatto in risposta a un dispetto ricevuto: *è stata una r.* | Atteggiamento dispettoso tenuto per rivalsa: *fare qlco. per r.*

ripicchettàre [comp. di *ri-* e *picchettare*; 1983] **v. tr.** (*io ripicchétto*) ● Eseguire una ripicchettatura.

ripicchettatùra [comp. di *ri-* e *picchettatura*; 1970] **s. f.** ● Trapianto ripetuto in semenzaio, di piantine nate da seme prima di porle a dimora. SIN. Ripiolamento.

ripicchiàre [comp. di *ri-* e *picchiare* (*1*); 1441] **A v. tr.** (*io ripìcchio*) **1** Picchiare di nuovo (*spec. assol.*): *abbiamo sentito r. alla porta.* **2** (*lett., fig., assol.*) Insistere, tornare a domandare: *picchia e ripicchia, ci ha risposto.* **B v. rifl.** ● (*fam., tosc.*) Curare eccessivamente il proprio abbigliamento, lisciarsi, azzimarsi.

ripicchiàta [comp. di *ri-* e *picchiata* (*1*); sec. XVIII] **s. f.** **1** Atto del ripicchiare. **2** (*fam., tosc.*) Rapida lisciata all'abito, all'acconciatura: *darsi una r.*

ripìcco [comp. di *ri-* e *picca* (*2*); 1810] **s. m.** (pl. *-chi*) ● (*lett.*) Ripicca: *di qui le stizze, i pettegolezzi, i ripicchi* (GIUSTI).

ripìcolo [comp. di *ripa* e *-colo*; 1959] **agg.** ● (*biol.*) Di organismo che vive in riva all'acqua o anche immerso.

ripidézza [1640] **s. f.** ● Caratteristica di ciò che è ripido: *la r. di una salita.*

♦**ripido** [sovrapposizione di *ripa* a *rapido*; av. 1547] **agg.** ● Che ha una forte pendenza: *salita, strada ripida.* SIN. Erto. ‖ **ripidétto**, **dim.** ‖ **ripidaménte**, **avv.** In modo ripido, con ripidezza: *scala che si inerpica ripidamente nella roccia.*

Ripidoglòssi [comp. del gr. *rípis*, genit. *rípidos* 'ventaglio' (da *ríptein* 'gettare, lanciare', di etim. incerta) e *glôssa* 'lingua' (V. *glossa*): detti così dalla radula composta di numerose piastre a ventaglio] **s. m. pl.** (sing. *-o*) ● Nella tassonomia animale, gruppo di Molluschi dei Gasteropodi che hanno le piastre della radula disposte a ventaglio (*Rhipidoglossa*).

ripidolite [comp. del gr. *rípis*, genit. *rípidos* 'ventaglio' (V. *Ripidoglossi*) e *-lite*; detta così dalla forma degli aggregati cristallini] **s. f.** ● (*miner.*) Varietà di clorite magnesiaca.

ripiegaménto [sec. XIV] **s. m.** **1** (*raro*) Il ripiegare | Piegamento all'interno: *il r. di un tavolo.* **2** (*mil.*) Indietreggiamento: *il r. della cavalleria su nuove posizioni* | (*fig.*) Arretramento verso posizioni meno innovative. **3** (*fig.*) Raccoglimento in sé stesso, ripensamento: *il r. pessimistico che Stendhal aveva intuito* (CALVINO).

ripiegàre [comp. di *ri-* e *piegare*; 1338 ca.] **A v. tr.** (*io ripièg‌o, tu ripièghi*) **1** Piegare di nuovo: *dopo aver letto la lettera, la ripiegò.* **2** Piegare più volte, rivolgere a più doppi: *r. il lenzuolo, il fazzoletto* | ***R. le vele***, ammainarle | ***R. le insegne, le bandiere***, abbassarle. **3** Congiungere quasi le estremità, piegando su sé stesso: *r. le ali, le ginocchia.* **B v. intr.** (aus. *avere*) **1** (*mil.*) Indietreggiare sotto la pressione del nemico o per raggiungere posizioni arretrate più vantaggiose. **2** (*fig.*) Rinunciare a qlco. accontentandosi di un'altra soluzione: *quest'anno ripiegheremo su vacanze poco costose.* **C v. intr. pron.** ● Incurvarsi, piegarsi, flettersi: *i rami si ripiegano sotto il peso della neve.* **D v. rifl.** **1** (*fig., raro*) Rivolgersi in sé, su sé stesso: *ripiegarsi nell'isolamento, nella malinconia.* **2** †Riflettersi, detto della luce.

ripiegàta [1872] **s. f.** ● Il ripiegare una volta o in fretta: *dare una r. alla tovaglia.* ‖ **ripiegatina**, **dim.**

ripiegàto [1340] **part. pass.** di *ripiegare*; anche **agg.** ● Nei sign. del v. | Piegato su sé stesso | Piegato sotto il corpo: *Un capretto stava presso la capra, accovacciato, con le zampe ripiegate sotto il ventre* (MORAVIA).

ripiegatùra [1612] **s. f.** ● Il ripiegare | Linea di piegatura | Segno che ne rimane: *un grosso biglietto di banca … qua e là bucherellato sul dorso delle ripiegature* (PIRANDELLO).

ripiègo [da *ripiegare*; 1550] **s. m.** (pl. *-ghi*) ● Espediente, trovata, via d'uscita per liberarsi da una difficoltà: *trovare, scovare un r. momentaneo* | ***Per r.***, per rimediare, non potendo fare di meglio | ***Di r.***, di cosa meno soddisfacente rispetto ad un'altra: *una soluzione di r.* | ***Vivere di ripieghi***, di espedienti precari.

ripièna [da *ripieno*, sostantivato al f.; 1959] **s. f.** ● (*min.*) Materiale costituito da rocce o argille, con cui nelle miniere si riempiono i vuoti lasciati dall'estrazione del minerale utile.

ripienatrice [da *ripiena* col suff. *-trice*; 1987] **s. f.**

● (*min.*) Macchina per riempire, mediante ripiena, i vuoti lasciati in miniera dall'estrazione del minerale.

ripienézza [1618] s. f. ● (*lett.*) Pienezza: *sospirando per r. di stomaco* (BACCHELLI) | (*lett., fig.*) Sazietà: *Io mi sento come una r. di letteratura* (CARDUCCI).

ripienista [1835] s. m. e f. (pl. m. *-i*) ● Suonatore o cantante di ripieno.

ripièno [comp. di *ri-* e *pieno*; av. 1292] **A** agg. **1** Ben pieno, completamente pieno: *vaso r. di acqua*; *sala ripiena di gente* | ***Stomaco r. di cibo***, gonfio | ***Panini ripieni***, farciti | (*fig.*) Invaso, pervaso: *sentirsi r. di contentezza*; *di dolce voce e dolci odori / l'aer, la terra è già ripiena e l'onda* (BOIARDO). **2** (*lett.*) Riempito. **B** s. m. **1** Ciò che serve a riempire qlco.: *mettere nel cuscino un r. di piume.* **2** Impasto di ingredienti vari per farcire una vivanda: *il r. del tacchino.* **3** (*mus.*) Nel concerto grosso, l'insieme degli strumenti dell'orchestra contrapposto al concertino dei solisti | ***Parte di r.***, strumenti che servono di raddoppio di quelli principali nel tutti | ***Senza r.***, esecuzione senza raddoppi | Registro dell'organo. **4** (*tess., raro*) Trama. **5** †Gonfiezza, pienezza di stomaco. **6** (*fig.*) †Pienezza, soddisfazione d'animo. ‖ **ripienètto**, dim.

ripigiàre [comp. di *ri-* e *pigiare*; 1835] v. tr. (*io ripìgio*) ● Pigiare di nuovo o di più.

†**ripigliaménto** [1525] s. m. **1** Il ripigliare | Ripetizione. **2** (*fig.*) Riprensione.

ripigliàre [comp. di *ri-* e *pigliare*; 1294] **A** v. tr. (*io ripìglio*) **1** (*fam.*) Pigliare di nuovo: *r. fiato* | Recuperare, riacquistare: *r. vigore, forza*; *ripiglierò uno stato abbietto, e il duro / bando, e la fuga, e l'affannosa vita* (ALFIERI) | Riprendere: *r. il fuggiasco.* **2** Ricominciare, riattaccare: *r. il discorso.* **3** Riaccettare, riammettere: *r. qlcu. al proprio servizio.* **4** (*raro*) Replicare, rispondere, soggiungere. **5** †Ripetere. **6** (*fig.*) †Riprendere, rimproverare. **B** v. intr. (aus. *avere*) ● Rinvenire, riaversi, detto di piante, alberi, e sim.: *con la pioggia la siepe ha ripigliato* | (*raro, est.*) Ravvivarsi, detto di attività in genere: *il commercio ripiglia.* **C** v. rifl. **1** (*fam.*) Riprendersi. **2** (*raro*) Tornare ad azzuffarsi: *si sono ripigliati per un piccolo screzio.* **3** †Rappigliarsi.

ripigliàta [1959] s. f. ● (*lett.*) Ripresa | †Riprensione.

ripiglino [da *ripigliare*; 1688] s. m. **1** Gioco infantile che consiste nel ripigliare sul dorso della mano noccioli o sassolini lanciati in aria. **2** Gioco infantile a due, con una cordicella legata ai due capi: ripigliandola a vicenda, ciascuno deve avvolgersela intorno alle dita in altra forma, in modo da dar luogo sempre a nuove figure.

ripiglio [da *ripigliare*; av. 1342] s. m. ● (*raro, lett.*) Riprensione: *sì la punse / con acerbo r.* (MONTI).

†**ripignere** ● V. *respingere.*

†**ripingere** (**1**) [comp. di *ri-* e *pingere* (*1*); 1897] v. tr. (coniug. come *pingere* (*1*)) ● Ridipingere, restaurare.

†**ripingere** (**2**) ● V. *respingere.*

ripiolaménto [1970] s. m. ● Ripicchettatura.

ripiolàre [da *piolo*, col pref. *ri-*; 1970] v. tr. e intr. (*io ripiòlo*; aus. *avere*) ● Ripicchettare.

ripiombàre [comp. di *ri-* e *piombare*; 1745] v. intr. e tr. (*io ripiómbo*; aus. intr. *essere*) ● Piombare di nuovo (*spec. fig.*): *Quella infelice ripiombò sul letto* (PARINI); *r. nella disperazione.*

ripiòvere [comp. di *ri-* e *piovere*; 1441] **A** v. intr. e tr. (*io ripiòvo*; aus. intr. *essere*) ● Piovere di nuovo | (*est.* o *fig.*) Far ricadere. **B** v. intr. impers. (aus. *essere* e *avere*) ● Tornare a piovere.

†**ripire** [lat. *rēpere* 'strisciare'. V. †*repere*; sec. XIV] v. intr. (difett. del part. pass. e dei tempi composti) ● Montare, salire.

†**ripitio** ● V. †*repetio.*

riplacàre [comp. di *ri-* e *placare*] **A** v. tr. (*io riplàco, tu riplàchi*) ● Placare di nuovo. **B** v. intr. pron. ● Placarsi di nuovo.

riplasmàre [comp. di *ri-* e *plasmare*; 1907] v. tr. ● Plasmare di nuovo.

†**ripolire** ● V. *ripulire.*

riponènte part. pres. di *riporre* ● Nei sign. del v.

†**ripónere** [vc. dotta, lat. *repōnere* 'riporre'; av. 1557] v. tr. ● Riporre.

ripopolaménto [1918] s. m. ● Il ripopolare, il ripopolarsi: *il r. di una riserva.*

ripopolàre [comp. di *ri-* e *popolare* (*1*) (V.); av. 1557] **A** v. tr. (*io ripòpolo*) ● Popolare di nuovo: *r. una terra abbandonata* | (*est.*) Affollare di nuovo: *dopo la nevicata, gli sciatori hanno ripopolato le piste* | Accrescere la popolazione animale in una zona o in un ambiente immettendovi nuovi esemplari o proteggendo quelli esistenti: *r. un lago*; *r. una riserva.* **B** v. intr. pron. ● Tornare a popolarsi: *la città si è rapidamente ripopolata.*

ripopolàto [1623] part. pass. di *ripopolare*; anche agg. ● Nei sign. del v. | Pieno di gente: *in questa Bologna allegra e ripopolata* (CARDUCCI).

ripopolazióne [av. 1604] s. f. ● (*raro*) Ripopolamento.

ripòrgere [vc. dotta, lat. *reporrĭgere*, comp. di *re-* e *porrĭgere* 'porgere'; 1313] v. tr. (coniug. come *porgere*) ● Porgere di nuovo o a propria volta.

♦**ripórre** o †**repórre** [lat. *repōnere*, comp. di *re-* e *pōnere* 'porre'; sec. XIII] **A** v. tr. (coniug. come *porre*) **1** Rimettere, collocare di nuovo al suo posto: *r. la spada nel fodero*; *r. l'abito nell'armadio.* **2** Presentare di nuovo: *ha riposto la sua candidatura alla presidenza*; SIN. Riproporre. **3** Mettere in serbo, da parte: *r. qlco. nel solaio* | Mettere in un luogo adatto per custodire, riparare, nascondere (*anche fig.*): *r. i gioielli in cassaforte*; *r. le ceneri nell'urna*; *r. in cuore i buoni consigli.* **4** (*fig.*) Affidare, concentrare un sentimento in qlcu. o in qlco.: *ripongo in te tutta la mia fiducia.* **5** †Seppellire. **B** v. rifl. **1** Mettersi di nuovo: *riporsi a sedere.* **2** †Mettersi da parte, nascondersi: *e 'n picciola capanna si ripone* (POLIZIANO) | ***Andare a riporsi***, (*raro*) nascondersi.

riportàbile [1929] agg. ● (*raro*) Che si può riportare: *è un abito non r.*

riportaménto [1308] s. m. ● (*raro*) Il riportare.

♦**riportàre** [vc. dotta, lat. *reportāre*, comp. di *re-* e *portāre*; 1319] **A** v. tr. (*io ripòrto*) **1** Portare di nuovo, un'altra volta: *questa giacca non è pulita: riportala al lavasecco.* **2** Portare indietro, ricondurre al luogo di origine o di residenza abituale: *r. le chiavi al padrone*; *hanno riportato il cane smarrito.* SIN. Restituire. **3** Riferire, rapportare, portare in risposta: *r. notizie, ciarle, maldicenze*; *ti riporto le sue parole* | Citare, allegare: *r. un brano di un autore famoso* | ***R. a qlcu.***, riferire, attribuire a qlcu. **4** Ridurre, trasportare: *r. in piccolo un disegno.* **5** Portare via tornando da qualche luogo: *da Venezia abbiamo riportato dei vetri stupendi* | (*fig.*) Conseguire, acquistare, ottenere: *r. biasimo*, *l'approvazione di tutti, allori* | (*fig.*) Ricavare, trarre: *ne abbiamo riportato un brutto ricordo* | Subire: *r. danni*; *ha riportato lievi ferite.* **6** (*mat.*) Effettuare un riporto. **7** (*ragion.*) Portare in conto nuovo | (*banca*) Cedere titoli a riporto. **B** v. intr. pron. **1** Tornare con la mente a usanze, tempi passati: *immagina di riportarti al Medioevo.* **2** Richiamarsi, riferirsi: *ci riportiamo a ciò che è stato già detto* | Rimettersi, rassegnarsi: *riportarsi al giudizio dei competenti.* **3** Ritornare, trasferirsi di nuovo: *riportarsi a Roma.*

riportàto [1336 ca.] **A** part. pass. di *riportare*; anche agg. **1** Nei sign. del v. | ***Materiale r.***, di riporto | (*fig.*) Conseguito, ottenuto: *diploma ... r. come alunno della Scuola Normale* (CARDUCCI). **2** ***Tasca riportata***, in sartoria, applicata all'esterno. **B** s. m. ● Nel contratto di riporto, colui che aliena titoli di credito al riportatore.

riportatóre [1536] s. m. (f. *-trice*) **1** (*lett.*) Chi riporta, ridice, rapporta notizie, cose dette da altri: *è un r. in malafede.* **2** Nel contratto di riporto, colui che riceve i titoli di credito in proprietà, con l'obbligo di ritrasferirne altrettanti dopo un certo termine.

ripòrto (**1**) [1855] s. m. **1** Il riportare | Trasferimento al luogo d'origine, nel luogo opportuno o a chi di dovere | ***Materiale di r.***, sabbia, ghiaia, detriti trasportati in altro luogo per colmare una depressione o formare un argine, un rialzo stradale e sim. | ***Cane da r.***, da caccia, abituato a riportare la selvaggina. **2** (*mat.*) Unità dell'ordine superiore ottenuta nell'addizionare in colonna numeri, quando la somma delle unità di un dato ordine sia maggiore di 9. **3** (*ragion.*) Totale da portare in conto nuovo | Il trasporto di un numero o totale da una pagina all'altra. **4** Contratto con cui si trasferisce la proprietà di titoli di credito e l'acquirente si impegna a ritrasferirne dopo un certo tempo altrettanti all'alienante per un prezzo uguale, maggiore o minore. **5** Pezzo di cuoio o di pelle da adoperarsi sulla tomaia come guarnizione o applicazione. **6** Parte di tessuto uguale o contrastante, applicata su un abito come guarnizione | Ricamo di pregio applicato su stoffa diversa. **7** Lunga ciocca di capelli pettinata in modo da mascherare una parziale calvizie. **8** †Rapporto, relazione.

ripòrto (**2**) part. pass. di *riporgere* ● (*raro*) Nei sign. del v.

†**riposaménto** [av. 1347] s. m. ● Riposo | Tregua.

riposànte [1342] **A** part. pres. di *riposare* (*2*); anche agg. **1** (*lett.*) Che riposa, che giace: *I giacenti cani delle riposanti Ninfe* (BOCCACCIO). **2** (*fig.*) Che dà calma, serenità, tranquillità: *un paesaggio, una lettura, una vacanza r.* | ***Luce r.***, che non affatica la vista. ‖ **riposanteménte**, avv. **B** s. m. ● †Pensionato.

†**riposànza** [da *riposante*; 1308] s. f. **1** Sosta, fermata | Soggiorno, permanenza: *Per lunga r. in luoghi oscuri e freddi* (DANTE). **2** (*fig.*) Riposo, calma, tranquillità.

riposàre (**1**) [comp. di *ri-* e *posare*; sec. XIV] **A** v. tr. (*io ripòso*) ● Posare di nuovo o più stabilmente: *r. in terra la cassa.* **B** v. rifl. ● Posarsi di nuovo.

♦**riposàre** (**2**) [lat. tardo *repausāre*, comp. di *re-* e *pausāre* 'posare'; av. 1292] **A** v. intr. (*io ripòso*; aus. *avere*, †*essere*) **1** Fermarsi, cessare dal fare qlco. | ***Senza r.***, senza posa | Ristorarsi, ritemprarsi: *durante il viaggio abbiamo riposato spesso* | ***R. sugli allori***, (*fig.*) contentarsi delle posizioni raggiunte e non fare altro per migliorarle | (*est.*) Dormire: *abbiamo riposato tutta la notte* | (*eufem.*) ***R. in pace***, dormire il sonno eterno, essere morti | (*lett.*) Calmarsi, detto di sentimenti o altro: *il dolore, la tempesta riposa.* **2** Non produrre rimanendo temporaneamente non coltivata, detto di terra: *i campi hanno bisogno di r.* **3** Poggiare, posarsi, essere posato: *l'uccello riposa su di un ramo* | (*fig.*) Basarsi, affidarsi: *le nostre speranze riposano su di te* | (*fig., lett.*) Confidare, fidare: *riposiamo sulla tua promessa.* **4** Detto di liquido, rimanere fermo in modo che le sostanze in sospensione si depositino sul fondo: *lasciar r. il vino.* **B** v. tr. ● Fare riposare, dare quiete: *r. le membra stanche*; *è una lettura che riposa la mente*; *un verde più nuovo dell'erba / che il cuore riposa* (QUASIMODO) | ***Dio lo riposi***, Dio gli dia quiete. **C** v. intr. pron. ● Prendere ristoro, riposo: *durante le ferie ci riposeremo a lungo.*

ripoṡàta [da *riposare* (*2*); sec. XIII] s. f. ● (*raro*) Riposo, pausa, fermata. ‖ **riposatina**, dim.

ripoṡàto [1306] part. pass. di *riposare* (*2*); anche agg. **1** Nei sign. del v. | Ristorato dal riposo. **2** (*lett.*) Tranquillo, calmo, libero da turbamenti: *a noi / morte apparecchi r. albergo* (FOSCOLO). ‖ **riposataménte**, avv. **1** (*lett.*) Tranquillamente, con calma: *Discorriamo insieme riposatamente* (LEOPARDI). **2** (*lett.*) Con comodo, senza fretta: *lo pubblicherà, spero, presto, ma riposatamente* (CARDUCCI).

riposatóre [da *riposato*; 1336 ca.] agg. (f. *-trice*) ● (*raro, lett.*) Che dà riposo.

riposino [1959] s. m. **1** Dim. di *riposo.* **2** Sonnellino: *fare un r. pomeridiano.*

†**ripositòrio** ● V. *repositorio.*

riposizionàre [da *ri-* e *posizionare*; 1986] v. tr. (*io riposizióno*) **1** (*tecnol.*) Ricollocare nella sede o nella posizione consueta: *r. il sedile.* **2** (*chir.*) Ricollocare un organo spostato nella sua giusta posizione. **3** (*econ.*) Ricollocare un prodotto sul mercato, cambiandone le caratteristiche fisiche e commerciali o indirizzandolo a una diversa fascia di consumatori.

riposizióne o (*raro*) **reposizióne** [vc. dotta, lat. tardo *repositiōne(m)*, da *repŏsitus* 'riposto'; av. 1667] s. f. **1** (*raro*) Il riporre in luogo sicuro, in custodia. **2** (*raro*) Il ricollocare qlco. al suo posto. **3** (*med.*) Riduzione.

♦**ripòṡo** [da *riposare* (*2*); 1294] **A** s. m. **1** Condizione di distensione che deriva da cessazione o interruzione di attività, lavori e sim.: *lavorare senza r.*; *concedere tre giorni di r.*; *r. festivo, domenicale* | ***Casa di r.***, ricovero per anziani | ***Di tutto r.***, non impegnativo, senza problemi: *un lavoro, una giornata di tutto r.* | ***R. compensativo***, V. *compensativo* | (*est.*) Ristoro, sollievo: *un po' di r. te lo meriti* | (*est.*) Sonno: *privare qlcu. del necessario r.*; *buon r.!* | (*eufem.*) ***L'eterno r.***, la morte | (*eufem.*) †Sepoltura. **2** (*est.*) Situazione riposante: *la campagna è il miglior r.* **3** (*lett.*) Quiete, tranquillità, pace: *il r. dell'animo*; *né in r. con lui viver potrei* (BOCCACCIO). **4** Stato di chi, per raggiunti limiti di età o per altre cause, cessa dal proprio servizio attivo, spec. nell'ambito dell'organizzazione militare: *andare, collocare a r.*; *ufficiale a r.* | ***Mettere qlco. in, a r.***, non usarla più. **5** (*sport*) Spec. nel calcio, intervallo fra il primo e il secondo tempo: *andare al r. in vantaggio* | ***Giornata di r.***, nel ciclismo, giorno in cui non si corre, durante una corsa a tappe. **6** Posizione di riposo, di militari, ginnasti e sim. **7** (*mus.*) Termine della frase su cui riposa il canto | ***Accordo di r.***, che è atto a concludere e lasciare l'orecchio riposato | ***Nota, grado di r.***, per l'accordo di riposo. **8** Letargo | Quiescenza | ***R. del terreno***, il lasciare un campo senza coltura e non lavorarlo per un certo tempo. **9** (*arch.*) Superficie piana ed uniforme, in contrasto con altre parti dell'edificio movimentate: *le volute e i riposi di un palazzo barocco*. **B** in funzione di **inter.** ● Si usa come comando a militari, ginnasti, alunni perché, lasciando la posizione di attenti o un'altra posizione, o interrompendo un esercizio, ne assumano con il corpo un'altra più rilassata, con le braccia incrociate dietro la schiena e il piede sinistro spostato in avanti. || **riposino**, dim. (V.).

ripossedére [comp. di *ri-* e *possedere*; 1835] **v. tr.** (coniug. come *sedere*) ● Possedere di nuovo.

†**ripósta** [da *riposto*; 1373] **s. f.** ● Provvista: *la r. del grano*.

riposterìa [da *riposto*; 1983] **s. f.** ● (*mar.*; *disus.*) Sulle navi, vano adiacente alla cucina o alla sala da pranzo, dove si tengono in serbo vettovaglie e stoviglie e, talora, si servono bevande e cibi freddi.

ripostìglio [da *riposto*, sul modello di *nascondiglio*; sec. XIV] **s. m. 1** Piccolo locale dove si ripongono oggetti vari, spec. di uso domestico: *sistemare la valigia nel r.* | (*est.*) †Nascondiglio. **2** (*mar.*) Stipetto, credenza.

ripósto [av. 1348] **A part. pass.** di *riporre*; anche **agg. 1** Nei sign. del v. **2** (*lett.*) Appartato, recondito: *aveva ingombrato le stanze fin negli angoli più riposti* (PIRANDELLO). **3** (*fig.*) Segreto, nascosto: *i più riposti pensieri*; *significato r.* | †***In r.***, in segreto. || **ripostaménte**, avv. **1** †Di nascosto. **2** †Intimamente. **B s. m. 1** (*merid.*) Magazzino, ripostiglio | Dispensa. **2** (*mar.*) Locale prossimo al quadrato, dove si conservano le stoviglie e dove sosta il personale addetto al servizio di mensa per essere pronto al bisogno.

ripotére [comp. di *ri-* e *potere*; 1913] **v. tr.** (*io ripóto*) ● Potere di nuovo.

ripotatùra [comp. di *ri-* e *potatura*] **s. f.** ● Nuova potatura.

ripper /'ripper, *ingl.* 'ɹɪpəɹ/ [vc. ingl., 'che squarcia, lacera', dal v. *to rip*, di area germ.] **s. m. inv.** ● (*agr.*) Scarificatore.

ripranzàre [comp. di *ri-* e *pranzare*; sec. XVIII] **v. intr.** (aus. *avere*) ● Pranzare di nuovo.

ripraticàre [comp. di *ri-* e *praticare*; 1872] **v. tr.** (*io ripràtico, tu ripràtichi*) ● Praticare di nuovo.

riprecipitàre [comp. di *ri-* e *precipitare*; av. 1909] **A v. intr.** (*io riprecìpito*; aus. *essere*) ● Precipitare di nuovo. **B v. intr. pron.** ● Precipitarsi di nuovo.

riprecipitazióne [comp. di *ri-* e *precipitazione*] **s. f. 1** (*metall.*) Fenomeno per cui, da una soluzione solida metallica soprassatura lasciata in riposo dopo la tempra ad adeguata temperatura, precipita un nuovo componente; sfruttato in metallurgia per ottenere leghe di alta qualità. **2** (*chim.*) Operazione tramite la quale una sostanza già sottoposta a precipitazione viene nuovamente disciolta nel suo solvente e precipitata, allo scopo di ottenere una maggiore purezza.

riprèda [comp. di *ri-* e *preda*] **s. f.** ● (*disus.*) Riconquista di nave mercantile catturata dal nemico. **SIN.** Ripresa.

ripredicàre [comp. di *ri-* e *predicare*; sec. XVI] **v. tr.** (*io riprèdico, tu riprèdichi*) ● Predicare di nuovo.

ripregàre [comp. di *ri-* e *pregare*; av. 1374] **v. tr.** (*io riprègo, tu riprèghi*) ● Pregare di nuovo, ancora.

riprèmere [comp. di *ri-* e *premere*; 1585] **v. tr.** (coniug. come *premere*) **1** Premere di nuovo o a propria volta. **2** †Reprimere.

ripremiàre [comp. di *ri-* e *premiare*; 1913] **v. tr.** (*io riprèmio*) ● Premiare di nuovo.

◆**riprèndere** o †**reprèndere** [lat. *reprehĕndere*, comp. di *re-* e *prehĕndere* 'prendere'; av. 1250] **A v. tr.** (coniug. come *prendere*) **1** Prendere di nuovo, un'altra volta: *r. il cappello e andarsene*; *r. il proprio posto* | Raggiungere: *il ciclista in fuga è stato ripreso dal gruppo* | ***R. le armi***, combattere di nuovo, riprendere la guerra, la battaglia | ***R. marito***, rimaritarsi. **2** Prendere indietro ciò che si è dato, prestato, affidato in custodia: *r. il soprabito lasciato al guardaroba* | Prendere di rimando: *r. la palla* | Riportare via con sé: *r. il bambino lasciato alla governante*. **3** Rioccupare, riconquistare: *r. la fortezza perduta*. **4** (*fig.*) Recuperare: *r. quota*; *r. vigore, animo* | ***R. piede***, affermarsi, diffondersi nuovamente: *è una moda che ha ripreso piede di recente* | (*fig.*) ***R. i sensi***, rinvenire. **5** Tornare a colpire: *la febbre lo ha ripreso*; *lo ha ripreso la tristezza*. **6** Ricominciare dopo un periodo di pausa, di interruzione: *r. la guerra, il cammino, il discorso* | ***R. il mare***, rimettersi a navigare | (*assol.*) Soggiungere, continuare: *ascoltò attentamente e riprese*: «...». **7** Biasimare, ammonire qlcu.: *r. il bambino con dolcezza* | Criticare: *r. la superficialità, l'ignoranza*. **SIN.** Rimproverare. **8** Ritrarre, riprodurre una fisionomia o altro in un disegno, un ritratto e sim.: *r. un panorama dal vero*. **9** Effettuare una ripresa cinematografica o fotografica | Eseguire la registrazione fotografica o cinematografica di un'immagine mediante la macchina da presa. **10** Ritoccare una cucitura per restringere l'abito in quel punto: *r. l'abito in vita* | ***R. un punto***, lavorando a maglia, ricominciare a ripeterlo dopo un certo numero di ferri o solo dopo qualche maglia. **B v. intr. pron. 1** Recuperare vigore, forza, energia: *dopo la morte dell'amico, tardava a riprendersi*. **2** Correggersi, ravvedersi: *sbagliò, ma si riprese da solo*. **C v. intr.** (aus. *avere*) **1** Ricominciare: *riprese a gridare con più forza*; *ha ripreso a piovere*; *i lavori riprenderanno nel pomeriggio*. **2** Riprendere vigore, ravvivarsi: *dopo la pioggia, le piante hanno ripreso*.

†**riprendiménto** **s. m. 1** Il riprendere. **2** Riprensione.

ripreditóre **s. m.** (f. *-trice*) ● (*lett.*) Censore, critico.

riprenditrice ● V. *riprensore*.

riprensìbile o (*raro*) **reprensìbile** [vc. dotta, lat. tardo *reprehensĭbile(m)*, da *reprehēnsus*, part. pass. di *reprehĕndere* 'riprendere'; 1312] **agg.** ● (*lett.*) Degno di riprensione: *atto r.* **SIN.** Biasimevole, riprovevole. || **riprensibilménte**, avv. (*raro*) In modo degno di riprensione.

riprensióne o (*raro*) **reprensióne** [vc. dotta, lat. *reprehensiōne(m)*, da *reprehēnsus*, part. pass. di *reprehĕndere* 'riprendere'; 1294] **s. f. 1** (*lett.*) Rimprovero, biasimo, critica, disapprovazione: *degno di r.* | †***Essere di r.***, essere meritevole di riprensione. **2** †Azione che procura disapprovazione. || **riprensioncèlla**, dim. | **riprensionétta**, dim.

riprensìvo o †**reprensìvo** [dal lat. *reprehēnsus*, part. pass. di *reprehĕndere* 'riprendere'; sec. XIV] **agg.** ● (*lett.*) Che serve a riprendere, criticare, biasimare | Che contiene critiche, biasimo: *parole riprensive*. || †**riprensivaménte**, avv. Con riprensione.

riprensóre [vc. dotta, lat. *reprehensōre(m)*, da *reprehēnsus*, part. pass. di *reprehĕndere* 'riprendere'; 1353] **s. m.** (f. *riprenditrice*) ● (*lett.*) Chi biasima, critica.

ripreparàre [comp. di *ri-* e *preparare*; sec. XVII] **A v. tr.** ● Preparare di nuovo o meglio. **B v. rifl.** ● Prepararsi di nuovo o meglio. **C v. intr. pron.** ● (*lett.*) Preannunciarsi.

ripré̩sa [part. pass. f. sost. di *riprendere*; av. 1348] **s. f. 1** Nuova fase, continuazione di qlco. dopo una pausa o un'interruzione: *la r. delle ostilità, delle iniziative di pace* | ***A più riprese***, in più occasioni; più volte, ripetutamente. **2** Rappresentazione teatrale ripetuta a distanza di un certo tempo dalla fine dell'ultima serie delle rappresentazioni stesse. **3** Recupero di vitalità, energia, intensità e sim.: *una lenta r. dopo la malattia*; *il commercio è in rapida r.* | ***R. economica***, la fase positiva del ciclo economico, successiva a una recessione. **4** (*autom.*) Attitudine di una vettura ad accelerare rapidamente; **CFR.** Accelerazione | (*est.*) L'accelerazione stessa. **5** Operazione di riproduzione fotografica di documenti o stampati su pellicola o lastra. **6** (*letter.*) Ritornello della ballata, formato di uno o più versi che corrispondono per il numero e l'ultima rima alla volta della stanza. **7** (*mus.*) Ripetizione più o meno variata di una intera parte di un brano musicale | Nella forma sonata, ritorno dei temi dopo lo sviluppo, prima della coda | Nella ballata o canzone, refrain | Punto dove inizia la ripetizione di una parte della composizione. **8** (*sport*) Nel calcio e sim., il secondo dei due tempi di una partita | Nel pugilato, ciascuno dei periodi di tempo di un incontro durante i quali i due avversari combattono. **9** (*sport*) Lezione di equitazione | Nel dressage, l'insieme delle figure richieste da ogni prova. **10** Piega cucita per restringere o modellare un abito. **SIN.** Pince. **11** (*cine*) Operazione del riprendere le scene da proiettare | ***R. sonora***, registrazione dei suoni. **12** Nella vogata, ritorno del remo con la pala di piatto da poppa verso prua. **13** †Risorsa, guadagno. **14** (*fig.*) †Riprensione. **15** (*mar.*; *disus.*) Ripreda. || **riprẹsina**, dim.

†**riprẹsàglia** ● V. *rappresaglia*.

riprẹsentàre [vc. dotta, lat. *repraesentāre*, comp. di *re-* e *praesentāre* 'presentare'; 1308] **A v. tr.** (*io riprẹsènto*) **1** Presentare di nuovo: *r. una proposta*. **2** †Rappresentare. **B v. rifl.** ● Tornare a presentarsi: *si sono ripresentati al concorso* | Porre, proporre di nuovo la propria candidatura (*anche assol.*): *quest'anno alcuni senatori non si sono ripresentati*. **C v. intr. pron.** ● Manifestarsi, verificarsi nuovamente: *è un fenomeno che si ripresenta periodicamente*; *ti si ripresenta un'ottima occasione*.

riprẹ́so [av. 1250] **part. pass.** di *riprendere*; anche **agg. 1** Nei sign. del v. **2** †Rimproverato, criticato: *Non come dolente femina o ripresa del suo fallo* (BOCCACCIO). **3** Detto di abito ristretto in determinati punti: *giacca ripresa in vita*.

riprestàre [comp. di *ri-* e *prestare*; 1321] **v. tr.** (*io riprèsto*) ● Prestare di nuovo (*anche fig.*): *vi ripresto la stessa somma*; *riprestateci attenzione*.

ripretèndere [comp. di *ri-* e *pretendere*] **v. tr.** (coniug. come *tendere*) ● Pretendere di nuovo | Pretendere la restituzione di qlco.

†**riprẹ́zzo** (o **-zz-**) ● V. *ribrezzo*.

riprincipiaménto [da *riprincipiare*] **s. m.** ● (*raro, lett.*) Ripresa.

riprincipiàre [comp. di *ri-* e *principiare*; 1803] **v. tr.** e **intr.** (*io riprincìpio*; aus. *avere*) ● (*lett.*) Ricominciare: *prendeva pretesto da tutto per r.* (MANZONI).

ripristinaménto [1798] **s. m.** ● (*raro*) Il ripristinare (*anche fig.*) | Restauro.

ripristinàre [da *pristino*, col pref. *ri-*; 1797] **v. tr.** (*io ripristino*) ● Rimettere nello stato primitivo | Restaurare: *r. un edificio* | (*fig.*) Rinnovare, ristabilire: *r. l'ordine in tutta la città*.

ripristinatóre [1913] **agg.**; anche **s. m.** (f. *-trice*) ● (*raro*) Chi (o Che) ripristina (*anche fig.*).

ripristinazióne [1799] **s. f.** ● (*lett.*) Ripristinamento.

ripristino [1813] **s. m. 1** Il ripristinare | Restauro: *il r. di un palazzo antico* | Riattivazione: *r. dei collegamenti telefonici*. **2** Ristabilimento, reintegrazione nell'uso: *r. di una consuetudine*.

riprivatizzàre [comp. di *ri-* e *privatizzare*; 1963] **v. tr.** ● Cedere a privati un'azienda, un'impresa, un servizio prima nazionalizzati o municipalizzati.

†**riprobàre** ● V. *riprovare* (*2*).

riprocessàre [da *ri-* e *processare*] **v. tr.** (*io riprocèsso*) **1** Processare di nuovo. **2** (*nucl.*) Effettuare il ritrattamento.

riprodótto **part. pass.** di *riprodurre*; anche **agg.** ● Nei sign. del v.

riproducènte **part. pres.** di *riprodurre* ● Nei sign. del v.

riproducìbile [da *riprodurre*, sul modello di *producibile*; 1872] **agg.** ● Che si può riprodurre: *immagine r.*; *pagina non r.*

riproducibilità [1959] **s. f. 1** Condizione di ciò che è riproducibile. **2** (*fis.*) In una misurazione, la differenza media tra misure successive della stessa grandezza. **CFR.** Precisione, sensibilità.

◆**riprodùrre** [comp. di *ri-* e *produrre*; 1619] **A v. tr.** (coniug. come *produrre*) **1** Produrre di nuovo: *fenomeno che ha riprodotto gli stessi effetti*. **2** Fare, eseguire una copia il più fedele possibile all'originale: *r. una statua marmorea in gesso* | (*est.*) Stampare, ripubblicare in molti esemplari: *r. le poesie del Leopardi in centomila copie* | Raffigurare: *il ciondolo riproduce il segno zodiacale dell'Acquario*. **3** (*fig.*) Rappresentare fedelmente: *r.*

il pensiero di un altro | Ricreare: *il romanzo riproduce uno squarcio di vita dell'Ottocento.* **B** v. intr. pron. *1* Moltiplicarsi con le generazioni, detto di animali o piante: *il leone si riproduce in cattività.* *2* Rigenerarsi, riformarsi: *si è riprodotta un'incrostazione.* *3* (*fig., est.*) Ripetersi: *si è riprodotta una circostanza analoga.*

riproduttività [comp. di *ri-* e *produttività*; 1940] s. f. ● (*raro*) Caratteristica di chi (o di ciò che) è riproduttivo | (*sociol.*) Processo di rinnovamento che interessa una popolazione: *tasso di r.*

riproduttivo [da *riprodurre*, sul modello di *produttivo*; 1819] agg. ● Atto a riprodurre: *tecniche riproduttive* | Relativo alla riproduzione: *facoltà riproduttiva.*

riproduttóre [da *riprodurre*, sul modello di *produttore*; 1835] **A** agg. (f. *-trice*) ● Che riproduce o è attinente alla riproduzione: *organi riproduttori; apparato r.* **B** s. m. *1* (f. *-trice*) Chi riproduce. *2* (f. *-trice*) (*zoot.*) Animale destinato alla riproduzione. *3* Apparecchio atto a riprodurre qlco. | ***R. acustico***, apparecchio che trasforma in suono una vibrazione meccanica o elettrica | ***R. fonografico***, pick-up | ***R. a cuffia***, ***r. stereo di cassette***, lettore stereofonico. *4* Apparecchio che consente di ottenere direttamente, senza la predisposizione di particolari matrici, una o più copie di un documento, disegno e sim.

riproduzióne [da *riprodurre*, sul modello di *produzione*; av. 1685] s. f. *1* Il riprodurre | Ripetizione: *la r. di un fenomeno.* *2* (*biol.*) Proprietà fondamentale degli esseri viventi di generare nuovi individui, che garantisce il perpetuarsi della specie | ***R. asessuata***, gemmazione, scissione | ***R. sessuata***, caratterizzata dalla differenziazione delle cellule germinali maschili e femminili. CFR. -gamia, gamo-, -gamo. *3* Rifacimento, moltiplicazione di copie a stampa | (*est.*) Ristampa. *4* Presa fotografica di un'immagine a due dimensioni. *5* Emissione di suoni incisi su disco o registrati su nastro magnetico | Trasmissione sullo schermo televisivo di un brano registrato su videocassetta.

riprofondàre [comp. di *ri-* e *profondare*; 1894] **A** v. tr. (*io riprofóndo*) ● (*raro, lett.*) Profondare di nuovo. **B** v. intr. e intr. pron. (aus. *essere*) ● (*raro, lett.*) Profondarsi di nuovo.

riprografìa e *deriv.* ● V. *reprografia* e *deriv.*

riprogrammàre [da *ri-* e *programmare*] v. tr. ● Programmare di nuovo | Programmare in base a criteri diversi (*anche assol.*).

riprogrammazióne [da *riprogrammare*] s. f. ● Il riprogrammare.

ripromésso part. pass. di *ripromettere*; anche agg. ● Nei sign. del v. | (*lett.*) Promesso.

riprométtere [vc. dotta, lat. *repromĭttere*, comp. di *re-* e *promĭttere* 'promettere'; 1336 ca.] v. tr. (coniug. come *mettere*) *1* Promettere di nuovo, a propria volta. *2* (con la particella pron.) ***Ripromettersi qlco.***, sperare, aspettarsi: *ci ripromettiamo un buon raccolto* | ***Ripromettersi di fare qlco.***, proporsi, prefiggersi: *mi riprometto di andarli a trovare appena torno.*

†ripromissióne o **†repromissióne** [vc. dotta, lat. *repromissiōne(m)*, da *repromĭssus*, part. pass. di *repromĭttere* 'ripromettere'; 1300 ca.] s. f. ● Il ripromettersi qlco. | Promessa.

riproponènte part. pres. di *riproporre* ● (*raro*) Nei sign. del v.

ripropórre [comp. di *ri-* e *proporre*; av. 1565] v. tr., rifl. e intr. pron. (coniug. come *porre*) ● Proporre di nuovo, ripresentare: *r. una candidatura; non sappiamo cosa r.; si è riproposto come candidato; un simile problema prima o poi ci si riproporrà.*

ripropósta [comp. di *ri-* e *proposta*] s. f. ● (*raro*) Nuova proposta | Riproposizione di qlco.

ripropósto part. pass. di *riproporre*; anche agg. ● Nei sign. del v.

riprosperàre [comp. di *ri-* e *prosperare*] v. intr. (*io ripròspero*; aus. *avere*) ● Prosperare di nuovo o di più.

riprotestàre [comp. di *ri-* e *protestare*; 1554] v. intr. (*io riprotèsto*; aus. *avere*) ● Protestare di nuovo.

ripròva o **†ripruòva** [da *riprovare* (*1*); 1598] s. f. *1* (*raro*) Nuova prova fatta per confermare una precedente: *effettuare la r. dell'operazione.* *2* Ulteriore conferma: *questa è la r. di quanto sostenevo* | ***A r.***, a conferma | ***Testimone a r.***, indotto dalla parte contro cui è stata chiesta una prova testimoniale per confutare le affermazioni dei testi contrari. SIN. Verifica.

†riprovagióne ● V. *riprovazione.*

†riprovaménto [sec. XIV] s. m. ● Riprovazione.

♦**riprovàre** (**1**) [comp. di *ri-* e *provare*; av. 1294] **A** v. tr. (*io ripròvo*) *1* Provare di nuovo: *r. una sensazione; provando e riprovando, ce la farai.* *2* †Verificare: *a r. i tuoi essempli procederemo* (BOCCACCIO). **B** v. intr. e intr. pron. (aus. intr. *avere*) ● Provarsi, ritentare: *r. a leggere, a parlare; e non ti r. a fare una cosa del genere!*

♦**riprovàre** (**2**) o **†reprobàre**, (*lett.*) **†reprovàre**, **†riprobàre** [lat. tardo *reprobāre*, comp. di *re-* e *probāre*, da *prŏbus* 'probo'; av. 1306] v. tr. (*io ripròvo*) *1* (*lett.*) Disapprovare, rifiutare: *tutti riprovano la sua condotta* | ***R. agli esami***, (*disus.*) bocciare. SIN. Biasimare. *2* †Confutare, dimostrare non credibile, erroneo: *r. opinioni, calunnie.*

riprovàto (**1**) part. pass. di *riprovare* (*1*) ● Nei sign. del v.

riprovàto (**2**) [1959] **A** part. pass. di *riprovare* (*2*); anche agg. ● Nei sign. del v. **B** s. m. (f. *-a*) ● (*disus.*) Candidato bocciato agli esami.

riprovatóre [vc. dotta, lat. tardo *reprobatōre(m)*, da *reprobātus* 'riprovato'; av. 1604] agg.; anche s. m. (f. *-trice*) ● (*lett., raro*) Che (o Chi) disapprova.

riprovatòrio [da *riprovare* (*2*); 1987] agg. ● Che disapprova, che biasima: *tono r.*

riprovazióne o **†riprovagióne** [vc. dotta, lat. tardo *reprobatiōne(m)*, da *reprobātus* 'riprovato'; av. 1294] s. f. ● (*lett.*) Disapprovazione, biasimo: *la tua proposta ha suscitato la r. generale* | ***R. agli esami***, (*disus.*) bocciatura.

†riprovedére ● V. *riprovvedere.*

riprovévole [da *riprovare* (*2*); 1818] agg. ● Che merita disapprovazione, biasimo: *condotta, azione r.* || **riprovevolménte**, avv.

†riprovvedére o **†riprovedére** [comp. di *ri-* e *provvedere*] **A** v. tr. e intr. (coniug. come *provvedere*; aus. *avere*) *1* Rifornire. *2* Riguardare. **B** v. rifl. ● Rifornirsi.

†ripruòva ● V. *riprova.*

ripuàrio [fr. *ripuaire*, dal lat. mediev. *ripuāriu(m)*, per il classico **ripāriu(m)* 'che si trova sulle rive', da *rīpa* 'riva'; 1835] agg. ● (*raro*) Ripario, ripense: *popolo r.; province ripuarie.*

ripubblicàbile agg. ● Che si può ripubblicare.

ripubblicàre [comp. di *ri-* e *pubblicare*; 1643] v. tr. (*io ripùbblico, tu ripùbblichi*) ● Pubblicare di nuovo.

ripubblicazióne [comp. di *ri-* e *pubblicazione*; 1872] s. f. ● Nuova pubblicazione.

ripudiàbile [1745] agg. ● Che si può o si deve ripudiare.

ripudiàre o (*raro*) **repudiàre** [vc. dotta, lat. *repudiāre*, da *repŭdium* 'ripudio'; 1540] v. tr. (*io ripùdio*) *1* Non riconoscere come proprio qlco. che ci appartiene, respingere qlcu. al quale si è legati da amore, amicizia, parentela: *r. le poesie dell'adolescenza; r. i genitori.* SIN. Disconoscere, rinnegare. *2* Nel diritto matrimoniale di alcuni popoli, fare atto di ripudio. *3* (*est.*) Dichiarare fermamente di non voler più accettare: *r. un'opinione, una ideologia.* SIN. Respingere, sconfessare.

ripudiàto [av. 1557] part. pass. di *ripudiare*; anche agg. ● Nei sign. del v.

ripudiatóre [vc. dotta, lat. tardo *repudiatōre(m)*, da *repudiātus* 'ripudiato'; av. 1667] agg.; anche s. m. (f. *-trice*) ● (*raro*) Che (o Chi) ripudia.

ripùdio o (*raro*) **repùdio** [vc. dotta, lat. *repŭdiu(m)*, da avvicinare a *pudēre* 'vergognarsi' (V. *pudore*), col pref. *re-*; 1499] s. m. *1* Disconoscimento: *r. di ogni vincolo affettivo* | Sconfessione: *di una fede* | Rifiuto: *r. di metodi violenti.* *2* Nel diritto matrimoniale di alcuni popoli, formale dichiarazione del marito alla moglie di volere rompere il vincolo coniugale: *il r. d'Ermengarda ruppe l'amicizia tra le due famiglie* (MANZONI).

ripugnànte o **repugnànte** [1640] part. pres. di *ripugnare*; anche agg. *1* Che suscita ribrezzo, repulsione, disgusto: *un odore r.* | Che provoca sdegno, condanna, orrore: *una scena r.* *2* (*lett.*) Che combatte, che resiste. *3* (*lett., fig.*) Contrastante: *un composto di parti ripugnanti tra loro* (MANZONI). || **ripugnanteménte**, avv. (*raro*) Con ripugnanza.

ripugnànza o **repugnànza** [vc. dotta, lat. *repugnăntia(m)*, da *repŭgnans*, genit. *repugnăntis* 'ripugnante'; sec. XIV] s. f. *1* Contrarietà, avversione, disgusto: *vincere la r. causata da un sapore; avere r. per la violenza.* *2* (*lett.* o *raro*) Riluttanza, ritrosia: *ha r. a ubbidire; ho r. a parlare in pubblico.* *3* †Contrasto, incompatibilità: *r. di colori in un abito.*

ripugnàre o **repugnàre** [vc. dotta, lat. *repugnāre* 'contrastare, opporsi', comp. di *re-* e *pugnāre*; sec. XIII] **A** v. intr. (aus. *avere*) *1* Suscitare avversione fisica o morale: *bevanda che ripugna; uno spettacolo che ripugnava* | ***Mi ripugna***, non posso tollerare, soffrire. *2* (*lett.* o *raro*) Essere in antitesi, in contrasto: *L'arte non può mai in tutto repugnare alla natura* (MACHIAVELLI). *3* †Resistere, opporsi. *4* †Essere incompatibile, non opportuno, non adatto. *5* †Combattere resistendo, respingere. **B** v. tr. ● †Contrastare, avversare.

†ripùgnere ● V. *ripungere.*

ripuliménto [av. 1606] s. m. ● (*raro, lett.*) Ripulitura (*anche fig.*).

♦**ripulìre** o **†ripolìre** [comp. di *ri-* e *pulire*; 1336 ca.] **A** v. tr. (*io ripulisco, tu ripulisci*) *1* Pulire di nuovo, ancora: *bisogna r. la casa.* *2* Pulire a fondo: *r. le scarpe con una energica spazzolata* | Far piazza pulita, rubare tutto: *i ladri gli hanno ripulito la cassaforte* | Pulire togliendo il superfluo: *r. un ramo* | ***R. i piatti***, mangiare tutto ciò che è stato portato in tavola | ***R. le tasche a qlcu.***, togliergli tutto il denaro, spec. dopo una perdita al gioco. *3* (*lett., fig.*) Perfezionare, rivedere e correggere bene: *r. dei versi.* SIN. Limare. *4* (*lett., fig.*) Dirozzare, ingentilire: *la buona educazione lo ha ripulito.* **B** v. rifl. *1* Lavarsi, pettinarsi, mettersi abiti decenti: *prima di uscire, vai a ripulirti.* *2* (*lett., fig.*) Incivilirsi, ingentilirsi.

ripulisti ● V. *repulisti.*

ripulìta [1863] s. f. ● Atto del ripulire o del ripulirsi in una sola volta e spec. in modo sbrigativo: *darsi una r. alla giacca* | ***Fare, dare una r.***, (*fig.*) eliminare ciò che è nocivo, molesto, dannoso; mangiare tutto senza lasciare avanzi. || **ripulitìna**, dim.

ripulìto part. pass. di *ripulire*; anche agg. ● Nei sign. del v. | Civilizzato, dirozzato: *Aveva molto del provinciale r. e inurbato* (MORAVIA).

ripulitóre [av. 1729] s. m. (f. *-trice*) ● (*raro*) Chi ripulisce.

ripulitùra [av. 1712] s. f. ● Il ripulire: *la r. di un canale* | (*fig., lett.*) Revisione, correzione di un testo | Ciò che si accumula e si toglie nel ripulire qlco.: *buttare via la r. di un cassetto.*

ripullulàre [comp. di *ri-* e *pullulare*; 1625] v. intr. (*io ripùllulo*; aus. *essere*) ● Pullulare di nuovo (*anche fig.*): *la città ripullula di turisti; r. di richiami, di notizie.*

ripùlsa o (*raro*) **repùlsa** [vc. dotta, lat. *repŭlsa(m)*, part. pass. f. sost. di *repĕllere* 'respingere'. V. *repellere*; 1353] s. f. *1* (*lett.*) Rifiuto, rigetto nei confronti di una domanda, una richiesta, una petizione: *ricevere una r. alla domanda di matrimonio; le repulse de' parentadi avute dal Re d'Aragona* (GUICCIARDINI). *2* Atteggiamento negativo, avversione: *la r. illuminista delle tenebre del passato* (CALVINO). *3* †Rimozione, allontanamento.

†ripulsàre o **†repulsàre** [vc. dotta, lat. *repulsāre*, intens. di *repĕllere* 'respingere'; av. 1306] v. tr. ● Respingere, rigettare.

ripulsióne o **repulsióne** [vc. dotta, lat. tardo *repulsiōne(m)*, da *repŭlsus*, part. pass. di *repĕllere* 'respingere'; 1340] s. f. *1* Azione del respingere. *2* V. *repulsione.*

ripulsìvo ● V. *repulsivo.*

ripùlso o (*raro, lett.*) **repùlso** [av. 1375] **A** part. pass. di *repellere*; anche agg. ● (*lett.*) Respinto. **B** s. m. ● †Ripulsa, rifiuto.

ripùngere o **†ripùgnere** [vc. dotta, lat. *repŭngere*, comp. di *re-* e *pŭngere*; av. 1494] v. tr. (coniug. come *pungere*) ● Pungere, ferire di nuovo: *con li strali ardenti / della faretra gli ripunse il petto* (POLIZIANO).

ripuntàre [comp. di *ri-* e *puntare*; av. 1557] v. tr. *1* Puntare di nuovo. *2* (*agr.*) Approfondire il solco col ripuntatore.

ripuntatóre [da *ripuntare*; 1959] s. m. ● Attrezzo che approfondisce il solco aperto dall'aratro, lasciando la terra smossa sul fondo.

ripuntatùra [1959] s. f. ● Lavoro del ripuntatore.

ripurgàre [vc. dotta, lat. *repurgāre*, comp. di *re-* e *purgāre*; 1499] v. tr. (*io ripùrgo, tu ripùrghi*) *1* Purgare di nuovo. *2* (*est., raro*) Purificare: *r. un minerale* | (*fig.*) Emendare, correggere: *r. un testo.*

riputàre ● V. *reputare.*

riputazióne ● V. *reputazione.*

riquadraménto [1550] s. m. ● (*raro*) Riquadratura | Riquadro.

riquadràre [da *quadro*, col pref. *ri-*; av. 1519] **A** v. tr. *1* Rendere quadrato, squadrare: *r. una pietra* | (*fig., lett.*) ***R. la testa, il cervello a qlcu.***, abituarlo a pensare e giudicare bene, concretamente. *2* Suddividere i soffitti formando dei riquadri | Dipingere fregi e zoccoli di una stanza con un colore diverso da quello delle pareti. **B** v. intr. (aus. *essere* e *avere*) *1* (*raro*) Misurare in superficie: *sala che riquadra sei metri*. *2* (*fig., raro*) Corrispondere, essere giusto: *il tuo discorso mi riquadra poco*. SIN. Quadrare. *3* †Essere di forma quadrata.

riquadràto [1499] **A** part. pass. di *riquadrare*; anche agg. *1* Nei sign. del v. *2* Suddiviso in quadrati: *con la facciata tutta riquadrata di piccoli bugnati* (MORAVIA). **B** s. m. ● (*edit., giorn.*) Ogni testo stampato incorniciato da filetti allo scopo di metterne in evidenza il contenuto.

riquadratóre [1853] s. m. (f. *-trice*) ● Chi riquadra | Sbozzatore di blocchi in una cava.

riquadratùra [1541] s. f. *1* Il riquadrare. *2* Spazio quadro | Decorazione di una stanza con fregi e con uno zoccolo; i fregi e lo zoccolo stessi.

riquàdro [comp. di *ri-* e *quadro*; av. 1616] s. m. *1* Spazio quadro, porzione quadrangolare di una superficie: *i riquadri del cimitero*. *2* Spazio quadro di parete o soffitto, dipinto e talora delimitato da modanature in rilievo. *3* (*raro*) Riquadratura: *lavori di r.*

riqualificàre [comp. di *ri-* e *qualificare*; 1959] **A** v. tr. (*io riqualìfico, tu riqualìfichi*) ● Qualificare di nuovo | Dare a un lavoratore una diversa o migliore qualifica professionale: *l'azienda ha riqualificato gli operai non specializzati*. **B** v. rifl. ● Acquistare una diversa o migliore qualifica professionale: *per fare carriera dovrete riqualificarvi*.

riqualificazióne [comp. di *ri-* e *qualificazione*; 1983] s. f. ● Il riqualificare | Acquisto di una qualificazione professionale superiore da parte di un lavoratore, in seguito alla partecipazione agli appositi corsi.

†**rìṣa** s. f. ● Risata.

riṣàcca [sp. *resaca*, da *resacar* 'tirare indietro', comp. di *re-* 'ri-' e *sacar* 'tirare', risalente al lat. *sàccus* 'sacco'; 1604] s. f. ● Moto di ritorno disordinato e impetuoso dell'onda respinta da un ostacolo.

risaccheggiàre [comp. di *ri-* e *saccheggiare*; 1987] v. tr. (*io risacchéggio*) ● Saccheggiare di nuovo.

†**risagìre** (o †-ṣ-) [comp. di *ri-* e *sagire*] v. tr. ● Rimettere in possesso: *risagì il signore il detto conte nella contea di Fiandra* (VILLANI).

riṣàia [da *riso* (3); 1680] s. f. ● Terreno coltivato a riso | ***R. da vicenda***, che si alterna con altre colture | ***R. permanente***, coltivata ogni anno a riso.

riṣaiòlo o (*lett.*) **riṣaiuòlo** [da *riso* (3); 1891] s. m. (f. *-a*) *1* Mondariso. *2* Chi controlla l'irrigazione della risaia o ne sorveglia i lavori.

risaldaménto [av. 1698] s. m. *1* (*raro*) Cicatrizzazione. *2* (*lett., fig.*) Riconciliazione.

risaldàre [comp. di *ri-* e *saldare*; av. 1320] v. tr. *1* Saldare di nuovo, ancora o meglio: *r. giunti metallici con stagno e piombo* | (*fig., lett.*) Rinsaldare. *2* Rimettere insieme i pezzi di un oggetto rotto, frantumato: *r. un vaso*. *3* (*raro, fig.*) Risanare: *chi m'ha il fianco ferito e chi 'l risaldа* (PETRARCA).

risaldatùra [av. 1698] s. f. ● Il risaldare | Parte risaldata di qlco.

risalènte part. pres. di *risalire*; anche agg. *1* (*lett.*) Che sale di nuovo verso l'alto: *il carro del Dio risalente* (CARDUCCI). *2* Che si colloca in un'epoca più o meno lontana: *ricordi risalenti all'infanzia*; *un fossile r. al paleolitico*.

†**risaliménto** [sec. XVII] s. m. ● Risalita.

♦**risalìre** [comp. di *ri-* e *salire*; 1321] **A** v. tr. (coniug. come *salire*) ● Salire di nuovo: *r. le scale* | Ripercorrere in salita la strada che si era percorsa in discesa: *r. il pendio* | ***R. la china***, (*fig.*) recuperare dopo una fase negativa | ***R. un fiume***, navigare verso la sorgente. **B** v. intr. (aus. *essere*) *1* Salire di nuovo, tornare, salendo, da dove si era discesi: *r. a cavallo*; *risaliremo presto in casa*. *2* (*fig.*) Rincarare: *i prezzi risalgono*. *3* (*fig.*) Ritornare con la mente, il pensiero a fatti, avvenimenti passati: *r. alla prima giovinezza* | (*fig.*) Spingere l'indagine all'inizio, all'origine di qlco.: *r. alla causa del fenomeno*. *4* Rimontare a tempi più o meno passati: *la costruzione di quel ponte risale al secolo scorso*. *5* (*mar.*) Procedere a vela contro vento.

risalìta [comp. di *ri-* e *salita*; av. 1616] s. f. *1* Azione del risalire | ***Mezzi di r.***, funivia, seggiovia, ski-lift e gener. qualsiasi impianto atto a riportare gli sciatori all'inizio delle piste. *2* Viaggio di ritorno al nord degli uccelli migratori | Ritorno dei salmoni verso la sorgente di un fiume.

risalìto [1835] part. pass. di *risalire*; anche agg. *1* Nei sign. del v. | Salito nuovamente: *Ulisse co' suoi, risaliti sopra i suoi legni* (BOCCACCIO). *2* (*raro*) Di persona che è arrivata alla fama o alla ricchezza da misero stato (*spec. spreg.*): *è un villano r.*; *con la indecenza d'un borghese r.*

risaltàre /risal'tare, *nel sign. B anche* rizal'tare/ [comp. di *ri-* e *saltare*; 1481] **A** v. tr. e intr. (aus. intr. *avere* e *essere*) ● Saltare di nuovo: *r. l'ostacolo*; *non riesco a r.*; *la palla è risaltata indietro e mi ha colpito*. **B** v. intr. (aus. *avere*) *1* Sporgere da una superficie, aggettare: *il bassorilievo risalta sulla colonna* | (*est.*) Spiccare nitidamente o chiaramente, detto di colori, disegni, pitture o suoni: *la collana di perle risaltava sull'abito scuro* | ***Far r.***, mettere in evidenza: *il costume fa r. le sue forme snelle*. *2* (*fig.*) Emergere, distinguersi, detto di persona: *risaltava su tutti per il suo coraggio* | (*fig., lett.*) Apparire evidente, rilevante: *l'evidenza che risalta dalla ... precisione delle espressioni* (FOSCOLO).

†**risaltazióne** s. f. ● Rimbalzo, detto spec. dell'acqua.

risàlto /ri'salto, *nel sign. B anche* ri'zalto/ [comp. di *ri-* e *salto*; av. 1519] s. m. *1* Il risaltare: *il r. del bianco sul nero* | (*fig.*) Spicco, rilievo, appariscenza: *quei personaggi hanno nella commedia un grande r.* | ***Dare r., mettere in r.***, fare spiccare, mettere in evidenza, in rilievo. *2* Sporto, rilievo roccioso. *3* (*tecnol.*) Parte sporgente o aggettante di un elemento meccanico, atta e destinata gener. a inserirsi in una cavità o in un intaglio corrispondenti: *i risalti della mappa di una chiave*. *4* Nelle antiche fortificazioni, spalletta per battere di fianco gli assalitori. *5* †Rimbalzo, salto dell'acqua.

risalutàre [vc. dotta, lat. *resalutāre*, comp. di *re-* e *salutāre* (V. *salutare* (2)); sec. XIII] v. tr. *1* Salutare di nuovo: *risalutami tua madre*. *2* Rendere il saluto a chi ci ha salutato o ci saluta: *non mi risaluta mai*.

†**riṣaminàre** ● V. *riesaminare*.

risanàbile [1499] agg. ● Che si può risanare: *zona, terreno r.*

risanabilità [1983] s. f. ● Condizione di ciò che si può risanare: *la r. di un terreno*.

risanaménto [av. 1547] s. m. *1* (*raro*) Guarigione. *2* Bonifica: *attuare il r. di una zona malsana* | ***R. edilizio***, rinnovamento di un tessuto urbano mediante il restauro o l'eliminazione di vecchi edifici o quartieri | (*edil.*) ***R. conservativo***, intervento sistematico finalizzato a conservare l'edificio e ad assicurare la funzionalità. *3* Attuazione di provvedimenti volti a riportare efficienza in un sistema economico: *r. del bilancio dello Stato*; *r. di un'azienda*.

risanàre [vc. dotta, lat. tardo *resanāre*, comp. di *re-* e *sanāre*; 1292] **A** v. tr. *1* Rendere sano nuovamente: *non merita riprensione il medico che non sana, ma quel che non fa quel che dee per risanare l'infermo* (TASSO) | (*fig.*) ***R. lo spirito a qlcu.***, restituirgli l'equilibrio e la serenità. SIN. Guarire. *2* Rendere salubre o abitabile, bonificare: *r. una zona paludosa*; *r. un quartiere periferico*. *3* (*fig.*) Riportare a condizioni di efficienza, riportare in attivo, riassestare: *r. il bilancio, l'economia nazionale* | ***R. un'amministrazione***, organizzarla di nuovo con criteri più razionali. **B** v. intr. (aus. *essere*) ● Recuperare la salute: *è risanato dopo una lunga malattia*.

risanàto part. pass. di *risanare*; anche agg. *1* Nei sign. del v. | Guarito. *2* Bonificato: *con tutto il suo agro r. e coltivato* (PASCOLI) | Migliorato, rimesso in efficienza: *centro storico r.*

risanatóre [1745] agg.; (*lett.*) anche s. m. (f. *-trice*) ● Che (o Chi) risana (*anche fig.*): *rimedio r.*

risanguinàre [comp. di *ri-* e *sanguinare*] v. intr. (*io risànguino*; aus. *avere*) ● Sanguinare di nuovo.

risapére [comp. di *ri-* e *sapere*; 1336 ca.] v. tr. (coniug. come *sapere*) ATTENZIONE: *risò* e *risà* si scrivono con l'accento. ● Venire a sapere da altri: *Io riseppi qualche cosa d'altro di quell'animuccia perversa* (SVEVO) | (*lett.*) Venire a conoscenza di qlco.: *come avean potuto r. il suo nome* (MANZONI).

risapùto [1353] part. pass. di *risapere*; anche agg. *1* Noto a tutti, notorio: *è r. che è un commerciante disonesto*; *è una storia risaputa*. *2* Banale, scontato: *secondo un modello r. e stanco* (LEVI).

riṣarcìbile [1745] agg. ● Che si può o si deve risarcire: *danno non r.*

riṣarcibilità [1986] s. f. ● Condizione di ciò che è risarcibile.

riṣarciménto [av. 1642] s. m. *1* Riparazione, compenso di un danno: *chiedere, ottenere un r.*; *un r. congruo, inadeguato* | La somma con cui si risarcisce qlcu. o qlco.: *un r. di cinquemila euro* | (*lett.*) Soddisfazione, riparazione di un danno morale: *il r. degli affanni e delle persecuzioni* (FOSCOLO). *2* ***R. dei boschi***, sostituzione di piante morte e immissione di nuovi vivai | †Restauro | †Riparazione.

riṣarcìre o †**reṣarcìre** [vc. dotta, lat. *resarcīre*, comp. di *re-* e *sarcīre* 'rappezzare, rassettare' (V. *sarcina*); 1342] v. tr. (*io riṣarcìsco, tu riṣarcìsci*) *1* Riparare un danno materiale: *r. la perdita della casa* | Compensare, rimborsare qlcu. dei danni patiti: *lo hanno risarcito dei danni di guerra* | Riparare, compensare un danno morale: *che conosca il fallo e risarcisca i torti* (GOLDONI). *2* †Restaurare: *r. un edificio* | (*raro*) Risanare, cicatrizzare: *r. una piaga* | (*raro*) Racconciare, riparare.

riṣarèlla [da *riso* (2); 1987] s. f. ● (*fam., disus.*) Ridarella.

riṣarèllo [1959] agg. ● (*rom.*) Ridente, atteggiato maliziosamente al riso: *occhi risarelli*.

♦**riṣàta** [da *riso* (2); 1524] s. f. ● Atto del ridere, spec. a lungo e in modo sonoro: *non riusciva a trattenere le risate*; *Una r. alta, forzata, sprezzante accolse questa proposta* (MORAVIA) | ***Fare una r. in faccia a qlcu.***, schernirlo, deriderlo | ***Solenni, matte, grosse risate***, risate schiette, aperte e fragorose | ***R. omerica***, lunga e rumorosa come quella degli dei omerici. SIN. Riso. || **riṣatàccia**, pegg. | **riṣatèlla**, dim. | **riṣatìna**, dim. (V.) | **riṣatóna**, accr.

riṣatìna [da *risat(a)* con un suff. dim.; av. 1759] s. f. ● Breve risata, spec. ironica o sarcastica: *con quella sua r. maligna* (MORAVIA).

riṣbadigliàre [comp. di *ri-* e *sbadigliare*; 1558] v. intr. (*io riṣbadìglio*; aus. *avere*) ● Sbadigliare di nuovo.

riṣbagliàre [comp. di *ri-* e *sbagliare*; 1987] **A** v. intr. e tr. (*io riṣbàglio*; aus. *avere*) ● Sbagliare di nuovo. **B** v. intr. pron. ● Sbagliarsi di nuovo.

†**riṣbaldìre** [provz. *esbaudir*, dal francone *bald* 'baldo'; sec. XIII] v. intr. ● Rallegrarsi, far festa.

riṣbirciàre [comp. di *ri-* e *sbirciare*] v. tr. (*io riṣbìrcio*) ● (*raro*) Sbirciare di nuovo o in fretta.

RISC /risk, *ingl.* ɹɪsk/ [sigla ingl. di *R(educed) I(nstruction) S(et) C(hip)* 'microprocessore con ridotta istruzione'; 1989] s. m. inv. ● (*elettron.*) Microprocessore che, utilizzando un insieme ridotto di istruzioni semplici e di impiego frequente, offre migliori prestazioni in termini di velocità di esecuzione.

♦**riscaldaménto** [av. 1320] s. m. *1* Operazione del riscaldare: *interrompere il r. della casa* | Aumento della temperatura di un corpo: *r. per attrito, per induzione* | (*fis.*) ***R. aerodinamico***, riscaldamento di un corpo prodotto dall'attrito e dalla compressione dell'aria o di un altro gas che fluisce sulla sua superficie, spec. a velocità assai elevate. *2* Mezzo o impianto per riscaldare un edificio: *r. a carbone, a kerosene, mediante termosifoni, elettrico*; *spese di r.* | ***R. centrale***, con un unico generatore di calore per tutti gli appartamenti di un fabbricato | ***R. autonomo***, con un generatore di calore singolo per ogni appartamento di un fabbricato. *3* Serie di esercizi con cui l'atleta prepara la muscolatura prima di una competizione o di un allenamento. *4* (*pop.*) Riscaldo. *5* (*lett., fig.*) Passione | (*fig.*) †Ira, eccitazione causata dallo sdegno.

♦**riscaldàre** [comp. di *ri-* e *scaldare*; sec. XIII] **A** v. tr. *1* Scaldare di nuovo, rimettere al fuoco ciò che è diventato freddo: *r. la minestra, l'arrosto*. *2* Rendere caldo: *r. una stanza con la stufa*; *il sole riscalda la terra* | Scaldare: *r. le mani col fiato*. *3* (*fig.*) Eccitare, infiammare, accendere: *il suo discorso riscaldò gli animi*. *4* (*est.*) Indurre riscaldo: *è un cibo che riscalda.* **B** v. rifl. ● Riprendere calore: *riscaldarsi al sole, camminando.* **C** v. intr. pron. **1** Diventare caldo: *l'acqua non si è ancora riscaldata.* **2** (*fig.*) Infervorarsi, accendersi: *è un oratore che si riscalda facilmente; Signor cavaliere, non si riscaldi perché questi signori diranno ch'è innamorato davvero* (GOLDONI) | (*fig.*) Adirarsi: *cerca di non riscaldarti.* **D** v. intr. (aus. *essere*) **1** †Aumentare, detto del calore interno umano. **2** †Fermentare, guastarsi, detto di biade, vino, formaggio o altro. **E** v. intr. impers. (aus. *essere*) ● (*raro*) Farsi caldo, diventare più caldo, detto dell'atmosfera: *da ieri è riscaldato molto.*

riscaldàta [1940] s. f. ● Atto del riscaldare, spec. in fretta: *dare una r. alla minestra.*

riscaldàto [sec. XIII] part. pass. di *riscaldare*; anche agg. ● Nei sign. del v. | ***Minestra riscaldata***, V. *minestra*.

riscaldatóre [1745] s. m. **1** (f. *-trice*) (*raro*) Chi riscalda. **2** Apparecchiatura atta a produrre il riscaldamento di un fluido.

riscaldatùra [av. 1597] s. f. ● (*raro*) Riscaldamento.

riscàldo [da *riscaldare*; 1804] s. m. **1** (*fam.*) Blanda infiammazione della pelle o dell'intestino. **2** (*lett., fig.*) Esaltazione: *r. fazioso o settario; riscaldi di gioventù* (BACCHELLI).

riscappàre [comp. di *ri-* e *scappare*; 1937] v. intr. (aus. *essere*) ● Scappare di nuovo.

riscaricàre [comp. di *ri-* e *scaricare*] v. tr. (*io riscàrico, tu riscàrichi*) ● Scaricare di nuovo.

riscattàbile [1872] agg. ● Che si può riscattare: *periodo r. ai fini pensionistici.*

riscattàre [lat. parl. **reexcaptāre*, comp. di *re-*, *ĕx* 'da' e *captāre* 'cercare di prendere'. V. *captare*; av. 1348] **A** v. tr. **1** Riacquistare o liberare con denaro qlcu. o qlco. che si era ceduto ad altri o che ci era stato sottratto: *r. il prigioniero; r. un gioiello, un pegno.* **2** (*dir.*) Sciogliere un contratto liberandosi, esercitando il riscatto, dall'obbligo con lo stesso assunto: *r. una rendita.* **3** (*fig.*) Redimere, liberare: *r. la propria vita con un atto di coraggio; r. la patria oppressa* | (*est.*) Compensare: *una qualche eleganza stilistica riscatta la povertà di contenuto del romanzo.* **B** v. rifl. **1** Redimersi con azioni lodevoli da una condizione indegna: *riscattarsi da un passato infamante con una vita irreprensibile.* **2** †Vendicarsi. **3** †Rifarsi di una perdita al gioco.

riscattàto part. pass. di *riscattare*; anche agg. ● Nei sign. del v.

riscattatóre [av. 1604] agg.; anche s. m. (f. *-trice*) ● (*raro*) Che (o Chi) riscatta (*anche fig.*).

riscàtto [1353] s. m. **1** Liberazione, mediante pagamento di un prezzo, di chi è tenuto prigioniero, sequestrato e sim.: *trattare il r. dei prigionieri* | Il prezzo richiesto: *pretendere un r. esoso; tanto costò all'infelice Priamo il r. del cadavere di Ettore* (VICO). **2** (*fig.*) Affrancamento, emancipazione da uno stato di sottomissione, disonore e sim.: *il r. di un popolo; Oh giornate del nostro r.!* (MANZONI) | (*fig.*) Ascesa, elevazione sociale, culturale, economica: *il r. delle classi lavoratrici* | (*est.*) Rivincita: *pronto r. del Milan.* **3** (*dir.*) Atto con cui il debitore, mediante il pagamento di una somma, si libera da un'obbligazione a esecuzione continuata | ***Patto di r.***, accordo per cui il venditore può riacquistare la proprietà della cosa venduta restituendo il prezzo | ***Diritto di r.***, diritto del venditore con patto di riscatto o del coerede di ottenere la proprietà del bene versando al terzo acquirente una somma pari a quella da quest'ultimo pagata per acquistarlo.

riscégliere o †**riscèrre** [comp. di *ri-* e *scegliere*; 1441] v. tr. (coniug. come *scegliere*) ● Scegliere di nuovo | (*lett.*) Scegliere con attenzione.

riscélta [comp. di *ri-* e *scelta*; av. 1729] s. f. ● (*raro*) Nuova scelta.

riscélto [1441] part. pass. di *riscegliere*; anche agg. ● Nei sign. del v.

riscéndere o **riscèndere** [comp. di *ri-* e *scendere*; av. 1874] v. intr. (coniug. come *scendere*; aus. *essere*) ● Scendere di nuovo.

†**riscèrre** ● V. *riscegliere*.

riscéso part. pass. di *riscendere* ● Nel sign. del v.

rischiacciàre [comp. di *ri-* e *schiacciare*] v. tr. (*io rischiàccio*) ● Schiacciare di nuovo.

rischiaraménto [1336 ca.] s. m. **1** Il rischiarare, il rischiararsi: *un rapido r. del tempo* | (*fig.*) Rasserenamento. **2** (*lett., fig.*) Chiarimento.

rischiaràre [comp. di *ri-* e *schiarare*; sec. XIII] **A** v. tr. **1** Rendere chiaro o più chiaro ciò che è scuro, fosco, torbido, annebbiato e sim.: *r. la stanza con una lampada, la via con una fiaccola; la luna rischiara la notte* | ***R. un colore***, renderlo meno carico | ***R. la voce***, renderla limpida | ***R. un oggetto***, illuminarlo | (*tosc.*) ***R. piante, alberi***, diradarne i rami infoltiti | ***R. la vista***, liberarla da una visione poco nitida o annebbiata. **2** (*fig.*) Illuminare, rendere perspicace: *r. la mente; soccorri oggi al tuo servo: / l'empio confondi; il genitor rischiara* (ALFIERI). **B** v. intr. e intr. pron. (aus. *essere*) ● Farsi chiaro o più chiaro (*anche fig.*): *il cielo è rischiarato; rischiararsi in volto.*

rischiaràto part. pass. di *rischiarare*; anche agg. ● Nei sign. del v. | Illuminato.

rischiaratóre [sec. XVII] agg.; anche s. m. (f. *-trice*) ● (*raro*) Che (o Chi) rischiara.

♦**rischiàre** [V. *rischio*; av. 1348] **A** v. tr. (*io rìschio*) ● Mettere a repentaglio, arrischiare (*anche assol.*): *r. tutto per tutto; è una salita pericolosa: non r.* SIN. Azzardare, giocare, osare. **B** v. intr. (aus. *avere*) ● Correre il pericolo di: *r. di morire.* **C** v. intr. impers. (aus. *essere* e *avere*) ● Esserci il rischio, il pericolo: *rischia di piovere.*

rischiariménto [1740 ca.] s. m. **1** Il rischiarire. **2** (*fig.*) †Schiarimento.

rischiarìre [comp. di *ri-* e *schiarire*; sec. XIV] **A** v. tr. (*io rischiarìsco, tu rischiarìsci*) ● (*raro*) Fare diventare chiaro o più chiaro. **B** v. intr. e intr. pron. (aus. *essere*) ● Farsi chiaro o più chiaro: *il liquido rischiarisce; il tempo si è rischiarito.*

†**rischiévole** [da *rischio*; 1505] agg. ● Rischioso.

♦**rìschio** o (*tosc.*) **rìsico**, †**rìsco** [etim. incerta; 1263] s. m. **1** Possibilità di conseguenze dannose o negative a seguito di circostanze non sempre prevedibili: *abbiamo corso un brutto r.; esporsi a un r.; mettere a r. la salute.* SIN. Alea, pericolo | Evento pericoloso, azzardo: *non cercate rischi inutili* | Pericolo più o meno imminente: *c'è il r. di una polmonite; ben folle è quegli / che a r. de la vita onor si merca* (PARINI) | ***Correre il r.***, rischiare | ***Col, a r. di***, correndo il rischio, il pericolo di, a costo di | ***A proprio r. e pericolo***, assumendosi tutte le eventuali conseguenze negative | ***A r.***, detto di chi (o di ciò che) ha più probabilità di altri di subire gli effetti negativi di un fenomeno o di una situazione sfavorevole o pericolosa: *pazienti, categoria a r.; aziende a r.* | ***A r. del committente, del mittente***, di merce i cui eventuali danni subiti durante il viaggio saranno sopportati dal committente o dal mittente. | †***Stare a r. di***, correre il pericolo di. **2** ***Primo r.***, clausola di contratto di assicurazione per cui si assicurano beni per un valore inferiore a quello di mercato e l'assicuratore, in caso di sinistro, risarcisce il danno per intero fino alla concorrenza del valore assicurato. **3** Ammontare delle esposizioni di un cliente verso una banca: *r. diretto o indiretto.*

rischiosità [da *rischioso*; 1983] s. f. ● Condizione di ciò che è rischioso: *è un'impresa di evidente r.*

rischióso [1598] agg. ● Pieno di rischio, che comporta rischi: *vita, impresa rischiosa; è troppo r. impegnarsi in quest'impresa.* SIN. Azzardoso, pericoloso. || **rischiosaménte**, avv.

risciacquaménto [1745] s. m. ● (*raro*) Risciacquatura | Sciacquo.

risciacquàre [comp. di *ri-* e *sciacquare*; av. 1320] **A** v. tr. (*io risciàcquo*) **1** Sciacquare nuovamente: *risciacquati le mani; sono ancora sporche.* **2** Passare panni, stoviglie o altro in acqua pulita per eliminare residui di sapone o di altro detersivo, e sim.: *r. il bucato, i bicchieri già lavati* | ***R. i panni, i cenci in Arno***, (*fig.*) adeguare il proprio linguaggio al modo in cui parlano i fiorentini, spec. colti, e gener. i toscani. **3** Sciacquare con cura: *dobbiamo r. le pentole con aceto* | ***Risciacquarsi la bocca su qlcu.***, dirne molto male. **B** v. rifl. ● Lavarsi con acqua dopo l'insaponatura.

risciacquàta [1598] s. f. **1** Il risciacquare una sola volta e in fretta: *dare una r. ai fazzoletti.* **2** (*fig., fam.*) Lavata di capo, sgridata: *quel ragazzo merita una bella r.* SIN. Rabbuffo. || **risciacquatina**, dim.

risciacquàto part. pass. di *risciacquare*; anche agg. **1** Nei sign. del v. **2** (*fam.*) †Molto bagnato.

risciacquatóio [da *risciacquato*; av. 1449] s. m. ● Canale di scolo dei mulini ad acqua. SIN. Margone.

risciacquatùra [1804] s. f. **1** Operazione del risciacquare: *procedere alla r.; terminare la r. dei panni.* **2** Acqua, liquido in cui è stato risciacquato qlco.: *buttare via la r. dei piatti* | (*fig., pop.*) ***R. di bicchieri***, vino allungato abbondantemente | (*fig., pop.*) ***R. di piatti***, brodaglia diluita con acqua. **3** (*fig., spreg.*) Scritto, componimento letterario lungo e mal fatto.

risciàcquo [da *risciacquare*; 1940] s. m. **1** Operazione del risciacquare | Una delle fasi del ciclo di funzionamento di una macchina lavatrice o lavastoviglie: *premere il tasto del r.; questo programma per la lana prevede quattro risciacqui.* **2** Acqua o liquido che serve a risciacquare: *aggiungere un ammorbidente nel r.* **3** (*med.*) Collutorio.

riscintillàre [comp. di *ri-* e *scintillare*; 1872] v. intr. (aus. *avere*) ● Scintillare di nuovo o di più | (*lett.*) Scintillare: *mormora al bianco lume il rio tra via / riscintillando tra le brevi sponde* (CARDUCCI).

risciò o **ricsciò, ricsiò, ricsò** [adattamento dell'ingl. *rickshaw*, abbr. di *jinrikisha*, vc. giapp., propr. 'vettura mossa dalla forza di un uomo', comp. di *jin* 'uomo', *riki* 'forza' e *sha* 'veicolo, vettura'; 1942] s. m. ● Carrozzella a due ruote trainata da un uomo, usata in Cina e altri Paesi asiatici.

risciògliere o (*raro, poet.*) **risciòrre** [comp. di *ri-* e *sciogliere*; 1723] v. tr. (coniug. come *sciogliere*) ● Sciogliere di nuovo.

risciòlto part. pass. di *risciogliere* ● Nel sign. del v.

risciòrre ● V. *risciogliere*.

†**risco** ● V. *rischio*.

riscolàre [comp. di *ri-* e *scolare* (*1*)] v. tr. e intr. (*io riscólo*; aus. intr. *essere*) ● Scolare di nuovo.

riscolo [etim. incerta; 1779] s. m. ● (*bot.*) Bacicci.

riscolpìre [comp. di *ri-* e *scolpire*] v. tr. (*io riscolpìsco, tu riscolpìsci*) ● Scolpire di nuovo.

riscommèttere [comp. di *ri-* e *scommettere*] v. tr. (coniug. come *mettere*) ● Scommettere di nuovo.

riscongiuràre [comp. di *ri-* e *scongiurare*] v. tr. ● Scongiurare di nuovo.

riscontàre [comp. di *ri-* e *scontare*; 1905] v. tr. (*io riscónto*) ● Presentare allo sconto ad altre banche cambiali di terzi già scontate.

riscónto [1905] s. m. **1** Il riscontare | ***R. di portafoglio***, l'operazione con cui la banca si procura fondi scontando presso altre banche cambiali da essa scontate. **2** Rendite o spese periodiche riguardanti due esercizi la cui riscossione o pagamento è avvenuta in via anticipata.

riscontràbile [av. 1704] agg. ● Che si può riscontrare: *conto r.; dati non riscontrabili* | Rilevabile: *un errore difficilmente r.*

riscontràre [comp. di *ri-* e *scontrare*; sec. XIII] **A** v. tr. (*io riscóntro*) **1** Confrontare due cose, due fatti, due fenomeni per rilevarne le corrispondenze e le differenze: *r. due documenti; r. alcuni dati statistici* | Collazionare: *r. la copia di un manoscritto con l'originale* | ***R. una citazione***, andarla a cercare nel testo dal quale è stata tratta. **2** Verificare, controllare le condizioni di qlco. o il suo funzionamento: *r. il peso di qlco.; r. le parti di un ingranaggio* | Trovare, rilevare dopo un esame, un confronto più o meno attento: *non abbiamo riscontrato irregolarità* | (*bur.* o *lett.*) Rispondere a una lettera: *riscontro la sua carissima del 2 corrente* (LEOPARDI). **3** (*tosc.*) Incontrare: *r. qlcu. per strada* | Andare incontro: *siamo andati a riscontrarli alla stazione.* **4** †Trovare, riuscire a trovare. **B** v. intr. (aus. *avere*) **1** Risultare uguale, accordarsi, corrispondere: *le date riportate nei due documenti riscontrano.* **2** †Stare di fronte perfettamente. **C** v. intr. pron. **1** (*raro, tosc.*) Incontrarsi, imbattersi. **2** †Scontrarsi. **D** v. rifl. rec. **1** †Accordarsi, convenirsi. **2** (*lett.*) Incontrarsi. **3** †Azzuffarsi, scontrarsi violentemente.

riscontràta [1891] s. f. ● Rapida verifica; controllo: *dare una r. al resto.* || **riscontratina**, dim.

riscontràto part. pass. di *riscontrare*; anche agg. ● Nei sign. del v.

riscóntro [1521] s. m. **1** Confronto di due elementi, fenomeni e sim. per rilevarne le corrispondenze e le differenze: *dopo un laborioso r., i due disegni sono apparsi uguali* | ***Mettere a r.***, mettere a paragone, confrontare | Collazione: *un attento r. dei due codici* | Revisione, verifica, controllo: *abbiamo fatto il r. dei conti* | Riprova, conferma: *la tua ipotesi non ha trovato r.*; *non ho riscontri per confermare le sue affermazioni*; *una tesi, una testimonianza che necessita di precisi riscontri*. **2** Corrispondenza simmetrica di due elementi posti l'uno di fronte all'altro: *un r. di finestre in una stanza* | ***R. a, al r. a, a r. di***, dirimpetto, di fronte a | ***Avere per r.***, avere esattamente di fronte | ***Di r.***, in corrispondenza esatta, di fronte | ***Fare r.***, corrispondere | Cosa che sta di riscontro: *quel soprammobile per ora non ha r.* | ***†Al r.***, all'opposto. **3** (*est., raro*) Corrente d'aria che si produce tra aperture poste l'una di fronte all'altra: *temere i riscontri*. **4** Corrispondenza tra due meccanismi e sim. che s'incastrano tramite sporgenze e incavature. **5** Risposta, lettera di risposta: *non riceve r.*; *in r. alla Sua del ...* | (*raro, tosc.*) Ricevuta. **6** Ufficio della banca addetto alla verifica delle operazioni prima di autorizzarne il pagamento e l'incasso. **7** (*tosc.*) Incontro | (*est.*) †Persona incontrata. **8** †Contraccambio, corrispondenza: *Amor sol nasce dal trovar r. / d'amor* (MACHIAVELLI). **9** †Intoppo, impedimento. **10** (*fig.*) †Appoggio, sostegno. **11** †Scontro, urto. || **riscontrino**, dim.

riscopèrta [comp. di *ri-* e *scoperta*; 1960] s. f. ● Il riscoprire | (*fig.*) Rinnovato interesse per un autore, un'opera, una consuetudine, un luogo prima dimenticati.

riscopèrto part. pass. di *riscoprire*; anche agg. ● Nei sign. del v.

riscoppiàre [comp. di *ri-* e *scoppiare* (*1*); 1835] v. intr. (*io riscòppio*; aus. *essere*) ● Scoppiare di nuovo (*spec. fig.*): *riscoppiò una grande confusione*.

riscoprìre [comp. di *ri-* e *scoprire*; 1872] **A** v. tr. (coniug. come *coprire*) ● Scoprire di nuovo (*spec. fig.*): *essi vengono, con meraviglia e commozione, riscoprendo in se stessi, l'ignota ..., la negata comune umanità* (CROCE) | Apprezzare nuovamente: *r. i piaceri della buona tavola* | Rivalutare: *r. un autore*. **B** v. rifl. ● Scoprirsi di nuovo.

riscórrere [comp. di *ri-* e *scorrere*; sec. XV] **A** v. tr. (coniug. come *correre*) ● Scorrere di nuovo: *r. le pagine di un libro* | Percorrere di nuovo (*spec. fig.*): *ha riscorso gli ultimi avvenimenti*. **B** v. intr. (aus. *essere*) ● (*raro*) Scorrere di nuovo.

riscórso part. pass. di *riscorrere* ● Nei sign. del v.

riscòssa [part. pass. f. sost. di *riscuotere*; av. 1348] s. f. **1** Contrattacco, controffensiva: *chiamare, incitare i soldati alla r.* | Rivincita, riscatto morale: *è incominciata la r. civile di un popolo intero*; *alla r.!* **2** †Liberazione | (*raro*) Recupero, riscatto. **3** †Riscossione di denaro.

riscossióne [da *riscosso*; av. 1311] s. f. ● Il riscuotere | Incasso di una somma dovuta: *la r. dello stipendio, dell'affitto, di un'imposta*.

riscòsso part. pass. di *riscuotere*; anche agg. ● Nei sign. del v.

riscossóne [comp. di *ri-* e *scossone*; 1842] s. m. ● Scossone, sobbalzo: *dare, ricevere un r.*; *svegliarsi con un r.*

riscòtere e deriv. ● V. *riscuotere* e *deriv.*

riscotìbile ● V. *riscuotibile*.

riscrìtto [1351] part. pass. di *riscrivere*; anche agg. ● Nei sign. del v.

riscrittùra [1969] s. f. **1** Il riscrivere qlco.: *la r. di un testo* | Opera riscritta, rivista, rielaborata. **2** (*ling.*) ***Regole di r.***, nella grammatica generativa, istruzioni per analizzare una frase nei suoi costituenti e per attribuirle un indicatore sintagmatico.

riscrìvere [lat. *rescrībere*, comp. di *re-* e *scrībere* 'scrivere'; sec. XIV] **A** v. tr. (coniug. come *scrivere*) **1** Scrivere di nuovo, spec. in forma migliore: *r. una lettera* | (*lett.*) Copiare, trascrivere | Rivedere, rielaborare un testo: *r. un saggio*. **2** †Mandare una risposta per scritto: *mi riscriva il suo parere*. **B** v. intr. (aus. *avere*) ● Scrivere in risposta a una lettera, un biglietto, ecc.: *dobbiamo r. agli amici di Milano*.

riscuòtere o (*lett.*) **riscòtere** [comp. di *ri-* e *scuotere*; 1294] **A** v. tr. (coniug. come *scuotere*) **1** Scuotere di nuovo o più forte: *riscosse il cancello per farsi aprire*. **2** Scuotere energicamente per risvegliare: *r. qlcu. bruscamente dal torpore, dal dormiveglia*; *cadeva in un sonno di piombo, dal quale ogni mattina, soleva riscuoterlo un noto piede* (PIRANDELLO) | (*fig.*) Fare uscire da uno stato di inerzia, di inazione: *r. qlcu. da una condizione di pessimismo, dalla pigrizia*. **3** Ricevere, ritirare, percepire una somma dovuta come compenso, retribuzione, onorario e sim.: *r. l'affitto, un forte credito, le tasse* | ***R. i danni***, esserne risarciti. **4** (*fig.*) Riportare, conseguire, ottenere: *r. applausi, onori, il biasimo generale* | (*scherz., fam.*) Buscarne, prendere busse. **5** †Riscattare, liberare | (*fig.*) †Redimere. **B** v. intr. pron. **1** Scuotersi per improvvisa paura, stupore o meraviglia: *al suono della sua voce si riscosse*. SIN. Trasalire. **2** Risvegliarsi da torpore o sonno, riprendersi da uno svenimento o da un momento di distrazione (*anche fig.*): *appena uscito all'aperto, si riscosse*; *non si riscuotevano dall'inerzia*. **3** †Riscattarsi, rifarsi, prendersi la rivincita.

riscuotìbile o (*raro*) **riscotìbile** [1804] agg. ● Che si può o si deve riscuotere: *credito r.*

riscuotibilità o (*raro*) **riscotibilità** s. f. ● (*raro*) Condizione di ciò che è riscotibile.

riscuotiménto o (*raro*) **riscotiménto** [1612] s. m. **1** Il riscuotere, il riscuotersi dal sonno, dal torpore, ecc. **2** (*raro*) Riscossione.

riscuotitóre o (*raro*) **riscotitóre** [da *riscuotere*; av. 1557] s. m. (f. *-trice*) ● †Esattore.

riscurìre [1906] v. tr., intr. e intr. pron. (*io riscurìsco, tu riscurìsci*; aus. intr. *essere*) ● Scurire di nuovo o di più.

riṣdegnàrsi [comp. di *ri-* e *sdegnarsi*; 1575] v. intr. pron. (*io mi riṣdégno*) ● Sdegnarsi di nuovo.

risecàre (o *-ṣ-*) o **resecàre** (o *-ṣ-*) [vc. dotta, lat. *resecāre*, comp. di *re-* e *secāre* 'tagliare'. V. *secare*; 1342] v. tr. (*io riséco, tu riséchi*) ● (*lett.*) Tagliare, togliere via (*anche fig.*): *r. i rami di una pianta*; *r. i desideri vani* | (*fig.*) ***R. le spese***, diminuirle, restringerle.

riseccàre [vc. dotta, lat. *resiccāre*, comp. di *re-* e *siccāre* 'seccare'; av. 1320] **A** v. tr. (*io risécco, tu risécchi*) ● Seccare di nuovo o di più, disseccare | Prosciugare: *r. una palude*. **B** v. intr. e intr. pron. (aus. *essere*) ● Diventare secco, privo di umidità. SIN. Asciugarsi.

risecchìre [da *secco* (*1*), col pref. *ri-*; 1766] v. intr. e intr. pron. (*io risecchìsco, tu risecchìsci*; aus. *essere*) ● Diventare secco, perdere freschezza, umidità.

risecchìto [1872] part. pass. di *risecchire*; anche agg. ● Secco | Appassito, avvizzito: *un albero r.*

risécco [av. 1400] agg. (pl. m. *-chi*) ● (*tosc.*) Risecchito: *arrosto r.* | Arido: *terra risecca*.

†risedènza ● V. *residenza*.

†risedènzia ● V. *residenza*.

risedére [vc. dotta, lat. *residēre* 'stare seduto', comp. di *re-* e *sedēre* 'star seduto'. V. *sedere* (*1*); 1525] **A** v. intr. (coniug. come *sedere*; aus. *essere*) ● Sedere di nuovo. **B** v. intr. pron. **1** Sedersi di nuovo: *s'è riseduto nello stesso posto*. **2** (*raro*) Abbassarsi sgonfiando. **3** (*raro*) Posarsi, detto di liquido.

riséga [da *risegare*; av. 1537] s. f. **1** Diminuzione dello spessore di un muro in corrispondenza di piani e volte. **2** (*raro*) Segno nella pelle per un laccio troppo stretto. || **riseghinétta**, dim.

risegàre [V. *risecare*; 1319] **A** v. tr. (*io riségo, tu riséghi*) **1** Segare di nuovo. **2** †Recidere, risecare. **B** v. intr. pron. ● (*raro, lett.*) Restringersi.

†riségna [da *risegnare*] s. f. ● Cessione.

risegnàre [comp. di *ri-* e *segnare*; 1566] v. tr. (*io riségno*) **1** Segnare di nuovo. **2** †Contrassegnare, approvare con firma.

riseguitàre [comp. di *ri-* e *seguitare*] v. intr. (*io riséguito*; aus. *avere*) ● (*lett.*) Riprendere spec. una narrazione.

†risembràre [V. *rassembrare* (*1*)] v. intr. **1** Sembrare. **2** Assomigliare.

risèmina [comp. di *ri-* e *semina* (*1*); 1959] s. f. ● (*agr.*) Nuova semina che viene effettuata quando la prima sia stata danneggiata da agenti atmosferici o da parassiti e sim.

riseminàre [comp. di *ri-* e *seminare*; 1600] v. tr. (*io risémino*) ● Seminare di nuovo (*anche fig.*).

risensàre [da *senso*, col pref. *ri-*; 1321] v. intr. e intr. pron. (*io risènso*; aus. *essere*) ● (*lett.*) Riprendere i sensi, rinvenire.

risentiménto (o *-ṣ-*) [1540] s. m. **1** Sentimento di rancore, di sorda ostilità e di irritazione provocato da un'ingiuria, un'offesa e sim.: *la tua lettera villana ha provocato un giusto r. in tutti noi*; *non aver risentimenti contro qlcu.*; *le dissi una parola dura e minacciosa dettata dal r.* (SVEVO). **2** Stato di lieve sofferenza di un organo: *r. bronchiale*; *r. reumatico*. **3** Ripercussione di una malattia su un altro organo.

risentire /risen'tire *nei sign. A1 e D, negli altri anche* rizen'tire/ [comp. di *ri-* e *sentire*; 1308] **A** v. tr. (*io risènto*) **1** Sentire di nuovo: *risento un rumore sospetto* | Ascoltare ancora: *r. un disco* | Provare di nuovo un sentimento o sim. **2** Patire qlco. di negativo: *r. la perdita del padre*. **3** (*lett.*) Provare come conseguenza di qlco.: *risentiamo molti vantaggi da quella situazione*. **B** v. intr. (aus. *avere*) (+ *di*) **1** Soffrire per le conseguenze di cause più o meno lontane: *r. della cattiva educazione familiare* | Subire l'influenza di qlco.: *il suo stile risente positivamente di quello dei suoi maestri*. **2** †Risuonare, echeggiare. **C** v. intr. pron. **1** (*lett.*) Svegliarsi, destarsi | Riaversi, recuperare i sensi, rinvenire | †Rinvigorire, riprendere forza, detto di piante. **2** (+ *per*; lett. + *di*) Offendersi, sdegnarsi, reagire a un'offesa, una provocazione e sim.: *si sono risentiti per il vostro comportamento ingiurioso*; *non sembra risentirsi dell'offesa* (GOZZANO) | ***Risentirsi con qlcu.***, esprimergli il proprio risentimento. **3** †Ravvedersi. **D** v. rifl. rec. ● Sentirsi di nuovo, fra chi parla al telefono: *ci risentiremo presto* | ***A risentirci!***, formula di commiato, spec. telefonica.

risentitézza (o *-ṣ-*) [1872] s. f. ● Caratteristica di chi tende facilmente a risentirsi. SIN. Permalosità, suscettibilità.

risentìto (o *-ṣ-*) [1340] **A** part. pass. di *risentire*; anche agg. **1** Nei sign. del v. | Sentito di nuovo o ripetutamente. **2** Che prova o manifesta risentimento: *è r. con me, verso di me*; *parlare con tono r.* **3** (*raro*) Molto vivo, che si fa sentire in tutta la sua intensità, forza, velocità, ecc.: *polso r.*; *tratto, movimento r.* | †Rilevato, sporgente. || **risentitaménte** (o *-ṣ-*), avv. Con risentimento, sdegno, irritazione: *scrivere risentitamente*. **B** avv. ● (*raro*) Risentitamente: *parlare r.*

riseppelliménto [1987] s. m. ● Il riseppellire.

riseppellìre [comp. di *ri-* e *seppellire*; 1835] v. tr. (coniug. come *seppellire*) ● Seppellire di nuovo. SIN. Risotterrare.

riserbàre (*1*) (o *-ṣ-*) [comp. di *ri-* e *serbare*; 1336 ca.] v. tr. (*io risèrbo* (o *-ṣ-*)) ● Serbare nuovamente.

riserbàre (*2*) ● V. *riservare*.

riserbatézza (o *-ṣ-*) ● V. *riservatezza*.

riserbàto (o *-ṣ-*) ● V. *riservato*.

risèrbo (o *-ṣ-*) o **†risèrvo** (o *†-ṣ-*) [da *riserbare* (*2*); 1478] s. m. **1** Grande cautela, prudenza e riguardo nel manifestare i propri sentimenti, lo stato d'animo, le intenzioni, e sim.: *agire con molto r.*; *Avreste dovuto almeno imporvi un po' di r.* (SVEVO) | (*est.*) Riservatezza: *il ministro ha mantenuto il massimo r. sull'esito dei colloqui* | ***†Senza r.***, senza riguardo. **2** †Guardia, custodia. **3** †Riserva, cauzione.

riṣerìa o **riṣièra** [da *riso* (*3*); 1940] s. f. ● Stabilimento per la lavorazione del riso. SIN. Risificio.

riserràre [comp. di *ri-* e *serrare*; 1313] **A** v. tr. (*io risèrro*) **1** Serrare di nuovo, spec. ciò che si era aperto: *r. le file*; *r. le porte*. **2** (*raro*) Custodire, rinchiudere bene. **B** v. rifl. ● (*lett.*) Rinchiudersi.

♦**risèrva** (o *-ṣ-*) [da *riservare*; 1606] s. f. **1** Il riservare | Destinazione di qlco. esclusivamente a sé, ad altri o a determinati fini: *r. del potere, di un posto di lavoro*; *r. di usufrutto* | (*dir.*) ***Quota di r.***, (*ellitt.*) ***riserva***, parte di eredità riservata per legge ai legittimari | ***R. di caccia***, diritto esclusivo di caccia su un dato territorio; (*est.*) il territorio delimitato su cui vige tale diritto | ***R. di pesca***, diritto esclusivo di pesca in un dato tratto di fiume o di altro corso o bacino di acqua interna; ogni parte di corso o bacino d'acqua fluviale o lacuale su cui vige tale diritto | (*est., geogr., antrop.*) Territorio limitato e controllato in cui vivono secondo le loro tradizioni i discendenti di popolazioni indigene che, in passato, vivevano libere su quelle terre: *riserve indiane degli Stati Uniti d'America* | (*geogr., biol.*) ***R. naturale***, zona di territorio delimitata e regolamentata per la protezione dell'insieme delle specie animali e vegetali che vi vivono o per alcune di esse: *r. faunistica* | ***R. marina naturale***, area di mare delimitata legislativamente dove, per protezione ambientale, sono proibite o regolamentate attività quali la pesca, la balneazione, l'accesso con imbarcazioni, lo scarico dei rifiuti e sim. **2** Accantonamento di qlco. per servirsene in seguito: *farsi una r.*, *farsi le riserve* |

Ciò che si tiene in serbo per essere utilizzato a tempo opportuno: *la r. di mele, di olio per l'inverno; riserve di viveri, di munizioni, di medicinali; esaurire, intaccare le riserve; ho fatto una buona r. di acqua minerale; le riserve nutritive, di grassi, di amido nell'organismo; una grande r. di energie, di vitalità*. SIN. Scorta, provvista | *Di r.*, di ricambio, di scorta: *materiali, fondi di r.* | (*autom.*) La quantità minima di carburante residuo nel serbatoio di un autoveicolo, che permette a questo un limitato periodo di funzionamento, di solito segnalata con l'accensione di una spia luminosa sul cruscotto: *essere, viaggiare in r.* | (*est., fig.*) *Essere in r.*, avere ancora poche energie residue | (*enol.*) Parte della produzione vinicola di una certa annata conservata per particolari pregi organolettici ovvero segnalata al consumatore per il luogo d'origine o il metodo di lavorazione: *Barolo r. 1990; r. Montelera, r. Principe di Piemonte* | (*agr.*) Pianta che nei boschi cedui viene mantenuta in piedi durante il taglio per essere allevata ad alto fusto finché abbia dato il seme. SIN. Matricina, salva | (*min.*) Quantità di minerale grezzo disponibile presumibilmente in una miniera o in un giacimento | (*relig.*) *R. eucaristica*, l'insieme delle ostie consacrate che si conservano per la comunione, l'esposizione del Santissimo Sacramento, il viatico. *3* (*econ.*) Parte ideale del capitale netto formata da utili non distribuiti | *R. metallica*, fondo d'oro e argento che le banche d'emissione debbono tenere immobilizzato a garanzia della carta moneta | *R. legale*, quella che la legge prescrive per certi tipi di società | (*banca*) *R. obbligatoria*, parte dei depositi che gli istituti di credito devono obbligatoriamente vincolare presso la Banca Centrale | *R. valutaria*, disponibilità di oro e moneta estera posseduta da un Paese per far fronte ad ogni richiesta di regolamento dei suoi debiti | *R. statutaria*, quella prescritta dallo statuto di certe società | (*ragion.*) *R. occulta*, quella che non appare in bilancio e risulta solitamente da una sottovalutazione dell'attivo o da una sopravvalutazione del passivo | *R. matematica*, fondo accantonato dalle imprese assicuratrici per fronteggiare gli obblighi contrattuali previsti dalle polizze stipulate. *4* (*mil.*) Aliquota di forze a disposizione del comandante di una grande unità che questi può impiegare in caso di necessità come rinforzo di altri reparti già impegnati col nemico o per fronteggiare situazioni impreviste: *tre reggimenti di r.; gettare, lanciare le riserve nel combattimento; impegnare le riserve* | (*mil.*) Insieme dei cittadini sottoposti a obbligo militare e che non sono in servizio attivo: *ufficiali, sottufficiali della r.; essere nella, appartenere alla r.; richiamare, mobilitare la r., le riserve*. *5* (*sport*) Atleta o giocatore che deve sostituire il titolare in una squadra durante l'intera competizione o per una sua parte: *giocare, gareggiare da r.* *6* (*tess.*) Nella stampa di un tessuto, sostanza grassa o resinosa spalmata su certe zone di questo, che non vanno colorate, allo scopo di proteggerle dall'effetto dei bagni coloranti | (*edit.*) Nell'incisione di immagini su lastra o pellicola, copertura di alcune parti di questa, che non vanno incise, con opportune sostanze resistenti all'azione del bagno. *7* (*mar.*) *R. di galleggiabilità*, differenza, espressa in metri, tra l'immersione a pieno carico e quella a carico minimo | (*mar.*) *R. di spinta*, differenza, espressa in tonnellate, tra il dislocamento a pieno carico e quello che la nave avrebbe con un'immersione sino al ponte di coperta. *8* (*fig.*) Restrizione, limitazione, eccezione posta all'approvazione, all'accettazione di qlco.: *fare una r. ben precisa; accettare con r.* | (*est.*) Espressione di dissenso, di critica: *avanzare delle riserve; ho delle riserve sulla sua proposta* | *Senza riserve*, incondizionatamente: *approvo senza riserve* | †*A r.*, eccetto, salvo che | (*dir.*) Nel diritto interno, dichiarazione o accordo in virtù del quale gli effetti di un determinato atto giuridico vengono differiti: *r. di impugnazione; r. di gradimento; vendita con r. di proprietà* | *R. di legge*, norma costituzionale in forza della quale una determinata materia può essere regolata soltanto da una legge e non da altre fonti normative | *R. mentale*, nel negozio giuridico, quella che si verifica quando la dichiarazione di volontà non è conforme alla volontà interna del dichiarante; (*est.*) tacita, intima limitazione della portata di un'affermazione, di una promessa e sim.: *si rendeva conto che tutti quei discorsi li aveva fatti con r. mentale* (LEVI) | (*dir.*) Nel diritto internazionale, dichiarazione con cui una delle parti contraenti di un trattato non accetta una o più clausole dello stesso. || **riservétta** (o -ṣ-), dim. (V.).

◆**riservàre** (o -ṣ-) o (*raro*) **riserbàre** (2) (o -ṣ-) [vc. dotta, lat. *reservāre*, comp. di *re-* e *servāre* 'conservare'. V. †*servare*; av. 1292] **A** v. tr. (*io risèrvo* (o -ṣ-)) *1* Tenere in serbo per disporre all'occorrenza in favore di determinate persone o in vista di precisi scopi: *riserveremo questo libro per chi saprà apprezzarlo; abbiamo riservato per la conclusione gli argomenti più convincenti* | Prenotare: *ti abbiamo riservato un posto in prima fila*. *2* Destinare: *ci hanno riservato un ottimo trattamento; non si può prevedere che cosa ci riserva il futuro* | *Riservarsi qlco.*, destinarla esclusivamente a sé: *il fondatore si riservava il giuspatronato* (MURATORI) | *Riservarsi* (*la facoltà*) *di fare qlco.*, attribuirsi la facoltà di rinviare qlco.: *mi riservo di rispondere in seguito, di decidere entro una settimana*. *3* †Conservare: *né dei passati piaceri riserva altro che una tenace memoria* (CASTIGLIONE). **B** v. rifl. ● †Trattenersi.

riservatàrio (o -ṣ-) [da *riservato*, part. pass. di *riservare*; 1959] s. m. (f. *-a*) ● (*dir.*) Erede necessario, legittimario | Nella vendita con riserva della proprietà, titolare del diritto di proprietà a favore del quale opera la riserva.

riservatézza (o -ṣ-) o (*raro*) **riserbatézza** (o -ṣ-) [av. 1758] s. f. ● Caratteristica di chi è riservato: *agire con r. e prudenza*; SIN. Discrezione | Caratteristica di ciò che è confidenziale, segreto e sim.: *la r. di una comunicazione* | (*est.*) La sfera personale e privata di una persona: *diritto alla r.*

riservàto (o -ṣ-) o (*raro*) **riserbàto** (o -ṣ-) [1336 ca.] part. pass. di *riservare*; anche agg. *1* Nei sign. del v. *2* *Lettera riservata*, il cui contenuto può essere letto solo dal destinatario | *Informazione, notizia riservata*, segreta, da non rendere di pubblico dominio | (*dir.*) *Caso, peccato r.*, nel diritto canonico e nella morale cattolica, che può essere esaminato solo dal vescovo o dal pontefice | (*dir.*) *Patto di r. dominio*, in base a cui la proprietà della cosa venduta passa al compratore al pagamento dell'ultima rata di prezzo | *Prognosi riservata*, V. *prognosi*. *3* Pieno di riserbo: *r. nel parlare, nelle amicizie; a quel tempo lui su queste cose era r. e pudico* (CALVINO). SIN. Discreto, schivo. || **riservataménte** (o -ṣ-), avv. Con riservatezza, in via riservata: *ti prego di comportarti riservatamente; desidero parlarti riservatamente*.

riservazióne (o -ṣ-) s. f. *1* †Riserva | Condizione, restrizione. *2* Prenotazione di un posto, di una camera d'albergo, e sim.

riservétta (o -ṣ-) s. f. *1* Dim. di *riserva*. *2* Locale esistente nelle opere di fortificazione, destinato alla conservazione delle munizioni e dei proiettili | Appestamento campale o permanente atto a dare riparo alle munizioni contro le offese nemiche o le condizioni meteorologiche avverse.

riservìre [comp. di *ri-* e *servire*] v. tr. (*io risèrvo*) ● Servire di nuovo.

riservìsta (o -ṣ-) [1877] s. m. e f. (pl. m. *-i*) *1* (*mil.*) Soldato appartenente alla riserva. *2* Pescatore o cacciatore socio di una riserva.

†**risèrvo** (o -ṣ-) ● V. *riserbo*.

risfavillàre [comp. di *ri-* e *sfavillare*; 1889] v. intr. e tr. (aus. *avere*) ● (*lett.*) Sfavillare di nuovo (*anche fig.*): *Vedo r. gli occhi felini dei giovani tenenti* (D'ANNUNZIO).

risforzàre [comp. di *ri-* e *sforzare* (*1*); 1532] **A** v. tr. (*io risfòrzo*) *1* Sforzare di nuovo. *2* †Riprendere con nuovo sforzo. SIN. Rinforzare. **B** v. rifl. ● Sforzarsi di nuovo o di più.

†**risfòrzo** [comp. di *ri-* e *sforzo* (*1*); av. 1533] s. m. ● Nuovo sforzo o sforzo maggiore: *assai di qua, di là s'è Orlando scosso, / ma sono i suoi risforzi tutti vani* (ARIOSTO).

riṣgorgàre [comp. di *ri-* e *sgorgare*; 1872] v. tr. e intr. (*io riṣgórgo, tu riṣgórghi*; aus. intr. *essere*) ● Sgorgare di nuovo.

†**riṣguardaménto** s. m. ● Il riguardare | Sguardo.

†**riṣguardàre** [sovrapposizione di *sguardo* a *riguardare*, sul modello dell'ant. fr. *resguarder*; av. 1250] v. tr. *1* Riguardare | Concernere, riferirsi. *2* Aver riguardo, rispettare.

†**riṣguardévole** [da *risguardare*, che è *riguardare* con intrusione di *sguardo*; 1579] agg. ● Ragguardevole, riguardevole.

riṣguàrdo o **riguàrdo** nel sign. 3 [da †*risguardare*; av. 1321] s. m. *1* †Sguardo. *2* †Riguardo, rispetto, considerazione. *3* (*edit.*) Nella legatura cartonata, foglio di carta pesante incollato alla copertina e al primo foglio del blocco libro, posto in apertura e chiusura del volume. SIN. Controguardia.

riṣgusciàre [comp. di *ri-* e *sgusciare*] v. intr. (*io riṣgùscio*; fut. *io risguscerò*; aus. *essere*) ● Sgusciare di nuovo.

riṣi ● V. *ridere*.

riṣìbile [vc. dotta, lat. tardo *risĭbile(m)*, da *ridēre* 'ridere'; 1294] agg. *1* Ridicolo, che merita derisione: *atteggiamento r.* | (*est.*) Irrisorio, di poco conto. *2* †Atto, disposto al riso. || **riṣibilménte**, avv.

riṣibilità [vc. dotta, lat. tardo *risibilitāte(m)*, da *risĭbilis* 'risibile'; av. 1694] s. f. ● Caratteristica di ciò che è risibile.

riṣicàre [V. *rischiare*; 1598] **A** v. tr. (*io riṣìco, tu riṣìchi*) ● (*tosc.*) Mettere a rischio, rischiare. **B** v. intr. (aus. *avere*) ● (*raro, tosc.*) Correre il rischio. || PROV. Chi non risica non rosica.

riṣicàto [1835] part. pass. di *risicare*; anche agg. *1* Nei sign. del v. | Conseguito a stento, con margini ridotti: *vittoria, maggioranza risicata*. *2* (*tosc.*) Di persona che rischia volentieri. || **riṣicataménte**, avv.

riṣico ● V. rischio.

riṣìcolo [da *riso* (*3*), sul modello di *agricolo*; 1959] agg. ● Concernente la coltivazione del riso o la sua produzione.

riṣicoltóre o **riṣicultóre** [da *riso* (*3*), sul modello di *agricoltore*; 1955] s. m. (f. *-trice*) ● Coltivatore di riso.

riṣicoltùra o **riṣicultùra** [comp. di *riso* (*3*) e *coltura*; 1860] s. f. ● Coltivazione del riso.

riṣicóso [da *risicare*; av. 1673] agg. ● (*tosc.*) Rischioso.

riṣicultóre ● V. *risicoltore*.

riṣicultùra ● V. *risicoltura*.

risièdere [lat. parl. **resĕdere*, per il classico *residēre*. V. *risedere*; av. 1400] v. intr. (*io risièdo*; in tutta la coniug. conserva gener. il dittongo *ie* in posizione tonica e atona; aus. *avere*) *1* Avere sede, domicilio, dimora fissa: *risiediamo a Torino da un anno* | Stare, essere posto, sistemato, detto di cosa: *Menfi risedeva in su' lito di tal mare* (LEONARDO). *2* (*fig.*) Stare, consistere: *la causa del suo successo risiede nella sua grande intraprendenza*.

riṣièra ● V. *riseria*.

riṣière [da *riso* (*3*); 1959] s. m. (f. *-a*) ● Operaio addetto alla lavorazione del riso.

riṣièro [da *riso* (*3*); 1941] agg. ● Relativo al riso: *mercato r.*

†**riṣìfico** [comp. di *riso* (*2*) e *-fico*] agg. ● Che muove il riso.

riṣifórme [comp. di *riso* (*3*) e *-forme*; 1959] agg. ● Che ha forma di un chicco di riso.

risigillàre [comp. di *ri-* e *sigillare*] v. tr. ● Sigillare di nuovo.

Rìṣiko!® [vc. ted., propr. 'rischio'; 1968] s. m. inv. ● Gioco da tavolo in cui si simula una guerra fra più armate; scopo di ogni giocatore è la conquista del dominio mondiale in battaglie il cui esito dipende da lanci di dadi | (*fig.*) Complessa strategia, scontro di interessi.

†**riṣima** ● V. *risma*.

†**riṣimigliàre** ● V. †*risomigliare*.

riṣina (*1*) [da *riso* (*3*)] s. f. ● Riso di scarto, minuto o ridotto in frantumi, utilizzato come becchime o per estrarre amido.

riṣina (*2*) [vc. dei dialetti nordorientali, dal medio alto ted. *rīsen* 'cader giù, scorrere'; 1959] s. f. ● Canalone semicircolare di legno o terra battuta usato in montagna per fare scorrere a valle i tronchi d'albero.

riṣìpola o **reṣìpola** [av. 1320] s. f. ● (*pop.*) Erisipela.

risistemàre [comp. di *ri-* e *sistemare*] v. tr. (*io risistèmo*) *1* Rimettere a posto. *2* Riorganizzare secondo nuovi criteri: *r. le competenze sanitarie*.

riṣma o †**riṣima** [ar. *rizma*; 1313] s. f. *1* Unità di conteggio commerciale della carta, equivalente a 500 fogli per quella da stampa, a 400 per quella da cancelleria | Ogni pacco confezionato che contiene tale numero di fogli. *2* (*fig., spreg.*) Genere, razza, qualità: *due individui della stessa r.; non tratto con gente di quella r.* *3* †Mazzo, fascio.

riṣo (*1*) part. pass. di *ridere* ● Nei sign. del v.

♦**riso** (**2**) [lat. *rīsu(m)*, da *ridēre* 'ridere'; av. 1250] **s. m.** (**pl.** *risa*, **f.**, †*risi*, **m.**) ***1*** Dimostrazione di ilarità, di allegria o, talvolta, di scherno, caratterizzata da un particolare movimento dei muscoli facciali e dall'emissione di un suono tipico: *r. beffardo, sguaiato, convulso*; *scoppiare in grasse, alte risa*; *essere tra il r. e il pianto*; *sganasciarsi dalle risa* | ***Muovere il r.***, suscitarlo | ***Mettere, volgere in r.***, ridicolizzare | (*est., lett.*) ***R. degli occhi***, espressione luminosa di gioia. ***2*** (*est., lett.*) Allegrezza, aspetto ridente e gioioso: *il r. della primavera* | Splendore: *il r. delle stelle*. ***3*** (*lett.*) Sorriso: *labbri tumidi, arguti, al r. lenti* (FOSCOLO). ***4*** (*poet.*) Bocca: *Quando leggemmo il disiato r. / esser basciato da cotanto amante* (DANTE *Inf.* V, 133-134). ***5*** (*med.*) ***R. sardonico***, atteggiamento stirato delle labbra, negli ammalati di tetano, per contrattura dei muscoli labiali e delle guance; (*fig.*) riso maligno, ironico, beffardo. || **PROV.** Il riso abbonda sulla bocca degli sciocchi; il riso fa buon sangue. || **risino**, **dim.** | **risolino**, **dim.** (V.).

♦**riso** (**3**) [lat. *orȳza(m)*, nom. *orȳza*, dal gr. *óryza*, di orig. orient.; av. 1320] **A s. m.** ***1*** Pianta delle Graminacee coltivata in ambiente umido, di origine asiatica, che ha fusto glabro, pannocchia serrata con spighette di un solo fiore e cariossidi commestibili (*Oryza sativa*). ➡ **ILL. piante**/10. ***2*** I granelli commestibili della pianta omonima: *mondare, pilare, il r.*; *r. raffinato*; *r. in brodo*; *torta di r.* | ***R. brillato***, che è stato sottoposto a brillatura | ***R. comune***, che si sfarina facilmente per cottura | ***R. fino***, molto duro | ***R. superfino***, grosso e a chicco lungo, molto resistente alla cottura | (*cuc.*) ***R. pilaf***, V. *pilaf* | (*cuc.*) ***R. parboiled***, V. *parboiled* | (*cuc.*) ***Insalata di r.***, vivanda a base di riso bollito, mescolato a ingredienti vari, come tonno, sottaceti e sim. e condito con olio | (*cuc.*) ***R. in bianco, all'inglese***, bollito e condito con burro | (*cuc., ven.*) ***Risi e bisi***, minestra densa a base di riso e piselli. ***3*** (*est., bot.*) ***R. d'acqua, d'America, degli Indiani***, zizzania. ***4*** (*est.*) ***Carta di r.***, molto fine, ricavata dalle foglie dello sparto. **B** in funzione di **agg. inv.** ● (posposto al s.) Solo nella loc. ***punto r.***, nei lavori a maglia, ottenuto con un diritto e un rovescio alternati.

risocializzàre [comp. di *ri-* e di un denom. di *sociale*; 1980] **v. tr.** ● Reinserire nella normale vita sociale e civile: *r. un ex detenuto*.

risoffiàre [comp. di *ri-* e *soffiare*; sec. XIV] **A v. intr.** (*io risóffio*; aus. *avere*) ● Soffiare di nuovo. **B v. tr.** ● (*fig., fam.*) Riferire, fare la spia. **SIN.** Spifferare.

risoggiùngere [comp. di *ri-* e *soggiungere*] **v. tr.** (coniug. come *soggiungere*) ● (*lett.*) Soggiungere di nuovo.

risognàre [comp. di *ri-* e *sognare*; 1835] **v. intr.** (*io risógno*; aus. *avere*) ● Sognare di nuovo | (*lett.*) Rievocare.

risolàre e *deriv.* ● V. *risuolare* e *deriv.*

risolcàre [comp. di *ri-* e *solcare*; 1840] **v. tr.** (*io risólco, tu risólchi*) ● (*lett.*) Solcare di nuovo.

†**risoldàre** [comp. di *ri-* e *(as)soldare*] **v. tr.** ● Arruolare di nuovo: *Attesero di poi costoro a r. fanti* (MACHIAVELLI).

risolino [av. 1492] **s. m.** ***1*** Dim. di *riso* (*2*). ***2*** Riso appena accennato, spec. ironico, malizioso, sarcastico e sim.: *fu accolto con un r.*; *eccola girarsi con un r. di sfida* (CALVINO).

risolleticàre [comp. di *ri-* e *solleticare*] **v. tr.** (*io risollético, tu risollétichi*) ● Solleticare di nuovo.

risollevàre [comp. di *ri-* e *sollevare*; 1623] **A v. tr.** (*io risollèvo*) ***1*** Sollevare di nuovo: *mentre la pentola bolliva, risollevò il coperchio* | (*fig.*) ***R. una questione***, proporla di nuovo | (*fig.*) Rialzare da una condizione di scadimento: *risollevò le sorti dell'industria*. ***2*** (*fig.*) Confortare, ricreare: *r. lo spirito, la mente*. **B v. rifl.** ● Sollevarsi di nuovo (*anche fig.*).

risollevàto **part. pass.** di *risollevare*; anche **agg.** ● Nei sign. del v.

risòlsi ● V. *risolvere*.

risòlto (o -ṣ-) [1872] **part. pass.** di *risolvere*; anche **agg.** ● Nei sign. del v. | (*fig.*) Rinfrancato.

risolùbile (o -ṣ-) o †**resolùbile** (o †-ṣ-) [vc. dotta, lat. tardo *resolūbile(m)*, da *resŏlvere* 'risolvere'; 1598] **agg.** ● Che si può risolvere: *problema, difficoltà r.* | (*dir.*) Che può essere risolto: *contratto r.* | (*ottica*) ***Bande risolubili, non risolubili***, con riferimento a uno spettro ottico a bande, quelle che si scindono in numerose righe spettrali vicine oppure che conservano il loro aspetto continuo quando sono osservate con un apparecchio spettroscopico dotato di maggiore potere risolutivo.

risolubilità (o -ṣ-) [1989] **s. f.** ***1*** Condizione di ciò che è risolubile. ***2*** (*dir.*) Attitudine di un contratto a essere risolto.

risolutézza (o -ṣ-) [av. 1642] **s. f.** ● Caratteristica di chi (o di ciò che) è risoluto: *ammiro la vostra r.*; *un intervento di estrema r.*; *noi con risolutezza abbiamo affermato il moto della cometa dover necessariamente esser retto* (GALILEI) | ***Con r.***, in modo decisamente energico: *la questione va risolta con r.* **SIN.** Decisione, energia.

risolutivo (o -ṣ-) o †**resolutivo** (o -ṣ-) [da *risoluto*; av. 1320] **agg.** ***1*** Che risolve, serve a risolvere: *formula risolutiva* | ***Clausola risolutiva espressa***, in un contratto a prestazioni corrispettive, potere, in caso di inadempimento, di sciogliere lo immediatamente, senza ricorrere al giudice | ***Condizione risolutiva***, quella che estingue retroattivamente gli effetti del negozio giuridico | (*fis.*) ***Potere r.***, in ottica, la minima distanza possibile perché due punti appaiano ancora nettamente distinti se osservati con un apparecchio ottico. ***2*** Che influisce decisamente sull'esito, la conclusione di qlco.: *la trattativa è giunta nella sua fase risolutiva*. **SIN.** Decisivo. || **risolutivaménte** (o -ṣ-), **avv.**

risolùto (o -ṣ-) o †**resolùto** (o -ṣ-) [1338 ca.] **part. pass.** di *risolvere*; anche **agg.** ***1*** Nei sign. del v. ***2*** Fermamente deciso ad agire in un determinato modo, detto di persona: *siamo risoluti a partire*; *risoluti ne andavamo … per l'alto mar* (BRUNO) | Energico e reciso, detto di giudizio, gesto, atteggiamento e sim.: *piglio, discorso r.* | (*lett.*) Di persona salda nelle proprie convinzioni: *Il consiglio … al r. non può altro che nuocere* (LEOPARDI). ***3*** †Sciolto, rilassato. || **risolutaménte** (o -ṣ-), **avv.** ***1*** Senza esitazione, decisamente: *siamo risolutamente pronti a resistere*. ***2*** Con franchezza e sicura fermezza: *affermare risolutamente*. ***3*** †In modo assoluto.

risolutóre (o -ṣ-) [da *risoluto*; av. 1704] **A s. m.** (**f.** *-trice*) ● Chi risolve qlco. (*anche fig.*): *r. di problemi, di difficoltà*. **B agg.** ● Che risolve: *intervento r.* **SIN.** Risolutivo.

risoluzióne (o -ṣ-) o †**resoluzióne** (o †-ṣ-) [vc. dotta, lat. tardo *resolutiōne(m)*, da *resolūtus* 'risoluto'; av. 1320] **s. f.** ***1*** Il risolvere | Spiegazione, chiarimento: *la r. di un quesito, di un dubbio* | Soluzione: *tentare la r. di un problema matematico* | (*med.*) Cessazione di un fenomeno morboso. ***2*** Decisione, determinazione: *abbiamo preso la r. di scrivergli*; *r. ferma, irrevocabile, disperata* | Deliberazione finale presa da un'assemblea: *il congresso ha approvato solennemente una r.* ***3*** (*dir.*) Estinzione di un contratto per inadempimento, impossibilità sopravvenuta, eccessiva onerosità di una delle prestazioni: *r. di diritto*; *azione di r.* ***4*** Scomposizione in varie parti o in vari elementi: *operare la r. di un composto chimico*. ***5*** (*mus.*) In armonia, procedimento per diminuire la tensione armonica di un accordo dissonante, facendolo passare nell'accordo consonante da cui è attratto. ***6*** (*mat.*) Determinazione delle soluzioni. ***7*** †Consunzione, dissolvimento: *si vedrà due cose essere state cagione della r. di quella Repubblica* (MACHIAVELLI). ***8*** (*ottica*) Potere risolutivo | (*fot., cine, tv*) Definizione. ***9*** †Coraggio, risolutezza.

risolvènte (o -ṣ-) [1750] **part. pres.** di *risolvere*; anche **agg.** ***1*** Nei sign. del v. ***2*** ***Potere r.***, potere risolutivo | ***Farmaco, prodotto r.***, (*ellitt.*) ***risolvente***, che è in grado di far regredire fino a scomparire un processo morboso.

♦**risòlvere** (o -ṣ-) o †**resòlvere** (o †-ṣ-) [vc. dotta, lat. *resŏlvere*, comp. di *re-* e *sŏlvere*; 1321] **A v. tr.** (**pass. rem.** *io risòlsi* o *risolvéi* o *risolvètti* (o *-étti*), *tu risolvésti*; **part. pass.** *risòlto*, raro *risolùto*) ***1*** (*raro*) Dissolvere, trasformare: *il sole ha risolto la brina in rugiada* | Scomporre, dividere in parti: *r. una sostanza nelle sue molecole*. ***2*** Concludere, dare un esito, una soluzione: *r. una controversia, un affare complicato* | Trovare la soluzione di qlco. di oscuro, complicato, difficile: *r. una sciarada*; *un'equazione, un problema* | ***R. un contratto***, eliminarne retroattivamente gli effetti. ***3*** Decidere, deliberare, stabilire liberandosi dalle incertezze: *dopo lunghe trattative, hanno risolto di firmare una pace*. ***4*** (*raro*) Indurre, persuadere: *r. qlcu. a fare qlco.* ***5*** (*mus.*) Far passare di grado, fare la risoluzione | ***R. la nota***, dalla dissonanza o sim. a quella richiesta dalla sua tendenza. ***6*** (*med.*) Sciogliere, facilitare la guarigione: *r. una malattia con terapie intensive*. ***7*** †Slegare, sciogliere. ***8*** (*fig.*) †Infiacchire. **B v. intr.** (aus. *avere*) ● Riuscire a concludere, a concretare: *è molto riflessivo, ma non sa r.* **C v. intr. pron.** (+ *in*) ***1*** (*raro*) Sciogliersi, stemperarsi, fondersi in liquido: *la nebbia si è risolta in pioggia*; *le gelide vene ascose si risolvono in acqua / pura* (CAMPANELLA). ***2*** (+ *in*; + *con*) (*fig.*) Concludersi, andare a finire in, trasformarsi: *tutto si è risolto in un insuccesso*; *la discussione si è risolta con una soluzione di compromesso* | Finire: *la vicenda si risolse per il meglio* | †Sciogliersi, detto di eserciti, compagnie, ecc. | †Rompersi in pezzi, detto di cose. ***3*** (+ *a*, + *di*, seguiti da inf.) Decidersi uscendo da perplessità, esitazioni, incertezze: *alla fine si sono risolti a bocciarlo*; *Bisognò risolversi di andare a vedere l'ammalato* (SVEVO).

risolvìbile (o -ṣ-) [av. 1712] **agg.** ● Che si può risolvere (*anche fig.*): *problema, difficoltà r.*

risolvibilità (o -ṣ-) [1872] **s. f.** ● Condizione di ciò che è risolvibile.

risolviménto (o -ṣ-) [1691] **s. m.** ● (*raro*) Esito | Soluzione.

†**risomigliàre** o †**risimigliàre** [1353] **v. tr.** e **intr.** ● Rassomigliare.

risommàre (**1**) [comp. di *ri-* e *sommare*; av. 1704] **v. tr.** (*io risómmo*) ● Sommare di nuovo.

risommàre (**2**) [da *sommo*, col pref. *ri-*; 1942] **v. intr.** (*io risómmo*; aus. *essere*) ● (*raro*) Ritornare a galla.

risommèrgere [comp. di *ri-* e *sommergere*; av. 1519] **v. tr.** (coniug. come *sommergere*) ● Sommergere di nuovo.

risommèrso **part. pass.** di *risommergere*; anche **agg.** ● (*raro*) Nel sign. del v.

†**risonaménto** (o -ṣ-) **s. m.** ● Fragore.

risonànte (o -ṣ-) [av. 1363] **part. pres.** di *risonare*; anche **agg.** ● (*lett.*) Sonoro, rumoroso: *del r. mar lungo la riva* (MONTI). || **risonanteménte** (o -ṣ-), **avv.** (*raro*) In modo risonante.

risonànza (o -ṣ-) [vc. dotta, lat. *resonāntia(m)*, da *rĕsonans*, genit. *resonāntis* 'risonante'; av. 1642] **s. f.** ***1*** (*fis.*) Fenomeno per cui l'ampiezza delle oscillazioni in un sistema meccanico, acustico o elettrico, sotto l'azione di forze esterne periodiche, in condizioni particolari, tende ad assumere valori eccezionalmente elevati | ***R. acustica***, quando due corpi oscillano con frequenze uguali | ***R. meccanica***, quando la forza esterna periodica agisce su un corpo, la cui frequenza propria coincida o sia multipla di quella della forza sollecitante | ***R. elettrica***, in un circuito elettrico a corrente alternata, quando la reattanza induttiva risulta uguale alla reattanza capacitiva e quindi l'impedenza risulta minima e la corrente massima | ***Cassa di r.***, (*mus.*) cassa armonica; (*fig.*) ciò che amplifica, mette in risalto, diffonde notizie, opinioni e sim.: *il congresso ha fatto da cassa di r. alle tesi del partito* | (*fis.*) ***R. magnetica nucleare***, fenomeno per cui numerosi nuclei atomici, quando si trovano in un campo magnetostatico, assorbono energia da un campo elettromagnetico a radiofrequenza in corrispondenza di certe frequenze caratteristiche; utilizzato spec. in medicina per compiere indagini diagnostiche sfruttando la risonanza di protoni presenti negli organi interni, dei quali si hanno immagini attraverso l'elaborazione tomografica computerizzata dei segnali registrati. ***2*** Effetto di eco, rimbombo: *in quel salone c'è molta r.* ***3*** (*fig.*) Clamore, diffusione accompagnata da vivo interesse: *quella competizione sportiva ha suscitato una vasta r.* **SIN.** Eco. ***4*** (*lett., fig.*) Suggestione, cadenza stilistica: *un sonetto con risonanze petrarchesche*. ***5*** †Sonorità d'armonie.

risonàre e *deriv.* ● V. *risuonare* e *deriv.*

risonatóre (o -ṣ-) [da *ris(u)onare*; 1929] **A agg.** (**f.** *-trice*) ● (*raro, lett.*) Che diffonde un suono. **B s. m.** ● Dispositivo atto a generare risonanza | ***R. acustico***, corpo cavo, che entra in risonanza per un suono di data frequenza | ***R. elettromagnetico***, che rivela le vibrazioni che hanno luogo fra due apparecchi distaccati di un oscillatore | ***R. telegrafico***, apparecchio con cui si ricevono i telegrammi a orecchio.

risone 1556

risóne [da *riso* (3); av. 1811] s. m. ● Riso grezzo, con granelli circondati dalla gluma e pericarpo aderente.

†**risoprasalìre** [comp. di *ri-*, *sopra-* e *salire*] v. tr. ● Risalire un'altura.

†**risorbìre** [comp. di *ri-* e *sorbire*; sec. XVI] v. tr. (*io risorbisco, tu risorbisci*) ● Sorbire di nuovo.

risorgènte [av. 1400] **A** part. pres. di *risorgere*; anche agg. ● Nei sign. del v. (*anche fig.*): *quell'amore r.* (CARDUCCI). **B** s. f. ● Risorgiva.

risórgere (o -ṣ-), **risòrgere** (o -ṣ-) o †**resórgere** (o -ṣ-), **resòrgere** (o -ṣ-) †**resùrgere** (o -ṣ-), †**risùrgere** (o -ṣ-) [lat. *resŭrgere*, comp. di *re-* e *sŭrgere* 'sorgere'; av. 1306] **A** v. intr. (pres. *io risórgo* (o -ò-), *tu risórgi* (o -ò-); pass. rem. *io risórsi* (o -ò-), *tu risorgésti*; part. pass. *risórto* (o -ò-); aus. *essere*) **1** Sorgere di nuovo (*anche fig.*): *il sole risorgerà presto*; *risorgono delle difficoltà*. **2** Risuscitare, tornare in vita (*anche fig.*): *Gesù Cristo risorse dal suo sepolcro*; *i morti risorgono nell'affetto e nell'immaginazione dei vivi* (DE SANCTIS) | ***R. da morte a vita***, (*fig.*) cambiare rapidamente il proprio stato in senso positivo. **3** (*fig., lett.*) Sollevarsi, riaversi, detto di persona: *i bambini presto si dànno giù e presto risorgono* (CARDUCCI) | (*fig.*) Riprendersi, rifiorire: *dovunque risorge la cultura*. **4** (*lett.*) Rialzarsi (*anche fig.*): *cadde, risorse e giacque* (MANZONI). **B** v. tr. ● †Fare risorgere.

risorgimentàle (o -ṣ-) [1942] agg. ● Che concerne il Risorgimento.

risorgimentìsta (o -ṣ-) [1946] s. m. e f. (pl. m. *-i*) ● Chi si dedica a studi di storia del Risorgimento.

risorgiménto (o -ṣ-) [av. 1565] s. m. (*Risorgiménto* nel sign. 2) **1** (*raro, lett.*) Rinascita (*spec. fig.*): *il r. di Cristo*; *il r. dell'artigianato, della pittura*. **2** (*per anton.*) Periodo storico, compreso tra la fine del XVIII sec. e il 1870, in cui si compie il processo di formazione dello Stato unitario italiano | Complesso delle idee e delle vicende che caratterizzano tale periodo: *le guerre del R.*; *martiri del R.*; *storia del R.*

risorgìva [f. sost. di *risorgivo*; 1933] s. f. ● Sorgente alimentata da una falda freatica che affiora in pianura | ***Linea delle risorgive***, fascia di terreno ricca di risorgive e che segna il passaggio fra l'alta e la bassa pianura.

risorgìvo o **resorgìvo** [da *risorgere*; 1940] agg. ● Detto di acque sotterranee quando escono alla superficie.

♦**risórsa** (o -riṣ- o -ò-) [fr. *ressource*, propr. part. pass. f. sost. di *ressourdre*, dal lat. *resŭrgere* 'risorgere'; av. 1576] s. f. **1** Mezzo, espediente che può venire in aiuto in caso di necessità di vario genere: *sfruttò inaspettate risorse economiche*; *la sua intelligenza è piena di risorse* | ***Uomo di molte risorse***, che sa districarsi da situazioni complicate. **2** I mezzi di cui si dispone e che possono costituire sorgente di ricchezza: *questo podere è una grande r.*; *risorse minerarie, energetiche*; *il turismo è la principale r. delle vallate dolomitiche* | ***R. rinnovabile***, risorsa energetica la cui fonte, come il vento, il sole, le maree, non è soggetta a esaurimento. **3** (*elab.*) Ciascuno degli elementi costitutivi di un sistema di elaborazione (unità centrale, memorie, periferiche).

risòrsi ● V. *risorgere*.

risortìre [comp. di *ri-* e *sortire*] v. intr. (*io risòrto*; aus. *essere*) ● (*raro*) Sortire di nuovo.

risòrto [av. 1348] **A** part. pass. di *risorgere*; anche agg. ● Nei sign. del v. | Risuscitato, rinato: *Cristo r.* | (*fig., lett.*) Che si è risollevato: *la risorta nel mille itala gente* (CARDUCCI). **B** s. m. ● (*poet., per anton.*) *Il R.*, Gesù Cristo.

risospìngere [comp. di *ri-* e *sospingere*; 1504] v. tr. (coniug. come *spingere*) **1** Sospingere di nuovo. **2** Ricacciare indietro, respingere.

risospìnto [av. 1374] part. pass. di *risospingere*; anche agg. ● Nei sign. del v. | (*lett.*) Riportato: *dal dolore risospinte / a inaspettato gaudio* (ALFIERI).

risospiràre [comp. di *ri-* e *sospirare*; 1623] v. intr. e tr. (aus. *avere*) ● Sospirare di nuovo | (*lett., fig.*) Desiderare di nuovo ciò che si è perduto: *r. la libertà*.

risostenére [comp. di *ri-* e *sostenere*; 1872] v. tr. (coniug. come *sostenere*) ● Sostenere di nuovo.

risotterràre [comp. di *ri-* e *sotterrare*] v. tr. (*io risottèrro*) ● Sotterrare di nuovo.

risòtto [da *riso* (3); 1855] s. m. ● Riso cotto nel brodo sino al completo assorbimento di questo, e condito in vari modi. || **risottìno**, dim.

risottométtere [comp. di *ri-* e *sottomettere*] v. tr. (coniug. come *mettere*) ● Sottomettere di nuovo.

risovvenìre [comp. di *ri-* e *sovvenire*; 1374] **A** v. tr. (coniug. come *venire*) ● (*lett.*) Sovvenire di nuovo, tornare ad aiutare, a soccorrere. **B** v. intr. e raro intr. pron. (aus. *essere*) ● (*lett.*) Ricordarsi: *mi risovvengo di lui*. **C** v. intr. impers. (aus. *essere*) ● (*lett.*) Ricordarsi, venire in mente: *Di que' boschi ... ti risovvenga* (PINDEMONTE).

risovvenùto part. pass. di *risovvenire* ● Nei sign. del v.

†**rispacciàre** [comp. di *ri-* e *spacciare*] v. tr. (*io rispàccio*) ● Rimandare indietro: *voglia ... rispacciarmi subito la risposta per staffetta* (GUICCIARDINI).

rispalmàre [comp. di *ri-* e *spalmare*; sec. XVI] v. tr. ● Spalmare di nuovo.

rispàndere [comp. di *ri-* e *spandere*; 1659] **A** v. tr. (coniug. come *spandere*) ● Spandere di nuovo | (*lett., fig.*) Propagare. **B** v. intr. pron. ● Spandersi di nuovo.

rispànto part. pass. di *rispandere* ● Nei sign. del v.

rispàrgere [comp. di *ri-* e *spargere*; 1744] **A** v. tr. (coniug. come *spargere*) ● Spargere di nuovo: *entrambi di tanta atrocità risparsero le loro favole* (VICO). **B** v. intr. pron. ● Spargersi di nuovo.

†**risparmiaménto** s. m. ● Il risparmiare.

♦**risparmiàre** o †**rispiarmàre** [germ. *sparanjan*; av. 1292] **A** v. tr. (*io rispàrmio*) **1** Limitare il consumo, l'uso di qlco., non sprecare: *r. la carne*; *r. fatica, denaro* | (*est.*) Non consumare, non spendere: *mi ha portato il plico personalmente, così ha risparmiato le spese postali* | (*assol.*) Spendere meno: *questo mese bisogna r.*; *in quel supermercato si risparmia* | ***R. gli occhi***, non stancarli | ***R. le gambe, il fiato***, camminare, parlare poco | (*fig.*) Non affaticare qlcu.: *cerca di r. tua madre* | ***Non mi risparmi***, si valga pure di me | (*iron.*) Evitare a qlcu. qlco. di fastidioso: *risparmiami il racconto della tua serata!*; *ti risparmio il seguito della vicenda*. **2** ***Risparmiarsi qlco., di fare qlco.***, fare a meno di qlco. o di fare qlco.; astenersi, evitare: *ci risparmieremo di venire fino da te*; *puoi risparmiarti le tue solite battute*; *si sarebbe risparmiato una figuraccia*. **3** Non togliere, concedere: *r. la vita a qlcu.* | Riguardare, graziare: *la morte non risparmia nessuno*. **B** v. rifl. ● Aver riguardo di sé, delle proprie condizioni fisiche o di salute: *è un atleta che non sa risparmiarsi*.

risparmiàto part. pass. di *risparmiare*; anche agg. ● Nei sign. del v. | Avanzato, non sprecato: *è tutto tempo r.*

risparmiatóre [1618] s. m. (f. *-trice*) ● Chi risparmia | Chi abitualmente risparmia denaro e fa economia | Chi investe i propri risparmi: *i risparmiatori si orientano verso i fondi azionari*.

rispàrmio [1300 ca.] s. m. **1** Il risparmiare: *un utile r. di fatica* | ***Senza r.***, con larghezza. SIN. Economia. **2** Quota del reddito disponibile che gli operatori economici non destinano alle spese correnti e che può essere tesaurizzato o investito | ***R. forzoso o forzato***, la riduzione involontaria dei consumi da parte del settore privato, che si verifica in situazioni di inflazione alla quale non corrisponde un proporzionale aumento dei redditi monetari | ***R. gestito***, quello affidato dal risparmiatore, con una delega più o meno ampia, a un intermediario, quale una banca o una società di gestione, che prende le decisioni di investimento | ***R. amministrato***, quello affidato in cura e amministrazione per gli adempimenti formali a una banca, del quale il risparmiatore mantiene la responsabilità delle decisioni di investimento. || **risparmiùccio**, dim.

rispàrso part. pass. di *rispargere* ● Nei sign. del v.

rispaventàre [comp. di *ri-* e *spaventare*; 1840] **A** v. tr. (*io rispavènto*) ● Spaventare di nuovo. **B** v. intr. pron. ● Spaventarsi di nuovo.

rispazzàre [comp. di *ri-* e *spazzare*; 1835] v. tr. ● Spazzare di nuovo.

rispecchiaménto [da *rispecchiare*; 1886] s. m. **1** Il rispecchiare | ***Teoria del r.***, nell'estetica marxista, teoria secondo la quale l'opera d'arte rispecchia sempre la realtà del momento storico in cui è prodotta. **2** (*filos.*) Teoria originariamente di Platone, secondo cui il mondo sensibile sarebbe il riflesso di un mondo ideale ultrasensibile.

rispecchiàre [comp. di *ri-* e *specchiare*; 1889] **A** v. tr. e rifl. (*io rispècchio*) **1** Specchiare di nuovo. **2** Riflettere, riverberare l'immagine: *il lago rispecchia il paesaggio* | (*fig.*) Rendere, esprimere: *parole che rispecchiano bene la situazione*. **B** v. intr. pron. **1** Venire riflesso: *la villa si rispecchia nel lago*. **2** (*fig.*) Esprimersi: *nelle parole del presidente si rispecchiano le opinioni della maggioranza*. SIN. Riflettersi.

rispedìre [comp. di *ri-* e *spedire*; 1697] v. tr. (*io rispedisco, tu rispedisci*) **1** Spedire di nuovo: *ci hanno rispedito un costoso omaggio*. **2** Spedire indietro, di rimando: *gli ho rispedito la sua lettera senza aprirla*.

rispedizióne [comp. di *ri-* e *spedizione*; 1745] s. f. ● Operazione del rispedire: *effettuare la r. della merce*.

rispègnere o **rispégnere**, (*lett., tosc.*) **rispèngere** [comp. di *ri-* e *spegnere*; 1659] **A** v. tr. (coniug. come *spegnere*) ● Spegnere di nuovo. **B** v. intr. pron. ● Spegnersi di nuovo.

rispèndere [comp. di *ri-* e *spendere*; 1441] v. tr. (coniug. come *spendere*) ● Spendere di nuovo.

rispèngere o **rispéngere** ● V. *rispegnere*.

rispènto o **rispénto** part. pass. di *rispegnere* ● Nei sign. del v.

risperàre v. tr. e intr. (*io rispèro*; aus. *avere*) ● Sperare di nuovo.

†**rispèrgere** [vc. dotta, lat. *respĕrgere*, comp. di *re-* e *spărgere*] v. tr. ● Aspergere, bagnare.

rispéso part. pass. di *rispendere* ● (*raro*) Nel sign. del v.

rispettàbile [da *rispettare*; 1686] agg. **1** Meritevole, degno di rispetto: *persona r.*; *il r. pubblico* | (*est.*) Onesto, dabbene: *famiglia molto r.* **2** Considerevole, ragguardevole: *patrimonio r.* | (*scherz.*) Grosso, grande: *naso, pancia r.* | ***Età r.***, avanzata. || **rispettabilménte**, avv.

rispettabilità [av. 1866] s. f. ● Condizione di ciò che è rispettabile: *la r. di un'opinione* | Caratteristica di chi è rispettabile: *la r. del nostro amico è provata*.

♦**rispettàre** [lat. *respectāre* 'guardar dietro, volgersi a guardare', comp. di *re-* e *spectāre* 'guardare'. V. *spettare*; 1342] **A** v. tr. (*io rispètto*) **1** Dimostrare la propria stima, circondare di rispetto, ossequio, riverenza qlcu.: *r. i genitori, i superiori, gli anziani*; *tutti devono r. una giovane, che piace a me* (GOLDONI) | ***Persona che si rispetti***, persona meritevole di rispetto | ***Che si rispetti***, che sia degno di rispetto: *un dentista che si rispetti non può fare un simile errore*. SIN. Onorare, stimare. **2** Riconoscere la dignità, il valore di qlco.: *r. le idee, le opinioni, i diritti altrui*; *tutti devono r. la giustizia, i beni altrui* | Evitare di sciupare, di degradare: *r. i prati, i fiori*; *r. l'ambiente, il patrimonio artistico* | ***Farsi r.***, imporre, far valere la propria volontà e autorità, farsi temere | ***R. sé stesso***, non venir meno alla propria dignità, al proprio onore | ***R. la propria firma***, (*fig.*) fare onore al proprio nome. **3** Osservare scrupolosamente: *r. le feste, la legge, gli ordini, la puntualità* | Seguire fedelmente, senza alterazioni: *il traduttore ha rispettato le intenzioni dell'autore* | ***R. la grammatica***, seguirne le regole | ***R. un consiglio***, metterlo in pratica. **B** v. rifl. rec. ● Provare reciproco rispetto. || PROV. Si rispetta il cane per il padrone.

rispettàto part. pass. di *rispettare*; anche agg. ● Nei sign. del v. | Che gode di rispetto e buona reputazione: *un dirigente stimato e r.*

†**rispettévole** agg. ● Rispettabile, ragguardevole.

rispettìvo o †**respettìvo** [da *rispetto*; sec. XIV] agg. **1** Concernente ciascuna delle persone o delle cose nominate: *le tue amiche e i rispettivi mariti*; *partirono per le rispettive città di origine*. SIN. Proprio, relativo. **2** †Rispettoso, riguardoso: *io indico bene questo, che sia meglio essere impetuoso che respettivo* (MACHIAVELLI). **3** †Particolare: *viene ad avere ragione assoluta e non respettiva* (BRUNO). || **rispettivaménte**, avv. **1** †Relativamente, rispetto a: *governar se stesso rispettivamente agli altri uomini* (LEOPARDI). **2** In relazione a ciascuna delle persone o cose nominate: *i ragazzi che hai conosciuti sono rispettivamente mio fratello e mio cugino*.

♦**rispètto** o †**respètto** [vc. dotta, lat. *respĕctu(m)*, da *respĭcere* 'guardare', comp. di *re-* e *spĕcere* 'guardare', di orig. indeur.; av. 1292] s. m. **1** Sentimento di deferenza, stima e considerazione verso persone, princìpi o istituzioni: *nutrire un profondo r. per il proprio padre*; *avere r. per la cosa pub-*

blica; gode del r. di tutti | ***Parlare, trattare con r.***, in modo rispettoso, deferente | ***Persona degna di r.***, stimabile, pregevole moralmente | (*gerg.*) ***Uomo di r.***, chi è diventato potente in una organizzazione mafiosa o ne osserva le leggi | (*est.*, *spec. al pl.*) Saluto deferente: *presentare a qlcu. i propri rispetti; scambiarsi convenevoli e rispetti.* SIN. Deferenza, ossequio. **2** Sentimento e atteggiamento di riguardo verso la dignità o il valore altrui, che ci trattiene dall'offendere, dal recare danno, o sim.: *portare r. ai propri simili; avere r. per la proprietà; avere r. per i tesori dell'archeologia* | ***Mancare di r. verso qlcu.***, offenderne i diritti, i sentimenti o l'onore | ***Tenere in r.***, farsi rispettare | ***Perdere il r.***, perdere la propria autorità, l'ascendente o la considerazione altrui | ***Con r. parlando***, formula che attenua o scusa espressioni poco decenti o poco rispettose: *È il diavolo, con r. parlando, che l'ha mandato a casa mia* (MANZONI) | ***Di tutto r.***, molto rispettato; di rilevante entità: *un patrimonio di tutto r.* **3** Osservanza scrupolosa di un ordine, una regola, una legge e sim.: *non avere r. per le norme del galateo* | ***Clausola di r.***, nel contratto di locazione, patto per cui il locatore si obbliga a tollerare che il conduttore faccia durare il contratto oltre un periodo stabilito | ***Zona di r.***, area nella quale non è permesso costruire o nella quale la costruzione sia sottoposta a vincoli ben precisi. **4** (*raro*) Riguardo, considerazione: *avendo r. solo agli errori, sei da condannare* | (*lett.*) ***R. umano***, eccessiva considerazione e timore delle opinioni altrui che può impedire di agire, decidere o esprimersi liberamente | Punto di vista, verso, riguardo: *per, sotto un certo r. hai ragione; abbiamo considerato la cosa sotto tutti i rispetti* | Relazione, attinenza, paragone: *non c'è r. tra forma e materia* | ***R. a***, relativamente: *vorrei dire qualcosa r. alla tua domanda*; in confronto, in paragone a: *r. a lui il fratello è molto più giovane* | (*raro*) ***In r.***, relativamente, proporzionalmente a | Motivo, causa: *non vengo per molti rispetti* | (*raro*) Cautela, precauzione: *per buon r. è meglio non farsi ricevere.* **5** Componimento amoroso di origine popolare, costituito da una stanza generalmente in ottava o sesta rima, diffuso spec. in Toscana: *è il volgare arcaico ... dei rispetti cantati ancora oggi nelle sagre contadine* (FO). **6** (*mar.*) Ricambio, riserva: *pezzi, vele, ancora di r.* **7** †Dilazione, indugio. || **rispettùccio, rispettùzzo**, dim.

rispettóso [1543] agg. **1** Che ha, è pieno di rispetto, detto di persona: *essere r. verso i superiori* | Che dimostra, contiene rispetto, detto di atteggiamento, discorso e sim.: *parole rispettose.* SIN. Ossequioso, riguardoso, riverente. **2** †Cauto, circospetto. || **rispettosaménte**, avv. In maniera rispettosa.

rispianàre [comp. di *ri-* e *spianare*; 1344] v. tr. ● Spianare di nuovo o meglio.

†rispianàto [part. pass. sost. di *rispianare*] s. m. ● Spianata, ripiano | Piano.

†rispiarmàre ● V. *risparmiare.*

rispiegàre [comp. di *ri-* e *spiegare*; 1872] v. tr. (*io rispiègo, tu rispièghi*) **1** Spiegare di nuovo: *r. un rotolo di cartone.* **2** (*fig.*) Dare una spiegazione più accurata, chiara, precisa.

rispifferàre [comp. di *ri-* e *spifferare*; 1872] v. tr. (*io rispiffero*) ● Spifferare di nuovo | Spifferare: *non fidarti di lui: va a r. tutto.*

†rispìgnere ● V. *respingere.*

rispigolàre [comp. di *ri-* e *spigolare*; 1619] v. tr. (*io rispìgolo*) ● (*lett.*) Spigolare di nuovo.

rispìngere [comp. di *ri-* e *spingere* (*1*); 1532] v. tr. (coniug. come *spingere*) **1** Spingere ancora. **2** †V. *respingere.*

†rispitto o **†respitto** [ant. fr. *respit* 'rispetto'; 1319] s. m. **1** Rispetto. **2** (*raro*) Riposo, requie.

risplendènte o **†risplendiènte** [av. 1306] part. pres. di *risplendere*; anche agg. ● Che risplende | (*fig.*) Radioso, raggiante. || **†risplendenteménte**, avv. Con grande splendore.

†risplendènza [vc. dotta, lat. tardo *resplendĕntia(m)*, da *resplĕndens*, genit. *resplendĕntis* 'risplendente'; av. 1565] s. f. ● Splendore.

risplèndere [vc. dotta, lat. *resplendēre*, comp. di *re-* e *splendēre* 'splendere'; av. 1292] **A** v. intr. (coniug. come *splendere*; aus. *essere* e *avere*; raro nei tempi composti) **1** Essere luminoso, brillare: *il sole risplende nel cielo* | Mandare splendore: *i lampioni risplendono nell'oscurità* | Mandare un riflesso luminoso: *è una pietra che risplende.* **2** (*fig.*, *spec. lett.*) Rifulgere, distinguersi su molti per qualche dote: *Lugo è una cittadina la quale non risplende molto per coltura* (CARDUCCI). **B** v. tr. ● †Raggiare, irraggiare.

†risplendiènte ● V. *risplendente.*

†risplendiménto [sec. XIV] s. m. ● Luminosità, splendore.

rispogliàre [comp. di *ri-* e *spogliare*] **A** v. tr. (*io rispòglio*) ● Spogliare di nuovo. **B** v. rifl. ● Spogliarsi di nuovo.

rispolveràre [comp. di *ri-* e *spolverare* (*1*); 1940] v. tr. (*io rispólvero*) ● Spolverare di nuovo: *r. un mobile* | (*fig.*) Rinfrescare: *r. il proprio tedesco* | (*fig.*) Riproporre: *rispolverava ... la satira volterriana* (BACCHELLI).

rispolveràta s. f. **1** Azione del rispolverare in modo sommario. **2** (*fig.*) Riscoperta: *dare una r. ai vecchi principi.*

rispondènte [av. 1320] **A** part. pres. di *rispondere*; anche agg. ● Nei sign. del v. | Corrispondente, conforme: *parole rispondenti al vero* | Proporzionato, conveniente: *ornamento r. all'edificio* | Adatto, adeguato: *provvedimento r. alle necessità* | (*lett.*) Posto in corrispondenza: *otto archi, rispondenti a quelli delle facciate* (MANZONI). || **rispondenteménte**, avv. **B** s. m. ● †Corrispondente.

rispondènza [1587] s. f. **1** Conformità, corrispondenza: *r. tra pensiero e azione; le tue parole non hanno r. nella realtà.* SIN. Accordo, armonia. **2** Riflesso, ripercussione di un effetto, di un'azione: *ciò ha avuto r. immediata in tutti noi.*

♦**rispóndere** o **†respóndere** [lat. parl. **respŏndere*, per il classico *respondēre* 'promettere, assicurare di rimando', comp. di *re-* e *spondēre* 'promettere'. V. *sposo*; av. 1250] **A** v. intr. (pres. *io rispóndo*; pass. rem. *io rispósi, †rispuòsi, tu rispondésti*; part. pass. *rispósto*; aus. *avere*) **1** Parlare o scrivere a propria volta a chi ha rivolto una domanda o ha scritto: *r. senza esser chiamato, al momento opportuno, evasivamente; r. al telefono, al telegramma, a un'e-mail; r. di sì, che non è possibile, accettando* | ***R. a tono***, con le parole adatte o vivacemente | (*assol.*) Ricevere una chiamata telefonica: *rispondo io!; non risponde nessuno* | ***R. in giudizio***, presentarsi all'udienza. **2** Cantare, suonare in correlazione di canto o di suono che precede. **3** Replicare vivacemente, obiettare: *r. a un superiore.* **4** Servirsi di mezzi vari che non siano le parole per replicare a qlcu.: *mi rispose con un sorriso, con un'alzata di spalle* | Reagire a un'azione altrui: *r. al tiro nemico con una scarica di mitragliatrice; r. alle parole con i fatti* | Dare il responso, detto dell'oracolo | Riprendere, riprodurre la voce, detto dell'eco. **5** (*fig.*) Esaudire, soddisfare: *tutto risponde alle nostre speranze; la tua proposta non rispondeva ai bisogni della comunità* | (*fig.*) Conformarsi, adattarsi, corrispondere: *ciò risponde al caso nostro; la pena risponderà al delitto* | ***R. al nome di***, chiamarsi, aver nome. **6** Obbedire a una sollecitazione, un impulso, un ordine: *il cavallo risponde alla briglia.* **7** Essere responsabile: *tutti rispondiamo delle nostre azioni; non rispondo di niente; risponderanno in tribunale.* **8** Essere situato, guardare, aprirsi: *la veranda risponde sul giardino.* **9** (*fig.*) Riflettersi, ripercuotersi: *è un dolore che risponde in un'altra parte del corpo.* **10** †Fruttare, rendere, giovare, detto spec. di terreno. **11** †Essere conforme, proporzionato, uguale. **12** Giocare una carta del seme già giocato da altri: *r. a picche* | Giocare una carta che assecondi il gioco del compagno. **13** †Pagare un debito. **B** v. tr. ● Dare in risposta: *r. poche parole* | ***R. picche***, rispondere bruscamente e negativamente o evitare di rispondere.

†rispondévole agg. ● Adeguato.

risponditóre [1294] s. m. **1** (f. *-trice*) (*raro*) Chi risponde. **2** (*aer.*) Dispositivo elettronico, che può essere montato su aerei o missili, in grado di alterare opportunamente i segnali radar che riflette, usato per trarre in inganno i radar avversari. **3** (*tel.*) Dispositivo collegato al telefono che, in caso di assenza della persona chiamata, risponde automaticamente con un messaggio programmabile. **4** ***R. radar***, dispositivo di cui può essere dotato un faro o altro segnalamento marittimo che risponde al segnale di un radar di bordo emettendo a sua volta un segnale che lo identifica. SIN. Racon, radarfaro. **5** †Chi è responsabile di qlco.

†risponsàbile e *deriv.* ● V. *responsabile e deriv.*

†rispónso e *deriv.* ● V. *responso e deriv.*

risposàre [comp. di *ri-* e *sposare*; 1560] **A** v. tr. (*io rispòso*) ● Sposare di nuovo. **B** v. intr. pron. ● Sposarsi di nuovo.

rispósi ● V. *rispondere.*

♦**rispósta** [f. sost. di *risposto*; sec. XIII] s. f. **1** Atto del rispondere: *dare, aspettare la r.* | Ciò che si risponde: *rifiutiamo la tua r. villana* | Le parole o le lettere con cui si risponde: *hai avuto una degna r.; abbiamo smarrito la r. al tuo biglietto* | ***Mandare in r.***, rispondere | Responso: *aspettiamo la r. del medico.* **2** Azione che fa seguito ad un'altra: *questa è la r. alle vostre provocazioni* | Replica, reazione: *in certi casi la migliore r. è il silenzio* | ***Per tutta r.***, come reazione: *per tutta r., si è alzato e se n'è andato.* **3** Nella scherma, colpo vibrato subito dopo aver parato l'azione di offesa avversaria | Nel tennis, colpo conseguente al servizio | ***Botta e r.***, (*fig.*) V. *botta.* **4** Reazione a un impulso, uno stimolo di varia natura | ***R. in frequenza***, capacità di un apparecchio per la riproduzione del suono di riprodurre una determinata gamma di frequenze | ***R. condizionata***, riflesso condizionato. **5** (*mus.*) Nella fuga, riproduzione del soggetto al tono della dominante. **6** (*dir.*) ***Comparsa di r.***, atto processuale scritto con cui una parte citata manifesta per la prima volta quale posizione essa prende nel processo. **7** †Cauzione, debito. || **rispostàccia**, pegg. (V.) | **rispostìna**, dim. | **rispostùccia**, dim.

rispostàccia [pegg. di *risposta*; 1889] s. f. ● Risposta dura, sgarbata, polemica: *prendersi, meritarsi una r.*

rispósto [1294] part. pass. di *rispondere* ● Nei sign. del v.

risprangàre [comp. di *ri-* e *sprangare* (*1*); av. 1535] v. tr. (*io rispràngo, tu rispràngh*i) ● Sprangare di nuovo o meglio.

rispronàre [comp. di *ri-* e *spronare*; 1803] v. tr. (*io rispróno*) ● (*lett.*) Spronare di nuovo (*anche fig.*).

rispuntàre [comp. di *ri-* e *spuntare* (*1*); 1872] **A** v. intr. (aus. *essere*) **1** Spuntare di nuovo: *rispuntano i fiori.* **2** (*fig.*) Riapparire, ricomparire: *rispuntò quasi subito in fondo al viale.* **B** v. tr. ● Tagliare, accorciare di nuovo le piante.

risputàre [comp. di *ri-* e *sputare*; 1883] v. intr. e tr. (aus. *avere*) ● Sputare di nuovo.

risquadràre [comp. di *ri-* e *squadrare* (*1*); 1536] v. tr. ● Osservare di nuovo | Guardare più volte.

risquillàre [comp. di *ri-* e *squillare*] v. intr. (aus. *avere*) ● Squillare di nuovo, o a propria volta, di rimando.

†risquitto [sovrapposizione di *quiete* a *rispitto* (?)] s. m. ● Riposo, sollievo, pausa.

rissa [vc. dotta, lat. *rĭxa(m)*, da una radice indeur. che significa 'rompere, strappare'; 1308] s. f. ● Zuffa fra due o più persone con scambio di epiteti ingiuriosi e di percosse: *il litigio finì in una r. collettiva; fare, attaccare, trovarsi in una r.; gridando alcuni che s'avea a rendere la città ed altri sostenendo che no: laonde accadevano continue risse* (MURATORI) | ***R. letteraria***, polemica accesa.

rissaiòlo o **†rissaiuòlo** [1872] agg.; anche s. m. (f. *-a*) ● (*disus.*) Che (o Chi) è facile ad attaccar rissa.

rissàre [vc. dotta, lat. *rixāri*, da *rĭxa* 'rissa'; 1313] **A** v. intr. (aus. *avere*) ● (*lett.*) Fare rissa: *gli strilli di una cincia che rissa* (PASCOLI) | (*est.*) Azzuffarsi, questionare. **B** v. intr. pron. ● (*lett.*) Accapigliarsi, litigare: *per poco che teco non mi risso!* (DANTE *Inf.* XXX, 132).

rissatóre [vc. dotta, lat. *rixatōre(m)*, da *rixātus*, part. pass. di *rixāri* 'rissare'; av. 1729] s. m.; anche agg. (f. *-trice*) ● (*raro*) Chi (o Che) partecipa a una rissa | Attaccabrighe.

rissòa [chiamata così in onore del naturalista G. A. *Risso*] s. f. ● Genere di Molluschi gasteropodi di scogliera, a conchiglia robusta e tubercolata (*Rissoa*) | Ogni individuo di tale genere.

rissosità [1959] s. f. ● Caratteristica di chi è rissoso | Carattere rissoso.

rissóso [vc. dotta, lat. *rixōsu(m)*, da *rĭxa* 'rissa'; av. 1396] agg. ● Facile alla rissa, detto di persona: *un vecchio r.* | Proprio di chi è rissoso: *atteggiamento, carattere r.* || **rissosaménte**, avv.

ristabiliménto [1640] s. m. ● Il ristabilire | Ripristino, ricostituzione: *il r. dell'alleanza fra due*

ristabilire

Stati | Recupero della salute, guarigione: *quella cura favorirà il suo r.*
ristabilire [comp. di *ri-* e *stabilire*; 1363] **A** v. tr. (*io ristabilisco, tu ristabilisci*) **1** Stabilire di nuovo, rimettere in vigore: *hanno ristabilito l'orario estivo* | Ricostituire: *r. l'ordine e la disciplina interna*; *r. il potere, l'autorità di qlcu.* | Ripristinare ciò che era stato messo in discussione, falsato e sim.: *r. l'autenticità, la verità di qlco.* **2** (*raro*) Rendere di nuovo sano, rimettere in salute: *il riposo lo ha completamente ristabilito.* SIN. Guarire. **B** v. intr. pron. ● Rimettersi in salute, riacquistare le forze: *ci ristabiliremo in montagna.*
ristabilito part. pass. di *ristabilire*; anche agg. ● Nei sign. del v. | Che si è rimesso in salute: *Io vorrei pure sentirvi una volta r.* (MONTI).
ristagnamento [da *ristagnare* (1); 1750] s. m. ● (*raro*) Il ristagnare | Impaludamento. SIN. Ristagno.
ristagnante part. pres. di *ristagnare* (1); anche agg. ● Che ristagna: *acqua r.*; *odore r.*; *economia r.*
ristagnare (1) [vc. dotta, lat. *restagnāre*, comp. di *re-* e *stagnāre* 'stagnare' (2)'; 1340 ca.] **A** v. intr. (aus. *avere*) **1** Diventare stagnante, paludoso, detto di acque correnti: *alcuni fiumi spesso ristagnano* | (*est.*) Cessare di scorrere; coagularsi: *il sangue ristagna* | (*est.*) Persistere a lungo, gravare in un ambiente: *l'odore della frittura ristagnava nel locale.* **2** (*fig.*) Diminuire la propria attività o intensità fino quasi a fermarsi: *l'industria alberghiera ristagna.* **B** v. intr. pron. ● Fermarsi, cessare di scorrere, detto di acque correnti e spec. di altri liquidi: *Si ristagna il sangue e già i dolori / fuggono* (TASSO). **C** v. tr. ● †Far diventare stagnante | (*est.*) Far cessare di scorrere | (*raro, fig.*) **R.** *la sete*, estinguerla.
ristagnare (2) [comp. di *ri-* e *stagnare* (2); 1804] v. tr. ● Saldare con stagno.
ristagnatura [da *ristagnare* (2); 1940] s. f. ● Operazione del saldare di nuovo con lo stagno.
ristagno [da *ristagnare* (2); 1653] s. m. **1** Il ristagnare, detto di acque correnti o di liquidi in genere: *il r. del corso di un fiume*; *ovviare al r. del sangue* | (*raro*) Luogo dove l'acqua ristagna: *c'è qualche r. d'acqua, intorno al quale si affollano le lavandaie* (MONTALE). **2** (*est.*) Momento, fase di arresto nella crescita, nello sviluppo di un'attività, di un fenomeno e sim., spec. economico, politico e culturale.
ristallo [comp. di *ri-* e di un deriv. di *stallare* (1); 1983] s. m. ● (*zoot.*) Nella loc. *di r.*, detto di vitello ingrassato in una stalla diversa da quella in cui è stato allevato.
ristampa [da *ristampare*; 1640] s. f. ● Nuova stampa di un'opera senza notevoli modifiche: *sollecitare la r. di un romanzo* | L'opera o l'oggetto ristampato: *la r. di quel libro di viaggi è già in commercio*; *la r. di un francobollo* | **R.** *anastatica*, che riproduce opere letterarie o scientifiche divenute rare, mediante procedimento litografico. SIN. Reimpressione.
ristampàbile [1872] agg. ● Che si può ristampare.
ristampare [comp. di *ri-* e *stampare*; 1584] v. tr. ● Fare una nuova stampa | Ripubblicare senza mutamenti sostanziali: *r. una rivista esaurita.*
ristampato [1584] part. pass. di *ristampare*; anche agg. ● Nei sign. del v.
ristampatore [1872] s. m. (f. -*trice*) ● Chi ristampa.
ristare [variante di *restare*, av. 1250] **A** v. intr. (pres. *io ristò, tu ristài, egli ristà*; imperat. *ristà* /ri'sta, -*a**/ o *ristài*; nelle altre forme coniug. come *stare*; aus. *essere*) **1** Fermarsi un poco, sostare, trattenersi. **2** (*fig., lett.*) Cessare: *non ristava dal lamentarsi* | **R.** *dal fare qlco.*, astenersi dal fare qlco. **3** †Stabilirsi, restare ad abitare. **4** †Resistere, tener fronte. **B** v. intr. pron. ● (*lett.*) †Fermarsi.
ristarnutire [comp. di *ri-* e *starnutire*] v. intr. (*io ristarnutisco, tu ristarnutisci*; aus. *avere*) ● Starnutire di nuovo.
ristata [f. sost. di *ristato*, part. pass. di *ristare*; sec. XIII] s. f. **1** Colore più denso dove indugia il pennello. **2** †Fermata, pausa.
†**ristaurare** e deriv. ● V. *restaurare* e deriv.
ristèndere [comp. di *ri-* e *stendere*; 1914] **A** v. tr. (coniug. come *tèndere*) ● Stendere di nuovo. **B** v. rifl. ● Stendersi di nuovo.
ristillare [comp. di *ri-* e *stillare*] v. tr. **1** †Distillare

1558

nuovamente. **2** (*lett.*) Emanare.
ristimàre [comp. di *ri-* e *stimare*] v. tr. ● Stimare di nuovo.
†**ristinguere** [vc. dotta, lat. *restĭnguere*, comp. di *re-* e *stĭnguere* 'spegnere'. V. *estinguere*] v. tr. ● Estinguere, smorzare.
ristirare [comp. di *ri-* e *stirare*] v. tr. ● Stirare di nuovo.
ristoppare [comp. di *ri-* e *stoppare* (1); 1313] v. tr. (*io ristòppo*) ● (*mar.*) Richiudere con stoppa o altro.
ristoppiare [da *stoppia*, col pref. *ri-*; av. 1566] v. tr. (*io ristòppio*) ● (*agr.*) Seminare a grano o altro cereale un terreno non riposato, che presenta ancora la stoppia dell'anno precedente. SIN. Ringranare (1).
ristòppio [da *ristoppiare*] s. m. ● (*agr.*) Operazione, lavoro del ristoppiare. SIN. Ringrano.
ristoramento [1308] s. m. **1** (*lett.*) Il ristorare | Rifocillamento, ristoro: *Dare albergo e r. a' pellegrini* (BARTOLI). **2** †Rinnovamento, restaurazione. **3** †Risarcimento, riparazione.
ristorante (1) [1872] part. pres. di *ristorare*; anche agg. ● (*lett., raro*) Ricostituente: *una cura r.*
◆**ristorante** (2) [calco sul fr. *restaurant*, a sua volta part. pres. di *restaurer* 'ristorare'; 1798] **A** s. m. ● Locale pubblico nel quale si consumano i pasti: *cenare al r.* || **ristorantino**, dim. | **ristorantùccio**, dim. **B** in funzione di agg. inv. ● (posposto al s.) Spec. nelle loc.: *carrozza, vagone r.*; *albergo r.*, con servizio di ristorante.
ristorare [lat. *restaurāre* 'restaurare' (V.); sec. XIII] **A** v. tr. (*io ristòro*) **1** Dare ristoro, restituire energia (anche assol.): *r. il corpo stanco dal lavoro*; *non sempre il riposo ristora* | Rifocillare: *r. lo stomaco dopo il viaggio* | (*fig.*) Ricreare, confortare: *r. le forze.* **2** †Restaurare: *r. un edificio* | (*fig.*) Rinnovare: *r. un'usanza.* **3** †Riparare, rimettere ciò che manca, riempire un vuoto | (*fig., lett.*) Ricompensare, contraccambiare, rimeritare | (*fig., lett.*) Risarcire, compensare danni, perdite, ecc.: *dur sorge il dì, ch'io ristorar ti possa / di lunghi tuoi per me sofferti affanni* (ALFIERI). **B** v. rifl. **1** Rifocillarsi, riposarsi, rinfrescarsi: *ci ristoreremo con una bella dormita.* **2** (*raro, lett.*) Rifarsi di perdite, danni e sim. **C** v. intr. pron. ● †Rinnovarsi, riprodursi.
ristorativo [1353] agg.: anche s. m. ● (*raro, lett.*) Che, ciò che ha potere, forza di ristorare: *bevanda ristorativa*; *prendere un r.* | (*fig., lett.*) Conforto, consolazione: *il r. delle illusioni* (BACCHELLI).
ristoratore [1614] **A** agg. (f. *-trice*) ● Che ristora, rinnova spec.: *cibo r.*; *pioggia ristoratrice.* **B** s. m. **1** Gestore di ristorante. **2** (*disus.*) Ristorante, spec. in una stazione ferroviaria. **3** †Rimedio, medicina che ristora.
ristorazione [lat. tardo *restauratiōne(m).* V. *restaurazione*; av. 1294] s. f. **1** Settore commerciale che si occupa delle attività legate alla produzione e alla distribuzione di pasti nei pubblici esercizi | **R.** *collettiva*, produzione su scala industriale di pasti completi da distribuire alle collettività | **R.** *rapida*, il settore che produce fast food. **2** †Riparazione, restaurazione | (*raro*) Compenso | (*raro*) Risarcimento. || **ristorazioncella**, dim.
ristornàre [comp. di *ri-* e *stornare*; 1872] v. intr. (*io ristórno*; aus. *essere*) **1** (*tosc.*) Tornare, rimbalzare indietro. **2** (*econ.*) Effettuare un ristorno.
ristórno [da *ristornare*; 1959] s. m. **1** (*tosc.*) Rimbalzo. **2** (*econ.*) Sconto che un venditore offre ad un cliente qualora i suoi acquisti raggiungano un determinato importo nell'arco di un certo periodo di tempo.
ristòro [1308] s. m. **1** Apporto o ripresa di energia e vigore: *cercare, dare r. a qlcu.*; *trovare r. dalla fatica nel sonno* | Ciò che ristora fisicamente o spiritualmente: *questa bevanda è un ottimo r.*; *non c'è r. da mali così grandi.* SIN. Conforto, sollievo. **2** †Risarcimento, compenso | †*Per r.*, (*iron.*) per giunta. **3** †Rifacimento, rinnovazione, restauro.
ristrappàre [comp. di *ri-* e *strappare*; 1925] v. tr. ● Strappare di nuovo.
ristrettezza [av. 1320] s. f. **1** Scarsità di spazio, strettezza: *la r. del luogo non consente molto movimento.* **2** (*fig.*) Angustia, scarsità: *c'è una gran r. di denaro* | (*spec. al pl.*) Condizione che impone privazioni per l'insufficienza o la mancanza di cose necessarie: *vivere in grandi ristrettezze.* **3** (*fig.*) Povertà, grettezza: *r. d'idee, di cuore.*

†**ristrettiva** [f. sost. di *ristrettivo*] s. f. **1** Restrizione, limitazione. **2** Cifra, abbreviazione, sigla.
ristrettivo [da *ristretto*; av. 1577] agg. ● (*raro*) Restrittivo. || **ristrettivamènte**, avv. (*raro*) Restrittivamente.
ristretto [1319] **A** part. pass. di †*ristringere* e *restringere*; anche agg. **1** Nel sign. del v. **2** Stretto dentro, racchiuso: *r. in una scatola*; *paese r. tra alti monti.* **3** (*fig.*) Specifico, proprio, circoscritto: *significato, uso r.* **4** (*lett.*) Così vicino da toccarsi: *ristrette, / vennon sì verso me le giovinette* (SACCHETTI). | †*Combattere a r.*, a corpo a corpo | Stretto, angusto, dallo spazio insufficiente: *vivere in un appartamento r.* | Limitato, scarso: *un r. numero di inviti*; *i concorrenti erano ristretti a cinque* | *Pranzo, ricevimento r.*, riservato a pochi intimi | *Mezzi ristretti*, ridotti, insufficienti a vivere comodamente | (*raro*) *Vita ristretta*, senza agi e comodità | *Mercato r.*, V. *mercato* nel sign. 2. **5** Condensato, concentrato: *brodo r.*; *caffè r.* | Ridotto di volume: *sugo r.* (*fig.*) | Riassunto: *romanzo r. in poche pagine* | *In r.*, sommariamente, riassuntivamente. **6** Gretto, meschino: *mente ristretta*; *giudizi ristretti.* **7** (*raro, lett.*) Raccolto, assorto: *stare r. in sé.* || **ristrettino**, dim. || **ristrettamènte**, avv. In modo ristretto (anche *fig.*). **B** s. m. **1** (*lett.*) Riassunto, compendio: *pubblicare il r. di un'opera famosa.* **2** (*econ.*) Mercato ristretto, mercatino. **3** (*fig.*) Piccolo crocchio, gruppo chiuso di persone. **4** †Conclusione, stretta.
†**ristrignere** ● V. *restringere.*
†**ristrignere** (1) ● V. *restringere.*
ristringere (2) [comp. di *ri-* e *stringere*; 1313] **A** v. tr. (coniug. come *stringere*) **1** Stringere di nuovo. **2** (*raro* o *tosc.*) Restringere: *r. un intingolo*; *r. un abito.* **B** v. intr. pron. **1** Farsi stretto o più stretto. **2** (*raro, lett.*) Avvicinarsi, farsi accanto a qlcu.
ristringimento [da *ristringere*; av. 1320] s. m. ● Restringimento.
ristrutturàbile [1987] agg. ● Che si può ristrutturare.
ristrutturare [comp. di *ri-* e *strutturare*; 1963] v. tr. **1** Dare una nuova struttura, spec. con riferimento ad aziende e industrie, mediante riorganizzazione e revisione di ruoli, costi e sistemi lavorativi e di produzione. **2** (*edil.*) Eseguire opere di restauro e di ripristino di edifici intervenendo sulle strutture murarie e sugli impianti, a scopo di recupero, mantenimento e rivalutazione economica dell'edificio stesso: *r. un antico casale.*
ristrutturato part. pass. di *ristrutturare*; anche agg. ● Nei sign. del v.: *vendesi mansarda completamente ristrutturata.*
ristrutturazione [1873] s. f. **1** Insieme di operazioni volte a ristrutturare spec. aziende e industrie | Opera di restauro e ristrutturazione di edifici.
ristuccamento [av. 1604] s. m. **1** (*raro*) Il ristuccare. **2** (*fig., lett.*) Nausea, noia.
ristuccare [da *ristucco*; 1518] v. tr. (*io ristùcco, tu ristùcchi*) **1** Stuccare di nuovo, ridare lo stucco: *r. la finestra.* **2** (*fig.*) Saziare fino alla nausea: *sono cibi che ristuccano tutti* | Annoiare: *queste chiacchiere ci hanno ristuccato.*
ristuccatura [1872] s. f. ● Operazione del ristuccare | L'opera ristuccata.
ristuccévole [comp. di *ri-* e *stucchevole*; 1597] agg. ● (*raro, fig.*) Che nausea, annoia. SIN. Stucchevole.
ristùcco [da *ristuccare*; sec. XIII] agg. (pl. m. *-chi*) ● Stufo, infastidito, annoiato | Sazio: *siamo stucchi e ristucchi di questi minestroni* (GOLDONI).
ristudiàre [comp. di *ri-* e *studiare*; 1600] v. tr. (*io ristùdio*) ● Studiare di nuovo o meglio.
ristupire [comp. di *ri-* e *stupire*; av. 1636] **A** v. tr. (*io ristupìsco, tu ristupìsci*) ● Stupire di nuovo. **B** v. intr. pron. ● Stupirsi di nuovo: *vi esorterei a ristupirvi ..., e poi a tacere, come disperati di poter mai trovar concetti di quella sorte* (GALILEI).
ristuzzicàre [comp. di *ri-* e *stuzzicare*; 1835] v. tr. (*io ristùzzico, tu ristùzzichi*) ● Stuzzicare di nuovo.
risucchiàre [comp. di *ri-* e *succhiare*; 1868] v. tr. (*io risùcchio*) **1** Succhiare di nuovo. **2** Attirare in un risucchio | (*raro*) Assorbire completamente.
risucchio [da *risucchiare*; 1804] s. m. ● Vortice provocato da incontro di correnti, dal moto delle eliche, da una nave che affondi | **R.** *d'aria*, aspirazione prodotta da una zona d'aria in depressione.

risudàre [vc. dotta, lat. *resudāre*, comp. di *re-* e *sudāre*] v. intr. (aus. *avere*) **1** Sudare di nuovo. **2** †Trasudare.

risuggellàre [comp. di *ri-* e *suggellare*] v. tr. (*io risuggèllo*) ● Suggellare di nuovo.

risùlta (o -ṣ-) [deriv. di *risultare*; 1959] s. f. ● (*tecnol.*) Nella loc. *di r.*, detto di materiali o acque residuati da lavori di scavo, demolizione e sim., di processi di lavorazione di materie prime o di processi di depurazione delle acque.

risultàbile (o -ṣ-) o (*raro*) **resultàbile** (o -ṣ-) [1987] agg. ● Che può risultare.

risultaménto (o -ṣ-) [1819] s. m. ● (*raro, lett.*) Conseguenza, esito, risultato.

risultànte (o -ṣ-) o (*raro*) **resultànte** (o -ṣ-) [1499] **A** part. pres. di *risultare*; anche agg. ● Che deriva: *l'effetto r.* **B** s. m. e f. ● (*fis.*) Forza la cui azione equivale a quella del sistema di forze date | *R. di due equazioni algebriche*, polinomio che si annulla se e solo se queste hanno una radice comune. **C** s. f. ● (*fig.*) Risultato ottenuto da una serie di verifiche o esperimenti: *la r. di anni di ricerche è nulla.*

risultànza (o -ṣ-) o (*raro*) **resultànza** (o -ṣ-) [da *risultante*; 1812] s. f. **1** (*lett.*) Esito, risultato, conseguenza: *Molte furono le battaglie, poche le risultanze* (FOSCOLO). **2** (*spec. al pl.*) Risultato (*spec. bur.*): *le risultanze dell'inchiesta ministeriale saranno pubblicate presto.*

♦**risultàre** (o -ṣ-) o (*raro*) **resultàre** (o -ṣ-) [vc. dotta, lat. *resultāre*, comp. di *re-* e *saltāre*; av. 1306] v. intr. (aus. *essere*) **1** Provenire, derivare come conseguenza da una causa, un fatto o una determinata condizione: *dal loro disaccordo risulteranno molti danni*; *questo composto risulta dalla mescolanza di vari elementi.* **2** Scaturire come conclusione definitiva da indagini, ricerche e sim.: *la sua colpevolezza risulta da tutte le testimonianze* | (*assol.*) Apparire chiaro, evidente, accertato: *non mi risulta che sia partito.* **3** (*est.*) Rivelarsi, apparire, dimostrarsi: *le vostre preoccupazioni risultano infondate* | Riuscire: *è risultato eletto fra molti candidati.* **4** †Rimbalzare, echeggiare, detto di voci, rumori e sim. **5** †Risaltare, sporgere in fuori.

risultatìvo (o -ṣ-) [da *risultato*, sul modello del fr. *résultatif*; 1983] agg. **1** (*gener.*) Che contiene ed esprime un risultato. **2** (*ling.*) Detto di verbi e di aspetto verbale che esprimano uno stato presente risultante da azione passata, come *io so* risulta da *ho appreso*. || **risultativaménte**, avv.

♦**risultàto** (o -ṣ-) o (*raro*) **resultàto** (o -ṣ-) [1647] **A** part. pass. di *risultare* ● Nei sign. del v. | Derivato come conseguenza. **B** s. m. ● Ciò che rappresenta l'esito, l'effetto, la conseguenza di cause, operazioni, fatti vari: *il r. delle elezioni sarà reso noto oggi*; *il r. di una partita*; *il r. di una divisione* | (*spec. al pl.*) Esito di un'attività, ciò che si è ottenuto: *essere, non essere, soddisfatto dei risultati*; *il lavoro fatto ha dato ottimi risultati.*

risuolàre o **risolàre** [comp. di *ri-* e *s(u)olare*; 1353] v. tr. (*io risuòlo*, pop. *risòlo*; in tutta la coniug. di *risolare* la *-o-* dittonga in *-uo-* soprattutto se accentata; negli altri casi sono in uso le forme *risolavo, risolerò, risolassi* oltre alle più comuni *risuolavo, risuolerò, risuolassi*) ● Rimettere nuove suole alle calzature.

risuolatùra o **risolatùra** [1804] s. f. **1** Operazione del risuolare. **2** Parte anteriore della suola consumata che viene sostituita con una nuova.

risuolifìcio s. m. ● Locale attrezzato per il servizio di risuolatura automatica delle calzature.

♦**risuonàre** o **risonàre** [vc. dotta, lat. *resonāre*, comp. di *re-* e *sonāre* 'suonare'; av. 1292] **A** v. tr. (*io risuòno*, dial. *risòno*; in tutta la coniug. di *risonare* la *-o-* dittonga in *-uo-* soprattutto se accentata; sono in uso le forme *risonavo, risonerò, risonassi* oltre alle più comuni *risuonavo, risuonerò, risuonassi*) **1** Suonare di nuovo: *r. uno strumento.* **2** †Intonare, cantare, fare echeggiare (*anche fig.*): *r. una parola, un sospiro* | Proferire. **B** v. intr. (aus. *essere* e *avere*) **1** Suonare di nuovo: *le campane non facevano che suonare e r.* **2** Mandare un suono lungo e cupo, detto di corpi percossi: *la parete, battuta con un bastone, risuonò a lungo* | Produrre risonanza ampliando e facendo riecheggiare i suoni: *è una sala che risuona troppo.* SIN. Rimbombare. **3** Ripercuotersi, echeggiare, diffondersi, detto di suoni (*anche fig.*): *né mai quel canto risonò più forte / e più soave* (PASCOLI); *mi risuonano alla mente le sue raccomandazioni.*

risuonatóre ● V. *risonatore*.

risupplicàre [comp. di *ri-* e *supplicare*] v. tr. (*io risùpplico, tu risùpplichi*) ● Supplicare di nuovo.

†**risùrgere** ● V. *risorgere*.

†**risurrèsso** ● V. † *resurressi*.

risurrezióne (o -ṣ-) ● V. *resurrezione*.

risuscitaménto [1835] s. m. ● (*raro, lett.*) Risurrezione (*anche fig.*).

risuscitàto part. pass. di *risuscitare*; anche agg. **1** Ritornato in vita. **2** (*fig.*) ***Morto r.***, persona che riappare quasi per miracolo, inaspettato, dopo una lunga assenza, o scampato da grave pericolo.

risuscitatóre [vc. dotta, lat. tardo *resuscitatōre(m)*, da *resuscitātus* 'risuscitato'; 1766] s. m.; anche agg. (f. *-trice*) ● (*lett.*) Chi risuscita (*anche fig.*): *r. di morti*; *r. di memorie, di discordie*; *padre e r. d'una città memorabile* (GUICCIARDINI).

risuscitazióne [vc. dotta, lat. tardo *resuscitatiōne(m)*, da *resuscitātus* 'risuscitato'; 1614] s. f. ● (*lett.*) Risurrezione.

riṣvegliaménto [1505] s. m. ● (*lett.*) Risveglio (*anche fig.*).

♦**riṣvegliàre** [comp. di *ri-* e *svegliare*; sec. XIII] **A** v. tr. (*io riṣvéglio*) **1** Svegliare, ridestare: *r. qlcu. dal sonno a mattina inoltrata.* **2** (*fig.*) Scuotere, riscuotere spec. richiamando all'azione: *r. i pigri, gli illusi* | (*fig.*) Richiamare, ravvivare, rieccitare: *r. la memoria*; *r. l'odio, la discordia, la gelosia* | (*fig.*) Stimolare: *r. il gusto, l'appetito, l'interesse.* **B** v. intr. pron. **1** Svegliarsi, svegliarsi di nuovo dal sonno: *ci siamo risvegliati di buon'ora.* SIN. Ridestarsi. **2** (*fig.*) Riscuotersi dall'inerzia morale o intellettuale. SIN. Ridestarsi.

riṣvegliàto [1342] part. pass. di *risvegliare*; anche agg. ● Nei sign. del v. | (*fig.*) Richiamato: *seguendo il filo dei pensieri risvegliati dal canto degli uccelli* (CALVINO).

♦**riṣvéglio** [1640] s. m. **1** Il risvegliarsi dal sonno: *lo scoppio ha causato il r. di tutti*; *il r., pensa il r. noi due soli in tanto / squallore* (SABA) | Il momento in cui avviene il risveglio: *ci vedremo al tuo r.* **2** (*fig.*) Ritorno all'attività, all'operosità: *favorire il r. dell'industria* | (*fig.*) Rinnovamento morale o intellettuale: *il r. delle coscienze, degli studi.*

riṣvenìre [comp. di *ri-* e *svenire*] v. intr. (coniug. come *venire*; aus. *essere*) ● Svenire di nuovo.

riṣvòlta [da *risvoltare*; av. 1616] s. f. **1** (*raro*) Svolta, voltata | Controcurva. **2** Risvolto di giacca o mantello. **3** †Parte incurvata, piegata di qlco.

riṣvoltàre [comp. di *ri-* e *svoltare*; 1886] v. tr. e intr. (*io risvòlto*; aus. *avere*) ● Svoltare di nuovo.

riṣvòlto [da *risvoltare*; 1912] s. m. **1** Parte di indumento femminile o maschile rovesciato in fuori: *i risvolti della giacca*; *pantaloni con i risvolti*; *tasca con r.* **2** (*edit.*) Parte della sopraccoperta di un libro ripiegata all'interno. SIN. Aletta, bandella | (*est.*) Il testo ivi stampato, contenente spec. indicazioni sull'opera, sull'autore e notizie pubblicitarie. **3** (*fig.*) Aspetto, conseguenza, riflesso poco appariscente, non immediatamente visibile, ma non trascurabile per la sua importanza: *esaminare i risvolti culturali, politici, economici di una situazione.* **4** (*edil.*) Struttura muraria secondaria che continua i motivi e le funzioni di quella principale.

♦**ritagliàre** [comp. di *ri-* e *tagliare*; av. 1292] v. tr. (*io ritàglio*) **1** Tagliare di nuovo. **2** Tagliare seguendo le linee esterne che chiudono un disegno o altro: *r. un'immagine, una fotografia, un articolo.* **3** (*elab.*) Tagliare. **4** †Tagliare via.

ritagliatóre [av. 1400] s. m. (f. *-trice*) **1** (*raro*) Chi ritaglia. **2** †Venditore di stoffe in tagli.

†**ritaglière** [da *ritaglio*] s. m. ● Venditore di stoffe al minuto.

ritàglio [da *ritagliare*; 1353] s. m. **1** Ciò che si toglie ritagliando: *fare collezione di ritagli di giornale.* **2** †La parte ritagliata da un tessuto e con la quale si deve confezionare un abito | ***Vendere a r.***, al minuto. **3** Pezzo avanzato dopo che è stata tagliata via la parte che serve a qlco.: *tagliato l'abito, buttò via i ritagli* | (*fig.*) ***R. di tempo***, breve periodo che si riesce a sottrarre o al lavoro o ad altre attività. SIN. Avanzo. || **ritagliétto**, dim. | **ritaglino**, dim. | **ritagliùccio**, dim.

ritàno ● V. *rittano*.

ritappàre [comp. di *ri-* e *tappare*] **A** v. tr. ● Tappare di nuovo. **B** v. rifl. ● Chiudersi di nuovo spec. in casa propria.

ritardàbile agg. ● Che si può ritardare: *pubblicazione, termine r.* SIN. Differibile, rimandabile.

ritardaménto [1584] s. m. ● (*lett.*) Indugio, ritardo | Rallentamento.

ritardàndo [da *ritardare*; 1954] s. m. inv. ● (*mus.*) Rallentando. CONTR. Accelerando.

ritardànte [1983] agg. ● Che ritarda: *effetto r.*

†**ritardànza** [sec. XV] s. f. ● Ritardo, indugio | Rallentamento.

♦**ritardàre** [vc. dotta, lat. *retardāre*, comp. di *re-* e *tardāre*; 1282] **A** v. intr. (aus. *avere*) ● Tardare a giungere: *la posta ritarda* | Essere in ritardo: *oggi il tram ritarda notevolmente* | Essere indietro, detto dell'orologio. **B** v. tr. ● Fare andare più lento: *r. il moto* | Rimandare, differire: *r. il pagamento, la consegna* | (*mus.*) ***R. una nota***, eseguirla con ritardo, prolungandone l'effetto nell'accordo successivo.

ritardatàrio [da *ritardato*; 1848] s. m. (f. *-a*) **1** Chi non è puntuale o arriva in ritardo: *i ritardatari non saranno ammessi al lavoro.* **2** Chi indugia a fare qlco.

ritardàto [av. 1374] **A** part. pass. di *ritardare*; anche agg. **1** Nei sign. del v. | Che avviene in ritardo: *inizio r.* | ***A scoppio r.***, V. *scoppio* nel sign. 1 | Rallentato: *moto r.* **2** Che presenta ritardo mentale. **3** (*mus.*) Rallentando. **B** s. m. (f. *-a*) ● (*psicol.*) ***R. mentale***, (*ellitt.*) ***ritardato***, chi presenta ritardo mentale.

ritardatóre s. m. **1** (f. *-trice*) (*raro*) Chi provoca un ritardo o un rallentamento. **2** (*farm., med.*) Sostanza o strumento atti a rallentare un'azione, una reazione, un moto e sim.

†**ritardazióne** [vc. dotta, lat. *retardatiōne(m)*, da *retardātus* 'ritardato'; 1835] s. f. ● Rallentamento | Ritardo.

ritardìsta [da *ritardo*; 1983] s. m. e f. (pl. m. *-i*) ● (*sport*) Paracadutista esperto nella tecnica di protrarre al massimo il momento di apertura del paracadute durante un lancio.

♦**ritàrdo** [av. 1492] **A** s. m. **1** Superamento del termine stabilito o opportuno; il periodo di tempo in cui si supera tale termine: *il r. di un treno*; *il r. della posta continua*; *il tuo r. non è scusabile*; *giungere in r.*; *un r. di mezz'ora*; *il treno sta recuperando il r.*; *scusa il r.*; *Luigi arriva sempre in r.*; *quest'anno la primavera è in r.* **2** Indugio: *datevi da fare senza r.* **3** (*mus.*) Prolungazione dell'effetto di una nota nell'accordo successivo. **4** (*psicol.*) ***R. mentale***, condizione di deficit intellettivo che può essere superato con un recupero più o meno lento fino alla normalità. **B** in funzione di agg. inv. posposto al s. (*V.*) ● (*farm.*) ***Effetto r.***, quello di un farmaco che, per la sua particolare preparazione farmaceutica o per la sua composizione, viene assorbito lentamente esplicando la sua azione in modo graduale e prolungato.

ritassàre [comp. di *ri-* e *tassare*; 1987] v. tr. ● Tassare di nuovo.

ritassazióne [comp. di *ri-* e *tassazione*; 1987] s. f. ● Nuova tassazione.

ritastàre [comp. di *ri-* e *tastare*; sec. XVIII] v. tr. ● Tastare di nuovo.

†**ritégna** s. f. ● Sostegno, appoggio.

ritégno [da *ritenere*; 1312] s. m. **1** Freno che consente di trattenere impulsi, passioni, sentimenti: *non avere r.*; *perdere ogni r.*; *senza alcun r. ... spogliatasi, se n'entrò nel letto* (BOCCACCIO) | Riserbo, riguardo: *non abbiamo r. a dirti ciò che pensiamo* | Misura, discrezione, controllo: *approfitta della nostra casa senza r.*; *spendere con r.*; *il r. di chi sa fin dall'inizio che il suo tema è disperato* (LEVI). **2** †Ciò che tiene fermo qlco. impedendogli di muoversi: *un r. di mattoni.* SIN. Difesa. **3** (*fig.*) †Ostacolo, impedimento. **4** †Aiuto, appoggio.

†**ritemènza** [comp. di *ri-* e †*temenza*; av. 1250] s. f. ● Timore, paura.

ritemére [comp. di *ri-* e *temere*; 1441] **A** v. tr. (*io ritémo* o *ritèmo*) **1** Temere di nuovo (*anche assol.*). **2** †Temere fortemente. **B** v. intr. pron. ● †Peritarsi, vergognarsi.

ritemperàre ● V. *ritemprare*.

ritempràre o (*raro*) **ritemperàre** [comp. di *ri-* e *temprare*; 1300 ca.] **A** v. tr. (*io ritèmpro*) **1** Ridare la tempra. **2** (*fig.*) Rafforzare, rinvigorire: *r. le forze, il carattere.* **B** v. rifl. ● (*fig.*) Riprendere vigore, forza: *si è ritemprato nelle sventure.*

ritèndere [comp. di *ri-* e *tendere*; 1313] v. tr. (coniug. come *tendere*) ● Tendere di nuovo.

ritenèndo s. m. inv. ● (*mus.*) Ritenuto.

◆**riténere** [vc. dotta, lat. *retinēre*, comp. di *re-* e *tenēre*; av. 1250] **A** v. tr. (coniug. come *tenere*) **1** (*raro*) Tenere di nuovo. **2** (*lett.*) Trattenere, contenere, arrestare, fermare: *r. le lacrime*; *non poter r. la piena*; *r. la caduta dei capelli* | (*fig., lett.*) Frenare, reprimere, controllare: *r. le ingiurie*; *r. il desiderio di partire*. **3** †Conservare, mantenere: *r. un segreto* | (*fig.*) Fermare nella mente; *r. a memoria una lunga poesia*. **4** Trattenere una parte di una somma dovuta a qlcu.: *mi hanno ritenuto il cinque per cento*. **5** †Detenere, tenere prigioniero. **6** Credere, giudicare, stimare: *ritengo che abbia ragione*; *ritengo di aver agito per il meglio*; *lo ritengo onesto*. **7** (*mus.*) Ritenuto. **8** †Possedere, avere. **9** †Accettare, accogliere: *r. costumi, usanze*. **10** †Ospitare, albergare. **B** v. rifl. **1** Stimarsi, considerarsi: *si ritiene ormai arrivato*. **2** (*lett.*) Trattenersi, frenarsi dal fare qlco. **C** v. intr. pron. • †Fermarsi in un luogo | †Trattenersi con qlcu.: *usava molto nella casa di messer Lizio e molto con lui si riteneva* (BOCCACCIO).

†**ritenimento** [av. 1320] s. m. ● Il trattenere (*med.*) Ritenzione.

†**ritenitiva** ● V. *ritentiva*.

ritenitivo [da *ritenere*] agg. ● (*raro*) Ritentivo.

ritenitóre [1336 ca.] **A** s. m. (f. -*trice*) **1** (*raro*) Chi trattiene. **2** †Manutengolo, complice. **B** agg. ● (*raro*) Che trattiene: *facoltà ritenitrice*.

ritentàre [vc. dotta, lat. *retemptāre*, comp. di *re-* e *temptāre* 'tentare'; 1338 ca.] v. tr. (*io ritènto*) **1** Tentare di nuovo (*anche assol.*): *r. l'impresa*; *tentare e r.* SIN. Riprovare. **2** Indurre di nuovo in tentazione.

†**ritentire** [fr. *retentir*, comp. di *re-* e dell'ant. fr. *tentir*, dal lat. part. *tinnītus*, intens. di *tinnīre* 'risuonare'. V. *tinnire*] v. intr. ● Echeggiare.

ritentiva o (*raro*) **retentiva**, †**ritenitiva** [f. sost. di *ritentivo*; 1319] s. f. ● (*lett.*) Memoria.

ritentività o **retentività** [da *ritentivo*; 1965] s. f. ● (*lett.*) Capacità che ha la memoria di ritenere o di richiamare i ricordi.

ritentivo [dal lat. *retēntus*, part. pass. di *retinēre* 'ritenere'; av. 1294] agg. ● (*raro*) Atto a trattenere, che ha facoltà di ricordare: *capacità ritentiva*.

ritenùta [f. sost. di *ritenuto*; 1510] s. f. **1** (*raro*) Sbarramento, argine, riparo. **2** Detrazione da un importo che si paga: *r. d'imposta a garanzia, cautelare* | **R. diretta**, che lo Stato trattiene a titolo d'imposta quando corrisponde un reddito | **R. alla fonte**, che il datore di lavoro e sim. opera sui compensi o altre erogazioni a titolo di imposta sul reddito | **R. d'acconto**, che andrà in conto dell'imposta dovuta dal percipiente. **3** (*mar.*) Cima usata per impedire il movimento di un oggetto a bordo: *r. del boma*.

ritenutézza [da *ritenuto*; 1738] s. f. ● (*lett.*) Riserbo, riguardo, ritegno nel parlare, nell'agire, e sim. | (*lett.*) Verecondia: *deridendo e denigrando la r. delle giovani* (BACCHELLI).

ritenùto [av. 1348] part. pass. di *ritenere*; *anche* agg. **1** Nei sign. del v. **2** (*lett.*) Cauto, circospetto | Riservato. **3** (*mus.*) Indicazione agogica che prescrive una riduzione di velocità immediata e relativa a un breve inciso del brano | Rallentando. | **ritenutaménte**, avv. ● Con ritenutezza.

ritenzióne o **retenzióne** [vc. dotta, lat. *retentiōne(m)*, da *retēntus*, part. pass. di *retinēre* 'ritenere'; 1540] s. f. **1** (*lett.*) Contenimento | Mantenimento. **2** (*med.*) Impedita eliminazione di elementi dall'organismo | **R. urinaria**, impossibilità di eliminare l'urina dalla vescica | **R. idrica**, accumulo di acqua nei tessuti. **3** (*disus.*) Ritenuta | (*dir.*) *Diritto di r.*, diritto del debitore di trattenere la cosa dovuta al creditore finché questi non abbia adempiuto alla propria obbligazione connessa con la cosa. **4** (*psicol.*) Nella memoria, l'immagazzinamento delle informazioni. **5** †Arresto, detenzione. **6** †Possesso.

ritéso part. pass. di *ritendere* ● (*raro*) Nel sign. del v.

ritéssere [vc. dotta, lat. *retēxere*, comp. di *re-* e *tēxere* 'tessere'; sec. XIV] v. tr. (coniug. come *tessere*) ● Tessere di nuovo | (*fig.*) **R. un racconto, una storia**, esporli, raccontarli di nuovo in modo ordinato.

ritessitùra [comp. di *ri-* e *tessitura*; 1872] s. f. ● Il ritessere (*anche fig.*).

ritidectomìa [vc. dotta, comp. del gr. *rytís*, genit. *rytídos* 'piega della pelle, ruga' (V. *ritide*) e *-ectomia*; 1981] s. f. ● Lifting.

ritidòma [vc. dotta, gr. *rytýdōma* 'increspamento', da *rytís* 'ruga'. V. *ritisma*; 1940] s. m. (pl. *-i*) ● (*bot.*) Parte della corteccia esterna al fellogeno che invecchiando si stacca a placche o a strisce.

◆**ritìgnere** ● V. *ritingere*.

◆**ritìmo** ● V. *ritmo*.

ritìna [dal gr. *rytís* 'ruga, grinza' (V. *ritisma*); detto così dalla pelle rugosa] s. f. ● Grosso e tozzo mammifero dei Sirenidi oggi estinto, che popolava le coste dell'isola di Bering fino alla fine del XVIII sec. (*Hydrodamalis stelleri*).

ritìngere o **ritìgnere** [comp. di *ri-* e *tingere*; sec. XIV] v. tr. (coniug. come *tingere*) **1** Tingere di nuovo. **2** Tingere con un altro colore: *r. un vestito*.

ritìnto [av. 1742] part. pass. di *ritingere*; *anche* agg. **1** Tinto di nuovo | Appena tinto. **2** (*fig., scherz.*) **Tinto e r.**, con i capelli tinti o il viso truccato.

ritintùra [da *ritinto*; 1942] s. f. ● Operazione del ritingere.

†**ritiraménto** [sec. XIV] s. m. **1** Il ritirarsi. **2** Ritirata, fuga. **3** Ritiro spirituale.

◆**ritiràre** [comp. di *ri-* e *tirare*; 1313] **A** v. tr. **1** Tirare di nuovo: *r. la corda, il pallone*. **2** Tirare indietro, ritrarre: *r. la mano dopo averla tesa*; *la chiocciola ritira le corna nel guscio*. **3** (*est.*) Far tornare indietro, richiamare: *r. le truppe dalla località occupata*; *r. un ambasciatore in patria*; *r. una squadra da un torneo*. **4** (*est.*) Farsi dare, consegnare: *r. un pacco, un permesso, il passaporto* | Riscuotere, riprendere qlco. che ci appartiene: *r. lo stipendio*; *r. un pegno dal Monte di Pietà* | Togliere dalla circolazione: *r. monete fuori corso*; *r. tutte le copie non firmate*. **5** (*fig.*) Revocare, annullare, disdire: *r. un decreto*; *r. la propria candidatura*; *r. una promessa* | (*fig.*) Ritrattare: *r. la parola, l'accusa*. **6** †Allontanare qlcu. da qlco. **7** †Riportare, ricondurre all'origine. **8** †Raccorciare, assottigliare, scemare. **B** v. rifl. **1** (*raro*) Spostarsi indietro: *ognuno s'ingegnava di ritirarsi, per fargli largo* (MANZONI) | Indietreggiare, ripiegare di fronte a un pericolo, un ostacolo: *tutto l'esercito si ritirò in buon ordine*. **2** (*est.*) Allontanarsi da un luogo frequentato per tornare, rientrare a casa: *ci ritireremo a tarda notte*; *la gente cominciò a ritirarsi... silenziosamente* (FOGAZZARO) | (*raro*) Andare ad abitare lontano: *si ritirò in Francia* | Trasferirsi in un luogo appartato, per sempre o temporaneamente: *ritirarsi in convento, al sicuro, in campagna, nel proprio studio* | **Ritirarsi in sé stesso**, raccogliersi in sé a meditare | (*fig.*) **Ritirarsi nel proprio guscio**, evitare ogni contatto con gli altri. **3** Lasciare, abbandonare un ufficio, un'attività pubblica o privata spec. definitivamente: *ritirarsi dopo venticinque anni di servizio*; *si è ritirato dalla politica*; *dopo alcune difficoltà, si è ritirato dal commercio* | Rinunciare a prendere parte o a condurre a termine: *ritirarsi da un esame, un concorso, una gara* | Disdire un impegno, una parola: *si sono ritirati dalla scommessa*. **C** v. intr. pron. **1** Restringersi, accorciarsi, detto di tessuti, cuoio, ecc.: *dopo molte lavature, la coperta di lana si è ritirata*. **2** Scorrere via, defluire, arretrare: *dopo l'inondazione, il mare si ritirò gradatamente*.

ritiràta [da *ritirato*; av. 1540] s. f. **1** Arretramento, ripiegamento spec. di forze militari | (*lett.*) Ritiro di truppe da un territorio | (*fig.*) Rinuncia, abbandono: *fare di fronte a un ostacolo imprevisto* | **Battere in r.**, (*fig.*) partire, andarsene in gran fretta o rinunciare a qlco. | (*mil.*) **R. strategica**, arretramento effettuato in vista di un nuovo piano d'azione | **Fare una r. strategica**, (*fig., iron.*) coprire un insuccesso rinunciando ai propri obiettivi. **2** Rientro in caserma dei soldati, annunciato con apposito segnale di tromba, al termine della libera uscita: *l'ora della r.* **3** †Luogo appartato in una casa: *la r. della stanza regal le ritirate itenere* (TASSO). **4** (*disus.*) Latrina, gabinetto. SIN. Cesso. **5** †Ritiro. **6** †Giustificazione, scusa. **7** †Pretesto, scappatoia.

ritiratézza [da *ritirato*; 1540] s. f. **1** (*raro, lett.*) Vita ritirata: *la r. del chiostro*. **2** (*lett.*) Riservatezza.

ritiràto [av. 1566] part. pass. di *ritirare*; *anche* agg. **1** Nei sign. del v. **2** Appartato, isolato: *fare vita ritirata* | **Uomo r.**, che tende ad avere pochi rapporti con gli altri. | **ritirataménte**, avv. ● Con ritiratezza, appartatamente.

ritìro [av. 1557] s. m. **1** Il ritirare, il prendere in consegna: *r. un pacco* | Richiamo: *il r. della flotta*; *decidere il r. dei rappresentanti diplomatici, delle truppe di occupazione* | Revoca: *r. della patente* | Annullamento, disdetta: *r. di una proposta* | Riscossione: *il r. dello stipendio* | Esclusione dalla circolazione: *r. di un farmaco nocivo*. **2** (*raro*) Ritorno a casa: *ora del r.* | (*est.*) Il ritirarsi in un luogo appartato, isolato: *abbiamo deciso un breve r. in montagna* | **R. collegiale**, (*ellitt.*) **ritiro**, raduno di una squadra o di un atleta in luogo idoneo alla preparazione fisica e psicologica, in vista dei futuri impegni agonistici | Luogo lontano e appartato dove si può trovare quiete, solitudine o riposo: *quel paese di confine è un ottimo r.* | (*est., raro*) Asilo, rifugio, ricovero. **3** Abbandono di un ufficio, una attività pubblica o privata: *il r. di un cantante*; *l'atleta ha deciso il suo r. dalle competizioni* | *non approvviamo il tuo r. dalla vita pubblica* | Abbandono di una gara: *l'infortunio ha costretto il ciclista al r.* **4** Contrazione che si produce nei metalli o nelle leghe metalliche allo stato liquido, durante la solidificazione e il raffreddamento.

ritìsma [vc. dotta, gr. *rýtisma* 'rammendo, pezza' (da *rytís* 'piega della pelle, ruga', da *erýein* 'tirare', di etim. incerta): detto così perché forma sulle foglie degli stromi neri in forma di croste; 1835] s. m. (pl. *-i*) ● Genere di Funghi degli Ascomiceti, parassiti spec. dell'acero (*Rhytisma*) | Ogni individuo appartenente a tale genere.

ritmàre [da *ritmo*; sec. XIV] v. tr. **1** Adottare un certo ritmo: *r. la corsa* | Scandire secondo un certo ritmo: *r. una danza battendo le mani*; *Ritmavo le mie poesie mugolando* (PAVESE). **2** †Verseggiare.

ritmàto [1940] part. pass. di *ritmare*; *anche* agg. ● Nei sign. del v. | Scandito secondo un ritmo ben percepibile.

rìtmica [vc. dotta, lat. tardo *rhýthmica(m)*, nom. *rhýthmica*, f. sost. di *rhȳthmicus* 'ritmico'; 1821] s. f. ● Arte e scienza del ritmo musicale e metrico.

ritmicità [1959] s. f. ● Caratteristica di ciò che è ritmico: *la r. di un movimento*.

rìtmico [vc. dotta, lat. tardo *rhýthmicu(m)*, nom. *rhýthmicus*, dal gr. *rythmikós*, da *rythmós* 'ritmo'; 1585] agg. (pl. m. *-ci*) **1** Che segue un ritmo, che è caratterizzato da un ritmo: *andatura ritmica*; *visitatori diligenti ci r. su e giù del cuzo* (CALVINO) | **Disegno r.**, detto del ritmo che caratterizza una melodia, una danza | **Ginnastica ritmica**, V. *ginnastica* | **Prosa ritmica**, che presenta in posizioni determinate una regolare disposizione di accenti | (*est.*) Che presenta una successione armonica e regolare di elementi: *il r. succedersi delle stagioni*; *ordine r. di archi in una navata*. **2** Che imprime un ritmo | **Accento r.**, che si ripete isocronicamente. **3** (*letter.*) Detto del verso fondato sugli accenti, in italiano, invece che sulla quantità delle sillabe, come in latino. || **ritmicaménte**, avv. ● Con ritmo, seguendo un ritmo: *battere ritmicamente*.

◆**rìtmo** o †**rìtimo** [vc. dotta, lat. *rhýthmu(m)*, nom. *rhýthmus*, dal gr. *rythmós*, della stessa radice indeur. di *rêin* 'scorrere'; av. 1375] s. m. **1** Successione regolare nel tempo di suoni, accenti, cadenze, movimenti e sim. (*anche fig.*): *il r. della danza*; *il r. del cuore*; *il r. delle stagioni*; *il r. della fuciliera*. **2** (*mus.*) Organizzazione dei suoni per quanto riguarda la loro durata | Nella musica occidentale, successione regolare di unità metriche uniformi, con costante dislocazione degli accenti | Scansione regolare del tempo nella battuta | **R. binario, ternario**, costituito da due, tre unità di tempo | Composizione in cui la scansione del tempo prevale sulla melodia: *la radio trasmette ritmi sudamericani* | **A r. di**, in base al ritmo di: *danzare a r. di samba*. **3** (*letter.*) Movimento cadenzato risultante dal ripetersi degli accenti metrici ad intervalli determinati nella struttura di una poesia | (*ling.*) Ricorrenza regolare di elementi prosodici nella catena parlata. **4** Il succedersi più o meno ordinato di varie fasi all'interno di fenomeni di diversa natura: *il r. della crescita, dello sviluppo industriale*; *il r. frenetico della vita moderna*. **5** (*fig.*) Il succedersi nello spazio di forme, linee architettoniche o di motivi ornamentali: *il r. di un porticato*.

ritmologìa [comp. di *ritmo* e *-logia*; 1965] s. f. ● Studio dei ritmi.

ritmomanìa [comp. di *ritmo* e *-mania*; 1970] s. f. ● (*psicol.*) Mania di canterellare.

ritmomelòdico [comp. di *ritmo* e *melodico*; 1987] agg. (pl. m. *-ci*) ● (*mus.*) Detto di complesso od orchestra di musica leggera che elaborano spunti melodici tradizionali su basi ritmiche caratteristiche del jazz.

rito [vc. dotta, lat. *rītu(m)*, di orig. indeur.; av. 1306] s. m. **1** Nelle religioni, comportamento cultuale esteriorizzato mediante azioni, preghiere o formule che sono fissate dalla tradizione scritta o orale e tendono a realizzare, nell'individuo o nella comunità, il rapporto con il mondo divino | (*antrop.*) ***R. di passaggio***, complesso di cerimonie che accompagnano e rendono pubblico il passaggio di un individuo da una condizione a un'altra, come la nascita, la pubertà, il fidanzamento, il matrimonio, la morte. **2** Modalità con cui si compiono le funzioni sacre: *il r. del battesimo*; *il r. della Messa*; *r. solenne* | Liturgia: *chiesa cattolica di r. bizantino*; *r. ambrosiano* | Cerimonia religiosa: *celebrare il r. nuziale*. **3** (*est.*) Usanza, consuetudine (*anche iron.*): *il r. dei doni natalizi*; *il r. delle assemblee studentesche* | Cerimonia: *sposarsi con r. civile* | ***Di r.***, usuale, consueto | ***È di r. che***, avviene di solito, di regola, abitualmente che. **4** (*dir.*) Procedura: *r. civile*, *r. penale*; *r. abbreviato*, *r. formale*; *pregiudiziale di r.*; *eccezione di r.* | ***Questioni, eccezioni di r.***, procedurali, che si riferiscono alla procedura, spec. nelle cause civili.

ritoccaménto [sec. XIV] s. m. ● (*raro*) Il ritoccare, il rifinire | Ritocco.

ritoccàre [comp. di *ri-* e *toccare*; 1336 ca.] v. tr. (*io ritócco, tu ritócchi*) **1** Toccare di nuovo: *Dopo più ritoccarlo conobbe che egli era morto* (BOCCACCIO). **2** (*fig.*) Tornare su qlco. per correggere, ravvivare, abbellire o cambiare: *r. un disegno, una poesia* | ***R. un prezzo***, rincararlo | ***Ritoccarsi le labbra, gli occhi***, rifarsi o ravvivare il trucco delle labbra, degli occhi. **3** (*fig.*) †Replicare, tornare sullo stesso argomento importunando (*anche assol.*): *Rinaldo pure Orlando ritoccava / che si dovesse con ogni supplicio / uccider Gan* (PULCI). **4** †Ripercuotere.

ritoccàta [da *ritoccato*; 1872] s. f. ● Atto del ritoccare rapidamente: *dare una r. a un quadro*; *darsi una r. al trucco*. || **ritoccatina**, dim.

ritoccàto part. pass. di *ritoccare*; anche agg. ● Nei sign. del v.

ritoccatóre [1940] s. m. (f. *-trice*) **1** (*lett.*) Restauratore. **2** In fotomeccanica, l'operaio che apporta piccole modifiche alle matrici finite.

ritoccatùra [1835] s. f. ● Ritocco.

ritocchìno [1872] s. m. **1** Dim. di *ritocco*. **2** (*fam., disus.*) Merenda, spuntino.

ritòcco [av. 1696] s. m. (pl. *-chi*) ● Operazione del ritoccare per correggere, abbellire, modificare, ecc.: *dare un leggero r. a un dipinto, a un romanzo, al trucco* | Il risultato di tale operazione: *i ritocchi non si notano*; SIN. Correzione, modificazione, revisione | ***R. dei prezzi, delle tariffe***, (*eufem.*) aumento. || **ritocchino**, dim. (V.).

ritògliere o (*lett.*) **ritòrre** [comp. di *ri-* e *togliere*; 1312] **A** v. tr. (coniug. come *togliere*) **1** Togliere di nuovo. **2** Riprendere ciò che si era dato ad altri o ci era stato sottratto: *r. la preda, il maltolto*. **3** (*raro, lett.*) Distaccare, allontanare, liberare da qlcu. o da qlco. **B** v. intr. pron. ● (*raro, lett.*) Allontanarsi, liberarsi.

ritòlto [1342] part. pass. di *ritogliere* ● Nei sign. del v.

ritonàre ● V. *rituonare*.

ritondàre [da †*ritondo*; av. 1400] v. tr. (*io ritóndo*) **1** Rendere rotondo, arrotondare. **2** † Pareggiare, tagliando le sporgenze, detto di libri, tessuti e sim.: *levare ora in un luogo ed ora in un altro, ritondando la figura* (CELLINI).

†**ritondeggiàre** [da †*ritondo*, sul modello di *tondeggiare*] v. intr. ● Rotondeggiare.

†**ritondézza** [da †*ritondo*] s. f. ● Rotondezza.

†**ritondità** [da †*ritondo*; 1342] s. f. ● Rotondità.

†**ritóndo** [lat. parl. **retŭndu(m)*, per il classico *rotŭndu(m)* 'rotondo'; 1342] agg.; anche s. m. ● Rotondo.

ritóne [1835] s. m. ● Adattamento di *rhyton* (V.).

ritonfàre [comp. di *ri-* e *tonfare*; 1884] v. intr. (*io ritónfo*; aus. *essere*) ● (*raro*) Tonfare di nuovo.

ritòrcere [lat. parl. **retorcēre*, per il classico *retorquēre*, comp. di *re-* e *torquēre* 'torcere'; 1321] **A** v. tr. (coniug. come *torcere*) **1** Torcere di nuovo o con energia: *torcere e r. il bucato*. **2** Torcere, voltare in senso contrario: *quel mio ferro, / che ad altri in petto immerger non mi lasci, / nel tuo petto il ritorci* (ALFIERI) | (*fig.*) ***R. un argomento, un'accusa***, rivolgerli contro chi li ha avanzati, formulati. **3** (*tess.*) Eseguire la ritorcitura. **B** v. intr. pron. **1** Torcersi, rivolgersi indietro | Contorcersi. **2** (*fig.*) Rivolgersi contro: *Non vedi che ... tutto qua si ritorce contro di me?* (PIRANDELLO).

ritorcìbile [1872] agg. ● (*raro*) Che si può ritorcere (*spec. fig.*): *offesa r.*

ritorciménto [1554] s. m. ● (*raro*) Il ritorcere | (*lett.*) Ritorsione.

ritorcitóio [1931] s. m. ● Macchina per la ritorcitura dei filati.

ritorcitrìce [1959] s. f. ● Ritorcitoio.

ritorcitùra [sec. XIV] s. f. ● Operazione tessile del ritorcere insieme più fili.

ritormentàre [comp. di *ri-* e *tormentare*; av. 1604] v. tr. (*io ritorménto*) ● Tormentare di nuovo.

†**ritornaménto** s. m. ● Ritorno.

†**ritornànza** [1910] s. f. ● (*raro*) Ritorno.

♦**ritornàre** [comp. di *ri-* e *tornare*; av. 1250] **A** v. intr. (*io ritórno*; aus. *essere*) **1** Tornare, venire di nuovo nel luogo, nello stato, nella condizione in cui si era venuti prima o da cui si era partiti: *r. indietro, a casa, a Roma*; *r. da capo, alla verità, al dovere*; *r. dalla visita ai parenti, dall'America* | ***R. in sé***, riacquistare i sensi | ***R. su qlco.***, considerare, studiare, cercare di nuovo | (*lett.*) ***Ritornarsene***, †***ritornarsi***, tornare. **2** Ricomparire, rivenire, ripresentarsi: *gli è ritornata la febbre*; *ritorna il cattivo tempo*; *non mi ritorna alla mente* | Ricorrere, detto di festa, ricorrenza, e sim. **3** Tornare ad essere, diventare di nuovo: *r. buono, calmo, ricco*. **4** (*lett.*) Rivolgersi, volgersi, riuscire: *ciò ritornerà in danno* | (*raro*) Presentarsi sotto forma di: *le nubi sono ritornate in pioggia*. **5** (*raro*) Derivare, provenire: *ne ritornerà onore*. **B** v. tr. **1** (*region.*) Restituire, ridare: *r. una somma*; *r. una cortesia*; *Le ritorno la prefazione degli editori* (LEOPARDI). **2** (*raro, lett.*) Riportare allo stato di prima. **3** †Ricondurre, richiamare. **4** †Volgere indietro | (*fig.*) †Deviare, stornare. **C** v. rifl. ● †Rivolgersi indietro.

†**ritornàta** [da *ritornato*; 1294] s. f. ● Ritorno.

ritornàto [1294] part. pass. di *ritornare*; anche agg. ● Nei sign. del v.

ritornèllo [da *ritornare*; 1314] s. m. **1** Verso o gruppo di versi che si ripetono all'interno di una struttura poetica | †Commiato di canzone | †Coda di sonetto. **2** (*mus.*) Nome italiano del refrain | Parte del madrigale italiano | Brano strumentale del sec. XVII con funzione di introduzione e interludio tra le strofe di un'aria | Nel concerto grosso, riapparizione periodica del tutti contrapposta ai momenti solisti | Nell'aria tripartita italiana, ripetizione della prima parte | Segno grafico a inizio e fine di una parte di composizione da ripetersi | Nella musica leggera, episodio ricorrente molto orecchiabile | Nella ballata e nella canzone, ripresa. **3** (*fig.*) Parole, discorso ripetuti con monotonia troppe volte: *lo rimproverava sempre con lo stesso r.* | †***Fare r.***, tornare a chiedere.

♦**ritórno** [da *ritornare*; av. 1294] s. m. **1** Il ritornare nel luogo da cui si era partiti o in cui si era già venuti: *un triste r. in patria*; *smarrire la via del r.*; *I ritorni in famiglia erano sempre stati assai malinconici* (MORAVIA) | ***Sono di r.***, sono appena tornato | ***Sarò di r.***, tornerò | ***Nel r.***, ritornando | ***Punto di non r.***, V. *punto* (*1*) nel sign. 8 | Ricomparsa: *il r. della febbre, della primavera*. CFR. palin- | ***Teoria dell'eterno r.***, palingenesi | ***Analfabeta di r.***, chi, pur avendo un tempo imparato a leggere e scrivere, per lunga desuetudine con tali attività deve ritenersi ora analfabeta | ***R. di fiamma***, fenomeno che si verifica nei motori a benzina quando, per una valvola difettosa od altra causa, i gas incendiati ritornano al carburatore attraverso i condotti d'aspirazione; (*fig.*) rinascita, reviviscenza improvvisa di una passione, spec. amorosa, sopita o dimenticata | ***R. in cuffia***, eco anomala del segnale audio avvertibile in un dispositivo di ascolto | ***Leva del r.***, nelle macchine per scrivere a carrello mobile, leva che permette il ritorno a capo del carrello e insieme l'esecuzione dell'interlinea | ***Tasto del r.***, nelle macchine per scrivere, comando che riporta indietro il carrello di una battuta. **2** Restituzione: *avere qlco. di r.* | ***Conto di r.***, documento di banca giustificativo dell'addebitamento al cliente in caso di mancato buon fine di una cambiale scontata | ***Bottiglia, fiasco, vetro di r.***, che si può rendere vuoto al venditore, ottenendo la restituzione del modico deposito. **3** (*econ.*) Reddito derivante da un investimento in attività produttive o in valori mobiliari. **4** ***Girone di r.***, (*ellitt.*) ***ritorno***, nel calcio e sim., serie di incontri che costituiscono il secondo di due turni di partite durante il quale le squadre si incontrano per la seconda volta: *vincere il girone di r.*; *perdere un incontro del r.* **5** (*mar.*) Parte di un cavo corrente che, dopo essere passato in una puleggia per un verso, esce dall'altro. **6** †Giro, girata.

ritòrre ● V. *ritogliere*.

ritorsióne [da *ritorcere*, sul modello di *torsione*; 1872] s. f. **1** (*lett.*) Replica, risposta | Il ritorcere un'offesa o sim. contro l'autore: *la r. di un'ingiuria*. **2** Comportamento con cui ci si rivale su qlcu. di un danno ricevuto: *la sua è stata una r. perché non l'abbiamo invitato* | Ripicca: *per r. rifiuta di incontrarlo*. **3** (*dir.*) Causa speciale di esclusione della punibilità prevista per il delitto di ingiuria, nel caso di reciprocità delle offese | ***R. fra Stati***, rappresaglia.

ritòrta [da *ritorto*; 1313] s. f. **1** Legaccio costituito da ramoscelli flessibili attorcigliati, usato per legare fascine e sim. **2** (*mar.*) Sagola doppia e torticcia. **3** (*mus.*) Negli ottoni, tubo addizionale per ottenere la serie degli armonici, in uso fino al sec. XVIII, poi sostituito dai pistoni. **4** †Corda, fune, catena per legare i prigionieri.

†**ritortìglio** [da *ritorto*] s. m. ● Filo attorcigliato.

ritòrto [sec. XIV] **A** part. pass. di *ritorcere*; anche agg. **1** Nei sign. del v. **2** Contorto: *ramo r.* | Attorcigliato: *filo r.* **B** s. m. **1** Filato ottenuto con la ritorcitura di più capi. **2** (*al pl.*) Elementi tubolari inseriti nel corpo della tromba o di altro strumento a fiato che, allungando la canna dell'aria, rendono più gravi i suoni: *ritorti fermi, amovibili*.

ritòrtola [1473] s. f. ● (*tosc.*) Ritorta: *m'ha legato con cento ritortole* (L. DE' MEDICI).

ritoṡàre [comp. di *ri-* e *tosare*] v. tr. (*io ritóṡo*) ● Tosare di nuovo o meglio.

ritossìre [comp. di *ri-* e *tossire*; 1985] v. intr. (*io ritossisco* o raro *ritósso*, *tu ritossisci* o raro *ritóssi*; aus. *avere*) ● Tossire di nuovo | (*raro*) Tossire a propria volta, come cenno d'intesa o di avvertimento.

ritradótto part. pass. di *ritradurre*; anche agg. ● (*raro*) Nei sign. del v.

ritradùrre [comp. di *ri-* e *tradurre*; av. 1729] v. tr. (coniug. come *tradurre*) **1** Tradurre di nuovo: *ci sono troppi errori*: *devi r. tutto il brano*. **2** Tradurre una traduzione o tradurre di nuovo nella lingua originale.

ritraduzióne [1950] s. f. ● Nuova traduzione | Traduzione nella lingua originaria | Traduzione di una traduzione in una terza lingua.

ritraènte part. pres. di *ritrarre* ● Nei sign. del v. | Che ritrae | (*lett.*) Che deriva.

†**ritràere** ● V. *ritrarre*.

†**ritràggere** ● V. *ritrarre*.

†**ritraiménto** [da †*ritraere*; 1308] s. m. ● Il ritrarsi, l'astenersi: *lo pudore è uno r. d'animo da laide cose, con paura di cadere in quelle* (DANTE).

ritranquillàre [comp. di *ri-* e *tranquillare*] **A** v. tr. ● (*raro*) Tranquillare di nuovo. **B** v. intr. pron. ● (*raro*) Tranquillarsi di nuovo.

ritrapiantàre [comp. di *ri-* e *trapiantare*; sec. XVI] v. tr. ● Trapiantare di nuovo.

ritràrre o (*raro*) **retràrre**, †**ritràere**, †**ritràggere** [lat. *retrăhere*, comp. di *re-* e *trăhere* 'trarre'; 1294] **A** v. tr. (coniug. come *trarre*) **1** Tirare indietro, tirare via o volgere dalla parte contraria: *r. la mano, il piede*; *r. gli occhi da qlcu.* | (*fig.*) Allontanare, distogliere: *r. qlcu. da un pericolo*. **2** (*raro*) Prendere, ricavare, ottenere (*anche fig.*): *r. una discreta rendita*; *r. onore, ammaestramento* | (*lett.*) Ricavare notizia, venire a sapere. **3** †Copiare fedelmente: *sono più facili a r. le cose dipinte che le scolpite* (ALBERTI) | Riprodurre, rappresentare una figura con il disegno, la pittura, la fotografia, e sim.: *r. le sembianze di qlcu., un paesaggio*; *r. al vivo, al naturale, dal vero* | (*assol.*) ***Farsi r.***, farsi fare un ritratto | (*est.*) ***R. in poche parole***, descrivere in breve | (*est.*) Rappresentare, raccontare: *r. una situazione a fosche tinte*. **4** †Riferire, riportare, rapportare. **5** †Trascinare, indurre. **6** †Esportare di nuovo. **7** †Detrarre, ritenere. **8** (*dir.*) Riscattare, da parte di un coerede, la quota venduta dal coerede che non ha rispettato il diritto di prelazione degli altri. **B** v. intr. (aus. *avere*) ● (*raro*) Avere somiglianza, sembrare: *quel ragazzo ritrae* *dal padre* | (*est., raro*) ***R. da un luogo***, risentire l'influenza di un luogo in cui si è vissuto. SIN. Accostarsi, somigliare. **C v. rifl. *1*** Farsi indietro | (*fig.*) Ritirarsi, sottrarsi dal fare, realizzare qlco.: *ritrarsi da un proposito, un'impresa.* SIN. Distogliersi. ***2*** †Raccogliersi, ricoverarsi | Limitarsi, ridursi. ***3*** (*raro*) Rappresentare sé stesso nelle parole, negli atti, negli scritti, ecc. ***4*** †Trattenersi, frenarsi. **D v. intr. pron. *1*** (*ling.*) Detto di accento, spostarsi indietro su una sillaba lontana dall'ultima: *l'accento si ritrae sulla terzultima.* ***2*** †Restringersi, contrarsi, accorciarsi.

ritrascórrere [comp. di *ri-* e *trascorrere*] **v. tr.** (coniug. come *correre*) ● Trascorrere di nuovo.

ritrascórso **part. pass.** di *ritrascorrere* ● (*raro*) Nel sign. del v. | (*lett.*) Percorso più volte: *nei luoghi già trascorsi e ritrascorsi* (BACCHELLI).

ritrasformàre [comp. di *ri-* e *trasformare*; av. 1449] **A v. tr.** (*io ritrasfórmo*) ● Trasformare di nuovo | Fare tornare nella forma primitiva. **B v. intr. pron.** ● Trasformarsi nuovamente nella forma primitiva.

ritrasméttere [comp. di *ri-* e *trasmettere*; 1965] **v. tr.** (coniug. come *mettere*) ● Trasmettere di nuovo: *r. un messaggio in codice*; *r. un vecchio film.*

ritrasmissióne [comp. di *ri-* e *trasmissione*; 1965] **s. f.** ● (*raro*) Trasmissione ripetuta una seconda volta.

ritraspórre [comp. di *ri-* e *trasporre*; 1835] **v. tr.** (coniug. come *porre*) ● Trasporre di nuovo.

†**ritràtta** [da *ritrarre*; av. 1348] **s. f. *1*** Ritirata: *già suona a r. il capitano* (TASSO). ***2*** Riesportazione di una merce.

ritrattàbile [1872] **agg.** ● Che si può ritrattare, disdire, ritirare: *affermazione non r.*

ritrattabilità [1959] **s. f.** ● Condizione di ciò che è ritrattabile.

ritrattaménto [av. 1729] **s. m. *1*** †Ritrattazione. ***2*** Nuovo trattamento | (*nucl.*) Trattamento del combustibile nucleare irradiato in un reattore nucleare per liberarlo dai prodotti di fissione nocivi al funzionamento del reattore e recuperare tali prodotti. SIN. Rigenerazione.

ritrattàre (1) [da *ritratto*; 1784] **v. tr.** ● (*raro, lett.*) Ritrarre.

ritrattàre (2) [vc. dotta, lat. *retractāre*, comp. di *re-* e *tractāre* 'trattare'; 1350] **v. tr. *1*** Trattare di nuovo: *r. un composto chimico* | Esporre di nuovo: *r. un argomento.* ***2*** †Narrare, riferire.

ritrattàre (3) [vc. dotta, lat. *retractāre* 'ritirare', 'revocare', comp. di *re-* e *tractāre* 'trattare'; sec. XIV] **A v. tr. *1*** Disdire, ripudiare una propria affermazione come non più giusta o vera: *r. in pubblico, per iscritto un'opinione.* SIN. Rimangiare, rinnegare. ***2*** Dichiarare falsa una testimonianza o una perizia e manifestare il vero nel corso dello stesso procedimento (*spec. assol.*). ***3*** †Stornare, ritirare. **B v. rifl.** ● (*lett.* o *raro*) Smentirsi, ricredersi.

ritrattatóre [vc. dotta, lat. tardo *retractatōre(m)* 'colui che rifiuta', da *retractātus* 'ritrattato'; 1872] **s. m.** (f. *-trice*) ● (*raro*) Chi ritratta, disdice, rinnega le proprie opinioni o affermazioni.

ritrattazióne o †**retrattazióne** [vc. dotta, lat. *retractatiōne(m)*, da *retractātus* 'ritrattato'; 1584] **s. f.** ● Il ritrattare | Smentita, sconfessione di affermazioni, giudizi, opinioni precedentemente espressi | Il testo con cui si ritratta pubblicamente qlco.

ritrattista [1677] **s. m. e f.** (pl. m. *-i*) ● Pittore o scultore che si dedica in particolar modo ai ritratti | (*est.*) Scrittore particolarmente abile nel ritrarre personaggi, o nel descrivere luoghi o avvenimenti.

ritrattistica [1950] **s. f.** ● Parte della pittura e della scultura che si dedica in particolar modo ai ritratti | (*est.*) L'insieme delle opere prodotte: *la r. dell'Ottocento.*

ritrattistico [1959] **agg.** (pl. m. *-ci*) ● Relativo alla ritrattistica: *tecnica ritrattistica.*

†**ritrattivo** [da *ritratto*; av. 1406] **agg.** ● Che distoglie.

♦**ritràtto** [sec. XIV] **A part. pass.** di *ritrarre*; anche **agg.** ● Nei sign. del v. | Raffigurato | (*lett.*) Nascosto: *degli uomini / ritratti / nelle trincee* (UNGARETTI). **B s. m. *1*** Opera d'arte che rappresenta la figura umana: *r. a mezzo busto, a figura intera*; *r. a penna, a olio, fotografico* | (*est.*) Ogni figura che riproduce qlco. al naturale: *due perfetti ritratti di animali* | (*est.*) Rappresentazione, descrizione letteraria di luoghi, persone, avvenimenti: *ha fatto un raccapricciante r. dell'ultima guerra.* ***2*** (*fig.*) Immagine, figura umana che ha somiglianza con cose o persone: *sembri il r. della fame*; *è il r. di suo padre.* ***3*** †Descrizione | †Relazione scritta di un avvenimento storico. ***4*** †Copia ricavata da un originale. ***5*** †Ricavato di vendita. ***6*** †Ciò che si ricava da studio, esperienze, trattative. SIN. Risultato. ‖ **ritrattàccio**, pegg. | **ritrattino**, dim.

ritraversàre [comp. di *ri-* e *traversare*; 1806] **v. tr.** (*io ritravèrso*) ● Traversare di nuovo o in senso inverso.

ritrazióne [vc. dotta, lat. *retractiōne(m)*, da *retrāctus*, part. pass. di *retrăhere* 'ritrarre'; av. 1384] **s. f. *1*** Il ritrarre, il ritrarsi | (*raro*) Diminuzione, restringimento. ***2*** (*med.*) Retrazione.

ritrécine [etim. incerta; av. 1597] **s. m. *1*** †Ruota a palette da mulino, messa in acqua orizzontalmente con l'asse verticale. ***2*** (*tosc.*) Specie di giacchio, ma più piccolo | ***Andare a r.***, andare in rovina.

ritremàre [comp. di *ri-* e *tremare*; 1900] **v. intr.** (*io ritrèmo*; aus. *avere*) ● Tremare di nuovo.

ritrinciàre [comp. di *ri-* e *trinciare*; 1835] **v. tr.** (*io ritrincio*) ***1*** Trinciare di nuovo | Tagliare. ***2*** (*lett.*) Eliminare, troncare.

ritritàre [comp. di *ri-* e *tritare*; av. 1577] **v. tr.** ● Tritare di nuovo | (*fig., lett.*) Riproporre, imitare: *tritare e r. ... i poeti latini* (CARDUCCI).

ritrito [comp. di *ri-* e *trito*; 1872] **agg.** ● (*raro*) Trito, tritato molto e molte volte | (*fig.*) ***Trito e r.***, ridetto, ripetuto più volte, sfruttatissimo, ormai privo d'ogni originalità e sim.: *argomento trito e r.*

ritroncàre [comp. di *ri-* e *troncare*; 1835] **v. tr.** (*io ritrónco, tu ritrónchi*) ● Troncare di nuovo.

ritrósa [da *ritroso*; 1618] **s. f. *1*** (*tosc.*) Ciuffo di capelli o peli che crescono in direzione diversa dagli altri e quindi ribelli al pettine. ***2*** †Tortuosità, meandro. ***3*** (*tosc.*) Nassa.

ritrosàggine [av. 1557] **s. f.** ● (*lett.*) Atteggiamento abituale di chi è ritroso, scontroso.

ritrosia [av. 1292] **s. f. *1*** Caratteristica, atteggiamento di chi è restio a fare qlco. o ad acconsentire a qlco., spec. per timidezza, modestia, riserbo o verecondia. SIN. Riluttanza, renitenza. ***2*** (*lett.*) Caratteristica di chi è poco socievole: *trattenuto da quella r. che non gli faceva mai rivolgere parola ai villici ed ai servi* (CALVINO). SIN. Scontrosità.

†**ritrosire** **v. intr.** ● Dimostrare avversione verso qlcu. o qlco.

ritrosità [av. 1595] **s. f. *1*** †Alterigia, scontrosità | Avversione, ribellione. ***2*** (*raro*) Esitazione | Ritrosia.

ritróso o †**retróso** [lat. *retrōrsu(m)*. V. *retrorso*; av. 1292] **A agg. *1*** (*lett.*) Che va all'indietro, all'opposto, in senso contrario: *cammino r.* | ***Andare a r.***, andare all'indietro (*anche fig.*). ***2*** †Altero, scontroso, bisbetico: *costui ebbe per moglie una donna tanto ritrosa e tanto perversa* (BOCCACCIO) | Avverso, nemico | Ribelle, turbolento: *la gente ingrata, mobile e retrosa* (DANTE *Par.* XXXII, 132). ***3*** Riservato, timido, schivo: *ragazzo r.*; *carattere r.* | (*lett.*) Che non accetta profferte amorose: *D'amor tutte parole / la ritrosa fanciulla ebbe in dispregio* (MONTI). ***4*** (*raro*) Restio o avverso a consentire a qlco. o ad accettare qlco.: *l'ammalato si mostrò subito r. a prendere le medicine prescritte.* SIN. Riluttante, riottoso. ***5*** †Vorticoso. **B s. m. *1*** In alcuni tipi di rete da pesca, come la nassa, imboccatura a imbuto volta all'interno attraverso la quale il pesce entra facilmente ma non può uscire. ***2*** (*lett.*) Vortice d'acqua o di vento. ‖ **ritrosàccio**, pegg. | **ritrosèllo**, dim. | **ritrosétto**, dim. ‖ **ritrosaménte**, avv. Con ritrosia.

ritrovàbile [av. 1729] **agg.** ● Che si può ritrovare.

ritrovaménto [1505] **s. m.** ● Il ritrovare | Rinvenimento di qlco., spec. dopo una ricerca: *r. di oggetti smarriti, della verità* | Invenzione: *il r. della bussola.*

♦**ritrovàre** o †**ritruovàre** [comp. di *ri-* e *trovare* (1); av. 1292] **A v. tr.** (*io ritròvo*) ***1*** Rinvenire una cosa perduta, smarrita: *r. il cappello, le chiavi di casa* | Rintracciare, rivedere o incontrare chi non si vedeva da tempo: *r. un amico d'infanzia* | (*fig.*) Recuperare, riacquistare: *r. la salute, la pace dello spirito* | (*fig.*) Riuscire a trovare, vedere, scoprire o capire, dopo una ricerca più o meno laboriosa: *r. il cammino, l'errore, il filo del discorso*; *r. un rimedio, la soluzione, la causa di un fenomeno*; *Ulisse … va in Efira, per ritruovarvi le velenose erbe* (VICO) | (*lett., fig.*) Inventare: *r. un congegno meccanico* | (*fig.*) Ravvisare, riconoscere: *r. le sembianze di qlcu. in una fotografia* | (*fig., fam.*) ***Ritrovarsi qlco.***, trovarsi ad avere: *con la fortuna che si ritrova, gli toccherà fare tutto il viaggio in piedi*; *dopo tanti sacrifici si è ritrovato un bel gruzzoletto.* ***2*** Trovare di nuovo: *le rondini ritrovano sempre il loro nido.* ***3*** †Ripassare un disegno nei suoi contorni | (*scherz., fig.*) †***R. le costure***, battere, picchiare. ***4*** †Cogliere, raggiungere per colpire. **B v. rifl. rec.** ● Incontrarsi di nuovo: *ci siamo ritrovati in un bar* | Trovarsi di nuovo insieme: *ci ritroveremo tutti il mese prossimo.* **C v. intr. pron. *1*** Accorgersi di essere in un luogo senza esserselo aspettato o (*fig.*) venire a trovarsi, capitare in una situazione all'improvviso: *chiacchierando, ci ritrovammo in piazza*; *si sono ritrovati bruscamente nella miseria.* ***2*** Raccapezzarsi, orientarsi: *nell'ozio non mi ritrovo*; *con quel buio non si ritrovano* | (*fam.*) Sentirsi a proprio agio: *in una città così grande non mi (ci) ritrovo.*

ritrovàto [1863] **A part. pass.** di *ritrovare*; anche **agg.** ● Nei sign. del v. **B s. m. *1*** Tutto ciò che si scopre con indagini, studi, ricerche di vario genere: *i moderni ritrovati della cosmesi.* SIN. Invenzione, scoperta. ***2*** (*lett.*) Espediente, trovata, stratagemma: *Tutti i ritrovati, tutte le astuzie per salvar la roba* (MANZONI).

ritrovatóre [sec. XIV] **s. m.** (f. *-trice*) ● Chi ritrova. SIN. Inventore, scopritore.

ritròvo [da *ritrovare*; av. 1600] **s. m. *1*** (*raro*) Il ritrovarsi | Riunione: *luogo di r.* ***2*** Luogo o locale pubblico in cui incontrarsi e intrattenersi: *quel parcheggio è diventato un r. di sfaccendati*; *gli eleganti ritrovi parigini.*

†**ritruovàre** ● V. *ritrovare.*

ritta [f. di *ritto*; 1598] **A s. f.** ● (*lett.*) Mano destra: *da r., da manca, guerrieri venir* (MANZONI). **B avv.** ● †Vicino.

rittàno o **ritàno** [vc. piemontese (cfr. il comune di *Rittana*, in provincia di Cuneo), d'orig. sconosciuta; av. 1963] **s. m.** ● (*sett.*) Profondo scoscendimento fra le pareti di due colline opposte, spesso coperte da folta vegetazione, attraverso cui scorre un piccolo torrente, tipico delle Langhe: *Ora il r. stava livellandosi ai prati soprastanti, radure fra castagni* (FENOGLIO).

ritto [variante di *retto*; sec. XIII] **A agg. *1*** Dritto in piedi, eretto, detto di persona: *quando sarai stanco di stare seduto, mettiti r.* | ***Stare r.***, stare in piedi | In posizione verticale, detto di cosa: *conficcare un palo r. in terra* | ***Per r.***, con il lato più lungo in posizione verticale | Levato in alto, alzato: *stare col naso r.* | ***Avere i capelli ritti***, (*fig.*) per l'orrore, lo spavento, il raccapriccio; (*anche fig.*) provare tali sensazioni. ***2*** (*tosc.*) Destro: *andare a mano ritta.* ***3*** †Retto, diretto | †***A r.***, in linea retta. ‖ †**rittaménte**, avv. Per diritto, dirittamente. **B s. m. *1*** Elemento verticale avente funzione di sostegno, spec. nell'edilizia o in architettura. ***2*** (*sport*) Nel salto con l'asta e in alto, ciascuna delle due aste graduate su cui scorrono i supporti che sostengono l'asticella o altro. SIN. Saltometro. ➡ ILL. p. 2147 SPORT. ***3*** Ciascuno dei bracci incrociati nella guardia di una spada o di una daga | (*est.*) Il braccio della crociera della baionetta. ***4*** Nelle armi da fuoco portatili, piastrina metallica incernierata allo zoccolo dell'alzo e recante la tacca di mira. ***5*** Diritto, faccia principale contrapposta al rovescio di qlco.: *il r. della stoffa.* CONTR. Rovescio. **C avv.** ● †Direttamente, in linea retta | (*iter., intens.*) ***Andarsene r. r. all'inferno.*** **D prep.** ● †Verso: *r. tramontana.* ‖ **rittino**, dim.

rittochino [comp. di *ritto* e *chino*; 1942] **s. m.** ● Tipo di sistemazione del terreno di collina con i campi disposti secondo la linea di massima pendenza.

rituàle [vc. dotta, lat. *rituāle(m)*, da *rītus* 'rito'; 1499] **A agg. *1*** Che appartiene a un rito, una cerimonia. ***2*** (*est.*) Conforme all'uso, all'abitudine: *accolsero il festeggiato con i rituali auguri.* SIN. Abituale, consueto. ‖ **ritualménte**, avv. Secondo il rito. **B s. m. *1*** L'insieme dei riti o comportamenti cultuali esterni di una religione. ***2*** L'insieme delle cerimonie proprie di una festa o di una liturgia: *il r. della Pasqua*; *r. per l'incoronazione dei re.* ***3*** Libro che contiene le norme che regolano un determinato rito: *r. ambrosiano, cattolico, romano.* ***4*** Norma, regola o insieme di regole che disciplinano lo svolgimento di un rito | (*est.*) Cerimoniale: *osservare il r.* | (*est.*) Complesso di comportamenti ripetitivi (talvolta con una connotazione negativa o ironica): *una specie di r. del litigio* (MORAVIA); *Negli aeroporti ancora il r. degli addii* (CALVINO).

ritualìsmo [comp. di *rituale* e *-ismo*; 1905] **s. m.** **1** Prevalenza delle osservanze cultuali esteriori sugli altri elementi del rapporto religioso. **2** (*est.*) Rigida osservanza di convenzioni tradizionali: *i ritualismi del pranzo natalizio*.

ritualista [da *rituale*; 1804] **s. m. e f.** (pl. m. *-i*) **1** Esperto in materia di riti e di rituali. **2** Chi attribuisce funzione preminente ai comportamenti rituali nel rapporto religioso.

ritualìstica [dall'agg. sostantivato *ritualistico*; 1970] **s. f.** ● Codice di comportamento o procedura ispirati a un rigido formalismo.

ritualìstico [1912] **agg.** (pl. m. *-ci*) ● Relativo a rito e a rituale | (*spec. spreg.*) Che ha carattere di rituale. || **ritualisticaménte**, avv.

ritualità [da *rituale*; 1948] **s. f.** ● Caratteristica, condizione di ciò che è rituale: *r. di un atto, di una formula*.

ritualizzàre [comp. di *ritual(e)* e *-izzare*; 1959] **v. tr.** **1** Fare diventare rituale. **2** Dare forma fissa di rito ad un comportamento religioso.

ritualizzazióne [1966] **s. f.** ● Il ritualizzare.

rituffàre [comp. di *ri-* e *tuffare*; 1520] **A v. tr.** ● Tuffare di nuovo. **B v. rifl.** ● Tuffarsi di nuovo (*anche fig.*): *rituffarsi in mare*; *si è rituffato nel lavoro*.

rituonàre o **ritonàre** [comp. di *ri-* e *t(u)onare*] **A v. intr.** (*io rituòno*, dial. *ritòno*; in tutta la coniug. di *ritonare* la *-o-* dittonga in *-uo-* soprattutto se accentata; sono in uso le forme *ritonavo*, *ritonerò*, *ritonassi* oltre alle più comuni *rituonavo*, *rituonerò*, *rituonassi*; aus. *avere*) ● Tuonare di nuovo. **B v. intr. impers.** (aus. *essere* e *avere*) ● Tornare a tuonare.

rituràre [comp. di *ri-* e *turare*; 1336 ca.] **v. tr.** ● Turare di nuovo: *r. la bottiglia* | (*raro*) Turare, chiudere meglio: *r. tutti i buchi* | †Ostruire.

riturbàre [comp. di *ri-* e *turbare*; 1342] **v. tr.** ● (*lett.*) Turbare di nuovo.

riubriacàre [comp. di *ri-* e *ubriacare*; 1872] **A v. tr.** (*io riubriàco, tu riubriàchi*) ● Ubriacare di nuovo. **B v. rifl.** ● Ubriacarsi di nuovo.

riudire [comp. di *ri-* e *udire*; 1321] **v. tr.** (coniug. come *udire*) ● Udire di nuovo (*anche fig.*).

†**riumiliàre** [comp. di *ri-* e *umiliare*; 1835] **v. tr.** (*io riumìlio*) ● Umiliare, mortificare.

riùngere [comp. di *ri-* e *ungere*; 1340 ca.] **v. tr.** (coniug. come *ungere*) ● Ungere di nuovo.

riunificàre [comp. di *ri-* e *unificare*; 1966] **A v. tr.** (*io riunìfico, tu riunìfichi*) ● Unificare di nuovo ciò che era diviso: *Il loro matrimonio può r. una proprietà* (SCIASCIA). **B v. rifl. rec.** ● Unificarsi di nuovo.

riunificazióne [da *riunificare*; 1988] **s. f.** ● Unificazione di ciò che era diviso: *la r. della Germania*.

†**riuniménto** [1668] **s. m.** ● Ricongiungimento.

♦**riunióne** [comp. di *ri-* e *unione*, sul modello del fr. *réunion*; av. 1557] **s. f.** **1** (*raro*) Ricomposizione, ricongiungimento: *la r. dei margini di una ferita*. **2** Ricongiunzione, unificazione: *operare la r. di molti popoli* | *Riconciliazione*: *la r. dei due sposi è fallita*. **3** Raduno, incontro di più persone che si riuniscono per discutere, conversare o assistere a qualche avvenimento: *abbiamo partecipato ad un'animata r.*; *r. politica, sindacale*. **4** Complesso di gare disputate in uno o più giorni: *r. di pugilato, di trotto*; *r. ciclistica in pista*.

♦**riunire** [comp. di *ri-* e *unire*; 1308] **A v. tr.** (*io riunìsco, tu riunìsci*) **1** Unire di nuovo: *r. parti disgiunte* | Mettere di nuovo insieme cose o persone: *r. i fogli sparsi*; *r. l'esercito sbandato*. **2** (*fig.*) Riconciliare: *le avversità hanno riunito padre e figlio*. **3** Unire, adunare, mettere insieme nello stesso luogo cose o persone: *r. i francobolli in una scatola*; *il direttore ha riunito gli impiegati nel suo ufficio*. **B v. intr. pron.** **1** Tornare a stare insieme: *i due gitanti si sono riuniti al gruppo*; *i fratelli decisero di riunirsi alla famiglia*. **2** Adunarsi, raccogliersi, fare una riunione: *i soci si sono riuniti per discutere il bilancio*; *il consiglio si riunirà per deliberare*. **C v. rifl. rec.** ● Tornare insieme: *i due sposi si sono finalmente riuniti*.

♦**riunito** [av. 1574] **A part. pass.** di *riunire*; anche **agg.** **1** Nei sign. del v. **2** Associato, consociato: *ospedali riuniti*; *cooperative riunite*. **B s. m.** ● Complessa apparecchiatura dentistica che unisce in un'unica e funzionale struttura poltrona, trapano, lavabo, lampada e sim. ➡ ILL. **medicina e chirurgia.**

riunitóre [1959] **s. m.** (f. *-trice*) **1** (*raro*) Chi riunisce. **2** Operaio tessile addetto alla riunitrice.

riunitrice [da *riunito*; 1931] **s. f.** ● Macchina tessile per la preparazione dei pettinati.

riùnto [1842] **part. pass.** di *riungere*; anche **agg.** **1** Unto di nuovo | Unto e bisunto. **2** (*fam., tosc.*) *Villano, pidocchio r.*, persona rozza e volgare arricchitasi.

riurlàre [comp. di *ri-* e *urlare*; 1987] **v. tr.** ● Urlare di nuovo o a propria volta.

riurtàre [comp. di *ri-* e *urtare*; 1818] **A v. tr. e intr.** (aus. *avere*) ● Urtare di nuovo (*anche fig.*). **B v. intr. pron. e rifl. rec.** ● Urtarsi di nuovo (*anche fig.*).

riusàbile **agg.** ● Che si può riusare.

riusàre [comp. di *ri-* e *usare*; 1745] **v. tr.** ● Usare di nuovo.

riuscìbile [1520] **agg.** ● (*lett.*) Che può riuscire: *nella guerra niuna impresa è tantor r., quanto quella che il nimico non crede* (MACHIAVELLI). SIN. Attuabile. || †**riuscibilménte**, avv. Probabilmente.

†**riusciménto** [av. 1363] **s. m.** ● Riuscita, esito: *memorie di qualche avventuroso r. in guerra* (BARTOLI).

♦**riuscire** o (*pop.*) **riescire** [comp. di *ri-* e *uscire*; 1319] **v. intr.** (coniug. come *uscire*; aus. *essere*) **1** Uscire di nuovo: *è tornato a casa dal lavoro ed è subito riuscito*; *l'acqua riesce dal canale*. **2** Sboccare, fare capo, finire: *la strada riesce nella valle*; *amo le strade che riescono agli erbosi / fossi* (MONTALE) | (*raro*) Corrispondere: *il salone riesce con la camera da letto*. **3** Avere esito, andare a finire, concludersi, detto di fatti, imprese, lavori ecc.: *r. bene, male, secondo i desideri* | (*assol.*) Avere esito positivo: *l'esperimento non è riuscito* | Risultare: *r. utile, dannoso, vano*; *r. vincitore, eletto*. **4** (+ *a*, anche seguito da inf.; + *in*) Raggiungere il fine, lo scopo, detto di persona: *siamo riusciti all'esame, nella gara* | Ottenere un certo risultato: *sei riuscito solo a stancarmi* | Aver fortuna, successo (*anche assol.*): *per lui è stato facile r. nella carriera*; *non so se riuscirete* | Venire a capo di qlco., arrivare a qlco. dopo studi, ricerche, ecc.: *siamo riusciti a portare a termine un'importante scoperta*. **5** (+ *a*, lett. + *di*, seguiti da inf.; + *in* seguito da sost.; anche assol.) Essere capace, essere in grado di fare qlco.: *non tutti riescono a imparare le lingue*; *non mi riesce di incontrarlo*; *Così mi riesce di dimenticarmi ch'io vivo* (FOSCOLO); *ho provato ma non (ci) riesco* | Avere la possibilità: *quest'anno non riusciamo ad andare in vacanza* | Aver attitudine, capacità: *r. in disegno, negli studi*; *è un ragazzo che certamente riuscirà*. **6** Apparire, dimostrarsi, risultare: *riesce gradito a tutti*; *il tuo amico riusciva di peso a tutti*.

riuscita [da *riuscito*; av. 1348] **s. f.** **1** Esito, risultato: *la splendida r. di un'impresa*; *aspettiamo la r. di quel nuovo ritrovato* | Buona prova: *un abito che ha fatto r.* SIN. Risultato. **2** †Uscita, sbocco, sfogo: *casa con due riuscite*.

riuscito [1644] **part. pass.** di *riuscire*; anche **agg.** ● Nei sign. del v. | Che ha avuto un determinato esito: *un matrimonio r. male* | Che ha avuto successo: *un tentativo pienamente r.*

riùso [comp. di *ri-* e *uso* (2); 1969] **s. m.** **1** Nuovo uso, nuova utilizzazione. **2** (*edil., urban.*) Riutilizzazione, per finalità abitative o sociali, del patrimonio edilizio e urbanistico esistente, sottoposto a opportuno recupero.

riutilizzàbile **agg.** ● Che si può riutilizzare.

riutilizzàre [comp. di *ri-* e *utilizzare*; 1959] **v. tr.** ● Utilizzare di nuovo cose già usate destinandole anche ad usi diversi dal primitivo: *r. un giornale vecchio per incartare qlco.*

riutilizzazióne [1967] **s. f.** ● Il riutilizzare. SIN. Riutilizzo.

riutilìzzo [deriv. di *riutilizzare*; 1980] **s. m.** ● Nuovo utilizzo, reimpiego: *il r. degli scarti*; *il r. di un'area industriale dismessa*. SIN. Riutilizzazione.

♦**riva** [lat. *rīpa(m)*, di orig. indeur.; sec. XIII] **s. f.** **1** Estrema parte di terra che limita le acque di un mare, un fiume, un lago, un canale e sim.: *passeggiare lungo la r. del fiume* | Spiaggia, litorale: *le rive del Tirreno* | Sponda, proda, argine: *toccare la r.* | A Venezia, via, calle o sim. che fiancheggia un canale o la laguna: *R. degli Schiavoni* | (*lett., fig.*) *Essere, giungere a r.*, essere arrivato al termine di qlco. **2** †Estremità, orlo, margine: *Noi ricidemmo il cerchio a l'altra r.* (DANTE *Inf.* VII, 100). **3** (*region.*) Terreno in forte pendenza: *Padrino aveva allora ... quella r. dei noccioli* (PAVESE). **4** (*mar.*) Parte alta dell'alberatura e tutto ciò che vi si trovi: *avere uomini, vele, bandiere a r.* | *A r.! Abbasso da r.!*, voci di comando per ordinare ai gabbieri di salire o scendere dall'alberatura.

rivaccinàre [comp. di *ri-* e *vaccinare*; 1872] **A v. tr.** ● Vaccinare di nuovo. **B v. rifl.** ● Sottoporsi di nuovo a vaccinazione.

rivaccinazióne [comp. di *ri-* e *vaccinazione*; 1872] **s. f.** ● Nuova vaccinazione: *r. antivaiolosa*.

†**rivàggio** [fr. *rivage*, da *rive* 'riva'; sec. XIII] **s. m.** ● Riva, ripa.

rivàle (**1**) [vc. dotta, lat. *rivāle(m)*, propr. 'chi ha in comune con altri l'uso di un canale' (*rīvus*; V. *rivo*); sec. XIV] **agg.**; anche **s. m. e f.** ● Che (o Chi) compete con altri per l'amore di qlcu. | Concorrente, competitore, emulo: *gli atleti rivali*; *sono rivali nella professione* | *Essere senza rivali, non temere rivali*, essere nettamente superiore.

rivàle (**2**) [da *riva*] **s. m.** ● (*region.*) Striscia di terreno lungo il lato maggiore dell'appezzamento: *le macchie, i rivali e le ombre dove eravamo usati posare nelle nostre scorrerie* (NIEVO). SIN. Proda.

rivàle (**3**) [detta così perché usata per pescare dalla *riva*; av. 1320] **s. m.** ● Rete da pesca rettangolare con due pali ai lati per trascinarla.

rivaleggiàre [da *rival(e)* (*1*) e *-eggiare*; av. 1764] **v. intr.** (*io rivaléggio*; aus. *avere*) ● Essere rivale, competere con altri in qlco.: *r. nella politica* | (*fig.*) Stare quasi alla pari, reggere il confronto con qlcu.: *è un artista che può r. con i più famosi*.

rivalérsi [comp. di *ri-* e del lat. *valēre* 'essere in forze'. V. *valere*; 1508] **v. intr. pron.** (coniug. come *valere*) **1** Valersi di nuovo (*spec. fig.*): *mi rivarrò dei tuoi consigli*. **2** Rifarsi, prendersi una rivincita o soddisfazione su qlcu.: *r. su qlcu. di qlco.*; *E siete libera di rivalervi ... sugli avventori* (BACCHELLI). **3** †Rimettersi in salute.

rivalicàre [comp. di *ri-* e *valicare*; av. 1348] **v. tr.** (*io rivàlico, tu rivàlichi*) ● Valicare di nuovo.

†**rivalidàre** [da *convalidare*, con cambio di pref.] **v. tr.** ● Convalidare | Rendere di nuovo valido.

rivalità [vc. dotta, lat. *rivalitāte(m)*, da *rivālis* 'rivale'; 1598] **s. f.** ● Spirito di competizione tra rivali, contendenti e sim.: *non sempre è positiva la r. nell'arte* | Atteggiamento di reciproca, diretta emulazione fra due rivali in amore. SIN. Antagonismo.

rivalorizzàre [comp. di *ri-* e *valorizzare*] **A v. tr.** ● Valorizzare di nuovo. **B v. intr. pron. o rifl.** ● Riacquistare valore.

rivàlsa [part. pass. f. sost. di *rivalersi*; 1812] **s. f.** **1** Compensazione per rifarsi di un danno, una spesa, un affare andato male, ecc.: *cercava una r. in speculazioni sbagliate*; *la squadra cercava una r. alla sua recente sconfitta* | (*fig.*) Soddisfazione che permette di rifarsi nei confronti di qlcu.: *il successo del film fu, per il regista, una r. su quanti lo denigravano*. SIN. Rivincita. **2** (*ragion.*) Tratta spiccata dal beneficiario o giratario sul girante precedente in caso di mancato pagamento di una cambiale alla scadenza.

rivàlso **part. pass.** di *rivalersi* ● Nei sign. del v.

rivalutàre [comp. di *ri-* e *valutare*; 1940] **A v. tr.** (*io rivalùto* o, più diffuso ma meno corretto, *rivàluto*) **1** Valutare di nuovo: *ho fatto r. i miei quadri*; *occorre r. la questione*. **2** Elevare il valore di qlco.: *r. gli stipendi* | *R. la moneta*, aumentarne il potere d'acquisto | (*fig.*) Restituire, riconoscere il valore di cosa o persona che era stata sottovalutata o mal giudicata: *r. una commedia stroncata dai critici*; *alla luce degli ultimi avvenimenti, possiamo r. quell'uomo politico*. **B v. intr. pron.** ● Aumentare di valore: *l'immobile si è rivalutato molto da quando l'abbiamo acquistato*.

rivalutativo [1928] **agg.** ● Che concerne la rivalutazione.

rivalutazióne [1922] **s. f.** ● Il rivalutare (*anche fig.*): *la r. della moneta*; *la r. di un'opera d'arte*.

rivangàre [comp. di *ri-* e *vangare*; av. 1580] **v. tr.** (*io rivàngo, tu rivànghi*) **1** (*raro*) Vangare di nuovo. **2** (*fig.*) Rievocare o riproporre episodi o questioni vecchie, incresciose o spiacevoli: *r. il passato*; *ti sconsiglio di r. quella faccenda* | †*R. uno scritto*, riesaminarlo.

rivangatùra [da *rivangare*; 1987] **s. f.** ● (*raro*) Il vangare di nuovo: *la r. del campo.*

rivarcàre [comp. di *ri-* e *varcare*; 1618] **v. tr.** (*io rivàrco, tu rivàrchi*) ● Varcare, attraversare di nuovo, spec. ritornando.

rivascolarizzazióne [comp. di *ri-* e *vascolarizzazione*; 1959] **s. f.** ● (*med.*) Ripristino del flusso ematico in una parte del corpo dove la vascolarizzazione risulta ridotta.

♦**rivedére** [lat. *revidēre*, comp. di *re-* e *vidēre* 'vedere'; av. 1292] **A v. tr.** (coniug. come *vedere*; il **part. pass.** *rivisto* è usato spec. nel parl. e nel sign. 1, il **part. pass.** *riveduto* spec. nel sign. 3) **1** Vedere, incontrare di nuovo: *r. il proprio paese dopo molti anni*; *ogni tanto lo rivedo*; *né te né la tua bella compagnia / riveder posso, ovunque miri intorno* (L. DE' MEDICI) | ***R. il sole, la luce***, tornare all'aperto; (*fig.*) riacquistare la libertà dopo la prigionia, la salute dopo una lunga o grave malattia | (*scherz.*) ***Beato chi ti rivede, chi non muore si rivede***, saluti rivolti a chi si era perso di vista o non si faceva vivo da tempo. **2** Rileggere: *r. alcuni capitoli di un romanzo ormai dimenticato* | Ripassare: *r. la lezione, la parte.* **3** Riesaminare per correggere, apportare modifiche, miglioramenti o per controllare: *r. un processo*; *r. un regolamento*; *r. un'opinione*; *r. le liste elettorali*; *r. un'opera per una nuova edizione* | Verificare, riscontrare: *r. i conti* | Controllare il funzionamento di un meccanismo, un impianto e sim.: *r. un motore* | Ritoccare: *r. i prezzi* | (*scherz., fig.*) ***R. il pelo, le costole a qlcu.***, picchiarlo | (*fig.*) ***R. le bucce a qlcu.***, ricercare nel suo operato difetti, errori, mancanze. **B v. rifl. rec.** ● Ritrovarsi, incontrarsi di nuovo, vedersi insieme un'altra volta: *ci rivedremo tutti dopo le ferie* | ***A rivederci***, V. *arrivederci* | (*disus.*) ***A ben rivederla, a buon rivederla***, arrivederla | ***Ci rivedremo a Filippi!***, formula di congedo con cui si minaccia una prossima vendetta o rivincita (espressione che, dopo l'uccisione di Cesare, un fantasma avrebbe rivolto a Bruto, riferendosi alla battaglia di Filippi, nel 42 a.C., in cui Bruto stesso trovò la morte).

rivedìbile [1865] **agg.** **1** Che si può o si deve rivedere. **2** Detto di iscritto di leva riconosciuto temporaneamente inabile al servizio militare e rinviato alla successiva chiamata.

rivedibilità [da *rivedibile*; 1959] **s. f.** ● Determinazione presa nei riguardi degli iscritti di leva riconosciuti temporaneamente inabili al servizio militare e che perciò si rinviano alla successiva chiamata.

†**riveditóre** [1309] **s. m.** (f. *-trice*) **1** Chi rivede per correggere, verificare, riscontrare. **SIN.** Revisore. **2** Revisore del bilancio.

rivedùta [da *riveduto*; 1521] **s. f.** ● Rapida revisione: *dare una r. alle bozze.*

rivedùto [1835] **part. pass.** di *rivedere*; anche **agg.** **1** Nei sign. del v., spec. nel sign. 3. **2** (*edit.*) ***Edizione riveduta***, riesaminata, controllata con cura, per migliorarla rispetto alla precedente | (*fig., spec. iron.*) ***R. e corretto***, detto di persona o cosa molto cambiata rispetto a un modello precedente: *un liberale r. e corretto* (DE SANCTIS).

rivelàbile [av. 1712] **agg.** ● Che si può rivelare: *piano non r.*

rivelabilità [1987] **s. f.** ● (*raro*) Condizione di ciò che è rivelabile.

rivelaménto [sec. XIV] **s. m.** ● (*raro*) Rivelazione.

rivelànte **part. pres.** di *rivelare*; anche **agg.** ● Nei sign. del v.

♦**rivelàre** o †**revelàre** [vc. dotta, lat. *revelāre*, da *vēlum* 'velo', col pref. *re-*; av. 1306] **A v. tr.** (*io rivèlo* (o *-é-*)) **1** Svelare, dire apertamente ciò che non è noto, è poco chiaro o nascosto: *r. un segreto*; *ti rivelerò in confidenza le mie intenzioni*; *r. il futuro.* **2** (*relig.*) Trasmettere la verità, da parte di Dio, all'uomo. **3** Dare indizio, segno: *una risposta che rivela una certa ignoranza* | (*est.*) Manifestare, palesare con evidenza: *tutto rivela la vostra debolezza morale*; *la luna … di lontan rivela / serena ogni montagna* (LEOPARDI). **4** Rendere osservabili fatti, fenomeni non percepibili ai sensi: *apparecchio per r. gli elettroni.* **B v. rifl.** **1** Mostrarsi, dimostrarsi: *le doti dello scrittore si sono rivelate appieno nell'ultimo romanzo* | Farsi conoscere per ciò che si è: *rivelarsi profondamente onesto*; *alla fine si è rivelato un autentico mascalzone.* **2** Manifestarsi di Dio all'uomo.

rivelatìvo [av. 1642] **agg.** ● Atto a rivelare, a far capire.

rivelàto **part. pass.** di *rivelare*; anche **agg.** **1** Nei sign. del v. **2** ***Religione rivelata***, quella che si fonda su diretta comunicazione della verità da parte di Dio, come Ebraismo, Cristianesimo, Islamismo.

rivelatóre [vc. dotta, lat. tardo *revelatōre(m)*, da *revelātus* 'rivelato'; av. 1342] **A agg.** (f. *-trice*) ● Che rivela: *fenomeno r.* | Che lascia intendere, che fa capire: *frase rivelatrice di uno stato d'animo.* **B s. m.** **1** (f. *-trice*) (*raro*) Chi rivela: *ignoro i rivelatori delle tue confidenze* | †Delatore: *il Duca non solamente non ricercò la cosa, ma fece il r. miseramente morire* (MACHIAVELLI). **2** (*gener.*) Ogni apparecchio, strumento che rivela fenomeni di vario tipo | (*fig., est.*) Indizio, sintomo: *il rialzo dei prezzi è un r. della crisi economica.* **3** (*elettron.*) Demodulatore, in un apparecchio radioricevente. **4** (*fot.*) Soluzione chimica impiegata per rendere visibile l'immagine latente di un'emulsione fotografica.

rivelazióne o †**revelazióne** [vc. dotta, lat. tardo *revelatiōne(m)*, da *revelātus* 'rivelato'; av. 1294] **s. f.** **1** Il rivelare | Svelamento, divulgazione di ciò che non è o non deve esser noto, che è poco chiaro, e sim.: *la r. di un segreto* | Ciò che viene rivelato: *le tue rivelazioni ci hanno sorpreso.* **2** (*relig.*) Il manifestarsi di Dio all'uomo in modo soprannaturale | La trasmissione della verità da parte di Dio all'uomo. **SIN.** Teofania | Il testo scritto, la tradizione orale che contengono la verità rivelata da Dio: Bibbia, Scrittura, Corano. **3** (*iperb.*) Chi (o Ciò che) rivela in modo inaspettato le sue caratteristiche spec. positive: *la sua abilità di cuoco è stata una r. per tutti*; *il giovane pianista è stato la r. della serata.* **4** (*elettron.*) Demodulazione, in un apparecchio radioricevente.

rivellìno o **revellìno** [da *riva*; av. 1470] **s. m.** ● Nelle antiche fortificazioni, opera addizionale, staccata, che un tempo aveva lo scopo di proteggere la cortina, aumentando la capacità di difesa dell'opera principale e presentando maggiore ostacolo all'attaccante.

rivèndere [vc. dotta, lat. tardo *revēndere*, comp. di *re-* e *vēndere*; sec. XIV] **v. tr.** (coniug. come *vendere*) **1** Vendere di nuovo | Vendere ciò che era stato precedentemente acquistato. **2** (*fig., tosc.*) Essere superiore in qlco., saperne di più: *lo rivende in astuzia.*

†**rivenderìa** [da *rivendere*] **s. f.** ● Baratteria.

rivendìbile [1835] **agg.** ● Che si può rivendere.

rivendibilità **s. f.** ● (*raro*) Condizione di ciò che è rivendibile.

rivéndica o **revìndica** [1940] **s. f.** ● (*dir.*) Rivendicazione.

rivendicàre [comp. di *ri-* e *vendicare*; sec. XIV] **A v. tr.** (*io rivéndico* (o *-è-*), *tu rivéndichi* (o *-è-*)) **1** Vendicare di nuovo. **2** (*dir.*) Chiedere giudizialmente da parte del proprietario la restituzione della cosa e il riconoscimento del proprio diritto: *r. un bene mobile, immobile.* **3** (*est.*) Riaffermare, lottare per un diritto o per un bene morale sottratto ingiustamente: *r. il diritto di sciopero*; *r. la priorità di una scoperta* | ***R. un'opera***, affermarla, dimostrarla propria. **4** Avocare a sé la responsabilità di un'azione: *il sequestro è stato rivendicato da un'organizzazione terroristica.* **5** (*lett., raro*) Restituire, far recuperare: *r. a libertà un popolo oppresso*; *r. la libertà a un'intera nazione.* **B v. intr. pron.** ● Vendicarsi di nuovo.

rivendicatìvo [da *rivendicare*; 1962] **agg.** ● Che riguarda o ha come scopo la rivendicazione di un diritto: *lotta, azione rivendicativa.*

rivendicatóre [1858] **agg.**; anche **s. m.** (f. *-trice*) ● (*lett.*) Chi (o Che) rivendica: *r. delle glorie, dell'onore di una nazione*; *ti sei fatto solidale e r. dell'onor mio presso i nostri concittadini* (NIEVO).

♦**rivendicazióne** [1569] **s. f.** **1** (*dir.*) Azione giudiziaria del rivendicare. **2** Riaffermazione di un proprio legittimo diritto: *r. della proprietà di una scoperta* | ***Rivendicazioni sindacali***, richieste economiche e normative nell'ambito sindacale. **3** Attribuzione a sé della responsabilità di un'azione: *la r. di un attentato.*

rivendicazionìsmo [da *rivendicazione*; 1979] **s. m.** ● Tendenza a promuovere frequenti azioni rivendicative: *il r. sindacale.*

rivéndita [1581] **s. f.** **1** Atto del rivendere: *non sempre la r. è vantaggiosa.* **2** Negozio per la vendita di merci al minuto: *r. di generi alimentari.*

rivenditóre [sec. XIV] **s. m.** (f. *-trice*) **1** Chi rivende | Chi rivende oggetti di seconda mano, rigattiere. **2** Chi rivende al minuto: *r. di auto usate.*

rivendùgliolo [1543] **s. m.** (f. *-a*) ● Rivenditore al minuto di cose poco costose o di generi alimentari.

rivendùto **part. pass.** di *rivendere*; anche **agg.** ● Nei sign. del v.

rivenìre [vc. dotta, lat. *revenīre*, comp. di *re-* e *venīre*; 1294] **v. intr.** (coniug. come *venire*; aus. *essere*) **1** Venire di nuovo, ritornare: *r. a casa, a vedere*; *mi riviene in mente il suo nome.* **2** †Rinvenire, tornare in sé. **3** †Provenire, venire, derivare. **4** †Tornare, riuscire.

rivenùto [av. 1294] **part. pass.** di *rivenire*; anche **agg.** ● Ritornato.

†**rivèra** ● V. *riviera.*

riverberaménto [av. 1320] **s. m.** ● (*raro*) Il riverberare | Riverberazione.

riverberàre o †**reverberàre** [vc. dotta, lat. *reverberāre* 'respingere, rimbalzare, riflettersi', comp. di *re-* e *verberāre* 'percuotere, colpire'. V. *verberare*; 1336 ca.] **A v. tr.** (*io rivèrbero*) **1** Riflettere la luce o mandare luce riflessa: *lo specchio riverbera i raggi del sole* | (*est.*) Riflettere il calore o mandare calore riflesso | (*est., raro*) Ripercuotere un suono. **2** (*fig.*) †Abbagliare, abbacinare. **B v. intr. pron.** ● Riflettersi, detto della luce e (*raro*) del calore o del suono: *Il sole … si reverbera nelle pareti della sala* (GALILEI) | (*fig.*) Ripercuotersi: *questa religione della famiglia che si riverbera sul mestiere* (VERGA). **C v. intr.** ● †Rimbalzare, risuonare, di suono, voce e sim.

riverberatóio [da *riverberare*; 1835] **s. m.** ● Schermo metallico o di refrattario, posto davanti alla bocca di un forno per impedire il riverbero delle fiamme e per riflettere la fiamma sul minerale da fondere.

riverberazióne o †**reverberazióne** [sec. XIV] **s. f.** **1** Riflessione della luce | Irradiazione di calore. **2** In acustica, fenomeno di riflessioni multiple e disordinate del suono determinato dalle pareti di un ambiente.

rivèrbero [av. 1294] **s. m.** **1** Riflesso luminoso: *il debole r. di una stoffa cangiante*; *proteggere gli occhi dal r. del sole* | Riflessione del calore o (*raro*) del suono | ***Di r.***, di riflesso (*anche fig.*) | ***Forno, fornace di, a r.***, in cui il fuoco, non a contatto col materiale, irraggia calore dalla volta verso la suola. **2** Negli strumenti elettronici per l'amplificazione e la riproduzione del suono, accorgimento tecnico che consente di creare e di variare l'effetto di riverberazione. **3** Calore che irraggia la sera da muri, strade o altri corpi lungamente battuti dal sole: *d'estate, il r. dell'asfalto è insopportabile.* **4** Disco concavo di metallo per far riverberare la luce: *lume, lampada a r.*

riverènte o (*raro*) **reverènte** [1308] **part. pres.** di *riverire*; anche **agg.** ● Pieno di riverenza, di grande rispetto: *un discepolo r. verso* (o *al*) *suo maestro*; *ammirazione r.*; *parole riverenti.* **SIN.** Ossequioso. || **riverenteménte**, **avv.** In modo riverente, con riverenza.

riverènza o (*raro*) **reverènza**, †**reverènzia** [vc. dotta, lat. *reverĕntia(m)*, da *rĕverens*, genit. *reverĕntis* 'riverente'; av. 1292] **s. f.** **1** Profondo rispetto, talvolta accompagnato da soggezione, verso qlcu., osservanza rispettosa nei confronti di qlco.: *r. verso i genitori, l'autorità, le tradizioni.* **SIN.** Deferenza, ossequio. **2** Inchino, genuflessione o cenno di genuflessione in segno di riverenza: *fare una profonda r.* **3** (*lett.*) Espressione di rispetto, ossequio: *si compiaccia di accettare le cordiali riverenze della mia famiglia* (LEOPARDI). **4** †Titolo di persona degna di riverenza. || **riverenzìna**, **dim.** | **riverenzóna**, **accr.** | **riverenzóne**, **accr. m.**

riverenziàle ● V. *reverenziale.*

†**riverginàre** [da *vergine*, col pref. *ri-*] **v. tr.** ● Rinverginare.

riverìre o †**reverìre** [lat. parl. **reverīre*, per il classico *reverēri* 'aver soggezione, rispetto', comp. di *re-* e *verēri* 'aver timore', di orig. indeur.; av. 1292] **v. tr.** (*io riverisco, tu riverisci*) **1** Rispettare profondamente qlcu. o qlco.: *r. i genitori, la vecchiaia.* **2** Salutare con molto rispetto e ossequio: *La riverisco, avvocato!*; *i nipotini andarono a r. il nonno* | (*raro*) Visitare per fare atto di ossequio. **SIN.** Ossequiare.

riverito [av. 1363] part. pass. di *riverire*; anche agg. ● Che merita o suscita rispetto, riverenza: *un nome amato e r.* | Nelle formule di cortesia epistolare del passato: *Riverito Signor mio, scrivo a Lei questa lettera per ...* | Nelle formule di saluto verbale: *r., signor sindaco!*; *r., avvocato!*

riverniciàre [comp. di *ri-* e *verniciare*; 1872] v. tr. (*io rivernìcio*) ● Verniciare di nuovo.

riverniciàta [da *riverniciare*; 1987] s. f. ● Il riverniciare in modo rapido e sommario: *dare una riverniciata alle persiane.* || **riverniciatina**, dim.

riverniciatùra s. f. ● Operazione e modalità del riverniciare: *r. a pennello, a spruzzo* | Strato di vernice che copre quello precedente.

riversamènto [1835] s. m. ● Operazione del riversare qlco. spec. da un supporto a un altro.

riversàre [vc. dotta, lat. tardo *reversāre*, comp. di *re-* e *versāre*; 1313] **A** v. tr. (*io rivèrso*) **1** Versare di nuovo. **2** Versare, rovesciare addosso: *riversarsi il brodo sul vestito* | (*fig.*) Indirizzare, concentrare: *r. nel lavoro le proprie energie* | Attribuire qlco. ad altri, far ricadere su altri: *ha riversato tutte le colpe sugli amici.* **3** Trasferire una registrazione su un nuovo supporto: *r. un compact disc su una cassetta*; *r. i dati dal disco rigido su un dischetto* | (*est.*) Trascrivere, spec. con macchina dattilografica, un testo verbale, precedentemente registrato su un nastro magnetico. **4** †Rovesciare | (*est.*) †Sbaragliare, sconfiggere. **B** v. intr. pron. **1** †Rovesciarsi **2** Traboccare, detto di liquidi | (*fig.*) Precipitarsi in massa e disordinatamente: *gli spettatori si riversarono all'aperto.*

riversàto [1313] part. pass. di *riversare*; anche agg. **1** Nei sign. del v. **2** †Supino | Ripiegato all'indietro: *Il conte r. adietro inchina* (BOIARDO).

riverseggiàre [comp. di *ri-* e *verseggiare*; 1803] v. tr. (*io riverséggio*) ● (*lett.*) Rimettere in versi.

riversìbile e *deriv.* ● V. *reversibile* e *deriv.*

riversióne ● V. *reversione.*

rivèrso [vc. dotta, lat. *revĕrsu(m)*, part. pass. di *revĕrtere* 'ritornare', comp. di *re-* e *vĕrtere* 'volgere'. V. *vertere*; 1312] **A** agg. **1** †Rovesciato, rovescio | †***Alla riversa***, alla rovescia. **2** Supino: *il cadavere di un uomo r. nell'erba*; cader del ponte si lasciò r. (ARIOSTO). **B** s. m. **1** †Franamento. **2** †Colpo dato di rovescio, manrovescio.

†**rivèrtere** o †**rivertìre** [vc. dotta, lat. *revĕrtere*. V. *riverso*; 1313] v. tr. ● Rivoltare.

rivestimentista [1959] s. m. e f. (pl. m. *-i*) ● Operaio edile che esegue lavori decorativi, di rivestimento.

rivestiménto [1855] s. m. **1** Operazione del rivestire: *il r. di una parete, di una poltrona.* **2** Ciò che serve a rivestire, coprire: *un r. di cemento*; *r. pregiato, impermeabile, refrattario.*

♦**rivestìre** [vc. dotta, lat. tardo *revestīre*, comp. di *re-* e *vestīre*; av. 1292] **A** v. tr. (*io rivèsto*) **1** Vestire di nuovo (*anche fig.*): *r. un cadavere*; *i rami secchi / vedrà di nòve fronde r., / e farsi vaghi fior gli acuti stecchi* (L. DE' MEDICI) | (*est.*) Provvedere di abiti o di nuovi abiti: *fu rivestito completamente da un ricco parente* | (*lett., fig.*) Investire: *r. uno di una dignità.* **2** Vestire, indossare: *r. la tuta, la toga* | (*fig.*) Assumere: *ciò riveste un carattere di segretezza*; *questo particolare riveste la massima importanza.* **3** Ricoprire, foderare, per difesa od ornamento: *r. di mattoni, cauccìù, stucco* | ***R. un muro***, ricoprirlo di calce, gesso, marmo, e sim. SIN. Incamiciare. **4** Foderare, ricoprire, avvolgere, per preservare dall'usura, ornare, ecc.: *r. il divano con una stoffa vivace* | (*fig.*) Velare, mascherare, coprire: *riveste la sua altezzosità di falsa condiscendenza.* **5** (*fig.*) Ricoprire una carica, un ufficio, una dignità: *r. il grado di generale.* **B** v. rifl. **1** Vestirsi di nuovo (*anche fig.*): *dopo il bagno, si rivestì in fretta*; *il prato si è rivestito di fiori.* **2** Cambiarsi i vestiti o provvedersi di nuovi abiti. **3** Mettersi, indossare: *rivestirsi della corazza.*

rivestito [1319] part. pass. di *rivestire*; anche agg. **1** Nei sign. del v. **2** ***Villano r.***, (*fig.*) villano rifatto.

rivestitùra [1872] s. f. ● (*raro*) Il rivestire | Rivestimento | Materiale che viene impiegato a rivestire qlco.

rivettàre [1970] v. tr. (*io rivétto*) ● Unire con rivetti.

rivettatrice [da *rivettare*; 1973] s. f. ● (*mecc.*) Attrezzo ad azionamento manuale o elettropneumatico per la ribaditura dei rivetti mediante compressione tra due ganasce.

rivettìno [1853] s. m. **1** Dim. di *rivetto* (2). **2** Ripiegatura dell'orlo della coccia, per sviare i colpi della spada nemica e proteggere la mano.

rivétto (1) [fr. *rivet*, da *river* 'attaccare', da *rive* 'bordo, riva'; 1905] s. m. ● Ribattino.

rivétto (2) [sec. XIV] s. m. **1** Dim. di *rivo.* **2** †Orlo. || **rivettino**, dim. (V.).

rivibràre [vc. dotta, lat. tardo *revibrāre* 'riverberare', comp. di *re-* e *vibrāre*; sec. XVII] v. tr. e intr. (aus. *avere*) ● Vibrare di nuovo.

†**rivicèllo** [sovrapposizione di *ruscello* a *rivo*] s. m. ● Ruscello, rivolo.

rividi ● V. *rivedere.*

rivièra o †**rivèra** [fr. *rivière*, dal lat. *ripāria(m)*, f. di *ripārius* 'che sta sulla riva', da *rīpa* 'riva'; 1312] s. f. **1** Riva: *Se camminerai per una r. d'un fiume* (LEONARDO) | Tratto costiero, litorale: *la r. romagnola* | (*per anton.*) La riviera ligure: *R. di Levante, di Ponente*; *va in vacanza in R.* **2** (*poet.*) †Fiume, corso d'acqua: *una donna che ne la r. / di Senna era caduta* (ARIOSTO). **3** (*sport*) Nell'equitazione, tipo di ostacolo usato nei concorsi ippici, costituito da un fossato pieno d'acqua preceduto da una piccola siepe | In atletica, ostacolo dei tremila siepi. ➡ ILL. p. 2152 SPORT.

rivieràsco [da *riviera*, col suff. *-asco*, tipico di toponimi ed etnici (cfr. *bergamasco*, *comasco*); 1540] agg. (pl. m. *-schi*) ● Abitante della riviera | Costiero, litoraneo: *un piccolo centro r.*

†**rivilicàre** [etim. incerta] v. tr. ● (*raro*) Ricercare con minuziosa diligenza.

rivìncere [vc. dotta, lat. *revĭncere*, comp. di *re-* e *vĭncere*; av. 1565] v. tr. (coniug. come *vincere*) **1** Vincere di nuovo. **2** Vincere a propria volta recuperando ciò che si era perduto: *r. una somma perduta al gioco.*

rivìncita [da *rivincere*; av. 1850] s. f. **1** Seconda partita concessa a chi ha perduto perché possa rifarsi: *chiedere inutilmente la r.* **2** (*est.*) Successo o soddisfazione che permette di rivalersi su qlcu., vendicarsi di un torto subìto, rifarsi di un insuccesso, una sconfitta e sim.: *è stato offeso, ma si è preso una bella r.*; *tenterà la r. alle prossime elezioni* | (*fig.*) Rivalsa: *è la r. dell'intelligenza sulla forza bruta*; *ecco la r. sulla sensualità mera* (PAVESE); SIN. Riscatto.

rivìnto part. pass. di *rivincere*; anche agg. ● Nei sign. del v.

rivisitàre [vc. dotta, lat. *revisitāre*, comp. di *re-* e *visitāre*; 1584] v. tr. (*io rivìsito*) **1** Visitare di nuovo | Rendere la visita. **2** †Riconsiderare, riandare con il pensiero. **3** (*fig.*) Riesaminare o riproporre da un altro punto di vista, interpretare secondo un gusto mutato: *r. la poesia dannunziana*; *r. alcuni piatti della cucina regionale.*

rivisitàto [1958] part. pass. di *rivisitare*; anche agg. **1** Nei sign. del v. **2** Riveduto e corretto: *testo r.*

rivisitazióne [da *rivisitare*; 1974] s. f. ● Il rivisitare.

rivissùto part. pass. di *rivivere*; anche agg. ● Nei sign. del v.

♦**rivìsta** [da *rivisto*; nel sign. 3, calco sul fr. *révue*; 1612] s. f. **1** Il rivedere | Controllo, riesame, revisione: *dare una r. ai manoscritti.* **2** (*mil.*) Schieramento delle truppe e loro presentazione alla persona cui si devono rendere gli onori e che le passa in rassegna, e successiva sfilata in parata dinanzi ad essa: *la r. per la festa della Repubblica*; *passare in r.* | ***R. navale***, quella che un'autorità, stando su una nave, passa alle altre unità di una forza navale riunite in porto o naviganti | Ispezione di vario genere da parte di ufficiale incaricato: *r. alle armi, al corredo.* **3** Periodico in cui, in modo approfondito e talora specializzato, si trattano argomenti di carattere scientifico, letterario, artistico, politico, economico e sim.: *Nuova r. musicale italiana.* SIN. Rassegna | (*gener., est.*) Periodico illustrato di attualità, spec. settimanale o mensile: *ti ho comprato qualche r. da leggere in treno*; *edicola di quotidiani e riviste.* **4** (*teat.*) Spettacolo comico-musicale di varietà, composto di molte scene e quadri per lo più indipendenti tra loro, in cui si recita, canta e danza: *andare alla r.*; *attrice di r.*; *compagnia di riviste.* || **rivistina**, dim.

rivistaiòlo [1936] agg. ● (*spreg.*) Da spettacolo di varietà, da rivista: *una stupida parodia di tipo r.* (PAVESE) | Frivolo, superficiale: *battuta rivistaiola.*

rivìsto part. pass. di *rivedere*; anche agg. **1** Nei sign. del v. | Revisionato. **2** ***Cose viste e r.***, arcinote, ovvie.

rivitalizzàre [comp. di *ri-* e *vitalizzare*; 1983] **A** v. tr. ● Dare nuova vita, vivificare di nuovo (*spec. fig.*). **B** v. intr. pron. ● Vivificarsi di nuovo.

rivitalizzazióne [1946] s. f. ● Il rivitalizzare | Trattamento consistente nel rivitalizzare spec. la pelle.

rivivènza [1903] s. f. ● (*raro*) Risurrezione (*anche fig.*).

rivìvere [vc. dotta, lat. *revīvere*, comp. di *re-* e *vīvere*; 1313] **A** v. intr. (coniug. come *vivere*; aus. *essere*, raro *avere*) **1** Ritornare in vita: *Parevan le morte / ninfe r.* (D'ANNUNZIO). SIN. Rinascere, risorgere. **2** (*fig.*) Riacquistare forza, vigore: *con questa quiete mi pare di r.* | (*fig.*) Tornare in uso, rifiorire, detto di usi, istituzioni, ecc.: *sono istituzioni che non rivivranno.* **3** Continuare a vivere in altra persona, perpetuarsi e sim.: *r. nella memoria di qlcu.*; *il padre rivive nel figlio*; *una civiltà che rivive ai giorni nostri.* SIN. Riapparire. **B** v. tr. ● Tornare a vivere: *r. una vita più tranquilla.*

rivivificàre [comp. di *ri-* e *vivificare*; 1987] v. tr. (*io rivivìfico, tu rivivìfichi*) ● Vivificare di nuovo, ravvivare (*spec. fig.*).

rivivificazióne s. f. ● Il rivivificare.

†**rivivìre** [V. *rivivere*] v. intr. ● Risorgere, risuscitare.

riviviscènza e *deriv.* ● V. *reviviscenza* e *deriv.*

rìvo [vc. dotta, lat. *rīvu(m)*, da una radice indeur. che significa 'sgorgare'; 1294] s. m. **1** (*lett.*) Breve corso d'acqua: *tu sol mi ascolti, o solitario r.* (FOSCOLO). **2** (*est., lett.*) Acqua corrente | (*est.*) Liquido di varia natura che scorre (*anche iperb.*): *rivi di lava*; *un r. di lacrime* | (*fig., raro*) Grande flusso: *un r. di eloquenza.*

rivocàre e *deriv.* ● V. *revocare* e *deriv.*

rivogàre [comp. di *ri-* e *vogare*; 1891] **A** v. intr. (*io rivógo* (o *-ò-*), *tu rivóghi* (o *-ò-*); aus. *avere*) ● (*raro*) Vogare di nuovo. **B** v. tr. **1** †Trasportare su una barca a remi. **2** (*lett., fig.*) Rifilare, appioppare.

rivolàre [vc. dotta, lat. *revolāre*, comp. di *re-* e *volāre*; 1319] v. intr. (*io rivólo*; aus. *essere* e *avere*) ● Volare di nuovo | (*est.*) Tornare indietro | (*fig.*) Tornare: *r. con la mente all'infanzia.*

rivolére [comp. di *ri-* e *volere* (1); sec. XIII] v. tr. (coniug. come *volere*) **1** Volere di nuovo. **2** Richiedere ciò che si è prestato o si è perduto (*anche fig.*): *rivoglio tutti i miei dischi*; *r. la libertà.*

♦**rivòlgere** [lat. *revŏlvere*, comp. di *re-* e *vŏlvere*. V. *volgere*; av. 1292] **A** v. tr. (coniug. come *volgere*) **1** Volgere di nuovo: *r. i passi, il cammino in una direzione.* **2** Far girare più volte: *r. la chiave nella serratura* | (*fig.*) Esaminare sotto ogni aspetto, meditare: *r. nella mente una risposta*; *r. fra sé e sé un'offesa.* **3** Volgere verso una direzione, indirizzare verso qlcu. o qlco. (*anche fig.*): *r. gli occhi al cielo*; *r. il discorso al vicino, il pensiero alla famiglia*; *r. enormi sforzi al conseguimento della laurea.* SIN. Dirigere. **4** Volgere dalla parte opposta o indietro: *ha rivolto gli occhi per non vedermi* | (*est., lett.*) Voltare sottosopra, rovesciare: *r. la barca* | (*fig., lett.*) Rimuovere, dissuadere, distogliere, stornare. **5** (*raro*) Fare ribellare. **6** (*fig.*) †Convertire alle proprie idee facendo mutare parere. **7** †Esaminare con cura, spec. scritti, opere letterarie, ecc. **B** v. rifl. (+ *a*) **1** Voltarsi indietro, in giro, dalla parte opposta o in una determinata direzione: *mi rivolsi a cercare i compagni.* SIN. Rigirarsi | Volgersi verso una persona, spec. per parlargli: *si rivolse a un vigile per un'informazione stradale* | (*fig.*) Darsi, applicarsi: *dopo qualche successo, si è rivolto alla pittura.* **2** Dirigersi per informazioni, indirizzarsi: *rivolgersi a una guardia, a un passante*; *rivolgersi al ministro con una petizione* | Raccomandarsi a qlcu. per avere conforto, aiuto e sim.: *se ne hai bisogno, rivolgiti pure a me*; *rivolgersi a Dio.* SIN. Ricorrere. **C** v. intr. pron. **1** †Girare in cielo, detto di astri. **2** (*raro*) Ribellarsi. **3** †Convertirsi alle idee altrui, cambiare di parere.

rivolgiménto [av. 1348] s. m. **1** †Movimento rotatorio: *[una retta] si gira intorno a un dei suoi estremi punti, fisso come centro del suo r.* (GALILEI). **2** (*est.*) Sconvolgimento, rovesciamento: *r. di stomaco.* **3** (*fig.*) Cambiamento più o meno pacifico dell'ordine civile, di istituzioni, situazioni politiche, e sim.: *una fase di grandi rivolgimenti politici.* SIN. Mutamento. **4** Manovra ostetrica con cui si modifica la presentazione del feto in una più favorevole per il parto.

rivolgitóre [da *rivolg(ere)* con il suff. *-tore*; 1336 ca.] agg. anche s. m. (f. *-trice*) ● Che (o Chi) causa un cambiamento o una trasformazione radicale: *o misera fortuna ... rivolgitrice de' mondani onori e beni* (BOCCACCIO).

rivolo [vc. dotta, lat. *rīvulu(m)*, dim. di *rīvus* 'rivo'; av. 1320] s. m. ● Rivo, ruscello (*spec. iperb.*): *rivoli di sudore*; *un r. di sangue*. || **rivolétto**, dim.

rivòlta [1374] s. f. **1** (*lett.*) Il rivolgere all'intorno, altrove: *r. d'occhi* (PETRARCA). **2** Improvvisa ribellione accompagnata da tumulti: *nel popolo scoppiò una violenta r.* SIN. Insurrezione, sommossa | (*est.*) Forte protesta, opposizione, dissenso: *la r. contro un sopruso*; *la r. ... contro l'accademismo letterario* (CROCE). **3** (*lett., raro*) Giro, avvolgimento. **4** †Svolta di una strada, una linea, un fiume, ecc. **5** (*lett.*) Risvolto di un abito; bavero: *il tabarro colle rivolte di seta sul braccio* (VERGA).

rivoltaménto [sec. XIV] s. m. ● (*raro*) Rivolgimento.

rivoltànte [1813] part. pres. di *rivoltare*; anche agg. ● Che provoca ripugnanza, disgusto (*anche fig.*): *un sapore r.*; *un discorso r.*

rivoltàre [comp. di *ri-* e *voltare*; 1334] **A** v. tr. (*io rivòlto*) **1** Voltare nuovamente. **2** Voltare dall'altra parte, sottosopra: *r. un quadro*; *r. la frittata* | Rimestare, voltare più volte: *r. il condimento, l'insalata* | Mettere il rovescio al posto del diritto: *r. una federa* | (*fig.*) ***R. qlco. come un guanto, come un calzino***, farla oggetto di ricerca o indagine minuziosa e accurata | (*lett., fig.*) ***R. la colpa a un altro***, attribuirla a un altro. **3** Provocare disgusto, sconvolgere: *quella pietanza mi ha rivoltato lo stomaco* | (*fig.*) Turbare la coscienza, causare ripugnanza morale: *il tuo cinismo ci rivolta.* **4** (*raro, lett.*) Indurre alla rivolta, fare sollevare, ribellare. **5** (*fig.*) †Cambiare, mutare. **B** v. rifl. **1** Volgersi indietro, in giro, da un'altra parte, dalla parte opposta: *appena ci vide, si rivoltò.* **2** †Indirizzarsi, dirigersi. **C** v. intr. pron. **1** Ribellarsi, agitarsi contro qlco., organizzare una sommossa, una rivolta: *rivoltarsi all'autorità*; *il popolo si rivoltò ai suoi capi.* SIN. Insorgere. **2** (*lett.*) Mutarsi, cambiarsi. **3** Sconvolgersi, turbarsi: *mi si rivoltò lo stomaco*; *mi si rivoltano le budella solo al pensiero.* **D** v. intr. ● †Tornare indietro.

rivoltàta [1334] s. f. ● Il rivoltare una volta: *dare una r. alla braciola.* || **rivoltatina**, dim.

rivoltàto [1338 ca.] part. pass. di *rivoltare*; anche agg. **1** Nei sign. del v. | (*fig., lett.*) Presentato in altro modo: *Ma comunque rivoltata, la vicenda aveva un che di equivoco, di ambiguo* (SCIASCIA). **2** ***Abito r.***, con la parte interna messa al di fuori. **3** (*arald.*) Detto di figura volta o riguardante verso la sinistra anziché verso la destra dello scudo. **4** (*mus.*) Detto di accordo in posizione di rivolto.

rivoltatùra [1872] s. f. ● Lavoro del rivoltare un abito e sim.

rivoltèlla [da *rivoltare*, sul modello dell'ingl. *revolver* (V.); 1872] s. f. ● Pistola a tamburo rotante. SIN. Revolver.

rivoltellàta [1876] s. f. ● Colpo di rivoltella. SIN. Revolverata.

rivòlto [av. 1566] **A** part. pass. di *rivolgere*; anche agg. **1** Nei sign. del v. | Girato, volto: *sedeva col viso r. all'insù* | (*fig.*) Destinato, indirizzato: *le accuse rivolte a un amico.* **2** (*fig.*) Intento, dedito: *con la mente rivolta alla ricerca del vero.* **B** s. m. ● (*mus.*) Posizione dell'accordo in cui viene mutato l'ordine relativo degli intervalli, utilizzando come nota bassa la terza o la quinta, anziché la fondamentale | ***Primo r.***, quando al basso è posta la terza nota | ***Secondo r.***, quando al basso è posta la quinta nota.

rivoltolaménto [1631] s. m. **1** Il rivoltolare, il rivoltolarsi. **2** †Rotazione.

rivoltolàre [comp. di *ri-* e *voltolare*; av. 1597] **A** v. tr. (*io rivòltolo*) **1** Voltolare di nuovo | Rigirare. **2** (*raro*) Mettere sottosopra | Rimescolare. **B** v. rifl. ● Voltolarsi più volte, continuamente.

rivoltolio [1872] s. m. ● Continuo e prolungato rivoltolare o rivoltolarsi. SIN. Rimescolio, rimestio.

rivoltolóne [1872] s. m. ● Il rivoltolarsi bruscamente o all'improvviso (*anche fig.*): *fare un r. sul tappeto*; *il cuore mi ha fatto un r.* SIN. Sobbalzo.

rivoltóso o †**rivoltuóso** [1640] **A** agg. ● Che è in rivolta o si rivolta, detto di persona: *soldati rivoltosi* | (*raro*) Relativo a una rivolta, che costituisce rivolta: *movimento r.* **B** s. m. (f. *-a*) ● Chi si ribella o partecipa a una rivolta: *i rivoltosi rifiutavano di trattare.* SIN. Insorto, ribelle.

†**rivoltùra** [av. 1348] s. f. **1** Rivoluzione, rivolta, rivolgimento. **2** Curvatura, tortuosità | Burrasca. **3** (*fig.*) Raggiro, imbroglio | Ripiego.

rivoluzionàre [fr. *révolutionner*, da *révolution* 'rivoluzione'; 1798] v. tr. (*io rivoluzióno*) **1** †Fare insorgere contro un ordine sociale o politico. **2** (*fig.*) Cambiare radicalmente: *il progresso ha rivoluzionato la nostra vita.* **3** (*fig.*) Mutare un ordine sconvolgendo, mettere sottosopra: *mi hai rivoluzionato i cassetti della scrivania.*

rivoluzionàrio [fr. *révolutionnaire*, da *révolution* 'rivoluzione'; 1790] **A** agg. **1** Di una rivoluzione, della rivoluzione: *governo r.* | ***Tribunale r.***, istituito e funzionante durante una rivoluzione | Relativo a una rivoluzione: *ideali rivoluzionari*; *capi rivoluzionari.* **2** (*fig.*) Che rinnova radicalmente: *iniziativa rivoluzionaria*; *una scoperta rivoluzionaria.* **B** s. m. (f. *-a*) ● Chi promuove una rivoluzione (*anche fig.*): *i rivoluzionari russi*; *quell'artista è un r.*

rivoluzionarismo [comp. di *rivoluzionario* e *-ismo*; 1898] s. m. ● Ideologia e prassi che tende, spec. in modo confuso, a modificare con la rivoluzione un determinato contesto politico-sociale.

♦**rivoluzióne** o †**revoluzióne** [vc. dotta, lat. tardo *revolutiōne(m)*, da *revolūtus*, part. pass. di *revŏlvere* 'rivolgere'; nel sign. politico, calco sul fr. *révolution*; av. 1348] s. f. **1** Violento, profondo rivolgimento dell'ordine politico-sociale costituito, tendente a mutare radicalmente governi, istituzioni, rapporti economico-sociali e sim.: *è scoppiata la r.*; *bisogna fare la r.* | ***R. francese***, (*per anton.*) ***la Rivoluzione***, quella che, iniziata nel 1789, distrusse in Francia il regime feudale assolutista esprimendo i suoi principi ispiratori nella dichiarazione dei diritti dell'uomo e del cittadino | ***R. d'ottobre***, quella che, nell'ottobre del 1917, rovesciò il governo provvisorio di Kerenskij e portò al potere, in Russia, la frazione bolscevica del partito socialdemocratico guidata da Lenin, segnando la nascita del nuovo Stato sovietico | ***R. culturale***, movimento politico-sociale che mirava a cambiare anche i valori ideali e i modi di pensare degli individui, sviluppatosi in Cina negli anni 1966-69. **2** (*est., fig.*) Rapida e radicale trasformazione economico-sociale, dovuta all'applicazione sistematica e su scala sempre più vasta di nuove scoperte scientifiche e tecnologiche: *la r. industriale inglese*; *l'automazione è stata definita come la seconda r. industriale* | ***R. verde***, radicale processo di modernizzazione e meccanizzazione dei sistemi di coltivazione della terra. **3** (*est., fig.*) Profondo e sostanziale rinnovamento in campo artistico, scientifico, culturale e sim.: *la r. copernicana* (V. anche *copernicano*); *la r. dell'evoluzionismo*; *la r. di Darwin*; *r. nei rapporti tra genitori e figli*; *r. sessuale.* **4** (*fig., fam.*) Confusione, turbamento, scompiglio: *il suo arrivo ha scatenato la r. in casa.* **5** Movimento di un corpo intorno a un centro o asse: *r. della ruota* | ***Solidi di r.***, generati dalla rotazione di una curva piana intorno a un asse contenuto nel suo piano. **6** (*astron.*) Moto di un corpo celeste che descrive un'orbita ellittica attorno ad un altro: *la r. della Terra attorno al Sole.* CFR. Rotazione.

†**rivòlvere** [lat. *revŏlvere*. V. *rivolgere*; 1308] v. tr. **1** Rivolgere, far girare. **2** (*fig.*) Distogliere. **3** (*fig.*) Considerare, rimuginare: *rivolve tuttavia tra sé Rinaldo / chi sia l'estraneo cavaliere* (ARIOSTO).

rivomitàre [comp. di *ri-* e *vomitare*; av. 1519] v. tr. (*io rivòmito*) ● Vomitare di nuovo | (*fig., lett.*) Restituire a viva forza: *sarebbero stati capaci di fargli r. la roba altrui* (VERGA).

rivotàre (**1**) [comp. di *ri-* e *votare* (*1*); 1882] v. tr. e intr. (*io rivóto*) ● Votare di nuovo.

rivotàre (**2**) ● V. *rivuotare.*

rivulària [dal lat. *rīvulus* 'piccolo rio (*rīvus*)', col suff. bot. *-aria*; 1929] s. f. ● Alga azzurra le cui cellule sono riunite in colonie filiformi a forma di pennello o ventaglio (*Rivularia*).

rivulsióne ● V. *revulsione.*

rivulsivo ● V. *revulsivo.*

rivuotàre o (*raro*) **rivotàre** (**2**) [comp. di *ri-* e *vuotare*] v. tr. (*io rivuòto*, o raro *rivòto*) ● Vuotare di nuovo.

-rìza [dal gr. *rhíza* 'radice', di diffusione indeur.] secondo elemento ● In parole composte della terminologia scientifica, significa 'radice': *coleorriza*, *micorriza.*

rizàtono ● V. *rizoatono.*

rizèna [dal gr. *ryzêin* 'latrare', di orig. onomat.; 1937] s. f. ● Mammifero carnivoro, affine alla mangusta (*Rhyzaena*).

rizìna [dal gr. *riza* 'radice', di orig. indeur.; 1835] s. f. ● Produzione pelosa lunga e sottile che si sviluppa sulla parte inferiore dei licheni, a cui assicura l'aderenza al substrato e l'assorbimento.

rìzo- [gr. *riz(o)-*, da *riza* 'radice', di orig. indeur.] primo elemento ● In parole scientifiche composte, significa 'radice' (*in senso proprio e fig.*): *rizobio*, *Rizoforacee*, *rizoatono*, *rizotonico.*

rizoàtono o **rizàtono** [comp. di *rizo-* e *atono*; 1959] agg. ● (*ling.*) Detto di parola che non ha l'accento sulla sillaba radicale ma sul prefisso o sul suffisso (ad es. *parlàvo* rispetto a *pàrlo*). SIN. Arizotonico. CONTR. Rizotonico.

rizòbio [comp. di *rizo-* e *-bio*; 1865] s. m. ● Batterio che si sviluppa sulle radici di leguminose e fissa azoto atmosferico (*Rhizobium leguminosarum*).

rizocàrpico [comp. di *rizo-* e un deriv. di *-carpo*; 1835] agg. (pl. m. *-ci*) ● Detto di vegetale i cui frutti nascono dalla radice.

Rizoforàcee [comp. di *rizo-* e *-foro*, col suff. *-acee*; 1936] s. f. pl. (sing. *-a*) ● Nella tassonomia vegetale, famiglia di piante tropicali delle Dicotiledoni che si fissano al suolo mediante radici avventizie originate da rami (*Rhizophoraceae*).

rizòide [comp. di *rizo-* e *-oide*; 1940] s. m. ● (*bot.*) Organo delle Tallofite simile alla radice per aspetto e funzione.

rizòma [vc. dotta, gr. *rízōma* 'radice', da *riza* 'radice'. V. *rizo-*; 1829] s. m. (pl. *-i*) ● (*bot.*) Fusto orizzontale simile a una radice, sotterraneo o strisciante in superficie, con squame in luogo delle foglie, che costituisce un organo di riserva; da esso si staccano le radici e lo scapo fogliare e fiorifero. ➡ ILL. **botanica generale.**

rizomatóso [1940] agg. ● (*bot.*) Detto di vegetale provvisto di rizoma | Detto di organo con natura di rizoma.

rizomòrfo [comp. di *rizo-* e *-morfo*; 1906] agg. ● (*bot.*) Che ha forma di radice.

Rizòpodi [comp. di *rizo-* e *-pode*; 1929] s. m. pl. (sing. *-e*) ● Nella tassonomia animale, classe di Protozoi capaci di emettere pseudopodi per la locomozione e la presa dell'alimento (*Rhizopoda*).

rizostòma [comp. di *rizo-* e del gr. *stóma* 'bocca'. V. *stoma*; 1835] s. m. (pl. *-i*) ● Medusa delle acque costiere tropicali, priva di tentacoli, che ha il canale dell'esofago ramificato e quindi numerose aperture boccali (*Rhizostoma pulmo*).

rizotàssi [comp. di *rizo-* e *-tassi*; 1959] s. f. inv. ● (*bot.*) Disposizione delle ramificazioni della radice.

rizotonìa [da *rizotonico*; 1986] s. f. ● (*ling.*) Caratteristica di una parola rizotonica.

rizotònico [comp. di *rizo-* e *tonico*; 1901] agg. (pl. m. *-ci*) ● (*ling.*) Detto di parola il cui accento tonico cade su una sillaba che è costitutiva della sua radice (ad es. *càntano* rispetto a *canterànno*, che è invece rizoatona). CONTR. Arizotonico, rizoatono.

rizza [da *rizzare* (*1*); 1804] s. f. ● (*mar.*) Sistema di cavi o catene capace di trattenere un oggetto mobile durante i movimenti della nave.

rizzacùlo [comp. di *rizza(re)* (*1*) e *culo*; detto così perché quando spruzza il veleno alza l'addome; 1803] s. m. (pl *-i*) ● Formica comune nell'Europa mediterranea che cammina tenendo l'estremità posteriore dell'addome ripiegata in alto e in avanti (*Crematogaster scutellare*).

rizzaffàre [comp. di *ri-* e *zaffare*; av. 1400] v. tr. **1** (*lett.*) Turare di nuovo: *Si chinò, rizzaffò la buca* (PIRANDELLO). **2** †Imbottire: *La rizzafferanno con la bambagia* (SACCHETTI).

rizzàgio ● V. *rezzaglio.*

rizzaménto [av. 1320] s. m. ● †Il rizzare.

♦**rizzàre** (**1**) [lat. parl. **rectiāre*, da *rēctus* 'retto, ritto'; av. 1292] **A** v. tr. **1** Mettere, alzare in modo che stia ritto: *r. una tenda, una bandiera, le vele* | ***R. il capo***, (*fig.*) risentirsi o farsi rispettare | ***R. la coda, il pelo, la cresta***, (*fig.*) imbaldanzirsi, diventare superbi | ***R. gli orecchi***, (*fig.*) ascoltare, prestare attenzione. SIN. Erigere, ergere, levare. **2** Costruire, innalzare, fabbricare: *r. un edificio, un argine, una statua*; *sapeva r. un po' di tettoia* (VERGA). **B** v. rifl. ● Alzarsi ritto in piedi: *rizzarsi da terra dopo una caduta* | Mettersi in posizione eretta: *rizzarsi a sedere sul letto*. SIN. Erigersi, ergersi, levarsi. **C** v. intr. pron. ● Diventare ritto: *per l'orrore, gli si rizzarono i capelli*.

rizzàre (2) [da *rizza*; 1814] v. tr. ● (*mar.*) Fermare oggetti di bordo per evitarne spostamenti con il mare agitato.

rizzàta [da *rizzare* (*1*); 1897] s. f. ● Atto del rizzare. || **rizzatina**, dim.

rizzatùra [1814] s. f. ● (*mar.*) Operazione del rizzare | Insieme di rizze.

RNA /'erre enne'a*/ [sigla dell'ingl. *RiboNucleic Acid* 'acido ribonucleico'; 1970] s. m. inv. ● (*biol.*) Acido ribonucleico, che si trova sia nel nucleo sia nel citoplasma delle cellule, la cui funzione principale è la sintesi proteica | ***RNA messaggero***, molecola di RNA trascritta da una molecola di DNA con singolo filamento a cui risulta complementare, che trasmette ai ribosomi le informazioni per la sintesi proteica | ***RNA di trasporto, di trasferimento, solubile***; la più piccola molecola di RNA presente nelle cellule; ha la funzione di adattare i vari amminoacidi alle triplette presenti nell'RNA messaggero.

ro /rɔ*/ o **rho** [dal gr. *rô*; 1959] s. m. o f. inv. ● Nome della diciassettesima lettera dell'alfabeto greco.

road movie /ingl. 'ɹəʊd 'muːvi/ [loc. ingl., comp. di *road* 'strada' e *movie* 'spettacolo cinematografico'; 1980] loc. sost. m. inv. (pl. ingl. *road movies*) ● Genere cinematografico imperniato sulla tematica americana del viaggio, dell'avventura e della ricerca della realizzazione di sé stessi.

road show /ingl. 'ɹəʊd,ʃəʊ, -d 'ʃəʊ/ [vc. ingl., propr. 'spettacolo (*show*) per via (*road*)'; 1992] loc. sost. m. inv. (pl. ingl. *road shows*) ● (*econ.*) L'attività di incontri e presentazioni con investitori istituzionali internazionali svolta da esponenti di una società nei giorni precedenti la quotazione del suo titolo in Borsa.

roadster /'rɔdster, ingl. 'rəʊdstə/ [vc. ingl., da *road* 'strada'; 1988] s. f. inv. ● (*autom.*) Automobile scoperta, spec. a due posti. CFR. Spider.

roaming /ingl. 'ɹəʊmɪŋ/ [vc. ingl., propr. 'che vaga', dal v. *to roam* 'girovagare' di orig. germ.; 1995] s. m. inv. ● (*tel.*) Nella telefonia mobile cellulare, accordo tra società di gestione del servizio che offre la possibilità agli utenti di una società di utilizzare la rete delle altre.

roàno [sp. *roano*, dal lat. *rāvidu(m)* 'di color grigiastro', da *rāvus* 'grigiastro', di etim. incerta; 1532] **A** s. m. ● Mantello equino formato di peli bianchi, rossi e neri mescolati, mentre coda, criniera ed estremità degli arti sono neri. **B** anche agg.: *mantello r.*

ròar /'roar, ingl. 'ɹɔːɹ/ [vc. ingl., dal v. onomat. *to roar* 'ruggire'; 1949] **A** inter. ● Nel linguaggio dei fumetti, voce che riproduce un ruggito o il rombo di un motore. **B** in funzione di s. m. inv. ● Il ruggito o il rombo stessi.

roast-beef /'rɔzbif, ingl. 'ɹəʊs(t),biːf/ [ingl., propr. 'manzo arrostito', comp. di *roast*, dal fr. *rôtir* '(ar)rostire', e *beef*, dal lat. *bōve(m)* 'bove'] s. m. inv. ● Carne di manzo, tagliata nello scannello o nella lombata, cotta a fuoco vivo, così da arrostirla all'esterno mantenendola al sangue all'interno: *roast-beef allo spiedo, al forno*; *roast-beef freddo*.

♦**ròba** (1) o †**ròbba** [francone *rauba* 'vestito'; sec. XIII] s. f. **1** Ciò che di materiale si possiede e che serve in genere alle necessità del vivere: *consumare tutta la propria r.*; *non vogliamo la vostra r.* | (*est.*) Complesso di beni, proprietà, possedimenti: *ha lasciato tutta la sua r. ai nipoti*; *non aveva altro che la sua r.* (VERGA) | ***R. di casa***, mobili, suppellettili, ecc. **2** Ogni oggetto materiale e la materia, la sostanza di cui è fatto: *chi ha portato questa r.?*; *non sappiamo di che r. è fatto* | ***R. di valore***, gioielli, oggetti preziosi | Cibo, bevanda: *c'è r. per un mese* | Opera, lavoro: *che r. è quel libro?* | ***Che r.!***, che cosa strana, inconsueta | Affare, faccenda: *non è r. che ti riguardi* | (*fam.*) ***R. da matti, da chiodi!***, cose molto riprovevoli o fuori del comune | (*spreg., iron.*) ***Bella r.!***, bella cosa, bel lavoro! **3** Stoffa: *r. di lana, fine, comune* | (*est.*) Abito, indumento: *r. da lavare, d'inverno*; *indossare r. nuova* | †***Capo di r.***, capo di vestiario. **4** Merce, mercanzia, articolo: *r. di scarto, di prima qualità, cara, rubata*; *vetrina piena di r.*; *r. comprata di combinazione*; *r. di rivendita, messa lì per i clienti* (PIRANDELLO). **5** (*gerg.*) Sostanza stupefacente. || **robàccia**, pegg. | **robétta**, dim. | **robettina**, dim. | **robiccia**, pegg. | **robicciòla**, robicciuòla, pegg. | **robina**, dim. | **robóna**, accr. | **robùccia**, dim. | **robùcola**, pegg.

†**ròba** (2) [fr. *robe*. V. *roba* (*1*); 1291] s. f. ● Veste, vestito. || **robóne**, accr. m. (V.).

†**robàre** ● V. *rubare*.

†**ròbba** ● V. *roba* (*1*).

ròbbia (o -ò-) [lat. *rŭbia(m)*, da *rŭber* 'rosso', V. *rubro*; av. 1320] s. f. ● Pianta coltivata delle Rubiacee con rizoma strisciante, fusto quadrangolare e aculeato, foglie in verticilli, utile per la tinta rossa che si ricava dal rizoma (*Rubia tinctorum*) | ***R. peregrina***, molto simile alla precedente e comune allo stato selvatico nelle siepi o boscaglie (*Rubia peregrina*).

†**ròbbio** (o -ò-) o †**ròggio** (o †-ò-) [lat. *rŭbeu(m)*, var. di *rŭbru(m)* 'rosso'. V. †*rubro* (*2*); 1319] **A** agg. ● Rosso, fulvo. **B** s. m. ● Panno rosso usato come supporto per i distintivi di grado dei comandanti di corpo, degli ufficiali incaricati del grado superiore, degli ufficiali medici.

robe /fr. rɔb/ [vc. fr., propr. 'vestito'. V. *roba* (*1*); 1940] s. f. inv. ● Abito femminile di taglio elegante, a un solo pezzo.

robe-manteau /fr. ˌrɔbmɑ̃'to/ [vc. fr., propr. 'vestito mantello', comp. di *robe* (V.) e *manteau* che ha la stessa etim. dell'it. *mantello*; 1970] loc. sost. f. inv. (pl. fr. *robes-manteaux*) ● Abito femminile di modello simile a un cappotto, abbottonato sul davanti.

robìglio o **rubìglio** [dal lat. *ervilia*] s. m. ● (*bot.*) Varietà di pisello coltivata come foraggio e spesso inselvatichita.

robinétto e deriv. ● V. *rubinetto* e deriv.

robìnia [da J. *Robin* (1550-1628) che la importò dal Canada; 1801] s. f. ● Albero delle Papilionacee con foglie imparipennate, stipole spinose e fiori bianchi profumati riuniti in grappoli, di origine nordamericana, naturalizzato nelle regioni temperate dell'Europa (*Robinia pseudacacia*). SIN. Gaggia, pseudacacia. ➡ ILL. **piante**/6.

robiòla [da *Robbio*, località della Lomellina ove viene prodotta (?); 1549] s. f. ● Formaggio dolce, tenero, non stagionato, tipico della Lombardia e del Piemonte, confezionato in panetti rettangolari.

robivècchi [da *roba vecchia*; 1795 ca.] s. m. e f. inv. ● Chi compra oggetti usati e li rivende. SIN. Rigattiere.

roboànte ● V. *reboante*.

robóne [1536] s. m. **1** Accr. di †*roba* (*2*). **2** Antica veste ampia e pomposa indossata un tempo da dottori e magistrati: *un r. di drappo pesante, di broccato*.

†**roboràre** [vc. dotta, lat. *roborāre* 'rinforzare', da *rōbur*, genit. *rōboris* 'legno di rovere', poi 'forza'. V. *rovere*] v. tr. ● Corroborare, fortificare.

♦**robot** /ro'bo*, ceco 'rɔbɔt/ [dal ceco *ròbota* 'lavoro': il n. fu coniato dallo scrittore ceco K. Čapek (1890-1938) per gli automi che agivano nel suo dramma *'R.U.R.'*; 1941] s. m. inv. **1** Dispositivo meccanico che riproduce i movimenti, e generalmente l'aspetto esterno, dell'uomo e degli animali | In cibernetica, apparecchio automatico programmabile, destinato a sostituire autonomamente l'uomo in alcune attività manuali, spec. quelle faticose, pericolose o costose, di alcuni settori dell'industria e della ricerca scientifica. **2** (*est., fig.*) Chi agisce e si muove in modo meccanico, senza rendersi conto dei propri atti. || **robottino**, dim.

robòtica [f. sost. di *robotico*; 1964] s. f. ● Parte della cibernetica che si occupa dello studio, costruzione e applicazione dei robot.

robòtico [da *robot*; 1968] **A** agg. (pl. m. *-ci*) ● Di robot | Relativo alla robotica. **B** s. m. (f. *-a*) ● Esperto di automazione industriale.

robotizzàre [fr. *robotiser*, da *robot*; 1980] **A** v. tr. ● Attrezzare, fornire di robot: *r. una fabbrica*. **B** v. intr. pron. **1** Trasformarsi in seguito all'introduzione e all'uso di robot: *la fabbrica si è robotizzata*. **2** (*est., fig.*) Disumanizzarsi come un robot.

robotizzàto [1986] part. pass. di *robotizzare*; anche agg. **1** Nei sign. del v. | Funzionante in modo del tutto automatico: *sistema produttivo r.* **2** (*fig.*) Disumanizzato: *in questo momento l'uomo r. trionfa* (MONTALE).

robotizzazióne [1969] s. f. **1** Operazione del robotizzare | Automatizzazione. **2** (*fig., raro*) Disumanizzazione.

roburite [dal lat. *rōbur* 'forza'. V. *rovere*; 1891] s. f. ● Esplosivo di sicurezza a base di nitrato ammonico, usato nelle miniere.

robustézza [sec. XIV] s. f. ● Caratteristica di chi (o di ciò che) è robusto (*anche fig.*): *la r. di un atleta, di una parete, di una connessione*. SIN. Forza, gagliardia, resistenza.

♦**robùsto** [vc. dotta lat. *robŭstu(m)*, da *rōbus*, forma originale di *rōbur* 'forza'. V. *rovere*; 1319] agg. **1** Che possiede forza, energia, detto di persona: *un bambino r.*; *Era frate Alberto bello uomo del corpo e r.* (BOCCACCIO) | Resistente, vigoroso, detto del corpo o delle sue parti: *sana e robusta costituzione*; *braccia robuste* | (*eufem.*) Grasso: *una ragazza un po' robusta*. SIN. Forte. **2** Solido, resistente, detto di cosa: *una catena robusta* | ***Quercia, pianta robusta***, che è ben radicata e provvista di grosso fusto | ***Vino r.***, di alta gradazione alcolica: *gusta quest'altro / vin r.* (REDI). **3** (*fig., lett.*) Intrepido, saldo, coraggioso: *animo r.* | ***Stile r.***, efficace, molto espressivo | ***Discorso r.***, incisivo, eloquente. **4** (*fig.*) Acuto, pronto, vigoroso: *ingegno r.*; *la fantasia tanto è più robusta quanto è più debole il raziocinio* (VICO). || **robustaménte**, avv. SIN. Gagliardamente.

†**robustóso** [da *robusto* col suff. di qualità *-oso*; 1224 ca.] agg. ● Robusto: *ed ello è bello et iocundo et r. et forte* (FRANCESCO D'ASSISI).

rocàggine [1691] s. f. ● Condizione di chi (o di ciò che) è roco: *soffrire di r.*; *la r. di un suono*. SIN. Fiochezza.

rocaille /fr. rɔ'kaj/ [vc. fr., V. *rococo*; 1905] s. f. inv. ● Tipo di architettura rustica da giardino con grotte artificiali, agglomerati di pietre, conchiglie, fontane e sim. in voga nei secc. XVII e XVIII | Motivo decorativo di mobili e altri oggetti d'ornamento a conchiglie, volute, riccioli, tipico dello stile rococò francese.

rocambolésco [fr. *rocambolesque*, da *Rocambole*, n. del protagonista dei romanzi di Ponson du Terrail; 1904] agg. (pl. m. *-schi*) ● Detto di azione così avventurosa e audace da parere incredibile o portata a termine con grande astuzia e spericolatezza: *fuga rocambolesca*; *furto r.* || **rocambolescaménte**, avv.

ròcca (1) o **ròcca** [got. *rukka*; 1308] s. f. **1** Strumento per filare a mano, costituito da un'asta lunga circa un metro con un'estremità rigonfia attorno a cui si arrotola la lana che si fa poi scorrere per alimentare il fuso | ***La r. e il fuso***, (*fig., disus.*) i lavori femminili. SIN. Conocchia. **2** (*tess.*) Confezione di filato cilindrica o conica, su un tubetto conico, troncoconico o cilindrico. **3** (*edil.*) Fumaiolo. **4** (*raro*) Cosa, oggetto a forma di rocca. || **rocchèlla**, dim. (V.) | **rocchétta**, dim. (V.) | **rocchétto**, dim. m. (V.).

ròcca (2) [vc. di orig. preindeur.; 1319] s. f. **1** Fortezza di grandi dimensioni costruita di solito in cima a un monte o in un luogo elevato, dirupato e scosceso; frequente nei toponimi: *R. Priora*; *R. di Papa* | ***Forte come una r.***, fortissimo. **2** In alpinismo, cima isolata con pareti nude, quasi verticali, terminante superiormente con una piccola spianata. **3** (*raro*) Torre, nel gioco degli scacchi. **4** (*anat.*) ***R. petrosa***, formazione piramidale endocranica dell'osso temporale in cui è contenuto l'orecchio interno. **5** †Roccia | ***Di r.***, estratto da miniere: *rubini di r.* (LEONARDO) | ***Allume di r.***, V. *allume* | ***Cristallo di r.***, V. *cristallo*. || **rocchétta**, dim.

roccafórte o (*raro*) **ròcca fórte** [comp. di *rocca* (*2*) e *forte*; 1260 ca.] s. f. (pl. *rocchefòrti*, o *roccafòrti*, raro *ròcche fòrti*) **1** Fortezza, città fortificata. **2** (*fig.*) Luogo, ambiente in cui si concentra la maggiore forza di qlcu. o di qlco.: *l'Inghilterra resta ... la r. del vero liberalismo* (MONTALE).

roccàta [da *rocca* (*1*); av. 1406] s. f. ● Pennecchio.

roccatrice [da *rocca* (*1*); 1949] s. f. ● (*tess.*) Macchina destinata alla roccatura di un filato.

roccatùra [da *rocca* (*1*); 1959] s. f. ● (*tess.*) Operazione con cui si confeziona in un'unica rocca, avvolgendolo a spire incrociate sulla roccatrice, il filato svolto successivamente da più confezioni provenienti dalla filatura o dalla torcitura.

roccèlla [V. *oricello*; 1823] s. f. ● (*bot.*) Genere di licheni delle regioni mediterranee e delle isole del Capo Verde; da alcune specie si ricava l'oricello (*Roccella*).

rocchèlla [dim. di *rocca* (*1*); sec. XIV] **s. f.** ● (*tess.*) Rocchetto.

rocchétta [da *rocca*; sec. XVII] **s. f.** *1* Dim. di *rocca*. *2* (*mil.*) Artificio di guerra per illuminazione o segnalazioni luminose.

rocchettàro ● V. *rockettaro*.

rocchettièra [da *rocchetto* (*1*); 1931] **s. f.** ● (*tess.*) Macchina, simile a una roccatrice, impiegata per l'incannatura, spec. di un filato di seta o di un filamento di tecnofibre, su un rocchetto.

rocchétto (**1**) [dim. di *rocca* (*1*); sec. XIV] **s. m.** *1* Piccolo cilindro cavo di vario materiale, con bordi sporgenti alle estremità, su cui è avvolto un filato per cucire e che può essere inserito nell'apposito alloggiamento di una macchina per cucire | (*est.*) Gomitolo cilindrico: *un r. di filo da ricamo*. *2* Nell'industria tessile, confezione di un filato di seta o di un filamento di tecnofibre, avvolto a spire parallele su un cilindro di legno, cartone, plastica o sim. *3* (*tecnol.*) In una coppia di ruote dentate, quella di minore diametro e avente un numero di denti uguale o prossimo a quello minimo possibile | In una coppia di ruote dentate a dentatura interna, la ruota interna. *4* (*teat.*) Rullo di legno impiegato per far scorrere le funi che sostengono gli elementi di scena. *5* Oggetto che nella forma ricorda un rocchetto: *tacco a r.* *6* (*cine*) Piccolo cilindro, dentato e non, che provvede al trascinamento o scorrimento della pellicola cinematografica all'interno di cineprese, proiettori, sviluppatrici e sim. *7* (*elettr.*, *disus.*) Bobina | ***R. di induzione*, *di Ruhmkorff***, trasformatore atto a trasformare una corrente continua a basso potenziale e alta intensità, erogata da una pila o sim., in una corrente discontinua a bassa intensità e alto potenziale; usato in passato per studiare le onde hertziane e la scarica nei gas rarefatti e oggi in campo didattico per illustrare le leggi dell'induzione elettromagnetica | ***R. d'accensione***, bobina d'accensione | ***R. di Tesla***, trasformatore alimentato da una corrente ad alta frequenza e capace di fornire un'alta tensione ad alta frequenza per applicazione spec. terapeutiche.

rocchétto (**2**) [fr. *rochet*, dal francone *hrok*; av. 1566] **s. m.** ● Sopravveste liturgica di lino bianco con pizzo, lunga fino a mezza gamba, portata dal Papa, dai vescovi, dai prelati e, per concessione, da altri ecclesiastici.

rocchigiàno **s. m.** (**f.** *-a*) *1* Abitante, nativo di una località nel cui nome appare *Rocca*, come *Rocca San Casciano*. *2* †Custode o governatore di una rocca.

ròcchio [lat. tardo *rŏtulu*(*m*). V. *rotolo*; 1313] **s. m.** *1* (*arch.*) Ciascuno degli elementi pressoché cilindrici del fusto di una colonna di pietra non monolitica spesso uniti tra loro da punti metallici in asse. ➡ **ILL.** p. 2117 ARCHITETTURA. *2* (*est.*) Pezzo di qlco. di forma simile al cilindro, ma tozzo e non molto grande: *un r. di legno* | ***R. di salsiccia***, ogni porzione compresa tra due nodi fatti intorno al budello | ***R. di carne***, pezzo di carne senz'osso | ***R. di anguilla*, *di nasello***, porzione cilindrica | ***R. di fichi secchi***, fichi incastellati a rocchio.

♦**ròccia** [fr. *roche*, corrispondente all'it. *rocca* (*2*); 1313] **s. f.** (**pl.** *-ce*) *1* Aggregato di minerali dovuto a fenomeni geologici. **CFR.** lito-, -lito (1), petro- | ***R. metamorfica***, derivante da profonde modificazioni di rocce eruttive o di rocce sedimentarie | ***R. sedimentaria***, dovuta a deposito di materiale solido trasportato dall'acqua o dall'aria | ***R. eruttiva***, derivante dal consolidamento di un magma. ➡ **ILL.** p. 2130 SCIENZE DELLA TERRA ED ENERGIA. *2* Correntemente, parte più dura e compatta della superficie terrestre: *strada scavata nella r.* | Parete scoscesa di pietra viva (spec. in alpinismo): *arrampicata su r.*; *chiodi, scarpe da r.* | ***Fare r.***, scalare. *3* (*fig.*) Persona moralmente salda o fisicamente molto robusta. *4* (*fam.*, *tosc.*) Incrostazione di sudiciume: *avere la r. tra le dita*. || **roccétta**, **dim.** | **roccióne**, **accr. m.**

rocciatóre [da *roccia*; 1935] **s. m.** (**f.** *-trice*) ● Nell'alpinismo, chi si arrampica su roccia.

roccióso [1871] **agg.** *1* Pieno, cosparso di rocce, costituito di rocce: *mare dal fondo r.*; *suolo r.* *2* (*fig.*) Forte, nerboruto: *mani rocciose* | (*fig.*) Tenace, ostinato: *carattere r.* *3* (*fam.*, *tosc.*) Pieno di sudiciume incrostato. || **rocciosaménte**, **avv.**

ròcco [dal persiano *rōkh* 'elefante che porta sul dorso una torre con un arciere'; non si esclude un accostamento al pastorale; 1319] **s. m.** (**pl.** *-chi*) *1* Bastone o pastorale degli arcivescovi e di alcuni vescovi, ritorto in cima, con piccola torre e croce. *2* †Torre degli scacchi.

roccocò ● V. *rococò*.

roccolàno [dal n. corrente della città, *Rocca*, con il doppio suff. *-ol*(*o*) e *-ano* (*1*)] **A** **agg.** ● Di Roccaraso. **B** **s. m.** (**f.** *-a*) ● Abitante, nativo di Roccaraso.

ròccolo [da avvicinare a *rocca* (*2*) (?); 1858] **s. m.** ● Tesa classica agli uccelli, con reti verticali, disposte attorno a piante e boschetti opportunamente preparati in precedenza.

rochézza [av. 1698] **s. f.** ● Rocaggine.

rock /*ingl.* ɹɔk/ [1942] **A** **s. m. inv.** ● Accorc. di *rock and roll*. **B** in funzione di **agg. inv.**: *complesso r.*; *concerto r.*

rockabilly /rɔkka'billi, *ingl.* 'ɹɔkəˌbɪli/ [vc. dell'ingl. d'America, comp. di *rock a*(*nd roll*) e (*hill-*)*billy* 'musica di chi proviene dalle regioni sudorientali degli Stati Uniti'; 1982] **s. m. inv.** ● Genere musicale statunitense nato dalla fusione del rock and roll con elementi country e western.

rock and roll /'rɔkken 'rɔl, *ingl.* 'ɹɔk ən'ɹəʊl/ o **rock'n roll** [ingl., propr. 'dondola e rotola', comp. di *to rock* 'cullare, dondolare', di orig. germ., e *to roll* 'rotolare', dal fr. *rouler* (stessa etim. dell'it. *rotolare*); 1959] **loc. sost. m. inv.** ● Genere musicale, derivato da swing e rhythm and blues, di ritmo molto accentuato su terzine, sorto in Nordamerica nei primi anni '50 del Novecento in provocatorio contrasto con la musica melodica in voga nell'epoca.

rocker /*ingl.* 'ɹɔkəɹ/ [vc. ingl., da *rock*; 1964] **s. m. e f. inv.** *1* Autore o interprete di musica rock. *2* Appassionato, cultore di musica rock.

rockettàro o **rocchettàro** [da *rock*, sul modello di *gruppettaro* e sim.; 1980] **s. m.** ● Giovane compositore, cantante o suonatore di musica rock (*spec. iron.*) | Fanatico di musica rock.

rock-jazz /*ingl.* 'ɹɔkˌʤæz/ [vc. ingl., comp. di *rock* e *jazz*] **s. m. inv.** ● (*mus.*) Corrente jazzistica che assume alcuni caratteri del rock.

rock'n roll /'rɔkken 'rɔl, *ingl.* 'ɹɔk n̩'ɹəʊl/ ● V. *rock and roll*.

rockstar /rɔks'tar, *ingl.* 'ɹɔkˌstɑːɹ/ [vc. ingl., comp. di *rock* e *star*; 1977] **s. f. inv.** ● Musicista rock di grande successo, divo del rock.

ròco [lat. *răucu*(*m*) 'rauco'; 1319] **agg.** (**pl. m.** *-chi*) ● Rauco, detto di persona: *essere r. per il mal di gola* | Fioco, poco limpido, detto di suono, voce o altro: *o r. mormorio di lucid'onde* (PETRARCA). || **rocaménte**, **avv.** **SIN.** Raucamente, fiocamente.

rococò o (*raro*) **roccocò** [fr. *rococo*, deform. di *rocaille* 'pietrame, opera a nicchi' (per ornamento di grotte artificiali, ecc.), da *roche* 'roccia'; 1839] **A** **s. m.** ● Stile settecentesco d'origine francese caratterizzato da mobili, oggetti, ornati di forma capricciosa e mossa e da elementi decorativi quali foglie, volute, conchiglie, riccioli disposti asimmetricamente. **B** **agg.** *1* Detto di ciò che appartiene a tale stile: *mobile r.* *2* (*est.*) Lambiccato, artificioso: *pettinatura r.*

rodàggio [fr. *rodage*, da *roder* 'levigare per attrito', dal lat. *rōdere*; 1939] **s. m.** *1* Operazione consistente nel fare funzionare una macchina, un motore, un veicolo nuovi per un certo tempo senza superare i limiti di velocità indicati dal costruttore e senza sforzi eccessivi, per consentire l'assestamento dei vari organi: *automobile in r.* *2* (*fig.*) Tempo necessario per adattarsi a persone, luoghi, ambienti nuovi.

rodàre [da *rodaggio*; 1935] **v. tr.** (*io ròdo*) *1* Sottoporre a rodaggio. *2* (*fig.*) Abituare a nuove necessità o a nuovi ambienti | Mettere alla prova: *r. le nuove scarpe*.

rodènse **A** **agg.** ● Di Rodi, isola della Grecia. **B** **s. m. e f.** ● Abitante, nativo di Rodi, isola della Grecia. **SIN.** Rodiese, rodiota.

rodènte **part. pres.** di *rodere*; anche **agg.** ● Nei sign. del v. | (*fig.*, *lett.*) Assillante: *Un altro sentimento era, duro r. indefinibile* (PIRANDELLO).

rodenticìda [comp. di *rodente* e *-cida*; 1978] **s. m.** (**pl.** *-i*) ● (*chim.*, *agr.*) Pesticida usato nella lotta contro i roditori che danneggiano le colture agricole.

ròdeo (**1**) [gr. *rhódeos* 'roseo', da *rhódon* 'rosa' (V. *rodio* (*1*)), dal colore del maschio; 1957] **s. m.** ● Piccolo pesce dei Ciprinidi di acqua dolce, europeo, con vivace livrea nuziale nel maschio (*Rhodeus amarus*).

rodèo (**2**) /*sp.* *rɾo'ðeo/ [sp., da *rodear* 'girare intorno', dal lat. *rŏta* 'ruota'; 1950] **s. m.** (**pl.** sp. *rodeos*) ● Gara tra cowboy, consistente nel cavalcare senza sella o nell'atterrare cavalli e torelli non ancora domati.

ródere [lat. *rōdere*, di orig. onomat.; av. 1292] **A** **v. tr.** (**pres.** *io ródo*; **pass. rem.** *io rósi*, *tu rodésti*; **part. pass.** *róso*) *1* Tritare, sgretolare, rosicchiare con i denti: *r. l'osso*; *rodersi le unghie* | Consumare progressivamente in modo analogo, detto di certi insetti: *il tarlo rode il legno*; *tutti que' bruchi, che negli orti rodono la verdura* (REDI) | (*fig.*) ***R. il freno***, reprimere l'impazienza, lo sdegno, ecc. *2* Logorare, consumare, distruggere a poco a poco (*anche fig.*): *lo scoglio rode le gomene*; *r. il ferro con la lima*; *il fèr torrente … / superbo … le contrarie ripe rode* (L. DE' MEDICI); *essere roso dal rimorso*; *rodersi il fegato* | Corrodere, erodere: *un acido che rode*; *l'acqua rode le rocce* | Guastare, rovinare, detto di malattie o altro: *la piaga gli rode la pelle*. *3* (*fig.*) Causare rabbia, irritazione, tormento: *lo rodeva la gelosia*; *ho qui qualche cosa che m'opprime, che mi rode* (MANZONI). *4* (*lett.* o *scherz.*) Mangiare: *cosa mi dai da r.?* **B** **v. rifl.** ● (*fig.*) Consumarsi, tormentarsi intimamente: *rodersi di rabbia, dalla bile, per una passione non corrisposta*. **SIN.** Consumarsi, struggersi. **C** **v. rifl. rec.** ● (*lett.*, *fig.*) Combattersi, odiarsi: *rodersi l'un l'altro*. **D** **v. intr.** ● (*region.*) Provare rabbia, dispiacere, risentimento: *gli rode non essere stato invitato*.

rodiàno [1353] **A** **agg.** ● Di Rodi Garganico. **B** **s. m.** (**f.** *-a*) ● Abitante, nativo di Rodi Garganico.

rodiàre [da *rodio* (*1*); 1970] **v. tr.** (*io ròdio*) ● Rivestire i metalli di un sottilissimo strato di rodio per mezzo di bagno galvanico.

rodiatùra [1959] **s. f.** ● Operazione del rodiare.

rodìbile [1891] **agg.** ● (*raro*) Che può essere eroso.

ròdico [1614] **agg.** (**pl. m.** *-ci*) ● (*chim.*) Di composto del rodio.

rodièse [1860] **A** **agg.** ● Di Rodi, isola della Grecia. **B** **s. m. e f.** ● Abitante, nativo di Rodi, isola della Grecia. **SIN.** Rodense, rodiota.

rodìggio [vc. d'orig. sconosciuta; 1937] **s. m.** ● Insieme degli organi di un veicolo ferroviario, quali i cerchioni, le ruote, gli assi, i cuscinetti, le boccole, compresi tra il binario e la sospensione elastica.

rodigìno [da *Roda*, n. mediev. di *Rovigo*; 1860] **A** **agg.** ● Di Rovigo. **B** **s. m.** (**f.** *-a*) ● Nativo, abitante di Rovigo. **SIN.** Rovigotto, rovighese.

rodilégno [comp. di *rodere* e *legno*; 1959] **s. m.** (**pl. inv.** o *-i*) ● Insetto dei Lepidotteri massiccio, peloso, con larve dalle mandibole robustissime che scavano gallerie anche nei legni più duri (*Cossus cossus*). **SIN.** Perdilegno.

rodiménto [av. 1320] **s. m.** *1* Il rodere | Erosione: *il r. delle acque di un fiume*. *2* (*fig.*) Rovello, cruccio interiore: *il r. dell'invidia, dell'odio, della gelosia*.

ròdio (**1**) [dal gr. *rhódon* 'rosa', dal colore di molti suoi composti; 1829] **s. m.** ● Elemento chimico, metallo del gruppo del platino, presente in sabbie aurifere, usato per catalizzatori e, in lega col platino, per coppie termoelettriche. **SIMB.** Rh.

†**ròdio** (**2**) [vc. dotta, gr. *rhódeos*, agg. di *rhódon* 'rosa', di orig. preindeur.; 1568] **agg.** ● Roseo, rosaceo: *legno r.*

ròdio (**3**) [vc. dotta, lat. *Rhŏdiu*(*m*), nom. *Rhŏdius*, dal gr. *Rhódios* 'di Rodi (*Rhódos*)'; 1520] **agg.** ● Di Rodi: *le antiche città rodie*.

rodìo (**4**) [1840] **s. m.** *1* Rodimento insistente: *il r. del tarlo* | (*raro*) Erosione. *2* (*fig.*) Rovello prolungato: *L'ira non è mai improvvisa. Nasce da un lungo r. precedente* (PAVESE).

rodiòta [1860] **A** **agg.** ● Di Rodi, isola della Grecia. **B** **s. m. e f.** (**pl. m.** *-i*) ● Abitante, nativo di Rodi, isola della Grecia. **SIN.** Rodense, rodiese.

rodìte [detto così perché è un parassita della *rosa* (gr. *rhódon*: V. *rodio* (*1*)); nel sign. 2, del colore *rosa* della lega; 1835] **s. f.** *1* Piccolo insetto degli Imenotteri le cui femmine pungendo le piante di rosa per deporre le uova provocano l'insorgere di caratteristiche galle (*Rhodites rosae*). *2* Lega naturale di oro e rodio.

roditóre [av. 1375] **agg.** (**f.** *-trice*) ● (*lett.*) Che rode (*anche fig.*): *verme r.*; *rimorso r.*

Roditóri [1907] **s. m. pl.** (**sing.** *-e*) ● Nella tassonomia animale, ordine di Mammiferi privi di canini ma con incisivi sviluppatissimi a crescita continua, frugivori od onnivori, spesso dannosi (*Rodentia*). **SIN.** (*pop.*) Rosicanti. ➡ **ILL. animali**/11.

roditrice [1983] **s. f.** ● (*tecnol.*) Attrezzo manuale del lattoniere, simile alla cesoia ordinaria, usato per praticare feritoie o aperture nella lamiera tagliandola lungo il loro contorno.

ròdo- [dal gr. *ródon* 'rosa'] primo elemento ● In parole composte scientifiche, significa 'rosa' o indica colorazione rosea: *rododendro*, *Rodoficee*.

rodocrosite [dal gr. *rhodóchroos* 'del colore della rosa'; 1821] **s. f.** ● (*miner.*) Carbonato di manganese, comunemente in masse concrezionali rosa, usato come pietra semipreziosa.

rododèndro [vc. dotta, gr. *rododéndron*, comp. di *ródon* 'rosa' (V. *rodo-*) e *-dendro*; av. 1557] **s. m.** ● Arbusto delle Ericacee caratteristico della flora alpina, con fusto tortuoso, foglie coriacee e persistenti, rugginose sulla faccia inferiore, fiori rossi in corti grappoli (*Rhododendron ferrugineum*) | ***R. irsuto***, piccolo rododendro, con foglie verdi anche nella faccia inferiore, cigliate sui margini, endemico delle Alpi calcaree e dolomitiche (*Rhododendron hirsutum*). ➡ **ILL. piante**/7.

Rodofìcee [comp. di *rodo-* e del gr. *phŷkos* 'alga' (V. *ficocianina*); 1957] **s. f. pl.** (**sing.** *-a*) ● (*bot.*) Nella tassonomia vegetale, classe di organismi pluricellulari spec. marini, di forma varia e colore gener. rosso (*Rhodophyceae*). **SIN.** Alghe rosse.

Rodòfite [vc. dotta, comp. di *rodo-* e del pl. f. di *-fito*] **s. f. pl.** (**sing.** *-a*) ● (*bot.*) Nella tassonomia vegetale, divisione che riunisce tutte le alghe rosse e comprende la sola classe delle Rodoficee (*Rhodophyta*).

rodomontàta [av. 1712] **s. f.** ● Comportamento, azione o discorso da rodomonte. **SIN.** Spacconata.

rodomónte [dal n. di un personaggio dell'"Orlando furioso" di L. Ariosto; 1545] **s. m.** ● Chi fa lo spavaldo vantando azioni strabilianti e si cimenta in imprese temerarie per affermare la propria superiorità fisica. **SIN.** Bravaccio, smargiasso, spaccone.

rodomontésco [1619] **agg.** (**pl. m.** *-schi*) ● Da rodomonte.

rodonite [dal gr. *ródon* 'rosa' (V. *rodio* (*1*)), per il colore e *-ite* (*2*); 1957] **s. f.** ● (*miner.*) Silicato di manganese in masse microcristalline di colore rosa-violaceo, comunemente usato per collane.

rodopsina [comp. di *rodo-* e del gr. *ópsis* 'vista', di orig. indeur., col suff. *-ina*; 1940] **s. f.** ● (*biol.*) Cromoproteina presente nella retina con funzione di recettore della luce.

rodotàmno [comp. di *rodo-* e del gr. *thámnos* 'arboscello, pianta', da avvicinare a *thaminós* 'frequente, spesso', di orig. indeur.; 1965] **s. m.** ● Frutice delle Ericacee con foglie semplici, persistenti, che cresce sulle Alpi orientali (*Rhodotamnus chamaecistus*).

Ròe /rɔe/ [sigla ingl. di *R*(*eturn*) *o*(*n*) *e*(*quity*) 'ritorno, provento del capitale'; 1988] **s. m. inv.** ● Nella tecnica aziendale, indice di bilancio che misura la redditività del capitale proprio; è pari al rapporto tra il reddito di esercizio e il capitale.

Roentgen /ted. 'rœntgən/ e *deriv.* ● V. *Röntgen* e *deriv.*

†**ròffia** [longob. *hruf* 'forfora'; 1321] **s. f.** *1* Ripulitura, spuntatura di pelli conciate. *2* (*est.*) Cosa che insozza, imbratta, macchia | Rifiuto, scoria. *3* (*fig.*) Nebbia, caligine.

rogànte [1940] **A part. pres.** di *rogare*; anche **agg.** ● Nei sign. del v. **B s. m. e f.** ● (*dir.*) Parte che stipula un contratto notarile.

rogàre [vc. dotta, lat. *rogāre* 'chiedere, presentare un disegno di legge', dalla stessa radice di *rĕgere* 'dirigere', V. *reggere*; av. 1400] **v. tr.** (*io rògo, tu ròghi*) *1* Richiedere a una autorità giudiziaria, da parte di un altro organo giudiziario, di compiere determinate incombenze processuali. *2* Stipulare un contratto alla presenza di un notaio.

rogatàrio [da *rogato*; 1959] **s. m.** (**f.** *-a*) ● (*dir.*) Chi, su richiesta del rogante, stende un atto notarile.

rogatóre [vc. dotta, lat. *rogatōre*(*m*), da *rogātus* 'rogato'; av. 1363] **s. m.** (**f.** *-trice*) ● Negli atti notarili, rogante.

rogatòria [f. sost. di *rogatorio*; 1936] **s. f.** ● (*dir.*) Atto con cui una autorità giudiziaria richiede a un'altra di compiere determinate incombenze processuali.

rogatòrio [da *rogato*; 1804] **agg.** ● Di rogatoria | ***Atto r.***, eseguito in adempimento di una rogatoria.

rogazióne [vc. dotta, lat. *rogatiōne*(*m*), da *rogātus* 'rogato'; 1387] **s. f.** *1* Nella Roma repubblicana, proposta di legge presentata come interrogazione dal magistrato al popolo riunito nei comizi. *2* †Atto pubblico, notarile. *3* (*al pl.*) Processioni penitenziali cattoliche di propiziazione per il buon esito delle semine e dei raccolti, celebrate con apposita liturgia e con il canto delle litanie, il 25 aprile e tre giorni prima dell'Ascensione.

róggia o **ròggia** [lat. *arrŭgia*(*m*) 'galleria di una miniera', di orig. preindeur.; 1465 ca.] **s. f.** (**pl.** *-ge*) ● (*sett.*) Piccolo canale artificiale, spec. per l'irrigazione: *Le foglie dei sambuchi, che sulle rogge / sbucano dai caldi e tondi rami* (PASOLINI).

†**róggio** (o *-ò-*) ● V. †*robbio*.

rogitàre [da *rogito*; sec. XIV] **v. intr.** (*io rògito*; aus. *avere*) ● (*dir.*) Stipulare un rogito.

rògito [dal lat. *rogitāre*, intens. di *rogāre*; av. 1484] **s. m.** ● Atto pubblico redatto da un notaio.

rógna [etim. incerta; av. 1320] **s. f.** *1* (*veter.*) Infestazione contagiosa della cute di animali domestici causata dalla femmina dell'acaro *Sarcoptes scabiei*. **CFR.** Scabbia. *2* (*bot.*) ***R. nera delle patate***, fungo dei Ficomiceti, i cui sporangi stanno nell'interno della pianta ospite e producono ingenti danni (*Synchytrium endobioticum*) | ***R. nera dell'ulivo***, malattia dovuta a un batterio (*Pseudomonas savastanoi*) che penetra nei tessuti attraverso le ferite formando tumori di varia grandezza. **SIN.** Tubercolosi dell'ulivo. *3* (*fig., fam.*) Cosa o persona molto fastidiosa o molesta: *quell'individuo è una r.*; *quell'affare è una vera r.* | Guaio, fastidio: *va in cerca di rogne* | (*fig., lett.*) Difetto, colpa, vizio morale: *e lascia pur grattar dov'è la r.* (DANTE *Par.* XVII, 129). || **rognàccia**, **pegg.** | **rognarèlla**, **rognerèlla**, **dim.** | **rognétta**, **dim.** | **rognùzza**, **dim.**

rognàre [vc. region. di discussa etim.; 1606] **v. intr.** (*io rógno*; aus. *avere*) ● (*sett.*) Brontolare, lamentarsi | Disapprovare, protestare.

rognonàta [1640] **s. f.** ● Pietanza di rognoni.

rognóne [lat. parl. **reniōne*(*m*), da *rēn*, genit. *rēnis* 'rene'; 1493] **s. m.** *1* Rene di bestia macellata | (*est.*) Pietanza di rognoni: *r. trifolato*. *2* Nell'alpinismo, formazione rocciosa affiorante nel mezzo di un ghiacciaio. || **rognoncino**, **dim.**

rognóso [sec. XIV] **agg.** *1* Affetto da rogna. *2* (*fig.*) Fastidioso, noioso, detto di persona | (*sett.*) Avaro | Complicato, difficile, detto di cosa: *è un affare r.* || **rognosaménte**, **avv.**

rògo o **rógo** [vc. dotta, lat. *rŏgu*(*m*), di etim. incerta; 1336 ca.] **s. m.** (**pl.** *-ghi*) *1* Catasta di legna su cui si bruciavano i cadaveri e i condannati a morte mediante tale supplizio: *allestire un r.* | Supplizio del fuoco: *il r. fu mantenuto lungamente per gli eretici*. **SIN.** Pira. *2* (*est.*) Falò, incendio: *un r. di libri*; *la foresta ormai è un r.* *3* (*fig., lett.*) Morte: *oltre il r. non vive ira nemica* (MONTI).

Ròi /rɔi/ [sigla ingl. di *R*(*eturn*) *o*(*n*) *i*(*nvestment*) 'ritorno, redditività dell'investimento'] **s. m. inv.** ● Nella tecnica aziendale, indice di bilancio che misura la redditività del capitale investito; è pari al rapporto tra il risultato operativo e il totale degli investimenti.

ròlfing /'rɔlfin(g), *ingl.* 'ɹɒlfɪŋ/ [dal n. dell'inventrice, I. *Rolf* (1896-1979); 1983] **s. m. inv.** ● (*med.*) Pratica fisioterapica simile alla chiroterapia, consistente in una manipolazione dei muscoli, del tessuto connettivo e delle ossa; tende a riequilibrare gli schemi strutturali del corpo.

rolìno ● V. *ruolino*.

rollàre (**1**) [fr. *rouler* 'arrotolare'. V. *rullare* (*1*); 1804] **v. tr.** (*io ròllo*) ● (*mar.*) Arrotolare strettamente.

rollàre (**2**) o **rullàre** [fr. *rouler* 'arrotolare, rotolare, ruotare': V. *rullare* (*1*); 1987] **v. intr.** (*io ròllo*; aus. *avere*) ● (*mar., aer.*) Compiere movimenti di rollio, detto di nave e di aeromobile.

rollàta [da *rollare* (*2*); 1937] **s. f.** ● Repentina e pronunciata oscillazione di rollio, di aereo o nave.

rollatùra ● V. *rullatura*.

roll-bar /*ingl.* 'rəʊl,bɑːɹ/ [vc. ingl., propr. 'barra tubolare', comp. di *roll* 'rotolo, cilindro' (dal fr. ant. *rolle*: stessa etim. dell'it. *rotolo* (*1*)) e *bar* 'barra' (V.); 1983] **s. m. inv.** (**pl.** ingl. *roll-bars*) ● (*autom.*) Dispositivo di sicurezza di un veicolo fuoristrada costituito da una struttura tubolare a forma di U capovolta, larga e alta come l'abitacolo, fissata inferiormente alla scocca, che protegge il pilota e i passeggeri in caso di rovesciamento del veicolo.

rollè [fr. *roulé*, part. pass. di *rouler* 'arrotolare'. V. *rullare* (*1*); 1942] **s. m.**; anche **agg.** ● Carne disossata di petto di vitello o altro, steccata di lardo, arrotolata a modo di salsiccia e arrostita.

ròller /'rɔller, *ingl.* 'ɹəʊləɹ/ [dall'ingl. *rollerball* 'sfera rotolante'] **A s. m. inv.** *1* Penna a sfera fornita di uno speciale inchiostro liquido che rende la scrittura particolarmente scorrevole. *2* Accorc. di *Rollerblade*. **B** anche **agg. inv.**: *penna r.*

Rollerblade® /*ingl.* 'ɹəʊləɹ,bleɪd/ [loc. ingl., propr. 'lamina (*blade*) di rotella (*roller*)'] **s. m. inv.** ● Tipo di pattini con rotelle disposte in linea.

rollìno ● V. *rullino*.

rollìo o **rullìo** [da *rollare* (*2*); 1804] **s. m.** *1* (*mar., aer.*) Oscillazione di nave o aereo intorno al proprio asse longitudinale | (*aer.*) ***R. olandese***, rollio di un velivolo accompagnato da serpeggiamento | (*mar.*) ***Alette di r.***, pinne metalliche fissate di taglio lungo i fianchi della carena immersa per contrastare il movimento di rollio della nave. *2* (*est., sport*) Nel nuoto a crawl e sul dorso, movimento di torsione del busto attorno all'asse longitudinale.

ròllo [ingl. *roll* (V. *roll-bar*); 1959] **s. m.** *1* Rotolo di carta da parati. *2* V. *rullo* nel sign. 4.

rollòmetro [comp. di *roll*(*are*) e *-metro*; 1937] **s. m.** ● (*mar.*) Oscillometro.

roll-on roll-off /*ingl.* 'ɹəʊl,ɒn 'ɹəʊl,ɒf/ [vc. ingl. comp. di: *to roll* 'far rotolare', poi 'trasportare' (da *roll* 'rotolo': V. *roll-bar*); *on* 'sopra'; *off* 'lontano'; 1989] **loc. agg. inv.** ● Detto di nave da carico, spec. di linea, spesso attrezzata anche per il trasporto passeggeri, fornita di apposite rampe per l'accesso diretto di autotreni, semirimorchi e sim.

rom (**1**) /rɔm/ [vc. zingarica, che significa 'uomo (zingaro)', 'marito', forse riferito alla Penisola Balcanica, *Romània* in età bizantina; 1977] **s. m. e f. inv.**; anche **agg. inv.** ● (*antrop.*) Il nome che si danno gli zingari.

rom (**2**) /rɔm/ [sigla ingl. di *r*(*ead*) *o*(*nly*) *m*(*emory*) 'memoria a sola lettura'; 1971] **s. f. inv.** ● (*elab.*) Tipo di memoria nella quale sono registrati permanentemente dati e programmi che, spec. negli elaboratori elettronici, devono essere presenti nel sistema fin dall'accensione per permettere il corretto avviamento.

romagnòlo [1312] **A agg.** *1* Della Romagna. *2* †Detto di panno rustico di lana, di colore naturale, usato dai contadini. **B s. m.** (**f.** *-a*) ● Abitante, nativo della Romagna. **C s. m.** solo **sing.** ● Dialetto gallo-italico parlato in Romagna.

romàico o **romèico** [vc. dotta, gr. *rōmaikós* 'che riguarda l'impero romano (d'Oriente)', da *Rṓmē* 'Roma'; 1872] **A agg.** (**pl. m.** *-ci*) ● Concernente la lingua greca moderna. **B s. m.** ● Lingua greca moderna.

romaiolàta ● V. *ramaiolata*.

romaiòlo ● V. *ramaiolo*.

†**romaiuòlo** ● V. *ramaiolo*.

romance /*sp.* *rɾo'manθe, -se/ [vc. sp., deriv. di *romano* 'romano (1)'; 1934] **s. f. inv.** (**pl.** sp. *romances*) ● Componimento epico-lirico spagnolo, scritto in doppi ottonari in assonanza.

romàncio [romancio *rumantsch*, dal lat. *Romānicu*(*m*). V. *romanico*; 1861] **A agg.** (**pl. f.** *-ce*) ● Che riguarda la lingua costituita dai dialetti ladini parlati nella regione dei Grigioni, in Svizzera. **B s. m.** solo **sing.** ● Una delle quattro lingue nazionali parlate nella regione dei Grigioni in Svizzera, costituita dai dialetti ladini dei Grigioni.

romàndo [fr. *romand*, da *roman* 'romanzo (1)', rifatto su *allemand* 'tedesco'; 1942] **A agg.** ● Che parla uno dei dialetti franco-provenzali che si usano nella Svizzera occidentale: *popolazione romanda* | Che si riferisce alla zona della Svizzera dove si parlano tali dialetti: *cantoni romandi* | ***La Svizzera romanda***, la Svizzera di lingua francese. **B s. m.** solo **sing.** ● L'insieme dei dialetti franco-provenzali che si parlano nei cantoni della Svizzera occidentale.

romanèlla [da *romano* (*1*); 1884] **s. f.** ● (*letter.*) Rispetto di quattro endecasillabi tipico della Romagna, simile a quello toscano.

romanésca [f. sost. di *romanesco*; 1635] **s. f.** ● Melodia popolare del secolo XVI usata da molti compositori come tema di partite e variazioni.

romanésco [da *romano* (*1*); sec. XIV] **A** agg. (pl. m. *-schi*) ● Della Roma attuale, dell'uso romano o degli abitanti della Roma di oggi: *dialetto r.*; *cucina romanesca* | ***Alla romanesca***, (*ellitt.*) secondo l'uso romanesco. ‖ **romanescaménte**, avv. **B** s. m. ● Dialetto italiano dell'area centro-meridionale, parlato a Roma.

romànico [vc. dotta, lat. *Românicu(m)*, da *Românus* 'romano (1)'; 1872] **A** agg. (pl. m. *-ci*) ● Detto dello stile artistico affermatosi in Europa occidentale a partire dal sec. XI, caratterizzato in architettura da volte a botte o a crociera, pilastri polistili, arco a tutto sesto e prevalenza del pieno sul vuoto, in pittura e scultura da una plasticità rude ed essenziale ricca di stilemi barbarici e bizantini. ‖ **romanicaménte**, avv. **B** s. m. solo sing. ● Stile, periodo romanico.

romanismo [fr. *romanisme*, dal lat. *Românus* 'romano', col suff. *-isme* '-ismo'; 1870] s. m. *1* (*ling.*) Modo di dire proprio della lingua o parlata di Roma. *2* (*relig.*) Opinione di chi parteggia per l'autorità della curia pontificia e per l'ubbidienza a Roma. *3* (*lett.*) Entusiasmo per Roma, per ciò che è romano e sim.

romanista [fr. *romaniste*, da *romanisme* 'romanismo'; 1872] **A** s. m. e f. (pl. m. *-i*) *1* Studioso di diritto romano. *2* Studioso di filologia romanza. *3* Studioso di antichità romane. *4* Sostenitore o giocatore della squadra di calcio della Roma. **B** anche agg.: *giocatore*, *tifoso r.*

romanistica [da *romanista*; 1941] s. f. *1* Insieme degli studi di diritto romano. *2* Filologia romanza.

romanistico [1930] agg. (pl. m. *-ci*) *1* Concernente gli studi di diritto romano. *2* Concernente la filologia romanza. *3* Concernente gli studi di antichità romana.

romanità [vc. dotta, lat. tardo *romanitāte(m)*, da *Românus* 'Romano'; 1872] s. f. *1* Caratteristica, condizione di chi (o di ciò che) è romano | Spirito, tradizione, civiltà della Roma antica. *2* I popoli sottoposti alla giurisdizione dell'antica Roma.

romanizzàre [comp. di *roman(o)* (*1*) e *-izzare*; 1792] **A** v. tr. ● Rendere romano per lingua, istituzioni, costumi e sim., spec. in riferimento alla civiltà romana antica. **B** v. intr. pron. ● (*raro*) Diventare simile ai romani per costumi e modi.

romanizzazióne [1970] s. f. ● Il romanizzare, il romanizzarsi, spec. in riferimento alla civiltà romana antica.

♦**romàno** (**1**) [vc. dotta, lat. *Rōmānu(m)*, agg. etnico di *Rōma*; sec. XII] **A** agg. *1* Di Roma antica: *senato e popolo r.*; *impero r.*; *consoli, magistrati romani*; *curia romana*; *la letteratura romana* | ***Numeri romani***, quelli rappresentati da lettere, come I, V, X, L, C, D, M | ***Saluto r.***, V. *saluto* nel sign. 1. *2* Di Roma moderna | ***Gnocchi alla romana***, di semolino secondo la ricetta della cucina classica, di patata secondo la ricetta popolare | ***Fare alla romana***, in trattoria o altrove, pagare ciascuno la propria quota dopo aver diviso la cifra totale in parti uguali | ***Gnocchi alla romana***, V. *gnocco*. *3* Relativo alla Chiesa cattolica o di Roma: *Chiesa cattolica apostolica romana*; *rito r.*; *breviario, rituale r.*; *curia romana*. *4* (*tipogr.*) ***Carattere r.***, denominazione generica del carattere tipografico con forma tonda e linee regolari che, nel tempo, è stato ridisegnato ed elaborato assumendo altre denominazioni come Bodoni e Times New Roman. ‖ **romanaménte**, avv. Secondo l'uso, il costume romano, spec. antico. **B** s. m. *1* (f. *-a*) Cittadino dell'antica Roma. *2* (f. *-a*) Abitante della Roma moderna | ***R. di Roma***, di famiglia romana da molte generazioni. *3* Dialetto di Roma. ‖ **romanàccio**, pegg. | **romanino**, dim.

romàno (**2**) [ar. *rummāna* 'stadera'; in orig. 'melagrana', per la forma del peso; av. 1400] s. m. ● Il contrappeso che si fa scorrere lungo il braccio graduato della stadera.

romano-barbàrico agg. (pl. m. *-ci*) ● Detto di fatti storici, linguistici e culturali dovuti all'incontro fra la civiltà romana e quella barbarica.

romanticherìa [da *romantico*; 1818] s. f. ● Affettazione di atteggiamenti o modi esageratamente romantici, sentimentali e sim. SIN. Smanceria.

romanticismo [comp. di *romantico* e *-ismo*; 1817] s. m. *1* Movimento culturale affermatosi nell'Europa del XIX sec. che, opponendosi all'illuminismo e al classicismo, propugnò una nuova visione del mondo e un tipo di sensibilità basati sul culto delle tradizioni e della storia, sull'individualismo animato dalla fantasia e dal sentimento, sulla coscienza dei complessi rapporti che legano l'uomo a una civiltà moderna. *2* In arte e letteratura, atteggiamento esistenziale o culturale improntato a tale movimento: *il r. di Byron, Manzoni, Hugo, Schumann, Géricault*. *3* In musica, corrente che portò in pieno sviluppo stili e forme del periodo classico, affiancandole con forme nuove, più libere, tendenti alla grandiosità o viceversa alla stringatezza. *4* Eccessiva sentimentalità: *il r. dei giovani*. SIN. Sentimentalismo. *5* Capacità di ispirare sentimenti romantici, malinconici, detto di paesaggi o sim.: *il r. di un tramonto*.

romàntico [ingl. *romantic*, propr. 'romanzesco', dal fr. *romantique*, da *roman* 'romanzo'; 1816] **A** agg. (pl. m. *-ci*) *1* Che è proprio del romanticismo: *una sinfonia romantica*. *2* Che è sentimentale, di indole appassionata o incline alla malinconia e all'evasione fantastica, detto di persona: *una ragazza romantica*. SIN. Sognatore. *3* Che ispira vaghi sentimenti di malinconia, favorisce il sogno o commuove teneramente, detto di luoghi, paesaggi o altro: *un paese r.* | Che ispira sentimenti amorosi o ne è pervaso: *passeggiata r.*; *una cena romantica al lume di candela*. ‖ **romanticaménte**, avv. Con esagerazione di sentimento o di fantasia. **B** s. m. (f. *-a*) *1* Seguace, sostenitore del romanticismo: *le polemiche tra classicisti e romantici*. *2* Persona incline alle suggestioni fantastiche, al sentimentalismo o alla malinconia: *fare il r.* SIN. Sentimentale, sognatore.

romanticùme [comp. di *romantic(o)* e *-ume*; 1872] s. m. ● (*spreg.*) Romanticismo esasperato e banalizzato: *una telenovela di un r. sciropposo* | (*est.*) Atteggiamenti pieni di languida sentimentalità o di esagerata passione: *il r. di quell'autore è venuto a noia a tutti*.

romantizzàre [av. 1907] v. tr. ● (*raro, lett.*) Far diventare romantico: *romantizzò, per così dire, la purità del sentimento greco* (CARDUCCI).

romànza [fr. *romance*, dallo sp. *romance* 'romanzo (1)'; av. 1557] s. f. *1* Componimento poetico di carattere narrativo e sentimentale, in versi brevi con ritornello, affermatosi in Italia durante l'epoca romantica: *le romanze del Berchet*. *2* (*mus.*) Composizione da camera per canto e pianoforte, di epoca romantica: *la r. da salotto*; *le romanze di Tosti* | Nel melodramma, aria di tono sentimentale | Breve composizione strumentale di carattere lirico affine a quella vocale: *le romanze senza parole di Mendelssohn*; *le romanze per violino e pianoforte di Beethoven*.

romanzàre [da *romanzo* (*2*); 1877] **A** v. tr. ● Narrare in forma di romanzo, talvolta aggiungendo elementi fantastici: *r. la vita di Napoleone* | Raccontare un fatto aggiungendo al vero elementi romanzeschi: *r. un viaggio, un'avventura*. **B** v. intr. (aus. *avere*) ● (*lett.*) Scrivere romanzi.

romanzàto part. pass. di *romanzare*; anche agg. ● Nei sign. del v.: *biografia romanzata*.

romanzatóre [da *romanzare*; 1570] s. m. (f. *-trice*, raro) ● (*raro, lett.*) Romanziere, narratore.

romanzeggiàre [da *romanzare*; 1835] v. tr. e intr. (*io romanzéggio*; aus. *avere*) ● (*lett.*) Romanzare.

romanzèro ● V. *romanziero*.

romanzésco [da *romanzo* (*2*); 1708] **A** agg. (pl. m. *-schi*) *1* Relativo al romanzo | Relativo al romanzo medievale | ***Poema r.***, che narra le avventure e gli amori dei cavalieri medievali. *2* (*fig.*) Di avventure, fatti, avvenimenti così singolari, strani o straordinari da apparire quasi inverosimili, degni di un romanzo: *amori romanzeschi*. ‖ **romanzescaménte**, avv. In modo romanzesco (*spec. fig.*). **B** s. m. solo sing. ● Singolarità, straordinarietà, come quella degli eventi narrati in un romanzo: *la sua fuga ha del r.* SIN. Avventuroso, fantastico.

romanzétto [1726] s. m. *1* Dim. di *romanzo* (*2*) | (*spreg.*) Romanzo di scarso valore. *2* (*fig.*) Relazione, avventura amorosa di breve durata: *il loro r. è finito bruscamente*.

romanzière [av. 1704] s. m. (f. *-a*) ● Chi compone romanzi.

romanzièro o **romanzèro** [da *romance*; 1765] s. m. *1* (f. *-a*) Scrittore di romances. *2* Raccolta di romances.

†**romanzìna** ● V. *ramanzina*.

romànzo (**1**) [ant. fr. *romanz*, dalla locuzione lat. *romānice lŏqui* 'parlare in una lingua romana' (cioè 'neolatina'); 1708] agg. ● Detto di ciascuna lingua derivata dal latino | ***Gruppo r.***, gruppo linguistico che comprende tutte le lingue romanze | ***Filologia romanza***, studio filologico delle lingue e delle letterature romanze.

♦**romànzo** (**2**) [ant. fr. *romanz*. V. precedente; sec. XIII] s. m. *1* Nel mondo classico, ampia narrazione continua, complessa e avventurosa, spesso con mescolanza di stili e toni narrativi: *i romanzi alessandrini*; *il r. di Petronio* | Nel mondo medievale, ampia narrazione in volgare di fatti di argomento cavalleresco, eroico e amoroso: *i romanzi del ciclo bretone*. *2* Nel mondo moderno, ampio componimento narrativo, fondato su elementi fantastici o avventurosi, su grandi temi sociali o ideologici, sullo studio dei costumi, dei caratteri o dei sentimenti: *i romanzi di Dostoevskij* | ***R. storico***, ambientato in un contesto storico reale | ***R. gotico***, V. *gotico* | ***R. psicologico***, che segue spec. le vicende interiori di uno o più personaggi | ***R. di formazione***, che segue la formazione morale, intellettuale e civile del personaggio dalla giovinezza alla maturità | ***R. d'avventure***, con prevalenza dell'azione e dell'intreccio sulle altre strutture narrative | ***R. educativo***, ***filosofico***, con finalità morali o speculative | ***R. epistolare***, in cui la vicenda emerge da un carteggio, spec. tenuto dai protagonisti | ***R. d'appendice***, pubblicato in appendice a giornali; (*spreg.*) opera letteraria a tinte forti, che va incontro ai gusti del grosso pubblico | ***R. ciclico***, che racconta le vicende di più generazioni | ***R. fiume***, lunghissimo | ***R. nero***, che cerca cupe sollecitazioni nel lettore con storie truci e tragiche | ***R. giallo***, poliziesco | ***R. rosa***, con zuccherose vicende d'amore sempre a lieto fine | ***R. sceneggiato***, adattamento di un romanzo alla rappresentazione televisiva. *3* (*est., fig.*) Storia incredibile, frutto di fantasia o di invenzione: *la sua vita pare un r.* | ***Fare della storia un r.***, narrarla senza rigore critico. *4* (*est., fig.*) Intreccio avventuroso, vicenda complessa, quasi usciti dall'immaginazione di un romanziere: *ti racconterò il r. del loro incontro* | Relazione amorosa: *il loro r. continua*. ‖ **romanzàccio**, pegg. | **romanzétto**, dim. (V.) | **romanzóne**, accr. | **romanzùccio**, pegg.

rómba (**1**) [da *rombare*; av. 1756] s. f. ● (*lett.*) Rumore cupo, rintronamento che dura per un certo tempo: *la r. del cannone*.

†**rómba** (**2**) [vc. di orig. onomat.; 1835] s. f. ● Fionda, frombola.

rombànte part. pres. di *rombare*; anche agg. ● Nei sign. del v. | (*lett.*) Reboante: *nelle vanterie rombanti delle frasi* (CARDUCCI).

rombàre [da *rombo* (*1*); 1340 ca.] v. intr. (*io rómbo*; aus. *avere*) ● Produrre un rombo prolungato: *romba il cannone*; *i motori rombano nell'autodromo* | (*est.*) Fare strepito, ronzio, rumore | (*est., lett.*) Frullare: *la passeretta gracchia e attorno romba* (POLIZIANO).

†**rombàzzo** [da *rombo* (*1*); av. 1449] s. m. ● (*lett.*) Strepito, fracasso, frastuono.

rombencèfalo [comp. di *rombo* (*2*) (per la forma del suo ventricolo) ed *encefalo*; 1959] s. m. ● (*anat.*) Sezione caudale dell'encefalo comprendente il bulbo, il ponte di Varolio e il cervelletto.

rombétto [1823] s. m. *1* Dim. di *rombo* (*2*). *2* Una delle specie di rombo che vivono nei mari italiani (*Rhombus laevis*).

rómbico [da *rombo* (*2*); 1545] agg. (pl. m. *-ci*) *1* (*mat.*) Proprio di un rombo, a forma di rombo. *2* (*miner.*) ***Sistema r.***, V. *ortorombico*.

rómbo (**1**) [da *rombo* 'trottola' (V. *rombo* (*2*)), per il rumore che produce; 1313] s. m. *1* Rumore grave e forte, breve rimbombo: *il r. del cannone, del tuono*. *2* †Ronzio, frullio, strepito.

rómbo (**2**) [vc. dotta, lat. *rhŏmbu(m)*, nom. *rhŏmbus* 'trottola magica a quattro raggi usata negli incantesimi', poi 'figura geometrica a quattro lati', dal gr. *rómbos*, da *rémbein* 'girare', 'errare qua e là', di orig. indeur.; nel sign. 4 per la forma; sec. XIV] s. m. *1* (*mat.*) Quadrilatero equilatero. ➡ ILL. **geometria**. *2* (*antrop.*) Tavoletta vibrante che viene fatta ruotare mediante una cordicella, usata da molti popoli australiani in cerimonie iniziatiche. *3* Gioco enigmistico consistente nel trovare parole che disposte a rombo si leggono secondo le diagonali. *4* (*zool.*) Correntemente, ciascuno dei vari pesci marini commestibili dei Pleuronettiformi, il cui corpo ha forma grossolanamente romboidale | ***R. maggiore***, ***chiodato***, dell'Atlantico e Mediterraneo (*Psetta maxima*). ➡ ILL. **animali**/7. || **rombètto**, dim. (V.).

rómbo (3) [dalla forma di *rombo* allungato che aveva l'ago nelle prime bussole; av. 1375] s. m. ● (*mar.*) Suddivisione del quadrante della bussola corrispondente alla trentaduesima parte dell'angolo giro | (*est.*, *disus.*) Linea di rotta.

rombododecaèdro [comp. di *rombo* (2) e *dodecaedro*; 1829] s. m. ● (*mat.*) Poliedro con dodici facce rombiche uguali.

romboèdrico [1940] agg. (pl. m. *-ci*) ● Che ha forma di romboedro | (*miner.*) ***Sistema r.***, V. *trigonale*.

romboèdro [da *rombo* (2), sul modello di *poliedro* ecc.; 1865] s. m. ● (*mat.*) Poliedro con sei facce rombiche uguali.

romboidàle [1684] agg. ● A forma di romboide.

rombòide [vc. dotta, gr. *romboeidḗs*, comp. di *rómbos* 'rombo' (V. *rombo* (2)) ed *-eidḗs* '-oide'; sec. XIV] **A** s. m. ● (*mat.*) Parallelogramma. **B** agg.; anche s. m. ● (*anat.*) Detto di muscolo della parete posteriore del torace.

†**rómbola** [da †*rombolare*; 1336 ca.] s. f. ● Frombola.

†**rombolàre** [lat. parl. **rhombulāre* 'girare come una trottola', da *rhŏmbus* 'trottola'. V. *rombo* (2)] v. intr. ● Tirare di rombola.

†**rombolatóre** [da †*rombolare*] s. m. ● Frombolière.

†**romeàggio** [da *romeo*; 1294] s. m. ● Pellegrinaggio a Roma | Pellegrinaggio: *andare in r.*

romèico ● V. *romaico*.

romèno o **rumèno** [romeno *român*, *rumân*, dal lat. *Romānu(m)* 'romano'; 1872] **A** agg. ● Della Romania. **B** s. m. *1* (f. *-a*) Abitante, nativo della Romania. *2* (*solo sing.*) Lingua del gruppo romanzo, parlata dai Romeni.

roméo (1) [dal gr. *rōmâios* 'romano', da *Rṓmē* 'Roma'; 1211] **A** s. m. (f. *-a*) ● (*ant.*) Pellegrino che andava a Roma o in Terra Santa | (*est.*) Pellegrino: *entra qui che ci sono ... molti romei* (SACCHETTI). **B** agg. ● Relativo ai pellegrini che si recavano a Roma: *strada romea*. || †**romeìno**, dim.

roméo (2) [n. del protagonista maschile della tragedia *'Romeo* e Giulietta' di W. Shakespeare; 1951] s. m. ● (*raro*, *lett.*) Giovane innamorato o fidanzato.

rómice [lat. *rŭmice(m)*, di etim. incerta; sec. XIV] s. f. ● (*bot.*) Pianta delle Poligonacee cosmopolita comune nei luoghi erbosi umidi con foglie basali lanceolate e a margini crespi, la cui radice è usata in medicina (*Rumex crispus*). SIN. Lapazio.

†**romìre** [etim. incerta] v. intr. ● Fremere, rumoreggiare.

romitàggio ● V. *eremitaggio*.

romitàno ● V. *eremitano*.

†**romìtico** ● V. *eremitico*.

romìto [aferesi e deformazione di *eremita*; sec. XIII] **A** agg. ● (*lett.*) Solitario: *solo e r.*; *luogo r.* | Raccolto, appartato: *l'ombra, tutta in sé romita* (DANTE *Purg.* VI, 72). **B** s. m. (f. *-a*) ● †V. *eremita*. || PROV. Il diavolo quando è vecchio si fa romito.

romitòrio o †**eremitòrio**, †**eremitòro**, †**remitòrio**, †**romitòro** [da *romito*, sul modello di *eremitorio*; av. 1348] s. m. *1* Eremitaggio, eremo. *2* (*est.*) Luogo solitario.

†**romóre** e *deriv.* ● V. *rumore* e *deriv.*

♦**rómpere** [lat. *rŭmpere*, di orig. indeur.; av. 1250] **A** v. tr. (pass. rem. *io rùppi*, evit. *rompéi*, *tu rompésti*; part. pass. *rótto*) *1* Spezzare, scindere, dividere qlco. in più parti spec. con la forza, rapidamente o senza precisione: *r. un bastone*; *r. una catena*; *r. il pane in tre parti* | Staccare: *r. un ramo dal tronco* | Infrangere: *r. un vetro, un piatto, un vaso* | Stritolare, spaccare: *r. un osso, una pietra* | ***R. le ossa, la faccia a qlcu.***, (*fig.*) picchiarlo con violenza, prenderlo a botte | ***Rompersi le gambe***, (*fig.*) stancarsi molto camminando | ***Rompersi la schiena***, (*fig.*) faticare, lavorare faticosamente | ***Rompersi l'osso del collo***, (*fig.*) fare una caduta rovinosa, mortale; rovinarsi, danneggiarsi irreparabilmente in vicende familiari o economiche | ***R. il ghiaccio***, (*fig.*) V. *ghiaccio* (*1*) | ***R. gli orecchi***, (*fig.*) infastidire con eccessivo rumore | ***Rompersi la testa***, (*fig.*) affaticarsi a trovare una soluzione, una risposta a qlco. | (*fam.* o *volg.*) ***R.*** (o ***rompersi***) ***le scatole, l'anima, le tasche, le palle, i coglioni***, seccare, infastidire (o seccarsi, infastidirsi); (*anche assol.*) *smettila di r.!* | (*mil.*) ***Rompete le righe!***, comando dato a militari in formazione allineata, per metterli in libertà | ***R. le righe***, (*fig.*) sciogliere una riunione, un raduno, un'assemblea e sim. SIN. Frangere, spaccare. *2* Travolgere un ostacolo: *il fiume ha rotto gli argini* | Dividere, spezzare per aprirsi un varco: *r. la corrente con i remi*; *r. la folla, la calca*. *3* Guastare, deteriorare (*anche fig.*): *r. l'orologio, un giocattolo*; *r. la festa* | (*fig.*) ***R. l'incantesimo, l'incanto***, turbare, dissolvere un'atmosfera perfettamente serena o felice. SIN. Rovinare. *4* Interrompere (*anche fig.*): *r. il sonno, la conversazione, il digiuno, il silenzio*; *r. un'amicizia*; *pria flebilmente il suo lamento esprime, / poi rompe in un sospir la canzonetta* (MARINO) | (*sport*) ***R. l'andatura***, (*assol.*) ***rompere***, detto di cavallo che, in una corsa al trotto, passi all'andatura di galoppo | ***R. gli indugi***, porre fine a una fase di attesa e agire | †***R. la parola in bocca***, interrompere un discorso. *5* (*fig.*) Non rispettare, violare un obbligo morale: *r. un accordo, la pace, la tregua* | Non tener fede, violare: *r. un patto, un proponimento* | †Trasgredire. *6* †Fiaccare l'impeto, la foga | (*lett.*) †Sbaragliare, sconfiggere, mettere in rotta: *L'esercito attraversava per ogni verso il popolo rotto e domo* (CATTANEO). *7* †Impedire. **B** v. intr. (aus. *avere*) *1* †Frangersi, detto dell'acqua: *il mar se rompe insieme a gran ruina / e 'l vento più terribile e diverso / cresce d'ognor* (BOIARDO). *2* †Naufragare, fare naufragio. *3* Troncare un'amicizia, un rapporto d'affetto, una trattativa: *ha rotto con il padre*. *4* (*volg.*) Annoiare, importunare, infastidire. *5* (*lett.*) Scoppiare, prorompere: *r. in pianto* | †Uscire, sgorgare: *il sangue rompe dalle vene*. *6* Straripare: *il fiume ruppe in più punti*. *7* (*lett.*) †Spuntare, apparire: *il sereno rompe là da ponente* (LEOPARDI). *8* †Mettersi al brutto, detto del tempo. **C** v. intr. pron. *1* Spezzarsi, infrangersi, spaccarsi, creparsi: *il muro si è rotto in più punti* | (*fam.*) Guastarsi, deteriorarsi: *si è rotto l'orologio* | (*est.*) Nel linguaggio sportivo, infortunarsi. *2* †Lasciarsi abbattere dai mali, disgrazie, ecc. *3* (*fig.*, *volg.*) Arrabbiarsi, seccarsi, averne abbastanza: *mi sono rotto delle loro richieste!* || PROV. Chi rompe paga, e i cocci sono suoi.

rómpi s. m. e f. inv. ● (*fam.*) Accorc. di *rompiscatole*.

rompibàlle ● V. *rompipalle*.

rompìbile agg. ● Che si può rompere.

rompicàpo [comp. di *rom(pere)* e *capo*; 1940] s. m. *1* Indovinello, rebus. *2* Molestia, fastidio, preoccupazione: *non so liberarmi dai rompicapi*. *3* (*est.*) Problema di difficile o impossibile soluzione.

rompicàzzo o **rompicàzzi** [comp. di *rom(pere)* e *cazzo*; 1871] s. m. e f. (pl. inv. o *-i*) ● (*volg.*) Persona che dà noia, fastidioso seccatore. CFR. Scassacazzi.

rompicoglióni [comp. di *rom(pere)* e del pl. di *coglione*; 1841] s. m. e f. inv. ● (*volg.*) Rompiscatole.

rompicòllo [comp. di *romp(ere)* e *collo*; 1532] s. m. (anche f. nel sign. 1; pl. m. *-i*; pl. f. inv.) *1* Persona sconsiderata, scapestrata | Chi è troppo impulsivo. SIN. Scavezzacollo. *2* (*raro*) Luogo pericoloso e disagevole. *3* Nella loc. avv. ***a r.***, a rotta di collo, precipitosamente e pericolosamente: *scendere le scale a r.*; *veniva giù in bicicletta a r.*

rompifiàmma [comp. di *romp(ere)* e *fiamma*; 1983] s. m. inv. *1* (*mil.*) Riduttore di vampa. *2* Reticella che si pone sui fornelli a gas per evitare il contatto diretto tra la fiamma e le pentole. CFR. Spartifiamma.

rompigètto [comp. di *rompe(re)* e *getto*] s. m. inv. ● Dispositivo che si applica a rubinetti o a costruzioni idrauliche e che serve a rompere o a regolare un getto d'acqua.

rompighiàccio [comp. di *romp(ere)* e *ghiaccio*, calco sull'ingl. *ice-breaker*; 1906] s. m. inv. *1* Nave appositamente costruita e attrezzata per aprirsi la strada nei mari polari rompendo la crosta di ghiaccio che li ricopre. *2* Attrezzo a punta col quale si rompe il ghiaccio.

rompiménto [1300 ca.] s. m. ● (*raro*) Il rompere | Rottura | (*fig.*) Seccatura, scocciatura.

rompipàlle o **rompibàlle** [comp. di *romp(ere)* e il pl. di *palla* nel sign. di 'testicolo'; av. 1950] s. m. e f. inv. ● (*fam.* o *volg.*) Chi dà noia, fastidio. CFR. Scassapalle.

rompiscàtole [comp. di *romp(ere)* e il pl. di *scatola*, eufem. per 'testicolo'; 1869] s. m. e f. inv. ● (*fam.*) Chi dà noia, fastidio.

rompitàsche [comp. di *romp(ere)* e il pl. di *tasca*, eufem. per 'testicolo'; 1876] s. m. e f. inv. ● (*fam.*) Chi dà noia, fastidio.

rompitóre [1308] s. m. (f. *-trice*) *1* (*raro*) Chi rompe: *empio, e r. di fede e crudele* (MACHIAVELLI) | (*fig. raro*) Rompiscatole. *2* †Trasgressore.

†**rompitùra** [da *rompere*; sec. XIV] s. f. ● Rottura.

†**rompizòlle** (o *-z-*) [comp. di *romp(ere)* e il pl. di *zolla*; 1957] s. m. inv. ● Contadino, villano.

romùleo [vc. dotta, lat. *romŭleu(m)*, da *Rōmulus* 'Romolo'; 1765] agg. ● (*lett.*) Di Romolo | ***La città romulea***, Roma.

romùlide [vc. dotta, lat. *Romŭlide(m)*, da *Rōmulus* 'Romolo'; 1835] s. m. ● (*lett.*) Discendente di Romolo.

rónca [da *roncare*; 1483] s. f. *1* Roncola, potatoio. *2* Antica arma in asta con ferro falcato verso l'apice, filo all'interno e costola esterna. || **ronchétto**, dim. m. (V.).

roncàre [lat. *runcāre*, di orig. indeur.; 1313] v. tr. (*io rónco, tu rónchi*) ● (*raro*) Tagliare, estirpare usando la ronca (*spec. assol.*): *monti di Luni, dove ronca / lo Carrarese* (DANTE *Inf.* XX, 47-48).

roncàso [etim. incerta; 1823] s. m. ● (*zool.*) Francolino di monte.

roncatùra [da *roncare*; 1854] s. f. ● Operazione del tagliare i rami con la ronca od anche nettare con uno zappetto i seminati dalle erbe infestanti. SIN. Sarchiare.

†**roncheggiàre** [comp. di *ronca* e *-eggiare*; sec. XIV] v. intr. ● Roncare.

ronchétto [av. 1712] s. m. *1* Dim. di *ronca*. *2* Piccola ronca, usata spec. per ripassare i tagli della potatura.

†**rónchio** [etim. incerta; 1313] s. m. *1* Sporgenza rocciosa. *2* Bernoccolo, bitorzolo. || **ronchióne**, accr.

†**ronchióso** [da *ronchio*; 1313] agg. ● Che presenta sporgenze.

†**ronciglìare** [1313] v. tr. ● Prendere col ronciglio o con i roncigli.

†**ronciglio** o †**runciglio** [etim. incerta; 1313] s. m. ● Ferro adunco per uncinare. SIN. Raffio, rampino, uncino. || †**ronciglìetto**, dim. | †**ronciglióne**, accr.

roncinàto [dal lat. *runcināre* 'piallare', da *rŭncina* 'pialla', dal gr. *rykánē*, di etim. incerta; av. 1523] agg. *1* Piegato a uncino. *2* (*bot.*) Detto di foglia pennatifida con lobi acuti rivolti verso il picciolo e di maggiori dimensioni nella porzione distale.

†**roncióne** ● V. †*ronzone* (*2*).

rónco (1) [vc. dotta, lat. *rŏnchu(m)*, nom. *rŏnchus*, dal gr. *rónchos* 'rumore di chi russa', da *ronchiân* 'russare'; 1829] s. m. (pl. *-chi*) ● (*med.*) Rumore bronchiale di tonalità bassa e sonora da stenosi del bronco.

rónco (2) [etim. incerta; 1726] s. m. (pl. *-chi*) ● (*tosc.*) Strada cieca, che non ha uscita | ***Essere nel r.***, (*fig.*) non riuscire a togliersi da un impaccio.

rónco (3) [etim. incerta; 1925] s. m. (pl. *-chi*) ● (*zool.*) Spinarello.

róncola [dim. di *ronca*; av. 1565] s. f. ● Attrezzo con lama ricurva, di diverse dimensioni, fissata ad un manico di legno, usato per la potatura dei rami grossi. SIN. Potatoio, ronca. ➡ ILL. **agricoltura e giardinaggio**.

roncolàre [da *roncola*; 1872] v. tr. (*io róncolo*) ● (*raro*) Tagliare, sarchiare, rimondare con la roncola.

roncolàta [1872] s. f. ● Colpo di roncola o di roncolo.

róncolo [da *roncola*; 1778] s. m. ● Coltello da giardinaggio e vendemmia, con lama ricurva e ripiegabile nel manico. || **roncolàccio**, pegg. | **roncolétto**, dim. | **roncolìno**, dim. | **roncolóne**, accr.

roncóne [lat. tardo *runcōne(m)*, da *runcāre* 'roncare'; 1342] s. m. ● Antica arma in asta con lama falcata dalla parte del filo, punta a due tagli e ungulature sulla costola e sulla gorbia.

rónda [sp. *ronda*, dal fr. *ronde*, dalla loc. *à la ronde* 'in giro, intorno', f. sost. di *rond* 'rotondo'; av. 1557] s. f. ● Servizio armato svolto da più militari al comando di un graduato, a scopo di vigilanza mobile spec. notturna | ***Cammino di r.***, spazio per il passaggio delle ronde lungo la merlatura delle cortine e delle torri o lungo i parapetti dei terrapieni | Servizio di controllo organizzato a bordo delle navi e svolto da pattuglie appositamente addestrate | ***Fare la r. a un luogo***, sorvegliarlo | ***Fare la r. a una donna***, (*fig.*) corteggiarla.

†**rondàre** [sp. *rondar*, da *ronda* 'ronda'; 1641] **v. intr.** ● Fare la ronda, andare in ronda.

ronde /*fr.* rõ:d/ [vc. fr., f. sost. di *rond* 'rotondo'; 1959] **s. f. inv.** ● Scrittura calligrafica in carattere rotondo.

rondeau /*fr.* rõ'do/ [1758] **s. m. inv.** (**pl.** fr. *rondeaux*) ● (*mus.*) Rondò.

rondèlla [fr. *rondelle*, da *rond* 'rotondo'; 1905] **s. f.** ***1*** (*mecc.*) Dischetto, spec. metallico, forato al centro, che si pone fra il dado e la vite in un bullone per migliorarne la chiusura | ***R. elastica***, quella che impedisce a un dado di bloccaggio di allentarsi sotto l'azione di vibrazioni, scosse e sim. | ***R. grover***, quella recante un taglio radiale con i bordi sfalsati, destinato a migliorare il fissaggio del dado quando questo viene stretto. **SIN.** Rosetta. ***2*** (*est.*) Tutto ciò che ha la forma di un disco forato.

rondèllo (**1**) [fr. *rondel*, forma ant. di *rondeau* (V.); 1872] **s. m.** ***1*** (*letter.*) Rondeau. ***2*** (*mus.*) Forma musicale di origine medievale, evolutasi nel tempo, simile al rondeau, caratterizzata da un ritornello ricorrente.

†**rondèllo** (**2**) [da *ronda*; av. 1708] **s. m.** ● (*mil.*) Cammino di ronda sugli spalti di una fortezza o fortificazione.

rondes /*fr.* rõ:d/ [fr., da *ronde* 'rotondo', perché si cantavano a turno; 1970] **s. f. pl.** ● (*mus.*) Canti normanni di carattere leggendario, epico o narrativo.

rondicchio [da *rondine*] **s. m.** ● (*zool.*) Balestruccio.

♦**róndine** o (*lett.*) **iróndine** [lat. (*hi*)*rŭndine*(*m*), di orig. onomat.; av. 1292] **A s. f.** ● Uccello dei Passeriformi con lunghe ali falcate, coda forcuta, piumaggio densissimo nero dorsalmente e bianco ventralmente, insettivoro (*Hirundo rustica*). **CFR.** Garrire, stridere. ➡ **ILL. animali**/8, 10 | ***R. di mare***, uccello dei Lariformi slanciato ed elegante, nero sul dorso e cenerino sul ventre, prevalentemente marino, popola anche le acque interne (*Sterna hirundo*) | ***R. di mare***, pesce osseo, con pinne pettorali sviluppate, spec. le superiori che gli consentono voli planati sull'acqua. **SIN.** Dattilottero, pesce rondine | ***Coda di r.***, frac, marsina | ***A coda di r.***, con le estremità che si allargano e terminano a punta: *merlo a coda di r.* ‖ **rondinèlla**, **dim.** (V.) | **rondinétta**, **dim.** | **rondinina**, **dim.** | **rondinino**, **dim. m.** (V.) | **rondinòtto**, **dim. m.** (V.). **B** in funzione di **agg. inv.** ● (posposto al s.) Solo nella loc. ***pesce r.*** V. *pesce*. ‖ **PROV.** Per S. Benedetto la rondine è sotto il tetto; una rondine non fa primavera.

rondinèlla [1319] **s. f.** ***1*** Dim. di *rondine*. ***2*** (*zool.*) ***R. di mare***, pesce osseo marino degli Scombresociformi, con pinne pettorali molto grandi, capace di balzare dall'acqua e planare per molti metri a poca distanza dalla superficie (*Exocoetus volitans*). **SIN.** Pesce volante.

rondinino [sec. XIV] **s. m.** ***1*** Dim. di *rondine*. ***2*** Il piccolo nato dalla rondine. **SIN.** Rondinotto.

rondinòtto [1872] **s. m.** ***1*** Dim. di *rondine*. ***2*** Rondinino nel sign. 2.

rondismo [comp. di (*La*) *Rond*(*a*), n. di una rivista romana, e *-ismo*; 1942] **s. m.** ● Movimento letterario sorto in Italia nel 1919 e improntato a un classicismo che trovava spec. in Leopardi un modello di stile.

rondista [1927] **s. m. e f.** (**pl. m.** *-i*) ● Seguace del rondismo.

rondò [dal fr. *rondeau*, in orig. 'ballo in tondo', dal lat. parl. **retundĕllu*(*m*), dim. di *rotŭndus* 'rotondo'; 1803] **s. m. inv.** ***1*** (*letter.*) Piccolo componimento di vario metro della poesia francese antica, in cui il primo o i primi versi si ripetevano al mezzo o alla fine, spesso musicato. ***2*** (*mus.*, anche *rondeau*) Composizione vocale del Medioevo francese, più tardi anche strumentale, caratterizzata dalla ricorrenza di un episodio a mo' di ritornello | Composizione strumentale a struttura circolare che alterna un episodio fisso con altri in tonalità diverse, spesso usato come movimento finale in sinfonie, sonate, quartetti. ***3*** Isola spartitraffico circolare, situata all'incrocio di più strade.

rondóne [lat. parl. *(*hi*)*rundōne*(*m*), per il classico (*hi*)*rŭndine*(*m*) 'rondine'; av. 1320] **s. m.** ● Uccello degli Apodiformi, nero con gola bianca, coda forcuta, migratorio, caratteri che lo fanno somigliare in apparenza alla rondine, dalla quale invece è molto diverso per abitudini e per ordine tassonomico (*Apus apus*) | ***R. alpino***, uccello degli Apodiformi, con piumaggio bruno scuro sul dorso, bianco sul ventre, che vive sui monti dell'Europa meridionale e dell'Asia migrando nell'inverno (*Apus melba*). ➡ **ILL. animali**/9.

†**rónfa** [etim. incerta; 1576] **s. f.** ● Gioco di carte simile alla primiera.

ronfaménto [1959] **s. m.** ● (*raro*) Il ronfare.

ronfàre o (*raro*) **ronfiàre** [sovrapposizione di *soffiare* a *roncare* 'russare'; 1342] **v. intr.** (*io rónfo*; aus. *avere*) ***1*** (*fam.*) Russare forte. ***2*** (*est.*) Fare le fusa, detto del gatto.

ronfàta [da *ronfare*; 1989] **s. f.** ● (*fam.*) Dormita lunga e profonda.

ron ron /rɔn'rɔn/ [vc. onomat.; 1970] **inter.** ***1*** Riproduce il rumore fatto da chi russa. ***2*** Riproduce il rumore del gatto che fa le fusa.

röntgen /*ted.* 'rœntgən/ o **roentgen** [dal n. del fisico ted. W. C. *Röntgen* (1845-1923); 1927] **s. m. inv.** ● Unità di misura dell'intensità di radiazione X che libera 1 unità di carica elettrica CGS, per effetto ionizzante, da 1 centimetro cubo d'aria. **SIMB.** R.

röntgenografia /rentgenogra'fia, rœntgə-/ o **roentgenografia** [comp. di *Röntgen* e *-grafia*; 1970] **s. f.** ***1*** (*fis.*) Studio di materiali mediante i raggi Röntgen. ***2*** Stratigrafia (2).

röntgenstratigrafia /rentgenstratigra'fia, rœntgən-/ o **roentgenstratigrafia** [comp. di *Röntgen* e *stratigrafia* (2)] **s. f.** ● (*med.*) Tomografia.

röntgenterapia /rentgentera'pia, rœntgə-/ o **roentgenterapia** [comp. di *Röntgen* e *-terapia*; 1939] **s. f.** (*med.*) ● Uso dei raggi Röntgen nella cura di certe malattie.

ronzaménto [1585] **s. m.** ● (*raro*) Il ronzare | Ronzio.

ronzàre [vc. onomat.; 1483] **v. intr.** (*io rónzo*; aus. *avere*) ***1*** Emettere un caratteristico rumore sordo e vibrante, detto di zanzare, vespe, mosconi, api e sim. o (*est.*) di aeroplani, frecce e sim. | (*est.*) Volare, detto di insetti: *non ronzava una mosca.* ***2*** (*fig.*) Girare, mulinare: *troppe idee ti ronzano in testa*; *tutti questi pensieri ronzavano nel capo … di don Abbondio* (MANZONI). **SIN.** Frullare. ***3*** (*fig.*) Girare intorno a un luogo o una persona | ***R. intorno a una ragazza***, corteggiarla.

ronzatóre [1758] **s. m.**; anche **agg.** (**f.** *-trice*) ● (*raro*) Chi (o Che) ronza (*anche fig.*).

ronzinànte [sp. *Rocinante*, n. del cavallo di don Chisciotte, da *rocin* 'ronzino', rifatto sull'it. *ronzino*; 1765] **s. m.** ● Cavallo vecchio e stanco.

ronzino [ant. fr. *roncin*: stessa etim. di *rozza* (?); 1240] **s. m.** (**f.** *-a*) ● Cavallo non di razza, o in cattive condizioni.

ronzio [da *ronzare*; av. 1712] **s. m.** ● Rumore continuato di insetti che ronzano | (*est.*) Rumore sordo e vibrante simile al ronzare di insetti volanti: *il r. di un motore* | ***R. auricolare***, risposta sonora a stimoli o lesioni delle vie acustiche provocate da affezioni dell'orecchio e da altre malattie | (*est.*) Mormorio, leggero strepito di voci lontane.

†**rónzo** [da *ronzare*; av. 1470] **s. m.** ● (*lett.*) Ronzamento, ronzio: *era poc'anzi nella valle il r. dell'altre sere* (PASCOLI).

ronzóne (**1**) [da *ronzare*; 1765] **s. m.** ***1*** (*raro*) Insetto che ronza | (*fig.*) †Corteggiatore. ***2*** Maggiolino.

†**ronzóne** (**2**) o †**roncióne** [da *ronzino*; sec. XIII] **s. m.** ● Stallone: *dicea Morgante: leva su, r.; / e 'l va pur punzecchiando con lo sprone* (PULCI).

rood /*ingl.* ɹuːd/ [vc. ingl., propr. 'canna', vc. germ. di orig. indeur.; 1749] **s. m. inv.** ● Unità di misura inglese di superficie pari a 1011,71 m^2.

roof /*ingl.* ɹu(ː)f/ [1918] **s. m. inv.** ● Accorc. di *roof garden*.

roof garden /*ingl.* 'ɹu(ː)f,gaːɹdən/ [vc. ingl., comp. di *roof* 'tetto' (d'orig. germ.) e *garden* 'giardino' (d'orig. germ.); 1917] **loc. sost. m. inv.** (**pl.** ingl. *roof gardens*) ● Grande terrazza sul tetto di un edificio, adorna di piante, adibita a bar, ristorante, ritrovo elegante.

ropàlico [vc. dotta, lat. tardo *rhopālicu*(*m*), dal gr. *rópalon* 'clava', perché la clava va crescendo di grossezza da un'estremità all'altra; 1835] **A s. m.** (**pl.** *-ci*) ● Nella poesia classica, spec. della tarda latinità, verso formato da una serie di parole che aumentano via via di una sillaba. **B** anche **agg.**: *verso r.*

Ropalòceri [comp. del gr. *rópalon* 'mazza, bastone', da *répein* 'inclinare, abbassare', di orig. indeur., e *kéras* 'corno' (V. *cerambice*); detto così dalla forma delle antenne; 1932] **s. m. pl.** (**sing.** *-o*) ● Nella tassonomia animale, gruppo di farfalle diurne con antenne rigonfiate a clava all'estremità, che, in riposo, tengono le ali erette verticalmente (*Ropalocera*).

roquefort /*fr.* ʀɔk'fɔʀ/ [vc. fr., dal n. del luogo di produzione, *Roquefort*(*-sur-Soulzon*); 1959] **s.m. inv.** ● Formaggio francese di latte di pecora con muffe verdi sparse uniformemente nella pasta.

roràre [vc. dotta, lat. *rorāre*, da *rōs*, genit. *rōris* 'rugiada'. V. *rore*; 1321] **v. tr.** (*io ròro*) ● (*raro, poet.*) Bagnare, cospargere, irrorare di rugiada: *la vaga opra fatale / rorò di rugiada* (FOSCOLO) | (*fig.*) Rinfrescare, ristorare.

†**róre** [vc. dotta, lat. *rōre*(*m*), di orig. indeur.; 1499] **s. m.** ● (*poet.*) Rugiada.

ròrido [vc. dotta, lat. *rōridu*(*m*), da *rōs*, genit. *rōris* 'rugiada'. V. *rore*; 1499] **agg.** ● (*poet.*) Rugiadoso: *nube rorida*; *mattino r.*; *bello il tuo manto, o divo cielo, e bella / sei tu, rorida terra* (LEOPARDI) | (*est.*) ***R. di morte***, bagnato del sudore della morte.

Ro-Rò [1992] **agg. inv.** ● Accorc. di *roll-on roll-off*.

Ros /rɔs/ [sigla ingl. di *R*(*eturn*) *o*(*n*) *s*(*ales*) 'ritorno, redditività delle vendite'] **s. m. inv.** ● Nella tecnica aziendale, indice di bilancio che misura il rendimento lordo delle vendite; è pari al rapporto tra il risultato operativo e i ricavi netti.

♦**ròsa** (**1**) [lat. *rŏsa*(*m*), di orig. preindeur.; av. 1250] **A s. f.** ***1*** Arbusto delle Rosacee fornito di spine ricurve, con foglie pennato-composte, fiori grandi variamente profumati e colorati (*Rosa*). **CFR.** rodo- | ***R. antica***, qualsiasi varietà coltivata di rosa a molti petali ottenuta per mutazione o per ibridazione di rose selvatiche, senza utilizzare rose cinesi o giapponesi | ***R. botanica***, in floricoltura, denominazione di qualsiasi specie selvatica del genere *Rosa* | ***R. canina***, ***di macchia***, frutice comunissimo nelle siepi e boscaglie con fiori a cinque petali color carne e frutto rosso (*Rosa canina*) | ***R. del Giappone***, camelia | ***R. delle Alpi***, rododendro | ***R. di Gerico***, anastatica | ***R. di Natale***, elleboro nero. ➡ **ILL. piante**/6. ***2*** Il fiore di tale pianta: *un mazzo di rose*; *rose bianche, rosse, gialle* | ***La stagione delle rose***, la primavera | ***Il mese delle rose***, il mese di maggio | ***Pasqua di rose***, la Pentecoste | La Vergine Maria: *R. mistica* | ***Fresco come una r.***, (*fig.*) in ottime condizioni fisiche | ***Bocciolo di r.***, (*fig.*) detto di ragazza giovane e bella | ***Stare su un letto di rose***, (*fig.*) in condizioni privilegiate o in circostanze particolarmente fortunate | ***Non sono tutte rose e fiori***, (*fig.*) detto di tutto ciò che si presenta in maniera allettante, nascondendo, in realtà, difficoltà o lati negativi | ***All'acqua di rose***, (*fig.*) attenuato, poco efficace: *una cura all'acqua di rose*; superficiale: *una preparazione all'acqua di rose*; (*lett.*) edulcorato. ***3*** (*poet.*) Colorito rosa delle guance o delle labbra: *torna a fiorir la r. / che pur dianzi languia* (PARINI). ***4*** (*fig.*) Gruppo, insieme di persone: *la r. dei candidati, dei concorrenti*. **SIN.** Cerchia. ***5*** †Macchia rosea lasciata sulla pelle da punture di insetti, morsi e sim. ***6*** (*arald.*) Figura formata da cinque petali, talora alternati a spine, bottonata al centro e senza gambo. ***7*** (*mus.*) Foro di risonanza negli strumenti a pizzico, anticamente a forma di rosa. ***8*** (*region.*) Parte interna della coscia del bue e del vitello macellati, posta sotto il girello. **SIN.** Noce. ***9*** Proiezione dei pallini da caccia che fuoriesce dalla canna, prendendo una forma circolare. ***10*** ***R. dei venti***, figura a forma di stella a sedici punte che rappresenta il sistema dei venti in relazione ai punti cardinali; vi compare anche la denominazione locale dei venti. ***11*** (*mar.*) ***R. della bussola***, figura circolare applicata alla bussola con indicate le direzioni dei quattro punti cardinali e quelle intermedie. ***12*** (*zool.*) ***R. di mare***, attinia. **B s. m. inv.** ● Colore che sta tra il bianco e il rosso: *dipingere senza usare il r.* **C agg. inv.** ● Di color rosa: *vestito, gonna, nuvole r.* **CFR.** rodo- | ***Maglia r.***, maglia indossata dal corridore ciclista che è in testa alla classifica del Giro d'Italia | ***Foglio r.***, V. *foglio* nel sign. 2 | ***R. shocking***, V. *shocking* | ***Vedere tutto r.***, (*fig.*) vedere il lato positivo di ogni cosa, essere ottimisti | ***Fiocco r.***, che segnala la nascita di una bambina |

Balletti r., V. *balletto* | (*fig.*) ***Stampa, romanzo r.***, di tono sentimentale e galante, destinato a pubblico femminile. || PROV. Non c'è rosa senza spine; se son rose fioriranno. || **rosetta**, dim. (V.) | **rosellina**, dim. (V.) | **rosino**, dim. m. (V.).

rósa (2) [f. sost. di *roso*; 1400 ca.] s. f. *1* †Erosione. *2* (*tosc.*) Prurito, pizzicore.

rosàcea [da *rosaceo*] s. f. ● (*med.*) Acne rosacea (V. *acne*).

Rosàcee [V. *rosaceo*; 1892] s. f. pl. (sing. *-a*) ● Nella tassonomia vegetale, famiglia di piante delle Dicotiledoni con fiori regolari a cinque petali liberi, numerosi stami, foglie alterne dentate e stipolate (*Rosaceae*). ➡ ILL. piante/6.

rosàceo [vc. dotta, lat. tardo *rosāceu(m)*, da *rŏsa*; 1499] agg. ● (*raro*) Di colore rosa | Di rosa.

rosàio [lat. *rosāriu(m)*, da *rŏsa*; av. 1320] s. m. ● Arboscello di rosa | Numerose piante di rosa riunite.

rosalìa ● V. *rosolia*.

rosanèro [comp. di *rosa* e *nero*, colori della squadra; 1930] agg. e s. m. e f. inv. ● Che (o Chi) gioca nella squadra di calcio del Palermo o ne è sostenitore.

rosanilina [comp. di *rosa* e *anilina*; 1872] s. f. ● (*chim.*) Fucsina.

rosàrio [vc. dotta, lat. *rosāriu(m)*, agg. di *rŏsa*; 1582] s. m. *1* Nel cattolicesimo, pratica devota consistente nella recitazione di tre gruppi di cinque decine di Ave Marie, precedute ciascuna da un Pater noster, da un Gloria e da uno dei misteri, servendosi, per il calcolo delle preghiere recitate, di una corona di grani | Corona di grani che si usa per accompagnare la recitazione del rosario. *2* (*est., fig.*) Sequela, serie: *un r. di insolenze, di disgrazie*. *3* (*anat.*) ***R. rachitico***, catena di nodosità al punto di giunzione della parte ossea e della cartilagine delle coste propria del rachitismo dell'infanzia. *4* (*bot.*) ***Albero del r.***, abro. || **rosarino**, dim.

rosàta [1970] s. f. ● Rosa di pallini da caccia.

rosatèllo [propr. dim. di *rosato*; 1963] s. m. ● Vino di colore rosato.

rosàto [vc. dotta, lat. tardo *rosātu(m)*, da *rŏsa*; av. 1250] **A** agg. *1* Di colore di rosa: *labbra rosate*; *vino r.* SIN. Roseo. *2* (*raro*) Di rosa | (*fig., pop.*) ***Pasqua rosata***, Pentecoste | ***Miele r.***, decotto di miele e di foglie di rosa. **B** s. m. *1* (*raro*) Colore che appare all'orizzonte verso l'aurora: *il r. del cielo*. *2* Vino di colore rosato. *3* †Panno di colore rosato. || **rosatèllo**, dim. (V.).

ròsbif o (*tosc.*) **rosbiffe** [1800] s. m. ● Adattamento di *roast-beef* (V.).

†**ròscido** [vc. dotta, lat. *rōscidu(m)*, da *rōs*, genit. *rōris* 'rugiada'. V. †*rore*; 1340 ca.] agg. ● Rugiadoso, guazzoso, umido.

rosé /fr. ro'ze/ [vc. fr., da *rose* 'rosa'; 1940] agg. e s. m. inv. ● (*enol.*) Rosato, detto di vino: *vino r.*; *un bicchiere di r.*

rosellina [av. 1565] s. f. *1* Dim. di *rosa* (*1*) nel sign. A. *2* Varietà di ranuncolo coltivato per i fiori ornamentali stradoppi (*Ranunculus orientalis*).

♦**ròseo** [vc. dotta, lat. *rŏseu(m)*, da *rŏsa*; av. 1320] **A** agg. *1* Di colore di rosa: *viso r.*; *petali rosei* | (*fig.*) ***Speranze rosee***, lusinghiere | ***Avvenire r.***, che appare lieto | Ottimistico: *previsioni rosee* | ***Vedere tutto r.***, sotto una luce favorevole. *2* Rosé. **B** s. m. ● Colorito roseo delle guance o del viso | Colore roseo.

rosèola [fr. *roséole*, da *rose* 'rosa'; 1895] s. f. ● (*med.*) Eruzione generalizzata o localizzata di chiazze rosse con tendenza alla risoluzione rapida, tipica della sifilide, della scarlattina, del colera.

roséto [vc. dotta, lat. *rosētu(m)*, da *rŏsa*; 1485] s. m. ● Luogo piantato a rose.

rosétta [1336 ca.] s. f. *1* Dim. di *rosa* (*1*) nel sign. A. *2* Diamante di lieve spessore tagliato a forma di piramide sfaccettata. *3* (*bot.*) Disposizione particolare delle foglie a ciuffo basale per l'annullarsi degli internodi. *4* Panino rotondo, lavorato in modo che, nella parte superiore, si presenti come una rosa. *5* (*mecc.*) Rondella. *6* Dischetto in gomma forato al centro per farvi passare gli anelli del filetto, in modo che questi non pizzichino le labbra del cavallo. || **rosettina**, dim.

Rosh ha-Shana /ebr. roʃ haʃʃa'na/ [ebr. *rōsh haskshānāh* 'capo d'anno'] loc. sost. f. inv. ● Capodanno ebraico, celebrato l'1 e il 2 del mese di *tishrì* (settembre-ottobre).

ròsi ● V. *rodere*.

Rosicànti [part. pres. sost. di *rosicare*; 1872] s. m. pl. ● (*zool., pop.*) Roditori.

rosicàre [lat. parl. **rosicāre*, intens. di *rōdere*; 1499] v. tr. (*io rósico, tu rósichi*) *1* Rodere leggermente e a poco a poco. SIN. Rosicchiare. *2* (*fig.*) Riuscire a guadagnare qlco. || PROV. Chi non risica non rosica.

rosicatùra [da *rosicare*; 1687] s. f. ● Azione del rosicare | Residui di tale azione: *rosicature di tarme*.

rosicchiaménto [1872] s. m. ● Il rosicchiare | Il rumore che si fa rosicchiando.

♦**rosicchiàre** [lat. parl. **rosiculāre*, intens. di **rosicāre* 'rosicare' (V.); sec. XIV] v. tr. (*io rosìcchio*) ● Rodere di continuo e leggermente: *r. un osso*; *il tarlo rosicchia il legno* | Smangiucchiare: *mi chiusi in casa e poi in camera a r. … un tozzo di pane ammuffito* (NIEVO). SIN. Rosicare.

rosìcchio o **rosicchiolo** [av. 1837] s. m. ● (*raro*) Tozzo di pane secco avanzato.

rosìchio [1940] s. m. ● (*raro*) Rosicchiamento continuo: *il r. del tarlo* (PASCOLI).

rosicoltóre o **rosicultóre** [da *rosa* (*1*), sul modello di *agricoltore*; 1959] s. m. (f. *-trice*) ● Chi coltiva rose.

rosicoltùra o **rosicultùra** [comp. di *ros(a)* e *-coltura*; 1959] s. f. ● Coltivazione delle rose.

†**rosignòlo** o †**rosignuòlo**, †**rusignòlo**, †**rusignuòlo** [provz. *rosinhol*, dal lat. parl. **luxiniŏlu(m)*. V. *usignuolo*; 1353] s. m. ● (*lett.*) Usignolo: *quel rosignuol che sì soave piagne* (PETRARCA). || **rosignolétto**, dim.

rosìno s. m. *1* Dim. di *rosa* (*1*). *2* (*raro*) Colore rosa chiaro.

rosmarino [lat. *rōs marīnu(m)*, propr. 'rugiada di mare'. V. †*rore* e *marino*; sec. XIV] s. m. *1* Frutice delle Labiate con foglie piccole, lineari, bianche inferiormente, selvatico nelle regioni italiane a clima mediterraneo e coltivato come pianta aromatica per cucina (*Rosmarinus officinalis*). SIN. Ramerino. ➡ ILL. piante/9. *2* Droga aromatica costituita dalle foglie secche del rosmarino.

rosminiàna [1905] s. f. ● (*relig.*) Suora appartenente alla Congregazione della Provvidenza, fondata da A. Rosmini.

rosminianìsmo [comp. di *rosminian(o)* e *-ismo*; av. 1911] s. m. ● La filosofia di A. Rosmini considerata nei suoi aspetti fondamentali, cioè nel tradizionalismo, nell'ontologismo, nello scolasticismo.

rosminiàno [1831] **A** agg. ● Proprio del filosofo e sacerdote A. Rosmini (1797-1855). **B** s. m. (f. *-a* (V.)) *1* (*filos.*) Chi segue il pensiero di A. Rosmini. *2* (*relig.*) Religioso appartenente all'Istituto della Carità, congregazione fondata da A. Rosmini.

róso [1750] **A** part. pass. di *rodere*; anche agg. *1* Nei sign. del v. | Corroso, intaccato: *in larghi scialli … rosi dalle tarme* (MORANTE) | Consunto, sciupato: *volto r. dalla salsedine* (CALVINO) | Minato da una malattia: *organismo r. dal cancro*. *2* (*fig.*) Afflitto, tormentato: *Magro, tutto occhi, come r. dentro* (PIRANDELLO). **B** s. m. ● †Piccola insenatura formata per corrosione, anche presso la riva di un fiume.

rosolàccio [da *rosa* (*1*); sec. XIV] s. m. ● Pianta delle Papaveracee, con foglie pelose, fiori rossi di quattro petali, talora con una larga macchia nera alla base; è comune e infestante nei campi e fiorisce da maggio a luglio (*Papaver rhoeas*). SIN. Papavero selvatico.

rosolàre [etim. discussa: longob. *rosa* 'crosta' (che si forma sulle vivande) (?); 1618] **A** v. tr. (*io ròsolo*) *1* Fare cuocere lentamente carne o altre vivande in modo che vi si formi una crosta dal caratteristico colore bruno-rossastro. *2* (*tosc., fig., scherz.*) Criticare, canzonare | (*tosc., fig.*) Conciare male. **B** v. intr. pron. *1* Cuocersi lentamente, assumendo una caratteristica crosta bruno-rossastra. *2* (*fig., est.*) Nella loc. ***rosolarsi al sole***, stare lungamente distesi al sole per abbronzarsi.

rosolàta [da *rosolare*; 1987] s. f. ● Rosolatura rapida e sommaria.

rosolatùra [1940] s. f. ● Lenta cottura con formazione di una crosta bruno-rossastra.

rosolìa, (*evit.*) **rosalìa** [da *rosa* (*1*), per il colore che assume la pelle; av. 1306] s. f. ● Malattia virale esantematica frequente nell'infanzia, che si manifesta con tipico arrossamento cutaneo e adenopatia laterocervicale. SIN. Rubeola.

rosòlida [lat. mediev. *rōs* (nom.) *sōlis* 'rugiada del sole'. V. †*rore* e *sole*; 1835] s. f. ● (*bot.*) Drosera.

rosolièra [da *rosolio*; 1891] s. f. ● Servizio di bottiglia e bicchierini per rosolio e bevande simili.

rosòlio [stessa etim. di *rosolida*; 1671] s. m. *1* Liquore, molto diffuso in passato, preparato con alcol, zucchero e acqua nella stessa proporzione, con in più un'essenza che gli dà il nome: *r. di menta, di cedro, alla vaniglia*; *cioccolatino al r.* | (*est., disus.*) Squisitezza: *vino che pare un r.*; *dolce come un r.* *2* Un tempo, cioccolatino farcito di rosolio: *egli a ogni ritorno le portava una scatola di confetture e una scatola di rosolii* (D'ANNUNZIO).

ròsolo [da *rosolare*; 1872] s. m. ● Rosolatura | Colore che assume una vivanda rosolata: *arrosto che non ha il r.*

rosóne [dalla forma di grande *rosa*; 1550] s. m. *1* Motivo ornamentale, gener. inscritto in un cerchio, composto di motivi vegetali aggruppati attorno a un bottone centrale, per ornare soffitti, lacunari, medaglioni. *2* (*arch.*) Vetrata circolare con motivi raggianti, a forma di rosa o ruota e in genere di marmo, posta sopra la porta centrale di facciata delle chiese romaniche e gotiche, per illuminarne la navata centrale. ➡ ILL. p. 2118, 2119 ARCHITETTURA.

ròspo [etim. incerta; 1476] s. m. *1* Anfibio anuro dal corpo tozzo e dalla pelle spessa e verrucosa, ricca di ghiandole che secernono un liquido acre ed irritante (*Bufo*) | ***R. comune***, di colore bruniccio (*Bufo bufo*). SIN. Botta | ***R. smeraldino***, più piccolo del rospo comune, grigio, con macchie scure sui toni del verde (*Bufo viridis*) | ***R. ostetrico***, alite | ***R. scavatore***, rinofrino | ***R. cornuto***, iguana | ***Ingoiare un r.***, (*fig.*) tollerare un fatto spiacevole, una situazione incresciosa | ***Sputare il r.***, (*fig.*) esprimere liberamente, senza più esitazioni, un motivo di preoccupazione, uno stato d'animo di sofferenza tenuto celato a lungo per scrupolo o timore. ➡ ILL. animali/4. *2* ***Coda di r.***, V. *coda* nel sign. 3. *3* (*est., spreg.*) Persona di aspetto molto sgradevole, ripugnante. *4* (*est., spreg.*) Persona scontrosa, di non facile compagnia. || **rospàccio**, pegg. | **rospettàccio**, pegg. | **rospettino**, dim. | **rospétto**, dim.

rossàstro [da *rosso*, sul modello del fr. *rougeâtre*; sec. XIV] agg. ● Che tende al colore rosso, ma di una sfumatura un po' fosca e smorzata: *luce rossastra*; *le fiamme rossastre e fumose si disegnavano … sopra il cielo che s'imbruniva* (NIEVO).

rosseggiànte [1336 ca.] part. pres. di *rosseggiare*; anche agg. ● Di colore rosso o tendente al rosso: *nelle vigne … brillavan le foglie rosseggianti* (MANZONI).

rosseggiàre [comp. di *ross(o)* e *-eggiare*; 1319] v. intr. (*io rosséggio*; aus. *avere*) ● Apparire rosso o tendere al rosso: *al tramonto il cielo comincia a r.*; *le nuvole rosseggiano, poi vanno languendo, e pallide finalmente si abbuiano* (FOSCOLO).

rossèllo [da *rosso*; 1872] s. m. ● Macchia, chiazza rossa sulla pelle | (*tosc.*) Pomello arrossato della guancia. || **rossellino**, dim.

rossése [dal colore *rosso* dell'uva; 1959] s. m. ● Vino rosso di color rubino a volte quasi violaceo, dal profumo di fiori e dal sapore morbido e fruttato, prodotto in Liguria dal vitigno omonimo: *R. di Albenga*; *R. di Dolceacqua*.

rossétta [dal colore *rosso*; 1803] s. f. ● Correntemente, pipistrello dal muso volpino, densa pelliccia rossastra e alimentazione frugivora, che vive nell'Africa e nell'Asia meridionale (*Pteropus edulis*).

rossétto [1677] s. m. *1* Dim. di *rosso*. *2* Colorante rosso. *3* Cosmetico pastoso o cremoso per labbra o gote: *matita, bastoncino di r.*; *un r. color fragola*.

rossézza [1336 ca.] s. f. ● (*raro*) Caratteristica, condizione di ciò che è rosso.

rossicànte part. pres. di *rossicare*; anche agg. ● (*raro, lett.*) Rosseggiante.

rossicàre [da *rosso*; av. 1406] v. intr. (*io róssico, tu róssichi*; aus. *avere*) ● (*raro, lett.*) Rosseggiare: *le vecchie tele … rossicarono e nereggiarono su le mura* (D'ANNUNZIO).

rossìccio [1340 ca.] **A** agg. (pl. f. *-ce*) ● Piuttosto rosso, ma tenue, sbiadito | Rossastro. **B** s. m. ● Colore che tende al rosso.

rossigno [av. 1370] agg. ● (*raro*) Leggermente rosso o rossiccio: *pelo r.*; *cade il fiore r. del cipresso* (D'ANNUNZIO).

rossiniàno [1830] **A** agg. ● Che concerne il musicista G. Rossini (1792-1868) e la sua arte: *crescendo r.* **B** s. m. (f. *-a*, raro) ● Ammiratore, imitatore di Rossini.

rossino [av. 1729] **A** agg. ● (*raro*) Rossiccio. **B** s. m. (f. *-a*) ● (*fam.*) Persona con i capelli rossi: *una rossina tutta picchiettata d'innumerevoli … lentiggini* (CALVINO).

♦**rósso** [lat. *rŭssu(m)*, dalla stessa radice di *rŭber*. V. *rubro*; 1308] **A** agg. **1** Che è del colore del sangue vivo, della porpora, del rubino e sim.: *smalto, inchiostro, abito, vino r.* CFR. eritro-, pirro- | ***Camicie rosse***, i volontari garibaldini che indossavano camicie di tale colore | ***Bandiera rossa***, quella dei partiti comunisti e socialisti | ***A luci rosse***, detto di tutto ciò che riguarda la pornografia: *cinema, locale, film a luci rosse* (calco sull'ingl. *red light*, dall'usanza di indicare con tale segnale un bordello) | ***Capelli rossi***, fulvi o rossicci | ***Diventare r.***, arrossire per vergogna, rabbia o sim. | ***Diventare r. come un peperone***, avere la pelle scottata dal sole; arrossire violentemente | ***Avere gli occhi rossi***, averli arrossati; avere pianto | ***Essere bianco e r.***, avere un bel colorito in viso per buona salute, essere rubicondo, detto di persona | ***Vedere r.***, (*fig.*) provare un'ira violenta | (*biol.*) ***Globulo r.***, contenente emoglobina, destinato al trasporto dell'ossigeno e dell'anidride carbonica. **2** Ispirato, influenzato, amministrato dai partiti della sinistra: *cooperative rosse*; *regioni rosse.* **3** (*banca*) Nella loc. ***clausola rossa***, condizione di utilizzazione di crediti documentari, per cui la banca è autorizzata a concedere anticipi a un esportatore, prima della presentazione dei documenti di spedizione | ***Debito r.***, caratterizzato da tale clausola. **B** s. m. **1** Il colore rosso: *r. scuro, bruno, fiammante.* **2** (*chim.*) Ciascuna delle sostanze naturali o artificiali, organiche o inorganiche usate come coloranti rossi: *r. di anilina.* **3** (f. *-a*) Persona che ha i capelli rossi. **4** (f. *-a*) (*spec. al pl.*) Aderente a un partito di sinistra. **5** Luce rossa del semaforo stradale o ferroviario che indica l'obbligo di fermarsi: *fermarsi al r.*; *passare col r.* **6** Materia rossa | ***R. d'uovo***, il tuorlo. **7** Metà dei numeri della roulette, colorati appunto in rosso, su cui si può puntare: *è uscito il r.* **8** (*banca, econ.*) Posizione di debito in un conto, in contrapposizione a *nero* | ***In r.***, in passivo: *essere, andare in r.* **9** Vino rosso (anche come denominazione): *un bicchiere di r.*; *Rosso Piceno*; *Rosso di Montalcino.* || PROV. Rosso di sera, buon tempo si spera. || **rossàccio**, pegg. | **rossétto**, dim. (V.).

rossoblù [comp. di *rosso* e *blu*, colori della squadra; 1935] agg.; anche s. m. inv. ● Che (o Chi) gioca nelle squadre di calcio del Bologna o del Genoa o ne è sostenitore.

róssola ● V. *russola.*

rossonéro [comp. di *rosso* e *nero*, colori della squadra; 1912] agg.; anche s. m. (f. *-a*; pl. m. *-i*) ● Che (o Chi) gioca nella squadra di calcio milanese del Milan e del Foggia, o ne è sostenitore.

rossóre [1313] s. m. **1** Colore rosso | Colorito rosso assunto dalla pelle spec. del viso per pudore, vergogna, ira o rabbia: *sentirsi salire il r. alle guance* | (*est., fig.*) Vergogna, pudore: *uomo senza r.*; *non sentire r.* | ***Il r. è sparito dalla sua faccia***, (*fig.*) non si vergogna più di niente. **2** †Colore rosso: *un picciol fiumicello, / lo cui r. ancor mi raccapriccia* (DANTE *Inf.* XIV, 77-78). SIN. Rossezza.

ròsta [longob. *hrausta* 'frasca'; 1313] s. f. **1** (*arch.*) Inferriata semicircolare o semiellittica a forma di raggiera. **2** †Sbarramento, riparo artificiale. **3** †Ventaglio, ventola o scacciamosche fatti di frasche | (*est.*) Ventaglio. **4** (*raro, poet.*) Intrico, ostacolo di rami.

rosticcère ● V. *rosticciere.*

rosticcerìa [da *rosticciere*, sul modello del fr. *rôtisserie*; 1863] s. f. ● Locale dove si preparano e si vendono arrosti o altre vivande.

rosticciàna [da *rostire*; 1872] s. f. ● Costola di maiale rosolata in padella o arrostita alla griglia.

rosticcière o (*raro*) **rosticcère** [da *rostire*, sul modello del fr. *rôtisseur*; 1863] s. m. (f. *-a*) ● Gestore di una rosticceria.

rosticcio [da †*rostire*; 1806] s. m. **1** Pezzo di calcina secca su un muro non intonacato. **2** Scoria di ferro o altro metallo, nella fornace. **3** (*disus., spreg.*) Persona secca e deforme.

rostièra [vc. sett., da †*rostir(e)* 'arrostire'; 1992] s. f. ● (*sett.*) Teglia ovale o rettangolare per cuocere cibi arrosto.

†**rostire** [germ. **raustjan*; 1342] v. tr. ● Arrostire.

†**rósto** [da †*rostire*; 1483] s. m. ● Arrosto.

rostràle [vc. dotta, lat. tardo *rostrāle(m)*, da *rōstrum* 'rostro'; av. 1574] agg. **1** (*lett.*) Rostrato | Nella Roma antica, detto di corona fregiata di rostri, data come altissima ricompensa per vittorie navali. **2** In un organismo animale, situato verso l'estremo cefalico. CONTR. Caudale.

rostràto [vc. dotta, lat. tardo *rostrātu(m)*, da *rōstrum* 'rostro'; 1499] agg. ● Fornito di rostro: *uccello r.* | ***Colonna rostrata***, nell'antica Roma, monumento commemorativo, costituito da una colonna ornata coi rostri tolti alle navi nemiche.

ròstro [vc. dotta, lat. *rōstru(m)* 'becco', da *rōdere*; 1321] s. m. **1** Becco, spec. quello adunco dei rapaci | Prolungamento dello scudo osseo di alcuni crostacei che sporge al di sopra del capo | Apparato boccale, pungente e succhiante, tipico di vari insetti | †Muso, grugno, spec. di animale selvatico. **2** (*anat.*) Qualsiasi struttura o appendice a forma di becco: *r. del corpo calloso*; *r. dello sfenoide.* **3** (*bot.*) Prolungamento a forma di becco o di punta di organi vegetali o di frutti. **4** (*ing.*) Avancorpo di sezione semicircolare, ogivale o triangolare, terminante con il cappuccio, connesso ai piedritti dei ponti, in modo da ridurre l'ostacolo al deflusso delle acque. **5** In un'automobile, elemento cromato per coprire l'attacco del paraurti alla carrozzeria, in uso fino agli anni '70 del Novecento. **6** Trave in bronzo o ferro sporgente dalla parte inferiore della prua delle antiche navi impiegato per speronare le navi nemiche. SIN. Sperone. **7** (*al pl.*) Tribuna per gli oratori nel foro dell'antica Roma, presso il luogo dove erano i rostri delle navi conquistate agli abitanti di Anzio.

†**rosùme** [da *roso*; 1619] s. m. ● Residuo di materiali rosicchiati: *il r. dei bachi da seta.*

rosùra [da *roso*; 1350 ca.] s. f. **1** (*raro*) Erosione | Fenditura provocata dall'erosione. **2** †Rimasuglio di cose rose o erose.

ròta [lat. *rŏta(m)* 'ruota'; 1308] s. f. **1** V. *ruota.* **2** ***Tribunale della Rota Romana*** (o ***della Sacra Rota***), organo giudiziario ordinario della S. Sede, con competenza contenziosa e penale, composto da uditori nominati dal Papa e presieduti da un decano, che giudica, in seconda istanza, le cause sulle quali si sono già pronunciati i tribunali diocesani e in prima istanza le cause appositamente avocate a sé. **3** (*mus.*) Tipo di canone circolare in cui ogni voce, sfasata rispetto alle altre, terminata la melodia la ricomincia da capo: *Fra' Martino campanaro è un esempio di r.*

rotàbile [vc. dotta, lat. tardo *rotābile(m)*, da *rotāre*; 1855] **A** agg. ● Girevole | Percorribile da veicoli a ruota: *strada r.* SIN. Carrozzabile | ***Materiale r.***, insieme di veicoli ferroviari, tranviari e sim. **B** s. f. ● Strada carrozzabile. **C** s. m. ● Veicolo ferroviario e tranviario.

rotacìsmo [dalla lettera gr. *ro*, secondo il modello di *solecismo*; av. 1796] s. m. ● (*ling.*) Passaggio di una consonante all'articolazione *r.*

rotacizzàre [1959] **A** v. tr. ● Modificare un suono per rotacismo. **B** v. intr. pron. ● Subire rotacismo, detto di consonante.

rotacizzazióne [1965] s. f. ● Il rotacizzare, il rotacizzarsi.

♦**rotàia** [da *r(u)ota*; av. 1729] s. f. **1** Solco lasciato nel terreno dalle ruote di un veicolo: *La strada era … solcata da rotaie profonde, che, dopo una pioggia, diventavan rigagnoli* (MANZONI). **2** (*mecc.*) Guida metallica destinata a costituire il piano di corsa uniforme e di minima resistenza al rotolamento. **3** (*ferr.*) Guida in acciaio, di sezione caratteristica, appaiata in un binario e costituente il piano di rotolamento delle ruote dei veicoli ferroviari e tranviari | ***R. a zampa di lepre***, nello scambio, quella, opportunamente piegata, che consente l'incrocio di due linee di rotaie | (*fig., raro*) Norma, regola: *uscire dalle rotaie.*

rotàle [vc. dotta, lat. tardo *rotāle(m)*, da *rŏta* 'ruota'; 1959] agg. **1** †Attinente a ruota. **2** Che si riferisce al Tribunale della Rota Romana: *avvocato r.*; *sentenza r.*

rotaménto [1560] s. m. ● (*raro*) Rotazione.

rotàmetro [comp. di *rota(re)* e *-metro*] s. m. ● (*fis.*) Flussometro in cui un corpo dotato di palette viene mantenuto in rotazione dal movimento del fluido di cui si vuole misurare il flusso.

ròtang [malese *rôtan*; 1895] s. m. inv. ● Palma asiatica, con caule flessuoso e sottile usato per lavori di intreccio (*Calamus rotang*).

rotànte o (*raro*) **ruotànte** [1959] part. pres. di *ruotare*; anche agg. ● Nei sign. del v. | Che ruota.

rotàre e *deriv.* ● V. *ruotare e deriv.*

rotariàno [1950] **A** agg. ● Del Rotary Club. **B** s. m. ● Socio del Rotary Club.

rotatìva [f. di *rotativo*, sul modello del fr. *rotative* e dell'ingl. *rotative*; 1937] s. f. ● Macchina da stampa in cui matrice e organo di pressione sono entrambi cilindrici: *r. tipografica, r. offset, r. rotocalco* | ***R. a satellite***, quella con un unico grande cilindro di pressione e vari gruppi di stampa montati lungo la sua periferia | ***R. caucciù contro caucciù***, rotativa offset dalla bobina in cui sono stati eliminati i cilindri di pressione.

rotativista [1959] s. m. e f. (pl. m. *-i*) ● L'operaio addetto alla rotativa.

rotatìvo [dal lat. *rotātus*, part. pass. di *rotāre*; 1940] agg. **1** Che ha un moto rotatorio | ***Pompa rotativa***, in cui l'elemento che spinge il liquido è dotato di moto rotatorio anziché alternativo. **2** ***Sistema agrario r.***, realizzato con l'avvicendamento delle colture; che avviene per avvicendamento. **3** (*banca*) ***Credito r.***, concesso alle condizioni che, ad utilizzo effettuato, venga ripristinato per l'importo originario.

rotàto [1723] part. pass. di *ruotare*; anche agg. **1** Nei sign. del v. **2** (*raro, lett.*) Fornito di ruote. **3** (*ling.*) Detto del suono vibrante *r.* **4** (*bot.*) ***Corolla rotata***, corolla regolare, a petali saldati, con lembo disteso e appiattito.

rotatòria [f. sost. di *rotatorio*; 1954] s. f. ● Segnale stradale indicante l'obbligo, per la circolazione, di ruotare intorno a un'isola rotazionale.

rotatòrio [da *ruotatore*; 1819] agg. ● (*fis.*) Del moto di rotazione di un corpo attorno ad un altro: *moto r. della terra.*

rotazionàle [1933] agg. **1** Di rotazione: *movimento, moto r.* **2** Nella loc. ***isola r.***, area rialzata circolare situata all'incrocio di più strade, attorno a cui i veicoli devono girare.

rotazióne [vc. dotta, lat. *rotatiōne(m)*, da *rotātus*, part. pass. di *rotāre*; sec. XIV] s. f. **1** Il ruotare | Movimento circolare intorno a qlco. CFR. giro-, roto- | (*astron.*) Movimento di un corpo che gira intorno a un asse passante per il proprio baricentro: *r. terrestre*; CFR. Rivoluzione | ***Armi a r.***, a più colpi, dotate di un serbatoio di alimentazione cilindrico che, ruotando, presenta successivamente le cariche in esso contenute. **2** (*mat.*) Operazione consistente nel muovere una figura piana o spaziale in modo che la distanza di ciascun suo punto da un punto o da ogni punto d'una retta resti costante | Movimento d'un piano o d'uno spazio su sé stesso che associa le posizioni iniziale e finale d'un punto sottoposto a una rotazione. **3** (*ling.*) Insieme di mutamenti consonantici ad andamento ciclico. **4** (*sport*) Movimento eseguito dal corpo dell'atleta superando l'asticella nel salto in alto e nel salto con l'asta. **5** (*fig.*) Avvicendamento, ordinato susseguirsi di cicli chiusi: *r. delle cariche*; *la r. dei titolari in una squadra* | ***A r.***, a turno; con successione regolare: *i loro musei debbono … offrire mostre a r.* (MONTALE) | ***R. agraria***, successione delle colture su uno stesso appezzamento della durata di due o più anni.

roteaménto [av. 1294] s. m. ● (*raro*) Roteazione.

roteànte part. pres. di *roteare*; anche agg. ● Nei sign. del v. | Che compie traiettorie circolari: *Guarda un falco r.* (CARDUCCI) | Che rotea: *occhi roteanti.*

roteàre [da *r(u)ota*; 1321] **A** v. intr. (*io ròteo*; aus. *avere*) ● Volgersi più volte e continuamente in giro: *spesso intorno al fonte, roteando, / guidan felice e dilettoso ballo* (POLIZIANO) | Volare a larghe ruote. **B** v. tr. ● Volgere, girare rapidamente intorno con rapidità: *r. gli occhi, lo sguardo.*

roteazióne [av. 1406] s. f. ● Il roteare | Movimento rotatorio.

†**roteggiàre** [comp. di *r(u)ota* e *-eggiare*] v. intr. ● Roteare, girare.

rotéggio [da *roteggiare*] s. m. **1** Rotismo. **2** †Movimento di veicoli.

♦**rotèlla** o **ruotèlla** [lat. tardo *rotĕlla(m)*, dim. di *rŏ-*

tula, dim. di *rŏta* 'ruota'; 1325 ca.] s. f. *1* Piccola ruota | ***A rotelle***, munito di rotelle: *pattini a rotelle*; *sedia a rotelle* | ***R. tagliapasta***, (*ellitt.*) ***rotella***, V. *tagliapasta*. *2* Piccola ruota di un meccanismo: *le rotelle dell'orologio* | ***Gli manca qualche r., ha qualche r. fuori posto***, (*fig.*) è una persona strana, non molto equilibrata. *3* ***R. metrica***, strumento per la misurazione diretta sul terreno, costituita da una fettuccia di tessuto rinforzato da fili metallici o interamente di acciaio, racchiusa in una custodia circolare o avvolta su un rullo, con graduazione in metri, decimetri o centimetri. SIN. Fettuccia, nastro. *4* Piccolo scudo rotondo e convesso, in uso nei secc. XV e XVI. *5* (*anat.*) Rotula. || **rotellàccio**, pegg. m. | **rotellétta**, dim. | **rotellìcina**, dim. | **rotellìna**, dim. | **rotellìno**, dim. m. | **rotellóne**, accr. m.

rotellìsta [1955] s. m. e f. (pl. m. *-i*) ● Chi pratica gli sport in cui vengono impiegati i pattini a rotelle.

rotèllo [da *rotolo*; 1904] s. m. ● (*raro*) Rotolo di tela o panno.

Rotìferi [comp. del lat. *rŏta* 'ruota' (dalla forma delle ciglia) e *-fero*; 1835] s. m. pl. (sing. *-o*) ● Nella tassonomia animale, gruppo di animali acquatici piccoli, non metamerici, con capo non distinto dal tronco che si spostano grazie a un piede retrattile posteriore e si nutrono grazie a un disco anteriore con margini ciliati (*Rotifera*).

rotìno ● V. *ruotino*.

rotìşmo o **ruotìşmo** [comp. di *r(u)ota* e *-ismo*; 1804] s. m. ● Sistema di ruote dentate ingrananti fra loro per la trasmissione del moto | ***R. ordinario***, se gli assi delle ruote sono fissi | ***R. epicicloidale***, rotismo in cui una o più ruote dentate girano intorno ad assi trasportati da un equipaggio, detto portatreno, che gira intorno a un asse fisso. SIN. Roteggio, treno di ingranaggi.

ròto- [dal lat. *rŏta* 'ruota'] primo elemento ● In parole composte moderne, fa riferimento a meccanismi rotanti o comunque a movimento rotatorio: *rotocalcografia*, *rotocompressore*.

rotobàlla [comp. di *roto-* e *balla*] s. f. ● (*agr.*) Grossa balla di fieno o paglia di forma cilindrica.

rotocàlco [abbr. di *rotocalco(grafia)*; 1934] s. m. (pl. *-chi*) *1* Sistema di stampa, in cui gli elementi stampanti sono incisi in incavo, quasi esclusivamente rotativo, a foglio o a bobina, usato in particolare per i periodici illustrati. *2* Periodico illustrato, prevalentemente settimanale, realizzato con il sistema rotocalcografico | (*est.*) ***R. televisivo***, (*ellitt.*) ***rotocalco***, trasmissione composta di servizi su fatti e notizie d'attualità.

rotocalcografìa [comp. di *roto-* e *calcografia*; 1930] s. f. *1* Procedimento di stampa in rotocalco. *2* Lo stabilimento in cui si stampa in rotocalco.

rotocalcogràfico [1932] agg. (pl. m. *-ci*) ● Della rotocalcografia. || **rotocalcograficaménte**, avv.

rotocalcògrafo [1970] s. m. (f. *-a*) ● Operaio addetto a una delle varie operazioni del ciclo di lavoro rotocalcografico.

rotocompressóre [comp. di *roto-* e *compressore*; 1937] s. m. ● (*mecc.*) Compressore centrifugo.

rotoidàle [da *rotoide*; 1931] agg. ● (*mecc.*) Detto di coppia cinematica le cui superfici a contatto sono superfici di rotazione.

rotòide [da *rot(are)*, col suff. *-oide*; 1930] s. m. ● (*mecc.*) Ognuno dei due elementi della coppia rotoidale.

rotoimballatrìce [comp. di *roto-* e *imballatrice*; 1982] s. f. ● (*agr.*) Macchina agricola per raccogliere fieno o paglia in rotoballe.

rotolaménto [1872] s. m. ● Il rotolare, il rotolarsi | (*sport*) In ginnastica, rotazione del corpo di 360° attorno all'asse trasversale o longitudinale per punti successivi di contatto.

♦**rotolàre** [da *rotolo* (*1*); av. 1400] **A** v. tr. (*io ròtolo*, †*ruòtolo*) *1* Fare avanzare facendo contemporaneamente girare su sé stesso come una ruota un corpo quasi sferico: *r. un masso per la china*; *r. una botte, un tronco*. *2* (*raro*) Arrotolare: *r. della stoffa*. **B** v. intr. (aus. *essere*) ● Avanzare girando su sé stesso: *il pallone rotola sul prato* | Ruzzolare: *r. dalle scale*. **C** v. rifl. ● Girare su sé stesso, voltolarsi, detto di persone: *si rotolava sul pavimento*.

rotolàto [1983] part. pass. di *rotolare*; anche agg. ● Nei sign. del v.

rotolìno [1985] s. m. *1* Dim. di *rotolo*. *2* (*fam.*) Rullino di pellicola per macchine fotografiche.

rotolìo [1895] s. m. ● Un rotolare continuo | Il rumore che ne deriva: *un r. di ruote sul selciato* (BACCHELLI).

ròtolo (*1*) o †**ruòtolo** [lat. *rŏtulu(m)*, dim. di *rŏta* 'ruota'; av. 1470] s. m. *1* Involto cilindrico: *un r. di carta, di tela*; *un r. di stoffa*; *il r. dei disegni sotto il braccio* (MANZONI) | ***R. di pellicola fotografica***, rullino | (*est.*) Pacchetto cilindrico: *un r. di monete*. *2* (*fam.*) Nella loc. avv. ***a rotoli***, (*fig.*) in malora, in rovina: *un'impresa che va a rotoli*; *l'azienda sta andando a rotoli*; *ha mandato tutto a rotoli*. *3* Antica unità archivistica formata da più fogli di pergamena, di carta, di papiro e sim., cuciti o incollati insieme per le estremità e conservati arrotolati. *4* †Libro dell'estimo | Ruolo dei contribuenti | Elenco. || **rotolétto**, dim. | **rotolìno**, dim. (V.) | **rotolóne**, accr. (V.).

ròtolo (*2*) [ar. *raṭl*; 1398] s. m. ● Antica unità di misura di peso, a Napoli grammi 891, a Palermo 793.

rotolóne [1872] s. m. *1* Accr. di *rotolo* (*1*). *2* Capitombolo, ruzzolone: *fare un r. dalle scale* | Il rotolarsi, spec. per gioco: *facevano rotoloni sul pavimento*.

rotolóni [da *rotolare*; av. 1584] avv. *1* Rotolando: *cadere, precipitare r.*; *veniva giù per la china r.* | Anche nella loc. avv. ***a r.*** *2* (*fig.*, *enfat.*) Nella loc. avv. ***a r.***, in malora, a rotoli: *i suoi piani sono andati a r.*

rotonàve [comp. di *roto-* e *nave*; 1927] s. f. ● Nave mossa dall'azione del vento su cilindri rotanti verticali, attuata solo sperimentalmente.

rotónda [f. di *rotondo*; av. 1571] s. f. *1* Costruzione di forma rotonda o quasi rotonda. *2* Terrazza, piazzale a pianta più o meno circolare: *la r. di uno stabilimento balneare*. *3* Mantella di pelliccia corta portata dalle signore alla fine dell'Ottocento.

rotondàre [vc. dotta, lat. *rotundāre*, da *rotŭndus* 'rotondo'; 1499] v. tr. (*io rotóndo*) ● (*raro*) Arrotondare (*anche fig.*): *r. i contorni di qlco.*; *r. il conto*.

rotondeggiànte [1872] part. pres. di *rotondeggiare*; anche agg. ● Tondeggiante.

rotondeggiàre [comp. di *rotond(o)* e *-eggiare*; 1733] v. intr. (*io rotondéggio*; aus. *avere*) ● Prendere, avere forma rotonda o quasi rotonda. SIN. Tondeggiare.

rotondétto [da *rotondo* col suff. *-etto*; sec. XVI] agg. ● Di corporatura gradevolmente abbondante: *una ragazza rotondetta*; *guance rotondette*. SIN. Pienotto.

rotondézza [sec. XIV] s. f. ● (*raro*) Caratteristica di ciò che è rotondo. SIN. Rotondità.

rotondità [vc. dotta, lat. *rotunditāte(m)*, da *rotŭndus* 'rotondo'; 1527] s. f. *1* Caratteristica, condizione di ciò che è rotondo: *la r. della Terra* | (*fig.*) Carattere o struttura armoniosi, equilibrati, di un testo, di un discorso e sim.: *Le parole … acquistavano una r. ciceroniana* (D'ANNUNZIO). *2* (*spec. al pl.*) Forme tondeggianti del corpo: *le rosee esuberanti r. del seno* (PIRANDELLO).

♦**rotóndo** [lat. *rotŭndu(m)*, da *rŏta* 'ruota'; 1483] **A** agg. *1* Che ha forma di globo, di palla, ruota, cerchio, cilindro e sim.: *la terra è rotonda, ma non perfettamente* | ***Vaso r.***, cilindrico | ***Tempio r.***, circolare | ***Cima, punta rotonda***, arrotondata | ***Scrittura rotonda***, le cui lettere presentano giuste proporzioni fra altezza e larghezza | ***Pedalata rotonda***, armonica e regolare, senza strappi | (*anat.*) Detto di muscolo o legamento di forma arrotondata: *muscolo grande r.* *2* (*fig.*) Che ha un andamento largo, armonioso, equilibrato, detto di discorso scritto o parlato, di stile: *periodo r.* *3* (*fig.*, *raro*) Senza frazioni o decimali: *cifra rotonda*. || **rotondaménte**, avv. (*raro*) In modo rotondo. **B** s. m. ● Parte rotonda di qlco. || **rotondèllo**, dim. | **rotondétto**, dim.

rotóne [comp. di *roto-* e *-one* (*3*)] s. m. ● (*fis.*) Quanto di moto rotazionale in un fluido.

rotóre [ingl. *rotor*, dal lat. *rŏta* 'ruota', sul modello di *motor* 'motore'; 1931] s. m. *1* Nelle macchine elettriche, idrauliche e sim., la parte attiva destinata a ruotare. *2* Sistema rotante per trarne azioni fluido-dinamiche | ***R. di elicottero***, grande elica ad asse pressoché verticale con funzione di sostentazione e propulsione. *3* (*mat.*) In un campo vettoriale di velocità, vettore proporzionale alla velocità angolare di una particella del fluido.

rotòrico [1959] agg. (pl. m. *-ci*) ● Pertinente a rotore: *asse, disco, flusso r.*

rotovìa [da *r(u)ota*, sul modello di *funivia*; 1959] s. f. ● Funicolare terrestre che corre su pista con carrello e ruote gommate.

♦**rótta** (*1*) [lat. *rŭpta(m)*, part. pass. f. di *rŭmpere* 'rompere'; sec. XIII] s. f. *1* Rottura, in alcune loc.: ***a r. di collo***, a precipizio, in gran fretta; ***essere in r. con qlcu.***, avere rotto l'amicizia, aver troncato le buone relazioni | †***Venire alle rotte con qlcu.***, essere in collera, entrare in discordia con qlcu. *2* Rottura dell'argine di un corso d'acqua per varie cause, quali la tracimazione da parte delle acque dovuta a un aumento del loro livello, l'abbassamento per assestamento, lo sfiancamento per frane esterne e interne, la formazione di fontanazzi: *i gravi danni prodotti dalle rotte del Po*. *3* Grave sconfitta, disfatta: *la r. di Roncisvalle*; *mettere, andare, fuggire in r.*; *il paventar la r. / peggio è che averla* (ALFIERI). *4* †Naufragio.

♦**rótta** (*2*) [lat. (*vĭam*) *rŭpta(m)* 'via aperta'; 1812] s. f. *1* (*gener.*) Percorso seguito da una nave in mare o da un aeromobile in aria: *r. marittima, aerea*; *r. per New York, per l'America*; *r. atlantica, transpolare*; *fare r., essere in r. per Cardiff, su Nantucket*; *seguire la r., una r.*; *cambiare, mutare r.* | ***R. assistita***, quella facilitata dalla radionavigazione | ***Giusta r.***, in una regata velica, qualsiasi percorso che un'imbarcazione può seguire, in assenza di altre imbarcazioni, per giungere più rapidamente al traguardo | ***R. di collisione***, quella che, se mantenuta, condurrebbe una nave a investire un'altra nave, un aeromobile un altro aeromobile; (*fig.*) tendenza a un contrasto radicale e violento | (*aer.*) ***Giornale di r.***, quello, analogo al giornale di bordo delle navi, su cui si annota l'andamento della navigazione di un aeromobile. *2* (*aer.*, *mar.*) ***Angolo di r.***, (*ellitt.*) ***rotta***, angolo, misurato in gradi e in senso orario, compreso fra una direzione fissa di riferimento e la direzione del cammino effettivamente percorso dalla nave o dall'aeromobile | ***R. vera***, quella riferita al nord geografico, che si traccia sulla carta di navigazione | ***Calcolare, convertire la r.***, passare dalla rotta vera, tracciata sulla carta di navigazione, alla prua bussola, da dare al timoniere | ***Correggere la r.***, passare dalla prua bussola, seguita dal timoniere, alla rotta vera, da tracciare sulla carta di navigazione | ***Dare la r.***, fornire al timoniere la prua su cui deve governare | ***Ufficiale di r.***, incaricato di calcolarla e di sorvegliare che sia seguita. *3* (*mar.*, *aer.*) Rappresentazione grafica, su carta geografica o altro, del percorso di una nave o di un aeromobile: *tracciare la r.* | (*mar.*) ***Tracciatore di r., registratore di r.***, dispositivo che, collegato con gli strumenti di navigazione traccia automaticamente la rotta seguita dalla nave. *4* (*est.*) Viaggio, percorso, compiuto o da compiere, secondo una direzione o verso una meta prefissata: *col suo camper quest'estate ha fatto r. sulla Spagna*. *5* (*est.*) Linea di condotta seguita da qlcu., modo di comportarsi: *dopo l'insuccesso elettorale quel partito ha mutato radicalmente r.*

rótta (*3*) [ingl. *crowd*, di orig. celtica] s. f. *1* (*mus.*) Antico strumento a corde, d'origine celtica, simile alla cetra. SIN. Crotta. *2* (*mus.*) †Salterio.

rottamàggio [1968] s. m. ● Rottamazione.

rottamàio [1982] s. m. (f. *-a*) ● Chi ricerca e recupera rottami per rivenderli.

rottamàre [1966] v. tr. ● Procedere allo smantellamento di autoveicoli o macchinari recuperandone parti ancora utilizzabili e inviando le rimanenti parti metalliche alle fonderie.

rottamazióne [1967] s. f. *1* Recupero e riutilizzo di rottami spec. di autoveicoli. *2* Sostituzione di un bene, favorita da incentivi e sgravi fiscali: *la r. dei motorini inquinanti*.

rottàme [da *rotto*; av. 1557] s. m. *1* Frammento o insieme di frammenti di cosa rotta: *rottami di ferro* | Ammasso di cose rotte o di meccanismi non funzionanti: *quella nave è ormai un r.* *2* (*fig.*) Persona molto provata nel fisico o nel morale: *che giornata faticosa: mi sento proprio un r.!* *3* (*lett.*, *fig.*) Vestigia: *il machiavellismo su' rottami del medio evo abbozza un mondo … fondato sulla patria, sulla nazionalità* (DE SANCTIS).

rottamìsta [1983] s. m. e f. (pl. m. *-i*) ● Rottamaio.

♦**rótto** [av. 1294] **A** part. pass. di *rompere*; anche agg. *1* Nei sign. del v. | Spezzato, infranto: *vaso r.* | Fratturato: *braccio r.* | Guasto: *televisore r.* | ***Stra-***

da rotta, impraticabile. **2** (*fig.*) Pesto, malconcio: *ossa rotte* | (*fig.*) Interrotto, incrinato: *voce rotta dal pianto*. **3** (*raro, lett.*) Rifratto, detto di raggio luminoso: *Come color dinanzi vider rotta / la luce in terra dal mio destro canto* (DANTE *Purg.* III, 88-89). **4** Resistente: *r. alle intemperie* | Abituato (*spec. spreg.*): *r. a ogni vizio* | †Sfrenato, irruente, sboccato. || **rottaménte**, avv. **1** (*raro*) In modo spezzato, frammentario, senza legamenti. **2** †Dirottamente. **3** †Sfrenatamente. **B** s. m. ● (*raro*) Rottura, spacco, strappo | ***Passare, farcela per il r. della cuffia***, riuscire a cavarsela a malapena. **C** s. m. al pl. ● Spiccioli di una cifra tonda: *cinque euro e rotti* | (*est.*) Quantità minima, non esattamente calcolata: *ne arriveranno quattrocento e rotti*.

rottòrio [da *rotto*; 1583] s. m. **1** †Cauterio. **2** (*disus.*) Noia, seccatura, rottura di scatole.

rottùra [vc. dotta, lat. tardo *ruptūra(m)*, da *rūptus* 'rotto'; 1313] s. f. **1** Il rompere, il rompersi | Spaccatura: *la r. di un vetro*; *la r. degli argini causò molti danni* | Parte dove qlco. è rotto: *saldare la r.* | (*fam.* o *volg.*) ***R. di scatole, di tasche, di palle, di corbelli***, (*ellitt.*) ***rottura***, noia, scocciatura. CFR. -clastia. **2** Interruzione, cessazione: *la r. dei negoziati* | Violazione: *denunceremo la r. della tregua*. **3** Brusca cessazione di rapporti in seguito a discordia, controversia: *fra i due amici ci fu una clamorosa r.* | (*fig.*) Contestazione, contrapposizione rispetto a una tradizione culturale: *un romanzo di r.* **4** Breccia, sfondamento: *r. del fronte* | †***R. della guerra***, avvio delle ostilità. **5** (*mar.*) Rinuncia o interruzione del viaggio di una nave mercantile, volontaria o forzata. **6** (*sport*) Nell'ippica, il passaggio del cavallo dall'andatura di trotto a quella di galoppo: *r. prolungata*. **7** (*med.*) Frattura: *r. di un braccio, delle costole*. **8** Brusco peggioramento delle condizioni meteorologiche o per improvviso mutamento o per passaggio di stagione: *r. del tempo*. **9** †Rottame.

Rottweiler /ted. 'rɔt,vaelʌ/ [n. ted., propr. 'di Rottweil', la cittadina del Württemberg; 1959] s. m. inv. (pl. ted. inv.) ● (*zool.*) Cane da guardia e da difesa selezionato in Germania a partire dal mastino italiano.

ròtula [vc. dotta, lat. *rŏtula(m)*, dim. di *rŏta* 'ruota', per la forma; 1499] s. f. ● (*anat.*) Osso sesamoide contenuto nel tendine del muscolo quadricipite femorale. SIN. Patella, rotella. ➡ ILL. p. 2122 ANATOMIA UMANA.

rotulèo [1918] agg. ● Della rotula: *riflesso r.*

rough /ingl. ɹʌf/ [vc. ingl., propr. 'ruvido, rozzo', di base e diffusione indeur.; 1992] s. m. inv. **1** Primo abbozzo disegnato di un messaggio pubblicitario. **2** (*sport*) Nel golf, zona del percorso non curata.

roulette /fr. ru'lɛt/ [vc. fr., da *rouler* 'rotolare, girare', da *rouelle* 'rotella', dal lat. *rotĕlla(m)*, V. *rotella*; 1884] s. f. inv. **1** Gioco d'azzardo in cui vince chi indovina il numero o il colore su cui s'arresta una pallina gettata su un piatto girevole. **2** ***R. russa***, prova temeraria, consueta un tempo spec. fra gli ufficiali e gli aristocratici della Russia zarista, consistente nel premere il grilletto di un revolver puntato alla tempia, nel cui tamburo, fatto girare casualmente, sia stato collocato un solo proiettile | (*est.*) Forma di tortura psicologica praticata su una persona che si vuole terrorizzare o uccidere.

roulotte /fr. ru'lɔt/ [vc. fr., da *rouler* 'rotolare'. V. *rullare* (*1*); 1911] s. f. inv. ● Rimorchio per autovetture, attrezzato come un'abitazione per campeggio o per viaggiare; è usato talvolta anche come abitazione d'emergenza oppure come ambulatorio medico, mostra di libri, bar e sim. SIN. Caravan.

roulottista /rulot'tista/ o **rulottista** [da *roulotte*; 1958] s. m. e f. (pl. m. *-i*) ● Chi viaggia, campeggia o vive in roulotte. SIN. Caravanista.

roulottòpoli /rulot'tɔpoli/ o **rulottòpoli** [da *roulotte*; 1983] s. f. inv. ● Agglomerato di roulotte installate, insieme a servizi igienici, centri sanitari e sim., su un terreno in prossimità di un centro abitato colpito da una calamità naturale, per accogliere gli abitanti che abbiano dovuto abbandonare le loro case.

round /raund, ingl. ɹaond/ [vc. ingl., propr. 'giro, turno', dal lat. *rotŭndu(m)* 'rotondo'; 1828] s. m. inv. **1** (*sport*) Nel pugilato, ripresa: *primo, secondo r.* **2** (*est., fig.*) Fase, momento di una disputa, di un confronto o sim. particolarmente vivace: *primo r. fra governo e sindacati*. **3** (posposto al s.) Negoziato internazionale, spec. in materia di commercio: *Kennedy r.*

rousseauiano /russo'jano/ o **russoiàno, russoviàno** [1987] **A** agg. ● Proprio del, relativo al filosofo J.-J. Rousseau (1712-1778). **B** s. m. ● Seguace del pensiero di J.-J. Rousseau.

router /'ruter, ingl. 'ɹuːtəɹ/ [vc. ingl., dal v. *to router* 'instradarsi', da *route* 'strada'; 1997] s. m. inv. ● (*elab.*) Dispositivo elettronico che consente di gestire il collegamento tra due o più reti.

routier /fr. ru'tje/ [vc. fr., da *route* 'strada', V. *routine*; 1905] s. m. inv. ● Nel ciclismo, stradista.

routinàrio /ruti'narjo/ o **rutinàrio** [adattamento di *routinier*; 1983] **A** agg. ● Di routine, basato sulla routine. **B** s. m. (f. *-a*) ● (*raro*) Routiniero.

routine /ru'tin, fr. ru-/ [vc. fr., dim. di *route* 'strada', dal lat. (*vĭam*) *rŭpta(m)* '(via) rotta', cioè 'aperta, segnata'; 1818] s. f. inv. **1** Andamento uniforme, monotono, ripetitivo di vita o di lavoro: *è la solita r.* | ***Di r.***, normale, secondo la prassi: *un controllo di r.* **2** (*est.*) Pratica, esperienza derivata dalla ripetizione di un comportamento, spec. professionale: *ormai ha fatto una certa r. nel suo lavoro*. **3** (*elab.*) Sequenza di istruzioni di programmazione con compiti specifici ben definiti, che viene richiamata nel suo insieme ogni volta che tali compiti debbano essere ripetuti.

routinièro /ruti'njɛro/ o **rutinièro** [adattamento del fr. *routinier*, da *routine*; 1983] agg.; anche s. m. (f. *-a*) ● Che (o Chi) segue una routine | Routinario.

rovàio [lat. parl. **boreāriu(m)*, da *bŏreas* 'borea', accostato per etim. pop. a *rovo*, perché pungente (?); 1353] s. m. ● (*lett.*) Borea, tramontana: *vento di r.*; *le lunghe ire / del r. che a notte urta le porte* (PASCOLI) | (*fig.*) †***Dar dei calci al r.***, essere impiccato. || **rovaiaccio**, pegg. | **rovaionàccio**, pegg.

†**rovanìccio** agg. ● Di colore che s'avvicina al rovano.

†**rovàno** [V. *roano*; 1532] agg. ● Del colore della ruggine. || **rovanétto**, dim.

†**rovèlla** [1761] s. f. ● (*tosc.*) Rovello.

rovèllo [lat. parl. **rebĕllu(m)*, da *rebellāre* 'ribellarsi'; av. 1400] s. m. ● (*lett.*) Stizza repressa, tormentoso risentimento interiore: *consumarsi per il r.*; *liberarsi da un r.* | †***Che ti venga il r.!***, che ti divori la rabbia!

roventàre [da *rovente*; 1340 ca.] v. tr. (*io rovènto*) ● (*raro*) Arroventare.

rovènte [lat. *rubĕnte(m)*, part. pres. di *rubēre* 'rosseggiare', da *rŭber* 'rosso'. V. *rubro*; 1313] agg. ● Infuocato, arroventato: *ferro r.* | Scottante, bruciante (*anche fig.*): *fornace r.*; *dolore r.* | (*fig.*) Molto teso, agitato: *atmosfera r.*; *negli anni roventi della rivoluzione* (LEVI) | †Di colore rosso acceso: *Io facea con l'ombra più r. / parer la fiamma* (DANTE *Purg.* XXVI, 7).

roventino [da *rovente*, nel sign. di 'caldo'; 1726] s. m. ● (*tosc.*) Frittata di sangue di maiale con uva passa e pinoli, cotta in padella con un po' di strutto, condita con sale e parmigiano grattugiato o zucchero.

rover /'rɔver, ingl. 'ɹəʊvəɹ/ [vc. ingl., propr. 'giramondo, girovago', da *to rove* 'vagare, errare, vagabondare'; 1989] s. m. inv. ● Boy scout di età superiore ai 17 anni, talora con compiti di addestramento dei compagni più giovani. CFR. Scolta.

róvere [lat. *rōbore*, abl. di *rōbur* 'rovere, quercia', poi 'forza', di orig. indeur.; av. 1320] s. m. o f. **1** (*bot.*) Albero delle Cupulifere che può raggiungere grandi dimensioni e fornisce un legno molto robusto (*Quercus petraea* o *Quercus sessiliflora*). SIN. Quercia comune. ➡ ILL. **piante**/2. **2** Il legno di tale albero: *una madia in r.*; *caratello in r.*

roverèlla [da *rovere*; 1959] s. f. ● Quercia con tronco spesso contorto e nodoso, con i piccoli rami e la parte inferiore delle foglie pelosi (*Quercus pubescens*).

roveréto [av. 1320] s. m. ● Bosco di roveri.

†**róvero** s. m. ● Rovere.

rovèscia [f. di *rovescio*; 1560] s. f. (pl. *-sce*) **1** (*raro*) Lato opposto al diritto | ***Alla r.***, al contrario, all'opposto, all'inverso | ***Conto alla r.***, V. *conto* (*1*). **2** Risvolto: *maniche con le rovesce*.

rovesciàbile [1955] agg. ● Che si può rovesciare.

rovesciaménto [1745] s. m. ● Il rovesciare, il rovesciarsi: *il r. di un abito* | (*fig.*) Abbattimento: *il r. di un governo* | Capovolgimento, sovvertimento: *il r. di una situazione*; *r. delle alleanze* | (*fig.*) Mutamento improvviso di una situazione nel suo opposto: *r. di fronte* | (*sport*) In ginnastica, rotazione del corpo di 360° in avanti o indietro intorno all'asse sagittale o trasversale con appoggio successivo delle mani e dei piedi | (*aer.*) Figura acrobatica costituita da una rotazione di 180° attorno all'asse longitudinale dell'aereo per passare al volo rovescio.

♦**rovesciàre** [lat. parl. *reversiāre*, var. di *reversāre*. V. *riversare*; 1306] **A** v. tr. (*io rovèscio*; fut. *io rovescerò*) **1** Versare in giù, abbondantemente e con forza: *r. olio sul pavimento*; *rovesciarsi la minestra addosso* | (*fig.*) Riversare: *r. insulti su qlcu.*; *r. la colpa su qlcu.* | (*raro, eufem.*) Vomitare: *ha rovesciato il pranzo*. **2** Voltare sottosopra, indietro o avanti, dalla parte opposta al diritto: *r. la terra, un foglio, un abito*; *il vento rovesciò la barca* | ***Rovesciarsi le tasche***, mettere all'esterno la fodera, spec. per mostrare che non c'è nulla | ***R. il sacco***, (*fig.*) mostrare tutto ciò che si sa, raccontando, riferendo su qlco. | (*fig.*) ***R. la situazione***, mutarla radicalmente. SIN. Capovolgere, invertire, rivoltare. **3** Gettare per terra chi (o ciò che) era in piedi o diritto: *r. una sedia*; *r. qlcu. urtandolo* | (*fig.*) ***R. un governo***, abbatterlo. **4** (*mil.*) †Atterrare, abbattere: *r. una città, le trincee nemiche* | Abbattere, disfare le schiere nemiche: *r. gli assalitori di una fortezza*. **B** v. intr. pron. **1** Cadere giù: *per il vento l'albero si rovesciò sul tetto*; *si è rovesciata la bottiglia* | Capovolgersi, detto di cose: *la barca si rovesciò a due miglia dalla costa* | Abbandonarsi, lasciarsi cadere, detto di persone: *si rovesciò esausto sul divano*. **2** Versarsi uscendo da un recipiente: *il vino si è rovesciato sulla tovaglia* | Cadere dall'alto, con impeto e abbondanza: *la cascata si rovescia a valle*; *a sera una grandinata si rovesciò sui campi*. **3** (*fig.*) Accorrere in gran numero o rumorosamente: *la folla si rovesciò nelle strade*.

rovesciàta [da *rovesciato*; 1913] s. f. ● (*sport*) Tiro al volo mediante il quale un calciatore colpisce la palla inviandola alle proprie spalle | ***R. acrobatica***, quella effettuata sollevando entrambe le gambe.

rovesciàto part. pass. di *rovesciare*; anche agg. **1** Nei sign. del v. **2** (*arald.*) Detto delle figure volte verso la punta anziché verso il capo dello scudo. **3** (*bot.*) ***Corolla rovesciata***, con labbro superiore più aperto dell'inferiore | (*bot.*) ***Foglia rovesciata***, con la pagina inferiore rivolta in alto | (*bot.*) ***Ovulo r.***, ovulo anatropo.

rovesciatóre [sec. XVI] agg.; anche s. m. (f. *-trice*) ● (*raro*) Che (o Chi) rovescia.

rovescìna [da *rovescio*; av. 1584] s. f. ● Reversina.

rovescino s. m. **1** Dim. di *rovescio*. **2** Serie delle maglie a punto rovescio che formano la cucitura della calza lavorata ai ferri. **3** Reversino.

rovèscio [lat. *revĕrsu(m)* 'riverso', sul modello di *rovesciare*; 1342] **A** agg. (pl. f. *-sce*) ● Voltato in senso contrario, dalla parte opposta al diritto | ***Giacere r.***, supino | ***Cadere r.***, disteso | ***A r.***, in posizione capovolta; (*fig.*) in modo opposto a quello giusto o normale | ***Intendere, capire a r.***, nel significato opposto a quello esatto | (*raro*) ***Di, per r.***, al contrario | †***Mandare a r.***, mandare a rotoli | ***Per dritto e per r.***, in qualunque modo, a ragione o a torto. CONTR. Diritto. **B** s. m. **1** Caduta violenta, di breve durata, detto spec. di pioggia e gener. di qualsiasi altro materiale (*anche fig.*): *r. di pioggia, di grandine*; *venne giù un r. di sassi dal pendio*; *un r. di improperi* | (*fig.*) ***R. di fortuna***, rovina economica, grave dissesto finanziario | (*est., fig.*) Disgrazia, sconfitta: *subire una serie di rovesci*. **2** Parte opposta a quella diritta, superficie posteriore: *il r. di una stoffa* | Nei lavori a maglia, punto ottenuto infilando il ferro dal retro delle maglie del giro precedente | (*fig.*) Modo opposto al giusto, al normale: *capisce sempre il r. di ciò che gli si dice* | †***Non avere né diritto né r.***, (*fig.*) essere indecifrabile, indefinibile, detto di persona. CONTR. Diritto. **3** (*numism.*) Lato secondario, meno importante sotto l'aspetto tipologico o tecnico, di una moneta o di una medaglia | ***Il r. della medaglia***, (*fig.*) il lato negativo di una situazione. ➡ ILL. **moneta**. **4** (*mil.*) In un'opera di fortificazione, la parte esposta verso l'interno, volta nella direzione da cui è improbabile che giungano le offese del nemico. **5** Colpo dato col dorso della mano. SIN. Manrovescio. **6** Nel tennis, uno dei tiri fondamentali, effettuato colpendo la palla con l'esterno della racchetta incrociando il braccio davanti al corpo. || PROV. Ogni dritto ha il suo rovescio. || **rovescino**, dim. (V.) | **rovescióne**, accr. (V.).

rovescióne (1) [1804] s. m. *1* Accr. di *rovescio*. *2* Scroscio di pioggia violento e improvviso. *3* Colpo dato di rovescio con la mano o con un'arma | Manrovescio.

rovescióne (2) o **rovescióni** [da *rovesciare*; 1525] avv. ● In posizione rovesciata, lungo disteso, supino: *finire r.*; *buttarsi r. sul letto*.

rovéto [lat. *rubētu(m)*, da *rŭbus* 'rovo'; 1640] s. m. ● Cespuglio di rovi o terreno coperto di rovi.

rovighése A agg. ● Di Rovigo. **B** s. m. e f. ● Nativo, abitante di Rovigo. SIN. Rodigino, rovigotto.

†**rovigliaménto** s. m. ● Insieme di movimenti fatti rovistando.

†**rovigliàre** [etim. incerta; 1543] v. tr. ● Cercare, rovistare, frugare.

rovigòtto [da *Rovig(o)* col suff. proprio di alcuni etnici *-otto*] agg.; anche s. m. (f. *-a*) ● Rodigino. SIN. Rovighese.

♦**rovina** o (*lett.*) †**ruina** [lat. *ruīna(m)*, da *rŭere* 'precipitare', di orig. indeur., con epentesi della *-v-*; av. 1292] s. f. *1* Caduta, crollo: *l'improvvisa r. del muro*; *la r. del ponte è stata causata dalle inondazioni* | (*est.*) Grave deterioramento: *la r. di un antico palazzo* | ***Un edificio in r.***, cadente. *2* Cosa che è caduta, precipitata, rovinata | (*spec. al pl.*) Rudere, avanzo di edifici antichi o demoliti con azione violenta: *il paese è tutto una r.*; *le rovine di Troia*; *le rovine della devastazione* | ***Risorgere dalle rovine***, (*fig.*) trovare la forza per uscire da una situazione disastrosa. SIN. Macerie. *3* (*fig.*) Sfacelo, scempio, disfacimento di istituzioni, governi, civiltà: *la r. della nazione è irreparabile* | (*est.*) Danno gravissimo, disgrazia, disastro economico o morale: *mandare, andare in r.*; *la sua incompetenza negli affari l'ha portato alla r.*; *errò ... el duca in questa elezione, e fu cagione dell'ultima ruina sua* (MACHIAVELLI) | Chi (o ciò che) è causa del danno, dello sfacelo: *è stata la r. della sua famiglia*; *i cattivi esempi sono la r. della gioventù*. *4* (*lett.*) Impeto, irruenza, furia, violenza. *5* †Strage, morte. *6* †Scoscendimento, dirupo, franamento.

rovinàccio [da *rovina*; 1940] s. m. ● Materiale proveniente da muri rovinati o demoliti.

rovinafamiglie [comp. di *rovina(re)* e del pl. di *famiglia*; 1954] **A** s. m. e f. inv. ● Chi intreccia relazioni con persone coniugate provocando la rottura del loro matrimonio. **B** in funzione di agg. inv.: *un dongiovanni r.*

†**rovinaménto** [av. 1348] s. m. ● Crollo, cedimento di costruzioni | Frana | (*fig.*) Rovina.

♦**rovinàre** o (*lett.*) †**ruinàre** [da *rovina*; av. 1292] **A** v. intr. (aus. *essere*) *1* Cadere giù crollando con impeto e fragore: *l'edificio rovinò per il terremoto*. SIN. Crollare. *2* Precipitare, cadere dall'alto: *le acque della cascata rovinano a valle* | †Cadere in basso, detto di persona. *3* (*raro, lett.*) Andare in rovina, in sfacelo. **B** v. tr. *1* (*raro*) Abbattere, far cadere, demolire: *la piena ha rovinato il ponte*. *2* Guastare, sciupare (*anche fig.*): *la grandine ha rovinato i vigneti*; *rovinarsi la salute*; *il suo arrivo ci ha rovinato la festa*. *3* (*fig.*) Mandare in sfacelo, in fallimento: *la guerra ha rovinato l'economia*; *lo ha rovinato il gioco*. **C** v. rifl. o intr. pron. ● Danneggiarsi gravemente: *rovinarsi con il gioco*; *l'affresco si è rovinato per l'umidità*. || PROV. Le acque chete rovinano i ponti.

rovinaticcio [1835] agg. (pl. f. *-ce*) ● (*raro*) Alquanto rovinato.

♦**rovinàto** o (*lett.*) †**ruinàto** [av. 1294] part. pass. di *rovinare*; anche agg. ● Nei sign. del v. | ***Siamo rovinati***, abbiamo perduto tutti i beni.

rovinatóre [1536] agg.; anche s. m. (f. *-trice*) ● (*raro*) Che (o Chi) rovina.

rovinio [sec. XIV] s. m. *1* Caduta rovinosa, franamento: *r. di pietre*. *2* Rumore, fracasso di cose che crollano, si rompono e sim.: *un r. di piatti*.

rovinismo [comp. di *rovina* e *-ismo*; 1970] s. m. ● Gusto estetico per le rovine, affermatosi spec. nel sec. XVII e XVIII in pittura e anche in poesia.

rovinista [comp. di *rovina* e *-ista*; 1965] s. m. e f. (pl. m. *-i*) ● Pittore, poeta specializzato nella rappresentazione di rovine di edifici, spec. dell'età classica: *i rovinisti del Seicento*.

rovinografia [comp. di *rovina* e *-grafia*: calco sull'ingl. *doomwriting*; 1974] s. f. ● Visione fatalmente pessimistica del futuro, che porta a prevedere sciagure e catastrofi e a scrivere di esse. SIN. Doomwriting.

rovinologia [comp. di *rovina* e *-logia*; 1982] s. f. ● Studio delle rovine che l'uomo ha causato distruggendo l'ambiente naturale con l'inquinamento e sim.

rovinòlogo [1980] s. m. (f. *-a*; pl. m. *-gi*) ● Esperto di rovinologia.

rovinóso o (*lett.*) †**ruinóso**, †**ruvinóso** [da *rovina*, sul modello del lat. *ruinōsus*; sec. XIV] agg. *1* Che porta rovina: *tempesta rovinosa*. SIN. Disastroso. *2* Impetuoso, furioso: *fiume r.* *3* (*lett.*) Cadente: *le mura rovinose* (NIEVO). *4* †Dirupato, scosceso. *5* †Precipitoso, pronto all'ira. || **rovinosaménte**, avv. Con grande rovina, furiosamente, violentemente; (*raro*) dirottamente.

rovistàre [lat. *revisitāre* 'rivisitare'; av. 1311] v. tr. ● Cercare dappertutto, frugare, spec. spostando oggetti, mettendo in disordine, ecc. (*anche assol.*): *r. i cassetti, le tasche*; *abbiamo rovistato inutilmente*; *r. nella memoria*; *mi misi a r. alcuni fogli polverosi e giallognoli* (NIEVO).

rovistatóre [1872] s. m. (f. *-trice*) ● (*raro*) Chi rovista, fruga.

rovistio [1726] s. m. *1* Un rovistare affannoso o continuo. *2* Rumore di cose spostate da chi rovista.

♦**róvo** [lat. *rŭbu(m)*, affine a *rŭber* 'rosso' (V. *rubro*), per il colore rosso scuro; av. 1320] s. m. ● Rosacea fruticosa con fusti sdraiati, angolosi, aculeati, e foglie bianche inferiormente; i fiori sono rosei e i frutti commestibili sono detti more (*Rubus fruticosus*). ➡ ILL. **piante**/6.

royalty /'rɔjalti, *ingl.* 'ɹɔɪəlti/ [vc. ingl., 'regalità', nel sign. orig. di 'diritto del re, regalia', dall'ant. fr. *roialté* (fr. moderno *royauté*): stessa etim. dell'it. *regalità*; 1963] s. f. inv. (pl. ingl. *royalties*) ● Percentuale sugli utili corrisposta a chi concede lo sfruttamento di giacimenti petroliferi, miniere, foreste, brevetti e sim. | Compenso corrisposto all'autore di un'opera dell'ingegno (libro, disco, canzone, ecc.) come percentuale sulle vendite.

rózza o **rózza** [ted. *Ross* 'cavallo', di orig. germ.; 1524] s. f. *1* Cavallo di poco pregio, ronzino. *2* (*fig.*) †Prostituta (anche come ingiuria). || **rozzàccia** (o -zz-), pegg. | **rozzétta** (o -zz-), dim.

rozzézza [1342] s. f. ● Caratteristica, condizione di chi (o di ciò che) è rozzo (*spec. fig.*): *la r. di una pietra*; *r. di modi, di stile*. SIN. Grossolanità, ruvidezza.

♦**rózzo** [lat. *rŭdius*, compar. nt. di *rŭdis* 'rude'; av. 1294] agg. *1* Non lavorato, non rifinito: *lana, pietra rozza* | Scabro, ruvido: *panno r.* | ***Muro r.***, non intonacato, rustico | Povero, fatto alla buona, non elegante: *mobile r.* | ***Statua rozza***, appena abbozzata | (*fig.*) Grossolano: *i rozzi versi e poco ornati / daremo al vento* (L. DE' MEDICI). SIN. Grezzo. *2* (*fig.*) Non ingentilito né raffinato dall'educazione, da buone maniere, da cultura, detto di persona: *un uomo ancora r.* | ***Società rozza***, primitiva | (*raro*) Rustico, brusco: *parole rozze, ma sincere* | (*spreg.*) Zotico, villano, sgarbato: *nonostante gli sforzi dei genitori, è un ragazzo r. e grossolano*; *modi rozzi*. || **rozzóne**, accr. || **rozzaménte**, avv. In modo rozzo, con rozzezza.

†**rozzóre** s. m. ● Rozzezza.

rozzume [sec. XVII] s. m. ● (*raro, spreg.*) Aspetto rozzo (*spec. fig.*).

rrrr /rr/ [vc. onomat.; 1930] inter. *1* Riproduce il rumore di un'automobile che accelera. *2* Riproduce il rumore di un motorino fuoribordo.

rùa ● V. *ruga* (2).

ruandése A agg. ● Della Repubblica del Ruanda, Stato dell'Africa centro-orientale. **B** s. m. e f. ● Abitante, nativo della Repubblica del Ruanda.

rùba [da *rubare*; sec. XIII] s. f. ● (*raro*) Rapina, furto, saccheggio: *far r. di bestiami* (MONTI) | †***Mettere a r. e a sacco***, saccheggiare | ***Andare a r.***, trovare rapidamente un gran numero di compratori, detto di merci varie.

rubacchiaménto [1600] s. m. ● (*raro*) Il rubacchiare | Serie di continui piccoli furti.

rubacchiàre [intens. di *rubare*; 1525] v. tr. (*io rubàcchio*) ● Rubare di quando in quando, poco per volta, qua e là.

rubacchiàto part. pass. di *rubacchiare*; anche agg. ● Nei sign. del v.

rubacchiatóre [1940] agg.; anche s. m. (f. *-trice*) ● Che (o Chi) rubacchia.

rubacuòri o (*pop.*) **rubacòri** [comp. di *ruba(re)* e il pl. di *cuore*; av. 1527] s. m. e f. inv.; anche agg. inv. ● Chi (o Che) fa innamorare o attira tutte le simpatie: *fare il r.*; *sguardo r.*

†**rubadóre** ● V. *rubatore*.

rubagalline [comp. di *ruba(re)* e del pl. di *gallina*; 1957] s. m. e f. inv. ● Ladruncolo.

rubaiuòlo [da *rubare*] **A** agg. ● †Di furto, latrocinio. **B** s. m. ● (*lett.*) Ladro.

rubàlda ● V. *ribalda*.

†**rubàldo** e *deriv.* ● V. *ribaldo* e *deriv.*

rubamàzzo [comp. di *ruba(re)* e *mazzo*; 1959] s. m. ● Gioco di carte consistente nel sottrarsi vicendevolmente i vari mazzetti delle carte prese, qualora si abbia in mano una carta uguale a quella posta in cima a uno di essi, con la vittoria di chi, alla fine del gioco, ha accumulato il maggior numero di carte.

rubaménto [av. 1406] s. m. *1* (*lett.*) Furto, rapina | Ruberia. *2* † Saccheggio, razzia.

rubamónte [comp. di *ruba(re)* e *monte*, come termine di gioco; 1872] s. m. ● (*raro*) Rubamazzo.

♦**rubàre** o †**robàre**, †**rubbàre** [got. *raubōn*, da *rauba* 'bottino'; av. 1292] **A** v. tr. *1* Prendere con la violenza o di nascosto ciò che appartiene ad altri: *r. una valigia, dei gioielli* | ***R. lo stipendio***, (*fig.*) lavorare così poco da non meritarlo | (*fig.*) Carpire: *r. un segreto*; *r. la fiducia di qlcu.* | Rapire, portare via all'improvviso o in modo inaspettato: *la morte lo ha rubato troppo giovane*. *2* (*est., fig.*) Sottrarre, portare via qlcu. o qlco. che è di altri, spetta ad altri, e sim.: *r. la moglie a un amico, il fidanzato*; *r. l'affetto di un figlio*; *ha rubato il posto al collega*; *quella squadra ha rubato la vittoria con l'aiuto dell'arbitro* | ***R. il cuore***, (*fig.*) fare innamorare | (*fig.*) ***R. il tempo a qlcu.***, importunare, distrarre qlcu., sottraendolo a qlco. di importante | (*fig.*) ***R. ore al sonno***, impegnare in qlco. le ore di riposo | (*fig.*) ***R. il mestiere a qlcu.***, fare qlco. che è di competenza altrui | (*fig.*) ***R. un'invenzione, un'idea***, farla passare per propria | (*fig.*) ***R. la vista***, nasconderla, detto di edificio costruito in luogo e maniera tali da impedirla a un altro edificio | (*fig.*) ***Rubarsi qlcu. con gli occhi***, mostrare con lo sguardo di desiderarlo molto. *3* (*assol.*) Commettere un furto: *r. per vizio, per necessità*; *r. ai poveri*; *hanno rubato in banca* | ***R. sul peso***, farlo aumentare con frode | ***R. a man salva***, rubare più che si può, sicuri di non essere scoperti. *4* †Saccheggiare, rapinare con violenza: *cominciarono a r. tutto il paese* (MACHIAVELLI) | †Derubare, spogliare: *r. i soldati*. *5* (*mar.*) ***R. il vento***, mettersi sopravvento a un veliero in modo da impedire alle vele di questo di prendere vento. **B** v. rifl. rec. ● Litigarsi, contendersi la presenza, l'attenzione di qlcu.: *gli invitati si rubavano l'ospite d'onore*.

rubàsca [vc. russa, da *rub* 'abito grossolano, straccio, brandello', di orig. slava; 1935] s. f. ● Camiciotto del costume nazionale maschile russo, allacciato da un lato e stretto alla vita da una fascia.

rubàto [sec. XIV] part. pass. di *rubare*; anche agg. *1* Nei sign. del v. | (*fig.*) ***Foto rubata***, scattata all'insaputa di chi ne è il soggetto | (*fig.*) Frettoloso, goduto di nascosto: *baci rubati*; *io ho mai goduto pure un momento ... di piacere rubato* (LEOPARDI) | (*fig.*) Ottenuto senza merito o per un colpo di fortuna: *vittoria rubata*. *2* (*mus.*) ***Tempo r.***, (*ellitt.*) ***rubato***, V. *tempo*.

†**rubatóre** o †**rubadóre** [1308] s. m. (f. *-trice*) ● Masnadiero, ladro, brigante.

†**rubatùra** [av. 1400] s. f. ● Ruberia.

†**rubbàre** ● V. *rubare*.

rubber /*ingl.* 'ɹʌbəɹ/ [vc. ingl., di etim. incerta; 1965] s. m. inv. ● Nel bridge, la partita costituita di due manche.

rùbbio [lat. *rŭbeu(m)* 'rosso' (V. *rubro*), per le strisce rosse che segnavano le divisioni; 1350 ca.] s. m. (pl. *rùbbi*, m. o *rùbbia*, f.) *1* Antica misura per aridi dell'Italia centrale, pari a circa 290 litri | (*raro*) ***Aver denari a rubbia***, essere ricchissimo. *2* Nell'Italia centrale, unità di misura di superficie agraria, pari a circa 18,50 m^2.

rùbbo [ar. *rub'*, n. di misura di capacità] s. m. ● Antica unità di misura di peso di varie città italiane oscillante tra gli 8 e i 9 kg.

†**rubèca** ● V. *ribeca*.

†**rubècchio** [lat. parl. **rubĭculu(m)*, da *rŭber* 'rosso'. V. *rubro*; 1319] agg. ● Rosseggiante: *tu vedre-*

sti il Zodiaco r. (DANTE *Purg.* IV, 64).

rubefacènte [vc. dotta, lat. *rubefacĕnte(m)*, part. pres. di *rubefăcere* 'tingere in rosso', comp. di *rŭber* 'rosso' (V. *rubro*) e *făcere* 'fare'; 1835] **A** s. m. ● Medicamento che provoca un temporaneo aumento della quantità di sangue presente nei capillari di un organo. **B** anche agg.: *medicamento r.*

rubefazióne [dal lat. *rubefăctus*, part. pass. di *rubefăcere*. V. *rubefacente*; 1835] s. f. **1** Colorazione rossastra assunta da certe rocce per l'ossidazione di componenti ferrosi. **2** (*med.*) Iperemia cutanea.

†**rubellàre** e *deriv.* ● V. *ribellare* e *deriv.*

rubellìte [dal lat. *rubĕllus* 'rossiccio', dim. di *rŭber* 'rosso' (V. *rubro*), per il colore; 1823] s. f. ● (*miner.*) Varietà limpida di tormalina di colore rosso, usata in gioielleria.

rubènte [vc. dotta, lat. *rubĕnte(m)*, part. pres. del v. *rubēre* 'diventar rosso', rosseggiare; 1499] agg. ● (*lett.*) Rosseggiante, rossastro: *Gioconda vite ... custodisci i tuoi rubenti grappoli* (D'ANNUNZIO).

rubèola [dal lat. *rŭbeus* 'rosso', da *rŭber* 'rubro'; 1908] s. f. ● (*med.*) Rosolia.

ruberìa [1282] s. f. **1** Compimento abituale di furti: *vivere di ruberie* | *È una r.*, è una frode, un'azione da ladri | Truffa, speculazione, malversazione, pretesa esosa, e sim.: *un funzionario messo sotto accusa per vari episodi di r.* **2** (*lett.*) Saccheggio, rapina, violenta estorsione, spec. di più persone. **3** †Ratto. **4** †Preda, bottino, cosa rubata.

rubescènte [vc. dotta, lat. *rubescĕnte(m)*, part. pres. di *rubēscere* 'rosseggiare', intens. di *rubēre* 'essere rosso', da *rŭber* 'rubro (2)'; 1877] agg. ● (*raro*) Erubescente.

†**rubèsto** [variante di *robusto*; 1313] agg. ● Robusto, gagliardo, impetuoso. || †**rubestaménte**, avv.

Rubiàcee [vc. dotta, comp. dal lat. *rŭbia* 'robbia' e *-acee*; 1929] s. f. pl. (sing. *-a*) ● Nella tassonomia vegetale, famiglia di piante delle Dicotiledoni con cauli prismatici e foglie lineari disposte in verticillo, le cui stipole spesso sono eccezionalmente sviluppate (*Rubiaceae*). ➡ ILL. **piante**/9.

†**rubicànte** [lat. tardo *rubicānte(m)* 'rosseggiante', part. pres. di *rubicāre* 'rosseggiare', da *rŭbeus* 'rosso' (V. *robbio*); sec. XIV] agg. ● Rosseggiante.

rubicóndo [vc. dotta, lat. *rubicŭndu(m)*, da *rubēre* 'esser rosso'. V. *rubescente*; 1308] agg. ● Di colore rosso vivo o rosseggiante, detto spec. del viso o di sue parti: *faccia rubiconda*; *naso r.*

rubìdio [dal lat. *rŭbidus* 'rosso', da *rŭber* 'rosso'. V. *rubro*; 1872] s. m. ● Elemento chimico della famiglia dei metalli alcalini, analogo al potassio, presente nei minerali di questi in piccolissime quantità, usato nella fabbricazione di tubi elettronici e, sotto forma di sali, nella produzione di vetro e ceramica. SIMB. Rb.

rubìgine [lat. *rubīgine(m)*, da *rŭber* 'rosso'. V. *rubro*; av. 1320] s. f. **1** (*lett.*) Ruggine. **2** (*med.*) Macchia corneale.

rubìglio ● V. *robiglio*.

rubinetterìa o (*raro*) **robinetterìa** [fr. *robinetterie*, da *robinet* 'rubinetto'; 1931] s. f. ● Insieme degli organi di regolazione della portata dei liquidi in tubazioni di piccolo diametro.

♦**rubinétto** o (*raro*) **robinétto** [fr. *robinet*, da *robin*, n. pop. del montone, perché i rubinetti erano spesso ornati con la testa di un montone. *Robin* è un dim. del n. proprio *Robert*; 1598] s. m. **1** Dispositivo di intercettazione e di regolazione del flusso di un liquido o gas in una tubazione azionabile manualmente mediante una chiavetta: *il r. dell'acqua*; *il r. del gas*; *aprire, chiudere il r.* **2** (*est.*, *fig.*) Ciò che ha funzione di interrompere o riattivare il flusso di qlco., spec. di crediti e sim.: *la Cassa di Risparmio riapre il r. dei mutui fondiari.*

rubìno [dal lat. *rŭbeus* 'rosso'. V. *rubro*; av. 1250] **A** s. m. **1** (*miner.*) Varietà rossa di corindone, usata come gemma. **2** (*est.*, *spec. al pl.*) Ciascuna delle pietre sintetiche, spesso di colore rosso, incassate nel metallo delle piastre di un orologio, nelle quali si praticano i fori che accolgono i perni degli organi in movimento. **3** (*fig.*, *lett.*) Colore vermiglio delle labbra. **4** (*est.*, *fot.*) Vetro di colore rosso intenso usato come filtro delle fonti di luce in un laboratorio. **B** in funzione di agg. inv. ● (posposto a un s.) Che ha il colore rosso intenso e acceso caratteristico della pietra omonima: *uno smalto rosso r.* || **rubinùzzo**, dim.

†**rubinóso** agg. ● Di rubino.

rubìzzo o **rubìzzo** [sp. *roblizo* 'sodo, duro', da *roble* 'rovere'; 1481] agg. ● Di aspetto ancora fresco e florido, di colorito sano, detto spec. di persona anziana: *un vecchio r.*

rùblo [russo *rubl'* 'ritaglio (d'argento)', da *rubit'* 'tagliare'; av. 1557] s. m. ● Unità monetaria della Russia, divisa in cento copechi. SIMB. R.

†**rubóre** [vc. dotta, lat. *rubōre(m)*, da *rŭber* 'rosso' (V. *rubro*); av. 1311] s. m. ● Rossore.

rubrìca, (*evit.*) **rùbrica** [vc. dotta, lat. *rubrīca(m)* '(terra) rossa' (usata un tempo per scrivere), f. sost. di *rubrīcus* 'rosso', da *rŭbor* 'rossore' (V.); 1294] s. f. **1** Quaderno con margini a scaletta, segnati con le lettere dell'alfabeto per facilitarne la consultazione, contenente indirizzi, numeri telefonici, appunti di vario genere e sim. | (*est.*, *ragion.*) Elenco alfabetico o numerico dei conti di un libro mastro o di un partitario. **2** (*dir.*) Titolo di un articolo di codice. **3** (*ragion.*) Ciascuno dei titoli in cui sono distinte le entrate e le uscite di un bilancio di previsione. **4** Sezione di un giornale, pubblicazione periodica, trasmissione radiofonica o televisiva relativa a un determinato argomento: *r. finanziaria, teatrale, mondana.* **5** (*relig.*) Nota, spesso scritta con inchiostro rosso, posta nel testo di un breviario o di un messale, contenente le regole da osservare nella celebrazione delle funzioni liturgiche | *È di r.*, è di regola. **6** Titolo, intestazione, lettera iniziale, richiamo o prospetto in un libro, in un manoscritto o in un codice, spec. se scritto con inchiostro rosso: *le rubriche di un codice del Quattrocento.* **7** Tipo di argilla rosso ocra un tempo usata per scrivere titoli, intestazioni, lettere iniziali e sim. in un libro o in un incunabolo. || **rubrichétta**, dim.

rubricàre [vc. dotta, lat. *rubricāre* 'scrivere in lettere rosse', da *rubrīca*. V. *rubrica*; 1337] v. tr. (*io rubrìco*, (*evit.*) *rùbrico*, *tu rubrìchi*, (*evit.*) *rùbrichi*) **1** Nella pratica degli antichi amanuensi, porre rubriche in un codice. **2** Segnare, annotare in una rubrica. **3** †Descrivere, narrare.

rubricàrio [1959] s. m. ● In un codice o incunabolo, il prospetto dei titoli.

rubricàto part. pass. di *rubricare*; anche agg. **1** Nei sign. del v. **2** †Scritto, tinto in rosso.

rubricatóre [1835] s. m.; anche agg. (f. *-trice*) ● Chi (o Che) rubrica | †Copista, amanuense.

rubricazióne [1945] s. f. ● Operazione del rubricare.

rubricìsta [da *rubrica* nei sign. 4 e 5; 1835] s. m. e f. (pl. m. *-i*) **1** Redattore di una rubrica giornalistica, radiofonica o televisiva. **2** Studioso di regole liturgiche.

†**rùbro** [vc. dotta, lat. *rŭbru(m)*, di orig. indeur.; 1321] agg. ● (*lett.*) Rosso.

rùca [lat. *erūca(m)*. V. *eruca*; av. 1320] s. f. **1** (*bot.*) Ruchetta. **2** (*pop.*) Bruco.

ruche /fr. ryʃ/ [fr., vc. di orig. gallica, propr. 'scorza', poi 'alveare', perché un tempo gli alveari si facevano con le scorze; 1905] s. f. inv. ● Striscia di tessuto con crespe, usata per guarnire indumenti femminili.

ruchétta o (*region.*) **rughétta** [dim. di *ruca*, nel sign. 1; av. 1424] s. f. ● Erba delle Crocifere di cui si usano le foglie aromatiche mescolate con l'insalata (*Eruca sativa*) | ***R. selvatica***, pianta erbacea perenne delle Crocifere con foglie pennato-lobate, spontanea su rocce e muri, con foglie usate in erboristeria per l'azione astringente ed espettorante (*Diplotaxis tenuifolia*). ➡ ILL. **piante**/4.

rùcola [1572] s. f. ● (*region.*) Ruchetta.

rùde [lat. *rŭde(m)*, di etim. incerta; 1319] agg. **1** (*lett.*) Rozzo, grossolano, detto di persona | (*raro*) Ruvido, aspro, detto di cose | ***Lavoro r.***, (*fig.*) duro, faticoso. **2** Che ha, rivela una durezza franca e risoluta, ma non grossolana, detto di persona o di cosa: *un r. uomo dei campi*; *una risposta r. ma sincera.* || **rudeménte**, avv.

rudentàto [da *rudente*; 1959] agg. ● Detto di colonna ornata di rudenti.

rudènte [vc. dotta, lat. *rudĕnte(m)*, di etim. incerta; 1793] s. m. e f. **1** (*poet.*) †Fune. **2** (*arch.*) In una colonna, elemento decorativo a forma di bacchetta cilindrica, che talvolta riempie la parte inferiore di ogni scanalatura.

ruderàle [da *rudere*; 1809] agg. ● Che vive tra i ruderi, detto spec. di pianta o animale.

rùdere o (*raro*) **rùdero** [vc. dotta, lat. *rŭdere*, abl. di *rŭdus*: da avvicinare a *rŭdis* nel senso di 'grezzo, informe' (V. *rude*); 1779] s. m. **1** (*spec. al pl.*) Avanzo di edifici, costruzioni o monumenti antichi: *i ruderi del Foro romano* | (*spec. al pl.*, *fig.*) Memoria, ricordo, testimonianza: *i ruderi di un'antica grandezza.* **2** (*fig.*) Persona ridotta in pessime condizioni fisiche o morali: *dopo la malattia, sembra un r.*

rudézza [1584] s. f. ● Caratteristica, condizione di chi (o di ciò che) è rude.

rudimentàle [da *rudimento*; av. 1752] agg. **1** Elementare, limitato a una fase iniziale di apprendimento: *nozioni rudimentali.* **2** (*est.*) Informe, non ben definito: *una concezione r. dell'arte.* **3** (*biol.*) Detto di organo vegetale o animale ridotto, incompletamente sviluppato o non funzionale rispetto a organi omologhi in specie affini: *occhi rudimentali degli animali sotterranei.* **4** (*bot.*) Allo stato di abbozzo. || **rudimentalménte**, avv.

rudimentazióne [da *rudimento*; 1959] s. f. **1** (*biol.*) Formazione di un rudimento nel corso dello sviluppo di un organismo. **2** (*biol.*) Fenomeno evolutivo per cui una struttura, ben sviluppata in alcuni gruppi arcaici, risulta invece appena abbozzata nelle forme attuali.

rudiménto [vc. dotta, lat. *rudimĕntu(m)*, da *rŭdis* 'grezzo, informe' (V. *rude*); 1499] s. m. **1** (*spec. al pl.*) Principio elementare di un'arte o una disciplina: *i primi rudimenti della geometria* | (*spec. al pl.*) Avviamento, primo ammaestramento: *i rudimenti del sapere.* **2** (*est.*) Abbozzo, accenno: *r. di ali, di unghie* | (*anat.*, *biol.*) Struttura vestigiale che, in un embrione o in un individuo adulto, rimane in forma di abbozzo, come traccia di un organo ancestrale.

rudìsta [dal lat. *rŭdis* 'ruvido' (V. *rude*); 1929] s. m. (pl. *-i*) ● Mollusco fossile dei Bivalvi, lungo fino a 1 m, con conchiglia spessa a forma conica, vissuto nel Cretaceo. ➡ ILL. **paleontologia**.

†**rùere** [vc. dotta, lat. *rŭere* 'precipitare'. V. *rovina*; 1313] v. intr. (difett. del pass. rem., del part. pass. e dei tempi composti) **1** Precipitare, cadere. **2** Avventarsi con impeto.

rùffa [etim. discussa: di orig. espressiva (?); av. 1400] s. f. ● †Calca disordinata di più persone che cercano di afferrare, arraffare qlco. | ***Fare a r. raffa***, lottare urtandosi e spingendosi per afferrare qlco. per primi o darsi da fare per rubare.

ruffèllo [da *ruffa*; 1872] s. m. ● (*tosc.*) Groviglio di fili, nodo di matassa arruffata | Ciuffo di capelli aggrovigliati. || **ruffellóne**, accr.

ruffianàre [da *ruffiano*; 1528] v. tr. ● (*raro*) Arruffianare.

ruffianàta [1959] s. f. ● (*volg.*) Azione da ruffiano.

†**ruffianéccio** s. m. ● Ruffianeria.

ruffianeggiàre [1524] v. intr. (*io ruffianéggio*; aus. *avere*) ● Fare il ruffiano (*anche fig.*).

ruffianerìa [sec. XIV] s. f. ● Caratteristica di chi è ruffiano (spec. nel sign. 3) | Comportamento servile, adulatorio e sim.

ruffianésco [1534] agg. (pl. m. *-schi*) ● Da ruffiano (*spec. fig.*): *parole ruffianesche*; *falsità ruffianesca.*

ruffianésimo o †**ruffianésmo** [1353] s. m. **1** (*raro*) Attività del ruffiano. **2** (*raro*, *fig.*) Ruffianeria.

†**ruffianìa** [1340] s. f. ● Ruffianesimo.

ruffiàno [etim. incerta; 1312] **A** s. m. (f. *-a*) **1** Chi agevola gli amori altrui | (*est.*) Chi, per lucro, fa da intermediario in un incontro amoroso spec. illecito | Lenone. SIN. Mezzano. **2** (*est.*) †Chi aiuta in una faccenda losca. **3** (*est.*) Chi cerca di ingraziarsi qlcu. o di ottenere vantaggi e favori con una subdola e ostentata adulazione. || **ruffianàccio**, pegg. | **ruffianèllo**, dim. | **ruffianétto**, dim. | **ruffianóne**, accr. **B** anche agg. ● (*raro*) Ruffianesco: *cortesia ruffiana.*

†**ruffolàre** ● V. *grufolare*.

rufiya /singalese ru'fija/ [n. loc. della *rupia*] s. f. inv. ● (*econ.*) Unità monetaria delle Maldive.

†**rùfo** [vc. dotta, lat. *rūfu(m)* 'rosso', di orig. indeur. (V. *rubro*)] agg. ● Rossiccio | Rosso fulvo.

rùfola [da avvicinare a *rufolare*; 1872] s. f. ● (*pop.*) Grillotalpa.

†**rufolàre** ● V. *grufolare*.

♦**rùga** (**1**) [lat. *rūga(m)*, di orig. indeur.; 1342] s. f. ● Grinza, crespa della pelle: *faccia coperta di rughe.* || **rugàccia**, pegg. | **rughétta**, dim. | **rughìna**, dim. | **rugóne**, accr. m.

†**rùga** (2) o **rùa** [lat. *rūga(m)* 'solco'. V. *ruga* (*1*); av. 1311] **s. f.** ● (*dial.*) Strada, via, vicolo.

rùga (3) [V. *ruca* nel sign. 2; av. 1602] **s. f.** ● (*pop.*) Bruco.

rugantino [dal n. di una maschera romana, *Rugantino*, a sua volta dal rom. *rugà* 'brontolare minacciando'. V. *rugare*; 1851] **s. m.** ● (*raro*) Persona arrogante, irritabile.

rugàre [etim. discussa di orig. espressiva (?); 1965] **v. tr.** (*io rùgo, tu rùghi*) *1* (*assol., pop.*) Mormorare minacciosamente, borbottare. *2* (*sett.*) Infastidire, seccare.

rugàto [da *ruga* (*1*); 1499] **agg.** ● Aggrinzato, rugoso: *viso r. e prosciugato* (BACCHELLI).

rugbista /reg'bista, ra-, ru-/ [1938] **s. m.** (**pl.** *-i*) ● Giocatore di rugby.

rugby /'ragbi, 'regbi, *ingl.* 'ɹʌgbi/ [dalla città inglese omonima; 1927] **s. m. inv.** ● (*sport*) Confronto tra due squadre che si contendono la caratteristica palla ovale, sia con le mani che con i piedi, cercando di realizzare delle mete o di trasformare calci piazzati attraverso la porta avversaria.

RUGBY
nomenclatura

rugby ⇔= rugby-football = gioco della palla ovale

● *campo di gioco*: linea di pallone morto, linea di meta, linee laterali, pali di porta, porta, linea dei ventidue metri, linea dei dieci metri, linea di metà campo;

● *formazione*: quindici, 8 avanti, 2 mediani (di mischia e di apertura), 4 trequarti, 1 estremo;

● *svolgimento del gioco*: calcio di invio, calcio libero, calcio di punizione, calcio a volo, calcio di rimbalzo, meta, calcio di trasformazione meta: touche, pacchetto di mischia, mischia, placcaggio, calcio piazzato; rugbista, tallonatore, piazzatore; pilone; paraorecchi, parastinchi.

ruggènte [sec. XIV] **part. pres.** di *ruggire*; anche **agg.** *1* Nei sign. del v. *2* (*fig.*) ***Anni ruggenti***, caratterizzati da un grande fervore di attività: *dei ruggenti anni trenta / e dei raglianti cinquanta* (MONTALE); (*per anton.*) quelli compresi tra il 1920 e il 1929, così detti per la febbrile corsa al benessere.

†**rùggere** [var. di *ruggire*] **v. intr. e tr.** ● Ruggire.

rugghiaménto [av. 1320] **s. m.** ● (*raro, lett.*) Ruggito.

rugghiàre [sovrapposizione di *mugghiare* a *ruggire*; 1313] **v. intr.** (*io rùgghio*; aus. *avere*) ● (*raro, lett.*) Ruggire | (*est.*) Gorgogliare, rumoreggiare cupamente e a lungo.

rùgghio [da *rugghiare*; 1604] **s. m.** ● (*lett.*) Ruggito | (*est.*) Cupo urlo o rumore assordante e prolungato.

rùggine [lat. *(ae)rūgine(m)* 'ruggine, verderame', da *āes*, genit. *āeris* 'rame, bronzo'. V. *erario*; av. 1292] **A s. f.** *1* Carbonato basico idrato di ferro che si genera, per effetto dell'aria umida, su tale metallo, formando uno strato non aderente che si sgretola, cosicché la sua formazione può procedere indefinitamente. *2* †Sozzura, sporcizia | (*fig.*) †Ciò che offusca il retto sentire: *acciò che di loro false ragioni nulla r. rimanga nella mente* (DANTE). *3* ***R. del grano, dei cereali***, fungo delle Uredinali che attacca le Graminacee con pustole rossastre che poi divengono strie nerastre pulverulente (*Puccinia graminis*) | ***R. delle crocifere***, fungo delle Peronosporacee che forma macchie bianche sulle foglie delle Crocifere (*Gystopus candidus*). *4* (*fig.*) Malanimo, rancore, astio: *avere della r. con qlcu.*; *tra loro c'è della r.* ‖ **rugginétta**, **dim.** | **rugginùzza**, **dim.** **B** in funzione di **agg. inv.** ● (posposto al s.) Detto di colore tra il marrone e il rosso scuro tendente al giallastro: *un abito r.*

†**rugginènte** [propr. part. pres. di *rugginire*] **agg.** ● Arrugginito, rugginoso.

†**rugginire** [da *ruggine*] **v. intr.** ● Arrugginire.

rugginosità [1599] **s. f.** ● (*raro*) Caratteristica di ciò che è rugginoso | ***R. delle frutta***, alterazione della buccia che si presenta ruvida e di color ruggine.

rugginóso [lat. *aeruginōsu(m)*, da *aerūgo*, genit. *aerūginis* 'ruggine', rifatto su *ruggine*; sec. XIII] **agg.** *1* Coperto di ruggine: *ferro r.* *2* (*est.*) Di colore simile a quello della ruggine: *macchie rugginose*. *3* (*lett., fig.*) Trascurato, non esercitato. *4* Detto di bozzolo con macchie color ruggine.

ruggire [lat. *rugīre*, di orig. indeur.; av. 1342] **A v. intr.** (*io ruggìsco, tu ruggìsci, egli ruggìsce*, lett. *rùgge, noi ruggiàmo, voi ruggìte, essi ruggìscono*, lett. *rùggono*; aus. *avere*) *1* Gridare, urlare nel modo caratteristico, detto del leone e (*est.*) di altre belve. *2* (*fig.*) Strepitare, urlare, gridare orribilmente, detto dell'uomo | (*fig.*) Rumoreggiare fragorosamente e in modo minaccioso, detto spec. di fenomeni naturali: *la tempesta ruggisce* | (*fig., lett.*) Agitarsi, fremere: *quello spirito guerrier ch'entro mi rugge* (FOSCOLO). *3* †Borbottare, gorgogliare, detto degli intestini. **B v. tr.** ● (*fig.*) Urlare, chiamare a gran voce e in tono iroso o sdegnato (*anche fig.*): *r. frasi terribili*; *ruggiva vendetta*.

ruggito [lat. tardo *rugītu(m)*, da *rugīre* 'ruggire'; 1311] **s. m.** *1* Il verso tipico del leone e di altri felini. *2* (*est.*) Urlo rabbioso o sdegnato | (*fig.*) Strepito, fragore, detto di cose: *il r. del vento*. *3* †Borborigmo.

rughétta ● V. *ruchetta*.

rugiàda [forma sett. *rosada*, dal lat. *rōs*, genit. *rōris* 'rugiada', d'orig. indeur.; sec. XIII] **s. f.** *1* Deposito su oggetti al suolo di goccioline d'acqua provenienti dalla condensazione del vapor acqueo contenuto nell'aria | (*lett., fig.*) ***R. delle guance***, lacrime. ➡ **ILL.** p. 2135 SCIENZE DELLA TERRA ED ENERGIA. *2* (*lett., fig.*) Consolazione, sollievo, conforto: *alcuna r. sopra il mio fuoco comincerò a sentire* (BOCCACCIO).

rugiadóso [1336 ca.] **agg.** *1* (*raro*) Di rugiada, della rugiada: *rugiadose stille* (L. DE' MEDICI). *2* Bagnato, asperso, umido di rugiada: *prato r.* | ***Notte rugiadosa***, in cui si è formata molta rugiada | (*est., lett.*) Lacrimoso, umido: *occhi rugiadosi*; *guance rugiadose*. *3* (*raro, lett.*) Rigoglioso, fresco, detto di frutti | (*fig.*) Sano, florido, detto di persona: *fra l'altre immortali ultima venne / rugiadosa la bionda Ebe* (FOSCOLO). *4* (*spreg.*) Untuoso, mellifluo: *con r. eufemismo* (BACCHELLI). ‖ **rugiadosaménte**, **avv.**

rugliàre [sovrapposizione di *mugliare* a *ruggire*; 1863] **v. intr.** (*io rùglio*; aus. *avere*) *1* (*tosc.*) Fremere, brontolare cupamente o minacciosamente, detto di animali: *orsi e cinghiali rugliano*. *2* (*lett.*) Stridere, rumoreggiare, risuonare, detto di elementi naturali: *la cascata rugliava sordamente*; *r. in piena due torrenti e un fiume* (PASCOLI).

rùglio [1940] **s. m.** ● (*tosc.* o *lett.*) Il rugliare | Mugolio: *ogni colpo gli strappava come un r. di rabbia dal petto* (PIRANDELLO).

†**rugomàre** ● V. *rugumare*.

rugosità [vc. dotta, lat. tardo *rugositāte(m)*, da *rugōsus* 'rugoso'; av. 1730] **s. f.** *1* Caratteristica, condizione di ciò che è rugoso: *la r. della pelle* | Ciò che è rugoso. **SIN.** Grinzosità. *2* (*mecc.*) Scabrosità.

rugóso [vc. dotta, lat. *rugōsu(m)*, da *rūga* 'ruga (1)'; 1342] **agg.** ● Pieno, coperto di rughe: *volto r.* | (*est.*) Grinzoso, increspato: *superficie rugosa*.

rugumàre o †**rugomàre** [metatesi del lat. *rumigāre* 'ruminare', da *rūmis* 'mammella', di etim. incerta; 1300 ca.] **v. intr.** (*io rùgumo*) ● (*pop., tosc.*) Ruminare.

†**ruìna** e *deriv.* ● V. *rovina* e *deriv.*

†**rùlla** [da *rullare* (*1*)] **s. f.** *1* Trottola, girella, ruzzola. *2* (*tosc.*) Bugia, baia.

rullafiòcco [comp. di *rulla(re)* nel senso di 'avvolgere' e *fiocco*] **s. m.** (**pl. inv.** o *-chi*) ● (*mar.*) Avvolgifiocco.

rullàggio [da *rullare*; 1942] **s. m.** *1* Circolazione o corsa a terra sulle ruote, fatta da un aeromobile, per il decollo o l'atterraggio. *2* (*sport*) Rullata.

rullaménto [1959] **s. m.** ● (*raro*) Scorrimento di un rullo o su rulli | Rullaggio.

rullànte [1665 ca.] **A part. pres.** di *rullare*; anche **agg.** ● Nei sign. del v. **B s. m.** ● Piccolo tamburo, costituente della batteria, recante, nella faccia inferiore, spirali metalliche tese che danno un suono secco e prolungano l'effetto del rullio.

rullarànda [comp. di *rulla(re)* nel senso di 'avvolgere' e *randa*] **s. m. inv.** ● (*mar.*) Avvolgiranda.

rullàre (1) [fr. *rouler* 'rotolare, far andare avanti e indietro', dal lat. parl. **rotulāre*, da *rŏtulus* 'rotolo'; 1872] **v. intr.** (aus. *avere*) *1* Risuonare, detto del tamburo battuto con colpi rapidi e frequenti. *2* (*aer.*) Eseguire il rullaggio. *3* (*sport*) Nell'atletica, eseguire coi piedi il movimento della rullata. *4* †Girare, rotolare, ruzzolare. *5* V. *rollare* (*2*).

rullàre (2) [da *rullo*; 1804] **v. tr.** ● Comprimere, pareggiare, spianare con un rullo | (*agr.*) ***R. un terreno***, costiparlo.

rullàta [1939] **s. f.** *1* Rullaggio. *2* (*sport*) Nel passo della marcia e nel salto, movimento per il quale il piede, dal tallone alla punta, tocca progressivamente il terreno.

rullatrice [da *rullare* (*2*); 1987] **s. f.** *1* (*mecc.*) Macchina operatrice utilizzata per la curvatura delle lamiere. *2* (*mecc.*) Macchina utensile automatica atta a eseguire la filettatura di pezzi cilindrici, bulloni, viti e sim., facendoli rotolare fra matrici filettate, il cui profilo si imprime, per deformazione plastica, sul pezzo.

rullatùra o **rollatùra** [da *rullare* (*2*); 1887] **s. f.** *1* Operazione che consiste nell'incurvare le lamiere secondo un raggio prestabilito. *2* (*agr.*) L'azione di costipare un terreno. *3* Cilindratura nel sign. 2.

rullétto [1965] **s. m.** *1* Dim. di *rullo*. *2* Attrezzo dell'incisore, terminante con una rotella zigrinata.

rullino o **rollino** [1959] **s. m.** *1* Dim. di *rullo*. *2* Rotolo di pellicola fotografica. *3* ***Chiave a r.***, tipo di chiave inglese.

rullìo [1889] **s. m.** *1* Un continuo rullare di tamburi. *2* V. *rollio*.

rùllo o **ròllo** spec. nel sign. 4 [deriv. di *rullare* (*1*) anche per calco sull'ingl. *roll* 'rotolo' (V. *rollo* e *roll-bar*) nel sign. 4; 1550] **s. m.** *1* Suono continuo prodotto da una serie di colpi rapidissimi del tamburo o di strumenti simili | (*mus.*) Tremulo. *2* Qualsiasi oggetto di forma cilindrica a sezione piena, cava o profilata, girevole attorno al proprio asse: *r. di legno, di ferro* | ***R. compressore***, per comprimere e livellare il terreno; (*fig.*) persona capace di abbattere ogni ostacolo | (*edit.*) ***R. inchiostratore***, nelle macchine da stampa, quello usato per deporre sulla matrice il velo d'inchiostro da trasferire sulla carta | ***R. porta carta***, parte del carrello di una macchina per scrivere, costituita da un rullo gommato sul quale si avvolge la carta | ***R. massaggiatore***, quello di gomma, a superficie non liscia, usato per massaggiare il corpo. *3* Birillo per giocare | †***Dare nei rulli***, (*fig.*) saltare, ruzzolare. *4* (*cine, fot.*) Rotolo di pellicola. *5* (*mecc.*) Rotolo di carta speciale con perforazioni per pianola. *6* Attrezzo per la pesca di frutti di mare, formato da una rete tesa da un semicerchio di legno e tre aste, tenuta tesa in basso da una striscia di ferro ed assicurato al pescatore da una fascia. *7* Tombolo (2) nel sign. 1. *8* (*al pl.*) Apparecchiatura impiegata dai ciclisti per l'allenamento al coperto nei mesi invernali, formata da cilindri mobili su cui la bicicletta funziona senza fenomeni di traslazione orizzontale. ‖ **rullétto**, **dim.** (V.) | **rullino**, **dim.** (V.) | **rullóne**, **accr.**

rulottista ● V. *roulottista*.

rulottòpoli ● V. *roulottopoli*.

rum o **rhum** [ingl. *rum*, da un precedente *rumbullion*, di etim. incerta; 1708] **s. m. inv.** ● Acquavite derivante dalla distillazione della canna da zucchero.

rumàre [vc. dotta, lat. tardo *rumāre*, forma errata per *rumināre*; sec. XIV] **v. tr.** *1* †Ruminare. *2* (*pop., tosc.*) Mescolare.

rùmba [sp. di Cuba *rumba*, di etim. incerta; 1927] **s. f.** (**pl.** *-e*) ● Danza afrocubana, vivace, di ritmo binario sincopato.

rumble /'rumble, *ingl.* 'ɹʌmbɫ/ [vc. onomat.; 1960] **A inter.** *1* Riproduce il rumore di un fabbricato che crolla. *2* Riproduce il brontolio di una persona scontenta. **B s. m.** ● (*fis.*) Rumore di fondo che si produce durante la lettura del solco di un disco fonografico in un giradischi, quando le vibrazioni meccaniche del motore si trasmettono alla puntina.

ruméno ● V. *romeno*.

†**rumentièra** [dal piemontese *ruménta*, dal lat. *ramĕntu(m)* 'scheggia, truciolo, pezzettino', da *rādere*; 1937] **s. f.** ● (*mar.*) Cassetta trasportabile per la raccolta della spazzatura.

†**rumigàre** [V. *rugumare*; sec. XIII] **v. tr.** ● Ruminare.

ruminànte [1341] **part. pres.** di *ruminare*; anche **agg.** ● Nei sign. del v. | (*fig.*) Che borbotta: *più r., più imbronciato che mai* (BACCHELLI).

Ruminànti [1872] **s. m. pl.** (**sing.** *-e*) ● Nella tassonomia animale, gruppo di Mammiferi degli Artiodattili privi di incisivi superiori, con 2 o 4 dita munite di zoccoletti e stomaco composto di quattro cavità. ➡ ILL. **zoologia generale.**

ruminàre [vc. dotta, lat. *rumināre*, da *rūmen*, genit. *rūminis* 'rumine'; 1319] **v. tr.** (*io rùmino*) **1** Detto dei ruminanti, far ritornare il cibo dal rumine alla bocca per masticarlo con cura. **2** (*est.*, *lett.*) Masticare a lungo il cibo in bocca: *venne ruminando una castagna secca* (VERGA) | (*fig.*) Biascicare: *i due vecchi ruminano le preghiere* (CALVINO). **3** (*fig.*) Riconsiderare attentamente, riandare con il pensiero: *r. fra sé e sé un progetto.* SIN. Rimuginare, ripensare.

ruminazióne [vc. dotta, lat. *ruminatiōne(m)*, da *rumināre*; 1598] **s. f. 1** Funzione e attività del ruminare. **2** (*lett.*) Considerazione, ripensamento.

rùmine [vc. dotta, lat. *rūmine*, abl. di *rūmen*: da avvicinare a *rūmis* 'mammella' (V. *rugumare*) (?); 1872] **s. m.** ● La più ampia delle quattro cavità dello stomaco dei Ruminanti, a forma di sacco. SIN. Digrumale, pancione. CFR. Abomaso, omaso, reticolo.

rùmme [1884] **s. m.** ● Adattamento di *rum* (V.).

rumor /ingl. 'ruːmə*/ [vc. ingl., variante amer. di *rumour* 'diceria, voce incontrollata'; 1987] **s. m. inv.** ● Nel linguaggio giornalistico, voce non confermata: *un r. di borsa.*

♦**rumóre** o (*lett.*) †**romóre** [lat. *rumōre(m)*, di orig. indeur.; av. 1292] **s. m. 1** Qualsiasi fenomeno acustico, gener. irregolare, casuale e non musicale, spec. se sgradevole, fastidioso, molesto, nocivo: *r. impercettibile, lieve, secco, sordo, cupo, intermittente, insistente, assordante, nocivo; non fare r.; i rumori della strada mi hanno impedito di dormire; udiva un r. strano che lo faceva destare di soprassalto* (VERGA); *rumore di una goccia che cade, della pioggia, della grandine; r. dei passi, degli zoccoli, dei battimani, di uno schiaffo; r. di una motocicletta, del traffico urbano; r. di un motore, di un'officina, di una fabbrica, industriale; i rumori molesti costituiscono disturbo della quiete pubblica* | ***Inquinamento da r.***, presenza, in un determinato ambiente, di suoni di frequenza e/o intensità eccessive, tali che le persone che ci vivono o lavorano risentono da un semplice disturbo a danni alla psiche, al sistema nervoso, all'equilibrio endocrino e all'apparato uditivo | ***R. bianco***, quello costituito da numerosissimi suoni le cui frequenze sono distribuite uniformemente in quasi tutto il campo di udibilità | ***R. colorato***, quello comprendente suoni prevalenti sugli altri | ***R. ambientale, di fondo***, il livello sonoro, gener. uniforme e continuo, misurato in un dato punto di un ambiente quando non sono in funzione le sorgenti sonore di cui si vuole considerare il rumore. **2** Nella scienza e nella tecnica, ogni disturbo, regolare o no, che si sovrappone al valore di una variabile | (*fis.*) ***R. di fondo***, segnale in uscita da un amplificatore in assenza di segnale in ingresso | (*elettron.*) ***R. elettrico***, fluttuazione casuale della corrente o della tensione in un dispositivo elettronico, tale da nascondere segnali deboli o da rendere problematica la loro elaborazione | (*elettron.*) ***Generatore di r.***, generatore di segnali costituenti un rumore bianco | (*elettron.*) ***R. del cielo***, segnale captato dall'antenna ricevente di un sistema di radiocomunicazione a causa di radiazioni di origine cosmica e dell'agitazione termica di particelle cariche presenti nell'atmosfera | (*elettron.*) ***R. televisivo***, qualunque tipo di disturbo al segnale televisivo. **3** (*cine*) ***Colonna dei rumori***, colonna sonora di un film, contenente gli effetti necessari alla sonorizzazione di questo. **4** (*med.*) Fenomeno acustico di interesse semeiologico, percepibile con l'auscultazione: *rumori cardiaci, bronchiali* | ***Patologia da r.***, l'insieme degli effetti nocivi che il rumore esplica sull'apparato uditivo, sulla psiche, sul sistema nervoso e sull'equilibrio endocrino dell'uomo. **5** (*fig.*) Chiacchiera, diceria, scalpore: *la notizia ha destato grande r. in città; si è fatto molto r. per nulla* | †***Levare r.***, far parlare molto di sé, diventare famoso, ottenere successo | (*lett.*) Fama, grido: *Non è il mondan romore altro ch'un fiato / di vento* (DANTE *Purg.* XI, 100-101). **6** †Tumulto, sollevazione, rivolta di popolo | ***Levarsi a r.***, tumultuare | ***Mettere a r.***, sollevare o dare l'allarme. || PROV. Una noce nel sacco non fa rumore. || **rumoràccio**, **pegg.** | **rumorétto**, **dim.** | **rumorino**, **dim.**

RUMORE
nomenclatura

rumore (cfr. suono, udito, orecchio)

● *tipi di rumore*: rombo = boato = rimbombo, eco; tonfo; schiocco; colpo, botto, sparo = scoppio = esplosione = detonazione = conflagrazione = deflagrazione; schianto = rovinio = sconquasso; rintronamento; urlo; fischio = sibilo; trillo = squillo; sferragliamento, clangore; scroscio; clamore, schiamazzo = baccano = cagnara = casino = trambusto = fracasso = tumulto, fragore = gazzarra = bailamme = baraonda; rumorio = vocio, gridio, strepitio, stridore, stridio, scricchiolio = cigolio; tintinnio = scampanellio; tramenio; ticchettio; singhiozzo, singulto; fiotto, gorgoglio = ribollio, sciabordio; crepitio = scoppiettio; tacchettio = calpestio = scalpiccio = trepestio = scalpitio; ciottolio = acciottolio; frullo; fruscio; mugugno, borbottio, brontolio, balbettio, bisbiglio, sussurro = mormorio = brusio = ronzio; rantolo, fremito; sospiro, respiro; soffio; borborigmo = borborismo; (*med.*) battito; crepitio; rantolo; ronco; sfregamento; sibilo; soffio;

● *caratteristiche*: basso = cupo = grave = profondo ⇔ alto = acuto, penetrante = lacerante; stridulo, stridente; insistente, irritante, fastidioso, molesto, nocivo; secco; soffocato = sordo ⇔ sonoro; forte = assordante ⇔ debole = flebile, leggero, lieve; chiaro = distinto ⇔ confuso = indistinto, impercettibile; improvviso, repentino ⇔ continuo; breve ⇔ prolungato; intenso; di fondo, ambientale, bianco, colorato;

● *azioni*: crepitare, scricchiolare, cigolare, stridere, squillare, fischiare, sibilare, sferragliare, rombare, ruggire, risuonare; frastornare, assordare, stordire, rintronare, rimbambire; gridare, urlare, strepitare, vociferare, vociare, strombazzare, sbattere, battere; auscultare; insonorizzare, isolare, barrare;

● *oggetti*: sordina, silenziatore, pannello isolante, barriera antirumore, tappi antirumore, fonometro, intonarumori;

● *persone*: rumorista, tecnico del suono.

rumoreggiaménto o (*lett.*) †**romoreggiaménto** [1587] **s. m.** ● (*raro*) Il rumoreggiare | (*lett.*) Rumore.

rumoreggiànte o (*lett.*) †**romoreggiànte** [1822] **part. pres.** di *rumoreggiare*; anche **agg.** ● Nei sign. del v.

rumoreggiàre o (*lett.*) †**romoreggiàre** [comp. di *rumore* e *-eggiare*; sec. XIV] **A v. intr.** (*io rumoréggio*; aus. *avere*) **1** Fare rumore a lungo e ripetutamente. **2** (*est.*) Mostrare disapprovazione, protestare, mormorare: *i presenti cominciarono a r. per la lunga attesa.* **3** †Spargere voce. **B v. tr.** ● †Mettere a rumore, sollevare.

rumoreggiatóre [av. 1384] **agg.**; anche **s. m.** (f. *-trice*) ● (*raro*) Che (o Chi) rumoreggia.

rumorìo o (*lett.*) †**romorìo** [1686] **s. m.** ● Rumore continuato, confuso, ma non molto alto.

rumorìsta [comp. di *rumore* e *-ista*; 1950] **s. m. e f.** (pl. m. *-i*) ● Tecnico addetto alla produzione degli effetti da inserire nella colonna sonora di un film.

rumorosità [1899] **s. f.** ● Caratteristica di ciò che è rumoroso: *la r. del traffico* | (*elettron.*) Entità del rumore presentato da un dispositivo, un circuito o un apparecchio elettronico.

♦**rumoróso** o (*lett.*) †**romoróso** [sec. XIV] **agg.** **1** Che fa molto rumore: *traffico r.* | Che è pieno di rumore: *strada, città troppo rumorosa.* SIN. Chiassoso. **2** (*raro, fig.*) Che suscita interesse, polemiche, chiacchiere e sim. SIN. Clamoroso. **3** (*fis.*, *elettron.*) Che è caratterizzato da un elevato rumore ambientale o rumore proprio: *ambiente, apparecchio elettroacustico r.* || **rumorosaménte**, **avv.** In modo rumoroso.

rùna [ted. *Rune*, dal norreno *rūnar* 'scrittura (segreta)'; 1744] **s. f.** ● (*ling.*) Segno di scrittura dell'antico alfabeto dei popoli nordici.

†**runcìglio** ● V. †*ronciglio*.

rùnico [da *runa*; 1674] **agg.** (pl. m. *-ci*) ● (*ling.*) Che si riferisce alle rune: *scrittura runica; iscrizioni runiche.*

ruolino [1935] **s. m. 1** Dim. di *ruolo*. **2** (*mil.*) ***R. di marcia***, elenco dei nominativi di militari di una colonna in marcia completo delle loro mansioni e dei principali fatti accaduti durante la marcia stessa; (*fig.*) piano di svolgimento di una serie di compiti da portare a termine.

ruolizzàre **v. tr. 1** Attribuire a qlcu. un ruolo, uno schema di comportamento all'interno di un gruppo. **2** (*raro, bur.*) Immettere in ruolo un lavoratore.

ruolizzàto [comp. parasintetico di *ruolo*] **part. pass.** di *ruolizzare*; anche **agg.** ● (*sociol.*) Che è indotto, dalla propria funzione o dalla posizione all'interno di un gruppo o un sistema sociale, ad assumere un determinato comportamento.

ruolizzazióne [da *ruolizzare*; 1991] **s. f.** ● Il ruolizzare.

♦**ruòlo** [fr. *rôle*, dal lat. *rŏtulu(m)* 'rotolo', cioè 'manoscritto arrotolato su cui erano scritti i nomi'; 1528] **s. m. 1** Registro di pratiche giudiziarie, secondo l'ordine in cui devono essere trattate davanti a una determinata autorità: *r. d'udienza; r. generale degli affari contenziosi; iscrizione della causa nel r.* **2** Elenco di persone redatto nelle più varie organizzazioni a fini amministrativi: *r. normale, speciale; ruoli dell'esercito; r. delle imposte* | Numero ed elenco dei lavoratori la cui assunzione in amministrazioni pubbliche o private assicura ad essi la relativa stabilità dell'occupazione: *personale effettivo o di r.; r. organico di un'impresa; andare, essere fuori r.* | ***R. aperto***, che prevede nuove assunzioni o possibilità di carriera | ***Professore di r.***, V. *professore* | ***Impiegato, funzionario di r.***, che ricopre un posto previsto da un organico. **3** In diritto tributario, atto contenente l'importo delle imposte dirette dovute dai singoli contribuenti, in base al quale l'esattore può procedere alla riscossione: *r. ordinario, straordinario.* **4** Parte sostenuta, svolta da un personaggio in novelle, racconti, romanzi, rappresentazioni teatrali o cinematografiche, ecc.: *il protagonista ha il r. di seduttore* | (*est.*) Funzione, ufficio: *svolgere il r. di guida* | (*sport*) Funzione che ciascun giocatore ricopre all'interno di una squadra: *gioca nel r. di libero.* **5** (*sociol.*) Atteggiamento che assume un individuo all'interno di un gruppo o un sistema sociale, legato alla funzione che ricopre e determinato dall'interazione tra i comportamenti dei componenti del gruppo o del sistema sociale stessi: *sostenere un r. sgradito; conformare il proprio r. a quello degli altri; il gruppo scatena conflitti di r.* | (*est.*) La parte, l'influenza, l'importanza che un individuo, un gruppo di persone o un fattore hanno avuto nella realizzazione di qlco.: *nella sua carriera hai avuto un r. determinante; ai fini della sua decisione, questo elemento ha giocato un r. non secondario.* || **ruolino**, **dim.** (V.).

♦**ruòta** o (*region., lett.*) **ròta** [lat. *rŏta(m)*, di orig. indeur.; av. 1294] **s. f. 1** Parte di macchina, normalmente circolare, girevole attorno a un asse e, in dati casi, dotata anche di contemporaneo movimento di traslazione: *r. di autoveicolo, di rotabile ferroviario.* CFR. ciclo-, -ciclo | ***R. a disco***, di autoveicolo, il cui cerchio è collegato al mozzo da un disco di lamiera opportunamente foggiato o di lega d'alluminio fusa | ***R. motrice***, in un veicolo, quella che, comandata dal motore, imprime il movimento al veicolo stesso | ***R. direttrice***, quella che, mediante il movimento impresso dallo sterzo, consente al veicolo di seguire la direzione voluta | ***R. libera***, meccanismo, usato spec. sulle biciclette, atto a trasmettere il moto di rotazione a una ruota in un solo senso, lasciandola libera quando gira in senso opposto | (*fig.*) ***A r. libera***, senza timori, freni o inibizioni o con scarso controllo: *parlare a r. libera* | ***R. a raggi***, il cui cerchio è collegato al mozzo da asticelle metalliche pressoché radiali, usata per cicli, motocicli e auto sportive | ***Tre ruote***, motoveicolo con due ruote posteriori e una anteriore, fornite di grossi pneumatici, progettato spec. per terreni accidentati | ***R. di scorta***, di cui sono dotati gli automezzi per la pronta sostituzione di altra avariata; (*fig.*) persona o elemento che in caso di necessità può fornire aiuto o costituire un'alternativa | ***R. a gabbia***, nelle trattrici agricole, per evitare il costipamento del terreno o per avanzare sul terreno bagnato | ***R. dentata***, per ingranare con altra ruota | ***R. idraulica***, provvista di un certo numero di pale o di cassette, che può servire per la produzione di forza motrice utilizzando un salto d'acqua | ***R. panoramica***, nei parchi di divertimento, gigantesca struttura metallica circolare, provvista di piccoli abitacoli panoramici, che viene fatta girare lentamente | ***R. del mulino***, le cui pale, fatte girare dall'acqua o dal vento, trasmettono il moto alla macina | ***Arrivare a r. di qlcu.***, nel ciclismo, a brevissima distanza da un altro corridore; (*fig.*) conseguire un risultato di poco inferiore o in tempi leggermente più lunghi rispetto a quelli di un altro | ***Tenere la r.***, non farsi distaccare | ***Mettersi alla r.***, farsi tirare | ***R. della fortuna***, una delle figure nel gioco dei tarocchi | ***La r. della fortuna***, (*fig.*) l'instabilità, la volubilità della fortuna o delle condizioni umane | ***Ungere le ruote***, (*fig.*) corrompere con denaro per ottenere qlco. | ***Mettere i bastoni tra le ruote***, (*fig.*) sollevare impedimenti o difficoltà alla realizzazione di qlco. | ***L'ultima r. del carro***, (*fig.*) chi non conta, non è considerato niente. ➡ ILL. p. 2113 AGRICOLTURA. ***2*** (*mar.*) Elemento principale dell'ossatura della nave, che dall'estremità della chiglia arriva in forma arcuata, sino all'estremità anteriore (*r. di prua*) e posteriore (*r. di poppa*) | ***Da r. a r.***, da un'estremità all'altra della nave | ***Fil di r.***, andatura a vela con il vento che spira di poppa esattamente nell'asse longitudinale dello scafo | ***Timone di r.***, a poppa | ***R. del timone***, ruota verticale che trasmette il movimento alla barra del timone | Propulsore formato da un cerchione fornito di molte pale mosse da un motore: *piroscafo a r.* ***3*** Disco girevole mosso orizzontalmente sul quale il vasaio dà la forma tonda ai vasi di terra | Pezzo di arenaria circolare per dare una prima levigatura ai marmi o per arrotare lame. ***4*** (*mil.*) ***R. a fuoco***, grosso cerchio di ferro a punte acuminate, recante materiale incendiario, che, un tempo, si faceva rotolare dalle mura o dalle brecce di una fortezza assediata per scacciarne gli assalitori. ***5*** Nelle antiche armi da fuoco, rotella d'acciaio azionata da un mollone che, per attrito contro un pezzo di pirite, traeva scintille per accendere l'innesco: *moschetto, pistola a r.* ***6*** In un convento di clausura, cassetta rotonda che, girando su di un perno, nell'apertura del muro, serve a ricevere o a dare all'esterno oggetti e generi vari | (*est.*) ***R. degli esposti, dei trovatelli***, congegno analogo alla ruota dei conventi che negli antichi brefotrofi consentiva l'abbandono dei neonati senza che si potesse riconoscere chi lo compiva. ***7*** Urna girevole del lotto | Ciascuna delle dieci sedi di estrazione dei cinque numeri: Bari, Cagliari, Firenze, Genova, Milano, Napoli, Palermo, Roma, Torino, Venezia. ***8*** Supplizio, usato fino al XVIII sec., che consisteva nel lasciar morire il condannato legato supino ad una ruota girevole, posta spec. in cima a un alto palo, dopo avergli disarticolato le membra. ***9*** †Sfera celeste, cielo | †***La r. del sole***, il globo, il disco del sole. ***10*** (*al pl.*) Tipo di pasta alimentare a forma di disco con raggi che si uniscono al centro. ***11*** Tutto ciò che ha forma di ruota, di cerchio, di disco: *ritagliare una r. nella carta*; *la r. della roulette* | ***A r.***, a forma circolare | ***Mantello a r.***, formato da un cerchio di stoffa forato nel centro e aperto lungo un raggio | ***Gonna a r.***, a campana | ***Fare la r.***, esercizio acrobatico consistente nel rotolarsi di lato, tenendo gli arti distesi e appoggiandosi alternativamente sulle mani e sui piedi; (*fig.*) tenere un atteggiamento tronfio, pavoneggiarsi | Volo circolare o quasi: *l'aquila si avvicinava a r.* | ***Fare la r. a una donna***, (*fig., scherz.*) farle la corte. ***12*** (*fig.*) Avvicendamento più o meno regolare: *la r. / delle stagioni e il gocciare / del tempo inesorabile* (MONTALE). || PROV. La peggior ruota del carro è quella che cigola. || **rotèlla**, **ruotèlla**, dim. (V.) | **roticìna**, **ruoticìna**, dim. | **rotìna**, **ruotìna**, dim. | **rotìno**, **ruotìno**, dim. m. (V.) | **rotóna**, **ruotóna**, accr. | **rotóne**, **ruotóne**, accr. m.

♦**ruotàre** o (*region., lett.*) **rotàre** [vc. dotta, lat. *rotāre*, da *rŏta* 'ruota'; av. 1292] **A** v. intr. (*io ruòto*, region. lett. *ròto*; in tutta la coniug. di *rotare* la *-o-* dittonga in *-uo-* soprattutto se accentata; aus. *avere*) ***1*** Muoversi girando attorno: *la Terra ruota attorno al Sole.* ***2*** Volare a larghe ruote: *il rapace ruotava sul gregge.* **B** v. intr. pron. ● (*lett.*) Muoversi in circolo: *chi vide sotto l'etereo padiglion rotarsi / più mondi* (FOSCOLO). **C** v. tr. ● Voltare, volgere in giro, spec. velocemente e con energia: *r. il braccio, la spada.*

ruotatóre [vc. dotta, lat. *rotatōre(m)* 'che guida in giro', da *rotātus*, part. pass. di *rotāre*] s. m.; anche agg. (f. *-trice*) ● (*raro*) Chi (o Che) ruota.

ruotèlla ● V. *rotella.*

ruotìno o **rotìno** [1665] s. m. ***1*** Dim. m. di *ruota*: *i ruotini laterali di un triciclo per bambini* | Ruota di scorta su certe autovetture, di peso e dimensioni ridotte rispetto a quelle montate, per percorsi brevi in caso di emergenza. ***2*** Piccola mola usata per rifinire i bordi delle tessere di un mosaico, in modo che combacino perfettamente.

ruotìsmo ● V. *rotismo.*

†**ruòtolo** ● V. *rotolo* (*1*).

rùpe [vc. dotta, lat. *rūpe(m)*, da *rŭmpere* 'rompere'; 1321] s. f. ● Roccia erta e scoscesa: *salire su una r.*; *precipitare da una r.*; *la r. Tarpea.* || **rupicèlla**, dim.

rupèstre [comp. di *rup(e)* ed *-estre*; 1892] agg. ***1*** Edificato sulla roccia, su un monte: *gli eremi e i monasteri rupestri* (BACCHELLI) | ***Paesaggio r.***, costituito prevalentemente da rupi. ***2*** Eseguito, realizzato su rupi o pareti rocciose: *incisioni rupestri.* ***3*** (*bot.*) Rupicolo: *piante rupestri* | ***Stazione r.***, area di ambiente naturale adatto alla vita delle piante rupestri.

rùpia (**1**) [gr. *rýpos* 'sudiciume', di etim. incerta; 1891] s. f. ● (*med.*) Formazione crostosa sulla cute.

rupìa (**2**) [ingl. *rupee*, dall'indiano *rupia*; 1623] s. f. ● (*econ.*) Unità monetaria dell'India, dell'Indonesia, del Pakistan, del Bhutan, delle Mauritius, del Nepal, delle Seychelles e dello Sri Lanka.

rupìcola [comp. di *rupe* e *-cola*; 1897] s. f. ● (*zool.*) Galletto di roccia.

rupìcolo [comp. di *rupe* e *-colo*: detto così perché abita in zone di montagna; 1892] agg. ● Detto di animale o vegetale che vive sulle rocce.

rupofobìa [comp. del gr. *rhýpos* 'sporcizia', di etim. sconosciuta, e *-fobia*; 1934] s. f. ● (*psicol.*) Misofobia.

rùppi ● V. *rompere.*

rùppia [chiamata così in onore di H. B. *Ruppins*; 1933] s. f. ● Pianta marina delle Potamogetonacee, le cui foglie nastriformi sono accumulate dalle onde sulle spiagge spesso in pallottole feltrate (*Ruppia*).

rùptile o **rùttile** [vc. dotta, dal lat. *rŭptus* 'rotto'; 1906] agg. ● (*bot., raro*) Detto di frutto che si apre spontaneamente a maturità.

♦**ruràle** [vc. dotta, lat. tardo *rurāle(m)*, da *rūs*, genit. *rūris* 'campagna', di orig. indeur.; 1499] **A** agg. ● Della campagna: *popolazione, paesaggio r.* | Che riguarda la campagna: *giornale r.* | (*banca*) ***Cassa r.***, società cooperativa di credito e risparmio fra piccoli agricoltori. **B** s. m. e f. ● Chi abita, lavora nella campagna.

ruralità [1958] s. f. ● Carattere rurale: *la r. di una popolazione, di una tradizione.*

ruscellaménto [da †*ruscellare*; 1959] s. m. ● Scorrimento d'acqua | Dilavamento.

ruscellàre [da *ruscello*; av. 1311] v. intr. ● †Scorrere come un ruscello | (*lett.*) Scorrere in rivoli: *il sudore gli ruscella sul viso* (MORAVIA).

♦**ruscèllo** [lat. parl. **rivuscĕllu(m)*, dim. di *rīvus* 'rivo'; 1313] s. m. ● Breve corso d'acqua: *dal monte scorre un r. chiaro e limpido.* || **ruscellettìno**, dim. | **ruscellétto**, dim. | **ruscellìno**, dim.

rùsco [lat. *rūscu(m)*, di etim. incerta; 1504] s. m. (pl. m. *-schi*) ● (*bot.*) Pungitopo.

rusé /*fr.* ʀy'ze/ [vc. fr., propr. 'astuto', da *ruse* 'astuzia' di etim. discussa] agg. inv. ● Astuto, smaliziato.

rush /rʌʃ*, *ingl.* rʌʃ/ [vc. ingl., 'fretta, furia', da *to rush* 'correre a gran velocità', dall'ant. fr. *reüser* (mod. *ruser*), in orig. 'tornare indietro, ritirarsi', dal lat. *recusāre* 'rifiutare' (nel lat. parl. 'spingere indietro'). V. *ricusare*; 1903] s. m. inv. (pl. ingl. *rushes*) ● In una gara sportiva, sforzo finale in vista del traguardo | (*fig.*) Momento di massimo sforzo per completare un lavoro o raggiungere un obiettivo.

†**rusignòlo** ● V. †*rosignolo.*

†**rusignuòlo** ● V. †*rosignolo.*

rùspa [av. 1694] s. f. ***1*** (*raro*) Il ruspare | Rastrellamento del terreno per raccogliere le castagne: *andare alla r.* ***2*** Macchina per movimento terra, a ruote o cingoli, dotata di una specie di grande cucchiaio mosso idraulicamente e fornito di denti in acciaio per sgretolare, raccogliere e trasportare il terreno.

ruspànte [1970] part. pres. di *ruspare*; anche agg. ***1*** Che razzola | Detto di pollo che si alleva lasciandolo libero di razzolare sul terreno. ***2*** (*est., fig.*) Naturale, genuino, autentico.

ruspàre [lat. tardo *ruspāre* 'ricercare', di etim. incerta; 1566] **A** v. intr. (aus. *avere*) ● Razzolare per cercare cibo, detto dei polli | Rastrellare il terreno per raccogliere spec. le castagne. **B** v. tr. ● Livellare con la ruspa.

ruspatóre [1987] s. m.; anche agg. (f. *-trice*) ● (*raro*) Che (o Chi) ruspa il terreno per cercare le castagne.

ruspìsta s. m. e f. (pl. m. *-i*) ● Operaio addetto alla ruspa.

rùspo [etim. discussa: da *ruspare* (?); av. 1850] **A** agg. ● (*region.*) †Ruvido, quasi scabro | ***Moneta ruspa***, coniata di fresco. **B** s. m. ***1*** Ducato d'oro di Firenze coniato dal granduca Cosimo III nel XVIII sec., e poi rimasto in corso fino agli inizi del XIX sec. ***2*** (*spec. al pl.*) Denari, quattrini: *è pieno di ruspi*; *ci vogliono dei bei ruspi.* ***3*** †Ciò che si trova ruspando. || †**ruspétto**, dim. | **ruspóne**, accr.

russaménto [1987] s. m. ● (*raro*) Il russare.

russàre [longob. *hrūzzan*; sec. XIV] v. intr. (aus. *avere*) ● Emettere, dormendo, un suono rumoroso col respiro: *r. in modo fastidioso.*

russificàre [fr. *russifier*, comp. di *russe* 'russo' e *-fier* '-ficare'; 1900] v. tr. (*io russifico, tu russifichi*) ● Adattare, assimilare ai costumi e alle idee russe | Rendere russo per lingua, cultura, cittadinanza, chi non lo è per origine.

russificazióne [fr. *russification*, da *russifier* 'russificare'; 1878] s. f. ● Il russificare, il venire russificato.

russìsmo [1984] s. m. ● (*ling.*) Parola o locuzione propria del russo entrata in un'altra lingua.

rùsso (**1**) s. m. ● (*raro*) Il russare | Il rumore fatto da chi russa: *e non s'udìa che il r. de i dormenti* (D'ANNUNZIO).

♦**rùsso** (**2**) [dal russo *rūs'*, di orig. nord., da un precedente *róthsmenn* 'rematore'; av. 1363] **A** agg. ● Della Russia: *letteratura russa* | ***Alfabeto r.***, cirillico | ***Insalata russa***, piatto freddo di verdure varie lessate, tagliate a dadini e condite con maionese | ***Uova alla russa***, uova sode con insalata russa | ***Roulette russa***, V. *roulette.* **B** s. m. (f. *-a*) ● Abitante, nativo della Russia. **C** s. m. solo sing. ● Lingua del gruppo slavo, parlata in Russia.

rùsso-, **-rùsso** primo o secondo elemento ● In parole composte fa riferimento alla Russia o ai Russi: *russo-giapponese, franco-russo.*

russòfilo [comp. di *russo* e *-filo*; 1872] agg.; anche s. m. (f. *-a*) ● Che (o Chi) simpatizza per la civiltà e la cultura russe.

russòfono [comp. di *russo* e *-fono*; 1990] agg.; anche s. m. (f. *-a*) ● Che (o Chi) parla russo.

russoiàno ● V. *rousseauiano.*

rùssola o **ròssola**, **rùssula** [f. del lat. tardo *rŭssulus* 'rossiccio', da *rŭssus* 'rosso'; 1835] s. f. ● Fungo delle Agaricacee senza latice e con cappello vivacemente colorato che comprende alcune specie commestibili e numerose specie velenose (*Russola*). ➡ ILL. **fungo.**

russoviàno ● V. *rousseauiano.*

rùssula ● V. *russola.*

rusticàggine [da *rustico*; 1691] s. f. ● Rustichezza di modi.

rusticàle [sec. XIII] agg. ● (*lett.*) Rustico, contadinesco | ***Poesie rusticali***, componimenti in cui intervengono contadini e campagnoli o ne sono rappresentati i sentimenti e la vita. || †**rusticalménte**, avv.

rusticàno [vc. dotta, lat. *rusticānu(m)*, da *rūsticus* 'rustico'; sec. XIV] agg. ● Proprio, caratteristico di persona rustica, campagnola: *semplicità rusticana* | ***Duello r.***, che avviene fra due contadini secondo una procedura rozza e semplice | ***Cavalleria rusticana***, codice dell'onore che rispecchia una tradizione contadina e popolana. SIN. Campagnolo, contadinesco.

†**rustichévole** agg. ● Rustico, contadinesco.

rustichézza [1336 ca.] s. f. ● Caratteristica di chi è rustico nei modi, nel comportamento, nel carattere | Modo di fare brusco: *con una certa r. cordiale* (MANZONI). SIN. Ritrosia, rozzezza, selvatichezza.

rusticità [vc. dotta, lat. *rusticitāte(m)*, da *rūsticus* 'rustico'; 1342] s. f. ***1*** Carattere rude, poco socievole, non raffinato: *Nativa di un paese del Lazio, … aveva serbato intatte la r. e semplicità originarie* (MORAVIA). ***2*** Caratteristica di ciò che è grezzo, non rifinito, e sim.: *la r. di un tavolo.*

rùstico [vc. dotta, lat. *rūsticu(m)*, da *rūs*, genit. *rūris* 'campagna' (V. *rurale*); 1308] **A** agg. (pl. m. *-ci*)

ruta 1 Di campagna: *gente, casetta rustica.* SIN. Campagnolo, villereccio. CONTR. Urbano. 2 (*fig.*) Non molto socievole, né molto raffinato di modi, detto di persona: *un ragazzo r. e selvatico*; *questo signor Cavaliere, r. come un orso* (GOLDONI) | (*est.*) Timido, scontroso, schivo | (*est.*) Semplice, sbrigativo: *modi rustici e sinceri.* SIN. Rozzo, ruvido, scontroso. 3 Grezzo, non rifinito, detto di lavoro, edificio, ecc. | *Alla rustica,* in modo non raffinato | (*edit.*) *Legatura alla rustica,* brossura. || **rusticaménte,** avv. In modo rustico (*anche fig.*). **B** s. m. 1 (*agr.*) Fabbricato annesso alle fattorie o ville, dove alloggiano i contadini o vengono riposti gli attrezzi agricoli. 2 (*edil.*) Edificio privo ancora delle opere di rifinitura: *il r. della casa* | *Al r.,* detto di struttura, o complesso di strutture, non ancora rifinite: *edificio, muri al r.* 3 (*raro, lett.*) Contadino: *i rustici si ritrassero nelle case immediatamente* (BACCHELLI). 4 (*spec. al pl.*) Formella circolare di pasta lievitata e cotta al forno, farcita di ripieno piccante. || **rusticàccio,** pegg. | **rustichétto,** dim. | **rusticonàccio,** pegg. | **rusticóne,** accr.

rùta [lat. *rūta*(*m*): di orig. gr. (?); av. 1320] s. f. ● Pianta perenne delle Rutacee che cresce nei luoghi aridi ed ha fiori gialli a 5 petali, glabra, con odore intenso usata per aromatizzare liquori (*Ruta graveolens*) | *R. di muro,* piccola felce comune sulle rocce e sui muri con foglie piccole, coriacee, verde cupo (*Asplenium ruta muraria*). ➡ ILL. piante/1, 5.

Rutàcee [da *rutaceo*; 1940] s. f. pl. (*sing. -a*) ● Nella tassonomia vegetale, famiglia di piante delle Dicotiledoni sempreverdi con forte odore aromatico e foglie ricche di ghiandole traslucenti (*Rutaceae*). ➡ ILL. piante/5.

rutàceo [vc. dotta, lat. tardo *rutāceu*(*m*), da *rūta*] agg. ● (*bot.*) Simile alla ruta.

rutènico [av. 1557] agg. (pl. m. -*ci*) ● Di composto del rutenio esavalente | *Acido r.,* non noto allo stato libero ma sotto forma di sali.

rutènio [chiamato così dal chimico russo Claus, che lo scoprì nel 1845, in onore della *Rutenia* (Piccola Russia); 1872] s. m. ● Elemento chimico, il più raro dei metalli del gruppo del platino, assai duro e fragile, impiegato per particolari processi catalitici, e in gioielleria in lega con il platino. SIMB. Ru.

rutèno [da *Rutenia.* V. *rutenio*; 1533] **A** agg. 1 Della Rutenia, nome latinizzato della Russia nel Medioevo | *Chiesa rutena,* una delle Chiese che, separate dalla Chiesa cattolica, le si sono poi riunite, conservando i propri riti di origine ortodosso-orientale. 2 (*lett.*) Russo. **B** s. m. (*f. -a*) 1 Abitante della Rutenia. 2 Cattolico della Chiesa rutena.

rutherford /'raterford, *ingl.* ˈrʌðəfəd/ [dal n. del fisico ingl. E. *Rutherford* (1871-1937); 1949] s. m. inv. ● (*fis.*) Unità di misura della radiazione ionizzante corrispondente ad una quantità di materiale radioattivo in cui si abbiano 10⁶ decadimenti al secondo. SIMB. Rd.

rutherfòrdio /ruter'fɔrdjo/ [dal n. del fisico inglese E. *Rutherford*; 1973] s. m. ● Elemento chimico transuranico artificiale di numero atomico 104. SIMB. Rf.

rutilànte [sec. XIV] agg. ● (*lett.*) Rosso acceso | (*gener.*) Splendente, risplendente.

rutilàre [vc. dotta, lat. *rutilāre,* da *rutilus* 'rosso acceso', della stessa famiglia di *rūber* 'rubro'; sec. XIV] v. intr. (*io rùtilo;* aus. *avere*) ● (*raro, lett.*) Rosseggiare | Rifulgere, luccicare, risplendere: *parmi un sol che risplenda e rutili* (SANNAZARO).

rutilìsmo [vc. dotta, comp. del lat. *rūtilu*(*m*) 'di un rosso vivo', dalla base *ru-* 'rosso', ma con il resto della parola non chiarito, e il suff. -*ismo*; 1959] s. m. ● (*antrop.*) Tendenza al colore rosso dei capelli: *il r. degli scozzesi.*

rutilo (1) [lat. *rutilu*(*m*) 'rosso acceso'. V. *rutilare*; 1504] agg. ● (*lett.*) Rosseggiante, fulvo.

rutilo (2) [dal precedente, per il colore dei suoi cristalli; 1929] s. m. ● (*miner.*) Diossido di titanio in cristalli prismatici di colore rosso, frequentemente geminati.

rutìna [da *ruta*; 1891] s. f. ● Glucoside contenuto spec. nella ruta, usato in medicina contro la fragilità capillare.

rutinàrio ● V. *routinario.*

rutinièro ● V. *routiniero.*

ruttàre [lat. *ructāre,* intens. di **rūgere.* V. *rutto*; sec. XIV] **A** v. intr. (aus. *avere*) ● Emettere un rutto o più rutti. **B** v. tr. ● (*fig., lett.*) Eruttare.

ruttatóre [sec. XIV] agg.; anche s. m. (f. -*trice*) ● (*raro*) Che (o Chi) rutta.

rùttile ● V. *ruptile.*

rùtto [lat. *rūctu*(*m*), da **rūgere* 'ruttare', di orig. indeur.; av. 1320] s. m. ● Rumorosa emissione dalla bocca di aria proveniente dallo stomaco. || **ruttìno,** dim.

ruttóre [vc. dotta, lat. *ruptōre*(*m*), da *ruptus* 'rotto'; 1953] s. m. ● (*elettr.*) Dispositivo che, togliendo e creando contatti, interrompe e distribuisce la corrente elettrica in vari circuiti.

ruvidézza [sec. XIV] s. f. 1 Caratteristica di ciò che è ruvido: *la r. di un panno.* 2 (*fig.*) Asprezza di carattere, scontrosità, modo brusco di comportarsi: *r. di maniere.* SIN. Rozzezza.

ruvidità [da *ruvido*; av. 1565] s. f. ● (*lett.*) Scabrosità | (*fig.*) Rozzezza.

rùvido [lat. parl. *rūgidu*(*m*), da *rūga*; 1313] agg. 1 Non liscio, non levigato: *r. al tatto*; *corteccia, pietra ruvida* | Grezzo: *panno r.* | Rugoso, screpolato: *pelle ruvida*; *Mi sentii sotto la mano il suo collo freddo e r.* (PAVESE). 2 (*enol.*) Di vino che si presenta piuttosto aspro al palato nella degustazione (caratteristica positiva solo in un vino giovane). CONTR. Morbido, vellutato. 3 (*fig.*) Di maniere rozze, di carattere aspro, detto di persona: *uomo r. nel parlare* | (*fig.*) Che ha un tono duro, aspro: *rispose una voce ruvida e grossa* (BACCHELLI). 4 (*fig., lett.*) Appena sbozzato, non ben rifinito, detto di lavori, opere letterarie, e sim. || **ruvidàccio,** pegg. | **ruvidétto,** dim. || **ruvidaménte,** avv. 1 (*raro*) Grossolanamente: *forma ruvidamente sbozzata* (SVEVO); †In modo gelido, pungente. 2 (*fig.*) Aspramente, scortesemente.

†**ruvinóso** ● V. *rovinoso.*

†**ruzzaménto** s. m. ● Movimento agitato.

ruzzànte part. pres. di *ruzzare*; anche agg. ● Nei sign. del v. | Che salta, gioca e sim.: *il vociò dei bambini ruzzanti* (MONTALE).

ruzzàre [vc. di orig. onomat.; 1342] v. intr. (aus. *avere*) 1 Fare chiasso, strepitare, agitarsi, detto di animali | Giocare, saltare o correre per gioco, detto di bambini: *bambini già pallidi e disfatti, che non si sa ... come ruzzeranno sull'erba* (VERGA). 2 †Fare giochi amorosi, avere rapporti sessuali.

rùzzo [1354] s. m. 1 Il ruzzare | Strepito, chiasso di chi ruzza. 2 Voglia, puntiglio, capriccio: *domani, vedrete se gli sarà passato il r.* (MANZONI).

rùzzola [da *ruzzolare*; 1631] s. f. ● Rotella di legno che si fa rotolare per la strada, spec. aiutandosi con una corda: *fare, giocare alla r.* SIN. Girella.

ruzzolànte part. pres. di *ruzzolare*; anche agg. ● Nei sign. del v.

ruzzolàre [lat. parl. *roteolāre,* da *rōta* 'rota' (?); 1623] **A** v. intr. (*io rùzzolo;* aus. *essere*) ● Cadere, precipitare, rotolando o rivoltolandosi: *r. dalle scale, dal letto* | (*lett.*) Rotolare: *un guscio di noce, / che ruzzola con rumor secco* (PASCOLI). **B** v. tr. ● Fare girare per terra qlco. come se fosse una ruzzola: *r. un sasso.*

ruzzolàta [1940] s. f. ● Ruzzolone.

ruzzolìo [1891] s. m. ● Un ruzzolare continuato.

ruzzolóne [da *ruzzolare*; 1863] s. m. ● Caduta, rotolone che si fa ruzzolando | *Fare un r.,* (*fig.*) subire un tracollo spec. finanziario.

ruzzolóni o **ruzzolóne** [da *ruzzolare*; av. 1742] avv. ● Ruzzolando: *cadere, scendere, venire giù r.*; *finì r. per terra*; *fece le scale r.*

rytòn /gr. rýtɔn/ ● V. *rhyton.*

s, S

I suoni rappresentati in italiano dalla lettera S sono principalmente quelli delle due consonanti costrittive, o fricative, dentali solcate: l'*S* non-sonora o 'aspra' /s/ e l'*S* sonora o 'dolce' /z/. Nella maggior parte delle posizioni in cui si può trovare, la lettera *S* corrisponde costantemente o all'uno o all'altro di questi due suoni. *S* è sempre non-sonora quand'è doppia (es. *ìsola* /'ɔsso/), quando si trova in principio di parola davanti a una vocale (es. *séme* /'seme/), quando è preceduta da una consonante (es. *órso* /'orso/), quando è finale di parola (es. *càos* /kaos/), quando è seguita da una consonante non-sonora (es. *còsto* /'kɔsto/). Se seguita da una consonante sonora è invece sempre sonora (es. *còsmo* /'kɔzmo/). Soltanto quando è semplice tra due vocali (o tra una vocale e un'approssimante, o semiconsonante) all'interno d'una parola, la lettera *S* può avere, secondo i casi, il suono non-sonoro (es. *còsa* /'kɔsa/, *rìso* /'riso/, *risàlto* /ri'salto/) o quello sonoro (es. *càusa* /'kauza/, *derìso* /de'rizo/, *esàlto* /e'zalto/). Ne segue che la consonante *S* sonora è sempre semplice (es. *ìsola* /'izola/, *Àsia* /'azja/); *àsma* /'azma/, *slàvo* /z'lavo/). Invece l'*S* non-sonora, quando è in mezzo a due vocali, può essere, secondo i casi, semplice (es. *càsa* /'kasa/, *di sópra* /di'sopra/; *Càrso* /'karso/, *il sópra* /il-'sopra/) o geminata (es. *càssa* /'kassa/, *là sópra* /las'sopra/). La lettera *S* fa poi parte del digramma *sc*, per il quale V. la lettera *C*.

s, (maiusc.) **S** [1516] **s. f.** o **m.** ● Diciannovesima lettera dell'alfabeto italiano (nome per esteso *èsse*): *s minuscola, S maiuscolo* | **S impura**, quando è seguita da una consonante | Nella compitazione spec. telefonica it. *s come Savona*; in quella internazionale *s come sierra* | **Curva a s**, formata da due curve successive, prima a destra, poi a sinistra o viceversa | **Tubo a s**, a doppio gomito.

s- /s, z/ [*pref.* che inizialmente riproduceva il corrispondente lat. *ex-* con la duplice idea di 'uscire da un luogo o da uno stato' o di 'essere privo', ma poi ha avuto uno sviluppo indipendente con valore essenzialmente neg. e, talvolta, intens.] *pref.* **1** Fa assumere significato contrario ai verbi cui è premesso (*sfiorire, sgonfiare, slegare*) e a sostantivi e aggettivi (*sfiducia, sproporzione, scontento, sleale*). **2** Ha valore privativo peggiorativo negli aggettivi derivati da sostantivi (*scostumato, sfaccendato, sgrammaticato*) e in alcuni verbi tratti da sostantivi (*sgovernare, sragionare*). **3** Indica separazione, allontanamento e sim. in verbi derivati da sostantivi o da altri verbi: *sconfinare, sfornare, svaligiare, sfuggire.* **4** Ha valore privativo o detrattivo in verbi derivati da sostantivi: *sfamare, sfondare, sbucciare, sbocciare, spolverare.* **5** Valori vari o funzione semplicemente derivativa ha in altri verbi derivati da verbi o sostantivi o da aggettivi: *scadere, sbracciarsi, sguazzarsi, sbiancarsi, sdoppiare, slargarsi.* **6** Ha valore intensivo in verbi derivati da altri verbi: *sbeffeggiare, strascinare, scancellare.*

sa /sa/ ● *V. sapere* (*I*).

sabadìglia [dallo sp. *cebadilla*, dim. di *cebada* 'orzo', da *cebar* 'alimentare', dal lat. *cibāre*. V. *cibare*; 1872] **s. f.** ● Liliacea originaria dell'America centrale, con fiori gialli e frutti contenenti diversi semi (*Sabadilla officinalis*).

sabàtico o **sabàtico** [vc. dotta, dal gr. *sabbatikós*, da *sábbaton* 'sabato', attraverso il fr. *sabbatique*; 1741] **agg. (pl. m. -ci)** ● Che si riferisce al sabato ebraico (*est.*) Festivo: *una cena speciale, quasi sabbatica* (FENOGLIO) | **Anno s.**, il settimo, nel quale gli ebrei antichi si astenevano dai lavori campestri e dalla riscossione dei crediti; attualmente, anno di congedo retribuito, cui hanno diritto periodicamente i docenti universitari per dedicarsi alla ricerca scientifica e all'aggiornamento.

†**sàbbato** ● V. *sabato*.

◆**sàbbia** [lat. *sabula*, nt. pl. di *sabulum* 'sabbia', prob. di orig. indeur.; 1440] **A s. f. 1** Tritume di minerali a forma di granelli provenienti dalla disgregazione di rocce preesistenti: *s. minutissima; un granello di s.; la s. del mare, della spiaggia, del deserto.* CFR. psammo- | **Sabbie mobili**, depositi di sabbia impregnati d'acqua, presenti spec. in zone paludose, da cui, se vi si affonda, difficilmente si può uscire; (*fig.*) situazione pericolosa in cui si rischia di rimanere coinvolti | (*fig.*) **Costruire sulla s.**, fare qlco. destinato a non durare | **Seminare nella s.**, fare qlco. di inutile | (*fig.*) **Essere scritto nella s.**, di cosa di cui rimarrà breve ricordo | **Bagno di s.**, sabbiatura. **2** (*raro*) Renella. **B** in funzione di *agg. inv.* ● (posposto a un s.) Che ha il colore tra il beige e il grigio chiaro caratteristico della sabbia: *un golfino color s.*

sabbiàre [da *sabbia*; av. 1698] *v. tr.* (*io sàbbio*) **1** (*raro*) Coprire di sabbia. **2** (*tecnol.*) Spruzzare sabbia sulla superficie di un oggetto di metallo per renderlo opaco.

sabbiàto [1970] *part. pass.* di *sabbiare*; anche *agg.* **1** Nei sign. del v. **2 Immagine sabbiata**, immagine televisiva difettosa, quasi fosse coperta da sabbia in movimento.

sabbiatóre [1959] **s. m.** (f. *-trice*) **1** Cavatore di sabbia: *I due o tre sabbiatori | ... scavano il fondo* (PAVESE). **2** Nell'industria vetraria e meccanica, operaio addetto alla sabbiatrice.

sabbiatrìce [da *sabbiare*; 1958] **s. f.** ● Macchina usata per la smerigliatura di lastre di vetro e la pulitura di oggetti metallici.

sabbiatùra [da *sabbiare*; 1926] **s. f. 1** Trattamento di alcune forme reumatiche con copertura di sabbia calda o medicamentosa. **2** (*tecnol.*) Operazione di finitura, eseguita mediante lancio di sabbia, destinata a migliorare l'aspetto superficiale dei pezzi metallici nelle parti che non devono subire successive lavorazioni | Smerigliatura mediante sabbia.

sabbièra [da *sabbia*; 1940] **s. f. 1** Recipiente contenente sabbia da usare per l'aumento temporaneo del coefficiente di aderenza tra ruota e rotaia nelle locomotive, tram e sim. ➡ ILL. p. 2169 TRASPORTI. **2** Automezzo con particolare dispositivo atto a contenere e spargere sabbia sulle strade, dopo abbondanti nevicate, per evitare che gli automezzi scivolino sul ghiaccio | (*est.*) Spandisabbia.

sabbionàio [da *sabbione* (V.); 1959] **s. m.** ● Cavatore di sabbia.

sabbióne [lat. *sabulōne(m), sablōne(m)*, identico a *sabulum*. V. *sabbia*; 1313] **s. m. 1** Sabbia mescolata con molta ghiaia: *s. di cava.* **2** Terreno sabbioso, distesa di sabbia: *un sentiero che andava a perdersi nel s.* (FENOGLIO). || **sabbioncèllo**, dim.

sabbioníccio [da *sabbione*; av. 1557] **s. m.** ● Terreno sabbioso, terra mista a sabbia.

†**sabbionóso** [da *sabbione*, sul modello di *sabbioso*; av. 1557] *agg.* ● Sabbioso.

sabbióso [lat. *sabulōsu(m)*, da *sabulum* 'sabbia'; 1340 ca.] *agg.* **1** Costituito di sabbia, ricco di sabbia: *terreno s.; riva sabbiosa.* **2** Che è simile a sabbia: *materiale s.* | (*med.*) Che si presenta in forma di sabbia: *calcolo s.*

sabeìsmo [vc. dotta, comp. di *sabeo* e *-ismo*; 1780] **s. m.** ● Antico culto astrale mesopotamico.

sabelliàno [vc. dotta, lat. tardo *Sabelliānu(m)*, da *Sabellius* 'Sabellio' (sec. III); sec. XIV] *agg.*; anche **s. m.** ● Che (o Chi) segue l'eresia cristiana di Sabellio, la quale affermava l'assoluta unità di Dio e considerava suoi attributi le tre persone della Trinità. CFR. Monarchianismo.

sabèllico [vc. dotta, lat. *Sabēllicu(m)*, connesso con *Sabēlli, Sabīni*, n. di ant. popolazioni italiche. V. *Sabina, Sabino*; 1891] *agg.* (*pl. m. -ci*) ● Che appartiene o si riferisce ai Sabelli, antica popolazione dell'Italia centrale.

sabèo [vc. dotta, dal lat. *Sabāeu(m)* 'abitante della Saba'; 1524] **A** *agg.* ● Di Saba, regione e città dell'Arabia. **B s. m.** (f. *-a*) ● Abitante dell'antica città e regione di Saba. **C s. m.** solo *sing.* ● Lingua dell'antica Arabia meridionale.

sabìna o **savìna** [lat. *sabīna(m)*, popolarmente raccostato all'etnico *Sabīnus* 'originario della Sabina', ma di orig. mediterr.; av. 1320] **s. f.** ● Arbusto delle Cupressacee, che forma cespugli molto ramosi con foglie piccole e scagliose e fiori insignificanti, usato in medicina (*Juniperus sabina*).

sabìno [vc. dotta, dal lat. *Sabīni* (nom. pl.), di etim. incerta; 1321] **A** *agg.* ● Della Sabina, regione storica dell'Italia centrale | *Dei Sabini.* **B s. m.** (f. *-a*) ● Abitante, nativo della Sabina.

sabìr [dallo sp. *saber* 'sapere'; 1932] **s. m. inv.** ● (*ling.*) Ogni lingua con lessico misto e grammatica semplificata, formatasi per consentire la comunicazione pratica fra gruppi linguistici diversi che abbiano frequenti contatti, spec. negli scambi commerciali | (*per anton.*) L'antica lingua franca, parlata nel bacino del Mediterraneo.

†**sabórra** ● V. *zavorra*.

†**saborràre** ● V. *zavorrare*.

sabot /*fr.* sa'bo/ [vc. fr., propr. 'calzatura da contadini' (variante di *bot(te)* 'calzatura grossolana': di orig. germ.?), così chiamata per la sua forma; 1813] **s. m. inv.** *1* Cassetta per distribuire le carte da gioco, usata, spec. nei casinò, per evitare ogni trucco col mazzo in quei giochi in cui il banchiere cambia carte a ogni giro. *2* Tipo di scarpa femminile con tacco piuttosto alto aperta sul tallone.

sabotàggio [dal fr. *sabotage*. V. *sabotare*; 1908] **s. m.** *1* Reato di chi danneggia gli edifici o gli strumenti destinati alla produzione agricola o industriale al solo scopo d'impedire o turbare il normale svolgimento del lavoro | Reato di chi distrugge o rende inservibili in tutto o in parte strumenti od opere militari o adibite al servizio delle forze armate dello Stato. *2* (*est.*) Atto di chi, per motivi politici o sim., danneggia costruzioni di pubblica utilità, ostacola il funzionamento dei servizi pubblici e sim.: *atto di s.*; *il s. del nuovo ponte*; *hanno tagliato i fili della luce per s.* | In operazioni belliche, azione compiuta per danneggiare mezzi o intralciare attività nemiche. *3* (*fig.*) Atto inteso a intralciare, svalutare, denigrare l'attività di qlcu. o la realizzazione di qlco.: *il s. del nuovo ministro*; *il s. di una riunione*.

sabotàre [dal fr. *saboter*, da *sabot* 'zoccolo', propr. 'urtare con gli zoccoli, rompere'; 1914] **v. tr.** (*io sabòto*) *1* Distruggere o deteriorare volontariamente uno strumento di lavoro, di industria o di commercio: *s. le macchine, la produzione* | Compiere atti di sabotaggio: *s. una linea ferroviaria*. *2* Ritardare, denigrare, ostacolare (*anche fig.*): *s. il nuovo programma*.

sabotatóre [1914] **s. m.** (f. *-trice*); *anche* **agg.** ● Chi (o Che) sabota: *azione sabotatrice*.

sabra /*ebr.* 'sabra/ o **sabre** /*ebr.* 'sabre/ [ebr. *ṣābrāh* 'cactus', che nasce in terreno arido ed ha vita difficile; 1983] **s. m. e f. inv.** (pl. ebr. *sabres* o *sabresim*) ● Ogni ebreo nato e vivente in Palestina dopo la diaspora del popolo di Israele.

†**sabùrra** ● V. *zavorra*.

saburràle [vc. dotta, dal lat. *saburrāle(m)*, da *sabŭrra* 'zavorra'; 1957] **agg.** ● Solo nella loc. (*med.*) ***lingua s.***, patinosa, biancastra, propria dei disturbi digestivi, accompagnata da emissione di odori nauseabondi dallo stomaco.

sàcca [f. di *sacco* (*1*) (V.); 1353] **s. f.** *1* Sacco largo e poco profondo, di materiale flessibile, usato per tenervi viveri, indumenti, biancheria e sim.: *s. da viaggio, da notte* | ***S. da piedi***, foderata di pelliccia per tenere caldi i piedi | Bisaccia: *la s. dei frati questuanti* | Borsa da lavoro, da spiaggia e sim. *2* (*med.*) Involucro di materia plastica per conservare il sangue destinato alle trasfusioni. *3* (*region.*) Tasca. *4* Curvatura, insenatura, rientranza: *le sacche di un fiume* | ***Far s.***, formare una rientranza | (*fig.*) ***S. d'aria***, vuoto d'aria. *5* Formazione cava, spec. in organi o tessuti animali o vegetali: *s. di pus, di liquido* | (*bot.*) ***Sacche polliniche***, logge all'interno delle antere, disposte in coppie e contenenti il polline. *6* (*mil.*) Area della battaglia in cui un complesso di grandi unità viene a trovarsi accerchiato da preponderanti forze nemiche | (*est.*) Settore delimitato in cui persistono fenomeni spec. negativi: *sacche di arretratezza*; *sacche di analfabetismo*. *7* Nell'altoforno, struttura di forma troncoconica allargata verso l'alto, unita al crogiolo nella parte inferiore. || **sacchètta**, dim. (V.).

saccàia [lat. *saccāria(m)*, f. sost. di *saccārius*, agg. da *săccus* 'sacco'; 1872] **s. f.** *1* Luogo di casa colonica ove si ripongono i sacchi | Assicella o bastone sospeso a due funi nel granaio, per tenere in alto i sacchi vuoti e salvarli così dai topi. *2* †Nella loc. ***far s.***, infistolire, (*est.*, *fig.*) accumulare ira, rancore dentro di sé.

saccapàne [adattamento del fr. *sac à pain*, propr. 'sacco da pane'; 1891] **s. m.** ● (*raro*) Tascapane.

saccaràṣi [comp. di *saccaro-* e *-asi*; 1957] **s. f. inv.** ● (*chim.*) Enzima che trasforma il saccarosio in glucosio e fruttosio.

saccàrdo [da *sacco* (*1*), col suff. spreg. *-ardo*, di orig. germ.; av. 1363] **s. m.** *1* Negli eserciti feudali, l'incaricato di portare i bagagli, i sacchi, gli arnesi. *2* (*raro*, *lett.*) Rapinatore, saccheggiatore: *il s. che mai non si commosse / al dolore dei vinti* (D'ANNUNZIO). || †**saccardèllo**, dim.

sàccari- ● V. *saccaro-*.

saccàride [comp. di *saccar(o)-* e *-ide*; 1850] **s. m.** ● (*chim.*) Glucide.

saccarìfero [da *saccari-*, con *-fero*; 1872] **agg.** *1* Che contiene zucchero: *piante, sostanze saccarifere*. *2* Che si riferisce alla produzione dello zucchero: *industria saccarifera*.

saccarificàre [comp. di *saccari-* e *-ficare*; 1891] **v. tr.** (*io saccarìfico, tu saccarìfichi*) ● Sottoporre a saccarificazione.

saccarificazióne [comp. di *saccari-* e *-ficazione*; 1875] **s. f.** ● Operazione consistente nel trasformare, mediante idrolisi acida o enzimatica, carboidrati complessi in zuccheri.

saccarimetrìa [1872] **s. f.** ● Disciplina che studia la determinazione quantitativa del saccarosio in soluzione mediante saccarimetro.

saccarimètrico [da *saccarimetria*; 1983] **agg.** (pl. m. *-ci*) ● (*chim.*) Relativo alla saccarimetria | ***Grado s.***, percentuale di saccarosio in una soluzione, determinata mediante saccarimetro.

saccarìmetro [1841] **s. m.** ● (*chim.*) Polarimetro munito di scala graduata adatta alla determinazione della percentuale di saccarosio in una soluzione.

saccarìna [comp. di *saccar(o)-*, con *-ina*; 1888] **s. f.** ● Composto organico a elevato potere dolcificante, prodotto per sintesi di sostanze organiche solforate; è usata, in luogo dello zucchero, nelle diete alimentari e nell'industria farmaceutica.

saccarinàto [da *saccarina*; 1918] **agg.** ● Che contiene saccarina, che è addizionato di saccarina | Che deriva dalla saccarina.

sàccaro- o **sàccari-** [dal lat. *săccharu(m)* 'zucchero', dal gr. *sákcharon*, di orig. indeur.] primo elemento ● In parole composte scientifiche significa 'che ha relazione con lo zucchero' o 'che contiene zucchero': *saccarosio, saccarimetria*.

saccaròide [comp. di *saccar(o)-* e *-oide*; 1817] **A s. m.** ● Minerale che ha aspetto simile a quello dello zucchero. **B** anche **agg.**: *marmo s.*

saccarometrìa [comp. di *saccaro-* e *-metria*; 1865] **s. f.** ● Disciplina che studia l'insieme dei metodi adatti alla determinazione quantitativa del saccarosio in soluzione.

saccaromètrico [da *saccarometria*] **agg.** (pl. m. *-ci*) ● (*chim.*) Relativo alla saccarometria | ***Grado s.***, percentuale di saccarosio in una soluzione, determinata mediante saccarometro.

saccaròmetro [comp. di *saccaro-* e *-metro*; 1841] **s. m.** ● Densimetro munito di scala graduata adatta alla determinazione della percentuale di saccarosio in una soluzione.

saccaromicète [comp. di *saccaro-* e del gr. *mýkēs*, genit. *mýkētos* 'fungo'; 1930] **s. m.** ● Fungo microscopico, unicellulare, degli Ascomiceti, che si riproduce per gemmazione o per spore e provoca le fermentazioni (*Saccaromyces*).

saccaròṣio o (*raro*) **saccaròṣo** [comp. di *saccar(o)-* e *-osio*; 1895] **s. m.** ● (*chim.*) Disaccaride, composto di una molecola di glucosio e una di fruttosio, contenuto spec. nella barbabietola e nella canna da zucchero; costituisce lo zucchero comune in commercio.

saccàta [1841] **s. f.** ● Quantità di roba che può essere contenuta in un sacco: *una s. di paglia* | ***Roba a saccate***, in gran quantità.

saccàto [da *sacco*; 1750] **agg.** ● (*med.*) ***Pleurite saccata***, in cui il liquido essudato è raccolto in sacche.

saccatùra [da *sacca*; 1985] **s. f.** ● (*meteor.*) Propaggine allungata di una zona di bassa pressione che si estende in una zona a pressione superiore.

saccènse [agg. da una forma lat. mediev. del n. della città, *Săcca(m)*] **A agg.** ● Di Sciacca. **B s. m. e f.** ● Abitante, nativo di Sciacca.

saccènte [lat. *sapiĕnte(m)*, part. pres. di *săpere* 'esser saggio' (V. *sapere* (*1*)), attraverso i dial. merid.; 1306] **agg.**; anche **s. m. e f.** *1* Che (o Chi) presume di sapere e in realtà non sa: *ragazzetto antipatico e s.* | Che (o Chi) ostenta la propria cultura, abilità, capacità e sim.: *le persone saccenti risultano noiose*. *2* †Sapiente, esperto | †Sagace, accorto, abile: *un de' suoi, il più s., … mandò allo abate* (BOCCACCIO). || **saccentèllo**, dim. | **saccentino**, dim. | **saccentóne**, accr. | **saccentùccio**, **saccentùzzo**, dim. | **saccentuòlo**, dim. || **saccenteménte**, avv. *1* Da saccente, con tono saccente. *2* †Con convenienza, giudizio.

saccenterìa [av. 1472] **s. f.** ● Presunzione di sapere | Atteggiamento saccente.

saccheggiaménto [sec. XIV] **s. m.** ● (*raro*) Il saccheggiare | Rovina, devastazione.

saccheggiàre [comp. di *sacco* (*2*) ed *-eggiare*; 1481] **v. tr.** (*io sacchéggio*) ● Mettere a sacco, fare prede e bottino di tutto quanto è possibile, portando rovina e devastazione: *s. città, villaggi, case, navi*; *gli invasori saccheggiarono l'intero paese* | (*est.*) Derubare, svaligiare, rapinare: *s. un supermercato* | (*scherz.*) Svuotare: *gli amici di Carlo hanno saccheggiato il frigorifero*; *schiere di turisti hanno saccheggiato i negozi di souvenir* | (*fig.*) ***S. un libro***, ***un autore*** e sim., appropriarsi di idee, espressioni, passi e sim. altrui.

saccheggiatóre [av. 1540] **s. m.** (f. *-trice*); *anche* **agg.** ● Chi (o Che) saccheggia: *folla saccheggiatrice*.

sacchéggio [1709] **s. m.** ● Il saccheggiare (*anche fig.*): *dare il s. a una città*; *permettere il s.*; *un s. di idee altrui*. SIN. Depredazione, devastazione, rapina, razzia, sacco (2).

saccherìa [1959] **s. f.** ● Fabbrica di sacchi | Reparto di stabilimento tessile in cui si confezionano sacchi di iuta.

sacchétta [1872] **s. f.** *1* Dim. di *sacca* nel sign. 1. *2* Piccolo sacco con la biada che si appende al muso di cavalli, asini o muli. SIN. Musetta (1). || **sacchettìna**, dim.

sacchettatrìce [da *sacchetto*; 1970] **s. f.** ● Macchina per fabbricare sacchetti di carta.

sacchettifìcio [comp. di *sacchetto* e *-ficio*; 1970] **s. m.** ● Fabbrica di sacchetti.

♦**sacchétto** [dim. di *sacco* (*1*); 1313] **s. m.** *1* Piccolo involucro a forma di sacco, di materiale vario, usato per contenere o trasportare merci o oggetti diversi: *un s. di tela, di iuta, di carta, di plastica* | (*bot.*) ***S. pollinico***, sacca pollinica | (*mil.*) ***Sacchetti a terra***, quelli che, riempiti di terra o sabbia, servono per innalzare ripari, rinforzare le scarpate interne delle trincee, coprire ricoveri, linee e sim. | ***A s.***, a sacco: *giacca a s.* *2* Quantità di roba contenuta in un sacchetto: *un s. di zucchero, farina, caffè*. *3* (*raro*, *region.*) Tasca grande, borsa: *il s. dei denari* | Borsettina. || **sacchettino**, dim. | **sacchettóne**, accr. | **sacchettùccio**, dim.

saccifórme [comp. di *sacci-*, da *sacco*, e *-forme*; 1878] **agg.** ● Che ha forma di sacco.

†**sacciutézza** [da *sacciuto*] **s. f.** ● Saccenteria.

†**sacciùto** [forma analogica (merid.) su *saccio*, *saccente*. V. *saputo*; av. 1565] **agg.**; anche **s. m.** ● Saccente, saputo | Sapiente, dotto. || †**sacciutèllo**, dim.

♦**sàcco** (**1**) [lat. *săccu(m)*, dal fenicio *śáq*, 'stoffa grossa, sacco', attraverso il gr. *sákkos*; sec. XII] **s. m.** (pl. *sàcchi*, m., pop. tosc. †*sàcca* f.) *1* Recipiente di tela, grossa carta o altro materiale, piuttosto lungo e stretto, aperto in alto, usato per contenere materiali in pezzi o in polvere od oggetti di dimensioni ridotte: *bocca, fondo del s.*; *s. rotto*; *riempire, vuotare un s.*; *trasportare, scaricare i sacchi* | ***Sacchi per la corrispondenza***, ***sacchi postali***, quelli in cui vengono raccolti dalla Posta plichi e lettere diretti alla stessa destinazione | ***Corrispondenza fuori s.***, V. *fuorisacco* | ***Tela di***, ***da s.***, tela ruvida, a trama larga, con cui si confezionano i sacchi | ***Ago da s.***, robusto e con la cima larga, adatto per cucire la bocca dei sacchi con lo spago | ***A s.***, si dice di cose, spec. abiti, che cadono diritti, senza modellature: *linea, abito a s.* | ***Corsa nei sacchi***, scherzosa competizione di sagre paesane, in cui si procede a balzi con la parte inferiore del corpo chiusa in un sacco legato alla vita | ***Sembrare***, ***parere un s.***, di indumento malfatto che rende goffo chi lo indossa | ***Colmare il s.***, (*fig.*) oltrepassare i limiti, la misura | ***Vuotare il s.***, (*fig.*) dire tutto ciò che si pensa, senza riserve o pudori; confessare | ***Tenere***, ***reggere il s. a qlcu.***, (*fig.*) esserne complice in qualche impresa, spec. riprovevole | ***Mettere qlcu. nel s.***, (*fig.*) ingannarlo o superarlo in bravura, abilità e sim. | ***Cogliere qlcu. con le mani nel s.***, (*fig.*) coglierlo in flagrante | ***Fare qlco. con la testa nel s.***, (*fig.*) alla cieca, sbadatamente | ***Tornare***, ***tornarsene con le pive nel s.***, (*fig.*) scornato, deluso, senza avere combinato nulla | ***Farina del proprio s.***, (*fig.*) opera propria, originale, non plagiata | ***Fare il s.***, scherzo tipico di caserme o collegi, consistente nel ripiegare il lenzuolo formando come un sacco, per impedire a chi vi si corica di allungare le gambe nel proprio letto. *2* Ciò che è contenuto in un sacco: *un s. d'orzo, di caffè, di farina, di patate, di cemento* | ***S. di stracci***, (*fig.*, *spreg.*) persona vestita molto male | ***S. d'ossa***, (*fig.*) persona magrissima. *3* Antica unità di misura di capacità per aridi usata in varie province con valori compresi fra circa 70 e 130 litri. *4* (*fig., fam.*) Gran numero: *c'è un s. di gente*; *avere un s. di quattrini*; *dare, prendere un s. di botte, di legnate*; *fare un s. di domande*; *dire un s. di bugie*; *dirne, darne un s. e una sporta*; *volersi un s. di bene*; *avere un s. di guai* | ***Un s.***, molto, moltissimo: *'ti sei divertito?' 'un s.!'* | ***A sacchi***, in grande quantità. *5* Tela con cui si fanno i sacchi | ***Tessuto a s.***, con trama molto rada e fili piuttosto grossi | (*est.*) Rozza veste, spec. di eremiti, penitenti e sim., indossata in segno di dolore o di penitenza: *coprirsi di un s.*; *vestire il s.*; *essere vestito di s.* | Saio: *vestire il s. di S. Francesco*. *6* (*est.*) Recipiente, di materiale vario e adibito a usi diversi, simile nella forma a un sacco: *s. da viaggio* | ***S. alpino, da alpinista, da montagna***, zaino di tela impermeabile, portato in spalla da alpinisti ed escursionisti | ***S. a pelo***, sacco imbottito, talvolta impermeabile, usato per dormire all'aperto o in luoghi non riscaldati | ***Sacco-piuma***, sacco a pelo imbottito di piumino, usato prevalentemente dagli alpinisti per dormire all'addiaccio | ***S. da bivacco***, sacco a pelo totalmente impermeabile, leggero e poco ingombrante, usato dagli alpinisti per dormire in parete | ***Fare colazione al s.***, all'aperto, durante un'escursione, con viveri portati con sé | Nel pugilato, punching-bag | Nel calcio, rete della porta: *pallone nel s.* ➡ ILL. **campeggiatore.** *7* (*biol.*) Formazione cava, più o meno simile a un sacco, fisiologica o patologica, di varia dimensione, in organismi animali o vegetali: *s. lacrimale.* CFR. asco- | ***S. aneurismatico***, cavità aneurismatica | ***S. delle acque, s. amniotico***, amnio | (*est.*) Membrana che riveste tale formazione | ***S. vitellino***, membrana di rivestimento del tuorlo dell'uovo. *8* Sacca, nei sign. 1 e 3: *s. da notte, da viaggio*; *far s.* | ***S. della rete***, parte chiusa della rete, a maglia più stretta, dove si raccoglie il pescato. *9* (*mus.*) Parte del fagotto. SIN. Stivale. *10* (*pop., scherz.*) Stomaco: *riempirsi il s.*; *avere il s. pieno*; *mettere qlco. in s.* *11* (*gerg.*) Banconota da mille lire: *costa cinque sacchi.* || PROV. Non dire quattro se non l'hai nel sacco. || **saccàccio**, pegg. | **sacchétto**, dim. (V.) | **saccóne**, accr. (V.).

sàcco (2) [da *sacco (1)* attrav. il concetto di 'mettere nel sacco'; av. 1363] s. m. (pl. *sàcchi*) ● Saccheggio: *il s. di Roma del 1527*; *mettere a s. una regione*.

saccòccia [da *sacco (1)*, col suff. vezz. *-occio*; 1534] s. f. (pl. *-ce*) *1* (*region.*) Tasca: *Tommasino s'accomodò vicino a lui ... con le mani in s.* (PASOLINI) | ***Mettere qlco. in s.***, intascarla | (*disus.*) ***Avere le saccocce piene***, essere stufo, annoiato | (*disus.*) ***Rompere, riempire le saccocce a qlcu.***, annoiarlo, infastidirlo. *2* †Sacchetto, bisaccia.

saccocciàta [1940] s. f. ● Quantità di roba che può essere contenuta in una saccoccia.

sàccolo o **sàcculo**, nel sign. 1 [lat. *sàcculu(m)*, dim. di *sàccus* 'sacco'; 1618] s. m. *1* (*lett.*) Piccolo sacco, sacchetto. *2* Borsettina a sacchetto, a rete, a maglia, a perline.

†saccomannàre [da *saccomanno*; av. 1500] v. tr. e intr. ● Saccheggiare.

saccomànno [dal medio alto ted. *sackman* 'addetto alle vettovaglie, brigante', comp. di *sack* 'sacco' e *man* 'uomo'; av. 1363] s. m. *1* †Brigante, saccheggiatore, ladrone. *2* (*lett.*) Sacco, saccheggiamento: *fare s.*; *porre, mettere a s.*

saccóne [sec. XII] s. m. *1* Accr. di *sacco (1)*. *2* Grosso sacco, solitamente ripieno di foglie di granturco o di paglia, usato un tempo come materasso o tra il telaio del letto e il materasso. || **sacconàccio**, pegg. | **sacconcèllo**, dim.

saccopelìsta [da *sacco (a) pelo*; 1983] s. m. e f. (pl. m. *-i*) ● Chi pernotta all'aperto in un sacco a pelo, spec. in zone urbane o di grande affluenza turistica: *centro storico vietato ai saccopelisti*.

sacculàre [da *sacculo*; 1959] agg. ● (*anat.*) Relativo al sacculo: *nervo s.*

sàcculo [av. 1364] s. m. *1* V. *saccolo*. *2* (*anat.*) Piccola cavità membranosa dell'orecchio interno. *3* (*biol.*) Ognuna delle cavità delimitate da membrana, che costituisce l'unità elementare del dittiosoma.

sacèllo [vc. dotta, dal lat. *sacèllu(m)*, dim. sost. di *sàcer*, genit. *sàcri* 'sacro, consacrato'; 1340] s. m. *1* Piccola cappella, oratorio. *2* Presso i Romani, luogo scoperto e recintato, con altare dedicato a una divinità.

sacerdotàle [vc. dotta, dal lat. *sacerdotàle(m)*, da *sacèrdos*, genit. *sacerdòtis* 'sacerdote'; av. 1306] agg. ● Che si riferisce al sacerdote o al suo ufficio: *dignità, ordine, ufficio s.* | ***Beneficio s.***, patrimonio o rendita spettante a un sacerdote per l'esplicazione del proprio ufficio. || **sacerdotalménte**, avv. Da sacerdote: *vestito sacerdotalmente*.

♦**sacerdòte** o †**sacerdòto** [vc. dotta, dal lat. *sacerdōte(m)*, comp. dell'agg. *sàcer*, genit. *sàcri* 'sacro (1)', e di un elemento dalla radice indeur. **dhē-* 'porre, fare'; sec. XII] s. m. (f. *-éssa* (V.)) *1* Chi, per investitura ricevuta direttamente da una divinità o dal gruppo, è considerato mediatore tra il gruppo medesimo e il mondo divino, con poteri e privilegi connessi alla sua funzione | Prete, ministro proprio di una religione o di un culto: *s. cattolico*; *ottimo, buon s.*; *s. esemplare*; *vocazione del s.* | ***Sommo, gran s.***, nell'ebraismo antico, capo dei sacerdoti del tempio | ***Sommo s.***, nella religione cattolica, il Papa. *2* (*fig.*) Chi esercita la propria attività con particolare passione, quasi fosse una missione sacra: *sacerdoti della giustizia, della scienza, del vero, dell'ideale* | ***S. di Temi***, magistrato | ***S. di Esculapio***, medico | ***S. delle Muse***, poeta. || **sacerdotino**, dim.

sacerdotéssa [vc. dotta, dal lat. tardo *sacerdotìssa(m)*, f. di *sacèrdos*, genit. *sacerdòtis* 'sacerdote'; 1336 ca.] s. f. ● Donna che, in alcune religioni, esercita il ministero sacerdotale | ***S. di Venere***, (*eufem.*) prostituta.

†sacerdòto ● V. *sacerdote*.

sacerdòzio [vc. dotta, lat. *sacerdōtiu(m)*, da *sacèrdos*, genit. *sacerdòtis* 'sacerdote'; 1321] s. m. *1* Condizione, dignità, ufficio propri del sacerdote: *seguire il s.*; *avviare al s.*; *l'alta missione del s.*; *i doveri del s.* *2* Mediazione sacerdotale fra il gruppo e la divinità | ***S. universale***, quello di tutti i cristiani. *3* (*fig.*) Alta missione sociale: *il s. della scienza, dell'insegnamento*.

sacertà [adatt. del ted. *Sazertät*, falso latinismo da *sàcer* 'sacro'; 1950] s. f. ● (*lett.*) Sacralità.

sachè s. m. ● Adattamento di *sakè* (V.).

Sacher /'saker, *ted.* 'zaxʌ/ s. f. inv. ● Accorc. di *Sachertorte*.

Sachertorte /*ted.* 'zaxʌ,tɔʌtə/ [vc. ted., dal nome della famiglia austriaca proprietaria degli alberghi e ristoranti *Sacher* di Vienna, che l'ha proposta ai primi dell'Ottocento; 1986] s. f. inv. (pl. ted. *Sachertorten*) ● (*cuc.*) Torta tipica viennese a base di farina impastata con zucchero, burro, uova e cioccolato fondente, farcita con un sottile strato di marmellata d'albicocca e ricoperta da una glassa di cioccolato fondente.

†sàcoma ● V. *sagoma*.

†sàcra ● V. *sagra*.

sacràle (1) [da *sacro (1)*; 1499] agg. ● Che ha carattere sacro: *cerimonia, rito s.* || **sacralménte**, avv.

sacràle (2) [da *sacro (2)*; 1922] agg. ● (*anat.*) Che concerne l'osso e la regione del sacro.

sacralgìa [comp. di *sacro (2)* e *-algia*; 1922] s. f. ● (*med.*) Dolore del sacro.

sacralità [da *sacrale (1)*; 1959] s. f. ● Caratteristica di ciò che è sacro o sacrale.

sacralizzàre [comp. da *sacrale (1)* e *-izzare*; 1972] v. tr. ● Attribuire carattere sacro a una persona, una cosa, un luogo, un tempio.

sacralizzazióne (1) [da *sacralizzare*] s. f. ● Atto rituale o processo storico-religioso, attraverso i quali una persona, una cosa, un luogo, un tempio perdono il carattere profano e acquistano quello sacro. CONTR. Desacralizzazione.

sacralizzazióne (2) [da *sacrale (2)*; 1957] s. f. *1* (*med.*) Anomalia di sviluppo in cui la quinta e talvolta la quarta vertebra lombare assumono caratteri morfologici simili a quelli delle vertebre sacrali. *2* (*anat., zool.*) Specializzazione di una o di alcune vertebre che, nei Vertebrati terrestri, si connettono con l'ileo per formare la cintura pelvica.

sacramentàle o †**sagramentàle** [vc. dotta, dal lat. tardo (eccl.) *sacramentàle(m)*, da *sacramèntum* 'sacramento'; 1353] A agg. *1* (*relig.*) Che si riferisce a un sacramento | ***Grazia s.***, nella dottrina cattolica, il diritto alle grazie necessarie per conseguire il fine proprio di ciascun sacramento. *2* (*fig., scherz.*) Abituale, rituale: *la s. partenza per la villeggiatura.* || **sacramentalménte**, avv. Per mezzo del sacramento; in modo sacramentale. B s. m. ● Nella teologia e nella liturgia cattoliche, ciascuno degli atti rituali e degli oggetti che, distinti dai sacramenti, hanno natura ed efficacia di veicoli di grazia attuale e producono benefici spirituali.

sacramentàre o †**sagramentàre** [da *sacramento*; sec. XIV] A v. tr. (*io sacraménto*) *1* Amministrare i sacramenti, spec. il sacramento dell'Eucaristia. *2* Giurare | (*est.*) Affermare risolutamente: *sacramentò di non sapere nulla*; *giurava e sacramentava che era innocente*. B v. intr. (aus. *avere*) ● (*pop.*) Imprecare, bestemmiare: *egli entrava nella chiesa a cavallo, sacramentando come un turco* (VERGA). C v. rifl. ● Ricevere i sacramenti: *prima di morire volle sacramentarsi*.

sacramentàrio (1) [vc. dotta, dal lat. eccl. *sacramentàriu(m)*, da *sacramèntum* 'sacramento'; 1838] s. m. ● Antico rituale per la celebrazione della messa e l'amministrazione dei sacramenti.

sacramentàrio (2) [da *sacramento*; 1499] A agg. ● Che riguarda i sacramenti: *teoria sacramentaria.* B s. m. ● Seguace della riforma protestante che modificava la dottrina di Lutero circa il sacramento dell'Eucaristia, attribuendo a essa solo valore commemorativo e rigettando la dottrina della presenza reale.

sacramentàto [1686] part. pass. di *sacramentare*; anche agg. *1* Nei sign. del v. | (*pop.*) Dannato, maledetto. *2* ***Gesù s.***, che è presente nell'ostia consacrata.

sacramentìna [dal SS. *Sacramento*, alla cui adorazione sono particolarmente votate] s. f. (m. *-o*) ● Religiosa cattolica votata alla perpetua adorazione del SS. Sacramento.

sacraménto o †**sagraménto** [vc. dotta, dal lat. *sacramèntu(m)*, nel significato eccl. di 'sacramento', da *sacràre* 'consacrare'; av. 1292] s. m. (pl. *-i*, †*sacraménta*, f.) *1* (*relig.*) Nella teologia cattolica, segno sensibile, sacro, istituito permanentemente da Gesù Cristo, quale mezzo precipuo di santificazione e di salvezza, per significare la grazia e per conferirla: *amministrare i sacramenti*; *ricevere un s.* | ***I sette sacramenti***, battesimo, cresima o confermazione, eucaristia, penitenza o riconciliazione, unzione degli infermi, ordine e matrimonio | ***Fare qlco. con tutti i sacramenti***, (*fig., fam.*) con tutte le regole, con ogni scrupolo. *2* Nella teologia riformata, veicolo santificante che conferma la condizione di grazia acquistata per sola fede. *3* (*relig., per anton.*) Eucaristia, ostia consacrata: *il Santo, il Divino, il Santissimo Sacramento*; *ricevere il Sacramento*. *4* Interiezione blasfema: *Ma Luca, 'sacramento!', voleva vedere come andavano le cose* (VERGA); *per tutti i sacramenti!* *5* (*lett.*) †Giuramento: *né alcuno d'infima fortuna pensò di violare il s.* (MACHIAVELLI) | (*lett.*) ***Fare s.***, giurare solennemente | (*lett.*) ***Fare mille sacramenti***, giurare pure sapendo di non poter mantenere ciò che si giura.

sacràre o **sagràre** spec. nel sign. C [vc. dotta, dal lat. *sacràre*, da *sàcer*, genit. *sàcri* 'sacro (1)'; 1340] A v. tr. ● (*raro, lett.*) Consacrare | (*est.*) Dedicare a titolo di onore, in memoria e sim.: *in Maratona / ove Atene sacrò tombe a' suoi prodi* (FOSCOLO) | †Sacrificare. B v. rifl. ● (*lett.*) Consacrarsi, dedicarsi, votarsi. C v. intr. (aus. *avere*) ● (*pop.*) Imprecare, bestemmiare.

sacràrio [vc. dotta, dal lat. *sacràriu(m)*, da *sàcer*, genit. *sàcri* 'sacro (1)'; 1476] s. m. *1* Parte del tempio in cui viene conservata l'immagine di un dio | (*raro*) Tabernacolo. *2* Vaschetta con tubo di scarico nella sacrestia, presso l'altare o dietro l'altare, nella quale si versano le lavature dei vasi sacri o i residui degli oggetti sacri o consacrati ridotti in cenere. *3* Edificio consacrato alla memoria di persone che sono oggetto di comune venerazione: *il s. dei caduti*. *4* (*fig.*) Ciò che è considerato sacro, intimo, riservato: *il s. della famiglia, delle pareti domestiche*; *nel s. del proprio cuore, della propria coscienza*.

sacràto (1) [1308] part. pass. di *sacrare*; anche agg. *1* Consacrato. *2* (*lett.*) Sacro: *si ch'ella giunga a la città sacrata* (TASSO). || **sacratìssimo**, superl. ● Degno della massima reverenza: *il sacratissimo sangue di Cristo*.

sacràto (2) ● V. *sagrato (1)*.

sacrestàna ● V. *sagrestana*.

sacrestàno ● V. *sagrestano*.

sacrestìa ● V. *sagrestia*.

sacrificàbile [da *sacrificare*; 1959] **agg.** ● Che può essere sacrificato.
sacrificàle [vc. dotta, dal lat. *sacrificāle(m)*, connesso con *sacrificāre, sacrificium*; 1499] **agg.** ● Che si riferisce a un sacrificio religioso: *ara, fuoco s.*; *vittima s.*
†**sacrificaménto** [da *sacrificare*; av. 1642] **s. m.** ● Sacrificio.
♦**sacrificàre** o (*dial.*) †**sagrificàre** [vc. dotta, dal lat. *sacrificāre*, comp. di *săcrum* 'azione sacra' e *-ficāre*, da *făcere* 'fare'; sec. XIII] **A v. tr.** (*io sacrìfico, tu sacrìfichi*) **1** Nelle religioni pagane, offrire in sacrificio al dio o agli dei, immolare una vittima (*anche assol.*): *s. capre, buoi, agnelli, vittime umane*; *s. a Diana, a Giove*. **2** (*assol.*) Nella religione cattolica, celebrare la Messa: *il sacerdote sacrifica* | †*S. il sacrifizio, s. il corpo di Cristo*, celebrare la Messa. **3** Rinunciare a qlco. cui si tiene molto per il conseguimento di un dato fine che si ritenga utile a sé stessi o agli altri: *s. i propri interessi per il benessere generale*; *ha sacrificato la vita per la libertà del paese*; *sacrificò ogni sua aspirazione alla famiglia*. **4** Mortificare le doti, le possibilità e sim., di qlcu. o di qlco. costringendolo a una sistemazione inferiore a quella desiderata o meritata: *sacrifica la sua intelligenza in un'esistenza mediocre*; *non facendo studiare quel ragazzo lo sacrificano*; *che peccato s. quel bel mobile in un angolo!* **B v. rifl. 1** Offrirsi in sacrificio: *i martiri cristiani si sacrificavano per la fede*. **2** Sopportare volontariamente privazioni e sim. per il benessere altrui o per il conseguimento di un dato fine: *i genitori si sacrificano sempre per i figli*; *per finire gli studi si è molto sacrificato*. **C v. intr.** (aus. *avere*) ● (*est.*) Fare manifestamente atto e opera di devozione, attaccamento, ossequio e sim.: *s. alla bellezza, alla morale* | (*eufem.*) ***S. a Venere***, compiere l'atto sessuale | (*eufem.*) ***S. a Bacco***, bere vino più del solito, gustandolo.
sacrificàto (**1**) [1336 ca.] **part. pass.** di *sacrificare*; anche **agg. 1** Offerto in sacrificio. **2** (*est.*) Che è costretto a subire privazioni, afflizioni e sim.: *vita sacrificata*. **3** Non valorizzato: *in quel lavoro è s.*; *con questa luce il quadro è s.* **SIN.** Sprecato.
sacrificàto (**2**) [vc. dotta, dal lat. *sacrificātu(m)* 'che ha sacrificato', part. pass. di *sacrificāre* 'sacrificare'; 1342] **s. m.** ● (*spec. al pl.*) Antichi cristiani che, per sfuggire alle persecuzioni, parteciparono ai sacrifici dei pagani.
sacrificatóre [vc. dotta, dal lat. tardo *sacrificatō-re(m)*, da *sacrificātus*, part. pass. di *sacrificāre* 'sacrificare'; 1336 ca.] **s. m.** (f. *-trice*); *anche* **agg.** ● (*lett.*) Chi (o Che) sacrifica | Chi (o Che) celebra un sacrificio.
♦**sacrifìcio** o (*lett.*) **sacrifìzio**, (*dial.*) †**sagrifìcio**, (*dial.*) †**sagrifìzio** [dal lat. *sacrificiu(m)*, comp. di *săcrum* 'azione sacra' e di un deriv. di *făcere* 'fare'; av. 1292] **s. m. 1** Atto religioso mediante il quale si rende sacro un animale, una persona o una cosa materiale offrendoli a un dio, a più dei o a una forza divina non personificata, al fine di incrementare la potenza divina, di placarne la collera, di propiziarsela o semplicemente di glorificarla o ringraziarla: *fare, compiere un s.*; *offrire una vittima in s. a Giunone*; *fare un s. in onore di Pallade* | ***S. cruento***, con spargimento di sangue | ***S. incruento***, senza spargimento di sangue | ***S. umano***, in cui la vittima è una persona | ***S. espiatorio***, mediante il quale si libera un uomo o una comunità dalle conseguenze di un'omissione religiosa o di un peccato | ***S. di cento buoi***, ecatombe | Rituale che accompagna l'atto sacrificale. **2** Nella teologia cattolica: ***S. della Messa***, in cui la vittima che si offre volontariamente è il Cristo | ***S. d'espiazione***, la Messa, nella quale si rinnova l'offerta espiatoria del Cristo | ***S. divino, santo s., s. dell'altare***, la Messa | ***S. della croce***, quello in cui il Cristo si offre al Padre per tutta l'umanità. **3** (*est.*) Offerta non materiale fatta a Dio o agli dei in segno di devozione: *offrire in s. a Dio le proprie pene*. **4** Offerta della vita per la realizzazione di un ideale, per il bene degli altri e sim.: *l'estremo s.*; *fare s. di sé*. **5** Grave privazione, danno subìto volontariamente, rinuncia imposta dalla volontà o dalle situazioni: *studia a costo di grandi sacrifici*; *vivere là è proprio un s.*; *fare una vita di s.*; *non conoscere altro che sacrifici*.
sacrìfico [vc. dotta, dal lat. *sacrĭficu(m)*, comp. di *săcrum* 'azione sacra' e *-ficus* '-fico'; 1838] **agg.** (pl. m. *-ci*) **1** (*lett.*) Relativo a un sacrificio. **2** Nell'antica Roma, detto di chi offriva un sacrificio agli dei.
sacrifìzio ● V. *sacrificio*.
sacrilègio o †**sagrilègio** [vc. dotta, dal lat. *sacrilēgiu(m)*, astratto di *sacrĭlegus* 'sacrilego'; av. 1294] **s. m. 1** Profanazione, con atti o parole, di persona, cosa o luogo sacri o consacrati: *fare s.*; *commettere un s.* **2** (*fig.*) Mancanza di rispetto, di riverenza verso persone o cose che ne sono degne: *è un s. insultare i genitori*.
sacrìlego o †**sagrilego** [vc. dotta, dal lat. *sacrĭlegu(m)*, comp. di *săcrum* 'cosa sacra' e *-lĕgus*, da *lĕgere* 'cogliere, prendere'; av. 1333] **A agg.** (pl. m. *-ghi*) **1** Che commette o ha commesso un sacrilegio: *ladro s.*; *mani sacrileghe*. **2** (*est.*) Empio, irriverente: *parole sacrileghe* | ***Lingua sacrilega***, di maldicente, bestemmiatore. || **sacrilegaménte**, **avv.** Con sacrilegio. **B s. m.** (f. *-a*) ● Autore di un sacrilegio: *un fremito d'orrore corre intorno alla sacrilega* (D'ANNUNZIO).
sacripànte [da *Sacripante*, personaggio dei poemi cavallereschi; 1624] **A s. m.** ● Uomo grande e grosso che incute timore | ***Fare il s.***, fare il bravaccio, lo smargiasso | (*scherz.*) Briccone. **B** in funzione di **inter.** ● Esprime irritazione, meraviglia, stupore e sim.: *s., potevi dirlo prima!*
sacrista o **sagrista** [vc. dotta, dal lat. mediev. *sacrĭsta(m)*, da *săcer*, genit. *săcri* 'sacro'; 1526] **s. m.** (pl. *-i*) ● Sagrestano | Ecclesiastico che, nelle collegiate, ha cura della sagrestia | ***S. del Papa***, ecclesiastico cui era affidata la cura delle suppellettili sacre del Papa; dopo i patti lateranensi e fino al 1968, fungeva da vicario generale del Papa per la Città del Vaticano, con la dignità di vescovo titolare.
sacristàno ● V. *sagrestano*.
sacristìa ● V. *sagrestia*.
♦**sàcro** (**1**) o †**sàgro** [lat. *săcru(m)*, di orig. indeur.; 1312] **A agg.** (assol.; + *a*; + *per*) **1** Che appartiene alla divinità, che partecipa della potenza divina, anche se non personificata, che è separato dal profano: *luoghi, anelli, paramenti sacri*; *le sacre reliquie*. **CFR.** iero- | ***Il s. fonte***, il fonte battesimale | ***Ordine s.***, il sacerdozio | ***S. collegio***, quello dei cardinali | ***Libri sacri, Sacra scrittura***, la Bibbia, i libri del Vecchio e del Nuovo Testamento | ***Le sacre bende***, i veli monacali | ***I sacri bronzi***, le campane | ***La Sacra famiglia***, Gesù, Giuseppe e Maria | ***S. Cuore*** (***di Gesù***), Gesù Cristo considerato spec. nel suo amore per gli uomini | ***Arte sacra***, di soggetto religioso | ***Musica sacra***, composta per cerimonie religiose | ***Il poema sacro***, (*per anton.*) la Divina Commedia, perché tratta di materia religiosa | ***Sacre rappresentazioni***, rappresentazioni drammatiche su temi religiosi, diffuse in Italia soprattutto nel XV sec. | ***Fuoco s.***, nell'antica Roma, quello tenuto sempre acceso dalle vestali; (*pop.*) herpes zoster, fuoco di S. Antonio | ***Guerre sacre***, nell'antica Grecia, quelle combattute in difesa di luoghi sacri agli dei. **2** (*est.*) Che è degno di rispetto, ossequio, venerazione: *sacra maestà*; *persona sacra e inviolabile*; *l'ospite è s.*; *la sacra memoria della madre*; *i sacri diritti dell'uomo*; *i sacri ideali del Risorgimento* | (*est.*) Inviolabile, intangibile: *il giuramento è s.*; *questo è un dovere s.*; *L'ultimo desiderio della defunta era bensì s. per me* (VERGA). **3** Consacrato, dedicato: *l'amore è s. a Venere*; *visitare i luoghi sacri alla patria*. **4** Di cosa la cui maestosità incute un senso di riverenza e attonito stupore, quasi religioso: *il s. silenzio della notte*; *la visione lo pervase di s. orrore*. || **sacraménte**, **avv. B s. m.** ● (*solo sing.*) Ordine delle realtà e delle potenze che, per natura o per destinazione, sono opposte al profano: *i contrasti fra il s. e il profano*.
sàcro (**2**) [vc. dotta, dal lat. *săcru(m)*, calcato sul gr. *hieròn ostéon*, propr. 'osso grosso', interpretato come 'sacro'; 1584] **A s. m.** ● (*anat.*) Osso del bacino, formato dalla fusione di cinque o più vertebre sacrali. ➡ **ILL.** p. 2122 ANATOMIA UMANA. **B** anche **agg.**: *osso s.*
sacrosànto [vc. dotta, dal lat. *sacrosānctu(m)* 'inviolabile', giustapposizione di *săcro*, strumentale di *săcer*, genit. *săcri* 'sacro (1)', e *sānctus*. V. *santo*; 1319] **agg. 1** Sacro e santo, in quanto sottratto a ogni profanazione: *il nome s. di Dio*; *i sacrosanti misteri della Fede*. **2** Inviolabile, sicuro da ogni offesa, ingiuria e sim.: *obblighi, diritti sacrosanti*; *leggi sacrosante* | (*est.*) Indubitabile: *verità sacrosanta*. **3** (*fam.*) Fatto, detto, dato e sim. a proposito, meritatamente: *le tue sono parole sacrosante*; *hai avuto una sacrosanta lezione!* || **sacrosantaménte**, **avv.** In modo sacrosanto; con scrupolosa osservanza.
sadducèo o (*raro*) **saducèo** [vc. dotta, dal lat. tardo (eccl.) *Sadducăeu(m)*, prob. dall'ebr. *saddiq* 'giusto'; 1682] **s. m.**; anche **agg.** ● Seguace del partito sacerdotale giudaico che, nel sec. I a.C., negò la validità della legge orale, la prescienza divina e l'immortalità dell'anima.
sadiàno [dal fr. *sadien*; 1909] **agg.** ● Relativo allo scrittore e saggista D.-A.-F. de Sade (1740-1814), al suo pensiero o alla sua produzione: *opera sadiana*; *studi sadiani*.
sàdico [vc. dotta, dal fr. *sadique*, dal n. del marchese D.-A.-F. *de Sade*; 1889] **A agg.** (pl. m. *-ci*) ● Che ha carattere di sadismo, che dimostra sadismo: *piacere s.* || **sadicaménte**, **avv. B s. m.** (f. *-a*) ● Chi è affetto da sadismo | (*est.*) Chi prova piacere nel tormentare gli altri.
sadìsmo [dal fr. *sadisme*, dal n. del marchese D. A. F. de *Sade* (1740-1814), con *-isme* '-ismo'; 1892] **s. m. 1** (*psicol.*) Tendenza ad associare la soddisfazione sessuale con l'infliggere dolori al partner o alla partner. **CFR.** Algolagnia, masochismo. **2** (*est.*) Crudeltà fine a sé stessa che si manifesta nel molestare e tormentare gli altri senza alcun motivo.
sadomàso [1981] **A agg. inv.** ● Accorc. di *sadomasochistico*. **B s. m. e f. inv.** ● Accorc. di *sadomasochista*.
sadomasochìsmo [comp. di *sad(ismo)* e *masochismo*; 1963] **s. m.** ● (*psicol.*) Coesistenza in uno stesso soggetto di sadismo e di masochismo.
sadomasochìsta [1959] **s. m. e f.** (pl. m. *-i*) ● (*psicol.*) Chi è affetto da sadomasochismo.
sadomasochìstico [da *sadomasochista*; 1968] **agg.** (pl. m. *-ci*) ● (*psicol.*) Che rivela sadomasochismo o è proprio del sadomasochista: *tendenze sadomasochistiche*. || **sadomasochisticaménte**, **avv.**
saducèo ● V. *sadduceo*.
saecula saeculorum, in ● V. *in saecula saeculorum*.
†**saéppolo** [di etim. discussa: sovrapposizione di *pollone* a *saettolo* (?); av. 1320] **s. m. 1** Pollone della vite. **2** Arco per lanciare pallottole.
saétta [lat. *sagĭtta(m)*, prob. di orig. etrusca; av. 1294] **s. f. 1** (*lett.*) Freccia, strale, dardo: *gli ho nel cor diritta una s.* (POLIZIANO). **2** (*fig., poet.*) Raggio di sole. **3** Folgore, fulmine (*anche fig.*): *correre come una s.*; *essere veloce come una s.*; *sembrare una s.* | (*fam.*) ***È una s.***; ***che s.!***, persona molto rapida nell'agire. **4** (*sport*) Nel calcio, tiro rapido e improvviso a rete. **5** (*raro*) Niente, con valore raff. nelle loc. negative ***non sapere, non importare, una s., neanche una s.*** **6** (*raro*) Colpo, accidente, nelle imprecazioni: *ti pigli, ti venga una s.* **7** (*edil.*) Asta inclinata della capriata del tetto | Rinforzo di intelaiature, travi e puntoni. **8** (*mecc.*) Utensile da trapano per alesare o eseguire grandi fori. **9** (*disus.*) Lancetta dell'orologio. || **saettàccia**, **pegg.** | **saettèlla**, **dim.** (V.) | **saettìna**, **dim.**
†**saettàme** [da *saetta*; sec. XIV] **s. m.** ● (*lett.*) Quantità di frecce lanciate simultaneamente | Insieme di frecce o di proiettili.
saettaménto [da *saettare*; av. 1324] **s. m. 1** (*lett.*) Tiro continuato di frecce | (*raro, fig.*) Continuazione, ripetizione: *un s. di domande, di parole*. **2** (*lett.*) Uccisione mediante frecce. **3** †Quantità di saette.
saettànte A part. pres. di *saettare*; anche **agg. 1** (*lett.*) Che scaglia saette: *il saettante figlio di Giove rispettate* (MONTI). **2** (*est.*) Rapido, guizzante: *sguardo s.* **B s. m.** ● (*lett., per anton.*) Il dio Apollo.
saettàre [lat. tardo *sagittāre*, da *sagĭtta* 'saetta'; 1312] **A v. tr.** (*io saétto* o *saètto*) **1** (*lett.*) Ferire, colpire con frecce. **2** Scagliare frecce | Gettare a mo' di freccia: *s. dardi, fuoco* | (*est., fig.*) Emanare raggi, detto del sole: *Il sol che nasce / i suoi tremuli rai … saetta* (LEOPARDI) | (*est., fig.*) Lanciare: *s. parole, sguardi*. **3** Nel calcio, effettuare un tiro rapido e potente (*anche assol.*): *s. in, a rete*. **B v. intr. impers.** (aus. *avere* ed *essere*) ● (*raro*) Cadere, scaricarsi (detto di fulmini).
†**saettàta** [da *saettare*; av. 1584] **s. f.** ● Tiro di freccia.

saettàto [da *saetta*; 1353] **agg.** ● (*bot.*) Sagittato.

saettatóre [dal lat. tardo *sagittatōre(m)*, da *sagittātus*, part. pass. di *sagittāre* 'saettare'; sec. XIV] **A s. m.**; anche **agg.** (**f.** *-trice*) ● (*lett.*) Chi (o Che) lancia frecce. **B s. m.** ● †Arciere, balestriere.

saettèlla [dim. di *saetta* 'punta, lancia'; av. 1539] **s. f.** ● (*tecnol.*) Punta di trapano per lavori fini in pietra, legno, metallo.

saettìa (**1**) [vc. genov., dal lat. *sagittāria(m)*, f. sost. di *sagittārius* 'saettatore', da *sagĭtta* 'saetta'; 1353] **s. f.** ● (*mar.*) Piccola nave, sottile e velocissima, con tre alberi a vele latine, in uso nel Cinquecento | Imbarcazione a vela e a remi, veloce e leggera, usata in passato nella marina militare.

saettìa (**2**) [da *saetta*; 1872] **s. f.** ● Candelabro triangolare usato nel corso della settimana santa.

†**saettièra** [da *saettiere* (V.); 1858] **s. f.** ● Apertura nei parapetti delle antiche mura, balestriera, feritoia.

†**saettière** [vc. dotta, dal lat. *sagittāriu(m)* 'saettatore'. V. *sagittario*; av. 1557] **s. m.** ● Arciere.

saettifórme [comp. di *saetta* e *-forme*; 1906] **agg.** ● (*bot.*) Sagittato.

†**saéttolo** [lat. *sagĭttula(m)*, dim. di *sagĭtta* 'saetta, punta del germoglio', con cambio di genere] **s. m.** ● Saeppolo.

saettóne [da *saetta*; 1676] **s. m.** *1* (*zool.*) Colubro di Esculapio. *2* (*edil.*) Saetta.

saettùzza [da *saetta* 'punta, lancia'; av. 1400] **s. f.** ● Saettella.

safàri [vc. suahili, deriv. dall'ar. *sāfara* 'viaggiare'; 1955] **s. m. inv.** ● Partita di caccia grossa nell'Africa orientale e centrale | ***S. fotografico***, viaggio in territori ricchi di animali, spec. feroci, per fotografarli nel loro ambiente naturale.

safarìsta [1973] **s. m.** e **f.** (**pl. m.** *-i*) ● Chi partecipa a un safari.

safèna [vc. dotta, dal lat. mediev. *saphēna(m)*, dall'ar. *ṣāfin*, dal gr. *saphēnḗs* 'visibile, evidente'; sec. XIV] **s. f.** ● (*anat.*) Ciascuna delle due vene superficiali dell'arto inferiore | ***Grande s.***, sulla faccia interna della gamba, dal malleolo alla coscia | ***Piccola s.***, sulla faccia esterna della gamba, dal malleolo alla cavità poplitea. ➡ **ILL.** p. 2123 ANATOMIA UMANA.

safèno [1838] **agg.** ● (*anat.*) Detto di vena o nervo, più o meno superficiale, degli arti inferiori: *nervo s.* | ***Vena safena***, safena.

safety car /'seifti kar, *ingl.* 'seɪftiˌkɑːɹ/ [loc. ingl., propr. 'automobile (*car*) di sicurezza (*safety*)'; 1997] **loc. sost. f. inv.** (**pl.** ingl. *safety cars*) ● (*sport*) Nell'automobilismo sportivo, vettura di servizio che, in caso di incidente o di situazioni di pericolo, si colloca davanti ai concorrenti e ne rallenta l'andatura | (*est.*) Autopattuglia che, in caso di nebbia fitta, percorre una autostrada alla velocità di sicurezza e fa rispettare tale velocità ai veicoli che seguono.

safety engineer /'seifti endʒi'nier, *ingl.* 'seɪftɪ ɛndʒɪ'nɪəɹ/ [loc. ingl., propr. 'tecnico della sicurezza'; 1990] **loc. sost. m.** e **f. inv.** (**pl.** ingl. *safety engineers*) ● (*org. az.*) Tecnico responsabile delle procedure di sicurezza in un luogo di lavoro.

sàffica [f. sost. di *saffico*; 1838] **s. f.** ● Nella poesia greco-latina e nella metrica barbara, ode composta in metri saffici.

sàffico [vc. dotta, dal lat. *săpphicu(m)*, dal gr. *sapphikós*, da *Sapphṓ* 'Saffo' (sec. VII a.C.); 1546] **agg.** (**pl. m.** *-ci*) *1* Detto di verso della poesia greca e latina con un numero fisso di sillabe | ***Sistema s. minore***, formato da tre endecasillabi saffici e da un adonio | ***Sistema s. maggiore***, formato da un aristofaneo e da un verso saffico di quindici sillabe. *2* Relativo a saffismo: *amore s.* **SIN.** Lesbico. || **sufficaménte**, **avv.**

†**saffiro** ● V. *zaffiro*.

saffìsmo [comp. di *Saffo* (n. della poetessa greca a cui la tradizione attribuì tale tendenza sessuale) e *-ismo*, sul modello del fr. *saphisme*; 1908] **s. m.** ● Omosessualità femminile. **SIN.** Lesbismo.

sàffo [dal lat. *Săppho*, dal gr. *Sapphṓ*. V. precedente; 1965] **s. f. inv.** ● Uccello dei Colibrì, verde, rosso e bruno, con coda lateralmente più sviluppata che al centro (*Sappho sparganura*).

safranàle [dal fr. *safran* 'zafferano'; 1959] **s. m.** ● Sostanza organica aromatica che si trova nello zafferano.

sàga (**1**) [dal ted. *Sage* 'racconto', connesso con *sagen* 'dire'; 1819] **s. f.** ● Racconto tradizionale germanico, leggenda mitica o eroica | (*est.*) Storia romanzata di una famiglia o di un personaggio.

†**sàga** (**2**) [lat. *sāga(m)*, f. sost. di *sāgus* 'presago', di orig. indeur.; 1499] **s. f.** ● (*lett.*) Strega, incantatrice, fattucchiera: *non val liquor, non vale impiastro, / … né imagine di s.* (ARIOSTO).

sagàce o †**segàce** [lat. *sagāce(m)*, dall'agg. *sāgus*, di orig. indeur. V. *saga* (*2*); 1336 ca.] **agg.** *1* (*lett.*) Che ha l'odorato fino: *cane s.*; *le sagaci nari*. *2* (*fig.*) Accorto, scaltro, avveduto: *commerciante s.*; *ingegno s.* | Fatto, detto e sim. con accorgimento, scaltrezza: *risposta, piano s.* || **sagaceménte**, **avv.** Con accortezza.

sagàcia [1563] **s. f.** (**pl.** *-cie*) ● Caratteristica di chi (o di ciò che) è sagace. **SIN.** Acume, avvedutezza.

sagacità o †**segacità** [vc. dotta, dal lat. *sagacitāte(m)*, da *sāgax*, genit. *sagācis* 'sagace'; 1342] **s. f.** *1* (*lett.*) Scaltrezza, astuzia: *Tutta la s. e la scaltrezza del Griso …* (MANZONI). *2* (*lett.*) Avvedutezza, acume.

sàgari [vc. dotta, dal gr. *ságaris* 'bipenne', di orig. persiana; 1909] **s. f. inv.** ● Anticamente, ascia bipenne da combattimento.

sagàrzia [adattamento dotto moderno del gr. *Sagártioi* (nom. pl.), n. di un popolo che combatteva con una specie di *lazo*, con allusione ai filamenti dell'invertebrato; 1930] **s. f.** ● Attinia rosea che vive spesso fissata sui granchi (*Sagartia*).

sagèna (**1**) [lat. *sagēna(m)*, dal gr. *sagḗnē*, di etim. incerta; sec. XIV] **s. f.** *1* (*ant.*) Piccolo tramaglio da pesci e da uccelli. *2* Imbarcazione usata nel Medioevo per la navigazione litoranea.

sagèna (**2**) [dal russo *sažen'* 'largo'; 1938] **s. f.** ● Unità di misura di lunghezza russa, non più in uso.

saggézza [da *saggio* (*1*); 1548] **s. f.** ● Capacità di pensare e agire secondo criteri di prudenza, di equilibrio e di accortezza acquisiti anche in base all'esperienza: *dar prova di s.*; *Il vecchio ortolano parlava con la modesta s. di chi ne ha viste tante* (CALVINO) | Ciò che rivela tale capacità: *la s. di un consiglio, di una decisione*.

saggiàre [da *saggio* (*2*); 1308] **v. tr.** (*io sàggio*) *1* Fare il saggio di un metallo prezioso per determinarne il grado di purezza. *2* (*est.*) Provare, cercare di conoscere la natura, le caratteristiche e sim. di qlcu. o di qlco.: *s. l'avversario, il terreno*. *3* (*dial.*) Assaggiare, degustare, assaporare: *s. il vino, la minestra*.

saggiatóre [da *saggiare*; 1324] **s. m.** *1* (**f.** *-trice*) Chi saggia i metalli preziosi, per provarne la purezza. *2* Bilancia di precisione per il saggio dei metalli preziosi. *3* Tipo di sgorbia per assaggiare il formaggio.

saggiatùra [1891] **s. f.** ● Operazione del saggiare metalli preziosi | Segno che rimane sul metallo saggiato.

saggiavino [comp. di *saggia(re)* e *vino*; 1891] **s. m. inv.** ● (*enol.*) Cannello di vetro, rigonfio a una estremità, usato per attingere il vino dalle botti nelle prove di assaggio.

saggina o (*tosc.*) **saina** [lat. *sagīna(m)* 'nutrimento, ingrasso di animali domestici', di etim. incerta; av. 1320] **s. f.** ● Graminacea alta fino a tre metri, con foglie piatte e infiorescenza lunga e vellutata, che si coltiva come foraggio fresco e per i semi utili come becchime (*Sorghum vulgare*) | ***S. da granate***, specie che si coltiva per estrarre zucchero dal midollo e per usare le infiorescenze nella fabbricazione di scope e spazzole (*Sorghum saccharatum*): *par pan di grano, ed è pan di s.* (ANGIOLIERI). **SIN.** Sorgo. ➡ **ILL. piante**/10. || **sagginèlla**, **dim.** (V.).

sagginàle o (*tosc.*) **sainàle** nel sign. 1, **sanàle** nel sign. 1 [av. 1320] **s. m.** *1* Fusto secco della saggina. *2* †Zufolo fatto dal fusto della saggina.

sagginàre o (*lett.*) **saginàre** [lat. *sagināre* 'ingrassare, nutrire', da *sagīna* 'saggina'; 1598] **v. tr.** ● Ingrassare animali, spec. maiali e volatili: *s. i tordi*.

sagginàto (**1**) o (*lett.*) **saginàto** [1340 ca.] **part. pass.** di *sagginare*; anche **agg.** ● Ingrassato, tenuto all'ingrasso: *tordi sagginati*.

†**sagginàto** (**2**) [da *saggina*, per il colore] **agg.** ● Roano.

sagginèlla [av. 1606] **s. f.** *1* Dim. di *saggina*. *2* Correntemente, nome di alcune Graminacee.

♦**sàggio** (**1**) [dall'ant. fr. *sage*, dal lat. parl. **sàpiu(m)*, connesso con *săpere* 'avere senno'. V. *sapere* (*1*), *savio*; 1294] **A agg.** (**pl. f.** *-ge*) *1* Che pensa, agisce e sim. secondo criteri di accortezza, prudenza, assennatezza: *l'età rende saggi*; *un vecchio s.* | Che è pensato, detto, fatto e sim. in modo assennato, prudente: *una saggia decisione*; *un s. consiglio*; *sagge parole*; *un s. proverbio*; *questa è la soluzione più saggia*. **SIN.** Accorto, avveduto, giudizioso. *2* †Dotto, esperto nella propria arte, attività e sim. || **saggiaménte**, **avv.** Da saggio, con saggezza. **B s. m.** (**f.** *-a*) ● Persona saggia: *comportarsi da s.* | Sapiente: *i sette saggi dell'antichità* | Esperto al di sopra delle parti, designato per fornire un parere in una questione controversa od opinabile.

♦**sàggio** (**2**) [lat. tardo *exăgiu(m)* 'peso, bilancia', da *exĭgere* nel senso di 'pesare', comp. di *ĕx-* e *ăgere* 'muovere', di orig. indeur.; 1319] **s. m.** *1* Operazione sperimentale che mira a determinare la natura, le proprietà, il valore e sim. di qlco. | ***S. dell'oro***, operazione sperimentale con cui si riconoscono i metalli preziosi e se ne determina il titolo | ***Prova di s.***, piccola quantità di metallo prezioso tolta dal lingotto per fare il saggio | ***Tubo da s.***, provetta. *2* Campione da cui si possono desumere le caratteristiche del tutto o della serie cui appartiene: *un s. di olio, di vino*; *un s. delle sue opere* | ***Copia, esemplare di s.*** o (*assol.*) ***saggio***, copia, esemplare di un periodico, un libro e sim. spedita gratuitamente dall'editore per pubblicità | †Assaggio. *3* Prova in cui si mostrano agli altri le proprie attitudini, la maturità o il grado di preparazione raggiunti in una disciplina, un'arte e sim.: *dare s. di sé*; *dare s. della propria bravura, forza, capacità* | ***S. ginnico, di ginnastica, s. musicale*** e sim., nelle scuole, manifestazione che gli allievi eseguono pubblicamente per mostrare quanto hanno imparato. *4* (*econ.*) Tasso, misura percentuale dell'interesse o dello sconto: *s. dei profitti*. || **saggétto**, **dim.** | **saggino**, **dim.** | **saggiòlo**, **dim.** (V.).

♦**sàggio** (**3**) [calco sull'ingl. *essay*, a sua volta dal fr. *essai* 'saggio', come il precedente; 1619] **s. m.** ● Ricerca, studio scritto su di un particolare problema, evento, personaggio: *un s. su Hegel*, *sul diritto pubblico*, *sulla fisica quantistica*; *è uno studioso con molti saggi al suo attivo*.

saggiòlo o (*lett.*) **saggiuòlo** [dim. di *saggio* (*2*); av. 1400] **s. m.** *1* (*raro*) Campione di vino od olio da saggiare | †Fiaschetto nel quale si poneva questo campione. *2* †Bilancetta di precisione per pesare le monete.

saggìsta [da *saggio* 'studio', sul modello dell'ingl. *essayist*, a sua volta dal fr. *essayiste*; 1925] **s. m.** e **f.** (**pl. m.** *-i*) ● Chi scrive saggi.

saggìstica [f. sost. di *saggistico*; 1950] **s. f.** *1* Arte e tecnica dello scrivere saggi. *2* Genere letterario dei saggi | Produzione, insieme di saggi.

saggìstico [da *saggista*; 1950] **agg.** (**pl. m.** *-ci*) ● Che si riferisce ai saggi letterari, alla saggistica.

saggiuòlo ● V. *saggiolo*.

†**sagina** [da †*sagire*] **s. f.** ● (*raro*) Possesso, signoria.

saginàre ● V. *sagginare*.

saginàto ● V. *sagginato* (*1*).

†**sagire** [dal lat. mediev. *sacīre*, venuto dall'ant. fr. *saisir*, sovrapposizione del francone *sakjan* 'rivendicare' a *satjan* 'porre' (?)] **v. tr.** ● Sottomettere: *Se n'andò il re in Puglia … per s. i baroni* (VILLANI).

†**sagitta** [vc. dotta, dal lat. *sagĭtta(m)*. V. *saetta*; sec. XIV] **s. f.** ● Saetta, freccia.

sagittàle [vc. dotta, dal lat. mediev. *sagittāle(m)*, da *sagĭtta* 'saetta'; 1499] **agg.** ● (*anat.*) Detto di piano di sezione che divide il corpo in due parti specularmente identiche | ***Sutura s.***, fra le ossa parietali. || **sagittalménte**, **avv.**

†**sagittàre** [vc. dotta, dal lat. *sagittāre*. V. *saettare*; av. 1557] **v. tr.** ● Saettare.

sagittària [vc. dotta, dal lat. *sagĭtta* 'freccia, saetta', sul modello dell'agg. *sagittārius* 'sagittario'; 1891] **s. f.** ● Pianta erbacea delle Alismatacee con foglie triangolari saettiformi (*Sagittaria sagittifolia*).

sagittàrio (**1**) [vc. dotta, dal lat. *sagittāriu(m)* 'arciere, saettatore', da *sagĭtta* 'freccia, saetta'; av. 1374] **s. m.** ● (*zool.*) Serpentario.

Sagittàrio (**2**) [V. *sagittario* (*1*)] **A s. m.** *1* (*astron.*) Costellazione dello zodiaco che si trova fra quella del Capricorno e quella dello Scorpione. *2* (*astrol.*) Nono segno dello zodiaco, compreso tra i 240 e i 270 gradi dell'anello zodiacale, che domina il periodo compreso fra il 23 novembre e il 21 dicembre. ➡ ILL. **zodiaco.** **3** †Arciere. **B** s. m. e f. inv. ● Persona nata sotto il segno del Sagittario.

sagittàto [da *sagitta*; 1499] agg. ● (*bot.*) Detto di foglia con lembo appuntito all'apice e provvisto di due lobi acuti rivolti in basso, simmetrici rispetto all'inserzione del lembo sul picciolo, con forma simile alla punta di una freccia. SIN. Saettato.

†sagittìfero [vc. dotta, dal lat. *sagittĭferu(m)*, comp. di *sagĭtta* 'saetta' e *-fĕr* '-fero'; 1499] agg. ● (*raro, lett.*) Che contiene frecce.

sàglia ● V. *saia*.

†sagliènte ● V. *saliente*.

†saglire ● V. *salire*.

†sagnàre [dal fr. *saigner* 'sanguinare, salassare', dal lat. tardo *sanguināre*] v. tr. ● Ferire facendo uscire il sangue.

sàgo (1) [lat. *sāgu(m)* 'mantello, coperta', vc. celtica di prob. orig. indeur.; sec. XIV] s. m. (pl. *-ghi*) **1** Mantello militare usato dai soldati dell'antica Roma | Pezzo di stoffa steso sul dorso del cavallo per proteggerne il pelame. **2** (*lett.*) Saio.

sàgo (2) ● V. *sagù*.

†sàgo (3) [vc. dotta, dal lat. *sāgu(m)* 'presago'. V. *†saga (2)*] agg. **1** Sagace. **2** Magico.

sàgola o **†sàgora** [dal tema **saga-*, di orig. mediterr. (?); 1846] s. f. ● (*mar.*) Cima sottile impiegata gener. per alzare bandiere o far da messaggero a cime di manovra o d'ormeggio | Cavetto che collega la freccia al fucile subacqueo o alla boa di segnalazione.

sàgoma o **†sàcoma** [lat. *sacōma*, genit. *sacōmatis* 'contrappeso, della stadera', dal gr. *sákōma*; 1572] s. f. **1** Profilo, linea, forma esterna di edificio, mobile, vettura e sim.: *s. snella, tozza, elegante, aerodinamica*; *la s. di una nave, di un aereo* | ***S. limite, di carico***, in ferrovia, sezione di massimo ingombro, le cui dimensioni non devono essere superate dal profilo trasversale del materiale rotabile e dei carichi fatti su carri scoperti in circolazione sulle linee ferroviarie. **2** Forma esemplare, modello in legno, cartone o altro per l'esecuzione artigianale o industriale di lavori vari. **3** Nel tiro a segno, riproduzione stilizzata di uomo o animale, usata come bersaglio: *s. cadente, fissa, mobile* | Bersaglio sul quale si prova la compattezza delle rosate dei pallini. **4** (*fig., fam.*) Tipo bizzarro, divertente, ricco di idee originali: *che s.!*; *è una bella s.*; *lo sai che sei proprio una s.?* **5** †Romano della bilancia.

sagomàre [da *sagoma*; 1781] v. tr. (*io sàgomo*) **1** Dare, delineare la sagoma: *s. la carrozzeria di un'auto*. **2** †Misurare la capacità dei recipienti usati per il vino e l'olio.

sagomàto [1876] part. pass. di *sagomare*; anche agg. ● Nei sign. del v.: *una cornice ben sagomata*.

sagomatóre [da *sagomare*; 1959] s. m. **1** (f. *-trice*) Chi esegue sagomature. **2** †Controllore dei recipienti da vino e da olio.

sagomatrice [da *sagomare*; 1936] s. f. ● Macchina utensile per sagomare, usata spec. nella lavorazione di legnami e pietre da costruzione.

sagomatùra [1959] s. f. **1** Operazione del sagomare. **2** Sagoma nel sign. 1.

†sàgora ● V. *sagola*.

sàgra o **†sàcra** [f. sost. di *†sagro* 'sacro' (V.); 1353] s. f. **1** Festa nell'anniversario della consacrazione di una chiesa. **2** (*est.*) Festa popolare con fiera e mercato: *la s. del villaggio, della contrada*; *la s. della braciola*. **3** (*lett.*) Rievocazione, celebrazione.

†sagraménto e *deriv.* ● V. *sacramento* e *deriv.*

sagràre ● V. *sacrare*.

sagràto (1) o (*lett.*) **sacràto (2)** [lat. *sacrātu(m)*, part. pass. di *sacrāre* 'consacrare'. V. *sacrare*; av. 1400] s. m. **1** Spazio, spesso sopraelevato, antistante alla chiesa che, consacrato, godeva originariamente di immunità ed era destinato alla sepoltura dei morti. **2** †Cimitero adiacente la chiesa.

sagràto (2) [part. pass. sost. di *sagrare* (V.); sec. XVIII] s. m. ● (*pop.*) Bestemmia, imprecazione: *attaccare un s.*; *tirare sagrati*. || **sagratàccio**, pegg.

sagrestàna o **sacrestàna** [f. di *sagrestano*; 1354] s. f. **1** Monaca addetta alla sagrestia del convento. **2** (*pop.*) Moglie del sagrestano.

sagrestàno o **sacrestàno**, (*raro*) **sacristàno** [dal lat. mediev. *sacristānu(m)*, da *sacrĭsta* 'addetto alle cose sacre'. V. *sacrista*; 1353] s. m. (f. *-a* (V.)) ● Custode della sagrestia e degli arredi sacri.

sagrestìa o **sacrestìa**, **sacristìa**, **†sagristìa** [da *sagrista*; 1312] s. f. **1** Locale nella chiesa, quasi sempre adiacente al coro e comunicante con esso, nel quale si conservano i paramenti, gli arredi sacri, i libri liturgici e le reliquie, e dove i sacerdoti si vestono e si spogliano per le funzioni | ***C'è odore di s.***, (*fig.*) con allusione ad ambienti in cui si nota l'influenza del clero. **2** (*raro*) Nelle banche, stanza sotterranea corazzata in cui sono custoditi i valori.

sagrì [dal turco *sağri* 'pelle conciata'. V. *zigrino*; av. 1636] s. m. ● Piccolo squalo a corpo slanciato, con due pinne dorsali aculeate, pelle nerastra con caratteristiche squamette placoidi (*Etmopterus spinax*). SIN. Sagrino, zigrino.

†sagrificàre ● V. *sacrificare*.

†sagrifìcio ● V. *sacrificio*.

†sagrifìzio ● V. *sacrificio*.

†sagrilègio ● V. *sacrilegio*.

†sagrìlego ● V. *sacrilego*.

sagrinàto [da *sagri(no)*, variante di *zigrino* (V.); 1711] agg. ● (*raro*) Zigrinato.

sagrino s. m. ● (*zool.*) Sagrì.

sagrista ● V. *sacrista*.

†sagristìa ● V. *sagrestia*.

†sàgro ● V. *sacro (1)*.

sagù o (*raro*) **sàgo (2)** [dal fr. *sagou*, risal. al malese *sāgū*, prob. attraverso il port. *sagu*; 1747] s. m. ● Farina alimentare usata dagli indigeni delle zone equatoriali e ricavata dal midollo di parecchie specie di palme.

saguàro [vc. indigena dell'Arizona e del Messico; 1959] s. m. ● (*bot.*) Cactacea caratteristica delle regioni tropicali del Nordamerica, con fusto poco ramificato, fiori bianchi all'estremità dei rami e frutto a bacca con polpa rossa (*Carnegiea gigantea*).

sahariàna /saa'rjana/ [f. sost. di *sahariano*; 1935] s. f. ● Ampia giacca di tela con grandi tasche sul petto e sui fianchi, un tempo molto diffusa nei territori africani.

sahariàno /saa'rjano/ [da *Sahara*; 1959] **A** agg. ● Del deserto del Sahara. **B** s. m. ● (*geol., raro*) Quaternario.

saheliàno /sae'ljano/ [dall'ingl. *Sahelian*, da *sahel*, in ar. *sāḥil* 'riva, bordo'] agg. ● Che riguarda la fascia a sud del Sahara, zona di transizione tra il deserto e le regioni tropicali umide: *steppa, siccità saheliana*.

sahib /sa'ib, 'saib, *ingl.* 'sa:ıb, *urdu* 'sa:ħıb, *ar.* 'sɒ:ħıb/ [dall'ar. *ṣāḥib* 'amico' e 'signore', poi diffusasi in lingue dell'India; 1828] s. m. inv. (pl. ar. *ashàb*; ingl. *sahibs*) ● Nel linguaggio coloniale inglese, padrone e (*est.*) uomo bianco.

sài ● V. *sapere (1)*.

sàia o (*region.*) **sàglia** [dall'ant. fr. *saie*, dal lat. *sāga*, nt. pl. di *sāgum* 'mantello'. V. *sago (1)*; 1278] s. f. ● Armatura fondamentale dei tessuti, che presenta sugli stessi fili rigature oblique dovute all'intrecciarsi dei fili di ordito con la trama secondo una regolare progressione. || **saiétta**, dim.

sàiga [dal russo *saigá* 'antilope', dal turco tataro *saiga*; 1936] s. f. ● Antilope delle steppe asiatiche, piuttosto tozza, con lungo muso convesso, che forma come una corta proboscide (*Saiga tatarica*).

†saime [lat. parl. **sagīme(n)* (nom. acc. nt.), connesso con *sagīna* 'ingrasso, nutrimento'. V. *saggina*; 1340 ca.] s. m. ● Lardo, grasso, strutto.

saina ● V. *saggina*.

sainàle ● V. *sagginale*.

saint-honoré /*fr.* ˌsɛ̃tɔnɔ'ʀe/ [vc. fr., dal n. di rue *Saint-Honoré*, via di Parigi in cui abitava il pasticciere che l'ideò; 1942] s. m. o f. inv. (pl. fr. inv. o *saint-honorés*) ● Dolce di pasta sfoglia con una corona di bignè alla crema chantilly inframmezzati di panna montata.

saintpaulia /sem'paulja/ [dal n. del barone tedesco W. von *Saint Paul*] s. f. inv. ● (*bot.*) Violetta africana.

sàio [sovrapposizione dell'ant. fr. *saie* 'tessuto di lana' all'it. *sago*. V. *sago (1)*; 1524] s. m. **1** Abito degli appartenenti ad alcuni ordini mendicanti: *il s. dei francescani* | ***Vestire, prendere il s.***, abbracciare la vita religiosa. **2** †Sopravveste usata dai soldati romani. || **saiétto**, dim. | **saióne**, accr. (V.).

saióne [1534] s. m. **1** Accr. di *saio*. **2** †Panno pesante a lisca di pesce. **3** †Specie di pesante mantello a forma di saio. || **saionàccio**, pegg.

sàiride [dal gr. *sâura* 'lucertola', con *-ide*. V. *sauro*] s. m. ● Pesce osseo dei mari nordici, simile alle aguglie, dalle carni pregiate (*Scomberesox saurus*).

saìtico [vc. dotta, dal lat. *Saĭticu(m)*, deriv. dal gr. *Saitikós*, da *Sáis* 'Sais'; 1959] agg. (pl. m. *-ci*) ● Che si riferisce all'epoca storica d'Egitto in cui la capitale era Sais (VII-VI secc. a.C.).

sakè o **sachè**, **sàke** [vc. giapp., *sake*, giuntaci attraverso l'ingl., fr. *saké*; 1841] s. m. inv. ● Bevanda alcolica, tipica del Giappone, ottenuta dalla fermentazione del riso.

♦**sàla (1)** [dal longob. *sala* 'abitazione, sala'. V. ted. *Saal*; av. 1292] s. f. **1** Locale ampio e spazioso in edifici pubblici e privati, destinato ad usi di rappresentanza, riunione e sim.: *s. da pranzo, da ballo, da ricevimento*; *fai accomodare gli ospiti in s.* | ***S. d'aspetto***, nelle stazioni, uffici, ambulatori e sim., quella destinata alla gente in attesa | ***S. da tè***, locale all'interno di un bar dove si viene serviti al tavolo; SIN. Tea-room | ***S. di consultazione***, negli istituti archivistici, locale in cui il pubblico è ammesso alla consultazione dei documenti | ***S. di convegno***, locale di ritrovo e di svago nelle caserme | ***S. corse***, locale pubblico per scommesse sui risultati delle gare ippiche | ***S. giochi***, locale attrezzato con videogiochi, biliardini e sim. | ***S. di lettura***, nelle biblioteche, quella riservata alla lettura e alla consultazione dei libri richiesti | ***S. professori***, destinata ai docenti di una scuola | ***S. macchine***, ampio locale ove si trovano motori, spec. su navi | ***S. operatoria***, negli ospedali, quella in cui hanno luogo le operazioni chirurgiche | ***S. di proiezione***, sala cinematografica, adibita soprattutto a visioni di film per scopi tecnici o commerciali | ***S. scarto***, nei lanifici, reparto nel quale si esegue la cernita delle lane | ***S. di scherma, d'armi***, palestra destinata all'insegnamento e alla pratica della scherma | ***S. stampa***, locale in cui i giornalisti scrivono e trasmettono al giornale i propri servizi, allestito nelle sedi di certe istituzioni pubbliche o in occasione di manifestazioni. **2** Pubblico di una sala di spettacoli: *la s. proruppe in applausi*. **3** †Casa di campagna (sign. presente in toponimi come *Sala Biellese*, *Sala Bolognese* o *Sala Consilina*). || **salétta**, dim. (V.) | **salettina**, dim. | **salóne**, accr. m. (V.).

sàla (2) [lat. parl. **axāle(m)*, da *ăxis* 'asse del carro', dalla radice indeur. **aks-* 'ascella, asse'; av. 1320] s. f. ● In carri o carrozze, asse delle ruote.

sàla (3) [di etim. discussa: da una vc. mediterr. *sala* 'acquitrino' (?); 1618] s. f. ● (*bot.*) Biodo.

sàla (4) [voce germanica, dall'ant. ted. *saljan* 'dare'] s. f. ● Nel diritto germanico, complesso degli atti mediante i quali si realizzava il passaggio di proprietà.

salàcca o (*region.*) **saràcca** [scozzese *sillok* (proveniente da una lingua dell'Europa sett.), deformato per accostamento paretimologico a *sale*; 1805] s. f. **1** Correntemente, alosa che vive in acqua salata o dolce, di colore verde oliva sul dorso con riflessi metallici e fianchi splendenti di riflessi dorati (*Alosa alosa*). **2** (*region.*) Aringa o altro pesce simile conservato sotto sale o affumicato | (*est.*) Cibo misero, da poveri: *campare con una s.* | (*fig.*) Persona magra, patita: *sembrare una s.*; *essere magro come una s.* **3** (*scherz.*) Sciabola | Botta data a mano aperta o con un oggetto largo. || **salacchina**, dim. | **salacchino**, dim. m. | **salaccóne**, accr. m.

salaccàio [1872] s. m. (f. *-a*) **1** Venditore di salacche, spec. ambulante. **2** (*spreg., tosc.*) Libraccio vecchio e sudicio.

salàce [vc. dotta, dal lat. *salāce(m)*, agg. da *salīre* 'accoppiarsi, montare'. V. *salire*, *salto*; 1499] agg. **1** †Eccitante, afrodisiaco: *erba s.* **2** (*est.*) Lascivo: *motti, frasi, salaci* | Scurrile, indecente: *storielle salaci*. **3** (*est.*) Mordace, pungente: *epigrammi salaci*. || **salaceménte**, avv.

salacità [vc. dotta, dal lat. *salacitāte(m)*, astr. di *sālax*, genit. *salācis* 'lascivo'; 1598] s. f. ● Caratteristica di chi (o di ciò che) è salace.

salagióne [1840] s. f. ● Salatura, spec. del pesce.

†salàia [f. sost. dall'agg. lat. *salāriu(m)* 'attinente al sale', da *sāl*, genit. *sālis* 'sale'] s. f. **1** Magazzino, rivendita del sale. **2** Privativa del sale | Imposta sul sale.

†salaiòlo o **†salaiuòlo** [da *†salaia*] s. m. ● Venditore di sale al minuto.

salàma [f. di *salame*; 1905] **s. f.** ● (*cuc.*) ***S. da sugo***, o (*ellitt.*) ***salama***, insaccato di carne e fegato di maiale, condito con spezie e vino rosso, viene bollito a lungo a fuoco lento e servito con purè di patate; piatto tipico della cucina ferrarese.

salamàndra [lat. *salamăndra*(*m*), prestito dal gr. *salamándra*, di etim. incerta; av. 1250] **s. f.** ● Anfibio degli Urodeli con corpo gialliccio e nero, a macchie, bocca ampia, che vive negli ambienti umidi (*Salamandra salamandra* o *Salamandra maculosa*) | ***S. nera***, più piccola, di colore nero, che vive nella regione alpina ed è vivipara (*Salamandra atra*) | ***S. acquaiola***, tritone (2) | ***Essere una s.***, ***avere la pelle di s.***, (*fig.*) non bruciarsi al calore del fuoco. ➡ **ILL. animali**/4.

salamànna o **alamànna** [da (*Mes*)*s*(*er*) *Alamanno* (Salviati), che l'importò in Italia; 1712] **s. f.** ● (*agr.*) Uva pregiata da tavola, di colore giallo ambrato, con acini grandi e ovoidali.

♦**salàme** [dal lat. mediev. *salāmen* 'insieme di cose salate', da *sāl*, genit. *sălis* 'sale'; 1542] **s. m.** **1** Carne suina tritata e salata, insaccata in budelli con cubetti o fettine di grasso e grani di pepe, che si lascia stagionare: *s. crudo, cotto*; *s. all'aglio*; *una fetta di s.*; *mangiare pane e s.*; *essere legato come un s.* | ***S. di pesce***, carne di pesce di seconda qualità, aromatizzata e immessa entro budelli di origine suina. **2** (*est.*) Dolce di forma allungata, simile a un salame: *s. di cioccolato*; *s. di fichi* | ***S. inglese***, pan di Spagna ripieno. **3** (*fig.*) Persona goffa, impacciata, che non sa muoversi: *starsene lì come un s.*; *muoviti, s.!* || **salamino**, **dim.** (V.) | **salamóne**, **accr.**

salamelècco o †**salamelècche** [dall'ar. *as-salāmu 'alayk* 'pace su te'; 1481] **s. m.** (**pl.** *-chi*) ● Atto di ossequio, saluto, complimento, eccessivamente cerimonioso e adulatorio: *fare troppi*, *mille*, *salamelecchi a qlcu.*; *senza tanti salamelecchi*.

salamèlla [da *salame*; 1983] **s. f.** ● Salame dalla caratteristica forma a ferro di cavallo, preparato con impasto magro di maiale, che si può consumare anche dopo brevissima stagionatura.

salamino [1872] **s. m.** **1** Dim. di *salame* | Tipo di insaccato simile al salame, di formato più piccolo, da mangiarsi spec. affettato e talora anche cotto: *s. alla cacciatora*. **2** In tipografia, colonna di righe di giustezza minore. **SIN.** Colonnino.

†**salamistra** [sovrapposizione pop. di *Salomone* 'sapiente', a *salmista* (V.)] **s. f.** ● Donna presuntuosa, saccente.

salamòia [lat. tardo *salemŏria*(*m*), *salimūria*(*m*), comp. di *sāl*, genit. *sălis* 'sale' e *mūria* 'salamoia', di etim. discussa; av. 1320] **s. f.** **1** Soluzione acquosa concentrata di un qualsiasi sale | ***S. di cloruro di sodio***, (*per anton.*) ***salamoia***, per la conservazione di pesci, olive e sim.: *molluschi in s.* **2** Liquido incongelabile che nella tecnica frigorifera serve da intermediario tra il fluido frigorifero e i corpi da raffreddare.

salamoiàre [1701] **v. tr.** (*io salamòio*) ● Mettere in salamoia: *s. le olive*.

†**salamóne** (**1**) ● V. *salmone*.

salamóne (**2**) ● V. *salomone*.

salangàna [dal fr. *salangane*, risalente a una vc. filippina; 1708] **s. f.** ● Uccelletto degli Apodiformi, affine al rondone, di colore bruno scuro, il cui nido, costruito con una sostanza gommosa secreta da ghiandole mandibolari che all'aria indurisce, è considerato commestibile da alcune popolazioni orientali (*Collocalia fucifaga*).

salànte **part. pres.** di *salare*; anche **agg.** **1** (*raro*) Nei sign. del v. **2** ***Bacini salanti***, vasche o compartimenti delle saline, in cui si deposita il sale.

salapùzio [vc. dotta, dal lat. *salapūt*(*t*)*iu*(*m*) 'nanerottolo, cosino', parola di carattere familiare e di etim. incerta; 1805] **s. m.** ● (*raro, lett.*) Uomo piccolo di statura e saccente.

salàre [da *sale*; 1340 ca.] **v. tr.** **1** Trattare un cibo con sale per dargli sapore o per conservarlo: *s. la carne, la minestra, l'insalata*; *s. il prosciutto, il pesce* | (*fig., region.*) ***S. la scuola***, ***una lezione***, non andarvi, marinarla. **2** Cospargere di sale il lato carnoso delle pelli, al fine di preservarle dalla putrefazione e di conservarle sino al momento della concia.

salariàle [1941] **agg.** ● Relativo al salario, ai salari: *aumenti salariali*.

salariàre [1353] **v. tr.** (*io salàrio*) ● Retribuire con un salario | (*est.*) Assumere a pagamento.

salariàto [1353] **A** **part. pass.** di *salariare*; anche **agg.** **1** Retribuito con un salario. **2** (*raro, spreg.*) Che viene pagato per parlare, scrivere, e sim. in modo gradito a chi paga: *scrittore s.*; **SIN.** Prezzolato. **B** **s. m.** (**f.** *-a*) ● Chi presta la propria opera dietro corresponsione di un salario: *i salariati dello Stato, di un'azienda* | ***S. agricolo***, bracciante | ***S. fisso***, lavoratore agricolo a contratto annuo.

salàrio o †**salàro** [vc. dotta, dal lat. *salāriu*(*m*) 'razione di sale, indennità', nt. sost. di *salāriu*(*m*) 'attinente al sale', da *sāl*, genit. *sălis* 'sale'; 1288] **s. m.** **1** Retribuzione del lavoro dipendente degli operai, pagata dal datore di lavoro sulla base delle ore o della quantità di lavoro prestata, regolata per lo più da contratti collettivi di lavoro: *s. settimanale, mensile*; *s. di fame*; *riscuotere, percepire, pagare il s.* | ***S. nominale***, fissato in termini monetari, senza riferimento al potere d'acquisto della moneta stessa | ***S. reale***, valutato in termini di potere d'acquisto della moneta | ***S. d'ingresso***, quello temporaneamente inferiore ai minimi sindacali vigenti, per consentire una maggiore occupazione, spec. di giovani lavoratori. **2** (*gener.*) Retribuzione del lavoratore dipendente. **3** †Retta: *Suor Contessa ... mi domanda il s. per il convento* (GALILEI). || **salariùccio**, **dim.**

salassàre [dal lat. tardo *sānguinem laxāre* 'far scorrere il sangue'; sec. XIII] **A** **v. tr.** **1** Praticare un salasso, sottoporre a salasso. **2** (*fig.*) Spremere molto denaro (*anche assol.*): *questa spesa mi ha salassato il portafoglio*; *questo è un ristorante che salassa*. **B** **v. intr. pron.** ● (*fig., fam.*) Sottoporsi a gravi sacrifici economici: *si sono salassati per far studiare i figli*.

salassàta [da *salassare* in senso fig.] **s. f.** ● (*fig., scherz.*) Esborso, spesso imprevisto o forzato, di molto denaro: *più che una vacanza è stata una s.*

salassatóre [av. 1806] **s. m.** (**f.** *-trice*) ● (*raro*) Chi salassa (*anche fig.*).

salassatùra [av. 1557] **s. f.** ● (*raro*) Il salassare | (*raro*) Salasso.

salàsso [da *salassare*; av. 1320] **s. m.** **1** Intervento con cui, per mezzo di aghi, praticando un'incisione o anche applicando delle sanguisughe, si sottraeva all'organismo una quantità più o meno grande di sangue. **2** (*fig., scherz.*) Esborso di una notevole somma di denaro: *ho subìto un bel s.*; *mi hanno proprio fatto un s.* || **salassétto**, **dim.**

salàta [1879] **s. f.** ● Atto del salare: *dare una s. alla carne*. || **salatina**, **dim.**

salatino [dim. sost. di *salato*; 1923] **s. m.** ● Biscottino salato da consumare con aperitivi o tè.

♦**salàto** [av. 1294] **A** **part. pass.** di *salare*; anche **agg.** **1** Che contiene sale: *l'acqua salata del mare*. **2** Insaporito con sale: *burro s.*; *pane s.* | Che contiene troppo sale: *com'è salata questa carne!* **CONTR.** Insipido, scipito | Conservato sotto sale: *acciughe salate*; *carne salata*. **3** (*fig.*) Che ha un prezzo troppo elevato: *conto s.* | ***Pagarla salata***, scontarla duramente: *i suoi capricci li ha pagati salati*. **4** (*fig.*) Pungente, mordace, arguto: *discorso s.*; *risposta salata*; *parole salate* | (*raro*) Piccante, salace: *Continuava a biasciarle delle barzellette salate nell'orecchio* (VERGA). || **salataménte**, **avv.** **1** (*raro, fig.*) In modo pungente. **2** (*fig.*) A caro prezzo. **B** **s. m.** **1** Sapore salato: *preferire il s. al dolce*. **CONTR.** Dolce. **2** Salume, affettato: *pranzarono con un po' di s.* || **salatino**, **dim.** (V.).

salatóio [da *salare*; 1912] **s. m.** ● Locale del caseificio in cui si procede alla salatura del formaggio.

salatóre [da *salare*; 1891] **s. m.** (**f.** *-trice*) ● Operaio addetto alla salatura di carni, formaggi e sim.

salatùra [1865] **s. f.** ● Operazione del salare.

†**sàlavo** [dal longob. *salawer* 'sudicio'] **agg.** ● (*raro, tosc.*) Sudicio, sporco.

salbànda [dal ted. *Salband* 'cimosa'; 1932] **s. f.** ● (*geol.*) Insieme di materiali detritici, spec. argillosi, che separa un filone metallifero dalla roccia incassante.

salbastrèlla ● V. *salvastrella*.

sàlce ● V. *salice*.

salcerèlla [da *salce*, col doppio suff. *-ario* ed *-ella*] **s. f.** ● (*bot.*) Litracea dei luoghi paludosi con fusto eretto, foglie lanceolate e fiori porporini in lunghe spighe terminali (*Lythrum salicaria*).

salcéto ● V. *saliceto*.

salciàia [da *salce*, *salcio*; 1872] **s. f.** **1** Riparo di piccoli salici intrecciati situato lungo gli argini di fiumi, torrenti e sim. **2** (*raro*) Saliceto.

salciaiòla [da *salce*, *salcio*; 1872] **s. f.** ● Uccello dei Passeriformi castano olivastro sul dorso, bianco sul ventre, che vive nelle zone paludose (*Locustella luscinioides*).

salcìccia ● V. *salsiccia*.

salcigno [da *salcio*, *salce* con sovrapposizione di *saligno*; 1676] **agg.** **1** Di salice: *fronde salcigne* | (*est.*) Detto di legname nodoso, difficile a lavorarsi. **2** (*tosc.*) Detto di carne o sim., dura, tigliosa | Detto di pane, umidiccio, poco cotto, mal lievitato. **3** (*fig., tosc.*) Detto di persona, segaligno, legnoso: *un vecchio alto e s.* (PASCOLI) | Intrattabile, di carattere difficile.

sàlcio ● V. *salice*.

salciòlo o (*lett.*) **salciuòlo** [da *salce*, *salcio*; 1625] **s. m.** ● Vermena di salice usata per legare viti e altre piante al sostegno.

salcràuti ● V. *sarcrauti*.

sàlda (**1**) [da *saldare*; av. 1492] **s. f.** ● (*tess.*) Soluzione di amido, gomma o altre sostanze vischiose, in acqua, impiegata come appretto per i tessuti.

sàlda (**2**) [f. di *saldo* (*1*); 1872] **s. f.** ● (*raro, tosc.*) Terreno lasciato a erba d'inverno per pascolo al bestiame.

saldàbile [da *saldare*; 1959] **agg.** ● Che può essere saldato.

saldabilità [da *saldabile*; 1959] **s. f.** ● Attitudine di alcuni materiali, di uguale o diversa natura chimica, di unirsi saldamente fra loro in determinate condizioni fisiche.

saldacónti o **saldacónto** [comp. di *salda*(*re*) e il pl. di *conto*; 1957] **s. m. inv.** ● Libro in cui vengono registrati tutti i movimenti di credito e debito | Ufficio di un'azienda addetto ai rapporti con la clientela, spec. per quanto riguarda la riscossione dei crediti.

saldacontista [1970] **s. m. e f.** (**pl. m.** *-i*) ● Persona addetta alla tenuta del saldaconti.

saldacónto ● V. *saldaconti*.

saldaménto [1305] **s. m.** **1** Il saldare | Saldatura. **2** (*med.*) Cicatrizzazione, ricongiunzione: *s. osseo*. **3** †Saldo di un debito.

saldàre [da *saldo* (*1*); 1262] **A** **v. tr.** **1** Congiungere, unire fra loro due o più parti, pezzi e sim., in modo da formare un tutto organico: *s. un vaso con del mastice* | (*fig.*) Coordinare fra loro dei concetti e sim.: *i brani lirici non sono saldati col resto dell'opera*. **2** Unire in un corpo due pezzi metallici col fuoco e la saldatura, oppure fondendo il metallo sui due margini accostati: *s. un tubo, una padella che perde*; *s. all'ossigeno, con lo stagno*; *s. due pezzi di ferro* | (*oref.*) ***S. a oro***, ***s. ad argento***, unire alcuni pezzi con saldature a base di oro o d'argento | ***S. a stagno***, stagnare, unire con lega di stagno e piombo. **3** Pareggiare il dare con l'avere di un conto, pagare quanto dovuto: *s. il conto, una fattura* | ***S. un conto***, ***una partita*** e sim., (*fig.*) fare i conti con qlcu. **4** Cicatrizzare, rimarginare. **B** **v. intr. pron.** ● Cicatrizzarsi, rimarginarsi: *la ferita si salda bene*.

saldàto **part. pass.** di *saldare*; anche **agg.** ● Nei sign. del v. | (*fig.*) Pagato: *conto s.* | (*fig.*) Soddisfatto di un credito: *mi dichiaro s. della somma fra noi convenuta* (CARDUCCI).

saldatóio [1540] **s. m.** ● Utensile per saldare.

saldatóre [1831] **s. m.** **1** (**f.** *-trice*) Chi esegue saldature | Operaio addetto a una saldatrice. **2** Utensile per saldare, saldatoio.

saldatrice [f. di *saldatore*; 1941] **s. f.** **1** Apparecchiatura che realizza la saldatura elettrica. **2** Macchina impiegata per la saldatura dei lembi di confezioni e imballaggi in materia plastica o accoppiati.

saldatùra [sec. XIV] **s. f.** **1** Operazione, tecnica del saldare. **CFR.** Brasatura | ***S. a stagno***, col saldatore | ***S. autogena***, tra due pezzi dello stesso metallo, direttamente, cioè senza lega, con la fusione o la fiamma ossidrica | ***S. ossidrica***, ***ossiacetilenica***, fatta con la fiamma omonima | ***S. elettrica ad arco***, quella che sfrutta il calore dell'arco elettrico per la fusione del metallo di apporto e dei lembi del materiale da saldare; **SIN.** Saldatura a filo | ***S. a filo***, saldatura elettrica ad arco | ***S. a filo continuo***, saldatura ad arco che impiega corrente elettrica continua | ***S. elettrica a resistenza***, quella che si basa sul passaggio localizzato di elettricità, come fonte di calore, fra vari punti di due superfici metalliche da saldare | (*est.*) Ciò (metallo, lega o altro) che si usa per saldare | (*est.*) Il punto, il tratto saldato. **2** (*fig.*) Congiunzione, unione, coordinazione: *non vi è s. fra i due temi del film* | Collegamento fra due periodi storici, due tradizioni e sim.: *nella musica, l'impressionismo funge da s. tra Ottocento e Novecento.*

saldézza [1340 ca.] **s. f.** *1* Caratteristica, condizione di chi (o di ciò che) è saldo: *s. d'animo, di carattere, di propositi.* *2* †Blocco, masso, di marmo o pietra: *di questo granito ... le maggiori saldezze ... sono nell'isola dell'Elba* (VASARI).

sàldo (1) [sovrapposizione del lat. *vălidus* 'forte' al lat. *sŏlidu(m)* 'solido'. V. *sodo*; 1313] **A agg.** *1* (*lett.*) Compatto, intero, privo di rotture, crepe e sim.: *legno s.*; *intero e s.* | Massiccio, tutto d'un pezzo: *vogliam ... / un simulacro farti d'oro s.* (PULCI) | †*Pasta salda*, quasi dura. *2* (*lett.*) Che ha consistenza materiale: *trattando l'ombre come cosa salda* (DANTE *Purg.* XXI, 136). *3* (*est.*) Resistente, forte: *il cuore è ancora s.*; *mura salde*; *essere s. come l'acciaio* | (*est.*) Fisso, stabile: *un s. appoggio*; *questa scala sembra poco salda*; *tenetevi saldi.* *4* (*fig.*) Fermo, costante, irremovibile: *essere s. nei propri principi, nella propria fede*; *animo s.*; *un s. proposito* | ***Avere, tenere i nervi saldi***, avere la capacità di dominarsi, di mantenersi tranquillo | (*est.*) Tenace, duraturo: *sentimento s.*; *amicizia ben salda* | Fondato su valide ragioni: *argomentazioni salde.* || **saldétto**, **dim.** || **saldaménte**, **avv.** *1* In modo saldo, con saldezza: *afferrare qlco. saldamente.* *2* (*fig.*) Stabilmente, tenacemente: *un concetto saldamente radicato.* **B avv.** ● †Saldamente, in modo saldo: *che mai più s. in marmo non si scrisse* (PETRARCA).

sàldo (2) [da *saldare* (V.); 1444] **s. m.** *1* In un conto, differenza fra il complesso delle partite attive e il complesso delle partite passive: *s. attivo, passivo* | ***Fare il s.***, la quietanza | ***Fare i saldi dei conti***, pareggiare i conti. *2* Ammontare ancora dovuto per estinguere un debito già parzialmente soddisfatto: *darò il s. a fine mese* | ***S. dividendo***, utili corrisposti, dopo l'approvazione dell'assemblea della società per azioni, ai soci che abbiano già ricevuto un acconto dividendo | Completa estinzione di un debito: *pagare a s.* *3* (*spec. al pl.*) Merce rimasta alla fine di una partita, messa in vendita a basso prezzo allo scopo di terminarla.

saldobrasatùra [comp. di *saldo (1)* e *brasatura* (V.); 1970] **s. f.** ● (*tecnol.*) Saldatura di due pezzi metallici ottenuta fondendo nella zona di unione un metallo con temperatura di fusione inferiore a quella delle due parti.

♦**sale** [lat. *săle(m)*, di orig. indeur.; 1233] **s. m.** *1* Composto ottenuto per combinazione di un acido con una base. **CFR.** alo- | ***S. comune, s. da cucina***, costituito da cloruro sodico, contenuto in quantità enormi nell'acqua del mare e in altre acque, diffuso nel sottosuolo come salgemma, usato per fabbricare tutti i composti del sodio, per condire vivande, nella conservazione delle pelli e degli alimenti, nell'industria dei coloranti e sim. | ***S. idrato***, legato con una o più molecole d'acqua | ***S. inglese***, costituito da solfato di magnesio, usato come purgante, e nelle industrie dei tessuti, della carta e in tintoria | ***S. marino***, cloruro di sodio derivante dall'evaporazione dell'acqua del mare a opera del calore del sole in saline; V. anche *salmarino (1)* | ***Sali da bagno***, cristalli di sostanze cosmetiche o medicamentose che si sciolgono nell'acqua del bagno | ***Sali di tintura***, basi organiche coloranti che si impiegano nelle tinture con naftoli | (*al pl.*) Sali ammoniacali di odore pungente usati un tempo per rianimare persone svenute. *2* Correntemente, cloruro di sodio: *s. grosso, fino, da cucina, da tavola*; *un pizzico, un pugno di s.*; *mettere il s. nel brodo*; *mettere, conservare, sotto s.*; *va bene di s.?*; *manca il s.*; *c'è poco, troppo s.* | ***Essere giusto di s.***, contenerne la giusta misura | ***Sapere di s.***, averne il sapore; (*fig., lett.*) essere amaro, duro a sopportarsi | (*lett.*) ***Essere dolce di s.***, contenerne troppo poco; (*fig., lett.*) essere sciocco | ***Color di s. e pepe***, grigiastro | ***Non metterci né s. né pepe, né s. né olio*** e sim., (*fig.*) raccontare le cose come realmente stanno; (*est.*) rimanere indifferenti | (*fig.*) ***Rimanere di s.***, restare attonito, sbalordito (con riferimento all'episodio biblico della moglie di Lot, tramutata in una statua di sale per essersi girata a guardare l'incendio di Sodoma) | (*fig.*) †***Acconciarla senza s.***, sparlare di qlcu. senza riguardo. *3* (*agr.*) Correntemente, concime azotato distribuito in superficie | ***Dare il s.***, concimare. *4* (*fig.*) Senno, giudizio, saviezza: *non avere, avere poco s. in zucca* | (*fig.*) ***Con un grano di s.***, con discernimento e avvedutezza (dalla loc. lat. *cum grano salis* (V.)). *5* (*fig.*) Arguzia, mordacità: *parole senza s.* | (*lett., spec. al pl.*) Finezze argute e garbate. *6* (*poet.*) Mare: *metter potete ben per l'alto s. / vostro navigio* (DANTE *Par.* II, 13-14). *7* ***Il s. della terra***, i discepoli di Gesù, secondo le sue parole. *8* †Eritema, erpete. || **salina**, **dim. f.** (V.).

†**saleggiàre** [comp. di *sal(e)* e *-eggiare*; av. 1557] **v. tr.** ● (*raro*) Salare.

salèggiola [dal lat. *senecĭōne(m)*, da *sĕnex* 'vecchio', per i peli bianchi, con sovrapp. di *sale*, *saleggiare*] **s. f.** ● (*bot.*) Acetosella.

sàle marino ● V. *salmarino (1)*.

salentìno [vc. dotta, dal lat. *Salentīnu(m)* 'Salentino'; 1532] **A agg.** ● Del Salento, subregione della Puglia. **B s. m.** (f. *-a*) ● Abitante, nativo del Salento. **C s. m.** solo **sing.** ● Dialetto italiano meridionale, parlato nel Salento.

salernitàno [vc. dotta, dal lat. *Salernitānu(m)*, deriv. di *Salĕrnum* 'Salerno'; sec. XIV] **A agg.** ● Di Salerno. **B s. m.** (f. *-a*) ● Abitante, nativo di Salerno. **C s. m.** solo **sing.** ● Zona circostante Salerno.

sales engineer /ingl. 'seɪlz ɛnʤɪ'nɪəɹ/ [loc. ingl., propr. 'esperto di vendita', comp. di *sale* 'vendita' (d'orig. germ.) e *engineer* 'ingegnere'] **loc. sost. m. e f. inv.** (pl. ingl. *sales engineers*) ● (*org. az.*) Tecnico, perito o laureato, specializzato nella distribuzione di strumenti, materiali o prodotti molto sofisticati tali da richiedere una particolare competenza tecnica per poterli rendere funzionali alle diverse esigenze.

salesiàna [f. di *salesiano*; 1853] **s. f.** ● Suora della congregazione fondata da S. Maria Domenica Mazzarello con la regola di S. Giovanni Bosco.

salesiàno [dal nome di *Sales*, castello dell'Alta Savoia, patria del Santo; 1879] **A agg.** ● Che si riferisce a S. Francesco di Sales (1567-1622) e alla congregazione dei salesiani. **B s. m.** (f. *-a* (V.)) ● Membro laico o ecclesiastico della congregazione fondata da S. Giovanni Bosco nel 1859.

salesman /ingl. 'seɪlzmən/ [vc. ingl., comp. di *sale* 'vendita' e *man* 'uomo' (entrambi di orig. germ.); 1950] **s. m. inv.** (pl. ingl. *salesmen*) ● (*org. az.*) Agente, funzionario di vendita.

sales manager /ingl. 'seɪlz 'mænɪʤəɹ/ [loc. ingl., comp. di *sale* 'vendita' (d'orig. germ.) e *manager* (V.) 'dirigente'; 1983] **loc. sost. m. e f. inv.** (pl. ingl. *sales managers*) ● (*org. az.*) Dirigente responsabile dell'organizzazione di vendita.

salétta [1353] **s. f.** *1* Dim. di *sala (1)*. *2* Sala da pranzo degli ufficiali sulle navi mercantili.

salgèmma [comp. di *sal(e)* e *gemma*, per il suo aspetto cristallino; av. 1320] **s. m. inv.** ● (*miner.*) Cloruro di sodio in cristalli cubici incolori o in masse granulari biancastre che si estrae in miniera.

sàlgo ● V. *salire*.

saliàre [vc. dotta, dal lat. *Saliāre(m)*, agg. da *Sălii*, n. riconnesso col v. *salīre* 'saltare, fare danze sacre'; 1499] **agg.** ● Che si riferisce ai Salii | ***Carme s.***, quello che i Salii cantavano in alcuni riti romani | ***Pranzo s.***, lauto e solenne, come usavano i Salii nelle grandi feste di Marzo.

salìbile [1499] **agg.** ● (*raro*) Che si può salire.

Salicàcee [vc. dotta, comp. dal lat. *sălix*, genit. *sălicis* 'salice' e *-acee*; 1940] **s. f. pl.** (sing. *-a*) ● Nella tassonomia vegetale, famiglia di piante delle Dicotiledoni arboree, a foglie alterne, semplici, fiori unisessuali in amenti su piante diverse (*Salicaceae*). ➡ ILL. **piante**/2.

†**salicàle** **s. m.** ● (*raro, poet.*) Boschetto di salici.

Salicàli [dal lat. *sălix*, genit. *sălicis* 'salice'; 1959] **s. f. pl.** (sing. *-e*) ● Nella tassonomia vegetale, ordine di piante legnose delle Dicotiledoni, comprendente le famiglie delle Salicacee, molto diffuse nelle zone temperate e umide (*Salicales*). ➡ ILL. **piante**/2.

♦**sàlice** o (*lett.*) **sàlce**, (*pop.*) **sàlcio** [lat. *sălice(m)*, vc. di orig. indeur.; av. 1294] **s. m.** ● Grande albero delle Salicacee con corteccia grigia e screpolata, foglie aguzze e seghettate biancastre inferiormente, comune lungo i corsi d'acqua (*Salix alba*) | ***S. da vimini***, a foglie molto più lunghe che larghe, inferiormente pelose (*Salix viminalis*) | ***S. piangente***, coltivato come albero ornamentale per l'ampia chioma con rami penduli (*Salix babylonica*) | ***S. rosso***, brillo (2). ➡ ILL. **piante**/2.

salicéto o (*pop.*) **salcéto** [lat. tardo *salicētu(m)*, da *sălix*, genit. *sălicis* 'salice'; av. 1320] **s. m.** ● Terreno piantato a salici.

salicilammìde [comp. di (*acido*) *salicil(ico)* e *ammide*] **s. f.** ● (*chim.*) Ammide dell'acido salicilico, impiegata nell'industria conserviera per combattere le muffe e in medicina come sedativo e antireumatico.

salicilàto [comp. di *salicil(e)* e *-ato*; 1872] **s. m.** ● (*chim.*) Sale o estere dell'acido salicilico, di vario impiego come conservante e in medicina.

salicìle [comp. di *salic(e)* e *-ile*; 1872] **s. m.** ● (*chim.*) Radicale monovalente derivato dall'acido salicilico.

salicìlico [comp. di *salicil(e)* e *-ico*; 1872] **agg.** (pl. m. *-ci*) ● (*chim.*) Detto di ossiacido aromatico monocarbossilico, presente in molti fiori e piante, variamente impiegato in medicina: *acido s.*

salicilizzazióne [da *salicile*; 1970] **s. f.** ● Preservazione di sostanze mediante salicilato: *s. di conserve alimentari, di vini.*

salicìna [dal fr. *salicine*, deriv. dal lat. *sălix*, genit. *sălicis* 'salice' con *-ine* '-ina'; 1872] **s. f.** ● (*chim.*) Glucoside contenuto nella corteccia di salici e di alcuni pioppi, usato spec. come febbrifugo.

salicìneo **agg.** ● Che si riferisce al salice.

sàlico [vc. dotta, dal lat. tardo *Sălicu(m)*, da *Sălii* (nom. pl.), popolo franco; 1540] **agg.** (pl. m. *-ci*) ● Che si riferisce ai Franchi Salii | ***Legge salica***, compilazione giuridica (risalente alla fine del V sec.) nella quale le donne venivano escluse dalla successione al trono.

salicóne [da *salice*] **s. m.** ● Salicacea comunissima nei luoghi umidi, non molto alta, con foglie ovali dal lungo peduncolo (*Salix caprea*).

salicòrnia [adattamento dell'ar. *sala alqarah*, attraverso il fr. *salicor*, *salicorne*; av. 1758] **s. f.** ● Pianta erbacea delle Chenopodiacee, con rami formati da articoli cilindrici e da foglie carnose opposte, frequente sulle spiagge umide e salate (*Salicornia*).

saliènte o †**sagliènte** [vc. dotta, dal lat. *saliĕnte(m)*, part. pres. di *salīre* 'saltare'; 1525] **A agg.** *1* (*lett.*) Che sale: *Il grosso vapore della nebbia s.* (CARDUCCI). *2* Sporgente, prominente. *3* (*fig.*) Fondamentale, notevole, rilevante: *fatti, caratteristiche, punti salienti.* **B s. m.** *1* Salienza: *s. roccioso, collinare.* *2* (*mil.*) Settore più avanzato di uno schieramento di truppe. *3* Angolo formato da due fianchi di un'opera fortificata, col vertice verso l'esterno. *4* (*arch.*) Elemento orientato verso l'alto | ***Facciata a salienti***, il cui profilo segue le diverse altezze delle navate interne, come ad es. si trova nelle chiese romaniche.

saliènza [da *saliente*; 1869] **s. f.** *1* Sporgenza, prominenza. *2* (*fig., raro*) Importanza.

salièra [prob. dall'ant. fr. *salière*, f. sost. dal lat. *salārius*, agg. da *sāl*, genit. *sălis* 'sale'; av. 1350] **s. f.** *1* Vasetto nel quale si tiene il sale in tavola. *2* †Salina. || **salierétta**, **dim.** | **salierìna**, **dim.** | **salieróna**, **accr.** | **salierùccia**, **dim.**

salìfero [comp. di *sale* e *-fero*; 1855] **agg.** ● Che contiene o produce sale: *acque salifere*; *giacimento s.* | Che si riferisce alla produzione del sale: *industria salifera.*

salificàbile [1795] **agg.** ● Che si può salificare.

salificàre [comp. di *sale* e *-ficare*; 1701] **v. tr.** (*io salìfico, tu salìfichi*) ● (*chim.*) Fare reagire una base con un acido per ottenere un sale.

salificazióne [1957] **s. f.** ● Operazione del salificare | Trasformazione in sale.

†**salìgno (1)** [vc. dotta, dal lat. *salĭgnu(m)*, da *sălix*, genit. *sălicis* 'salice'] **agg.** ● (*raro*) Di salice.

salìgno (2) [lat. parl. **salīneu(m)*, da *sāl*, genit. *sălis* 'sale'; av. 1574] **agg.** *1* Di sale, simile al sale: *sostanza, pietra saligna.* *2* Che è impregnato di salsedine e ne trasuda: *marmo s.*

†**salimbàcca** [comp. di *sale*, *in* e *bacca* 'vaso', dal lat. tardo *băcca(m)* 'vaso' connesso col lat. tardo *baccĭnum* 'recipiente', sul modello dell'ant. fr. *seel en bache*, propr. 'sigillo in scatola', confuso poi con *sel* 'sale'] **s. f.** ● Sigillo usato anticamente spec. per i sacchi di sale | Scatola piatta dove si conservava il sigillo | (*fig.*) ***Portare acque con la s.***, fare qlco. di inutile, perdere tempo.

†**saliménto** [da *salire*; 1336 ca.] **s. m.** ● Atto del salire.

salìna (1) [lat. *salīna(m)*, f. sost. di *salīnus* 'salino'; av. 1348] **s. f.** *1* Serie di compartimenti stagni o vasche litorali in cui circola l'acqua del mare, per ricavare il sale mediante l'evaporazione | Miniera di salgemma. **2** Deposito naturale di sali diversi che si forma in zone costiere o depresse.

†salina (**2**) [1310] **s. f.** **1** Dim. di *sale*. **2** Sale da cucina.

salinàio o (*region.*) **salinàro** [lat. *salinăriu(m)*, da *salīnus* 'salino'; 1872] **s. m.** (**f.** *-a*) **1** Chi lavora in una salina. **2** †Proprietario di saline.

salinàre [da *salina* (*1*); 1412] **v. intr.** (aus. *avere*) ● Estrarre il sale nelle saline.

salinàro ● V. *salinaio*.

salinaròlo [da *salinaro*] **s. m.** ● Salinaio.

salinatóre [dal lat. *salinatōre(m)*, da *salīnus* 'salino'; 1701] **s. m.** ● Salinaio | †Appaltatore della gabella del sale.

salinatùra [da *salinare*; 1855] **s. f.** ● Operazione per estrarre il sale dalle acque del mare.

salinèlla [da *salina* (*2*); 1959] **s. f.** ● (*geol.*) Sorgente fredda di acqua, gas e melma ricca di cloruri e altri sali.

salinità [da *salino*; 1929] **s. f.** ● Rapporto tra la massa di sale, misurata di solito in grammi, contenuta in una data quantità di acqua e la quantità di acqua stessa, misurata in litri.

salino [lat. *salīnu(m)*, da *sāl*, genit. *sălis* 'sale'; 1681] **A agg.** **1** Di sale: *sostanza salina*. **2** Che contiene sale: *acque saline* | Che ha aspetto o proprietà di sale. **B s. m.** **1** Salsedine. **2** (*region.*) Saliera.

salinòmetro [comp. di *salino* e *-metro*; 1959] **s. m.** ● Apparato per la misurazione della salinità dell'acqua marina.

†salinóso agg. ● (*lett.*) Salino.

sàlio [sing. di *Salii*, vc. dotta deriv. dal lat. *Sălii* (nom. pl.) 'sacerdoti di Marte', prob. connesso con *salīre* 'saltare', per le danze rituali, di carattere guerresco, annualmente celebrate nelle processioni di questo collegio sacerdotale; 1589] **s. m.** (**pl.** *-ii*) ● Membro di un collegio sacerdotale degli antichi Romani, dedito al culto di Marte e alle cerimonie relative all'apertura e chiusura dell'anno militare. **CFR.** Saliare.

♦**salire** o †**saglire** [lat. *salīre* 'saltare', di orig. indeur.; av. 1257] **A v. intr.** (**pres.** *io sàlgo*, pop. *salisco*, †*sàglio*, *tu sàli*, pop. *salisci*, †*sàgli*, *egli sàle*, pop. *salisce*, †*sàglie*, *noi saliàmo*, †*sagliàmo*, *voi salìte*, †*saglìte*, *essi sàlgono*, pop. *saliscono*, †*sàgliono*; **fut.** *io salirò*, †*sarrò*; **pass. rem.** *io salìi*, †*sàlsi*, †*salètti*, *tu salisti*; **congv. pres.** *io sàlga*, pop. *salisca*, †*sàglia*, *noi saliàmo*, †*sagliàmo*, *voi saliàte*, †*sagliàte*, *essi sàlgano*, pop. *saliscano*, †*sàgliano*; **condiz. pres.** *io salirèi*, †*sarrèi*, †*sarria*, *tu salirésti*, †*sarrésti*; **ger.** *salèndo*, †*saglièndo*; **part. pres.** *salènte* o *saliènte*, †*sagliènte*; aus. *essere*) **1** Andare su, verso l'alto o verso un luogo più alto, a piedi e per gradi: *s. sul tetto, per le scale, su per le scale, sulla torre, in cima alla torre, fino in vetta*; *s. piano, lentamente, faticosamente*; *s. in casa, in ufficio* | ***S. da qlcu.***, andare in casa sua per intrattenervisi più o meno a lungo: *vuoi s. da noi?*; *perché non salite un po'?* | Montare: *s. su una sedia*; *s. sul treno, in tram*; *s. a cavallo, in groppa, in sella* | ***S. sulla nave***, imbarcarsi | ***S. in cattedra***, (*fig.*) fare il saccente | (*fig.*) ***S. in superbia, in collera***, insuperbirsi, incollerirsi. **2** Andare su, verso l'alto o verso un luogo più alto utilizzando un veicolo e con movimento regolare e continuo: *s. con l'ascensore, in ascensore, con la funicolare, con la funivia*. **3** Andare verso l'alto, levarsi in volo, in aria (*anche fig.*): *il dirigibile salì molto in alto*; *l'aereo sale fino a tremila metri*; *dal cratere salgono nuvole di vapore*; *le fiamme salirono fino alla casa*; *le urla salirono al cielo* | ***S. in paradiso, al cielo***, (*fig.*, *eufem.*) morire | Levarsi all'orizzonte, sorgere: *il sole sale*; *salì la luna*. **4** Ergersi: *la catena montuosa sale fino ad altezze inaudite* | Essere in salita: *la strada sale*; *il sentiero sale dolcemente*. **5** (*fig.*) Pervenire a una condizione migliore, più alta: *s. nella considerazione, nella stima degli altri*; *s. in ricchezza, in potere, in fama, in gran fama*; *s. in grado, di grado*; *s. dal niente, da umile stato* | ***S. al trono***, (*fig.*) diventare re. **6** (*fig.*) Aumentare, crescere, d'intensità, numero, quantità, livello e sim.: *la voce salì di un tono*; *il numero degli abitanti sale continuamente*; *la temperatura è salita*; *il livello del fiume tende a s.* | Rincarare: *i prezzi salgono*; *la frutta è salita alle stelle*; *la benzina sale ancora*. **7** (*lett.*) †Balzare, saltare: *del palafreno il cacciator giù sale* (ARIOSTO). **B v. tr.** **1** Percorrere andando dal basso verso l'alto: *s. le scale, una montagna*; *s. i gradini a due a due, uno per volta*. **2** (*fig.*, *poet.*) Superare, oltrepassare: *e tu, lieta e pensosa, il limitare / di gioventù salivi?* (LEOPARDI).

salisburghése [sec. XV] **A agg.** ● Di Salisburgo. **B s. m. e f.** ● Abitante, nativo di Salisburgo.

saliscéndi o **saliscèndi**, †**saliscéndo**, †**saliscèndo** [comp. di *sali(re)* e *scendere*; av. 1400] **s. m. inv.** **1** Sistema di chiusura per porte e finestre, costituito da una spranghetta mobile di ferro fissata a un battente che va a incastrarsi in un gancio o nasello infisso nell'altro battente. **2** Dispositivo per regolare l'altezza delle lampade dal soffitto. **3** Alternanza di salite e di discese.

♦**salita** [da *salire*; 1308] **s. f.** **1** Azione del salire: *la s. del monte*; *fare una s.*; *la s. è stata dura* | ***Strada in s.***, ripida, che sale | ***Tappa in s.***, nel ciclismo su strada, quella effettuata su strade di montagna | ***In s.***, (*fig.*) difficile, irto di ostacoli: *in s. la trattativa tra governo e sindacati* | Arrampicata, come esercizio ginnico: *s. alla fune, alla pertica*. **CONTR.** Discesa. **2** Percorso, strada, per cui si sale: *all'inizio, a metà della s.*; *in fondo, in cima alla s.*; *camminare in s.* **SIN.** Erta. **CONTR.** China, declivio, discesa. **3** (*fig.*) Assunzione di un incarico, ascesa al potere: *s. al trono*. || **salitàccia**, **pegg.** | **salitina**, **dim.**

salito [sec. XIII] **part. pass.** di *salire* ● Nei sign. del v.

salitóio [da *salire*; av. 1400] **s. m.** ● (*raro*) Scaletta o attrezzo usati per salire.

†salitóre [1319] **s. m.**; anche **agg.** (**f.** *-trice*) ● (*lett.*) Chi (o Che) sale.

saliva o †**scialiva**, †**sciliva** [lat. *salīva(m)*, di etim. incerta; 1342] **s. f.** ● Liquido incolore, filante, prodotto dalle ghiandole salivari situate nella mucosa del cavo orale, avente alcune attività digestive | (*fam.*, *fig.*) ***Essere attaccato con la s.***, di cosa che non regge, che si stacca subito. **CFR.** scialo-.

salivàre (**1**) o **salivàle** [1829] **agg.** ● Di saliva, relativo alla saliva: *ghiandola s.*; *dotto s.*

salivàre (**2**) [lat. *salivāre*, da *salīva* 'saliva'; 1745] **v. intr.** (aus. *avere*) ● Produrre saliva.

salivatòrio [da *salivare* (*2*); 1745] **agg.** ● Che si riferisce alla salivazione.

salivazióne [lat. tardo *salivatiōne(m)*, da *salivāre*; av. 1712] **s. f.** ● Produzione ed escrezione della saliva.

†salivo s. m. ● (*dial.*) Saliva.

sallustiàno [lat. *Sallustiānu(m)*, dal n. proprio *Sallūstius* 'G. Sallustio' (86-35 a.C.); sec. XV] **agg.** ● Relativo allo storico romano Sallustio e alle sue opere.

sàlma [lat. tardo *săgma(m)* 'basto, sella', dal gr. *ságma*, genit. *ságmatos*. V. *soma*; 1321] **s. f.** **1** †Soma, bagaglio pesante | (*est.*) †Armatura pesante. **2** (*poet.*) Corpo umano, rispetto all'anima: *'l Figliuol di Dio / carcar si volse de la nostra s.* (DANTE *Par.* XXXI, 113-114). **3** Spoglie mortali, corpo di una persona defunta composto per le esequie: *qui giace la s.*; *trasporto, traslazione, benedizione, deposizione, ricognizione, della s.* **4** Misura italiana di capacità per aridi e liquidi, usata in varie province con valori compresi fra circa 70 e 300 litri | Misura italiana di superficie, usata in varie province con valori compresi fra circa 1 e 4 ettari: *aveva potuto acquistare due 'salme' di terreno per un pezzo di pane* (TOMASI DI LAMPEDUSA).

salmarino (**1**) o **sàle marino**, **sal marino** [comp. di *sal(e)* e *marino*; 1957] **s. m.** (**pl.** *sàli marini*) ● (*chim.*) Cloruro sodico.

salmarino (**2**) ● V. *salmerino*.

salmàstro [dal lat. *salmăcidu(m)* 'salmastro', comp. di *sălgama* (nt. pl.) 'conserve' e *ăcidus* 'aspro', attraverso l'ant. fr. *saumastre*; av. 1320] **A agg.** ● Che contiene sali marini in concentrazione inferiore a quella del mare: *stagno, estuario s.* | ***Piante salmastre***, che vivono in acque salse | Caratteristico del sale o della salsedine: *odore s.* **B s. m.** ● Sapore, odore di salsedine: *sapere, sentire, di s.*

salmastróso [da *salmastro*; 1891] **agg.** ● Che ha sapore di salmastro: *acqua salmastrosa* | Che contiene sale: *terreno s.*

salmeggiaménto s. m. ● (*raro*) Il salmeggiare.

salmeggiàre [comp. di *salmo*, ed *-eggiare*; sec. XIV] **A v. intr.** (*io salméggio*; aus. *avere*) ● Cantare, recitare salmi: *s. a Dio, pregare e s.* **B v. tr.** ● (*lett.*) Recitare o cantare un salmo e sim.: *e le monache [si ridussero] al coro per salmeggiarvi … la compieta* (NIEVO).

salmerìa [da *salma* (V.); av. 1348] **s. f.** ● (*spec. al pl.*) Insieme di veicoli, carri e animali da soma adibiti al trasporto di materiali vari, armi, munizioni, viveri, artiglieria someggiata e sim. | Insieme dei materiali così trasportati.

salmerino o (*dial.*) **salmarino** (**2**) [dial. trentino *salmarin*, dal ted. tirolese *salmling*, da *Salm* 'salmone'; 1875] **s. m.** ● Robusto pesce dei Salmonidi di grigio olivastro con pinne giallastre, pregiato e allevato in acque fresche (*Salvelinus salmarinus*).

salmerista [1942] **s. m.** (**pl.** *-i*) ● Soldato addetto alle salmerie di un reparto.

salmì [dal fr. *salmis*, abbr. di *salmigondis*, dall'it. *salami conditi*; 1741] **s. m.** ● Intingolo preparato con pezzi di selvaggina macerati in vino e poi cotti in un sugo aromatico: *lepre in s.*; *s. di pernice*.

salmiàco [dal lat. *sāl Ammonĭacu(m)* (nom.) 'sale dell'oasi di Ammonio'] **s. m.** (**pl.** *-ci*) ● Minerale costituito da cloruro ammonico.

†salmisia o **†sal mi sia** [abbr. tosc. di *salvo mi sia*; sec. XVII] **inter.** ● (*tosc.*) Dio mi scampi, Dio me ne liberi (con valore deprecativo parlando di sventure, disgrazie, malanni e sim.).

salmista [vc. dotta, dal lat. tardo (eccl.) *psalmĭsta(m)*, adattamento del gr. *psalmistḗs*, da *psalmós* 'salmo'; 1308] **s. m.** (**pl.** *-i*) ● Poeta autore di salmi | ***Il Salmista***, (*per anton.*) il re David, compositore di salmi.

salmistràre [dal veneto *salmistro* 'salnitro'. V. *salnitro*; 1858] **v. tr.** ● (*cuc.*) Trattare la lingua di bue con salnitro e sale, lasciandola poi alcuni giorni in salamoia con spezie e infine lessandola.

salmistràto [1829] **part. pass.** di *salmistrare*; anche **agg.** ● Nel sign. del v.: *lingua salmistrata*.

sàlmo [dal lat. tardo (eccl.) *psălmu(m)*, dal gr. *psalmós*, da *psállein* 'cantare al suono della cetra', di orig. indeur.; av. 1294] **s. m.** **1** Ciascuna delle centocinquanta composizioni religiose ritmate, in parte attribuite a Davide, destinate al canto, le quali costituiscono il Libro dei Salmi nella Bibbia ebraica e cristiana. **2** (*mus.*) Canto della chiesa comprendente quattro elementi, l'intonazione o preludio, il tenore, la cadenza media, la cadenza finale. || **PROV.** Tutti i salmi finiscono in gloria.

salmodìa o **psalmodìa** [vc. dotta, dal lat. tardo (eccl.) *psalmōdia(m)*, dal gr. *psalmōidía*, comp. di *psalmós* 'salmo' e *ōidḗ* 'canto'; sec. XIII] **s. f.** ● Canto di salmi | Modo di cantare i salmi.

salmodiànte [1818] **part. pres.** di *salmodiare*; anche **agg.** **1** Nel sign. del v.: *processione s.* **2** (*est.*) Che parla, recita o canta con tono lento e monotono: *voce, coro s.*

salmodiàre [da *salmodia*; 1871] **v. intr.** (*io salmòdio*; aus. *avere*) ● Cantare salmi, inni religiosi, spec. in coro.

salmòdico [1781] **agg.** (**pl. m.** *-ci*) ● Di salmodia, di salmi: *canto s.*

salmògrafo [vc. dotta, dal lat. tardo (ecclesiastico) *psalmŏgraphu(m)*, comp. di *psălmus* 'salmo' e *-grăphus* '-grafo'; 1614] **s. m.** ● (*lett.*) Salmista.

salmonàre [da *salmone*; 1903] **v. tr.** (*io salmóno*) ● Conferire la salmonatura alla carne di alcune specie di trota in allevamento, aggiungendo crostacei alla loro alimentazione.

salmonàto [1967] **part. pass.** di *salmonare*; anche **agg.** ● Nel sign. del v.: *trota salmonata*.

salmonatùra [1983] **s. f.** ● Colorazione roseo-arancione che compare nella carne dei salmoni e di alcune specie di trota che si cibano di crostacei ricchi di carotene.

salmóne o †**salamóne** (**1**) nel sign. A, †**sermóne** (**2**) nel sign. A [lat. *salmōne(m)*, di orig. celt.; av. 1464] **A s. m.** **1** Pesce osseo dei Salmonidi, pregiatissimo, che abita le acque fredde dell'Atlantico e si riproduce nei fiumi (*Salmo salar*) | ***S. del Danubio***, huco. ➡ **ILL. animali**/6. **2** (*mar.*) Pezzo lungo e grosso di ferro o di piombo per zavorra. || **salmoncino**, **dim.** **B** in funzione di **agg. inv.** ● (posposto a un s.) Che ha il colore rosa carico tendente all'arancione caratteristico della carne affumicata del pesce omonimo: *un vestito s.*; *una tovaglia rosa s.*

salmonèlla [dal n. del medico ingl. D. E. *Salmon* (1850-1914); 1957] **s. f.** ● (*biol.*) Batterio che può provocare un'infezione intestinale sia negli uomini sia negli animali (*Salmonella*).

salmonellòsi [comp. di *salmonell(a)* e *-osi*; 1908] **s. f. inv.** ● (*med.*) Ogni infezione causata da batteri del genere *Salmonella*, che comprende infezioni gastrointestinali, batteriemie, febbre tifoide e sim.

Salmònidi [comp. di *salmone* e *-idi*; 1931] s. m. pl. (sing. *-e*) ● Nella tassonomia animale, famiglia di Pesci ossei dei Clupeiformi, di carni molto pregiate, caratterizzati dall'avere la seconda pinna dorsale adiposa (*Salmonidae*).

salmoriglio [dallo sp. *salmorejo* 'salsa di acqua, aceto, olio, sale e pepe', deriv. di *salmuera* 'salamoia'] s. m. ● (*cuc.*) Salsa siciliana a base di olio, limone, sale, pepe, aglio, prezzemolo e origano, usata per condire il pesce cotto alla griglia.

salnitràio [1872] s. m. ● (*raro*) Operaio addetto alla fabbricazione del salnitro.

salnitro o †**sannitrio** [dal lat. *sāl nĭtru(m)* (nom.) 'nitro, salnitro'. V. *nitro*; sec. XIV] s. m. ● Correntemente, nitrato di potassio.

salnitróso [1531] agg. ● Che contiene salnitro.

salodiàno [da *Salò*, con inserimento della *-d-* per ragioni eufoniche] **A** agg. ● Di Salò. **B** s. m. (f. *-a*) ● Abitante, nativo di Salò.

saloìno [da *Salò* con il suff. *-ino*, frequente negli etnici] agg. ● Relativo alla Repubblica Sociale Italiana (1943-45), il cui governo ebbe sede a Salò. SIN. Repubblichino.

salòlo [comp. di *sal(icile)* e *-olo* (*1*); 1905] s. m. ● (*chim.*) Salicilato di fenile usato in medicina per le proprietà antisettiche.

salomóne o (*pop.*) **salamóne** (**2**) [nome dell'antico re d'Israele famoso per l'eccezionale saggezza (dal lat. *Salamōne(m)*, dal gr. *Salōmṓn*, dall'ebr. *Shelōmōh* connesso con *shālōm* 'pace'); 1584] s. m. ● (*per anton.*) Persona eccezionalmente saggia e sapiente: *parlare come Salomone*; *credersi un s.*; *essere un s.*

salomònico [1959] agg. (pl. m. *-ci*) **1** Che si riferisce al biblico re Salomone: *sapienza, saggezza salomonica*. **2** (*fig.*) Giusto, imparziale: *giudizio s.* ‖ **salomonicaménte**, avv. ● In modo rigidamente imparziale.

♦**salóne** (**1**) [1550] s. m. **1** Accr. di *sala* (*1*). **2** Ampia sala avente particolari funzioni di rappresentanza: *s. da ballo*; *s. affrescato, istoriato*; *aprire i saloni per un ricevimento*. ‖ **saloncino**, dim.

♦**salóne** (**2**) [dal fr. *salon*; 1825] **A** s. m. **1** Mostra di prodotti artigianali o industriali che ha luogo periodicamente: *il s. dell'automobile, della tecnica, della moda, dell'alimentazione* | Luogo, edificio in cui tale mostra si svolge. **2** (*merid.*) Negozio di barbiere o di parrucchiere | ***S. di bellezza***, locale dove si praticano trattamenti estetici. **B** in funzione di agg. inv. ● (posposto al s.) Nella loc. ***vettura s.***, vettura ferroviaria di lusso, con poltrone e tavolini.

saloon /sa'lun, *ingl.* sə'lu:n/ [vc. ingl. d'Amer., dal fr. *salon*, a sua volta deriv. dall'it. *salone*; 1921] s. m. inv. ● Caratteristico locale pubblico degli Stati Uniti d'America dell'epoca della conquista del West (nella seconda metà del sec. XIX), dove si consumavano bevande alcoliche, si giocava d'azzardo e si tenevano spettacoli di varietà.

salopette /*fr.* salɔ'pɛt/ [vc. fr., prob. da *salope* 'persona mal vestita, poco pulita', comp. di *sale* 'sporco' e *hoppe*, var. dial. di *huppe* 'upupa', uccello ritenuto poco pulito; 1967] s. f. inv. ● Indumento costituito da pantaloni con pettorina e bretelle, usato per comodità, come tuta da lavoro o come capo d'abbigliamento sportivo: *una s. di tela jeans*; *s. e giacca a vento*.

†**salòtta** [f. di *salotto*] s. f. ● Piccola sala, spec. di palazzo.

salottièro [1931] agg. ● Relativo ai salotti mondani | (*est.*) Vacuo, superficiale, frivolo: *poeta s.*; *discorsi salottieri*; *società, cultura salottiera*.

♦**salòtto** [da *sala* (*1*); 1521] s. m. **1** Stanza, generalmente arredata con particolare cura e fornita di divano e poltrone, con funzioni di ricevimento, conversazione e sim.: *ricevere qlcu. nel s.*; *passare in s.* | ***S. buono***, spec. un tempo, quello arredato bene, particolarmente adatto alle grandi occasioni; (*fig.*) Nel linguaggio giornalistico, gruppo esclusivo di persone o aziende: *il s. buono della finanza italiana* | (*est.*) Insieme dei mobili che costituiscono l'arredamento di tale stanza: *un s. rosso*; *comprare un s. nuovo*; *cambiare il s.* **2** (*est.*) Riunione mondana, culturale, artistica o sim. che ha luogo in un'abitazione privata: *s. letterario*; *il s. della signora è sempre ben frequentato*; *tiene s. ogni venerdì*; *fa parte di uno dei migliori salotti della città* | ***Chiacchiere da s.***, discorsi frivoli, superficiali | ***Fare s.***, intrattenersi conversando su argomenti futili | (*est.*) Insieme delle persone che abitualmente partecipano a tali riunioni: *è molto conosciuta nei salotti*. ‖ **salottino**, dim. | **salottùccio**, dim.

sàlpa o (*dial.*) **sàrpa** [lat. *sălpa(m)*, dal gr. *sálpē*, di orig. mediterr.; 1476] s. f. ● (*zool.*) Tunicato dei Taliacei, con corpo trasparente e di forma cilindrica, che vive trasportato dalle correnti, senza prendere contatto con il fondo marino (*Salpa*).

salpàncora o **salpàncore** [comp. di *salp(are)* e *ancora*; 1957] s. m. inv. ● (*mar.*) Argano o verricello, azionato da motore elettrico o idraulico, che sulle navi serve a recuperare la catena dell'ancora.

♦**salpàre** o †**sarpàre** [dal catalano parl. **exharpāre*, che è dal gr. *exharpázein* 'strappare (le ancore)'; av. 1388] **A** v. tr. ● Recuperare, sollevare dal fondo del mare: *s. una mina, l'ancora*. **B** v. intr. (aus. *essere*) **1** Partire dal luogo dell'ancoraggio: *s. da Napoli per New York*. **2** (*fig., scherz.*) Partire, andarsene.

salpinge [vc. dotta, dal lat. tardo *salpĭnge(m)* 'tromba', dal gr. *sálpinx*, genit. *sálpingos*, di orig. mediterr. (?); 1829] s. f. **1** (*anat.*) Struttura anatomica a forma di tubo con un'estremità dilatata | ***S. uterina***, tuba uterina | ***S. uditiva***, tromba uditiva, tromba di Eustachio. **2** (*archeol.*) Tromba lunga anche più di due metri e diritta, usata presso gli antichi Greci spec. nelle azioni militari e talvolta nelle processioni religiose.

salpingectomìa [comp. di *salping(e)* ed *-ectomia*; 1959] s. f. ● (*chir.*) Asportazione chirurgica mono- o bilaterale delle salpingi uterine.

salpingite [comp. di *salping(e)* e *-ite* (*1*); 1890] s. f. ● (*med.*) Infiammazione della salpinge.

salpingografìa [comp. di *salping(e)* e *-grafia*] s. f. ● (*med.*) Indagine radiografica delle salpingi mediante immissione di un mezzo di contrasto radiopaco attraverso il canale uterino.

salpingoplàstica [comp. di *salping(e)* e *plastica*] s. f. ● (*chir.*) Intervento di chirurgia plastica eseguito sulle salpingi spec. per tentare di ristabilirne la pervietà.

♦**sàlsa** (**1**) [dal lat. *sălsa(m)*, f. sost. di *sălsus* 'salso'; 1289] s. f. ● Condimento più o meno denso o cremoso, preparato a parte per aggiungere sapore a certe vivande: *s. di pomodoro, verde, piccante, bianca, tartara, maionese* | ***S. dolce***, conserva di pomodoro addolcita con zucchero, diluita con aceto e aromatizzata con spezie e aromi | Sugo, intingolo | (*fig., scherz.*) ***S. di S. Bernardo***, fame | ***Cucinare qlco. in tutte le salse***, (*fig.*) presentare una stessa cosa in modi diversi. ‖ **salsàccia**, pegg. | **salsarèlla**, dim. | **salsétta**, dim. | **salsettina**, dim. | **salsina**, dim.

sàlsa (**2**) [dal precedente per metafora; 1872] s. f. ● Pozza di fango ribollente per emissione di metano dalle rocce del sottosuolo.

salsa (**3**) /*sp.* 'salsa/ [n. della danza nello sp. d'America, propr. 'salsa'; 1980] s. f. inv. ● (*mus.*) Musica dei Caraibi, caratterizzata da ritmo vivace, detta anche jazz afro-cubano.

salsamentàrio [dal lat. *salsamentāriu(m)* 'salumaio', da *salsamĕntum* 'pesce salato'. V. *salsamento*; 1812] s. m. (f. *-a*) ● (*region.*) Salumiere.

salsamenterìa [comp. di *salsament(ario)* ed *-eria*; 1931] s. f. ● (*region.*) Salumeria.

†**salsaménto** [lat. *salsamĕntu(m)* 'pesce salato', da *sălsus* 'salato'; sec. XIV] s. m. ● Vivanda piccante, preparata con salsa o sale.

salsapariglia [dallo sp. *zarzaparilla*, comp. di *zarza* 'arbusto', dall'ar. *šaras* 'pianta spinosa', e *parrilla*, dim. di *parra* 'vite'; 1567] s. f. ● Liliacea rampicante dell'America centrale con rizoma duro e tenace, foglie lunghe con lungo picciuolo, usato nella medicina popolare (*Smilax medica*) | (*raro, scherz.*) ***Avere preso la s.***, di chi si copre molto quando fa caldo.

salsàto [1970] agg. ● Arricchito con salsa: *pomodori pelati salsati*.

salsèdine [vc. dotta, dal lat. tardo *salsēdine(m)*, da *sălsus* 'salato'; av. 1557] s. f. **1** Caratteristica di ciò che è salso: *la s. del mare* | Insieme di elementi salini nell'aria: *vento impregnato di s.* | Residuo secco lasciato dall'acqua salata: *viso incrostato di s.* **2** †Erpete, eritema.

salsedinóso [1750] agg. ● Che è pieno, ricco di salsedine.

salsèfrica o **salsèfica**, **sassèfrica** [vc. dotta, dal lat. *saxĭfraga(m)* (*herba(m)*). V. *sassifraga*] s. f. ● (*bot.*) Barba di becco.

salsése [da *Salso*] **A** agg. ● Di Salsomaggiore. **B** s. m. e f. ● Abitante, nativo di Salsomaggiore.

salsézza [1340 ca.] s. f. ● (*lett.*) Salsedine | Sapore di salso.

salsiccia o (*pop.*) **salciccia** [dal lat. *salsīcia* (nt. pl.), sovrapposizione di *sălsus* 'salato' ad *insīcia* 'cicciolo, polpetta', da *īn* e *secāre* 'tagliare'; 1353] s. f. (pl. *-ce*) **1** Carne di maiale tritata e insaccata, con sale e aromi, in budella minute di porco: *polenta e s.*; *s. con le uova*; *risotto con s.* | (*fam., fig.*) ***Fare s., salsicce, di qlcu.***, malmenarlo violentemente, farlo a pezzi | †(*fig.*) ***Legare la vigna, le viti, con le salsicce***, vivere nell'abbondanza, fare grande spreco: *Bengodi, nella quale si legano le viti con le salsicce* (BOCCACCIO). **2** †Fascina usata come rivestimento e sostegno della terra in opere terrapienate. **3** Lunga sacca in tela o cuoio contenente miscela da sparo, funzionante come miccia per mine e brulotti, nelle antiche guerre navali. ‖ **salsiccétta**, dim. | **salsiccina**, dim. | **salsicciòna**, accr. | **salsiccióne**, accr. m.

salsicciàio [av. 1543] s. m. (f. *-a*) ● Chi fa o vende salsicce | Salumiere, pizzicagnolo.

salsicciòtto [da *salsiccia*; av. 1566] s. m. **1** Grossa salsiccia da mangiarsi cruda | (*fam.*) ***Sembrare un s.***, di persona o cosa dall'aspetto goffo, eccessivamente pingue e sim. **2** Rotoletto di lana cardata per il filatoio a macchina. ‖ **salsicciottino**, dim.

salsièra [1836] s. f. ● Piccolo recipiente, di materiale e forma vari, usato per portare la salsa in tavola.

sàlso [lat. *sălsu(m)*, part. pass. di *săllere* 'salare', connesso con *sāl*, genit. *sălis* 'sale'; av. 1320] **A** agg. ● Che contiene sale, che sa di sale: *l'acqua salsa del mare*. **B** s. m. ● Salsedine | Sapore di sale.

salsobromoiòdico [comp. di *salso*, *bromo* e *iodio*; 1912] agg. (pl. m. *-ci*) ● Che contiene cloruro, bromuro e ioduro di sodio | Detto di acque, fanghi e sim. che contengono tali sali | Detto di cura praticata con acque, fanghi e sim. salsobromoiodici.

salsoiòdico [comp. di *salso* e *iodico*; 1872] agg. (pl. m. *-ci*) ● Che contiene cloruro e ioduro di sodio | Detto di acque, fanghi e sim. che contengono tali sali | Detto di cura praticata con acque, fanghi, e sim. salsoiodici.

salsùggine [lat. *salsūgine(m)*, da *sălsus* 'salso'; av. 1320] s. f. ● (*lett.*) Salsedine.

salsugginóso [da *salsuggine*; av. 1698] agg. ● (*raro, lett.*) Salsedinoso.

salsùme [da *salso*; 1306] s. m. **1** (*raro*) Sapore salso. **2** †Salume.

saltabécca [comp. di *salta(re)* e *becco* 'corno'; av. 1704] s. f. ● (*pop.*) Cavalletta | (*pop.*) Cervo volante.

saltabeccàre [da *saltabecca*; 1566] v. intr. (*io saltabécco, tu saltabécchi*; aus. *avere*) ● Camminare a salti, come la cavalletta.

saltabellàre [da *saltabeccare* con sovrapposizione del comune suff. *-ellare*; 1353] v. intr. (*io saltabèllo*; aus. *avere*) ● (*raro, lett.*) Saltellare: *tre cavalli neri … saltabellavano su per un pascolo* (D'ANNUNZIO).

†**saltabèllo** [da *saltabellare*] s. m. ● (*lett.*) Saltello.

saltafòssi [comp. di *salta(re)* e il pl. di *fosso*; 1891] s. m. inv. **1** Specie di calesse a due ruote. **2** Barca fluviale molto leggera, usata nelle valli di pesca.

saltafòsso [comp. di *salta(re)* e *fosso*, in senso fig.; 1987] s. m. ● (*region.*) Tranello.

†**saltaimbàrca** ● V. †*saltambarca*.

saltaleóne [comp. di *salta(re)* e *leone*; 1706] s. m. ● Filo d'acciaio, ottone o altro metallo avvolto strettamente a spirale e compresso, che, lasciato libero, scatta per la sua grande elasticità.

saltamacchióne [comp. di *salta(re)* e *macchione*] s. m. ● Tipo di taglio di boschi cedui.

saltamartino [comp. di *salta(re)* e *Martino*. V. *martino, martinello*; 1618] s. m. **1** (*pop.*) Grillo, cavalletta. **2** (*fig.*) Bambino vivace e irrequieto. **3** Giocattolo formato da mezzo guscio di noce che viene fatto saltare mediante una molla. **4** Cannoncino campale usato dai veneziani nel XVI e XVII secc.

saltambànco ● V. *saltimbanco*.

†saltambàrca o **†saltaimbàrca** [comp. imperat. di *saltare*, (*i*)*n* e *barca*] s. m. inv. ● Mantella marinaresca.

†saltaménto [da *saltare*] s. m. ● Salto.

†saltamindòsso [comp. di *saltami* e *indosso*; av. 1400] s. m. inv. ● (*tosc.*) Abito misero e striminzito: *un mantellino, che parea un s.* (SACCHETTI).

†saltanséccia [comp. di *salta*(*re*), (*i*)*n* e *seccia* (V.)] s. f. ● (*raro*, *fig.*) Persona volubile e leggera | Ragazzina.

♦**saltàre** [lat. *saltāre*, iter. intens. di *salīre* 'saltare, ballare'. V. *salire*; av. 1294] **A** v. intr. (aus. *avere* se si indica l'azione in sé come esercizio fisico; *essere*, se si indica l'azione con riferimento a un punto di partenza o di arrivo, e negli usi figurati) **1** Sollevarsi di slancio da terra rimanendo per un attimo con entrambi i piedi privi di appoggio e ricadendo poi sul punto di partenza o poco più lontano: *prendere lo slancio per s.*; *ho saltato a piedi pari*; *s. sul piede destro, sul piede sinistro, su un piede solo* | (*est.*) ***S. dalla gioia, dall'allegria, dalla felicità*** e sim., manifestare tali sentimenti in modo vivace e rumoroso | Compiere un balzo in alto, in basso, in avanti o di lato, in modo da ricadere su un punto diverso da quello di partenza: *s. dalla finestra, dal ponte, dal trampolino, dal letto*; *s. in mare, nell'acqua*; *s. a terra*; *s. oltre il ruscello*; *s. giù da una sedia*; *s. come una capra, come un camoscio, come un grillo, come una cavalletta*; *la palla è saltata dall'altra parte della rete*; (come pratica sportiva) *s. in lungo, in alto, con l'asta* | ***S. agli occhi***, (*fig.*) di cosa che si manifesta con chiara evidenza: *la sua innocenza mi è saltata subito agli occhi* | ***S. al collo di qlcu.***, per malmenarlo, picchiarlo o per abbracciarlo | ***S. addosso a qlcu.***, assalirlo, aggredirlo (anche solo a parole); (*fig.*) avvicinarsi a qlcu. tentando un approccio sessuale | ***S. in testa, per la testa, in mente, per la mente***; ***s. il capriccio, il ticchio, il grillo***, di idea, pensiero, capriccio e sim. che si manifestano improvvisamente e senza alcun motivo plausibile: *che cosa ti salta in mente?*; *gli è saltato il ticchio di partire* | (*fig.*) ***Mi è saltata la mosca al naso***, ho perso la pazienza, mi sono arrabbiato | ***S. fuori***, apparire improvvisamente, farsi avanti: *dall'automobile sono saltati improvvisamente fuori due banditi*; (*est.*) essere trovato: *bisogna far s. fuori i soldi per la spesa*; *il libro che non trovi prima o poi salterà fuori*; (*fig.*) dire, esprimere le proprie opinioni, parlare e sim. in modo improvviso e inatteso: *s. fuori con un discorso, con una proposta*; *è saltato fuori con le sue solite sciocchezze* | (*fig.*) ***S. su a dire, a fare*** e sim., dire, fare, qlco. tutto d'un tratto e spesso a sproposito: *è saltato su a dire che avevo torto*. **2** Schizzare, volar via, uscir fuori con impeto: *le schegge saltarono fino al soffitto*; *sono saltati (via) due bulloni*; *mi è saltato un bottone dal vestito* | ***S. in aria***, di costruzione, edificio e sim. che viene squarciato e lanciato in aria da uno scoppio o da un'esplosione: *a causa della fuga di gas l'intera casa è saltata in aria*; *il siluro fece s. in aria la nave* | ***Fare s.***, distruggere in modo violento, spec. con un'esplosione: *i ribelli fecero s. la ferrovia*; (*fig.*) provocare una grave crisi in un'istituzione: *hanno fatto s. il governo*; (*est.*, *fig.*) destituire qlcu. da un incarico, un ufficio e sim.: *il direttore generale è stato fatto s.* | (*fig.*) ***Far s. il banco***, nei giochi d'azzardo, sbancare | ***Farsi s. le cervella***, uccidersi con un colpo di pistola, spec. diretto alla tempia. **3** Salire, montare: *è saltato in groppa, in sella, a cavallo, sul tram in corsa* | (*poet.*) †Levarsi del vento: *la tempesta saltò tanto crudele, / che sbigottì* (ARIOSTO). **4** (*fig.*) Passare da un punto a un altro non logicamente connesso col primo: *saltate al capitolo seguente*; *da pagina 10 salteremo a pagina 100* | ***S. di palo in frasca***, passare da un argomento a un altro completamente diverso in modo brusco e illogico. **5** Guastarsi, bloccarsi, smettere all'improvviso di funzionare: *è saltata la corrente, la lampadina*; *sono saltati i terminali* | (*fig.*) ***Gli sono saltati i nervi***, ha perso il controllo. **6** (*lett.*) Ballare, danzare: *una coppia saltava alla maniera rustica* (D'ANNUNZIO). **B** v. tr. **1** Oltrepassare, attraversare con un salto: *s. una siepe, un ostacolo* | ***S. il fosso***, (*fig.*) passare risolutamente sopra a una difficoltà, risolverla con decisione. **2** (*fig.*) Omettere, tralasciare, spec. nel parlare, nello scrivere, nel leggere e sim.: *ho saltato due parole*; *nella traduzione saltò mezza pagina*; *saltate il primo capitolo*; *salta una riga del dettato*; *nell'elenco degli invitati abbiamo saltato i Rossi* | ***S. il pasto, il pranzo, la cena*** e sim., non consumarli, digiunare | ***S. una classe***, guadagnare un anno del regolare corso di studi superando privatamente gli esami prescritti per la classe seguente a quella attualmente frequentata. **3** (*cuc.*) Rosolare a fiamma viva, con olio o burro: *s. la carne*.

saltarellàre ● V. *salterellare*.

saltarèllo o (*raro*) **salterèllo** [da *saltare*; av. 1502] s. m. ● Danza di carattere brioso dei secc. XIV e XV | Danza popolare abruzzese e ciociara, di ritmo e movimento vivaci.

saltarùpe [comp. di *salta*(*re*) e *rupe*; 1891] s. m. inv. ● Agilissima piccola antilope dei monti africani con pelliccia densa e ispida a peli fragili (*Oreotragus oreotragus*).

saltàto [1728] part. pass. di *saltare*; anche agg. **1** Nei sign. del v. | (*cuc.*) Rosolato a fuoco vivo, al salto: *verdura saltata*. **2** ***Ballo s.***, che si fa saltando | ***Lana saltata***, tratta da pecore che sono state lavate prima della tosa.

saltatóio [1891] s. m. ● Luogo, oggetto, su cui si salta | Bacchettina sulla quale gli uccelli in gabbia saltano e si posano.

saltatóre [dal lat. *saltatōre*(*m*), da *saltātus* 'saltato'; 1336 ca.] **A** agg. (f. *-trice*) **1** Che salta: *insetto s.* **2** Detto di cavallo o altro animale abile nel salto o che ha l'abitudine di saltare. **B** s. m. (f. *-trice*) **1** (*lett.*) Acrobata, saltimbanco | Ballerino. **2** (*sport*) Atleta specialista delle gare di salto | Nello sci, specialista delle gare dal trampolino | Nell'ippica, cavallo addestrato per le corse con ostacoli.

Saltatóri [1959] s. m. pl. ● Nella tassonomia animale, sottoclasse di Anfibi privi di coda con zampe posteriori allungate e atte al salto, che da adulti hanno respirazione polmonare mentre da larve respirano per branchie.

†saltatòrio agg. ● Relativo alla danza.

saltazióne [vc. dotta, dal lat. *saltatiōne*(*m*), da *saltātus* 'saltato'; av. 1406] s. f. **1** (*lett.*) Danza, ballo. **2** Presso i Greci e i Romani, danza, esercizio ginnico.

saltellaménto [1891] s. m. ● Il saltellare.

saltellànte [1697] part. pres. di *saltellare*; anche agg. ● Nei sign. del v. | Che cammina saltellando: *Ecco capitare tutto s. … il bell'avvocatino* (NIEVO).

♦**saltellàre** [da *saltello*; 1313] v. intr. (*io saltèllo*; aus. *avere*) **1** Avanzare a salti piccoli e frequenti: *il ranocchio saltellava sulla riva*. SIN. Balzellare, ballonzolare, salterellare. **2** (*fig.*) Palpitare, battere: *sentì il cuore saltellargli nel petto* | (*lett.*) Vagare, aleggiare: *va saltellando il riso / tra i muscoli del labro* (PARINI).

saltellàto [1910] part. pass. di *saltellare*; anche agg. **1** Nei sign. del v. **2** (*mus.*) Balzato, gettato.

saltellìo [1940] s. m. ● Un saltellare continuato.

saltèllo [sec. XIV] s. m. **1** Dim. di *salto* (*1*) | Serie di piccoli salti. **2** (*pop.*) Cavalletta.

saltellóni o (*raro*) **saltellóne** [da *saltello*; 1541] avv. ● A piccoli salti, a saltelli: *venire avanti s.* | Anche nella loc. avv. ***a s.***

salterellàre o (*region.*) **saltarellàre** [da *salterello*; 1612] v. intr. (*io salterèllo*; aus. *avere*) ● Fare salti piccoli e frequenti.

salterèllo [da *salto* (*1*); 1561] s. m. **1** Saltello, saltino. **2** Fuoco d'artificio entro cartucce strette a più pieghe, che scoppiando saltella. **3** (*mus.*) Asticciola facente parte della meccanica del clavicembalo che serve a pizzicare le corde dello strumento. **4** V. *saltarello*.

saltèrio o **†psaltèrio**, **†psaltèro**, **†saltèro** [vc. dotta, dal lat. *psaltēriu*(*m*) 'cetra', dal gr. *psaltḗrion*, da *psállein* 'cantare con la cetra'; av. 1294] s. m. **1** (*mus.*) In Grecia, termine che indicava tutti gli strumenti a corde pizzicate con le dita | Nel Medio Evo, strumento formato da una cassetta di legno triangolare o più spesso trapezoidale, sopra la quale erano tese da 6 a 16 corde da pizzicare con il plettro o con le dita | Strumento cordofono a percussione, di forma trapezoidale | Libro liturgico dei testi e delle musiche dei salmi gregoriani, che gli Ebrei accompagnavano col salterio. **2** (*est.*) †Velo delle suore. **3** (*zool.*, *raro*) Omaso. || **salteriéllo**, dim. | **salterino**, dim.

salticchiàre [da *saltare* col suff. iter.-dim. *-icchiare*; 1527] v. intr. (*io saltìcchio*; aus. *avere*) ● (*raro*) Saltellare.

sàltico [vc. dotta, dal lat. *sălticu*(*m*) 'danzante', da *saltāre* 'danzare'] s. m. (pl. *-ci*) ● Piccolo ragno nero con fitta peluria grigia che cattura le prede grazie alla sua abilità di saltatore (*Salticus scenicus*).

saltimbànco o (*raro*) **saltambànco**, **†saltimbànca** [comp. di *salt*(*are*), *in* e *banco*; 1582] s. m. (f. *-a*; pl. m. *-chi*) **1** Acrobata che si esibisce nei circhi, nei baracconi, nelle feste paesane, e sim. **2** (*fig.*, *spreg.*) Professionista, uomo politico, artista e sim. privo di serietà professionale e di senso di responsabilità. SIN. Ciarlatano.

saltimbòcca [comp. di *salt*(*are*), *in* e *bocca*; 1855] s. m. inv. ● Fettina di vitello arrotolata con prosciutto e salvia, rosolata in tegame, specialità della cucina romana.

saltimpàlo [comp. di *salt*(*are*), *in* e *palo*; 1872] s. m. ● Uccello dei Passeriformi a becco appuntito e coda breve (*Saxicola torquata*).

♦**sàlto** (**1**) [lat. *sāltu*(*m*), part. pass. sost. di *salīre* 'saltare', per calco sul fr. *à la sautée* nel sign. 7; av. 1294] s. m. **1** Atto del saltare | Movimento per cui il corpo, abbassato sulle gambe per mettere i muscoli in stato di rilassamento, si solleva con rapidissima contrazione di essi a una certa altezza dal suolo: *fare un s.*; *spiccare il, un s.*; *s. in aria, in avanti, all'indietro*; *camminare a salti*; *fare un s. dalla finestra, nel vuoto*; *con un s. superò l'ostacolo*; *il s. dello stambecco, della cavalletta, del grillo* | ***S. di montone***, (*fig.*) movimento che un animale compie di sorpresa, per disarcionare il cavaliere o come vivace espressione di gaiezza | ***S. della quaglia***, (*fig.*) scavalcamento delle posizioni politiche di un partito o di un esponente da parte di un altro | ***S. nel buio***, (*fig.*) impresa, decisione e sim. di cui non si possono prevedere le conseguenze, ma il cui esito appare molto incerto | (*fam.*) ***Fare due salti***, ***quattro salti***, ballare un po', in famiglia o tra amici | ***S. di corsia***, in un'autostrada a doppia carreggiata, scavalcamento accidentale della banchina spartitraffico da parte di un autoveicolo. **2** (*sport*) Nell'atletica leggera, successione di movimenti che portano allo stacco da terra del corpo e al successivo atterraggio: *gara di s.*; *s. in alto, in lungo, con l'asta, triplo, da fermo* | Nello sci, esercizio in cui si esegue un volo in lunghezza, o una acrobazia, prendendo velocità dal trampolino | ***S. mortale***, in ginnastica e sim., rotazione in volo del corpo di 360° intorno all'asse trasversale in avanti o indietro; correttamente, salto giro | ***Fare i salti mortali***, (*fig.*) affrontare grandi difficoltà, fare enormi sacrifici, pur di riuscire in un intento | ***Fare i salti mortali dalla gioia, dalla felicità*** e sim., (*fig.*) manifestare tali sentimenti in modo esuberante. ➡ ILL. p. 2147 SPORT. **3** (*est.*) Spostamento rapido e sbrigativo, scappata: *farò un s. in città*; *ha fatto un s. a casa* | Brevissima visita: *domani farò un s. da te* | Brevissimo spazio di tempo: *in un s. arrivo a scuola*; *in due salti sono in centro*. **4** (*est.*) Brusco dislivello: *fra le due scale c'è un s. di un metro*; *il s. di una cascata, di una rapida*. **5** (*fig.*) Rapido passaggio da un punto a un altro, da una condizione a un'altra, che si compie tralasciando le condizioni o i punti intermedi: *con la promozione a direttore ha fatto un bel s.*; *pochi anni fa era povero e oggi è il più ricco del paese, che s.!*; *suo figlio ha fatto il s. dalla prima alla terza* | ***S. di qualità***, rilevante mutamento qualitativo | Omissione, lacuna: *nel libro c'è un s. di una pagina*; *la traduzione ha un s. di tre righe* | Sbalzo, cambiamento improvviso: *s. di vento*; *tra ieri e oggi c'è stato un bel s. di temperatura* | Brusco rincaro di prezzi: *la frutta ha fatto un s. sul mercato* | ***A salti***, senza continuità, in modo saltuario: *procedere, leggere, a salti*. **6** (*mus.*) Intervallo molto ampio, frequente in una linea melodica strumentale, più raro in quella vocale: *s. di settima, di nona*. **7** (*cuc.*) Nella loc. avv. ***al s.***, di cibo rosolato in tegame a fuoco vivo. **8** †Danza, ballo. || **saltàccio**, pegg. | **saltèllo**, dim. (V.) | **saltino**, dim.

sàlto (**2**) [vc. dotta, dal lat. *săltu*(*m*) 'salto, balza', da *salīre* 'saltare'; 1321] s. m. ● (*lett.*) Bosco | Pascolo montano.

saltòmetro [comp. di *salto* (*1*) e *-metro*; 1965] s. m. ● (*sport*) Ritto.

saltràto® [dall'ingl. *salt* 'sale'; marchio registrato; 1942] s. m. ● Denominazione di sali cristallini, profumati, emollienti, decongestionanti.

saltuarietà [1917] s. f. ● Caratteristica, condizione di ciò che è saltuario.

saltuàrio [da *saltare*, *salto*, con la *u* dell'avv. lat. *saltuātim* 'a salti'; 1812] **agg.** ● Che procede senza continuità, senza ordine, con frequenti interruzioni: *visite, letture saltuarie*. SIN. Discontinuo. || **saltuariaménte**, **avv.** A intervalli irregolari, in modo discontinuo.

sàltum [vc. lat., propr. 'salto'] **s. m. inv.** (**pl.** lat. *saltus*) ● (*dir.*) ***Ricorso per s.***, impugnazione di una sentenza di primo grado mediante ricorso alla Corte di cassazione omettendo, su accordo delle parti, il giudizio di appello.

salubèrrimo [vc. dotta, dal lat. *salubĕrrimu(m)*, superl. di *salūber* 'salubre'; 1483] **agg.** (**superl.** di *salubre*) ● Che è molto salubre.

salùbre o, diffuso ma etimologicamente meno corretto, **sàlubre** [vc. dotta, dal lat. *salūbre(m)*, da *sălus* (nom.) 'sanità' col suff. *-ber*, connesso con *fĕrre* 'portare'; av. 1320] **agg.** (**superl.** *salubèrrimo* (V.)) *1* Che dà salute, che giova alla salute: *clima, aria, ambiente s.* SIN. Salutare (1). CONTR. Insalubre. *2* (*fig.*) †Che dà la salvezza spirituale: *il dono s. / del ciel s.* (TASSO). || **salubreménte**, **avv.** Con salubrità.

salubrità [dal lat. *salubritāte(m)*, da *salūber* 'salubre'; av. 1320] **s. f.** ● Condizione di ciò che è salubre.

salumàio [1767] **s. m.** (**f.** *-a*) ● Salumiere.

salùme [dal lat. mediev. *salūmen* (nom. acc. nt.) 'insieme di cose salate', da *săl*, genit. *sălis* 'sale'; av. 1556] **s. m.** *1* (*spec. al pl.*) Qualunque prodotto alimentare lavorato partendo da carne spec. suina sia salata, aromatizzata e stagionata (prosciutto, capocollo, spalla ecc.) sia tritata e insaccata (salame, mortadella, salsiccia ecc.) | Comunemente ogni tipo di affettato: *un antipasto di salumi misti*. *2* †Cibo preparato e conservato col sale.

♦**salumerìa** [1901] **s. f.** ● Negozio in cui si vendono salumi. SIN. Pizzicheria, salsamenteria.

♦**salumière** [1831] **s. m.** (**f.** *-a*) ● Venditore di salumi. SIN. Pizzicagnolo, salsamentario, salumaio.

salumifìcio [comp. del pl. di *salume* e *-ficio*; 1942] **s. m.** ● Fabbrica di salumi.

salurèsi [da *sale* e *urina*; 1978] **s. f. inv.** ● (*med.*) Aumentata eliminazione urinaria di sali minerali.

salurètico [da *saluresi*; 1978] **A s. m.** (**pl.** *-ci*) ● (*med.*) Qualsiasi agente o condizione che favorisce la saluresi. **B** anche **agg.**

†**salùta** ● V. *salute*.

†**salutaménto** [da *salutare (2)*] **s. m.** ● (*raro*) Il salutare | Saluto.

♦**salutàre (1)** [vc. dotta, dal lat. *salutāre(m)*, da *sălus*, genit. *salūtis* 'salute'; 1354] **agg.** *1* Che dà salute, che è di giovamento alla salute: *cura, medicina s.* SIN. Salubre. *2* (*fig.*) Che aiuta, che salva da eventuali pericoli: *ammonimento, consiglio s.* | (*est.*) Utile, vantaggioso: *gli ha dato una s. lezione*. || **salutarménte**, **avv.**

♦**salutàre (2)** [lat. *salutāre* 'augurare salute, salutare', da *sălus*, genit. *salūtis* 'salute'; av. 1292] **A v. tr.** *1* Rivolgere a qlcu. che si incontra o da cui ci si accomiata parole o cenni che esprimono deferenza, ossequio, rispetto, amicizia e sim.: *s. con la mano, con la testa, con un sorriso, con un inchino*; *s. togliendosi il cappello, dicendo 'buongiorno', sventolando il fazzoletto*; *s. i presenti, quelli che rimangono*; *saluta tuo padre da parte mia*; *salutami tuo padre*; *non si degna di salutarci*; *non saluta nessuno* | ***S. la bandiera***, ***il Sacramento***, ***un funerale***, onorarli togliendosi il cappello in segno di rispetto | ***Mandare a s. qlcu.***, trasmettergli i propri saluti per mezzo di una terza persona | ***Andare alla stazione*** o sim. ***a s. qlcu.***, andare ad accomiatarsi da qlcu. che parte o ad accogliere qlcu. che arriva | ***Andare***, ***passare***, ***venire***, ***a s. qlcu.***, fargli visita: *prima di cena passeremo a salutarvi* | (*fam.*) ***Ti saluto!***, ***vi saluto!***, e sim., per troncare una conversazione, per congedarsi bruscamente da qlcu., per piantare in asso qlcu.; (*iron.*) per esprimere rammarico o amarezza | ***Saluto***, ***salutando***, e sim. ***affettuosamente***, ***caramente***, ***cordialmente***, ***rispettosamente*** e sim., formule usate nei saluti epistolari | (*mil.*) Eseguire il saluto. *2* Accogliere con manifestazioni di gioia, plauso, approvazione: *il suo arrivo fu salutato da un lungo applauso*; *un'ovazione salutò il discorso* | (*gener.*) Accogliere, ricevere: *il ministro fu salutato con una lunga salva di fischi* | (*est.*) Guardare, considerare, con compiacimento e ammirazione: *s. una nuova era*; *s. il sole che nasce*; *salutiamo in lui un nuovo poeta*. *3* (*lett.*) Proclamare, acclamare: *lo salutarono presidente dell'assemblea*; *fu salutato re*. **B v. rifl. rec.** ● Scambiarsi saluti nell'incontrarsi o nel separarsi: *salutarsi per strada, per telefono*; *salutarsi cordialmente, freddamente* | ***Non salutarsi più***, avere rotto ogni rapporto.

salutatóre [vc. dotta, dal lat. *salutatōre(m)*, da *salutātus* 'salutato'; 1441] **s. m.** (**f.** *-trice*) ● (*lett.*) Chi saluta | Chi si reca a rendere omaggio.

salutatòrio (1) [vc. dotta, dal lat. *salutatōriu(m)*, da *salutātus* 'salutato'; 1872] **agg.** ● (*raro*) Che si riferisce al saluto o al salutare.

†**salutatòrio (2)** [vc. dotta, dal lat. tardo *salutatōriu(m)* 'sala di ricevimento', nt. sost. dell'agg. precedente; 1872] **s. m.** *1* Sala di ricevimento o di udienza. *2* Luogo in cui il vescovo riceve i pellegrini.

salutazióne [vc. dotta, dal lat. *salutatiōne(m)*, da *salutātus* 'salutato'; av. 1294] **s. f.** ● (*lett.*) Il salutare | (*lett.*) Saluto | ***S. angelica***, parole rivolte dall'angelo a Maria nell'Annunciazione.

♦**salùte** o †**salùta**, spec. nel sign. A 6 [lat. *salūte(m)* 'salute, salvezza', di orig. indeur., da *sălvus* 'salvo'; av. 1292] **A s. f.** *1* Stato di benessere fisico e psichico dell'organismo umano derivante dal buon funzionamento di tutti gli organi e gli apparati: *s. fisica, mentale*; *avere, non avere, s.*; *essere in s.*; *essere pieno di s.*; *avere una s. di ferro*; *avere s. da vendere*; *crepare di s.*; *sembrare, essere il ritratto della s.*; *sprizzare, schizzare, s. da tutti i pori*; *conservarsi in s.*; *avere poca s.*; *guastarsi, rovinarsi, la s.*; *perdere, riacquistare, recuperare, la s.*; *rimetterci la s.*; *ridare la s.*; *quando c'è la s. c'è tutto*; *la s. è il bene più grande* | (*pop.*) ***Pensare alla s.***, non occuparsi di una data faccenda, non intromettersi, lasciar correre | (*pop.*) ***Gli puzza la s.***, di chi vuole mettersi nei guai, finire male | ***Bere***, ***brindare*** e sim. ***alla s. di qlcu.***, in suo nome, in suo onore. *2* (*gener.*) Complesso delle condizioni fisiche in cui si trova, abitualmente o attualmente, un organismo umano: *chiedere notizie, informarsi, della s. di qlcu.*; *la sua s. migliora, peggiora*; *avere una s. cagionevole, vacillante, cattiva*; *godere buona, ottima, florida s.*; *star bene in s.*; *essere in buone, in cattive condizioni di s.*; *essere giù di s.*; *essere preoccupato per la s. di qlcu.*; *la sua s. ha molto sofferto del recente dispiacere*; *non ha più la s. di una volta*; *essere assente, andare in congedo, chiedere un permesso, dimettersi*, e sim. *per ragioni, motivi, di s.* *3* (*lett.*) Salvezza, salvamento: *la s. pubblica, della patria, del mondo, del genere umano*; *in forse è la civil s.* (PARINI) | ***S. eterna***, la salvazione dell'anima, il Paradiso | ***Ultima s.***, il supremo bene, la contemplazione di Dio | †***La nostra s.***, la redenzione, la nascita di Cristo, formula usata anticamente nelle date | †***Era della nostra s.***, quella che ha inizio dalla nascita di Gesù Cristo | (*raro, lett.*) Rifugio, scampo: *trovare s. da un pericolo*; *porto di s.* *4* In teologia, salvezza, effetto della salvezza. *5* (*est.*) Ciò che contribuisce a mantenere, o a rendere, buone le condizioni fisiche di un organismo: *il moto è tutta s.*; *l'aria del mare è tanta s.*; *quel viaggio fu la sua s.* | (*disus., eufem.*) ***Casa di s.***, clinica privata, spec. per malattie nervose (calco del fr. *maison de santé*) | (*lett.*) Ciò che è causa di bene, felicità: *quella donna è la sua dolce s.*; *la morte del lupo è la s. delle pecore*. *6* †Saluto: *inviare s.* | †***Rendere s.***, salutare | †***Darsi s.***, salutarsi. **B** in funzione di **inter.** ● Si usa come espressione augurale spec. nei brindisi o a chi starnuta oppure come formula di saluto confidenziale: *s. e figli maschi!*; *s.! dove vai?* | Esprime meraviglia: *s.! come ti tratti bene!*

salutévole o †**salutèvile** [da *salute*; av. 1294] **agg.** *1* (*lett.*) Salutare, che apporta salute. *2* (*lett.*) Di saluto, che esprime un saluto: *un salutevol segno / mi fa il coro gentil che vi circonda* (CARDUCCI). *3* †Salubre. || †**salutevolménte**, **avv.** *1* Vantaggiosamente, proficuamente. *2* Felicemente, senza danni: *giungere salutevolmente in porto*.

†**salutìfero** [vc. dotta, dal lat. *salutĭferu(m)*, comp. di *sălus*, genit. *salūtis* 'salute', e *-fĕr* '-fero'; 1336 ca.] **agg.** ● Che è vantaggioso per la salute fisica o morale | Che è portatore di salvezza. || †**salutiferaménte**, **avv.** Salutarmente.

salutìno [1905] **s. m.** *1* Dim. di *saluto*. *2* (*fam.*) Breve visita: *passeremo dopocena per un s.*

salutìsmo [da *salute*; 1928] **s. m.** ● Concezione, comportamento di chi attribuisce importanza prioritaria all'osservanza delle norme igieniche e alla cura della salute fisica.

salutìssimo [da *saluto*, col suff. superl.; 1957] **s. m.** ● (*spec. al pl.*) Formula di saluto usata spec. in tono scherz. nei saluti epistolari.

salutìsta [comp. di *salute* e *-ista*; 1886] **A s. m.** e **f.** (**pl. m.** *-i*) *1* Fautore del salutismo. *2* Chi appartiene all'Esercito della Salvezza. **B agg.** ● Salutistico.

salutìstico [1980] **agg.** (**pl. m.** *-ci*) ● Che riguarda il salutismo: *regole salutistiche* | Da salutista: *dieta salutistica*. || **salutisticaménte**, **avv.**

♦**salùto** [da *salutare (2)*; av. 1250] **s. m.** *1* Atto del salutare | Cenno, gesto, parole con cui si manifesta ad altri riverenza, rispetto, cordialità, simpatia, affetto e sim. spec. durante incontri, visite, commiati, e sim.: *rivolgere, ricevere un s.*; *ricambiare il s.*; *rispondere al s.*; *fare un cenno di s.*; *levarsi il cappello in segno di s.*; *s. ossequioso, rispettoso, cordiale, gentile, affettuoso, freddo* | ***Levare***, ***togliere***, ***il s. a qlcu.***, cessare di salutarlo per rancore, sdegno, disistima; (*est.*) troncare ogni rapporto con lui | ***S. militare***, che si esegue portando la mano destra distesa alla visiera del berretto | ***S. romano***, forma di saluto fatto alzando e tendendo il braccio destro e la mano, in uso nell'antica Roma e obbligatorio nel periodo fascista | ***S. alla voce***, in marina, grido dell'equipaggio disposto in coperta, al passaggio di un'autorità cui esso spetta. *2* (*est.*) Breve discorso di benvenuto, di omaggio e sim., spec. in occasione di assemblee o riunioni pubbliche: *rivolgere un s. agli intervenuti*; *porgere al direttore un s. a nome dei colleghi* | ***Estremo s.***, cerimonia funebre. *3* (*spec. al pl.*) Formula di cortesia, spec. nei saluti epistolari: *porta i miei saluti a tua madre*; *con i migliori saluti*; *distinti, cordiali, affettuosi, cari saluti*; *tanti saluti* | (*fam., iron.*) ***Tanti saluti!***, espressione usata per troncare un discorso, prendere bruscamente congedo da qlcu., e sim. || **salutìno**, **dim.** (V.) | **salutìssimo**, **superl.** (V.) | **salutóne**, **accr.**

sàlva o (*pop.*) **sàlve (2)** [dal fr. *salve*, dal lat. *sălve* 'salute'. V. *salve (1)*; 1614] **s. f.** *1* Sparo simultaneo di più armi da fuoco o pezzi di artiglieria, eseguito con cartucce e cariche speciali, prive di proiettile, in segno d'onore e di saluto o in occasione di feste e celebrazioni particolari | ***Caricare***, ***sparare a s.***, ***a salve***, senza proiettili. *2* Tiro contemporaneo di più pezzi di artiglieria su uno stesso obiettivo | (*est., lett.*) Scarica di percosse: *Amministrò a tutti e due tal s. di calci e schiaffi* (VERGA). *3* (*fig.*) Manifestazione improvvisa, fragorosa e simultanea di qlco.: *una s. di applausi, di fischi*. *4* (*agr., tosc.*) Matricina, riserva. *5* †Assaggio di vivanda durante un pranzo per togliere ogni sospetto di veleno. SIN. Credenza (1) nel sign. 6.

salvàbile [1947] **A agg.** ● Che si può salvare. **B s. m.** ● Solo nella loc. (*fam.*) ***salvare il s.***, tutto ciò che si può salvare.

salvacondótto o †**salvocondótto** [calco sull'ant. fr. *saufconduit* 'scorta', con mutamento di senso; av. 1348] **s. m.** *1* Permesso scritto, rilasciato dall'autorità spec. militare competente, che autorizza a entrare e circolare in zone operative e militarizzate o in territori occupati. *2* Un tempo, documento rilasciato dall'autorità giudiziaria a persona imputata e latitante affinché potesse presentarsi in giudizio senza timore di essere arrestata.

salvadanàio o **salvadanàro** [comp. di *salva(re)* e *danaio*, forma tosc. per *danaro* (V.); av. 1446] **s. m.** ● Recipiente di metallo, terracotta e sim., munito di una fessura attraverso la quale si introducono i denari da risparmiare.

†**salvadóre** ● V. *salvatore*.

salvadorégno (o *-è-*) [sp. *salvadoreño*, da *El Salvador*; 1959] **A agg.** ● Del Salvador, Stato dell'America Centrale. **B s. m.** (**f.** *-a*) ● Abitante, nativo del Salvador.

salvagènte [comp. di *salva(re)* e *gente*; 1866] **A s. m.** (**pl.** *salvagènti* o *salvagènte*, nel sign. A 1, **inv.** nei sign. A 2 e A 3) *1* (*gener.*) Qualsiasi mezzo galleggiante in grado di mantenere a galla chi vi si appoggi o lo indossi | Cintura di salvataggio. *2* Isola spartitraffico. **B agg.** ● ***Giubbotto s.***, specie di panciotto in tela o plastica, ripieno di sughero o materiale espanso, destinato a tenere a galla chi cade in acqua.

†**salvàggio** e *deriv.* ● V. *selvaggio* e *deriv.*

†**salvagióne** ● V. *salvazione*.

salvagócce [comp. di *salva(re)* e il pl. di *goccia*; 1959] **s. m. inv.** ● Speciale tappo o guarnizione che si applica alle bottiglie per evitare che ne colino gocce.

salvagónna (o -o-) [comp. di *salva(re)* e *gonna*] **s. m. inv.** ● Balayeuse.

salvaguardàre [calco sul fr. *sauvegarder* 'proteggere'; 1877] **A v. tr.** ● Custodire, difendere, proteggere: *s. il proprio onore, i propri diritti.* **B v. rifl.** ● Difendersi, tutelarsi: *salvaguardarsi da un pericolo.*

salvaguàrdia [calco sul fr. *sauvegarde*, comp. di *sauve*, f. di *sauf*, dal lat. *sălvu(m)* 'salvo', e *garde* 'guardia'; 1585] **s. f.** *1* Custodia, difesa: *la s. della legge*; *a s. della libertà.* *2* †Speciale protezione accordata in guerra a persone, cose o località.

†**salvamàno** [comp. di *salva* e *mano*] **vc.** ● (*raro*) Solo nella loc. avv. ***a s.***, a man salva.

salvaménto [vc. dotta, dal lat. tardo (eccl.) *salvaméntu(m)*, da *salvāre*; av. 1320] **s. m.** *1* (*raro*) Il salvare, il salvarsi | Salvezza: *condurre, portare, a s.* | †***A s.***, senza danno, sano e salvo. *2* (*raro*) Salvataggio: *battello di s.* | (*ferr.*) ***Binario di s.***, in contropendenza rispetto alla linea in forte discesa, destinato a ricoverare il treno discendente che ha acquistato velocità eccessiva assicurandone l'arresto. *3* (*sport*) ***Nuoto di s.***, disciplina costituita da prove di nuoto con tratti subacquei, trasporto di manichino, lancio di salvagente e percorso su barca a remi.

salvamotóre [comp. di *salva(re)* e *motore*; 1959] **s. m. inv.** ● (*mecc.*) Dispositivo, costituito da un interruttore automatico o da un fusibile, avente la funzione di proteggere i motori elettrici da forti variazioni di tensione o di carico.

salvamùro [comp. di *salva(re)* e *muro*; 1983] **s. m. inv.** ● Battiscopa.

salvapùnte [comp. di *salva(re)* e il pl. di *punta*; 1942] **s. m. inv.** *1* Piccolo cappuccio di protezione per la punta di una matita. *2* Mezzaluna metallica applicata a protezione sotto la punta della scarpa.

♦**salvàre** [lat. tardo *salvāre*, da *sălvus*. V. *salvo*; sec. XII] **A v. tr.** *1* Sottrarre a un pericolo, a un danno e sim.: *s. un naufrago, un ferito, un malato grave*; *s. le proprie sostanze*; *s. qlcu. dal fallimento, da un insuccesso*; *s. una casa dalle fiamme* | Sottrarre alla morte: *s. la vita*, (*pop.*) *la pelle, a qlcu.*; *s. un innocente dalla condanna*; *salvò la donna in procinto di annegare*; *i medici disperano di poterlo s.* *2* Custodire, preservare, difendere da pericoli, minacce e sim.: *la naftalina salva la lana dalle tarme*; *s. il proprio nome, l'onore, la reputazione* | ***S. le apparenze***, (*pop.*) ***la faccia***, riuscire a far apparire meno grave del reale un insuccesso allo scopo di non perdere il rispetto e la considerazione della gente | ***S. la porta, la propria rete*** e sim., nel calcio, evitare un gol | (*elab.*) Effettuare la copia di programmi e dati su memorie di massa. *3* (*region.*) Conservare, serbare: *s. frutta per l'inverno.* **B v. rifl.** *1* Sottrarsi a un grave pericolo, spec. mortale: *salvarsi in un incidente*; *salvarsi dalla morte, dalla rovina*; *si salvò a stento*; *si salvò a nuoto*; *fece appena in tempo a salvarsi* | ***Si salvi chi può!***, grido d'allarme rivolto, in caso di grave pericolo, da chi ha la responsabilità della vita di molte persone alle persone stesse affinché ognuna di esse pensi a salvarsi coi propri mezzi | ***Salvarsi in extremis, per il rotto della cuffia***, e sim., riuscire a evitare un pericolo proprio all'ultimo momento | ***Salvarsi in corner***, nel calcio, detto di un giocatore o del portiere che evita un gol deviando la palla oltre il fondo; (*fig.*) riuscire a cavarsela all'ultimo momento in una situazione difficile. *2* Trovare scampo, rifugio: *durante la guerra si salvò sulle montagne.* *3* Difendersi, proteggersi: *salvarsi dalla maldicenza, dalle critiche degli altri.* *4* Acquistarsi la salvezza, in senso religioso, accettando una rivelazione e una fede.

†**salvaròba** [comp. di *salva(re)* e *roba*] **s. f.** ● Stanzino, ripostiglio | Dispensa.

salvaschérmo [comp. di salva(re) e *schermo*] **s. m.** ● (*elab.*) Programma che, per aumentare la durata dei fosfori dello schermo, elimina l'immagine corrente quando il computer non è utilizzato per un determinato intervallo di tempo, sostituendola con messaggi o figure animate. **SIN.** Screen saver.

salvastrèlla o (*region.*) **salbastrèlla**, †**selbastrèlla**, **selvastrèlla**, †**serbastrèlla** [dall'agg. lat. *silvĕstre(m)* 'selvatico' con suff. dim. V. *silvestre*; 1400 ca.] **s. f.** ● (*bot.*) Pianta erbacea perenne delle Rosacee, spontanea nelle regioni temperate dell'Europa, dell'Asia e dell'America settentrionale, con foglie imparipennate e piccoli fiori riuniti in spighe oblunghe; è usata in erboristeria come emostatico, astringente e detergente (*Sanguisorba officinalis*). **SIN.** Sanguisorba.

salvatàcco [comp. di *salva(re)* e *tacco*; 1918] **s. m.** (**pl.** *-chi*) ● Lunetta di gomma o di metallo che si applica al tacco di una scarpa per non farlo consumare.

salvatàggio [dal fr. *sauvetage*, da *sauver* 'salvare', dal lat. *salvāre*; 1847] **s. m.** *1* Insieme di operazioni aventi lo scopo di salvare persone o cose in grave pericolo, spec. naufraghi, navi in procinto di affondare, aerei in procinto di precipitare, e sim.: *fare, compiere, operare, un s.*; *tentare un s.*; *lancia, scialuppa, cintura di s.*; *operazioni di s.*; *il s. è riuscito, è fallito.* *2* (*fig.*) Aiuto dato a persone, società e sim., per salvarle da una situazione particolarmente grave: *il s. di una banca.* *3* (*elab.*) Effettuazione della copia di programmi e dati su memorie di massa. *4* (*sport*) Nel calcio, azione del portiere, o giocatore, che evita un gol: *s. sulla linea di porta.*

salvatelecomàndo [comp. di *salva(re)* e *telecomando*; 1990] **s. m.** ● Involucro di gomma o simile materiale per proteggere un telecomando da urti o cadute.

salvàtico e *deriv.* ● V. *selvatico* e *deriv.*

salvàto **part. pass.** di *salvare* ● Nei sign. del v.

salvatóre o †**salvadóre** [lat. tardo (eccl.) *salvatōre(m)*, da *salvātus* 'salvato'; sec. XIII] **A s. m.** (**f.** *-trice*) ● Chi salva: *ringraziare il proprio s.*; *il s. della patria* | ***Il Salvatore***, (*per anton.*) Gesù Cristo. **B agg.** ● (*lett.*) Che dà la salvezza spirituale: *rimorso s.*; *fede salvatrice.*

salvatùtto [comp. di *salva(re)* e *tutto*; 1989] **agg. inv.** ● Che si dimostra essenziale per risolvere una questione, una situazione: *espediente s.*

salvavita [comp. di *salva(re)* e *vita*; 1974] **A agg. e s. m. inv.** ● ***Salvavita***®, marchio registrato di interruttore differenziale da applicare agli impianti elettrici come sistema di sicurezza. **B** in funzione di **agg. inv.** ● Che garantisce la sicurezza o la sopravvivenza | ***Farmaco s.***, atto alla cura di patologie che, non adeguatamente trattate, potrebbero avere esiti gravi o addirittura fatali | ***Cane s.***, cane addestrato alla ricerca di persone vittime di incidenti, calamità naturali e sim.

salvazióne o †**salvagióne** [vc. dotta, dal lat. tardo (eccl.) *salvatiōne(m)*, da *salvātus* 'salvato'; sec. XIII] **s. f.** ● (*lett.*) Il salvarsi, spec. in senso spirituale: *la s. dell'anima*; *la s. eterna*; *la via della s.* | ***Luogo di s.***, il Purgatorio o il Paradiso | Nel Cristianesimo, liberazione del genere umano dal peccato originale e riconciliazione di esso con Dio, operate attraverso il sacrificio di Gesù Cristo e realizzate in ogni credente attraverso il battesimo.

♦**salve** (*1*) [imperat. pres., sing., del v. lat. *salvēre* 'star bene, star sano', da *sălvus* 'sano, salvo'; sec. XVI] **inter.** ● (*lett., fam.*) Si usa come espressione di saluto augurale: *s.!, come va?*; *s.! ci rivedremo presto!*; *s., Umbria verde* (CARDUCCI). **SIN.** Salute.

sàlve (*2*) ● V. *salva.*

Sàlve regina o **Salveregina** [vc. lat., proprio 'salve, o Regina'. V. *salve* (*1*); 1319] **s. f.**, o raro **m.** (**pl.** *salveregìna* o *salveregìne*) ● Orazione a Maria Vergine che si recita alla fine o al principio del rosario.

salvézza [da *salvo*; 1312] **s. f.** *1* Il salvare, il salvarsi | Condizione, di chi (o di ciò che) è salvo: *pensare alla propria s.*; *c'è ancora una possibilità, una via, di s.*; *non c'è più speranza di s.* *2* (*est.*) Persona o cosa che ha salvato o può salvare: *sei stato la mia s.*; *quella testimonianza fu la nostra s.* | ***Ancora di s.***, (*fig.*) ultima speranza, rimedio estremo | ***Partita della s.***, nel calcio e sim., incontro decisivo per rimanere nella serie di appartenenza. *3* (*lett.*) Salvazione.

sàlvia [lat. *sălvia(m)*, da *sălvus* 'salvo', per le sue qualità benefiche; av. 1320] **s. f.** *1* Pianta perenne medicinale delle Labiate, con fusto quadrangolare, foglie picciolate e rugose coperte di peluria grigia, fortemente odorose, e infiorescenze di fiori violacei (*Salvia officinalis*) | ***S. dei prati***, labiata perenne comune nei prati con foglie a margine crenato (*Salvia pratensis*) | ***S. splendida***, coltivata per ornamento (*Salvia splendens*). ➡ **ILL.** piante/9. *2* (*est.*) Foglie secche della pianta omonima, usate come condimento.

salviétta [dal fr. *serviette*, da *servir* 'servire', dal lat. *servīre*; 1524] **s. f.** *1* Tovagliolo, spec. di carta. *2* (*region.*) Asciugamano. || **salviettina**, **dim.**

†**salvificànte** [vc. dotta, dal lat. tardo (eccl.) *salvificānte(m)*, part. pres. di *salvificāre*, comp. di *sălvus* 'salvo' e *-ficāre*] **agg.** ● (*lett.*) Che rende possibile la salvazione e la salvezza: *la grazia s.*, *o vogliam dir beatificante* (BOCCACCIO).

salvìfico [vc. dotta, dal lat. tardo (eccl.) *salvĭficu(m)*, comp. di *sălvus* 'salvo' e *-fĭcus* '-fico'; 1872] **agg.** (**pl. m.** *-ci*) ● Che offre la salvazione: *verbo s.*

salvìnia [dal n. di A. M. *Salvini* (1653-1729), linguista fiorentino; 1922] **s. f.** ● (*bot.*) Erba pesce.

♦**sàlvo** [lat. *sălvu(m)* 'incolume, intatto', vc. indeur. di carattere religioso e sacrale; 1264] **A agg.** *1* Che è scampato a un pericolo, anche grave, senza riportarne alcun danno: *uscire s. da un'impresa*; *arrivare sano e s.*; *eccoti qua sano e s.*; *è s. per miracolo*; *la barca è uscita salva dalla tempesta*; *le bottiglie sono arrivate sane e salve*; *l'onore è s.*; *il nostro buon nome è s.* | Fuori pericolo: *i dottori dicono che è s.*; *grazie a Dio siamo salvi!*; *ormai si può dire s.* | (*relig.*) Nella teologia cattolica, libero dall'inferno, non dannato: *preghiamo perché la sua anima sia salva* | ***Avere salva la vita***, non venire ucciso: *promettere, lasciare, salva la vita a qlcu.* | ***Rubare a man salva***, a più non posso, senza impedimento, senza resistenza. *2* †Sicuro: *a luoghi salvi si condussero* (BOIARDO) | †***Per s. modo***, con mezzi sicuri, con sicurezza. || †**salvaménte**, **avv.** Senza danno. **B s. m.** *1* Nella loc. ***in s.***, al sicuro, lontano da ogni pericolo: *mettere, mettersi, in s.*; *portare, condurre, in s.*; (*region.*) in serbo: *mettere, tenere, avere qlco. in s.* *2* †Riserva pattuita: *i patti e salvi furon questi* (VILLANI). **C prep.** ● Eccetto, all'infuori di: *il negozio è aperto tutti i giorni s. la domenica*; *s. errori, ho liquidato tutti* | ***S. il vero***, se non sbaglio | ***S. il caso che***, tranne il caso che | ***S. errore od omissione***, clausola conclusiva nelle fatture o nei conti quale riserva per errori che possono essere stati commessi negli stessi | ***S. buon fine***, clausola limitativa del rischio della banca nell'operazione di incasso di effetti o assegni con accreditamento immediato, indicante che l'effetto verrà riaddebitato al cliente in caso di mancato buon fine. **D** nelle **loc. cong.** ***s. che***, raro ***s. se*** ● A meno che, eccetto il caso che (introduce una prop. eccettuativa esplicita con il v. all'indic. o al congv.): *tollera tutto s. che si rida di lui*; *verrò presto, s. se capitasse un contrattempo.* **E cong.** ● A parte però il fatto, la possibilità che (introduce una prop. eccettuativa implicita con il v. all'inf.): *ora è convinto della sua decisione, s. poi pentirsene più tardi* | Tranne che: *stando … senza far niente s. chiacchierare al telefono* (MORAVIA).

†**salvocondótto** ● V. *salvacondotto.*

sàmara [vc. dotta, dal lat. *sămara(m)*, *sămera(m)*, di orig. celtica (?); 1813] **s. f.** ● (*bot.*) Frutto secco indeiscente con un solo seme all'interno, il cui pericarpo forma un'ala membranosa che facilita la disseminazione.

samarìdio [da *samara*; 1875] **s. m.** ● (*bot.*) Disamara.

samàrio [tratto da *samarskite*, minerale così detto in onore del mineralogista russo V. E. *Samarskij* (sec. XIX); 1920] **s. m.** ● (*chim.*) Elemento chimico dotato di debole radioattività. **SIMB.** Sm.

samaritàno [dal lat. tardo (eccl.) *Samaritānu(m)*, da *Samarīa*, dall'aramaico *Šāmĕrāyin*; 1319] **A agg.** ● Che si riferisce a Samaria, antica città della Palestina, e all'omonima regione. **B s. m.** (**f.** *-a*) *1* Abitante, nativo di Samaria o della Samaria. *2* Appartenente alla setta giudaica, abitante la Samaria, che accettò soltanto il Pentateuco, respingendo gli altri libri biblici e la legge orale | ***Il buon s.***, secondo il Vangelo, quello che soccorse un giudeo ferito sebbene questi appartenesse a un popolo nemico | (*est.*) Persona buona e caritatevole. **C s. m.** solo **sing.** ● Lingua della famiglia semitica, parlata in Samaria.

sàmba [dal port. *samba* 'ballo', di orig. brasiliana; 1950] **s. m.** o **f.** (**pl. m. inv.**; **pl. f.** raro *-e*) ● (*mus.*) Danza popolare brasiliana caratterizzata da un ritmo sincopato più o meno veloce, poi esportata e diffusa come forma di ballo da sala.

sambabilìno ● V. *sanbabilino.*

sambernàrdo ● V. *sanbernardo.*

sambista [vc. port., da *samba*; 1983] **s. m. e f.** (**pl. m.** *-i*) ● Chi balla, compone o canta il samba.
†**sàmbra** ● V. *†zambra.*
sambùca (1) [lat. *sambūca(m)*, prestito dal gr. *sambýkē*, di orig. orient.; av. 1292] **s. f.** *1* Antico strumento musicale a corde di forma triangolare | Nel Medioevo, nome di vari strumenti a fiato. *2* (*lett.*) Zampogna: *ode la sera il suon de la s.* (ARIOSTO). *3* Antica macchina da guerra per dare la scalata alle mura.
sambùca (2) [da *sambuco* (*1*); 1950] **s. f.** ● Liquore simile all'anisetta, tipico del Lazio. || **sambuchina**, **dim.**
†**sambucàto** [da *sambuco* (*1*)] **agg.** ● Mescolato con fiori di sambuco: *le frittelle sambucate* (BOCCACCIO).
sambùco (1) [lat. *sambūcu(m)*, *sabūcu(m)*, di etim. incerta; av. 1320] **s. m.** (**pl.** *-chi*) ● Alberetto delle Caprifogliacee con fusto ricco di midollo, foglie imparipennate, grandi infiorescenze bianchicce e odorose da cui deriva una infruttescenza di piccole bacche nere (*Sambucus nigra*). ➡ **ILL. piante**/9. || **sambuchino**, **dim.**
sambùco (2) o †**zambùco** [dall'ar. *sunbūq*, forse dall'indiano *sambu*, *zambu*; 1505] **s. m.** (**pl.** *-chi*) ● Barca attrezzata con vele latine, usata nel Mar Rosso.
†**sàmeto** ● V. *sciamito.*
samizdat /*russo* sʌmjiz'dujat/ [vc. russa, propr. 'autoedizione', comp. di *sam* 'sé stesso' e *izdat*, abbreviazione delle parole che significano 'editore' e 'edizione'; 1971] **s. m. inv.** (**pl.** russo *samizdaty*) ● A partire dagli anni '60 e fino agli anni '80 del Novecento, pubblicazione clandestina di opere di autori dissidenti dal regime nell'Unione Sovietica.
sammarinése [1860] **A agg.** ● Di San Marino. **B s. m. e f.** ● Abitante, nativo di San Marino.
samoàno [1927] **A agg.** ● Che si riferisce alle isole Samoa. **B s. m.** (**f.** *-a*) ● Abitante delle isole Samoa, appartenenti al gruppo polinesiano. **C s. m.** solo **sing.** ● Lingua del gruppo maleo-polinesiaco, parlata nelle isole Samoa.
samoièdo [dal russo *sámojed*, forse di orig. lappone; 1754] **A s. m.** (**f.** *-a*) *1* Ogni appartenente a un popolo della famiglia uralo-altaica, con forte influenza mongolica, stanziato nelle steppe che costeggiano l'Oceano glaciale artico. *2* Razza nordica di cani di grande mole, usati spec. per trainare slitte. **B agg.** ● Dei, relativo ai, Samoiedi. **C s. m.**; anche **agg.** ● Gruppo di lingue o dialetti appartenente alla famiglia uralica.
samovàr [vc. russa, comp. di *sam(o)-* 'sé stesso' e *var* 'acqua bollente', da *varit* 'bollire', cioè 'acqua che bolle da sé'; 1867] **s. m. inv.** ● Recipiente di rame o d'argento, a forma di vaso, usato per ottenere e conservare l'acqua bollente spec. per la preparazione del tè; è tipico della Russia e di altri Paesi dell'Europa Orientale.
sampàn o **sampàng** [dal cin. *san* 'tre' e *pan* 'bordo', attraverso il fr. e ingl. *sampan*; 1928] **s. m. inv.** ● Imbarcazione costiera con piccola vela a stuoie di canna e con remo che funge anche da timone, usata in Estremo Oriente.
sampdoriàno [dalla squadra di calcio *Sampdoria*, nata dalla fusione delle società sportive *Samp(ierdarenese)* e *Doria*; 1967] **s. m.**; anche **agg.** (**f.** *-a*) ● Chi (o Che) gioca nella squadra di calcio genovese della Sampdoria o ne è sostenitore.
sampièro ● V. *sampietro.*
sampietrino o **sanpietrino** [1828] **s. m.** *1* A Roma, operaio addetto alla manutenzione o all'addobbo della basilica di S. Pietro. *2* Moneta d'argento romana del Senato coniata nel XIII sec. | Moneta papale di rame coniata alla fine del XVIII sec. *3* Pietra usata per la pavimentazione di molte strade di Roma e di piazza San Pietro, e in seguito diffusasi anche altrove.
sampiètro o **sampièro**, **sanpiètro** [da *San Pietro*, apostolo e pescatore; 1483] **s. m.** ● (*zool.*) Pesce San Pietro.
sampógna ● V. *zampogna.*
samsàra /*sanscrito* sām'saːra/ [sanscrito *samsārah*, propr. 'passaggio (*sārah*) attraverso (*sam*)'] **s. m. inv.** (**pl.** sanscrito *samsaro*) ● Nelle dottrine religiose e filosofiche indiane, ciclo della trasmigrazione delle anime.
samùm ● V. *simun.*
samuràì [attraverso l'ingl., dal giapp. *samurai*, da *samurau* 'essere al servizio di un signore'; 1895] **s. m. inv.** ● Nobile giapponese di una particolare casta che poteva esercitare solo le armi e gli uffici pubblici.
san **agg.** ● Forma tronca di 'santo'.
sanàbile [vc. dotta, dal lat. *sanābile(m)*, da *sanāre*; 1300 ca.] **agg.** *1* Che si può sanare: *ferita s.* *2* (*dir.*) Che può essere corretto o reso valido: *negozio giuridico s.* || **sanabilménte**, **avv.**
sanabilità [1872] **s. f.** ● Condizione di ciò che è sanabile.
sanàle ● V. *sagginale.*
sanaménto [1872] **s. m.** ● (*raro*) Guarigione | Risanamento, bonifica.
sanàre [lat. *sanāre*, da *sānus* 'sano' (V.); av. 1306] **A v. tr.** *1* Rendere sano, risanare, guarire (*anche fig.*): *s. un ammalato, una piaga, una ferita, una lesione*; *s. gli infermi*; *il tempo sanerà il suo dolore.* *2* (*est.*) Correggere una situazione particolarmente difficile riportandola alla normalità: *s. una piaga sociale, un bilancio, un passivo* | (*dir.*) ***S. un atto processuale***, renderlo valido ed efficace. *3* Bonificare: *s. un terreno.* *4* †Castrare. **B v. intr. pron.** e (*lett.*) **intr.** ● Guarire (*spec. fig.*).
sanativo [vc. dotta, dal lat. tardo (eccl.) *sanatīvu(m)*, da *sanātus* 'sanato (1)' (V.); av. 1320] **agg.** ● (*raro*) Atto a sanare, che ha virtù di sanare.
sanàto (1) [1294] **part. pass.** di *sanare*; anche **agg.** ● Guarito.
†**sanàto** (2) ● V. *senato* (*1*).
sanàto (3) [part. pass. di *sanare* nel sign. A 4; 1963] **s. m.** ● (*sett.*) Vitello macellato ancora lattante.
sanatóre [vc. dotta, dal lat. tardo (eccl.) *sanatōre(m)*, da *sanātus* 'sanato'; 1308] **s. m.**; anche **agg.** (**f.** *-trice*) ● (*lett.*) Chi (o Che) sana: *voi pie sanatrici divine* (CARDUCCI).
sanatòria [ellissi di *sentenza sanatoria*; av. 1712] **s. f.** ● (*dir.*) Eliminazione, nei modi indicati dalla legge, della causa di invalidità di un atto giuridico o di un provvedimento amministrativo.
sanatoriàle [da *sanatorio*; 1959] **agg.** ● Di sanatorio: *cura s.*
sanatòrio [vc. dotta, lat. tardo (eccl.) *sanatōriu(m)*, da *sanātus* 'sanato'; 1745] **A agg.** ● (*dir.*) Di atto o fatto diretto a sanare l'invalidità o irregolarità di un precedente atto. **B s. m.** ● Edificio che ospita gli ammalati di forme tubercolari: *i corridoi oscuri del s.* (MORAVIA) | ***S. climatico***, luogo di ricovero e di cura di malati di tubercolosi, posto in particolari condizioni di clima, favorevoli alla guarigione della malattia.
sanazióne [vc. dotta, dal lat. *sanatiōne(m)*, da *sanātus* 'sanato'; av. 1698] **s. f.** *1* †Guarigione. *2* Nel diritto canonico, legittimazione di un matrimonio invalido per impedimenti.
sanbabilino o **sambabilino** [da (piazza) *San Babila*, luogo d'incontro nel centro storico di Milano; 1976] **s. m.** (**f.** *-a*); anche **agg.** ● Spec. negli anni 1960-70, giovane milanese con tendenze neofasciste e comportamento spesso prepotente o facinoroso.
sanbernàrdo /samber'nardo/ o **San Bernàrdo** /sam'bernardo/, **sambernàrdo** [dall'ospizio del Gran *San Bernardo*, dove i monaci ne curavano l'addestramento al salvataggio dei viaggiatori sperduti nella neve; 1930] **s. m.** (**pl. inv.** o *sanbernàrdi* o *sambernàrdi*) ● Razza di cani da soccorso molto grossi, con pelo lungo o corto, testa grossa e mantello bianco a chiazze marroni.
sancìre [vc. dotta, dal lat. *sancīre* 'sancire, statuire', della stessa radice di *sacro* e *santo* (V.); sec. XIV] **v. tr.** (*io sancìsco, tu sancìsci*) *1* Imporre d'autorità, da parte della legge, un dato comportamento ai destinatari della stessa minacciando l'irrogazione di una sanzione agli inadempienti. SIN. Sanzionare, statuire. *2* (*est.*) Dare carattere stabile e decisivo: *s. un diritto con l'uso.* *3* (*lett.*) Affermare solennemente.
sàncta sanctòrum [loc. lat., trad. del gr. *tà hágia tôn hagiōn* 'le parti sante fra le sante'; av. 1306] **loc. sost. m. inv.** *1* La parte più interna del tempio di Gerusalemme, accessibile soltanto al sommo sacerdote | (*est.*) Parte intima o sacello di un tempio o di un luogo cultuale di qualsiasi religione | Tabernacolo sull'altare dove si conserva il SS. Sacramento. *2* (*fig.*) Luogo riservato e accessibile a pochi (*anche scherz.*).
sanctificètur o **santificètur**, spec. nel sign. B [vc. lat., propr. 'sia santificato', congv. passivo di *sanctificāre* 'santificare' (V.); sec. XV] **A s. m. inv.** ● Espressione della formula latina del Pater Noster. **B s. m.**, raro **f.**, **inv.** ● (*iron.*) Persona ipocrita e bigotta che ostenta devozione.
sànctus [lat. *sānctus* 'santo'. V. *santo*; 1353] **s. m. inv.** (**pl.** lat. *sancta*) ● Espressione di glorificazione di Dio ripetuta tre volte durante la Messa; (*est.*) la parte della Messa comprendente tale espressione, sostituita da 'Santo' dopo il Concilio Ecumenico Vaticano Secondo.
sanculòttidi [da *sanculotto*] **s. m. pl.** (**sing.** *-e*) ● Nel calendario repubblicano francese, giorni complementari che si aggiungevano alla fine dell'anno in numero di cinque, o sei negli anni bisestili.
sanculòtto [dal fr. *sans-culottes* 'senza calzoni (corti)', da *cul* 'culo'; 1796] **A s. m.** (**f.** *-a*) *1* Durante la Rivoluzione francese, nome con cui gli aristocratici designavano i rivoluzionari, a causa della loro adozione dei pantaloni lunghi in luogo di quelli corti. *2* (*est.*) Rivoluzionario estremista. **B** anche in funzione di **agg.** (posposto al s.): *La canaglia sanculotta* (CARDUCCI).
sandalificio [comp. di *sandalo* (*2*) e *-ficio*; 1959] **s. m.** ● Fabbrica di sandali.
sandalino ● V. *sandolino.*
sàndalo (1) [dall'ar. *ṣandal*, di orig. orient.; av. 1350] **s. m.** ● Albero indo-malese delle Santalacee da cui si ricava un olio etereo di gradevole odore (*Santalum album*) | ***Essenza di s.***, usata come antisettico e in profumeria | Leguminosa dell'India e delle Filippine di cui si usa il legno per oggetti ornamentali (*Pterocarpus santalinus*).
sàndalo (2) [dal gr. *sándalon* 'sandalo con legacci di cuoio', di orig. iran. (?); 1669] **s. m.** *1* Calzatura estiva costituita dalla suola e da una tomaia a strisce di cuoio o altro materiale | ***Sandali alla schiava***, legati al piede da lacci che salgono oltre la caviglia. *2* Calzare usato dal Papa e da alcuni prelati in funzioni pontificali | Calzare proprio dei membri di alcuni ordini religiosi mendicanti. || **sandalètto**, **dim.** | **sandalino**, **dim.**
sàndalo (3) o **sàndolo** [dal lat. *sandăliu(m)* 'sandalo', dal precedente; così detto per la forma piatta; av. 1367] **s. m.** ● (*mar.*) Barca a fondo piatto in uso nella laguna veneta per trasportare merci | Barca a sponde basse per la caccia alla spingarda.
†**sanderàca** ● V. *sandracca.*
sàndhi /'sandi, *sanscrito* 'sʌndhi/ [vc. sanscrita, propr. 'legamento'; 1898] **s. m. inv.** ● (*ling.*) Mutamento fonetico che si produce nell'incontro fra due fonemi contigui nella catena parlata e che può essere recepito anche nello scritto (per es. il raddoppiamento sintattico in *dappoco* o l'assimilazione della nasale in *compaesano*).
sandinista [dal n. del generale A. César *Sandino*, ucciso nel 1934; 1978] **A s. m. e f.** (**pl. m.** *-i*) ● Appartenente al movimento rivoluzionario che ha governato il Nicaragua dal 1979 al 1990. **B** anche **agg.**: *esercito s.*
sandolino o (*raro*) **sandalino** [da *sandalo* (*3*); 1891] **s. m.** ● (*mar.*) Imbarcazione a fondo piatto con poppa e prua aguzze, con remo a pala doppia, per un solo vogatore: *riportavamo alla spiaggia tutti i sandalini capovolti e molti remi spezzati* (STUPARICH).
sandolista [da *sandol(ino)*] **s. m. e f.** (**pl. m.** *-i*) ● Chi conduce un sandolino.
sàndolo ● V. *sandalo* (*3*).
sandra [latinizzazione scient. del n. ted. *Zander*, forse di orig. slava; 1936] **s. f.** ● Lucioperca.
sandràcca o †**sanderàca**, †**sandràca** [lat. *sandăraca(m)*, dal gr. *sandarákē*, di orig. assira; 1573] **s. f.** ● Resina estratta da un albero di alcune Conifere dell'Africa e dell'India.
sandwich /'sendwitʃ, *ingl.* 'sænwidʒ, -itʃ/ [vc. ingl., dal n. di John Montague conte di *Sandwich* (1718-1792), il cui cuoco inventò questo modo di cibarsi per risparmiargli di abbandonare il tavolo da gioco; 1889] **A s. m. inv.** (**pl.** ingl. *sandwiches*) ● Panino imbottito, tramezzino: *un s. al prosciutto.* **B** in funzione di **agg. inv.** ● (posposto al s.) Nella loc. ***uomo s.***, pagato per portare in giro due cartelloni pubblicitari, uno appeso al petto e l'altro alle spalle | ***Strutture s.***, nelle costruzioni meccaniche, spec. aeronautiche, strutture costituite da elementi resistenti esterni di piccolo spessore, collegati fra loro da un riempimento interno.
sanése [1312] **A agg.**; anche **s. m. e f.** ● †V. *senese.* **B s. m.** ● Moneta d'oro di Siena coniata nel XIV sec.
sanfasòn ● V. *sans façon.*

sanfedismo [comp. di *San(ta) Fed(e)* e *-ismo*; 1851] **s. m.** *1* Attività delle bande armate di contadini nell'Italia meridionale, organizzate per la prima volta dal cardinale Ruffo, nell'Esercito della Santa Fede, alla fine del XVIII sec., per combattere la Repubblica partenopea | Attività di numerose sette reazionarie, attive nello Stato pontificio, dopo la Restaurazione. *2* (*est.*) Atteggiamento politico reazionario e clericale.

sanfedista [av. 1850] **s. m. e f.** (pl. m. *-i*) *1* Seguace, sostenitore del sanfedismo. *2* (*est.*) Reazionario e clericale.

sanforizzàre [adatt. dell'ingl.-amer. *sanforize*, deriv. dal n. dell'americano *Sanford* L. Cluett, inventore del processo; 1963] **v. tr.** ● Sottoporre i tessuti di cotone al processo di sanforizzazione.

sanforizzazióne [da *sanforizzare*; 1959] **s. f.** ● Trattamento per rendere irrestringibili i tessuti di cotone.

sangàllo [dal n. della città svizzera di *San Gallo* (ted. *Sankt Gallen*); 1965] **s. m.** ● Varietà di pizzo o di tessuto a pizzo per abiti da sera, camicette e sim.

sangiaccàto [da *sangiacco*; av. 1557] **s. m.** ● (*st.*) Circoscrizione delle province nell'impero ottomano.

sangiàcco [dal turco *sancak* (pronunciato *sangiak*) 'bandiera, governo'; av. 1557] **s. m.** (pl. *-chi*) *1* (*st.*) Governatore di un sangiaccato. *2* †Sangiaccato.

sangiovése [abbr. di *sangiovannese* 'abitante di S. Giovanni Valdarno' (?); av. 1739] **s. m.** *1* Vitigno molto diffuso in Italia che dà un'uva di color viola scuro; è il vitigno fondamentale nella produzione di vini celebri come il Chianti o il Brunello di Montalcino. *2* Vino di color rosso carico, profumo vinoso e sapore lievemente amarognolo, prodotto spec. in Romagna e nelle Marche dal vitigno omonimo.

sangria [sp. *sangría* 'salasso', da *sangre* 'sangue'; 1970] **s. f. inv.** ● Bevanda a base di vino rosso allungato con acqua, zucchero e limone, servita ghiacciata, talvolta con frutta in infusione.

♦**sàngue** [lat. *sāngue(m)* (nom.), di etim. incerta; av. 1292] **A s. m.** (pl. lett. *-i*, †anche f.; oggi difett. del pl.) *1* Liquido circolante nel sistema arterio-venoso dei Vertebrati, costituito da una parte liquida detta plasma e da elementi corpuscolati rappresentati da globuli rossi, globuli bianchi e piastrine: *animali a s. caldo, a s. freddo*; *fare l'esame del s.*; *trasfusione di s.*; *datore, donatore, di s.*; *goccia di s.*; *s. vivo, nero, rosso*; *s. raggrumato*; *fare, gettare, sputare s.*; *essere grondante di s.*; *essere macchiato di s.*; *essere rosso come il s.* CFR. emo-, emato-, -emia | ***Bistecca al s.***, poco cotta, ancora un po' sanguinante | Effusione di sangue: *macchie, tracce, di s.*; *lago, pozza di s.* | ***Battere, percuotere, picchiare, qlcu. a s.***, con tanta violenza da farlo sanguinare | ***Duello all'ultimo s.***, fino alla morte dell'avversario | (*est.*) Ferimento, omicidio, morte, e sim.: *scorrerà presto il s.*; *quanto s. si è versato!*; *c'è stato spargimento di s.* | ***Spargere s.***, commettere stragi, delitti | ***Con, senza, spargimento di s.***, in modo cruento, in modo incruento | ***Fatto di s.***, delitto, strage | (*lett.*) ***Uomo di s.***, violento, sanguinario | (*fig.*) ***Avere sete, essere assetato, di s.***, essere spinto a uccidere dalla vendetta o dalla follia | ***Avere orrore del s., aborrire il s.***, detestare ogni forma di violenza | ***Notte, giorno***, e sim. ***di s.***, in cui si compiono delitti, uccisioni | ***Pagare qlco. col s.***, rimetterci la vita | ***Pagare un tributo di s. per una causa, un ideale***, e sim., sacrificare ad essi molte vite umane | ***Dare, versare, il proprio s. per la patria, un ideale***, e sim., morire per essi | (*fig.*) ***Offesa che va lavata col s.***, che va vendicata con la morte dell'offensore | ***Soffocare una rivolta nel s.***, domarla con uccisioni, stragi, violenze | (*lett.*) ***Essere scritto a caratteri di s.***, di grandi avvenimenti storici, politici, e sim. la cui realizzazione è costata la vita di molte persone | (*bot.*) ***S. di drago***, resina estratta dai frutti della palma *Calamus draco* e dalla corteccia della liliacea *Dracaena draco*. ➡ ILL. p. 2123 ANATOMIA UMANA. *2* (*fig.*) Spirito, forza, vigore, vitalità | ***Non avere più s. addosso, non avere più una goccia di s. nelle vene***, sentirsi mancare le forze | ***Sudare s.***, durare grande fatica | ***Costare s.***, costare grande fatica, grandi sacrifici. *3* (*fig.*) Stato d'animo, sentimento, cuore | ***Guastarsi il s., farsi s. cattivo***, irritarsi, arrabbiarsi, rodersi l'animo | ***Non esserci, non correre, buon s.***, non esserci simpatia, cordialità e sim. | ***Sentirsi rimescolare, ribollire, il s.***, provare ira, sdegno, violenta indignazione | ***Sentirsi gelare, agghiacciare, il s.***, provare un improvviso spavento, terrore e sim. | ***Sentirsi andare, montare, il s. alla testa, accendersi il s.***, essere preso da violenta collera, ira, rabbia | ***Piangere lacrime di s.***, cocenti di amaro pentimento | ***Il s. gli fece un tuffo***, per esprimere la repentinità e la violenza di un'emozione | ***Non avere s. nelle vene***, essere insensibile, gelido | Indole, carattere | ***Avere qlco. nel s.***, sentirsene fortemente attratti, avere un'innata disposizione per essa | ***Avere il s. bollente, il s. caldo***, essere facile preda dell'entusiasmo, dell'ira, delle passioni | ***S. freddo***, calma e ponderazione, perfetta padronanza dei propri nervi: *conservare, non perdere, il proprio s. freddo*; *mostrare un ammirevole s. freddo* | ***A s. freddo***, posatamente, con piena consapevolezza, con assoluta padronanza di sé: *uccidere qlcu. a s. freddo* | ***Calma e s. freddo!***, invito alla riflessione e alla calma rivolto a chi si lascia prendere dall'impazienza o dall'agitazione. *4* (*fig.*) Famiglia, parentela, discendenza, stirpe: *vincoli del s.*; *legami di s.*; *nobiltà, gentilezza, di s.*; *essere di s. nobile, popolano* | ***Avere lo stesso s., essere dello stesso s.***, appartenere alla stessa famiglia | ***Avere il s. blu***, essere nobile | ***S. del proprio s.***, il figlio, i figli | ***La voce del s.***, l'istinto naturale che porta a riconoscere e ad amare i propri parenti | ***Buon s. non mente***, quando in una persona, spec. giovane, si manifestano attitudini ritenute ereditarie | ***Principe di s. reale, principe del s.***, discendente di una famiglia reale | (*lett.*) Nazione: *Latin s. gentile* (PETRARCA). *5* (*zool.*) Insieme dei caratteri ereditari insiti in una razza | ***Puro s.***, V. *purosangue* | ***Mezzo s.***, V. *mezzosangue*. *6* (*fig.*) Tutto ciò che si possiede (denaro, lavoro, e sim.): *succhiare il s. altrui*; *queste tasse ci prendono tutto il s.*; *strozzino arricchito col s. dei poveri* | (*disus.*) ***Cavata di s.***, spesa, sborso, spec. eccessivi. *7* Nelle loc. inter. eufem. che esprimono imprecazione, minaccia, disappunto e sim.: ***s. di Bacco!, s. d'un cane!, s. di Giuda!*** *8* (*al pl.*) †Mestrui. || **sanguàccio**, pegg. **B** in funzione di **agg. inv.** ● (posposto a un s.) Che ha il colore rosso vivo e intenso caratteristico del liquido omonimo: *rosso s.*; *un tramonto color s.*

sanguemisto o **sàngue misto** [comp. di *sangue* e *misto*; 1959] **s. m. e f.** (pl. m. *sanguemisti*; pl. f. inv.) ● Nella genetica umana, meticcio | Nella genetica animale, ibrido, incrocio.

sanguétta [da *sangue*; 1550] **s. f.** ● (*pop.*) Sanguisuga.

sanguìfero [comp. di *sangue* e *-fero*; 1726] **agg.** ● Che porta sangue, relativo alla circolazione del sangue.

sanguificàre [comp. di *sangue* e *-ficare*; av. 1673] **A v. tr. e intr.** (*io sanguìfico, tu sanguìfichi*; aus. intr. *avere*) ● Produrre sangue. **B v. intr. pron.** ● Trasformarsi in sangue.

sanguificatóre [1872] **agg.**; anche **s. m.** (f. *-trice*) ● (*disus.*) Che sanguifica | Ematopoietico.

sanguificazióne [da *sanguificare*; av. 1673] **s. f.** ● (*disus.*) Produzione di sangue. SIN. Ematopoiesi.

sanguìgna o (*raro*) **sanguìna** [f. sost. di *sanguigno*, sul modello del fr. *sanguine* 'ocra', da *sang* 'sangue'; 1765] **s. f.** ● Argilla ferruginosa di tono rosso più o meno scuro con cui si prepara un pastello usato per disegnare | (*est.*) Disegno eseguito con la sanguigna | Il pastello stesso.

†**sanguignàre** [sovrapposizione di *sanguigno* a *sanguinare*] **v. intr.** ● Sanguinare.

sanguìgno [dal lat. *sanguĭneu(m)* 'sanguigno', da *sānguis*, genit. *sānguinis* 'sangue'; 1246] **A agg.** *1* Di sangue, del sangue: *vaso, gruppo s.*; *pressione sanguigna*. *2* Che abbonda di sangue: *complessione, costituzione sanguigna* | (*fig.*) ***Individuo, carattere s.***, impetuoso, focoso. *3* (*lett.*) Che ha colore simile al sangue: *uva sanguigna* | (*est., lett.*) Insanguinato: *fece l'erba sanguigna di lor sangue* (PETRARCA) | ***Diaspro s.***, varietà macchiettata di rosso scuro. *4* (*lett.*) Sanguinoso. **B s. m.** ● Colore del sangue.

sanguìna ● V. *sanguigna*.

sanguinàccio [dal lat. *sānguine(m)* 'sangue'; sec. XIV] **s. m.** ● Vivanda a base di sangue di maiale, fatto friggere con sale e farina | Insaccato di sangue e grasso di maiale | Dolce a base di latte, cioccolato e sangue di maiale, con canditi e uva passa.

sanguinaménto [da *sanguinare*; 1983] **s. m.** ● Perdita di sangue: *s. di una ferita*.

sanguinànte [av. 1704] **part. pres.** di *sanguinare*; anche **agg.** ● Nei sign. del v. | (*fig.*) Straziato dal dolore: *animo s.*

sanguinàre [lat. tardo *sanguināre* 'sanguinare, insanguinare', da *sānguis*, genit. *sānguinis* 'sangue'; 1319] **A v. intr.** (*io sànguino*; aus. *avere*) *1* Versare, stillare sangue: *la ferita sanguina*; *le gengive continuano a s.*; *il poveretto sanguinava come un ecce homo* | ***La bistecca sanguina***, non è cotta a sufficienza. *2* (*fig.*) Provocare grave dolore: *quell'ingiuria sanguina sempre* | ***Mi sanguina il cuore***, sono angosciato, addolorato: *Mi sanguina il cuore a lasciarti solo lì dentro* (FENOGLIO). **B v. tr.** ● (*raro, lett.*) Insanguinare.

sanguinària [vc. dotta, dal lat. *sanguināria(m)*, f. sost. dell'agg. *sanguinārius* 'sanguigno'; av. 1320] **s. f.** ● Papaveracea dell'America settentrionale il cui rizoma è usato come droga medicinale (*Sanguinaria canadensis*).

sanguinàrio [vc. dotta, dal lat. *sanguināriu(m)*, da *sānguis*, genit. *sānguinis* 'sangue'; 1615] **agg.**; anche **s. m.** (f. *-a*) *1* Che (o Chi) è incline a ferire o uccidere: *pazzo s.* | Che (o Chi) ha istinti omicidi. *2* (*est.*) Che (o Chi) si avvale dell'omicidio e dello spargimento di sangue come mezzo di conseguimento dei propri fini spec. politici: *tiranno s.*; *Maria la Sanguinaria*. || **sanguinariaménte**, avv.

sanguinazióne **s. f.** ● (*lett.*) Sanguinamento.

sànguine [vc. dotta, dal lat. *sānguine(m)*, per il colore rosso dei rami; av. 1320] **s. m.** ● (*bot.*) Sanguinella.

sanguinèlla [dal lat. *sānguis*, genit. *sānguinis* 'sangue'; 1550] **s. f.** *1* (*bot.*) Arbusto delle Cornacee con rami di color rosso scuro e fiori bianchi, simile al corniolo (*Cornus sanguinea*). SIN. Sanguine. *2* (*bot.*) Erba annuale delle Graminacee che vive su suoli disturbati e come infestante delle colture (*Digitaria sanguinalis*).

sanguinèllo [dal lat. *sānguis*, genit. *sānguinis* 'sangue', per il colore; 1959] **s. m.** ● (*bot.*) Varietà di arancio, coltivato in Sicilia, il cui frutto ha la polpa color rosso sangue.

†**sanguinènte** [lat. tardo *sanguilĕntu(m)*, *sanguinĕntu(m)* 'sanguinolente', da *sānguis*, genit. *sānguinis* 'sangue'; 1313] **agg.** ● (*lett.*) Sanguinante: *sarien ristoro al mio cor s.* (FOSCOLO) | Sanguinoso.

sanguìneo [vc. dotta, dal lat. *sanguĭneu(m)*, da *sānguis*, genit. *sānguinis* 'sangue'; 1340] **A agg.** ● (*raro, lett.*) Sanguigno, insanguinato. **B s. m.** (f. *-a*) ● †Consanguineo.

sanguineròla [dal lat. *sānguis*, genit. *sānguinis* 'sangue'; 1934] **s. f.** ● Piccolo pesce dei Ciprinidi a corpo allungato e livrea variabile verde e dorata con ventre rosso, talvolta allevato in acquario (*Phoxinus phoxinus*).

†**sanguinità** [dal lat. *sānguis*, genit. *sānguinis* 'sangue'; 1294] **s. f.** ● Consanguineità, parentela.

sanguinolènto o †**sanguinolènte** [vc. dotta, dal lat. *sanguinolĕntu(m)* 'sanguinoso', da *sānguis* genit. *sānguinis* 'sangue'; av. 1472] **agg.** *1* Sanguinante, che cola sangue: *mano, carne sanguinolenta* | †Sanguinoso, cruento. *2* †Sanguinario, avido di sangue. || **sanguinolenteménte**, avv. Con spargimento di sangue.

sanguinóso [dal lat. tardo *sanguinōsu(m)* 'sanguigno', da *sānguis*, genit. *sānguinis* 'sangue'; 1308] **agg.** *1* (*raro*) Pieno di sangue, lordo di sangue, insanguinato: *mani sanguinose*; *ferita sanguinosa*. *2* Che avviene con molto spargimento di sangue: *combattimento s.*; *battaglia, vittoria sanguinosa*. SIN. Cruento. *3* (*fig.*) Che fa soffrire molto, che offende gravemente: *ingiuria sanguinosa*. *4* (*fig., lett.*) Sanguinario, crudele: *un tiranno s. e bestiale* (GUICCIARDINI). *5* †Sanguigno | †Del colore del sangue. || **sanguinosaménte**, avv. In modo sanguinoso, con spargimento di sangue.

sanguisòrba [comp. di *sangui-* 'sangue' e un deriv. del lat. *sorbēre* 'assorbire' per il suo potere astringente; 1824] **s. f.** *1* (*bot.*) Genere di piante erbacee delle Rosacee, spontanee nelle regioni eurasiatiche, con piccoli fiori ermafroditi riuniti in spighe dense, simili a capolini (*Sanguisorba*). *2* (*bot.*) Salvastrella.

sanguisùga o †**sansùga** [lat. *sanguisūga(m)*, comp. di *sānguis*, genit. *sānguinis* 'sangue' e da *sūgere* 'succhiare'. V. *suggere*; sec. XIV] **s. f.** *1* Anellide degli Irudinei, di acqua dolce, frequente sui fondi melmosi, che si nutre succhiando sangue dai Vertebrati, un tempo usato per fare salassi (*Hirudo medicinalis*). SIN. Mignatta. ➡ ILL. **animali**/1. *2* (*fig.*) Persona avida, che spilla denaro agli altri | (*fig.*) Persona importuna e noiosa.

sanguivoro [comp. di *sangue* e *-voro*; sec. XVIII] **agg.** ● (*raro*) Che si nutre di sangue, che succhia il sangue.

†**sanicare** [da *sano* (V.)] **A v. tr.** ● (*raro*) Sanare, risanare. **B v. intr.** ● (*raro*) Recuperare la salute.

sanìcola [lat. *sanīcula(m)*, da *sānus* 'sano', per le sue qualità medicinali; 1872] **s. f.** ● (*bot.*) Pianta perenne delle Ombrellifere con foglie palmate e fiori in piccole ombrelle che cresce in luoghi ombrosi e boschi umidi; le foglie e il rizoma hanno proprietà astringenti (*Sanicula europaea*). SIN. Erba fragolina.

sanidino [fr. *sanidine*, dal gr. *sanís*, genit. *sanídos* 'tavoletta', detto così per la forma; 1932] **s. m.** ● (*miner.*) Feldspato potassico presente nelle rocce vulcaniche recenti.

sànie [vc. dotta, dal lat. *sănie(m)* 'marcia (2)'; sec. XIII] **s. f. inv.** ● (*raro*) Materiale purulento, pus.

sanificànte [1904] **A part. pres.** di *sanificare*; anche **agg.** ● Che serve per la sanificazione: *azione, trattamento, prodotto s.* **B s. m.** ● Prodotto capace di svolgere sia un'azione detergente che sanitizzante.

sanificàre [vc. dotta, comp. di *sano* e *-ficare*; 1306] **v. tr.** (*io sanìfico, tu sanìfichi*) *1* Sottoporre a sanificazione: *s. il latte.* *2* †Rendere sano, risanare | Bonificare: *uomini ... i quali con la coltura sanifichino la terra* (MACHIAVELLI).

sanificàto **part. pass.** di *sanificare*; anche **agg.** ● Nei sign. del v.: *impianto, latte s.*

sanificazióne [1991] **s. f.** ● Insieme dei processi atti a rendere igienicamente idonei alla produzione di alimenti gli impianti e gli ambienti destinati a essa, o a rendere igienico un alimento, riducendo in misura sufficiente la carica microbica mediante la detergenza e sanitizzazione.

sanióso [vc. dotta, lat. *saniōsu(m)*, da *sănie(m)* 'marcia, sanie'; 1547] **agg.** ● (*lett.*) Fetido, purulento.

sanità o †**sanitàde**, †**sanitàte**, †**santà** [lat. *sanitāte(m)*, da *sānus* 'sano'; 1308] **s. f.** *1* Condizione del corpo che può compiere tutte le sue funzioni, buona salute: *recuperare la s.*; *la s. di un organo*; *s. di mente* | †***Bere in s. di qlcu.***, alla sua salute. *2* Condizione di ciò che è sano moralmente: *s. di principi.* *3* Salubrità: *s. dell'aria, dell'acqua.* *4* Organismo preposto alla cura di ciò che concerne la salute pubblica: *Ministero della Sanità* | (*mil.*) Corpo costituito da ufficiali medici e chimico-farmacisti, che assicura il servizio sanitario dell'esercito: *sezione di Sanità* | In marina, ufficio della capitaneria di porto preposto al controllo della salute dell'equipaggio e delle condizioni igieniche delle navi e del loro carico | ***S. marittima, di porto***, organismo statale a tutela della salute pubblica contro il diffondersi delle malattie infettive portate da equipaggi di navi.

sanitàrio [1812] **A agg.** ● Della sanità, che si riferisce alla sanità: *condizioni sanitarie* | Che si riferisce alla sanità pubblica e agli uffici ad essa preposti: *provvedimenti sanitari*; *misure, precauzioni sanitarie* | ***Impianti sanitari***, l'insieme delle apparecchiature destinate all'igiene della persona e all'eliminazione dei rifiuti organici | ***Ufficiale s.***, medico comunale dell'ufficio di Sanità | ***Cordone s.***, sistema di sorveglianza inteso a circoscrivere e isolare una zona colpita da malattie infettive | ***Bollettino s.***, emanato dai medici curanti sulle condizioni di salute di una nota personalità | ***Operatore s.***, persona che esplica la propria attività nel campo dell'assistenza medica; correntemente, chi appartiene al personale paramedico spec. infermieristico. **B s. m.** *1* (f. *-a*) (*bur.*) Medico: *le prescrizioni dei sanitari.* *2* (*al pl.*) Impianti sanitari.

sanitarista [da *sanitario*; 1991] **s. m. e f.** (pl. m. *-i*) ● Fabbricante o commerciante di articoli sanitari.

†**sanitàte** ● V. *sanità.*

sanitizzànte [1983] **A part. pres.** di *sanitizzare*; anche **agg.** ● Nei sign. del v.: *azione, trattamento, prodotto s.* **B s. m.** ● Prodotto ad azione microbicida, quale la formaldeide, l'acqua ossigenata o l'ossido di etilene, che riduce in misura sufficiente la carica microbica in un impianto destinato alla produzione di alimenti.

sanitizzàre [ingl. *to sanitize*, da *sanity* 'sanità'; 1983] **v. tr.** ● Sottoporre a sanitizzazione.

sanitizzàto **part. pass.** di *sanitizzare*; anche **agg.** ● Nel sign. del v.: *impianto s.*

sanitizzazióne [1983] **s. f.** ● Secondo stadio di un trattamento di sanificazione, attuato mediante l'applicazione di prodotti capaci di ridurre in misura sufficiente la carica microbica: *s. degli impianti lattiero-caseari.*

sanitòmetro [comp. di *sanit(à)* e *-metro* sul modello di *redditometro*; 1997] **s. m.** ● Strumento che, sulla base di una serie di parametri (reddito, composizione del nucleo familiare, età e sim.), determina il diritto del cittadino all'esenzione parziale o totale dal ticket per le prestazioni sanitarie.

†**san mi sia** [*sano mi sia*] **inter.** ● (*raro*) Dio mi salvi (con valore deprecativo nominando accidenti, malanni, disgrazie e sim.). SIN. †Salmisia.

†**sanna** ● V. *zanna.*

sannita o (*lett.*) **sannite** [vc. dotta, dal lat. *Samnīte(m)*, da *Sămnium* 'Sannio'; 1308] **A agg.** (pl. m. *-i*) ● Del Sannio, regione situata a nord-est della Campania. **B s. m. e f.** ● Abitante del Sannio.

sannìtico [vc. dotta, dal lat. *Samnīticu(m)*, da *Samnītes* 'Sanniti'; 1499] **agg.** (pl. m. *-ci*) *1* Del Sannio | Dei Sanniti | ***Guerre sannitiche***, combattute dai Romani contro i Sanniti tra il 343 e il 290 a.C. *2* (*arald.*) ***Scudo s. antico, moderno***, rettangolare con il lato inferiore ogivale e a forma di graffa.

†**sannìtrio** ● V. *salnitro.*

sànno ● V. *sapere (1).*

†**sannùto** ● V. *zannuto.*

♦**sàno** [lat. *sānu(m)*, di etim. incerta; av. 1250] **A agg.** *1* Che non ha malattie, infermità, disturbi, che gode buona salute fisica e psichica: *ragazzo s. e robusto*; *si vede che è una donna sana*; *crescere, conservarsi, mantenersi s.*; *essere s. di mente* | ***S. e salvo***, illeso, incolume | ***S. e vegeto***, sanissimo, spec. di persona anziana o di chi è recentemente guarito da una malattia | ***S. come un pesce***, sanissimo. CONTR. Malato. *2* Che rivela buona salute: *aspetto, colorito s.* SIN. Florido. *3* Non viziato, non guasto, non alterato da difetti, disfunzioni, malformazioni: *cuore s.*; *polmoni sani*; *denti bianchi e sani*; *frutta sana*; *pesche sane.* *4* Salubre, salutare, giovevole alla salute: *casa, aria, vita, sana*; *clima s.* *5* Intero, integro, non rotto: *il vaso è arrivato s.* | (*raro, region.*) Tutto intero, completo: *ho mangiato un cocomero s.*; *ha cotto una gallina sana* | ***Di sana pianta***, completamente, da cima a fondo: *se l'è inventato di sana pianta*; *ha dovuto rifare il lavoro di sana pianta.* *6* (*fig.*) Onesto, moralmente retto: *ambiente s.*; *persona di sani principi*; *avere una sana educazione*; *seguire una sana norma di vita* | (*est., lett.*) Esente da errori, giusto: *morale, dottrina sana.* || **sanaménte**, **avv.** *1* Con sanità, in modo sano. *2* Bene, rettamente, saggiamente. *3* †Certamente, di sicuro. **B s. m.** (f. *-a*) ● Persona sana: *i sani e i malati.* CONTR. Malato.

sanpietrino ● V. *sampietrino.*

sanpiètro ● V. *sampietro.*

sanremése **A agg.** ● Di San Remo. **B s. m. e f.** ● Abitante, nativo di San Remo.

sanrocchino o (*pop.*) **sarrocchino** [da *San Rocco*; av. 1665] **s. m.** ● Mantelletta, ornata di conchiglie, un tempo usata dai pellegrini.

sànsa (1) [lat. *sămpsa(m)*, di etim. incerta; av. 1320] **s. f.** ● Residuo della macinazione e torchiatura delle olive, che viene di nuovo spremuto e trattato con solventi per ricavarne olio di qualità inferiore: *olio di s.*

sànsa (2) [dall'ar. *şanğ* 'cembalo'; 1959] **s. f.** ● Strumento musicale africano composto di linguette di ferro assicurate a una sbarretta trasversale che, se toccate, vibrano risuonando.

sanscrìtico [da *sanscrito*] **agg.** (pl. m. *-ci*) ● Che si riferisce al sanscrito: *filologia sanscritica.*

sanscritista [da *sanscrito*; 1873] **s. m. e f.** (pl. m. *-i*) ● Chi studia la lingua e la letteratura sanscrita.

sànscrito [vc. dotta, dal sanscrito *samskrta-* 'compiuto, perfetto (grammaticalmente)'; 1819] **A s. m.** solo **sing.** ● Antica lingua indiana di cultura, appartenente alla famiglia indoeuropea. **B** anche **agg.**: *lingua sanscrita, testi sanscriti.*

sansepolcrista [1936] **s. m. e f.** (pl. m. *-i*) ● Nel periodo fascista, chi aveva partecipato alla riunione tenuta il 23 marzo 1919 a Milano, in piazza S. Sepolcro, dalla quale erano sorti i fasci italiani di combattimento.

sansevièria [deriv. scient. moderna dal n. di Raimondo di Sangro, principe di *Sansevero*; 1875] **s. f.** ● Pianta rizomatosa ornamentale con foglie radicali lanceolate e glabre (*Sansevieria trifasciata*). ➡ ILL. **piante**/11.

sans façon /fr. sɔ̃fa'sɔ̃/ o (*fam.*) **sanfasòn** [vc. fr., *sans façon*, comp. di *sans* 'senza' e *façon* 'complimento', dal lat. *factiōne(m)* 'fattura'; 1786] **loc. avv.** ● Alla buona, senza cerimonie.

sans-gêne /sɔ̃'ʒɛn/ [vc. fr., propr. 'senza imbarazzo'; 1905] **A avv.** ● Senza soggezione e imbarazzo. **B agg. inv.** ● Disinvolto, quasi sfrontato.

sansificio [da *sansa* (*1*); 1935] **s. m.** ● Stabilimento per la lavorazione della sansa.

sansimoniàno [1840] **A agg.** ● Relativo al sansimonismo. **B s. m.** (f. *-a*) ● Seguace del sansimonismo. SIN. Sansimonista.

sansimonismo [da H. de Rouvroy, conte di *Saint-Simon* (1675-1755); 1846] **s. m.** ● Dottrina sociale di H. de Saint-Simon e dei suoi seguaci, che propugna una radicale trasformazione della società tramite l'abolizione del principio di eredità e lo sviluppo scientifico e industriale.

sansimonista [1840] **s. m. e f.** (pl. m. *-i*) ● Sansimoniano.

sansìno [da *sansa* (*1*); 1881] **A s. m.** ● Olive rimacinate una terza volta da cui si estrae l'olio omonimo. **B agg.** ● Detto di olio di terza estrazione.

sansóne [Giudice di Israele, eroe nazionale famoso per la sua forza (dall'ebr. *šimšōn*, agg. da *šemes* 'sole'); 1838] **s. m.** ● (*per anton., fam.*) Uomo eccezionalmente forte.

sans papiers /fr. ˌsāpa'pje/ [loc. fr., propr. 'senza (*sans*) carta, documento (*papier*)'; 1996] **loc. sost. m. e f. inv.** (pl. fr. inv.) ● Spec. in Francia, immigrato clandestino privo di documenti validi per il soggiorno.

†**sansùga** ● V. *sanguisuga.*

†**santà** ● V. *sanità.*

santabàrbara [da *Santa Barbara*, patrona degli artiglieri; 1769] **s. f.** (pl. *santebàrbare*) *1* Nelle navi militari, deposito di munizioni. *2* (*fig.*) Situazione critica, esplosiva. SIN. Polveriera.

Santalàcee [dal gr. *sántalon* 'sandalo, pianta', d'orig. orient. V. *sandalo* (*1*); 1932] **s. f. pl.** (sing. *-a*) ● Nella tassonomia vegetale, famiglia di piante delle Dicotiledoni erbacee e legnose provviste in genere di austori radicali, con fiori piccoli e frutto a noce o a bacca (*Santalaceae*).

Santalàli [dal gr. *sántalon* 'sandalo', d'orig. orient. V. *sandalo* (*1*)] **s. f. pl.** (sing. *-e*) ● Nella tassonomia vegetale, ordine di piante delle Dicotiledoni, parassite su diverse piante, con foglie coriacee, fiori in spighe o glomeruli, frutto a bacca. ➡ ILL. **piante**/3.

santarèlla o **santerèlla** [f. di *santarello*] **s. f.** ● (*raro*) Donna onesta e devota. || **santarellina**, **dim.** (V.).

santarellina o **santerellina** [dim. di *santarella*; av. 1835] **s. f.** (m. *-o*) ● (*iron.*) Ragazza che si finge innocente e ingenua: *fare la s.*; *faccia da s.*; *con quella s. ipocrita, con quella svergognata* (CALVINO).

santarèllo ● V. *santerello.*

santé /fr. sɔ̃'te/ [vc. fr., *santé* 'salute', dal lat. *sanitāte(m)*. V. *sanità*; 1940] **s. f. inv.** ● Nella loc. ***zuppa alla s.***, di verdura e crostini, in brodo.

santerèlla ● V. *santarella.*

santerellina ● V. *santarellina.*

santerèllo o **santarèllo** [av. 1502] **s. m.** (f. *-a* (V.)) *1* Dim. di *santo* nel sign. B. *2* (*iron.*) Chi, in contrasto con i suoi reali sentimenti, ostenta pietà religiosa, devozione, umiltà, e sim.: *sembra proprio un s.* || **santerellino**, **dim.**

santése [da *santo*, nel sign. ant. di 'chiesa'; 1858] **s. m. e f.** *1* (*region.*) Custode di una chiesa, sagrestano: *credeva ... disavvezzarmi ... immischiandomi coi fanciulletti del s.* (NIEVO). *2* †Bigotto.

santiaghèno [adattamento dello sp. *santiagueño*] **A agg.** ● Di Santiago, capitale del Cile. **B s. m.** (f. *-a*) ● Abitante, nativo di Santiago.

santiddio o **sant'Iddio**, **santo Dio** [comp. di *sant(o)* e *Iddio*; 1930] **inter.** ● Esprime impazienza, disappunto, meraviglia, ira, e sim.: *s. come ti sei conciato!*

santificaménto [sec. XIV] s. m. ● (*raro*) Santificazione.

santificànte [1671] part. pres. di *santificare*; anche agg. ● Che santifica | *Grazia s.*, che rende grati a Dio e che fa santi.

santificàre [vc. dotta, dal lat. tardo (eccl.) *sanctificāre*, comp. di *sānctus* 'santo' e *-ficāre*; sec. XIII] **A** v. tr. (*io santìfico, tu santìfichi*) **1** Sottrarre all'uso profano, rendere santi qlcu. o qlco. (*anche assol.*): *il matrimonio santifica l'amore*; *la grazia santifica*. **2** Dichiarare santo, canonizzare, elevare agli altari. **3** (*est.*) Venerare con devozione, glorificare: *s. il nome di Dio* | ***S. le feste***, osservare le norme religiose che riguardano i giorni dedicati a Dio e al suo culto. **B** v. rifl. ● Divenir santo, rendersi degno della grazia santificante nella perfetta vita religiosa. **C** v. intr. (aus. *essere*) ● †Diventare santo.

santificativo [1745] agg. ● (*raro*) Santificante.

santificàto part. pass. di *santificare* ● Nei sign. del v.

santificatóre [vc. dotta, dal lat. tardo (eccl.) *sanctificatōre(m)*, da *sanctificātus* 'santificato'; sec. XIV] s. m.; anche agg. (f. *-trice*) ● (*raro*) Chi (o Che) santifica: *Iddio s.*; *ostia santificatrice*.

santificazióne [vc. dotta, dal lat. tardo (eccl.) *sanctificatiōne(m)*, da *sanctificātus* 'santificato'; av. 1342] s. f. ● Il santificare | Il santificarsi.

santificètur ● V. *sanctificetur*.

santimònia [vc. dotta, dal lat. *sanctimōnia(m)* 'santità', da *sānctus* 'santo'; av. 1311] s. f. **1** (*spreg.*) Ipocrita affettazione di santità di vita. SIN. Bacchettoneria, bigottismo. **2** †Santità di istituzioni, di valori religiosi e sim.: *la s. del matrimonio*.

santimoniàle [vc. dotta, dal lat. tardo *sanctimoniāle(m)*, da *sanctimōnia* 'santità'; av. 1424] agg. ● (*raro*) Di santimonia.

santino [av. 1712] s. m. **1** Dim. di *santo* nel sign. B | Piccola immagine sacra su cui è riprodotta la figura di un santo o di un oggetto sacro. **2** (*est.*) Cartoncino che ricorda una persona defunta | Cartoncino commemorativo della prima comunione o di altro sacramento.

santippe [vc. dotta, dal lat. *Xanthĭppe(m)*, dal gr. *Xanthíppē* 'Santippe', moglie di Socrate famosa per il suo carattere bisbetico; 1872] s. f. inv. ● (*per anton.*) Moglie bisbetica e brontolona.

santissimo [1319] **A** agg. (con l'iniziale maiuscola nei sign. A e B1; abbr. *SS.*) **1** Sup. di *santo*: *fammi il s. piacere di smetterla!* **2** Che esige il massimo rispetto e la massima venerazione, detto di cose religiose: *la Santissima Trinità*; *Maria Santissima* | ***Santissimo Sacramento***, ostia consacrata, Sacramento dell'altare, ostia esposta in ostensorio | ***S. Padre***, titolo del Papa. **B** s. m. **1** (*ellitt.*) Santissimo Sacramento, ostia consacrata: *esposizione del Santissimo*; *portare il Santissimo in processione*. **2** (*al pl., pop.*) Testicoli: *non rompetemi i santissimi*.

santità [dal lat. *sanctitāte(m)*, da *sānctus* 'santo'; av. 1306] s. f. (*Santità* nel sign. 5) **1** Condizione di ciò che è santo: *la s. di un rito, di una preghiera* | Stato di chi nella vita terrena si è ispirato ai principi religiosi, cercando di metterli in pratica in conformità alla volontà divina: *aspirare alla s.*; *raggiungere la s.*; *vivere, morire, in odore di s.* **2** Condizione propria di Dio e di tutto ciò che gli appartiene, gli si riferisce o da Lui deriva: *la s. di Dio, di Cristo, di Maria Vergine*. **3** Condizione di ciò che è sacro e inviolabile: *la s. del giuramento, della famiglia, dei sepolcri*. **4** Probità, integrità, di vita e di costumi: *s. di opere, di propositi, di intenzioni*. **5** Titolo attribuito al Pontefice: *Sua Santità*; *Vostra Santità*.

♦**sànto** [lat. *sānctu(m)* 'sacro, inviolabile', part. pass. di *sancīre* 'rendere sacro'. V. *sancire, sacro*; 1186] **A** agg. *Santo* si tronca in *san* davanti a nome che cominci per consonante o per *i semiconsonante* (cioè seguita da vocale): *san Carlo, san Francesco, san Gennaro, san Jacopo*; mantiene però la forma *santo* davanti a *s impura*: *santo Stefano*. Davanti a vocale generalmente si elide: *sant'Ignazio, sant'Ilario, sant'Uffizio*. Nel femminile mantiene la forma *santa*, che per lo più elide in *sant'* davanti a vocale: *santa Marta, sant'Anna*. Si scrive generalmente con la minuscola per indicare la persona ed anche la ricorrenza: *oggi è sant'Ambrogio*; si scrive con la maiuscola quando è un titolo a sé stante (*il Santo ha fatto la grazia*), quando indica personalità, istituzione o sim. (*Santo Padre, Santa Sede, Terra Santa*) o quando indica una chiesa col nome del Santo: *una visita a Sant'Ambrogio, a San Miniato*. Si abbrevia spesso in *s.* o *S.* al singolare (*s. Antonio, S. Marco*) e in *ss., SS.* o *Ss.* al plurale: *i ss. Pietro e Paolo* (V. note d'uso ELISIONE e TRONCAMENTO e MAIUSCOLA). **1** Intangibile, inviolabile, che deve essere rispettato e venerato in quanto sancito da una norma morale, civile o sim.: *il giuramento è s.*; *la patria è santa*; *la santa memoria dei martiri*. SIN. Sacro. **2** (*per anton.*) Attributo proprio di Dio: *Dio s.*; *lo Spirito Santo*. **3** (*est.*) Che appartiene, si riferisce e sim. a Dio e alla religione, o da essi deriva: *il s. nome di Dio*; *il s. legno della croce di Cristo*; *farsi il segno della santa croce*; *acqua santa*; *arca, porta santa*; *olio s.*; *la santa Chiesa*; *la santa fede*; *la santa Messa*; *la santa Comunione*; *l'Ostia santa*; *il s. Natale*; *la santa Pasqua* | ***Campo s.***, V. *camposanto* | ***La santa insegna***, la croce | ***Il s. monte***, il Purgatorio | ***Il Santo Sepolcro***, quello di Gesù a Gerusalemme | ***Città Santa***, Gerusalemme | ***Terra Santa***, la Palestina | ***Luoghi Santi***, quelli della Palestina | ***Il Santo Padre***, il Papa | ***La Santa Sede***, la Chiesa cattolica, la curia romana | ***Sant'Uffizio***, sacra congregazione fondata nel XVI sec. per combattere le eresie; più volte riformata nei secoli successivi, poi sostituita dalla Congregazione per la dottrina della fede | ***Settimana santa***, quella antecedente la Pasqua | ***Anno s.***, giubileo | (*pop.*) ***Dio s.!, Cristo s.!, s. cielo!*** e sim., escl. che esprimono disappunto, stizza, collera e sim. **4** Che è stato dichiarato santo dalla Chiesa e come tale è venerato: *i santi confessori*; *i santi vescovi*; *i santi martiri*; *le sante vergini* | Che è appartenuto a un santo: *le sante reliquie*. **5** (*ellitt.*) Seguito dal nome proprio del santo indica il giorno in cui ne viene celebrata la festa, la chiesa che gli è intitolata, l'effigie che lo rappresenta: *per Santo Stefano andremo in montagna*; *davanti San Guido*; *il San Sebastiano di Antonello da Messina*. **6** Pio, religioso: *fare una santa morte*; *il s. timore di Dio*; *anima santa*; *pensieri, propositi santi* | (*est.*) Buono, giusto, probo, retto: *condurre una vita santa*; *è proprio un sant'uomo*; *quella santa donna di tua madre* | (*est.*) ***Parole sante!***, giustissime | Ispirato, dettato, da motivi religiosi, spec. nelle loc. ***guerra santa***; ***lega santa***; ***sant'Alleanza***. **7** (*fig., fam.*) Salutare, efficace, utile: *rimedio s.*; *medicina santa* | ***Vin s.***, V. *vinsanto*. **8** (*fam.*) Anteposto a un s. ha valore raff. nelle loc. ***santa fretta***; ***tutto il s. giorno***; ***in santa pace***; ***fare il s. piacere*** | ***Di santa ragione***, con piena ragione, con forza, in gran quantità: *picchiare qlcu., prenderle, darle*, e sim. *di santa ragione* | ***Santa pazienza!***, escl. che esprime disappunto, impazienza e sim. || **santissimo**, superl. (V.). || **santaménte**, avv. **1** Con santità: *vivere santamente*. **2** Con religiosità: *amare santamente il bene*. **B** s. m. **1** (f. *-a*) Chi, per diretta esperienza del divino o per eccezionali virtù, ha raggiunto la perfezione nella vita religiosa. CFR. agio- | Nella religione cattolica, chi gode della visione beatifica di Dio ed è elevato al culto attraverso il processo di beatificazione e canonizzazione: *culto, patrocinio dei Santi*; *il s. patrono della città*; *il s. del giorno*; *i santi del Paradiso*; *vite, leggende dei Santi* | ***S. dei Santi***, Dio, Gesù | ***I Santi, tutti i Santi***, il primo novembre, festa di Ognissanti | ***La città del Santo***, (*per anton.*) Padova | ***Avere qualche s. dalla propria***, avere molta fortuna spec. in situazioni rischiose o pericolose | ***Avere dei santi in Paradiso***, avere un amico potente, avere un protettore particolarmente influente | ***Qualche s. aiuterà***, per esprimere ottimismo, fiducia nel futuro e sim. | ***Non sapere a che s. votarsi***, non sapere a chi rivolgersi, trovandosi in stato di bisogno, pericolo e sim. | ***Non c'è s.*** (***che tenga***), non c'è niente che possa impedire un dato fatto, è inevitabile. **2** (f. *-a*) (*est.*) Persona dotata di grande virtù, bontà, animo profondamente religioso e sim.: *vivere, morire, come un s.*; *fare una vita, una morte, da s.*; *avere una pazienza da s.*; *quella donna è una santa* | ***Non essere uno stinco di s.***, (*scherz.*) essere tutt'altro che un galantuomo, comportarsi in modo non conforme alla morale (con riferimento alle reliquie di santi negli ossari). **3** (f. *-a*) Figura, immagine, che rappresenta un santo: *regalare un s.* | †***Giocare, tirare, a santi o palle***, con le monete, a testa o croce. **4** (*fam.*) Onomastico, spec. unito a un agg. poss. o seguito da un compl. di specificazione: *per il mio s. ho avuto molti regali*; *oggi è il s. di Giovanni*. **5** †Luogo sacro, chiesa: *io ti veddi tornar … dal s.* (L. DE' MEDICI) | (*tosc.*) ***Entrare, rientrare, in s.***, ritornare pura, detto della donna che va in chiesa per la prima volta dopo il parto: *farolla venire alla chiesa ad entrare in s.* (MACHIAVELLI). || PROV. Scherza coi fanti ma lascia stare i santi. || **santerèllo**, dim. (V.) | **santino**, dim. (V.).

santocchierìa [1597] s. f. ● (*raro*) Atto, comportamento da santocchio.

santòcchio [da *santo*, col suff. spreg. *-occhio*; av. 1735] **A** s. m. (f. *-a*) ● (*raro*) Bigotto, ipocrita, bacchettone. **B** anche agg.

santòccio [da *santo*; 1353] agg.; anche s. m. (f. *-a*) **1** †Ingenuo, sciocco. **2** (*lett.*) Bigotto.

sànto Dio ● V. *santiddio*.

santofilla ● V. *xantofilla*.

sàntola [f. di *santolo*] s. f. ● (*sett.*) Madrina, comare.

santolìna [dissimilazione da *santonina* (V.) sul modello del fr. *santoline*; sec. XVI] s. f. ● (*bot.*) Pianta perenne delle Composite di odore intenso, con foglie lineari dentate e fiori gialli in capolini (*Santolina chamaecyparissus*).

sàntolo [vc. dial. sett. dal lat. *sānctulu(m)*, dim. di *sānctus* 'santo' nel sign. ant. di 'padrino'; sec. XIV] s. m. (f. *-a* (V.)) ● (*sett.*) Padrino, compare: *s. di cresima, di battesimo*.

santóne [da *santo*; 1524] s. m. **1** Monaco, eremita, asceta che, in religioni superiori non cristiane, è circondato di fama di santità. **2** (f. *-a*) (*iron.*) Capo carismatico.

santònico [vc. dotta, dal lat. *Santŏnicu(m)*, dal gr. *santonikón* 'assenzio', da *Santŏnes*, popolazione gallica; sec. XIV] s. m. (pl. *-ci*) ● (*bot.*) Nome di alcune specie di *Artemisia*, tipo *Artemisia maritima* dalle cui sommità fiorite si estrae la santonina.

santonìna [da *santonico*; 1864] s. f. ● Principio attivo, contenuto nelle sommità fiorite di alcune Artemisie, dotato di proprietà vermifughe ma tossico spec. per il sistema nervoso e i reni.

santopìa ● V. *xantopsia*.

santopsìa ● V. *xantopsia*.

santoràle [da *santo*; 1957] s. m. ● Nella liturgia romana, parte dell'Antifonario, che contiene i canti relativi ai singoli santi.

santorèggia [lat. *saturēia(m)*, avvicinata a *san(i)tà* 'salute', per le qualità mediche; av. 1320] s. f. (pl. *-ge*) ● (*bot.*) Satureia.

santuàrio o †**santuàre** [vc. dotta, dal lat. *sanctuāriu(m)*, sovrapposizione di *sānctus* 'santo' e *sacrārium* 'sacrario'; calco dall'ingl. *sanctuary* nel sign. 4; sec. XV] s. m. **1** Luogo sacro | (*fig.*) Luogo in cui si custodiscono gli affetti, le memorie, i sentimenti più sacri e intimi: *il s. della coscienza*; *il s. domestico*. **2** Edificio o luogo sacro | Chiesa cattolica che è centro di particolari devozioni o nella quale sono conservate reliquie. **3** Parte interiore di un tempio, l'accesso alla quale è riservato ai soli sacerdoti. **4** (*est.*) Luogo protetto e inaccessibile: *i santuari del potere economico*.

†**sànza** ● V. *senza*.

sanzionàbile [da *sanzionare*; 1985] agg. ● Che può essere sottoposto a sanzione.

sanzionàre [1789] v. tr. (*io sanzióno*) **1** Dare la sanzione, sancire, confermare (*anche fig.*): *il capo dello Stato ha sanzionato un decreto*; *una lunga tradizione sanziona questa usanza*. **2** Fare oggetto di sanzioni punitive.

sanzionatóre [av. 1957] agg.; anche s. m. (f. *-trice*) ● Che (o Chi) sanziona.

sanzionatòrio [1985] agg. ● Che riguarda una sanzione | Che sanziona o costituisce una sanzione: *procedimento, sistema s.*

sanzióne [vc. dotta, dal lat. *sanctiōne(m)* 'sanzione', da *sānctus* 'santo, inviolabile'; av. 1564] s. f. **1** Nel linguaggio forense, approvazione di un atto legislativo o amministrativo da parte dell'autorità competente: *la legge ha ottenuto la s. del Parlamento*. **2** (*fig.*) Approvazione, conferma: *ha ottenuto la s. dei superiori*. **3** Nei documenti medievali, formula con la quale si tendeva a garantire l'osservanza delle disposizioni in essi contenute, con la minaccia di una pena o con la promessa di una ricompensa. **4** (*est.*) Evento dannoso cui i destinatari della legge debbono soggiacere in caso di trasgressione della stessa: *s. civile, penale, amministrativa, fiscale* | ***Cadere sotto la s. della legge***, violare la legge | (*spec. al pl.*) Provvedimento economico, militare o politico adottato da uno o più soggetti di diritto internazionale nei confronti di uno o più altri.

sanzionismo [1945] s. m. ● Tendenza a sollecitare o ad applicare sanzioni in campo economico o politico.

sanzionista [1936] agg. (pl. m. *-i*) ● Che è fautore di una politica ispirata al sanzionismo: *stato s.*

sanzionistico [1936] agg. (pl. m. *-ci*) ● Improntato a sanzionismo: *provvedimento s.*

sàpa [lat. *săpa(m)*, di orig. indeur.; 1340 ca.] s. f. ● Mosto concentrato mediante cottura, che serve come condimento o per preparare mostarde.

sapèrda [vc. dotta, dal lat. *sapĕrda(m)*, dal gr. *saperdēs* 'tipo di pesce marino', di orig. orient.; av. 1729] s. f. ● Coleottero dei Cerambici le cui larve scavano gallerie nel legno del pioppo e del salice danneggiando gravemente le piantagioni (*Saperda carcharias*).

♦**sapére** (**1**) o (*dial.*) †**savére** [lat. parl. **sapēre* per il classico *săpere* 'aver sapore, essere savio', di orig. indeur.; 960] **A** v. tr. (pres. *io so* /sɔ*/, dial. †*sàccio*, dial. †*sàppo*, dial. †*sào*, *tu sài*, †*sàpi*, *egli sa* /sa*/, dial. †*sàpe*, *noi sappiàmo*, †*sapiémo*, dial. †*sapémo*, *voi sapéte*, *essi sànno*, dial. †*sàcciono*; fut. *io saprò*, †*saperò*; pass. rem. *io sèppi* (o *-é-*), †*sapéi*, *tu sapésti*; congv. pres. *io sàppia*, dial. †*sàccia*, *noi sappiàmo*, dial. †*sacciàmo*, *voi sappiàte*, dial. †*sacciàte*, *essi sàppiano*, dial. †*sàcciano*; condiz. pres. *io saprèi*, †*saperèi*, †*saprìa*, *tu saprésti*; imperat. *sàppi*, dial. †*sàcci*, *sappiàte*, dial. †*sacciàte*; ger. *sapèndo*, †*sapièndo*, †*sappièndo*; part. pass. *sapùto*, dial. †*sacciùto*; difett. del part. pres.) ATTENZIONE! *so* e *sa* non vanno accentati (V. nota d'uso ACCENTO). ***1*** Possedere una serie più o meno vasta di conoscenze e nozioni acquisite mediante lo studio, l'informazione, l'applicazione, l'apprendimento e sim.: *s. il francese, la grammatica, la matematica, le lingue*; *s. la lezione, la parte*; *s. un sacco di cose*; *è uno che non sa niente*; *certuni credono di s. tutto*; *quei che manco intendono, credono s. di più, e quei che sono al tutto pazzi, pensano s. tutto* (BRUNO) | ***S. qlco. dall'a alla zeta, per filo e per segno, come l'avemmaria*** e sim., averla imparata molto bene ed essere in grado di ripeterla a memoria con assoluta padronanza | Seguito da un partitivo, indica conoscenza, talvolta generica: *s. di musica, di pittura*; *s. di tutto*; *ella … vuol s. di tutto, vuole entrare in tutto* (GOLDONI) | (*assol.*) Essere particolarmente dotto, esperto: *un uomo che sa*; *colui che sa*; *l'uomo tanto può quanto sa*. ***2*** Possedere una serie di nozioni, spec. pratiche, derivanti dall'esperienza, dall'esercizio e sim.: *s. il proprio mestiere*; *s. le regole del gioco* | ***Sa il fatto suo***, di persona particolarmente abile nel suo lavoro, o valida in molte circostanze e sim. | ***Saperla lunga, saperla tutta***, e sim., essere molto astuto | ***Saperla lunga ma non saperla raccontare***, essere astuto ma non fino al punto di ingannare colui col quale si sta parlando | †***Sapersela***, sapere il fatto proprio | (*fig.*) ***S. dove il diavolo tiene la coda*** e sim., essere molto scaltro, conoscere ogni inganno. ***3*** Conoscere per aver visto, provato, esperimentato: *s. che cos'è la vita*; *s. come vanno le cose*; *s. come va il mondo*; *s. del mondo, delle cose del mondo, le cose del mondo*; *sa per esperienza che cosa sia il dolore*; *so per prova quanto sia difficile riuscire*; *so io quello che costa studiare*; *quanta strada ho fatto lo sanno le mie gambe*; (*lett.*) *s. povertà, miseria* e sim. ***4*** Avere conoscenza, notizia, di un determinato fatto: *sai che ore sono?*; *sapete che cos'è questo?*; *so dove trovarlo*; *so il suo segreto*; *so la ragione della sua fuga*; *sa vita, morte, miracoli di tutti*; *so che partirà domani*; *sa che non voglio vederlo*; *sappiamo tutto di lui*; *sappiamo tutto sul suo conto*; *sono lieto di saperlo felice*; *lo so felice*; *so che è felice* | Venire a conoscenza, essere informato di un determinato fatto: *ho saputo tutto da altri*; *venni a s. che aveva tradito*; *sono venuto per s. la verità*; *vuole s. i fatti nostri*; *voglio s. se quello che hai detto è vero*; *voglio s. chi te l'ha detto*; *vorrei s. con chi devi uscire*; *vorrei proprio s. cosa vuoi da me* | ***Fare s. qlco. a qlcu.***, informarlo, riferire: *fammi s. quando partirai* | ***Non volerne sapere di qlcu., di qlco.***, disinteressarsene, non volerci avere a che fare: *non vuol saperne di studiare*; *non ne voglio s. di lui* | Apprendere: *da chi l'hai saputo?*; *ho saputo la notizia dai giornali*; *abbiamo saputo della disgrazia*; *ho saputo che presto ti sposerai*; *hai saputo di Maria?* | ***Sappi, sappiate, ti, vi, basti s.*** e sim., formule usate per ammonire, mettere in guardia e sim.: *sappi che questa è l'ultima che combini!*; *ti basti s. che ho preso la mia decisione* | ***Sai, devi s., dovete s.*** e sim., formule usate all'inizio e durante un discorso o una narrazione per annunciare qlco. o per richiamare l'attenzione di chi ascolta | ***Sai, sapete*** e sim. ***com'è***, formula usata per sottolineare l'ovvietà di ciò che si sta dicendo: *sai com'è, un bicchiere tira l'altro …* | ***Se tu sapessi! se sapeste!*** e sim., formule usate per introdurre la descrizione di un fatto particolarmente grave, o per lasciarlo immaginare: *che dolore, se tu sapessi!* | ***Sai bene, sapete benissimo, sai meglio di me*** e sim., formule usate per ricordare cose ben note, o per sottolineare ciò che si sta dicendo: *tu sai benissimo la mia condizione*; *sapete meglio di me che voglio andarmene* | ***Si sa***, formula usata per sottolineare l'ovvietà di quanto si sta dicendo, spec. negli incisi: *in autunno, si sa, piove spesso* | ***Dio sa***, formula usata per sottolineare la veridicità di ciò che si sta dicendo: *Dio sa se gli voglio bene* | ***Dio solo*** (***lo***) ***sa***, ***solo Iddio*** (***lo***) ***sa***, e sim., *di cosa ignota, sconosciuta, incomprensibile*: *Dio solo sa come farà ad arrivare* | ***Per quanto io sappia, che io sappia***, e sim., per quel che è a mia conoscenza: *che io sappia non è partito* | ***Se lo vuoi*** (***proprio***) ***s., per chi non lo sapesse*** e sim., formule usate per esporre, dichiarare, chiarire un fatto, anche in tono risentito: *per chi non lo sapesse questa roba è mia!* | (***A***) ***saperlo!***, (***Ad***) ***averlo saputo!*** e sim., formule usate per esprimere rammarico per non essersi comportati nel modo che sarebbe stato opportuno: *a saperlo, venivamo con voi!* | ***Chi sa***, formula usata per esprimere dubbio, incertezza; V. anche *chissà* | ***Che so***, per esempio: *potrebbe, che so, essersene dimenticato*. ***5*** Essere consapevole di un determinato fatto, conoscerne i motivi, le ragioni: *so perché ha agito così*; *non sa quello che dice* | Avere ben chiara nella mente una determinata linea di condotta: *so io quello che faccio*; *so come devo comportarmi con voi*; *solo lui sa farsi obbedire dai ragazzi*; *è un tipo che sa quello che vuole*; *in questo caso non so come fare* | Presagire, prevedere: *sapevo che sarebbe finita così* | (*scherz.*) ***Sapevamcelo***, ce lo aspettavamo, non è una novità. ***6*** In funzione servile, seguito da un infinito, indica la capacità o la particolare abilità di compiere l'azione espressa dall'infinito stesso: *s. leggere, scrivere, parlare, camminare, nuotare, cavalcare*; *sa giocare bene a tennis*; *sa insegnare la sua materia*; *sa distinguere il bene dal male*; *sa vendere la sua merce*; *bisogna saper fare tutto*; *è un tipo che non sa vivere*; *è uno che non sa fare niente*; (*pleon.*) *non sa fare altro che lamentarsi* | ***Saperci fare***, essere in gamba, uscire vantaggiosamente da ogni situazione | ***Sappiatemi dire***, informatevi e riferitemi | ***Mi saprai dire!***, per invitare qlcu. a esperimentare qlco. che non si rivelerà così gradevole come lui crede. ***7*** In forma negativa, seguito da una prop. interrog. indiretta, esprime esitazione, dubbio, incertezza: *non so come sia successo*; *non so che cosa dirti*; *non sa più che cosa fare*; *non so se devo fidarmi di lui*; *non sa più che pesci prendere*; *non so come si possa vivere con gente simile*; *il ragazzo non sa che studi scegliere* | ***Non si sa mai***, formula usata per esprimere il timore di un'eventualità: *non andare là, non si sa mai chi potresti incontrare*; *prendi l'ombrello, non si sa mai …* | (*ellitt.*) ***Non saprei***, formula usata per esprimere incertezza anche nelle risposte: *se dovessi scegliere, proprio non saprei*; *'Che cosa mi consigli?' 'Non saprei'*. ***8*** †Nella loc. ***s. grado***, essere riconoscente, provare gratitudine: *s. grado a qlcu. di qlco.* **B** v. intr. (aus. *avere*) ***1*** (+ *di*) Avere sapore: *questo pane sa di sale*; *l'insalata sa troppo di aceto*; *s. di bruciato, di stantio, di vecchio* e sim. | ***S. di poco***, avere poco sapore; (*fig.*) avere poco valore, destare scarso interesse | ***S. di nulla, di niente***, non avere sapore; (*fig.*) non avere valore, non destare alcun interesse | Avere odore: *la stanza sa di chiuso*; *le lenzuola sanno di pulito* | ***S. di buono***, avere buon sapore o buon odore. ***2*** (+ *che* seguito da congv.; + *di* seguito da sost.) (*fig.*) Dare una determinata impressione: *mi sa che non sia vero*; *mi sa che stia per piovere* | Avere determinate caratteristiche: *una compostezza che sapeva di ostentazione*; *Cotesto vocabolo sa troppo d'impero* (CARDUCCI) | (*tosc.*) ***Mi sa male***, mi dispiace, mi sembra una brutta cosa: *mi sa male dirgli di no* | †***Mi sa peggio***, mi sembra una cosa molto grave | Parere, sembrare: *mi sa cent'anni che non lo vedo*. || PROV. Chi sa il gioco non l'insegni.

♦**sapère** (**2**) [da *sapere* (*1*); av. 1294] s. m. ● Complesso di nozioni, conoscenze e sim. che l'uomo possiede: *il s. medievale*; *i saperi moderni*; *i rami del s.*; *l'umano s.*; *essere amante del s.*; *una persona di grande s.*; *un mostro di s.*; *ostentare il proprio s.*

†**sapévole** [da *sapere*. V. *consapevole*; 1342] agg. ***1*** Che sa. ***2*** Consapevole. ***3*** Esperto.

sapidità [1895] s. f. ● (*lett.*) Caratteristica di ciò che è sapido.

sàpido [lat. tardo *săpidu(m)* 'saporito', da **sapēre* 'aver sapore'. V. *sapere* (*1*); 1340 ca.] agg. ***1*** (*lett.*) Saporito, gustoso | (*enol.*) Detto di vino che ha sapore vivo e pieno. ***2*** (*fig.*) Arguto, spiritoso: *novelle sapide*. || **sapidaménte**, avv. In modo arguto.

sapiènte o †**sappiènte** [dal lat. *sapiēnte(m)*, part. pres. di *sapĕre* 'avere senno'. V. *sapere* (*1*); 1308] **A** agg. ***1*** Che possiede vaste conoscenze e cognizioni apprese mediante lo studio, la riflessione, l'esperienza: *maestro s.*; *un governante s.* ***2*** Che mostra abilità, esperienza nello svolgimento della propria professione o del proprio lavoro: *medico, cuoco s.* ***3*** Che rivela capacità, perizia, esperienza: *mano s.*; *un s. tocco delle mani*; *arte, studio, s.* ***4*** Detto di animale, ammaestrato: *cane s.* ***5*** †Molto saporito: *cacio s.* || **sapienteménte**, avv. Con sapienza, saggiamente: *reggere sapientemente lo stato*. **B** s. m. e f. ● Persona dotata di saggezza e sapienza: *fu una grande s.*; *i sette sapienti della Grecia*; *fa la s.* **C** s. m. ● Nel Medioevo, membro di consiglio o magistrature. || **sapientìno**, dim.

sapientóne [da *sapiente*; av. 1691] agg.; anche s. m. (f. *-a*) ● Che (o Chi) ostenta un sapere e un'esperienza che spesso in realtà non possiede.

sapiènza o †**sapiènzia** [lat. *sapiĕntia(m)* 'sapienza', deriv. di *săpiens*, genit. *sapiĕntis* 'sapiente'. V. *sapere* (*1*); 1300 ca.] s. f. ***1*** Vasta, completa e approfondita conoscenza delle cose: *s. umana, divina*; *la s. poetica … fu la prima s. della gentilità* (VICO) | Sapere vasto e profondo unito a doti morali e spirituali: *la s. degli antichi legislatori*; *la s. di re Salomone*; SIN. Saggezza | Perizia, abilità, capacità: *cucinare con grande s.* ***2*** Antica denominazione di alcune università italiane: *la Sapienza di Pisa*. ***3*** (*relig.*) Nel tardo giudaismo, manifestazione di Dio come creatore e ordinatore provvidenziale del mondo | Nella teologia cristiana, attributo divino che si identifica con il Verbo o Figlio | Nella teologia cattolica, uno dei sette doni dello Spirito Santo, che conferisce la grazia del discernimento delle realtà soprannaturali | Uno dei libri dell'Antico Testamento.

sapienziàle [vc. dotta, dal lat. tardo (eccl.) *sapientiāle(m)*, da *sapiĕntia* 'sapienza'; av. 1565] agg. ● Relativo alla sapienza | ***Libri sapienziali***, ciascuno dei libri del canone cristiano dell'Antico Testamento che contengono insegnamenti gnomici e sono ispirati dalla sapienza di Dio.

Sapindàcee [da *sapindo*; 1936] s. f. pl. (sing. *-a*) ● Nella tassonomia vegetale, famiglia di piante delle Dicotiledoni legnose prevalentemente tropicali, con foglie sparse e ricche di cellule secretrici (*Sapindaceae*).

sapindo [contrazione dal lat. *săpo Ĭndicus* 'sapone indiano'; 1838] s. m. ● Albero delle Sapindacee dai cui frutti si ricava saponina (*Sapindus saponaria*). SIN. Albero del sapone.

†**sàpio** [dal lat. parl. **săpiu(m)* 'saggio', da *săpere* 'esser saggio'. V. *sapere* (*1*)] agg.; anche s. m. (f. *-a*) ● (*raro*) Savio.

saponàceo [1743] agg. ● Che ha la natura o le proprietà del sapone.

saponàia ● V. *saponaria*.

saponàio o (*region.*) **saponàro** [1444] s. m. (f. *-a*) ● Chi fabbrica o vende sapone.

saponària o **saponàia** [vc. dotta, dal lat. *saponăria(m)*, f. sost. di *saponārius* 'saponario'; av. 1577] s. f. ● Pianticella delle Cariofillacee che forma graziosi cespi vellutati, spontanea fra le rupi e spesso coltivata (*Saponaria ocymoides*) | ***Albero della s.***, quillaia.

saponàrio [vc. dotta, dal lat. *saponāriu(m)*, da *sāpo*, genit. *sapōnis* 'sapone'; 1959] agg. ***1*** Che si riferisce al sapone: *prodotto, stabilimento, s.* | ***Radice, radica saponaria***, radice e rizoma di saponaria, utilizzata come detergente e per sgrassare stoffe di lana. *2* (*miner.*) ***Pietra saponaria***, saponite.

saponàro ● V. *saponaio.*

saponàta [lat. tardo *saponāta*, nt. pl. di *saponātum* 'acqua e sapone', da *sāpo*, genit. *sapōnis* 'sapone'; av. 1492] **s. f.** ● Acqua con sapone disciolto | Schiuma abbondante fatta da quest'acqua.

♦**sapóne** [lat. tardo *sapōne(m)* 'miscela di sego e cenere per tingere i capelli', di orig. celt. o germ.; 1313] **s. m.** *1* Sale alcalino di acidi grassi a elevato numero di atomi di carbonio, usato spec. come detergente: *s. da bucato, da toeletta*; *s. in polvere, a scaglie*; *s. alla lavanda* | ***S. di Marsiglia***, impiegato per usi domestici | ***S. medicinale***, cui sono state incorporate sostanze medicamentose e disinfettanti | ***Bolla di s.***, ottenuta soffiando con una cannuccia in acqua saponata; (*fig.*) ciò che risulta vano, che finisce in nulla: *la polemica si è risolta in una bolla di s.* | (*est.*) Pezzo di sapone, saponetta: *comprare un s.* | ***Acqua e s.***, (*fig.*) V. *acqua* nel sign. A 1. *2* ***S. dei vetrai***, diossido di manganese, il più antico e noto decolorante. *3* (*bot.*) ***Albero del s.***, sapindo. || **saponétta**, **dim. f.** (V.) | **saponétto**, **dim.**

saponerìa [1561] **s. f.** ● Saponificio | Negozio in cui si vende il sapone e generi affini.

saponétta (1) o (*raro, dial.*) **savonétta** (2) [da *sapone*, sul modello del fr. *savonnette* 'saponetta', dim. di *savon* 'sapone'; 1508] **s. f.** ● Pezzo di sapone per la pulizia personale, spec. profumato: *s. alla rosa.*

saponétta (2) o **savonétta** (1) [dal precedente, per la forma; sec. XIX] **s. f.** ● Orologio piatto da tasca, a tre calotte, in uso nel secolo XIX.

saponièra [da *sapone*, sul modello del fr. *savonnière*; 1891] **s. f.** ● Piccola scatola, di materiale e forma varia, usata per tenervi la saponetta. **SIN.** Portasapone.

saponière [1936] **s. m.** (f. *-a*) *1* Operaio di un saponificio. *2* Chi fabbrica, o commercia in saponi.

saponièro [1896] **agg.** ● Che si riferisce al sapone o alla sua produzione.

saponificàbile [da *saponificare*; 1987] **agg.** ● Che si può saponificare | Proprietà di un acido grasso, o di un suo derivato, a essere trasformato in sapone.

saponificàre [comp. di *sapone* e *-ficare*; 1872] **v. tr.** (*io saponìfico, tu saponìfichi*) ● Sottoporre a saponificazione.

saponificatóre [da *saponificare*; 1950] **s. m.** (f. *-trice*) ● Chi è addetto alla trasformazione di sostanze grasse in sapone.

saponificazióne [da *saponificare*; 1829] **s. f.** ● Operazione che permette di trasformare i grassi e gli oli in sapone | (*gener.*) Scissione idrolitica di qualsiasi derivato degli acidi ad acidi o a sali.

saponifìcio [comp. di *sapone* e *-ficio*; 1954] **s. m.** ● Stabilimento per la fabbricazione del sapone.

saponìna [da *sapone*, con *-ina*; 1872] **s. f.** ● Glucoside di origine vegetale, ad azione tossica ed emolitica che forma con l'acqua soluzioni schiumose.

saponìte [da *sapone*, con *-ite* (2); 1891] **s. f.** ● Varietà magnesifera di montmorillonite.

saponóso [1833] **agg.** ● Simile al sapone, che ha l'aspetto, le proprietà, del sapone: *polvere saponosa.*

saporàre [lat. tardo *saporāre* 'render saporito', da *săpor*, genit. *sapōris* 'sapore'; av. 1294] **v. tr.** *1* †Assaporare. *2* †Insaporire. *3* (*lett.*) Gustare, provare piacere: *ella ti apprese a s. il sangue* (ALFIERI).

♦**sapóre** o (*dial.*) †**savóre** [lat. *sapōre(m)*, da *săpere* 'aver gusto'. V. *sapere* (1); av. 1292] **s. m.** *1* Sensazione, gradevole o sgradevole, prodotta da determinate sostanze sugli organi del gusto: *s. buono, cattivo, dolce, amaro*; *s. forte, delicato, frizzante, piccante*; *s. acido, nauseante*; *non sentire nessun s.* | (*est.*) Proprietà per cui determinate sostanze producono tale sensazione: *il s. del caffè*; *il s. aspro del limone*; *la banana ha un s. particolare*; *che delizioso s. ha questa minestra!*; *cibo senza s., con poco s.* | ***Dare s. a qlco.***, renderla gustosa, o più gustosa: *il sale dà s. ai cibi.* *2* (*fig.*) Particolare modo di esprimere ciò che si sente o si pensa: *frasi di s. amaro*; *parole di s. sarcastico*; *quella lettera aveva un s. di mistero*; *una novella di s. romantico*; **SIN.** Tono | (*assol.*) Vivacità, colore, insieme di caratteristiche che attraggono: *romanzo, conversazione senza s.*; *complimento privo di s.*; *discorreva, con gran s. della gran figura ch' … avrebbe fatta* (MANZONI) | ***Dare s. a qlco.***, (*fig.*) renderla attraente, interessante. *3* (*fis.*) Numero quantico che caratterizza i diversi tipi di quark. *4* (*region., al pl.*) Erbe aromatiche, odori. *5* (*dial.*) Salsa di noci pestate, pane bagnato e spezie varie | (*gener.*) Salsa, condimento aromatico | †Sapa. || **saporàccio**, **pegg.** | **saporétto**, **dim.** | **saporino**, **dim.** | **saporùzzo**, **dim.**

SAPORE
nomenclatura

sapore (cfr. gusto, bocca)
● *caratteristiche*: dolce = amabile = zuccherino ⇔ amaro = come il veleno = come il fiele, dolciastro ⇔ amarognolo, aspretto = acidulo = agresto = acetoso, aspro = asprigno ⇔ soave = ambrosio, salato = salino = salso = salmastro, acre = agro = acido, buono = gradevole ⇔ sgradevole = cattivo, stantio, delizioso = prelibato = squisito ⇔ disgustoso = nauseante = ripugnante = stucchevole = stomachevole; sapido = gustoso = saporito = saporoso = succulento ⇔ insipido = insapore = scipito = sciapo = insulso, scondito; ricco = deciso = pieno = rotondo = forte ⇔ debole, intenso = acuto ⇔ tenue = sottile, grossolano ⇔ delicato = fine; pepato = piccante, fragrante, ghiotto = appetitoso = stuzzicante, pungente = vespigno, frizzante, aromatico, astringente, rancido, agliaceo, agrodolce, metallico, alcalino; semplice ⇔ complesso; aroma, gusto, retrogusto = retrosapore;
● *azioni*: gustare = assaggiare = assaporare, sorbire, spilluzzicare, degustare = sentire il sapore, trovar saporito; insaporire, condire, aromatizzare, insaporire; rifarsi la bocca, allappare la lingua, allegare i denti, attaccare in gola = pizzicare; sapere di poco = di nulla, perdere sapore; deliziare il palato, avere il palato fine.

saporìre [da *sapore*; av. 1561] **v. tr.** (*io saporìsco, tu saporìsci*) *1* (*raro*) Insaporire | Rendere saporito. *2* Assaporare, gustare.

♦**saporìto** [1225 ca.] **part. pass.** di *saporire*; anche **agg.** *1* Nei sign. del v. | Che ha sapore, che ha buon sapore, gustoso: *la carne bianca è poco saporita*; *i frutti di mare sono molto saporiti.* *2* Che eccede leggermente nel sale, ma senza risultare sgradevole: *la minestra è un po' troppo saporita* | ***Cibo poco s.***, insipido | (*fig.*) ***Conto s.***, caro, salato. *3* (*fig.*) Che si fa con piacere, con gusto: *farsi una saporita risata, una saporita dormita*, e sim. | Arguto: *storiella, notizia, saporita* | Vivace, brillante: *stile s.*; *prosa saporita.* || **saporitìno**, **dim.** || **saporitaménte**, **avv.** *1* Con sapore: *condito saporitamente.* *2* Gustosamente: *bere saporitamente*; ***dormire saporitamente***, con tranquillità e pace, come gustando il riposo.

saporosità [av. 1320] **s. f.** ● Caratteristica di ciò che è saporoso.

saporóso [lat. tardo *saporōsu(m)*, da *săpor*, genit. *sapōris* 'sapore'; av. 1294] **agg.** *1* (*raro*) Che ha sapore intenso e gradevole: *carne saporosa*; *salsa troppo saporosa.* *2* (*raro, fig.*) Saporito: *racconto, particolare, s.* || **saporosaménte**, **avv.** *1* Con sapore, saporitamente. *2* Gustosamente, di gusto.

sapòta [dallo sp. *zapote*, dall'azteco *zápotl* 'frutto della sapota'; 1959] **s. f.** ● Albero delle Sapotacee diffuso nei Paesi tropicali per i frutti commestibili (*Achras sapota*).

Sapotàcee [da *sapota*; 1936] **s. f. pl.** (sing. *-a*) ● Nella tassonomia vegetale, famiglia di piante tropicali delle Dicotiledoni legnose, con foglie a margine intero caratterizzate da numerosi canali secretori (*Sapotaceae*).

sapotìglia [dallo sp. *zapotillo*, -a, da *zapote*; 1891] **s. f.** ● (*bot.*) Sapotilla.

sapotìlla /sp. sapo'tiʎa, -ija/ [sp. *zapotilla*, dall'azteco *tzapotl*] **s. f. inv.** *1* (*bot.*) Sapota. *2* (*bot.*) Frutto della sapota, a forma di mela tondeggiante od ovale con polpa bianca sugosa e rinfrescante. **SIN.** Sapotiglia.

sàppi ● V. *sapere* (*1*).

†**sappiènte** ● V. *sapiente.*

sàpro- [dal gr. *saprós* 'putrefatto, passato', di orig. oscura] primo elemento ● In parole composte della terminologia scientifica, significa 'putrefazione' o 'decomposizione': *saprofago, saprofilo, saprofito.*

sapròbio [comp. del gr. *saprós* 'marcio' e *-bio*; 1959] **s. m.**; anche **agg.** ● (*biol.*) Batterio o fungo saprotrofo.

saprofagìa [comp. del gr. *saprós* 'marcio' e *-fagia*] **s. f.** ● (*biol.*) Condizione degli animali saprofagi.

sapròfago [comp. di *sapro-* e *-fago*; 1959] **agg.** (pl. m. *-gi*) ● Detto di animale che vive e si sviluppa nutrendosi di sostanze organiche in decomposizione. **SIN.** Saprozoico.

saprofilìa [comp. del gr. *saprós* 'marcio' e *-filia*] **s. f.** ● (*biol.*) Condizione degli organismi saprofili.

sapròfilo [comp. di *sapro-* e *-filo*; 1959] **agg.** ● Detto di organismo che vive di preferenza su sostanze organiche in decomposizione.

sapròfita [1895] **agg.**; anche **s. m.** (pl. *-i*) ● Saprofito.

saprofitìsmo [da *saprofit(o)*, con *-ismo*; 1906] **s. m.** ● (*bot.*) Modo di nutrizione caratteristico di vegetali non autotrofi, come i Funghi, a spese di sostanze organiche in decomposizione.

sapròfito [comp. di *sapro-* e *-fito*; 1895] **A agg.** ● Detto di vegetale privo di clorofilla che si nutre di sostanze organiche in decomposizione. **B** anche **s. m.**: *parassiti e saprofiti.*

saprofitòfago [comp. del gr. *saprós* 'marcio', *fito-* e *-fago*] **agg.** (pl. m. *-gi*) ● (*biol.*) Detto di animale che si nutre di organismi vegetali in decomposizione.

saprògeno [comp. del gr. *saprós* 'marcio' e *-geno*; 1875] **agg.** ● (*biol.*) Detto di organismo che causa processi di decomposizione di materiali biologici.

sapropèl [abbr. di *sapropelite* (V.); 1935] **s. m.** ● Fanghiglia organica formata per putrefazione, in ambiente asfittico subacqueo, di sostanza organica, da cui derivano bitumi, asfalti e petroli.

sapropèlico [1959] **agg.** (pl. m. *-ci*) ● Detto di organismo che si sviluppa nel sapropel.

sapropelìte [comp. di *sapro-* e *-pelite*, deriv. dal gr. *pēlós* 'fango', con *-ite* (2); 1959] **s. f.** ● (*geol., spec. al pl.*) Sedimenti e materiali di origine organica.

saprotrofìa [comp. del gr. *saprós* 'marcio' e *-trofia*] **s. f.** ● (*biol.*) Condizione degli organismi saprotrofi.

sapròtrofo [comp. del gr. *saprós* 'marcio' e *-trofo*] **s. m.**; anche **agg.** ● (*biol.*) Organismo eterotrofo che si nutre di materiale biologico in decomposizione.

saprozòico [comp. del gr. *saprós* 'marcio' e *-zoico*] **agg.** (pl. m. *-ci*) ● (*biol.*) Saprofago.

saprozoìte [comp. del gr. *saprós* 'marcio' e *-zoite*, da *zoo-* col suff. *-ite*] **s. m.** ● (*biol.*) Organismo animale o protozoo saprotrofo.

sapùta [f. sost. di *saputo*; sec. XIII] **s. f.** ● (*lett.*) Conoscenza di un fatto, di una notizia e sim. spec. nelle loc.: ***con s. di qlcu.***; ***a mia, a tua, a sua s.***, per quanto ne so io, ne sai tu, ne sa lui; ***senza s.***, all'insaputa; ***per s.***, per sentito dire.

saputèllo [1664] **agg.**; anche **s. m.** (f. *-a*) *1* Dim. di *saputo.* *2* Che (o Chi), essendo in giovanissima età, si atteggia con una certa petulanza a persona adulta intervenendo nei discorsi, parlando di ciò che non conosce, e sim.: *è un bambino un po' troppo s.*; *smettila di fare la saputella.*

sapùto [1538] **A part. pass.** di *sapere*; anche **agg.** *1* Nei sign. del v. | Che si sa, che si conosce: *un fatto s. e risaputo.* *2* (*lett.*) Che sa | ***Fare s. qlcu.***, informarlo | Che conosce, che è esperto. *3* (*est., lett.*) Saggio, cauto, prudente: *lui, / … mi pare non assai giusto e s.* (PULCI). || **saputaménte**, **avv.** *1* (*lett.*) Consapevolmente. *2* Con aria da persona saputa. **B agg.**; anche **s. m.** (f. *-a*) ● Che (o Chi) ostenta le proprie conoscenze o la propria cultura, e presume di sapere tutto e meglio di chiunque altro: *è un vecchio s. e pedante*; *le donne sapute sono insopportabili*; *su, non fare il s.!* || **saputèllo**, **dim.** (V.).

sarabànda [dallo sp. *zarabanda*, dall'ar.-persiano *serbend* 'danza con canto'; 1623] **s. f.** *1* (*mus.*) Danza di probabile origine orientale dapprima di carattere sfrenato, diffusasi dalla Spagna nell'Europa centrale nel XVI e XVII secolo, e quivi trasformatasi in forma lenta e grave, infine usata, in forma stilizzata, come terzo movimento della suite strumentale. *2* (*fig.*) Chiasso, rumore, confusione.

saràcca ● V. *salacca*.

saràcchio [etim. incerta; 1838] **s. m.** ● (*bot.*) Ampelodesma.

saràcco [dal lat. *sĕrra(m)* 'sega', di etim. incerta; 1891] **s. m.** (pl. *-chi*) ● Sega a lama trapezoidale, libera a un capo e all'altro fermata a una corta impugnatura | ***S. a costola***, con una striscia metallica di rinforzo avvitata sulla costola. || **saracchìno**, dim.

saracènico [1819] **agg.** (pl. m. *-ci*) ● (*raro*) Dei Saraceni: *invasioni saraceniche*.

saracèno [lat. tardo *Saracēnu(m)*, con influenza della pron. biz. dal gr. *Sarakēnós*, dall'ar. *šarqī* 'orientale'; sec. XIII] **A s. m.** (f. *-a*, raro) ● (*gener.*) Musulmano, spec. nell'antica terminologia risalente alle crociate. **B agg.** *1* Dei Saraceni: *le invasioni saracene*. *2* ***Grano s.***, pianta erbacea delle Poligonacee a fusto eretto, foglie triangolari e fiori bianchi o rosei riuniti in grappoli; se ne ricava una farina di colore scuro (*Polygonum fagopyrum*).

saracinésca [abbr. di *porta saracinesca*, f. di *saracinesco* (V.); 1353] **s. f.** *1* Chiusura metallica di sicurezza per porte e finestre formata di elementi avvolgibili su rullo e scorrenti verticalmente su guide laterali. SIN. Serranda. *2* Anticamente, cancellata di ferro o di travi calata con catene o funi per sbarrare l'accesso al castello o alla città. *3* (*idraul.*) ***Valvola a s.***, valvola nella quale il passaggio del fluido viene interrotto facendo scorrere trasversalmente una piastra sull'orifizio.

†**saracinésco** [sec. XIV] **agg.** (pl. m. *-schi*) ● Proprio degli Arabi, dei Saraceni | ***Porta saracinesca***, saracinesca.

†**saracino** (1) o (*dial.*) **sarracino**, (*tosc.*) †**seracino** [V. *saraceno*; 1264] **agg.**; anche **s. m.** (f. *-a*, raro) ● (*pop.*) Saraceno.

saracino (2) [dal precedente, nel senso di 'moro, nero'] **s. m.** ● Fantoccio girevole, abbigliato da saraceno, usato in una giostra di origine medievale, detta *quintana*, che si svolge ogni anno in alcune città dell'Italia centrale | ***Giostra del Saracino***, quella che si tiene ogni anno ad Arezzo.

sàrago o **sàrgo** [lat. *sărgu(m)*, dal gr. *sargós*, di orig. mediterr.; 1560] **s. m.** (pl. *-ghi*) ● Pesce osseo marino, che vive sui fondali rocciosi, con corpo compresso striato di scuro e carni apprezzate (*Diplodus sargus*). ➡ ILL. animali/6.

†**saramentàre** [da †*saramento*. V. *sacramentare*] **v. tr.** e **intr.** ● Giurare.

†**saraménto** [dall'ant. fr. *sairement* 'giuramento', dal lat. *sacramĕntu(m)*. V. *sacramento*; av. 1250] **s. m.** ● Giuramento: *si prese concordie sotto s. … di fare la detta battaglia* (VILLANI).

sarcàṣmo [vc. dotta, dal lat. *sarcăsmu(m)*, dal gr. *sarkasmós*, da *sarkázein* 'lacerare le carni', da *sárx*, genit. *sarkós* 'carne'; 1575] **s. m.** ● Ironia amara e pungente mossa da animosità verso qlcu. o da personale amarezza: *parole piene di s.*; *parlare, rispondere con s.*; *fare del s.* | (*est.*) Parola, frase, osservazione e sim. sarcastica: *siamo ormai abituati ai suoi sarcasmi*.

sarcàstico [1858] **agg.** (pl. m. *-ci*) ● Che contiene, esprime, dimostra, sarcasmo: *parole sarcastiche*; *tono s.*; *espressione sarcastica*. SIN. Mordace, sprezzante. || **sarcasticaménte**, avv. Con sarcasmo.

sarchiaménto [sec. XIV] **s. m.** ● Sarchiatura.

sarchiapóne [da un n. nap. di persona diventato parola comune col sign. corrente sia di 'furbacchione, finto tonto', sia di 'sciocco, melenso'; in una famosa scenetta teatrale degli anni intorno al 1950 W. Chiari cercava di capire da C. Campanini che cosa fosse, fingendo di saperlo; 1986] **s. m.** ● (*scherz.*) Animale od oggetto non esistenti, ma creduti tali da chi ne riceve una descrizione allusiva.

sarchiàre [lat. tardo *sarculāre*, da *sărculum* 'sarchio'; 1308] **v. tr.** (*io sàrchio*) ● Smuovere il terreno con piccole zappe o con attrezzi trainati per aerarlo e liberarlo dalle erbacce (*anche assol.*): *s. il grano, il mais, le cipolle*; *s. tutto il giorno*.

sarchiàta [1891] **s. f.** *1* Lavoro del sarchiare una volta sola un determinato terreno. *2* (*agr.*) Coltura che richiede ripetute sarchiature.

sarchiatóre [1258] **s. m.** *1* (f. *-trice*) Chi sarchia. *2* Sarchiatrice.

sarchiatrìce [f. di *sarchiatore*; 1922] **s. f.** ● Macchina agricola a traino animale o meccanico per sarchiare il terreno negli interfilari di piante: *s. semplice, multipla*; *s. a utensili fissi, a utensili rotanti* | Zappatrice.

sarchiatùra [1340 ca.] **s. f.** ● Lavoro, tempo e spesa del sarchiare.

sarchiellàre [1340 ca.] **v. tr.** (*io sarchièllo*) ● Togliere le erbacce col sarchiello: *s. l'aia, le aiuole*.

sarchièllo [da *sarchio*; 1340 ca.] **s. m.** *1* Dim. di *sarchio*. *2* Piccola zappa a manico lungo, spec. per orto e giardino. ➡ ILL. agricoltura e giardinaggio. || **sarchiellétto**, dim. | **sarchiellìno**, dim.

sàrchio [lat. *sărculu(m)*, da *sarīre* 'sarchiare', vc. di orig. indeur.; av. 1320] **s. m.** ● Piccola zappa a manico lungo e pala stretta, o anche a pale opposte, di forma diversa, che serve a smuovere il terreno e a togliere le erbe infestanti. || **sarchièllo**, dim. (V.) | **sarchiétto**, dim. | **sarchiolìno**, dim. | **sarchioncèllo**, dim.

†**sàrcina** [lat. *sărcina(m)* 'carico', da *sarcīre* 'racconciare', vc. di orig. indeur.; sec. XIV] **s. f.** *1* Fagotto che il soldato portava in cima a un bastone. *2* (*lett.*, *est.*) Peso, soma, bagaglio.

sàrco- [dal gr. *sárx*, genit. *sarkós* 'carne'] primo elemento ● In parole composte dotte o scientifiche, significa 'carne', 'parte carnosa': *sarcofilo*, *sarcoplasma*.

Sarcodìni [vc. dotta, dal gr. *sarkṓdēs* 'di carne', da *sárx*, genit. *sarkós* 'carne'; 1935] **s. m. pl.** (sing. *-o*) ● Nella tassonomia animale, classe di Protozoi il cui corpo può modificare la sua forma per l'emissione di pseudopodi e può essere protetto da un guscio calcareo o siliceo (*Sarcodina*).

sarcòfaga [vc. dotta, dal lat. *sarcŏphaga(m)*, f. di *sarcŏphagus* 'carnivoro'. V. *sarcofago*; 1821] **s. f.** ● Insetto dei Ditteri simile a un moscone, viviparo, che depone le larve sulla carne o su sostanze in decomposizione (*Sarcophaga carnaria*).

Sarcofàgidi [da *sarco-*, *-fago* e la terminazione *-idi*] **s. m. pl.** (sing. *-e*) ● Nella tassonomia animale, famiglia di Ditteri comprendente in prevalenza forme vivipare, con larve saprofaghe o parassite di organismi animali (*Sarcophagidae*).

sarcòfago [vc. dotta, dal lat. *sarcŏphagu(m)* 'carnivoro', dal gr. *sarkophágos*, comp. di *sárx*, genit. *sarkós* 'carne' e *-phágos*, da *phagêin* 'mangiare'; sec. XIV] **s. m.** (pl. *-ghi* o *-gi*) ● Grossa urna sepolcrale in pietra, marmo, terracotta, alabastro o legno spesso scolpita o istoriata, usata nell'antichità per racchiudere i defunti.

sarcofìllo [comp. di *sarco-* e *-fillo*; 1959] **s. m.** ● (*bot.*) Foglia modificata come organo di riserva per l'acqua o sostanze organiche.

sarcòfilo [comp. di *sarco-* e *-filo*; 1891] **s. m.** ● Marsupiale carnivoro con pelame scuro a macchie bianche, simile a un piccolo orso ma con lunga coda, aggressivo e feroce (*Sarcophylus harrisii*).

sarcòide [comp. di *sarc(o)-* e *-oide*; 1959] **s. m.** ● (*med.*) Neoformazione a decorso benigno che somiglia a tumore sarcomatoso senza esserlo.

sarcoidòṣi [comp. di *sarcoid(e)* e del suff. *-osi*] **s. f. inv.** ● (*med.*) Malattia sistemica, cronica, caratterizzata dalla presenza di granulomi in vari organi del corpo, spec. polmoni, linfonodi e fegato.

sarcolèmma [comp. di *sarco-* e *lemma*, dal gr. *lémma*, genit. *lémmatos* 'involucro', da *lépein* 'scortecciare', di orig. indeur.; 1940] **s. m.** (pl. *-i*) ● (*anat.*) Membrana plasmatica di una cellula muscolare o di una fibra muscolare.

sarcolìte [comp. di *sarco-* e *-lite*; 1824] **s. f.** ● (*miner.*) Silicato sodico calcico in bei cristalli trasparenti.

sarcòma [vc. dotta, dal lat. *sarcōma* (nom. acc. nt.), dal gr. *sárkōma*, genit. *sarkṓmatos* 'escrescenza carnosa', da *sárx*, genit. *sarkós* 'carne'; 1598] **s. m.** (pl. *-i*) ● (*med.*) Tumore maligno originato da uno qualunque dei tessuti connettivi.

sarcomatòṣi [da *sarcoma* (V.), con *-osi* e la *-t-* dei casi obliqui; 1899] **s. f. inv.** ● (*med.*) Manifestazione plurima di sarcomi.

sarcomatóṣo [da *sarcoma* (V.), con la *-t-* dei casi obliqui; 1838] **agg.** ● Attinente a sarcoma: *cellule sarcomatose*.

sarcòmero [comp. di *sarco-* e *-mero*; 1983] **s. m.** ● (*anat.*) Ciascuna delle unità strutturali che formano le miofibrille delle fibre muscolari striate.

sarcoplàṣma [comp. di *sarco-* e *plasma* (V.); 1899] **s. m.** (pl. *-i*) ● (*biol.*) Citoplasma delle cellule e delle fibre muscolari.

sarcràuti o **salcràuti** [dal ted. *Sauerkraut*, comp. di *sauer* 'acido' e *Kraut* 'cavolo'; 1908] **s. m. pl.** ● (*disus.*) Crauti.

sàrda (1) [lat. *sărda(m)* 'sarda', f. di *Sărdus* 'della Sardegna'. V. *sardina*] **s. f.** ● Sardina | ***Pasta con le sarde***, minestra asciutta di maccheroni o spaghetti condita con sarde fresche, acciughe salate, finocchio selvatico e olio; specialità siciliana.

sàrda (2) [lat. *sărda(m)* 'pietra preziosa', dal gr. *Sárdeis* 'Sardi', città della Lidia da cui proveniva; 1599] **s. f.** ● (*miner.*) Varietà rosso-bruna di calcedonio, usata per gemme incise.

sàrda (3) [da *sarda* (*1*); 1570] **s. f.** ● Genere di Pesci della famiglia degli Scombridi, che comprende la palamita (*Sarda*).

sardàgata [comp. di *sard(a)* (*2*) e *agata* (V.)] **s. f.** ● (*miner.*) Varietà di agata a zonature alterne rosso-brune e chiare, usata per cammei.

sardagnòlo ● V. *sardegnolo*.

sardàna [vc. catalana di etim. incerta; 1940] **s. f.** ● Antica danza catalana a catena, di ritmo molto vivace.

sardanapalésco [da *Sardanapalo*; 1584] **agg.** (pl. m. *-schi*) ● (*lett.*) Che è dedito alla crapula, al lusso, ai piaceri | (*est.*) Sfarzoso, lussuoso.

†**sardanapalìtico** **agg.** ● (*raro*) Sardanapalesco.

sardanapàlo [lat. *Sardanapālu(m)*, dal gr. *Sardanápal(l)os* 'Sardanapalo' (669-627 ca. a.C.), n. di un antico re assiro di leggendaria dissolutezza; av. 1827] **s. m.** ● (*per anton.*, *lett.*) Persona dedita al lusso e ai piaceri: *il lombardo … Sardanapalo* (FOSCOLO).

sardegnòlo o **sardagnòlo**, **sardignòlo** [1950] **agg.** ● (*pop.*) Della Sardegna, spec. riferito agli animali: *somaro s.*

sardèlla [da *sarda* (*1*); av. 1400] **s. f.** *1* (*zool.*) Sardina. *2* Sarda in salamoia o in barile. || **sardellìna**, dim. | **sardellùccia**, dim.

†**sardésco** [da *sardo*; 1299 ca.] **agg.** ● Della Sardegna.

sardigna [da *Sardigna*, variante ant. di *Sardegna*, dal lat. *Sardĭnia(m)*, da *Sărdus* 'Sardo', forse con allusione all'aria malsana della Sardegna; 1726] **s. f.** ● Anticamente, luogo fuori porta ove si ammucchiano le carogne e i rifiuti della macellazione | (*region.*) Reparto del macello adibito alla distruzione delle carni infette o avariate.

sardignòlo ● V. *sardegnolo*.

sardina [lat. tardo *sardīna(m)*, da *sărda* 'sardina'. V. *sarda* (*1*); sec. XIV] **s. f.** ● Pesce dei Clupeidi verde olivastro e argenteo sul ventre con carni commestibili, sia fresche che conservate (*Sardina pilchardus*) | (*fig.*) ***Stare come sardine in scatola***, ***essere pigiati come sardine***, stare accalcati in uno spazio ristretto. SIN. Sarda, sardella. ➡ ILL. animali/6.

sardiṣmo [da *sardo*; 1959] **s. m.** *1* Movimento per l'autonomia amministrativa sarda, formatosi in Sardegna dopo la prima guerra mondiale. *2* (*ling.*) Parola, locuzione, struttura sintattica propria dei dialetti sardi.

sardista [da *sardo*; 1959] **A s. m.** e **f.** (pl. m. *-i*) ● Seguace del sardismo. **B** anche **agg.**: *movimento s.*

sàrdo [lat. *Sărdu(m)* 'Sardo'; sec. XIII] **A agg.** ● Della Sardegna | ***Razza sarda***, pregiata razza ovina a prevalente attitudine per la produzione del latte. **B s. m.** (f. *-a*) ● Abitante, nativo della Sardegna. **C s. m.**; anche **agg.** ● Lingua del gruppo romanzo, parlata in Sardegna: *i dialetti sardi*.

sardònia [vc. dotta, dal lat. *sardŏnia(m)*, dal gr. *sardónion* 'sardonio', per etim. pop. 'pianta della Sardegna'; 1544] **s. f.** ● Pianta delle Ranuncolacee, velenosa, comune in fossi e paludi, con fusto fistoloso, foglie palmate e trifide a piccoli fiori gialli (*Ranunculus sceleratus*).

sardònica (1) [vc. dotta, dal lat. *Sardŏnica(m)*, f. sost. dal gr. *Sardonikós* 'Sardo'. V. *sardonia*] **s. f.** ● (*bot.*) Sardonia.

sardònica (2) [comp. da *sarda* (*2*) e *onice*; av. 1364] **s. f.** ● (*miner.*) Varietà di calcedonio a strati alternativamente bianchi e bruni, usata spec. per cammei. SIN. Sardonice.

sardònice **s. m.** ● (*miner.*) Sardonica (2).

sardònico [dal fr. *sardonique*, dal gr. *sardánios* 'amaro, convulso'; av. 1613] **agg.** (pl. m. *-ci*) ● Maligno, ironico, beffardo, detto di riso e (*est.*) di espressione del volto: *riso s.*; *ghigno s.*; *espressione*, *faccia sardonica* | (*med.*) ***Riso s.***, atteggiamento stirato delle labbra nel tetano per contrattura dei muscoli labiali e delle guance. || **sardonicaménte**, avv.

sarèi ● V. *essere (1).*

†**sargàno** [da avvicinare all'ant. it. *sarga* 'specie di pannolano', della stessa etim. di *sargia* (V.)] **s. m.** ● Panno grossolano.

sargàsso [dal fr. *sargasse*, dallo sp. *sargazo*, da *sarga* 'vimine', lat. parl. **sălica(m)* 'salice'; 1562] **s. m.** ● Alga oceanica delle Feoficee con tallo frondoso laminare con margini seghettati e vescicole aerifere grosse come piselli, spesso in grandi banchi (*Sargassum bacciferum*). **SIN.** Uva di mare | ***Mar dei Sargassi***, parte dell'Oceano Atlantico a nord-est delle Antille, caratterizzata dalla copiosa presenza di sargassi. ➡ **ILL. alga.**

†**sargènte** ● V. *sergente.*

sàrgia [dall'ant. fr. *sarge*, lat. parl. **sārica*, variante di *sērica* (nt. pl.) 'stoffe di seta', da *Sēres*, dal gr. *Sêres* 'Seri', popolo asiatico. V. *serico*; 1294] **s. f.** (**pl.** *-ge*) ***1*** Stoffa di lana a più colori per tendaggi, in uso in epoca medievale e rinascimentale. ***2*** †Coperta da letto, di cotone, a righe multicolori e con frange. ***3*** Tessuto di lana pettinata in cui il diritto è a effetto di ordito, usato per mobili.

sàrgo ● V. *sarago.*

sàri [deriv., attraverso l'ingl., dall'indiano *sāri*; 1817] **s. m. inv.** ● Ampia veste delle donne indiane, che copre il petto girando su una spalla e lasciando scoperta l'altra.

sarìga [dal fr. *sarigue*, risalente, attraverso il port. *sarigue*, alla vc. sudamericana (tupi) *sarighe*; 1864] **s. f.** ● Marsupiale americano a lunga coda squamosa e prensile, muso appuntito, orecchie membranose prive di peli e morbida pelliccia (*Didelphis*).

sarìssa [vc. dotta, dal lat. *sarī(s)sa(m)*, dal gr. *sárisa* 'lancia macedone', vc. macedone di orig. oscura; 1520] **s. f.** ● Lunga asta usata dai Macedoni in guerra.

sarissòforo [vc. dotta, dal lat. *sari(s)sŏphoru(m)*, dal gr. *sarisophóros* 'portatore di sarissa, lanciere', comp. di *sárisa* 'sarissa' e *-phóros* '-foro'] **s. m.** ● Soldato armato di sarissa.

sarmàtico [vc. dotta, dal lat. *Sarmăticu(m)*, da *Sarmătia* 'paese dei Sarmati', sul modello del gr. *Sarmatikós* 'Sarmatico'; av. 1557] **agg.** (**pl. m.** *-ci*) ● Della Sarmazia, pianura situata a nord del Mar Nero.

sarmentàceo [1891] **agg.** ● (*raro*) Di sarmento, che è simile a sarmento.

sarménto o †**serménto** [lat. *sarmĕntu(m)* 'tralcio, pollone', da *sărpere* 'potare, tagliare', di orig. indeur.; av. 1320] **s. m.** ● Fusto prostrato o rampicante con internodi molto lunghi e foglie distanziate, che produce gemme che si fissano originando nuove piante | Tralcio di vite, edera o altre piante rampicanti.

sarmentóso [lat. *sarmentōsu(m)*, da *sarmĕntum* 'tralcio'; av. 1577] **agg.** ● Che è ricco di sarmenti.

†**sarnàcchio** ● V. †*sornacchio.*

sarò ● V. *essere (1).*

saròng [deriv., attraverso l'ingl., dal malese *sārung*, prob. dal sanscrito *sāranga* 'variegato'; 1949] **s. m. inv.** ● Veste maschile e femminile dell'arcipelago malese, generalmente di seta o di cotone stampato.

sàros [dal gr. *sáros* (*sarós*) 'ciclo di anni babilonese', di orig. orientale; 1838] **s. m. inv.** ● (*astron.*) Periodo di 18 anni e 11 giorni, alla fine del quale ricorrono ciclicamente le eclissi di Luna e di Sole.

sàrpa ● V. *salpa.*

†**sarpàre** ● V. *salpare.*

sarracènia [deriv. scient. moderna dal n. del naturalista canadese J. F. *Sarrazin* (XVII sec.); 1929] **s. f.** ● Pianta erbacea delle Sarraceniacee originaria americana, a foglie trasformate in ascidi tubolari con parte superiore a forma di coperchio che servono per la cattura di insetti (*Sarracenia*).

Sarraceniàcee [da *sarracenia*; 1959] **s. f. pl.** (**sing.** *-a*) ● Nella tassonomia vegetale, famiglia di piante delle Dicotiledoni, palustri, perenni, con foglie ad ascidio, fiori emiciclici e frutto a capsula (*Sarraceniaceae*).

sarracìno ● V. †*saracino (1).*

sarrocchìno ● V. *sanrocchino.*

sarrussòfono o **sarrusòfono** [dal fr. *sarrusophone*, comp. di *Sarrus*, n. dell'inventore, e *-phone* '-fono'; 1902] **s. m.** ● (*mus.*) Strumento di ottone ad ancia doppia, tubo conico di grande dimensione e meccanismo simile all'oboe e al fagotto; è usato spec. nelle bande.

sàrta [f. di *sarto*; av. 1527] **s. f.** ***1*** Donna che taglia e confeziona abiti, spec. femminili | Stilista, creatrice di moda. ***2*** Addetta alla manutenzione dei costumi di un teatro o di una compagnia teatrale. || **sartina**, **dim.** | **sartorèlla**, **dim.**

sàrtia, (*evit.*) **sartìa** [dal gr. tardo *exártia*, nt. pl. di *exártion* 'attrezzatura della nave'; 1306] **s. f.** (**pl.** *sàrtie*, (*evit.*) *sartìe*, †*sàrte*) ***1*** (*mar.*) Ciascuna delle manovre dormienti, spec. in cavo metallico, che sostengono lateralmente l'albero sotto sforzo | ***Sartie di scale***, quelle che sostengono le griselle | ***Sartie alte***, ***sartie intermedie***, ***sartie basse***, quelle collegate rispettivamente alla testa d'albero, a un punto intermedio e al livello delle crocette più basse | ***Sartie volanti***, quelle messe in tensione sopravvento per bilanciare la trazione di vele di prua non collegate in testa d'albero, con funzione simile al paterazzo | ***Sartie maggiori***, ***sartie minori***, nell'attrezzatura tradizionale, quelle che sostengono rispettivamente i fusti principali degli alberi e gli alberi di gabbia. ➡ **ILL.** p. 2155 SPORT; p. 2172 TRASPORTI. ***2*** (*al pl.*) †Corde, cavi, di ogni specie. || **sartiétta**, **dim.** | **sartióne**, **accr. m.**

sartiàme [da *sartie*; av. 1557] **s. m.** ***1*** Cordame, sartie. ***2*** †Insieme di corde e cavi di ogni specie.

sartiàre [da *sartia*; 1805] **v. tr.** (*io sàrtio*) ● (*mar.*; *disus.*) Fare scorrere nelle pulegge e sim. una manovra.

sartiòla [da *sartia*; 1872] **s. f.** ● (*spec. al pl.*, *mar.*) Sartie degli alberetti.

♦**sàrto** o (*lett.*) †**sartóre** [lat. tardo *sărtor* (nom.) 'rammendatore', da *sărtus*, part. pass. di *sarcīre* 'rammendare'. V. *sarcina*; 1313] **s. m.** (**f.** *-a* (V.), †*-éssa*, †*-óra*, †*-oréssa*) ● Chi esegue abiti su misura per un cliente | (*est.*) Ideatore ed esecutore di modelli per una casa di moda: *un grande s. italiano*; **SIN.** Stilista. || **sartino**, **dim.**

sartorìa [da †*sartore*; 1598] **s. f.** ● Casa di mode: *abito fatto in s.* | Settore di attività dei sarti; produzione di abiti: *la s. italiana è apprezzata ovunque* | ***S. teatrale***, specializzata nella confezione di costumi per rappresentazioni teatrali o cinematografiche.

sartoriàle [da *sartoria*, sul modello dell'ingl. *sartorial*; 1942] **agg.** ● Che si riferisce alla sartoria o ai sarti: *industria, attività, s.* || **sartorialménte**, **avv.**

sartorialità [da *sartorial(e)*] **s. f.** ● Professionalità di chi taglia e confeziona abiti di buona fattura: *la moda rilancia la s.*

sartòrio [dal lat. *sărtor*, genit. *sartōris* 'sarto', cosiddetto dalla posizione dei sarti, a gamba flessa, quando cuciono; av. 1673] **s. m.** ● (*anat.*) Muscolo lungo e stretto della coscia dall'anca alla faccia interna del ginocchio, che flette la gamba e abduce la coscia. ➡ **ILL.** p. 2122 ANATOMIA UMANA.

sartotècnica [comp. di *sarto* e *tecnica*; 1959] **s. f.** ● Tecnica della sartoria.

sartriàno [fr. *sartrien*, da J.-P. *Sartre* (1905-1980); 1953] **agg.** ● Relativo a Jean-Paul Sartre, alla sua filosofia e alla sua produzione letteraria.

sartù [vc. nap. d'orig. sconosciuta; 1959] **s. m.** ● (*cuc.*) Specialità napoletana consistente in uno sformato di riso condito con sugo e polpettine di carne, uova sode, mozzarella, funghi e cotto al forno.

sasànide o **sassànide** [dal persiano *Sâsân*, n. del re fondatore della dinastia; 1851] **agg.** ● Relativo alla dinastia persiana regnante dal III al VII secolo d.C. | Relativo alla Persia nel periodo in cui fu governata da tale dinastia.

sashimi /'saʃʃimi, *giapp.* ˌsaçimi/ [n. giapp. del piatto] **s. m. inv.** ● (*cuc.*) Piatto giapponese a base di pesce crudo e riso.

sassafràsso o **sassofràsso** [dal fr. *sassafras*, dallo sp. *sasafrás*, attraverso l'andaluso, dal lat. *saxĭfraga(m)* 'sassifraga' (V.); 1573] **s. m.** ● Pianta arborea delle Lauracee, dell'America settentrionale, utilizzata in medicina e per il suo legname rossiccio e aromatico (*Sassafras officinale*).

sassàia [da *sasso*; 1688] **s. f.** ***1*** Terreno pieno di sassi | Strada sassosa. ***2*** Riparo di sassi costruito in zona franosa, spec. lungo i fiumi.

sassaiòla o (*lett.*) **sassaiuòla** [da *sasso*; sec. XIV] **s. f.** ● Lancio ripetuto di sassi: *lo accolsero con una violenta s.* | Battaglia coi sassi, spec. fra ragazzi: *fare la s.*; *essere ferito in una s.*

sassaiòlo o (*lett.*) **sassaiuòlo** [sec. XIV] **agg.** ● Che sta tra i sassi | ***Colombo s.***, piccione selvatico.

†**sassaiuòla** ● V. *sassaiola.*

sassànide ● V. *sasanide.*

sassarése [1923] **A agg.** ● Di Sassari, città della Sardegna. **B s. m. e f.** ● Abitante, nativo di Sassari. **C s. m.** solo **sing.** ● Dialetto sardo, parlato a Sassari.

sassàta [1441] **s. f.** ● Colpo di sasso: *tirare una s.*; *prendere a sassate*; *fare alle sassate.* || **sassatèlla**, **dim.**

sassèfrica ● V. *salsefrica.*

sassèlla [dal n. di luogo *Sassella*, propr. la costa vinifera della Valtellina, deriv. di *sassa* 'sasseto', dal lat. *săxea(m)* (*tĕrra(m)*) '(terra) sassosa'; 1881] **s. m. inv.** ● Vino rosso rubino, dal profumo delicato e persistente, asciutto e nervoso, prodotto in Valtellina dal vitigno Chiavennasca (denominazione locale del Nebbiolo).

sassèllo [da *sasso*; 1481] **A s. m.** ● Specie di tordo poco più piccolo del tordo comune, bruno sul dorso, rossastro sui fianchi, macchiettato inferiormente (*Turdus musicus*). **B** anche **agg.**: *tordo s.*

sàsseo [vc. dotta, dal lat. *săxeu(m)* 'di pietra', da *săxum* 'roccia'; av. 1375] **agg.** ● Di sasso | Simile a sasso.

sasséto [lat. *saxētu(m)* 'luogo sassoso', da *săxum* 'pietra'; 1768] **s. m.** ● Tratto di terreno coperto di sassi.

sassìcolo [vc. dotta, lat. tardo *saxĭcola(m)* 'abitante (V. *-colo*) fra i sassi'; 1959] **agg.** ● (*biol.*) Detto di organismo vegetale o animale che vive in ambiente sassoso.

†**sassificàre** [comp. di *sasso* e *-ficare*; av. 1638] **v. tr.** ● Pietrificare.

sassìfraga o †**sassifràgia** [vc. dotta, dal lat. *saxĭfraga(m)* (*hĕrba(m)*) '(erba) che spezza i sassi', f. di *saxĭfragus*, comp. di *săxum* 'sasso' e *-frăgus*, connesso con *frăngere* 'rompere'; av. 1320] **s. f.** ● Sassifragacea che cresce fra le rupi con rosette di foglie carnose e seghettate, portanti al centro fusti eretti con fiori bianchi a grappolo (*Saxifraga aizoon*).

Sassifragàcee [da *sassifraga*; 1922] **s. f. pl.** (**sing.** *-a*) ● Nella tassonomia vegetale, famiglia di piante delle Dicotiledoni, erbacee e fruticose, con piccoli fiori in infiorescenza (*Saxifragaceae*). ➡ **ILL. piante**/6.

†**sassifràgia** ● V. *sassifraga.*

sassìsmo [da *sasso*; 1983] **s. m.** ● Pratica sportiva che consiste nell'arrampicarsi su massi o piccole formazioni rocciose.

sassista [1983] **s. m. e f.** (**pl. m.** *-i*) ● Chi pratica il sassismo.

♦**sàsso** [lat. *săxu(m)* 'pietra, masso', di orig. indeur.; av. 1294] **s. m.** ***1*** Pietra, roccia di forma e dimensioni varie, così come si trova in natura | Masso, blocco, macigno: *il nudo, il duro s.*; *sedere sopra un s.*; *mettersi un s. al collo*; *spaccare i sassi* | (*fig.*) ***Essere un s.***, ***essere di s.***, ***essere duro come un s.***, essere duro, insensibile d'animo | (*fig.*) ***Non essere di s.***, essere soggetto alle tentazioni, ai sentimenti e sim. tipici dell'uomo | (*fig.*) ***Avere un cuore di s.***, essere crudele e spietato | (*fig.*) ***Rimanere di s.***, profondamente stupito, sorpreso, spaventato e perciò incapace di muoversi, di parlare e sim. ***2*** Materia pietrosa: *s. arenoso*, *da calce*, *spezzato*; *casa fondata sul s.*; *scolpire*, *incidere*, *scavare nel s.* ***3*** Ciottolo, frammento di pietra: *tirare sassi a qlcu.*; *un tiro di s.*; *fare ai sassi*; *una strada tutta sassi* | ***Lanciare un s. nello stagno***, (*fig.*) in una situazione tranquilla, provocare deliberatamente polemiche e contestazioni | ***Tirare***, ***gettare sassi in piccionaia***, ***in colombaia***, (*fig.*) agire in modo da danneggiare sé stessi | ***Gettare il s. e nascondere la mano***, (*fig.*) cercare di danneggiare qlcu. senza esporsi | ***Far piangere i sassi***, ***fare pena***, ***compassione***, ***ai sassi***, (*fig.*) di persona, cosa, situazione particolarmente triste, penosa o ridicola. ***4*** (*lett.*) Parete rocciosa e scoscesa di un monte | (*est.*) Monte dai fianchi scoscesi: *nel crudo s. intra Tevero e Arno* (DANTE *Par.* XI, 106) | Luogo sassoso, montuoso: *è nato fra quei sassi*; *i sassi alpestri.* ***5*** (*lett.*) Pietra sepolcrale, sepolcro: *duro s. / che 'l mio caro tesoro in terra asconde* (PETRARCA). || †**sassarèllo**, **dim.** | **sassatèllo**, **dim.** | **sasserèllo**, **dim.** | **sassettino**, **dim.** | **sassétto**, **dim.** | **sassolétto**, **dim.** | **sassolino**, **dim.** | **sassóne**, **accr.** | **sassuòlo**, **dim.**

sassofonista o (*raro*) **saxofonista** [1959] **s. m. e f.** (**pl. m.** *-i*) ● Chi suona il sassofono.

sassòfono o (*raro*) **saxòfono** [adattamento del fr. *saxophone*, comp. dal nome dell'inventore, il belga A. Sax (1814-1894), e *-phone* '-fono'; 1895] **s. m.** ● (*mus.*) Strumento di ottone ad ancia simile a quella del clarinetto, di largo uso nella musica leggera e nel jazz dal quale è passato nella musica colta del Novecento. ➡ ILL. **musica**.

sassofrasso ● V. *sassafrasso*.

sàssola o **sèssola** [di etim. incerta, prob. onomat.; 1824] **s. f.** *1* (*mar.*) Gottazza. *2* (*est.*) Cucchiaia di vario materiale che serve per asportare o trasportare piccole quantità di farina, granaglie e sim.

sassolino (*1*) [dal toponimo *Sasso*, in Toscana, dove si trovano i soffioni che danno questo minerale; 1936] **s. m.** ● Sassolite in pagliuzze o in incrostazioni bianche.

sassolino (*2*) [dal n. della località di *Sassuolo* (Modena); 1934] **s. m.** ● Liquore aromatizzato con anice.

sassolite [dal toponimo *Sasso*, con *-lite* (*2*); 1940] **s. f.** ● Idrossido di boro in cristalli tabulari, madreperlacei, solubili in acqua.

sàssone [vc. dotta, dal lat. *Săxone(m)*; 1619] **A agg.** ● Della Sassonia, regione della Germania centrale. **B s. m. e f.** ● Abitante, nativo della Sassonia. **C s. m.** solo **sing.** ● Lingua degli antichi Sassoni | Dialetto della Sassonia.

sassóso [lat. *saxōsu(m)* 'pietroso', da *săxum* 'sasso'; 1340 ca.] **agg.** ● Pieno di sassi: *terreno s.* | (*raro, lett.*) Simile a sasso: *grandine sassosa*.

sassotromba o **saxotromba** [adattamento di *saxotromba*, comp. di *saxo-*, dal n. del belga A. Sax, inventore dello strumento, e *tromba*; 1959] **s. f.** ● Famiglia di strumenti a fiato a pistoni brevettati da A. Sax nel 1845.

Sàtana o †**Satanno** [lat. tardo *sătan*, dal gr. *satân*, dall'ebr. *śāṭān* 'nemico, avversario'; sec. XIV] **s. m. inv.** ● Nella Bibbia, il nemico di Dio e del bene | Nel Cristianesimo, lo spirito del male.

satanàsso (*1*) [lat. tardo (eccl.) *sătanas*, dal gr. *satanâs*, variante di *satân* 'Satana'; av. 1292] **s. m.** *1* (*pop.*) Satana. *2* (*est.*) Persona violenta, furiosa: *gridare come un s.*; *sembrare un s.* | Persona irrequieta, sempre in attività: *è un s. che non sta fermo un momento* | Ragazzo molto vivace.

satanàsso (*2*) [da *satanasso* (*1*), per l'aspetto] **s. m.** ● Scimmia sudamericana con imponente capigliatura e lunga barba di colore scuro (*Chiroptes satanas*).

sataneggiàre [da *Satana*; av. 1850] **v. intr.** (*io satanéggio*; aus. *avere*) ● Manifestare spec. in opere letterarie e sim. sentimenti di violenza, ribellione, di esaltazione del male in ogni sua forma, di negazione della divinità, e sim.

satànico [vc. dotta, dal gr. *satanikós*, da *satân* 'Satana'; sec. XIV] **agg.** (pl. m. *-ci*) *1* Di Satana: *culto satanico* | Diabolico. *2* (*fig.*) Che rivela perfidia, malignità, disumanità: *piano, progetto s.* || **satanicaménte**, **avv.**

satanismo [da *Satana*, con *-ismo*, sul modello dell'ingl. *satanism*; 1914] **s. m.** *1* Indirizzo che, all'interno di alcune religioni, pratica il culto dello spirito del male e predica la ribellione a Dio | Indirizzo proprio di alcune sette religiose o del quale alcune di esse furono accusate. *2* Nella letteratura del romanticismo e del decadentismo, atteggiamento libertario di cosciente lotta contro le idee morali e spec. religiose viste come limite a una libera espansione delle forze intellettuali.

satanista [1906] **agg. e s. m. e f.** (pl. m. *-i*) *1* Che (o Chi) pratica il satanismo. *2* Che (o Chi) appartiene alla corrente culturale del satanismo.

†**Satanno** ● V. *Satana*.

satellitàre [denom. di *satellite*; 1985] **A agg.** ● Di un satellite | Detto di dispositivo basato sull'impiego di segnali scambiati con satelliti artificiali: *telefono s., localizzatore s., navigatore s.* **B** anche **s. m.**

satellitàrio [1988] **agg.** ● Satellitare.

♦**satèllite** [vc. dotta, dal lat. *satĕllite(m)* 'guardia del corpo', di presunta orig. etrusca; av. 1492] **A s. m.** *1* †Guardia del corpo, accompagnatore di persona potente | (*lett.*) Sbirro, sgherro: *Renzo era levato; i due satelliti gli stavano ai fianchi* (MANZONI) | (*est.*) Seguace, persona di fiducia | (*spreg.*) Chi, per motivi di opportunismo, dipende in modo servile da un personaggio potente. *2* (*astron.*) Corpo celeste oscuro orbitante intorno a un pianeta: *la Luna è l'unico s. della Terra*; *i satelliti di Giove* | ***Satelliti galileiani***, i satelliti di Giove scoperti da G. Galilei. ➡ ILL. p. 2142, 2143 SISTEMA SOLARE. *3* (*aer.*) ***S. artificiale***, oggetto fabbricato dall'uomo e da questi messo in orbita mediante un razzo vettore intorno a un corpo celeste, gener. la Terra, a scopo di comunicazione, osservazione, ricerca e sim.; CFR. Biosatellite, geostazionario | ***S. attivo***, satellite artificiale contenente sistemi di comunicazione, usato come stazione ripetitrice di ponte radio per telecomunicazioni commerciali, assistenza alla navigazione aerea e marittima, osservazione meteorologica, ricerca di risorse terrestri e ricognizione militare | ***S. passivo***, satellite artificiale che non contiene apparecchiature elettroniche ma è costituito da materiali capaci di riflettere le radioonde | ***S. meteorologico***, satellite artificiale destinato alla sorveglianza continua della superficie e dell'atmosfera terrestre; CFR. Meteosat | ***S. spia***, satellite artificiale dotato di potenti apparecchiature di osservazione e di intercettazione radio, utilizzato per scopi militari | ***Trasmissione, collegamento via s.***, quella televisiva intercontinentale effettuata per mezzo di satelliti artificiali | ***S. pellicolare***, satellite artificiale costituito da un involucro in sottilissima pellicola che viene lanciato ripiegato nello spazio e qui gonfiato. *4* (*mecc.*) Ruota dentata, montata su braccio mobile di un rotismo epicicloidale, che ingrana sul solare e sulla corona. SIN. Ruota planetaria | Ruota intermedia spostabile di un cambio di velocità. *5* (*anat.*) Struttura vascolare, nervosa o muscolare che si affianca ad altra struttura con funzione più importante: *il sartorio è chiamato anche s. dell'arteria femorale*. *6* (*biol.*) Parte di cromosoma collegata al corpo di questo da un filamento sottilissimo, più o meno lungo. *7* (*elab.*) Calcolatore elettronico collegato a distanza con un altro più potente. *8* (*autom.*) Comando a distanza posto in prossimità del volante che permette al conducente di azionare facilmente accessori o apparecchiature, come l'autoradio. **B** in funzione di **agg.** ● (posposto a un s.) Che ruota intorno, che è funzionale a qlco. o che dipende da qlco. | ***Edificio, struttura s.***, o (*ellitt.*) ***satellite***, autonomo, indipendente, ma collegato a un corpo centrale. ➡ ILL. p. 2176 TRASPORTI | ***Stato, partito s.***, che dipende politicamente da un altro | ***Città s.***, complesso di abitazioni autosufficienti nelle vicinanze di una città più importante.

satellitismo [1967] **s. m.** ● Condizione di dipendenza politico-economica di uno stato da un altro più potente.

†**satellizio** [vc. dotta, dal lat. tardo *satellītiu(m)* 'guardia, scorta', da *satĕlles*, genit. *satĕllitis* 'guardia del corpo'; 1838] **s. m.** ● Insieme di guardie del corpo, seguaci e sim.

satellizzàre [comp. di *satell(ite)* e *-izzare*; 1963] **v. tr.** *1* (*raro*) Inviare nello spazio un corpo con velocità e traiettoria tali da farne un satellite artificiale. *2* Ridurre Paesi più piccoli in stato di dipendenza politica, militare, economica e sim.

satellizzazióne [1973] **s. f.** ● Il satellizzare, il venire satellizzato.

satellòide [comp. di *satell(ite)* e *-oide*; 1963] **s. m.** ● Satellite artificiale previsto per orbitare nell'altissima atmosfera, dotato di mezzi di propulsione per superare la pur minima resistenza aerodinamica.

sàtem /*avestico* 'satəm/ [adattamento dell'avestico *satem* 'cento', dalla base indeur. **kmtom*; 1933] **agg. inv.** ● (*ling.*) ***Lingue s.***, insieme di lingue indoeuropee del gruppo orientale (ad es. l'armeno e lo slavo) che hanno cambiato la velare occlusiva sorda /k/ in una sibilante /s/ e /ʃ/. CFR. Centum.

satì o **sàti** [fr. *sâti*, dall'hindi *sâti*, f. di *sat* 'saggio'] **A s. f.**; anche **agg.** ● Nella religione induista, sposa virtuosa e fedele che alla morte del marito si sacrifica sul rogo assieme al cadavere di lui: *vedova s.* **B s. m.** ● Il sacrificio stesso della vedova.

satin /*fr.* sa'tɛ̃/ [vc. fr., dall'ar. *Zaitūm*, n. della città cinese da cui veniva il prodotto; 1835] **s. m. inv.** ● Tessuto di cotone morbido e lucente, simile alla seta, usato spec. come fodera.

satinàre [adattamento del fr. *satiner*, 1905] **v. tr.** (*io sàtino*) *1* (*tess.*) Calandrare una stoffa, dandole lucentezza serica. *2* (*cart.*) Sottoporre a satinatura. *3* (*tecnol.*) Rendere opaca la superficie di un oggetto di metallo spec. d'oro o d'argento.

satinàto [1649] **part. pass.** di *satinare*; anche **agg.** ● Nei sign. del v.: *carta satinata* | (*fig.*) Simile alla seta: *pelle satinata*.

satinatrice [da *satinare*; 1959] **s. f.** ● (*tess.*) Tipo di calandra impiegata per l'operazione di stiramento del satin.

satinatùra [1942] **s. f.** *1* Operazione del satinare. *2* Operazione di levigatura e lucidatura del foglio di carta o di cartone.

satinèlla [da *satin* (V.); 1974] **s. f.** ● Stoffa di seta simile al satin.

sàtira [vc. dotta, dal lat. *sătira(m)*, variante di un ant. *sătura* 'satira, componimento misto di prosa e versi', abbreviazione di *sătura lānx* 'piatto ricolmo, macedonia di frutta e legumi'. V. *saturo*; 1308] **s. f.** *1* Componimento poetico che, con arguzia e ironia e in forme più o meno polemiche, critica le debolezze umane, spec. con intenti didattici e moralistici | Insieme dei componimenti satirici di un autore, un periodo, una letteratura: *la s. di Giovenale*; *la s. classica*; *la s. latina*. *2* (*est.*) Discorso, scritto, atteggiamento e sim. che ha lo scopo di mettere in ridicolo ambienti, concezioni, modi di vivere e sim.: *il suo racconto è una s. del mondo artistico*; *essere portato alla s.*; *mettere in s.*; *fare oggetto di s.*; *la s. dei costumi moderni*. || **satiràccia**, **pegg.** | **satirètta**, **dim.**

satireggiàre [da *satira*; av. 1566] **A v. tr.** (*io satiréggio*) ● Mettere in satira, biasimare mediante la satira: *s. i costumi*. **B v. intr.** (aus. *avere*) ● Fare della satira | Scrivere satire.

satirésco [da *satiro* (*1*); 1623] **agg.** (pl. m. *-schi*) *1* Proprio di un satiro: *orecchie satiresche*. *2* Nella loc. ***dramma s.***, dramma giocoso rappresentato dopo una trilogia tragica nella Grecia classica. || **satirescaménte**, **avv.** A maniera di satiro.

satirìasi [vc. dotta, dal lat. tardo *satyrĭasi(m)* 'priapismo doloroso', dal gr. *satyríasis*, da *Sátyros* 'satiro, essere licenzioso'; av. 1698] **s. f. inv.** ● (*psicol.*) Esagerazione morbosa del desiderio sessuale nell'uomo.

satìrico (*1*) [vc. dotta, dal lat. tardo *satĭricu(m)*, da *sătira* 'satira'; av. 1406] **A agg.** (pl. m. *-ci*) ● Di satira, che ha caratteri di satira: *discorso, componimento, s.* SIN. Burlesco, caustico, ironico, mordace, sarcastico, sferzante. || **satiricaménte**, **avv.** In modo satirico, per mezzo della satira. **B s. m.** ● Scrittore di satire.

†**satìrico** (*2*) [vc. dotta, dal lat. *satўricu(m)* 'satiresco', dal gr. *satyrikós*, da *Sátyros* 'satiro'] **agg.** ● Di satiro, proprio dei satiri.

satirióne [dal lat. *satўrion* (nt.), prestito del gr. *satýrion*, da *Sátyros* 'satiro, essere licenzioso'; av. 1320] **s. m.** ● (*bot.*) Fallo (*2*).

†**satirisco** [vc. dotta, dal lat. *satyrĭscu(m)* 'satiretto', dal gr. *Satyrískos*, dim. di *Sátyros* 'satiro'; 1623] **s. m.** ● Piccolo satiro.

satirista [vc. dotta, dal gr. *satyristḗs* (nom.) 'attore di dramma satiresco', da *satyrízein* 'fare il satiro', da *Sátyros* 'satiro'; av. 1910] **s. m. e f.** (pl. m. *-i*) ● Scrittore di satire.

satirizzàre [av. 1613] **v. tr. e intr.** (aus. *avere*) ● (*raro*) Satireggiare.

sàtiro (*1*) [vc. dotta, dal lat. *Sătyru(m)*, dal gr. *Sátyros* 'divinità boschereccia compagna di Bacco', di orig. incerta; 1336 ca.] **s. m.** *1* Nella mitologia greco-romana, divinità dei boschi, avente figura umana, con piedi e orecchie caprini, coda di cavallo o di capro; era comunemente incluso, con le Ninfe, nel corteo di Bacco. *2* (*fig.*) Uomo dalla sensualità morbosa (con riferimento alla lascivia attribuita ai satiri): *un vecchio s.* *3* (*fig.*) †Uomo rozzo e selvatico: *il s. si anderà a poco a poco addomesticando* (GOLDONI). || **satirétto**, **dim.** | **satiríno**, **dim.**

†**sàtiro** (*2*) [da *satira*, con sovrapposizione di *satiro* (*1*); 1308] **s. m.** ● Autore di satire, poeta satirico: *ch'è Orazio s.* (DANTE *Inf.* IV, 89).

†**satisfàre** e deriv. ● V. *soddisfare* e deriv.

satisfattòrio [dal lat. *satisfăctus* 'soddisfatto'] **agg.** *1* (*dir.*) Che libera da una obbligazione: *pagamento s.* *2* †V. *soddisfattorio*.

satìvo [vc. dotta, dal lat. *satīvu(m)* 'coltivato', da *sătus*, part. pass. di *sĕrere* 'seminare'. V. *seme*; av. 1320] **agg.** ● (*lett.*) Atto a essere seminato o coltivato: *terreno, campo s.*; *piante sative*.

†**sàto** [lat. tardo (eccl.) *sătum*, dal gr. *sáton*, dall'ebr. *seah*] **s. m.** ● Antica misura di capacità, presso gli Ebrei, pari a circa 12 litri.

satólla [da *satollare*; sec. XIV] **s. f.** ● (*tosc.*) Quantità di cibo tale da saziare: *imbanditelo caldo a chi sta col desiderio di farne una buona s.* (ARTUSI).

satollaménto [sec. XIV] s. m. ● (*raro, lett.*) Il saziarsi di cibo.

satollàre [lat. *satullāre*, da *satŭllus* 'satollo'; sec. XIII] **A** v. tr. (*io satóllo*) ● Rendere satollo, saziare di cibo. SIN. Rimpinzare. **B** v. intr. pron. ● Mangiare a sazietà, riempirsi di cibo: *satollarsi di dolci.*

satóllo [lat. *satŭllu(m)*, da *sătur*, genit. *sătŭri* 'sazio'. V. *saturo*; av. 1294] agg. **1** Sazio, pieno di cibo. **2** †Pago, soddisfatto: *I potenti / di lor potenza non son mai satolli* (MACHIAVELLI).

†**sàtoro** ● V. *saturo*.

†**sàtrapa** ● V. *satrapo*.

sàtrape ● V. *satrapo*.

satrapéssa [f. di *satrapo*; 1891] s. f. **1** Moglie del satrapo. **2** (*fig.*) Donna eccessivamente autoritaria.

satrapìa [vc. dotta, dal lat. *satrapīa(m)* 'provincia governata da un satrapo', dal gr. *satrapéia*, da *satrápēs* 'satrapo'; 1597] s. f. ● Nell'impero persiano, distretto governato da un satrapo | Dignità di satrapo | Durata di tale dignità.

satràpico [vc. dotta, dal gr. *satrapikós*, da *satrápēs* 'satrapo'; 1580] agg. (pl. m. *-ci*) ● Di satrapo, proprio dei satrapi.

sàtrapo o †**sàtrapa**, (*raro*) **sàtrape** [vc. dotta, dal lat. *sătrape(m)*, dal gr. *satrápēs* 'governatore persiano di provincia', adattamento dell'ant. persiano *xšathrapa* 'signore (-*pā*) del regno (*xšathra-*)'; 1481] s. m. (f. *-éssa* (V.)) **1** Nell'impero persiano, dignitario posto a capo di un distretto. **2** (*fig.*) Chi approfitta della propria carica, posizione e sim. per spadroneggiare sugli altri: *essere un s.*; *fare il s.* || **satrapóne**, accr.

satsùma /sat'suma, sat'suma/ [dal n. della provincia giapp. *Satsuma* o *Satzuma*] s. m. inv. ● (*bot.*) Piccolo albero delle Rutacee ottenuto per ibridazione di due specie di mandarini (*Citrus reticulata* e *Citrus ichangensis*) | Frutto commestibile prodotto da tale albero.

sàtura [vc. dotta, dal lat. *sătura(m)*, prob. ellissi di *sătura lanx* 'piatto farcito, macedonia', con allusione a un genere letterario misto di prosa e di versi. V. *satira*; 1959] s. f. ● Nell'antica letteratura latina, forma teatrale con mescolanza di musica, canto e parti danzate.

saturàbile [1611] agg. ● Che si può saturare.

saturabilità [1872] s. f. ● Condizione, caratteristica di ciò che è saturabile.

saturàre [vc. dotta, dal lat. *saturāre* 'saziare', da *sătur*, genit. *sătŭri* 'saturo, pieno'; 1499] **A** v. tr. (*io sàturo*) **1** (*chim.*) Sciogliere sostanze in un solvente fino alla massima concentrazione possibile | Trasformare un composto contenente legami multipli in un altro avente solo legami semplici. **2** (*elettr., elettron.*) Portare a saturazione un circuito magnetico o un dispositivo elettronico. **3** (*fig.*) Riempire eccessivamente: *studiare non significa saturarsi il cervello di date e nomi*; *s. il mercato di autoveicoli.* **4** †Saziare. **B** v. intr. pron. (assol.; + *di*) ● Riempirsi (*anche fig.*): *quel settore del mercato si saturerà presto*; *l'aria si saturò di fumi e vapori*; *saturarsi di chiacchiere.*

saturatóre [da *saturare*: cfr. il lat. tardo *saturātor*, genit. *saturatōris*; 1959] s. m. (f. *-trice*) ● Qualunque dispositivo atto a produrre una saturazione.

saturazióne [vc. dotta, dal lat. *saturatiōne(m)* 'satollamento', da *saturātus* 'saziato'; 1771] s. f. **1** Condizione di ciò che ha raggiunto la massima concentrazione possibile (*anche fig.*): *la s. di un composto chimico*; *s. del mercato.* **2** (*scient.*) Condizione in cui un aumento in una causa di qualsiasi tipo non produce un ulteriore aumento nell'effetto risultante | (*gener.*) Presenza, in un dato ambiente, della massima quantità possibile di una sostanza | ***Punto di s.***, temperatura alla quale, per una data pressione costante, il vapore di una sostanza diventa saturo, cioè inizia la liquefazione | ***Arrivare al punto di s.***, (*fig.*) averne abbastanza, non sopportare oltre e sim. | ***Tensione di s.***, pressione esercitata dal vapore di una data sostanza, quando, nell'unità di volume dello spazio occupato dal vapore, se ne trova la massima quantità possibile | ***S. magnetica***, stato raggiunto da un circuito magnetico per il quale un aumento della corrente eccitatrice non fa più aumentare sensibilmente il flusso. **3** (*psicol.*) ***S. cromatica***, proprietà psicologica del colore, determinata dal numero delle diverse lunghezze d'onda presenti nella luce | ***S. psichica***, condizione determinata dalla presenza di un'azione che si ripete a lungo in un contesto invariato.

saturèia [vc. dotta, dal lat. *saturēia(m)* 'santoreggia'. V. *santoreggia*; 1546] s. f. ● Pianta erbacea delle Labiate con radice a fittone, caule rossastro, foglie lanceolate e fiori bianchi punteggiati di rosa (*Satureja hortensis*). SIN. Santoreggia.

†**saturità** [vc. dotta, dal lat. *saturitāte(m)* 'sazietà', da *sătur*, genit. *sătŭri* 'sazio'; 1584] s. f. **1** Sazietà. **2** Grande abbondanza.

saturnàle [vc. dotta, dal lat. *Saturnāle(m)* 'proprio di Saturno', da *Satŭrnus* 'Saturno'; 1550] **A** agg. ● (*lett.*) Del dio Saturno, che è sacro al dio Saturno. **B** s. m. al pl. (*Saturnàli* nel sign. 1) **1** Presso gli antichi Romani, feste popolari celebrate a dicembre, in onore di Saturno, a chiusura dell'anno vecchio e ad apertura dell'anno nuovo. **2** (*fig., lett.*) Tempo di baldorie, di licenza sfrenata: *questi saturnali del caldo* (MONTALE).

satùrnia [vc. dotta, dal lat. *Satŭrnia(m)* 'Giunone, figlia di Saturno', f. di *Satŭrnius*, da *Satŭrnus* 'Saturno': così detta per le macchie sulle ali, simili a quelle del pavone (sacro a Giunone); 1875] s. f. ● Farfalla notturna spesso di grandi dimensioni a livrea elegante, ma non appariscente, con larve voracissime divoratrici di qualunque vegetale (*Saturnia*). ➡ ILL. **animali**/2.

saturniàno [dal n. del pianeta *Saturno*, sul modello dell'ingl. *Saturnian*; 1945] **A** agg. ● Del pianeta Saturno | ***Temperamento s.***, caratterizzato dal prevalere degli influssi di Saturno sul temperamento del tipo astrologico. **B** s. m. (f. *-a*) ● Ipotetico abitante del pianeta Saturno.

saturnìno [vc. dotta, dal lat. *Saturnīnu(m)* 'di Saturno', da *Satŭrnus* 'Saturno'; 1336 ca.] agg. **1** (*raro*) Del pianeta Saturno. **2** (*lett.*) Malinconico, triste. **3** (*med.*) Detto di malattia provocata da intossicazione da piombo.

satùrnio [vc. dotta, dal lat. *Satŭrniu(m)*, da *Satŭrnus* 'Saturno'; 1342] **A** agg. ● (*lett.*) Del dio Saturno, sacro al dio Saturno | ***Terra saturnia***, l'Italia che, secondo la leggenda, ebbe Saturno come re. **B** agg.; anche s. m. ● Verso della poesia latina arcaica.

saturnìsmo [da *saturno* (*2*) con *-ismo*; 1885] s. m. ● (*med.*) Intossicazione cronica da piombo che si manifesta principalmente con disturbi intestinali, colorazione grigio-bluastra delle gengive a livello del colletto e talvolta con lesioni muscolari e nervose.

Satùrno (**1**) [dal lat. *Satŭrnu(m)*, forse di orig. etrusca; 1559] s. m. ● (*astron.*) Sesto pianeta, in ordine di distanza dal Sole, dal quale in media dista 1428 milioni di kilometri, la cui massa è 95 volte quella della Terra; è circondato dai caratteristici anelli e di esso si conoscono 18 satelliti | (*astrol.*) Pianeta che domina i segni zodiacali del Capricorno e dell'Acquario. ➡ ILL. p. 2143 SISTEMA SOLARE; **zodiaco.**

satùrno (**2**) [dal n. del pianeta *Saturno*, secondo l'attribuzione degli alchimisti; 1559] s. m. ● Nell'alchimia medievale, piombo.

sàturo o (*lett.*) †**sàtoro** [vc. dotta, dal lat. *sătu-ru(m)* 'sazio', di orig. indeur. V. *saziare*; sec. XIV] agg. **1** (*lett.*) †Satollo, sazio. **2** (*scient.*) Che ha raggiunto la saturazione | ***Soluzione satura***, in cui non si può sciogliere ulteriore sostanza | ***Aria satura d'umidità***, in cui il grado igrometrico è 100. **3** (*chim.*) Detto di composto organico nel quale gli atomi di carbonio sono uniti fra loro con legami semplici: *idrocarburo s.* CFR. Insaturo. **4** (*fig.*) Pieno, traboccante: *sguardi saturi di odio.*

saudade /*port.* sau'ðaðə, -'dadʒi/ [vc. port., che continua il lat. *solitāte(m)* 'isolamento, solitudine', da *sōlus* 'solo'; 1959] s. f. inv. (pl. port. *saudades*) ● Nostalgia, rimpianto malinconico tipico della cultura letteraria e musicale portoghese.

saudiàno [1929] agg. ● Saudita.

saudita [dalla dinastia di *Ibn Sa'ūd* (1902-1969); 1959] **A** agg. (pl. m. *-i*) ● Che si riferisce alla dinastia di Ibn Sa'ūd, al territorio o sim. su cui tale dinastia regna: *Arabia Saudita.* **B** s. m. e f. ● Abitante, nativo dell'Arabia Saudita.

sàuna [vc. finnica, propr. 'stanza da bagno'; 1932] s. f. **1** Pratica fisioterapica di origine nordica consistente in un bagno di vapore alternato con docce fredde e massaggi. **2** Luogo ove si fa questo bagno.

Sàuri [vc. dotta, dal lat. tardo *sāuri* (nom. pl.) 'rettili', dal gr. *sâuros*, pl. *sâuroi*; 1875] s. m. pl. (sing. *-o*) ● Nella tassonomia animale, Rettili con corpo allungato, quattro arti pentadattili talora rudimentali o mancanti per riduzione secondaria, pelle rivestita da squame, riproduzione ovipara (*Sauria*).

Saurìschi [comp. di *saur(o)* e *ischio*] s. m. pl. (sing. *-sco*) ● Nella tassonomia animale, gruppo di Arcosauri estinti, caratterizzati da una cintura pelvica tipicamente rettiliana (*Saurischia*).

sàuro [dal provz. *saur* 'bruno chiaro', dal francone *saur* 'secco, giallo-bruno'; 1532] **A** agg. ● Detto di mantello equino con peli di colore variato dal biondo al rosso. **B** s. m. ● Cavallo con mantello sauro.

sauròctono [vc. dotta, dal lat. *Sauroctŏnu(m)*, dal gr. *Sauroktónos* '(Apollo) uccisore di lucertole', comp. di *sâuros* 'lucertola' e *-któnos*, da *ktéinein* 'uccidere'] agg. ● (*lett.*) Uccisore di lucertole (epiteto di Apollo).

Sauròpsidi [comp. di *saur(o)* e del gr. *ópsis* 'aspetto, apparenza'] s. m. pl. (sing. *-e*) ● Nella tassonomia animale, superclasse comprendente i Rettili e gli Uccelli in quanto organismi filogeneticamente e anatomicamente affini (*Sauropsida*).

Sauropterìgi [comp. del gr. *sâuros* 'lucertola' e *pterýgion* 'paletta', dim. di *ptéryx*, genit. *ptérygos* 'ala'; 1936] s. m. pl. (sing. *-gio*) ● Rettili marini di grandi dimensioni, con arti pinniformi, vissuti nel Trias e nel Cretaceo (*Sauropterygia*).

Saurùri [comp. del greco *sâuros* 'lucertola', e di *-uro* (*2*)] s. m. pl. (sing. *-o*) ● Sottoclasse di Uccelli fossili con lunga coda, tre dita con unghie alle ali e mascelle fornite di denti (*Saururae*).

saussuriàno /sossu'rjano, sosy-/ [fr. *saussurien*, da F. de *Saussure* (1857-1913); 1967] agg. ● (*ling.*) Relativo al linguista svizzero F. de Saussure, alle sue teorie e alla sua produzione scientifica.

sauté /*fr.* so'te/ [vc. fr., part. pass. di *sauter* 'saltare', poi 'rosolare'; 1942] **A** agg. inv. ● (*cuc.*) Rosolato a fuoco vivo, saltato | ***À la s.***, al salto, di cibo rapidamente rosolato in padella. **B** s. m. inv. ● (*cuc.*) Vivanda cotta al salto: *un s. d'agnello.*

sauvignon /*fr.* sovi'ɲɔ̃/ [n. fr. di orig. sconosciuta; 1894] s. m. inv. **1** Vitigno originario della Francia occidentale (Loira e Bordeaux), coltivato largamente anche in Italia (spec. nelle regioni nordorientali), che dà un uva bianca di color giallo dorato | ***Cabernet Sauvignon***, V. *cabernet.* **2** Vino di color giallo paglierino con riflessi verdognoli o dorati, sottile profumo di fiori, sapore vellutato e persistente, ottenuto dal vitigno omonimo.

savàna o (*raro*) **savànna** [dallo sp. *sabana*, da una vc. del taino, lingua indigena di Haiti; 1565] s. f. ● Formazione vegetale di alte erbe e alberi sparsi, estesa ai margini della foresta equatoriale, con alterne stagioni secche e umide.

savarin /*fr.* sava'rɛ̃/ [vc. fr., dal n. del gastronomo A. Brillat-*Savarin* (1755-1826); 1942] s. m. inv. ● Dolce a forma di ciambella, il cui impasto è simile a quello del babà.

†**savére** ● V. *sapere*.

savétta [vc. dell'Italia sett., d'orig. sconosciuta; 1959] s. f. ● Pesce dei Ciprinidi che vive nei fiumi dell'Italia settentrionale (*Chondrostoma soetta*).

saviézza [1354] s. f. ● Caratteristica di chi (o di ciò che) è savio. SIN. Assennatezza, saggezza.

savìna ● V. *sabina*.

sàvio [dal provz. *sabi*, *savi*, dal lat. parl. **sāpiu(m)* 'saggio', da *sāpere* 'esser saggio'. V. *sapere* (*1*); 1294] **A** agg. **1** Che è dotato di assennatezza, saggezza, accortezza, prudenza: *essere, diventare, mostrarsi s.*; *è una ragazza poco savia per l'età che ha* | Quieto, posato, giudizioso: *cerca di fare il bambino s.* | Che è pensato, detto o fatto in modo savio: *consiglio s.*; *parole savie*; *comportamento s.* SIN. Accorto, assennato, avveduto, prudente, saggio, sensato. **2** (*lett.* o *raro*) Che è in pieno possesso delle proprie facoltà mentali: *parlare, comportarsi, agire, da persona savia.* CONTR. Matto, pazzo. **3** †Dotto, abile, in una scienza o disciplina: *questo re fu s. di scienze e di costumi* (VILLANI). || **saviaménte**, avv. Con saviezza, da saggio, prudente. **B** s. m. **1** (f. *-a*) Persona assennata, saggia, accorta. **2** (f. *-a*) (*raro*) Chi è in pieno possesso delle proprie facoltà mentali: *i savi e i matti.* CONTR. Matto, pazzo. **3** Uomo dotato di grande esperienza e sapienza: *i grandi savi dell'antichità*; *i sette savi di Grecia*; *quel s. gentil, che tutto seppe* (DANTE *Inf.* VII, 3) | ***Il Savio***, (*per anton.*) Salomone. **4** Nel Medioevo e nel Rinascimento, magistrato anziano e particolarmente esperto avente funzioni spec. consultive in organi collegiali: *il consiglio dei savi; i venti savi.* || PROV. Bisogna che il savio porti il pazzo in spalla. || **savierèllo**, dim. | †**saviòne**, accr. | †**saviòtto**, accr.

savoiàrdo [da *Savoia*, dal lat. tardo *Sapāudia(m)*, dall'etnico ant. *Sapāudi*, *Sabāudi*; av. 1613] **A** agg. ● Della Savoia. **B** s. m. *1* (f. *-a*) Abitante della Savoia. *2* Biscotto oblungo, soffice e molto nutriente, a base di farina, uova e zucchero. **C** s. m. solo sing. ● Dialetto parlato nella Savoia.

savoir-faire /fr. sa,vwar'fɛ:ʀ/ [vc. fr., propr. 'saper (*savoir*) fare (*faire*)'; 1858] s. m. inv. ● Capacità di destreggiarsi in ogni evenienza con tatto, accortezza e cortesia.

savoir-vivre /fr. sa,vwaʀ'vi:vʀə/ [vc. fr., propr. 'saper vivere'; 1813] s. m. inv. ● Capacità di comportarsi con tatto e disinvoltura, basata sulla conoscenza del mondo e sul rispetto delle convenienze sociali.

savonaròla [dalla sedia di G. *Savonarola* (1452-1498), frate domenicano, in S. Marco a Firenze; 1923] s. f. ● Tipo di sedia o poltrona d'antica origine toscana, costituita da un numero variabile di stecche incrociate, da braccioli diritti e da una spalliera di cuoio, stoffa o legno.

savonése [1483] **A** agg. ● Di Savona. **B** s. m. e f. ● Abitante, nativo di Savona.

savonétta (1) ● V. *saponetta (2)*.

savonétta (2) ● V. *saponetta (1)*.

†**savóre** ● V. *sapore*.

savoréggia [variante di *santoreggia* (V.), con sovrapposizione di *savore* 'sapore', per l'uso culinario] s. f. (pl. *-ge*) ● (*bot.*) Santoreggia.

†**savórna** ● V. *zavorra*.

†**savórra** ● V. *zavorra*.

†**savorràre** ● V. *zavorrare*.

sax [dal n. del belga A. *Sax* (1814-1894), l'inventore; 1970] s. m. inv. ● (*mus.*) Accorc. di saxofono.

saxhorn /ingl. 'sæks,hɔ:ɹn/ [vc. ingl., comp. di *sax* (V.) e *horn* 'corno'; 1932] s. m. inv. ● Strumento a fiato in ottone, a bocchino e pistoni, con tubo leggermente conico terminante in un ampio padiglione.

saxofonista ● V. *sassofonista*.

saxòfono ● V. *sassofono*.

saxotròmba ● V. *sassotromba*.

saziàbile [vc. dotta, dal lat. tardo *satiābile(m)*, da *satiāre* 'saziare'; 1598] agg. ● (*raro*) Che si può saziare. || **saziabilménte**, avv. Con sazietà.

saziabilità [1640] s. f. ● (*raro*) Caratteristica, condizione di chi (o di ciò che) è saziabile.

saziaménto [1308] s. m. ● (*raro, lett.*) Soddisfazione della fame | (*fig.*) Appagamento.

saziàre [vc. dotta, dal lat. *satiāre* 'saziare', da *sătis* 'abbastanza', della stessa radice di *sătur* 'sazio'. V. *saturo*; av. 1306] **A** v. tr. (*io sàzio*) *1* Soddisfare interamente la fame, l'appetito, il desiderio di cibo (*anche assol.*): *s. la fame, lo stomaco, un affamato; s. il digiuno; questo pane non basta a s. tutto il paese; è un cibo che sazia* | (*raro*) ***S. la sete***, dissetare | (*est.*) Nauseare, stuccare (*anche assol.*): *tutto questo dolce mi ha saziato.* *2* (*fig.*) Appagare, soddisfare completamente: *s. il desiderio di gloria, la sete di sapere; s. la vista, le brame, la mente, l'anima; quanti libri tiene il mondo / non saziâr l'appetito mio profondo* (CAMPANELLA) | (*est., raro*) Annoiare (*anche assol.*): *quel tipo ormai ha saziato.* **B** v. intr. pron. e †intr. (assol.; + *di*) *1* Riempirsi di cibo fino alla completa soddisfazione dell'appetito: *non si sazia mai; saziarsi di dolci, di frutta.* *2* (*fig.*) Appagarsi, contentarsi: *non si saziava di contemplarla.*

sazietà [vc. dotta, dal lat. *satietāte(m)* 'abbondanza', da *sătis* 'abbastanza'. V. *saziare*; 1342] s. f. ● Condizione di chi è sazio (*anche fig.*): *s. di cibo, di piaceri; raggiungere la s.; mangiare fino alla s.; Ci aiuta la scienza, ci aiuta la s.* (SCIASCIA) | ***A s.***, fino a essere sazio o (*est.*) in abbondanza: *mangiare, bere, ballare, a s.; cose già viste e a s. riviste* (CARDUCCI) | (*est.*) Disgusto, noia, fastidio: *provare un senso di s.*

sazièvole [1342] agg. *1* (*lett.*) Saziabile | Che si sazia facilmente. *2* (*lett., fig.*) Stucchevole. || **sazievolùzzo**, dim. || **sazievolménte**, avv.

sazievolézza [av. 1565] s. f. ● (*raro, lett.*) Caratteristica di ciò che è sazievole | Sazietà (*anche fig.*).

sàzio [da *saziare*; av. 1311] agg. (assol.; + *di*) *1* Che ha mangiato fino a soddisfare completamente la fame, l'appetito, il desiderio di cibo: *essere, sentirsi, s.; essere s. di frutta* | ***Mai s.***, insaziabile. SIN. Pieno, satollo, saturo. *2* (*est.*) Che è completamente appagato in ogni desiderio fino a provare quasi un senso di noia: *essere s. di divertimenti, di giochi* | (*est.*) Nauseato, stufo: *siamo sazi di chiacchiere; molto sazia / era del mondo* (ARIOSTO).

ṣbaccanàre [da *baccano*, con *s-*; 1891] v. intr. (aus. *avere*) ● (*raro*) Fare molto baccano.

ṣbaccaneggiàre [1618] v. intr. ● (*lett.*) Sbaccanare.

ṣbaccellàre [da *baccello*, con *s-*; 1741] v. tr. (*io ṣbaccèllo*) ● Togliere dal baccello, sgranare, sgusciare: *s. le fave, i piselli.*

ṣbaccellàto [1536] part. pass. di *sbaccellare*; anche agg. ● Nel sign. del v.

ṣbaccellatùra [1891] s. f. ● Attività dello sbaccellare.

ṣbacchettàre [da *bacchettare*, con *s-*; 1872] v. tr. (*io ṣbacchétto*) ● Battere con una bacchetta o sim. abiti, tappeti, coperte e sim. per scuoterne via la polvere.

ṣbacchettàta [1872] s. f. ● Rapida sbacchettatura.

ṣbacchettatùra [1838] s. f. ● Azione dello sbacchettare.

ṣbacchiàre [comp. di *s-* e *bacchiare*; av. 1735] v. tr. (*io ṣbàcchio*) ● (*tosc.*) Gettare, sbattere con violenza: *s. qlcu. in terra; s. qlco. sul muso a qlcu.*

ṣbaciucchiaménto [1863] s. m. ● Lo sbaciucchiare, lo sbaciucchiarsi.

ṣbaciucchiàre [comp. di *s-* e *baciucchiare*; 1863] **A** v. tr. (*io ṣbaciùcchio*) ● Baciare ripetutamente spec. in modo sdolcinato. **B** v. rifl. rec. ● Baciarsi ripetutamente spec. in modo sdolcinato.

ṣbaciucchìo [1863] s. m. ● Lo sbaciucchiare o lo sbaciucchiarsi continuo.

ṣbadatàggine [av. 1698] s. f. *1* Caratteristica di chi è sbadato. *2* Atto o comportamento caratterizzato da disattenzione, distrazione, negligenza.

ṣbadàto [da *badare* con *s-* priv.; 1640] **A** agg. ● Che non bada a quello che fa, che non riflette: *un ragazzo un po' s.* | Detto di ciò che manifesta distrazione, incuria, negligenza e sim.: *Mi sembra che il linguaggio venga sempre usato in modo … casuale, s.* (CALVINO) | ***Alla sbadata***, (*ellitt., lett.*) distrattamente, a caso. SIN. Disattento, distratto, inavveduto, irriflessivo, sventato. || **ṣbadataménte**, avv. Da sbadato, inconsideratamente. **B** s. m. (f. *-a*) ● Persona sbadata. || **ṣbadatèllo**, dim. | **ṣbadatino**, dim.

ṣbadigliaménto o (*tosc.*) †**ṣbavigliaménto** [av. 1566] s. m. ● Lo sbadigliare | Serie di sbadigli.

♦**ṣbadigliàre** o (*pop., tosc.*) †**ṣbavigliàre** [comp. di *s-* e un desueto *badigliare*, dal lat. tardo *batac(u)lāre* 'sbadigliare', dal lat. parl. **batāre*, *badāre* 'aprire la bocca'; 1313] **A** v. intr. (*io ṣbadìglio*; aus. *avere*) (+ *di*, + *per*, + *da*; anche assol.) ● Fare sbadigli: *s. di noia, di fame; s. per il sonno; cominciò a s. dal grande appetito* (COLLODI); *poi tornava a s. dietro i vetri del balcone* (VERGA). **B** v. tr. ● (*lett., fig.*) Fare qlco., spec. scrivere, parlare e sim., senza alcun interesse: *l'oratore sbadigliò qualche parola di ringraziamento.*

ṣbadiglierèlla o **ṣbadiglierèlla** [da *sbadigliare*; 1891] s. f. ● (*fam.*) Seguito irreprimibile di sbadigli: *farsi prendere dalla s.*

ṣbadìglio o (*pop., tosc.*) †**ṣbavìglio** [da *sbadigliare*; sec. XV] s. m. ● Atto respiratorio accessorio che consiste in una lenta e profonda inspirazione seguita da una breve espirazione, cui si accompagnano caratteristici rumori e, spesso, stiramenti delle braccia e del tronco: *lo s. è contagioso; sbadigli sguaiati; sbadigli di fame, di noia, di sonno.* || **ṣbadigliétto**, dim. | **ṣbadiglino**, dim. | **ṣbadigliòne**, accr.

ṣbadìre [da *ribadire*, con cambio di pref.; 1838] v. tr. (*io ṣbadìsco, tu ṣbadìsci*) ● Togliere la ribaditura di chiodi, uncini, graffe e sim.

ṣbafàre [vc. rom. dalla radice onomat. **baf(f)-*, con *s-*; 1863] v. tr. ● (*fam.*) Mangiare con avidità: *si è sbafato in un attimo tutto il pranzo* | Mangiare a ufo, scroccare (*anche assol.*): *io pago e lui sbafa.*

ṣbafàta [da *sbafare*; 1911] s. f. ● (*fam.*) Mangiata abbondante: *fare, farsi, una s., una bella s.*

ṣbafatóre [1910] s. m. (f. *-trice*) ● (*pop.*) Chi sbafa. SIN. Scroccone.

ṣbaffàre [da *sbaffo*; 1963] **A** v. tr. ● Fare degli sbaffi su qlcu. o qlco.: *s. un muro.* **B** v. rifl. ● Farsi degli sbaffi: *sbaffarsi di rossetto.*

ṣbàffo [da *baffo* con pref. *s-*; 1959] s. m. ● Macchia, sgorbio, segno a forma di baffo.

ṣbàfo [da *sbafare*; 1910] s. m. ● Lo sbafare, spec. nella loc. avv. ***a s.***, senza pagare, a spese d'altri: *mangiare, vivere a s.*

ṣbagagliàre [comp. di *s-* e di *bagaglio*; 1587] v. intr. ● (*raro*) Deporre il bagaglio.

♦**ṣbagliàre** [comp. di *s-* e di un ant. *bagliare*, affine ad *abbagliare* (V.); 1666] **A** v. tr. (*io ṣbàglio*) *1* Compiere un'azione ottenendo un risultato impreciso, non esatto, errato: *s. il colpo, la mira, il passo; s. i conti, i calcoli; ha sbagliato la costruzione della frase* | Fare una cattiva scelta: *ha sbagliato mestiere* | ***S. un selvatico***, nel linguaggio venatorio, mancare il colpo. *2* Scambiare, confondere, una persona o una cosa con un'altra simile: *s. strada, indirizzo, porta, treno* | ***S. numero***, nelle comunicazioni telefoniche, compiere un errore nel comporre il numero voluto. *3* (*fam.*) Ingannarsi, illudersi, nella loc. ***sbagliarla***: *Oh, voi la sbagliate di molto, se ciò vi credete!* (PARINI). **B** v. intr. (aus. *avere*) *1* Commettere un errore di ordine materiale o morale: *s. di molto, di poco, di grosso; la memoria sbaglia; spesso l'occhio sbaglia; il cuore non sbaglia mai; si è pentito di aver sbagliato* | Equivocare: *mi scusi, ma lei sbaglia; s. di persona* | ***Se non sbaglio, non vorrei s., sbaglierò***, e sim., formule usate per attenuare un'affermazione | Commettere una colpa, un delitto: *se ho sbagliato, è giusto che paghi.* *2* Operare, lavorare in modo impreciso, non esatto, errato: *s. nel prendere una misura, nell'applicare una regola, nel fare i conti, nel copiare un compito; s. a leggere, a scrivere, a tradurre.* *3* Agire, comportarsi in modo non giusto, non adatto, non conveniente, non buono: *sbagli a parlare così; sbagliano a tenere quell'atteggiamento; hai proprio sbagliato con tuo padre;* (*impers.*) *a non reagire talvolta si sbaglia.* **C** v. intr. pron. ● Essere in errore, giudicare erroneamente: *credevo che fosse colpevole, ma mi sono sbagliato; se credi che ti chieda scusa ti sbagli* | ***Se non mi sbaglio, non vorrei sbagliarmi, mi sbaglierò***, e sim., formule usate per attenuare un'affermazione.

♦**ṣbagliàto** [1839] part. pass. di *sbagliare*; anche agg. *1* Scambiato con un'altra cosa o persona: *hai spedito la lettera all'indirizzo s.* *2* Fatto male: *lavoro s.* | Scelto male: *nel momento s.* | Pensato o fatto male: *impresa, mossa, sbagliata.* *3* Erroneo: *giudizio s.* | Che è contrario o non conforme a precise norme: *pronuncia sbagliata.*

♦**ṣbàglio** o (*disus.*) **iṣbàglio**, spec. nel sign. 2 [1666] s. m. *1* Errore di ordine materiale o morale: *grosso, piccolo s.; fare, commettere, uno s.; s. di calcolo, di misura; che s. ad agire così!* *2* Equivoco, disattenzione, svista: *è stato uno s.* | ***Per s.***, (*disus.*) ***per isbaglio***, in seguito a disattenzione, inavvedutezza: *per s. ho preso il suo libro.* *3* Colpa morale (*anche eufem.*): *sono sbagli di gioventù.* || **ṣbagliùccio**, dim.

†**ṣbaiaffàre** [comp. di *s-*, *baia* (*1*) (V.) e *fare* (*1*) (V.); 1542] v. intr. ● (*raro, pop.*) Cianciare, ciarlare.

ṣbaionettàre [comp. di *s-* e di *baionetta*; 1872] v. tr. (*io ṣbaionétto*) ● (*disus.*) Colpire con la baionetta.

†**ṣbaldanzìre** [da *imbaldanzire*, con cambio di pref. (*s-*); sec. XIII] **A** v. tr. ● Privare della baldanza. **B** v. intr. ● Perdere la baldanza.

†**ṣbaldiménto** [da *sbaldire*, sul modello del provz. *esbaldement*] s. m. ● (*lett.*) Baldanza, allegria.

†**ṣbaldìre** [dall'ant. fr. *esbaldir*, moderno *ébaudir* 'mettere allegria', da *bald*, *baud* 'gioioso'. V. *baldo*; av. 1250] v. intr. e intr. pron. ● (*lett.*) Divenire allegro, felice.

ṣbalestraménto [1631] s. m. ● Lo sbalestrare | Disorientamento, stordimento.

ṣbalestràre [comp. di *s-* e *balestrare*, da *balestra* (V.); av. 1449] **A** v. intr. (*io ṣbalèstro*; aus. *avere*) *1* †Sbagliare il colpo tirando con la balestra. *2* (*est., fig.*) Divagare. **B** v. tr. *1* Tirare, gettare, scagliare: *il vento sbalestrò la barca contro gli scogli.* *2* (*fig.*) Costringere a trasferirsi in una sede lontana: *s. un impiegato in una zona disagevole.* SIN. Scaraventare. *3* (*fig.*) Mettere in uno stato di stordimento, di confusione. **C** v. intr. pron. ● (*raro*) Sbilanciarsi | (*raro*) Rovinarsi economicamente.

ṣbalestràto [sec. XIV] part. pass. di *sbalestrare*; anche agg. *1* Nei sign. del v. *2* Che si sente a disagio: *è ancora s. nella nuova città.* *3* Disordinato, dissestato, spostato: *vita sbalestrata.* || **ṣbalestrataménte**, avv.

ṣballaménto [da *sballare*; 1940] s. m. ● (*raro*) Sballatura.

ṣballàre [comp. di *s-* e di *balla* (V.); sec. XV] **A** v. tr. *1* Togliere qlco. dall'imballaggio: *la merce deve essere sballata con precauzione.* *2* Raccontare frottole, enormità, fandonie: *quegli le sballa più grosse* (PIRANDELLO). *3* Rovinare, guastare una macchina: *s. il motore.* **B** v. intr. (aus. *essere*) *1* In alcuni giochi di carte, oltrepassare il numero dei punti stabiliti, perdendo la posta. *2* (*est.*) Sbagliare per eccesso uscendo dai limiti fissati: *s. nel fare un conto.* *3* (*raro, pop.*) Morire.

ṣballàto o (*raro*) **spallàto** [sec. XIV] **A** part. pass. di *sballare*; anche agg. *1* Nei sign. del v. *2* Privo di equilibrio, di fondamento, di logica: *affare s.*; *notizia sballata*; *ragionamento s.* SIN. Insensato, sbagliato. **B** agg.; anche s. m. (f. *-a*) ● Che (o Chi) conduce una vita irregolare, disordinata | (*gerg.*) Che (o Chi) è sotto l'effetto di una sostanza stupefacente.

ṣballatùra [da *sballare*; 1891] s. f. ● Operazione dello sballare.

ṣbàllo [deriv. di *sballare*; 1959] s. m. *1* Sballatura. *2* (*gerg.*) Effetto di una sostanza stupefacente. *3* (*est., fig.*) Situazione esaltante, entusiasmante: *la festa è stata un vero s.!*; *una moto da s.*

ṣballonàta [da *sballone*; 1872] s. f. ● Fandonia, smargiassata.

ṣballóne [da *sballare*; 1872] s. m. (f. *-a*) ● Chi racconta balle, frottole: *Re degli sballoni era Momo Cariolin* (PIRANDELLO).

ṣballottaménto [1922] s. m. ● Lo sballottare, il venire sballottato | (*fig.*) Continuo mutamento o trasferimento: *La vita umana è un vertiginoso … s. da una in altra condizione* (CROCE).

ṣballottàre [comp. di *s-* e *ballottare*; 1863] v. tr. (*io ṣballòtto*) *1* (*raro*) Agitare in qua e in là, come una palla, qlco. che si tiene fra le mani: *sballottava il bambino per farlo tacere.* *2* Scuotere, muovere rapidamente, in qua e in là: *il treno in corsa sballotta i passeggeri* | (*fig.*) Mandare di qua e di là: *mi hanno sballottato da un ufficio all'altro.*

ṣballottìo [1957] s. m. ● Sballottamento continuo.

ṣballottolàre [1863] v. tr. (*io ṣballòttolo*) ● (*raro*) Sballottare.

ṣbalordiménto [av. 1698] s. m. ● Lo sbalordire | Profondo stupore, sgomento, sbigottimento.

ṣbalordìre [comp. di *s-* e di *balordo* (V.); 1481] **A** v. tr. (*io ṣbalordìsco, tu ṣbalordìsci*) *1* (*raro*) Far perdere i sensi, stordire: *s. qlcu. con un pugno*; *il colpo improvviso lo sbalordì.* *2* (*est.*) Frastornare, intontire: *per il fracasso che lo sbalordiva* (MANZONI) | (*est.*) Impressionare, turbare, stupire profondamente: *lo spettacolo ci sbalordì tutti*; *la storia romana sbalordisce qualunque scortissimo leggitore* (VICO). **B** v. intr. e intr. pron. (aus. intr. *avere*) *1* (*raro*) Rimanere privo di sensi, stordito: *al primo colpo il farò s.* (PULCI). *2* (*est.*) Rimanere profondamente impressionato, stupito, stupefatto: *sono cose da s.*; *a quella notizia sbalordì*; *con una fretta, … una furia da sbalordirsi a pensarla* (LEOPARDI).

ṣbalorditàggine [da *sbalordito*; 1872] s. f. *1* Storditaggine, sventatezza, balordaggine. *2* Atto, discorso e sim. da persona sbalordita.

ṣbalorditìvo [av. 1704] agg. ● Che fa sbalordire: *abilità, capacità sbalorditiva* | Incredibile, straordinario, esagerato: *prezzo, affitto s.* || **ṣbalorditivaménte**, avv. In modo da sbalordire.

ṣbalordìto [av. 1348] part. pass. di *sbalordire*; anche agg. *1* Profondamente stupito, sconcertato: *la notizia mi lascia s.* *2* (*raro*) Balordo, tonto.

ṣbalorditóio agg. ● (*raro, lett.*) Sbalorditivo.

ṣbaluginàre o **ṣbalugginàre** [comp. di *s-* e *baluginare* (V.); 1891] v. intr. (*io ṣbalùgino*; aus. *essere* e *avere*) ● (*raro*) Mandare scintille, bagliori.

ṣbalzaménto [da *sbalzare* (*1*); av. 1786] s. m. ● Lo sbalzare.

ṣbalzàre (**1**) [comp. di *s-* e *balzare* (V.); 1520] **A** v. tr. *1* Far balzare, far saltare, lanciare violentemente: *fu sbalzato da cavallo*; *la tempesta lo sbalzò in mare.* *2* (*fig.*) Rimuovere, esautorare: *s. dal trono.* **B** v. intr. (aus. *essere*) *1* Balzare di scatto (*anche fig.*): *s. da una sedia*; *la temperatura è sbalzata oltre 30 gradi.* *2* Rimbalzare.

ṣbalzàre (**2**) [da *sbalzo* (*2*); 1930] v. tr. ● Modellare figure e ornamentazioni a sbalzo.

ṣbalzàto [1940] part. pass. di *sbalzare* (*2*); anche agg. ● Nel sign. del v.

ṣbalzatóre [da *sbalzare* (*2*); 1931] s. m. (f. *-trice*) ● Chi esegue lavori a sbalzo.

ṣbalzellàre [comp. di *s-* e *balzellare*; 1872] v. intr. (*io ṣbalzèllo*; aus. *avere*) ● Fare piccoli e frequenti sbalzi.

ṣbalzellìo [1879] s. m. ● (*raro*) Lo sbalzellare continuo.

ṣbalzellóni o (*raro*) **ṣbalzellóne** [da *sbalzellare*; 1879] avv. ● (*raro*) Balzelloni.

ṣbàlzo (**1**) [da *sbalzare* (*1*). V. *balzo* (*1*); av. 1568] s. m. *1* Rapido e inatteso spostamento: *fare uno s.*; *dare uno s.*; *con uno s. cadde per terra*; *avanzare, procedere, a sbalzi.* *2* (*fig.*) Oscillazione improvvisa: *s. dei prezzi*; *con questi sbalzi di temperatura è facile ammalarsi* | Progresso, avanzamento, rapido e imprevisto: *ha fatto un bello s. nella carriera* | ***Di s.***, di botto, senza passare attraverso i gradi intermedi: *è stato nominato dirigente di s.* | ***A sbalzi***, irregolarmente.

ṣbàlzo (**2**) [comp. di *s-* e *balzo* (*1*); 1895] s. m. *1* Arte e tecnica del modellare figure e ornati su lastre d'oro, argento, rame e altri metalli con i ceselli mediante spinta dal rovescio. *2* Elemento che sporge da una struttura o da una costruzione.

ṣbambagiàre [comp. di *s-* e di *bambagia* (V.)] v. intr. e intr. pron. (*io ṣbambàgio*; aus. *essere*) ● Sfilacciarsi: *questo cotone sbambagia facilmente*; *è un tessuto che non si sbambagia.*

ṣbancaménto [da *sbancare* (*2*); 1939] s. m. ● (*edil.*) Opera di scavo destinata a modificare in modo permanente la superficie preesistente del terreno.

ṣbancàre (**1**) [comp. di *s-* e di *banco* 'cassa'; 1589] **A** v. tr. (*io ṣbànco, tu ṣbànchi*) *1* In un gioco d'azzardo, vincere tanto da superare la somma disponibile da chi tiene banco. *2* (*fig.*) Mandare in rovina: *le ultime spese lo hanno sbancato.* **B** v. intr. pron. ● (*fig.*) Rovinarsi economicamente: *per comprare l'automobile si è sbancato.* **C** v. intr. (aus. *essere*) ● (*raro*) Perdere tutta la posta e abbandonare il banco, in un gioco: *il banco sbanca.*

ṣbancàre (**2**) [comp. di *s-* e di *banco* 'rialzo di terreno'; 1942] v. tr. (*io ṣbànco, tu ṣbànchi*) ● Asportare uno strato di terreno, un banco di roccia, e sim.

ṣbandaménto (**1**) [da *sbandare* (*1*); 1657] s. m. *1* Dispersione, spec. di truppe. *2* (*fig.*) Disgregazione, divisione che provoca scompiglio morale: *s. di un partito politico*; *lo s. del dopoguerra.*

ṣbandaménto (**2**) [da *sbandare* (*2*); 1889] s. m. *1* Inclinazione laterale di aereo o natante: *s. a dritta, a sinistra*; *s. forte, lieve* | ***S. reale***, rispetto alla verticale | ***S. apparente***, rispetto alla verticale apparente. *2* (*fig.*) Disorientamento, disordine mentale, deviazione da una linea di condotta considerata giusta: *attraversare un periodo di s.*

ṣbandàre (**1**) [comp. di *s-* e di *banda* (*3*); av. 1565] **A** v. tr. *1* †Sciogliere una banda armata | (*est.*) Smobilitare un esercito. *2* (*raro*) Disperdere, sparpagliare: *s. la folla.* **B** v. intr. pron. *1* Sparpagliarsi, disperdersi andando in direzioni diverse: *la folla si era sbandata disordinatamente.* *2* (*fig.*) Dividersi, disgregarsi, perdere il senso di coesione: *la famiglia si è sbandata dopo il disastro.*

ṣbandàre (**2**) [comp. di *s-* e di *banda* (*1*); 1813] v. intr. (aus. *avere*) *1* Detto di nave, ruotare intorno all'asse longitudinale, rimanendo inclinata su un fianco. *2* Procedere serpeggiando o di traverso, senza guida, detto di autoveicoli, per rottura dello sterzo, strada ghiacciata e sim. *3* (*fig.*) Deviare da una condizione o da una linea di condotta ritenute giuste (*anche assol.*): *ha cominciato a s. a causa delle cattive compagnie.*

ṣbandàta [da *sbandare* (*2*); 1959] s. f. *1* Brusco sbandamento di una nave o di un aereo | Brusca e improvvisa deviazione di un veicolo: *s. in curva.* *2* (*fig.*) Deviazione dalla norma, dal comportamento abituale e sim. | (*fig., fam.*) ***Prendere, prendersi una s. per qlcu.***, innamorarsene violentemente.

ṣbandàto (**1**) [av. 1535] **A** part. pass. di *sbandare* (*1*); anche agg. *1* Nei sign. del v. *2* Disperso: *soldati sbandati.* *3* Che, nel modo di pensare, agire, vivere, manifesta uno stato di confusione e disorientamento morale e ideologico: *la gioventù sbandata del dopoguerra.* || **ṣbandataménte**, avv. **B** s. m. (f. *-a*) ● Persona, spec. giovane, sbandata.

ṣbandàto (**2**) part. pass. di *sbandare* (*2*); anche agg. ● Nei sign. del v.

†**ṣbandeggiaménto** [1336 ca.] s. m. ● Esilio, bando.

†**ṣbandeggiàre** [comp. di *s-* e *bandeggiare*, da *bando* (V.); 1312] v. tr. ● Esiliare, bandire.

ṣbandellàre [comp. di *s-* e *bandella* (V.); av. 1704] v. tr. (*io ṣbandèllo*) ● (*raro*) Togliere le bandelle: *s. un uscio.*

ṣbandieraménto [1891] s. m. ● Lo sbandierare | Nel calcio, movimento del guardalinee che agita una bandierina per segnalare qlco.

ṣbandieràre [comp. di *s-* e *bandiera* (V.); 1891] v. tr. (*io ṣbandièro*) *1* Fare sventolare le bandiere in segno di festa (*anche assol.*): *s. i vessilli*; *la folla sbandiera davanti all'eroe.* *2* (*fig.*) Ostentare: *s. i propri meriti.*

ṣbandieràta [da *sbandierare*; 1848] s. f. ● Sventolamento di bandiere | Cerimonia folcloristica che comprende varie evoluzioni compiute dagli sbandieratori.

ṣbandieratóre [da *sbandierare*; 1975] s. m. (f. *-trice*) ● Chi, nel corso di manifestazioni folcloristiche, cortei o parate, fa volteggiare, lancia in alto e poi riprende la bandiera di cui è portatore.

ṣbandiménto [da *sbandire*; sec. XIII] s. m. ● (*lett., raro*) Lo sbandire | Esilio, bando.

ṣbandìre [comp. di *s-* intens. e *bandire*; 1312] v. tr. (*io ṣbandìsco, tu ṣbandìsci*) *1* (*lett.*) Dare il bando, bandire, mandare in esilio | †Proibire per legge: *aveva per nuova legge sbandito che … non si portassi … più tali cinture* (CELLINI). *2* (*est., lett.*) Cacciare via, scacciare, allontanare (*anche fig.*). *3* (*raro, lett.*) Raccontare a tutti, divulgare: *come il padre … era andato sbandendo per tutto il paese* (PIRANDELLO).

ṣbandìto [1306] part. pass. di *sbandire*; anche agg. ● Nei sign. del v.

ṣbàndo [deriv. da *sbandare* (*2*); 1972] s. m. ● Nella loc. ***allo s.***, alla deriva, senza guida, subendo passivamente gli eventi: *un Paese allo s.*

ṣbandòmetro [comp. di *sbandare* e *-metro*] s. m. ● (*mar.*) Inclinometro.

ṣbaraccàre [da *baracca*, con *s-*; 1935] v. tr. (*io ṣbaràcco, tu ṣbaràcchi*) ● (*fam.*) Togliere di mezzo, rimuovere: *Se si potesse s. tutto dalla finestra* (MONTALE) | (*assol.*) Lasciare libero un luogo, andarsene portandosi dietro tutta la propria roba: *ormai fa freddo, è meglio s.*

ṣbaragliaménto [1551] s. m. ● (*raro*) Lo sbaragliare.

ṣbaragliàre [dal provz. *baralhar* 'agitarsi, battersi', da *baralh* 'disordine, rumore', di etim. incerta, con *s-* intens.; av. 1370] v. tr. (*io ṣbaràglio*) *1* Mettere in rotta il nemico, travolgendolo completamente: *s. le schiere avversarie* | Disperdere, mettere in fuga: *la polizia sbaragliò i dimostranti.* *2* (*est.*) Infliggere una dura sconfitta in gare sportive, lotte politiche e sim.: *s. la squadra avversaria*; *s. gli avversari alle elezioni.*

ṣbaraglìno [da *sbaragliare*; av. 1535] s. m. ● Tric-trac, tavola reale.

ṣbaràglio [av. 1535] s. m. *1* Lo sbaragliare | Dura sconfitta, disfatta | ***Condurre, mandare, mettere, porre, qlcu. allo s.***, esporlo a un grave pericolo senza i mezzi necessari per affrontarlo | ***Buttarsi, gettarsi, allo s.***, avventurarsi, avventarsi, in un'impresa rischiosa senza prendere alcuna precauzione. *2* †Gioco da tavolo simile allo sbaraglino, con tre dadi.

†**ṣbarattàre** [comp. di *s-* e *barattare* 'sbaragliare', d'uso rom., marchigiano e umbro, come *baratta* 'contesa'; V. *sbrattare* (*1*) 'sgombrare'; av. 1348] v. tr. ● (*lett.*) Sgominare, sconfiggere, sbaragliare: *come de' Teucri sbarattar le file / videlo Enea, si mosse* (MONTI).

ṣbarazzàre [da *imbarazzare* (V.) con cambio di pref. (*s-*); 1618] **A** v. tr. (qlco.; qlcu. o qlco. + *da*) ● Liberare una persona, una cosa, un luogo, da tutto ciò che impedisce, impaccia, ingombra: *Il cantoniere, onde s. le rotaie, aveva adagiato il cadavere nel prato* (VERGA); *s. qlcu. da un peso, da una seccatura*; *s. una stanza dai mobili*; (*fig.*) *s. il terreno dagli equivoci* | ***S. la tavola***, sparecchiarla. **B** v. rifl. (+ *di*; lett. + *da*) ● Liberarsi da chi (o da ciò che) procura impiccio o fastidio: *sbarazzarsi di un intruso, di un vecchio mobile*; *Nicoletta avrebbe potuto sbarazzarsi di lui* (PIRANDELLO); *Collini, che cercava sbarazzarsi da quella stretta* (VERGA).

ṣbarazzina [da *sbarazzino*; 1965] s. f. ● Gioco di carte, simile alla scopa, in cui chi ha in mano un determinato asso prende tutte le carte in tavola.

ṣbarazzinàta [da *sbarazzino*; 1872] s. f. ● (*raro*) Birichinata.

ṣbarazzino [da *sbarazzare*; 1839] **A** s. m. (f. *-a*) ● Ragazzo irrequieto, vivace e scanzonato: *me ne combina una ogni giorno, quello s.!*; *aria, atteggiamento, gesto da s.* || **ṣbarazzinàccio**, pegg. **B** agg. ● Di, da, sbarazzino: *ragazzo s.*; *maniere sbarazzine* | **Asso s.**, nel gioco della sbarazzina, quello che permette di prendere tutte le carte in tavola | ***Alla sbarazzina***, (*ellitt.*) con atteggiamento sbarazzino | ***Cappello alla sbarazzina***, inclinato e portato molto all'indietro.

ṣbarbàre [comp. di *s-* e *barbare* (V.), da *barba* (*1*); 1520] **A** v. tr. *1* Svellere dalle barbe, sradicare: *s. un'erba, una pianta*. *2* (*fig., lett.*) Estirpare, fare scomparire: *s. una vecchia consuetudine*. *3* Radere la barba. *4* (*est.*) Togliere la peluria dal feltro per cappelli. **B** v. rifl. ● Radersi, farsi la barba: *ogni giorno si sbarba con cura*.

ṣbarbarire [da *imbarbarire*, con cambio di pref. (*s-*); 1872] v. tr. (*io ṣbarbarisco, tu ṣbarbarisci*) ● (*raro, lett.*) Togliere dalla barbarie, incivilire.

ṣbarbatèllo [1545] s. m. *1* Dim. di *sbarbato*. *2* Ragazzo giovane, immaturo e privo di esperienza che ostenta una certa presunzione di sapere. || **ṣbarbatellino**, dim.

ṣbarbàto [1525] **A** part. pass. di *sbarbare*; anche agg. ● Nei sign. del v., spec. di persona con la barba rasata. **B** agg. e s. m. ● Imberbe | (*est.*) Immaturo, inesperto: *Tu non parlerai più con quello s. dall'occhio di triglia* (BACCHELLI). || **ṣbarbatèllo**, dim. (V.).

ṣbarbatóre [da *sbarbare*; 1959] s. m. (f. *-trice*) *1* Nell'industria dei cappelli, operaio addetto all'eliminazione della peluria dal feltro. *2* In siderurgia, sbavatore.

ṣbarbatrice [da *sbarbare* nel senso di 'asportare peli metallici'; 1940] s. f. ● (*mecc.*) Macchina utensile per la finitura di ingranaggi mediante rodaggio per strisciamento con un utensile, simile a una ruota dentata.

ṣbarbatùra [da *sbarbare*; 1940] s. f. *1* Il radere, il radersi | La pelle rasata. *2* Operazione eseguita con la sbarbatrice.

†**ṣbarbazzàre** [da *barbazzale* (V.), catenella situata dietro la *barbozza* 'labbro inferiore del cavallo', con *s-*] v. tr. *1* Dare strappate di barbazzale alla cavalcatura tirando con violenza le briglie. *2* (*raro, fig.*) Riprendere, rimproverare.

†**ṣbarbazzàta** [1566] s. f. *1* Tirata di briglie. *2* (*fig.*) Rimprovero, riprensione: *fare, dare, una s.*

ṣbarbettàre [da *barbetta*, dim. di *barba* 'radice', con *s-*; 1959] v. tr. (*io ṣbarbétto*) ● Eseguire la sbarbettatura.

ṣbarbettatùra [da *sbarbettare*; 1937] s. f. ● (*agr.*) Soppressione delle radici eventualmente emesse al di sopra del punto d'innesto per evitare l'affrancamento della marza.

ṣbarbicaménto [1745] s. m. ● (*raro*) Lo sbarbicare.

ṣbarbicàre [comp. di *s-* e *barbicare* 'mettere le radici' (V.); 1441] v. tr. (*io ṣbàrbico, tu ṣbàrbichi*) ● (*raro*) Sbarbare, sradicare, estirpare, svellere (*lett.*, *anche fig.*).

ṣbarbificàre [comp. di *barba* e *-ficare*, con *s-*; 1879] **A** v. tr. (*io ṣbarbifico, tu ṣbarbifichi*) ● (*scherz.*) Radere, fare la barba. **B** v. rifl. ● (*scherz.*) Radersi, farsi la barba.

ṣbarbino [dim. di *sbarb(at)o*, con *-ino*; 1961] s. m. (f. *-a*) *1* Dim. di *sbarbo*. *2* (*sett.*) Ragazzo privo di esperienza che vuole apparire già smaliziato.

ṣbàrbo [da *sbarb(atell)o*] s. m. (f. *-a*) ● (*sett.*) Ragazzo, giovane senza esperienza. || **sbarbino**, dim. (V.).

ṣbarcàre (**1**) [comp. di *s-* e *barca* (*2*); 1550] **A** v. tr. (*io ṣbàrco, tu ṣbàrchi*) *1* Scaricare, fare scendere a terra da un'imbarcazione persone o cose: *s. passeggeri, truppe, merci* | (*est.*) Fare scendere da un qualsiasi mezzo di trasporto: *l'autobus ci sbarca in centro*; *l'aereo sbarcò il malato al più vicino aeroporto*. *2* (*fig.*) Passare, trascorrere, più o meno bene un determinato periodo di tempo: *abbiamo sbarcato anche questo inverno* | ***S. il lunario***, riuscire a vivere alla meno peggio a forza di piccoli espedienti, rinunce, sacrifici | (*pop.*) ***Sbarcarla, sbarcarsela***, e sim., tirare avanti, superare un momento critico | (*fam.*) ***S. qlcu.***, allontanarlo da un incarico, liberarsene: *s. un partito dal governo*. **B** v. intr. (aus. *essere*) *1* Scendere a terra da una nave: *sbarcammo a Napoli* | (*est.*) Scendere da un qualsiasi mezzo di trasporto: *i passeggeri sbarcano dall'aereo*. *2* Mettere piede su un territorio nemico, o controllato, governato o sim. da nemici, spec. come operazione offensiva eseguita da reparti militari e sim.: *gli alleati sbarcarono di notte*.

†**ṣbarcàre** (**2**) [comp. di *s-* e di *barca* (*1*); 1865] v. tr. ● Disfare il cumulo del grano.

ṣbarcàto [av. 1557] part. pass. di *sbarcare* (*1*); anche agg. ● Nei sign. del v.

ṣbarcatóio [da *sbarcare* (*1*) sul modello di *imbarcatoio*; 1872] s. m. ● (*mar.*) Ogni impianto a riva per l'imbarco o lo sbarco di persone.

ṣbàrco [da *sbarcare* (*1*); 1587] s. m. (pl. *-chi*) *1* Lo sbarcare: *lo s. dei passeggeri, dell'equipaggio*. *2* Operazione militare consistente nello sbarcare in un territorio controllato dal nemico: *lo s. in Normandia*; *lo s. di Anzio* | (*mil.*) ***Forza da s.***, unità militare addestrata a sbarcare in assalto | ***Testa di s.***, zona occupata inizialmente nel corso di un'operazione di sbarco e (*per est.*) complesso delle forze da sbarco | ***Mezzo da s.***, speciale nave a ridotta immersione con grande portello anteriore per consentire lo sbarco diretto di truppe e materiali sulla costa. *3* Luogo in cui si sbarca.

ṣbardàre [comp. di *s-* e *bardare* (V.); 1970] v. tr. ● Togliere la bardatura del cavallo.

ṣbardellàre [comp. di *s-* e *bardellare* (V.); 1441] v. tr. (*io ṣbardèllo*) *1* Cavalcare puledri col bardellone, per domarli. *2* (*raro, fig.*) †Palesare, spiattellare: *s. un segreto*.

†**ṣbardellàto** [1481] part. pass. di *sbardellare*; anche agg. *1* Nei sign. del v. *2* Sfrenato, enorme, smisurato: *una voglia sbardellata*. || **ṣbardellataménte**, avv. Fuor di misura: *ridere sbardellatamente*.

ṣbarellaménto [da *sbarellare*; 1983] s. m. *1* Lo sbarellare. *2* (*gerg.*) Effetto della droga.

ṣbarellàre [da *barellare* 'vacillare', col prefisso *s-* nel sign. 5; 1983] v. intr. (*io ṣbarèllo*; aus. *avere*) *1* (*fam.*) Camminare ondeggiando, vacillando. *2* (*fig., fam.*) Comportarsi da persona che non si controlla, non sa quello che dice.

ṣbarèllo [comp. di *s-* e *barella*, *barellare*; 1891] s. m. ● Barroccio a cassone ribaltabile e scarico posteriore.

♦**ṣbàrra** [comp. di *s-* e *barra* (V.); av. 1348] s. f. *1* Asta, spranga di materiale vario, usata spec. per limitare, impedire, chiudere, un passaggio e sim.: *le sbarre del passaggio a livello*; *le sbarre della dogana*; *sollevare, alzare le sbarre* | ***Essere dietro le sbarre***, (*fig.*) essere in prigione | (*est.*) Asta, spranga di materiale vario, usata per rinforzo, chiusura o per collegamento e sostegno. ➡ ILL. p. 2168 TRASPORTI. *2* Tramezzo che nell'aula giudiziaria separa la parte riservata ai giudici da quella in cui stanno gli imputati | (*est.*) ***Andare, presentarsi*** e sim. ***alla s.***, in tribunale, in giudizio | (*fig.*) ***Mettere qlcu., qlco. alla s.***, sottoporlo a un severo giudizio, spec. pubblico. *3* (*gener.*) Bastone, spranga: *il ladro lo colpì con una s.* | Barra: *la s. del timone*; *una s. metallica*. *4* (*sport*) Attrezzo della ginnastica artistica composto da due montanti e da un corrente: *esercizi alla s.* | (*raro*) Nel sollevamento pesi, l'asta che porta alle estremità i pesi. *5* Segno grafico verticale o obliquo tracciato su un foglio o su un assegno | Barra, sbarretta. *6* (*arald.*) Pezza formata da una striscia, che attraversa il campo di uno scudo diagonalmente dall'angolo sinistro del capo all'angolo destro della punta. || **ṣbarrétta**, dim. (V.).

ṣbarraménto [1865] s. m. *1* Azione dello sbarrare: *disporre lo s. delle strade*. *2* Insieme di elementi, opere, strutture e sim. atte a chiudere, a impedire un passaggio, una via di comunicazione, d'accesso e sim.: *s. stradale*; *uno s. di travi, di filo spinato* | ***Diga di s.***, diga di ritenuta | ***Azione di s.***, nella tecnica militare, azione di fuoco effettuata dalle artiglierie per arrestare l'attaccante. *3* (*polit.*) ***Clausola di s.***, soglia di voti che una lista deve superare per aver accesso al Parlamento; nella legge elettorale italiana, ne è prevista una al 4% per accedere alla ripartizione dei seggi per la Camera col sistema proporzionale.

ṣbarràre [da *sbarra*; 1313] v. tr. *1* Chiudere con una sbarra o con sbarre: *s. il cancello, la porta*. *2* (*est.*) Ostacolare, impedire, l'accesso, il passaggio e sim.: *un carro sbarrava il passaggio*; *un mendicante gli sbarrò il passo*; *il guardiano ha sbarrato tutte le uscite del palazzo*. *3* Spalancare, aprire largamente in seguito a forte stupore, paura, terrore e sim., detto degli occhi: *a quelle parole sbarrò gli occhi e tacque* | †***S. le braccia***, stenderle, allargarle. *4* Segnare con una o più sbarre: *s. una casella* | ***S. un assegno***, tracciare sulla faccia anteriore dell'assegno due righe trasversali parallele, allo scopo di renderlo riscuotibile solo tramite banca. *5* †Fendere il ventre per toglierne le interiora: *sulla piazza dei priori … sbarrato come porco* (VILLANI).

†**ṣbarràta** [da *sbarrare*] s. f. ● Riparo di sbarre.

ṣbarràto [1330] **A** part. pass. di *sbarrare*; anche agg. *1* Nei sign. del v.: *portone s.*; *strada sbarrata*. *2* Spalancato, detto degli occhi. *3* Segnato con una sbarra trasversale: *devi prendere il 68 s.*; *assegno s.* *4* (*arald.*) Detto di scudo col campo costituito da sbarre in regola in numero di sei, a smalti alternati | Detto di figura coperta da sbarre a smalti alternati. **B** s. m. ● (*arald.*) Scudo sbarrato.

ṣbarratùra [da *sbarrare*; 1874] s. f. ● Chiusura con una sbarra o con sbarre | ***S. di un assegno***, linea tracciata trasversalmente spec. nella faccia anteriore di un assegno per renderlo riscuotibile solo tramite banca.

ṣbarrétta [1922] s. f. *1* Dim. di *sbarra*. *2* Segno grafico costituito da una lineetta orizzontale, verticale od obliqua.

ṣbarrista [1902] s. m. e f. (pl. m. *-i*) ● Ginnasta o acrobata specialista negli esercizi alla sbarra.

†**ṣbàrro** [da *sbarrare*; 1319] s. m. ● Sbarramento | (*fig.*) Ostacolo: *secure d'ogn'intoppo e d'ogni s.* (DANTE *Purg.* XXXIII, 42).

†**ṣbaṣire** [comp. di *s-* e *basire* (V.); av. 1566] v. intr. ● Morire | Venir meno, basire.

ṣbassaménto [1779] s. m. ● (*raro*) Lo sbassare | Abbassamento, diminuzione, riduzione.

ṣbassàre [da *abbassare*, con cambio di pref. (*s-*); 1513] v. tr. *1* Abbassare, fare più basso: *s. i piedi del tavolino, i tacchi delle scarpe*; *s. il livello di un fiume* | Porre più basso: *s. un bottone*. *2* (*raro, fig.*) Diminuire: *s. l'orgoglio, la potenza*; *Le donne filando sbassavano la voce* (NIEVO) | †***S. i prezzi***, ribassarli.

ṣbàsso [da *sbassare*; av. 1742] s. m. ● (*raro*) Abbassamento | Ribasso.

ṣbastire [contr. di *imbastire*, con cambio di pref. (*s-*); 1963] v. tr. (*io ṣbastisco, tu ṣbastisci*) ● Scucire togliendo l'imbastitura.

ṣbatacchiaménto [1872] s. m. ● Violento e ripetuto sbattimento, spec. di porte e finestre.

ṣbatacchiàre (**1**) [comp. di *s-* e *batacchiare*; av. 1600] **A** v. tr. (*io ṣbatàcchio*) ● Sbattere violentemente e ripetutamente in qua e in là: *il vento sbatacchia porte e finestre*; *s. le ali*; *s. per terra qlco.* | Agitare con forza: *s. le campane*. **B** v. intr. (aus. *avere*) ● Sbattere violentemente: *c'è una porta che sbatacchia*. **C** v. rifl. ● (*raro*) Agitarsi, dibattersi: *si sbatacchiava qua e là per la disperazione*.

ṣbatacchiàre (**2**) [da *sbatacchio* (*1*)] v. tr. (*io ṣbatàcchio*) ● Puntellare mediante sbatacchi le pareti di uno scavo.

ṣbatacchiàta [da *sbatacchiare* (*1*); 1891] s. f. ● Lo sbatacchiare una volta.

ṣbatàcchio (**1**) [da *batacchio* 'bastone'; 1957] s. m. ● Trave di sostegno in lavori di scavo, puntello.

ṣbatacchio (**2**) [da *sbatacchiare* (*1*); 1872] s. m. ● Lo sbatacchiare continuo: *uno s. di porte*.

ṣbatacchióne [da *sbatacchiare* (*1*); 1959] s. m. ● Violento colpo con cui si provoca lo sbatacchiamento di qlco.: *dare uno s. alla finestra*.

ṣbattagliàre [comp. di *s-* e di *battaglio* (V.); av. 1749] v. intr. (*io ṣbattàglio*; aus. *avere*) ● (*raro*) Sbatacchiare, detto del battaglio delle campane | (*est.*) Suonare a distesa: *le campane sbattagliano a festa*.

♦**ṣbàttere** [comp. di *s-* e *battere* (V.); av. 1272] **A** v. tr. (coniug. come *battere*) *1* Battere forte e ripetutamente: *s. i panni, i tappeti, i piedi per terra* | ***S. le*** *ali*, agitarle con forza e ripetutamente | ***S. le palpebre, gli occhi***, chiudere e aprire velocemente le palpebre: *Contemplava intanto il suo podere, sbattendo ... gli occhietti* (PIRANDELLO). **2** Gettare violentemente, scagliare: *s. la porta*; *s. qlco. per terra, contro il muro* | ***S. qlco. in faccia a qlcu.***, rinfacciargliela, dirgliela con sdegno, violenza | ***S. la porta in faccia a qlcu.***, (*fig.*) rifiutargli un aiuto. **3** (*est.*, *fig.*) Mandare, cacciare qlcu. sgarbatamente, in malo modo, con violenza: *s. qlcu. fuori (della porta)*; *s. in galera* | Mettere, buttare dove capita, senza badare: *sbatti la borsa dove ti pare* | Urtare contro qlco.: *la nave sbatté la prua contro gli scogli* | ***Non sapere dove s. la testa***, (*fig.*) trovarsi in gravi difficoltà, non sapere più a chi rivolgersi. **4** Agitare una sostanza spec. liquida, affinché assuma consistenza, si amalgami con altre, e sim.: *s. la panna per farla montare*; *s. le uova per la frittata* | ***S. gelatina***, (*fig.*) nel gergo teatrale, esagerare nel sentimentalismo dei gesti e della recitazione per accattivarsi il pubblico. **5** (*giorn.*) Presentare in modo scandalistico una notizia: *la storia fu sbattuta in prima pagina*. **6** (*volg.*) Possedere carnalmente. **7** (*fig.*, *fam.*) Conferire un colorito pallido, un aspetto smorto (*anche assol.*): *quel verde ti sbatte il viso*; *è un colore che sbatte molto*. **8** †Diminuire, sminuire | †Defalcare, detrarre. **9** †Ribattere, confutare. **B** v. intr. pron. **1** (*lett.*) Agitarsi, dibattersi: *adesso che mi vo sbattendo per questa gabbia* (LEOPARDI). **2** (*fam.*) Darsi da fare, impegnarsi. **3** (*fig.*) ***Sbattersene***, (*pop.*, *volg.*) infischiarsene. **C** v. intr. (aus. *avere*) **1** Urtare con forza: *l'auto andò a s. contro un palo*; *ho sbattuto contro uno spigolo*. **2** Battere violentemente, per vento e sim.: *attento, che la porta sbatte* | Scuotersi, agitarsi, gonfiarsi e sgonfiarsi alternativamente, per il vento: *la tenda sbatte contro la ringhiera*; *le vele sbattono*.

sbattezzàre [comp. di *s-* e *battezzare* (V.); 1481] **A** v. tr. (*io sbattézzo*) **1** Costringere ad abbandonare la religione cristiana. **2** (*raro*) Cambiare nome a qlcu. **B** v. intr. pron. **1** Rinnegare la religione cristiana. **2** Cambiare nome. **3** (*fig.*, *scherz.*) Fare qualunque cosa, essere pronto a tutto: *si sbattezzerebbe pur di andare alla festa!* **4** †Arrabattarsi, darsi da fare | †Disperarsi.

sbattezzàto [1986] part. pass. di *sbattezzare*; anche agg. e s. m. (f. *-a*) **1** Che ha abbandonato la religione cristiana | Detto anche di chi ha richiesto che tale abbandono sia annotato nei registri parrocchiali. **2** (*est.*, *spreg.*) Empio, rinnegato.

sbattighiàccio [comp. di *sbattere* e *ghiaccio*; 1932] s. m. inv. ● Shaker.

sbattiménto [av. 1320] s. m. **1** Lo sbattere | Scuotimento. **2** (*fig.*, *pop.*) Grande noia: *che s., quella festa!* | (*fig.*, *pop.*) Il darsi un gran da fare: *è stata una giornata di veri sbattimenti!*

sbattiòva ● V. *sbattiuova*.

sbàttito [da *sbattere*. V. *battito*; 1892] s. m. **1** (*raro*) Sbattimento. **2** †Detrazione.

sbattitòia [1891] s. f. ● Attrezzo per sbattere | ***S. del lavatoio***, lastra inclinata su cui la lavandaia sbatteva e torceva i panni.

sbattitòio [1959] s. m. ● Sbattitoia.

sbattitóre [1841] **A** s. m.; anche agg. (f. *-trice*) ● Chi (o Che) sbatte. **B** s. m. ● Elettrodomestico munito di una frusta per sbattere uova, maionese, creme, verdure e sim.

sbattitùra [av. 1597] s. f. ● Sbattimento.

sbattiuòva o **sbattiòva** [comp. di *sbattere* e il pl. di *uovo*; 1883] s. m. inv. ● Frusta o frullino per le uova.

sbattùta [av. 1712] s. f. ● Atto dello sbattere una volta. || **sbattutina**, dim.

sbattùto [sec. XIV] part. pass. di *sbattere*; anche agg. **1** Nei sign. del v. **2** Frullato: *uovo s.* **3** (*fig.*) Abbattuto, smorto, pallido: *viso s.*; *avere un'aria sbattuta*.

†**sbaudire** [dal provz. *esbaudir*. V. †*sbaldire*] v. intr. e intr. pron. ● Sbaldire.

sbavagliàre [da *imbavagliare* (V.) con cambio di pref. (*s-*); 1735] v. tr. (*io sbavàglio*) ● (*raro*) Liberare dal bavaglio.

sbavaménto [da *sbavare* (2); 1838] s. m. ● (*raro*) Emissione di bava.

sbavàre (1) [comp. di *s-* e *bava* nel sign. 4] v. tr. ● (*tecnol.*) Togliere le bave ai pezzi ottenuti per fusione.

sbavàre (2) [comp. di *s-* e *bava* nel sign. 1; 1561] **A** v. intr. (aus. *avere*) **1** Mandare bava dalla bocca: *il bambino sbava* | (*fig.*, *fam.*) ***S. dietro, per, qlcu. o qlco.***, desiderare intensamente, in modi anche eccessivi. **2** Spandersi al di fuori della linea di contorno, detto di colore, vernice e sim.: *il rossetto ha sbavato*. **B** v. tr. ● Sporcare di bava: *i bambini sbavano spesso i vestiti*. **C** v. rifl. ● Sporcarsi di bava: *si è tutto sbavato*.

sbavàto [1499] part. pass. di *sbavare*; anche agg. ● Nei sign. del v.

sbavatóre [da *sbavare* (1); 1960] s. m. (f. *-trice*) ● In siderurgia, operaio addetto alla sbavatura. SIN. Sbarbatore, scalpellatore.

sbavatrice [da *sbavare*; 1960] s. f. ● (*mecc.*) Macchina operatrice avente come utensile caratteristico una mola usata per asportare le bave dai pezzi grezzi di fusione.

sbavatùra (1) [da *sbavare* (1)] s. f. ● In siderurgia, asportazione delle bave metalliche rimaste dopo lo stampaggio a caldo di due pezzi.

sbavatùra (2) [da *sbavare* (2); 1668] s. f. **1** Lo sbavare | Strascico di bava: *le sbavature delle lumache*. **2** Traccia di colore che esce dalla linea di contorno. **3** (*fig.*) Divagazione dal tema principale, in scritti, narrazioni e sim. | Imperfezione, lieve difetto. **4** Bava di fusione.

sbavazzàre [comp. di *s-* e *bava*; 1872] v. intr. e tr. ● (*raro*) Sbavare.

†**sbavigliàre** e *deriv.* ● V. *sbadigliare* e *deriv.*

sbavóne [da *sbavare* (2); 1891] s. m.; anche agg. (f. *-a*) ● (*fam.*) Chi (o Che) sbava continuamente.

sbeccàre [da *becco* (1), con *s-*; 1942] **A** v. tr. (*io sbécco, tu sbécchi*) ● Rompere un recipiente di terracotta, porcellana o sim. facendone saltare il beccuccio. **B** v. intr. pron. ● Rompersi al beccuccio o all'orlo, detto di recipienti di terracotta, porcellana o sim.: *il vaso si è sbeccato*.

sbeccucciàre [comp. di *s-* e *beccuccio* (V.); 1872] v. tr. e intr. pron. (*io sbeccùccio*) ● Sbeccare.

sbeffaménto [1553] s. m. ● (*raro*) Beffa, derisione.

sbeffàre [comp. di *s-* e *beffare* (V.); 1441] v. tr. (*io sbèffo*) ● Beffare, deridere in modo crudele e maligno: *nè gli bastò ... avere offeso il pontefice, ... lo volle ancora con le parole ... s.* (MACHIAVELLI).

sbeffatóre [av. 1745] s. m.; anche agg. (f. *-trice*) ● (*raro*) Chi (o Che) sbeffa.

sbeffatùra s. f. ● (*raro*, *tosc.*) Scherno, derisione.

sbeffeggiaménto [av. 1712] s. m. ● (*raro*) Lo sbeffeggiare | Dileggio, derisione.

sbeffeggiàre [da *beffeggiare* (V.), con *s-*; av. 1543] v. tr. (*io sbeffèggio*) ● Deridere continuamente e con malignità: *tutti lo sbeffeggiano*.

sbeffeggiatóre [1745] s. m. (f. *-trice*) ● (*raro*) Chi sbeffeggia.

sbellicàre [comp. di *s-* e *bellico* (2) (V.); av. 1704] **A** v. tr. (*io sbellico, tu sbellichi* o, più diffuso ma meno corretto, *io sbèllico, tu sbèllichi*) ● †Far ridere smodatamente. **B** v. intr. pron. ● Nella loc. ***sbellicarsi dalle risa, dal ridere***, ridere smodatamente, crepare dal ridere.

sbendàre [comp. di *s-* e *bendare* (V.); av. 1294] v. tr. (*io sbèndo* o *sbéndo*) ● Levare la benda o le bende: *s. una ferita, gli occhi*.

sbèrcia [da *sberciare* (1); 1618] s. f. (pl. *-ce*) ● (*fam.*, *tosc.*) Persona maldestra, incapace. SIN. Schiappa. || **sbercióne**, accr. m.

sberciàre (1) [da *imberciare* 'colpire nel segno', con cambio di pref. (*s-*); av. 1735] v. intr. (*io sbèrcio*; aus. *avere*) ● (*fam.*, *tosc.*) Sbagliare tirando al bersaglio.

sberciàre (2) [comp. di *s-* e *berciare* (V.); 1872] v. intr. (*io sbèrcio*; aus. *avere*) ● (*tosc.*) Gridare, parlare, in modo sguaiato.

sbèrcio [da *sberciare* (2); 1959] s. m. ● (*tosc.*) Urlo, grido sguaiato.

†**sbèrgo** ● V. *usbergo*.

sbèrla [vc. dial. sett., di etim. incerta; 1931] s. f. ● Schiaffo, manrovescio. || **sberlóne**, accr. m. | **sberlòtto**, dim. m.

sberlèffo o †**sberléffe** [da *berleffe* (V.), dall'ant. ted. *leffur* 'labbro', con *s-*; av. 1553] s. m. **1** †Taglio, sfregio, sul viso. **2** Gesto, espressione di scherno: *fare uno s. a qlcu.*; *fare gli sberleffi*; *lo s. tra sprezzante e violento della bocca* (MORAVIA).

sberrettàrsi [comp. di *s-* e *berretta* (V.); 1534] v. intr. pron. (*io mi sberrétto*) ● (*raro*) Levarsi il berretto in segno di saluto, spec. esageratamente rispettoso.

sberrettàta [1527] s. f. ● Atto dello sberrettarsi: *I Malavoglia lo pagavano a furia di sberrettate* (VERGA).

sbertàre [comp. di *s-* e di *berta* (1) (V.); av. 1726] v. tr. (*io sbèrto*) ● (*lett.*) Schernire.

sbertucciàre [comp. di *s-* e di *bertuccia* (V.); 1839] v. tr. (*io sbertùccio*) **1** Sgualcire, stropicciare: *s. un cappello*. **2** (*est.*) Schernire, beffare.

sbevacchiàre [comp. di *s-* intens. e †*bevere*; 1872] v. intr. (*io sbevàcchio*; aus. *avere*) ● (*raro*) Sbevazzare.

sbevazzaménto [1872] s. m. ● (*raro*) Lo sbevazzare.

sbevazzàre [comp. di *s-* e *bevazzare* (V.), da †*bevere*; 1534] v. intr. (aus. *avere*) ● (*spreg.*) Bere molto, con avidità, in modo sregolato: *va sbevazzando da un'osteria all'altra*.

sbevazzatóre [da *sbevazzare*; 1657] s. m. (f. *-trice*) ● (*raro*) Chi ha l'abitudine di sbevazzare: *Alceo poeta, taverniere e s.* (BARTOLI).

sbevicchiàre [comp. di *s-* e *bevicchiare* (V.); 1895] v. intr. (*io sbevicchio*; aus. *avere*) ● Sbevucchiare.

sbevucchiàre [comp. di *s-* e *bevucchiare*; 1872] v. intr. (*io sbevùcchio*; aus. *avere*) ● Bere poco per volta, ma molto spesso.

†**sbiadàto** o †**sbiavàto** [comp. di *s-* e †*biado* (1) (V.); sec. XIV] **A** agg. **1** Di colore turchino. **2** Tenue, sbiadito. || **sbiadatèllo**, dim. **B** s. m. ● Tessuto di colore azzurro.

sbiadire [comp. di *s-* e †*biado* (1) (V.); 1865] **A** v. intr. e intr. pron. (*io sbiadisco, tu sbiadisci*; aus. *essere*) ● Diventare pallido, smorto, perdere intensità e vivacità, detto di colori: *col sole il rosso sbiadisce* | (*est.*) Perdere il colore: *questo tessuto si è sbiadito subito*. SIN. Scolorire, stingere. **B** v. tr. ● Far perdere il colore: *il sole ha sbiadito la tappezzeria*.

sbiadito [1660] part. pass. di *sbiadire*; anche agg. **1** Che ha perduto intensità e vivacità: *colore s.* **2** (*fig.*) Scialbo, privo di vivacità: *stile s.* | Sfiorito: *bellezza sbiadita*. || **sbiaditaménte**, avv.

sbiànca [da *sbiancare*; 1930] s. f. ● Nell'industria tessile e cartaria, candeggio, imbianchimento.

sbiancànte [1959] **A** part. pres. di *sbiancare*; anche agg. ● Nei sign. del v. **B** s. m. ● Sostanza, prodotto per sbiancare, per candeggiare.

sbiancàre [comp. di *s-* e *bianco* (V.); av. 1406] **A** v. tr. (*io sbiànco, tu sbiànchi*) **1** Far diventare bianco: *s. un lenzuolo* | ***S. il riso***, toglierne il pericarpo, raffinarlo. **2** Sottoporre qlco. all'operazione di sbianca. **B** v. intr. e intr. pron. (aus. *essere*) ● Diventare bianco | Perdere il colore, impallidire: *dallo spavento si sbiancò in viso*.

sbiancàto part. pass. di *sbiancare*; anche agg. ● Nei sign. del v.

sbiancatóre [da *sbiancare*; 1945] s. m. (f. *-trice*) ● Operaio di riseria addetto alla pulitura.

sbiancatrice [da *sbiancare*; 1940] s. f. ● Macchina per raffinare il riso scortecciato attraverso successive operazioni.

sbianchiménto [da *sbianchire*] s. m. **1** Lo sbianchire. **2** Nell'industria tessile e cartaria, sbianca.

sbianchire [comp. di *s-* e *bianchire* (V.); 1931] **A** v. tr. (*io sbianchisco, tu sbianchisci*) **1** Far diventare bianco. **2** Tuffare carne o verdura in acqua bollente. SIN. Sbollentare, scottare. **B** v. intr. (aus. *essere*) ● Diventare bianco, chiaro: *allo sbianchir del giorno* (PASCOLI).

†**sbiavàto** ● V. †*sbiadato*.

sbicchieràre [comp. di *s-* e *bicchiere* (V.); 1872] v. intr. (*io sbicchièro*; aus. *avere*) **1** (*tosc.*) †Vendere il vino a bicchieri. **2** Bere allegramente in compagnia.

sbicchieràta [da *bicchierata*, con *s-*; 1895] s. f. ● Bevuta fatta in allegra compagnia: *farsi una bella s.*

sbiecàre [da *sbieco*; av. 1574] **A** v. tr. (*io sbièco, tu sbièchi*) ● (*raro*) Mettere in posizione sbieca. **B** v. intr. (aus. *avere* e *essere*) **1** (*raro*) Avere una direzione sbieca. **2** (*raro*) Torcersi, detto degli occhi.

sbièco [da *bieco* (V.), con *s-*; av. 1574] **A** agg. (pl. m. *-chi*) ● Non diritto, fuori di squadra: *muro, pavimento s.*; *linea, stoffa sbieca* | Obliquo, storto | ***A s., di s., per s.***, obliquamente, per traverso: *mettere di s.* | ***Guardare di s.***, guardare di traverso, torcendo gli occhi; (*fig.*) guardare con sdegno, diffidenza. || **ṣbiecaménte**, avv. Obliquamente, di sbieco. **B** s. m. ● Tessuto tagliato obliquo rispetto al dritto filo.

ṣbiellàre [comp. parasintetico di *biella*, col pref. *s-*; 1983] v. intr. (*io ṣbièllo*; aus. *essere* o *avere*) ● Rompere una o più bielle, detto di motore a scoppio | (*fig.*) Perdere l'equilibrio psichico, uscire di senno.

†**ṣbièscio** [da †*biescio* (V.); 1632] agg. ● Sbieco.

†**ṣbietolàre** [comp. di *s-* e *bietola* (V.)] v. intr. ● Intenerirsi, piangere scioccamente.

ṣbiettàre [comp. di *s-* e *bietta* (V.); sec. XIV] **A** v. tr. (*io ṣbiétto*) ● Togliere la bietta. **B** v. intr. (aus. *essere* e *avere* nel sign. 1, *essere* nel sign. 2) **1** (*raro, fig.*) Non poggiare con sicurezza, detto spec. dei piedi. **2** (*est., raro, fig.*) Sfuggire, sgusciare via.

ṣbiettatùra [1872] s. f. ● Lo sbiettare | Segno che lascia la bietta uscendo dal legno che ha spaccato.

ṣbigonciàre [da *bigoncia* (V.), con *s-*; sec. XVII] v. intr. (*io ṣbigóncio*; aus. *avere* e *essere*) **1** Uscire dalla bigoncia per sovrabbondanza, detto di liquidi. **2** (*est., tosc.*) Essere troppo largo, detto di indumenti: *le scarpe gli sbigonciano.*

ṣbigottiménto [1294] s. m. ● Lo sbigottire | Condizione di chi è sbigottito: *lo s. generale.* SIN. Sbalordimento, sconcerto, sgomento.

ṣbigottìre [di etim. discussa: dall'ant. fr. *esbahir*, provz. *esbair* 'sbalordire', per sovrapposizione di *bagutta* 'maschera' (?); sec. XIII] **A** v. tr. (*io ṣbigottisco, tu ṣbigottisci*) **1** Turbare profondamente, in modo da far quasi perdere la capacità di reagire: *le notizie disastrose sbigottirono l'intera città.* SIN. Sconcertare, sgomentare. **2** (*raro*) Stordire. **B** v. intr. e intr. pron. (aus. *essere*) ● Turbarsi profondamente, spec. per la sorpresa, la preoccupazione, il timore: *si sbigottì per quello che vide.*

ṣbigottìto [1294] part. pass. di *sbigottire*; anche agg. ● Nei sign. del v. | Attonito, sbalordito: *restare s.*; *la notizia ci lasciò sbigottiti.* || **ṣbigottitùccio**, dim. || †**ṣbigottitaménte**, avv. Con sbigottimento.

†**ṣbigottitóre** s. m.; anche agg. (f. *-trice*) ● (*raro, lett.*) Chi (o Che) sbigottisce: *Sbigottitor di sbigottite donne* (ALFIERI).

ṣbilanciaménto [1735] s. m. ● Lo sbilanciare, lo sbilanciarsi.

ṣbilanciàre [comp. di *s-* e *bilanciare* (V.); 1666] **A** v. tr. (*io ṣbilàncio*) **1** Far perdere l'equilibrio, far traboccare da una parte: *quelle casse sbilanciano il carico del camioncino.* **2** (*fig.*) Causare difficoltà, impedimenti, nei programmi fissati: *il viaggio improvviso mi sbilancia tutti gli appuntamenti* | Dissestare economicamente: *l'acquisto dell'automobile li ha sbilanciati.* **B** v. intr. (aus. *avere*) ● Perdere l'equilibrio, pendere da una parte: *il carico sbilancia su un fianco.* **C** v. intr. pron. ● Andare oltre i limiti della prudenza, esporsi o impegnarsi eccessivamente: *con quelle parole si è sbilanciato*; *sbilanciarsi troppo*; *non voler sbilanciarsi.*

ṣbilanciàto part. pass. di *sbilanciare*; anche agg. ● Nei sign. del v.

ṣbilàncio [da *sbilanciare*; 1662] s. m. **1** Squilibrio, disegualità: *s. di spese rispetto alle entrate.* **2** Saldo, somma da iscriversi a pareggio di un conto.

ṣbilancióne [da *sbilanciare*; sec. XVII] s. m. ● (*raro*) Salto spropositato, balzo | *A sbilancioni*, a salti, a balzi.

ṣbilènco, **ṣbilènco** o †**ṣbilèncio**, †**ṣbilèncio** [comp. di *s-* e *bilenco* (V.); 1623] agg. (pl. m. *-chi*) ● Storto, pendente da una parte, detto spec. di persona: *vecchietta sbilenca*; *camminare tutto s.*; *spalle sbilenche*; *andatura sbilenca*; *muro, tavolo s.* | (*fig.*) Malfatto, balordo: *ragionamento s.*; *idea sbilenca*; *fra un pettegolezzo, una disputa e un ragionamento s.* (ALERAMO). || **ṣbilencaménte**, avv.

ṣbiliardàre [comp. parasintetico di *biliardo* col pref. *s-*; 1872] v. intr. (aus. *avere*) ● Nel biliardo, urtarsi, toccarsi più volte, detto delle palle in gioco.

†**ṣbillàcco** ● V. *bislacco.*

ṣbiluciàre [sovrapposizione di *sbirciare* (V.) a *luciare* 'guardare fissamente' (?)] v. intr. (*io ṣbilùcio*; aus. *avere*) ● (*tosc.*) Guardare di sottecchi.

ṣbiòbbo [da *sbobba* (V.); 1880] agg. ● (*pop., tosc.*) Piccolo, storto e rachitico, detto di persona. || **ṣbiobbàccio**, pegg. | **ṣbiobbétto**, dim.

ṣbioccàre [da *biocco* con il pref. *s-*; 1963] v. intr. e intr. pron. (*io ṣbiòcco*; aus. *essere*) ● (*lett.*) Sfilacciarsi, sfrangiarsi: *lo squarcio che si sbiocca sui nevati / gioghi di Lunigiana* (MONTALE).

ṣbirbàre [comp. di *s-* e *birba* (2) (V.); av. 1742] v. tr. ● (*tosc.*) Ottenere qlco. usando modi non onesti | Riuscire a evitare un impegno | (*fam.*) ***Sbirbarsela***, spassarsela.

ṣbirciàre [comp. di *s-* e *bircio* 'di vista corta, losco' (V.). V. *sbiluciare*; av. 1665] v. tr. (*io ṣbìrcio*) **1** Guardare di sfuggita, senza farsi notare (*anche assol.*): *s. una vetrina*; *s. in qua e in là* | Guardare di nascosto: *s. stando dietro le imposte.* **2** Cercare di vedere meglio qlcu. o qlco. socchiudendo gli occhi | Guardare attentamente, squadrare: *s. qlcu. da capo a piedi.*

ṣbirciàta [1872] s. f. ● Atto dello sbirciare in fretta e una sola volta: *dare una s. a qlcu.* || **ṣbirciatìna**, dim.

ṣbìrcio ● V. *bircio.*

ṣbirràglia o **birràglia** [da *sbirro* (*1*), sul modello di *canaglia*; 1532] s. f. ● Insieme di sbirri: *il capo della s.* | (*spreg.*) Insieme di poliziotti.

ṣbirreggiàre [comp. di *sbirro* (*1*) e *-eggiare*; 1833] v. intr. (*io ṣbirréggio*; aus. *avere*) ● (*raro*) Comportarsi da sbirro.

†**ṣbirrerìa** o †**birrerìa** (2) [da *sbirro* (*1*); av. 1535] s. f. **1** Sbirraglia. **2** Residenza degli sbirri.

ṣbirrésco o (*raro*) **birrésco** [da *sbirro* (*1*); 1545] agg. (pl. m. *-schi*) ● Di sbirro | Brutale, violento: *modi sbirreschi*; *Io non difendo punto quella legge che sapeva di birresco* (GIUSTI). || **ṣbirrescaménte**, avv.

ṣbìrro (1) o **bìrro** (1) [da *birro* (*1*), con *s-*, dal lat. tardo *bĭrru(m)* 'rosso', per il colore della veste, per *bŭrru(m)*, dal gr. *pyrrós*, di etim. incerta; av. 1336] **A** s. m. **1** †Agente di polizia, guardia. **2** (f. *-a*) (*spreg.*) Poliziotto, sgherro: *avere grinta, faccia, modi, da s.*; *gli sbirri lo costringevano a fare infamità* (SCIASCIA) (V. nota d'uso STEREOTIPO). || **ṣbirracchióne**, pegg. | **ṣbirràccio**, pegg. **B** agg. **1** †Sbirresco. **2** (*fam.*) Furbo, malizioso: *espressione sbirra*; *donna sbirra.*

ṣbìrro (2) ● V. *birro* (*2*).

†**ṣbisacciàre** [comp. di *s-* e *bisaccia* (V.); 1520] **A** v. tr. ● Togliere dalla bisaccia. **B** v. intr. pron. ● Togliersi un abito.

ṣbisoriàre [sovrapposizione di *orare* a *bisbigliare* (?); 1864] v. intr. (*io ṣbisòrio*; aus. *avere*) ● (*raro, pop., tosc.*) Pregare bisbigliando, biascicando.

ṣbizzarrìre [comp. di *s-* e *bizzarro*, V. *imbizzarrire*; 1536] **A** v. tr. (*io ṣbizzarrisco, tu ṣbizzarrisci*) ● (*raro*) Togliere i capricci, i vizi: *la disciplina militare ha sbizzarrito tuo figlio.* **B** v. intr. pron. ● Sfogare i propri capricci, il proprio estro, i propri desideri: *sbizzarrirsi a dipingere, in molti modi.*

ṣbizzìre [comp. di *s-* e *bizza*. V. *imbizzire*; av. 1850] v. intr. e intr. pron. (*io ṣbizzisco, tu ṣbizzisci*; aus. *essere*) ● (*raro*) Sfogare le bizze.

ṣbloccàggio [1939] s. m. ● Sblocco.

ṣbloccaménto [1942] s. m. ● (*raro*) Sblocco.

ṣbloccàre [comp. di *s-* e *bloccare* (V.); 1814] **A** v. tr. (*io ṣblòcco, tu ṣblòcchi*) **1** Liberare da un blocco: *s. un meccanismo*; *s. una città assediata* | (*fig.*) Eliminare ostacoli, impedimenti: *s. una situazione* | (*fig.*) Liberare da un blocco psicologico: *è necessario sbloccarlo dalle sue paure.* **2** (*fig.*) Svincolare abolendo limitazioni e divieti: *s. gli affitti, i prezzi.* **B** v. intr. (aus. *avere*) ● Nel biliardo, detto della palla avversaria che rimbalza dalla buca verso la quale era stata mal diretta. **C** v. intr. pron. ● Tornare a condizioni o funzioni normali interrotte da un blocco (*anche fig.*): *dopo quel terribile shock non parlava più, ma ora si è sbloccato*; *il traffico si è sbloccato.*

ṣblòcco [1942] s. m. (pl. *-chi*) ● Lo sbloccare (*spec. fig.*): *lo s. degli affitti.*

ṣbòbba o **bòba** (1), **bòbba**, **bòbbia**, **ṣbòba** [vc. onomat.; 1872] s. f. **1** (*pop.*) Minestra, brodaglia o sim. dall'aspetto e dal sapore sgradevoli | (*gerg.*) Vitto che passa il carcere. **2** (*raro, fig.*) Miscuglio, guazzabuglio.

ṣbobinaménto [da *sbobinare*] s. m. ● Operazione dello sbobinare.

ṣbobinàre [da *bobina* (di nastro magnetico) col pref. *s-*; 1981] v. tr. ● Trascrivere il contenuto della registrazione su nastro magnetico di un discorso, un'intervista e sim.

ṣbobinatùra [1987] s. f. ● Sbobinamento | Il testo trascritto dal nastro sbobinato: *rileggere la s. di una conferenza.*

ṣboccaménto [da *sboccare*; av. 1519] s. m. ● (*raro*) Sbocco | (*raro*) Foce.

ṣboccàre [comp. di *s-* e *boccare*, da *bocca* (V.); 1508] **A** v. intr. (*io ṣbócco, tu ṣbócchi*; aus. *essere*) **1** †Uscire dalla bocca. **2** Sfociare, gettarsi, detto di corsi d'acqua: *non tutti i fiumi sboccano nel mare* | Uscire fuori: *l'acqua sbocca da una polla.* **3** Aver fine, riuscire, detto di strade: *molte strade sbócćano in piazza Maggiore.* **4** Arrivare in un dato luogo, detto di persone: *la colonna degli scioperanti sboccò in piazza.* **5** Fuoriuscire da una trincea o da una galleria nell'interno di un'opera fortificata assediata. **6** (*fig.*) Andare a finire, risolversi: *il malcontento generale sboccò in una rivolta.* **7** (*raro*) Prorompere, scoppiare: *s. in maledizioni, in contumelie.* **8** †Straripare, traboccare, detto di acque. **B** v. tr. **1** Togliere da un recipiente una parte del liquido che lo riempie: *s. un fiasco.* **2** Rompere all'imboccatura, alla bocca: *s. un vaso*; *s. un pezzo d'artiglieria.*

†**ṣboccàta** s. f. ● (*raro*) Sbocco: *qualche improvvisa s. del monte* (BARTOLI).

ṣboccatàggine [1891] s. f. ● Modo di esprimersi sboccato.

ṣboccàto (1) part. pass. di *sboccare*; anche agg. ● Nei sign. del v.

ṣboccàto (2) [da *bocca*, con *s-*; 1354] agg. **1** Che si esprime in modo volgare: *quella ragazza dovrebbe essere meno sboccata.* SIN. Scurrile, spudorato. **2** Che ha l'imboccatura rotta, detto di recipienti: *fiasco s.* | ***Puleggia sboccata***, che ha il cavetto fuori della gola, tra la girella e le pareti. **3** †Che ha l'imboccatura più larga del collo, detto spec. di recipienti. || **ṣboccatàccio**, pegg. || **ṣboccataménte**, avv. In modo sboccato; senza freno e ritegno: *parlare sboccatamente.*

†**ṣboccatóio** [da *sboccato* (*1*); 1550] s. m. ● Sbocco di un condotto, un corso d'acqua, e sim.

ṣboccatùra [av. 1665] s. f. **1** Operazione dello sboccare un fiasco o una bottiglia | Liquido che viene espulso in tal modo: *bere, gettare via, la s.* **2** †Sbocco di un corso d'acqua | †Termine di una strada e sim.

♦**ṣbocciàre** (1) [da *boccia* nel sign. 6, con *s-*; 1623] v. intr. (*io ṣbòccio*; aus. *essere*) **1** Aprirsi, schiudersi, detto di fiori, di gemme, e sim.: *i fiori sono sbocciati di notte* | (*fig.*) Raggiungere il pieno rigoglio fisico: *era sbocciata in una bellezza inattesa* (MORANTE). **2** (*fig.*) Nascere, avere origine, rivelarsi: *la poesia sboccia nell'animo.*

ṣbocciàre (2) ● V. *bocciare.*

ṣbòccio [da *sbocciare* (*1*); 1891] s. m. ● Il fatto di sbocciare: *lo s. di una rosa* | ***Fiori di s.***, appena sbocciati | ***Di primo s.***, (*fig.*) nel fiore degli anni.

ṣbocciolatùra [deriv. di *bocciolo*, con *s-* privativo] s. f. ● Nella floricoltura, asportazione di gemme fiorali per aumentare le dimensioni dei fiori residui.

ṣbócco [1600] s. m. (pl. *-chi*) **1** Lo sboccare: *s. di acque* | Luogo in cui sfocia un fiume, mette capo una strada e sim.: *s. di una valle* | (*est.*) Uscita, apertura: *strada senza s.*; *lo s. della grotta* | (*fig.*) Soluzione, conclusione: *una situazione senza sbocchi.* **2** Fuoriuscita | ***S. di sangue***, (*pop.*) emottisi. **3** (*econ.*) Collocamento dei prodotti sul mercato: *si prevede una crisi degli sbocchi* | Mercato, complesso degli acquirenti di un prodotto o di più prodotti.

ṣbocconcellàre [comp. di *s-* (intens. nel sign. 1 e neg. nei sign. 2 e 3) e *bocconcello*; 1534] v. tr. (*io ṣbocconcèllo*) **1** Mangiare a piccoli bocconi, talvolta svogliatamente: *s. pasticcini, pezzetti di pane*; *vorrei qualcosa da s.* **2** (*est.*) Sboccare leggermente recipienti di terracotta, ceramica, vetro e sim. **3** (*raro*) Dividere in piccole parti qlco.

ṣbocconcellatùra [da *sbocconcellare*; 1872] s. f. ● Lo sbocconcellare | Frammento, residuo di oggetto sbocconcellato | Segno che resta sull'oggetto sbocconcellato.

ṣbòffo o **ṣbùffo** nel sign. 2 [var. di *sbuffo*; 1872] s. m. ● (*abbigl.*) Rigonfiamento di manica o altro, spec. in abito femminile: *vestito con gli sboffi.*

ṣbofonchiàre ● V. *bofonchiare.*

†**ṣboglientàre** ● V. *sbollentare.*

ṣbolinàto [comp. di *s-* e del part. pass. di *bolinare* 'tirare le boline, le vele', da *bolina* (V.); 1937] agg. ● (*pop., fam.*) Trasandato, disordinato, trascurato.

ṣbollàre [comp. di *s-* e *bollare*, da *bollo* (*2*) (V.);

1858] v. tr. (*io ṣbóllo*) ● Privare del bollo.

ṣbollentàre o †**ṣboglientàre** [comp. di *s-* e *bollente*; 1935] **A** v. tr. (*io ṣbollènto*) **1** Immergere cibi, spec. verdure, nell'acqua bollente, tenendoveli pochissimo tempo. **2** (*fig.*) †Accendere, infiammare. **B** v. rifl. ● (*raro*) Scottarsi. **C** v. intr. ● †Bruciare, ardere.

ṣbollìre [comp. di *s-* e *bollire*; 1619] v. intr. (*io ṣbollìsco* o *ṣbóllo*, *tu ṣbollìsci* o *ṣbólli*; aus. *avere* nel sign. 1, *essere* nel sign. 2) **1** Cessare di bollire. **2** (*fig.*) Calmarsi, placarsi, raffreddarsi: *la rabbia gli è sbollita*.

ṣbolognàre [comp. di *s-* e *Bologna*, città dove si facevano oggetti d'oro falso; 1923] v. tr. (*io ṣbológno*) **1** Dare via, rifilare ad altri oggetti difettosi o inutili: *s. un vecchio soprammobile*. **2** (*fig.*) Levarsi di torno, togliersi dai piedi: *s. un rompiscatole* | **Sbolognarsela**, andarsene, svignarsela.

†**ṣbolzonàre** ● V. †*bolzonare*.

†**ṣbonzolàre** [comp. di *s-* e di *bónzola*, tosc. per *bondiola* con *s-* (V.); av. 1597] v. intr. e intr. pron. **1** Penzolare. **2** Fuoriuscire di intestini per sforzo o dolore | (*fig.*) **S. dalle risa**, sbellicarsi.

ṣboom /zbum/ [da *boom* con *s-* neg.; 1965] s. m. inv. ● Improvvisa e rapida inversione di tendenza di un fenomeno o di una moda, di una positiva congiuntura economica o demografica: *lo s. delle nascite*. CONTR. Boom.

†**ṣborbottàre** [comp. di *s-* e *borbottare* (V.)] v. tr. ● Rimbrottare, rimproverare.

ṣbordàre [comp. di *s-* e *bordare* (*1*), da *bordo* 'orlo' (V.); 1872] v. tr. (*io ṣbórdo*) ● (*raro*) Togliere il bordo: *s. un vestito*.

ṣbordellàre [comp. di *s-* e *bordellare*, da *bordello* (V.)] v. intr. (*io ṣbordèllo*; aus. *avere*) ● (*pop.*) Condurre una vita licenziosa | †Fare chiasso e confusione.

ṣbòrnia [lat. parl. **ebriōnia(m)*, da *ēbrius* 'ubriaco' (?). V. *ebbro*; 1841] s. f. **1** Ubriacatura: *prendere, prendersi, una s.*; *smaltire la s.*; *una bella s.*; *una s. solenne*. **2** (*fig.*) Infatuazione, cotta. || **sborniàccia**, pegg. | **sborniétta**, dim.

ṣborniàre [da *sbornia*; 1875] **A** v. tr. (*io ṣbòrnio*) ● (*pop.*, *raro*) Ubriacare. **B** v. intr. pron. ● Ubriacarsi, prendersi una sbornia.

ṣborniόne [da *sborniare*; 1891] s. m. (f. *-a*) ● (*pop.*) Chi ha l'abitudine di sborniarsi.

ṣborràre (**1**) [comp. di *s-* e di *borro* 'fosso, torrente' (V.); av. 1597] v. intr. (*io ṣbórro*; aus. *essere* nel sign. 1, *avere* nel sign. 2) **1** †Uscire con impeto, sgorgare. **2** (*volg.*) Eiaculare.

ṣborràre (**2**) [comp. di *s-* e di *borra* 'cimatura, lana grezza' (V.); 1821] v. tr. (*io ṣbórro*) ● Levare la borra.

ṣborsaménto [1536] s. m. ● (*raro*) Pagamento, esborso.

ṣborsàre [comp. di *s-* e di *borsa* (*1*) (V.); 1508] v. tr. (*io ṣbórso*) ● Pagare in contanti: *devi s. cinquanta euro*.

ṣbórso [av. 1556] s. m. ● Lo sborsare | Denaro sborsato: *un forte s.*; *rifondere lo s.*

ṣboscaménto [da *sboscare*; 1789] s. m. ● (*pop.*) Disboscamento.

ṣboscàre [comp. di *s-* e di *bosco*. V. *disboscare*; av. 1603] v. tr. (*io ṣbòsco*, *tu ṣbòschi*) ● (*pop.*) Disboscare.

ṣbottàre [da *botta* (*1*), con *s-*; 1855] v. intr. (*io ṣbòtto*; aus. *essere*) (+ *a* seguito da inf.; + *in* seguito da sost.) ● Erompere, scoppiare: *s. a piangere, a ridere*; *s. in un pianto dirotto* | (*assol.*) Non riuscire a contenere i propri sentimenti o a trattenere le parole: *ho provato a tacere ma poi sono sbottato*.

ṣbottàta [1872] s. f. ● Lo sbottare | Parole dette sbottando: *la sua s. fu clamorosa*.

ṣbòtto [1940] s. m. ● Improvviso sfogo di sentimenti o impulsi a lungo trattenuti: *s. di pianto, di risa*; *dare in uno s. di pianto*.

ṣbottonàre (**1**) [da *abbottonare*, da *bottone* (V.), con cambio di pref. (*s-*); sec. XIV] **A** v. tr. (*io ṣbottóno*) ● Aprire un indumento facendo uscire i bottoni dagli occhielli: *s. il soprabito a qlcu.*; *sbottonarsi la giacca*. CONTR. Abbottonare. **B** v. rifl. **1** Slacciare i bottoni di un indumento, aprendolo: *sbottonati, che qui fa caldo*. **2** (*fig.*, *fam.*) Aprirsi, confidarsi, palesare liberamente i propri pensieri: *è un tipo che non si sbottona*.

†**ṣbottonàre** (**2**) [da *sbottare*, rifatto secondo *sbottonare* (*1*); 1872] v. tr. ● (*tosc.*, *fam.*) Dire in modo sconsiderato: *s. improperi, insulti*.

ṣbottonàto part. pass. di *sbottonare* (*1*); anche agg. ● Non abbottonato: *aveva il cappotto tutto s.*

ṣbottonatùra [da *sbottonare* (*1*); 1879] s. f. **1** Lo sbottonare, lo sbottonarsi. **2** (*agr.*) Eliminazione di bottoni fiorali per aumentare lo sviluppo di quelli rimasti: *s. di garofani, dalie, rose, crisantemi*.

ṣbottoneggiàre [da *sbottonare* (*2*); av. 1565] v. intr. (*io ṣbottonéggio*; aus. *avere*) ● (*raro*, *tosc.*) Sparlare di qlcu. (*anche assol.*).

ṣbòvo [prob. connesso con *boa* (*2*); 1937] s. m. ● (*mar.*; *disus.*) Molinello, argano orizzontale.

ṣbozzacchìre o **ṣbozẓacchìre** [da *imbozzacchire* 'intristire' (V.) con cambio di pref. (*s-*); 1872] **A** v. intr. (*io ṣbozzacchìsco*, *tu ṣbozzacchìsci*; aus. *essere*) ● Riaversi riacquistando freschezza e vigore, detto di piante e animali. **B** v. tr. **1** Far riacquistare freschezza e vigore. **2** (*fig.*) Dirozzare, ingentilire.

ṣbozzàre [comp. di *s-* e †*bozzare* (V.); av. 1564] v. tr. (*io ṣbòzzo*) **1** Dare la prima forma alla materia da scolpire: *s. il marmo* | (*est.*) Tracciare le linee essenziali di una figura, un dipinto, e sim.: *s. una statua, un paesaggio*. **2** (*fig.*) Delineare in modo sintetico ed essenziale un progetto, uno scritto e sim.: *s. un discorso, un dramma*.

ṣbozzatóre [da *sbozzare*; 1865] **A** agg.; anche s. m. (f. *-trice*) ● Che (o Chi) sbozza: *fresa sbozzatrice*. **B** s. m. (f. *-trice*) ● Marmorario che digrossa il blocco prima di passarlo allo scultore.

ṣbozzatùra [da *sbozzare*; av. 1673] s. f. **1** Lo sbozzare: *la s. di un libro*. **2** Operazione che precede lo stampaggio a caldo di un pezzo metallico, dandogli la forma grossolana che dovrà raggiungere.

ṣbozẓimàre [comp. di *s-* e di *bozzima* 'appretto, salda' (V.); 1691] v. tr. (*io ṣbòzẓimo*) ● Levare la bozzima.

ṣbozẓimatrìce [1984] s. f. ● (*tess.*) Macchina per sbozzimare.

ṣbozẓimatùra [1959] s. f. ● (*tess.*) Operazione dello sbozzimare.

ṣbozzìno [da *sbozzare*; 1865] s. m. ● Utensile per levare al legno la sua ruvidità.

ṣbòzzo [da *sbozzare*. V. *abbozzo*; av. 1673] s. m. **1** Lo sbozzare | Abbozzo. **2** Blocco di vetro grezzo avente approssimativamente la forma della lente che se ne deve ricavare.

ṣbozzolàre (**1**) [comp. di *s-* nel sign. 4 e *bozzolo* (*1*) (V.); 1612] v. tr. (*io ṣbòzzolo*) ● Levare i bozzoli del baco da seta dal bosco.

ṣbozzolàre (**2**) [comp. di *s-* nel sign. 3 e *bozzolo* (*1*) (V.); 1891] v. intr. (*io ṣbòzzolo*; aus. *avere*) ● Uscire dal bozzolo, detto della crisalide.

†**ṣbozzolàre** (**3**) [comp. di *s-* e *bozzolo* (*2*) (V.)] v. tr. ● Prendere una parte del cereale lavorato, misurandone nei bozzoli la quantità spettante (talvolta con intenti fraudolenti) come compenso per la macinatura | (*est.*) Portar via, scroccare: *vedendo … che non potea s. come volea* (SACCHETTI).

ṣbozzolàto (**1**) [1838] part. pass. di *sbozzolare* (*1*) ● Nel sign. del v.

ṣbozzolàto (**2**) part. pass. di *sbozzolare* (*2*); anche agg. **1** Nel sign. del v. **2** (*fig.*) Cresciuto: *otto figli / già sbozzolati* (PASCOLI).

ṣbozzolatóre [da *sbozzolare* (*1*); 1879] s. m. (f. *-trice*, pop. disus. *-tora*) ● Chi sbozzola.

ṣbozzolatùra [da *sbozzolare* (*1*); 1879] s. f. ● Raccolta dei bozzoli del baco da seta | Tempo in cui avviene questa raccolta.

ṣbracalàto [comp. di *s-* e †*bracale* (V.). V. *bracalone*, *sbracato*; 1891] agg. ● (*fam.*) Che ha i calzoni cascanti | (*est.*) Che è vestito in modo disordinato e trasandato: *in casa se ne sta tutto s.*

ṣbracalìo [comp. di *s-* neg.-sottratt. e di †*bracale* (V.)] s. m. ● (*raro*) Condizione di chi è sbracalato.

ṣbracaménto [da *sbracare*; 1961] s. m. ● Trasandatezza, scompostezza | (*fig.*) Sciattezza, sguaiataggine | (*fig.*) Cedimento, degrado.

ṣbracàre o (*dial.*) **ṣbragàre** [comp. di *s-* e *braca* (V.); 1536] **A** v. tr. (*io ṣbràco*, *tu ṣbràchi*) ● Togliere le brache, i pantaloni. **B** v. intr. (aus. *avere*) ● (*fam.*) Lasciarsi andare, degenerare. **C** v. rifl. **1** (*raro*) Togliersi le brache, i pantaloni. **2** (*raro* o *lett.*) Slacciarsi, sbottonarsi gli abiti per mettersi più comodo, a proprio agio | (*fig.*) **Sbracarsi per qlcu., per qlco.**, dimostrare grande sollecitudine | (*fig.*) **Sbracarsi dalle risa**, ridere smodatamente. **3** (*fig.*) Lasciarsi andare ad atteggiamenti sguaiati, scomposti.

ṣbracàto o (*dial.*) **ṣbragàto** [av. 1400] part. pass. di *sbracare*; anche agg. **1** Nei sign. del v. **2** Sbracalato. **3** (*fig.*) Scomposto, sguaiato: *riso s.* | Disordinato, privo di misura, trascurato: *vita sbracata*. || **ṣbracataménte**, avv. **1** †Spensieratamente, beatamente. **2** In modo disordinato, trasandato; in modo sguaiato, scomposto.

ṣbraccettàre [denom. di *braccetto*, con *s-*; av. 1850] v. tr. (*io ṣbraccétto*) ● (*disus.*) Condurre a braccetto (*anche scherz.*).

ṣbracciàre [comp. di *s-* e *braccio*; av. 1492] **A** v. tr. ● †Liberare, staccare dal braccio: *non potendo sbaracciar lo palvese* (SACCHETTI). **B** v. intr. pron. (*io mi ṣbràccio*) **1** Denudarsi le braccia tirandosi su le maniche: *sbracciarsi fino al gomito* | Indossare vestiti privi di maniche: *sbracciarsi per il caldo*. **2** Muovere le braccia facendo grandi gesti: *si sbraccia a salutare*; *si sbraccia per mostrarmi il pericolo*. **3** (*fig.*) Darsi da fare in ogni modo, affannarsi: *sbracciarsi per farsi notare*.

ṣbracciàta [da *sbracciarsi*; 1940] s. f. ● (*raro*) Brusco e rapido movimento delle braccia.

ṣbracciàto [1342] part. pass. di *sbracciarsi*; anche agg. **1** Che ha le braccia nude: *ragazze sbracciate*. **2** Che ha le maniche molto corte, o ne è completamente privo, detto di indumento: *vestito s. e scollato*.

ṣbràccio (**1**) [da *sbracciarsi*; 1940] s. m. ● (*sport*, *gerg.*) Movimento del braccio nell'atto di lanciare un giavellotto, un disco e sim. | (*mil.*) Atto di abbassare il fucile già portato alla spalla.

ṣbràccio (**2**) [da *braccio*, con *s-*; 1872] s. m. **1** (*tosc.*) Spazio necessario a muovere liberamente le braccia: *qui non c'è s.* **2** (*cine*, *tv*) Massimo allungamento possibile del braccio mobile di una giraffa, di una gru e sim.

ṣbraciàre [comp. di *s-* e *bracia*, *brace*; av. 1565] **A** v. tr. (*io ṣbràcio*) ● Smuovere la brace accesa per ravvivarla: *s. il fuoco*. **B** v. intr. (aus. *avere*) ● (*tosc.*) Vantarsi, fare lo smargiasso. **C** v. intr. e intr. pron. (aus. *avere*) ● Alzarsi, sprigionarsi dalle braci: *Ardean, lievi sbraciando, le faville* (PASCOLI).

ṣbraciàta o (*region.*) **ṣbraṣàta** nel sign. 2 [1723] s. f. **1** (*raro*) Atto dello sbraciare il fuoco, una sola volta o frettolosamente. **2** (*fig.*, *tosc.*) Spacconata, smargiassata. || **ṣbraciatìna**, dim.

ṣbraciatóio [1872] s. m. ● Attrezzo per smuovere le braci nei forni a legna.

ṣbràcio [1838] s. m. ● (*fig.*, *tosc.*) Sfoggio, vanteria.

ṣbracióne o (*region.*) **ṣbraṣóne** [da *sbraciare*; 1872] s. m. (f. *-a*) ● (*tosc.*) Spaccone, smargiasso.

ṣbragàre (**1**) e deriv. ● V. *sbracare* e *deriv.*

ṣbragàre (**2**) [prob. dal dial. *sbregare* 'strappare' con intrusione di *sbragare* (*1*); 1976] **A** v. tr. ● (*region.*) Strappare, squarciare. **B** v. intr. pron. ● (*region.*) Strapparsi, rompersi: *la tenda si è sbragata*.

ṣbràgo [da *sbragare* (*2*); 1986] s. m. (pl. *-ghi*) **1** (*region.*) Squarcio, strappo. **2** (*region.*, *fig.*) Scadimento, sbracamento. **3** (*gerg.*) Spettacolo, situazione, personaggio molto divertenti o eccitanti: *che s.!*; *quel comico è uno s.*

†**ṣbraìre** ● V. †*braire*.

ṣbraitaménto [1872] s. m. ● Lo sbraitare.

ṣbraitàre [comp. di *s-* e *braitare* 'urlare' (V.); 1730] v. intr. (*io ṣbràito*; aus. *avere*) ● Gridare, strepitare, vociare adiratamente: *s. contro qlcu.*

ṣbraitìo [1891] s. m. ● Lo sbraitare continuo.

ṣbramàre (**1**) [comp. di *s-* e *brama* (V.). V. *bramare*; 1336 ca.] v. tr. ● (*lett.*) Togliere la brama (*spec. fig.*): *lo sdegno, / premilo in petto, se sbramarlo or vuoi* (ALFIERI).

ṣbramàre (**2**) [da un dial. piemontese *bran*, *bren* 'crusca', dal lat. parl. **brĕnnu(m)*, di orig. gallica, con *s-*; 1959] v. tr. ● Spogliare delle glumette il risone con lo sbramino.

ṣbramatùra [da *sbramare* (*2*); 1965] s. f. ● Operazione dello sbramare il riso.

ṣbramìno [da *sbramare* (*2*), con *-ino* suff. di mestiere; 1940] s. m. ● Macchina per togliere le glumette e l'embrione al risone.

ṣbranaménto [1579] s. m. ● Lo sbranare, lo sbranarsi (*anche fig.*).

ṣbranàre [da *brano*, con *s-*; 1336 ca.] **A** v. tr. **1** Fare a pezzi, divorare: *la tigre sbranò il vitello* | (*est.*) Lacerare, strappare. **2** (*fig.*, *lett.*) Causare grande dolore: *Il cor mi sbrana / un dubbio orrendo* (ALFIERI). **3** (*fig.*, *iperb.*) Detestare qlcu., maltrattarlo, tentare di distruggerlo: *s. l'avversario*. **B** v. rifl. rec. **1** Lacerarsi l'un l'altro, distruggersi (*anche fig.*): *sbranarsi come lupi*; *quelle popolazioni si sbranarono con continue lotte.* *2* (*fig.*, *iperb.*) Detestarsi e tentare con ogni mezzo di nuocersi reciprocamente: *le due rivali si sbranano tra loro.*

sbrancaménto [da *sbrancare* (*1*); av. 1566] **s. m.** ● (*raro*) Dispersione di un branco, di una schiera, di un gruppo.

sbrancàre (**1**) [comp. di *s-* e *branco* (V.) V. *imbrancare*; 1502] **A v. tr.** (*io sbrànco, tu sbrànchi*) ● Fare uscire dal branco: *s. gli agnelli dal gregge* | Disfare, disperdere, il branco: *s. il gregge* | (*est.*, *raro*) Disfare, disperdere, un gruppo di persone. **B v. intr. pron.** *1* Uscire dal branco | (*est.*) Sparpagliarsi, fuggire: *sbrancarsi per la campagna.* *2* (*raro*) Sciogliere una schiera o una colonna, sparpagliandosi, detto di soldati: *numerosi soldati si sbrancarono sulle montagne.*

sbrancàre (**2**) [comp. di *s-* e *branca* 'ramo' (V.); av. 1374] **A v. tr.** (*io sbrànco, tu sbrànchi*) ● Troncare, tagliare via i rami grossi. **B v. intr. pron.** ● Suddividersi in branche, detto di tronco d'albero.

sbrancicàre [comp. di *s-* e *brancicare* (V.); 1836] **v. tr.** (*io sbràncico, tu sbràncichi*) ● (*fam.*) Brancicare frequentemente e insistentemente.

sbrandellàre [comp. di *s-* e di *brandello* (V.)] **v. tr.** (*io sbrandèllo*) ● (*raro*) Fare a brandelli.

sbràno [da *sbranare*; 1367] **s. m.** *1* (*raro*) Sbranamento. *2* (*tosc.*) Strappo, lacerazione: *farsi uno s. nella giacca, nel braccio.*

sbrasàta ● V. *sbraciata.*

sbrasóne ● V. *sbracione.*

sbrattàre (**1**) [da *imbrattare* (V.), con cambio di pref. (*s-*); av. 1320] **v. tr.** ● Liberare da ciò che imbratta, insudicia, ingombra (*anche assol.*): *s. una camicia*; *se andate via tutti posso s.*

sbrattàre (**2**) ● V. *brattare.*

sbrattàta [da *sbrattare* (*1*); 1872] **s. f.** ● Atto dello sbrattare frettolosamente. || **sbrattatina**, **dim.**

sbràtto (**1**) [da *sbrattare* (*1*); 1879] **s. m.** ● Lo sbrattare | (*raro*) ***Stanza di s.***, ripostiglio.

sbràtto (**2**) ● V. *bratto.*

sbravazzàre [comp. di *s-* e *bravazzare*, da *bravazzo* (V.); 1872] **v. intr.** (aus. *avere*) ● (*lett.*) Fare il bravaccio, lo smargiasso. **SIN.** Bravare, bravazzare, braveggiare.

sbravazzàta [da *bravazzata*, con *s-*; 1872] **s. f.** ● (*lett.*) Bravata, smargiassata.

sbreccàre [dal longob. *brehhan*, V. ted. *brechen* 'rompere', con *s-*; 1863] **v. tr.** (*io sbrécco, tu sbrécchi*) ● Rompere all'orlo un vaso, un piatto e sim.

sbreccàto [1872] **part. pass.** di *sbreccare*; anche **agg.** ● Nel sign. del v.: *mattoni sbreccati.*

sbrecciàre [comp. di *s-* e di *breccia* (*1*) 'rottura' (V.); 1875] **v. tr.** (*io sbréccio*) *1* (*raro*) Aprire una breccia, una crepa nel muro | (*est.*) Rompere, spaccare. *2* Sbreccare, scheggiare.

sbrégo [deriv. del sett. *sbregar* 'strappare', dal gotico *brikan* 'rompere'; 1983] **s. m.** (**pl.** *-ghi*) ● (*sett.*) Strappo, squarcio, lacerazione.

sbrendolàre [da *sbrendolo*; 1863] **v. intr.** (*io sbréndolo* o *sbréndolo*; aus. *avere*) ● (*tosc.*) Cadere a brandelli: *quel vestito sbrendola da ogni parte.*

sbréndolo o **sbréndolo** [da *brendolo*, con *s-*; 1836] **s. m.** ● (*tosc.*) Brandello cascante di abito.

sbrendolóne [da *sbrendolare*; 1879] **s. m.** (**f.** *-a*) ● (*tosc.*) Chi indossa un abito con molti sbrendoli | (*est.*) Persona trascurata e disordinata nel vestire.

†**sbrìcco** [dal provz. *bric* 'masnadiere', con *s-*. V. *briccone*; av. 1535] **s. m.** ● Masnadiere, briccone, sgherro.

sbriciàre [da *bricia* (V.), con *s-*; 1891] **v. tr.** e **intr. pron.** (*io sbrìcio*) ● Sbriciolare, frantumare, sbriciolarsi.

sbrìcio [da *sbriciare*; av. 1665] **agg.** (**pl. f.** *-cie*, raro *-ce*) ● (*tosc.*) Meschino, povero: *abito s.*

sbriciolaménto [av. 1704] **s. m.** ● Lo sbriciolare, lo sbriciolarsi.

sbriciolàre [da *briciola*, con *s-*. V. *sbricio*; 1612] **A v. tr.** (*io sbrìciolo*) *1* Ridurre in briciole: *s. un biscotto* | (*est.*, *iperb.*) Annientare, distruggere: *se non taci ti sbriciolo con un pugno.* *2* (*fig.*, *fam.*) Cospargere di briciole: *ha sbriciolato tutta la poltrona.* **B v. intr. pron.** ● Ridursi in briciole, in piccoli pezzi: *i biscotti si sono sbriciolati.*

sbriciolatùra [1872] **s. f.** ● Sbriciolamento | Insieme di briciole.

sbrigaménto [av. 1347] **s. m.** ● (*raro*) Rapido disbrigo.

♦**sbrigàre** [da *briga* (V.), con *s-*; av. 1292] **A v. tr.** (*io sbrìgo, tu sbrìghi*) *1* Porre fine, con sollecitudine, a quello che si sta facendo: *s. una faccenda, una pratica, un affare* | (*bur.*) ***S. la posta***, evaderla, smistarla | ***Sbrigarsela***, disimpegnarsi: *con tuo padre me la sbrigo io*; *me la sbrigo presto.* **SIN.** Disbrigare, disimpegnare, sbrogliare. *2* (*est.*) Prendere congedo da una persona dopo averne soddisfatte le richieste: *in un attimo sbrigo il cliente*; *aspetta che sbrighi quel seccatore.* **B v. intr. pron.** *1* (assol.; + *a* seguito da inf.) Fare presto, in fretta, spicciarsi: *sbrigati a vestirti*; *su, sbrigati!*; *bisogna sbrigarsi.* *2* (+ *da*, + *di*) Liberarsi di qlcu. o di qlco.: *gli parve subito miglior partito sbrigarsi da coloro, che rimanere* (MANZONI); *sbrigarsi da, di, una noia.*

sbrigatività [da *sbrigativo*; 1959] **s. f.** ● Caratteristica di chi (o di ciò che) è sbrigativo.

sbrigativo [av. 1696] **agg.** *1* Che si fa in fretta, in poco tempo: *lavoro s.*; *pranzo s.* *2* Deciso, risoluto, nell'agire, nel comportarsi, e sim.: *una persona sbrigativa* | ***Modi sbrigativi***, rapidi, energici, talvolta bruschi | (*est.*) Superficiale: *è un parere un po' troppo s.* || **sbrigativaménte**, **avv.**

sbrigliaménto [1557] **s. m.** ● Lo sbrigliare, lo sbrigliarsi.

sbrigliàre [da *briglia* (V.), con *s-*; 1590] **A v. tr.** (*io sbrìglio*) *1* Liberare dalle briglie | (*fig.*) Togliere ogni freno, dare piena libertà: *s. la fantasia, l'immaginazione.* *2* (*chir.*) Liberare da tessuti che strozzano o comprimono: *s. un'arteria, un nervo.* **B v. intr. pron.** ● (*fig.*) Perdere ogni freno, manifestarsi in piena libertà: *la fantasia del poeta si è sbrigliata.*

sbrigliàta [da *sbrigliare*; 1562] **s. f.** *1* (*raro*) Tirata di briglie. *2* (*fig.*) Ramanzina, rabbuffo: *prendersi, dare, una s.* || **sbrigliatàccia** **pegg.** | **sbrigliatèlla**, **dim.** | **sbrigliatina**, **dim.**

sbrigliatézza [1858] **s. f.** *1* (*raro*, *lett.*) Comportamento sfrenato, sregolato. *2* (*lett.*) Disinvoltura, spregiudicatezza.

sbrigliàto [1618] **part. pass.** di *sbrigliare*; anche **agg.** ● Nei sign. del v. | Libero da ogni freno, smodato | (*lett.*) Disinvolto, spigliato: *un ragazzo s.* || **sbrigliataménte**, **avv.** Senza freno.

sbrinaménto [da *sbrinare*; 1959] **s. m.** ● Operazione che tende a rimuovere lo strato di brina o di ghiaccio che va accumulandosi sulle superfici di raffreddamento negli impianti frigoriferi | Negli autoveicoli, operazione di disappannamento del parabrezza o del lunotto.

sbrinàre [da *brina*, con *s-*; 1963] **v. tr.** ● Eliminare da un impianto frigorifero le fini incrostazioni di ghiaccio | Negli autoveicoli, effettuare il disappannamento del parabrezza e del lunotto.

sbrinatóre [da *sbrinare*; 1956] **s. m.** ● Nei frigoriferi domestici, dispositivo automatico che ne arresta periodicamente il funzionamento per effettuare lo sbrinamento | Negli autoveicoli, impianto che invia aria calda sulla superficie interna del parabrezza per impedirne l'appannamento | Analogo impianto costituito da resistenze elettriche inserite nel lunotto posteriore (che prende il nome di *lunotto termico*).

sbrinatùra [1974] **s. f.** ● Sbrinamento.

sbrindellàre [da *brindello*, con *s-*; 1865] **A v. tr.** (*io sbrindèllo*) ● Ridurre a brindelli. **B v. intr.** (aus. *avere* e *essere*; raro nei tempi composti) ● Cadere a brandelli: *il vestito sbrindella qua e là.*

sbrindellàto [1865] **part. pass.** di *sbrindellare*; anche **agg.** *1* Nei sign. del v. *2* Stracciato.

sbrindèllo [da *sbrindellare*; 1872] **s. m.** ● (*pop.*) Brindello.

sbrindellóne [da *sbrindellare*; 1872] **s. m.** (**f.** *-a*) ● Sbrendolone.

sbrinz [da *Brienz*, città svizzera del cantone di Berna, con *s-*; 1891] **s. m. inv.** ● Formaggio svizzero da tavola, di pasta dura, cotta, confezionato in grandi forme.

sbrisolóna [vc. dial., dal v. *sbrisolar* per la facilità di ridursi in briciole] **s. f.** ● (*cuc.*) Dolce tipico della cucina mantovana a base di farina, zucchero, burro, uova, mandorle o noci, a pasta molto dura ma che si sbriciola con facilità.

†**sbrizzàre** ● V. *sprizzare.*

sbroccàre (**1**) [da *brocco* nel sign. 5, con *s-*; 1872] **v. tr.** (*io sbròcco, tu sbròcchi*) ● Ripulire la seta dalla sporcizia che vi si è attaccata durante la filatura.

sbroccàre (**2**) [da *brocco* nel sign. 1, con *s-*] **v. tr.** (*io sbròcco, tu sbròcchi*) ● Ripulire le piante dai brocchi o rami inutili.

†**sbroccàre** (**3**) ● V. *sbrucare.*

sbroccatùra [da *sbroccare*; 1872] **s. f.** ● Operazione, lavoro dello sbroccare.

†**sbròcco** (**1**) [da *brocco* nel sign. 1, con *s-*] **s. m.** ● Piccolo ferro a punta usato un tempo dai calzolai come lesina.

sbròcco (**2**) [sovrapposizione di *brocco* a *sprocco* (V.); 1872] **s. m.** (**pl.** *-chi*) ● Brocco, ramo secco.

sbrodàre [da *brodo* (V.), con *s-*; 1891] **v. tr.** e **rifl.** (*io sbròdo*) ● Macchiare, macchiarsi di brodo o di unto.

sbrodolaménto [1940] **s. m.** *1* Lo sbrodolare, lo sbrodolarsi. *2* (*fig.*) Prolissità, verbosità.

sbrodolàre [da *brodo* (V.), con suff. iter. e *s-*; 1872] **A v. tr.** (*io sbròdolo*) *1* Insudiciare di brodo, di sugo, di unto e sim.: *s. la tovaglia*; *sbrodolarsi il vestito.* *2* (*fig.*) Rendere prolisso, noioso un discorso, uno scritto: *ha sbrodolato una lunga conferenza.* **B v. rifl.** ● Insudiciarsi con brodo, sugo, unto o sim., spec. mangiando: *ti sei tutto sbrodolato.*

sbrodolàta [da *sbrodolare*; 1921] **s. f.** ● (*fig.*) Scritto o discorso prolisso e noioso: *non me la sento di sorbirmi un'altra s.*

sbrodolàto [1959] **part. pass.** di *sbrodolare*; anche **agg.** ● Nei sign. del v.

sbrodolóne [1872] **agg.** e **s. m.** (**f.** *-a*) *1* Che (o Chi) è solito sbrodolarsi, spec. mangiando o bevendo. *2* (*fig.*) Che (o Chi) è prolisso, noioso, confuso nello scrivere o nel parlare.

sbròglia [da *sbrogliare*; 1959] **s. f.** ● La parte più scadente dello scarto della lana.

sbrogliaménto [1803] **s. m.** ● (*raro*) Lo sbrogliare.

sbrogliàre [calco su *imbrogliare* (V.) con cambio di pref. (*s-*); 1598] **A v. tr.** (*io sbròglio*) *1* Sciogliere nodi, grovigli | ***S. una matassa***, trovarne il bandolo; (*fig.*) trovare la soluzione di una faccenda complicata | (*mar.*) Sciogliere gli imbrogli delle vele. *2* (*fig.*) Risolvere una questione particolarmente intricata e complessa: *devo s. un affare delicato* | ***Sbrogliarsela***, togliersi da un imbroglio, da un impiccio. *3* Sgombrare, sbarazzare: *s. un armadio.* **B v. rifl.** ● (*fig.*) Liberarsi da un imbroglio, da un pasticcio.

sbròglio [da *sbrogliare*; 1959] **s. m.** ● (*raro*) Sgombro: *stanza di s.*

sbrónza o **sbrónza** [vc. rom. di etim. incerta, ma prob. affine a *sbornia* (V.); 1927] **s. f.** ● (*fam.*) Ubriacatura, sbornia.

sbronzàrsi o **sbronzàrsi** [da *sbronza*; 1931] **v. rifl.** (*io mi sbrónzo* o *sbrónzo*) ● (*fam.*) Ubriacarsi, prendersi una sbronza.

sbrónzo o **sbrónzo** [agg. da *sbronzar*(*si*); 1935] **agg.** ● (*fam.*) Ubriaco.

sbròscia ● V. *broscia.*

sbrucàre o †**sbroccàre** (**3**) [da *brucare* (V.), con *s-*; av. 1573] **v. tr.** (*io sbrùco, tu sbrùchi*) *1* Togliere tutte le foglie a un ramo facendo scivolare su di esso con forza la mano chiusa. *2* †Portare via, strappare via.

sbruffàre [da una radice onomat. *sbruff-*; sec. XIV] **v. tr.** *1* Spruzzare spec. un liquido dalla bocca o dal naso | Aspergere, irrorare: *s. di profumo.* *2* (*fig.*) Raccontare fatti, imprese esagerate, spec. vantandosi (*anche assol.*). *3* (*fig.*, *raro*) Corrompere con doni e sim.

sbruffàta [av. 1704] **s. f.** *1* Atto dello sbruffare una volta. *2* (*raro*) Spruzzo d'acqua.

sbrùffo [av. 1665] **s. m.** *1* Atto dello sbruffare | Liquido sbruffato. *2* (*fig.*) Denaro, dono che si dà per ottenere un favore, per corrompere qlcu.: *dare, pigliare, lo s.*

sbruffonàta [1959] **s. f.** ● Atto, discorso e sim. da sbruffone.

sbruffóne [da *sbruffare*; 1931] **s. m.** (**f.** *-a*); anche **agg.** ● Spaccone, gradasso: *fare lo s.*

sbruffonerìa [da *sbruffone*; 1949] **s. f.** ● Caratteristica di chi è sbruffone | Sbruffonata.

♦**sbucàre** [da *buca*, *buco* (V.), con *s-*; 1481] **A v. intr.** (*io sbùco, tu sbùchi*; aus. *essere*) *1* Uscire fuori da una buca, da una tana, detto di animali: *due topi sbucarono da quella crepa* | (*est.*) Uscire fuori da un luogo buio, chiuso: *sbucò finalmente all'aria.* *2* Apparire, comparire improvvisamente: *da dove sarà sbucato?* **B v. tr.** ● Stanare un anima-

le selvatico dalla sua buca | (*est.*) †*Fare uscire*.
†sbucchiàre • V. *sbucciare*.
sbucciaménto [av. 1597] s. m. • (*raro*) Lo sbucciare.
sbucciapatàte [comp. di *sbuccia(re)* e il pl. di *patata*; 1957] s. m. inv. • Pelapatate.
sbucciàre o (*tosc.*) †**sbucchiàre** [da *buccia* (V.), con *s-*; av. 1320] **A** v. tr. (*io sbùccio*) **1** Levare la buccia, privare della buccia: *s. le castagne, una mela* | (*fig., fam.*) ***Sbucciarsela***, cavarsela, riuscire a evitare una fatica, una noia. **2** Produrre un'abrasione, una piccola ferita: *lo spigolo gli sbucciò un braccio*; *si è sbucciato il gomito*. **3** ***S. la palla***, nel gioco del calcio, svirgolare. **B** v. intr. pron. • Spogliarsi dell'involucro, cambiare la pelle: *un rettile che si sbuccia a primavera*.
sbucciatóre [1959] s. m. **1** (f. *-trice*) Chi sbuccia. **2** Coltellino da cucina per sbucciare frutta, verdura e sim.
sbucciatùra [1841] s. f. **1** Operazione, lavoro dello sbucciare. **2** Ferita superficiale: *farsi una s.* || **sbucciaturina**, dim.
†sbuccinàre • V. *buccinare*.
sbudellaménto [1612] s. m. • Atto dello sbudellare | (*fig., iperb.*) Strage, massacro.
sbudellàre [da *budello* (V.), con *s-*; 1312] **A** v. tr. (*io sbudèllo*) **1** Aprire il ventre di un animale per farne uscire le interiora: *s. un vitello*. **2** Ferire in modo grave al ventre: *lo sbudellò con una sciabolata*. **B** v. rifl. rec. • Sventrarsi a coltellate: *per una cosa da nulla quasi si sbudellavano*. **C** v. rifl. • (*fig.*) Nella loc. ***Sbudellarsi dalle risa***, sbellicarsi dalle risa, ridere a più non posso.
sbudellatóre s. m.; anche agg. (f. *-trice*) • (*raro*) Chi (o Che) sbudella.
sbuffaménto [1550] s. m. • (*raro*) Lo sbuffare, spec. del cavallo.
sbuffànte [1600] part. pres. di *sbuffare*; anche agg. **1** Nei sign. del v.: *Se n'erano andati via, sbuffanti* (PIRANDELLO); *Da lontano vedeva passare il treno s.* (VERGA). **2** Detto di abito o di parte di abito, spec. femminile, rigonfio, a sboffi.
sbuffàre [da *buffare* (V.), con *s-*; 1481] **A** v. intr. (aus. *avere*) **1** Soffiare forte, emettere buffi, per sforzo fisico, impazienza, noia, collera e sim., detto di persona: *s. per il caldo*; *era appena arrivato e già sbuffava per andarsene* | Soffiare, detto del cavallo: *i cavalli sbuffavano per lo spavento*. **2** Gettare buffi di fumo: *la locomotiva arrivò sbuffando*. **B** v. tr. • (*raro*) Emettere sbuffando, spec. fumo.
sbuffàta [1876] s. f. • Atto dello sbuffare, spec. di persona. || **sbuffatina**, dim.
sbùffo [deriv. di *sbuffare*; 1728] s. m. **1** Atto dello sbuffare | (*est.*) Aria, fumo, vapore e sim. sbuffato | (*est.*) Soffio impetuoso, folata: *uno s. di vento fece sbattere le finestre*. **2** (*abbigl.*) V. *sboffo*.
sbufonchiàre • V. *bofonchiare*.
sbugiardàre [da *bugiardo* (V.), con *s-*; av. 1606] v. tr. • Dimostrare che una data persona è bugiarda. SIN. Smentire.
sbullettàre [da *bulletta* (V.), con *s-*; 1681] **A** v. tr. (*io sbullétto*) • Togliere le bullette. **B** v. intr. (aus. *avere*) • Detto di intonaco, coprirsi di buchi simili a quelli che possono lasciare i chiodi, per effetto del rigonfiamento e della successiva caduta dei pezzettini di calce non bene spenta. **C** v. intr. pron. • Perdere le bullette: *le sedie si sono sbullettate*.
sbullettatùra [1872] s. f. • Lo sbullettare di un intonaco | Scrostatura che si produce in un intonaco che sbulletta.
sbullonaménto [1987] s. m. • Operazione dello sbullonare.
sbullonàre [da *bullone* (V.), con *s-* V. *imbullonare*; 1939] v. tr. (*io sbullóno*) • Liberare dai bulloni.
sbullonàto part. pass. di *sbullonare*; anche agg. **1** Nel sign. del v. **2** (*est., gerg.*) Detto di persona, molto eccentrico, svitato.
sburocratizzàre [da *burocrate*, con *-izzare* e *s-*; 1950] v. tr. • Ridurre gli eccessi burocratici.
sburocratizzazióne [1962] s. f. • Riduzione degli eccessi burocratici.
sburràre [da *burro* (V.), con *s-*; 1759] v. tr. • Togliere il grasso dal latte per farne burro o panna.
sbuzzàre [da *buzzo* (*1*) 'pancia' (V.), con *s-*; av. 1742] **A** v. tr. **1** (*tosc.*) Aprire il buzzo, sbudellare: *s. i polli* | (*est., pop.*) Ferire gravemente al ventre: *lo sbuzzò con un colpo di baionetta*. **2** (*est.*) Aprire togliendo l'involucro: *s. un pacco, una lettera* | ***S. il materasso***, sventrarlo per rinnovargli la lana. **B** v. intr. pron. • (*fig., fam.*) Rompersi, aprirsi, lasciando uscire il contenuto: *il materasso si è sbuzzato*.
scàbbia [lat. tardo *scăbia(m)* 'asperità, rugosità', per il classico *scābies*, da *scăbere* 'grattare', di orig. indeur.; 1313] s. f. **1** (*med.*) Infestazione cutanea pruriginosa dell'uomo causata dalla femmina dell'acaro *Sarcoptes scabiei* (varietà *hominis*), che scava cunicoli nella pelle e produce vescicole spec. fra le dita e nelle pieghe cutanee in genere. CFR. Rogna. **2** (*est.*) †Aridità, secchezza: *asciutta s. / che mi scolora ... la pelle* (DANTE *Purg.* XXIII, 49-50).
scabbiósa • V. *scabiosa*.
scabbióso [lat. *scabiōsu(m)* 'rugoso', da *scăbies* 'scabbia'; 1340 ca.] **A** agg. **1** Che è affetto da scabbia. **2** †Ruvido, scabroso. **B** s. m. (f. *-a*) • Chi è affetto da scabbia.
†scabèllo • V. *sgabello*.
scabinàto [1931] s. m. • Carica, ufficio e dignità di scabino.
scabino [lat. mediev. *scabīnu(m)*, adattamento del francone *skapīns* 'colui che fa', appartenente alla fam. del ted. *schaffen* 'fare'; av. 1348] s. m. • Nel diritto franco, funzionario eletto dal popolo per l'organizzazione e il funzionamento dei tribunali.
scabiósa o **scabbiósa** [dal lat. *scabiōsa(m)*, da *scabĭes -ēi* 'scabbia', perché ritenuta antidoto contro la scabbia; av. 1320] s. f. • Erba delle Dipsacacee alta fino a 1 m, con capolini rosati circondati da brattee (*Knautia arvensis*).
scabrézza [lat. *scabritia(m)* 'ruvidità', da *scăber*, genit. *scăbri* 'ruvido'; av. 1730] s. f. • Caratteristica di ciò che è scabro.
scàbro [lat. *scăbru(m)* 'scabroso, ruvido', connesso con *scăbere* 'grattare', di orig. indeur. V. *scabbia*; av. 1320] **A** agg. **1** Ruvido, aspro al tatto, non liscio: *superficie scabra*. **2** (*lett., fig.*) Pietroso, brullo, detto di terreno: *Su per i greppi delle scabre montagne* (PIRANDELLO). **3** (*fig.*) Conciso, essenziale, privo di ornamenti: *stile s.*; *prosa scabra*. || **scabraménte**, avv. **B** s. m. • (*raro*) Scabrezza.
scabrosità [1598] s. f. **1** Caratteristica, condizione di ciò che è scabroso (*anche in senso fig.*) | Parte o punto ruvido, scabroso: *togliere, limare, le s.* **2** (*mecc.*) L'insieme delle irregolarità di una superficie metallica sottoposta a lavorazione meccanica. SIN. Rugosità.
scabróso [lat. tardo *scabrōsu(m)*, da *scăber*, genit. *scăbri* 'ruvido'; av. 1320] agg. **1** Scabro, non liscio né piano: *ramo s.* **2** (*est., raro*) Difficile, malagevole: *percorso s.*; *sentiero s.* **3** (*est., fig.*) Non facile da intendere, risolvere e sim.: *problema s.*; *gli scabrosi principi della grammatica* (VASARI) | Non facile né semplice da trattare per la materia delicata che coinvolge o per la possibilità di turbare la sensibilità, l'innocenza, il pudore altrui: *affare s.*; *dallo spettacolo fu tagliata una scena molto scabrosa*; *bisogna parlare con cautela ai ragazzi di questi argomenti scabrosi*. || **scabrosétto**, dim. | **scabrosino**, dim. || **scabrosaménte**, avv.
scacazzaménto [1872] s. m. • (*volg.*) Lo scacazzare.
scacazzàre o (*dial.*) **scagazzàre** [da *cacare*, con un suff. iter.-intens. e *s-*; 1872] **A** v. intr. (aus. *avere*) • (*volg.*) Defecare qua e là | Defecare con frequenza. **B** v. tr. • (*volg.*) Lordare defecando.
†scaccàta s. f. • (*raro*) Mossa al gioco degli scacchi: *una s. col re* | (*raro*) Colpo dato con uno scacco: *un gentiluomo ... diede in sulla testa alla scimia una grande s.* (CASTIGLIONE).
scaccàto [av. 1400] agg. • Fatto, disegnato a scacchi: *calze scaccate*; *bandiera scaccata*.
scaccheggiàto [da *scaccato*, con suff. iter.-intens.; 1623] agg. • (*raro*) Scaccato.
scacchiàre [da *cacchio* (*2*), con *s-*; 1592] v. tr. (*io scàcchio*) • Togliere in primavera i cacchi o germogli inutili: *s. le viti, il pomodoro*.
scacchiatùra [da *scacchiare*; 1738] s. f. • Soppressione dei getti inutili lungo il tronco e le branche.
scacchièra [da *scacco*, sul modello dell'ant. fr. *eschaquier*; av. 1388] s. f. **1** Tavola quadrata divisa in sessantaquattro riquadri, alternati a due colori, per giocare a scacchi o a dama | (*fig.*) ***Sciopero a s.***, a reparti alternati. **2** Rete da pesca simile alla bilancia.
scacchière o †**scacchièro** nel sign. 1 [da *scacco*: nel sign. 1 e 2 sul modello dell'ant. fr. *eschaquier* 'scacchiere', nel sign. 3 sul modello dell'ingl. *exchequer*, ant. 'tavola a caselle per fare i conti' e oggi 'erario', anch'esso a sua volta dall'ant. fr. *eschaquier*; av. 1303] s. m. **1** †Scacchiera | (*est., mar., mil.*) *A s.*, detto di unità alternate nella loro disposizione come i riquadri della scacchiera: *formazione a s.*; *avanzare a s.* **2** (*mil.*) Parte di un teatro di operazioni con propria individualità geografica e strategica che consente una condotta unitaria di operazioni belliche: *s. del Mediterraneo*; *s. atlantico*. **3** Nella loc. ***Cancelliere dello s.***, ministro delle finanze e del tesoro inglese.
scacchismo [da *scacco*] s. m. • Insieme di attività, comportamenti, decisioni inerenti al gioco degli scacchi.
scacchista [1901] s. m. e f. (pl. m. *-i*) • Chi gioca a scacchi.
scacchìstico [1922] agg. (pl. m. *-ci*) • Di scacchista: *circolo s.* | Che si riferisce al gioco degli scacchi: *torneo s.* || **scacchisticaménte**, avv.
scàccia [da *scaccia(re)*; 1891] s. m. inv. • (*caccia*) Chi, in una battuta, scaccia gli animali spingendoli alla posta. SIN. Battitore.
scacciacàni [comp. di *scaccia(re)* e il pl. di *cane*; 1927] **A** s. f. o m. inv. • Pistola che spara a salve, usata per spaventare o nei giochi infantili. **B** anche agg. inv.: *pistola s.*
scacciadiàvoli [comp. di *scaccia(re)* e il pl. di *diavolo*; 1940] s. m. inv. • Pezzo di artiglieria, in uso nel XVI e nel XVII sec., che lanciava granate esplosive.
scacciafùmo [comp. di *scaccia(re)* e *fumo*; 1940] s. m. inv. • Dispositivo automatico ad aria compressa per espellere da una bocca da fuoco i gas residui della carica di lancio.
scacciaguài [comp. di *scaccia(re)* e del pl. di *guaio*; 1991] **A** s. m. inv. • Oggetto al quale si attribuisce un valore propiziatorio e scaramantico. **B** anche agg. inv.: *amuleto s.*
scacciaménto [sec. XIV] s. m. • (*raro*) Cacciata.
scacciamósche o **cacciamósche** [comp. di *scaccia(re)* e il pl. di *mosca*; av. 1637] s. m. inv. • Specie di ventaglio usato per scacciare le mosche.
scacciapensièri [comp. di *scaccia(re)* e il pl. di *pensiero*; av. 1584] **A** s. m. inv. **1** (*mus.*) Piccolo strumento popolare, tipico della Sicilia, costituito da un telaio che si tiene fra i denti e da una linguetta metallica che si pizzica con un dito. ➡ ILL. **musica**. **2** (*raro, fig.*) Passatempo, svago. **B** anche in funzione di agg. inv. nel sign. A 2: *una serata s.*
♦**scacciàre** [da *cacciare*, con *s-*; 1260 ca.] v. tr. (*io scàccio*) **1** Mandare via bruscamente, cacciare via, fuori: *s. qlcu. di casa*; *s. le mosche*. **2** (*fig.*) Far dileguare, far passare: *s. le tenebre*; *s. la malinconia, la noia*. || PROV. Chiodo scaccia chiodo.
scacciàta [da *cacciata*, con *s-* intens.; 1735] s. f. • Atto dello scacciare. || **scacciatèlla**, dim. | **scacciatina**, dim.
scacciàto [1294] **A** part. pass. di *scacciare*; anche agg. • Nei sign. del v. **B** s. m. • †Bandito, esule.
scacciatóre [av. 1557] s. m.; anche agg. (f. *-trice*) • Chi (o Che) scaccia.
scaccino [da *scacciare*, col suff. *-ino* di mestiere; 1824] s. m. • Inserviente addetto alla pulizia della chiesa.
scàcco o (*lett.*) **iscàcco** [dal provz. *escac*, risalente, attraverso lo sp. e l'ar., al persiano *šāh* 're'. V. *scià*; sec. XIII] s. m. (pl. *-chi*; la forma letteraria *iscacco* è oggi usata solo se preceduta da *in*) **1** (*al pl.*) Antichissimo gioco d'origine indiana, con trentadue pezzi che si muovono nelle sessantaquattro caselle della scacchiera: *giocare agli scacchi*. **2** (*disus.*) Ciascuno dei pezzi del gioco degli scacchi. SIN. Pezzo. **3** Mossa della partita che minaccia un pezzo importante dell'avversario: *s. alla regina* | ***Dare s. matto al re***, mettere il re avversario nell'impossibilità di difendersi; V. anche *scaccomatto*. **4** (*fig.*) Insuccesso, sconfitta: *ricevere, subire, uno s.* | ***Tenere qlcu. in s.***, metterlo nell'impossibilità di agire, costringerlo in uno stato di inferiorità. **5** (*disus.*) Ciascuno dei riquadri della scacchiera. SIN. Casa. **6** (*est.*) Piccolo riquadro, quadretto: *stoffa a scacchi*; *lavorato, disegnato, a scacchi* | ***Vedere il sole a scacchi***, (*scherz.*) vederlo attraverso le inferriate, cioè essere in prigione. || **scacchétto**, dim.
scaccografìa [comp. di *scacco* e *-grafia*; 1930]

s. f. ● Trascrizione con numeri e sigle delle mosse di una partita a scacchi.

scaccogràmma [comp. di *scacco* e *-gramma*; 1959] s. m. (pl. *-i*) ● Rappresentazione grafica di un determinato momento di una partita a scacchi.

scaccolàre [da *caccola* (V.), con *s-*; 1872] **A** v. tr. (*io scàccolo*) ● (*pop.*) Togliere le caccole dal naso. **B** v. rifl. ● (*pop.*) Togliersi le caccole dal naso.

scaccomàtto o **scàcco màtto** [dal persiano ar. *šāh māt* 'il re è morto'. V. *scacco*; 1260 ca.] s. m. (pl. *scacchimàtti*) **1** Nel gioco degli scacchi, mossa con cui si mette l'avversario nell'impossibilità di difendersi ponendo fine alla partita. **2** (*fig.*) Sconfitta, insuccesso, completo e definitivo: *dare s. a qlcu.*

scaciàto [da *cacio*, con *s-*; sec. XVI] agg. **1** Nella loc. (*tosc.*) ***bianco s.***, bianchissimo. **2** (*centr.*) Trasandato, trascurato.

scadènte [1600] part. pres. di *scadere*; anche agg. **1** Nei sign. del v. **2** Di poco pregio, di qualità inferiore: *prodotto, merce, s.* SIN. Difettoso, imperfetto, mediocre. **3** Insufficiente, scarso: *voto, alunno, s.*; *è s. in matematica.*

scadènza [da *scadente*; 1818] s. f. **1** Termine di tempo in cui cessa di aver valore un documento, in cui si deve effettuare un pagamento, adempiere un'obbligazione e sim. **2** (*est.*) Pagamento da effettuare, obbligazione da adempiere, e sim.: *far fronte alle scadenze annuali.* **3** Periodo di tempo, più o meno lungo, entro il quale si verifica, o deve verificarsi, un determinato evento, spec. nelle loc. ***a breve s., a lunga s.***

scadenzàre [da *scadenza*; 1965] v. tr. (*io scadènzo*) ● Nel linguaggio burocratico, mettere a scadenza stabilendo la data entro cui dovrà essere compiuto un dato atto o alla cui scadenza dovrà essere riesaminata una data pratica.

scadenzàrio [da *scadenza*; 1875] s. m. ● Libro, schedario, raccolta di documenti e sim., disposti in modo da registrare in ordine cronologico le scadenze: *s. dei pagamenti*; *s. degli incassi.*

scadère [lat. parl. **excadēre* 'venir meno, cadere', rifacimento del classico *excĭdere* e comp. di *ĕx-* (*s-*) e **cadēre* per il classico *cădere* 'cadere'; sec. XIV] v. intr. (coniug. come *cadere*; aus. *essere*) **1** (+ *di*; + *in*) Declinare, perdere pregio, valore, stima, forza e sim.: *s. di qualità, di prezzo, di livello, di tono*; *s. nel credito, nell'opinione pubblica*; *s. nella salute.* **2** Giungere al tempo fissato di pagamento o di adempimento, detto di obbligazioni, contratti e sim.: *domani scade la cambiale* | Superare il limite massimo di validità o di durata: *la tua patente è scaduta*; *questo farmaco è scaduto.* **3** (*mar.*) Spostarsi lateralmente per effetto del vento o della corrente | Rimanere indietro rispetto a un'altra nave per minore velocità. **4** †Occorrere, accadere: *era … scaduta una differenza tra lui e i Sanesi* (COMPAGNI). **5** †Pervenire in eredità.

scadiménto [da *scadere*; av. 1348] s. m. ● Decadenza, declino: *lo s. delle arti, della nazione* | Calo, deterioramento: *s. di forma.*

scadùto [1312] part. pass. di *scadere*; anche agg. **1** Nei sign. del v. **2** Che ha superato il termine di validità: *passaporto s.*; *medicina scaduta.*

†**scàfa** [lat. *scăpha(m)* 'navicella, barchetta', dal gr. *skáphē*, da *skáptein* 'scavare'; av. 1292] s. f. ● Piccola barca in uso presso i Romani | Nel Medioevo, qualsiasi imbarcazione ausiliaria di un'unità maggiore. ‖ †**scafàccia**, pegg.

†**scafaiuòlo** s. m. ● Barcaiolo.

scafàndro [dal fr. *scaphandre* 'cintura di salvataggio', vc. dotta, comp. del gr. *skáphos* 'scafo' e *anḗr*, genit. *andrós* 'uomo'; 1775] s. m. ● Speciale indumento impermeabile dotato di dispositivi vari, che consente di operare in ambienti altrimenti incompatibili con la resistenza umana, cioè sott'acqua, nell'alta atmosfera, nello spazio, tra le fiamme, e sim.: *lo s. dei palombari, degli aviatori, degli astronauti, dei pompieri* | (*mar.*) ***S. metallico snodato***, usato in marina per immersioni fino a una profondità massima di 250 m.

scafàre [dial. rom. da *scafa* 'baccello', traslato di *scafa* 'bacino, barchetta'; 1846] **A** v. tr. **1** (*region.*) Sgusciare, togliere dal baccello. **2** (*region., est.*) Rendere meno rozzo, impacciato, goffo: *l'ambiente universitario lo scaferà.* **B** v. intr. pron. ● (*region.*) Acquistare spigliatezza, disinvoltura: *devi scafarti, ragazzo mio.*

scafàto [1966] part. pass. di *scafare*; anche agg. ● Nei sign. del v. | Scaltro, smaliziato.

scàffa [dal longob. *skafa* 'palco di tavole'; 1891] s. f. **1** (*region.*) Ripiano, scaffale. **2** (*sport*) Nell'alpinismo, specie di gradino praticabile formato dalla rientranza o dalla sporgenza di una parete rocciosa.

scaffalàre [1891] v. tr. **1** Munire di scaffali, spec. una parete, una stanza e sim. **2** Mettere negli scaffali: *s. i libri.*

scaffalàta [da *scaffalare*; 1891] s. f. ● Quantità di oggetti, spec. libri, che riempiono uno scaffale.

scaffalatùra [1891] s. f. **1** (*raro*) Lo scaffalare. **2** Serie di scaffali: *la s. è in legno bianco.*

♦**scaffàle** [da un desueto *scaffa*, dal longob. *skafa* 'palco di tavole'; 1618] s. m. ● Tipo di mobile, composto da una serie di ripiani sovrapposti sui quali si ripongono libri od oggetti di qualsiasi genere. ‖ **scaffalàccio**, pegg. | **scaffalétto**, dim. | **scaffalìno**, dim. | **scaffalóne**, accr.

scafìsta [1935] s. m. e f. (pl. m. *-i*) **1** (*mar.*) Operaio addetto alla manutenzione di scafi di navi o aerei. **2** Motoscafista.

scàfo [dal gr. *skáphos* 'carena, scafo', connesso con *skáptein* 'scavare', di orig. indeur. V. †*scafa*; 1612] s. m. **1** (*mar.*) Nelle navi, barche, idrovolanti e sim., l'insieme degli elementi che costituiscono quella parte cui è affidato il galleggiamento. ➡ ILL. p. 2155 SPORT. **2** (*est.*) Nucleo centrale corazzato di un carro armato, cannone semovente e sim., che contiene gli organi di comando e l'equipaggio. **3** (*est.*) Nello scarpone da sci, struttura che avvolge la scarpetta interna, di forma e rigidità appropriata per trasmettere i movimenti dei piedi agli sci. ➡ ILL. p. 2158 SPORT.

scàfo- [dal gr. *skáphos* 'scafo'] primo elemento ● In parole composte, indica forma o struttura simile a quella di una barca: *scafocefalo.*

-scàfo /s'kafo, skafo/ [dal gr. *skáphos* 'scafo, imbarcazione', da *skáptein* 'scavare'] secondo elemento ● In parole composte, indica natante, mezzo marino le cui caratteristiche sono specificate dal primo elemento: *aliscafo, batiscafo, motoscafo.*

scafocefalìa [da *scafocefalo*; 1874] s. f. ● (*med.*) Alterazione di forma del cranio che appare allungato in alto a forma di scafo.

scafocefàlico [1957] agg. (pl. m. *-ci*) ● (*med.*) Di scafocefalia.

scafocèfalo [comp. di *scafo-* e *-cefalo*; 1957] agg.; anche s. m. (f. *-a*) ● Che (o Chi) è affetto da scafocefalia.

scafòide [vc. dotta, dal gr. *skaphoeidḗs* 'a forma di barca', comp. di *skáphos* 'barca' e *-eidḗs* '-oide'; av. 1673] **A** s. m. ● (*anat.*) Nome di due ossa del carpo e del tarso | ***S. del carpo***, si articola col radio e con alcune ossa del carpo | ***S. del tarso***, si articola con l'astragalo e con le tre ossa cuneiformi. **B** anche agg.: *osso s.*

Scafòpodi [comp. di *scafo* e *-pode*; 1936] s. m. pl. (sing. *-e*) ● Nella tassonomia animale, classe di Molluschi marini con conchiglia conica o tubolare aperta alle due estremità, da cui sporgono assieme al piede cirri filiformi (*Scaphopoda*).

scagazzàre ● V. *scacazzare.*

†**scàggia** [vc. merid., della stessa orig. di *scabbia* (V.); 1340] s. f. ● Infermità, malattia.

scaggiàle ● V. *scheggiale.*

scagionàre [da *cagionare* 'incolpare' (V.), con *s-*; 1313] **A** v. tr. (*io scagióno*) ● Discolpare, scusare, giustificare. **B** v. rifl. ● Discolparsi: *scagionarsi da una colpa, da un'accusa.*

scàglia (**1**) [dal got. *skalja* 'scheggia, squama'; 1296] s. f. **1** (*zool.*) Ciascuna delle placchette ossee di varia forma, talora munite di spine, dalle quali è formato il dermascheletro dei pesci. **2** Ciascuna delle piastre di rivestimento nelle corazze e armature antiche. **3** (*est., gener.*) Falda, placca, frammento di spessore e dimensioni varie, spec. di forma appiattita: *scaglia di roccia, di pietra*; *scaglie metalliche*; *sapone in scaglie* | ***Tetto, cupola, a scaglie***, con disposizione delle tegole in file parallele, appoggiate e un poco sporgenti su quelle sottostanti | (*est.*) Scheggia che si stacca da pietra o metallo lavorati con martello e scalpello. **4** (*bot.*) Catafillo. **5** †Testuggine.

scàglia (**2**) [da *scagliare* (*1*); av. 1631] s. f. ● (*lett.* o †) Mitraglia: *sotto il nembo della nostra s. e della nostra fucileria* (VERGA).

scagliàbile [da *scagliare* (*1*); av. 1704] agg. ● (*raro*) Che si può scagliare.

scagliaménto [da *scagliare* (*1*); 1631] s. m. ● (*raro*) Lo scagliare.

scagliàre (**1**) [da *scaglia* (*1*); av. 1400] **A** v. tr. (*io scàglio*) **1** Lanciare lontano da sé, gettare via con forza: *s. sassi, pietre, frecce*; *stese una mano di sonnambulo, lo prese, mollemente lo scagliò* (MORAVIA). SIN. Proiettare, scaraventare, tirare. **2** (*fig.*) Dire, pronunciare con rabbia, ira: *s. insulti, ingiurie.* **B** v. rifl. **1** Avventarsi, gettarsi, lanciarsi: *scagliarsi contro qlcu., addosso a qlcu.* **2** (*fig.*) Inveire, aggredire con ingiurie, accuse e sim.: *si scagliò contro di noi con parole d'odio.*

scagliàre (**2**) [da *scaglia* (*1*); av. 1616] **A** v. tr. (*io scàglio*) **1** (*raro*) Levare le scaglie ai pesci. **2** Rompere in scaglie. **B** v. intr. pron. **1** Rompersi in scaglie. **2** Squamarsi, detto spec. dei pesci.

scagliatóre [da *scagliare* (*1*); av. 1704] s. m.; anche agg. (f. *-trice*) ● (*raro*) Chi (o Che) scaglia.

scagliòla o (*lett.*) **scagliuòla** [da *scaglia* (*1*); sec. XIV] s. f. **1** Polvere di gesso utilizzata variamente per la prontezza della presa | ***Lisciatura a s.***, finimento interno dell'intonaco di abitazioni con scagliola lisciata | Tipo di stucco usato un tempo a imitazione del marmo per paliotti d'altare, per piani di tavoli, mensole, cornici e sim. **2** Erba delle Graminacee a spiga nuda verde e bianca i cui semi si usano come mangime per gli uccelli (*Phalaris canariensis*).

scaglionaménto [da *scaglionare* (*1*); 1866] s. m. **1** Distribuzione a intervalli regolari: *lo s. delle ferie.* **2** (*mil.*) Ripartizione in profondità delle forze, per garantirne la sicurezza e per assicurare continuità ed elasticità all'azione.

scaglionàre (**1**) [da *scaglione* (*2*); 1872] v. tr. (*io scaglióno*) **1** Disporre a scaglioni: *s. le truppe* | Disporre a distanza, a intervalli opportunamente calcolati: *s. i pagamenti*; *s. le partenze per le vacanze.* **2** Distribuire in profondità truppe, organi logistici, opere di difesa.

scaglionàre (**2**) [da *scaglione* (*3*), con *s-*] v. tr. (*io scaglióno*) ● (*veter.*) Estrarre i denti scaglioni.

scaglióne (**1**) [da *scaglia* (*1*); 1306] s. m. **1** (*lett.*) Gradino, scalino: *vide il suo amico seduto sullo s. del marciapiede* (VERGA) | Ampio gradino sulle pendici di un monte o lungo una costa. **2** (*arald.*) Pezza formata da una banda e da una sbarra, moventi dagli angoli inferiori dello scudo, riunite e terminanti al centro. ‖ **scaglioncìno**, dim.

scaglióne (**2**) [da *scaglione* (*1*), con influenza del fr. *échelon* 'gradino'; 1831] s. m. **1** (*mil.*) Aliquota di forza che costituisce un'unità tattica o logistica | ***S. di marcia***, frazione di un'autocolonna in movimento per rendere più elastica e ordinata la marcia | Contingente di leva: *partire col secondo s.* | (*al pl.*) Liste di passamano ad angolo anticamente cucite sulle maniche per distintivo. **2** (*econ.*) Frazionamento del reddito imponibile in quote successive, ai fini dell'applicazione delle aliquote crescenti di un'imposta.

scaglióne (**3**) [da *scaglione* (*1*); av. 1320] s. m. ● (*zool.*) Ciascuno dei quattro denti canini degli equidi presenti normalmente nei soli maschi.

scaglióso [da *scaglia* (*1*); sec. XIV] agg. **1** Pieno di scaglie, fatto a scaglie: *pelle, superficie, scagliosa.* **2** Che si divide in scaglie: *pietre scagliose.*

scagliuòla ● V. *scagliola.*

scagnàre [da *cagna*, con *s-*; 1872] v. intr. (aus. *avere*) ● Abbaiare ritmicamente, acutamente, detto dei cani da séguito al primo sentire l'usta della selvaggina.

scàgno [lat. *scămnu(m)* 'scanno' attraverso i dial. sett. V. *scanno*; 1572] s. m. **1** †Scanno | Scanno del maestro vetraio che lavorava il vetro a caldo. **2** (*region.*) Banca, ufficio: *gli uffici, gli scagni, chiudevano alle cinque del pomeriggio* (MONTALE). ‖ †**scagnétto**, dim.

scagnòzzo [da *scagnare*, col suff. pegg. *-ozzo*; 1808] s. m. **1** Prete povero e privo di dignità che va in cerca di messe, elemosine, funerali, per guadagnare qlco. **2** (f. *-a*) (*est.*) Persona di scarso valore o di poca dignità. **3** (f. *-a*) (*spreg.*) Passivo esecutore di ordini al servizio di un personaggio potente. SIN. Tirapiedi.

♦**scàla** (**1**) [lat. *scāla(m)* 'scala, gradino', connesso con *scăndere* 'salire', di orig. indeur. V. *scandire*; sec. XIII] s. f. **I** Struttura fissa o mobile, a scalini o a pioli, che permette di superare a piedi un dislivello. **1** (*edil.*) Elemento architettonico, che fa parte integrante di un edificio a più piani, costruito in un apposito vano detto gabbia, costituito da una o più serie di scalini dette rampe, disposte secondo piani variamente inclinati, separate da pianerottoli se più di una, che consente di superare un dislivello posando il piede su elementi piani detti pedate: *s. di pietra, di marmo*; *s. larga, stretta, interna, esterna*; *s. ripida, pericolosa*; *s. principale*; *la ringhiera della s.*; *la tromba delle scale* | ***S. regia***, quella principale in un palazzo signorile | ***S. di sicurezza, s. antincendio***, costruita gener. all'estremità di edifici in cui possono essere presenti numerose persone, con accessi esterni sui vari pianerottoli allo scopo di facilitare il rapido sfollamento in caso di incendio | ***S. di servizio***, in un edificio provvisto di scala principale, quella riservata al passaggio di domestici, fornitori e sim. | ***S. a chiocciola***, scala elicoidale su pianta circolare, senza pozzo centrale, con pedate triangolari | ***S. alla marinara***, quella a rampe verticali, costituite da gradini di ferro murati in una parete | ***S. alla cappuccina***, quella costituita da una sola rampa in cui gli scalini hanno grande alzata e piccola pedata | ***S. a pozzo***, scala su pianta rettangolare o quadrata, a rampe separate da pianerottoli, nel mezzo della quale rimane uno spazio residuo detto pozzo o tromba | ***S. mobile***, scala a gradini articolati e mobili, destinata a trasportare rapidamente i passeggeri da un piano all'altro, in edifici a intenso traffico di persone. ***2*** (*al pl.*) Scalinata, insieme di rampe di scale: *salire, scendere le scale*; *ruzzolare, cadere per le scale, giù per le scale* | (*fam.*) ***Fare le scale***, salirle. ***3*** Apparecchio spostabile di legno, metallo e sim., costituito essenzialmente da due montanti paralleli collegati da una serie di pioli trasversali sui quali si poggia il piede: *s. a pioli*; *s. portatile* | ***S. a libretto***, quella che è costituita da una scala semplice incernierata superiormente con un telaio della stessa lunghezza e che, aprendosi, è capace di reggersi senza necessità di appoggi. **SIN.** Scaleo | ***S. di corda***, successione di staffe collegate lateralmente da una corda di nylon o da un cavetto di acciaio, usata spec. da alpinisti e speleologi | ***S. Porta, s. aerea***, scala retrattile, montata su un carro o su un autocarro, costituita da più tronchi che si sfilano successivamente mediante una fune rinviata da carrucole e avvolgentesi su un argano a mano o a motore | ***S. romana, all'italiana***, scala a pioli, gener. di legno, costituita da più tronchi conformati in modo che nell'estremità superiore di uno possa essere incastrata l'estremità inferiore del successivo, usata da vigili del fuoco, elettricisti e sim. per raggiungere notevoli altezze | ***S. a ganci***, scala a pioli, munita di grandi ganci di ferro e usata dai vigili del fuoco per salire ai piani superiori di un edificio dall'esterno | (*mar.*) ***S. reale, s. di dritta***, il barcarizzo di dritta sulle navi mercantili | (*mar.*) ***S. volante, a tarozzi***, biscaglina. ➡ **ILL. vigili del fuoco.** **II** Ogni strumento, dispositivo, struttura a forma o con funzione di scala. ***1*** ***S. di Caronte***, meccanismo che, nel teatro greco antico, permetteva agli attori di scendere sottoterra nella finzione scenica. ***2*** ***S. di monta, di risalita***, dispositivo costruito lungo un corso d'acqua, in corrispondenza di un ostacolo, per consentire ai pesci migratori di risalire la corrente. ***3*** (*anat.*) ***S. timpanica***, tratto inferiore del canale spirale della chiocciola dell'orecchio interno, comunicante con la cassa del timpano attraverso la finestra rotonda | ***S. vestibolare***, tratto superiore del canale spirale della chiocciola dell'orecchio interno, comunicante con il vestibolo. ***4*** (*sport*) ***S. svedese***, attrezzo ginnico simile a una scala a pioli, che può essere verticale per eseguire esercizi di salita o discesa, oppure orizzontale per eseguire esercizi di traslazione e rotazione con le braccia. ***5*** Nell'alpinismo, roccia a scaglioni | Nell'alpinismo, successione di cenge. **III** Successione regolare di valori o sempre crescente o sempre decrescente | Insieme di enti, qualità, oggetti, organismi e sim. ordinati dal meno al più complesso, dal meno al più importante o viceversa. ***1*** ***S. di misura, s. di misurazione***, in uno strumento di misura tarato mediante una graduazione, la parte dove si legge il valore della grandezza fisica: *s. della bilancia*; *s. del regolo calcolatore.* ***2*** (*biol.*) Prima dell'affermazione delle teorie evoluzionistiche, ordinamento degli esseri viventi secondo gradi crescenti e impercettibili di complessità strutturale, ma senza rapporto di discendenza. ***3*** (*econ.*) ***S. mobile dei salari, degli stipendi***, sistema in cui una parte o la totalità della retribuzione di un lavoratore dipendente varia al variare dell'indice del costo della vita secondo criteri convenzionali | (*econ.*) ***Economia di s.***, vantaggio che si ricava, in termini di risparmio di costi medi unitari di produzione, dall'adeguamento a dimensioni ottimali di un impianto, una fabbrica o un'azienda. ***4*** (*elettron.*) ***S. di sintonia***, in un radioricevitore sonoro o televisivo, scala su cui un indice solidale con la manopola di sintonia indica la frequenza o la lunghezza d'onda o il canale relativi al segnale ricevuto o che si vuole ricevere | (*disus.*) ***S. parlante***, in un radioricevitore, scala di sintonia che indica i nomi delle principali stazioni di radiodiffusione. ***5*** (*fig.*) ***S. di valori***, gerarchia di valori che serve come riferimento nei giudizi, nel comportamento e sim. ***6*** (*fis.*) ***S. di riferimento***, successione di numeri che fornisce, secondo un criterio convenzionale, il valore di una grandezza fisica | ***S. termometrica, s. della temperatura***, scala di misurazione della temperatura, definita o attribuendo valori convenzionali a due stati termici, detti punti fissi, di un materiale e stabilendo la regola di interpolazione fra essi o ricorrendo ai principi della termodinamica | ***S. Celsius, s. centigrada***, scala termometrica empirica, usata nella maggior parte dei Paesi europei, nella quale è attribuito valore 0 alla temperatura del ghiaccio fondente e valore 100 alla temperatura di ebollizione dell'acqua alla pressione di 1 atmosfera e l'intervallo fra i due punti fissi è diviso in 100 parti uguali, ciascuna delle quali è detta grado Celsius | ***S. Fahrenheit***, scala termometrica empirica, usata principalmente nei Paesi anglosassoni, nella quale è attribuito valore 32 alla temperatura del ghiaccio fondente e valore 212 alla temperatura di ebollizione dell'acqua alla pressione di 1 atmosfera e l'intervallo fra i due punti fissi è diviso in 180 parti uguali, ciascuna delle quali è detta grado Fahrenheit | ***S. Réaumur, s. ottantigrada***, scala termometrica empirica, ormai caduta in disuso, nella quale è attribuito valore 0 alla temperatura del ghiaccio fondente e valore 80 alla temperatura di ebollizione dell'acqua alla pressione di 1 atmosfera e l'intervallo fra i due punti fissi è diviso in 80 parti uguali, ciascuna delle quali è detta grado Réaumur | ***S. Kelvin, s. assoluta di temperatura***, scala termometrica termodinamica nella quale è attribuito valore 273,15 alla temperatura del ghiaccio fondente e valore 373,15 alla temperatura di ebollizione dell'acqua alla pressione di 1 atmosfera, l'intervallo fra i due punti fissi è diviso in 100 parti uguali ciascuna delle quali è detta grado kelvin, e lo zero coincide con lo zero assoluto. ➡ **TAV. temperatura (scale della)** ➡ **TAV. mare (scala del).** ***7*** (*geogr.*) ***S. di riduzione***, in cartografia, rapporto fra una lunghezza misurata sulla carta, detta lunghezza grafica, e la corrispondente lunghezza reale ridotta all'orizzonte, detta lunghezza oggettiva | ***S. numerica***, in cartografia, scala di riduzione espressa sotto forma di frazione avente come numeratore uno e come denominatore il numero per cui si deve moltiplicare la lunghezza misurata sulla carta per ottenere la lunghezza reale: *s. di uno a venticinquemila, a centomila*; *rappresentare in s.*; *riproduzione in s.* | ***S. grafica***, in cartografia, segmento di retta suddiviso in centimetri o in millimetri e recante le indicazioni delle corrispondenti lunghezze reali | (*est., fig.*) ***Su larga s., su piccola s., su scala ridotta***, in grande, in piccolo, in proporzioni minori | ***S. della latitudine, della longitudine***, in una carta geografica, ciascuna delle due graduazioni uguali stampate lungo i margini verticali od orizzontali e riportanti rispettivamente i valori della latitudine e della longitudine. ***8*** (*geol.*) ***S. sismica, s. dei terremoti***, scala di intensità dei terremoti | ***S. Mercalli***, scala sismica suddivisa in 12 gradi, nella quale l'intensità di un terremoto in una certa zona è definita in base ai suoi effetti prodotti sugli edifici presenti in quella particolare zona ed è quindi indipendente dalle caratteristiche intrinseche del terremoto stesso | ***S. Richter***, suddivisa in 9 gradi, per valutare l'intensità dei terremoti. ➡ **TAV. terremoti (scala dei).** ***9*** (*giochi*) Nel gioco del poker, serie di cinque carte di valore crescente. **SIN.** Sequenza | ***S. reale***, se le cinque carte in scala sono dello stesso seme | ***S. quaranta***, gioco di carte simile al ramino. ***10*** (*ing.*) ***Effetto di s.***, in ingegneria, spec. navale e aeronautica, influenza perturbatrice che ha sul prototipo l'avere trascurato nel modello alcuni fattori relativi alle grandezze che intervengono nei fenomeni studiati. ***11*** (*mat.*) Successione o crescente o decrescente di numeri reali | ***S. graduata***, ente unidimensionale, gener. una retta, su cui è stabilita una graduazione, ossia un sistema di ascisse | ***S. metrica***, scala graduata in cui gli intervalli fra graduazioni corrispondenti sono uguali a uno stesso segmento o a sottomultipli decimali del segmento stesso | ***S. funzionale***, con riferimento a una funzione di una variabile, scala metrica a ciascun punto della quale è associato il valore che la funzione assume in tale punto | ***S. logaritmica***, scala funzionale di una funzione logaritmica | ***S. dei quadrati, dei cubi***, in un regolo calcolatore, la scala che permette di calcolare, rispettivamente, il quadrato o il cubo di un dato numero. ***12*** (*meteor.*) ***S. di Beaufort, s. dei venti, s. del vento***, scala numerica della forza del vento, suddivisa in 17 gradi legati alla velocità media del vento, dalla calma all'uragano. ➡ **TAV. vento (scala del).** ***13*** (*miner.*) ***S.*** (***di***) ***Mohs***, scala di durezza all'incisione dei minerali, formata da dieci minerali posti in corrispondenza con i primi dieci numeri naturali, costituenti la misura convenzionale della durezza, e tali che ciascuno scalfisce i precedenti ed è scalfito dai successivi. ➡ **TAV. minerali (scala di durezza dei).** ***14*** (*mus.*) ***S. musicale***, serie di note in ordine progressivo rispetto all'altezza, dal grave all'acuto, nei limiti di un'ottava, che caratterizza un sistema musicale | ***S. cromatica***, V. *cromatico* | ***S. esatonale***, V. *esatonia* | ***S. maggiore***, V. *maggiore* | ***S. minore***, V. *minore* | ***S. naturale***, V. *naturale* | ***S. temperata***, V. *temperato* | ***Fare le scale***, eseguirle per esercizio su uno strumento. **SIN.** Gamma. ➡ **ILL. musica.** ➡ **TAV. musica.** ***15*** (*ottica*) ***S. dei colori***, successione di colori ordinati dal più chiaro al più scuro. **SIN.** Gamma. ***16*** (*sport*) ***S. delle difficoltà***, in alpinismo, classificazione delle difficoltà di un'ascensione secondo gradi convenzionali successivi, dal meno al più difficile. ***17*** (*psicol.*) ***S. mentale***, serie di test di intelligenza, disposti in ordine di difficoltà, usata per valutare le capacità intellettive. || **scalàccia**, **pegg.** | **scalèlla**, **dim.** (V.) | **scalétta**, **dim.** (V.) | **scalóne**, **accr. m.** (V.).

SCALA
nomenclatura

scala

● *caratteristiche*: buia, scomoda ⇔ comoda, agevole, larga ⇔ stretta, ripida, salda, sicura ⇔ pericolante, pericolosa; interna ⇔ esterna, fissa ⇔ mobile, portatile; principale, regia, d'onore ⇔ di servizio; di sicurezza, antincendio;

● *tipi di scala*: scalone, scalinata, gradinata, scalera, scala mobile, a cassetta, a chiocciola, a pioli, a sdrucciolo, a pozzo, a libretto = scaleo, alla marinara, alla cappuccina, romana = all'italiana, aerea, a ganci, volante = a tarozzi = biscaglina; reale = di dritta; di corda, di legno, di ferro, di ghisa, di marmo, di pietra;

● *parti della scala*: gradino = scalino, alzata = frontalino, pedata, pianerottolo, rampa, tromba = pozzo, lucernario, ringhiera, guardamano = corrimano, sottoscala; piolo, cavicchio.

†**scàla (2)** [f. di *scalo* (V.)] **s. f.** ● Luogo di approdo, porto, scalo: *fare s.*, prendere porto.

†**scalabróne** ● V. *calabrone*.

†**scalaménto** [da *scalare* (2); av. 1502] **s. m.** ● (*raro*) Scalata.

scalàndo [gerundio di *scalare* (2); 1959] **s. m. inv.** ● (*borsa*) Condizione di prezzo per cui la vendita o l'acquisto sono eseguiti in due o più volte, a prezzi progressivamente migliori.

scalandróne [dal gr. *skálanthron* 'pertica', connesso con *skaléuein* 'smuovere, sarchiare', avvicinato a *scala*; 1889] **s. m.** ***1*** (*mar.*; *disus.*) Banchina inclinata che si prolunga in acqua per agevolare il varo o l'alaggio di imbarcazioni. ***2*** (*mar.*) Passerella mobile fra la nave e la terra per carico e scarico di merci o passeggeri.

†**scalappiàre** [da *calappio* (V.), con *s-*; 1319] **A v. tr.** (*io scalàppio*) ● (*raro*) Liberare dal calappio. **B v. rifl.** ● (*raro*) Liberarsi, sciogliersi da ciò che trattiene, impedisce.

scalàre (1) [vc. dotta, dal lat. *scalāre(m)* 'di scala, di gradino', da *scāla* 'scala'; 1858] **A** agg. *1* Fatto, disposto a scala | (*fig.*) Graduato. *2* (*mat.*) Detto di grandezza, individuata solo da un numero reale, spec. in contrapposizione a grandezza vettoriale | ***Funzione s.***, funzione della posizione e del tempo il cui valore in ciascun punto è uno scalare, in contrapposizione a funzione vettoriale. *3* (*banca*) Detto di metodo per la tenuta di conti correnti, in base al quale gli interessi sono calcolati sui saldi e per il periodo di tempo intercorrente fra la scadenza di una operazione e quella della successiva | ***Forma s.***, di conto in cui i capitali a debito e a credito sono rilevati in un'unica colonna ed accompagnati dal relativo segno. || **scalarménte**, avv. Gradualmente, a scala. **B** s. m. *1* (*mat.*) Grandezza scalare | Funzione scalare. *2* (*banca*) Prospetto per il calcolo degli interessi nei conti correnti bancari.

♦**scalàre** (2) [da *scala* (*1*); av. 1388] v. tr. *1* Salire, spec. per mezzo di una scala, fino alla sommità: *s. le mura, una fortezza*. *2* (*sport*) In alpinismo, salire in arrampicata, effettuare una ascensione: *s. la parete nord del Cervino*. *3* Detrarre, diminuire | ***S. un debito***, estinguerlo con pagamenti rateali. *4* Disporre in ordine decrescente: *s. i capelli, i colori*.

scalàre (3) [da *scalo*; 1983] v. intr. (aus. *essere*) ● (*raro*) Fare scalo | Sostare.

scalària [da *scala* (*1*), per la forma della conchiglia, sul modello del lat. *scalārius*, da *scāla*; 1932] s. f. ● Mollusco gasteropodo dei mari tropicali con conchiglia a forma di torre (*Scalaria praetiosa*).

scalarifórme [comp. di *scalare* (*1*) e *-forme*; 1959] agg. ● A forma di scala.

scalàta [da *scalare* (*2*); 1614] s. f. *1* Azione dello scalare: *dare la s. alle mura della città, a una fortezza* | (*fig.*) Serie di attività volte a raggiungere un obiettivo, a ottenere qlco.: *dare la s. al potere, al governo* | (*econ.*) ***Dare la s. a un titolo***, rastrellarne sul mercato il maggior quantitativo possibile al fine di assicurarsi il controllo della società. *2* (*sport*) In alpinismo, arrampicata, ascensione | Nel ciclismo, superamento di un percorso in salita.

scalatóre [da *scalare* (*2*); 1447] s. m. (f. *-trice*) *1* Chi scala. *2* (*sport*) In alpinismo e nel ciclismo, arrampicatore. *3* (*econ.*) Chi tenta di acquisire il controllo di una società con il rastrellamento di azioni sul mercato o con offerte pubbliche di acquisto.

scalcagnàre [da un desueto *calcagnare*, da *calcagno*, con *s-*; sec. XIV] **A** v. tr. ● Pestare col calcagno | Rovinare nella parte del calcagno: *s. le scarpe*. **B** v. intr. (aus. *avere*) ● Battere i calcagni l'uno contro l'altro.

scalcagnàto [1618] part. pass. di *scalcagnare*; anche agg. *1* Nei sign. del v. *2* Che ha i calcagni consumati, che è senza calcagno, detto di scarpa: *scarpe vecchie e scalcagnate*. *3* (*est.*) Male in arnese, malridotto, detto di cosa o persona: *una vecchia auto scalcagnata*; *un poveraccio tutto s.* SIN. Scalcinato, sgangherato. || **scalcagnataménte**, avv.

†**scalcàre** (1) [da *calcare* (*1*), con *s-*] v. tr. ● Calcare, pestare.

scalcàre (2) [da *scalco*; 1805] v. tr. (*io scàlco, tu scàlchi*) ● Trinciare le carni cotte per servirle in tavola.

†**scalcheggiàre** [comp. di †*scalcare* (*1*) e *-eggiare*] **A** v. intr. ● Scalciare, recalcitrare. **B** v. tr. ● (*raro*) Maltrattare: *sicch'ogni villanel te non scalcheggi* (SACCHETTI).

†**scalcherìa** [da *scalco*; av. 1698] s. f. ● Arte, tecnica dello scalco | Luogo di scalco delle carni.

scalciàre [da *calciare*, con *s-*; av. 1712] v. intr. (*io scàlcio*; aus. *avere*) ● Tirare calci, detto spec. di animali.

scalciàta [1957] s. f. ● Lo scalciare.

scalcinàre [da *calcina*, con s-; av. 1400] **A** v. tr. ● Togliere la calcina dai muri. **B** v. intr. pron. ● (*raro*) Perdere la calcina: *il muro si scalcina per l'umidità*.

scalcinàto [av. 1574] part. pass. di *scalcinare*; anche agg. *1* Nel sign. del v. *2* (*fig.*) Malridotto, in cattivo stato, trasandato: *appartamento s.*; *Era ritornato a Trieste senza un soldo e s.* (SVEVO). || **scalcinataménte**, avv.

scalcinatùra [1827] s. f. ● Lo scalcinare, lo scalcinarsi | Parte scalcinata: *le scalcinature del muro*.

scàlco [dal longob. *skalk* 'servo'. V. *siniscalco*; 1481] s. m. (pl. *-chi*) *1* Servo incaricato di trinciare le vivande alla mensa dei signori medievali e rinascimentali | (*est.*) Maggiordomo, direttore di mensa. SIN. Trinciante (1). *2* Nell'antica corte pontificia, cameriere che presiedeva alla mensa del Papa. *3* (*raro*) Atto dello scalcare, nel sign. di *scalcare* (*2*): *coltello da s.*

scaldaàcqua o **scaldàcqua** [comp. di *scalda(re)* e *acqua*; 1949] s. m. inv. ● Apparecchio per scaldare acqua, impiegato per usi industriali o domestici: *s. a gas, elettrico, istantaneo* | ***S. ad accumulazione***, boiler.

scaldabàgno [comp. di *scalda(re)* e *bagno*; 1922] s. m. (pl. *scaldabàgno* o *scaldabàgni*) ● Scaldaacqua di uso domestico.

scaldabànchi [comp. di *scalda(re)* e il pl. di *banco*; 1959] s. m. e f. inv. ● Alunno disattento, svogliato, negligente.

scaldàcqua ● V. *scaldaacqua*.

scaldalètto [comp. di *scalda(re)* e *letto*; av. 1535] s. m. (pl. *scaldalètti* o *scaldalètto*) ● Un tempo, pentola di rame contenente braci, oppure bottiglia con acqua calda, o anche intelaiatura (detta *prete* o *trabiccolo*) contenente uno scaldino o sim. per scaldare il letto; oggi, specie di disco riscaldato elettricamente.

scaldamàni o **scaldamàno** [comp. di *scalda(re)* e *mano*; 1565] s. m. inv. *1* Piccolo oggetto in cui viene accumulato calore con sistemi diversi, usato per scaldarsi le mani. *2* Gioco da ragazzi che si fa tra due o più persone, mettendo le mani a vicenda una sopra l'altra e battendo forte, quando si sovrappone l'ultima in basso alla prima in alto.

scaldaménto [da *scaldare*; av. 1698] s. m. ● (*raro*) Riscaldamento.

scaldamùscoli [comp. di *scalda(re)* e il pl. di *muscolo*; 1983] s. m. inv. ● Specie di calza pesante, gener. di lana, senza piede, che va dalla caviglia al ginocchio o poco oltre, usata da ballerini, ginnasti e sim. durante gli allenamenti.

scaldapànche [comp. di *scalda(re)* e il pl. di *panca*; 1863] s. m. e f. inv. ● Scaldabanchi.

scaldapiàtti [comp. di *scalda(re)* e del pl. di *piatto*; 1892] s. m. inv. ● Apparecchio, di tipo e funzionamento vari, per scaldare i piatti da portare in tavola e talvolta le vivande stesse. CFR. Scaldavivande.

scaldapièdi [comp. di *scalda(re)* e il pl. di *piede*; 1561] s. m. inv. ● Recipiente di forma e materiale vari usato per scaldarsi i piedi: *s. a brace, ad acqua bollente, elettrico*.

scaldaràncio [comp. di *scalda(re)* e *rancio*; 1918] s. m. ● Cartuccia combustibile ideata durante la prima guerra mondiale e distribuita ai soldati per scaldare il rancio in pochi minuti.

♦**scaldàre** [lat. tardo *excaldāre* 'riscaldare', da *cāl(i)dus* 'caldo', con *ĕx-* (*s-*); sec. XIII] **A** v. tr. *1* Rendere caldo o più caldo: *s. l'acqua, il letto, il ferro da stiro* | ***S. la sedia, il posto, il banco***, e sim., di impiegati o studenti oziosi e svogliati. *2* (*fig.*) Accendere, agitare, eccitare: *s. la testa*; *l'entusiasmo lo scalda subito*. **B** v. rifl. ● Procurarsi calore: *scaldarsi al fuoco, al sole*; *scaldarsi camminando*. **C** v. intr. pron. *1* Divenire caldo o più caldo: *la stanza comincia a scaldarsi*. *2* (*fig.*) Eccitarsi, appassionarsi: *tutto il teatro si scaldò a quella vista* | Accalorarsi: *scaldarsi nel discutere* | Irritarsi, perdere il controllo di sé stesso: *su, non scaldarti tanto!*; *è un tipo che si scalda in fretta*. **D** v. intr. (aus. *avere*) *1* Raggiungere un calore eccessivo: *il ferro da stiro scalda troppo*. *2* Procurare calore: *oggi il sole scalda*.

scaldasèggiole [comp. di *scalda(re)* e il pl. di *seggiola*; 1872] s. m. e f. inv. ● Persona che partecipa passivamente a lezioni, lavori, spettacoli e sim. | Persona oziosa.

scaldàta [1872] s. f. ● Atto dello scaldare, spec. in fretta e una volta: *dare una s. al brodo*. || **scaldatina**, dim.

scaldavivànde [comp. di *scalda(re)* e il pl. di *vivanda*; av. 1557] s. m. inv. ● Apparecchio, di forma e funzionamento vari, per tenere in caldo le vivande che si servono in tavola.

scàldico [1819] agg. (pl. m. *-ci*) ● Di scaldo, degli scaldi.

scaldìglia [da *scaldare*] s. f. ● Qualunque recipiente metallico riempito d'acqua calda e usato, spec. in passato, per riscaldare la persona.

scaldìno [da *scaldare*; 1754] s. m. ● Recipiente di rame, terracotta o sim. riempito di braci e usato, spec. in passato, per scaldarsi le mani o riscaldare il letto. || **scaldinàccio**, pegg. | **scaldinóne**, accr. | **scaldinùccio**, dim.

scàldo [dall'ant. nordico *skald* 'rapsodo', di etim. incerta; 1789] s. m. ● Presso gli antichi scandinavi, poeta di corte.

scalducciàrsi [da *calduccio* 'un po' caldo', con *s-*; 1858] v. rifl. (*io mi scaldùccio*) ● (*fam.*) Scaldarsi alquanto | Starsene al calduccio.

scalèa [lat. parl. **scalēria*, var. di *scalāria* 'scala', nt. pl. sost. di *scalārius*, da *scāla* 'scala (1)'; 1313] s. f. ● Scala monumentale all'aperto, con funzione urbanistica, che dà accesso a una chiesa, a un edificio architettonicamente notevole, a un parco e sim.

scalèlla [propr. dim. di *scala* (*1*)] s. f. ● (*caccia*) Piccola scala di legno usata nei capanni e nei roccoli, per appendere gabbie e sim. | Scalini di discesa per entrare in un capanno o paretaio.

scalèno [vc. dotta, lat. tardo *scalēnu(m)* 'scaleno', dal gr. *skalēnós* 'disuguale, zoppicante', di orig. indeur.; av. 1572] agg. *1* (*mat.*) Detto di triangolo con i tre lati disuguali o di trapezio con i lati a due a due disuguali. ➡ ILL. **geometria**. *2* (*anat.*) Detto di tre muscoli del collo tesi dalle vertebre cervicali alle prime due coste.

scalenoèdro [comp. di *scaleno* e *-edro*; 1875] s. m. ● Solido geometrico le cui dodici facce sono triangoli scaleni uguali | In cristallografia, una delle forme semplici di cristalli.

scalèo [lat. parl. **scalēriu(m)*, variante di *scalārius* 'a scala', da *scāla* 'scala (1)'; 1319] s. m. *1* Scala a pioli doppia e incernierata nella parte superiore, quindi apribile e capace di reggersi senza bisogno di appoggi. SIN. Scala a libretto | Mobile di legno o metallo a due o tre scalini con larghi ripiani per tenervi vasi di fiori o per arrivare ai palchetti superiori di una scaffalatura di negozio, magazzino, biblioteca. *2* †Scala, scalea.

scalèra [forma sett. di *scalea* (V.); av. 1742] s. f. ● Scala diramata in due rampe semicircolari.

scalessàre [da *calesse*, con *s-*; av. 1850] v. intr. ● (*lett.*) Andare girando qua e là in calesse.

scalétta [1959] s. f. *1* Dim. di *scala* (*1*). *2* Primo e schematico abbozzo di elaborazione cinematografica, televisiva e sim.; CFR. Trattamento, nel sign. 4. *3* Abbozzo scritto di un discorso, relazione e sim. che ne individua gli argomenti essenziali in maniera rapida e sommaria. *4* (*fam.*) Disuguaglianza nel taglio dei capelli. || **scalettina**, dim.

scalettàre [1879] v. tr. (*io scalétto*) ● Tagliare o disporre a scaletta.

scalfàre [metatesi di **sfalcare*, dal longob. *falkan* 'spogliare, togliere', con *s-* (?); sec. XIV] v. tr. ● Allargare lo scalfo della manica.

scalferòtto o **scalfaròtto** [da *scalfare*; 1606] s. m. ● (*region.*) Pantofola con pelo, calzatura di lana per stare caldo.

†**scalficcàre** [sovrapposizione di *ficcare* a un deriv. dal lat. tardo *scarificāre*, prob. prestito dal gr. *skariphâesthai* 'scalfire', dalla radice indeur. che genera anche il lat. *scrībere* 'scrivere' (V.). V. *scalficcare*, *scarificare*] v. tr. ● Scalfire.

scalfìre [di etim. discussa: dal lat. parl. **scalfire*, variante di *scarifāre* 'incidere' (?). V. *scalficcare*, *scarificare*; av. 1604] v. tr. (*io scalfisco, tu scalfisci*) ● Incidere, intaccare alla superficie (*anche fig.*): *il chiodo ha scalfito il cristallo*; *quelle calunnie non hanno nemmeno scalfito la sua reputazione* | Ferire leggermente: *la scheggia gli ha scalfito il braccio*.

scalfìto o **scalfitto** [1441] **A** part. pass. di *scalfire*; anche agg. ● Nei sign. del v. **B** s. m. ● †Scalfittura.

scalfittùra [sec. XIV] s. f. ● Lo scalfire | Lesione superficiale: *uscì dall'incidente con qualche s.*

scalfo [da *scalfare* (V.); 1965] s. m. ● Parte della manica che si attacca alla spalla.

scalificio [comp. di *scala* e *-ficio*; 1970] s. m. ● Fabbrica di scale.

scalìgero [vc. dotta, dal lat. mediev. *Scalīgeru(m)* 'colui che porta (*-gerus*, da *gĕrere* 'portare') la scala', latinizzazione del cognome dei signori *Della Scala*; 1892] agg. *1* Che si riferisce ai Della Scala, signori di Verona nei secc. XIII e XIV. *2* (*est.*) Di Verona: *la città scaligera*. *3* Che si riferisce al teatro della Scala di Milano: (così chiamato perché fatto costruire sull'area della chiesa di S. Maria della Scala): *le serate scaligere.*

scalinàre [da *scalino*; 1934] v. tr. ● (*sport*) In alpinismo, gradinare.

scalinàta [da *scalino*; 1617] s. f. ● Scala di notevoli dimensioni, che dà accesso a un edificio di importanza architettonica.

scalinatùra [da *scalinare*; 1959] s. f. ● (*sport*) In alpinismo, gradinamento.

♦**scalino** [da *scala* (*1*); sec. XIV] s. m. *1* Elemento costruttivo di cui si compone la scala, composto da un tratto piano orizzontale o *pedata* e uno verticale o *alzata* corrispondente a un passo umano in salita. *2* (*sport*) In alpinismo, gradino. *3* (*fig.*) Grado, condizione: *scendere di uno s. nella scala sociale.* || **scalinétto**, dim. | **scalinóne**, accr.

scalmàna o †**scarmàna** [da *calma*, con *s-*; 1688] s. f. *1* (*pop.*) Raffreddore, malessere, causato da brusco raffreddamento dopo essersi riscaldato correndo o affaticandosi | Vampata di calore al viso. *2* (*fig.*) Infatuazione, entusiasmo eccessivo: *prendersi una s. per qlcu. o per qlco.* || **scalmanàccia**, pegg.

scalmanàrsi [da *scalmana*; 1688] v. intr. pron. *1* Affaticarsi, sudare, nel correre, nel fare qlco. in fretta e sim. *2* (*fig.*) Agitarsi, darsi da fare con grande impegno: *non scalmanarti a cercarlo* | Scaldarsi, accendersi, nel parlare: *non si scalmani tanto, per favore.*

scalmanàta s. f. ● Grande agitazione, fatica e sim.

scalmanàto [1546] **A** part. pass. di *scalmanarsi*; anche agg. ● Nei sign. del v. **B** s. m. (f. *-a*) ● Persona turbolenta, fanatica, sfrenata: *un gruppo di scalmanati provocò l'incidente.*

scalmanatùra [av. 1698] s. f. ● Lo scalmanarsi | Scalmana: *è una s. passeggera.*

scalmièra [da *scalmo*; 1813] s. f. ● Incavo o forcella di metallo inserita sul bordo di una imbarcazione, in cui viene appoggiato il remo senza essere assicurato con un legaccio.

scalmière [1930] s. m. ● (*mar.*) Scalmiera.

scàlmo o †**scàrmo** [lat. *scălmu(m)* 'scalmo', dal gr. *skalmós*, connesso con *skállein* 'scavare', di orig. indeur.; av. 1470] s. m. *1* Caviglia di legno o metallo cui è legato il remo mediante uno stroppo | *S. a forcella*, forcella articolata in metallo che accoglie il remo. *2* Nella costruzione in legno, elemento che fa parte delle coste di una nave in prolungamento degli staminali o dei madieri | *Fuori s.*, outrigger.

scàlo [da *scalare* (*2*); av. 1764] s. m. *1* Piano inclinato verso l'acqua per varare le navi o tirarle in secca | *S. di alaggio*, su cui si ala una nave per ripararla o pulirla | *S. coperto*, cantiere con tutte le sue attinenze | *S. scoperto*, piano inclinato senza tettoia, costruito per le costruzioni navali | *S. fisso*, scalandrone. *2* (*est.*) Complesso di attrezzature necessarie all'arrivo, alla sosta e alla partenza di merci e passeggeri, in stazioni ferroviarie, porti e aeroporti | *S. merci*, in una stazione o in un porto, complesso dei piani caricatori, magazzini, binari di carico e scarico e uffici per tutte le operazioni relative al traffico delle merci | *S. aereo*, aeroscalo. *3* Fermata intermedia per imbarcare o sbarcare passeggeri o merci, per fare rifornimento e sim.: *volo senza s.*; *fare s. in un porto* | *S. tecnico*, per operazioni tecniche e non commerciali. *4* Luogo in cui si fa scalo: *questo è l'ultimo s. prima della grande traversata.*

scalòccio [da *scala* (*1*); 1614] **A** s. m. ● (*mar.*) Scala non molto grande, nella galea | *Remo a s.*, remo lungo maneggiato, nelle galee, da più uomini disposti a scala. **B** anche agg. (pl. f. *-ce*): *remo s.*

scalógna (1) o (*pop.*) **scarógna** [di etim. discussa: dal lat. *calŭmnia(m)* 'raggiro, frode', con *s-*. V. *calunnia*; 1898] s. f. ● Iettatura, sfortuna: *che s.!*; *avere s.*; *portare s.*

scalógna (2) [1546] s. f. ● Scalogno.

scalognàto o (*pop.*) **scarognàto** [da *scalogna* (*1*); 1892] agg. ● Sfortunato, disgraziato: *quello per noi fu un periodo veramente s.*

scalógno [dal lat. *ascalōnia(m)*, ellitt. per *Ascalōnia cēpa* 'cipolla di Ascalonia', città della Palestina; 1353] s. m. ● Liliacea originaria dell'Asia Minore, con foglie a lesina e fiori rossi, il cui bulbo, dall'odore simile a quello della cipolla, è usato in cucina (*Allium ascalonicum*).

scalóne [da *scala* (*1*); 1819] s. m. *1* Accr. di *scala*. *2* Scala interna di palazzo, di grandi e imponenti proporzioni.

scàlopo [vc. dotta, dal gr. *skálops*, genit. *skálopos* 'talpa', connesso con *skállein* 'scavare, frugare', di orig. indeur.] s. m. ● Mammifero americano molto simile alla talpa, eccellente scavatore (*Scalopus aquaticus*).

scalòppa [dal fr. *escalope*, prob. dall'ingl. *scallop*, risalente, attraverso l'ant. fr. *escalope* 'guscio', al medio ol. *scholpe*; 1895] s. f. ● Scaloppina.

scaloppìna [da *scaloppa*; 1884] s. f. ● Fettina di carne di vitello, cotta a fuoco vivo talora con aggiunta di vino: *scaloppine al marsala.*

scalpàre [1942] v. tr. *1* Privare dello scalpo. *2* (*med.*) Produrre uno scalpo.

scalpellàre o (*pop.*) **scarpellàre** [lat. tardo *scalpellāre* 'incidere', da *scalpĕllum* 'scalpello'; av. 1320] v. tr. (*io scalpèllo*) *1* Lavorare con lo scalpello per incidere, intagliare, scheggiare e sim.: *s. il marmo, la pietra* | *S. un'iscrizione*, cancellarla con lo scalpello. *2* (*chir.*) Incidere, modellare con lo scalpello.

scalpellàto part. pass. di *scalpellare* ● Nei sign. del v.

scalpellatóre o (*pop.*) **scarpellatóre** [sec. XIV] **A** s. m.; anche agg. (f. *-trice*) ● (*raro*) Chi (o Che) scalpella. **B** s. m. ● In siderurgia, sbavatore.

scalpellatùra o (*pop.*) **scarpellatùra** [av. 1472] s. f. ● Lo scalpellare | Lavoro di scalpello.

scalpellinàre o (*pop.*) **scarpellinàre** [da *scalpellino*; 1872] v. tr. ● (*tosc.*) Scalpellare.

scalpellìno o (*pop.*) **scarpellìno** [da *scalpello*, col suff. di mestiere *-ino*; 1520] s. m. (f. *-a*) *1* Operaio che lavora pietre e marmo con lo scalpello. *2* (*spreg.*) Scultore privo di abilità.

scalpèllo o (*pop.*) **scarpèllo** [lat. *scalpĕllu(m)*, dim. di *scălprum* 'lancetta, scalpello', connesso con *scălpere* 'grattare', di etim. incerta; av. 1320] s. m. *1* Utensile da taglio in acciaio, usato nella lavorazione a mano di legni, pietre e metalli, su cui si picchia col martello: *s. da muratore*; *s. per metalli* | *S. da falegname, per legno*, con taglio unghiato e manico di legno. *2* Strumento usato dallo scultore | (*anton.*) *Arte dello s.*, la scultura | *Lavoro, opera di s.*, scultura | (*est.*) *Un valente s.*, un valente scultore. *3* (*chir.*) Strumento tagliente per operare sulle ossa o sulle formazioni dure. *4* Attrezzo usato per perforare pozzi, spec. petroliferi: *s. a diamanti*; *s. a rulli conici.* || **scalpellétto**, dim. | **scalpellóne**, accr. | **scalpellùccio**, dim.

scalpicciaménto [av. 1320] s. m. ● Lo scalpicciare | Rumore che si fa scalpicciando.

scalpicciàre o †**calpicciàre**, (*pop.*) **scarpicciàre** [connesso con *scalpitare*, con sovrapposizione di *pesticciare* (?); av. 1320] **A** v. tr. (*io scalpìccio*) *1* (*lett.*) Calpestare ripetutamente con i piedi | †*S. un luogo*, frequentarlo. *2* (*raro, lett.*) Maltrattare. **B** v. intr. (aus. *avere*) ● Camminare strisciando i piedi sul pavimento, con movimento rapido e leggero.

scalpìccio o (*pop.*) **scarpìccio** [1353] s. m. ● Lo scalpicciare continuo | Rumore che si fa scalpicciando.

scalpitaménto [av. 1363] s. m. ● (*raro*) Lo scalpitare: *[lo] s. de' cavalli ansanti* (PASCOLI).

scalpitànte [1807] part. pres. di *scalpitare*; anche agg. ● Nei sign. del v.: *cavallo s.* | (*fig.*) Irrequieto, impaziente di fare qlco.

scalpitàre o †**calpitàre** [lat. parl. **scalpitāre*, freq. di *scălpere* 'grattare', di etim. incerta; 1336 ca.] **A** v. tr. (*io scàlpito*) †Calpestare: *le rugiadose erbe con lento passo scalpitando* (BOCCACCIO). *2* (*fig.*) †Opprimere. **B** v. intr. (aus. *avere*) ● Pestare il terreno con gli zoccoli, in segno di impazienza o irrequietezza, detto spec. del cavallo: *un incalzar di cavalli accorrenti / scalpitanti su gli elmi a' moribondi* (FOSCOLO) | (*fig.*) Detto di persona, manifestare impazienza, irrequietezza.

scalpitìo [sec. XIV] s. m. ● Lo scalpitare continuo | Il rumore che ne deriva.

scàlpito [1891] s. m. ● (*lett.*) Lo scalpitare.

scàlpo [dall'ingl. *scalp* 'cuoio capelluto', con vari corrisp. nelle ant. lingue germ.; 1942] s. m. *1* Cuoio capelluto asportato dagli indiani d'America dal cranio del nemico vinto per conservarlo come trofeo. *2* (*med.*) Lesione traumatica con scollamento del cuoio capelluto dal cranio.

scalpóre [da *scalpitare*, sul modello di *bagliore*, *rumore* e sim.; 1400 ca.] s. m. *1* Manifestazione rumorosa di risentimento, indignazione e sim. *2* Nella loc. *destare, fare s.*, fare parlare molto di sé, suscitando la curiosità e l'interesse generali, sollevando commenti, critiche e sim.: *la sua rinuncia ha fatto s.* SIN. Chiasso, rumore.

†**scalterire** ● V. *scaltrire*.

scaltrézza [1611] s. f. ● Caratteristica di chi (o di ciò che) è scaltro. SIN. Astuzia, destrezza, furbizia.

†**scaltriménto** [da *scaltrire*; av. 1250] s. m. ● Scaltrezza, astuzia | Stratagemma: *certi scaltrimenti suoi malvagi* (PULCI).

scaltrire o †**scalterire** [da †*calterire* (V.) con *s-*, nel senso di 'bruciare fino in fondo'; 1319] **A** v. tr. (*io scaltrisco, tu scaltrisci*) ● Rendere scaltro, accorto, avveduto: *l'esperienza lo ha scaltrito* | *S. la lingua, lo stile*, dirozzare, affinare. **B** v. intr. pron. *1* Diventare scaltro, o più scaltro. *2* Acquistare perizia, sicurezza, padronanza nell'esercizio di un mestiere, una professione, un'arte.

†**scaltritézza** [da *scaltrito*; 1765] s. f. ● (*raro*) Scaltrezza.

scaltrito [sec. XIII] part. pass. di *scaltrire*; anche agg. ● Nei sign. del v. | Reso scaltro, avveduto: *una persona scaltrita dall'esperienza* | Smaliziato | Esperto. || **scaltritaménte**, avv. In modo scaltrito, da persona provetta e perita; accortamente.

scàltro [da *scaltrire*; av. 1374] agg. ● Che, nell'agire, nel comportarsi o nel parlare mostra di possedere astuzia, avvedutezza, esperienza, unite a una certa malizia: *commerciante s.*; *bada a quel tipo, è molto s.* | Che è pensato, detto o fatto in modo scaltro: *idea, risposta, mossa scaltra.* SIN. Accorto, astuto, dritto, furbo. CONTR. Ingenuo, semplice, sempliciotto, sprovveduto. || **scaltraménte**, avv. In modo scaltro, con scaltrezza.

scalvàre [da un ant. *calvare*, da *calvo* nel sign. 2, con *s-*; sec. XIV] v. tr. ● Tagliare i rami di una pianta rasente il fusto per ottenere nuovi germogli.

scalvatùra [1959] s. f. ● Lavoro dello scalvare.

scàlvo [av. 1829] s. m. ● Scalvatura.

scalzacàne o **scalzacàni** [comp. di *scalza(re)* e *cane*; 1598] s. m. e f. *1* (*spreg.*) Persona malvestita, misera, di umile condizione sociale: *non crediate ... che io tratti soltanto con gaglioffi e scalzacani* (BACCHELLI). *2* Chi manca di abilità e capacità nell'esercizio del proprio mestiere o della propria professione: *quel chirurgo è uno s.*

†**scalzagàtto** o †**scalzagàtti** [comp. di *scalza(re)* e *gatto*; av. 1665] s. m. ● Scalzacane: *adesso ... ogni s. vorrà dir la sua* (MANZONI).

scalzaménto [av. 1519] s. m. ● Operazione dello scalzare | Scalzatura.

scalzapèlli [comp. di *scalza(re)* e il pl. di *pelle*; 1965] s. m. inv. ● Piccolo strumento usato per scalzare le pelli dalle unghie.

scalzàre [lat. *excalceāre*, comp. di *ĕx-* (*s-*) e di *calceāre*, da *cālceus* 'scarpa'. V. *calza*; sec. XIII] **A** v. tr. *1* Togliere le scarpe e le calze: *s. i piedi per lavarli.* *2* Rimuovere il terreno intorno al pedale di un albero o alle radici di piante per abbatterle, irrigarle o concimarle. *3* (*est.*) Smuovere dalla base, privare del sostegno: *s. un muro*; *s. qlco. dalle fondamenta* | (*fig.*) Indebolire, scuotere, con accuse, calunnie e sim.: *s. l'autorità, il credito, di qlcu.* | Rimuovere, soppiantare qlcu. dal posto che occupa, dalla carica che riveste e sim.: *è riuscito a s. il collega e ne ha preso il posto.* *4* (*raro* o *lett.*) Indurre qlcu. a rivelare ciò che non vorrebbe. **B** v. rifl. ● Togliersi le scarpe e le calze.

scalzatóre [1872] s. m.; anche agg. (f. *-trice*) ● (*raro*) Chi (o Che) scalza.

scalzatùra [av. 1597] s. f. ● Operazione dello scalzare | Incavo, cavità nel terreno alla base di una pianta.

scàlzo [lat. tardo (eccl.) *excălciu(m)*, *excălceu(m)* 'scalzato', da *excalceāre* 'scalzare'; av. 1327] agg. *1* Che ha i piedi nudi, che non ha né scarpe né calze: *camminare, andare s.* | *A piedi scalzi*, a piedi nudi | (*spreg.*) †Di bassa condizione. *2* (*relig.*) Detto degli appartenenti ad alcuni ordini e congregazioni che, per stretta osservanza della regola o per riforma della medesima, vanno senza calze, con i soli sandali ai piedi: *carmelitane scalze.*

scamatàre o †**camatàre** [av. 1400] v. tr. ● (*raro*) Battere materassi, cuscini e sim. con lo scamato.

scamàto o †**camàto** [gr. *kámax*, genit. *kámakos* 'bastone, pertica', con diversi riscontri indeur.; 1325 ca.] s. m. *1* Bacchetta usata per battere la lana di materassi, cuscini e sim. *2* Nell'antica liturgia cattolica, bacchetta con cui i penitenzieri toccavano i penitenti in segno di assoluzione.

scambiàbile [da *scambiare*; 1959] **agg.** ● Che si può scambiare.

scambiaménto [da *scambiare*; 1513] **s. m.** ● (*raro*) Scambio.

♦**scambiàre** [da *cambiare* (V.), con *s-*; 1353] **A v. tr.** (*io scàmbio*) **1** Confondere una persona o una cosa per un'altra, per errore, distrazione e sim.: *ti ho scambiato per tua madre*; *scambiarono l'aceto per il vino* | (*assol.*) †Sbagliare. **2** Dare, prendere, una cosa altrui come propria confondendola con un'altra simile, per errore, distrazione e sim.: *al guardaroba mi hanno scambiato il cappello.* **3** Barattare, fare uno scambio: *s. merci*; *s. un disco con un libro* | Cambiare una banconota o una moneta con altre di valore equivalente e di taglio inferiore: *mi può s. cinquecento euro?* **4** Discorrere, conversare, spec. nelle loc.: ***s. una parola***, ***due parole***; ***s. impressioni***, ***opinioni*** e sim. **5** (con valore rec.) Darsi, dirsi, farsi e sim. scambievolmente: *scambiarsi sguardi, confidenze, insulti, regali, visite.* **B v. rifl.** ● Sostituirsi, alternarsi: *scambiarsi di posto con il vicino di fila.*

scambiatóre [1949] **s. m.** **1** (**f.** *-trice*) Chi scambia. **2** Dispositivo atto a trasferire spec. energia termica da un fluido ad un altro: *s. di calore* | ***S. a controcorrente***, in cui i due fluidi si muovono in sensi opposti.

scambiettàre [da *scambietto*; 1473] **v. tr. e intr.** ● (*lett.*) Fare scambietti nel ballo: *poi torna indietro, e due salti scambietta* (L. DE' MEDICI).

scambiétto [da *scambio*; av. 1400] **s. m.** **1** Saltello che si fa ballando, invertendo la posizione dei piedi. **2** (*fig.*) Gioco di parole, doppio senso.

scambiévole [da *scambiare*; 1540] **agg.** ● Vicendevole, reciproco: *aiuto, affetto s.* || **scambievolménte**, **avv.** **1** In modo scambievole, vicendevolmente. **2** †Invece, viceversa, in cambio.

scambievolézza [av. 1673] **s. f.** ● (*raro*) Condizione di ciò che è scambievole | Reciprocità.

♦**scàmbio** [da *scambiare*; sec. XIII] **s. m.** **1** Lo scambiare | Confusione fatta per errore, per distrazione e sim.: *uno s. di persone*; *c'è stato uno s. di posti* | ***In s.***, invece, in luogo, al posto: *prendere, pigliare, in s.* **2** Lo scambiare, lo scambiarsi qlco. | Il dare una cosa e il riceverne un'altra dello stesso genere in cambio: *s. di saluti, di cortesie, di insulti*; *s. di doni* | ***S. di prigionieri***, reciproca restituzione di prigionieri da parte di Paesi in guerra | ***S. delle consegne***, tra guardie e ufficiali di servizio montanti e quelli cedenti; (*est.*) trasferimento di atti, documenti e sim. a chi succede in un incarico | ***S. del pallone***, nel calcio, passaggio | Nel tennis, serie di colpi tra un giocatore e il suo avversario. **3** (*disus.*) Sostituto temporaneo. **4** (*econ.*) Cessione di un bene contro un altro, commercio | ***Libero s.***, commercio non gravato di dazi protettivi. **5** (*chim.*) ***S. ionico***, ***di ioni***, reazione chimica in cui avviene il passaggio di uno ione da una soluzione elettrolitica a un solido ionico e il passaggio inverso di uno ione proveniente dal solido: *resine a s. ionico.* **6** (*ferr.*) Dispositivo che effettua uno dei raccordi possibili fra più binari confluenti, al fine di consentire il passaggio dei veicoli ferroviari o tranviari. **SIN.** Deviatoio. ➡ **ILL.** p. 2168, 2170 TRASPORTI. **7** Gioco enigmistico consistente nell'ottenere da una parola data una parola di significato diverso, scambiando di posto due lettere o due sillabe (p. es. corAllO, corOllA; diGERIre, diRIGEre). **8** Nella loc. prep. †***s. di***, in cambio di, invece di.

scambìsta [comp. di *scamb(io)* e *-ista*; 1857] **s. m. e f.** (**pl. m.** *-i*) **1** (*ferr.*) Deviatore. **2** (*econ.*) Chi svolge attività di scambio. **3** Chi pratica lo scambio di partner.

scameràre [da *camera* (*1*) 'erario pubblico', con *s-*. V. *incamerare*; 1600] **v. tr.** (*io scàmero*) ● (*raro*) Fare uscire determinate somme da un bilancio. **CONTR.** Incamerare | Liberare da sequestro, da una confisca.

scamiciaménto [comp. parasintetico di *camicia*, col pref. *s-*; 1918] **s. m.** ● In un proiettile di arma da fuoco, perdita della camicia nell'attraversamento di un ostacolo molto resistente.

scamiciàrsi [da *camicia*, con *s-*; 1846] **v. rifl.** (*io mi scamìcio*) ● Togliersi la giacca rimanendo in maniche di camicia: *s. per il caldo.*

scamiciàto (**1**) [av. 1311] **A part. pass.** di *scamiciarsi*; anche **agg.** ● Nel sign. del v. | (*est.*) Vestito in modo disordinato, scomposto. **B s. m.** ● Abito, tunica o giacca scollati e senza maniche indossati su una camicetta o una maglietta.

scamiciàto (**2**) [calco sullo sp. *descamisado*, termine con cui nei Paesi di lingua sp. si sono definiti i rivoluzionari o, in genere, gli appartenenti alle classi infime] **s. m.** (**f.** *-a*) ● (*raro*) Descamisado.

scammonèa ● V. *scamonea.*

scamóne [vc. lombarda, di etim. incerta; 1905] **s. m.** ● Parte posteriore delle bestie macellate, esclusa la coscia; usato spec. per bistecche e fettine.

scamonèa o **scammonèa** [vc. dotta, dal lat. *scammōnea(m)* 'scamonea', dal gr. *skammōnía*, connesso con l'ebr. *kammōn* 'comino'; av. 1320] **A s. f.** ● Convolvulacea dalla cui radice si estrae una resina usata in medicina (*Convolvulus scammonia*). **B s. m. inv. e s. f.** ● (*fig.*, *disus.*) Persona malaticcia, noiosa e senza importanza.

†**scamònio** [vc. dotta, dal lat. *scammōniu(m)* 'sugo di scamonea', dal gr. *skammṓnion* 'pianta della scammonea'] **s. m.** ● (*bot.*) Scamonea.

scamòrza o (*raro*) **scamòzza** [da *scamozzare* (V.); 1895] **s. f.** **1** Formaggio tenero non fermentato, a pasta filata, in forma di pera o fiaschetta, ottenuto con latte di vacca o misto di vacca e capra. **2** (*fig.*, *scherz.*) Persona di scarso valore intellettuale, di scarsa abilità e sim.; **SIN.** Schiappa.

scamoscerìa [da *scamosciare*; 1916] **s. f.** ● Concia all'olio, usata per le pelli da scamosciare.

scamosciàre [da *camosciare*, con *s-*; 1895] **v. tr.** (*io scamòscio* o *scamóscio*; fut. *io scamoscerò*) ● Conciare e lavorare le pelli in modo da renderle vellutate come quella di camoscio.

scamosciàto [1472] **A part. pass.** di *scamosciare*; anche **agg.** ● Nel sign. del v. **B s. m.** ● Pellame di aspetto vellutato ottenuto per concia all'olio.

scamosciatóre [da *scamosciato*; 1824] **s. m.** (**f.** *-trice*) ● Conciatore di pelli in olio.

scamosciatùra [1959] **s. f.** ● Operazione, tecnica dello scamosciare.

scamòscio (**1**) o **scamóscio** [da *scamosciare*; 1872] **agg.** (**pl. f.** *-sce*) ● (*raro*) Scamosciato.

†**scamòscio** (**2**) o **scamóscio** ● V. *camoscio* (*1*).

scamòzza ● V. *scamorza.*

scamozzàre [da *ca(po)mozzare*, comp. di *capo* e *mozzare*, con *s-*; 1441] **v. tr.** (*io scamòzzo*) ● Scapezzare, scapitozzare.

scamozzatùra [1891] **s. f.** ● Operazione dello scamozzare | Parte tolta scamozzando.

†**scamózzolo** ● V. †*scamuzzolo.*

†**scàmpa** [da *scampare*] **s. f.** ● (*lett.*) Scampo: *perché guardi intorno / le scampe della pugna?* (MONTI).

scampafórca [comp. di *scampa(re)* e *forca*; 1618] **s. m. e f.** (**pl.** *scampafórca*, o *scampafórche*) ● (*raro*) Furfante, avanzo di galera.

scampagnàre [da *campagna*, con *s-*; 1858] **v. intr.** (aus. *avere*) ● (*raro*) Andare a divertirsi in campagna | Fare una scampagnata.

scampagnàta [da *scampagnare*; 1840] **s. f.** ● Gita in campagna.

scampanacciàta [da *campanaccio*, sul modello di *scampanata* (V.); 1940] **s. f.** ● Frastuono che si fa con campanacci, oggetti metallici, e sim. spec. in segno di scherno.

scampanaménto [1940] **s. m.** **1** (*raro*) Scampanata. **2** Battito irregolare dello stantuffo nel cilindro dei motori a scoppio e sim. per eccessiva usura.

scampanàre [da *campana*, con *s-*; 1598] **A v. intr.** (aus. *avere*) **1** Suonare a distesa, detto delle campane. **2** Fare la scampanacciata a qlcu. **3** Allargarsi sul fondo, detto di abiti. **B v. tr.** ● Modellare qlco. secondo una forma tronco-conica, a campana: *s. una gonna.*

scampanàta [da *scampanare*; 1534] **s. f.** **1** Suonata a distesa di campane. **2** Scampanacciata. **3** Figura acrobatica di aeromobile.

scampanàto [1959] **part. pass.** di *scampanare*; anche **agg.** ● Nei sign. del v. | Allargato sul fondo: *un abito s.* **SIN.** Svasato.

scampanatùra [da *scampanato*; 1966] **s. f.** ● Modellatura a campana del fondo di un abito femminile.

scampanellàre [da *campanello* (*1*), con *s-*; 1726] **v. intr.** (*io scampanèllo*; aus. *avere*) ● Suonare un campanello con forza e insistenza.

scampanellàta [da *scampanellare*; 1855] **s. f.** ● Suonata di campanello forte e prolungata.

scampanellìo [1865] **s. m.** ● Lo scampanellare continuo.

scampanìo [1827] **s. m.** ● Suono di campane forte e continuo: *lo s. delle campane a festa.*

scampàre [da *campo* (*di battaglia*), con *s-*; sec. XIII] **A v. tr.** ● Liberare, salvare da un male, da un grave pericolo, e sim.: *ringraziate il Signore, che v'ha scampati da un gran pericolo* (MANZONI); (*escl.*) *Dio ci scampi*, *Dio ce ne scampi e liberi* e sim. | Evitare un male, un grave pericolo e sim.: *s. le malattie, la morte, la prigione* | ***Scamparla***, ***scamparsela***, ***scamparla bella***, ***scamparla per miracolo*** e sim., salvarsi, uscire indenne da un grave pericolo, incidente e sim. (*anche fig.*). **B v. intr.** (aus. *essere*) (assol.; + *a*; lett. + *da*) ● Uscire salvo, illeso, da un male, un grave pericolo, e sim.: *era scampato per miracolo* (PIRANDELLO); *pochi scamparono alla strage*; *riuscì a s. al disastro*; *s. al naufragio, al massacro*; *come se fosse or ora scampato da una mortale malattia* (PIRANDELLO) | Trovare scampo, rifugio: *scamparono all'estero.*

scampàto [1312] **A part. pass.** di *scampare*; anche **agg.** ● Nei sign. del v. | Che è stato evitato: *la gioia per lo s. pericolo.* **B agg. e s. m.** (**f.** *-a*) (assol.; + *a*; + *da*) ● Che (o Chi) si è salvato da un grave pericolo: *persone scampate alla strage*; *si ritenevano scampati da qualche pericolo* (PIRANDELLO).

scampionatùra [comp. parasintetico di *campione* col pref. *s-*; 1959] **s. f.** ● (*tess.*) Insieme delle analisi cui viene sottoposto un campione di tessuto per conoscerne le caratteristiche necessarie per riprodurlo.

scàmpo (**1**) [da *scampare*; 1312] **s. m.** ● Salvezza, liberazione | Mezzo, modo, con cui si scampa a un pericolo: *cercare, trovare uno s.*; *cercare, trovare una via di s.*; *cercare s. nella fuga*; *quella vostra seccatura di dover morire, tutti, senza s.* (LEVI) | ***Non c'è via di s.***, non c'è più niente da fare, la situazione è disperata.

scàmpo (**2**) [vc. venez., dal gr. (*hippó*)*kampos* 'cavalluccio marino', con *s-*; 1923] **s. m.** ● Crostaceo marino dei Decapodi, roseo, con antenne sottili e carni pregiate (*Nephrops norvegicus*). **SIN.** Nefrope. ➡ **ILL.** **animali**/3.

scàmpolo [da *scampare* 'fuggire', e quindi 'avanzare'; 1298] **s. m.** **1** Avanzo di una pezza di tessuto, generalmente venduto a prezzo ridotto: *uno s. di due metri*; *vendita di scampoli di fine stagione.* **2** (*est.*) Pezza, avanzo, rimasuglio: *s. di terreno, di carta*; *approfittare degli ultimi scampoli dell'estate* | (*raro*, *spreg.*) ***S. d'uomo***, persona piccola e gracile. || **scampolétto**, **dim.** | **scampolino**, **dim.** | **scampolùccio**, **dim.**

†**scamùzzolo** o †**scamózzolo**, †**scomùzzolo** [da *scamozzare*; sec. XIV] **s. m.** ● (*tosc.*) Minuzzolo, minima parte: *vorrei delle sua grazia uno s.* (POLIZIANO).

†**scàna** [sovrapposizione di *cane* (*1*) a *san(n)a* 'zanna'; 1313] **s. f.** ● Zanna: *con l'agute scane / mi parea lor veder fender li fianchi* (DANTE *Inf.* XXXIII, 35-36).

scanagliàre [da *canaglia*, con *s-* intens.; 1846] **A v. intr.** (*io scanàglio*; aus. *avere*) ● (*disus.*) Comportarsi da canaglia. **B v. intr. pron.** ● (*raro*) Assumere modi tipici della canaglia. **C v. rifl. rec.** ● (*disus.*) Trattarsi al modo tipico della canaglia.

scanalàre (**1**) [da *canale* con *s-* estrattivo; 1612] **v. tr.** ● Incavare longitudinalmente legno, pietra, metallo e sim., formando una o più scanalature: *s. una colonna.*

scanalàre (**2**) [da *canale* con *s-* sottratt.; 1992] **v. intr.** (aus. *avere*) ● (*raro*) Uscire dal canale: *le acque hanno scanalato.*

scanalàto **part. pass.** di *scanalare* (*1*); anche **agg.** **1** Nel sign. del v. **2** ***Colonna scanalata***, che presenta scanalature verticali lungo la superficie del fusto | ***Albero s.***, organo meccanico con scanalature longitudinali che, impegnandosi in una sede corrispondente su altro elemento, ne impediscono la rotazione.

scanalatrìce [1942] **s. f.** ● Macchina per scanalare.

scanalatùra [av. 1698] **s. f.** **1** Operazione dello scanalare. **2** Incavo ricavato longitudinalmente su qlco.: *le scanalature di una colonna.*

scancellàre e *deriv.* ● V. *cancellare* e *deriv.*

†**scància** ● V. *scansia.*

scàncio o **schiàncio**, **sguàncio** (**2**) [di etim. discussa: dall'ant. fr. *guenchier*, *guenchir* 'piegare, sviarsi', di orig. germ. (?); av. 1320] **s. m.** ● (*tosc.*)

Sghembo, sbieco, linea obliqua, spec. nelle loc. avv. ***a, di, per s.***; ***porta, finestra a s.***; ***mettere di s.***; ***tagliare a s.***

scandagliaménto [1937] **s. m.** ● Misurazione della profondità delle acque per mezzo di uno scandaglio.

scandagliàre [da *scandaglio*; 1339] **v. tr.** (*io scandàglio*) **1** Misurare la profondità di mari, laghi, e sim. mediante lo scandaglio. **2** (*fig.*) Tentare di conoscere; indagare, saggiare: *s. l'anima, i sentimenti, le intenzioni di qlcu.* **3** †Calcolare esattamente.

scandagliàta [1848] **s. f.** ● (*raro*) Atto dello scandagliare una volta.

scandagliatóre [1872] **A agg.**; anche **s. m.** (**f.** *-trice*) ● Che (o Chi) scandaglia. **B s. m.** ● (*mar.*; *disus.*) Chi è addetto alla manovra dello scandaglio.

scandàglio [lat. parl. **scandāc(u)lu(m)* 'scaletta', connesso con *scăndere* 'salire', attraverso i dial. sett.; 1314] **s. m. 1** Strumento per la misurazione della profondità di mari, laghi e sim.: *s. a sagola*; *s. idropneumatico, acustico*; *ruotare, gettare lo s.* **2** Misurazione effettuata con tale strumento: *fare lo s.* **3** (*fig.*) Calcolo, esperimento, esame preventivo e accurato: *fare uno s. delle opinioni altrui.*

†**scandaleggiàre** ● V. *scandalizzare.*

†**scandalezzàre** ● V. *scandalizzare.*

scandalìsmo [comp. di *scandal(o)* e *-ismo*; 1942] **s. m.** ● Tendenza a promuovere, esagerare o inventare scandali, per attirare l'interesse e la curiosità della gente.

scandalista [1923] **s. m. e f.** (**pl. m.** *-i*) ● Chi promuove scandali, spesso esagerandoli o inventandoli, per trarre profitto, per nuocere ad altri e sim.

scandalìstico [1929] **agg.** (**pl. m.** *-ci*) ● Che tende a provocare scandali: *settimanale s.* || **scandalisticaménte**, **avv.**

scandalizzaménto **s. m.** ● (*lett.*) Scandalo.

scandalizzàre o †**scandaleggiàre**, †**scandalezzàre**, †**scandolezzàre** [vc. dotta, dal lat. tardo (ecclesiastico) *scandalizāre* 'scandalizzare', calco sul gr. *skandalízein*, da *skándalon* 'insidia, scandalo'; av. 1306] **A v. tr.** ● Dare scandalo | Suscitare sdegno e indignazione negli altri con atti, discorsi, comportamenti scandalosi: *scandalizzò tutti col suo linguaggio sboccato* | Turbare col cattivo esempio: *non bisogna s. gli innocenti.* **B v. intr. pron.** (assol.; + *a*, + *di*, + *per*; + *che* seguito da cong.; + *se* seguito da indic.) **1** Provare sdegno, indignazione, vergogna, per atti, discorsi, comportamenti contrari alla morale, alla decenza, alla convenienza, al decoro: *non è il caso di scandalizzarsi*; *si scandalizzò a quella proposta*; *si è scandalizzato del nostro abbigliamento*; *non scandalizzarti per così poco*; *mi scandalizzo che sia proprio lui a protestare*; *non mi scandalizzo se chiede di venire anche lui.* **2** †Adirarsi, spazientirsi.

scàndalo o (*pop.*) **scàndolo** [vc. dotta, dal lat. tardo (ecclesiastico) *scăndalu(m)* 'impedimento', dal gr. *skándalon* 'pietra d'inciampo, insidia', di orig. indeur.; av. 1306] **s. m. 1** Grave turbamento della coscienza, della sensibilità, della moralità e sim. altrui suscitato da atto, discorso, comportamento, avvenimento, contrario alle leggi della morale, del pudore, della decenza e sim.: *fare, dare s.*; *essere di s.*; *gridare allo s.* | Atto, discorso, comportamento, avvenimento e sim. che suscita sdegno, riprovazione, disgusto in quanto contrario alle leggi della morale, del pudore, della decenza e sim.: *quel film è un vero s.*; *si veste che è uno s.*; *non dovremmo permettere certi scandali*; *costei è la causa principale degli scandali di questa casa* (GOLDONI) | (*fig.*) ***Pietra dello s.***, chi (o che) è causa di scandalo, discordia e sim. (locuzione di origine biblica). **2** Fatto, avvenimento, che presenta aspetti contrastanti con la morale corrente e suscita l'interesse e la curiosità dell'opinione pubblica spec. in quanto coinvolge persone o ambienti in vista: *lo s. delle tangenti*; *hai sentito dello s. Rossi?*; *quel settimanale è stato il primo a denunciare lo s.* **3** (*est.*) Chiasso, clamore indesiderato attorno a un avvenimento spiacevole che diventa di pubblico dominio: *bisogna evitare gli scandali*; *se non paghiamo farà uno s.*; *cerca di non fare scandali*; *soffocare, sopire, lo s.* **4** †Discordia: *i seminatori degli scandoli* (COMPAGNI).

scandalóso [vc. dotta, dal lat. tardo *scandalō-su(m)*, da *scăndalum* 'scandalo'; 1483] **agg. 1** Che dà scandalo, che è causa di scandalo: *libro s.*; *condotta scandalosa.* **2** (*iperb.*) Eccessivo, smodato: *hai una fortuna scandalosa!* | Vergognoso: *prezzi scandalosi.* || **scandalosètto**, **dim.** || **scandalosaménte**, **avv.** In modo scandaloso, con scandalo.

scandènte [1872] **part. pres.** di *scandere*; anche **agg.** ● (*bot.*) Detto di fusto che si attacca ai sostegni vicini con cirri, spine e sim. **SIN.** Rampicante.

scàndere [vc. dotta, dal lat. *scăndere* 'salire, scandire', di orig. indeur. V. *scala, scandaglio*; 1321] **v. tr.** (**pass. rem.** *io scandéi*, o *scandètti* (o *-étti*), *tu scandésti*; difett. del **part. pass.** e dei tempi composti) **1** †Salire: *Lo ben che tutto il regno che tu scandi / volge e contenta* (DANTE *Par.* VIII, 97-98). **2** (*raro*) Scandire.

†**scandescènza** ● V. *escandescenza.*

scandinàvo o, meno corretto ma più diffuso, **scandìnavo** [1818] **A agg.** ● Della Scandinavia. **B s. m.** (**f.** *-a*) ● Abitante, nativo della Scandinavia.

scàndio [vc. dotta, dal lat. *Scăndia(m)* 'Scandinavia', perché scoperto dallo scienziato L. F. Nilson (1840-1899), di nazionalità svedese e perciò di orig. scandinava; 1895] **s. m.** ● Elemento chimico, metallo del gruppo delle terre rare. **SIMB.** Sc.

scandire [vc. dotta, lat. *scăndere*, propr. 'misurare (i versi)', dalla radice indeur. **sk-* col sign. fondamentale di 'saltare', passato a diversa coniug.; av. 1411] **v. tr.** (*io scandìsco, tu scandìsci*) **1** Isolare l'uno dall'altro i piedi del verso | (*est.*) Dividere a intervalli più o meno regolari: *i rintocchi delle campane scandivano le ore*; *la giornata è stata scandita da una serie di impegni.* **2** (*est.*) Pronunciare le parole in modo lento e distinto, staccando le sillabe. **3** (*tv*) Esplorare, mediante un fascio elettronico che passa in sequenza per ogni punto, linea o campo del mosaico di un tubo per telecamera, o dello schermo di un tubo televisivo. **4** (*elab.*) Effettuare una scansione.

scàndola [lat. *scăndula(m)* 'assicella', di etim. incerta; 1570] **s. f.** ● Assicella di legno, generalmente di abete rosso, usata in località di montagna per copertura di tetti: *il tetto … ha cominciato a slabbrarsi, qualche s. rotolava via* (BUZZATI).

†**scandolezzàre** ● V. *scandalizzare.*

scàndolo ● V. *scandalo.*

†**scanfàrda** [dal sign. primitivo di 'scodella (sporca)': da *scafa*, nel senso di 'vasca' (?); 1513] **s. f.** ● (*raro, spreg.*) Sgualdrina, baldracca.

scangèo [etim. incerta] **s. m.** ● (*pop., tosc.*) Pandemonio, confusione.

scannafòsso [comp. di *scanna(re)* (*1*) e *fosso*; 1532] **s. m. 1** Canaletto, fosso scavato fra i campi o vicino a una costruzione, per la raccolta e il convogliamento delle acque di scolo. **2** Nell'antica fortificazione, condotto murato per raggiungere il fosso.

scannaménto [av. 1649] **s. m.** ● Lo scannare, nel sign. di *scannare* (*1*) | Uccisione, strage.

†**scannaminèstre** [comp. di *scanna(re)* (*1*) e *minestra*; 1534] **s. m. e f. inv.** ● (*spreg.*) Millantatore | Fannullone.

†**scannapagnòtte** [comp. di *scanna(re)* (*1*) e *pagnotta*; 1566] **s. m. e f. inv.** ● Persona fannullona, buona a nulla.

†**scannapàne** [comp. di *scanna(re)* (*1*) e *pane*; 1566] **s. m. e f. inv.** ● Scannapagnotte.

scannàre (**1**) [da *canna* (*della gola*), con *s-*; av. 1250] **A v. tr. 1** Uccidere, spec. animali, tagliando la canna della gola: *s. una pecora*; **SIN.** Sgozzare | (*est.*) Uccidere brutalmente: *i barbari scannarono donne e bambini.* **2** (*fig.*) Opprimere con tasse, prezzi e sim. troppo gravosi: *s. qlcu. con le usure.* **3** ***S. il fosso***, tagliarlo per derivarne l'acqua. **B v. rifl. rec.** ● (*iperb.*) Darsi battaglia, litigare violentemente: *sono disposti a scannarsi pur di far prevalere i loro interessi.*

scannàre (**2**) [da *canna*, con *s-*; 1618] **v. tr.** ● (*tess.*) Scannellare (1).

scannàto [1673] **part. pass.** di *scannare* (*1*); anche **agg. 1** Nei sign. del v. **2** ***Tasso s.***, ridotto all'osso, non remunerativo per chi lo applica.

scannatóio [da *scannare* (*1*); 1615] **s. m. 1** Luogo in cui si scannano gli animali da macello. **2** (*fig.*) Locale equivoco, casa di malaffare, da gioco, e sim. in cui si attira gente ricca per farle perdere molto denaro.

scannatóre [da *scannare* (*1*); 1598] **s. m.**; anche **agg.** (**f.** *-trice*) ● (*raro*) Chi (o Che) scanna.

scannatùra [da *scannare* (*1*); 1582] **s. f.** ● Lo scannare animali da macello | Punto in cui l'animale è stato scannato.

scannellaménto [1728] **s. m.** ● (*raro*) Scannellatura.

scannellàre (**1**) [da *cannello*, con *s-* sottratt.; av. 1555] **v. tr.** (*io scannèllo*) ● (*tess.*) Svolgere, togliere il filo dal cannello. **SIN.** Scannare (2).

scannellàre (**2**) [da *cannello*, con *s-* intens.] **v. tr.** (*io scannèllo*) ● Scanalare, ornare di scanalature.

scannellàto [av. 1555] **A part. pass.** di *scannellare* (*2*); anche **agg.** ● Nel sign. del v. **B s. m.** ● Lavoro di scannellatura su metallo, vetro, marmo.

scannellatùra [da *scannellare* (*2*); av. 1555] **s. f.** ● Scanalatura.

scannèllo (**1**) [lat. tardo *scamnĕllu(m)* 'sgabello', dim. di *scămnum* 'scanno'; 1380] **s. m.** ● Specie di cassetta rettangolare con leggio coperto di panno, tenuta spec. in passato sulla scrivania per leggere o scrivere più comodamente, o usata per conservarvi carte, documenti e sim.

scannèllo (**2**) [da *cannello*, dim. di *canna*, con *s-*; sec. XVI] **s. m.** ● Taglio magro di carne bovina, nella regione del culaccio più vicina alla coscia. **SIN.** Controgirello.

scànner /s'kanner, *ingl.* 'skænəɹ/ [vc. ingl., da *to scan* 'esaminare minuziosamente' (dal lat. *scăndere* 'scandire'); 1974] **s. m. inv. 1** In varie tecnologie di ricerca scientifica, dispositivo elettronico che può esplorare una certa zona o parte di un oggetto in esame. **2** (*elab.*) Dispositivo optoelettronico in grado di leggere un'immagine piana (diagrammi, testi, fotografie) scomponendola in punti che vengono convertiti in impulsi elettrici e trasmessi a un sistema di elaborazione.

scanneràre [adattamento del v. ingl. *to scan* 'esaminare, analizzare'; 1989] **v. tr.** ● (*elab.*) Termine errato per scandire.

scannerizzazióne [da *scannerare*; 1995] **s. f.** ● (*elab.*) Termine errato per scansione.

scanning /*ingl.* 'skænɪŋ/ [da *to scan* (V. *scanner*); 1979] **s. m. inv.** ● Scansione nel sign. 2.

scànno [lat. *scămnu(m)* 'scanno', di orig. indeur.; av. 1320] **s. m. 1** Sedile, seggio, isolato o facente parte di un ordine, che si trova spec. in luoghi particolarmente importanti e solenni: *gli scanni del parlamento, del tribunale*; *gli scanni del coro dei canonici* | (*raro*) Sgabello, panca. **2** (*fig., lett.*) Grado, dignità. **3** (*sett.*) Banco di sabbia sommerso sul quale si frange il mare.

scansabrighe [comp. di *scansa(re)* e del pl. di *briga*; 1876] **s. m. e f. inv.** ● Chi, per amore del quieto vivere, cerca di evitare fastidi e seccature.

scansafatiche [comp. di *scansa(re)* e il pl. di *fatica*; 1872] **s. m. e f. inv.** ● Chi ha poca voglia di lavorare e cerca di evitare il più possibile qualunque fatica.

scansaménto [av. 1729] **s. m.** ● (*raro*) Lo scansare, l'evitare un inconveniente.

scansàre [da *cansare* (V.), con *s-*; sec. XIV] **A v. tr. 1** Allontanare, rimuovere, trarre da parte: *s. un mobile dalla parete.* **2** Schivare, evitare: *s. un colpo, un pugno*; *s. un ciclista* | (*est.*) Sfuggire, sottrarsi, a situazioni pericolose, indesiderate e sim.: *s. un pericolo, una difficoltà, una fatica, un cattivo incontro, una punizione* | (*est.*) Evitare una persona, fare in modo di non incontrarla: *devi s. quella compagnia*; *per il suo brutto carattere tutti lo scansano.* **B v. rifl.** ● Scostarsi, farsi da parte per far largo ad altri, per non essere colpito e sim.: *scansati che devo passare*; *se non si fosse scansato in tempo l'avrebbero investito.*

scansìa o (*tosc.*) †**scancìa** [dal venez. *scansia*, di etim. incerta; 1615] **s. f.** ● Mobile a ripiani usato per contenere libri, carte, oggetti vari, e sim. | Scaffale.

scansionàre [da *scansione*; 1996] **v. tr.** (*io scansióno*) ● (*elab.*) Termine errato per scandire.

scansióne [vc. dotta, dal lat. *scansiōne(m)* 'scansione', da *scănsus*, part. pass. di *scăndere* 'salire'. V. *scandire*; 1499] **s. f. 1** Divisione del verso nei suoi elementi costitutivi | ***S. delle parole, delle sillabe***, pronuncia distinta | (*est., lett.*) Articolazione ritmica: *la diversa s. del primo tema del preludio* (MONTALE). **2** Metodo di esplorazione scientifica basato sull'impiego di onde elettromagnetiche, ultrasuoni e sim. e sulla successiva misurazione del diverso potere riflettente delle varie parti che formano l'oggetto in esame | (*med.*) Tecnica per la diagnosi morfologica di diverse malattie cellulari | ***Microscopio elettronico a s.***, microscopio elettronico in cui un fascio di elettroni opportunamente accelerati esplora una superficie da osservare fornendo una immagine tridimensionale; usato in fisica, in metallurgia, in medicina. SIN. Scanning. **3** (*elab.*) Lettura di un documento mediante uno scanner che lo trasforma in un file di dati binari.

scànso [da *scansare*; 1640] s. m. **1** †Scansamento. **2** Nella loc. prep. ***a s. di***, per evitare, per prevenire: *a s. di equivoci, di oneri, di responsabilità*, e sim.

scantinàre [da *cantino* 'corda più sottile del violino', da *canto*, con *s-*; 1872] v. intr. (aus. *avere*) **1** (*raro*) Uscire di tono nel suonare uno strumento a corda. **2** (*raro, fig.*) Dire, fare, qlco. che non si dovrebbe fare: *s. nel parlare*.

scantinàto [da *cantina*, con *s-*; 1922] s. m. ● Piano dell'edificio interamente o parzialmente sotto il livello del terreno.

scantonaménto [1728] s. m. ● (*raro*) Lo scantonare, nel sign. di *scantonare (2)*.

scantonàre (**1**) [da *cantone (1)*, con *s-* estrattivo; av. 1497] v. tr. (*io scantóno*) ● (*raro*) Togliere gli spigoli, smussare gli spigoli: *s. un tavolo*.

scantonàre (**2**) [da *cantone (1)*, con *s-* intens.; 1353] v. intr. (*io scantóno*; aus. *avere*) **1** Voltare rapidamente l'angolo di una strada, spec. per sfuggire a qlcu., per non essere visto, e sim.: *quando ci vede scantona* | (*est.*) Svignarsela. **2** (*fig.*) Evitare un argomento delicato o difficile divagando: *di fronte a una scelta così impegnativa, ha cercato di s.* | (*fig., raro*) Sbagliare.

scantonatùra [av. 1696] s. f. ● (*raro*) Operazione dello scantonare, nel sign. di *scantonare (1)* | Smussatura di spigoli di pareti, in modo da evitare lo spigolo vivo.

scanzonàto [da *canzone*, con *s-*; 1931] agg. ● Che evita, con scherzosa ironia, di prendere le cose sul serio, anche problemi o fatti generalmente considerati gravi e importanti: *gioventù scanzonata*. || **scanzonataménte**, avv.

scapaccionàre [da *scapaccione*; 1872] v. tr. (*io scapaccióno*) ● (*fam.*) Dare scapaccioni.

scapaccióne [doppio accr. di *capo*, con *s-*; 1836] s. m. ● Colpo dato a mano aperta sulla parte posteriore del capo: *dare, prendere uno s.*; *prendere qlcu. a scapaccioni* | (*disus.*) ***Essere promosso a scapaccioni***, senza meritarlo, per indulgenza di chi esamina.

scapàre [da *capo*, con *s-* estrattivo; 1838] v. tr. ● (*tosc.*) Levare la testa alle acciughe prima di salarle.

scapàrsi [da *capo*, con *s-* privativo] v. rifl. ● (*tosc., fam.*) Lambiccarsi il cervello.

scapatàggine [1837] s. f. **1** Caratteristica di chi è scapato. SIN. Sconsideratezza, sventatezza. **2** Azione riprovevole, sconveniente: *il compagno delle antiche scapataggini* (PIRANDELLO) | Disattenzione, svista.

scapàto [da *capo*, con *s-* neg.; 1841] **A** agg. ● Che non ha la testa a posto, senza senno, senza giudizio: *ragazzaccio s.* | (*est.*) Sventato, leggero, ma simpatico | †***Alla scapata***, (*ellitt.*) in modo imprudente, sventatamente. || **scapataménte**, avv. Sventatamente. **B** s. m. (f. *-a*) ● Persona scapata. || **scapatàccio**, pegg. | **scapatèllo**, dim. | **scapatóne**, accr.

scapecchiàre [da *capecchio*, con *s-*; 1838] v. tr. (*io scapécchio*) ● Pulire lino o canapa dal capecchio.

†**scapestràre** o †**scaprestàre** [da *capestro*, con *s-*; 1374] **A** v. intr. e intr. pron. **1** Liberarsi dal capestro. **2** (*fig.*) Liberarsi da un impaccio, da un legame. **B** v. intr. ● Sfrenarsi, vivere dissolutamente. **C** v. tr. **1** Liberare dal capestro | (*fig.*) Liberare da un legame spec. amoroso. **2** (*raro*) Guastare, corrompere.

scapestratàggine [1858] s. f. **1** Caratteristica di chi è scapestrato. **2** Azione da persona scapestrata.

scapestràto [1338 ca.] **A** part. pass. di †*scapestrare*; anche agg. **1** †Nei sign. del v. **2** Che conduce una vita licenziosa, dissoluta, priva di freno e di ordine. SIN. Dissoluto, scapigliato, scioperato, sregolato | Che conduce una vita disordinata, che agisce con imprudenza. || **scapestrataménte**, avv. Dissolutamente; sfrenatamente. **B** s. m. (f. *-a*) ● Persona scapestrata: *quel locale è un ritrovo di scapestrati*. || **scapestratàccio**, pegg. | **scapestratèllo**, dim.

scapezzaménto [av. 1597] s. m. ● (*raro*) Operazione dello scapezzare.

scapezzàre o **scavezzàre** (**1**) [dall'ant. *capezzo*, lat. *capĭtium* 'estremità', con *s-*; 1340 ca.] v. tr. (*io scapézzo*) **1** Tagliare i rami sino al tronco. SIN. Scamozzare, scapitozzare. **2** (*est.*) Mozzare nella parte superiore: *s. una torre* | †Decapitare.

†**scapezzóne** [da *capezzo*, con *s-* intens.; sec. XIV] s. m. ● Scapaccione.

scapicollàrsi [da un comp. di *capo* e *collo*, con *s-*; 1950] v. intr. pron. (*io mi scapicòllo*) ● (*region.*) Precipitarsi a rompicollo giù per un pendio | (*est.*) Accorrere velocemente | (*est., fig.*) Affannarsi, agitarsi, per un determinato fine: *si è scapicollato per arrivare in tempo*.

scapicòllo [da *scapicollarsi*; 1930] s. m. ● (*region.*) Luogo scosceso, pendio | ***A s.***, a rompicollo, a precipizio.

scapigliàre [da *capegli*, pl. ant. di *capello*, con *s-*. V. *capigliatura, accapigliare*; sec. XIV] **A** v. tr. (*io scapìglio*) ● Scompigliare i capelli: *il vento la scapiglia*. **B** v. rifl. e intr. pron. ● Scompigliarsi i capelli. **C** v. intr. pron. ● (*fig.*) †Vivere dissolutamente, da scapigliato.

scapigliàto [sec. XIII] **A** part. pass. di *scapigliare*; anche agg. **1** Nei sign. del v. **2** (*fig.*) Sfrenato, dissoluto. **3** Detto di artista aderente alla scapigliatura. || **scapigliataménte**, avv. **B** s. m. (f. *-a*) ● Artista aderente alla scapigliatura.

scapigliatùra [da *scapigliato*; nel sign. 2 attraverso parte del titolo di un romanzo del 1862 di Carlo Righetti (*La scapigliatura e il 6 febbraio*) a sua volta traduz. del fr. *bohème*; 1612] s. f. **1** (*lett.*) Dissolutezza e sfrenatezza di vita. **2** Movimento letterario e artistico sorto alla fine del XIX sec. in ambiente lombardo, spec. milanese, che, in opposizione a certo gusto borghese o tardo-romantico, proponeva, anche nei modi di una vita anarchica e dissipata vissuta dai suoi protagonisti, un'arte realistica, libera nelle forme, aperta agl'influssi della cultura europea e in rapporto con le urgenze e i temi di una società in via d'industrializzazione.

†**scapitaménto** [da *scapitare*] s. m. ● Scapito.

scapitàre [da *capitare* 'far capo' con *s-* e sovrapposizione di *capitale*; av. 1292] **A** v. intr. (*io scàpito*; aus. *avere*) ● Rimetterci del proprio, ricevere un danno materiale o morale: *con simili prezzi ci si scapita*; *scapitare nella stima, nella reputazione*. **B** v. tr. ● †Perdere.

scàpito [da *scapitare*; 1611] s. m. ● Perdita di guadagno, di denaro: *vendere a s.* | Danno materiale o morale: *avere, ricevere s. da qlco.*; *con grave s. dell'onore*; *ciò ti reca s.*; *va tutto a tuo s.* | ***A s. di***, con pregiudizio, danno: *agisce così a s. della nostra amicizia*.

scapitozzàre [da *capitozzare*, con *s-*. V. *capitozza*; av. 1505] v. tr. (*io scapitòzzo*) ● Scapezzare, scamozzare: *s. i gelsi*.

scàpo [vc. dotta, dal lat. *scāpu(m)* 'fusto', prob. prestito dal gr. *skápos* 'ramo'; av. 1452] s. m. **1** Fusto di colonna. **2** (*bot.*) Asse fiorifero privo di foglie che parte dalla radice | Peduncolo fiorale. **3** (*zool.*) Articolo basale delle antenne genicolate degli Insetti. **4** (*zool.*) Parte assile della penna che si divide in calamo e rachide. **5** (*anat.*) La porzione di un pelo esterna alla cute.

scapocchiàre [da *capocchia*, con *s-*; 1872] v. tr. (*io scapòcchio*) ● Privare della capocchia: *s. un fiammifero*.

scàpola o †**scàpula** [vc. dotta, dal lat. tardo *scăpula(m)*, variante del classico *scăpulae* (pl.) 'spalle', forse da *scăbere* 'grattare', per la forma appuntita; 1498] s. f. ● (*anat.*) Osso piatto, triangolare, applicato alla parete posteriore del torace. SIN. Omoplata. ➡ ILL. p. 2122 ANATOMIA UMANA.

scapolàggine [da *scapolo*; 1950] s. f. ● (*scherz.*) Condizione, di chi è scapolo | Ostinata fedeltà al celibato.

scapolàre (**1**) [1922] agg. ● (*anat.*) Della scapola | ***Cingolo s.***, complesso delle formazioni ossee che uniscono l'arto superiore al torace.

scapolàre (**2**) o †**scapulàre** [vc. dotta, dal lat. tardo *scapulāre* 'scapolare', agg. nt. sost. da *scăpula* 'scapola'; 1353] s. m. ● Parte dell'abito monastico, striscia di stoffa con apertura per la testa, pendente sul petto e sul dorso | Distintivo dei terziari carmelitani e di altre confraternite, consistente in due piccoli pezzi di stoffa con immagine sacra riuniti da nastri che poggiano sulle spalle | Sopravveste senza maniche per religiosi.

scapolàre (**3**) [lat. parl. **excapulāre* 'disbrigarsi', comp. di *ĕx* (*s-*) e di *căpulus* 'cappio'. V. *cappio*; sec. XIII] **A** v. tr. (*io scàpolo*) **1** (*mar.*) Passare oltre un ostacolo, fisso o mobile, a poca distanza o con qualche difficoltà. **2** (*fig., fam.*) Sfuggire, evitare una situazione difficile, pericolosa, indesiderata: *il passo più rischioso è scapolato* (BACCHELLI) | ***Scapolarsela***, svignarsela. **3** †Mettere in libertà, far fuggire. **B** v. intr. (aus. *essere*) ● (*fam.*) Sottrarsi a una situazione difficile, pericolosa o indesiderata: *s. da un pericolo, da un impegno insostenibile*.

scapolite [vc. fr., formata con il lat. *scāpu(m)* 'fusto, gambo' e il suff. *-lite*] s. f. ● (*miner.*) Gruppo di alluminosilicati di sodio e calcio contenenti anioni addizionali quali cloruro, solfato e carbonato, presenti sotto forma di cristalli prismatici striati verticalmente in rocce calcaree metamorfosate.

scàpolo [da *scapolare (3)*; av. 1449] **A** agg. ● †Libero da soggezione, vincolo, dovere: *s. e libero dall'altre stelle* (GALILEI). **B** agg.; anche s. m. ● Che (o Chi) non è ammogliato: *uomo s.*; *vita da s.*; *è uno s. impenitente*; *un vecchio s.* SIN. Celibe. || **scapolóne**, accr. (V.). **C** s. m. **1** †Chi militava su navi e galee libero da catena. **2** Pietra grezza, a forma irregolare, usata nelle costruzioni.

scapolóne [1931] s. m. (f. scherz. *-a*) **1** Accr. di *scapolo* nel sign. B. **2** (*fam., scherz.*) Uomo non più giovane rimasto scapolo: *uno s. impenitente*.

scàpolo-omeràle [comp. di *scapolo-*, da *scapola*, e *omerale (1)*; 1959] agg. (pl. *scàpolo-omeràli*) ● (*anat.*) Che si riferisce alla scapola e all'omero | ***Articolazione scapolo-omerale***, tra la testa dell'omero e la scapola.

scaponìre [calco su *incaponire* (V.) con cambio di pref. (*s-*); 1865] v. tr. (*io scaponisco, tu scaponìsci*) ● (*tosc.*) Persuadere una persona caparbia | (*est.*) Rendere docile, arrendevole.

scapotàre ● V. *scappottare (2)*.

scappaménto [da *scappare*; 1772] s. m. **1** Complesso di tubi, condotti e marmitta per il convogliamento, il raffreddamento e lo scarico dei gas combusti dai motori a combustione interna | ***S. aperto, libero***, privo di silenziatore. **2** Parte dell'orologio, situata fra il rotismo e l'organo regolatore, che riceve la forza del rotismo e la distribuisce al bilanciere. **3** (*mus.*) Meccanismo, esistente fra gli strumenti a tastiera solo nel pianoforte, per il quale il martelletto, colpita la corda, ricade all'indietro.

♦**scappàre** [lat. parl. **excappāre* 'togliersi la cappa, fuggire', comp. di *ĕx-* (*s-*) e di *căppa* 'cappa (1)'; 1224 ca.] v. intr. (aus. *essere*) **1** Darsi alla fuga, sottrarsi con la fuga a un pericolo, un rischio, un danno e sim.: *il ladro scappò col bottino*; *scappa altrimenti sei finito!*; *vieni qui, non s.* | (***Di qui***) ***non si scappa***, la situazione ha una scelta obbligata: *Per amare le cose, bisogna amare anche le persone. Non si scappa* (PAVESE) | Fuggire: *s. di casa, dal collegio*; *sono scappati in America*; *sono scappati insieme*; *il canarino è scappato dalla gabbia* | Evadere: *s. di prigione*. **2** Correre, andare via, allontanarsi in fretta: *è tardi, scappo a telefonare*; *scusami ma devo s.*; *scappo in ufficio e torno* | (*tosc.*) ***A scappa e fuggi***, in fretta e furia. **3** Sfuggire: *lasciarsi s. l'occasione*; *il vaso mi è scappato di mano*; *gli è scappato il treno*. **4** (*sport, raro*) Nel ciclismo, andare in fuga. **5** (*fig.*) Sfuggire inavvertitamente, detto di cose o sentimenti che non si riesce a trattenere o a controllare: *mi è scappato di mente il tuo indirizzo*; *ogni tanto gli scappa qualche errore*; *quelle parole mi scapparono di bocca*; *non farti s. ciò che ti ho detto*; *se continui così, mi farai s. la pazienza* | Non potersi contenere ed erompere, detto di stimolo fisico, bisogno, necessità e sim.: *mi scappa da ridere*; *gli scappava da orinare*; *mi scappa la pipì*, (*fam., ellitt.*) *mi scappa*; *gli scappò di dirlo*; *non volevo dirlo, mi è proprio scappato*. **6** Uscire, saltar fuori, da ciò che contiene, copre, protegge e sim.: *un foglio bianco scappa dal quaderno*; *mi scappa fuori il vestito dal cappotto* | (*fig.*) ***Scapparci***, verificarsi, uscirci: *qui ci scappa il morto*; saltar fuori, risultare: *Vuoi vedere che ci scappa il film?* (MORAVIA). **7** (*fig.*) Fare, dire e sim. inaspettatamente e inconsideratamente: *s. fuori a dire*; *ogni tanto scappa fuori con una nuo-*

va trovata; *s. su a raccontare*; *scappò in un'imprecazione, in una risata.*

scappàta [da *scappare*; 1600] **s. f.** *1* Azione dell'andare in un luogo rapidamente e per poco tempo: *devo fare una s. in centro*; *faremo una s. al mare*; *fai una s. da noi!* *2* Espressione inaspettata e incontrollata di un pensiero, sfogo, sortita: *Nelle sue scappate volteriane contro le accademie* (CARDUCCI) | Parola, frase, detta inaspettatamente o inconsideratamente: *questa s. da te non me l'aspettavo*; *ha certe scappate divertenti!*; *a quella s. rimasi offeso*; **SIN.** Uscita. *3* Mancanza, trasgressione commessa per debolezza, leggerezza, imprudenza: *ogni tanto fa le sue scappate*; *è una s. giovanile.* *4* Scoppio contemporaneo, levata in alto: *la s. dei razzi.* *5* Rapida corsa di cavalli | Partenza veloce di cavalli. || **scappatàccia**, **pegg.** | **scappatèlla**, **dim.** (V.) | **scappatìna**, **dim.**

scappatèlla [av. 1629] **s. f.** *1* Dim. di *scappata*. *2* Leggerezza, trasgressione temporanea e non grave di certe leggi morali solitamente accettate: *s. di gioventù* | Avventura extraconiugale di breve durata.

scappàto [1618] **part. pass.** di *scappare*; anche **agg.** *1* Nei sign. del v. *2* ***Uccelli scappati***, involtini di carne guarniti con lardo ed erba salvia e arrostiti allo spiedo come se fossero uccelli.

scappatóia [da *scappare*; 1612] **s. f.** ● Espediente per uscire da una situazione difficile, pericolosa e sim.: *cercare, trovare una s.*; *c'è una s.*; *non c'è nessuna s.* **SIN.** Scappavia, sotterfugio.

scappatóre [1872] **agg.** (f. *-trice*, pop. disus. *-tora*) ● (*pop., tosc.*) Che scappa, corre velocemente: *cavallo s.*

scappavìa [comp. di *scappa(re)* e *via*; 1865] **s. m. inv.** *1* (*raro*) Piccolo corridoio segreto di uscita. *2* (*raro, fig.*) Scappatoia: *trovare degli s.* *3* (*raro*) Nella loc. avv. ***a s.***, in fretta e furia, alla svelta: *è un lavoro fatto a s.* *4* (*mar.*; *raro*) Imbarcazione a remi, leggera e sottile, simile alla iole.

scappellàre [da *cappello*, con *s-*; 1561] **A v. tr.** (*io scappèllo*) *1* Privare del cappello | Privare della cappella: *s. un fungo* | †Togliere il cappuccio ai falconi. *2* (*raro*) Salutare levandosi il cappello: *s. un superiore.* **B v. rifl.** ● Levarsi il cappello per salutare, in segno di rispetto, omaggio, anche esagerato od ostentato: *scappellarsi davanti a una signora.*

scappellàta [1734] **s. f.** ● Gesto di saluto fatto levandosi il cappello: *fare grandi scappellate a qlcu.*

scappellatùra [av. 1837] **s. f.** ● Scappellata insistita e cerimoniosa.

scappellottàre [1872] **v. tr.** (*io scappellòtto*) ● (*fam.*) Dare scappellotti.

scappellòtto [da *cappello*, con *s-*; 1618] **s. m.** ● Leggero scapaccione dato in modo confidenziale: *dare, prendere, uno s.*; *prendere qlcu. a scappellotti* | ***Entrare, passare*** e sim. ***con lo s., con uno s., a scappellotti***, (*disus.*) per grazia, indulgenza altrui; (*est.*) senza pagare.

†**scàppia** ● V. *schiappa* (*1*).

†**scappiàre** [da *cappio*, con *s-*; 1872] **A v. tr.** ● Liberare dal cappio. **B v. intr. pron.** ● Aprirsi.

†**scappìno** [vc. dial. sett. da *scarpa*: V. il veneto *scapin* 'pedùle, scarpino'; sec. XIII] **s. m.** ● Pedule di calza o scarpa: *rattoppare gli scappini.*

scapponàta [da *capponata* (*1*), con *s-*; 1612] **s. f.** ● (*tosc.*) Mangiata di capponi.

scappottàre (*1*) [da *cappotto* (*2*), con *s-*; 1872] **v. intr.** (*io scappòtto*; aus. *avere*) ● Evitare il cappotto, giocando a carte.

scappottàre (*2*) o **scapotàre** [da *cappotta* (*1*), con *s-*; 1959] **v. tr.** (*io scappòtto*) ● Scoprire un'automobile togliendo o abbassando la cappotta.

scappucciàre (*1*) [da *cappuccio* (*1*), con *s-* sottrattivo; av. 1400] **A v. tr.** (*io scappùccio*) ● Levare il cappuccio. **B v. rifl.** ● Levarsi il cappuccio.

scappucciàre (*2*) o (*dial.*) **scapuzzàre** [di etim. incerta: da *cappuccio* (*1*) (sugli occhi) con *s-* intens. (?); sec. XIV] **v. intr.** (*io scappùccio*; aus. *avere*) ● (*raro*) Inciampare | (*fig.*) Sbagliare.

scappucciàta [da *scappucciare* (*2*)] **s. f.** ● Scappuccio, inciampo.

scappùccio o (*dial.*) **scapùzzo** [da *scappucciare* (*2*); av. 1565] **s. m.** ● Inciampo | (*raro, fig.*) Errore, fallo.

†**scaprestàre** ● V. †*scapestrare.*

scapricciàre [da *capriccio*, con *s-*. V. *incapricciare*; 1585] **A v. tr.** (*io scaprìccio*) ● Levare un capriccio o i capricci. **B v. intr. pron.** ● Togliersi un capriccio, i capricci | Sfogarsi, sbizzarrirsi: *scapricciarsi a leggere.*

scapriccìre [da *scapricciare*, con cambio di suff.; 1618] **v. tr.** e **intr. pron.** (*io scapriccìsco, tu scapriccìsci*) ● Scapricciare.

scapsulàre [da *incapsulare*, con cambio di pref.] **v. tr.** (*io scàpsulo*) ● Privare della capsula.

†**scàpula** ● V. *scapola.*

†**scapulàre** ● V. *scapolare* (*2*).

scapuzzàre ● V. *scappucciare* (*2*).

scapùzzo ● V. *scappuccio.*

scarabàttola (*1*) [1881] **s. f.** ● Scarabattolo.

scarabàttola (*2*) ● V. *carabattola.*

scarabàttolo [di etim. incerta: dallo sp. *escaparate* 'vetrina', dall'ol. *schaprade* 'armadio, credenza', con sovrapp. di *carabattola* (V.); 1666] **s. m.** *1* Elegante stipetto a vetri in cui si conservano ninnoli, oggetti pregiati e sim. *2* Edicola a vetri in cui una immagine sacra è esposta alla devozione dei fedeli. || **scarabattolìno**, **dim.**

Scarabèidi [comp. di *scarabeo* e *-idi*; 1838] **s. m. pl.** (sing. *-e*) ● Nella tassonomia animale, famiglia di Insetti dei Coleotteri a corpo tozzo, ali atte al volo, larve a mandibole robuste (*Scarabeidae*).

scarabèo [vc. dotta, lat. *scarabāeu(m)* 'scarafaggio', dal gr. *kárabos*, di orig. mediterr.; av. 1525] **s. m.** (*Scarabeo* nel sign. 3) *1* Insetto a corpo tozzo protetto da un tegumento durissimo, ali atte al volo e gli ultimi segmenti delle antenne trasformati in lamelle | ***S. sacro***, con livrea nera e zampe anteriori capaci di plasmare lo sterco di mammifero in sfere che sono poi trasportate in buchette del terreno e utilizzate come riserve di cibo, spec. per le larve (*Ateuchus sacer*) | ***S. stercorario***, V. *stercorario* | ***S. rinoceronte***, il cui maschio porta sul capo un corno arcuato (*Orycotes nasicornis*) | ***S. ercole***, grosso e robusto con due corni sul capo (*Dynastes hercules*). ➡ **ILL. animali**/2. *2* Antico sigillo egiziano a imitazione del coleottero omonimo, eseguito in pietra dura e montato su anelli o ciondoli. *3* ***Scarabeo***®, marchio registrato di un gioco consistente nel formare su una scacchiera con apposite pedine, sulle quali è riportata una lettera alfabetica, parole di senso compiuto.

†**scarabillàre** [etim. incerta; av. 1565] **v. tr.** ● Pizzicare la corda di uno strumento musicale.

scarabìllo [V. *scarabillare*; 1910] **s. m.** ● (*raro*) Oggetto portafortuna.

scarabocchiàre [da *scarabocchio*; 1598] **v. tr.** (*io scarabòcchio*) *1* Coprire di scarabocchi: *ha scarabocchiato tutto il quaderno.* *2* (*fig.*) Scribacchiare svogliatamente: *s. una lettera* | Scrivere male, senza attitudine: *s. un romanzo, una commedia.*

scarabocchiatóre [1765] **s. m.** (f. *-trice*) ● (*raro, spreg.*) Chi scarabocchia.

scarabocchiatùra [1872] **s. f.** ● Lo scarabocchiare | Scarabocchio.

scarabòcchio [dal fr. *escarbot* 'scarafaggio', sovrapposizione di *escargot* 'chiocciola' all'ant. *écharbot* 'scarafaggio'; 1598] **s. m.** *1* Macchia d'inchiostro fatta scrivendo: *un quaderno pieno di scarabocchi* | Parola scritta male, illeggibile, che sembra una macchia: *ha fatto quattro scarabocchi e se n'è andato*; *questa firma è uno s.* **SIN.** Sgorbio. *2* Disegno fatto alla peggio. *3* (*fig.*) Persona piccola e mal fatta: *uno s. presuntuoso.*

†**scarabóne** [dal lat. *crabrōne(m)* 'calabrone', vc. di orig. indeur., forse con sovrapposizione di *scarabeo*; 1340 ca.] **s. m.** *1* Calabrone. *2* Sgherro, soldataccio.

scaracchiàre o (*dial.*) **scaracciàre** [dalla radice onomat. (*s*)*cr-*, cfr. il lat. *screāre* 'spurgarsi'; 1779] **v. intr.** (*io scaràcchio*; aus. *avere*) ● (*pop.*) Emettere sputi catarrosi.

scaràcchio o (*dial.*) **scaràccio** [da *scaracchiare*; 1640] **s. m.** ● (*pop.*) Sputo catarroso.

scaracchióne o (*dial.*) **scaraccióne** [1891] **s. m.** (f. *-a*) ● (*pop.*) Chi scaracchia frequentemente.

scaracciàre e *deriv.* ● V. *scaracchiare* e *deriv.*

scarafàggio [lat. parl. **scarafāiu(m)* 'scarafaggio', variante di *scarabāeus*. V. *scarabeo*; 1300 ca.] **s. m.** ● Insetto infestatore di case, magazzini e sim. con corpo piatto e lucido di colore bruno scuro, antenne filiformi e lunghe zampe (*Blatta orientalis*). ➡ **ILL. animali**/2. || **scarafaggètto**, **dim.** | **scarafaggìno**, **dim.**

†**scaraffàre** (*1*) [dal longob. *skarpfan* 'grattare' (?); 1676] **v. tr.** ● (*raro*) Arraffare.

scaraffàre (*2*) [da *caraffa* con *s-*] **v. tr.** ● Versare in una caraffa | Travasare un vino rosso di pregio in una caraffa a bocca larga, in modo da favorirne la decantazione e l'ossigenazione.

scarafóne o **scaraffóne**, **scardafóne**, **scardofóne** [dial. merid. per *scarafaggio* (V.); 1546] **s. m.** ● (*merid.*) Scarafaggio.

scaramàntico [da *scaramanzia*; 1963] **agg.** (pl. m. *-ci*) ● Di scaramanzia, che ha valore di scaramanzia: *gesto s.* || **scaramanticaménte**, **avv.**

scaramanzìa [sovrapposizione pop. di *gramanzia* 'negromanzia' a *chiromanzia*, con *s-*; 1872] **s. f.** ● Parola, gesto, segno e sim. che, nella superstizione popolare, libera dal malocchio o difende da esso: *fare s.*; *per s.*; *fare, dire, qlco. per s.*

scaramàzza [di etim. incerta; 1671] **A agg.** solo **f.** ● Detto di perla di forma non perfetta, non perfettamente sferica. **B s. f.** ● Perla scaramazza.

scaramùccia [di etim. discussa: sovrapposizione del francone *skara* 'schiera' a un dim. di *scherma* (V.); av. 1363] **s. f.** (pl. *-ce*) *1* Scontro non decisivo e di breve durata tra pattuglie o reparti armati di scarsa consistenza. *2* (*fig.*) Piccola polemica, breve scontro: *scaramucce letterarie.* **SIN.** Contesa, contrasto, schermaglia.

scaramucciàre [sec. XIV] **A v. intr.** (*io scaramùccio*; aus. *avere*) ● (*lett.*) Combattere in una scaramuccia, per scaramuccia (*anche fig.*). **B v. rifl.** ● (*raro, fig.*) †Difendersi.

†**scaramùccio** o †**scaramùgio s. m.** ● Scaramuccia.

scaraventàre [di etim. discussa: dal lat. parl. **crepantāre* 'rompere, spezzare', da *crepāre*, attraverso i dial. sett., con sovrapp. di *scagliare* (?); av. 1600] **A v. tr.** (*io scaravènto*) *1* Scagliare, gettare con impeto: *scaraventò i libri dalla finestra* | Spingere con violenza qlcu. facendolo cadere: *lo spostamento d'aria ci scaraventò a terra*; *scaraventai Cecilia sul divano* (MORAVIA); *con un pugno l'ha scaraventato per terra.* *2* (*fig.*) Trasferire un funzionario, un impiegato, e sim. in una sede molto lontana da quella attuale: *lo hanno scaraventato in un'isola.* **SIN.** Sbalestrare. **B v. rifl.** ● Gettarsi con impeto, foga: *scaraventarsi contro, addosso, a qlcu.*; *si scaraventò giù dalla discesa.*

scarbonàre [da *carbone*, con *s-*; 1872] **v. tr.** e **intr.** (*io scarbóno*; aus. *avere*) ● (*raro*) Disfare la carbonaia, toglierne il carbone.

scarcàre ● V. *scaricare.*

scarcassàto [da *carcassa*, con *s-*; 1963] **agg.** ● (*fam.*) Sgangherato, malridotto: *una vecchia automobile scarcassata.*

scarceraménto [1745] **s. m.** ● Scarcerazione.

scarceràre [da *carcere*, con *s-*; 1481] **v. tr.** (*io scàrcero*) ● Liberare dal carcere.

scarcerazióne [da *scarcerare*; 1666] **s. f.** ● Liberazione dell'imputato sottoposto a custodia cautelare, al verificarsi delle ipotesi previste dalla legge | Correntemente, liberazione di un detenuto dal carcere.

scàrco ● V. *scarico* (*1*) e (*2*).

scardaccióne o **scardàccio**, **scardicciòne** [da *cardo*, con *s-*; 1838] **s. m.** ● (*bot.*) Cardo selvatico | Stoppione.

scardafóne ● V. *scarafone.*

scardàre [da *cardo* (*1*) 'riccio', con *s-*; 1838] **v. tr.** ● Togliere il riccio alle castagne, sdiricciare.

scardassàre [1481] **v. tr.** *1* Cardare la lana con lo scardasso: *una donna … scardassava un mucchio di lana nera con due pettini di ferro* (DELEDDA). *2* (*fig., disus.*) Maltrattare.

scardassatóre [av. 1563] **s. m.** (f. *-trice*, pop. disus. *-tora*) ● Chi scardassa la lana.

scardassatùra [1819] **s. f.** ● Operazione dello scardassare.

scardassière o †**scardazzière** [da *scardasso*; 1353] **s. m.** (f. *-a*) ● Scardassatore.

scardàsso o (*dial.*) †**scardàzzo** [sett. da *cardo* (*1*) 'pettine', con *s-*; 1353] **s. m.** ● Attrezzo a denti uncinati per pettinare la lana.

†**scardazzière** ● V. *scardassiere.*

†**scardàzzo** ● V. *scardasso.*

scardiccióne ● V. *scardaccione.*

scardinaménto [1909] **s. m.** ● Lo scardinare | (*fig.*) Sovvertimento, disgregazione.

scardinàre [da *cardine*, con *s-*; 1713] **A v. tr.** (*io scàrdino*) *1* Levare con forza dai cardini: *s. una finestra, una porta.* *2* (*fig.*) Demolire: *s. un impianto accusatorio* | Disgregare: *s. le istituzioni* *democratiche.* **B** v. intr. pron. *1* Uscire dai cardini. *2* (*fig.*) Disgregarsi.

scardofóne ● V. *scarafone.*

scàrdola o **scàrdova** [dal lat. tardo *scărda(m)* 'specie di pesce', di etim. incerta; 1313] s. f. ● Ciprinide bruno verdastro e argenteo sul ventre che popola laghi e stagni a fondo fangoso (*Scardinius erythrophtalmus*).

†**scarduffàre** [sovrapp. di *scardare*, *scardassare* (V.) a *scarruffare*; av. 1850] v. tr. ● (*tosc.*) Scarmigliare.

scaréggio [da *ascaro*, *aschero* (V.) con aferesi] s. m. ● (*tosc.*) Senso di schifo, ribrezzo.

scàrica [da *scaricare*; 1699] s. f. *1* Sparo simultaneo di più armi da fuoco: *s. di fucileria* | Rapida successione di colpi sparati da un'arma: *una s. di mitra.* *2* Grande quantità di cose che si scaricano, cadono, colpiscono e sim.: *s. di grandine, di sassi, di pugni, di improperi.* SIN. Rovescio, subisso. *3* Violenta evacuazione: *s. intestinale.* *4* ***S. elettrica***, passaggio di cariche elettriche da un conduttore a un altro a potenziale diverso, attraverso un dielettrico interposto che si è ionizzato | ***S. di un accumulatore***, fase in cui l'accumulatore cede l'energia elettrica precedentemente accumulata | ***Tubo a s.***, tubo a gas.

scaricabarile o *raro* **scaricabarili** [comp. di *scarica(re)* e *barile*; av. 1602] s. m. inv. ● Gioco di ragazzi che si fa a coppie, e consiste nel sollevarsi a vicenda, volgendosi le spalle l'un l'altro e tenendosi per le braccia | ***Fare a s.***, (*fig.*) addossarsi l'un l'altro responsabilità o colpe.

scaricalàsino [comp. di *scarica(re)* e *asino* con -*l*- art. concresciuto; 1838] s. m. solo sing. ● Gioco di ragazzi consistente nel portarsi a vicenda a cavalcioni.

scaricaménto [1353] s. m. ● Lo scaricare | ***Piano di s.***, piazzale sopraelevato sul piano stradale, posto davanti alle aperture di entrata e uscita delle merci in mercati, magazzini e industrie, destinato a facilitare il carico e lo scarico degli autocarri. SIN. Piano caricatore.

♦**scaricàre** o (*poet.*) **scarcàre** [da *caricare*, con *s*-; 1336 ca.] **A** v. tr. (*io scàrico, tu scàrichi*) *1* Levare il carico, sgravare del carico: *s. il carro, il camion*; *s. la merce dalla nave*; *s. la zavorra* | Deporre il carico: *s. le valigie in terra* | Far scendere, lasciare a destinazione: *l'automobile ci scaricò nella piazza.* *2* (*est.*) Svuotare: *bisogna s. la cisterna* | ***S. un'arma***, togliere i proiettili; svuotarla sparando tutti i colpi contro qlcu.: *gli ha scaricato contro la rivoltella*; *scaricò sull'animale tutti i proiettili* | (*raro*) ***S. la testa***, liberarla dal senso di pesantezza | (*raro*) ***S. la vescica***, orinare | (*raro*) ***S. il ventre***, andare di corpo. *3* Immettere, versare, detto di corsi d'acqua: *il fiume scarica le sue acque in mare.* *4* (*fig.*) Rendere libero da un peso morale: *s. la propria coscienza di un peccato* | Sfogare: *s. l'ira repressa* | Riversare, far ricadere su altri: *s. le proprie responsabilità, i propri compiti, su qlcu.* | (*fam.*) ***S. qlcu.***, abbandonarlo, lasciarlo, liberarsene spec. perché ritenuto molesto o sgradito. *5* Scagliare, scaraventare (*anche fig.*): *gli scaricò addosso una gragnuola di pugni*; *s. ingiurie.* *6* (*fis.*) Privare della carica elettrica: *s. l'elettroscopio.* *7* (*comm.*) Registrare l'uscita, la cessione o la perdita di beni materiali già in carico | Detrarre dall'imponibile, detto di una spesa, di un costo. *8* (*elab.*) Copiare un file da un elaboratore a cui si è collegati in rete per caricarlo sul proprio. **B** v. rifl. *1* (+ *di*) Togliersi un peso di dosso: *scaricati dello zaino.* *2* (+ *di*) (*fig.*) Liberarsi da un peso morale, un dolore, e sim.: *si è scaricato con noi del suo segreto.* *3* (*assol.*, *fig.*) Distendersi, rilassarsi, allentare la tensione: *per scaricarmi ogni sera faccio una lunga passeggiata.* *4* (*fam.*) Defecare. **C** v. intr. (aus. *essere*) ● (*raro*) Perdere vivacità, sbiadire, detto di colore: *è un rosso che scarica facilmente.* **D** v. intr. pron. *1* Mettere foce, versarsi, detto di corsi d'acqua: *il fiume si scarica in mare.* *2* Scoppiare: *il fulmine si è scaricato nel giardino*; *il temporale si scaricа lontano.* *3* Di orologio o accumulatore, perdere, esaurire la carica.

scaricatóio [da *scaricare*; 1567] s. m. *1* Luogo adibito allo scarico. *2* †Deposito di merci di rifiuto o di scarico. *3* Canale di scarico.

scaricatóre [da *scaricare*; 1776] **A** s. m. *1* Operaio addetto al carico e allo scarico di merci: *gli scaricatori del porto.* *2* Dispositivo per lo scarico: *s. per carri.* *3* Apparecchio di protezione di un impianto elettrico, che serve a scaricare a terra eventuali sovratensioni che si manifestassero lungo la linea di alimentazione. **B** anche agg. (f. -*trice*) ● Che scarica: *fossato s.*; *chiavica scaricatrice.*

scaricatùra [da *scaricare*; av. 1564] s. f. ● (*raro*) Scarico, nel sign. di *scarico (2).*

scaricazióne [da *scaricare*; 1618] s. f. ● (*raro*) Scarico, nel sign. di *scarico (2).*

♦**scàrico** (1) o (*poet.*) **scàrco** [da *carico*, con *s*-; 1319] agg. (pl. m. -*chi*) *1* Libero dal carico: *carro, automezzo, s.*; *il carretto ritorna s.* *2* Privo, vuoto (*spec. fig.*): *coscienza scarica di rimorsi* | ***Sentirsi l'animo s.***, sentirsi tranquillo | ***Cielo s.***, sereno, senza nubi | (*fam.*) ***Capo s.***, V. *caposcarico.* *3* Che ha esaurito la carica: *orologio s.*; *batteria scarica* | ***Fucile s.***, senza cartucce. *4* †Chiaro, limpido: *vino s.*

♦**scàrico** (2) o (*poet.*) **scàrco** [da *scaricare*; 1313] s. m. (pl. -*chi*) *1* Operazione del togliere un carico dal mezzo che lo contiene e lo trasporta: *s. delle merci*; *s. del legname da un carro*; *s. di una nave*; *operazioni di s.*; *iniziare lo s.* *2* Atto del gettare via rifiuti, immondizie e sim.: *divieto di s.*; *qui è vietato lo s.* | Luogo in cui vengono scaricati rifiuti, immondizie e sim.: *lo s. dei rifiuti*; *gettare allo s.* *3* (*raro, fig.*) Discarico, giustificazione: *a mio, a tuo, a suo, s.*; *per mio s.* *4* In varie tecnologie, eliminazione di materiali, svuotamento, deflusso: *valvola, tubo di s.* | (*est.*) Dispositivo che consente e regola lo scarico | ***S. sincrono***, quello, usato spesso nelle turbine, che permette di chiudere rapidamente il distributore che invia l'acqua alla girante senza ridurre troppo la portata della condotta forzata, così da evitare il colpo d'ariete. *5* Quarta e ultima parte del funzionamento del motore a scoppio, che consiste nell'espulsione dei prodotti della combustione | ***Tubo di s.***, nei motori a scoppio, parte del tubo di scappamento. *6* Uscita di merce o denaro: *registro di carico e s.*

scarificàre [vc. dotta, dal lat. tardo *scarificāre* 'incidere', variante di *scarifāre*, dal gr. *skariphásthai* 'scalfire'. V. *scalfire*, *scalficcare*; sec. XIV] v. tr. (*io scarìfico, tu scarìfichi*) *1* (*chir.*) Incidere leggermente alla superficie cute o mucosa per terapia o profilassi. *2* (*agr.*) Incidere con strumenti scarificatori: *s. un tronco*; *s. un prato.*

scarificatóre [da *scarificare*; 1838] **A** s. m. ● Attrezzo agricolo munito di robusti corpi operatori per rompere gli strati profondi del terreno senza rivoltarlo. SIN. Ripper. **B** anche agg. (f. -*trice*): *Strumento s.*

scarificatùra [da *scarificare*; 1940] s. f. ● Scarificazione.

scarificazióne [vc. dotta, dal lat. tardo *scarificatiōne(m)* 'incisione', da *scarificātus* 'scarificato'; sec. XIV] s. f. *1* (*agr.*) Lavoro dello scarificare: *s. di un tronco, di un terreno.* *2* (*chir.*) Incisione superficiale della pelle per terapia o profilassi (anche come metodo di tatuaggio presso alcune popolazioni dell'Africa e dell'Oceania).

scariòla ● V. *scarola.*

scariolàre e *deriv.* ● V. *scarriolare* e *deriv.*

scarióso [fr. *scarieux*, da un lat. mod. *scariosus* di oscura orig.; 1959] agg. ● (*bot.*) Detto di parte della pianta di consistenza membranacea e colore simile alla pergamena.

scarlattina [comp. di *scarlatto* e -*ina*; 1772] s. f. ● Malattia infettiva acuta esantematica, a carattere contagioso e diffusivo, prodotta da streptococco, caratterizzata da angina, esantema puntiforme e tendenza alla desquamazione.

†**scarlattìno** [av. 1449] **A** agg. ● Scarlatto | ***Febbre scarlattina***, scarlattina. **B** s. m. ● Panno tinto di scarlatto.

scarlattinóso [1959] agg. ● Di scarlattina: *esantema s.*

scarlàtto [dal persiano *sāqirlāt* 'abito tinto di rosso con chermes o cocciniglia'; sec. XIII] **A** agg. ● Che ha un colore rosso molto vivace: *guance scarlatte*; *fiori scarlatti*; *farsi s. in viso.* **B** s. m. *1* Il colore scarlatto. *2* †Panno pregiato tinto in colore scarlatto: *una cappa di s.*; *sulle scansie rosseggiavano le pezze dello s.* (DELEDDA).

scarlèa ● V. *sclarea.*

†**scarmàna** ● V. *scalmana.*

scarmigliàre [lat. tardo *excarmināre* 'cardare', comp. di *ĕx* (*s*-) e di *cărmen*, genit. *cărminis* 'pettine per cardare', con sovrapposizione di *scapigliare*. V. *carminare* (*1*); 1481] **A** v. tr. (*io scarmìglio*) ● Spettinare, scompigliare i capelli | †***S. la lana***, carminarla, cardarla, pettinarla. **B** v. rifl. e intr. pron. ● Spettinarsi, scompigliarsi i capelli: *non vedi come ti sei scarmigliata?* **C** v. intr. pron. ● †Azzuffarsi: *Rinaldo si scarmiglia col lione* (PULCI).

scarmigliàto [1353] part. pass. di *scarmigliare*; anche agg. ● Nei sign. del v. | Spettinato | (*est.*) Scomposto, esagitato.

scarmiglióne [da *scarmigliare*; 1940] s. m. (f. -*a*) ● (*raro*) Chi ha i capelli scompigliati.

†**scàrmo** ● V. *scalmo.*

scarnaménto [av. 1320] s. m. ● (*raro*) Scarnificazione.

scarnàre [lat. tardo *excarnāre* 'scarnare', comp. di *ĕx*- (*s*-) e di *căro*, genit. *cărnis* 'carne'; av. 1320] **A** v. tr. *1* †Scarnificare | (*est.*, *raro*) Graffiare. *2* Effettuare la scarnatura. **B** v. intr. pron. ● †Dimagrire.

scarnatóio [1838] s. m. ● Coltello per scarnare le pelli da conciare.

scarnatùra [da *scarnare*; 1838] s. f. ● Eliminazione del tessuto sottocutaneo dalle pelli in trippa.

scarnificàre [vc. dotta, dal lat. *excarnificāre* 'dilaniare, strappare la carne', comp. di *ĕx*- (*s*-) e *carnificāre*, da *căro*, genit. *cărnis* 'carne' e -*ficāre*; av. 1557] v. tr. (*io scarnìfico, tu scarnìfichi*) *1* Levare la carne che sta attorno: *s. un'unghia.* *2* Lacerare, strappare la carne, spec. la muscolatura scheletrica | Spolpare un animale. *3* (*fig.*) Ridurre all'essenziale: *s. ogni concetto per ridurlo a pura essenza* (CALVINO).

scarnificàto [av. 1557] part. pass. di *scarnificare*; anche agg. *1* Nei sign. del v. *2* (*fig.*) Ridotto all'essenziale: *linguaggio s.*; *prosa scarnificata.*

scarnificazióne [1692] s. f. ● Lo scarnificare.

scarnìre [da *carne*, con *s*-. V. *scarnare*; av. 1597] v. tr. (*io scarnìsco, tu scarnìsci*) *1* Liberare della carne che sta attorno: *s. un'unghia.* *2* (*fig.*) Rendere scarno, spoglio: *s. il proprio linguaggio.*

scarnìto [1587] part. pass. di *scarnire*; anche agg. ● Nei sign. del v.

scarnitùra [av. 1597] s. f. ● Lo scarnire | Brandello di polpa che ne rimane.

scàrno [da *scarnare*; 1532] agg. *1* Magro, affilato: *viso s.*; *mani scarne.* *2* (*fig.*) Povero di contenuto, insufficiente: *trattazione scarna.* *3* (*fig.*) Ridotto all'essenziale, spoglio: *stile, linguaggio s.* SIN. Asciutto, sobrio. || **scarnaménte**, avv.

scàro [lat. *scăru(m)* 'scaro', dal gr. *skáros*, di orig. indeur.; av. 1595] s. m. ● Pesce marino dei Perciformi, erbivoro, a bellissimi colori rosso, arancio e violaceo (*Scarus cretensis*). SIN. Pesce pappagallo.

scarógna e *deriv.* ● V. *scalogna* (*1*) e *deriv.*

scarognàre [da *carogna*, con *s*- intens.; 1872] v. intr. (*io scarógno*; aus. *avere*) ● (*raro*) Fare la carogna, lavorare svogliatamente.

scarognìre [da *carogna*, con *s*- sottrattivo; 1872] **A** v. tr. (*io scarognìsco, tu scarognìsci*) ● Levare l'abitudine di fare la carogna, far diventare meno carogna. **B** v. intr. pron. ● Diventare meno carogna.

scaròla o **scariòla**, †**scheruòla** [lat. tardo *scariŏla(m)*, da un precedente **escarĭola*, da *ĕsca* 'cibo'. V. *esca* (*1*); sec. XIV] s. f. ● Varietà di indivia che si consuma come ortaggio | (*region.*) Lattuga, cicoria.

♦**scàrpa** (1) [dal germ. **skarpa* 'tasca di pelle'; 988 ca.] s. f. *1* Calzatura costituita dalla tomaia e dalla suola, che copre il piede dalla pianta alla caviglia, e in certi casi fin sopra la caviglia: *scarpe di cuoio, raso, seta, corda*; *scarpe scollate, accollate, alte, basse*; *scarpe col tacco alto, col tacco basso*; *risuolare le scarpe*; *consumare, sfondare le scarpe*; *quale numero di scarpe porti?*; *mettersi, infilarsi, togliersi le scarpe*; *scarpe che calzano bene, che non calzano* | (*fig.*, *disus.*) ***Scarpe che ridono, che hanno fame*** e sim., scarpe rotte, con la parte anteriore della tomaia completamente separata dalla suola | ***Scarpe bullonate***, quelle dei calciatori, coi tacchetti sulla suola | ***Fare le scarpe a qlcu.***, (*fig.*) spec. in un ambiente di lavoro, danneggiarlo nascondendosi sotto una falsa apparenza di amico | ***Rimetterci anche le scarpe, anche le suole delle scarpe***, (*fig.*) rovinarsi economicamente in un affare sfortunato | ***Avere il cervello nelle scarpe, avere il giudizio sotto la suola delle scarpe***, avere pochissimo giudizio o niente del tutto | ***Morire con le scarpe ai piedi***, morire ammazzato di morte improvvisa e violenta | ***Non*** *avere scarpe ai piedi*, essere molto povero | ***Non esser degno di lustrare le scarpe a qlcu.***, essergli molto inferiore | ***Levarsi un sassolino dalla s.***, (*fig.*) esprimere un'opinione, prendere una risoluzione, liberandosi da un peso, un fastidio, un problema. ***2*** (*fig., fam.*) Persona incapace: *al gioco sei proprio una s.* | (*fam., spreg.*) ***S. vecchia***, persona ormai sorpassata, inutile o invecchiata. ***3*** Ferro incurvato che agisce da freno sulla ruota di carro o carrozza | Cuneo di puntello che si pone sotto la ruota di un veicolo fermo su terreno in pendenza. ***4*** Sostegno della barra falciante posto alle estremità. ***5*** (*ferr.*) Fermacarro | Staffa. ***6*** (*raro*) ***S. dell'ancora***, piano di lamiera leggermente inclinato, su cui si appoggiano le marre dell'ancora traversata | Fodera di legno con cui si ricoprono le marre dell'ancora affinché non graffino il bordo nel salpare. || **scarpàccia**, **pegg.** | **scarpétta**, **dim.** (V.) | **scarpina**, **dim.** | **scarpino**, **dim. m.** (V.) | **scarpóne**, **accr. m.** (V.) | **scarpùccio**, **dim. m.**

scàrpa (2) [dal got. **skrapa* 'appoggio, sostegno'; av. 1465] **s. f.** ● Scarpata | Parete inclinata, di un parapetto, di un terrapieno e sim. | ***A s.***, in pendio. ➡ **ILL.** p. 2120 ARCHITETTURA.

scarpàio o (*region.*) **scarpàro** [da *scarpa* (*1*); 1872] **s. m.** (f. *-a*) ***1*** (*raro*) Calzolaio. ***2*** Venditore ambulante di scarpe e sim. ***3*** (*region.*) Persona incompetente, incapace (spec. nella var. *scarparo*).

scarpàro ● V. *scarpaio*.

scarpàta (1) [da *scarpa* (*1*); 1872] **s. f.** ● Colpo dato con una scarpa.

scarpàta (2) [da *scarpa* (*2*); 1847] **s. f.** ***1*** Superficie laterale di un terreno o terrapieno a forte pendenza | (*geogr.*) ***S. continentale***, tratto della parte sommersa dei continenti, in forte pendenza, che salda la piattaforma continentale al fondo degli oceani. ➡ **ILL.** p. 2130, 2133 SCIENZE DELLA TERRA ED ENERGIA. ***2*** Costruzione militare a superficie fortemente inclinata.

scarpèllo *e deriv.* ● V. *scalpello e deriv.*

scarpétta [1353] **s. f.** ***1*** Dim. di *scarpa* (*1*). ***2*** Scarpa da bambino o da donna | Scarpa bassa e leggera: *scarpette da ginnastica*; *scarpette da ballo*; *scarpette da sci di fondo* | ***Scarpette chiodate***, quelle calzate nelle corse di atletica, fornite di punte d'acciaio per meglio aderire al terreno | ***Scarpette da pugile***, stivaletto in pelle leggera e morbida | ***S. interna***, nello scarpone da sci la parte interna, imbottita e impermeabilizzata. ➡ **ILL.** p. 2146, 2158, 2159, 2160 SPORT. ***3*** (*fig., fam.*) ***Fare la s.***, raccogliere il sugo rimasto in un piatto servendosi di un pezzetto di pane. ***4*** (*bot.*) ***S. di Venere***, cipripedio. || **scarpettàccia**, **pegg.** | **scarpettino**, **dim. m.** | **scarpettóna**, **accr.** | **scarpettùccia**, **dim.**

scarpicciàre *e deriv.* ● V. *scalpicciare e deriv.*

scarpièra [1942] **s. f.** ***1*** Mobile, custodia, per riporvi le scarpe. ***2*** Borsa da viaggio a scomparti, per le scarpe.

scarpinàre [da *scarpina*, dim. di *scarpa* (*1*); 1536] **v. intr.** (aus. *avere*) ● (*fam.*) Camminare a lungo e con fatica.

scarpinàta [da *scarpinare*; 1940] **s. f.** ● (*fam.*) Camminata lunga e faticosa.

†**scarpinèllo** [da *scarpino*, dim. di *scarpa* (*1*)] **s. m.** ● Calzolaio.

scarpino [sec. XV] **s. m.** ***1*** Dim. di *scarpa* (*1*). ***2*** Calzatura elegante che lascia scoperta gran parte del piede: *scarpini da ballo, di raso*.

†**scarpióne** ● V. *scorpione*.

scarpóne [1880 ca.] **s. m.** ***1*** Accr. di *scarpa* (*1*). ***2*** Grossa scarpa con suola doppia e tomaia alta: *scarponi da montagna, da roccia, da soldato* | ***S. per alta montagna***, con suola di gomma rigida, disegno appositamente studiato per la progressione su qualunque tipo di terreno, con tomaia alta, talvolta doppia per le ascensioni invernali e su ghiaccio | ***S. da sci***, calzatura a struttura rigida, sagomata nella parte anteriore e posteriore per l'aggancio agli attacchi degli sci. ➡ **ILL.** p. 2158-2159-2160 SPORT. ***3*** (*fig., scherz.*) Chi appartiene, o ha appartenuto, alle truppe alpine. ***4*** (*scherz., spreg.*) Giocatore di calcio mediocre e che fa molti falli. || **scarponcèllo**, **dim.** | **scarponcino**, **dim.**

†**scarrièra** [da *carriera*, con *s-*; 1525] **vc.** ● Solo nelle loc. avv. ***di s.***, ***per s.***, occultamente, di contrabbando | ***Gente di s.***, di malaffare.

scarriolànte o **scariolànte** [da *scarriolare*; 1940] **s. m.** ● Bracciante che, tra la fine dell'Ottocento e l'inizio del Novecento, prestava la sua opera nei lavori di bonifica del delta padano, spec. trasportando la terra con la carriola.

scarriolàre o **scariolàre** [comp. parasintetico di *carriola* col pref. *s-*; 1959] **v. tr.** (*io scarriòlo*) ● Trasportare materiali con la carriola o sim.: *s. sacchi di cemento*.

scarrocciàre [da *carro*, con *s-* e suff. iter.-intens.; 1889] **v. intr.** (*io scarròccio*; aus. *avere*) ● Andare a scarroccio.

scarròccio [da *scarrocciare*; 1614] **s. m.** ***1*** (*mar.*) Moto laterale rispetto alla rotta cui una nave è soggetta per l'azione del vento sulla sua parte emersa | ***Angolo di s.***, l'angolo formato tra la rotta vera della nave e la sua prua vera a causa dello scarroccio. ***2*** (*aer., raro*) Derapata | Derapata verso l'esterno in virata.

scarrozzàre [da *carrozza*, con *s-*. V. *carrozzare*; 1801] **A v. tr.** (*io scarròzzo*) ● Portare qua e là in giro, con la carrozza o (*est.*) con un altro veicolo: *s. un ospite per la città*. **B v. intr.** (aus. *avere*) ● Andare qua e là in giro, con la carrozza o con un altro veicolo.

scarrozzàta [da *scarrozzare*; 1865] **s. f.** ● Passeggiata in carrozza o con altro veicolo.

scarrozzìo [da *scarrozzare*; 1872] **s. m.** ● (*raro*) Andirivieni di carrozze | Rumore continuo di ruote di carrozze o sim.

scarrucolaménto [da *scarrucolare* (*1*) e (*2*); 1688] **s. m.** ● (*raro*) Lo scarrucolare.

scarrucolàre (1) [da *carrucola*, con *s-* intens.; av. 1704] **v. intr.** (*io scarrùcolo*; aus. *avere*) ● Scorrere sulla girella della carrucola, detto di funi, catene e sim.

scarrucolàre (2) [da *carrucola*, con *s-* estrattivo; 1612] **v. tr.** (*io scarrùcolo*) ● Togliere la fune, la catena e sim. dalla carrucola.

scarrucolìo [1872] **s. m.** ● Lo scarrucolare continuo, nel sign. di *scarrucolare* (*1*), e il cigolio insistente che ne deriva.

scarruffàre o **scaruffàre** [sovrapposizione di *scarmigliare* ed *arruffare* (V.); 1863] **A v. tr.** ● Arruffare, scompigliare i capelli. **B v. intr. pron.** ● Arruffarsi i capelli.

scarrupàto ● V. *sgarrupato*.

scarseggiàre [comp. di *scarso* e *-eggiare*; av. 1446] **v. intr.** (*io scarséggio*; aus. *avere*) ***1*** (*assol.*) Essere scarso: *i viveri scarseggiano*; *il denaro comincia a s.* ***2*** (+ *di*) Avere scarsezza di qlco.: *la stanza scarseggia di luce*; *la lingua francese e la latina scarseggiano di vera sinonimia* (LEOPARDI). ***3*** (*mar.*) Diminuire d'intensità, detto del vento, senza cambiare direzione | Rifiutare.

scarsèlla [di etim. discussa: dal provz. *escarsela* 'borsa del mendicante o del pellegrino', prob. dal francone *skërpa* (?). V. *scarpa* (*1*); av. 1350] **s. f.** ***1*** Anticamente, borsa di cuoio tenuta appesa al collo o alla cintura, usata per riporvi il denaro. ***2*** (*region.*) Tasca | ***In s.***, in tasca | ***Mettere mano alla s.***, accingersi a sborsare denaro. ***3*** (*arch.*) Tipo di abside della chiesa a pianta rettangolare. ***4*** Nelle antiche armature, fiancale. || **scarsellàccia**, **pegg.** | **scarsellétta**, **dim.** | **scarsellina**, **dim.** | **scarsellùccia**, **dim.**

scarsellóne [da *scarsella*] **s. m.** ● Nelle antiche armature del cavallo in battaglia, piastra laterale di copertura atta a proteggere il fianco del cavallo dalle offese del nemico.

scarsézza [av. 1294] **s. f.** ● Caratteristica, condizione di chi (o di ciò che) è scarso: *s. di mezzi*, *di personale*, *di denaro*, *di fantasia*. **SIN.** Insufficienza, mancanza.

scarsità [av. 1294] **s. f.** ● Scarsezza, mancanza: *c'è una grande s. di verdura*.

♦**scàrso** [lat. parl. **excărpsu(m)*, tardo rifacimento di *excĕrptus*, part. pass. di *excĕrpere* 'tirar fuori, togliere', da *ĕx-* (*s-*) e *cărpere* 'prendere'. V. *carpire*; av. 1306] **A agg.** (assol.; + *di*) ***1*** Manchevole, insufficiente, inadeguato, rispetto a quanto sarebbe necessario: *raccolto*, *patrimonio*, *nutrimento*, *s.*; *mezzi scarsi*; *acque scarse*; *annata scarsa*; *quel libro s. di mole* (MANZONI); *non mi crediate sì scarsa di giudizio* (GOLDONI) | ***Tempi scarsi***, di carestia | ***Luce scarsa***, fioca | ***Vento s.***, che non ha forza | (*est.*) Mancante, povero, di qlco.: *essere s. di ingegno*, *di fantasia* | Carente: *essere s. in fisica* | ***Essere s. a quattrini***, averne pochi. **CONTR.** Abbondante, dovizioso, esuberante. ***2*** Inferiore di poco alla misura fissata: *è un kilo s.*; *ha percorso cento metri scarsi* | ***Colpo s.***, che non coglie in pieno il bersaglio | Stretto, corto o sim., detto di abiti: *il cappotto gli va s.* ***3*** †Avaro, limitato nello spendere, nel concedere, e sim.: *ho servito a signor crudele e s.* (PETRARCA) | †***Andare s. nel fare qlco.***, usare parsimonia | †Restio: *essere s. a fare, a dire* e sim. | †Lento, rado: *passi scarsi*. || **scarsétto**, **dim.** || **scarsaménte**, **avv.** Con scarsezza, in modo scarso: *profittare*, *partecipare scarsamente*. **B s. m.** ● †Penuria, mancanza: *era carestia e s. di vittuaglia* (VILLANI).

scart /skart/ [sigla fr. di *S(yndicat des) C(onstructeurs d') A(ppareils) R(adio-récepteurs et) T(eléviseurs)*, Associazione dei Costruttori di Apparecchi Radio-ricevitori e Televisori; 1996] **s. f. inv.** ● (*elettr.*) Connettore standard per il collegamento tra apparecchi di ricezione e riproduzione del segnale video, quali televisori e videoregistratori.

scartabellàre [da *scartabello* (V.); av. 1629] **v. tr.** (*io scartabèllo*) ● Voltare, scorrere in fretta e piuttosto disordinatamente le pagine di un libro o sim. alla ricerca di ciò che interessa (*anche assol.*): *s. vocabolari*, *schedari*, *elenchi*; *s. senza trovare nulla*.

†**scartabèllo** [etim. incerta; av. 1508] **s. m.** ● Libro, quaderno, scartafaccio | Opuscolo.

scartafàccio [vc. d'orig. sconosciuta; 1525] **s. m.** ***1*** Quaderno di più fogli, anche non legati insieme, usato per minute, per prendere appunti, e sim. | Libro malridotto. ***2*** Libro o scheda in cui vengono registrate le prime note di un'azienda.

scartaménto [da *scartare* (*3*); 1895] **s. m.** ***1*** (*ferr.*) Distanza fra due rotaie misurata fra le facce interne | ***S. normale***, adottato in quasi tutti i Paesi, con misura di 1435 mm | ***S. ridotto***, adottato in alcune ferrovie secondarie, con misure variabili da 600 a 1100 mm | ***A s. ridotto***, (*fig.*) in proporzioni inferiori a quelle normali. ***2*** Distanza fra le due funi portanti di una funivia.

♦**scartàre** (1) [da *carta* nel sign. 1, con *s-* nel sign. 4. V. *incartare*; 1891] **v. tr.** ● Togliere un oggetto dalla carta in cui è avvolto: *s. un regalo*, *un pacco*.

♦**scartàre** (2) [da *carta* nel sign. 8, con *s-* nel sign. 3; av. 1552] **v. tr.** ***1*** Eliminare, buttare a monte le carte da gioco che si hanno in più o si rifiutano: *s. un fante*; (*assol.*) *s. alto*, *s. basso*. ***2*** Respingere, eliminare, mettere da parte, come non buono, non utile, non idoneo, e sim.: *s. un piano*, *un'ipotesi*; *tre dei concorrenti sono stati scartati*; *alla visita di leva lo hanno scartato*.

♦**scartàre** (3) [dal fr. *écarter* 'separare', che è dal lat. parl. **exquartāre* 'dividere', da *ĕx-* (*s-*) e *quărtus* 'quarto'. V. *squartare*; 1855] **A v. intr.** (aus. *avere*) ● Deviare bruscamente dal proprio cammino, fare uno spostamento laterale, detto di veicoli o animali: *l'automobile scartò improvvisamente* | Nel ciclismo, spostarsi di lato con azione improvvisa per ostacolare gli avversari durante la disputa della volata. **B v. tr.** ● (*sport*) ***S. un avversario***, nel calcio, superarlo in dribbling eludendone l'intervento.

scartàta (1) [da *scartare* (*1*)] **s. f.** ● (*raro*) Atto del togliere un oggetto dalla carta in cui è avvolto.

scartàta (2) [da *scartare* (*3*); 1840] **s. f.** ***1*** Brusca deviazione da una parte: *una s. del cavallo*. ***2*** (*lett., fig.*) Azione scriteriata, avventata.

scartavetràre [da *carta vetrata*; 1959] **v. tr.** (*io scartavétro*) ● (*fam.*) Cartavetrare, carteggiare.

scartavetràta [da *scartavetrare*; 1970] **s. f.** ● Rapida e superficiale levigatura con la carta vetrata.

scartellaménto [1959] **s. m.** ● Lo scartellare.

scartellàre [da *cartello* (*2*) 'accordo tra imprenditori', con *s-*; 1959] **v. intr.** (*io scartèllo*; aus. *avere*) ● (*econ.*) Derogare alle norme del cartello bancario praticando alla clientela della banca condizioni più favorevoli delle minime per gli impieghi, spec. sotto forma di prestiti, e delle massime per i depositi.

scartina [da *scarto* (*1*); 1959] **s. f.** ***1*** Carta da gioco di poco valore. ***2*** (*fam.*) Persona che non vale nulla nell'attività che esplica: *quell'atleta è proprio una s.*

scartinàre [da *scartino*; 1959] **v. tr.** ● In tipografia, intercalare gli scartini.

scartino [da *scarto* (*1*); 1957] **s. m.** ***1*** Scartina. ***2*** In tipografia, taglio intercalato tra un foglio di stampa e l'altro per evitare sporchi, controstampe, e sim.

scàrto (1) [da *scartare* (*2*); 1640] **s. m.** ***1*** Atto dello scartare carte da gioco | Insieme delle carte scartate. *2* Eliminazione di qlco. in una scelta: *fare lo s.*; *fare lo s. dei libri, dei vestiti*; *roba, mercanzia di s.* | Ciò che viene scartato, in quanto inutile, inservibile, non buono e sim.: *s. di magazzino, di fabbrica* | (*fig.*) Persona che non vale niente: *è uno s. d'uomo*. *3* Gioco enigmistico consistente nel trovare, in base alle indicazioni date, due parole di cui la seconda è ottenuta scartando da un'altra una lettera o una sillaba (p. es. maDre, mare; soLIsta, sosta). CFR. Zeppa | **S. iniziale**, in cui la seconda parola è ottenuta dalla prima scartando la lettera o la sillaba iniziale (p. es. Amare, mare; TORmenta, menta) | **S. finale**, in cui la seconda parola è ottenuta dalla prima scartando la lettera o la sillaba finale (p. es. mareA, mare; sellaIO, sella).

scàrto (2) [da *scartare* (3); 1906] s. m. *1* Salto brusco, improvviso spostamento laterale del cavallo o (*est.*) di veicoli: *il cavallo fece uno s. e disarcionò il cavaliere*; *la macchina ebbe uno s.* *2* (*est.*) Deviazione, spostamento: *il proiettile ha pochi centimetri di s.* *3* (*mat.*) Differenza fra i valori d'una variabile e un valore fisso | Misura dell'insieme di tali differenze | (*stat.*) **S. semplice medio**, media aritmetica dei valori assoluti degli scarti | (*stat.*) **S. quadratico medio**, media quadratica degli scarti dalla media aritmetica. *4* Differenza, distacco: *fra i due concorrenti c'è uno s. di cinque punti*.

scàrto (3) [agg. da *scartare* (2); 1924] agg. ● (*region.*) Di qualità scadente, di poco valore: *roba scarta*.

scartocciaménto [1965] s. m. ● Scartocciatura.

scartocciàre [da *cartoccio*, con *s-*; 1752] v. tr. (*io scartòccio*) *1* Disfare un cartoccio. *2* Levare le brattee o cartocci alle spighe di mais.

scartocciatùra [1891] s. f. ● Lavoro dello scartocciare il granoturco | Epoca in cui ciò avviene.

scartòccio [da *cartoccio*, con *s-*; 1534] s. m. ● (*raro*) Cartoccio. || **scartoccino**, dim.

scartòffia o (*raro*) **cartòffia** [dal milan. *scartoffia* 'cartaccia (nel gioco)', da *carta*, con *s-* e il suff. pegg. *-offia*; 1923] s. f. ● (*scherz.* o *spreg.*, *spec. al pl.*) Incartamento, pratica di ufficio e sim.: *oggi pianto le mie scartoffie e vado al mare*.

scartòmetro [comp. di *scarto* (2) e *-metro*; 1991] s. m. ● Parte essenziale di un sistema per la guida dei missili, che misura istante per istante lo scarto tra la rotta seguita dal missile e quella programmata, fornendo il dato di scarto utile per calcolare la correzione da far osservare al sistema di guida.

scaruffàre ● V. *scarruffare*.

†**scàrzo** [variante tosc. di *scarso* (?); 1520] agg. ● Esile, snello: *io paio … più giovane, più s.* (MACHIAVELLI).

scaṣàre [da *casa*, con *s-*; 1891] **A** v. tr. ● (*region.*) Sfrattare da una casa o da un podere. **B** v. intr. (aus. *avere*) *1* (*region.*) Cambiare casa, traslocare. *2* (*region.*) Uscire di casa in massa: *Tutta la gente è scasata a vederla* (PIRANDELLO).

†**scaṣimodèo** ● V. *squasimodeo*.

scàssa [da *scasso*; 1838] s. f. ● (*mar.*) Alloggio del piede d'albero fissato sulla chiglia o sul paramezzale | **S. della deriva**, alloggiamento solidale allo scafo in cui scorre la deriva mobile.

scassacàzzi [dal v. *scassa*(*re*) e il pl. di *cazzo*; 1986] s. m. e f. inv. ● (*volg.*) Persona fastidiosa, invadente o puntigliosa | Seccatore. CFR. Rompicazzo.

scassapàlle [dal v. *scassa*(*re*) e il pl. di *palla*; 1996] s. m. e f. inv. ● (*volg.*) Scassacazzi. CFR. Rompipalle.

scassaquindici [comp. di *scassa*(*re*) (2) e *quindici*; 1942] s. m. solo sing. ● Gioco simile alla morra, che si svolge fra due giocatori, e in cui vince chi, per primo, raggiunge o si avvicina di più ai quindici punti.

scassàre (1) [da *cassa*, con *s-*; 1566] v. tr. ● Estrarre, levare dalla o dalle casse: *s. le merci*.

scassàre (2) [dal lat. *quassāre* 'sbattere, fracassare', intens. da *quăssus*, part. pass. di *quătere* 'scuotere', con *s-*. V. *scuotere*; 1534] **A** v. tr. *1* Arare il terreno a notevole profondità per l'impianto di vigneti, frutteti, oliveti e sim. o per metterlo a coltura. *2* (*fam.*) Rompere, rovinare: *ha già scassato la bicicletta nuova*. **B** v. intr. pron. ● (*fam.*) Rompersi, rovinarsi: *una macchina che si scassa presto*.

scassàre (3) ● V. *cassare*.

scassàto part. pass. di *scassare* (2); anche agg. ● Nei sign. del v. | (*fig.*) Acciaccato, malridotto: *Mi sentivo le anche scassate* (PAVESE).

scassatùra [av. 1696] s. f. ● Operazione dello scassare, nel sign. di *scassare* (*1*).

scassettàre [da *cassetta*, con *s-*; 1891] v. tr. (*io scassétto*) ● Togliere dalla cassetta.

scassinaménto [1940] s. m. ● Atto dello scassinare.

scassinàre [da *scassare* (*1*), con suff. intens.; 1525] v. tr. (*io scassino*) ● Rompere per aprire con la forza: *s. porte, finestre, serrature*.

scassinatóre [1890] s. m. (f. *-trice*) ● Chi scassina | Chi compie furti con scasso.

scassinatùra [1940] s. f. ● Scassinamento, scasso.

scàsso [da *scassare* (*2*); av. 1729] s. m. *1* (*dir.*) Azione violenta e delittuosa tendente a rompere determinate difese | **Furto con s.**, aggravato da effrazione. *2* Lavorazione profonda del terreno per piantarvi alberi, vivai, colture erbacee speciali o metterlo per la prima volta a coltura. *3* (*mar.*) Incavo praticato per la scassa.

scat /ingl. skæt/ [vc. ingl. da *to scatter* 'frammentare'; 1959] s. m. inv. ● (*mus.*) Nel jazz, esecuzione improvvisata su sillabe prive di senso e atta a imitare il suono degli strumenti.

scatafàscio ● V. *catafascio*.

scataròscio [sovrapposizione di *catarro* a *scroscio*; 1872] s. m. ● (*pop.*) Scroscio improvviso di pioggia.

scatarràre [da *catarro*, con *s-*; 1615] v. intr. (aus. *avere*) ● Tossire ed emettere catarro.

scatarràta [av. 1742] s. f. ● Atto dello scatarrare.

scatarróne [1872] s. m. (f. *-a*) ● (*pop.*) Chi scatarra spesso e molto.

scatenacciàre (1) [da *catenaccio*, con *s-* priv.; 1787] v. tr. (*io scatenàccio*) ● Togliere il catenaccio.

scatenacciàre (2) [da *catenaccio*, con *s-* intens.; 1787] v. intr. (*io scatenàccio*; aus. *avere*) ● Agitare catene facendo grande rumore.

scatenaccio [da *scatenacciare* (*2*); 1872] s. m. ● Rumore continuo di catenacci o di catene trascinate.

scatenaménto [1680] s. m. ● Lo scatenare, lo scatenarsi | (*fig.*) Manifestazione sfrenata, incontenibile di sentimenti, istinti e sim.: *s. dei sensi, delle passioni*.

♦**scatenàre** [da *catena*, con *s-*. V. *incatenare*; av. 1348] **A** v. tr. (*io scaténo*) *1* (*raro*) Liberare dalla catena. *2* (*fig.*) Aizzare, sollevare, incitare: *s. il popolo alla rivolta*. **B** v. rifl. ● (*raro*) Liberarsi della catena. **C** v. intr. pron. ● (*fig.*) Sollevarsi, agitarsi, con furia e impeto: *la folla si è scatenata*; *scatenarsi contro qlcu.* | Prendere a infuriare: *si sta scatenando una bufera* | Prorompere, insorgere con impeto: *lo scatenarsi delle passioni*.

scatenàto [1353] part. pass. di *scatenare*; anche agg. *1* Nei sign. del v. *2* **Essere, sembrare, parere** e sim. **un diavolo s.**, essere infuriato, agitato o (*est.*) vivace e sempre in movimento.

scatenio [da *catena*, con *s-*; 1879] s. m. ● Rumore continuo di catene e sim.

scàto- [dal gr. *skôr*, genit. *skatós* 'sterco'] primo elemento ● In parole composte del linguaggio scientifico, significa 'sterco', 'escrementi': *scatofagia, scatologia*.

scatofagia [comp. di *scato-* e *-fagia*; 1959] s. f. ● Coprofagia.

♦**scàtola** [con metatesi, dal lat. mediev. *căstula*(*m*) 'cassa, cesta', dal francone *kasto*; 1353] s. f. *1* Contenitore con coperchio, a forma cilindrica o più spesso parallelepipeda, di limitate dimensioni, realizzato in legno, metallo, cartone, plastica e sim., e destinato a contenere i più svariati prodotti: *s. di latta, d'argento* | Quantità di roba contenuta in una scatola: *una s. di confetti, di biscotti, di fiammiferi* | **Cibi in s.**, conservati in recipienti gener. metallici ermeticamente chiusi | **Comprare, accettare** e sim. **a s. chiusa**, (*fig.*) senza controllare ciò che si compra o si riceve: *ho accettato la proposta a s. chiusa* | **Caratteri, lettere, di s.**, (*fig.*) cubitali. *2* (*al pl.*) (*eufem.*) Testicoli | (*pop.*, *fig.*) **Rompere, far girare le scatole a qlcu.**, infastidirlo, seccarlo | **Levarsi, togliersi, dalle scatole**, andarsene, lasciare in pace | **Averne piene le scatole**, non poterne più di qlco. o qlcu. *3* (*est.*) Oggetto, elemento, dispositivo e sim., a forma di scatola, chiuso come una scatola o destinato a contenere, a custodire qlco. | **S. armonica, musicale**, carillon | **S. cranica**, involucro osseo della testa | **S. a mitraglia**, antico proiettile di artiglieria formato da un involucro metallico pieno di pallette di ferro | **S. di derivazione**, quella contenente i collegamenti delle condutture in diramazione con la conduttura elettrica principale | (*elettron.*, *tecnol.*) **S. nera**, qualsiasi componente o sistema, gener. elettronico, di cui si conoscono i parametri di ingresso e di uscita ma di cui si può non conoscere la struttura interna particolareggiata | (*aer.*) **S. nera**, apparecchio elettronico contenuto in un involucro metallico resistente al fuoco e agli urti violenti, che registra automaticamente i principali dati del volo quali ora, altitudine, velocità dell'aria, prua magnetica, accelerazione verticale. SIN. Registratore di volo | (*autom.*) **S. sterzo, s. guida**, quella contenente il meccanismo che trasmette il moto dal volante di guida al sistema di aste e leve destinato a sterzare le ruote | **Scatole cinesi**, serie di scatole di misura decrescente, che si possono inserire una dentro l'altra; (*fig.*) sottile e raffinato gioco a incastro | **S. vuota**, (*est.*, *fig.*) detto di ente o istituzione privo di compiti o poteri reali o di società che non esercita un'effettiva attività economica. || **scatolàccia**, pegg. | **scatolétta**, dim. (V.) | **scatolina**, dim. | **scatolino**, dim. m. | **scatolóne**, accr. m. | **scatolùccia**, dim.

scatolàio [1838] s. m. (f. *-a*) ● Chi fabbrica e vende scatole.

scatolàme [1942] s. m. *1* Insieme di scatole. *2* Commestibili vari conservati in scatola.

scatolàre [1963] agg. ● Fatto a scatola, che ha forma di scatola, in particolare in edilizia: *struttura s.*

scatolàta [1959] s. f. ● Quantità di roba contenuta in una scatola.

scatolàto [da *scatola*; 1942] agg.; anche s. m. ● Conservato in scatola: *prodotti scatolati*; *aumento del prezzo degli scatolati*.

scatolétta [1666] s. f. *1* Dim. di *scatola*. *2* Piccola scatola di latta a chiusura ermetica, destinata a contenere prodotti conservati dell'industria alimentare.

scatolificio [comp. di *scatola* e *-ficio*; 1952] s. m. ● Stabilimento in cui si fabbricano scatole e contenitori di carta.

scatòlo [comp. di *scato-* e (*ind*)*olo*] s. m. ● (*chim.*) Molecola organica costituita da un nucleo aromatico e da uno eterociclico azotato, responsabile dell'odore sgradevole delle feci.

scatologia [vc. dotta, dal fr. *scatologie*, comp. di *scato-* e *-logia*; 1882] s. f. ● Trattazione scherzosa di argomenti triviali riguardanti spec. gli escrementi.

scatològico [da *scatologia*, sul modello del fr. *scatologique*; 1889] agg. (pl. m. *-ci*) ● Che si riferisce alla scatologia.

scatòrcio ● V. *catorcio*.

scattànte [1935] part. pres. di *scattare*; anche agg. *1* Nei sign. del v. *2* Svelto, veloce: *impiegato s.* | (*est.*) Agile: *figura s.*

♦**scattàre** [lat. parl. *excaptāre, comp. di *ĕx-* (*s-*) e *captāre* 'afferrare', intens. da *căptus*, part. pass. di *căpere* 'prendere'; av. 1712] **A** v. intr. (aus. *essere* e *avere* nel sign. 1, *essere* nei sign. 2, 3, 4) *1* Liberarsi dello stato di tensione, detto di congegni, molle e sim.: *il grilletto è scattato*; *la trappola scatta*. *2* (*est.*) Balzare, saltare, muoversi repentinamente: *s. in piedi, sull'attenti, alla partenza* | (*fig.*) Avere inizio in modo fulmineo o entrare improvvisamente in azione: *l'assalto è scattato all'ora prevista*; *la trappola è scattata* | Aumentare di colpo la velocità durante una corsa: *s. sul rettilineo d'arrivo*. *3* (*fig.*) Prorompere in manifestazioni o parole di ira, insofferenza e sim.: *non gli si può parlare che subito scatta*; *non ha resistito all'insinuazione ed è scattato*. *4* (*tosc.*) †Mancarci, correrci, esserci differenza, nelle loc.: **poco ci scatta che …**; **ci scatta un pelo, un capello**; **non ci scatta nulla**, e sim. **B** v. tr. ● Agire sull'otturatore di una macchina fotografica per riprendere un'immagine impressionando la pellicola: *s. un'istantanea*.

scattering /ingl. 'skætəriŋ/ [vc. ingl., gerundio di *to scatter* 'sparpagliare, disseminare'; 1963] s. m. inv. ● (*fis.*) Deviazione, diffusione, sparpaglia-

mento.
scattinàre e *deriv.* ● V. *schettinare* e *deriv.*
scattino ● V. *schettino.*
scattista [da *scatto*; 1953] s. m. e f. (pl. m. *-i*) *1* Atleta dotato di scatto | Nell'atletica leggera, specialista delle gare di velocità. *2* (*abbigl.*) Chi adatta, mediante i drop, le taglie convenzionali degli abiti confezionati.
scattivàre [da *cattivo*, con *s-*; 1872] v. tr. ● (*tosc.*) Levare il cattivo, il guasto, spec. a frutta o verdura | (*tosc.*) ***S. una stoffa***, rammendarla.
♦**scàtto** [da *scattare*; 1666] s. m. *1* Lo scattare di congegni, molle e sim.: *lo s. del grilletto, del cane, del percussore, dell'otturatore* | ***S. a vuoto***, quello in cui per difettoso funzionamento del congegno di sparo di un'arma o di una bocca da fuoco, non si accende la carica di lancio e quindi il colpo non parte. *2* Dispositivo, congegno e sim. che scatta, che funziona scattando | ***S. dell'otturatore***, meccanismo che determina l'apertura e la successiva chiusura dell'otturatore, in una macchina fotografica | (*est.*) Fotogramma: *di questo soggetto abbiamo pochi scatti* | Nelle armi da fuoco, dente mobile che tiene il cane o il percussore nella posizione di sparo | (*tecnol.*) ***Trasmissione a s. libero***, nella bicicletta, sistema di trasmissione del moto dall'asse della pedaliera al mozzo posteriore, che si stacca automaticamente quando si cessa di pedalare permettendo di procedere per inerzia o gravità | (*est.*) Rumore che un congegno, una molla e sim. fa, scattando: *udire uno s.* *3* Balzo, movimento brusco e impetuoso: *ebbe uno s.* | ***Di s.***, con impeto repentino: *alzarsi, sedersi, partire, di s.* | ***A scatti***, con movimenti bruschi, senza continuità. SIN. Slancio, sussulto. *4* Accelerazione massima, rapida e improvvisa, della velocità | Azione con cui un atleta accelera al massimo delle proprie possibilità, da fermo o in movimento: *s. iniziale, s. finale*; *effettuare uno s.* | Capacità fisica di effettuare tali azioni: *atleta dotato di un notevole s.* | ***S. bruciante***, nel finale di una corsa, quella con cui si impone all'avversario. *5* Nei servizi telefonici, addebito di una cifra fissa alla risposta o dopo un tempo determinato. *6* (*tess.*) Proprietà dei tessuti di riacquistare la forma primitiva dopo avere subìto una piegatura. *7* (*cine*) ***Rapporto di s.***, con riferimento al sistema di avanzamento della pellicola in una macchina cinematografica da presa o da proiezione, il rapporto fra il tempo necessario per cambiare fotogramma e il tempo corrispondente a un ciclo completo di funzionamento. *8* (*elettron.*) ***Segnale di s.***, (*ellitt.*) ***scatto***, segnale di comando che viene applicato a certi dispositivi o circuiti per farli passare da un particolare stato di funzionamento a un altro. *9* (*fig.*) Improvvisa e brusca manifestazione di ira, collera, nervosismo e sim.: *uno s. d'ira*; *ha degli scatti da matto.* *10* (*fig.*) Aumento di grado, di livello, di qualità: *s. d'anzianità* | ***S. di stipendio, di retribuzione***, aumento del corrispettivo spettante al lavoratore subordinato, in base a contratto o al regolamento interno dell'impresa, o all'avanzamento in carriera del lavoratore stesso.
scaturìgine [dal lat. *scaturīgine(m)* 'sorgente', da *scaturīre* 'scaturire'; 1485] s. f. *1* (*lett.*) Sorgente: *si vedeano molte scaturigini ... che rifondevano acque* (SANNAZARO). *2* (*lett., fig.*) Origine: *le scaturigini della filosofia.*
♦**scaturìre** [lat. *scaturīre*, iter. di *scatēre* 'zampillare', di orig. indeur.; 1342] v. intr. (*io scaturìsco, tu scaturìsci*; aus. *essere*) *1* Zampillare dalla terra, dalla roccia e sim., detto spec. di acque | (*est.*) Sgorgare: *un pianto dirotto le scaturì dagli occhi.* *2* (*fig.*) Derivare, provenire, avere origine: *da queste premesse scaturiscono interessanti conseguenze.*
scautismo e *deriv.* ● V. *scoutismo* e *deriv.*
scavabùche [comp. di *scava(re)* e del pl. di *buca*; 1985] s. m. inv. ● (*agr.*) Attrezzo agricolo, gener. montato su trattore, per lo scavo di buche.
scavafòssi [comp. di *scava(re)* e del pl. di *fosso*; 1974] s. f. inv. ● (*agr.*) Macchina agricola per lo scavo di fossi.
scavalcaménto [1957] s. m. *1* (*raro*) Lo scavalcare (*anche fig.*). *2* (*mil.*) Operazione tattica mediante la quale una unità oltrepassa una unità antistante proseguendone l'azione.
♦**scavalcàre** [da *cavalcare*, con *s-*; av. 1292] A v. tr. (*io scavàlco, tu scavàlchi*) *1* Gettare giù da cavallo, sbalzare a terra | (*est.*) ***S. una bocca da fuoco***, toglierla dall'affusto. *2* Passare al disopra: *s. un ostacolo* | ***S. un punto***, nei lavori a maglia, passarlo senza lavorarlo. *3* (*fig.*) Superare chi si trova in posizione più avanzata, in una corsa, una competizione, una professione e sim.: *ha scavalcato tutti i concorrenti*; *è riuscito a s. il capufficio* | Assumere una posizione politica più estrema rispetto ad altri: *s. a destra, a sinistra.* B v. intr. (aus. *essere*) ● (*lett.*) Scendere, smontare, da cavallo | (*est.*) †Fermarsi, sostare.
scavallàre (1) [da *cavallo*, con *s-* intens.; 1340] v. intr. (aus. *avere*) *1* Correre, far rumore, come cavalli in libertà, detto spec. di ragazzi che giocano. *2* (*fig.*) Fare una vita sregolata.
†**scavallàre** (2) [da *cavallo*, con *s-* sottratt.; av. 1348] v. tr. ● Scavalcare, disarcionare, sbalzare a terra.
scavallatrice [da *scavallare* (2) 'scavalcare'] A s. f. ● (*agr.*) Macchina agricola in grado di operare tra coltivazioni a filari. B anche agg. f.: *macchina s.*
scavaménto [1670] s. m. ● (*raro*) Lo scavare | Scavo.
♦**scavàre** o (*raro*) **escavàre** [lat. *excavāre* 'scavare', comp. di *ĕx-* (*s-*) e *cavāre* 'cavare'; av. 1320] v. tr. *1* Rendere cavo, vuoto: *la goccia scava la pietra.* *2* Formare una cavità nel terreno, di forma e destinazione particolari: *s. una buca, un fosso, un cunicolo, una galleria, una trincea* | ***Scavarsi la fossa*** (***con le proprie mani***), (*fig.*) essere la causa della propria rovina | (*est.*) Fare un incavo: *s. un tronco per fare una barca* | ***S. il collo di un abito, l'attaccatura di una manica*** e sim., allargarne il giro. *3* (*fig.*) Indagare, studiare, a fondo (*spec. assol.*): *a forza di s. seppi che mentiva.* *4* Riportare alla luce, trarre di sottoterra: *s. una città sepolta* | (*fig.*) Trovare, escogitare: *da dove avrà scavato questa storia?*
scavàto [av. 1342] part. pass. di *scavare*; anche agg. *1* Nei sign. del v. *2* (*fig.*) Di volto particolarmente magro e sofferente. SIN. Smunto.
scavatóre o **escavatóre** nel sign. A e B2 [av. 1685] A agg.; anche s. m. (f. *-trice*) ● Chi (o Che) scava: *macchina scavatrice.* B s. m. *1* V. *escavatore nel sign. B.* *2* Operaio addetto a lavori di scavo. *3* Strumento chirurgico.
scavatrice ● V. *escavatrice.*
scavatùra [av. 1597] s. f. *1* Azione, lavoro dello scavare | Terra, materiale scavato. *2* Scavo, scollo, di un vestito.
scavazióne ● V. *escavazione.*
scavezzacòllo [comp. di *scavezza(re)* (*1*) e *collo*; av. 1535] A s. m. (pl. *scavezzacòlli*, raro *scavezzacòllo*) ● Precipizio, discesa ripida | (*est.*) Caduta rovinosa | ***A s.***, a precipizio, di gran furia: *correre, scendere, gettarsi, venir giù a s.* B s. m. e f. (pl. f. inv.) ● (*fig.*) Persona, spec. giovane, che conduce una vita sregolata o si comporta in modo imprudente.
scavezzàre (1) [variante sett. di *scapezzare*; av. 1400] A v. tr. (*io scavézzo*) *1* V. *scapezzare.* *2* Rompere, spezzare | ***Scavezzarsi il collo***, fare una caduta rovinosa, rompersi il collo. *3* Nella lavorazione della canapa, ridurre in frammenti gli steli legnosi della fibra. B v. intr. pron. ● (*raro*) Rompersi, spezzarsi.
scavezzàre (2) [comp. parasintetico di *cavezza*, con *s-* priv.; 1891] v. tr. (*io scavézzo*) ● Togliere la cavezza.
scavezzàto part. pass. di *scavezzare* (*1*); anche agg. ● (*raro*) Nei sign. del v.
scavézzo [part. pass. contratto di *scavezzare* (*1*); sec. XVI] A agg. *1* †Scavezzato: *strascinavasi come le serpi scavezze a mezzo* (BARTOLI). *2* †Detto di arma da fuoco portatile con la cassa in due pezzi incernierati e pieghevoli. B s. m. *1* Ciascuno dei cavi che uniscono la rete a strascico al divergente. *2* †Pendio, scoscendimento. *3* †Scampolo.
scavìno [da *scavare*, con *-ino* di mestiere; 1965] s. m. ● Piccolo utensile domestico usato per svuotare frutta, ortaggi e sim.
scavizzolàre o (*pop., tosc.*) †**scavitolàre** [lat. parl. *_excavitiāre_, intens. di *excavāre* 'scavare', con suff. dim. *-ol-*; 1837] v. tr. (*io scavìzzolo*) ● (*raro, tosc.*) Tirare fuori frugando: *s. un documento* | (*fig.*) Trovare, escogitare: *s. pretesti.*
scàvo [av. 1537] s. m. *1* Operazione, lavoro dello scavare: *lo s. di una galleria*; *lavori di s.* | Luogo scavato. *2* (*archeol.*) Esplorazione scientifica del terreno per ricercare strutture e manufatti dell'antichità che permettano di ricostruire la storia delle civiltà. *3* Incavo, incavatura: *lo s. del collo della camicia.*
scazónte o †**scazzónte** [vc. dotta, dal lat. *scazōnte(m)*, da gr. *skázōn*, genit. *skázontos*, part. pres. di *skázein* 'zoppicare', di orig. indeur.; av. 1698] A s. m. ● Coliambo. B anche agg.: *metro s.*
scazóntico [av. 1742] agg. (pl. m. *-ci*) ● Di scazonte.
scazzàrsi [da *incazzarsi* con cambio di pref.; 1986] v. intr. pron. *1* (*volg.*) Litigare, adirarsi con qlcu. | Scontrarsi con un problema difficile, un'impresa ardua. *2* (*est.*) Perdersi d'animo, essere preso dallo sconforto, dallo smarrimento e sim. | Annoiarsi.
scàzzo [deriv. di *scazzare*; 1978] s. m. *1* (*volg.*) Dissapore, dissenso, screzio | Diverbio, litigio. *2* (*volg.*) Situazione difficile, noiosa e sim.
scazzóne [prob. da *cazzo* per la forma; 1931] s. m. ● Pesce dei Teleostei della famiglia dei Cottidi, con testa grande, spinosa, bocca larga, grandi labbra, occhi molto ravvicinati e situati in alto, diffuso nelle acque dolci europee (*Cottus gobio*). SIN. Magnarone.
†**scazzónte** ● V. *scazonte.*
scazzottàre [da *cazzottare*, con *s-*; 1909] A v. tr. (*io scazzòtto*) ● (*pop.*) Prendere a cazzotti, picchiare con forza. B v. rifl. rec. ● (*pop.*) Prendersi a cazzotti: *si sono scazzottati di santa ragione.*
scazzottàta [da *scazzottare*; 1959] s. f. ● (*pop.*) Scontro a cazzotti, scambio reciproco di cazzotti.
scazzottatùra [1911] s. f. ● (*pop.*) Violenta scazzottata.
sceccàrio [da *chèque*, secondo la pronuncia fr.; 1942] s. m. ● Libretto di assegni per un conto corrente bancario.
scecheràre v. tr. (*io scèchero*) ● V. *shakerare.*
†**scéda** o †**iscéda** [dal lat. *schĕda(m)* 'foglio di papiro', dal gr. *schédē*, di orig. indeur.; 1313] s. f. *1* Burla, scherno | ***Fare s. di qlcu.***, schernirlo. *2* Facezia: *si va con motti e con iscede / a predicare* (DANTE *Par.* XXIX, 115-116). *3* (*pop., tosc.*) Modello, forma: *s. di chiave, di carta.*
♦**scégliere** o (*poet.*) **scérre** [lat. parl. *_exelīgere_, comp. di *ĕx-* (*s-*) ed *elĭgere* 'scegliere'. V. *eleggere*; av. 1294] v. tr. (pres. *io scélgo*, pop. †*scéglio, tu scégli*; fut. *io sceglierò*, poet. *scerrò*; pass. rem. *io scélsi, tu sceglièsti*; congv. pres. *io scélga*, pop. †*scéglia*; condiz. pres. *io sceglierèi*, poet. *scerrèi, tu sceglierésti*, poet. *scerrésti*; part. pass. *scélto*) *1* Distinguere, indicare, prendere, tra più persone, cose, soluzioni e sim., quella che, secondo un determinato criterio o per un determinato fine, sembra la migliore (*anche assol.*): *s. una stoffa, una professione, una casa*; *hai scelto le parole adatte*; *scegli tra questi libri quello che preferisci*; *s. qlcu. per moglie, per amico, per guida*; *s. qlcu. in moglie*; *come residenza ho scelto un piccolo paese*; *si sceglie sempre la cosa più bella* | ***C'è da s.!, abbiamo da s., possiamo s.*** e sim., c'è molta abbondanza, le possibilità sono molte e varie | ***Non c'è molto da s., non c'è da s., c'è poco da s.*** e sim., la scelta è limitata a ben poche possibilità. *2* Prendere la parte migliore separandola da quella peggiore: *s. la frutta, la lana*; *s. fior da fiore.* *3* Preferire: *piuttosto che stare con loro scelgo la solitudine*; *ha scelto l'amore.*
†**sceglimento** s. m. ● Scelta.
scegliticcio [da *scegliere*; 1838] s. m. ● (*raro*) Parte peggiore delle cose scelte.
sceglitóre [sec. XIV] s. m. (f. *-trice*) *1* (*raro*) Chi sceglie. *2* Operaio addetto a operazioni di scelta: *s. di frutta e verdura.*
sceiccàto [1963] s. m. *1* Titolo, ufficio e dignità di sceicco. *2* Territorio soggetto al dominio di uno sceicco.
sceìcco [dal fr. *scheik*, dall'ar. *šayḫ* 'vegliardo, capo'; 1542] s. m. (pl. *-chi*) *1* Capo dei clan delle tribù beduine o libico-berbere che governa grazie al prestigio personale o alla ricchezza. *2* Presso i Musulmani, titolo di distinzione usato per le persone investite di autorità pubblica o tribale, per gli alti dignitari religiosi, per i ministri di culto e per chiunque sia degno di rispetto.
scekeràre ● V. *shakerare.*
†**scelleràre** e *deriv.* ● V. †*scellerare* e *deriv.*
†**scèlere** o †**scèllere** [vc. dotta, dal lat. *_scĕlere(m)_, da *scĕlus*, genit. *scĕleris* 'delitto', di orig.

indeur.; 1476] **s. m.** ● (*lett.*) Scelleratezza, delitto.

†scelèsto [vc. dotta, dal lat. *scelĕstu(m)* 'scellerato', da *scĕlus*, genit. *scĕleris* 'delitto'; 1582] **agg.** ● (*lett.*) Scellerato.

scèlgo ● V. *scegliere.*

scelleràggine o **†sceleràggine** [da *†scellere*; av. 1364] **s. f.** ● (*lett.*) Scelerataggine: *doviamo esser puniti ... per le gravissime scelleraggini e delitti* (BRUNO).

scelleranza [da *†scellerare*; 1865] **s. f.** ● (*lett.*) Scelleratezza.

†scellerare o **†scelerare** [dal lat. *scelerāre* 'macchiare di un delitto', da *scĕlus*, genit. *scĕleris* 'delitto'; av. 1332] **v. tr.** ● (*lett.*) Macchiare di delitto, di colpa.

scellerataggine [1553] **s. f.** *1* Caratteristica di chi (o di ciò che) è scellerato. *2* Atto, comportamento e sim. da scellerato: *compiere una s.*

scelleratézza o **†sceleratézza** [1342] **s. f.** *1* Caratteristica di chi è scellerato | Inclinazione naturale al male, al delitto. *2* Misfatto, scelleratagine.

scelleràto o (*lett.*) **†sceleràto** [lat. *scelerātu(m)*, part. pass. di *scelerāre* 'macchiare di un delitto'; 1313] **A agg.** *1* Che si è macchiato di atroci delitti: *anima scellerata*; *mani scellerate*; *sono ... molti animi scelerati che hanno grazia di bello aspetto* (CASTIGLIONE). **SIN.** Infame, iniquo, nefando. *2* Malvagio, cattivo, nefando, detto di cose: *parole scellerate, vita scellerata.* || **scelleratamènte**, **avv. B s. m.** (f. *-a*) ● Persona scellerata. || **scelleratàccio**, **pegg.** | **scelleratóne**, **accr.**

†scèllere ● V. *†scelere.*

†scellerità [da *†scellere*] **s. f.** ● (*raro*) Scelleratezza.

scellino [dal fr. *schelling*, dall'ingl. *shilling*, risalente al germ. **skilling* 'specie di scudo'; 1667] **s. m.** ● Unità monetaria inglese, pari alla ventesima parte della sterlina, in uso fino al 1971 | Unità monetaria circolante in Austria, Kenia, Somalia, Tanzania e Uganda. **SIMB.** S.

†scèlo [vc. dotta, dal lat. *scĕlus* (nom. acc. nt.) 'delitto'. V. *†sce(l)lere*; 1476] **s. m.** ● (*lett.*) Scelleratezza, misfatto: *ecco / dove tu commettesti il grande s.!* (PULCI).

scélsi ● V. *scegliere.*

♦**scélta** [f. sost. di *scelto*; av. 1292] **s. f.** *1* Atto dello scegliere: *fare una s.*; *è una buona, una cattiva s.*; *la sua è stata una libera s.* | ***Di prima s.***, di prima qualità | ***Di seconda s.***, di qualità piuttosto scadente | Possibilità, facoltà, di scegliere: *qui c'è poca s.* | ***Non c'è s., non c'è altra s.***, e sim., la situazione ha una via di uscita obbligata | ***A s.***, come si preferisce | ***S. di tempo***, tempestività, tempismo. *2* Parte migliore, di maggior qualità, valore, e sim.: *una s. di liriche*; *la s. e 'l fior d'ogni guerriero* (ARIOSTO). **SIN.** Assortimento, selezione. *3* (*filos.*) Decisione volontaria in base alla quale tra le tante possibili si assume una determinata possibilità.

sceltézza [1570] **s. f.** ● Condizione di ciò che è scelto, elegante, raffinato: *s. di stile, di espressione.*

scélto [1340 ca.] **part. pass.** di *scegliere*; anche **agg.** *1* Che è il risultato di una scelta, di una selezione: *brani scelti.* *2* Di ottima qualità: *merce, frutta, roba scelta*; *di fiori scelti mi fa ghirlandette* (ALBERTI). **SIN.** Eccellente, selezionato. *3* (*est.*) Elegante, raffinato, distinto: *maniere scelte*; *uno s. pubblico.* *4* Particolarmente abile e addestrato in un settore di una determinata disciplina: *tiratore s.*; *guardia scelta.* **SIN.** Specializzato. || **sceltamènte**, **avv.** Con distinzione, eleganza, squisitezza: *mangiare, scrivere, parlare sceltamente.*

scemaménto [sec. XIV] **s. m.** ● (*lett.*) Diminuzione: *lo s. del prezzo* (LEOPARDI).

scemàre [lat. parl. **exsemāre*, comp. di *ĕx-* (*s-*) e dell'agg. tardo *sēmus* 'mezzo', da *sēmis* 'metà': propr. 'togliere la metà'; sec. XIII] **A v. tr.** (*io scémo*) ● (*tosc., lett.*) Ridurre, diminuire: *s. il prezzo, le spese, i debiti* | (*raro*) Levare vino o altro liquido dal recipiente colmo che lo contiene: *s. il fiasco.* **B v. intr.** (aus. *essere*) *1* (assol.; + *di*) Venir calando, diminuire di intensità, energia, quantità, e sim.: *la piena delle acque tende a s.*; *le forze vanno scemando*; *s. di peso, di autorità.* *2* (*lett.*) Diminuire di luminosità o di fase, detto di un astro. **C v. intr. pron.** ● (*lett.*) Ridursi: *La sesta compagnia in due si scema* (DANTE *Inf.* IV, 148).

scemàta [da *scemo*; 1891] **s. f.** ● Sciocchezza, irritante banalità: *quante scemate in quell'articolo!* | Comportamento, frase da scemo: *fare, dire scemate.*

scemènza [1916] **s. f.** *1* Condizione, caratteristica di chi (o di ciò che) è scemo: *la s. di quei discorsi.* *2* Atto, parola, atteggiamento e sim., da scemo: *non badare alle sue scemenze.* || **scemenzuòla**, **dim.**

scemenzàio [da *scemenza* col suff. *-aio* (*1*); 1987] **s. m.** ● Insieme, repertorio di scemenze, sciocchezze e banalità: *quella trasmissione è uno s.* **SIN.** Sciocchezzaio.

♦**scémo** [agg. da *scemare*; 1313] **A agg.** *1* (*tosc., lett.*) Che non è pieno, non è intero: *luna scema*; *fiasco, vaso, s.* | (*arch.*) ***Arco s.***, arco a sesto ribassato, costituito da un arco di circonferenza minore della semicirconferenza | ***†Monte s.***, scosceso: *gente seder propinqua al loco s.* (DANTE *Inf.* XVII, 36). *2* Che manca di giudizio, di senno, di intelligenza, detto di persona: *ragazza scema*; *non perderti con compagnie sceme* | Che è pensato, detto o fatto in modo sciocco, stupido: *la tua idea è proprio scema*; *frasi, parole, sceme* | (*est.*) Insulso, privo di valore e di significato: *libro, film, s.* *3* †Privo, mancante: *per farla rimaner d'effetto scema* (ARIOSTO). *4* †Troncato, mozzo. || **scemaménte**, **avv. B s. m.** *1* (f. *-a*) Persona sciocca, stupida: *su, non fare lo s.*; *è un povero s.*; *si perde con quella scema*; *non voglio passare da s.* | ***Lo s. del villaggio, del paese***, persona beffeggiata, fatta oggetto di scherno collettivo per il suo comportamento ritenuto strano o ridicolo. **SIN.** Deficiente, imbecille. *2* †Diminuzione, calo | †Difetto | †Mancanza.

scempiàggine [da *scempio* (*1*); 1740 ca.] **s. f.** *1* (*raro*) Caratteristica di chi è scempio, scemo. *2* Atto, parola, comportamento, da scempio.

scempiaménto [da *scempiare* (*1*); 1940] **s. m.** ● Lo scempiarsi | (ling.) Riduzione di consonanti lunghe o geminate a brevi o semplici. **SIN.** Degeminazione.

scempiàre (**1**) [da *scempio* (*1*); 1681] **A v. tr.** (*io scémpio*) ● Rendere scempio, sdoppiare. **B v. intr. pron.** ● Diventare scempio, semplice.

scempiàre (**2**) [da *scempio* (*2*); av. 1342] **v. tr.** (*io scémpio*) ● (*lett.*) Straziare, fare scempio.

scempiatàggine [da *scempiato*; av. 1704] **s. f.** ● (*raro*) Scempiaggine.

scempiàto [1698] **part. pass.** di *scempiare* (*1*); anche **agg.** *1* Nel sign. del v. *2* (*tosc., lett.*) Sciocco, scemo: *Tonio, con lo s. di Gervaso* (MANZONI). || **scempiataménte**, **avv.** Da sciocco, semplice, scempio.

scempietà [da *scempio* (*1*)] **s. f.** ● (*raro*) Scempiaggine.

scémpio (**1**) [sovrapposizione di *scemo* al lat. *sĭmplu(m)* 'semplice', variante di *sĭmplex*, genit. *sĭmplicis.* V. *semplice*; 1319] **A agg.** *1* Semplice, non doppio: *filo, fiore s.* **CONTR.** Doppio. *2* (*ling.*) Breve, semplice, detto spec. di consonanti. || **scempiaménte**, **avv.** Da scempio. **B agg.**; anche **s. m.** (f. *-a*) ● Sciocco, scemo: *quel che più ti graverà le spalle, / sarà la compagnia malvagia e scempia* (DANTE *Par.* XVII, 61-62). || **scempióne**, **accr.**

scémpio (**2**) [lat. *exĕmplu(m)* 'esempio, pena'. V. *esempio*; 1313] **s. m.** *1* Strazio, grave tormento: *da ... lungo s. / vedi afflitta costei* (LEOPARDI) | ***Fare s. di qlcu.***, straziarlo | Massacro, strage, sterminio: *Lo strazio e 'l grande s. / che fece l'Arbia colorata in rosso* (DANTE *Inf.* X, 85-86). *2* (*fig.*) Rovina, deturpazione, spec. di ciò che possiede un valore particolare: *quel grattacielo è uno s. della piazza* | ***Fare s. di qlco.***, rovinarla completamente.

†scemunito ● V. *scimunito.*

♦**scèna** [lat. *sc(ā)ena(m)*, dal gr. *skēnḗ* 'tenda', poi 'scena', di etim. incerta; av. 1375] **s. f.** *1* Parte unitaria del dramma teatrale, in cui agiscono gli stessi attori | ***Comparire, entrare in s., essere di s.***, detto dell'attore che è impegnato nella recitazione | ***Mettere in s.***, rappresentare | ***Andare in s.***, essere rappresentato spec. per la prima volta: *l'Amleto va in s. domenica.* *2* (*est., spec. al pl.*) Teatro: *è la prima volta che la commedia compare sulle nostre scene*; *è un dramma nuovo per le scene romane* | ***Darsi alle scene, calcare le scene***, e sim., intraprendere la carriera teatrale | ***Ritirarsi dalle scene***, lasciare, abbandonare la carriera teatrale. *3* Parte dell'antico teatro greco costituita dalla piattaforma su cui recitavano gli attori e dalla parete che le faceva da sfondo | (*est.*) Palcoscenico: *salire sulla s.* | (*est.*) Insieme degli elementi scenografici fissi o montati sul palcoscenico | ***S. multipla***, composta di vari ambienti | ***Dietro le scene***, dietro le quinte | ***Cambiamento di s.***, (*fig.*) mutamento improvviso e radicale: *nella situazione politica c'è stato un cambiamento di s.* *4* Luogo in cui avviene, o si finge avvenuta, l'azione teatrale: *nell'ultimo atto del Faust la s. è in Paradiso.* *5* Azione, comportamento dei personaggi teatrali | ***Fare s.***, possedere la capacità di richiamare l'attenzione e l'interesse degli spettatori | ***Avere s.***, essere disinvolto nel recitare | ***Non avere s.***, essere goffo, impacciato, nel recitare | ***S. muta***, senza dialogo | ***Fare s. muta***, (*est.*) rispondere col silenzio assoluto a una domanda, un'interrogazione e sim. *6* Momento unitario dell'azione drammatica, definibile mediante la compiutezza del dialogo e la presenza in scena di un numero determinato di attori | ***S. madre***, quella più importante, fondamentale; (*est., fig.*) in un litigio, una scenata e sim., momento in cui si raggiunge l'acme | ***Colpo di s.***, (*fig.*) avvenimento improvviso che produce notevoli cambiamenti. *7* (*est., fig.*) Attività, vita, umana | ***Essere di s.***, avere un ruolo importante, essere al centro dell'attenzione | ***Scomparire, uscire, ritirarsi*** e sim. ***dalla s. politica, letteraria*** e sim., abbandonare tali attività | ***Scomparire, uscire, dalla s. del mondo***, morire. *8* (*est.*) Spettacolo naturale: *l'incantevole s. dell'alta montagna* | Fatto, azione, della vita reale: *assistere a una s. di sangue* | Avvenimento, situazione, paesaggio e sim. fatti oggetto di rappresentazioni artistiche: *il bassorilievo rappresenta una s. di guerra.* *9* Dimostrazione, spec. ostentata e insincera, di sentimenti o passioni: *non ti commuovere: la sua è tutta scena*; **SIN.** Simulazione | (*spec. al pl.*) Sfogo incontrollato, litigio, scenata: *ti prego di non fare scene*; *qui non voglio scene.* || **scenétta**, **dim.** (V.) | **scenùccia**, **dim.**

scenàrio [vc. dotta, dal lat. *sc(a)enāriu(m)*, nt. sost. di *sc(a)enārius* 'attinente al teatro', da *sc(ā)ena* 'scena'; 1747] **s. m.** *1* Insieme dei fondali e delle quinte che costituiscono la scena in cui ha luogo l'azione teatrale o viene ripresa un'azione cinematografica o televisiva. **SIN.** Apparato scenico. *2* (*est.*) Paesaggio, spec. naturale, che fa da sfondo a un avvenimento: *l'incomparabile s. della costa ligure.* *3* (*teat.*) Canovaccio scritto della commedia dell'Arte, contenente lo schema della trama e le annotazioni sceniche utili per la recitazione improvvisata. *4* (*cine*) Soggetto e sceneggiatura di un film. *5* (*est.*) Nel linguaggio giornalistico, configurazione possibile o probabile di una situazione: *gli scenari della crisi ministeriale sono tre*; *uno s. alternativo.*

scenarista [da *scenario*, con *-ista*; 1930] **s. m.** e **f.** (pl. m. *-i*) ● Soggettista o sceneggiatore cinematografico.

scenàta [da *scena*; 1803] **s. f.** ● Violenta manifestazione di sdegno, ira e gelosia, accompagnata da urla, minacce e sim., fatta anche in presenza di terzi: *fare una s. a qlcu.*; *assistere a una s.* **SIN.** Chiassata, piazzata.

♦**scéndere** (o **-è-**) [aferesi di *discendere* (V.); sec. XIII] **A v. intr.** (**pres.** *io scéndo* o *scèndo*; **pass. rem.** *io scési, tu scendésti*; **part. pass.** *scéso*; aus. *essere*) *1* Dirigersi, muoversi dall'alto verso il basso, o verso un luogo più basso: *s. dal colle, dalla torre, dal quarto piano*; *s. nel baratro, nel fosso, in cantina*; *s. all'inferno*; *il Po scende dal Monviso* | ***S. di cattedra***, (*fig.*) assumere atteggiamenti meno saccenti | Smontare: *s. da cavallo, dal treno, dal tram*; *s. di sella*; *s. dalla nave*; *s. a terra*; *alla prossima fermata devo s.* *2* Provenire da un luogo posto più a settentrione: *il Barbarossa scese in Italia nel 1154.* *3* Sostare, prendere alloggio: *s. a una locanda, in un albergo.* *4* Presentarsi, venire, nelle loc.: ***s. in lizza, in campo, in pista*** e sim., accingersi ad affrontare una gara, uno scontro, (*anche fig.*) | ***S. in piazza***, prendere parte a una manifestazione popolare di protesta. *5* Essere in pendenza, in discesa: *la strada scende*; *il sentiero scende verso la costa.* *6* (*fig.*) Indursi, piegarsi: *s. a patti, a più miti consigli* | ***S. al cuore***, di parole, situazioni e sim., commuovere | Abbassarsi: *s. a suppliche, a villanie, a insulti* | ***S. nei particolari***, esporre o analizzare i dettagli, le singole circostanze | Pervenire a una condizione peggiore, più bassa: *s. di grado, di condizione*; *è sceso nella no-*

stra stima; non credevo che fossero scesi così in basso. ***7*** (*fig.*) Diminuire di intensità, valore, livello, e sim.: *la voce è scesa di tono; la temperatura scende sotto lo zero; il livello delle acque continua a s.; il prezzo della frutta è sceso di poco* | Calare: *scende la notte* | Pendere: *dal soffitto scende un ricco lampadario; i capelli le scendono sulle spalle.* ***8*** (*sport*) ***S. a rete***, nel calcio, eseguire una discesa verso la porta avversaria; nel tennis, portarsi a giocare vicino alla rete. ***9*** †Avere origine, discendere. **B** v. tr. ***1*** Percorrere andando dall'alto verso il basso: *s. una montagna, le scale, i gradini.* ***2*** (*region.*) Calare, porre giù: *s. un paniere.*

scendibàgno [comp. di *scendere* e *bagno*; 1963] s. m. inv. ● Piccolo tappeto, di forma e materiale vari, che si pone accanto alla vasca da bagno.

scendilètto [comp. di *scendere* e *letto*; 1931] s. m. (pl. inv. o *-i*) ***1*** Piccolo tappeto, di forma e materiale vari, che si stende accanto al letto. ***2*** Veste da camera da indossare appena alzati.

sceneggiàre [da *scena*; 1870] v. tr. (*io scenéggio*) ● Ridurre un soggetto narrativo in forma adatta per il teatro, per il cinema o per la televisione | ***S. un soggetto cinematografico***, svilupparne in forma dialogata e con tutte le annotazioni tecniche necessarie il nucleo narrativo contenuto nel soggetto.

sceneggiàta [vc. nap., da *scenejà* 'mettere in scena'; 1976] s. f. ***1*** Genere teatrale napoletano, nato sul finire dell'Ottocento, che si compone di un esile dialogo intervallato da canzoni, e che culmina in una canzone di successo che dà il titolo all'intero spettacolo. ***2*** (*est.*) Messinscena per commuovere o per indurre a un atteggiamento di benevolenza o per far credere il contrario di quello che si pensa o si ha intenzione di fare.

sceneggiàto [1870] **A** part. pass. di *sceneggiare*; anche agg. ● Nel sign. del v. **B** s. m. ● Rappresentazione televisiva, gener. a puntate, di un soggetto narrativo spesso tratto da un'opera letteraria.

sceneggiatóre [da *sceneggiare*; 1928] s. m. (f. *-trice*) ● Autore di una sceneggiatura cinematografica o televisiva; scrittore specializzato nella elaborazione di sceneggiature cinematografiche o televisive.

sceneggiatùra [da *sceneggiare*; 1784] s. f. ● Testo definitivamente elaborato di un film o di un programma televisivo, con le annotazioni tecniche necessarie al lavoro di produzione | ***S. di ferro***, rigorosissima, che prevede la lavorazione del film in tutti i particolari.

scenétta [1872] s. f. ***1*** Dim. di *scena*. ***2*** Scena comica di breve durata | (*est.*) Episodio che diverte, che suscita ilarità.

scènico [vc. dotta, dal lat. *sc(ā)enicu(m)* 'della scena, attore', da *sc(ā)ena* 'scena', sul modello del gr. *skēnikós* 'scenico'; sec. XIV] **A** agg. (pl. m. *-ci*) ● Che si riferisce alla scena: *apparato, effetto s.* | ***Palco s.***, V. *palcoscenico*. || **scenicaménte**, avv. Con rappresentazione scenica; da un punto di vista scenico. **B** s. m. ● †Attore.

scenografìa [vc. dotta, dal gr. *skēnographía* 'scenografia', comp. di *skēnḗ* 'scena' e *-graphía* '-grafia-'; av. 1555] s. f. ***1*** Arte e tecnica di ideare e realizzare le scene di uno spettacolo teatrale, cinematografico o televisivo. ***2*** Insieme degli elementi scenici montati o da montare per uno spettacolo. ***3*** †Prospettiva.

scenogràfico [vc. dotta, dal gr. *skēnographikós* 'scenografico', da *skēnographía* 'scenografia'; 1771] agg. (pl. m. *-ci*) ***1*** Di scenografia. ***2*** (*fig.*) Appariscente, spettacolare. || **scenograficaménte**, avv.

scenògrafo [vc. dotta, dal gr. *skēnográphos* 'scenografo', comp. di *skēnḗ* 'scena' e *-gráphos* '-grafo'; 1821] s. m. (f. *-a*) ***1*** Realizzatore del bozzetto scenico teatrale, dipinto di solito da un architetto o da un pittore. ***2*** Creatore della scenografia cinematografica o televisiva.

Scenopegìa [vc. dotta, dal gr. *skēnopēgía* 'alzamento di una tenda', comp. di *skēnḗ* 'tenda' e della radice di *pēgnýnai* 'piantare'; 1614] s. f. ● Festa ebraica delle Capanne o dei Tabernacoli.

scenotècnica [comp. di *scena* e *tecnica*; 1872] s. f. ● Tecnica dell'allestimento scenico.

scenotècnico [comp. di *scena* e *tecnico*; 1872] **A** agg. (pl. m. *-ci*) ● Che si riferisce alla scenotecnica. **B** s. m. (f. *-a*) ● (*raro*) Tecnico di scena.

scentràre /*ʃen'trare/ [comp. parasintetico di *centro*, col pref. *s-* nel sign. 3; 1957] v. tr. (*io scèntro*) ● (*tecnol.*) Determinare una scentratura.

scentràto /*ʃen'trato/ [1941] part. pass. di *scentrare*; anche agg. ***1*** Nel sign. del v. ***2*** (*fig.*) Svitato, fuori fase, detto di persona.

scentratùra /*ʃentra'tura/ [1978] s. f. ● (*tecnol.*) Sbilanciamento di organo rotante di cui l'asse di rotazione non è asse principale d'inerzia.

scèpsi o (*raro*) **schèpsi** [vc. dotta, dal gr. *sképsis* 'revisione', da *sképtesthai* 'osservare', di orig. indeur.; 1905] s. f. inv. ● (*filos.*) Atteggiamento di dubbio verso i risultati di un processo cognitivo che costituisce punto di partenza per ulteriori e più rigorose ricerche.

sceratrice /*ʃera'tritʃe, sʧe-/ [da *cera* (*1*), con *s-*; 1983] s. f. ● Macchina per sciogliere la cera dei favi.

scerbàre [lat. *exherbāre* 'togliere via le erbe', comp. di *ĕx-* (*s-*) ed *herbāre*, da *hĕrba* 'erba'; 1942] v. tr. (*io scèrbo*) ● Togliere a mano o mediante sarchiature le piante che infestano le colture.

scerbatùra [1942] s. f. ● (*agr.*) Operazione dello scerbare.

♦**sceriffo** (*1*) [dal fr. *chérif*, dall'ingl. *sheriff*, risalente all'anglosassone *scīrgeréfa* 'magistrato (*geréfa*, ingl. *reeve*) di contea (*scīir*, ingl. *shire*)'; 1498] s. m. ***1*** In Inghilterra e in Irlanda, chi è preposto all'amministrazione della giustizia in una contea | Negli Stati Uniti, capo della polizia in una contea. ***2*** (*est.*) Sorvegliante, guardia privata che presta servizio di protezione a favore di enti o istituti privati o di cittadini che temono per la loro incolumità. SIN. Vigilante (2).

sceriffo (*2*) [dall'ar. *šarīf* 'nobile'; sec. XVI] s. m. ● Titolo spettante ai discendenti di Maometto.

scèrnere [aferesi di *discernere* (V.); 1308] v. tr. (pass. rem. *io scèrsi*, o *scernéi*, o *scernètti*, *tu scernésti*; difett. del part. pass. per cui si usa *scernito* e dei tempi composti) ***1*** (*lett.*) Discernere, distinguere | (*est.*) Intendere, capire | (*est.*) Vedere. ***2*** (*lett.*) Scegliere: *s. … i pochi per averli migliori* (MACHIAVELLI).

†**scerniménto** [da *scernere*; 1300 ca.] s. m. ● Discernimento.

†**scerpàre** [lat. *excĕrpere* 'estrarre', con sovrapposizione di *strappare*. V. *scerpere*; 1313] v. tr. ● Svellere, strappare | Schiantare: *ella … gli scavava il petto, glielo scerpava* (D'ANNUNZIO).

scerpellàto o †**sciarpellàto** [etim. incerta: forse sovrapp. di *scerpellino* a *scalpellato*; sec. XIV] agg. ● (*raro*) Scerpellino.

scerpellìno o **cerpellìno**, †**sciarpellino** [etim. incerta: forse da *scerpare*; av. 1492] agg. ● (*pop.*, *tosc.*) Che ha le palpebre rovesciate e arrossate, detto di occhio | (*est.*) Che ha gli occhi scerpellini, detto di persona.

scerpellóne o **cerpellóne** [forse da *scerpellino*, come se fosse errore compiuto da persona che non vede bene; 1560] s. m. ● (*raro*) Errore grossolano, strafalcione.

†**scèrpere** [lat. *excĕrpere* 'strappare', comp. di *ĕx-* (*s-*) e *cărpere* 'afferrare'] v. tr. ● Scerpare.

scèrre ● V. *scegliere*.

scèrsi ● V. *scernere*.

scervellàrsi /*ʃervel'larsi/ [da *cervello*, con *s-*; 1858] v. intr. pron. (*io mi scervèllo*) ● Affaticarsi la mente, lambiccarsi il cervello su un problema, una questione e sim. particolarmente complicati: *s. su, intorno a, un compito.*

scervellàto /*ʃervel'lato/ [av. 1698] **A** agg. ● Privo di senno, di giudizio. || **scervellataménte**, avv. **B** s. m. (f. *-a*) ● Persona sbadata, senza giudizio.

scé̩sa [aferesi di *discesa* (V.); 1313] s. f. ***1*** Azione dello scendere: *qui la s. è difficile.* ***2*** Strada in pendio, discesa: *fare una s.; al principio, a metà, della s.; la s. è molto ripida.* ***3*** (*fig.*, *region.*) Capriccio, ghiribizzo, nella loc. ***s. di testa*** | (*pop.*) ***A s. di testa***, con impegno, con ostinazione. ***4*** †Infreddatura, catarro.

scé̩so **A** part. pass. di *scendere* ● Nei sign. del v. **B** prep. ● (*tosc.*) †In fondo a: *s. la scala.*

scespiriàno o **shakespeariano** [adattamento dell'ingl. *shakespearian*; 1884] agg. ● Relativo al poeta inglese W. Shakespeare (1564-1616).

scetavajàsse /*ʃetava'jasse*, *nap.* *ʃetava-'jassa/ [vc. merid., propr. 'sveglia (dal v. *sceta*) popolane (*vajasse*)'; 1883] s. m. inv. ● (*mus.*) Strumento popolare dell'Italia meridionale, costituito da un legno tenuto come un violino e sfregato da un'assicella ornata di sonagli.

scetticì̩smo [dal fr. *scepticisme*, da *sceptique* col suff. *-isme* '-ismo'; 1693 ca.] s. m. ***1*** Indirizzo filosofico secondo cui l'uomo, non potendo decidere con sufficiente certezza della verità o della falsità di una proposizione, si astiene dal giudizio e perciò consegue una inalterabile imperturbabilità. ***2*** (*est.*) Incredulità abituale, inclinazione a dubitare di tutto.

scèttico [vc. dotta, dal fr. *sceptique*, dal gr. *skeptikós*, da *sképtesthai* 'osservare'. V. *scepsi*; 1587] **A** agg. (pl. m. *-ci*) ***1*** Che concerne e interessa lo scetticismo. ***2*** (*est.*) Incredulo, proclive a dubitare di tutto, sia in assoluto sia in relazione a realtà particolari: *l'esperienza lo ha reso s.; in fatto di politica è s.; sono s. sull'effetto di questa cura; la borghesia gaudente e scettica* (DE SANCTIS). || **scetticaménte**, avv. In modo scettico, come chi non è disposto a credere, con freddezza e incredulità: *considerare scetticamente.* **B** s. m. (f. *-a*) ***1*** Chi segue o si ispira allo scetticismo. SIN. Aporetico. ***2*** (*est.*) Persona scettica | (*iron.*) ***S. blu***, chi, con enfasi e ostentazione, si atteggia a persona cinica (dal nome di un personaggio del varietà degli anni 1920-1930, che interpretava una canzone dal titolo 'Scettico blues').

scettràto [av. 1638] agg. ● (*lett.*) Munito di scettro | (*est.*) Che ha il potere regale.

scèttro (o *-é-*) [vc. dotta, dal lat. *scēptru(m)*, dal gr. *skêptron* 'bastone', da *skḗptesthai* 'appoggiarsi', di orig. indeur.; 1336 ca.] s. m. ***1*** Simbolo della maestà | (*est.*) Potere monarchico: *prendere, usurpare lo s.* ***2*** (*est.*, *fig.*) Potere assoluto, primato, in una disciplina, un'arte, uno sport e sim.: *conquistare, detenere, deporre lo s.*

scevà [ebr. *shewà*, da *shwa* 'niente'; 1818] s. m. inv. ● (*ling.*) Simbolo grafico della vocale neutra, indistinta, presente nella pronuncia di varie lingue e di alcuni dialetti italiani.

sceveraménto [sec. XIV] s. m. ● (*lett.*) Separazione, distinzione | Differenza.

sceveràre o †**scevràre**, †**severàre** [lat. parl. **exseperāre*, comp. di *ĕx-* (*s-*) e **seperāre*, per il classico *separāre* 'dividere'. V. *separare*; 1306] v. tr. (*io scévero* o *scèvero*) ***1*** (*lett.*) Separare: *il generoso … orgoglio / che ti scevra dal vulgo* (PARINI). ***2*** (*fig.*) Distinguere, vagliare: *s. il bene dal male.*

†**scévero** o **scèvero** ● V. *scevro*.

sceviò s. m. ● Adattamento di *cheviot* (V.).

†**scevràre** ● V. *sceverare*.

scévro (o *-è-*) o †**scévero** (o †*-è-*), †**sèvro** [da *sceverare*; 1306] agg. ***1*** (+ *di*; + *da*) (*lett.*) Privo, esente: *essere s. di colpa; dottrina non scevra di errori; un atteggiamento s. da pregiudizi; Lasciate ch'io men vada s. da insulti e scorni* (GOLDONI). ***2*** †Separato, lontano.

♦**schèda** [vc. dotta, dal lat. *schĕda(m)* 'scheda', dal gr. *schédē* 'foglio di papiro'. V. †*sceda*; 1818] s. f. ***1*** Rettangolo di cartoncino di dimensioni gener. unificate, destinato a registrare dati bibliografici, linguistici, scientifici, economici, personali e sim., secondo criteri prestabiliti, e a essere raccolto, secondo un ordine determinato, in uno schedario che ne rende rapida e agevole la consultazione | ***S. bibliografica***, cartoncino di formato internazionale, destinato a registrare, secondo determinate regole di catalogazione, i dati che individuano un'opera conservata in una biblioteca e permettono di reperirla negli scaffali | ***S. anagrafica***, nell'anagrafe, scheda contenente varie informazioni concernenti un individuo, una famiglia o una convivenza | ***S. segnaletica***, modulo su cui la polizia scientifica registra dati descrittivi, fotografici, dattiloscopici e antropologici riguardanti la persona identificata | ***S. del casellario giudiziario***, scheda contenente l'estratto di una sentenza, compilata dal cancelliere del giudice che ha emesso la sentenza stessa e che viene trasmessa agli uffici del casellario giudiziario | (*elab.*) ***S. perforata***, V. *perforato* | (*elab.*) ***S. magnetica***, tessera in materiale plastico recante una banda magnetica, che, inserita in appositi dispositivi di lettura, permette di accedere a molteplici servizi | ***S. telefonica***, quella magnetica che, inserita nell'apposita fessura di un apparecchio telefonico pubblico, ne consente il funzionamento | (*org. az.*) ***S. di macchina***, in varie tecnologie, quella che di una macchina reca annotati i dati relativi alla costruzione, al funzionamento, ai risultati delle prove preliminari, alla manutenzione e sim. *2* Modulo stampato su foglio di carta o cartone di vario formato usato nel compimento di attività burocratiche e amministrative | ***S. elettorale***, modulo stampato su cui l'elettore esprime il proprio voto segnandovi una croce e scrivendovi il nome del candidato prescelto | ***S. bianca***, quella che l'elettore consegna senza avervi espresso il proprio voto | ***S. nulla***, scheda elettorale non valida ai fini delle votazioni a causa di errori o irregolarità nella compilazione | ***S. di valutazione***, V. *valutazione* | (*stat.*) ***S. di rilevazione***, scheda su cui si registrano i dati concernenti un individuo della massa oggetto di rilevazione. *3* (*econ.*) ***S. di domanda***, le varie quantità di un bene con i relativi prezzi domandate da un individuo o da una collettività | (*econ.*) ***S. di offerta***, le varie quantità di un bene con i relativi prezzi offerte da un individuo o da una collettività. *4* (*edit.*) In un'opera a stampa, breve testo, gener. racchiuso in un riquadro, destinato a chiarire, approfondire o ampliare un argomento circoscritto, per integrare la trattazione dell'argomento principale | In taluni testi didattici spec. per la scuola elementare e media inferiore, ciascuna delle parti, di ampiezza gener. non superiore a una pagina, stampata su cartoncino, in cui è frazionata la materia ed è trattato un argomento ben individuato, allo scopo di graduare l'insegnamento e l'apprendimento | (*est.*) Breve servizio radiofonico o televisivo, a carattere illustrativo. *5* (*dir.*) ***S. testamentaria***, documento che contiene un testamento. *6* In papirologia, ciascuno degli strati di strisce tagliate dal fusto del papiro, i quali, sovrapposti trasversalmente e incollati fra loro, costituiscono il foglio papiraceo. || **schedina**, **dim.** (V.) | **schedóne**, **accr. m.** (V.).

schedàre [da *scheda*; 1905] **v. tr.** (*io schèdo*) *1* Registrare su apposita scheda dati relativi a persone o cose a scopo di consultazione, studio e sim. | ***S. un libro, un autore***, prendere nota degli argomenti, dei dati e sim. che più interessano. *2* Registrare qlcu. negli schedari della polizia per precedenti penali, ragioni politiche, o sim.: *hanno schedato tutti gli oppositori del regime.*

schedàrio [da *scheda*; 1891] **s. m.** *1* Raccolta di schede ordinate nei modi più atti a consentirne la consultazione e la manipolazione | ***S. elettorale***, raccolta dei nominativi degli elettori iscritti nelle liste del comune. *2* (*est.*) Mobile o dispositivo destinato alla raccolta e alla consultazione di schede | ***S. rotante o rotativo***, in cui le schede, allo scopo di facilitarne la consultazione, sono disposte su supporti fatti a ruota. *3* (*est.*) Ufficio destinato alla conservazione e gestione di schedari: *s. generale dei titoli azionari* | ***S. tributario***, anagrafe tributaria.

schedarista [1950] **s. m. e f.** (**pl. m.** *-i*) ● Persona addetta alla gestione di schedari.

schedaristico [1942] **agg.** (**pl. m.** *-ci*) ● Che si riferisce allo schedario o alle schede.

schedàto [1959] **A** **part. pass.** di *schedare*; anche **agg.** ● Nei sign. del v. **B** **s. m.** (**f.** *-a*) ● Persona registrata negli schedari della polizia per precedenti penali, per ragioni politiche, o sim.: *l'elenco degli schedati.*

schedatóre [da *schedare*; 1950] **s. m.** (**f.** *-trice*) ● Chi è addetto alla compilazione di schede.

schedatùra [1952] **s. f.** *1* Operazione dello schedare. *2* Redazione o compilazione delle indicazioni e dei dati idonei a identificare un elemento bibliografico o archivistico.

schedìna [1891] **s. f.** *1* Dim. di *scheda*. *2* Foglietto predisposto per i giochi del totocalcio, totip e superenalotto: *giocare una s.*

schedogràfico [da *scheda*] **agg.** (**pl. m.** *-ci*) ● Relativo a scheda o a schedario | ***Cartoncino s.***, quello con caratteristiche idonee alla fabbricazione di schede, spec. meccanografiche.

schedóne (**1**) [1954] **s. m.** *1* Accr. di *scheda*. *2* ***S. indicatore***, scheda più alta e gener. più spessa del normale, talvolta colorata diversamente, che viene interposta fra le altre schede per suddividerle | ***S. amministrativo***, scheda bibliografica di dimensioni maggiori del consueto | (*org. az.*) ***S. contabile***, scheda intestata a ogni voce di spesa o di ricavo in cui vengono registrati i movimenti contabili.

†**schedóne** (**2**) ● V. *schidione.*

schèdula [vc. dotta, dal lat. tardo *schĕdula(m)*, dim. di *schĕda*; sec. XIV] **s. f.** ● (*raro*) Scheda | Nota, foglietto.

schèduler /ˈskɛduler, *ingl.* ˈskɛdjuləɹ/ [vc. ingl., da *schedule* 'scheda', di orig. lat.; 1991] **s. m. inv.** ● (*elab.*) Programma che consente di determinare l'ordine e il momento dell'esecuzione delle attività dell'elaboratore.

schéggia [lat. *schĭdia(m)*, dal gr. *schídia*, n. pl. di *schídion* 'scheggia', connesso con *schízein* 'fendere', di orig. indeur.; 1313] **s. f.** (**pl.** *-ge*) *1* Pezzetto, frammento, di legno, pietra, vetro o sim. che viene a staccarsi da un corpo | ***S. di granata***, prodotta dallo scoppio | (*fig.*) ***S. impazzita***, frammento (individuo, gruppo o settore) di un fenomeno più generale, che agisce in modo imprevedibile e gener. dannoso | (*fig., fam.*) ***A s.***, a gran velocità. *2* (*raro, lett.*) Blocco di pietra di forma irregolare e scosceso: *il resto è schegge e macigni* (MANZONI). || **scheggétta**, **dim.** | **scheggettìna**, **dim.** | **scheggìna**, **dim.** | **scheggiolìna**, **dim.** | **scheggiùzza**, **dim.**

scheggiàle o **scaggiàle** [di etim. incerta; sec. XIII] **s. m.** ● Nel Medioevo e nel Rinascimento, cintura di cuoio o stoffa preziosa con fibbia ornata di smalto o di gioielli, cui gli uomini appendevano la spada o il corno da caccia e le donne la scarsella, il necessario per il lavoro, uno specchio e sim.

scheggiaménto [av. 1704] **s. m.** ● (*raro*) Lo scheggiare, lo scheggiarsi.

scheggiàre [da *scheggia*; 1321] **A** **v. tr.** (*io schéggio*) ● Rompere facendo schizzare via una o più schegge: *s. un piatto.* **B** **v. intr. pron.** ● Rompersi in schegge: *il bicchiere si è scheggiato.*

scheggiàto [1813] **part. pass.** di *scheggiare*; anche **agg.** *1* Nei sign. del v. *2* (*poet.*) Frastagliato, coperto di detriti rocciosi: *lo s. colle* (MANZONI).

scheggiatùra [1875] **s. f.** ● Lo scheggiare, lo scheggiarsi | Punto in cui un oggetto è scheggiato | Insieme delle schegge saltate via.

schéggio [m. di *scheggia*; 1313] **s. m.** ● (*lett.*) Macigno, masso, irregolare e scosceso. || **scheggiolìno**, **dim.** | **scheggióne**, **accr.**

scheggióso [av. 1566] **agg.** ● (*raro*) Che si scheggia con facilità: *marmo s.* | (*lett.*) Scabro, aguzzo: *roccia scheggiosa* | Pieno di detriti, di pietre: *sentiero s.*; *la via sì aspra e scheggiosa* (BARTOLI).

schèi o **sghèi** [dalla scritta *scheid.munz* (abbreviazione di *Scheidemünze* 'moneta divisionale', che si leggeva su alcune monete austriache); 1886] **s. m. pl.** ● (*veneto*) Quattrini.

scheletògeno o **scheletrògeno** [comp. del gr. *skeletós* 'scheletro' e *-geno*] **agg.** ● (*anat., biol.*) Detto di struttura o di processo coinvolto nella formazione di segmenti scheletrici: *mesenchima s.*

scheletràto [da *scheletro*; 1980] **s. m.** ● (*med.*) In odontotecnica, protesi mobile inserita tra due denti così da sostituire quelli mancanti.

scheletrico [1896] **agg.** (**pl. m.** *-ci*) *1* Di scheletro: *apparato s.*; *sistema s.* *2* (*est.*) Scarno, scarnito, estremamente magro: *corpo s.* *3* (*fig.*) Secco, essenziale, ridotto al minimo: *componimento s.*; *note scheletriche.* || **scheletricaménte**, **avv.**

scheletrire [1872] **A** **v. tr.** (*io scheletrisco, tu scheletrisci*) ● Ridurre come uno scheletro: *la sofferenza lo ha scheletrito.* **B** **v. intr. pron.** ● Ridursi come uno scheletro.

scheletrito [1872] **part. pass.** di *scheletrire*; anche **agg.** *1* Nei sign. del v. *2* Secco, nudo: *ramo s.* | (*fig.*) Ridotto al minimo, all'essenziale: *stile s.*

♦**schèletro** (o *-é-*) o (*poet.*) **schéltro** (o *-è-*), †**schèretro** (o †*-é-*) [vc. dotta, dal gr. *skeletós* 'mummia, scheletro', da *skéllein* 'disseccare', di orig. indeur., con inserzione di *-r-*; 1612] **s. m.** *1* (*anat.*) Complesso delle ossa e delle cartilagini che costituiscono l'apparato di sostegno del corpo dell'uomo e degli altri Vertebrati | ***Sembrare uno s., essere ridotto uno s., essere magro come uno s.***, essere molto magro | (*fig.*) ***Lo s. nell'armadio***, fatto o avvenimento del passato, che si preferisce tenere nascosto in quanto ritenuto riprovevole. ➡ ILL. p. 2122 ANATOMIA UMANA. *2* (*bot.*) Insieme dei fasci vascolari più resistenti di fusti, foglie o fiori che rimangono inalterati allorché si lascia macerare un vegetale in acqua. *3* (*est.*) Ossatura, intelaiatura, struttura di sostegno: *lo s. di una nave, di un mobile* | (*fig.*) Schema, trama: *s. di un romanzo.* || **scheletrìno**, **dim.**

scheletrògeno ● V. *scheletogeno.*

schélmo (o *-è-*) [variante di *scalmo* (V.); 1532] **s. m.** *1* (*mar.*; *disus.*) Battello, palischermo. *2* (*mar.*) Lo spazio tra due scalmi.

schéltro (o *-è-*) ● V. *scheletro.*

♦**schèma** [vc. dotta, dal lat. *schēma* (nom. acc. nt.) 'atteggiamento, figura', dal gr. *schêma*, genit. *schḗmatos* 'configurazione', connesso con *échein* 'avere'; 1499] **s. m.** (**pl.** *-i*) *1* Complesso delle linee principali di un disegno, un progetto, un fenomeno e sim.: *lo s. di un aereo* | ***S. elettrico***, rappresentazione grafica di un circuito elettrico | ***S. di flusso***, rappresentazione grafica del flusso di un prodotto attraverso la fabbrica o di un documento attraverso gli uffici, ottenuto registrando mediante simboli tutte le operazioni che lo riguardano; (*elab.*) diagramma di flusso. *2* Trama, abbozzo, progetto: *lo s. di un romanzo* | ***S. di legge***, disegno, proposta. *3* Sistema, modello, che non ammette variazioni, mutamenti o innovazioni, spec. in campo letterario, artistico, politico e sim.: *ribellarsi agli schemi*; *rinnovare i vecchi schemi*; *s. mentale.* *4* In alcuni giochi di squadra, modello tattico predisposto dall'allenatore: *il singolo giocatore deve adattarsi agli schemi.* *5* Nella filosofia di Kant, rappresentazione intermediaria tra il fenomeno e le categorie. || **schemìno**, **dim.**

schematicità [1959] **s. f.** ● Caratteristica di ciò che (o di chi) è schematico.

schemàtico [vc. dotta, dal gr. *schēmatikós*, da *schêma*, genit. *schḗmatos* 'configurazione'; 1895] **agg.** (**pl. m.** *-ci*) *1* Che rappresenta qlco. nelle sue linee essenziali: *disegno, racconto s.*; *forma schematica.* **SIN.** Abbozzato, sommario. *2* (*spreg.*) Rigido, limitato, angusto: *ragionamento s.* | Che segue schemi precostituiti, che è poco flessibile: *non essere così s.!* || **schematicaménte**, **avv.**

schematìsmo [vc. dotta, dal gr. *schēmatismós* 'figura, espressione', da *schêma*, genit. *schḗmatos* 'configurazione', con *-ismós* '-ismo'; 1895] **s. m.** *1* Caratteristica di chi (o di ciò che) è schematico: *un critico che pecca di s.* *2* Nella filosofia di Kant, il sistema degli schemi trascendentali che assicurano la mediazione tra le categorie e i dati sensibili.

schematizzàre [da *schema*, sul modello del lat. tardo *schematizāre*, adattamento del gr. *schēmatízein*, da *schêma*, genit. *schḗmatos* 'schema'; 1903] **v. tr.** ● Semplificare qlco. riducendolo alle sue linee principali ed essenziali.

schematizzazióne [1959] **s. f.** ● Lo schematizzare: *cadere in schematizzazioni sociologiche* (CALVINO).

schèpsi ● V. *scepsi.*

scheràno [dal provz. *escaran* 'brigante', dal got. *skarja* 'capitano'. V. *schiera, sgherro*; av. 1342] **A** **s. m.** (**f.** *-a*) ● (*lett.*) Uomo facinoroso, brigante | (*lett.*) Sgherro, sicario. **B** anche **agg.**: *gente scherana o sbandita* (SACCHETTI).

†**schèretro** ● V. *scheletro.*

†**schericàre** ● V. †*schiericare* (*2*).

schèrma o **schérma** [da *schermire*; 1601] **s. f.** *1* Arte e tecnica del combattimento con fioretto, sciabola e spada | Disciplina sportiva che si pratica con le armi bianche suddette. ➡ ILL. p. 2150 SPORT. *2* Nel pugilato, tecnica, abilità di eludere gli attacchi avversari, di proteggersi da essi, e contemporaneamente di riuscire a colpire: *avere una buona s.*

SCHERMA
nomenclatura

scherma
● *caratteristiche*: con fioretto, con sciabola, con spada;
● *tecnica e colpi*: posizione (di saluto, di guardia = di parata), incrocio (di seconda, di terza, di quarta), linea di offesa, linea direttrice; mulinello, assalto, guardia, misura, invito, affondo, arresto, battuta, botta dritta, fendente, cavazione, finta, filo, stoccata, frecciata;
● *specialità*: fioretto italiano = arma di punta, spada, sciabola leggera (guardia, paramano di cuoio), fioretto francese, stiletto = pugnale;
● *persone*: schermidore.

schermàggio [da *schermare*; 1959] **s. m.** ● Difesa di apparecchi, strumenti e macchine dall'azione di campi elettrici e magnetici esterni.

schermàglia [da *scherma*; 1364] s. f. *1* †Battaglia, duello. *2* (*fig.*) Sottile scambio polemico, contrasto di opinioni; SIN. Scaramuccia | Alternanza di mosse di attacco e di difesa nel corteggiamento: *schermaglie amorose*; *non abbiamo tempo da spendere in ... schermaglie erotiche* (BACCHELLI).

schermàre [da *schermo*; 1319] v. tr. (*io schérmo* o *schèrmo*) *1* †Riparare, proteggere. *2* Fare schermo, riparare con uno schermo: *s. un riflettore.* *3* Racchiudere organi elettrici in schermi per impedire che subiscano o producano induzioni.

schermàta [da *schermo* (*video*); 1987] s. f. ● (*elab.*) Videata.

schermàto [1940] part. pass. di *schermare*; anche agg. ● Nei sign. del v.

schermatùra [1959] s. f. ● Lo schermare | (*est.*) Ciò che viene usato per schermare.

schermidóre o †**eschermidóre**, **schermitóre** [sec. XIII] s. m. (f. *-dora*, *-tora*, *-trice*) *1* Chi pratica lo sport della scherma. ➡ ILL. p. 2150 SPORT. *2* Pugile dotato di buona tecnica ma non di potenza.

schermìre [dal longob. *skirmjan* 'proteggere'; av. 1336] A v. intr. (*io schermisco, tu schermìsci*; aus. *avere*) ● (*disus.*) Tirare di scherma. B v. tr. ● Difendere, riparare, proteggere: *schermirsi il viso dal sole.* C v. rifl. ● (*fig.*) Sottrarsi abilmente, eludere: *schermirsi da domande importune, dagli attacchi dei nemici.*

schermìstico [1908] agg. (pl. m. *-ci*) ● Della scherma, relativo alla scherma: *incontro s.*; *azione schermistica.*

schermitóre ● V. *schermidore.*

♦**schérmo** o **schèrmo** [da *schermire*; 1294] s. m. *1* Riparo, difesa (*anche fig.*): *fare, farsi s. di qlcu. o di qlco.*; *e vuol che i vostri petti siano schermi / a le Sue spalle* (COLONNA). *2* †Ostacolo, barriera: *quando de l'Alpi s. / pose fra noi e la tedesca rabbia* (PETRARCA). *3* Qualsiasi dispositivo atto a sottrarre una determinata regione dello spazio all'influenza di un campo di forze: *s. elettrico, magnetico, elettromagnetico* | ***S. luminescente*** o ***fluorescente***, superficie di materiale trasparente a cui aderisce uno strato di sostanza resa luminescente da radiazioni elettromagnetiche e da particelle dotate di una certa energia. *4* Superficie bianca su cui vengono proiettate le immagini fotografiche o cinematografiche | ***S. ottico***, superficie piana per la riproduzione delle immagini luminose | ***S. televisivo***, parte anteriore del cinescopio che rende visibile l'immagine elettronica | ***S. piatto***, schermo televisivo che, essendo costituito da cristalli liquidi, non necessita della normale forma ricurva | ***Piccolo s.***, lo schermo televisivo, la televisione | ***Grande s.***, lo schermo cinematografico, il cinema. *5* (*est.*) Cinema, mondo del cinema: *artisti, divi, dello s.*; *adattare per lo s.* *6* (*mar.*) Gruppo di navi o aerei, che svolge azione di esplorazione e pattugliamento a protezione del grosso della squadra.

schermografàre [1970] v. tr. (*io schermògrafo*) ● Eseguire la schermografia.

schermografìa [comp. di *schermo* e *-grafia*; 1948] s. f. ● (*med.*) Ripresa fotografica delle immagini radiologiche prodotte su uno schermo fluorescente.

schermogràfico [1946] agg. (pl. m. *-ci*) ● Di schermografia: *centro s.*; *indagine schermografica.* || **schermograficaménte**, avv.

†**schérna** o †**schérnia** [da *schernire*] s. f. ● (*raro*) Scherno: *grande s. ne fecero i Sanesi* (VILLANI).

schernévole [da *schernire*; 1294] agg. *1* (*lett.*) Di scherno, pieno di scherno: *occhi aggressivi e schernevoli* (BACCHELLI). *2* †Degno di scherno. || **schernevolménte**, avv. Con scherno.

†**schérnia** ● V. *†scherna.*

†**schernidóre** ● V. *schernitore.*

†**schernimènto** [da *schernire*; 1342] s. m. ● (*lett.*) Scherno | Raggiro.

schernìre [dal francone *skernjan* 'burlare'; sec. XIII] v. tr. (*io schernisco, tu schernìsci*) *1* Deridere, dileggiare, con disprezzo insultante. *2* (*raro, lett.*) Ingannare, beffare: *Questi per noi / sono scherniti con danno e con beffa* (DANTE *Inf.* XXIII, 13-14).

schernitóre o †**schernidóre** [1336 ca.] s. m.; anche agg. (f. *-trice*) ● Chi (o Che) schernisce: *s. della patria*; *sguardo s.*

schérno [da *schernire*; 1336 ca.] s. m. *1* Derisione, irrisione, dileggio: *fare s.*; *farsi s. di qlcu., di qlco.*; *fare, dire e sim. qlco. per s.* | Parole, gesti e sim. con i quali si schernisce: *grido di s.*; *essere oggetto di s.* *2* Chi viene schernito: *essere lo s. di tutti.*

†**scheruòla** ● V. *scarola.*

scherzàndo [gerundio sost. di *scherzare*; 1940] s. m. inv. ● (*mus.*) Indicazione dinamica che richiede briosità e vivacità, usata per specificare movimenti come l'allegro o l'andante. SIN. Scherzoso.

♦**scherzàre** o (*lett.*) †**ischerzàre** [dal longob. *skërzôn*, cfr. ted. *scherzen* 'scherzare'; 1319] A v. intr. (*io schérzo*; aus. *avere*) *1* Giocare allegramente, trastullarsi: *i bambini scherzano tra loro*; *il cagnolino scherza col padrone.* *2* (*lett.*) Muoversi, agitarsi, graziosamente: *il vento le scherza fra i capelli*; *era nel tempo ... / ... ch'a scherzar cominciar le farfalle* (PULCI). *3* Agire, parlare in modo leggero e divertito, dicendo arguzie e motti di spirito, prendendosi gioco di qlcu. o di qlco., e sim.: *è un tipo a cui piace s.*; *scherza su tutto*; *non s., è una cosa seria*; *non te la prendere, volevo solo s.*; *con voi non si può s.!*; *scherzavo quando ho detto che sarei partito* | ***Non scherzo***, dico davvero, sul serio | ***C'è poco da s., non si scherza***, e sim., si fa sul serio, è cosa di una certa gravità | ***S. col fuoco, colla morte***, e sim., agire in modo leggero e imprudente in un'impresa pericolosa, rischiosa o mortale. B v. tr. ● (*region.*) Schernire: *perché scherzate quel povero ragazzo?*

scherzeggiàre [da *scherzare*, con suff. iter.-intens.; 1872] A v. intr. (*io scherzéggio*; aus. *avere*) ● (*raro*) Scherzare spesso e in tono piacevole. B v. tr. ● (*raro, lett.*) Prendere in giro: *Scherzeggiavano l'Anna* (BACCHELLI).

scherzévole [1505] agg. ● (*lett.*) Scherzoso. || **scherzevolménte**, avv. Con scherzo, da scherzo.

♦**schérzo** o (*lett.*) †**ischérzo** spec. nel sign. 5 [da *scherzare*; av. 1374] s. m. *1* Atto dello scherzare: *prendere qlco., tutto, in s.*; *volgere qlco. in s.*; *lasciare, mettere, da parte gli scherzi* | ***Senza scherzi***, seriamente | ***Scherzi a parte***, parlando seriamente | ***Non (saper) stare allo s.***, essere facile a offendersi. *2* Gesto, atto, espressione e sim., fatto o detto scherzando: *s. innocente, licenzioso, riuscito, simpatico, villano, di cattivo gusto* | (*fam.*) ***S. da prete***, di cattivo gusto | ***S. di natura***, qualunque cosa fuori dell'ordinario; (*est.*) persona, animale, cosa, mal fatti o ripugnanti | ***S. di penna***, ghirigoro | ***Scherzi d'acqua***, zampilli d'acqua disposti in modo da produrre particolari effetti | ***Scherzi di luce***, particolari effetti di luce. *3* (*antifr.*) Tiro, sorpresa, sgradevole: *la malattia gli ha fatto un brutto s.*; *a volte il vino fa certi scherzi ...* *4* (*fig.*) Cosa che non presenta nessuna difficoltà, cosa da nulla: *oggi andare da Roma a New York in aereo è uno s.*; *per lui risolvere l'equazione è stato uno s.* *5* Nella loc. avv. ***per s.***, non sul serio | ***Nemmeno per s.***, per nessuna ragione, assolutamente no. *6* (*letter.*) Componimento poetico di tono scherzoso, burlesco o faceto. *7* (*mus.*) Composizione vocale da 3 a 6 voci, introdotta nel sec. XVII e derivata dalla canzonetta rinascimentale, modellata su ritmi di danza | Composizione per pianoforte, diffusa dal sec. XIX | Movimento di una sinfonia, di una sonata o di una composizione cameristica, caratterizzato da un ritmo ternario rapido. || **scherzàccio**, pegg. | **scherzétto**, dim. | **scherzucciàccio**, pegg. | **scherzùccio**, dim.

♦**scherzóso** [1611] agg. *1* Che scherza, che ama scherzare: *ragazzo, cagnolino s.* | (*est., lett.*) Capriccioso, grazioso: *auretta scherzosa.* *2* Che è detto, fatto o sim., scherzando: *parole scherzose*; *tono s.*; *gesto s.* *3* (*mus.*) Scherzando. || **scherzosétto**, dim. || **scherzosaménte**, avv. Con scherzo, in modo scherzoso.

schettinàggio o (*dial.*) **scattinàggio** [da *schettinare*, sul modello di *pattinaggio*; 1877] s. m. ● Pattinaggio a rotelle.

schettinàre o (*dial.*) **scattinàre** [adattamento dell'ingl. *skating* 'pattinaggio', gerundio di *to skate* 'pattinare'; 1877] v. intr. (*io schèttino*; aus. *avere*) ● Pattinare con i pattini a rotelle.

schettinatóre o (*dial.*) **scattinatóre** [da *schettinare*; 1877] s. m. (f. *-trice*) ● Pattinatore con i pattini a rotelle.

schèttino o (*dial.*) **scàttino** [da *schettinare*, sul modello di *pattino*; 1877] s. m. ● Pattino a rotelle.

†**schi** ● V. *sci.*

schiàccia o (*pop., tosc.*) **stiàccia** [da *schiacciare*; av. 1535] s. f. (pl. *-ce*) *1* Tipo di caccia proibita spec. per uccelli, che rimangono schiacciati sotto una lastra di pietra in bilico | (*fig., disus.*) ***Rimanere alla s.***, in una situazione pericolosa, in un grave danno. *2* Utensile costituito da due dischi imperniati come le forbici, sui quali si versa la pasta per fare cialde, ostie, brigidini. *3* (*region.*) Focaccia appiattita. SIN. Schiacciata.

schiacciabiàde [comp. di *schiaccia(re)* e il pl. di *biada*; 1965] s. m. inv. ● Attrezzo per schiacciare granaglie, spec. quelle destinate ai cavalli. SIN. Frangibiade.

schiacciaforàggi [comp. di *schiacciare* e il pl. di *foraggio*; 1974] s. m. inv. ● Condizionatrice.

schiacciaménto [av. 1704] s. m. *1* Lo schiacciare | Il fatto di schiacciarsi, di essere schiacciato. *2* (*astron.*) ***S. degli astri***, diminuzione del raggio polare rispetto a quello equatoriale per astri in rotazione.

schiaccianóci [comp. di *schiaccia(re)* e il pl. di *noce*; 1803] s. m. inv. ● Piccolo utensile da tavola a tenaglia, per schiacciare noci, nocciole, mandorle.

schiacciànte [1877] part. pres. di *schiacciare*; anche agg. *1* Nei sign. del v. *2* (*fig.*) Inoppugnabile, irrefutabile: *prove schiaccianti*; *accusa s.* | Molto netto: *maggioranza s.*; *s. superiorità.*

schiacciapatàte [comp. di *schiaccia(re)* e il pl. di *patata*; 1959] s. m. inv. ● Utensile da cucina per schiacciare le patate bollite.

♦**schiacciàre** o (*pop., tosc.*) **stiacciàre** [vc. di orig. onomat.; av. 1321] A v. tr. (*io schiàccio*) *1* Premere e comprimere fortemente, spec. con movimento diretto dall'alto verso il basso, in modo da far perdere la forma originaria, ammaccare, rompere e sim.: *s. le olive, le uova, le patate, le noci*; *si è seduto sul cappello e lo ha schiacciato*; *si schiacciò un dito* | (*est.*) Travolgere e stritolare sotto il proprio peso: *l'edificio crollando ha schiacciato i due operai* | (*raro*) Investire | Pigiare forte: *la folla mi schiaccia* | Premere, spingere: *s. un pulsante, l'acceleratore* | ***S. un pisolino***, dormire brevemente. *2* (*fig.*) Deformare, rendere piatto (*anche assol.*): *quel modello ti schiaccia la figura*; *è una pettinatura che schiaccia.* *3* (*fig.*) Annientare sotto il peso della forza fisica o morale: *s. l'avversario*; *s. qlcu. sotto il peso della propria cultura*; *s. qlcu. con prove evidenti* | (*tosc.*) Bocciare: *s. un ragazzo all'esame.* *4* (*sport*) Nella pallavolo, nel tennis e nel ping-pong, effettuare una schiacciata. B v. intr. pron. ● Perdere la forma originaria diventando piatto, ammaccato e sim.: *la torta si è schiacciata.*

schiacciasàssi [comp. di *schiaccia(re)* e il pl. di *sasso*; 1942] s. m. inv. ● Macchina fornita di rullo compressore, usata per la compressione della pavimentazione stradale | (*fig.*) Chi procede incurante degli ostacoli o delle esigenze altrui.

schiacciàta o (*pop., tosc.*) **stiacciàta** [da *schiacciare*; 1473] s. f. *1* Lo schiacciare | Forte compressione. *2* Pestata, ammaccatura. *3* (*tosc.*) Bocciatura. *4* Focaccia appiattita. SIN. Schiaccia. *5* (*sport*) Nella pallavolo, nel tennis e nel ping-pong, forte colpo dall'alto verso il basso con cui si invia la palla a battere sul campo avversario | Nel basket, azione con cui il giocatore spinge la palla con forza direttamente nel cesto. || **schiacciatina**, dim. | **schiacciatóna**, accr.

♦**schiacciàto** o (*pop., tosc.*) **stiacciàto** [1340 ca.] part. pass. di *schiacciare*; anche agg. *1* Nei sign. del v. *2* Piatto, compresso: *naso s.*; *forma schiacciata* | ***Becco s.***, (*per anton.*) quello delle anatre selvatiche. *3* (*ling.*) Detto di suono nella cui articolazione la lingua è schiacciata contro il palato. || **schiacciatino**, dim.

schiacciatóre [1803] s. m. (f. *-trice*) *1* (*raro*) Chi schiaccia. *2* (*sport*) Giocatore abile nello schiacciare la palla | Pallavolista particolarmente abile nell'ottenere punti su schiacciata.

schiacciatùra [av. 1320] s. f. ● (*raro*) Schiacciamento | Punto in cui un oggetto è schiacciato.

†**schiàdica** ● V. *sciatica.*

schiaffàre [da *schiaffo*; 1840] A v. tr. *1* (*fam.*) Mettere con malgarbo e in fretta, gettare, sbattere: *s. i libri in un angolo* | ***S. qlcu. in prigione, s. qlcu. dentro*** e sim., imprigionarlo. *2* †Schiaffeggiare. **B** v. intr. pron. ● (*fam.*) Buttarsi, gettarsi con malgarbo: *si è schiaffato in poltrona.*

schiaffeggiàre [da *schiaffare*, con suff. iter.-intens.; 1598] v. tr. (*io schiaffèggio*) **1** Prendere a schiaffi, colpire con uno o più schiaffi: *lo schiaffeggiò in pubblico.* **2** (*fig.*) Colpire con forza: *gli spruzzi gli schiaffeggiarono il viso* | ***S. la palla***, colpirla con il palmo della mano.

schiaffeggiatóre [1872] s. m. (f. *-trice*) ● (*raro*) Chi schiaffeggia.

schiaffétto [1891] s. m. **1** Dim. di *schiaffo*. **2** Nel basket, leggero colpo dato con le dita alla palla su rimbalzo offensivo o difensivo.

schiàffo o (*pop., tosc.*) **stiàffo** [di etim. incerta; da una radice onomat. *sklaf-* (?); av. 1347] s. m. **1** Colpo dato sulla guancia a mano aperta: *dare, prendere, uno s.*; *prendere qlcu. a pugni e a schiaffi* | ***Misurare uno s.***, fare il gesto di darlo | ***Avere una faccia da schiaffi***, avere un'espressione, un atteggiamento, irritante o tale da destare antipatia. **2** (*fig.*) Umiliazione, mortificazione, smacco: *s. morale.* **3** ***Tiro di s.***, nel biliardo, quello effettuato colpendo con la propria la palla avversaria dopo averla fatta rimbalzare contro la sponda. || **schiaffettino**, dim. | **schiaffétto**, dim. (V.) | **schiaffóne**, accr.

schiamazzàre [lat. *exclamāre* 'gridare' (V. *esclamare*), con suff. iter.-pegg.; 1308] v. intr. (aus. *avere*) ● Emettere gridi rauchi e striduli, detto delle galline e (*est.*) di volatili: *le oche che schiamazzarono in Campidoglio* | Vociare, strepitare, detto di persone.

schiamazzatóre [1735] s. m.; anche agg. (f. *-trice*) ● Chi (o Che) schiamazza: *schiamazzatori notturni.*

schiamàzzio [1353] s. m. ● Lo schiamazzare continuo.

schiamàzzo [da *schiamazzare*; 1483] s. m. ● Rumore di volatili che schiamazzano: *gli schiamazzi del pollaio* (VERGA) | Insieme di grida e di strepiti scomposti, sguaiati e sim. di più persone: *che cos'è questo s.?*; *smettetela con quello s.*; *schiamazzi notturni* | ***Fare s.***, schiamazzare.

schiancio ● V. *scancio.*

schiantàre o (*pop., tosc.*) **stiantàre** [di etim. discussa: sovrapposizione di *spiantare* a *schiattare* (?); 1294] **A** v. tr. **1** Rompere, spezzare, con forza e violenza: *il temporale schianta gli alberi*; *l'urto ha schiantato la macchina* | (*est.*) Strappare, svellere. **2** (*fig.*) Provocare uno schianto, un grande dolore, spec. nella loc. ***s. il cuore***: *mi schianterai il cuore.* **B** v. intr. pron. ● Scoppiare, spezzarsi, rompersi violentemente (*anche fig.*): *la barca si schiantò contro lo scoglio*; *mi si schianta il cuore.* **C** v. intr. (aus. *essere*) ● (*fam.*) Scoppiare, crepare, spec. nelle loc.: ***s. dalla fatica, dal dolore, dalla rabbia, dal ridere*** e sim. | Morire.

schiantatùra [av. 1566] s. f. ● (*raro*) Rottura violenta, schianto.

†**schianterèccio** agg. ● Che si schianta facilmente.

schiànto o (*pop., tosc.*) **stiànto** [sec. XIV] s. m. **1** Lo schiantarsi. **2** Rumore improvviso prodotto da ciò che si schianta: *lo s. del tuono, del legno non stagionato.* **3** (*fig.*) Dolore improvviso e lancinante: *provare uno s. al cuore.* **4** (*fig., fam.*) Persona o cosa estremamente bella, che provoca sensazione: *è uno s. di ragazza*; *il tuo nuovo vestito è uno s.* **5** Nella loc. avv. ***di s.***, all'improvviso, d'un tratto.

†**schiànza** [di etim. discussa: sovrapposizione di *schiantare* a *chiazza* (?); av. 1311] s. f. ● Crosta su piaghe, ferite, e sim.: *le mani … incise di porri, di verruche, di schianze* (CARDUCCI).

schiàppa (1) o †**scàppia** nel sign. 1 [da †*schiappare* (V.); av. 1537] s. f. **1** †Lunga scheggia di legno. **2** Mezza pelle, ottenuta sezionando una pelle intera lungo la linea dorsale. **3** (*fig.*) Persona che si dimostra incapace e inesperta in un'attività: *come impiegato è una s.*; *al poker è proprio una s.* SIN. Sbercia. || **schiappino**, dim. m.

†**schiàppa (2)** [di etim. discussa: sovrapposizione di *schiacciare* a *cappa* o *cioppa* (?)] s. f. ● Veste stretta in vita.

†**schiappàre** [di etim. incerta: dalla radice onomat. *sclapp-* (?); 1585] v. tr. ● Tagliare legna, anche per ricavarne schegge: *si schiappano quercie per noi* (PASCOLI).

schiaràre [lat. *exclarāre* 'illuminare', comp. di *ĕx-* (*s-*) e *clarāre*, da *clārus* 'luminoso'; sec. XIII] **A** v. tr. ● (*raro, lett.*) Illuminare, rendere chiaro | (*est., fig.*) Dichiarare, spiegare. **B** v. intr. e intr. pron. (aus. *essere*) ● (*raro, lett.*) Diventare chiaro: *schiarando il giorno, la gente cominciò ad andare al Prato* (VILLANI).

schiariménto [av. 1698] s. m. **1** Lo schiarire, lo schiarirsi. **2** (*fig.*) Spiegazione, delucidazione: *chiedere uno s.*; *avere bisogno di schiarimenti.*

schiarire [da *chiarire*, con *s-*; sec. XIII] **A** v. tr. (*io schiarisco, tu schiarisci*) **1** Rendere chiaro, più chiaro: *s. un colore*; *schiarirsi i capelli*; *schiarirsi la voce.* **2** Diradare, spec. piante, boschi e sim. **3** †Dichiarare, spiegare. **B** v. intr. e intr. pron. (aus. *essere*) **1** Diventare chiaro, più chiaro: *è un colore che schiarisce subito*; *i capelli si sono schiariti.* **2** Farsi chiaro, tornare sereno: *il cielo schiarisce.* **C** v. intr. impers. (aus. *essere* e *avere*) **1** Tornare sereno: *dopo il temporale schiarirà.* **2** Farsi giorno: *in estate schiarisce presto.*

schiarita [da *schiarire*; 1950] s. f. ● Rasserenamento: *c'è stata una breve s.* | (*fig.*) Miglioramento: *è prevista una s. nei rapporti fra i due Paesi.*

schiaritóio [da *schiarire*; 1891] s. m. ● Locale in cui si schiarisce l'olio, lasciandolo depositare.

schiaritùra [1959] s. f. ● Operazione dello schiarire.

schiàtta [dal got. **slahta* 'stirpe'; 1308] s. f. ● (*lett.*) Stirpe, discendenza: *essere di antica, di nobile s.*

schiattàre o (*pop., tosc.*) **stiattàre** [di etim. incerta: lat. parl. **exclappitāre* 'scoppiare', dalla radice onomat. **clapp-*, con *ĕx-* (*s-*) (?); 1483] v. intr. (aus. *essere*) ● Scoppiare, crepare (*spec. fig.*): *c'è da s.*; *s. di rabbia, di impazienza*; *s. dall'invidia.*

schiattire [variante ant. di *squittire*; 1532] v. intr. (*io schiattìsco, tu schiattìsci*; aus. *avere*) **1** (*lett.*) Emettere guaiti brevi e acuti, detto spec. di cani. **2** †V. *squittire* (*1*).

schiavacciàre [da *chiavaccio*, con *s-* estrattivo; 1872] v. tr. (*io schiavàccio*) ● (*raro, tosc.*) Levare il chiavaccio.

schiavardàre [da *chiavarda*, con *s-*; 1959] v. tr. ● Togliere le chiavarde.

†**schiavàre** [da *chiavare*, con *-s*; 1353] v. tr. ● Schiodare, scardinare: *schiavava … il perno che reggeva l'angelo* (VASARI).

schiavésco [1600] agg. (pl. m. *-schi*) ● (*raro*) Proprio degli schiavi | (*est., spreg.*) Servile.

schiavettóni [da *schiavo*, passato a significare anche 'anello di catena'; 1990] s. m. pl. (sing. *-e*) ● (*gerg.*) Manette con catene per il trasferimento dei detenuti.

schiavina [da *schiavo* 'slavo'; sec. XIII] s. f. **1** Nel Medioevo, lunga veste con cappuccio dei pellegrini e dei penitenti. **2** †Coperta da letto di panno pesante.

schiavismo [da *schiavo*, con *-ismo*; 1959] s. m. **1** Dottrina e sistema economico-sociale fondato sulla schiavitù. **2** (*est., spec. iperb.*) Tendenza a tenere gli altri in condizioni di forte dipendenza.

schiavista [1864] **A** s. m. e f. (pl. m. *-i*) **1** Chi sostiene lo schiavismo. **2** (*est., spec. iperb.*) Chi tende a tenere gli altri in condizioni di forte dipendenza. **B** agg. ● Schiavistico.

schiavistico [1948] agg. (pl. m. *-ci*) ● Che si riferisce allo schiavismo e agli schiavisti | ***Economia schiavistica***, sistema economico basato sull'utilizzazione, come forza-lavoro fondamentale, di schiavi.

schiavitù [da *schiavo*; 1612] s. f. **1** Condizione di chi è schiavo: *ribellarsi alla s.*; *liberarsi dalla s.*; *ridurre in s.* | ***Riduzione in s.***, reato di chi priva completamente una persona della propria libertà individuale riducendola in condizioni di schiavo o analoghe a quelle di schiavo | ***Vivere in s.***, di animale selvatico tenuto in costrizione | ***Allevare in s.***, allevare animali, presi da piccoli, dal covo o dal nido. **2** Mancanza delle libertà politiche | Condizione di dipendenza, di soggezione allo straniero: *la s. dell'Italia sotto la Austria.* **3** (*fig.*) Soggezione, dipendenza forzata, ad altre persone, a passioni, abitudini e sim.: *la s. della famiglia, del fumo, della droga.*

schiavizzàre [da *schiavo*; 1898] v. tr. ● Ridurre in schiavitù, rendere schiavo | (*est., anche iperb.*) Sottoporre a un'autorità dispotica e intransigente.

schiavizzazióne [da *schiavizzare*] s. f. ● Lo schiavizzare.

◆**schiàvo** o (*pop., tosc.*) **stiàvo** nel sign. A [lat. mediev. *sclăvu(m)*, *slăvu(m)* '(prigioniero) slavo', dal gr. mediev. *sklabós*; sec. XIII] **A** s. m.; anche agg. (f. *-a*) **1** Chi (o Che) è totalmente privo della libertà individuale e gener. di ogni diritto, soggetto interamente alla proprietà privata di un padrone per nascita o per cattura in guerra o per vendita o per condanna: *gli schiavi greci, romani*; *acquistare, uccidere uno s.*; *commercio, tratta, degli schiavi* | ***Vita da schiavi***, dura, faticosa | ***Essere trattato come uno s.***, duramente, senza pietà. **2** Chi (o Che) soffre soggezione, asservimento, dipendenza e sim. che vincolano e impediscono, in parte o completamente, la sua libertà: *popolo s.*; *essere s. delle apparenze, dei pregiudizi, delle passioni*; *non è s. di nessuno*; *s. d'amore.* **3** †Forma di saluto (da cui l'attuale *ciao*): *s. suo*; *s. vostro*; *amici vi sono s.* (GOLDONI). || **schiavétto**, dim. | **schiavolino**, dim. **B** agg. **1** ***Alla schiava***, (*ellitt.*) alla maniera degli schiavi | ***Braccialetto alla schiava***, alto, pesante e privo di motivi ornamentali, simile all'anello che incatenava gli schiavi | ***Sandali alla schiava***, legati al piede da lacci che salgono oltre la caviglia. **2** †Della Slavonia: *il mar s. e il tosco* (ARIOSTO).

schiavóne [da *schiavo*. V. il lat. mediev. *S(c)lavones* 'Slavi'; 1481] **A** s. m.; anche agg. (f. *-a*, raro) ● Anticamente, slavo delle coste orientali del Mar Adriatico. **B** s. m. ● (*spec. al pl.*) Soldati slavi al servizio della repubblica di Venezia.

schiccherafógli [comp. di *schicchera(re)* (*1*) e il pl. di *foglio*; av. 1729] s. m. inv. ● (*raro*) Scrittore di nessun valore: *questo mestiere dello s.* (MANZONI).

schiccheràre (1) [vc. di orig. onomat. (?); 1353] v. tr. (*io schìcchero*) ● (*lett.*) Disegnare, scrivere, e sim. imbrattando ciò su cui si disegna o si scrive | (*est.*) Disegnare, scrivere e sim., alla peggio.

schiccheràre (2) [da *chicchera*, con *s-*; 1734] v. tr. e intr. (*io schìcchero*; aus. *avere*) ● (*tosc.*) Bere molto e ripetutamente: *il nonno schicchera spesso.*

schiccheratùra [1680] s. f. ● Scritto o dipinto mediocre.

schiccheróne s. m. (f. *-a*) ● (*tosc.*) Ubriacone.

schidionàre [1805] v. tr. (*io schidióno*) ● (*raro*) Infilare sullo schidione.

schidionàta [1612] s. f. ● Quantità di carne che si può infilare in una sola volta sullo schidione.

schidióne o †**schedóne** (2), (*pop., tosc.*) **stidióne** [di etim. discussa: variante di un ant. *schedone*, sovrapposizione di *scheggia* a *spiedo* (?); av. 1311] s. m. ● Spiedo lungo e sottile nel quale si infilzano volatili per cuocerli arrosto.

◆**schièna** [dal longob. *skēna*; 1310] s. f. **1** Regione dorsale del corpo: *avere mal di s.*; *sentire un dolore alla s.*; *avere molti anni sulla s.* CFR. noto- | ***Filo della s.***, spina dorsale | ***Lavoro di s.***, duro, faticoso | ***A forza di s.***, con fatica, lavorando duro | ***Colpire alla s.***, a tradimento | ***Curvare la s.***, dimostrarsi umile, sottomesso | ***Rompersi la s.***, lavorare troppo, o troppo duramente | ***Voltare la s.***, andarsene, fuggire | †***Stare sulla s.***, fare il superbo | (*raro*) Groppa di animale: *trasportare qlco. a s. di mulo*; *a s. di asino* | ***Ponte, strada*** e sim. ***a s. di mulo, a s. di asino***, con sezione ad arco rialzato al centro e spiovente ai lati. **2** (*geogr., raro*) Dorsale. || **schienàccia**, pegg.

schienàle [da *schiena*; av. 1320] s. m. **1** †Schiena. **2** Parte di sedia, poltrona, divano, cui si appoggia la schiena. SIN. Spalliera. **3** Schiena di animale da macello | Midollo spinale di bestia macellata. **4** †Parte della corazza che copre la schiena. **5** (*mar.*) Tavola al traverso di poppa di una lancia per appoggiarvisi e per separazione dalla timoniera.

schienàre [da *schiena*] v. tr. (*io schièno*) ● (*sport*) Nella lotta, provocare una schienata.

schienàta [1959] s. f. **1** Colpo dato con la schiena. **2** (*sport*) Nella lotta, colpo con cui si mette per alcuni attimi l'avversario con le spalle e la schiena a terra, ottenendo la vittoria.

schienùto [sec. XIV] agg. ● Che ha schiena larga e forte.

schièra o (*pop., tosc.*) †**stièra** [dal provz. *esquiera*, dall'ant. fr. *eschiere*, risalente al francone *skara*. V. *scherano*, *sgherro*; 1313] s. f. **1** Reparto di soldati armati disposti su una stessa linea nel senso del fronte: *prima, seconda s.*; *schiere numerose, folte, invitte, gloriose*; *muovere le proprie* *schiere*; *sbaragliare, raccogliere le schiere.* **2** (*est.*) Moltitudine ordinata di persone o di animali: *s. di collegiali, di seminaristi, di angeli, di gru* | (*est.*) Gruppo, compagnia, di persone che hanno qlco. in comune: *la s. dei critici, dei giornalisti* | (*est., gener.*) Stuolo, massa, folla: *quei ... / ch'uscì per te de la volgare s.?* (DANTE *Inf.* II, 104-105) | ***A s.***, in gruppo ordinato | ***Villette a s.***, di identica tipologia e accostate l'una all'altra | ***A schiere***, in gran quantità.

schieraménto [1691] s. m. **1** Lo schierare, lo schierarsi. **2** (*mil.*) Disposizione sul terreno, nel senso della fronte e della profondità, di unità, opere di difesa, organi di servizio: *s. serrato, diradato, a scacchiera, offensivo, difensivo* | ***S. per ala***, nel senso del fronte | ***S. per linea***, in profondità | ***S. iniziale***, in primo assunto. **3** Composizione di una squadra di giocatori e loro disposizione in campo, formazione. **4** Insieme di persone, mezzi e sim., che si trovano uniti nel sostenere e difendere un'idea, un programma, un partito e sim.: *lo s. dei partiti di sinistra.*

schieràre [da *schiera*; 1312] **A** v. tr. (*io schièro*) **1** Ordinare, disporre in schiera: *s. l'esercito a battaglia* | ***S. in campo una squadra, una formazione***, far scendere in campo, o designare i giocatori e il loro schieramento per una partita. **2** (*est.*) Disporre in file ordinate: *s. i libri negli scaffali.* **B** v. rifl. **1** Ordinarsi in schiera: *schierarsi in ordine di combattimento.* **2** (*fig.*) Prendere posizione tra i difensori o gli oppositori di una persona, un'idea e sim.: *schierarsi con qlcu., dalla parte di qlcu., contro qlcu.*; *è il momento di schierarsi.*

schiericàre (**1**) [da *chierico*, con *s-*; 1526] **A** v. tr. (*io schièrico, tu schièrichi*) ● (*disus.*) Togliere la dignità di chierico. **B** v. intr. pron. ● (*disus.*) Abbandonare l'ufficio di chierico.

†**schiericàre** (**2**) o †**schericàre** [da *chierica*, con *s-*; av. 1571] v. tr. ● Togliere la punta a un diamante.

schiettézza [av. 1555] s. f. ● Caratteristica di chi (o di ciò che) è schietto.

schiètto o **schiétto**, (*pop., tosc.*) **stiétto** [dal got. *slaihts* 'semplice', cfr. il ted. *schlecht* 'cattivo'; av. 1250] **A** agg. **1** Puro, privo di contaminazioni e di mescolanze: *la schietta ispirazione artistica* (DE SANCTIS) | ***Linguaggio s.***, non mescolato con elementi dialettali o stranieri: *parlare un fiorentino s.*; *avere una pronuncia schietta.* **2** (*est.*) Sano, privo di magagne, imperfezioni: *frutta schietta*; *sano e s.* | ***Vino s.***, senza aggiunta di acqua, genuino | ***Oro s.***, senza lega, puro | Liscio, uniforme, privo di nodosità: *non rami schietti, ma nodosi e 'nvolti* (DANTE *Inf.* XIII, 5). **3** (*est.*) Semplice, privo di ornamenti eccessivi: *architettura schietta* | (*arald.*) ***Arena schietta***, stemma di famiglia senza brisure o partizioni di dipendenza. **4** (*lett.*) Agile e asciutto: *magro e s.*; *membra schiette.* **5** (*fig.*) Sincero, leale: *parole schiette*; *sentimento s.*; *amicizia schietta*; *io sono una donna schietta ... quando devo dir, dico* (GOLDONI) | ***A dirla, a dirvela schietta***, parlando francamente, chiaramente. || **schiettaménte**, avv. Con schiettezza, sincerità. **B** in funzione di avv. ● Sinceramente, francamente: *parlare s.*; *te lo dirò s.*

schifàre o †**eschifàre** [variante arcaica di *schivare* (V.); av. 1294] **A** v. tr. **1** Avere a schifo, provare disgusto o ripugnanza per qlcu. o qlco.: *s. un ambiente*; *s. una compagnia.* **2** Fare schifo, provocare nausea, disgusto: *Io non le mangiavo, mi schifavano* (SLATAPER). **3** †Ricusare, rifiutare. **4** †V. *schivare.* **B** v. intr. pron. ● Provare schifo, nausea, disgusto: *si è schifato della carne.*

schifàto [sec. XIV] part. pass. di *schifare*; anche agg. **1** Nei sign. del v. **2** Nauseato, disgustato: *ha sempre un'aria schifata.* **3** (*raro*) Disprezzato, evitato, rifiutato.

schifeltà ● V. *schifiltà.*

schifènza ● V. *schifezza.*

†**schifévole** [da *schifare*; 1505] agg. **1** Schifoso. **2** Schivo. || †**schifevolménte**, avv. In modo schifoso; con schifo.

schifézza o (*dial.*) **schifènza** [da *schifo* (*1*); av. 1306] s. f. **1** Condizione di chi (o di ciò che) fa schifo. **2** (*est.*) Cosa schifosa, ripugnante, mal fatta o mal riuscita.

schifiltà o **schifeltà**, †**schifità** [da *schifo* (*1*); sec. XIII] s. f. **1** (*raro*) Sentimento di ripugnanza, nausea, ritrosia verso persona o cosa. **2** (*est., raro*) Atto schifiltoso, ritroso.

schifiltosità [1858] s. f. ● (*raro*) Caratteristica di chi è schifiltoso | (*lett.*) Atteggiamento sprezzante, altezzoso.

schifiltóso [da *schifiltà*; av. 1606] agg.; anche s. m. (f. *-a*) ● Che (o Chi) ha gusti difficili, esigenti: *è molto s. nel mangiare* | Che (o Chi) è difficile a contentarsi: *non essere troppo s.*; *non fare la schifiltosa.* SIN. Schizzinoso, smorfioso, sofistico. || **schifiltosaménte**, avv.

schifio [da *schifare* col suff. *-io* (*1*); 1963] s. m. ● (*region.*) Schifo | ***A s.***, malamente, nel modo peggiore: *finire a s.*; *sono riusciti a mandare a s. anche l'esercito* (FENOGLIO).

†**schifità** ● V. *schifiltà.*

♦**schifo** (**1**) [dall'ant. fr. *eschif*, risalente al francone *skiuhjan* 'aver riguardo'; 1313] **A** s. m. ● Senso di ripugnanza, nausea, disgusto: *provare, sentire, mettere, s.* | ***Fare s. a qlcu.***, destare ripugnanza: *quel cibo mi fa s.* | ***Fare s.***, (*iperb.*) essere fatto male, brutto: *il tuo vestito fa s.*; (*est.*) dare un pessimo risultato: *i nostri campioni hanno fatto s.* | ***Che s.!***, escl. che esprime ribrezzo, riprovazione per ciò che è fatto male, che dà cattivi risultati, e sim. | (*lett.*) ***Avere a s.***, avere a noia. **B** agg. **1** (*tosc.*) Schifoso, ripugnante. **2** (*raro, lett.*) Schifiltoso: *e tu s. rifuggi / ogni vivanda* (PARINI). **3** †Schivo, ritroso: *Laura mia, coi suoi santi atti schifi* (PETRARCA). || **schifaménte**, avv. **1** In maniera da fare schifo. **2** In modo schifiltoso.

schifo (**2**) [dal longob. *skif* 'nave'; av. 1470] s. m. **1** (*mar.*; *disus.*) Anticamente, battello di servizio di una grande nave | Imbarcazione da corsa, lunga e sottile, per un solo vogatore. **2** (*arch.*) ***Volta a s.***, a chiglia. || **schifétto**, dim.

schifo (**3**) ● V. *scifo.*

schifosàggine [1940] s. f. ● Condizione di chi (o di ciò che) è schifoso | Cosa, azione e sim., schifosa.

schifosità [1872] s. f. ● Schifosaggine.

schifóso [da *schifo* (*1*); 1527] agg. **1** Che dà senso di schifo, repulsione: *spettacolo s.*; *piaghe schifose*; *uno di quegli insetti strani, schifosi* (PIRANDELLO). **2** Detto di persona che si comporta in modo contrario al pudore e alla decenza: *un vecchio s.*; *una donna schifosa.* **3** (*est., iperb.*) Molto scadente, pessimo: *una cena schifosa*; *che tempo s.!* **4** (*antifr., pop.*) Grande, smisurato: *avere una fortuna schifosa.* || **schifosétto**, dim. | **schifosino**, dim. || **schifosaménte**, avv. In modo da fare schifo; in maniera disgustosa.

†**schimbèscio** ● V. *sghimbescio.*

†**schimbo** ● V. *sghembo.*

†**schindàre** ● V. *sghindare.*

†**schinièra** s. f. ● Schiniere.

schinière [dal francone *skina* 'tibia', col suff. *-iere*; 1440] s. m. ● Pezzo di armatura di origine antichissima a difesa dello stinco, a foggia tubolare, di cuoio, bronzo, acciaio.

schino [vc. dotta, dal lat. tardo (ecclesiastico) *schīnu(m)* 'lentisco', dal gr. *schînos*, di etim. incerta; 1838] s. m. ● Pianta delle Anacardiacee diffusa nelle alberate e nei giardini mediterranei (*Schinus molle*). SIN. Falso pepe.

†**schiòcca** [vc. nap., propr. 'ciocca', perché ivi si trovavano la scultura e l'intaglio] s. f. ● (*mar.*) Parte superiore dello specchio di poppa, con fregi e intagli.

schioccàre [da †*chioccare*, con *s-*; 1817] **A** v. tr. (*io schiòcco, tu schiòcchi*) ● Agitare, muovere e sim. in modo da produrre uno schiocco: *s. la frusta, le dita, un bacio* | ***S. la lingua***, staccarla dopo averla tenuta premuta contro il palato | ***S. un bacio***, darlo premendo le labbra chiuse e riaprendole rapidamente | (*raro, tosc.*) ***Schioccarla a qlcu.***, fargli un tiro. **B** v. intr. (aus. *avere*) ● Produrre uno schiocco: *s. con le dita*; *la lingua schiocca.*

schioccàta [1872] s. f. ● Lo schioccare | Schiocco.

schiòcco [da *schioccare*; 1817] s. m. (pl. *-chi*) ● Rumore secco e sonoro, simile a quello che si ottiene agitando rapidamente una frusta in aria: *fare uno s. con le dita*; *ascoltare ... / schiocchi di merli* (MONTALE).

schioccolàre [da *chioccolare*, con *s-*; 1921] v. intr. (*io schiòccolo*; aus. *avere*) ● (*tosc.*) Chioccolare.

schiodàre [da *chiodo*, con *s-*; av. 1367] **A** v. tr. (*io schiòdo*) **1** Privare dei chiodi | Aprire togliendo i chiodi. **2** (*fig., fam.*) Spostare, far muovere: *non si riesce a schiodarlo dalla televisione.* **3** †Togliere il chiodo dal focone di una bocca da fuoco per utilizzarlo di nuovo. **B** v. intr. pron. ● (*fig., fam.*) Alzarsi, muoversi: *schiodati da quella sedia!* | (*fig.*) Staccarsi, spostarsi: *un partito che non riesce a schiodarsi dalla vecchia politica.*

schiodatùra [1805] s. f. ● Lo schiodare.

schiomàre [da *chioma*, con *s-*; av. 1400] v. tr. (*io schiòmo*) ● (*lett.*) Scompigliare la chioma.

†**schioppàre** ● V. *scoppiare* (*1*).

schioppettàre ● V. *scoppiettare.*

schioppettàta o †**scoppiettàta** [da *schioppettare*; 1640] s. f. ● Colpo sparato con lo schioppo o il fucile: *fare alle schioppettate* | ***A una s. da qui***, a un tiro di schioppo.

†**schioppetterìa** o †**scoppietterìa** [da *schioppetto*; 1540] s. f. ● (*raro*) Reparto di soldati armati di schioppo.

†**schioppettière** o †**scoppettière** [da *schioppetto*] s. m. ● Soldato armato di schioppo | Fuciliere.

schioppétto s. m. **1** Dim. di *schioppo.* **2** V. *scoppietto.*

schiòppo o †**scòppio**, (*pop., tosc.*) **stiòppo** [lat. tardo *sclŏppu(m)*, variante di *stlŏppus* 'rumore fatto con la bocca', di orig. onomat. V. *scoppio*; av. 1537] s. m. ● (*gener.*) Arma da fuoco portatile, fucile | ***A un tiro di s.***, non molto lontano, cioè alla distanza cui può giungere una palla da schioppo. || **schioppétto**, dim. (V.) | **schioppùccio**, dim.

schipetàro [adattamento dell'etnico *Shqiptâr* 'Albanese', da *Shqipëria* 'Albania'; 1957] agg.; anche s. m. (f. *-a*) ● (*lett.*) Albanese.

schiribilla [di etim. incerta; 1891] s. f. ● Uccello di palude dei Gruiformi, bruno rossiccio a macchie bianche e fianchi a strisce bianche e nere (*Porzana parva*). SIN. Gallinella palustre.

schiribillóso [da *schiribilla*] agg. ● (*tosc.*) Arzillo.

schiribizzo (o *-zz-*) ● V. *sghiribizzo.*

schisàre [v. deriv. dal gr. *schísis* 'divisione', da *schízein* 'dividere'; av. 1565] v. tr. ● (*tosc.*) Nella loc. ***s. la palla***, nel gioco del biliardo, colpirla di striscio.

schìsi [vc. dotta, dal gr. *schísis* 'divisione', da *schízein* 'dividere', di orig. indeur.; 1937] s. f. inv. ● (*med.*) Scissione, fenditura: *s. vertebrale, cranica.*

†**schìsma** ● V. *scisma.*

schismèna [da †*schisma*, con *-ema*] s. m. (pl. *-i*) ● (*ling.*) Giuntura.

schiso [agg. da *schisare*; av. 1742] **A** agg. ● (*tosc.*) Storto, obliquo | ***A, di, per, s.***, obliquamente, di traverso | ***Alla, per, schisa***, (*ellitt.*) obliquamente, di traverso. **B** s. m. ● †Resto, residuo.

schisto e *deriv.* ● V. *scisto* e *deriv.*

schìsto- [dal gr. *schistós* 'diviso'] primo elemento ● In parole composte del linguaggio scientifico, indica 'scissura', 'fenditura', 'capacità di fendersi': *schistosoma.*

schistosòma [comp. di *schisto-* e *-soma*; 1957] s. m. (pl. *-i*) ● Genere di vermi dei Platelminti, parassita dell'uomo e di animali (*Schistosoma*).

schistosomiaṣi [comp. di *schistosom(a)* e *-iasi*; 1930] s. f. inv. ● (*med.*) Ogni malattia parassitaria cronica causata dai vermi Trematodi del genere *Schistosoma*, parassiti dei vasi sanguigni. SIN. Bilharziosi.

schitarraménto [1872] s. m. ● Lo schitarrare prolungato.

schitarràre [da *chitarra*, con *s-*; 1723] v. intr. (aus. *avere*) ● Suonare la chitarra a lungo e non bene.

schiùdere [lat. *exclūdere* 'far uscire', comp. di *ĕx-* (*s-*) e *clāudere* 'chiudere'; 1312] **A** v. tr. (coniug. come *chiudere*) **1** Aprire appena e lentamente (*anche fig.*): *s. le labbra al sorriso*; *le margherite schiudono i petali*; *s. l'animo alla pietà.* **2** (*fig., lett.*) †Insegnare, spiegare. **3** †Liberare. **4** †Escludere. **B** v. intr. pron. **1** Venire fuori, aprirsi, uscire da un involucro: *la rosa si schiuse all'alba*; *i pulcini si sono schiusi dal guscio.* **2** (*fig.*) Manifestarsi, mostrarsi: *la lirica è un fiore delicato, che si schiude al sole della poesia* (CROCE).

schiudiménto [1872] s. m. ● Lo schiudere, lo schiudersi.

♦**schiùma** [dal longob. *skūm*, con sovrapposizione di *spuma*; 1313] s. f. **1** Aggregato instabile di piccole bolle che si forma alla superficie dei liquidi per effetto dell'ebollizione o di un'agitazione violenta o del gorgogliamento in essi di aria o gas | Prodotto schiumoso da toilette, confezionato in bomboletta spray: *s. da barba*; *s. detergente* | ***Bagno di s.***, V. *bagnoschiuma* | ***Fare s. dalla bocca, avere la s. alla bocca*** e sim., (*fig.*) essere in preda a un accesso di collera. **2** (*fig.*) Feccia, rifiuto: *la s. della società*. CONTR. Crema. **3** (*miner.*) ***S. di mare***, sepiolite | ***Pipa, bocchino di s.***, di sepiolite.

schiumaiòla o †**schiumaiuòla**, **schiumaròla**, (*lett.*) **schiumaruòla** [da *schiumare* (*1*); 1817] **s. f.** ● Specie di paletta bucherellata, leggermente concava, usata in cucina per schiumare la pentola e per levare il fritto dall'olio.

schiumànte [da *schiuma*, sul modello di *deodorante* e sim.] **part. pres.** di *schiumare* (2); anche **agg.** ● Nei sign. del v. | (*fig.*) Infuriato: *Tuttora s. di rabbia, mi sono alzata* (MORAVIA).

schiumàre (**1**) [da *schiuma*, con *s-* estrattivo concresciuto; av. 1348] **v. tr.** ● Togliere la schiuma: *s. il brodo* | (*fig., lett.*) ***S. il mare***, fare il pirata.

schiumàre (**2**) [da *schiuma*; 1817] **v. intr.** (aus. *avere*) **1** Fare schiuma: *la birra schiuma*. **2** (*fig.*) Essere sopraffatto dall'ira: *s. di rabbia*.

schiumaròla ● V. *schiumaiola*.

schiumaruòla ● V. *schiumaiola*.

schiumatóio [da *schiumare* (*1*); 1765] **s. m.** ● (*raro*) Schiumaiola.

schiumògeno [comp. di *schiuma* e *-geno*; 1950] **A agg.** ● Detto di sostanza che, aggiunta a un liquido, favorisce la formazione e il mantenimento della schiuma. **B s. m.** ● Estintore.

schiumosità [da *schiumoso*; 1959] **s. f.** ● Caratteristica di ciò che è schiumoso | Proprietà di una sostanza di produrre schiuma.

schiumóso [av. 1333] **agg.** **1** Che è simile a schiuma: *latte s.* **2** Che fa schiuma: *sapone s.*

schiùsa [da *schiuso*; 1871] **s. f.** ● Lo schiudersi, spec. delle uova di animali: *la s. dei pulcini*; *la s. dei bachi da seta*.

schiùso [1319] **part. pass.** di *schiudere*; anche **agg.** ● Nei sign. del v.

schivàbile [1745] **agg.** ● Che si può schivare.

schivafatiche [comp. di *schiva(re)* e il pl. di *fatica*; 1842] **s. m. e f. inv.** ● (*raro*) Scansafatiche.

schivàre o †**eschivàre**, †**schifàre** [dal francone *skiuhjan* 'aver riguardo'. V. *schifo* (*1*); sec. XIV] **v. tr.** **1** Scansare, evitare (*anche assol.*): *s. un colpo, una persona, un pericolo*; *s. i pugni dell'avversario*; *bisogna s. e attaccare immediatamente*. **2** †Proteggere, difendere: *da grandine il ciel sempre ti schivi* (ARIOSTO). **3** †Disprezzare.

schivàta [1940] **s. f.** ● Lo schivare | Mossa fatta per schivare un colpo: *s. laterale*; *s. indietro*.

†**schivézza** [da *schivo*] **s. f.** ● Senso di ripugnanza | Schifiltà.

schivo [da *schivare*; 1313] **A agg.** **1** Che è alieno dal ricercare o dal fare qlco.: *s. di lodi, di onori*; *mostrarsi s. a frequentare la società*. **2** Ritroso, sdegnoso, spec. per timidezza, orgoglio, e sim.: *giovane s. e vergognoso in atto* (PETRARCA). || **schivaménte**, **avv.** **B s. m.** ● †Schifo, disgusto, noia, spec. nelle loc. ***avere, prendere a s.***

schizo- [dal gr. *schízein* 'dividere', di orig. indeur., connesso col lat. *scĭndere*] primo elemento ● In parole scientifiche composte, significa 'fenditura', 'scissione', 'divisione' (*schizomiceti*) o (*fig.*) 'dissociazione' (*schizofrenia*).

schizoblefarìa [comp. di *schizo-* e di un deriv. dal gr. *blépharon* 'palpebra'; 1957] **s. f.** ● (*med.*) Fenditura della palpebra.

schizofasìa [comp. di *schizo-* e di un deriv. del gr. *phásis* 'voce'] **s. f.** ● (*psicol.*) Disturbo del linguaggio, tipico degli schizofrenici, caratterizzato soprattutto da incoerenza, produzione di parole nuove e perdita dei legami associativi. SIN. Schizolalia.

Schizofìcee [comp. di *schizo-* e *-ficee*; 1903] **s. f. pl.** ● (*bot.*) Cianoficee.

schizòfita [da *Schizofite*] **s. f.**; anche **agg. f.** ● (*bot.*) Organismo delle Schizofite. SIN. Schizofito.

Schizòfite [comp. di *schizo-* e *-fito*; 1957] **s. f. pl.** (sing. *-a*) ● (*bot.*) Nella tassonomia vegetale, divisione comprendente Batteriofite e Cianoficee, organismi che si riproducono esclusivamente per scissione.

schizòfito [1884] **s. m.**; anche **agg.** ● (*bot.*) Schizofita.

schizofrenìa [comp. di *schizo-* e *-frenia*; 1926] **s. f.** ● (*psicol.*) Gruppo di disturbi mentali psicotici, caratterizzato da un'alterazione profonda del rapporto con la realtà, da dissociazione mentale, da autismo e altri disturbi della sfera affettiva e del comportamento.

schizofrènico [1931] **A agg.** (pl. m. *-ci*) ● Di schizofrenia | (*est., iperb.*) Folle, pazzesco. **B agg.**; anche **s. m.** (f. *-a*) ● Che (o Chi) è affetto da schizofrenia. || **schizofrenicaménte**, **avv.**

schizofrenògeno [da *schizofren(ia)* e *-geno*] **agg.** ● (*psicol.*) Che genera schizofrenia. SIN. Schizogeno.

schizogènesi [1936] **s. f. inv.** ● Schizogonia.

schizògeno **agg.** **1** (*biol.*) Detto di spazio intercellulare che si forma per schizogenesi. **2** (*psicol.*) Schizofrenogeno.

schizogonìa [comp. di *schizo-* e *-gonia*; 1936] **s. f.** ● (*biol.*) Riproduzione per divisione multipla della cellula. SIN. Schizogenesi.

schizografìa [comp. con *-grafia*, sul modello di *schizofrenia*; 1983] **s. f.** ● (*psicol.*) Turba nervosa che si manifesta attraverso scritti incomprensibili formati da parole spesso inventate.

schizòide [comp. di *schiz(o)-* e *-oide*; 1936] **A agg.** ● (*psicol.*) Che assomiglia allo schizofrenico | ***Personalità s.***, individuo poco socievole, chiuso in sé stesso, incapace di esprimere i propri sentimenti ad altri e il cui modo di pensare presenta caratteristiche di autismo. **B** anche **s. m. e f.**

schizoidìa [1957] **s. f.** ● (*psicol.*) Caratteristica della personalità propria dello schizoide.

schizolalìa [comp. di *schizo-* e *-lalia*; 1959] **s. f.** ● (*psicol.*) Schizofasia.

schizomanìa [comp. di *schizo-* e *mania*; 1959] **s. f.** ● (*psicol.*) Forma minore di schizofrenia, manifestantesi più che altro sotto forma di episodi, su di uno sfondo schizoide, ma senza dissociazione.

schizomicète [comp. di *schizo-* e *-micete*, dal gr. *mýkēs*, genit. *mýkētos* 'fungo'; 1882] **s. m.** ● (*biol.*) Batterio.

schizonòia [da *schizo-*, sul modello di *paranoia*] **s. f.** ● (*psicol.*) Contrasto tra le scelte di vita consapevolmente volute da un individuo e l'inconscio che gli impone un diverso indirizzo.

schizònte [deriv. di *schizo-*] **s. m.** ● (*biol.*) Nel ciclo degli Sporozoi, organismo intermedio tra trofozoite e merozoite.

schizotimìa [comp. di *schizo-* e del gr. *thymós* 'animo' (d'orig. incerta); 1959] **s. f.** ● (*psicol.*) Tendenza alla chiusura in sé stessi, all'isolamento e alla difficoltà nei rapporti con gli altri.

schizozoìte [comp. di *schizo-*, *zo(o)-* e *-ite*] **s. m.** ● (*biol.*) Merozoite.

♦**schizzàre** [vc. di orig. onomat.; av. 1320] **A v. tr.** **1** Emettere, gettare fuori schizzi di sostanza liquida o semiliquida: *il rubinetto schizza acqua*; *la ferita schizza sangue* | (*fig.*) ***S. bile***, manifestare rancore, odio | (*fig.*) ***S. salute***, mostrare un aspetto sano | (*fig.*) ***S. veleno***, manifestare invidia o rancore | (*fig.*) ***S. fuoco dagli occhi***, manifestare grande collera. **2** Insudiciare con schizzi: *si è schizzato il vestito di vino*; *hanno schizzato il pavimento di fango*. **3** (*fig.*) Disegnare a grandi linee, con pochi tratti rapidi ed essenziali: *s. un ritratto, un paesaggio* | (*est.*) Descrivere, trattare, per sommi capi: *mi ha schizzato un quadro della situazione*. **B v. intr.** (aus. *essere*) **1** Zampillare, uscire con getto impetuoso, detto di sostanza liquida: *l'acqua schizza dalla fontana*; *il vino gli schizzò negli occhi*. **2** (*est.*) Guizzare, saltar fuori, scappare via: *l'anguilla schizza nell'acqua*; *s. come un fulmine*; *s. dal letto* | (*fig.*) ***Gli occhi gli schizzano dalla testa, dalle orbite*** e sim., per esprimere lo stato di agitazione provocato da grande rabbia, spavento, terrore e sim. **3** †Sgretolarsi, screpolarsi. **C v. rifl.** e **intr. pron.** ● Macchiarsi, sporcarsi con schizzi: *ti sei schizzato di vino*; *i pantaloni si sono schizzati di fango*.

schizzàta [av. 1566] **s. f.** ● Lo schizzare | Schizzo: *una s. di fango*. || **schizzatina**, **dim.**

schizzàto (**1**) **part. pass.** di *schizzare*; anche **agg.** ● Nei sign. del v. | Macchiato, imbrattato: *un manovale tutto s. di calce* (PAVESE).

schizzàto (**2**) [forse da *schizo(frenico)*; 1988] **agg.** ● (*gerg.*) Fuori di testa, squilibrato | (*gerg.*) Molto teso e agitato.

schizzatóio [av. 1519] **s. m.** ● Attrezzo a pompa per spruzzare liquidi.

schizzettàre [da *schizzare*, con suff. dim.-iter.; 1838] **v. tr.** (*io schizzétto*) **1** Umettare, lavare con lo schizzetto. **2** (*fam.*) Bagnare con piccoli schizzi.

schizzettàta [1872] **s. f.** ● (*raro*) Lo schizzettare.

schizzettatùra [av. 1735] **s. f.** ● (*raro*) Lo schizzettare | Il liquido schizzettato.

schizzétto [da *schizzo*; 1735] **s. m.** **1** (*med.*) Siringa per lavature esterne o di cavità. **2** Giocattolo con pompetta per schizzare acqua o altro liquido. **3** (*scherz.*) Fuciletto di poca efficacia. **4** (*pop.*) Cocomero asinino. || **schizzettino**, **dim.**

schizzinosità [da *schizzinoso*] **s. f.** ● Caratteristica di chi è schizzinoso.

schizzinóso o (*pop.*) **schizzignóso** [dal dial. sett. *schizza*, *schissa* 'naso schiacciato (per disgusto)', da *schizzar*, *schissar* 'schiacciare'; 1520] **agg.**; anche **s. m.** (f. *-a*) ● Che (o Chi) è difficile a contentarsi, ad adattarsi e sim.: *lo inviterei volentieri, ma è così s. per il mangiare!* SIN. Schifiltoso, smorfioso, sofistico. || **schizzinosaménte**, **avv.** In maniera schizzinosa.

schizzo [da *schizzare*; 1353] **s. m.** **1** Lo schizzare | Liquido, o sim., schizzato: *s. d'acqua, di calce* | Macchia prodotta dal liquido, o sim., schizzato: *è difficile fare andar via dai vestiti gli schizzi di inchiostro* | (*pop.*) Piccola quantità di liquore con cui si corregge una bevanda: *caffè con lo s.* **2** Primo, rapido disegno per fissare un tema | Prima idea di un'opera letteraria: *quell'opera è … un geniale … s. di storia politica* (CROCE) | (*est., fig.*) Descrizione rapida e sommaria: *uno s. dell'accaduto*. **3** (*fig., tosc., fam.*) Persona svelta e vivace. || **schizzétto**, **dim.**

schlemiel /ʃle'mil, *yiddish* ʃlə'miːl/ [dal n. yiddish, di orig. ebr., di un personaggio, Peter *Schlemiehl*, da un romanzo di A. von Chamisso (1781-1838); 1996] **s. m. inv.** ● Personaggio semplice e sfortunato tipico della tradizione ebraica dell'Europa orientale.

Schnauzer /z'nautstser, *ted.* 'ʃnaotsʌ/ [vc. ted., propr. deriv. di *Schnauze* 'muso, grugno'; 1955] **s. m. inv.** (pl. ted. **inv.**) ● Cane da guardia caratteristico per il suo pelo ispido e la barba rigida.

Schnorchel /*ted.* 'ʃnɔʌçl/ [vc. ted., connesso con *schnarchen* 'russare', a causa del rumore dell'apparecchio; 1948] **s. m. inv.** (pl. ted. **inv.**) ● Presa d'aria che consente ai sottomarini di ricambiare l'aria per la respirazione e per l'alimentazione dei motori diesel navigando in immersione; consiste in un tubo affiorante munito di una valvola che impedisce l'entrata dell'acqua.

schòla cantòrum /*lat.* s'kɔla kan'tɔrum/ [vc. lat., propr. 'collegio dei cantori'; 1930] **loc. sost. f. inv.** (pl. lat. *scholae cantorum*) ● Recinto per i cantori spesso sopraelevato e circondato da chiusura, frequente nelle basiliche antiche | Insieme dei cantori di una chiesa.

schooner /*ingl.* 'skuːnə/ o **scooner** [vc. ingl., di etim. incerta; 1801] **s. m. inv.** ● (*mar.*) Goletta (2) | Imbarcazione a vela, di origine nordamericana, con forme larghe e piatte, attrezzata con due alberi a vele auriche, di altezza quasi uguale.

schuss /*ted.* ʃus/ [vc. ted., propr. 'colpo, lancio'; 1983] **s. m. inv.** (pl. ted. *Schüsse*) ● Nello sci, parte di pista particolarmente ripida e impegnativa.

Schütze /*ted.* 'ʃytsə/ [vc. ted., propr. 'tiratore, fuciliere', dal v. *schiessen* 'tirare' di area germ.; 1983] **s. m. inv.** (pl. ted. *Schützen*) ● In Tirolo e in Baviera, appartenente a un'organizzazione paramilitare che si propone la tutela della cultura e delle tradizioni locali.

Schwester /*ted.* 'ʃvestʌ/ [vc. ted., di orig. indeur., propr. 'sorella'; 1953] **s. f. inv.** (pl. ted. *Schwestern*) ● Bambinaia tedesca.

♦**sci** o †**schi**, (*raro*) **ski** [dal norv. *ski*, dall'ant. isl. *skīth* 'scheggia, pezzo di legno', di orig. indeur., connesso col lat. *scĭndere* 'dividere'; 1905] **s. m. inv.** **1** Ciascuno dei due attrezzi atti a scivolare sulla neve, costituiti da una assicella un tempo di legno, oggi di vario materiale leggero ed elastico, a punta ricurva verso l'alto: *un paio di sci* | ***Sci da fondo***, quelli particolarmente adatti per la marcia sulla neve | ***Sci d'acqua, acquatici, nautici***, simili nella forma agli sci da neve ma di larghezza maggiore, usati per scivolare sull'acqua trainati da un motoscafo | ***Sci d'erba***, attrezzo provvisto di rotelle per scivolare sull'erba con azioni simili allo sci. **2** Attività sportiva o di svago praticata con gli sci: *gara di sci*; *praticare lo sci* | ***Sci di fondo***, pratica sportiva o di svago che consiste nel percorrere con gli sci itinerari innevati pianeggianti o di modesto dislivello e di varia lunghezza | ***Sci nordico***, specialità sportiva, di origine scandinava, comprendente il fondo, il salto con gli sci, la combinata e il biathlon | ***Sci acrobatico***, attività sportiva che prevede esercizi acrobatici con gli sci | ***Sci estremo***, quello praticato discendendo, con grande difficoltà e rischio, pareti e canaloni ghiacciati a fortissima pendenza | ***Sci alpinismo***, V. *sci-alpinismo* | ***Sci alpino***, (*gener.*) lo sport dello sci sulla neve nelle specialità discesa e slalom | ***Sci acquatico***, ***nautico***, attività sportiva o di svago, praticata con gli sci d'acqua | ***Sci orientamento***, gara di orientamento con carta e bussola, praticata con gli sci da fondo. ➡ ILL. p. 2158, 2159 SPORT.

SCI
nomenclatura

sci

● *caratteristiche*: discesa, schuss, caduta, capitombolo, scivolata, sci di fondo (passo alternato, finlandese, pattinato = skating); marcialonga, staffetta, gran fondo, voltata, cristiania = parallelo, stem-cristiania, spazzaneve, dérapage, salto di voltata, salto di terreno, passo di pattinaggio, telemark, cortoraggio = scodinzolo; salita (passo a scala, passo a spina di pesce), gobba; pista, percorso, porte, paletti, traguardo; slalom (speciale, gigante, parallelo, supergigante), discesa libera, combinata, chilometro lanciato = KL, chilometro da fermo, manche, (prima, seconda), tempo (intermedio, finale), pettorale; fuori pista, sci alpinismo, sci escursionismo, sci estremo, biathlon, trampolino, salto, sci acrobatico = freestyle, balletto; slitta (pattini, sostegni, seggiolino), slittino, bob, ciclobob, toboga (base di legno, carenatura), skeleton, bob; stazione sciistica, bollettino della neve, innevamento (naturale, artificiale), cannoni sparaneve, gatto delle nevi;

● *attrezzatura*: sci (punta = spatola, coda, suola del pattino, scanalatura di direzione e di scivolamento, lamina; attacco kandahar, attacco di sicurezza, ski-stopper, sci da slalom, da fondo, di legno, di plastica, di metallo; ski-roll); monoscì, snowboard, surf da neve; bastoncino (manopola, cappio, racchetta, puntale); scarpone da sci (con uno o più ganci, a iniezione; lamina di protezione, serratallone, cavigliera), gambaletto, doposcì, guanti, occhiali, casco; sciolina; portascì;

● *mezzi di trasporto*: funivia, seggiovia, cabinovia, ovovia, slittovia, sciovia = skilift, skilift ad ancora, gatto delle nevi, teleferica, cremagliera, slitta, motoslitta; skipass;

● *persone*: istruttore = maestro di sci, sciatore (provetto, principiante, acrobatico, spericolato); slalomista, gigantista, supergigantista, discesista, combinatista, battipista, apripista, skiman, tracciatore, giudice di gara, commissario di porta;

● *azioni*: sciare, caricare, scaricare uno sci, derapare, spigolare, bloccarsi, curvare, inforcare una porta, uscire di pista, tagliare il traguardo, tracciare, battere, aprire la pista; smussare, limare, rettificare, raschiare, levigare, filettare, sciolinare.

scia [deriv. da *sciare* (*2*); 1772] **s. f.** (**pl.** *scie*) ● Traccia spumosa che un'imbarcazione lascia dietro di sé sulla superficie dell'acqua: *navigare nell'altrui s.* | (*est.*) Traccia di fumo, odore, profumo e sim. che una persona o una cosa lasciano dietro di sé nel passare: *la s. di un aereo a reazione* | ***Mettersi sulla s.***, ***seguire la s. di qlcu.***, (*fig.*) imitarlo.

scià /*ʃa*/ o (*raro*) **sciah** [dal persiano *šāh* 're'. V. *scacco*; 1839] **s. m.** ● Titolo spettante ai regnanti dell'Iran.

sciabècco [dall'ar. *šabbāk* 'piccola nave', attraverso lo sp. *jabeque*; 1768] **s. m.** (**pl.** *-chi*) ***1*** Nave a vela a due o tre alberi attrezzati con vele latine e quadre, usata nel Mediterraneo nei secc. XVII e XVIII, spec. dai pirati barbareschi. ***2*** (*scherz.*) Nave malfatta | Nave malridotta.

sciàbica o †**sciàpica** nel sign. 1 [dall'ar. *šabaka* 'rete', prob. attraverso il siciliano *sciabbica*; 1615] **s. f.** ***1*** Rete a strascico per piccole profondità, costituita da due ali e un sacco a maglie diverse. ***2*** (*est.*) Imbarcazione a remi per la pesca con l'omonima rete. ***3*** (*zool.*) Gallinella d'acqua. || **sciabichèlla**, **dim.** | **sciabicóne**, **accr. m.**

sciabicàre [da *sciabica*; 1838] **A v. intr.** (*io sciàbico, tu sciàbichi*; aus. *avere*) ● Trascinare la sciabica. **B v. tr.** ● Trascinare sul fondo: *s. un cavo.*

sciàbile [da *sciare* (*1*); 1942] **agg.** ● Nel linguaggio sciistico, detto di neve che si presta all'uso degli sci.

sciabilità [1942] **s. f.** ● Condizione della neve sciabile.

sciàbola o †**sciàbla** [dal polacco *szabla*, di orig. orient., prob. attraverso il ted.; av. 1680] **s. f.** ***1*** Arma da taglio e punta a lunga lama più o meno curva, a un filo dal lato convesso. ***2*** Una delle tre armi della scherma, il cui colpo è valido sia che arrivi di punta, di taglio o controtaglio: *scherma di s.* ➡ ILL. p. 2150 SPORT. || **sciabolétta**, **dim.** | **sciabolino**, **dim. m.** | **sciabolóne**, **accr. m.** | **sciabolùccio**, **dim. m.**

sciabolàre [1763] **A v. tr.** (*io sciàbolo*) ● Colpire con la sciabola: *s. il nemico* | (*fig.*) ***S. giudizi***, avventarli. **B v. intr.** (aus. *avere*) ● Dare sciabolate.

sciabolàta [1865] **s. f.** ● Colpo di sciabola: *tirare una s.*; *essere colpito da una s.* | (*fig.*) Giudizio avventato.

sciabolatóre [da *sciabolare*; 1873] **s. m.** (**f.** *-trice*) ***1*** Che dà sciabolate. ***2*** Chi pratica la scherma di sciabola.

sciabordàre [sovrapposizione di *sciacquare* e *bordare* (*1*); 1805] **A v. tr.** (*io sciabórdo*) ● Agitare un liquido nel recipiente che lo contiene: *s. vino, olio* | Agitare un oggetto immerso in un liquido: *s. i panni nell'acqua.* **B v. intr.** (aus. *avere*) ● Frangersi contro la riva, la chiglia di una nave o sim., detto di piccole onde tranquille.

sciabórdio [1922] **s. m.** ● Lo sciabordare continuo, spec. di onde.

sciacallàggio [da *sciacallo* nei sign. 2 e 3; av. 1963] **s. m.** ● Azione, comportamento da sciacallo nel sign. di *sciacallo 2* e *3*.

sciacallésco [1969] **agg.** (**pl. m.** *-schi*) ● Da sciacallo (*spec. fig.*): *ricatto s.*

sciacàllo [dal fr. *chacal*, dal turco *çakal*, risalente al persiano *šagāl*, a sua volta dal sanscrito *sṛgālá*; 1802] **s. m.** ***1*** Mammifero carnivoro affine al lupo, di colore rosso fulvo, attivo di notte, che si nutre anche di carogne (*Canis aureus*). ➡ ILL. **animali**/13. ***2*** (*fig.*) Chi ruba nelle case o nei luoghi abbandonati o distrutti in seguito a guerre, terremoti, catastrofi e sim. ***3*** (*fig.*) Persona che approfitta delle disgrazie altrui.

sciacchetrà [vc. ligure, propr. comp. di *sciacca* 'schiaccia' e *tra* 'togli, tira via', con riferimento al processo di vinificazione, cioè alla pigiatura e alla rapida separazione del mosto dalla vinaccia; 1962] **s. m.** ● Vino bianco da dessert, versione amabile del vino ligure cinqueterre (V.).

sciaccò [dal fr. *schako*, dall'ungh. *csákó* 'casco'; 1891] **s. m.** ● Copricapo militare in uso nell'esercito ungherese nell'Ottocento.

sciacquabócca [comp. di *sciacqua*(*re*) e *bocca*; 1891] **s. m. inv.** ● (*disus.*) Vasetto, bicchiere di vetro o altro materiale usato per sciacquarsi la bocca.

sciacquabudèlla [comp. di *sciacqua*(*re*) e *budella*; 1896] **s. m. inv.** ● Vinello leggero | Brodaglia.

sciacquadita [comp. di *sciacqua*(*re*) e il pl. di *dito*; 1960] **s. m. inv.** ● Piccola coppa nella quale viene posta dell'acqua per sciacquarsi le dita durante il pranzo.

†**sciacquaménto** [sec. XVIII] **s. m.** ● Lo sciacquare | Risciacquo.

sciacquàre [lat. tardo *exaquāre*, comp. di *ĕx-* (*s-*) e di *ăqua* 'acqua'; sec. XIII] **A v. tr.** (*io sciàcquo*) ● Lavare più volte con acqua, spec. per togliere ogni residuo di sapone o altra sostanza detergente: *s. i bicchieri, i panni* | ***Sciacquarsi la bocca***, fare sciacqui con acqua o altro liquido; (*est.*) bere una piccola quantità di qlco. | (*fig.*) ***Sciacquarsi la bocca sul conto di qlcu.***, sparlarne, dirne male | (*fig.*, *scherz.*) ***Sciacquarsi lo stomaco***, bere a digiuno. **B v. rifl.** ● Lavarsi in modo veloce e sommario | Lavarsi con acqua per togliere ogni residuo di sapone.

sciacquàta [1891] **s. f.** ● Lo sciacquare, lo sciacquarsi in modo veloce e sommario. || **sciacquatina**, **dim.**

sciacquatùra [1772] **s. f.** ***1*** Lo sciacquare: *la s. dei panni.* ***2*** Acqua usata per sciacquare: *s. di piatti* | (*est.*, *spreg.*) Minestra, bevanda e sim. di sapore sgradevole: *questo brodo sembra s. di piatti*; *un vino che è s. di bicchieri.*

sciacquétta [orig. 'servetta', che *sciacquetta* 'sciacqua' i piatti; 1957] **s. f.** ● (*centr.*) Donna mediocre e insignificante, dal comportamento frivolo e leggero, spec. per il desiderio di apparire e di farsi notare.

sciacquìo [1891] **s. m.** ***1*** Lo sciacquare continuo. ***2*** Sciabordio: *fra 'l fievole s. della risacca* (PASCOLI).

sciàcquo [da *sciacquare*; 1873] **s. m.** ***1*** Lavaggio, risciacquo della bocca, spec. a scopo igienico o curativo: *fare gli sciacqui*; *ordinare degli sciacqui.* ***2*** Liquido che si usa per sciacquarsi la bocca: *uno s. di acqua ossigenata.*

sciacquóne [da *sciacquare*; 1910] **s. m.** ● Dispositivo del water-closet per cui l'acqua si scarica dal serbatoio nel vaso | Serbatoio di gabinetto all'inglese.

sciafilìa [da *sciafilo*; 1936] **s. f.** ● Eliofobia nel sign. 1.

sciàfilo [comp. del gr. *skiá* 'ombra' (d'orig. indeur.) e *-filo*; 1838] **agg.** ● Eliofobo nel sign. 1.

sciàfita [comp. del gr. *skiá* 'ombra' (V. *sciafilo*) e *-fita*; 1967] **s. f.**; anche **agg.** ● Pianta che vive solo in luoghi ombrosi.

sciaguattaménto [av. 1712] **s. m.** ● (*raro*) Lo sciaguattare.

sciaguattàre [di etim. discussa: sovrapposizione di *guattero*, *guazzare* a *sciacquare* (?); av. 1665] **A v. tr.** ● (*tosc.*) Sciacquare, sbattere nell'acqua: *s. i panni.* **B v. intr.** (aus. *avere*) ***1*** Diguazzare in un recipiente non completamente pieno, detto di liquidi. ***2*** Sguazzare in un liquido.

sciagùra o †**sciaùra** [da *sciagurato*; 1338 ca.] **s. f.** ● Disgrazia di estrema gravità: *è successa una s.*; *una s. irreparabile*; *rimanere vittima di una s.* | (*est.*) Sfortuna, destino avverso: *essere perseguitato dalla s.*

sciaguratàggine [av. 1492] **s. f.** ● Condizione, caratteristica di chi (o di ciò che) è sciagurato | Azione, comportamento e sim., sciagurato.

sciaguratézza **s. f.** ● Sciaguratàggine.

sciaguràto o †**sciauràto** [lat. *exaugurātu*(*m*) 'profanato, sconsacrato', comp. di *ĕx-* (*s-*) e di *augurātus*, part. pass. di *augurāre* 'consacrare con gli auguri'; av. 1300] **A agg.** ***1*** Colpito, perseguitato, dalla sciagura: *casa, famiglia, sciagurata.* ***2*** Che arreca sciagura: *evento s.*; *è stato un periodo s.* | (*est.*) Malaugurato, dissennato: *di chi è la sciagurata idea?* ***3*** Iniquo, malvagio, scellerato: *padre s.*; *madre sciagurata.* || **sciaguratamènte**, **avv.** ***1*** Disgraziatamente, purtroppo. ***2*** In maniera empia, malvagia: *si comportò sciaguratamente.* **B s. m.** (**f.** *-a*) ***1*** Persona colpita dalla sciagura: *aiutiamo quei poveri sciagurati.* SIN. Disgraziato, sventurato. ***2*** Persona che arreca sciagura: *è l'ultimo delitto di quello s.* SIN. Scellerato | (*fam.*) Irresponsabile: *quello s. ha combinato un guaio.* || **sciaguratàccio**, **pegg.** | **sciaguratèllo**, **dim.** | **sciaguratino**, **dim.** | **sciaguratonàccio**, **pegg.** | **sciaguratóne**, **accr.**

sciah /*ʃa*/ ● V. *scià.*

scialacquaménto [sec. XIV] **s. m.** ● Lo scialacquare. SIN. Sperpero, spreco.

scialacquàre [sovrapposizione di (*ann*)*acquare* a *scialare*; av. 1292] **v. tr.** (*io scialàcquo*) ***1*** Spendere con eccessiva prodigalità, sperperare, dissipare (*anche assol.*): *ha scialacquato il patrimonio di famiglia*; *devi abituarti a non s.* SIN. Dilapidare. ***2*** (*fig.*, *lett.*) Profondere, prodigare: *s. complimenti, saluti.*

scialacquatóre [1364] **s. m.**; anche **agg.** (**f.** *-trice*, tosc. *-tora*) ● Chi (o Che) scialacqua, sperpera: *s. di patrimoni.* || **scialacquatoràccio**, **pegg.**

scialacquìo [1539] **s. m.** ● (*raro*) Lo scialacquare continuo e disordinato. SIN. Spreco.

scialàcquo [av. 1446] **s. m.** ● Lo scialacquare | Spreco, sperpero, profusione: *s. di capitali, di parole* | ***A s.***, a profusione, senza economia.

scialacquóne [1615] **s. m.** (**f.** *-a*) ● (*pop.*) Chi ha l'abitudine di scialacquare, di dissipare.

scialagògo [comp. del gr. *síalon* 'saliva' e un deriv. di *ágein* 'condurre' (d'orig. indeur.); 1931] **agg.**; anche **s. m.** (**pl. m.** *-ghi*) ● Detto di sostanza o farmaco che aumenta la secrezione salivare o ne provoca un flusso temporaneo.

scialaménto [av. 1406] **s. m.** ● (*raro*) Spreco.

scialàppa ● V. *gialappa.*

scialàre [lat. *exhalāre* 'esalare', comp. di *ĕx-* (*s-*) e *halāre*. V. *esalare*; sec. XIV] **A v. tr.** ● (*raro*) Dissipare, spendere senza risparmio: *ha scialato tutto quello che aveva.* **B v. intr.** (aus. *avere*) ● Fare vita comoda, lussuosa, spendendo e largheggiando: *in quella casa si usa s.* | ***C'è poco da s.***, ***non c'è da s.***, e sim., non c'è troppa abbondanza (*an-*

che fig.).

scialatóre [av. 1749] s. m.; anche agg. (f. *-trice*) ● (*raro*) Chi (o Che) sciala.

scialbàre [lat. tardo *exalbāre* 'imbiancare', comp. di *ĕx-* (*s-*) e di *ălbus* 'bianco'; av. 1320] v. tr. ● (*lett.*) Imbiancare, intonacare: *s. una stanza*.

scialbàto [lat. tardo *exalbātu(m)*, part. pass. di *exalbāre* 'imbiancare'] agg. ● (*lett.*) Imbiancato.

scialbatùra [da *scialbare*; av. 1698] s. f. **1** (*raro*) Imbiancatura, intonacatura. **2** (*fig., lett.*) Apparenza superficiale: *ciò che di me sapeste / non fu che la s.* (MONTALE).

sciàlbo [da *scialbare*; 1319] **A** agg. **1** Pallido, scolorito, smorto: *colore s.* **2** (*fig.*) Privo di personalità, di carattere, di attrattive: *Quell'omiciattolo ... brutto, s., dall'anima apatica* (PIRANDELLO). || **scialbaménte**, avv. **B** s. m. ● †Intonaco, scialbatura.

scialbóre [1960] s. m. ● Condizione di chi (o di ciò che) è scialbo (*spec. fig.*).

scialìtico [comp. di *scia-*, dal gr. *skiá* 'ombra', e *-litico*, dal gr. *lytikós* 'dissolvente', da *lýein* 'sciogliere'; 1931] agg. (pl. m. *-ci*) ● Detto di dispositivo illuminante che evita la formazione di ombre | ***Lampada scialitica***, che sovrasta e illumina il tavolo operatorio.

†**scialiva** ● V. *saliva*.

sciallàre [da *scialle*] v. tr. ● (*raro*) In sartoria, dare forma di scialle al collo di un abito e sim.: *s. un bavero*.

sciallàto [da *scialle*; 1960] agg. ● Fatto a forma di scialle | ***Collo, bavero s.***, più o meno ampio e prolungato verso la vita, senza dentellatura.

sciallatùra [da *scialle*] s. f. ● Lo sciallare | Parte sciallata.

sciàlle o (*dial.*) **sciallo** [dal fr. *châle*, risalente al persiano *šāl*; 1621] s. m. ● Riquadro o triangolo di tessuto, seta o lana, che si indossa per ornare e proteggere le spalle. || **sciallettino**, dim. | **sciallétto**, dim. | **scialióne**, accr. | **scialluccio**, dim.

sciàlo [da *scialare*; av. 1704] s. m. **1** Dissipazione, spreco, sperpero: *qui non c'è s. di niente* | ***A s., a tutto s.***, in grande abbondanza | ***Fare s. di qlco.***, consumarne, usarne, senza riguardo o economia (*anche fig.*): *fare s. di citazioni*. **2** Sfarzo, magnificenza, sfoggio.

sciàlo- [dal gr. *síalon* 'saliva'] primo elemento ● In parole composte del linguaggio scientifico, indica rapporto con la saliva, con le ghiandole e i condotti salivari: *scialografia, scialorrea*.

scialoadenite o **sialoadenite** [comp. di *scialo-* e *adenite*; 1960] s. f. ● (*med.*) Infiammazione di una o più ghiandole salivari.

scialografìa [comp. di *scialo-* e *-grafia*; 1960] s. f. ● (*med.*) Esame radiografico delle ghiandole salivari, eseguito mediante iniezione di un mezzo di contrasto radiopaco attraverso il dotto escretore principale.

scialóne [av. 1742] s. m. (f. *-a*) ● (*fam.*) Chi ha l'abitudine di scialare.

scialorrèa o **sialorrèa** [comp. di *scialo-* e *-(r)rea*; 1957] s. f. ● (*med.*) Ptialismo.

sci-alpinismo o **scialpinismo** [comp. di *sci* e *alpinismo*; 1958] s. m. ● Attività sportiva che utilizza gli sci per effettuare ascensioni ed escursioni in montagna, caratterizzate da notevole dislivello e discese fuori pista.

sci-alpinista o **scialpinista** [1984] s. m. e f. (pl. m. *-i*) ● (*sport*) Chi pratica lo sci-alpinismo.

sci-alpinìstico o **scialpinìstico** [1967] agg. (pl. m. *-ci*) ● Relativo allo sci-alpinismo.

scialùppa [dal fr. *chaloupe*, deriv. forse dall'ol. *sloep* 'imbarcazione'; 1667] s. f. ● Imbarcazione a remi o a motore a bordo delle navi per eventuali servizi: *s. di salvataggio*; *gettare una s. a mare*.

sciamanésimo ● V. *sciamanismo*.

sciamànico [1960] agg. (pl. m. *-ci*) ● Relativo allo sciamano e allo sciamanismo.

sciamanismo o **sciamanèsimo** [dall'ingl. *shamanism*. V. *sciamano*; 1838] s. m. ● Concezione del mondo e pratica rituale proprie delle religioni di tipo sciamanico | Tendenza ideologica e rituale di tipo sciamanico anche all'interno di altre religioni.

sciamanìstico agg. (pl. m. *-ci*) ● Relativo allo sciamanismo.

sciamannàre [sovrapposizione del pref. neg. *sci-*, variante di *s-* (lat. *ĕx-*) ad *ammannare* 'apparecchiare'. V. *ammannire*; 1865] **A** v. tr. ● (*tosc.*) Trattare senza ordine e riguardo: *s. un abito nuovo*. **B** v. rifl. ● (*tosc.*) Scomporsi nelle vesti e nella persona.

sciamannàto o (*raro*) **sciammannàto** [av. 1565] **A** part. pass. di *sciamannare*; anche agg. **1** Nei sign. del v. **2** (*raro*) Nella loc. ***alla sciamannata***, (*ellitt.*) alla buona, senza eleganza. || **sciamannatamente**, avv. **B** s. m. (f. *-a*) ● Persona trasandata, sciatta nel modo di vestire e negli atteggiamenti.

sciamànno [vc. giudeo-rom.: prob. dall'aramaico *sīmān* 'segno', dal gr. *sêma*, genit. *sêmatos*; 1935] s. m. ● Nei regolamenti antisemitici degli antichi Stati italiani, distintivo, generalmente costituito da un pezzo di stoffa gialla sul cappello, che dovevano portare gli Ebrei come segno di riconoscimento.

sciamannóne [da *sciamannare*; 1872] s. m. (f. *-a*) ● Persona abitualmente sciamannata.

sciamàno [dall'ingl. *shaman*, che è dal tunguso (lingua uralo-altaica) *šamān*, a sua volta dal pali (medio indiano) *samana*, deriv. dal sanscrito *śramana* 'monaco'; 1838] s. m. ● In alcune religioni asiatiche e americane, individuo dotato di particolari facoltà taumaturgiche e divinatorie, che esercita in stato di estasi varie funzioni all'interno della propria comunità, spec. quelle di guarire le malattie e di fare da tramite con il mondo soprannaturale.

sciamàre [da *sciame*; av. 1320] v. intr. (aus. *avere* nel sign. 1, *essere* nel sign. 2) **1** Raccogliersi in sciame, formare un nuovo sciame, detto delle api. **2** (*fig.*) Partire, allontanarsi in massa, da un luogo a un altro.

sciamatùra [1891] s. f. **1** Lo sciamare. **2** Uscita delle api in sciame.

sciàme o †**esciàme**, †**sciàmo** [lat. *exāmen* (nom. acc. nt.) 'sciame', connesso con *exĭgere* 'cacciar fuori', comp. di *ĕx-* (*s-*) e *ăgere* 'spingere'; av. 1320] s. m. **1** Gruppo di api che in primavera escono dall'alveare raccogliendosi attorno alla vecchia regina per creare una nuova colonia. **2** (*astron.*) ***S. meteorico***, gruppo di meteore che viaggiano con velocità uguali su orbite eliocentriche, originando il fenomeno della pioggia di stelle cadenti se assai numerose. **3** (*geol.*) ***S. sismico***, rapido succedersi di scosse sismiche di lieve entità. **4** (*fig.*) Moltitudine di persone, animali o cose, in movimento: *uno s. di scolari, di moscerini, di isole* | ***A sciami***, in gran quantità.

sciàmito o †**sàmeto** [dal gr. biz. *hexámitos* 'tessuto a sei licci', da *héx*, *héxa-* 'sei' e *mítos* 'filo'; sec. XIII] s. m. ● Drappo fine vellutato. || **sciamitèllo**, dim.

sciàmma o **sciammà**, **scimma**, **sciùma** [dall'amarico *šāmmā* 'manto'; 1888] s. m. (pl. *-a* o *-i*) ● Toga bianca di cotone, tipica di alcune popolazioni etiopiche.

sciammannàto ● V. *sciamannato*.

†**sciàmo** ● V. *sciame*.

sciampàgna [1747] s. m., raro f. (pl. *sciampagna*, m., o *sciampagne*, f.) ● Adattamento di *champagne* (V.).

sciampagnino [da *sciampagna*; 1905] s. m. **1** (*disus.*) Bibita di acqua gassosa con alcol e zucchero. **2** (*fam.*) Spumante.

sciampagnòtta [da *sciampagna*; 1955] s. f. e agg. solo f. ● Detto di bottiglia da vino spumante, di vetro spesso molto resistente alla pressione e della capacità di circa 3/4 di litro.

†**sciampiàre** o †**sciampràre** [lat. tardo *exampliāre*, **examplāre* 'allargare', comp. di *ĕx-* (*s-*) e *ampl(i)āre*, da *ămplus* 'ampio'; 1308] **A** v. tr. ● Allargare, ampliare, stendere. **B** v. intr. pron. ● (*raro*) Stendersi, allargarsi | (*lett., fig.*) Estendersi.

†**sciàmpio** [da †*sciampiare*; sec. XIV] s. m. ● (*raro*) Ampiezza, larghezza.

sciàmpo s. m. (pl. inv. o *-i*) ● Adattamento di *shampoo* (V.).

†**sciampràre** ● V. †*sciampiare*.

sciancàre [da *anca*, con *sci-* (variante di *s-*); 1873] **A** v. tr. (*io sciànco, tu sciànchi*) ● Rendere sciancato, storpio. **B** v. intr. pron. ● Diventare sciancato, storpio.

sciancàto [1313] **A** part. pass. di *sciancare*; anche agg. **1** Nei sign. del v. | Storpio. **2** (*raro*) Traballante, malandato: *mobile s.* || **sciancatamente**, avv. Da sciancato. **B** s. m. (f. *-a*) ● Persona menomata da una lesione alle gambe: *Zio Mommu lo s.* (VERGA). || **sciancatèllo**, dim. | **sciancatino**, dim.

sciancràre [dal fr. *échancrer* (V. *sciancrato*); 1963] v. tr. ● Rendere sciancrato. SIN. Sfiancare.

sciancràto [adattamento del fr. *échancré*, part. pass. di *échancrer* 'scavare, scollare', da *chancre* 'cancro, ulcera'; 1965] agg. ● Detto di abito scavato nel punto di vita | (*sport*) Detto di uno sci che presenti un restringimento nella parte centrale.

sciancratùra [da *sciancrato*, sul modello del fr. *échancrure*, da *échancrer* 'scavare, scollare'; 1965] s. f. **1** Punto in cui l'abito aderisce maggiormente alla vita. **2** (*sport*) Profilo laterale dello sci che ne identifica la specialità.

sciangài o **shangài** [dal n. della città di *Shanghai*, perché il gioco è di orig. cinese; 1963] s. m. inv. ● Gioco da tavola consistente nel lasciar cadere alla rinfusa numerosi bastoncini di legno o plastica e nel raccoglierli uno per uno senza muovere quelli vicini o sovrapposti.

sciànto [da un dial. tosc. *sciantare*, sovrapposizione di *scialare* a *cantare* (?); av. 1850] s. m. ● (*tosc.*) Spasso, riposo, svago: *darsi s.*; *e Joe godrebbe questo po' di s.* (PASCOLI).

sciantósa [adattamento del fr. *chanteuse* 'cantante'; 1918] s. f. ● (*merid.*) Canzonettista spec. di caffè concerto.

sciàntung [adattamento dell'ingl. *shantung*, dal cin. *Shantung*, n. della regione di origine di questa stoffa] s. m. ● Adattamento di *shantung* (V.).

†**sciàpica** ● V. *sciabica*.

sciàpido [dal lat. tardo *săpidu(m)* 'saporito', con *sci-* (variante di *s-*). V. *sapido*; 1745] agg. ● (*raro*) Sciapo.

sciapito ● V. *scipito*.

sciàpo [1872] agg. ● (*region.*) Poco saporito, insipido | (*fig.*) Banale, scialbo.

sciàra [vc. siciliana di orig. ar. (*ḥarra* 'zona petrosa, terreno vulcanico, campo di lava', da *ḥarr* 'calore' (?)); 1881] s. f. ● Insieme dei materiali magmatici espulsi da un vulcano, che scivolano lungo le pendici.

sciaràda [dal fr. *charade*, che è dal provz. *charrado* 'chiacchierata', da *charrá* 'chiacchierare', di orig. onomat.; 1816] s. f. **1** Gioco enigmistico che consiste nell'unire due parole per ottenerne una terza; per es. *bar + atto = baratto*; *indo + vino = indovino*. **2** (*fig.*) Problema, questione e sim. difficile da risolvere, interpretare, capire e sim.

sciaradista [1932] s. m. e f. (pl. m. *-i*) ● Chi è abile nel comporre o nel risolvere sciarade.

†**sciaràppa** ● V. *gialappa*.

♦**sciàre** (**1**) [da *sci*; 1918] v. intr. (*io scìo*; aus. *avere*) ● Procedere, spostarsi con gli sci su terreno coperto di neve | Praticare lo sport dello sci.

sciàre (**2**) o †**siàre** [vc. di orig. onomat.; av. 1470] v. intr. (*io scìo*; aus. *avere*) ● (*mar.*; *disus.*) Vogare a ritroso mandando la poppa innanzi | ***Scia!***, escl. di comando di sciare rivolta ai rematori | ***Scia, voga, scorri***, comandi per far sciare da un lato e vogare per diritto dall'altro, e girare più rapidamente in un ristretto specchio d'acqua.

♦**sciàrpa** o (*tosc.*) **ciàrpa** [dal fr. *écharpe*, dal francone **skerpa* 'bandoliera'; av. 1375] s. f. **1** Lembo di tessuto più o meno stretto, ma lungo, che si avvolge attorno al collo come ornamento o per proteggersi dal freddo | Fascia che portano a tracolla o attorno alla vita pubblici funzionari o militari nelle parate o in altre occasioni speciali: *la s. tricolore*; *la s. azzurra degli ufficiali*. **2** Fasciatura triangolare per sostenere il braccio nelle fratture o nelle lussazioni. || **sciarpétta**, dim. | **sciarpettina**, dim. | **sciarpina**, dim. | **sciarpóna**, accr. | **sciarpóne**, accr. m.

†**sciarpellàto** ● V. *scerpellato*.

†**sciarpellino** ● V. *scerpellino*.

†**sciàrra** [dall'ar. *šarra* 'lite, contesa', da *šarr* 'cattivo, malvagio'; 1477] s. f. ● Alterco violento, rissa rumorosa | ***Fare s.***, fare un gran fracasso.

†**sciarraménto** s. m. ● (*raro*) Dispersione: *s. de Giudei* (VILLANI).

sciarràno o **serràno** [lat. parl. **serrānu(m)*, da *sĕrra* 'sega'; 1891] s. m. ● Pesce marino dei Perciformi, ermafrodita, bruno chiaro con fasce scure sul tronco (*Serranus cabrilla*) | ***S. gigante***, cernia.

†**sciarràre** [da †*sciarra*; av. 1348] v. tr. ● Sconfiggere, sbaragliare.

sciartrósa s. f. ● Adattamento pop. di *chartreuse* (V.).

sciàta (**1**) [1960] s. f. ● Attività dello sciare sulla neve o sull'acqua | Modo di sciare | Percorso compiuto sciando. || **sciatina**, dim.

sciàta (2) s. f. ● Atto dello sciare, nel sign. di *sciare* (2).

sciatalgìa [comp. di *sciat(ico)* e *-algia*; 1954] s. f. ● (*med.*) Sciatica.

sciàtica o †**schiàdica** [f. sost. di *sciatico*; sec. XIV] s. f. ● (*med.*) Nevralgia del nervo sciatico, caratterizzata da dolori all'anca e all'arto inferiore, accompagnati da disturbi della motilità.

sciàtico [dal lat. tardo *sciăticu(m)*, variante di *ischiădicus*, dal gr. *ischiadikós*, da *ischíon* 'ischio'; sec. XIV] agg. (pl. m. *-ci*) ● Detto di ciascuno dei nervi dell'ischio | ***Nervo s.***, detto del principale nervo del plesso sacrale, che dal bacino va alla parte posteriore dell'arto inferiore innervando la maggior parte dei muscoli della coscia, della gamba e del piede.

sciatóre [da *sciare* (1); 1905] s. m. (f. *-trice*) **1** Chi scia | Atleta che pratica lo sport dello sci | ***S. acquatico, nautico***, chi si dedica allo sci acquatico. ➡ ILL. p. 2158 SPORT. **2** (*spec. al pl.*) Reparti alpini particolarmente addestrati all'uso dello sci.

sciatòrio [1930] agg. ● Sciistico.

sciattàggine [av. 1696] s. f. ● (*raro*) Sciatteria.

sciattàre [lat. parl. **exaptāre* 'sciattare', da *ĕx-* (*s-*) e *aptāre*, da *ăptus* 'in buon ordine, conveniente'; av. 1704] v. tr. ● (*raro*) Gualcire, guastare, sciupare: *s. i pantaloni nuovi*.

sciatterìa [av. 1704] s. f. ● Caratteristica, condizione di chi è sciatto: *s. nel vestire*; *s. di stile* | (*raro*) Atto, comportamento e sim., di persona sciatta | (*raro*) Cosa sciatta.

sciattézza [1688] s. f. ● (*raro*) Sciatteria.

sciàtto [lat. parl. **exăptu(m)*, da *ĕx-* (*s-*) e *ăptus* 'in buon ordine, conveniente'. V. *atto* (2); av. 1606] agg. ● Negligente, trasandato, trascurato nella cura della propria persona, nel vestire, nel lavoro, e sim. | Goffo, rozzo, non curato: *prosa sciatta*; *scrittore s. nell'uso degli aggettivi*. || **sciattìno**, dim. | **sciattóne**, accr. (V.) | **sciattorèllo**, dim. || **sciattaménte**, avv. Con sciattaggine, trascuratezza.

sciattóne [1841] s. m. (f. *-a*) ● (*fam.*) Persona sciatta.

†**sciaùra** e *deriv.* ● V. *sciagura* e *deriv.*

sciàvero [da **sciaverare*, variante ant. di *scevera-re* (V.); 1838] s. m. **1** Ciascuna delle assi curve esteriormente che si ricavano da una trave tonda o da un tronco segandolo longitudinalmente. **2** Ritaglio di cuoio, di pelle o di stoffa.

scìbile [vc. dotta, dal lat. *scībile(m)* 'conoscibile', da *scīre* 'sapere'. V. *scire* (1); 1308] **A** agg. ● †Che si può comprendere, conoscere, sapere: *il pensiero dell'autore … mi si rappresenta più s.* (GALILEI). **B** s. m. ● Tutto ciò che si può conoscere, sapere, apprendere: *l'immensità dello s.*; *i rami dello s.*; *lo s. umano*; *dare fondo allo s.*

scic o (*tosc.*) **scicche** [1875] agg. inv. e s. m. inv. ● Adattamento di chic (*spec. iron.* o *scherz.*).

scicchería [da *scicche*; 1886] s. f. ● (*fam.*) Eleganza: *che s.!* | Cosa elegante: *il tuo vestito è proprio una s.*

scicchóso [da *scicche*; 1890] agg. ● (*fam.*) Elegante (*anche iron.* o *scherz.*). || **scicchosaménte**, avv.

scichìmico [da *chimico*, con un pref. non chiaramente identificato] agg. (pl. m. *-ci*) ● Detto di acido che si forma in natura dai carboidrati, presente in molte piante e intermedio da cui derivano composti aromatici di origine naturale.

science fiction /ingl. 'saeəns 'fɪkʃn/ [vc. ingl., comp. di *science* 'scienza' e *fiction* 'finzione'; 1963] loc. sost. f. inv. ● Fantascienza.

sciènte /*'ʃɛnte, *ʃi'ɛnte/ o †**scièntre** [vc. dotta, dal lat. *sciĕnte(m)*, part. pres. di *scīre* 'sapere'; av. 1294] agg. ● (*raro, lett.*) Che sa | †Esperto: *essere s. in qlco.* || **scienteménte**, avv. In modo consapevole; con piena cognizione.

scientificità [1960] s. f. ● Carattere scientifico.

♦**scientìfico** [vc. dotta, dal lat. tardo *scientĭficu(m)* 'scientifico', comp. di *sciĕntia* 'scienza' e *-fĭcus* '-fico'; 1308] agg. (pl. m. *-ci*) **1** Della scienza, che si riferisce alla scienza: *concetto s.*; *ricerca scientifica* | †***Uomo s.***, scienziato. **2** Che si fonda sulla scienza o sulle scienze, o le ha come oggetto: *società scientifica*; *studi scientifici*; *liceo s.* **3** Che usa metodi e criteri precisi, rigorosi: *piano di azione s.* | ***Polizia scientifica***, (*ellitt.*) ***la scientifica***, reparto della polizia che si avvale degli apporti più moderni della scienza nella ricerca della verità relativa ai reati commessi. || **scientificaménte**, avv. In modo scientifico; secondo i metodi della scienza.

scientìsmo (1) [dal fr. *scientisme*, da *science* 'scienza', con *-isme* '-ismo'; 1913] s. m. ● (*filos.*) Atteggiamento di chi subordina alle scienze empiriche ogni altra possibile attività umana.

scientìsmo (2) [dall'ingl. *scientism*, da *science* 'scienza (cristiana)', con *-ism* '-ismo'] s. m. ● (*relig.*) Dottrina e pratica proprie del movimento della Scienza Cristiana.

scientìsta [dal fr. *scientiste*, da *science* 'scienza', con *-iste* '-ista'; 1960] s. m. e f. (pl. m. *-i*) ● (*filos.*) Chi aderisce allo scientismo.

scientìstico [1987] agg. (pl. m. *-ci*) ● (*filos.*) Relativo allo scientismo.

†**scièntre** ● V. *sciente*.

♦**sciènza** /*'ʃɛntsa/ o †**sciènzia** /*'ʃɛntsja, *ʃi'ɛntsja/ [lat. *sciĕntia(m)* 'sapere', da *sciēns*, genit. *sciĕntis*, part. pres. di *scīre* 'sapere'; nel sign. 6 calco sull'ingl. *Christian Science*; av. 1243] s. f. **1** (*lett.*) Conoscenza, cognizione: *a sua s.*; *l'albero della s. del Bene e del Male*; *tutti i filosofi studiarono di conseguire la s. di questo mondo naturale* (VICO). CFR. -sofia | ***Di certa s., di sicura s.***, certamente, sicuramente | ***Con s.***, con cognizione della cosa | (*dir.*) ***S. ufficiale del giudice***, complesso di nozioni che legislativamente si presumono conosciute dalla autorità giudiziaria | (*dir.*) ***S. privata del giudice***, complesso delle nozioni che il giudice ha acquisito a prescindere dal suo ruolo istituzionale e di cui non può servirsi per assumere le proprie decisioni. **2** Conoscenza esatta e ragionata acquisita grazie allo studio, all'esperienza, all'osservazione: *amore della s.* | ***Uomo di s.***, uomo colto | ***Arca, pozzo, di s.***, persona dottissima | ***Spezzare il pane della s.***, insegnare | ***Avere la s. infusa***, (*fam.*) pretendere di sapere tutto senza che ciò sia giustificato da adeguati studi. **3** Complesso dei risultati dell'attività speculativa umana volta alla conoscenza di cause, leggi, effetti e sim. intorno a un determinato ordine di fenomeni, e basata sul metodo, lo studio e l'esperienza: *i progressi della s.*; *le scoperte della s.* | ***S. pura***, i cui obiettivi sono di ambito speculativo e non collegati direttamente ad applicazioni pratiche | ***Scienze applicate***, quelle i cui risultati sono utilizzati per applicazioni tecniche | ***Scienze sperimentali***, quelle la cui metodologia si fonda sull'esperienza | ***Scienze esatte***, la matematica e le altre discipline che si basano sul calcolo | ***Filosofia della s.***, epistemologia. **4** (*spec. al pl.*) Insieme di discipline aventi tra loro caratteri di affinità: *scienze storiche, sociali, fisiche, filosofiche, politiche, economiche*; *scienze della Terra, della Natura, dell'uomo*; *s. delle finanze* | ***Scienze naturali***, quelle che studiano gli aspetti della natura, come fisica, chimica, botanica, geologia, zoologia e sim. | ***Scienze umanistiche***, quelle che hanno per oggetto lo studio delle lingue e delle letterature spec. classiche | ***Scienze umane***, il gruppo delle discipline comprendente la sociologia, l'antropologia, la psicologia, la pedagogia e sim., contrapposto al gruppo umanistico, nel senso ristretto di letterario | ***Scienze occulte***, quelle che studiano, spec. a fini pratici, i fenomeni ritenuti non spiegabili scientificamente come teosofia, spiritismo, pratiche magiche e sim. **5** (*al pl.*) Insieme delle discipline fondate essenzialmente sul calcolo e l'osservazione, come matematica, fisica, chimica, scienze naturali, astronomia: *un allievo dotato per le scienze*; *le scienze e le lettere* | (*per anton.*) Le scienze naturali: *essere rimandato in scienze*; *laurearsi in scienze*. **6** (*relig.*) ***Scienza Cristiana***, setta cristiana, fondata negli Stati Uniti d'America per combattere, con la preghiera, ogni male fisico e morale. || **scienzuòla**, dim.

†**scienziàle** [vc. dotta, dal lat. tardo *scientiāle(m)* 'scientifico', da *sciĕntia* 'scienza'; 1585] agg. ● Scientifico.

♦**scienziàto** [da †*scienzia*; av. 1349] **A** agg. ● (*raro, lett.*) Dotto, fornito di scienza. **B** s. m. (f. *-a*) ● Chi si dedica alla scienza o a una scienza, studiandola, cercandone e promuovendone gli sviluppi, e sim.: *un grande, un famoso s.*; *un congresso di scienziati*.

sciffonièra [1938] s. f. ● Adattamento di *chiffonnière* (V.).

scifo o **schifo** (3) [vc. dotta, dal gr. *skýphos* 'vaso', di etim. incerta; 1829] s. m. ● Vaso greco pressoché troncoconico, provvisto di due anse orizzontali all'altezza dell'orlo.

scifo- [dal gr. *skýphos* 'tazza'] primo elemento ● In parole composte del linguaggio scientifico, indica una struttura concava, a forma di vaso, di tazza.

Scifozòi [comp. di *scifo-* e *-zoo*; 1957] s. m. pl. (sing. *-o*) ● Nella tassonomia animale, classe di Celenterati a forma prevalentemente medusoide (*Scyphozoa*).

†**scìgnere** ● V. *scingere*.

†**scigrìgna** [da una variante di *sagrino*, *sigrino* 'zigrino' (V.)] s. f. ● Segno lasciato sulla pelle spec. da una frusta.

†**scigrignàta** o †**scirignàta** [da †*scigrigna*; av. 1400] s. f. ● (*raro*) Frustata | Ferita provocata da un colpo di taglio.

sciìstico [da *sciare* (1); 1932] agg. (pl. m. *-ci*) ● Relativo allo sport dello sci: *gare, competizioni sciistiche*.

sciìta [dall'ingl. *shiite*, dall'ar. *šīʽah* 'setta, fazione', abbr. di *šīʽat Alī* 'la setta di Alì'; 1838] s. m. e f. (pl. m. *-i*) ● Musulmano che sostiene il diritto esclusivo del califfo Alì, genero di Maometto, e dei suoi discendenti a governare la comunità dei fedeli. CFR. Sunnita.

scilàcca [di etim. incerta: var. di *salacca*, scherz. per 'sciabola', con sovrapposizione di questa (?); 1872] s. f. ● Colpo dato col piatto della sciabola, con la mano aperta o con la frusta.

†**scilècca** ● V. *cilecca*.

†**scilìnga** ● V. *siringa* (*1*).

scilinguàgnolo [lat. parl. **sublinguāneu(m)* 'che sta sotto (*sŭb*) la lingua (*lĭngua*)', con suff. dim., rifatto su †*scilinguare* (V.); 1353] s. m. **1** (*raro*) Frenulo della lingua. **2** (*fig.*) Parlantina | ***Sciogliere lo s.***, parlare molto dopo un prolungato silenzio | ***Avere lo s. sciolto***, parlare molto e velocemente.

†**scilinguàre** [lat. parl. **exelinguāre*, comp. di *ĕx-* (*sci-*, variante di *s-* intens.) ed *elinguāre*, connesso con *elĭnguis* 'senza lingua, muto'; sec. XIV] v. intr. ● Balbettare, pronunciare male le parole, farfugliare.

†**scilinguàto** [sec. XIV] **A** part. pass. di †*scilinguare*; anche agg. ● Che balbetta, che farfuglia. || **scilinguataménte**, avv. **B** s. m. ● Balbuziente.

scilinguatùra [1872] s. f. ● (*raro*) Lo scilinguare | Caratteristica di chi è scilinguato | Parole pronunciate in modo difettoso.

†**scilìva** ● V. *saliva*.

scilla [lat. *scĭlla(m)* 'cipolla marina', dal gr. *skílla*, di etim. incerta; 1865] s. f. ● Pianta delle Liliacee che cresce sulla sabbia con grandi foglie basali, lunghi grappoli di fiori e bulbi utili in medicina (*Scilla maritima*).

scillaro [dal gr. *skýllaros* 'specie di granchio'; 1829] s. m. ● Crostaceo marino con corpo tozzo, fortemente corazzato, privo di chele e con antenne a lamella (*Scyllarus arctus*). SIN. Cicala di mare, magnosa.

†**scilòcco** ● V. *scirocco*.

†**scilòppo** ● V. *sciroppo*.

scilp [di orig. onomat.] inter. ● (*raro, poet.*) Riproduce il canto della rondine.

†**scìmia** ● V. *scimmia*.

scimiottàre ● V. *scimmiottare*.

scimitàrra [dal persiano-turco *šimsīr* 'spada', attraverso il fr. *cimeterre* e lo sp. *cimitarra*; av. 1405] s. f. ● Corta sciabola con lama larga ricurva a un taglio, usata fin dai tempi più antichi dai Persiani.

†**scimitarràta** s. f. ● Colpo di scimitarra.

scimma ● V. *sciamma*.

♦**scìmmia** o †**scìmia**, †**sìmia** [lat. *sīmia(m)*, da *sīmus* 'col naso schiacciato', dal gr. *simós*; sec. XIII] s. f. **1** Correntemente, ogni animale appartenente all'ordine dei Primati | ***S. cappuccina***, cebo | ***S. leonina***, scimmietta brasiliana con folta criniera giallo-rossastra, arboricola (*Leontocebus rosalia*) | ***S. ragno***, atele | ***S. urlatrice***, scimmia forestale americana a coda fortemente prensile, erbivora e con voce potente (*Alouatta seniculus*). SIN. Aluatta. **2** (*fig.*) Persona di aspetto sgradevole e di maniere dispettose, d'animo maligno e sim.: *brutta s.!*; *essere brutto come una s.* | ***Arrampicarsi come una s.***, essere molto agile | Chi contraffà e imita gesti, voce, maniere, di altri | ***Fare la s. a qlcu.***, imitarlo, rifargli il verso. **3** (*dial.*) Sbornia, sbronza: *prendersi la, una s.* **4** (*gerg., fig.*) ***Avere la s. sulla spalla***, essere drogato, sentire il desiderio e la necessità continua di sostanze stupefacenti. || **scimmiétta**, dim. | **scimmióne**, accr. m. (V.).

scimmiàggine [da *scimmia*; 1957] s. f. ● (*raro*) Condizione di chi è brutto, dispettoso o maligno come una scimmia.

scimmiàta [da *scimmia*; av. 1816] s. f. ● (*raro*) Atto goffo da scimmia.

scimmiàtico [da *scimmia*; 1803] agg. (pl. m. *-ci*) ● (*raro, lett.*) Di scimmia, proprio della scimmia.

scimmieggiàre [da *scimmia*; 1872] v. tr. (*io scimmiéggio*) ● (*raro, lett.*) Scimmiottare.

scimmieggiatùra [da *scimmieggiare*; 1872] s. f. ● (*raro*) Scimmiottatura.

scimmiésco [1640] agg. (pl. m. *-schi*) ● Di scimmia: *natura scimmiesca* | Da scimmia (*spec. spreg.*): *movimenti scimmieschi.* || **scimmiescaménte**, avv.

scimmióne [sec. XIII] s. m. *1* Accr. di *scimmia.* *2* (f. *-a*) (*fig.*) Persona di grossa corporatura, goffa e sgraziata, talvolta un po' ottusa.

scimmiottaménto [da *scimmiottare*; 1861] s. m. ● Imitazione goffa e maldestra.

scimmiottàre o (*impropr.*) **scimiottàre** [da *scimmiotto*; 1807] v. tr. (*io scimmiòtto*) *1* Beffeggiare qlcu. riproducendone in maniera ridicola i gesti, il modo di parlare o di muoversi, la voce, e sim. *2* Imitare in maniera goffa, pedestre: *s. usanze straniere.*

scimmiottàta [da *scimmiottare*; 1872] s. f. ● (*raro*) Scimmiottatura.

scimmiottatùra [1940] s. f. ● Lo scimmiottare, il venire scimmiottato.

scimmiòtto [da *scimmia*; 1598] s. m. *1* Scimmia piccola, giovane | *Fare lo s.*, scimmiottare. *2* (*fig.*) Persona brutta, malfatta. *3* (*fig., fam., scherz.*) Bambino, spec. piccolo: *adesso il mio s. va a nanna.* || **scimmiottino**, dim. | **scimmiottòlo**, dim.

scimpanzé o **scimpanzè** o †**cimpanzé** [dal fr. *chimpanzé*, adattamento di una vc. di un dialetto congolese; 1875] s. m. e f. ● Scimmia antropomorfa africana piuttosto alta, robusta, a pelame scuro, di carattere docile, vivace e addomesticabile (*Pan troglodytes*). ➡ ILL. **animali**/14.

scimunitàggine [av. 1629] s. f. ● Condizione di chi è scimunito | Atto, comportamento da scimunito.

scimunito o (*dial.*) †**scemunito** [connesso con *scemo*; 1336 ca.] agg.; anche s. m. (f. *-a*) ● Che (o Chi) è sciocco, scemo, senza cervello: *che guaio ha combinato quello s.!* || **scimunitèllo**, dim. || **scimunitaménte**, avv. Da scimunito.

scinàuta s. m. e f. (pl. m. *-i*) ● (*sport*) Chi pratica lo sci nautico.

scinco [lat. *scĭncu(m)*, dal gr. *skínkos*; 1542] s. m. (pl. *-chi*) ● Rettile dei Sauri con muso appuntito, zampe robuste a paletta, squame lucide ed embricate, che vive sprofondato nelle sabbie (*Scincus scincus*). ➡ ILL. **animali**/5.

scìndere [vc. dotta, dal lat. *scĭndere*, di orig. indeur.; 1319] **A** v. tr. (pass. rem. *io scìssi, tu scindésti*; part. pass. *scìsso*) *1* Separare, dividere, trattare separatamente (*spec. fig.*): *s. un partito.* *2* (*chim.*) Frazionare un composto in altri più semplici. *3* †Stracciare. *4* †Solcare. **B** v. intr. pron. (assol.; + *in*; + *da*) ● Separarsi, dividersi nettamente: *Quindi l'impero si era scisso* (PASCOLI); *la società si è scissa in due*; *il gruppo decise di scindersi dal partito.*

scindìbile [1908] agg. ● Che si può scindere.

scìngere o †**scìgnere** [da *cingere*, con *s-*; 1333] **A** v. tr. (coniug. come *cingere*) ● (*lett.*) Slegare, slacciare, un indumento | Togliere la spada dalla cintura cui essa è appesa. **B** v. rifl. *1* (*raro, lett.*) Togliersi le vesti | Togliersi la spada dalla cintura. *2* (*fig.*) †Svincolarsi, liberarsi.

scintigrafìa [comp. di *scinti(lla)* e *-grafia*; 1974] s. f. ● (*med.*) Esame diagnostico che consente di registrare impulsi emessi da un organo, quale fegato, tiroide, pancreas, milza, rene, sistema nervoso, in cui si siano fatti pervenire isotopi radioattivi. SIN. Scintillografia.

scintigràmma [comp. di *scinti(lla)* e *-gramma*; 1974] s. m. (pl. *-i*) ● (*med.*) Tracciato che si ottiene come risultato della scintigrafia.

scintilla o †**sintilla** [lat. *scintĭlla(m)*, di orig. indeur.; 1321] s. f. *1* Particella incandescente che sprizza da carboni e legna accesi, metalli roventi battuti, e sim. | *S. elettrica*, effetto luminoso di una scarica elettrica. *2* (*med.*) Sensazione visiva anomala in alcune affezioni del nervo ottico. *3* (*fig.*) Illuminazione, sprazzo: *la s. del genio, della creazione.* *4* (*fig.*) Motivo, causa: *quella fu la s. che fece scoppiare la lite.* || **scintillàccia**, pegg. | **scintillétta**, dim. | **scintillùzza**, dim.

scintillaménto [da *scintillare*; sec. XIV] s. m. ● Particolare tipo di disturbo nei tubi elettronici causato da irregolare emissione catodica.

scintillànte [1353] part. pres. di *scintillare*; anche agg. ● Nei sign. del v. | Che brilla, che luccica: *stelle scintillanti* | (*fig.*) Molto vivace, originale, estroso: *una conversazione s.* (MONTALE).

scintillàre [lat. *scintillāre*, da *scintilla*; 1321] v. intr. (aus. *avere*) *1* Produrre, emettere scintille: *il tizzone acceso scintilla.* *2* Risplendere di vivi sprazzi di luce: *il mare scintilla sotto la luna* | (*fig.*) Sfavillare, luccicare: *gli occhi le scintillarono di contentezza.* *3* (*astron.*) Subire il fenomeno della scintillazione atmosferica.

scintillatóre [da *scintillare*; 1965] s. m. ● (*fis.*) Sostanza che ha la proprietà di emettere radiazioni luminose quando è sottoposta a irradiazione.

scintillazióne [dal lat. *scintillatiōne(m)* 'scintillio', da *scintillātus*, part. pass. di *scintillāre*; sec. XIV] s. f. *1* (*lett.*) Lo scintillare. *2* (*astron.*) Fluttuazione rapida della posizione apparente delle stelle e della loro luminosità, dovuta alla incessante variabilità dei coefficienti di rifrazione e di assorbimento dell'atmosfera della Terra. *3* (*fis.*) Emissione di radiazioni luminose da parte di sostanze sottoposte a irradiazione. SIN. Radioluminescenza.

scintillìo [1869] s. m. ● Lo scintillare continuo e intenso: *s. di luci, di vetrine illuminate.*

scintillografìa [comp. di *scintilla* e *-grafia*; 1974] s. f. ● Scintigrafia.

scintillògrafo [comp. di *scintilla* e *-grafo*; 1970] s. m. ● (*med.*) Strumento meccanico-elettronico per l'esame delle glandole, che capta le onde emanate dopo la somministrazione al paziente di isotopi radioattivi visualizzandole in un tracciato.

scintillòmetro [comp. di *scintilla* e *-metro*; 1932] s. m. ● Strumento che dà la misura della scintillazione degli astri.

scinto [sec. XIII] part. pass. di *scingere*; anche agg. ● (*lett.*) Scomposto, in disordine.

scintoìsmo o **shintoìsmo** [dal cino-giapp. *šin-tō* 'la via (*tō*) degli dei (*šin*)', con *-ismo*; 1905] s. m. ● Religione nazionale del Giappone, anteriore al buddismo, fondata sul culto delle forze naturali e sull'origine divina dell'Imperatore.

scintoista o **shintoista** [1931] **A** s. m. e f. (pl. m. *-i*) ● Fedele dello scintoismo. **B** agg. ● Scintoistic.

scintoìstico o **shintoìstico** [1960] agg. (pl. m. *-ci*) ● Proprio dello scintoismo o degli scintoisti.

sciò /*ʃɔ*/ [vc. onomat.; av. 1675] inter. ● (*spec. iter.*) Si usa per disperdere o scacciare i polli o gli animali molesti e (*scherz.*) per allontanare qlcu.

†**scioccàggine** [da *sciocco*; 1520] s. f. ● Sciocchezza.

scioccànte o **shoccànte** /*ʃok'kante/, **shockànte** /*ʃok'kante/ part. pres. di *scioccare*; anche agg. ● Che sconvolge, disorienta, suscita profonda emozione: *notizia, scena s.*

scioccàre o **shoccàre**, **shockàre**, raro **chocàre** [da *shock*, con grafia adattata alla pronuncia italiana; 1963] v. tr. (*io sciòcco, tu sciòcchi*) ● Sbalordire, emozionare fortemente.

†**sciocchegiàre** [da *sciocco*; sec. XIV] v. intr. ● Fare lo sciocco | Fare, dire, sciocchezze.

sciocchería [av. 1543] s. f. ● (*raro*) Condizione di chi è sciocco | Azione, comportamento e sim., da sciocco: *Sciocchèrie di poeti!* (DA PONTE). || **sciocheruòla**, dim.

♦**sciocchézza** [1342] s. f. *1* Condizione di chi (o di ciò che) è sciocco. *2* Azione, parola, fatta o detta senza riflettere, senza prudenza: *fare, dire, un sacco di sciocchezze.* SIN. Fesseria, stupidaggine. *3* Cosa da nulla, inezia: *non preoccuparti per questa s.*; *regalare una s.* | *Costare, pagare, una s.*, molto poco. || **sciocchezzina**, dim. | **sciocchezzuòla**, dim.

sciocchezzàio [1957] s. m. ● (*raro*) Raccolta, insieme di sciocchezze. SIN. Scemenzaio.

♦**sciòcco** [lat. tardo (eccl.) *exsūc(c)u(m)* 'senza sugo', comp. di *ĕx-* (*s-*) e *sūcus* 'sugo' (?). V. *sugo*; av. 1292] **A** agg. (pl. m. *-chi*) *1* (*tosc.*) Che è privo o scarso di sale, che è senza sapore: *brodo s.*; *minestra sciocca.* SIN. Insipido, scipito. *2* Che non ha giudizio, senno, criterio, intelligenza, detto di persona: *uomini sciocchi*; *ragazza sciocca* | Che è pensato, detto o fatto in modo che rivela scarsa intelligenza e avvedutezza: *idea sciocca*; *parole sciocche*; *azione sciocca* | Insulso, stolido: *riso, sorriso, s.*; *espressione sciocca.* *3* (*lett.*) †Vano, inoffensivo: *per ... / ... gli ... incanti di colui far sciocchi / ti mostrerò un rimedio* (ARIOSTO). || **scioccaménte**, avv. Da sciocco. **B** in funzione di avv. ● (*raro, tosc.*) In modo insipido: *cucinare, mangiare, s.* | Scioccamente: *parlare s.* **C** s. m. (f. *-a*) ● Persona sciocca: *è da sciocchi comportarsi così* | ***Non è uno s.***, è una persona che sa il fatto suo. SIN. Babbeo, citrullo, grullo, sempliciotto, tonto. || **sciocchèrello**, dim. | **sciocchèrellóne**, accr. | **sciocchino**, dim. | **scioccонàccio**, pegg. | **scioccóne**, accr.

sciogliìbile [av. 1451] agg. ● (*raro*) Che si può sciogliere.

♦**sciògliere** o (*poet.*) **sciòrre** [lat. *exsŏlvere* 'disciogliere', comp. di *ĕx-* (*s-*) e *sŏlvere* 'sciogliere' V. *solvere*; sec. XIII] **A** v. tr. (pres. *io sciòlgo, tu sciògli*; fut. *io scioglierò*, poet. *sciorrò*; pass. rem. *io sciòlsi, tu sciogliésti*; part. pass. *sciòlto*) *1* Disfare, svolgere ciò che si trova legato, avvolto, intrecciato, e sim.: *s. un nodo*; *s. un pacco, un sacco*; *s. le chiome, i capelli* | (*lett.*) ***S. le vele***, salpare (*anche assol.*) | (*fig.*) ***S. la lingua a qlcu.***, indurlo a parlare | (*lett.*) ***S. la voce al canto***, cominciare a cantare | (*lett.*) ***S. un canto***, innalzarlo: *e scioglie all'urna un cantico / che forse non morrà* (MANZONI). *2* (qlcu.; qlcu. + *da*) Liberare persone o animali da ciò che li tiene legati: *s. i prigionieri*; *s. i buoi dal giogo*; *s. il cane dalla catena.* *3* (qlco.; qlco. + *in*) Fare soluzione: *s. il sale nell'acqua*; *s. l'oro nell'acqua regia* | Liquefare, portare allo stato liquido: *il calore scioglie il ghiaccio.* *4* (qlco.; qlcu. + *da*) Porre fine a un impegno, un'obbligazione e sim.: *s. un contratto, una società, una compagnia* | Soddisfare: *s. un obbligo* | Adempiere: *s. un voto, una promessa* | Liberare una persona da un impegno, un obbligo e sim., assunto: *s. qlcu. da un voto, da una promessa, da un segreto.* *5* Porre fine a una riunione, far allontanare temporaneamente o definitivamente un gruppo e sim., di persone riunite per uno scopo comune: *s. una seduta, un'assemblea, un'adunanza, un circolo, un'associazione*; *la polizia sciolse la manifestazione*; *squilli di tromba hanno sciolto l'assembramento* | ***S. le Camere***, far cessare, da parte del Presidente della Repubblica, prima della scadenza del termine ordinario, l'attività di una o di entrambe le Camere parlamentari dichiarandone decaduti i componenti. *6* Spiegare, risolvere: *s. un quesito, un problema, una sciarada, una difficoltà, un imbroglio* | Dissipare: *s. un dubbio, un sospetto* | ***S. la riserva, le riserve***, accettare in modo definitivo una proposta o un incarico, superando i precedenti dubbi, perplessità, condizioni | ***S. la prognosi***, V. *prognosi.* *7* Disimpacciare, rendere agile o più agile: *s. i muscoli, le gambe, le braccia.* **B** v. rifl. (+ *da*) ● Liberarsi, svincolarsi, da ciò che tiene legato (*anche fig.*): *sciogliersi dai lacci, dal guinzaglio, dalle catene*; *sciogliersi da un patto, da un obbligo.* **C** v. intr. pron. (assol.; + *in*) ● Liquefarsi, fondersi: *la neve si scioglie al sole* | (*fig.*) Uscire da uno stato di imbarazzo, di timidezza, di impaccio: *il pianista era un po' teso ma poi s'è sciolto* | (*fig.*) Risolversi, trasformarsi: *Là il gelo d'ogni cor si sciolse in pianto* (METASTASIO) | (*fig.*) ***Sciogliersi in lacrime***, piangere accoratamente.

scioglilingua [comp. di *sciogli(ere)* e *lingua*; 1887] s. m. inv. ● Frase o serie di parole difficili a pronunciarsi rapidamente causa la presenza in esse di iati, allitterazioni e sim. (es.: *sopra la panca la capra campa, sotto la panca la capra crepa*).

scioglimento [av. 1348] s. m. *1* Lo sciogliere, lo sciogliersi (*anche fig.*): *s. dei ghiacci*; *s. del Parlamento, di un'assemblea.* *2* (*fig.*) Conclusione, epilogo: *il dramma ha uno s. inatteso.*

scioglitóre [1304] s. m.; anche agg. (f. *-trice*) ● (*lett.*) Chi (o Che) scioglie.

sciografìa [vc. dotta, dal gr. tardo *skiographía*, variante di *skiagraphía* 'disegno in prospettiva', comp. di *skiá* 'ombra' e *-graphia* '-grafia'; av. 1555] s. f. ● (*astron.*) Antico metodo per trovare l'ora del giorno o della notte mediante l'ombra prodotta dal Sole o dalla Luna.

sciòlgo ● V. *sciogliere.*

sciolina [comp. di *sci* e *olio*, con *-ina*; 1934] s. f. ●

Preparato a base di resine e di altre sostanze che si applica sotto gli sci per accrescerne la scorrevolezza.

sciolinàre [da *sciolina*; 1959] v. tr. ● Applicare la sciolina agli sci.

sciolinatùra [da *sciolinare*; 1960] s. f. ● Operazione dello sciolinare.

sciòlo [vc. dotta, dal lat. tardo *scĭolu(m)* 'saputello', dim. di *scĭus* 'che sa', da *scīre* 'sapere'; av. 1742] s. m. (f. *-a*) ● (*raro, lett.*) Saputello, saccente.

sciòlsi ● V. *sciogliere*.

sciòlta [f. sost. di *sciolto*; 1891] s. f. ● (*fam.*) Diarrea.

scioltézza [1485 ca.] s. f. *1* Condizione di chi (o di ciò che) è sciolto: *s. di mano, di lingua.* *2* (*est.*) Agilità, destrezza, nei movimenti: *di ... s. di piedi avanzano tutti gli altri pastori* (SANNAZARO) | (*fig.*) Disinvoltura nel parlare, nello scrivere, nel comportarsi: *s. di stile, di modi.*

♦**sciòlto** [av. 1250] part. pass. di *sciogliere*; anche agg. *1* Nei sign. del v. | Slegato, svolto, slacciato: *capelli sciolti sulle spalle* | **Cane s.**, V. *cane* (*1*), sign. 1. *2* (*fig.*) **Avere la lingua sciolta**, parlare con facilità, essere loquace | **Avere le dita sciolte**, essere agile nei movimenti | **Fare s.**, disinvolto | **A briglia sciolta**, di gran carriera. *3* Che è privo di legami, vincoli, connessioni, concatenazioni, compattezza e sim. | **Terreno s.**, poco coerente, permeabile, sabbioso | (*disus.*) **Vela sciolta**, con la base non inferita in un pennone | **Versi sciolti**, non rimati | **Abito s., di linea sciolta**, ampio, morbido, non attillato. *4* Sfuso: *qualche sigaretta sciolta* (MORAVIA). *5* (*mus.*) Indicazione dinamica che richiede un'esecuzione libera e disinvolta | **Nota sciolta**, che non ha legature | **Fuga sciolta**, con licenze | Colpo d'arco degli strumenti ad arco che lo fa scorrere rapidamente per tutta la sua lunghezza. || **scioltaménte**, avv. *1* In maniera sciolta, disinvolta: *parlare, muoversi scioltamente.* *2* †Dissolutamente, licenziosamente.

†**sciòlvere** ● V. *asciolvere*.

scioperàggine [da *scioperare*; av. 1729] s. f. ● (*raro*) Scioperataggine.

scioperànte [1875] **A** part. pres. di *scioperare*; anche agg. ● Nei sign. del v. **B** s. m. e f. ● Chi prende parte a uno sciopero.

scioperàre o †**sciopràre** [lat. parl. **exoperāre*, comp. di *ĕx-* (*sci-*, variante di *s-*) e *operāre* 'lavorare' (V. *operare*); 1284 ca.] **A** v. intr. (*io sciòpero*; aus. *avere*) ● Astenersi dal lavoro aderendo a uno sciopero. **B** v. tr. ● †Distogliere dal lavoro. **C** v. intr. pron. ● †Smettere, interrompere, il lavoro.

scioperatàggine [1715] s. f. ● Condizione di chi è scioperato | Comportamento da scioperato.

scioperatézza [1679] s. f. ● Scioperataggine.

scioperàto [lat. parl. **exoperātu(m)*, comp. di *ĕx-* (*sci-*, variante di *s-*) e *operātus*, da *ŏpus*, genit. *ŏperis* 'lavoro'; 1353] **A** agg. ● †Sfaccendato, disoccupato. **B** agg.; anche s. m. (f. *-a*) ● Che (o Chi) non ha voglia di lavorare e vive alla giornata, in modo disordinato: *da quel perfetto studente s. che sono sempre stato* (SVEVO); *essere uno s.*; *fare una vita da s.* SIN. Fannullone, scapestrato, sfaccendato. || **scioperatàccio**, pegg. | **scioperatèllo**, dim. | **scioperatino**, dim. | **scioperatóne**, accr. || **scioperataménte**, avv. Da scioperato, oziosamente.

sciopèrio [da *scioperare*; sec. XIV] s. m. ● (*raro, lett.*) Impiego inutile del proprio tempo.

♦**sciòpero** [da *scioperare*; av. 1866] s. m. ● Astensione collettiva dal lavoro da parte di lavoratori, per raggiungere determinati fini d'ordine sindacale (economico o normativo) oppure sociale e politico: *diritto di s.*; *mettersi in s.*; *ricorrere allo s.* | **S. articolato**, attuato settorialmente e programmato in modo tale che le astensioni dal lavoro avvengano secondo determinate scadenze collegate alle fasi della contrattazione sindacale | **S. generale**, di tutti gli addetti a tutti i settori economici | **S. a oltranza, a tempo indeterminato**, fino al raggiungimento del fine inizialmente prefissato | **S. a catena**, serie di astensioni dal lavoro, in un settore o in diversi settori, a breve distanza fra loro | **S. a scacchiera**, realizzato in tempi diversi dagli addetti alle diverse fasi della produzione | **S. a singhiozzo**, con brevi intervalli di lavoro | **S. a sorpresa**, spontaneo, non voluto né appoggiato dalle organizzazioni sindacali | **S. bianco**, consistente nell'eseguire il lavoro attuando con puntigliosa meticolosità le norme e i regolamenti a questo relativi, in modo da rallentare la produzione o produrre ingorghi nei servizi | **S. selvaggio**, sciopero improvviso, non regolamentato, spec. attuato in modo autonomo rispetto alle maggiori organizzazioni sindacali e spesso in forme tali da ledere anche gli interessi degli utenti di un determinato servizio | **S. di solidarietà**, proclamato in appoggio ad altre categorie in lotta | **S. della fame**, astensione volontaria dal cibo in segno di protesta | (*fam., scherz.*) **Fare s.**, non lavorare.

scioperóne [da *scioperare*; 1483] s. m. (f. *-a*) ● (*raro*) Amante dell'ozio.

†**sciopràre** ● V. *scioperare*.

scioràre o †**soràre** [lat. parl. **exaurāre*, comp. di *ĕx-* (*sci-*, variante di *s-*) e di un denominale di *āura* 'aria', propr. 'spargere all'aria'] v. intr. (*io sciòro*; aus. *essere*) *1* †Trovare sfogo, spandersi, detto dell'acqua. *2* (*region.*) Sfogarsi, effondersi, rinfrescarsi.

sciorinaménto [1546] s. m. ● (*raro*) Lo sciorinare.

sciorinàre [da *sciorare*; 1313] **A** v. tr. *1* Spiegare, stendere all'aria: *s. il bucato, la biancheria.* *2* (*fig.*) Mettere in mostra, esporre, ostentare: *s. la propria merce*; *s. lodi, complimenti, la propria cultura.* *3* †Vibrare: *s. colpi.* **B** v. rifl. ● †Slacciarsi i vestiti per rinfrescarsi, prendere ristoro. **C** v. intr. ● †Scorrere, sgorgare.

sciorino [da *sciorinare*; 1932] s. m. ● (*raro*) Esposizione al sole e all'aria di cose bagnate, detto spec. della biancheria dell'equipaggio di una nave e delle attrezzature, come vele, corde e sim., d'un veliero.

sciòrre ● V. *sciogliere*.

sciott /*ʃɔt/ [dal fr. *chott*, dall'ar. *šaṭṭ* 'sponda, riva'; 1929] s. m. ● Bacino chiuso senza sfogo verso il mare, proprio della morfologia desertica, che nei tempi normali si presenta come una vasta pianura nuda, disseminata di pantani.

†**sciovernàrsi** [lat. parl. **exhibernāre* 'svernare', comp. di *ĕx-* (*sci-*, variante di *s-*) e *hibernāre*, da *hibĕrnus* 'invernale' (V. *svernare*)] v. intr. pron. ● (*raro*) Svernare | (*fig.*) Oziare.

sciovia [comp. di *sci* e *via*, sul modello di *ferrovia*, *funivia*; 1938] s. f. ● Impianto di traino meccanico di cui si servono gli sciatori per risalire le piste agganciandosi a una fune metallica a corsa continua. SIN. Skilift. ➡ ILL. **funivia.**

scioviàrio [1942] agg. ● Di sciovia: *impianto s.*; *attrezzature scioviarie.*

sciovinismo [dal fr. *chauvinisme*, dal n. di N. Chauvin (sec. XVIII-XIX), soldato di Napoleone noto per l'ingenuo fanatismo patriottico; 1884] s. m. ● Nazionalismo esagerato e fanatico.

sciovinista [dal fr. *chauviniste*; 1899] s. m. e f.; anche agg. (pl. m. *-i*) ● Chi (o Che) dà prova di sciovinismo.

sciovinistico [1960] agg. (pl. m. *-ci*) ● Di sciovinismo, da sciovinista: *tendenze sciovinistiche.* || **sciovinisticaménte**, avv.

†**scipàre** [lat. parl. **exsipāre* 'gettar via', comp. di *ĕx-* (*sci-*, variante di *s-*) e *supāre* 'gettare', di etim. incerta (V. *sciupare*); 1313] **A** v. tr. *1* Sciupare, guastare. *2* (*fig.*) Turbare: *la memoria il sangue ancor mi scipa* (DANTE *Inf.* XXIV, 84). **B** v. intr. pron. ● Abortire.

†**scipidézza** ● V. *scipitezza*.

†**scipidire** [da *scipido*] **A** v. intr. ● Diventare scipito. **B** v. tr. ● Rendere scipito.

†**scipido** [lat. parl. **exsĭpidu(m)* 'insipido', comp. di *săpidus* 'saporito' con *ĕx-* (*sci-*, variante di *s-*) (V. *insipido*); 1306] agg. ● Insipido, scipito.

scipitàggine [av. 1629] s. f. ● (*raro, lett.*) Scipitezza | Atto, parola scipita.

scipitézza o †**scipidézza** [av. 1311] s. f. ● (*lett.*) Condizione di chi (o di ciò che) è scipito | Atto, affermazione o comportamento sciocco, futile, banale: *Non era con tali scipitezze che si poteva conquistare una moglie* (SVEVO).

scipito o (*dial.*) **sciapito** [part. pass. di *scipire*, variante ant. di †*scipidire*; av. 1342] agg. *1* Privo di sapore: *carne scipita.* SIN. Insipido. CONTR. Salato. *2* (*fig.*) Insulso, privo di spirito: *barzelletta scipita.* || **scipitèllo**, dim. | **scipitino**, dim. || **scipitaménte**, avv. In maniera scipita.

scippàre [vc. nap. di etim. incerta: propr. 'strappare'; 1963] v. tr. *1* Derubare qlcu. strappandogli, con rapidità e talora violenza, qlco. di mano o di dosso spec. in una pubblica via. *2* (*fig., est.*) Privare qlcu., senza che se lo aspetti, di qlco. ritenuta ormai acquisita, certa, ovvia e sim.: *nel finale della partita, la Juve ha scippato la vittoria al Torino.*

scippatóre [da *scippare*; av. 1960] s. m. (f. *-trice*) ● Chi fa uno scippo.

scippo [da *scippare*; 1950] s. m. ● Furto compiuto strappando qlco. di mano o di dosso a qlcu., spec. in una pubblica via.

†**scire** (*1*) [vc. dotta, dal lat. *scīre*, di orig. indeur.; av. 1294] v. tr. (difett. usato solo all'inf. e al part. pres. *sciente*, lett.) ● (*raro*) Sapere.

†**scire** (*2*) ● V. *uscire*.

†**scirignàta** ● V. †*scigrignata*.

†**sciringa** ● V. *siringa* (*1*).

sciroccàle [1745] agg. ● Di scirocco.

sciroccàta [1937] s. f. ● Lo spirare dello scirocco | (*est.*) Tempesta di mare provocata dallo scirocco.

sciroccàto [da *scirocco*, il vento che provocherebbe mutamenti di umore; 1949] agg.; anche s. m. (f. *-a*) ● (*gerg.*) Che (o Chi) ha un comportamento bizzarro e stravagante o appare imbambolato e un po' tonto.

sciròcco o †**scilòcco**, †**silòcco**, †**siròcco** [dall'ar. *šulūq* 'vento di mezzogiorno', attraverso il genov.; av. 1294] s. m. (pl. *-chi*) ● Vento caldo da sud-est, proveniente dall'Africa, che si arricchisce di umidità attraversando il Mediterraneo. || **sciroccàccio**, pegg.

sciroppàre [1400] v. tr. (*io sciròppo*) ● Preparare la frutta in uno sciroppo zuccherato per conservarla | (*fig.*) **Scirópparsi qlcu. o qlco.**, sopportare con pazienza persona o cosa noiosa, indesiderata, e sim.

sciroppàto [1970] **A** part. pass. di *sciroppare*; anche agg. ● Nei sign. del v.: *frutta sciroppata.* **B** s. m. ● †Sciroppo.

sciròppo o †**scilòppo**, (*raro*) **siròppo** [dall'ar. *šarūb* 'bibita'; av. 1320] s. m. ● Soluzione concentrata di zucchero in acqua | **S. di frutta**, nell'industria alimentare, prodotto liquido denso a base di succo di frutta o concentrato di succo e zucchero | **S.** (**medicinale**), soluzione dolciastra addizionata di farmaci. || **sciroppétto**, dim. | **sciroppino**, dim.

sciropposità [da *sciropposo*; 1991] s. f. ● Caratteristica di ciò che è sciropposo | (*fig.*) Sdolcinatezza.

sciroppóso [1839] agg. *1* Che ha la densità e la consistenza di uno sciroppo: *liquido, vino, s.* *2* (*fig.*) Che eccede in sentimentalismo, in leziosità, in dolcezza, e sim.: *film, romanzo, s.*

scirpéto [da *scirp(o)* con il suff. *-eto*; 1960] s. m. ● Zona ai margini di laghi e paludi, caratterizzata da una vegetazione parzialmente sommersa.

scirpo [dal lat. *scĭrpu(m)* 'giunco', di etim. incerta; 1499] s. m. ● (*raro, lett.*) Giunco: *lo s. che riveste / il gonfio vetro* (D'ANNUNZIO).

scirro [dal lat. *scĭrru(m)*, dal gr. *skírros* 'tumore', di etim. incerta; 1741] s. m. ● (*med.*) Tumore epiteliale maligno duro, fibroso, a carattere infiltrante.

scisma o †**schisma** [vc. dotta, dal lat. tardo (ecclesiastico) *schĭsma* (nom. acc. nt.) 'separazione', dal gr. *schísma*, genit. *schísmatos*, da *schízein* 'dividere'; 1313] s. m. o †f. (pl. m. *-i*) *1* Separazione da una Chiesa o da una comunità di un gruppo di fedeli, che ne rifiutano l'autorità come illegittima e si costituiscono in Chiesa o in comunità autonoma. *2* (*est.*) Divisione, separazione che ha luogo in comunità, partiti politici, e sim. a causa di discordie o divergenze intorno ad argomenti fondamentali.

scismàtico [vc. dotta, dal lat. tardo (ecclesiastico) *schismătĭcu(m)*, dal gr. *schismatikós*, da *schísma*, genit. *schísmatos* 'scisma'; av. 1342] **A** agg. (pl. m. *-ci*) ● Che si riferisce a scisma. || **scismaticaménte**, avv. In modo scismatico, che presenta caratteri di scisma. **B** s. m. (f. *-a*) ● Chi provoca o segue uno scisma.

scissile [vc. dotta, dal lat. *scĭssile(m)* da *scĭssus*, part. pass. di *scĭndere* 'scindere'; 1550] agg. ● Che si sfalda o si scinde facilmente.

scissióne [vc. dotta, dal lat. *scissiōne(m)*, da *scĭssus* 'scisso'; 1584] s. f. *1* Lo scindere, lo scindersi | Scomposizione: *la s. di un composto* | (*fig.*) Divisione, frazionamento, rottura: *la s. di un gruppo, di un partito* | **S. nucleare**, scissione del nucleo atomico prodotta con bombardamento di neutroni. CFR. schisto-, schizo-. SIN. Fissione.

2 (*biol.*) Processo di riproduzione agamica in cui l'individuo si divide semplicemente in due. SIN. Scissiparità. *3* (*psicoan.*) Coesistenza di due personalità nell'apparato psichico, come risultato della presenza di un conflitto. *4* (*dir.*) Trasferimento dell'intero patrimonio di una società o di una parte di esso a due o più società preesistenti o di nuova costituzione.

scissionismo [1950] s. m. ● Tendenza a provocare scissioni all'interno del proprio partito.

scissionista [1950] s. m. e f. (pl. m. *-i*) ● Chi aderisce a un movimento scissionistico.

scissionistico [1950] agg. (pl. m. *-ci*) ● Relativo allo scissionismo o agli scissionisti.

scissiparità [da *scissiparo*, sul modello dell'ingl. *scissiparity*; 1908] s. f. ● (*biol.*) Scissione.

scissiparo [comp. di *scissi(one)* e *-paro*; 1960] agg. ● (*biol.*) Detto di organismo che si riproduce per scissione.

scisso [av. 1250] part. pass. di *scindere*; anche agg. ● Nei sign. del v.

scissura [vc. dotta, dal lat. *scissūra(m)* 'divisione', da *scĭssus* 'diviso'; av. 1320] s. f. *1* (*raro*) Fessura. *2* (*fig.*) Discordia, dissidio: *nata grande s. nel seno del comitato* (CARDUCCI). *3* (*anat.*) Fessura | ***S. cerebrale***, fenditura fra le circonvoluzioni cerebrali | ***S. di Rolando***, che divide il lobo frontale cerebrale da quello parietale.

scisto o (*raro*) **schisto** [vc. dotta, dal lat. *schĭstu(m) lăpide(m)* '(pietra) che si divide', dal gr. *schistós*, agg. verb. di *schízein* 'dividere'; 1550] s. m. ● Roccia scistosa.

scistosità o (*raro*) **schistosità** [da *scistoso*; 1895] s. f. ● (*miner.*) Facile divisibilità in piani paralleli di alcune rocce metamorfiche.

scistóso o (*raro*) **schistóso** [da *scisto*; 1817] agg. ● (*geol.*) Detto di struttura nella quale gli elementi della roccia sono distribuiti in piani paralleli o quasi | Detto di roccia con struttura scistosa.

scitale o **scitala** [vc. dotta, dal gr. *skytálē* 'bastone', di orig. indeur.; av. 1604] s. f. ● Presso gli Spartani, lettera scritta su una striscia avvolta a un bastoncino, che poteva essere letta solo se riavvolta su un bastoncino analogo.

Scitaminee [dal lat. *scitaménta* 'leccornie, delicatezze' (nel lat. mediev. 'aromi'): forse da *scīre* 'sapere' (V. †*scire* (*1*)); 1895] s. f. pl. (sing. *-a*) ● Nella tassonomia vegetale, ordine di piante monocotiledoni tropicali, comprendente piante utili nell'alimentazione, aromatiche, ornamentali (*Scitamineae*). ➡ ILL. **piante**/10.

scitico [vc. dotta, dal lat. *Scȳthicu(m)*, dal gr. *Skythikós*, da *Skythía* 'Scizia'; 1340] agg. (pl. m. *-ci*) ● Degli Sciti, antico popolo della Russia meridionale.

sciugàre e *deriv.* ● V. *asciugare* e *deriv.*

sciùma ● V. *sciamma*.

sciumbàsci [dall'amarico *šumbāši*, sovrapposizione di *šum* 'capo' al turco *yüzbaşı* 'capitano', da *yüz* 'cento'; 1959] s. m. inv. ● Nei reparti coloniali indigeni di un tempo, il più elevato grado di truppa.

sciuntàre ● V. *shuntare*.

sciupacchiàre [1873] v. tr. (*io sciupàcchio*) ● (*fam.*) Sciupare alquanto.

sciupafémmine [comp. di *sciupa(re)* e del pl. di *femmina*; orig. vc. nap.: *sciupafemmenë*; sec. XVIII] s. m. inv. ● (*scherz.*) Dongiovanni, seduttore.

sciupàre [lat. parl. **exsupāre* 'gettar via', comp. di *ĕx-* (*sci-*, variante di *s-*) e *supāre* 'gettare', di etim. incerta (V. *scipare*); av. 1704] **A** v. tr. *1* Conciare male, ridurre in cattivo stato: *s. un indumento nuovo, un monile*; *sciuparsi la salute, la vista, l'appetito*. *2* (*est.*) Impiegare senza ricavare alcuna utilità: *s. tempo, fatica, le proprie forze, un'occasione*; *sciupa la sua intelligenza in lavori banali*; SIN. Sprecare | Consumare in quantità eccessiva: *qui si sciupa il pane*; *la carne costa, non sciuparla* | Dissipare, spendere male: *s. denaro, un patrimonio, un'eredità*. **B** v. intr. pron. (assol.; + *a* seguito da inf.) ● Ridursi in cattivo stato, guastarsi: *gli indumenti delicati si sciupano a lavarli senza precauzioni*; *Codesti begli occhi … non ebbero a sciuparsi molto* (PIRANDELLO) | Deperire nel fisico: *si è sciupata a studiare tanto* | (*fam., iron.*) Fare un grande sforzo, un grosso sacrificio: *non si è certo sciupata a farci quel regalo!*

sciupàto [1838] part. pass. di *sciupare*; anche agg. *1* Nei sign. del v.: *cappotto s.*; *mani sciupate*. SIN. Malandato, rovinato. *2* Sprecato: *tempo s.*; *è tutto fiato s.* | Deperito, sfiorito: *è una bella donna, anche se un po' sciupata*.

sciupatóre [1765] s. m.; anche agg. (f. *-trice*, pop. disus. *-tora*) ● (*raro*) Chi (o Che) sciupa.

sciupinàre [da *sciupare*] v. tr. ● (*raro, tosc.*) Sciupare con rabbia, per dispetto.

sciupinìo [da *sciupinare*; av. 1597] s. m. ● (*tosc.*) Sciupio.

sciupìo [1691] s. m. ● Spreco continuato: *s. di tempo, di denaro*; *fare s.*; *è tutto uno s.*

sciùpo [1841] s. m. ● (*raro*) Deterioramento: *s. di scarpe* (PIRANDELLO) | Spreco, sperpero.

sciupóne [1841] s. m.; anche agg. (f. *-a*) ● Chi (o Che) sciupa molto.

Sciùridi /*'ʃuridi, *ʃi'u-/ [dal lat. *sciūru(m)* 'scoiattolo', dal gr. *skíouros*, propr. 'che fa ombra (*skiá*) con la coda (*ourá*)', col suff. *-ide*; 1936] s. m. pl. (sing. *-e*) ● Nella tassonomia animale, famiglia di Mammiferi dei Roditori con testa tondeggiante e coda coperta di peli (*Sciuridae*).

sciuscià [adattamento pop. merid. dell'ingl. *shoe-shine* 'lustrascarpe'; 1945] s. m. ● Ragazzino che fa il lustrascarpe | Durante l'occupazione anglo-americana dell'Italia, successiva alla seconda guerra mondiale, ragazzo che si prestava a umili servizi, o trafficava più o meno illecitamente con i soldati stranieri.

sciusciuliàre [vc. onomat.] v. intr. (aus. *avere*) ● (*dial.*) Sciabordare.

scivolaménto [1916] s. m. ● Lo scivolare (*anche fig.*).

♦**scivolàre** [vc. di orig. onomat. (?); av. 1704] v. intr. (*io scivolo*; aus. *essere* e *avere* nel sign. 1, *essere* nei sign. 2, 3, 4) *1* Scorrere leggermente e rapidamente su una superficie liscia, levigata o in pendenza: *s. sul ghiaccio, su una pista, lungo una china*. *2* Sdrucciolare perdendo l'equilibrio: *sulle strade bagnate si scivola facilmente* | ***S. su una buccia di banana***, (*fig.*) incorrere in un errore, in una difficoltà imprevista. *3* (*est.*) Sfuggire dalle mani, venir meno alla presa: *l'anguilla scivola via*; *i libri mi scivolano da sotto il braccio* | ***Far s. qlco. in tasca a qlcu.***, dargliela di nascosto | Cercare di evitare incontri, colloqui e sim., detto di persona: *riesce sempre a s. via* | (*fig.*) ***S. su un argomento, su un discorso*** e sim., evitarlo, non insistere, passare oltre. SIN. Glissare | Andare a finire, passare gradualmente: *il discorso è scivolato sulla situazione politica* | Scadere: *s. nel banale* | (*fig.*) Arretrare: *l'euro scivola nei confronti del dollaro*; *la squadra è scivolata in fondo alla classifica*. *4* Entrare, infilarsi: *Scivolò sotto le coltri* (MORAVIA).

scivolàta [1726] s. f. *1* Lo scivolare | Scivolone | Nel calcio, intervento con le gambe in avanti, falloso se colpisce le gambe dell'avversario: *entrare in s.* *2* Derapata verso il lato basso dell'aereo | ***S. d'ala***, figura acrobatica dei velivoli, consistente in una scivolata generalmente ripida e prolungata. *3* (*fig.*) Brusco peggioramento: *s. in Borsa del Mibtel*; SIN. Scivolone. *4* †Componimento in settenari sdruccioli senza rima.

scivolàto [1891] part. pass. di *scivolare*; anche agg. *1* Nei sign. del v. *2* ***Abito s.***, di linea sciolta, non aderente | (*mus.*) ***Note scivolate***, eseguite passando rapidamente la mano sui tasti o sulle corde di uno strumento musicale.

♦**scivolo** [da *scivolare*; 1723] s. m. *1* Piano inclinato, spec. quello utilizzato in varie tecnologie per fare scivolare materiali, macchine e sim. in una data direzione. *2* Gioco costituito da un piano inclinato su cui ci si lascia scivolare cadendo in acqua, sulla sabbia e sim. *3* (*raro*) Pendio. ‖ **scivolétto**, dim. | **scivolino**, dim.

scivolóne [da *scivolare*; 1873] s. m. *1* Caduta fatta scivolando: *fare uno s.* *2* (*fig.*) Grave errore o svista | Sconfitta inaspettata, spec. nel linguaggio calcistico | Brusco peggioramento: *s. del dollaro*.

scivolosità [1942] s. f. ● Condizione di chi (o di ciò che) è scivoloso. SIN. Sdrucciolevolezza.

scivolóso [da *scivolare*; 1913] agg. *1* Detto di superficie o sim. su cui si scivola con facilità. SIN. Sdrucciolevole. *2* Che sfugge alla presa | (*fig.*) Detto di persona che nasconde le sue vere intenzioni dietro un'apparenza esageratamente cortese e complimentosa. ‖ **scivolosaménte**, avv.

†**sclamàre** e *deriv.* ● V. *esclamare* e *deriv.*

sclarèa o (*tosc.*) **scarlèa** [lat. *sclārea(m)*, d'orig. sconosciuta; sec. XVI] s. f. ● Varietà di salvia presente in Europa e Asia e coltivata per le sommità fiorite con profumo di moscato (*Salvia sclarea*).

scledènse [dal n. mediev. della città *Scledo*, dal lat. *aesculētu(m)*, bosco di lecci] **A** agg. ● Di Schio. **B** s. m. e f. ● Abitante, nativo di Schio.

sclèra [vc. dotta, dal gr. *sklērós* 'duro'; 1829] s. f. ● (*anat.*) Porzione biancastra, non trasparente della membrana esterna dell'occhio. SIN. Sclerotica. ➡ ILL. p. 2127 ANATOMIA UMANA.

scleràle [1935] agg. ● Della sclera, relativo alla sclera | ***Lente s.***, lente a contatto per la correzione dei difetti della vista, composta da una parte centrale correttiva e da una parte marginale che serve da supporto.

scleràre [da una riduzione gerg. di (*arterio*)*sclero*(*tico*); 1995] v. intr. (*io sclèro*; aus. *avere*) ● (*fam.*) Non connettere, sragionare.

sclerèide [da *sclero-*] s. f. ● (*bot.*) Cellula vegetale a parete ispessita e lignificata.

sclerènchima [comp. di *scler-* ed *-enchima*, sul modello di *parenchima* (V.); 1875] s. m. (pl. *-i*) ● Tessuto vegetale di cellule con membrana totalmente ispessita, lignificata o mineralizzata.

sclerenchimàtico [1960] agg. (pl. m. *-ci*) ● Dello sclerenchima.

sclerìte (*1*) [da *scler(a)* con *-ite* (*1*); 1838] s. f. ● (*med.*) Infiammazione della sclera.

sclerìte (*2*) [da *scler-*, con *-ite* (*2*)] s. f. ● (*zool.*) Ognuna delle spicole calcaree o silicee delle Spugne.

sclèro- [dal gr. *sklērós* 'duro'] primo elemento (*scler-* davanti a vocale) ● In parole scientifiche composte, significa 'indurimento', 'irrigidimento', o anche 'sclera': *scleroso, sclerometro*.

sclerodermìa [comp. di *sclero-* e *-dermia*; 1872] s. f. ● Malattia della pelle che diventa dura, sclerotica, retratta: *s. generalizzata, s. circoscritta*.

scleròma [vc. dotta, dal gr. *sklḗrōma*, genit. *sklērṓmatos* 'durezza', da *sklērós* 'duro'; 1821] s. m. (pl. *-i*) *1* (*med.*) Sclerosi. *2* (*bot.*) Stereoma.

sclerometrìa [comp. di *sclero-* e *-metria*; 1936] s. f. ● Tecnica di misurazione della durezza dei minerali.

scleròmetro [comp. di *sclero-* e *-metro*; 1895] s. m. ● Particolare durometro che determina la forza necessaria perché una punta scalfisca un dato materiale.

scleroproteìna [comp. di *sclero-* e *proteina*; 1957] s. f. ● (*biol., chim.*) Qualsiasi proteina semplice caratterizzata da notevole resistenza alle sollecitazioni meccaniche e ai trattamenti chimici.

sclerosànte [dal v. *sclerosare* 'provocare la sclerosi', denom. di *sclerosi*; 1987] **A** s. m. ● (*med.*) Sostanza chimica che, iniettata in un vaso sanguigno, produce infiammazione e fibrosi della sua parete, con conseguente obliterazione del lume e degenerazione del vaso stesso; è usata nel trattamento delle vene varicose. **B** anche agg.: *iniezioni sclerosanti*.

sclerosàre [1950] v. tr. (*io scleròso*) ● Rendere sclerotico.

scleròsi o **sclèrosi** [vc. dotta, dal gr. tardo *sklḗrōsis* 'indurimento', da *sklērós* 'duro'; sec. XIV] s. f. inv. *1* (*med.*) Indurimento, perdita di elasticità dei tessuti | ***S. a placche, multipla***, malattia demielinizzante del sistema nervoso centrale caratterizzata da focolai di rammollimento della sostanza bianca, con alterazione della funzione motoria muscolare. *2* (*fig.*) Perdita di elasticità da parte di persone, enti e sim. che impedisce di adattarsi a situazioni mutevoli: *la s. della vita politica*.

scleróso [da *sclero-*; 1960] agg. ● Relativo allo sclerenchima.

scleròtica [vc. dotta, dal lat. mediev. *sclerōtica(m)*, dal gr. *sklērótēs* 'durezza', da *sklērós* 'duro'; sec. XV] s. f. ● (*anat.*) Sclera.

scleròtico [sec. XIV] agg.; anche s. m. (f. *-a*; pl. m. *-ci*) *1* Che (o Chi) è affetto da sclerosi. *2* (*fig.*) Obsoleto, antiquato: *concezioni sclerotiche* | Burocratico, rigido, non efficiente: *struttura organizzativa sclerotica*.

sclerotizzàre [da *sclerotico*; 1973] **A** v. tr. *1* (*med.*) Provocare un processo di sclerosi. *2* (*fig.*) Irrigidire, privare di elasticità, rendere inerte, detto di principio ideologico, sistema economico e sim. **B** v. intr. pron. *1* (*med.*) Subire un processo di sclerosi. *2* (*fig.*) Irrigidirsi, perdere elasticità.

sclerotizzazióne [da *sclerotizzare*; 1964] s. f. ●

(*fig.*, *raro*) Irrigidimento, perdita di flessibilità mentale: *per evitare la s., coltiva molti interessi.*

sclerotomìa [comp. di *sclero-* e *-tomia*; 1940] s. f. ● (*chim.*) Incisione della sclera.

scleròtomo [comp. di *sclero-* e *-tomo*] s. m. *1* (*med.*) Strumento utilizzato per la sclerotomia. *2* (*anat.*) Porzione di un somite implicata nella formazione di una vertebra.

scleròzio [dal gr. *sklērótēs* 'durezza' (V. *sclerotica*); 1821] s. m. ● (*bot.*) Insieme di ife fungine intrecciate strettamente, protette da membrane ispessite, in cui sono accumulate sostanze nutritive.

†sclùso ● V. *escluso*.

†scòbbia ● V. *sgorbia*.

scòcca [dal dial. sett. *scòca* 'cassetta', dal longob. *skokka* 'dondolo'; 1960] s. f. ● Insieme dell'ossatura e dei rivestimenti esterni di una carrozzeria d'automobile | *S. portante*, carrozzeria portante | Nell'arredamento, insieme della struttura portante e del rivestimento esterno di poltrone, divani e sim.

scoccàre [da *cocca* (*3*), con *s-*; 1313] **A** v. tr. (*io scòcco* o *scócco, tu scòcchi* o *scócchi*) *1* Tirare, scagliare, con forza: *s. una freccia, un tiro, un pugno.* *2* Suonare, battere le ore, detto degli orologi a suoneria: *l'orologio scoccò le sei.* *3* (*fig.*) Mandare, rivolgere, con impeto o rapidità: *s. un bacio, occhiate d'intesa.* **B** v. intr. (aus. *essere*) *1* Di filo, sciogliersi dalla cocca del fuso | Scattare: *la trappola è scoccata.* *2* Suonare, battere, detto delle ore: *scoccano le sei.* *3* Sprigionarsi, balenare: *è scoccata una scintilla.*

scocciànte [1987] part. pres. di *scocciare* (*2*); anche agg. ● (*fam.*) Fastidioso, noioso.

scocciàre (*1*) [da *coccio*, con *s-*; 1855] v. tr. (*io scòccio*) ● (*region.*) Rompere oggetti fragili: *s. uova, vasi.*

scocciàre (*2*) [da *coccia* 'testa, guscio', con *s-*; 1838] **A** v. tr. (*io scòccio*) ● (*fam.*) Importunare, infastidire, seccare: *lo sai che mi hai scocciato?*; *non scocciarmi con le tue storie.* **B** v. intr. pron. ● (*fam.*) Seccarsi, annoiarsi: *si è scocciato di ascoltarci.*

scocciàre (*3*) [comp. di *s-* e di un deriv. del dial. *coccia* 'testa' sul modello di *incocciare*; 1838] **A** v. tr. (*io scòccio*) ● (*mar.*) Sfilare un gancio, l'estremità di un cavo e sim. da un anello e sim. **B** v. intr. pron. ● (*pesca*) Liberarsi dall'amo, detto del pesce.

scocciàto [1983] part. pass. di *scocciare* (*2*); anche agg. ● (*fam.*) Seccato, infastidito.

scocciatóre [da *scocciare* (*2*); 1905] s. m. (f. *-trice*) ● (*fam.*) Persona noiosa, importuna e seccatrice: *liberarsi degli scocciatori.*

scocciatùra [da *scocciare* (*2*); 1905] s. f. ● (*fam.*) Seccatura, fastidio, noia.

scoccigliàre [da *coccio*, con *s-* e suff. iter.] v. intr. (*io scoccìglio*; aus. *avere*) ● (*raro, pop.*) Muovere piatti, tegami, e sim. facendo rumore.

scòcco [da *scoccare*; 1550] s. m. (pl. *-chi*) *1* Lo scoccare: *non poteva terminare una preghiera (...) che lo s. della campana aveva troncata* (MANZONI). SIN. Rintocco, suono. *2* Tiro, lancio: *come le corde degli archi dopo lo s.* (D'ANNUNZIO). *3* (*mar.*) **Gancio a s.**, con braccio mobile tenuto chiuso da un anello scorrevole che, fatto scivolare, ne determina l'apertura.

scoccolatùra [da *coccola*, con *s-*] s. f. ● (*bot.*) Asportazione dei fiori del fico d'India in maggio, allo scopo di ottenere una seconda fioritura e una fruttificazione tardiva, commercialmente pregiata, in ottobre-dicembre.

scocuzzolàre [da *cocuzzolo*, con *s-*; 1873] v. tr. (*io scocùzzolo*) ● (*raro*) Privare del cocuzzolo.

scodàre [da *coda*, con *s-*; 1483] v. tr. (*io scódo*) ● Privare della coda: *s. un cavallo.*

scodàto [1536] part. pass. di *scodare*; anche agg. *1* Privo o privato della coda. *2* (*raro*) Che ha la coda mozza: *scimmia scodata.*

♦**scodèlla** o **†scudèlla** [lat. *scutĕlla(m)*, da *scŭtra* 'piatto', di etim. incerta; 1193] s. f. *1* Piatto fondo, usato spec. per servire la minestra: *s. di porcellana* | Quantità di cibo contenuta in una scodella: *mangiare due scodelle di minestra.* *2* Ciotola, tazza priva di manico, di grandezza e materiale diversi, adibita a vari usi. *3* Cavità a forma di scodella, nel terreno, nella roccia e sim. || **scodellìna**, dim. (V.) | **scodellìno**, dim. m. (V.) | **scodellóna**, accr. | **scodellóne**, accr. m. | **scodellùccia**, dim.

†scodellàio s. m. ● Chi fa o vende scodelle | Vasaio.

scodellàre [av. 1557] v. tr. (*io scodèllo*) *1* Versare minestra o altri cibi, spec. brodosi, nella scodella (*anche assol.*): *s. la polenta.* *2* (*sport*) Nel calcio, effettuare un passaggio preciso, spec. un lancio parabolico (*anche assol.*): *s. un cross*; *Totti scodella al centro dell'area* | **S. la palla**, rimetterla in gioco da parte dell'arbitro, dopo un'interruzione della partita (ad es. per la presenza di due palloni in campo), alzandola leggermente e facendola ricadere a terra davanti a due giocatori avversari. *3* (*fig., fam., scherz.*) Dire, dare, fare e sim. con grande facilità: *s. bugie, fandonie, giustificazioni*; *scodella un figlio ogni anno.*

scodellàta [av. 1573] s. f. ● Quantità di cibo contenuta in una scodella: *una s. di minestra.*

scodellàto [av. 1742] part. pass. di *scodellare*; anche agg. *1* Nei sign. del v. *2* (*fig., fam.*) **Volere la pappa bell'e scodellata**, volere le cose bell'e fatte.

scodellìna [da *scodella*; av. 1400] s. f. *1* Dim. di *scodella*. *2* (*bot.*) Ombelico di Venere.

scodellìno [1735] s. m. *1* Dim. di *scodella*. *2* Nelle antiche armi da fuoco ad avancarica, piccola cavità dove veniva posta la polvere per l'innesco. *3* (*pitt.*) Piccolo contenitore per il diluente.

scodinzolaménto [da *scodinzolare*; 1895] s. m. *1* Lo scodinzolare. *2* (*autom.*) Andamento serpeggiante di un veicolo per squilibrio strutturale o ridotta aderenza delle ruote posteriori.

♦**scodinzolàre** [da *codinzolo*, doppio dim. di *coda*, con *s-*; 1772] v. intr. (*io scodìnzolo*; aus. *avere*) *1* Dimenare la coda: *il cane scodinzola in segno di festa.* *2* (*fig.*) Camminare ancheggiando, detto spec. di donna. *3* (*fig.*) Avere un atteggiamento molto deferente e talvolta servile, adulatorio o sim.: *E allora io la guardai, scodinzolando* (SVEVO).

scodinzolìo [1891] s. m. ● Lo scodinzolare continuo.

scodinzòlo [deriv. di *scodinzolare*; 1987] s. m. ● Nello sci, serie di curve a corto raggio con gli sci paralleli e ravvicinati.

scoffìna e *deriv.* ● V. *scuffina* e *deriv.*

scòglia (*1*) [dal lat. *spŏlia*, nt. pl. di *spŏlium* 'spoglia, pelle', con sovrapposizione di *scaglia*; 1340 ca.] s. f. *1* (*lett.*) Involucro corneo deposto dai rettili con la muta. *2* (*raro, lett.*) Involucro | (*fig.*) Strato di ignoranza, di peccato che avvolge le anime.

†scòglia (*2*) [f. di *scoglio* (*1*)] s. f. ● Scoglio (1). || **†scogliétta**, dim.

sceglièra [da *scoglio* (*1*); sec. XIII] s. f. ● Successione di scogli che affiorano o emergono dal mare | **S. corallina**, cintura di scogli formata da colonie di coralli che si sviluppano intorno alle coste nei mari caldi.

♦**scòglio** (*1*) [adattamento tosc. del genov. *scogiu*, dal lat. *scŏp(u)lu(m)* 'scoglio', risalente al gr. *skópelos*, di orig. prob. indeur.; 1313] s. m. *1* Porzione di roccia che emerge dalle acque del mare. ➡ ILL. p. 2133 SCIENZE DELLA TERRA ED ENERGIA. *2* (*est., lett.*) Rupe, masso scosceso. *3* (*fig.*) Ostacolo, grave difficoltà: *questo è uno s. per il buon esito del progetto.* || **scogliàccio**, pegg. | **scogliétto**, dim. | **scogliùzzo**, dim.

†scòglio (*2*) [m. di *scoglia* (*1*); 1319] s. m. ● Scoglia (1): *Correte al monte a spogliarvi lo s. / ch'esser non lascia a voi Dio manifesto* (DANTE *Purg.* II, 122-123).

scoglionaménto s. m. ● (*volg.*) Lo scoglionare, lo scoglionarsi | Scoglionatura.

scoglionàre [da *coglione* con *s-* intensivo; 1882] **A** v. tr. (*io scoglióno*) ● (*volg.*) Seccare profondamente, infastidire. **B** v. intr. pron. ● (*volg.*) Seccarsi, annoiarsi, non poterne più di qlcu. o di qlco. SIN. Scocciare (2).

scoglionàto [da *coglione*, con *s-*; 1959] agg. ● (*volg.*) Annoiato, infastidito | (*raro*) Scontento.

scoglionatùra [da *scoglionato*; 1987] s. f. ● (*volg.*) Noia, fastidio. SIN. Scoglionamento.

scogliόso [da *scoglio* (*1*); av. 1321] agg. ● Pieno di scogli: *mare s.* | Fatto di scogli: *riva scogliosa.*

†scognóscere ● V. *sconoscere*.

scoiàre e *deriv.* ● V. *scuoiare* e *deriv.*

†scoiàtto [1481] s. m. ● (*raro*) Scoiattolo.

♦**scoiàttolo** [dal lat. *scuriŏlu(m)*, dim. dissimilato di *sciūrus* 'scoiattolo', col suff. dim. *-attolo* (V. *Sciuridi, scheruolo*); 1476] s. m. ● Roditore degli Sciuridi con grandi occhi vivaci e lunga coda, arboricolo e vivacissimo (*Sciurus vulgaris*): *essere agile, svelto, come uno s.* | **Correre, arrampicarsi e sim. come uno s.**, in modo agile e veloce | **S. volante**, (*gener.*) piccolo roditore arboricolo notturno la cui pelle dai fianchi si estende come una membrana tesa fra le zampe anteriori e posteriori di ciascun lato. ➡ ILL. **animali**/11. || **scoiattolìno**, dim.

scòla ● V. *scuola*.

scolabottìglie [comp. di *scola(re)* (*1*) e il pl. di *bottiglia*; 1973] s. m. inv. *1* Struttura, spec. metallica, su cui si infilano le bottiglie capovolte a scolare. *2* (*fig., fam.*) Ubriacone.

scolabròdo ● V. *colabrodo*.

scolafèccia [comp. di *scola(re)* (*1*) e *feccia*] s. f. (pl. *-ce*) ● (*enol.*) Sacco a punta dove si pone a scolare la feccia del vino.

scolafrìtto [comp. di *scola(re)* (*1*) e *fritto*; 1891] s. m. inv. ● Utensile da cucina costituito da un recipiente metallico bucherellato in cui si mette a scolare il fritto.

†scolàio ● V. *scolaro*.

scolaménto [da *scolare* (*1*); av. 1597] s. m. ● (*raro*) Lo scolare | Scolo.

scolapàsta ● V. *colapasta*.

scolapiàtti [comp. di *scola(re)* (*1*) e il pl. di *piatto*; 1970] s. m. inv. ● Intelaiatura su cui si mettono verticalmente i piatti lavati, perché ne scoli l'acqua.

scolàrca [vc. dotta, dal gr. *scholárchēs*, comp. di *scholḗ* 'scuola' e *-árchēs*, da *árchein* 'comandare, guidare'; 1929] s. m. (pl. *-chi*) ● Capo riconosciuto di una scuola filosofica, spec. nell'antichità greco-latina.

scolarcàto s. m. ● Titolo, funzione e dignità di scolarca.

scolàre (*1*) [da *colare*, con *s-*; av. 1320] **A** v. tr. (*io scólo*) ● Fare scorrere o gocciolare lentamente da un recipiente il liquido, o il residuo di liquido, in esso contenuto: *occorre s. le bottiglie prima di riempirle* | Far sgocciolare da verdure, cibi o sim. l'acqua in cui sono stati cotti, lavati e sim.: *s. la pasta, l'insalata* | **Scolarsi un fiasco, una bottiglia**, e sim., berne tutto il contenuto. **B** v. intr. (aus. *essere*) ● Scorrere verso il basso, colare giù, detto di liquidi.

scolàre (*2*) [vc. dotta, dal lat. tardo *scholāre(m)*, agg. da *schŏla* 'scuola'; 1960] agg. ● Solo nella loc. **età s.**, età in cui si è soggetti agli obblighi scolastici.

†scolàre (*3*) ● V. *scolaro*.

scolarésca [1671] s. f. ● Insieme degli scolari di una classe, di una scuola, di un istituto.

scolarésco [1737] agg. (pl. m. *-schi*) ● Lo scolaro | Scolastico (*spec. spreg.*): *gli scolareschi compilatori di manuali storici* (CROCE). || **scolarescaménte**, avv. Da scolaro.

scolarétto [sec. XIV] s. m. (f. *-a*) *1* Dim. di *scolaro*. *2* (*est.*) Persona ingenua o goffa: *arrossire, comportarsi, essere impacciato, come uno s.*

scolarità [fr. *scolarité*, dal lat. mediev. *scholaritā-te(m)*, deriv. di *scholāris*: V. *scolare* (*2*); 1973] s. f. *1* (*lett.*) Condizione di scolaro. *2* Indice di frequenza scolastica.

scolarizzàre [fr. *scolariser*, da *scolaire* 'scolastico'; 1974] v. tr. ● Porre in atto provvedimenti idonei per recuperare all'istruzione obbligatoria quanti ne sono rimasti esclusi | Sottoporre all'obbligo scolastico.

scolarizzazióne [fr. *scolarisation*, da *scolariser* 'scolarizzare'; 1973] s. f. ● Lo scolarizzare | Frequenza scolastica.

♦**scolàro** o **†scolàio**, **†scolàre** (*3*) [dalla forma sost. dell'agg. lat. tardo *scholāre(m)* 'di scuola', da *schŏla* 'scuola' (V. *scuola*); av. 1294] s. m. (f. *-a*) *1* Chi frequenta una scuola, spec. dell'ordine inferiore: *s. delle elementari, delle medie.* SIN. Allievo, alunno. *2* Discepolo, seguace, di un maestro o di una scuola: *gli scolari del De Sanctis.* || **scolarétto**, dim. (V.).

scolàstica [vc. dotta, dal lat. mediev. *scholăstica(m)*, f. sost. di *scholăsticus* 'scolastico'; av. 1667] s. f. ● Complesso delle dottrine filosofiche sviluppatesi nel corso del Medioevo, che si proponevano di guidare l'uomo a intendere la verità rivelata.

scolasticàto [da *scolastico*] s. m. *1* Periodo suc-

scolasticheria cessivo ai primi due anni di noviziato dei gesuiti. **2** L'edificio sede di scolasticato.

scolasticheria [da *scolastico*; 1873] s. f. **1** (*raro*) Pedanteria scolastica. **2** (*raro*) Ragionamento pedante e astruso caratteristico dei seguaci della Scolastica.

scolasticismo [1819] s. m. **1** (*raro*) Carattere scolastico, ripetitivo, privo di originalità. **2** (*filos.*) L'insieme dei metodi e delle dottrine dei filosofi scolastici.

scolasticità [da *scolastico*; 1941] s. f. ● Condizione di chi (o di ciò che) è scolastico (*spec. spreg.*): *la prosaicità e la s. degli ultimi versi* (CARDUCCI).

♦**scolàstico** [vc. dotta, dal lat. *scholăsticu(m)* 'scolastico', dal gr. *scholastikós*, da *scholḗ* 'scuola'; 1441] **A** agg. (pl. m. -*ci*) **1** Che si riferisce alla scuola, che riguarda la scuola: *legislazione scolastica; doveri, libri, scolastici; questioni scolastiche; aula scolastica; ispettore, calendario, s.* | *Anno s.*, periodo, solitamente da settembre a giugno, durante il quale si svolge l'attività della scuola primaria e secondaria in Italia. **2** (*fig., spreg.*) Che risente troppo di schemi, regole, principi rigidi, che è privo di apporti personali: *stile s.* **3** Che si riferisce alla scolastica. **B** s. m. **1** (*filos.*) Seguace della filosofia e teologia scolastica. **2** Nel Medioevo, maestro di scuola. **3** (*dir.*) Nei secc. XIV e XV, giurista commentatore. || **scolasticaménte**, avv. **1** In modo scolastico. **2** Da un punto di vista scolastico, didattico. **3** Secondo i principi della filosofia scolastica.

scolasticùme [da *scolasti(co)* con il suff. spreg. -*ume*; 1873] s. m. ● (*spreg.*) Dogmatismo e formalismo propri dei filosofi scolastici (*est., spreg.*) Pedanteria, eccessiva cavillosità.

scolatìccio [1952] s. m. ● Colaticcio.

scolàto part. pass. di *scolare* (*1*) ● Nei sign. del v.

scolatóio [av. 1406] **A** s. m. **1** Piano inclinato su cui si pone roba da scolare: *lo s. della lavanderia*. **B** agg. ● (*raro*) Che serve a scolare o a fare scolare: *solco s.*

scolatùra [av. 1574] s. f. ● Lo scolare | Liquido scolato.

scolecite [da *scolo*; 1960] s. f. ● Piccolo canale ai margini dell'appezzamento per la raccolta delle acque.

scolecite [vc. dotta, dal gr. *skólēx*, genit. *skólēkos* 'verme', di orig. indeur., con -*ite* (*2*)] s. f. ● (*miner.*) Zeolite di calcio in cristalli fibrosi raggiati di colore bianco.

scoliàsta o (*raro*) **scoliàsta** [vc. dotta, dal gr. *scholiastḗs*, da *schólion* 'scolio'; 1583] s. m. ● Anticamente, chiosatore, annotatore di antichi poeti.

scòlice [dal lat. *scolēce(m)* 'verme', dal gr. *skólēx*, genit. *skólēkos*, di orig. indeur.; 1891] s. m. ● (*zool.*) Estremità cefalica del corpo dei Cestodi, munita di organi di attacco alla parete intestinale.
➡ ILL. *animali*/1.

scolìna [da *scolo*; 1960] s. f. ● Piccolo canale ai margini dell'appezzamento per la raccolta delle acque.

scòlio (**1**) [vc. dotta, dal gr. *schólion* 'scolio, glossa', da *scholḗ* 'scuola' (V. *scuola*); 1619] s. m. ● Chiosa, annotazione.

scòlio (**2**) [vc. dotta, dal gr. *skólion* (*mélos*) '(canto) obliquo', perché i convitati vi si avvicendavano senza un ordine stabilito; 1826] s. m. ● Nell'antica Grecia, carme conviviale.

scolìo (**3**) s. m. ● Lo scolare continuo.

scoliòsi [vc. dotta, dal gr. tardo *skolíōsis* 'incurvamento', da *skoliós* 'curvo', di orig. indeur.; 1821] s. f. inv. ● (*med.*) Deviazione laterale a larga curvatura della colonna vertebrale.

scoliòtico [1939] agg.; anche s. m. (f. -*a*; pl. m. -*ci*) ● Che (o Chi) è affetto da scoliosi.

Scolìtidi [lat. scient. *Scolytidae*, dal nome del genere *Scolytus*, dal gr. *skolýptein* 'tagliare, lacerare', di orig. indeur., allusivo all'azione distruttrice di questi insetti; 1931] s. m. pl. (sing. -*e*) ● Nella tassonomia animale, famiglia di Insetti dei Coleotteri che scavano gallerie nel legno e sotto la corteccia (*Scolytidae*).

scollacciàrsi [da *scollare* (*1*), con suff. pegg.; 1868] v. rifl. (*io mi scollàccio*) ● Indossare abiti che scoprono troppo il collo e il petto.

scollacciàto [av. 1668] part. pass. di *scollacciarsi*; anche agg. **1** Nel sign. del v. **2** (*fig.*) Licenzioso, audace: *discorsi scollacciati*.

scollacciatùra [da *scollacciare*; 1940] s. f. ● Scollatura troppo ampia.

scollaménto [da *scollare* (*2*); 1960] s. m. **1** Lo scollare, lo scollarsi. **2** Distacco di due superfici o di due organi ottenuto con manovre di taglio o di strappo. **3** (*fig.*) Perdita di coesione, distacco fra persone o parti di organismo politico, sociale e sim. legate ideologicamente od organizzativamente: *lo s. fra i partiti della maggioranza*.

scollàre (**1**) [da *collo* (*1*), con s-; 1846] **A** v. tr. (*io scòllo*) ● Modellare con le forbici la parte anteriore di un indumento, aprendola più o meno in corrispondenza della parte da cui esce il collo: *s. un vestito, una camicia* | Fare lo scollo, o la scollatura a un abito femminile: *s. a punta, a tondo, a quadro*. **B** v. intr. pron. ● Vestire abiti eccessivamente aperti sul petto: *ti sei scollata troppo*.

scollàre (**2**) [da *colla* (*2*), con s-; 1604] **A** v. tr. (*io scòllo*) **1** Staccare cose incollate fra loro. **2** (*chir.*) Disgiungere due organi normalmente o patologicamente uniti. **B** v. intr. pron. ● Disgiungersi, sconnettersi, detto di cose incollate fra loro.

scollàto (**1**) [av. 1348] part. pass. di *scollare* (*1*); anche agg. **1** Che lascia scoperto il collo, il petto, le spalle, detto di abito. | *Scarpa scollata*, scarpa di linea classica che lascia scoperto il collo del piede. CONTR. Accollato. **2** Che indossa un abito scollato: *signore scollate*.

scollàto (**2**) [1940] part. pass. di *scollare* (*2*); anche agg. **1** Nei sign. del v. **2** (*raro, fig.*) *Testa scollata*, di persona confusionaria, disordinata.

scollatùra (**1**) [da *scollare* (*1*); 1336 ca.] s. f. **1** Lo scollare un indumento. **2** Apertura di un indumento, spec. femminile, sul collo, sul petto o sulle spalle: *s. tonda, quadrata, a goccia, a V, a U* | Parte del collo, del petto o delle spalle che la scollatura lascia vedere.

scollatùra (**2**) [da *scollare* (*2*); 1922] s. f. ● Distacco di parti incollate insieme.

scollegaménto [1745] s. m. **1** (*raro*) Lo scollegare. **2** Asindeto.

scollegàre [da *collegare*, con s-; 1838] v. tr. (*io scollègo* (o -*è*-)*, tu scollèghi* (o -*è*-)) ● Disunire, disgiungere (*anche fig.*).

scollegàto [1992] part. pass. di *scollegare*; anche agg. ● Nel sign. del v. | (*fig.*) Privo di connessione, di collegamento logico: *episodi, ragionamenti del tutto scollegati*.

scollettatrìce [da *colletto*, con s-; 1960] s. f. ● Macchina per effettuare la scollettatura.

scollettatùra [da *colletto*, con s-; 1960] s. f. ● Asportazione del colletto e delle foglie da radici di barbabietole e di altre piante.

scollinàre [da *collina*, con s-; 1587] v. intr. ● (*raro*) Valicare colline | Nel linguaggio giornalistico, superare un valico, detto di corridori ciclisti | †Passeggiare per le colline.

scòllo [da *scollare* (*1*); 1905] s. m. ● Apertura di un indumento, spec. femminile, sul collo, sul petto o sulle spalle: *s. a V, a U* | Parte del collo o del petto che lo scollo lascia vedere.

scolmàre [da *colmare*, con s-; av. 1606] v. tr. (*io scòlmo*) ● (*raro*) Diminuire la colmatura di qlco.

scolmatóre [da *scolmare*; 1952] **A** s. m. ● Canale che scarica l'eccesso delle piene di un fiume convogliandone le acque in altro di portata maggiore, in un lago o nel mare. **B** anche agg. (f. -*trice*): *canale s.*

scolmatùra [da *scolmatore*; 1960] s. f. ● Abbassamento delle acque di piena di un fiume per mezzo di scolmatori.

scòlo [da *scolare* (*1*); av. 1580] s. m. **1** Lo scolare di un liquido: *lo s. delle acque* | Materia che scola: *lo s. ha otturato la tubatura* | Condotto, tubatura o sim., attraverso cui un liquido scola | *Canale di s.*, nel quale vengono trasportate le acque, o sim., di scarico. **2** (*med.*) Fuoriuscita a goccia di umori. ● (*pop.*) Blenorragia.

scolopèndra [vc. dotta, dal lat. *scolopĕndra(m)*, dal gr. *skolópendra*, di etim. incerta; 1552] s. f. ● Piccolo animale dei Chilopodi a corpo appiattito diviso in anelli, bruno, agile, dotato di veleno per paralizzare le prede (*Scolopendra cingulata*).
➡ ILL. *animali*/3.

scolopèndrio [lat. *scolopendrium*; 1838] s. m. ● (*bot.*) Lingua cervina.

scolòpio [vc. dotta, comp. dal lat. *schŏla* 'scuola' e *pĭus* 'pio'; av. 1850] s. m. ● Membro della comunità religiosa regolare delle Scuole Pie, fondata a Roma nel 1617 da S. Giuseppe Calasanzio, prima riconosciuta come congregazione, indi elevata a ordine.

scoloraménto [1666] s. m. ● (*raro*) Lo scolorare, lo scolorarsi.

scoloràre [da *colorare*, con s-; 1313] **A** v. tr. (*io scolóro*) ● Far perdere il colore, la vivacità del colore | (*est.*) Fare impallidire. **B** v. intr. intr. pron. (aus. *essere*) ● Perdere il colore, la vivacità del colore | (*est.*) Impallidire: *scolorarsi in viso*.

scoloriménto [av. 1694] s. m. ● Lo scolorire: *tinta soggetta a s.*

scolorìna® [da *scolor(are)*, con -*ina*; 1891] s. f. ● Preparato chimico a base di cloro o di permanganato che si usa per togliere macchie d'inchiostro dalla carta e dai tessuti.

scolorìre [da *colorire*, con s-; av. 1375] **A** v. tr. (*io scolorisco, tu scolorisci*) ● Far perdere il colore: *il sole scolorisce le tinte vivaci* | (*fig.*) Far perdere vivezza, intensità: *il tempo ha scolorito i ricordi*. **B** v. intr. e intr. pron. (aus. *essere*) ● Perdere il colore, la vivacità del colore: *il rosso scolorisce facilmente; è una stoffa che non si scolorisce* | (*est.*) Impallidire: *s., scolorirsi, in volto, in viso*.

scolorìto [1294] part. pass. di *scolorire*; anche agg. ● Nei sign. del v.: *un tessuto s.* | *Volto s.*, pallido | (*fig.*) Scialbo, inespressivo: *il suo linguaggio s. e sommario* (MORAVIA) | (*fig.*) *Ricordi scoloriti*, attenuati, sbiaditi.

†**scólpa** [da *scolpare* (V. *discolpa*)] s. f. ● Discolpa.

scolpàre [da *colpa*, con s-; 1319] **A** v. tr. (*io scólpo*) ● Difendere, liberare da un'accusa, da una colpa. **B** v. rifl. ● Difendersi da un'accusa, da una colpa.

scolpiménto [1838] s. m. ● (*raro*) Lo scolpire.

scolpìre [dal lat. *scŭlpere* (con cambio di coniug.), vc. di orig. indeur. affine a *scalpĕllum* 'scalpello'; 1342] v. tr. (*io scolpìsco, tu scolpisci*) **1** Lavorare pietra, marmo, legno, metallo e sim. in modo da formare una o più figure: *s. il marmo* | Ritrarre, effigiare, con la scultura: *s. una statua*. **2** Incidere: *scolpirono i loro nomi su un tronco d'albero*. **3** (*fig.*) Imprimere, fissare: *s. un ricordo nell'anima, nella mente*. **4** Rilevare con la voce, con la pronuncia, scandire: *scolpisci meglio le parole* (LEOPARDI). **5** †Riconoscere, ravvisare.

scolpitézza [av. 1636] s. f. ● (*fig., lett.*) Evidenza espressiva, vigore di linguaggio, di stile: *nella precisa efficacia e s. ... del Redi, del Galilei* (LEOPARDI).

scolpìto [1340] part. pass. di *scolpire*; anche agg. **1** Nei sign. del v. **2** Adorno di sculture, di fregi: *marmo s.* **3** (*fig.*) Distinto, rilevato, netto: *carattere ben s.* | (*fig.*) Segnato: *un volto s. dagli anni*. **4** Detto di battistrada di pneumatico da fuoristrada o motocross con tacche molto rilevate e incavi profondi. || **scolpitaménte**, avv. Come scolpendo; distintamente; incisivamente.

scolpitóre s. m.; anche agg. (f. -*trice*) ● (*raro*) Chi (o Che) scolpisce. | †Scultore.

scolpitrìce [da *scolpire*] s. f. ● Macchina per lavorare il legno e riprodurre in serie uno stesso modello scolpito.

scolpitùra [da *scolpito* (V. *scultura*); sec. XIV] s. f. **1** (*raro*) Lo scolpire | †Scultura | Effigie, impronta. **2** Disegno inciso sul battistrada dello pneumatico per conferirgli aderenza.

scólta (o -*ò*-) o †**ascólta** (**1**) [dal lat. tardo *scŭlca(m)* 'guardia', dal got. *skulka 'spia', con sovrapposizione di *ascoltare*; av. 1540] s. f. **1** (*lett., st.*) Sentinella, guardia: *fare la s.* **2** Nello scoutismo, giovane esploratrice di età superiore ai 17 anni. CFR. Rover.

†**scoltàre** ● V. *ascoltare*.

scólto ● V. *sculto*.

†**scoltùra** ● V. *scultura*.

scombaciàre [da *combaciare*, con s-; 1823] v. tr. (*io scombàcio*) ● Disgiungere due cose, parti o sim. combaciate fra loro.

†**scombavàre** [da *bava*, con doppio pref. s- e con-] v. tr. ● Sporcare di bava.

scombiccheràre [variante dell'ant. *scorbicchierare*, da *scorbio* 'sgorbio', con suff. iter.; av. 1566] v. tr. (*io scombicchero*) ● (*fam.*) Scrivere, disegnare, malamente, scarabocchiare. SIN. Schicchierare.

scombiccheratóre [av. 1789] s. m. (f. -*trice*) ● (*raro*) Chi scombicchera.

scombinaménto [1965] s. m. ● (*raro*) Lo scombinare | Scompiglio, scombussolamento: *gli lasciavano addosso un'impressione di s. d'abitudini* (CALVINO).

scombinàre [da *combinare*, con s- sottratt.-neg.; av. 1729] v. tr. **1** Scomporre, mettere in disordine: *hai scombinato tutti i fogli*. **2** Mandare a monte:

s. un matrimonio, un affare.

scombinàto [1918] **A** part. pass. di *scombinare*; anche agg. *1* Nei sign. del v. *2* Sconclusionato, sregolato, incoerente: *mente, testa, scombinata.* **B** s. m. (f. *-a*) ● Persona scombinata.

Scómbridi o **Scòmbridi** [da *scombro*, con *-ide*; 1957] s. m. pl. (sing. *-e*) ● Nella tassonomia animale, famiglia di Pesci ossei veloci nuotatori, con squame piccole, bocca ampia e carni commestibili (*Scombridae*).

scómbro o **sgómbro** (3) [lat. *scŏmbru(m)*, dal gr. *skómbros*, di etim. incerta; 1476] s. m. ● Pesce degli Scombridi blu metallico con strie sinuose nere, apprezzato per le carni bianche e sode (*Scomber scombrus*). SIN. (*sett., pop.*) Lacerto (1). ➡ ILL. **animali**/6.

†**scombugliàre** ● V. *scombuiare.*

†**scombùglio** [sovrapposizione di *sobbuglio* a *scompiglio*; 1673] s. m. ● Scompiglio, confusione.

scombuiàre o †**scombugliàre** [lat. parl. **combulliāre*, da *bŭlla* 'bolla d'aria', con *s-* (V. *subbuglio*); av. 1606] v. tr. (*io scombùio*) ● (*raro*) Disordinare, mettere sossopra | (*lett.*) Confondere, frastornare: *comunicazioni che mi hanno scombuiato il cervello* (FOGAZZARO).

scombussolaménto [1726] s. m. ● Lo scombussolare | Disordine, scompiglio | (*fig.*) Turbamento, sconvolgimento.

scombussolàre [da *bussola*, col doppio pref. *s-* e *con-*; av. 1698] v. tr. (*io scombùssolo*) ● Causare disordine, confusione, scompiglio: *il suo arrivo scombussola i nostri progetti* | (*fig.*) Confondere, frastornare: *la giornata faticosa ci ha scombussolati.*

scombussolìo [da *scombussolare*; 1862] s. m. ● Confusione, grande scombussolamento.

scómma [dal lat. *scŏmma* 'sarcasmo', dal gr. *skômma*, genit. *skômmatos*, di etim. incerta; 1584] s. m. (pl. *-i*) ● (*lett.*) Motto pungente, arguzia: *non è ... tanto armato di raggioni, quanto di ... scommi* (BRUNO).

scomméssa [f. sost. di *scommesso*; 1543] s. f. *1* Patto tra due o più persone in base al quale chi sbaglia una previsione, fa un'affermazione errata, o sim., si impegna a pagare agli altri una data somma, a effettuare una data prestazione, ecc.: *fare, vincere, perdere, una s.* | Puntata in giochi d'azzardo, incontri sportivi, corse di cavalli, ecc.: *scommesse clandestine*; CFR. Calcioscommesse. *2* Somma impegnata nello scommettere: *la s. è di cinquanta euro*; *una s. troppo alta.* *3* Impresa difficile, rischiosa: *questo lavoro è una s.*

scomméso (1) part. pass. di *scommettere* (*1*); anche agg. ● Nei sign. del v.

scomméso (2) part. pass. di *scommettere* (*2*); anche agg. ● Nei sign. del v.

scomméttere (1) [da *commettere*, con *s-*; 1313] v. tr. (coniug. come *mettere*) *1* Disunire cose o parti congiunte fra loro: *s. le assi di un pavimento.* *2* †Slogare. *3* (*fig.*) †Mettere in contrasto, dividere | †Spargere discordia.

♦**scomméttere** (2) [dal precedente, in senso fig.; 1640] v. tr. (coniug. come *mettere*) *1* Fare una scommessa (*anche assol.*): *s. cinque euro*; *s. un pranzo*; *s. sull'esito delle elezioni*; *s. a favore di qlcu.*; (*iperb.*) *s. la testa, l'osso del collo* e sim.; *non mi piace s.*; *non scommetto mai.* *2* (*est.*) Affermare con certezza, dichiararsi sicuro: *scommetto che oggi piove*; *scommettiamo che non ce la fa?* *3* Puntare denaro al gioco (*anche assol.*): *s. due contro dieci*; *s. somme molto forti*; *s. su un cavallo.*

†**scommettitóre** (1) [da *scommettere* (*1*)] s. m.; anche agg. (f. *-trice*) ● (*raro*) Chi (o Che) mette discordia.

scommettitóre (2) [da *scommettere* (*2*); 1640] s. m. (f. *-trice*) ● Chi fa scommesse.

scommettitùra [da *scommettere* (*1*); av. 1704] s. f. *1* Lo scommettere. *2* Parte scommessa.

†**scommiatàre** [da un ant. *commiatare*, con *s-* (V. *accomiatare*); sec. XIII] v. tr. e intr. pron. ● Accomiatare.

scommìṣi ● V. *scommettere* (*1*), *scommettere* (*2*).

†**scommòsso** part. pass. di *scommuovere*; anche agg. ● Nel sign. del v. | Scommesso | (*fig.*) Agitato, turbato.

scommòvere ● V. *scommuovere.*

scommoviménto [da *commovimento*, con *s-*; av. 1729] s. m. ● (*raro, lett.*) Scompiglio, sconvolgimento.

†**scommovizióne** [da †*commovizione*, con *s-*] s. f. ● (*raro*) Sommossa, sollevazione.

†**scommozióne** [da *commozione*, con *s-*] s. f. ● (*raro, lett.*) Agitazione, movimento.

†**scommunicàre** e *deriv.* ● V. *scomunicare* e *deriv.*

scommuòvere o (*lett.*) **scommòvere** [da *commuovere*, con *s-*; 1333] v. tr. (coniug. come *muovere*) ● (*raro*) Scuotere, agitare con violenza.

scomodàre [variante di *incomodare*, con cambio di pref. (*s-*); av. 1566] **A** v. tr. (*io scòmodo*) *1* Mettere in una situazione scomoda: *scusa se ti scomodo per passare* | Disturbare qlcu. facendogli perdere tempo: *è inutile s. il medico per un raffreddore.* *2* (*fig.*) Rivolgersi a persone autorevoli spec. per questioni banali: *per avere il biglietto ha scomodato il ministro* | (*fam.*) Chiamare in causa, tirare in ballo: *Per comporre una novella o una serata, non occorre s. cielo e terra* (PAVESE). **B** v. intr. (aus. *avere*) ● Causare disagio, spec. di natura economica: *in questo periodo mi scomoda fare un prestito.* **C** v. rifl. (assol.; + *a* seguito da inf.; + *per* seguito da sost., lett. da inf.) ● Muoversi, spostarsi, dal luogo in cui ci si trova: *Ma un asin bigio ... non si scomodò* (CARDUCCI); *e non si scomodano neppure per raccoglierlo* (MANZONI) | Prendersi incomodo, fare qlco. che procura disagio, disturbo: *non voglio che vi scomodiate per me*; *perché ti sei scomodato a farmi un regalo?*; (anche in espressioni di cortesia) *non si scomodi ad alzarsi*; *pregandola che non si scomodasse ad accompagnarmi* (STUPARICH).

scomodità [da *scomodo* (*1*); av. 1565] s. f. ● Condizione, situazione e sim., scomoda: *abitare lontano dal centro è una s.*

scòmodo (1) [da *comodo*, con *s-*; 1550] agg. (assol.; + *da* seguito da inf.; + *per*; raro + *a*) *1* Che non è comodo, che procura disagio, disturbo, fastidio: *letto s.*; *posizione scomoda*; *vestito s. da indossare*; *località scomoda da raggiungere* | (*lett., fig.*) Sgradito, spiacevole: *non mi sarebbero punto scomode quaranta lire* (CARDUCCI). SIN. Disagevole, malagevole. *2* Che non si sente a proprio agio, che prova fastidio, detto di persona: *su questo treno si sta scomodi.* *3* (*fig.*) Difficile da trattare, detto di persona: *un tipo s.*; *un personaggio s. per i suoi stessi alleati* | Che può creare problemi: *un testimone s.* ‖ **scomodùccio**, dim. ‖ **scomodaménte**, avv. *1* Senza comodità. *2* Disgraziatamente.

scòmodo (2) [da *scomodare*; 1612] s. m. ● Incomodo, disturbo, fastidio: *oggi mi fa s. pagare*; *se non ti è di s. preferisco uscire*; *quanto vi devo per lo s.?*

scompaginaménto [1745] s. m. ● Lo scompaginare, lo scompaginarsi.

scompaginàre [da *compaginare*, con *s-*; av. 1675] **A** v. tr. (*io scompàgino*) *1* Turbare, disfare l'ordine, la struttura, l'armonia e sim. di qlco. (*anche fig.*). *2* (*raro*) In tipografia, disfare le pagine. *3* Disfare, rovinare, la legatura di libri, quaderni, e sim. **B** v. intr. pron. ● Scomporsi, disgregarsi: *l'unità dello Stato si è ormai scompaginata.*

scompaginàto [1838] part. pass. di *scompaginare*; anche agg. *1* Nei sign. del v. *2* (*raro, fig.*) In disordine, scomposto: *equilibrio s.*

scompaginatùra [1873] s. f. ● Scompaginazione.

scompaginazióne [1690] s. f. ● In tipografia, l'operazione dello scompaginare.

scompagnaménto [1745] s. m. ● (*raro*) Lo scompagnare.

scompagnàre [da *compagno*, con *s-* (V. *accompagnare*); av. 1374] **A** v. tr. *1* (*raro, lett.*) Dividere dal compagno o dai compagni: *lei che morte da te scevra e scompagna* (TASSO). *2* Dividere, separare, due o più cose che, accompagnate tra loro, costituiscono un unico complesso: *s. un servizio di piatti.* **B** v. intr. pron. ● (*lett.*) Separarsi, allontanarsi, dal compagno o dai compagni: *dal tuo fianco ormai / non mi scompagno* (ALFIERI).

scompagnàto [av. 1565] part. pass. di *scompagnare*; anche agg. *1* Nei sign. del v. *2* Spaiato: *calze scompagnate.*

scompagnatùra [1558] s. f. ● (*raro*) Condizione di ciò che è scompagnato.

scompàgno [da *compagno*, con *s-*; 1873] agg. ● Scompagnato, spaiato: *scarpe scompagne l'una dall'altra.*

scompannàre [da *panno*, con doppio pref. *s-* e *con-*; 1625] **A** v. tr. ● (*pop., tosc.*) Scoprire dalle coperte, spec. chi si trova a letto. **B** v. rifl. ● (*pop., tosc.*) Scoprirsi dalle coperte, spec. stando a letto.

♦**scomparìre** [da *comparire*, con *s-*; 1627] v. intr. (pres. *io scompàio* nel sign. 1, *scomparisco* soprattutto nel sign. 2, *tu scompàri* nel sign. 1, *scomparisci* soprattutto nel sign. 2; pass. rem. *io scompàrvi*, raro *scompàrsi* nel sign. 1, *scomparii* soprattutto nel sign. 2, *tu scomparìsti*; part. pass. *scompàrso* nel sign. 1, *scomparito* soprattutto nel sign. 2; aus. *essere*) *1* Sottrarsi alla vista, non farsi più vedere, detto di persona o cosa che prima era presente o visibile: *un attimo fa era qui, ora è scomparso*; *la luce appare e scompare a intervalli regolari* | (*eufem.*) Morire: *purtroppo è scomparso l'anno scorso.* *2* (*fig.*) Fare poca o cattiva figura: *s. in presenza di estranei*; *di fronte alla vostra impresa, noi scompariamo* | Non avere spicco, non risaltare: *in quell'angolo il quadro scomparisce.*

scomparìto part. pass. di *scomparire* ● Nel sign. 2 del v.

scompàrsa [f. sost. di *scomparso*; 1848] s. f. *1* Lo scomparire, il fatto di scomparire: *la s. di un documento*; *la s. della febbre* | **Letto a s.**, che si può ripiegare dentro un mobile | (*eufem.*) Morte: *la notizia della sua s. è inaspettata.* *2* (*dir.*) Mancata comparsa di una persona, di cui non si hanno più notizie, nel luogo del suo domicilio o della sua residenza.

scompàrso [1550] **A** part. pass. di *scomparire*; anche agg. ● Nel sign. 1 del v. **B** s. m. (f. *-a*) ● (*eufem.*) Persona morta: *il caro s.*

scompartiménto [av. 1571] s. m. *1* (*raro*) Lo scompartire. *2* Ciascuna porzione in cui è suddiviso uno spazio disponibile. SIN. Scomparto. *3* (*ferr., mar.*) Compartimento: *trovare posto in uno s.*; *s. stagno.*

scompartìre [da *compartire*, con *s-*; 1550] v. tr. (*io scompartisco*, o *scompàrto*, *tu scompartisci*, o *scompàrti*) ● Dividere in parti, spartire, distribuire: *s. un terreno.*

scompàrto [da *scompartire*; 1812] s. m. *1* Scompartimento: *armadio a due scomparti* | (*est., bur.*) Settore. *2* (*arch.*) Suddivisione di una parete in varie zone delimitate da modanature o variamente colorate.

scompensàre [da *compensare*, con *s-*; 1865] v. tr. (*io scompènso*) *1* Alterare, rompere un equilibrio. *2* (*med.*) Provocare scompenso.

scompensàto [1945] **A** part. pass. di *scompensare*; anche agg. ● Nei sign. del v. **B** agg.; anche s. m. ● (*med.*) Che (o Chi) è in stato di scompenso.

scompènso [da *compenso*, con *s-* sottratt.; 1931] s. m. *1* Mancanza di compensazione. *2* (*med.*) Stato di anormalità fra richieste funzionali e capacità di risposta di un organo o apparato: *s. cardiaco, surrenale, renale.*

scompiacènte [1873] part. pres. di *scompiacere*; anche agg. ● (*raro* o *lett.*) Scortese, sgarbato. ‖ **scompiacenteménte**, avv.

scompiacènza [1873] s. f. ● (*raro* o *lett.*) Mancanza di cortesia.

scompiacére [da *compiacere*, con *s-*; 1617] **A** v. intr. (coniug. come *piacere*; aus. *avere*) ● Mostrarsi scortese nei confronti di qlcu.: *non voglio s. a nessuno.* **B** v. tr. ● (*lett.*) Scontentare. **C** v. intr. pron. ● (*lett.*) Dispiacersi: *sì fatte lodi udir non si scompiacque* (MARINO).

scompigliàbile agg. ● (*raro*) Che si può scompigliare.

scompigliaménto [1686] s. m. ● Lo scompigliare | Confusione, disordine.

scompigliàre [da *compigliare* 'ordinare', intens. di *pigliare*, con *s-*; av. 1348] v. tr. (*io scompìglio*) ● Mettere in disordine, in scompiglio: *ha scompigliato tutta la casa* | **S. i capelli**, spettinarli, arruffarli | (*fig.*) Turbare, confondere: *s. le idee, i progetti di qlcu.*

scompigliàto [av. 1348] part. pass. di *scompigliare*; anche agg. ● Nei sign. del v. | Caratterizzato da confusione, disordine, scompiglio: *in quella scompigliata notte* (MANZONI). ‖ **scompigliataménte**, avv. In modo scompigliato, confuso, arruffato.

scompìglio (1) [da *scompigliare*; av. 1348] s. m. ● Grande confusione, disordine, agitazione (*anche fig.*): *mettere in s.*; *portare lo s.*; *essere in s.*; *qui regna lo s.*; *s. di carte, di libri*; *s. di idee, di menti.*

scompiglio (2) [da *scompigliare*; sec. XVI] **s. m.** ● (*raro*) Grande confusione: *uno s., uno scappare… di topacci* (MANZONI).

scompisciàre [da *pisciare*, con doppio pref. *s-* e *con-*; 1340] **A v. tr.** (*io scompiscio*; fut. *io scompiscerò*) ● (*raro, pop.*) Imbrattare di urina. **B v. intr. pron.** ● (*pop.*) Pisciarsi addosso | (*fig.*) ***Scompisciarsi dalle risa***, sbellicarsi, ridere smodatamente.

scompletàre [da *completare*, con *s-*; 1840] **v. tr.** (*io scomplèto*) ● (*raro*) Rendere incompleto.

scomplèto [da *completo*, con *s-* (V. *incompleto*); 1860] **agg.** ● Che non è completo, che è privo, mancante di qualche elemento, dato e sim.: *collezione scompleta.*

†scompónere ● V. *scomporre.*

scomponìbile [da *componibile*, con *s-*; 1891] **agg.** ● Che si può scomporre: *mobili scomponibili.*

scomponibilità [1960] **s. f.** ● Proprietà, caratteristica di ciò che è scomponibile.

†scomponiménto [da *†scomponere*; av. 1704] **s. m.** ● Lo scomporre | Disturbo, alterazione.

scompórre o **†scompónere** [da *comporre*, con *s-*; av. 1553] **A v. tr.** (coniug. come *porre*) **1** Disfare ciò che era stato composto in un insieme ordinato: *s. gli elementi di una libreria.* **2** Disfare una composizione tipografica e riporne gli elementi. **3** Separare un tutto unico nelle parti che lo compongono | (*mat.*) Fare in parti, eseguire una scomposizione: *s. un numero in fattori.* **4** Disordinare, scompigliare: *scomporsi le vesti, i capelli.* **5** Alterare, turbare profondamente: *la notizia le scompose i lineamenti.* **B v. intr. pron.** ● Alterarsi, mostrare turbamento: *è un tipo che non si scompone; osservò la scena senza scomporsi.*

scompositìvo [da *compositivo*, con *s-*; av. 1704] **agg.** ● (*raro*) Atto a scomporre.

scompositóre [da *compositore*, con *s-* sottratt.; av. 1704] **agg. e s. m.** (f. *-trice*) **1** (*raro*) Che (o Chi) scompone: *la lezione di Picasso compositore e s. di forme* (MONTALE). **2** (*raro*) In tipografia, operaio addetto alla scomposizione.

scomposizióne [da *composizione*, con *s-*; 1805] **s. f.** **1** Lo scomporre: *s. di un vocabolo in radice, tema e desinenza* | ***S. dei treni***, quando i vagoni vengono selezionati a seconda delle destinazioni. CFR. -lisi. **2** (*mat.*) Divisione in parti, determinazione di insiemi che riuniti diano l'insieme assegnato. **3** In tipografia, il rimettere nella cassa i caratteri mobili; (*est.*) il disfare una qualsiasi composizione tipografica e riporre caratteri, fregi, filetti, cliché e sim.

scompostézza [av. 1694] **s. f.** **1** Atteggiamento scomposto, trasandato, disordinato. **2** Intemperanza | Mancanza di equilibrio, di coesione.

scompósto [1525] **part. pass.** di *scomporre*; anche **agg.** **1** Nei sign. del v. | (*med.*) ***Frattura scomposta***, V. *frattura.* **2** Sconveniente, sguaiato: *atteggiamento s.; gesti scomposti.* CONTR. Composto. **3** (*fig.*) Che manca di equilibrio, di coesione: *stile s.* || **scompostaménte**, **avv.** Senza compostezza.

scomputàbile [1873] **agg.** ● Che si può scomputare: *debito s. a rate.*

scomputàre [da *computare*, con *s-*; 1745] **v. tr.** (*io scòmputo*) ● Detrarre dal computo: *s. l'anticipo dallo stipendio; s. un debito.*

scòmputo [da *computo*, con *s-*; 1717] **s. m.** ● Detrazione dal computo, da un totale.

†scomunàre [da *comune*, con *s-* (V. *accomunare*); 1312] **A v. tr.** ● Disunire, dividere, rendere discorde: *ordinarono due per contrada, che avessono a corrompere e s. il popolo* (COMPAGNI). **B v. intr. pron.** ● (*raro*) Dividersi, disunirsi.

scomùnica o **†escomùnica**, **†scommùnica** [da *scomunicare*; av. 1348] **s. f.** **1** Pena o censura di diritto canonico, comminata soltanto alle persone fisiche o ai singoli componenti delle persone morali, comportante l'esclusione dalla comunione dei fedeli, con i relativi effetti definiti dai canoni | ***Avere la s. addosso***, (*fig.*) essere perseguitato dalle disgrazie. **2** (*est.*) Condanna ideologica | Espulsione da un partito da un'organizzazione e sim.

†scomunicagióne ● V. *†scomunicazione.*

scomunicàre o **†escomunicàre**, **†scommunicàre** [dal lat. tardo (eccl.) *excommunicāre* 'scomunicare', comp. di *ĕx-* (*s-*) e *communicāre* 'render partecipe alla comunione' (V. *comunicare*); 1312] **v. tr.** (*io scomùnico, tu scomùnichi*) **1** Colpire con la censura o la pena canonica della scomunica. **2** (*est.*) Escludere dal proprio ambiente, riprovare pubblicamente: *dopo l'accaduto la famiglia lo ha scomunicato* | (*est.*) Condannare, sconfessare, espellere: *s. i dissidenti.*

scomunicàto o **†escomunicàto**, **†scommunicàto** [av. 1348] **A part. pass.** di *scomunicare*; anche **agg.** **1** Nei sign. del v. **2** (*raro, lett.*) Profano, sacrilego. **3** (*fig.*) Losco, sospetto: *due facce scomunicate* (MANZONI). || **scomunicataménte**, **avv.** Da scomunicato. **B s. m.** (f. *-a*) ● Persona colpita da scomunica.

scomunicatóre [dal lat. tardo (ecclesiastico) *excommunicatōre(m)*, da *excommunicātus* 'scomunicato'; av. 1396] **s. m.**; anche **agg.** (f. *-trice*) ● (*raro*) Chi (o Che) scomunica.

†scomunicazióne o **†escomunicazióne**, **†scommunicazióne**, **†scomunicagióne** [dal lat. tardo (ecclesiastico) *excommunicatiōne(m)* 'scomunica', da *excommunicātus* 'scomunicato'; 1312] **s. f.** ● Scomunica.

†scomùzzolo ● V. *†scamuzzolo.*

sconcàre [da *conca*, con *s-*; av. 1742] **v. tr.** (*io scónco, tu scónchi*) ● (*agr.*) Scavare il terreno intorno al piede d'un albero in modo da formare una specie di conca.

sconcatenàre [da *concatenare*, con *s-*; av. 1673] **v. tr.** (*io sconcaténo*) ● (*raro*) Dividere, disgiungere cose concatenate fra loro.

sconcatenàto [comp. di *s-* e *concatenato*; 1659] **part. pass.** di *sconcatenare*; anche **agg.** **1** Nel sign. del v. **2** Slegato, privo di nessi logici: *discorso s.*

sconcatùra [1967] **s. f.** ● (*agr.*) Lavoro dello sconcare | La conca, la fossa scavata.

sconcertaménto [1679] **s. m.** ● (*raro*) Lo sconcertare, lo sconcertarsi | Sconcerto.

sconcertànte [1724] **part. pres.** di *sconcertare*; anche **agg.** ● Nei sign. del v. | Che provoca disorientamento, perplessità, imbarazzo: *una risposta s.* || **sconcertanteménte**, **avv.**

sconcertàre [da *concertare*, con *s-*; av. 1557] **A v. tr.** (*io sconcèrto*) **1** (*raro* o *lett.*) Alterare l'ordine, lo svolgimento, il funzionamento, e sim.: *s. i piani, i progetti* | (*lett.*) Danneggiare la salute. **2** Turbare profondamente, disorientare: *è una notizia che sconcerta tutti.* **B v. intr. pron.** ● Turbarsi, rimanere disorientato.

sconcertàto [av. 1557] **part. pass.** di *sconcertare*; anche **agg.** **1** Disorientato, perplesso. **2** (*mus.*) Discorde, senza armonia e accordo. || **sconcertataménte**, **avv.** In modo disordinato, senza congruenza.

sconcèrto [da *sconcertare*; 1657] **s. m.** ● Turbamento, sconvolgimento, disorientamento. || **sconcertùccio**, **dim.**

sconcézza [da *sconcio*; av. 1347] **s. f.** ● Condizione di chi (o di ciò che) è sconcio | Azione, parola, cosa sconcia: *fare, dire, sconcezze; è una vera s.!*

†sconchiùdere e *deriv.* ● V. *sconcludere* e *deriv.*

sconciaménto [av. 1729] **s. m.** ● (*raro*) Lo sconciare | Condizione di ciò che è sconcio.

sconciàre [da *conciare*, con *s-*; sec. XIII] **A v. tr.** (*io scóncio*) ● (*raro*) Guastare, deformare, deturpare | ***†Sconciarsi una gamba, un braccio***, e sim., slogarli. **B v. intr. pron.** ● †Abortire.

sconciatóre [sec. XVI] **s. m.**; anche **agg.** (f. *-trice*) ● (*raro*) Chi (o Che) sconcia.

sconciatùra [da *sconciare*; 1534] **s. f.** **1** Cosa imperfetta e malfatta | Sconcio. **2** †Aborto. || **sconciaturèlla**, **dim.** | **sconciaturìna**, **dim.**

scóncio [da *sconciare*; 1313] **A agg.** (pl. f. *-ce*) **1** †Non acconcio, disordinato nella persona o nelle vesti: *piuttosto s. che acconcio* (TASSO). **2** Brutto, deforme, schifoso: *animale s.* **3** Vergognoso, turpe, osceno: *azioni, parole sconce; atti sconci.* **4** †Smodato: *dimenticato a qual partito gli avesse lo s. a spendere … recati* (BOCCACCIO). **5** †Slogato | †Storpio. || **sconciaménte**, **avv.** In modo sconcio, sconveniente. **B s. m.** **1** Cosa vergognosa, indecente: *il tuo modo di parlare è uno s.* SIN. Indecenza. **2** Cosa fatta male: *questa traduzione è uno s.* **3** †Danno, inconveniente.

sconclùdere o **†sconchiùdere** [da *concludere*, con *s-*; 1536] **A v. tr.** (coniug. come *concludere*) ● (*raro, lett.*) Far fallire, mandare a monte un'intesa, un accordo e sim. già concluso o quasi concluso: *Ho sconcluso il matrimonio e parto domani per l'America* (PIRANDELLO). **B v. intr.** (aus. *essere*) ● (*raro, lett.*) Mancare di decisione, di coerenza.

sconclusionatézza [1960] **s. f.** ● Caratteristica di chi (o di ciò che) è sconclusionato.

sconclusionàto [da *conclusione*, con *s-*; 1803] **agg.** **1** Che manca di senso logico, di ordine, di coerenza: *discorso, racconto s.* SIN. Inconcludente, incongruente, sconnesso. **2** Che ragiona senza ordine e coerenza, che conclude poco: *è gente sconclusionata.* || **sconclusionataménte**, **avv.**

sconclùso o **†sconchiùso** **part. pass.** di *sconcludere*; anche **agg.** ● (*raro*) Nei sign. del v.

sconcordànte [1873] **part. pres.** di *sconcordare*; anche **agg.** ● Discordante.

sconcordànza [1615] **s. f.** **1** Caratteristica o condizione di chi (o di ciò che) è sconcordante | Discordanza | (*lett.*) Incongruenza. **2** (*gramm.*) Errore di concordanza.

sconcordàre [da *concordare*, con *s-*; 1858] **v. intr.** (*io sconcòrdo*; aus. *avere*) ● (*raro*) Non concordare, non essere in concordanza: *due colori che sconcordano tra loro.*

sconcòrde [da *concorde*, con *s-*; av. 1685] **agg.** ● (*lett.*) Che non è concorde: *essere disuniti e sconcordi.*

sconcòrdia [da *concordia*, con *s-*; av. 1348] **s. f.** ● (*lett.*) Condizione di chi (o di ciò che) è sconcorde.

scondìto [da *condito*, con *s-*; av. 1629] **agg.** **1** Che non è condito o è scarso di condimento: *carne scondita.* **2** (*fig.*) †Sciocco, insulso.

scondizionàrsi [comp. parasintetico di (*buona*) *condizione*, col pref. *s-*] **v. intr. pron.** (*io mi scondizióno*) ● Rovinarsi, deteriorarsi, detto dell'imballaggio di un pacco, spec. inviato per posta, con possibile danneggiamento o perdita del contenuto: *il pacco si è scondizionato nello smistamento.*

scondizionàto [1991] **part. pass.** di *scondizionarsi*; anche **agg.** ● Nel sign. del v.: *pacco s.*

sconfacènte [da *confacente*, con *s-*; av. 1667] **agg.** ● (*lett.*) Che non è confacente, non è appropriato: *condotta s. alla propria posizione.*

sconfessàre [da *confessare*, con *s-*; 1342] **v. tr.** (*io sconfèsso*) **1** Non condividere, non ammettere o non riconoscere più ciò che si era fatto, detto o professato in precedenza: *s. la propria fede politica.* SIN. Ritrattare. **2** Disapprovare pubblicamente ciò che è fatto, detto o professato da altri: *il partito sconfessò la dichiarazione del segretario.* SIN. Smentire.

sconfessióne [da *confessione*, con *s-*; 1922] **s. f.** ● Lo sconfessare | Atto o dichiarazione con cui si sconfessa qlcu. o qlco.

sconficcàbile [av. 1704] **agg.** ● (*raro*) Che si può sconficcare.

sconficcaménto [av. 1704] **s. m.** ● Atto dello sconficcare.

sconficcàre [da *conficcare*, con *s-*; 1353] **v. tr.** (*io sconficco, tu sconficchi*) ● Levare ciò che è conficcato: *s. i chiodi da una cassa* | Liberare, aprire qlco. spec. rimuovendone i chiodi: *s. una cassa, una serratura.*

†sconfidànza [da *confidanza*, con *s-*; av. 1405] **s. f.** ● Diffidenza | (*lett.*) Sfiducia, pessimismo.

†sconfidàre [da *confidare*, con *s-*] **v. intr.** e **intr. pron.** ● Non confidare più, non avere più fiducia, speranza in sé o in altri.

†sconfidènza [da *confidenza*, con *s-*; av. 1639] **s. f.** ● Diffidenza | Mancanza di fiducia.

♦**sconfìggere** (1) [di etim. discussa: dal provz. *esconfire*, dal lat. **exconficere* 'annientare', da *conficere* 'abbattere', con *ĕx-* (*s-*), con sovrapposizione di *configgere* (?); sec. XIII] **v. tr.** (**pres.** *io sconfiggo, tu sconfiggi*; **pass. rem.** *io sconfissi, tu sconfiggésti*; **part. pass.** *sconfitto*) **1** Vincere in combattimento, in battaglia: *Corradino di Svevia fu sconfitto a Tagliacozzo.* **2** (*est.*) Superare, vincere uno o più avversari in gare, elezioni, lotte politiche, e sim.: *la rappresentativa italiana ha sconfitto quella francese.* **3** (*fig.*) Eliminare: *s. la paura; s. la corruzione.*

sconfìggere (2) [da *configgere*, con *s-*; 1542] **v. tr.** (coniug. come *figgere*) ● (*raro*) Sconficcare, schiodare.

sconfinaménto [1914] **s. m.** ● Lo sconfinare (*anche fig.*).

sconfinàre [da *confinare*, con *s-*; av. 1722] **v. intr.** (aus. *avere* o raro *essere*) **1** Uscire dal confine, entrare in territorio di altri: *truppe italiane hanno sconfinato in Austria.* **2** (*fig.*) Varcare i limiti fissati: *ha sconfinato dal tema assegnato* | (*fig.*)

Uscire da un determinato ambito: *sconfinando dalla fiaba in altri generi di narrativa orale* (CALVINO).

sconfinatézza [da *sconfinato*; 1882] s. f. ● Estensione senza limiti. SIN. Infinità.

sconfinàto [1873] part. pass. di *sconfinare*; anche agg. *1* Nei sign. del v. *2* Senza limiti, immenso, infinito: *deserto s.*; *amore s.*; *potere s.* || **sconfinataménte**, avv. Immensamente, illimitatamente.

sconfinferàre [etim. sconosciuta; 1991] v. intr. (*io sconfìnfero*; aus. *avere*) ● (*fam.*) Andare a genio, riuscire gradito: *sono discorsi che non mi sconfinferano.*

sconfitta [f. sost. di *sconfitto* (*1*); av. 1342] s. f. *1* Disfatta totale di un esercito in combattimento, in battaglia: *dare, infliggere, una s.*; *riportare, patire, subire una s.* *2* (*est.*) Perdita, grave insuccesso: *s. elettorale*; *s. nelle votazioni.* SIN. Batosta, fallimento, smacco. *3* Insuccesso in una gara sportiva: *s. dura, umiliante, clamorosa*; *la squadra ha subito una netta s.*

sconfittismo [da *sconfitta* in senso fig.; 1991] s. m. ● Tendenza a compiere scelte politiche che portano a una sconfitta.

sconfitto (1) [1294] **A** part. pass. di *sconfiggere* (*1*); anche agg. ● Nei sign. del v. **B** s. m. (f. *-a*) ● Chi ha subìto una sconfitta: *gli sconfitti divenivano schiavi.*

sconfitto (2) [1353] part. pass. di *sconfiggere* (*2*); anche agg. ● Nel sign. del v.

†**sconfóndere** [da *confondere*, con *s-*; sec. XIV] v. tr. ● Confondere grandemente.

†**sconfortaménto** s. m. ● Lo sconfortare | Sconforto.

sconfortànte [1833] part. pres. di *sconfortare*; anche agg. ● Che scoraggia, deprime: *una notizia s.* || **sconfortanteménte**, avv.

sconfortàre [da *confortare*, con *s-*; 1294] **A** v. tr. (*io sconfòrto*) *1* Togliere coraggio, fiducia, speranza: *il cattivo esito dell'esame lo ha sconfortato.* *2* (*lett.*) †Dissuadere, sconsigliare: *sconfortava il Re di Francia l'andata del Pontefice ai Principi* (GUICCIARDINI). **B** v. intr. pron. ● Perdersi d'animo, avvilirsi.

sconfortàto [av. 1348] part. pass. di *sconfortare*; anche agg. ● Scoraggiato, avvilito, demoralizzato. || **sconfortataménte**, avv.

sconfortévole [da *confortevole*, con *s-*; 1765] agg. ● (*raro*) Sconfortante.

sconfòrto [da *conforto*, con *s-*; av. 1337] s. m. ● Stato di grave abbattimento dell'animo, di afflizione, di scoramento: *essere preso dallo, essere preda dello s.*; *cadere nello s.*; *un attimo di s.* | Ciò che provoca sconforto: *che s. vederti ridotto così!*; *le pene e li tormenti e li sconforti* (ANGIOLIERI)

scongelaménto [1970] s. m. ● Lo scongelare | (*fig., raro*) Disgelo.

scongelàre [da *congelare*, con *s-*; 1959] **A** v. tr. (*io scongèlo*) *1* Riportare a temperatura ambiente gli alimenti surgelati o congelati | ***S. il frigo***, sbrinarlo | (*fig.*) Rendere meno teso, più cordiale: *s. i rapporti tra due Stati.* *2* (*econ.*) Sbloccare, rendere disponibile: *s. un credito.* **B** v. intr. e intr. pron.; aus. *essere* ● Disgelarsi: *la carne non si è ancora scongelata*; *il terreno non scongelava mai* (LEVI).

scongelazióne [1970] s. f. ● Scongelamento.

scongiuraménto [av. 1294] s. m. ● (*raro*) Supplica | †Esorcismo.

scongiuràre [da *congiurare*, con *s-*; 1319] v. tr. *1* (*lett.*) Costringere con esorcismi o magie uno spirito maligno a lasciare la persona o la cosa che ne è posseduta: *s. Satana.* *2* (*fig.*) Pregare insistentemente, supplicare, spec. in nome o per amore di persona o cosa potente, sacra, particolarmente cara e sim.: *ti scongiuro in nome di Dio*; *lo scongiurava per amore della madre.* *3* (*fig.*) Allontanare, evitare: *s. un pericolo, un disastro.*

scongiuràto part. pass. di *scongiurare*; anche agg. ● Nei sign. del v.

scongiuratóre [av. 1396] s. m.; anche agg. (f. *-trice*) ● (*raro*) Chi (o Che) scongiura.

scongiurazióne [av. 1396] s. f. *1* (*raro*) Lo scongiurare. *2* (*lett.*) Supplica insistente.

scongiùro [da *scongiurare*; 1354] s. m. *1* Atto rituale, con o senza formula orale, per allontanare spiriti malefici e demoni | Nelle superstizioni popolari, gesto o formula contro il malocchio e la iettatura: *fare gli scongiuri.* *2* (*raro*) Appello, supplica. *3* †Giuramento.

sconnessióne [da *sconnesso* (V. *connessione*); 1741] s. f. ● Mancanza di connessione.

sconnèsso o **sconnésso** [1673] part. pass. di *sconnettere*; anche agg. *1* Composto di parti non ben unite tra loro: *pavimento s.* | (*est.*) Irregolare: *l'acciottolato ... tutto s. e logoro* (PIRANDELLO). *2* (*fig.*) Privo di nesso, di logica, di coerenza: *discorso s.*; *parole sconnesse.* SIN. Incongruente, sconclusionato. || **sconnessaménte**, avv.

sconnessùra [1940] s. f. ● (*raro*) Sconnessione | Punto in cui una cosa è sconnessa.

sconnèttere o **sconnéttere** [da *connettere*, con *s-*; av. 1758] **A** v. tr. (coniug. come *connettere*) ● Separare, disgiungere, cose connesse tra loro. **B** v. intr. (aus. *avere*) ● (*fig.*) Non connettere: *l'ubriaco sconnette.* **C** v. intr. pron. *1* Disunirsi: *le piastrelle si sono sconnesse.* *2* (*fig.*) Perdere coerenza: *Il suo pensiero ... si sconnetteva* (D'ANNUNZIO).

sconocchiàre [da *conocchia*, con *s-*; av. 1492] v. tr. (*io sconòcchio*) *1* Trarre il pennecchio dalla conocchia, filare. *2* (*fig., tosc.*) Mangiare con avidità e senza lasciare avanzi: *sconocchiarsi un pollo.* *3* (*fig., centr.*) Ridurre in cattive condizioni: *la malattia lo ha sconocchiato.*

sconoscènte o (*lett.*) †**isconoscènte** [sec. XIII] part. pres. di *sconoscere*; anche agg. *1* Nei sign. del v. *2* Che non è riconoscente. *3* †Che non sa distinguere, non sa discernere. || **sconoscenteménte**, avv. Da sconoscente.

sconoscènza [da (*re*)*conoscenza*, con *s-*; av. 1306] s. f. *1* Mancanza di riconoscenza, ingratitudine. *2* †Ignoranza.

sconóscere o †**scognóscere** [da *conoscere*, con *s-*; 1623] v. tr. (coniug. come *conoscere*) ● (*raro*) Disconoscere, non volere riconoscere: *s. i meriti altrui.*

sconosciménto [av. 1363] s. m. ● (*raro*) Disconoscimento.

♦**sconosciùto** [1336 ca.] **A** part. pass. di *sconoscere*; anche agg. (assol.; + *a*; lett. + *da*) *1* Nel sign. del v. | Che non è conosciuto, che è ignoto: *paese s.*; *un argomento s. ai più*; *Ma qui, sola con tre bambini, sconosciuta da tutti...* (PIRANDELLO) | Oscuro, privo di fama: *pittore, scrittore s.* | Che non è mai stato provato, esperimentato, prima: *sensazione sconosciuta.* *2* Di cui non è stata ancora accertata la natura, l'identità e sim.: *malattia sconosciuta*; *i rapinatori sono ancora sconosciuti alla polizia.* *3* (*lett.*) Misconosciuto, non sufficientemente apprezzato. **B** s. m. (f. *-a*) ● Persona di cui si ignora l'identità.

sconquassaménto [av. 1694] s. m. ● Lo sconquassare | Sconquasso.

sconquassàre [da *conquassare*, con *s-*; sec. XIV] **A** v. tr. *1* Scuotere, urtare con violenza in modo da rompere, danneggiare, rovinare e sim. *2* (*fig.*) Provocare indisposizione, malessere fisico: *quel giro in giostra mi ha sconquassato.* **B** v. intr. pron. ● Sfasciarsi, rompersi in seguito a colpi o urti violenti: *la nave si sconquassò contro gli scogli* | (*fig., enfat.*) Crollare, andare in rovina: *l'universo gli si sconquassava nella testa* (PIRANDELLO).

sconquassàto [1838] part. pass. di *sconquassare*; anche agg. ● Nei sign. del v.

sconquassatóre [1618] s. m.; anche agg. (f. *-trice*) ● (*raro*) Chi (o Che) sconquassa.

sconquàsso [1618] s. m. *1* Grave danneggiamento, distruzione provocata da urti, colpi violenti, e sim.: *la mareggiata ha provocato uno s. negli stabilimenti balneari.* *2* (*fig.*) Trambusto, scompiglio, grande confusione: *ha portato lo s. in famiglia*; *che s. per nulla!*

sconsacràre [da *consacrare*, con *s-*; 1650] v. tr. ● Togliere il carattere sacro a un luogo, un ambiente, un oggetto.

sconsacràto [sec. XVII] part. pass. di *sconsacrare*; anche agg. ● Nel sign. del v.

sconsacrazióne [1940] s. f. ● Lo sconsacrare | (*raro, lett.*) Dissacrazione.

sconsentìre [da *consentire*, con *s-*] v. tr. e intr. (*io sconsènto*; aus. *avere*) ● (*lett., raro*) Rifiutare: *in maniera che io non poteva sconsentirlo* (LEOPARDI). CONTR. Consentire.

sconsideratézza [1715] s. f. ● Condizione di chi (o di ciò che) è sconsiderato. SIN. Avventatezza.

sconsideràto [da *considerato*, con *s-*; 1587] **A** agg. ● Che non considera, non riflette, prima di agire: *ragazzi sconsiderati* | Che è pensato, detto, o fatto senza alcuna considerazione o riflessione: *idee, parole, sconsiderate.* SIN. Avventato, inconsulto, sbadato, sventato. || **sconsiderataménte**, avv. Da sconsiderato, senza riflessione. **B** s. m. (f. *-a*) ● Persona sconsiderata.

sconsiderazióne [da *sconsiderato*; av. 1729] s. f. ● (*raro*) Sconsideratezza.

sconsigliàbile [da *sconsigliare*; 1892] agg. ● Non consigliabile, da evitare: *cibo s. per i diabetici*; *è s. avventurarsi in alto mare con questo vento.*

sconsigliàre [da *consigliare*, con *s-*; 1353] v. tr. (*io sconsìglio*) ● Non consigliare: *ti sconsiglio quell'albergo*; *vi sconsiglio di partire* | Dissuadere, distogliere dal fare, dal dire, o sim.: *lo sconsigliò dal tentare l'affare.*

sconsigliatézza [av. 1729] s. f. ● Condizione di chi è sconsigliato, nel sign. di *sconsigliato* (*2*). SIN. Avventatezza, sconsideratezza.

sconsigliàto (1) [1353] part. pass. di *sconsigliare*; anche agg. ● Nei sign. del v.

sconsigliàto (2) [da *consiglio*, con *s-*; av. 1374] agg. *1* †Privo di consiglio. *2* Che è privo di giudizio, di riflessione. SIN. Inavveduto, incauto, sconsiderato. || **sconsigliataménte**, avv. In modo inconsulto, sconsideratamente.

sconsolànte [1842] part. pres. di *sconsolare*; anche agg. ● Che rattrista, avvilisce, sconforta: *un contegno s.* || **sconsolanteménte**, avv.

†**sconsolànza** [da *consolanza*, con *s-*] s. f. ● Sconforto.

sconsolàre [da *consolare*, con *s-*; 1336] **A** v. tr. (*io sconsólo*) ● Sconfortare, rattristare. **B** v. intr. pron. ● Sconfortarsi, rattristarsi.

sconsolatézza [1940] s. f. ● (*raro*) Tristezza, sconforto.

sconsolàto [1294] part. pass. di *sconsolare*; anche agg. *1* Che è privo di consolazione, che non può essere consolato: *vedova sconsolata in veste negra* (PETRARCA). SIN. Inconsolabile. *2* Che esprime tristezza, sconforto, desolazione: *atteggiamento s.*; *espressione, faccia, sconsolata.* SIN. Afflitto, rattristato. || **sconsolataménte**, avv. Con desolazione, senza conforto: *disperarsi sconsolatamente.*

†**sconsolazióne** [da *consolazione*, con *s-*; 1340] s. f. ● Sconsolatezza.

scontàbile [1818] agg. ● Che si può scontare.

scontabilità [da *scontabile*; 1960] s. f. ● Possibilità di essere scontato, detto di titoli di credito.

†**scontaménto** [av. 1380] s. m. ● Espiazione.

scontànte [1891] **A** part. pres. di *scontare*; anche agg. ● Nei sign. del v. **B** s. m. e f. ● Chi effettua operazioni di sconto, pagando cambiali prima della scadenza.

scontàre [da *conto* (*1*), con *s-* (V. *contare*); 1211] v. tr. (*io scónto*) *1* Detrarre da un conto | ***S. una cambiale***, ottenerne il pagamento presso banche o privati, prima della scadenza, lasciando una somma a compenso dell'anticipato pagamento | ***S. un debito***, estinguerlo con pagamenti rateali | Praticare un ribasso sul prezzo di listino o su quello abitualmente praticato: *su quest'articolo mi ha scontato cinque euro.* *2* Fare ammenda, pagare le conseguenze di un male commesso da sé stessi o da altri: *s. un peccato*; *spesso i figli scontano le colpe dei genitori* | Espiare la pena prevista per il reato commesso: *deve s. dieci anni di carcere*; *ha scontato quasi tutta la pena* | Patire le conseguenze di uno sbaglio, una cattiva azione e sim.: *ora che è vecchio, sconta gli eccessi della gioventù* | (*fam.*) ***Scontarla***, pagarla cara. *3* Nella critica letteraria e artistica, superare influssi, modelli, tecniche e sim. altrui, assimilandoli in modo originale nella propria opera: *non tutti riescono a s. la poetica dell'ermetismo.*

scontatàrio [da *scontare*; 1940] s. m. (f. *-a*) ● Chi cede una cambiale allo sconto, incassandone l'importo prima della scadenza.

scontàto part. pass. di *scontare*; anche agg. *1* Detratto da un conto | ***Prezzo s.***, ridotto. *2* Espiato. *3* Assimilato, acquisito: *un'esperienza scontata* | Ampiamente prevedibile, previsto: *una vittoria scontata*; *il fallimento della società era s.*; *il risultato della gara era dato per s.* || **scontataménte**, avv. In modo prevedibile.

scontentàre [da *contentare*, con *s-*; 1364] v. tr. (*io scontènto*) ● Non accontentare, lasciare insoddisfatto, inappagato e sim.: *quella politica scon-*

tenta la classe operaia.

scontentézza [1528] s. f. ● Condizione di chi è scontento.

scontènto (1) [da *contento*, con *s-*; 1338 ca.] agg. ● Non contento, insoddisfatto: *essere s. di qlco.*; *rimanere, mostrarsi s.*; *avere una espressione scontenta.*

scontènto (2) [da *scontentare*; 1551] s. m. ● Sentimento di insoddisfazione, di scontentezza: *provocare, suscitare lo s. generale*; *c'è un grande s. fra la gente*; *sentire, provare s.*; *essere preso dallo s.*

scontista [da *sconto*; av. 1850] s. m. e f. (pl. m. *-i*) ● Chi presenta in anticipo cambiali, da cui dedurre lo sconto.

scónto [da *scontare*; 1278] s. m. **1** (*dir.*) Contratto con cui una banca, previa deduzione di un interesse corrispettivo, anticipa al cliente l'importo di crediti non ancora scaduti, che questi vanta verso terzi: *s. bancario*; *s. cambiario*. **2** (*banca*) Compenso spettante a chi paga anticipatamente un debito, proporzionale al debito e al tempo di anticipato pagamento | ***S. commerciale***, calcolato sull'ammontare nominale del debito a scadenza | ***S. razionale***, calcolato sul valore attuale | Abbuono, riduzione, indicato in percentuale e che costituisce il margine di guadagno del rivenditore: *s. librario* | Operazione di sconto. **3** Ribasso praticato dal venditore sul prezzo di listino o sul prezzo abitualmente praticato: *s. di quantità*; *s. su pronta cassa.* ‖ **sconticino**, dim.

scontòrcere [da *contorcere*, con *s-*; av. 1400] **A** v. tr. (coniug. come *torcere*) ● Contorcere, storcere con violenza: *s. il viso, la bocca* | (*raro, fig.*) Travisare: *né vi è chi voglia scontorcer luoghi della scrittura* (GALILEI). **B** v. rifl. ● Contorcersi, divincolarsi: *scontorcersi dal dolore, da una stretta.*

scontorciménto [1684] s. m. ● (*raro*) Lo scontorcere, lo scontorcersi.

scontornàre [comp. di *s-* e *contornare*; av. 1963] v. tr. (*io scontórno*) ● In una fotografia, o gener. illustrazione, mettere in evidenza un soggetto eliminando tutto ciò che di superfluo vi si trova intorno.

scontòrto [sec. XIV] part. pass. di *scontorcere*; anche agg. ● Nei sign. del v.

scontràre [da un ant. *scontra* 'contro', dal lat. parl. *ĕx cŏntra*, raff. dall'avv. *cŏntra* 'di fronte, contro'; 1312] **A** v. tr. (*io scóntro*) **1** (*raro* o *lett.*) Incontrare: *scontrò un eremita in una valle* (ARIOSTO). **2** †Attaccare combattimento, battaglia. **3** (*mar.*) Nell'accostata, volgere il timone dalla parte opposta per compensare l'inerzia di rotazione dell'imbarcazione | ***S. le vele***, mettere forzatamente le vele a collo per contrastare l'abbrivo residuo. **B** v. intr. pron. **1** (*raro* o *lett.*) Imbattersi, incontrarsi: *scontrarsi in qlcu.*; *così andando, si venne scontrato in que' due suoi compagni* (BOCCACCIO). **2** Andare a cozzare con violenza contro qlco., detto spec. di veicoli in movimento: *un motociclista si scontrò con l'autotreno.* **C** v. rifl. rec. **1** Cozzare con violenza l'uno contro l'altro, detto spec. di veicoli in movimento: *sull'autostrada si sono scontrate due automobili.* **2** Venire a combattimento, a battaglia: *le due fazioni nemiche si scontrarono in piazza.* **3** (*fig.*) Divergere: *le loro opinioni si scontrano.*

†**scontràzzo** [da *scontro*; av. 1400] s. m. **1** Combattimento, scontro violento. **2** (*raro*) Incontro amichevole, capannello: *giugnendo a uno s. di donne* (SACCHETTI).

†**scontrinàre** [sovrapposizione di *scontrare* a *scrutinare*] v. tr. ● (*raro*) Scrutinare.

♦**scontrino** [da (*ri*)*scontro* (V.); 1796] s. m. **1** Piccolo biglietto di riscontro che serve a comprovare un pagamento, a testimoniare il diritto a una prestazione, l'adempimento di un obbligo e sim. **2** †Scrutinio.

♦**scóntro** [da *scontrare*; sec. XIII] s. m. **1** Cozzo violento di due o più veicoli: *uno s. stradale*. SIN. Collisione, urto. **2** Mischia, combattimento | Combattimento di breve durata tra forze contrapposte di limitata consistenza. **3** (*sport, raro*) Nella scherma, combattimento, gara tra due contendenti: *direttore di s.* **4** (*tecnol.*) Ciascuno dei risalti della mappa di una chiave a cannello. **5** (*tecnol.*) Finecorsa. **6** (*mar.*) Dispositivo o sistema destinato a impedire a una nave di scivolare sul piano di varo fino al momento voluto | Dispositivo destinato ad arrestare la corsa di una parte mobile o a fissarla in una posizione voluta. **7** (*fig.*) Accesa polemica, aspro confronto: *avere uno s. con qlcu.*; *s. verbale.* **8** †Riscontro, documento di controllo. **9** †Corrispondenza.

scontrosàggine [1873] s. f. ● Carattere, temperamento, scontroso | Atto, comportamento di persona scontrosa.

scontrosità [1873] s. f. **1** Indole, carattere scontroso. **2** Azione, parola e sim., da persona scontrosa.

scontróso [da *scontro*; av. 1802] agg. ● Che ha un carattere poco socievole, che è facile a offendersi, a irritarsi, a contraddire. SIN. Ombroso. ‖ **scontrosàccio**, pegg. | **scontrosétto**, dim. | **scontrosino**, dim. | **scontrosóne**, accr. | **scontrosùccio**, dim. ‖ **scontrosaménte**, avv.

sconturbàre [da *conturbare*, con *s-*; 1536] v. tr. e intr. pron. ● (*raro, tosc.*) Turbare, turbarsi profondamente.

†**sconvenébole** ● V. *sconvenevole.*

†**sconvenènza** ● V. *sconvenienza.*

sconvenévole o †**sconvenébole** [da *convenevole*, con *s-*; 1325 ca.] agg. ● (*lett.*) Che non si addice, non si conviene alla decenza, alla morale e sim.: *parole sconvenevoli.* ‖ **sconvenevolménte**, avv. In modo non convenevole.

sconvenevolézza [1353] s. f. ● (*lett.*) Condizione di ciò che è sconvenevole.

sconveniènte [da *conveniente*, con *s-*; av. 1348] agg. **1** Che manca di convenienza, decoro, garbo e sim.: *parole, atteggiamenti, sconvenienti*; *risposta s.* SIN. Disdicevole, scorretto. CONTR. Conveniente, corretto. **2** (*raro*) Che manca di convenienza economica: *prezzi sconvenienti.* ‖ **sconvenienteménte**, avv.

sconveniènza o †**sconvenènza** [da *convenienza*, con *s-*; av. 1348] s. f. **1** Mancanza di convenienza, decoro, opportunità e sim. **2** (*raro*) Condizione di ciò che è sconveniente economicamente.

sconvenire [da *convenire*, con *s-* (V. *disconvenire*); sec. XIII] v. intr. e intr. pron. (coniug. come *venire*; aus. *essere*) ● (*lett.*) Non essere degno, conveniente, adatto, opportuno, decoroso e sim.: *lento passo / sconviensi a chi del sospirato fine / tocca la meta* (ALFIERI).

sconvocàre [comp. di *s-* e *convocare*] v. tr. (*io scònvoco, tu scònvochi*) ● Disdire, annullare, detto di adunanza, assemblea e sim.

sconvolgènte [1838] part. pres. di *sconvolgere*; anche agg. **1** (*raro*) Che sconvolge, che sovverte. **2** Che impressiona, colpisce, turba profondamente: *è stata un'esperienza s.*

♦**sconvòlgere** [da †*convolgere*, con *s-*; av. 1400] **A** v. tr. (coniug. come *volgere*) **1** Devastare: *l'alluvione ha sconvolto le campagne* | (*fig.*) Turbare profondamente: *una notizia che sconvolse il mondo.* **2** Mettere in disordine, in agitazione, in scompiglio (*anche fig.*): *il vento sconvolge le carte*; *s. le idee, i piani, i progetti di qlcu.* | Rimescolare: *s. lo stomaco.* **B** v. intr. pron. ● Turbarsi profondamente (*anche fig.*).

sconvolgiménto o †**sconvolgiménto** [1611] s. m. ● Grave perturbamento, crisi: *lo s. prodotto dalla guerra* | ***S. di stomaco***, malessere, senso di nausea | (*fig.*) Profondo turbamento spirituale.

sconvolgitóre [1690] s. m.; anche agg. (f. *-trice*) ● (*raro*) Chi (o Che) sconvolge.

sconvòlto [1364] part. pass. di *sconvolgere*; anche agg. ● Messo sottosopra, scompigliato: *un territorio s. dalla furia del vento* | Che è in preda a un malessere fisico, che prova nausea e sim. | (*fig.*) Profondamente turbato: *sono ancora s. per ciò che ho visto.*

†**sconvoltùra** s. f. ● (*raro*) Sconvolgimento.

scooner /*ingl.* 'skuːnə/ ● V. *schooner.*

scoop /*ingl.* skuːp/ [vc. ingl. d'orig. germ. propr. 'mestolo'; 1963] s. m. inv. ● Buon colpo giornalistico, notizia sensazionale pubblicata in esclusiva da un giornale.

scoordinaménto [comp. di *s-* e *coordinamento*; 1966] s. m. ● Mancanza di coordinamento | Incapacità di coordinare le idee.

scoordinàto [da *coordinato* con *s-* neg.; av. 1963] agg. ● Che è privo di coordinazione: *gesto s.*; *azione scoordinata.* ‖ **scoordinataménte**, avv.

scoordinazióne [comp. di *s-* e *coordinazione*; 1960] s. f. ● Scoordinamento.

scooter /*ingl.* 'skuːtə/ [vc. ingl., dal v. fam. *to scoot* 'guizzar via'; 1950] s. m. inv. **1** Motocicletta leggera, con ruote piccole, i cui organi meccanici sono generalmente coperti da una carenatura | ***S. acquatico***, ***s. d'acqua***, ***s. marino***, acqua-scooter. ➡ ILL. p. 2162 TRASPORTI. **2** Imbarcazione a vela fornita di due chiglie che, sotto l'azione del vento, è in grado di slittare sul ghiaccio.

scooterista /skute'rista/ o **scuterista** [da *scooter*, con *-ista*; 1963] s. m. e f. (pl. m. *-i*) ● Chi viaggia in motorscooter.

scópa (1) [lat. *scōpa(m)*, sing. del più frequente *scōpae* 'grecchia, scopa', di orig. prob. mediterr.; av. 1320] s. f. ● Arbusto sempreverde delle Ericacee a rami pelosi e piccole foglie lineari verticillate, utile per confezionare scope (*Erica arborea*): *La prima fucilata rade / la fiorita di rosmarini e scope* (LUZI).

♦**scópa** (2) [dal precedente, in senso metaforico; av. 1348] s. f. **1** Attrezzo per spazzare i pavimenti, costituito da un fascio di steli di saggina o d'erica, oppure di filamenti di materia plastica, di frange di cotone e sim., legato a un lungo manico | ***S. metallica***, attrezzo per il giardinaggio | (*fig.*) ***Essere magro come una s.***, essere molto magro | (*fig.*) ***Avere ingoiato il manico della s.***, di persona che cammina diritta e impettita. **2** †Supplizio in uso nel Medioevo e nel Rinascimento, consistente nel colpire il condannato con una frusta di fusti di scopa. ‖ **scopétta**, dim. (V.) | **scopétto**, dim. m. (V.) | **scopina**, dim. | **scopino**, dim. m. (V.) | **scopóna**, accr.

scópa (3) [dal precedente, in senso metaforico; 1873] s. f. ● Gioco di carte tra due giocatori o due coppie, con un mazzo di 40 carte: *giocare a s.*; *fare a s. la primiera e il settebello* | Particolare presa del gioco omonimo, quando non si lasciano carte sul tavolo: *fare s.*

scopàio [1960] s. m. (f. *-a*) ● Chi fabbrica o vende scope, granate, ramazze e sim.

scopamàre [comp. di *scopa*(*re*) e *mare*; 1814] s. m. ● (*mar.*) Vela di bel tempo, aggiunta lateralmente alle vele quadre più basse, per prendere più vento.

♦**scopàre** [lat. tardo *scopāre*, da *scōpae* (nom. pl.) 'scopa'; sec. XIII] v. tr. (*io scópo*) **1** Spazzare il pavimento, pulire il suolo con la scopa (*anche assol.*): *s. la stanza.* **2** †Sottoporre al supplizio della scopa. **3** (*volg.*) Possedere sessualmente | (*est., assol.*) Avere rapporti sessuali, compiere il coito.

scopàta [1550] s. f. **1** Attività dello scopare. **2** Colpo dato con la scopa. **3** (*volg.*) Coito. ‖ **scopatina**, dim.

scopàto part. pass. di *scopare*; anche agg. **1** Nei sign. del v. **2** †Spazzolato.

scopatóre [1353] s. m. (f. *-trice*) **1** Chi scopa | ***S. segreto***, nell'antica Corte pontificia, domestico investito di umili servizi. **2** (*volg.*) Chi ha frequenti o intensi rapporti sessuali.

scopatùra [av. 1557] s. f. **1** Pulitura effettuata con la scopa. **2** Immondizia raccolta nello scopare. **3** †Supplizio della scopa | (*est.*) Rampogna, rabbuffo.

scopàzzo [da *scopa* (*1*); 1957] s. m. ● (*bot.*) Nei vegetali, insieme disordinato di piccoli rami dovuti a insetti, funghi o virus. CFR. Cladomania.

scoperchiàre o †**scoverchiàre** [da *coperchio*, con *s-*; 1313] v. tr. (*io scopèrchio*) ● Scoprire levando il coperchio: *s. una pentola* | (*est.*) Togliere la copertura | ***S. una casa***, toglierle il tetto.

scoperchiatùra [1873] s. f. **1** (*raro*) Lo scoperchiare. **2** (*tosc.*) Striscia di carne che copre le costole delle bestie macellate, di qualità scadente.

scoperéccio [da *scopare* nel senso di 'unirsi carnalmente'] agg. (pl. f. *-ce*) ● (*scherz.*) Che riguarda l'attività sessuale, che è disponibile ai rapporti sessuali e sim.: *discorsi scoperecci*: *compagnia, atmosfera scoperreccia.*

♦**scopèrta** o (*poet.*) **scovèrta** [f. sost. di *scoperto*; av. 1557] s. f. **1** Lo scoprire ciò che prima era ignoto a tutti: *la s. dell'America*; *le grandi scoperte geografiche*; *la s. di un tesoro sepolto*; *una grande s. nel campo della medicina* | (*iron.*) ***Che s.!, che bella s., fare la s.*** e sim., di cose che tutti sanno, o a tutti evidenti. **2** †Spianata. **3** †Esplorazione, ricognizione. **4** (*mar.*) ***Segnale di s.***, emesso da navi o aerei in esplorazione nell'avvistare altre navi o aerei.

scopèrto o (*poet.*) **scovèrto** [sec. XIII] **A** part. pass. di *scoprire*; anche agg. **1** Nei sign. del v. **2** Privo di copertura, di riparo, di tetto: *terrazzo s.*; *automobile scoperta* | ***Dormire s.***, senza coperte, o con le coperte allontanate dal corpo | (*fig.*) ***Avere i nervi scoperti***, essere molto irritabile | Privo di difesa: *un settore dell'esercito rimasto s.* | (*fig.*) ***Lasciare il fianco s. alle critiche***, non premunirsi da critiche o rimproveri. *3* Privo, parzialmente o completamente, di indumenti: *spalle, braccia scoperte* | ***A capo s.***, senza cappello. *4* ***Assegno s.***, quando l'importo del conto corrente da cui è tratto risulta inferiore alla somma dell'assegno stesso. *5* Visibile | ***Giocare a carte scoperte***, tenendole sulla tavola con semi e numeri visibili a tutti; (*fig.*) agire senza finzioni. *6* (*fig.*) Aperto, franco, sincero, spec. nelle loc. avv. ***a viso s.***, ***a fronte scoperta***. || **scopertaménte**, avv. In modo scoperto, palesemente: *dichiarare scopertamente le proprie intenzioni*. **B** in funzione di avv. ● (*lett.*) In modo aperto, franco, esplicito: *parlare s.* **C** s. m. *1* Luogo aperto, libero alla vista, non riparato, nella loc. ***allo s.***: *dormire, pernottare, avanzare, trovarsi, rimanere allo s.*; *noi alloggeremo quasi tutti allo s.* (GUICCIARDINI) | (*fig.*) ***Agire, procedere allo s.***, senza finzioni, alla luce del sole. *2* ***S. di conto***, posizione di credito della banca verso il cliente, per prelevamenti superiori ai depositi | ***Andare allo s.***, prelevare una somma superiore a quella depositata in un conto corrente bancario | ***Credito allo s.***, senza garanzie reali | ***Vendere allo s.***, senza avere la merce disponibile.

scopertùra [da *copertura*, con *s-*] s. f. ● (*raro*) Atto dello scoprire.

scopéto [da *scopa* (*1*); 1441] s. m. ● Bosco di eriche.

scopétta [da *scopa* (*2*); av. 1571] s. f. *1* Dim. di *scopa*. *2* Piccola scopa per spazzare angoli, mobili e sim. *3* (*region.*) Spazzola. || **scopettina**, dim.

scopettàre [da *scopetta*; av. 1557] v. tr. (*io scopétto*) ● (*tosc.*) Spazzolare.

scopétto [da *scopa* (*2*); 1940] s. m. *1* Dim. di *scopa*. *2* Scopetta. || **scopettóne**, accr. (V.).

scopettóne [1923] s. m. *1* Accr. di *scopetto*. *2* Spazzolone per pulire i pavimenti. *3* (*spec. al pl.*) Strisce di barba che scendono lungo le gote e lasciano scoperto il mento.

-scopìa [gr. *-skopía*, dal v. *skopêin* 'vedere attentamente', di orig. indeur.] secondo elemento ● In parole composte dotte e scientifiche, significa 'esame', 'osservazione', eseguiti mediante strumenti ottici o a vista: *endoscopia*, *laringoscopia*.

scopiazzàre [deriv. pegg. di *copiare*, con *s-*; 1942] v. tr. ● (*spreg.*) Copiare male, rabberciando qua e là (*anche assol.*).

scopiazzatóre [1957] s. m. (f. *-trice*) ● (*spreg.*) Chi scopiazza (*anche scherz.*).

scopiazzatùra [1933] s. f. ● Lo scopiazzare | Cosa scopiazzata.

-scòpico secondo elemento ● Forma aggettivi derivati per lo più da nomi in *-scopia* e *-scopio*: *laringoscopico, microscopico, retroscopico*.

scopièra [da *scopa* (*2*); 1940] s. f. ● Armadio usato per tenere le scope.

scopinàre [da *scopa* (*2*); 1960] v. tr. ● Sottoporre i bozzoli a scopinatura.

scopinatùra [da *scopinare*; 1960] s. f. ● Nell'industria della seta, operazione compiuta mediante spazzole rotanti per cercare i capi esterni del filo dei bozzoli.

scopino (**1**) [da *scopa* (*2*), col suff. *-ino* di mestiere; 1898] s. m. (f. *-a*) ● (*region.*) Spazzino.

scopino (**2**) [da *scopa* (*2*)] s. m. *1* Dim. di *scopa*. *2* Piccola scopa, scopetta. *3* Attrezzo simile a una scopa usato nel gioco del curling.

-scòpio [dalla seconda parte di comp. gr. (*-skópion*, *-skopêion*), assunta anche in formazioni autonome, deriv. da *skopêin* 'vedere, osservare', di orig. indeur.] secondo elemento ● In parole scientifiche composte, indica strumenti impiegati per l'osservazione di determinati fenomeni: *giroscopio, laringoscopio, microscopio, telescopio*. CFR. -grafo, -metro.

scopista [1940] s. m. e f. (pl. m. *-i*) ● Chi gioca a scopa.

scopìstica [da *scopo*; 1976] s. f. ● (*psicol.*) Analisi del comportamento psicologico e linguistico di una persona, condotta in base agli scopi che agendo si intendono raggiungere.

♦**scòpo** [lat. tardo *scŏpu(m)*, dal gr. *skopós* 'meta, mira', connesso con *sképtesthai* 'guardare', di orig. indeur.; 1563] s. m. *1* †Bersaglio | Oggi solo nella loc. ***falso s.***, punto naturale o artificiale del terreno al quale, nel puntamento indiretto di un'artiglieria, viene diretta la linea di mira del pezzo per dirigere sull'obiettivo la bocca da fuoco; (*fig.*) obiettivo apparente che serve a mascherare quello vero a cui si tende | In topografia, parte mobile delle mire a scopo, costituita da una tavoletta dipinta a quadri bianchi e rossi, o bianchi e neri, la cui mediana orizzontale costituisce la linea di fede. *2* Fine che si vuole raggiungere e alla cui realizzazione sono rivolti i propri sforzi: *s. degno, indegno, sublime, supremo*; *mirare, tendere a uno s.*; *conseguire, ottenere, prefiggersi, raggiungere, uno s.*; *a che s. fai ciò?*; *a questo s.*; *con questo s.*; *con lo s. di …*; *allo s. di …* | ***Senza s.***, senza un fine valido, inutile: *vita senza s.* | (*est.*) Persona o cosa che costituiscono il fine, l'obiettivo delle proprie aspirazioni: *i figli sono lo s. dei suoi sacrifici*; *il lavoro è l'unico s. della sua vita*.

-scopo [dal gr. *skopêin* 'osservare'] secondo elemento ● Forma parole composte designanti persona che compie gli esami e le osservazioni indicati dal corrispondente termine in *-scopia*: *necroscopo*.

scopofilìa [comp. di *scopo-* e *-filia*; 1942] s. f. ● (*psicol.*) Voyeurismo.

scopòfilo [1965] s. m. (f. *-a*) ● Chi pratica la scopofilia.

scopofobìa [comp. di *scopo-* (V. *scopofilia*) e *-fobia*; 1983] s. f. ● (*psicol.*) Paura morbosa di essere visti.

scòpola ● V. *scoppola*.

scopolamìna [comp. di un deriv. dal n. del botanico trentino G. A. *Scopoli*, e *am(m)ina*; 1893] s. f. ● (*chim.*) Alcaloide contenuto in diverse Solanacee, usato come sedativo, ipnotico e nella terapia di alcune forme nervose.

†**scòpolo** ● V. †*scupulo*.

scopóne [da *scopa* (*3*); 1887] s. m. ● Gioco a carte simile alla scopa, in cui si distribuiscono in una sola volta 36 carte del mazzo ai giocatori e si mettono le altre 4 in tavola | ***S. scientifico***, in cui non si mettono quattro carte scoperte in tavola.

†**scoppettière** ● V. †*schioppettiere*.

scoppiaménto [1582] s. m. ● Lo scoppiare, nel sign. di *scoppiare* (*2*). SIN. Spaiamento.

♦**scoppiàre** (**1**) o †**schioppàre** [da *scoppio*; 1312] v. intr. (*io scòppio*; aus. *essere*) *1* Rompersi, spaccarsi improvvisamente a causa dell'eccessiva tensione, pienezza o forza interna, producendo un grande fragore: *la caldaia è scoppiata*; *è scoppiato uno pneumatico*; *il palloncino scoppiò all'improvviso*; *l'ascesso è scoppiato* | Esplodere, detto di arma o di materiale esplosivo: *è scoppiata una bomba*; *fecero s. molti petardi*. *2* (+ *a* seguito da inf.; + *in* seguito da sost.) (*fig.*) Prorompere: *s. in pianto, in lacrime, in singhiozzi, in invettive*; *s. a ridere, a piangere*. *3* (assol.; + *da*; + *di*) (*iperb.*) Crepare: *mangiare fino a s.*; *s. dal caldo, dal ridere, dalle risa, dalla rabbia, dall'invidia*; *s. di rabbia, di vergogna, di dolore* | ***S. di salute***, avere una salute eccellente. *4* (*fig.*) Non riuscire a frenarsi, non potersi contenere: *devo dirgli ciò che penso, altrimenti scoppio*. *5* (*fig.*) Accadere, manifestarsi, in modo improvviso e violento, detto spec. di avvenimento grave e tale da diffondersi con rapidità: *è scoppiata una rivolta*; *sta per s. un temporale*; *l'anno in cui scoppiò la guerra*. *6* Nel linguaggio sportivo, cedere improvvisamente per esaurimento delle energie: *s. alla distanza*. *7* (*fig.*) Non reggere a eccezionali condizioni di sovraffollamento: *all'inizio delle ferie estive l'autostrada del Sole scoppia per il traffico*. *8* †Sgorgare.

scoppiàre (**2**) [da *coppia*, con *s-*; av. 1584] v. tr. (*io scòppio*) ● Dividere, separare, cose o persone accoppiate tra loro.

scoppiàto (**1**) part. pass. di *scoppiare* (*1*); anche agg. *1* Nei sign. del v. *2* (*raro*) Spaccato, screpolato: *mani scoppiate dal, per il freddo*. *3* (*fig.*) Detto di atleta che ha ceduto bruscamente allo sforzo | (*gerg.*) Che è sotto l'effetto di sostanze stupefacenti | (*fam.*) Suonato, rimbambito.

scoppiàto (**2**) part. pass. di *scoppiare* (*2*); anche agg. ● Nei sign. del v.

scoppiatùra [da *scoppiare* (*1*); 1891] s. f. ● (*tosc.*) Screpolatura della pelle.

scoppiettaménto [av. 1597] s. m. ● Lo scoppiettare.

scoppiettànte [1957] part. pres. di *scoppiettare*; anche agg. ● Nei sign. del v. | (*fig.*) Gioiosamente vivace: *prosa, allegria s.*

scoppiettàre o (*raro, pop.*) **schioppettàre** [da *scoppietto* (V.), con valore iter. rispetto a *scoppiare*; 1536] v. intr. (*io scoppiétto*; aus. *avere*) *1* Fare scoppi piccoli e frequenti: *la legna che brucia, scoppietta*. *2* (*fig.*) Risuonare: *la stanza scoppiettò di risate* | Succedersi senza interruzione: *scoppiettavano battute e risatine*.

†**scoppiettàta** ● V. *schioppettata*.

†**scoppietterìa** ● V. †*schioppetteria*.

scoppiettìo [1612] s. m. *1* Lo scoppiettare continuo | Serie di esplosioni: *lo s. dei mortaretti* (CALVINO). *2* (*fig.*) Rapida successione: *uno s. di esclamazioni ammirative* (PIRANDELLO).

scoppiétto o **schioppétto** nel sign. 2 [1521] s. m. *1* Dim. di *scoppio*. *2* Anticamente, arma da fuoco portatile. || **scoppiettino**, dim.

scòppio [lat. *sclŏppu(m)* 'rumore fatto battendo le guance a bocca chiusa', di orig. onomat.; av. 1374] s. m. *1* Improvvisa rottura causata dall'eccessiva tensione interna: *lo s. di una bombola* | Esplosione: *lo s. di una bomba* | ***Motore a s.***, a combustione interna, in cui l'esplosione della miscela è provocata dalla candela | ***Camera di s.***, parte del cilindro in cui avviene l'esplosione della miscela aria-benzina | ***A s. ritardato***, (*fig.*) di azione o reazione che ha luogo in ritardo rispetto a ciò che l'ha provocata. *2* Rumore di uno scoppio, detonazione | †Schiocco: *lo s. della frusta*. *3* (*fig.*) Improvvisa e violenta manifestazione di avvenimenti gravi, pericolosi e sim., o di sentimenti e stati d'animo: *lo scoppio della peste*; *lo s. della guerra*; *uno s. di risa, d'ira*, e sim. *4* (*raro*) Schianto, colpo, spec. nella loc. avv. ***di s.***: *arrivare, cadere, morire e sim. di s.* *5* †V. *schioppo*. || **scoppiétto**, dim. (V.).

scòppola o (*lett.*) **scòpola** [dim. di *coppa*, con *s-*; 1851] s. f. *1* (*region.*) Colpo dato con la mano sulla nuca: *prendere qlcu. a scoppole* | (*est.*) Colpo: *si è preso una bella s.!* | (*fig.*) Batosta, perdita, spec. nel campo economico; pesante sconfitta. *2* (*centr.*) Berretto.

scopribile [sec. XVIII] agg. ● (*raro*) Che si può scoprire.

scopriménto [av. 1557] s. m. *1* Atto dello scoprire | ***S. di una statua, di un monumento***, e sim., cerimonia inaugurale. *2* †Scoperta: *lo s. del Nuovo mondo*.

♦**scoprire** o (*poet.*) **scovrire** [da *coprire*, con *s-*; av. 1306] **A** v. tr. (coniug. come *coprire*) *1* Liberare da ciò che copre, ripara, chiude, nasconde e sim.: *s. una pentola* | ***S. una statua, una lapide e sim.***, inaugurarla, facendo cadere il velo o sim., che la riparava | (*fig.*) ***S. gli altarini***, V. *altarino* | Liberare dagli indumenti che coprono il corpo o una parte del corpo: *un colpo di vento le scoprì le gambe*; *scoprirsi il viso, le braccia* | ***Scoprirsi il capo***, togliersi il cappello in segno di ossequio. *2* Lasciare privo di protezione, di difesa: *s. il petto* | ***S. il fianco***, esporsi agli attacchi degli avversari | (*fig.*) ***S. il fianco alle critiche***, esporsi a critiche. *3* Rendere visibile, lasciar vedere: *s. i denti nel sorridere* | (*fig.*) Palesare, mostrare, manifestare: *s. le proprie intenzioni, il proprio animo, i propri sentimenti* | ***S. le carte***, ***il gioco***, (*fig.*) rivelare i propri piani. *4* Arrivare a conoscere l'esistenza di fatti, luoghi, cose, persone, prima ignoti: *s. la verità*; *s. la ragione, la causa di qlcu.*; *s. un segreto, una congiura*; *hanno scoperto un nuovo farmaco*; *Cristoforo Colombo scoprì l'America* | ***S. l'America***, ***l'acqua calda***, ***l'ombrello***, (*fig., iron.*) per sottolineare qlco. di ovvio e scontato che viene presentato come nuovo e originale | Trovare, in seguito a ricerche o casualmente: *s. un tesoro, una miniera, una sorgente, un nascondiglio* | Identificare: *l'assassino è stato scoperto* | (*fig.*) Individuare le qualità sinora ignorate di qlcu.: *s. un nuovo attore, una giovane violinista* | (*fig.*) Cominciare ad apprezzare ciò che prima non si conosceva: *ho scoperto la musica di Mahler*. *5* (*lett.*) Riuscire a vedere, a distinguere, spec. in lontananza: *quei monti azzurri / che di qua scopro* (LEOPARDI). *6* †Esplorare (*anche assol.*): *s. un paese, un terreno*; *quelli cavalli, che si mandano avanti a s.* (MACHIAVELLI) | (*est., raro, fig.*) Informarsi, prendere notizia. **B** v. rifl. *1* Liberarsi degli indumenti che coprono il corpo o una parte del corpo: *oggi ti sei scoperto troppo* | Alleggerirsi degli indumenti: *in primavera non bisogna avere fretta di scoprirsi*. *2* (*fig.*) Manifestare, rivelare, dare a conoscere, il proprio modo di pensare, di agire e sim.: *quando parli con lui stai attento a non scoprirti.* **3** Uscire dai ripari, venire in luogo aperto: *per attaccare aspettate che il nemico si scopra* | †***Scoprirsi contro qlcu.***, dichiararsi suo nemico. **4** (*sport*) Nel pugilato, abbandonare la posizione di guardia, dando la possibilità all'avversario di mettere a segno un colpo.

scopritóre [1615] s. m.; anche agg. (f. *-trice*) ● Chi (o Che) scopre, chi (o che) rivela cose prima ignote.

scopritùra [av. 1320] s. f. ● (*raro*) Scoprimento.

†**scòpulo** o †**scòpolo** [vc. dotta, dal lat. *scŏpulu(m)* 'scoglio', dal gr. *skópelos* (V. *scoglio*)] s. m. ● (*lett.*) Scoglio: *quegli scopuli / dove temprava Amor suo' ardenti spiculi* (SANNAZARO).

scoraggiaménto [1766] s. m. ● Lo scoraggiarsi | Stato d'animo di chi è scoraggiato: *essere preso dallo s.*; *reagire allo s.*

scoraggiànte [1838] part. pres. di *scoraggiare*; anche agg. ● Che scoraggia, che deprime. || **scoraggianteménte**, avv.

scoraggiàre [da *coraggio*, con *s-*; av. 1250] **A** v. tr. (*io scoràggio*) ● Togliere il coraggio, indurre timore e sfiducia: *la dura sconfitta scoraggiò l'esercito* | (*est.*) Frenare, sconsigliare: *il maltempo ha scoraggiato i turisti*; *la politica del governo scoraggia gli investimenti.* **B** v. intr. pron. ● Perdere il coraggio, la fiducia.

scoraggiàto [sec. XIV] part. pass. di *scoraggiare*; anche agg. ● Che ha perduto il coraggio, la fiducia. || **scoraggiataménte**, avv.

scoraggiménto [da *scoraggire*; 1832] s. m. ● (*raro, tosc.*) Scoraggiamento.

scoraggìre [1765] v. tr. e intr. pron. (*io scoraggìsco, tu scoraggìsci*) ● (*tosc.*) Scoraggiare.

scoraménto [da *scorare*; 1699] s. m. ● Stato d'animo di chi è privo di fiducia, di ottimismo: *farsi prendere dallo s.*

scoràre [da *c(u)ore*, con *s-* (V. *accorare*); sec. XIII] v. tr. (*io scuòro*, o *scòro*; in tutta la coniug. la *o* dittonga preferibilmente in *uo* se tonica) ● (*lett.*) Avvilire, scoraggiare.

scoràto [1574] part. pass. di *scorare*; anche agg. ● (*lett.*) Sfiduciato, avvilito.

scorazzàre ● V. *scorrazzare.*

scorbacchiaménto [da *scorbacchiare*; 1726] s. m. ● (*raro*) Scherno, beffa.

scorbacchiàre [da †*corbacchio* (V.), con *s-*; 1525] v. tr. (*io scorbàcchio*) ● (*raro*) Schernire pubblicamente: *Andava scorbacchiandolo con tutti, amiche e parenti* (VERGA). SIN. Svergognare.

scorbacchiatùra [1891] s. f. ● (*raro*) Scorbacchiamento.

scorbellàto [da *corbello*, eufem. per 'coglione', con *s-*; 1863] agg.; anche s. m. ● (*pop.*) Che non ha riguardo o pazienza per nessuno, intrattabile. SIN. Sminchionato.

†**scòrbio** e *deriv.* ● V. *sgorbio* e *deriv.*

scorbutamìna [comp. di *scorbut(o)* e (*vit*)*amina*; 1960] s. f. ● Acido ascorbico, vitamina C.

scorbùtico [1674] **A** agg. (pl. m. *-ci*) ● Di scorbuto. **B** agg.; anche s. m. (f. *-a*) **1** Che (o Chi) è affetto da scorbuto. **2** (*fig.*) Che (o Chi) ha un carattere difficile, bisbetico, scontroso. || **scorbuticaménte**, avv.

scorbùto o **scòrbuto** [dal lat. scient. mediev. *scŏrbut(h)u(m)*, attrav. il neerl. *scuerbuyck*. Cfr. il russo mediev. *skrobotŭ* 'grattare'; 1611] s. m. ● Malattia dovuta a carenza di vitamina C, caratterizzata da cachessia ed emorragie diffuse.

scorciaménto [1631] s. m. ● (*raro*) Accorciamento | Riduzione.

scorciàre [lat. parl. **excurtiāre*, comp. di *ĕx-* (*s-*) e di un denominale di *cŭrtus* 'corto'; 1532] **A** v. tr. (*io scórcio*) **1** Rendere più corto, accorciare: *s. un vestito, i capelli.* **2** Rappresentare in scorcio: *s. un paesaggio.* **B** v. intr. pron. ● Divenire più corto: *le giornate si scorciano.* **C** v. intr. e intr. pron. (aus. *essere*) ● Apparire in scorcio: *secondo che questa o quella parte campeggia o si scorcia* (MANZONI).

scorciàto [1532] part. pass. di *scorciare*; anche agg. **1** Nei sign. del v. **2** (*arald.*) Detto di pezza che non tocca gli orli dello scudo. || **scorciataménte**, avv. In modo abbreviato.

scorciatóia [da *scorciare*; 1691] s. f. **1** Sentiero, via, strada secondaria che mette in comunicazione due luoghi con un percorso più breve rispetto a quello della strada principale: *prendere una s.*; *andare per la s.* **2** (*fig.*) Mezzo più rapido, più spiccio: *per ottenere in tempo il visto è necessaria una s.*

scorciatùra [1940] s. f. ● (*raro*) Scorciamento.

scórcio (**1**) [da *scorciare*; av. 1566] s. m. **1** Rappresentazione di un oggetto che giace su un piano obliquo rispetto all'osservatore in modo da apparire, secondo le norme di una visione prospettica, accorciato | ***Di s.***, (*fig.*) di sfuggita, da lontano | Vista limitata: *dal lago si può ammirare uno s. delle Alpi.* **2** Breve tempo che resta alla fine di un'epoca, di un periodo, di una stagione e sim.: *questo s. di secolo, d'autunno*; *nell'ultimo s. della prima guerra mondiale.*

scórcio (**2**) [da *scorciato*; 1532] agg. (pl. f. *-ce*) ● (*tosc.*) Scorciato.

scorcióne [da *scorciare*; av. 1850] s. m. ● (*tosc.*) Scorciatoia.

scorcìre [1883] v. tr. (*io scorcìsco, tu scorcìsci*) ● (*tosc.*) Scorciare.

†**scordaménto** (**1**) [da *scordare* (*1*); av. 1306] s. m. ● Dimenticanza.

scordaménto (**2**) [1960] s. m. ● (*raro*) Scordatura.

†**scordànza** [da *scordare* (*2*)] s. f. ● Discordia, discordanza | Sconcordanza.

♦**scordàre** (**1**) [calco su *ricordare*, con cambio di pref. (*s-*); av. 1306] **A** v. tr. (*io scòrdo*) (qlco.; + *di* seguito da inf.; + *che* seguito da indic.) ● Dimenticare, non ricordare più: *s. un nome, un indirizzo*; *s. le offese ricevute*; *scordarsi un appuntamento* | Tralasciare di fare qlco. per distrazione: *ho scordato un appuntamento*; *ha scordato di telefonarmi*; *quasi scordando che parlava con una pazza* (NIEVO). **B** v. intr. pron. (+ *di*, anche seguito da inf.; + *che* seguito da indic., lett. da congv.) ● Dimenticarsi, non ricordare più: *scordarsi di un nome, un indirizzo*; *mi sono scordato di un appuntamento*; *si è scordato di spegnere la luce*; *Non ti scordar che sei / Pria genitor che re* (METASTASIO); *mi scorderò che mi siate sorella* (GOLDONI).

scordàre (**2**) [calco su *accordare*, con *s-*; av. 1306] **A** v. tr. (*io scòrdo*) ● (*mus.*) Guastare l'accordatura a uno strumento. **B** v. intr. pron. **1** (*raro, lett.*) Essere in disaccordo: *gli autori si scordan qui con meco* (PULCI). **2** (*mus.*) Perdere l'accordatura: *il pianoforte si è scordato.*

scordàto (**1**) [1525] part. pass. di *scordare* (*1*); anche agg. ● Dimenticato.

scordàto (**2**) [av. 1556] part. pass. di *scordare* (*2*); anche agg. ● Nei sign. del v.: *un pianoforte s.* || **scordataménte**, avv. In modo stonato, senza accordo.

scordatùra [da *scordare* (*2*); 1873] s. f. ● (*mus.*) Alterazione dell'accordatura fondamentale di uno strumento a corde, con funzione di effetti speciali.

scòrdeo ● V. *scordio.*

scordévole [da *scordare* (*1*); 1541] agg. ● (*raro*) Che dimentica facilmente.

scòrdio o **scòrdeo** [dal lat. *scŏrdiu(m)*, dal gr. *skórdion*, di etim. incerta; 1561] s. m. ● Pianta delle Labiate con foglie dal forte odore agliaceo che cresce nei luoghi paludosi (*Teucrium scordium*).

scordonàre [da *cordone*, con *s-* (V. *cordonare*); 1957] v. tr. (*io scordóno*) ● (*raro*) Disfare un cordone.

score /ingl. skɔːɹ/ [vc. ingl., propr. 'tacca, intaglio', poi 'punto'; 1923] s. m. inv. **1** Conteggio dei punti conseguiti da un giocatore o da una squadra durante il gioco | Taccuino segnapunti. **2** Punteggio, risultato finale di una gara.

scoréggia (**1**) o †**coréggia** (**2**), †**corréggia** (**2**), **scorréggia**, (*pop.*) **scuréggia** [da *cor(r)eggia* (*2*), con *s-*; av. 1400] s. f. (pl. *-ge*) ● (*volg.*) Emissione rumorosa di gas intestinali. SIN. Peto.

†**scoréggia** (**2**) ● V. *correggia* (*1*).

scoreggiàre (**1**) o **scorreggiàre**, (*pop.*) **scureggiàre** [da *scoreggia* (*1*); av. 1400] v. intr. (*io scoréggio*; aus. *avere*) ● (*volg.*) Fare scoregge.

†**scoreggiàre** (**2**) [da *coreggia* (*1*) con *s-* intens.] v. tr. ● Percuotere con la coreggia.

†**scoreggiàta** [da *scoreggiare* (*2*)] s. f. **1** Colpo di coreggia: *voglio … che mi facciate dare cinquanta o bastonate o scoreggiate* (SACCHETTI). **2** (*raro*) Frusta, coreggia.

scòrfano o (*raro*) **scròfano** [m. dal lat. *scorpăena(m)* 'scorpena', dal gr. *skórpaina*, da *skorpíos* 'scorpione marino': la vc. gr. è prob. di orig. mediterr.; 1518] s. m. **1** (*zool.*) Scorpena. **2** (f. *-a*) (*fig., pop.*) Persona molto brutta.

♦**scòrgere** [lat. parl. **excorrĭgere* 'guidare, accompagnare con l'occhio', comp. di *ĕx-* (*s-*) e *corrĭgere* 'drizzare, metter sulla retta via' (V. *correggere*); av. 1311] v. tr. (pres. *io scòrgo, tu scòrgi*; pass. rem. *io scòrsi, tu scorgésti*; part. pass. *scòrto*) **1** (*raro, lett.*) Guidare, scortare, accompagnare. **2** Riuscire a vedere, discernere, riconoscere: *s. una luce*; *s. qlcu. da lontano*; *scorse l'amico tra la folla* | ***Farsi s.***, attirare l'attenzione su di sé; (*lett.*) fare brutta figura: *io non ho da farmi s., non ho da scomparire* (GOLDONI). **3** (*fig.*) Accorgersi di qlco.: *s. un pericolo, un inganno*; *s. il vero.* **4** †Domare, ammaestrare: *si dilettava di s. puledri* (SACCHETTI).

†**scorgiménto** [da *scorgere*; av. 1704] s. m. **1** Discernimento. **2** (*raro*) Cattiva figura.

†**scorgitóre** [av. 1406] s. m. (f. *-trice*) ● Chi scorge | Guida, scorta.

scòria [vc. dotta, dal lat. *scōria(m)* 'scoria', dal gr. *skōría*, da *skôr* 'escremento', di orig. indeur.; av. 1306] s. f. spec. al pl. nei sign. 3 e 4 **1** Residuo della fusione del ferro costituito dalle impurità del minerale e dalle materie aggiuntevi per fonderlo | ***Scorie Thomas***, sottoprodotto dell'industria dell'acciaio usato, ridotto in polvere, come concime fosfatico. **2** Brandello di lava, spesso spugnoso, espulso da un vulcano come elemento piroclastico o costituente la crosta di una colata. **3** (*fis.*) ***Scorie radioattive***, materiali di rifiuto, radioattivi, di un reattore o di un impianto nucleare. **4** (*fig.*) Residuo privo di valore, parte deteriore: *si vuole … gittar via le scorie e le male erbe* (DE SANCTIS).

scorificànte [1960] **A** part. pres. di *scorificare*; anche agg. ● Nei sign. del v. **B** s. m. ● (*metall.*) Fondente.

scorificàre [comp. di *scoria* e *-ficare*, sul modello del fr. *scorifier*; 1965] v. tr. (*io scorìfico, tu scorìfichi*) ● Sottoporre un metallo al processo di scorificazione.

scorificazióne [comp. di *scori(a)* e *-ficazione*; 1940] s. f. ● In metallurgia, operazione con cui si promuove la separazione della ganga sotto forma di scoria.

scornacchiàre [da *cornacchia*, con *s-*; 1566] v. tr. (*io scornàcchio*) ● (*tosc.*) Scorbacchiare.

scornàre [da *corno*, con *s-*; av. 1374] **A** v. tr. (*io scòrno*) **1** Rompere le corna. **2** (*fig.*) Svergognare, schernire, mettere in ridicolo. **B** v. intr. pron. **1** Rompersi le corna. **2** (*fig.*) Fallire in ciò che si è intrapreso traendone delusione e vergogna.

scornàto [sec. XIII] part. pass. di *scornare*; anche agg. **1** Con le corna rotte **2** (*fig.*) Svergognato, beffato.

scornatùra [da *scornare*; 1535 ca.] s. f. ● (*raro*) Rottura delle corna.

†**scorneggiàre** [da *corneggiare*, con *s-*; 1325 ca.] v. intr. ● Dare cornate.

scorniciaménto [av. 1574] s. m. ● (*raro*) Lo scorniciare (1).

scorniciàre (**1**) [da *cornice*, con *s-* intens.; av. 1519] v. tr. (*io scornìcio*) ● Lavorare a forma di cornice.

scorniciàre (**2**) [da *cornice*, con *s-* neg.] v. tr. (*io scornicio*) ● Togliere dalla cornice.

scorniciàto [da *scorniciare*; av. 1375] s. m. ● (*arch.*) Rifinitura con cornici modanate realizzata in un elemento architettonico.

scorniciatrice [da *scorniciare* (*1*); 1960] s. f. ● In falegnameria, fresatrice con frese a taglienti sagomati per ricavare vari profili sui listelli usati per fabbricare cornici, per la lavorazione delle perline e sim.

scorniciatùra [da *scorniciare* (*1*); 1873] s. f. ● Lavorazione a forma di cornice | Scorniciato.

scòrno [da *scornare*; av. 1294] s. m. ● Vergogna, profonda umiliazione, cui spesso s'aggiungono beffe e ridicolo, conseguenti a una sconfitta, un fallimento, un insuccesso: *avere s.*; *sentire uno s.*; *a s. di qlcu.*; *con grave s. di qlcu.*

scoronàre [da *coronare*, con *s-*; 1838] v. tr. (*io scoróno*) **1** Tagliare gli alberi a corona. **2** Togliere la corona: *s. un dente.*

scorpacciàta [comp. di *s-*, *corpacci(o)* e un deriv. collettivo f. da *-ato* (*1*); 1525] s. f. ● Grande mangiata, fino alla sazietà (*anche fig.*): *fare, farsi una s. di qlco.*

scorpèna o **scòrpena** [lat. *scorpăena(m)*, dal gr. *skórpaina*, ampliamento di *skorpíos* 'scorpione marino' (V. *scorfano*); 1544] s. f. ● Pesce marino degli Scorpeniformi con testa corazzata e munita di spine, ghiandole velenifere connesse ai raggi delle pinne e carni commestibili (*Scorpaena*). SIN. Scorfano.

Scorpenifórmi [comp. di *scorpena* e il pl. di *-forme*] s. m. pl. (sing. *-e*) ● Nella tassonomia animale, ordine dei Teleostei prevalentemente marini, comprendente, tra le altre, le forme note come scorpene o scorfani, della famiglia degli Scorpenidi, e i caponi, della famiglia dei Triglidi (*Scorpaeniphormes*).

†**scòrpio** ● V. *scorpione*.

scorpiòide [dal lat. *scŏrpio*, genit. *scorpiōnis* 'scorpione', con *-oide*, per una qualche somiglianza con la coda di quell'animale; 1745] agg. ● (*bot.*) Detto di infiorescenza che si sviluppa con fiori da un lato solo piegandosi come una coda di scorpione | *Ramificazione s.*, terminale, in cui l'accrescimento avviene sempre dalla stessa parte per atrofia dei rami di un lato.

scorpióne (1) o (*tosc.*) †**scarpióne**, †**scòrpio** nel sign. 3 [lat. *scorpiōne(m)*, dal gr. *skorpíos*, genit. *skorpíou*, prob. di orig. mediterr.; av. 1294] s. m. *1* (*zool.*) Nome di vari generi di Aracnidi, con addome che si prolunga in una coda sormontata all'apice da un pungiglione ricurvo velenoso e chele robuste per catturare la preda | *S. acquatico*, nepa. ➡ ILL. **animali**/3. *2* (*fig.*) Persona brutta e maligna. *3* Arma da getto usata dai Romani per lanciare dardi. || **scorpionàccio**, pegg. | **scorpioncèllo**, dim. | **scorpioncino**, dim.

Scorpióne (2) [V. *scorpione* (*1*)] A s. m. *1* (*astron.*) Costellazione dello zodiaco che si trova fra quella del Sagittario e quella della Bilancia. *2* (*astrol.*) Ottavo segno dello zodiaco, compreso tra 210 e 240 gradi dell'anello zodiacale, che domina il periodo compreso tra il 24 ottobre e il 22 novembre. ➡ ILL. **zodiaco**. B s. m. e f. inv. ● Persona nata sotto il segno dello Scorpione.

scorporàre [calco su *incorporare* (V.), con *s-*; av. 1444] v. tr. (*io scòrporo*) *1* Suddividere in più porzioni beni, spec. terreni, precedentemente riuniti e appartenenti a uno stesso proprietario, attribuendo le singole porzioni a diversi proprietari | Assegnare, da parte di una azienda ad un'altra azienda, una propria attività economica. *2* (*est.*) Separare, dividere, togliendo una parte da un intero, un'unità, un insieme: *s. il patrimonio artistico di una fondazione culturale*. *3* (*ragion.*) Separare i costi di un bene o di un servizio | *S. l'IVA*, determinare l'importo da versare all'erario a titolo di imposta sul valore aggiunto a partire dagli importi complessivi annotati sul registro dei corrispettivi | (*comm.*) Indicare separatamente il costo e l'IVA relativi a un bene o servizio.

scòrporo [av. 1665] s. m. ● Operazione dello scorporare | Porzione di beni scorporata | Nella legge elettorale italiana, sottrazione dal totale dei voti spettanti col sistema proporzionale alla lista che ha avuto il proprio candidato eletto col sistema maggioritario, di tutti (per il Senato) o di una parte (per la Camera) dei voti ottenuti da tale lista col sistema maggioritario stesso.

scorrazzaménto [1728] s. m. ● (*raro*) Lo scorrazzare | †Scorreria.

scorrazzàre, (*evit.*) **scorazzàre** [da *scorrere*, con suff. iter. *-azzare*; av. 1600] A v. intr. (aus. *avere*) *1* Correre in qua e in là spec. per divertimento: *i ragazzi scorrazzano in giardino inseguendosi* | Girovagare (con intonazione spreg.): *bande di teppisti che scorrazzano nelle periferie della città*. *2* (*fig.*) Passare rapidamente da un settore, da un interesse, all'altro: *s. in vari generi letterari*. *3* †Fare scorrerie. B v. tr. ● Percorrere rapidamente: *ha scorrazzato mezzo mondo*.

scorrazzàta [1965] s. f. ● Lo scorrazzare rapidamente | Breve gita, breve giro all'aperto.

scorredàre [da *corredare*, con *s-*; 1960] v. tr. (*io scorrèdo*) ● (*raro*) Privare del corredo.

scorrèggere [da *correggere*, con *s-*; av. 1400] v. tr. (coniug. come *reggere*) ● (*raro*) Correggere male, aggiungendo errori a ciò che era invece corretto.

scorrèggia e *deriv.* ● V. *scoreggia* (*1*) e *deriv.*

scorrènte part. pres. di *scorrere*; anche agg. ● Nei sign. del v.

†**scorrènza** [da *scorrente*; av. 1320] s. f. ● Fluidità | Diarrea.

♦**scórrere** [lat. *excŭrrere* 'correr fuori', comp. di *ĕx-* (*s-*) e *cŭrrere* 'correre'; av. 1250] A v. intr. (coniug. come *correre*; aus. *essere*) *1* Muoversi, spostarsi, lungo un percorso tracciato, dentro un condotto, su un supporto e sim.: *la fune scorre nella carrucola*; *il sangue scorre nelle vene*; *il paletto scorre fra gli anelli* | (*est.*) Fluire: *il fiume scorre fra due rive* | (*est.*) Colare: *dagli occhi le scorrono abbondanti lacrime*. *2* Correre rapidamente, senza incontrare ostacoli: *il film scorre sullo schermo* | Procedere bene, con coerenza: *il ragionamento non scorre*. *3* Trascorrere, passare: *il tempo scorre rapido*. *4* †Lasciarsi andare, eccedere: *scorrono spesso in costumi poco moderati* (CASTIGLIONE). B v. tr. *1* (*lett.*) Percorrere saccheggiando, fare scorrerie: *s. un territorio, le campagne*. *2* Percorrere con lo sguardo, leggere in fretta: *s. un libro, un giornale* | (*lett.*) Percorrere col pensiero, con la memoria: *s. il passato*.

scorrerìa [da *scorrere*; 1441] s. f. ● Incursione di banditi, soldati nemici, o sim. in un territorio per saccheggiarlo, devastarlo, portarvi offesa.

scorrettézza [1873] s. f. ● Caratteristica, condizione di chi (o di ciò che) è scorretto: *la s. di un negoziante* | (*est.*) Errore, inesattezza: *una traduzione piena di scorrettezze* | (*est.*) Atto, discorso e sim., scorretto: *scusarsi di una s.*

scorrètto [da *corretto*, con *s-*; av. 1565] A agg. *1* Che non è corretto, che contiene degli errori: *compito s.*; *traduzione scorretta*. SIN. Errato. *2* Che non è conforme ai principi dell'educazione, dell'onestà, della lealtà, del garbo e sim.: *comportamento, gesto s.*; *maniera, parola scorretta*; *essere s. nell'agire* | Falloso: *gioco, giocatore s.*; *partita scorretta*. *3* (*lett.*) Licenzioso, intemperante: *costumi scorretti*. SIN. Disdicevole, sconveniente. || **scorrettaménte**, avv. *1* In modo scorretto: *scrivere scorrettamente*. *2* †Viziosamente: *vivere scorrettamente*. B in funzione di avv. ● (*raro*) In modo licenzioso, sconveniente: *parlare s.*

scorrévole [da *scorrere*; 1612] A agg. *1* Che scorre: *nastro s.* *2* Che scorre facilmente: *inchiostro s.* SIN. Fluente, fluido. CONTR. Viscido, viscoso. *3* (*fig.*) Che procede con scioltezza, agilità, disinvoltura: *stile, discorso s.*; *prosa colorita e s.* || **scorrevolménte**, avv. In maniera scorrevole. B s. m. ● Elemento che può scorrere lungo una superficie, un asse, una guida, e sim. | *S. del regolo calcolatore*, parte centrale che si fa scorrere rispetto alla parte fissa.

scorrevolézza [1832] s. f. ● Caratteristica, proprietà di ciò che è scorrevole.

scorrezióne [da *correzione*, con *s-*; 1539] s. f. ● (*raro*) Scorrettezza | Errore, inesattezza. || **scorrezioncèlla**, dim.

scorribànda [comp. di *scorrere* e *banda* (*3*); 1623] s. f. *1* Breve scorreria di una banda armata: *la recente s. ha portato il panico*. *2* (*scherz.*) Rapida escursione: *facciamo una s. in città?* *3* (*fig.*) Rapida digressione in una materia, un argomento, un campo di studi e sim. diversi dai propri interessi e studi abituali: *facemmo un'affascinante s. nella letteratura orientale*.

scorribandàre [1939] v. intr. (aus. *avere*) ● (*raro*) Compiere scorribande.

†**scorribàndola** s. f. ● Scorribanda.

scorridóra [f. di *scorridore*; 1889] s. f. ● Anticamente, imbarcazione armata che percorreva le coste per servizi di finanza, sanità, polizia.

†**scorridóre** [da *scorrere*; 1325 ca.] s. m. *1* Soldato in servizio di avanscoperta. *2* (*raro*) Vagabondo: *alcuni … si gloriano, d'avere a pascere molti oziosi o scorridori* (ALBERTI).

scorriménto [1340 ca.] s. m. *1* Lo scorrere: *lo s. delle acque, del traffico* | *Irrigazione per s.*, consistente nel far scorrere, sul terreno opportunamente sistemato, l'acqua in sottile strato | *Strada di s.*, strada urbana di comunicazione veloce. *2* (*fis.*) Deformazione elastica dei corpi, consistente nello slittamento di strati l'uno sull'altro, dovuta a sollecitazione di taglio o torsione. *3* (*mecc.*) Differenza di velocità angolare tra il campo magnetico rotante e il rotore nei motori elettrici a induzione. *4* †Scorreria.

†**scorritóio** [da *scorrere*; av. 1400] agg. ● Scorsoio.

†**scorrubbiàrsi** [sovrapposizione di *arrabbiare* e *scorrucciarsi*] v. intr. pron. ● Crucciarsi, arrabbiarsi: *con Morgante assai si scorrubbiava* (PULCI).

scorrucciàrsi [da *corrucciare*, con *s-*; 1542] v. intr. pron. (*io mi scorrùccio*) ● (*lett.*) Adirarsi, corrucciarsi: *Non scorrucciarti con me ora, o Patroclo* (PASCOLI).

scorrùccio [da *corruccio*, con *s-*; 1536] s. m. *1* (*tosc.*) Sdegno, corruccio. *2* (*lett.*) Dolore, afflizione | Lutto: *Mi dicono cessato in Parma il carnevale a cagion dello s.* (MURATORI).

scórsa [f. sost. di *scorso*; av. 1566] s. f. *1* Atto dello scorrere qlco. in fretta | Lettura rapida e frettolosa: *dare una s. al giornale*; SIN. Sfogliata. *2* (*disus.*) Viaggio e breve soggiorno in un luogo: *dare una s. in città*; *dare una s. a Roma*. || **scorserèlla**, dim. | **scorsettina**, dim.

scórsi (1) ● V. *scorgere*.

scórsi (2) ● V. *scorrere*.

♦**scórso** [1340 ca.] A part. pass. di *scorrere*; anche agg. *1* Nei sign. del v. *2* Detto del più recente tempo già passato: *l'anno, il secolo s.*; *nei giorni scorsi*. *3* (*lett.*) Trascorso, passato. B s. m. ● Errore involontario, sfuggito per fretta o distrazione: *uno s. di lingua, di penna*.

scorsóio [da *corsoio* (V.), con *s-*; av. 1484] agg. ● Che è fatto per scorrere, spec. nella loc. *nodo s.*, nodo fatto all'estremità di una fune, un cavo e sim., in modo tale da formare un laccio che quanto più si tira tanto più si stringe.

♦**scòrta** o (*lett.*) †**iscòrta** nei sign. A [f. sost. di *scorto* (*1*); 1308] A s. f. *1* Attività dello scortare per accompagnare, proteggere: *fare la s. a qlcu.*; *essere di s. a qlcu.* | *Sotto la s. di qlcu.*, *con la s. di qlcu.*, con l'aiuto, la guida, di qlcu. | *Sulla scorta di*, in base a, conformemente a: *ci regoleremo sulla s. della sua opinione*. *2* (*est.*) Persona o insieme di persone che scortano qlcu. o qlco.: *fare da s.*; *personale di s.*; *la s. di un treno*; *amor … / sia la mia s. e 'nsegnimi 'l cammino* (PETRARCA) | (*mil.*) Drappello o reparto armato al seguito di persone, convogli e sim. per dare protezione contro eventuali offese nemiche. *3* Provvista di beni e materiali vari accantonata per essere usata in caso di necessità: *avere una piccola s. di denaro*; *fare s. di medicinali*; *portarsi dietro una buona s. di viveri*; *l'esercito ha esaurito le scorte* | *Di s.*, si dice di tutto ciò che si conserva per i casi imprevisti, i bisogni improvvisi e sim.: *materiali di s.*; *ruota di s.* *4* (*spec. al pl.*) Riserve di materiali necessari alla produzione, o dei prodotti semilavorati, o di quelli finiti, accantonate da un'azienda e in attesa di essere utilizzate: *scorte di magazzino*; *s. minima, massima*. *5* (*al pl.*) Capitale agrario dell'azienda | *Scorte vive*, bestiame | *Scorte morte*, macchine, attrezzi, mangimi, lettimi, letame, sementi e sim. B in funzione di agg. inv. ● (posposto al s.) Che serve o deve servire di scorta: *nave s.*; *auto s.*

scortàre (1) [da *scorta*; 1313] v. tr. (*io scòrto*) ● Fare la scorta, accompagnare per proteggere, difendere, onorare e sim.: *s. un prigioniero*; *l'automobile del ministro è scortata da due motociclisti*.

scortàre (2) [dal lat. *curtāre* 'scortare', da *cŭrtus* 'corto', con *s-*; 1325 ca.] A v. tr. (*io scórto*) *1* (*region.*) Abbreviare, accorciare. *2* (*raro, lett.*) Rappresentare, dipingere in scorcio. B v. intr. ● †Apparire in scorcio: *negli spicchi della volta … sono molti putti che scortano* (VASARI).

scortecciaménto [1623] s. m. ● Lo scortecciare.

scortecciàre [da *corteccia*, con *s-*; av. 1320] A v. tr. (*io scortéccio*) *1* Togliere la corteccia: *s. un tronco*. *2* (*est.*) Togliere l'intonaco, il colore, la vernice e sim. | *S. il pane*, levarne la crosta. B v. intr. pron. ● Perdere la corteccia, l'intonaco, la vernice e sim.

scortecciàto part. pass. di *scortecciare*; anche agg. ● Nei sign. del v.

scortecciatóio [da *scortecciare*; 1965] s. m. ● Strumento tagliente per togliere la corteccia.

scortecciatóre [1957] s. m. (f. *-trice*) ● Operaio addetto alla scortecciatura delle piante.

scortecciatrice [da *scortecciare*; 1960] s. f. *1* Macchina che asporta la corteccia dal legno per cellulosa. *2* Macchina usata per pulire il grano. SIN. Spuntatrice.

scortecciatùra [1873] s. f. ● Operazione dello scortecciare | Parte, superficie, scortecciata.

scortése [da *cortese*, con *s-* priv.; av. 1348] agg. ● Che manca di cortesia, garbo, gentilezza, educazione: *non essere s. con gli altri* | Che è fatto, detto o sim. in modo scortese: *risposta, rifiuto s.*; *parole scortesi*. SIN. Maleducato, sgarbato, villano. CONTR. Cortese, gentile. || **scortesemente**, avv. Senza cortesia, in modo sgarbato.

scortesìa [da *cortesia*, con *s-*; av. 1313] s. f. ●

Caratteristica di chi (o di ciò che) è scortese | Atto, discorso e sim. scortese: *dire, fare, farsi, scortesie*; *è gran s. / a voler contrastar con avvantaggio* (BOIARDO).

scorticagàtti [comp. di *scortica(re)* e il pl. di *gatto*] s. m. e f. inv. ● (*scherz., disus.*) Medico, chirurgo, particolarmente incapace.

scorticaménto o †**escorticaménto** [av. 1320] s. m. *1* Atto dello scorticare. *2* (*med., raro*) Decorticazione.

scorticàre [lat. tardo *excorticāre* 'scortecciare', comp. di *ĕx-* (*s-*) e di un denominale di *cŏrtex*, genit. *cŏrticis* 'corteccia' (V. *corteccia*); 1312] v. tr. (*io scórtico* o *scòrtico, tu scórtichi* o *scòrtichi*) *1* Levare la pelle ad animali uccisi. *2* Produrre un'abrasione, una leggera lacerazione della pelle: *il chiodo m'ha scorticato un dito*; *scorticarsi un braccio, un ginocchio*. *3* (*fig.*) Richiedere prezzi esagerati: *in quel ristorante scorticano i clienti*. *4* (*fig.*) Esaminare con rigore ed eccessiva severità: *all'esame ci hanno scorticati*.

scorticatóio [1536] s. m. *1* Luogo addetto alla scorticatura di animali uccisi. *2* Coltello usato per scorticare gli animali uccisi.

scorticatóre [av. 1313] s. m. (f. *-trice*) *1* Chi scortica. *2* (*fig.*) Strozzino, usuraio.

scorticatùra [1340 ca.] s. f. *1* Operazione dello scorticare. *2* Abrasione della pelle.

†**scorticazióne** s. f. ● Scorticatura | Parte privata della corteccia.

scortichìno [1805] s. m. *1* (f. *-a*) Chi scortica le bestie macellate. *2* Coltello per scorticare, scorticatoio. *3* (f. *-a*) (*fig.*) Strozzino, usuraio.

†**scortìre** v. tr. ● (*tosc.*) Scortare, nel sign. di *scortare* (*2*).

scòrto (**1**) [1294] **A** part. pass. di *scorgere*; anche agg. *1* Nei sign. del v. *2* †Accorto, avveduto. *3* †Chiaro, disinvolto. || †**scortaménte**, avv. Avvedutamente, accortamente. **B** in funzione di avv. ● †Chiaramente, apertamente: *parlare, giudicare, vedere, s.*; *il tuo parlare assai ci mostra s. / che tu sia grato* (PULCI).

†**scòrto** (**2**) [da *scortare* (*2*) 'accorciare'; av. 1574] s. m. ● Scorcio, nel sign. di *scorcio* (*1*).

scòrza [lat. *scŏrtea* 'pelle, pelliccia', f. sost. dell'agg. *scŏrteus*, da *scŏrtum* 'pelle, cuoio', connesso con *cŏrium* 'cuoio' (V. *cuoio*); 1319] s. f. *1* Parte della corteccia degli alberi all'esterno del felloгeno, costituita da elementi morti. *2* (*est.*) Grossa buccia di alcuni frutti: *s. del limone, dell'arancia, delle castagne*. *3* (*est.*) Pelle di alcuni animali: *la s. del serpente*. *4* (*est., fig.*) Pelle umana | ***Avere la s. dura, essere di s. dura***, e sim., essere particolarmente resistente alle fatiche | (*raro, lett.*) Corpo, involucro carnale: *lasciando in terra la terrena s.* (PETRARCA). *5* (*fig.*) Esteriorità, aspetto superficiale: *penetrare entro, oltre, la s.*; *sotto una ruvida s. si nasconde un timido*. *6* (*disus.*) Niente, con valore raff. nelle loc. negative ***non valere, non capire, una s.*** e sim. || **scorzétta**, dim. (V.) | **scorzettina**, dim.

scorzàre [sec. XIV] v. tr. (*io scòrzo*) ● (*region.*) Levare la scorza, scortecciare, sbucciare.

scorzatrice [da *scorzare*; 1963] s. f. ● Attrezzo usato per togliere la corteccia dalle piante.

scorzatùra [1838] s. f. ● Lo scorzare | Parte scorzata.

scorzétta [av. 1597] s. f. *1* Dim. di *scorza*. *2* Piccola e sottile striscia della buccia di frutti, spec. limoni o arance: *aperitivo con la s.*; *scorzette candite*.

scòrzo [lat. *scŏrteu(m)* 'sacco di pelle', da *scŏrtum* 'pelle, cuoio'; 1938] s. m. ● Unità di misura di superficie ancora usata nella campagna romana, pari a 11,55 are | Unità di misura di volume, pari a 13,4 litri.

scorzóne (**1**) [lat. tardo *curtiōne(m)* 'vipera', con prob. sovrapposizione di *scŏrtea* 'pelle'; av. 1557] s. m. ● (*zool.*) Pesce della famiglia degli Sparidi con carni abbastanza pregiate (*Cantharus orbicularis*).

scorzóne (**2**) [da *scorza*; 1566] s. m. ● (*raro*) Persona rozza e scontrosa. || **scorzonàccio**, pegg.

scorzonèra [dallo sp. *escorzonera*, dal catalano *escurçonera*, da *escurçó* 'vipera', che ha uguale orig. dell'it. *scorzone* (*1*); 1582] s. f. *1* Genere di piante erbacee perenni delle Composite, a distribuzione eurasiatica, con capolini a fiori gialli, rosei o porporini, e foglie alterne, gener. lineari (*Scorzonera*). *2* Radice di *Scorzonera hispanica*, usata come ortaggio. ➡ ILL. **piante**/9.

scorzóso [da *scorza*; 1865] agg. ● (*raro*) Che ha scorza dura e spessa.

scoscéndere o **scoscèndere** [dal lat. *conscĭndere* 'lacerare', comp. di *cŭm* e *scĭndere* 'strappare', con *s-* e inserito nella sfere di *scendere*; 1313] **A** v. tr. (coniug. come *scendere*) ● (*lett.*) Rompere, schiantare: *s. alberi, rami*. **B** v. intr. e intr. pron. (aus. *essere*) *1* (*lett.*) Rovinare, franare. *2* (*lett.*) Scendere a valle: *ove il torrente scoscende* (CARDUCCI) | Scendere a picco, scendere in pendio: *greppo che scoscende, / discende verso il mare* (MONTALE).

scoscendiménto [1691] s. m. *1* Lo scoscendere, lo scoscendersi. *2* Luogo scosceso. *3* Frana rapida e improvvisa | Caduta di rocce.

scoscéso [1541] part. pass. di *scoscendere*; anche agg. ● Che scende a picco o in forte pendio, dirupato, erto: *lungo s.* || **scoscesaménte**, avv.

scosciàre [da *coscia*, con *s-*; av. 1406] **A** v. tr. (*io scòscio*; fut. *io scoscerò*) *1* Slogare le cosce, spec. in seguito a cadute, urti, e sim. *2* Rompere, staccare, le cosce di un animale cucinato: *s. un pollo*. **B** v. intr. pron. ● Nella danza, divaricare al massimo le gambe.

scosciàta [1865] s. f. ● Scoscio, spaccata. || **scosciatina**, dim.

scosciàto [1957] part. pass. di *scosciare*; anche agg. *1* Nei sign. del v. | Che mostra le cosce: *una donna scosciata*. *2* Detto di indumento che scopre molto le cosce: *slip, costume da bagno s.* CFR. Sgambato.

scosciatùra [da *scosciare*; 1960] s. f. ● Rottura per cause accidentali di una branca o di un ramo di un albero in corrispondenza del punto di inserzione.

scòscio [da *scosciare*; 1863] s. m. *1* Movimento di danza in cui il ballerino divarica al massimo le gambe. SIN. Spaccata. *2* Incavatura tra le cosce dei calzoni.

scòssa [f. sost. di *scosso*; 1313] s. f. *1* Movimento brusco, violento: *dare, ricevere, una s.* | Balzo, sussulto improvviso: *una s. di terremoto* | ***S. di pioggia***, breve rovescio | ***S. elettrica***, senso di tremito che si riceve dalla scarica di una corrente elettrica | ***A scosse***, a balzi: *camminare, procedere, a scosse*. *2* (*med.*) Applicazione elettroterapica nell'elettroshock. *3* (*fig.*) Grande dolore, profondo turbamento: *la morte dell'amico per lui è stata una s.* | Danno, contrarietà, di ordine finanziario, economico e sim.: *il fallimento della ditta è stato una brutta s.* || **scosserèlla**, dim. | **scossétta**, dim. | **scossettina**, dim. | **scossóne**, accr. m. (V.).

scossàle [vc. dial. sett. dal longob. *skauz* 'lembo dell'abito'; 1960] s. m. ● (*sett.*) Grembiule.

scossalina [da *scossale* 'grembiule' in senso fig.] s. f. ● (*edil.*) Elemento, gener. in lamiera di rame o di ferro zincato, posto a protezione dalle infiltrazioni di acqua piovana sulle giunzioni tra le falde.

scossàre [da *scossa*; 1480] v. tr. (*io scòsso*) ● (*tosc.*) Scuotere, agitare in qua e in là.

scòsso [av. 1311] part. pass. di *scuotere*; anche agg. *1* Nei sign. del v. | (*fig.*) Molto turbato: *è molto s. per la morte dell'amico*; *avere i nervi scossi*. *2* †Privato, spogliato: *quand'i' sia di questa carne s. / sappia 'l mondo che dolce è la mia morte* (PETRARCA) | (*tosc.*) ***Cavallo s.***, senza cavaliere.

scossóne [da *scossa*; 1913] s. m. *1* Accr. di *scossa*. *2* (*anche fig.*) Brusca scossa improvvisa.

scostaménto [av. 1667] s. m. *1* Allontanamento, separazione. *2* (*tecnol.*) Distanza dalla dimensione nominale dei limiti di tolleranza massimi e minimi. *3* (*stat.*) Indice di variabilità | ***S. semplice medio dalla media aritmetica***, media aritmetica delle differenze in valore assoluto degli scarti di ciascun termine dalla loro media aritmetica | ***S. quadratico medio dalla media aritmetica***, media quadratica degli scarti di ciascun termine dalla loro media aritmetica.

scostànte [1960] part. pres. di *scostare*; anche agg. *1* Nei sign. del v. *2* Che allontana da sé, che suscita antipatia: *che individuo s.!*; *modi scostanti*.

scostàre [da *costa*, con *s-* (V. *accostare*); 1313] **A** v. tr. (*io scòsto*) *1* Spostare, allontanare, una persona o una cosa da un'altra cui stava vicino: *s. un tavolo dal muro*. *2* Evitare, sfuggire: *ora che è malato tutti lo scostano*. *3* (*assol.*) Discostare, allontanare un'imbarcazione da un'altra, dalla riva o sim. **B** v. intr. (aus. *avere*) ● (*raro*) Rimanere scostato, non accostare: *la poltrona scosta dalla parete*. **C** v. rifl. e intr. pron. *1* Allontanarsi, discostarsi, da una cosa o da una persona cui si stava vicino: *scostati, altrimenti non passo*. *2* (*fig.*) Deviare: *scostarsi dalle proprie abitudini*.

†**scòsto** [da *scostare*] agg. ● (*raro*) Discosto, lontano: *Strozzo … andava s. un poco* (L. DE' MEDICI).

scostolàre [da *costola*, con *s-*; 1873] v. tr. (*io scòstolo*) ● Levare la costola, spec. alle verdure.

†**scostumatàggine** s. f. ● Scostumatezza.

scostumatézza [sec. XIV] s. f. ● Condizione di chi (o di ciò che) è scostumato | Atto, discorso e sim., da persona scostumata.

scostumàto [da *costume*, con *s-*; 1338 ca.] agg.; anche s. m. (f. *-a*) *1* Che (o Chi) si comporta in modo contrario alle regole della decenza, della morale: *donna, vita scostumata*. SIN. Dissoluto, licenzioso, sfrenato. CONTR. Castigato, morigerato. *2* (*lett., region.*) Maleducato, zotico. || **scostumataménte**, avv. In modo scostumato, senza creanza.

†**scostùme** [da *costume*, con *s-*; av. 1400] s. m. ● Scostumatezza.

scòtano [lat. *rōs* (*rhūs*) *cŏtanu(m)*, variante di *cŏtinus*, dal gr. *kótinos* 'cotino', di etim. incerta; 1303] s. m. ● Arbusto delle Anacardiacee dal fusto a forte odore resinoso, foglie semplici ovali, ricche di tannino (*Rhus cotinus*) | ***S. americano***, coltivato come arbusto ornamentale, a foglie imparipennate e frutti rossi e pelosi (*Rhus typhina*).

scotch /ingl. skɔtʃ/ [vc. ingl., propr. 'scozzese'; 1935] s. m. inv. *1* Whisky scozzese. *2* *Scotch*®, marchio registrato di un nastro autoadesivo.

scotennaménto [1989] s. m. ● Atto dello scotennare.

scotennàre [da *cotenna*, con *s-*; sec. XIV] v. tr. (*io scoténno*) *1* Levare la cotenna, spec. ai maiali macellati. *2* (*antrop.*) Levare il cuoio capelluto: *alcune tribù di pellirosse usavano s. i nemici*.

scotennatóio [1838] s. m. ● Strumento affilato usato per scotennare i maiali.

scotennatóre [1960] s. m.; anche agg. (f. *-trice*) ● Chi (o Che) scotenna.

scotennatùra [1960] s. f. *1* Operazione dello scotennare. *2* (*antrop.*) Usanza tribale di togliere al nemico vinto o comunque ucciso il cuoio capelluto per ornarsene la persona, tipica degli Amerindi settentrionali e di alcune popolazioni siberiane e centro-asiatiche.

scotère ● V. *scuotere*.

scotésti ● V. *scuotere*.

scoticàre [lat. parl. **excuticāre*, comp. di *ĕx-* (*s-*) e di un denominale di **cŭtica* 'cotica'; 1838] v. tr. (*io scótico, tu scótichi*) *1* (*tosc.*) Scotennare. *2* (*agr.*) Lavorare la terra con lo scoticatore.

scoticatóre [da *scoticare*; 1960] s. m. ● (*agr.*) Avanvomere usato per rimuovere la cotica erbosa di prati e sim.

scotiménto ● V. *scuotimento*.

scotio [1873] s. m. ● (*raro*) Scuotimento prolungato e ripetuto.

scotismo [da G. D. *Scoto* (1266 ca.-1308); 1960] s. m. ● Complesso delle dottrine del pensatore medievale G. Duns Scoto, filtrate nella tradizione filosofica successiva.

scotista [1725] s. m. e f. (pl. m. *-i*) ● Chi segue lo scotismo.

scotistico [1725] agg. (pl. m. *-ci*) ● Che si riferisce a G. Duns Scoto e allo scotismo.

scotitóio ● V. *scuotitoio*.

scotitóre ● V. *scuotitore*.

scòto o **scòtto** (**3**) [vc. dotta, dal tardo lat. *Scŏtu(m)*, sing. di *Scŏti* (nom.), n. degli antichi abitanti della Caledonia e dell'Irlanda; av. 1321] agg.; anche s. m. *1* Appartenente a un antico popolo celtico, originario dell'Irlanda. *2* (*lett.*) Scozzese: *Lì si vedrà la superbia … / che fa lo Scotto … folle* (DANTE *Par.* XIX, 121-122).

scòto- [dal gr. *skótos* 'tenebre, oscurità' con altri riscontri indeur.] primo elemento ● In parole composte della terminologia scientifica, significa 'oscurità', 'tenebre': *scotofilo, scotofobia*.

scotòfilo [comp. del gr. *skótos* 'oscurità' e *-filo*; 1960] agg. ● (*biol.*) Detto di organismo che predilige i luoghi poco illuminati.

scotofobìa [comp. di *scoto-* e *-fobia*; 1960] s. f. ● (*psicol.*) Paura morbosa dell'oscurità.

scotòfobo [da *scotofobia*; 1960] agg. ● (*psicol.*)

Che è affetto da scotofobia.

scòtola [da *scotolare*; av. 1320] **s. f.** ● Stecca di legno o ferro per scotolare lino o canapa.

scotolàre [lat. parl. **excutulāre*, iter. di *excŭtere* 'scuotere' (V. *scuotere*); 1545] **v. tr.** (*io scòtolo*) ● Battere lino o canapa con la scotola o con apposita macchina per separare le fibre tessili dalle legnose.

scotòma [comp. di *scot(o)*- e *-oma*; 1829] **s. m.** (pl. *-i*) ● (*med.*) Difetto nel campo visivo causato da lesione di un punto qualsiasi delle vie ottiche, per cui la facoltà di percezione è ridotta o nulla.

scotomàtico [vc. dotta, dal lat. *scotomăticu(m)* 'sofferente di scotomia', dal gr. *skotōmatikós*, da *skótōma* 'vertigine'; 1865] **agg.** (pl. m. *-ci*) ● (*med.*) Di scotoma | Che soffre di scotoma.

scotomizzàre [comp. di *scotom(a)* e *-izzare*; 1970] **v. tr.** ● (*psicol.*) Rifiutarsi di percepire gli aspetti dell'ambiente e di sé che creino un conflitto intrapsichico.

scotomizzazióne [da *scotomizzare*; 1985] **s. f.** ● (*psicol.*) Lo scotomizzare.

scòtta (1) [dallo sp. *escota*, deriv., attraverso l'ant. fr. *escote*, dall'ant. nordico *skaut* 'angolo inferiore della vela'; 1532] **s. f.** ● (*mar.*) Manovra corrente che serve a regolare l'orientamento delle vele | ***Angolo, punto di s.***, quello inferiore poppiero della vela, cui è collegata la scotta. ➡ ILL. p. 2155 SPORT; p. 2173 TRASPORTI. || **scottìna**, dim.

scòtta (2) [lat. *excŏcta(m)*, part. pass. f. sost. di *excŏquere* 'cuocere', comp. di *ĕx-* (*s-*) e *cŏquere* 'cuocere'; 1612] **s. f.** ● Siero non rappreso che rimane nella caldaia quando si fa il formaggio o la ricotta.

scottadito [comp. di *scotta(re)* e *dito*; 1970] **vc.** ● Solo nella loc. avv. e agg. inv. (*a*) *s.*, di vivande arrostite, sbollentate e sim., e subito mangiate: *cuocere a s.*; *abbacchio*, *polipi* (*a*) *s.*

scottaménto [1623] **s. m.** ● Lo scottare, lo scottarsi | Scottatura, ustione.

scottànte [av. 1597] **part. pres.** di *scottare*; anche **agg.** *1* Nei sign. del v. *2* (*fig.*) Grave, urgente, che necessita una pronta soluzione: *problemi scottanti.*

scottàre [lat. parl. **excoctāre*, da *excŏctus*, part. pass. di *excŏquere* 'cuocere', comp. di *ĕx-* (*s-*) e *cŏquere* 'cuocere'; 1483] **A v. tr.** (*io scòtto*) *1* Dare senso di bruciore, produrre un'ustione, a causa dell'accostamento a una fonte di calore intenso, al fuoco, ai raggi solari, e sim.: *la fiamma mi ha scottato una mano*; *il sole ci scotta le spalle* | ***Scottarsi la lingua***, ***il palato*** e sim., bevendo o mangiando cibi troppo caldi. *2* (*est.*) Sottoporre a una brevissima cottura: *s. la carne, la verdura.* *3* (*fig.*) Recare irritazione, dolore, dispiacere: *è stato scottato da quelle parole*; *il giudizio degli amici lo scotta.* **B v. rifl.** e **intr. pron.** ● Prodursi un'ustione, un senso di bruciore, a causa dell'accostamento a una fonte di calore intenso, al fuoco, ai raggi solari e sim.: *si è scottato con un ferro rovente*; *al mare spesso ci si scotta.* **C v. intr.** (aus. *avere*) *1* Emettere molto calore, tanto da poter bruciare, ustionare e sim.: *oggi il sole scotta*; *non mangiare subito la minestra perché scotta* | Essere molto, troppo, caldo: *mi scotta la fronte*; *gli scottano le mani* | (*fig.*) ***Gli scotta la terra sotto i piedi***, è impaziente di fare qlco., ha timore di qlcu. o di qlco. *2* (*fig.*) Causare profondo interesse, viva preoccupazione e sim.: *la situazione politica scotta*; *è una questione che scotta*; *il bottino scotta.* **D v. intr. pron.** ● Passare attraverso esperienze spiacevoli rimanendone amareggiato, deluso: *con le donne si è scottato diverse volte.*

scottàta [1875] **s. f.** ● Atto dello scottare leggermente, spec. cibi: *dare una s. al pollo.* || **scottatina**, dim.

scottàto [1483] **part. pass.** di *scottare*; anche **agg.** ● Nei sign. del v. | (*fig.*) Profondamente deluso e turbato per un'esperienza negativa: *è già rimasto s. una volta, e non ci riproverà.*

scottatrice [1965] **s. f.** ● Macchina per scottare cibi da inscatolare.

scottatùra [sec. XIV] **s. f.** *1* Lo scottare, lo scottarsi: *s. grave, leggera, dolorosa.* *2* Ustione. *3* (*fig.*) Esperienza spiacevole che lascia un senso di delusione, dolore e sim. || **scottaturina**, dim.

scòttico [vc. dotta, dal lat. *Scŏtticu(m)*, da *Scŏtus* 'Scoto'; 1960] **agg.** (pl. m. *-ci*) ● (*lett.*) Scozzese.

scòtto (1) [dal francone *skot* 'tassa'; 1300] **s. m.** *1* (*raro, lett.*) Conto che si paga all'oste | (*fig.*) ***Pagare lo s.***, espiare, subire le conseguenze: *ha pagato lo s. della sua inesperienza.* *2* †Vitto | †***Tenere qlcu. a s.***, a pensione.

scòtto (2) **part. pass.** di *scuocere*; anche **agg.** ● Che è passato di cottura, che è troppo cotto: *risotto s.*

scòtto (3) ● V. *scoto.*

scout /skaut, *ingl.* skaot/ [vc. ingl., abbr. di *boy scout* 'esploratore'; 1950] **A s. m. e f. inv.** ● Boy scout. CFR. Guida. **B** in funzione di **agg. inv.** ● (posposto al s.) Che si riferisce ai boy scout: *campo, raduno, s.*

scoutismo /skau'tizmo/ o **scautismo** [da *scout*, con *-ismo*; 1915] **s. m.** ● Movimento giovanile fondato nel 1908 da R. Baden-Powell, che si propone di sviluppare nei giovani l'interesse alla vita democratica, di favorire il loro spirito d'avventura, di porli a diretto contatto con la natura.

scoutista /skau'tista/ o **scautista** [1936] **s. m. e f.** (pl. m. *-i*) ● Chi fa parte di un gruppo di scout.

scoutìstico /skau'tistiko/ o **scautìstico** [1942] **agg.** (pl. m. *-ci*) ● Che è proprio dello scoutismo.

scovaménto [av. 1742] **s. m.** ● (*raro*) Lo scovare.

scovàre [da *covo*, con *s-*; 1534] **v. tr.** (*io scóvo*) *1* Fare uscire dal covo: *s. la lepre.* *2* (*fig.*) Scoprire, riuscire a trovare, spec. qlcu. o qlco. a lungo cercato o generalmente difficile a trovarsi: *ti ho scovato, finalmente!*; *ho scovato un negozietto molto conveniente.*

†**scoverchiàre** ● V. *scoperchiare.*

scovolino [1960] **s. m.** *1* Dim. di *scovolo.* *2* Piccolo attrezzo filiforme di feltro per pulire pipe, pistole e altre piccole cavità.

scóvolo [lat. *scōpula(m)*, dim. di *scōpa*, *scōpae* 'scopa' con cambio di genere, attraverso i dial. veneti; 1609] **s. m.** *1* Spazzola cilindrica inastata per pulire l'interno della bocca da fuoco o della canna di un'arma da fuoco. *2* Spazzola cilindrica munita di un lungo manico usata per pulire l'interno di bottiglie, fiaschi e sim. || **scovolino**, dim. (V.).

scovrìre e *deriv.* ● V. *scoprire* e *deriv.*

scòzia [dal lat. *scŏtia(m)*, dal gr. *skotía*, da *skótos* 'oscurità'; av. 1452] **s. f.** ● (*arch.*) Modanatura concava, usata spesso nelle basi delle colonne. ➡ ILL. p. 2117 ARCHITETTURA.

scozzàre [calco su *accozzare*, con cambio di pref. (*s-*); av. 1601] **v. tr.** (*io scòzzo*) *1* Mescolare le carte da gioco prima di distribuirle o di iniziare il gioco. *2* Detto delle palle da biliardo, battere contro le sponde e tornare sulla palla da colpire.

scozzàta [1873] **s. f.** ● Rimescolata delle carte: *dare una s.* || **scozzatina**, dim.

scozzése [da *Scozia*, dal lat. tardo *Scōtia(m)* 'Scozia', da *Scōti*; 1532] **A agg.** *1* Della Scozia | ***Stoffa***, ***tessuto*** e sim. ***s.***, caratterizzati dal disegno variamente quadrettato a colori contrastanti che servivano un tempo a distinguere le diverse tribù scozzesi | ***Doccia s.***, fatta alternando acqua calda e acqua fredda; (*est., fig.*) successione rapida e violenta di avvenimenti piacevoli e spiacevoli | ***Danza s.***, antica danza popolare della Scozia, di movimento rapido, accompagnata dal suono della cornamusa. *2* ***Scuola s.***, scuola filosofica fiorita in Scozia tra la seconda metà del XVIII secolo e la prima metà del XIX, che faceva appello al senso comune come garante di una serie di principi che non possono essere revocati in dubbio senza cadere in numerose assurdità speculative e pratiche. **B s. m. e f.** *1* Abitante, nativo della Scozia. *2* (*fig., spreg.*) Spilorcio. (V. nota d'uso STEREOTIPO) **C s. m.** solo **sing.** ● Lingua del gruppo gaelico, parlata in Scozia. **D s. f.** ● Danza scozzese.

scòzzo [deriv. di *scozzare*; 1879] **s. m.** ● Scozzata delle carte da gioco spec. quando un mazzo di carte viene usato per la prima volta.

scozzonàre [da *cozzone*, con *s-*; 1476] **v. tr.** (*io scozzóno*) *1* Domare e ammaestrare spec. cavalli. *2* (*fig.*) Dare i primi rudimenti di un mestiere, di una disciplina, e sim.: *s. qlcu. nel latino* | (*est.*) Dirozzare: *s. qlcu. negli usi della città.*

scozzonatóre [1690] **s. m.** (f. *-trice*) ● Chi scozzona.

scozzonatùra [av. 1712] **s. f.** ● Lo scozzonare | (*fig.*) Primo addestramento, dirozzamento.

scozzóne [da *cozzone*, con *s-*; 1838] **s. m.** ● Chi è addetto alla scozzonatura di cavalli e sim.

†**scramàre** ● V. *esclamare.*

scrambler /*ingl.* 'skɹæmblə/ [vc. ingl., da *to scramble* 'arrampicarsi', d'orig. sconosciuta; 1973] **s. m. inv.** ● Moto sportiva dal manubrio alto e largo, forcella a cannocchiale, ruote piccole e ben distanziate dal parafango.

scramblerista [da *scrambler*; 1983] **s. m. e f.** (pl. m. *-i*) ● Chi guida uno scrambler.

scrànna [dal longob. *skranna* 'panca' (V. *ciscranna*); 1321] **s. f.** *1* Sedia con braccioli e schienale particolarmente alti | ***Sedere a s.***, (*lett., fig.*) sentenziare, atteggiarsi a giudice. *2* (*region.*) Sedia. || **scrannàccia**, pegg. | **scrannétta**, dim. | **scrannùccia**, dim.

scrànno [av. 1388] **s. m.** ● Scranna.

scraper /*ingl.* 'skɹeɪpəɹ/ [vc. ingl., propr. 'grattatore, raspatore', da *to scrape* 'raschiare, grattare' (d'orig. germ.); 1935] **s. m. inv.** ● Ruspa.

scratch /*ingl.* skrætʃ/ [vc. ingl., propr. 'scalfittura, riga'; 1905] **s. m. inv.** ● (*sport*) ***Vincere per s.***, nel tennis, essere dichiarato vincitore per rinuncia dell'avversario.

screanzàto [da *creanza*, con *s-*; 1863] **agg.**; anche **s. m.** (f. *-a*) ● Che (o Chi) non ha creanza, educazione. SIN. Insolente, maleducato, villano. || **screanzataménte**, avv. Senza creanza, maleducatamente.

†**screàto** o †**scriàto** [da *creato*, part. pass. di *creare*, con *s-*; av. 1444] **agg.** ● Gracile, debole. || **screatèllo**, dim.

†**scredènte** [1870] **part. pres.** di †*scredere*; anche **agg.** *1* Nei sign. del v. *2* Incredulo, diffidente.

†**scrédere** [da *credere* (*1*), con *s-*; 1336 ca.] **v. tr. e intr.** ● Non credere, non credere più.

screditaménto [da *screditare*; 1908] **s. m.** ● (*raro*) Lo screditare, lo screditarsi.

screditàre [da *credito*, con *s-*; 1618] **A v. tr.** (*io scrédito*) ● Privare di credito, danneggiare nella reputazione e nella stima. **B v. intr. pron.** ● Perdere di credito, agire in modo da danneggiare la propria reputazione: *si è screditato agli occhi di tutti.*

screditàto [1838] **part. pass.** di *screditare*; anche **agg.** ● Che ha perso la stima, il credito altrui: *un medico s.*; *una teoria screditata.*

scrédito [da *credito*, con *s-*; 1735] **s. m.** ● (*raro*) Discredito.

screech /skritʃ, *ingl.* skɹiːtʃ/ [vc. ingl. di orig. onomat.; 1989] **inter.** ● Nel linguaggio dei fumetti, riproduce il rumore di una brusca frenata.

screening /s'krinin(g), *ingl.* 'skɹiːnɪŋ/ [vc. ingl., da *to screen* 'vagliare' (d'etim. incerta); 1979] **s. m. inv.** *1* (*biol., med.*) Indagine di massa, condotta gener. su soggetti esposti ad alto rischio di malattie, atta a rilevare l'esistenza di determinate affezioni o condizioni morbose o la predisposizione verso di esse: *fare uno s. per svelare casi di diabete iniziale.* *2* (*est.*) Qualunque indagine atta a selezionare qlcu. o qlco. in base a determinate caratteristiche.

screen saver /*ingl.* 'skɹiːn,seɪvəɹ/ [loc. ingl., propr. 'che salva, risparmia (*saver*) lo schermo (*screen*)'; 1993] **loc. sost. m. inv.** (pl. ingl. *screen savers*) ● (*elab.*) Salvaschermo.

scremàre [da *crema*, con *s-*; 1931] **v. tr.** (*io scrèmo*) *1* Privare il latte della crema, della panna. *2* (*fig.*) Selezionare.

scremàto [1957] **part. pass.** di *scremare*; anche **agg.** ● Nei sign. del v.: *latte parzialmente s.*

scrematrice [1899] **s. f.** ● Macchina centrifuga per scremare il latte.

scrematùra [1901] **s. f.** *1* Operazione dello scremare. *2* (*fig.*) Selezione, scelta: *da questa prima s. si salvano pochi libri* (MONTALE).

†**screménto** e *deriv.* ● V. *escremento* e *deriv.*

†**screpàre** [da *crepare*, con *s-*] **v. intr.** ● (*raro*) Crepare.

screpolàre [da *crepolare*, con *s-*; av. 1571] **A v. tr.** (*io scrèpolo*) ● Aprire crepe piccole e sottili in più punti: *i detersivi screpolano le mani*; *screpolarsi le labbra.* **B v. intr. pron.** e **intr.** (aus. *essere*) ● Aprirsi in crepe piccole e sottili: *con l'umidità l'intonaco si è screpolato*; *la pelle lucida screpola facilmente.*

screpolàto [sec. XVI] **part. pass.** di *screpolare*; anche **agg.** ● Che presenta piccole e sottili crepe: *muro s.*; *mani screpolate.*

screpolatùra [av. 1571] **s. f.** ● Lo screpolare, lo screpolarsi | Parte screpolata: *le screpolature del muro.*

scrèpolo [1668] **s. m.** ● Screpolatura | Crepa.

†**scréscere** [da *crescere*, con *s-*; av. 1348] **v. intr.** ● Diminuire, decrescere.

screziàre [da *screzio*; 1745] **v. tr.** (*io scrèzio*) ● Macchiare di più colori | Variare un fondo con

macchie di più colori.
screziàto [1353] part. pass. di *screziare*; anche agg. *1* Nei sign. del v. | Segnato o cosparso di striature di colore diverso da quello di fondo. *2* †Che ha vestiti variopinti.
screziatùra [1772] s. f. *1* (*raro*) Caratteristica di ciò che è screziato. *2* Serie di macchie di colore: *tessuto pieno di screziature*.
screzio [di etim. incerta: dal lat. *discrētio* (nom.) 'differenza' (?). V. *discrezione*; av. 1306] s. m. *1* (*lett.*) Crepa, fessura. *2* Discordia, dissenso, nato tra persone prima in armonia tra loro: *c'è qualche s. tra noi*; *sono screzi tra fratelli*; *è nato, è sorto, uno s.*; *appianare gli screzi*. SIN. Disaccordo, dissapore. *3* (*lett.*) Riflesso, sfumatura di colore: *tra lampi di gemme e screzi di sete* (MONTALE).
scria ● V. *cria* (*1*).
†**scriàto** ● V. †*screato*.
scriba [vc. dotta, dal lat. *scrība(m)* 'scrivano', da *scrībere* 'scrivere'; av. 1306] s. m. (pl. *-i*) *1* Nel periodo romano e medievale, scrivano di professione | (*gener.*) †Scrivano. *2* Nel Giudaismo, ciascuno degli esegeti che interpretarono la Bibbia e sistemarono la tradizione orale, associati nel Vangelo ai Farisei, come rappresentanti della rigida ortodossia e dell'osservanza zelante.
scribacchiàre o (*raro*) **scrivacchiàre** [sovrapposizione di *scriba* a un deriv. di *scrivere*, con suff. iter.-dim.; 1858] v. tr. (*io scribàcchio*) ● Scrivere malamente e pigramente | (*spreg.*) Scrivere cose da poco, senza valore: *s. romanzi, novelle*.
scribacchiatóre o (*raro*) **scrivacchiatóre** [1957] s. m. (f. *-trice*) ● (*raro*) Chi scribacchia.
scribacchino [da *scribacchiare*; 1745] s. m. (f. *-a*) *1* Scrittore privo di valore. *2* Impiegato adibito a lavori di poco conto.
scricchiàre [da *cricchiare*, con *s-*; av. 1729] v. intr. (*io scricchio*; aus. *avere*) ● (*raro*) Scricchiolare.
scricchio [da *scricchiare*; 1891] s. m. ● (*raro*) Scricchiolo | (*est.*, *poet.*) Il frinire della cicala: *mentre si levano tremuli scricchi / di cicale* (MONTALE).
scricchiolaménto [1858] s. m. ● Lo scricchiolare | Rumore prodotto da ciò che scricchiola.
scricchiolàre o †**sgricchiolàre** [da *scricchiare*, col suff. *-ol(o)* iter.-dim.; av. 1665] v. intr. (*io scricchiolo*; aus. *avere*) *1* Mandare un suono secco e crepitante, detto spec. di cosa dura, secca o sim., che si fende o si rompe: *il pane scricchiola sotto i denti* | Mandare un cigolio a causa di una pressione, di un movimento e sim.: *la sedia scricchiola sotto il nostro peso*; *mi sembra che la porta scricchioli*. *2* (*fig.*) Dare segni lievi o iniziali di incrinatura, di rottura nella continuità di un rapporto personale o nella stabilità di istituzioni e sim.: *quel matrimonio scricchiolava ormai da sette anni*; *il governo scricchiola*.
scricchiolio [1858] s. m. *1* Lo scricchiolare continuo: *s. delle ossa* | (*med.*) ***S. polmonare***, crepitio | (*med.*) ***S. osseo***, scroscio. *2* (*fig.*) Segno lieve o iniziale di incrinatura, di rottura nella continuità di un rapporto personale o nella stabilità di istituzioni e sim.
scricchiolo [1960] s. m. ● (*raro*) Rumore prodotto da ciò che scricchiola. SIN. Scricchio.
†**scriccio** [1481] s. m. ● Scricciolo.
scricciolo o †**sgricciolo** [vc. di orig. onomat.; av. 1470] s. m. *1* Uccelletto dei Passeriformi con codina diritta e corta, denso piumaggio bruno-rossiccio, voce trillante e melodiosa (*Troglodytes troglodytes*). SIN. Troglodita | ***Mangiare quanto uno s.***, pochissimo. ➡ ILL. **animali**/10. *2* (*fig.*) Persona piccola e gracile. || **scricciolino**, dim.
scrigno o †**sgrigno** [lat. *scrīniu(m)* 'cassetta', di etim. incerta; av. 1306] s. m. *1* Forziere, cassa, per conservarvi gioielli, oggetti preziosi, e sim. | (*fig.*, *lett.*) ***Essere uno s. di virtù, di bontà*** e sim., essere molto virtuoso, molto buono e sim. *2* †Gobba, spec. del cammello: *Morgante diè di morso nello s. / e tutto lo spiccò* (PULCI). || **scrignètto**, dim.
†**scrignùto** [da *scrigno*; 1388] **A** agg. ● Gobbo | (*est.*) Arcuato: *naso s.* **B** s. m. (f. *-a*) ● Persona gobba. || **scrignutùzzo**, dim.
†**scrima** [variante ant. di *scherma*, prob. dal provz. *escrima* 'scherma'; 1481] s. f. ● Scherma | ***Perdere la s.***, (*fig.*) perdere il controllo, confondersi.
†**scrimàglia** [variante ant. di *schermaglia*, prob. dal provz. *escrima* 'scherma'; 1483] s. f. ● Scherma.
scriminànte [1965] **A** part. pres. di *scriminare*; anche agg. *1* Nel sign. del v. *2* (*dir.*) Che costituisce causa di giustificazione del reato: *ragione s.* **B** s. f. ● (*dir.*) Causa di giustificazione del reato.
scriminàre [variante di *discriminare* (V.); 1960] v. tr. (*io scrìmino*) ● (*raro*) Discriminare.
scriminatùra [da *scriminare*; 1505] s. f. ● Linea di spartizione dei capelli in alcuni tipi di pettinatura: *portare la s. nel mezzo*.
scrìmolo [dim. di un deriv. dal lat. *discrīme(n)* (nom. acc. nt.) 'linea di divisione', connesso con *discĕrnere* 'discernere' (V.); av. 1850] s. m. *1* (*raro*) Orlo, bordo, ciglio: *lo s. del tetto, di un burrone*. *2* (*geogr.*) Cresta montuosa con un versante in dolce declivio e l'altro a precipizio.
scrinàre [da *crine*, con *s-*; av. 1375] v. tr. ● (*raro*) Levare i crini: *s. un cavallo*.
scrio o †**scrivo** [dal lat. *screāre* 'sputare', di orig. onomat.; av. 1597] agg. *1* (*tosc.*) Integro, che conserva intatte le sue caratteristiche naturali (*anche iter.*): *vino s.*; *acqua scria scria*. *2* (*tosc.*, *fig.*) Schietto, puro: *bugia scria*.
scripofilia [dall'ingl. *scripophyly*, comp. di *scrip* 'certificato provvisorio' e *-phily* '-filia'; 1983] s. f. ● Collezionismo di titoli azionari e obbligazionari fuori mercato.
scripòfilo [dall'ingl. *scripophile*, comp. di *scrip* 'certificato azionario' e *-phile* '-filo'; 1981] s. m. (f. *-a*) ● Chi si dedica alla scripofilia.
script /*ingl.* skrɪpt/ [vc. ingl., corrispondente a 'scrittura'; 1966] s. m. inv. ● Copione di un film.
scripta [vc. lat. *scrīpta* (V. *scritta*); 1962] s. f. inv. (sing. lat. *scriptum*) ● In paleografia, termine usato per indicare la lingua scritta dei testi delle origini, spesso molto lontana da quella parlata.
scriptorium /skrip'tɔrjum/ [vc. lat. mediev., da *scrībere*, propr. 'scrittoio'] s. m. inv. (pl. lat. *scriptoria*) ● Nei conventi medievali, ambiente generalmente annesso alla biblioteca, riservato alla trascrizione dei manoscritti.
scrissi ● V. *scrivere*.
scristianàre [da *cristiano*, con *s-*; 1957] v. tr. e intr. pron. ● Scristianizzare.
†**scristianire** v. tr. ● Scristianizzare.
scristianiẓẓàre [da *cristianizzare*, con *s-*; 1873] **A** v. tr. ● Far perdere la fede, la religione cristiana, il carattere di cristiano. **B** v. intr. pron. ● Passare dalla civiltà e dalla cultura cristiane al paganesimo o ad altre religioni, o a cultura non religiosa.
scristianiẓẓazióne [da *scristianizzare*; 1960] s. f. ● Progressivo abbandono del cristianesimo da parte di culture di origine e di influenza cristiana.
scriteriàto [da *criterio*, con *s-*; 1884] agg.; anche s. m. (f. *-a*) ● Che (o Chi) è privo di criterio, di giudizio, di senno. || **scriteriataménte**, avv.
♦**scritta** [lat. *scrīpta* 'scrittura', pl. di *scrīptum*, part. pass. nt. sost. di *scrībere* 'scrivere'; 1313] s. f. *1* Parola, frase, breve testo scritto su un foglio, un cartello, una lapide e sim.: *la s. è indecifrabile*; *sul portone c'è una s. in greco*. *2* †Obbligo, contratto steso per iscritto: *firmare, stracciare la s.* *3* †Lista, nota | †Scrittura.
♦**scritto** o **iscritto** (*2*), spec. nel sign. B 3 [av. 1294] **A** part. pass. di *scrivere*; anche agg. *1* Nei sign. del v.: *ordine s.*; *domanda scritta* | ***Esame s.***, fatto mediante scrittura. CONTR. Orale. *2* ***Legge scritta***, spesso in opposizione a quella naturale | ***Lingua scritta***, gener. di tono più formale e meno colloquiale di quella parlata | ***Norma scritta***, codificata in un testo; CONTR. Norma consuetudinaria | ***Carattere s.***, carattere tipografico che imita una scrittura corsiva. *3* Destinato, decretato: *era s. in cielo, nei libri del destino*; *era s. che fosse così*. *4* (*fig.*) Impresso: *il suo nome è s. nel mio cuore* | ***Portare qlco. s. in fronte***, mostrarlo chiaramente a tutti. **B** s. m. *1* Qualunque notazione, espressione, comunicazione e sim. realizzata mediante la scrittura: *con lo s. non si può mentire*; *una riga di s.*; *questo s. non si legge* | Prova scolastica scritta: *sono insufficiente nello s.*; *gli scritti cominciano lunedì*; CONTR. Orale. *2* Cosa scritta | Opera, lavoro, saggio letterario, scientifico e sim.: *scritti scelti, giovanili, postumi, inediti*; *scritti divulgativi*; *uno s. minore del Leopardi*. *3* Nelle loc. avv. ***per s.***, ***per iscritto***, (*lett.*) ***in s.***, per mezzo di uno scritto: *impegnarsi, rispondere, comunicare, esprimersi e sim. per s.* | ***Mettere qlco. per***, (*lett.*) ***in***, ***s.***, scriverla. || **scritterèllo**, dim. | **scrittino**, dim. | **scrittùccio**, dim.
scrittogràfico [comp. di *scritto* e *grafico*; 1991] agg. (pl. m. *-ci*) ● (*bur.*) Relativo a una prova d'esame basata sia su grafici o disegni che su testi scritti.
scrittóio [dal lat. mediev. *scriptōriu(m)* 'stanza per scrivere', nt. sost. del lat. tardo *scriptōrius* 'atto a scrivere', da *scrīptus* 'scritto'; av. 1375] s. m. *1* (*disus.*) Saletta appartata per scrivere, leggere, e sim.: *si ritirava in casa nello s., dove egli ragguagliava sue scritture* (MACHIAVELLI). *2* Tavolo per scrivere, scrivania. *3* (*tosc.*) †Ufficio. || **scrittoiùccio**, dim.
♦**scrittóre** [dal lat. *scriptōre(m)* 'scrittore', da *scrīptus* 'scritto'; av. 1294] s. m. (f. *-trice*) *1* Chi scrive opere letterarie in prosa: *gli scrittori del Novecento*; *uno s. del Settecento inglese*; *s. mediocre, ottimo, di prima grandezza*. CFR. -grafo. *2* (*raro*) Autore di un determinato scritto: *lo s. di queste lettere*. *3* Nel Medioevo, funzionario di cancelleria o notaio che redigeva materialmente i documenti. || **scrittorèllo**, dim. | **scrittorétto**, dim. | **scrittorùccio**, **scrittorùzzo**, dim. | **scrittorùcolo**, pegg.
†**scrittorìa** [da *scrittore*] s. f. ● Ufficio amministrativo.
scrittòrio [vc. dotta, dal lat. tardo *scriptōriu(m)* 'atto a scrivere', da *scrīptus* 'scritto'; 1803] **A** agg. ● (*lett.*) Che serve per scrivere: *materiale s.*; *la mia impotenza scrittoria era ogni dì più assoluta* (ALFIERI). **B** s. m. ● Nei conventi medievali, il locale destinato al lavoro degli amanuensi.
♦**scrittùra** [dal lat. *scriptūra(m)* 'scrittura', da *scrīptus* 'scritto'; sec. XII] s. f. *1* Attività dello scrivere: *essere assorto nella s.*; *esercitarsi nella s.*; *apprendere l'uso della s.*; *sala di s.*; *il punto d'inizio della storia umana, … talora è stato segnato nell'invenzione della s.* (CROCE) | Modo di scrivere: *s. maiuscola, minuscola, a mano, a macchina, al computer* | ***Videosistema di s.***, videoscrittura | (*est.*) Calligrafia: *s. bella, chiara, nitida, incerta, leggibile, illeggibile, indecifrabile*. CFR. -grafia, grafo-. *2* Espressione scritta, stesura per iscritto: *affidare qlco. alla s.* *3* (*lett.*) Opera storica, letteraria, e sim. *4* (*per anton.*) La Bibbia: *la Sacra Scrittura*; *la Scrittura*; *leggere, interpretare, le Scritture*. *5* (*dir.*) Documento | ***S. privata***, documento sottoscritto da una o più parti che ne fanno proprio il contenuto giuridicamente rilevante. *6* Contratto stipulato fra un attore, un regista, un musicista e sim., e un impresario teatrale, cinematografico o televisivo per una prestazione artistica. *7* (*spec. al pl.*) Note scritte relative a fenomeni della gestione di un'azienda: *scritture di rettifica, di completamento, di rinvio* | ***Scritture contabili***, libri che l'imprenditore commerciale è obbligato per legge a tenere, per annotarvi tutte le operazioni compiute. SIN. Libri di commercio; libri contabili. *8* †Cultura letteraria, nella loc.: ***senza s.***, illetterato, analfabeta. || PROV. Chi non sa leggere la sua scrittura è un asino di natura. || **scritturàccia**, pegg. | **scritturétta**, dim.
scritturàbile [1838] agg. ● Che si può scritturare.
scritturàle (*1*) [da *scrittura*; 1633] **A** agg. ● Che deriva da scrittura | ***Moneta s.***, costituita da giroconti bancari, senza che esista un titolo o documento rappresentativo. **B** s. m. ● (*disus.*) Scrivano, copista | Soldato addetto a compiti di scrivano nell'ambito di un comando militare.
scritturàle (*2*) [dal lat. tardo (ecclesiastico) *scripturāle(m)* 'scritturale', da *scriptūra* 'Sacra Scrittura'; 1585] **A** agg. ● Che si riferisce alla Sacra Scrittura: *interpretazione s.* **B** s. m. ● Chi si attiene rigorosamente all'interpretazione letterale della Sacra Scrittura.
scritturaliṣmo [da *scritturale* (*2*), con *-ismo*; 1960] s. m. ● Teoria e metodo esegetici che, nell'interpretazione dei fatti teologici cristiani, danno preminenza alla loro origine biblica o scritturale.
scritturàre [da *scrittura*; 1805] v. tr. *1* Impegnare per una prestazione professionale, con un contratto di scrittura, un attore o un tecnico dello spettacolo. *2* Annotare, registrare su libri o scritture spec. contabili.
scritturazióne [1837] s. f. *1* Lo scritturare un attore o sim. *2* Registrazione di dati contabili | ***S. contabile***, accreditamento in conto di un assegno bancario da accreditare. *3* Riproduzione di lettere e cifre nelle annotazioni scritte dei disegni tecnici.

scritturista [da (*Sacra*) *Scrittura*, con *-ista*; 1585] **s. m. e f.** (**pl. m.** *-i*) ● Chi è esperto nelle Sacre Scritture, nella Bibbia.

scritturistico [da *scritturista*; 1837] **agg.** (**pl. m.** *-ci*) ● Che si riferisce alle Scritture, alla Bibbia.

scrivacchiàre e *deriv.* ● V. *scribacchiare* e *deriv.*

♦**scrivania** [da *scrivano*; 1501] **s. f.** *1* Mobile per scrivere, di forma e dimensioni svariate, solitamente provvisto di cassetti. *2* (*elab.*) Desktop. *3* †Ufficio, carica di scrivano.

scrivàno [lat. parl. **scribāne(m)* 'scrivano', variante del classico *scrība*, genit. *scrībae*, con passaggio alla categoria dei n. in *-o*; 1306] **s. m.** *1* (**f.** *-a*) Impiegato che attende alla stesura o alla copiatura di documenti di ufficio. *2* (**f.** *-a*) Copista, amanuense. *3* †Secondo ufficiale sulle piccole navi mercantili | Qualifica conferita ai diplomati di istituto nautico dopo trenta mesi di imbarco come marinaio, che li abilita a imbarcarsi come ufficiali. *4* (*zool.*) ***S. della vite***, insetto dei Coleotteri parassita della vite (*Bromius obscurus*). || **scrivanèllo**, **dim.** | **scrivanùccio**, **dim.**

scrivènte [av. 1375] **A part. pres.** di *scrivere*; anche **agg.** ● Nei sign. del v. **B s. m. e f.** ● Chi scrive, spec. un'opera letteraria, una domanda, un esposto e sim.: *ai tempi dello s.*; *lo s. dichiara che …*

♦**scrìvere** [lat. *scrībere* 'tracciare con lo stilo, scrivere', da una radice indeur.; 1294] **v. tr.** (**pass. rem.** *io scrìssi, tu scrivésti*; **part. pass.** *scrìtto*) *1* Rappresentare, esprimere, idee, suoni e sim., mediante il tracciamento su una superficie di segni grafici convenzionali, lettere, cifre, note musicali, e sim. (*anche assol.*): *carta da s.*; *l'occorrente per s.*; *s. con la matita, col gesso, con lo stilo, con la penna*; *s. sulla lavagna, sul foglio, sui muri, sulla sabbia*; *insegnare, imparare, a s.*; *s. musica, una lettera*; *s. a mano, a macchina, con il computer*; *macchina per o da s.*; *s. sotto dettatura*; *s. in maiuscolo, in minuscolo, in stampatello, in corsivo, in rotondo, in gotico, a caratteri cubitali, a caratteri di scatola*; *s. in tedesco, in francese*; *s. rapidamente, lentamente, in modo chiaro, in modo illeggibile.* *2* Esprimere una parola usando i segni grafici ad essa appropriati: *cuore si scrive con la 'c' e non con la 'q'*. *3* Fissare, annotare, per mezzo della scrittura: *s. appunti*; *s. la nota della spesa*; *s. la data*; *sul cartello è scritto 'Vietato l'ingresso agli estranei'* | Redigere un documento: *s. una domanda, una richiesta, un certificato, il testamento* | ***Chi scrive***, il sottoscritto. *4* Esprimere, rendere noti i propri pensieri, sentimenti e sim. per mezzo della scrittura: *scrisse ciò che l'ira gli dettava*; *non puoi scrivergli questo*; *sono cose che si scrivono*; *scrivilo se hai il coraggio*; *ha deciso di s. le sue memorie*; *s. concisamente, stringatamente, prolissamente, sciattamente*; *s. con eleganza, con garbo, con disinvoltura.* *5* Comporre un'opera letteraria, teatrale scientifica, musicale e sim. (*anche assol.*): *s. un poema, un'ode, un'orazione, un articolo, una cronaca, un romanzo, una novella, un dramma, un trattato, una sinfonia*; *s. in versi, in prosa*; *s. su Dante*; *s. di astronomia, di grammatica*; *s. per il teatro, per una rivista e sim.* | ***S. in, su, un giornale, una rivista*** e sim., collaborarvi. *6* Comunicare con altre persone mediante rapporti epistolari (*anche assol.*): *s. lettere, cartoline, biglietti, circolari, avvisi*; *s. spesso, raramente, senza avere risposta*; *s. a nome proprio, a nome di altri*; *s. alla moglie, ai genitori*; *mi ha scritto una notizia importante*; *gli ho scritto che venga subito*; *è un anno che non scrive.* *7* Detto di scrittori, dire, affermare, sostenere, nelle proprie opere: *come scrive Cicerone …*; *Dante scrisse che …* *8* (*fig., lett.*) Imprimere, fissare, profondamente: *s. qlco. nella mente, nel cuore* | ***S. qlco. nel libro dell'eternità***, compiere qlco. che sarà sempre ricordato | ***S. una bella, una grande pagina di storia***, compiere un'impresa altamente onorevole, eroica. *9* (*raro*) Registrare: *s. una partita, un conto*; *s. il dare e l'avere.* *10* †Ascrivere, attribuire: *s. i beni al fisco*; *s. qlco. a lode, a colpa, a miracolo.* *11* †Descrivere: *s. le gesta di qlcu.*

scrivìbile [av. 1729] **agg.** ● Che si può scrivere.

scrivicchiàre ● V. *scrivucchiare.*

scriviritto [comp. di *scrivere* e *ritto*; 1945] **s. m. inv.** ● (*lett.*) Tavolino più alto del comune usato per scrivere stando in piedi.

†**scrivo** ● V. *scrio.*

scrivucchiàre o **scrivicchiàre** [da *scrivere*, con suff. iter.-dim.; 1865] **v. tr. e intr.** (*io scrivùcchio*; aus. *avere*) ● Scrivere poco, di malavoglia, spec. cose senza interesse o importanza.

†**scriziòne** (1) [dal lat. *scriptiōne(m)* 'scrittura', da *scrīptus* 'scritto'; sec. XVI] **s. f.** *1* Trascrizione. *2* Scrittura | Narrazione scritta.

†**scriziòne** (2) ● V. *iscrizione.*

scroccàre (1) [da *crocco* 'uncino', con *s-*; 1524] **v. tr.** (*io scròcco, tu scròcchi*) *1* (*fam.*) Ottenere, assicurarsi qlco. a spese d'altri (*anche assol.*): *s. un pranzo, la colazione*; *campa scroccando qua e là.* *2* (*est.*) Ottenere, ricevere senza alcun merito: *s. lo stipendio, l'impiego.*

†**scroccàre** (2) [sovrapposizione di *crocco* 'uncino' a *scoccare*; av. 1406] **v. intr.** ● Scoccare, scattare.

scroccatóre [av. 1566] **s. m.** (**f.** *-trice*) ● Chi scrocca o tenta di scroccare, nel sign. di *scroccare* (*1*). **SIN.** Parassita, scroccone.

scroccheria [da *scrocco*; av. 1631] **s. f.** ● (*raro*) Abitudine di scroccare, nel sign. di *scroccare* (*1*).

scrocchiàre [da *crocchiare*, con *s-*; 1891] **v. intr.** (*io scròcchio*; aus. *avere*) ● Crocchiare.

scròcchio (1) o **scròcco** (3) [da *scrocchiare*; 1527] **s. m.** ● Rumore prodotto da ciò che scrocchia: *lo s. della legna secca.*

scròcchio (2) o **scròcco** (1) [da *scroccare* (*1*); 1560] **s. m.** ● Anticamente, contratto usurario per cui l'usuraio consegnava oggetti di poco valore stimandoli un prezzo altissimo che il debitore si impegnava a dare alla scadenza.

scròcco (1) [1534] **s. m.** (**pl.** *-chi*) *1* Lo scroccare, nel sign. di *scroccare* (*1*) | ***A, di, s.***, a ufo, a spese d'altri: *vivere a, di, s.* *2* V. *scrocchio* (*2*).

scròcco (2) [da *scroccare* (*2*); av. 1543] **s. m.** (**pl.** *-chi*) ● Scatto | Suono prodotto dallo scatto | ***Coltello a s.***, a serramanico | ***Serratura, lucchetto***, e sim. ***a s.***, che si chiudono con una semplice pressione, senza ricorrere alla chiave | Il chiavistello di tale serratura. || **scrocchétto**, **dim.**

scròcco (3) ● V. *scrocchio* (*1*).

scroccóne [av. 1602] **s. m.** (**f.** *-a*) ● Chi ha l'abitudine di scroccare, nel sign. di *scroccare* (*1*): *essere uno s.*; *fare lo s.*; *fare la figura dello s.* **SIN.** Parassita, scroccatore. || **scrocconàccio**, **pegg.**

scrociàre [da *croce*, con *s-* (V. *incrociare*); 1872] **v. tr.** (*io scròcio*) ● (*mar.*) Disporre verticalmente un pennone lungo l'albero e ammainarlo in coperta.

scròfa [lat. *scrōfa(m)*, vc. di carattere rustico e dial., di etim. incerta; av. 1306] **s. f.** *1* Femmina del maiale | Femmina del cinghiale. *2* (*fig., spreg.*) Sgualdrina, donna di malaffare. || **scrofàccia**, **pegg.** | **scrofétta**, **dim.** (V.).

scròfano ● V. *scorfano.*

scrofétta [da *scrofa*] **s. f.** *1* Dim. di *scrofa.* *2* Giovane scrofa femmina da riproduzione dalla maturità sessuale sino al momento del primo parto.

scròfola o (*lett.*) **scròfula** [lat. tardo *scrōfulae* (nom. pl.): calco sul gr. *choirádes* 'scrofole', da *chôiros* 'maiale' (d'orig. indeur.), perché assomiglia a una malattia dei maiali; av. 1320] **s. f.** ● (*med.*) Ingrossamento delle linfoghiandole del collo, spesso di natura tubercolare.

scrofolòsi o **scrofulòsi** [da *scrofola*, con *-osi*; 1873] **s. f. inv.** ● (*med.*) Scrofola diffusa.

scrofolóso o **scrofulóso** [lat. parl. **scrofulōsu(m)*, da *scrōfulae* 'scrofola'; 1583] **A agg.** ● Di scrofola. **B s. m.** (**f.** *-a*) ● Chi è affetto da scrofolosi.

scròfula e *deriv.* ● V. *scrofola* e *deriv.*

scrofulària [da *scrofula*, in quanto ritenuta efficace contro la scrofolosi; av. 1577] **s. f.** ● Pianta erbacea o suffruticosa delle Scrofulariacee di cui sono note numerose specie, di aspetto vario, spesso tossiche (*Scrophularia*).

Scrofulariàcee [da *scrofularia*; 1895] **s. f. pl.** (**sing.** *-a*) ● Nella tassonomia vegetale, famiglia di piante dicotiledoni erbacee o arbustive con foglie sparse e fiori irregolari in infiorescenze (*Scrofulariaceae*). ➡ **ILL. piante**/8.

scroll /skrɔl, *ingl.* skɹəʊl/ [vc. ingl., propr. 'rotolo di carta'; 1989] **s. m. inv.** ● (*elab.*) Scorrimento in senso verticale del testo sullo schermo di un computer.

scrollaménto [av. 1364] **s. m.** ● Lo scrollare.

scrollàre (1) o (*dial.*) **sgrollàre** [da *crollare*, con *s-*; 1353] **A v. tr.** (*io scròllo*) ● Scuotere, agitare con forza: *s. un ramo* | ***S. il capo***, tentennarlo in segno di disapprovazione, diniego e sim. | ***S. le spalle***, alzarle in segno di indifferenza, disprezzo e sim. | ***Scrollarsi qlco. di dosso***, togliersela, liberarsene (*anche fig.*): *scrollarsi di dosso l'inerzia.* **B v. intr. pron.** *1* Scuotersi, muoversi energicamente. *2* (*fig.*) Scuotersi dall'abbattimento, dall'indifferenza: *finalmente si è scrollato.*

scrollàre (2) [dal v. ingl. *to scroll* 'far scorrere'] **v. intr.** (*io scròllo*; aus. *essere*) ● (*elab.*) Scorrere sullo schermo, detto di flusso di dati.

scrollàta [av. 1685] **s. f.** ● Energico scuotimento | Movimento, gesto dello scrollare spec. le spalle o il capo, in segno di diniego, disapprovazione, indifferenza ecc.: *La Martinella allora mi piantò lì con una s. di spalle* (NIEVO). || **scrollatina**, **dim.**

scrollatùra [1536] **s. f.** ● Scrollata.

scròllo [da *scrollare* (*1*); sec. XIV] **s. m.** ● Lo scrollare, lo scrollarsi | Scrollata. || **scrollóne**, **accr.** (V.).

scrollóne [1957] **s. m.** *1* Accr. di *scrollo.* *2* Scossa, scuotimento vigoroso. *3* (*fig.*) Brusco danno che provoca instabilità, disgregazione e sim.: *le invasioni barbariche infersero un violento s. all'Impero romano.*

†**scròpolo** ● V. *scrupolo.*

scrosciànte [1873] **part. pres.** di *scrosciare*; anche **agg.** ● Nei sign. del v.: *pioggia s.* | ***Applausi scroscianti***, fragorosi, entusiastici.

scrosciàre [da *crosciare*, con *s-*; av. 1400] **v. intr.** (*io scròscio*; fut. *io scroscerò*; aus. *essere* e *avere*) *1* Cadere, riversarsi, facendo un rumore forte, assordante e continuo, detto di acque: *la pioggia scroscia*; *la cascata scroscia dal monte.* *2* (*fig.*) Susseguirsi rapidamente e fragorosamente: *al suo apparire gli applausi scrosciarono*; *in sala scrosciano le risate.* *3* (*tosc.*) Bollire molto forte, detto di liquidi: *la pentola scroscia.* *4* (*tosc.*) Scricchiolare: *il pane fresco scroscia*; *le scarpe scrosciano nel camminare.*

scròscio [1313] **s. m.** *1* Lo scrosciare: *s. di pioggia*; *lo s. di un torrente in piena*; *uno s. di applausi* | ***A s.***, con impeto, con violenza: *piove a s.* *2* (*med.*) Crepitio suscitato dallo sfregamento di frammenti di osso fratturato (*s. osseo*) o di capi articolari resi irregolari da processi patologici (*s. articolare*). *3* Nel linguaggio televisivo, interruzione momentanea del segnale video accompagnata da disturbi sonori.

scrostaménto [1745] **s. m.** ● Scrostatura.

scrostàre [da *crosta*, con *s-*; 1336 ca.] **A v. tr.** (*io scròsto*) *1* Levare la crosta a una ferita: *s. una bolla, una piaga.* *2* (*est.*) Levare la parte più esterna e superficiale: *s. l'intonaco.* **B v. intr. pron.** ● Perdere la crosta, lo strato superficiale, e sim.

scrostàto [1838] **part. pass.** di *scrostare*; anche **agg.** ● Rovinato nello strato superficiale, privato in tutto o in parte della vernice, del colore, dell'intonaco e sim.: *un quadro s.*; *un muro s.*; *La lacca dei mobili era scrostata e ingiallita* (MORAVIA).

scrostatùra [1765] **s. f.** ● Lo scrostare, lo scrostarsi | Parte scrostata.

scrotàle [da *scroto*; 1932] **agg.** ● (*anat.*) Relativo allo scroto.

scròto [dal lat. *scrōtu(m)*, di etim. incerta; 1574] **s. m.** ● (*anat.*) Sacco muscolo-membranoso in cui sono contenuti i testicoli. ➡ **ILL.** p. 2124 ANATOMIA UMANA.

scrùpolo o †**scròpolo**, †**scrùpulo** [vc. dotta, dal lat. *scrūpulu(m)* 'pietruzza, peso, dubbio', dim. di *scrūpus* 'sasso puntuto', di etim. incerta; 1427] **s. m.** *1* Timore, apprensione, inquietudine morale che porta a considerare colpa o mancanza ciò che in realtà non è tale, o che fa sorgere dubbi riguardo alla correttezza, all'opportunità, di un'azione e sim.: *s. religioso, morale, di coscienza*; *essere tormentato dagli scrupoli*; *essere pieno di scrupoli*; *farsi, avere, s. di qlco.*; *venire lo s. di qlco.*; *lasciare da parte gli scrupoli* | (*est.*) Riguardo, premura: *mi faccio s. di disturbarlo*; *non ha nessuno s. a chiedere favori*; *non avere tanti scrupoli per lui* | (*est.*) ***Persona, gente*** e sim. ***senza scrupoli***, disonesta. *2* Meticolosa diligenza nell'adempimento di un dovere, di un compito e sim.: *un impiegato che lavora con s.*; *lavoro fatto con s.* | ***Essere onesto, esatto*** e sim. ***fino allo s.***, essere onestissimo, esattissimo e sim. *3* †Difficoltà, ostacolo: *faceva s. in contrario il timore che il Re … abbandonasse gli altri* (GUICCIARDINI). *4* Antica unità di peso, equivalente alla 24ª parte dell'oncia. *5* †Piccolissima quantità.

scrupolosità [vc. dotta, dal lat. *scrupolositā-(tem)* 'meticolosità', da *scrupulōsus* 'meticoloso'; 1598] **s. f.** ● Caratteristica di chi (o di ciò che) è scrupoloso.

scrupolóso [dal lat. *scrupolōsu(m)*, da *scrūpulus* 'scrupolo'; 1342] **agg.** *1* Che si fa scrupoli, che è pieno di scrupoli, spec. di natura religiosa o morale: *coscienza scrupolosa.* *2* Che agisce con coscienza, senso di responsabilità, diligenza e sim.: *funzionario attivo e s.* *3* Che è eseguito con precisione, accuratezza, e sim.: *resoconto, lavoro, inventario s.* **SIN.** Meticoloso, minuzioso. || **scrupolosaménte**, **avv.** In modo scrupoloso, con cura e diligenza: *lavorare scrupolosamente.* || **scrupolosétto**, **dim.** | **scrupolosùccio**, **dim.**

†**scrùpulo** ● V. *scrupolo.*

scrutàbile [1686] **agg.** ● (*lett.*) Che si può scrutare.

scrutaménto [1873] **s. m.** ● (*raro*) Atto dello scrutare.

scrutàre [dal lat. tardo *scrutāre*, variante del classico *scrutāri* 'rovistare', da *scrūta* 'stracci', di etim. incerta; sec. XIV] **v. tr.** *1* Guardare con intensità e attenzione per vedere, trovare ciò che non è visibile a un'indagine affrettata: *s. l'orizzonte*; *s. in volto qlcu.* | (*lett.*) Esaminare, cercare di capire: *s. le intenzioni di qlcu., la causa di qlco.* *2* (*raro*) Scrutinare.

scrutàta [da *scrutare*; 1960] **s. f.** ● Sguardo rapido ma intenso e indagatore.

scrutatóre [dal lat. *scrutatōre(m)* 'ricercatore', da *scrutātus* 'scrutato'; sec. XIV] **A s. m.** (f. *-trice*) *1* (*lett.*) Chi scruta. *2* Scrutinatore. **B agg.** ● (*lett.*) Che scruta: *occhio s.*

scrutinàre o †**scruttinàre** [dal lat. tardo *scrutināre* 'esaminare', iter. di *scrutāre* 'frugare'; 1355] **v. tr.** *1* (*raro, lett.*) Indagare, investigare a fondo: *scrutinando sé medesimo e i suoi prossimi* (D'ANNUNZIO). *2* Procedere allo spoglio delle schede di una votazione. *3* Decidere sui voti da assegnare agli alunni.

scrutinatóre [1865] **s. m.** (f. *-trice*) *1* (*lett.*) Chi scrutina. *2* Persona addetta allo scrutinio delle schede, in una votazione. **SIN.** Scrutatore.

scrutìnio o †**scruttìno** [vc. dotta, dal lat. tardo *scrutīniu(m)* 'investigazione, esame', da *scrutināre*; 1337] **s. m.** *1* †Esame accurato. *2* Spoglio dei voti in una votazione | ***S. segreto***, in cui non è resa palese l'identità dei votanti | ***S. uninominale***, sistema elettorale in cui si vota per un solo candidato | ***S. di lista***, sistema elettorale in cui si vota una lista di candidati. *3* Operazione mediante la quale un'apposita commissione di insegnanti valuta il profitto degli alunni di una classe alla fine di un trimestre, quadrimestre o di un intero anno scolastico.

†**scruttinàre** ● V. *scrutinare.*

†**scruttìno** ● V. *scrutinio.*

scùcchia [etim. incerta; 1951] **s. f.** ● (*dial.*) Mento assai sporgente.

scucchiaiàre [da *cucchiaio*, con *s-*; 1735] **v. intr.** (*io scucchiàio*; aus. *avere*) ● Fare rumore con le posate mangiando.

†**scuccumèdra** [di etim. incerta: deformazione pop. del lat. *chimāera(m)* 'mostro favoloso', con *s-* (?); av. 1400] **s. f.** ● (*raro, scherz.*) Ronzino.

scucìre [da *cucire*, con *s-*; av. 1400] **A v. tr.** (*io scùcio*) *1* Disfare una o più cuciture | Disgiungere, separare, parti cucite insieme: *s. le maniche di un abito.* *2* (*pop.*) Tirare fuori: *avanti, scuci i soldi.* **B v. intr. pron.** ● Perdere, disfare la cucitura o le cuciture: *si è scucita una tasca.*

scucìto [av. 1468] **part. pass.** di *scucire*; anche **agg.** *1* Nei sign. del v. *2* (*fig.*) Sconnesso, incoerente: *discorso s.*

scucitùra [1891] **s. f.** *1* Lo scucire, lo scucirsi | Parte scucita. *2* (*fig., lett.*) Incoerenza.

†**scudàio** [lat. *scutāriu(m)* 'scudaio', da *scūtum* 'scudo'; 1308] **s. m.** ● Fabbricante, venditore, di scudi, nel sign. di *scudo* (*1*).

scudàto o †**scutàto** [lat. *scutātu(m)* 'armato di scudo', da *scūtum* 'scudo'; av. 1306] **agg.** ● (*lett.*) Armato di scudo | Protetto da scudo | ***Artiglieria scudata***, dotata di pezzi protetti da scudo.

†**scudèlla** ● V. *scodella.*

†**scuderésco** [da *scud(i)ero*; 1340] **agg.** ● (*raro*) Di scudiere: *abito s.* (BOCCACCIO).

♦**scuderìa** [da *scud(i)ero*; av. 1430] **s. f.** *1* Impianto edilizio che ospita i cavalli ed è opportunamente attrezzato per il loro ricovero, allevamento e sim. | Complesso di cavalli, spec. da corsa, di uno stesso proprietario o allenatore | (*est.*) Organizzazione di una scuderia. *2* (*est.*) Nell'automobilismo, complesso delle macchine da corsa che gareggiano per una casa, e relativa organizzazione | ***Ordini di s.***, (*fig.*) ordini provenienti dai vertici di un'organizzazione.

♦**scudétto** [da *scudo* (*1*); 1940] **s. m.** *1* Negli sport di squadra, distintivo tricolore che gli atleti vincitori di un campionato nazionale portano sulla maglia nella stagione di gare successiva | ***Puntare allo s.***, puntare alla vittoria del massimo campionato nazionale | ***Vincere lo s.***, vincere tale campionato | ***Squadra da s.***, che ha probabilità di vincerlo. *2* (*mil.*) Distintivo a forma di piccolo scudo, con l'emblema dell'unità o dell'ente di appartenenza, applicato alla manica sinistra dell'uniforme. *3* Piccolo schermo metallico eretto dietro lo scodellino degli antichi schioppi a protezione dell'occhio del tiratore dalla fiammata dell'innesco. *4* (*agr.*) Pezzo di corteccia provvisto di gemma, staccato dal nesto, per eseguire l'innesto a occhio.

scudièro o †**scudière**, †**scudièri** [dal provz. *escudier*, risalente al lat. tardo *scutārius* 'armato di scudo', da *scūtum* 'scudo'; 1299] **A s. m.** *1* Valletto d'armi, che portava lo scudo del cavaliere al cui servizio si trovava. *2* Titolo di un dignitario di corte | ***Grande s.***, titolo di corte. *3* (*disus.*) Nel ciclismo, gregario. *4* †Familiare, servitore: *niuno scudiere, o famigliar che dir vogliamo* (BOCCACCIO). **B agg.** ● Nella loc. ***alla scudiera***, (*ellitt.*) alla maniera degli scudieri | ***Calzoni alla scudiera***, di pelle, stretti alla coscia | ***Stivali alla scudiera***, con il risvolto di pelle di colore diverso.

scudisciàre [av. 1470] **v. tr.** (*io scudìscio*; fut. *io scudiscerò*) ● Percuotere con lo scudiscio.

scudisciàta [da *scudisciare*; av. 1566] **s. f.** ● Colpo di scudiscio: *dare, prendere una s.*

scudìscio o †**scurìscio**, †**scutìscio** [vc. di orig. sett., dal lat. parl. **scutīciu(m)*, da *scūtica* 'staffile', f. sost. di *scūticus* 'scitico', dal gr. *Skythikós*, da *Skýthai* 'Sciti'; av. 1320] **s. m.** ● Frustino flessibile di legno, cuoio o sim. per frustare il cavallo allo scopo di incitarlo, correggerlo o sim. | (*est.*) Sferza, frusta. || **scudiscétto**, **dim.** | **scudiscióne**, **accr.**

♦**scùdo** (*1*) o †**scùto** [lat. *scūtu(m)* 'scudo', di orig. prob. indeur.; av. 1294] **s. m.** *1* Arma da difesa in vario materiale, di forma quadrata, oblunga, tonda od ovale, che infilata nel braccio sinistro serviva a difendere il corpo | (*fig.*) ***Portare qlcu. sugli scudi***, esaltarlo, acclamarlo | (*fig.*) ***Alzata, levata, di scudi***, dimostrazione ostile, ribellione | Arma da difesa in plastica trasparente usata da forze di polizia in servizio di ordine pubblico. *2* Riparo in lamiera d'acciaio fissato agli affusti di pezzi d'artiglieria e mitragliere, per proteggere i serventi da schegge e proiettili di piccolo calibro. *3* (*est.*) Struttura di rivestimento, protezione e sim. | ***S. termico***, di materiale resistente al calore per proteggere parti di veicoli spaziali dal surriscaldamento aerodinamico, spec. al rientro nell'atmosfera | ***S. di prua***, parte irrigidita della prua del dirigibile. *4* (*fig.*) Difesa, riparo: *fare, farsi, s. di, con qlco.* | ***S. aereo, missilistico***, insieme delle forze aeree e delle attrezzature missilistiche che costituiscono l'armamento di protezione e difesa di uno Stato | ***S. spaziale***, sistema difensivo globale basato su satelliti e armamenti spaziali. *5* (*zool.*) Ciascuna delle piastre ossee del dermascheletro dei cheloni e dei coccodrilli. *6* (*arald.*) Parte essenziale dello stemma, formato dal campo e dalle sue eventuali partizioni, su cui sono poste pezze e figure | ***S. crociato***, V. *scudocrociato.* ➡ **ILL. araldica.** *7* Struttura mobile impiegata per praticare gallerie sotterranee in terreni acquiferi o al di sotto di corsi d'acqua. || **scudicino**, **dim.** | **scudóne**, **accr.**

scùdo (*2*) [da *scudo* (*1*), per la figura effigiatavi, per calco sul fr. *écu* 'scudo', incrociato con la sigla inglese *ECU* 'European currency unit', unità monetaria europea nel sign. 2; av. 1348] **s. m.** *1* Moneta d'oro o d'argento di vario valore portante lo scudo del principe o dello Stato emittente raffigurato su una delle facce. *2* (*econ.*) ***S. europeo***, ecu.

scudocrociàto [da *scudo crociato*, simbolo del partito della Democrazia Cristiana; 1966] **agg.**; anche **s. m.** (f. *-a*) ● Fino al 1994, relativo, appartenente al partito politico della Democrazia Cristiana.

scùffia [da *cuffia*, con *s-*; sec. XIV] **s. f.** *1* V. *cuffia.* *2* (*pop., sett.*) Forte innamoramento: *prendersi, avere una s. per qlcu.* | Forte ubriacatura: *prendere una s.* *3* Capovolgimento di una imbarcazione, spec. nella loc. ***fare s.*** || **scuffiàccia**, **pegg.** | **scuffióne**, **accr. m.** | **scuffiòtto**, **dim. m.**

scuffiàre [vc. di orig. onomat.; 1483] **A v. intr.** (*io scùffio*; aus. *avere*) *1* (*mar.*) Capovolgersi, ribaltarsi, spec. riferito a imbarcazioni. *2* (*raro*) Soffiare rumorosamente aria dalle narici mangiando o uscendo dall'acqua: *e scuffian, che parean dell'acqua usciti* (PULCI). **B v. rifl.** ● (*fig., pop.*) Innamorarsi.

scuffìna o **scoffìna** [lat. parl. **scoffīna(m)*, variante dial. di *scobīna* 'raspa', connesso con *scăbere* 'grattare', di orig. indeur.; 1550] **s. f.** ● Tipo di lima o raspa piatta da falegname.

scuffinàre o **scoffinàre** [sec. XVII] **v. tr.** ● Limare, raspare con la scuffina.

scugnìzzo [vc. nap., da *scugnare* 'scalfire, rompere', dal lat. parl. **excuneāre*, comp. di *ĕx-* (*s-* estrattiva) e *cuneāre* 'finire in punta' (V. *cuneo*); 1908] **s. m.** (f. *-a*) ● Monello napoletano | (*est.*) Monello di strada.

sculacciàre [da *culo*, *culaccio*, con *s-*; 1536] **v. tr.** (*io sculàccio*) ● Percuotere con la mano aperta sul sedere, spec. i bambini.

sculacciàta [da *sculacciare*; av. 1449] **s. f.** ● Colpo, insieme di colpi, dati sculacciando: *dare una s.*; *prendere a sculacciate.* || **sculacciatina**, **dim.**

sculaccióne [da *sculacciare*; 1691] **s. m.** ● Forte sculacciata.

sculdàscio [dal longob. *skuldhaizo* 'capo di circoscrizione' (V. ted. *Schultheiss* 'giudice, podestà'); av. 1750] **s. m.** ● Nel mondo medievale, funzionario di nomina ducale con funzioni amministrative, fiscali, giudiziarie.

sculettàre [da *culo*, con *s-* e suff. iter.-vezz.; 1691] **v. intr.** (*io sculétto*; aus. *avere*) ● Dimenare le anche e il sedere camminando.

†**scùlpere** **v. tr.** ● (*lett.*) Scolpire.

†**scultàre** [da *sculto*] **v. tr.** ● Scolpire.

scùlto o **scólto**, [sec. XIV] **part. pass.** di †*sculpere*; anche **agg.** *1* (*poet.*) Scolpito | (*fig.*) Impresso. *2* (*poet.*) †Fissato, stabilito: *quando in ciel sia s. / ch'io vi debba morir* (ARIOSTO).

scultóre [lat. tardo *sculptōre(m)* 'scultore', da *scŭlptus* 'scolpito'; 1520] **s. m.** (f. *-trice*) ● Chi esercita l'arte della scultura: *s. in marmo, in legno, in pietra, in avorio*; *i grandi scultori greci.*

scultòreo o **scultòrio** spec. nel sign. 1 [da *scultore*; 1876] **agg.** *1* Che riguarda la scultura: *arte, produzione scultoria.* *2* (*est.*) Statuario: *posa, bellezza scultorea.* *3* (*fig.*) Di forte rilievo, incisivo, lapidario: *stile s.*; *prosa scultorea.*

scultùra o (*pop.*) †**scoltùra** [lat. tardo *sculptū-ra(m)* 'scultura', da *scŭlptus* 'scolpito'; av. 1320] **s. f.** *1* Arte e tecnica dello scolpire: *la s. e la pittura presentano alla nostra mente gli oggetti* (FOSCOLO). *2* (*est.*) Opera scolpita: *le sculture del Partenone.* *3* (*est.*) Insieme di sporgenze e rientranze formatesi naturalmente su una superficie | (*biol.*) Insieme di disegni in rilievo sulla superficie di rivestimento di un organo: *s. sui semi delle piante*; *s. sulle elitre degli insetti.* *4* (*geol.*) Insieme di minute cavità di varia forma che gli agenti atmosferici producono su talune rocce mediante moti vorticosi coadiuvati dalla presenza di particelle minerali che agiscono da abrasivo.

sculturàle [1942] **agg.** ● (*lett.*) Che è proprio della scultura (*anche fig.*): *linguaggio … musicale, pittorico, s., architettonico* (CROCE).

scùna **s. f.** ● Adattamento di *schooner* (V.).

scùner **s. m. inv.** ● Adattamento di *schooner* (V.).

scuòcere [da *cuocere*, con *s-*; 1950] **v. intr.** e **intr. pron.** (coniug. come *cuocere*; aus. *essere*) ● Cuocersi eccessivamente, detto di cibi: *la pasta si è scotta.*

scuoiaménto o (*lett.*) **scoiaménto** [1960] **s. m.** ● Operazione dello scuoiare.

scuoiàre o (*lett., raro*) **scoiàre**, †**squoiàre** [lat. tardo (ecclesiastico) *excoriāre* 'scorticare', comp. di *ĕx-* (*s-*) e di un denominale di *cŏrum* 'cuoio'; 1313] **v. tr.** (*io scuòio*, lett. *scòio*) ● Levare il cuoio, la pelle, ad animali uccisi o macellati: *s. un'anguilla, un coniglio.*

scuoiatóre o (*lett.*) **scoiatóre** [1960] **s. m.** (f. *-trice*) ● Addetto allo scuoiamento, in macelleria o conceria.

scuoiatùra o (*lett.*) **scoiatùra** [1960] **s. f.** ●

(*conciar.*) Operazione dello scuoiare.

♦**scuòla** o (*lett., pop.*) **scòla** [lat. *schŏla(m)* 'scuola', dal gr. *scholḗ* 'tempo libero, occupazione studiosa', connesso con *échein* 'intrattenersi'; sec. XII] **A s. f.** ***1*** Istituzione che persegue finalità educative attraverso un programma di studi o di attività metodicamente ordinate | ***S. materna***, quella per i bambini dai tre ai cinque anni | ***S. elementare***, quella per i bambini dai sei agli undici anni | ***S. media***, quella per i ragazzi dai dodici ai quattordici anni | ***S. dell'obbligo***, quella che ogni ragazzo, entro limiti d'età stabiliti dalla legge, è tenuto a frequentare, e che comprende la scuola elementare e la scuola media inferiore | ***S. primaria***, quella comprensiva di scuola materna e scuola elementare | ***S. secondaria inferiore***, scuola media | ***S. secondaria superiore***, ***s. secondaria di secondo grado***, quella che, al termine della scuola dell'obbligo, prevede, per un periodo dai quattro ai cinque anni, la continuazione facoltativa dell'istruzione preuniversitaria | ***S. verticale***, ***verticalizzata***, quella comprensiva di scuola primaria e scuola secondaria inferiore | ***S. pubblica***, quella che dipende direttamente dallo Stato | ***S. privata***, quella gestita da enti o da persone private | ***S. mista***, quella frequentata da allievi di sesso sia maschile che femminile | ***S. serale***, quella frequentata da chi lavora durante il giorno | ***S. speciale***, quella che un tempo forniva educazione e istruzione ai bambini con handicap. ***2*** Insieme delle istituzioni scolastiche vigenti in un paese: *urge una riforma della s.*; *per molti la s. italiana è arretrata.* ***3*** (*est.*) Attività che ha per scopo l'insegnamento metodico di una disciplina, un'arte, un mestiere e sim.: *frequentare la s.*; *andare a s.*; *fare, tenere, s.*; *mettere qlcu. a s. da un insegnante*; *mettere qlcu. alla s. di un insegnante*; *compagno di s.*; *s. di taglio, di danza*; *s. per traduttori*; *s. di nuoto* | ***S. guida***, autoscuola e (*est.*) l'insegnamento della guida automobilistica | ***Oggi non c'è s.***, è vacanza | Periodo di tempo durante il quale ha luogo l'attività della scuola: *oggi ho tre ore di s.*; *dopo la s. andremo al cinema.* ***4*** Sede in cui si svolge l'attività scolastica: *accompagnare i bambini a s.*; *in città c'è scarsità di scuole*; *la s. è in via Castiglione* | (*est.*) Edificio scolastico: *s. vecchia, nuova, moderna*; *non scrivete sui muri nuovi della s.*; *i bambini escono dalla s.* ***5*** Complesso di insegnanti, alunni, e sim. facenti parte di una scuola: *tutta la s. è in festa*; *gita organizzata dalla s.* ***6*** (*fig.*) Ammaestramento, pratica, esercizio: *crescere alla s. del dolore* | Ammonimento, esempio: *questo ti serva di s.*; *sotto la s. della madre crescerà educato.* ***7*** Insieme di poeti, artisti, filosofi, scienziati e sim., che seguono e sviluppano il metodo e la dottrina di uno stesso maestro: *la s. del De Sanctis, del Bartoli* | Insieme di poeti, artisti, filosofi, scienziati e sim. che seguono lo stesso indirizzo o metodo: *i poeti della s. siciliana*; *i medici della s. salernitana* | Indirizzo seguito da un insieme di poeti, artisti, filosofi, scienziati e sim.: *la s. senese, fiorentina, hegeliana.* ***8*** Insieme dei discepoli di un grande maestro (*anche spreg.*): *un dipinto di s.*; *il quadro non è del maestro ma di s.* | (*spreg.*) ***Si sente troppo la s.***, ***sa di s.***, e sim., di opera letteraria, artistica e sim., in cui l'originalità dell'autore non riesce a superare l'influsso dell'insegnamento. ***9*** (*sport*) ***Alta s.***, in equitazione, il complesso di esercizi o arie di alto grado di virtuosismo eseguiti da cavallo e cavaliere in perfetta e affinata sincronia | Tecnica, addestramento, diretti a questo scopo. ***10*** †Associazione, corporazione: *s. dei gladiatori.* || **scuolétta**, **dim.** **B** in funzione di **agg. inv.** ● (posposto a un s.) Che ha lo scopo di istruire, ammaestrare e sim.: *cantiere s.* | (*mar.*) ***Nave s.***, grande veliero impiegato per l'addestramento dei marinai, degli allievi ufficiali e sottufficiali della marina militare e mercantile; (*fig., scherz.*) Donna che inizia un ragazzo alle prime esperienze sessuali | ***Aereo s.***, a doppio comando per allievi piloti.

SCUOLA
nomenclatura

scuola

● *tipi di scuola*: pubblica (statale, provinciale, comunale, regionale) ⇔ privata (pareggiata, parificata = legalmente riconosciuta, scuola sussidiata), inferiore ⇔ superiore, maschile ⇔ femminile, mista = promiscua; obbligatoria = dell'obbligo; diurna ⇔ serale, popolare, rurale ⇔ urbana, laica ⇔ confessionale, religiosa = ecclesiastica, parrocchiale; internazionale, europea; militare, carceraria; per corrispondenza, telescuola; a tempo pieno, modulare; scuola speciale, sperimentale, centocinquanta ore, tecnica, politecnica, normale; nido, primaria (asilo d'infanzia = asilo infantile = scuola materna = preparatoria, elementare), secondaria inferiore = media, secondaria superiore = di secondo grado = ginnasio, liceo classico, scientifico, linguistico, artistico, istituto (magistrale, d'arte, professionale, superiore di educazione fisica = ISEF, tecnico industriale, per geometri, per ragionieri, per segretarie d'azienda, per periti aziendali, per corrispondenti in lingue estere, per il turismo, chimico, agrario, elettronico, elettrotecnico, odontotecnico, nautico, aeronautico), scuola d'arte, accademia di belle arti, accademia militare; liceo musicale, conservatorio; scuola di lingue, scuola enologica, scuola alberghiera; corsi di specializzazione, università (popolare, della terza età), facoltà universitaria (scientifica, umanistica), seminario, politecnico, laurea breve, corsi parauniversitari, scuola di perfezionamento, corso di aggiornamento, master, stage, scuola di specializzazione, dottorato di ricerca;

● *attività scolastiche*: iscrizione, immatricolazione, numero chiuso, esame di ammissione, test psico-attitudinali, esame di idoneità, tasse di iscrizione, borsa di studio, anno scolastico, anno accademico, programma, programmazione didattica, trimestre, quadrimestre, semestre, orario, tempo prolungato, tempo pieno, modulo orario, monte ore, lectio brevis, intervallo = ricreazione, quarto d'ora accademico, corso (annuale, biennale), corso monografico, corso integrativo, corso di orientamento scolastico, prolusione, seminario, piano di studi, frequenza, frequenza obbligatoria, presenza, assenza (giustificata, ingiustificata), scrutinio, corso di recupero; lavoro di gruppo, lavoro interdisciplinare = interdisciplinarietà; insegnamento, materia = disciplina, lezione (lettura, spiegazione, pensierini, dettato, esercitazione, esercizi, studio, ripasso = ripetizione, riassunto, compito, problema, calcolo, soluzione, discussione, compito in classe - foglio protocollo, intestazione, brutta, bella copia -, tema - titolo, schema, svolgimento -, versione, traduzione, disegno, correzione, ricerca, esperimento, dubbio, domanda, apprendimento, verifica = interrogazione (dal posto, alla lavagna, orale, scritta, programmata), sessione di esami, appello, prova scritta, prova orale, colloquio, risultato, punteggio, voto, giudizio, sufficienza, insufficienza, condotta, richiamo, ammonizione, nota (sul diario, sul registro), sospensione, espulsione, riammissione, promozione, bocciatura; licenza elementare, licenza media, esame di maturità, diploma, tesi, relatore, correlatore, commissione esaminatrice, discussione, addottoramento, 110 e lode, dignità di stampa, esame di abilitazione, esame di Stato, di idoneità, di dottorato;

● *persone*: scolaro, alunno, studente, allievo, fuori corso, laureando, borsista, dottorando; maestro, insegnante, insegnante di sostegno, team, docente, professore (abilitato, di ruolo, supplente, titolare; di scuola media inferiore, superiore, universitario - associato, incaricato, libero docente, ordinario, fuori ruolo), cultore della materia; commissario d'esame, membro interno, presidente di commissione; direttore, direttore didattico, vicepreside, preside, direttore di dipartimento, rettore; ministro della pubblica istruzione, ispettore ministeriale provveditore agli studi; bidello, bibliotecario, segretario, tecnico, tecnico laureato; assemblea, collettivo, attivo, regolamento scolastico, consiglio di classe, di interclasse, di istituto, rappresentante di classe (degli studenti, dei genitori), collegio dei docenti, incontri con i genitori = ricevimento parenti; autogestione, autonomia amministrativa, doposcuola, gita scolastica, titolo di studio, vacanze, compiti delle vacanze;

● *azioni*: conseguire l'abilitazione all'insegnamento; insegnare, interrogare, tartassare, torchiare; giudicare = valutare, ammettere agli esami, promuovere, licenziare, diplomare, bocciare = respingere; adottare un libro di testo; dare ripetizioni; ascoltare, leggere, scrivere, capire, apprendere, imparare, imparare a memoria, recitare, calcolare, studiare, fare i compiti, essere impreparato, fare scena muta = non aprir bocca; frequentare, marinare = bigiare, chiacchierare, distrarsi, disturbare ⇔ stare attenti, seguire, prendere appunti; andare a ripetizione.

scuòlabus o **scuolabùs** [comp. di *scuola* e *-bus*; 1966] **s. m. inv.** ● Autobus per il trasporto degli scolari da casa a scuola e viceversa, gener. a cura di un'amministrazione comunale: *servizio di s.*

scuolaguìda [da *scuola (di) guida*; 1970] **s. f.** (pl. *scuoleguida*) ● Scuola per l'insegnamento teorico e pratico della guida degli autoveicoli: *la s. si trova vicino alla piazza.* SIN. Autoscuola.

♦**scuòtere** o †**escuòtere**, (*lett.*) **scòtere** [lat. parl. **exquŏtere*, falsa ricomposizione di *excŭtere*, comp. di *ĕx-* (*s-*) e *quătere* 'scuotere'; 1309] **A v. tr.** (pres. *io scuòto*, lett. *scòto*; pass. rem. *io scòssi, tu scuotésti*, lett. *scotésti*; part. pass. *scòsso*) ***1*** Agitare, sbattere con violenza facendo muovere in più direzioni: *il vento scuote gli alberi*; *il terremoto scuote la terra* | ***S. le coperte***, ***i tappeti***, per togliere la polvere | ***S. il capo***, ***la testa***, in segno di scontentezza, dubbio, o rifiuto | ***S. le spalle***, in segno di indifferenza | ***S. qlcu.***, scrollarlo con forza per svegliarlo; (*est.*) incoraggiarlo ad agire, e sim.: *s. qlcu. dal sonno, dal torpore, dall'inerzia.* ***2*** (*est.*) Cacciare fuori agitando, togliere (*anche fig.*): *s. la polvere*; *scuotersi i pregiudizi di dosso* | (*lett.*) ***S. il giogo***, ***la schiavitù***, e sim., liberarsene. ***3*** (*fig.*) Agitare, eccitare (*anche assol.*): *questo ronzio scuote i nervi*; *il traffico scuote* | Turbare, commuovere (*anche assol.*): *le sue parole mi scossero*; *è una scena che scuote.* ***4*** (*lett.*) Disarcionare: *Il suo destriero / … giù dall'arcion nel-l'onda / lo scosse* (MANZONI). **B v. intr. pron.** ***1*** Scrollarsi, sobbalzare, con movimento repentino: *a quel fragore tutti si scossero* | ***Scuotersi dal sonno***, svegliarsi bruscamente | ***Scuotersi dal sonno***, ***dal torpore***, ***dal letargo*** e sim., (*fig.*) uscire da uno stato di inerzia, di abbattimento. ***2*** (*fig.*) Agitarsi, turbarsi, commuoversi: *all'annuncio si scosse*; *è un tipo che non si scuote mai.*

scuotiménto o **scotiménto** [av. 1363] **s. m.** ***1*** Lo scuotere | Scossone, sobbalzo. ***2*** (*fig., lett.*) Forte turbamento.

scuotipàglia [comp. di *scuotere* e *paglia*; 1960] **s. m. inv.** ● Organo della trebbiatrice che con moto alternativo consente alla paglia di fuoriuscire all'esterno separando nel contempo le granelle.

scuotitóio o **scotitóio** [da *sc(u)otere*; 1891] **s. m.** ***1*** Macchina in cui un materiale viene sottoposto a scosse durante un processo di lavorazione. ***2*** Shaker.

scuotitóre o **scotitóre** [av. 1557] **s. m.**; anche **agg.** ***1*** (f. *-trice*) (*lett.*) Chi (o Che) scuote: *Nettuno scotitor de la Terra* (TASSO). ***2*** Vibratore meccanico munito di un braccio metallico articolato, usato per la raccolta spec. di olive, noci e sim.

scuponàto [comp. parasintetico di *cupone* col pref. *s-*; 1960] **agg.** ● (*banca*) Detto di titolo di credito da cui sia stata staccata la cedola di interesse o il dividendo.

scuponatùra [da *scuponato*; 1957] **s. f.** ● (*banca*) L'atto dello staccare la cedola d'interesse o il dividendo da un titolo di credito.

†**scùra** ● V. *scure*.

†**scuràre** ● V. *oscurare*.

scùre o †**scùra**, †**secùre** [lat. *secūre(m)*, con sincope della vocale protonica: vc. deriv. dalla radice indeur. **sek-* 'tagliare' (V. *secare*); av. 1294] **s. f.** ● Utensile destinato all'abbattimento degli alberi e alla lavorazione del legname, costituito da una lama d'acciaio provvista di occhio in cui è inserito il manico di legno e da un tagliente più o meno arcuato, sullo stesso piano con l'asse del manico | ***S. d'arme***, azza | (*est., fig.*) Netto taglio, drastica riduzione in campo economico o finanziario: *la s. del Governo sulla previdenza.* || **scurèlla**, **dim.** | **scurétta**, **dim.** | **scuricèlla**, **dim.** | **scuricìna**, **dim.**

scuréggia e *deriv.* ● V. *scoreggia* (*1*) e *deriv.*

scurétto [dim. di *scuro* (*2*); 1855] **s. m.** ● Scuro, spec. di piccola finestra.

scurézza [da *scuro* (*1*); 1541] **s. f.** ● Condizione, caratteristica di ciò che è scuro.

scuriàta o †**scuriàda** [lat. parl. **excorrigiāta*, dal classico *corrĭgia* 'correggia'; 1313] **s. f.** *1* †Sferza di cuoio, scudiscio. *2* (*raro, lett.*) Sferzata, scudisciata: *i cavalli, condotti a furia di speroni e di scuriate* (BACCHELLI).

scurìccio [da *scuro* (*1*); 1858] **agg.** (**pl. f.** *-ce*) ● Di colore tendente allo scuro.

scurioṣàre ● V. *curiosare.*

scurìre [da *scuro* (*1*); av. 1577] **A v. tr.** (*io scurìsco, tu scurìsci*) ● Rendere scuro o più scuro: *l'aria scurisce i metalli.* **B v. intr. e intr. pron.** (aus. *essere*) ● Diventare scuro o più scuro: *i capelli biondi col tempo scuriscono; al sole la pelle scurisce.* **C v. intr. impers.** (aus. *essere* e *avere*) ● Annottare: *già scurisce.*

†**scurìscio** ● V. *scudiscio.*

†**scurità** ● V. *oscurità.*

♦**scùro** (**1**) [lat. *obscūru(m)* 'oscuro', prob. comp. di *ŏb-* 'davanti' e di un deriv. dalla radice indeur. **skū-* 'coprire'; av. 1250] **A agg.** *1* Che è privo, parzialmente o completamente, di luce: *notte, stanza, prigione, scura* | (*merid.*) **Colpo s.**, nelle sagre paesane, quello sparato senza figurazione luminosa per segnare, con il solo rumore, la fine di uno spettacolo di fuochi artificiali. CONTR. Luminoso. *2* Detto di colore, che non è chiaro, che ha toni cupi e spenti, che tende al nero: *abito s.; pelle scura; occhi scuri.* CFR. melano-. CONTR. Chiaro. *3* Posposto a un agg. qualif. dei colori, col quale costituisce una loc. inv., indica tonalità più cupa di quella espressa dall'agg. qualif.: *verde, rosso, s.* *4* (*fig.*) Fosco, turbato, torvo: *faccia scura; essere, farsi s. in volto, in viso.* *5* (*fig.*) Che è difficile a comprendersi, a intendersi: *linguaggio s.; parole scure.* CONTR. Chiaro. *6* (*fig.*) Triste, penoso: *tempi scuri.* *7* (*fig., lett.*) Ignoto, oscuro: *millecent'anni e più dispetta e scura / fino a costui si stette* (DANTE *Par.* XI, 65-66). *8* (*ling.*) Detto di vocale, posteriore. ‖ †**scuraménte**, **avv.** Oscuramente. **B** in funzione di **avv.** ● (*fig., lett.*) In modo non chiaro: *parlare s.* **C s. m.** *1* Buio, oscurità: *lo s. del pozzo* | **Essere allo s. di qlco.**, (*fig.*) non esserne informato, ignorarla. *2* Colore scuro, tonalità scura: *essere vestito di s.; preferire lo s.; lo s. ti dona.* *3* Parte ombreggiata o tratteggiata di un'opera pittorica: *il chiaro e lo s. di un disegno.*

scùro (**2**) [dal longob. *skūr* 'riparo contro la luce e il sole', della stessa orig. del precedente; 1640] **s. m.** ● Ciascuna delle ante in legno completamente cieche, applicabili all'interno di finestre e porte per oscurare gli ambienti. ‖ **scurétto**, **dim.** (V.).

†**scùrra** [vc. dotta, dal lat. *scŭrra(m)* 'buffone', prob. di orig. etrusca] **s. m.** (**pl.** *-i*) ● Buffone, giullare.

scurrìle [vc. dotta, dal lat. *scurrīle(m)* 'buffonesco', da *scŭrra* 'buffone'; av. 1529] **agg.** ● Che manifesta o denota una comicità licenziosa, triviale e sguaiata: *aveva costui / di scurrili indigeste dicerie / pieno il cerèbro* (MONTI) | (*est.*) Triviale: *parole scurrili; gesto s.* SIN. Salace, sboccato, sguaiato, volgare. ‖ **scurrilménte**, **avv.** In maniera scurrile.

scurrilità [vc. dotta, dal lat. *scurrilitāte(m)* 'buffoneria', da *scurrīlis* 'buffonesco'; sec. XIV] **s. f.** ● Condizione di chi (o di ciò che) è scurrile | Atto, parola e sim., scurrile.

♦**scùṣa** o †**escùsa** [da *scusare*; 1294] **s. f.** *1* Richiesta che ha lo scopo di ottenere il perdono altrui per una colpa o una mancanza commesse: *chiedere, domandare s.; presentare, fare, le proprie scuse a qlcu.* | **Chiedo s.**, formula di cortesia usata quando si interrompe qlcu. in ciò che sta facendo, dicendo e sim. *2* Parole, argomenti, atti e sim. con cui ci si scusa: *s. buona, valida, magra, banale; parole, biglietto, lettera di s.* *3* Argomento, motivazione, che, costituendo una giustificazione o una parziale discolpa dell'errore in cui si è caduti, ne attenua la gravità: *questa volta non hai scuse; il suo ritardo trova una s. nel traffico intenso; non ammetto le tue scuse; non si accettano scuse.* *4* Pretesto, falso motivo: *sono tutte scuse; ha sempre una s. pronta; prendere la s. di ...; è una s. bell'e buona; con la s. di uscire mi ha piantato in asso; tutte le scuse sono buone per non lavorare.* ‖ **scuṣarèlla**, **scuṣerèlla**, **dim.** | **scuṣétta**, **dim.**

scuṣàbile o †**escuṣàbile**, †**iscuṣàbile** [dal lat. *excusābile(m)*, da *excusāre* 'scusare'; av. 1342] **agg.** ● Che si può scusare. ‖ **scuṣabilménte**, **avv.**

scuṣabilità [1957] **s. f.** ● (*raro*) Condizione di ciò che è scusabile.

scuṣànte [1960] **A part. pres.** di *scusare*; anche **agg.** ● Nei sign. del v. **B s. f.** ● Motivo addotto a discolpa, circostanza attenuante: *cercare una s.; avere, non avere, scusanti; questo va detto a sua s.*

†**scuṣànza** [da *scusare*; av. 1306] **s. f.** ● (*raro*) Scusa.

♦**scuṣàre** o †**escuṣàre**, (*lett.*) †**iscuṣàre** [lat. *excusāre* 'scusare', comp. di *ĕx-* (*s-*) e di un denominale di *căusa* 'causa'; av. 1250] **A v. tr.** *1* Discolpare, scagionare una persona dall'errore che ha commesso o che le viene attribuito: *s. la negligenza di qlcu.; non è possibile scusarlo ancora; niente può s. il suo comportamento; non bisogna s. sempre i figli.* *2* Addurre a giustificazione, a discolpa: *certe cose si possono s. solo con la giovinezza; l'inesperienza lo scusa dell'accaduto.* *3* Perdonare, spec. in formule di cortesia (*anche assol.*): *scusi il ritardo; scusate l'ardire, la libertà; mi scusi il disturbo; scusa ma devo andare; scusi, dov'è via Veneto?; scusi, che ore sono?; scusi tanto; scusate il disturbo; scusate per la seccatura* | **Scusate se è poco!**, escl. antifr. che sottolinea qlco. di grande, insolito: *ho camminato per dieci chilometri, e scusate se è poco!* *4* †Risparmiare | Evitare: *la dipinse volta di spalle, scusando il difetto con l'astuzia* (SANNAZARO). *5* †Esentare, liberare. *6* †Rifiutare, ricusare. **B v. rifl.** (+ *di*, + *per*, anche seguiti da inf.; + *se*, lett. + *che*, seguiti da indic.; + *con* qlcu.) ● Difendersi, giustificarsi, chiedere scusa: *scusarsi dell'assenza, dell'equivoco, della dimenticanza; scusarsi di non essere intervenuto; ci scusiamo per l'errore commesso; mi scuso per non averti telefonato; scusarsi con un amico, con la signora; scusarsi presso il ministro; onde scusarsi se non usava riguardi* (VERGA); *con l'aria di scusarsi che ... meglio di così non ha potuto alloggiarlo* (PIRANDELLO).

scuṣàto [sec. XIV] **part. pass.** di *scusare*; anche **agg.** *1* Nei sign. del v. | Giustificato, perdonato: *il suo ritardo è s.* *2* †**Essere s. da qlco.**, esentato, dispensato | (*raro*) **Avere per s.**, scusare, assolvere da una colpa.

scuṣatóre [vc. dotta, dal lat. tardo *excusatōre(m)* 'che scusa', da *excusātus* 'scusato'] **s. m.** (**f.** *-trice*) ● (*raro*) Chi scusa.

†**scuṣazióne** ● V. †*escusazione.*

scùsso [lat. *excŭssu(m)*, part. pass. di *excŭtere* 'scuoter via' (V. *scuotere*); sec. XIV] **agg.** *1* (*lett.*) Privato di tutto, spogliato: *con le lunghissime mani, quasi scusse di carne* (PIRANDELLO). *2* (*tosc.*) Schietto, puro: *vino s.* | **Pane s.**, senza companatico.

†**scutàto** ● V. *scudato.*

scutellària [vc. dotta, dal lat. *scutĕlla(m)* 'scodella', col suff. agg. *-aria*; detta così per la forma del calice; 1838] **s. f.** ● Pianta perenne delle Labiate spontanea nei luoghi umidi con fiori azzurro-violacei a corolla tubolare (*Scutellaria galericulata*).

scùter **s. m. inv.** ● Adattamento di *scooter* (V.).

scuterìsta ● V. *scooterista.*

scùtica [lat. *scŭtica(m)* 'sferza' (V. *scudiscio*); 1572] **s. f.** ● (*raro, lett.*) Sferza, scudiscio.

†**scutìscio** ● V. *scudiscio.*

†**scùto** ● V. *scudo* (*1*).

scutrettolàre [da *cutrettola*, con *s-*; 1873] **v. intr.** (*io scutréttolo* o *scutrèttolo*; aus. *avere*) ● (*raro*) Dimenare la coda, detto di alcuni uccelli | (*est., disus.*) Camminare ancheggiando, detto di persona. SIN. Sculettare.

ṣdamàre [da *dama*, con *s-*; 1873] **v. intr.** (aus. *avere*) ● Nel gioco della dama, essere costretto a muovere una propria pedina dall'ultima fila.

ṣdàrsi [da *dar(si)*, con *s-*; av. 1696] **v. intr. pron.** (coniug. come *dare*) *1* (*tosc.*) Non applicarsi più a un'attività, uno studio e sim.: *s. dal lavoro* | (*est.*) Avvilirsi, abbattersi: *alla prima difficoltà si sdava.* *2* (*raro*) Profondersi, effondersi: *s. in ringraziamenti.*

ṣdàto [1865] **part. pass.** di *sdarsi*; anche **agg.** *1* Nei sign. del v. *2* (*fam., gerg.*) Banale, scontato, troppo visto.

ṣdaziàbile [1940] **agg.** ● Che si può sdaziare.

ṣdaziaménto [1891] **s. m.** ● Operazione dello sdaziare.

ṣdaziàre [da *dazio*, con *s-*; 1841] **v. tr.** (*io ṣdàzio*) ● Liberare una merce dal dazio di cui è gravata attraverso il pagamento del dazio stesso.

ṣdebitàre [da *debito*, con *s-*; 1319] **A v. tr.** (*io ṣdébito*) ● Rendere libero dai debiti. **B v. rifl.** ● Rendersi libero dai debiti | (*fig.*) Disobbligarsi: *sdebitarsi con qlcu. di qlco.*

†**ṣdébito** [da *sdebitare*; 1957] **s. m.** ● Pagamento di un debito.

†**ṣdegnaménto** [da *sdegnare*; av. 1698] **s. m.** *1* (*raro*) Sdegno. *2* Nausea: *s. di stomaco.*

ṣdegnàre [lat. parl. **disdignāre* 'sdegnare', comp. di *dĭs-* (*s-*) e *dignāre* 'stimar degno' (V. *disdegnare*); av. 1250] **A v. tr.** (*io ṣdégno*) *1* Avere in dispregio, aborrire, respingere qlcu. o qlco. ritenendolo indegno: *s. la viltà, la malafede; non s. di rispondere, di chiedere; s. gli amici interessati; sdegnereste dunque l'offerta di un cavaliere che ... aspirasse a servirvi?* (GOLDONI). *2* (*lett., tosc.*) Provocare sdegno, risentimento, irritazione: *la sua risposta mi ha sdegnato.* **B v. intr. pron.** e †**intr.** *1* Adirarsi, indignarsi, irritarsi: *sdegnarsi con, contro, qlcu.* *2* (*tosc.*) Non voler mangiare o adempiere altre normali funzioni, detto di animali: *la gatta si è sdegnata e non allatta più i gattini.* *3* (*raro, tosc.*) Provare nausea: *lo stomaco mi si sdegna.*

ṣdegnàto [1312] **part. pass.** di *sdegnare*; anche **agg.** *1* Nei sign. del v. *2* Indignato, adirato, preso da sdegno: *essere s. verso, contro, qlcu.; voce sdegnata.* *3* †Infiammato, irritato, detto di una parte del corpo. ‖ **ṣdegnataménte**, **avv.**

ṣdégno [da *sdegnare*; 1312] **s. m.** *1* Sentimento di riprovazione, indignazione, ira e sim. provocato da chi o da ciò che sembra indegno, intollerabile: *provare, sentire, nutrire, s.; s. nobile, santo, giusto; trattenere lo s.; non poter nascondere lo s.; muovere a s.; muovere lo s.; parole, gesto, di s.* *2* (*lett.*) Disprezzo, disdegno: *atteggiamento di s.* | **Avere, tenere, a s. qlcu. o qlco.**, disprezzare. *3* †Disaccordo, lite: *Ne nacque assai sdegni intra gli amici di Messer Giovanni* (MACHIAVELLI).

ṣdegnoṣàggine [av. 1698] **s. f.** ● (*raro*) Sdegnosità (*spec. spreg.*).

ṣdegnoṣità [av. 1406] **s. f.** ● Caratteristica di chi è sdegnoso, altero, altezzoso.

ṣdegnóṣo [da *sdegnare*; 1312] **agg.** *1* Che sente e dimostra sdegno per tutto quanto sembra in contrasto coi propri gusti, coi propri principi, e sim.: *essere s. di viltà, di menzogna* | Che esprime sdegno: *sguardo, rifiuto, s.* *2* Disdegnoso, altero, sprezzante: *è sempre s. con tutti; ha s. il cor quella superba* (BOIARDO). ‖ **ṣdegnoṣétto**, **dim.** | **ṣdegnoṣùccio**, **ṣdegnoṣùzzo**, **dim.** ‖ **ṣdegnoṣaménte**, **avv.** In modo sdegnoso, altero.

ṣdemanializzàre [da *demanializzare* col pref. *s-* neg.; 1987] **v. tr.** ● Rendere un bene non più demaniale.

ṣdemanializzazióne [1985] **s. f.** ● Atto amministrativo consistente nello sdemanializzare.

ṣdentàre [da *dente*, con *s-*; 1772] **A v. tr.** (*io ṣdènto*) ● Rompere uno o più denti, spec. a una macchina, un congegno, e sim.: *s. la sega, la ruota.* **B v. intr. pron.** ● Rompersi, perdere, i denti: *la sega si è sdentata; così giovane si è già sdentato.*

ṣdentàto [da *dentato*, con *s-*; 1364] **A agg.**; anche **s. m.** (**f.** *-a*) ● Che (o Chi) non ha denti, che (o chi) ha perso i denti: *pettine s.; vecchio s.* ‖ **ṣdentatèllo**, **dim.** **B s. m.** al **pl.** ● (*zool.*) Ordine di Mammiferi privi di denti o con denti tutti uguali e senza smalto. SIN. Maldentati.

ṣderenàre ● V. *sdirenare.*

ṣdiacciàre [da *diaccio* (*1*), con *s-*; av. 1779] **A v. tr.** (*io ṣdiàccio*) ● (*tosc.*) Riscaldare un poco ciò che è freddo, gelato. **B v. intr.** (aus. *essere* e *avere*) ● Diventare meno freddo: *l'aria, l'acqua è sdiacciata.*

†**ṣdicévole** [variante di *disdicevole*, con *s-* al posto di *dis-* (*1*)] **agg.** ● Disdicevole | Sproporzionato.

ṣdifferenziaménto [da *differenziamento*, col pref. *s-*] **s. m.** ● (*biol.*) In un tessuto animale o vegetale, in un organo o in un suo frammento, perdita totale o parziale, da parte di una o più cellule, delle caratteristiche peculiari realizzate col differenziamento.

ṣdigiunàrsi [da *digiunare*, con *s-*; sec. XVIII] **v. intr. pron.** ● (*raro*) Rompere il digiuno | Fare la prima colazione.

†**ṣdilacciàre** ● V. *dislacciare.*

ṣdilegàre ● V. *dislegare.*

ṣdilinquiménto [1618] **s. m.** ● Lo sdilinquirsi | Svenevolezza, smanceria.

ṣdilinquìre [dal lat. *delĭnquere* 'mancare', con cambio di coniug. e *s-* (V. *deliquio*); 1555] **A v. tr.** (*io ṣdilinquìsco, tu ṣdilinquìsci*) ● (*raro*) Rendere fiacco. **B** v. intr. pron. e tosc. †intr. (aus. *essere*) **1** Venir meno, andare in deliquio: *sdilinquirsi dalla fame.* **2** (*fig., lett.*) Essere svenevole, smanceroso | (*fig.*) Intenerirsi, bearsi, gongolare: *per una parola la dolce si sdilinquisce subito.*

†sdimenticàre e *deriv.* ● V. *dimenticare* e *deriv.*

†sdimèttere ● V. *dismettere.*

†sdimezzàre ● V. *dimezzare.*

sdipanàre [da *dipanare*, con *s-*; 1873] v. tr. ● Disfare un gomitolo o sim. dipanato.

†sdire [variante di *disdire*, con *s-* al posto di *dis-* (*1*); av. 1294] v. tr. ● Disdire, ritrattare, ciò che si era detto.

sdirenàre o **sderenàre** [da †*direnare*, con *-s*; av. 1722] **A** v. tr. (*io sdiréno*) ● (*raro*) Rompere le reni per eccessiva fatica, sfiancare, stremare. **B** v. intr. pron. ● Affaticarsi eccessivamente.

sdiricciàre [da *diricciare*, con *s-*; sec. XVI] v. tr. (*io sdiríccio*) ● Togliere le castagne dal riccio.

sdiricciatùra [1960] s. f. ● Operazione dello sdiricciare | Epoca in cui si sdiricciano le castagne.

sdoganaménto [1891] s. m. ● Operazione dello sdoganare | (*fig.*) Legittimazione.

sdoganàre [da *dogana*, con *s-*; 1735] v. tr. ● Svincolare la merce trattenuta in dogana pagandone i relativi diritti doganali | (*fig.*) Legittimare.

sdogàre [da *doga*, con *s-*; 1838] **A** v. tr. (*io sdógo* o *sdògo, tu sdóghi* o *sdòghi*) ● Togliere le doghe: *s. una botte.* **B** v. intr. pron. ● Scommettersi, detto delle doghe.

†sdogliàrsi [da *doglia*, con *s-*] v. intr. pron. ● Guarire, cessare di soffrire.

sdolcinatézza [1873] s. f. ● Condizione di chi (o di ciò che) è sdolcinato | Atto, discorso e sim. sdolcinato.

sdolcinàto [da *dolcino*, dim. di *dolce*, con *s-*; av. 1597] agg. **1** (*raro*) Che è troppo dolce al gusto: *crema sdolcinata.* **2** (*fig.*) Svenevole, stucchevole: *maniere sdolcinate*; *certi sdolcinati versi del Settecento.* || **sdolcinataménte**, avv. In modo sdolcinato, languido, svenevole.

sdolcinatùra [1838] s. f. ● Atto, discorso o comportamento sdolcinato.

sdolenzìre [calco su *indolenzire*, con *s-*; av. 1597] **A** v. tr. (*io sdolenzisco, tu sdolenzisci*) ● (*raro*) Togliere, mitigare, l'indolenzimento. **B** v. intr. pron. ● Diventare meno indolenzito.

†sdolére [da *dolere*, con *s-*; sec. XIV] v. intr. ● Smettere di dolere, non far più male.

sdondolàre e *deriv.* ● V. *dondolare* e *deriv.*

†sdonnàrsi [da †*donno*, con *s-*] v. intr. pron. ● (*raro*) Sottrarsi a un potere.

†sdonneàre [da †*donneare*, con *s-* neg.-sottratt.; 1292] v. intr. ● Smettere di conversare con una donna.

sdoppiaménto [da *sdoppiare* (*2*); 1873] s. m. **1** Lo sdoppiare, lo sdoppiarsi | ***S. di un composto***, in chimica, scissione in due altri. **2** (*psicol.*) ***S. della personalità***, dissociazione della personalità nella schizofrenia; anche sensazione provata da alcuni individui, spec. sonnambuli o isterici, di avere o aver avuto, accanto alla propria, un'altra esistenza.

sdoppiàre (1) [da *doppiare*, con *s-* intens.; 1584] v. tr. (*io sdóppio*) ● Rendere semplice ciò che è doppio.

sdoppiàre (2) [da *doppiare*, con *s-* neg.-sottrattivo; 1896] **A** v. tr. (*io sdóppio*) ● Scindere in due parti: *s. un reggimento.* **B** v. intr. pron. **1** Dividersi in due: *la fila si è sdoppiata.* **2** (*psicol.*) Essere affetto da sdoppiamento della personalità.

†sdoràre [da *dorare*, con *s-*; 1540] **A** v. tr. (*io sdòro*) ● Privare della doratura. **B** v. intr. pron. ● Perdere la doratura.

†sdormentàre [calco su *addormentare*, con *s-*; sec. XIV] **A** v. tr. **1** Svegliare, destare. **2** (*fig.*) Incitare, stimolare. **B** v. intr. pron. ● Svegliarsi, destarsi.

sdossàre [calco su *indossare*, con cambio di pref. (*s-*); 1618] **A** v. tr. (*io sdòsso*) ● †Togliere di dosso: *a gran ventura si recò di sdossarsi quel carico* (BARTOLI). **B** v. intr. pron. **1** †Liberarsi di qlco. **2** (*mar., raro*) Allontanarsi dalla costa, dagli scogli.

sdótto ● V. *sdutto.*

†sdottoràre (1) [da *dottore*, con *s-* sottrattivo; av. 1543] v. tr. ● Privare del titolo o della dignità di dottore.

sdottoràre (2) [da *dottore*, con *s-* durativo-intens.; 1840] v. intr. (*io sdottóro*; aus. *avere*) ● (*raro*) Sdottoreggiare.

sdottoreggiàre [da *sdottorare* (*2*), con suff. iter.-intens.; 1833] v. intr. (*io sdottoréggio*; aus. *avere*) ● Parlare in tono saputo, saccente o ostentando la propria cultura.

sdràia [da *sdraiare*; 1940] s. f. ● (*raro*) Sdraio.

♦**sdraiàre** [lat. parl. **exderadiāre*, da *rădius* 'raggio', con doppio pref. *ĕx-dē*: 'disporre le membra a raggio'; 1618] **A** v. tr. (*io sdràio*) ● Mettere a giacere: *s. un bambino sul letto.* **B** v. rifl. **1** Mettersi a giacere, stendersi: *sdraiarsi sull'erba.* **2** (*fig.*) Esprimere un consenso incondizionato, appiattirsi: *sdraiarsi sulle proposte del governo.*

sdraiàta [av. 1735] s. f. ● (*raro*) Atto dello sdraiarsi. || **sdraiatìna**, dim.

♦**sdraiàto** [1619] part. pass. di *sdraiare*; anche agg. **1** Disteso, coricato. **2** Detto di organo vegetale che si sviluppa adagiato sul terreno.

sdràio [da *sdraiare*; 1716] **A** s. m. ● (*raro*) Posizione di chi è sdraiato, disteso, spec. nella loc. avv. ***a s.***, sdraiato: *mettersi, stare, a s.* | ***Sedia a s.***, sedia sulla quale ci si può sdraiare, costituita da un telaio regolabile cui è fissata una robusta tela. **B** s. f. inv. ● Sedia a sdraio.

sdraióni o (*raro*) **sdraióne** [da *sdraiare*; av. 1388] avv. ● (*raro*) Nella posizione di chi sta sdraiato: *buttarsi s. sul letto.*

sdrammatizzàre [da *drammatizzare*, con *s-*; 1959] v. tr. ● Togliere carattere drammatico a un avvenimento, un racconto o una notizia (*anche assol.*).

sdrammatizzazióne [da *drammatizzazione* col pref. *s-* neg.] s. f. ● Lo sdrammatizzare.

sdrogàrsi [da *drogarsi* col pref. *s-* neg.; 1980] v. rifl. (*io mi sdrògo, tu ti sdròghi*) ● (*raro*) Liberarsi dalla tossicodipendenza.

sdrucciolaménto [1657] s. m. ● (*raro*) Lo sdrucciolare (*anche fig.*).

sdrucciolàre o †**drusciolàre** [lat. parl. **exderoteolāre* 'rotolar giù' comp. di un denominale iter. di **rŏteus*, agg. da *rŏta* 'ruota', con doppio pref. *ĕx-dē-* (V. *ruzzolare*); av. 1400] v. intr. (*io sdrùcciolo*; aus. *essere* o raro *avere* spec. nel sign. 2) **1** Scivolare su una superficie liscia o su qlco. che non offre appiglio: *è sdrucciolato sulla cera* | Cadere in seguito a una scivolata: *è sdrucciolato giù per la china*; *s. dalle scale.* **2** (*raro*) Pattinare: *s. sul ghiaccio.* **3** (*fig., raro*) Incorrere, incappare, in qlco. di sconveniente: *s. in un argomento scabroso*; *s. a parlare male di qlcu.* | (*fig., raro*) Sorvolare, passare oltre: *s. su un argomento delicato.*

sdrucciolévole [da *sdrucciolare*; 1525] agg. ● Su cui si sdrucciola facilmente (*anche fig.*): *terreno, strada s.*; *discorso s.* | (*fig., lett.*) Licenzioso: *La conversazione … prese una piega s.* (D'ANNUNZIO). SIN. Scivoloso. || **sdrucciolevolménte**, avv.

sdrucciolevolézza [1960] s. f. ● Caratteristica di ciò che è sdrucciolevole: *la s. del fondo stradale.* SIN. Scivolosità.

sdrucciolìo [1873] s. m. ● Lo sdrucciolare continuo.

sdrùcciolo (1) [da *sdrucciolare*; 1525] **A** agg. ● Che ha l'accento sulla terzultima sillaba: *parola sdrucciola* | ***Verso s.***, che finisce con parola sdrucciola, e ha una sillaba di più rispetto alla misura normale | ***Endecasillabo s.***, usato nel sec. XVI in luogo del trimetro giambico latino | ***Ottave sdrucciole***, composte di versi sdruccioli | ***Rime a s.***, sdrucciole. **B** s. m. ● Verso sdrucciolo (V. nota d'uso ACCENTO).

sdrùcciolo (2) o †**drùsciolo** [da *sdrucciolare*; 1354] s. m. **1** (*raro*) Scivolone: *fare uno s.*; *un brutto s.* **2** Pendenza, inclinazione del terreno: *su e su per tutti quei vicoli a s.* (PIRANDELLO) | China, pendio: *avanzavano su per uno s.* | A Firenze, viuzza in pendenza. || **sdrucciolóne**, accr. (V.).

sdrucciolóne [1863] s. m. **1** Accr. di *sdrucciolo* (*2*) nel sign. 1. **2** Caduta fatta sdrucciolando: *fare, prendere, uno s.*; *fare gli sdruccioloni sul ghiaccio.*

sdruccioloni [da *sdrucciolare*; av. 1704] avv. ● Sdrucciolando: *scendere s. per una china.*

sdrucciolóso [da *sdrucciolare*; 1525] agg. ● Sdrucciolevole. || **sdrucciolosaménte**, avv.

sdrùcio [1618] s. m. **1** (*tosc.*) Sdrucitura | Punto sdrucito | (*est.*) Strappo, buco: *farsi uno s. nella camicia.* **2** (*est., fam.*) Ferita, lacerazione.

sdrucìre, (*evit.*) **sdruscìre** [lat. parl. **exderesŭere*, comp. di *resŭere* 'scucire', con doppio pref. *ĕx-dē-* e cambio di coniug. (V. *cucire*); 1313] **A** v. tr. (*io sdrucisco* o *sdrùcio, tu sdrucisci* o *sdrùci*) **1** Scucire strappando: *s. una camicia.* **2** (*est.*) Lacerare, stracciare: *s. un panno* | (*fig.*) Fendere, tagliare: *s. il ventre, la pelle.* **B** v. intr. ● †Fendersi, aprirsi. **C** v. intr. pron. ● Lacerarsi, strapparsi.

sdrucìto [1353] **A** part. pass. di *sdrucire*; anche agg. ● Scucito, strappato | (*est.*) Logoro **B** s. m. ● †Punto sdrucito, taglio, spaccatura.

sdrucitùra [av. 1685] s. f. ● Scucitura | Strappo, squarcio.

sdruscìre ● V. *sdrucire.*

sdurìre [calco su *indurire*, con cambio di pref. (*s-*); 1891] **A** v. tr. (*io sdurisco, tu sdurisci*) ● (*raro*) Privare della durezza | Rendere meno duro. **B** v. intr. pron. ● (*raro*) Perdere la durezza.

sdùtto o (*raro*) **sdótto** [lat. parl. **exdŭctu(m)*, part. pass. di *e(x)dŭcere* 'tirare (*dŭcere*) via (*ĕx*)'; av. 1912] agg. ● (*lett.* o *region.*) Sottile, magro, esile | (*raro*) Logoro | Detto di pianta, che non cresce bene: *piante sdutte.*

†se (1) /se*/ [lat. *sīc* 'così', di orig. indeur., con sovrapposizione di *se* (*2*); 1313] cong. ● (*lett.*) Così, voglia il cielo che (introduce una prop. condiz. con valore deprecativo, o un'incisiva con valore augurale o ottativo, con il v. spec. al congv.): *cotal m'apparve, s'io ancor lo veggia, / un lume per lo mar venir sì ratto* (DANTE *Purg.* II, 16-17); *E se tu mai nel dolce mondo regge* (DANTE *Inf.* X, 82); *deh, se Iddio ti dea buona ventura, … diccelo come tu le guadagnasti* (BOCCACCIO).

♦**se (2)** /se*/ o (*poet.*) †**sed** [lat. tardo *sē(d)*, incrocio del classico *sī* 'se', di orig. indeur., con *quĭd* 'che cosa'; sec. XII] **A** cong. (si può elidere davanti a parola che cominci per vocale: *s'Affrica pianse, Italia non ne rise* (PETRARCA)). **1** Posto che, nel caso che, nell'eventualità che (introduce una prop. condiz. subordinata, di un periodo ipotetico con il v. all'indic. o al congv.): *se tu lo desideri, lo faremo*; *resta pure, se preferisci*; *se è possibile, fate meno rumore*; *se stesse in me, farei diversamente*; *se fossi partito prima, non avresti avuto queste difficoltà*; *e se non piangi, di che pianger suoli?* (DANTE *Inf.* XXXIII, 42) | Con valore raff. seguito da avv. o loc. avv.: *se poi vi stancaste, potrete ritornare subito a casa*; *se per caso lo incontri, salutamelo* | ***Se mai***, qualora (*anche ellitt.*): *se mai arrivasse, chiamami*; *se mai fatemi sapere qlco.*; V. anche *semmai* | (*fam., enfat.*) Con la proposizione principale (apodosi) sottintesa in frasi escl. o interr. retoriche, per esprimere desiderio, rammarico, meraviglia, minaccia e sim.: *se voi sapeste!*; *se vedeste com'è bello!*; *ma se tutti lo sanno!*; *se gliel'avessi detto!*; *ma se l'ho visto con i miei occhi!*; *se succede un'altra volta! …*; *se ti prendo! …*; *se almeno potessi uscire!*; *se lo avessi saputo!*; *se potessi vederlo!* **2** (*enfat.*) Nel caso che, qualora (introduce una prop. incidentale con valore attenuativo, deprecativo, di modestia, di cortesia e sim. con il v. all'indic. o al congv.): *che io non possa più muovermi di qui se non è vero!*; *non lo venderei neanche se lo pagassero a peso d'oro*; *non lo perdono neanche se mi prega in ginocchio*; *domani, se non sbaglio, è la vostra festa*; *se ben ricordo, c'eri anche tu*; *voi, se ho ben capito, mi aiuterete*; *così è, se vi pare* | ***Se Dio vuole***, finalmente: *se Dio vuole ce l'ho fatta!* | ***Se non altro***, (*ellitt.*) almeno: *se non altro, ho avuto soddisfazione.* **3** Nella loc. cong. ***se non***, eccetto, tranne che (introduce una prop. eccettuativa implicita con il v. all'inf.): *non puoi fare altro se non ubbidire*; *liberi non sarem se non siamo uni* (MANZONI) | (*ellitt.*) Soltanto (in espressioni negative): *non ho parlato se non con lui*; *non ho telefonato se non perché temevo di disturbare.* **4** Poiché, dato che, dal momento che (introduce una prop. caus. con il v. all'indic.): *se ti hanno detto così, non c'è più niente da fare*; *se sei stato tu, perché non l'hai detto?* **5** Quand'anche, ammesso che (introduce spec. rafforzato da altre cong., una prop. condiz. con valore concessivo, con il v. al congv.): *se anche lo volessi, non potrei più modificare nulla*; *non lo prenderei neanche se me lo regalasse.* **6** Nella loc. cong. ***come se***, quasi, nella maniera di (introduce una prop. compar. ipotetica con il v. al congv.): *agisce come se fosse lui il padrone*; *se l'è presa con me come se la colpa fosse mia*; *fai come se niente fosse* | (*enfat.*) Con la prop. principale sottintesa in espressioni escl. per esprimere rammarico, sdegno e sim.: *come se non lo conoscessimo bene!*; *come se fosse facile parlargli!* **7** Introduce una prop. dubitativa, semplice o disgiuntiva, con il v. al congv., all'indic. o all'inf.: *vedi se puoi aiutarmi*; *guarda in libreria se è uscito qualche nuovo libro*; *tenta se ce la fai o no*; *vedrò se sia il caso di aiutarlo o se invece sia meglio che si arrangi.* **8** Introduce una prop. interr. indiretta semplice o disgiuntiva con il v. al congv., all'indic. o all'inf.: *non so se potrò partire*; *dimmi se intendi continuare così*; *domandagli se accetta o no*; *non so se scrivere o telefonare*; *non so se sarei capace di mentire* | Con ellissi del v.: *chiedigli quando è in casa, se al mattino o al pomeriggio*; *dimmi cosa scegli, se il cinema o il teatro* | (*enfat.*) In espressioni escl. o interr. con ellissi della prop. principale: *se sono stanco?, certo che lo sono!*; *se ha pazienza?, moltissima!*; *se è ricco!, altro che!* **9** Come, quanto (introduce una prop. dubitativa con valore modale con il v. all'indic. o al congv.): *tu sai se mi è dispiaciuto farlo*; *vedi se ce ne vogliono di soldi!*; *puoi immaginare se io ci sia rimasto male!* **10** Con valore concessivo e, talvolta, temporale o avversativo in espressioni del tipo: *se la nevicata ha creato disagi in città, non minori sono stati i danni nelle campagne*; *se finora avevo dei dubbi sulla sua sincerità, ormai sono certo che aveva mentito*; *credo a quanto dice, se pure è vero.* **B** in funzione di **s. m. inv.** **1** Condizione: *è tutto a posto, c'è solo un ultimo se*; *sono disposto a esaudire la tua richiesta, ma c'è un se!* **2** Esitazione, incertezza, dubbio: *con tutti i suoi se non conclude nulla*; *tu sei l'uomo dei se e dei ma* (V. nota d'uso ACCENTO).

♦**se** (3) /se/ [lat. *sē* 'sé' di orig. indeur.; sec. XIII] **pron. pers.** atono **m.** e **f.** di terza pers. sing. e **pl.** (forma che il **pron.** *si* assume davanti ai **pron.** atoni *la*, *le*, *li*, *lo* e alla particella *ne*) **1** A sé (come compl. di termine, sia encl., sia procl.): *se lo vide innanzi*; *se lo sono proposto come un dovere*; *se li sono lasciati sfuggire.* **2** Con valore pleon. sia encl. sia procl.: *se lo bevve tutto*; *se la spassa allegramente*; *se l'è vista brutta*; *conviene darsela a gambe*; *non se n'è accorto nessuno*; *lo vidi andarsene senza salutare*; *se l'è mangiato in un boccone.* **3** †Si (nelle forme rifl. e intr. pron., in posizione encl., senza essere seguito da altre particelle pron.): *vostra vista in lui non po' fermarse* (PETRARCA).

♦**sé** /se*/ [lat. *sē* 'sé', di orig. indeur.; 1196] **A pron. pers.** di terza **pers. m.** e **f. sing.** e **pl.** **1** Indica, con valore rifl., le persone e (*fam.*), anche gli animali e le cose cui si riferisce il sogg. stesso e si usa al posto di 'lui', 'lei', 'loro' nei vari compl. quando non vi sia reciprocità d'azione: *parlare di sé*; *non sono soddisfatte di sé*; *pensano solo a sé*; *lo ha tirato a sé con troppa forza*; *porta sempre l'ombrello con sé*; *se lo è serbato per sé*; *custodire in sé un segreto*; *lo tiene presso di sé come lavorante*; *ha molto tempo ancora davanti a sé*; *dentro di sé si rode per il rancore*; *ha lasciato il rimpianto dietro di sé.* **CFR.** auto- (1), ego- | Con valore raff. con 'stesso' e 'medesimo' (in questo caso può essere scritto anche senza l'accento; V. nota d'uso ACCENTO): *si preoccupano solo di sé stessi*; *ha pensato solo a sé stesso*; *lo fanno per sé medesimi* | ***Avere operai, persone sotto di sé***, alle proprie dipendenze | ***Dio lo ha chiamato a sé***, (*eufem.*) è morto | ***Essere pieno di sé***, essere vanitoso, borioso, presuntuoso | ***Essere chiuso in sé***, essere introverso | ***Tenere qlco. per sé***, non riferirla né confidarla a nessuno | ***Dentro di sé, fra sé e sé***, nel proprio intimo | ***Essere, non essere in sé***, essere, non essere nel pieno possesso delle facoltà mentali | ***Uscire, essere fuori di sé***, perdere il senno o la pazienza | ***Rientrare in sé***, riprendere i sensi; (*est.*) rientrare in possesso delle proprie facoltà mentali | ***Da sé***, senza l'aiuto o l'intervento d'altri, con le proprie forze: *fare da sé*; *si è fatto da sé*; *farsi giustizia da sé*; *lo sa da sé*; *la cosa ormai procede da sé* | ***Va da sé***, è ovvio, è naturale: *va da sé che ora dovete arrangiarvi* | ***A sé***, a parte, separatamente: *formano un gruppo a sé*; *fatemi un pacco a sé*; *è un caso da considerarsi a sé*; *starsene a sé* | ***Di per sé, in sé stesso, in sé e per sé, di per sé stesso***, nel suo significato o valore assoluto, nella sua essenza, nella sua sostanza, considerato indipendentemente da ogni altra cosa: *la cosa di per sé non ha alcuna importanza*; *il fatto in sé non è allarmante.* **2** Si usa come compl. ogg. in luogo del pron. atono 'si', quando gli si vuole dare particolare rilievo ed allora è per lo più rafforzato da 'stesso' o 'medesimo': *cerca di scusare sé e incolpa gli altri*; *per non danneggiare sé non ha avuto scrupoli*; *cerca di migliorare sé stesso*; *cercano di convincere sé stessi* | Se seguito da *stesso*, anche senza accento: *se la prende con se stesso.* **B** in funzione di **s. m.** ● (*lett.*) La propria coscienza, il proprio intimo: *si illudeva nel suo sé di riuscire* | (*psicol.*) Sistema costituito dai tratti costanti della personalità, che viene percepito dal soggetto come continuo nel tempo, in relazione con gli altri e portatore di valori.

seaborgio /si'bɔrdʒo, sea'bɔrdʒo/ [dal n. del chimico americano G.T. *Seaborg* (1912-1999) che lo scoprì] **s. m.** ● Elemento chimico transuranico artificiale di numero atomico 106. **SIMB.** Sg.

sebàceo [vc. dotta, dal lat. tardo *sebāceu(m)* 'di sego', da *sēbum* 'sego'; 1750] **agg.** ● Del sebo | ***Ghiandola sebacea***, annessa alla cute, che produce sebo | ***Cisti sebacee***, formatesi in una ghiandola sebacea.

♦**sebbène** o †**se bène** [comp. di *se* (2) e *bene*; av. 1342] **cong.** ● Benché, quantunque (introduce una prop. concessiva con il v. al congv. o (*lett.*) †all'indic.): *s. non sia compito mio, tuttavia lo farò*; *s. fosse in ritardo, lo fecero entrare*; *non son fanciullo, / se ben ho volto fanciullesco* (TASSO) | Con ellissi del v.: *s. indisposto, lo ricevette*; *lo farò, s. malvolentieri.*

sèbo [vc. dotta, dal lat. *sēbum* 'sego', di etim. incerta; 1895] **s. m.** ● Sostanza grassa secreta dalle ghiandole sebacee della cute.

seborrèa [comp. di *sebo* e *-(r)rea*; 1895] **s. f.** ● Aumento e alterazione della secrezione del sebo.

seborròico o **seborrèico** [1929] **agg.** (**pl. m.** *-ci*) ● Di seborrea: *acne seborroica.*

secànte o †**segànte** [1614] **A part. pres.** di *secare*; anche **agg.** ● (*mat.*) Che interseca, che ha punti comuni. **B s. f.** ● (*mat.*) Retta secante | Inverso del coseno.

secàre [vc. dotta, dal lat. *secāre* 'tagliare' (V. *segare*); av. 1374] **v. tr.** (*io sèco, tu sèchi*) **1** †Tagliare, segare | (*est.*, *fig.*) Solcare. **2** (*mat.*) Intersecare.

sécca [da *secco* (1); 1353] **s. f.** **1** Rilievo del fondo del mare che impedisce o rende difficile la navigazione: *andare in s.*; *dare in s.*; *dare nelle secche* | ***S. cieca***, sott'acqua | ***S. allo scoperto***, a fior d'acqua. **2** (*fig.*) Difficoltà, stato di necessità, pericolo, spec. nelle loc.: ***lasciare qlcu. sulle secche, essere, restare, in s.*** | †***Rimanere, trovarsi, nelle secche***, non poter procedere, non potere andare avanti. **3** Aridità, siccità, mancanza d'acqua: *i fiumi della zona sono in s.*

seccàbile [vc. dotta, dal lat. tardo *siccābile(m)* 'essiccativo', da *siccāre* 'seccare'; av. 1320] **agg.** ● (*raro*) Che si può seccare: *frutta s.*

seccàggine [da *seccare*; 1353] **s. f.** **1** (*raro*) Siccità, aridità. **2** (*lett.*, *fig.*) Seccatura, noia: *Oggi ufficio mattina e sera da papà. Gran s.* (MONTALE).

†**seccagginóso** [da *seccaggine*] **agg.** **1** Arido, secco. **2** (*fig.*) Noioso, seccante.

seccagióne [da *seccare*; 1441] **s. f.** ● (*raro*) Seccamento, inaridimento delle piante.

†**seccàgna** [lat. *siccānea* (nt. pl.) 'luoghi secchi', da *siccāneus* 'arido'; 1532] **s. f.** ● Grande secca | Estensione di secche.

seccàgno [lat. *siccāneu(m)* 'arido', da *sĭccus* 'secco'; 1532] **agg.** ● († o *dial.*) Arido, asciutto, detto spec. di terreno | ***Coltura seccagna***, non irrigata.

seccàia [da *secco* (1); 1891] **s. f.** ● (*tosc.*) Insieme di rami, alberi secchi e sim.

seccaménto [av. 1320] **s. m.** ● (*raro*) Inaridimento | (*fig.*) †Seccatura, noia: *produce … un gentil s.* (GOLDONI).

seccànte [1599] **part. pres.** di *seccare*; anche **agg.** ● Nei sign. del v. | (*fig.*) Fastidioso, spiacevole: *un contrattempo s.* **SIN.** Molesto.

♦**seccàre** [lat. *siccāre* 'seccare', da *sĭccus* 'secco'; av. 1292] **A v. tr.** (*io sécco, tu sécchi*) **1** Rendere secco, privare dell'umidità: *il caldo ha seccato il raccolto* | ***S. frutta, verdura, carne***, e sim., farle asciugare al sole o al forno per conservarle. **2** Prosciugare, vuotare dell'acqua: *s. una sorgente, uno stagno, un pozzo* | (*mar.*) ***S. la barca***, sgottare l'acqua dalla barca con la sassola | Prosciugare tratti di un torrente mediante deviazione dell'acqua per prendere i pesci rimasti all'asciutto. **3** (*fig.*, *lett.*) Esaurire, svigorire: *la sventura ha seccato la sua vena di artista.* **4** (*fig.*) Importunare, infastidire, annoiare: *ci secca con continue telefonate*; *sapete che mi avete proprio seccato?* **B v. intr.** (aus. *essere*) ● Diventare secco: *i fiori seccarono dopo pochi giorni*; *far s. la verdura al sole.* **C v. intr. pron.** **1** Diventare secco, perdere l'umidità: *le piante si sono seccate.* **2** Prosciugarsi, diventare asciutto (*anche fig.*): *il torrente si seccherà presto*; *se continui a parlare così ti si seccherà la gola* | ***La ferita si secca***, si essicca, si rimargina. **3** (*fig.*) Annoiarsi, infastidirsi, stancarsi: *si è seccato di aspettare.*

seccarèllo [da *secco* (1); 1863] **s. m.** ● (*tosc.*) Tozzo, rimasuglio di pane secco: *mangiare i seccarelli.*

seccàta [1827] **s. f.** **1** Il seccare, l'essiccare. **2** (*fig.*, *raro*) Seccatura: *non voglio soffrir queste seccate* (GOLDONI).

seccatìccio [da *seccato*; av. 1574] **A agg.** (**pl. f.** *-ce*) ● Che è alquanto secco, rinsecchito: *legna seccaticcia.* **B s. m.** ● (*raro*) Insieme di cose secche.

seccatìvo [lat. tardo *siccatīvu(m)* 'essiccativo', da *siccātus* 'seccato'; sec. XIV] **agg.** ● (*raro*) Siccativo.

seccàto [1336 ca.] **part. pass.** di *seccare*; anche **agg.** ● Nei sign. del v. | (*fig.*) Infastidito, irritato: *ha un'aria seccata.* || **seccataménte**, **avv.**

seccatóio [lat. tardo *siccatōriu(m)* 'essiccativo', da *siccātus* 'seccato'; 1625] **s. m.** **1** Luogo usato per seccarvi frutta, verdura e sim. **2** (*mar.*) Raschiatoio di gomma per far defluire l'acqua della coperta agli ombrinali.

seccatóre [da *seccare*; 1364] **A s. m.** (**f.** *-trice*, pop. disus. *-tora*) ● Chi importuna, infastidisce, annoia: *liberarsi dai seccatori*; *è un terribile s.* **SIN.** Disturbatore, importuno, scocciatore. **B** (*lett.*) anche **agg.**: *due clienti seccatrici* (PAVESE).

seccatùra [1747] **s. f.** **1** (*raro*) Operazione del seccare: *la s. del fieno*; *è l'epoca della s.* **2** (*fig.*) Ciò che reca noie, importunità, disturbo, fastidio: *è una vera s.*; *vorrei evitare questa s.*; *mi hai dato proprio una s.*; *che s.!*

seccheréccio o †**secchericcio** [da *secco* (1); av. 1597] **A agg.** (**pl. f.** *-ce*) ● (*raro*, *tosc.*) Rinsecchito. **B s. m.** **1** †Siccità. **2** (*raro*, *tosc.*) Insieme di cose secche | Seccume.

seccherìa [da *secco*; 1931] **s. f.** ● (*cart.*) Sezione dell'impianto per la fabbricazione della carta nella quale avviene l'essiccazione del prodotto.

†**secchericcio** ● V. *seccheréccio*.

secchézza [da *secco* (1); 1319] **s. f.** **1** Caratteristica di ciò che è secco: *la s. dell'aria* | (*fig.*) Concisione, essenzialità: *s. di stile* | (*lett.*) Arsura. **2** (*raro*) Magrezza accentuata.

sécchia [lat. parl. **sĭcla(m)* per il classico *sĭtula* 'secchia', di etim. incerta; av. 1320] **s. f.** **1** Secchio usato spec. per attingere e trasportare acqua: *una s. di rame, di zinco* | (*tosc.*) ***Fare come le secchie***, andare in su e in giù | (*tecnol.*) ***S. di colata***, siviera. **2** Quantità di liquido contenuta in una secchia: *una s. di acqua, di latte* | ***A secchie***, in grande quantità | ***Piovere a secchie***, a dirotto. **3** (*fam.*, *spreg.*) Alunno di capacità limitate che riesce a raggiungere risultati discreti grazie alla volontà e all'applicazione. **SIN.** Secchione. **4** Antica unità di misura per liquidi. || **secchierèlla**, **dim.** | **secchiétta**, **dim.** | **secchiolìna**, **dim.** | **secchióne**, **accr.** (V.).

secchiàio [da *secchia*; 1858] **s. m.** ● (*region.*) Acquaio.

secchiàta [1618] **s. f.** **1** Quantità di liquido contenuto in una secchia: *una s. d'acqua.* **2** Colpo dato con una secchia o con un secchio. **3** (*fig.*, *fam.*) Studio faticoso e laborioso.

secchìccio [da *secco* (1); 1865] **agg.** (**pl. f.** *-ce*) ● Alquanto secco.

♦**secchièllo** [da *secchia*; av. 1595] **s. m.** **1** Piccolo secchio | ***S. per il ghiaccio***, usato per mettere in tavola il ghiaccio o per tenere in fresco i vini bianchi o lo spumante | Piccolo secchio di plastica usato dai bambini per giocare: *s. e paletta* | Secchio di piccole dimensioni usato nella liturgia cattolica per l'acqua benedetta. **2** Borsetta, di forma simile a un secchio, che si porta con lunga tracolla sulla spalla. || **secchiellóne**, **accr.** (V.).

secchiellóne [da *secchiello*; 1973] **s. m.** **1** Accr. di *secchiello*. **2** Contenitore per liquidi di forma troncoconica con manico.

♦**sècchio** [lat. parl. *sĭclu(m) per il classico sĭtulus, variante di sĭtula 'secchia'; 1391] **s. m.** *1* Recipiente di legno, metallo o plastica, di forma troncoconica, dotato di un manico semicircolare e talvolta di coperchio, usato per contenere e trasportare liquidi o altri materiali: *il s. per il latte* | Recipiente di forma cilindrica e di materiale vario, fornito di coperchio: *il s. della spazzatura*. *2* Quantità di liquido contenuta in un secchio. || **secchino**, dim. | **secchiolino**, dim.

secchióne [1319] **s. m.** *1* Accr. di *secchio* | (*edil.*) Recipiente per il trasporto del calcestruzzo, sollevato meccanicamente | (*metall.*) ***S. di colata***, siviera. *2* (f. *-a*) (*fam.*, *spreg.*) Secchia, sgobbone.

†**secchità** [da *secco* (*1*)] **s. f.** ● Secchezza.

sèccia [lat. (*feni*)*sĭcia*(*m*) 'fienagione', comp. di *fēnum* 'fieno' e di un deriv. di *secāre* 'tagliare'; av. 1320] **s. f.** (pl. *-ce*) ● (*tosc.*) Stoppia: *tacciono le cicale / nelle stridule seccie* (PASCOLI).

secciàio [1865] **s. m.** ● (*tosc.*) Campo di secce.

♦**sécco** (**1**) [lat. *sĭccu*(*m*) 'secco', di orig. indeur.; av. 1292] **A agg.** (pl. m. *-chi*) *1* Che è privo di umidità, di acqua: *aria secca*; *vento, clima, s.* | Arido: *terra, pelle, secca* | Asciutto, esausto: *pozzo s.*; *palude, terra, sorgente, fonte, secca* | ***Botte secca***, senza più vino | (*chim.*) ***Analisi per via secca***, eseguita senza preventiva dissoluzione della sostanza. CFR. xero-. *2* Essiccato, disseccato: *rami, fiori, secchi*; *legna, carne, secca*; *fra gli arbor secchi stassi il lauro lieto* (L. DE' MEDICI) | ***Ramo s.***, (*fig.*) V. *ramo*, sign. 1 | (*est.*) Duro | ***Pane s.***, raffermo | ***Frutto s.***, con pericarpo membranoso, coriaceo o legnoso. *3* Molto magro: *diventare s.*; *essere s. s.*; *essere lungo e s. come un chiodo, come uno stecco*; *braccia, gambe, secche*. *4* (*fig.*) Privo di garbo, di grazia, di cordialità: *tono s.*; *un no s.*; *risposta secca*; *maniere secche* | Privo di fronzoli, disadorno, essenziale, detto di stile artistico o letterario. *5* (*fig.*) Reciso, improvviso, netto: *colpo s.* | Netto, brusco: *una secca perdita*; *secca sconfitta* | ***Colpo s.***, colpo apoplettico | ***Fare s. qlcu.***, ucciderlo fulmineamente | ***Restarci s.***, morire sul colpo. *6* Detto di vino, non dolce | Detto di liquore, non dolce e molto alcolico. *7* Nel gioco del lotto, detto di combinazione, giocata sola, su una sola ruota: *ambo, terno s.* *8* (*borsa*) ***Corso s.***, quotazione al puro valore capitale, escludendo cioè gli interessi maturati | ***Cedolare secca***, imposta che colpisce il reddito cedolare dei titoli pagando la quale si soddisfano interamente gli obblighi fiscali derivanti dal titolo stesso. || **seccàccio**, pegg. | **seccherèllo**, dim. | **seccùccio**, dim. || **seccaménte**, avv. In modo secco, brusco, arido: *parlare seccamente*. **B s. m.** (f. *-a* (V.)) *1* Luogo asciutto, privo di acqua o di umidità: *mettere, tirare, in, a s., una barca* | (*fig.*, *pop.*) ***Lasciare qlcu. in s.***, abbandonarlo in mezzo alle difficoltà | (*fig.*, *pop.*) ***Rimanere in, a, s.***, rimanere abbandonato in mezzo alle difficoltà; (*est.*) rimanere al verde, senza soldi o senza mezzi, senza provviste, carburante e sim. *2* Aridità, siccità: *tempo di gran s.* *3* Nella loc. ***a s.***, senz'acqua | ***Lavatura a s.***, eseguita con sostanze chimiche | ***Mulino a s.***, non mosso dalla forza dell'acqua | ***Muro a s.***, muro di pietra, conci, mattoni senza materiale legante | ***Murare a s.***, senza calcina | ***Pittura a s.***, fatta sull'intonaco non più fresco | ***A s.***, (*fig.*, *raro*) all'improvviso, inaspettatamente, a un tratto: *voltare, deviare, a s.*; *a s. mi balenò un'idea* | (*sport*) ***Allenamento a s.***, nel nuoto, pallanuoto e nuoto sincronizzato, quello effettuato in palestra. **C** in funzione di avv. *1* Seccamente: *tossì s.*; *rispose s. s.* *2* Con decisione, con energia: *Al prossimo caso punisco e punisco s.* (FENOGLIO).

†**sécco** (**2**) agg. (pl. m. *-chi*) ● Seccato.

†**seccomòro** ● V. *sicomoro*.

seccóre [da †*secco* (*2*); av. 1597] **s. m.** ● (*raro*) Siccità.

seccùme [da *secco* (*1*); av. 1320] **s. m.** ● Insieme di rami, foglie, frutta o altra cosa secca (*anche spreg.*).

secèdere o †**seccèdere** [vc. dotta, lat. *secēdere*. V. *secessione*; av. 1547] **v. intr.** (coniug. come *cedere*; aus. *avere*) *1* (*raro*) Separarsi: *s. da un gruppo*. *2* (*lett.*) Ritirarsi, appartarsi: *Secesse in Val di Reno nel paterno predio* (BACCHELLI).

secentésco ● V. *seicentesco*.

secentèṣimo (o *-é-*) ● V. *seicentesimo*.

secentìṣmo e *deriv.* ● V. *seicentismo* e *deriv.*

secènto ● V. *seicento*.

secèrnere [vc. dotta, dal lat. *secĕrnere* 'separare', comp. di *sē*(*d*)-, pref. di separazione, e *cĕrnere* 'dividere'; 1835] **v. tr.** (part. pass. *secrèto*; oggi usato spec. nelle terze pers. sing. e pl. dei tempi semplici) *1* (*biol.*, *fisiol.*) Produrre ed elaborare sostanze da immettere in un organismo animale o vegetale, detto di una o più ghiandole o cellule: *il fegato secerne la bile*. *2* (*med.*) Essudare.

secessióne [vc. dotta, dal lat. *secessiōne*(*m*) 'separazione', da *secēssus*, part. pass. di *secēdere* 'ritirarsi', comp. di *sē*(*d*)-, pref. di separazione, e *cēdere* 'andare' (1); 1865] **s. f.** *1* Ritiro, distacco di un gruppo dall'unità sociale, militare, politica e sim., di cui faceva parte: *le secessioni della plebe romana*; *la s. aventiniana del 1924*. *2* (*dir.*) Separazione di parte del territorio da uno Stato, senza il consenso di quest'ultimo | (*st.*) ***Guerra di s.***, negli Stati Uniti d'America, quella svoltasi dal 1861 al 1865 fra gli Stati del Nord favorevoli alla soppressione della schiavitù e quelli del Sud, contrari, che si erano staccati dalla confederazione. *3* (*est.*) Allontanamento di un gruppo dal movimento artistico, letterario e sim. di cui fa parte | (*per anton.*) Movimento artistico, spec. nei settori della scultura, della pittura e dell'architettura, fiorito tra la fine dell'Ottocento e l'inizio del Novecento nei Paesi di cultura germanica, che propugnava il distacco dalle accademie e gener. dalle associazioni e istituzioni artistiche ufficiali, a favore della formazione di gruppi autonomi, liberamente rinnovatori del gusto e dello stile.

secessionìṣmo [comp. di *secession*(*e*) e *-ismo*; 1914] **s. m.** *1* Tendenza, orientamento favorevole alla secessione. *2* (*raro*) Secessione.

secessionista [1862] **A s. m. e f.** (pl. m. *-i*); anche agg. ● Promotore, fautore di una secessione. **B agg.** ● Secessionistico.

secessionìstico [1960] **agg.** (pl. m. *-ci*) ● Che si riferisce al secessionismo o ai secessionisti.

†**secèsso** [vc. dotta, dal lat. *secēssu*(*m*) 'separazione', da *secēdere* 'ritirarsi'; av. 1557] **s. m.** *1* Ritiro, recesso. *2* Latrina. *3* (*raro*) Evacuazione del ventre.

séco [lat. *sēcum*, comp. di *sē* 'sé' e *cŭm* 'con'; 1294] forma **pron.** *1* (*lett.*) Con sé, presso di sé: *la vecchiezza ... porta s. tutti i dolori* (LEOPARDI) | (Con valore raff. e intens.) ***S. stesso***, ***s. medesimo***: *s. medesmo a suo piacer combatte!* (DANTE *Par.* V, 84) | (*intens.*, *pleon.*) †***Con s.***: *in Susa con s. la menò* (BOCCACCIO). *2* (*est.*) Tra sé, dentro di sé: *e s. pensa al dì del suo riposo* (LEOPARDI) | (*lett.*) †Tra loro: *s. pensarono di fargli ... alcuna beffa* (BOCCACCIO). *3* (*poet.*) †Con lui, con lei, con loro: *quel giorno ch'i' lasciai grave e pensosa / Madonna, e 'l mio cor s.!* (PETRARCA); (*intens.*, *lett.*) †***s. lui***; ***s. lei***; ***s. loro***.

secolàre [vc. dotta, dal lat. *saeculāre*(*m*) 'secolare', e, nel sign. eccl., 'laico', da *sāeculum* 'secolo'; av. 1294] **A agg.** *1* Che ha uno o più secoli: *quercia s.* | Che dura da secoli: *tradizione s.* *2* Che si verifica ogni secolo: *ricorrenza s.* *3* Che appartiene al secolo, alla vita laica e civile, spec. in contrapposizione a ecclesiastico: *abito s.* | ***Braccio s.***, il potere civile cui venivano affidati i condannati dai tribunali ecclesiastici, per l'esecuzione delle sentenze | ***Clero s.***, gli ecclesiastici che non appartengono a ordini o congregazioni, non hanno regola monastica e vivono in contatto con i laici | ***Foro s.***, in diritto canonico, il tribunale e la giurisdizione non ecclesiastici. *4* Mondano, terreno, spec. in contrapposizione a spirituale: *ricchezze, beni, secolari*. *5* †Illetterato, ignorante. || **secolarménte**, avv. Nel secolo, nella vita terrena e mondana. **B s. m.** ● (*spec. al pl.*) Laico.

secolarésco [da *secolare*; av. 1342] **agg.** (pl. m. *-schi*) ● (*lett.*) Laico, mondano: *una monaca singolare: la vita era attillata con una certa cura secolaresca* (MANZONI). || **secolarescaménte**, avv. In modo secolare, mondano.

secolarità [av. 1311] **s. f.** ● (*lett.*) Durata secolare.

secolarizzàre [dal fr. *séculariser*, da *séculaire* 'secolare'; 1667] **v. tr.** ● Sottoporre a secolarizzazione | ***S. la scuola***, affidarla a insegnanti laici, spogliarla dell'indirizzo clericale e religioso.

secolarizzazióne [dal fr. *sécularisation*, da *séculariser* 'secolarizzare'; 1667] **s. f.** *1* Riduzione a vita laica di chi ha ricevuto ordini religiosi o vive secondo regola conventuale | Riduzione di beni destinati dal culto all'uso profano. *2* Nella riflessione teologica moderna, tendenza ad accentuare l'autonomia del credente e il suo rapporto diretto con la parola di Dio. *3* (*est.*) Declino dell'influenza della religione sulla società civile.

♦**sècolo** o †**sèculo** [vc. dotta, dal lat. *sāeculu*(*m*) 'generazione', di prob. orig. indeur.; 1250] **s. m.** *1* Spazio di tempo di cento anni: *è un s. che è morto*; *ha vissuto un s.*; *ha quasi un s.*; *un s. prima*; *due secoli dopo*; *quel regno durò tre secoli*; *al principio del s.* | Ciascuno dei periodi di cento anni che hanno inizio il 1° gennaio degli anni 1, 101, 201, ..., 1901, 2001...: *il ventesimo s.*; *nel primo s. dopo Cristo*; *verso la metà del s.*; *alla fine del s.* | (*iperb.*) Periodo di tempo che appare molto lungo: *è un s. che ti aspetto*; *a venire ci mette un s.*; *mi sembra un s. che non lo vedo*. *2* Periodo chiaramente determinato nella storia, ma di durata temporale piuttosto vaga: *il s. di Pericle, di Augusto, di Dante*; *il s. delle grandi scoperte*; *il s. d'oro della pittura* | ***Il s. della riforma religiosa***, il Cinquecento | ***Il s. di Luigi XIV***, il Seicento | ***Il s. dei lumi, del razionalismo***, il Settecento | ***Il s. delle grandi invenzioni***, l'Ottocento | Età: *s. dell'oro, dell'argento*; *s. barbaro, crudele, folle, malvagio*; *s. di grande splendore, di decadenza*. *3* Epoca in cui si vive, tempo presente, attuale: *i costumi, la moda del s.*; *le meraviglie del s.*; *il male del s.*; *non mi piacque il vil mio secol mai* (ALFIERI) | ***Avvenimento del s.***, che è considerato caratteristico dell'epoca in cui si è verificato | ***Figlio del s.***, particolarmente rappresentativo della generazione cui appartiene | ***Roba dell'altro s.***, ormai superata. *4* (*al pl.*, *gener.*) Tempo: *per molti secoli*; *dall'inizio dei secoli*; *essere benedetto nei secoli*; *coll'andar dei secoli* | ***Nel buio, nella notte, dei secoli***, nel passato più lontano | ***Per tutti i secoli dei secoli***, eternamente. *5* (*lett.*) Vita mortale, terrena, spec. in contrapposizione alla vita eterna: *di Silvio il parente, / ... ad immortale / s. andò* (DANTE *Inf.* II, 13-15) | †***Partire, passare e sim. di questo s.***, morire. *6* Vita mondana, mondanità, spec. in contrapposizione alla vita religiosa: *le cure, le vanità, le pompe, del s.* | ***Ritirarsi, fuggire, dal s., abbandonare, lasciare, il s.***, darsi a vita monastica | ***Al s.***, loc. preposta al nome e cognome di un religioso e (*est.*) di chi ha adottato uno pseudonimo: *padre Alessandro, al s. Mario Rossi*; *la cantante Mimì, al s. Maria Rossi*. || **secolétto**, dim.

secónda (**1**) [da *secondo* (*1*); 1319] **A s. f.** *1* (*ellitt.*) Seconda classe di una scuola: *frequentare la s. elementare*; *fa la s. liceo* | Seconda classe in un mezzo di trasporto: *viaggiare in s.* *2* (*ellitt.*) La seconda marcia di un cambio di velocità. *3* (*mus.*) Intervallo che abbraccia due gradi | ***S. del tono***, nota che si trova subito dopo la tonica di una scala diatonica ascendente | Corda di minugia che viene subito dopo il cantino nel violino e sim. *4* (*sport*) Atteggiamento schermistico: *invito, legamento di s.* | Azione difensiva: *parata di s.* | ***Punizione di s.***, nel calcio, quella che prevede un passaggio al compagno prima del tiro in porta. *5* Nella danza classica, posizione a braccia aperte, gambe divaricate, piedi rivolti in fuori e con la distanza di circa un piede tra un tallone e l'altro | (*disus.*) Nella ginnastica, posizione in cui le braccia sono unite in basso dietro la schiena. *6* Nella loc. avv. ***a s.***, nel senso della corrente di un corso d'acqua o nella direzione in cui spira il vento; (*fig.*) in modo favorevole: *andare, navigare a s.*; *tutto gli va a s.* | †***Seguire, seguitare alla s.***, secondare (1) | †Direzione che segue la corrente. *7* Nella loc. avv. ***in s.***, usata per indicare la posizione subordinata di chi è secondo di grado: *pilota, comandante in s.* **B** nella loc. cong. ***a seconda che*** ● (*raro*) Come, secondo che (introduce una prop. modale con il v. al congv.): *mi regolerò per uscire a s. che tu venga o no*. **C** nella loc. prep. ***a seconda di*** ● Conformemente a, secondo: *decideremo a s. delle circostanze*.

secónda (**2**) [sing. di un deriv. dal lat. tardo *secŭndae* (*membrānae*) 'seconde (membrane)', f. pl. di *secŭndus* 'secondo'; sec. XIV] **s. f.** ● (*anat.*, *pop.*) Placenta.

secondaménto (**1**) [da *secondare* (*1*); 1918] **s. m.** ● L'assecondare, il compiacere.

secondaménto (**2**) [da *secondare* (*2*); sec. XIII] **s. m.** ● (*med.*) Espulsione o estrazione manuale della placenta e del sacco amniotico dall'utero dopo il parto.

secondàre (1) [dal lat. *secundāre*, da *secŭndus* 'secondo'; 1313] **A** v. tr. (*io secóndo*) **1** Compiacere, assecondare: *s. le voglie, i desideri, di qlcu.*; *s. qlcu. in ogni cosa*; *s. le inclinazioni di qlcu.*; *poco mi costa secondar l'umore di questa pazza* (GOLDONI). **2** (*lett.*) Accompagnare, seguire nello stesso verso: *s. un movimento*; *turba d'aure vezzosa ... / ti corteggia d'intorno e ti seconda* (MARINO). **3** †Seguire, tener dietro: *meraviglia udirai se mi secondi* (DANTE *Purg.* XVI, 33) | Continuare | Venire dopo: *Poca favilla gran fiamma seconda* (DANTE *Par.* I, 34). **B** v. intr. ● †Cedere, consentire: *però ch'a le percosse non seconda* (DANTE *Purg.* I, 105).

secondàre (2) [da *seconda* (2)] v. intr. (*io secóndo*; aus. *avere*) ● Fuoriuscire, essere espulso al termine del parto, detto della placenta.

secondarietà [da *secondario*; 1960] s. f. ● Caratteristica, condizione di chi (o di ciò che) è secondario.

secondàrio [dal lat. *secundāriu(m)*, da *secŭndus* 'secondo'; 1308] **A** agg. **1** Che, in una successione, viene dopo il primo | ***Scuola secondaria inferiore***, scuola media | ***Scuola secondaria superiore***, ***scuola secondaria di secondo grado***, quella che al termine della scuola dell'obbligo prevede, per un periodo dai quattro ai cinque anni, la continuazione facoltativa dell'istruzione preuniversitaria. **2** Che, in ordine di importanza, valore e sim., viene dopo il principale: *causa, questione secondaria* | (*gramm.*) ***Proposizione secondaria***, che dipende da un'altra | (*ling.*) ***Accento s.***, che cade con minore intensità su una sillaba diversa da quella su cui cade l'accento primario di una parola | (*dir.*) ***Norma secondaria***, che irroga una sanzione contro chi non osservi una norma primaria | ***Parte secondaria***, accessoria, collaterale. CONTR. Principale. **3** Detto di processo geologico, giacimento, minerale, struttura, formatosi successivamente alle rocce in cui si trova. **4** (*astron.*) Detto di stella, meno brillante di una binaria. **5** (*chim.*) Detto di composto in cui il gruppo funzionale è legato a due radicali: *alcol s.* | Detto di atomo di carbonio unito a due altri atomi di carbonio | Detto di reazione che avviene contemporaneamente a un'altra detta principale. **6** (*econ.*) ***Attività secondaria***, industria. CFR. Primario, terziario. **7** (*psicoan.*) ***Processo s.***, V. *processo*. || **secondariaménte**, avv. **1** In secondo luogo; in grado minore, meno importante. **2** In un secondo tempo. **B** s. m. **1** (*geol.*) Era Mesozoica. **2** (*elettr.*) Parte del trasformatore comprendente gli avvolgimenti d'uscita collegati generalmente all'utilizzatore. **3** (*econ.*) Il settore dell'industria.

secondatóre [da *secondare* (1); sec. XVIII] s. m.; anche agg. (f. *-trice*) ● (*lett.*) Che (o Chi) seconda.

secondìno [da *secondo* (1); 1812] s. m. (f. *-a*) ● Guardia carceraria.

◆**secóndo** (1) [dal lat. *secŭndu(m)*, ant. part. pres. del v. *sĕqui* 'seguire'; 1205] **A** agg. num. ord. **1** Corrispondente al numero due in una sequenza, in una successione (rappresentato da II nella numerazione romana, da 2° in quella araba): *abitare al s. piano*; *il s. volume di un'opera*; *essere al s. anno di vita*; *il II secolo d.C.*; *il s. atto della commedia*; *atto terzo, scena seconda*; *poltrona di seconda fila*; *classificarsi s. in una gara*; *ingranare la seconda marcia*; *frequentare la seconda classe*; *l'impero di Napoleone III fu detto 'Secondo Impero'*; *papa Giulio II*; *Federico II*. CFR. deutero- | ***Per s.***, con funzione appositiva: *l'ho visto per s.*; *il deputato della sinistra ha parlato per s.*; *sono stata chiamata per seconda* | ***Seconda portata***, ***s. piatto***, in un pranzo, le vivande servite in tavola dopo la prima portata | ***S. vino***, ottenuto dalla rifermentazione delle vinacce non torchiate. SIN. Vinello | ***Il s. caso***, il caso del compl. di specificazione, il genitivo | ***In s. luogo***, secondariamente, enunciando possibilità, fatti, condizioni e sim.: *in s. luogo egli ha dei debiti con te* | (*raro*) ***In s.***, in seconda: *comandante in s.* | ***Ustioni di s. grado***, non gravissime | ***Figli di s. letto***, (*fig.*) nati dalle seconde nozze del padre o della madre | ***Passare a seconde nozze***, risposarsi dopo la morte del primo coniuge, l'annullamento del primo matrimonio o il divorzio | ***Innalzare un numero alla seconda***, (*ellitt.*) alla seconda potenza, elevarlo al quadrato | ***È la seconda che mi fai oggi!***, (*ellitt.*) la seconda malefatta | ***Minuto s.***, erroneamente usato per secondo. **2** (*est.*) Altro, nuovo e differente rispetto al primo: *non ti verrà offerta una seconda possibilità, se fallisci ora*; *è stato per noi un s. padre*; *questa è una seconda giovinezza*; *lo giudicano un s. Raffaello*; *è un s. Nerone per la sua ferocia* | ***Avere un s. fine***, uno scopo nascosto e diverso da quello palesato o dichiarato | ***Seconda casa***, quella acquistata in località di villeggiatura, quando se ne possiede già una in città. **3** (*est.*) Inferiore per valore, pregio, costo, importanza e sim.: *vettura, cabina di seconda classe*; *albergo, pensione di seconda categoria, di second'ordine*; *personaggio, figura di s. piano* | ***Passare in seconda linea***, perdere importanza | ***Non essere, non ritenersi s. a nessuno***, essere, ritenersi assai abile: *come giocatore di dadi non è s. a nessuno* | ***Fare le seconde parti***, quelle meno importanti in una commedia, in un'opera e sim. | ***Notizie, informazioni di seconda mano***, (*fig.*) non originali, avute tramite terze persone | ***Oggetti di seconda mano***, che si vendono già usati | ***Oggetti di seconda scelta***, scelti fra quelli già scartati e quindi scadenti | ***Seconda donna***, ruolo del teatro italiano ottocentesco comprendente parti di donna galante, donna maritata, avventuriera e sim., gener. rivale della prima donna. **4** (*lett.*) Favorevole, prospero, propizio: *avere la fortuna, la sorte seconda*; *procedere in mare, navigare con vento s.*; *così gli andaron le cose seconde!* (BOCCACCIO). || **secondaménte**, avv. In secondo luogo; seguentemente. **B** avv. ● In secondo luogo (in correl. con *primo*): *preferisco rimanere a casa, prima perché fa freddo, s. perché ho da fare*. SIN. Poi. **C** s. m. **1** (f. *-a*) Chi (o ciò che) è secondo in una successione, in una sequenza (per ellissi di un s.): *sono il s. a tentare questa impresa*; *il s. da sinistra è mio fratello*; *fra questi libri preferisco il s.* **2** (*ellitt.*) La seconda portata: *cosa vuoi per s.?*; *cameriere! il s.!*; *come s. vorrei qualcosa di leggero*. **3** (*fis.*) Unità di misura del tempo nel Sistema Internazionale, pari alla durata di 9 192 631 770 periodi della radiazione emessa in una particolare transizione da un isotopo dell'atomo di cesio; un tempo definito come 1/86400 del giorno solare medio. SIMB. s | ***In un s.***, (*fig.*) in un attimo, subito: *sarò pronta in un s.* | ***Zona dei tre secondi***, nella pallacanestro, area dove un giocatore in attacco non può rimanere più di tre secondi. **4** (*fis.*) Unità di misura degli angoli, definita con la 3600ª parte del grado sessagesimale. SIMB. ″. **5** Nei duelli, padrino: *mandare i secondi* | Nel pugilato, assistente del pugile durante lo svolgimento di un incontro | ***Fuori i secondi***, invito dell'arbitro perché i secondi abbandonino il quadrato, prima di ogni round. **6** (*mar.*) Ufficiale che viene dopo il capitano o il comandante, e in caso di necessità ne fa le veci.

◆**secóndo** (2) [dal lat. *secŭndum* 'dietro, lungo', da *secŭndus* 'seguente'; av. 1294] **A** prep. **1** Lungo, nella direzione di: *avanzate s. la linea tratteggiata*; *sono andati s. la direzione sbagliata*; *la barca, senza remi, andava s. la corrente*; *la navigazione s. il vento è più veloce*. **2** (*fig.*) Nel modo richiesto, voluto, prescritto, o indicato da: *comportarsi, agire s. coscienza, la legge, gli ordini ricevuti*; *vivere s. natura*; *operare s. giustizia*; *comportarsi s. le regole*; *pettinarsi s. la moda*; *regolarsi s. le prescrizioni del medico*. **3** Stando a, conformemente a: *s. la mia opinione, stiamo sbagliando*; *s. quello che dicono, dovrebbero essere molto ricchi*; *s. ciò che si afferma, sono stati presi i provvedimenti del caso* | ***S. me***, ***lui***, ***noi***, e sim., stando a come la penso io, lui, noi e sim.: *s. me, qui c'è sotto qualcosa*; *s. alcuni la ricchezza è un bene, s. altri è un male* | Stando a, riferendoci a quanto qlcu. afferma o scrive: *Vangelo s. Matteo*; *s. la sentenza di Platone* (DANTE *Par.* IV, 24); *s. fonti ufficiali i danni sono rilevanti*. **4** In rapporto a, in proporzione a: *saranno premiati ciascuno s. il proprio merito*; *bisogna infliggere le punizioni s. la gravità della colpa*; *ciascuno sarà aiutato s. il bisogno*. **5** In base a, in dipendenza di: *agiremo s. il caso*; *so comportami s. le circostanze*; *'ti tratterrai molto?' ' s. il tempo!'*; *'vieni anche tu domani?' ' s. come starò!'* | (*assol.*) In base alle circostanze, le esigenze del momento (nelle risposte, con valore dubitativo): *'vieni o no?' 's.!'*; *'e voi cosa fareste?' ' s.!'*. **6** †Sebbene, per quanto (con valore limitativo): *io ti saprò bene, s. donna, fare un poco d'onore* (BOCCACCIO). **B** cong. **1** (*lett.*) Nella maniera in cui (introduce una prop. modale con il v. all'indic.): *scrive e parla s. pensa*; *bisogna comportarsi s. si conviene*; *per giuoco insomma qui facean, s. / fan gli inimici capitali* (ARIOSTO) | Come, stando a quello che: *s. si dice, sarà un'annata fredda* | V. anche *secondoché*. **2** (*raro*) Se, nel caso, nell'ipotesi che (introduce una prop. condiz., spec. disgiuntiva, con il v. al congv.): *si può fare in entrambi i modi, s. si voglia o no sfruttare lo spazio* | V. anche *secondoché*.

secondoché o **secóndo che** [comp. di *secondo* (2) e *che* (cong.); 1246 ca.] cong. **1** (*lett.*) Come, nel modo che (introduce una prop. modale con il v. all'indic.): *agisce s. gli piace*; *consentendo di tremare dal freddo o affogare dal caldo secondo che io voglio* (LEOPARDI). **2** Nel caso che, nell'ipotesi che (introduce una prop. condiz., spec. disgiuntiva, con il v. al congv. o, pop., all'indic.): *lo aiuterò s. riesca o fallisca*; *s. lo voglia o meno, andrò a trovarlo*.

secondogènito [comp. di *secondo* (1) e *genito* 'nato', sul modello di *primogenito*; av. 1348] **A** agg. ● Che è nato per secondo: *figlio s.* **B** anche s. m. (f. *-a*): *ecco il nostro s.*

secondogenitùra [1873] s. f. ● (*raro*) Condizione di chi è secondogenito.

secréta (1) ● V. *segreta* (1).

secréta (2) ● V. *segreta* (2).

secretàggio [dal fr. *secrétage*, deriv. di *secret* 'secreto (3)'] s. m. ● Operazione del secretare.

secrétaire /fr. səkre'tɛːr/ [dal fr. *secrétaire* (V. *segretario*); 1813] s. m. inv. ● Mobile a due corpi, di cui l'inferiore con cassetti o ante e il superiore con facciata ribaltabile che, aperta, forma il piano per scrivere | Piccola scrivania a gambe alte con ribalta | Scrivania | Stipo, armadio per carte e documenti.

secretàre (1) [da *secreto* (3) nel sign. 2; 1891] v. tr. (*io secréto*) ● Inumidire le pelli, destinate alla fabbricazione dei cappelli, con una apposita soluzione chimica, usando contropelo una spazzola, per renderle atte a essere feltrate.

secretàre (2) ● V. *segretare*.

†**secretàrio** ● V. *segretario*.

secretina [ingl. *secretin*, da *secret(ion)* 'secrezione' e *-in* '-ina'; 1940] s. f. ● (*biol.*) Ormone polipeptidico prodotto dalle cellule del duodeno, la cui azione consiste principalmente nella stimolazione della secrezione pancreatica.

secretìvo [da *secreto* (3); 1940] agg. ● (*biol.*) Relativo alla secrezione, caratterizzato da secrezione | ***Fase secretiva***, fase progestinica.

secréto (1) ● V. *segreto* (1).

secréto (2) e *deriv.* ● V. *segreto* (2) e *deriv.*

secréto (3) **A** part. pass. di *secernere*; anche agg. ● Nei sign. del v. **B** s. m. **1** (*biol., fisiol., med.*) Prodotto di secrezione. **2** Nell'industria dei cappelli, particolare soluzione chimica con cui viene trattato il pelo per aumentarne la capacità di feltrare.

secretóre [da *secreto* (3); 1960] agg.; anche s. m. (f. *-trice*) ● (*biol., fisiol.*) Che (o Chi) secerne.

secretòrio [da *secreto* (3); 1750] agg. ● (*biol., fisiol.*) Della secrezione, relativo alla secrezione: *dotto s.*; *attività secretoria*.

secrezióne [vc. dotta, dal lat. *secretiōne(m)* 'separazione', da *secrētus* 'separato'; 1745] s. f. **1** Attività, funzione del secernere: *la s. della saliva*; *il latte è la s. della mammella* | (*biol., fisiol.*) Elaborazione ed espulsione di una sostanza da parte di uno o più ghiandole o cellule in un organismo animale o vegetale. CFR. -crino | ***S. esterna***, compiuta da ghiandole fornite di dotti escretori, che riversano il secreto in cavità preformate | ***S. interna***, di ghiandole prive di dotti escretori, che riversano il secreto direttamente nel sangue | (*med.*) Essudazione sierosa, mucosa o purulenta da una ferita o da una piaga per un processo infiammatorio o irritativo. **2** (*ling.*) Fenomeno per il quale un elemento componente di parola acquista un significato e un uso autonomo o serve a formare nuove parole; ad es. *auto*, che viene da *automobile*, ed è usato anche come prefisso (*autobus, autofficina*).

†**sèculo** ● V. *secolo*.

†**secùre** ● V. *scure*.

securitizzazióne [vc. ingl. *securitization*, da *security* 'obbligazione'; 1986] s. f. ● (*econ.*) Emissione di obbligazioni garantite da crediti vantati dall'emittente.

†**secùro** e *deriv.* • V. *sicuro* e *deriv.*

†**secuzióne** • V. *esecuzione.*

†**sed** /sed/ • V. *se (2).*

sedanino [1891] **s. m.** • Sedano nel sign. 2.

sèdano o (*dial.*) **sèllero** [gr. *sélinon*, di etim. incerta; av. 1597] **s. m.** ***1*** Pianta coltivata delle Ombrellifere di cui si usano come ortaggio le costole delle foglie, aromatiche, bianche e carnose (*Apium graveolens*): *s. a costola*; *s. da costa* | ***S. rapa***, varietà con radice a forma di tubero, tenera e carnosa | ***S. dei prati***, ombrellifera perenne, spontanea a foglie basali pelose, usata in liquoreria (*Heracleum sphondylium*). ➡ **ILL. piante**/7. ***2*** (*al pl.*) Pasta di media pezzatura a forma cilindrica ricurva.

sedàre [vc. dotta, dal lat. *sedāre* 'calmare', causativo di *sedēre* 'sedere': propr. 'far sedere'; av. 1396] **v. tr.** (*io sèdo*) • Calmare, placare: *s. il dolore, l'ira* | Reprimere: *s. il tumulto, la rivolta.*

sedativo [dal lat. mediev. *sedatīvu(m)*, da *sedātus* 'sedato'; 1661] **A agg.** • Che calma, che placa spec. il dolore. **B s. m.** • Farmaco a lieve azione depressiva, agente spec. sul sistema nervoso centrale.

sedàto **part. pass.** di *sedare*; anche **agg.** • Nei sign. del v. | (*lett.*) Pacato, sereno: *correggano e' padri coll'animo s. e vacuo d'ogni iracondia* (ALBERTI). || **sedataménte**, **avv.** Quietamente.

sedatóre [dal lat. tardo *sedatōre(m)*, da *sedātus* 'sedato'; 1409] **s. m.**; anche **agg.** (**f.** *-trice*) • (*raro*) Che (o Chi) seda.

sedazióne [deriv. di *sedare*] **s. f.** • (*med.*) Condizione di minor reattività di un soggetto cui siano stati somministrati farmaci a lieve azione depressiva, spec. sul sistema nervoso centrale.

♦**sède** (o **-é-**) [vc. dotta, dal lat. *sēde(m)* 'sede, dimora', connesso con *sedēre* 'sedere'; av. 1374] **s. f.** ***1*** †Seggio | Oggi solo nelle loc. ***S. apostolica***, ***S. di Pietro***, ***S. papale***, ***Santa S.***, la sede del Papa come rappresentante del governo di tutta la Chiesa cattolica; (*est.*) il governo stesso della Chiesa, come organo di potere | ***S. episcopale***, ***patriarcale***, ***archiepiscopale***, sede e giurisdizione di vescovo, patriarca, arcivescovo | ***S. vacante***, periodo di interregno fra la morte di un Papa e l'elezione di un nuovo Papa; (*est.*) governo e suoi organi che rappresentano la Chiesa in tale periodo. ***2*** Luogo di residenza, dimora, domicilio: *prendere, avere, s. in un luogo*; *cambiare s.* | (*dir.*) ***S. legale della persona giuridica***, domicilio della persona giuridica in base all'atto costitutivo o allo statuto. ***3*** Città, luogo, edificio, in cui esplica la sua attività un'autorità, un ufficio, un ente pubblico o privato e sim.: *la s. del governo, del parlamento, dell'ambasciata, del tribunale, del partito*; *Bologna è s. di un'antica università*; *s. ampia, decorosa*; *cambiare s.*; *essere trasferito, destinato, ad altra s.*; *ritornare alla propria s.*; *rientrare alla s.*; *abbandonare la s.* | ***S. stanziale***, quella stabilita dal ministero della Difesa per ogni comando, corpo e reparto in relazione a varie esigenze. ***4*** Luogo dove sono istituite le sezioni più importanti di un'azienda, che godono generalmente di maggior autonomia: *la s. centrale di una società.* ***5*** Luogo in cui si svolge, spec. temporaneamente, una determinata attività: *Venezia è la s. di un importante festival*; *la scuola sarà s. di esami* | (*est.*) Spazio, ambito, punto in cui qlco. si trova o che è predisposto per ricevere, contenere e sim. qlco. | ***S. stradale***, parte della strada riservata ai veicoli. **SIN.** Carreggiata | ***S. tranviaria***, riservata al tram | (*mecc.*) ***S. di valvola***, superficie su cui poggiano o fanno tenuta le valvole | (*ling.*) ***S. dell'accento***, sillaba su cui esso cade. ***6*** Parte, organo del corpo in cui prende origine una malattia. ***7*** Nella loc. prep. ***in s. di***, durante, nel momento in cui si svolge qlco.: *in s. di esami, di bilancio, di liquidazione* | ***In s. legislativa***, nell'uso del Parlamento, detto di una commissione avente il compito di approvare definitivamente una legge senza rinviarla all'assemblea plenaria | ***In s. referente***, nell'uso del Parlamento, detto di una commissione che esamina un disegno o una proposta di legge senza decidere ma solo allo scopo di riferire poi all'assemblea plenaria | ***In s. redigente***, nell'uso del Parlamento, detto di commissione che redige il testo legislativo, lo prepara e sostanzialmente lo approva nei singoli articoli ma lo rinvia all'assemblea plenaria per la sua approvazione nel complesso | ***In separata s.***, (*fig.*) in privato.

†**sedécimo** [comp. di *se(dici)* e *decimo*; 1336 ca.] **agg. num. ord.** • (*raro*) Sedicesimo.

sedentarietà [da *sedentario*; 1905] **s. f.** • Condizione, caratteristica di ciò che è sedentario: *la tua s. mi sorprende.*

sedentàrio [vc. dotta, dal lat. *sedentāriu(m)*, da *sĕdens*, genit. *sedĕntis*, part. pres. di *sedēre* 'sedere'; 1499] **A agg.** ***1*** Che comporta poco movimento fisico: *occupazione, vita sedentaria* | (*mil.*) ***Servizio s.***, cui un tempo erano destinati i soldati non completamente idonei al servizio militare ma atti a disimpegnare servizi di caserma. ***2*** Detto di popolazione che risiede stabilmente in un luogo, spec. in contrapposizione a *nomade.* ***3*** Detto di persona, che fa poco movimento fisico; che conduce una vita poco attiva. || **sedentariaménte**, **avv.** **B s. m.** (**f.** *-a*) • Persona sedentaria.

sedentarizzàre [da *sedentario*; 1983] **v. tr.** e **intr. pron.** • (*antrop.*) Trasformare o trasformarsi da nomade in sedentario, detto di un gruppo umano.

sedentarizzazióne [da *sedentarizzare*; 1983] **s. f.** • (*antrop.*) Trasformazione di un gruppo umano da nomade in sedentario.

sedènte [1340] **part. pres.** di *sedere*; anche **agg.** ***1*** Nei sign. del v. ***2*** (*arald.*) Detto dei quadrupedi, posati sul treno posteriore.

♦**sedére** (**1**) [lat. *sedēre* 'star seduto', dalla radice indeur. **sed-* 'sedere'; av. 1182] **A v. intr.** (**pres.** *io sièdo*, lett. *sèggo*, poet. †*sèggio*, *tu sièdi*, *egli siède*, *noi sediàmo*, *voi sedéte*, *essi sièdono*, lett. *sèggono*, poet. †*sèggiono*; **fut.** *io sederò* o *siederò*; **pass. rem.** *io sedéi* o *sedètti* (o *-étti*), *tu sedésti*, ... *essi sedèttero* (o *-é-*); **imperat.** *sièdi*, *sedéte*; **congv. pres.** *io sièda*, lett. *sègga*, *noi sediàmo*, poet. †*seggiàmo*, *voi sediàte*, poet. †*seggiàte*, *essi sièdano*, lett. *sèggano*; **condiz. pres.** *io sederèi*, o *siederèi*, *tu sederésti*; **ger.** *sedèndo*, poet. †*seggèndo*; **part. pres.** *sedènte*, poet. †*seggènte*; aus. *raro avere*) ***1*** Posare le parti posteriori del corpo sopra un appoggio qualsiasi, piegando le gambe o tenendole distese, accavallate, incrociate e sim.: *s. su una sedia, su uno sgabello, sul letto, sui gradini*; *s. in poltrona, in sella, in groppa, in grembo a qlcu.*; *s. a tavola, al banco, allo sportello*; *s. compostamente, scompostamente*; *essere, stare, restare a s.*; *invitare qlcu. a s.*; *accomodarsi a s.* | ***S. su due poltrone***, (*fig.*) avere contemporaneamente due lavori o incarichi, spec. ben retribuiti | ***S. alla turca, come i turchi***, con le gambe incrociate | ***Mettersi a s., mettersi seduto***, sedersi; (*fig.*) mettersi a riposo | ***Non stare mai a s.***, (*fig.*) essere sempre in movimento | ***Posti a s.***, nei luoghi pubblici, mezzi di trasporto pubblico e sim., poltrone, sedili e sim., su cui sedersi. **CONTR.** Posti in piedi | ***Dare, porgere, offrire, da s. a qlcu.***, offrirgli qlco. su cui sedersi | ***Alzarsi da s.***, smettere di stare seduto | ***Trovare da s.***, trovare un posto a sedere. ***2*** Svolgere un ufficio, occupare una posizione autorevole, ricoprire una carica: *s. in adunanza, in uditorio, in confessionale*; *s. arbitro, giudice*; *s. in parlamento, in tribunale, in consiglio*; *l'assemblea sedette a lungo* | ***S. in giudizio***, †***s. pro tribunali***, esercitare l'ufficio di giudice | ***S. in cattedra***, insegnare; (*est.*) assumere un tono saccente | ***S. sulla cattedra di San Pietro***, essere Papa | ***S. in trono***, regnare. ***3*** (*poet.*) Stare, trovarsi (*anche fig.*): *giustizia entro al tuo seno / siede* (PARINI). ***4*** (*lett.*) Essere situato, stendersi, spec. in luogo basso: *la villa siede tra il piano e il monte*; *siede Parigi in una gran pianura* (ARIOSTO). **B v. intr. pron.** • Compiere i movimenti necessari per posarsi con le parti posteriori del corpo sopra un appoggio qualsiasi, tenendo le gambe variamente piegate: *mi siedo perché sono stanco*; *non stare in piedi, siediti*; *perché non vi sedete?*; *dove ci sediamo?*; *si è seduto di schianto e la sedia s'è rotta* | (*fig.*) Diminuire il proprio impegno, dar prova di un minor dinamismo: *negli ultimi tempi si è un po' seduto.*

♦**sedére** (**2**) [da *sedere* (*1*); 1294] **s. m.** ***1*** Il mettersi seduto; lo stare seduto: *il s. a tavola.* ***2*** Parte posteriore del corpo, su cui si siede: *battere il s. per terra* | ***Prendere qlcu. a calci nel s.***, (*fig., fam.*) trattarlo male, mostrargli ingratitudine | (*fam.*) ***Avere s.***, detto di chi è fortunato. **SIN.** Culo, deretano, didietro, posteriore. ***3*** †Sedia | †Parte della sedia su cui ci si siede. || **sederino**, **dim.** (V.) | **sederóne**, **accr.**

sederino [1838] **s. m.** ***1*** Dim. di *sedere* (*2*). ***2*** †Sedile ribaltabile nelle carrozze a due posti.

♦**sèdia** [metatesi di un ant. *sieda*, da *sedere*; 1306] **s. f.** ***1*** Sedile per una sola persona, di forma svariata secondo le epoche, gli stili e i materiali impiegati, costituito da una spalliera, un piano orizzontale e gener. quattro gambe o piedi uniti o no da traverse: *s. imbottita, impagliata*; *s. a braccioli*; *s. da giardino*; *s. di vimini, di ferro* | ***S. a dondolo***, su cui si può dondolare grazie ad un telaio di assi ricurve | ***S. a sdraio***, sdraio | ***S. curule***, sedile usato dagli antichi magistrati curuli romani, simbolo del potere giudiziario | ***S. gestatoria***, trono mobile sul quale il Papa era portato dai sediari | ***S. elettrica***, congegno per eseguire le condanne a morte mediante folgorazione, in uso in alcuni Stati degli USA | ***S. a rotelle***, munita di ruote per consentire alle persone che non possono camminare di spostarsi. ***2*** †Trono: *mettere in s.* | †***Levare di s.***, spodestare | †***S. apostolica***, Santa Sede | †***S. vacante***, sede vacante, per la morte del Pontefice. ***3*** †Sede, residenza, dimora (*anche fig.*): *la malinconia è s. di spiriti maligni* (CAMPANELLA). || **sediàccia**, **pegg.** | **sedina**, **dim.** | **sediòla**, **dim.** | **sediolina**, **dim.** | **sediolino**, **dim. m.** (V.) | **sediòlo**, **dim. m.** (V.) | **sedióna**, **accr.** | **sedióne**, **accr. m.** | **sediùccia**, **dim.**

sediàrio [da *sedia*; 1751] **s. m.** • Chi è addetto a reggere la sedia gestatoria papale.

sedicènne [vc. dotta, dal lat. tardo *sedecĕnne(m)*, comp. di *sēdecim* 'sedici' e *ănnus* 'anno'; 1873] **A agg.** ***1*** Che ha sedici anni, detto di cosa o di persona: *una ragazza s.* ***2*** (*raro, lett.*) Che dura da sedici anni. **B s. m.** e **f.** • Chi ha sedici anni d'età: *capricci da s.*

sedicènte [comp. di *sé* e *dicente* sul modello del fr. *soidisant*; 1762] **agg.** • Che dice di essere ciò che non è, che si qualifica in modo abusivo: *un s. dottore.*

sedicèsimo (o **-é-**) [da *sedici*; 1520] **A agg. num. ord.** • Corrispondente al numero sedici in una sequenza, in una successione, in una classificazione, in una serie (rappresentato da XVI nella numerazione romana, da 16° in quella araba): *si è classificato s.*; *arrivò s.*; *ne ho avuto la sedicesima parte*; *è uscito il s. fascicolo*; *Luigi XVI, re di Francia* | ***Tre alla sedicesima***, (*ellitt.*) tre elevato alla sedicesima potenza | ***Il secolo XVI***, gli anni dal 1501 al 1600. **SIN.** (*lett.*) Decimosesto. **B s. m.** ***1*** Ciascuna delle sedici parti uguali di una stessa quantità: *calcolare i tre sedicesimi di un numero* | ***In s.***, in tipografia, di foglio su ognuna delle cui facce vengono stampate sedici pagine; in legatoria, del tipo di formato ottenuto piegando in quattro parti tali fogli in modo da ottenerne 16; (*fig., scherz.*) di persona o cosa di ridotte dimensioni o di scarso valore: *volume in s.*; *pianista in s.* ***2*** (*sport*) ***Sedicesimi di finale***, fase di una gara, un torneo, e sim. a eliminazione, che qualifica i concorrenti che disputeranno gli ottavi di finale.

♦**sédici** [lat. *sēdecim* 'sedici', comp. di *sĕx* 'sei' e *dĕcem* 'dieci'; 1211] **agg. num. card. inv.**; anche **s. m.** e **f. inv.** • (*mat.*) Numero naturale successivo di quindici, rappresentato da 16 nella numerazione araba, da XVI in quella romana. **I** Come agg. ricorre nei seguenti usi. ***1*** Rispondendo o sottintendendo la domanda 'quanti?' indica la quantità numerica di sedici unità (spec. preposto a un s.): *ho una figlia di s. anni*; *è lungo s. centimetri*; *dista s. kilometri.* ***2*** Rispondendo o sottintendendo la domanda 'quale?', identifica qlco. in una pluralità, in una successione, in una sequenza (posposto a un s.): *leggete a pagina s.*; *sono nato il giorno s.*; *sono le ore s.*; *anno primo, numero s.*; *abito al numero s. di via Roma* | (*pop.*) Sedicesimo: *Luigi s., re di Francia.* **II** Come s. ricorre nei seguenti usi. ***1*** Il numero sedici (per ellissi di un s.): *il s. nel trentadue sta due volte*; *abito al s. di via Manzoni*; *sarò da te il s. del mese prossimo*; *è stato estratto il s. sulla ruota di Cagliari* | ***Le s.***, le quattro del pomeriggio | ***Nel '16***, nel 1816 o nel 1916 | (*pop., scherz.*) Deretano (rappresentato dal numero sedici nella cabala): *ha battuto il s. per terra.* ***2*** Il segno che rappresenta il numero sedici.

sedicina [da *sedici*; 1891] **s. f.** • Complesso di sedici, o circa sedici, unità: *una s. di persone*; *una s. di pagine.*

♦**sedile** [lat. *sedīle* (acc. nt.) 'sedile', da *sedēre* 'sedere'; av. 1306] **s. m.** • Qualunque oggetto o struttura di forma e materiale vari fatto per potervisi sedere: *s. imbottito, pieghevole*; *s. anteriore, posteriore*; *s. della carrozza, del tram, di un'automobile* | ***S. della botte***, trave di sostegno, calastra | (*est.*) Piano di una sedia su cui ci si siede.

sedime [dal lat. *sĕdime(n)* (acc. nt.) 'sedimento', da *sedēre* 'sedere'; 1957] s. m. *1* (*raro*) Sedimento, posatura. *2* Superficie del terreno su cui poggiano le fondazioni di un manufatto o di un edificio: *il s. di un aeroporto*.

sedimentàre [da *sedimento*; 1960] v. intr. e intr. pron. (*io sediménto*; aus. *essere* e *avere*) *1* Depositarsi sul fondo, detto di particelle solide sospese in un liquido: *vino che sedimenta lentamente*. *2* (*fig.*) Trovare nel tempo la giusta collocazione e dimensione: *letture che si sedimentano nella memoria*.

sedimentàrio [da *sedimento*; 1864] agg. ● Che deriva, si è formato e sim., da sedimentazioni | ***Processo s.***, formazione dei sedimenti e delle rocce sedimentarie | ***Rocce sedimentarie***, rocce derivate dalla diagenesi dei sedimenti.

sedimentatóre [da *sedimentare*] s. m.; anche agg. (f. *-trice*) ● Apparecchio o impianto, spec. industriale, destinato all'operazione di sedimentazione: *bacino s.*

sedimentazióne [da *sedimentare*; 1895] s. f. *1* Deposizione spontanea o provocata, sul fondo di un recipiente, di particelle che si trovano in sospensione in un liquido: *s. di un composto*; *s. del sangue*; *velocità di s.* CFR. Eritrosedimentazione. *2* (*geol.*) Azione meccanica della corrente dell'acqua fluviale che lascia depositare sul fondo il materiale trasportato, quale pietrisco, ciottoli e sabbia | ***S. marina***, deposito in fondo al mare di materiali detritici portati dai fiumi e prodotti dalla erosione delle coste. *3* (*fig.*) Lento accumulo e progressiva maturazione di esperienze, concezioni e sim.

sediménto [dal lat. *sedimĕntu(m)*, da *sedēre* 'sedere'; 1599] s. m. *1* Strato di sostanza solida che si deposita per gravità sul fondo di un recipiente contenente un liquido torbido. *2* (*geol.*) Materiale depositato alla superficie subaerea o subacquea del globo per effetto della sedimentazione | ***S. bioclastico***, processo di fratturazione delle rocce causato da organismi viventi. *3* (*fig., lett.*) Deposito, accumulo: *un s. di esperienze passate*.

sedimentologia [comp. di *sedimento* e *-logia*; 1960] s. f. ● (*geol.*) Scienza che studia i processi di sedimentazione e di diagenesi che portano alla formazione di rocce sedimentarie, i meccanismi, la distribuzione, gli ambienti della sedimentazione.

sedimentològico [da *sedimentologia*; 1960] agg. (pl. m. *-ci*) ● Che concerne o interessa la sedimentologia.

sedimentóso [av. 1698] agg. ● (*raro*) Che determina la formazione di un sedimento | Che risulta da sedimento.

†**sèdio** [da *sedere* (V. *sedia*); av. 1321] s. m. *1* Seggio. *2* (*fig.*) Sede, residenza.

sediolino [da *sedia* sul modello di *seggiolino*; 1960] s. m. *1* Dim. di *sedia*. *2* Seggiolino.

sediòlo o (*lett.*) **sediuòlo** [1847] s. m. *1* Dim. di *sedia*. *2* Carrozzino a due ruote per le corse al trotto usato in Italia fino alla fine dell'Ottocento, poi sostituito dal *sulky* (V.).

sedizióne [vc. dotta, dal lat. *seditiōne(m)*, comp. di *sēd-*, pref. di allontanamento e *ĭtio*, genit. *itiōnis* 'andata', da *ĭtus*, part. pass. di *īre* 'andare'; av. 1396] s. f. ● Ribellione, sommossa di popolo contro l'autorità costituita: *domare, placare, la s.*; *non si è vista ancor in terra repubblica ... senza s. e senza tirannia* (CAMPANELLA).

sedizióso [vc. dotta, dal lat. *seditiōsu(m)*, da *sedĭtio* 'sedizione'; av. 1342] **A** agg. *1* Che incita alla sedizione: *notizie sediziose* | Che costituisce una sedizione: *adunata sediziosa*; *un'aggressione, un atto s.* (MANZONI). *2* Che provoca, favorisce, partecipa a una sedizione, detto di persona: *cittadini sediziosi*. SIN. Ribelle, sovversivo. || **sediziosaménte**, avv. **B** s. m. (f. *-a*) ● Persona sediziosa: *un gruppo di sediziosi*.

sèdo [dal lat. *sĕdu(m)* 'erba pignola, vermicularia', di orig. prelatina; 1838] s. m. ● Genere di piante delle Crassulacee, annue o perenni, con foglie carnose e fiori a stella bianchi, gialli o azzurri (*Sedum*).

sedótto part. pass. di *sedurre*; anche agg. ● Nei sign. del v.

seducènte [av. 1406] part. pres. di *sedurre*; anche agg. ● Nei sign. del v. | (*est.*) Affascinante: *un uomo s.*; *sorriso s.* | Allettante: *proposta s.* || **seducenteménte**, avv.

†**sedùcere** ● V. *sedurre*.

†**seduciménto** [da †*seducere*; av. 1294] s. m. ● Il sedurre | Lusinga, allettamento.

†**sedulità** [vc. dotta, dal lat. *sedulitāte(m)* 'sollecitudine', da *sēdulus* 'sollecito'; 1528] s. f. ● (*lett.*) Diligenza, sollecitudine.

†**sèdulo** [vc. dotta, dal lat. *sēdulu(m)* 'sollecito', comp. di *sē(d)-* 'senza' e *dŏlus* 'insidia, malizia'; 1499] agg. ● (*lett.*) Diligente, sollecito.

sedùrre o †**sedùcere** [dal lat. *sedūcere* 'sviare', comp. di *sē(d)-* 'via' e *dūcere* 'condurre' (V.); 1321] v. tr. (pres. *io sedùco, tu sedùci*; pass. rem. *io sedùssi, tu seducésti*; part. pass. *sedótto*) *1* (*lett.*) Indurre al male o in errore con lusinghe, allettamenti, inganni: *fantasia, la quale ci seduce a dire bugie* (FOSCOLO) | †Sobillare. *2* Lusingare, allettare, circuire qlcu. allo scopo di avere con lui o con lei rapporti sessuali: *è stata sedotta e abbandonata*. *3* (*est.*) Attrarre, avvincere: *l'idea mi seduce*.

sedùta [f. sost. di *seduto*; 1590] s. f. *1* Lo stare seduto, spec. nella loc. ***per alzata e s.***, sistema di votazione in cui chi vota a favore si alza in piedi e chi vota a sfavore rimane seduto. *2* Riunione di più persone per discutere, esaminare, deliberare: *aprire, levare, chiudere, sciogliere, rimandare, la s.*; *avere s.*; *s. lunga, breve, tranquilla, agitata*; *s. segreta*; *le sedute del Parlamento* | ***S. stante***, durante la seduta stessa; (*est.*) immediatamente, subito: *te ne andrai s. stante* | (*dir.*) Adunanza di un organo collegiale o rappresentativo | ***S. comune del Parlamento***, riunione congiunta dei componenti di entrambi i rami del Parlamento. *3* Posa di modello, o di persona che fa da modello, per ritratti in pittura o scultura: *ci mise dieci sedute a finire il ritratto* | Incontro, appuntamento, che un professionista ha nel suo studio con un cliente per una cura, una visita, un parere: *avere una s. con il dentista, dallo psicoanalista*. || **sedutina**, dim.

sedùto part. pass. di *sedere 1* Nei sign. del v. *2* (*aer., disus.*) Cabrato.

seduttìvo [calco sull'ingl. *seductive*; av. 1420] agg. ● (*raro*) Seducente, attraente | Allettante. || **seduttivaménte**, avv.

seduttóre [vc. dotta, dal lat. tardo *seductōre(m)* 'seduttore', da *sedŭctus* 'sedotto'; av. 1342] s. m.; anche agg. (f. *-trice*) ● Chi (o Che) seduce: *un affascinante s.*; *quella ragazza è una stupenda seduttrice*; *promesse seduttrici*.

†**seduttòrio** [vc. dotta, dal lat. tardo *seductōriu(m)*, da *sedŭctus* 'sedotto'; sec. XIV] agg. ● (*raro*) Seducente. || **seduttoriaménte**, avv.

seduzióne [vc. dotta, dal lat. tardo *seductiōne(m)*, da *sedŭctus* 'sedotto'; 1336 ca.] s. f. *1* Il sedurre: *fare opera di s.* | Ciò che seduce: *le seduzioni del mondo*. *2* Capacità di affascinare; attrattiva, malia: *la s. della musica*.

seedling /ingl. 'siːdlɪŋ/ [vc. ingl., da *seed* 'seme'; 1950] s. m. inv. ● Piccola pianta, germogliata da un seme, nel suo primo stadio di vita.

seènne ● V. *seienne*.

seènnio [da *seenne*, sul modello di *biennio*; 1970] s. m. ● (*raro*) Spazio di tempo di sei anni.

sefardita o **shefardita** [dall'ebr. *Sĕfāraddī*, da *Sĕfārad* 'Spagna'; 1950] **A** s. m. e f. (pl. m. *-i*) ● Ebreo appartenente ai gruppi della diaspora che si stanziarono nella Penisola Iberica, e che di lì successivamente si diffusero anche altrove. **B** anche agg.

♦**séga** [lat. parl. **sĕca(m)* 'sega', da *secāre* 'segare' (V.); av. 1342] **A** s. f. *1* Attrezzo o macchina per tagliare legno o metallo facendovi penetrare solitamente con moto alternato una lama dentata di acciaio: *s. a mano*; *s. circolare* | ***S. meccanica***, segatrice | ***S. per pietre***, con lama senza denti | ***Coltello a s.***, con lama seghettata, per affettare pane, dolci e sim. | (*fig.*) ***A denti di s.***, detto di opera fortificatoria dotata di numerosi salienti e rientranti | Strumento chirurgico di analoga forma. *2* (*elettron.*) ***A dente di s.***, detto di grandezza che cresce o decresce linearmente nel tempo da un certo valore a un altro valore, raggiunto il quale ritorna rapidamente al primo valore ripetendo gener. questo andamento nel tempo: *segnale, tensione, corrente, a dente di s.* *3* (*mus.*) Strumento idiofono costituito da una normale sega che, tenuta fra le ginocchia, viene sfregata da un archetto, in uso nel jazz e nella musica contemporanea. *4* (*region.*) Mietitura. *5* (*pop., volg.*) Masturbazione maschile | Niente, con valore raff. nelle loc. pop. ***non valere, non capire, una s.*** | (*fig., pop.*) ***Mezza s.***, uomo di bassa statura, di costituzione mingherlina; anche, persona che vale poco. *6* (*centr.*) Nella loc. ***fare s.*** (***a scuola***), marinare la scuola. || **segàccia**, pegg. | **seghétta**, dim. (V.) | **seghétto**, dim. m. (V.) | **segóne**, accr. m. **B** in funzione di agg. inv. ● (posposto al s.) Nella loc. ***pesce s.***, V. *pesce*.

segàbile [av. 1704] agg. ● Che si può segare.

†**segàce** ● V. *sagace*.

†**segacità** ● V. *sagacità*.

segaiòlo [da *seg(a)* nel senso di 'masturbazione' con il suff. *-aiolo*; 1892] **A** s. m. ● (*volg.*) Uomo che si masturba frequentemente. **B** anche agg.: *un adolescente s.*

ségale o **ségala** [lat. *sēcale* (acc. nt.), di etim. incerta; 1205 ca.] s. f. *1* Pianta delle Graminacee con fusto sottile, poche foglie e cariossidi allungate e grigiastre (*Secale cereale*) | ***S. cornuta***, malattia della segale e di altre Graminacee, provocata da un fungo parassita dell'ovario; anche la droga che se ne ricava per uso terapeutico. ➡ ILL. **piante**/10. *2* I granelli commestibili di tale pianta.

segaligno [da *segale*: il sign. di 'persona magra' prob. per analogia col fusto sottile della pianta; 1284] agg. *1* (*raro*) Segalino. *2* (*fig.*) Detto di persona, lunga e magra ma sana: *vecchio s.*

segalino [1472] agg. ● Di segale: *pane s.*

segaménto [1597] s. m. *1* (*raro*) Il segare | Taglio. *2* †Intersezione, intersecazione.

segànte A part. pres. di *segare*; anche agg. *1* Nei sign. del v. *2* †V. *secante*. **B** s. f. ● †V. *secante*.

segantino [da *segante*, con *-ino* di mestiere; 1707] s. m. (f. *-a*) ● Chi per mestiere sega i tronchi.

segaòssa o **segaòssi** [comp. di *segare* e il pl. di *osso*; 1973] s. m. inv. *1* Sega a mano o elettrica per segare le ossa delle bestie macellate. *2* (*pop., spreg.*) Chirurgo.

segàre [lat. *secāre* 'tagliare', dalla radice indeur. **sek-* 'tagliare' (V. *secare*); av. 1292] **A** v. tr. (*io ségo, tu séghi*) *1* Tagliare in due o più parti mediante la sega: *s. un tronco, una trave, un albero* | (*scherz.*) ***S. il violino***, suonarlo. *2* Recidere, tagliare (*anche assol.*): *s. la gola, le vene*; *il coltello non sega bene*. *3* (*iperb.*) Stringere tanto forte da solcare la pelle: *la cintura troppo stretta mi sega i fianchi*. *4* (*region.*) Mietere, falciare: *s. la biada, il fieno*. *5* (*fig., gerg.*) Bocciare a scuola. **B** v. tr. e rifl. rec. ● †Intersecare: *l'onde colonnali che ... non si segano a mezzo* (LEONARDO).

†**segastóppia** [comp. di *sega(re)* e *stoppia*] s. m. inv. ● (*raro, spreg.*) Contadino.

segàta s. f. ● (*raro*) Atto del segare in una volta, alla meglio | (*region.*) Falciatura. || **segatina**, dim.

segàto [1824] **A** part. pass. di *segare*; anche agg. ● Nei sign. del v. **B** s. m. ● Foraggio d'erba e paglia tritate.

segatóre [da *segato*; av. 1320] s. m. (f. *-trice*) *1* Segantino. *2* Chi sega pietra o marmo, con sega a telaio o filo elicoidale. *3* (*region.*) Falciatore, mietitore.

segatrice [f. di *segatore*; 1930] s. f. ● Macchina utensile, azionata da un motore, che esegue il taglio di metalli, legnami, marmi e sim.: *s. a nastro, a disco, alternativa*.

segatùra [1340] s. f. *1* Attività del segare | Taglio di materiali, eseguito a mano con seghe o seghetti o meccanicamente con segatrici. *2* Insieme dei piccoli frammenti prodotti segando il legno o metalli teneri. *3* (*region.*) Mietitura, falciatura.

†**ségeta** [vc. dotta, dal lat. *sĕgete(m)* 'seminato', 'messe', di etim. incerta] s. f. ● (*lett.*) Biada.

segetàle [vc. dotta, lat. *segetāle(m)* 'che cresce nel seminato (V. *segeta*)'; 1499] agg. ● (*bot.*) Messicolo.

seggétta [av. 1554] s. f. *1* Dim. di †*seggia*. *2* Comoda. *3* †Seggiola portatile con due stanghe; portantina. || **seggettina**, dim.

†**seggettière** [da *seggetta*] s. m. ● Portantino.

†**séggia** [variante ant. di *seggio*; av. 1400] s. f. ● Sedia | Trono. || **seggétta**, dim. (V.).

sèggio [da *seggere*, variante ant. di *sedere*; 1313] s. m. (pl. †*sèggiora*, f.) *1* †Sedia. *2* (*est., lett.*) Sedile importante e solenne destinato ad alti personaggi, trono: *s. reale, episcopale, papale* |

S. di San Pietro, il papato | **S. dell'Altissimo**, il paradiso. **3** (*est.*) Sedile, in cui siedono personaggi autorevoli nell'esercizio delle loro funzioni: *s. della presidenza, dei deputati, degli accademici, dei canonici* | **Sbalzare, togliere qlcu. di s.**, privarlo dell'autorità, del grado che ricopre. **4** (*est.*) Ciascuno dei posti in un'assemblea elettiva ottenuti da un partito o movimento politico in seguito a elezioni politiche o amministrative: *quel partito ha perso tre seggi.* **5** *S. elettorale*, luogo ove si svolgono le operazioni di voto, di spoglio delle schede e di calcolo dei risultati per una elezione | L'insieme delle persone che radunate nel seggio stesso curano lo svolgimento di tali operazioni.

sèggiola [dim. di *seggio*, -a; av. 1320] **s. f.** ● Sedia. || **seggiolàccia**, pegg. | **seggiolétta**, dim. | **seggiolìna**, dim. | **seggiolóna**, accr. (V.)

seggiolàio [1551] **s. m.** (f. -*a*) ● Chi fabbrica, ripara o vende seggiole.

seggiolàta [1960] **s. f.** ● Colpo di seggiola.

seggiolìno (av. 1665) **s. m. 1** Dim. di *seggiola*. **2** Sedia piccola e bassa per bambini | Seggiola pieghevole | Sedile ribaltabile, strapuntino. **3** (*aer.*) *S. eiettabile*, che in caso d'emergenza può essere espulso violentemente insieme al pilota dall'abitacolo dell'aereo in volo | *S. regolabile*, congegnato in modo che il pilota possa adattarselo per altezza, distanza dai comandi, e sim.

seggiolóne [comp. di *seggiola*; av. 1587] **s. m. 1** Grande e pesante sedile per una persona, in legno talvolta imbottito e ricoperto di cuoio o tessuto, con o senza braccioli: *Trovai la contessa accosciata in un s. di vecchio marocchino nero* (NIEVO). **2** Alto sedile per bambini munito di un piano ribaltabile che serve d'appoggio al piatto e al bicchiere e impedisce al bambino seduto di cadere in avanti.

seggiovìa [comp. di *seggio*(*la*) e *via*, sul modello di *funivia*; 1948] **s. f.** ● Impianto costituito da un sistema di seggiolini uniti, mediante un'asta metallica, a una fune azionata con movimento continuo, per poter superare dislivelli in montagna, spec. nell'ambito di attività sciatorie. → ILL. **funivia**.

seghedìglia ● V. *seghidiglia*.

seghería [da *segare*; 1886] **s. f. 1** Stabilimento per la segatura a macchina di tronchi | Reparto di uno stabilimento per la lavorazione del legno. **2** Reparto o stabilimento dove si segano i blocchi di marmo o pietra provenienti dalle cave.

seghétta [1340] **s. f. 1** Dim. di *sega*. **2** Piccola sega per fiale di vetro. **3** (*raro*) Stringilabbro per animali da tiro.

seghettàre [da *seghetta*; 1960] **v. tr.** (*io seghétto*) ● Dentellare come la lama di una sega.

seghettàto [1838] **part. pass.** di *seghettare*; anche **agg.** ● Nel sign. del v.

seghétto [1949] **s. m. 1** Dim. di *sega*. **2** Tipo di sega a mano, spec. per metalli | Sega a lama libera a un solo manico per il taglio dei piccoli rami.

seghidìglia o **seghedìglia**, **seguidìglia s. f.** ● Adattamento di *seguidilla* (V.).

segmentàle [1940] **agg. 1** Che si riferisce a un segmento. **2** (*ling.*) Che si susseguono nella catena parlata. **3** (*biol.*) Riferito ai segmenti cui è diviso il corpo di molti animali (*anat.*) Detto di qualsiasi struttura anatomica costituita da una successione di parti di aspetto simile.

segmentàre [da *segmento*; 1499] **A v. tr.** (*io segménto*) **1** Dividere in segmenti. **2** (*fig.*) Dividere ulteriormente ciò che è già diviso. **B v. intr. pron.** ● Dividersi in segmenti (*anche fig.*).

segmentàrio [da *segmento*; 1960] **agg. 1** Che si riferisce a un segmento. **2** (*med.*) Relativo a una parte di un organo: *resezione segmentaria*.

segmentazióne [1914] **s. f. 1** Divisione in segmenti (*anche fig.*): *la s. del processo produttivo*. **2** (*ling.*) Suddivisione del discorso parlato nelle unità componenti, ciascuna delle quali rappresenta un morfema. **3** (*biol.*) Divisione dell'uovo in blastomeri, che costituisce l'inizio della formazione dell'embrione.

segménto [vc. dotta, dal lat. *segméntu(m)* 'ritaglio', da *secāre* 'tagliare'; 1499] **s. m. 1** Insieme dei punti d'una retta compresi fra due suoi punti dati: *estremi del s.* | *S. circolare*, parte di cerchio delimitata da una corda, o compresa fra due corde parallele | *S. sferico*, parte di sfera limitata da un piano secante, o compresa fra due piani secanti paralleli. **2** Parte di un corpo qualsiasi compresa fra due estremi | (*biol.*) Ciascuna delle sezioni del corpo di vari animali che presentano più o meno le stesse caratteristiche. **3** Piccola striscia, parte tagliata, e sim.: *un s. di stoffa*. **4** Fascia elastica di stantuffo. **5** (*fig.*) Sezione, parte: *segmenti di sapere*; *operare in diversi segmenti di mercato*. **6** (*tel.*) *S. spaziale*, l'insieme dei satelliti e delle stazioni a terra destinati a uno specifico progetto.

sègna-accènto ● V. *segnaccento*.

segnacàrte [comp. di *segna*(*re*) e il pl. di *carta*; 1891] **s. m. inv.** ● Segnalibro.

segnacàso [comp. di *segna*(*re*) e *caso*; av. 1648] **s. m.** (pl. *-i* o *inv.*) ● (*ling.*) Elemento grammaticale che, premesso al nome, ne indica il caso in cui andrebbe posto in latino: ad es. la prep. *di* per indicare il caso genitivo, *da* per indicare l'ablativo, *a* il dativo ecc.

segnaccènto o **sègna-accènto** [comp. di *segn(o) e accento*; av. 1647] **s. m.** ● Segno grafico di accento.

segnàcolo o †**signàcolo**, †**signàculo** [dal lat. tardo *signācu(lum) 'segno'*, da *signāre 'segnare'*; 1321] **s. m. 1** (*lett.*) Segno, insegna, simbolo: *poste ha pria le mani / sopra i santi segnacoli cristiani* (CARDUCCI). **2** †Segnalibro, segnacarte.

segnafìle [comp. di *segna*(*re*) e il pl. di *fila*] **s. m. inv.** ● (*agr.*) Rigatore.

segnalaménto [1813] **s. m. 1** Il segnalare | Uso di segnali spec. per disciplinare il traffico stradale, ferroviario, marittimo e sim. **2** (*mar.*) *S. marittimo, s. navale*, sistema usato per garantire lo svolgimento regolare della navigazione, costituito da fanali di bordo e di terra, mede, boe e sim. che aiutano a identificare altre navi, coste, pericoli, ecc. **3** (*al pl.*) L'insieme delle strutture che costituiscono il segnalamento marittimo: *segnalamenti luminosi*; *segnalamenti sonori*. → ILL. p. 2171 TRASPORTI.

♦**segnalàre** [da *segnale*; av. 1557] **A v. tr. 1** Indicare, comunicare, avvisare per mezzo di segnali: *s. un arrivo, una partenza*; *s. un campo di corsia*; *s. l'arrivo del treno* | (*est.*) Dar notizia di qlco., annunciare: *una perturbazione è segnalata sull'Atlantico*. **2** (*fig.*) Far conoscere, far distinguere, additare: *mi segnalò un caso interessante*; *il premio le è stato segnalato un nuovo poeta* | Raccomandare: *il candidato è stato segnalato da persone autorevoli*. **3** †Distinguere con un segnale, mettere di marchio: *s. il bestiame*. **B v. rifl.** ● Distinguersi, farsi notare: *segnalarsi nell'arte, in guerra*; *segnalarsi per un'interpretazione teatrale*.

segnalàto [1528] **part. pass.** di *segnalare*; anche **agg. 1** Nei sign. del v. **2** (*lett.*) Insigne, persona *di valore* | Eccezionale: *segnalate imprese* | (*est.*) Generoso, lusinghiero: *mi ha fatto un s. favore.* || **segnalataménte**, **avv.** Specialmente, particolarmente, segnatamente.

segnalatóre [1914] **A s. m. 1** (f. -*trice*) Chi segnala | Persona addetta ai servizi di segnalazione. **2** Strumento per segnalazioni. **B** anche **agg.**: *apparecchio s.*

segnalazióne [1853] **s. f. 1** Il segnalare | Segnale: *faceva grandi segnalazioni con le braccia* | Trasmissione per mezzo di segnali: *segnalazioni ottiche, acustiche, luminose* | **Segnalazioni stradali**, semafori, cartelli, segnaletica orizzontale | *Bandiera da s., teli da s.*, per il collegamento con gli aerei in volo. **2** (*est.*) Trasmissione di notizie: *la s. di attacco giunse in ritardo*. **3** (*fig.*) Indicazione di qlcu. o di qlco. di cui conviene interessarsi: *la s. di un giovane pittore*; *è giunta la s. di un nuovo libro* | Raccomandazione: *fare, ricevere, una s. per qlcu.*

♦**segnàle** [ant. fr. *signale*, dal lat. tardo *signāle*, nt. sost. di *signālis*, agg. da *sīgnum 'segno'*; sec. XIII] **s. m. 1** Segno conosciuto o convenuto fra due o più persone col quale si dà notizia, avvertimento e sim., di qlco.: *s. ottico, acustico*; *dare, aspettare, ricevere, il s.*; *al s. convenuto il plotone si fermò* | *S. orario*, trasmesso dalla radio o dalla televisione a ore fisse per dare l'ora esatta | *S. di soccorso*, segnale radiotelefonico o radiotelegrafico col quale una nave o un aeromobile richiede immediata assistenza; in alpinismo, segnale luminoso o acustico con cui si chiede aiuto | *S. stradale*, simbolo, disegno, cartello o luce indicante una prescrizione, un pericolo o altra notizia relativa alla circolazione stradale | (*mil.*) *S. di tromba*, mezzo di comando e di collegamento per indicazioni e ordini da trasmettere in marcia e in manovra. → ILL. p. 2171 TRASPORTI. **2** (*est.*) Dispositivo ottico o acustico atto ad emettere segnali | *S. d'allarme, d'emergenza*, nei treni e nelle metropolitane, dispositivo mediante il quale il viaggiatore, in caso di grave necessità, può fare fermare il convoglio in moto. **3** Segnacarte: *mettere il s. nel libro*. **4** *S. elettrico*, variazione di tensione o di corrente presente in un circuito elettronico o telefonico | *S. audio*, grandezza elettrica variabile nel tempo con la stessa legge di variazione dell'intensità sonora | *S. video*, grandezza elettrica variabile nel tempo con la stessa legge di variazione dell'intensità luminosa di corrente. **5** †Segno, indizio. || **segnalétto**, dim. | **segnalìno**, dim. (V.) | **segnalùzzo**, dim.

segnalètica [f. sost. di *segnaletico*; 1942] **s. f.** ● Insieme di segnali: *s. stradale, ferroviaria* | *S. orizzontale*, i cui segnali sono costituiti di strisce, frecce, scritte e sim. sulla carreggiata | *S. verticale*, quella su cartelli.

segnalètico [dal fr. *signalétique*, da *signaler* 'segnalare'; 1901] **agg.** (pl. m. -*ci*) ● Che segnala, contraddistingue, serve a riconoscere | *Dati segnaletici*, quelli che caratterizzano una persona e ne permettono il riconoscimento | *Cartellini segnaletici*, su cui sono impresse le impronte digitali di persone pericolose o sospette.

segnalìbro [comp. di *segna*(*re*) e *libro*; 1891] **s. m.** ● Laccetto, striscia di stoffa, cartoncino che si mette fra le pagine di un libro per ritrovare prontamente la pagina voluta.

segnalìmite [comp. di *segna*(*re*) e *limite*; 1974] **s. m.** ● Elemento mobile (paletto, prisma di pietra o sim.) che rende visibili i limiti e l'andamento di una carreggiata stradale.

segnalìnee [comp. di *segna*(*re*) e il pl. di *linea*; 1920] **s. m. e f. inv.** ● (*sport*) Nel calcio, guardalinee.

segnalìno s. m. 1 Dim. di *segnale*. **2** In vari giochi, simbolo che contrassegna la posizione di un giocatore sul tavoliere.

segnapàssi [comp. di *segna*(*re*) e il pl. di *passo*; calco sull'ingl. *pace-maker*; 1970] **s. m. inv.** ● (*med., raro*) Pacemaker.

segnapósto [comp. di *segna*(*re*) e *posto*; 1942] **s. m.** (pl. *inv.* o -*i*) ● Biglietto, targhetta indicante, mediante il nome e cognome che porta impresso, il posto assegnato a qlcu. in riunioni, congressi, pranzi e anche l'identità di un impiegato o di un funzionario in uffici, banche o sim.

segnaprèzzo [comp. di *segna*(*re*) e *prezzo*; 1963] **A s. m.** (pl. *inv.* o -*i*) ● Cartellino su cui è indicato il prezzo di una merce esposta al pubblico. **B** anche **agg. inv.**: *fustelle s.*

segnapùnti [comp. di *segna*(*re*) e il pl. di *punto*; 1960] **A s. m. ef. inv.** ● Persona addetta alla segnatura dei punti di una partita, spec. di pallacanestro. **B s. m. inv.** ● Dispositivo, lavagnetta, cartoncino, su cui si segnano i punti fatti al gioco.

♦**segnàre** [lat. *signāre* 'segnare' da *sīgnum* 'segno'; sec. XIII] **A v. tr.** (*io ségno*) **1** Notare, rilevare, mediante uno o più segni: *s. le note in margine a un libro*; *s. le correzioni da fare*; *s. gli errori con la matita rossa*; *s. una località sulla pianta*. **2** Indicare mediante un segno particolare, contrassegnare: *s. la pagina con un segnalibro*; *s. qlco. coi piombi, con un sigillo, con una sigla*; *una linea bianca segna il confine*; *uno spillo segna il punto da tagliare*; *S. le pecore, i cavalli*, marcarli. *S. il passo*, nella marcia, marcarlo ritmicamente da fermi; (*fig.*) rimanere fermo, non procedere: *i negoziati segnano il passo* | Tracciare: *s. la strada* | Truccare: *s. le carte da gioco*. **3** (*est.*) Prendere nota di ciò che è necessario ricordare: *s., segnarsi, un indirizzo, un numero telefonico, un appuntamento, un appunto* | (*fig.*) *s. qlco. nella memoria*, imprimerselo in mente | Registrare: *s. la spesa*; *s. a debito, a credito* | (*est.*) Scrivere: *s. il nome di qlcu. in un elenco*; *s. il prezzo della merce*. **4** Indicare | *S. a dito*, esporre alla riprovazione generale | Indicare mediante la lancetta, la colonna di mercurio e sim., detto di orologi, manometri, termometri e sim.: *l'orologio segna le ore*; *l'orologio segna le cinque*; *il barometro segna pioggia*. **5** (*fig.*) Annunciare, rappresentare, significare: *il suono delle campane segna il mezzogiorno*; *quel gesto segnò la fine della loro amicizia*. **6** Scalfire, graffiare, lasciare il segno: *il diamante segna il vetro*; *ha segnato la tavola con la lama del coltello*; *lo schiaffo gli ha segnato la guancia.* **7** (*fig.*) Lasciare su qlcu. delle conseguenze durature: *quella tragedia lo ha segnato.* **7** (*raro*) Fare il segno della croce a qlcu.: *s. un defunto* | Impartire la benedizione: *s. le schiere dei fedeli.* **8** †Firmare: *date qua* ...: *presolo, di sua mano subito lo segnò* (CELLINI). **9** †Mirare | †Cogliere nel segno. **10** (*sport*) Nel calcio e sim., realizzare un punto a favore della propria squadra (*anche assol.*): *s. un gol*; *s. un cesto*; *s. al decimo minuto.* **B** v. rifl. ● Farsi il segno della croce.

segnasùb [comp. di *segna(re)* e *sub*; 1984] **A** s. m. ● Segnale galleggiante che indica la presenza di un sub in immersione. **B** anche agg. inv.: *pallone s.*

†**segnatàrio** [dal fr. *signataire*, da *signer* 'firmare, sottoscrivere'; 1873] s. m. ● Firmatario.

segnatàsse [comp. di *segna(re)* e il pl. di *tassa*; 1891] **A** s. m. inv. ● Francobollo speciale che, applicato sulla corrispondenza con affrancatura mancante o insufficiente, indica la tassa che il destinatario deve pagare al momento della consegna. **B** anche agg.: *francobollo s.*

segnatèmpo [comp. di *segnare* e *tempo*; 1960] s. m. inv. ● Marcatempo.

segnàto [av. 1306] part. pass. di *segnare*; anche agg. **1** Che reca segni, tracce e sim.: *un foglio s.*; *un viso s. dalla sofferenza* | ***S. da Dio, da Cristo***, (*fig., pop.*) di persona fisicamente deforme e dall'animo cattivo. **2** Deciso, stabilito: *il loro destino è s.* **3** (*ling.*) Marcato. || **segnataménte**, avv. **1** (*lett.*) Particolarmente, specialmente, principalmente. **2** †Espressamente; †apposta.

segnatóio [da *segnare*; 1838] s. m. ● Attrezzo a punta per segnare, tracciare linee o segni che servano di guida in un lavoro. SIN. Truschino.

segnatóre [lat. tardo *segnatōre(m)* 'firmatario', da *signātus* 'segnato, firmato'; 1355] s. m.; anche agg. (f. *-trice*) ● (*raro*) Chi (o Che) segna.

segnatùra o †**signatùra** [dal lat. mediev. *signatūra(m)*, da *signātus* 'sigillato, firmato'; 1305] s. f. **1** (*raro*) Il segnare | Nel calcio e sim., il numero dei punti realizzati da una squadra in una partita; anche il singolo punto realizzato. **2** Sistema di cifre o di lettere e cifre, stabilito per identificare ogni unità archivistica o bibliografica in rapporto alla sua collocazione. **3** (*edit.*) Numero, lettera, segno convenzionale indicante, in un volume, l'esatta progressione dei gruppi di pagine che sono state stampate su un unico foglio, poi piegato e rilegato | Ciascuno dei gruppi di pagine così individuato. **4** †Firma | Nell'antica terminologia ecclesiastica, atto con il quale il Papa firmava i provvedimenti di grazia e di giustizia, e approvazione da lui apposta a tali provvedimenti. **5** ***S. apostolica***, tribunale ecclesiastico supremo della Curia Romana.

segnavènto [comp. di *segna(re)* e *vento*; 1913] s. m. inv.; anche agg. inv. ● Banderuola o elemento simile, posto generalmente sui tetti delle case, destinato a indicare la direzione del vento.

segnavia [comp. di *segna(re)* e *via*; 1942] s. m. inv. ● In alpinismo, contrassegno di itinerario costituito da un segno convenzionale, ad es. bandierine, dischi o rettangoli colorati con un numero al centro, ripetuto con vernice sulle rocce e su tronchi di alberi lungo la via da percorrere.

segnicità [da *segnico*] s. f. ● Caratteristica di ciò che è segnico.

sègnico [1950] agg. (pl. m. *-ci*) **1** Relativo al segno, nel linguaggio della semiologia: *sistema s.* **2** Detto di pittura non figurativa che si vale di particolari elementi grafici, tipica degli anni '50 del Novecento.

♦**ségno** [lat. *sĭgnu(m)* 'segno', prob. da *secāre* 'tagliare' (V. *segare*); av. 1292] s. m. **1** Indizio, accenno palese da cui si possono trarre deduzioni, conoscenze e sim. riguardo a qlco. che non è manifesto: *segni premonitori*; *questo è un s. di sciagura*; *questo silenzio è aperto s. di disgrazia*; *il cielo nuvoloso è s. di pioggia*; *vedo già i segni della riuscita dell'affare*; *è un piccolo s. del futuro genio* | ***Buon s.!, cattivo s.!***, buono o cattivo indizio, presagio | In medicina, ogni manifestazione di malattia rilevata dal medico mediante esame del paziente. CFR. Sintomo | Contrassegno, elemento distintivo: *segni di riconoscimento*; *lo riconobbi per certi segni sulla schiena* | ***Segni caratteristici***, imperfezioni fisiche, spec. lievi, quali nei, cicatrici, voglie e sim., che rendono più rapido il riconoscimento di una persona e che, generalmente, vengono citati nei documenti di identità | (*raro*) Marchio. **2** Gesto, atto, parola e sim., che manifesta un determinato modo di essere, di fare e sim.: *dare segni di gioia, di malvagità, di impazienza, di rabbia, di pazzia*; *non dà s. di andarsene*; *non dava alcun s. di smettere*; *vorrei un s. di comprensione da parte tua*; *è un s. della volontà divina* | ***Non dare segni di vita***, essere esanime; (*est.*) non dare più notizie di sé da lungo tempo | ***In, come, s. di***, come prova, attestazione, di: *gli porse la mano in s. di amicizia*; *gradisca questo dono come s. di riconoscenza* | ***S. della croce***, simbolo iconografico della crocifissione del Cristo; (*est.*) atto con il quale il cristiano traccia, sul proprio corpo, a mezzo della mano destra, la croce, pronunciando una formula corrispondente: *fare, farsi, il s. della croce* | ***Segni sacramentali***, forme esteriori dei sacramenti, simboli attraverso i quali si attribuisce la grazia. **3** Cenno, gesto: *mi fece s. di fermarmi*; *mi ha fatto un s. di saluto*; *gli feci s. di tacere*; *mi fa s. di no*; *parlare, capirsi, a segni.* **4** Qualunque espressione grafica, punto, linea, curva, figura e sim. convenzionalmente assunta a rappresentare ed esprimere un'entità, spec. astratta: *segni alfabetici, ortografici, algebrici*; *segni di punteggiatura, d'interpunzione*; *segni di richiamo, di omissione*; *s. dell'addizione, della sottrazione, della moltiplicazione*; *la parola è il s. dell'idea* | ***S. di croce***, tracciato dagli analfabeti in sostituzione della firma | (*tipogr.*) ***Segni speciali***, caratteri non comuni impiegati per comporre testi specialistici. **5** Procedimento visivo di comunicazione del pensiero | ***S. linguistico***, rapporto tra un concetto o significato o contenuto e un'immagine fonica o significante o espressione. CFR. semio-. **6** (*mat.*) Uno dei simboli + e −, i quali, in un numero relativo, indicano se questo è rispettivamente positivo o negativo. **7** ***S. astronomico***, simbolo | ***S. dello zodiaco, s. zodiacale***, ciascuna delle dodici parti in cui anticamente veniva diviso lo zodiaco a partire dall'equinozio di primavera e assegnando nell'ordine i nomi delle costellazioni dello zodiaco: *di che s. sei?* **8** Qualunque traccia, impronta e sim. visibile lasciata da un corpo su una superficie: *sulla sabbia c'è il s. dei tuoi passi*; *sul letto c'è il s. di un corpo*; *il gatto ha lasciato il s. delle zampe sul tappeto*; *sul muro c'è il s. di un chiodo*; *non fate segni col temperino sui banchi*; *lo schiaffo gli ha lasciato il s. sul viso* | ***Lasciare il s.***, (*fig.*) rimanere impresso, avere conseguenze durature | Conio, impronta. **9** Linea, figura e sim. che si traccia per contrassegnare il punto a cui si è arrivati, o si deve arrivare, nel fare qlco.: *fate un s. a pagina dieci*; *taglia fino al s.*; *hai saltato fino a quel s.* | Segnalibro: *mettere il, un, s.* | ***Tenere, perdere, il s.***, il punto in cui si è interrotta la lettura. **10** (*fig.*) Limite, misura: *passare, oltrepassare, il s.* | Punto, grado: *è arrivato a questo s.?*; *a un certo s. non lo sopporto più* | ***A s.***, a punto, in sesto | ***Mettere una macchina a s.***, metterla in grado di funzionare bene | ***Mettere, tenere, qlcu. a s.***, richiamarlo ai suoi doveri | ***Avere la testa a s.***, essere pienamente padrone di sé stesso | ***A tal s.***, talmente: *non son vile a tal s.* (GOLDONI) | ***A s. che, a un s. tale che***: *son tranquillo a s. / che in me non trova sdegno / per mascherarsi Amor* (METASTASIO) | ***Per filo e per s.***, punto per punto, ordinatamente, con tutti i particolari. **11** Punto a cui si mira con un'arma, bersaglio: *tirare a s.* | ***Tiro a s.***, sport che consiste nello sparare a bersagli fissi e mobili con armi da fuoco o ad aria compressa di vario tipo | ***Mettere a s. un colpo***, colpire il bersaglio | ***Cogliere, colpire, dare, nel s.***, mirare giusto; (*est., fig.*) indovinare, sortire l'effetto voluto | ***Fallire il s.***, sbagliare la mira (*anche fig.*) | ***Essere fatto s. a, di***, essere oggetto di: *è fatto s. all'esecrazione generale.* **12** (*miner.*) ***S. ottico***, carattere ottico di un minerale dipendente dalla forma dell'indicatrice. **13** (*lett.*) Scopo, fine: *tendere a un s.*; *rivolgere qlco. a un s.* | †***Condurre a s.***, a effetto. **14** Simbolo: *la colomba è s. di pace.* **15** †Insegna, bandiera: *faccian lor arte / sott'altro s.* (DANTE *Par.* VI, 103-104). **16** †Segnale. **17** †Statua, effigie: *fermava il piè ciascun di questi segni / sopra due belle imagini più basse* (ARIOSTO). **18** †Campione di urina da analizzare: *Costui porta non il s., ma uno diluvio d'orina al medico* (SACCHETTI). || **segnàccio**, pegg. | **segnétto**, dim. | **segnettino**, dim. | **segnino**, dim. | **segnolino**, dim. | **segnùccio**, **segnùzzo**, dim.

†**segnóre** e *deriv.* ● V. *signore* e *deriv.*

ségo [lat. *sēbu(m)* 'sego' (V. *sebo*); 1618] s. m. (pl. *-ghi*) ● Grasso di equini, ovini e spec. bovini, usato in saponeria per fabbricare candele, per estrarne varie sostanze grasse e come antischiumante. SIN. Sevo (1).

sègolo [dal lat. *sĕcula* 'falce', connesso con *secāre* 'tagliare', con cambio di genere; 1340] s. m. ● Falcetto per potare. SIN. Roncola.

segóso [lat. *sebōsu(m)*, da *sēbum* 'sego'; av. 1597] agg. ● Che contiene sego | Che è simile al sego.

segregaménto [1858] s. m. ● (*raro*) Segregazione.

segregàre (**1**) [vc. dotta, dal lat. *segregāre* 'separare dal gregge', comp. di *sē(d)*- 'via' e di un denominale di *grĕx*, genit. *grĕgis* 'gregge'; sec. XIV] **A** v. tr. (*io sègrego, tu sègreghi*) ● Allontanare, appartare, isolare dagli altri: *s. l'ammalato per evitare un contagio*; *s. un prigioniero pericoloso.* **B** v. intr. pron. ● Isolarsi, appartarsi: *segregarsi in casa.*

segregàre (**2**) [da *segregare* (*1*); per calco sull'ant. fr. *ségréger* 'separare', incrociato col fr. *sécréter* 'secernere'; 1884] v. tr. (*io sègrego, tu sègreghi*) ● (*biol., raro*) Secernere.

segregàto [sec. XIV] part. pass. di *segregare* (*1*); anche agg. **1** Nei sign. del v. **2** Solitario, in disparte: *vivere s. dal mondo.* || **segregataménte**, avv.

segregazióne [vc. dotta, dal lat. tardo *segregatiōne(m)*, da *segregātus* 'segregato'; 1837] s. f. **1** Il segregare | Condizione di chi è segregato | ***S. (cellulare)***, obbligo per un detenuto di rimanere nella sua cella, separato dagli altri carcerati. **2** ***S. razziale***, in Paesi a popolazione mista, politica di discriminazione, attuata da governi razzisti, che costringe la popolazione non bianca a una rigida separazione da quella bianca nella vita civile (scuole, ospedali, locali, mezzi pubblici, ecc.) e politica.

segregazionìsmo [da *segregazione*, con *-ismo*; 1970] s. m. ● Politica di segregazione razziale.

segregazionìsta [1962] **A** s. m. e f. (pl. m. *-i*) ● Chi sostiene il segregazionismo. **B** agg. ● Segregazionistico.

segregazionìstico [1970] agg. (pl. m. *-ci*) ● Che è proprio del segregazionismo.

†**segrènna** [di etim. incerta; av. 1543] s. f. ● (*tosc.*) Persona magra e sparuta. || †**segrennùcia**, dim.

segréta (**1**) o (*raro*) **secréta** (**1**) [da *segreto* (*1*) (V.); 1525] s. f. **1** Nell'armatura del cavaliere medievale, calotta sottile o cuffia di maglia di acciaio indossata sotto l'elmo, a protezione del capo. **2** Cella bassa, angusta e priva di finestre in cui erano tenuti i prigionieri perché non avessero alcun contatto con l'esterno. **3** Parte nascosta di un mobile antico per celare documenti, oggetti e sim.

segréta (**2**) o **secréta** (**2**) [dal lat. *secrēta*, part. pass. nt. pl. di *secĕrnere* 'separare': propr. 'le offerte'; av. 1396] s. f. ● Nella liturgia precedente il Concilio Vaticano II, l'orazione recitata a bassa voce, nella Messa, dopo l'offertorio; attualmente, orazione sulle offerte, recitata ad alta voce.

segretàre o **secretàre** [da *segretazione*; 1988] v. tr. (*io segréto*) ● (*dir.*) Sottoporre a segretazione: *s. il verbale dell'interrogatorio.*

segretariàle [1745] agg. ● Che si riferisce al segretario.

segretariàto [da *segretario*; av. 1556] s. m. ● Ufficio, carica di segretario | Durata dell'ufficio e della carica di segretario | Luogo ove il segretario lavora | Insieme degli uffici e delle persone facenti capo a un segretario.

segretarièsco [da *segretario*; 1586] agg. (pl. m. *-schi*) ● Da segretario (*spec. spreg.*): *stile s.*; *nel gergo s.* (MANZONI).

♦**segretàrio** o †**secretàrio** [dal lat. mediev. *secretāriu(m)* 'cancelliere', da *secrētus* 'segreto'; 1336 ca.] s. m. (f. *-a*) **1** Anticamente, persona di fiducia di un principe, un sovrano e sim. | ***Il s. fiorentino***, (*per anton.*) Niccolò Machiavelli in quanto fece parte della segreteria della Signoria di Firenze. **2** Chi è addetto a una persona o a un ufficio con l'incarico di svolgere mansioni esecutive di fiducia, di curare il buon svolgimento del lavoro dell'ufficio: *s. di direzione.* SIN. Assistente | ***Fare da s. a qlcu.***, aiutarlo nello svolgimento della sua attività | ***S. di edizione***, impiegato con funzioni specifiche di segretario durante le lavorazioni di un film o di un programma televisivo | ***S. di produzione***, assistente del direttore di produzione durante le lavorazioni di un film o di un programma televisivo | ***S. di scena***, impiegato addetto all'organizzazione scenografica durante le lavorazioni di un film o di un programma televisivo | ***S. di redazione***, redattore che, presiedendo alla segreteria del giornale, segnala al direttore i fatti più importanti, segue il lavoro dei corrispondenti e dei collaboratori, tiene i contatti con il pubblico, e sim. | ***S. comunale***, ***s. provinciale***, funzionario pubblico, dipendente funzionalmente dal sindaco o dal presidente della provincia, con ampi compiti di sovrintendenza, coordinamento e controllo delle attività amministrative | (*est.*) ***S. galante***, titolo di libri che contenevano modelli di lettere amorose. ***3*** Chi, nell'esercizio delle proprie funzioni, dirige un organismo, un'associazione, un partito e sim.: *s. dell'ONU*; *il s. del partito di maggioranza* | ***S. di Stato***, in Italia, qualifica spettante ai ministri; nel governo degli Stati Uniti d'America, ministro degli Esteri; nella Curia Romana, cardinale investito delle funzioni proprie della segreteria di Stato. ***4*** (*gener.*) †Persona fidata, che tiene i segreti: *pigliando pratica con questa e con quella, diventai secretaria di questa e di quella* (ARETINO). ***5*** (*zool.*) Serpentario. **SIN.** Serpentario (1). || **segretariétto**, **dim.** | **segretarino**, **dim.** | **segretarióne**, **accr.** | **segretariùccio**, **dim.**

segretazióne [da *segreto* (2); 1988] **s. f.** ● (*dir.*) Provvedimento con il quale l'autorità dispone, in caso di necessità, il permanere del segreto d'ufficio su atti che, altrimenti, potrebbero essere resi pubblici.

segreterìa [da *segretario*; av. 1535] **s. f.** ***1*** Ufficio, carica, di segretario: *lasciare la s. del partito* | Insieme delle persone addette a una segreteria e la sede dell'ufficio stesso: *la s. è in ferie*; *recarsi in s. per informazioni*. ***2*** ***S. telefonica***, servizio per gli abbonati al telefono che fornisce le più disparate informazioni; apparecchio che risponde automaticamente alle telefonate in arrivo con un messaggio registrato e registra le comunicazioni dell'interlocutore. ***3*** ***S. di Stato di Sua Santità***, organo della Santa Sede che presiede agli affari politico-religiosi della Chiesa cattolica. ***4*** Nelle banche, ufficio addetto all'amministrazione dei fidi. ***5*** Antico mobile a cassetti segreti o scrivania con cassetti, per tenervi riposti documenti, lettere, gioielli e sim.

segretézza [da *segreto* (1); av. 1529] **s. f.** ● Caratteristica di ciò ciò che è segreto: *la s. di un incarico* | Capacità di mantenere un segreto: *confido nella tua s.* | ***In tutta s.***, ***in gran s.***, ***con la massima s.***, e sim., in segreto, di nascosto.

♦**segréto** (1) o (*lett.*) **secréto** (1) [dal lat. *secrētu(m)*, part. pass. di *secèrnere* 'separare' (V. *secernere*); sec. XIII] **A agg.** ***1*** (*lett.*) Appartato, nascosto: *luogo s.* ***2*** Occulto, celato: *uscita segreta*; *passaggio s.* | Che non deve essere divulgato: *accordo, colloquio s.*; *tenere s. un incontro*; *misteri segreti*. ***3*** Che è fatto di nascosto dagli altri: *convegno, amore, matrimonio, colloquio s.*; *relazione segreta*; *maneggi segreti*; *società segreta* | ***In s.***, (*ellitt.*) in modo segreto, di nascosto. **SIN.** Clandestino. ***4*** Che è accessibile soltanto a pochi: *schedario s.* | ***Voto s.***, votazione in cui non risulta quale voto abbia espresso ogni singolo votante. **CONTR.** Palese | ***Spese segrete***, ***fondi segreti***, del cui impiego non si deve rendere conto. ***5*** Che non rivela agli altri la sua vera identità, professione e sim.: *agente s.* ***6*** (*raro*) Che sa custodire quanto gli viene confidato senza riferirlo ad altri: *è una persona segreta e fidata*. ***7*** (*fig.*) Intimo, recondito: *gioia segreta*; *pensiero s.*; *come chi finge una pena secreta* (SABA). ***8*** Privato, particolare | ***Camériere s.***, dignitario della corte pontificia, laico o ecclesiastico, con titolo spesso solo onorifico. || **segretaménte**, **avv.** In segreto, di nascosto: *partire, accordarsi segretamente*. **B** in funzione di **avv.** ● (*raro*) Di nascosto, segretamente.

♦**segréto** (2) o (*lett.*) **secréto** (2) [dal lat. *secrētu(m)*, nt. sost. di *secrētus* 'segreto'; 1294] **s. m.** ***1*** Ciò che si tiene nascosto nel proprio animo senza rivelarlo a nessuno: *ha sempre qualche s.*; *è il suo dolce s.*; *la sua vita è un doloroso s.*; *quel s. se lo porterà nella tomba*; *è una persona senza segreti*. ***2*** Ciò che è conosciuto da pochi e che non deve essere divulgato ad altri: *confidare, rivelare, svelare un s.*; *custodire, mantenere, un s.*; *venire a conoscenza di un s.*; *mettere qlcu. a parte di un s.*; *strappare un s. di bocca a qlcu.*; *non posso dirtelo, è un s.*; *ciò che ti ho detto deve rimanere un s.* | ***Non è un s.***, ***non è un s. per nessuno***, ***non è certo un s.***, (*scherz.*) ***è il s. di Pulcinella***, di cosa che tutti sanno | ***S. di Stato***, notizia che nell'interesse della sicurezza dello Stato deve rimanere segreta. ***3*** Vincolo, ideale o no, con cui ci si impegna a non divulgare ciò che è segreto o molto riservato: *avere l'obbligo del s.*; *tradire, rompere il s.* | ***S. professionale***, ***di ufficio***, quello per cui una persona preposta a un ufficio si impegna a non divulgare notizie apprese in ragione di quest'ultimo | ***S. della confessione***, ***confessionale***, obbligo del sacerdote confessore di non rivelare ciò che ha appreso in confessione | ***S. epistolare***, obbligo previsto dalla legge di non aprire la corrispondenza altrui: *violare il s. epistolare* | ***S. istruttorio***, divieto imposto ai soggetti del processo penale di rivelare ad altri il contenuto degli atti istruttori | ***S. bancario***, quello per cui la banca si impegna, salvo eccezioni spec. per uso fiscale, a non divulgare le operazioni avvenute fra la banca stessa e il cliente. ***4*** Mezzo, metodo particolare per raggiungere determinati scopi, che viene tenuto nascosto agli altri o divulgato solo a pochissimi: *conosce il s. per essere felice*; *conosco il s. di convincerlo*; *possiede il s. del successo*; *ti insegnerò i segreti del mestiere*. ***5*** Congegno, serratura e sim., complicato e particolare: *il s. del forziere, del baule*; *cassaforte col s.* ***6*** Parte recondita, intimità, spec. nella loc. ***nel s. di***: *nel s. del bosco*; *nel s. del proprio animo*; *nel s. del cuore*. || **segretino**, **dim.**

segretùme [da *segreto* (1) e (2); 1873] **s. m.** ● (*raro*) Insieme di cose dette o fatte in segreto.

seguàce [dal lat. tardo *sequāce(m)*, da *sĕqui* 'seguire'; 1308] **A agg.** ● (*raro*, *lett.*) Che segue: *donna dagli occhi seguaci* (D'ANNUNZIO) | †Seguente, successivo: *nel mese s.* **B s. m. e f.** ● Chi segue una dottrina, una scuola, una corrente, un maestro e sim.: *i seguaci del marxismo*; *i seguaci di Aristotele*.

♦**seguènte** [sec. XIII] **A part. pres.** di *seguire*; anche **agg.** ● Nei sign. del v.: *l'anno s.*; *la pagina s.*; **SIN.** Successivo | Si usa per introdurre un'enunciazione, un elenco e sim.: *si rivolse a me con le seguenti parole*. || **seguentemènte**, **avv.** ***1*** In seguito, successivamente. ***2*** Per conseguenza. **B** in funzione di **avv.** ● †In seguito, poi. **C s. m. e f.** ● Chi segue, chi viene dopo: *entri il s.*

†**seguènza** ● V. *sequenza* (*1*).

segùgio [lat. tardo *segūsiu(m)*, di prob. orig. gallica; av. 1320] **s. m.** (**f.** *-a*) ***1*** Cane da seguito di media mole, caratterizzato da testa allungata, orecchie ampie e pendenti, corpo snello e asciutto, pelo corto, unito e aderente. ***2*** (*fig.*) Agente di polizia, investigatore.

seguidìglia ● V. *seghidiglia*.

seguidìlla /sp. seɣiˈðiʎa, -ija/ [vc. sp., da *seguida* 'seguito', part. pass. f. sost. di *seguir* 'seguire'; 1781] **s. f. inv.** (**pl.** sp. *seguidillas*) ● Vivace danza spagnola, in tempo ternario, spesso accompagnata da nacchere.

seguiménto [av. 1595] **s. m.** ● (*raro*) Inseguimento | Seguito.

♦**seguìre** [lat. parl. **sequīre*, accanto a *sĕquere*, variante del classico *sĕqui* 'seguire', vc. di orig. indeur.; av. 1294] **A v. tr.** (**pres.** *io séguo*, †*seguìsco*, *tu ségui*, †*seguìsci*; **pass. rem.** *io seguìi*, †*seguètti* (o †*-étti*), *tu seguìsti*) ***1*** Andare dietro a qlcu. o qlco.: *s. una guida, un custode*; *ci ordinò di seguirlo*; *lo seguìi per le scale*; *seguimi che ti mostro la strada*; *segna quella macchina*; *una folla commossa seguiva il feretro* | Pedinare: *si accorse di essere seguito*; *uno sconosciuto la seguiva* | (*lett.*) Inseguire: *s. il nemico* | Accompagnare (*anche fig.*): *lo segue dappertutto*; *quel ricordo mi seguirà sempre*. ***2*** Procedere, avanzare lungo una direzione determinata: *s. la rotta, la via giusta*; *seguì la strada fino al bivio* | ***S. le orme***, ***i passi***, ***di qlcu.***, andargli dietro; (*fig.*) imitarlo | ***S. la corrente***, navigare nel verso della corrente; (*fig.*) fare quello che fa la maggioranza. ***3*** (*fig.*) Accettare e professare un'idea, un'opinione, una dottrina e sim.: *s. l'aristotelismo*; *s. l'ultima corrente letteraria* | Farsi seguace di un maestro: *s. Kant* | Attenersi a quanto detto da altri: *s. le massime degli antichi*; *s. le prescrizioni dei medici*; *s. un consiglio* | Osservare, conformarsi: *s. la moda* | Mettere in atto, in pratica: *s. un sistema, una norma di vita* | (*est.*) Imitare: *s. uno stile, l'esempio dei grandi*. ***4*** (*fig.*) Accompagnare, tenere dietro, con lo sguardo, l'udito, l'attenzione e sim.: *s. qlcu., qlco., con lo sguardo, con l'occhio, con la coda dell'occhio*; *s. un rumore con l'orecchio*; *s. i propri pensieri*; *s. la lezione* | Dedicare attenzione a qlcu., assisterlo: *quel ragazzo ha bisogno di essere maggiormente seguito dai genitori* | Fare attenzione (*anche assol.*): *da un certo punto in poi non ti ho seguito*; *segui quello che dico?*; *mi segui?*; *non seguo più* | (*est.*) Tenersi informato, al corrente: *s. le novità teatrali, una trasmissione*; *hai seguito gli ultimi sviluppi del fatto?* | (*est.*) Frequentare: *seguo un ciclo di lezioni su Hegel*; *ha seguito un corso di inglese*. ***5*** †Eseguire, osservare: *quantunque, per s. il comandamento fattole dal marito, ella tacesse* (BOCCACCIO). **B v. tr. e intr.** (aus. intr. *essere* nel sign. 1, *avere* nel sign. 2) ***1*** Venire dopo, in una successione, una serie, una disposizione e sim.: *nel nostro alfabeto la B segue la A*; *nel nostro alfabeto alla A segue la B*; *le conclusioni seguono le premesse*; *alle premesse seguono le conclusioni* | Venire dopo nel tempo: *spesso il pianto segue il riso*; *spesso al riso segue il pianto*; *l'arcobaleno segue i temporali*; *ai temporali segue l'arcobaleno* | ***Segue lettera***, clausola che può accompagnare l'accettazione telegrafica di una proposta di contratto. ***2*** (*raro*, *lett.*) Seguitare, proseguire: *s. il parlare, il dire*; *s. a parlare, a dire*. **C v. intr.** (aus. *essere*) ***1*** Venire dopo in un racconto, un discorso, una citazione e sim.: *mi disse ciò che segue …*; *ti ordino quanto segue …* | ***Con*** (***tutto***) ***quel che segue***, per abbreviare qlco. nota a tutti: *mi disse: 'A buon intenditor …' con tutto quel che segue*. ***2*** Conseguire, derivare, venire di conseguenza: *ne seguì una disgrazia*; *spero che non seguano complicazioni*. ***3*** (*lett.*) Accadere, avvenire: *sono cose che seguono!*; *il che seguì l'anno 1082* (MACHIAVELLI) | (*fam.*) ***Segua che vuole***, ***segua che può*** e sim., accada quel che vuole. ***4*** Continuare, spec. di libri, giornali e sim.: *il testo segue a pag. 12*; *segue al prossimo numero* | ***Segue***, indicazione che, posta in fondo alla pagina, indica che lo scritto continua alla pagina seguente o al prossimo numero.

seguitàbile [sec. XIV] **agg.** ● (*raro*) Che si può seguitare.

†**seguitaménto** **s. m.** ***1*** Il seguitare. ***2*** Continuazione.

seguitàre [sovrapposizione di *seguire* e un deriv. dal lat. parl. **secutāre*, intens. da *secūtus*, part. pass. di *sĕqui* 'seguire'; av. 1292] **A v. tr.** (*io séguito*) ***1*** †Seguire: *Egli … su per le scale la seguitò* (BOCCACCIO). ***2*** Continuare, proseguire: *s. un discorso, un lavoro, gli studi*. ***3*** Detto del cane, continuare a inseguire selvaggina da pelo. ***4*** †Inseguire, perseguitare. ***5*** †Perseguire, ricercare: *Naturalmente … si seguita quello che piace più* (L. DE' MEDICI). **B v. intr.** (aus. *avere* e *essere* nel sign. 1, *essere* nei sign. 2 e 3) ***1*** Continuare, durare: *ha seguitato a dire, a parlare, a piovere* e sim.; *la pioggia è seguitata fino a sera*. ***2*** (*lett.*) Venire dopo, di seguito, in conseguenza: *seguitarono … quei luttuosi effetti che egli aveva preveduto* (LEOPARDI). ***3*** †Avvenire.

†**seguitóre** [da *seguitare*; 1308] **s. m.** (**f.** *-trice*) ● Chi segue. **SIN.** Seguace.

seguito (1) [1313] **A part. pass.** di *seguire*; anche **agg.** ● Nei sign. del v. || **seguitaménte**, **avv.** ***1*** In modo continuativo; integralmente. ***2*** Successivamente. **B s. m.** ● †Ciò che è avvenuto, che è successo.

♦**séguito** (2) [da *seguitare*; av. 1348] **s. m.** ***1*** Gruppo di persone che costituiscono l'accompagnamento, il corteo, la scorta, di un personaggio autorevole: *la regina e il suo s.*; *il presidente viaggia senza s.* ***2*** Insieme di discepoli, scolari, ammiratori, seguaci, di una dottrina, una scuola, un maestro: *le idee dell'Illuminismo ebbero un largo s. in Europa* | Favore, consenso: *avere molto s.*; *non avere s.* ***3*** Sequela, strascico, serie: *è un s. di disgrazie*; *fu tutto un s. di imbrogli*. ***4*** Continuazione, proseguimento: *il s. della storia*; *leggimi il s.*; *il s. al prossimo numero* | Conseguenza, sviluppo: *la cosa ebbe un s.*; *tutto si fermò lì e non ebbe s.* | ***Di s.***, continuando, senza interruzione | ***E via di s.***, ***e così di s.***, e così via | ***In s.***, in un secondo tempo | ***In s. a***, ***a s. di***, a causa di, in conseguenza di | (*bur.*) ***Fare***, ***dare s. a***, riferirsi, ricollegarsi a qlco. *5* Inseguimento, spec. nella loc. ***cane da s.***, adibito unicamente a scovare o inseguire selvaggina da pelo | ***Caccia al s.***, fatta con cani da seguito. *6* (*dir.*) ***Diritto di s.***, facoltà di rivendicare la proprietà di un bene anche nei confronti di un terzo acquirente.

†**seguitóre** [1336 ca.] s. m. (f. *-trice*) ● Chi segue, seguace.

segusino [dal n. lat. della città, *Segusium*, in lat. mediev. *Segusia(m)*, dalla radice gallica **sego* 'forte'] **A** agg. ● Di Susa, comune in provincia di Torino. **B** s. m. (f. *-a*) ● Abitante, nativo di Susa.

Sehnsucht /ted. 'zenzuxt/ [vc. ted., propr. 'nostalgia', comp. di un deriv. del v. *sich sehnen* 'sentire nostalgia' e del s. *Sucht* 'brama, desiderio ardente', deriv. di un v. che significava 'essere malato'; 1957] s. f. (pl. ted. *Sehnsüchte*) ● Nel linguaggio letterario e filosofico, aspirazione a ciò che sfugge, desiderio struggente di ciò che si sa impossibile da ottenere.

♦**sèi** (1) [lat. *sĕx*, di orig. indeur.; av. 1292] agg. num. card. inv.; anche s. m. e f. inv. ● (*mat.*) Numero naturale successivo di cinque, rappresentato da 6 nella numerazione araba, da VI in quella romana. **I** Come agg. ricorre nei seguenti usi. *1* Rispondendo o sottintendendo la domanda 'quanti?', indica la quantità numerica di sei unità (spec. preposto a un s.): *starò assente da Milano sei giorni*; *saremo in sei persone a tavola*; *metti in tavola sei cucchiaini e sei piattini*; *è un'opera in sei volumi*; *dividi in sei parti*; *sarà lontano circa sei kilometri*; *il cubo è un prisma a sei facce*. CFR. esa-. *2* Rispondendo o sottintendendo la domanda 'quale?', identifica qlco. in una pluralità, in una successione, in una sequenza (posposto a un s.): *verrò il giorno sei*; *prendi il tram numero sei*; *fare l'esercizio numero sei*. *3* In composizione con altri numeri semplici o composti, forma i numeri superiori: *trentasei*, *centosei*, *centoventisei*, *seicento*, *seimila*. **II** Come s. ricorre nei seguenti usi. *1* Il numero sei (per ellissi di un s.): *siamo in sei*; *è un servizio da sei*; *apparecchia per sei*; *dividi in sei*; *giocherò il sei di picche*; *parto il sei gennaio*; *oggi è il sei*; *mi alzo alle sei*; *è uscito il sei* | ***Tiro a sei***, con tre pariglie di cavalli | ***Le sei del pomeriggio***, le ore diciotto | Nella valutazione scolastica, il voto di minima sufficienza: *ha strappato un misero sei*; *ho la media del sei*. *2* Il segno che rappresenta il numero sei. || **seino**, dim. | **seiùccio**, dim.

sèi (2) ● V. *essere* (*1*).

seicentésco o **secentésco** [1819] agg. (pl. m. *-schi*) ● Del Seicento, del secolo XVII: *ampollosità seicentesca*.

seicentèsimo o **secentèsimo** (o -é-) [lat. *sexcentēsimu(m)*, da *sexcēnti* 'seicento'] **A** agg. num. ord. ● Corrispondente al numero seicento in una sequenza, in una successione, in una classificazione, in una serie (rappresentato da DC nella numerazione romana, da 600° in quella araba): *la seicentesima parte di un intero*. **B** s. m. ● Ciascuna delle seicento parti uguali di una stessa quantità.

seicentismo o **secentismo** [comp. di *seicent(o)* e *-ismo*; 1745] s. m. *1* Gusto letterario dominante nell'Europa del XVII sec., caratterizzato dall'esasperato artificio delle forme poetiche e prosastiche e dalla scelta di temi filosofici, morali, storici o grotteschi rivissuti con una sensibilità concettistica e scenografica. *2* (*est.*) Preziosismo (*anche spreg.*).

seicentista o **secentista** [1745] s. m. e f. (pl. m. *-i*) ● (*lett.*) Scrittore, artista del Seicento., del sec. XVII.

seicentistico o **secentistico** [1765] agg. (pl. m. *-ci*) ● Che si riferisce al Seicento, ai seicentisti o al seicentismo.

seicènto o (*lett.*, *tosc.*) **secènto** [lat. *sexcēnti*, con sovrapposizione di *cento*; sec. XIII] **A** agg. num. card. inv.; anche s. m. e f. inv. ● (*mat.*) Sei volte cento, sei centinaia, rappresentato da *600* nella numerazione araba, da *DC* in quella romana **I** Come agg. ricorre nei seguenti usi. *1* Rispondendo o sottintendendo la domanda 'quanti?', indica la quantità numerica di seicento unità (spec. preposto a un s.): *ho fatto un viaggio di s. kilometri*; *non può costare più di s. euro*; *la nuova sede conta s. iscritti*; *il volume è di s. pagine*; *un motore di s. centimetri cubi di cilindrata*. *2* Corrispondendo o sottintendendo la domanda 'quale?', identifica qlco. in una pluralità, in una successione, in una sequenza (posposto a un s.): *siamo arrivati, nella lettura, a pagina s.* **II** Come s. ricorre nei seguenti usi. *1* Il numero seicento (per ellissi di un s.): *moltiplica s. per tre* | ***Il Seicento***, (*per anton.*) il secolo XVII: *la musica del Seicento*; *l'arte del Seicento*. *2* Il segno che rappresenta il numero seicento. **B** s. f. inv. ● Autovettura utilitaria di circa seicento centimetri cubi di cilindrata, prodotta in Italia dal 1955 al 1969.

seiènne o **seènne** [comp. di *sei* (*1*) ed *-enne*; av. 1910] **A** agg. *1* (*raro*) Che ha sei anni, detto di cosa o di persona: *un bambino s.* *2* (*raro*) Che dura da sei anni: *una tirannia s.* **B** anche s. m. e f.

seigiórni o **sèi giórni** [comp. di *sei* (*1*) e il pl. di *giorno*; 1942] s. f. inv. ● Gara ciclistica su pista della durata di sei giorni, disputata da coppie di corridori che si alternano in corsa: *correre*, *vincere*, *una s.*

seigiornista [1960] s. m. e f. (pl. m. *-i*) ● Corridore ciclista che prende parte alle seigiorni.

seitàn [vc. giapp.; 1996] s. m. inv. ● Prodotto ottenuto dal glutine di frumento cotto in un brodo vegetale a base di erbe aromatiche, soia e alghe; ha un elevato tenore proteico e sostituisce la carne, spec. in particolari diete.

sèiuga [vc. dotta, dal lat. *sēiugae* (f. pl.) 'tiro a sei cavalli', comp. di *sĕx* 'sei' e *iŭgum* 'giogo', con sovrapposizione di *biga*; 1499] s. f. ● Cocchio a sei cavalli. SIN. Sestiga.

Selàci [vc. dotta, pl. di un deriv. del gr. *sélachos* 'pesce cartilaginoso', da *sélas* 'splendore', di orig. indeur.; 1873] s. m. pl. (sing. *-cio*) ● (*zool.*) Nella tassonomia animale, sottoclasse di Pesci degli Elasmobranchi con scheletro cartilagineo, corpo fusiforme o appiattito, bocca in posizione ventrale armata di numerose file di denti aguzzi (*Selachii*). SIN. Plagiostomi.

selaginèlla [dim. di un deriv. del lat. *selāgine(m)* 'licopodio abetino', di etim. incerta; 1931] s. f. ● Piantina delle Licopodiali dei pascoli alpini, con piccole foglie e fusto sdraiato-ascendente (*Selaginella helvetica*).

Selaginellàcee [da *selaginell(a)* e *-acee*; 1929] s. f. pl. (sing. *-a*) ● Nella tassonomia vegetale, famiglia di piante erbacee delle Pteridofite con fusto generalmente strisciante e foglioline squamose, comuni nei luoghi umidi e ombrosi (*Selaginellaceae*).

†**selbastrèlla** ● V. *salvastrella*.

sélce o †**sélice** [lat. *sĭlice(m)* 'pietra dura', di etim. incerta; 1306] s. f. *1* Roccia costituita in prevalenza da silice colloidale, molto dura, a frattura concoide; usata in epoca preistorica per fabbricare armi e utensili, nell'antichità anche come pietra focaia, e oggi spec. per pavimentazioni stradali, per ricavarne mole o come materiale da costruzione. *2* (*spec. al pl.*) Pezzo di selce squadrato o foggiato a cuneo, per pavimentazione stradale. *3* (*poet.*) †Pietra. *4* †Selciato.

selciàio [da *selce*; 1905] s. m. (f. *-a*) ● Selciatore di strade.

selciaiòlo o (*dial.*) **selciaròlo** [da *selce*; 1905] s. m. (f. *-a*) ● Selciaio, selciatore.

selciàre [da *selce*; 1310] v. tr. (*io sélcio*) ● Lastricare, pavimentare con lastre o cubetti.

selciaròlo ● V. *selciaiolo*.

†**selciàta** s. f. ● Strada lastricata | Selciato.

selciàto [1310] **A** part. pass. di *selciare*; anche agg. ● Nel sign. del v. **B** s. m. ● Pavimento costituito di selci o altre pietre squadrate, usato per strade, piazze, cortili, sotterranei.

selciatóre [1596] s. m. (f. *-trice*) ● Chi è addetto alla selciatura.

selciatùra [1838] s. f. ● Operazione del selciare | Selciato | Modo in cui è fatto il selciato.

selcino [da *selce*, con *-ino*; 1942] s. m. (f. *-a*) ● (*region.*) Selciatore.

selcióso [1785] agg. ● Di selce | Simile a selce.

seleniano [fr. *sélénien*, dal gr. *selēnē* 'luna' (da *sélas* 'luce, splendore', d'orig. sconosciuta); 1983] agg. ● (*lett.*) Lunare, della Luna, spec. con riguardo ai suoi ipotetici abitanti.

selènico (1) [dal gr. *selēnē* 'luna'; 1821] agg. (pl. m. *-ci*) ● (*raro*, *lett.*) Lunare, della Luna.

selènico (2) [da *selenio*, con *-ico*; 1829] agg. (pl. m. *-ci*) *1* Detto di minerale contenente selenio. *2* (*chim.*) Detto di composto del selenio esavalente | ***Acido s.***, ossiacido del selenio ottenuto ossidando l'acido selenioso.

selènio [vc. dotta, dal gr. *selēnē* 'luna'; 1821] s. m. ● Elemento chimico spesso presente in natura nelle piriti, noto in vari stati allotropici, impiegato per cellule fotoelettriche, come catalizzatore nelle reazioni organiche, nella decorazione di ceramiche, nella colorazione del vetro, e sim. SIMB. Se.

selenióso [da *selenio*, con *-oso*; 1824] agg. ● (*chim.*) Detto di composto del selenio tetravalente | ***Acido s.***, ossiacido del selenio ottenuto sciogliendo l'anidride seleniosa in acqua | ***Anidride seleniosa***, formata bruciando il selenio in ossigeno.

selenita o **selenite** (2) [vc. dotta, dal gr. *selēnítēs* 'lunare', da *selēnē* 'luna'; 1829] s. m. e f. (pl. m. *-i*) ● (*lett.*) Ipotetico abitante della Luna.

selenite (1) [vc. dotta, dal lat. *selenīte(m)* 'selenite', adattamento del gr. *selēnítēs* 'pietra lunare', da *selēnē* 'luna'; sec. XIV] s. f. ● (*miner.*) Varietà di gesso in grossi cristalli trasparenti e sfaldabili.

selenite (2) ● V. *selenita*.

selenitico (1) [da *selenite* (*1*), con *-ico*; 1865] agg. (pl. m. *-ci*) ● Di selenite | Che contiene selenite.

selenitico (2) [V. *selenico* (*1*); 1957] agg. (pl. m. *-ci*) ● Lunare, della Luna: *paesaggio s.*

selèno- o **sèleno-** [gr. *selēno-*, da *selēnē* 'luna'] primo elemento ● In parole composte indica riferimento alla Luna o con forma di luna o mezza luna: *selenografia*, *selenodonte*.

selenodesìa [fr. *sélénodésie*, comp. del gr. *selēnē* (V. *seleniano*) e di *(géo)désie* 'geodesia'; 1983] s. f. ● Studio della forma della Luna, della sua superficie e del campo gravitazionale a essa connesso.

selenodónte [comp. di *seleno-* e del gr. *odóus*, genit. *odóntos* 'dente'; 1936] agg.; anche s. m. ● Detto dei molari di Ruminanti e di Erbivori, la cui corona presenta creste incurvate a mezza luna.

selenografia [comp. di *seleno-* e *-grafia*; 1631] s. f. ● Descrizione della superficie della Luna.

selenogràfico [1838] agg. (pl. m. *-ci*) ● Che si riferisce alla selenografia.

selenògrafo [comp. di *seleno-* e *-grafo*; 1631] s. m. (f. *-a*) ● Studioso della selenografia.

selenologia [comp. di *seleno-* e *-logia*; 1957] s. f. ● Studio della Luna e della sua formazione.

selenològico [1987] agg. (pl. m. *-ci*) ● Che riguarda la selenologia.

selenòlogo [comp. di *seleno-* e *-logo*; 1987] s. m. (f. *-a*; pl. m. *-gi*) ● Studioso di selenologia.

selenòsi [da *selenio*, col suff. *-osi*; 1960] s. f. inv. ● Malattia professionale provocata da intossicazione da selenio.

selenotopografia [comp. di *seleno-* e *topografia*; 1838] s. f. ● Studio del suolo lunare.

selettività [da *selettivo*; 1939] s. f. *1* Caratteristica di ciò che è selettivo | Che si basa su una forte selezione: *la s. di una scuola* | ***S. di un filtro***, in fotografia, potere separatore dei colori nella rosa cromatica di un filtro. *2* (*elettr.*) Idoneità di un radioricevitore a selezionare trasmissioni di diverse lunghezze d'onda di valore prossimo tra loro.

selettivo [da *seletto*; 1905] **A** agg. *1* Capace di selezionare: *una mente selettiva*. *2* Che tende a selezionare: *s. nella scelta degli amici*. *3* Basato sulla selezione: *schedatura selettiva*. *4* (*elettr.*) Che presenta selettività. *5* (*chim.*) Detto di solvente, che scioglie solo determinate sostanze e non altre. || **selettivamente**, avv. **B** anche s. m. nel sign. 6.

†**selètto** [vc. dotta, dal lat. *selēctu(m)*, part. pass. di *selĭgere* 'scegliere', comp. di *sē(d)*-, pref. di allontanamento, e *lĕgere* 'cogliere'] agg. ● (*lett.*) Prescelto, eletto.

selettocoltùra [comp. di *selett(ivo)* e *coltura*; 1960] s. f. ● Riproduzione controllata per migliorare la qualità di alcuni animali o piante. SIN. Breeding.

selettóre [vc. dotta, dal lat. tardo *selectōre(m)* 'sceglitore', da *selēctus* 'scelto'; 1898] **A** s. m.; anche agg. (f. *-trice*) ● (*lett.*) Chi (o Che) seleziona. **B** s. m. ● Dispositivo che permette di ricevere una determinata gamma d'onda nei radioricevitori e televisori, o di comunicare su una determinata linea, nelle centrali telefoniche automatiche.

selezionaménto [1876] s. m. ● (*raro*) Selezione, scelta.

selezionàre [da *selezione*; 1881] v. tr. (*io seleziόno*) ● Sottoporre a selezione, individuare gli elementi migliori o più idonei all'interno di un gruppo: *s. gli uomini da inviare in missione*; *s. la frutta*; *s. il bestiame*.

selezionàto [1905] part. pass. di *selezionare*; anche agg. ● Nel sign. del v. | Sottoposto a selezione: *razze bovine selezionate*. || **selezionataménte**, avv.

selezionatóre [1938] **A** s. m.; anche agg. (f. *-trice*) ● Chi (o Che) seleziona. **B** s. m. (f. *-trice*) ● (*sport*) Tecnico che opera la scelta degli atleti per la formazione di una squadra rappresentativa nazionale, regionale o provinciale, seguendone anche la preparazione.

selezionatrice [1960] s. f. ● (*agr.*) Macchina destinata a suddividere semi della stessa specie in base alle caratteristiche fisiche per selezionare sementi pregiate.

selezióne [vc. dotta, dal lat. *selectiōne(m)* 'scelta', da *selēctus* 'scelto'; 1869] s. f. **1** Scelta degli elementi migliori o più adatti a un determinato fine: *fare, operare, una s.*; *s. scolastica*. **2** Valutazione delle attitudini e delle capacità professionali o lavorative di un candidato in occasione della assunzione | *S. attitudinale*, complesso delle operazioni intese a stabilire le caratteristiche psicofisiche dei giovani da arruolare. **3** (*biol.*) *S. naturale*, processo per il quale, nella lotta biologica per l'esistenza, gli individui meno dotati di una specie vengono eliminati | *S. artificiale*, scelta degli individui migliori compiuta dall'uomo per ottenere con la riproduzione razze con pregi particolari. **4** (*elab.*) Operazione consistente nell'estrarre da una sequenza di dati quelli contrassegnati da certi indicativi. **5** Insieme di cose o persone scelte: *una s. dei migliori atleti*; *una s. di prose* | (*est.*) Squadra nazionale: *la s. azzurra*. **6** (*tel.*) Operazione di scelta di una linea telefonica adatta a effettuare una comunicazione: *s. automatica, manuale* | Atto con cui si forma un numero telefonico: *eseguire una s.* | *S. passante*, sistema per cui i telefoni di una rete interna possono essere chiamati dall'esterno formando un numero comune seguito dal numero dell'interno desiderato.

selezionìstico [1920] agg. (pl. m. *-ci*) ● (*raro*) Che si basa sulla selezione.

self-control /sɛlf kənˈtroul, *ingl.* ˈsɛlf kən-ˈtɹəʊl/ [vc. ingl., propr. 'controllo di sé stesso'; 1911] s. m. inv. ● Capacità di controllare i propri nervi, autocontrollo.

self-government /*ingl.* ˌsɛlfˈgʌv(ən)mənt/ [vc. ingl., propr. 'governo di sé stesso'; 1852] s. m. inv. ● Autogoverno | Sistema politico fondato sulla più ampia partecipazione dei cittadini alla vita pubblica.

self-help /selfˈɛlp, *ingl.* ˌsɛlfˈhɛlp/ [loc. ingl., che vale 'aiutare (*to help*) sé stessi (*self*)'; 1887] s. m. inv. ● Tecnica e pratica dell'aiutarsi da sé a risolvere problemi psicologici, spec. comportamentali e di relazione.

self-made man /*ingl.* ˈsɛlf ˈmeɪd,mæn/ [vc. ingl., propr. 'uomo fatto (*made*) da sé'; 1893] loc. sost. m. inv. (f. ingl. *self-made woman*, pl. m. *self-made men*, pl. f. *self-made women*) ● Chi partendo da una condizione modesta, ha raggiunto una posizione sociale o professionale di successo grazie alle proprie forze.

self-service /*ingl.* ˈsɛlf ˈsɜːvɪs/ [vc. ingl., comp. di *self* 'sé stesso' e *service* 'servizio'; 1963] s. m. inv. **1** Tecnica di vendita che elimina o riduce al minimo l'opera dei commessi, permettendo ai clienti di scegliere direttamente e di servirsi da soli delle merci esposte. **2** (*est.*) Ristorante, negozio e sim., in cui ci si serve da sé.

†**sèlice** ● V. *selce*.

♦**sèlla** [lat. *sĕlla(m)* 'sedia', connesso con *sedēre* 'sedere'; sec. XIII] s. f. **1** Tipo di sedile solitamente rivestito in cuoio che si pone sulla schiena di un equino per cavalcarlo comodamente: *fusto, arcioni, staffe, cinghie della s.*; *s. all'inglese*; *cavallo da s.* | *Montare in s.*, a cavallo | *Stare in s.*, stare a cavallo, cavalcare | *Non saper stare in s.*, cavalcare male. ➡ ILL. p. 2152, 2153 SPORT. **2** (*est.*) Sedile di vari mezzi di locomozione che si montano a cavalcioni: *la s. della bicicletta, della motocicletta*. ➡ ILL. p. 2145 SPORT; p. 2161, 2162 TRASPORTI. **3** (*fig.*) Posizione eminente, carica importante, spec. nelle loc.: *sbalzare, levare, cavare, qlcu. di s.*; *rimanere in s.*; *rimettersi in s.* **4** (*geogr.*) Valico attraverso una dorsale montuosa, generalmente meno aperto di un colle. **5** Struttura concava, di varie dimensioni, con funzioni di sostegno, supporto e sim. | (*anat.*) *S. turcica*, fossetta del corpo dello sfenoide, dove è accolta l'ipofisi. **6** Taglio di carne del vitello e dell'agnello macellati costituito dalla parte lombare che parte dai cosci e comprende tutte le costolette. **7** †Seggio, trono. **8** †*Andare a s.*, andare di corpo. || **sellàccia**, pegg. | **sellétta**, dim. | **sellìno**, dim. m. (V.) | **sellùccia**, dim.

sellàio o (*dial.*) **sellàro** [lat. *sellāriu(m)*, da *sĕlla* 'sedia'; 1308] s. m. (f. *-a*) ● Chi fabbrica o ripara selle e, gener., oggetti di cuoio | *Cucitura a s.*, vistosa cucitura di guanti o borse.

sellàre [sec. XIII] v. tr. (*io sèllo*) ● Mettere la sella (*anche assol.*): *s. i cavalli*.

sellàro ● V. *sellaio*.

sellatùra [1965] s. f. ● Operazione del sellare.

selleria [da *sella*; 1819] s. f. **1** Bottega del sellaio. **2** Fabbricazione, riparazione e commercio di tutte le parti che compongono i finimenti dei cavalli. **3** Fabbricazione di tutto ciò che costituisce il rivestimento dell'interno delle automobili | Il rivestimento stesso, di pelle o di altro materiale. **4** In una scuderia, locale adibito a deposito di selle e finimenti ecc.

sèllero ● V. *sedano*.

sellifìcio [comp. di *sella* e *-ficio*] s. m. ● Fabbrica di selle e finimenti.

sellìno [1853] s. m. **1** Dim. di *sella*. **2** Sella, nel sign. 2. **3** Parte del finimento sulla schiena del cavallo da tiro. **4** Nell'Ottocento, cuscinetto imbottito fissato sotto le gonne negli abiti femminili per rialzarne il drappeggio.

sellistèrnio [vc. dotta, dal lat. *sellistĕrniu(m)*, comp. di *sĕlla* 'sedile' e *-sternium*, da *stĕrnere* 'porre, stendere'. V. *lettisternio*; 1960] s. m. ● Presso gli antichi Romani, rito consistente nell'offerta di un banchetto solenne a divinità femminili.

sèltz /sɛlts, *fr.* sɛls/ o **sèlz** [fr. *seltz*, dal nome di *Seltz*, ted. *Selters*, città della Prussia nota per le sorgenti di acqua gassata; 1865] s. m. inv. ● Acqua addizionata di anidride carbonica, che si usa per allungare un liquore, un aperitivo e sim.: *un rabarbaro al s. e uno liscio*.

sèlva [lat. *sĭlva(m)* 'bosco', di etim. incerta; 1308] s. f. **1** Bosco esteso con folto sottobosco, foresta. **2** (*est., raro, poet.*) Albero, legno. **3** (*fig.*) Moltitudine grande e confusa di persone, cose e sim.: *una s. di ammiratori*; *una s. di errori, di capelli, di numeri*. **4** (*lett.*) Raccolta di pensieri, annotazioni e passi d'autore: *le Selve del Poliziano*.

selvàggina o †**salvàggina** [dal provz. *salvatgina*, da *salvatge* 'selvaggio'; sec. XIV] s. f. ● Qualunque animale commestibile, mammifero o uccello, che vive allo stato selvaggio, oggetto di caccia | *S. di penna*, costituita dagli uccelli | *S. di pelo*, costituita dai mammiferi | *S. di allevamento*, allevata artificialmente in voliere o recinti | *S. stanziale*, che risiede in un paese, non migratrice | *S. stanziale protetta*, che per legge è proibito cacciare | *S. nobile*, che si caccia con cani da ferma.

♦**selvàggio** o †**salvàggio** [dal provz. *salvatge*, dal lat. tardo *salvātĭcu(m)*, per il classico *silvātĭcus*. V. *selvatico*; 1313] **A** agg. (pl. f. *-ge*) **1** (*lett.* o *disus.*) Che vive, cresce nelle selve, nelle foreste: *piante selvagge, animali selvaggi*. **2** (*est.*) Che è privo di coltivazione, di vita umana, detto di luogo: *piana, landa, valle, selvaggia* | Orrido: *gola selvaggia* | (*geogr.*) *Acque selvagge*, acque dilavanti. **3** Rozzo, zotico, rustico: *natio borgo s.* (LEOPARDI). **4** Che esprime una società ancora primitiva, fuori della civiltà: *riti selvaggi*; *danze, credenze, selvagge*. **5** (*poet.*) Ignaro, inesperto, straniero: *La turba … selvaggia / parea del loco* (DANTE *Purg.* II, 52-53). **6** (*fig.*) Disumano, crudele, feroce: *un s. assassinio*; *furia selvaggia* | Violento: *passione selvaggia*; *vento s.* **7** Indiscriminato, al di fuori di ogni regola o controllo: *lottizzazione, ristrutturazione selvaggia* | *Sciopero s.*, V. *sciopero* | *Aquila selvaggia*, sciopero della categoria dei piloti civili. || **selvaggiaménte**, avv. **1** Come un selvaggio: *vivere selvaggiamente*. **2** (*fig.*) Con impeto disumano, crudele: *furono trucidati selvaggiamente*. **B** agg.; anche s. m. (f. *-a*) ● Che (o Chi) vive al di fuori della civiltà, in una società ancora primitiva: *tribù selvagge*; *i selvaggi del Borneo*; *vivere come i selvaggi*. CONTR. Civile. **C** s. m. (f. *-a*) ● Persona scontrosa, burbera, schiva dei contatti umani.

selvaggiùme o †**salvaggiùme** [da *selvaggio*; av. 1363] s. m. ● (*raro, lett.*) Selvaggina.

†**selvàno** ● V. *silvano*.

selvastrèlla ● V. *salvastrella*.

selvatichézza o (*raro*) **salvatichézza** [av. 1320] s. f. **1** Condizione di chi (o di ciò che) è selvatico. **2** (*lett.*) Scontrosità | (*lett.*) Rozzezza.

♦**selvàtico** o (*pop., tosc.*) **salvàtico** [dal lat. *silvātĭcu(m)*, da *sĭlva* 'bosco'; av. 1292] **A** agg. (pl. m. *-ci*, dial. †*-chi*) **1** Detto di pianta, che cresce e si sviluppa spontaneamente, senza l'intervento e le cure dell'uomo: *erbe selvatiche*; *ulivo, pino, s.*; *rosa selvatica*. **2** Detto di animale, che cresce e vive in libertà, spec. in contrapposizione a *domestico* e ad *addomesticato*: *lo scoiattolo è un animale s.*; *gatto, cavallo, s.* | Indocile, non mansueto: *i gatti sono spesso selvatici*. **3** Detto di persona poco socievole, priva di garbo, di belle maniere: *non essere così s.*; *è un uomo s. ma buono*. **4** (*raro, lett.*) Rustico, zotico, barbaro: *parole … così bisbetiche, così salvatiche* (MANZONI). **5** †Solitario, romito. **6** †Aspro, severo, inumano. || **selvaticaménte**, avv. **B** s. m. **1** (*solo sing.*) Odore, sapore, e sim. caratteristico della selvaggina: *sapere, puzzare di s.*; *perdere il s.*; *togliere il s.*; *mi seccò un certo odore di s. … che emanava da loro* (SVEVO). **2** Qualunque animale da pelo o da penna, oggetto di caccia. **3** Luogo ricoperto di piante selvatiche. || **selvaticàccio**, pegg. | **selvatichèllo**, dim. | **selvaticonàccio**, pegg. | **selvaticóne**, accr. | **selvaticòtto**, dim. | **selvaticùccio**, dim.

selvaticùme [1472] s. m. ● Insieme di cose o persone selvatiche (*spec. spreg.*) | (*fig., lett.*) Scontrosità di carattere.

selvicoltóre o **silvicoltóre**, **silvicultóre** [comp. di *selva* e *-coltore*, sul modello di *agricoltore*; 1892] s. m. (f. *-trice*) ● Chi pratica la selvicoltura.

selvicoltùra o **silvicoltùra**, **silvicultùra** [comp. di *selva* e *-coltura*, sul modello di *agricoltura*; 1855] s. f. ● Scienza che si occupa della conservazione, utilizzazione e costituzione delle foreste.

selvóso o †**silvóso** [dal lat. *silvōsu(m)*, da *sĭlva* 'selva'; av. 1411] agg. **1** (*lett.*) Coperto, pieno di selve: *montagne selvose*. **2** (*fig., lett.*) Fitto, folto: *sotto selvose sopracciglia* (BACCHELLI).

sèlz /selts/ ● V. *seltz*.

sèma [vc. dotta, dal gr. *sêma* (nom. acc. nt.) 'segno', di orig. indeur.; 1960] s. m. (pl. *-i*) ● (*ling.*) Tratto semantico pertinente del significato di una parola.

semafòrico [1838] agg. (pl. m. *-ci*) ● Del semaforo, che si riferisce al semaforo.

semaforista [da *semaforo*, con *-ista*; 1916] s. m. e f. (pl. m. *-i*) ● Addetto alla manovra di un semaforo.

semaforizzàre [da *semaforo*; 1983] v. tr. ● Provvedere di semafori.

♦**semàforo** [vc. dotta, comp. del gr. *sêma* 'segnale' e di *-foro*, sul modello del fr. *sémaphore*; 1838] s. m. **1** Apparecchio di segnalazione luminosa che serve a disciplinare il traffico dei veicoli e dei pedoni negli incroci stradali, indicando con luce verde la via libera, con luce rossa l'ordine di arresto e con luce gialla il prossimo passaggio dal verde al rosso | Segnale ferroviario luminoso. ➡ ILL. p. 2168 TRASPORTI. **2** Stazione costiera per vedetta e comunicazioni, in grado di scambiare segnali ottici e radio con le navi.

se mài o (*raro*) **semmài** [comp. di *se* (*1*) e *mai*; av. 1321] **A** cong. ● Qualora, nel caso che (introduce una prop. condiz. subordinata di un periodo ipotetico con il v. al congv.): *se mai arrivasse il medico, chiamatemi*; *se mai vi pentiste, io sono sempre a vostra disposizione*. **B** avv. ● V. *semmai*.

semàio [da *seme*; 1873] s. m. (f. *-a*) **1** (*tosc.*) Venditore ambulante di semi di zucca salati e abbrustoliti. **2** (*raro*) Chi alleva e vende seme da bachi da seta o semi di piante.

semantèma [dal fr. *sémantème*, da *sémantique* 'semantico', sul modello di *phonème*, *morphème*, ecc. V. *fonema*, *morfema*; 1937] s. m. (pl. *-i*) ● (*ling.*) Unità dei tratti semantici specifici di un semema o lessema.

semàntica [dal fr. *sémantique*, f. sost. dal gr. *sēmantikós*, da *sēmáinein* 'significare', sul modello di *grammatica* (V.); 1898] s. f. **1** Studio del significato delle parole. **2** Nella logica contemporanea, parte della semiotica che, trascurando le implicazioni sociologiche e psicologiche del linguaggio, analizza il rapporto tra segno e referente. *3* In logica matematica, parte di un sistema formale che, occupandosi dell'aspetto interpretativo, associa a ogni proposizione uno dei segni appartenenti all'universo dei significati.

semanticità [1946] s. f. ● Carattere di ciò che è semantico.

semàntico [vc. dotta, dal lat. tardo *semănti-cu(m)*, dal gr. *sēmantikós* 'significativo', da *sēmáinein* 'segnalare'; 1930] agg. (pl. m. *-ci*) *1* Che concerne il significato delle parole. *2* Che concerne o interessa la semantica | ***Componente s.***, parte di una grammatica generativa che assegna a una struttura sintattica una determinata interpretazione di significato. || **semanticaménte**, avv.

semantista [fr. *sémantiste*, da *sémantique* 'semantica'; 1983] s. m. e f. (pl. m. *-i*) ● Studioso di semantica.

semașiologia [vc. dotta, comp. del gr. *sēmasía* 'significato', astratto di *sēmáinein* 'significare', e *-logia*; 1831] s. f. ● (*ling.*) Studio del significato e del mutamento di significato di ogni parola. CFR. Onomasiologia.

semașiològico [da *semasiologia*; 1891] agg. (pl. m. *-ci*) ● Che concerne il significato delle parole.

semașiòlogo [1891] s. m. (f. *-a*; pl. m. *-gi*) ● Studioso di semasiologia.

semàta [da *seme*; 1846] s. f. ● Bibita preparata stemperando in acqua mandorle o semi pesti di orzo, melone, zucca, cocomero. SIN. Lattata, orzata.

†**sembiaménto** ● V. *†sembramento*.

sembiànte o †**semblànte** [dal provz. *semblan*, part. pres. di *semblar* 'sembrare'; av. 1250] **A** agg. ● (*poet.*) †Somigliante: *egregi dicitor, sembianti / alle cicade* (MONTI). || †**sembianteménte**, avv. Similmente. **B** s. m. o †f. *1* (*poet.*) Aspetto, apparenza: *in un istante / par che tutto per me cangi s.* (METASTASIO) | ***In s., in sembianti***, in apparenza | †***Mostrar s.***, manifestare | †***Nel primo s.***, a prima vista. *2* (*est., poet.*) Volto, viso: *con s. lieto e peregrino* (POLIZIANO) | (*lett.*) ***Far s., far sembianti***, mostrare col volto, con l'atteggiamento; dare a vedere, manifestare, far finta.

sembiànza o †**sembrànza** [dal provz. *semblanza*, da *semblar* 'sembrare'; av. 1250] s. f. *1* (*poet.*) Somiglianza, spec. nella loc. ***a s. di*** | †Immagine. *2* (*lett.*) Sembiante, aspetto: *Tenne d'Angel s.* (GUINIZZELLI). *3* (*spec. al pl.*) Lineamenti, fattezze, spec. aggraziate: *una donna di belle sembianze*. *4* (*lett.*) Apparenza, aspetto: *l'estreme sembianze e le reliquie / della terra e del ciel* (FOSCOLO) | Apparenza falsa, ingannevole: *presentare il male sotto le sembianze del bene* | (*raro*) ***In sembianze***, in apparenza. *5* †Cenno, vista, nella loc. ***far s.***, o ***far sembianze***.

†**sembiàre** ● V. *sembrare*.

†**semblànte** ● V. *sembiante*.

†**semblàre** ● V. *sembrare*.

†**semblèa** [dall'ant. fr. (*bataille*) *semblée* '(battaglia) attaccata', part. pass. f. di *sembler* 'riunire', dal lat. tardo *similāre*, variante del class. *simulāre* 'esser simile'. V. *simulare*] s. f. ● (*raro*) Adunanza.

†**sembraménto** o †**sembiaménto** [da *sembrare*] s. m. ● (*raro*) Sembianza.

†**sembrànza** ● V. *sembianza*.

♦**sembràre** o †**sembiàre**, †**semblàre** [dal provz. *semblar*, dal lat. tardo *similāre* 'somigliare', da *sĭmilis* 'simile'; av. 1250] **A** v. intr. (*io sémbro*; aus. *essere*) ● Parere | Avere l'aspetto o l'apparenza di altra persona o cosa: *mi sembri tuo fratello*; *sembrava un galantuomo*; *così pettinato non sembri più tu*; *questi fiori sembrano finti*; *quella donna sembra un angelo*. **B** v. intr. impers. (aus. *essere*) ● Dare l'impressione: *sembra che tutto vada bene*; *sembra sconveniente non accettare*; *mi sembra di avere la febbre*; *non ti sembra di esagerare?*; *mi sembra che le cose vadano meglio*; *mi sembrava di averti già visto!* | ***Sembra ieri!***, in riferimento ad avvenimenti passati da tempo ma ancora molto vivi nella memoria | ***Non mi sembra vero!***, per esprimere grande gioia, soddisfazione e sim. | ***Sembra che voglia dimettersi***, si dice che, corre voce che.

♦**séme** [lat. *sēme(n)*, dalla radice indeur. **sē-* 'seminare, piantare'; av. 1292] s. m. *1* Organo di dispersione caratteristico delle Spermatofite, racchiuso o no da un frutto, derivato dalla modificazione di un ovulo fecondato e contenente l'embrione e sostanze di riserva. CFR. cario-, gono- | ***Porre un terreno a s.***, lavorarlo per la semina | ***S. bachi, s. da bachi***, uova del baco da seta pronte per l'incubatrice | ***Semi duri***, che non germinano o germinano dopo molto tempo, spec. quelli di leguminose | ***S. fonte***, nella genetica agraria, il seme ottenuto dalla prima generazione di una varietà o di un ibrido | ***S. ibrido***, in agraria, il seme prodotto da piante ibride derivate da più incroci | ***S. santo***, capolini essiccati di alcune specie di Artemisia contenenti santonina, potente antielmintico | ***Semi di zucca***, che si mangiano salati e abbrustoliti | ***Semi oleosi***, tutti quei semi o frutti di piante o di specie agrarie, diverse dall'ulivo, da cui si ricava un olio alimentare: *olio di semi* | ***Si è perso il s.***, (*fig.*) non ce n'è più, non ne nasce più | ***Tenere qlco. per s.***, custodire gelosamente quel che resta di qlco. di cui esistevano molti esemplari. *2* (*est., pop.*) Nocciolo: *ha ingoiato i semi delle ciliegie*. *3* (*biol.*) Sperma, elemento germinale maschile. *4* (*al pl.*) Pastina da brodo a forma di semi di cereali. *5* (*lett.*) Razza, discendenza | Antenati, progenitori. *6* (*fig.*) Origine, principio, causa: *gettare il s. della discordia*. *7* Ciascuno dei quattro simboli o colori in cui si dividono le carte da gioco, cioè *cuori*, *quadri*, *picche*, *fiori* nelle carte francesi e *coppe*, *denari*, *bastoni*, *spade* nelle carte italiane. || **semàccio**, pegg. | **semino**, dim. (V.).

semeiografia ● V. *semiografia*.

semeiologia ● V. *semiologia*.

semeiològico o **semiològico** agg. (pl. m. *-ci*) *1* (*med.*) Semeiotico. *2* (*raro*) V. *semiologico* nel sign. 1.

semeiòlogo o **semiòlogo** [comp. del gr. *sēméion* 'segno', e *-logo*] s. m. (f. *-a*; pl. m. *-gi*) *1* (*med.*) Specialista in semeiotica. *2* (*raro*) V. *semiologo* nel sign. 1.

semeiòtica [vc. dotta, dal gr. *sēmeiōtikḗ*, f. sost. di *sēmeiōtikós* 'che osserva i segni', da *sēmeióun* 'esaminare'; 1829] s. f. *1* (*med.*) Studio dei segni e dei sintomi delle malattie e dei modi per rilevarli: *s. medica*, *s. chirurgica*. SIN. Semiologia. *2* (*raro*) Nelle scienze umane, semiologia.

semeiòtico [1960] agg. (pl. m. *-ci*) ● (*med.*) Che riguarda la semeiotica.

sèmel o (*pop., tosc.*) **sèmelle** [dal ted. *Semmel*, risalente al lat. *sĭmila* 'semola'; 1822] s. m. ● Panino soffice da inzuppare nel caffellatte.

semellàio [1873] s. m. (f. *-a*) ● (*pop., tosc.*) Venditore di semel | (*est.*) Fornaio.

sèmelle ● V. *semel*.

semèma [da *sema*, col suff. *-ema* di *fonema*, *morfema*, ecc.; 1960] s. m. (pl. *-i*) ● (*ling.*) Unità di tratti semantici corrispondente al lessema.

seménta (*1*) [da *sementare*; 1666] s. f. ● Semina, spec. del grano: *fare la s.* | Epoca in cui si semina: *quest'anno la s. è in ritardo*.

seménta (*2*) ● V. *semente*.

sementàre [lat. *sementāre* 'produrre semenza', da *semēntis* 'seminagione'. V. *semente*; av. 1294] v. tr. (*io seménto*) ● (*raro*) Seminare (*anche assol.*).

sementatìvo [da *sementare*; av. 1703] agg. ● (*raro*) Seminativo.

seménte o **seménta** (*2*) [lat. *semĕnte(m)*, connesso con *sēmen* 'seme'. V. *seme*; av. 1294] s. f. ● Complesso dei semi destinati alla semina: *affidare la s. al terreno*.

sementièrè [da *semente*] s. m. (f. *-a*) ● Selezionatore di sementi.

sementìno [dal lat. *sementīnu(m)* 'del tempo della semina', da *semēntis* 'semina'; 1745] agg. ● (*raro*) Atto alla semina: *tempo s.* | ***Aratro s.***, aratro più piccolo del consueto con cui si tracciano solchi per la semina.

†**sementìre** [da *sementare*, con cambio di coniug.; 1891] v. intr. (*io sementisco, tu sementisci*; aus. *avere*) ● Far seme, produrre seme.

seménza [lat. parl. **sementia(m)*, connesso con *semēntis* 'semente'; av. 1294] s. f. *1* Semente. *2* (*spec. al pl., pop.*) Semi di zucca salati e abbrustoliti. *3* (*fig., lett.*) Origine: *Considerate la vostra s.: / fatti non foste a viver come bruti* (DANTE *Inf.* XXVI, 118-119) | Discendenza, stirpe. *4* Bullettame minuto da scarpe. *5* Insieme di perle minutissime.

semenzàio [da *semenza*; av. 1320] s. m. *1* Terreno destinato alla semina per ottenere piantine da trapiantare in vivaio o a dimora. *2* (*fig.*) Luogo di primo sviluppo: *Firenze è il s. della lingua italiana* | Luogo in cui si trovano molti esemplari dello stesso tipo.

semenzàle [da *semenza*; 1960] s. m. ● (*agr.*) Piantina ottenuta da seme.

semenzièro [da *semenza*; 1960] agg. ● (*raro*) Che si riferisce alle sementi.

†**semenzìre** [da *semenza*] v. intr. ● Sementire.

semestràle [da *semestre*; 1745] **A** agg. *1* Che dura sei mesi: *corso s.* *2* Che si verifica ogni sei mesi: *pagamento s.* || **semestralménte**, avv. Ogni semestre, di semestre in semestre. **B** s. f. ● (*econ.*) Relazione semestrale sull'andamento di una società per azioni. **C** s. m. ● Periodico che esce ogni sei mesi.

semestralità [1960] s. f. ● Rata, importo semestrale.

semestralizzàre [da *semestrale*; 1985] v. tr. ● Rendere semestrale: *s. una scadenza, una rata*.

semèstre [dal lat. *semĕstrem*, comp. di *sĕx* 'sei' e *-mĕstris*, da *mēnsis* 'mese'; 1615] s. m. *1* Spazio di tempo di sei mesi: *un s. di scuola*; *il lavoro di un s.*; *dividere l'anno in due semestri* | ***S. bianco***, nella Repubblica Italiana, periodo degli ultimi sei mesi della carica presidenziale durante il quale il capo dello Stato perde la facoltà di sciogliere le Camere. *2* (*est.*) Somma che si deve pagare o riscuotere ogni semestre: *un s. anticipato*; *due semestri di affitto*.

sèmi- o **sémi-** [anche in comp. lat. vale 'metà (*sēmis*, di orig. indeur.)'] primo elemento ● In numerose parole composte, significa 'mezzo', 'a metà', o 'parzialmente', 'quasi': *semiaperto*, *semibarbaro*.

-semia [gr. *-sēmía*, da *sêma* 'segno', di orig. indeur.] secondo elemento ● In parole composte della terminologia linguistica, vale 'significato': *polisemia*.

semiacèrbo [vc. dotta, dal lat. *semiacĕrbu(m)*, comp. di *sēmi-* 'semi-' e *acĕrbus* 'acerbo'; 1873] agg. ● Detto di frutto, non ancora del tutto maturo.

semiàla [comp. di *semi-* e *ala*; 1960] s. f. ● (*aer.*) Parte di ala compresa tra la fusoliera e l'estremità dell'ala stessa.

semiàlbero [comp. di *semi-* e *albero* 'asse'; 1983] s. m. ● (*mecc.*) Semiasse.

semianalfabèta [comp. di *semi-* e *analfabeta*; 1903] agg.; anche s. m. e f. (pl. m. *-i*) ● Che (o Chi) sa a stento leggere e scrivere | (*est.*) Ignorante, illetterato.

semianalfabetìsmo [da *semianalfabeta*; 1986] s. m. ● Condizione di semianalfabeta, anche come fenomeno sociale.

semiapèrto [vc. dotta, dal lat. *semiapĕrtu(m)* 'semiaperto', comp. di *sēmi-* 'semi-' e *apĕrtus* 'aperto'; 1499] agg. *1* Mezzo aperto, più aperto che chiuso: *uscio s.*; *occhi semiaperti*. *2* (*ling.*) Detto delle vocali intermedie *o* ed *e* articolate con la lingua abbassata non tanto quanto per l'articolazione della vocale più aperta *a*.

semiàsse [comp. di *semi-* e *asse* (*2*); 1747] s. m. *1* (*mat.*) Semiretta d'un asse cartesiano spiccata dall'origine | ***S. d'una conica***, metà d'un asse. *2* (*mecc.*) Ciascuno dei due alberi che trasmettono il moto dal differenziale alle ruote dell'autoveicolo. SIN. Semialbero.

semiautomàtico [comp. di *semi-* e *automatico*; 1948] agg. (pl. m. *-ci*) ● Detto di macchina in grado di eseguire automaticamente tutte le operazioni tranne, in genere, quelle finali | Detto di meccanismo in grado di compiere una certa operazione solo se azionato di volta in volta.

semibàrbaro [vc. dotta, dal lat. *semibărbaru(m)* 'semibarbaro', comp. di *sēmi-* 'semi-' e *bărbarus* 'barbaro'; 1803] agg. ● Quasi barbaro, rozzo, incivile.

semibarrièra [comp. di *semi-* e *barriera*; 1986] s. f. ● In un passaggio a livello o in un passo carraio, barriera che chiude solo una delle corsie stradali.

semibiscròma [comp. di *semi-* e *biscroma*; 1873] s. f. ● (*mus.*) Figura di nota avente durata di 1/64 di semibreve.

semibràdo [comp. di *semi-* e *brado*] agg. ● Detto di bestiame o allevamento che è stabulare solo d'inverno: *cavalli semibradi*.

semibrève [comp. di *semi-* e *breve*; 1561] **A** agg. ● Detto di sillaba quasi breve. **B** s. f. ● (*mus.*) Figura di nota avente durata di 4/4. SIN. Intero.

semibùio [comp. di *semi-* e *buio*; 1886] agg. ● Che è parzialmente oscuro o non illuminato: *scantinato s.*; *periferia semibuia*.

semicabinàto [comp. di *semi-* e *cabinato*; 1972] **s. m.** ● Imbarcazione con parte abitabile ridotta, generalmente a prua.

semicàpro [vc. dotta, dal lat. *semĭcapru(m)* 'semicapro', comp. di *sēmi-* 'semi-' e *căper* 'capro', con spostamento dell'accento; av. 1333] **A s. m.** ● Essere mitologico che ha il corpo metà umano e metà caprino; CFR. Fauno, satiro. **B** anche **agg.**: *gli Dei semicapri.*

semicatino [comp. di *semi-* e *catino*; 1965] **s. m.** ● Cupola, costituita da una mezza calotta sferica, che ricopre l'abside di una chiesa.

semicérchio [comp. di *semi-* e *cerchio*. V. *semicircolo*; 1631] **s. m.** ● Metà d'un cerchio | Segmento circolare staccato da un diametro.

semichiùso [comp. di *semi-* e *chiuso*. V. lat. tardo *semiclūsus* 'semichiuso'; 1624] **agg.** *1* Mezzo chiuso, quasi chiuso, più chiuso che aperto: *occhi semichiusi.* *2* (*ling.*) Detto delle vocali intermedie *o* ed *e* articolate con la lingua sollevata non tanto quanto per l'articolazione delle vocali chiuse *u* e *i*.

semicingolàto [comp. di *semi-* e *cingolato*; 1960] **A agg.** ● Detto di veicolo munito di cingoli di trazione e di ruote anteriori sterzanti. **B** anche **s. m.**

semicircolàre o †**semicirculàre** [vc. dotta, dal lat. mediev. *semicirculāre(m)* 'semicircolare', dal classico *semicĭrculus* 'semicerchio'; 1541] **agg.** ● Che ha forma di semicerchio | (*anat.*) ***Canali semicircolari***, formazioni ad anello dell'orecchio medio, che presiedono al senso dell'equilibrio.

semicìrcolo [vc. dotta, dal lat. *semicĭrculu(m)* 'semicerchio', comp. di *sēmi-* 'semi-' e *cĭrculus* 'cerchio'; av. 1320] **s. m.** ● Semicerchio.

semicirconferènza [comp. di *semi-* e *circonferenza*; av. 1642] **s. f.** ● Metà di una circonferenza.

†**semicirculàre** ● V. *semicircolare.*

sèmico [da *sema*; 1972] **agg.** (**pl. m.** *-ci*) ● (*ling.*) Relativo al sema: *analisi semica.*

†**semicolonnàle** [comp. di *semi-* e *colonnale*] **agg.** ● (*raro*) Che ha forma di mezza colonna: *l'onda s.* (LEONARDO).

semiconduttóre [comp. di *semi-* e *conduttore*; 1960] **s. m.**; anche **agg.** (**f.** *-trice*) ● Sostanza solida cristallina la cui conducibilità elettrica, gener. dipendente dalla temperatura, è intermedia fra quella di un conduttore e quella di un isolante.

semiconservativo [comp. di *semi-* e *conservativo*; 1983] **agg.** ● (*biol., chim.*) ***Replicazione semiconservativa***, replicazione di una molecola di DNA per separazione longitudinale dei due filamenti complementari da cui è composta, ciascuno dei quali si conserva e funge da modello, o stampo, per la sintesi di un nuovo filamento complementare.

semiconsonànte [comp. di *semi-* e *consonante*; 1938] **s. f.** ● (*ling.*) Semivocale che precede la vocale (per es. *i* in *ieri* e *u* in *uovo*).

semiconsonàntico [1957] **agg.** (**pl. m.** *-ci*) ● (*ling.*) Che si riferisce alla semiconsonante.

semiconvitto [comp. di *semi-* e *convitto*; 1967] **s. m.** ● In un convitto, frequenza limitata alle ore di lezione e di studio: *Sta a s. nel collegio americano* (MORAVIA) | Collegio o istituto frequentato solo nelle ore diurne.

semiconvittóre [comp. di *semi-* e *convittore*; 1960] **s. m.** (**f.** *-trice*) ● Studente che si trattiene in un convitto solo durante le ore del giorno dedicate alle lezioni e allo studio.

semicopèrto [comp. di *semi-* e *coperto*; 1499] **agg.** ● Appena coperto, coperto per metà.

semicòro [comp. di *semi-* e *coro*; 1819] **s. m.** ● Metà del coro nel dramma greco.

semicòtto [comp. di *semi-* e *cotto*; 1932] **agg.** ● Che è cotto parzialmente o in modo imperfetto | ***Formaggio s.***, tipo di formaggio trattato a una temperatura tra i 35 e i 48 °C. CFR. Semicrudo.

semicristallino [comp. di *semi-* e *cristallino*] **agg.** ● Quasi cristallino.

semicròma [comp. di *semi-* e *croma*; 1562] **s. f.** ● (*mus.*) Figura di nota avente durata di 1/16 di semibreve.

semicrùdo [comp. di *semi-* e *crudo*; 1932] **agg.** ● Che non è del tutto crudo o è cotto in modo insufficiente | ***Formaggio s.***, tipo di formaggio trattato a una temperatura tra i 32 e i 35 °C. CFR. Semicotto.

semicuòio [comp. di *semi-* e *cuoio*; 1957] **s. m.** ● (*cart.*) Cartoncino usato per cartelle per documenti, carpette e sim., il cui colore tendente al rosso ricorda il cuoio.

semicùpio [dal lat. mediev. *semicūpiu(m)* 'semicupio', comp. di *sēmi-* 'semi-' e di un deriv. del classico *cūpa* 'botte', di etim. incerta; av. 1698] **s. m.** *1* Piccola vasca da bagno in cui si sta seduti. *2* (*est.*) Bagno fatto in un semicupio.

semidènso [comp. di *semi-* e *denso*; 1957] **agg.** ● (*fis.*) Che ha densità media: *liquido s.*

†**semidèo** ● V. *semidio.*

semideponènte [comp. di *semi-* e *deponente*; 1960] **agg.**; anche **s. m.** ● Detto di verbo latino che in alcuni tempi, nel perfetto e nei tempi da esso derivati, si coniuga come deponente.

semidetenùto [comp. di *semi-* e *detenuto*; 1989] **agg.**; anche **s. m.** (**f.** *-a*) ● Che (o Chi) fruisce della semidetenzione.

semidetenzióne [comp. di *semi-* e *detenzione*; 1981] **s. f.** ● (*dir.*) Sanzione penale, sostitutiva delle pene detentive brevi, che comporta l'obbligo di trascorrere almeno dieci ore al giorno in un istituto di reclusione.

semidiàfano [comp. di *semi-* e *diafano*; 1684] **agg.** ● Semitrasparente.

semidiàmetro [vc. dotta, dal lat. tardo *semidiămetru(m)* 'semidiametro', comp. di *sēmi-* 'semi-' e *diămetros* 'diametro'; 1499] **s. m.** ● Mezzo diametro | ***S. d'una conica***, segmento avente un estremo nel centro e l'altro sulla conica.

semidiapènte [comp. di *semi-* e *diapente*] **s. f.** ● Nella musica greca, intervallo di quinta minore.

semidifferènza [comp. di *semi-* e *differenza*] **s. f.** ● (*mat.*) La metà di una differenza.

semidio /semi(d)'dio/ o †**semidèo** [dal lat. *semĭdeu(m)* 'semidio', comp. di *sēmi-* 'semi-' e *dĕus* 'dio', sul modello del gr. *Hēmítheos*, con l'accento spostato; 1340] **s. m.** (**f.** *semidèa*; **pl. m.** *semidèi*, raro *semidìi*) *1* Nella mitologia greco-romana, chi, nato da una divinità e da un essere umano, partecipa di qualità divine e tuttavia non è immortale. *2* (*fig., iron.*) Persona superiore agli altri, o che si crede tale.

semidistéso [comp. di *semi-* e *disteso*; 1937] **agg.** ● Non del tutto disteso, detto spec. di persona con il busto appoggiato e il resto del corpo disteso: *dormiva s. sul divano.*

semidistrùtto [comp. di *semi-* e *distrutto*; 1956] **agg.** ● Mezzo distrutto, distrutto in parte | (*fig., fam., iperb.*) Stanchissimo, sfinito.

semidiùrno [comp. di *semi-* e *diurno*; sec. XVI] **agg.** ● Che si riferisce alla metà di un giorno.

semidóppio [comp. di *semi-* e *doppio*; 1682] **A agg.** ● (*bot.*) Detto di fiore, in cui parte degli stami sono trasformati in petali. **B s. m.**; anche **agg.** ● Nella liturgia cattolica precedente il Concilio Vaticano II, ufficio nel quale non si duplicava la recita delle antifone.

semidòtto [dal lat. *semidŏctu(m)* 'semidotto', comp. di *sēmi-* 'semi-' e *dŏctus* 'dotto'; av. 1606] **agg.** *1* Che ha un'istruzione superficiale. *2* (*ling.*) Detto di parola passata direttamente dal latino a una lingua romanza e che ha subito solo parzialmente adattamento di tipo popolare (ad es. *letana*, da *litanīa*; lo spagnolo *siglo*, da *saecŭlum*).

semidùro [comp. di *semi-* e *duro*; 1970] **agg.** ● (*miner.*) Che può essere scalfito dall'acciaio.

semiellittico [comp. di *semi-* ed *ellittico* (*1*); 1805] **agg.** (**pl. m.** *-ci*) ● (*mat.*) Che ha la forma di una mezza ellisse.

semierètto [comp. di *semi-* ed *eretto*; 1987] **agg.** ● Che è parzialmente eretto: *pianta col fusto s.*

semiesònero [comp. di *semi-* ed *esonero*; 1960] **s. m.** ● Esonero parziale, limitato alla metà dell'intero obbligo.

semifinàle [comp. di *semi-* e *finale*; 1939] **s. f.** ● Gara destinata alla selezione dei concorrenti per l'ammissione alle finali: *entrare in s.*; *vincere le semifinali.*

semifinalista [comp. di *semi-* e *finalista*; 1960] **A s. m. e f.** (**pl. m.** *-i*) ● Concorrente o squadra ammessi alle semifinali. **B** anche **agg.**

semifinito [comp. di *semi-* e *finito*] **agg.** ● Che è finito o è lavorato solo parzialmente: *prodotto, materiale s.*

semiflùido [comp. di *semi-* e *fluido*; 1873] **agg.** ● (*fis.*) Detto di corpo prossimo allo stato fluido: *olio s.*

semifréddo [comp. di *semi-* e *freddo*; 1851] **A agg.** ● Detto di un particolare tipo di dolce che viene conservato e servito molto freddo. **B** anche **s. m.**

semigòtico [dal fr. *semigothique*, comp. di *semi-* 'semi-' e *gothique* 'gotico'; 1765] **agg.** (**pl. m.** *-ci*) ● Detto di scrittura fondamentalmente simile alla gotica, ma semplificata e alleggerita nel tratto.

semigràsso [comp. di *semi-* e *grasso*; 1932] **agg.** ● Che non è completamente grasso | ***Formaggi semigrassi***, uno dei tre tipi in cui la legge italiana classifica i formaggi.

semigratùito o **semigratuito** [comp. di *semi-* e *gratuito*; 1957] **agg.** ● Mezzo gratuito, gratuito in parte.

semiinfermità ● V. *seminfermità.*

semiinférmo /semiiɱ'fermo, -min-/ ● V. *seminfermo.*

semiinterràto /semiinter'rato, -min-/ ● V. *seminterrato.*

semilavoràto [comp. di *semi-* e *lavorato*; 1947] **A agg.** ● Detto di prodotto che ha subito una parziale lavorazione, e viene impiegato in un successivo processo produttivo che lo utilizza come materia prima. **B** anche **s. m.**

semilìbero [vc. dotta, dal lat. *semilīberu(m)* 'semilibero', comp. di *sēmi-* 'semi-' e *līber* 'libero'; 1873] **A agg.** ● Che non gode di una perfetta libertà. **B agg.**; anche **s. m.** *1* (*dir.*) Anticamente, che (o chi) era in condizione intermedia tra quella di libero e quella di schiavo, in modo da godere solo parzialmente dei diritti sociali e delle capacità giuridiche. *2* (*dir.*) Detenuto che gode della condizione di semilibertà.

semilibertà [comp. di *semi-* e *libertà*; 1803] **s. f.** ● Condizione di chi è semilibero | (*dir.*) Opportunità, per i detenuti che abbiano scontato metà della pena e abbiano tenuto un buon comportamento, di uscire dal carcere nelle ore diurne per lavorare e reinserirsi così nel contesto sociale.

semilìquido [comp. di *semi-* e *liquido*; 1797] **agg.** ● Quasi liquido.

semilùcido [comp. di *semi-* e *lucido*] **agg.** ● Quasi lucido, poco lucido.

semilunàre [comp. di *semi-* e *lunare*; 1684] **agg.** ● Che ha forma di mezzaluna | (*anat.*) ***Osso s.***, osso del carpo.

semilùnio [comp. di *semi-* e *-lunio*, cfr. *plenilunio*; 1745] **s. m.** ● Epoca in cui la Luna è al primo o all'ultimo quarto.

semimetàllo [comp. di *semi-* e *metallo*; 1770] **s. m.** ● (*chim.*) Elemento di proprietà intermedie fra quelle dei metalli e dei non metalli.

semimìnima [comp. di *semi-* e *minima*; av. 1565] **s. f.** ● (*mus.*) Figura di nota avente durata di 1/4 di semibreve.

semimorfèma [comp. di *semi-* e *morfema*] **s. m.** (**pl.** *-i*) ● (*ling.*) Elemento morfologico che amplia la radice e la collega al morfema vero e proprio.

semimòrto [dal lat. *semimŏrtuu(m)* 'mezzo morto', comp. di *sēmi-* 'semi-' e *mŏrtuus* 'morto'; 1336 ca.] **agg.** ● (*raro, lett.*) Mezzo morto, quasi morto.

semimpermeàbile [comp. di *semi-* e *impermeabile*; 1940] **agg.** ● Che è parzialmente impermeabile.

sémina (**1**) [da *seminare*; 1564] **s. f.** ● Lavoro del seminare | Epoca in cui si semina.

semìna (**2**) [da *sema*, variante ant. e dial. di *seme*] **s. f.** ● (*spec. al pl.*) Semi di zucca salati.

seminàbile [1827] **agg.** ● Che si può seminare.

seminagióne o †**seminazióne** [vc. dotta, dal lat. *seminatiōne(m)*, propr. 'riproduzione', da *seminātus* 'seminato'; av. 1320] **s. f.** ● (*lett.*) Semina (1).

seminàle [vc. dotta, dal lat. *seminăle(m)* 'seminale', da *sēmen*, genit. *sēminis* 'seme'; 1308] **agg.** *1* Che si riferisce al seme, alla semente. *2* Che si riferisce al seme, allo sperma: *ghiandola, vescichetta, liquido s.*

♦**seminàre** [lat. *semināre*, da *sēmen*, genit. *sēminis* 'seme'; 1205 ca.] **v. tr.** (*io sémino*) *1* Spargere il seme, le sementi (*anche assol.*): *s. il grano*; *s. un terreno a grano* | ***S. sulla, nella sabbia***, (*fig.*) fare qlco. di inutile. *2* (*fig.*) Spargere qua e là, lasciar cadere: *ha seminato i suoi vestiti per la stanza.* SIN. Disseminare. *3* (*fig.*) Diffondere, far nascere, suscitare: *s. discordia, zizzania.* *4* Nel linguaggio sportivo, prendere un notevole vantaggio sugli avversari: *s. il gruppo, gli inseguitori* | (*est.*) Lasciare indietro facendo perdere le proprie tracce: *i ladri sono riusciti a s. la macchina della polizia.* || PROV. Chi semina vento, raccoglie tempesta; chi non semina, non miete.

seminariàle [da *seminario* nel sign. 2; 1976] agg. ● Che si riferisce a un seminario: *esercitazioni seminariali; tecnica seminariale.*

seminarile [da *seminario* nel sign. 1; 1960] agg. ● Che si riferisce a un seminario: *collegio s.*

seminàrio [vc. dotta, dal lat. *seminārĭu(m)*, da *sēmen*, genit. *sēminis* 'seme'; av. 1320] s. m. *1* Istituto per la preparazione dei chierici: *s. vescovile, arcivescovile* | *S. diocesano*, soggetto al vescovo della diocesi | *S. regionale*, costituito fra più diocesi. *2* Esercitazione universitaria di carattere specialistico riservata a un numero ristretto di studenti | (*est.*) Tecnica di aggiornamento o addestramento di dirigenti spec. aziendali consistente in riunioni di gruppo, guidate da un relatore, per approfondire determinati problemi | (*est.*) Riunione di studio, convegno. *3* Istituto o aula universitaria riservata allo svolgimento di esercitazioni seminarili: *il s. di inglese.* *4* †Semenzaio. || **seminariùccio**, dim.

seminarista [da *seminario*, con *-ista*; 1665] s. m. (pl. *-i*) *1* Chierico o laico di un seminario. *2* (*est., fig.*) Giovane inesperto, ingenuo: *essere timido, goffo, come un s.*

seminarìstico [da *seminarista*; 1873] agg. (pl. m. *-ci*) ● Di seminario | Da seminarista (*anche iron.*): *educazione seminaristica.*

seminàta [av. 1580] s. f. ● (*raro*) Semina (*anche fig.*) | Insieme delle cose seminate.

seminativo [da *seminare*; av. 1703] **A** agg. ● Detto di terreno lavorato e coltivato a cereali, leguminose, piante foraggere, e sim. **B** anche s. m.

seminàto [1308] **A** part. pass. di *seminare*; anche agg. *1* Nei sign. del v.: *campo s. a granturco.* *2* Cosparso (*anche fig.*): *sentiero s. di fiori; una carriera seminata di difficoltà.* *3* (*arald.*) Detto dello scudo o di una figura cosparsi di figure più piccole. *4* ***Pavimento a s.***, con piccoli elementi di colore mescolati all'impasto. || †**seminataménte**, avv. Sparsamente. **B** s. m. *1* Terreno seminato: *danneggiare il s.; non camminare sul s.* | ***Uscire dal, fuori del, s.***, (*fig.*) deviare dall'argomento trattato; †impazzire, uscire di senno. *2* (*edil.*) Pavimento a seminato.

seminatóio [1865] s. m. ● Attrezzo per seminare: *un s. a mano.*

seminatóre [dal lat. *seminatōre(m)*, da *seminātus* 'seminato'; 1308] s. m. (f. *-trice*) ● Chi semina.

seminatrice [f. di *seminatore*; 1882] s. f. ● Macchina per la semina | ***S. di precisione***, per la semina in fila di semi isolati a distanza prestabilita | ***S. spandiconcime***, per localizzare il concime a contatto o in vicinanza del seme contemporaneamente alla semina. ➡ ILL. p. 2114 AGRICOLTURA.

seminatùra [av. 1320] s. f. ● (*raro*) Atto del seminare | Semina.

†**seminazióne** ● V. *seminagione.*

seminfermità o **semiinfermità** [comp. di *semi-* e *infermità*; 1922] s. f. ● Infermità parziale: *s. di mente.*

seminférmo o **semiinférmo** [comp. di *semi-* e *infermo*; 1960] agg.; anche s. m. (f. *-a*) ● Che (o Chi) è parzialmente infermo.

seminìfero [comp. del lat. *sēmen*, genit. *sēminis* 'seme', e *-fero*; 1838] agg. *1* (*bot.*) Che porta semi. *2* (*anat.*) Che conduce il seme: *dotto s.*

seminìo [1761] s. m. ● Il seminare, il disseminare continuo (*spec. fig.*) | (*fig.*) Spreco | Insieme di cose disseminate: *quel s., quel polverio di stelle!* (PASCOLI).

semino [1838] s. m. *1* Dim. di *seme.* *2* (*al pl.*) Pasta minuta da minestra, a forma di semi.

seminòma [da *seme* col suff. *-oma*; 1937] s. m. (pl. *-i*) ● (*med.*) Tumore del testicolo.

seminòmade [comp. di *semi-* e *nomade*; 1960] **A** agg. ● (*antrop.*) Detto di gruppi che praticano il seminomadismo o di individui che appartengono a tali gruppi. **B** s. m. e f. ● Chi pratica il seminomadismo.

seminomadìsmo [da *seminomade*; 1963] s. m. ● (*antrop.*) Forma di esistenza fondata sull'alternanza di periodi di nomadismo legato ad attività pastorali o di caccia e raccolta, e di periodi di stanzialità dovuti alla pratica dell'agricoltura.

semintéro [comp. di *semi-* e *intero*; 1987] agg. ● Detto di numero razionale multiplo dispari di 1/2, quale 3/2, 5/2 ecc.

seminterràto o (*raro*) **semiinterràto** [comp. di *semi-* e *interrato*; 1935] s. m. ● Piano di edificio i cui locali sono parzialmente sotto il livello stradale.

seminùdo [dal lat. *seminūdu(m)* 'seminudo', comp. di *sēmi-* 'semi-' e *nūdus* 'nudo'; 1745] agg. ● Mezzo nudo, quasi nudo.

sèmio- [dal gr. *sēmêion* 'segno'] primo elemento ● In parole scientifiche composte, significa 'segno' o indica relazione coi segni: *semiologia.*

semiografìa o **semeiografìa** [comp. di *semio-* e *-grafia*; 1829] s. f. ● Scrittura abbreviata, per mezzo di segni convenzionali: *la stenografia è una s.*

semiologìa o **semeiologìa** [comp. di *semio-* e *-logia*; 1829] s. f. *1* Nelle scienze umane, teoria e studio di ogni tipo di segno linguistico, visivo, gestuale ecc., prodotto in base a un codice accettato nell'ambito della vita sociale. SIN. Semiotica. *2* (*raro, med.*) Semeiotica.

semiològico o **semeiològico** [1872] agg. (pl. m. *-ci*) *1* Nelle scienze umane, relativo alla semiologia. *2* (*raro*) V. *semeiologico* nel sign. 1.

semiòlogo o **semeiòlogo** [1966] s. m. (f. *-a*; pl. m. *-gi*) *1* Nelle scienze umane, studioso di semiologia. *2* (*raro*) V. *semeiologo* nel sign. 1.

semiòncia [comp. di *semi-* e *oncia*; 1987] s. f. (pl. *-ce*) ● Antica unità di misura ponderale e monetaria equivalente a metà dell'oncia o a 1/24 dell'asse.

semionciàle o †**semunciàle** [comp. di *semi-* e *onciale*; 1873] agg.; anche s. f. ● Detto di un tipo di scrittura derivata dall'onciale con caratteristiche analoghe ad essa, in uso nell'alto Medioevo.

semiònda [comp. di *semi-* e *onda*; 1960] s. f. ● (*fis.*) Parte di un'onda periodica relativa a un semiperiodo, in cui la grandezza oscillante mantiene lo stesso segno.

semiopàco [comp. di *semi-* e *opaco*; 1940] agg. (pl. m. *-chi*) ● Mezzo opaco, quasi trasparente.

semiopàle [comp. di *semi-* e *opale*] s. m. ● (*miner.*) Varietà di opale traslucido di durezza moderata.

semioscurità [comp. di *semi-* e *oscurità*; 1835] s. f. ● Oscurità parziale, penombra: *Ci occorsero alcuni istanti perché i nostri occhi si avvezzassero alla s.* (LEVI).

semioscùro [comp. di *semi-* e *oscuro*; 1881] agg. ● Che è parzialmente oscuro.

semiòsi [dall'ingl. *semiosis*, dal gr. *sēmêiōsis* 'significazione', da *sēmeiôun* 'indicare, segnalare'; 1965] s. f. inv. ● Nelle scienze umane, processo in base al quale qlco. assume la funzione di segno.

semiòtica [dall'ingl. *semiotic*. V. *semeiotica*; 1927] s. f. *1* Nelle scienze umane, semiologia. *2* (*med., raro*) Semeiotica.

semiòtico [vc. dotta, dal gr. *sēmeiōtikós* 'diagnostico', da *sēmeiôun* 'osservare'; 1960] agg. (pl. m. *-ci*) ● Relativo alla semiosi o alla semiotica. || **semioticaménte**, avv.

semipagàno [comp. di *semi-* e *pagano*; 1873] agg. ● Mezzo pagano, quasi pagano.

semiparassita [comp. di *semi-* e *parassita*; 1932] s. m. e f. (pl. m. *-i*); anche agg. ● (*bot.*) Emiparassita.

semiperiferìa [comp. di *semi-* e *periferia*; 1960] s. f. ● La zona periferica più vicina al centro della città.

semiperifèrico [comp. di *semi-* e *periferico*; 1961] agg. (pl. m. *-ci*) ● Che si trova nella semiperiferia: *quartiere s.*

semiperimetro [comp. di *semi-* e *perimetro*; 1960] s. m. ● Metà del perimetro.

semiperiodo [comp. di *semi-* e *periodo*; 1936] s. m. ● (*fis.*) Metà del periodo di un'oscillazione.

semipermeàbile [comp. di *semi-* e *permeabile*; 1940] agg. ● (*fis.*) Detto di membrana che manifesta il fenomeno della semipermeabilità.

semipermeabilità [comp. di *semi-* e *permeabilità*; 1973] s. f. ● (*fis.*) Proprietà di alcune membrane che permettono il passaggio del solvente, ma non del soluto.

semipiàno [comp. di *semi-* e *piano*; 1960] s. m. ● Insieme dei punti del piano che stanno da una parte rispetto a una retta assegnata.

semipièno [dal lat. *semiplēnu(m)*, comp. di *sēmi-* e *plēnus* 'pieno'; sec. XV] agg. ● Mezzo pieno, quasi pieno.

semipoètico [dal lat. tardo *semipōeta(m)*, comp. di *sēmi-* 'semi-' e *poēta* 'poeta'; 1745] agg. (pl. m. *-ci*) ● (*raro*) Quasi poetico, affine alla poesia: *le formole semipoetiche dei romantici* (*Schelling*) (CROCE) | (*spreg.*) Scarsamente poetico.

semipotenziàto [comp. di *semi-* e *potenziato*] agg. ● (*arald.*) Detto di pezza, le cui estremità terminano ad angolo retto: *croce semipotenziata.*

semipresidenzialìsmo [comp. di *semi-* e *presidenzialismo*; 1986] s. m. ● Sistema politico-costituzionale, tipico della Francia, in cui il presidente della Repubblica condivide il potere esecutivo con un primo ministro da lui nominato, responsabile di fronte al Parlamento.

semipresidenzialista [1986] **A** agg., s. m. e f. (pl. m. *-i*) ● Fautore, sostenitore del semipresidenzialismo. **B** agg. ● Del semipresidenzialismo, basato sul semipresidenzialismo.

semiprezióso o **sèmi prezióso** [comp. di *semi-* e *prezioso*] agg. ● Detto di materiale di pregio, come ad esempio le pietre dure, usato in oreficeria o nella fabbricazione di oggetti d'arte: *il lapislazzuli è una pietra semipreziosa.*

semiprò [1981] s. m. e f. inv. ● Accorc. di *semiprofessionista.*

semiprodótto [comp. di *semi-* e *prodotto*; 1960] s. m. ● (*mat.*) La metà del prodotto di due o più fattori.

semiprofessionìsmo [comp. di *semi-* e *professionismo*; 1964] s. m. ● (*sport*) Condizione di atleti impegnati per contratto a svolgere la propria attività sportiva esclusivamente sotto il patrocinio di una società, rimanendo comunque liberi di esercitare altra attività lavorativa.

semiprofessionista [comp. di *semi-* e *professionista*; 1964] s. m. e f. (pl. m. *-i*) ● (*sport*) Chi pratica una attività sportiva in condizioni di semiprofessionismo.

semipùbblico [comp. di *semi-* e *pubblico*; 1745] agg. (pl. m. *-ci*) ● (*raro*) Che non è del tutto pubblico.

semiquinària [comp. di *semi-* e *quinaria*; 1922] agg. solo f. ● Pentemimera.

semiraffinàto [comp. di *semi-* e *raffinato*; 1987] agg. ● Che è stato raffinato solo parzialmente, detto spec. di prodotto alimentare o industriale: *zucchero, sale s.*

semirètta [comp. di *semi-* e *retta*; 1940] s. f. ● Insieme dei punti d'una retta orientata che seguono un punto dato.

semirigido [comp. di *semi-* e *rigido*; 1940] agg. ● Non completamente rigido | ***Dirigibile s.***, con armatura parzialmente articolata.

semirimòrchio [comp. di *semi-* e *rimorchio*; 1948] s. m. ● Rimorchio stradale, la cui parte anteriore, priva di ruote, poggia sulla parte posteriore di una motrice, su cui è articolata.

semirotóndo [dal lat. tardo *semirotŭndu(m)* 'semicircolare', comp. di *sēmi-* 'semi-' e *rotŭndus* 'rotondo'; sec. XVIII] agg. ● (*raro*) Parzialmente rotondo.

semisconosciùto [comp. di *semi-* e *sconosciuto*] agg. ● Quasi sconosciuto o non ancora affermato: *ha vinto il premio uno scrittore s.*

semiscopèrto [comp. di *semi-* e *scoperto*] agg. ● Mezzo scoperto, quasi scoperto.

semisécco [comp. di *semi-* e *secco*; 1970] agg. (pl. m. *-chi*) ● Detto di vino, che non è né dolce né secco. SIN. Abboccato.

semisecolàre [comp. di *semi-* e *secolare*; 1858] agg. ● Che dura mezzo secolo: *alleanza s.* | Che ricorre ogni mezzo secolo: *celebrazione semisecolare.*

semiselvàggio [comp. di *semi-* e *selvaggio*; 1818] agg.; anche s. m. (f. *-a*; pl. f. *-ge*) ● Mezzo selvaggio, poco addomesticato, poco civile.

semisèrio [comp. di *semi-* e *serio*; 1815] agg. ● Che sta fra il serio e il buffo, il faceto: *tono s.; opera semiseria.*

semisettenària [comp. di *semi-* e *settenaria*; 1960] agg. solo f. ● Eftemimera.

semisfèra [comp. di *semi-* e *sfera*; 1873] s. f. ● Metà d'una sfera | Segmento sferico determinato da un piano per il centro.

semisfèrico [1873] agg. (pl. m. *-ci*) ● Di semisfera.

semisintètico [comp. di *semi-* e *sintetico*] agg. (pl. m. *-ci*) ● (*chim.*) Detto di un prodotto derivato dall'elaborazione chimica di sostanze naturali: *antibiotico s.*

semisòlido [comp. di *semi-* e *solido*; 1914] agg. ● Non del tutto solido.

semisómma [comp. di *semi-* e *somma*; 1960] s. f. ● Metà della somma: *s. di due numeri, di due quantità.*

semispàzio [comp. di *semi-* e *spazio*; 1960] **s. m.** ● Insieme dei punti dello spazio che stanno da una stessa parte rispetto a un piano.

semispènto o **semispénto** [comp. di *semi-* e *spento*; 1745] **agg.** ● Mezzo spento: *fuoco s.* | (*fig.*) Tenue: *voce semispenta.*

semisse [vc. dotta, dal lat. *semīsse(m)* 'semisse', comp. di *sēmi-* 'semi-' e *ās*, genit. *āssis* 'asse'. V. *asse* (*3*); 1838] **s. m.** ● Moneta romana di bronzo, di valore equivalente a metà dell'asse nelle varie serie, recante sul dritto la testa di Giove e l'indicazione del valore espresso con la lettera S o con sei pallini.

semisvòlto [comp. di *semi-* e *svolto*] **agg.** ● Svolto solo in parte.

semita (**1**) [da *Sem*, figlio di Noè, dall'ebr. *Shēm*, con *-ita*; 1858] **A s. m. e f.** (**pl. m.** *-i*) ● Chi appartiene ai popoli, collegati tra loro per nessi razziali, linguistici e culturali, abitanti in ampie zone del Medio Oriente, dell'Africa settentrionale e dell'Etiopia, con fortissime radici culturali in tempi preistorici e storici. **B agg.** ● Semitico.

†**sèmita** (**2**) [dal lat. *sēmita(m)* 'sentiero', di etim. incerta; av. 1342] **s. f.** ● Sentiero.

semitappa [comp. di *semi-* e *tappa*; 1960] **s. f.** ● Nei giri ciclistici, ciascuna delle due parti in cui sono divise alcune tappe, con un proprio ordine d'arrivo.

semitendinóso [comp. di *semi-* e *tendinoso*] **A agg.** ● (*anat.*) Detto di muscolo posteriore della coscia. **B s. m.** ● Muscolo semitendinoso.

semiternària [comp. di *semi-* e *ternario*; 1960] **agg. solo f.** ● Tritemimera.

semitico [dal ted. *semitisch*, da *Sem*, figlio di Noè; V. *semita* (*1*); 1838] **A agg.** (**pl. m.** *-ci*) ● Che si riferisce ai semiti | ***Lingue semitiche***, famiglia di lingue geneticamente affini, come l'aramaico, l'ebraico e l'arabo | ***Filologia semitica***, studio comparativo delle lingue e letterature semitiche. **B s. m.** ● Famiglia delle lingue semitiche.

semitista [da *semita* (*1*), con *-ista*; 1957] **s. m. e f.** (**pl. m.** *-i*) ● Chi studia la lingua, la civiltà, la storia e sim. dei semiti.

semitistica [da *semita* (*1*), con *-istico*; 1960] **s. f.** ● Studio comparativo delle lingue, culture, storia dei popoli semiti.

semitóndo [comp. di *semi-* e *tondo*] **agg.** ● Mezzo tondo, quasi tondo.

semitònico [da *semitono*; 1960] **agg.** (**pl. m.** *-ci*) ● Detto della sillaba su cui cade un accento secondario.

semitòno [comp. di *semi-* e *tono* (*1*); 1556] **s. m.** ● (*mus.*) Intervallo di mezzo tono, 12ª parte dell'ottava.

semitrasparènte [comp. di *semi-* e *trasparente*; 1873] **agg.** ● Quasi trasparente.

semitrasparènza [comp. di *semi-* e *trasparenza*; 1872] **s. f.** ● Proprietà, caratteristica di ciò che è semitrasparente.

semiufficiàle [comp. di *semi-* e *ufficiale*; 1851] **agg.** ● Quasi ufficiale: *notizia s.*

semivelàto [comp. di *semi-* e *velato*] **agg.** ● Mezzo velato.

semivestito [comp. di *semi-* e *vestito*; 1745] **agg.** ● Mezzo vestito, che non ha finito di vestirsi.

semivivo [dal lat. *semivīvu(m)*, comp. di *sēmi-* 'semi-' e *vīvus* 'vivo'; 1334] **agg.** ● (*lett.*) Mezzo morto, più morto che vivo.

semivocàle [vc. dotta, lat. *semivocāle(m)*, comp. di *semi-* 'semi-' e *vocālis* 'vocale'; calco sul gr. *hēmíphōnos*; 1529] **s. f.** ● (*ling.*) Suono nella cui articolazione l'aria espirata scorre per un canale più stretto di quello della vocale (per es. *i* in *poi* e *u* in *pneumatico*). **SIN.** Semiconsonante.

semivocàlico [1957] **agg.** (**pl. m.** *-ci*) ● Di semivocale.

semivuòto [comp. di *semi-* e *vuoto*, sul modello di *semipieno*; 1858] **agg.** ● Mezzo vuoto, quasi vuoto.

semmài o **se mài** [comp. di *se* (*1*) e *mai*, con raddoppiamento sintattico; 1965] **A cong.** ● V. *se mai.* **B avv.** ● Tutt'al più, caso mai: *s. verrò a piedi.*

†**semmàna** ● V. *settimana.*

semnopitèco [vc. dotta, comp. del gr. *semnós* 'venerabile' e *píthēkos* 'scimmia'; 1838] **s. m.** (**pl.** *-chi* o *-ci*) ● Scimmia snella con arti lunghi, musetto piccolo e tasche nelle guance per immagazzinare il cibo (*Semnopithecus*).

sèmola [lat. parl. **sīmula(m)*, per il classico *sīmila*, di orig. mediterr.; av. 1320] **s. f.** **1** Farina di colore giallo paglierino ottenuta dalla macinazione del grano duro, usata nella fabbricazione della pasta alimentare: *pane di s.* | Crusca. **2** (*pop.*) Efelidi, lentiggini.

†**semolàio** **agg.** ● (*raro*) Di semola.

semolàta [da *semola*; 1891] **s. f.** ● Beverone di crusca e acqua, per cavalli.

semolàto [da *semola*; 1902] **agg.** ● Detto di zucchero raffinato (ridotto cioè in granelli piccoli come quelli della semola).

semolino [da *semola*; 1735] **s. m.** **1** Farina di riso o di grano duro macinata grossa, usata per minestre o per budini. **2** (*est.*) Minestra fatta con tale farina: *s. in brodo.*

semolóso [sec. XVII] **agg.** **1** Ricco di semola. **2** (*fig.*, *pop.*) Lentigginoso.

semovènte [comp. di *sé* e *movente*, part. pres. di *muovere*; 1549] **A agg.** ● Che si muove da sé, che ha la proprietà del moto | ***Pontone s.***, munito di un piccolo apparato motore, per effettuare limitati spostamenti. **B s. m.** ● Pezzo d'artiglieria installato su scafo corazzato cingolato che ne costituisce affusto mobile.

semovènza [1873] **s. f.** ● (*raro*) Capacità di movimento autonomo.

†**sémpice** ● V. *semplice* (*1*).

†**sempiternàle** [sec. XIII] **agg.** ● Sempiterno.

†**sempiternàre** **v. tr.** ● (*lett.*) Rendere sempiterno.

†**sempiternità** [vc. dotta, dal lat. tardo *sempiternitāte(m)* 'eternità', con troncamento finale; da *sempitĕrnus* 'eterno', come *aetĕrnitas*, genit. *aeternitātis*, da *aetĕrnus*; 1505] **s. f.** ● Condizione di ciò che è sempiterno.

sempitèrno [vc. dotta, dal lat. *sempitĕrnu(m)* 'eterno', comp. di *sĕmper* 'sempre' ed *aetĕrnus* 'eterno'; av. 1306] **agg.** ● (*lett.*) Che è sempre esistito e non avrà mai fine | ***In s.***, in eterno, perpetuamente. **SIN.** Eterno, perpetuo. ‖ **sempiternaménte**, **avv.** Perpetuamente.

♦**sémplice** (**1**) o (*pop.*) †**sémpice**, †**sémprice**, †**simplice** [lat. *sĭmplice(m)* 'semplice, puro', comp. di *sĕm-* 'una volta' (V. *sempre*) e di un deriv. dal tema di *plĕctere* 'piegare', dalla radice indeur. **plek-* (V. *piegare*): propr. 'piegato una sola volta'; av. 1292] **A agg.** **1** Che consta di un solo elemento (spec. in contrapposizione a *doppio*): *filo, nodo s.*; *consonante s.* **CFR.** aplo- | ***Partita s.***, tipo di scrittura contabile che non ha per regola base la costante uguaglianza fra addebitamenti e accreditamenti e che mira semplicemente a registrare o evidenziare i principali fatti di gestione. **2** Che consta di un solo elemento e non ha nulla di aggiunto o mescolato (spec. in contrapposizione a *composto*): *i tempi semplici di un verbo*; *parola s.* | ***Caffè s.***, liscio | ***Colonna s.***, senza altre colonne sovrapposte | ***Corpo s.***, elemento chimico | ***Rocce semplici***, costituite per la maggior parte da un unico tipo di minerale | ***Corimbo, fusto, radice, spina, s.***, non ramificati | ***Infiorescenza s.***, con fiori inseriti immediatamente sul graspo. **CFR.** proto-. **3** Elementare, privo di complicazioni o di difficoltà (spec. in contrapposizione a complesso): *ragioni semplici da capire*; *comincerò la lezione dagli argomenti più semplici*; *l'esposizione dei fatti è stata s. e piana* | Facile: *non sarà s. indurlo a partire.* **4** Privo di ornamenti eccessivi, di artifici: *vestito, decorazione, arredamento s.* | Privo di affettazione, di ricercatezza: *stile s.*; *vita s.*; *abitudini, gusti, semplici*; *cose semplici* | (*mus.*) Indicazione con cui si richiede un'esecuzione senza ricercatezze | (*mus.*) ***Intervallo s.***, quello che non eccede l'ottava | (*mus.*) ***Suono s.***, quello puro, senza armonici. **5** Detto di persona, schietto, sincero, senza malizia: *gente s.*; *è un ragazzo s. e buono* | Inesperto, ingenuo: *una contadina s. e rozza* | (*est.*) Sciocco, poco accorto: *ma quanto sei s.!*; *che anima s.!* **6** Preposto a un s. ha valore enfatico e rafforzativo e significa 'solamente, nient'altro che, niente più che': *è una s. domanda*; *non offenderti per un s. dubbio*; *mi basta una s. firma*; *non è che un s. impiegato* | Anche unito a *puro*, preposto o posposto a un s.: *dimmi la pura e s. verità*; *è ignoranza pura e s.* **7** Posposto a un s. indica il grado più basso di una carriera, una gerarchia, e sim.: *segretario s.* | ***Soldato s.***, non graduato. **8** (*ling.*) Breve. ‖ **semplicemènte**, **avv.** **1** In modo semplice, con naturalezza: *parlare, vestire semplicemente.* **2** Solamente: *dico semplicemente questo!*; veramente: *un film semplicemente meraviglioso.* **B s. m. e f.** ● Persona schietta, priva di malizia, e spesso sciocca, poco accorta: *gabbare i semplici.* ‖ **semplicèllo**, **dim.** | **semplicètto**, **dim.** | **semplicino**, **dim.** | **semplicióne**, **accr.** (V.) | **sempliciòtto**, **dim.** (V.).

sémplice (**2**) [dal lat. mediev. *medicamĕntum sĭmplex* 'medicina semplice'; 1544] **s. m.** ● (*al pl.*) Erba medicinale | Farmaco, rimedio composto con erbe medicinali | ***Giardino dei semplici***, in cui si coltivano erbe medicinali | ***Lettura dei semplici***, antico insegnamento universitario dedicato alla descrizione delle erbe medicinali e delle loro applicazioni.

sempliciàrio [da *semplice* (*2*); 1618] **s. m.** ● (*raro*) Libro che tratta delle erbe medicinali e delle loro virtù terapeutiche.

semplicióne [accr. di *semplice* (*1*); 1560] **agg.**; anche **s. m.** (**f.** *-a*) ● Che (o Chi) è ingenuo, sincero, alla buona.

semplicioneria [1840] **s. f.** ● Caratteristica, condizione di chi è semplicione | Dabbenaggine.

sempliciòtto [dim. di *semplice* (*1*); av. 1470] **agg.**; anche **s. m.** (**f.** *-a*) ● Che (o Chi) è eccessivamente ingenuo e poco accorto. **SIN.** Babbeo, citrullo, grullo. **CONTR.** Furbacchione.

semplicismo [da *semplice* (*1*), con *-ismo*; 1904] **s. m.** ● Maniera troppo semplice e superficiale di ragionare, considerare e sim.: *peccare di s.*

semplicista (**1**) [da *semplice* (*1*), con *-ista*; 1886] **A s. m. e f.** (**pl. m.** *-i*) ● Chi ragiona, giudica e sim., con semplicismo. **B agg.** ● Semplicistico.

semplicista (**2**) [da *semplice* (*2*), con *-ista*; 1544] **s. m. e f.** (**pl. m.** *-i*) **1** Anticamente, studioso delle proprietà delle erbe medicinali. **2** Erborista.

semplicistico [da *semplicista* (*1*); 1919] **agg.** (**pl. m.** *-ci*) ● Che pecca di semplicismo: *affrontare la complessità del reale rifiutandosi alle visioni semplicistiche* (CALVINO). ‖ **semplicisticaménte**, **avv.**

semplicità o †**simplicità** [dal lat. *simplicitāte(m)*, da *sĭmplex*, genit. *sĭmplicis* 'semplice', con troncamento finale; av. 1292] **s. f.** **1** Condizione, caratteristica di chi (o di ciò che) è semplice. **2** Naturalezza, spontaneità, sobrietà: *vestire, comportarsi, vivere, con s.*; *s. di modi, di stile.* **3** Inesperienza, ingenuità, dabbenaggine: *tutti approfittano della sua s.*

semplicizzàre [da *semplice* (*1*); 1796] **v. tr.** ● (*raro*) Semplificare.

semplificàre [dal lat. mediev. *simplificāre*, comp. di *sĭmplex* (nom.) 'semplice' e *-ficāre*; 1715] **A v. tr.** (*io semplifico, tu semplifichi*) ● Rendere semplice o più semplice: *bisogna s. le cose, non complicarle* | ***S. una frazione***, ridurre una frazione ai minimi termini, cioè con numeratore e denominatore primi tra loro. **B v. intr. pron.** ● Diventare più semplice, più facile: *la questione si semplifica.*

semplificativo [1990] **agg.** ● Atto a semplificare.

semplificatóre [1896] **s. m.**; anche **agg.** (**f.** *-trice*) ● Chi (o Che) semplifica.

semplificazióne [dal lat. mediev. *simplificatiōne(m)*, da *simplificāre* 'semplificare'; av. 1712] **s. f.** ● Il semplificare, il semplificarsi, il venire semplificato.

♦**sémpre** [lat. *sĕmper* 'sempre', comp. di *sĕm-*, dalla radice indeur. **sem-* 'una volta' e *pĕr* 'per': propr. 'una volta per tutte'. V. *semplice* (*1*); av. 1243] **avv.** **1** Senza interruzione, senza termine di tempo (indica continuità ininterrotta nel tempo passato o futuro o in entrambi): *Dio s. è stato e s. sarà*; *il mondo non durerà s.*; *è s. stato così*; *ti vorrò s. bene*; *ho s. fatto del mio meglio*; *s. caro mi fu quest'ermo colle* (LEOPARDI); *le cose, dal niente nate, / tornare s. al niente* (CAMPANELLA) | Con valore raff. (*fam.*) ***s. e poi s.***: *ne avrà s. e poi s. rimorso* | Con valore raff. (*lett.*) ***s. mai, mai s.***: *per far s. mai verdi i miei desiri* (PETRARCA) | (***Per***) ***s. tuo***, (***per***) ***s. vostro***, nella chiusa delle lettere o nelle dediche, precede la firma ed esprime devozione immutata | (con valore raff.) ***Per s.***, per tutto il tempo, per l'eternità: *Dio regnerà per s.*; *ci ameremo per s.*; *gli avari sono dannati per s.* | ***Lasciarsi, dirsi addio per s.***, in modo definitivo | ***Te lo dico una volta per s.***, una sola volta, una volta per tutte | ***Da s.***, fin dall'origine, da lunghissimo tempo, fin dove giunge il ricordo: *il mondo è così da s.*; *ci conosciamo da s.* | ***Di s.***, di tutti i tempi, di ogni occasione o circostanza (con valore

sempre che /sɛmpre'ke*, 'sempreke*/, (raro) **sempreché** [comp. di *sempre* e *che* (cong.); 1308] **loc. cong.** 1 Purché, ammesso che (introduce una prop. condiz. con il v. al congv.): *lo farò, sempre che tu lo voglia; rimedieremo, sempre che sia ancora possibile.* 2 †Ogni volta che (introduce una prop. rel. con valore temporale e il v. all'indic.): *sempre che presso gli venia, quanto potea con mano ... la lontanava* (BOCCACCIO). 3 †Finché (introduce una prop. temp. con il v. all'indic.): *tu con tuo danno ti ricorderai, sempre che tu ci viverai, del nome mio* (BOCCACCIO).

sempreverde [comp. di *sempre* e *verde*; 1623] **A s. m. e f.** 1 Vegetale che non rimane mai completamente privo di foglie: *siepe di s.* 2 (*fig.*) Calco dell'ingl. *evergreen* (V.). **B** anche **agg.**: *pianta s.*

†**sempreviva** **s. f.** ● (*bot.*) Semprevivo.

semprevivo [dal lat. tardo *sempervīvu(m)*, comp. di *sĕmper* 'sempre' e *vīvus* 'vivo', con sovrapposizione di *sempre*; 1542] **s. m.** ● Erba delle Crassulacee con foglie carnose a rosetta e fiori rossicci (*Sempervivum tectorum*).

†**semprice** ● V. *semplice* (1).

Sempronio [dal lat. *Semprōniu(m)*, gentilizio rom.; 1757] **s. m.** (f. *-a*) ● Designazione di persona ipotetica qualsiasi: *non è il caso di parlarne con Tizio, Caio o S.*

†**semunciale** ● V. *semionciale*.

†**semùto** **agg.** ● (*raro*) Fornito di semi.

sèna (1) o **sènna** [dall'ar. *sanā*; av. 1320] **s. f.** ● Pianta arbustiva delle Leguminose a foglie pennate e grappoli di fiori gialli, usata in medicina (*Cassia angustifolia*). ➡ ILL. **piante**/6.

sèna (2) [lat. *sēna*, nt. pl. sost. dell'agg. distr. *sēni* 'sei a sei', da *sĕx* 'sei'; 1873] **s. f.** ● (*tosc.*) Doppio sei nel gioco dei dadi o del domino: *fare, avere s.*

senàle [dal lat. *sēni* (nom. pl.) 'sei a sei', con *-ale*; av. 1348] **s. m.** ● (*mar.*) Albero cilindrico disposto lungo la generatrice poppiera degli alberi maggiori portanti vele quadre e destinato alla guida della gola del picco che vi corre sopra | Canapo a sei cordoni, usato per sartia degli alberi maggiori. || **senalètto**, dim.

sènapa (o *-è-*) ● V. *senape*.

senapàto [1899] **agg.** ● Che contiene senape | Che è preparato con senape: *empiastro, cataplasma, s.*

sènape (o *-è-*) o (*lett.*) **sènape** (o *-è-*), †**sènepa** (o *-è-*) [lat. *sināpe(m)*, dal gr. *sínapi*, di orig. egiz.; av. 1320] **A s. f.** 1 Pianta erbacea delle Crocifere coltivata per i semi giallo-rossastri o rosso-nerastri finemente triginati, impiegati in medicina e in culinaria (*Brassica alba, Brassica nigra*). ➡ ILL. **piante**/4; **spezie**. 2 Salsa piccante a base di farina di senape: *bollito con s.* | *far venire la s. al naso*, stizzirsi, fare stizzire. **B** in funzione di **agg. inv.** ● (*posposto a un s.*) Che ha il colore intermedio tra il marrone e il giallo spento caratteristico delle salse omonime.

senapièra [1846] **s. f.** ● Vasetto per contenere la salsa di senape o altre salse piccanti.

senapìsmo [vc. dotta, dal lat. *sinapīsmu(m)*, dal gr. *sinapismós*, da *sínapi* 'senape'; 1573] **s. m.** 1 Cataplasma revulsivo fatto con farina di senape. 2 (*disus., fig.*) Persona o cosa noiosa e insopportabile.

senàrio [vc. dotta, dal lat. *senāriu(m)*, da *sēni* (nom. pl.), distr. di *sĕx* 'sei'; av. 1565] **A s. m.** 1 Nella metrica italiana, verso la cui ultima sillaba accentata è la quinta; è composto di sei sillabe se termina con parola piana: *Fantasma tu giungi* (PASCOLI) (V. nota d'uso ACCENTO). 2 *S. giambico*, nella metrica classica, verso formato di sei piedi a base giambica, che corrisponde al trimetro giambico greco. || **senariètto**, dim. **B** anche **agg.**: *verso s.*

senàto (1) o †**sanàto** (2) [dal lat. *senātu(m)* 'assemblea di anziani', da *sĕnex* 'vecchio', di orig. indeur. V. *sene*; av. 1306] **s. m.** (spesso scritto con iniziale maiuscola nei sign. 1, 2 e 3) 1 Nell'antica Roma, consiglio composto prima di anziani, poi di dignitari, a fianco del magistrato e dell'assemblea popolare nel governo della cosa pubblica. 2 Uno dei due rami del Parlamento: *il disegno di legge è già stato approvato dal s.* 3 *S. accademico*, organo deliberativo delle università che esercita funzioni di indirizzo e governo di carattere generale, con specifica competenza in materia didattica e di ricerca. 4 (*est.*) Sede del senato: *recarsi in s.* | Adunanza, riunione, del senato: *parlare in s.* 5 (*raro, scherz.*) Gruppo, riunione, di persone anziane.

senàto (2) [associazione scherz. di parole, per *seno*; 1991] **s. m.** ● (*pop., scherz.*) Voluminoso seno femminile: *Che occhi! ... Che bocca! Che s.!* (GOLDONI).

senatoconsùlto [vc. dotta, dal lat. *senātus consŭltu(m)* 'decreto del senato'. V. *consulto*; av. 1580] **s. m.** ● Nell'antica Roma, parere espresso dal Senato sulle questioni sottopostegli.

senatoràto [av. 1742] **s. m.** ● (*raro*) Ufficio, carica di senatore.

senatóre [dal lat. *senātōre(m)*, connesso con *senātus* 'senato'; 1312] **s. m.** (f. *-trice*) 1 Membro del Senato: *essere eletto s.; è stato nominato s. a vita.* 2 (*fig., scherz.*) Persona autorevole, spec. anziana.

senatoriàle [da *senatore*, sul modello del fr. *sénatorial*; sec. XVIII] **agg.** ● Del senato, dei senatori.

senatòrio [vc. dotta, dal lat. *senatōriu(m)*, da *senātor* 'senatore'; 1308] **agg.** ● (*lett.*) Che si riferisce al Senato o ai senatori | *Provincia senatoria*, nell'antica Roma, quella il cui governatore era nominato dal Senato. || **senatoriaménte**, avv. Alla maniera dei senatori.

†**sène** [vc. dotta, dal lat. *sĕne(m)* 'vecchio', dalla radice indeur. **seno-* 'vecchio'; 1321] **agg.**: anche **s. m.** ● (*poet.*) Vecchio.

senècio o **senecióne** [vc. dotta, dal lat. *senecióne(m)*, propr. 'vecchio', da *sĕnex* 'vecchio' per la peluria dei capolini simili a capelli bianchi; av. 1577] **s. m.** ● (*bot.*) Genere di piante della famiglia delle Composite, d'aspetto molto vario, diffuse spec. in climi temperati (*Senecio*).

senegalése [1771] **A agg.** ● Del Senegal. **B s. m. e f.** ● Abitante del Senegal.

†**sènepa** ● V. *senape*.

senescènte [vc. dotta, dal lat. *senescĕnte(m)*, part. pres. di *senescĕre* 'invecchiare', da *sĕnex* 'vecchio'; 1598] **agg.** ● (*lett.*) Che sta invecchiando, che è nel periodo della senescenza, detto spec. di persona.

senescènza [da *senescente*; 1895] **s. f.** ● Insieme dei fenomeni involutivi e di esaurimento di molte funzioni organiche che seguono al periodo di accrescimento e di stato di un organismo | (*fig.*) Decadenza.

senése o †**sanése** [da *Siena*, con *n* non dittongata perché in posizione atona; 1313] **A agg.** ● Di Siena. **B s. m. e f.** ● Abitante, nativo di Siena. **C s. m. solo sing.** ● Dialetto del gruppo toscano parlato a Siena.

senesìsmo [da *senese*, con *-ismo*; 1872] **s. m.** ● Espressione tipica del dialetto senese entrata in un altro dialetto o nella lingua italiana.

†**senèstro** ● V. *sinistro*.

†**senètta** [vc. dotta, dal lat. *senĕcta(m)* 'vecchiaia', da *sĕnex* 'vecchio'] **s. f.** ● (*poet.*) Vecchiaia: *l'anima nobile nella s. si è prudente* (DANTE).

†**senettùte** o †**senettù**, †**senettùde** [vc. dotta, dal lat. *senectūte(m)* 'vecchiaia', da *sĕnex* 'vecchio'; sec. XIII] **s. f.** ● (*lett.*) Vecchiaia.

senhal /provz. se'ɲal/ [vc. provz., propr. 'segnale' (V.); 1942] **s. m. inv.** ● Nell'antica poesia provenzale, nome fittizio che adombrava la donna amata, secondo un uso cortese diffusosi anche nella lirica italiana dei primi secoli.

senìle [dal lat. *senīle(m)*, da *sĕnex* 'vecchio'; 1336 ca.] **agg.** ● Di vecchio, da vecchio, attinente a vecchio: *età, esperienza, malattia s.* || **senilménte**, avv. Da vecchio.

senilìsmo [da *senile*, con *-ismo*; 1912] **s. m.** ● Vecchiezza prematura.

senilità [da *senile*; 1611] **s. f.** ● Vecchiezza, vecchiaia | (*med., biol.*) Insieme dei caratteri morfologici e funzionali propri dell'uomo in età avanzata.

senilizzazióne [da *senile*; 1974] **s. f.** ● Invecchiamento, con riferimento alle persone e al loro livello generazionale: *la s. dell'agricoltura*.

†**sènio** [vc. dotta, dal lat. *sĕniu(m)* 'decrepitezza', connesso con *sĕnex* 'vecchio'; 1308] **s. m.** ● (*lett.*) Massima età dell'uomo.

senior [vc. lat., propr. compar. di *sĕnex* 'vecchio'; 1845] **A agg. inv.** ● Posposto a nomi propri di persona significa 'più vecchio', ed è usato in caso di omonimia nell'ambito di una stessa famiglia: *Mario Rossi s.* CONTR. Junior. **B agg. inv.** ● anche **s. m. e f.** (*pl.* seniores nel sign. 1) 1 (*sport*) Che o Chi appartiene a una categoria superiore per età che per requisiti tecnici. CONTR. Junior. 2 (*org. az.*) Persona con cultura ed esperienza professionali nella mansione, acquisite in precedenti attività: *consulenti s.*

seniòre o **seniòre** [vc. dotta, dal lat. *seniōre(m)*, compar. di *sĕnex* 'vecchio'; 1319] **s. m.** 1 (*lett.*) Persona più vecchia e autorevole. 2 (*st.*) Grado della milizia fascista corrispondente a quello del maggiore nell'esercito.

seniscàlco ● V. *siniscalco*.

sènna ● V. *sena* (1).

sennàto [da *senno*. V. *assennato*; av. 1294] **agg.** ● (*region.*) Assennato.

sènno [dall'ant. fr. *sen*, risalente al francone *sin* 'senno'. V. ted. *Sinn*; av. 1292] **s. m.** 1 Facoltà di discernere, giudicare, agire e sim. con sensatezza, prudenza, avvedutezza: *il s. vince l'astuzia; il s. dei vecchi; il s. antico; chi non usa il s. non si corregge, ... merita essere né maestro né padre* (ALBERTI) | *Di s.*, assennato | *Il s. di poi*, il fatto di esprimere giudizi o valutazioni riguardo a qlco. che, ormai risolta e conclusa, rende inutile ogni commento | († o *region.*) †*Da s.*, sul serio: *Non so se parlate da s. o per celia* (CALVINO). 2 Capacità di intendere, di ragionare, di capire: *Astolfo andò nella luna a cercare il s. di Orlando* | *Perdere il s., uscire di s.*, impazzire | *Tornare in s., rinsavire.* 3 †Parere, volontà | *†A s.*, secondo la volontà, l'arbitrio: *a s. mio; a s. altrui.* 4 †Senso | *S. comune*, senso comune. || PROV. Del senno di poi son piene le fosse. || **sennìno**, dim. | **sennùccio**, dim.

sennò ● V. *se no*.

sennonché ● V. *se non che*.

se no /sen'nɔ*/ o **sennò**, †**se non** [comp. di *se* (1) e *no*; 1876] **avv.** ● (*fam.*) Altrimenti, diversamente, in caso contrario: *se sai, parla, se no taci; fai presto, se no me ne vado.*

sèno (1) [lat. *sĭnu(m)* 'seno, golfo', di etim. incerta; 1308] **s. m.** 1 Petto: *stringersi qlcu. al s.; chinare il capo sul s.* | (*est.*) Petto di donna, mammelle femminili: *s. eburneo, candido, floscio; il s. sinistro, il s. destro; coprire, coprirsi, scoprirsi il s.; allattare un neonato al s.* 2 (*eufem.*) Utero, ventre materno: *frutto del suo s.; portare un figlio in s.* 3 Spazio situato sotto un indumento che copre il petto; *trarre qlco. di s.; nascondere, mettere, qlco. in s.* | *Nutrire, allevare una serpe in s.*, (*fig.*) beneficare chi si rivelerà ingrato in s. 4 (*fig.*) Animo, cuore, intimità della coscienza: *nutrire un sentimento in s.; confidare, versare i propri dolori in s. a un amico; deporre un segreto in un s. fidato.* 5 (*lett.*) Sinuosità, piega: *il s. della veste, della toga* | (*fig.*) Parte interna, cavità, interno: *nel s. della terra, della montagna.* 6 Nelle loc. *in s. a, nel s. di*, entro, nel mezzo, nell'ambito: *tornare in s. alla famiglia; in s. all'assemblea; nel s. della fede, della Chiesa.* 7 (*anat.*) Cavità | *S. mammario*, depressione compresa tra le mammelle | *S. carotideo*, piccola dilatazione fusiforme dell'arteria carotide che regola la pressione del sangue | *S. durale*, formazione venosa della duramadre | *S. paranasale*, cavità delle ossa della faccia e della volta cranica, comunicante con il naso | *S. delle vene cave*, porzione dell'atrio destro che riceve lo sbocco delle vene sistemiche e di quelle cardiache | *S. venoso*, qualsiasi struttura vasale relativamente ampia nella quale scorre sangue venoso. ➡ ILL. p. 2127 ANATOMIA UMANA. *8* Insenatura | Porzione di mare che si insinua dentro terra. *9* (*lett.*) †Capacità di comprendere: *hanno a tanto comprender poco s.* (DANTE *Inf.* XXVIII, 6).

séno (2) [dal lat. mediev. *sīnu(m)* 'seno', calco sull'ar. *ǧayb* 'apertura della veste' e anche 'seno', in quest'ultimo sign. risalente al sanscrito *jīva* 'corda'; 1436] s. m. ● (*mat.*) Funzione trigonometrica | *S. di un angolo*, funzione che associa a un angolo, formato da un segmento unitario e da una retta, la misura con segno della distanza tra l'estremo libero del segmento e la retta; in un triangolo rettangolo, misura con segno del rapporto tra il lato opposto all'angolo dato e l'ipotenusa.

sèno- ● V. *xeno-*.

senoatriàle [comp. di *seno* (*1*) e *atriale*; 1960] agg. ● (*anat.*) Relativo al seno delle vene cave e all'atrio destro | *Nodo s.*, gruppo di cellule specializzate del miocardio che danno l'avvio alla contrazione cardiaca.

senodòchio ● V. *xenodochio*.

senofilìa ● V. *xenofilia*.

senòfilo ● V. *xenofilo*.

senofobìa ● V. *xenofobia*.

senòfobo ● V. *xenofobo*.

senoglossìa ● V. *xenoglossia*.

senologìa [comp. di *seno* (*1*) e *-logia*; 1982] s. f. ● (*med.*) Branca specialistica della medicina che studia gli aspetti anatomo-patologici del seno.

senològico [1982] agg. (pl. m. *-ci*) ● (*med.*) Pertinente alla senologia.

senòlogo [da *senologia*; 1985] s. m. (f. *-a*; pl. m. *-gi*) ● (*med.*) Medico specialista in senologia.

†**se non** /sen'non/ ● V. *se no*.

se non che /sennoŋ'ke*, sen'noŋke*/ o **senonché** nel sign. A 1, **sennonché** nel sign. A 2 [comp. di *se* (*1*), *non* e *che* (cong.); 1353] **A** cong. *1* (*lett.*) Tranne che, fuorché (introduce una prop. eccettuativa con il v. all'indic.): *non so altro se non che bisogna fare ogni sforzo per riuscire* | (*lett.*) †Se non è, se non fosse che: *e se non ch'al disio cresce la speme, / i' cadrei morto* (PETRARCA). *2* Ma (con valore avversativo, introduce una prop. coordinata): *avrei voluto finire il lavoro ieri, se non che un'improvvisa difficoltà me l'ha impedito.* **B** avv. ● †Altrimenti, in caso contrario: *noi intendiamo che tu ci doni due paia di capponi, se non che noi diremo a monna Tessa ogni cosa* (BOCCACCIO).

†**sensàio** s. m. ● Sensale.

sensàle [dall'ar. *simsār* 'mediatore', dal persiano *sāpsār*; 1309] s. m. e f. (f. anche †*-a*) ● Mediatore, agente, spec. nel settore agricolo o zootecnico | *S. marittimo*, mediatore in noleggi di navi. || **sensalàccio**, pegg. | **sensalétto**, dim. | **sensalùccio**, dim.

†**sensalerìa** [da *sensale*; sec. XVIII] s. f. ● (*raro*) Senseria.

†**sensarìa** ● V. *senseria*.

sensatézza [da *sensato* (*1*); 1735] s. f. ● Caratteristica di chi (o di ciò che) è sensato.

sensàto (1) [dal lat. tardo *sensātu(m)*, da *sēnsus* 'senso, intelligenza'; 1308] agg. ● Che ha, che dimostra buon senso, giudizio, assennatezza: *discorso s.*; *ragazzo s.*; *risposta sensata.* || **sensataménte**, avv. *1* In modo sensato, con assennatezza. *2* †In modo chiaro, evidente.

†**sensàto** (2) [da *senso*; av. 1348] **A** agg. ● Sensibile, percepibile dai sensi. **B** s. m. ● (*lett.*) †Esperienza sensibile.

sensazionàle [dal fr. *sensationnel*, da *sensation* 'sensazione'; 1881] agg. ● Che suscita grande curiosità, interesse, emozione e sim.: *notizia, avvenimento, spettacolo, s.* || **sensazionalménte**, avv.

sensazionalìsmo [fr. *sensationnalisme*, da *sensationnel* 'sensazionale'; 1965] s. m. ● Tendenza a diffondere notizie sensazionali o a presentarle in modo esagerato.

sensazionalìstico [da *sensazionale*; 1936] agg. (pl. m. *-ci*) ● Che tende al sensazionalismo o lo alimenta: *notizia, stampa sensazionalistica.*

♦**sensazióne** [dal lat. mediev. *sensatiōne(m)*, dal classico *sēnsus* 'senso'; per calco sul fr. *faire sensation, à sensation* 'ad effetto' nel sign. 3; av. 1460] s. f. *1* (*fisiol.*) L'unità elementare e non analizzabile di ciò che si percepisce quando certi organi recettori sono stimolati. CFR. estesio-, -estesia. *2* (*gener.*) Impressione, presentimento: *ho la s. che quel ragazzo finirà male.* *3* Senso di viva impressione, stupore, sorpresa, interesse e sim., spec. nella loc. *fare s.*, *gran s.*, *molta s.* | *A s.*, a forti tinte, che produce grandi effetti: *dramma a s.*

sense of humour /sens əf 'jumor, *ingl.* ˌsensəf 'hjuːmə/ [loc. ingl., propr. 'senso di umorismo'; 1965] loc. sost. m. inv. ● Senso dell'umorismo, spirito.

senserìa o †**sensarìa** [da *sensale*; 1309] s. f. ● Attività svolta dal sensale | Compenso spettante al sensale per le sue prestazioni: *Viveva con le poche lire guadagnate dalla s. del vino* (DELEDDA).

♦**sensìbile** [vc. dotta, dal lat. *sensībile(m)*, da *sēnsus*, part. pass. di *sentīre* 'percepire'; av. 1294] **A** agg. (assol.; + *a*) *1* Che si apprende, si percepisce, si conosce e sim. mediante i sensi: *mondo s.*; *esperienza s.*; *cose sensibili.* *2* Che si manifesta ai sensi in modo evidente: *rumore, suono appena s.* | Che si fa sentire con una certa intensità: *s. miglioramento* | Notevole, rilevante: *la differenza fra i due è s.*; *è stato un s. danno.* *3* Che sente, riceve impressioni attraverso i sensi: *l'uomo è un essere s.* | Che risponde in modo intenso a uno stimolo: *gli occhi sono molto sensibili alla luce artificiale.* *4* (*fig.*) Che si dimostra particolarmente ricettivo nei confronti di dati stimoli: *essere s. al fascino femminile, alla bellezza, alle lodi, ai rimproveri.* *5* Che sente in modo particolarmente intenso determinate situazioni emotive, ambientali e sim.: *ha un carattere troppo s.*; *è una bambina molto s.* SIN. Sensitivo. CONTR. Insensibile. *6* (*tecnol.*) Detto di strumento di misura, che avverte le variazioni della grandezza da misurare. *7* (*fot.*) *Materiale s.*, ricoperto da una speciale emulsione che lo rende atto a essere impressionato dalla luce. || **sensibilménte**, avv. *1* In modo sensibile, con i sensi: *comprendere sensibilmente.* *2* Molto, notevolmente: *la qualità è sensibilmente aumentata.* *3* †Fisicamente. **B** s. m. ● Ciò che si può apprendere, percepire, conoscere e sim. mediante i sensi. **C** s. f. ● (*mus.*) Settimo grado della scala diatonica, cosiddetto per l'impulso dinamico verso la tonica.

sensibilità [vc. dotta, dal lat. tardo *sensibilitā-te(m)*, da *sensĭbilis* 'sensibile'; sec. XIV] s. f. (assol.; + *a*; + *per*) *1* Facoltà di ricevere impressioni mediante i sensi: *perdere, riacquistare, la s.*; *la s. di un muscolo*; *avere s. al dolore*; *s. della pelle alla luce solare.* CFR. estesio-, -estesia. *2* Disposizione a sentire vivamente emozioni, sentimenti, affetti: *persona di grande s.*; *s. d'animo*; *s. acuta, morbosa, malata* | Predisposizione estetica: *s. per la musica, per la pittura*; *s. artistica* | Squisitezza, finezza, delicatezza: *un'opera di raffinata s.*; *suona con grande s.* | Interesse, ricettività, capacità di cogliere problemi, fenomeni sociali e sim.: *s. ai problemi ambientali*; *dimostrare s. per i disadattati, per l'assistenza agli anziani.* *3* *S. delle emulsioni fotografiche*, capacità delle emulsioni di dare immagini sotto l'azione delle radiazioni elettromagnetiche | *S. della pellicola*, grado di rapidità con la quale i granuli dell'emulsione fotografica si modificano sotto l'azione della luce | *S. di un radioricevitore*, capacità di un radioricevitore di ricevere segnali deboli. *4* (*fis.*) Negli strumenti di misura, rapporto tra la variazione che viene osservata da chi legge lo strumento e la variazione della grandezza misurata. CFR. Precisione, riproducibilità.

sensibilizzàre [da *sensibile*; 1922] **A** v. tr. *1* Rendere sensibile o più sensibile | (*biol., med.*) Provocare un processo di sensibilizzazione. *2* (*fig.*) Rendere cosciente, consapevole, di un problema, una situazione e sim.: *s. i giovani ai problemi dell'ambiente.* *3* In fotomeccanica, stendere sulla lastra l'emulsione sensibile alla luce. **B** v. intr. pron. *1* (*fig.*) Diventare consapevole, sensibile, nei confronti di un determinato problema. *2* (*biol., med.*) Subire un processo di sensibilizzazione.

sensibilizzatóre [da *sensibilizzare*; 1940] **A** agg. (f. *-trice*) ● (*med.*) Detto di agente che determina la sensibilizzazione. **B** s. m. ● (*chim.*) Composto alterabile alla luce usato nella preparazione di gelatine fotografiche | Sostanza capace di accelerare una reazione a catena.

sensibilizzazióne [1957] s. f. *1* Il sensibilizzare, il rendere sensibile: *la s. dell'opinione pubblica sul problema dei diritti umani.* *2* (*fot.*) Operazione mediante la quale l'emulsione sensibile viene resa idonea a subire l'azione fotochimica della luce. *3* (*biol., med.*) Esposizione di un organismo a un determinato allergene (farmaco, polline, siero o altro), che provoca una successiva reazione di ipersensibilità nei confronti dello stesso.

sensìle [prob. sp. *sencillo*, dal lat. parl. **singĕllu(m)*, dim. di *sĭngulus* 'singolo'; 1957] agg. ● (*mar.*) Semplice, ordinario | *Remo s.*, (*ellitt.*) *sensile*, maneggiato da un solo rematore.

sensìsmo [da *senso*, con *-ismo*; 1870] s. m. ● Ogni dottrina filosofica per cui la sensazione rappresenta la condizione necessaria e sufficiente di ogni conoscenza: *il s. di Condillac.*

sensìsta [da *senso*, con *-ista*; 1732] **A** s. m. e f. (pl. m. *-i*) ● Chi segue o si ispira al sensismo. **B** agg. ● (*raro*) Sensistico.

sensìstico [1873] agg. (pl. m. *-ci*) ● Che concerne o interessa il sensismo. || **sensisticaménte**, avv.

sensitìva [f. sost. di *sensitivo*; 1735] s. f. *1* Pianta delle Mimosacee a fusto erbaceo e spinoso, foglie composte che si ripiegano appena toccate e fiori rosa (*Mimosa pudica*). *2* (*fig., lett.*) Persona delicata, che fa la ritrosa: *con quell'aria di innocentina e di s.* (BACCHELLI).

sensitività [1818 ca.] s. f. ● Caratteristica di chi (o di ciò che) è sensitivo.

sensitìvo [dal lat. mediev. *sensitīvu(m)*, dal classico *sēnsus*, part. pass. di *sentīre* 'percepire'; 1294] **A** agg. *1* Relativo all'attività dei sensi, alla capacità di sentire, conoscere e sim. attraverso i sensi: *facoltà sensitiva*; *istinto s.* | *Vita sensitiva*, dei sensi, comune agli uomini e agli animali, spec. in contrapposizione a *vita vegetativa* | *Anima sensitiva*, nella psicologia aristotelica, una delle determinazioni fondamentali dell'anima che presiede alle funzioni motorie, sensoriali e percettive degli animali e dell'uomo. *2* Della sensazione | *Sistema nervoso s.*, che ha la funzione di avvertire e analizzare gli stimoli. *3* Detto di persona che si lascia facilmente influenzare da situazioni emotive: *carattere s.*; *natura troppo sensitiva.* SIN. Sensibile. || **sensitivaménte**, avv. **B** s. m. (f. *-a*) *1* Persona sensitiva. *2* (*psicol.*) In parapsicologia, persona che può ricevere stimoli che normalmente non vengono avvertiti.

sensitogràmma [comp. di *sensit(ivo)* e *-gramma*] s. m. (pl. *-i*) ● (*ottica*) Striscia di materiale fotografico impressionata da un'estremità all'altra con intensità di luce crescente e sviluppata in condizioni standard, mediante un sensitometro.

sensitometrìa [comp. di *sensit(ivo)* e *-metria*; 1932] s. f. ● (*ottica*) Misurazione della sensibilità delle emulsioni fotografiche alle radiazioni visibili e invisibili.

sensitomètrico [1960] agg. (pl. m. *-ci*) ● (*ottica*) Relativo alla sensitometria o al sensitometro: *scala sensitometrica, gradi sensitometrici.*

sensitometrìsta [da *sensitometr(o)* col suff. *-ista*] s. m. e f. (pl. m. *-i*) ● (*ottica*) Negli impianti di sviluppo e stampa di emulsioni fotografiche, tecnico addetto al sensitometro.

sensitòmetro [comp. di *sensit(ivo)* e *-metro*; 1932] s. m. ● (*ottica*) Apparecchio destinato alla misurazione della sensibilità delle emulsioni fotografiche.

sensìvo agg. *1* †Molto sentito, intenso. *2* (*lett., raro*) Sensibile. || †**sensivaménte**, avv. Sensibilmente.

♦**sènso** [dal lat. *sēnsu(m)*, da *sentīre* 'percepire'; av. 1292] s. m. (pl. †*sènsora*, f., raro) *1* Facoltà di sentire, di ricevere impressioni prodotte da stimoli esterni: *l'uomo è dotato di s.*; *errore, illusione, dei sensi* | Ciascuna delle funzioni di percezione dell'organismo umano: *i cinque sensi*; *il s. della vista, dell'udito, dell'odorato, del gusto, del tatto*; *organi dei sensi* | *Cadere sotto i sensi*, di cosa concreta, tangibile | *Sesto s.*, sensibilità particolarmente acuta, capacità di previsione, intuito. *2* (*al pl.*) Coscienza, consapevolezza, di sé e delle proprie azioni: *perdere, recuperare, riacquistare, i sensi*; *tornare in sensi.* *3* (*al pl.*) Sensualità, impulsi sensuali: *piaceri dei sensi*; *peccato dei sensi*; *languore, sopore, dei sensi*; *abbandonarsi ai sensi*; *mortificare i sensi*. *4* Percezione, avvertimento, di sensazioni o condizioni fisiche o psichiche, spec. vaghe: *avvertire, provare, un s. di benessere, di malessere, di stanchezza, di disgusto, di languore allo stomaco*; *provare un s. di tristezza*; *sentire un s. di vuoto*; *penso a lui con un s. di nostalgia*; *quelle parole ci lasciarono un s. di delusione* | Sentimento: *provare un s. di vergogna*; *andai per un s. di dignità*; *provo per loro un vivo s. di gratitudine*; *è una donna di alti sensi* | ***S. di colpa***, sensazione di aver violato principi etici o religiosi, accompagnata da rimorso | Impressione, spec. sgradevole, nella loc. ***fare s.***: *quell'uomo mi fa s.* *5* (*al pl.*) Espressione di un sentimento, spec. nei saluti epistolari: *con i sensi della nostra stima*; *gradite i sensi della mia devozione* e sim. *6* Capacità di intuire, comprendere, discernere: *avere, non avere, s. della giustizia, della decenza, dell'onore, dell'opportunità* e sim.: *avere il s. della proporzione*; *essere scarso, privo di s. dell'orientamento*; *quel quadro offende il nostro s. estetico* | ***S. comune***, il modo di intendere e giudicare della maggior parte della gente | ***S. critico***, autonoma capacità di giudizio | ***S. della misura***, moderazione | ***S. morale***, capacità di discernere tra il bene e il male | ***S. pratico***, capacità di affrontare e risolvere i fatti della vita pratica | ***Buon s.***, V. *buonsenso*. *7* (*spec. al sing.*) Significato, concetto espresso da una parola, una frase e sim.: *s. chiaro, oscuro*; *s. letterale, proprio*; *s. estensivo, traslato, figurato*; *spiegare il s. di un vocabolo*; *nel pieno, nel vero s. della parola*; *il s. riposto, recondito, ambiguo, misterioso di una frase*; *capire il s. di un brano*; *non ha colto il s. della frase*; *non interpreti il passo nel suo vero s.*; *dimmi in breve il s. del racconto* | ***Ripetere qlco. a s.***, ripetere il contenuto di ciò che si è letto, ascoltato e sim., con parole proprie, non a memoria | ***Spiegare, tradurre qlco. a s.***, rendendone il significato, non alla lettera | ***Costruzione a s.***, senza rigore grammaticale | ***Doppio s.***, parola, frase e sim., che si presta a una doppia interpretazione, spec. licenziosa; ambiguità di significato: *non mi piacciono i doppi sensi*; *barzelletta a doppio s.* | Contenuto valido, sorretto dalla logica, spec. in frasi limitative o negative: *sono discorsi senza s.*; *ciò che scrivi non ha s.*; *è una lettera vuota di s.* | Significato logico di un fatto, un atteggiamento e sim.: *in quello che fai non c'è s.*; *è un atteggiamento senza s.*; *il suo modo di parlare è privo di s.* *8* Modo: *gli ho risposto in s. affermativo, negativo*; *in un s. o nell'altro ci vedremo*; *ti consiglio di agire in questo s.* | ***In un certo s.***, da un certo punto di vista, sotto un certo aspetto. *9* Direzione, verso: *nel s. della lunghezza, della larghezza*; *in s. inverso, nel s. opposto*; *in un s. o nell'altro*; *in tutti i sensi* | ***S. unico***, l'unico verso in cui è consentito ai veicoli di percorrere una strada | ***A s. unico***, (*fig.*) unilaterale, tendenzioso: *le sue sono critiche a s. unico* | ***S. vietato***, nel quale non è consentito ai veicoli di transitare, segnalato da apposito cartello. *10* (*bur.*) Conformità, tenore, nelle loc. ***a s. di, ai sensi di***: *a s. dell'articolo di legge*; *ai sensi del regolamento*. *11* †Opinione, parere: *ella mi comanda che io … le debba … comunicare il mio s. circa le dette opposizioni* (GALILEI).

sensóre [dall'ingl. *sensor* (stessa etim. dell'it. *sensorio* (2)); 1974] **s. m.** *1* (*fis.*) Dispositivo meccanico, elettronico o di altro tipo, che, in un sistema di controllo, rileva i valori di una grandezza fisica o i suoi cambiamenti. SIN. Sensorio (2). *2* (*mil.*) Insieme di apparati radar, laser acustici e sim. che consente di individuare un obiettivo. *3* (*est.*) Sistema di sicurezza di un alloggio, ufficio, azienda e sim., che rivela l'intruso quando entra nella zona protetta; è basato sull'impiego di raggi infrarossi, ultrasuoni, microonde.

sensoriàle [da *sensorio*, sul modello del fr. *sensorial*; 1905] **agg.** *1* Che concerne le attività di senso. *2* (*fisiol.*) Relativo ai componenti del sistema nervoso coinvolti nella raccolta degli stimoli ambientali. || **sensorialménte**, **avv.**

sensòrio (1) [da *senso*; 1860] **agg.** ● Del senso, dei sensi: *attività sensorie*.

sensòrio (2) [vc. dotta, dal lat. tardo *sensōriu(m)*, da *sēnsus*, part. pass. di *sentīre* 'percepire'; 1631] **s. m.** *1* Complesso delle funzioni sensoriali: *s. integro, obnubilato*. *2* (*fis.*) Sensore.

sensorizzàre [da *sensore*; 1991] **v. tr.** ● Munire di sensori.

sensuàle [dal lat. tardo *sensuāle(m)*, da *sēnsus* 'senso'; 1308] **agg.** *1* †Sensoriale. *2* Relativo ai piaceri dei sensi, spec. nella sfera sessuale: *appetito, istinto, vita, godimento s.* | Che è sensibile e incline agli impulsi e desideri sessuali: *uomo, donna s.* *3* Che rivela sensualità o stimola i desideri sessuali: *voce s.*; *movenze sensuali*. || **sensualménte**, **avv.** In modo sensuale.

sensualìsmo [da *sensuale*, con *-ismo*; 1859] **s. m.** *1* Atteggiamento che consiste nel considerare il piacere dei sensi come solo criterio direttivo della vita etica | (*filos.*) Sensismo. *2* In arte, letteratura e sim., propensione a dare risalto agli aspetti sensuali di quello che è l'oggetto della rappresentazione artistica.

sensualìsta [da *sensuale*, con *-ista*; 1830] **s. m. e f.** (**pl. m.** *-i*) ● Chi aderisce al sensualismo.

sensualìstico [1832] **agg.** (**pl. m.** *-ci*) ● Che concerne o interessa il sensualismo.

sensualità [vc. dotta, dal lat. tardo *sensualitāte(m)* da *sensuālis* 'sensuale'; 1354] **s. f.** *1* Inclinazione al piacere dei sensi, spec. nella sfera sessuale: *Berni … mena in trionfo la sua … s.* (DE SANCTIS) | Caratteristica di ciò che è sensuale: *la s. di uno sguardo*. *2* †Sensibilità.

sensualizzàre [da *sensuale*, sul modello dell'ingl. *to sensualize*; 1960] **v. tr.** ● (*lett.*) Rendere sensuale o più sensuale.

sensuóso [dall'ingl. *sensuous*, deriv. dal lat. *sēnsus* 'senso'; 1960] **A agg.** ● (*lett.*) Che si riferisce ai sensi, alle sensazioni, alla sensualità, detto spec. di atteggiamenti, ispirazioni e sim.: *la sensuosa immaginazione del poeta*. **B s. m. solo sing.** ● (*raro, lett.*) Ciò che è sensuoso: *allora si celebrò il 'sensibile' o 's.' che è nelle immagini della poesia* (CROCE).

†sentàre [lat. parl. **sedentāre*, da *sĕdens*, genit. *sedĕntis*, part. pres. di *sedēre* 'sedere'; 1528] **v. intr. e intr. pron.** ● (*dial.*) Sedere: *lasciate s. a mangiar questi signori* (CASTIGLIONE).

sentènza o **†sentènzia** [dal lat. *sentĕntia(m)* 'opinione, parere', da *sentīre* 'percepire'; av. 1250] **s. f.** *1* (*dir.*) Il tipo più rilevante di provvedimento giurisdizionale con cui sono decise generalmente tutte o parte delle questioni sottoposte all'esame del giudice: *deliberare una s.*; *s. di condanna*; *s. passata in giudicato* | ***S. non definitiva***, interlocutoria | ***S. di rettificazione***, con cui la Corte di Cassazione corregge nella sentenza penale impugnata errori di diritto che, per non aver avuto influenza decisiva sul dispositivo, non possono giustificare l'annullamento della sentenza stessa. *2* (*raro, lett.*) Avviso, parere, opinione: *rimuoversi dalla propria s.*; *mutare s.*; *tenere per s.* | †Decisione | †***In s.***, in conclusione. *3* Massima, breve frase che esprime concisamente un principio, una norma, spec. di natura morale, e sim.: *un'aurea s.*; *un'antica s.* | ***Sputare sentenze***, dare giudizi e consigli non richiesti, ostentando una presuntuosa autorità. *4* †Senso, significato. || **sentenzàccia**, **pegg.** | **sentenzétta**, **dim.** | **sentenzóna**, **accr.** | **sentenzùccia**, **dim.** | **sentenzuòla**, **dim.**

sentenziàle [vc. dotta, dal lat. tardo *sententiāle(m)* 'sentenzioso', da *sentĕntia* 'sentenza, massima'; av. 1649] **agg.** ● (*raro*) Che si riferisce alla sentenza | Che contiene sentenze: *libro s.* || **sentenzialménte**, **avv.** Sentenziosamente.

sentenziàre [dal lat. mediev. *sententiāre* 'dar sentenze', dal classico *sentĕntia* 'sentenza'; 1294] **v. tr. e intr.** (*io sentènzio*; aus. *avere*) *1* Giudicare con sentenza, emanare una sentenza: *il tribunale sentenziò che fosse liberato*; *hanno sentenziato la pena di morte*. *2* (*raro*) Esprimere con autorità e competenza un parere, una decisione: *il consiglio sentenziò di respingere la proposta*. *3* Giudicare con saccenteria e con scarsa competenza: *quando sentenzia è insopportabile*.

†sentenziatóre [1585] **s. m.** (**f.** *-trice*) ● (*lett.*) Chi sentenzia.

sentenziosità [1950] **s. f.** ● Caratteristica di chi è sentenzioso | Tono sentenzioso.

sentenzióso [dal lat. *sententiōsu(m)*, da *sentĕntia* 'sentenza, massima'; 1441] **agg.** *1* Ricco di massime, di sentenze: *libro s.* *2* (*est.*) Che ha forma di sentenza: *stile s. ed efficace*. *3* Che fa uso eccessivo di massime e di sentenze: *un parlatore s. e monotono*. || **sentenziosaménte**, **avv.** *1* In modo autorevole, sentenzioso. *2* †Giudiziosamente, saviamente.

sentierìsmo [da *sentiero*; 1938] **s. m.** ● Pratica che consiste nel percorrere sentieri o mulattiere che collegano località anche lontane fra loro seguendo vecchi tracciati.

♦**sentièro** o †**sentière**, †**sentièri** [dall'ant. fr. *sentier*, dal lat. tardo *semitāriu(m)*, agg. sost. da *sēmita* 'sentiero', di orig. prob. indeur.; av. 1294] **s. m.** *1* Viottolo, gener. stretto, che in luoghi campestri, montani e sim., si è formato in seguito al frequente passaggio di persone e animali: *un s. attraversa il bosco*; *prendiamo il s.*; *il rifugio si raggiunge seguendo il s. segnato*. *2* (*fig.*) Via: *è sul s. del vizio*; *seguire il retto s.* | ***Essere, marciare, sul s. di guerra***, (*fig., scherz.*) dare inizio a una controversia, a un litigio; (*est.*) avere intenzioni bellicose. || **sentierétto**, **dim.** | **sentierino**, **dim.** | **sentierùccio**, †**sentierùzzo**, **dim.** | **sentieruòlo**, **dim.**

sentimentàle [da *sentimento*, sul modello del fr. *sentimental*; 1790] **A agg.** *1* Che si riferisce al sentimento o ai sentimenti: *la sua arte … aveva … un'efficacia s.* (CROCE). *2* Che prova sentimenti teneri, gentili, malinconici: *ragazza s.* | Che è incline al sentimentalismo: *per me sei troppo s.* SIN. Romantico. *3* Che dimostra, ispira e sim., sentimenti teneri, gentili, delicati: *libro, canzone, commedia s.* || **sentimentalménte**, **avv.** In modo sentimentale; per quanto riguarda i sentimenti; da un punto di vista sentimentale; ***essere legato sentimentalmente a qlcu.***, avere un rapporto amoroso con qlcu. **B s. m. e f.** ● Persona sentimentale: *fare il s.*; *è una s.* SIN. Romantico. || **sentimentalóne**, **accr.**

sentimentalìsmo [dal fr. *sentimentalisme*, da *sentimental*, con *-isme* '-ismo'; 1816] **s. m.** *1* Tendenza a una sentimentalità esagerata e affettata: *il s. della fine Ottocento* | Atteggiamento o espressione eccessivamente sentimentale: *detesto i sentimentalismi*. *2* Indirizzo filosofico inglese del XVIII sec. che, opponendosi all'intellettualismo etico, fonda il criterio dell'agire morale sul sentimento.

sentimentalìsta [da *sentimentale*; 1940] **s. m. e f.** (**pl. m.** *-i*) *1* Chi mostra sentimentalismo nel parlare, nell'agire, e sim. | Chi si atteggia a sentimentale (*spec. spreg.*). *2* Chi attribuisce eccessiva importanza ai sentimenti, dimostrando scarse capacità pratiche. *3* Chi segue o si ispira all'indirizzo filosofico del sentimentalismo.

sentimentalìstico [da *sentimentale*; 1898] **agg.** (**pl. m.** *-ci*) ● Che rivela sentimentalismo: *atteggiamento, romanzo s.* || **sentimentalisticaménte**, **avv.**

sentimentalità [1870] **s. f.** ● Condizione, caratteristica di chi (o di ciò che) è sentimentale | (*lett.*) Sentimentalismo: *una s. lagrimosa, struggente e perenne* (MORAVIA).

♦**sentiménto** [lat. mediev. *sentiméntu(m)* 'sentimento', da *sentīre* 'percepire'; av. 1292] **s. m.** (**pl.** †*sentiménta* **f.** raro) *1* (*disus.*) Facoltà del sentire, senso: *Ogni nostra cognizione prencipia da' sentimenti* (LEONARDO). *2* (*raro* o *lett.*) Coscienza, consapevolezza di sé, della propria esistenza, delle proprie azioni: *avere s. di sé* | ***Perdere i sentimenti***, svenire; (*est.*) entrare in agonia | ***Uscire di s., di sentimenti, essere fuori del s., dei sentimenti***, (*fam.*) perdere il senno, la ragione; (*est.*) essere fuori di sé per ira, rabbia, e sim. | (*fam.*) ***Fare qlco. con tutti i sentimenti, mettere tutto il s. nel fare qlco.***, farla con ogni cura, alla perfezione. *3* Ogni moto affettivo, emotivo: *s. di gioia, di allegria, di gratitudine, di pietà*; *s. di odio, di vendetta*; *manifestare, nascondere, un s.*; *provare, nutrire, un s. di … verso qlcu.*; *in lui c'è un s. nuovo*; *siamo legati da un s. d'amicizia*; *non ha nascosto i suoi sentimenti verso di me*; *l'ha offeso nei suoi sentimenti più cari*. CFR. -patia. *4* Coscienza, consapevolezza, intima accettazione di valori, princìpi e sim.: *il s. della famiglia è vivo in tutti noi*; *il s. del bene e del male*; *avere, non avere, s. religioso, estetico, morale*; *ha un alto s. dell'onore*; *ha perso il s. del pudore*. *5* (*spec. al pl.*) Modo di pensare, di sentire, di comportarsi, da un punto di vista etico: *persona di nobili, elevati, sani, buoni, ottimi, onesti, sentimenti*; *persona di sentimenti cattivi, bassi, volgari, ignobili* | (*raro*) Parere, opinione: *ha mutato sentimenti*. *6* (*al sing., assol.*) Sfera affettiva, emozionale, spec. in contrapposizione a *ragione*: *parlare al s.*; *ascoltare il s. e non la ragione* | ***Toccare la corda del s.***, portarsi su argomenti capaci di commuovere gli altri | Sensibilità, disposizione a sentire vivamente: *educare il s.*; *parlare, amare, cantare, suonare*, e sim. *con s.*; *poesia piena di s.*; *scrive bene ma senza s.* **7** Senno, giudizio: *è un ragazzo con poco s.*; *per la sua età ha molto s.* | †**S. comune**, senso comune.

sentina [lat. *sentīna(m)*, di etim. incerta; av. 1306] s. f. **1** Parte più bassa e interna della nave, dove si raccolgono gli scoli. **2** (*fig., lett.*) Ricettacolo di brutture, scelleratezze e sim.: *o d'ogni vizio fetida s.* (ARIOSTO).

sentinèlla [di etim. discussa: dall'ant. *sentina* 'accortezza', da *sentire*. V. il lat. tardo *sentināre* 'evitare con astuzia un pericolo'; 1525] s. f. ● Soldato armato che, a turno fra quelli componenti la guardia, vigila a custodia e protezione di persone o cose militari | **Consegna della s.**, prescrizioni e doveri cui si deve attenere la sentinella durante il suo servizio | **Doppia s.**, costituita da due uomini | **Fare la s.**, **stare di s.**, **montare di s.**, **essere di s.**, eseguire il servizio di sentinella; (*fig.*) stare fermo e attento a guardare, a vigilare, a sorvegliare e sim.

♦**sentire** [lat. *sentīre* 'percepire, sentire', di orig. indeur.; sec. XII] **A** v. tr. (*io sènto*) **I** In un primo gruppo di significati, con riferimento alle facoltà sensoriali, esprime l'acquisizione di conoscenze dal mondo esterno attraverso gli organi dei sensi. **1** Apprendere con l'udito, udire: *s. un suono, un rumore, uno sparo*; *non senti che confusione?*; *avete sentito il campanello?*; *non sento nulla*; *ho sentito qlcu. suonare*, (*ellitt.*) *ho sentito suonare* | (*assol.*) **Sentirci bene, sentirci poco**, avere l'udito buono, poco buono | (*assol.*) **Non sentirci da quell'orecchio**, (*fig.*) di qlco. di cui non si vuole assolutamente sentir parlare, su cui non si è disposti a fare concessioni e sim. | Udire ciò che viene detto da altri e comprenderne il significato: *non sento la tua voce*; *parla più forte che non ti sento*; *muoviti, hai sentito quello che ho detto?* | **A s. lui** ..., secondo quanto dice lui | **Adesso mi sentirà**, gli darò il rimprovero che si merita | Ascoltare: *i bambini non devono s. queste cose*; *s. la lezione, una conferenza* | (*assol.*) **Sentiamo!, su sentiamo, sentiamo allora**, e sim., incoraggiando a parlare qlcu. che ci si accinge ad ascoltare | (*assol.*) **Senti, senta, sentite, senti tu**, e sim., per richiamare l'attenzione di qlcu. | **Ma senti un po'!, sentite!, sentitelo!, senti che roba!** e sim., escl. di meraviglia, incredulità, sdegno, e sim. | **Hai sentito l'ultima?, vuoi sentirne una?, senti questa**, e sim., per sottolineare la sorpresa, lo sdegno e sim. suscitato dal fatto che si sta per raccontare | **S. tutte e due le campane**, ascoltare le due versioni diverse e contrastanti di uno stesso fatto | Dare retta, ascolto: *senti il mio consiglio*; *sente solo suo padre*; *stammi a s.*; *stammi bene a s.* | **Non voler s. ragioni**, ostinarsi a non voler dare retta a niente e a nessuno | Sapere, conoscere: *vorrei s. il tuo parere al riguardo* | Consultare: *voglio s. il medico* | Venire a sapere, apprendere: *hai sentito la notizia?*; *se ne sentono delle belle sul suo conto*; *al giorno d'oggi se ne sentono di tutti i colori* | Informarsi: *senti che cosa vogliono*; *vai a s. se ha bisogno di qlco.*; *vuoi s. se la cena è pronta?* | Assistere a: *s. la Messa*; *vado a s. la Traviata*. **2** Avvertire una sensazione con l'olfatto: *s. un odore, un profumo*; *senti che puzzo!* | **S. qlco. all'odore**, riconoscerla, giudicarla, annusandola. **3** Avvertire, percepire col gusto: *s. un sapore*; *senti la dolcezza di questo vino*; *senti com'è buono questo dolce* | Assaggiare: *senti se la minestra è cotta*; *ti dispiace s. se il caffè è amaro?* | **S. qlco. al gusto**, riconoscerla, giudicarla, assaggiandola. **4** Avvertire una sensazione col tatto: *senti la morbidezza di questa lana* | **S. se a qlcu. scotta la fronte, s. se qlcu. scotta**, per controllare se ha la febbre | **S. il polso a qlcu.**, per controllarne le pulsazioni; (*fig.*) sondarne le intenzioni | **S. qlco. al tatto**, riconoscerla, giudicarla, toccandola. **II** In un secondo gruppo di significati, con riferimento alle facoltà fisiche e psichiche, esprime l'avvertimento di sensazioni, impressioni e sim. **1** Provare una sensazione fisica generale o localizzata in una parte del corpo: *s. caldo, freddo, fame, sete, appetito, sonno, stanchezza, malessere*; *sentirsi la febbre addosso*; *s. male alla testa*; *s. pesantezza alle gambe*; *s. bruciore allo stomaco*; *s., sentirsi, i brividi lungo la schiena*; *s., sentirsi, l'acquolina in bocca* | **Non s., non sentirsi, le gambe, le braccia**, e sim., avere perso, gener. temporaneamente, la sensibilità a causa di forte stanchezza, sforzi, e sim. | **Farsi s.**, pesare, avere ripercussioni sul fisico: *il caldo si fa s.*; *gli anni si fanno s.*; (*fig.*) avere conseguenze dirette: *gli effetti della recessione si fanno s.* **2** Provare una sensazione psichica, anche accompagnata da una sensazione fisica: *s. dolore, tristezza, nostalgia, piacere, per qlcu. o per qlco.*; *sentirsi allargare il cuore*; *s., sentirsi, la tremarella addosso*; *s., sentirsi, un nodo in gola*. **3** Provare le conseguenze di qlco., risentire: *s. la fatica, la noia*; *le piante sentono la siccità* | **S. il tempo**, di individuo meteoropatico | **S. la primavera**, di chi si mostra particolarmente vivace e inquieto, o comunque diverso dal solito. **4** Accorgersi, avere sentore di qlco.: *s. la presenza di qlcu.*; *sente gli sguardi di tutti addosso a lui*; *sento che c'è qlco. sotto* | Presentire, presagire: *sentivo che sarebbe finita così*; *sento che presto se ne andrà*. **III** In un terzo gruppo di significati, con riferimento alle facoltà emotive, affettive, intellettive e sim., esprime sentimenti e stati d'animo. **1** Provare un sentimento, o un insieme di sentimenti: *s. affetto, amore, gratitudine, riconoscenza, stima, pena, compassione, pietà, per qlcu.*; *s. rimorso per aver fatto qlco.*; *sento qlco. per lui*; *non so definire quello che sento per te* | **Non s. nulla**, essere insensibile, indifferente. **2** Avere coscienza di un sentimento, di una situazione emotiva, sentimentale, e sim.: *sente molto la nostra mancanza*, *sento di non amarlo più*; *sento di essermi comportato male*. **3** Essere in grado di ammirare, gustare, comprendere, qlco.: *s. la musica, la poesia, la bellezza, il bello*; *senti la bontà del suo gesto?* | (*assol.*) Essere dotato di sensibilità, di alti sentimenti morali: *s. altamente, nobilmente*; *una persona che sente poco*. **4** (*raro*) Essere di un certo parere, stimare, giudicare: *dice le cose come le sente*; *io la sento diversamente da te* | (*lett., assol.*) **S. molto, altamente, umilmente** e sim. **di sé**, avere una grande, una modesta, opinione di sé stesso. **5** †Acconsentire, approvare: *confessarono che sentirono il trattato* (VILLANI). **B** v. intr. (aus. *avere*) (+ *di*) **1** Avere odore, sapore, di qlco.: *le cantine sentono di muffa*; *questa carne sente di rancido*. **2** Avere sentore di qlco.: *questa storia sente d'inganno*. **3** Venire a sapere qlco. in modo indiretto: *hai sentito della disgrazia?*; *ho sentito di Fabio*; *aveva sentito della sua nomina a comandante* (FENOGLIO). **4** (*fig.*) †Avere qualità, somiglianza: *frate Alberto conobbe incautamente che costei sentia dello scemo* (BOCCACCIO). **C** v. rifl. **1** Provare una sensazione fisica o psichica: *sentirsi bene, male, meglio, peggio*; *sentirsi debole, forte, in gamba*; *sentirsi in vena di fare qlco.*; *sentirsi svenire, venir meno, mancare, morire, riavere*; *sentirsi debole, sfinito, a pezzi*; *sentirsi a proprio agio, a disagio*; *sentirsi come un pesce fuor d'acqua*; *sentirsi sollevato*. **2** Provare un sentimento, uno stato d'animo: *sentirsi commosso, turbato, offeso*; *sentirsi in debito, in obbligo, verso qlcu.*; *sentirsi fiero, orgoglioso di qlcu. o di qlco.*; *sentirsi legato a qlcu. o a qlco.*; *sentirsi in colpa, colpevole, dalla parte del torto*; *sentirsi in grado, capace di fare qlco.* **3** (+ *di* seguito da inf.) Essere disposto a: *non mi sento di uscire*; *ti senti di leggere questo libro?* | (*fam.*) **Sentirsela**, essere disposto, avere la forza o il coraggio: *non me la sento di fare sacrifici*. **D** in funzione di s. m. solo sing. ● (*lett.*) Sentimento, sensibilità: *donna di alto s.*

sentita [da *sentire*; av. 1337] s. f. **1** †Il sentire | †Accortezza: *con buona s. di guerra* (BARTOLI). **2** (*tosc.*) Nelle loc. **andare a s.**, procedere con accortezza | **Camminare a s.**, tastando per non inciampare.

sentito [1873] part. pass. di *sentire*; anche agg. **1** Nei sign. del v. | **Un problema molto s. tra i giovani**, avvertito in modo vivo, con partecipazione. **2 Per s. dire**, per averlo sentito dire da altri, per conoscenza indiretta. **3** Vivo, sincero, cordiale, spec. in formule di cortesia o nei saluti epistolari: *sentiti ringraziamenti*; *voglia gradire i più sentiti auguri*. **4** †Accorto, cauto, giudizioso. ‖ **sentitaménte**, avv. Vivamente, con sentimenti autentici: *ringraziare sentitamente*.

sentóre [dal lat. parl. **sentōre(m)*, da *sentīre* 'percepire'; av. 1250] s. m. **1** Impressione o informazione vaga e indistinta: *ho avuto s. di qualche novità in ufficio*; *io aveva già avuto s. di quello che doveva succedere* (NIEVO). **2** (*lett.*) Sentimento indistinto. **3** (*lett.*) Profumo, odore: *s. di rose*. **4** †Rumore.

senussia [1923] s. f. ● Confraternita, comunità dei Senussi.

senussìsmo [da *senusso*, con *-ismo*; 1915] s. m. ● Dottrina e predicazione proprie del movimento religioso e politico dei Senussi.

senussita [1940] **A** agg. ● Dei Senussi. **B** s. m. e f. (pl. m. *-i*) ● Chi aderisce alla confraternita dei Senussi.

senùsso [dal n. pr. ar. M. ibn 'Ali as-*Sanūsī*; 1911] s. m. (f. *-a*) ● Membro della confraternita islamica dei Senussi, che predicava il ritorno al puro Islam con larga influenza politica | Ciascuno dei capi della confraternita e dei discendenti del fondatore Muhammad ibn 'Alī as Sanūsi (1787-1859).

♦**sènza** o †**sànza** [lat. *absĕntia*, propr. 'in assenza di'; 1104] **A** prep. **1** Privo di (indica mancanza e regge il compl. di privazione): *è un povero orfano s. padre e s. madre*; *sono rimasto s. soldi e s. lavoro*; *cosa farei s. il vostro affetto?*; *il signore viaggia s. bagaglio?*; *non uscire s. ombrello*; *le finestre sono s. vetri*; *mangia tutto s. sale*; *sono rimasto s. parole*; *è un uomo s. pietà e s. scrupoli*; *è una bambina s. malizia*; *è un caso s. precedenti*; *è di una bellezza s. paragone*; *si tratta di una malattia s. speranza*; *chi può vantarsi / s. difetti* (METASTASIO); *s. baci moriste e s. pianto* (LEOPARDI); *senz'amor, s. vita* (LEOPARDI); *soli eravamo e sanza alcun sospetto* (DANTE *Inf.* V, 129) | In contrapposizione a 'con': *pantaloni con o s. risvolti*; *caffè con panna o s.?* | **Essere, rimanere s. qlco.**, esserne, rimanerne privo, sprovvisto | **Vivere, fare s. qlco.**, farne a meno, rinunciarvi | (con valore raff.) **Non s.**, con un certo (per litote): *me ne sono andato non s. rimpianto*; *ho perdonato non s. fatica* | Nella loc. prep. **s. di** (sempre se seguito da pron. pers., spesso se seguito da un pron. dimostr.): *dovrò arrangiarmi s. di voi*; *s. di te non posso stare*; *s. di quello la ricetta non riesce*. CONTR. Con. **2** Escludendo, con assenza di (regge il compl. d'esclusione): *mangia le patate lessate s. condimento*; *non ci sono gioie s. dolori*; *calcola la cinquanta euro, s. le mance*; *non fa scienza, / sanza lo ritenere, avere inteso* (DANTE *Par.* V, 41-42); *pini ed abeti s. aura di vento* (CARDUCCI) | Per ellissi del v. 'fare': *svelto, s. tante chiacchiere!*; *studiate, s. tante storie*; *me ne sono andato s. cerimonie*; *si accomodi, prego, s. complimenti!* | In correl. con 'né' o con 'e': *agisci s. amore né carità* | **S. numero**, innumerevoli: *ha patito sofferenze s. numero* | **S. pretese**, semplice, alla buona: *una trattoria senza pretese* | **S. riposo, s. sosta, s. tregua**, incessantemente: *correva s. sosta*; *lavora s. tregua* | **S. modo**, smisuratamente: *mangia e beve s. modo* | **S. indugio**, subito: *verrò s. indugio* | **S. dubbio, s. forse, senz'altro**, sicuramente, con certezza: *s. dubbio gliene hai parlato*; *telefonerò senz'altro* | (*lett.*) **S. più**, subito, immediatamente | **S. meno**, immancabilmente | **S. impegno**, non assumendosi alcun impegno, non con certezza assoluta: *verrò s. impegno per un colloquio*; *ci vediamo domani, ma s. impegno*. **3** (*dir.*) **S. spese**, clausola con cui il traente o il girante o l'avallante di una cambiale dispensano il portatore dal protesto per mancata accettazione o pagamento. **4** (*elettr.*) **S. fili**, detto di comunicazione che avviene tramite radioonde. **B** cong. ● Indica il mancato verificarsi di una circostanza (introduce una prop. esclusiva con valore modale, implicita con il v. all'inf., esplicita nella loc. cong. **s. che** con il v. al congv.): *ho trascorso tutta la notte s. chiudere occhio*; *non devi parlare s. riflettere né rispondermi s. essere interpellato*; *è uscito s. che io lo sapessi*; *ha ascoltato i rimproveri s. batter ciglio* | **S. dire, s. contare che**, tanto più che, e inoltre: *doveva sapere che c'era pericolo, s. dire che l'avevo avvertito anch'io*; *non gli hanno dato quanto gli spettava, s. contare il modo in cui l'hanno trattato*.

senzacàsa [1980] s. m. e f. inv.; anche agg. inv. ● Chi (o Che) non ha casa. SIN. Senzatetto.

senzadio /sentsa(d)'dio/ o **sènza Dio** [comp. di *senza* e *Dio*; 1930] s. m. e f. inv. ● Chi non crede in Dio o manca di senso religioso | (*est.*) Chi è privo di scrupoli morali.

senzalavóro o **sènza lavóro** [comp. di *senza* e *lavoro*; 1985] s. m. e f. inv.; anche agg. inv. ● Disoccupato.

senzapàtria [comp. di *senza* e *patria*; 1905] **s. m. e f. inv.** ● Chi non ha patria | (*est.*, *spreg.*) Chi rinnega la propria patria.

senzatétto [comp. di *senza* e *tetto*; 1908] **s. m. e f. inv.** ● Chi è rimasto privo di abitazione, spec. in seguito a una calamità naturale. SIN. Senzacasa.

senziènte [vc. dotta, dal lat. *sentiĕnte(m)*, part. pres. di *sentīre* 'percepire'; sec. XIV] **agg.** *1* (*lett.*) Che è dotato di senso, di sensibilità, e li esercita. *2* (*raro*, *lett.*) †Pensante.

sepaiòla o †**sepaiuòla** [da *s(i)epe*; 1483] **s. f.** ● (*zool.*, *pop.*) Scricciolo.

sèpalo [dal fr. *sépale*, dal lat. *sāepes* 'recinto', sul modello di *pĕtalum* 'petalo'; 1875] **s. m.** ● (*bot.*) Ciascuna delle foglioline che formano il calice.

separàbile [vc. dotta, dal lat. *separābile(m)*, da *separāre*; av. 1565] **agg.** ● Che si può separare. CONTR. Inseparabile.

separabilità [av. 1673] **s. f.** ● Condizione di ciò che è separabile.

separaménto [sec. XIV] **s. m.** ● (*raro*) Separazione.

♦**separàre** [dal lat. *separāre*, comp. di *sē(d)*- 'via' e *parāre* 'apprestare'; 1336 ca.] **A v. tr.** (*io sepàro*, (*lett.* o *raro*) *sèparo*) *1* Disgiungere, disunire persone o cose vicine, unite e sim. fra loro: *s. i letti, due litiganti*; *la politica separa anche gli amici*; *oltre la virtù di separar le cose unite, ha la mente virtù d'unir le separate* (SARPI). *2* Tenere distinto, sceverare: *s. il bene dal male*; *s. i quaderni dai libri*. *3* Tenere diviso, fare da confine (*anche assol.*): *le Alpi separano l'Italia dalla Francia*; *un giardino separa la casa dalla strada*; *il mare unisce, non separa*. *4* (*raro*) Segregare, tenere in disparte: *s. un malato contagioso dagli altri*. **B v. rifl. e rifl. rec.** ● Dividersi, lasciarsi, disfacendo un rapporto di lavoro, amicizia, affetto, e sim.: *si è separato per sempre dal socio*; *i due amici si separarono con dolore* | Di coniugi, cessare la convivenza, andare a vivere ognuno per proprio conto: *dopo pochi anni di matrimonio si separarono*.

separatézza [av. 1963] **s. f.** ● Caratteristica, condizione di chi (o di ciò che) è separato | (*raro*) Emarginazione.

separatiṣmo [da *separato*, con *-ismo*; 1857] **s. m.** ● Movimento che, per ragioni etniche, economiche, geografiche, tende a rendere autonoma una regione nei confronti dell'organizzazione statale di cui fa parte | Sistema di separazione tra la Chiesa e lo Stato.

separatista [da *separato*, con *-ista*; 1875] **A s. m. e f.** (**pl. m.** *-i*) ● Chi propugna il separatismo. **B agg.** ● Separatistico.

separatìstico [1913] **agg.** (**pl. m.** *-ci*) ● Che si riferisce al separatismo o ai separatisti.

separativo [dal lat. tardo *separatīvu(m)* 'disgiuntivo', da *separātus* 'separato'; 1865] **agg.** ● (*raro*) Che serve a separare | ***Congiunzione separativa***, disgiuntiva. ‖ **separativaménte**, **avv.**

separàto [av. 1306] **A part. pass.** di *separare*; anche **agg.** *1* Nei sign. del v. *2* ***In separata sede***, in privato, senza testimoni. *3* Detto di coniuge, che ha cessato di convivere con l'altro. *4* (*mus.*) Portato. **B s. m.** (**f.** *-a*) ● Coniuge separato: *il problema dei separati* | ***Separati in casa***, coniugi legalmente separati che tuttavia convivono; (*fig.*) persone, organismi o realtà contraddittorie che coesistono in una medesima situazione. ‖ **separataménte**, **avv.** In modo separato: *vivere separatamente*; uno alla volta: *interrogare separatamente*.

separatóre [dal lat. tardo *separatōre(m)*, da *separātus* 'separato'; 1666] **A s. m.**; anche **agg.** (**f.** *-trice*) ● Chi (o Che) separa: *imbuto, diaframma, s.* **B s. m.** ● Macchina per selezionare sostanze o prodotti diversi: *s. di sementi* | ***S. magnetico***, che impiega elettromagneti per liberare sostanze polverose, granulose e sim., da parti metalliche ferrose | ***S. elettrostatico***, purificatore che utilizza le forze di natura elettrostatica per fare precipitare particelle, goccioline e sim.

separazióne [dal lat. *separatiōne(m)*, da *separātus* 'separato'; sec. XIV] **s. f.** *1* Il dividere | Divisione, disgiunzione di cose vicine, unite, mescolate e sim. fra loro: *s. della crusca dalla farina*. CFR. -lisi | Allontanamento, distacco da qlcu.: *s. dolorosa, triste*; *s. dagli amici, dai parenti* | Condizione di ciò che è distinto: *s. della Chiesa dallo Stato*. *2* (*dir.*) Condizione di persona o cosa che è separata | ***S. personale dei coniugi***, cessazione della convivenza | ***S. di fatto***, per concorde volontà dei coniugi non omologata dall'autorità giudiziaria | ***S. giudiziaria***, chiesta da uno o entrambi i coniugi all'autorità giudiziaria, quando si verificano fatti tali da rendere intollerabile la prosecuzione della convivenza | ***S. consensuale***, omologata dal giudice sulla base dell'accordo fra i coniugi di cessare la convivenza | ***S. dei beni***, quando i coniugi hanno convenuto che ciascuno di essi conserva la titolarità dei beni acquistati durante il matrimonio | ***S. dei beni del defunto***, atto con cui i creditori del defunto acquistano il diritto di soddisfare, con i beni del defunto, i propri crediti a preferenza dei creditori dell'erede | ***Diritto di s.***, dei creditori del defunto di ottenere la separazione dei beni ereditari da quelli dell'erede | ***S. dei giudizi***, disposta dal giudice quando ritiene che la trattazione congiunta di più cause ritarderebbe o renderebbe più gravoso il processo.

séparé /fr. sepaˈre/ [vc. fr., propr. part. pass. di *séparer* 'separare'; 1931] **s. m. inv.** ● Salottino appartato, in caffè, ristoranti, locali pubblici.

†**sepelire** ● V. *seppellire*.

†**sèpia** ● V. *seppia*.

sepiménto [vc. dotta, dal lat. *saepimĕntu(m)* 'recinto', da *saepīre* 'cingere', da *sāepes* 'siepe'; 1967] **s. m.** ● (*anat.*, *bot.*) Setto (1).

sepiola [dal lat. *sepĭola(m)*, dim. di *sēpia* 'seppia'; 1960] **s. f.** ● Mollusco marino dei Cefalopodi simile alla seppia, con due brevi alette ai lati del sacco (*Sepiola*).

sepiolite [comp. del gr. *sēpía*, nel senso erroneo di 'schiuma di mare', e *-lite*; 1922] **s. f.** ● (*miner.*) Silicato idrato di magnesio, del tipo a strati, in masse bianche leggere e compatte, adatte per intagli.

sepolcràle o †**sepulcràle** [vc. dotta, dal lat. *sepulcrāle(m)*, da *sepŭlcrum* 'sepolcro'; 1319] **agg.** *1* Di sepolcro: *iscrizione, monumento, lapide s.* | ***Poesia s.***, genere letterario molto diffuso tra il XVIII e il XIX sec., con tematiche funebri oscillanti tra visioni di paesaggi cimiteriali e soliloqui metafisici. *2* (*fig.*) Triste, tetro, come di tomba, di sepolcro: *silenzio, buio, s.* | ***Voce s.***, cupa, cavernosa, come se uscisse da un sepolcro.

sepolcréto [vc. dotta, dal lat. *sepulcrētu(m)*, da *sepŭlcrum* 'sepolcro'; av. 1796] **s. m.** ● Cimitero, luogo in cui sono più tombe o sono inumate, anche senza tomba, più persone | Cimitero antico.

sepólcro o †**sepùlcro** [vc. dotta, dal lat. *sepŭlcru(m)*, da *sepelīre* 'seppellire'; av. 1294] **s. m.** *1* Monumento funebre che custodisce e insieme commemora un defunto illustre: *il s. degli Scipioni*; *il s. di Cecilia Metella* | ***Santo Sepolcro***, quello di Gesù Cristo a Gerusalemme | (*fig.*) ***Essere con un piede nel s.***, essere vicino alla morte | ***Scendere nel s.***, (*fig.*) morire | ***Condurre al s.***, (*fig.*) far morire | ***S. imbiancato***, ipocrita (Gesù paragonò gli scribi e i farisei a sepolcri imbiancati che, belli all'aspetto esteriore, intimamente sono pieni di ogni marciume). *2* (*spec. al pl.*, *pop.*) Repositorio, luogo in cui viene conservato il SS. Sacramento per la comunione dopo la messa del giovedì santo e per l'azione liturgica del venerdì santo | (*region.*) Speciale addobbo delle chiese nella settimana santa, fino alla Resurrezione. ‖ **sepolcrétto**, **dim.**

sepólto o †**sepùlto** [1308] **A part. pass.** di *seppellire*; anche **agg.** *1* Nei sign. del v. *2* ***Morto e s.***, (*fig.*, *fam.*) di persona o cosa completamente dimenticata. *3* (*fig.*, *raro*) Immerso, sprofondato: *essere s. nel sonno*. *4* (*fig.*) Occultato, coperto, nascosto: *manoscritti sepolti in fondo a un cassetto*; *segreto s. nel proprio cuore*. **B s. m.** (**f.** *-a*) ● Persona morta e seppellita | ***Le sepolte vive***, suore di clausura.

sepoltùra o †**sepultùra** [dal lat. *sepultūra(m)*, da *sepŭltus* 'sepolto'; sec. XIII] **s. f.** *1* Deposizione nella tomba: *privare della s.* | ***Dare s.***, seppellire | Cerimonia funebre, funerale: *intervenire, essere presente, alla s.* *2* Luogo in cui viene sepolto un morto, tomba, sepolcro: *non conoscere la s. di qlcu.*

sepoy /ingl. ˈsiːpɔɪ/ [vc. ingl., dal persiano *sipāhi* 'soldato a cavallo', da *sipāh* 'esercito'; 1896] **s. m. inv.** ● Nel periodo coloniale, soldato indigeno dell'esercito regolare britannico in India.

seppelliménto [av. 1574] **s. m.** ● Inumazione, sepoltura.

♦**seppellire** o †**sepelire**, †**soppellire** [lat. *sepelīre*, vc. indeur. di carattere rituale; av. 1182] **A v. tr.** (**pres.** *io seppellisco, tu seppellisci*; **part. pass.** *sepólto*, o *seppellito*, †*sepùlto*) *1* Deporre nella tomba: *s. un morto*; *s. qlcu. con grande onore* | (*fam.*, *fig.*) Veder morire gli altri, rimanere in vita dopo gli altri: *i giovani seppelliscono i vecchi*; *quello ci seppellirà tutti!* *2* Mettere sotto terra, spec. per nascondere: *s. un oggetto rubato, un tesoro* | Nascondere, occultare: *ha sepolto l'arma in cantina* | Ricoprire: *la strada è sepolta dalla neve*. *3* (*fig.*) Dimenticare, non parlare più di qlco.: *s. il passato, i torti subiti*. **B v. intr. pron.** ● (*fig.*) Stare rinchiuso, nascosto, appartato: *si è seppellito in casa* | Immergersi: *seppellirsi tra i libri*.

seppellito [sec. XIV] **part. pass.** di *seppellire*; anche **agg.** ● Sepolto | ***Morto e s.***, (*fig.*, *pop.*) di persona o cosa completamente dimenticata.

seppellitóre [1745] **s. m.** (**f.** *trice*) ● (*raro*) Chi seppellisce.

sèppi ● V. *sapere* (*1*).

séppia o †**sèpia** [lat. *sēpia(m)*, dal gr. *sēpía*, di etim. incerta; sec. XIV] **A s. f.** ● (*gener.*) Mollusco marino commestibile dei Cefalopodi con corpo ovale, depresso e bocca circondata da 10 braccia | ***Osso di s.***, formazione calcarea corrispondente a una conchiglia interna rudimentale | ***Nero di s.***, liquido nero secreto dall'animale per nascondersi in caso di pericolo; (*est.*) colore intermedio fra il grigio, il bruno e il nero. ➡ ILL. **animali**/4. ‖ **seppiétta**, **dim.** | **seppiolina**, **dim.** **B** in funzione di **agg. inv.** ● (posposto a un s.) Che ha il colore intermedio tra il grigio, il bruno e il nero caratteristico del mollusco omonimo. **C s. m. inv.** ● Il color seppia: *stampare in s.*

seppiàre [da *seppia*; 1873] **v. tr.** (*io séppio*) ● Levigare strofinando con osso di seppia.

seppiàto [1983] **agg.** ● Che ha color seppia.

seppùre o **se pùre** [comp. di *se* (*2*) e *pure*; 1766] **cong.** *1* Se anche, quand'anche, ammesso pure che (introduce una prop. condiz. con valore concessivo con il v. al congv.): *s. tutto finisse bene, la tua trascuratezza non potrà essere perdonata*; *lo farò s. dovessi rimetterci del mio*. *2* Anche se (introduce una prop. incisiva ipotetica con il v. all'indic. o al congv. ed esprime dubbio, riserva e sim.): *il suo appoggio, s. ci sarà, non servirà a nulla*.

sèpsi [vc. dotta, dal gr. *sêpsis* 'putrefazione', da *sêpein* 'imputridire'; 1829] **s. f. inv.** ● (*med.*) Infezione e suppurazione delle ferite.

†**septicemìa** ● V. *setticemia*.

†**sepulcràle** ● V. *sepolcrale*.

†**sepùlcro** ● V. *sepolcro*.

†**sepùlto** ● V. *sepolto*.

†**sepultùra** ● V. *sepoltura*.

se pùre ● V. *seppure*.

sequel /ˈsiːkwel, *ingl.* ˈsiːkwəl/ [vc. ingl., dal fr. ant. *sequelle*, che continua il lat. *sequēla(m)* 'sequela, serie'; 1985] **s. m. inv.** ● Seguito di un film o di uno spettacolo di successo | Episodio di una serie televisiva a puntate.

sequèla [vc. dotta, dal lat. tardo *sequēla(m)* 'seguito', da *sĕqui* 'seguire'. V. *seguire*; av. 1348] **s. f.** *1* Serie di cose e fatti, spec. sgradevoli, che accadono uno di seguito all'altro: *s. di noie, di accidenti, di guai*. SIN. Catena, sfilza. *2* (*med.*) Condizione morbosa che consegue a un'altra patologia. *3* †Conseguenza.

sequènza (1) o †**seguènza** [vc. dotta, dal lat. tardo *sequĕntia(m)*, da *sĕquens*, genit. *sequĕntis* 'seguente'; sec. XV] **s. f.** ● Nella liturgia di rito romano, canto che viene dopo l'alleluia, in alcune messe | Nelle messe dei Santi, inno sostitutivo dei melismi e contenente le lodi del Santo.

♦**sequènza** (2) [dal fr. *séquence* 'sequenza'; 1518] **s. f.** *1* Serie ordinata di cose, fatti e sim. che si susseguono: *una s. di domande*. *2* In varie tecnologie, serie di elementi, dati, operazioni e sim. successivi: *s. di lavorazione di un pezzo* | (*elab.*) ***S. di dati***, insieme di dati ordinato in base a certi indicativi | ***S. di programma***, parte di programma costituente, da un punto di vista logico, una unità di trattamento a sé stante | (*ling.*) Successione ordinata di elementi sintatticamente connessi nella frase. *3* Serie di inquadrature cinematografiche atte a esprimere un singolo nucleo narrativo unitario | (*est.*) Serie di elementi narrativi, poetici e sim. *4* Nel poker e giochi affini, serie progressiva di carte. SIN. Scala. *5* (*mat.*) Applicazione dell'insieme dei numeri 1, ..., *n* in un insieme | Insieme ben ordinato. *6* (*mus.*) Ripetizione di una melodia su altro grado della scala. SIN. Andamento | Nella musica contemporanea, titolo di composizioni con prevalenti criteri di successione o di ripetizione di formule: *le 9 sequenze per uno strumento o una voce di Berio*. *7* (*chim.*) L'ordine in cui si succedono le unità elementari in una macromolecola come una proteina o un acido nucleico.

sequenziàle (*1*) [da *sequenza* (*1*); 1940] **A** s. m. ● Libro liturgico che contiene le sequenze, disposto secondo i vari giorni dell'anno. **B** anche agg.: *libro s.*

sequenziàle (*2*) [da *sequenza* (*2*); 1980] agg. ● Relativo a una sequenza nel sign. di *sequenza* (*2*). || **sequenzialménte**, avv.

sequenzialità [da *sequenziale* (*2*); 1987] s. f. ● Caratteristica di ciò che è sequenziale, nel sign. di *sequenziale* (*2*).

sequenziaménto [da *sequenziare*; 1994] s. m. ● Definizione o ricostruzione dell'ordine di una sequenza.

sequenziàre [1986] v. tr. (*io sequènzio*) ● Stabilire o ricostruire l'ordine di una sequenza: *s. il genoma umano.*

sequestràbile [1873] agg. ● Che si può sequestrare.

sequestrabilità [da *sequestrabile*; 1940] s. f. ● Condizione di un bene passibile di sequestro.

sequestrànte [1838] **A** part. pres. di *sequestrare*; anche agg. *1* Nei sign. del v. *2* (*dir.*) Che chiede all'autorità giudiziaria di disporre il sequestro di dati beni: *parte s.* *3* (*chim.*) Detto di sostanza capace, in soluzione, di alterare o mascherare le proprietà chimiche delle sostanze con cui si combina. **B** s. m. e f. ● Chi promuove o esegue un sequestro, nel sign. di *sequestro* (*1*).

sequestràre [vc. dotta, dal lat. tardo *sequestrāre* 'mettere in deposito', da *sequĕstrum* 'deposito'; 1319] v. tr. (*io sequèstro*) *1* (*dir.*) Disporre o eseguire un sequestro, porre sotto sequestro. *2* (*est.*) Togliere dalla circolazione qlco. il cui uso è vietato da determinate norme, principi, regole e sim.: *s. un giornale pornografico*; *l'insegnante gli ha sequestrato il walkman.* *3* Privare illegalmente della libertà personale: *s. qlcu. a scopo di estorsione* | Occupare a mano armata: *s. un aereo, una nave.* *4* Costringere qlcu. a rimanere fermo in un luogo, bloccare: *la pioggia ci sequestra in casa* | (*disus.*) Isolare: *s. un malato per motivi igienici.* *5* (*raro, lett.*) Allontanare, separare: *conosco di essermi alquanto sequestrato dalle strade dritte e popolari* (GALILEI).

sequestratàrio [da *sequestrato*; 1589] s. m. (f. *-a*) ● Custode di beni sequestrati.

sequestràto [sec. XIV] **A** part. pass. di *sequestrare*; anche agg. *1* Nei sign. del v. *2* Di cosa o persona sottoposta a sequestro: *bene s.* **B** s. m. (f. *-a*) ● Proprietario o possessore di beni sottoposti a sequestro.

sequestratóre [vc. dotta, dal lat. tardo *sequestratōre(m)*, da *sequestrātus* 'sequestrato'; 1872] s. m.; anche agg. (f. *-trice*) *1* (*dir., raro*) Chi (o Che) chiede o esegue un sequestro. SIN. Sequestrante. *2* Chi compie un sequestro di persona.

sequèstro (*1*) [dal lat. *sequĕstru(m)* 'deposito', nt. sost. di *sequĕster* 'intermediario, depositario', da *sĕcus* 'a fianco': propr. 'deposito a fianco'; av. 1588] s. m. *1* (*dir.*) Provvedimento giurisdizionale cautelare che fa sorgere un vincolo di indisponibilità sui beni colpiti dalla stessa: *s. conservativo, giudiziario, speciale*; *s. di cose pertinenti al reato* | ***S. di un film, di un libro***, provvedimento volto a ritirare tale materiale dalla circolazione | ***S. convenzionale***, accordo per cui più persone depositano presso un terzo ciò che è oggetto di controversia tra loro, affinché venga custodito e restituito successivamente a chi di diritto. *2* ***S. di persona***, reato di chi priva qlcu. della libertà personale per un certo tempo.

sequèstro (*2*) [dal precedente, in senso fig.] s. m. ● (*med.*) Frammento necrotico di osso trattenuto nel contesto dell'osso sano.

sequestrotomìa [comp. di *sequestro* (*2*) e *-tomia*; 1935] s. f. ● (*chir.*) Incisione per l'asportazione del sequestro.

sequòia [dall'ingl. *sequoia*, adattamento della vc. indiana (amer. sett.) *Sequoiah*, n. pr. del meticcio civilizzatore degli indiani *Cherokee*; 1875] s. f. ● Genere di alberi delle Taxodiacee originari della California, comprendente solo due specie viventi che possono raggiungere età e dimensioni eccezionali (*Sequoia gigantea* e *Sequoia sempervirens*). ➡ ILL. piante/1.

†**ser** /ser/ [sec. XIII] s. m. inv. ● Forma tronca di †*sere*.

♦**séra** [lat. tardo *sēra(m)*, ellitt. per *sēra dies* 'giorno tardo', dall'agg. *sērus* 'tardo'. V. *seriore*, *sezzo*; sec. XIII] **A** s. f. *1* Tarda parte del giorno che va dal tramonto al principio della notte: *scende la s.*; *viene la s.*; *si fa s.*; *fa s.* | ***Di prima s., verso s., sul far della s.***, all'imbrunire | ***A s., di s.***, (*lett.*) ***da s.***, quando è sera | ***Da mattina a s., da mane a s.***, continuamente, senza interruzione | ***Lavorare, studiare*** e sim. ***dalla mattina alla s.***, tutto il giorno | ***Giornale della s.***, edito nel pomeriggio | ***Domani, ieri s., questa s., lunedì s.*** e sim., la sera di domani, di oggi, di lunedì e sim. | ***Una s., una di queste sere***, una sera non precisata ma vicina nel tempo | ***S. inoltrata***, quasi notte. CONTR. Mattina. *2* Periodo di tempo compreso tra l'ora di cena, o dopocena, e la notte: *questa s. andremo al cinema*; *esco spesso di s.* | ***Abito da s.***, da società | ***Abito da mezza s.***, meno impegnativo di quello da sera, adatto per pranzi, cocktail e sim. *3* (*region.*) Seconda parte del giorno, a partire dal primo pomeriggio. *4* (*fig., poet.*) Vecchiaia | Morte: *di dì in dì spero ormai l'ultima s.* (PETRARCA). **B** in funzione di agg. inv. ● (posposto al s.) Della sera, riferito a edizioni di giornali che compaiono in edicola nel tardo pomeriggio: *stampa s.*

seraccàta [1924] s. f. ● Nel linguaggio alpinistico, tratto di ghiacciaio ricoperto di seracchi.

seràcco [dal fr. *sérac*, risalente al dial. savoiardo *serac* 'formaggio bianco, compatto', dal lat. *sĕrum* 'siero'; 1908] s. m. (pl. *-chi*) ● Nel linguaggio alpinistico, blocco di ghiaccio di vari metri di altezza a forma di guglia, piramide, torre, originato dal frantumarsi della superficie di un ghiacciaio per il sollevamento del fondo o per l'incontro con un altro ghiacciaio. ➡ ILL. p. 2132 SCIENZE DELLA TERRA ED ENERGIA.

†**seracìno** ● V. †*saracino* (*1*).

seraficità [da *serafico*] s. f. ● Tranquillità, imperturbabilità.

seràfico [dal lat. mediev. *seraphicu(m)*, dal lat. tardo (eccl.) *Sĕraphin* 'i Serafini'. V. *serafino*; av. 1306] agg. (pl. m. *-ci*) *1* Nella teologia cristiana, di serafino, che è proprio dei serafini: *ardore s.* | ***Il padre s., il s., il s. d'Assisi***, San Francesco d'Assisi | ***Ordine s., serafica famiglia***, l'ordine dei francescani | ***Dottore s.***, San Bonaventura. *2* (*fig., fam.*) Tranquillo, sereno, pacifico: *espressione serafica.* || **seraficaménte**, avv.

serafìno o (*poet.*) **sèrafo** [lat. tardo (eccl.) *Sĕraphin*, risalente, attraverso il gr. *Seraphín*, all'ebr. *sĕrāphīm* (pl.) 'gli ardenti', da *sāraph* 'ardere'; av. 1306] s. m. ● Nell'angelologia biblica, ciascuno degli angeli ardenti o di fuoco che sono intorno al trono di Dio | Nell'angelologia cristiana, ciascuno degli angeli che formano il più alto coro della prima gerarchia.

seràle [1803] agg. ● Della sera: *ore serali* | Che ha luogo di sera: *spettacolo s.*; *passeggiata s.* | ***Scuola s.***, le cui lezioni si svolgono di sera per chi lavora durante il giorno. || **seralménte**, avv. Ogni sera; di sera.

serapèo [vc. dotta, dal lat. *Serapēu(m)*, dal gr. *Serapêion* 'tempio di Serapide', da *Sérapis* 'Serapide'; 1838] s. m. ● Tempio dedicato al dio greco-egiziano Serapide.

♦**seràta** [da *sera*; 1499] s. f. *1* La sera, con riferimento alla sua durata, al modo di trascorrerla e alle condizioni atmosferiche: *verrò da te in s.*; *la s. non finiva mai*; *è stata una bella s.*; *dove vai in s.?*; *le lunghe serate invernali*; *una s. calda, afosa, primaverile* | ***Prima, seconda s.***, nella programmazione televisiva, la fascia oraria serale che precede o, rispettivamente, segue le 22.30 circa: *un film presentato in seconda s.* *2* (*est.*) Festa, ricevimento, spettacolo e sim. che ha luogo di sera: *una s. a teatro, al circolo, al night*; *s. danzante*; *l'incasso della s.* | ***S. di gala***, spettacolo, festa, ballo e sim. particolarmente elegante | ***S. d'onore***, spettacolo in onore del primo attore o della prima attrice, o (*est.*) di qlcu. | Recita compiuta per un attore | Recita di una compagnia teatrale, dedicata a una particolare circostanza: *s. d'addio*; *s. di beneficenza.* || **seratàccia**, pegg. (V.) | **seratìna**, dim. | **seratóna**, accr.

seratàccia [pegg. di *serata*; 1883] s. f. *1* Serata di forte maltempo: *tra i lampi, il vento e la pioggia d'una s. infernale* (PIRANDELLO). *2* Serata molto negativa, sfortunata, spiacevole: *s. dell'Inter.*

seratànte [da *serata*; 1863] s. m. e f. ● Attore, attrice, per cui viene compiuta una speciale recita, detta beneficiata, o serata di gala.

serbàbile [dal lat. *servābile(m)* 'conservabile', da *servāre* 'conservare'] agg. ● (*raro*) Che si può serbare.

†**serbànza** [astr. dal lat. *servānte(m)*, part. pres. di *servāre* 'conservare'; av. 1400] s. f. *1* Il serbare | ***Dare in s.***, in deposito. *2* Custodia in un convento o sim.: *Lasciò una sua figliuola … in s. in uno ministero* (MACHIAVELLI).

serbàre o †**servàre** nei sign. A 1 e 2 [lat. *servāre* 'conservare, sorvegliare', prob. da *sĕrvus* 'servo, guardiano'. V. *servo*; av. 1294] **A** v. tr. (*io sèrbo*) *1* Mettere da parte qlco. in luogo sicuro per servirsene a suo tempo, al momento opportuno: *s. del pane*; *s. una lettera*; *s. denaro per la vecchiaia.* *2* Conservare, mantenere, custodire: *s. intatto il decoro*; *s. un segreto, una promessa* | Nutrire in sé: *s. odio, rancore, verso qlcu.* *3* †Differire, indugiare | (*lett.*) †***S. fuori***, eccettuare. **B** v. rifl. ● Conservarsi, mantenersi, riservarsi: *serbarsi puro, onesto*; *serbarsi per grandi prove.*

†**serbastrèlla** ● V. *salvastrella.*

serbatóio [lat. tardo *servatōriu(m)* 'magazzino', da *servātus* 'conservato', con sovrapposizione di *serbare*; 1534] **A** s. m. *1* Recipiente di varia forma e grandezza atto a contenere gas o liquidi | ***S. della benzina, del lubrificante***, negli autoveicoli, negli aeromobili | ***S. dell'inchiostro***, nelle penne stilografiche, parte interna in cui è contenuto l'inchiostro | (*fig.*) Riserva: *s. elettorale.* *2* Recipiente fisso o amovibile che nelle armi da fuoco portatili contiene le cartucce per il tiro a ripetizione. *3* ***S. magmatico***, spazio interno alla crosta terrestre occupato da magma, che può essere in comunicazione con l'esterno attraverso un condotto vulcanico. **B** in funzione di agg. ● (posposto al s.) Nella loc. ***carro s.***, per trasporto di acqua, cereali alla rinfusa, carburanti, oli vegetali e animali, acidi, e sim.

serbatóre [dal lat. *servatōre(m)* 'conservatore', da *servātus* 'conservato'; av. 1396] s. m. (f. *-trice*) ● (*raro*) Chi serba.

serbévole [forma pop. di *serbabile*; av. 1320] agg. ● Che si può conservare, che si conserva facilmente, detto spec. di vino e di frutta.

serbevolézza [1942] s. f. ● Caratteristica di ciò che è serbevole, detto spec. di vini o prodotti agricoli. CFR. Conservabilità.

sèrbico [da *serbo* (*2*)] agg. (pl. m. *-ci*) ● (*raro*) Della Serbia: *lingua serbica.*

sèrbo (*1*) [da *serbare*; 1548] s. m. ● Conservazione, messa da parte, solo nelle loc. ***in s.***, †***a s.***: *mettere, tenere, dare, avere, qlco. in s.*

sèrbo (*2*) [dal serbocroato *srbin* 'serbo', abitante della Serbia (*Srbija*); 1957] **A** agg. ● Della Serbia. **B** s. m. (f. *-a*) ● Abitante, nativo della Serbia. **C** s. m. solo sing. ● Lingua parlata dai serbi (propriamente, *serbocroato*).

serbocroàto [comp. di *serbo* e *croato*; 1915] **A** agg. ● Che si riferisce ai Serbi e ai Croati | ***Lingua serbocroata***, lingua del gruppo slavo, parlata dai serbi e croati. **B** s. m. solo sing. ● Lingua nazionale della ex Iugoslavia, scritta in Serbia in caratteri cirillici, in Croazia nell'alfabeto latino.

†**sère** [lat. *sĕ(ni)or* (nom.), compar. di *sĕnex* 'vecchio' con epitesi vocalica; V. *signore*; 1313] s. m. (troncato in *ser* se proclitico) *1* Signore: *donna Berta e ser Martino* (DANTE *Par.* XIII, 139) | (*tosc.*) Anche in senso ironico: *ser cattivo, ser saccente.* *2* Titolo onorifico dato spec. a notaio o a prete: *Siete voi qui, ser Brunetto?* (DANTE *Inf.* XV, 30) | (*est.*) Notaio, prete.

serème (o **-è-**) [comp. di *sei* (*1*) e *remo*, sul modello di *trireme* (V.); sec. XVII] s. f. ● Nave a sei ordini di remi sovrapposti.

†**seréna** ● V. *sirena* (*1*).

serenàre [lat. *serenāre* 'far sereno', da *serēnus* 'sereno'; av. 1374] **A** v. tr. e intr. pron. (*io seréno*) ● (*lett.*) Rasserenare. **B** v. intr. (aus. *avere*) ● (*raro, lett.*) Accamparsi all'aria aperta | Dormire all'aria aperta, all'addiaccio: *bisogna s. dieci notti prima di trovare una capanna* (NIEVO).

serenàta [da *sereno*; av. 1484] s. f. *1* Cantata con accompagnamento musicale che si fa o si fa fare di sera all'aperto in onore o presso la casa dell'amata. **2** (*antifr., raro*) Canti rumorosi e sguaiati, schiamazzi e sim. fatti sotto le finestre di qlcu. in segno di beffa | Serie di versi di animali: *una s. di gatti*. **3** (*mus.*) Composizione vocale e strumentale, a volte in parecchi tempi.

serenatóre [dal lat. *Serenatōre(m)*, propr. epiteto di Giove 'rasserenatore (del cielo)', da *serenātus* 'rasserenato'; 1499] **agg.**; anche **s. m.** (f. *-trice*) ● (*lett.*) Che (o Chi) serena (*anche fig.*): *parole serenatrici*.

serendipità [ingl. *serendipity*, da *Serendip*, antico nome dell'isola di Ceylon: vc. coniata da H. Walpole (1717-1797) con riferimento a una fiaba persiana intitolata *I tre principi di Serendip* i cui protagonisti, per caso o per sagacia, scoprono continuamente cose che non stavano cercando; 1989] **s. f.** ● Il trovare una cosa non cercata e imprevista mentre se ne cerca un'altra: *la scoperta dell'America fu un caso di s.* | Nella ricerca scientifica, attitudine, capacità di individuare e valutare correttamente dati o risultati imprevisti rispetto ai presupposti teorici di partenza.

serenèlla [da *sereno*; 1873] **s. f.** ● (*bot., region.*) Lillà.

Serenìssima [1647] **A agg.** solo f. ● Titolo attribuito alla Repubblica di Venezia. **B s. f. 1** (*per anton.*) La repubblica di Venezia | Nel linguaggio giornalistico, Venezia. **2** Nome dell'autostrada Brescia-Venezia.

serenìssimo [superl. di *sereno*; av. 1348] **agg. 1** Sup. di *sereno*. **2** Titolo attribuito ai principi cadetti di famiglie reali: *principe s.*; *altezza serenissima* | Titolo attribuito a grandi principi, e rimasto al doge della Repubblica di Venezia.

♦**serenità** [dal lat. *serenitāte(m)*, da *serēnus* 'sereno'; av. 1342] **s. f. 1** Condizione di ciò che è sereno, limpido: *s. del cielo* | (*fig.*) Tranquillità interiore, calma: *s. dell'animo*; *affrontare la vita con s.*; *Goethe, poeta di passione e di s.* (CROCE) | (*fig.*) Obiettività, equilibrio: *giudicare con s.* **2** Titolo adulatorio rivolto ai principi.

♦**seréno** [lat. *serēnu(m)*, propr. 'secco', poi 'sereno', di orig. indeur.; 1224 ca.] **A agg. 1** Chiaro, limpido, sgombro di nuvole: *cielo, mattino, s.*; *aria serena*; *la luna ... / chiara fulgea nel ciel quieto e s.* (L. DE' MEDICI) | ***A ciel s.***, all'aria aperta | ***Fulmine a ciel s.***, (*fig.*) fatto, spec. spiacevole, improvviso e inaspettato. CONTR. Nuvoloso. **2** (*fig.*) Quieto, tranquillo, libero da ogni turbamento, preoccupazione, passione e sim.: *vita serena*; *animo s.*; *pensieri sereni*; *aspetto s.*; *fronte serena* | Obiettivo, imparziale: *giudizio s.* || **serenìssimo**, superl. (V.). || **serenaménte**, avv. **1** In modo sereno, senza turbamenti: *parlare serenamente*. **2** In modo imparziale: *giudicare serenamente*. **B s. m. 1** Cielo, tempo, sereno: *il s. della notte*; *il s. durerà poco* | ***È tornato il s.***, (*fig.*) è tornata la calma, la quiete. CONTR. Nuvolo. **2** Aria aperta: *dormire, accamparsi, al s.* | (*poet.*) Freddo notturno: *né aveva dove porsi a sedere né dove fuggire il s.* (BOCCACCIO). **3** (*lett.*) Aspetto limpido del cielo | (*fig., poet.*) Fulgore dello sguardo.

serge /fr. 'sɛrʒə/ [dall'ant. fr. *sarge*. V. *sargia*; 1929] **s. f. inv.** ● Tessuto leggero di lana per abiti, con intreccio diagonale.

sergènte o †**sargènte** [dall'ant. fr. *sergent* 'servo', dal lat. *serviĕnte(m)*, part. pres. di *servīre* 'servire'; av. 1294] **s. m. 1** Fino al XVIII secolo, grado relativo a varie categorie di ufficiali da subalterni a generali; successivamente, grado della categoria dei sottufficiali | Grado relativo al primo gradino della gerarchia dei sottufficiali, cui corrisponde il comando di una squadra o unità equivalente | ***S. maggiore***, grado immediatamente superiore a quello di sergente, con gli stessi compiti. **2** (*fig.*) Persona di carattere duro e dispotico: *sua moglie è un vero s.* **3** Utensile usato in falegnameria per stringere i pezzi di legno appena incollati. **4** †Inserviente, servitore: *ben vanno perciò de' suoi sergenti spesso dattorno* (BOCCACCIO). **5** †Soldato a piedi | †Sbirro.

sergentina [da *sergente*; 1618] **s. f.** ● Arma in asta simile allo spuntone usata anticamente dai graduati della fanteria.

†**sergière** o **sergère** [da *sergente*, con cambio di suff. (*-iere*)] **s. m.** ● Salamelecco: *pien d'inchini e di sergeri* (POLIZIANO).

sergozzóne o (*lett.*) †**sorgozzóne** [comp. di *sor-* e di un deriv. di *gozzo*; 1353] **s. m.** ● (*tosc.*) Colpo dato al mento o alla gola col pugno chiuso.

sèri- [ricavato da *seri(co)*] primo elemento ● In parole composte, significa 'di seta', 'della seta', 'serico': *sericoltura*, *serigrafia*.

serial /'sirjal, *sc- ingl.* 'sɪəɹiəl/ [vc. ingl., propr. 'di serie', da *serial (story)* 'romanzo a puntate'; 1966] **s. m. inv.** ● Trasmissione radiofonica o televisiva in più puntate o episodi in cui figurano gli stessi personaggi.

seriàle [da *serie*; 1960] **agg. 1** In varie discipline e tecnologie, appartenente a una serie, costitutivo di una serie, ordinato secondo una serie | (*elab.*) ***Stampante s.***, quella che stampa un carattere per volta. **2** Detto di musica basata sull'uso della serie. || **serialménte**, avv. Secondo una serie, in serie.

serialìsmo [1987] **s. m.** ● Carattere della musica seriale.

serialità [1969] **s. f.** ● Condizione di ciò che è seriale.

serializzàre [1969] **v. tr.** ● In varie discipline e tecnologie, ordinare, disporre secondo una serie | (*elab.*) Trasformare una informazione fornita sotto forma parallela in una informazione sotto forma seriale.

serializzazióne [1966] **s. f.** ● Il serializzare.

serial killer /sirjal'killer, *sc- ingl.* 'sɪəɹiəl,kɪlə/ [dall'ingl. *serial* 'in serie' e *killer* 'assassino'; 1990] **loc. sost. m. e f. inv.** (pl. ingl. *serial killers*) ● Criminale che compie una serie di delitti con le stesse modalità.

seriàre [1933] **v. tr.** (*io sèrio*) ● Ordinare, disporre secondo una serie | Classificare allo scopo di esaminare analiticamente.

seriàto [da *seriare* 'disporre in serie'] **agg.** ● (*biol.*) Detto di organo, di organismo o di colonia di individui formati da una serie ordinata di elementi | ***Sezione seriata***, ognuna delle sezioni di un organo raccolte in una precisa sequenza, utilizzate dalla microscopia ottica.

seriazióne [1960] **s. f. 1** Disposizione, suddivisione secondo una serie | (*stat.*) Successione ordinata delle frequenze di un fenomeno, in cui si tiene conto delle loro caratteristiche quantitative, operando una graduazione secondo le grandezze, le quali possono essere continue o discontinue. **2** (*biol.*) Formazione o disposizione di parti anatomiche o di organismi in una serie più o meno ordinata.

sericeo [vc. dotta, dal lat. tardo *serĭceu(m)*, da *sēricus* 'di seta'; 1499] **agg. 1** (*lett.*) Simile alla seta: *lucentezza, morbidezza sericea*. **2** (*bot.*) Rivestito di peli setosi.

sericigeno [comp. di *serico* e *-geno*; 1957] **agg.** ● Che produce, che secerne seta: *ghiandole sericigene*.

sericina [da *serico*, con *-ina*; 1873] **s. f.** ● Sostanza proteica gommosa, solubile nel sapone, che riveste e incolla insieme due bave di fibroina di cui è costituito il filo di seta. SIN. Gomma della seta.

sericite [da *serico*, con *-ite* (2); 1930] **s. f.** ● Varietà di mica sfaldabile in piccole lamelle.

sèrico [dal lat. *sēricu(m)*, dal gr. *sērikós*, propr. 'dei Seri' (popolo asiatico); 1342] **agg.** (pl. m. *-ci*) ● Che si riferisce alla seta: *industria serica* | (*lett.*) Di seta: *veste serica* | (*fig.*) Simile alla seta: *capelli serici*.

sericolite [comp. di *serico* e *-lite*; 1935] **s. f.** ● (*miner.*) Varietà fibrosa di gesso simile a seta bianca.

sericolo [comp. di *seri-* e *-colo*; 1873] **agg.** ● Che si riferisce alla sericoltura.

sericoltóre o **sericultóre** [comp. di *seri-* e *-coltore*; 1869] **s. m.** (f. *-trice*) ● Chi esercita la sericoltura.

sericoltùra o **sericultùra** [comp. di *seri-* e *coltura*; 1873] **s. f.** ● Bachicoltura e produzione della seta greggia.

sericultóre ● V. *sericoltore*.

sericultùra ● V. *sericoltura*.

♦**sèrie** [dal lat. *sĕrie(m)* 'fila', da *sĕrere* 'mettere in fila, concatenare', di orig. indeur.; 1563] **s. f. inv. 1** Successione ordinata di cose, fatti, persone, connesse tra loro e disposte secondo un certo criterio d'ordine: *una s. di colpi, di avvenimenti, di teorie, di guai, di sventure, di numeri, di clienti*; *s. di suoni* | (*elettr.*) ***In s.***, di componenti elettrici attraversati dalla stessa corrente | (*miner.*) ***S. isomorfa***, insieme di minerali che, restando simili per struttura, variano di composizione tra due termini estremi come conseguenza di una vicarianza | (*chim.*) ***S. elettrochimica***, successione ordinata degli elementi in base al loro elettropositività. **2** Raccolta di fascicoli o numeri di periodici progressivamente sino a un numero stabilito o che seguono un particolare indirizzo | ***S. radiofonica o televisiva***, serial | (*est., scherz.*) ***Della s., per la s.***, del tipo, del genere, della specie: *per la s. 'capitano tutte a lui'* (talvolta con riferimento al titolo di una serie televisiva o cinematografica); *della s. 'Anche i ricchi piangono'* | Complesso di atti e documenti archivistici, formatosi nell'espletamento di affari analoghi. **3** Insieme di francobolli di diverso valore facciale, facenti parte della stessa emissione. **4** (*mat.*) Algoritmo che a una successione di numeri o funzioni (addendi o termini) associa la successione delle somme dei primi *n* (somme parziali), e, se esiste, il limite di quest'ultima | (*impropr.*) Successione, sequenza. **5** Successione di dati statistici di frequenza o di intensità in corrispondenza di modalità qualitative. **6** (*mus.*) Successione rigorosamente preordinata di note o di intervalli che nella dodecafonia, ma anche in altre tendenze della musica contemporanea, costituisce il nucleo su cui si sviluppa la composizione. **7** (*org. az.*) Molteplicità di pezzi finiti uguali fra loro e prodotti di seguito in un certo periodo in modo unitario relativamente a mezzi produttivi e metodi di lavoro | ***Produzione, lavorazione, fabbricazione in s.***, con tecniche industriali secondo un unico modello | (*est.*) ***In s.***, detto di prodotto di poco pregio, senza originalità | ***Di s.***, detto di autoveicoli e sim., prodotti in serie. CONTR. Fuoriserie. **8** Suddivisione comprendente atleti o squadre in base al loro valore: *giocatori, pugilatori, di prima, seconda serie*; *squadre di serie A, B*; *passare da una s. inferiore a una superiore* | (*est., fig.*) ***Di s. B***, di seconda scelta, di minor valore, di scarto: *cittadino di s. B*. **9** (*lett.*) †Discendenza.

serietà [dal lat. tardo *serietāte(m)*, da *sērius* 'serio'; 1673] **s. f.** ● Caratteristica di chi (o di ciò che) è serio: *parlare con s.*; *agire senza s.*; *atteggiare il viso a s.*; *s. di vita, di costumi*; *donna di discutibile s.*; *la s. di un'azienda*; *s. vuol dire che l'intelletto non si arresti alla superficie, ma scruti le cose nella loro intimità* (DE SANCTIS).

serigrafàre [deriv. di *serigrafia*; 1985] **v. tr.** (*io serigrafo*) ● Stampare con il metodo della serigrafia.

serigrafia [comp. di *seri-* e *-grafia*; 1960] **s. f.** ● Metodo di stampa in cui l'inchiostro viene fatto passare attraverso le maglie di un tessuto di seta, preventivamente otturate nelle zone non stampanti | Stampa così ottenuta.

serigràfico [1970] **agg.** (pl. m. *-ci*) ● Che serve alla serigrafia, che si ottiene con la serigrafia. || **serigraficaménte**, avv.

serimetro [comp. di *seri-* e *-metro*; 1940] **s. m.** ● Apparecchio che serve a misurare la tenacità della seta, cioè la resistenza che il filo, stirato nel senso della lunghezza, oppone alla rottura.

serina [da *seri(co)*, poiché fu isolata dalla seta, col suff. *-ina*; 1960] **s. f.** ● (*chim.*) Amminoacido a tre atomi di carbonio presente in molte proteine, impiegato in cosmesi per le sue proprietà protettive della pelle.

♦**sèrio** [dal lat. *sēriu(m)* 'serio, grave', di orig. indeur.; 1499] **A agg. 1** Che nel comportamento, negli atti, nelle parole e sim., denota ponderatezza, senso di responsabilità, coscienza dei propri doveri e compiti, risultando alieno da leggerezza e superficialità: *uomo s.*; *impiegato s. e coscienzioso*; *ditta seria*; *è una persona seria*; *conduce una vita seria*; *ha abitudini molto serie* | Che ha coscienza e rispetto della propria moralità sul piano sessuale, detto spec. di donna: *donna, ragazza, seria*. CONTR. Leggero. **2** Severo, accigliato, pensoso, preoccupato: *viso, sguardo, s.*; *espressione seria*. CONTR. Allegro, gaio, lieto. **3** Detto di ciò che è importante, grave, che dà preoccupazioni per sé stesso o per le sue eventuali conseguenze: *è un affare s.*; *le condizioni del malato sono serie*; *le cose si fanno serie*; *il matrimonio è una cosa seria* | Profondo, schietto: *sentimento s.* **4** Detto di opera musicale o letteraria, di contenuto non scherzoso, priva di parti buffe. CONTR. Buffo, giocoso. || **seriùccio**, dim. || **seriaménte**, avv. **1** In modo serio, con serietà: *comportarsi seriamente*.

2 Gravemente: *è seriamente ammalato.* **B** s. m. solo sing. ● Ciò che è serio: *tra il s. e il faceto* | ***Sul s.***, davvero, senza scherzi: *sul s. mi porterai con te?; dici sul s.?* | ***Fare sul s.***, non scherzare, avere intenzioni serie | ***Prendere qlco. sul s.***, affrontarla con impegno, con intenzioni serie.

seriografia [comp. di *serie* e *-grafia*; 1960] s. f. ● (*med.*) Tecnica che consiste nell'eseguire diverse radiografie a brevi intervalli di tempo, utile spec. nello studio della mobilità degli organi quali stomaco e intestino e nella ricerca di lesioni delle pareti degli organi stessi.

seriògrafo [comp. di *serie* e *-grafo*; 1960] s. m. ● (*med.*) Accessorio di apparecchio radiologico usato nella seriografia.

seriola [dal lat. *seriŏla(m)*, dim. di *sēria* 'giara', di orig. mediterr.; 1838] s. f. ● (*zool.*) Ricciola.

serióre o **serióre** [vc. dotta, dal lat. *seriōre(m)*, comp. di *sērus* 'tardo'. V. *sera*; 1942] agg. ● (*lett.*) Che accade, si manifesta e sim. in un tempo successivo, in epoca posteriore. || **seriorménte**, avv.

seriorità [da *seriore*; 1970] s. f. ● (*lett.*) Condizione di ciò che è posteriore, che viene dopo nel tempo.

seriosità [da *serioso*; sec. XIV] s. f. ● Caratteristica di chi (o di ciò che) è serioso.

serióso [dal lat. tardo *seriōsu(m)*, da *sērius* 'serio'; 1364] agg. ● Serio, grave, spec. in modo ostentato. || **seriosaménte**, avv.

serir [ar. *serīr*; 1929] s. m. inv. ● Deserto pietroso con ciottoli e ghiaie misti a sabbia, tipico del Sahara orientale.

seritterio [vc. scient. moderna, comp. di *seri-* e *-(t)terio*, dal gr. *thērion* 'animale'; 1913] s. m. ● Organo del baco da seta, in cui si forma la massa filabile, disposto ai lati e sotto la faccia inferiore del tubo intestinale e completato da una filiera da cui escono le bave che servono al baco per costruire il bozzolo.

serizzo [dal milan. e lombardo *sarìz* 'granito', deriv. dal lat. *silĭceu(m)* 'siliceo', da *sĭlex* 'selce'. V. *selce*; 1934] s. m. ● Varietà di granito a grossi cristalli di ortoclasio.

serliàna [dal nome dell'architetto S. *Serlio*; 1929] s. f. ● (*arch.*) Finestra o porta trifora con le aperture laterali architravate e quella centrale ad arco.

†**serménto** ● V. *sarmento*.

†**sèrmo** ● V. *sermone (1)*.

†**sermocinàre** [vc. dotta, dal lat. tardo *sermocinā-re*, per il classico *sermocināri* 'discorrere, sermonare', sovrapposizione di forme come *patrocināre, vaticināri*, a *sĕrmo*, genit. *sermōnis* 'discorso'; sec. XIV] v. intr. ● (*lett.*) Fare sermoni, discorrere.

sermollino ● V. *serpollino*.

sermonàre [dal lat. tardo *sermonāre*, variante di *sermonāri* 'conversare', da *sĕrmo*, genit. *sermōnis* 'discorso'; 1344] v. intr. (*io sermóno*; aus. *avere*) ● (*raro, lett.*) Fare sermoni | Parlare a lungo.

†**sermonatóre** [da *sermonare*] s. m. (f. *-trice*) ● (*lett.*) Chi tiene sermoni.

sermoncino [av. 1704] s. m. *1* Dim. di *sermone (1)* | Breve ammonizione, predicozzo. *2* Breve poesia recitata dai bambini a Natale davanti al presepio.

sermóne (1) o (*poet.*) †**sèrmo** [vc. dotta, dal lat. *sermōne(m)* 'discorso', da *sĕrere* 'allineare, mettere in serie', di orig. indeur. V. *serie*; av. 1306] s. m. *1* (*lett.*) †Lingua, linguaggio, idioma: *temprar non sanno / con le galliche grazie il sermon nostro* (PARINI). *2* (*lett.*) Discorso, conversazione: *tenere s. con qlcu.; cambiare s.* *3* Discorso fatto dal sacerdote ai fedeli raccolti in chiesa per illuminarli su argomenti di religione o di morale | Discorso scritto su argomenti religiosi | Predica rivolta ai fedeli da pastore o ministro di comunità protestante. *4* Discorso di ammonimento, lungo rimprovero (*anche scherz.*): *fare un s. a qlcu.; sono stanco dei tuoi sermoni.* SIN. Paternale. *5* Componimento morale, quasi satirico, in versi sciolti. || **sermoncèllo**, dim. | **sermoncino**, dim. (V.) | **sermonétto**, dim.

†**sermóne** (2) ● V. *salmone*.

sermoneggiàre [da *sermone (1)*, con suff. iter. intens.; av. 1606] v. intr. (*io sermonéggio*; aus. *avere*) ● (*raro*) Fare sermoni, predicare.

sèro- (1) ● V. *xero-*.

sèro- (2) ● V. *siero-*.

†**seròcchia** ● V. †*sirocchia*.

serologia ● V. *sierologia*.

†**seróso** e *deriv.* ● V. *sieroso* e *deriv.*

seròtino o **serotino** [dal lat. *serōtinu(m)* 'serotino, tardivo', dall'avv. *sēro* 'tardi', da *sērus* 'tardo'. V. *sera*; 1308] agg. *1* (*lett.*) Di sera. *2* Tardivo, che matura o fiorisce tardi: *frutto s.; pianta serotina* | ***Parto s.***, tardivo, oltre il duecentonovantesimo giorno di gravidanza. || **serotinaménte**, avv. Tardivamente.

serotonina [vc. scient. moderna, comp. del lat. *sērum* 'siero', del gr. *tónos* 'tensione' e del suff. *-ina*; 1960] s. f. ● (*biol.*) Sostanza distribuita in tutte le specie del regno animale, dotata di azione antiemorragica e protettiva sui capillari; è uno dei mediatori chimici dei processi infiammatori e un neurotrasmettitore del sistema nervoso centrale.

sèrpa o (*tosc.*) **sèrpe** (2) [lat. *scīrpea(m)*, *sīrpea(m)* 'cestone da porre sul carro', da *scīrpus*, *sīrpus* 'giunco', di etim. incerta; 1805] s. f. *1* Cassetta a due posti su cui siede il cocchiere a destra: *montare in s.* | Sedile coperto di diligenza, situato dietro la cassetta del cocchiere. *2* Sedile posto fuori bordo all'estrema prua delle navi a vela, utilizzato un tempo come latrina.

serpàio (1) [da *serpe (1)*, con suff. *-aio (1)*; av. 1742] s. m. ● Luogo pieno di serpi.

serpàio (2) o (*dial.*) **serpàro** [da *serpe (1)*, con suff. *-aio (2)*; 1905] s. m. (f. *-a*) ● Chi cattura e addomestica serpenti.

serpànte [da *serpa*; 1866] s. m. ● (*disus.*) Marinaio addetto alla pulizia delle latrine di bordo.

serpàro ● V. *serpaio (2)*.

sèrpe (1) [lat. *sĕrpens* (nom.) 'serpe', part. pres. di *sĕrpere* 'strisciare'. V. *serpente*; av. 1306] s. f. e region. lett. m. *1* Serpente | Biscia | ***S. nasuto***, driofide | ***S. d'acqua***, natrice | ***A s.***, a spirale | ***Scaldare, scaldarsi, una s. in seno***, beneficare chi poi si rivelerà ingrato, nemico. *2* (*fig.*) Persona infida e ipocrita. || PROV. Le cose lunghe diventano serpi. || **serpàccia**, pegg. | **serpàccio**, pegg. m. | **serpétta**, dim. | **serpettina**, dim. | **serpétto**, dim. m. | **serpicèlla**, dim. | **serpicina**, dim. | **serpóne**, accr. m.

sèrpe (2) ● V. *serpa*.

serpeggiaménto [1664] s. m. *1* Andamento sinuoso: *il s. di una strada, di un fiume.* *2* Moto con traiettoria sinusoidale in un piano orizzontale percorsa a mo' di serpente da un aereo, missile, siluro.

serpeggiànte [av. 1519] part. pres. di *serpeggiare*; anche agg. *1* Nei sign. del v.: *il percorso s. di un fiume; il malcontento s. tra i soldati.* *2* (*bot.*) Detto di fusto che si allunga sul terreno emettendo radici.

serpeggiàre [da *serpe (1)*, con suff. iter.-intens. V. *serpere*; av. 1494] v. intr. (*io serpéggio*; aus. *avere*) *1* Procedere o svilupparsi con movimento tortuoso, simile a quello dei serpenti: *la strada serpeggiando arriva fino in cima; una bella corrente d'acqua, … serpeggiava nella pianura* (NIEVO). *2* (*mar.*) Avanzare seguendo una rotta non rettilinea, per cattivo governo, avaria al timone o per evitare attacchi nemici, detto di nave e sim. *3* (*fig.*) Insinuarsi, circolare occultamente, prima di manifestarsi in forma più ampia: *il malcontento serpeggia tra la popolazione.*

serpéggio [1957] s. m. ● Serpeggiamento.

†**serpentàre** [da *serpente*] v. tr. ● (*pop.*) Molestare, importunare.

serpentària [dal lat. tardo *serpentāria(m)*, ellitt. per *serpentāria hĕrba* 'erba dracontea', da *sĕrpens*, genit. *serpĕntis* 'serpente'; av. 1320] s. f. ● (*bot.*) Pianta erbacea delle Aracee con rizoma ritorto come un serpente, foglie che ricoprono quasi totalmente lo scapo e una grande spata che avvolge l'infiorescenza dall'odore cadaverico (*Dracunculus vulgaris*).

serpentàrio (1) [dal lat. mediev. *serpentāriu(m)*, dal classico *sĕrpens*, genit. *serpĕntis* 'serpente'; sec. XIV] s. m. ● Uccello falconiforme africano divoratore di serpenti, con zampe altissime, ciuffo erigibile occipitale e coda con due lunghe penne (*Sagittarius serpentarius*). SIN. Sagittario, segretario. ➡ ILL. **animali**/8.

serpentàrio (2) [da *serpente*; 1965] s. m. ● Istituto in cui si allevano e si studiano i serpenti.

†**serpentàto** agg. ● (*raro*) Ornato di serpenti: *caduceo s.*

♦**serpènte** [lat. *serpĕnte(m)*, part. pres. di *sĕrpere* 'strisciare'. V. *serpe (1)*; av. 1250] s. m. *1* Ogni rettile degli Ofidi, caratterizzato da corpo allungato, cilindrico, senza arti, rivestito di squame e, in alcune specie, ghiandole situate nella testa che secernono liquidi velenosi. CFR. Sibilare, ofio- | ***S. a sonagli***, crotalo | ***S. corallo***, nome generico di serpenti americani dai colori brillantissimi, velenosi ma non aggressivi (*Micrurus*) | ***S. dagli occhiali***, cobra | ***S. d'acqua***, natrice | ***S. di mare***, serpente che vive in mare e sulla terraferma, vivacemente colorato, velenoso (*Laticauda colubrina*); (*fig.*) fandonia, notizia falsa, ma sensazionale | ***Fossa dei serpenti***, (*fig.*) manicomio; (*est.*) luogo orribile. *2* Pelle conciata dell'animale omonimo, usata in pelletteria: *una borsetta di s.* *3* (*fig.*) Persona infida e maligna: *non fidarti di lui: è un vero s.!* | †Satana, il diavolo tentatore. *4* (*econ.*) ***S. monetario europeo***, sistema di cambio vigente tra le monete dei Paesi appartenenti alla CEE tra il 1972 e il 1978, sostituito successivamente dallo SME. || **serpentàccio**, pegg. | **serpentèllo**, dim. | **serpentóne**, accr. (V.).

serpentésco [da *serpente*; 1960] agg. (pl. m. *-schi*) ● (*fig.*) Da serpente, proprio di un serpente: *scaltrezza serpentesca.*

serpentifero [comp. di *serpente* e *-fero*; 1664] agg. ● (*lett.*) Che produce serpenti.

serpentifórme [vc. dotta, dal lat. tardo *serpentifōrme(m)*, comp. di *sĕrpens*, genit. *serpĕntis* 'serpente' e *-fōrmis* '-forme'; av. 1730] agg. ● Che ha forma di serpente.

†**serpentile** [da *serpente*; 1532] agg. ● (*raro*) Di serpente.

serpentina (1) [da *serpente*; sec. XV] s. f. ● Grossa artiglieria antica.

serpentina (2) [da *serpentino (2)*; 1599] s. f. *1* (*geol.*) Roccia metamorfica composta in prevalenza da serpentino. SIN. Serpentinite. *2* (*tecnol.*) Serpentino (2).

serpentina (3) [da *serpentino (1)*; 1895] s. f. *1* Linea serpeggiante: *sentiero a s.* | Nello sci, serie di curve ravvicinate descritte dallo sciatore durante una discesa. *2* (*aer.*) Traiettoria sinusoidale percorsa serpeggiando.

†**serpentinàto** [da *serpentino (1)*] agg. ● (*raro*) Tortuoso come un serpente.

serpentino (1) [lat. tardo *serpentīnu(m)*, da *sĕrpens*, genit. *serpĕntis* 'serpente'; 1481] agg. ● Di serpente: *pelle serpentina* | Che ha forma, colore, caratteristiche e sim. di serpente (*anche fig.*): *denti, occhi, serpentini; lingua serpentina* | (*zool.*) ***Lingua serpentina***, atteggiamento anomalo degli animali, spec. bovini ed equini, consistente nell'estroflettere e nel ritirare rapidamente la lingua, alla maniera dei serpenti.

serpentino (2) [uso sost. del precedente per analogia di colore nel sign. 1, di forma negli altri sign.; 1483] s. m. *1* (*miner.*) Nome collettivo di alcuni silicati idrati di magnesio del tipo a strati, comunemente di colore verde, costitutivi di rocce e di certi asbesti. CFR. Antigorite, crisotilo. *2* (*geol.*) Roccia verde screziata di qualsiasi composizione usata per rivestimenti. *3* (*tecnol.*) Tubo a spirale usato per scambiare calore fra un fluido che circola all'interno e uno che circola all'esterno. SIN. Serpentina (2). *4* Nelle antiche armi portatili, piccola leva a forma di serpente che abbassava la miccia accesa a contatto con la carica di lancio; (*est.*) la stessa arma portatile | Nel Rinascimento, apparecchio di accensione a miccia sistemato su una lastra di metallo a cartella, applicabile alla cassa di ogni arma da fuoco portatile.

serpentóne [propr. accr. di *serpente*; detto così per la forma; 1838] s. m. *1* Accr. di *serpente*. *2* Strumento a fiato in uso fino all'Ottocento, dalla caratteristica forma a S, che aveva la funzione di cornetto contrabbasso. *3* Lungo corteo o processione ad andamento serpeggiante. *4* Sbarramento longitudinale che delimita corsie preferenziali in strade urbane per agevolare il traffico ai mezzi di trasporto pubblico. SIN. Cordolo | Grosso edificio in cemento a forma di S.

serpentóso [sec. XIV] agg. ● (*lett.*) Costituito, folto, di serpenti (detto della chioma della Gorgone) | (*est.*) Folto di ricci: *una criniera serpentosa* (D'ANNUNZIO) | (*fig.*) Subdolo.

sèrpere [vc. dotta, dal lat. *sĕrpere* 'serpeggiare', di orig. indeur.; 1374] v. intr. (pass. rem. *io serpéi*; part. pass. *serpìto*; raro nei tempi composti) ● (*lett.*) Serpeggiare (*spec. fig.*): *il tedio a la fine serpe tra i vostri / così lunghi ritiri* (PARINI).

serpigine o (*lett.*) **serpigo** [lat. parl. **serpīgine(m)*, variante del tardo *serpēdo*, genit. *serpēdinis* 'erisipela', da *sĕrpere* 'serpeggiare', sul modello del gr. *hérpēs* 'erpete'. V. *erpete*; av. 1320] **s. f.** ● Irritazione, eruzione, a carattere serpiginoso.

serpiginóso [da *serpigine*; 1544] **agg.** ● (*med.*) Detto di irritazione, eruzione, che ha decorso tortuoso, a figura di serpe.

†**serpigno** [da *serpe* (*1*); 1561] **agg.** ● Di serpe | (*fig., lett.*) Maligno, infido.

serpigo ● V. *serpigine*.

serpillo [dal lat. *serpĭllu(m)*, variante di *serpŭllum*, *serpy̆llum* 'sermollino'. V. *serpollo*; av. 1320] **s. m.** ● (*bot.*) Timo.

serpollino o (*pop., tosc.*) **sermollino** [dim. di *serpollo*; av. 1340] **s. m.** ● (*bot.*) Timo.

serpóllo [dal lat. *serpŭllu(m)* 'sermollino', sovrapposizione del lat. *sĕrpere* 'serpeggiare' al gr. *hérpyllon* 'sermollino', da *hérpein* 'strisciare', di orig. indeur.] **s. m.** ● (*bot., sett., pop.*) Timo.

serpóso [da *serpe* (*1*)] **agg.** ● (*raro*) Pieno di serpi: *bosco s.*

sèrpula [vc. dotta, dal lat. tardo *sĕrpula(m)* 'biscia', da *sĕrpere* 'strisciare'; 1929] **s. f.** ● Anellide polichete che vive entro tubi calcarei rossi fissati a corpi sommersi (*Serpula*).

sèrqua o **sèrqua** [lat. *sĭliqua(m)* 'baccello', di etim. incerta; 1279] **s. f.** *1* (*region.*) Dozzina: *s. d'uova*. *2* (*est.*) Grande numero o quantità: *una s. di pugni, di parolacce*. || **serquettina**, **dim.**

♦**sèrra** (*1*) [da *serrare*; av. 1294] **s. f.** *1* Ambiente chiuso, di solito protetto da grandi vetrate, ove si coltivano piante in condizioni climatiche particolari | ***S. olandese***, quella che ha il tetto vetrato a due versanti e riceve la luce da ambo i lati | ***S. fredda***, quella sprovvista di condizionamento termico artificiale. **SIN.** Tepidario | ***S. calda***, quella riscaldata artificialmente | (*est.*) ***Effetto s.***, V. *effetto* | ***Essere allevato in una s., essere un fiore di s.*** e sim., di persona delicata e cagionevole. ➡ **ILL.** p. 2113 AGRICOLTURA; **agricoltura e giardinaggio.** *2* (*tosc.*) Parte superiore dei calzoni o delle mutande, dove si stringono alla vita. *3* †Luogo chiuso. *4* †Calca, ressa, tumulto.

sèrra (*2*) [lat. *sĕrra(m)* 'sega', di etim. incerta; sec. XIII] **s. f.** ● Catena montuosa allungata e senza forti avvallamenti.

serrabòzze [comp. di *serra(re)* e il pl. di *bozza*; 1838] **s. m. inv.** ● (*mar.*) Pezzo di cavo o catena fermato al bordo, destinato a cingere il fuso delle ancore quando non servono in mare.

serradàdi [comp. di *serra(re)* e il pl. di *dado*; 1942] **s. m. inv.** ● Attrezzo per avvitare i dadi.

serradèlla [dal port. *serradela*; 1957] **s. f.** ● (*bot.*) Pianta erbacea annuale delle Papilionacee, spontanea nell'Europa sud-occidentale e nell'Africa settentrionale, coltivata come foraggiera su terreni sabbiosi aridi (*Ornithopus sativus*).

serrafila [comp. di *serra(re)* e *fila*, sul modello del fr. *serre-file*; 1647] **A s. m. e f.** (**pl.** *-e*) *1* (*disus.*) Chi marcia per ultimo in una fila di ginnasti o soldati, in opposizione al capofila. *2* †Ufficiale o sottufficiale posto in coda a un reparto schierato. **B s. f.** ● Nave che marcia all'estremità di un reparto.

serrafilo [comp. di *serra(re)* e *filo*; 1899] **s. m.** ● Congegno a vite o a pinzetta per eseguire collegamenti elettrici.

serrafórme [comp. di *serrare* e il pl. di *forma*; 1937] **s. m. inv.** ● Attrezzo meccanico usato in tipografia per fissare le forme tipografiche nel telaio di stampa.

serràggio [dal fr. *serrage*, da *serrer* 'stringere'; 1960] **s. m.** ● Operazione del serrare viti, bulloni e sim. di una macchina.

serràglia [da *serraglio* (*1*); sec. XIV] **s. f.** *1* †Ciò che chiude | †Sbarramento. *2* (*arch.*) Chiave d'arco, di volta.

serràglio (*1*) [dal provz. *serralh*, dal lat. tardo *serrăculu(m)* 'chiusura', da **serrāre* 'chiudere'. V. *serrare*; 1312] **s. m.** *1* †Riparo difensivo | †Cinta muraria | †Barricata | †Luogo chiuso. *2* Raccolta di animali rari, esotici o sim. a scopo di spettacolo o attrazione | Luogo in cui tali animali sono raccolti.

serràglio (*2*) [dal turco *saray* 'corte, palazzo'; 1502] **s. m.** *1* Nell'impero ottomano, la residenza del sultano o di personaggi d'alto rango. *2* Harem.

serramànico [comp. di *serra(re)* e *manico*; 1905] **s. m.** ● Solo nella loc. ***coltello a s.***, in cui la lama si può far rientrare nel manico che fa da custodia.

serràme [da *serrare*; 1296] **s. m.** ● Qualunque dispositivo atto a serrare porte, finestre e sim.

serraménto [da *serrare*; 1336 ca.] **s. m.** (**pl.** *-i* o, con valore collettivo, al **f.**, *le serraménta*) ● Struttura mobile articolata a un infisso destinata a chiudere un'apertura nella parte muraria di un edificio.

serrànda [vc. di orig. sett., da *serrare*, sul modello del gerundivo lat.; 1877] **s. f.** *1* Chiusura a saracinesca, spec. di negozio: *abbassare la s.*; *s. avvolgibile*. *2* Chiusino del forno.

serràno ● V. *sciarrano*.

serranòdo [comp. di *serra(re)* e *nodo*; 1960] **s. m.** ● (*chir.*) Strumento chirurgico utilizzato per stringere le suture chirurgiche nelle cavità profonde.

serrapennóne [comp. di *serra(re)* e *pennone*; 1824] **s. m.** ● (*mar.*) Caricabolina.

serrapiède [comp. di *serra(re)* e di *piede*; 1960] **s. m.** ● (*sport, disus.*) Nel ciclismo, fermapiede.

serràre [lat. parl. **serrāre*, da *sĕra* 'serratura', di etim. incerta, con sovrapposizione di *sĕrra* 'sega' o *fĕrrum* 'ferro'; av. 1294] **A v. tr.** (*io sèrro*) *1* Chiudere, sbarrare in modo da impedire il passaggio, il transito e sim.: *s. con la chiave, col catenaccio, col lucchetto*; *s. la porta, la finestra*; *s. una cassa, un baule* | (*fig.*) ***S. bottega***, sospendere un'attività. *2* Stringere con forza, chiudere stringendo: *s. i pugni, le mani, gli occhi* | (*fig.*) ***S. il cuore***, ***la gola*** e sim., di emozione, turbamento e sim. intenso che sembra impedisca di respirare, parlare e sim. | ***S. le file***, ***le fila***, accostarsi, di più persone riunite in fila, le une alle altre, in modo che fra loro non vi siano spazi vuoti; (*fig.*) stringersi compatti per affrontare una difficoltà | (*mar.*) ***S. le vele***, arrotolarle e stringerle con legature ai pennoni e alle antenne. *3* Rendere più intenso, più rapido: *s. il ritmo di lavoro* | (*mar.*) ***S. la voga***, accelerare il ritmo della palata. *4* Premere, incalzare | ***S. il nemico***, incalzarlo da presso | Cingere d'assedio. *5* (*raro*) Chiudere dentro, rinchiudere: *s. qlcu. dentro casa*; *s. il cavallo nella stalla* | Chiudere circondando: *s. un castello con un fossato*; *felici, o voi, cui breve spazio serra* (ALFIERI). *6* †Nascondere, celare. *7* (*tosc.*) †Rendere compatto, indurire. **B v. intr.** (aus. *avere*) ● (*tosc.*) Combaciare, commettere: *la finestra non serra bene*. **C v. rifl.** ● Chiudersi, stringersi: *serrarsi in difesa*.

serraschière [dal turco *serasker* 'generale in capo', comp. di *ser* 'capo' e *āsker* 'esercito'; 1873] **s. m. inv.** ● Capo delle forze armate nell'Impero turco.

sèrra sèrra [propr. imperat. di *serrare*; 1960] **loc. sost. m. inv.** ● Affannoso e disordinato incalzare di persone, animali e sim.

serràta [sec. XIV] **s. f.** *1* (*raro*) Il serrare. *2* Sospensione dell'attività imprenditoriale da parte del datore di lavoro, al fine di imporre la sua volontà in occasione di controversie sindacali o come rappresaglia | (*est.*) Chiusura, sospensione della propria attività a scopo di protesta, detto di negozianti e artigiani. *3* †Riparo, sbarramento | †Diga.

serràte [propr. imperat. (II pers. pl.) di *serrare*; 1911] **A s. m. inv.** ● (*sport*) ***S. finale***, nel calcio e sim., sforzo, vigorosa azione collettiva d'attacco in cui si produce una squadra sul finire di una partita. **B** in funzione di **inter.** ● (*disus.*) Si usa come ordine impartito a ginnasti schierati a intervalli perché riprendano l'ordine chiuso.

serràto [sec. XIII] **part. pass.** di *serrare*; anche **agg.** *1* Nei sign. del v. *2* Fitto, compatto: *tessuto, panno, s.* | Folto: *schiere serrate*. *3* (*fig.*) Stringato, conciso: *discorso, ragionamento, s.* | Rapido, veloce: *ritmo, tratto s.* | Stringente, incalzante: *interrogatorio s.* *4* (*zoot.*) Detto di cavallo in cui, per difetto di appiombo, lo spazio esistente fra gli zoccoli anteriori è minore della lunghezza di uno di essi. || **serrataménte**, **avv.** *1* In modo serrato, conciso. *2* †Profondamente: *dormire serratamente*.

serràtula [vc. dotta, dal lat. *serrātu(m)* 'seghettato', da *sĕrra* 'sega', con suff. dim.; sec. XVIII] **s. f.** ● Pianta delle Composite che vive in ambiente umido, con foglie seghettate e capolini color porpora (*Serratula tinctoria*).

serratùra [da *serrare*; 1325 ca.] **s. f.** ● Congegno meccanico, costituito da uno o più catenacci scorrevoli che entrano in apposite cavità e dai relativi comandi, manovrabili gener. mediante una chiave e destinato a chiudere con sicurezza porte, cancelli, cassetti, casseforti e sim.: *s. a leve, a cilindro* | ***S. a combinazione***, quella in cui lo scorrimento del catenaccio è consentito dall'azionamento, secondo un certo codice, di una serie di bottoni o di una manopola graduata | ***S. elettrica***, quella destinata alla chiusura di portoni e porte esterne, apribile dall'interno mediante un elettromagnete azionato a distanza.

serrétta [da *serra* (*1*); 1838] **s. f.** ● (*mar.*) Chiusura reticolata | Nelle navi in legno, ognuna delle tavole costituenti il pagliolo.

serrettàme [da *serretta*] **s. m.** ● (*mar.*) Quantità di serrette.

sèrto [dal lat. *sĕrtu(m)* 'corona', nt. sost. di *sĕrtus*, part. pass. di *sĕrere* 'intrecciare'. V. *serie*; 1321] **s. m.** ● (*lett.*) Ghirlanda, corona: *s. di fiori* | ***S. nuziale***, corona intrecciata di fiori d'arancio che la sposa porta sul capo; (*fig.*) raccolta di versi scritti in occasione di nozze | ***S. regale***, corona regale.

sèrva [lat. *sĕrva(m)*, f. di *sĕrvus* 'servo, schiavo'; 1353] **s. f.** *1* Donna di servizio (termine oggi usato solo in senso spreg., e sostituito da *domestica, cameriera, collaboratrice familiare* o *colf*): *queste sono faccende da s.* | ***S. padrona***, domestica che ha preso il sopravvento sui padroni | (*fam.*) ***Essere il figlio della s.***, essere maltrattato, non essere tenuto in alcun conto. *2* (*fig., spreg.*) Persona meschina, di mentalità ristretta, pettegola: *chiacchiere da s.* (V. nota d'uso STEREOTIPO). *3* Appartenente a talune congregazioni religiose: *s. di Maria, s. di Gesù*. || **servàccia**, **pegg.** | **servétta**, **dim.** (V.) | **servettina**, **dim.** | **servettuòla**, **dim.** | **servicciuòla**, **dim.** | **servicèlla**, **dim.** | †**servicina**, **dim.** | **servòtta**, **accr.** | **servottina**, **dim.**

servàggio [dall'ant. fr. *servage*, dal lat. *sĕrvu(m)* 'schiavo, servo'; av. 1294] **s. m.** ● (*lett.*) Stato di servitù morale, sociale, politica.

servàlo [dal fr. *serval*, adattamento dello sp. o port. *(gato-)cerval* 'cerviere, che attacca il cervo', da *ciervo* 'cervo'; 1936] **s. m.** ● (*zool.*) Mammifero dei Felidi simile al leopardo. **SIN.** Gattopardo africano.

†**servàre** [dal lat. *servāre* 'serbare'. V. *serbare*; av. 1306] **v. tr.** *1* V. *serbare*. *2* Osservare, seguire | Eseguire, non trasgredire: *servi le leggi tue l'auriga* (PARINI).

†**servatóre** [dal lat. *servatōre(m)* 'conservatore'. V. *serbatore*; 1353] **s. m.**; anche **agg.** (**f.** *-trice*) *1* Chi (o Che) conserva | Chi (o Che) osserva, adempie. *2* (*lett.*) Salvatore.

servènte [da *servire*; sec. XIII] **A part. pres.** di *servire*; anche **agg.** *1* Nei sign. del v. *2* †Servizievole, cortese | ***Cavalier s.***, damerino, cicisbeo. *3* (*dir.*) ***Fondo s.***, su cui grava una servitù prediale. **B s. m.** ● Soldato o marinaio addetto al servizio di un pezzo d'artiglieria o di un'arma da fuoco pesante. **C s. m. e f.** ● †Inserviente, persona che serve.

serventése ● V. *sirventese*.

server /'server, *ingl.* 'sɜːvəɹ/ [vc. ingl., propr. 'servitore', dal v. medioingl. *serven* 'servire'; 1980] **s. m. inv.** ● (*elab.*) Funzione implementata su un host computer che consente di mettere in condivisione servizi diversi, come posta elettronica, stampa e gestione dei file | (*est.*) Il computer stesso. **CFR.** Client.

servétta [av. 1735] **s. f.** *1* Dim. di *serva*. *2* Ruolo del teatro italiano comprendente parti di cameriera vivace e spigliata.

serviàno [1957] **agg.** ● Che si riferisce o appartiene all'antico re romano Servio Tullio: *mura serviane*; *costituzione serviana*.

servìbile [1584] **agg.** *1* Che si può servire a tavola: *il gelato è s.* *2* Che si può utilizzare. **CONTR.** Inservibile.

service /'servis, *ingl.* 'sɜːvɪs/ [vc. ingl., propr. 'servizio'; 1985] **s. m. inv.** ● Azienda che fornisce attrezzature, assistenza e servizi specializzati: *un s. di fotocomposizione*.

servidoràme ● V. *servitorame*.

†**servidóre** ● V. *servitore*.

serviènte [dal lat. *serviĕnte(m)*, part. pres. di *servīre* 'servire'; 1803] **s. m.** ● Chi serve il sacerdote durante la celebrazione della messa.

†**servigiàle** o †**serviziàle** (*2*) [dal lat. tardo *servitiāle(m)* 'servente', da *servĭtiu(m)* 'servizio', con sovrapposizione di *servigio*; 1294] **s. m. e f.** ● Chi adempie un servizio, inserviente: *per mezzo d'una s. del monastero riceveva qualche notizia* (NIEVO).

servìgio [lat. *servĭtiu(m)* 'servitù', attraverso i dial.

sett. V. *servizio*; 1294] **s. m.** ***1*** Azione compiuta a beneficio di altri senza mirare ad alcuna ricompensa: *rendere un s. a qlcu.*; *fare un s. a qlcu.*; *i servigi resi alla patria* | Beneficio. ***2*** †Servizio | Rapporto di sudditanza, di vassallaggio. ***3*** †Negozio, faccenda: *tiratevi indietro e lasciate questo s. fare a me* (BOCCACCIO). || **servigétto**, **dim.**

servile [dal lat. *servīle(m)*, da *sĕrvus* 'schiavo, servo'; 1351] **agg.** ***1*** Di servo, che si riferisce ai servi: *lavoro, mestiere, opera s.* | ***Opera, lavoro s.***, opera soprattutto manuale che costituisce, nella dottrina cristiana, violazione del precetto festivo. ***2*** (*spreg.*) Basso, vile, privo di dignità: *animo s.*; *maniere servili* | Peddisequo: *fredda e s. imitazione* (LEOPARDI). ***3*** ***Verbo s.***, che si unisce con un altro di modo infinito per esprimere possibilità, volontà, dovere e sim. || **servilménte**, **avv.**

servilismo [da *servile*, con *-ismo*; 1877] **s. m.** ● Inclinazione a seguire e obbedire gli ordini e i desideri altrui, spec. dei potenti, per interesse, viltà e sim.

servilità [av. 1673] **s. f.** ● (*raro* o *lett.*) Servilismo | (*raro*) Atto servile.

†**serviménto** [av. 1272] **s. m.** ● Il servire | Servitù.

♦**servire** [lat. *servīre*, da *sĕrvus* 'servo, schiavo'; 1225 ca.] **A v. tr.** (*io sèrvo*) ***1*** Essere in stato di schiavitù, di soggezione ad altri (*anche assol.*): *s. lo straniero*; *sempre fu chi serve e chi comanda* (MACHIAVELLI). ***2*** Lavorare alle dipendenze altrui, detto di domestici: *s. una famiglia ricca*; *sono vari anni che serve in casa nostra*; *s. come cameriere, come autista* | Esercitare un'attività militare: *s. in marina, nell'artiglieria*; *s. sotto le bandiere* | ***S. lo Stato***, esercitare un pubblico impiego, rivestire una carica pubblica | ***S. Dio***, ***il Signore***, ***al Signore***, scegliere la vita ecclesiastica, ufficiare il culto divino, vivere conformemente alla norma religiosa imposta da Dio | ***Servire Messa***, nella liturgia cattolica precedente il Concilio Vaticano II, il rispondere al celebrante e assisterlo nella celebrazione da parte di chierico o di laico, che sostituiva, nella risposta, il popolo di Dio. ***3*** Detto di negozianti, commercianti e sim., fornire ciò che occorre al cliente, soddisfarne le richieste (*anche assol.*): *servo subito la signora*; *vi servo subito*; *chi serve a questo banco?* | (*fig.*) ***S. qlcu. di barba e capelli***, ***di barba e di parrucca***, trattarlo come si merita (*anche iron.*) | Avere come cliente abituale: *da dieci anni serviamo di scarpe la famiglia Rossi.* ***4*** Presentare le vivande in tavola, anche sostituendo le stoviglie tra una portata e l'altra (*anche assol.*): *s. a tavola, in tavola*; †*s. la tavola, le tavole*; *s. i convitati, un rinfresco.* ***5*** Adoperarsi per i bisogni altrui, essere utile agli altri: *s. la patria, la nazione*; *per servirla*; *in che cosa posso servirla?*; *la signora sarà servita* | ***Adesso la servo io***, ***l'ho servito a dovere*** e sim., ha avuto quello che si meritava | (*lett.*) Corteggiare: *s. una donna.* ***6*** ***S. un compagno***, nel calcio, passargli la palla. ***7*** Fornire un servizio di pubblica utilità: *la nuova linea della metropolitana servirà i quartieri orientali della città.* ***8*** †Meritare | †Rimeritare. **B v. intr.** (aus. *essere*, raro *avere*, nei sign. 1 e 2, *avere* nel sign. 3) ***1*** (assol.; + *a*, + *per*, anche seguiti da inf.; + *da*, + *di* seguiti da sost) Giovare, essere utile: *le note servono alla chiarezza del testo*; *a che serve questo attrezzo?*; *a che servirebbe fuggire?*; *non serve ripetere le stesse cose* | Svolgere una funzione, fare l'ufficio di, essere utile per qlco.: *le posate servono per mangiare*; *la notizia mi serve da* (*o di*) *indizio*; *quanto è accaduto ti servirà di* (*o da*) *esempio.* ***2*** (*fam.*) Bisognare, occorrere: *mi serve un libro*; *ti serve qlco.?*; *non ci serve nulla*; *mi servirebbe il tuo aiuto* | (*tosc.*) Bastare al bisogno: *non mi occorre nulla, mi serve ciò che ho.* ***3*** (*sport*) Nel tennis, nel ping-pong e nella pallavolo, effettuare il servizio. **C v. intr. pron.** ***1*** (+ *di*) Usare, adoperare: *posso servirmi della tua macchina?*; *ha un ottimo registratore, ma non sa servirsene*; *serviti pure delle dita per mangiare il pollo* | Giovarsi di qlco., o dell'operato, dell'aiuto e sim., di qlcu.: *per fargli capire il discorso mi sono servito di un esempio*; *in India ci servimmo di un interprete*; *si è servita di lui, poi l'ha cacciato via* | Prendere ciò che viene offerto: *serviti pure*; *prego, si serva.* ***2*** Essere cliente abituale: *da molti anni mi servo in quel negozio.*

servisòl [comp. di *servi(re)* e *sol(o)*] **s. m. inv.**; anche **agg. inv.** ● (*elvet.*) Self-service: *ristorante con s.*; *spaccio s.*

servita [da *servo*, sul modello di *cenobita*, *eremita*, ecc.; sec. XV] **s. m.** (**pl.** *-i*) ● Religioso dei Servi di Maria, ordine fondato in Firenze nel Duecento.

servito [av. 1588] **A part. pass.** di *servire*; anche **agg.** ***1*** Nei sign. del v. ***2*** Detto di pasto, pronto per essere consumato: *il pranzo è s.*; *la cena è servita.* ***3*** Detto di persona, che ha ricevuto quanto ordinato o richiesto: *il signore è s.* | ***Resti s.***, (*disus.*) formula usata per invitare qlcu. a pranzo. ***4*** Detto di giocatore di poker che non intende ricevere altre carte. **B s. m.** ***1*** (*tosc.*) Servizio da tavola. ***2*** †Portata di vivande.

servitoràme o (*lett.*) **servidoràme** [da *servitore*; av. 1606] **s. m.** ***1*** (*raro*) Insieme dei servitori (*anche spreg.*): *Lui, il barone, era sceso giù, col s.* (VERGA). ***2*** (*fig.*, *spreg.*) Insieme di adulatori, di piaggiatori.

servitóre o †**servidóre** [dal lat. tardo *servitōre(m)*, da *servītus* 'servito'; av. 1250] **s. m.** ***1*** (**f.** *-tora*, lett. *-trice*) Chi presta servizio in casa privata: *un vecchio s.*; *il suo fedele s.* **SIN.** Cameriere, domestico. ***2*** (**f.** *-tora*, lett. *-trice*) (*est.*) Chi si dedica con devozione e fedeltà a servire una persona, un ideale e sim.: *s. della patria, dello Stato, del sovrano* | ***Servitor suo, vostro e sim.***, formule di cortesia usate in passato spec. nei saluti epistolari: *mi creda suo devotissimo s.* ***3*** Attaccapanni mobile | Tavolinetto spostabile tenuto presso la tavola da pranzo. || **servitorèllo**, **dim.** | **servitorétto**, **dim.** | **servitorino**, **dim.** | **servitorùccio**, **dim.**

servitorésco [1891] **agg.** (**pl. m.** *-schi*) ● Da servitore (*spec. spreg.*): *inchini servitoreschi.* || **servitorescaménte**, **avv.** In modo servitoresco.

servitù o †**servitùde**, †**servitùte** [dal lat. *servitūte(m)* 'condizione servile', da *sĕrvus* 'servo'; av. 1294] **s. f.** ***1*** Condizione, stato di chi serve, è schiavo, soggetto: *vivere, ridurre, in s.*; *liberare, liberarsi, dalla s.*; *s. al peccato* | ***S. della gleba***, colonato | Prigionia, cattività: *animale nato in s.* ***2*** (*fig.*) Ciò che limita la libertà di azione: *la s. dell'orario.* ***3*** Insieme dei servitori, delle persone di servizio: *la casa richiede una grande s.*; *rinnovare la s.* ***4*** (*dir.*) ***S. prediale*** o (*ellitt.*) ***servitù***, diritto reale gravante su un fondo per l'utilità di un altro fondo appartenente a diverso proprietario: *s. di passaggio, di scolo* | ***S. apparente***, per il cui esercizio occorrono opere visibili e permanenti sul fondo servente | ***S. legale***, imposta dalla legge | ***S. volontaria***, costituita per contratto o testamento | ***S. militari***, disposte per esigenze delle forze armate.

serviziàle (1) [da *servizio*; av. 1557] **s. m.** ● (*raro*) Clistere: *uno sgabuzzino pieno di … serviziali dell'età molièriana* (SAVINIO).

†**serviziàle** (2) ● V. †*servigiale.*

serviziévole [da *servizio*; 1819] **agg.** ● Che presta volentieri la sua opera, il suo aiuto. || **serviziévolménte**, **avv.**

♦**servizio** [dal lat. *servĭtiu(m)* 'servitù', da *sĕrvus* 'servo'; per calco sull'ingl. *service* 'servizio, battuta' nel sign. 14; sec. XII] **s. m.** ***1*** (*raro*) Il servire | Rapporto di subordinazione, di dipendenza | Attività svolta a favore di qlcu. o di qlco.: *sono al vostro s.!*; *essere al s. della patria, di un ideale.* ***2*** Attività lavorativa prestata in casa privata come domestico: *prendere, mettere a s.*; *andare a s.*; *lasciare il s.*; *donna, persona di s.* | ***I servizi***, i lavori domestici | ***Donna a mezzo s.***, che lavora solo per mezza giornata | ***Scala, porta, di s.***, in abitazioni signorili, quella riservata alla servitù e ai fornitori | (*est.*) Prestazione del cameriere di un ristorante e sim.: *il conto è di quaranta euro, compreso il s.* ***3*** Attività lavorativa di un prestatore di lavoro subordinato, spec. pubblico impiegato: *anzianità di s.*; *entrare in s.*; *prendere s.*; *fare, prestare s.*; *lasciare, abbandonare il s.*; *andare in pensione dopo trenta anni di s.* ***4*** ***S. militare***, quello svolto sotto le armi, secondo gli obblighi e nelle forme previste dalle leggi dello Stato | ***S. permanente effettivo***, degli ufficiali e sottufficiali di carriera | ***S. civile***, servizio di leva sostitutivo di quello militare spec. per gli obiettori di coscienza, che viene espletato in opere o enti di utilità pubblica | (*est.*) Singola prestazione cui è tenuto il militare delle varie armi: *s. di caserma, di guardia, di ronda, d'ispezione, di picchetto* | ***Essere in, di s.***, durante le ore in cui si è tenuti a svolgere una serie di tali prestazioni | ***Fuori s.***, nelle ore libere; (*est.*) detto di materiali non più utilizzabili perché inefficienti: *ascensore fuori s.* ***5*** Incarico particolare conferito a un inviato o collaboratore di giornale, ente radiofonico, televisivo e sim., e l'articolo o il reportage preparati in base a tale incarico: *essere in s. speciale*; *s. speciale del giornale radio* | ***S. in voce***, ***s. in video***, servizio giornalistico radiotelevisivo in diretta o registrato dal giornalista stesso e non letto dallo speaker. ***6*** (*fig.*) Favore, cortesia (*anche antifr.*): *ti ringrazio del s. che mi hai reso*; *mi avete fatto proprio un bel s.!* ***7*** (*econ.*, *spec. al pl.*) Effetti economicamente utili di beni materiali o di attività umane, di cui beneficiano altri beni o gli uomini stessi: *beni e servizi*; *l'occupazione è in aumento nel settore dei servizi.* **CFR.** Terziario. ***8*** (*fam.*) Faccenda, affare: *ho vari servizi da fare* | ***Fare un viaggio e due servizi***, ottenere un duplice risultato con una sola azione | (*eufem.*) Bisogno corporale: *vai a fare quel s.* ***9*** Serie di prestazioni organizzate su vasta scala dallo Stato, da un ente pubblico e sim., destinate a provvedere ai bisogni di una collettività: *il s. telefonico, postale* | (*est.*) Insieme di persone, uffici e mezzi destinati a fornire tali prestazioni: *s. sociale* | ***S. sanitario nazionale***, complesso delle attività di carattere pubblico svolte a tutela della salute dei cittadini | ***Servizi segreti***, ***servizi di sicurezza***, o (*ellitt.*) ***servizi***, organismi solitamente alle dipendenze delle forze armate, che hanno per compito istituzionale la difesa dello Stato tramite l'organizzazione di servizi d'informazione e della lotta contro lo spionaggio | ***S. meteorologico***, quello che si occupa su scala nazionale di studi, ricerche e attività pratiche nel campo della meteorologia. ***10*** (*org. az.*) Raggruppamento di uffici o reparti non a livello direttivo | Reparto della redazione di un giornale: *il s. esteri*; *s. cronaca.* ***11*** Insieme di oggetti che servono a un determinato scopo: *s. da tè*; *s. per dodici* | ***S. da tavola***, ogni serie completa di posate, stoviglie, tovagliato e sim. per apparecchiare la tavola | ***S. all'americana***, V. *americano.* ***12*** Insieme di attrezzature destinate a uno scopo determinato: *s. antincendio* | ***Area***, ***stazione di s.***, spiazzo, edificio munito di attrezzature per il rifornimento e l'assistenza ad automobilisti e autoveicoli. ***13*** (*al pl.*) In una abitazione e sim., complesso di vani e attrezzature destinate alla cucina e agli apparecchi igienici: *due locali più i servizi* | ***Servizi*** (***igienici***), impianti e locali per l'igiene personale e i bisogni fisiologici: *doppi servizi*; **SIN.** Bagno. ***14*** (*sport*) Nel tennis, nel ping-pong e nella pallavolo, colpo con cui si mette la palla in gioco. **SIN.** Battuta. || **serviziàccio**, **pegg.** | **serviziétto**, **dim.** | **servizióne**, **accr.** | **serviziùccio**, **serviziùzzo**, **dim.** | **servizuòlo**, **dim.**

♦**sèrvo** [lat. *sĕrvum* 'schiavo', in orig. 'guardiano', dalla radice indeur. **swer-* 'osservare'; sec. XIII] **A s. m.** ***1*** (**f.** *-a*) Chi è in stato di servitù (*lett. anche fig.*): *i servi dello straniero*; *esso diventa de' suoi tesori vilissimo s.* (BOCCACCIO) | ***Servi della gleba***, nel diritto feudale, i contadini, privi di diritti politici e civili, legati di padre in figlio a un terreno che non potevano abbandonare. ***2*** (**f.** *-a*) Chi presta la propria opera come domestico (termine oggi disusato, o usato in senso spreg., e sostituito da *domestico* o *cameriere*): *casa piena di servi* (V. nota d'uso STEREOTIPO) | (*raro*) ***S. suo***, ***s. vostro***, ***s. umilissimo*** e sim., formule di cortesia | ***S. di scena***, facchino di teatro a cui è affidato il lavoro di trasporto dell'arredamento di scena dal magazzino al palcoscenico. ***3*** (**f.** *-a*) (*est.*) Chi si dedica con devozione e fedeltà a servire una persona, un ideale e sim. | ***S. di Dio***, cristiano morto in fama di santità, che può essere venerato con il culto pubblico solo dopo la sua elevazione a Beato, mediante la causa di beatificazione | ***S. dei servi di Dio***, formula usata dai papi in segno di umiltà. ***4*** ***S. muto***, piccolo scaffale o tavolino a ripiani collocato vicino alla tavola da pranzo; piccolo mobile da camera su cui riporre gli abiti e gli indumenti quando ci si sveste. ***5*** ***S. scala***, congegno provvisto di sedile per il trasporto di persone invalide lungo una scala. ***6*** (*tecnol.*) Elemento asservito di un servosistema. || **servàccio**, **pegg.** | **servétto**, **dim.** | **servóne**, **accr.** | **servùccio**, **dim.** **B agg.** ***1*** (*lett.*) Schiavo: *Ahi serva Italia, di dolore ostello!* (DANTE *Purg.* VI, 76). ***2*** (*lett.*) Servile: *vergin di s. encomio e di codardo oltraggio* (MANZONI).

sèrvo- [da *servo* con l'idea di 'asservimento'] primo elemento ● In parole composte della terminologia tecnica, sta a indicare che il dispositivo o lo strumento espresso dal secondo elemento è asservito o appartiene a un sistema asservito: *servofreno, servosistema.*

servoassistere [comp. di *servo-* e *assistere*; 1983] v. tr. (coniug. come *assistere*) ● (*tecnol.*) Azionare mediante un servomeccanismo.

servoassistito [1976] part. pass. di *servoassistere*; anche agg. ● Nel sign. del v.

servocomàndo [comp. di *servo-* e *comando*; 1963] s. m. *1* (*tecnol.*) Servosistema in cui la grandezza variabile d'uscita segue prontamente le variazioni di quella d'ingresso. *2* (*tecnol.*) Comando attuato mediante un servosistema o un servomeccanismo.

servocontròllo [comp. di *servo-* e *controllo*; 1989] s. m. ● (*tecnol.*) Sistema di regolazione ad anello chiuso | Servosistema in cui si assegna un determinato valore alla grandezza d'ingresso e la grandezza d'uscita viene mantenuta costante a un valore corrispondente, indipendentemente dalle variazioni di altre grandezze esterne: *s. della temperatura ambiente.*

servofréno o **servofrèno** [comp. di *servo-* e *freno*; 1930] s. m. ● (*autom., tecnol.*) Negli autoveicoli, servomeccanismo comandato gener. dal freno a pedale e destinato ad amplificare, mediante un servomotore, la forza esercitata sul pedale dal guidatore.

servomeccànica [comp. di *servo-* e *meccanica*; 1989] s. f. ● Parte della meccanica che studia i servomeccanismi.

servomeccanismo [comp. di *servo-* e *meccanismo*; 1960] s. m. ● (*tecnol.*) Servocontrollo in cui la grandezza d'uscita è una grandezza meccanica, e cioè la posizione, la velocità o l'accelerazione di un elemento meccanico.

servomotóre [comp. di *servo-* e *motore*; 1905] **A** s. m. ● (*tecnol.*) In un servomeccanismo, attuatore o motore ausiliario il cui moto determina quello dell'organo comandato | (*mar.*) *S. del timone*, quello che è comandato dalla ruota di governo e determina la posizione del timone. **B** agg. (f. *-trice*) ● (*aer.*) ***Aletta servomotrice***, in un velivolo di grandi dimensioni, aletta destinata al comando indiretto della relativa superficie mobile.

servosistèma [comp. di *servo-* e *sistema*; 1960] s. m. (pl. *-i*) ● (*tecnol.*) Sistema di regolazione in cui una grandezza variabile dipendente d'uscita, detta asservita o controllata, varia secondo una determinata legge al variare di una grandezza variabile indipendente d'ingresso, detta di comando | ***S. ad anello chiuso, a ciclo chiuso, a catena chiusa, chiuso***, quello in cui l'asservimento fra le grandezze d'uscita e d'ingresso è effettuato mediante retroazione negativa | ***S. ad anello aperto, a ciclo aperto, a catena aperta, aperto, diretto***, quello privo di retroazione negativa.

servostèrzo [comp. di *servo-* e *sterzo*; 1954] s. m. ● (*autom., tecnol.*) Negli autoveicoli, servomeccanismo comandato dal volante di guida e destinato ad amplificare lo sforzo di sterzata del conducente.

sèsamo o †**sìsamo** [dal lat. *sēsamu(m)*, dal gr. *sēsamon*, di orig. orient.; 1340 ca.] s. m. ● Pianta tropicale erbacea della famiglia delle Pedaliacee dai cui semi si estrae un olio commestibile (*Sesamum indicum*) | ***Apriti s.!***, secondo una novella orientale, formula magica; (*est., fig.*) aiuto prodigioso. ➡ ILL. **piante**/9; **spezie.**

sesamòide [vc. dotta, dal lat. *sesamoīde(m)*, dal gr. *sēsamoeidḗs* 'simile a sesamo', comp. di *sēsamon* 'sesamo' ed *-eidḗs* '-oide'; 1659] **A** s. m. ● (*anat.*) Osso contenuto nello spessore di tendini o di capsule articolari. **B** anche agg.: *osso s.*

seduzióne [fr. *sexduction*, comp. di *sexe* 'sesso' e del lat. *ductiōne(m)* (da *dūcere* 'tirare': V. *ducere*); 1983] s. f. ● (*biol.*) Trasferimento di un carattere ereditario da una cellula batterica a un'altra a mezzo del fattore del sesso.

sèsia [dal gr. *sḗs* 'tignola', di etim. incerta; 1891] s. f. ● Farfalla ad ali strette, lunghe e trasparenti e con larve dannose per le gallerie scavate nel legno degli alberi (*Sesia*). SIN. Trochilia.

sesìno [milan. *sesin*, moneta da sei denari, da *ses* 'sei'; 1527] s. m. ● Antica moneta coniata in diverse zecche italiane dalla metà del XIV sec. fino al XVI sec. e del valore prima di sei poi di otto denari.

sèsqui- [lat. *sēsqui-*, per *sēm(i)sque*, propr. 'e (*-que*) metà (*sēmis*)' sottinteso 'in più'] primo elemento ● In parole composte dotte e scientifiche, indica un rapporto di tre a due: *sesquiossido.*

sesquiàltera [vc. dotta, lat. *sesquiăltera(m)*, agg. col sign. propr. di 'e metà in più (V. *sesqui-*) dell'altra'; 1499] s. f. ● (*mus.*) Nella notazione mensurale, modo di diminuire il valore delle note analogo alla moderna terzina. SIN. Emiolia | Registro dell'organo che realizza il terzo e il quinto armonico del suono fondamentale.

sesquiòssido [comp. di *sesqui-* e *ossido*; 1960] s. m. ● (*chim.*) Ossido di elemento chimico trivalente, formato da due atomi del metallo e da tre di ossigeno.

sesquipedàle [vc. dotta, dal lat. *sesquipedāle(m)* 'di un piede e mezzo', comp. di *sēsqui-* e *pedālis* 'pedale'; 1499] agg. ● (*lett.*) Grande, enorme: *naso s.*

sèssa [adattamento del fr. svizzero *seiche*, n. che indica le oscillazioni del lago di Ginevra; 1890] s. f. ● Variazione periodica di livello dell'acqua di un lago o anche di un mare interno prodotta da turbamenti atmosferici.

sessagenàrio [vc. dotta, dal lat. *sexagenārìu(m)*, da *sexagēni*, da *sexagìnta* 'sessanta'; av. 1566] agg.; anche s. m. (f. *-a*) ● (*lett.*) Che (o Chi) ha sessant'anni di età: *un servitore s.*; *una sessagenaria in gamba.*

sessagèsima (o *-é-*) [f. sost. di *sessagesimo*; 1682] s. f. ● Nel calendario liturgico preconciliare, domenica che precedeva di due settimane la prima domenica di quaresima, cadente circa sessanta giorni prima di Pasqua.

sessagesimàle [da *sessagesimo*; 1875] agg. ● (*fis.*) Detto di divisione successiva in sessantesimi come quella dell'angolo e quella del tempo.

sessagèsimo (o *-é-*) [vc. dotta, dal lat. *sexagēsimu(m)* 'sessantesimo', ord. di *sexagìnta* 'sessanta'; sec. XIV] agg. num. ord.; anche s. m. ● (*lett.*) Sessantesimo.

sessàggio [1970] s. m. ● In pollicoltura, operazione del sessare.

♦**sessànta** [lat. parl. **sexā(g)inta*, da *sĕx* 'sei' (1); 1294] agg. num. card. inv.; anche s. m. e f. inv. (si elide davanti ad 'anni': *sessant'anni*) ● (*mat.*) Sei volte dieci, sei decine, rappresentato da 60 nella numerazione araba, da LX in quella romana. **I** Come agg. ricorre nei seguenti usi. *1* Rispondendo o sottintendendo la domanda 'quanti?', indica la quantità numerica di sessanta unità (spec. preposto a un s.): *ha già sessant'anni*; *abito a circa s. kilometri dalla città*; *è lungo s. centimetri.* *2* Rispondendo o sottintendendo la domanda 'quale?', identifica qlco. in una pluralità, in una successione, in una sequenza (posposto a un s.): *riguardati il paragrafo s.*; *abito al numero s. di via Mazzini* | ***Gli anni S.***, in un secolo, spec. il XIX e il XX, quelli compresi fra sessanta e sessantanove | ***Il s.***, nel secolo di cui si parla, il sessantesimo anno: *nel s. si è realizzata l'unità d'Italia*, nel 1860. *3* In composizione con altri numeri semplici o composti, forma i numeri superiori: *sessantadue*; *centosessanta*; *milleduecentosessantotto*; *sessantamila.* **II** Come s. ricorre nei seguenti usi. *1* Il numero sessanta (per ellissi di un s.): *il cinque nel s. sta dodici volte*; *era presente il s. per cento degli invitati* | ***I s.***, i sessant'anni nell'età di un uomo | ***Essere sui s.***, avere circa sessant'anni. *2* Il segno che rappresenta il numero sessanta.

sessantamìla [comp. di *sessanta* e *mila*; 1481] agg. num. card. inv.; anche s. m. e f. inv. ● Sessanta volte mille, sessanta migliaia, rappresentato da 60 000 nella numerazione araba, da $\overline{LX}$ in quella romana. **I** Come agg. ricorre nei seguenti usi. *1* Rispondendo o sottintendendo la domanda 'quanti?', indica la quantità numerica di sessantamila unità (spec. preposto a un s.): *ho già versato s. euro di anticipo per l'appartamento*; *la mia macchina ha già fatto s. kilometri*; *una popolazione di s. abitanti.* *2* Rispondendo o sottintendendo la domanda 'quale?', identifica qlco. in una pluralità, in una successione, in una sequenza (posposto a un s.): *abbonamento numero s.* **II** Come s. ricorre nei seguenti usi. *1* Il numero sessantamila (per ellissi di un s.): *il s. nel centottantamila sta tre volte.* *2* Il segno che rappresenta il numero sessantamila.

sessantanòve [dalla rappresentazione grafica del numero, comp. degli opposti *6* e *9*; av. 1916] s. m. inv. ● (*volg.*) Pratica erotica che comporta nello stesso tempo cunnilingio e fellatio.

sessantaquattrèsimo (o *-é-*) **A** agg. num. ord. ● Corrispondente al numero sessantaquattro in una sequenza, in una successione, in una serie (rappresentato da LXIV nella numerazione romana, da 64° in quella araba): *la sessantaquattresima parte di un foglio*; *classificarsi s.* **B** s. m. ● Ciascuna delle sessantaquattro parti uguali di una stessa quantità: *calcolare i tre sessantaquattresimi di cento* | ***In s.***, in tipografia, di foglio su ognuna delle cui facce vengono stampate sessantaquattro pagine; in legatoria, del tipo di formato ottenuto piegando tali fogli in modo da ottenerne 64; (*fig., scherz.*) di persona o cosa di ridotte dimensioni o di scarso valore: *volume in s.*; *è un Cesare in s.*

sessantenàrio [da *sessanta*, sul modello di *centenario* (V.); 1960] **A** agg. *1* (*raro*) Che ha sessant'anni, detto di cosa o di persona. *2* Che ricorre ogni sessant'anni. **B** s. m. ● Ricorrenza del sessantesimo anno da un avvenimento memorabile: *celebrare il s. della nascita di qlco.* | (*est.*) La cerimonia che si celebra in tale occasione.

sessantènne [comp. di *sessant(a)* ed *-enne*; 1873] agg.; anche s. m. e f. *1* Che (o Chi) ha sessant'anni. *2* (*raro*) Che dura da sessant'anni.

sessantènnio [comp. di *sessant(a)* ed *-ennio*; 1954] s. m. ● Spazio di tempo di sessant'anni: *un s. di guerre.*

sessantèsimo (o *-é-*) [da *sessanta*; av. 1547] **A** agg. num. ord. *1* Corrispondente al numero sessanta in una sequenza, in una successione, in una classificazione, in una serie (rappresentato da LX nella numerazione romana, da 60° in quella araba): *il s. compleanno*; *il s. anniversario della fondazione*; *classificarsi s.* | ***Due alla sessantesima***, (*ellitt.*) due elevato alla sessantesima potenza. SIN. (*lett.*) Sessagesimo. *2* In composizione con altri numerali, semplici o composti, forma gli ordinali superiori: *sessantesimoprimo*, *centosessantesimo*; *milleduecentosessantesimo.* **B** s. m. ● Ciascuna delle sessanta parti uguali di una stessa quantità: *un s. del totale*; *nove sessantesimi.*

sessantìna [da *sessanta*; sec. XV] s. f. *1* Complesso, serie di sessanta o circa sessanta unità: *una s. di persone*; *una s. di biglietti da visita.* *2* I sessant'anni nell'età dell'uomo: *avvicinarsi alla s.* | ***Essere sulla s.***, avere circa sessant'anni di età.

sessantottésco [da *sessantotto*, anno in cui scoppiò la contestazione giovanile; 1977] agg. (pl. m. *-schi*) ● Del sessantotto, che si riferisce alla contestazione giovanile, spec. studentesca, del 1968: *movimento s.*

sessantottìno [1978] s. m. (f. *-a*) ● Chi ha partecipato al movimento di contestazione giovanile, spec. studentesca, del 1968.

sessantottismo [1977] s. m. ● Ideologia che si richiama ai motivi ispiratori della contestazione giovanile, spec. studentesca, del 1968.

sessantòtto [comp. di *sessant(a)* e *otto*] agg. num. card. inv.; anche s. m. inv. ● Sei volte dieci, o sei decine, più otto unità, rappresentato da 68 nella numerazione araba, da LXVIII in quella romana. **I** Come agg. ricorre nei seguenti usi. *1* Rispondendo o sottintendendo la domanda 'quanti?', indica la quantità numerica di sessantotto unità (spec. preposto a un s.): *ha già compiuto s. anni.* *2* Rispondendo o sottintendendo la domanda 'quale?', identifica qlco. in una pluralità, in una successione, in una sequenza (posposto a un s.): *abito al numero s. di questa strada*; *ho preso l'autobus s.* **II** Come s. ricorre nei seguenti usi. *1* Il numero sessantotto (per ellissi di un s.): *abito al s.*; *sessantadue e sei fa s.* | ***Il s., il S., il '68***, l'anno 1968, quello in cui esplose il movimento di contestazione giovanile, spec. studentesca, in alcuni Paesi industrializzati occidentali | (*est.*) Il movimento di contestazione giovanile esploso nel 1968. *2* Il segno che rappresenta il numero sessantotto.

sessàre [da *sesso*; 1970] v. tr. (*io sèsso*) ● In pollicoltura, distinguere il sesso dei pulcini.

sessatóre [1970] s. m. (f. *-trice*) ● Specialista addetto al sessaggio.

sessennàle [da *sessennio*; 1940] agg. *1* (*lett.*) Che dura sei anni: *contratto s.* *2* (*lett.*) Che ricorre ogni sei anni: *rinnovo s.*

sessènne [vc. dotta, dal lat. *sexĕnne(m)*, comp.

di sĕx 'sei' ed -ĕnnis, da ănnus, 'anno'; 1940] **agg.**; anche **s. m. e f.** ● (*lett.*) Seienne.

sessènnio [vc. dotta, dal lat. sexĕnniu(m), comp. di sĕx 'sei' e ănnus 'anno'; 1735] **s. m.** ● (*lett.*) Periodo di tempo di sei anni | Durata in carica per sei anni di un organo pubblico.

sèssile [vc. dotta, dal lat. sĕssile(m), da sĕssus, part. pass. di sedēre 'sedere'; 1805] **agg.** *1* (*bot.*) Detto di organo che è attaccato a un altro direttamente mediante la base e non è sostenuto da una parte ristretta | ***Fiore s.***, quello privo di peduncolo | ***Foglia s.***, quella priva di picciolo. *2* (*zool.*) Detto di organo non peduncolato: *occhi sessili*. *3* (*zool.*) Detto di organismo fissato mediante una base estesa: *polipo s.* *4* (*zool.*) Detto di organismo incapace di movimento, fissato in permanenza a un substrato: *animali e piante marini sessili*. *5* (*med.*) Detto di formazione normale o patologica fissata mediante una base estesa su un tessuto o un organo: *polipo, verruca, tumore s.*

sessióne [vc. dotta, dal lat. sessiōne(m) 'seduta', da sĕssus, part. pass. di sedēre, 'sedere'; av. 1540] **s. f.** ● Seduta o serie di sedute collegiali e periodiche di un'assemblea, un consiglio e sim.: *la s. del Consiglio*; *s. di esami*; *s. estiva, autunnale*.

sessìsmo [fr. sexisme, da sexe 'sesso'; 1974] **s. m.** ● Tendenza per cui, nella vita sociale, la valutazione delle capacità intrinseche delle persone viene fatta in base al sesso, discriminando spec. quello femminile, rispetto a quello maschile.

sessìsta [fr. sexiste, da sexisme 'sessismo'; 1977] **agg.**; anche **s. m. e f.** (**pl. m.** *-i*) ● Che (o Chi) è favorevole o incline al sessismo.

sessitùra [lat. tardo subsutūra(m) 'balza, orlo', comp. di sŭb 'sotto' e sutūra 'cucitura'; sec. XIV] **s. f.** ● Balza imbastita in fondo alla gonna per poterla eventualmente allungare.

sèsso [vc. dotta, dal lat. sĕxu(m), di etim. incerta; av. 1320] **s. m.** *1* Insieme dei caratteri che in individui della stessa specie contraddistinguono soggetti diversamente predisposti alla funzione riproduttiva | (*spec. scherz.*) ***S. forte***, gli uomini | (*spec. scherz.*) ***S. debole***, ***gentil s.***, le donne | (*fig.*) ***Il s. degli angeli***, problema irresolubile e immaginario. *2* (*est.*) L'attività sessuale e i problemi ad essa attinenti: *affrontare il tema del s.* | ***Fare s.***, avere rapporti sessuali | ***S. sicuro***, quello praticato con le precauzioni igieniche atte a evitare di contrarre o trasmettere malattie. *3* (*est.*) Insieme degli organi genitali esterni maschili o femminili.

sessodipendènte [1988] **s. m. e f.**; anche **agg.** ● Chi (o Che) ha un bisogno frequente e spesso incontrollabile di avere rapporti sessuali. **CFR.** Erotomane.

sèssola ● V. *sassola*.

sessuàle [vc. dotta, dal lat. tardo sexuāle(m) 'pertinente al sesso', da sĕxus 'sesso'; 1819] **agg.** ● Che si riferisce al sesso | ***Ormone s.***, prodotto prevalentemente dalle ghiandole sessuali e responsabile dei caratteri sessuali secondari | ***Psicopatia s.***, alterazione dell'istinto sessuale, perversione | ***Educazione s.***, volta a dare corrette e opportune informazioni sul tema della riproduzione sessuale e dei rapporti sessuali. || **sessualménte**, **avv.** ● Dal punto di vista sessuale.

sessualità [1873] **s. f.** *1* Caratteristica o condizione di ciò che è sessuale. *2* Insieme dei caratteri fisici, funzionali, psicologici e culturali legati all'attività sessuale.

sessualizzazióne [da sessuale, sul modello del fr. (o ingl.) sexualisation; 1936] **s. f.** ● Assunzione di proprietà sessuali di certe parti dell'organismo.

sessuàto [da sesso, con sovrapposizione di sessuale; 1949] **agg.** ● Detto di essere vivente provvisto di organi della riproduzione.

sessuofobìa [comp. di sessu(ale) e -fobia; 1963] **s. f.** ● (*psicol.*) Paura morbosa della sessualità.

sessuofòbico [da sessuofobia; 1963] **agg.** (**pl. m.** *-ci*) ● (*psicol.*) Che si riferisce alla sessuofobia. || **sessuofobicaménte**, **avv.**

sessuòfobo [da sessuofobia; 1963] **s. m.** ● (*psicol.*) Affetto da sessuofobia.

sessuologìa [comp. di sessu(ale) e -logia; 1935] **s. f.** ● Studio dei fenomeni relativi al sesso.

sessuològico [1942] **agg.** (**pl. m.** *-ci*) ● Che si riferisce alla sessuologia.

sessuòlogo [1957] **s. m.** (**f.** *-a*; **pl. m.** *-gi*) ● Studioso, esperto, di problemi di sessuologia.

sessuòmane [comp. di sessu(ale) e -mane; 1948] **s. m. e f.**; anche **agg.** ● Chi (o Che) manifesta sessuomania.

sessuomanìa [comp. di sessu(ale) e -mania; 1948] **s. f.** ● (*psicol.*) Attrazione morbosa per tutto ciò che riguarda il sesso | (*est.*) Eccessiva o non sempre controllata propensione al sesso.

sèsta (1) [ellitt. per ora sesta, dal lat. hōra(m) sĕxta(m); av. 1342] **s. f.** *1* Ora canonica corrispondente al mezzogiorno. *2* (*mus.*) Sesto grado della scala diatonica | Intervallo che abbraccia sei gradi: *s. maggiore, minore, napoletana*. *3* Nella danza classica, posizione a piedi uniti e corpo fermo, come sull'attenti | Atteggiamento schermistico: *invito, legamento di s.*

sèsta (2) [f. sost. di sesto (1), perché misura la sesta parte del cerchio tracciato dalla sua apertura; 1306] **s. f.** *1* (*spec. al pl.*) †Compasso. *2* (*al pl.*, *tosc.*, *scherz.*) Gambe molto lunghe.

sestànte [vc. dotta, dal lat. sextānte(m) 'sesta parte dell'unità', da sĕxtus 'sesto'; 1631] **s. m.** *1* Strumento ottico che serve a misurare l'angolo formato dalle visuali di due oggetti, e in particolare l'altezza degli astri sull'orizzonte, costituito da un settore circolare ampio sessanta gradi. *2* Moneta romana repubblicana di bronzo uguale a un sesto di asse o due once recante sul dritto la testa di Mercurio.

†**sestàre** ● V. *assestare*.

sestàrio [vc. dotta, dal lat. sextāriu(m) 'sesta parte di una misura', da sĕxtus 'sesto'; av. 1484] **s. m.** ● Nell'antica Roma, misura di capacità.

sestèrno o **sesternióne** [da sesto (1), sul modello di quaderno; 1560] **s. m.** ● Gruppo di sei fogli piegati in due e inseriti l'uno dentro l'altro.

sestèrzio [vc. dotta, dal lat. sestĕrtiu(m), ellitt. per sestĕrtius nŭmmus 'moneta di due assi e mezzo', da *semistĕrtius, comp. di sēmi(s)- 'semi-' e tĕrtius 'terzo'; 1554] **s. m.** ● Piccola moneta romana repubblicana d'argento del valore di due assi e mezzo, poi di quattro assi | Grande moneta romana imperiale di oricalco del valore di quattro assi. ➡ **ILL. moneta.**

sestétto [da sesto (1); 1825] **s. m.** *1* Insieme di sei persone che fanno la medesima cosa contemporaneamente | (*disus.*) ***S. difensivo***, nel calcio, il portiere, i due terzini e i tre mediani di una squadra considerati nel loro complesso | ***S. base***, nella pallavolo, la formazione tipo. *2* (*mus.*) Composizione per sei strumenti o voci | Complesso degli esecutori di tale genere di composizione.

sestière [dall'ant. fr. se(s)tier 'sesta parte di una misura', dal lat. sextāriu(m); 1312] **s. m.** *1* Anticamente, ciascuna delle sei parti in cui erano divise alcune città italiane: *furono deputati i Cremonesi ad atterrare il s. di Porta Romana* (MURATORI). *2* Ciascuna delle sei parti in cui è divisa la città di Venezia: *il s. di Dorsoduro*.

sestìga [da sesto (1), sul modello di biga, quadriga, ecc.; 1873] **s. f.** ● Seiuga.

sestìle [vc. dotta, dal lat. sextīle(m), ellitt. per sextīlis mēnsis 'mese sesto', da sĕxtus 'sesto', perché l'antico calendario romano cominciava con marzo; 1525] **s. m.** *1* Sesto mese dell'anno romano, corrispondente all'odierno mese di agosto. *2* (*astrol.*) Posizione di due pianeti distanti tra loro 60 gradi.

sestìna [da sesto (1); sec. XV] **s. f.** *1* Canzone di sei stanze, ciascuna di sei endecasillabi, con rime ripetute dalla prima stanza per tutte le altre, così che la seguente le prende dalla precedente | Stanza di sei endecasillabi, o versi minori, di cui i primi quattro a rima alternata, e gli ultimi a rima baciata. *2* (*mus.*) Figura ritmica di sei note di uguale valore che si eseguono nello stesso tempo complessivo di quattro note di identico valore. *3* Nel gioco della roulette, combinazione di sei numeri, disposti in due file orizzontali di tre numeri, una sotto l'altra, su cui si può puntare. **SIN.** Trasversale semplice.

♦**sèsto (1)** [lat. sĕxtu(m), da sĕx 'sei'; sec. XIII] **A agg. num. ord.** ● Corrispondente al numero sei in una sequenza, in una successione, in una classificazione, in una serie (rappresentato da VI nella numerazione romana, da 6° in quella araba): *la sesta sinfonia di Beethoven*; *il s. battaglione*; *giugno è il s. mese dell'anno*; *Giorgio VI d'Inghilterra*; *io fui s. tra cotanto senno* (DANTE *Inf.* IV, 102) | ***Due alla sesta***, (*ellitt.*) due elevato alla sesta potenza | ***Ora sesta***, (*ellitt.*) ***sesta***, ora canonica, corrispondente a mezzogiorno e (*est.*) l'ufficio che si diceva a quell'ora | ***Sesta rima***, sestina: *poema in sesta rima* | ***S. grado***, nella scala tradizionale delle difficoltà alpinistiche, grado che stava ad indicare il limite delle possibilità umane fino all'introduzione di gradi successivi | Massimo grado di difficoltà finora superato nella discesa dei fiumi in kayak | ***Il s. continente***, il mondo subacqueo; l'Antartide | (*fig.*) ***S. senso***, particolare intuito, capacità di previsione | (*med.*) ***Sesta malattia***, malattia esantematica dell'infanzia. **B s. m.** *1* Ciascuna delle sei parti uguali di una stessa quantità: *i cinque sesti di un numero*; *un s. di cento*. *2* (**f.** *-a*) Chi (o Ciò che) viene a trovarsi dopo altri cinque, che viene al sesto posto: *è il s. di otto fratelli*; *stai più attento con quei piatti*: *è il s. che rompi in una settimana!* *3* †Sestiere, spec. a Firenze.

sèsto (2) [da sesto (1); av. 1537] **s. m.** *1* (*arch.*) Curvatura di un arco | ***Arco a tutto s.***, semicircolare | ***Arco a s. rialzato***, ***arco a s. ribassato***, con saetta maggiore o minore del raggio. *2* †Compasso.

sèsto (3) [variante di assesto; av. 1511] **s. m.** *1* Posizione, disposizione, normale: *essere, mettere, porre, in, a s.*; *non essere in s.* **SIN.** Ordine | ***Essere, sentirsi, fuori s.***, ***fuori di s.***, non essere in condizioni normali | ***Rimettersi in s.***, tornare alla condizione normale. *2* †Rimedio.

sestodècimo [vc. dotta, dal lat. sĕxtu(m) dĕcimu(m) 'sedicesimo', comp. di sĕxtus 'sesto' e dĕcimus 'decimo'; 1308] **agg. num. ord.**; anche **s. m.** ● (*raro*, *lett.*) Sedicesimo.

sestogradista [1960] **s. m. e f.** (**pl. m.** *-i*) ● Arrampicatore che compie scalate su vie di sesto grado.

sestùltimo o **sest'ùltimo** [comp. di sest(o) (1) e ultimo; 1641] **agg.** ● Corrispondente al numero sei, partendo a contare dall'ultimo, in una sequenza, in una successione, in una classificazione, in una serie.

sestuplicàre [da sestuplice; 1960] **v. tr.** (*io sestùplico, tu sestùplichi*) ● Moltiplicare per sei, accrescere di sei volte: *s. i propri guadagni*.

sestùplice [da sesto (1), sul modello di quadruplice; 1957] **agg.** ● (*lett.*) Che si compone di sei parti, anche diverse fra loro: *una s. intesa*.

sèstuplo [da sesto (1), sul modello di quadruplo; 1585] **A agg.** ● Che è sei volte maggiore, relativamente ad altra cosa analoga: *ora ha un rendimento s. rispetto a prima*. **B s. m.** ● Quantità, misura sei volte maggiore: *ho guadagnato il s. di quanto avevo speso*.

set /ingl. set/ [vc. ingl., propr. 'partita'; 1905] **s. m. inv.** *1* Partita di tennis, composta di giochi o game | ***Incontro al meglio dei tre***, ***cinque set***, incontro di tennis articolato in tre, cinque partite | Ciascuna partita di un incontro di pallavolo. *2* Luogo in cui vengono effettuate le riprese cinematografiche: *abbandonare il set*; *essere impegnato sul set*. *3* Serie di oggetti dello stesso tipo, insieme di cose affini: *un set di valigie*; *set di pelle da scrivania*.

♦**séta (1)** [lat. sēta(m), variante rustica di sāeta 'setola', di etim. incerta; sec. XIII] **s. f.** *1* Fibra tessile prodotta dal baco da seta, costituita dai filamenti continui, lunghi fino a 800 metri, con i quali il baco forma i bozzoli. **CFR.** seri- | ***S. greggia***, ottenuta dipanando i bozzoli | ***S. cruda***, non sgommata | ***S. cotta***, ***sgommata***, privata della sericina | ***S. artificiale***, denominazione data un tempo alle fibre artificiali di cellulosa | ***S. selvatica***, prodotta da bachi selvatici, non allevati | ***S. marina***, bisso | (*est.*) Tessuto di seta: *una camicia di s.*; *vestirsi di s.* *2* (*bot.*) Filamento che sorregge l'organo che porta le spore (*urna*) nei muschi. *3* (*est.*) Cosa sottile, morbida e vellutata: *capelli di s.*; *pelle che è una s.*; *barba che pare una s.*

†**séta (2)** ● V. *sete*.

setacciàre [lat. tardo s(a)etaciāre, da s(a)etācium 'crivello'; av. 1574] **v. tr.** (*io setàccio*) *1* Separare le parti più grossolane dalle più fini dei cereali macinati: *s. la farina*. *2* (*fig.*) Esaminare con minuzia e accuratezza: *s. un archivio*.

setacciàta [1960] **s. f.** ● Operazione del setacciare una volta | Quantità di farina o altro che si fa passare in una volta nel setaccio. || **setacciatina**, **dim.**

setacciatóre [1970] **s. m.**; anche **agg.** (**f.** *-trice*) ●

Chi (o Che) setaccia.

setacciatùra [1960] s. f. ● Operazione del setacciare | Cruschello o altro residuo che non passa attraverso il setaccio.

setàccio [lat. tardo *s(a)etāciu(m)* 'crivello', da *sāeta* 'setola, crine'; sec. XIV] s. m. ● Attrezzo costituito da una rete di seta, tela, crine o fili metallici, usato per separare i vari prodotti della macinazione dei cereali: *una rada e polverosa oscurità forata come un s. da mille fili di luce* (MORAVIA) | (*miner.*) ***S. molecolare***, minerale, come la zeolite, capace di lasciarsi attraversare da una soluzione trattenendo alcuni cationi e lasciandone passare altri, utilizzato per la purificazione delle acque | ***Passare al s.***, (*fig.*) esaminare con minuzia e accuratezza. SIN. Staccio. || **setaccétto**, dim. | **setaccìno**, dim. | **setacciòlo**, **setacciuòlo**, dim.

setàceo [da *seta* (*1*); 1805] agg. ● Che per finezza, morbidezza, lucentezza e sim. è simile alla seta.

setaiòlo o (*lett.*) **setaiuòlo** [da *seta* (*1*); 1272] s. m. (f. *-a*) ● Chi lavora o commercia in seta | Operaio di setificio.

setàle [da *seta* (*1*); av. 1933] s. m. ● (*pesca*) Finale.

†**setardènte** [comp. di *set(e)* e *ardente*] agg. ● (*raro, lett.*) Che fa venire una sete intensa: *in questa spiaggia s. ed orrida* (REDI).

set ball /ingl. 'set,bɔ:l/ [loc. ingl., propr. 'palla (*ball*) del set (V.)'; 1991] loc. sost. m. inv. (pl. ingl. *set balls*) ● (*sport*) Nelle discipline le cui competizioni sono articolate in set, la palla decisiva ai fini della conquista della frazione che si sta giocando.

◆**sète** o (*dial.*) †**sèta** (**2**) [lat. *sīti(m)*, di orig. indeur.; av. 1292] s. f. **1** Sensazione che spinge l'individuo ad assumere acqua: *s. ardente, insopportabile*; *avere s.*; *soffrire la s.*; *spegnere, appagare, togliere la s.* | ***Bruciare, morire***, e sim. ***di s.***, (*iperb.*) essere molto assetato. **2** (*est.*) Aridità, secchezza, nelle piante, nel terreno e sim.: *la terra ha s.* **3** (*fig.*) Ardente desiderio, avidità, bramosia: *s. di denaro, di potere, di sangue.*

setería [da *seta* (*1*); 1771] s. f. **1** Setificio | Negozio di tessuti di seta. **2** (*al pl.*) Filati e tessuti di seta.

seticoltùra [comp. di *seta* e *-coltura*; 1891] s. f. ● (*raro*) Sericoltura.

setificàto [da *seta*] agg. ● Detto di tessuto o di fibra tessile che hanno subìto un processo di lavorazione che li ha resi simili alla seta: *collant s.*; *filato sintetico s.*

setifìcio [comp. di *seta* (*1*) e *-ficio*; 1787] s. m. **1** Stabilimento per la lavorazione della seta. **2** (*raro*) Arte e tecnica di produrre e lavorare la seta.

sétola (**1**) [lat. tardo *sētula(m)*, variante di *sāetula*, dim. di *sāeta* 'setola, crine'; 1340 ca.] s. f. **1** Pelo grosso, duro, rigido, che si ottiene da alcuni animali quali il porco, il cinghiale, il cavallo | ***S. di Firenze***, filo grosso di seta, impermeabile e resistente, ottenuto spremendo leggermente il baco da seta. CFR. cheto- (1). **2** (*est., scherz.*) Pelo duro di barba, capello ispido. **3** Spazzola di setole, spec. quella usata in tipografia per ripulire i caratteri dall'inchiostro nella stampa a piombo. || **setolàccia**, accr. | **setolétta**, dim. | **setolìna**, dim.

sétola (**2**) [deriv. dim. del lat. *sĕcta*, f. sost. del part. pass. di *secāre* 'tagliare', con sovrapposizione di *setola* (*1*); av. 1320] s. f. **1** (*pop.*) Ragade. **2** (*veter.*) Fenditura longitudinale dell'unghia degli equini.

setolàre [da *setola* (*1*); 1525] v. tr. (*io sétolo*) **1** Nel procedimento di stampa a piombo pulire i caratteri dall'inchiostro con una spazzola imbevuta di benzina o altro solvente. **2** †Spazzolare: *s. i panni.*

setolinàre [1873] v. tr. ● (*raro*) Spazzolare col setolino: *s. un cappello.*

setolìno [da *setola* (*1*); 1865] s. m. ● Piccola spazzola di setola usata spec. per pulire cappelli, panni e sim.

setolóso [da *setola* (*1*); 1340 ca.] agg. ● Pieno, ricoperto di setole | Ispido come setola.

setolùto [da *setola* (*1*); av. 1333] agg. ● (*lett.*) Coperto di setole.

setosità s. f. ● Caratteristica di ciò che è setoso: *la s. di un tessuto.*

setóso (**1**) [lat. *setōsu(m)*, var. di *saetōsus* 'setoloso', da *sāeta* 'setola'; av. 1320] agg. **1** †Setoloso. **2** (*lett.*) Peloso: *petto s.*

†**setóso** (**2**) [da *sete*; av. 1571] agg. ● Sitibondo.

setóso (**3**) [da *seta* (*1*); 1922] agg. ● Che ha l'aspetto e la consistenza della seta: *stoffa setosa.*

set point /ingl. 'set,pɔɪnt/ [loc. ingl., propr. 'punto (*point*) del set (V.)'; 1988] loc. sost. m. inv. (pl. ingl. *set points*) ● (*sport*) Nelle discipline le cui competizioni sono articolate in set, punto che determina la conquista della frazione parziale | ***Annullare un set point***, conquistare il punto che avrebbe dato all'avversario la vittoria del set.

sètta [dal lat. *sĕcta(m)* 'parte, frazione', f. sost. di **sĕctus* per *secūtus*, part. pass. di *sĕqui* 'seguire'; av. 1306] s. f. **1** Gruppo di persone che professano una particolare dottrina politica, filosofica, religiosa e sim., in contrasto o in opposizione a quella riconosciuta o professata dai più: *s. clericale*; *s. eretica* | ***S. cristiana***, ciascuno dei movimenti che respingono l'organizzazione e le dottrine del Cattolicesimo e delle Chiese derivate dalla Riforma | ***Spirito di s.***, faziosità. **2** Società segreta: *s. massonica, dei carbonari.* **3** †Compagnia, moltitudine di seguaci. || **settàccia**, pegg.

◆**settànta** [lat. parl. **septuā(g)inta*, per il classico *septuagīnta*, da *sĕptem* 'sette'; 1270] agg. num. card. inv.; anche s. m. e f. inv. (si elide davanti ad 'anni': *settant'anni*) ● (*mat.*) Sette volte dieci, sette decine, rappresentato da 70 nella numerazione araba, da LXX in quella romana. **I** Come agg. ricorre nei seguenti usi. **1** Rispondendo o sottintendendo la domanda 'quanti?', indica la quantità numerica di settanta unità (spec. preposto a un s.): *ha ormai settant'anni*; *vado a una media di s. kilometri all'ora* | ***S. volte sette***, (*est.*) infinite volte: *bisogna perdonare s. volte sette.* **2** Rispondendo o sottintendendo la domanda 'quale?', identifica qlco. in una pluralità, in una successione, in una sequenza (posposto a un s.): *leggi a pagina s.*; *abito al numero s.* | ***Gli anni S.***, in un secolo, quelli compresi fra il settanta e il settantanove. **3** In composizione con altri numeri semplici o composti, forma i numeri superiori: *i settantadue discepoli di Gesù*; *settantamila*; *trecentosettanta*. **II** Come s. ricorre nei seguenti usi. **1** Il numero settanta (per ellissi di un s.): *il cinque nel s. sta quattordici volte*; *ho pagato solo il s. per cento del totale* | ***I s.***, i settant'anni nell'età dell'uomo | ***Essere sui s.***, avere circa settant'anni | ***Versione dei Settanta***, ***i Settanta***, la prima traduzione greca dell'Antico Testamento | ***Il s.***, nel secolo di cui si parla, il settantesimo anno: *Roma divenne capitale d'Italia nel s., nel 1870* | ***Consiglio dei Settanta***, nella Firenze medicea, magistratura con funzioni deliberative. **2** Il segno che rappresenta il numero settanta.

settantamìla [comp. di *settanta* e *mila*; 1525] agg. num. card. inv.; anche s. m. e f. inv. ● Settanta volte mille, settanta migliaia, rappresentato da 70 000 nella numerazione araba, da $\overline{\text{LXX}}$ in quella romana. **I** Come agg. ricorre nei seguenti usi. **1** Rispondendo o sottintendendo la domanda 'quanti?', indica la quantità numerica di settantamila unità (spec. preposto a un s.): *ho già versato s. lire*; *la mia macchina ha già fatto s. kilometri*; *una popolazione di s. abitanti.* **2** Rispondendo o sottintendendo la domanda 'quale?', identifica qlco. in una pluralità, in una successione, in una sequenza (posposto a un s.): *abbonamento numero s.* **II** Come s. ricorre nei seguenti usi. **1** Il numero settantamila (per ellissi di un s.): *il s. nel duecentodiecimila, sta tre volte.* **2** Il segno che rappresenta il numero settantamila.

settantenàrio [da *settanta*, sul modello di *centenario* (V.); 1960] **A** agg. **1** (*raro*) Che ha settant'anni, detto di cosa o di persona. **2** Che ricorre ogni settant'anni. **B** s. m. ● Ricorrenza del settantesimo anno di un avvenimento memorabile: *oggi si celebra il s. della sua morte* | (*est.*) La cerimonia che si celebra in tale occasione.

settantennàle [da *settantenne*; 1960] **A** agg. **1** (*raro*) Che dura settant'anni. **2** (*raro, lett.*) Che ricorre ogni settant'anni: *celebrazione s.* **B** anche s. m.

settantènne [comp. di *settant(a)* ed *-enne*; 1873] agg.; anche s. m. e f. ● Che (o Chi) ha settant'anni di età.

settantènnio [comp. di *settant(a)* ed *-ennio*; 1960] s. m. ● Spazio di tempo di settant'anni: *la fondazione compie oggi un s. di vita.*

settantèsimo (o *-é-*) [da *settanta*; 1308] **A** agg. num. ord. **1** Corrispondente al numero settanta in una sequenza, in una successione, in una classificazione, in una serie (rappresentato da LXX nella numerazione romana, da 70° in quella araba): *compie il s. anno d'età*; *oggi ricorre il s. anniversario* | ***Due alla settantesima***, (*ellitt.*) due elevato alla settantesima potenza. SIN. (*lett.*) Settuagesimo. **2** In composizione con altri numerali, semplici o composti, forma gli ordinali superiori: *settantesimoprimo*, *centosettantesimo*, *milletrecentosettantesimo*. **B** s. m. ● Ciascuna delle settanta parti uguali di una stessa quantità: *un s. del totale*; *cinque settantesimi.*

settantìna [da *settanta*; 1829] s. f. **1** Complesso, serie di settanta o circa settanta unità: *una s. di invitati.* **2** I settant'anni nell'età dell'uomo: *avvicinarsi alla s.* | ***Essere sulla s.***, avere circa settanta anni di età.

settàre [adattamento dell'ingl. *set* (*up*) 'predisporre, organizzare'; 1988] v. tr. (*io sètto*) ● Impostare, predisporre: *s. il termostato a 20°*; *s. i valori iniziali di un programma.*

settàrio [da *setta*; 1598] **A** agg. **1** Di setta, che si riferisce a una setta: *movimento, scopo, fine s.* **2** (*fig.*) Fazioso: *spirito s.* || **settariaménte**, avv. Con spirito settario. **B** s. m. (f. *-a*) **1** (*raro*) Seguace di una setta, un partito, una fazione. **2** Persona faziosa.

settarìsmo [1915] s. m. ● Atteggiamento settario, fazioso.

settàto [1971] agg. ● (*biol.*) Che è provvisto di setti.

settatóre [vc. dotta, dal lat. *sectatōre(m)* 'seguace', da *sectātus*, part. pass. di *sectāri*, intens. di *sĕqui* 'seguire'; av. 1332] s. m. (f. *-trice*) ● (*raro, lett.*) Seguace, partigiano.

◆**sètte** [lat. *sĕptem*, di orig. indeur.; sec. XIII] agg. num. card. inv.; anche s. m. o f. inv. (pl. tosc. †*setti*) ● (*mat.*) Numero naturale successivo di sei, rappresentato da 7 nella numerazione araba, da VII in quella romana. **I** Come agg. ricorre nei seguenti usi. **1** Rispondendo o sottintendendo la domanda 'quanti?', indica la quantità numerica di sette unità (spec. preposto a un s.): *i s. giorni della settimana*; *i s. sacramenti*; *i s. dolori di Maria*; *le s. virtù*; *i s. doni dello Spirito Santo*; *le s. chiese di Roma*; *la leggenda dei s. dormienti*; *gli stivali delle s. leghe*; *la guerra dei s. anni*; *'I s. a Tebe' è una tragedia di Eschilo*; *i s. sapienti*; *i s. ottavi di un numero*. CFR. epta- | ***Le s. meraviglie del mondo***, V. *meraviglia* | ***Elevare, portare qlcu. ai s. cieli***, (*fig.*) magnificarlo, esaltarlo facendone le lodi | ***Chiudere a s. chiavi, con s. sigilli***, chiudere ermeticamente | ***Avere s. spiriti come i gatti***, avere una vitalità eccezionale | ***Di s. in s., a s. a s.***, sette per volta | (*lett.*) Moltissimo (con valore indet.): *per ogni volta che passarvi solea, credo che poscia vi sia passato s.* (BOCCACCIO). **2** Rispondendo o sottintendendo la domanda 'quale?', identifica qlco. in una pluralità, in una successione, in una sequenza (posposto a un s.): *prendi l'autobus numero s.*; *abito al numero s.*; *sono le ore s. e trenta.* **3** In composizione con altri numeri, semplici o composti, forma i numeri superiori: *settantasette*; *settecento*; *settecentomila*; *milleduecentosettanta*. **II** Come s. ricorre nei seguenti usi. **1** Il numero sette (per ellissi di un s.): *posso farti uno sconto del s. per cento*; *gioca il s. di spade*; *ho in mano il s. bello*; *verrò il s. gennaio*; *è questa la fermata del s.?*; *il s. nel quaranta sta cinque volte e avanza cinque* | ***Giocare a s. e mezzo***, V. *sette e mezzo* | Nella valutazione scolastica, il voto superiore di un punto alla sufficienza: *avere la media del s.*; *ho in pagella tutti s. e due sei* | (*fam.*) ***Le s. del pomeriggio***, le ore diciannove | ***Il s. del mese***, il settimo giorno. **2** Il segno che rappresenta il numero sette: *scrivo il s. e riporto il due* | (*est., fam.*) Strappo, spec. nella stoffa, a forma della cifra araba: *sono rimasto impigliato in un chiodo e mi sono fatto un s. nei pantaloni.* **3** (*sport*) Squadra di pallanuoto, in quanto formata da sette componenti: *il s. azzurro* | Nel calcio, l'incrocio dei pali della porta: *il pallone si è infilato nel s.* **4** ***I s., il gruppo dei s., il G7***, l'insieme dei Paesi più industrializzati del mondo (Stati Uniti, Canada, Francia, Germania, Gran Bretagna, Italia e Giappone) i cui rappresentanti si riuniscono periodicamente.

settebèllo o **sètte bèllo**, spec. nel sign. 1 [comp. di *sette* e *bello*; 1891] s. m. **1** Sette di quadri o di denari, che nel gioco della scopa vale un punto. *2* Elettrotreno rapido di lusso che collegava Roma e Milano. *3* Nel linguaggio del giornalismo sportivo, nome attribuito alla nazionale italiana maschile di pallanuoto. CFR. Setterosa.

settecentésco [1900] agg. (pl. m. *-schi*) ● Del Settecento, del secolo XVIII: *la cultura e l'arte settecentesca*.

settecentèṣimo (o -é-) [dal lat. *septingentēsimu(m)*, con sovrapposizione di *settecento*; 1873] **A** agg. num. ord. ● Corrispondente al numero settecento in una sequenza, in una successione, in una classificazione, in una serie (rappresentato da DCC nella numerazione romana, da 700° in quella araba): *la settecentesima parte*. **B** s. m. ● Ciascuna delle settecento parti uguali di una stessa quantità.

settecentista [1757] **A** s. m. e f. (pl. m. *-i*) ● Scrittore, artista del Settecento | Studioso del Settecento. **B** agg. ● Del Settecento: *scrittore s.*

settecentistico [da *settecentista*; 1765] agg. (pl. m. *-ci*) ● Proprio del Settecento, del secolo XVIII e dei settecentisti: *il pensiero s.*

settecènto [comp. di *sette* e *cento*. V. lat. *septingēnti* (nom. pl.) 'settecento'; 1308] agg. num. card. inv.; anche s. m. inv. ● (*mat.*) Sette volte cento, settecentinaia, rappresentato da 700 nella numerazione araba, da DCC in quella romana. **I** Come agg. ricorre nei seguenti usi. *1* Rispondendo o sottintendendo la domanda 'quanti?', indica la quantità numerica di settecento unità (spec. preposto a un s.): *ho fatto un viaggio di s. kilometri*. *2* Rispondendo o sottintendendo la domanda 'quale?', identifica qlco. in una pluralità, in una successione, in una sequenza (posposto a un s.): *leggete a pagina s.*; *nell'anno s. d.C.*; *il numero s.* **II** Come s. ricorre nei seguenti usi. *1* Il numero settecento (per ellissi di un s.): *moltiplica s. per tre*; *elevare s. al quadrato* | ***Il Settecento***, (*per anton.*) il secolo XVIII: *erudizione, enciclopedismo del Settecento*; *il sensismo e il materialismo del Settecento*; *i sovrani riformatori del Settecento in Italia*. *2* Il segno che rappresenta il numero settecento.

sètte e mèẓẓo [1987] loc. sost. m. inv. ● Gioco d'azzardo, fatto con un mazzo di quaranta carte, nel quale i giocatori devono raggiungere, ma non oltrepassare, i sette punti e mezzo.

♦**settèmbre** [lat. *septĕmbre(m)*, ellitt. per *mēnsis septĕmbris* 'settimo mese', da *sĕptem* 'sette', perché il calendario arcaico romano cominciava con marzo; 1211] s. m. ● Nono mese dell'anno nel calendario gregoriano, di 30 giorni.

†**settembria** [da *settembre*] s. f. ● (*raro*) Autunno.

settembrino [av. 1729] agg. ● Di settembre, relativo a settembre: *giornata settembrina* | ***Lana settembrina***, di pecore tosate in settembre | ***Fichi settembrini***, che maturano in settembre.

settembriẓẓatóre [fr. *septembrisateur*, da *septembre* 'settembre'; 1960] s. m. ● Durante la Rivoluzione francese, chi prese parte ai massacri di settembre del 1792 | (*est., lett.*) Autore di spietati delitti politici.

settèmplice (o -é-) [vc. dotta, dal lat. *septĕmplice(m)*, da *sĕptem* 'sette', sul modello di *sĭmplex*, genit. *sĭmplicis* 'semplice' (V. *semplice*); av. 1745] agg. ● (*lett.*) Che è formato di sette parti, anche diverse tra loro | Che è rinforzato a sette doppi: *saettò d'Aiace / il s. scudo* (MONTI).

settemviràto /settemvi'rato/ o **settenviràto** [1745] s. m. ● Ufficio, dignità di settemviri | Durata di tale ufficio.

settèmviro /set'temviro/ o **settènviro** [vc. dotta, dal lat. *septĕmviri* (nom. pl.), comp. di *sĕptem* 'sette' e *vĭr*, genit. *vĭri* 'uomo'; 1745] s. m. ● Nell'antica Roma, ciascuno degli appartenenti a un collegio di sette magistrati | ***Settemviri epuloni***, che curavano la divisione dell'agro pubblico ai coloni.

settenàrio [vc. dotta, dal lat. *septenāriu(m)* 'di sette', da *septēni* (nom. pl.) 'sette a sette'; 1777] **A** s. m. *1* Nella metrica italiana, verso la cui ultima sillaba accentata è la sesta; è composto di sette sillabe se termina con parola piana: *ove le belle membra* (PETRARCA) (V. nota d'uso ACCENTO). *2* Nella metrica classica, verso composto da sette piedi a mezzo, ma con tipologie differenti: *s. anapestico*, *s. giambico*, *s. trocaico*. **B** agg. *1* Detto di tale verso. *2* (*mus.*) Detto di misura di sette tempi.

settennàle [da *settenne*; 1758] **A** agg. *1* Che dura da sette anni: *incarico s.* *2* Che ricorre ogni sette anni: *nomina s.* **B** anche s. m.

settennàto [da *settenne*; 1891] s. m. ● Periodo di tempo di sette anni | Durata in carica di sette anni di un organo pubblico; (*per anton.*) durata in carica del Presidente della Repubblica: *il s. di Einaudi*. SIN. Settennio.

settènne [vc. dotta, dal lat. tardo *septĕnne(m)* 'di sette anni', comp. di *sĕptem* 'sette' e *ănnus* 'anno'; 1640] **A** agg. *1* Che ha sette anni, detto di cosa o di persona: *una bambina s.* *2* Che dura da sette anni. **B** anche s. m. e f.

settènnio [vc. dotta, dal lat. tardo *septĕnniu(m)* 'spazio di sette anni', da *sĕptem* 'sette' e *ănnus* 'anno'; 1611] s. m. ● (*lett.*) Periodo di tempo di sette anni. SIN. Settennato.

♦**settentrionàle** [dal lat. *septemtrionāle(m)*, da *septemtriōnes* 'Orsa Maggiore'; sec. XIII] **A** agg. *1* Che si trova a settentrione: *Paesi settentrionali*; *Europa s.* | Che guarda verso settentrione: *versante s.*; *lato s. del portico*. CFR. nord-. *2* Che proviene da settentrione: *venti settentrionali* | Che è proprio del settentrione: *usanze settentrionali*. *3* Che è nativo delle zone settentrionali di un Paese: *i francesi settentrionali*; *gli abitanti settentrionali*. CONTR. Meridionale. || **settentrionalménte**, avv. **B** s. m. e f. ● Chi è nativo della zona settentrionale di un Paese. CONTR. Meridionale.

settentrionaliṣmo [comp. di *settentrional(e)* e *-ismo*; 1832] s. m. *1* Nella seconda metà dell'Ottocento, tendenza politica ed economica italiana a porre il Nord dell'Italia in una posizione di predominio rispetto al Sud. *2* Particolarità dei dialetti settentrionali.

settentrionalista [da *settentrionale*; 1982] s. m. e f. (pl. m. *-i*); anche agg. ● Chi (o Che) è sostenitore del settentrionalismo.

settentrionalistico [1982] agg. (pl. m. *-ci*) ● Che riguarda il settentrionalismo o i settentrionalisti: *politica, teoria, prospettiva settentrionalistica*.

settentrióne [dal lat. *septemtriōne(m)*, sing. di *septemtriōnes*, propr. 'sette buoi', nome delle stelle dell'Orsa Maggiore, comp. di *sĕptem* 'sette' e *trĭo*, genit. *triōnis* 'bue da lavoro'; 1308] s. m. *1* Nord: *la bussola indica il s.*; *dirigersi a s.* | ***Vento di s.***, che viene dal nord. CONTR. Sud. *2* (*gener.*) Regione posta a nord in un dato paese | Insieme di regioni situate a nord in un dato paese: *il s. d'Italia*. CONTR. Meridione, mezzogiorno.

settenviràto ● V. *settemvirato*.

settènviro ● V. *settemviro*.

sètte ottàvi [comp. di *sette* e il pl. di *ottavo*; 1965] **A** loc. sost. m. inv. ● Giaccone lungo che ricopre di sette ottavi la lunghezza dell'abito che accompagna. **B** anche loc. agg. inv.: *una giacca sette ottavi*.

sètter /ingl. 'setə/ [vc. ingl., da *to set* 'fermare'; 1875] s. m. inv. ● Cane da ferma di origine inglese, di grossa taglia, elegante, con orecchie pendenti e lungo pelo setoso.

setterème (o -é-) ● V. *settireme*.

setteròsa [comp. di *sette*, numero delle componenti la squadra, e *rosa*, simbolo femminile, opposto all'*azzurro* maschile; 1997] s. m. inv. ● Nel linguaggio giornalistico, nome attribuito alla nazionale italiana femminile di pallanuoto. CFR. Settebello.

setticemìa o †**septicemia** [comp. di *settic(o)* ed *-emia*; 1875] s. f. ● (*med.*) Stato morboso infettivo caratterizzato dalla penetrazione e dalla permanenza nel sangue di germi patogeni.

setticèmico [1940] **A** agg. (pl. m. *-ci*) ● Di setticemia, relativo a setticemia. **B** agg.; anche s. m. (f. *-a*) ● Che (o Chi) è affetto da setticemia.

setticlàvio [comp. di *sette* e di un deriv. del lat. *clāvis* 'chiave', sul modello di *laticlavio*; 1826] s. m. ● (*mus.*) Complesso delle sette chiavi.

sèttico [vc. dotta, dal lat. *sēpticu(m)*, dal gr. *sēptikós* 'putrefattivo', connesso con *sēpein* 'putrefare'; 1598] agg. (pl. m. *-ci*) ● (*med.*) Relativo a sepsi | Che produce sepsi.

settifórme [vc. dotta, dal lat. tardo (eccl.) *septifŏrme(m)*, comp. di *sĕptem* 'sette' e di un deriv. di *fŏrma*; 1745] agg. ● (*raro, lett.*) Che ha sette forme, solo nella loc. ***la s. grazia dello Spirito Santo***.

sèttile [vc. dotta, dal lat. *sĕctile(m)* 'segato', da *sĕctus*, part. pass. di *secāre* 'tagliare'; 1960] agg. ● Che è tagliato in lamine, frammenti | ***Opera s.***, tecnica di esecuzione di un pavimento consistente nell'adattamento l'uno all'altro di frammenti di marmo di diversa forma e di vari colori.

settilùstre [comp. di *sette* e di un deriv. agg. di *lustro*; 1873] agg. ● (*raro, lett.*) Di sette lustri, cioè di trentacinque anni.

sèttima [f. sost. di *settimo*; 1308] s. f. *1* (*mus.*) Settimo grado della scala diatonica, detto sensibile | Intervallo che abbraccia sette gradi. *2* (*sport*) Atteggiamento schermistico: *invito, legamento di s.*

♦**settimàna** o †**semmàna** [dal lat. tardo *septimāna(m)*, f. sost. di *septimānus* 'di sette', da *sĕptimus* 'settimo'; calco sul gr. *hebdomás*; sec. XII] s. f. *1* Periodo di sette giorni, spec. dal lunedì alla domenica successiva: *lavorare tutta la s.*; *la prima s. del mese*; *l'ultima s. di settembre*; *il principio, la fine della s.*; *a metà s.* | ***S. corta***, suddivisione dell'orario di lavoro settimanale in cinque giorni anziché in sei | ***S. bianca***, quella trascorsa d'inverno in una località di montagna dedicandosi alle attività sciistiche | ***S. santa***, quella che precede la domenica di Pasqua | (*mil.*) ***Servizio di s.***, svolto a turno tra gli ufficiali inferiori e subalterni e tra i sottufficiali. *2* Salario corrispondente a una settimana di lavoro: *lavorare a s.*; *pagare, riscuotere, la s.* *3* (*est., gener.*) Periodo di sette giorni: *starò via circa una s.*; *è una s. che non lo vedo*. *4* Gioco di ragazzi. SIN. Campana.

♦**settimanàle** [1803] **A** agg. ● Della settimana, di ogni settimana: *lavoro, orario s.* | ***Rivista s.***, che esce una volta la settimana; SIN. (*lett.*) Ebdomadario. || **settimanalménte**, avv. Ogni settimana. **B** s. m. *1* Periodico che esce ogni settimana: *s. sportivo, per la donna, di moda, di cucina, umoristico* | ***S. politico d'informazione***, formula dei più diffusi rotocalchi, che compendiano in uno tutti gli altri generi. *2* (*raro*) Settimanile.

settimanaliẓẓazióne [da *settimanale*; 1987] s. f. ● Pubblicazione da parte di un quotidiano di inserti speciali o rotocalchi che gli fanno assumere le caratteristiche di un settimanale.

settimanile [forse da *settimana*; nel lat. mediev. *septimanālis* voleva dire anche 'quotidiano', quindi si tratterebbe d'un mobile ove tenere i vestiti di tutti i giorni; 1973] s. m. ● Piccolo mobile con sette cassetti sovrapposti.

†**settimèstre** [vc. dotta, dal lat. tardo *septemmēstre(m)* 'di sette mesi', da *sĕptem*, sul modello di *bimēstris* 'bimestre', con sovrapposizione di *settimo*; av. 1758] agg. ● (*lett.*) Settimino, nel sign. A.

settimino [da *settimo*; 1873] **A** agg.; anche s. m. (f. *-a*) ● Che (o Chi) è nato al settimo mese di gravidanza: *una bambina settimina*; *spesso i settimini sono delicati*. **B** s. m. *1* (*mus.*) Composizione per sette strumenti o voci | Complesso degli esecutori di tale genere di composizione. *2* (*region.*) Settimanile.

♦**sèttimo** [lat. *sĕptimu(m)*, da *sĕptem* 'sette'; av. 1306] **A** agg. num. ord. ● Corrispondente al numero sette in una sequenza, in una successione, in una classificazione, in una serie (rappresentato da VII nella numerazione romana, da 7° in quella araba): *luglio è il s. mese dell'anno*; *classificarsi s. in una gara*; *Enrico VII*; *papa Gregorio VII*; *il s. giorno Dio si riposò*; *il s. comandamento è: non rubare*; *il s. sacramento è il matrimonio* | ***Il s. sigillo***, l'ultimo, dell'Apocalisse, con cui è sigillato il libro del giudizio universale | ***Essere al s. cielo***, (*fig.*) essere al colmo della gioia | ***S. grado***, nella scala delle difficoltà alpinistiche attualmente in uso ma in continua evoluzione, grado che designa passaggi in arrampicata libera riconosciuti più difficili del tradizionale sesto grado | ***Due alla settima***, (*ellitt.*) elevato alla settima potenza. **B** s. m. *1* Ciascuna delle sette parti uguali di una stessa quantità: *calcolare i tre settimi di un numero*; *ho avuto un s. dell'eredità*. *2* (f. *-a*) Chi (o ciò che) viene al settimo posto: *si è classificato s.*; *basta cioccolatini: è il s. che mangi!*

settirème (o -é-) o **setterème** (o -é-) [vc. dotta, dal lat. *septirēme(m)* 'nave a sette ordini di remi', comp. di *sĕptem* 'sette' e di un deriv. di *rēmus* 'remo'; calco sul gr. *heptḗrēs*; 1614] s. f. ● Presso gli antichi greci e romani, nave a sette ordini di remi.

sètto (1) [vc. dotta, dal lat. *sāeptu(m)* 'recinto, barriera', connesso con *sāepes* 'recinto, siepe'; 1574] s. m. *1* (*anat.*) Parete, membrana che divide una cavità dall'altra: *s. nasale*. SIN. Sepimento. ➡ ILL. p. 2123, 2127 ANATOMIA UMANA. *2* (*zool.*) Lamina membranosa che divide i vari segmenti del corpo degli Anellidi. *3* (*bot.*) Ogni parete che divide un frutto in varie logge. SIN. Sepimento. *4* (*tecnol.*) Elemento, struttura e sim. con funzione di separazione o diaframma.

†**sètto** (2) [dal lat. *sĕctu(m)*, part. pass. di *secāre* 'tagliare'; sec. XIV] **agg.** ● (*raro*) Diviso, separato.

settónce [dal lat. *septŭnce(m)*, comp. di *sĕptem* 'sette' e di un deriv. di *ŭncia* 'oncia, porzione'; 1932] **s. m. o f.** ● Modo di piantare gli alberi a dimora disponendoli ai vertici di un triangolo equilatero.

settóre (1) [dal lat. *sectōre(m)* 'tagliatore, settore', da *sĕctus*, part. pass. di *secāre* 'tagliare'; 1865] **A s. m.** (f. *-trice*) ● (*med.*) Chi pratica la sezione dei cadaveri: *s. anatomico*. **B** in funzione di **agg.** (f. *-trice*) (posposto al s.) *1* (*med.*) Nella loc. ***perito s.***, chi pratica la sezione dei cadaveri per fini legali. *2* (*mat.*) Nella loc. ***curva settrice***, V. *settrice*.

♦**settóre** (2) [vc. dotta, dal tardo lat. *sectōre(m)*, da *sĕctus*, part. pass. di *secāre* 'tagliare'; sec. XIV] **s. m.** *1* (*mat.*) ***S. circolare***, parte d'un cerchio compresa in un angolo il cui vertice è nel centro | ***S. sferico***, parte di sfera compresa entro un cono circolare il cui vertice è nel centro. *2* Zona, spazio, a forma di settore circolare: *il s. di sinistra, di centro, della Camera dei deputati*. *3* (*est., gener.*) Spazio materialmente o idealmente delimitato: *s. di attacco* | ***S. d'azione***, parte di terreno assegnata a un'unità spec. militare come spazio di manovra | ***S. di tiro***, spazio angolare entro cui può intervenire un'arma automatica | ***S. telefonico***, un tempo, ciascuna delle aree geografiche in cui era suddiviso il territorio nazionale agli effetti del servizio telefonico. CFR. Area locale | (*sport*) Nei campi per i giochi di palla, ciascuna delle due parti in cui si schierano i contendenti. *4* (*fig.*) Ramo, sfera, campo di un'attività: *il s. della ricerca scientifica, dell'istruzione*; *s. pubblico, privato* | ***S. primario***, insieme delle attività economiche produttive agricole | ***S. secondario***, insieme delle attività industriali | ***S. terziario***, insieme dei servizi.

settoriàle [da *settore* (2); 1960] **agg.** *1* Che si riferisce a un settore, spec. economico. *2* (*fig.*) Particolare, circoscritto | ***Linguaggio s.***, caratteristico di un determinato settore di attività (ad es. sportivo, medico, giuridico ecc.). ‖ **settorialménte**, **avv.** In modo settoriale; per settori.

settorialìsmo [da *settoriale*, con *-ismo*; 1970] **s. m.** ● Tendenza a vedere i problemi particolari, perdendo la visione d'insieme.

settorialìstico [da *settoriale*] **agg.** (pl. m. *-ci*) ● Ispirato, improntato a settorialismo: *politica settorialistica*.

settorializzazióne [da *settoriale*; av. 1980] **s. f.** ● Divisione in settori chiusi: *la s. del mercato del lavoro* | Rigida visione settoriale: *evitare la s.*

settorìsta [da *settore* (2), con *-ista*; 1965] **s. m. e f.** (pl. m. *-i*) ● Funzionario di banca che segue i clienti di alcune categorie economiche affidategli.

settrice [f. di *settore* (1); V. anche *bisettrice*; 1987] **s. f.**; anche **agg.** ● In geometria, curva che divide un angolo in parti uguali.

settuagenàrio [vc. dotta, dal lat. tardo *septuagenāriu(m)* 'di settanta anni', da *septuagēni*, num. distr. di *septuagĭnta* 'settanta'; 1611] **agg.**; anche **s. m.** (f. *-a*) ● (*lett.*) Che (o Chi) ha settant'anni di età: *una settuagenaria molto arzilla*.

settuagèsima (o *-é-*) [dal lat. tardo (eccl.) *Septuagēsima(m)*, f. sost. di *septuagēsimus* 'settantesimo'; av. 1396] **s. f.** ● Nel calendario liturgico preconciliare, terza domenica precedente alla quaresima, cadente circa settanta giorni prima di Pasqua.

settuagèsimo (o *-é-*) [vc. dotta, dal lat. *septuagēsimu(m)*, num. ord. di *septuagĭnta* 'settanta'; sec. XIV] **agg. num. ord.**; anche **s. m.** ● (*lett.*) Settantesimo.

settuplicàre [da *settuplo*, sul modello di *duplicare*; 1865] **v. tr.** (*io settùplico, tu settùplichi*) ● Moltiplicare per sette, accrescere di sette volte: *s. i propri incassi*.

sèttuplo [dal lat. tardo *sĕptuplu(m)*, da *sĕptem* 'sette', sul modello di *quădruplus* 'quadruplo'; sec. XIV] **A agg.** ● Che è sette volte maggiore, relativamente ad altra cosa analoga: *un guadagno s. rispetto al precedente*. **B s. m.** ● Quantità, misura sette volte maggiore: *rendere il s.*

setup /se'tap, *ingl.* se'tʌp/ [vc. ingl. 'installazione, avviamento'] **s. m. inv.** ● (*elab.*) Installazione, spec. di computer, periferiche e programmi.

†**severàre** ● V. *sceverare*.

severità [dal lat. *severitāte(m)* 'severità, gravità', da *sevērus* 'severo'; av. 1342] **s. f.** ● Caratteristica di chi (o di ciò che) è severo, intransigente, inflessibile: *la scuola ora ha perduto la s. di una volta*; *punire con s.* | Austerità: *s. di vita, di costumi* | Rigore: *s. di studi, di metodo* | Sobrietà, misura: *la s. di linee di una costruzione*.

♦**sevèro** [lat. *sevēru(m)*, di orig. indeur.; 1313] **agg.** *1* Rigorosamente legato a certi principi etici e sociali: *un padre s.*; *una famiglia severa e intransigente*. *2* Alieno dall'indulgenza, dai compromessi, dalle concessioni: *giudice, esaminatore s.* *3* (*est.*) Austero, serio, grave: *aspetto s.*; *uno sguardo severo* | ***Studi severi***, eseguiti con il massimo impegno. *4* Sobrio, privo di elementi meramente esornativi, spec. con riferimento alle arti plastiche e figurative: *la severa linearità di un palazzo cinquecentesco*. *5* Rilevante: *l'esercito ha conquistato la posizione subendo severe perdite*. ‖ **severaménte**, **avv.** Con severità: *guardare qlcu. severamente*.

sevìzia [vc. dotta, dal lat. *saevĭtia(m)* 'ferocia', da *sǣvus* 'crudele'; av. 1363] **s. f.** ● (*spec. al pl.*) Tormento fisico e morale, tortura crudele: *essere sottoposto a sevizie* | (*fig., scherz.*) Persecuzione, angheria: *non fa che subire sevizie dal capufficio*.

seviziàre [1883] **v. tr.** (*io sevìzio*) ● Usare sevizie, assoggettare a sevizie | Violentare sessualmente | (*fig.*) Maltrattare, tormentare: *il marito la sevizia continuamente*.

seviziatóre [av. 1952] **s. m.** (f. *-trice*) ● Chi sevizia.

sévo (1) [lat. *sēvu(m)* 'sego', variante di *sēbu(m)* (V. *sebo*); 1313] **s. m.** ● Sego.

†**sèvo** (2) [dal lat. *sǣvu(m)* 'crudele', forse di orig. indeur.; av. 1400] **agg.** ● Crudele, spietato.

†**sèvro** ● V. *scevro*.

sevrùga [dal suo n. russo *sevrjuga*, vc. di orig. tatara da una base che significa 'punta'] **s. m. inv.** ● Varietà pregiata di caviale caratterizzato da uova di colore verde-nero di piccolissime dimensioni.

sex appeal /sɛksa'pil, *ingl.* 'sɛksə,piːl/ [vc. ingl., comp. di *sex* 'sesso' e *appeal* 'richiamo', propr. 'richiamo del sesso'; 1931] **loc. sost. m. inv.** ● Fascino costituito prevalentemente da fattori erotici.

sex shop /sɛks'ʃɔp, *ingl.* 'sɛks,ʃɒp/ [vc. ingl., comp. di *sex* 'sesso' e *shop* 'negozio' (dal fr. *eschope*, forma ant. di *échoppe* 'baracchetta', d'orig. olandese); 1971] **loc. sost. m. inv.** (pl. ingl. *sex shops*) ● Negozio in cui si vendono giornali, film e altro materiale erotico e pornografico.

sex symbol /sɛk'simbol, *ingl.* 'sɛks,sɪmbl/ [loc. ingl., propr. 'simbolo (*symbol*) di sesso (*sex*)'; 1980] **loc. sost. m. inv.** (pl. ingl. *sex symbols*) ● Personaggio pubblico, generalmente del mondo dello spettacolo, che per la sua avvenenza fisica e la sua carica sessuale diventa il simbolo erotico di un'epoca, una società, un ambiente: *Rita Hayworth è stata uno dei primi sex symbol del cinema americano*.

sexy /*ingl.* 'sɛksi/ [agg. ingl. da *sex* 'sesso': propr. 'erotico, conturbante'; 1959] **agg. inv.** ● Eroticamente attraente, dotato di sex appeal: *donna, attrice s.* | Erotico: *film s.*

sezionale [1942] **agg.** ● Di sezione, relativo a sezione.

sezionaménto [1922] **s. m.** ● Divisione in sezioni | (*med.*) Dissezione.

sezionàre [1831] **v. tr.** (*io sezióno*) *1* Dividere in sezioni | (*fig.*) Analizzare in modo particolareggiato, scomporre: *s. un testo*. *2* (*med.*) Praticare una sezione. *3* (*elettr.*) Isolare una parte d'un impianto elettrico mediante sezionatori.

sezionàto [1957] **part. pass.** di *sezionare*; anche **agg.** *1* Nei sign. del v. *2* (*bot.*) Detto di foglia le cui divisioni giungono alla rachide.

sezionatóre [da *sezionare*; 1960] **s. m.** ● (*elettr.*) Apparecchio di manovra negli impianti elettrici che apre e chiude circuiti non percorsi da corrente ma che possono essere in tensione allo scopo di rendere visibile l'avvenuta apertura dei circuiti stessi.

sezionatùra [da *sezionare*; 1991] **s. f.** ● Sezionamento.

♦**sezióne** [dal lat. *sectiōne(m)*, da *sĕctus*, part. pass. di *secāre* 'tagliare'; sec. XIV] **s. f.** *1* (*med.*) Separazione di organi o tessuti per incisione chirurgica. *2* (*mat.*) Operazione che consiste nel tagliare una figura con una retta o con un piano: *retta, piano di s.* | Risultato di tale operazione | ***S. piana***, intersezione con un piano | ***S. aurea***, parte d'un segmento che sia media proporzionale fra l'intero segmento e la parte complementare | (*fis.*) ***S. d'urto***, area caratteristica delle reazioni atomiche o nucleari proporzionale alla probabilità delle reazioni stesse. *3* In varie tecnologie, figura intercettata da un oggetto sul piano col quale si immagina tagliato, particolarmente utile nel disegno tecnico e architettonico per rappresentare le strutture interne di organi, pezzi, edifici e sim.: *s. longitudinale, s. trasversale, s. frontale* | (*mar.*) ***S. maestra***, quella perpendicolare alla sezione longitudinale nel punto di maggior larghezza della nave. *4* (*fig.*) Ripartizione in cui è suddiviso un tutto organico, spec. suddivisione interna attuata in base a precisi criteri, nell'ambito di enti, organizzazioni, istituti, uffici e sim.: *scuola divisa in numerose sezioni*; *la s. C del nostro liceo*; *le sezioni cittadine di un partito*; *sezioni civili e penali del Tribunale*; *la s. degli strumenti a fiato, ad arco* | ***S. elettorale***, suddivisione della circoscrizione elettorale. *5* (*mil.*) Unità organica esistente in alcune armi e specialità, corrispondente al plotone | Unità organica di taluni organi dei servizi: *s. di sanità, di commissariato*. *6* Succursale di un'azienda. *7* Parte di una trattazione: *il manuale è diviso in dieci sezioni*.

†**sezzàio** [da †*sezzo*; 1296] **agg.**; anche **s. m.** (f. *-a*) ● Ultimo: *da i primieri a i sezzai ... / passa il terror* (TASSO).

†**sèzzo** [lat. *sētius* 'più tardi', prob. connesso con *sērus* 'tardivo'; 1306] **agg.** ● Ultimo | ***Da s.***, in ultimo, alla fine | V. anche †*dassezzo*.

†**sfabbricàre** [da *fabbricare*, con *s-*] **v. tr.** ● Demolire un fabbricato.

sfaccendàre [da *faccenda*, con *s-* durativa-intensiva; 1838] **v. intr.** (*io sfaccèndo*; aus. *avere*) ● Compiere con zelo una serie di lavori diversi, spec. domestici: *sua moglie sfaccenda tutto il giorno*.

sfaccendàto [calco su *affaccendato*, con cambio di pref. (*s-*); 1498] **agg.**; anche **s. m.** (f. *-a*) *1* (*lett.* o *raro*) Che (o Chi) non ha lavoro, occupazione e sim.: *Io me ne seggo qui tristo e s.* (CARDUCCI). *2* Che (o Chi) non ha voglia di lavorare: *non lavora perché è uno s.* SIN. Fannullone, ozioso, scioperato, sfaticato. ‖ **sfaccendataménte**, **avv.**

sfaccettàre [da *faccetta*, con *s-*; av. 1704] **v. tr.** (*io sfaccétto*) ● Faccettare | Fare le faccette alle pietre preziose | (*fig.*) ***S. un argomento, una questione***, e sim., considerarli sotto diversi aspetti e punti di vista.

sfaccettàto [1750] **part. pass.** di *sfaccettare*; anche **agg.** *1* Nei sign. del v. *2* (*fig.*) Che si presenta sotto molteplici aspetti: *il secolo XVIII ... lo scopro sempre più ricco, s., pieno di fermenti contradittori* (CALVINO).

sfaccettatùra [1725] **s. f.** ● Operazione dello sfaccettare | Parte sfaccettata | (*fig.*) Ciascun aspetto di un problema, di una situazione o sim.

sfacchinàre [da *facchino*, con *s-*; 1734] **v. intr.** (aus. *avere*) ● Fare un lavoro faticoso, pesante: *per sistemare la casa ha sfacchinato un mese*. SIN. Sgobbare.

sfacchinàta [da *facchinata*, con *s-*; 1933] **s. f.** ● Lavoro molto faticoso; SIN. Sgobbata | (*est.*) Sforzo intenso, grande fatica: *dopo quella s. in treno* (FENOGLIO).

sfacciàre [da *faccia* (1) nel sign. 3] **v. tr.** (*io sfàccio*) ● (*raro*) Sfaccettare.

sfacciatàggine [1524] **s. f.** ● Caratteristica di chi (o di ciò che) è sfacciato | Comportamento sfacciato.

sfacciatézza [1308] **s. f.** ● (*raro*) Sfacciataggine.

sfacciàto [da *faccia* (1), con *s-*; sec. XIII] **A agg.**; anche **s. m.** (f. *-a*) ● Che (o Chi) non ha modestia, ritegno, pudore: *ragazzo, discorso s.* SIN. Impudente, sfrontato. **B agg.** *1* Vistoso, chiassoso: *abbigliamento, colore s.* *2* Clamoroso, eccessivo al punto di creare indignazione: *mi disse che ammirava la sua sfacciata fortuna* (SVEVO). *3* Detto di cavallo che presenta una macchia bianca sulla fronte e sulla faccia. ‖ **sfacciatàccio**, **pegg.** |

sfacciatèllo, dim. | **sfacciatóne**, accr. || **sfacciatamènte**, avv. Da sfacciato, sfrontatamente.

sfacciatóre [da *sfacciare*] s. m. ● (*mecc.*) Intestatore.

sfacciatùra [da *sfacciare*; sec. XVI] s. f. ● (*mecc.*) Intestatura.

sfacèlo [vc. dotta, dal gr. *sphákelos* 'cancrena', forse di orig. indeur.; 1661] s. m. **1** Dissoluzione necrotica di un organo o di un membro | †Gangrena umida. **2** (*fig.*) Disfacimento, rovina: *abitazione in s.*; *lo s. di una famiglia*.

sfaciménto [da *disfacimento*; 1746] s. m. ● (*raro*) Disfacimento.

sfagiolàre [da *fagiolo* 'favore, voto favorevole (?)', con *s-*; 1891] v. intr. (*io sfagiòlo*; aus. *essere*) ● (*fam.*) Andare a genio, piacere: *quel tizio non mi sfagiola*.

sfagliàre (**1**) o **fagliàre** [dallo sp. *fallar* 'scartare' nel gioco delle carte, deriv. di *falla* 'carenza, difetto', con *s-* intens.; av. 1675] v. tr. e intr. (*io sfàglio*; aus. *avere*) ● Nel gioco, disfarsi di una carta, scartare: *s. un fante*; *s. a cuori*.

sfagliàre (**2**) [da *sfagliare* (*1*), per analogia con *scartare* (V.); 1960] v. intr. (*io sfàglio*; aus. *avere*) ● Fare uno scarto improvviso, detto di animale.

sfàglio (**1**) o **fàglio** [da *sfagliare* (*1*); 1873] s. m. ● Lo sfagliare le carte al gioco | Carte sfagliate, scarto.

sfàglio (**2**) [da *sfagliare* (*2*); 1847] s. m. ● Scarto veloce e imprevedibile di un cavallo adombrato, un animale selvatico e sim.

sfagnéto [da *sfagno*; 1960] s. m. ● (*bot.*) Tipo di vegetazione formato da sfagni.

sfàgno [dal lat. *sphăgnu(m)* 'stagno', dal gr. *sphágnos*, di orig. prob. indeur.; 1838] s. m. ● (*bot.*) Pianta delle briofite con ramificazioni regolari, foglioline prive di nervature, colore verde biancastro. ➡ ILL. **piante**/1.

sfàlcio [da *falciare*, con *s-*; 1884] s. m. ● Taglio delle colture da foraggio, degli erbai: *primo, secondo s.*

sfàlda [da *falda*, con *s-*; av. 1597] s. f. ● (*raro*) Falda che si separa facilmente dal resto.

sfaldàbile [1922] agg. ● Che si può sfaldare.

sfaldaménto [1674] s. m. ● Lo sfaldare, lo sfaldarsi | (*fig.*) Disgregazione.

sfaldàre [da *falda*, con *s-*; 1550] **A** v. tr. ● Dividere in falde. **B** v. intr. pron. **1** Dividersi in falde. **2** (*fig.*) Disgregarsi, scomporsi.

sfaldatùra [1743] s. f. **1** Sfaldamento. **2** (*miner.*) Proprietà dei cristalli di rompersi secondo superfici piane predeterminate. SIN. Clivaggio.

sfaldellàre [da *faldella*, con *s-*; av. 1698] v. tr. (*io sfaldèllo*) ● Disfare in faldelle lana, ovatta e sim.

sfalerite [ted. *Sphalerit*, comp. del gr. *sphalerós* 'incerto, malsicuro' e del suff. *-it* '-ite (2)'] s. f. ● (*miner.*) Solfuro di zinco cubico, in cristalli perfettamente sfaldabili e luccicanti di colore da rosso a nero, fonte principale per l'estrazione dello zinco.

†**sfallire** [da *fallire*, con *s-* intens.] v. tr. e intr. ● (*raro*) Fallire.

sfalsaménto [1940] s. m. ● Lo sfalsare.

sfalsàre [da *falso*, con *s-*; 1553] v. tr. **1** Disporre due o più oggetti verticalmente od orizzontalmente in modo che non risultino allineati: *s. i piani di un armadio*. **2** Deviare, scansare: *s. i colpi dell'avversario*; *s. il tiro*.

sfamàre [da *fame*, con *s-*; av. 1311] **A** v. tr. ● Liberare dalla fame: *il pranzo non lo sfamò*; *s. gli indigenti*. **B** v. rifl. ● Levarsi la fame, saziarsi: *non ha neppure da sfamarsi*.

sfangaménto [da *sfangare*; 1960] s. m. ● Operazione consistente nell'asportare dal minerale utile le parti terrose o argillose che vi aderiscono.

sfangàre [da *fango*, con *s-* estrattiva; 1314] **A** v. tr. (*io sfàngo, tu sfànghi*) **1** (*lett.*) Ripulire dal fango: *Questo ragazzo va sfangato* (PAVESE). **2** (*fig., fam.*) ***Sfangarla***, ***sfangarsela***, cavarsela, riuscire a sottrarsi a un pericolo, una difficoltà, un lavoro non desiderato e sim. **3** Sottoporre i minerali a sfangamento. **B** v. intr. (aus. *essere* o *avere*) **1** †Uscire dal fango. **2** (*lett.*) Muoversi a stento nel fango: *[lo] zio Mommu, che sfangava nel greto* (VERGA).

sfangatóre [1960] s. m. ● Operaio di miniera che sfanga i minerali.

sfàre [da *fare* (*1*), con *s-*; av. 1250] v. tr. e intr. pron. (pres. *io sfàccio* o *sfo* /sfɔ*/, *tu sfài*; anche nelle altre forme coniug. come *fare*) ● Disfare.

sfarfallaménto (**1**) [da *sfarfallare* (*1*); 1933] s. m. ● (*zool.*) Lo sfarfallare, l'uscire dal bozzolo.

sfarfallaménto (**2**) [da *sfarfallare* (*2*); 1949] s. m. **1** Variazione ritmica di luminosità dell'immagine cinematografica o televisiva | Tremolio nella luce delle lampade elettriche spec. fluorescenti. **2** Farfallamento di valvole o ruote. **3** (*fig.*) Atteggiamento o comportamento volubile, incostante.

sfarfallàre (**1**) [da *farfalla*, con *s-* estrattivo-intens.; 1612] v. intr. (aus. *avere*) ● Uscire dal bozzolo, detto della crisalide divenuta farfalla.

sfarfallàre (**2**) [da *farfalla*, con *s-* durativo-intens.; av. 1665] v. intr. (aus. *avere*) **1** Volare qua e là come una farfalla | Di persona, muoversi di qua e di là rapidamente e senza una direzione precisa. **2** (*est., fig.*) Mostrare incostanza, leggerezza, nei sentimenti, nelle occupazioni, e sim.: *sfarfalla da un amore all'altro*. **3** (*est.*) Commettere errori grossolani, fare sfarfalloni. **4** Provocare un effetto di sfarfallamento, detto di proiettori cinematografici, lampade fluorescenti e sim.

sfarfallàto [1652] part. pass. di *sfarfallare* (*1*); anche agg. ● Detto di bozzolo forato per la fuoriuscita della farfalla.

sfarfallatùra [da *sfarfallare* (*1*); av. 1718] s. f. ● Sfarfallamento (1).

sfarfalleggiàre [da *farfall(a)* con *s-* estrattivo-intens. e il suff. verb. *-eggiare*; 1942] v. intr. (*io sfarfallèggio*; aus. *avere*) ● Sfarfallare (2) nei sign. 1 e 2.

sfarfallio [da *sfarfallare* (*2*); 1916] s. m. **1** Lo sfarfallare continuo. **2** Sfarfallamento (2).

sfarfallóne [da *farfallone* (*2*), con *s-*; av. 1698] s. m. ● (*fam.*) Grosso sproposito, grave errore.

sfarinàbile [1873] agg. ● Che si può sfarinare.

sfarinaménto [1681] s. m. ● Lo sfarinare, lo sfarinarsi | (*fig.*) Perdita di coesione; disgregazione: *lo s. della maggioranza*.

sfarinàre [da *farina*, con *s-*; 1567] **A** v. tr. ● Ridurre in farina: *s. il frumento* | (*est.*) Ridurre in polvere simile a farina. **B** v. intr. e intr. pron. (aus. *essere*) **1** Ridursi in farina, in polvere simile a farina. **2** (*fig.*) Disgregarsi, scomporsi.

sfarinàto [av. 1597] **A** part. pass. di *sfarinare*; anche agg. **1** Nei sign. del v. **2** ***Pere, mele sfarinate***, troppo mature, dalla polpa molle. **B** s. m. ● (*spec. al pl.*) Farina ottenuta con la prima macinazione: *s. di grano duro*.

sfàrzo [dal nap. *sfarzo* 'vanto bugiardo', da *sfarzare*, risalente allo sp. *disfrazar* 'travestire, truccare', di etim. incerta; 1673] s. m. ● Grande sfoggio di ricchezze, lusso appariscente: *un ricevimento pieno di s.*; *palazzo addobbato con s.*; *uno s. di luci*. || **sfarzàccio**, pegg.

sfarzosità [av. 1704] s. f. ● Condizione, caratteristica di ciò che è sfarzoso | Ostentazione di sfarzo.

sfarzóso [1715] agg. ● Pieno di sfarzo, fatto con sfarzo: *apparato s.* || **sfarzosètto**, dim. || **sfarzosaménte**, avv. Con sfarzo: *illuminare sfarzosamente*.

sfasaménto [da *sfasare*; 1935] s. m. **1** (*elettr.*) Differenza di fase tra due grandezze alternate di ugual periodo | (*fig., lett.*) Non coincidenza, mancanza di corrispondenza. **2** (*fig., fam.*) Stato di disorientamento, di confusione: *un periodo di s.*

sfasàre [da *fase*, con *s-*; 1935] v. tr. **1** (*elettr.*) Assegnare alla differenza di fase fra due grandezze alternative valori diversi da zero. **2** (*fig., fam.*) Disorientare.

sfasàto [1935] part. pass. di *sfasare*; anche agg. **1** Che è fuori fase, detto di motore | (*fig.*) Che non collima, che è in contrasto: *una linea politica sfasata rispetto a quella ufficiale del partito*. **2** (*fig., fam.*) Disorientato, confuso: *essere, sentirsi, apparire, s.*; *ero sempre ... stonata, sfasata, fuori centro* (MORAVIA). || **sfasataménte**, avv.

sfasatùra [1960] s. f. ● Mancanza di corrispondenza, di raccordo | Sfasamento.

sfasciacarròzze [comp. di *sfascia(re)* (*2*) e il pl. di *carrozza*; 1970] s. m. e f. inv. ● (*centr.*) Chi acquista vecchie automobili per smontarle e rivenderne le parti utilizzabili. SIN. Demolitore.

sfasciafamìglie [comp. di *sfascia(re)* e del pl. di *famiglia*; 1992] s. m. e f. inv. ● Rovinafamiglie.

sfasciaménto [1745] s. m. ● Lo sfasciare, lo sfasciarsi, nei sign. di *sfasciare* (*2*).

sfasciàre (**1**) [da *fasciare*, con *s-*; av. 1400] v. tr. (*io sfàscio*; fut. *io sfascerò*) ● Levare dalle fasce: *s. un bambino* | Disfare la fasciatura: *s. una ferita*.

sfasciàre (**2**) [da *fascio*, con *s-* sottratt.-neg.; av. 1535] **A** v. tr. (*io sfàscio*; fut. *io sfascerò*) **1** Rompere, sconquassare: *s. una porta, una sedia* | (*fig.*) Mandare in rovina, dissolvere. **2** Smantellare, abbattere mura, opere di fortificazione. **B** v. intr. pron. **1** Rompersi, sconquassarsi. **2** (*fig.*) Andare in rovina, crollare, dissolversi. **3** (*fig., fam.*) Perdere la snellezza, l'agilità del corpo, detto spec. di donna: *dopo il parto si è sfasciata*.

sfasciàto [1940] part. pass. di *sfasciare* (*2*); anche agg. **1** Nei sign. del v.: *mobile s.* **2** (*fig.*) Che si è disgregato, si è dissolto o è andato in rovina: *una famiglia sfasciata*; *un grande impero ormai s.*

sfasciatùra [1745] s. f. ● Operazione dello sfasciare, nel sign. di *sfasciare* (*1*).

sfascicolàre [da *fascicolo*, con *s-*; 1960] v. tr. (*io sfascicolo*) ● Scomporre un libro, un quaderno e sim., nei fascicoli da cui è formato.

sfàscio [da *sfasciare* (*2*); av. 1742] s. m. **1** Distruzione. **2** (*fig.*) Sfacelo, rovina totale: *il paese è allo s.*

sfascismo [da *sfasciare*; 1980] s. m. ● (*polit.*) Atteggiamento negativo di chi, in un periodo di crisi istituzionale, politica e morale di uno Stato, ne favorisce o ne accelera la disgregazione.

sfascista [1977] **A** s. m. e f. (pl. m. *-i*) ● Chi favorisce, alimenta lo sfascismo. **B** anche agg.: *atteggiamento, politicante s.*

sfasciùme [da *sfasciare* (*2*); av. 1566] s. m. **1** Insieme di cose sfasciate | Insieme di rottami | (*fig., spreg.*) Sfacelo. **2** (*fig.*) Persona dal corpo sfiorito, cascante. **3** (*geol.*) Ammasso incoerente di terriccio derivato dalla disgregazione di pareti rocciose che si accumula alla base di queste: *s. morenico*.

sfataménto [av. 1726] s. m. ● (*raro*) Lo sfatare: *lo s. di una leggenda*.

sfatàre [da *fatare*, con *s-*; 1534] v. tr. **1** (*disus.*) Togliere l'incantesimo. **2** (*est.*) Dimostrare inattendibile, inconsistente, ciò in cui si credeva: *s. una leggenda, una diceria*.

sfaticàre [da *faticare*, con *s-*; 1921] v. intr. (*io sfatico, tu sfatichi*; aus. *avere*) ● (*tosc.*) Affaticarsi molto, fare gran fatica.

sfaticàto (**1**) [da *fatica*, con *s-*; 1845] agg.; anche s. m. (f. *-a*) ● (*region.*) Che (o Chi) non ha voglia di lavorare. SIN. Fannullone, ozioso, scioperato, sfaccendato. || **sfaticataménte**, avv.

sfaticàto (**2**) part. pass. di *sfaticare*; anche agg. ● (*tosc.*) Molto affaticato.

sfàtto [av. 1306] part. pass. di *sfare*; anche agg. **1** Nel sign. del v. | Disfatto: *letto s.* **2** Troppo cotto: *minestra sfatta* | Troppo maturo: *frutta sfatta*. **3** Di persona, appesantita, avvizzita, nel corpo.

sfavillaménto [sec. XIV] s. m. ● Lo sfavillare.

sfavillànte [1342] part. pres. di *sfavillare*; anche agg. ● Nei sign. del v. | (*fig.*) Raggiante: *occhi sfavillanti di gioia*. || **sfavillanteménte**, avv.

sfavillàre [da *favilla*, con *s-*; 1313] **A** v. intr. (aus. *avere*) **1** Mandare faville: *le fiamme sfavillano* | (*est.*) Risplendere di luce intensa: *il diamante sfavilla*. **2** (*fig.*) Mostrare intensamente un sentimento: *il suo viso sfavilla di gioia*. **B** v. tr. ● (*raro, lett.*) Dardeggiare (*anche fig.*): *s. ardore, amore*.

sfavillio [1873] s. m. ● Lo sfavillare continuo.

sfavóre [da *favore*, con *s-*; 1611] s. m. ● Contrarietà, disfavore | ***A s. di, in s. di***, a danno, a svantaggio.

sfavorévole [da *favorevole*, con *s-*; 1611] agg. ● Non favorevole, contrario, avverso: *opinione, giudizio, voto, s.* | Negativo: *risposta s.* CONTR. Favorevole. || **sfavorevolménte**, avv.

sfavorire [da *favorire*, con *s-*; 1525] v. tr. (*io sfavorisco, tu sfavorisci*) ● Non favorire | Danneggiare.

sfavorito [1984] part. pass. di *sfavorire*; anche agg. ● Che viene considerato come probabile perdente in una gara, una competizione, una sfida e sim: *partire s.*

sfebbràre [da *febbre*, con *s-*; 1885] v. intr. (*io sfèbbro*; aus. *essere*) ● Cessare di avere la febbre: *entro una settimana sfebbrerà*.

sfebbràto [sec. XVII] part. pass. di *sfebbrare*; anche agg. ● Che non ha più la febbre.

sféci ● V. *sfare*.

Sfècidi o **Sfègidi** [dal gr. *sphéx*, genit. *sphēkós* 'vespa', di etim. incerta; 1933] s. m. pl. (sing. *-e*) ● Nella tassonomia animale, famiglia di Insetti degli Imenotteri aculeati, alati, che nutrono le loro larve con prede che hanno prima paralizzate (*Sphecidae*).

sfegatàrsi [da *fegato*, con *s-*; 1855] **v. intr. pron.** (*io mi sfégato*) ● Adoperarsi in ogni modo, spec. con zelo eccessivo, per la riuscita di qlco.: *non sfegatarti tanto per difenderlo.*

sfegatàto [1534] **A part. pass.** di *sfegatarsi*; anche **agg.** ● Appassionato, sviscerato: *amore s.* | Incallito: *è un giocatore s.* || **sfegatataménte**, **avv.** In modo sfegatato, svisceratamente. **B s. m.** (**f.** *-a*) ● (*fam.*) Persona impetuosa, fanatica, irriflessiva.

Sfègidi ● V. *Sfecidi.*

sfeltràre [da *feltro*, con *s-*; 1960] **v. tr.** (*io sféltro*) ● Raddrizzare le fibre della lana cardata, prima di pettinarla.

sfeltratùra [1933] **s. f.** ● Operazione dello sfeltrare.

sfemminellatùra [da *femminella*, con *s-*; 1937] **s. f.** ● Asportazione della femminella, o germogli secondari, dalla vite.

sfènda [retroformazione di *sfendone* (?)] **s. f.** ● Sfendone.

†**sfèndere** e *deriv.* ● V. *fendere* e *deriv.*

sfendóne [vc. dotta, dal gr. *sphendónē* 'fionda, benda', di etim. incerta; 1838] **s. m.** ● Striscia o nastro di tessuto ricamato usato dalle donne greche nell'antichità per ornare e raccogliere i capelli. **SIN.** Sfenda.

Sfeniscifórmi [comp. del gr. *sphēnískos* (dim. di *sphḗn* 'cuneo', d'orig. incerta) e del pl. di *-forme*, detti così per il loro aspetto; 1960] **s. m. pl.** (**sing.** *-e*) ● Nella tassonomia animale, ordine di Uccelli marini, tuffatori, con ali corte atte al nuoto, non al volo, becco lungo, piedi palmati, posizione quasi eretta (*Sphenisciformes*). **SIN.** Impenni.

sfenodónte [comp. del gr. *sphḗn*, genit. *sphēnós* 'cuneo' (V. *sfenoide*) e *-odonte*; 1952] **s. m.** ● (*zool.*) Specie di enorme lucertola, appartenente all'ordine dei Rincocefali, con una cresta longitudinale sul dorso e sulla coda formata da protuberanze spinose (*Sphenodon punctatum*).

sfenoidàle [da *sfenoide*, sul modello del fr. *sphénoïdal*; 1821] **agg.** ● (*anat.*) Relativo allo sfenoide.

sfenòide [vc. dotta, dal gr. *sphēnoeidḗs* 'cuneiforme', comp. di *sphḗn*, genit. *sphēnós* 'cuneo' e *-eidḗs* '-oide'; 1745] **s. m.** *1* (*anat.*) Osso impari mediano della base del cranio, tra l'etmoide e l'occipite. *2* (*miner.*) Forma cristallina costituita di 2 facce a cuneo.

♦**sfèra** [vc. dotta, dal lat. *sphǽra(m)*, dal gr. *sphâira*, di orig. indeur.; av. 1502] **s. f.** *1* (*mat.*) Solido la cui superficie è il luogo geometrico dei punti dello spazio equidistanti da un punto interno, detto centro. ➡ **ILL. geometria.** *2* (*est.*) Corpo, oggetto, strumento, a forma di sfera: *s. di metallo* | ***S. di cristallo***, usata dagli indovini per prevedere il futuro | ***S. di cuoio***, (*assol.*) ***sfera***, nel calcio, il pallone | ***S. armillare***, in astronomia, strumento usato per spiegare i moti apparenti del Sole e degli astri | ***Penna a s.***, in cui il pennino è costituito da una sfera di materiale vario, cui affluisce un inchiostro particolarmente denso e pastoso | ***Cuscinetto a sfere***, tipo di cuscinetto a rotolamento, che contiene piccole sfere d'acciaio | (*est.*) Formazione sferica | ***S. celeste***, quella che idealmente ci circonda e nella quale abbiamo l'impressione che avvengano i fenomeni celesti | (*biol.*) ***Apparato della s.***, insieme di formazioni endocellulari particolarmente evidenti al momento della divisione cellulare. *3* Parte a raggiera dell'ostensorio che circonda l'ostia. *4* (*region.*) Lancetta di orologio. *5* (*fig.*) Condizione, grado sociale: *fare parte di una s. elevata*; *essere nelle alte sfere* | (*fig.*) ***Le alte sfere***, l'insieme delle personalita più potenti, influenti e sim. *6* (*fig.*) Ambito, campo, settore: *s. d'azione*; *nella s. delle idee*; *ciò va oltre la mia s. di attività* | ***S. d'influenza***, territorio sul quale si riconosce che uno Stato eserciti la propria predominante influenza politica, economica e militare; (*fig.*) limite entro il quale si esercita l'influenza o il potere di una persona, un partito, un ente e sim. | ***S. sessuale***, insieme degli elementi psichici relativi al sesso. || **sferétta**, **dim.** | **sfericciuòla**, **dim.**

†**sferàle** [vc. dotta, dal lat. tardo *sphaerāle(m)* 'sferico', da *sphǽra* 'sfera'] **agg.** ● (*raro*) Sferico.

Sferiàli [vc. scient. moderna, dal gr. *sphâira* 'sfera'; 1960] **s. m. pl.** (**sing.** *-e*) ● Nella tassonomia vegetale, ordine di Funghi degli Ascomiceti con corpo fruttifero rotondo, per la maggior parte parassiti o saprofiti (*Sphaeriales*).

sfericità [av. 1519] **s. f.** ● Caratteristica di ciò che è sferico | Conformazione sferica.

sfèrico [vc. dotta, dal lat. tardo *sphǽricu(m)*, dal gr. *sphairikós*, da *sphâira* 'sfera'; av. 1519] **agg.** (**pl. m.** *-ci*) *1* Proprio della sfera: *forma sferica* | ***Astronomia sferica***, parte dell'astronomia che studia le posizioni e i moti dei corpi celesti sulla sfera celeste apparente. *2* A forma di sfera | ***Lente sferica***, avente per facce delle porzioni di superficie sferica. || **sfericaménte**, **avv.** In maniera sferica.

sferire [da *infierire*, con cambio di pref. (*s-*); 1889] **v. tr.** (*io sferìsco, tu sferìsci*) ● (*mar.*) Togliere ciò che è inferito: *s. le vele.*

sferistèrio [vc. dotta, dal lat. *sphaeristēriu(m)*, dal gr. *sphairistḗrion* 'luogo per il gioco della palla', da *sphairistḗs* 'giocatore', da *sphâira* 'palla'; 1873] **s. m.** ● Luogo attrezzato per lo svolgimento del gioco del pallone a bracciale, del tamburello, della pelota e sim.

sferoidàle [1660] **agg.** ● Che ha forma di sferoide.

sferòide [vc. dotta, dal lat. *sphaeroīde(m)*, dal gr. *sphairoeidḗs* 'sferoide', da *sphâira* 'sfera' con *-eidḗs* '-oide'; 1660] **s. m.** ● Solido approssimativamente sferico.

sferolite o (*raro*) **sferulite** [comp. di *sfer(a)* e *-lite*; 1957] **s. f.** ● (*miner.*) Aggregato tondo di uno o più minerali a struttura fibroso-concentrica, depositato da una soluzione in una roccia diversa, in genere vulcanica o sedimentaria.

sferòmetro [comp. di *sfera* e *-metro*; 1838] **s. m.** ● Strumento per la misura del raggio di curvatura di superfici sferiche di solidi, spec. delle lenti.

sferoscòpio [comp. di *sfera* e *-scopio*; 1960] **s. m.** ● (*fis.*) Strumento usato per identificare gli astri.

sfèrra [da *sferrare*; 1562] **s. f.** ● Ferro rotto o vecchio, tolto dallo zoccolo del cavallo.

sferracavàllo [comp. di *sferra(re)* e *cavallo*; av. 1577] **s. m.** ● (*bot.*) Pianta erbacea delle Papilionacee a foglie composte e fiori gialli con lungo peduncolo, così chiamata per il legume a siliqua a forma di ferro di cavallo (*Hippocrepis comosa*).

sferragliaménto [1960] **s. m.** ● Lo sferragliare | Suono prodotto sferragliando.

sferragliàre [da *ferraglia*, con *s-*; 1939] **v. intr.** (*io sferràglio*; aus. *avere*) ● Produrre un forte rumore di ferri smossi.

sferràre [da *ferro*, con *s-*; av. 1349] **A v. tr.** (*io sfèrro*) *1* Togliere i ferri dagli zoccoli di cavalli e sim. *2* Liberare dai ferri, dalle catene, chi è imprigionato: *sferrare i prigionieri* | †Togliere i ceppi ai galeotti che stanno al remo. *3* (*fig.*) Tirare, lanciare, con forza: *s. un calcio, un assalto* | Muovere un violento assalto o sim.: *s. un attacco, una controffensiva.* *4* †Togliere un ferro, spec. un'arma da taglio, da dove è confitto: *sferrarsi una spada dal petto.* *5* (*mar., assol.*) Perdere violentemente la ritenuta, detto delle ancore. **B v. intr. pron.** *1* Perdere i ferri dagli zoccoli, detto di cavalli e sim. *2* (*raro*) Liberarsi dai ferri, dalle catene. *3* Avventarsi, scagliarsi, con impeto: *sferrarsi contro qlcu.*; *un bello e orribile / mostro si sferra* (CARDUCCI).

sferràto **part. pass.** di *sferrare*; anche **agg.** ● Nei sign. del v.

sferratùra [1838] **s. f.** ● Lo sferrare, lo sferrarsi, detto di cavalli e sim.

sferruzzàre [da *ferro* (*da maglia*), con *s-* e suff. vezz.-iter.; 1895] **v. intr.** (aus. *avere*) ● Lavorare alacremente a maglia coi ferri.

sfèrula [vc. dotta, lat. *sphǽrula(m)* dim. di *sphǽra* 'sfera'; 1973] **s. f.** ● (*lett.*) Piccola sfera. || **sferulétta**, **dim.**

sferulite ● V. *sferolite.*

sfervoràto [da *infervorato*, con cambio di pref. (*s-*); 1653] **agg.** ● (*raro*) Che non ha più fervore, entusiasmo.

sfèrza o **fèrsa** (2), **fèrza** [da *sferzare*; 1306] **s. f.** *1* Frusta: *un colpo di s.* *2* (*fig.*) Ciò che colpisce violentemente, come una sferza: *la s. del caldo, del sole* | (*est.*) Censura, aspra critica: *la s. del maestro, della critica.*

sferzànte [1838] **part. pres.** di *sferzare*; anche **agg.** ● Nei sign. del v. | (*fig.*) Aspro, sarcastico: *con voce ironica e s.* (MORAVIA). || **sferzanteménte**, **avv.**

sferzàre [etim. incerta; av. 1374] **v. tr.** (*io sfèrzo*) *1* Battere con la sferza | (*est.*) Colpire con violenza: *le onde sferzavano la riva.* *2* (*fig.*) Criticare, biasimare aspramente | (*fig.*) Incitare, pungolare.

sferzàta [av. 1400] **s. f.** *1* Colpo di sferza. *2* (*fig.*) Critica aspra, severa | (*fig.*) Energico stimolo: *L'incontro col vecchio pittore mi ha dato una s.* (FENOGLIO). || **sferzatina**, **dim.**

sferzatóre **s. m.**; anche **agg.** (**f.** *-trice*) ● (*raro*) Chi (o Che) sferza.

sferzina [da *sferza*; 1824] **s. f.** ● (*mar.*) Cavo sottile e resistente, che serve a trascinare le reti da pesca e nei lavori di tonneggio e di rimorchio.

sferzino [da *sferza*; 1838] **s. m.** ● Sverzino.

sférzo [da *ferzo*, con *s-*; 1937] **s. m.** ● (*mar.*) Ferzo | Copertura di tela usata per proteggere materiali e sim. in coperta.

sfiaccolàre [da *fiaccolare* (V.), con *s-* durativa-intensiva; av. 1850] **v. intr.** (*io sfiàccolo*; aus. *avere*) ● (*raro*) Risplendere vivamente, fare una fiamma troppo grande, detto di lumi, candele e sim.

sfiaccolàto [da *fiacco*, con *s-*, sul modello di *dinoccolato*; av. 1850] **agg.** ● (*raro, tosc.*) Stremato, spossato | Infiacchito.

sfiammàre [da *fiamma*, con *s-*; 1869] **A v. tr.** ● Attenuare, togliere l'infiammazione. **B v. intr.** (aus. *avere*) ● Fare molta fiamma bruciando. **C v. intr. pron.** ● Attenuarsi, mitigarsi, detto di infiammazione: *la ferita va sfiammandosi.*

sfiancaménto [av. 1758] **s. m.** ● Lo sfiancare, lo sfiancarsi | (*fig.*) Spossatezza, logoramento.

sfiancàre [da *fianco*, con *s-*; av. 1735] **A v. tr.** (*io sfiànco, tu sfiànchi*) *1* Rompere nei fianchi, nelle parti laterali: *la piena sfiancò gli argini.* *2* (*est.*) Spossare, affaticare, togliere ogni forza: *la lunga marcia ci ha sfiancati.* *3* Segnare marcatamente con un incavo il punto della vita. **SIN.** Sciancrare. **B v. intr. pron.** *1* Rompersi nei fianchi: *la nave si è sfiancata.* *2* (*est.*) Cedere per troppo sforzo: *gli si è sfiancato il cuore dal dolore* | (*fig.*) Spossarsi.

sfiancàto **part. pass.** di *sfiancare*; anche **agg.** *1* Nei sign. del v. | (*fig.*) Spossato, sfinito. *2* Detto di cavallo che presenta il fianco infossato e irrigidito.

sfiataménto [sec. XIV] **s. m.** ● Lo sfiatare, lo sfiatarsi | Fuoriuscita di vapori, gas e sim. da un'apertura.

sfiatàre [da *fiatare*, con *s-*; 1340 ca.] **A v. intr.** (aus. *avere* nel sign. 1, *avere* e *essere* nel sign. 2) *1* Emettere fiato, vapori e sim.: *l'animale sfiata per la fatica.* *2* Fuoriuscire da un'apertura naturale o artificiale, detto di vapori, gas e sim.: *il vecchio fucile sfiata*; *il gas sfiata dalla tubazione.* **B v. intr. pron.** *1* Perdere il timbro, detto di strumenti musicali. *2* (*fam.*) Perdere il fiato a parlare, gridare: *ci sfiatammo a chiamarlo.* **C v. tr.** *1* †Emettere fumo, vapori. *2* (*raro*) Rovinare uno strumento a fiato | Togliere il fiato.

sfiatàto [av. 1712] **part. pass.** di *sfiatare*; anche **agg.** *1* Nei sign. del v. *2* (*fam.*) Senza voce: *cantante s.*

sfiatatóio [da *sfiatare*; av. 1537] **s. m.** *1* Dispositivo di cui possono essere muniti serbatoi, tubazioni, macchine, gallerie e sim., che serve a lasciare sfuggire all'esterno aria, gas o vapori indesiderati. **SIN.** Sfiato. *2* (*zool.*) Apertura singola o doppia sulla parte dorsale del capo dei Cetacei, corrispondente alle narici e con funzione prevalentemente respiratoria, da cui vengono emessi getti di vapore che, condensandosi, simulano uno zampillo d'acqua.

sfiatatùra [av. 1597] **s. f.** *1* Sfiatamento. *2* Apertura da cui sfiatano gas, vapori e sim.

sfiàto [da *sfiatare*; 1805] **s. m.** ● Sfiatatoio.

sfibbiaménto [sec. XVIII] **s. m.** ● (*raro*) Lo sfibbiare.

sfibbiàre [lat. tardo *exfibulāre*, da *fībula* 'fibbia', con *ĕx-* (*s-*); av. 1400] **A v. tr.** (*io sfìbbio*) ● Aprire, slacciare sciogliendo la fibbia o le fibbie: *s. un abito*; *sfibbiarsi le scarpe.* **B v. rifl.** ● Togliersi un indumento sciogliendo la fibbia o le fibbie: *Medardo ... si sfibbiò, scese di sella* (CALVINO).

sfibbiatùra [1922] **s. f.** ● (*raro*) Sfibbiamento.

sfibraménto [av. 1704] **s. m.** ● Lo sfibrare, lo sfibrarsi | (*fig.*) Logoramento: *lo s. dell'attesa.*

sfibrànte [1838] **part. pres.** di *sfibrare*; anche **agg.** ● (*fig.*) Logorante: *un caldo, un lavoro s.* || **sfibranteménte**, **avv.**

sfibràre [da *fibra*, con *s-*; av. 1564] **A v. tr.** *1* Privare delle fibre vegetali tessuti, carta e sim.: *s. il legno.* *2* (*fig.*) Indebolire, svigorire, la fibra di un organismo: *il lavoro lo sfibra.* **B v. intr. pron.** ● Logorarsi, ridursi allo stremo.

sfibràto [1873] part. pass. di *sfibrare*; anche agg. *1* Nei sign. del v. *2* (*fig.*) Spossato, privo di energia.

sfibratrìce [1960] s. f. ● Macchina per la sfibratura.

sfibratùra [1960] s. f. ● Operazione industriale dello sfibrare tessuti vegetali.

†**sficcàre** [da *ficcare*, con *s-*; 1534] v. tr. e intr. pron. ● (*raro*) Sconficcare | Distogliersi: *tanto più vi si ferma e affligge, e con più fatica si sficca* (ALBERTI).

♦**sfida** [da *sfidare* (*1*); av. 1374] s. f. *1* Invito a battersi con le armi o a misurarsi in una gara, spec. sportiva: *mandare, lanciare, la s.*; *accettare, rifiutare, la s.* | ***Cartello, lettera, di s.***, che contiene una sfida | (*fig.*) Provocazione: *sguardo, parole, di s.* | (*fig.*) Atteggiamento competitivo, rifiuto di sottomissione verso qlcu. o qlco.: *la s. dell'Europa verso gli Stati Uniti.* *2* (*sport*) Nel pugilato, incontro valevole per l'assegnazione di un titolo.

†**sfidaménto** s. m. ● Sfida.

sfidànte [1855] **A** part. pres. di *sfidare* (*1*); anche agg. ● Nei sign. del v. **B** s. m. e raro f. ● Chi sfida qlcu., con le armi o in una gara sportiva: *lo s. e lo sfidato* | Nel pugilato, atleta cui è stato riconosciuto il diritto di incontrare il detentore di un titolo.

†**sfidànza** [da †*fidanza*, con *s-*; av. 1400] s. f. ● Sfiducia.

sfidanzàrsi [comp. di *s-* d'allontamento e *fidanzarsi*; 1937] v. rifl. e rifl. rec. ● (*fam.*) Lasciarsi, rompere un fidanzamento.

♦**sfidare** (**1**) [da (*di*)*sfidare* (*1*); 1297] **A** v. tr. *1* Invitare un avversario a battersi con le armi o a misurarsi in una gara, spec. sportiva: *s. qlcu. a duello, a battaglia, a poker, alla corsa*; *ti sfido a chi arriva primo laggiù*; †*s. qlcu. di morte.* *2* (*est.*) Incitare qlcu. a dire, fare, e sim. qlco. che si ritiene impossibile, non corrispondente alla realtà e sim.: *ti sfido a presentarmi le prove di quanto dici*; *vi sfido a fare quello che faccio io* | (*fam., assol.*) ***Sfido!***, ***Sfido io!***, ***Sfido che*** ..., escl. che sottolineano l'ovvietà di un dato fatto: *sfido che sei stanco! Non ti riposi mai.* *3* (*fig.*) Affrontare con coraggio: *s. il pericolo, la morte, la tempesta, la furia degli elementi.* *4* †Scoraggiare, togliere fiducia. **B** v. rifl. rec. ● Mandarsi la sfida, chiamarsi l'un l'altro a misurarsi con le armi o in una gara: *sfidarsi a duello*; *i due campioni si sono sfidati.*

†**sfidàre** (**2**) [da *fidare*, con *s-*] v. intr. e intr. pron. ● (*raro*) Diffidare.

sfidàto (**1**) **A** part. pass. di *sfidare* (*1*); anche agg. ● Nei sign. del v. **B** s. m. (f. *-a*) ● Chi ha ricevuto una sfida: *lo sfidante e lo s.*

sfidàto (**2**) [da *sfidare* (*2*); 1821] agg. *1* (*tosc.*) Diffidente. *2* (*lett.*) Considerato senza speranza: *s. dai medici.*

sfidatóre [da *sfidare* (*1*); av. 1638] s. m.; anche agg. (f. *-trice*) ● (*lett.*) Sfidante.

sfidùcia [da *fiducia*, con *s-*; 1858] s. f. (pl. *-cie*) ● Mancanza di fiducia: *avere s. in qlcu.*; *nutrire s. per qlcu. o per qlco.*; *guardare a un'impresa con s.*; *esprimere la propria s.* | ***Voto di s.***, quello con cui il Parlamento fa cadere il Governo | ***S. costruttiva***, procedura che prevede la possibilità di presentare e votare una mozione di sfiducia al Governo soltanto se essa contiene anche la proposta per un nuovo Governo. CONTR. Fiducia.

sfiduciàre [da *fiducia*, con *s-* sottratt.; 1855] **A** v. tr. (*io sfidùcio*) *1* Privare della fiducia. SIN. Avvilire, scoraggiare. *2* (*polit.*) Votare la sfiducia al governo. **B** v. intr. pron. ● Perdere la fiducia: *ti sfiduci troppo.*

sfiduciàto [1803] part. pass. di *sfiduciare*; anche agg. ● Nei sign. del v. | Privato della fiducia politica | Privo di fiducia: *essere, sentirsi s.* SIN. Avvilito, scoraggiato. || **sfiduciataménte**, avv.

sfiga [da *figa*, var. dial. di *fica*; 1974] s. f. ● (*volg.*) Sfortuna, iella.

sfigàto [1980] agg. *1* (*volg.*) Sfortunato, iellato | (*gerg.*) Che vale poco, che è maldestro. *2* (*gerg.*) Sgradevole, poco attraente: *che posto s.!*

sfigmico [vc. dotta, dal gr. *sphygmikós* 'del polso', da *sphygmós* 'pulsazione', connesso con *sphýzein* 'palpitare', di orig. indeur.; 1838] agg. (pl. m. *-ci*) ● (*med.*) Relativo al polso, alle pulsazioni.

sfigmo- [dal gr. *sphygmós* 'pulsazione'] primo elemento ● In parole composte della terminologia medica, significa 'pulsazione' o indica relazione con pulsazione: *sfigmografo.*

sfigmografìa [comp. di *sfigmo-* e *-grafia*; 1821] s. f. ● (*med.*) Registrazione grafica dell'onda pulsatile arteriosa.

sfigmògrafo [comp. di *sfigmo-* e *-grafo*; 1891] s. m. ● Apparecchio per la sfigmografia.

sfigmomanòmetro [comp. di *sfigmo-* e *manometro*; 1888] s. m. ● (*med.*) Apparecchio per la misurazione della pressione sanguigna nelle arterie. ➡ ILL. **medicina e chirurgia.**

sfigmòmetro [comp. di *sfigmo-* e *-metro*] s. m. ● Apparecchio per la misurazione della forza e frequenza del polso.

sfiguràre [comp. parasintetico di *figura*, col pref. *s-*; 1598] **A** v. tr. ● Alterare, deturpare la figura e i lineamenti: *l'incidente gli sfigurò il viso.* **B** v. intr. (aus. *avere*) ● Fare cattiva figura, dare agli altri una cattiva impressione: *tra quella gente sfigura*; *di fronte a noi sfigurate*; *non fatemi s.*

sfiguràto [1294] part. pass. di *sfigurare*; anche agg. ● Deturpato | (*est.*) Stravolto per una forte emozione: *volto s. dall'ira.*

sfilàccia [da *sfilacciare*; 1922] s. f. (pl. *-ce*) ● Materiale tessile costituito da fibre ricavate dalla sfilacciatura di manufatti tessili, spec. cordami.

sfilacciaménto [1914] s. m. ● (*raro*) Sfilacciatura | (*fig.*) Progressivo deterioramento: *lo s. della situazione politica.*

sfilacciàre [da *filaccia*, con *s-*; 1618] **A** v. tr. (*io sfilàccio*) ● Ridurre in filacce, sfilare un tessuto. **B** v. intr. e intr. pron. (aus. *essere*) *1* Ridursi in filacce, perdere le fila dell'ordito: *il tessuto sfilaccia facilmente*; *la corda si è sfilacciata.* *2* (*fig.*) Disgregarsi, scomporsi.

sfilacciàto [1598] **A** part. pass. di *sfilacciare*; anche agg. *1* Nei sign. del v. *2* (*fig.*) Sconnesso, disorganico, disunito. **B** s. m. ● Cotone o altro ricavato dalla sfilacciatura degli stracci.

sfilacciatrice [da *sfilacciare*; 1931] s. f. ● Macchina tessile a tamburi rotanti con denti d'acciaio per disintegrare gli stracci e ridurli in fibre da riutilizzare.

sfilacciatùra [1865] s. f. *1* Lo sfilacciare, lo sfilacciarsi | Parte sfilacciata. *2* Operazione tessile per ricavare dagli stracci fibre da riutilizzare.

sfilaccicàre [da *filaccica*, con *s-*; av. 1604] v. tr., intr. e intr. pron. (*io sfilàccico, tu sfilàcchichi*; aus. intr. *essere*) ● (*tosc.*) Sfilacciare.

sfilaménto (**1**) [da *sfilare* (*1*); 1865] s. m. *1* Lo sfilare. *2* Fase iniziale dell'apertura del paracadute, nella quale escono dalla custodia la calotta e il fascio delle funi.

sfilaménto (**2**) [da *sfilare* (*3*); 1873] s. m. ● (*raro*) Sfilata.

♦**sfilàre** (**1**) [da (*in*)*filare*, con cambio di pref. (*s-*); sec. XIV] **A** v. tr. *1* Togliere ciò che è infilato: *s. le perle di una collana, l'ago*; *sfilarsi l'anello dal dito* | Rubare da una borsa o sim.: *il ladro gli ha sfilato il portafoglio dalla tasca* | ***S. l'arrosto***, toglierlo dallo spiedo | ***S. la corda***, nell'alpinismo, farla uscire da un moschettone o da un anello, tirandola a sé. *2* Togliere di dosso: *sfilarsi le scarpe*; *si sfilò il vestito*; *sfilarsi i pantaloni.* *3* Levare qualche filo spec. da un tessuto: *s. l'orlo di un lenzuolo per ricamarlo* | (*est.*) ***S. la carne***, togliere i nervi. **B** v. intr. pron. *1* Uscire o sfuggire dal filo, dall'infilato: *la collana si è sfilata.* *2* Disfarsi nel filato, perdere i fili, detto di tessuto | Smagliarsi: *la calza si è sfilata.*

sfilàre (**2**) [da *filo*, con *s-*; sec. XVIII] **A** v. tr. ● (*raro*) Far perdere il filo a una lama. **B** v. intr. pron. ● (*raro*) Perdere il filo, detto di lame e sim.

♦**sfilàre** (**3**) [da *fila*, con *s-*; 1641] v. intr. (aus. *essere* e *avere*) *1* Procedere in fila: *s. tra due ali di popolo* | Passare in fila davanti a superiori, autorità, pubblico, durante una rivista, detto di reparti inquadrati: *s. in parata* | Presentare i modelli di una collezione di moda: *le indossatrici sfilano in passerella*; *Armani ha sfilato a Milano.* *2* (*fig.*) Susseguirsi, succedersi, spec. rapidamente: *nella sua mente sfilano mille pensieri.*

♦**sfilàta** [da *sfilare* (*3*); 1630] s. f. *1* Passaggio di persone, animali o mezzi disposti in fila: *assistere a una s.*; *la s. dei soldati* | ***S. di moda***, presentazione di nuovi modelli fatta sfilando davanti al pubblico. *2* Serie di cose disposte in fila: *una s. di stanze, di alberi.*

sfilatino [comp. parasintetico di *filo*; 1942] s. m. ● (*fam.*) Filoncino di pane.

sfilàto [1349 ca.] **A** part. pass. di *sfilare* (*1*); anche agg. ● Nei sign. del v. **B** s. m. ● Ricamo eseguito sfilando un numero variabile di fili di un tessuto e riunendo in maniera diversa quelli rimasti per ottenere svariati motivi | ***S. siciliano***, antico ricamo a telaio eseguito con fili sfilati, cordoncino e punto tela a disegni di stemmi, animali, fiori e piante | ***S. sardo***, tipo di ricamo simile al siciliano con in più nodi, motivi a punto reale e rilievi.

sfilatùra [da *sfilare* (*1*); 1940] s. f. ● Lo sfilare, lo sfilarsi | Parte sfilata | Smagliatura: *una s. nella calza.*

sfilettàre [comp. parasintetico di *filetto* (*3*) nel sign. 2, col pref. *s-*; av. 1973] v. tr. (*io sfilétto*) ● (*cuc.*) Ridurre in filetti levando le lische, detto di pesce o con riferimento al pesce.

sfilza [da *filza*, con *s-*; 1960] s. f. ● Lunga serie, grande numero: *una s. di case, di errori.* SIN. Catena, sequela.

sfilzàre [da *infilzare*, con cambio di pref. (*s-*); av. 1574] **A** v. tr. ● Disfare l'infilzato: *s. un pollo dallo spiedo.* **B** v. intr. pron. ● †Sfilarsi.

sfinàre [deriv. di *fino* con *s-* con valore derivativo; 1968] **A** v. tr. ● (*fam.*) Rendere, fare apparire più magro: *questo modello ti sfina.* **B** v. intr. pron. ● Diventare magro, sottile.

♦**sfinge** [vc. dotta, dal lat. *Sphĭnge*(*m*), dal gr. *Sphínx*, genit. *Sphingós*, connesso con *sphíngein* 'stringere', di orig. indeur.; 1319] s. f. *1* Nella mitologia greco-romana, mostro alato, con corpo leonino, testa umana, coda di serpente, che proponeva enigmi insolubili | Nella mitologia egizia, la stessa rappresentazione, ma priva di coda e di ali. *2* (*fig.*) Persona enigmatica di cui non si riesce a capire il pensiero, i sentimenti, le intenzioni. *3* Correntemente, farfalla della famiglia degli Sfingidi | ***S. del ligustro***, sfingide dalla bellissima livrea, il cui bruco divora le foglie del ligustro (*Hyoloicus ligustri*) | ***S. testa di morto***, acheronzia.

sfingenìna [dal gr. *sphíngein* 'stringere' (V. *sfinge*); 1957] s. f. ● (*biol., chim.*) Amminoalcol insaturo, solido cristallino presente nelle sfingomieline. SIN. Sfingosina.

sfingeo [1915] agg. ● (*lett.*) Di sfinge | (*fig.*) Enigmatico.

Sfingidi [vc. scient. moderna, comp. da *sfing*(*e*) e *-idi*; 1932] s. m. pl. (sing. *-e*) ● Nella tassonomia animale, famiglia di farfalle con corpo robusto e molto peloso, ali strette e appuntite, abitudini crepuscolari e notturne (*Sphingidae*).

sfingomielìna [comp. del gr. *sphíngein* 'condensare' (d'etim. incerta) e *mielina*; 1929] s. f. ● Fosfolipide insolubile in etere, costituente essenziale della guaina mielinica delle fibre nervose.

sfingosìna [1957] s. f. ● (*biol., chim.*) Sfingenina.

sfiniménto [da *sfinire*; 1353] s. m. ● Grave prostrazione, grande indebolimento: *uno s. di origine nervosa.*

sfinìre [da *finire* (*1*), con *s-*; av. 1400] **A** v. tr. (*io sfinìsco, tu sfinìsci*) *1* Provocare uno stato di grave prostrazione, lasciare senza forze (*anche assol.*): *la fatica lo sfinisce*; *quest'ansia sfinisce.* *2* †Definire, risolvere: *il magno re gallico sfinirà la quistione* (SACCHETTI). **B** v. intr. pron. ● Perdere la capacità di resistenza, le energie, la forza: *a forza di studiare si è sfinito.*

sfinitézza [da *sfinito*; 1858] s. f. ● Stato di grave prostrazione, mancanza di forza, energia e sim.

♦**sfinìto** [1838] part. pass. di *sfinire*; anche agg. ● Privo di forze, prostrato.

sfintère [vc. dotta, dal lat. tardo *sphinctēre*(*m*), dal gr. *sphinktḗr*, connesso con *sphíngein* 'stringere', di orig. indeur.; 1681] s. m. ● (*anat.*) Muscolo anulare: *s. pilorico, anale.*

sfintèrico [1970] agg. (pl. m. *-ci*) ● (*anat.*) Relativo a sfintere: *apparato s.*

sfioccaménto [1950] s. m. ● (*raro*) Riduzione in fiocchi.

sfioccàre [da *fiocco*, con *s-*; 1838] **A** v. tr. (*io sfiòcco, tu sfiòcchi*) ● Sfilacciare facendo fiocchi, nappe e sim.: *s. una stoffa.* **B** v. intr. pron. ● Ridursi, rompersi in fiocchi: *nel cielo si sfioccano le nuvole.*

sfiocinàre [da *fiocinare*, con *s-*; 1838] v. tr. (*io sfiòcino*) ● (*mar.*) Fiocinare, colpire con la fiocina.

sfiondàre [da *fionda*, con *s-*; 1623] v. tr. (*io sfióndo*) ● (*raro*) Scagliare con la fionda | (*est.*) Lanciare con le mani: *sfiondò una bomba a mano* (FE-

NOGLIO).

sfioraménto [1940] s. m. ● Atto dello sfiorare, nel sign. di *sfiorare (1)*.

♦**sfioràre** (1) [da *fiore*, nel senso di 'sommità', con *s-*; 1532] v. tr. (*io sfióro*) **1** Toccare leggermente, di sfuggita: *un'automobile mi ha sfiorato; l'aereo sfiora l'acqua; gli sfiorò il viso con un bacio* | (*fig.*) Trattare superficialmente: *s. un argomento* | ***Essere sfiorato da un dubbio, da un sospetto***, avvertirlo appena | (*fig.*) Essere molto vicino al conseguimento di qlco.: *s. il successo, la vittoria, il trionfo*. **2** (*lett.*) Toccare, raggiungere.

sfioràre (2) [da *fiore*, nel senso di 'parte migliore', con *s-*; 1614] v. tr. (*io sfióro*) **1** †Privare del fiore o dei fiori: *Guardo le piante ... e le strappo e le sfioro* (FOSCOLO). **2** Scremare, privare della panna, del fiore: *s. il latte*. **3** (*tosc.*) †Scegliere, prendere il meglio di una merce.

sfioratóre [da *sfiorare (2)*; 1774] s. m. ● Dispositivo che impedisce che la superficie libera di un serbatoio o di un canale superi una quota massima stabilita. ➡ ILL. p. 2138 SCIENZE DELLA TERRA ED ENERGIA.

sfioratùra [1891] s. f. ● Operazione dello sfiorare, nel sign. di *sfiorare (2)*.

sfiorettàre [da *fiorettare*, con *s-*; 1873] v. intr. (*io sfiorétto*; aus. *avere*) ● (*raro*) Fare uso eccessivo di ornamenti nel linguaggio letterario o musicale.

sfiorettatùra [1940] s. f. ● Lo sfiorettare | Ornamento, abbellimento, eccessivo.

sfiorire [da *fiorire*, con *s-*; av. 1294] v. intr. (*io sfiorisco, tu sfiorisci*; aus. *essere*) **1** Perdere il fiore, appassire. **2** (*fig.*) Perdere la freschezza, il rigoglio giovanile: *la bellezza sfiorisce presto*.

sfiorito [av. 1320] part. pass. di *sfiorire*; anche agg. ● Nei sign. del v.: *rose sfiorite; una bellezza ormai sfiorita*.

sfioritùra [av. 1698] s. f. ● Lo sfiorire.

sfióro [deriv. di *sfiorare* in senso tecnico; 1989] s. m. ● (*idraul.*) ***Canale di s.***, canale per la scolmatura di un bacino, spec. artificiale.

sfiossàre [da *fiosso*, con *s-*; 1873] v. tr. (*io sfiòsso*) ● (*calz.*) Fare il fiosso nelle scarpe.

sfiossatùra [da *sfiossare*; 1891] s. f. ● (*calz.*) Operazione dello sfiossare.

sfirèna [dal lat. *sphyrāena(m)*, dal gr. *sphýraina*, da *sphŷra* 'martello', di orig. indeur.; 1561] s. f. ● Voracissimo pesce osseo marino dei Perciformi dal muso allungato con mandibola prominente e denti robusti, apprezzato per le sue carni (*Sphyraena sphyraena*). SIN. Luccio di mare, luccio imperiale.

sfissàre [da *fissare*, con *s-*; 1873] v. tr. ● (*raro, fam.*) Annullare, disdire ciò che si era fissato.

sfittàre [da *affittare*, con cambio di pref. (*s-*); 1789] **A** v. tr. ● Rendere sfitto. **B** v. intr. pron. ● Rimanere sfitto.

sfittire [comp. parasintetico di *fitto* col pref. *s-*; 1960] **A** v. tr. (*io sfittisco, tu sfittisci*) ● Diradare, rendere meno fitto. **B** v. intr. pron. ● Diventare meno fitto.

sfitto [da *sfittare*; 1848] agg. ● Non affittato: *appartamento s.*

sfizio [vc. merid. di etim. incerta; 1918] s. m. ● (*region.*) Voglia, capriccio, divertimento: *levarsi lo s. di qlco.* | ***Per s.***, per puro capriccio, per divertimento.

sfiziosità [da *sfizioso* con il suff. di qualità *-ità*] s. f. ● (*raro*) Caratteristica di ciò che è sfizioso | Cosa sfiziosa.

sfizióso [da *sfizio*; 1983] agg. ● (*region.*) Che diverte o attrae | Che soddisfa un capriccio, fatto per capriccio. || **sfiziosaménte**, avv.

sfocàre o **sfuocàre** [da *f(u)oco*, con *s-*; 1940] v. tr. (*io sfuòco o sfòco, tu sfuòchi o sfòchi*; in tutta la coniug. la *o* può dittongare in *uo* soprattutto se tonica) ● Attenuare la nitidezza di una immagine, spec. fotografica.

sfocàto o **sfuocàto** [1932] part. pass. di *sfocare*; anche agg. **1** Nel sign. del v. | (*fig.*) Vago, indistinto: *ricordo s.* **2** (*fig.*) Che non è ben delineato, ben definito: *personaggio s.* SIN. Insignificante, scialbo. || **sfocataménte**, avv.

sfocatùra o **sfuocatùra** [da *sfocare*; 1928] s. f. ● Imprecisione dei dettagli di una immagine fotografica dovuta a difettosa messa a fuoco.

sfociaménto [1767] s. m. ● (*raro*) Lo sfociare | (*disus.*) Sfociatura.

sfociàre [da *foce*, con *s-*; 1767] **A** v. tr. (*io sfócio*) ● (*raro*) Rendere più larga la foce di un corso d'acqua. **B** v. intr. (aus. *essere*, raro *avere*) **1** Mettere foce, sboccare: *i fiumi sfociano nel mare*. **2** (*fig.*) Andare a finire, concludersi: *la divergenza di opinioni sfociò in una rissa*.

sfociatùra [da *sfociare*; 1761] s. f. ● Allargamento della foce di un corso d'acqua.

sfócio [1960] s. m. **1** Atto dello sfociare. **2** (*fig.*) Soluzione, esito: *situazione senza s.*

sfoconàre [da *focone*, con *s-*; 1641] v. tr. (*io sfocóno*) ● (*region.*) Sbraciare, ravvivare il fuoco.

sfoconatóio [comp. parasintetico di *focone*; 1824] s. m. ● Sfondatoio.

sfoderàbile [da *sfoderare (2)*; 1983] agg. ● Detto di poltrona, divano e sim., la cui tappezzeria può essere asportata, come una fodera, per essere lavata o sostituita.

sfoderaménto [1838] s. m. ● Atto dello sfoderare, nel sign. di *sfoderare (1)* | (*fig., lett.*) Ostentazione.

sfoderàre (1) [da *fodero*, con *s-*; 1527] v. tr. (*io sfòdero*) **1** Levare dal fodero | ***S. la spada***, sguainarla. **2** (*fig.*) Mostrare, presentare, in modo improvviso e inaspettato: *ha sfoderato certe domande che hanno messo tutti in imbarazzo* | Ostentare, sfoggiare: *s. la propria cultura*.

sfoderàre (2) [da *foderare*, con *s-*; sec. XVI] v. tr. (*io sfòdero*) ● Levare la fodera, la copertura: *s. una giacca*.

sfoderàto [1855] part. pass. di *sfoderare (2)*; anche agg. **1** Nel sign. del v. **2** Privo di fodera: *impermeabile s.*

sfogaménto [1336 ca.] s. m. ● (*raro*) Lo sfogare, lo sfogarsi.

♦**sfogàre** [da *foga*, con *s-*; 1313] **A** v. tr. (*io sfógo* (o *-ò-*), *tu sfóghi* (o *-ò-*)) ● Dare libera manifestazione a sentimenti, passioni, stati d'animo, fino a quel punto contenuti o repressi: *s. la rabbia, la stizza, l'ira; gli uomini sfogano le grandi passioni* (VICO). **B** v. intr. (aus. *essere*) **1** Uscir fuori dal chiuso, esalare: *il gas sfoga attraverso il tubo*. **2** Manifestarsi liberamente diminuendo d'intensità: *lasciamo che il raffreddore sfoghi; ne parleremo quando gli sarà sfogata la rabbia*. **C** v. intr. pron. **1** Liberarsi da uno stato di tensione, manifestare le proprie pene, preoccupazioni, ansie e sim. spec. confidandole a qlcu.: *mi sono sfogato a raccontarle tutto; si è sfogato con me dell'umiliazione subita* | ***Sfogarsi su qlcu.***, far ricadere ingiustamente su qlco. il malumore, l'ira e sim. provocati da altri. **2** Levarsi la voglia, soddisfare un desiderio, un istinto: *sfogarsi a correre, a saltare, a mangiare*.

sfogatèllo [da *sfogato*; 1934] s. m. ● Fungo delle Agaricacee, carnoso, privo di volva e di anello (*Tricholoma effecatellum*).

sfogàto [sec. XV] part. pass. di *sfogare*; anche agg. **1** Nei sign. del v. **2** (*raro, tosc.*) Ampio, arioso: *stanza sfogata* | ***Voce sfogata***, acuta. || **sfogataménte**, avv. Liberamente, senza impedimento.

sfogatóio [da *sfogare*; 1520] s. m. ● Apertura fatta per dare sfogo.

sfoggiaménto [1608] s. m. ● (*raro*) Sfoggio.

sfoggiàre [da *foggia*, con *s-*; 1524] **A** v. tr. (*io sfòggio*) **1** Esibire con compiacimento qlco. di elegante, lussuoso e sim.: *s. la nuova automobile, una pelliccia di visone*. **2** (*fig.*) Mettere in mostra, ostentare: *s. bravura, erudizione*. **B** v. intr. (aus. *avere*) ● Fare sfoggio: *s. nel vestire; s. in pellicce* | Vivere nel lusso, nello sfarzo: *quella famiglia sfoggia molto*.

sfòggio [da *sfoggiare*; 1612] s. m. **1** Ostentazione di lusso, sfarzo, sontuosità: *fare s. di abiti; c'era un grande s. di argenteria*. **2** (*fig.*) Ostentazione delle proprie doti: *fare s. di cultura*.

sfòglia (1) o (*region.*) **spòglia** (2) [da *sfogliare (2)*; 1550] s. f. **1** Falda, lamina sottilissima: *una s. d'oro*. **2** (*cuc.*) Impasto di farina e uova ridotto in strato sottile col matterello o con apposita macchina: *tagliare la s.* | ***Pasta s.***, pasta a base di burro e farina, che, cuocendo, si sfalda in sottili strati. **3** (*region.*) Cartoccio del granturco. || **sfogliétta**, dim.

sfòglia (2) [da *foglia*, con *s-*, per la forma] s. f. ● (*region.*) Sogliola.

sfogliàre (1) [lat. tardo *exfoliāre*, comp. di *ĕx-* (*s-*) e di un deriv. di *fŏlium* 'foglia'; 1310] **A** v. tr. (*io sfòglio*) ● Levare le foglie: *s. un ramoscello*. **B** v. intr. pron. ● Perdere le foglie, i petali: *in autunno gli alberi si sfogliano*.

♦**sfogliàre** (2) [da *foglio*, con *s-*; 1612] **A** v. tr. (*io sfòglio*) **1** Scorrere rapidamente le pagine di un libro, un giornale, una rivista e sim., leggendo qua e là: *sfogliò tutto il volume per trovare una frase*. **2** (*disus.*) Tagliare le pagine di un libro intonso. **B** v. intr. pron. ● Ridursi in lamine sottili: *quel minerale si sfoglia facilmente*.

sfogliasgranatrice [comp. di *sfoglia(trice)* e *sgranatrice*; 1960] s. f. ● (*agr.*) Macchina agricola combinata per scartocciare e sgranare le pannocchie di mais.

sfogliàta (1) [da *sfogliare (1)*; 1960] s. f. ● Attività dello sfogliare una pianta.

sfogliàta (2) [da *sfogliare (2)*; 1875] s. f. ● Lo scorrere in fretta un libro e sim.: *dare una s. al giornale*. SIN. Scorsa.

sfogliàta (3) [da *sfoglia (1)*; av. 1548] s. f. ● Torta di pasta sfoglia con ripieno: *una s. con crema e uva passa*. || **sfogliatèlla**, dim. (V.) | **sfogliatina**, dim.

sfogliatèlla [1891] s. f. **1** Dim. di *sfogliata (3)*. **2** Piccolo dolce di pasta sfoglia ripiegata, farcita di ricotta, canditi e spezie, e cotta al forno: *s. riccia, frolla*.

sfogliàto part. pass. di *sfogliare (1)*; anche agg. ● (*raro*) Privato o privo delle foglie.

sfogliatrice [da *sfogliare (2)* 'ridurre in fogli'; 1940] s. f. **1** In falegnameria, macchina per ricavare fogli di legno per impiallacciature da un tronco d'albero fatto ruotare contro uno speciale coltello. **2** (*agr.*) Macchina agricola per scartocciare le pannocchie di mais. **3** Macchina per pasticceria usata per la lavorazione della pasta sfoglia.

sfogliatùra (1) [1862] s. f. ● Operazione dello sfogliare un albero, un ramo e sim. | ***S. del gelso***, per alimentare i bachi da seta | ***S. del granoturco***, per scartocciarlo | ***S. della vite***, per soleggiare i grappoli.

sfogliatùra (2) [da *sfogliare (2)*; 1940] s. f. **1** Difetto del formaggio, consistente in una serie di sfaldature interne, per difetto di lavorazione. **2** Sfaldatura prodotta nel ferro dal maglio.

†**sfoglióso** [da *sfoglio*, antico m. di *sfoglia (1)*] agg. ● Che si sfoglia.

sfognàre [da *fogna*, con *s-*; 1613] v. intr. (*io sfógno*; aus. *essere*) ● (*raro*) Sboccare, traboccare dalla fogna.

sfógo (o *-ò-*) [da *sfogare*; av. 1574] s. m. (pl. *-ghi*) **1** Lo sfogare; fuoriuscita, sbocco | Passaggio attraverso cui sgorgano liquidi, gas, vapori, e sim.: *trovare, avere, uno s.; dare, aprire, uno s.* | ***Senza s.***, chiuso, angusto, detto di ambienti: *stanza senza s.* **2** Sbocco, apertura: *un paese senza s. sul mare*. **3** (*fig.*) Libera manifestazione di stati d'animo, sentimenti, passioni e sim.: *dare s. al dolore; cercare s. nel pianto; non trovare s.; avere bisogno di uno s.; io mai altro ho cercato nell'amicizia se non ... il reciproco s. delle umane debolezze* (ALFIERI). **4** (*pop.*) Eruzione cutanea.

sfolgoraménto [1682] s. m. ● (*raro*) Lo sfolgorare.

sfolgorànte [1715] part. pres. di *sfolgorare*; anche agg. ● Risplendente, brillante: *sole s.; occhi sfolgoranti* | Radioso: *bellezza s.* || **sfolgoranteménte**, avv.

sfolgoràre [da *folgorare*, con *s-*; sec. XIV] **A** v. intr. (*io sfólgoro*; aus. *avere*) ● Risplendere di luce intensa (*anche fig.*): *il sole sfolgora nel cielo; il viso gli sfolgorava di contentezza*. **B** v. tr. ● (*lett.*) Colpire con fulmini.

sfolgoràto [av. 1348] part. pass. di *sfolgorare*; anche agg. **1** (*lett.*) Colpito dal fulmine. **2** (*lett.*) Splendente | (*fig.*) Straordinario, enorme. || **sfolgorataménte**, avv. Smisuratamente.

sfolgoreggiàre [da *folgoreggiare*, con *s-*; 1838] v. intr. (*io sfolgoréggio*; aus. *avere*) ● (*raro, lett.*) Sfolgorare.

sfolgorìo [1715] s. m. ● Lo sfolgorare continuo: *uno s. di luci*.

sfollagènte [comp. di *sfolla(re)* e *gente*; 1935] s. m. inv. ● Bastone piuttosto corto, rivestito di gomma o sim., usato dalla polizia in occasione di disordini.

sfollaménto [1922] s. m. **1** Lo sfollare | Evacuazione della popolazione per motivi di sicurezza. **2** Diminuzione di personale.

sfollàre [da *folla*, con *s-*; 1660] **A** v. tr. (*io sfóllo* (o *-ò-*)) **1** Sgombrare, liberare dall'affollamento: *il giorno dell'Anno / che sfolla le caserme* (MONTALE). **2** Diminuire il personale di un'azienda. **B** v. intr. (aus. *essere*, raro *avere*) **1** Diradarsi della folla: *la gente cominciò a s.* **2** Allontanarsi dai centri popolosi a causa di eventi bellici o di catastrofi naturali: *s. in campagna, sulle montagne*; *s. dalla città*.

sfollàto [1943] **A** part. pass. di *sfollare*; anche agg. ● Nei sign. del v. **B** s. m. (f. *-a*) ● Chi si è trasferito in luogo diverso da quello di residenza abituale, per evitare offese belliche, epidemie, frane, alluvioni e sim.

sfoltiménto [1960] s. m. ● Lo sfoltire.

sfoltire [da *folto*, con *s-*; 1941] **A** v. tr. (*io sfoltìsco, tu sfoltìsci*) ● Rendere meno folto: *s. un bosco*; *s. un testo delle troppe citazioni*. **B** v. intr. pron. ● Diventare meno folto: *la vegetazione si sfoltisce*.

sfoltita [1960] s. f. ● Atto dello sfoltire, spec. rapido: *dare una s. ai capelli*.

sfoltitrice [da *sfoltire*; 1983] s. f. ● Tipo di rasoio a mano libera con lama seghettata per sfoltire i capelli.

sfondagiàco [comp. di *sfonda(re)* e *giaco*; 1838] s. m. (pl. *-chi*) ● Antico pugnale con lama quadrangolare assai robusta, atta a trapassare il giaco di maglia di ferro.

sfondaménto [1940] s. m. **1** Lo sfondare; rottura violenta, grave frattura, e sim.: *s. della volta cranica* | (*fig.*) Superamento, sforamento: *lo s. del tetto della spesa pubblica* | (*sport*) Nella pallacanestro, fallo commesso in attacco dal giocatore che urta scorrettamente un difensore | ***Centravanti di s.***, nel calcio, quello che ha una particolare prestanza fisica. **2** Rottura del fronte nemico e penetrazione nello stesso.

♦**sfondàre** [lat. parl. **exfundāre* 'distruggere', comp. di *ĕx-* (*s-*) e *fŭndus* 'fondo'; 1353] **A** v. tr. (*io sfóndo*) **1** Rompere il fondo: *s. una cassa di legno* | (*fig.*) Superare, sforare: *s. un limite di spesa* | ***S. le scarpe***, consumarne la suola camminando | (*iperb., tosc.*) ***S. lo stomaco***, di cibo pesante, dalla digestione laboriosa | ***S. il pavimento***, farlo crollare. **2** (*est.*) Schiantare, aprirsi un passaggio: *s. una porta, una parete* | ***S. una porta aperta***, (*fig.*) sprecare la fatica, affannarsi per qlco. di inutile. **3** Rompere il fronte difensivo nemico e penetrarvi. **B** v. intr. (aus. *avere*) ● Affermarsi, avere successo in un ambiente, un'attività: *è riuscito a s.*; *ha sfondato nel cinema*. **C** v. intr. pron. ● Rompersi, cedere nel fondo: *il baule sta per sfondarsi*.

sfondàto [av. 1537] **A** part. pass. di *sfondare*; anche agg. **1** Nei sign. del v.: *una botte sfondata*. **2** (*fam.*) Ingordo, insaziabile. **3** Nella loc. (*fam.*) ***ricco s.***, ricchissimo, enormemente ricco. || **sfondataménte**, avv. **B** s. m. ● Tipo di decorazione pittorica, già in uso nell'epoca ellenistico-romana e ripreso poi nel sec. XV, il quale apre illusoriamente pareti, volte, soffitti e cupole su visioni di spazi liberi.

sfondatóio [da *sfondare*; 1824] s. m. ● Attrezzo che serviva per pulire il focone delle artiglierie a retrocarica o per forare il cartoccio che conteneva la carica di lancio per facilitarne l'accensione. SIN. Sfoconatoio.

sfondatóre [av. 1646] s. m.; anche agg. (f. *-trice*) ● Chi (o Che) sfonda (*spec. scherz.*): *voi, voi sfondatori di porte atterrate* (CARDUCCI) | (*raro*) Nel calcio, attaccante che gioca di potenza, aggredendo la difesa avversaria e puntando a rete.

sfondatùra [1544] s. f. **1** (*raro*) Sfondamento. **2** †Sfondo.

sfóndo [da *sfondare*; 1735] s. m. **1** Incassatura di archi o volte per dipingervi ornati e figure. **2** Campo di un quadro nel quale è dipinto il soggetto: *figure di s.*; *lo s. dell'Annunciazione*; *uno s. d'oro*. **3** Parte ultima di una scena teatrale | Parete variamente colorata o disegnata che costituisce il fondo di una scena. **4** In un campo visivo, la parte più distante rispetto a chi guarda: *il mare ha come s. una catena di monti*; *uno s. di boschi*. **5** (*abbigl.*) ***S. piega***, motivo ottenuto facendo combaciare due pieghe piatte. **6** (*fig.*) Ambiente, contesto storico, sociale e sim. in cui si svolge una narrazione o si verifica un determinato fatto: *il romanzo ha per s. la guerra di secessione*; *film a s. sociale*; *un delitto a s. passionale*.

†**sfondolàre** [lat. parl. **exfunderāre* 'sfondare', comp. di *ĕx-* (*s-*) e di un deriv. dal tardo *fŭndus*, genit. *fŭnderis*, per il classico *fŭndus*, genit. *fŭndi* 'fondo'] v. tr. ● Sfondare.

sfondóne [vc. umbro-rom., propr. 'colpo dato sotto le coste': da *sfondare*; 1942] s. m. ● (*fam.*) Sbaglio madornale, grosso errore.

sforacchiàre [da *foracchiare*, con *s-*; sec. XIV] v. tr. (*io sforàcchio*) ● Fare piccoli fori qua e là. SIN. Bucherellare.

sforacchiatùra [1926] s. f. ● Lo sforacchiare | Complesso di piccoli fori.

sforaménto [1985] s. m. ● Superamento di un determinato limite: *lo s. di un budget*; *s. dell'orario stabilito*.

sforàre [da *foro* col pref. *s-* e intrusione di *sfondare*; 1980] **A** v. tr. (*io sfóro* (o *-ó-*)) ● Oltrepassare un limite consentito o programmato: *il disavanzo ha sforato le ultime previsioni*; *s. i tempi di programmazione*. **B** v. intr. (aus. *avere*) ● Andare oltre i limiti di tempo stabiliti, detto spec. di una trasmissione televisiva o radiofonica: *spesso il telegiornale sfora di qualche minuto* | Sfondare un tetto di spesa: *abbiamo sforato per poche migliaia di euro*.

sforbiciàre [da *forbice*, con *s-*; 1927] **A** v. tr. (*io sfòrbicio*) ● Tagliare qua e là con le forbici (*anche assol.*) | (*fig.*) Tagliare, censurare | Ridurre una spesa. **B** v. intr. (aus. *avere*) ● (*sport*) Eseguire una sforbiciata.

sforbiciàta [da *sforbiciare*; 1960] s. f. **1** Colpo di forbici | (*fig.*) Taglio a una spesa, una tassa ecc. **2** (*sport*) Rapido movimento a forbice delle gambe.

sformàre [da *forma*, con *s-*; 1312] **A** v. tr. (*io sfórmo*) **1** Deformare, alterare nella forma: *s. le scarpe, un cappello*. **2** Levare dalla forma: *s. un dolce*. **B** v. intr. pron. ● Perdere la forma.

sformàto [1875] **A** part. pass. di *sformare*; anche agg. **1** Nei sign. del v. **2** (*raro*) Deforme. **3** †Smisurato, smoderato, eccessivo | †Stravagante: *venutogli uno pensiero assai s.* (SACCHETTI). **B** s. m. ● Vivanda a base di verdure, carni, formaggi o altro impastate con uova sbattute, cotta in uno stampo da cui viene tolta a cottura avvenuta: *s. di carciofi*. || **sformatino**, dim.

sformatùra [1891] s. f. ● (*tecnol.*) Operazione, a mano o a macchina, che separa il modello dalla formatura o l'anima dalla scatola.

sfornaciàre [da *fornace*, con *s-*; 1891] v. tr. (*io sfornàcio*) ● Estrarre dalla fornace il materiale cotto.

sfornàre [da *forno*, con *s-*; av. 1400] v. tr. (*io sfórno*) **1** Estrarre dal forno i prodotti già cotti. **2** (*fig.*) Far uscire, produrre in abbondanza: *quel produttore sforna un film al mese*.

sfornellàre [da *fornello*, con *s-*; 1963] v. intr. (*io sfornèllo*; aus. *avere*) ● (*fam.*) Stare fra i fornelli, cucinare.

sfornire [da *fornire*, con *s-*; av. 1363] **A** v. tr. (*io sfornìsco, tu sfornìsci*) ● (*raro*) Privare dei rifornimenti, delle provviste: *s. l'accampamento delle vettovaglie*. **B** v. rifl. ● Privarsi di ciò che è necessario.

sfornito [av. 1348] part. pass. di *sfornire*; anche agg. ● Privo, mancante: *una casa sfornita di mobili* | Non fornito: *un negozio s.*

sfóro (o *-ó-*) [da *foro*, con *s-*; 1965] s. m. ● (*teat.*) Spazio libero fra due elementi di scena sottratto alla vista degli spettatori.

♦**sfortùna** [da *fortuna*, con *s-*; sec. XIV] s. f. ● Cattiva fortuna, sorte avversa: *avere s.*; *avere s. al gioco, con le donne*; *essere perseguitato dalla s.*; *s. volle che …*; *è proprio una s.*; *che s.!* CONTR. Fortuna.

♦**sfortunàto** [da *fortunato*, con *s-*; 1336 ca.] agg. **1** Che è perseguitato dalla sfortuna, dalla sorte avversa: *essere s. al gioco, in amore*. CONTR. Fortunato. **2** Che non ha avuto o non ha fortuna, successo: *un'impresa sfortunata*; *un film s.* | Avverso, infausto: *quello per noi fu un anno s.* || **sfortunatino**, dim. || **sfortunataménte**, avv. Disgraziatamente, per sfortuna.

sforzaménto [1344 ca.] s. m. **1** (*lett.*) Lo sforzare | Sforzo | Imposizione. **2** (mus.) ***S. della corda***, spingendo il dito in fuori o stendendola per ottenere un suono che con la regolare posizione non sarebbe possibile.

sforzàndo [da *sforzare* (*1*); 1940] s. m. inv. ● (*mus.*) Indicazione dinamica che viene applicata a singoli suoni o accordi per indicare una marcata accentuazione. SIMB. sf.

sforzàre (**1**) [da *forzare*, con *s-*; av. 1250] **A** v. tr. (*io sfòrzo*) **1** Assoggettare a sforzo: *s. il motore dell'auto*; *s. la voce nel parlare* | ***S. le vele***, spiegarne al vento il maggior numero possibile. **2** Usare la forza, per aprire o cercare di aprire qlco.: *s. un cancello, una porta* | Scassinare: *s. uno scrigno, un cassetto, una serratura* | †Occupare con la forza. **3** Costringere, fare forza su qlcu.: *s. qlcu. a parlare*; *l'amor mi sforza / ch'eo vi deggia contare* (GUINIZZELLI). **4** (*mus.*) Sforzando. **5** †Violentare: *Sforzar la figlia, ed ammazzar il padre* (DA PONTE). **B** v. intr. pron. (+ *a*, + *di*, seguiti da inf.; lett. + *che* seguito da congv.) ● Adoperarsi con tutte le forze per il raggiungimento di un dato fine: *sforzarsi di studiare*; *sforzarsi a stare tranquillo*; *sforzarsi di vincere la paura*; *s'era sforzato che non pervenisse* (VILLANI).

†**sforzàre** (**2**) [da *forza*, con *s-*] v. tr. ● Indebolire, privare di forza: *Però ch'Amor mi sforza / e di saver mi spoglia* (PETRARCA).

sforzàto [av. 1294] **A** part. pass. di *sforzare* (*1*); anche agg. **1** Nei sign. del v. **2** (*fig.*) Non semplice, non naturale, artificioso: *sorriso s.* **3** (*fig.*) Arbitrario: *l'interpretazione del testo è sforzata*. || **sforzataménte**, avv. ● A forza, contro voglia: *mangiare sforzatamente*; in modo artefatto, forzato: *sorridere sforzatamente*. **B** s. m. inv. ● (*mus.*) Sforzando.

†**sforzatóre** [da *sforzare* (*1*); 1587] s. m. ● Chi sforza, chi usa violenza.

sforzatùra [1687] s. f. ● (*raro*) Lo sforzare, nel sign. di *sforzare* (*1*) | (*fig.*) Esagerazione, forzatura.

sforzésco [dal n. degli *Sforza*, signori di Milano; 1513] agg. (pl. m. *-schi*) ● Che si riferisce agli Sforza: *dinastia sforzesca*.

†**sforzévole** [1336 ca.] agg. ● (*raro*) Violento | Irresistibile. || †**sforzevolménte**, avv. Con sforzo, violenza.

♦**sfòrzo** (**1**) [da *sforzare* (*1*); 1312] s. m. **1** Impiego straordinario di forza fisica o psichica, fatto nell'intento di raggiungere un dato scopo: *s. muscolare, mentale*; *s. di ingegno, di memoria*; *fare uno s.*; *fare uno s. di volontà* | ***Costare molto, poco, nessuno, s.***, di cosa che richiede molto, poco o nessun impegno | ***Fare ogni s., tutti gli sforzi, tutti i propri sforzi per …***, metterci tutto il proprio impegno | ***Con s.***, con difficoltà | ***Senza s.***, con facilità | (*iron.*) ***Che s.!***, ***Bello s.!***, ***Ha fatto lo s.!***, e sim., di azione che non richiede alcun impegno, sacrificio, fatica e sim. da parte di chi la compie. **2** (*mecc.*) Forza generata da sollecitazioni esterne nelle strutture di macchine o costruzioni.

†**sfórzo** (**2**) [da *forza*, con *s-*] s. m. ● Esercito, moltitudine di armati: *per l'Engadina due scomunicati / arcivescovi trassero lo s.* (CARDUCCI) | ***Fare s.***, radunare un esercito.

†**sforzóso** [da *sforzo* (*1*); 1803] agg. ● (*raro*) Forzato. || †**sforzosaménte**, avv. Per forza, con violenza.

sfossàre [da *fossa*, con *s-*; 1745] v. tr. (*io sfòsso*) **1** Levare dalla fossa: *s. il grano*. **2** Scavare fosse (*anche assol.*).

sfóttere [da *fottere*, in senso fig., con *s-*; av. 1938] **A** v. tr. ● (*pop.*) Farsi gioco di qlcu., prendere in giro qlcu.: *lo sfottono per la sua inesperienza*. **B** v. rifl. rec. ● Prendersi in giro l'un l'altro.

sfotticchiàre [da *sfott(ere)* col suff. dim. e freq. *-icchiare*; 1991] **A** v. tr. (*io sfotticchio*) ● Sfottere ripetutamente, ma senza acrimonia. **B** anche v. rifl. rec.: *si divertono a sfotticchiarsi*.

sfottiménto [1922] s. m. ● (*pop.*) Lo sfottere | Scherno, derisione.

sfottitóre [da *sfottere*; 1960] s. m. (f. *-trice*) ● Chi sfotte.

sfottitùra [1960] s. f. ● (*pop.*) Sfottimento | Presa in giro, derisione.

sfottò [deriv. scherz. di *sfottere*; 1938] s. m. ● (*pop., fam.*) Sfottitura, presa in giro.

sfracassàre e *deriv.* ● V. *fracassare* e *deriv.*

sfracellàre o (*pop.*) †**sfragellàre** [da *fracellare*, variante di *fragellare* (V.), con *s-*; sec. XIV] **A** v. tr. (*io sfracèllo*) ● Rompere, schiacciare, massacrare, con urti, colpi e sim., di grande violenza: *l'incidente gli ha sfracellato le gambe*. **B** v. intr. pron. ● Rimanere schiacciato, massacrato, in seguito a urti, colpi e sim., di grande violenza: *l'automobile si è sfracellata contro un treno*.

sfracèllo [da *sfracellare*; 1856] s. m. **1** Macello, strage, sconquasso | (*fig.*) ***Fare sfracelli***, compiere imprese prodigiose, prodezze e sim. **2** (*fam.*) Grande quantità.

sfragistica [dal fr. *sphragistique*, dal gr. *sphragi-*

stikḗ (téchnē) '(arte) sfragistica', da *sphragís* 'sigillo', di etim. incerta; 1829] **s. f.** ● Scienza che si occupa dello studio delle tecniche di incisione, della classificazione e della datazione dei sigilli. **SIN.** Sigillografia.

sfragìstico [av. 1910] **agg.** (pl. m. *-ci*) ● Relativo alla sfragistica.

sfranàre e *deriv.* ● V. *franare* e *deriv.*

sfranceșàre [da *francese*, con *s-*; 1873] **A** v. tr. (*io sfrancéșo*) ● (*raro*) Liberare da modi, usi e sim., tipicamente francesi: *s. la lingua*. **B** v. intr. (aus. *avere*) ● (*raro*) Parlare francese male o a sproposito.

sfranchìre [da *franco*, con *s-*; 1865] **A** v. tr. (*io sfranchìsco, tu sfranchìsci*) ● (*raro*) Rendere franco o più franco: *s. la mano a scrivere*; *fatelo stare in mezzo alle bambine, sfranchitelo, incoraggiatelo* (DE AMICIS). **B** v. intr. pron. ● Acquistare una maggior franchezza.

sfrangiàre [da *frangia*, con *s-*; 1612] v. tr. (*io sfràngio*) ● Sfilacciare, ridurre in frange l'orlo di un tessuto: *s. una coperta*.

sfrangiàto [1536] part. pass. di *sfrangiare*; anche **agg.** *1* Nel sign. del v. *2* (*bot.*) Detto del margine di un organo vegetale suddiviso in molte lacinie sottili: *foglia sfrangiata*. || **sfrangiataménte**, avv.

sfrangiatùra [av. 1712] **s. f.** ● Lo sfrangiare, lo sfrangiarsi | Parte sfrangiata.

sfrascàre (**1**) [da *frasca*, con *s-* sottrattivo; 1561] v. tr. (*io sfràsco, tu sfràschi*) *1* Privare delle frasche: *s. un albero*. *2* Levare dalle frasche: *s. i bozzoli*.

sfrascàre (**2**) [da *frasca*, con *s-* durativo-intens.] v. intr. (*io sfràsco, tu sfràschi*; aus. *avere*) ● (*raro*) Stormire, muoversi delle frasche.

sfratàrsi [da *frate*, con *s-*; 1534] v. intr. pron. ● Uscire da un ordine religioso, lasciare la tonaca di frate.

sfrattàre [da *fratta* 'recinto', con *s-*; sec. XIV] **A** v. tr. ● Obbligare, in forza di un provvedimento dell'autorità giudiziaria, il conduttore di un immobile ad abbandonare l'immobile stesso | (*est.*) Compiere, a opera di un privato, l'attività necessaria a fare entrare in funzione l'autorità giudiziaria a tal fine. **B** v. intr. (aus. *avere*, raro *essere*) ● Andare via da un paese, un fondo, una casa: *è stato costretto a s.* | (*est.*) Lasciare un luogo alla svelta.

sfrattàto [1618] **A** part. pass. di *sfrattare*; anche **agg.** ● Nei sign. del v. **B** s. m. (f. *-a*) ● Chi ha ricevuto uno sfratto.

sfràtto [1858] **s. m.** *1* Atto dello sfrattare: *ordinanza di s.* | ***Procedimento per convalida di s.***, processo civile destinato a soddisfare la pretesa di un locatore a ottenere la riconsegna dell'immobile locato, per scadenza del termine di locazione o morosità del conduttore | (*est.*) Provvedimento dell'autorità giudiziaria che dispone la liberazione coattiva di un immobile. *2* ***Palla a s.***, V. *palla-sfratto* | ***Linea di s.***, linea che delimita il fondo del campo nel gioco della palla a sfratto.

sfrecciàre [da *freccia*, con *s-*; 1942] v. intr. (*io sfréccio*; aus. *essere*) ● Passare veloce come una freccia: *gli aerei sfrecciano nel cielo*.

sfreddàre [da *freddo*, con *s-*; 1858] v. tr. (*io sfréddo*) ● (*raro*) Raffreddare | (*fig., lett.*) Temperare.

sfregaménto [sec. XIV] **s. m.** *1* Lo sfregare. *2* (*med.*) Rumore prodotto dall'attrito tra i due foglietti di una sierosa nelle forme infiammatorie senza versamento: *s. pleurico, pericardico*.

sfregàre [da *fregare*, con *s-*; 1340 ca.] v. tr. (*io sfrégo, tu sfréghi*) *1* Passare più volte con la mano, o con un oggetto tenuto in mano, su una superficie, esercitando una certa pressione: *sfregarsi gli occhi*; *s. i mobili per lucidarli*; *s. la gomma sul foglio*. *2* Strisciare o urtare leggermente facendo uno o più freghi (*anche assol.*): *s. il muro con la sedia*; *s. una sedia contro il muro*; *mi ha sfregato il motorino*; *la poltrona sfrega contro il muro*.

sfregàta [da *sfregare*, sul modello di *fregata*; 1891] **s. f.** ● (*raro*) Atto dello sfregare una volta: *E gli daremo una s. d'aglio* (BACCHELLI). || **sfregatina**, dim.

sfregatùra [1873] **s. f.** ● Sfregamento | Segno lasciato sfregando.

sfregiàre [da *fregio*, con *s-*; 1316] **A** v. tr. (*io sfrégio* o *sfrègio*) *1* Rovinare con uno o più sfregi: *s. l'avversario, il rivale*; *s. un quadro*; *sfregiarsi il viso*. *2* (*lett.*) Disonorare, offendere, screditare. **B** v. intr. pron. ● Prodursi uno sfregio: *nell'incidente si è sfregiato*.

sfregiàto [1691] **A** part. pass. di *sfregiare*; anche **agg.** ● Nei sign. del v. **B** s. m. (f. *-a*) ● Chi ha il viso deturpato da uno sfregio (usato spec. come soprannome): *piglia con te … lo sfregiato e il tira dritto* (MANZONI).

sfregiatóre [1891] **s. m.** (f. *-trice*) ● Chi sfregia.

sfrégio o **sfrègio** [da *sfregiare*; av. 1584] **s. m.** *1* Taglio, ferita, bruciatura e sim. che altera o deturpa il viso: *fare, farsi uno s.* | (*est.*) Cicatrice deturpante rimasta sul viso: *avere uno s. sulla guancia* | (*est.*) Graffio: *la scrivania è piena di sfregi*. *2* (*fig.*) Grave offesa, disonore: *fare, ricevere, sopportare, uno s.*

sfrenaménto [sec. XIV] **s. m.** ● (*lett.*) Lo sfrenare, lo sfrenarsi | Sfrenatezza.

sfrenàre [da *freno*, con *s-*; av. 1347] **A** v. tr. (*io sfréno* o *sfrèno*) *1* (*raro*) Liberare dal freno. *2* (*raro, poet.*) Scagliare, scoccare. *3* (*fig.*) Lasciare libero da ogni freno, moderazione, controllo: *s. le passioni, gli istinti, la fantasia*. **B** v. intr. pron. ● (*fig.*) Abbandonarsi senza ritegno o controllo ai propri impulsi: *sfrenarsi nel bere*; *oggi i bambini si sono sfrenati troppo*.

†**sfrenatàggine** [1803] **s. f.** ● Sfrenatezza.

sfrenatézza [av. 1406] **s. f.** *1* Mancanza di ritegno, di moderazione, di controllo e sim. *2* (*spec. al pl.*) Atto, comportamento e sim., licenzioso e sfrenato: *le sfrenatezze proprie della giovinezza*.

sfrenàto [av. 1306] part. pass. di *sfrenare*; anche **agg.** *1* Nei sign. del v. | (*fig.*) Incalzante, scatenato: *il ritmo s. di una danza*. *2* (*fig.*) Privo di ritegno, di controllo, di moderazione e sim.: *passione, ambizione, sfrenata* | Eccessivo, smodato: *lusso s.* || **sfrenatino**, dim. || **sfrenataménte**, avv. Senza ritegno, freno; licenziosamente.

sfrenellàre [da †*frenellare*, con *s-*; 1494] v. tr. (*io sfrenèllo*) ● (*mar.*) Sciogliere il frenello.

sfrido [vc. dial. merid. di etim. discussa: lat. parl. **frīvidu(m)*, connesso con *frīvolus* 'ridotto in frammenti' (?); 1853] **s. m.** *1* Calo cui vanno soggette le merci nelle operazioni di carico, scarico, travasamento e sim. *2* Parte del materiale che viene scartata durante la lavorazione in quanto eccedente rispetto al semilavorato o pezzo finito da ottenere.

sfriggere [da *friggere*, con *s-* durativo-intens.; 1873] v. intr. (coniug. come *friggere*; aus. *avere*) ● Emettere continui scoppiettii, crepitii, caratteristici di cosa che frigge: *il pesce sfrigge nell'olio bollente* | (*est.*) Scoppiettare, crepitare: *la legna nel camino sfriggeva*.

sfrigolàre o **sfriggolàre** [da *friggere*, con *s-* durativo-intens.; av. 1574] v. intr. (*io sfrìgolo*; aus. *avere*) ● Sfriggere.

sfrigolìo [1891] **s. m.** ● Lo sfrigolare continuo.

sfringuellàre [da *fringuello*, con *s-*; 1600] **A** v. intr. (*io sfringuèllo*; aus. *avere*) *1* (*raro*) Cantare a distesa, incessantemente, detto spec. dei fringuelli. *2* (*fig., disus.*) Parlare con troppa facilità e poco ponderatamente. **B** v. tr. ● (*fig., disus.*) Riferire, raccontare, segreti, cose riservate e sim.

sfrișàre [da *frisare*, con *s-*; 1935] v. tr. *1* Frisare. *2* (*region.*) Fare sfreghi, graffi o sim., a qlco.: *mi hanno sfrisato la carrozzeria dell'automobile*.

sfrișatùra [da *sfrisare*; 1965] **s. f.** ● (*region.*) Segno lasciato sfrisando.

sfrișo [1935] **s. m.** *1* Atto dello sfiorare, del toccare appena: *urtare di s.* | ***Di s.***, (*fig., raro*) incidentalmente. *2* (*region.*) Sfrisatura.

sfrittellàre [da *frittella*, con *s-*; 1873] **A** v. tr. (*io sfrittèllo*) ● (*fam.*) Macchiare di unto: *sfrittellarsi il vestito*. **B** v. intr. (aus. *avere*) ● (*raro, fam.*) Cucinare molte frittelle.

sfritto [da *fritto*, col pref. *s-*; 1987] **agg.** ● (*region.*) Detto di olio già usato per friggere.

sfrombolàre [da *frombolare*, con *s-*; 1618] v. tr. (*io sfrómbolo*) ● (*raro*) Frombolare.

sfrondaménto [1745] **s. m.** ● Lo sfrondare (*spec. fig.*).

sfrondàre [da *fronda*, con *s-*; av. 1449] **A** v. tr. (*io sfróndo*) *1* Levare, diradare le fronde: *s. un albero, un ramo*. *2* (*fig.*) Eliminare tutto ciò che è superfluo, inutile: *s. un discorso, uno scritto*. **B** v. intr. pron. ● Perdere le fronde.

sfrondàto [1838] part. pass. di *sfrondare*; anche **agg.** ● Nei sign. del v.

sfrondatùra [av. 1822] **s. f.** ● Sfrondamento.

†**sfrontàre** [da *fronte*, con *s-*] **A** v. tr. ● (*raro*) Togliere la vergogna: *l'assuefare ad uno la fronte al rossore della vergogna … è … sfrontarlo* (BARTOLI). **B** v. intr. pron. ● (*raro*) Divenire troppo ardito.

sfrontatàggine [1745] **s. f.** ● (*raro*) Sfrontatezza.

sfrontatézza [1728] **s. f.** ● Caratteristica, condizione di chi (o di ciò che) è sfrontato | Mancanza di ritegno | (*raro*) Azione sfrontata: *Veda se non è una s.* (SVEVO).

sfrontàto [da *fronte*, con *s-*; sec. XIV] **A** agg. ● Che si comporta o parla in modo sfacciato, insolente, villano o sim. senza provarne vergogna: *si abbrutì, divenne cinico, s. e volgare* (DE SANCTIS) | Impudente, provocatorio: *un atteggiamento, un discorso s.*; *un piglio quasi s., polemico* (CALVINO). || **sfrontataménte**, avv. Sfacciatamente, senza vergogna. **B** s. m. (f. *-a*) ● Persona sfrontata. || **sfrontatàccio**, pegg. | **sfrontatèllo**, dim. | **sfrontatùccio**, dim.

sfrottolàre [da *frottola*, con *s-*; 1734] v. intr. ● (*lett.*) Chiacchierare del più o del meno: *se ne stavano in ozio, a s.* (PIRANDELLO).

sfruconàre [da *frucone*, con *s-*; 1865] v. tr. (*io sfrucóno*) ● (*tosc., raro*) Cercare di rimuovere un ostacolo che ostruisce un condotto e sim., con un oggetto allungato e sottile: *s. il tubo del lavandino*; *s. il cannello della pipa*.

sfruculiàre [nap. *sfruculià*: prob. dal lat. parl. **furiculāre*, var. di **furicāre* (V. *frugare*); 1957] v. tr. (*io sfrucúlio*) ● (*merid.*) Infastidire, stuzzicare con ironia pungente.

sfrusciàre [da *frusciare*, con *s-*; 1865] v. intr. (*io sfrùscio*; fut. *io sfruscerò*; aus. *avere*) ● Frusciare lungamente.

sfrùscio [da *sfrusciare*; 1873] **s. m.** ● Fruscio continuato.

sfruttàbile [da *sfruttare*; 1959] **agg.** ● Che si può sfruttare.

sfruttaménto [1884] **s. m.** *1* Lo sfruttare, il ricavare il massimo utile, il massimo rendimento: *lo s. di un terreno, di una miniera*. *2* Lo sfruttare, il ricavare il massimo vantaggio approfittando di qlcu. | ***S. della prostituzione***, reato che consiste nel farsi mantenere da una persona con ciò che questa guadagna prostituendosi. *3* Nella teoria marxista, meccanismo dell'economia capitalistica per cui il lavoratore viene pagato meno del valore dei beni che ha prodotto; **CFR.** Plusvalore.

♦**sfruttàre** [da *frutto*, con *s-*; 1574] v. tr. *1* Far rendere il più possibile un terreno o un'altra risorsa naturale: *s. un fondo*; *s. una cava, un giacimento petrolifero* | Far rendere un terreno più di quel che potrebbe senza sostenerlo con adeguate concimazioni e lavorazioni | ***S. una miniera, una cava***, trarne il massimo rendimento, esaurirla. *2* (*fig.*) Trarre profitto dal lavoro altrui senza retribuirlo convenientemente: *s. gli operai, i dipendenti* | ***S. una donna***, farsi mantenere da lei con ciò che guadagna spec. prostituendosi. *3* (*est.*) Mettere a profitto: *s. la situazione propizia, l'occasione, la sorpresa, la propria superiorità* | Abusare, approfittare, di: *s. l'ingenuità altrui*.

sfruttàto [1668] part. pass. di *sfruttare*; anche **agg.** e **s. m.** (f. *-a*) ● Nei sign. del v.

sfruttatóre [1889] **agg.**; anche **s. m.** (f. *-trice*) ● Che (o Chi) sfrutta: *industriale s.*; *s. di donne*.

sfuggènte [1600] part. pres. di *sfuggire*; anche **agg.** *1* Nei sign. del v. | Poco pronunciato: *mento s.* | ***Fronte s.***, bassa e volta all'indietro. *2* (*fig.*) Ambiguo, equivoco, non chiaro: *sguardo, sorriso s.* || **sfuggenteménte**, avv.

sfuggévole [av. 1347] **agg.** *1* Che sfugge, che è vago, confuso, indistinto: *immagine s.*; *impressione s.*; *indizi così sfuggevoli* (GADDA) | (*fig.*) Impenetrabile, misterioso: *la tua s. natura* (NIEVO). *2* (*est.*) Che ha breve durata: *sguardo, occhiata, s.* **SIN.** Fugace, fuggevole. || **sfuggevolménte**, avv. Fugacemente.

sfuggevolézza [av. 1729] **s. f.** ● Caratteristica di ciò che è sfuggevole.

sfuggiménto [1614] **s. m.** *1* †Sfuggire. *2* (*lett.*) Fuga.

♦**sfuggìre** [da *fuggire*, con *s-*; av. 1320] **A** v. tr. (*io sfùggo, tu sfùggi*) ● Schivare, evitare: *s. un incontro non desiderato, un pericolo, una discussione*; *le foglie di lauro sfuggono il fuoco e resistono inarcandosi contro il calore* (CAMPANELLA). **B** v. intr. (aus. *essere*) *1* Riuscire a sottrarsi a qlcu. o a qlco.: *s. agli inseguitori, alla polizia, alla strage, alla cattura, alla giustizia*. *2* Cadere, scivolare via inavvertitamente, detto di cose: *mi è sfuggita la* *corda* | ***S. di mano***, cadere; (*fig.*) andare fuori controllo: *la situazione gli è sfuggita di mano* | Scappare (*anche fig.*): *gli è sfuggito un colpo dal fucile*; *nello scrivere mi è sfuggito un errore* | Venire pronunciato senza riflettere: *gli sfuggì di bocca il nome del complice*; *nell'ira gli è sfuggita una parola offensiva* | ***Lasciarsi s. l'occasione***, non approfittarne. **3** Passare inosservato, essere trascurato: *nel rileggere le bozze gli sono sfuggiti molti errori*; *nulla sfugge alla sua osservazione* | Uscire di mente, non venire in mente: *mi è sfuggito che oggi è il tuo onomastico*; *ho letto il libro ma ora mi sfugge il titolo*. **4** †Apparire all'occhio come sfuggente, degradante.

sfuggìta [1353] **s. f.** ● Scappata, rapida corsa in un luogo, spec. nella loc. ***fare una s.*** | (*lett.*) ***Alla s.***, rapidamente, in fretta: *M'apparecchiava a venire alla s. sino a Firenze* (FOSCOLO) | ***Di s.***, (*lett.*) ***alla s.***, fugacemente, sommariamente: *ne ho sentito parlare di s.*; *Avevo veduta una sola volta, e di s., … Roma* (LEOPARDI).

sfumàre o †**sfummàre** [da *fumo*, con *s-*; av. 1320] **A v. tr. 1** Diminuire gradatamente la tonalità di un colore: *s. l'azzurro nel celeste* | Far rilevare un disegno con tenui passaggi dal chiaro allo scuro | (*fig.*) Attenuare, ammorbidire: *s. i toni di una polemica*. **2** (*est.*) Attenuare gradatamente l'intensità di un suono, di una voce e sim. | (*est.*) Interrompere l'esecuzione radiofonica o discografica di un brano musicale attenuandolo gradatamente, per passare a un pezzo o a un programma successivi. **3** (*est.*) Accorciare gradatamente dall'alto verso il basso, spec. sulla nuca, detto dei capelli. **B v. intr.** (aus. *essere*) **1** Dissolversi, dileguarsi: *la nebbia sfuma lentamente* | (*fig.*) Andare in fumo, svanire: *il nostro sogno è sfumato*. **2** Diminuire gradualmente d'intensità, detto della tonalità di un colore: *un blu che sfuma nell'azzurro* | Farsi vago, impreciso: *nell'allontanarsi, il paesaggio andava sfumando ai suoi occhi*. **3** †Esalare, evaporare.

sfumàto [av. 1320] **A part. pass.** di *sfumare*; anche **agg. 1** Nei sign. del v.: *tinte sfumate*; *capelli sfumati sulla nuca* | Attenuato: *contorni sfumati* | Svanito, andato in fumo: *illusioni sfumate*. **2** (*fig.*) Vago, impreciso, indefinito: *ricordo s.* **3** Detto di tessuto stirato con ferro caldissimo. || **sfumataménte**, **avv. B s. m.** ● Chiaroscuro estremamente sottile nei passaggi dalla luce all'ombra, morbido e ombroso, che spoglia le forme della loro determinatezza fondendole con l'atmosfera che le attornia.

♦**sfumatùra** [da *sfumare*; 1759] **s. f. 1** Passaggio di tono dal chiaro allo scuro, o viceversa, di un medesimo colore: *una delicata s. di rosa*. **2** Leggero, sapiente effetto di stile in un'opera letteraria, musicale e sim., mirante a ottenere una maggiore espressività: *cogliere tutte le sfumature di un'opera*; *una prosa ricca di sfumature* | ***S. di significato***, mutamento di significato lieve, quasi impercettibile. **3** (*fig.*) Particolare intonazione di voce, lieve accenno mimico e sim., che esprimono uno stato d'animo: *una s. di ironia, di scherno*; *con una s. d'incredulità in viso* (MONTALE). **4** Taglio graduato dei capelli sulla nuca: *fare la s. alta, bassa*.

sfumìno [da *sfumare*; 1838] **s. m.** ● Rotoletto cilindrico di pelle, seta o carta, usato per sfumare disegni a matita, a carbone o a pastello.

†**sfummàre** ● V. *sfumare*.

sfùmo [da *sfumare*; 1960] **s. m.** ● Attenuazione graduata dei tratti di un disegno a matita o a carboncino ottenuta sfregandovi sopra un pezzo di carta, stoffa e sim.

sfuocàre e *deriv.* ● V. *sfocare* e *deriv.*

sfuriàre [da *furia*, con *s-*; 1536] **v. tr.** e **intr.** (*io sfùrio*; aus. *avere*) ● (*raro*) Sfogare l'ira con discorsi o atti di violenza: *lasciatelo s.*

sfuriàta [da *sfuriare*; av. 1712] **s. f. 1** Sfogo violento di impazienza, ira, rabbia e sim.: *sopportare le sfuriate di qlcu.* | Rabbuffo, rimprovero furioso: *fare una s. a qlcu.* **2** (*est.*) Tempesta violenta e di breve durata: *una s. di vento*. || **sfuriatàccia**, **pegg.**

sfùso [da *fuso* (*1*), con *s-*; 1942] **agg. 1** Sciolto, reso liquido: *strutto s.* **2** Detto di merce che si vende sciolta, non confezionata: *vino s.*; *cioccolatini sfusi*.

ṣgabbiàre [da *gabbia*, con *s-*; 1838] **v. tr.** (*io ṣgàbbio*) ● (*raro*) Levare dalla gabbia.

ṣgabellàre [da *gabellare*, con *s-*; av. 1543] **A v. tr.** (*io ṣgabèllo*) **1** †Sdaziare. **2** (*raro*, *fig.*) †Liberare. **B v. intr. pron.** ● (*raro*) Liberarsi di qlcu. o qlco. noioso, sgradito e sim.

ṣgabellàta [1959] **s. f.** ● Colpo di sgabello.

ṣgabèllo o †**scabèllo** [lat. *scabĕllu(m)*, dim. di *scămnum* 'scanno'; sec. XIV] **s. m.** ● Piccolo sedile senza spalliera e gener. senza braccioli | (*fig.*) ***Farsi s. di qlcu.***, servirsene senza riguardo per i propri fini. || **ṣgabellàccio**, **pegg.** | **ṣgabellétto**, **dim.** | **ṣgabellino**, **dim.**

ṣgabuzzìno [dal medio ol. *kabuis* 'cambusa'; av. 1742] **s. m.** ● Stanzino che funge da ripostiglio.

ṣgagliardìre [da *gagliardo*, con *s-*; 1818] **v. tr.** (*io ṣgagliardìsco, tu ṣgagliardìsci*) ● (*raro*) Privare della gagliardia, del coraggio.

ṣgallàre [da *galla*, con *s-*; 1865] **v. tr.** ● (*raro*) Formare una galla, una vescica, per scottature, percosse e sim.

ṣgallatùra [da *sgallare*; 1913] **s. f.** ● (*raro*) Formazione di galla o vescica.

ṣgallettàre [da *galletto*, con *s-*; 1838] **v. intr.** (*io ṣgallétto*; aus. *avere*) ● Fare il galletto con le donne | Essere vivace e ardito anche eccessivamente.

ṣgallettàto [1982] **agg.**; anche **s. m.** (f. *-a*) ● (*region.*) Che (o Chi) non si regge bene sulle gambe | Che (o Chi) ostenta brio, vivacità e sim. | Che (o Chi) è eccessivamente disinvolto o sguaiato.

ṣgamàre [prob. dal rom. *sgam*(*uffà*) 'camuffare'; 1972] **v. tr.** ● (*gerg.*) Cogliere, intuire qlco. che altri vuole nascondere (*anche assol.*): *per poco non ha sgamato* | (*gerg.*) Cogliere sul fatto.

ṣgamàto [1986] **part. pass.** di *sgamare*; anche **agg. 1** Nei sign. del v. **2** (*region.*) Smaliziato, esperto, navigato.

ṣgambàre (**1**) [da *gambo*, con *s-*; 1873] **v. tr.** ● (*raro*) Levare il gambo a un fiore.

ṣgambàre (**2**) [da *gamba*, con *s-*; av. 1665] **v. intr.** e **intr. pron.** (aus. *essere*) ● Camminare a lunghi passi | Camminare molto e in fretta: *per arrivare laggiù bisogna s.*; *per prendere il treno si è sgambato*.

ṣgambàta [da *sgambare* (*2*); 1873] **s. f. 1** Camminata lunga e faticosa: *è stata una bella s.!* **2** (*sport*) Sgambatura.

ṣgambàto [av. 1400] **part. pass.** di *sgambare* (*2*); anche **agg. 1** Nei sign. del v. **2** Detto di indumento che non copre le cosce: *costume da bagno s.* CFR. Scosciato.

ṣgambatùra [da *sgambare* (*2*); 1970] **s. f. 1** Piccola corsa o serie di scatti che si fanno compiere a un cavallo o (*est.*) che vengono effettuati dagli atleti, per riscaldare i muscoli prima di un allenamento o di un incontro. SIN. Sgambata. **2** Apertura di un indumento in corrispondenza della coscia.

ṣgambettaménto [1965] **s. m.** ● Atto dello sgambettare.

ṣgambettàre [da *gambetta*, con *s-*; av. 1565] **A v. intr.** (*io ṣgambétto*; aus. *avere*) **1** Dimenare le gambe in qua e in là, stando seduti o sdraiati: *il neonato sgambetta sul lettino*. **2** Camminare a passi piccoli e veloci | Di bambini, cominciare a camminare, muovere i primi passi. **B v. tr.** ● Fare cadere qlcu. mediante uno sgambetto (*anche fig.*): *il calciatore fu sgambettato in area di rigore*.

ṣgambettàta [1838] **s. f.** ● (*raro*) Rapida camminata.

ṣgambétto [da *gambetto*, con *s-*; 1618] **s. m.** ● Mossa con cui si fa inciampare e cadere qlcu. | ***Fare lo s. a qlcu.***, (*fig.*) prendere il suo posto servendosi di mezzi sleali; giocargli un tiro mancino, danneggiarlo.

ṣgamollatùra [vc. d'orig. sconosciuta; 1983] **s. f.** ● (*agr.*) Potatura per piante cedue consistente nell'asportazione periodica dei rami laterali lasciando intatta la parte superiore della chioma.

ṣgamòllo [1983] **s. m.** ● (*agr.*) ***Ceduo a s.***, tipo di ceduo nel quale si fa il taglio dei rami lasciando intatto il fusto di un albero.

ṣganasciaménto [1865] **s. m.** ● (*raro*) Lo sganasciare, lo sganasciarsi.

ṣganasciàre [da *ganascia*, con *s-*; 1735] **A v. tr.** (*io ṣganàscio*; fut. *io ṣganascerò*) **1** (*raro*) Slogare le ganasce: *s. qlcu. con un pugno*. **2** (*lett.*) Mangiare con avidità | (*fig.*, *lett.*) Rubare (*anche assol.*). **3** (*fig.*, *tosc.*) Sfasciare, rompere: *s. un mobile, una sedia* | Disgiungere, sconnettere: *s. un libro*. **B v. intr. pron.** ● Slogarsi le ganasce | ***Sganasciarsi dalle, per le, risa***, (*iperb.*) ridere smodatamente.

ṣganasciàta [1865] **s. f.** ● (*raro*) Lo sganasciare, lo sganasciarsi | Risata lunga e fragorosa.

ṣganascióne o (*region.*) **ṣganassóne** [da *sganasciare*; 1785] **s. m.** ● (*pop.*) Ceffone.

ṣganciàbile [1960] **agg.** ● Che si può sganciare.

ṣganciabómbe [comp. di *sganciare* e il pl. di *bomba*; 1960] **s. m. inv.** ● Negli aerei da bombardamento, lanciabombe.

ṣganciaménto [1929] **s. m.** ● Lo sganciare, lo sganciarsi | (*mil.*) Azione di ripiegamento allo scopo di rompere il contatto col nemico.

ṣganciàre [da *gancio*, con *s-*; 1873] **A v. tr.** (*io ṣgàncio*) **1** Liberare dal gancio o dai ganci: *s. un rimorchio* | ***S. veicoli***, staccarli dagli altri | ***S. bombe, spezzoni, siluri***, lanciarli da bombardieri, da aerosiluranti (*anche assol.*): *i bombardieri hanno rinunciato a s.* **2** (*fig.*, *fam.*) Sborsare denaro, spec. malvolentieri e dopo continue richieste: *quante storie per s. qualche soldo*. **B v. intr. pron. 1** Liberarsi dal gancio: *il rimorchio si è sganciato dalla motrice*. **2** (*mil.*) Rompere il contatto col nemico per sottrarsi alla sua pressione o evitare il combattimento. **3** (*fig.*, *fam.*) Riuscire a liberarsi di chi (o di ciò che) è inadatto, inopportuno, molesto e sim.: *sganciarsi da un ambiente equivoco, da un amico noioso* | (*sport*) Spec. nel calcio, liberarsi dal controllo dell'avversario.

ṣgàncio [deriv. di *sganciare*; 1960] **s. m.** ● Sganciamento, spec. di bombe.

ṣgangheraménto [av. 1566] **s. m.** ● Lo sgangherare | (*fig.*, *raro*) Disordine, scombussolamento.

ṣgangheràre [da *ganghero*, con *s-*; av. 1449] **A v. tr.** (*io ṣgàngheró*) ● Levare dai gangheri: *s. la porta* | (*est.*) Sfasciare: *s. un baule, una cassa*. **B v. intr. pron.** ● (*scherz.*) Sganasciarsi: *sgangherarsi dalle risa, per il ridere*.

ṣgangheratàggine [1613] **s. f.** ● (*raro*) Caratteristica di ciò che è sgangherato | (*fig.*) Comportamento sguaiato.

ṣgangheràto [av. 1449] **part. pass.** di *sgangherare*; anche **agg. 1** Scardinato | (*est.*) Sconquassato, sfasciato. **2** (*fig.*) Sconnesso, illogico: *periodo, stile s.* | Volgare, sguaiato: *risata, voce, sgangherata* | Male in arnese: *è un vecchio s.* || **ṣgangheratàccio**, **pegg.** || **ṣgangherataménte**, **avv.** In modo sguaiato, scompostamente.

†**ṣgannaménto** **s. m.** ● Disinganno.

†**ṣgannàre** [calco su *ingannare*, con cambio di pref. (*s-*); 1313] **A v. tr.** ● Disingannare: *e questo sia suggel ch'ogn'uomo sganni* (DANTE). **B v. intr.** e **intr. pron.** ● (*raro*) Liberarsi dall'inganno.

†**ṣgaràre** [da *gara*, con- *s-*; 1525] **v. tr.** ● Vincere, superare.

ṣgarbatàggine [1745] **s. f.** ● (*raro*) Sgarbatezza.

ṣgarbatézza [av. 1786] **s. f.** ● Caratteristica di chi (o di ciò che) è sgarbato. SIN. Scortesia | Atto o frase sgarbata. SIN. Sgarbo.

ṣgarbàto [da *garbato*, con *s-*; 1528] **A agg. 1** Che non ha garbo, grazia: *voce sgarbata*. CONTR. Garbato. **2** Che è privo di cortesia e di educazione nei rapporti con gli altri: *ragazzo s.* | Scortese, villano: *risposta sgarbata*. || **ṣgarbatèllo**, **dim.** | **ṣgarbatóne**, **accr.** | **ṣgarbatùccio**, **dim.** || **ṣgarbataménte**, **avv.** In modo sgarbato, scortese. **B s. m.** (f. *-a*) ● Persona scortese, ineducata.

ṣgarberìa [da *sgarbo*; 1858] **s. f.** ● Atto, frase o comportamento sgarbato.

ṣgàrbo [da *garbo*, con *s-*; av. 1698] **s. m. 1** (*raro*) Modo di fare sgarbato, brusco e sim. **2** Atto sgarbato, villano: *fare uno s. a qlcu.*; *sopportare gli sgarbi di qlcu.* || **ṣgarbàccio**, **pegg.**

ṣgarbugliàre [contr. di *ingarbugliare*, con cambio di pref. (*s-*); 1884] **v. tr.** (*io ṣgarbùglio*) **1** Districare un garbuglio: *s. un gomitolo*. **2** (*fig.*) Chiarire qlco. di complicato, oscuro: *s. una faccenda poco chiara*.

ṣgarettàre e *deriv.* ● V. *sgarrettare* e *deriv.*

ṣgargarizzàre ● V. *gargarizzare*.

ṣgargiànte [da *sgargiare*, sul modello del fr. *criard* 'chiassone', da *crier* 'urlare' (?); 1840] **agg. 1** Di colore intenso e vivo: *rosso s.* **2** (*raro*) Appariscente, chiassoso: *oggi è tutta s.* || **ṣgargiantemènte**, **avv.**

ṣgargiàre [dial. merid. *sgargiare* 'gridare a perdifiato' da *gargia* 'bocca aperta', di orig. onomat.; 1891] **v. intr.** (*io ṣgàrgio*; aus. *avere*) ● (*raro*) Essere eccessivamente vivace o vistoso, detto di colori, abiti e sim.

†ṣgariglio o **†ṣgheriglio** [da *sgherro* (V.)] **s. m.** ● Sgherro, scherano: *v'erano tutti i gonfaloni del popolo, co' soldati e con gli sgarigli* (COMPAGNI).

†ṣgarramento **s. m.** ● Lo sgarrare.

ṣgarrare (1) [dall'ant. fr. *esguarer* 'errare', da *guarer* 'proteggere', risalente al francone *warôn* 'aver cura' (?); 1615] **v. tr.** e **intr.** (aus. *avere*) **1** Mancare di precisione: *quell'orologio non sgarra mai.* **2** Venir meno al proprio dovere: *in vent'anni di lavoro non ha mai sgarrato.*

ṣgarrare (2) [vc. onomat.; 1960] **A** **v. tr.** ● (*region.*) Strappare, lacerare. **B** **v. intr. pron.** ● (*region.*) Strapparsi, lacerarsi, rompersi: *gli si sono sgarrati i pantaloni.*

ṣgarrettare o **ṣgarettare** [da *garretto*, con *s-*; av. 1566] **v. tr.** (*io sgarrétto*) **1** Tagliare i garretti a un animale. **2** (*agr., region.*) Tagliare una piantina alla base per rinforzarla.

ṣgarrettatura o **ṣgarettatura** [da *sgarrettare*; 1960] **s. f.** ● Operazione dello sgarrettare (nei sign. 1 e 2).

ṣgarro (1) [deriv. di *sgarrare*; 1660] **s. m.** **1** Trasgressione dal dovere, negligenza | Mancanza di esattezza, di precisione: *non ammetto il minimo s.* **2** Nel linguaggio della malavita, spec. meridionale, offesa, onta. ‖ **†ṣgarrone**, **accr.**

ṣgarro (2) [deriv. di *sgarrare* (2); 1960] **s. m.** ● (*region.*) Strappo, squarcio, lacerazione.

ṣgarrupato o **scarrupato** [dal v. nap. *scarrupa'*, appartenente, prob., a una serie di v. lat. con *rupāre* 'dirupare'; 1582] **agg.** ● (*nap.*) Cadente, fatiscente, diroccato: *muro, edificio s.*

ṣgarza [da *garza* (1), con *s-*; 1831] **s. f.** ● (*zool.*) Airone cinerino.

ṣgarzare [da avvicinare a *garzare*; 1957] **v. tr.** ● Cancellare mediante sgarzino.

ṣgarzino [da avvicinare a *garzare*; 1957] **s. m.** ● Tipo di coltello a lama assai affilata, gener. retrattile nel manico per maggior sicurezza, usato per eseguire tagli netti di carte, cartoni, pellicole, pelli e sim. | Piccola lama usata dai grafici e dai disegnatori per cancellare mediante raschiatura.

ṣgasare (1) o **ṣgassare** nel sign. A [comp. parasintetico di *gas*, col pref. *s-* sottratt.; 1983] **A** **v. tr.** ● Privare di gas, detto spec. di bevande. **B** **v. intr. pron.** ● (*gerg.*) Abbattersi, smontarsi. CONTR. Gasarsi.

ṣgasare (2) o **ṣgassare** [comp. parasintetico di gas, col pref. *s-* intens.; 1983] **v. intr.** (aus. *avere*) ● (*fam.*) Accelerare il motore dell'automobile da ferma o in partenza per fare chiasso o per un avvio più rapido.

ṣgasato [1984] **part. pass.** di *sgasare* (*1*); anche **agg.** **1** Nel sign. del v. **2** (*fam., gerg.*) Depresso, giù di corda.

ṣgassare ● V. *sgasare* (*1*).

ṣgattaiolare [da *gattaiola*, con *s-*; 1805] **v. intr.** (*io sgattàiolo* o raro *sgattaiòlo*; aus. *avere*) ● Uscire con grande sveltezza attraverso un'apertura, come fa il gatto | (*est.*) Allontanarsi silenziosamente, senza farsi notare: *è sgattaiolato via e nessuno se n'è accorto.*

ṣgavazzare [da *gavazzare*, con *s-*; 1600] **v. intr.** ● (*lett.*) Spassarsela, fare baldoria.

ṣgelare [da *gelare*, con *s-*; av. 1685] **A** **v. tr.** e **intr.** (*io sgèlo*; aus. intr. *essere*) ● Disgelare. **B** **v. intr. impers.** (aus. *essere* e *avere*) ● Sciogliersi, del ghiaccio: *presto sgelerà.*

ṣgelo [da *sgelare* (V. *disgelo*); av. 1907] **s. m.** ● Disgelo: *Quest'anno tarderà lo s.* (PASCOLI).

ṣghei ● V. *schei.*

ṣghembare [da *sghembo*; 1858] **v. intr.** (*io sghémbo*; aus. *avere*) ● (*raro*) Cadere a sghembo, non pari: *il vestito sghemba a destra.*

ṣghembo o **†schimbo** [lat. tardo *scĭmbu(m)* 'obliquo', dal got. **slimbs* 'obliquo'; 1319] **A** **agg.** **1** (*lett.*) Tortuoso: *sentiero s.* **2** Obliquo: *muro s.* | **A s.**, a sghimbescio, per storto: *camminare a s.* **3** (*mat.*) Detto di rette non complanari: *rette sghembe.* **B** in funzione di **avv.** ● Obliquamente, a sghimbescio: *camminare s.*

†ṣgheriglio ● V. *†sgariglio.*

†ṣghermire [da *ghermire*, con *s-*] **v. tr.** ● Lasciare ciò che era ghermito.

†ṣghermitore [da *ghermitore*, con *s-*] **s. m.**; anche **agg.** (f. *-trice*) ● Chi (o Che) fa lasciare ciò che si era ghermito.

ṣgheronato [da *gherone*, con *s-*; 1681] **agg.** ● Detto di abito, allargato con l'inserimento di uno o più gheroni.

ṣgherro (o *-é-*) [dal longob. *skarr(j)o* 'capitano' (V. *scherano*, *schiera*); av. 1342] **A** **s. m.** **1** Anticamente, uomo d'armi al servizio di un privato: *assoldare degli sgherri* | (*est.*) Uomo, spec. d'armi, prepotente e violento: *maniere, faccia da s.* **2** (*spreg.*) Poliziotto, spec. di un regime oppressivo. ‖ **ṣgherraccio**, **pegg.** | **ṣgherrone**, **accr.** **B** **agg.** ● (*raro, lett.*) Da sgherro: *un giovinastro di malavita ... riconoscibile ... ad una sua camminata sgherra* (BACCHELLI) | ***Alla sgherra***, (*ellitt.*) alla maniera degli sgherri, in modo spavaldo: *portare il cappello alla sgherra.*

ṣghiacciare [da *ghiacciare*, con *s-*; 1564] **A** **v. tr.** (*io sghiàccio*) ● Ricondurre ciò che è ghiacciato a una temperatura normale o più elevata: *s. la carne surgelata prima della cottura.* **B** **v. intr.** e **intr. pron.** (aus. *essere*, raro *avere*) ● Sgelarsi.

ṣghiaiare [da *ghiaia*, con *s-*; 1965] **v. tr.** (*io sghiàio*) ● Sgombrare canali, fiumi, bacini artificiali e sim. dalla ghiaia che vi si deposita.

ṣghiaiatore [da *sghiaiare*; 1960] **s. m.** ● Dispositivo che si pone all'imbocco di un canale derivato per impedire l'ingresso della ghiaia.

ṣghignare ● V. *ghignare.*

ṣghignazzamento [1525] **s. m.** ● Lo sghignazzare | Sghignazzata.

ṣghignazzare [da *ghignazzare*, con *s-*; av. 1400] **v. intr.** (aus. *avere*) ● Ridere in modo rumoroso e sguaiato con intenzione di scherno: *stanno sghignazzando di te.*

ṣghignazzata [1640] **s. f.** ● Risata provocatoria.

ṣghignazzio [1824] **s. m.** ● (*raro*) Serie di sghignazzate.

ṣghignazzo [deriv. di *sghignazzare*] **s. m.** ● Risata sguaiata, spec. beffarda o sarcastica.

ṣghimbescio o **†schimbescio** [sovrapposizione di *sghembo* all'ant. *biescio* 'bieco', o *rovescio*; av. 1704] **agg.** (pl. f. *-scie*) ● Sghembo, obliquo, storto, spec. nelle loc. ***a s., di s.***: *camminare a s.; scrivere di s.*

ṣghindare o **†schindare** [da *ghindare*, con *s-*; 1846] **v. tr.** ● (*mar.*) Ammainare in coperta gli alberetti.

ṣghiribizzare o **ṣghiribizzare** [da *ghiribizzare*, con *s-*] **v. intr.** (aus. *avere*) ● (*raro*) Ghiribizzare.

ṣghiribizzo o (*pop.*) **schiribizzo**, **ṣghiribizzo** [da *ghiribizzo*, con *s-*; av. 1738] **s. m.** ● Ghiribizzo.

ṣgiudiziato [da *giudizio*, con *s-*] **agg.** ● (*raro, lett.*) Senza giudizio.

ṣgnaccare [vc. gerg. militare, propr. 'schiacciare', di orig. onomat.; 1908] **v. tr.** (*io sgnàcco, tu sgnàcchi*) ● Spec. nel gergo militare, sbattere, schiaffare: *s. qlcu. dentro; s. qlcu. in prigione.*

ṣgobbare [da *gobbo*, *gobba*, con *s-*; av. 1742] **v. intr.** (*io sgòbbo*; aus. *avere*) ● (*fam.*) Applicarsi a un lavoro, uno studio e sim., con grande impegno e fatica: *s. sui libri, a tavolino; s. otto ore al giorno.*

ṣgobbata [da *sgobbare*; 1911] **s. f.** ● (*fam.*) Sforzo prolungato e senza soste, spec. sul lavoro e nello studio: *la tradizionale s. prima degli esami.*

ṣgobbo [1855] **s. m.** ● (*raro*) Lo sgobbare | Sgobbata.

ṣgobbone [da *sgobbare*; 1841] **s. m.** (f. *-a*) ● Chi si applica allo studio, al lavoro, con grande fatica e impegno (*anche spreg.*).

ṣgocciolamento [da *sgocciolare* (*1*)] **s. m.** ● Lenta caduta di gocciole.

ṣgocciolare (1) [da *gocciolare*, con *s-*; av. 1565] **v. intr.** (*io sgócciolo*; aus. *essere*) ● Cadere a gocciole, gocciolare: *la pioggia sgocciola sui vetri; il vino sgocciola sul pavimento.*

ṣgocciolare (2) [da *gocciola*, con *s-*; av. 1449] **A** **v. tr.** (*io sgócciolo*) **1** Far cadere a gocciole: *attento a non s. il vino sulla tovaglia!* **2** Vuotare un recipiente delle ultime gocce di liquido in esso contenuto: *s. un fiasco, una bottiglia* | (*fig.*) ***Sgocciolarsi un fiasco, una bottiglia***, e sim., berne tutto il contenuto | ***†S., sgocciolarsi il bariletto***, (*fig.*) dire tutto ciò che si sa. **B** **v. intr.** (aus. *avere*) ● Vuotarsi delle ultime gocce di liquido contenuto, detto di recipienti: *la botte ha sgocciolato; ho messo la bottiglia a s. sul lavandino.*

ṣgocciolatoio [da *sgocciolare* (*1*); 1745] **s. m.** **1** Recipiente atto a raccogliere ciò che sgocciola. **2** Scolapiatti.

ṣgocciolatura [1470] **s. f.** **1** Lo sgocciolare nel sign. di *sgocciolare* (*1*) | Gocciole cadute, sparse o residue in fondo a un recipiente | ***†Ridursi alla s.***, ridursi agli sgoccioli. **2** (*est.*) Segno lasciato dalle gocciole cadute.

ṣgocciolio [da *sgocciolare* (*1*); 1891] **s. m.** ● Lo sgocciolare continuo.

ṣgocciolo [av. 1742] **s. m.** ● Sgocciolatura, spec. nella loc. ***agli sgoccioli***, al finire, al termine, agli ultimi residui, di qlco.: *l'estate è agli sgoccioli; lo zucchero è agli sgoccioli*; a esaurimento: *la mia pazienza era agli sgoccioli*; senza risorse: *Ora si era veramente agli sgoccioli* (MORAVIA).

ṣgolarsi [da *gola*, con *s-*; 1791] **v. intr. pron.** (*io mi sgólo*) ● Affaticare la voce nel cantare, nel parlare, nel gridare: *s. a far lezione* | (*est., iperb.*) Sfiatarsi: *s. a spiegare.*

†ṣgolato [da *scollato*, con sovrapposizione di *gola*] **agg.** ● Scollato: *andava con un tabarro sempre s.* (SACCHETTI).

†ṣgomberamento ● V. *†sgombramento.*

ṣgomberare ● V. *sgombrare.*

ṣgomberatore o **ṣgombratore** [1838] **s. m.** (f. *-trice*) ● (*raro*) Chi sgombera | Chi è addetto al trasporto in un trasloco.

ṣgomberatura [av. 1742] **s. f.** ● (*raro*) Trasloco.

ṣgombero (1) o **ṣgombro** (2) [da *sgomberare*; av. 1363] **s. m.** **1** Lo sgomberare | (*mil.*) Attività diretta a portare via dall'area della battaglia persone o materiali: *s. dei feriti.* **2** Cambiamento di casa, di abitazione: *si avvicina il tempo dello s.* SIN. Trasloco.

ṣgombero (2) ● V. *sgombro* (*1*).

†ṣgombramento o **†ṣgomberamento** [1505] **s. m.** ● Atto dello sgombrare (*spec. fig.*).

ṣgombraneve [comp. di *sgombra(re)* e *neve*; 1936] **A** **s. m. inv.** ● Speciale autoveicolo attrezzato per sgombrare la neve dalle strade o dai binari. **B** anche **agg. inv.**: *mezzi s.*

ṣgombrare o **ṣgomberare**, spec. nel sign. A2 [calco su *ingombrare*, con cambio di pref. (*s-*); sec. XIII] **A** **v. tr.** (*io sgómbro*) **1** Liberare un luogo da ciò che lo ingombra (*anche fig.*): *s. il mercato, la strada, una stanza; il vento sgombra il cielo dalle nuvole; s. l'anima dalle passioni* | Liberare un luogo andandosene o obbligando chi lo occupa ad andarsene: *i dimostranti hanno sgombrato la piazza; in caso di agitazioni il presidente farà s. l'aula* | ***S. una posizione***, abbandonarla. **2** Evacuare un luogo (*anche assol.*): *s. il paese; s. tutta la zona; l'esercito comincia a s.* | Lasciare libero un appartamento, un locale, e sim., traslocare (*anche assol.*): *bisogna s. il palazzo; tutti gli inquilini sgombreranno la casa; il mese prossimo sgombreriamo.* **3** Portare via ciò che costituisce un ingombro: *s. la propria roba* | ***†S. qlco. in un luogo***, portarvela per metterla al sicuro. **4** (*raro, lett.*) Scacciare, allontanare: *sgombri il Padre del Ciel da i nostri petti | peste sì rea* (TASSO) | †Mandare via: *s. da sé.* **B** **v. intr. pron.** ● (*lett.*) Liberarsi da ogni ingombro: *sgombrasi la campagna* (LEOPARDI).

ṣgombratore ● V. *sgomberatore.*

ṣgombro (1) o **ṣgombero** (2) [da *sgombrare*; av. 1363] **agg.** ● Libero, vuoto da ingombri (*anche fig.*): *stanza sgombra; appartamento s.; cielo s. di nuvole; mente sgombra dalle passioni.*

ṣgombro (2) ● V. *sgombero* (*1*).

ṣgombro (3) ● V. *scombro.*

ṣgomentare [lat. parl. **excommentāre* 'turbare', comp. di *ĕx-* (*s-*) e **commentāre* per il classico *commentāri* 'meditare', connesso con *mēns*, genit. *mĕntis* 'mente'; 1319] **A** **v. tr.** (*io sgoménto*) ● Produrre sgomento: *la responsabilità è tale da s. chiunque.* **B** **v. intr. pron.** ● Provare sgomento, perdersi d'animo: *sgomentarsi di qlco.; sgomentarsi a vedersi abbandonato; sgomentarsi per un insuccesso.*

ṣgomentato [1838] **part. pass.** di *sgomentare*; anche **agg.** ● Nei sign. del v. | (*lett.*) Impaurito, atterrito: *Il gentile uomo ... trovò la donna sua ... tutta sgomentata e piena di paura* (BOCCACCIO) | Profondamente turbato, sgomento.

ṣgomentire [da *sgomentare*, con cambio di coniug.; 1858] **v. tr.** e **intr. pron.** (*io sgomentisco, tu sgomentìsci*) ● (*lett.*) Sgomentare.

ṣgomento (1) [da *sgomentare*; av. 1342] **s. m.** ● Stato di turbamento, depressione, ansia angosciosa, provocato da avvenimenti esterni: *essere in preda allo s.; lasciarsi prendere, vincere, dallo s.;*

superare, vincere, lo s.; riaversi dallo s.

sgoménto (2) [av. 1726] agg. ● In preda a smarrimento, a turbamento: *sentirsi s.* | Che esprime, denota smarrimento, turbamento: *occhi sgomenti; facce sgomente.*

sgomentóso agg. *1* (*lett.*) Che incute sgomento. *2* (*lett.*) Che prova sgomento.

sgominàre [lat. parl. *excombināre 'disunire', comp. di ĕx- (*s-*) e *combināre* 'mettere insieme'. V. *combinare*; 1518] v. tr. (*io sgòmino* o *sgomino*) *1* Sconfiggere, sbaragliare, mettere in fuga rovinosa. *2* †Mettere in disordine: *Ei ti pare a te una favola avere a s. tutta la casa?* (MACHIAVELLI).

sgominio [da *sgominare*; 1726] s. m. ● (*raro*) Scompiglio | Distruzione.

sgomitàre [comp. parasintetico di *gomito*, col pref. *s-*; 1948] **A** v. tr. (*io sgómito*) ● (*raro*) Colpire con i gomiti. **B** v. intr. (aus. *avere*) ● Farsi largo a gomitate (*anche fig.*).

sgomitolàre [da *gomitolare*, con *s-*; sec. XIV] **A** v. tr. (*io sgomitolo*) ● Disfare un gomitolo. **B** v. intr. pron. *1* Disfarsi, detto di gomitoli. *2* (*raro, fig.*) Susseguirsi con ordine: *quelle parole ... venivano una dopo l'altra come sgomitolandosi* (MANZONI).

sgommàre [da *gomma*, con *s-*; 1598] **A** v. tr. (*io sgómmo*) *1* Togliere l'ingommatura. *2* Trattare la seta con soluzioni saponose per liberarla dalla sericina. **B** v. intr. (aus. *avere*) ● Detto di un autoveicolo o del guidatore, partire di colpo facendo stridere gli pneumatici su un terreno spec. asfaltato. **C** v. intr. pron. ● Perdere l'ingommatura: *spesso i francobolli si sgommano.*

sgommàta [1978] s. f. ● Partenza rapida dell'automobile, che provoca un forte stridio degli pneumatici sull'asfalto stradale.

sgommàto [1950] part. pass. di *sgommare*; anche agg. *1* Nei sign. del v. *2* Detto di autoveicolo o sim. privo di pneumatici o con pneumatici logori.

sgommatùra [1927] s. f. ● Operazione dello sgommare la seta.

sgonfiaménto [1745] s. m. ● Lo sgonfiare, lo sgonfiarsi, nel sign. di *sgonfiare* (*1*).

sgonfiàre (1) [da *gonfiare*, con *s-* sottrattivo; sec. XIV] **A** v. tr. (*io sgónfio*) *1* Togliere parzialmente o totalmente aria o gas da una cavità elastica: *s. un salvagente di gomma.* *2* (*est.*) Togliere il gonfiore: *un bagno ti sgonfierà le caviglie.* *3* (*fig.*) Ridurre, ridimensionare: *s. l'orgoglio, la superbia* | ***S. una notizia, un avvenimento***, nel gergo giornalistico, togliere importanza, minimizzare, accordando poco spazio e usando titoli non appariscenti. *4* (*pop.*) Annoiare, seccare: *Saprai che mi sta sgonfiando perché gli comperi ... un vitello* (FENOGLIO). *5* (*fig.*) †Sbudellare, sventrare. **B** v. intr. pron. e intr. (aus. *essere*) *1* Perdere la gonfiezza o il gonfiore: *il materassino si è sgonfiato; la gengiva si è sgonfiata.* *2* (*fig.*) Perdere la superbia, la tracotanza: *con la brutta figura che ha fatto si è sgonfiato* | (*fig.*) Perdere lo slancio, l'entusiasmo.

sgonfiàre (2) [da *gonfiare*, con *s-* durativo-intens.; 1873] v. intr. (*io sgónfio*; oggi difett. dei tempi composti) ● Fare gonfiezza in qualche parte, detto di abiti: *il vestito sgonfia sulle spalle.*

sgonfiàto [av. 1357] part. pass. di *sgonfiare* (*1*); anche agg. ● Nei sign. del v.: *Il pallone gonfiato pesa più che s.* (GALILEI).

sgonfiatùra [1942] s. f. ● Lo sgonfiare, lo sgonfiarsi, nel sign. di *sgonfiare* (*1*).

sgónfio (1) [da *sgonfiare* (*1*); 1592] agg. ● Sgonfiato, non gonfio: *pallone, pneumatico, s.* CONTR. Gonfio.

sgónfio (2) [da *sgonfiare* (*2*); av. 1574] s. m. ● Rigonfiatura di veste o di una sua parte: *manica con lo s.*

sgonfiòtto [da *sgonfio* (*2*); 1873] s. m. *1* (*region.*) Involucro di pasta lievitata che cuocendo si gonfia: *sgonfiotti con ripieno di marmellata.* *2* Sgonfio, nel sign. di *sgonfio* (*2*).

sgonnellàre [da *gonnella*, con *s-*; 1855] v. intr. (*io sgonnèllo*; aus. *avere*) ● (*fam.*) Muoversi in modo civettuolo per farsi notare e ammirare, detto di donna | (*raro*) Affaccendarsi, darsi da fare.

sgórbia o **sgòrbia**, †**scóbbia** [da *gorbia*, con *s-*; av. 1597] s. f. *1* Scalpello incavato per lavori di falegnameria e intaglio. *2* (*chir.*) Strumento per l'asportazione di schegge ossee. *3* Scalpello concavo a sezione semicircolare, usato in xilografia. || **sgorbiètta**, dim.

sgorbiàre o †**scorbiàre** [av. 1604] v. tr. (*io sgòrbio*) ● Imbrattare con sgorbi | Scarabocchiare.

sgorbiatùra [1873] s. f. ● Sgorbio, scarabocchio.

sgòrbio o †**scòrbio** [lat. *scŏrpiu(m)*, dal gr. *skorpíos* 'scorpione', in senso metaforico; av. 1449] s. m. *1* Macchia d'inchiostro fatta per disattenzione, disavventura e sim., spec. scrivendo: *lettera costellata di sgorbi* | (*est.*) Parola scritta male: *non riesco a leggere i tuoi sgorbi* | (*est.*) Scritto, disegno e sim., malfatto: *questo quadro è uno s.* SIN. Scarabocchio. *2* (*fig.*) Persona brutta e sgraziata. || **sgorbiàccio**, pegg. | **sgorbiétto**, dim.

sgorgaménto [1348] s. m. ● (*raro*) Lo sgorgare.

sgorgàre [da *gorgo*, con *s-*; 1319] **A** v. intr. (*io sgórgo, tu sgórghi*; aus. *essere*) *1* Uscire con impeto e in abbondanza, detto di liquidi: *l'acqua sgorga dalla sorgente; il sangue sgorgava dalla ferita* | (*fig.*) Provenire direttamente: *queste parole sgorgano dal cuore.* *2* †Sfociare, detto di corsi d'acqua. **B** v. tr. ● Liberare un condotto da ciò che lo ostruisce: *s. un lavandino.*

†**sgorgàta** [da *sgorgare*; av. 1642] s. f. ● (*raro*) Quantità di liquido che sgorga in una volta sola.

sgórgo [sec. XIV] s. m. (pl. *-ghi*) ● Lo sgorgare | †*A s.*, in abbondanza.

sgottàre [da *aggottare*, con sostituzione di pref. (*s-*); 1550] v. tr. (*io sgòtto*) ● (*mar.*) Togliere l'acqua da una imbarcazione con la gottazza.

sgovernàre [da *governare*, con *s-*; av. 1400] v. tr. e intr. (*io sgovèrno*; aus. *avere*) ● (*raro, lett.*) Governare male.

sgovèrno [da *governo*, con *s-*; 1873] s. m. ● (*raro, lett.*) Malgoverno.

sgozzaménto [da *sgozzare* (*1*); 1898] s. m. ● Lo sgozzare, il venire sgozzato, nel sign. di *sgozzare* (*1*).

sgozzàre (1) [da *gozzo*, con *s-*; av. 1400] v. tr. (*io sgózzo*) *1* Scannare: *s. un capretto.* *2* (*fig.*) Imporre condizioni da usura prestando denaro.

†**sgozzàre** (2) [da *ingozzare*, con cambio di pref. (*s-*)] v. tr. ● Sopportare, tollerare.

sgozzatóre [1957] s. m. (f. *-trice*) ● (*raro*) Chi sgozza, nel sign. di *sgozzare* (*1*).

sgozzatùra [1873] s. f. ● Sgozzamento | (*fig.*) Il fatto di essere sgozzato da uno strozzino o sim.

♦**sgradévole** [da *gradevole*, con *s-*; av. 1685] agg. ● Che non si gradisce: *sapore s.* | Che risulta sgradito: *persona, compagnia, s.* CONTR. Gradevole. || **sgradevolménte**, avv.

sgradevolézza [da *sgradevole*; 1960] s. f. ● Caratteristica di chi (o di ciò che) è sgradevole.

sgradiménto [comp. di *s-* e *gradimento*; 1979] s. m. ● Disapprovazione, ostilità | Nel linguaggio della diplomazia, dichiarazione di non gradimento.

sgradire [da *gradire*, con *s-*; 1292] **A** v. tr. (*io sgradìsco, tu sgradìsci*) ● (*raro*) Mal gradire, non accettare: *s. un invito, un regalo.* **B** v. intr. (aus. *essere*) ● (*raro*) Dispiacere.

sgradito [av. 1729] part. pass. di *sgradire*; anche agg. ● Nei sign. del v.: *un incontro s.; una sgradita sorpresa.*

sgraffiàre [da *graffiare*, con *s-*; av. 1406] v. tr. (*io sgràffio*) *1* (*pop.*) Graffiare. *2* Incidere decorazioni sul metallo in maniera affrettata e mal fatta | Segnare inavvertitamente una pietra preziosa provocandone un difetto. *3* (*raro*) Rubare, portare via.

sgraffiatùra [da *sgraffiare*; 1611] s. f. ● (*pop.*) Graffiatura.

sgraffignàre o **graffignàre** [prob. da avvicinare a *graffa* nel sign. di 'artiglio'; 1536] v. tr. ● (*fam.*) Portare via di nascosto e con destrezza: *s. il portafoglio a qlcu.*

sgràffio [da *sgraffiare*, sul modello di *graffio*; 1688] s. m. ● (*pop.*) Graffio. || **sgraffióne**, accr.

†**sgramaticàre** ● V. *sgrammaticare.*

†**sgrammaticaménto** s. m. ● Sgrammaticatura.

sgrammaticàre o †**sgramaticàre** [da *grammatica*, con *s-*; 1765] v. intr. (*io sgrammàtico, tu sgrammàtichi*; aus. *avere*) ● Fare errori di grammatica parlando o scrivendo.

sgrammaticàto [1586] part. pass. di *sgrammaticare*; anche agg. *1* Che, parlando o scrivendo, fa molti errori di grammatica. *2* Che è pieno di errori di grammatica: *tema s.*

sgrammaticatùra [da *sgrammaticare*; 1803] s. f. ● Errore di grammatica.

sgranaménto [1865] s. m. ● Lo sgranare, nel sign. di *sgranare* (*1*).

sgranàre (1) [da *grano*, con *s-*; av. 1449] **A** v. tr. ● Far uscire i grani di un frutto dalla loro sede: *s. i fagioli* | ***S. il granoturco***, staccarne i grani dalle pannocchie | ***S. il cotone***, staccare i semi dalle fibre | ***S. il rosario***, (*fig.*) recitarlo, facendo scorrere fra le dita i grani della catena | (*est.*) ***S. avemarie, paternostri***, recitarli in serie | (*est., fam.*) ***S. bestemmie***, dirne una dopo l'altra | (*fam., fig.*) ***S. gli occhi***, spalancarli, come se stessero per uscire dall'orbita. **B** v. intr. pron. ● Disfarsi, rompersi, in pezzetti, in grani: *quel tipo di pietra si sgrana con facilità.*

sgranàre (2) [contr. di *ingranare* (V.), con cambio di pref. (*s-*); 1960] v. tr. ● (*mecc.*) Togliere dall'ingranaggio | Disinserire una o più parti da un ingranaggio | Disfare un ingranaggio.

sgranàre (3) [da *grana* col pref. *s-* neg.; 1599] **A** v. tr. *1* Disfare, rompere la grana di un materiale. *2* (*fig., fam.*) Mangiare con gusto: *s. pagnotte, biscotti* | (*assol.*) Mangiare: *pensa sempre a s.* **B** v. intr. pron. ● Rompersi, disfarsi, disgregarsi, perdendo la compattezza o mutando nella struttura: *con il calore l'acciaio si sgrana; una roccia che non si sgrana facilmente.*

sgranàto [av. 1492] part. pass. di *sgranare* (*1*); anche agg. ● Nei sign. del v.: *fagioli sgranati*; (*fig.*) *occhi sgranati.*

sgranatóio [da *sgranare* (*1*); 1940] s. m. ● Macchina azionata a mano per sgranare le pannocchie di mais.

sgranatóre [1891] s. m.; anche agg. (f. *-trice*) ● Chi (o Che) sgrana, nel sign. di *sgranare* (*1*).

sgranatrice [f. di *sgranatore*; 1892] s. f. *1* Macchina ad azionamento meccanico per sgranare le pannocchie di mais già scartocciate. *2* Macchina per la sgranatura del cotone.

sgranatùra [1873] s. f. *1* Operazione dello sgranare, nel sign. di *sgranare* (*1*): *s. di legumi, del granturco.* *2* Azione esercitata dalla sgranatrice per separare il cotone dai semi.

sgranchiàre [da *granchio* 'crampo', con *s-*; 1481] v. tr. (*io sgrànchio*) ● († o *region.*) Sgranchire.

sgranchire [contr. di *aggranchire*, con cambio di pref. (*s-*); 1726] v. tr. (*io sgranchìsco, tu sgranchìsci*) ● Sciogliere gli arti o il corpo dall'irrigidimento dovuto all'immobilità, al freddo e sim.: *devi sgranchire le gambe con la ginnastica* | (*est.*) ***Sgranchirsi le gambe***, fare due passi, fare una breve passeggiata a piedi.

sgranellaménto s. m. ● (*raro*) Lo sgranellare.

sgranellàre [da *granello*, con *s-*; av. 1494] **A** v. tr. (*io sgranèllo*) ● Staccare i granelli dal grappolo: *s. l'uva* | Privare dei granelli. **B** v. intr. pron. ● (*raro*) Frantumarsi in granelli.

sgranellatùra [1838] s. f. ● Operazione dello sgranellare.

sgranocchiàre [da *sgranare*, con suff. iter.-intens.; av. 1665] v. tr. (*io sgranòcchio*) ● (*fam.*) Mangiare con gusto, a piccoli morsi, cibi che crocchiano sotto i denti: *s. pasticcini.*

sgrappolàre [da *grappolo*, con *s-*; 1965] v. tr. (*io sgràppolo*) ● Separare i graspi dagli acini, dopo la vendemmia.

sgrappolatóio [da *grappolo*, con *s-*; 1891] s. m. ● Graticcio di legno per levare i raspi all'uva.

sgrappolatrice [1965] s. f. ● Macchina per sgrappolare l'uva.

sgrassàre [da *grasso*, con *s-*; 1802] v. tr. *1* Rendere privo o povero di grasso: *s. il brodo* | ***S. le pelli***, togliere l'eccesso di sostanze grasse naturali da talune pelli, spec. prima della concia. *2* (*est.*) Ripulire da macchie di unto: *s. un vestito.*

sgrassatùra [1960] s. f. *1* Lo sgrassare | Parte grassa tolta sgrassando. *2* Operazione con la quale si asporta dalla lana greggia la parte grassa e cerosa. SIN. Lavaggio.

†**sgratàre** [da *grato*, con *s-*] v. intr. ● (*raro*) Dispiacere: *lo star mi sgrata* (BOCCACCIO).

sgraticciàre [da *graticciare*, con *s-* sottratt.-neg.] v. tr. (*io sgraticcio*) ● Districare, sbrogliare.

sgravaménto [1587] s. m. ● (*raro*) Lo sgravare | Sgravio.

sgravàre [da *gravare*, con *s-*; sec. XIV] **A** v. tr. ● Liberare, alleggerire, alleviare da un peso (*spec. fig.*): *s. le spalle dal carico; s. la coscienza da un rimorso; s. il popolo da un'imposta.* **B** v. intr. pron.

● Liberarsi, alleggerirsi (*anche fig.*): *sgravarsi di una responsabilità*. **C** v. intr. e intr. pron. (aus. intr. *avere*) ● (*pop.*) Partorire: *sgraverà alla fine del mese; si è sgravata ieri.*

†**sgravidàre** [da †*gravidare*, con *s-*; av. 1649] v. intr. ● Sgravarsi, partorire.

sgràvio [contrario di *aggravio*, con cambio di pref. (*s-*); 1444] s. m. *1* Alleggerimento | Riduzione di un onere fiscale: *s. d'imposta; sgravi contributivi.* *2* (*fig., lett.*) Eliminazione di pesi morali, nelle loc. ***a s. di, per s. di***: *Don Gesualdo allora disse di sì, ... per s. di coscienza* (VERGA). *3* (*fig.*) †Giustificazione, discolpa, nelle loc. ***a s. di, a mio, tuo, suo, s.*** *4* (*lett.*) Parto. *5* †Evacuazione di escrementi.

sgraziatàggine [av. 1620] s. f. ● Caratteristica, condizione di chi è sgraziato.

sgraziàto [da *grazia*, con *s-*; av. 1400] agg. *1* Privo di grazia, di garbo, di armonia: *andatura, persona, voce, sgraziata.* CONTR. Aggraziato. *2* †Disgraziato, sfortunato. || **sgraziatàccio**, pegg. | **sgraziatóne**, accr. || **sgraziataménte**, avv. *1* Senza garbo, grazia. *2* †Per disgrazia.

sgretolaménto [1745] s. m. ● Lo sgretolare (*anche fig.*) | (*fig.*) Disgregazione.

sgretolàre [da *gretola*, con *s-*; sec. XIV] **A** v. tr. (*io sgrétolo* (o *-è-*)) *1* Spezzare, ridurre in piccole schegge: *l'umidità sgretola l'intonaco.* *2* (*fig.*) Distruggere, demolire a poco a poco: *s. le tesi dell'avversario* | Disgregare. *3* (*raro, lett.*) Digrignare (i denti). **B** v. intr. pron. ● Fendersi, rompersi in schegge: *il muro si sgretola* | (*fig.*) Disgregarsi, sfasciarsi.

sgretolàto [sec. XVII] part. pass. di *sgretolare*; anche agg. ● Nei sign. del v.

sgretolìo [av. 1698] s. m. ● Lo sgretolare, lo sgretolarsi continuo | Rumore prodotto da qlco. che si sgretola.

sgrezzàre [da *grezzo* col pref. *s-*; 1983] **A** v. tr. (*io sgrézzo*) *1* Lavorare un materiale ancora grezzo avviandolo a una successiva rifinitura. *2* (*fig.*) Migliorare, raffinare, ingentilire. SIN. Sgrossare, dirozzare. **B** v. intr. pron. ● (*fig.*) Migliorarsi, raffinarsi, ingentilirsi.

†**sgricchiolàre** ● V. *scricchiolare.*

†**sgricciolo** ● V. *scricciolo.*

sgridaménto s. m. ● (*raro*) Sgridata.

♦**sgridàre** [da *gridare*, con *s-*; 1313] v. tr. *1* Riprendere severamente, gridando | (*est.*) Rimproverare, spec. bambini: *il padre lo ha sgridato per il brutto voto.* *2* †Rivolgersi a qlcu. gridando.

sgridàta [da *sgridare*; 1841] s. f. ● Rabbuffo, rimprovero, spec. fatto ad alta voce: *prendersi una s.; fare una s.* || **sgridatàccia**, pegg. | **sgridatìna**, dim.

†**sgridatóre** s. m.; anche agg. (f. *-trice*) ● (*raro*) Chi (o Che) sgrida.

sgrigiolàre ● V. *sgrigliolare.*

sgrigliatóre [da *griglia*, con *s-*; 1965] s. m. ● Dispositivo per ripulire la griglia dai materiali trattenuti, che viene posto all'imbocco delle derivazioni idrauliche.

sgrigliolàre o **sgrigiolàre** [var. tosc. di *scricchiolare*; 1618] v. intr. (*io sgrìgliolo*; aus. *avere*) ● (*tosc.*) Scricchiolare.

†**sgrigno** ● V. *scrigno.*

sgrillettàre [da *grillettare*, con *s-*; 1873] v. intr. (*io sgrillétto*; aus. *avere*) ● Sfrigolare, crepitare, di vivanda messa a friggere in olio bollente.

sgrìnfia ● V. *grinfia.*

sgrollàre ● V. *scrollare.*

sgrommàre [da *gromma*, con *s-*; 1873] v. tr. (*io sgrómmo*) ● Ripulire dalla gromma: *s. le botti.*

sgrommatùra [da *sgrommare*; 1873] s. f. ● Operazione dello sgrommare | Strato di gromma.

sgrondàre [da *grondare*, con *s-*; 1738] **A** v. tr. (*io sgróndo*) ● Vuotare un recipiente delle ultime gocce di liquido in esso contenuto: *s. un fiasco.* **B** v. intr. (aus. *avere* nel sign. 1, *essere* nel sign. 2) *1* Grondare: *l'albero sgronda di acqua.* *2* Fare scolare verso il basso il liquido che riempie un recipiente o che impregna di sé un oggetto: *metti l'ombrello a s.; fai s. i panni sul lavatoio.*

sgrondatóre [1960] s. m. ● (*enol.*) Macchina costituita da un grosso cilindro rotante a pareti forate, atta alla separazione per caduta del mosto dalle vinacce.

sgrondatùra [1891] s. f. *1* (*raro*) Sgocciolamento da una grondaia. *2* (*enol.*) Operazione di separazione del mosto dalle vinacce.

sgrondìo s. m. ● (*raro*) Lo sgrondare continuo.

sgróndo [1865] s. m. ● Lo sgrondare | Acqua, liquido che sgronda | ***Mettere, tenere, qlco. a s.***, a sgrondare | ***Tetto a s.***, con una pendenza maggiore di quella normale.

sgroppàre (*1*) o (*raro*) **sgruppàre** (*2*) [da *groppo*, con *s-*; 1314] **A** v. tr. (*io sgróppo* o *sgròppo*) ● Sciogliere un groppo, un nodo: *s. la corda.* **B** v. intr. pron. ● (*lett., fig.*) Distendere le membra rattrappite.

sgroppàre (*2*) [da *groppa*, con *s-*; 1483] **A** v. tr. (*io sgròppo*) ● Rovinare, guastare la groppa a cavalli, bestie da soma e sim. | (*est.*) Stancare, affaticare. **B** v. intr. (aus. *avere*) ● Compiere una sgroppata, detto di cavalli. **C** v. intr. pron. ● (*lett.*) Stancarsi, sfiancarsi.

sgroppàta [da *groppata*, con *s-*; 1895] s. f. *1* Movimento mediante il quale gli arti pelvici del cavallo vengono sollevati ed estesi posteriormente. *2* Breve cavalcata. *3* (*sport*) Nel ciclismo, calcio e sim., breve corsa di allenamento.

sgroppàto [1353] part. pass. di *sgroppare* (*2*); anche agg. *1* Nel sign. del v. *2* Magro, privo di groppa, di fianchi, detto di cavallo, bestia da soma e sim. *3* †Magro, detto di persona.

sgroppìno [dal v. *sgropp(are)* 'togliere un peso dallo stomaco' con il suff. *-ino*; 1996] s. m. ● (*enol.*) Sorbetto, spec. di limone, con vodka, spumante e sim.

sgropponàre [da *groppone*, con *s-*; 1873] v. intr. e intr. pron. (*io sgroppóno*; aus. intr. *avere*) ● (*fam.*) Sgobbare, faticare a lungo in un lavoro pesante: *sgropponarsi a lavare pavimenti.*

sgropponàta [1940] s. f. ● (*fam.*) Lo sgropponarsi. SIN. Sgobbata.

sgrossaménto [1525] s. m. ● Lo sgrossare, lo sgrossarsi (*anche fig.*).

sgrossàre [da *grosso*, con *s-*; 1590] **A** v. tr. (*io sgròsso*) *1* Togliere il superfluo a un materiale per portarlo alla forma voluta: *s. un blocco di marmo* | (*est.*) Dare la prima forma a un lavoro: *s. la trama di un romanzo.* SIN. Sgrezzare. *2* (*fig.*) Rendere meno rozzo, istruendo, correggendo e sim.: *la scuola è servita a sgrossarlo; s. qlcu. nella tecnica del comporre.* **B** v. intr. pron. ● Raggentilirsi, dirozzarsi.

sgrossàta [da *sgrossare*] s. f. ● Veloce e superficiale sgrossamento (*anche fig.*). || **sgrossatìna**, dim.

sgrossatùra [1590] s. f. ● Sgrossamento | Procedura usata per sgrossare.

sgrottaménto [sec. XVIII] s. m. *1* †Scavo | Smottamento. *2* (*agr.*) Operazione dello sgrottare.

sgrottàre [da *grotta*, con *s-*; 1838] **A** v. tr. (*io sgròtto*) *1* (*agr.*) Ampliare la buca per la messa a dimora di un albero. *2* †Scavare una grotta, una fossa. **B** v. intr. ● †Smottare.

sgrottatùra [da *sgrottare*] s. f. *1* †Atto, effetto dello sgrottare. *2* (*agr., raro*) Sgrottamento.

sgroviglïàre [da *groviglio*, con *s-*; 1873] v. tr. (*io sgroviglio*) ● Disfare un groviglio (*anche fig.*): *s. un gomitolo; s. una questione complicata.*

sgrugnàre [da *grugno*, con *s-*; av. 1566] **A** v. tr. ● (*pop.*) Rompere, pestare il grugno a qlcu. **B** v. intr. pron. ● (*pop.*) Rompersi il grugno.

sgrugnàta [da *sgrugnare*; av. 1566] s. f. ● (*pop.*) Pugno, colpo dato o preso sul grugno.

sgrùgno [da *sgrugnare*, sul modello di *grugno*; 1558] s. m. ● (*pop.*) Sgrugnata. || **sgrugnóne**, accr.

sgrumàre [da *gruma*, con *s-*; 1841] v. tr. ● Sgrommare.

sgruppàre (*1*) [da *gruppo*, con *s-*; 1540] **A** v. tr. ● (*raro*) Disfare un gruppo. **B** v. intr. pron. ● (*raro*) Separarsi da un gruppo.

sgruppàre (*2*) ● V. *sgroppare* (*1*).

sguaiatàggine [av. 1712] s. f. ● Caratteristica, condizione di chi (o di ciò che) è sguaiato | Atto, discorso e sim., sguaiato.

sguaiaterìa s. f. ● (*raro*) Sguaiataggine.

sguaiàto [da *guaio*, con *s-*, propr. 'fuori dai guai' (?); 1566] **A** agg. *1* Detto di chi manca di decoro, educazione, decenza: *un ragazzo s.* *2* Scomposto, volgare: *gesto s.; risata sguaiata.* || **sguaiataménte**, avv. In modo sguaiato. **B** s. m. (f. *-a*) ● Persona sguaiata: *non sopporto gli sguaiati.* || **sguaiatàccio**, pegg. | **sguaiatèllo**, dim. | **sguaiatìno**, dim. | **sguaiatóne**, accr. | **sguaiatùccio**, dim.

sguainàre [da *guaina*, con *s-*; 1297] v. tr. (*io sguaìno* o, più diffuso ma etimologicamente meno corretto, *sguàino*) ● Estrarre dalla guaina: *s. la sciabola* | (*fig.*) ***S. le unghie***, prepararsi a lottare con tutte le forze. SIN. Sfoderare.

sgualcìre [da *gualcire*, con *s-*; 1618] **A** v. tr. (*io sgualcisco, tu sgualcisci*) ● Deformare con pieghe, grinze e sim., spec. stoffa o carta: *s. un vestito; sgualcirsi la gonna.* **B** v. intr. pron. ● Prendere pieghe, grinze.

sgualcìto [1838] part. pass. di *sgualcire*; anche agg. ● Nei sign. del v.: *un giornale s.*

sgualcitùra [da *sgualcire*; 1960] s. f. ● Lo sgualcire, lo sgualcirsi | La parte sgualcita, spiegazzatura.

sgualdrìna [prob. deriv., con cambio di suff., di *sgualdracca*, variante ant. di *baldracca*; 1598] s. f. ● (*spreg.*) Donna dal comportamento sessuale considerato immorale | (*est.*) Prostituta. || **sgualdrinàccia**, pegg. | **sgualdrinèlla**, dim. spreg. (V.).

sgualdrinèlla [1752] s. f. *1* Dim. e spreg. di *sgualdrina.* *2* (*est.*) Ragazza molto seduttiva, che appare disponibile a relazioni sessuali: *vedo le studentesse ... svestite, da parere un po' vittime e un po' sgualdrinelle* (PASOLINI).

sguància [da *guancia*, con *s-*; 1623] s. f. (pl. *-ce*) ● Nella testiera del cavallo, montante.

sguanciàre [di etim. discussa: dall'ant. fr. *guenchier, guenchir* 'piegare, sviarsi', di orig. germ. V. *sguancio, scancio*; 1970] v. tr. (*io sguàncio*) ● (*raro*) Fare gli sguanci a porte o finestre.

sguàncio (*1*) o **sguìncio** [da *sguanciare*; 1855] s. m. ● Spalletta di porta o finestra tagliata obliquamente dietro lo stipite.

sguancio (*2*) ● V. *scancio.*

†**sguaraguatàre** [da *sguaraguato*, variante di un ant. *scaraguaiata* 'sentinella', dal francone *skarawahta*, comp. di *skara* 'schiera' e *wahta* 'sentinella'. V. *guaita, guatare*] v. intr. ● (*raro*) Fare attenzione, fissare lo sguardo.

†**sguardàre** o †**esguardàre** [da *guardare*, con *s-*; av. 1250] v. tr. e intr. *1* Guardare, osservare. *2* Considerare, riflettere.

sguardàta [da *sguardare*; sec. XIII] s. f. ● (*lett.*) Sguardo, occhiata: *certe sguardate velenose* (GADDA). || **sguardatàccia**, pegg.

sguardàto [da *sguardare* (?); av. 1306] agg. ● (*mar.*) Detto di oggetto o anche cavo o catena distesi che fanno un angolo con l'asse longitudinale della nave.

†**sguardatùra** [da *guardatura*, con *s-*] s. f. ● (*raro*) Sguardata.

♦**sguàrdo** [da *sguardare*; sec. XIII] s. m. *1* Atto del guardare | Occhiata: *dare, gettare, uno s.; rispondere allo s. di qlcu.; non degnare d'uno s.* | ***Al primo s.***, a prima vista, subito | Occhiata che esprime uno stato d'animo: *s. languido, furtivo, penetrante, fiero, truce, dolce, ridente; s. pieno d'amore; quest'uomo ... gitta sul passato lo s. del disinganno* (DE SANCTIS) | Rapida lettura, scorsa: *dare uno s. al giornale.* *2* La funzione della vista: *fin dove arriva lo s.* | (*est.*) Occhi: *un lampo dello s.; accennare con lo s.; abbassare, alzare, sollevare, lo s.; tenere lo s. fisso, basso; fissare lo s. su qlco.* | (*lett.*) Espressione: *occhi infossati, ... privi di s.* (MORAVIA). *3* Veduta: *da qui si ha uno splendido s. sul mare* | ***Bello s.***, luogo da cui si gode un bel panorama, usato spec. in toponomastica: *la villa di Bellosguardo presso Firenze.* *4* (*raro*) Benevola attenzione. || **sguardolìno**, dim. | **sguardùccio**, dim.

sguarnìre o (*lett.*) **sguernìre** [da *guarnire*, con *s-*; av. 1348] v. tr. (*io sguarnisco, tu sguarnisci*) *1* Rendere privo di guarnizioni: *s. un cappello.* *2* (*mar.*) Privare dell'attrezzatura. *3* (*mil.*) Levare mezzi e truppe da un settore, da una posizione, da una fortezza | Togliere le difese | (*est.*) Privare del necessario.

sguarnìto o (*lett.*) **sguernìto** [av. 1348] part. pass. di *sguarnire*; anche agg. ● Nei sign. del v. | (*est.*) Sfornito: *un negozio s.*

sguàttero o (*raro*) **guàttero** [da *guattero*, longob. *wàhtari* 'guardiano', con *s-*; 1400 ca.] s. m. (f. *-a*) ● Aiutante cuoco, addetto ai servizi più umili e faticosi di cucina | (*fam.*) ***Trattare da s., come uno s.***, e sim., trattare male, senza nessun riguardo.

sguazzaménto [da *sguazzare*; 1969] s. m. ● Lo sguazzare.

sguazzàre [da *guazzare*, con *s-*; 1483] v. intr. (aus. *avere*) *1* Stare nell'acqua muovendosi e sollevando schizzi e spruzzi: *il bambino si diverte a s. nella vasca; i porci sguazzano nel brago.* **2** (*fig.*) Trovarsi a proprio agio: *nei pettegolezzi ci sguazza.* **3** (*fig.*) Avere qlco. in abbondanza: *s. nell'oro, nell'abbondanza* | ***S. nelle scarpe, nel vestito***, starci largo. **4** (*lett.*) Godersela, divertirsi: *a cantar vittoria e a sguazzar per Milano* (MANZONI). **5** Sbattere, sciaguattare, detto di liquido nel fondo di un recipiente: *l'acqua sguazza nel secchio.*

sguerciàre [da *guercio*, con *s-*; 1891] **A** v. tr. (*io sguèrcio*) ● (*raro*) Rovinare gli occhi, la vista: *leggere con poca luce ti sguercerà.* **B** v. intr. pron. ● Rovinarsi la vista.

sguercìre [1922] v. tr. e intr. pron. (*io sguercisco, tu sguercisci*) ● (*raro*) Sguerciare.

sguerguènza [dallo sp. *vergüenza* 'vergogna', risalente al lat. *verecŭndia(m)*, con *s-*; 1865] s. f. ● (*pop., tosc.*) Birichinata | Atto, comportamento maleducato | (*lett.*) Leziosità.

sguernìre e *deriv.* ● V. *sguarnire* e *deriv.*

sguinciàre [da *sguincio*; 1483] v. tr. (*io sguìncio*) ● Tagliare a sguincio.

sguìncio o (*tosc.*) **squìncio** [dall'ant. fr. *guenchir*, dal francone *wenkjan* 'andar di traverso', con *s-*; 1340 ca.] s. m. **1** Sbieco, sghembo, spec. nelle loc. avv. ***a, di, s.*** **2** V. *sguancio* (*1*).

sguinzagliàre [da *guinzaglio*, con *s-*; 1470] v. tr. (*io sguinzàglio*) **1** Sciogliere dal guinzaglio: *s. i cani.* **2** (*fig.*) Mettere alle calcagna, mandare alla ricerca di qlcu.: *s. i poliziotti dietro a un ladro.*

sguisciàre [sovrapposizione di *guizzare* a *sgusciare*; 1728] v. intr. (*io sguìscio*; fut. *io sguiscerò*; aus. *essere*) ● (*tosc.*) Sgusciare, nel sign. di *sgusciare* (*2*): *Dovettero s. per evitare una nera, silenziosa berlina* (FENOGLIO).

†**sguittìre** ● V. †*squittire* (*2*).

sguizzàre ● V. *guizzare*.

sguìzzo [da *sguizzare*, sul modello di *guizzo*; 1891] s. m. ● Guizzo.

sguràre [etim. incerta; 1976] v. tr. ● (*sett.*) Strofinare per pulire, lucidare | Sturare.

sgusciàre (**1**) [da *guscio*, con *s-*; av. 1492] **A** v. tr. (*io sgùscio*; fut. *io sguscerò*) ● Togliere dal guscio, privare del guscio: *s. piselli, fave; s. le castagne.* **B** v. intr. (aus. *essere*) ● Uscire dal guscio dell'uovo: *i pulcini sono già sgusciati.* **C** v. intr. pron. **1** Uscire dal guscio: *questi fagioli non si sgusciano.* **2** Perdere la spoglia, detto di rettili: *è la stagione in cui i serpenti si sgusciano.*

sgusciàre (**2**) [prob. vc. onomat.; 1550] v. intr. (*io sgùscio*; fut. *io sguscerò*; aus. *essere*) **1** Scappare via, scivolare di mano, sfuggire alla presa: *mi è sgusciato un bicchiere di mano* | Sfuggire, scivolare via: *il gatto gli sgusciò tra i piedi.* **2** Andar via, svignarsela: *sgusciò via senza farsi vedere* | Infilarsi, spec. in modo furtivo: *Sollevai la portiera e Dina sgusciò dentro* (PAVESE) | (*fig.*) Sottrarsi a qlco. di sgradito, indesiderato e sim.: *non gli si può parlare, sguscia sempre via.*

sgusciàto part. pass. di *sgusciare* (*1*); anche agg. ● Nei sign. del v.

sgusciatrìce [da *sgusciare* (*1*); 1929] s. f. ● Macchina per sgusciare i semi vegetali.

sgusciatùra [1773] s. f. ● Operazione dello sgusciare, nel sign. di *sgusciare* (*1*).

sgùscio [da *sgusciare* (*1*); av. 1764] s. m. **1** Modanatura a profilo concavo. **2** (*mar.*) Sulle navi militari, rientranza dell'opera morta per aumentare l'angolo di tiro delle artiglierie. **3** Tipo di sgorbia per argentieri e cesellatori.

†**sgustàre** [da *gustare*, con *s-*] v. tr. e intr. ● Disgustare.

Shabbath /*ebr.* ʃab'bat/ [ebr. *shabbāth*, propr. 'cessazione', perché è il giorno in cui Dio finì la creazione del mondo] s. m. inv. ● Sabato, nella religione ebraica giorno consacrato a Dio e dedicato al riposo, contraddistinto da numerose prescrizioni e divieti volti a salvaguardarne il carattere di festività religiosa.

shahtoosh /*ʃa'tuʃ*, *ingl.* ʃæ'tʰuːʃ/ [vc. comp. dal pers. *shah* 're' e dall'ant. ar. *toosh* 'lana', quindi 're delle lane'; 1998] s. m. inv. (pl. ingl. *shahtooshes*) ● Sciarpa soffice e leggerissima confezionata con una lana pregiata che si ricava dal vello dell'antilope tibetana *Pantholops hodsgoni* protetta perché a rischio di estinzione.

shake /*ingl.* ʃeɪk/ [vc. ingl., propr. 'scuotimento', da *to shake* 'scuotere'; 1966] s. m. inv. ● Ballo moderno dal ritmo veloce e scandito.

shaker /*ingl.* 'ʃeɪkəɹ/ [vc. ingl., propr. 'sbattitore', da *to shake* 'scuotere'; 1931] s. m. inv. ● Recipiente nel quale, scuotendoli, si mescolano i vari ingredienti di un cocktail. SIN. Sbattighiaccio.

shakeràre /*ʃeke'rare/ o **scecheràre**, **scekeràre** [da *shaker*; 1980] v. tr. (*io shàkero*) ● Scuotere, amalgamare gli ingredienti dei cocktail con lo shaker.

shakespeariàno /*ʃe(k)spi'rjano/ ● V. *scespiriano*.

shalom /*ebr.* ʃa'lom/ [vc. ebr., *shālōm* 'pace'; 1985] inter. ● Espressione di saluto in ebraico.

shampìsta /*ʃam'pista/ o **shampoìsta** /*ʃampo'ista/ [da *sciampo*] s. m. e f. (pl. m. *-i*) ● Lavorante di un negozio di parrucchiere per signora che lava i capelli alle clienti.

shampoo /*'ʃampo, *ingl.* ʃæm'pʰuː/ [vc. ingl., propr. 'lavatura dei capelli', V. *shampooing*; 1930] s. m. inv. (pl. ingl. *shampoos*) ● Miscela detersiva liquida, profumata e schiumogena, usata per lavare i capelli | ***Fare lo s.***, lavare i capelli | ***S. secco***, polvere speciale per pulire i capelli senza bagnarli.

shampooing /*ingl.* ʃæm'pʰuːɪŋ/ [vc. ingl., gerundio di *to shampoo* 'frizionare', dall'indiano *čāmpō*, imperat. di *čāmpuā* 'massaggiare'; 1895] s. m. inv. ● Lavatura e frizione dei capelli con lo shampoo.

shangài ● V. *sciangai*.

shantung /*'ʃantun(g), *ingl.* ʃæn'tʰʌŋ/ [dal cin. *Shantung*, n. della regione di provenienza di questo tessuto; 1931] s. m. inv. ● Tessuto di seta originario della Cina, caratterizzato da una superficie ineguale dovuta a ingrossamenti di fili con sete non molto pregiate, o con scarti | (*est.*) Tessuto di qualsiasi fibra avente aspetto simile al vero shantung.

share /*ingl.* ʃɛəɹ/ [vc. ingl. di orig. indeur., propr. 'parte, porzione, quota'; 1983] s. m. inv. ● Percentuale di spettatori sintonizzati su una rete televisiva in una determinata fascia oraria.

shareware /*ingl.* 'ʃɛəɹˌwɛəɹ/ [vc. ingl., propr. '(soft)ware a quota, porzione' (*share*, dal v. *to share* 'partecipare, condividere'); 1995] s. m. inv. ● (*elab.*) Software distribuito liberamente, il cui autore viene compensato con elargizioni volontarie dagli utenti soddisfatti. CFR. Freeware.

sharìa /*ar.* ʃa'rija/ s. f. inv. (pl. ar. *sharà'ia*) ● Legge islamica che regola i comportamenti pubblici e privati, religiosi e civili dei fedeli; è formata dalle prescrizioni del Corano e dalle aggiunte di interpreti ed esegeti dei primi secoli dopo la morte del Profeta.

shatzu /*'ʃatstsu, *ʃi'a-, *giapp.* ˌçi'atsɯ/ ● V. *shiatsu*.

Shavuòt /*ebr.* ʃavu'ot/ [ebr. *shābhū'oth*, propr. 'settimane'] s. f. o m. inv. ● Festa ebraica che si svolge sette settimane dopo Pesach e che celebra la consegna delle tavole della legge a Mosè sul monte Sinai come narrato nel libro biblico dell'Esodo. SIN. Pentecoste, nel sign. 1.

shearling /*ingl.* 'ʃɪəɹlɪŋ/ [comp. ingl. di *to shear* 'tosare' e della terminazione di appartenenza a un gruppo *-ling*; 1989] s. m. inv. ● Pelle di montone conciata e opportunamente trattata per la confezione di giacconi, cappotti e sim. | Capo confezionato con tale pelle.

shed /*ingl.* ʃɛd/ [vc. ingl., alterazione dell'ant. *shadde* 'luogo scuro'; 1960] s. m. inv. ● (*edil.*) Tipo di copertura con profilo a denti di sega, che assicura una buona illuminazione diurna e favorisce il ricambio dell'aria, usata spec. per strutture o edifici industriali: *capannone, stalla con copertura a s.*

shefardìta /*ʃefar'dita/ ● V. *sefardita*.

sheffield /*ingl.* 'ʃɛfiːld/ [vc. ingl., dal n. della città di *Sheffield*, riduzione di *sheffield plate* 'foglio metallico (di) Sheffield'] s. m. inv. ● Procedimento che consiste nel fare aderire a caldo un foglio d'argento su una lastra di rame, in uso spec. fino alla prima metà del XIX sec.: *placcatura a s.* | Il materiale metallico così ottenuto.

sheqel /*ebr.* 'ʃekel/ [vc. ebr.] s. m. inv. (pl. ebr. *sheqalim*) ● (*econ.*) Unità monetaria di Israele.

shèrpa /*'ʃɛrpa, *ingl.* 'ʃɜːɹpʌ/ [adattamento del tibetano *Sharpa*, n. di una popolazione mongoloide tibeto-birmana di lingua tibetana: propr. 'abitante delle regioni orientali'; 1959] s. m. inv. (pl. ingl. *sherpa* o *sherpas*) **1** Guida, portatore nelle spedizioni alpinistiche sull'Himalaya, appartenente all'omonima popolazione abitante lungo le frontiere del Nepal e del Tibet | (*est.*) Aiutante, gregario. **2** (*fig.*) Nel linguaggio giornalistico, funzionario, burocrate che svolge compiti preparatori nei grandi summit.

sherry /*ingl.* 'ʃɛɹi/ [vc. ingl., dallo sp. *Xeres* (oggi *Jerez de la Frontera*), città dell'Andalusia produttrice del famoso vino bianco; 1830] s. m. inv. ● Vino bianco liquoroso prodotto nel territorio di Jerez, in Spagna.

shetland /*ingl.* 'ʃɛtlənd/ [dal n. delle isole britanniche *Shetland*; 1960] **A** s. m. inv. ● Filato o tessuto ruvido e peloso, ricavato dalla lana di pecora delle omonime isole britanniche. **B** anche agg. inv.: *lana s.*

shiatsu /*ʃi'atstsu, *giapp.* ˌçi'atsɯ/ o **shatzu** [vc. giapp.; 1976] **A** s. m. inv. ● Pratica terapeutica mirante al riequilibrio energetico del soggetto trattato e consistente nell'esercitare con le mani un massaggio a pressione sui punti generalmente trattati con l'agopuntura. **B** in funzione di agg. inv. (posposto al s.): *tecnica, massaggi s.*

shift /*ʃift, *ingl.* ʃɪft/ [vc. ingl., propr. 'spostamento'] s. m. inv. ● (*elab.*) Tasto, gener. contrassegnato da una freccia verso l'alto, che abilita la scrittura in maiuscolo delle lettere o la scrittura del carattere che compare in alto nei tasti che ne riportano due.

shimmy /*ingl.* 'ʃɪmi/ [vc. ingl.-amer., abbr. di *shimmy shake*, propr. 'scuotimento (*shake*) della camicia (*shimmy*, adattamento del fr. *chemise*)'; 1929] s. m. inv. **1** Ballo di origine nordamericana, simile al fox-trot ma di ritmo più vivace. **2** Farfallamento delle ruote e conseguente forte vibrazione dell'avantreno degli autoveicoli.

shintoìsmo /*ʃinto'izmo/ e *deriv.* ● V. *scintoismo* e *deriv.*

shoah /*ebr.* ʃo'a/ [vc. ebr. propr. 'catastrofe'; 1987] s. f. inv. (pl. ebr. inv.) ● Termine ebraico per designare lo sterminio degli ebrei a opera dei nazisti durante la seconda guerra mondiale.

shoccàre /*ʃok'kare/ e *deriv.* ● V. *scioccare* e *deriv.*

shock /*ʃɔk, *ingl.* ʃɒk/ [vc. ingl., propr. 'colpo', da *to shock* 'percuotere'. V. *choc*; 1899] s. m. inv. **1** (*med.*) Condizione morbosa caratterizzata da abbassamento improvviso di tutte le facoltà vitali, vegetative e di relazione, causato da un disturbo circolatorio periferico di varia origine. **2** (*est.*) Emozione improvvisa e violenta: *è ancora sotto s.; subire uno s.*

shockàre /*ʃok'kare/ e *deriv.* ● V. *scioccare* e *deriv.*

shocking /*'ʃɔkkin(g), *ingl.* 'ʃɒkɪŋ/ [vc. ingl., propr. part. pres. del v. *to shock* 'colpire, impressionare'; 1925] agg. inv. ● Impressionante, emozionante, irritante | ***Rosa s.***, rosa molto intenso e brillante.

shockterapìa /*ʃɔktera'pia/ [comp. di *shock* e *terapia*; 1949] s. f. ● Metodo di cura, spec. di malattie psichiatriche, basato sulla provocazione brusca di uno stato di shock con meccanismi vari.

shogun /*'ʃɔgun, *giapp.* ˌçoːgɯŋ, -ŋɯŋ/ [vc. giapp. di orig. cin., propr. 'generale'; 1960] s. m. inv. ● Titolo che nell'antico Giappone era conferito al capo di una spedizione militare | Nel Giappone dal XIII al XIX sec., titolo ereditario dei governatori del Paese | (*est., fig.*) Personaggio autoritario e dispotico o capo che esercita il potere in modo tirannico.

shogunàto /*ʃogu'nato/ [da *shogun* con il suff. *-ato*, come nell'ingl. *shogunate*; 1960] s. m. ● Nell'antico Giappone, carica e potere dello shogun | Epoca storica del dominio degli shogun.

shopper /*'ʃɔpper, *ingl.* 'ʃɒpəɹ/ [vc. ingl., dove ha, però, il sign. di 'acquirente, chi va a comperare (*to shop*)'; 1985] s. m. inv. ● Sacchetto con manici, di plastica o di carta, fornito ai clienti da negozi o grandi magazzini per il trasporto della merce acquistata.

shopping /*'ʃɔppin(g), *ingl.* 'ʃɒpɪŋ/ [vc. ingl., propr. gerundio di *to shop* 'comperare'; 1931] s. m. inv. ● Attività consistente nell'andare in giro per negozi allo scopo di fare acquisti: *fare lo s.; dedicare il pomeriggio allo s.*

shopping center /*'ʃɔppin(g) 'sɛnter, *ingl.* 'ʃɒpɪŋˌsɛntəɹ/ [loc. ingl., propr. 'centro di acquisti', comp. di *shopping* 'acquisti, compere' (da *to shop* 'fare acquisti', d'orig. germ.) e *center* 'centro'; 1957] loc. sost. m. inv. (pl. ingl. *shopping centers*) ● Centro di vendita al dettaglio, situato spec. agli estremi margini delle grandi città, che comprende negozi, bar, ristoranti ed è circondato da ampi spazi destinati al parcheggio.

short /*ingl.* ʃɔːt/ [vc. ingl., abbr. di *short film* 'breve pellicola, cortometraggio'; 1932] **s. m. inv.** ● Cortometraggio cinematografico: *s. pubblicitario.*

shorts /*ingl.* ʃɔːts/ [vc. ingl., pl. sost. dell'agg. *short* 'corto'; 1935] **s. m. pl.** ● Corti calzoncini da uomo o da donna.

short track /*ingl.* 'ʃɔːt,tɹæk/ [loc. ingl., propr. 'pista (*track*) breve (*short*)'; 1988] **loc. sost. m. inv.** ● (*sport*) Gara di pattinaggio su ghiaccio su breve percorso ovale o circolare, nella quale i concorrenti, devono ottenere un piazzamento valido per accedere al turno successivo o alla finale.

show /*ingl.* ʃəʊ/ [vc. ingl., propr. 'mostra, esibizione', da *to show* 'mostrare'; 1954] **s. m. inv.** ● Spettacolo di varietà | Spettacolo televisivo leggero o di varietà imperniato sulla partecipazione di un attore presentatore protagonista.

showbiz /*ʃo'biz, *ingl.* 'ʃəʊbɪz/ [vc. ingl., riduzione di *show business*; 1983] **s. m. inv.** ● Forma contratta di *show business* (V.).

showboat /*ingl.* 'ʃəʊ,bəʊt/ [vc. ingl.-amer., propr. 'nave (*boat*) per spettacoli (*show*)'; 1965] **s. m. inv.** (pl. ingl. *showboats*) ● Battello attrezzato a teatro, frequente durante il XIX secolo sui grandi fiumi dell'America del Nord, per offrire al pubblico varie forme di spettacolo.

show business /*ingl.* 'ʃəʊ,bɪznəs/ [loc. ingl., propr. 'affari (*business*) con lo spettacolo (*show*)'; 1980] **loc. sost. m. inv.** ● Industria dello spettacolo | Affari, attività economiche che gravitano intorno al mondo dello spettacolo.

showdown /*ʃo'daun, *ingl.* 'ʃəʊ,daʊn/ [loc. ingl., propr. 'mostra giù', comp. di *to show* 'mostrare' (d'orig. germ.) e *down* 'giù' (V. *countdown*); 1963] **s. m. inv.** ● Nel poker, il mettere le carte in tavola | (*fig.*) Chiarificazione decisiva, resa dei conti.

showgirl /*ʃo'gerl, *ingl.* 'ʃəʊ,gɜːɹl/ [vc. del gergo teatrale ingl.-amer., comp. di *show* 'spettacolo' e *girl* 'ragazza'; 1967] **s. f. inv.** (pl. ingl. *showgirls*) ● Attrice o ballerina in grado di esibirsi in varie forme di spettacolo, dotata di molta comunicativa.

showman /*ʃo'men, *ingl.* 'ʃəʊmən/ [vc. del gergo teatrale ingl.-amer., comp. di *show* 'spettacolo' e *man* 'uomo'; 1957] **s. m. inv.** (pl. ingl. *showmen*) ● Attore o presentatore dotato di molta comunicativa, animatore principale di varie forme di spettacolo | (*est.*) Persona che si comporta in pubblico con preordinata esibizione delle proprie qualità allo scopo di guadagnarsi il favore o il consenso della gente.

showroom /*ʃo'rum, *ingl.* 'ʃəʊ,ɹʊ(u)m/ [vc. ingl., 'sala d'esposizione', comp. di *show* 'mostra' (V. *show-down*) e *room* 'sala, stanza' (V. *tea-room*); 1979] **s. m.** o **f. inv.** (pl. ingl. *showrooms*) ● (*org. az.*) Ambiente che, nel sistema distributivo di un'azienda di prodotti industriali, costituisce punto di esposizione e talora di vendita promozionale | (*est.*) Qualunque ambiente adibito all'esposizione di prodotti vari.

ShowView® /*ingl.* 'ʃəʊ,vjuː/ [in ingl. 'visione (*view*) dello spettacolo (*show*)'; 1993] **s. m. inv.** ● Sistema che consente la registrazione differita di un programma televisivo mediante la digitazione di un codice numerico che identifica la data, il canale, l'esatto inizio e la durata del programma stesso.

shrapnel /*ingl.* 'ʃɹæpnl/ [vc. ingl., dal n. del Gen. H. *Shrapnel* (1761-1842) che l'inventò; 1879] **s. m. inv.** ● Granata contenente pallette e una piccola carica che, azionata da una spoletta a tempo, esplode a una prestabilita altezza dall'obiettivo proiettando le pallette a guisa di altrettanti proiettili: *Incomincia una pioggia di shrapnels* (STUPARICH).

shunt /*ingl.* ʃʌnt/ [vc. ingl., propr. 'derivazione'; 1899] **s. m. inv.** **1** Conduttore elettrico che viene inserito fra due punti di un circuito allo scopo di deviare parte della corrente, usato comunemente negli amperometri | Derivatore. **2** (*med.*) Raccordo anomalo, naturale o creato chirurgicamente, che comporta la deviazione di un flusso.

shuntàre /*ʃun'tare/ o **sciuntàre** [dalla vc. ingl. *shunt* 'derivazione, circuito'; 1960] **v. tr.** ● (*elettr.*) Inserire uno shunt: *s. un amperometro.*

shuttle /*'ʃattol, *ingl.* 'ʃʌtl/ [vc. ingl. d'orig. germ.: 'navetta'; 1982] **s. m. inv.** ● Accorc. di *space-shuttle.*

♦**si** (**1**) /si/ [lat. *sē* 'sé', in posizione proclitica. V. *sé*; av. 1250] **pron. pers.** atono di terza pers. sing. e **pl.** (formando gruppo con altri **pron.** atoni si pospone a *mi, ti, ci, vi, gli*: *mi si è rotto*; *lo vedemmo buttarglisi addosso.* Assume la forma *se* (V.) davanti ai **pron.** atoni *la, le, li, lo* e alla particella *ne.* Si usa in posizione procl. con i **v.** al modo finito (e poet. o bur. con i **v.** di modo **inf.**, **part.**, **ger.**), in posizione encl. con i **v.** di modo **inf.**, **part.** e **ger.**: *si lava*; *non si fa credito*; *nascondersi*; *vistosi perduto*; *sentendosi osservato*; *affittansi camere*; *vendonsi pellicce*) **1** Sé (come compl. ogg. encl. e procl. nella coniug. dei v. rifl. e rifl. rec.): *si rade ogni mattina*; *può pettinarsi meglio*; *non riesce a nascondersi*; *si devono armare di coraggio*; *si colpiscono a vicenda*; *li ho uditi ingiuriarsi*; *non possono sopportarsi a vicenda.* **2** Sé (encl. e procl. nella coniug. dei v. intr. pron.): *deve vergognarsi della sua condotta*; *si sono molto pentiti dell'acquisto*; *si stupisce di tutto*; *la corda si è spezzata.* **3** A sé (come compl. di termine, encl. e procl. nella coniug. dei v. rifl. apparenti): *è meglio darsi la morte*; *si è tolto due denti*; *non si è fatta male*; *si tolga il cappello!* | Per sé: *si è comprato un vestito*; *si sono fatti un nome*; *deve prepararsi tutto da sola* | Come dativo etico, con valore intens., per esprimere partecipazione: *si faccia gli affari suoi!*; *si godano i loro giorni di vacanza*; *si fa le sue nove ore di sonno.* **4** Uno, qualcuno (premesso alla terza pers. sing. di tutti i tempi di tutti i verbi, dà loro la forma impers.): *si dice che sia molto ricco*; *si racconta che il Santo si sia fermato in questa casa*; *non si vive di solo pane*; *tra poco si parte*; *si raccomanda di non fumare*; *qui si fa l'Italia o si muore*; *ci si accorge tardi dei propri errori* | (*poet.* o *bur.*) In posizione procl.: *vuolsi così colà dove si puote / ciò che si vuole* (DANTE *Inf.* III, 95-96) | (*fam.*) In espressioni esortative o che esprimono comando: *non si sta seduti in quel modo*; *non si risponde in questi termini!* | (*fam., spec. tosc.*) Riferito a un sogg. di prima pers. pl.: *noi si credeva che avrebbe acconsentito*; *è proprio ciò che si diceva noi*; *noi si parte domani.* **5** Premesso alla terza pers. sing. e pl. di tutti i tempi semplici di un verbo nella forma attiva, lo rende passivo: *queste cose si usavano una volta*; *l'ufficio si apre alle ore nove*; *non si fa credito*; *sono film che si vedono volentieri* | (*procl.*) *Affittansi box*; *vendonsi appartamenti.* **6** (*pleon.*) Con valore raff. e intens.: *alla fine si tacque*; *non sa più quel che si dica* (MANZONI); *et ella si sedea / umile in tanta gloria* (PETRARCA) (V. note d'uso ACCENTO ed ELISIONE e TRONCAMENTO).

si (**2**) /si*, si/ [dalle iniziali dell'invocazione *S*(*ancte*) *J*(*ohannes*) che chiude la strofa dell'inno scelto da Guido d'Arezzo a fondamento della scala musicale; 1805] **s. m. inv.** ● (*mus.*) Settima nota della scala musicale di *do* (V. nota d'uso ACCENTO).

♦**sì** (**1**) /si*/ o (*tosc., enfat.*) **sie** nel sign. A 1 [lat. *sīc* 'così', particella affermativa nella formula *sīc ĕst* 'così è'; sec. XIII] **A avv.** **1** Si usa come affermazione di ciò che viene domandato o proposto ed equivale a un'intera frase: *'avete terminato il lavoro?' 'sì'*; *'vuoi uscire con noi?' 'sì!'*; *'hai proprio capito bene?' 'sì'* | (*iter.*) Con valore raff.: *'allora, ti sbrighi?' 'sì sì!'* | Con valore intens. accompagnato da rafforzativi: *oh sì!*; *sì certo*; *certo che sì!*; *sì certamente*; *sì e poi sì* | ***Ma sì!***, spec. accondiscendendo con tono annoiato a chi domanda con insistenza | ***Sì, domani!***, ***sì davvero!***, ***sì, proprio!***, (*iron., antifr.*) no, assolutamente no | ***Forse*** (***che***) ***sì***, ***forse*** (***che***) ***no***, può darsi (come risposta che esprime incertezza) | ***Più sì che no***, probabilmente sì | ***Più no che sì***, probabilmente no | ***Dire***, ***rispondere***, ***accennare***, ***fare di sì***, accettare, acconsentire, dare risposta affermativa, fare segno di affermare: *ha fatto di sì con la testa*; *scuoteva la testa ma gli occhi dicevano di sì*; *devi dirmi o sì o no* | ***Pare***, ***sembra di sì***, pare, sembra vero | ***Speriamo*** (***proprio***) ***di sì***, speriamo che sia vero, che sia così, che accada | ***Se sì***, in caso affermativo: *pensaci e se sì, telefona* | ***E sì che***, e pensare, e dire che (esprimendo rammarico, disappunto, dispiacere, rimpianto e sim.): *e sì che l'avevamo avvisata!*; *e sì che avevamo tanto insistito!* **CONTR.** No. **2** Con funzione affermativa in una prop. disgiuntiva o in contrapposizione con un altro termine: *voglio una risposta: o sì o no!*; *chi sì e chi no* | ***Uno sì e uno no***, uno ogni due, alternativamente (con valore distributivo): *fate un passo avanti uno sì e uno no* | ***Un giorno sì e uno no***, a giorni alterni | ***Sì o no?***, esprime impazienza: *volete finirla, sì o no?*; *ci muoviamo, sì o no?* | ***Sì e no***, a mala pena, neanche: *saranno sì e no quaranta persone.* **CONTR.** No. **3** (*enfat.*) Davvero, proprio: *questa sì che è nuova!*; *questa sì è giustizia!*; *questa sì è bella.* **4** In tono interrogativo rispondendo al telefono con il sign. di 'pronto?' o rispondendo a qlcu. che chiama con il sign. di 'eccomi', 'dica' e sim. **B cong.** ● (*lett.*) †Tuttavia, nondimeno (con valore avversativo): *e se io nol credo, sì 'l fa* (BOCCACCIO). **C s. m.** **1** Assenso, risposta affermativa: *la risposta è sì*; *non mi aspettavo un sì così pieno d'entusiasmo*; *gli sposi hanno già pronunciato il fatidico sì*; *al momento del sì la sposa è svenuta*; *che sì e no nel capo mi tenciona* (DANTE *Inf.* VIII, 111) | ***Essere***, ***stare tra il sì e il no***, essere incerto, indeciso su qlco. | ***Concludere***, ***decidere***, ***risolversi per il sì***, decidere di fare qlco.; concludere, in senso positivo | ***La lingua del sì***, l'italiano: *del bel paese là dove 'l sì suona* (DANTE *Inf.* XXXIII, 80). **CONTR.** No. **2** (*spec. al pl.*) Voto, risposta favorevole a ciò che è stato proposto, domandato: *centoventi sì e quaranta astenuti*; *vittoria dei sì al referendum.* **CONTR.** No. **D** in funzione di **agg. inv.** ● (posposto a un sost.) Favorevole, positivo: *giornata, momento, sì.* **CONTR.** No. (V. nota d'uso ACCENTO).

sì (**2**) /si*/ [abbr. di (*co*)*sì*; 1080] **A avv.** **1** (*lett.*) †Così, in questo modo, con valore modale: *presso a Gaeta, / prima che sì Enea la nomasse* (DANTE *Inf.* XXVI, 92-93) | (*fam.*) †***Sì e sì***, in questo e quel modo (alludendo a cose già dette): *hanno cotante galee in mare, con le quali v'hanno fatto e sì e sì* (SACCHETTI) | In correl. con 'come', nelle similitudini: *Come la navicella esce di loco / in dietro, in dietro, sì quindi si tolse* (DANTE *Inf.* XVII, 100-101). **2** (*lett.*) Tanto, talmente (preposto a un agg. o a un avv.): *non ho mai visto nessuno agire sì freddamente*; *quali a noi secoli / sì mite e bella ti tramandarono?* (CARDUCCI) | (con valore correl.) ***Sì*** ... ***sì***, sia ... sia, tanto ... quanto: *m'apparecchiava a sostener la guerra / sì del cammino e sì de la pietate* (DANTE *Inf.* II, 4-5) | In correl. con 'come' e 'quanto': *volta ver me, sì lieta come bella* (DANTE *Par.* II, 28). **B cong.** **1** (*lett.*) A tal punto (in correl. con 'che' introduce una prop. consec. esplicita con il v. all'indic., al condiz., o al congv., in correl. con 'da', introduce una prop. consec. implicita con il v. all'inf.): *gli amorosi affanni / mi spaventar sì ch'io lasciai / l'impresa* (PETRARCA); *da' medici fu guarita, ma non sì, che tutta la gola e una parte del viso non avesse ... guasta* (BOCCACCIO) | In modo che: *provvediamo per tempo, sì da non essere colti alla sprovvista*; *e faccian siepe ad Arno in su la foce, / sì ch'elli anneghi in te ogne persona!* (DANTE *Inf.* XXXIII, 83-84) | ***Fare sì che***, (*raro*) ***fare sì da***, fare in modo che, da: *fate sì che nessuno rimanga scontento.* **2** (*lett.*) Così (introduce una prop. coordinata con valore concl.): *Vegna Medusa; sì 'l farem di smalto* (DANTE *Inf.* IX, 52). **3** (*lett.*) Non appena che (seguito da 'come', introduce una prop. temporale con il v. all'indic.): *m'era in disio d'udir lor condizioni, / sì come a li occhi mi fur manifesti* (DANTE *Par.* V, 113-114). **4** †Finché (introduce una prop. temp. con il v. all'indic.): *né ci addemmo di lei, sì parlò pria* (DANTE *Purg.* XXI, 12).

♦**sia** [terza pers. del congv. pres. di *essere*, tratta dal lat. *sĭt*; sec. XIV] **cong.** ● Tanto, così, non solo, come (introduce una prop. disgiuntiva sempre in correl. con 'sia', 'che', 'o', 'quanto', 'come' e sim.): *voglio essere informato subito, sia di giorno, sia di notte*; *non è mai stanco, sia che lavori, sia che non lavori*; *sia lui come un altro, per me è indifferente*; *sia che tu lo voglia o non lo voglia, verrò anch'io*; *verremo sia io che mia moglie.*

sial [abbr. di *si*(*licati*) di *al*(*luminio*); 1933] **s. m. inv.** ● (*geol.*) Strato superficiale della sfera terrestre, sovrastante il sima, caratterizzato da prevalenza di silicati alluminiferi.

sialoadenite ● V. *scialoadenite.*

sialorrèa ● V. *scialorrea.*

siamése [da *Siam*, vecchio nome della Tailandia; 1765] **A agg.** **1** Del Siam. **2** ***Fratelli siamesi***, gemelli uniovulari uniti per una parte del corpo (così detti per il caso di due gemelli del Siam vissuti nell'Ottocento); (*fig., scherz.*) persone che stanno sempre insieme. **3** ***Gatto s.***, color avana con mascherina scura, estremità delle zampe e della coda scure, e occhi azzurri. **B s. m. e f.** **1** Abitante, nativo del Siam. *2* (*ellitt.*) Gatto siamese. **C** **s. m.** solo **sing.** ● Lingua della famiglia cino-tibetana, parlata nel Siam.

siàmo ● V. *essere* (*1*).

†siàre ● V. *sciare* (*2*).

sibarìta [dal lat. *sybarīta(m)*, dal gr. *sybarítēs* 'abitante di Sibari', da *Sýbaris* 'Sibari'; 1550] **s. m. e f.** (**pl. m.** *-i*) *1* Abitante dell'antica città di Sibari, nella Magna Grecia. *2* (*fig.*, *lett.*) Persona dedita ai piaceri e al lusso più raffinato.

sibarìtico [dal lat. *sybarīticu(m)* 'voluttuoso', dal gr. *Sybaritikós*, da *Sýbaris* 'Sibari'; 1627] **agg.** (**pl. m.** *-ci*) *1* Che si riferisce a Sibari o ai Sibariti. *2* (*fig.*) Da sibarita, voluttuoso, lussuoso: *piaceri sibaritici*. || **sibariticaménte**, **avv.**

sibbène o **sì bène** [comp. di *sì* (*2*) e *bene*, con raddoppiamento sintattico; av. 1571] **cong.** ● (*raro*, *lett.*) Ma invece, bensì (con valore avversativo e sempre preceduto da una prop. negativa): *non è colpa sua, s. di chi l'ha educato male*; *non è con i facili entusiasmi che si costruisce, s. con la costanza e la ponderazione.*

sibèria [dal nome della *Siberia*, russo *Sibir'*, regione famosa per il suo rigidissimo clima invernale; 1873] **s. f.** ● (*per anton.*, *fam.*) Luogo molto freddo: *questa stanza è una s.*

siberiàno [1817] **A agg.** ● Della Siberia | (*est.*) ***Freddo s.***, molto intenso. **B s. m.** (**f.** *-a*) ● Abitante, nativo della Siberia.

siberìte [comp. di *Siberia*, e *-ite* (*2*); 1957] **s. f.** ● Varietà rosso-scura di tormalina.

sibilànte [part. pres. di *sibilare*, sul modello del fr. *sifflant*, part. pres. di *siffler*, dal lat. *sifilāre*, variante rustica di *sibilāre*; av. 1642] **A agg.** ● (*ling.*) Detto di suono della voce umana nella cui articolazione l'aria espirata produce un effetto di sibilo: *la 's' è una consonante s.* **B s. f.** ● Consonante sibilante.

sibilàre [vc. dotta, dal lat. *sibilāre* 'fischiare', da *sībilus* 'fischio'. V. *zufolare*; av. 1306] **v. intr.** (*io sìbilo*; aus. *avere*) ● Emettere fischi molto acuti: *il serpente sibila*; *il vento sibila tra le vele.*

sibilatóre [dal lat. tardo *sibilatōre(m)*, da *sibilātus*, part. pass. di *sibilāre*; av. 1786] **s. m.**; anche **agg.** (**f.** *-trice*) ● (*lett.*) Chi (o Che) sibila.

sibìlio [av. 1673] **s. m.** ● Il sibilare continuo.

sibìlla [dal lat. *Sibȳlla(m)*, dal gr. *Sibylla* 'profetessa', di orig. orient.; 1308] **s. f.** *1* Presso i Greci e i Romani, profetessa che, ispirata da Apollo, concedeva presagi e oracoli. *2* (*fig.*, *scherz.*) Donna che predice il futuro.

sibillìno [dal lat. *Sibyllīnu(m)*, da *Sibȳlla*; 1521] **agg.** *1* Che si riferisce alla Sibilla | ***Oracoli sibillini***, raccolte di profezie attribuite alle Sibille, di varia origine ed epoca | ***Libri sibillini***, nell'antica Roma, libri profetici consultati in occasioni eccezionali. *2* (*fig.*) Oscuro, misterioso, enigmatico: *linguaggio s.*; *parole sibilline.* || **sibillinaménte**, **avv.** In modo enigmatico, misterioso.

sìbilo [dal lat. *sībilu(m)* 'fischio', forse di orig. indeur.; 1485 ca.] **s. m.** *1* Fischio acuto, sottile e continuo. *2* (*med.*) Rumore patologico di origine bronchiale. || **sibilétto**, **dim.**

sic [dal lat. *sīc* 'così', da un ant. *sēi, con la particella *-c(e)*; 1846] **avv.** ● Così, proprio così (posto tra parentesi dopo una parola o una intera frase, citata o riportata, richiama su di essa l'attenzione rilevandone l'inesattezza, l'errore o la stranezza fedelmente trascritta o riportata e perciò non imputabile a svista).

sìca [dal lat. *sīca(m)* 'pugnale', di etim. incerta; 1892] **s. f.** ● Pugnale con lama ricurva e aguzza, proprio degli antichi Traci.

sicàno [dal lat. *Sicānu(m)* 'della Sicilia', n. dell'antichissima popolazione della Sicilia occidentale; 1340] **agg.** ● Dei Sicani.

sicàrio [dal lat. *sicāriu(m)* 'assassino', da *sīca* 'pugnale'; 1615] **s. m.** ● Chi uccide o commette azioni delittuose per mandato altrui.

siccatività [1960] **s. f.** ● (*chim.*) Proprietà di ciò che è siccativo.

siccatìvo [dal lat. *siccāre* 'seccare'; 1922] **agg.** ● (*chim.*) Detto di composto che ha la facoltà di indurire o di fare indurire le sostanze alle quali viene mescolato.

†siccèra o **†sicèra** [lat. tardo (eccl.) *sīcera(m)* 'pozione inebriante', dal gr. *síkera*, di orig. ebr.] **s. f.** ● Nell'antichità ebraica, specie di sidro.

♦sicché o (*lett.*) **sì che** spec. nel sign. 1 e (*raro*) nel sign. 2 [comp. di *sì* (*2*) e *che* (*2*); sec. XIII] **cong.** *1* Così che, di modo che (introduce una prop. consec. con il v. all'indic. o, raro, al condiz. o al congv.): *si è comportato male, s. ho dovuto punirlo*; *Fieramente furo avversi / a me e a miei primi e a mia parte, / sì che per due fiate li dispersi* (DANTE *Inf.* X, 46-48). *2* E perciò, e quindi (introduce una prop. concl. con il v. all'indic.): *non trovammo nessuno, s. tornammo a casa.* *3* (*ellitt.*) Allora, dunque, e così (in espressioni interr. come invito, sollecitazione a concludere un discorso o a trarne le conseguenze): *s.? si parte o no?*; *s.? come hai impostato l'affare?*

sicciòlo ● V. *cicciolo*.

♦siccità o **†siccitàde**, **†siccitàte** [vc. dotta, dal lat. *siccitāte(m)*, da *sīccus* 'secco'; av. 1292] **s. f.** ● Scarsezza o assoluta mancanza di pioggia per un periodo di tempo relativamente lungo: *i danni della s.* | (*gener.*) Aridità, secchezza: *la s. dell'aria.* **CONTR.** Umidità.

siccitóso [da *siccità*; 1950] **agg.** ● Che è caratterizzato da frequenti periodi di siccità.

♦siccóme o (*lett.*) **sì cóme** nei sign. 2, 3, 4 A e nel sign. B. [comp. di *sì* (*2*) e *come*; av. 1243] **A cong.** *1* Poiché, giacché (introduce una prop. caus. con il v. all'indic.): *s. insiste, non sarà facile rifiutare l'invito*; *s. era tardi, abbiamo rimandato ogni decisione*; *era caro, ma s. mi piaceva molto, l'ho acquistato.* *2* (*lett.*) Come, nel modo in cui (introduce una prop. modale con il v. all'indic.): *accolgono lo straniero con festeggiamenti, s. vuole la loro tradizione*; *onde, s. suole, / ornare ella si appresta* (LEOPARDI). *3* (*lett.*) Come, in quel modo (introduce una prop. dichiarativa con il v. all'indic., al congv. o al condiz.): *ti raccontai s. la conobbi.* *4* (*raro*, *lett.*) Appena che (introduce una prop. temp. con il v. all'indic.): *s. seppi che era venuto, mi precipitai a salutarlo.* **B avv.** ● (*lett.*) Come: *s. il sol che schiude / dal pigro germe il fior* (MANZONI).

siceliòta o **sicilióta** [vc. dotta, dal gr. *Sikeliṓtēs* 'greco stanziato in Sicilia', da *Sikelía* 'Sicilia'; 1860] **s. m. e f.** (**pl. m.** *-i*) ● Anticamente, greco abitante nelle colonie greche della Sicilia.

†sicèra ● V. *†siccera*.

sic et simpliciter [vc. lat., propr. 'così e semplicemente'; 1923] **loc. avv.** ● Senza altra aggiunta.

sì che /sik'ke*, 'sikke*/ ● V. *sicché*.

siciliàna [f. sost. di *siciliano*; 1585] **s. f.** ● Antica danza in movimento grave e lento.

sicilianìsmo [da *siciliano*, con *-ismo*; 1891] **s. m.** ● Vocabolo, locuzione, costrutto e sim. tipico del dialetto siciliano.

sicilianità [da *siciliano*; 1960] **s. f.** ● Condizione, caratteristica di siciliano.

siciliàno o **†ciciliàno** [sec. XIII] **A agg.** ● Della Sicilia | ***Scuola siciliana, scuola poetica siciliana***, quella fiorita alla corte di Federico II di Svevia nel Duecento | ***Vespri siciliani***, moto popolare scoppiato a Palermo nel marzo 1282 contro la dominazione angioina | ***†Grano s.***, granoturco | ***Alla siciliana***, (*ellitt.*) alla maniera dei siciliani, conformemente alle loro abitudini e tradizioni: *cassata alla siciliana.* **B s. m.** (**f.** *-a*) ● Abitante, nativo della Sicilia. **C s. m.** solo **sing.** ● Dialetto italiano meridionale, parlato in Sicilia.

sicilióta ● V. *siceliota*.

sicìnno [vc. dotta, dal gr. *síkinnon*, di orig. tracio-frigia. V. *sicinnide*; 1960] **s. m.** ● Danza di satiri accompagnata da suoni e canti.

sìclo [lat. tardo (eccl.) *sīclu(m)*, risalente all'ebr. *sheqel*; sec. XIV] **s. m.** ● Unità della moneta d'argento della Persia antica e in genere dell'Oriente.

sicofànte o **†sicofànta** [vc. dotta, dal gr. *sykophántēs* 'denunciatore', comp. di *sŷkon* 'fico' e *-phántēs*, da *pháinein* 'manifestare': propr. 'delatore (di ladri) di fichi'; 1353] **s. m.** (**pl.** *-i*) *1* Nella Grecia antica, accusatore di professione, calunniatore, ricattatore | Nella Roma antica, imbroglione. *2* (*est.*, *lett.*) Delatore, spia, calunniatore.

sì cóme /sik'kome/ ● V. *siccome*.

sicomòro o (*raro*) **sicòmoro**, **†seccomòro** [dal lat. *sycŏmoru(m)*, dal gr. *sykómoros*, comp. di *sŷkon* 'fico' e *móron* 'mora'; av. 1320] **s. m.** ● Grande albero africano delle Moracee, anticamente fornitore del legno per i sarcofagi egiziani (*Ficus sycomorus*). **SIN.** Loto bianco | (*est.*) Frutto di tale albero. ➡ **ILL. piante**/2.

sicònio o **sicòno** [vc. dotta, dal gr. *sykṓn*, genit. *sykônos* 'fichereto', da *sŷkon* 'fico', di orig. mediterr.; 1818] **s. m.** ● (*bot.*) Infiorescenza e infruttescenza formata dal ricettacolo carnoso e chiuso sulle cui pareti sono inseriti fiorellini da cui si origineranno piccoli acheni.

sicòsi [vc. dotta, dal lat. *sycōsiu(m)*, dal gr. *sýkōsis*, da *sŷkon* 'fico'; 1829] **s. f. inv.** ● (*med.*) Suppurazione diffusa dei peli del viso.

sìculo [dal lat. *Sīculu(m)*; 1340] **A agg.** *1* Dei Siculi, popolo anticamente abitante in Sicilia. *2* (*est.*, *lett.*, *scherz.*) Siciliano. **B s. m.** (**f.** *-a*) *1* Antico abitante della Sicilia. *2* (*est.*, *lett.*, *scherz.*) Abitante della Sicilia.

sicumèra [di etim. discussa: da *sicuro* (?); 1544] **s. f.** ● Ostentazione di grande sicurezza di sé.

sicùra [f. sost. di *sicuro*; 1922] **s. f.** *1* Congegno di sicurezza che nelle armi da fuoco portatili consente di bloccare il meccanismo di sparo, impedendone il funzionamento accidentale: *mettere*, *togliere*, *la s.* | ***Mettere in s.***, mettere un fucile in posizione di non sparo. *2* (*est.*, *gener.*) Congegno che impedisce il funzionamento di un meccanismo: *mettere la s. alla portiera dell'automobile*; *la s. del bracciale, della collana.*

†sicuraménto [da *sicurare*] **s. m.** ● (*raro*) Sicurezza.

†sicurànza o **†securànza** [da *sicuro*, sul modello del provz. *seguranza*, da *segur* 'sicuro'; av. 1250] **s. f.** *1* Certezza, sicurezza. *2* Baldanza. *3* Assicurazione: *quel signor … / mi dona s. / che voi sarete amica di pietate* (DANTE).

†sicuràre o **†securàre** [da *sicuro*; av. 1294] **v. tr. e rifl.** ● Assicurare, rendere sicuro: *chi altri offende sé non sicura* (LEONARDO).

♦sicurézza [da *sicuro*; 1505] **s. f.** *1* Condizione o caratteristica di ciò che è sicuro, privo di rischi o di pericoli: *la s. del viaggio, della strada*; *automobile che offre la massima s.*; *garantire la s. economica*; *problemi della s. militare* | ***Per maggior s.***, per evitare comunque che si verifichi qlco. di spiacevole, di dannoso e sim. | ***Margine, limite di s.***, oltre il quale sussistono reali possibilità di pericolo, danno e sim. | ***Uscita di s.***, nei locali pubblici, porta che si apre in caso di pericolo per rendere più celere lo sfollamento | ***Serratura di s.***, munita di un dispositivo che ne impedisce il funzionamento se non si usa la chiave costruita appositamente per tale serratura | ***Cassette di s.***, collocate in camere corazzate, predisposte dalle banche perché i clienti vi possano riporre gioielli, valori, documenti e sim. | ***Congegno, dispositivo di s.***, quello che impedisce il funzionamento accidentale o prematuro dei più vari meccanismi, o lo blocca in caso di anomalie | ***Valvola di s.***, per impedire lo scoppio di caldaie e sim. | ***Fiammifero di s.***, che si può accendere solo sfregandolo su materiale apposito | ***Lampada di s.***, per minatori, che si spegne in presenza di grisù | ***Vetro di s.***, infrangibile, ottenuto mediante particolari tecniche di lavorazione | (*ferr.*) ***Impianto di s.***, complesso di apparecchiature e segnali atti a garantire la marcia dei treni | ***Carico di s.***, frazione del carico di rottura di un dato materiale, rispetto a una data sollecitazione, che consente sufficiente stabilità alla struttura | ***Grado di s.***, rapporto fra il carico di rottura e il corrispondente carico di sicurezza | (*dir.*) ***Misura di s.***, provvedimento applicabile dall'autorità giudiziaria a soggetti che abbiano commesso un reato e siano socialmente pericolosi; (*fig.*) precauzione: *lo faccio solo per misura di s.* | ***Pubblica s.***, attività della Pubblica Amministrazione diretta alla tutela dell'ordine pubblico; (*est.*) apparato che esplica tale attività | ***Agente di pubblica s.***, agente della polizia di Stato | ***S. sociale***, complesso di misure stabilite dalla legge, atte a garantire ai membri di una comunità o ai lavoratori di certe categorie produttive un reddito minimo e l'assistenza medica quando si trovino in particolari condizioni | ***Carcere di massima s.***, quello per detenuti di particolare pericolosità sociale | ***Camera di s.***, ove si rinchiudono individui sospetti di reato in commissariati e questure. *2* Condizione di chi è sicuro di sé: *agire, muoversi, scrivere, parlare, con s.*; *s. d'animo*; *acquistare s. nel ballare.* *3* Certezza: *ho la s. della vittoria*; *mi dimostrò la s. delle prove in suo potere* | Fiducia: *avere s. nell'avvenire*; *ispirare s. a qlcu.*

†sicurità ● V. *†sicurtà*.

♦sicùro o **†secùro** [lat. *secūru(m)*, da *sē(d)* 'senza' e *cūra* 'affanno', propr. 'senza preoccupazione'; 1294] **A agg.** *1* Che è privo di qualsiasi timore, che si sente tranquillo, quieto: *dormire*, *sentirsi*, *vivere, s.*; *essere s. da un pericolo* | (*lett.*) ***Fare s. qlcu.***, rassicurarlo. **2** Che non presenta pericoli: *viaggio s.*; *strada sicura* | Che è immune da pericoli, che è ben difeso: *luogo, asilo, s.*; *mura sicure*; *luogo s. da offesa, dal pericolo*; *non temere, la barca è sicura*. **3** Che sa con certezza, detto di persona: *essere s. di qlco.*; *sei s. di quello che dici?*; *sono bene s. di averlo visto*; *sei proprio s. che fosse lui?*; *sono s. che domani pioverà*; *farò come dici, sta' s.* CONTR. Dubbioso, incerto. **4** Che nell'agire, nel comportarsi, nel compiere determinati atti, mostra abilità, perizia, fiducia in sé stesso, mancanza assoluta di esitazioni o timori: *è molto s. nel maneggiare le armi*; *non mi sento ancora s. per l'esame*; *non si sente s. nel tradurre*; *è troppo s. di sé* | (*fam.*) ***Essere, mostrarsi, s. del fatto proprio***, di chi agisce sapendo bene ciò che vuole | Che dimostra sicurezza: *avanza con passo s.* | Che non sbaglia: *colpire con mira sicura*; *prendere qlco. con mano sicura*; *tiro, colpo, s.* **5** Che non dà motivo di sospetto, dubbio e sim.: *la notizia è sicura*; *l'informazione viene da fonte sicura* | Fidato, detto di persona: *quello è un amico s.* **6** Che dà la certezza di avvenire secondo le previsioni: *l'affare, il guadagno, è s.*; *questo è un rimedio s. per te*; *salvare qlcu. da morte sicura*; *ormai la vittoria è sicura* | ***Tempo, mare, s.***, che dà la certezza di mantenersi buono | ***Cavallo s.***, su cui si può scommettere con la certezza di vincere | ***Andare a colpo s.***, (*fig.*) affrontare un'impresa sapendo in anticipo quale ne sarà lo svolgimento o l'esito | ***Di s.***, sicuramente, con certezza, senza dubbio. SIN. Certo. **7** Detto di congegno, attrezzo e sim. che funziona perfettamente: *arma, macchina, sicura*. **8** †Audace, coraggioso: (*i più sicuri uomini … avevan paura* (BOCCACCIO). || **sicuraménte**, avv. **1** Con sicurezza, in modo sicuro: *asserire sicuramente*. **2** Certamente: *arriveranno sicuramente*. **B** in funzione di avv. ● Certamente, sì, certo (spec. nelle risposte con valore fortemente affermativo): *s. che ci sarò anch'io!*; *'l'hai visto proprio?' 's.!'*; *'verrai con me?' 'Ma s.!'*. **C** s. m. solo sing. **1** Ciò che è sicuro, certo | ***Dare qlco. per s.***, averne la certezza | ***Dare per s. che …***, essere certo che. **2** Luogo sicuro, protetto, esente da pericoli: *andare, trovarsi, credersi, al s.*; *qui siamo al s. dalla pioggia* | ***Camminare, andare sul s.***, (*fig.*) non correre rischi.

†sicurtà o **†securtà**, **†sicurità** [lat. *securitāte(m)* 'sicurezza', da *secūrus* 'sicuro'; av. 1294] s. f. **1** Sicurezza. **2** Fiducia. **3** Cauzione, garanzia, mallevadoria: *fare s.*; *ricevere la s.* | (*est.*) Garante. **4** Assicurazione | Oggi usato in alcune loc. del linguaggio giuridico: *polizza, premio, ordinativo, di s.*

sidebag /said'bɛg, *ingl.* 'saed,bæg/ [vc. ingl. comp. di *bag* 'borsa, sacco' e *side* 'lato' sul modello di *airbag*; 1998] s. m. inv. ● (*autom.*) Airbag laterale.

sidecar /'saidkar, *ingl.* 'saed,kɑːɹ/ [vc. ingl., propr. 'carrozzino (*car*) a lato (*side*)'; 1918] s. m. inv. ● Carrozzino di motocicletta | Motocarrozzetta.

siderale [vc. dotta, dal lat. *siderāle(m)*, da *sīdus*, genit. *sīderis* 'stella', di etim. incerta; 1598] agg. ● (*astron.*) Sidereo | (*fig.*) Enorme, abissale. || **sideralménte**, avv. (*fig.*) Incommensurabilmente: *due concezioni sideralmente lontane*.

siderazióne [vc. dotta, dal lat. tardo *sideratiōne(m)* 'disseccazione degli alberi', da *siderātus*, part. pass. di *siderāri* 'soffrire un colpo di sole', da *sīdus*, genit. *sīderis* 'astro'; nel sign. 2, dal lat. *sideratiōne(m)* 'l'esser fulminato'; 1838] s. f. **1** (*agr.*) Sovescio di piante concimate con fertilizzanti minerali. **2** Morte provocata da un investimento di corrente elettrica ad alta tensione. SIN. Folgorazione.

†sidere [vc. dotta, dal lat. *sīdere* 'posarsi, giacere'; 1321] v. intr. ● (*lett.*) Stare, trovarsi: *O luce etterna che sola in te sidi* (DANTE *Par.* XXXIII, 124).

sideremia [comp. di *sider(o)*- ed *-emia*] s. f. ● (*med.*) Quantità di ferro presente nel sangue.

sidèreo [vc. dotta, dal lat. *sidēreu(m)*, da *sīdus*, genit. *sīderis* 'astro'; av. 1396] agg. ● Che si riferisce agli astri, ai corpi celesti e allo spazio cosmico in cui essi si trovano: *tempo s.*; *anno s.* | ***Giorno s.***, unità di tempo usata in astronomia, corrispondente all'intervallo che separa due passaggi consecutivi superiori di una stella nel piano del meridiano | ***Rivoluzione siderea***, intervallo di tempo tra due successive congiunzioni di un pianeta con una stessa stella | ***Universo s.***, l'insieme dei corpi celesti e dello spazio in cui risiedono | ***Pietre sideree***, sideroliti.

siderite [vc. dotta, dal lat. *siderīte(n)*, dal gr. *sidērítēs*, da *sídēros* 'ferro', di etim. incerta; 1550] s. f. **1** (*miner.*) Carbonato di ferro, in cristalli incolori o gialli con croste brune, spesso in banchi massicci adatti per estrazione mineraria. **2** Meteorite costituita in prevalenza da una lega ferro-nichel.

sidero- [dal gr. *sídēros* 'ferro'] primo elemento ● In parole scientifiche composte, significa 'ferro' o indica relazione col ferro: *siderosi*.

siderografia [comp. di *sidero-* e *-grafia*; 1940] s. f. ● Incisione su lastra di acciaio.

siderolite [comp. di *sidero-* e *-lite*; 1940] s. f. ● Meteorite costituito da silicati e leghe ferro-nichel in parti circa uguali.

sideròsi [comp. di *sidero-* e *-osi*; 1957] s. f. inv. ● Colorazione bruna della pelle e degli organi interni del corpo per assunzione eccessiva di sali di ferro.

sideròstato [comp. di *sidero-* e *-stato*; 1936] s. m. ● (*astron.*) Celostata.

siderurgia [dal gr. *sidērourgía*, comp. di *sídēros* 'ferro' e *-ourgía*, da *érgon* 'lavoro'; 1829] s. f. ● (*tecnol.*) Settore della metallurgia che concerne la preparazione e la lavorazione del ferro.

siderùrgico [1864] **A** agg. (pl. m. *-ci*) ● Della siderurgia: *industria siderurgica*. **B** s. m. (f. *-a*) ● Operaio, impiegato, dell'industria siderurgica | Industriale siderurgico.

si dice [comp. di *si* (*1*) e della terza pers. del pres. indic. di *dire*] loc. sost. m. inv. ● Affermazione corrente e ripetuta, diffusa tra la gente, diceria: *stando ai si dice, sono in procinto di sposarsi*.

†sido [lat. *sīdus* (nom. acc. nt.) 'astro, stella', di etim. incerta. V. *assiderare*] s. m. ● Freddo eccessivo.

sidro [dal fr. *cidre*, dal lat. tardo (eccl.) *sīcera(m)* 'bevanda inebriante', risalente attraverso il gr. *síkera* all'ebr. *šēchār* 'bevanda di frutta e miele'; av. 1597] s. m. ● Bevanda a bassa gradazione alcolica, di sapore dolce acidulo, ottenuta dalla fermentazione di succhi di frutta, spec. di mele e pere.

sie ● V. *sì* (*1*).

sièdo ● V. *sedere* (*1*).

siemens /'simens, *ted.* 'ziːmǝns/ [dal nome dello scienziato ted. W. von *Siemens* (1816-1892); 1937] s. m. inv. ● Unità elettrica di misura della conduttanza pari a 1 (ohm)$^{-1}$. SIMB. S.

sienite (o **sie-**) [da *Siene*, città egiziana (oggi Assuan); dal lat. *Syēne(n)*, dal gr. *Syḗnē*; 1817] s. f. ● Roccia feldspatica composta di ortoclasio, plagioclasio e orneblenda, cui spesso si associano piccole quantità di quarzo e biotite.

siepàglia [sec. XIV] s. f. ● Siepe folta e disordinata.

siepàia [1858] s. f. ● Siepaglia.

†siepàre v. tr. ● Cingere di siepe.

♦**sièpe** [lat. *sāepe(m)*, di etim. incerta; av. 1292] s. f. **1** Riparo di piante, rami o materiali diversi intorno a orti, campi, giardini e sim. | ***S. viva, naturale***, con piante vegetanti | ***S. morta, artificiale***, con frasche, rami secchi, e sim. | ***S. ornamentale***, nei giardini per segnare i limiti tra le varie parti. **2** (*est.*) Quantità di persone o cose disposte insieme in modo tale da formare un riparo, un ostacolo, un impedimento: *una s. di poliziotti, di baionette* | (*lett.*) ***Far s.***, fare da sbarramento, da ostacolo: *muovasi la Capraia e la Gorgona, / e faccian s. ad Arno in su la foce* (DANTE *Inf.* XXXIII, 82-83). **3** (*sport*) Nelle gare ippiche, tipo di ostacolo costituito da vegetazione o arbusti | ***Tremila siepi***, nell'atletica leggera, classica gara con ostacoli vari. || **siepóne**, accr. m.

sièrico [1960] agg. (pl. m. *-ci*) ● Del siero.

sièro [lat. *sēru(m)* 'parte acquosa del latte', di orig. indeur.; av. 1320] s. m. **1** ***S. del latte***, liquido giallo verdastro, torbido, che resta nella caldaia dopo la separazione del formaggio. **2** Parte liquida del sangue quale si separa dalle parti solide per effetto della coagulazione | Medicamento iniettabile, preparato utilizzando il siero del sangue di animali immunizzati contro determinate malattie, usato per la cura o la prevenzione di queste nell'uomo: *s. antivipera* | ***S. della verità***, farmaco ad azione nervosa centrale, spec. barbiturico, che rimuove le inibizioni nel soggetto favorendo la disponibilità al dialogo, usato per ottenere da qlcu. informazioni. || **sieràccio**, pegg.

sièro- o **sèro-** (*2*) [da *siero*] primo elemento ● In parole composte usate nel linguaggio medico e biologico indica relazione con il siero sanguigno o con un siero: *sieroprofilassi*, *sierologia*.

sieroalbumina [comp. di *siero-* e *albumina*; 1957] s. f. ● (*chim.*) Albumina presente nel siero ematico.

sierodiàgnosi [comp. di *siero-* e *diagnosi*; 1941] s. f. inv. ● Diagnosi delle malattie infettive mediante l'esame del siero o del plasma per la ricerca degli anticorpi e per l'individuazione degli antigeni specifici della malattia in esame.

sierodiagnòstica [da *sierodiagnosi*] s. f. ● Insieme delle tecniche con cui si esegue la sierodiagnosi.

sierodiagnòstico [1991] agg. (pl. m. *-ci*) ● (*med.*) Relativo a sierodiagnostica.

sieroglobulina [comp. di *siero-* e *globulina*; 1960] s. f. ● (*chim.*) Globulina presente nel siero ematico.

sierologia o **serologia** [comp. di *siero-* e *-logia*; 1911] s. f. ● Studio del siero per la ricerca di anticorpi e di antigeni circolanti | (*per est.*) Ricerca di anticorpi e antigeni in altri liquidi corporei.

sierològico [1960] agg. (pl. m. *-ci*) ● Della sierologia.

sieromucóso [comp. di *siero-* e *mucoso*] agg. ● (*med.*) Di essudato tipico nelle flogosi delle mucose.

sieronegatività [comp. di *siero-* e *negatività*; 1986] s. f. ● (*med.*) Risposta negativa in un test diagnostico sierologico per assenza di anticorpi specifici contro un determinato antigene (es. microrganismo).

sieronegativo [comp. di *siero-* e *negativo*; 1986] agg.; anche s. m. ● Detto di chi, sottoposto a esame sierologico per la ricerca di anticorpi specifici verso un determinato antigene, ne risulta privo.

sieropositività [comp. di *siero-* e *positività*; 1986] s. f. ● (*med.*) Risposta positiva in un test diagnostico eseguito sulle immunoglobuline del siero per presenza di anticorpi specifici contro un determinato antigene (es. microrganismo).

sieropositivo [comp. di *siero-* e *positivo*; 1985] **A** agg. ● Detto di chi, sottoposto a esame sierologico, presenta anticorpi specifici verso un determinato antigene | (*per anton.*) Detto di individuo portatore del virus dell'AIDS e con anticorpi specifici rilevabili mediante sierodiagnosi. **B** anche s. m. (f. *-a*).

sieroprofilàssi [comp. di *siero-* e *profilassi*; 1960] s. f. inv. ● (*med.*) Profilassi mediante siero contenente gli anticorpi di una determinata malattia.

sieroproteina [comp. di *siero-* e *proteina*; 1987] s. f. ● (*chim.*) Proteina presente nel siero ematico.

sieróṣa [f. sost. di *sieroso*; 1895] s. f. ● (*anat.*) Membrana di rivestimento delle grandi cavità del corpo umano, derivata dalla primitiva membrana celomatica: *s. peritoneale, pleurica, pericardica*.

sieroṣità o **†seroṣità** [1640] s. f. ● Caratteristica, proprietà di ciò che è sieroso | Liquido sieroso.

sieróṣo o **†seróṣo** [1611] agg. ● Di siero: *versamento s.* | Simile a siero: *liquido s.*

sieroterapia [comp. di *siero-* e *terapia*; 1894] s. f. ● Cura di malattie infettive mediante siero di animali opportunamente trattati o di uomo che ha superato la stessa malattia, contenenti anticorpi specifici.

sieroteràpico [1927] agg. (pl. m. *-ci*) ● Della sieroterapia: *istituto s.*

sièrra /*sp.* 'sjerra/ [vc. sp., propr. 'sega', dal lat. *sĕrra(m)* 'sega'; 1839] s. f. (pl. *sièrre* o sp. *sierras*) ● In Spagna e nell'America latina, catena montuosa dalla caratteristica linea seghettata.

sièsta [dallo sp. *siesta* '(ora) sesta', dal lat. *sĕxta(m)* (*hōra(m)*) 'ora sesta, mezzogiorno'; 1698] s. f. ● Breve riposo dopo il pasto di mezzogiorno, spec. nella stagione calda: *fare la s.*

siète ● V. *essere* (*1*).

sievert /'sivert/ [dall'ingl. *sievert* (*unit*), n. dato in onore del radiologo svedese R. M. *Sievert* (1896-1966); 1974] s. m. inv. ● (*fis.*) Unità di misura dell'equivalente di dose nel Sistema Internazionale, definita come la dose assorbita di qualsiasi radiazione ionizzante che ha la stessa efficacia biologica di 1 gray di raggi X. SIMB. Sv.

siffàtto o **sì fatto** [comp. di *sì* (*2*) e *fatto*; 1364] agg. ● (*raro*) Così fatto, tale (spesso con una connotazione spreg.): *a siffatte domande non rispondo; tanto ... valeva il tuo ideale, che tu lo vendessi per siffatta guisa e a gente siffatta?* (CARDUCCI). || **siffattaménte**, avv. In tal modo, in maniera siffatta.

sifìlide [dal n. del pastore *Sўphilus*, di orig. classica, protagonista del poemetto scient. di G. Fracastoro *Syphilis, sive de morbo gallico*; av. 1698] s. f. ● Malattia infettiva trasmessa con i rapporti sessuali, prodotta dalla Spirocheta pallida, che colpisce diffusamente l'organismo, spesso con gravi ripercussioni sul sistema nervoso. SIN. Lue, mal francese.

sifilìtico [1794] **A** agg. (pl. m. *-ci*) ● Della sifilide. **B** agg.; anche s. m. (f. *-a*) ● Che (o Chi) è affetto da sifilide.

sifilodèrma [comp. di *sifil(ide)* e *-derma*; 1936] s. m. (pl. *-i*) ● (*med.*) Qualsiasi manifestazione a carico della cute nel periodo secondario della sifilide.

sifilòma [comp. di *sifil(ide)* e del suff. *-oma*; 1905] s. m. (pl. *-i*) ● (*med.*) Lesione ulcerativa della cute o delle mucose caratteristica del primo stadio della sifilide, che si manifesta nel sito di penetrazione del batterio infettante (*Treponema pallidum*).

sifonàggio [da *sifone*; 1983] s. m. ● (*tecnol., edil.*) Svuotamento del sifone di un apparecchio igienico-sanitario, con conseguente rigurgito di miasmi, dovuto al risucchio prodotto dalla rapida caduta di materie nella condotta verticale di scarico.

Sifonàli [da *sifono-* e *-ali*; 1931] s. f. pl. (sing. *-e*) ● Nella tassonomia vegetale, classe di alghe verdi con tallo formato da un'unica grande cellula con numerosi nuclei (*Siphonales*).

sifonaménto [da *sifone*; 1960] s. m. **1** (*ing.*) Insieme di opere civili e idrauliche necessarie per far passare nel sottosuolo dei centri urbani canali e tubature. SIN. Imbottamento. **2** Infiltrazione d'acqua alla base di una costruzione o di un argine, che può causare frane o cedimenti.

sifóne [dal lat. *siphōne(m)*, dal gr. *síphōn*, genit. *síphōnos* 'tubo, doccia', di etim. incerta; 1567] s. m. **1** Conduttura idraulica che porta un liquido da un serbatoio a un altro situato a livello inferiore, toccando quote superiori al livello dell'acqua nel serbatoio più alto. **2** Specie di bottiglia molto resistente, atta a contenere acqua gassata la cui fuoriuscita si ottiene premendo una levetta: *il s. del seltz*. **3** (*zool.*) Tromba degli Insetti | Tubo carnoso retrattile che sporge dalla conchiglia dei Molluschi bivalvi per permettere la circolazione dell'acqua. **4** (*enol.*) Prodotto ottenuto dal mosto, di gradazione alcolica complessiva naturale non inferiore a 12°, reso non fermentabile mediante aggiunta di acquavite di vino o di alcol fino a raggiungere una gradazione fra i 16° e i 18°; si usa nella preparazione del vino marsala. **5** (*geol.*) Cavità all'interno di una roccia, che comunica con l'esterno attraverso un canale a gomito | In un corso d'acqua, depressione formata per erosione in una roccia sommersa, nella quale l'acqua si incanala. || **sifoncino**, dim.

sifóno- [dal gr. *síphōn*, genit. *síphōnos* 'tubo', di etim. incerta] primo elemento ● In parole composte della terminologia scientifica, indica la presenza di un organo a forma di tubo: *sifonali, Sifonofori, sifonogamo.*

Sifonòfori [comp. di *sifono-* e del pl. di *-foro*; 1936] s. m. pl. (sing. *-o*) ● Nella tassonomia animale, ordine di Celenterati marini degli Idrozoi che formano colonie galleggianti costituite da molti individui diversi fra loro (*Siphonophora*).

sifonògamo [comp. di *sifono-* e *-gamo*; 1936] agg. ● (*bot.*) Detto di pianta fornita di tubo pollinico.

sigaràia [f. di *sigaraio*; 1873] s. f. **1** Operaia di una manifattura di tabacco. **2** Venditrice di sigari e sigarette in caffè, teatri, sale da ballo.

sigaràio [da *sigaro*; 1863] s. m. **1** (f. *-a*) Operaio che lavora la foglia di tabacco in una manifattura. **2** (*zool.*) Nome comune di alcuni Coleotteri appartenenti ai generi *Rhynchites* e *Byctiscus*, così definiti per l'abitudine ad arrotolare le foglie di varie piante, per nascondervi le uova: *s. del pioppo, s. della vite.* SIN. Tortiglione.

♦**sigarétta** [da *sigaro*, sul modello del fr. *cigarette*; 1845] s. f. **1** Cilindretto di carta velina ripieno di tabacco trinciato, da fumare: *un pacchetto di sigarette; s. col bocchino.* **2** (*est.*) Oggetto dalla forma simile a quella di una sigaretta | *S. di cioccolato*, cioccolatino cilindrico a forma di sigaretta. **3** Filato di seta o cotone avvolto su un cilindretto di cartone. SIN. Spagnoletta.

sigarétto [da *sigaretta*; 1834] s. m. ● Sigaro di piccole dimensioni | Sigaretta rivestita di foglia di tabacco, anziché di carta.

sigarièra [1851] s. f. ● (*raro*) Scatola di materiale vario per riporvi i sigari.

sigaro [dallo sp. *cigarro*, da *jigar* della lingua Maia (Messico); 1824] s. m. ● Rotoletto di foglia di tabacco, da fumare: *fumare, fumarsi, un s.* | *S. toscano*, fusiforme | *S. napoletano*, cilindrico | *S. virginia*, lungo e sottile, confezionato con foglie di vari tipi di tabacchi pregiati. || **sigaràccio**, pegg. | **sigarétto**, dim.

sigh /sig, *ingl.* sae/ [vc. ingl., propr. 'sospiro', di orig. onomat.; 1970] inter. ● Riproduce il rumore di un sospiro o di un flebile singhiozzo che esprime malinconia.

sigillànte [1987] **A** part. pres. di *sigillare*; anche agg. ● Nei sign. del v. **B** s. m. ● Materiale plastico, generalmente a base di silicone, usato per chiudere ermeticamente fessure di serramenti, strutture, elementi componibili.

sigillàre [dal lat. tardo *sigillāre*, da *sigĭllum* 'sigillo'; 1308] **A** v. tr. **1** Chiudere con un sigillo, mettere il sigillo a una chiusura: *s. un plico; s. con l'anello, con la ceralacca.* **2** (*est.*) Chiudere bene, ermeticamente: *s. una botte di vino; s. con un turacciolo.* **3** (*dir.*) Apporre i sigilli, da parte dell'autorità giudiziaria o di un pubblico ufficiale nella esplicazione delle proprie funzioni. **B** v. intr. pron. ● †Chiudersi (*anche fig.*).

sigillària [dal lat. *sigĭllum* 'impronta, segno' (V. *sigillo*); 1895] s. f. ● Pianta fossile delle Sigillariacee, tipica del Carbonifero superiore, con fusto eretto, midollo sviluppato e foglie lineari. ➡ ILL. paleontologia.

Sigillariàcee [vc. dotta, comp. di *sigillari(a)* e *-acee*; 1934] s. f. pl. (sing. *-a*) ● Nella tassonomia vegetale, famiglia di Pteridofite fossili reperite in strati geologici risalenti al Carbonifero superiore (*Sigillariaceae*).

sigillàrio [vc. dotta, dal lat. *sigillāriu(m)*, agg. da *sigĭllum* 'sigillo'; 1873] s. m. (f. *-a*) ● Incisore specializzato nel fabbricare sigilli.

sigillàto [1618] part. pass. di *sigillare*; anche agg. **1** Nei sign. del v. | (*fig.*) Serrato: *C'è chi lo sa magari ma ha la bocca / sigillata e non parla* (MONTALE). **2** *Terra sigillata*, V. *terra*. || †**sigillataménte**, avv. Punto per punto.

†**sigillatóre** [lat. tardo *sigillatōre(m)*, da *sigillātus* 'cesellato, adorno di figurine in rilievo'] s. m.; anche agg. (f. *-trice*) ● Chi (o Che) sigilla.

sigillatùra [1873] s. f. ● Chiusura per mezzo di sigilli.

sigillo [vc. dotta, dal lat. *sigĭllu(m)*, dim. di *sīgnum* 'segno'; 1279] s. m. **1** Strumento di pietra, di osso o di metallo, sulla cui superficie piana sono incisi lettere, cifre, stemmi, simboli ecc. che si imprimono su cera o ceralacca per autenticare o salvaguardare l'integrità di lettere, plichi o documenti | (*est.*) L'impronta ottenuta; la cera o la ceralacca che riporta l'impronta: *La marchesa ruppe il bel s. di ceralacca violetta e lesse* (D'ANNUNZIO) | (*fig., lett*) *Conferma, approvazione*: *e da lui ebbe primo s. a sua religione* (DANTE *Par.* XI, 92-93). **2** Accessorio di metallo o plastica a forma di piccolo disco o di fascetta, applicato sull'imballaggio quale garanzia dell'integrità del prodotto contenuto. **3** (*dir.*) Segno materiale, che si appone su locali al fine di impedire che alcuno vi penetri o su documenti al fine di autenticarli o di impedire che alcuno ne prenda conoscenza: *apporre i sigilli* | *S. dello Stato, governativo*, quale simbolo dell'autorità dello Stato | *Violazione dei sigilli*, reato di chi rompe i sigilli. **4** (*est.*) Qualsiasi mezzo usato per sigillare: *mettere un s. al cassetto* | (*fig.*) *Avere il s. alle labbra*, non poter parlare | *Mettere il s. alle labbra a qlcu.*, impedirgli di parlare | (*fig.*) Impronta, marchio: *il s. del genio* | *S. sacramentale*, dovere imposto al confessore di non rivelare il contenuto di una confessione. **5** (*bot.*) *S. di Salomone*, nella tassonomia vegetale, nome volgare delle specie di *Polygonatum* spontanee in Italia.

sigillografia [comp. di *sigillo* e *-grafia*; 1891] s. f. ● Sfragistica.

sigìzia e *deriv.* ● V. *sizigia* e *deriv.*

sigla [dal lat. tardo *sĭgla* (nt. pl.) 'abbreviature', abbr. di *sĭngula sĭgna* 'abbreviazioni'; 1865] s. f. **1** Abbreviatura di una o più parole, spec. nomi di enti, ditte, associazioni e sim., generalmente formata dalle loro iniziali: *ACI è la s. dell'Automobile Club Italiano.* SIN. Acronimo. **2** Firma abbreviata, variamente composta, apposta a un articolo, una lettera, un documento e sim.: *spesso i giornalisti usano la s. invece della firma.* **3** *S. musicale*, breve brano musicale che introduce o conclude uno spettacolo o annuncia e sottolinea un comunicato commerciale radiofonico e televisivo. || **siglétta**, dim.

siglàre [1940] v. tr. (in tutta la coniug. la 'g' mantiene il suono duro: *io siglo, tu sìgli, noi sigliàmo*) ● Segnare con una sigla | Apporre la propria sigla.

siglàrio [1950] s. m. ● Elenco di sigle, con la relativa spiegazione.

siglatùra [1960] s. f. ● Atto del siglare.

sigma [vc. dotta, dal lat. *sĭgma* (nom. acc. nt.), dal gr. *sígma*, n. della lettera *S* (Σ, σ ο ς); nel sign. B per la forma; 1821] **A** s. m. o f. inv. ● Diciottesima lettera dell'alfabeto greco. **B** s. m. inv. ● (*anat.*) Tratto dell'intestino crasso, posto a sinistra nella cavità addominale, tra colon discendente e retto.

sigmàtico [da *sigma*; 1960] agg. (pl. m. *-ci*) ● (*ling.*) Detto di forma linguistica caratterizzata dalla presenza di una *s* (ad es. il part. pass. *visto* rispetto a *veduto*) | *Futuro, aoristo, perfetto s.*, quelli che in greco sono caratterizzati dalla presenza del sigma.

sigmatìsmo [da *sigma*, sul modello del fr. *sigmatisme*; 1932] s. m. ● Pronuncia difettosa delle sibilanti.

sigmoidèo [vc. dotta, dal gr. *sigmoeidḗs* 'in forma di sigma', comp. di *sígma* ed *-eidḗs* '-oide'; 1838] agg. ● Che ha la forma di un sigma o di una esse | (*anat.*) Relativo al sigma: *ansa sigmoidea.*

sigmoidite [da *sigmoid(eo)*, e *-ite* (*1*); 1940] s. f. ● (*med.*) Infiammazione del sigma.

†**signàcolo** ● V. *segnacolo.*

†**signàculo** ● V. *segnacolo.*

†**signatùra** ● V. *segnatura.*

signifero [vc. dotta, dal lat. *signĭferu(m)* 'portainsegna', comp. di *sīgnum* 'segno, insegna' e *-fĕr* '-fero'; av. 1292] agg.; anche s. m. ● (*st., lett.*) Che (o Chi) porta l'insegna.

†**significaménto** s. m. ● Significato, senso.

significànte (1) [1353] part. pres. di *significare*; anche agg. **1** Nei sign. del v. **2** (*lett.*) Espressivo, efficace: *occhiata s.* **3** Importante per quel che rivela, per ciò che implica, che comporta e sim.: *indizio s.* SIN. Significativo. CONTR. Insignificante.

significànte (2) [da *significante* (*1*), sost., sul modello del fr. *signifiant*; 1919] s. m. ● (*ling.*) Aspetto grafico o fonico che, insieme al significato, costituisce il segno linguistico.

†**significànza** [vc. dotta, dal lat. tardo *significăntia(m)* 'significato', da *significāre*; av. 1294] s. f. **1** Significato. **2** Segnale, indizio | *Fare s.*, dimostrare.

♦**significàre** [dal lat. *significāre*, comp. di *sĭgnum* 'segno' e *-ficāre* '-ficare'; sec. XII] v. tr. (*io signìfico, tu signìfichi*) **1** (*lett.*) Esprimere pensieri, sentimenti, idee e sim. mediante il linguaggio, scritto o orale, o mediante cenni, gesti e sim.: *s. il proprio pensiero a qlcu.*; *s. qlco. per lettera*; *in tutte le lingue ... i vocaboli sono trasportati da' corpi ... a s. le cose della mente e dell'animo* (VICO). **2** Voler dire, avere un dato senso o significato, detto di parole, locuzioni e sim.: *la parola 'osfalgia' significa sciatica*; *che cosa significa questa parola inglese?* | Essere indizio, segnale: *il suo ritardo significa disinteresse per noi*; *che cosa significa il tuo atteggiamento?*; *il suo silenzio significa che si sente in colpa* | Simboleggiare: *il rosso significa passione.* **3** Avere importanza, valore: *per lui quella donna significa la vita*; *le tue parole non significano niente.*

significatività [1960] s. f. ● (*raro*) Caratteristica di ciò che è significativo.

significativo [dal lat. tardo *significatīvu(m)*, da *significātus*, part. pass. di *significāre* 'significare'; sec. XIV] agg. **1** (*raro*) Che serve a significare: *parola significativa di verità.* **2** Ricco di significato, eloquente: *sguardo s.*; *il suo silenzio è s.* | Importante, di rilievo: *un dato s.*; *un successo s.* **3** (*mat.*) *Cifre significative*, nel risultato di operazioni fra numeri approssimati, le cifre decimali che hanno un effettivo significato. || **significativamente**, avv. In modo significativo; efficacemente.

significàto (1) part. pass. di *significare*; anche agg. ● (*lett.*) Nei sign. del v.

♦**significàto** (2) [dal lat. tardo *significātu(m)*, da *significāre* 'significare'; 1353] s. m. *1* Concetto contenuto in un qualunque mezzo di espressione: *s. chiaro, ambiguo; il s. di una parola, di un vocabolo, di un simbolo, di un disegno, di una locuzione straniera; s. proprio e s. figurato; discorsi, parole*, e sim. *senza s.* CFR. -semia. SIN. Senso | (*ling.*) Elemento concettuale del segno linguistico | Contenuto semantico, mentale, emotivo di una qualsiasi espressione linguistica, parola o frase. *2* (*est.*) Importanza, rilievo, valore di un gesto, di un'espressione, di un fatto o, in generale, di qlco.: *il s. del suo comportamento mi è oscuro; la sua presenza qui ha un s. ben preciso; mi rivolse uno sguardo pieno di s.; quelle parole hanno assunto un s. di rivelazione; il lavoro ha per lui un grande s.*

significatóre [dal lat. tardo (eccl.) *significatōre(m)* 'che indica', da *significātus*, part. pass. di *significāre* 'significare'; sec. XIV] s. m.; anche agg. (f. *-trice*) ● (*raro*) Chi (o Che) significa.

significazióne [dal lat. *significatiōne(m)*, da *significātus*, part. pass. di *significāre* 'significare'; 1224 ca.] s. f. ● (*raro*) Il significare | (*lett.*) Significato.

♦**signóra** o †**segnóra** [f. di *signore*; av. 1503] s. f. *1* (*lett.*) Padrona, dominatrice: *Venezia fu la s. dei mari* | ***Nostra S.***, (*per anton.*) la Madonna, Maria Vergine: *Nostra S. del Rosario, della Misericordia* e sim. | (*scherz.*) ***La S., la vecchia S. del calcio italiano***, (*per anton.*) la squadra torinese della Juventus. *2* Padrona di casa, per i domestici: *la s. è partita.* *3* Titolo di reverenza, appellativo, premesso o al nome o al cognome o al nome e cognome o al titolo di una donna sposata o, sempre più spesso, anche di una donna non sposata (frequente, nell'uso scritto, la forma abbreviata *sig.ra*): *la s. Maria; la s. Bianchi; le presento la s. Maria Bianchi; buongiorno, s. marchesa;* (*raro*) *la s. professoressa, la s. maestra* | ***Sì s., no s.***, per rispondere affermativamente o negativamente (anche *sissignora, nossignora*) | ***Signore e signori***, frase con cui ci si rivolge al pubblico prima di iniziare un discorso, una conferenza e sim. *4* Moglie: *il professor Rossi e s.; intervennero tutti gli insegnanti e le rispettive signore; i miei ossequi alla s.; come sta la s.?; mi saluti la sua s.* *5* (*gener.*) Persona di sesso femminile: *la s. seduta accanto a noi; una s. vuole parlarti; parrucchiere per s.; club per signore* | Cliente: *la s. è servita; servi subito la s.* *6* Donna che mostra educazione, gentilezza nel trattare, raffinatezza di gesti, abitudini e sim.: *è una s.; è una vera s.; è un gesto da s.* *7* Donna benestante, ricca: *vivere da s.; fare la s.; fare una vita da s.* || **signoràccia**, **signoràzza**, pegg. | **signorétta**, dim. | **signoróna**, accr.

signoràggio [dal provz. *senhoratge*, da *senhor* 'signore'; 1257 ca.] s. m. *1* †Dominio, signoria. *2* (*econ.*) Un tempo, provento diverso dal monetaggio che gli Stati ricavavano dalla coniazione delle monete, attribuendo ad esse un valore più alto di quello del metallo in esse contenuto.

†**signorànza** o †**segnorànza** [dal provz. *senhoranza*, da *senhor* 'signore'; sec. XIII] s. f. ● Signoria, dominio.

♦**signóre** o †**segnóre** [lat. *seniōre(m)*, compar. di *sĕnex* 'vecchio'; 1219] A s. m. (troncato in *signor* davanti a nomi propri o comuni, titoli, e sim.; f. *-a* (V.), †*-éssa*) *1* Anticamente, possessore di un dominio | Principe, sovrano: *Cangrande della Scala s. di Verona; i Medici erano signori di Firenze; 'Ai Signori d'Italia' è il titolo di una canzone del Petrarca* | Governatore, reggitore | ***Palazzo dei Signori***, in alcune città italiane, palazzo del Governo. *2* (*est.*) Padrone, dominatore: *il s. del castello, del paese; Dio è il s. dell'universo* | ***Signori della guerra***, in Cina, nei primi decenni del XX secolo, i generali imperiali che guidarono la guerra civile contro le forze repubblicane; (*est.*) uomini potenti che traggono profitto, spec. economico, da una guerra che contribuiscono a scatenare o a mantenere viva | †***Essere s. di fare qlco.***, avere la libertà di fare qlco. | Padrone di casa, per i domestici: *il s. non è in casa.* *3* (*per anton.*) Dio, Gesù Cristo: *S. Iddio; Dio S.; con l'aiuto del S.; nella pace del S.; pregare, adorare, ringraziare, il S.; che il S. ti assista; il S. sia con te* | ***Nostro S.***, Gesù Cristo | ***Addormentarsi nel bacio del S.***, (*eufem.*) morire | ***La vigna del S.***, la Chiesa | ***La casa del S.***, qualsiasi chiesa. *4* Titolo di reverenza, appellativo, premesso al nome o al cognome o al nome e cognome o al titolo di un uomo (frequente nell'uso scritto, la forma abbreviata *sig.*): *ecco il signor Ettore; è in casa il signor Bianchi?; le presento il signor Ettore Bianchi; vorrei parlare col signor dottore; buon giorno, signor barone; il signor ministro oggi non riceve;* (*iron.*) *anche i signori professori sbagliano* | ***Sì s., signor sì, no s., signor no***, V. *signorsì, sissignore, nossignore* e *signornò.* *5* (*gener.*) Persona di sesso maschile: *c'è un s. che chiede di te; lo conosci quel s. che ha salutato?;* (*iron.*) *dì a quel s. che non si faccia più vedere; toilette per signori* | Cliente: *il s. desidera?; il s. è servito; il s. è rimasto soddisfatto?* *6* (*al pl.*) Insieme di persone di sesso diverso: *ci sono dei signori che desiderano visitare l'appartamento; servite subito i signori; avanti, signori!; signori, c'è posto* | ***Signori e signore***, frase con cui ci si rivolge al pubblico prima di iniziare un discorso, una conferenza e sim. *7* Uomo che mostra educazione, gentilezza nel trattare, raffinatezza di gesti, abitudini e sim.: *è un vero s.; è proprio un s.; ha modi da s.; se fosse un s. non agirebbe così.* SIN. Gentiluomo. *8* Uomo ricco, ragguardevole: *prima era povero, adesso è un s.* | ***Trattarsi da s., fare la vita del s., fare il s.***, trattarsi con ogni agio, spendere a profusione | ***Un gran s.***, un uomo molto ricco. *9* (*al pl., gener.*) L'insieme delle persone ricche: *i signori e i poveri.* B in funzione di agg. (premesso al s.) ● (*enfat.*) Eccellente, eccezionale, di ottima qualità: *un signor cappotto; una signora cena.* || **signoràccio**, **signoràzzo**, pegg. | **signorèllo**, dim. | **signorétto**, dim. | **signoróne**, accr. (V.) | **signoròtto**, accr. (V.).

signoreggiaménto [av. 1320] s. m. ● (*raro, lett.*) Il signoreggiare.

signoreggiàre o †**segnoreggiàre** [da *signore*; 1298] A v. tr. (*io signoréggio*) *1* (*lett.*) Dominare, tenere sotto la propria autorità: *s. un paese, una città; voler s. il mondo* | (*lett., fig.*) Tenere a freno: *s. le passioni.* *2* (*fig., raro*) Soprastare: *la casa signoreggia tutto il paesaggio.* B v. intr. (aus. *avere*) ● (*lett.*) Esercitare un dominio, un'autorità: *s. su un paese, su una città.*

†**signoreggiatóre** [av. 1292] s. m.; anche agg. (f. *-trice*) ● Chi (o Che) signoreggia.

signorésco [av. 1400] agg. (pl. m. *-schi*) ● (*lett.*) Signorile: *palazzo s.* || **signorescaménte**, avv.

†**signorévole** o †**signorévile** [da *signore*; 1336 ca.] agg. *1* Che signoreggia | Autoritario. *2* (*lett.*) Signorile. || †**signorevolménte**, avv.

signorìa o †**segnorìa** [av. 1250] s. f. *1* (*lett.*) Condizione di signore, facoltà di comandare | Dominio, potestà, governo: *tenere qlcu. in s.; essere sotto la s. di qlcu.* *2* Forma di governo instauratasi in molte città italiane nella seconda metà del sec. XIII, caratterizzata dall'accentramento dei poteri comunali in una sola persona, la quale li esercitava a vita: *palazzo della Signoria; l'epoca delle signorie; dalla s. si passò al principato* | (*est.*) Città governata da una signoria: *la s. di Verona, di Milano.* *3* Anticamente, titolo di onore attribuito a persona autorevole: *vostra Signoria; Sua Signoria* | Oggi usato nel linguaggio burocratico: *il sottoscritto fa domanda alla Signoria Vostra …* *4* †Facoltà, arbitrio, potere.

signorìle [1336 ca.] agg. *1* Di signore, attinente a signore: *palazzo, casa, s.* *2* Che è caratteristico di chi possiede educazione, gentilezza nel trattare, raffinatezza di gesti, abitudini e sim.: *educazione s.; maniere, gesti, signorili.* SIN. Distinto, raffinato. || **signorilménte**, avv. In maniera signorile.

signorilità [av. 1704] s. f. ● Condizione, caratteristica di chi (o di ciò che) è signorile.

♦**signorìna** [da *signora*; 1605] s. f. *1* Titolo di cortesia, appellativo, (che tende in molti casi ad essere sostituito da *signora*) premesso o al nome o al cognome o al nome e cognome o al titolo di una donna non sposata (frequente, nell'uso scritto, la forma abbreviata *sig.na*): *la s. Carla; la s. Bianchi; la s. Carla Bianchi; la s. maestra; la s. contessa.* *2* Donna giovane non ancora sposata: *questo gioiello non è adatto a una s.; giovanotti e signorine* | Donna non sposata: *alla sua età è ancora s.; ha preferito rimanere s.* SIN. Zitella | Ragazza in età puberale: *è già s.; è diventata s.* | Giovane ragazza cresciuta rapidamente: *è diventata una s.!; si è fatta proprio una s.!* | (*fam.*) Bambina: *oggi la s. non ha fame!* | (*fig.*) ***Da, per signorine***, poco faticoso o poco duro, violento e sim.: *il calcio non è uno sport per signorine; al confronto il lavoro della Lancia era da signorine* (LEVI). || **signorinèlla**, dim. | **signorinétta**, dim.

signorìno [da *signore*; 1539] s. m. *1* (*disus.* o *raro*) Figlio giovane del padrone di casa, per i domestici: *il s. è uscito.* *2* Giovanotto delicato, difficile a contentare (*spec. iron.* o *spreg.*): *non sono un s. avvezzo a star nel cotone* (MANZONI).

signornò o (*scherz., dial.*) **gnornò**, (*raro, dial.*) **gnor no**, (*raro*) **signòr no**, (*raro*) **signórno** [comp. di *signor(e)* e *no*; 1526] avv. ● No, signore! (si usa, come forma di rispettosa negazione assoluta nel linguaggio militare o scherz. nel linguaggio fam., nelle risposte a un superiore).

signoróne [1873] s. m. (f. *-a*) *1* Accr. di *signore.* *2* (*fam.*) Persona molto ricca.

signoròtto [1502] s. m. *1* Accr. di *signore.* *2* Signore di un piccolo dominio o di una modesta proprietà: *un s. di campagna.*

signorsì o (*scherz., dial.*) **gnorsì**, (*raro, dial.*) **gnor sì**, (*raro*) **signòr sì** [comp. di *signor(e)* e *sì*; 1400 ca.] avv. ● Sì, signore (si usa come forma di rispettosa affermazione assoluta nel linguaggio militare o, scherz., nel linguaggio fam., nelle risposte a un superiore) | Eccomi, presente (rispondendo a una chiamata di un superiore).

†**signórso** o †**segnórso** [comp. di *signor(e)* e dell'enclitico *-so*, dal lat. *sŭu(m)* 'suo'; 1525] s. m. ● (*raro*) Suo signore.

†**signórto** [comp. di *signor(e)* e dell'enclitico *-to*, dal lat. *tŭu(m)* 'tuo'; 1353] s. m. ● (*raro*) Tuo signore: *ma tu, perché non vai per s.?* (BOCCACCIO).

†**sigrìno** ● V. *zigrino.*

sii ● V. *essere* (*1*).

sikh /sik, *hindi* sɪkh/ [vc. hindi, propr. 'discepolo'; 1960] s. m. e f. inv.; anche agg. ● (*relig.*) Membro di una comunità religiosa del Punjab, costituitasi in base all'insegnamento del guru Nanak (sec. XVI) che propose una sintesi tra induismo e islam su base monoteistica.

sikhìsmo /si'kizmo/ [da *sikh* col suff. *-ismo*; 1933] s. m. ● (*relig.*) La religione dei sikh.

sil- ● V. *sin-.*

silàggio [da *silo*; 1905] s. m. ● Operazione dell'insilare.

silàno [vc. dotta, lat. *Silānu(m)*; 1981] agg. ● Della Sila, zona montuosa della Calabria: *turismo s.*

silèma e deriv. ● V. *xilema* e deriv.

silène [dal n. di *Sileno*, essere mitologico che si rappresenta gonfio come un otre; 1813] s. f. ● (*bot.*) Erba del cucco.

silèno [dal lat. *Silēnu(m)*, dal gr. *Silēnós*; 1584] s. m. ● Scimmia indiana bruna con capigliatura e barba bianche e callosità ischiatiche rosse (*Macaca albibarbata*).

silènte [dal lat. *silĕnte(m)*, part. pres. di *silēre* 'tacere'; 1499] agg. ● (*lett.*) Silenzioso, tacito: *l'atra notte e la s. riva* (LEOPARDI). || †**silenteménte**, avv. Silenziosamente.

silenziàbile [da *silenziare*; 1988] agg. ● Che si può silenziare.

silenziàre [da *silenzio*; 1942] v. tr. (*io silènzio*) *1* (*raro*) Ridurre al silenzio | (*mil.*) Ridurre all'impotenza una postazione nemica. *2* Rendere il più silenziosi possibile motori e sim. | (*est.*) ***S. una pistola***, dotarla di silenziatore.

silenziàrio [dal lat. tardo *silentiāriu(m)*, propr. 'schiavo o usciere incaricato dell'ordine e del silenzio', da *silĕntium* 'silenzio'; av. 1672] s. m. ● Servo addetto a far osservare il silenzio nelle case patrizie dell'antica Roma.

silenziatóre [adattamento dell'ingl. *silencer*, sul modello dei m. in *-tore*; 1913] s. m. *1* Dispositivo inserito sul tubo di scappamento dei motori a combustione interna per attenuare il rumore provocato dai gas di scarico. *2* Dispositivo applicato alla bocca delle armi da fuoco portatili per attutire il rumore dello sparo. *3* (*fig.*) ***Mettere il s.***, attenuare, ridurre: *mettere il s. alle notizie sulla criminalità.*

♦**silènzio** [dal lat. *silĕntiu(m)*, da *sĭlens*, genit. *silĕntis*, part. pres. di *silēre* 'tacere', di orig. indeur.;

av. 1306] s. m. **1** Mancanza completa di suoni, rumori, voci e sim.: *s. profondo, perfetto, glaciale, di tomba, assoluto; s. del chiostro; nel s. della notte; qui c'è un gran s.; un grido ruppe il s.* | (*est.*) Quiete: *il s. della campagna, dei boschi* | (*mil.*) ***Ridurre al s.***, mettere fuori uso artiglierie, mitragliatrici e gener. bocche da fuoco nemiche, colpendole con mezzi di varia natura bellica. **2** Cessazione del parlare, astensione dal parlare: *imporre, raccomandare, esigere, il s.; restare, rimanere, ascoltare, in s.* | ***Fare s.***, tacere | ***S.!***, invito, comando e sim., a tacere | ***Rompere il s.***, cominciare a parlare dopo aver taciuto per un periodo più o meno lungo | ***Costringere, ridurre, l'avversario, l'interlocutore*** e sim. ***al s.***, metterlo a tacere confutandolo in modo tale da non ammettere repliche | (*est., fig.*) ***Chiesa del s.***, espressione usata per indicare le condizioni delle Chiese cristiane nei Paesi a regime comunista | ***S. radio***, nelle operazioni militari o di polizia, totale astensione delle comunicazioni radio fra unità operative per evitare di essere individuati o intercettati dal nemico o dai delinquenti; (*aer.*) interruzione delle trasmissioni radio tra le basi di terra e le capsule spaziali per la mancata propagazione delle onde dovuta a cause ambientali | ***S. stampa***, astensione dal divulgare, tramite i giornali, la radio o la televisione, notizie relative a un determinato fatto: *la famiglia del rapito chiese il s. stampa*; anche, rifiuto di fare dichiarazioni ai giornalisti | (*dir.*) ***S. rifiuto***, quando la mancata risposta dell'autorità amministrativa ad una domanda deve considerarsi un diniego | (*dir.*) ***S. accoglimento, s. assenso***, quando la mancata risposta dell'autorità amministrativa deve intendersi come una concessione di quanto richiesto. **3** (*est.*) Il fatto di non dare notizie di sé: *sono meravigliato del suo s.; questo lungo s. mi preoccupa* | (*fig.*) Assenza della vita pubblica: *l'uomo politico si è rifatto vivo dopo un lungo s.* **4** Oblio, dimenticanza: *avvolgere un fatto nel s.* | ***Cadere nel s.***, essere dimenticato | ***Vivere nel s.***, senza far parlare di sé | ***Passare qlco. sotto s.***, non farne menzione, tralasciare di parlarne. **5** Segnale di tromba che impone il silenzio e stabilisce l'inizio del riposo notturno dei soldati: *suonare il s.* | ***S. fuori ordinanza***, variante musicale del segnale regolamentare, che viene suonata in occasione di particolari ricorrenze. **6** Regola religiosa o monastica che obbliga a tacere e ad astenersi da qualsiasi rumore | ***Dispensare dal s.***, autorizzare gli obbligati al silenzio a parlare, a conversare liberamente in talune occasioni. || PROV. Il silenzio è d'oro, la parola d'argento.

silenziosità [1907] s. f. ● Caratteristica di ciò che è silenzioso: *la s. di una lavastoviglie*.

♦**silenzióso** [dal lat. tardo *silentiōsu(m)*, da *silēntium* 'silenzio'; 1533] agg. **1** Privo di rumori, quieto, detto di luogo o di tempo: *quartiere s.; notte silenziosa*. CONTR. Rumoroso. **2** Che non fa rumore: *motore s.* CONTR. Rumoroso. **3** Che parla poco, taciturno, detto di persona: *se ne stava s. in un angolo*. || **silenziosaménte**, avv. In silenzio, in modo silenzioso.

†**silére** o **silere** [vc. dotta, dal lat. *silēre* 'tacere', di orig. indeur.; av. 1306] v. intr. ● (*raro*) Tacere: *Or dubbi tu e dubitando sili* (DANTE *Par.* XXXII, 49).

silèsia [dall'ingl. *silesia*, latinizzazione di *Slesia*, regione di origine del tessuto; 1942] s. f. ● Tessuto di cotone apprettato e calandrato, per fodere.

silfide [da *silfo*; 1739] s. f. **1** Compagna e sposa del silfo. **2** (*fig.*) Donna snella, leggera, agile e graziosa.

silfio [dal gr. *sílphion* 'laserpizio', di orig. mediterr. (?); 1476] s. m. ● (*bot.*) Pianta erbacea ornamentale delle Composite a fusto quadrangolare alto fino a 2 metri, con foglie opposte grandi e fiori gialli (*Silphium perfoliatum*).

silfo [da *sylphus*, vc. coniata da Paracelso adattando al ted. il lat. *silvēster* 'silvestre'; av. 1653] s. m. ● Nella mitologia nordica, genio maschile dell'aria, delle foreste e delle acque.

silhouette /fr. si'lwɛt/ [vc. fr., dal nome del finanziere E. de *Silhouette* (1709-1767), con allusione all'estrema parsimonia della sua amministrazione; 1828] s. f. inv. **1** Modo di rappresentare figure, spec. ritratti di profilo, indicandone i contorni pieni contro un fondo contrastante. **2** (*est.*) Profilo, linea del corpo spec. femminile: *aver una bella s.*

silicàtico [da *silicato*] agg. (pl. m. -*ci*) ● A base di silice o di silicati.

silicàto [da *silice*, con -*ato*; 1829] s. m. **1** (*miner.*) Minerale avente come componenti chimici caratteristici il silicio e l'ossigeno, appartenente al gruppo più diffuso nella litosfera; è il costituente essenziale di quasi tutte le rocce. **2** (*chim.*) Sale degli acidi silicici, principali costituenti della crosta terrestre.

silice [vc. dotta, dal lat. *sĭlice(m)* 'selce'; 1795] s. f. ● (*miner.*) Diossido di silicio molto diffuso in natura, sia in cristalli ben sviluppati (quarzo) sia in aggregati microcristallini (quarzite) sia in forma colloidale o semicristallina (opale).

silìceo [dal lat. *silĭceu(m)*, da *sĭlex* 'selce'; 1499] agg. ● Di silice | Che contiene silice: *roccia silicea*.

silìcico [1829] agg. (pl. m. -*ci*) ● Di silicio, del silicio: *acido s.*

silìcio [da *silice*; 1873] s. m. ● Elemento chimico diffusissimo in natura ma non allo stato libero, non metallo bruno, polverulento; ha proprietà di semiconduttore ed è largamente usato in elettronica. SIMB. Si.

silicizzàre [da *silice*; 1873] **A** v. tr. ● Provocare un processo di silicizzazione. **B** v. intr. pron. ● Subire un processo di silicizzazione.

silicizzàto [1885] part. pass. di *silicizzare*; anche agg. ● Nei sign. del v. | Fossilizzato.

silicizzazióne [da *silicizzare*; 1960] s. f. ● Processo di arricchimento in silice di rocce o parte di rocce di diversa composizione | Fossilizzazione.

siliconàre [da *silicone*; 1982] v. tr. ● (*io silicóno*) Sigillare con il silicone: *s. il telaio di una finestra*.

siliconàto [1982] part. pass. di *siliconare*; anche agg. **1** Nel sign. del v. **2** Che ha subito uno o più interventi di chirurgia estetica con inserimento di protesi al silicone: *seno s.; un'attrice siliconata*.

silicóne [da *silic(io)*; 1875] s. m. ● (*chim.*) Polimero contenente nella catena principale atomi alternati di ossigeno e di silicio e gruppi alchilici o arilici legati chimicamente al silicio; è usato come lubrificante, elastomero, sigillante.

silicònico [1983] agg. (pl. m. -*ci*) ● (*chim.*) Detto di sostanza derivata o a base di silicone.

silicòsi [da *silic(e)*, con -*osi*; 1933] s. f. inv. ● (*med.*) Malattia professionale da inalazione prolungata di polvere di silice, con formazione di noduli fibrosi polmonari.

silio ● V. *psillio*.

siliqua (**1**) [vc. dotta, dal lat. *sĭliqua(m)* 'baccello' e 'misura', di etim. incerta; av. 1320] s. f. ● (*bot.*) Frutto secco deiscente che si apre in due valve e porta i semi attaccati a un setto mediano. || **siliquétta**, dim.

siliqua (**2**) [vc. dotta, lat. *sĭliqua(m)* nel senso di 'misura', di etim. incerta; av. 1342] s. f. **1** Nell'antica Roma, unità ponderale equivalente a un sesto dello scrupolo, cioè a 0,9 grammi. **2** (*numism.*) Moneta romana coniata in argento dall'età di Costantino.

siliquàstro [dal lat. *siliquāstru(m)*, da *sĭliqua*; 1476] s. m. ● Albero mediterraneo delle Leguminose che in primavera si copre di fiori rossi a mazzetti (*Cercis siliquastrum*). SIN. Albero di Giuda.

sillaba [vc. dotta, dal lat. *sŷllaba(m)*, dal gr. *syllabḗ*, connesso con *syllambánein* 'prendere insieme'; av. 1294] s. f. **1** Elemento della parola formato da un suono o da un complesso di suoni raggruppati intorno a un centro | ***S. breve, s. lunga***, nella prosodia classica, sillaba contenente una vocale breve o una vocale lunga. CFR. Sinalefe. **2** Niente, nessuna parola, con valore raff. nelle loc. (*fam.*) ***non dire, non proferire, non rispondere, una s.; non capire una s., una sola s.; non cambiare una s.; non mancare di una s.*** || **sillabétta**, dim.

SILLABA
nota d'uso

Quando dobbiamo spezzare una parola alla fine della riga per andare a capo, si presenta il problema concreto della divisione in sillabe: *i-so-la* o *is-o-la? pas-ta* o *pa-sta? pa-rco* o *par-co? a-cca-nto* o *ac-can-to?* E come comportarsi quando c'è di mezzo un apostrofo, ad es. se dobbiamo dividere *nell'/officina?* Per risolvere questi dubbi è importante conoscere le regole per la divisione dei vocaboli in sillabe. Le ricordiamo brevemente con gli opportuni esempi:

- una vocale iniziale di parola seguita da una consonante semplice (cioè non raddoppiata né unita con altre consonanti) fa sillaba a sé: *a-la, e-re-mo, i-so-la, o-pa-co, u-ti-le*;
- una consonante semplice fa sillaba con la vocale che segue: *vo-la-re, ro-to-lo, te-go-la, pa-ri-fi-ca-re*;
- le consonanti doppie si dividono a metà: *ac-can-to, at-trez-zo, stel-la, oc-chio, an-nes-so, ber-ret-to, soq-qua-dro*; si comporta analogamente il gruppo *cq* (assimilato a *qq*): *ac-qua, nac-que*;
- nel caso di due o tre consonanti diverse tra loro:
  a) se si tratta di un gruppo di consonanti che nella nostra lingua può venire a trovarsi in principio di parola, allora tale gruppo **non si divide** e fa sillaba con la vocale che segue: *o-stri-ca, ve-spro, ve-tro, qua-dro, a-gro, vi-bra-re*. Infatti in italiano abbiamo parole che cominciano con *str-*: *stret-to, stra-da*; parole che cominciano con *tr-*: *tra-ma, tre-no*; con *spr-*: *spro-lo-quio, spro-na-re*; con *dr-*: *dram-ma, dre-nag-gio*; con *gr-*: *gran-de, grep-pia*; con *br-*: *bra-vo, bre-ve*. In questo gruppo va considerata la *s impura* (cioè la *s* seguita da consonante), che si unisce sempre alle consonanti che seguono e mai alla vocale che precede: *pa-sta, a-stro, o-spi-te* e **non** *pas-ta, as-tro*, ecc.;
  b) se invece si tratta di un gruppo di due o più consonanti che nella nostra lingua non può venire a trovarsi in principio di parola, allora tale gruppo **si divide**: la prima consonante del gruppo va con la vocale precedente, l'altra o le altre con la vocale della sillaba che segue: *ar-ma, tec-ni-ca, par-co, rit-mo, lam-po, en-tra-re, ol-trag-gio*. Non ci sono infatti in italiano parole che cominciano con *rm-*, con *rc-*, con *mp-*, con *ntr-* o con *ltr-*. Questa regola però non si applica ai gruppi di lettere che in italiano iniziano solo parole colte di origine greca, come i gruppi *cn-* (*cnidio*), *ft-* (*ftaleina*), *gn-* (*gnosi*), *tm-* (*tmesi*): si dividerà perciò *arac-nide, at-mo-sfera*;
- le vocali che formano dittongo o trittongo non si possono dividere: *cau-sa, buoi*. Si possono invece dividere due vocali che formano iato: *pa-u-ra, sci-a-re*. Per evitare errori è consigliabile tuttavia non andare mai a capo con una vocale, dividendo quindi: *pau-ra, scia-re, quie-te, ae-reo*, ecc.;
- nel caso in cui si giunga in fin di riga con un apostrofo, è consigliabile mantenere l'integrità della sillaba che comprende l'apostrofo. Perciò si dividerà: *del-l'a-mi-ca, quel-l'uo-mo, nel-l'i-so-la*. È da evitare invece la divisione *del-la/amica, quello/uomo, la/isola*, che modifica il testo originale ed è sgradevole alla lettura. Tende ad affermarsi invece, specialmente sui giornali, l'uso non scorretto di lasciare l'apostrofo (senza trattino, in quanto non si tratta di divisione di sillaba) in fin di riga: perciò *dell'/anima, quell'/uomo, l'/isola*;
- nel caso in cui si debba dividere in fin di riga una parola composta contenente un trattino (ad es. *guerra russo-giapponese, full-time*) è opportuno segnare il trattino due volte, una in fin di riga (*russo-/, full-/*), l'altra all'inizio della riga seguente (*-giapponese, -time*). Infatti la presenza di un solo trattino in fin di riga eliminerebbe dal testo un'informazione preziosa, quella dell'esistenza del trattino in mezzo alle due parole che altrimenti potrebbero invece essere state scritte *russogiapponese* o *foxterrier*.

sillabàre [da *sillaba*; sec. XIV] v. tr. (*io sillabo*) ● Proferire le parole staccando le sillabe | Compitare.

sillabàrio [tratto dal lat. tardo *syllabārii* (nom. pl.) 'ragazzi che sanno soltanto compitare', da *sŷllaba* 'sillaba'; 1873] s. m. ● Testo scolastico sul quale gli scolari delle prime classi della scuola primaria imparano a leggere e a scrivere secondo il metodo sillabico.

sillabazióne [1798] s. f. ● Divisione in sillabe | Modo, atto del sillabare.

sillàbico [vc. dotta, dal lat. *syllăbicu(m)*, dal gr. *syllabikós*, da *syllabḗ* 'sillaba'; av. 1642] agg. (pl. m. -*ci*) ● Di sillaba, relativo a sillaba | ***Accento s.***, che cade su una sillaba della parola | ***Ritmo s.***, che è fondato sul numero delle sillabe | ***Aumento s.***, secondo la grammatica greca, sillaba premessa al tema verbale nella formazione dei tempi storici | ***Scrittura sillabica***, i cui segni rappresentano sillabe | ***Canto s.***, in musica, stile di canto in cui a ogni sillaba corrisponde una nota | ***Metodo s.***, in passato, metodo di apprendimento della lettura fondato sulla scomposizione delle parole in sillabe. || **sillabicaménte**, avv.

sìllabo [vc. dotta, dal lat. tardo *sýllabu(m)* 'sommario', dal gr. *sýllabos* 'collezione', da *syllambánein* 'raccogliere'; 1736] **s. m.** ***1*** †Raccolta, collezione. ***2*** Elenco (pubblicato nel 1864) di ottanta proposizioni estratte da vari documenti pontifici di Pio IX, le quali condannavano le posizioni ideologiche, teologiche e politiche moderne, considerate come errori dell'epoca. ***3*** Programma di insegnamento delle lingue, spec. straniere.

sillèssi o **sillèpsi** [vc. dotta, dal lat. tardo *syllēpsi(m)*, dal gr. *sýllēpsis*, connesso con *syllambánein* 'raccogliere insieme'; 1540] **s. f. inv.** ● (*ling.*) Concordanza a senso (in genere, numero, persona o tempo) di due o più termini, che grammaticalmente richiederebbero invece una diversa costruzione: *però che gente di molto valore / conobbi che 'n quel limbo eran sospesi* (DANTE *Inf.* IV, 44-45).

sìllio ● V. *psillio*.

sillo [vc. dotta, dal gr. *síllos*, di etim. incerta; 1586] **s. m.** ● Nell'antica poesia greca, componimento satirico e parodistico.

sillòge [vc. dotta, dal gr. *syllogḗ* 'raccolta', da *syllégein*, comp. di *sýn* 'insieme' e *légein* 'raccogliere', di orig. indeur.; 1841] **s. f.** ● (*lett.*) Collezione, raccolta, di decreti, editti, scritture, brani di uno o più scrittori e sim. SIN. Antologia, florilegio.

sillogismo [vc. dotta, dal lat. *syllogĭsmu(m)*, dal gr. *syllogismós*, connesso con *syllogízesthai* 'dedurre'; av. 1306] **s. m.** ● Tipo di ragionamento deduttivo formale tale che, date due proposizioni, le premesse, ne segua di necessità una terza, la conclusione (ad es.: *tutti gli Stati hanno dei confini; l'Italia è uno Stato; quindi, l'Italia ha dei confini*) | (*est.*) Dimostrazione, argomentazione, ragionamento, talvolta astruso, cavilloso o sim.

sillogìstica [f. sost. di *sillogistico*; av. 1852] **s. f.** ● Parte della logica che tratta del sillogismo | Dottrina del sillogismo.

sillogìstico [vc. dotta, dal lat. *syllogĭsticu(m)*, dal gr. *syllogistikós*, da *syllogismós* 'sillogismo'; av. 1375] **agg.** (pl. m. *-ci*) ● Che concerne o interessa il sillogismo | Che procede per sillogismi. || **sillogisticaménte**, avv. In modo sillogistico, per via di sillogismo.

sillogizzàre [vc. dotta, dal lat. *syllogizāre*, adattamento del gr. *syllogízesthai* 'ragionare conseguentemente', comp. di *sýn* 'con' e *logízesthai*, da *lógos* 'parola'; 1308] **A v. tr.** ● Dedurre per sillogismi, esporre sotto forma di sillogismo. **B v. intr.** (aus. *avere*) ● Ragionare per sillogismi | (*est.*) Ragionare, argomentare: *I matti sillogizzano come noi, salvo che sono alterate le premesse* (BACCHELLI) | (*est., lett.*) Almanaccare.

silo /*sp.* 'silo/, (*evit.*) **silos** [vc. sp., risalente al lat. *sīru(m)*, dal gr. *seirós* 'buca da grano', di etim. incerta; 1838] **s. m.** (pl. *sili* o sp. *silos*) ***1*** Costruzione a uno o più elementi verticali in muratura, cemento armato, lamiera, plastica, destinata a contenere e conservare merci e prodotti sciolti polverulenti o granulosi. ➡ ILL. p. 2113 AGRICOLTURA; p. 2171 TRASPORTI. ***2*** (*mil.*) Pozzo cilindrico atto a contenere la rampa di lancio di un missile a medio o a lungo raggio | ***S. sigillato***, posto in località segreta e la cui apertura è celata dal terreno circostante. ***3*** Vasto locale per parcheggio urbano di autoveicoli, a più piani, anche sotterraneo.

silo- o **xilo-** [dal gr. *xýlon* 'legno'] primo elemento ● In parole composte, significa 'legno' o relazione col legno: *silografia, silometro, siloteca*.

†silòcco ● V. *scirocco*.

siloètta ● V. *siluetta*.

silòfago ● V. *xilofago*.

silòfono e deriv. ● V. *xilofono* e *deriv.*

silografia e deriv. ● V. *xilografia* e *deriv.*

silologia o **xilologia** [comp. di *silo-* e *-logia*; 1829] **s. f.** ● Studio dei legnami e delle piante.

silològico o **xilològico** [1957] **agg.** (pl. m. *-ci*) ● Che si riferisce alla silologia.

silòlogo o **xilòlogo** [comp. di *silo-* e *-logo*; 1957] **s. m.** (f. *-a*; pl. m. *-gi*) ● Studioso di silologia.

silòmetro [comp. di *silo-* e *-metro*; 1931] **s. m.** ● (*mar.*) Solcometro.

silotèca o **xilotèca** [comp. di *silo-* e *teca*; 1963] **s. f.** ● Luogo di raccolta e conservazione del legno a scopo di studio.

siltite [comp. dell'ingl. *silt* 'materiale detritico', di area germ. e orig. scandinava, e *-ite* (*2*); 1970] **s. f.** ● (*geol.*) Roccia clastica costituita spec. da quarzo, minerali argillosi, miche ed altri silicati, a granuli angolosi minutissimi e con struttura compatta o laminata.

siluètta o **siloètta** [1838] **s. f.** ● Adattamento di *silhouette* (V.).

silumin® [abbr. di *sil(icio)* e *(all)umin(io)*; 1960] **s. m. inv.** ● Lega di alluminio e silicio.

siluraménto [1918] **s. m.** ***1*** Il silurare | Danneggiamento o affondamento di una nave nemica per mezzo di siluri. ***2*** (*fig.*) Allontanamento, rimozione da una carica | (*fig.*) Affossamento di un'iniziativa, di una proposta e sim.

silurànte [1908] **A** part. pres. di *silurare*; anche **agg.** ***1*** Nei sign. del v. ***2*** Detto di nave, aereo e sim. dotati di lanciasiluri: *nave s.* **B s. f.** ● (*ellitt.*) Nave silurante.

siluràre [da *siluro* (*2*); 1905] **v. tr.** ***1*** Colpire con siluro. ***2*** (*fig.*) Privare improvvisamente del comando: *s. un generale, un alto funzionario.* ***3*** (*fig.*) Mandare a monte, far fallire: *s. una proposta di legge.*

siluratóre [1922] **s. m.**; anche **agg.** (f. *-trice*) ● Chi (o Che) silura.

siluriàno [dall'ingl. *silurian*, tratto dal n. dei *Silures*, ant. popolazione del Galles orient.; 1875] **A agg.** ● Del secondo periodo del Paleozoico. SIN. Silurico. **B** anche **s. m.**

silùrico [1922] **agg.**; anche **s. m.** (pl. m. *-ci*) ● Siluriano.

Silùridi [da *siluro* (*1*); 1932] **s. m. pl.** (sing. *-e*) ● Nella tassonomia animale, famiglia di Pesci teleostei dei Cipriniformi, con corpo siluriforme, pelle sprovvista di scaglie ma a volte con scudi ossei, bocca grande e barbigli, che vivono spec. in acque dolci (*Siluridae*).

silurifìcio [comp. di *siluro* (*2*) e *-ficio*; 1891] **s. m.** ● Stabilimento per la fabbricazione dei siluri.

siluri̇fórme [comp. di *siluro* (*2*) e *-forme*; 1960] **agg.** ● Che ha forma di siluro, nel sign. di *siluro* (*2*).

siluripèdio [comp. di *siluro* (*2*) e *-pedio*, sul modello di *balipedio* (V.); 1889] **s. m.** ● (*mar.*) Impianto di collaudo per siluri.

silurista [1889] **s. m.** (pl. *-i*) ● Marinaio specializzato in siluri.

silùro (**1**) [dal lat. *silūru(m)*, dal gr. *sílouros*, comp. di **sil-* 'ripiegato' e *ourá* 'coda', propr. 'pesce che dimena la coda'; 1476] **s. m.** ● ***S. d'Europa***, pesce dei Siluridi d'acqua dolce, carnivoro, vorace, con testa grandissima munita di sei barbigli, pelle nuda e viscida (*Silurus glanis*). ➡ ILL. **animali**/6.

silùro (**2**) [dal precedente, per analogia di forma; 1879] **A s. m.** ***1*** Grosso proiettile fusiforme carico d'esplosivi, che, lanciato mediante uno speciale tubo ad aria compressa, prosegue sott'acqua, grazie a un proprio motore e a un organo di direzione, e scoppia urtando contro un corpo solido | ***S. aereo***, atto a essere lanciato da un aeromobile | ***S. umano***, nel primo e secondo conflitto mondiale, combattente volontario che in immersione o in superficie dirigeva, su un siluro da lui stesso guidato, una carica esplosiva contro la nave nemica. ***2*** (*fig.*) Manovra, iniziativa che tende, spec. improvvisamente, a screditare, esautorare una o più persone, a far fallire un'iniziativa e sim.: *un s. al governo*. **B** in funzione di **agg. inv.** ● (posposto al s.) Nella loc. ***uomo s.***, siluro umano.

Silvàner ● V. *Sylvaner*.

silvàno o **†selvàno** [dal lat. *Silvānu(m)*, n. di divinità silvestre, da *silva* 'selva'; 1319] **agg.** ● (*lett.*) Di selva, proprio delle selve: *pianta silvana*.

silverplate /silver'pleit, *ingl.* 'sɪlvəˌpleɪt/ [vc. ingl., propr. 'rivestito (dal v. *to plate*) d'argento (*silver*)'; av. 1927] **s. m. inv.** ● Metallo, generalmente ottone, placcato d'argento: *posate in s.*

silvèstre o **†silvèstro** [vc. dotta, dal lat. *silvĕstre(m)*, da *silva* 'selva' col suff. *-estre*; av. 1294] **agg.** ***1*** (*lett.*) Di selva, che vive, cresce nelle selve: *fiore s.* | Selvatico: *frutto s.* | Selvoso: *luogo s.* ***2*** (*est.*) †Duro, difficile, faticoso: *nel cielo è voluto / ch'i' mostri altrui questo cammin silvestro* (DANTE *Inf.* XXI, 83-84).

sìlvia (**1**) [dal lat. *silva* 'foresta'; 1831] **s. f.** ● Passeraceo piccolo o piccolissimo con zampe sottili, becco diritto e poco robusto, abile costruttore di nidi (*Sylvia*).

sìlvia (**2**) [tratto dal lat. *silva(m)* 'selva'; 1876] **s. f.** ● (*bot.*) Pianta erbacea delle Ranuncolacee con fiori a tepali bianchi o rosa e foglie che si sviluppano dopo la fioritura (*Anemone nemorosa*).

silvìcolo [vc. dotta, dal lat. *silvĭcola(m)*, comp. di *silva* 'selva' e *-cŏla* '-cola'; 1499] **agg.** ● Che riguarda i boschi: *patrimonio s.* SIN. Boschivo | Che vive nei boschi: *animali silvicoli*.

silvicoltùra e deriv. ● V. *selvicoltura* e *deriv.*

silvicultùra e deriv. ● V. *selvicoltura* e *deriv.*

silvio [dal n. dell'autore della prima opera stampata con questo carattere (?); av. 1755] **s. m.** ● (*raro*) Specie di carattere tipografico analogo all'agostino per stile e dimensioni.

silvite [dall'ant. n. scient. lat. (*sāl digestīvus*) *Sylvii* 'sale digestivo di Silvio', dal n. del fabbricante, il medico ol. Franz de la Boë *Sylvius* (1614-1672), col suff. *-ite* (*2*); 1931] **s. f.** ● (*miner.*) Cloruro potassico in cristalli cubici od ottaedrici oppure in masse bianche nei giacimenti di salgemma e sali potassici.

†silvóso ● V. *selvoso*.

sily /'sili/ [prob. vc. orig. della Guinea] **s. m.** ● Unità monetaria della Guinea.

Sim (**1**) [sigla di *S(ocietà)* di *I(ntermediazione) M(obiliare)*] **s. f. inv.** ● (*econ.*) Società di intermediazione mobiliare (V. *società*).

SIM (**2**) [sigla ingl. di *S(ubscriver) I(dentity) M(odule)* 'scheda identificatrice dell'abbonato (alla telefonia mobile)'; 1992] **s. f. inv.** ● (*tel.*) Scheda che, inserita in un telefono cellulare GSM, identifica l'abbonato e gli consente di accedere al servizio.

sim- ● V. *sin-*.

sima (**1**) [vc. dotta, dal lat. *sīma(m)* 'gola dritta'; av. 1472] **s. f.** ● (*archeol.*) Parte terminale del tetto di un tempio o di un edificio comprendente i gocciolatoi per lo scarico delle acque piovane. ➡ ILL. p. 2117 ARCHITETTURA.

sima (**2**) [abbr. di *si(licato)* di *ma(gnesio)*; 1930] **s. m.** solo sing. ● (*geol.*) Livello inferiore della litosfera a composizione basica e densità elevata.

Simarubàcee [dal fr. *simarouba*, risalente al caraibico *simaruba*; 1936] **s. f. pl.** (sing. *-a*) ● Nella tassonomia vegetale, famiglia di piante legnose tropicali delle Dicotiledoni (*Simarubaceae*).

simbiónte [adattamento del gr. *symbiōntes*, part. pres. pl. di *symbiôun*, comp. di *sýn* 'insieme' e *biôun* 'vivere'; 1906] **s. m.** ● (*biol.*) Ognuno degli individui viventi in simbiosi.

simbiòsi (o **-biò-**) [vc. dotta, dal gr. *symbíōsis* 'convivenza', da *symbiôun* 'vivere insieme'; 1884] **s. f. inv.** ***1*** (*biol.*) Associazione fra individui di specie diversa che vivono in stretta relazione; tale rapporto determina una serie di vantaggi o di svantaggi, di entità variabile per gli organismi contraenti | ***S. antagonistica***, quando privilegia un organismo al limite del parassitismo | ***S. mutualistica***, quando comporta vantaggi reciproci. ***2*** (*fig.*) Stretto rapporto fra cose, fatti o persone diverse: *la s. tra storia e filosofia*. ***3*** (*psicol.*) Rapporto di dipendenza totale ed esclusiva con la madre che caratterizza i primi trenta mesi di vita del bambino.

simbiòtico [1946] **agg.** (pl. m. *-ci*) ● Di simbiosi, relativo a simbiosi | (*fig.*) Molto stretto. || **simbioticaménte**, avv.

simboleggiaménto [av. 1704] **s. m.** ● Il simboleggiare.

simboleggiàre [da *simbolo*. V. *simbolizzare*; av. 1638] **v. tr.** (*io simbolèggio*) ● Significare, rappresentare, con simboli: *le chiavi simboleggiano la potestà spirituale del Papa*.

simboleggiatùra [da *simboleggiare*; av. 1686] **s. f.** ● Insieme di simboli | Uso di un insieme di simboli per un dato scopo.

simbòlica [f. sost. di *simbolico*; 1821] **s. f.** ● Scienza che studia i simboli e il loro uso: *la s. cristiana*. SIN. Simbologia.

simbolicità [da *simbolico*; 1960] **s. f.** ● Caratteristica di ciò che è simbolico.

simbòlico [vc. dotta, dal lat. tardo *symbŏlicu(m)*, dal gr. *symbolikós*, da *sýmbolon* 'contrassegno'; av. 1544] **agg.** (pl. m. *-ci*) ***1*** Di simbolo, attinente a simbolo. ***2*** Che ha natura di simbolo: *gesto s.* |

Che ha valore non tanto in sé, quanto per ciò che rappresenta: *dono s.*; *protesta simbolica* | ***Prezzo s., risarcimento s.***, molto esiguo, non collegato con il valore di un bene o con l'entità di un danno. ***3*** Che si esprime mediante simboli: *linguaggio s.* | (*filos.*) ***Logica simbolica***, logistica. || **simbolicaménte**, **avv.** In modo simbolico, mediante simboli.

simbolismo [da *simbolo*, con *-ismo*; per calco sul fr. *symbolisme* nel sign. 5; 1857] **s. m.** ***1*** Carattere simbolico: *il s. di un oggetto … esiste sempre* (CALVINO). ***2*** Uso di particolari simboli per rappresentare qlco.: *il s. della fisica* | Complesso dei simboli usati per rappresentare qlco. ***3*** (*psicoan.*) Insieme dei processi tramite i quali un'idea, un conflitto o un desiderio rimossi vengono rappresentati in modo indiretto e figurato. ***4*** (*relig.*) Tendenza spontanea a trasformare le esperienze conoscitive in simboli mitici | Forma di interpretazione dei materiali storico-religiosi (miti, riti, espressioni figurative), che vengono considerati rappresentazioni di realtà spirituali, di idee e di istinti diversi da quelli risultanti dalla loro forma esteriore | Forma di espressione del linguaggio e della comunicazione religiosa, quando un segno contiene un messaggio diverso o più ampio di quello letterale o esterno: *s. della Bibbia, dell'Apocalisse.* ***5*** (*arte, letter.*) In arte e letteratura, l'impiego, spec. sistematico, di simboli all'interno di un'esigenza espressiva: *il s. delle incisioni del Dürer* | Corrente letteraria di origine francese, diffusasi in Europa nella seconda metà del XIX sec., che vedeva nel simbolo, ottenuto con trapassi analogici e metaforici, un archetipo della poesia e una proiezione di situazioni esistenziali.

simbolista [1887] **A s. m. e f.** (**pl. m.** *-i*) ● Seguace del simbolismo, spec. in letteratura. **B agg.** ● Simbolistico.

simbolistico [1894] **agg.** (**pl. m.** *-ci*) ● Del simbolismo, dei simbolisti. || **simbolisticaménte**, **avv.**

simbolizzare [vc. dotta, dal lat. mediev. *symbolizāre*, da *sȳmbolus* 'simbolo'; 1659] **v. tr.** ● (*raro*) Attribuire un significato simbolico: *s. gli eventi quotidiani* | Simboleggiare.

simbolizzazióne [1903] **s. f.** ● Il simbolizzare.

♦**simbolo** [vc. dotta, dal lat. *sȳmbolu(m)*, dal gr. *sýmbolon* 'contrassegno', connesso con *symbállein*, comp. di *sýn* 'insieme' e *bállein* 'mettere'; av. 1342] **s. m.** ***1*** Elemento materiale, oggetto, figura animale, persona e sim., considerato rappresentativo di un'entità astratta: *la bandiera è il s. della patria*; *la colomba è il s. della pace.* ***2*** Espressione grafica convenzionalmente assunta a rappresentare in modo sintetico un qualsiasi ente: *'m' è il s. della massa* | ***S. astronomico***, per indicare brevemente il Sole, la Luna e le sue fasi, i pianeti, le costellazioni dello zodiaco, e sim. | ***S. cartografico***, segno che serve a indicare su una carta un qualsiasi oggetto geografico. ***3*** Abbreviazione convenzionale formata da una o due lettere, usata per designare un elemento chimico. ***4*** Segno che rappresenta una religione o una particolare forma della vita e del pensiero religiosi: *s. della Croce, del Tao, del Giudaismo* | ***S. Niceno***, degli Apostoli, il Credo, come compendio degli articoli della fede cristiana.

simbologia [comp. di *simbo(lo)* e *-logia*; 1821] **s. f.** ***1*** Simbolica. ***2*** Insieme di simboli o di figure simboliche: *la s. cattolica*; *la s. logica.*

Simbranchifórmi [comp. di *simbranchi-*, da *sin-* e *branchi(a)* e del pl. di *-forme*; 1965] **s. m. pl.** (**sing.** *-e*) ● (*zool.*) Nella tassonomia animale, ordine di Pesci ossei di acqua dolce con le aperture branchiali unite ventralmente in modo da formare una sola fessura (*Synbranchiformes*).

simetria ● V. *simmetria.*

Simhat Tora /*ebr.* sim'xat to'ra/ o **Simchat Tora** [loc. ebr., propr. 'celebrazione della Tora'] **loc. sost. f. o m. inv.** ● Festa ebraica che cade il 23 del mese di *tishrì* (settembre-ottobre) e celebra la fine del ciclo annuale di lettura della Tora e l'inizio del successivo.

†**simia** ● V. *scimmia.*

simico [da *sima* (*2*); 1855] **agg.** (**pl. m.** *-ci*) ● Del sima, nel sign. di *sima* (*2*).

simigliare e *deriv.* ● V. *somigliare* e *deriv.*

similare [da *simile*, forse sul modello del fr. *similaire*; 1549] **agg.** ● Simile, omogeneo, della stessa natura: *prodotti similari.* || **similarménte**, **avv.**

similarità [1765] **s. f.** ● Condizione di ciò che è similare.

♦**simile** o (*poet.*) **simile** [dal lat. *sĭmile(m)*, dalla radice indeur. **sem-* 'unico'. V. *semplice*; av. 1250] **A agg.** (**superl.** *similissimo*, o †*simillimo*) (**assol.**; + *a*, lett. raro + *di*) ***1*** Che ha alcune caratteristiche significative in comune con un'altra persona o un'altra cosa: *avere gusti simili*; *persone di s. condizione*; *quell'albero è s. a una quercia*; *i due libri sono simili nella sostanza*; *questi abiti sono simili di forma*; *nulla v'era s. di lei* (BOCCACCIO) | Somigliante: *il ritratto è molto s. all'originale.* **CFR.** iso-, omo-, omeo-, para-, pseudo-. **SIN.** Analogo. **CONTR.** Dissimile. ***2*** Tale, di tale fatta, di tale sorta: *con gente s. non si può parlare*; *non ho mai visto una cosa s.*; *non mi aspettavo un s. trattamento.* **SIN.** Siffatto. ***3*** (*mat.*) Corrispondente in una similitudine | Che ha uguale forma. || **similménte**, **avv.** Allo stesso modo, analogamente. **B** in funzione di **avv.** ● †Così pure, similmente: *di Firenze vi fu molta buona gente, e s. di Pisa* (VILLANI). **C s. m.** ● (*raro, lett.*) Cosa simile, cosa analoga: *il s. toccò ad Agamede* (LEOPARDI) | ***E simili*** (frequente nell'uso scritto la forma abbreviata *e sim.*), per indicare un seguito di elementi dello stesso genere di quelli già nominati. **D s. m. e f.** ***1*** Compagno, persona della stessa condizione, qualità, classe: *s. qui con s. è sepolto* (DANTE *Inf.* IX, 130). ***2*** (*spec. al pl., gener.*) Gli uomini, il prossimo: *bisogna amare i propri simili.*

†**similitudinàrio** [1521] **agg.** ● Di similitudine | Fondato su una similitudine. || †**similitudinariaménte**, **avv.** Per via di similitudine.

similitùdine [dal lat. *similitūdine(m)*, da *sĭmilis* 'simile'; av. 1292] **s. f.** ***1*** (*raro, lett.*) Somiglianza, conformità: *a s. di*; *Le biade … dal principio hanno quasi una s. ne l'erba* (DANTE). ***2*** (*ling.*) Figura retorica che consiste nel paragonare tra loro concetti, immagini o cose, sulla base della somiglianza di alcuni caratteri comuni: *La memoria, / amica come l'edera alle tombe* (SABA). ***3*** (*mat.*) Affinità tale che il rapporto di segmenti corrispondenti sia costante.

†**simillimo** [vc. dotta, dal lat. *simĭllimu(m)*, superl. di *sĭmilis* 'simile'; av. 1375] **agg.** (**superl.** di *simile*) ● Molto simile: *la ignoranza è simillima alla notte* (BOCCACCIO).

similòro [comp. di *simil(e)* e *oro*; 1745] **s. m.** ● Lega di zinco, stagno e rame, gialla come l'oro.

similpèlle [da *pelle*, sul modello di *similoro*; 1973] **s. f.** ● Materiale sintetico simile alla pelle naturale, usato per fabbricare valigie, borse e sim. e per rivestimenti di divani e poltrone.

simmetria o (*raro*) **simmetria** [vc. dotta, dal gr. *symmetría*, comp. di *sýn* 'sin-' e *-metría* '-metria'; av. 1455] **s. f.** ***1*** (*gener.*) In un oggetto, un corpo, un insieme, una struttura e sim., disposizione dei vari elementi che lo compongono tale che rispetto a un dato punto, asse o piano cui si fa riferimento vi sia tra esse piena corrispondenza di forma, dimensione, posizione e sim.: *edificio privo di s.*; *questo dipinto eccede in s.* ***2*** (*biol.*) Disposizione regolare delle parti di un organismo rispetto a un piano o a un asse. ***3*** Rispondenza nella struttura dei cristalli rispetto a linee rette, o assi, e a piani. ***4*** (*mus.*) Rispondenza di frasi o periodi nel giro delle melodie, o nella qualità degli accordi, o nella durata delle note o nella dimensione dei membri. ***5*** Armonia di proporzioni, combinazioni, disposizione, e sim.: *distribuire gli ornamenti con s.* ***6*** (*fis.*) Proprietà di cui godono i sistemi o le leggi fisiche che si mantengono invariati a seguito di una trasformazione | ***S. temporale***, quella delle leggi della meccanica, che non variano se si inverte il segno della coordinata temporale.

simmetricità [1986] **s. f.** ● (*mat.*) Proprietà di ciò che è simmetrico.

simmètrico [vc. dotta, dal gr. *symmetrikós*, connesso con *symmetría*; 1584] **agg.** (**pl. m.** *-ci*) ● Che ha simmetria, dotato di simmetria: *la porta è simmetrica rispetto alla finestra* | (*mat.*) ***Proprietà simmetrica***, detto di relazione nella quale se *a* è associato a *b* anche *b* è associato ad *a*. **CONTR.** Asimmetrico. || **simmetricaménte**, **avv.** Con simmetria.

simmetrizzare [dall'ingl. *to symmetrize*; 1790] **v. tr.** ● Rendere simmetrico | Mettere, disporre in simmetria.

simmoria [vc. dotta, dal gr. *symmoría*, da *sýmmoros* 'che contribuisce', da *sýn* 'insieme' e *méiresthai* 'avere in sorte'; 1931] **s. f.** ● Nell'antica Atene, uno dei raggruppamenti nei quali erano divisi i cittadini agiati per la riscossione dei tributi.

simo [dal lat. *sīmu(m)* 'camuso', dal gr. *simós*, di etim. incerta. V. *scimmia*; av. 1472] **agg.** ● (*lett.*) Che ha il naso schiacciato, ripiegato in dentro: *va con l'altra schiera / del s. gregge* (ARIOSTO). **SIN.** Camuso.

simolàcro ● V. *simulacro.*

simoneggiàre o †**simonizzàre** [1313] **v. intr.** (*io simonéggio*; aus. *avere*) ● (*lett.*) Fare simonia.

simonia [dal lat. tardo (eccl.) *simonīa(m)*, da *Simon* 'Simon Mago', n. ebr. di un Samaritano che cercò di comperare da S. Pietro il potere di trasmettere i doni dello Spirito Santo; av. 1292] **s. f.** ● Nel diritto canonico, delitto consistente nel vendere o comprare, o anche nella sola intenzione di commerciare, cose sacre o spirituali | Peccato corrispondente al delitto di simonia.

simonìaco [dal lat. tardo (eccl.) *simonīacu(m)*, da *simonīa*; av. 1294] **A agg.**; anche **s. m.** (**f.** *-a*; **pl. m.** *-ci*) ● Che (o Chi) si rende colpevole di simonia. **B agg.** ● Che deriva da simonia: *beni simoniaci.*

†**simonizzàre** ● V. *simoneggiare.*

simpamina® [marchio registrato; 1941] **s. f.** ● Farmaco stimolante del sistema nervoso centrale ad azione euforizzante, che consente una maggiore resistenza all'affaticamento fisico e mentale ma porta a fenomeni di farmacodipendenza.

simpatètico [vc. dotta, dal gr. *sympathētikós*, da *sympathêin* 'soffrire, sentire insieme'. V. *simpatia*; 1744] **agg.** (**pl. m.** *-ci*) ● (*lett.*) Che è in perfetto accordo con le qualità, le caratteristiche, di altra persona o cosa. || **simpateticaménte**, **avv.**

♦**simpatia** [vc. dotta, dal lat. *sympathīa(m)*, dal gr. *sympátheia* 'conformità nel sentire', da *sýn* 'sin-' e *-pátheia* '-patia'; 1521] **s. f.** ***1*** Attrazione e inclinazione istintiva verso persone o cose: *avere, nutrire, provare, sentire, s. per, verso, qlcu. o qlco.*; *ispirare s.*; *entrare in s. a qlcu.* | ***Giudicare per s., andare a s., a simpatie, badare alle simpatie***, e sim., giudicare con parzialità, seguendo le simpatie personali. **CFR.** filo- (1), -filo, -filia. **CONTR.** Antipatia. ***2*** Intesa sentimentale, propensione amorosa: *tra loro c'è una certa s.*; *è una semplice s.*; *si tratta di s., non di amore.* ***3*** Caratteristica di chi è simpatico: *un tipo di una s. eccezionale.* ***4*** (*med.*) Tendenza delle parti dell'organismo a subire le stesse malattie. ***5*** (*est.*) Fenomeno per cui in oggetti non posti a contatto tra loro si verificano le stesse modificazioni: *scoppio per s.*

simpaticità [da *simpatico*; 1960] **s. f.** ● (*raro*) Condizione di chi (o di ciò che) è simpatico.

♦**simpàtico** (**1**) [da *simpatia*; av. 1707] **A agg.** (**pl. m.** *-ci*) ***1*** Che desta simpatia: *essere s. a qlcu.*; *non essere, non riuscire, s. a qlcu.*; *non è bello ma è s.* | (*est.*) Divertente, gradevole, piacevole: *ritrovo, locale, s.*; *compagnia simpatica.* **CONTR.** Antipatico. ***2*** ***Inchiostro s.***, che non lascia traccia sulla carta, e compare solo per mezzo di reagenti chimici. || **simpaticaménte**, **avv.** Con simpatia, destando simpatia. **B s. m.** (**f.** *-a*) ● Persona simpatica. **CONTR.** Antipatico. || **simpaticóne**, **accr.** (V.).

simpàtico (**2**) [vc. dotta, dal gr. *sympathikós* 'che sente la stessa influenza', connesso con *sympátheia* 'simpatia'; 1775] **A s. m.** (**pl.** *-ci*) ● (*anat.*) Componente del sistema nervoso autonomo controllata dal tratto toracico e da quello lombare del nevrasse | ***Gran s.***, il complessivo sistema nervoso autonomo. **B** anche **agg.**

simpaticolìtico [comp. di *simpatico* (*2*) e *litico* (*2*); 1960] **A agg.** (**pl. m.** *-ci*) ● (*farm.*) Detto di agente capace di bloccare la trasmissione sinaptica del sistema nervoso simpatico: *farmaco s.* **B** anche **s. m.**

simpaticomimètico [comp. di *simpatico* (*2*) e *mimetico*; 1991] **A agg.** (**pl. m.** *-ci*) ● (*farm.*) Detto di agente capace di evocare effetti fisiologici analoghi a quelli prodotti dalla stimolazione del sistema nervoso simpatico: *farmaco s.* **B** anche **s. m.**

simpaticóne [1883] **s. m.** (**f.** *-a*); anche **agg.** ***1*** Accr. di *simpatico* (*1*). ***2*** Chi (o Che) è brillante, affabile e cordiale.

simpaticotònico [comp. di *simpatico* (*2*) e *-tonico*; 1935] **A agg.** (**pl. m.** *-ci*) ● (*farm.*) Detto di agente capace di accentuare gli effetti della stimolazione del sistema nervoso simpatico. **B** anche s. m.

simpatizzànte [1919] **A** part. pres. di *simpatizzare*; anche agg. ● Nei sign. del v. **B** s. m. e f. ● Chi ha o dimostra affinità di opinioni, idee, con un movimento, un partito e sim., pur senza aderirvi.

simpatizzàre [da *simpatia*, forse sul modello del fr. *sympathiser*; 1598] v. intr. (aus. *avere*) ● Entrare in simpatia, riuscire simpatico: *s. con qlcu.* | (*est.*) Avere affinità di sentimenti, idee, opinioni con persone, movimenti, ideologie: *s. per il movimento ecologista.*

simpatrìa [comp. di *sim-* e *patria*; 1983] s. f. ● (*biol.*) Condizione di coabitazione geografica fra due o più differenti specie.

simpètalo [comp. di *sim-* e *petalo*; 1957] agg. ● (*bot.*) Gamopetalo.

simplèsso [comp. di *sim-* e *plesso*; 1960] s. m. ● (*mat.*) ***S. astratto***, o (*ellitt.*) ***simplesso***, insieme di elementi che costituiscono una generalizzazione del concetto di segmento, triangolo e sim.: *metodo, criterio del s.* | ***S. orientato***, in cui gli elementi sono ordinati | ***S. non orientato***, in cui gli elementi non sono ordinati.

simplex [vc. lat., propr. 'semplice, univoco'. V. *semplice*; 1960] **A** s. m. inv. (pl. lat. *simplices*) ● Collegamento telefonico nel quale l'abbonato dispone interamente di una linea. **B** in funzione di agg. inv. ● In una trasmissione seriale, detto di collegamento che permette la comunicazione in una sola direzione. CFR. Duplex.

†simplice ● V. *semplice* (*1*).

Simplicidentàti [comp. del lat. *sĭmplex*, genit. *sĭmplicis* 'semplice' e dell'it. *dentato*; 1936] s. m. pl. (sing. *-o*) ● Nella tassonomia animale, sottordine di Roditori caratterizzati dalla presenza, sulla mascella superiore, di un solo paio di incisivi (*Simplicidentata*).

simploche [gr. *symplokḗ* 'intreccio'; 1695] s. f. ● (*ling.*) Figura retorica che consiste nella ripetizione della medesima parola, o gruppo di parole, all'inizio e alla fine di due o più frasi o versi successivi; è l'unione di anafora ed epifora: *E il giovinetto non intese, e pianse. / E la fanciulla si confuse, e pianse* (PASCOLI).

simpodiale [da *simpodio*; 1884] agg. ● (*bot.*) Simpodico.

simpòdico [da *simpodio*; 1906] agg. (pl. m. *-ci*) ● (*bot.*) Detto di ramificazione nella quale uno dei due rami che si formano a ciascuna biforcazione cresce più dell'altro, in modo da simulare la presenza di un ramo principale. SIN. Simpodiale.

simpòdio [vc. dotta, dal gr. *sýmpous*, genit. *sýmpodos* 'legato ai piedi', comp. di *sýn* 'insieme' e *póus*, genit. *podós* 'piede'; 1883] s. m. ● (*bot.*) Organo o ramificazione simpodica.

simposìaco [vc. dotta, dal lat. *symposĭacu(m)*, dal gr. *symposiakós*, da *sympósion* 'simposio'; av. 1606] agg. (pl. m. *-ci*) ● (*lett.*) Di simposio, che si riferisce a un simposio.

simposìarca [vc. dotta, adattamento del gr. *symposiárchēs*, comp. di *sympósion* 'simposio' e *-árchēs* '-arca'; av. 1686] s. m. (pl. *-chi*) *1* Nell'antichità greca, capo di un simposio. *2* (*lett.*) Chi presiede a un simposio, a un cenacolo letterario.

simpòsio [vc. dotta, dal lat. *sympŏsiu(m)*, dal gr. *sympósion*, comp. di *sýn* 'insieme' e di un deriv. di *pósis* 'bevuta', da *pínein* 'bere'; per calco sull'ingl. *symposium* nel sign. 3; 1546] s. m. *1* Nell'antichità greca, riunione che si svolgeva dopo il pranzo e durante la quale si assisteva a danze e canti bevendo copiosamente. *2* (*lett.*) Banchetto, convito. *3* Convegno organizzato per consentire a più persone, spec. studiosi, ricercatori e sim., di discutere questioni e argomenti di comune interesse. SIN. Symposium.

simulàbile [1994] agg. ● Che può essere simulato: *dolore non s.* | (*tecnol.*) Che può essere riprodotto artificialmente: *fenomeni fisici simulabili con il computer.*

simulàcro o **†simolàcro**, **†simulàgro** [vc. dotta, dal lat. *simulācru(m)*, da *simulāre* 'rappresentare'; av. 1342] s. m. *1* (*lett.*) Statua, ritratto, immagine, spec. di divinità, personaggi illustri, e sim.: *un s. di bronzo*; *il s. di Ilaria del Carretto.* *2* (*lett.*, *fig.*) Parvenza, immagine lontana del vero: *un s. dell'antica potenza*; *vani simulacri del vero*; *non potendo avere la realtà mi appago del suo s.* (DE SANCTIS). *3* (*fig.*, *lett.*) Ombra, spettro. *4* †Vista, spettacolo. *5* †Modello.

simulaménto [dal lat. *simulamĕntu(m)*, da *simulāre*; av. 1406] s. m. ● (*raro*) Simulazione.

simulàre [vc. dotta, dal lat. *simulāre*, da *sĭmilis* 'simile'; 1294] v. tr. (*io sìmulo*) *1* Fingere, far parere che ci sia qlco. che in realtà non c'è: *s. un sentimento, un affetto, un furto*; *s. amicizia per qlcu.* CFR. Dissimulare. *2* (*raro*) Imitare: *s. il verso del merlo.* *3* (*tecnol.*) Riprodurre qlco. artificialmente a scopo di esperimento, di studio: *s. un volo.*

simulàto [av. 1292] part. pass. di *simulare*; anche agg. ● Nei sign. del v.: *sentimento s.*; *volo s.* ‖ **simulataménte**, avv. Con simulazione.

simulatóre [dal lat. *simulatōre(m)*, da *simulātus* 'simulato'; av. 1338] s. m. *1* (f. *-trice*) Chi simula. SIN. Bugiardo, impostore, ipocrita. CFR. cripto-. *2* Dispositivo, o complesso di dispositivi, che riproducono particolari condizioni di funzionamento e di ambiente per l'addestramento di piloti, astronauti e sim. o per l'allenamento sportivo.

simulatòrio [vc. dotta, dal lat. tardo (eccl.) *simulatōriu(m)*, da *simulātus* 'simulato'; av. 1342] agg. ● (*lett.*) Fatto con simulazione | Di simulazione.

simulazióne [vc. dotta, dal lat. *simulatiōne(m)*, da *simulātus* 'simulato'; av. 1342] s. f. *1* Il simulare | Finzione | Atto, comportamento e sim. che mirano a simulare qlco. | (*sport*) ***Fallo di s.***, quello di chi finge di aver subìto un fallo da parte dell'avversario allo scopo di procurarsi un calcio di punizione o un calcio di rigore. *2* (*dir.*) Accordo con cui due o più parti fingono di porre in essere un negozio giuridico mentre in realtà non ne pongono nessuno o uno diverso da quello apparente: *s. assoluta, relativa* | ***S. di reato***, illecito di chi afferma falsamente che è avvenuto un reato o ne simula le tracce in modo che si possa iniziare un procedimento penale per accertarlo. *3* Riproduzione strumentale di un processo naturale o di una situazione complessa, o di alcune sue caratteristiche: *simulazione di volo.*

Simùlidi [comp. del v. lat. *simul(āre)* 'simulare' e *-idi*] s. m. pl. (sing. *-e*) ● Nella tassonomia animale, famiglia ampiamente diffusa di Ditteri simili a piccole mosche, con larve a vita acquatica e con femmine adulte ematofaghe, vettrici di malattie pericolose per l'uomo e per il bestiame (*Simulidae*).

simùlio [dal lat. *simulāre* 'somigliare', per la loro somiglianza con le mosche; 1970] s. m. ● Genere di Ditteri simili a una piccola mosca con larve acquatiche e adulti ematofagi (*Simulium*).

simultànea [f. sost. di *simultaneo*; 1989] s. f. ● Traduzione simultanea.

simultaneìsmo [da *simultaneo*, con *-ismo*; 1914] s. m. ● Tecnica pittorica consistente nella sovrapposizione, nello stesso oggetto, di due diversi punti di vista.

simultaneista [da *simultaneo*; 1930] s. m. e f.; anche agg. (pl. m. *-i*) *1* Interprete, specialista di traduzioni simultanee. *2* Nel gioco degli scacchi, chi conduce un certo numero di partite simultanee.

simultaneità [1818] s. f. ● Condizione di ciò che avviene in modo simultaneo.

simultàneo [vc. dotta, dal lat. mediev. *simultāneu(m)*, dall'avv. *sĭmul* 'nello stesso tempo', sul modello del lat. tardo *momentāneus* 'momentaneo'; 1669] agg. ● Che avviene o si fa nel medesimo tempo: *moto s.*; *avvenimento s. a un altro* | ***Traduzione simultanea***, in congressi, assemblee e sim. dove si parlino lingue diverse, quella che un interprete effettua man mano che l'oratore parla | (*scacchi*) ***Partite simultanee***, quelle disputate contemporaneamente da un unico giocatore contro più avversari su scacchiere diverse. ‖ **simultaneaménte**, avv. In modo simultaneo, nello stesso lasso di tempo.

simùn o (*raro*) **samùm** [attraverso il fr. *simoun*, dall'ar. *samūm*; av. 1652] s. m. inv. ● Vento caldo e secco che soffia nei deserti africani sollevando dense nuvole di sabbia.

sin- [riproduce la prep. gr. *sýn* 'assieme, con', senza sicure corrispondenze fuori del gr.] pref. (subisce assimilazione davanti a parole che iniziano con *l-*, *m-*, *r-*, *s-*, e la *-n-* si muta in *-m-* davanti a *b-* e *p-*) ● Indica, in parole composte di origine greca o di moderna formazione, unione, connessione, coesione, completamento, contemporaneità: *sincefalia, sillaba, sinclinale, simpatia, simmetria, sissizio.*

sinafìa [vc. dotta, dal lat. *synaphīa(m)*, dal gr. *synápheia* 'congiunzione, collegamento', da *sýn* 'insieme' e *-apheia*, da *háptein* 'attaccare, unire'; av. 1604] s. f. ● (*ling.*) Legame metrico tra due versi, per il quale la sillaba finale del primo (spesso ipermetro) viene contata nella misura metrica del secondo: *E' l'alba: si chiudono i peta-li / un poco gualciti; si cova...* (PASCOLI).

sinagòga [vc. dotta, dal lat. tardo (eccl.) *synagōga(m)*, dal gr. *synagōgḗ* 'assemblea', da *synágein*, comp. di *sýn* 'insieme' e *ágein* 'condurre'; sec. XIII] s. f. *1* Edificio destinato al culto religioso degli ebrei | Tempio | Adunanza di Israeliti. *2* (*est.*) Nazione, religione, ebraica: *le persecuzioni sofferte dalla s.*

sinagogàle [1932] agg. ● Che si riferisce alla sinagoga e ai suoi riti: *canto s.*; *libri sinagogali.*

sinaìtico [ingl. *Sinaitic*, dal monte *Sinai*; 1925] agg. (pl. m. *-ci*) ● Del monte Sinai.

sinalèfe [vc. dotta, dal lat. tardo *synaloēphe(m)*, dal gr. *synaloiphḗ* 'fusione', comp. di *sýn* 'insieme' e *aloiphḗ*, da *aléiphein* 'ungere', di orig. indeur.; 1528 ca.] s. f. ● (*ling.*) In metrica, fusione in un'unica sillaba della vocale finale e della vocale iniziale di due parole contigue: *A qualunque animale alberga in terra* (PETRARCA). CONTR. Dialefe.

sinallàgma [vc. dotta, dal gr. *synállagma* (nom. acc. nt.) 'contratto', connesso con *synallássein*, comp. di *sýn* 'insieme' e *allássein* 'scambiare'; 1838] s. m. (pl. *-i*) ● (*dir.*) Nesso di reciprocità che lega le prestazioni nei contratti a prestazioni corrispettive.

sinallagmàtico [vc. dotta, dal gr. *synallagmatikós*, agg. da *synállagma*, genit. *synallágmatos* 'contratto'; 1821] agg. (pl. m. *-ci*) ● Di sinallagma, spec. nella loc. ***contratto s.***, a prestazioni corrispettive.

Sinandràli [comp. di *sin-* e *-andro* 'stame': dette così per la congiunzione dei due stami più lunghi per mezzo delle antere; 1973] s. f. pl. (sing. *-e*) ● Nella tassonomia vegetale, ordine di piante delle Dicotiledoni con fiori pentameri (*Synandrae*). ➡ ILL. piante/9.

sinàntropo [comp. di *sin(a)*, dal lat. mediev. *Sīna(m)* 'Cina', e *-antropo*; 1960] s. m. ● Tipo fossile da taluni ritenuto umanoide, benché con caratteristiche fisiche ancora proprie delle scimmie antropomorfe, i cui resti fossili furono rinvenuti in località cinesi.

sinàpsi [vc. dotta, dal gr. *synapsis* 'unione', da *synáptein*, comp. di *sýn* 'insieme' e *háptein* 'connettere'; 1921] s. f. inv. ● (*med.*) Giunzione tra fibre e cellule nervose o tra fibre ed effettori nervosi. ➡ ILL. p. 2124 ANATOMIA UMANA.

Sinàpsidi [comp. del gr. *sýnapsis* 'unione, collegamento', dal v. *synáptein* 'attaccare (*áptein*) assieme (*syn-*)' e *-idi*] s. m. pl. (sing. *-e*) ● Nella tassonomia animale, sottoclasse dei Rettili, completamente estinta, alla quale appartenevano i progenitori dei Mammiferi (*Synapsida*).

sinàptico [1960] agg. (pl. m. *-ci*) ● Della sinapsi, relativo a sinapsi.

sinartròsi [dal gr. *synárthrōsis* 'giuntura', comp. di *sýn* 'insieme' e *árthrōsis* 'articolazione', da *árthron* 'giuntura, articolazione'; 1771] s. f. inv. ● (*med.*) Articolazione fissa.

sinàssi [vc. dotta, dal lat. tardo (eccl.) *sўnaxi(m)*, dal gr. *sýnaxis* 'riunione', da *synágein*, da *sýn* 'insieme' e *ágein* 'condurre'; 1766] s. f. inv. ● Presso gli antichi cristiani, riunione dei fedeli per la lettura dei testi sacri | (*est.*) Assemblea eucaristica dei fedeli.

sinattantoché [comp. di *sino, a, tanto* (avv.), *che* (cong.); 1960] cong. ● (*raro*) Fintantoché, finché: *non cederò s. non avrò ottenuto ciò che voglio.*

sincàrpico [1927] agg. (pl. m. *-ci*) ● (*bot.*) Sincarpo.

sincàrpio [da *sincarpo*; 1960] s. m. ● (*bot.*) Frutto unico all'aspetto, ma composto di tanti frutti riuniti fra loro.

sincàrpo [comp. di *sin-* e *-carpo*; 1821] agg. ● (*bot.*) Detto di organo vegetale formato di parti saldate fra loro | ***Frutto s.***, formato da più carpelli uniti | ***Gineceo s.***, formato da più pistilli fusi. SIN. Sincarpico.

sincategoremàtico [vc. dotta, dal gr. *synkatēgorēmatikós*, da *synkatēgórēma*, genit. *synkatēgorḗmatos* 'vc. significante con altre', da *sýn* 'insieme' e *katēgórēma* 'predicato', da *katēgoreîn* 'asserire, mostrare'; 1561] agg. (pl. m. *-ci*) ● Nella grammatica e nella logica medievale, detto di quei termini (ad es. gli articoli o le congiunzioni) che acquistano una dimensione semantica solo quando entrano in relazione con altre parti del discorso. CONTR. Categorematico.

sincèllo [biz. *sýnkellos* 'compagno di cella', comp. di *sýn* (V. *sin-*) e del lat. *cĕlla*; 1717] s. m. ● Nella Chiesa bizantina, ecclesiastico posto al fianco di un prelato come persona di fiducia o come presunto successore.

sinceràre [da *sincero*; av. 1606] **A** v. tr. (*io sincèro*) **1** (*lett.*) Rendere certo, convinto, persuaso, della verità di qlco.: *ho pregato, l'ho sincerata, l'ho vinta* (GOLDONI). **2** †Giustificare. **B** v. intr. pron. ● Accertarsi, assicurarsi: *sincerarsi di qlco.*; *sincerarsi della realizzazione di qlco.*

sincerità o †**sinceritàde**, †**sinceritàte** [dal lat. *sinceritāte(m)* 'purezza', da *sincērus* 'puro, schietto'; av. 1348] s. f. **1** Condizione di chi (o di ciò che) è sincero. SIN. Franchezza, schiettezza. **2** (*raro*) Autenticità: *la s. di un codice.*

♦**sincèro** [dal lat. *sincēru(m)* 'schietto, puro', comp. di *sin-*, dalla radice **sem-* 'unico' e *-cērus*, da *crēscere*, propr. 'di una sola origine'; 1321] agg. **1** †Non mescolato con altro, puro, genuino, non alterato | Oggi solo nelle loc. ***olio, vino***, e sim., ***s.*** **2** Che nell'agire, nel parlare e sim., esprime con assoluta verità ciò che sente, ciò che pensa: *devi essere s. con tuo padre*; *un amico s.*; *sono un vostro s. ammiratore.* CONTR. Bugiardo. **3** (*est.*) Alieno da simulazione o da finzione: *pentimento, pianto, s.*; *amicizia sincera*; *parole di sincera gratitudine.* CONTR. Falso. **4** †Chiaro, evidente. **5** †Sano, non malato. || **sinceróne**, accr. || **sinceraménte**, avv. **1** Con sincerità: *credere sinceramente.* **2** Davvero, in verità: *sinceramente non riesco a comprenderti.*

sinché o **sin che** [comp. di *sin(o)* e *che* (cong.); 1524] cong. ● (*raro*) Finché: *proverò s. non sarò riuscito.*

sinchiṣi [vc. dotta, dal lat. tardo *sȳnchysi(m)* 'iperbato', dal gr. *sýnchysis* 'confusione', da *synchêin* 'mescolare'; 1695] s. f. inv. ● (*ling.*) Confusione nell'ordine delle parole risultante da una costruzione sintattica intricata | Figura retorica consistente nella combinazione, anche ripetuta, di anastrofi e iperbati: *il divino del pian silenzio verde* (CARDUCCI).

sincineṣia [comp. di *sin-* e *-cinesia*, dal gr. *kínēsis* 'movimento'; 1960] s. f. ● (*med.*) Movimento involontario suscitato irresistibilmente da movimenti volontari con i quali non è necessariamente legato.

sincìpite [vc. dotta, dal lat. *sĭnciput*, genit. *sincĭpitis* 'mezza testa', da **sēm(i)căput*, comp. di *sēmi-* 'semi-' e *căput*, genit. *căpitis* 'testa'; 1584] s. m. ● (*anat.*) Parte più elevata del cranio.

sinciziàle [da *sincizi(o)* con il suff. *-ale* (*1*); 1932] agg. ● (*biol.*) Relativo a sincizio | ***Trofoblasto s.***, strato esterno, plurinucleato, del trofoblasto.

sincìzio [vc. scient. moderna, comp. di *sin-* e *-cizio*, dal gr. *kýtos* 'cavità'. V. *cito-*; 1931] s. m. ● (*biol.*) Massa citoplasmatica contenente molti nuclei derivata dalla fusione di più cellule.

sinclàṣi [vc. dotta, gr. *sýnklasis* 'collisione, rottura', comp. di *syn-* 'sin-' e *klásis* 'frattura'; 1885] s. f. inv. ● (*geol.*) Frattura nella roccia determinata da forte escursione termica.

sinclinàle [comp. di *sin-* e di un deriv. dal gr. *klínein* 'piegare'. V. *-clino*; 1895] s. f. ● (*geol.*) Piega al cui nucleo si trova il termine più recente di una serie di strati facenti parte della piega stessa.

sincopàle [1737] agg. ● (*med.*) Relativo a sincope, caratterizzato da sincope.

sincopàre [da *sincope*; 1546] v. tr. (*io sìncopo*) **1** (*ling.*) Sottoporre una parola a sincope. **2** Effettuare delle sincopi in musica.

sincopàto [av. 1406] part. pass. di *sincopare*; anche agg. **1** Detto di parola che ha subito una sincope. **2** (*mus.*) Detto di stile o di brano musicale caratterizzato da sincopi. || **sincopataménte**, avv.

sìncope [vc. dotta, dal lat. tardo *sȳncope(m)*, dal gr. *synkopḗ*, deriv. di *synkóptein* 'spezzare', comp. di *sýn* 'insieme' e *kóptein* 'tagliare'; av. 1342] s. f. **1** (*ling.*) Caduta di una vocale, e quindi di una sillaba, all'interno di una parola: *scrivi quel che vedesti in lettre d'oro* (PETRARCA). **2** (*med.*) Improvvisa, completa perdita di coscienza e di tono muscolare, ad andamento transitorio. **3** (*mus.*) Cambiamento della normale accentuazione ottenuto prolungando un suono emesso su tempo debole nel tempo forte successivo, con effetto di sfasatura ritmica; ampiamente sfruttato nel jazz e nella musica leggera.

sincràṣi [vc. dotta, dal gr. *sýnkrasis* 'mescolanza', connesso con *synkerannýnai*, comp. di *sýn* 'insieme' e *kerannýnai* 'mescolare'; 1957] s. f. inv. ● (*ling.*) Fusione di più sillabe in una sola sillaba, come *acciaio* che è bisillabo anziché trisillabo nel verso: *con un baston d'acciaio, chiaro e forbito* (BOCCACCIO).

sincrètico [1873] agg. (pl. m. *-ci*) **1** Relativo a sincretismo, caratterizzato da sincretismo. **2** (*psicol.*) ***Percezione sincretica***, nella psicologia dell'età evolutiva, quella propria dell'età infantile, che tende a cogliere la realtà esterna non nei suoi particolari, ma in modo globale. || **sincreticaménte**, avv.

sincretiṣmo [vc. dotta, dal gr. *synkrētismós*, propr. 'confederazione alla maniera cretese', da *synkretízein*, comp. di *sýn* 'insieme' e di un deriv. di *Krḗtē* 'Creta'; 1771] s. m. **1** Fusione di elementi mitologici, culturali e dottrinari di varie religioni, anche in forme incoerenti. **2** Conciliazione, talvolta arbitraria, di dottrine filosofiche diverse. **3** (*ling.*) Fenomeno per cui una sola forma esprime più funzioni già espresse in forme diverse (ad es. il caso ablativo latino, che raccoglie anche le funzioni del locativo e dello strumentale indoeuropei).

sincretista [1806] s. m. e f. (pl. m. *-i*) ● Chi sostiene il sincretismo.

sincretìstico [1892] agg. (pl. m. *-ci*) ● Che si riferisce al sincretismo o ai sincretisti. || **sincretisticaménte**, avv.

sìncro [1986] s. m. inv. ● Accorc. di *nuoto sincronizzato.*

sincro- [sta per *sincrono*, sul modello dell'ingl. *synchro-* per *synchronous*] primo elemento ● In parole composte della terminologia tecnica e scientifica, fa riferimento al sincronismo o alla sincronizzazione: *sincrociclotrone.*

sincrociclotróne [comp. di *sincro-* e *ciclotrone*; 1948] s. m. ● Acceleratore a campo magnetico fisso, in cui le particelle vengono accelerate da un campo elettrico di frequenza variabile e percorrono una traiettoria a spirale di raggio crescente.

sincronìa [da *sincrono*, sul modello del fr. *synchronie*; 1919] s. f. **1** Condizione di ciò che è sincrono: *essere, stare, in s. con qlco.* **2** Insieme di fatti o elementi (storici, linguistici ecc.) considerati in un preciso momento, indipendentemente dalla loro evoluzione nel tempo. CONTR. Diacronia.

sincrònico [1865] agg. (pl. m. *-ci*) ● Di sincronia, relativo a sincronia | ***Linguistica sincronica***, studio dei fenomeni linguistici in una data fase, indipendentemente dal loro evolversi nel tempo. CONTR. Diacronico. || **sincronicaménte**, avv.

sincroniṣmo [vc. dotta, dal gr. *synchronismós*, da *sýnchronos* 'sincrono'; 1771] s. m. **1** Condizione di ciò che è sincrono. SIN. Simultaneità. **2** (*fis.*) Uguaglianza dei periodi di fenomeni periodici. **3** Contemporaneità di fatti o fenomeni diversi | Nella tecnica cinematografica e televisiva, contemporaneità di immagini e di suoni a esse attinenti | ***Regolatore di s.***, negli apparecchi televisivi, particolare circuito destinato a mantenere il sincronismo.

sincronìstico [1873] agg. (pl. m. *-ci*) ● (*raro*) Che concerne il sincronismo | Che si verifica in sincronismo.

sincronizẓàre [adattamento del gr. *synchronízein* 'essere contemporaneo', da *sýnchronos* 'sincrono'; 1928] **A** v. tr. **1** Rendere sincroni più periodi, funzioni, fenomeni e sim.: *s. l'orologio con quello di un amico.* **2** (*cine*) Abbinare esattamente le immagini e i suoni ad esse attinenti in un film. **B** v. intr. pron. ● Rendersi sincrono (*anche fig.*).

sincronizẓàto [1960] part. pass. di *sincronizzare*; anche agg. ● Nei sign. del v. | ***Nuoto s.***, specialità sportiva che prevede evoluzioni e figure in acqua su base musicale. Accorc. Sincro. || **sincronizẓataménte**, avv.

sincronizẓatóre [1931] s. m. **1** Apparecchio atto a sincronizzare: *s. di alternatori.* **2** Dispositivo facente parte del cambio di velocità degli autoveicoli, che facilita il cambiamento di marcia tendendo a eguagliare la velocità degli organi rotanti da accoppiare prima che l'accoppiamento sia completo.

sincronizẓazióne [1942] s. f. ● Il sincronizzare.

sìncrono [vc. dotta, dal lat. tardo (eccl.) *sýnchronu(m)*, dal gr. *sýnchronos* 'contemporaneo', comp. di *sýn* 'insieme' e *chrónos* 'tempo'; 1745] agg. **1** Che avviene nel medesimo tempo o nello stesso spazio di tempo: *movimento s. con altri.* **2** (*lett.*) Contemporaneo: *avvenimenti, fatti sincroni.* **3** Detto di macchina elettrica la cui velocità di rotazione dipende rigidamente dalla frequenza della corrente e dal numero di poli. **4** (*aer.*) ***Satellite s.***, satellite geostazionario.

sincronoscòpio o **sincroscòpio** [comp. di *sincrono* e *-scopio*; 1960] s. m. ● Dispositivo che indica se due grandezze fisiche, due fenomeni periodici e sim. sono sincroni.

sincrotróne [adattamento dell'ingl. *synchrotron*, fusione di *synchro(nized elec)tron* 'elettrone sincronizzato'; 1946] s. m. ● Acceleratore di particelle a funzionamento ciclico usato per produrre fasci di elettroni o protoni di altissima energia.

sindacàbile [av. 1831] agg. ● Che si può sindacare. CONTR. Insindacabile.

sindacabilità [1847] s. f. ● (*raro*) Condizione di ciò che è sindacabile.

sindacàle (1) [da *sindaco*; 1676] agg. **1** (*raro, bur.*) Relativo al sindaco di un comune: *ordinanza s.* **2** (*dir.*) Relativo ai sindaci di una società per azioni: *collegio s.*

sindacàle (2) [dal fr. *syndical*, con sovrapposizione di *sindaco*; 1905] agg. ● Del sindacato, dei sindacati, nel sign. di *sindacato* (*3*): *organizzazione, lotta s.* | ***Diritto s.***, complesso degli atti legislativi che disciplinano le attività dei sindacati e i rapporti alle stesse conseguenti | ***Libertà s.***, di costituzione di sindacati e partecipazione agli stessi. || **sindacalménte**, avv. Mediante il sindacato; da un punto di vista sindacale; in forma di sindacato.

sindacalèṣe [da *sindacal(e)* col suff. *-ese* (*2*); 1977] **A** s. m. ● (*iron.*) Linguaggio tipico dei sindacalisti, di difficile comprensione per i termini e i riferimenti tecnici, politici, burocratici. **B** anche agg.: *gergo s.*

sindacaliṣmo [da *sindacale* (*2*), con *-ismo*, sul modello del fr. *syndicalisme*; 1905] s. m. ● Programma mirante a organizzare i lavoratori in sindacati al fine di garantirne gli interessi nei confronti dei datori di lavoro | Movimento sindacale.

sindacalista [dal fr. *syndacaliste*; 1904] s. m. e f. (pl. m. *-i*) **1** Chi sostiene il sindacalismo. **2** Dirigente, funzionario, militante di un sindacato, nel sign. di *sindacato* (*3*).

sindacalìstico [1914] agg. (pl. m. *-ci*) ● Che si riferisce al sindacalismo.

sindacalizẓàre [da *sindacale* (*2*); 1976] **A** v. tr. ● Organizzare in sindacato | Rendere sensibile, aderente, adeguato alle idee e agli scopi del sindacato. **B** v. intr. pron. ● Acquisire una coscienza sindacale, aderire a un sindacato.

sindacalizẓazióne [1949] s. f. ● Il sindacalizzare, il venire sindacalizzato.

sindacaménto [av. 1698] s. m. ● (*raro*) Il sindacare | (*lett.*) Controllo, giudizio.

sindacàre (1) [da *sindaco*; 1324] v. tr. (*io sìndaco, tu sìndachi*) **1** Esaminare minutamente, rivedere, controllare, l'operato di persone, enti, amministrazioni e sim. **2** (*fig.*) Sottoporre a controlli, critiche e sim.: *s. la vita privata di qlcu.*

sindacàre (2) [da *sindacato* (*3*); 1909] v. tr. (*io sìndaco, tu sìndachi*) **1** (*disus.*) Iscrivere a una associazione sindacale. **2** (*econ.*) Immettere una partecipazione azionaria in un sindacato, in un cartello.

sindacàto (1) [1312] part. pass. di *sindacare*; anche agg. ● Nei sign. del v.

sindacàto (2) [da *sindacare* (*1*); av. 1292] s. m. **1** (*raro*) Controllo dell'attività di un subordinato. **2** Spec. in età comunale, rendiconto dovuto da alcuni magistrati o amministratori ai loro superiori.

sindacàto (3) [dal fr. *syndicat*, con sovrapposizione del precedente; 1895] s. m. **1** Organizzazione che associa i membri di una categoria operante sul mercato del lavoro, allo scopo di rappresentarne e difenderne gli interessi economici e professionali: *s. dei lavoratori*; *s. dei datori di lavoro*; *s. dei dirigenti d'azienda*; *s. dei coltivatori diretti.* **2** Correntemente, associazione rappresentativa dei lavoratori dipendenti: *sindacati di categoria* | (*fig.*) ***Sindacati gialli***, V. *giallo*. **3** (*banca*) ***S. di collocamento***, ***s. di sottoscrizione***, ***s. finanziario***, raggruppamento temporaneo di più banche

che si prefigge la collocazione fra i risparmiatori di titoli di nuova emissione e l'acquisto di un certo numero di questi o, eventualmente, della parte rimasta invenduta | *S. di controllo, s. di voto, s. azionario*, in una società per azioni, gruppo di alcuni soci che si accordano fra loro per votare in assemblea allo stesso modo e quindi orientare la conduzione della società | *S. di blocco*, in una società per azioni, accordo fra i soci che limita la libertà di vendita delle azioni. *4* (*econ.*) Ogni forma di accordo a carattere monopolistico fra più imprese, quali il cartello, il pool e il trust. *5* (*gerg.*) Racket.

sindacàto (4) [da *sindaco*; 1900] **s. m.** ● (*raro*) Ufficio di sindaco | Durata di tale ufficio.

sindacatóre [1309] **s. m.**; anche **agg.** (**f.** *-trice*) ● Chi (o Che) sindaca (*anche fig.*).

sindacatùra [av. 1294] **s. f.** ● (*raro*) Sindacamento.

♦**sìndaco** o †**sìndico** [lat. tardo *sýndicu(m)* 'rappresentante di una comunità', dal gr. *sýndikos*, da *sýn* 'insieme' e un deriv. di *díkē* 'giustizia'; 1297] **s. m.** (**f.** *-a*, scherz. *-éssa*; **pl. m.** *-ci*; V. anche nota d'uso FEMMINILE) *1* Capo dell'amministrazione comunale, eletto direttamente dai cittadini; è anche ufficiale del governo per determinate funzioni (liste di leva, anagrafe, igiene ecc.). *2* (*spec. al pl., dir.*) Nelle società per azioni, professionista che ha l'obbligo di controllare l'amministrazione e vigilare sull'osservanza della legge e dell'atto costitutivo. ‖ **sindacàccio**, **pegg.** | **sindachétto**, **dim.** | **sindacùzzo**, **dim.**

sindattilìa [comp. di *sin-* e un deriv. di *-dattilo*; 1891] **s. f.** *1* (*biol.*) Nei Vertebrati, fusione o ancoraggio reciproco tra le dita di un arto specializzato, quale l'arto scavatore della talpa o la pinna dei Mammiferi acquatici. *2* (*med.*) Malformazione trasmessa per via ereditaria, consistente nella fusione più o meno estesa di due o di più dita adiacenti.

sindèresi o **sintèresi** [vc. dotta, dal gr. *syntḗrēsis* 'esame', da *syntērein* 'vigilare', passato attraverso la pron. biz. al lat. mediev. *syndēresis*; sec. XIV] **s. f. inv.** *1* Nella filosofia medievale, facoltà naturale per cui è possibile distinguere il bene dal male. *2* (*est., fam., disus.*) Coscienza di sé, capacità di connettere: *perdere la s.*

sìndesi [gr. *sýndesis* 'collegamento', da *syndêin* 'collegare', comp. di *sýn-* 'sin-' e *dêin* 'legare' (prob. d'orig. indeur.); 1960] **s. f. inv.** ● (*ling.*) Procedimento retorico che consiste nel coordinare fra loro mediante congiunzioni i membri di un'enumerazione: *Vergine chiara et stabile in eterno* (PETRARCA). **CFR.** Polisindeto.

sindètico [1960] **agg.** (**pl. m.** *-ci*) ● (*ling.*) Di sindesi, realizzato mediante sindesi.

†**sìndico** ● V. *sindaco*.

sìndone [dal lat. tardo *sīndone(m)* 'mussolina', dal gr. *sindṓn*, genit. *sindónos*, di orig. semitica; sec. XIV] **s. f.** ● Presso gli antichi Ebrei, lenzuolo di lino in cui avvolgere i morti | ***Sacra Sindone***, secondo la convinzione tradizionale di molti fedeli della Chiesa cattolica, lenzuolo nel quale fu avvolto Gesù morto e che porta impressa l'immagine del corpo di lui.

sindonologìa [comp. di *sindone* e *-logia*; 1939] **s. f.** ● Studio storico e scientifico della Sacra Sindone.

sindonòlogo [1983] **s. m.** (**f.** *-a*; **pl. m.** *-gi*) ● Esperto di sindonologia.

sìndrome [vc. dotta, dal gr. *sindromḗ* 'concorso', comp. di *sýn* 'insieme' e *-dromḗ*, connesso con *drómos* 'corsa'; 1665 ca.] **s. f.** *1* (*med.*) Insieme di sintomi che caratterizzano una malattia | ***S. di Down***, dovuta a una anomalia cromosomica congenita, solitamente la trisomia del cromosoma 21; si manifesta con una serie di difetti di gravità variabile come ritardo mentale, aspetto mongoloide, macroglossia. **SIN.** Mongolismo, trisomia 21 | ***S. da immunodeficienza acquisita***, AIDS | ***S. di Hansen***, lebbra | ***S. da astinenza***, quella determinata spec. in un tossicodipendente dall'astinenza dalla droga a cui è dedito | ***S. di Stoccolma***, condizione di dipendenza e collaborazione di un sequestrato nei confronti dei sequestratori (dal comportamento di alcuni ostaggi in una banca di Stoccolma nel 1973) | ***S. di Stendhal***, stato di forte emozione e serie di disturbi conseguenti alla visione di opere d'arte (che Stendhal confessò di aver provato durante una visita alla chiesa di Santa Croce a Firenze) | ***S. di Peter Pan***, nel linguaggio giornalistico, comportamento dei giovani che rifiutano di assumersi le responsabilità che la vita adulta comporta. *2* (*est., fig.*) Insieme di segni tramite i quali si palesa una determinata condizione: *s. da innamoramento*; *la s. degli esami*; *la s. del teledipendente*.

sine [da *sì* (*1*) con componente rafforzativa] **avv.** ● (Con valore raff.) († o *centr., merid.*) Sì.

sinechìa o **sinèchia** [vc. dotta, dal gr. *synécheia* 'continuità', da *synéchein* 'tenere insieme', da *sýn* 'insieme' ed *échein* 'avere'; 1821] **s. f.** ● (*med.*) Aderenza abnorme che si stabilisce tra gli organi.

sinecìsmo [vc. dotta, dal gr. *synoikismós* 'unione', da *synoikízein* 'unire, ridurre sotto un'unica capitale', comp. di *sýn* 'insieme' e *oikízein* 'colonizzare', da *oikía* 'casa, abitazione'; 1930] **s. m.** *1* Nell'antica Grecia, fenomeno per cui gli abitanti di due o più Stati si raccoglievano a vivere in un unico agglomerato diventando cittadini di uno stesso Stato. *2* (*est.*) Accentramento in un'unica città della popolazione prima dispersa per le campagne.

sinecùra [lat. *sīne cūra* 'senza cura (d'anime)'; 1849] **s. f.** *1* Beneficio ecclesiastico senza obbligo di uffizi e funzioni. *2* (*est.*) Occupazione, ufficio poco faticoso e di poca responsabilità.

sinèddoche [vc. dotta, dal lat. *synĕcdoche*, dal gr. *synekdochḗ*, da *synekdéchesthai* 'ricevere insieme', da *sýn* 'insieme' e *déchesthai* 'accogliere'; sec. XIV] **s. f.** ● (*ling.*) Figura retorica che consiste nel trasferire un termine dal concetto cui strettamente si riferisce ad un altro con cui è in rapporto di quantità (il tutto per la parte, il singolare per il plurale, il genere per la specie e sim., e viceversa): *il Turco sollicitava l'armata, che saria di 150 vele* (MACHIAVELLI).

sine die [vc. lat., propr. 'senza un giorno (stabilito)'; 1895] **loc. avv.** ● A tempo indeterminato, indefinitamente: *aggiornare i lavori sine die*.

sinèdrio [vc. dotta, dal lat. tardo (eccl.) *synĕdriu(m)*, dal gr. *synédrion* 'assemblea', comp. di *sýn-* 'con' e un deriv. di *hédra* 'seggio'; 1682] **s. m.** *1* Nell'antichità greca, assemblea, consiglio, senato. *2* Presso gli antichi ebrei, supremo organo legislativo e giurisdizionale | Luogo dove si riuniva il sinedrio. *3* (*fig.*) Complesso, consesso (*spec. scherz.*).

sinedrìta [1960] **s. m.** (**pl.** *-i*) ● Chi fa parte di un sinedrio.

Sinentognàti [comp. di *sin-*, *ento-*, del gr. *entós* 'dentro', e il pl. di *-gnato*] **s. m. pl.** (**sing.** *-o*) ● (*zool.*) Esocetoidei (*Synenthognati*).

sine qua non [loc. lat., propr. 'senza la quale (sottinteso *condicio* 'condizione') non si può fare qualcosa'; 1765] **loc. agg. inv.** ● Che è condizione necessaria, imprescindibile: *una clausola sine qua non*. **CFR.** Condicio sine qua non.

sinèresi [vc. dotta, dal lat. tardo *synăeresi(m)*, dal gr. *synáiresis* 'restringimento', da *synairêin* 'raccogliere', comp. di *sýn* 'insieme' e *hairêin* 'prendere'; 1540] **s. f. inv.** *1* (*ling.*) In metrica, fusione di due vocali in un'unica sillaba all'interno di parola: *Morte bella parea nel suo bel viso* (PETRARCA). **CONTR.** Dieresi. *2* (*chim.*) Espulsione dell'elemento liquido da parte di un colloide.

sinerètico [1985] **agg.** (**pl. m.** *-ci*) ● (*ling.*) Caratterizzato o prodotto da sineresi: *dittongo s.*

sinergìa [vc. dotta, dal gr. *synergía* 'cooperazione', da *sýn* 'con' ed *-ergia*, da *érgon* 'opera'; av. 1855] **s. f.** *1* (*fisiol.*) Azione simultanea di vari organi per compiere una determinata funzione. *2* (*farm.*) Sinergismo. *3* Spec. nel campo economico o editoriale, azione combinata, concentrazione di due o più elementi, che risulta di efficacia potenziata rispetto a una loro semplice sommatoria: *le sinergie fra giornali e reti televisive*.

sinèrgico [da *sinergia*; 1838] **agg.** (**pl. m.** *-ci*) ● (*fisiol., farm.*) Relativo a sinergia | ***Muscoli sinergici***, che hanno la stessa azione | ***Farmaci sinergici***, che determinano il sinergismo farmacologico. ‖ **sinergicaménte**, **avv.**

sinergìsmo [comp. di *sinerg(ia)* e *-ismo*; 1932] **s. m.** *1* (*farm.*) Potenziamento dell'effetto terapeutico prodotto dall'associazione di due o più farmaci. *2* Dottrina teologica che fonda la salvezza dell'anima non solo sulla grazia divina ma anche sul libero arbitrio umano e sulle opere buone.

sìnesi [gr. *sýnesis* 'riunione, punto di riunione', da *syniénai* 'mettere insieme', comp. di *sýn-* 'sin-' e *iénai* 'mandare' (d'orig. indeur.); 1930] **s. f. inv.** ● (*gramm.*) Costruzione a senso consistente nell'accordo di un sostantivo singolare con un verbo plurale (es. *un gruppo di ragazzi giocavano a rincorrersi*).

sinestèsi [vc. dotta, dal gr. *synáisthēsis* 'percezione simultanea', comp. di *sýn* 'con' e *áisthēsis*, da *aisthánesthai* 'percepire'; 1930] **s. f. inv.** ● (*psicol.*) Sinestesia.

sinestesìa [vc. scient. moderna, dal gr. *synáisthēsis* 'percezione simultanea'. V. *sinestesi*; 1930] **s. f.** *1* (*psicol.*) Fenomeno per cui la percezione di determinati stimoli è accompagnata da particolari immagini proprie di un'altra modalità sensoriale. *2* (*ling.*) Figura retorica consistente nell'associazione di due parole relative a sfere sensoriali diverse: *fredde luci / parlano* (MONTALE); *stava con gli orecchi levati per vedere* (BOCCACCIO).

†**sinèstro** ● V. *sinistro*.

sinfaròsa ● V. *sinforosa*.

sìnfisi [vc. dotta, dal gr. *sýmphysis* 'coesione', da *symphýein*, comp. di *sýn* 'insieme' e *phýein* 'crescere'; 1574] **s. f. inv.** ● (*med.*) Sinartrosi in cui il mezzo di unione dei due capi ossei è rappresentato da tessuto fibroso: *s. pubica* | Aderenza di due superfici sierose, per infiammazione: *s. pleurica*; *s. pericardica*. ➡ **ILL.** p. 2124 ANATOMIA UMANA.

sinfonìa [vc. dotta, dal gr. *symphōnía* 'concerto', comp. di *sýn* 'insieme' e un deriv. di *phōnḗ* 'voce'; 1321] **s. f.** *1* (*mus.*) Composizione orchestrale, di solito in quattro movimenti | Brano strumentale preposto a un'opera o a un oratorio. *2* (*fig.*) Complesso armonioso di suoni, colori e sim. *3* (*fig., fam., antifr.*) Complesso sgradevole di suoni, rumori, grida e sim.: *che s. fanno quei due che litigano!* *4* (*fig., fam.*) Discorso noioso, rimprovero e sim., ripetuto monotonamente: *ogni giorno comincia la sua s.* ‖ **sinfoniètta**, **dim.** (V.).

sinfònico [1875] **agg.** (**pl. m.** *-ci*) ● (*mus.*) Di sinfonia o di altra forma per orchestra. ‖ **sinfonicaménte**, **avv.** Dal punto di vista sinfonico; nel genere musicale della sinfonia.

sinfoniètta [1965] **s. f.** *1* (*mus.*) Dim. di *sinfonia*. *2* (*mus.*) Sifonia di piccole dimensioni o di organico strumentale ridotto.

sinfonìsmo [da *sinfonia*; 1925] **s. m.** ● (*mus.*) L'insieme delle caratteristiche proprie della forma sinfonica | Il genere musicale della sinfonia: *il s. romantico*; *il s. del Novecento*.

sinfonista [1778] **s. m.** e **f.** (**pl. m.** *-i*) ● (*mus.*) Compositore o esecutore di sinfonie.

sinforòsa o **sinfaròsa** [dal n. di un personaggio di una commedia di G. Giraud; 1905] **s. f.** *1* (*disus.*) Donna di una certa età che si veste e si comporta come una ragazzina | Ragazza dai modi leziosi. *2* Nell'Ottocento, cappello femminile a tesa larga fissato sotto il mento con un largo nastro annodato.

singalése o **cingalése** [dal sanscrito *Simhala*, n. dell'isola di Ceylon, da *simhah* 'leone'; 1765] **A agg.** ● Dell'isola di Ceylon (oggi Sri Lanka). **B s. m. e f.** ● Abitante, nativo dell'isola di Ceylon. **C s. m.** solo **sing.** ● Lingua della famiglia indoeuropea, parlata nell'isola di Ceylon; oggi, lingua ufficiale dello Sri Lanka.

singamìa [comp. di *sin-* e *-gamia*] **s. f.** ● (*biol.*) Unione del gamete femminile con quello maschile | (*biol.*) Fusione dei corredi cromosomici di due gameti sessualmente diversi.

singaporiàno [1973] **A agg.** ● Di Singapore. **B s. m.** (**f.** *-a*) ● Abitante, nativo della città e dell'isola di Singapore.

singènesi [vc. dotta, dal gr. *syngénēsis* 'unione', comp. di *sýn* 'insieme' e *génēsis* 'origine'; 1875] **s. f. inv.** ● Origine, formazione, contemporanea.

singenètico [da *singenesi*; 1940] **agg.** (**pl. m.** *-ci*) ● Che presenta il fenomeno o il carattere della singenesi | ***Giacimento minerario s.***, formatosi in seguito agli stessi processi che hanno originato le rocce che lo includono.

†**singhiottóso** ● V. *†singhiozzoso*.

singhiozzàre [lat. parl. **singluttiāre*, sovrapposizione di *gluttīre* 'inghiottire' a *singultāre*, da *singūltus* 'singhiozzo'; av. 1342] **v. intr.** (*io singhiózzo*; aus. *avere*) *1* Avere il singhiozzo: *smettila di s.* *2* Piangere a singhiozzi, dirottamente: *s. per il dolore*. *3* (*fig.*) Andare avanti a scatti, a balzi: *la vecchia motocicletta cammina singhiozzando*.

singhiózzio [1842] **s. m.** ● Il singhiozzare continuo.

singhiózzo [da *singhiozzare*; sec. XIII] s. m. *1* Movimento respiratorio spastico, caratterizzato da repentina contrazione del diaframma cui si associa una brusca, parziale chiusura della glottide: *avere il s.*; *soffrire di s.*; *far passare il s. a qlcu.* SIN. Singulto. *2* (*spec. al pl.*) Rapida successione di inspirazioni ed espirazioni accompagnate da pianto convulso: *scoppiare, prorompere in singhiozzi*; *voce rotta dai singhiozzi.* *3* (*fig.*) Sbalzo, frequente interruzione, nella loc. ***a s.***, ***a singhiozzi***: *procedere, avanzare, a s.* | ***Sciopero a s.***, con alternanze di sospensioni e riprese del lavoro.

†**singhiozzóso** o †**singhiottóso** [da *singhiozzare*; sec. XIV] agg. ● (*lett.*) Inframmezzato dai singhiozzi.

single /ˈsiŋgol, *ingl.* ˈsɪŋgḷ/ [vc. ingl., propr. 'singolo, solo'; 1985] s. m. e f. inv. ● Persona che vive sola o senza legami sentimentali stabili e duraturi.

singleton /*ingl.* ˈsɪŋgḷtən/ [vc. ingl., da *single* 'singolo'; 1965] s. m. inv. *1* Nel bridge, unica carta di un dato seme posseduta da un giocatore. *2* (*mat.*) Insieme composto di un solo elemento.

Singnàtidi /siɲˈɲatidi/ [1957] s. m. pl. (sing. *-e*) ● Nella tassonomia animale, famiglia di Pesci dei Teleostei dei Signatiformi cui appartengono, tra le specie più note, il pesce ago e il cavalluccio marino (*Syngnathidae*).

Singnatifórmi /siɲɲatiˈformi/ [comp. di *si(n)gnato*, nome italianizzato del genere di pesci *Syngnatus*, e il pl. di *-forme*; 1965] s. m. pl. (sing. *-e*) ● Nella tassonomia animale, ordine di Pesci ossei marini con bocca priva di denti, muso tubolare e corpo allungato (*Syngnathiformes*).

♦**singolàre** o †**singulàre** [dal lat. *singulāre(m)*, da *sĭngulus* 'unico'; av. 1294] **A** agg. *1* (*lett.*) Che si riferisce a uno solo, a un singolo individuo: *avrà dal re de' Catalani / di pugna singular le prime glorie* (ARIOSTO) | (*scherz.*) ***Venire a singolar tenzone***, ***affrontarsi in singolar tenzone***, e sim., battersi, scontrarsi (*anche fig.*) | ***Numero s.***, in grammatica, quello proprio delle forme che indicano una sola persona o cosa e l'azione fatta o subita da una sola persona o cosa. *2* (*est.*) Unico, caratteristico, particolare: *ha un modo s. di parlare* | Raro, insolito, eccellente: *un'opera s.*; *donna di s. bellezza*; *uomo di s. ingegno* | (*est.*) Bizzarro, strano: *spesso i filosofi sono tipi singolari.* *3* (*mat.*) ***Punto s.***, punto di discontinuità di una funzione. SIN. Singolarità. || **singolarménte**, avv. *1* Particolarmente, specialmente: *una donna singolarmente elegante*; in modo strano: *era singolarmente nervoso.* *2* Uno a uno: *ringraziare singolarmente.* **B** s. m. *1* (*gramm.*) Caso grammaticale della categoria del numero che esprime la singolarità dei nomi numerabili: *aggettivo, sostantivo, verbo al s.* *2* (*sport*) Incontro disputato tra due giocatori: *s. di tennis*; *s. maschile, femminile.*

singolarista [1963] s. m. e f. (pl. m. *-i*) ● (*sport*) Chi disputa incontri di singolare.

singolarità o †**singularità** [vc. dotta, dal lat. tardo *singularitāte(m)* 'unicità', da *singulāris* 'singolare'; 1306] s. f. *1* Caratteristica di chi (o di ciò che) è singolare | Unicità | Peculiarità | Eccezionalità: *fama di s. appetiva* (CARDUCCI) | Stranezza: *colpito dalla s. del caso* (D'ANNUNZIO). *2* (*mat.*) Punto singolare.

singolarizzàre [da *singolare*, con suff. iter.-intens.; 1549] v. tr. *1* (*gramm., raro*) Ridurre al singolare. *2* Elencare, spiegare uno per uno, specificare caso per caso.

singolativo [da *singolo*; 1935] agg. ● (*ling.*) Detto di nome che indica una persona o una cosa singola (ad es. *pecora* rispetto a *gregge*). CONTR. Collettivo.

singolétto [da *singolo*] s. m. *1* (*mat.*) Insieme dotato di un unico elemento. *2* (*fis.*) Stato fisico simmetrico rispetto allo scambio di numeri quantici.

singolista [da *singolo*; 1960] s. m. e f. (pl. m. *-i*) ● (*sport*) In alcuni sport, chi pratica la specialità del singolo.

♦**singolo** o †**singulo** [vc. dotta, dal lat. *sĭngulu(m)* 'unico' (usato spec. al pl. come distr. di *ūnus* 'uno'), connesso con *sĭmplex*. V. *semplice*; av. 1332] **A** agg. *1* Che è considerato in sé, separatamente dagli altri: *i singoli casi*; *le singole prove*; *ogni s. avvenimento della vita.* *2* Che è costituito da un solo elemento. CFR. aplo- | ***Camera, cabina singola***, per una sola persona | ***Collegamento s.***, in telefonia, simplex. **B** s. m. *1* Uomo, individuo: *l'interesse del s. non può andare a scapito della collettività.* *2* Tipo di collegamento telefonico che utilizza una coppia di fili per ogni abbonato. *3* (*sport*) Nel tennis, incontro disputato tra due giocatori. SIN. Singolare | Nel canottaggio, imbarcazione a un solo vogatore | Nel nuoto sincronizzato, solo. *4* (*mus.*) Disco o cassetta di dimensione e prezzo ridotti contenente uno o pochi brani musicali esemplificativi di una raccolta.

singrafe o (*raro*) **singrafa** [vc. dotta, dal lat. *sўngrapha(m)* 'cambiale', adattamento del gr. *syngraphḗ* 'contratto', da *syngráphein* 'redigere', comp. di *sýn* 'insieme' e *gráphein* 'scrivere'; 1765] s. f. ● Nel diritto greco antico e nel diritto romano, documento contenente un contratto scritto e sottoscritto dai contraenti.

Singspiel /*ted.* ˈzɪŋˌʃpiːl/ [vc. ted., comp. di *singen* 'cantare' e *Spiel* 'recitazione, spettacolo'; 1930] s. m. inv. (pl. ted. *Singspiele*) ● Genere di teatro musicale tedesco dei secc. XVIII e XIX, con brani parlati e cantati di tipo favolistico e popolaresco.

†**singulàre** e *deriv.* ● V. *singolare* e *deriv.*

†**singulo** ● V. *singolo.*

singultio [av. 1912] s. m. ● (*lett.*) Il singultire continuo.

singultire [vc. dotta, dal lat. tardo *singultīre*, da *singŭltus* 'singhiozzo'; 1561] v. intr. (*io singultisco, tu singultisci*; aus. *avere*) ● (*lett.*) Singhiozzare, piangere con singulti.

singùlto [vc. dotta, dal lat. *singŭltu(m)* 'singhiozzo', di orig. indeur.; 1294] s. m. ● Singhiozzo: *avere il s.*; *scoppiare in singulti.*

sinibbio [etim. incerta: forse lat. parl. **subnībulu(m)* per il class. *subnūbilu(m)* 'oscuro, tenebroso' (comp. di *sub-* 'sub-' e *nūbilus* 'nuvoloso' (V. *nuvolo*)); 1891] s. m. ● (*tosc.*) Vento sferzante con neve.

siniscalcàto [av. 1348] s. m. *1* Ufficio del siniscalco | Durata di tale ufficio. *2* †Provincia governata dal siniscalco.

siniscàlco o †**seniscàlco** [dal lat. mediev. *siniscălcu(m)*, dal francone *siniskalk*, comp. di *sini-* 'vecchio', di orig. indeur. (V. *signore, senato*) e *skalk* 'servo'; av. 1238] s. m. (pl. *-chi*) ● Nell'alto Medioevo, ufficiale di palazzo incaricato di sovrintendere al servizio di tavola della mensa del re | Alto grado militare e amministrativo dell'epoca carolingia.

sinistr o **sinist** [abbr. di *sinistro*; 1957] **A** inter. ● Si usa per indicare la parte sinistra nei comandi di esecuzione a militari e, un tempo, a ginnasti dopo un comando di avvertimento: *fronte s.!* **B** anche in funzione di s. f.: *attenti a s.!*; *squadra a s.!* e sim.

♦**sinistra** [f. sost. di *sinistro*; sec. XIII] s. f. *1* Mano che è dalla parte del cuore: *scrivere con la s.*; *agitare la s.* *2* Parte, lato, che corrisponde alla mano sinistra: *alla mia s.*; *girare a s.*; *a s. risponde uno squillo* (MANZONI) | ***Sulla s., alla s., di qlcu.***, sulla parte sinistra di chi percorre una strada, un sentiero e sim. o osserva da un punto determinato | ***A destra e a s.***, da ogni parte, di qua e di là | ***Tenere la s.***, mantenersi sul lato sinistro di una strada e sim. o rispetto a un punto di riferimento | ***Attenti a s., fronte a s., squadra a s.***, comandi di avvertimento a militari e, un tempo a ginnasti; V. anche *sinistr.* *3* (*mar.*) Parte sinistra della nave. *4* In Parlamento, l'insieme delle forze politiche che stanno a sinistra del banco del Governo e che, secondo la tradizione, rappresentano le tendenze progressiste | (*est.*) Ala progressista, radicale, all'interno di un partito o di un raggruppamento di partiti. *5* (*filos.*) ***S. hegeliana***, corrente filosofica che, procedendo dalle dottrine di Hegel, perviene a una critica radicale dell'hegelismo medesimo orientata in senso naturalistico e umanistico.

sinistràre [da *sinistro*; av. 1380] **A** v. tr. ● Danneggiare, colpire con un sinistro: *il terremoto ha sinistrato l'intera regione.* **B** v. intr. (aus. *avere*) *1* †Imbizzarrirsi | Opporsi | Tergiversare. *2* †Imperversare, infuriare. **C** v. intr. pron. ● †Scomodarsi.

sinistràto [av. 1642] **A** part. pass. di *sinistrare*; anche agg. ● Nei sign. del v. **B** s. m. (f. *-a*) ● Chi è stato colpito, danneggiato, da un sinistro: *i sinistrati di guerra.*

sinistrése [comp. di *sinistra* e *-ese* (*2*); 1977] s. m.; anche agg. ● (*iron.*) Insieme delle parole e delle locuzioni tipiche o frequenti di chi fa parte dell'area politica della sinistra italiana.

sinistrismo [da *sinistro, -a*, con *-ismo*; 1932] s. m. *1* (*raro*) Mancinismo. *2* Tendenza politica, culturale e sim. a portarsi verso posizioni ideologiche di sinistra (*spec. spreg.*): *il s. degli intellettuali.*

♦**sinistro** o †**senéstro**, †**sinéstro** [lat. *sinĭstru(m)*, propr. 'differente (dal destro)', di orig. indeur.; av. 1294] **A** agg. *1* Che sta dalla parte del cuore: *fianco, braccio, piede, s.*; *mano sinistra.* *2* Che è a sinistra rispetto a un punto di riferimento: *lato s.*; *parte, ala, sinistra* | ***Riva sinistra di un corso d'acqua***, quella a sinistra di chi guarda la foce voltando le spalle alla sorgente. *3* (*fig.*) Non favorevole, contrario, avverso: *presagi, tempi, sinistri* | Minaccioso, bieco: *sguardo s.*; *un s. figuro*; *luogo s.* || **sinistraménte**, avv. *1* Minacciosamente, lugubremente: *un urlo risuonò sinistramente nella notte*; trucemente: *rise sinistramente.* *2* In modo funesto, infausto. **B** s. m. *1* Evento fortuito dannoso, disgrazia: *è accaduto un s.*; *assicurazione contro i sinistri della grandine*; *s. marittimo.* *2* (*sport*) Nel pugilato, pugno sinistro; colpo sferrato con tale pugno | ***Giocare, tirare, colpire di s.***, nel calcio, detto di intervento effettuato col piede sinistro.

sinistrochèrio [parziale traduzione del gr. *aristerócheir*, propr. 'mancino', comp. di *aristerós* 'sinistro' (propr. 'migliore', denominazione eufemistica, essendo ritenuta la parte sinistra sfavorevole) e *chéir* 'mano', ma anche 'braccio'; 1960] s. m. ● (*arald.*) Braccio sinistro uscente dal fianco destro dello scudo.

sinistrogiro [comp. di *sinistro* e *-giro*, da *girare*; 1947] agg. *1* Sinistrorso. *2* Di sistema chimico o fisico capace di far ruotare a sinistra il piano di polarizzazione di un fascio di luce polarizzata che l'attraversa.

sinistròide [comp. di *sinistr(o)* e *-oide*; 1945] s. m. e f.; anche agg. ● Chi (o Che) manifesta simpatie politiche per la sinistra (*spec. spreg.*).

sinistrórso [vc. dotta, dall'avv. lat. *sinistrōrsus* 'a sinistra', comp. di *sinĭster* 'sinistro' e *vŏrsum* 'girato, voltato'; 1906] **A** agg. *1* Che è volto o può volgersi da destra verso sinistra. *2* Detto del verso di rotazione di eliche, viti e sim., che all'osservatore appare come antiorario. *3* (*fis.*) Sinistrogiro. **B** agg.; anche s. m. (f. *-a*) ● Sinistroide (*anche scherz.*).

sinistrosità [da *sinistro* nel senso di 'evento dannoso'; 1963] s. f. ● Nel linguaggio assicurativo, numero o percentuale di sinistri che si verificano in un'area geografica o in un determinato periodo di tempo, interessando singoli o categorie di assicurati: *area, zona ad alta s.*

sinìzesi [vc. dotta, dal lat. tardo *synizēsi(m)*, dal gr. *synízēsis*, propr. 'caduta', da *synizánein* 'tornare allo stato di prima'; 1821] s. f. inv. ● (*ling.*) Sineresi.

♦**sino** [sovrapp. di *sì* (*2*) a *fino* (*1*); av. 1250] **A** prep. (troncato in *sin*. Ha gli stessi sign. di 'fino'. Si preferisce l'una o l'altra forma per evitare la cacofonia: *s. a Firenze*) ● Fino: *giungerò sin lassù*; *aspetta s. a domani*; *spende s. all'ultimo soldo*; *lo conosco sin dall'infanzia* | V. anche *sinattantoché*; *sinché*; *sinora*; *sintantoché*. **B** avv. ● (*raro*) Perfino: *ho parlato sin troppo.*

sino- [dal lat. mediev. *Sina* 'Cina'] primo elemento ● In parole composte, indica riferimento alla Cina: *sinologia, sinologo.*

sinodàle [vc. dotta, dal lat. tardo (eccl.) *synodāle(m)*, da *sўnodus* 'sinodo'; 1354] agg. ● Attinente a sinodo, relativo a decisione presa in sinodo | ***Padri sinodali***, sacerdoti che partecipano a un sinodo | ***Età s.***, quella, non inferiore ai quarant'anni, prescritta per le donne che possono svolgere la funzione di domestica di un sacerdote: *Perpetua ... aveva passata l'età s. dei quaranta* (MANZONI); (*fig., scherz.*) età matura o avanzata. || **sinodalménte**, avv. Secondo le prescrizioni del sinodo.

sinòdico [vc. dotta, dal lat. tardo ed eccl. *synŏdicu(m)*, dal gr. *synodikós*, da *sýnodos* 'convegno, congiunzione'; 1745] agg. (pl. m. *-ci*) *1* (*relig.*) †Che si riferisce al sinodo. *2* (*astron.*) ***Rivoluzione sinodica***, intervallo di tempo tra due successive congiunzioni di un pianeta col Sole.

sinodo (**1**) [vc. dotta, dal lat. tardo *sўnodu(m)*, dal gr. *sýnodos* 'convegno', comp. di *sýn* 'insieme' e *hodós* 'via'; av. 1342] s. m. o lett. †f. ● Riunione, consiglio, assemblea di sacerdoti, di vescovi, di prelati, per decidere su questioni normative o di fede | *S. ecumenico*, concilio ecumenico | *S. episcopale*, nella Chiesa cattolica, riunione dei vescovi convocata dal Pontefice | *S. diocesano*, riunione dei canonici e sacerdoti di una diocesi | *S. protestante*, delle Chiese evangeliche | *Santo s.*, organo sovrano che regge ciascuna delle Chiese ortodosse autocefale.

†**sinodo** (2) [vc. dotta, dal gr. *sýnodos* 'congiunzione'; sec. XIV] s. m. ● (*astron.*) Congiunzione.

sinolo [vc. dotta, dal gr. *sýnolon*, nt. sost. di *sýnolos* 'totale, complessivo', comp. di *sýn* 'insieme' e *hólos* 'tutto'; 1929] s. m. ● Nella filosofia di Aristotele, l'individuo singolo, o sostanza concreta, in quanto composto di materia e di forma.

sinologia [comp. di *sino-* e *-logia*; 1935] s. f. ● Scienza che studia la lingua, la letteratura, la civiltà dei cinesi.

sinològico [da *sinologia*; 1935] agg. (pl. m. *-ci*) ● Che riguarda la sinologia: *studi sinologici*.

sinòlogo [comp. di *sino-* e *-logo*; 1840] s. m. (f. *-a*; pl. m. *-gi*) ● Chi si occupa di sinologia.

sinonimia [vc. dotta, dal gr. *synōnymía*, da *synṓnymos* 'sinonimo'; 1575] s. f. ● (*ling.*) Condizione di intercambiabilità di parole in ogni contesto dato, senza sostanziali variazioni di significato; CONTR. Antonimia | (*est.*) Sinonimo: *usare una s.*

sinonìmico [1582] agg. (pl. m. *-ci*) ● (*ling.*) Di sinonimo, dei sinonimi. || **sinonimicaménte**, avv.

sinonimizzàre [da *sinonimo*, con suff. iter.-intens.; av. 1642] v. intr. (aus. *avere*) ● (*ling.*) Fare uso, spec. eccessivo, di sinonimi.

sinònimo [vc. dotta, dal lat. *synōnymu(m)*, dal gr. *synṓnymos* 'di ugual nome', comp. di *sýn* 'insieme' e *ónyma* 'nome'. V. *onomastico*; 1363] **A** s. m. ● (*ling.*) Vocabolo che ha lo stesso significato fondamentale di un altro ma forma fonetica diversa. **B** anche agg.: *parole sinonime*. CONTR. Antonimo.

sinòpia [adatt. del lat. *sinōpis*, genit. *sinōpidis*, dal gr. *sinōpís* 'terra rossa', da *Sinṓpē* 'Sinope', città del Mar Nero donde proveniva l'ocra; 1303] s. f. *1* Terra rossa usata per tracciare il disegno negli affreschi | *Filo della s.*, cordicella sporcata con ocra rossa che imbianchini e falegnami usavano per segnare la riga da seguire nell'imbiancare o nel segare. *2* Disegno preparatorio di un affresco tracciato sull'intonaco.

sinòpsi [dall'ingl.-amer. *synopsis*. V. *sinossi*; 1765] s. f. inv. *1* (*raro*) Sinossi. *2* Prima e schematica stesura del soggetto di un film.

sinóra [comp. di *sino* (*ad*) *ora*; 1615] avv. ● Finora: *s. non è venuto nessuno*.

sinòssi [vc. dotta, dal lat. tardo *synŏpsi(m)* 'elenco', dal gr. *sýnopsis* 'compendio', comp. di *sýn* 'insieme' e *ópsis* 'sguardo'; av. 1676] s. f. inv. *1* (*lett.*) Prospetto della materia di un trattato | Compendio che presenta tutt'insieme la materia. *2 S. biblica, del Nuovo Testamento*, il giustapporre brani di diversi testi biblici che hanno analogie o che riferiscono la medesima narrazione.

sinostòsi [comp. di *sin-* e *ostosi*, dal gr. *ostéon* 'osso', con *-osi*; 1821] s. f. inv. ● (*med.*) Saldatura tra due ossa.

sinotibetàno [comp. di *sino-*, dal lat. mediev. *Sīna(m)* 'Cina', e *tibetano*; 1960] agg. ● Detto di una famiglia di lingue, di cui fanno parte il cinese e il tibetano.

sinòttico [vc. dotta, dal gr. *synoptikós* 'comprensivo', da *sýnopsis* 'compendio'; av. 1712] agg. (pl. m. *-ci*) ● Esposto, presentato, in forma di sinossi | *Tavole sinottiche*, in cui le notizie sono disposte in modo tale da farne facilmente cogliere e ricordare l'ordine e le connessioni | *Evangeli sinottici*, gli Evangeli di S. Matteo, di S. Marco e di S. Luca, che, nella Sinossi, presentano numerosi elementi comuni e paralleli della narrazione e della dottrina. || **sinotticaménte**, avv. In modo sinottico; dal punto di vista della sinossi.

sinòvia [vc. coniata da Paracelso, di formazione ignota; 1749] s. f. ● (*anat.*) Liquido contenuto nelle cavità articolari.

sinoviàle [1771] agg. ● Di sinovia: *membrana s.*

sinovite [da *sinovia*, con *-ite* (*1*); 1875] s. f. ● Infiammazione della membrana sinoviale.

sinsàcro [comp. di *sin-* e (*osso*) *sacro*] s. m. ● (*zool.*) Osso sacro degli Uccelli, molto esteso in lunghezza poiché derivato dalla fusione di numerose vertebre.

sinsemàntico [comp. di *sin-* e *semantico*] agg. (pl. m. *-ci*) ● (*ling.*) Detto di parola che ha solo una funzione sintattica e acquista significato dal contesto in cui si trova. CONTR. Autosemantico.

sinsèpalo [comp. di *sin-* e *sepalo*; 1967] agg. ● (*bot.*) Gamosepalo.

sintàgma [vc. dotta, dal gr. *sýntagma* (nom. acc. nt.) 'composizione', da *syntássein* 'comporre', comp. di *sýn* 'insieme' e *tássein* 'ordinare'. V. *sintassi*; 1919] s. m. (pl. *-i*) ● (*ling.*) Gruppo minimo di elementi significativi che forma l'unità base della struttura sintattica di una frase | *S. nominale*, unità costituita da un nome e da un determinante (articolo, aggettivo ecc.) | *S. preposizionale*, unità costituita da una preposizione seguita da un nome | *S. verbale*, unità costituita da una voce verbale con il suo ausiliare ed eventualmente seguita da un sintagma nominale o preposizionale.

sintagmàtico [vc. dotta, dal gr. *syntagmatikós*, agg. da *sýntagma*, genit. *syntágmatos* 'sintagma'; 1919] agg. (pl. m. *-ci*) ● Che è proprio delle unità di lingua considerate in successione nell'ambito del contesto | *Rapporto s.*, relazione di successione tra gli elementi della catena parlata. CONTR. Paradigmatico. || **sintagmaticaménte**, avv.

sintantoché o **sintànto che** [comp. di *sino*, *tanto* (avv.) e *che* (cong.); 1838] cong. ● (*enfat.*) Finché: *aspetterò s. non si sarà deciso a dire la verità*.

sintàssi [vc. dotta, dal lat. tardo *syntăxi(m)*, dal gr. *sýntaxis* 'ordinamento, sistema', da *syntássein* 'comporre', comp. di *sýn* 'insieme' e *tássein* 'ordinare'; 1598] s. f. inv. *1* (*ling.*) La parte della grammatica che contiene le regole di combinazione degli elementi lessicali e significativi, e quindi di formazione delle frasi. *2* (*filos.*) *S. logica*, sintattica. *3* Nelle arti figurative e grafiche, nella musica e nello spettacolo, il complesso di rapporti intercorrenti fra le parti significative di una certa composizione espressiva o fra le loro rispettive funzioni: *la s. dei colori in un quadro*; *la s. del montaggio in un film*; *la s. armonica di Wagner*.

sintàttica [f. sost. di *sintattico*, sul modello dell'ingl. *syntactic*; 1946] s. f. ● Nella logica contemporanea, parte della semiotica che all'interno di un determinato sistema linguistico studia i rapporti tra i segni facendo astrazione dal loro significato.

sintàttico [vc. dotta, dal gr. *syntaktikós*, da *sýntaxis* 'composizione, sintassi'; 1873] agg. (pl. m. *-ci*) ● (*ling.*) Attinente alla sintassi | *Componente s.*, parte di una grammatica generativa comprendente regole di riscrittura e trasformazionali tali da assegnare a ciascuna frase due livelli di rappresentazione, profondo e superficiale | *Fonetica sintattica*, relativa ai punti di giuntura tra elementi fonici appartenenti a parole diverse unite in un medesimo contesto frasale. || **sintatticaménte**, avv. In modo sintattico; dal punto di vista della sintassi.

sintèma [gr. *sýnthēma* 'relazione, rapporto comune', da *syntithénai* 'mettere insieme', comp. di *sýn-* 'sin-' e *tithénai* 'porre' (di orig. indeur.); 1966] s. m. (pl. *-i*) ● (*ling.*) Nella terminologia usata da A. Martinet, segmento minimo di una frase formato da morfemi lessicali.

sintèresi ● V. *sinderesi*.

sinterizzàre [dall'ingl. *to sinter*, con suff. iter.-intens.; 1960] v. tr. ● Agglomerare in una massa solida le particelle di polveri metalliche, mediante conveniente riscaldamento.

sinterizzazióne [1948] s. f. ● (*tecnol.*) Operazione del sinterizzare.

sìntesi [vc. dotta, dal lat. tardo *sÿnthesi(m)*, dal gr. *sýnthesis* 'composizione', da *syntithénai* 'riunire' comp. di *sýn* 'insieme' e *tithénai* 'porre'; 1711] s. f. inv. *1* (*filos.*) Momento in cui si realizza l'unità dialettica di tesi-antitesi | Metodo che procede dal semplice al composto. CONTR. Analisi | *S. a priori*, nella filosofia di Kant, attività mediante la quale l'intelletto unifica la molteplicità dei fenomeni dati nello spazio e nel tempo. *2* (*est.*) Riduzione a un'unità di più idee, concetti, nozioni, e sim.: *s. di elementi diversi* | (*est.*) Riepilogo, compendio | *In s.*, in breve, in poche parole: *in s., ha preso e se n'è andato*. *3* Esposizione conclusiva, riassuntiva: *dimmi la s. di quello che hai letto*; *dire, esporre, esprimere, in s.*; *fare una s. di qlco.* *4* Operazione di riunione delle parti divise in chirurgia. *5* (*chim.*) Processo per cui si ottengono composti a partire dagli elementi componenti o da composti più semplici | *S. clorofilliana*, fotosintesi. *6* (*biol.*, *chim.*) *S. proteica*, fenomeno per cui, nelle cellule viventi, partendo dagli amminoacidi si giunge alla formazione di nuove strutture e sostanze indispensabili per la vita di un organismo.

sinteticità [1945] s. f. ● Caratteristica di ciò che è sintetico.

sintètico [vc. dotta, dal gr. *synthetikós*, da *sýnthesis* 'composizione'; 1725] agg. (pl. m. *-ci*) *1* Di sintesi, proprio della sintesi, che procede per via di sintesi: *metodo s.* | Capace di sintesi: *intelligenza sintetica*. *2* (*est.*) Ridotto all'essenziale: *trattazione sintetica*. SIN. Conciso, succinto. *3* (*ling.*) *Lingua sintetica*, quella (ad es. il latino) che esprime i rapporti grammaticali per mezzo di modificazioni interne delle parole. *4* (*mat.*) Detto dello studio d'un problema geometrico, che non faccia uso di metodi analitici. *5* Detto di sostanze, prodotti e sim., ottenuti artificialmente per mezzo di sintesi chimiche: *fibre sintetiche* | *Pietra sintetica*, pietra preziosa ottenuta artificialmente, ma che riproduce con precisione quella naturale. || **sinteticaménte**, avv.

sintetismo [vc. dotta, dal gr. *synthetismós*, da *synthetízesthai* 'disporre insieme con ordine'; 1838] s. m. ● Ogni filosofia basata sul presupposto dell'unità di spirito e materia, di essere e di sapere.

sintetizzàre [da *sintetico*, con suff. iter.-intens. V. il gr. *synthetízesthai* 'disporre con ordine'; 1862] v. tr. *1* Riunire in sintesi, riassumere in forma sintetica (*anche assol.*): *s. una situazione in poche parole*; *cerca di s.!* *2* (*chim.*) Ottenere, produrre per mezzo di sintesi.

sintetizzatóre [da *sintetizzare*; av. 1890] **A** s. m.; anche agg. (f. *-trice*) ● Chi (o Che) sintetizza. **B** s. m. ● (*mus.*) Strumento elettronico costituito da un insieme di circuiti in grado di controllare i principali parametri, come estensione, timbro, dinamica espressiva del suono; usato sia in fase compositiva che esecutiva: *s. analogico*, *s. digitale*.

sintetizzazióne [da *sintetizzare*; 1948] s. f. ● (*raro*) Il sintetizzare | Nella musica elettronica, controllo e modificazione delle varie componenti del suono.

sinti [vc. zingarica di etim. oscura; 1986] s. m. e f. inv.; anche agg. inv. ● (*antrop.*) Nome di alcuni gruppi di nomadi dell'Europa occidentale di cui è incerta l'appartenenza al popolo degli zingari.

†**sintilla** ● V. *scintilla*.

sintoamplificatóre [comp. di *sinto*(*nizzatore*) e *amplificatore*; 1989] s. m. ● (*elettron.*) In un impianto ad alta fedeltà, dispositivo che combina le funzioni di un sintonizzatore e di un amplificatore.

sintogràmma [comp. di *sinto*(*nia*) e *-gramma*; 1939] s. m. (pl. *-i*) ● Dispositivo che in un apparecchio radio ricevente rende visibile l'operazione di sintonia.

†**sintòma** ● V. *sintomo*.

sintomaticità [da *sintomatico*] s. f. ● Caratteristica, condizione di ciò che è sintomatico.

sintomàtico [vc. dotta, dal gr. *symptōmatikós* 'accidentale', da *sýmptōma* 'avvenimento fortuito'; av. 1686] agg. (pl. m. *-ci*) *1* (*med.*) Attinente a sintomo | *Terapia sintomatica*, che si limita ad eliminare o attenuare i sintomi di una malattia: *terapia sintomatica delle forme influenzali*. *2* (*fig.*) Significativo: *il suo silenzio è s.* || **sintomaticaménte**, avv. In maniera sintomatica.

sintomatologia [dal gr. *sýmptōma*, genit. *symptṓmatos* 'sintomo' e *-logia*; 1821] s. f. ● (*med.*) Insieme di sintomi.

sìntomo o †**sintòma** [variante di un desueto *sintoma*, vc. dotta dal gr. *sýmptōma* (nom. acc. nt.) 'avvenimento fortuito', da *sympíptein* 'accadere', comp. di *sýn* 'insieme' e *píptein* 'cadere'; 1561] s. m. *1* (*med.*) Ogni manifestazione che accompagna una malattia e che viene avvertita dal paziente: *s. patognomonico*. CFR. Segno. *2* (*fig.*) Indizio: *s. di pervertimento, di bassezza d'animo*.

sintonia [vc. dotta, dal gr. *syntonía* 'accordo', comp. di *sýn* 'insieme' e *-tonia*, da *tónos* 'tono'; 1907] s. f. *1* Accordo, concordanza di frequenza fra un trasmettitore e un ricevitore | *Comando di s.*, dispositivo che nei circuiti radio e televisivi permette di scegliere la frequenza di valore voluto, cioè la trasmissione desiderata. *2* (*fig.*) Accordo, armonia: *essere in s. con qlcu., con qlco.; non c'è s. tra voi.* CFR. Distonia.

sintònico [1908] agg. (pl. m. *-ci*) ● Di sintonia | Che è in sintonia.

sintonìsmo [da *sintonia*, con *-ismo*; 1922] s. m. ● (*fis.*) Accordo in sintonia.

sintonizzàre [da *sintonia*; 1909] **A** v. tr. ● Portare in risonanza su di una determinata frequenza uno o più circuiti elettrici allo scopo predisposti. **B** v. intr. pron. ● Porsi in sintonia: *sintonizzarsi su una stazione radio* | (*fig.*) Essere in armonia, in accordo con qlcu.

sintonizzatóre [da *sintonizzare*; 1932] s. m. ● Negli impianti ad alta fedeltà, apparecchio che consente la ricezione dei programmi radiofonici.

sintonizzazióne [1942] s. f. ● Il sintonizzare, il sintonizzarsi.

sintropìa [comp. di *sin-* e *-tropia*; 1956] s. f. ● (*fis.*) Grandezza fisica caratterizzante una classe di fenomeni, detti sintropici, i quali sarebbero governati da un principio di finalità e tenderebbero a realizzare sistemi materiali sempre più ordinati e differenziati, a differenza dei fenomeni entropici, i quali, governati da un principio di causalità, tendono a disgregare i sistemi materiali e a degradare l'energia. CONTR. Entropia.

sintròpico [1960] agg. (pl. m. *-ci*) ● (*fis.*) Relativo alla sintropia: *fenomeni sintropici* | ***Differenziazione sintropica***, principio tendente a ritardare la degradazione dell'energia e a realizzare sistemi materiali sempre più ordinati e differenziati.

sinuàto [vc. dotta, lat. *sinuātu(m)*, part. pass. di *sinuāre* 'curvare, piegare', da *sĭnus* 'seno, sinuosità'; 1499] agg. ● (*bot.*) Detto di organo che presenta pieghe od ondulazioni.

sinuosità o †**sinuositàde**, †**sinuositàte** [1541] s. f. ● Caratteristica, aspetto, andamento di ciò che è sinuoso | Tratto sinuoso.

sinuóso [dal lat. *sinuōsu(m)* 'tortuoso', da *sĭnus* 'sinuosità'. V. *seno*; 1499] agg. ● Che si svolge alternando convessità e concavità: *corso s. del fiume; figura sinuosa.* CFR. spiro-. ‖ **sinuosaménte**, avv. Con sinuosità, in modo sinuoso, tortuoso.

sinusàle [comp. del lat. *sĭnu(m)* e del suff. *-ale* (*1*)] agg. ● (*anat.*) Relativo a un seno venoso o a una struttura complessa comprendente un seno venoso | ***Ritmo s.***, il normale ritmo cardiaco controllato dal nodo senoatriale.

sinusìa [vc. dotta, dal gr. *synousía* 'unione, coessenza', comp. di *sýn* 'insieme' e *ousía*, da *êinai* 'essere', di orig. indeur.; 1930] s. f. ● Nel linguaggio teologico cristiano, unione delle tre persone della Trinità in un'unica sostanza, secondo alcune correnti di pensiero orientale.

sinusiàsta [vc. dotta, dal gr. *synousiastés*, da *sinousía* 'sinusia'; 1745] s. m. e f. (pl. m. *-i*) ● Seguace ce antitrinitario delle dottrine eretiche proclamanti la sinusia.

sinusìte [vc. dotta, dal lat. *sĭnus* 'seno (paranasale)', con *-ite* (*1*); 1903] s. f. ● (*med.*) Infiammazione dei seni paranasali.

sinusìtico [1960] agg. (pl. m. *-ci*) ● Di sinusite, relativo a sinusite.

sinusoidàle [1895] agg. ● Che ha forma di sinusoide. ‖ **sinusoidalménte**, avv.

sinusòide (**1**) [vc. dotta, dal lat. *sĭnus* 'seno', con *-oide*; 1895] s. f. ● (*mat.*) Curva rappresentativa della funzione trigonometrica seno.

sinusòide (**2**) [1957] s. m. ● (*anat.*) Ognuno dei voluminosi capillari, caratterizzati da discontinuità nella parete, presenti in corrispondenza di ghiandole endocrine o di altri organi.

-sióne ● V. *-zione*.

sionìsmo [da *Sion*, dall'ebr. *Syyon*, attraverso il gr. *Siōn*, lat. *Sīon*, con *-ismo*; 1899] s. m. ● Movimento sorto verso la fine dell'Ottocento tendente a costituire uno Stato ebraico in Palestina | Dopo la costituzione dello Stato d'Israele (1948), movimento per la difesa di tale Stato e, più in generale, con compiti di propaganda e di educazione.

sionista [1899] **A** s. m. e f. (pl. m. *-i*) ● Chi sostiene il sionismo. **B** anche agg.

sionìstico [1909] agg. (pl. m. *-ci*) ● Del sionismo, dei sionisti.

siór /*veneto* 'sjor/ ● V. *sor*.

†**sìpa** [variante di *sipo*, comp. di *sì* (*1*) e *po* raff., dal lat. *pŏst* 'poi'; 1313] avv. ● (*dial.*) Sia pure, sì (con valore fortemente asseverativo): *tante lingue non son ora apprese / a dicer 's.' tra Savena e Reno* (DANTE *Inf.* XVIII, 60-61).

sipahi /sipa'i, *iran.* sepɒ:'hi:/ [1937] s. m. inv. ● Sepoy.

sipài [1895] s. m. inv. ● Adattamento di *sipahi*.

sipariétto [1943] s. m. **1** Dim. di *sipario*. **2** Leggero sipario supplementare usato fra un quadro e l'altro della rivista, durante le mutazioni di scena | Breve numero di intermezzo eseguito davanti al siparietto durante le mutazioni di scena | (*fig.*) Scenetta bizzarra, esibizione divertente o sim.

sipàrio [vc. dotta, dal lat. *sipāriu(m)* 'paravento', connesso con *sŭpparus* 'velo', di etim. incerta; 1499] s. m. **1** Pesante tendaggio (o, est., ogni altro mezzo) posto tra palcoscenico e sala teatrale per nascondere al pubblico la scena prima o dopo lo spettacolo o durante le sue eventuali pause: *alzare, abbassare, calare il s.* | ***Calare il s. su qlco.***, (*fig.*) concluderla, o non nominarla. **2** (*polit.*) ***S. di ferro***, cortina di ferro (V. *cortina* (*1*)). ‖ **sipariétto**, dim. (V.).

siparista [1965] s. m. e f. (pl. m. *-i*) ● Chi è incaricato della chiusura e apertura del sipario.

sipontino [lat. *Sipontīnu(m)*, abitante della città di *Sipŏntu(m)* 'Siponto', vicino alla quale fu fondata nel Medioevo Manfredonia; av. 1498] **A** agg. ● Di Manfredonia. **B** s. m. (f. *-a*) ● Abitante, nativo di Manfredonia.

Sipuncùlidi [vc. scient. moderna, dal lat. *sip(h)ŭnculus*, dim. di *sīpho*, genit. *siphōnis* 'tubo, sifone'; 1936] s. m. pl. (sing. *-e*) ● Nella tassonomia animale, gruppo di vermi marini cilindrici, affini agli Anellidi, privi di metameria, con cuticola chitinosa e proboscide cefalica (*Sipunculoidea*).

sir /ser, *ingl.* sɜ:ɹ/ [vc. ingl., dal fr. *sire* 'signore' (V. *sire*); av. 1850] s. m. inv. ● Titolo inglese riservato a baronetti e cavalieri | Titolo inglese di cortesia.

sir- ● V. *sin-*.

siracusàno [av. 1375] **A** agg. ● Di Siracusa. **B** s. m. (f. *-a*) ● Abitante, nativo di Siracusa.

sire o †**siri** [dall'ant. fr. *sire*, dal lat. *seniōre(m)*. V. *signore*; av. 1250] s. m. **1** †Signore, sovrano | †***L'alto, l'eterno, il giusto, s.***, Dio. **2** Titolo usato per rivolgersi a un re.

sirèna (**1**) (o *-é-*) o †**serèna** (o *-é-*) [dal lat. tardo *sirēna(m)*, variante del classico *Sīren*, dal gr. *Seirḗn*, genit. *Seirênos* 'Sirena', di etim. incerta; av. 1250] s. f. **1** Creatura favolosa della mitologia classica, raffigurata come donna giovane e bella con la parte inferiore a forma di uccello (e più tardi, spec. nel Medioevo, a forma di pesce), il cui canto affascinava i naviganti e provocava i naufragi. **2** (*est.*) Donna allettatrice, incantevole | (*fig.*) Lusinga, richiamo. **3** Anfibio americano degli Urodeli, vermiforme, con branchie persistenti, privo di arti posteriori (*Siren lacertina*). ‖ **sirenèlla**, dim. | **sirenétta**, dim. (V.).

♦**sirèna** (**2**) (o *-é-*) [dal fr. *sirène*, deriv. come il precedente, nel senso di 'colei che attira l'attenzione'; 1838] s. f. ● Apparecchio che genera segnali acustici continui e intensi, usato da alcuni stabilimenti industriali, da veicoli di impiego urgente (vigili del fuoco, polizia, pronto soccorso), per allarmi aerei in guerra e sim.; è generalmente costituito da un disco girevole munito di ugelli, attraverso i quali è spinta l'aria: *il fischio della s.* | ***S. d'allarme***, in tempo di guerra, per segnalare alla popolazione l'avvicinarsi di aerei nemici.

sirenétta [1821] s. f. **1** Dim. di *sirena* (*1*). **2** (*mus.*) Strumento che imita il canto degli uccelli.

Sirèni [vc. scient. moderna, dal lat. *Sīren*, genit. *Sirēnis* 'sirena', per l'aspetto di questi animali; 1934] s. m. pl. (sing. *-e*) ● Nella tassonomia animale, ordine di Mammiferi adattati alla vita acquatica con corpo tozzo, grossa testa, orecchie prive di padiglioni, arti anteriori trasformati in pinne, pelle spessa e setole sulle grosse labbra (*Sirenia*).

Sirènidi [da *sirena* (*1*), sul modello del gr. *Seirênides* 'Sirene'; 1875] s. m. pl. (sing. *-e*) ● Nella tassonomia animale, famiglia nordamericana di Anfibi degli Urodeli comprendente individui anguilliformi, acquatici e privi degli arti posteriori (*Sirenidae*).

†**siri** ● V. *sire*.

siriaco [vc. dotta, dal lat. *Syrĭacu(m)*, dal gr. *Syriakós*, da *Syría* 'Siria'; 1476] **A** agg. (pl. m. *-ci*) ● Dell'antica Siria: *arte siriaca* | ***Chiesa siriaca***, quella propria della Siria e della Mesopotamia, dalla quale si staccarono varie Chiese autonome. **B** s. m. solo sing. ● Lingua letteraria della Chiesa siriaca.

siriàno [av. 1642] **A** agg. ● Della Siria, moderno Stato arabo: *territorio s.* **B** s. m. (f. *-a*) ● Abitante, nativo della Siria. **C** s. m. solo sing. ● Lingua araba moderna della Siria.

sìrice [vc. scient. moderna, adattamento irregolare del lat. *Sīren*, genit. *Sirēnis* 'Sirena'; 1875] s. m. ● Genere di grossi Insetti imenotteri dei Siricidi che vivono spec. nelle foreste di regioni fredde e temperate (*Sirex*).

Sirìcidi [da *sirice*] s. m. pl. (sing. *-e*) ● Nella tassonomia animale, famiglia di Insetti degli Imenotteri con corpo robusto, allungato, munito di lunghe antenne, le cui femmine depongono le uova nei tronchi degli alberi (*Siricidae*).

sirima o **sirma** [vc. dotta, dal lat. *sȳrma* (nom. acc. nt.), dal gr. *sýrma*, genit. *sýrmatos* 'veste tragica, strascico', poi 'coda della strofe', connesso con *sýrein* 'trascinare', di orig. indeur.; 1563] s. f. ● (*ling.*) Nella metrica italiana, seconda parte della stanza di canzone, talora divisibile in due parti uguali dette volte.

♦**siringa** (**1**) o (*pop., tosc.*) †**scilinga**, †**sciringa** [vc. dotta, dal lat. tardo *syrĭnga(m)*, variante del classico *sȳrinx*, dal gr. *sŷrinx*, genit. *sýringos* 'siringa, zampogna', di etim. incerta; av. 1494] s. f. **1** (*mus.*) Strumento a fiato, formato da una o più canne tenute insieme da cera o corda, usato già dagli antichi pastori della Grecia, diffuso in forme varie in tutti i continenti. SIN. Flauto di Pan. ➡ ILL. **musica**. **2** Cilindro di vetro o di plastica con stantuffo, per iniezioni | ***S. a perdere, usa e getta***, siringa sterilizzata di materiale plastico, che si getta dopo l'uso. **3** Utensile a stantuffo usato in cucina per introdurre la crema nei bignè o per decorare variamente le torte.

siringa (**2**) [vc. scient. moderna, dal gr. *sŷrinx*, genit. *sýringos* 'zampogna'; 1625] s. f. ● (*bot.*) Lillà.

siringàre [da *siringa* (*1*); 1550] v. tr. (*io sìringo, tu sìringhi*) **1** (*med.*) Introdurre una siringa in una cavità naturale dell'organismo per svuotarla o per immettervi sostanze medicamentose: *s. la sinovia*. **2** (*med., raro*) Cateterizzare.

siringatùra [1891] s. f. ● Operazione del siringare.

siringe [vc. dotta, dal lat. *sȳrinx*, genit. *syrĭngis*, dal gr. *sŷrinx*, genit. *sýringos* 'zampogna, cannello'. V. *siringa* (*1*); 1940] s. f. ● (*zool.*) Organo vocale degli uccelli.

sirma [variante di *sirima*; 1927] s. f. **1** V. *sirima*. **2** Nell'antica Grecia, lunga veste con strascico, tipica degli attori tragici.

siro [dal lat. *Sȳru(m)*, dal gr. *Sýros*, della Siria'; av. 1374] **A** agg. ● (*lett.*) Siriaco. **B** s. m. (f. *-a*) ● Abitante, nativo dell'antica Siria.

†**siròcchia** o †**seròcchia** [lat. *sorŏcula(m)*, dim. di *sŏror*, genit. *sorōris* 'sorella'. V. *sorella, suora*; av. 1292] s. f. ● Sorella: *non aveva costui altri che una s.* (MACHIAVELLI).

†**sirocchiévole** [da *sirocchia*; av. 1543] agg. ● (*raro*) Di sorella. ‖ †**sirocchievolménte**, avv. Da sorella, con affetto di sorella.

†**siròcco** ● V. *scirocco*.

siròppo ● V. *sciroppo*.

sirtaki /*gr. mod.* sirta'ki/ [vc. gr., dim. (*-aki*) di *syrtós* 'tipo di danza'; 1965] s. m. inv. ● Danza popolare greca originaria dell'isola di Creta | Musica dal ritmo cadenzato che accompagna tale danza.

sirte [vc. dotta, dal lat. *Sȳrte(m)*, dal gr. *Sýrtis*, genit. *Sýrtidos* 'Sirte'; 1367] s. f. **1** (*lett.*) Bassofondo di sabbie mobili, pericoloso per la navigazione. **2** (*fig., lett.*) Pericolo, insidia.

sirtico [vc. dotta, dal lat. *Sȳrticu(m)*, da *Sȳrtis* 'Sirte'; 1911] agg. (pl. m. *-ci*) ● Della Sirte, delle Sirti (nome di due ampie insenature della costa mediterranea dell'Africa, in Tunisia e in Libia).

sirventése o **serventése** [dal provz. *sirventes*, da *sirven* 'servente', propr. 'poesia da servi' o 'poesia del trovatore servente al signore'; sec. XII] s. m. ● Componimento strofico di origine provenzale, di contenuto originariamente politico, poi morale, religioso e sim.

sis- ● V. *sin-*.

sisàl (**1**) [dal porto di *Sisal* nello Yucatán (Messico); 1929] s. f. **1** Fibra tessile ricavata dalle foglie di una varietà di agave. **2** Varietà di agave dalle cui foglie si ricava la fibra omonima (*Agave sisalana*).

Sisàl (**2**) [sigla di *S(port) I(talia) S(ocietà) A* (*responsabilità*) *L(imitata)*; 1946] s. f. inv. ● Concorso a pronostici sulle partite di calcio, dal 1949 denominato totocalcio.

†**sisamo** ● V. *sesamo*.

sisaro [lat. parl. *sīsaru(m), variante di sīser, genit. sīseris (nt.), dal gr. sísaron 'pastinaca', di etim. incerta; 1476] **s. m.** ● (*bot.*) Pastinaca.

sisifo [dal lat. Sīsiphu(m), dal gr. Sísyphos 'Sisifo'; 1941] **s. m.** ● Genere di Insetti dei Coleotteri coprofagi, di modeste dimensioni e con lunghe zampe (*Sisyphus*).

sì signore /sissiɲ'ɲore/ ● V. *sissignore*.

sisma o **sismo** [vc. dotta, dal gr. seismós 'scossa', da séiein 'scuotere', di orig. indeur.; 1586] **s. m.** (**pl.** *-i*) ● Movimento della crosta terrestre. **SIN.** Terremoto.

sismicità [da sismico; 1960] **s. f.** ● Caratteristica di una regione di essere soggetta a frequenti scosse di terremoto.

sismico [da sismo; 1873] **agg.** (**pl. m.** *-ci*) ● Che si riferisce ai sismi: *movimento s.* | ***Zona, regione, sismica***, colpita più frequentemente dai terremoti | ***Carta sismica***, in cui sono riportate le zone sismiche | ***Lampo s., boato s.***, lampo, boato, che spesso accompagnano terremoti. || **sismicaménte**, **avv.**

sismo ● V. *sisma*.

sismo-, -sismo [dal gr. seismós 'scossa (di terremoto)', dal v. séiein 'scuotere', di orig. indeur.] primo o secondo elemento ● In parole scientifiche composte, fa riferimento a movimento tellurico, a terremoto: *sismografo, sismologia, sismologo*; *bradisismo*.

sismografia [comp. di sismo- e -grafia; 1938] **s. f.** ● Tecnica di registrazione dei fenomeni sismici basata sull'impiego dei sismografi e sull'ottenimento di sismogrammi.

sismogràfico [1945] **agg.** (**pl. m.** *-ci*) ● Relativo a sismografia, a sismografo: *registrazione sismografica*.

sismògrafo [comp. di sismo- e -grafo; 1873] **s. m.** ● Strumento di osservazione e registrazione delle vibrazioni della crosta terrestre: *s. verticale, orizzontale*.

sismogràmma [comp. di sismo- e -gramma; 1909] **s. m.** (**pl.** *-i*) ● Diagramma tracciato da un sismografo mentre si manifesta il movimento tellurico.

sismologia [comp. di sismo- e -logia; 1865] **s. f.** ● Parte della geofisica che studia le scosse telluriche e oceaniche e le oscillazioni secondarie della crosta terrestre.

sismològico [1873] **agg.** (**pl. m.** *-ci*) ● Di sismologia. || **sismologicaménte**, **avv.**

sismòlogo [comp. di sismo- e -logo; 1873] **s. m.** (**f.** *-a*; **pl. m.** *-gi*) ● Studioso di sismologia.

sissignóre o **sì signóre** [comp. di sì (*1*) e signore; av. 1815] **avv.** (anche nelle forme *sissignóri, sissignóra, sissignóre* se ci si rivolge a più persone maschili o a una o più persone femminili) **1** (*intens.*) Sì (si usa come risposta affermativa rivolgendosi a un superiore o a persona di riguardo): *s., vado subito*. **2** (*fam., iron.*) Certo, proprio così: *l'ho detto e lo ripeto, s.!; s.! faccio proprio quello che voglio*.

sissizio [vc. dotta, dal gr. syssítion 'banchetto comune', connesso con syssitêin, comp. di sýn 'insieme' e sitêin 'mangiare', da sîtos 'grano, cibo', di etim. incerta; av. 1729] **s. m.** ● (*spec. al pl.*) Pasti in comune che usavano fare i cittadini greci di origine dorica e ai quali contribuivano versando cibarie e una certa somma.

♦**sistèma** [vc. dotta, dal lat. tardo systēma (nom. acc. nt.), dal gr. sýstēma, genit. systēmatos, propr. 'riunione', da synistánai 'riunire', comp. di sýn 'insieme' e histánai 'porre', dalla radice indeur. *sthā- 'stare'; 1508] **s. m.** (**pl.** *-i*) **I** Pluralità di elementi materiali coordinati tra loro in modo da formare un complesso organico. **1** (*astron.*) Insieme di corpi celesti appartenenti a un unico complesso organico | ***S. solare***, costituito dal Sole e dai pianeti che orbitano attorno ad esso. ➡ **ILL.** p. 2142-2144 SISTEMA SOLARE. **2** Insieme di organi, animali o vegetali, che svolgono una funzione vitale ben definita: *s. nervoso, respiratorio*; *s. fogliare* | ***S. immunitario***, V. *immunitario*. **SIN.** Apparato. **3** Insieme di organi, meccanismi, elementi strutturali e sim. destinati a utilizzazioni tecniche: *s. di pulegge, di ingranaggi*; *s. di navigazione aerea* | (*mil.*) ***S. d'arma***, complesso comprendente un'arma e le apparecchiature che ne consentono e ne facilitano l'uso. **4** (*geol.*) Complesso di rocce formatesi durante un periodo: *s. cretacico, eocenico* | (*geogr.*) ***S. orografico, montuoso***, insieme di montagne di una data zona, aventi caratteristiche analoghe | ***S. idrografico, fluviale***, insieme dei fiumi di una data zona. **5** (*econ.*) ***S. bancario***, insieme degli istituti bancari operanti in un dato paese | ***S. monetario***, complesso delle monete aventi corso legale in uno Stato o in un'unione di Stati | ***S. economico nazionale***, complesso delle attività produttive di beni e servizi, dei rapporti economici e sociali e degli indirizzi di politica economica, che caratterizza la vita economica di un dato Paese. **II** Pluralità di elementi astratti coordinati fra loro. **1** (*mat.*) Insieme di enti, i quali solitamente sono a loro volta degli insiemi: *s. di curve, di superfici* | ***S. di equazioni***, insieme di equazioni simultanee, le cui soluzioni sono cioè le soluzioni contemporanee di tutte le equazioni | ***S. formale***, in logica matematica, sistema di simboli la cui sintassi è definita secondo precise regole di formazione e di inferenza. **2** (*fis.*) Corpi, elementi o enti che, per essere considerati cumulativamente o per le loro proprietà, costituiscono un insieme: *s. di punti* | ***S. elastico***, che permette qualche modificazione negli elementi o nelle parti che lo compongono | ***S. rigido***, che non permette alcuna modificazione | ***S. di coordinate***, sistema di riferimento, atto a individuare, mediante un insieme ordinato di numeri, un ente geometrico | ***S. di riferimento***, insieme di elementi (origine, assi, unità di misura e sim.) variabile da caso a caso, che permette di associare a ogni ente geometrico un ente analitico | (*mat.*) ***S. dinamico***, processo naturale o modello matematico in cui ogni stato successivo è funzione del precedente. **3** (*chim.*) Insieme di una o più fasi | ***S. omogeneo***, che contiene una sola fase | ***S. eterogeneo***, con più fasi. **4** (*ling.*) Insieme di elementi in reciproco rapporto fra loro: *s. fonematico, morfologico*. **5** (*antrop.*) L'insieme dei termini e delle relazioni di parentela vigenti presso una determinata popolazione. **6** (*mus.*) Insieme di regole che governano i rapporti armonici: *s. modale, tonale, dodecafonico* | ***S. perfetto***, nell'antica musica greca, quello che arrivava a includere due ottave. **III** Pluralità di elementi coordinati fra loro allo scopo di servire a una data operazione. **1** Insieme dei dati convenzionalmente stabiliti che consentono di misurare una grandezza: *s. di misura* | ***S. metrico decimale***, sistema di misura basato sul principio della suddivisione dell'unità in sottomultipli, il cui rapporto con l'unità sia un multiplo di dieci | ***S. CGS***, sistema assoluto di unità di misura, avente per unità fondamentali il centimetro, il grammo e il secondo | ***S. Internazionale***, sistema assoluto di unità di misura avente per unità fondamentali il metro, il kilogrammo, il secondo, l'ampere, il kelvin, la candela e la mole. **2** ***Scienza, teoria dei sistemi***, disciplina che studia i sistemi complessi, rappresentandoli mediante modelli matematici, con ampio impiego dell'elaboratore elettronico. **SIN.** Sistemistica | ***Ingegneria dei sistemi***, scienza dei sistemi applicata ai sistemi materiali che sono almeno in parte opera dell'uomo | (*elab.*) ***S. per l'elaborazione dei dati***, insieme di apparecchiature, destinato all'elaborazione dei dati | ***S. elettronico per l'elaborazione dei dati***, composto da una unità centrale e di elaborazione alla quale sono collegate unità di entrata e di uscita dei dati e unità di memoria ausiliarie | ***S. di trattamento automatico delle informazioni***, qualunque insieme di apparecchiature che permette il trattamento automatico di informazioni opportunamente formalizzate e materializzate negli opportuni supporti | (*elab.*) ***S. operativo***, V. *operativo* | (*elab.*) ***S. esperto***, V. *esperto* | (*elab.*) ***Analisi dei sistemi***, studio che ha lo scopo di determinare il modo di impiego di un elaboratore elettronico per progettare un nuovo sistema in grado di analizzare e risolvere un determinato problema | (*elab.*) ***S. autore***, programma utilizzato per la realizzazione di una presentazione grafica o multimediale. **3** In ragioneria, complesso di scritture che hanno un dato scopo e oggetto: *s. del reddito*; *s. patrimoniale*; *s. della partita semplice, della partita doppia*. **IV** Pluralità di elementi disposti secondo determinati criteri di ordinamento, classificazione e sim. **1** (*miner.*) Ciascuno dei sette raggruppamenti maggiori in cui si suddividono i cristalli secondo la combinazione di elementi di simmetria di rotazione. **2** (*chim.*) ***S. periodico degli elementi***, classificazione degli elementi chimici in base al loro numero atomico e alla forma massima di combinazione, con disposizione degli stessi elementi in serie orizzontali, dette periodi, e verticali, dette gruppi, che mettono in evidenza certe proprietà essenziali ricorrenti. **V** Complesso di teorie, principi e sim. logicamente connessi. **1** Insieme dei principi ispiratori della disciplina relativa a un istituto o complesso di istituti: *s. di segregazione cellulare*; *s. processuale inquisitorio* | ***S. elettorale***, metodo previsto dalla legge per l'elezione delle assemblee rappresentative; metodo previsto dalla legge o da regolamenti per l'elezione di organi rappresentativi collegiali o individuali | Organizzazione politica, giuridica, economica e sociale di uno Stato: *s. democratico*; *s. repubblicano, monarchico* | (*spreg.*) Il potere costituito, il regime politico-sociale esistente: *integrarsi nel s.*; *contestare il s.* **2** (*filos.*) Complesso organizzato di idee o di dottrine: *il s. aristotelico, hegeliano*. **3** Teoria matematica o filosofica che si propone di spiegare il meccanismo dei sistemi astronomici: *s. tolemaico*; *s. copernicano*. **4** Metodo seguito nel fare, realizzare, organizzare qlco.: *s. di fortificazione*; *nuovi sistemi di riscaldamento, illuminazione, irrigazione*; *i vari sistemi di coltivazione*. **5** Metodo che tende a razionalizzare i giochi incentrati su pronostici: *un s. per giocare al totocalcio*. **6** Nel calcio, schieramento tattico ideato dagli Inglesi e introdotto in Italia intorno al 1940, basato su una diversa marcatura degli attaccanti avversari e su una maggiore verticalità del centrocampo e dell'attacco, rispetto all'altra tecnica di gioco chiamata *metodo* (V.). **7** (*fig.*) Ordine che si segue nelle proprie azioni, regola di condotta: *s. di vita*; *avere, adottare, seguire, un s.*; *cambiare, mutare, s.* | (*est.*) Consuetudine, attitudine: *fare qlco. per s.*; *avere il s. di fare qlco.* **8** (*fig., fam.*) Modo, maniera: *bel s.*; *brutto s.*; *che s. sarebbe?*; *questo non è il s. di studiare*; *se non cambi adotterò il s. forte*. || **sistemino**, **dim.** | **sistemóne**, **accr.** nel sign. 5.

♦**sistemàre** [da sistema; 1772] **A v. tr.** (*io sistèmo*) **1** (*raro*) Organizzare in un sistema: *Pensare è s.* (CROCE). **2** Ordinare, mettere in assetto: *s. la casa, le proprie cose, i conti* | Mettere al proprio posto, disporre: *s. i libri sullo scaffale*. **3** Risolvere, definire: *s. una faccenda, una lite*. **4** (*est.*) Dare un alloggio adeguato: *ha sistemato la famiglia in un grande appartamento*. **5** Procurare un'occupazione, un lavoro: *ha sistemato il figlio in banca*; *bisogna aiutarla a s. il marito*. **6** Far sposare, spec. in modo economicamente vantaggioso: *ha sistemato tutte le figlie*. **7** (*fam.*) Dare una punizione, un castigo: *se non studi ti sistemo io*; *il padre l'ha sistemato per le feste*. **B v. rifl. 1** Trovare un alloggio adeguato: *ci siamo sistemati in una villa* | Mettersi, accomodarsi: *sistemarsi sulla poltrona*. **2** Trovare un'occupazione, un lavoro: *si è sistemato alle Poste*. **3** Sposarsi: *si è sistemato con una bella ragazza*.

sistemàta [da sistemare; 1957] **s. f.** ● Veloce e sommaria sistemazione, spec. per fare ordine o rassettare: *dare una s. all'archivio*.

sistemàtica [f. sost. di sistematico; 1904] **s. f.** ● Branca della biologia che studia le norme e i procedimenti che consentono di classificare gli organismi viventi in base ai loro caratteri.

sistematicità [1916] **s. f.** ● Caratteristica, condizione di ciò che (o di chi) è sistematico.

sistemàtico [vc. dotta, dal lat. tardo systēmăticu(m), dal gr. systēmatikós, da sýstēma, genit. systēmatos 'sistema'; 1755] **A agg.** (**pl. m.** *-ci*) **1** Che si riferisce a un sistema | Che è conforme a un sistema: *metodo, ordine, s.* | ***Unità sistematiche***, in biologia, i generi, le famiglie, gli ordini, animali o vegetali. **2** Che è attuato secondo un sistema: *classificazione sistematica* | (*est.*) Regolare: *fatto, fenomeno, s.* **3** (*filos.*) Che costituisce o tende a costituirsi in un sistema. **4** Rigoroso e metodico, detto di persona: *studioso, ricercatore, s.*; *mente sistematica*. **5** Fatto per principio, in modo preconcetto: *opposizione sistematica*. || **sistematicaménte**, **avv. 1** In modo sistematico, rigoroso: *portare a termine un progetto sistematicamente*. **2** Per partito preso: *rifiutò sistematicamente ogni confronto*; regolarmente: *telefona sistematicamente tutte le sere*. **B s. m.** (**f.** *-a*) ● Studioso che si occupa della classificazione degli esseri viventi.

sistematizzàre [da *sistematico*; av. 1855] **v. tr.** ● Rendere sistematico, regolare secondo criteri sistematici.

sistematizzazióne [1912] **s. f.** ● Il sistematizzare, il venire sistematizzato.

sistemazióne [1798] **s. f.** **1** Il sistemare | Organizzazione, disposizione in un complesso ordinato | (*fig.*) Risoluzione, composizione: *la s. di una questione*. **2** Alloggio: *ha trovato s. in un garni* | Impiego, posto di lavoro: *ha trovato una buona s. presso il Comune* | Matrimonio.

sistèmico [1950] **agg.** (**pl. m.** *-ci*) **1** Relativo a un sistema, proprio di un sistema, che interessa un sistema | (*fisiol.*) ***Circolazione sistemica***, circolazione del sangue arterioso attraverso le arterie, i capillari e le vene, dal ventricolo sinistro all'atrio destro | (*med.*) ***Malattia sistemica***, quella che interessa la totalità o una parte di un sistema o di un apparato organico di un organismo superiore | (*farm.*) ***Farmaco per via sistemica***, quello che, dopo il suo assorbimento, agisce raggiungendo le sedi di azioni desiderate, trasportato dal sistema ematico | (*agr.*) ***Malattia sistemica***, malattia parassitaria in cui il parassita attacca tutti gli organi della pianta | (*chim.*) ***Insetticida s.***, insetticida che è innocuo a una pianta o a un animale superiore ma viene assorbito nella corrente della linfa o del sangue rendendo l'intero organismo tossico per Artropodi quali gli afidi, gli acari e le zecche | (*ling.*) ***Linguistica sistemica***, quella avente per oggetto la struttura profonda della frase, e cioè la sua organizzazione a livello astratto. **2** Sistemistico | ***Approccio s.***, analisi dei sistemi. || **sistemicaménte**, **avv.**

sistemista [da *sistema*, nel sign. V 5; av. 1873] **A s. m. e f.** (**pl. m.** *-i*) **1** Giocatore di concorsi a pronostico che effettua le giocate secondo un sistema. **2** Esperto in ingegneria dei sistemi | (*elab.*) Esperto in analisi dei sistemi. **B agg.** ● (*sport, raro*) ***Squadra s.***, nel calcio, quella che applica la tattica del sistema.

sistemìstica [da *sistema*; 1974] **s. f.** ● Scienza dei sistemi.

sistemìstico [1974] **agg.** (**pl. m.** *-ci*) ● Relativo alla sistemistica, alla scienza dei sistemi: *problema s.*

sistilo [vc. dotta, dal gr. *sýstylos* 'a colonne fitte' (lat. *systȳlus*), comp. di *sýn* 'insieme' e *-stilo*; 1521] **s. m.** ● (*arch.*) Misura dell'intercolunnio con distanza tra una colonna e l'altra di due diametri.

sistino [sec. XVI] **agg.** ● Relativo a uno dei papi di nome Sisto | ***Cappella Sistina***, quella fatta edificare da Sisto IV (1414-1484) nei palazzi vaticani.

sistola [sovrapposizione del lat. *fistula* 'tubo' a un deriv. dal lat. *sĭtula(m)* 'secchia' (?); 1922] **s. f.** ● Tubo di canapa impermeabile, gomma o plastica, munito di chiavetta metallica, per innaffiare o per estinguere incendi.

sistole [vc. dotta, dal gr. *systolé* 'contrazione', da *systéllein* 'contrarre', comp. di *sýn* 'insieme' e *stéllein* 'porre'; 1561] **s. f.** **1** (*med.*) Fase di contrazione del muscolo cardiaco. CFR. Diastole. **2** (*ling.*) Nella metrica latina abbreviamento di vocale normalmente lunga | Nella metrica italiana, spostamento dell'accento per ragioni ritmiche verso l'inizio della parola: *dai quai per tanto spazio oggi mi divido* (SANNAZARO).

sistòlico [av. 1730] **agg.** (**pl. m.** *-ci*) ● (*med.*) Relativo a sistole: *soffio s.*

sistro [dal lat. *sīstru(m)*, dal gr. *séistron*, connesso con *séiein* 'scuotere', di orig. indeur.; sec. XIV] **s. m.** ● (*mus.*) Antico strumento di culto, spec. di Iside, consistente in una lamina metallica ripiegata, con manico, attraversata da verghe mobili che risuonano alla scossa.

sitar [da una vc. urdu; 1895] **s. m.** ● Strumento musicale indiano, simile al liuto.

sitàre [da *sito* (*2*); 1681] **v. intr.** (oggi difett. dei tempi composti) ● (*lett., tosc.*) Mandare cattivo odore: *s. di muffa*.

sitarista **s. m. e f.** (**pl. m.** *-i*) ● Suonatore di sitar.

sit-com /*ingl.* 'sɪtˌkɒm/ [1983] **loc. sost. f. inv.** (**pl.** ingl. *sit-coms*) ● Accorc. di *situation comedy*.

sitibóndo [vc. dotta, dal lat. tardo *sitibŭndu(m)* 'assetato', da *sĭtis* 'sete'; av. 1342] **agg.** **1** (*lett.*) Che ha sete, assetato. **2** (*lett., fig.*) Avido, bramoso: *s. di onori, di potere*; *sono venuto … per cercar libertà … assai s. dopo tanti guai* (CAMPANELLA).

sit-in /*ingl.* 'sɪtˌɪn/ [vc. ingl., comp. del v. sostantivo *sit* 'atto di sedere' e *in* 'dentro' con valore loc. di stato; 1960] **s. m. inv.** (**pl.** ingl. *sit-ins*) ● Raduno di dimostranti che, stando seduti per terra, occupano luoghi pubblici a scopo di protesta.

sitiofobìa ● V. *sitofobia*.

sitiologìa ● V. *sitologia*.

sitiòlogo ● V. *sitologo*.

sitiomanìa ● V. *sitomania*.

†**sitire** [vc. dotta, dal lat. *sitīre* 'aver sete', da *sĭtis* 'sete'; av. 1306] **v. tr.** e **intr.** (difett. dei tempi composti) ● Avere sete, brama di qlco.: *Sangue sitisti, ed io di sangue t'empio* (DANTE *Purg.* XII, 57).

sito (**1**) [dal lat. *sĭtu(m)* 'positura', da *sĭnere* 'porre, lasciare', di orig. indeur.; 1282] **s. m.** **1** †Situazione, posizione: *una fonte / … ombrosa e di giocondo s.* (ARIOSTO). **2** (*lett.*) Luogo, località: *alcuni siti lontani*. **3** In balistica, dislivello dell'obiettivo rispetto all'orizzonte del pezzo | ***Linea di s.***, congiungente la bocca da fuoco puntata con il segno | ***Angolo di s.***, tra la linea di sito e l'orizzonte del pezzo. **4** (*biol.*) Localizzazione nelle strutture organiche della sede di importanti processi biologici | (*farm.*) ***S. di azione di un antibiotico***, nelle cellule batteriche, il punto in cui un farmaco interferisce con i processi vitali dei batteri stessi. **5** (*elab.*) In Internet, luogo virtuale in cui un utente presenta e offre servizi agli altri utenti della rete.

sito (**2**) [dal lat. *sĭtu(m)* 'muffa', propr. 'abbandono, trascuratezza', come il precedente (V.); av. 1320] **s. m.** ● (*tosc.*) Cattivo odore, tanfo: *sull'aia stagnava … un s. umano e di truppe* (BACCHELLI). || **sitàccio**, **pegg.** | **siterèllo**, **dim.**

sito (**3**) [vc. dotta, dal lat. *sĭtu(m)*, part. pass. di *sĭnere* 'porre, lasciare', di orig. indeur.; 1334] **agg.** ● Situato, posto, collocato: *la casa è sita in via Roma*.

sito- [dal gr. *sîtos* 'grano, cibo'] primo elemento ● In parole scientifiche composte, significa 'cibo' o indica relazione con cibo: *sitomania*.

sitofobìa o **sitiofobìa** [comp. di *sito-* e *-fobia*; 1875] **s. f.** ● (*psicol.*) Avversione morbosa per il cibo.

sitologìa o **sitiologìa** [comp. di *sito-* e *-logia*; 1765] **s. f.** ● Scienza dell'alimentazione.

sitòlogo o **sitiòlogo** [comp. di *sito-* e *-logo*; 1983] **s. m.** (**f.** *-a*; **pl. m.** *-gi*) ● Studioso, specialista di sitologia.

sitomanìa o **sitiomanìa** [comp. di *sito-* e *-mania*; 1992] **s. f.** ● Bisogno insaziabile di mangiare.

situ, in ● V. *in situ*.

†**situagióne** ● V. *situazione*.

♦**situàre** [vc. dotta, dal lat. mediev. *situāre*, dal classico *sĭtus* 'positura'. V. *sito* (*1*); av. 1320] **A v. tr.** (*io sìtuo*) ● Porre, collocare (*anche fig.*): *l'albergo è situato sulla costa*; *la villa è situata a oriente*; *s. uno scrittore nel suo contesto culturale*. **B v. intr. pron.** ● Porsi, collocarsi (*anche fig.*): *un pittore che si situava nella corrente impressionista*.

situation comedy /*ingl.* sɪtʃu'eɪʃn 'kɒmədi/ [loc. ingl., propr. 'commedia (*comedy*) di situazioni (*situation*)'; 1983] **loc. sost. f. inv.** (**pl.** ingl. *situation comedies*) ● Serie di telefilm girati sempre negli stessi ambienti, con personaggi che vivono situazioni di vita quotidiana e generalmente divertenti. CFR. Sit-com.

situàto [av. 1348] **part. pass.** di *situare*; anche **agg.** ● Posto, collocato (*anche fig.*).

situazionàle [1962] **agg.** ● Che concerne una situazione | (*ling.*) ***Contesto s.***, insieme di condizioni extralinguistiche (psicologiche, sociali, culturali) che condizionano l'emissione e la comprensione di espressioni linguistiche in determinati momenti e luoghi | (*ling.*) ***Programma s.***, schema di insegnamento delle lingue che prevede diverse situazioni in cui possono collocarsi differenziati usi della lingua appresa.

♦**situazióne** o †**situagióne** [da *situare*; av. 1472] **s. f.** **1** Condizione, stato in cui si trova qlcu. o qlco.: *la presente s.*; *la s. politica del Paese* | ***S. contabile***, prospetto che si forma con tutti i saldi dei conti in un determinato momento | ***S. economica***, ciò che si riferisce alla redditività aziendale | ***S. finanziaria***, capacità dell'azienda di far fronte a impegni con incassi | ***S. mercantile***, prospettive di collocamento della produzione aziendale | ***S. patrimoniale***, elenco di tutte le attività, passività e capitale netto di un'azienda in un determinato momento. **2** Circostanza, complesso di circostanze: *essere, trovarsi, in una brutta s.*; *mettersi nella s. di qlcu.*; *nella tua s. io partirei* | ***Essere, mostrarsi, all'altezza della s.***, sapersi comportare nel modo più adatto alla circostanza in cui ci si trova | ***Fare il punto sulla*** (***della***) ***s.***, definire esattamente i termini, lo stato attuale. **3** (*filos.*) Complesso delle interazioni tra l'uomo e il mondo. **4** (*ling.*) Contesto situazionale. **5** (*mil.*) Dislocazione, forza ed efficienza di un'unità, in un determinato momento operativo. **6** †Posizione.

situazionìsmo [da *situazion(e)* con il suff. *-ismo* secondo il modello del fr. *situationnisme*, deriv. di *situation* 'situazione (collettiva)'; 1985] **s. m.** ● Movimento politico-culturale sorto in Francia negli anni '60 del Novecento, fortemente critico nei confronti dell'arte e della cultura borghesi.

situla [vc. dotta, lat. *sĭtula(m)* (V. *secchia*); 1825] **s. f.** ● (*archeol.*) Vaso in metallo o in argilla a forma di tronco di cono, poggiante sulla parte stretta, con o senza manici, diffusosi dall'antico Egitto e dalla Grecia al mondo etrusco e romano.

sivè [adattamento del fr. (*lièvre en*) *civet* '(lepre col) sugo di cipolle', da *cive* 'cipolla', che è il lat. *cāepa(m)*; 1965] **s. m.** ● (*sett.*) Lepre in civet.

sivièra [vc. sett., dal lat. parl. **cibāria(m)*, f. sost. dell'agg. lat. *cibārius*, da *cĭbus* 'cibo'; propr. 'cesto per i cibi'; 1932] **s. f.** ● Secchione metallico, rivestito di materiale refrattario, nel quale viene colato dal forno il metallo liquido, per colarlo poi nelle forme.

sizigia, (*evit.*) **sigizia** [dal lat. tardo *syzȳgia(m)*, dal gr. *syzygía* 'congiunzione', *sýzygos* 'accoppiato', da *sýn* 'insieme' e *zygón* 'giogo', di orig. indeur.; 1749] **s. f.** (**pl.** *-gie*) **1** (*ling.*) Dipodia | Triade lirica. **2** (*al pl., astron.*) Posizioni dell'orbita della Luna in cui questa si trova in congiunzione o in opposizione al Sole.

sizigiàle, (*evit.*) **sigiziàle** [1934] **agg.** ● (*astron.*) Relativo o che si verifica alle sizigie: *marea s.*

sizio [adattamento del lat. *sĭtio*, prima pers. sing. del pres. indic. di *sitīre* 'aver sete', da *sĭtis* 'sete'. La sua popolarità deriva dal testo evangelico, secondo il quale tra le ultime parole pronunciate da Gesù crocifisso vi fu anche: 'ho sete'; av. 1850] **s. m.** ● (*tosc.*) Fatica, lavoro gravoso, spec. nelle loc. ***essere***, ***mettersi***, ***tornare***, ***venire***, e sim. ***al s.***

sizza [di orig. onomat. (?); 1825] **s. f.** ● (*tosc.*) Vento molto freddo: *senti che s.!*; *soffia una s. che toglie il respiro*. || **sizzétta**, **dim.** | **sizzettina**, **dim.** | **sizzolina**, **dim.**

ska /*ingl.* skaː/ [etim. incerta; 1986] **s. m. inv.** ● (*mus.*) Tipo di reggae molto sincopato e accompagnato da ottoni che ha favorito la diffusione del genere fuori dalla Giamaica, specie in Gran Bretagna.

skai® [marchio registrato; 1970] **s. m. inv.** ● Tipo di similpelle usata in valigeria e per ricoprire divani, poltrone e sim.

skateboard /'skeitbord, *ingl.* 'skeɪtˌbɔːɹd/ [vc. ingl., comp. di *skate* 'pattino' e *board* 'asse' (entrambe d'orig. germ.)] **s. m. inv.** (**pl.** ingl. *skate-boards*) ● Stretta tavola montata su quattro piccole ruote che si dirige con la pressione di uno o di entrambi i piedi | Sport consistente in prove di slalom e prove acrobatiche su speciali piste | (*est.*) La specialità stessa.

skating /*ingl.* 'skeɪtɪŋ/ [vc. ingl., gerundio di *to skate* 'pattinare'. V. *schettinare*; 1885] **s. m. inv.** **1** Pattinaggio su ghiaccio e a rotelle. **2** Nello sci di fondo, passo pattinato. **3** Tendenza del braccio del giradischi a spostarsi verso l'interno del disco.

skeet /*ingl.* skiːt/ [vc. ingl. di etim. incerta; 1964] **s. m. inv.** ● (*sport*) Particolare gara di tiro al piattello nella quale il concorrente, che ha a disposizione un solo colpo per ogni bersaglio, deve sparare da otto postazioni diverse.

skeg /*ingl.* skeg/ [vc. ingl. di orig. nordica] **s. m. inv.** ● (*mar.*) Pinna di deriva fissa posta a pruavia del timone per proteggerlo e migliorarne l'efficacia idrodinamica.

skeleton /*ingl.* 'skelɪtn/ [vc. ingl., propr. 'scheletro', per la semplicità della sua struttura; 1911] **s. m. inv.** ● Slitta monoposto a pattini d'acciaio che sviluppa notevole velocità | (*est.*) Sport praticato con tale slitta.

sketch /*ingl.* sketʃ/ [vc. ingl., a sua volta deriv., attraverso l'ol. *schets*, dall'it. *schizzo*; 1915] **s. m. inv.** (**pl.** ingl. *sketches*) ● Breve numero comico parlato, o parlato e cantato, eseguito da uno o più attori nel teatro di varietà.

ski /ski, *norv.* ʃiː/ ● V. *sci.*

skibob /ˈskibob, *ingl.* ˈskiːˌbɒb/ [vc. ingl., comp. di *ski* ʻsciʼ e *bob*] **s. m. inv.** ● Veicolo leggero per scivolare sulla neve, costituito da una specie di slitta che si guida mediante un manubrio stando seduti su un sellino. **SIN.** Bicicletta da neve.

skiff /*ingl.* skɪf/ [Cfr. *schifo* (*2*); 1908] **s. m. inv.** ● Nel canottaggio, singolo.

ski-lift /*ingl.* ˈskiːˌlɪft/ o **skilift** [vc. ingl., comp. di *ski* ʻsciʼ e *lift* ʻascensoreʼ; 1957] **s. m. inv.** ● Sciovia.

skiman /*ingl.* ˈskiːˌmæn/ [comp. di *ski* ʻsciʼ e *man* ʻuomoʼ (d'orig. germ.); 1967] **s. m. inv.** (**pl.** ingl. *skimen*) ● (*sport*) Addetto all'assistenza tecnica di uno sciatore nelle competizioni sportive.

skimmer /*ingl.* ˈskɪmə*/ [vc. ingl., propr. ʻscrematoreʼ, da *to skim* ʻscremareʼ (forse dal fr. ant. *escumer* ʻschiumareʼ); 1983] **s. m. inv.** ● Dispositivo che nelle piscine aspira ogni impurità depositata sulla superficie dell'acqua.

skin /skin/ [1991] **s. m.** e **f. inv.** ● Accorc. di *skinhead.*

skinhead /*ingl.* ˈskɪnˌhed/ [vc. ingl. di orig. germ., propr. ʻtesta (*head*) rasata fino alla pelle (*skin*)ʼ; 1983] **s. m.** e **f. inv.** ● Appartenente a un movimento giovanile, sorto in Gran Bretagna negli anni 1970-80, si caratterizza per il cranio rasato a zero e per le manifestazioni di fanatismo, violenza o razzismo. **SIN.** Testa rasata. **CFR.** Naziskin.

skinneriàno [da B. F. *Skinner*, psicologo americano; 1983] **A agg.** ● Proprio dello psicologo B. F. Skinner (1904-1990) e della sua opera. **B s. m.** ● Seguace, sostenitore delle idee di B. F. Skinner.

ski-pass /*ingl.* ˈskiːˌpæːs/ o **skipass** [vc. ingl., comp. di *ski* ʻsciʼ e *pass* ʻpassaggioʼ; 1970] **s. m. inv.** (**pl.** ingl. *ski-passes*) ● Abbonamento di libera circolazione su tutti gli impianti di una determinata zona sciistica: *ski-pass settimanale, stagionale* | La tessera o il dispositivo elettronico che identificano il titolare dell'abbonamento.

skipper /*ingl.* ˈskɪpə*/ [vc. ingl., dal medio basso ted. *schipper*, da *schip* ʻnaveʼ; 1935] **s. m. inv.** ● (*mar.*) Chi comanda un'imbarcazione da diporto | (*disus.*) Comandante di piccolo mercantile.

ski-roll /*ingl.* ˈskiːˌrəʊl/ [vc. ingl., comp. di *ski* ʻsciʼ e *roll* ʻrulloʼ, quest'ultimo dal fr. ant. *rolle*, dal lat. *rŏtulu(m)*, dim. di *rŏta* ʻruotaʼ; 1977] **s. m. inv.** ● (*sport*) Ognuno dei due piccoli sci da fondo montati su rotelle sui quali è possibile percorrere tracciati stradali o campestri | L'attività sportiva nella quale si usano tali attrezzi.

ski-stopper /*ingl.* ˈskiːˌstɒpə*/ [vc. ingl., comp. di *ski* ʻsciʼ e *stopper* ʻche ferma, arrestaʼ (V. *stopper*); 1983] **s. m. inv.** (**pl.** ingl. *ski-stoppers*) ● Dispositivo gener. metallico a due punte che, applicato agli sci in corrispondenza dello scarpone, in caso di apertura dell'attacco di sicurezza sporge dal profilo dello sci arrestandolo.

skunk /*ingl.* skʌŋk/ [vc. ingl., dall'algonchino *segongue* ʻmoffettaʼ; 1901] **s. m. inv.** *1* (*zool.*) Moffetta. *2* (*est.*) Pelliccia di moffetta.

skylab /ˈskailab, *ingl.* ˈskaeˌlæb/ [comp. ingl., propr. ʻlaboratorio (*lab* per *laboratory*) del cielo (*sky*)ʼ; 1974] **s. m. inv.** ● Laboratorio spaziale attrezzato ed equipaggiato per ricerche ed esperimenti tecnici e scientifici.

skylight /*ingl.* ˈskaeˌlaet/ [vc. ingl., comp. di *sky* ʻcieloʼ e *light* ʻluceʼ; 1979] **s. m. inv.** ● Filtro fotografico che permette di migliorare le riprese in esterni.

skyline /ˈskailain, *ingl.* ˈskaəˌlaɪn/ [vc. ingl., propr. ʻlinea (*line*) del cielo (*sky*)ʼ, cioè ʻprofilo contro il cieloʼ; 1937] **s. f. inv.** ● Profilo dell'orizzonte, spec. in una fotografia in controluce.

ṣlabbràre [da *labbro*, con *s-*; 1839] **A v. tr.** ● Rovinare, rompere, ai labbri, agli orli: *s. una tazza, un tessuto* | Lacerare i margini di una ferita. **B v. intr.** (aus. *essere* e *avere*) ● (*raro*) Traboccare: *l'acqua slabbrò dal secchio.* **C v. intr. pron.** ● Subire una rottura o una lacerazione agli orli, ai labbri o ai margini.

ṣlabbràto [av. 1911] **part. pass.** di *slabbrare*; anche **agg.** ● Nei sign. del v.: *una ferita slabbrata; un maglione s.*

ṣlabbratùra [1863] **s. f.** ● Rottura dei labbri, dei margini, degli orli | Parte slabbrata.

ṣlacciàre [da *laccio*, con *s-*; 1313] **A v. tr.** (*io ṣlàccio*) ● Sciogliere da ciò che allaccia: *s. i bottoni della giacca; slacciati il cappotto.* **B v. intr. pron.** ● Sciogliersi da ciò che allaccia: *la camicia continua a slacciarsi.* **C v. rifl.** ● †Sciogliersi dai lacci.

ṣladinàre [vc. d'orig. sett., da *ladino* ʻfacile, scorrevoleʼ, con *s-*. V. *ladino* (*2*); 1942] **v. tr.** *1* (*mecc., region.*) Rodare: *s. un meccanismo, un motore.* *2* (*mil., gerg.*) Allenare: *s. un reparto.*

ṣladinatùra [1939] **s. f.** ● (*region.*) Rodaggio.

ṣlàlom [vc. norv., comp. di *sla* ʻpiegatoʼ e *låm* ʻtraccia dello sciʼ; 1934] **s. m. inv.** *1* (*sport*) Nello sci, gara di discesa lungo un tracciato delineato da una serie di passaggi obbligati segnati da coppie di paletti | ***S. speciale***, gara che si disputa su di un percorso di notevole pendenza in cui vengono disposte 55-75 porte abbastanza ravvicinate tra loro | ***S. gigante***, gara che si disputa su di un percorso maggiore di quello dello slalom speciale con un minor numero di porte più distanziate fra loro. **CFR.** Supergigante | ***S. parallelo***, gara di slalom speciale in cui due concorrenti scendono contemporaneamente su due percorsi paralleli e quasi identici, su cui si alternano nelle due manche. *2* In altre specialità sportive, ogni percorso segnato da passaggi obbligati o da ostacoli da superare: *canoa da s.* | ***Fare lo s.***, (*fig.*) evitare, eludere ostacoli o problemi.

ṣlalomista [1960] **s. m.** e **f.** (**pl. m.** *-i*) ● Specialista delle gare di slalom.

slam (**1**) /*ingl.* slæm/ [vc. ingl., di etim. incerta; 1943] **s. m. inv.** *1* Nel bridge, serie di dodici o tredici prese di carte effettuate in una manche dalla stessa coppia di giocatori: *piccolo, grande, s.* *2* ***Grande s.***, nel tennis, la vittoria, nella stessa stagione e da parte di un unico giocatore, nei quattro principali tornei internazionali (Open d'Australia; Roland Garros, a Parigi; Wimbledon, a Londra; Flushing Meadows, a New York).

ṣlam (**2**) /*ingl.* slæm/ [vc. ingl., di orig. onomat.; 1963] **inter.** ● Riproduce il rumore di una porta sbattuta violentemente.

ṣlamàre (**1**) [da *lama* ʻmotta di terraʼ, con *s-*; 1682] **v. intr.** (aus. *essere*) ● Smottare.

ṣlamàre (**2**) [da *amo*, col pref. *s-* (la *l* è forse analogica su parole come *slargare, slogare* ecc.); 1983] **A v. tr.** ● Togliere un pesce dall'amo quando lo si è pescato: *s. un pesce.* **B v. intr. pron.** ● Liberarsi dall'amo, detto del pesce: *il pesce si è slamato.*

ṣlamatóre [da *slamare*; 1988] **s. m.** ● (*pesca*) Piccolo strumento che si usa per slamare il pesce.

ṣlanatùra [comp. parasintetico di lana, col pref. *s-*; 1960] **s. f.** ● Nell'industria laniera, operazione mediante la quale si separa la lana dalle pelli degli animali morti o macellati.

ṣlanciaménto [1758] **s. m.** ● (*raro*) Lo slanciare | Slancio.

ṣlanciàre [da *lanciare*, con *s-*; av. 1564] **A v. tr.** (*io ṣlàncio*) ● (*raro*) Lanciare con impeto. **B v. rifl.** ● Gettarsi con impeto e accanimento: *slanciarsi nella mischia, contro il nemico, all'assalto.* **C v. intr. pron.** ● Protendersi verso l'alto: *la torre si slancia verso il cielo.*

ṣlanciàto (**1**) [av. 1820] **part. pass.** di *slanciare*; anche **agg.** ● Nei sign. del v.

ṣlanciato (**2**) [calco semantico sul fr. *élancé* ʻslanciatoʼ; 1884] **agg.** ● Che ha corporatura alta e snella: *ragazza, figura, slanciata.*

ṣlàncio [1696] **s. m.** *1* Atto dello slanciarsi: *con uno s. fu sul treno* | ***Prendere lo s.***, prendere la rincorsa | ***Di s.***, di scatto, con un balzo; (*fig.*) con decisione, con impeto: *gettarsi di s. in un'impresa.* **SIN.** Scatto. *2* (*sport*) Specialità del sollevamento pesi, con cui si porta prima il bilanciere al petto e poi al di sopra del capo a braccia tese con una azione coordinata delle gambe | In ginnastica, passaggio rapido degli arti da un atteggiamento lungo a uno analogo | ***Slanci in sospensione, in appoggio***, in ginnastica artistica, quelli eseguiti con moto pendolare sospesi o in appoggio agli attrezzi. *3* (*fig.*) Impeto, impulso emotivo: *uno s. di passione, di amore; Con uno s. generoso le proposi di … venire a stare da noi* (SVEVO). *4* ***S. vitale***, nella filosofia di H.-L. Bergson (1859-1941), forza omogenea che penetra nella materia e, orientandosi in molteplici direzioni divergenti, realizza in essa il mondo organico. *5* Aspetto slanciato: *lo s. di un palazzo.*

slang /*ingl.* slæŋ/ [vc. ingl., propr. ʻgergoʼ, di etim. incerta; 1927] **s. m. inv.** ● Linguaggio gergale di determinate categorie, classi, gruppi di persone, usato in luogo di quello comune perché più espressivo e immediato.

slapstick /*ingl.* ˈslæpˌstɪk/ [vc. ingl. ʻspatola, bastoneʼ; 1989] **s. m. inv.** ● Genere di cinema o teatro in cui l'effetto comico viene ottenuto con azioni violente e rapide, quali lanci di torte in faccia, cadute, inseguimenti e sim.

ṣlargaménto [av. 1696] **s. m.** ● Lo slargare, lo slargarsi | Allargamento.

ṣlargàndo [propr. gerundio di *slargare*; 1960] **s. m. inv.** ● (*mus.*) Rallentando. **CONTR.** Accelerando.

ṣlargàre [da *largo*, con *s-*; av. 1468] **A v. tr.** (*io ṣlàrgo, tu ṣlàrghi*) *1* Accrescere in larghezza, in ampiezza: *s. una porta, una strada* | (*raro, fig.*) ***S. il cuore***, consolare, rendere felice. *2* (*mus.*) Rallentando. **CONTR.** Accelerare. **B v. intr. pron.** *1* Diventare più largo. *2* Lasciare maggiore larghezza, non rimanere stretti: *slargatevi un po', così entro anch'io.*

ṣlargàto **s. m.** ● (*mus.*) Rallentando.

ṣlargatùra [1865] **s. f.** ● Slargamento | Punto slargato.

ṣlàrgo [da *slargare*; 1935] **s. m.** (**pl.** *-ghi*) ● Punto in cui si allarga una strada, un terreno o sim.

slash /zlɛʃ*, *ingl.* slæʃ/ [vc. ingl., propr. ʻtaglioʼ] **s. m. inv.** (**pl.** ingl. *slashes*) ● (*elab.*) Lineetta obliqua (/) utilizzata spec. come separatore. **SIN.** Barra.

slat /*ingl.* slæt/ [vc. ingl., propr. ʻassicellaʼ, dalla vc. germ. **slaitan* ʻfendereʼ; 1989] **s. m. inv.** ● (*aer.*) Dispositivo ipersostentatore posto sul bordo delle ali per ritardare lo stallo e rendere più agevole il controllo dell'aereo.

ṣlatinàre [da *latino*, con *s-*; 1633] **v. intr.** (aus. *avere*) ● (*iron., raro*) Citare passi latini, mescolare parole latine nel discorso.

ṣlattaménto [1865] **s. m.** ● Lo slattare. **SIN.** Svezzamento.

ṣlattàre [calco su *allattare*, con cambio di pref. (*s-*); 1598] **v. tr.** ● Cessare di allattare: *s. un bambino.* **SIN.** Divezzare, svezzare.

ṣlattàto [1513] **part. pass.** di *slattare*; anche **agg.** ● Svezzato: *Tu ora sei come la lepre appena slattata* (DELEDDA).

ṣlattatùra [1865] **s. f.** ● (*raro*) Slattamento.

ṣlavàto [da *lavato*, con *s-*; 1561] **agg.** *1* Che ha un colore sbiadito, smorto, scialbo: *occhi di un azzurro s.; tinta slavata.* *2* (*fig.*) Che manca di vivacità, forza espressiva: *stile, narratore s.; figure slavate.*

ṣlavatùra [av. 1764] **s. f.** ● Condizione di ciò che è slavato | Cosa, parte, slavata.

ṣlavina [da *lavina*, con *s-*; 1934] **s. f.** ● Massa di neve che scivola da un pendio montano.

ṣlavismo [comp. di *slavo* e *-ismo*; 1859] **s. m.** *1* Parola o locuzione di origine slava. *2* Tendenza degli slavi a costituirsi in unità; **CFR.** Panslavismo.

ṣlavista [da *slavo*; 1891] **s. m.** e **f.** (**pl. m.** *-i*) ● Chi si occupa di slavistica.

ṣlavistica [da *slavista*; 1915] **s. f.** ● Studio comparativo delle lingue, letterature e culture degli slavi.

ṣlavizzàre [1898] **A v. tr.** ● Rendere slavo: *s. un paese* | ***S. una lingua***, introdurvi slavismi. **B v. intr. pron.** ● Acquistare modi slavi.

ṣlavizzazióne [1915] **s. f.** ● Lo slavizzare, il venire slavizzato.

ṣlàvo [dal lat. mediev. *Slăvu(m)*, adattamento dell'originario etnico slavo. V. *schiavo*; av. 1557] **A agg.** ● Che si riferisce ai popoli che abitano la parte orientale dell'Europa: *popolazioni slave* | ***Lingue slave***, gruppo di lingue della famiglia indoeuropea. **B s. m.** (**f.** *-a*) ● Chi fa parte di un popolo slavo: *slavi orientali, meridionali, occidentali.* **C s. m.** solo **sing.** ● Lingua slava.

ṣlàvo-, -ṣlàvo primo o secondo elemento ● In parole composte, fa riferimento alle popolazioni di razza slava, alla loro cultura e civiltà: *slavofilia, slavofobo; iugoslavo.*

ṣlavofilia [comp. di *slavo-* e *-filia*; 1985] **s. f.** ● Simpatia per la cultura, civiltà e popolazione slava.

ṣlavofiliṣmo [da *slavofilia*; av. 1926] **s. m.** ● Movimento culturale russo di ispirazione romantica sviluppatosi nella prima metà del sec. XIX, che propugnava il ritorno alla tradizione popolare e religiosa russa in forte polemica con il pensiero occidentale.

ṣlavòfilo [comp. di *slavo-* e *-filo*; 1910] **agg.**; anche **s. m.** (**f.** *-a*) ● Che (o Chi) dimostra simpatia per gli slavi.

ṣlavofobìa [comp. di *slavo-* e *-fobia*; 1987] **s. f.** ● Antipatia, avversione, odio per la cultura, civiltà, popolazione slava.

ṣlavòfobo [comp. di *slavo-* e *-fobo*; 1987] **agg.**; anche **s. m.** (**f.** *-a*) ● Che (o Chi) dimostra antipatia, avversione, odio per gli slavi.

ṣlavòfono [comp. di *slavo-* e *-fono*; 1955] **agg.**; anche **s. m.** (**f.** *-a*) ● Che (o Chi) parla slavo.

ṣleàle [da *leale*, con *s-*; 1354] **agg.** *1* Che manca di lealtà, di senso dell'onore, di onestà: *uomo, avversario s.* **CONTR.** Leale. *2* Che è fatto in modo sleale: *atto, mezzo s.* | ***Concorrenza s.***, che si vale di mezzi scorretti allo scopo di danneggiare gli altri concorrenti. **CONTR.** Leale. || **ṣlealménte**, **avv.** In modo sleale, senza lealtà.

ṣlealtà [sec. XIII] **s. f.** ● Caratteristica di chi (o di ciò che) è sleale | Atto, comportamento sleale.

ṣlèbo [ingl. *slab* 'piastra', vc. d'orig. oscura; 1960] **s. m.** ● (*metall.*) Bramma.

sled dog /*ingl.* 'slɛd,dɒg/ [vc. ingl., propr. 'cane' *dog* '(da) slitta' *sled*, derivata dall'espressione *sled dog race* 'gara di slitte trainate da cani'; 1986] **s. m. inv.** (**pl.** ingl. *sled dogs*) ● (*sport*) Gara di slitte trainate da una muta di cani, gener. husky.

sleeping car /'zlipin(g) kar, *ingl.* 'sli:pɪŋ,kɑ:ɹ/ [vc. ingl., comp. di *sleeping*, propr. gerundio di *to sleep* 'dormire', e *car* 'carrozza'; 1908] **loc. sost. m. inv.** (**pl.** ingl. *sleeping cars*) ● (*ferr.*) Vagone letto.

ṣlegaménto [1691] **s. m.** ● (*raro*) Lo slegare, lo slegarsi | (*fig., lett.*) Incoerenza, incongruenza.

ṣlegàre [da *legare*, con *s-*; 1319] **A v. tr.** (*io ṣlégo, tu ṣléghi*) *1* Sciogliere da un legame: *s. un pacco, il cane dalla catena.* *2* (*fig., lett.*) Liberare: *s. l'immaginazione.* **B v. intr. pron.** ● Sciogliersi da un legame: *i cavalli si sono slegati.* **C v. rifl.** ● (*raro, lett., fig.*) Liberarsi: *sì com'om che dal sonno si slega* (DANTE *Purg.* XV, 119).

ṣlegàto [av. 1547] **part. pass.** di *slegare*; anche **agg.** *1* Nei sign. del v. *2* Non rilegato: *libro s.* *3* (*fig.*) Sconnesso, non coerente: *idee, frasi, slegate; concetti slegati.*

ṣlegatùra [av. 1707] **s. f.** *1* Lo slegare. *2* (*fig., lett.*) Sconnessione.

ṣlembàre [da *lembo*, con *s-*; 1873] **v. intr.** (*io ṣlémbo*; aus. *essere*) ● Non essere in pari, pendere con un lembo da una parte, detto di orli, coperte e sim.: *la coperta slemba a sinistra.*

ṣlentàre [da *allentare*, con cambio di pref. (*s-*); 1843] **v. tr.** e **intr. pron.** (*io ṣlènto*) ● (*tosc.*) Allentare (*anche fig.*): *s. il busto, la briglia.*

ṣlentatùra [1775] **s. f.** ● (*raro*) Allentamento.

ṣlèppa [vc. onomat.; av. 1793] **s. f.** *1* (*region.*) Schiaffo, sberla. *2* (*region., fig.*) Grande quantità.

slice /zlais, *ingl.* slaɪs/ [vc. ingl., propr. 'fetta', da *to slice* 'tagliare a fette'; 1989] **A s. m. inv.** ● (*sport*) Nel tennis, ping-pong e sim., rotazione, effetto che si imprime alla palla affinché questa descriva una traiettoria tendente a farla uscire lateralmente dal campo di gioco dopo il rimbalzo | Colpo eseguito imprimendo alla palla tale effetto. **B** anche **agg. inv.**: *servizio, rotazione s.*

slide /zlaid, *ingl.* slaɪd/ [vc. ingl., da *to slide* 'scivolare, scorrere' (d'orig. germ.); 1972] **s. m. inv.** ● Diapositiva, filmina.

ṣlinguàre [da *lingua* con il pref. *s-*; 1985] **v. tr.** (*io ṣlinguo*) ● (*fam.*) Leccare | (*est.*) Baciare in modo profondo (*anche assol.*).

slinky /*ingl.* 'slɪŋki/ [vc. ingl., prob. da *to slink* 'strisciare' (d'orig. germ.); 1983] **s. f. inv.** (**pl.** ingl. *slinkies*) ● Molla elicoidale di acciaio lunga, sottile, molto flessibile ed elastica, usata come giocattolo e come modello didattico in esperimenti sulle oscillazioni.

ṣlip [vc. ingl., da *to slip* 'scivolare, scorrere', propr. 'indumento che s'infila con facilità'; 1935] **s. m. inv.** ● Mutandine cortissime sgambate, anche da bagno. || **ṣlippino**, **dim.**

ṣliricàto [da *lirico*, con *s-*; av. 1874] **agg.** ● (*lett.*) Che ha perso il lirismo, la liricità.

ṣlitta [dal longob. *slita*; 1624] **s. f.** *1* Veicolo privo di ruote, a trazione animale o a mezzo fune, che si sposta su superfici ghiacciate o innevate | Attrezzo sportivo per una o due persone, che si muove su un pendio innevato o ghiacciato per forza di gravità. *2* (*gener.*) Congegno scorrevole | ***S. del tornio***, gruppo scorrevole su guide rettilinee al quale è fissato l'utensile. *3* Parte superiore degli affusti a deformazione sulla quale scorre la massa rinculante costituita dalla bocca da fuoco e da parte degli organi elastici. || **ṣlittina**, **dim.** | **ṣlittino**, **dim. m.** (V.).

ṣlittaménto [1922] **s. m.** *1* Lo slittare (*anche fig.*) | (*fig.*) Rinvio: *lo s. della convocazione di una riunione* | ***S. monetario***, perdita progressiva del valore di una moneta. *2* (*ling.*) Fenomeno per il quale un elemento fonetico o semantico è sostituito da un equivalente vicino.

ṣlittàre [da *slitta*; av. 1803] **v. intr.** (aus. *avere* nel sign. 1, *essere* e *avere* nei sign. 2, 3, 4, 5) *1* Andare in slitta. *2* Scivolare su superfici bagnate, gelate o sim., per mancanza di attrito, detto spec. di autoveicoli: *la macchina slitta sulla neve* | Girare su sé stesse, a vuoto, per mancanza di attrito, detto delle ruote di autoveicoli. *3* (*fig.*) Allontanarsi dalla linea di condotta tradizionalmente seguita, spec. nell'ambito politico: *il partito tende a s. a sinistra.* *4* (*fig.*) Ribassare, detto di monete: *la sterlina continua a s.* *5* (*fig.*) Tardare, essere rinviato a data successiva: *l'uscita del dizionario è slittata di sei mesi.*

ṣlittino [1936] **s. m.** *1* Dim. di *slitta*. *2* (*sport*) Tipo di slitta, a uno o due posti, con pattini d'acciaio, che il guidatore, seduto o sdraiato, dirige spostando il peso del corpo e frena con i talloni o le punte delle scarpe di tipo speciale | Lo sport praticato con tale slitta.

ṣlittopiàno [comp. di un deriv. di *slittare* e *piano*] **s. m.** ● (*miner.*) Operazione del reticolo cristallino che combina una riflessione secondo un piano a un movimento secondo una linea giacente sul piano stesso.

ṣlittovìa [comp. di *slitta* e *via*, sul modello di *funivia*; 1941] **s. f.** ● (*disus.*) Funicolare terrestre nella quale una o più grandi slitte superavano pendii nevosi.

ṣlivoviz [dal ted. *Sliwowitz*, adattamento (con sovrapposizione di *Witz* 'alcol, spirito') del serbo-croato *šljivovica*, da *šljiva* 'prugna'; 1875] **s. m. inv.** ● Distillato di prugne, molto diffuso nella penisola balcanica, in Austria e, in Italia, nel Friuli.

slob /zlɔb, *ingl.* slɒb/ [vc. ingl., di prob. orig. scandinava, propr. 'persona rozza'; 1999] **A s. m. e f. inv.** ● Chi veste in modo informale anche in occasioni formali. **B** anche **agg. inv.**: *tendenza, moda slob.*

ṣlòca [dal sanscrito *śloka-* 'distico', propr. 'suono, inno', di orig. indeur., attraverso l'ingl. *sloka*; 1891] **s. m.** (**pl.** *-chi*) ● Distico dell'antico indiano, con versi di sedici sillabe e ritmo determinato.

ṣlogaménto [1614] **s. m.** ● (*raro*) Slogatura.

ṣlògan /z'lɔgan, *ingl.* 'sləugən/ [vc. ingl., dallo scozzese *sluagh-ghairm* 'grido (*ghairm*) di guerra (*sluagh*)'; 1930] **s. m. inv.** ● Breve frase che esprime in modo sintetico ed efficace un concetto, usato nella propaganda e nella pubblicità.

ṣlogàre [da *l(u)ogo*, con *s-*, propr. 'togliere dal suo luogo'; 1598] **A v. tr.** (*io ṣlògo, tu ṣlòghi*) ● Produrre una slogatura. **B v. intr. pron.** ● Subire una slogatura: *mi si è slogata una mano.*

ṣlogàto [av. 1535] **part. pass.** di *slogare*; anche **agg.** *1* Nei sign. del v.: *polso s.* *2* Che è capace di movimenti eccezionalmente ampi e liberi.

ṣlogatùra [da *slogare*; av. 1681] **s. f.** ● Nell'uso comune, distorsione o lussazione articolare.

ṣloggiaménto [1782] **s. m.** ● (*raro*) Lo sloggiare.

ṣloggiàre [calco su *alloggiare*, con cambio di pref. (*s-*); 1558] **A v. tr.** (*io ṣlòggio*) ● Costringere ad abbandonare un alloggio, un luogo: *il padrone di casa ha sloggiato gli inquilini; s. il nemico da una posizione, da una zona.* **B v. intr.** (aus. *avere*) ● Andarsene da un alloggio, da un luogo: *s. da un appartamento* | Abbandonare una posizione occupata | (*fam.*) Andarsene: *sloggia di qui che ho da fare.*

ṣlòggio [1858] **s. m.** ● (*raro*) Lo sloggiare.

ṣlombàre [da *lombo*, con *s-*; 1598] **A v. tr.** (*io ṣlómbo*) ● (*raro*) Sfiancare, indebolire. **B v. intr. pron.** ● (*raro*) Sfiancarsi, indebolirsi.

ṣlombàto [av. 1667] **part. pass.** di *slombare*; anche **agg.** *1* Nei sign. del v. | Privo di forze, spossato: *un vecchio ... bavoso e s.* (NIEVO). *2* (*fig.*) Fiacco, debole: *la slombata prosa settecentesca* (CROCE). *3* Dilombato. || **ṣlombataménte**, **avv.**

ṣlontanaménto [da *slontanare*; 1679] **s. m.** ● (*raro*) Allontanamento.

ṣlontanàre [da *allontanare*, con cambio di pref. (*s-*); av. 1557] **v. tr.** e **intr. pron.** ● (*raro*) Allontanare.

sloop /*ingl.* slu:p/ [vc. ingl., dall'ol. *sloep* (pronuncia *slup*) passato nel fr. *chaloupe* e poi nell'it. *scialuppa* (V.); 1799] **s. m. inv.** *1* (*mar.*) Piccola nave a vela del XVII-XVIII sec. | Piccola nave militare di scorta e di vigilanza, usata nella prima guerra mondiale. *2* (*mar.*) Imbarcazione a vela con un solo albero, con randa e un fiocco | ***S. Marconi***, quello in cui la randa è triangolare.

slop /*ingl.* slɒp/ [vc. ingl., propr. 'acqua sporca, brodaglia'; 1985] **s. m. inv.** ● (*chim.*) Miscela di prodotti di scarto della raffinazione del petrolio che viene unita al petrolio grezzo per essere sottoposta a una ulteriore raffinazione.

slot /*ingl.* slɒt/ [vc. ingl., presa dal fr. ant., propr. 'apertura stretta, fessura'; 1983] **s. m. inv.** *1* (*aer.*) Regolatore a fessura del flusso d'aria praticato sul bordo d'attacco alare allo scopo di abbassare la velocità di stallo e migliorare la controllabilità dell'aereo. *2* (*elettron.*) Connettore per schede aggiuntive opzionali nei computer. *3* (*aer.*) Spazio di tempo nel quale un aeroplano può atterrare o decollare in un aeroporto.

slot machine /zlɔt ma'ʃin, *ingl.* 'slɒtmə,ʃi:n/ [vc. ingl., comp. di *slot* 'fessura, scanalatura', e *machine* 'macchina'] **loc. sost. f. inv.** (**pl.** ingl. *slot machines*) ● Apparecchio automatico o semiautomatico a gettone o a monete, installato in un pubblico locale, per il gioco d'azzardo.

ṣlovàcco [dallo slovacco *Slovák*; 1860] **A agg.** (**pl. m.** *-chi*) ● Della Slovacchia. **B s. m.** (**f.** *-a*) ● Abitante della Slovacchia. **C s. m.** solo **sing.** ● Lingua del gruppo slavo parlata nella Slovacchia.

ṣlovèno [adattamento dallo sloveno *slovenski*; 1860] **A agg.** ● Della Slovenia. **B s. m.** (**f.** *-a*) ● Abitante della Slovenia. **C s. m.** solo **sing.** ● Lingua del gruppo slavo parlata nella Slovenia.

slow /zlo*, *ingl.* sləʊ/ [vc. ingl., propr. 'lento'; 1939] **s. m. inv.** ● Fox-trot o ritmo lento.

slow food /zlo'fud, *ingl.* ,sləʊ'fu:d/ [comp. ingl., propr. 'cibo, alimento (*food*) lento (*slow*)', sul modello dell'opposto *fast-food*; 1986] **s. m. inv.** ● Orientamento gastronomico che si propone di rivalutare la buona cucina tradizionale, i cibi genuini e il piacere della tavola, spec. in contrapposizione alle scelte e alle modalità della ristorazione rapida. **CFR.** Fast food.

slum /zlam, *ingl.* slʌm/ [vc. ingl., di etim. incerta; 1932] **s. m. inv.** ● Quartiere di case povere e malsane.

ṣlumacàre [da *lumacare*, con *s-*; 1891] **v. tr.** (*io ṣlumàco, tu ṣlumàchi*) ● Allumacare.

ṣlumacatùra [da *slumacare*; 1873] **s. f.** ● Allumacatura.

ṣlungàre [da *lungo*, con *s-*; 1508] **A v. tr.** (*io ṣlùngo, tu ṣlùnghi*) ● (*raro*) Rendere più lungo, allungare. **B v. intr. pron.** *1* Allungarsi, prolungarsi. *2* Dilungarsi. *3* †Allontanarsi.

ṣlurp /zlurp, *ingl.* slɜ:ɹp/ [vc. ingl., di orig. onomat.] **inter.** ● Riproduce il rumore che si fa mangiando ingordamente o pregustando qlco. di succulento.

†ṣmaccàre [di etim. discussa: dal longob. *smahh(j)an* 'rendere piccolo, basso' (?); av. 1566] **v. tr.** ● Svergognare, umiliare | ***S. una cosa***, svalutarla, deprezzarla.

ṣmaccàto [av. 1565] **part. pass.** di *†smaccare*; anche **agg.** *1* †Nei sign. del v. *2* (*raro*) Troppo dolce, nauseante. *3* (*fig.*) Esagerato, eccessivo: *adulazione smaccata; lodi smaccate.* || **ṣmaccataménte**, **avv.** ● In modo esagerato, sfacciato.

ṣmacchiàre (1) [da *macchiare*, con *s-*; av. 1733] **v. tr.** (*io ṣmàcchio*) ● Togliere le macchie.

ṣmacchiàre (2) [da *macchia*, con *s-*; sec. XV] **A v. tr.** (*io ṣmàcchio*) ● (*raro*) Tagliare la macchia, disboscare. **B v. intr.** ● †Uscire dalla boscaglia.

ṣmacchiatóre [1855] **s. m.** *1* (**f.** *-trice*, tosc. *-tora*) Chi per mestiere smacchia i vestiti. *2* Sostanza usata per eseguire la smacchiatura.

ṣmacchiatùra [da *smacchiare* (*1*); 1865] **s. f.** ● Operazione che ha lo scopo di togliere le macchie dai tessuti.

ṣmàcco [da *smaccare*; av. 1566] **s. m.** (**pl.** *-chi*) ● Insuccesso, sconfitta umiliante: *subire uno s.; non aver vinto è stato per lui un grave s.* | ***†Fare s. a qlcu.***, recargli danno, offesa.

smack /zmak, *ingl.* smæk/ [vc. ingl., di orig. onomat.; 1970] **inter.** ● Riproduce il rumore che si fa baciando qlcu. o qlco. impetuosamente, con slancio e in modo sonoro.

†ṣmacràre ● V. *smagrare.*

ṣmadonnàre [da *madonna* nel senso di 'bestemmia' con *s-* intens.; av. 1921] **v. intr.** (*io ṣma-*

dònno; aus. *avere*) ● (*gerg.*) Bestemmiare, imprecare.

†**ṣmagaménto** [sec. XIII] s. m. ● Turbamento, smarrimento.

ṣmagàre [lat. parl. **exmagāre*, dal got. *magan* 'potere', con *ĕx* (*s*-); av. 1294] **A** v. tr. **1** (*lett.*) Turbare, emozionare: *quasi com'uom cui troppa voglia smaga* (DANTE *Par.* III, 36); *in tue succinte vesti / entri, e mi smaghi* (SABA). **2** †Distogliere: *E sogno un'arte reproba / che smaga il mio pensiero* (BOITO). **B** v. intr. pron. **1** †Distogliersi, distrarsi: *tu ti smaghi / di buon proponimento* (DANTE *Purg.* X, 106-107). **2** (*lett.*) Turbarsi, smarrirsi | (*lett.*) Disilludersi.

ṣmagàto [av. 1292] part. pass. di †*smagare*; anche agg. **1** †Nei sign. del v. **2** (*lett.*) Astratto dalla realtà: *il passionato e s. incanto della fortuna* (BACCHELLI) | (*lett.*) Disincantato.

ṣmagliànte [av. 1577] part. pres. di †*smagliare* (*2*); anche agg. **1** Splendente, rifulgente: *colori, tinte smaglianti.* **2** (*fig.*) Acceso di viva e intensa luminosità: *una bellezza s.*; *la accolse con uno s. sorriso* | (*est.*) Ottimo, eccellente: *ti trovo in forma s.*

ṣmagliàre (**1**) [da *maglia*, con *s*- sottratt. V. *magliare*; av. 1374] **A** v. tr. (*io ṣmàglio*) **1** (*lett.*) Rompere le maglie: *Amor, che smaglia / ogni lorica* (STAMPA). **2** †Sciogliere dalle maglie: *s. le balle.* **3** Disfare le maglie: *lo spillo mi ha smagliato le calze.* **4** (*raro*) Provocare smagliature sulla cute: *il parto le ha smagliato la pelle.* **B** v. intr. pron. **1** Rompersi, disfarsi, detto delle maglie, spec. di calze femminili: *queste calze si smagliano con facilità.* **2** Presentare smagliature, detto della cute: *col parto le si è smagliata la pelle.*

†**ṣmagliàre** (**2**) [di etim. discussa: dall'ant. fr. *esmal*(*t*), dal francone *smalt* 'smalto', propr. 'brillare come smalto' (?); av. 1584] v. intr. (aus. *avere*) ● Brillare, risplendere, scintillare.

ṣmagliàto [av. 1374] part. pass. di *smagliare* (*1*); anche agg. **1** Nei sign. del v. **2** Che presenta smagliature: *calza, pelle, smagliata.*

ṣmagliatùra [1846] s. f. **1** Lo smagliare, lo smagliarsi, nel sign. di *smagliare* (*1*) | Negli indumenti a maglia, rottura dovuta al disfacimento di una o più maglie: *ha una s. nella calza.* **2** (*med.*) Linea atrofica che si presenta sulla cute a causa di un cedimento dello strato elastico: *smagliature del ventre.* **3** (*fig.*) Mancanza di continuità, di coesione, fra le varie parti di un insieme: *il film mostra varie smagliature.*

ṣmagnetiẓẓàre [da *magnetizzare*, con *s*-; 1884] **A** v. tr. ● (*fis.*) Privare del magnetismo. **B** v. intr. pron. ● Perdere la magnetizzazione.

ṣmagnetiẓẓatóre [da *smagnetizzare*; 1960] **A** s. m. ● (*fis.*) Apparecchio atto a smagnetizzare un corpo. **B** anche agg. (f. *-trice*): *testina smagnetizzatrice.*

ṣmagnetiẓẓazióne [1884] s. f. ● (*fis.*) Annullamento o riduzione della magnetizzazione di un corpo.

ṣmagràre o †**ṣmacràre** [sec. XIV] v. tr., intr. e intr. pron. (aus. intr. *essere*) ● (*raro*) Smagrire.

ṣmagriménto [av. 1698] s. m. ● Il fatto di smagrire. SIN. Dimagrimento.

ṣmagrìre [da *magro*, con *s*-; 1615] **A** v. tr. (*io ṣmagrìsco, tu ṣmagrìsci*) **1** Rendere magro: *la malattia lo ha smagrito.* **2** *S. un fiume*, renderlo povero di acqua | *S. un terreno*, esaurire le sostanze che lo rendono fertile. **B** v. intr. e intr. pron. (aus. *essere*) ● Divenire magro, dimagrire: *con la malattia è molto smagrito*; *si smagrisce con continui digiuni.*

ṣmagrìto [av. 1580] part. pass. di *smagrire*; anche agg. ● Nei sign. del v. | Dimagrito | Smunto, affilato: *volto s.*

ṣmaliziàre [da *malizia*, con *s*-; 1813] **A** v. tr. (*io ṣmalìzio*) ● Privare dell'ingenuità, rendere più esperto, più scaltro: *le nuove amicizie lo hanno smaliziato.* **B** v. intr. pron. ● Divenire più scaltro, esperto: *smaliziarsi in un lavoro.*

ṣmaliziàto [1825] part. pass. di *smaliziare*; anche agg. **1** Scaltro, esperto: *un commerciante s.* | (*est.*) Competente: *un lettore s.* (CALVINO). **2** Non più ingenuo: *una ragazza smaliziata.* || **ṣmaliziataménte**, avv.

ṣmalizzìre [1953] v. tr. e intr. pron. (*io ṣmalizzìsco, tu ṣmalizzìsci*) ● (*raro*) Smaliziare.

small /zmol, -ɔl, *ingl.* smɔːl/ [vc. ingl., propr. 'piccolo'; 1979] agg. inv. ● Detto di capo di abbigliamento di taglia piccola. SIMB. S.

ṣmallàre [da *mallo*, con *s*-; av. 1449] v. tr. ● Privare le noci del mallo | (*est.*) Privare della buccia.

ṣmaltàre [da *smalto*; av. 1303] **A** v. tr. **1** Ricoprire di smalto: *s. un vaso, una padella di ferro*; *smaltarsi le unghie.* **2** (*lett., fig.*) Coprire, cospargere di colori brillanti, smaglianti. **B** v. intr. pron. ● (*raro, lett.*) †Ornarsi: *le valli e i campi che si smaltano / di color mille* (SANNAZARO).

ṣmaltàto [av. 1375] part. pass. di *smaltare*; anche agg. ● Nei sign. del v.

ṣmaltatóre [1562] **A** s. m. (f. *-trice*) **1** Chi smalta | Orafo che fa lavori di smalto. **2** Operaio addetto alla smaltatura. **B** agg. ● *Pressa smaltatrice*, smaltatrice.

ṣmaltatrìce [f. di *smaltatore*; 1970] s. f. ● (*fot.*) Attrezzo per ottenere, generalmente mediante calore, la smaltatura delle fotografie.

ṣmaltatùra [1521] s. f. **1** Operazione dello smaltare | Smalto applicato. **2** (*fot.*) Procedimento per ottenere una superficie lucida sulle copie fotografiche.

ṣmalterìa [da *smalto*; 1960] s. f. ● Fabbrica di oggetti smaltati.

ṣmaltiménto [av. 1712] s. m. ● Lo smaltire | Eliminazione: *s. dei rifiuti.*

ṣmaltìre [dal got. *smaltijan* 'fondere'; V. il ted. *schmelzen* 'rendere fluido'; 1306] v. tr. (*io ṣmaltìsco, tu ṣmaltìsci*) **1** Digerire: *è difficile s. questo cibo*; *è un cibo duro da s.* | (*fig.*) Far passare: *s. la sbornia*; *Se ne andava all'osteria a s. l'uggia* (VERGA). **2** (*raro, fig.*) Tollerare, sopportare: *s. un'ingiuria, un'offesa, un dolore.* **3** Vendere completamente, esaurire: *in pochi giorni smaltì tutte le confezioni* | Portare a termine, sbrigare: *s. il lavoro, la corrispondenza.* **4** Far defluire acque, eliminare immondizie e sim.: *un canale per s. le acque di scarico.*

ṣmaltìsta [av. 1712] s. m. e f. (pl. m. *-i*) ● Artigiano, artista, che decora in smalto.

ṣmaltìte [comp. di *smalto* e *-ite* (*2*); 1929] s. f. ● Arseniuro di cobalto in incrostazioni microcristalline di color grigio chiaro e dalla lucentezza metallica.

ṣmaltitóio [da *smaltire*; 1550] s. m. ● Luogo di spurgo di acque superflue o sporche, in modo che vengano assorbite dal terreno.

ṣmaltitóre [1766] **A** agg. (f. *-trice*) ● Che smaltisce: *canale, fosso, s.* **B** anche s. m.

ṣmàlto [dal francone *smalt*, vc. tecnica della ceramica, dal ted. *Schmelz* 'smalto'; sec. XIII] s. m. **1** Massa vetrosa di composizione varia generalmente opaca, colorata o no, usata per rivestire e decorare superfici metalliche o ceramiche | *Oggetto a s.*, smaltato. **2** Oggetto smaltato, spec. artistico: *Palazzo Pitti vanta una bella collezione di smalti.* **3** *S. per unghie*, cosmetico femminile usato per colorare o rendere brillanti le unghie. **4** (*med.*) Sostanza dura, bianca, che ricopre la corona dentaria. **5** (*al pl., arald.*) Nome generico dei metalli e dei colori. **6** †Impasto di ghiaia, calce e acqua, per rivestire pavimenti e muri in pietra. **7** (*lett.*) Cosa dura come smalto: *vedete che madonna ha 'l cor di s.* (PETRARCA). **8** (*fig.*) Capacità combattiva, vivacità, dinamismo, spec. nella loc. *perdere lo s.*: *la squadra di calcio ha perso lo s.*; *oggi gli atleti hanno lo s. dei giorni migliori.* **9** (*lett.*) †Terreno: *si ritrova in sull'erboso s.* (ARIOSTO). **10** †Lastrico: *Alfin Marco rimase in su lo s.* (MACHIAVELLI).

ṣmammàre [vc. region., prob. da *mamma*, con *s*-; 1948] v. intr. (aus. *avere*) ● (*region., pop.*) Levarsi di torno, andarsene via: *su ragazzi, smammate!*

ṣmammolàrsi [da *mammolo*, con *s*-; 1873] v. intr. pron. (*io mi ṣmàmmolo*) ● (*raro, tosc.*) Sdilinquirsi.

ṣmanacciàre o (*dial.*) **ṣmanazzàre** [da *mano*, con suff. iter.-intens. e *s*-; 1873] **A** v. intr. (*io ṣmanàccio*; aus. *avere*) ● (*fam.*) Muovere le mani, gesticolare troppo, parlando, lavorando e sim. **B** v. tr. ● (*sport*) *S. il pallone*, respingerlo alla meglio con le mani.

ṣmanacciàta o (*dial.*) **ṣmanazzàta** [1873] s. f. ● (*raro*) Atto dello smanacciare | Colpo dato con la mano.

ṣmanacciòne o (*dial.*) **ṣmanazzóne** [1942] s. m. (f. *-a*) ● (*fam.*) Chi è solito gesticolare troppo.

ṣmanazzàre e *deriv.* ● V. *smanacciare* e *deriv.*

ṣmancerìa [dall'ant. *smanziere* (V.); 1353] s. f. ● (*spec. al pl.*) Leziosaggini, svenevolezze, moine: *non sopporto le smancerie*; *non fare tante smancerie.*

ṣmanceróṣo o †**ṣmanzeróṣo**, †**ṣmanzieróṣo** [av. 1400] agg. ● Che fa smancerie, che è pieno di smancerie. SIN. Affettato, lezioso, smorfioso. || **ṣmanceroṣaménte**, avv.

ṣmandrappàto [forse da *gualdrappato* con *s*-neg.; 1955] agg. ● (*gerg.*) Malvestito, malmesso, male in arnese | Malridotto, scalcinato.

ṣmanettàre [prob. da *manetta* nel sign. 2, col pref. *s*-; 1982] v. intr. (*io ṣmanétto*; aus. *avere*) **1** (*gerg.*) Azionare continuamente la manopola dell'acceleratore della motocicletta così da correre a gran velocità. **2** (*elab., gerg.*) Utilizzare con disinvoltura e abilità computer, programmi e sim.

ṣmanettóne [da *smanettare*; 1983] s. m. (f. *-a*) ● (*gerg.*) Chi continua a smanettare.

ṣmangiàre [da *mangiare* (*1*), con *s*-; 1838] **A** v. tr. (*io ṣmàngio*) ● (*raro*) Consumare, corrodere: *era quasi un secolo che la lebbra lo smangiava* (BUZZATI). **B** v. intr. pron. ● (*raro*) Consumarsi, corrodersi (*anche fig.*): *smangiarsi per la rabbia.*

ṣmàngio [da *smangiare*; 1873] s. m. ● In tipografia, lembo di pagina rimasto non impresso.

ṣmangiucchiàre ● V. *mangiucchiare.*

ṣmània o (*disus.*) **iṣmània** [da *smaniare*; av. 1320] s. f. **1** Agitazione, inquietudine fisica e psichica dovute a impazienza, tensione, nervosismo, fastidio e sim.: *avere, sentirsi, la s.*; *avere una gran s.*; *avere la s. addosso*; *dare, mettere, la s. a qlcu.*; *mettere la s. addosso a qlcu.*; *Quella, per Nino, fu la stagione della s.* (MORANTE) | *Dare in smanie*, manifestare una grande agitazione. **2** (*fig.*) Desiderio intenso: *avere la s. di andarsene*; *s. di successo, di divertimenti.*

ṣmaniàre [di etim. discussa: lat. *imaginăre* 'rappresentare', con *s*- (?); av. 1313] v. intr. (*io ṣmànio*; aus. *avere*) **1** (assol.; + *per*) Agitarsi, essere in preda alla smania: *s. per la febbre, per il caldo*; *ha smaniato tutta la notte.* **2** (+ *di*, + *per*, seguiti da inf.) (*fig.*) Desiderare fortemente: *smania di partire*; *io smaniavo di averla finalmente accanto* (SVEVO); *non smanio per ottenere quel riconoscimento.*

ṣmanicàre [da *manico*, con *s*-; av. 1850] **A** v. tr. (*io ṣmànico, tu ṣmànichi*) ● (*raro*) Levare, rompere il manico: *s. un tegame.* **B** v. intr. pron. ● (*raro*) Rompersi, sfilarsi, detto del manico.

ṣmanicàrsi [da *manica*, con *s*-; av. 1793] v. rifl. (*io mi ṣmànico, tu ti ṣmànichi*) ● (*raro*) Rimboccarsi le maniche.

ṣmanicatùra [da *smanicare*; 1826] s. f. ● (*mus.*) Nella tecnica degli strumenti ad arco, cambio di posizione della mano sinistra.

ṣmanieràto [da *maniera*, con *s*-; 1873] agg. ● (*disus.*) Che non ha buone maniere, sgarbato.

†**ṣmanìglia** o †**manìglia** [dallo sp. *manilla* 'braccialetto', dim. dal lat. *mānu*(*m*) 'mano', con *s*-; sec. XIV] s. f. ● Braccialetto d'oro con pietre preziose su sfondo di velluto nero | (*gener.*) Monile.

ṣmanigliàre [calco su *ammanigliare*, con cambio di pref. (*s*-); 1937] v. tr. (*io ṣmanìglio*) ● (*mar.*) Disgiungere un pezzo di catena da un altro, o dall'ancora | Aprire una maniglia.

†**ṣmanìglio** o †**manìglio** [sec. XV] s. m. ● Smaniglia.

ṣmanióṣo [sec. XIV] agg. **1** Che ha la smania, che è pieno di smanie. **2** Bramoso, molto desideroso: *s. di avere qlco.*; *Batteva l'ora su estrema / riva d'Europa, insistente, smaniosa / d'innocenza* (QUASIMODO). **3** (*raro*) Che dà la smania: *caldo s.*; *attesa smaniosa.* || **ṣmanioṣaménte**, avv. In modo smanioso, con bramosia.

†**ṣmannàta** [da *manna* (*2*), con *s*-; av. 1565] s. f. ● Frotta, brigata.

ṣmantellaménto [1600] s. m. ● Lo smantellare | Demolizione | (*fig.*) Chiusura: *lo s. di un'azienda.*

ṣmantellàre [da *mantello*, con *s*-; sec. XV] v. tr. (*io ṣmantèllo*) **1** Abbattere le mura di una città, di una piazzaforte: *s. una fortezza, un'opera di difesa.* **2** Demolire il fasciame di una nave. **3** (*est.*) Demolire, rendere inefficiente: *s. i macchinari di una fabbrica* | (*fig.*) *S. una tesi, un'accusa*, e sim., mostrarle prive di fondamento.

†**ṣmanzeróṣo** ● V. *smanceroso.*

†**ṣmanzière** [da (*a*)*manza* 'amore', con *s*-; av. 1492] s. m. (f. *-a*) ● (*lett.*) Persona vaga di amori: *non prendete alcuno sdegno / d'esser chiamati*

smanzieri (L. DE' MEDICI).

†**ṣmanzieróso** ● V. *smanceroso*.

ṣmarcaménto [1926] **s. m.** ● Lo smarcare, lo smarcarsi.

ṣmarcàre [da *marcare* 'controllare, bollare l'avversario', con *s-*; 1935] **A v. tr.** (*io ṣmàrco, tu ṣmàrchi*) ● Nel calcio e sim., fare in modo che un compagno si sottragga alla marcatura dell'avversario. **B v. intr. pron.** ● Sottrarsi al marcamento avversario.

ṣmargiassàre [av. 1729] **v. intr.** (aus. *avere*) ● (*raro*) Fare lo smargiasso.

ṣmargiassàta [av. 1643] **s. f.** ● Atto, discorso, impresa, da smargiasso.

ṣmargiasserìa [1618] **s. f.** ● (*raro*) Atteggiamento da smargiasso | Smargiassata.

ṣmargiàsso [di etim. discussa: da *maxazo*, possibile accr. dello sp. *majo* 'spaccone', con *s-* (?); 1614] **s. m.** (**f.** *-a*) ● Chi si vanta a sproposito di aver compiuto o di poter compiere imprese eccezionali. **SIN.** Fanfarone, gradasso, spaccone. || **ṣmargiassóne**, **accr.**

ṣmarginàre [da *margine*, con *s-*; 1865] **A v. tr.** (*io ṣmàrgino*) ● In legatoria, tagliare i margini delle pagine | In tipografia, togliere le marginature alle forme stampate. **CONTR.** Marginare. **B v. intr.** (aus. *avere*) ● Uscire dai margini della composizione tipografica: *le illustrazioni smarginano.*

ṣmarginàto [av. 1755] **part. pass.** di *smarginare*; anche **agg.** *1* Nel sign. del v. | ***Esemplare s.***, composizione tipografica nella quale la riga non copre tutta la giustezza, venendo lasciato un margine bianco sia a destra che a sinistra. *2* (*bot.*) Detto di organo che presenta intaccature superficiali o terminali.

ṣmarginatùra [1960] **s. f.** *1* Lo smarginare. *2* (*bot.*) Incisione leggera all'apice di un organo.

ṣmargottàre [da *margotta*, con *s-*; 1873] **v. tr.** (*io ṣmargòtto*) ● (*agr.*) Separare le margotte dalla pianta madre per porle a dimora.

ṣmarràre [da *marra*, con *s-*; 1891] **v. tr.** ● (*agr.*, *raro*) Pulire le ceppaie con la marra.

ṣmarriménto [1294] **s. m.** *1* Lo smarrire, l'avere smarrito: *denunciare lo s. della patente.* *2* (*fig.*) Momentanea perdita di coscienza, di lucidità: *andare soggetto a smarrimenti*; *avere uno s. improvviso*; *s. di coscienza.* *3* (*fig.*) Turbamento, sbigottimento: *un attimo di s.*; *riprendersi dallo s.*; *lo s. che al fervore / dei miei sogni seguiva* (SABA).

ṣmarrìre [dal francone *marrjan* 'disturbare', con *s-*; sec. XIII] **A v. tr.** (*io ṣmarrìsco, tu ṣmarrìsci*) *1* Non trovare più, non sapere più dove si trova qlco.: *s. gli occhiali, le chiavi di casa* | Non sapere più qual è la via giusta: *s. la strada, il cammino* | (*fig.*) ***S. la ragione***, impazzire | ***S. i sensi***, svenire | ***S. il filo del discorso***, non riuscire a proseguire un discorso, dimenticare ciò che si stava dicendo. *2* †Perdere di vista. *3* (*fig.*) †Confondere, turbare. *4* (*raro, lett.*) Dimenticare: *smarrirémo / la memoria del sole* (MONTALE). **B v. intr. pron.** *1* Perdersi, non trovare più la strada: *smarrirsi nel bosco.* *2* (*fig.*) Sbigottirsi, turbarsi, confondersi: *alla notizia si smarrì*; *in quell'occasione mi sono smarrito.* *3* †Allontanarsi, non farsi più trovare: *smarrirsi da qlcu.* *4* †Offuscarsi, dello sguardo: *La vista mia ne l'ampio e ne l'altezza / non si smarriva* (DANTE *Par.* XXX, 118-119). **C v. intr. e intr. pron.** ● †Perdere il colore, sbiadire.

ṣmarrito o (*poet.*) †**ṣmarrùto** [1294] **part. pass.** di *smarrire*; anche **agg.** *1* Nei sign. del v. *2* (*fig.*) Sbigottito, confuso: *mostrarsi, apparire, s.* | Che mostra smarrimento: *occhio, sguardo, s.* *3* †Perfido, scellerato.

ṣmarronàre [da *marrone* (*1*) nel sign. 3; av. 1910] **v. intr.** (*io ṣmarróno*; aus. *avere*) ● (*fam.*) Dire o fare errori dovuti a ignoranza o imperizia | Comportarsi a sproposito.

ṣmarronàta [da *smarronare*; 1884] **s. f.** ● (*fam.*) Grosso sproposito | Comportamento grossolano, fuori luogo.

smart card /zmart kard, *ingl.* 'smɑːt,kɑːd/ [loc. ingl., propr. 'carta (*card*) intelligente (*smart*)'; 1994] **loc. sost. f. inv.** (**pl.** ingl. *smart cards*) *1* (*tv*) Scheda che, inserita in un decodificatore, consente all'utente di visualizzare i programmi di una pay tv. *2* Tessera dotata di un microprocessore che consente la memorizzazione e l'elaborazione di dati, utilizzata spec. nell'ambito dei sistemi telefonici e bancari.

ṣmartellàre [da *martellare*, con *s-*; 1585] **v. tr. e intr.** (*io ṣmartèllo*; aus. *avere*) ● Percuotere col martello, martellare.

smart set /*ingl.* 'smɑːt,set/ [loc. ingl., propr. 'società (*set*) brillante (*smart*)'; 1962] **loc. sost. m. inv.** ● Bel mondo, ambiente elegante e raffinato dell'alta società.

ṣmascellaménto [1745] **s. m.** ● (*raro*) Lo smascellarsi | Risata fragorosa.

ṣmascellàre [da *mascella*, con *s-*; 1353] **A v. tr.** (*io ṣmascèllo*) ● (*raro*) Slogare le mascelle. **B v. intr. pron. e** †**intr.** ● Solo nella loc. ***smascellarsi dalle risa***, (*iperb.*) ridere a crepapelle, smodatamente.

ṣmascheraménto [av. 1750] **s. m.** ● Lo smascherare (*anche fig.*).

ṣmascheràre [da *mascherare*, con *s-*; 1579] **A v. tr.** (*io ṣmàschero*) *1* Privare della maschera. *2* (*fig.*) Rivelare la vera natura di persone o azioni camuffate sotto false apparenze: *s. un nemico, un traditore*; *s. l'impostura di qlcu.* **B v. rifl.** ● Togliersi la maschera | (*fig.*) Rivelare la propria natura, le proprie intenzioni.

ṣmascheratóre [1832] **s. m.**; anche **agg.** (**f.** *-trice*) ● (*raro, fig.*) Chi (o Che) smaschera: *s. di imbrogli.*

ṣmascolinàto [da *mascolino*, con *s-*; 1765] **agg.** ● (*lett., raro*) Effeminato: *individuo s.* | (*fig.*) Privo di forza, di vigore: *stile s.*

smash /*ingl.* smæʃ/ [vc. ingl., da *to smash* 'colpire con violenza'; 1926] **s. m. inv.** (**pl.** ingl. *smashes*) ● Nel tennis, schiacciata.

ṣmassàre [comp. parasintetico di *massa*, col pref. *s-*; 1777] **v. tr.** ● (*raro*) Rimuovere il materiale infiammabile o già bruciato: *i vigili del fuoco hanno provveduto a s. il materiale carbonizzato.*

ṣmatassàre [da *matassa*, con *s-*; 1873] **v. tr.** ● (*raro*) Disfare la matassa.

ṣmaterializzàre [da *materializzare*, con *s-*; 1903] **A v. tr.** ● Liberare dalla materia, dalla realtà materiale. **B v. intr. pron.** ● Liberarsi dalla materia, dalla realtà materiale, acquistare spiritualità.

ṣmaterializzazióne [1960] **s. f.** ● Lo smaterializzare, lo smaterializzarsi.

ṣmattonàre [da *mattonare*, con *s-*; av. 1536] **v. tr.** (*io ṣmattóno*) ● Privare dei mattoni: *s. un muro, un pavimento.*

ṣmattonatùra [1765] **s. f.** ● Operazione dello smattonare | Punto in cui un ammattonato è rotto.

ṣmazzàre [da *mazzo* col pref. *s-*; 1940] **v. tr.** ● Distribuire ai giocatori le carte di un mazzo.

ṣmazzàta [da *mazzo*, con *s-*; 1960] **s. f.** ● Distribuzione di un intero mazzo di carte ai giocatori durante una partita.

SME /zme*/ [sigla di *S*(*istema*) *M*(*onetario*) *E*(*uropeo*)] **s. m. inv.** ● (*econ.*) Accordo tra i Paesi dell'Unione europea per mantenere entro limiti prestabiliti le oscillazioni del tasso di cambio delle valute.

ṣmèctico o **ṣmèttico** [dal gr. *smēktikós*, deriv. di *smḗchein* 'pulire, lavare', con allusione alle proprietà sgrassanti e decoloranti; 1838] **agg.** (**pl. m.** *-ci*) ● (*chim.*) Detto di stato mesomorfo in cui le molecole sono disposte in strati perpendicolari al loro asse e facilmente scorrevoli l'uno sull'altro, conferendo gener. alla sostanza la viscosità della vaselina | ***Argilla smectica***, varietà di argilla caratterizzata da alta plasticità, alto potere assorbente selettivo e alta capacità di scambio di cationi, usata oggi spec. per decolorare gli oli alimentari e minerali e rigenerare questi ultimi e un tempo per feltrare la superficie delle stoffe.

ṣmègma [vc. dotta, dal lat. *smēgma* (nom. acc. nt.), dal gr. *smêgma*, genit. *smḗgmatos* 'unguento', connesso con *smḗchein* 'ripulire', di etim. incerta; 1838] **s. m.** (**pl.** *-i*) ● (*anat.*) Materiale di secrezione e di desquamazione che si raccoglie attorno agli organi genitali.

ṣmelàre e *deriv.* ● V. *smielare* e *deriv.*

ṣmembraménto [1641] **s. m.** ● Lo smembrare (*spec. fig.*) | Divisione, dispersione: *lo s. di una famiglia.*

ṣmembràre o †**ṣvembràre** [da *membro*, con *s-*; 1300 ca.] **v. tr.** (*io ṣmèmbro*) *1* (*raro*) Squartare, tagliare a pezzi un corpo. *2* (*fig.*) Scindere, frazionare un complesso organico in più parti: *s. uno stato, una tenuta, un podere*; *s. un'opera d'arte, una raccolta di opere d'arte.*

†**ṣmemoràbile** [da *memorabile*, con *s-*; av. 1400] **agg.** ● (*raro*) Sciocco.

†**ṣmemoràggine** [da *smemorare*; 1354] **s. f.** ● Smemorataggine.

ṣmemoraménto [1354] **s. m.** ● (*lett.*) Amnesia.

ṣmemoràre [da *memore*, con *s-*; 1306] **A v. intr.** (*io ṣmèmoro*; aus. *essere*) ● †Perdere la memoria | (*est.*) Confondersi, turbarsi. **B v. intr. pron.** ● (*raro, lett.*) Dimenticarsi di tutto: *non potrò mai più / smemorarmi in un grido* (UNGARETTI).

ṣmemoratàggine [1513] **s. f.** ● Caratteristica di chi è smemorato; sbadataggine | Atto da persona smemorata.

ṣmemoratézza [av. 1566] **s. f.** ● (*lett.*) Smemorataggine.

ṣmemoràto o †**ṣmimoràto** [av. 1292] **A part. pass.** di *smemorare*; anche **agg.** *1* Che ha perduto la memoria | Che dimentica facilmente: *Che s. sono io!* (CARDUCCI). *2* †Stupido, insensato. || **ṣmemorataménte**, **avv.** Da smemorato. **B s. m.** (**f.** *-a*) ● Chi ha perduto la memoria | (*est.*) Chi è sbadato, disattento.

ṣmemoriàto [sovrapposizione di *memoria* a *smemorato*; av. 1793] **agg.** ● (*tosc., pop.*) Smemorato. || **ṣmemoriatino**, **dim.** | **ṣmemoriatóne**, **accr.**

†**ṣmenticàre** [da *dimenticare*, con cambio di pref. (*s-*); sec. XIV] **v. tr. e intr. pron.** ● Dimenticare.

ṣmentìre [da *mentire*, con *s-*; 1312] **A v. tr.** (*io ṣmentìsco, tu ṣmentìsci*) *1* Negare, dimostrare falso ciò che altri asserisce o ha asserito: *la notizia è stata smentita dall'interessato*; *ha smentito ogni voce sul suo conto* | Sbugiardare: *riuscirò a smentirlo pubblicamente.* *2* Non riconoscere ciò che si era precedentemente affermato: *il testimone smentì la sua deposizione.* **SIN.** Sconfessare. *3* Deludere le aspettative altrui, venir meno alla considerazione, alla stima di altri: *s. la propria fama, la propria serietà, il proprio buon nome.* **B v. rifl.** *1* Dire cose non conformi a quanto affermato in precedenza; contraddirsi. *2* Agire in modo contrario a quello abituale (gener. in un contesto negativo): *neppure in questa occasione si è smentito* | ***Non smentirsi mai***, non cambiare mai, essere sempre lo stesso.

ṣmentìta [1873] **s. f.** ● Lo smentire | Dichiarazione, iniziativa con cui si smentisce: *dare una s. a qlco.*; *una s. recisa*; *s. ufficiale*; *una s. dei fatti.*

ṣmentitóre [av. 1712] **s. m.**; anche **agg.** (**f.** *-trice*) ● (*raro*) Chi (o Che) smentisce.

ṣmeraldino [da *smeraldo*; 1294] **agg.** ● Che ha colore verde smeraldo: *verde s.*; *occhi smeraldini.*

ṣmeràldo [lat. parl. **smarāudu*(*m*) per il classico *smarăgdus* 'smeraldo', dal gr. *smáragdos* 'pietra verde', di orig. orient.; av. 1250] **A s. m.** *1* Varietà verde-erba di berillo, usata come gemma. *2* (*poet.*) Colore verde: *una gran pianta / che fronde ha di s.* (POLIZIANO). **B in funzione di agg. inv.** ● (posposto a un s.) Che ha un colore verde vivo e brillante, caratteristico della pietra preziosa omonima: *color s.*; *verde s.*

ṣmerciàbile [1960] **agg.** ● Che si può smerciare.

ṣmerciabilità [da *smerciabile*; 1970] **s. f.** ● Condizione di ciò che è smerciabile.

ṣmerciàre [da *merce*, con *s-*; 1770] **v. tr.** (*io ṣmèrcio*) ● Vendere, spacciare la merce: *s. le rimanenze.*

ṣmèrcio [av. 1764] **s. m.** ● Vendita, spaccio di una merce: *un articolo che ha poco s.*; *di questo prodotto c'è un grande s.*

ṣmerdàre [da *merda*, con *s-*; av. 1704] **A v. tr.** (*io ṣmèrdo*) *1* (*volg.*) Sporcare di merda | (*est.*) Insudiciare, insozzare. *2* (*fig., volg.*) Svergognare. *3* (*raro, volg.*) Pulire dalla merda. **B v. intr. pron.** *1* (*volg.*) Sporcarsi di merda | (*est.*) Insudiciarsi. *2* (*fig., volg.*) Coprirsi di vergogna, di disonore. **SIN.** Sputtanarsi.

ṣmèrgo o **mèrgo** [lat. *mĕrgu*(*m*), propr. 'l'uccello che s'immerge', da *mĕrgere* 'immergere', con *s-*; sec. XIII] **s. m.** (**pl.** *-ghi*) ● Correntemente, uccello degli Anseriformi, abile nel nuoto sopra e sotto la superficie dell'acqua | ***S. maggiore***, con ciuffo di penne sul capo (*Mergus merganser*) | ***S. minore***, vive in Italia d'inverno (*Mergus serrator*).

ṣmerigliàre [da *smeriglio* (*1*); av. 1597] **v. tr.** (*io ṣmerìglio*) *1* Strofinare con smeriglio o altro abrasivo per lucidare e levigare: *s. il pavimento.* *2* Lavorare con lo smeriglio per rendere traslucido: *s. i vetri.*

ṣmerigliàto [1869] **part. pass.** di *smerigliare*; anche **agg.** *1* Nei sign. del v. *2* ***Carta smerigliata***, con una faccia ricoperta di polvere di smeriglio, per lucidare, pulire, lisciare superfici varie. *3* Reso traslucido mediante smerigliatura: *vetro s.* | *Tappo s.*, in vetro smerigliato nella parte che entra nel collo della bottiglia, così da chiudere meglio.

smerigliatóre [da *smerigliare*; 1960] s. m. (f. *-trice*) ● Operaio che esegue lavori di smerigliatura.

smerigliatrice [f. di *smerigliatore*; 1949] s. f. ● Macchina impiegata per smerigliatura, che ha per utensile un nastro rotante sulla cui superficie attiva sono fissati con adesivo i grani abrasivi.

smerigliatùra [av. 1712] s. f. ● Finitura di superficie ottenuta facendovi passare sopra il nastro abrasivo della smerigliatrice oppure, a mano, la polvere di smeriglio.

smeriglio (**1**) o †**smirillo** [dal gr. biz. *smyrídion*, dim. del classico *smýris*, genit. *smýridos* 'smeriglio', di etim. incerta; sec. XIV] s. m. *1* Varietà di corindone finemente granulare, di colore brunastro. *2* Polvere dello smeriglio con cui si brunisce l'acciaio, si segano e puliscono i marmi, e sim.

smeriglio (**2**) [fr. ant. *esmeril*, dal francone *smiril*; sec. XIII] s. m. ● Piccolo falco macchiettato di bianco e nero, aggressivo (*Falco columbarius*).

smeriglio (**3**) [dal gr. *smarís*, genit. *smarídos* 'pesce di scarsa qualità', di etim. incerta; 1825] s. m. ● Squalo con muso prominente, ampia bocca, feroce ed aggressivo, ottimo nuotatore (*Lamna nasus*). SIN. Squalo nasuto.

†**smeriglióso** [da *smeriglio* (*1*); av. 1574] agg. ● Che contiene molto smeriglio, detto di marmo: *essendo il marmo che lavorava … s. e cattivo, gli pareva gittar via il tempo* (VASARI).

smerinto [vc. dotta, dal gr. (*s*)*mḗrinthos* 'cordicella', di etim. incerta; 1838] s. m. ● Farfalla delle Sfingi con ali posteriori ornate di macchie simili a occhi (*Smerinthus ocellata*).

smerlàre [da *merlo*, con *s-*; 1865] v. tr. (*io smèrlo*) ● Orlare con un ricamo a smerlo: *s. una tovaglia*.

smerlàto [1534] part. pass. di *smerlare*; anche agg. *1* Nel sign. del v. *2* (*bot.*) Detto di foglia a denti ottusi.

smerlatùra [1940] s. f. ● Lo smerlare | Orlatura a smerlo.

smerlettàre [da *merletto*, con *s-*; 1884] v. tr. (*io smerlétto*) ● Smerlare.

smèrlo [da *smerlare*; 1835] s. m. ● Orlatura a festone eseguita per rifinire biancheria personale o da casa | ***Punto a s.***, quello a punti fitti e regolari fermati da piccoli nodi. ‖ **smerlétto**, dim.

smésso [1582] part. pass. di *smettere*; anche agg. *1* Nei sign. del v. | Che non si indossa più: *regalavano alla Emilia i vestiti smessi* (PAVESE). *2* (*tosc.*) Detto di persona, che non esercita più la propria professione (*spec. spreg.*): *serva smessa* | ***Prete s.***, spretato.

♦**sméttere** [da *mettere*, con *s-*; 1582] **A** v. tr. (coniug. come *mettere*) *1* (qlco.; + *con* qlco.; + *di* seguito da inf.) Interrompere momentaneamente o definitivamente ciò che si sta facendo: *s. il lavoro, gli studi, una discussione, una lite*; *puoi smetterle con me, sai, codeste arie!* (PIRANDELLO); *smettila di raccontare storie*; *smettetela di litigare*; *smettetela con queste chiacchiere!*; *Eh! eh! smettete con que' ferri* (MANZONI); (*anche impers.*) *ha smesso* (*o è smesso*) *di piovere* | (*tosc.*) ***S. la casa***, disfarsi di tutto ciò che è in essa e trasferirsi. *2* Non indossare più, non usare più, detto di indumenti: *s. un abito, un cappello*. **B** v. intr. (aus. *avere* o raro *essere*) ● Cessare, terminare: *il maltempo non dà segno di s.*; *non smetteva in lui il rimorso d'essere così egoista* (CALVINO); *l'afa era smessa* (BACCHELLI).

sméttico ● V. *smectico*.

smezzaménto [1683] s. m. ● (*raro*) Lo smezzare.

smezzàre [da *mezzo*, con *s-*; av. 1492] v. tr. (*io smèzzo*) *1* Dividere a metà: *s. il pane*. *2* Ridurre alla metà: *s. una bottiglia di liquore*.

smidollàre [da *midolla*, con *s-*; av. 1606] **A** v. tr. (*io smidóllo*) *1* Levare il midollo o la midolla: *s. una canna, il pane*. *2* (*fig.*) Svigorire, infiacchire. **B** v. intr. pron. ● (*raro, fig.*) Svigorirsi, divenire debole, fiacco.

smidollàto [1592] **A** part. pass. di *smidollare*; anche agg. *1* Nei sign. del v. *2* (*fig.*) Privo di vigore, di forza: *sentirsi s.* | (*est.*) Privo di carattere, di energia morale, di forza di volontà: *uomini smidollati*. **B** s. m. (f. *-a*) ● Persona smidollata.

smielàre o **smelàre** [da *m*(*i*)*ele*, con *s-*; 1865] v. tr. (*io smièlo*) ● Levare il miele dai favi, dall'alveare.

smielàto o **smelàto** [1987] part. pass. di *smielare*; anche agg. ● Nel sign. del v. | Dolcissimo, troppo dolce | (*region., fig.*) Smanceroso.

smielatóre o **smelatóre** [1895] s. m. ● Macchina centrifuga per smielare i favi senza romperli.

smielatùra o **smelatùra** [1865] s. f. ● Operazione dello smielare | Tempo in cui tale operazione si effettua.

smiley /ˈzmaili, *ingl.* ˈsmaɪlɪ/ [vc. ingl., da *smile* 'sorriso'] s. m. inv. (pl. ingl. *smileys*) ● Faccina nel sign. 2.

smilitarizzàre [da *militarizzare*, con *s-*, sul modello del fr. *démilitariser*; 1857] v. tr. *1* Restituire alla condizione civile ciò o chi prima era militare o era stato militarizzato. *2* Privare un Paese, un territorio, di qualsiasi installazione militare.

smilitarizzàto [1941] part. pass. di *smilitarizzare*; anche agg. *1* Nei sign. del v. *2* ***Zona smilitarizzata***, striscia di terra spec. tra belligeranti ove non è ammesso alcun militare, generalmente controllata dalle forze armate delle Nazioni Unite.

smilitarizzazióne [da *smilitarizzare*; 1941] s. f. ● Lo smilitarizzare, il venire smilitarizzato: *s. della polizia*.

†**smillantàre** e *deriv.* ● V. *millantare* e *deriv.*

smilzo [dall'ant. *milzo*, forse connesso con *milza*, con *s-* intens.; 1541] agg. *1* Che ha corporatura magra, snella, sottile: *un ragazzo s.* *2* (*lett., fig.*) Inconsistente, esile: *uno stile s.*

†**smimoràto** ● V. *smemorato*.

sminaménto [1950] s. m. ● Operazione dello sminare.

sminàre [da *minare*, con *s-*; 1950] v. tr. ● Bonificare una zona minata, liberandola dalle mine mediante rimozione o brillamento.

sminatóre [1950] s. m. (f. *-trice*) ● Chi esegue lo sminamento.

sminatùra [1950] s. f. ● Sminamento.

†**sminchionàre** [da *minchionare*, con *s-*; av. 1729] **A** v. tr. ● Burlare, irridere. **B** v. intr. ● Scaltrirsi.

sminchionàto [comp. parasintetico di *minchione*, col pref. *s-*; 1940] agg.; anche s. m. ● (*volg.*) Scocciato.

†**sminchionìre** [1547] v. tr. e intr. ● †Sminchionare.

sminuiménto [1525] s. m. ● (*raro*) Lo sminuire | Riduzione d'importanza.

sminuìre [calco su *diminuire*, con cambio di pref. (*s-*); sec. XIV] **A** v. tr. (*io sminuìsco, tu sminuìsci*) ● Rendere minore, limitare, svalutare (*spec. fig.*): *s. l'importanza di qlco.*; *s. i meriti di qlcu.* **B** v. intr. (aus. *essere*) ● (*raro, lett.*) Ridursi a meno, divenire sempre più piccolo: *e sminuiva, e già di lui non c'era* / … *che cinque sterline d'oro* (PASCOLI). **C** v. rifl. ● Considerarsi da meno di ciò che realmente si è: *non sminuirti così!* SIN. Sottovalutarsi, svalutarsi. CONTR. Sopravvalutarsi.

†**sminuitóre** [av. 1729] s. m.; anche agg. (f. *-trice*) ● (*raro*) Chi (o Che) sminuisce.

sminuzzaménto [1631] s. m. ● Lo sminuzzare | Frammentazione (*anche fig.*).

sminuzzàre [da *minuzzare*, con *s-*; av. 1342] **A** v. tr. *1* Ridurre in pezzettini: *s. i biscotti* | (*est.*) Dividere, frammentare: *s. le terre del comune fra i più poveri* (VERGA). *2* (*fig.*) Esporre con minuzia gener. eccessiva: *s. il resoconto di un fatto*. **B** v. intr. pron. ● Ridursi in pezzettini.

sminuzzàto [sec. XIV] part. pass. di *sminuzzare*; anche agg. ● Nei sign. del v.

sminuzzatóre [1691] s. m.; anche agg. (f. *-trice*) ● (*raro*) Chi (o Che) sminuzza: *macchina sminuzzatrice*.

sminuzzatrice [f. di *sminuzzatore*; 1838] s. f. ● Macchina che riduce in frammenti minuti il legno da cellulosa. SIN. Truciolatrice.

sminuzzatùra [1873] s. f. ● Operazione dello sminuzzare | Insieme di minuzzoli.

sminuzzolaménto [1779] s. m. ● Lo sminuzzolare.

sminuzzolàre [da *minuzzolare*, con *s-*; av. 1494] **A** v. tr. (*io sminùzzolo*) *1* Ridurre in frammenti minuti: *s. il pane* | Sbriciolare: *s. il basilico secco*. *2* (*raro, fig.*) Frammentare: *s. una descrizione*. **B** v. intr. pron. ● (*lett.*) †Struggersi per la gioia.

smiracolàre [da *miracolo*, con *s-*; 1542] v. intr. (*io smiràcolo*; aus. *avere*) ● (*raro, tosc.*) Meravigliarsi di fronte a cose banali come se fossero miracoli: *s. di ogni cosa*.

†**smiràre** ● V. *mirare*.

†**smirillo** ● V. *smeriglio* (*1*).

smìsi ● V. *smettere*.

smistaménto [1885] s. m. ● Operazione dello smistare: *lo s. della corrispondenza*; *stazione di s.*

smistàre [da *misto*, con *s-*; 1905] v. tr. *1* Suddividere un insieme avviandone i componenti alle rispettive destinazioni: *s. la corrispondenza*; *s. le reclute*. *2* Ripartire le vetture di un treno secondo le rispettive destinazioni sui binari di un fascio di smistamento. *3* (*sport*) ***S. il pallone***, nel calcio e sim., passarlo a un compagno.

smistatóre [1970] agg.; anche s. m. (f. *-trice*) ● Che (o Chi) smista.

†**smisuranza** [da †*smisurare*, prob. sul modello del provz. *desmesuransa*; sec. XIII] s. f. ● Eccesso, dismisura | Immensità, enormità.

†**smisuràre** [da *misura*, con *s-*; sec. XIII] v. intr. ● Eccedere la misura.

smisuratézza [sec. XIV] s. f. ● Condizione di ciò che è smisurato.

smisuràto [da *misura*, con *s-*; av. 1237] **A** agg. ● Che eccede le normali misure, che non si può misurare: *spazio s.*; *smisurata altezza* / *quando può una saetta … salire* (BOIARDO) | (*est.*) Grandissimo, straordinario, enorme: *amore s.*; *bontà smisurata*; *guadagni smisurati*. ‖ **smisurataménte**, avv. In maniera smisurata, eccessiva. **B** in funzione di avv. ● †Smisuratamente.

smithiàno /zmiˈtjano/ [da A. *Smith* (1723-1790), filosofo ed economista; av. 1855] **A** agg. ● Che è proprio del pensiero economico di A. Smith. **B** s. m. ● Seguace, sostenitore delle idee di A. Smith.

smithsonite /zmitsoˈnite/ [dal n. del chimico J. L. *Smithson* (1765-1829); 1957] s. f. ● Carbonato di zinco in masse stalattitiche o in incrostazioni cristalline di colore vario.

smitizzàre [da *mito*, con *s-*; 1936] v. tr. ● Togliere il carattere di mito | Attribuire a un personaggio, un movimento, un periodo storico e sim., una valutazione più obiettiva e realistica di quella avuta finora: *s. il Romanticismo*.

smitizzazióne [1983] s. f. ● Lo smitizzare, il venire smitizzato.

smobiliàre [da *mobilia*, con *s-*; 1776] v. tr. (*io smòbilio*) ● Vuotare, in tutto o in parte, dal mobilio: *s. un appartamento*. CONTR. Ammobiliare.

smobilitàre [da *mobilitare*, con *s-*; 1922] **A** v. tr. (*io smobìlito*) *1* Riportare le forze armate mobilitate all'organizzazione di pace, adottando i necessari provvedimenti. CONTR. Mobilitare. *2* (*fig.*) Riportare alla situazione di normalità ciò che prima si era mobilitato. **B** v. intr. (*aus. avere*) *1* Ritornare a un normale assetto di pace. *2* (*fig.*) Cessare l'impegno, la mobilitazione e sim., ritornando a una situazione di normalità.

smobilitazióne [da *smobilitare*, sul modello di *mobilitazione* (V.); 1917] s. f. *1* Lo smobilitare (*anche fig.*). *2* Complesso delle operazioni mediante le quali, a pace conclusa, le forze armate di uno Stato belligerante passano dallo stato di mobilitazione all'organizzazione di pace.

smobilizzàre [da *mobilizzare* con *s-*; 1908] v. tr. ● Convertire in moneta valori immobilizzati: *s. un credito*.

smobilizzo [contr. di *immobilizzo*, con cambio di pref. (*s-*); 1922] s. m. ● Operazione con cui valori mobiliari divengono liquidi | ***Effetto di s.***, cambiale rilasciata in bianco a favore della banca da chi ottiene una concessione di credito allo scoperto.

smocciàre [da *moccio*, con *s-*; 1841] v. tr. (*io smóccio*) ● (*fam.*) Togliere il moccio dal naso: *s. un bambino*.

smoccicàre [da *moccicare*, con *s-*; sec. XVI] **A** v. tr. (*io smóccico, tu smócchichi*) ● (*fam.*) Sporcare di moccio. **B** v. intr. (aus. *avere*) ● (*fam.*) Colare moccio: *gli smoccica il naso*.

smoccolàre [da *moccolo*, con *s-*; av. 1412] **A** v. tr. (*io smòccolo* o *smóccolo*) ● Levare il moccolo | Accorciare lo stoppino o il lucignolo carbonizzato: *s. una candela, un lume a petrolio*. **B** v. intr. (aus. *avere*) *1* Lasciar cadere cera fusa, detto di candela: *questa candela smoccola*. *2* (*fam.*) Bestemmiare, tirar moccoli.

smoccolatóie [1846] s. f. pl. ● Smoccolatoio.

smoccolatóio [1598] s. m. ● Attrezzo per smoccolare, a forma di forbici con un piccolo incavo nella parte superiore in cui si chiude la smoccolatura.

smoccolatùra [av. 1556] s. f. *1* Lo smoccolare. *2* Parte carbonizzata del lucignolo o dello stoppino: *togliere la s.* | Scolatura di cera lungo una candela o un cero.

†**smodàrsi** [da *modo*, con *s-*] v. intr. pron. ● (*raro*) Diventare smodato.

smodatézza [da *smodato*; 1962] s. f. ● Mancanza di misura, di moderazione.

smodàto [da *modo*, con *s-*; av. 1276] agg. ● Che eccede la giusta misura, smoderato, eccessivo: *ambizione smodata*; *s. desiderio di potere*; *risa smodate*. || **smodataménte**, avv. In maniera smodata, oltre misura.

†**smoderaménto** [da †*smoderarsi*; 1560] s. m. ● Smoderatezza.

†**smoderànza** [da †*smoderarsi*; sec. XIV] s. f. ● Mancanza di moderazione | (*lett.*) Eccesso.

†**smoderàrsi** [da *moderare*, con *s-*] v. intr. pron. ● Diventare smoderato.

smoderatézza [1618] s. f. ● Caratteristica di chi (o di ciò che) è smoderato | Intemperanza, smodatezza.

smoderàto [contr. di *moderato*, con *s-*; av. 1342] agg. ● Che eccede la moderazione, i giusti limiti: *comportamento s.*; *essere s. nel bere, nel mangiare*. || **smoderataménte**, avv. Senza moderazione.

smog /ingl. smɒɡ/ [vc. ingl., sovrapposizione di *smoke* 'fumo' a *fog* 'nebbia'; 1955] s. m. inv. ● Insieme di nebbia, fumo e fini residui di combustione che inquinano l'atmosfera spec. dei grandi centri industriali.

†**smogliàrsi** [da *moglie*, con *s-* sottratt. V. *ammogliare*; 1667] v. intr. pron. ● (*raro*) Abbandonare lo stato coniugale.

smòking /ˈzməkin(ɡ)/ [vc. ingl., abbr. di *smoking-jacket* 'giacca per fumare'; propr. gerundio di *to smoke* 'fumare'; 1891] s. m. inv. ● Abito maschile da sera, gener. di panno nero con risvolti di seta, a volte con giacca bianca o colorata.

smollàre [da *molle*, con *s-* durativa-intensiva V. *ammollare*; sec. XV] v. tr. (*io smòllo*) *1* (*raro*) Mettere e lasciare per qualche tempo a mollo i panni sporchi, prima di lavarli. *2* (*region.*) Allentare.

smollicàre [da *mollica*, con *s-*; 1550] **A** v. tr. (*io smollico, tu smollichi*) ● Ridurre in molliche: *s. il pane*. **B** v. intr. pron. ● Ridursi in molliche: *il pane si è smollicato*.

smonacàre [da *monacare*, con *s-*; av. 1562] **A** v. tr. (*io smònaco, tu smònachi*) ● Privare dello stato e dell'abito monastico. **B** v. intr. pron. ● Abbandonare lo stato e l'abito monastico.

smontàbile [1907] agg. ● Che si può smontare: *libreria s.* | ***Casa s.***, le cui pareti sono costituite da pannelli di legno uniti da cerniere, che ne permettono l'appiattimento.

smontàggio [da *smontare* (macchine), sul modello del fr. *démontage*; 1908] s. m. ● Operazione dello smontare meccanismi, macchine e sim.

smontaménto [da *smontare*; 1779] s. m. ● (*raro*) Smontaggio.

♦**smontàre** [da *montare*, con *s-*; sec. XIII] **A** v. tr. (*io smónto*) *1* (*raro*) Fare scendere da un mezzo di trasporto: *smontami in centro*. *2* Scomporre un meccanismo nei pezzi che lo compongono: *s. un orologio, un armadio, una macchina* | ***S. pietre preziose***, toglierle dalla loro montatura, dal castone | ***S. una bocca da fuoco***, toglierla dall'affusto | (*est.*) Distruggere, rendere inefficiente: *s. coi propri tiri le artiglierie nemiche* | (*fig.*) Demolire, dimostrare l'infondatezza di qlco.: *s. un ragionamento, una tesi, un'accusa*. *3* Fare sgonfiare, afflosciare, sostanze liquide o semiliquide, sbattute o frullate: *il caldo smonta la panna*. *4* (*fig.*) Rendere privo di entusiasmo, voglia di fare, fiducia in sé: *la tua risposta mi ha smontato* | ***S. una notizia, un avvenimento*** e sim., diminuirne l'importanza, sgonfiarla. **B** v. intr. (aus. *essere* nei sign. 1, 2, 5, 6, 7, *essere* e *avere* nei sign. 3 e 4) *1* Scendere: *s. dalla scala, da una sedia* | Scendere da un mezzo di trasporto: *s. dal tram, da cavallo*; *s. di sella, di macchina* | (*raro*) ***S. a terra, in terra***, sbarcare. *2* Terminare il proprio turno di lavoro e sim.: *s. di guardia, di servizio*; *la sentinella smonta alle nove*. *3* (*raro*) Schiarire, scolorire, stingere, detto di colori: *il blu di quel vestito ha smontato subito*. *4* Sgonfiarsi, detto di sostanze liquide o semiliquide battute, frullate o sim.: *il soufflé smonta*. *5* †Prendere alloggio, fermarsi in un luogo durante un viaggio: *s. in un albergo*. *6* †Tramontare, del sole. **C** v. intr. pron. ● Perdere l'entusiasmo, la fiducia in sé stessi e nei propri propositi: *è un tipo che non si smonta mai*.

smontàto [sec. XIII] part. pass. di *smontare*; anche agg. ● Nei sign. del v.

smontatóre [da *smontare*; 1941] s. m. (f. *-trice*) ● Chi esegue lavori di smontaggio.

smontatùra [1884] s. f. ● (*raro*) Smontaggio | (*fig.*) Scoraggiamento.

smonticatùra [da *monticare*, con *s-*; 1960] s. f. ● Ritorno al piano del bestiame che stava all'alpeggio.

smonticazióne [1960] s. f. ● Smonticatura.

smorbàre [da *morbo*, con *s-*; av. 1527] v. tr. (*io smòrbo*) ● (*raro*) Liberare, purificare da ciò che ammorba: *s. l'aria*.

smòrfia (*1*) [dall'ant. *morfia* 'bocca', con *s-* e sviluppo semantico gerg.; 1583] s. f. *1* Contrazione del viso, tale da alterarne il normale aspetto, dovuta a sensazioni spiacevoli: *una s. di dolore*; *non potersi trattenere dal fare una s.* | ***Fare le smorfie***, fare le boccacce, spec. per scherno. *2* Atto svenevole, lezioso, affettazione, posa: *ragazza tutta smorfie*; *le tue smorfie non m'incantano*. || **smorfiàccia**, pegg. | **smorfiétta**, dim. | **smorfiùccia**, dim.

smòrfia (*2*) [sovrapposizione di *smorfia* (*1*) a *Morfeo*, n. del mitico dio del sonno; 1844] s. f. ● (*merid.*) Manuale usato nel gioco del lotto, contenente il valore numerico da uno a novanta di immagini ricavate da sogni o da altri avvenimenti.

smorfióso [da *smorfia* (*1*); 1726] **A** agg. ● Che ha l'abitudine di fare smorfie: *bambino s.* | Lezioso, svenevole, smanceroso: *ragazza smorfiosa*. || **smorfiosaménte**, avv. In maniera smorfiosa. **B** s. m. (f. *-a*) ● Persona smorfiosa: *non sopporto quella smorfiosa* | ***Fare la smorfiosa con qlcu.***, civettare. || **smorfiosétto**, dim.

smorìre [da *morire*, con *s-*; 1294] v. intr. e intr. pron. (coniug. come *morire*; difett. dei tempi composti) ● (*lett.*) Divenire pallido, smorto.

†**smorsàre** [da *morso* (*2*) nel sign. 7; 1342] **A** v. tr. ● Togliere il morso | (*fig.*) Liberare. **B** v. intr. pron. ● Allontanarsi.

†**smortézza** [av. 1574] s. f. ● Condizione di ciò che è freddo, è smorto.

smortìre [av. 1428] **A** v. intr. (*io smortisco, tu smortisci*; aus. *essere*) ● (*raro*) Divenire smorto, pallido | Diventare sbiadito. **B** v. tr. ● (*raro*) Scolorare, smorzare: *s. i colori*.

smòrto [1294] part. pass. di *smorire*; anche agg. *1* Che ha un colorito pallido, spento: *faccia smorta*; *avere il viso s.*; *essere s. in viso*; *al tuo partir pallida e smorta / … restai* (L. DE' MEDICI). *2* Che è privo di splendore e vivacità, detto di colori e sim.: *tinta smorta*; *rosso s.* *3* (*fig.*) Che è privo di vigore espressivo: *stile s.*; *rappresentazione smorta*. || **smorticcio**, dim.

smorzaménto [1745] s. m. ● Lo smorzare, lo smorzarsi | (*fig.*) Attenuazione.

smorzàndo [propr. gerundio di *smorzare*; 1826] s. m. inv. ● (*mus.*) Diminuendo. SIMB. smorz. CONTR. Crescendo.

smorzàre [calco su *ammorzare*, con cambio di pref. (*s-*); av. 1315] **A** v. tr. (*io smòrzo*) *1* Spegnere: *s. il fuoco, l'incendio, una candela* | ***S. la calce viva***, spegnerla nell'acqua | (*region.*) ***S. la luce***, spegnerla. *2* (*fig.*) Attutire, estinguere: *s. la sete, il desiderio, le passioni*. *3* Attenuare, diminuire d'intensità, forza e sim. (*anche fig.*): *s. i suoni*; *s. una polemica* | ***S. la voce***, abbassarla | ***S. le tinte, i colori***, attenuarne la vivacità | (*tosc.*) ***S. un lume***, attenuarne la luce | ***S. la palla***, nel tennis, effettuare una smorzata. *4* (*fis.*) Ridurre progressivamente, facendo perdere o diminuire energia, un fenomeno ondulatorio. *5* (*mus.*) Diminuendo. **B** v. intr. pron. ● Spegnersi: *il fuoco va smorzandosi* | (*fig.*) Attenuarsi, attutirsi: *i rumori si sono smorzati*.

smorzàta [da *smorzare*; 1951] s. f. ● (*sport*) Nel tennis, colpo dato alla palla in modo da diminuirne notevolmente la velocità di rinvio rispetto a quella d'arrivo e farla cadere nel campo avversario appena oltre la rete.

smorzàto [sec. XIV] part. pass. di *smorzare*; anche agg. ● Nei sign. del v. | ***Rumori smorzati***, attenuati | ***Colore s.***, tenue, non vivace | (*mus.*) Diminuendo.

smorzatóre [1726] **A** s. m.; anche agg. (f. *-trice*) ● (*raro*) Chi (o Che) smorza. **B** s. m. ● (*mus.*) Parte della meccanica di clavicembalo e pianoforte, costituita da feltri che riposano sulle corde in modo che quelle non percosse non vibrino per simpatia.

smorzatùra [1873] s. f. ● Smorzamento.

†**smòssa** [da *mossa*, con *s-*; sec. XIII] s. f. ● Movimento, mossa | ***S. di corpo***, diarrea.

smòsso [av. 1292] part. pass. di *smuovere*; anche agg. *1* Nei sign. del v. *2* ***Terreno s.***, arato, lavorato di recente | ***Dente s.***, malfermo.

smòtta [da *motta*, con *s-*; 1738] s. f. ● (*raro*) Smottamento.

smottaménto [da *smottare*; 1550] s. m. *1* Frana, generalmente lenta, di un terreno imbevuto d'acqua | Colata di fango. *2* (*fig.*) Calo, cedimento: *lo s. elettorale di un partito*.

smottàre [da *motta*, con *s-*; 1550] v. intr. (*io smòtto*; aus. *essere*) ● Franare lentamente.

smottatùra [da *smottare*; 1873] s. f. *1* (*raro*) Smottamento. *2* Punto in cui si è verificato uno smottamento | Terra smottata.

smòvere ● V. *smuovere*.

smozzàre [da *mozzare*, con *s-*; 1560] v. tr. (*io smózzo*) ● Mozzare: *s. i rami di un albero*.

smozzatùra [av. 1566] s. f. ● Mozzatura.

smozzicaménto [av. 1604] s. m. ● Lo smozzicare.

smozzicàre [da *mozzicare*, con *s-*; 1313] v. tr. (*io smózzico, tu smózzichi*) *1* Tagliare in piccoli pezzi: *s. un dolce, il pane* | †Fare a pezzi, dilaniare: *s. un corpo*. *2* (*fig.*) Pronunciare male, in modo confuso o spezzettato: *s. il discorso, le parole*.

smozzicàto [1312] part. pass. di *smozzicare*; anche agg. ● Nei sign. del v. | (*est.*) Sbrecciato: *dietro le mura smozzicate* (BACCHELLI) | (*fig.*) Pronunciato male, farfugliato: *frase smozzicata*.

smozzicatùra [1612] s. f. ● Smozzicamento | Parte mozzicata.

SMS /ˈɛsse emmeˈɛsse/ [sigla ingl. di *S*(*hort*) *M*(*essage*) *S*(*ystem*) 'sistema per messaggi brevi'; 1996] s. m. inv. ● (*tel.*) Messaggino.

†**smucciàre** [da *mucciare*, con *s-*; 1304] v. intr. ● Scivolare, sdrucciolare.

smùngere o †**smùgnere** [da *mungere*, con *s-*; sec. XIV] v. tr. (coniug. come *mungere*) *1* (*raro*) Mungere fino all'ultimo | (*est.*) Asciugare, esaurire. *2* (*fig.*) Inaridire, togliere la floridezza. *3* (*fig., lett.*) Sfruttare, togliere denaro: *Era nella condizione di dover s. la borsa dei suoi amanti* (VERGA).

smùnto [av. 1342] part. pass. di *smungere*; anche agg. *1* Nei sign. del v. *2* Pallido, emaciato, scarno: *viso s.*; *essere s. in viso*; *faccia smunta dalla fatica*.

smuòvere o (*pop., lett.*) **smòvere** [lat. parl. *exmovēre, comp. di *ĕx-* (*s-*) e *movēre* 'muovere', con sovrapposizione di *muovere*; av. 1292] **A** v. tr. (coniug. come *muovere*) *1* Spostare con fatica un oggetto pesante: *riuscimmo a s. l'armadio* | ***S. il terreno***, con la zappa, l'aratro, e sim. *2* (*fig.*) Dissuadere da un proposito, da una decisione: *bisogna smuoverlo da questa idea* | Riuscire a commuovere, a piegare alla propria volontà: *con preghiere e suppliche smosse l'animo del padre* | Riuscire a far abbandonare uno stato di inerzia, di torpore: *beato chi riesce a smuoverlo!*; *quello lo smuove solo il denaro!* **B** v. intr. pron. *1* Non stare più fermo, spostarsi per non essere ben connesso, legato, piantato e sim.: *con la piena del fiume si sono smosse tutte le barche*. *2* Muoversi, spostarsi: *non si smuove dalla poltrona!* *3* (*fig.*) Cambiare proposito, idea: *si è smosso infine dalla sua idea*.

smuràre [da *murare*, con *s-*; av. 1348] v. tr. *1* Disfare il murato, buttar giù un muro. *2* Togliere dal muro ciò che vi era infisso: *s. una lapide*.

smusàre [da *muso*, con *s-*; 1873] **A** v. tr. ● (*tosc.*) Rompere il muso a qlcu. **B** v. intr. (aus. *avere*) ● Fare una smusata.

smusàta [da *smusare*, sul modello di *musata*; av. 1850] s. f. ● (*raro*) Smorfia che manifesta disgusto, disprezzo e sim.

smussaménto [av. 1704] s. m. ● Smussatura | (*fig.*) Attenuazione degli aspetti più aspri di qlco.

ṣmussàre [dal fr. *émousser*, da *mousse* 'mozzo'. V. *mozzo* (*2*), *smozzare*; 1521] **A** **v. tr.** **1** Privare dell'angolo vivo, arrotondare lo spigolo: *s. uno stipite* | Far perdere il filo a una lama o alla sua punta: *s. un coltello.* **2** (*fig.*) Togliere asprezza, attenuare, addolcire: *s. il proprio carattere; s. ogni motivo di litigio.* **B** **v. intr. pron.** ● Perdere il filo, la punta, detto di lame: *il coltello si è smussato.*

ṣmussàto [1521] **part. pass.** di *smussare*; anche **agg.** ● Nei sign. del v. (*anche in senso fig.*).

ṣmussatùra [sec. XVIII] **s. f.** ● Lo smussare, lo smussarsi | Parte smussata.

ṣmùsso (**1**) [av. 1519] **s. m.** **1** Smussatura. **2** Arrotondamento degli spigoli di pezzi metallici avente lo scopo di evitare il pericolo di tagli per chi li maneggia. **3** Scalpello per smussare.

ṣmùsso (**2**) [av. 1519] **agg.** ● Smussato.

snack /*ingl.* snæk/ [vc. ingl.; 1959] **s. m. inv.** **1** Spuntino | Cibo, spec. di fabbricazione industriale, consumato come spuntino. **2** Accorc. di *snack-bar.*

snack-bar /*ingl.* 'snæk,bɑːɹ/ [vc. ingl., comp. di *snack* 'spuntino' e *bar*; 1959] **s. m. inv.** ● Bar dove si consumano anche spuntini.

†**ṣnamoràre** [calco su *innamorare*, con cambio di pref. (*s-*); sec. XIII] **v. tr.** e **intr. pron.** ● Disinnamorare (*spec. scherz.*).

snap /*ingl.* snæp/ [vc. ingl., di orig. onomat.; 1989] **inter.** ● Riproduce lo schiocco di due dita.

ṣnaturaménto [1820] **s. m.** ● Lo snaturare, lo snaturarsi | Stravolgimento.

ṣnaturàre [da *natura*, con *s-*; av. 1348] **A** **v. tr.** **1** Far cambiar natura, far degenerare la natura di qlcu.: *il vizio snatura l'uomo.* **2** (*est.*) Alterare qlco. nelle sue caratteristiche fondamentali: *i critici hanno snaturato le intenzioni dell'autore.* **CFR.** Deformare, stravolgere, travisare. **B** **v. intr. pron.** ● (*raro*) Cambiare in peggio la propria natura: *lo era fatto per la vita aperta … non per gli studi in cui mi snaturo* (CARDUCCI).

ṣnaturatézza [da *snaturato*; 1818] **s. f.** ● (*raro*) Condizione di chi (o di ciò che) è snaturato | (*lett.*) Bizzarria.

ṣnaturàto [av. 1294] **part. pass.** di *snaturare*; anche **agg.** e **s. m.** (**f.** *-a*) ● Che (o Chi) si comporta in modo contrario ai sentimenti, ai principi, ai doveri e sim. insiti nella natura umana: *padre, figlio s.; essere uno s.* **SIN.** Degenere, disumano, inumano. || **ṣnaturataménte**, **avv.** In modo snaturato.

ṣnazionalizzàre [da *nazionale*, con *s-*; 1861] **v. tr.** **1** Privare dei caratteri nazionali: *s. una popolazione.* **2** (*econ.*) Ripristinare la proprietà e la gestione privata di attività economiche.

ṣnazionalizzazióne [1861] **s. f.** ● Lo snazionalizzare, il venire snazionalizzato.

sneaker® /'znikər, *ingl.* 'sniːkəɹ/ [vc. ingl., dal v. *to sneak* 'muoversi furtivamente'; 1992] **s. f. inv.** ● Scarpa da ginnastica con suola di gomma.

ṣnebbiàre [da *nebbia*, con *s-*; 1623] **v. tr.** (*io ṣnébbio*) **1** Sgombrare dalla nebbia. **2** (*fig.*) Liberare da ciò che impedisce la comprensione: *s. la mente.*

ṣnèkar [dal nordico antico *snákr*; 1907] **s. m. inv.** ● Antica imbarcazione scandinava, a vela e a remi, simile al drakar.

ṣnellènte **part. pres.** di *snellire*; anche **agg.** ● Nei sign. del v.

ṣnellézza [av. 1294] **s. f.** ● Caratteristica di chi (o di ciò che) è snello.

ṣnelliménto [1960] **s. m.** ● Lo snellire (*spec. fig.*): *lo s. della procedura giudiziaria.*

ṣnellìre [av. 1926] **A** **v. tr.** (*io ṣnellisco, tu ṣnellisci*) **1** Rendere o far apparire snello, o più snello (*anche assol.*): *quel vestito ti snellisce i fianchi; è un modello che snellisce.* **2** (*fig.*) Rendere più rapida, semplice e agevole l'esecuzione di qlco. eliminando ogni ostacolo o intralcio: *s. i servizi pubblici, una pratica burocratica; s. lo stile.* **B** **v. intr. pron.** ● Diventare snello, o più snello: *con lo sport si è snellito.*

✦**ṣnèllo** [dal francone *snél* 'rapido'; V. ted. *schnell*; av. 1292] **agg.** **1** Agile, svelto, leggero nei movimenti: *gli snelli piedi e le canore labbra* (PARINI). **2** Che ha forma slanciata, sottile ed elegante: *ragazza snella; forme snelle; dita, gambe, snelle; torre snella.* **CONTR.** Tarchiato, tozzo. **3** (*fig.*) Scorrevole, privo di ogni elemento superfluo: *stile s.* | (*fig.*) Agevole, semplice: *rendere più snella una procedura.* || **ṣnellétto**, **dim.** | **ṣnellìno**, **dim.** || **ṣnellaménte**, **avv.** In modo snello, svelto, leggero.

†**ṣnerbàre** ● V. *snervare.*

ṣnervaménto [av. 1594] **s. m.** **1** Estenuazione, logoramento fisico o nervoso. **2** (*mecc.*) Fenomeno che si presenta nei materiali quando, avendo la sollecitazione raggiunto un determinato valore, cessano di comportarsi come corpi elastici e si comportano come plastici, presentando forti deformazioni permanenti.

ṣnervànte o †**iṣnervànte** [1816] **part. pres.** di *snervare*; anche **agg.** ● Estenuante, logorante: *caldo s., attesa s.* || **ṣnervanteménte**, **avv.**

ṣnervàre o †**iṣnervàre**, †**ṣnerbàre** [da *nervo*, con *s-* sottratt.; sec. XIII] **A** **v. tr.** (*io ṣnèrvo*) ● Estenuare, logorare, spossare nel fisico e nel morale (*anche assol.*): *questa continua incertezza mi snerva; è un lavoro che snerva; l'ozio snerva.* **B** **v. intr. pron.** ● Infiacchirsi, logorarsi, nel fisico e nel morale.

ṣnervatézza [1686] **s. f.** ● Condizione di chi (o di ciò che) è snervato | Fiacchezza, rilassatezza.

ṣnervàto o †**iṣnervàto** [av. 1363] **part. pass.** di *snervare*; anche **agg.** ● Nei sign. del v. | Privo di energie, esausto | Estenuato. || **ṣnervatèllo**, **dim.** || **ṣnervataménte**, **avv.** Con fiacchezza, senza forza.

ṣnervatrìce [da *snervare*; 1983] **s. f.** ● In macelleria, apparecchio costituito da una placca di metallo, fornita di lamine lunghe e sottili, che si abbassa su un pezzo di carne e ne spezza i tendini e i nervi rendendola più tenera.

ṣnidàre [da *nido*, con *s-*; sec. XIII] **A** **v. tr.** **1** Far uscire un animale dalla tana o dal nido: *s. una lepre, una volpe.* **2** (*mil.*) Costringere nuclei nemici a uscire dai propri accampamenti o ricoveri. **3** (*fig.*) Fare uscire qlcu. da un nascondiglio, da un rifugio e sim.: *la polizia snidò i ricercati dal loro rifugio* | (*fig.*) Far uscire allo scoperto: *provvedimenti presi allo scopo di s. gli evasori*; s. gli oppositori interni. **B** **v. intr.** ● †Uscire dal nido | (*est.*) Sloggiare.

sniff /*ingl.* snɪf/ [vc. ingl., di orig. onomat.; 1937] **inter.** ● Riproduce l'annusare del cane o di altro animale (*spec. iter.*) | (*est., fig.*) Esprime curiosità e ricerca.

ṣniffàre [ingl. *to sniff* 'annusare, aspirare, fiutare' (vc. d'orig. imitativa); 1977] **v. tr.** ● (*gerg.*) Fiutare, annusare cocaina.

ṣniffàta [da *sniffare*; 1987] **s. f.** ● (*gerg.*) Atto dello sniffare, spec. cocaina o altre droghe.

ṣniffo [da *sniffare*; 1983] **s. m.** ● (*gerg.*) Sniffata | Dose, presa di cocaina.

snipe /*ingl.* snaep/ [vc. ingl., corrispondente all'it. *beccaccino*; 1965] **s. m. inv.** ● (*mar.*) Beccaccino.

snob /*ingl.* snɒb/ [vc. ingl., di orig. scandinava, propr. 'calzolaio, uomo rozzo'; divulgata dal *Libro degli Snob*, di W. M. Thackeray (1811-1863), ma presente nel gergo ant. dell'università di Cambridge per indicare ogni estraneo a quell'ambiente e come tale non socialmente qualificato; 1897] **A** **s. m.** e **f. inv.** ● Chi ammira e imita ciecamente tutto ciò che ritiene sia caratteristico dei ceti e degli ambienti più elevati | Chi affetta distinzione e singolarità di gusti, di maniere. **B** **agg. inv.** ● Che è caratteristico degli snob: *gusti s.*

ṣnobbàre [adattamento dell'ingl. *to snub* 'umiliare'; 1931] **v. tr.** (*io ṣnòbbo*) ● Ostentare disinteresse, indifferenza e superiorità nei confronti di qlcu. o di qlco.: *lui voleva ballare, ma lei l'ha snobbato; s. un invito a cena.*

ṣnobiṣmo [dall'ingl. *snobbism*, da *snob* con *-ism* '-ismo'; 1891] **s. m.** ● Caratteristica di chi (o di ciò che) è snob | Atto, comportamento, da snob.

ṣnobista [1896] **s. m.** e **f.** (**pl. m.** *-i*) ● Chi si comporta da snob, chi si atteggia a snob.

ṣnobistico [da *snob*; 1903] **agg.** (**pl. m.** *-ci*) ● Relativo a snobismo | Tipico dello snob o dello snobista. || **ṣnobisticaménte**, **avv.**

ṣnocciolaménto [1840] **s. m.** ● Lo snocciolare (*anche fig.*).

ṣnocciolàre [da *nocciolo*, con *s-*; 1483] **v. tr.** (*io ṣnòcciolo*) **1** Togliere il nocciolo dalla frutta. **2** (*fig.*) Esporre, pronunciare rapidamente: *s. bugie, orazioni* | Dire per filo e per segno: *snocciolò tutto il fatto; Non tutte le cose che … aveva snocciolato come autentiche lo erano veramente* (ORTESE). **3** (*fig., fam.*) Sborsare denaro in abbondanza: *gli ha snocciolato una serie di banconote.*

ṣnocciolatóio [da *snocciolare*; 1895] **s. m.** ● Piccolo utensile usato per estrarre il nocciolo da olive, ciliegie, prugne e sim.

ṣnocciolatùra [da *snocciolare* nel sign. 1; 1960] **s. f.** ● Operazione dello snocciolare nel sign. 1.

ṣnodàbile [1930] **agg.** ● Che si può snodare.

ṣnodaménto [1560] **s. m.** ● Lo snodare | †Snodo.

ṣnodàre [da *nodo*, con *s-*; av. 1311] **A** **v. tr.** (*io ṣnòdo*) **1** Disfare il nodo, i nodi; liberare dal nodo, dai nodi: *s. una fune, una corda.* **2** Sciogliere e sveltire nei movimenti, rendere agile e scattante: *un po' di ginnastica ti snoderà le gambe* | ***S. il passo***, muoverlo | ***S. la lingua***, (*fig.*) cominciare a parlare. **3** Rendere mobile e pieghevole un elemento rigido o formato di più elementi rigidi connessi tra loro. **B** **v. intr. pron.** **1** Sciogliersi, disfarsi, detto di ciò che è annodato. **2** Articolarsi per mezzo di giunture a snodo, detto di una struttura costituita da più elementi rigidi: *il braccio di questa lampada si snoda in avanti.* **3** Avere un andamento serpeggiante: *la strada si snoda lungo i fianchi del monte* | Distendersi in spire o volute: *il serpente si snodava nell'erba* | (*fig.*) Trascorrere, succedersi: *le giornate si snodavano lente* | (*fig.*) Svolgersi, detto di una storia, di una vicenda.

ṣnodàto [av. 1492] **part. pass.** di *snodare*; anche **agg.** ● Nei sign. del v. | Agile, sciolto: *articolazioni snodate* | Che ha una o più snodature: *uno scafandro s.*

ṣnodatùra [av. 1537] **s. f.** **1** Lo snodare | Punto in cui un oggetto si snoda. **2** Snodo.

ṣnodévole [da *snodare*, sul modello di *pieghevole*; av. 1727] **agg.** ● (*raro*) Snodabile.

ṣnòdo [da *snodare*; av. 1799] **s. m.** ● Giunzione articolata tra due pezzi in modo che possano muoversi senza perdere coesione | ***S. autostradale***, svincolo, diramazione | (*fig.*) Punto chiave di una vicenda. || **ṣnodìno**, **dim.**

snorkeling /'znɔrkəlin(g), *ingl.* 'snɔːɹkəlɪŋ/ [vc. ingl., dal v. *to snorkel* 'nuotare (con la faccia) sott'acqua'; 1994] **s. m. inv.** ● Pratica sportiva consistente nell'osservare il fondale marino nuotando in superficie con maschera, boccaglio e pinne.

snort /*ingl.* snɔːɹt/ [vc. ingl., di orig. onomat.; 1965] **inter.** ● Riproduce lo sbuffare e il soffiare di un animale, spec. di un toro, infuriato | (*est., fig.*) Esprime sdegno, ira e sim.

snowboard /*ingl.* 'snəʊ,bɔːɹd/ [vc. ingl., propr. 'asse (*board*) da neve (*snow*)'; 1989] **s. m. inv.** ● (*sport*) Tavola simile a un surf, sulla quale è possibile rimanere in piedi e compiere discese ed evoluzioni su pendii innevati | (*est.*) Lo sport praticato con tale mezzo. ➡ **ILL.** p. 2159 SPORT.

ṣnudàre [da *nudo*, con *s-*. V. il lat. tardo *enudāre*, comp. di *ĕx-* (*s-*) e *nudāre*, da *nūdus* 'nudo'; av. 1389] **v. tr.** **1** †Denudare: *snudarsi il petto.* **2** Levare dal fodero, sguainare: *s. la spada.*

so ● V. *sapere* (*1*).

so- /so/ [dal lat. *sŭb-* 'sotto'] **pref.** ● In parole di derivazione latina o di formazione italiana, per lo più verbi, esprime un valore connesso con quello etimologico o ha una funzione attenuativa: *soccombere; soffiare, sommergere, sospingere.*

soap opera /so(p)'pɔpera, *ingl.* 'səʊp,ɒpəɹʌ/ [loc. ingl., comp. di *soap* 'sapone' (vc. di orig. germ.) e *opera* 'opera', perché furono le società produttrici di detersivi a sponsorizzare per prime il tipo di trasmissione negli Stati Uniti; 1963] **loc. sost. f. inv.** (**pl.** ingl. *soap operas*) ● Serie di trasmissioni radiofoniche o televisive, aventi sempre gli stessi protagonisti principali, che narra spec. la vita di una famiglia e si caratterizza per il convenzionale sentimentalismo delle vicende.

†**soàtto** ● V. †*sogatto.*

soàve (**1**) o †**ṣuàve** [lat. *suāve*(*m*) 'attraente, dolce', corradicale di *suadēre*, di orig. indeur. V. *persuadere, suadente*; 1294] **A** **agg.** **1** Che riesce grato, dolce, piacevole, ai vari sensi: *odore, profumo, s.; s. al gusto, al tatto, alla vista, all'udito* | Che infonde calma, pace e tranquillità: *armonia, canto, visione, sguardo, s.* | ***Occhi soavi***, che danno dolcezza a guardarli | (*lett.*) Tenero, dolce, amabile: *questi soavi nomi / non son per me* (METASTASIO). **2** †Che non dà fatica, agevole | †Tranquillo, lento: *s. passo.* **3** (*lett.*) †Morbido, liscio, delicato. || **soaveménte**, **avv.** Con soavità; †***vivere soavemente***, nelle mollezze. **B** in funzione di **avv.** ● (*raro, poet.*) Soavemente, dolcemente: *fatto silenzio, alto e s. parla / il Podestà* (PASCOLI).

soàve (2) [da *Soave* (Verona), centro di produzione di questo vino; 1895] s. m. inv. • Vino di colore giallo paglierino chiaro, dal profumo delicato e caratteristico, secco e vellutato, prodotto con uve locali nella provincia di Verona | *Recioto di s.*, V. *recioto*.

soavézza [da *soave* (*1*); av. 1306] s. f. • (*lett.*) Soavità: *avevo ancora sulle labbra ... la gentile s. degli ultimi tuoi baci* (CARDUCCI).

soavità o †**suavità** [dal lat. *suavitāte(m)* 'dolcezza', da *suāvis* 'soave'; av. 1294] s. f. • Caratteristica di chi (o di ciò che) è soave.

sob /ingl. sɔb/ [vc. ingl., dal v. *to sob* 'singhiozzare' di orig. onomat.; 1964] inter. • Nel linguaggio dei fumetti, voce che esprime il pianto, il dispiacere, la delusione.

sobbalzàre [comp. di *so-* e *balzare*; 1723] v. intr. (aus. *avere*) *1* Fare sbalzi continui, detto di cose: *la corriera sobbalzava a ogni curva.* *2* Trasalire, dare un balzo: *s. di sorpresa*; *s. al sentire un nome.*

sobbàlzo [1873] s. m. • Scossone, sbalzo: *ci trasportò a sobbalzi il fuoribordo* (MONTALE) | Balzo, sussulto: *La custode ebbe un s. di paura* (FENOGLIO) | *Di s.*, di scatto, di soprassalto.

sobbarcàre [lat. parl. **subbrachiāre* 'prendere sotto braccio', comp. di *sŭb* 'sotto' e *brāchium* 'braccio', con sovrapposizione di *barca*; 1319] **A** v. tr. (*io sobbàrco, tu sobbàrchi*) • (*raro*) Sottoporre a una seria responsabilità: *s. qlcu. a una spesa, a un lavoro* | *Sobbarcarsi una spesa, una fatica*, assumersela, sottoporvisi. **B** v. rifl. • Solo nella loc. *sobbarcarsi a qlco.*, assumersi un impegno gravoso, sottoporsi a un'impresa faticosa: *non voglio sobbarcarmi a un così grosso sacrificio.*

sobbattitùra [comp. di *so-* e *battitura*; sec. XIV] s. f. • (*veter.*) Ecchimosi o contusione della suola, dello zoccolo del cavallo.

sobbillàre • V. *sobillare*.

†**sobbissàre** • V. *subissare*.

sobbolliménto [1679] s. m. *1* (*raro*) Il sobbollire | (*fig., lett.*) Impulso, scatto: *un lieve s. morale* (SVEVO). *2* (*enol.*) Girato.

sobbollìre o (*raro*) **subbollìre** [lat. tardo *subbullīre* 'bollire un poco', comp. di *sŭb* 'sotto' e *bullīre* 'bollire'; av. 1557] v. intr. (*io sobbóllo*; aus. *avere*) *1* Bollire piano: *il mosto in fermentazione sobbolle.* *2* (*raro, fig.*) Cominciare a manifestarsi, detto di passioni e sim.: *la vendetta gli sobbolle in animo.*

sobbollìto [av. 1577] part. pass. di *sobbollire*; anche agg. *1* Nei sign. del v. *2* (*agr.*) *Fieni sobbolliti*, resi friabili e nericci per cattiva conservazione.

sobbórgo [sovrapposizione di *so-* e *borgo* a un deriv. dal lat. *subŭrbiu(m)* 'sobborgo', comp. di *sŭb* 'sotto' e di un deriv. di *ŭrbs*, genit. *ŭrbis* 'città'; sec. XIII] s. m. (pl. *-ghi*) *1* Anticamente, borgo contiguo o vicino alla città, al di fuori delle mura. *2* Piccolo centro abitato, disposto nelle immediate vicinanze di un centro abitato più importante: *i sobborghi di Parigi, di Londra.*

sobbùglio • V. *subbuglio*.

sobillaménto [1838] s. m. • (*raro*) Sobillazione.

sobillàre o (*pop.*) **sobbillàre**, †**subbillàre** [lat. parl. **subilāre*, variante del classico *sibilāre*, propr. 'fischiare', nel senso di 'soffiare negli occhi a qlcu.'; av. 1565] v. tr. • Istigare di nascosto a manifestazioni di ostilità, di ribellione: *s. gli animi*; *farsi s. da qlcu.*; *s. il popolo contro il governo.*

sobillatóre [1894] s. m.; anche agg. (f. *-trice*) • Chi (o Che) sobilla.

sobillazióne [da *sobillare*; 1427] s. f. • Istigazione.

†**sobissàre** • V. *subissare*.

†**sòbole** [vc. dotta, lat. *sŏbole(m)*, variante del classico *sŭboles* 'schiatta, prole', comp. di *sŭb* 'sotto' e di un corradicale di *ălere* 'nutrire', di orig. indeur.; sec. XIV] s. f. solo sing. • (*raro*) Prole.

†**sobranzàre** o †**sovranzàre** [dal provz. *sobransar* 'sopraffare', da *sobransa*, a sua volta da *sobrar* 'superare' (lat. *superāre*); sec. XIII] v. tr. e intr. • Superare: *Quel che ti sobranza / è virtù da cui nulla si ripara* (DANTE *Par.* XXIII, 35-36).

sobrietà [vc. dotta, dal lat. *sobrietāte(m)* 'temperanza', da *sōbrius* 'sobrio'; av. 1292] s. f. • Caratteristica di chi (o di ciò che) è sobrio | Moderazione, misura | Essenzialità: *s. di stile.*

sòbrio [vc. dotta, dal lat. *sōbriu(m)* 'non ubriaco', comp. di *sō-*, variante di *sē-*, particella separativa di orig. indeur., ed *ēbrius* 'ebbro'; 1321] agg. *1* Parco, temperante, moderato, nel mangiare e nel bere: *essere s. nel vino, nel cibo.* CONTR. Intemperante, smodato | Che è lucido, che non è in stato di ebbrezza: *ha bevuto qualche bicchiere ma è del tutto s.* CONTR. Ubriaco. *2* (*fig.*) Alieno da eccessi o superfluità: *condurre una vita sobria*; *persona di sobrie abitudini*; *essere s. nel vestire*; *vestire in modo s.* | Moderato, contenuto: *risposta sobria*; *sobrie parole* | Conciso, essenziale: *una prosa sobria.* || **sobriaménte**, avv. Con sobrietà, parsimonia.

sòcca [dal venez. ant. *soca*, dall'istriano *suòchena* 'mantello', di orig. slava; av. 1446] s. f. • Sopravveste del costume medievale femminile.

♦**socchiùdere** [comp. di *so-* e *chiudere*; 1611] v. tr. (coniug. come *chiudere*) • Chiudere non completamente, lasciando un'apertura, una fessura e sim.: *s. la porta, le finestre* | Aprire appena una porta o sim. chiusa | *S. gli occhi*, accostare o aprire appena le palpebre.

socchiùso [sec. XIV] part. pass. di *socchiudere*; anche agg. • Nel sign. del v.

sòccida o †**sòccita** [lat. parl. **sŏcietas* (nom.) per il classico *socĭetas* 'società', da *sŏcius* 'compagno'; 1262] s. f. • Contratto con cui due parti si associano per l'allevamento di bestiame e l'esercizio delle attività a esso connesse | *S. semplice*, con conferimento di bestiame da parte del soccidante e di lavoro da parte del soccidario | *S. parziaria*, in cui il bestiame viene conferito da ambo le parti e diviene proprietà comune | *S. con conferimento di pascolo*, in cui il soccidante conferisce l'uso del terreno e il soccidario il bestiame.

soccidànte [1943] s. m. e f. • Chi, nella soccida, conferisce generalmente il capitale.

soccidàrio [1873] s. m. (f. *-a*) • Chi, nella soccida, conferisce generalmente il lavoro.

†**soccinto** • V. *succinto*.

sòccio [lat. *sŏciu(m)* 'compagno'. V. *socio*; sec. XIII] s. m. *1* Soccidario. *2* (*tosc.*) Soccida. *3* (*tosc.*) Bestiame della soccida.

†**sòccita** • V. *soccida*.

sòcco [vc. dotta, dal lat. *sŏccu(m)* 'sandalo', forse di orig. mediterr. V. *zoccolo*; av. 1374] s. m. (pl. *-chi*) • Calzare usato dagli antichi nella commedia | *Calzare il s.*, (*fig., lett.*) scrivere commedie.

soccombènte [av. 1486] **A** part. pres. di *soccombere*; anche agg. *1* Che soccombe, che perde. *2* (*dir.*) Di parte di un processo le cui pretese o ragioni sono state riconosciute in tutto o in parte infondate dal giudice: *parte totalmente, parzialmente s.* **B** s. m. e f. • Parte soccombente.

soccombènza [av. 1626] s. f. *1* †Sconfitta, disfatta. *2* (*dir.*) Condizione della parte soccombente.

soccómbere [dal lat. *succŭmbere* 'cadere', comp. di *sŭb* 'sotto' e **cŭmbere*, connesso con *cubāre* 'giacere'; av. 1342] v. intr. (pres. *io soccómbo*; pass. rem. *io soccombéi* o *soccombètti* (o *-étti*), *tu soccombésti*; part. pass. raro †*soccombùto*; aus. *essere*) (assol.; + *a*) *1* Non reggere, essere costretto a cedere: *s. alla violenza* | *S. al male, all'assalto del male*, morire a causa di una grave malattia. *2* Restare vinto, perdente: *in gara il più inesperto dovrebbe s.* | (*dir.*) *S. in giudizio*, perdere una causa giudiziaria | Morire: *preferì s. piuttosto che essere catturato.*

soccórrere [dal lat. *succŭrrere* 'correre sotto', comp. di *sŭb* 'sotto' e *cŭrrere* 'correre'; av. 1290] **A** v. tr. e lett. intr. (pass. rem. *io soccórsi, tu soccorrésti*; part. pass. *soccórso*; aus. *avere*) • Accorrere in aiuto, dare aiuto: *s. chi è in pericolo*; *s. gli assediati*; *a noi di lieti / inganni ... soccorse / Natura stessa* (LEOPARDI). **B** v. intr. (aus. *essere*) *1* (*lett.*) Venire alla mente, sovvenire: *non mi soccorre quell'indirizzo.* *2* †Giovare, fornire conforto: *Soccorse alla mia afflizione* (L. DE' MEDICI). *3* †Accorrere, intervenire.

soccorrévole [sec. XIV] agg. • (*lett.*) Che soccorre, che è pronto a soccorrere: *la memoria dei nostri patimenti ci renda ... soccorrevoli ai nostri prossimi* (MANZONI). || **soccorrevolménte**, avv.

soccorrìbile [sec. XVI] agg. • (*raro*) Che si può soccorrere.

soccorriménto [sec. XIII] s. m. • (*raro*) Atto del soccorrere.

soccorritóre [sec. XIII] **A** s. m.; anche agg. (f. *-trice*) • Chi (o Che) soccorre: *l'arrivo dei soccorritori*; *mano soccorritrice.* **B** s. m. • (*mecc.*) Relais.

soccórso (1) [av. 1348] part. pass. di *soccorrere*; anche agg. • Nei sign. del v.

♦**soccórso** (2) [da *soccorrere*, sul modello di *corso* (*2*); sec. XIII] s. m. *1* Aiuto prestato a chi si trova in stato di grande bisogno, pericolo e sim.: *dare, prestare s. a qlcu.*; *gridare al s.*; *invocare s.*; *chiamare s.*; *chiamare a s.*; *chiamare qlcu. in s.*; *andare, correre, in s. di qlcu.* | *S. aereo*, aerosoccorso | *Pronto s.*, prima assistenza prestata a persona malata; ambulatorio o reparto ospedaliero di prima cura | (*dir.*) *Omissione di s.*, reato di chi, trovando abbandonato o smarrito un minore di dieci anni, un incapace, un corpo umano inanimato o una persona ferita o in pericolo, non presta assistenza o non avvisa immediatamente le autorità | (*fig., scherz.*) *S. di Pisa*, inutile e tardivo, con riferimento a quello che i pisani, assediati dai fiorentini, attesero invano dall'imperatore Massimiliano. *2* (*mil.*) Intervento a sostegno di una fortezza o piazza assediata. *3* (*est.*) Sussidio, sovvenzione: *un s. in denaro*; *gli manderò un piccolo s.* *4* (*spec. al pl.*) Rifornimenti, rinforzi: *bisogna mandare soccorsi agli alluvionati*; *arrivano i soccorsi agli assediati.* *5* (*lett.*) Soccorritore: *E 'l mio fido s. / vedem'arder nel foco, e non m'aita* (PETRARCA).

soccòscio [comp. di *so-* e *coscio*; 1865] s. m. • Parte superiore della coscia di bue o manzo macellato. SIN. Sottocoscio.

soccotrino [da *Soc(c)otra*; sec. XV] s. m. • Varietà di aloe dell'isola di Socotra, nell'Oceano Indiano (*Aloe soccotrina*).

soccutàneo [dal lat. tardo *subcutāneu(m)*, comp. di *sŭb* 'sotto' e di un deriv. di *cŭtis* 'pelle'. V. *cute*] agg. • (*raro*) Sottocutaneo.

sòcera • V. *suocera*.

sòcero • V. *suocero*.

sociàbile [dal lat. *sociābile(m)* 'atto a unirsi facilmente', da *sociāre* 'associare', da *sŏcius* 'compagno'; sec. XIV] agg. • (*lett.*) Socievole.

sociabilità [1757] s. f. • (*lett.*) Socievolezza.

socialcomunista [comp. di *social(ista)* e *comunista*; 1922] agg.; anche s. m. e f. (pl. m. *-i*) • Che (o Chi) partecipava a un'alleanza costituita dal Partito Comunista Italiano e dal Partito Socialista Italiano: *le giunte socialcomuniste del secondo dopoguerra.*

socialdemocràtico [comp. di *social(e)* e *democratico*, sul modello del ted. *sozialdemokratisch*; 1896] **A** agg. (f. *-a*; pl. m. *-ci*) • Della socialdemocrazia. **B** agg.; anche s. m. *1* Che (o Chi) segue la socialdemocrazia. *2* Relativo o appartenente al Partito Socialista Democratico Italiano, fondato nel 1947.

socialdemocrazìa [comp. di *social(e)* e *democrazia*, sul modello del ted. *Sozialdemokratie*; 1910] s. f. • Socialismo di tipo riformista, che rifiuta i metodi rivoluzionari.

♦**sociàle** [vc. dotta, dal lat. *sociāle(m)*, agg. da *sŏcius* 'compagno' (V. *socio*); sec. XIV] **A** agg. *1* Che fa vita associata | *Animale s.*, (*per anton.*) l'uomo. *2* Che si riferisce alla società umana: *doveri, virtù sociali* | *Scienze sociali*, quelle che hanno per oggetto i problemi della vita associata, cioè sociologia, economia, statistica e sim. | *Giustizia s.*, quella che attua l'uguaglianza sostanziale dei diritti e dei doveri di tutti i membri di una determinata società, spec. con l'equa distribuzione dei beni economici | *Questione s.*, il problema del miglioramento delle condizioni di vita e di lavoro delle classi lavoratrici | *Ordine s.*, particolare disposizione delle varie strutture di una società tale da determinare un armonico funzionamento. *3* Che si riferisce all'ambiente in cui si svolge la propria vita, per tutto ciò che concerne il lavoro, i rapporti con gli altri, i contatti umani e sim.: *rapporti, convenzioni sociali.* *4* Che tende ad assicurare benessere e sicurezza a tutti i cittadini: *Ministero del lavoro e della previdenza s.*; *assicurazione s.* | *Stato s.*, V. *stato* (*3*) nel sign. 1 | *Sicurezza s.*, V. *sicurezza* nel sign. 1 | *Legislazione s.*, complesso di leggi aventi per oggetto immediato e specifico la tutela della classe lavoratrice per fini di interesse generale | *Assistenza s.*, V. *assistenza* | *Assistente s.*, V. *assistente* | *Parti sociali*, V. *parte* nel sign. A 6. *5* Che si riferisce a un'associazione, una società: *attività s.*; *capitale s.* | *Libri sociali*, insieme di registri che una società deve per legge tenere per documentare la propria attività. *6* Che si svolge tra i membri di un'associazione, di una società: *pranzo, gita s.* *7* Di alleato | ***Guerre sociali***, quelle insorte tra i membri di una stessa confederazione | ***Guerra s.***, quella degli alleati italici contro Roma (90-88 a.C.). || **socialménte**, avv. In maniera sociale; dal punto di vista sociale: *un comportamento socialmente rilevante; lavori socialmente utili.* **B** s. m. ● L'ambito dei problemi sociali: *impegnarsi nel s.; avere il senso del s.*

socialismo [da *sociale*, con *-ismo*, sul modello del fr. *socialisme*; 1848] s. m. ● Teoria e movimento politico-economico che propugnano il possesso e il controllo dei mezzi di produzione da parte delle classi lavoratrici per realizzare, mediante una nuova organizzazione della società, l'uguaglianza politica, sociale ed economica di tutti gli uomini: *s. democratico, riformista, rivoluzionario* | ***S. reale***, quello realizzato di fatto come sistema politico e sociale, spec. sino alla fine degli anni '80 del Novecento, nell'Unione Sovietica e in altri Paesi dell'Europa orientale.

♦**socialista** [da *sociale*, con *-ista*, sul modello del fr. *socialiste*; 1839] **A** agg. (pl. m. *-i*) ● Proprio del socialismo, relativo al socialismo. **B** agg.; anche s. m. e f. *1* Che (o Chi) segue e sostiene il socialismo. *2* Relativo o appartenente al Partito Socialista Italiano o, gener., a un partito che si richiama al socialismo.

socialistico [1850] agg. (pl. m. *-ci*) ● (*raro*) Del socialismo, dei socialisti.

socialistòide [da *socialista*, con *-oide*; 1894] **A** s. m. e f. ● (*spreg.*) Chi è incline al socialismo. **B** anche agg.: *idee socialistoidi.*

socialità [vc. dotta, dal lat. *socialitāte(m)* 'socievolezza', da *sociālis* 'sociale' (V. *sociale*); 1686] s. f. *1* Tendenza umana alla convivenza sociale. *2* Complesso di rapporti esistenti fra gli appartenenti a una determinata società o a un determinato ambiente: *la s. di un'iniziativa* | (*est.*) Consapevolezza di tali rapporti e dei doveri da essi derivanti: *avere, non avere senso di s.*

socializzàre [da *sociale*, sul modello del fr. *socialiser*, 1890] **A** v. tr. *1* Trasferire la proprietà e la gestione di mezzi di produzione e distribuzione, o di servizi, allo Stato. *2* (*sociol., psicol.*) Adattare, educare un individuo, spec. di giovane età, alle norme sociali prevalenti, alle relazioni di gruppo o di società. **B** v. intr. (aus. *avere*) ● (*sociol., psicol.*) Sviluppare, intrattenere rapporti sociali nell'ambiente in cui si vive od opera, adattandosi senza difficoltà alle norme di comportamento in questo prevalenti.

socializzazióne [1889] s. f. *1* (*econ.*) Il socializzare. *2* (*sociol., psicol.*) Processo di apprendimento e di adattamento alle norme sociali prevalenti | ***S. primaria***, quella che si riferisce alla famiglia e a rapporti diretti, primari | ***S. secondaria***, quella mediata dalle istituzioni sociali.

♦**società** o †**societàde** †**societàte** [lat. *societāte(m)*, da *sŏcius* 'compagno' (V. *socio*); 1304] s. f. *1* Unione tra esseri viventi che hanno interessi generali comuni: *la s. umana.* *2* Gruppo umano, più o meno ampio e complesso, costituito al fine di sviluppare la cooperazione tra gli individui e caratterizzato da particolari strutture di relazioni gerarchiche: *far parte della s.; essere utile alla s.; essere un rifiuto della s.; la s. inglese; la s. rinascimentale; la legislazione considera l'uomo qual è, per farne buoni usi nella umana s.* (VICO) | ***S. civile***, l'insieme dei cittadini partecipi di una comunità organizzata; (*est.*) la società considerata dal punto di vista delle sue articolazioni associative, del mondo del lavoro, delle professioni e sim., in contrapposizione all'ambito della politica, degli incarichi pubblici, degli apparati di partito: *un esponente della s. civile* | ***S. industriale***, caratterizzata dalla prevalenza dell'attività economica di tipo industriale | ***S. di massa***, in cui l'influenza della massa, a livello sia economico sia culturale, è divenuta decisiva | ***S. opulenta, affluente, del benessere, consumistica, dei consumi***, in cui l'alto reddito individuale viene speso in beni voluttuari | ***S. molecolare***, (*fig.*) tipo di società postindustriale, non più suddivisa in classi o categorie ben definite ma frammentata in numerose realtà diversificate. *3* (*zool.*) Associazione di individui di una specie animale che vivono insieme e fanno fronte alle necessità della comunità dividendosi i compiti: *la s. delle api, delle formiche.* *4* Associazione di persone aventi determinati fini comuni: *s. sportiva; s. di mutuo soccorso* | ***L'onorata s.***, la camorra napoletana e (*est.*) la mafia | ***S. segreta***, associazione i cui membri devono mantenere il silenzio sui riti di iniziazione, sui fini perseguiti e sulle azioni commesse. *5* (*dir.*) Contratto con cui due o più persone conferiscono beni e servizi per l'esercizio di un'attività economica, allo scopo di dividerne gli utili | ***S. di capitali***, che dà luogo alla creazione di un nuovo soggetto fornito di personalità giuridica | ***S. di persone***, non dotata di personalità giuridica, con almeno un socio illimitatamente responsabile | ***S. di fatto***, determinata dal comportamento dei soci e non basata su un contratto | ***S. non operativa o di comodo***, quella creata per scopi diversi da quelli formalmente indicati nell'atto costitutivo e di solito tendenti all'elusione fiscale | ***S. a catena***, collegate da una serie di partecipazioni azionarie, in modo che una prima società detiene il controllo di una seconda, che a sua volta ne controlla una terza e così via | ***S. semplice***, società di persone che non svolge attività commerciale | ***S. in nome collettivo***, società commerciale in cui vi è responsabilità solidale e illimitata di tutti i soci | ***S. in accomandita***, società commerciale caratterizzata dalla diversa responsabilità verso i terzi dei soci che vi partecipano | ***S. per azioni***, società di capitali in cui le quote sociali sono rappresentate da azioni | ***S. a responsabilità limitata***, in cui le quote di partecipazione sociale non possono essere rappresentate da azioni | ***S. cooperativa***, che persegue uno scopo mutualistico | ***S. finanziaria***, avente come scopo l'investimento dei propri capitali in titoli di altra società o enti e il finanziamento di attività produttive anche di privati | ***S. di intermediazione mobiliare***, operatore autorizzato dalla legge a svolgere una o più fra le attività di negoziazione, collocamento, raccolta di ordini, consulenza e gestione in materia di valori mobiliari, nonché attività di sollecitazione del pubblico risparmio. SIN. Sim | ***S. di revisione***, che svolge un controllo sull'attendibilità dei bilanci di aziende clienti, valutando l'opportunità di rilasciare apposita lettera di certificazione | ***S. quotata***, con azioni ammesse alla quotazione in una Borsa valori. *6* (*est.*) Unione di due o più persone che decidono di partecipare insieme a un affare, dividendosi le spese, gli utili e le perdite da esso derivanti: *fare s. con qlcu.; essere, mettersi, in s. con qlcu.; fare un affare in s. con qlcu.; avere qlco. in s. con qlcu.* *7* Ambiente sociale elevato: *la buona s.; la s. elegante; la migliore s. del paese* | ***Alta s.***, l'insieme delle persone ricche, influenti o prestigiose appartenente ai ceti socialmente più elevati | Vita di relazioni, di trattenimenti mondani: *debuttare in s.* | ***Abito da s.***, per ricevimenti e feste mondane | ***Giochi di s.***, giochi e passatempi da eseguire in casa o durante intrattenimenti, feste e sim., spesso imponendo penitenze a chi perde. *8* (*lett.*) Compagnia di certe persone: *amare, fuggire, la s.; cercare la s. di qlcu.; della molestia degli uomini mi liberai facilmente, separandomi dalla loro s.* (LEOPARDI). CONTR. Isolamento, solitudine.

societàrio [da *società*, sul modello del fr. *sociétaire*; 1881] agg. ● (*dir.*) Delle società, che riguarda le società: *organi societari.*

†**societàte** ● V. *società.*

sociévole [lat. *sociābile(m)* 'socievole'; sec. XV] agg. *1* (*lett.*) Che tende a vivere in società: *l'uomo è un essere s.* *2* Che sta volentieri in compagnia: *è un tipo molto s.* | (*est.*) Che è cortese e affabile nei rapporti con gli altri: *indole s.; è poco s.* CONTR. Scontroso, selvatico. || **socievolménte**, avv.

socievolézza [1766] s. f. ● Caratteristica di chi (o di ciò che) è socievole | Affabilità, cordialità.

socinianismo o **socinianésimo** [da *sociniano*, con *-ismo*; av. 1712] s. m. ● Dottrina di Fausto e Lelio Socini, teologi del XVI secolo che affermavano la superiorità della ragione umana sulla rivelazione biblica e negavano il dogma trinitario e la divinità del Cristo.

sociniano [da F. e L. *Socini*, teologi del XVI sec.; av. 1744] **A** agg. ● Del socinianismo | Relativo ai teologi Socini e al loro pensiero. **B** s. m. (f. *-a*) ● Seguace del socinianismo.

♦**sòcio** o †**sòzio** [vc. dotta, dal lat. *sŏciu(m)* 'compagno', di orig. indeur.; 1221] s. m. (f. *-a*; pl. f. *-cie*) *1* Chi partecipa con altri a qlco.: *i soci dell'impresa; in quest'affare ho due soci* | (*spreg.*) Compare: *quel losco individuo assieme al suo degno s.* *2* Chi è parte di un contratto di società: *soci fondatori* | ***S. d'opera, d'industria***, colui che nel contratto di società conferisce il proprio lavoro. *3* Membro di un'associazione, un circolo e sim.: *s. del circolo sportivo; s. ordinario; s. sostenitore.*

sòcio- [pref. di orig. ingl., rappresentante il lat. *sŏcius* 'compagno', ma inteso più spesso come abbr. di *socio(logico)*, *soci(ale)*, *soci(età)*] primo elemento ● In parole composte, significa 'società' o fa riferimento a un fenomeno, a un fattore sociale: *sociogramma, sociologia.*

socioanàlisi [comp. di *socio-* e *analisi*; 1985] s. f. inv. ● (*psicol.*) Studio delle dinamiche di gruppo che si creano in strutture organizzate e comunità.

sociobiologia [comp. di *socio-* e *biologia*; 1979] s. f. ● Studio sistematico delle basi biologiche, spec. genetiche, di ogni tipo di comportamento sociale degli animali e dell'uomo, nell'ambito della biologia evoluzionistica.

sociobiològico [1979] agg. (pl. m. *-ci*) ● Relativo alla sociobiologia.

sociobiòlogo [1979] s. m. (f. *-a*; pl. m. *-gi*) ● Studioso di sociobiologia.

socioculturàle [comp. di *socio-* e *culturale*; 1962] agg. ● Relativo al livello sociale e culturale di un individuo o di un gruppo sociale.

sociodràmma [comp. di *socio-* e *dramma* (*1*); 1954] s. m. (pl. *-i*) *1* Tecnica simile allo psicodramma, nella quale i soggetti improvvisano una drammatizzazione di determinati ruoli sociali, permettendo al sociologo e allo psicologo sociale di studiare gli atteggiamenti di un gruppo sociale verso un altro o le reazioni e i comportamenti di un ruolo sociale diverso. *2* Psicodramma recitato in riunioni di gruppo.

socioeconòmico [comp. di *socio-* ed *economico*; 1965] agg. (pl. m. *-ci*) ● (*sociol., econ.*) Detto di fenomeno o aspetto di una data società, che viene colto nelle sue caratteristiche economiche e sociali.

sociogènesi [comp. di *socio-* e *genesi*; 1974] s. f. inv. ● Genesi, riconducibile a fattori sociali, di un fenomeno o di un evento: *la s. della criminalità minorile.*

sociogràmma [comp. di *socio-* e *-gramma*; 1963] s. m. (pl. *-i*) ● Diagramma che permette di stabilire l'andamento di un fenomeno sociale.

sociogrùppo [comp. di *soci(ale)* e *gruppo*] s. m. ● (*sociol.*) Gruppo di persone in cui domina la preoccupazione dell'affinità di complesso e del rendimento funzionale.

socioletto [da *socio-*, sul modello di *dialetto*; 1974] s. m. ● (*ling.*) L'insieme degli usi linguistici che caratterizza uno strato sociale o un gruppo di parlanti determinato professionalmente o geograficamente.

sociolinguista [1970] s. m. e f. (pl. m. *-i*) ● Studioso di sociolinguistica.

sociolinguìstica [comp. di *socio-* e *linguistica*; 1968] s. f. ● Ramo della linguistica che studia i rapporti tra le condizioni sociali e gli usi linguistici dei parlanti.

sociolinguìstico [1969] agg. (pl. m. *-ci*) ● Relativo a sociolinguistica. || **sociolinguisticaménte**, avv.

sociologìa [dal fr. *sociologie*, comp. di *soci(été)* e *-logie* '-logia'; 1865] s. f. ● Scienza che studia i vari fenomeni e processi sociali mediante tecniche di analisi ispirate alla metodologia delle scienze naturali, al fine di elaborare previsioni operative: *s. generale, applicata; s. economica, urbana, rurale, del diritto, della religione, dell'arte* | ***S. della conoscenza***, che studia le relazioni tra i sistemi ideologici e le strutture e i processi sociali | ***S. del lavoro***, che indaga sui rapporti che in una data società si stabiliscono tra le condizioni di lavoro, lo sviluppo della tecnica e le strutture socioeconomiche | ***S. criminale***, che studia le cause sociali del delitto, cioè la società sotto il profilo dei fenomeni criminosi che in essa si verificano.

sociològico [dal fr. *sociologique*, comp. di *soci(été)* e *-logique* '-logico'; 1884] agg. (pl. m. *-ci*) ● Che attiene alla sociologia: *rivista sociologica.* || **sociologicaménte**, avv. Dal punto di vista della sociologia.

sociologismo [da *sociologia*, con *-ismo*; 1910] s. m. ● (*spreg.*) Tendenza a considerare i fatti

umani unicamente dal punto di vista sociologico.
sociòlogo [dal fr. *sociologue*, comp. di *soci(été)* e *-logue* '-logo'; 1873] **s. m.** (f. *-a*; pl. m. *-gi*, pop. *-ghi*) ● Studioso, esperto di sociologia.
sociometria [adattamento dell'ingl. *sociometry*, comp. di *socio(logy)* 'sociologia' e *-metry* '-metria'; 1965] **s. f.** ● Branca della sociologia che studia le relazioni sociali mediante tecniche basate sulla misurazione quantitativa.
sociomètrico [1966] **agg.** (pl. m. *-ci*) ● Relativo alla sociometria. || **sociometricaménte**, avv.
sociopatia [comp. di *socio-* e *-patia*; 1985] **s. f.** ● Stato patologico prodotto da fattori sociali.
sociopàtico [comp. di *socio-* e *-patico*; av. 1980] **A agg.** (pl. m. *-ci*) ● Che riguarda la sociopatia. **B agg.**; anche **s. m.** (f. *-a*) ● Che (o Chi) rivela o è affetto da sociopatia: *personalità sociopatica*; *non isolare i sociopatici*.
sociopolitico [comp. di *socio-* e *politico*; 1983] **agg.** (pl. m. *-ci*) ● Detto di fenomeno o aspetto di una data società, colto nelle sue caratteristiche politiche e sociali.
sociosanitàrio [comp. di *socio-* e *sanitario*; 1983] **agg.** ● Relativo all'assistenza medica pubblica | ***Agente s.***, barelliere.
socioterapia [comp. di *socio-* e *terapia*; 1935] **s. f.** ● (*psicol.*) Metodo psicoterapeutico in cui le interazioni fra i pazienti e il contesto sociale sono rivolte a favorire l'adattamento all'ambiente.
socràtico [vc. dotta, dal lat. *Socrăticu(m)*, dal gr. *Sōkratikós*, da *Sōkrátēs* 'Socrate' (469-399 a.C.); 1308] **A agg.** (pl. m. *-ci*) ● Del filosofo Socrate: *ironia socratica* | ***Metodo s.***, maieutica. || **socraticaménte**, avv. Alla maniera di Socrate. **B s. m.** (f. *-a*) ● Chi segue e si ispira alla filosofia di Socrate.
socratiṣmo [da *Socrate*, con *-ismo*; 1905] **s. m.** ● Complesso delle dottrine di Socrate che sono passate nella tradizione filosofica successiva.
sòda [lat. mediev. *sŏda(m)*, di etim. discussa: dall'ar. *sarwwād*, n. della pianta dalle cui ceneri si ricavava questo prodotto (?); marchio registrato nel sign. 1; sec. XV] **s. f.** **1** ® Denominazione del carbonato di sodio; è ottenuta industrialmente dal cloruro di sodio mediante processo Solvay ed è usata nella produzione dei saponi, dei detersivi, dei vetri, della carta | ***S. caustica***, denominazione dell'idrossido di sodio; è ottenuta industrialmente per elettrolisi di una soluzione acquosa di cloruro di sodio in speciali celle a diaframma ed è usata per fabbricare saponi, nelle industrie della carta, della cellulosa e sim. **2** Acqua gassosa simile al seltz ma con una dose superiore di carbonato di sodio, usata per allungare bevande alcoliche: *un whisky con s.*
sodàglia [da *sodo* (V.), sul modello di *boscaglia*, ecc.; 1778] **s. f.** ● Terreno sodo, non dissodato.
sodàle [vc. dotta, dal lat. *sodāle(m)* 'membro d'una confraternita', di orig. indeur.; av. 1389] **s. m. e f.** **1** (*lett.*) Compagno, amico. **2** Nell'antica Roma, chi apparteneva a un sodalizio.
sodalità [vc. dotta, lat. *sodalitāte(m)*, da *sodālis* 'sodale'; 1441] **s. f.** ● (*raro, lett.*) Cameratismo, amicizia.
sodalite [comp. di *soda* e *-lite*, indicante un minerale ricco di soda; 1840] **s. f.** ● (*miner.*) Allumino-silicato di sodio contenente cloro, bianco se puro, ma spesso di colore azzurro intenso e in questo caso usato come pietra semipreziosa a imitazione del lapislazzuli.
sodalizio [vc. dotta, dal lat. *sodalĭciu(m)* 'confraternita', da *sodālis* 'sodale'; 1321] **s. m.** **1** Associazione, società | ***S. sportivo***, società sportiva. **2** Comunanza di vita di compagni, amici e sim. | (*lett.*) Vincolo affettivo. **3** (*poet.*) †Gruppo, compagnia: *O s. eletto a la gran cena / del benedetto Agnello* (DANTE *Par.* XXIV, 1-2). **4** Nell'antica Roma, associazione religiosa e politica.
†**sodaménto** [da *sodare* (*1*) e (*2*); av. 1348] **s. m.** **1** Consolidamento. **2** (*fig.*) Mallevadoria, obbligo.
sodanitro [comp. di *soda* e *nitro*; 1936] **s. m.** ● (*chim.*) Nitrato di sodio, bianco, usato come concime azotato e per l'industria degli esplosivi. **SIN.** Nitratina.
sodàre (**1**) [da *sodo* (*1*) (V.); sec. XIII] **v. tr.** (*io sòdo*) ● Rassodare un tessuto con la gualchiera, feltrare.
†**sodàre** (**2**) [da †*sodo* (*2*) (V.); av. 1340] **v. tr.** e **intr.** ● Obbligarsi, impegnarsi, garantire.
sodàto [da *soda* nel sign. 2] **agg.** ● Detto di aperitivo addizionato di soda.
sodatóre [da *sodare* (*1*); 1476] **s. m.** (f. *-trice*) ● Operaio addetto alla sodatura dei tessuti di lana.
sodatrice [f. di *sodatore*; 1940] **s. f.** ● (*tess.*) Macchina per eseguire la follatura dei tessuti di lana. **SIN.** Follone.
sodatùra [da *sodare* (*1*); av. 1859] **s. f.** ● Operazione del sodare i feltri per cappelli, i tessuti di lana.
†**soddiàcono** (o **-dià-**) ● V. *suddiacono*.
soddisfacènte o (*tosc., lett.*) **sodisfacènte** [av. 1406] **part. pres.** di *soddisfare*; anche **agg.** **1** Che soddisfa, che è positivo pur senza essere eccellente: *esito, risultato s.* **2** (*lett.*) Esauriente: *Poco s. la risposta al secondo quesito* (PASCOLI). || **soddisfacenteménte**, avv.
soddisfaciménto o (*tosc., lett.*) **sodisfaciménto** [da *soddisfare*, sul modello di *facimento*; 1306] **s. m.** ● Appagamento | Pagamento, adempimento: *il s. di un debito* | (*lett.*) Riparazione di un'ingiuria, di un'offesa | †***A s., in s., di s.***, in compenso.
♦**soddisfàre** o †**satisfàre**, (*tosc., lett.*) **sodisfàre** [lat. *satisfăcere* 'soddisfare', comp. di *sătis* 'abbastanza' e *făcere* 'fare'; sec. XIII] **A v. tr.** e **intr.** (pres. *io soddisfàccio* o *soddisfò* o *soddisfo*, *tu soddisfài* o *soddisfi*, *egli soddisfà* o *soddisfa*, *noi soddisfacciàmo*, (*evit.*) *soddisfiàmo*, *voi soddisfàte*, *essi soddisfànno* o *soddisfano*; fut. *io soddisfarò* o fam. *soddisferò*; congv. pres. *io soddisfàccia* o *soddisfi*, *noi soddisfacciàmo*, (*evit.*) *soddisfiàmo*, *voi soddisfacciàte*, (*evit.*) *soddisfiàte*, *essi soddisfàcciano* o *soddisfino*; condiz. pres. *io soddisfarèi* o fam. *soddisferèi*, *tu soddisfarésti* o fam. *soddisferésti*; nelle altre forme coniug. come *fare*; aus. *avere*; nel pass. rem., nel fut., nel congv. pres. e nel condiz. pres. coniug. anche come i verbi regolari in *-are*) **1** Adempiere, appagare: *s. (a) una domanda*, *(a) una richiesta*, *(a) una preghiera*, *(a) un desiderio*. **2** Contentare: *s. il pubblico, i lettori, i propri gusti*; *s. ai gusti di qlcu.*; (*raro*) *s. al pubblico, ai lettori* | Piacere: *la tua idea non mi soddisfa*; *la nostra scelta non soddisfece Giovanni*. **3** Eseguire ciò che è dovuto, richiesto, e sim.: *s. i propri impegni*; *s. ai propri impegni* | ***S. un debito***, pagarlo | ***S. le proprie obbligazioni***, farvi fronte | ***S. i creditori***, dare loro quanto spetta | Dare soddisfazione, fare ammenda, riparare: *s. (a) un'offesa*, *(a) un peccato*, *(a) un danno*. **4** Essere in corrispondenza, in accordo: *la teoria soddisfa (a) certe premesse*. **5** (*mat.*) Rendere vero (detto spec. nel caso di una relazione contenente delle variabili, di valori di queste). **B v. intr. pron.** ● (*raro*) Contentarsi, appagarsi.
♦**soddisfàtto** o †**satisfàtto**, (*tosc., lett.*) **sodisfàtto** [sec. XIII] **part. pass.** di *soddisfare*; anche **agg.** **1** Nei sign. del v. | Pagato | Rimborsato, risarcito. **2** (assol.; + *di*; + *per*; raro + *da*) Che è completamente appagato nei desideri, nelle richieste, e sim.: *essere, dichiararsi, mostrarsi s.*; *sembrava ch'egli non si fosse mostrato s. di tale collaborazione* (SVEVO); *sono s. di come procedono le trattative*; *sono s. per com'è andata*; *sono assai s. dalle vostre cortesi giustificazioni* (GOLDONI). **CONTR.** Insoddisfatto.
†**soddisfattòrio** o †**satisfattòrio** nel sign. 2 [da *soddisfatto*; av. 1342] **agg.** ● Atto a espiare una colpa o sim.
♦**soddisfazióne** o †**satisfazióne**, (*tosc., lett.*) **sodisfazióne** [dal lat. *satisfactiōne(m)* 'soddisfazione', da *satisfăctus* 'soddisfatto'; sec. XIII] **s. f.** **1** Adempimento di richieste, obblighi, aspettative: *la s. di un desiderio, di una richiesta, delle proprie aspirazioni* | Riparazione di offesa, danno e sim.: *chiedere, esigere, dare, ricevere, s. di qlco.*; *voglio s. dell'offesa ricevuta*. **2** Compiacimento che prova chi è soddisfatto: *provò una gran s. nel ricevere il premio*; *ebbe la s. di essere premiato*; *non voglio dargli la s. di rivolgermi a lui*; *si prese la s. di piantarlo in asso* | Contentezza, gioia: *le soddisfazioni della vita*; *i figli le danno molte soddisfazioni* | (*est.*) Gusto, piacere: *è un lavoro che dà s.*; *che s. provi a tormentarlo così?* || **soddisfazioncèlla**, dim.
†**soddomia** e *deriv.* ● V. *sodomia* e *deriv.*
†**soddùrre** [sovrapposizione di *so-* a *sedurre*; av. 1276] **v. tr.** ● Traviare | Sedurre.
sodézza [av. 1292] **s. f.** ● Condizione di ciò che è sodo.
sòdico [1873] **agg.** (pl. m. *-ci*) ● Del sodio | Contenente sodio.
sòdio [dall'ingl. *sodium*, da *soda*, prestito dall'it. *soda* (V.); 1834] **s. m.** ● Elemento chimico, metallo alcalino bianco argenteo, ottenuto in generale per elettrolisi del cloruro sodico fuso, largamente distribuito in natura nei suoi sali. **SIMB.** Na.
sodisfàre e *deriv.* ● V. *soddisfare* e *deriv.*
sòdo (**1**) [di etim. discussa: lat. mediev. *sāudu(m)*, da un precedente **sǎldus* 'saldo' (?); 1270] **A agg.** **1** Compatto, duro al tatto, consistente: *carni sode*; *pietra soda*; *legname s.* | ***Terreno s.***, incolto, non arato | ***Uova sode***, bollite nell'acqua col guscio | (*ellitt.*) ***Darle, prenderle, sode***, picchiare, essere picchiato, duramente. **CONTR.** Molle. **2** (*fig., raro*) Saldo, solido: *argomenti sodi*; *ragioni sode* | Fondato, serio: *cultura, istruzione, soda*. **3** †Tutto d'un pezzo, pieno: *muro, oro, s.* | †***Pepe, grano s.***, non macinato. **4** (*disus.*) Fermo: *stare s. in un proposito* | †***Beni sodi***, immobili. || **sodaménte**, avv. In maniera soda, saldamente; ***dormire sodamente***, profondamente. **B** in funzione di **avv.** **1** Con forza, duramente: *picchiare s.* **2** Con intensità, con serietà: *lavorare, studiare, s.* **3** Profondamente: *dormire s.* **C s. m.** **1** Terreno duro, massiccio, fermo: *costruire sul s.* | (*raro*) ***Posare, camminare, sul s.***, (*raro, fig.*) su qlco. di consistente. **2** Consistenza, reale valore, spec. nelle loc. ***esserci del s.***: *c'è del s. in quell'affare* | ***Venire al s.***, parlare dell'argomento più importante, venire al nocciolo di una questione | (*lett.*) ***Sul s.***, sul serio, seriamente: *tu folleggi veramente, se parli sul s.* (LEOPARDI). **3** †Sodaglia.
†**sòdo** (**2**) [dal precedente, in senso metaforico] **s. m.** ● (*raro*) Sicurezza, garanzia.
sodoku /giapp. ˌsɔ'dɔkɯ/ [vc. giapp., propr. 'veleno da topo'; 1936] **s. m. inv.** ● (*med.*) Malattia provocata da uno spirillo, inoculato dal morso di topo o di roditori, che si manifesta con febbre elevata, eritema e ingrossamento di linfonodi.
sodomìa o †**soddomìa** [da *Sodoma*, dall'ebr. *S(e)dōm*, attraverso il gr. *Sódoma* e il lat. tardo *Sŏdoma* (nt. pl.). V. il lat. tardo (eccl.) *sodŏmia*; 1306] **s. f.** **1** Omosessualità maschile. **2** Rapporto sessuale per via anale.
sodomìta o †**soddomìta**, †**sodomìto** [vc. dotta, dal lat. tardo (eccl.) *Sodomīta(m)*, dal gr. *Sodomítēs*, da *Sódoma* 'Sodoma'; sec. XIV] **s. m.** (pl. *-i*) ● Chi è dedito alla sodomia. || **sodomitàccio**, pegg.
sodomìtico o †**soddomìtico** [vc. dotta, dal lat. *Sodomīticu(m)*, da *Sodomīta* 'abitante di Sodoma'; sec. XIV] **agg.** (pl. m. *-ci*) ● Di sodomia, di sodomita: *vizio s.* || **sodomiticaménte**, avv.
†**sodomìto** ● V. *sodomita*.
sodomizzàre [1888] **v. tr.** ● Sottoporre a sodomia.
sodomizzazióne [1978] **s. f.** ● Il sodomizzare, il venire sodomizzato.
sofà [dal fr. *sofa*, dall'ar. *ṣuffa* 'cuscino, panchina'; 1573] **s. m.** ● Tipo di sedile basso, imbottito e ricoperto di tessuto, a due o più posti, con schienali e braccioli | ***S. a orecchioni***, di stile barocchetto, con braccioli grandi fortemente incurvati in fuori, e volute.
sofferènte o (*raro*) **soffrènte** [av. 1250] **A part. pres.** di *soffrire*; anche **agg.** ● Nei sign. del v. | Che soffre: *malato s.* | Che esprime sofferenza: *volto s.* || **sofferenteménte**, avv. Con sofferenza. **B s. m. e f.** ● Chi soffre: *pregare per i sofferenti*.
♦**sofferènza** o †**soffrènza**, †**sofrènza** [dal lat. tardo *sufferĕntia(m)* 'pazienza', da *sŭfferens*, genit. *sufferĕntis* 'paziente'; sec. XII] **s. f.** **1** Patimento fisico o morale: *vivere nella s.*; *le sofferenze dei poveri*; *una vita piena di sofferenze*; *morire fra atroci sofferenze*. **2** (*econ.*) Ritardo nella riscossione di un credito | ***In s.***, detto di crediti non rimborsati alla data di scadenza o di interessi non versati alla data di maturazione; nel gergo bancario, riferito a quelle posizioni per le quali è già stato interessato l'ufficio legale per tentarne il recupero. **3** †Sopportazione, pazienza: *questo è un volere provocare la mia s.* (GOLDONI).
†**sofferére** [variante ant. di *soff(e)rire*] **v. tr.** e **intr.** ● Soffrire.
†**sofferiménto** ● V. *soffrimento*.
†**sofferire** ● V. *soffrire*.
†**sofferitóre** ● V. *soffritore*.
soffermàre [comp. di *so-* e *fermare*; 1684] **A v. tr.** (*io soffèrmo*) ● Fermare per breve tempo, trattenere: *s. lo sguardo su qlco.* **B v. intr. pron.** ● Fer-

marsi alquanto: *soffermarsi a parlare* | Indugiare: *soffermarsi sui particolari.*

soffèrto [av. 1292] **A** part. pass. di *soffrire*; anche agg. *1* Nei sign. del v. *2* Detto di qualsiasi manifestazione spirituale o artistica che riveli sofferenza interiore: *una teoria molto sofferta*; *è un quadro s.* | (*est.*) Che manifesta travaglio, fatica e sim.: *è stata una vittoria sofferta*; *un fidanzamento s.* || **soffertaménte**, avv. **B** s. m. *1* (*lett., raro*) Condizione di sofferenza: *tutto questo vissuto e s. di un uomo* (CALVINO). *2* † Periodo di detenzione scontato anteriormente alla condanna.

soffi ● V. *sofi.*

soffiaménto [1336 ca.] s. m. ● (*raro*) Soffio | (*fig., lett.*) Insinuazione, maldicenza.

soffiànte [av. 1320] **A** part. pres. di *soffiare*; anche agg. *1* Nei sign. del v. *2* ***Macchina s.***, quella che ha la funzione di trasmettere a un fluido gassoso, spec. aria, energia di pressione e velocità necessarie a convogliarlo in un percorso di utilizzazione. **B** s. f. ● Macchina soffiante | ***S. a stantuffi***, macchina soffiante a movimento alternativo.

♦**soffiàre** [lat. *sufflāre* 'soffiare', comp. di *sŭb* e *flāre* 'spirare' (V. *fiato*); av. 1294] **A** v. tr. (*io sóffio*) *1* Spingere fuori con forza dalla bocca fiato, aria, fumo e sim.: *s. il fumo della sigaretta* | ***Soffiarsi il naso***, liberarlo dal muco espellendo questo attraverso le narici | (*est.*) Produrre un flusso d'aria con uno strumento: *s. l'aria col mantice.* *2* ***S. il vetro***, lavorarlo con il soffio a caldo, usando la canna da vetraio. *3* (*pop.*) Riferire in segreto, spec. con intenzioni maligne o sobillatrici: *s. un segreto, una parola, e sim. nell'orecchio a qlcu.*; *s. malignità* | (*assol., gerg.*) Fare la spia: *i due arrestati hanno soffiato.* *4* Nel gioco della dama, eliminare la pedina avversaria che non ha compiuto una mossa obbligatoria. *5* (*est.*) Sottrarre, portare via, ciò che appartiene o spetta ad altri: *gli ha soffiato il posto*; *si è fatto s. la ragazza dall'amico* | ***S. la palla***, nel calcio, sottrarla a un avversario con azione rapida. **B** v. intr. (aus. *avere*) *1* Spingere con forza il fiato fuori dalle labbra semichiuse, gonfiando le gote: *s. sulla minestra bollente*; *s. nella tromba* | ***S. sul fuoco, nel fuoco***, perché si accenda o si ravvivi; (*fig.*) fomentare discordie, passioni e sim. *2* Sbuffare per ira, impazienza, stanchezza, fatica, e sim.: *saliva le scale soffiando*; *s. come un mantice.* *3* Spirare, detto di venti: *soffia la tramontana*; *vento che soffia da nord-est.*

soffiàta [av. 1571] s. f. *1* Atto del soffiare una volta. *2* (*pop.*) Rivelazione di notizia riservata o insinuazione malevola | (*gerg.*) Spiata: *la polizia ha ricevuto una s.* || **soffiatina**, dim.

soffiàto (1) [1319] part. pass. di *soffiare*; anche agg. *1* Nei sign. del v. *2* ***Vetro s.***, modellato a caldo mediante processo di soffiatura.

soffiàto (2) [1953] s. m. ● (*raro*) Adattamento di *soufflé* (V.).

soffiatóio [lat. tardo (eccl.) *sufflatōriu(m)* 'soffietto', da *sufflātus* 'soffiato'; sec. XIV] s. m. ● (*gener.*) Strumento per soffiare.

soffiatóre [da *soffiare*; sec. XIV] s. m. *1* (f. *-trice*) Operaio vetraio, che, soffiando nella canna, fa assumere al vetro la forma e le dimensioni desiderate. *2* (f. *-trice*) (*fig., pop.*) Spia.

soffiatùra [1553] s. f. *1* Il soffiare. *2* Metodo di fabbricazione di oggetti di vetro che consiste nell'attingere del vetro fuso con l'estremità di una canna e nel modellarlo soffiandovi attraverso. *3* (*metall.*) Piccola cavità dovuta allo sviluppo di gas disciolti nel metallo fuso, che non si liberano completamente durante il raffreddamento.

†**sofficcàre** [comp. di *so-* e *ficcare*; av. 1555] **A** v. tr. ● Nascondere, celare. **B** v. rifl. ● Nascondersi | Infiltrarsi.

♦**sòffice** [lat. *sŭpplice(m)* 'supplichevole', con sovrapposizione di **suffiĕctere*, comp. di *flĕctere* 'piegare' (?); av. 1320] agg. *1* Che si piega e cede con facilità alla pressione: *lana morbida e s.*; *guanciale, materasso s.* | (*fig.*) Soft. SIN. Morbido. CONTR. Duro. *2* (*ecol.*) Dolce. *3* (*aer.*) ***Volo s.***, quello effettuato mediante aeromobili, derivati dal deltaplano, che utilizzano, per la propulsione, l'energia muscolare umana o l'energia solare. || **sofficeménte**, avv. In modo soffice.

†**sofficiènza** e *deriv.* ● V. *sufficienza* e *deriv.*

sofficità [1882] s. f. ● Caratteristica di ciò che è soffice. SIN. Morbidezza.

soffierìa [da *soffiare*, sul modello del fr. *soufflerie* 'mantice'; 1806] s. f. *1* Impianto, la cui parte essenziale è formata da una o più macchine soffianti, atto a fornire aria sotto pressione per diversi procedimenti industriali. *2* In laboratori chimici e fisici, apparecchio che sfrutta aria od ossigeno a pressione moderata per raggiungere temperature elevate in apposito bruciatore.

soffiétto [da *soffiare*, sul modello del fr. *soufflet*; 1585] s. m. *1* Piccolo mantice a mano per accendere o ravvivare il fuoco, per dare lo zolfo alle viti, e sim. *2* Mantice di carrozza | Involucro a fisarmonica di tela impermeabile, con telai metallici, per i mantici dei veicoli ferroviari. *3* Dispositivo allungabile, in pelle o tela impenetrabili alla luce, posto fra il dorso e la parte anteriore delle vecchie macchine fotografiche. *4* Articolo o brano di giornale di tono elogiativo. *5* (*fig., disus.*) Suggeritore teatrale | Delatore. || **soffiettino**, dim.

sóffio [da *soffiare*; sec. XIV] s. m. *1* Atto del soffiare. *2* Aria, fiato emesso nel soffiare: *con un s. spense la candela* | Spostamento d'aria: *un s. di vento*; *un s. gelato*; SIN. Alito | (*fig.*) ***In un s., d'un s.***, in un attimo | (*fig.*) ***S. animatore, vitale, divino***, quello con cui Dio donò la vita ad Adamo. *3* (*fig., lett.*) Ispirazione: *il s. dell'arte, della poesia.* *4* Leggero rumore, leggero ronzio: *il s. del ventilatore elettrico.* *5* (*med.*) Rumore patologico che si ascolta sul cuore o in corrispondenza dell'albero respiratorio: *s. sistolico, bronchiale.*

soffióne (1) [da *soffiare*; 1353] s. m. *1* (*disus.*) Canna di ferro per ravvivare il fuoco col soffio. *2* Emissione violenta di vapori e gas surriscaldati e sotto pressione, di origine magmatica, da condotti e spaccature del suolo: *s. boracifero.* *3* (*fig.*) †Spia. *4* (f. *-a*) (*fig.*) †Persona presuntuosa e superba: *Tu sei una soffiona piena di vento* (MACHIAVELLI). || †**soffionétto**, dim.

soffióne (2) [da *soffiare*, così detto per il gioco dei bambini che vi soffiano; 1809] s. m. ● (*bot.*) Tarassaco.

†**soffionerìa** [da *soffione* (*1*); 1551] s. f. ● (*raro*) Caratteristica di chi è soffione.

†**soffìsmo** ● V. *sofisma.*

†**soffìstico** ● V. *sofistico.*

♦**soffìtta** [da *soffitto*; sec. XIV] s. f. *1* Vano a tetto, solaio: *mettere, relegare in s.*; *ridursi ad abitare in una s.* | †Soffitto. *2* Parte del palcoscenico al di sopra degli elementi di scena, adibita ai servizi. || **soffittàccia**, pegg.

soffittàre [da *soffitto*; sec. XV] v. tr. ● Munire del soffitto: *s. una stanza.*

soffittatùra [da *soffittare*; 1936] s. f. ● Rivestimento per soffitti che nasconde la travatura.

♦**soffìtto** [lat. parl. **suffictu(m)*, variante del classico *suffixus*, part. pass. di *suffigere* 'coprir sotto'; per calco sul fr. *plafond* nel sign. 3; 1554] s. m. *1* Superficie inferiore di un solaio o di una volta che fa da cielo a un ambiente. *2* Nell'alpinismo, parte di una parete rocciosa che sporge in fuori ad angolo retto. *3* (*aer.*) Tangenza. *4* (*sociol.*) ***S. di cristallo***, insieme degli ostacoli socioculturali che si frappongono all'affermazione professionale delle donne, spec. nelle strutture aziendali gerarchizzate. || **soffittóne**, accr.

soffocaménto o (*dial.*) †**soffogaménto** [sec. XIV] s. m. ● Il soffocare, il venire soffocato | Difficoltà di respirazione: *provare un senso di s.* | (*fig.*) Repressione.

soffocànte [1603] part. pres. di *soffocare*; anche agg. *1* Nei sign. del v. | Che rende difficile la respirazione: *caldo s.*; *in una s. notte di estate* (FENOGLIO) | (*fig.*) Opprimente: *un'atmosfera s.* *2* ***Gas s.***, aggressivo chimico che agisce sulle vie respiratorie. || **soffocanteménte**, avv.

♦**soffocàre** o (*dial.*) †**soffogàre**, †**suffocàre** [lat. *suffocāre*, comp. di *sŭb* 'sotto' e da *fāux*, genit. *fāucis* 'gola'; av. 1292] **A** v. tr. (*io sòffoco, tu sòffochi*) *1* Uccidere impedendo di respirare: *Otello soffocò Desdemona* | Impedire di respirare: *questo caldo mi soffoca* | ***S. le fiamme, il fuoco***, spegnerli. *2* (*fig.*) Reprimere qlco. in modo che non appaia, non si manifesti, non si sviluppi e sim.: *s. una passione*; *s. la libertà* | ***S. uno scandalo***, fare in modo che non se ne parli | ***S. una rivolta nel sangue***, reprimerla con la violenza | (*lett.*) Opprimere: *le spine ... degli appetiti, i quali spesso tanto adombrano e suffocano gli animi nostri* (CASTIGLIONE). *3* Opprimere privando dell'aria e della luce: *s. le erbacce, il grano.* *4* (*lett.*) †Sommergere, affogare. **B** v. intr. e intr. pron. (aus. *essere*) ● Non poter respirare, sentirsi mozzare il respiro: *qui si soffoca dal caldo*; *quasi mi soffocavo nel bere.*

soffocàto [sec. XIII] part. pass. di *soffocare*; anche agg. *1* Nei sign. del v. *2* (*fig.*) Represso, attutito: *grido, gemito, s.* || **soffocataménte**, avv. In modo soffocato: *piangere soffocatamente.*

soffocatóre [av. 1847] s. m.; anche agg. (f. *-trice*) ● (*raro*) Chi (o Che) soffoca (*spec. fig.*).

soffocazióne o †**soffogazióne**, †**suffocazióne** [vc. dotta, dal lat. *suffocatiōne(m)* 'soffocamento', da *suffocātus* 'soffocato'; av. 1320] s. f. ● Soffocamento.

sòffoco [da *soffocare*; av. 1861] s. m. (pl. *-chi*) ● (*region.*) Afa, aria calda e pesante.

†**soffogàre** e *deriv.* ● V. *soffocare* e *deriv.*

†**soffólcere** o †**soffólgere**, †**suffólcere** [vc. dotta, lat. *suffulcīre* 'puntellare', comp. di *sŭb* 'sotto' e *fulcīre* 'sostenere'; sec. XIII] **A** v. tr. (difett. usato solo al pres. indic. *io soffólco, tu soffólci*, al pass. rem. *io soffólsi, tu soffolgésti* e al part. pass. *soffólto*) ● (*lett.*) Sorreggere, sostenere. **B** v. intr. pron. ● (*lett.*) Concentrarsi, appuntarsi | Accumularsi.

†**soffólto** o †**soffùlto** [sec. XIII] part. pass. di †*soffolcere*; anche agg. ● Nei sign. del v. | Sorretto, sollevato.

soffóndere o †**suffóndere** [dal lat. *suffŭndere* 'spargere', comp. di *sŭb* 'sotto' e *fŭndere* 'versare'; 1873] **A** v. tr. (coniug. come *fondere*) ● (*lett.*) Cospargere, colorire delicatamente. **B** v. intr. pron. ● (*lett.*) Cospargersi, colorirsi: *il viso le si soffuse di rossore.*

†**soffornàto** [comp. di *so-* e di *forno*, nel senso di 'caverna'; av. 1405] agg. ● (*raro*) Incavato.

†**soffragàneo** ● V. *suffraganeo.*

†**soffràtta** [lat. parl. **suffrācta(m)*, f. sost. del part. pass. di **suffrāngere* 'spezzare': propr. 'rottura, mancanza'; sec. XIII] s. f. ● Penuria, mancanza | Bisogno.

soffreddàre [comp. di *so-* e *freddare*; 1773] **A** v. tr. (*io soffréddo*) ● (*raro*) Raffreddare alquanto: *lasciar s. la minestra.* **B** v. intr. e intr. pron. (aus. *essere*) ● Diventare piuttosto freddo.

soffréddo [lat. *suffrīgidu(m)* 'freddino', comp. di *sŭb* 'sotto' e *frīgidus* 'freddo'; 1605] agg. ● (*raro*) Alquanto freddo.

soffregaménto [sec. XIV] s. m. ● (*raro*) Leggero sfregamento.

soffregàre [lat. tardo *suffricāre* 'strofinar leggermente', comp. di *sŭb* 'sotto' e *fricāre* 'fregare'; av. 1537] v. tr. (*io soffrégo, tu soffréghi*) ● (*raro*) Fregare, stropicciare, strofinare leggermente: *soffregarsi gli occhi.*

soffrènte ● V. *sofferente.*

†**soffrènza** ● V. *sofferenza.*

soffrìbile [sec. XIV] **A** agg. ● (*raro*) Tollerabile. **B** s. m. solo sing. ● (*raro*) Ciò che si può soffrire, sopportare, tollerare.

soffrìggere [comp. di *so-* e *friggere*; sec. XIV] **A** v. tr. (coniug. come *friggere*) ● Far friggere leggermente, a fuoco basso: *s. una cipolla nel burro.* **B** v. intr. (aus. *avere*) *1* Friggere leggermente: *la cipolla sta soffriggendo.* *2* (*raro, fig.*) Rammaricarsi borbottando.

soffriménto o †**sofferiménto** [1300 ca.] s. m. ● (*raro*) Sofferenza.

♦**soffrìre** o †**sofferìre** [lat. parl. **suff(e)rīre*, variante del classico *suffĕrre* 'sopportare', comp. di *sŭb* 'sotto' e *fĕrre* 'portare', dalla radice indeur. **bher-*; av. 1276] **A** v. tr. (pres. *io sòffro*; pass. rem. *io soffrìi* o *soffèrsi, tu soffristi*; part. pres. *soffrènte* o *sofferènte*; part. pass. *soffèrto*) *1* Patire dolori fisici o morali: *s. gravi tormenti, affanni, preoccupazioni, pene* | ***S. le pene dell'inferno***, (*fig.*) soffrire molto | Sopportare situazioni particolarmente penose: *s. la fame, la sete, la miseria* | Risentire, con particolare disagio, di determinate situazioni: *s. il freddo, il mal d'auto*; *una pianta che soffre il caldo.* *2* (qlco. o qlcu.; + *di* seguito da inf; + *che* seguito da congv.) Tollerare: *non posso s. i rumori*; *ha la colite e non soffre il latte*; *soffre pazientemente gli insulti*; *io t'ho sofferto un pezzo* (MARINO); *padron 'Ntoni non poteva s. di andare così per la casa* (VERGA); *Non soffro che nessuno m'insulti e mi derida* (GOLDONI) | Sopportare, spec. in espressioni negative: *non posso s. le persone ipocrite.* *3* †Reggere, sostenere: *l'un sofferia l'altro con la spalla* (DANTE *Purg.* XIII, 59). *4* †Permettere, consentire: *se quello è a lei sofferto che non sarebbe sofferto alla serva* (BOCCACCIO). *5* †Aspettare, indugiare: *convenne loro sofferir di* *passar tanto che quelle passate fossero* (BOCCACCIO). **B** v. intr. (aus. *avere*) **1** (+*per*) Patire dolori fisici o morali: *quella donna ha molto sofferto; è un tipo chiuso, ma si vede che soffre; Piangeva e soffriva per gli altri* (NIEVO). **2** (+*di*) Essere soggetto a un disturbo, a una malattia: *s. di mal di testa, di amnesie, di cuore.* **3** (+*per*) Andare a male, avvizzire, detto di piante: *i gerani hanno sofferto per il freddo.* **C** v. intr. pron. ● †Contenersi, astenersi.

soffritóre o †**sofferitóre** [da *soffrito*, desueto part. pass. di *soffrire*; av. 1250] s. m. (f. *-trice*) ● (*lett.*) Chi soffre | Chi sa sopportare, sa essere paziente.

soffrìtto [sec. XIV] **A** part. pass. di *soffriggere* ● (*raro*) Nei sign. del v. **B** s. m. ● Battuto di cipolla, erbe odorose, pancetta o prosciutto, che si fa soffriggere con olio e burro prima di aggiungervi la carne. || **soffrittino**, dim.

soffrùtice ● V. *suffrutice.*

†**soffùlto** ● V. †*soffolto.*

soffùso o †**suffùso** [av. 1494] part. pass. di *soffondere*; anche agg. ● (*lett.*) Cosparso lievemente: *volto s. di rossore* | ***Parole soffuse di tristezza***, pervase | ***Luci soffuse***, attenuate e diffuse in modo uniforme.

sofì o **sòfi** [adattamento dell'ar. *ṣáfawī* 'discendente di Safi al-Din', dinastia reale persiana dal 1502 al 1736; 1520] s. m. ● Anticamente, sovrano persiano.

sofìa [dal gr. *sophía* 'sapienza, saggezza' da *sophós* 'colui che sa', di etim. sconosciuta; 1579] s. f. ● (*lett.*) Sapienza, scienza: *un sillogismo di mistica s.* (CARDUCCI).

-sofìa [gr. *-sophía*, da *sophía* 'saggezza, conoscenza', deriv. da *sophós* 'saggio, sapiente'] secondo elemento ● In parole composte della terminologia dotta, significa 'scienza', 'dottrina', 'studio' e sim.: *antroposofia, filosofia, teosofia.*

sofianìsmo [dal gr. *sophía* col doppio suff. *-ano* e *-ismo*, come in *messianismo*] s. m. ● (*relig.*) Corrente teologico-mistica sviluppatasi in Russia nell'ambito del cristianesimo nel sec. XIX. SIN. Sofiologia.

-sòfico secondo elemento ● Forma aggettivi derivanti da nomi in *-sofia*: *filosofico, teosofico.*

sofiologìa [comp. di *sophio-*, dal gr. *sophía* 'sapienza, saggezza', e *-logia*; 1960] s. f. ● (*relig.*) Sofianismo.

sofìsma o †**soffìsmo**, †**sofìsmo** [vc. dotta, dal lat. *sophĭsma* (nom. acc. nt.), dal gr. *sóphisma*, genit. *sophísmatos* 'artificio', da *sophízesthai* 'cavillare', da *sophía* 'sapienza'; sec. XII] s. m. (pl. *-i*) **1** (*filos.*) Ragionamento fallace, tipico della sofistica presocratica. **2** (*est.*) Ragionamento apparentemente logico, ma in realtà falso e capzioso.

sofìsta o †**sofìsto** [vc. dotta, dal lat. *sophĭsta(m)*, adattamento del gr. *sophistḗs* 'uomo dotto, sofista', connesso con *sophízesthai* 'cavillare', da *sophía* 'sapienza'; 1321] s. m. e f. (pl. m. *-i*) **1** Nel mondo greco dei secoli V e IV a.C., maestro di retorica e di saggezza per professione. **2** (*est.*) Chi si serve di sofismi, cavillatore.

†**sofisterìa** [da *sofista*; av. 1419] s. f. ● Sofisticheria.

sofìstica [vc. dotta, dal gr. *sophistikḗ* (*téchnē*) '(arte) di cavillare', f. sost. di *sophistikós*, da *sophistḗs* 'sofista'; av. 1294] s. f. ● Indirizzo filosofico in Grecia, nei secoli V e IV a.C.

sofisticàggine [av. 1869] s. f. ● (*raro*) Sofisticheria.

sofisticàre [dal lat. mediev. *sophisticāri* (deponente), da *sophĭsticus* 'capzioso' (V. *sofistico*); 1364] **A** v. intr. (*io sofìstico, tu sofìstichi*; aus. *avere*) ● Ragionare per sofismi, sottilizzare, cavillare: *è inutile stare a s. su tutto.* **B** v. tr. ● Alterare con frode gli alimenti posti in commercio: *s. il vino.*

sofisticatézza [da *sofisticato*; 1964] s. f. ● Caratteristica di chi (o di ciò che) è sofisticato.

sofisticàto [av. 1306] part. pass. di *sofisticare*; anche agg. **1** Adulterato. **2** Che mostra raffinatezza e ricercatezza, talora a scapito della naturalezza: *donna sofisticata; maniere sofisticate* | (*raro*) Complicato, sofistico: *un ragionamento s.* **3** Detto di impianto, congegno, attrezzatura ad altissimo grado di perfezione tecnologica sia nei materiali e nei procedimenti, sia nell'affinamento dei risultati e delle prestazioni. || **sofisticataménte**, avv.

sofisticatóre [1898] s. m. (f. *-trice*) ● Chi sofistica una merce.

sofisticazióne [1576] s. f. ● Adulterazione di sostanze o prodotti alimentari.

sofisticherìa [av. 1427] s. f. **1** Caratteristica di ciò che è sofistico. **2** Ragionamento, discorso, atto, e sim. sofistico.

sofìstico o †**soffìstico** [vc. dotta, dal lat. tardo *sophĭsticu(m)*, dal gr. *sophistikós*, agg. tratto da *sophistḗs* 'sofista'; 1308] **A** agg. (pl. m. *-ci*) **1** Che concerne o interessa i sofisti o la sofistica. **2** Che è eccessivamente scrupoloso, cavilloso, pedante. **B** agg.; anche s. m. (f. *-a*) ● Che (o Chi) è schizzinoso, di gusti difficili: *come sei diventato s.!; non fare il s.!* SIN. Schifiltoso, schizzinoso, smorfioso. || **sofisticùzzo**, dim. || **sofisticaménte**, avv.

†**sofìsto** ● V. *sofista.*

sòfo [vc. dotta, dal lat. *sŏphu(m)*, dal gr. *sophós* 'saggio', di etim. incerta; sec. XIV] s. m. ● (*lett.*) Sapiente, saggio, savio (*spec. iron. o spreg.*): *né scelleranza di sacerdoti né oltracotanza di sofi sequestrerà Dio dalla storia* (CARDUCCI).

-sofo /sofo, zofo/ [gr. *-sophos*, da *sophós* 'sapiente, saggio', di etim. incerta] secondo elemento ● Usato in parole composte designanti persona che svolge l'attività indicata dal corrispondente termine in *-sofia*: *filosofo.*

sofoclèo [vc. dotta, dal lat. *Sophoclēu(m)*, dal gr. *Sophókleios*, da *Sophoklês* 'Sofocle' (497-406 a.C.); av. 1765] agg. ● Di Sofocle, poeta tragico dell'antica Grecia.

sofòra [dall'ar. *ṣufayrā'*; 1813] s. f. ● Pianta arborea ornamentale delle Leguminose, con grappoli di fiori gialli (*Sophora japonica*).

†**sofrènza** ● V. *sofferenza.*

sofrologìa [comp. del gr. *sṓphrōn* 'saggio' (comp. di *sôs* 'sano', d'orig. indeur. e *phrḗn*, genit. *phrenós* 'diaframma', poi 'mente', d'orig. incerta) e *-logia*; 1974] s. f. ● Pratica di rilassamento psicologico basata sull'uso combinato di parole e musica che infonde calma e serenità nei pazienti prima di piccoli interventi operatori.

soft /*ingl.* sɒˑft/ [vc. ingl., propr. 'morbido'; 1978] agg. inv. ● Detto di ciò che ha toni sfumati, tenui e delicati, che è gradevole, rilassante o non impegnativo, spec. in contrapposizione a *hard*: *voce, musica s.; atmosfera, ambiente s.* SIN. Dolce, morbido, soffice. CONTR. Duro, rigido, deciso.

softball /*ingl.* 'sɒˑft,bɔːɫ/ [vc. ingl., propr. 'soffice palla'; 1950] s. m. inv. ● Gioco femminile simile al baseball che si svolge su un campo di dimensioni minori.

soft-core /*ingl.* 'sɒˑft,kɔːɹ/ [vc. ingl., comp. di *soft* (V.) e *core* 'nocciolo, centro, nucleo' (d'orig. incerta); 1980] agg. inv. ● Detto di film, pubblicazione a stampa e sim. di carattere pornografico, in cui però le scene non sono rappresentate o descritte in modo eccessivamente realistico. CONTR. Hard-core.

soft drink /*ingl.* 'sɒˑft,dɹɪŋk/ [loc. ingl., propr. 'bevanda (*drink*) leggera (*soft*)'; 1986] loc. sost. m. inv. (pl. ingl. *soft drinks*) ● Bevanda non alcolica.

software /*ingl.* 'sɒˑft,wɛəɹ/ [vc. ingl., propr. 'oggetti (*ware*) molli (*soft*)', in contrapposizione a *hardware* 'oggetti (duri: *hard*) di un apparato'; 1969] s. m. inv. **1** (*elab.*) Corredo dei linguaggi e dei programmi che permettono di svolgere le elaborazioni di un sistema. **2** (*est.*) L'insieme dei programmi e della documentazione necessari per una data attività tecnologica.

software house /*ingl.* 'sɒˑftwɛəɹ,haos/ [loc. ingl., comp. di *software* (V.) e *house* 'casa' (V. *house boat*); 1984] loc. sost. f. inv. (pl. ingl. *software houses*) ● (*elab.*) Azienda la cui attività consiste nello sviluppo e nella commercializzazione di programmi per elaboratori.

softwarista /softwe'rista/ [da *software*; 1981] s. m. e f. (pl. m. *-i*) ● Tecnico specializzato nella progettazione e applicazione dei software.

sóga [lat. tardo *sōca(m)* 'fune', di orig. celtica (?); 1313] s. f. **1** †Correggia, cinghia: *di guerrier sudore / bagnerassi la s. dello scudo* (MONTI). **2** (*dial.*) Fune, grossa corda.

†**sogàtto** o †**soàtto**, †**sovàtto**, †**sugàtto** [di etim. discussa: dal lat. *subāctu(m)* (*cŏrium*) '(cuoio) conciato', part. pass. sost. di *subĭgere* 'mettere (*ăgere*) sotto (*sŭb*), trattare, lavorare' (?); av. 1406] s. m. ● Cuoio | Striscia di cuoio per cavezza o guinzaglio. || †**sogattòlo**, dim.

†**soggettàre** o †**suggettàre** [da *soggetto* (*1*); av. 1427] v. tr. e intr. pron. ● Assoggettare.

soggettazióne [da *soggettare*, come denom. di *soggetto* (*2*); 1989] s. f. ● In biblioteconomia, inserimento di un'opera in un catalogo ordinato per soggetti, sulla base di una breve sintesi del contenuto.

soggettìsta [da *soggetto* (*2*), con *-ista*; 1923] s. m. e f. (pl. m. *-i*) ● Autore di soggetti cinematografici, televisivi e sim.

soggettìva [1970] s. f. ● (*cine*) Inquadratura ripresa dal punto di vista dell'attore, che tende a far identificare soggettivamente lo spettatore col personaggio.

soggettivàre [av. 1937] v. tr. ● Rendere soggettivo | Interpretare i fatti e le cose in modo soggettivo.

soggettivazióne [1908] s. f. **1** Procedimento del soggettivare. **2** (*cine*) Soggettiva.

soggettivìsmo [da *soggettivo*, con *-ismo*; av. 1855] s. m. **1** Concezione filosofica che tende a negare la possibilità di una conoscenza oggettiva della realtà, riducendola alla realtà del soggetto pensante. **2** (*est.*) Modo di interpretare i fatti e le cose in modo soggettivo.

soggettivìsta [av. 1855] s. m. e f. (pl. m. *-i*) **1** Chi segue o si ispira al soggettivismo. **2** (*est.*) Chi interpreta i fatti e le cose in modo molto soggettivo.

soggettivìstico [1914] agg. (pl. m. *-ci*) ● Che concerne o interessa il soggettivismo | Che è proprio del soggettivista.

soggettività [1873] s. f. ● Caratteristica di chi (o di ciò che) è soggettivo: *la s. di un giudizio* | Condizione, peculiarità del soggetto. CONTR. Oggettività.

soggettìvo [dal lat. tardo *subiectīvu(m)* 'relativo al soggetto', da *subiĕctu(m)* 'soggetto' (V. *soggetto* (*2*)); av. 1420] agg. **1** Che deriva dal modo di sentire, pensare e giudicare propri di un singolo individuo, e che è quindi spesso parziale, limitato e sim.: *giudizio s.; opinione, considerazione, soggettiva; la sua interpretazione del testo è piuttosto soggettiva.* CONTR. Obiettivo, oggettivo. **2** (*gramm.*) Del soggetto | ***Proposizione soggettiva***, che fa da soggetto. **3** (*filos.*) Che concerne o interessa il soggetto in quanto realtà pensante. **4** (*psicol.*) ***Metodo s.***, metodo di osservazione che si fonda sull'introspezione. || **soggettivaménte**, avv.

♦**soggètto** (**1**) o †**suggètto** [lat. *subiĕctu(m)*, part. pass. di *subĭcere* 'sottoporre' comp. di *sŭb* 'sotto' e *iăcere* 'gettare'; sec. XIII] agg. (+*a*) **1** Sottomesso, assoggettato: *mala signoria, che sempre accora / li popoli suggetti* (DANTE *Par.* VIII, 73-74) | Sottoposto a un obbligo, a una condizione e sim.: *essere s. a vigilanza speciale; il corpo è s. allo spirito.* **2** (*est.*) Esposto a un'azione proveniente dall'esterno: *il nostro piano è s. a mutamenti* | Esposto a danni, disgrazie e sim.: *il paese è s. a frane.* **3** Detto di persona, che soffre con una certa continuità di un disturbo, una malattia e sim.: *va soggetta a forti emicranie; è molto s. alle coliche.* **4** †Posto in basso, più in basso: *le al Vesuvio soggette auree campagne* (FOSCOLO). || **soggettaménte**, avv. (*raro*) Con soggezione.

♦**soggètto** (**2**) [lat. tardo *subiĕctu(m)* 'soggetto', nt. sost. di *subiĕctus*, part. pass. di *subĭcere* 'sottoporre'. (V. *soggetto* (*1*)); 1271] s. m. **1** Argomento, tema: *il s. della conversazione, della lettura; un s. ben scelto, infelice, felice; allontanarsi dal s. trattato* | Trama: *il s. di un film, di una commedia* | ***Commedia a s.***, commedia dell'arte, in cui si recitava in base a un canovaccio concordato (lo scenario) | ***Recitare a s.***, improvvisare sull'argomento fornito dalla situazione e dal dialogo | ***Film a s.***, narrativo, non documentario. **2** (*mus.*) Nella fuga, tema principale che apre l'esposizione | ***S. cavato***, tema ricavato dalle lettere di un nome o di una frase, corrispondenti alla denominazione alfabetica delle note. **3** (*filos.*) L'io in quanto realtà pensante, spec. in contrapposizione all'oggetto pensato. CONTR. Oggetto. **4** (*gramm.*) ***S.*** (***grammaticale***), la persona o la cosa che fa o subisce l'azione espressa dal verbo o si trova nella condizione indicata dal verbo. **5** (*med.*) Individuo, persona, in quanto presenta determinate caratteristiche cliniche: *s. anemico, isterico, nevrotico.* **6** (*dir.*) ***S. di diritto***, possibile titolare di diritti e doveri | ***Soggetti del processo***, parti processuali, organo giudiziario e ausiliari di giustizia | ***S. attivo del reato***, chi pone in essere il reato | ***S. passi-***

vo del reato, la persona offesa dal reato. *7* (*fam.*) Persona, tipo (*spec. iron.* o *spreg.*): *quel tuo amico è un bel s.*; *cattivo, tristo, pessimo s.* *8* †Suddito. *9* (*agr.*) Pianta o parte di pianta che riceve l'innesto. || **soggettàccio**, **pegg.** | **soggettinàccio**, **pegg.** | **soggettino**, **dim.** | **soggettóne**, **accr.**

soggezióne o (*pop.*) †**suggezióne** [dal lat. *subiectiōne(m)* 'sottomissione', da *subiĕctus* 'soggetto' (V. *soggetto* (*1*)); av. 1342] **s. f.** *1* (*lett.*) Condizione di dipendenza, di sudditanza, di subordinazione: *la s. dalla sovranità della Chiesa* (CARDUCCI); *s. alla volontà altrui, alla legge.* *2* Riguardo timoroso, rispetto misto a imbarazzo e timore che si prova nel trovarsi in ambienti nuovi, insoliti, o al cospetto di persone particolarmente importanti: *dare, ispirare s.*; *provare s.*; *avere s. di qlcu. o di qlco.*; *avere s. a fare qlco.* | ***Mettere, tenere, in s.***, intimorire | ***Mettersi in s.***, sentirsi intimorito | ***Non avere s. di nessuno***, non temere nessuno. || **soggezioncèlla**, **dim.**

sogghignàre [comp. di *so-* e *ghignare*; 1342] **v. intr.** (aus. *avere*) ● Fare sogghigni, in segno di disprezzo, sarcasmo, ironia.

sogghignatóre [1873] **s. m.** (f. *-trice*) ● (*raro*) Chi sogghigna.

sogghigno [da *sogghignare*; av. 1348] **s. m.** ● Ghigno dissimulato, leggero, che esprime disprezzo, malignità, ironia: *fare un s.*; *un s. di amarezza*; *Mi accolse … con un s. pieno di sottintesi* (LEVI).

soggiacènte [av. 1348] **part. pres.** di *soggiacere*; anche **agg.** *1* Nei sign. del v. | (*lett.*) Sottostante: *L'idea s. a queste misure* (MORAVIA). *2* (*geol.*) ***Roccia s.***, che si trova sotto allo strato o alla roccia che serve da riferimento | ***Plutone s.***, di cui non è conosciuto il letto e che presumibilmente si congiunge allo strato continuo di sial sottostante i sedimenti. *3* (*ling.*) Sottostante.

soggiacére [dal lat. *subiacēre* 'giacer sotto', comp. di *sŭb* 'sotto' e *iacēre* 'giacere'; av. 1306] **v. intr.** (coniug. come *giacere*; aus. *essere* e *avere*) *1* Essere sottoposto, soggetto: *s. all'autorità, alla legge, alla volontà altrui*; *s. ai capricci di qlcu.*; *le cose materiali vaganti confusamente nello spazio soggiacquero da molti secoli ad una forza ordinatrice* (NIEVO) | Soccombere: *dopo una strenua resistenza il nemico dovette s.* *2* †Essere posto al di sotto: *il mare alto è sempre in quella parte che soggiace alla Luna* (GALILEI).

soggiaciménto [av. 1306] **s. m.** ● (*raro, lett.*) Sottomissione.

soggiogaménto [sec. XIV] **s. m.** ● (*raro*) Assoggettamento.

soggiogàre o †**suggiugàre** [dal lat. tardo *subiugāre* 'far passare sotto il giogo', comp. di *sŭb* 'sotto' e di *iŭgum* 'giogo'; av. 1294] **v. tr.** (*io soggiògo* (o *-ó-*), *tu soggiòghi* (o *-ó-*)) *1* Debellare, mettere sotto il proprio dominio: *Napoleone soggiogò regni e imperi*; *avea fatto proponimento di non portar più corona, se prima non soggiogava il popolo di Milano* (MURATORI). *2* (*fig.*) Dominare: *s. qlcu. con lo sguardo.* *3* †Sovrastare, dominare dall'alto.

soggiogatóre [dal lat. tardo *subiugatōre(m)* 'vincitore', da *subiugātus* 'soggiogato'; av. 1396] **s. m.**; anche **agg.** (f. *-trice*) ● (*lett.*) Chi (o Che) soggioga.

soggiogazióne [vc. dotta, dal lat. tardo *subiugatiōne(m)* 'soggiogamento', da *subiugātus* 'soggiogato'; sec. XIV] **s. f.** ● Soggiogamento.

†**soggiógo** (o *-ò-*) [comp. di *so-* e *giogo*; av. 1543] **s. m.** ● Giogaia dei ruminanti.

soggiornàre [lat. parl. **subdiurnāre*, comp. di *sŭb* 'sotto' e di *diŭrnus* 'giornaliero' (V. *giorno*); av. 1292] **A v. intr.** (*io soggiórno*; aus. *avere*) ● Trattenersi, fermarsi per un certo tempo nello stesso luogo, spec. a scopo di svago, di riposo e sim.: *s. in Riviera.* **B v. tr.** *1* †Ospitare, ricoverare, mantenere | †Custodire, accudire il bestiame. *2* (*tosc.*) †***S. una stanza***, darle aria.

♦**soggiórno** [da *soggiornare*; av. 1249] **s. m.** *1* Permanenza per un certo periodo di tempo in un luogo: *s. lungo, breve*; *s. estivo, invernale*; *luogo di s.* | (*raro*) ***Prendere, fare, s. in un luogo***, stabilirvisi per un certo tempo | ***Permesso di s.***, autorizzazione concessa a un cittadino straniero a risiedere in uno Stato: *gli è stato revocato il permesso di s.* | (*dir.*) ***Obbligo di s.***, ***s. obbligato***, ***divieto di s.***, misura di sorveglianza applicata nei confronti di una persona ritenuta pericolosa, consistente nell'obbligo (o nel divieto) di risiedere temporaneamente in un determinato comune | ***Azienda*** (***autonoma***) ***di s.***, ente che cura le attività turistiche in una località | ***Imposta di s.***, corrisposta all'ente locale da chi temporaneamente dimora in una località diversa dalla propria residenza. *2* Luogo in cui si soggiorna: *la montagna è un incantevole s.*; *questo paese è un s. tranquillo.* *3* (*est., lett.*) Dimora: *tempo verrà … / ch'a l'usato s. / torni la fera bella* (PETRARCA). *4* Stanza di dimensioni relativamente ampie dove si vive durante il giorno. *5* †Indugio.

soggiùngere o †**soggiùgnere** [dal lat. *subiŭngere* 'unire', comp. di *sŭb* 'sotto' e *iŭngere* 'attaccare' (V. *giungere*); 1308] **v. tr. e intr.** (**pres.** *io soggiùngo, tu soggiùngi*; **pass. rem.** *io soggiùnsi, tu soggiungésti*; **part. pass.** *soggiùnto*; aus. *avere*) *1* Dire in aggiunta a quanto già detto, riprendendo il discorso, ribattendo e sim.: *s. un particolare al racconto dei fatti*; *rispose di no e soggiunse che non avrebbe mai accettato*; *è tardi, soggiunse Giovanni, dobbiamo andare*; *così disse, e soggiunse: 'Purtroppo'!* *2* †Unire, congiungere.

†**soggiungiménto** [sec. XIV] **s. m.** ● (*raro*) Unione.

soggiuntìvo o †**subiuntìvo**, spec. nel sign. B [vc. dotta, dal lat. tardo *subiunctīvu(m)* 'soggiuntivo', da *subiūnctus* 'soggiunto'; av. 1472] **A agg.** ● (*raro*) Che unisce | (*gramm., disus.*) ***Modo s.***, congiuntivo. **B s. m.** ● (*gramm., disus.*) Congiuntivo.

soggiùnto [1551] **part. pass.** di *soggiungere* ● Nei sign. del v.

†**soggóla** [1561] **s. f.** ● Soggolo.

soggolàre [comp. di *so-* e *gola*; av. 1300] **v. tr.** (*io soggólo*) ● Fornire del soggolo | Far aderire una veste alla gola.

soggólo [comp. di *so-* e *gola*; av. 1492] **s. m.** *1* Nell'abbigliamento femminile medievale e rinascimentale, benda, fascia a largo nastro che passava sotto il mento. *2* Benda, velo, che le monache portano sotto o intorno alla gola. *3* Striscia di cuoio che si porta sotto il mento, nei copricapi militari. *4* Striscia di cuoio che passa sotto la gola del cavallo e si attacca alla testiera.

sogguardàre [comp. di *so-* e *guardare*; av. 1735] **v. tr. e intr.** (aus. *avere*) ● Guardare di sottecchi.

†**sogguatàre** [comp. di *so-* e *guatare*; av. 1729] **v. tr. e intr.** ● Sogguardare.

sòglia [lat. *sŏlea(m)* 'suola', connesso con *sŏlu(m)* 'suolo'. (V. *suolo*); 1313] **s. f.** *1* Parte inferiore del vano della porta, spesso formata da una lastra di pietra, che comprende tutta la lunghezza dell'apertura. *2* (*est.*) Porta, entrata, ingresso: *fermarsi, stare, sulla s.*; *varcare la s.*; *non oltrepassare la s.*; *la compagnia piena di doglia / tutta pensosa entrò dentro alla s.* (POLIZIANO). *3* (*geogr.*) ***S. glaciale***, specie di gradino che separa un circo glaciale dalla valle sottostante. ➡ **ILL.** p. 2132 SCIENZE DELLA TERRA ED ENERGIA. *4* (*fig.*) Inizio, principio: *essere alla, sulla s. della vecchiaia*; *alle soglie della vita*; *la primavera è alle soglie*; *A me, se di vecchiezza / la detestata s. / evitar non impetro* (LEOPARDI). *5* Limite inferiore, valore minimo perché una causa produca un certo effetto | ***S. di rischio***, valore minimo perché un dato fenomeno diventi pericoloso | ***S. di udibilità***, intensità di un'onda sonora nell'aria, al disotto della quale il suono non viene più udito | (*fisiol.*) ***S. del dolore***, livello minimo di intensità di una sensazione oltre il quale essa è percepita come dolore.

†**sogliàre** [lat. parl. **soleāre*, nt. sost. dell'agg. *soleāris*, da *sŏlea* 'suola'; 1313] **s. m.** ● Soglia: *la porta / lo cui s. a nessuno è negato* (DANTE *Inf.* XIV, 86-87).

sòglio (**1**) o (*poet.*) **sòlio** [lat. *sŏliu(m)* 'seggio, trono', da un precedente **sŏdium*, corradicale di *sedēre* 'sedere'; av. 1348] **s. m.** *1* (*lett.*) Trono, seggio di un sovrano: *s. reale, imperiale* | ***S. di San Pietro***, ***s. pontificio***, la cattedra di San Pietro; la carica, il potere papale: *salire al s. pontificio.* *2* (*lett.*) Sede, regno di un sovrano | Dignità, potere, di un sovrano.

†**sòglio** (**2**) [1313] **s. m.** ● (*lett.*) Soglia.

sòglio (**3**) ● V. *solere.*

sogliòla [deriv. dim. del lat. *sŏlea(m)* 'suola' e 'sogliola' (V. *suola*); av. 1444] **s. f.** ● Pesce osseo marino dei Soleidi, dal corpo appiattito, di colore variabile e mimetico con i fondali sabbiosi, dalle carni pregiate (*Solea*). ➡ **ILL.** **animali**/7. || **sogliolétta**, **dim.** | **sogliolina**, **dim.** | **sogliolóna**, **accr.** | **sogliolùccia**, **dim.**

sognàbile [av. 1704] **agg.** ● Che si può sognare.

sognànte [av. 1375] **part. pres.** di *sognare*; anche **agg.** *1* Nei sign. del v. | Che sembra immerso in un sogno: *sguardo s.* *2* Degno di un sogno, una fantasia e sim.: *s. visione*; *atmosfera s.*

♦**sognàre** o (*lett.*) †**somniàre** [lat. *somniāre*, da *sŏmnium* 'sogno' (V. *sogno*); 1294] **A v. tr.** (*io sógno*) (qlcu. o qlco.; + *di* seguito da inf.; + *che* seguito da indic. o raro da congv.) *1* Vedere in sogno: *ho sognato mio padre*; *ho sognato di morire*; *ho sognato che ero nel deserto*; *sognando che un servo l'uccida* (SACCHETTI); (*fam., pleon.*) *mi sono sognato mio padre* | Anche col compl. dell'ogg. interno: *s. un brutto sogno*; *s. sogni belli* | (*fig., fam., pleon.*) ***Me lo sono sognato, me lo sarò sognato e sim.***, per far capire, che si crede in ciò che si dice | (*pleon.*) ***Non ti s. di farlo!***, non pensarci nemmeno. *2* (*fig.*) Vagheggiare con la fantasia, desiderare ardentemente: *sogno una casa in campagna*; *molti sognano la ricchezza*; (*fam., pleon.*) *me la sogno da tanto una casa in campagna.* *3* (*fig.*) Illudersi, sperare invano (*spec. pleon.*): *tu te la sogni la promozione!*; *quel viaggio a New York se lo può s.!* *4* (*fig.*) Immaginare, supporre, qlco. di completamente inaspettato, spec. in frasi interrogative o negative: *chi avrebbe mai sognato di rivederti?*; (*fam., pleon.*) *non me lo sognavo proprio di trovarti qui.* **B v. intr.** (aus. *avere*) ● Fare sogni: *i bambini sognano molto*; *quando dormo non sogno mai*; *mi hai svegliato mentre stavo sognando* | ***Credere, parere, sembrare***, e sim. ***di s.***, trovarsi di fronte a qlco. tanto straordinaria o insolita da parere incredibile | (*fig.*) Fantasticare: *che fai, sogni?* | ***S. a occhi aperti***, immaginare cose lontane dalla realtà, farsi illusioni. **C v. intr. e intr. pron.** (aus. intr. *avere*) (+ *di*) ● Vedere, credere di vedere, in sogno: *ho sognato di mio padre*; *si sogna spesso della sua giovinezza.*

sognatóre [dal lat. *somniatōre(m)*, da *somniātus* 'sognato'; sec. XIII] **s. m.**; anche **agg.** (f. *-trice*) *1* (*raro*) Chi (o Che) sogna. *2* (*fig.*) Chi (o Che) è portato a fantasticare, a illudersi: *i sognatori mancano di spirito pratico*; *ragazzo s.*

♦**sógno** [lat. *sŏmniu(m)*, da *sŏmnus* 'sonno' (V. *sonno*); av. 1292] **s. m.** *1* (*psicol.*) Attività psichica che caratterizza prevalentemente il sonno paradosso ed è accompagnata da modificazioni dell'attività elettrica dei neuroni, da immagini, pensieri, emozioni: *s. rivelatore, mattutino*; *nel s.*; *s. spaventoso*; *fare un s.*; *vedere in s.*; *apparire in s.*; *fare qlco. in s.*; *credere ai sogni*; *nel s. i simolacri sono in noi, ma paiono fuori* (SARPI). **CFR.** oniro- | ***Libro dei sogni***, libro che interpreta i sogni più comuni e spesso ne trae i numeri da giocare al lotto; (*fig.*) progetto irrealizzabile, utopistico | ***Sembrare, parere***, e sim. ***un s.***, di cosa talmente straordinaria e insolita da parere incredibile | (*fam., enfat.*) ***Nemmeno, neppure, neanche*** e sim. ***per s.***, neanche per idea, no nel modo più assoluto. *2* Immaginazione, fantasia, cosa lontana dalla realtà: *era solo un s.*; *è stato un s.*; *è tutto un s.*; *la nostra speranza è un s.*; *una vita di sogni, di estasi, di fantasia* (DE SANCTIS) | Illusione in cui è dolce cullarsi: *i dolci sogni della gioventù*; *l'uomo dei propri sogni*; *coronare il proprio s. d'amore* | Forte desiderio, aspirazione: *il suo s. è di fare il regista* | ***S. proibito***, aspirazione, desiderio irrealizzabile. *3* (*lett.*) Avvenimento svanito, dileguato: *gli antichi imperi sono ora un s.* *4* Persona, cosa, molto bella: *quella ragazza è un s.*; *è un s. di ragazza*; *la loro casa è un s.* | ***Di s.***, fantastico, meraviglioso, affascinante: *una villa, una vacanza di s.*; *alzando su di me gli occhi di s.* (SABA). || **sognàccio**, **pegg.**

sòia (**1**) [dal giapp. *shōyū*, di orig. manciù; 1895] **s. f.** ● Erba cespugliosa delle Leguminose, con baccelli pelosi e semi ricchi di proteine e grassi, usati per l'estrazione di olio, la produzione di sfarinati e sim. o consumati direttamente, spesso anche in germogli. **SIN.** Fagiolo cinese. ➡ **ILL.** **piante**/7.

†**sòia** (**2**) [propr. 'seta', dal fr. *soie*, dal lat. *sāeta(m)* 'setola, seta'; av. 1470] **s. f.** *1* Seta. *2* (*fig.*) Adulazione, lusinga | ***Dare la s. a qlcu.***, adularlo, blandirlo.

soigné /fr. swa'ɲe/ [vc. fr., propr. part. pass. del v.

soigner 'curare', di orig. germ.; 1918] **agg. inv.** (**f.** fr. *soignée*; **pl. m.** *soignés*; **pl. f.** *soignées*) ● Ben curato, elegante, ricercato nei modi e nell'abbigliamento, detto di persona | Preciso, molto rifinito, detto di cosa.

soirée /fr. swa'ʀe/ [vc. fr., propr. 'serata', da *soir* 'sera'; 1846] **s. f. inv.** ● Festa mondana, elegante, che ha luogo nella tarda serata.

sol (**1**) /sɔl/ [lettere iniziali del terzo verso (*solve polluti labii reatum*) dell'inno a S. Giovanni, scelto da Guido d'Arezzo a fondamento della scala musicale; 1506 ca.] **s. m. inv.** ● (*mus.*) Quinta nota della scala musicale di *do* (V. nota d'uso ACCENTO).

sol (**2**) /sɔl/ [vc. ingl., da *hydrosol*, comp. di *hydro-* 'idro-' e *solution* 'soluzione'; 1950] **s. m. inv.** ● Sospensione finissima di sostanze colloidali in acqua o altro liquido.

sol (**3**) /sp. sɔl/ [vc. sp., propr. 'sole', così chiamata per l'immagine che vi si trova raffigurata] **s. m. inv.** (**pl.** sp. *soles*) ● Unità monetaria del Perù.

sòla [1959] **s. f.** **1** V. *suola*. **2** (*region.*) Truffa, imbroglio.

†**solàccio** e *deriv.* ● V. *sollazzo* e *deriv.*

♦**solàio** o †**solàro** [lat. *solāriu(m)* 'luogo esposto al sole', da *sōl*, genit. *sōlis* 'sole'; sec. XIII] **s. m.** **1** Struttura orizzontale che nei fabbricati sopporta il pavimento dei singoli piani e i carichi gravanti su di esso: *s. a travi di legno, in cemento armato*. **2** Locale tra il tetto e il soffitto dell'ultimo piano di un edificio, spesso usato come ripostiglio. **SIN.** Soffitta, sottotetto | (*tosc.*) Locale sotto il tetto con un lato aperto, frequente nelle case dei contadini. **3** †Ciascuno dei piani di un edificio: *casa a tre solai*.

Solanàcee [comp. del lat. *solānum*, propr. 'pianta del sole (*sōl*)', col suff. *-acee*; 1875] **s. f. pl.** (**sing.** *-a*) ● Nella tassonomia vegetale, famiglia di piante dicotiledoni erbacee con frutto a bacca o a capsula talora commestibile; vi appartengono vari generi e numerose specie, alcune (ad es. la patata, la melanzana, il pomodoro) coltivate, altre contenenti principi medicinali velenosi o narcotici (*Solanaceae*). ➡ **ILL. piante**/8.

solanìna [1825] **s. f.** ● Alcaloide velenoso contenuto in molte Solanacee.

♦**solàre** (**1**) [vc. dotta, dal lat. *solāre(m)*, da *sōl*, genit. *sōlis* 'sole'; 1336 ca.] **A agg.** **1** Attinente al Sole: *luce, calore, raggio s.* | ***Orologio s.***, meridiana | (*astron.*) ***Sistema s.***, insieme del Sole e dei corpi che gravitano intorno a esso. **2** Di congegno, dispositivo atto a fornire energia di fonte solare | ***Batteria s.***, che per funzionare utilizza i raggi del Sole | ***Cella s.***, ***cellula s.***, congegno che converte la luce del Sole in energia elettrica | ***Collettore s.***, V. *collettore* | ***Pannello s.***, congegno che converte la luce del Sole in energia termica | ***Impianto s.***, insieme di strutture che sfruttano energia, per lo più termica, derivata dal Sole. **3** (*astrol.*) ***Temperamento s.***, in cui prevalgono gli influssi del Sole. **4** (*med.*) ***Plesso s.***, plesso celiaco. **5** (*fig.*) Gioioso, splendente: *sorriso s.* | (*poet.*) Luminoso, radioso: *risonò la parola s.* (D'ANNUNZIO). **6** (*fig., lett.*) Lampante, evidentissimo: *una verità s.* **B s. m.** **1** Il complesso degli studi e delle ricerche sull'energia solare e delle tecniche applicative di questa. **2** (*mecc.*) In un rotismo epicicloidale semplice, ciascuna delle due ruote dentate d'estremità, intorno al cui asse fisso comune ruota il portatreno.

SOLARE (ENERGIA)
nomenclatura

solare (**energia**)
● raggiante (= radiazione) solare; costante solare; effetto serra; collettore solare (= pannello solare), fornace solare; eliomotore; eliopompa; centrale eliotermica (= solare); impianto termico (= di riscaldamento) a energia solare; accumulatore termico (= di calore); casa solare, solarizzata; cucina solare; distillatore solare; forno solare; cella solare, cella al silicio; batteria solare; il solare.

solàre (**2**) ● V. *suolare*.

solàre (**3**) [da *solaio*; 1960] **agg.** ● Spec. nella …c. ***lastrico s.***, tetto piano e praticabile di un edi…o.

…**riàno** [dal n. della rivista *Solaria*, pubblicata a Firenze fra il 1925 e il 1936; av. 1956] **A agg.** ● Della rivista culturale e letteraria Solaria. **B s. m.** (**f.** *-a*) ● Collaboratore di tale rivista, seguace delle tendenze di questa.

solarìgrafo [comp. di *solare* (*1*) e *-grafo*; 1960] **s. m.** ● Solarimetro registratore.

solarìmetro [comp. di *solare* (*1*) e *metro*; 1960] **s. m.** ● In geofisica, strumento che misura l'intensità del calore irraggiato dal sole.

solàrio [1838] **s. m.** ● Adattamento di *solarium* (V.).

solarità [da *solare* (*1*); 1669] **s. f.** ● (*lett.*) Luminosità, radiosità.

solàrium [vc. dotta, dal lat. *solāriu(m)* 'luogo esposto al sole', da *sōl*, genit. *sōlis* 'sole' (V. *solaio*); 1938] **s. m. inv.** (**pl.** lat. *solaria*) **1** Terrazzo esposto al sole, adatto per praticare l'elioterapia. **2** Lettino solare.

solarizzàre [fr. *solariser*, dal lat. *solāris* 'solare (1)'; 1983] **v. tr.** **1** (*edil.*) Applicare collettori solari e relativi impianti a un edificio, spec. a scopo di riscaldamento. **2** (*fot., bot., ottica*) Effettuare, far subire, la solarizzazione.

solarizzazióne [fr. *solarisation*, da *solariser* 'solarizzare'; 1983] **s. f.** **1** (*fot.*) ***S. di un'emulsione fotografica***, diminuzione dell'annerimento di un'immagine negativa determinata da un tempo di esposizione eccessivo con la conseguenza che nell'immagine positiva le aree più chiare del soggetto appaiono più o meno scure. **2** (*bot.*) ***S. dei cloroplasti***, fenomeno per cui un'eccessiva esposizione alla luce determina una temporanea o definitiva inattivazione dei cloroplasti con conseguente interruzione della fotosintesi. **3** (*ottica*) Fenomeno per cui in certi vetri il fattore di trasmissione dell'ultravioletto si riduce notevolmente dopo lunghe esposizioni all'ultravioletto estremo.

†**solàro** ● V. *solaio*.

solàta [da *sole*, V. il lat. *solātus* 'colpito dal sole', da *sōl*, genit. *sōlis* 'sole'; 1825] **s. f.** ● (*pop.*) Colpo di sole.

solatìo o †**solatìvo** [lat. parl. **solatīvu(m)*, dal classico *solātus* 'colpito dal sole', da *sōl*, genit. *sōlis* 'sole'; sec. XIV] **A agg.** ● (*lett.*) Che è esposto al sole. **SIN.** Assolato, soleggiato. **B s. m.** ● Luogo volto a mezzogiorno | ***A s.***, dal lato volto a mezzogiorno. **CONTR.** Bacio (2).

solàto ● V. *suolato*.

solatùra ● V. *suolatura*.

solazióne [da *sol* (*2*); 1991] **s. f.** ● Trasformazione di una sostanza da gel a sol.

solcàbile [vc. dotta, dal lat. tardo *sulcābile(m)* 'arabile', da *sulcāre* 'solcare'; av. 1704] **agg.** ● (*raro*) Che si può solcare.

solcaménto [1838] **s. m.** ● (*raro*) Solcatura.

solcàre [lat. *sulcāre* 'far solchi', da *sŭlcus* 'solco'; av. 1320] **v. tr.** (*io sólco, tu sólchi*) **1** Fendere con solchi prodotti dall'aratro, arare: *s. il campo* | Aprire solchi con la zappa. **2** (*fig.*) Fendere l'acqua, detto di imbarcazioni: *s. il mare, le onde*; *la nave solca il mare*. **3** (*fig.*) Lasciare un solco, un segno, una ruga, e sim.: *un fulmine solcò il cielo*; *una cicatrice le solca il viso*.

solcàto [av. 1374] **part. pass.** di *solcare*; anche **agg.** ● Segnato da solchi | (*fig.*) Inciso, segnato: *fronte solcata da rughe*.

solcatóre [dal lat. *sulcatōre(m)* 'che solca', da *sulcātus* 'solcato'; av. 1768] **A s. m.**; anche **agg.** (**f.** *-trice*) ● (*lett.*) Chi (o Che) solca. **B s. m.** ● (*agr.*) Assolcatore.

solcatùra [av. 1704] **s. f.** ● Attività del solcare | Il solco tracciato.

sólco o †**sòlgo** [lat. *sŭlcu(m)* 'solco', di orig. indeur.; av. 1320] **s. m.** (**pl.** *-chi*) **1** Scavo aperto nel terreno con aratro, assolcatore, zappa e sim.: *aprire i solchi*; *seminare nei solchi* | ***S. acquaio***, aperto dopo la semina per raccogliere l'acqua e allontanarla dal campo | (*fig.*) Linea guida, principio ispiratore: *nel s. della tradizione petrarchesca* | ***Uscire dal s.***, (*fig.*) deviare, divagare. **2** (*est.*) Incavatura simile a un solco impressa su una superficie: *i solchi delle ruote del carro*. **CFR.** botrio- (1) | (*est.*) Grinza, ruga: *ha profondi solchi sulla fronte* | (*fig.*) Traccia, impronta: *sono esperienze che lasciano un s. profondo* | (*fig.*) Divergenza profonda, frattura: *nei rapporti tra i due partiti si è aperto un s.*; *nei nostri rapporti si è aperto un s. incolmabile*. **3** (*est.*) Scia, spec. di imbarcazioni: *il motoscafo lascia un s. sul lago* | (*raro*) Striscia di luce lasciata da corpi luminosi, o sim.: *il s. di una stella cadente nel cielo*. ‖ **solcherèllo**, **dim.** | **solchétto**, **dim.**

solcòmetro [comp. di *solco*, nel sign. 3, e *-metro*; 1838] **s. m.** ● (*mar.*) Apparecchio che serve a misurare la velocità di una nave: *s. a barchetta*; *s. meccanico*.

†**soldanàto** [da *soldano*; sec. XIII] **s. m.** ● Sultanato.

soldanèlla [da *soldo* perché le foglie sono rotonde come una moneta (?); 1499] **s. f.** ● Piantina alpina delle Primulacee a foglie basali, arrotondate, inferiormente di colore viola (*Soldanella alpina*).

†**soldàno** ● V. *sultano*.

†**soldàre** [da *assoldare*; av. 1292] **v. tr.** ● Assoldare, ingaggiare a pagamento: *il Papa cerca di s. Svizzeri* (MACHIAVELLI).

soldatàglia [da *soldato*; av. 1363] **s. f.** ● (*spreg.*) Massa di soldati disordinati e indisciplinati.

†**soldaterìa** [da *soldato*; 1368] **s. f.** **1** Soldatesca. **2** Ufficio del soldato.

soldatésca [f. sost. di *soldatesco*; 1601] **s. f.** ● (*lett.*) Insieme di soldati (*spec. spreg.*).

soldatésco [da *soldato*; av. 1405] **agg.** (**pl. m.** *-schi*) ● Da soldato (*spec. spreg.*): *arroganza soldatesca*; *maniere soldatesche* | (*raro*) ***Alla soldatesca***, (*ellitt.*) alla maniera dei soldati: *le fatiche di quel viaggiare alla soldatesca* (NIEVO). ‖ **soldatescaménte**, **avv.** Da soldato; alla maniera militare.

soldatéssa [f. di *soldato*; 1427] **s. f.** **1** Donna che presta servizio militare. **2** (*scherz.*) Donna autoritaria.

soldatìno [1669] **s. m.** **1** Dim. di *soldato*. **2** Figurina di soldato in piombo, plastica o carta, usata come giocattolo o per collezionismo.

♦**soldàto** [1304] **A part. pass.** di †*soldare* ● †Nei sign. del v. **B s. m.** (**f.** *-éssa* (V.), raro *-a*; V. anche nota d'uso FEMMINILE) **1** Anticamente, chi esercitava il mestiere delle armi al soldo di qlcu. | ***S. mercenario***, ***s. di ventura***, delle Compagnie di ventura del Rinascimento. **2** (*gener.*) Militare | ***Fare il s.***, ***andare s.***, prestare servizio di leva | ***Tornare da s.***, tornare a casa dopo aver compiuto il servizio di leva. **CONTR.** Borghese, civile. **3** Gradino più basso della gerarchia militare: *gli ufficiali e i soldati* | ***S. semplice***, che non ha alcun grado | ***S. scelto***, qualificato per speciale addestramento in un particolare incarico. **4** (*spec. al pl., gener.*) Uomini armati, unità di truppa, senza distinzione di armi e di specialità: *soldati a piedi, a cavallo*; *un presidio di soldati*. **5** (*fig., lett.*) Chi esercita una missione, lotta per un ideale e sim., con fede, coraggio e abnegazione: *un s. della pace fra i popoli* | ***Soldati di Cristo***, i sacerdoti e tutti i fedeli cresimati. **6** (*zool.*) Individuo che fa parte delle società delle formiche e delle termiti, privo di ali, con grande sviluppo del cranio e delle mandibole, con compiti spec. difensivi. ‖ **soldatàccio**, **pegg.** | **soldatèllo**, **dim.** | **soldatìno**, **dim.** (V.) | **soldatóne**, **accr.** | **soldatùccio**, **soldatuzzo**, **dim.**

♦**sòldo** [lat. tardo *sŏl(i)du(m)* (*nŭmmu(m)*) '(moneta) d'oro massiccio', da *sŏlidus* 'massiccio' (V. *solido* (*2*)); 1219] **s. m.** **1** Antica moneta europea in uso tra Goti, Franchi e Longobardi, derivata dal solido del tardo Impero romano | Ventesima parte della lira sino all'inizio della seconda guerra mondiale | ***Quattro soldi***, poco denaro (*anche spreg.*): *in quell'impiego guadagna quattro soldi*; *per quei quattro soldi che ci dà chissà cosa crede di fare* | (*fig., scherz.*) ***Essere alto quanto un s. di cacio***, essere molto basso di statura. **2** (*est.*) Quantità minima di denaro, scarso valore, nelle loc.: ***essere senza un s.***; ***non aver neppure un s.***; ***non dare neppure un s. per qlcu. o per qlco.***; ***da me non avrà un s.***; ***roba da pochi soldi***. **3** Nulla, nelle loc. ***non spendere***, ***non guadagnare***, ***non valere***, e sim. ***un s.***, ***un s. bucato***. **4** (*al pl., gener.*) Denari, quattrini: *essere pieno di soldi*; *avere molti soldi*; *avere un sacco di soldi*; *portare i soldi con sé*; *con i soldi si fa tutto* | ***Fare i soldi***, arricchire | ***Mettere da parte i soldi***, risparmiare | ***Avere dei soldi da parte***, avere dei risparmi. **5** Anticamente, paga del soldato mercenario | ***Prendere al s.***, reclutare a mercede | (*fig.*) ***Essere, al s. di qlcu.***, essere al suo servizio: *traditore al s. del nemico* | Paga militare, stipendio. **6** (*est.*) †Milizia, attività militare: *uomini che usavano lo esercizio del s. per loro propria arte* (MACHIAVELLI). ‖ **soldàccio**, **dim.** | **soldarèllo**, **solderèllo**, **dim.** | **soldìno**, dim. | **soldóne**, accr. (V.).

soldóne [da *soldo* con suff. accrescitivo; av. 1752] s. m. *1* Accr. di *soldo*: *guadagnare un mucchio di soldoni*. *2* (*al pl.*, *fam.*) Nella loc. ***in soldoni***, in concreto, in modo semplice e chiaro: *questo, in soldoni, è ciò che è successo.*

♦**sóle** [lat. *sōle(m)*, di orig. indeur.; sec. XII] s. m. (con iniziale maiuscola nell'uso scientifico e astronomico) *1* (*astron.*) La stella più vicina alla Terra attorno alla quale orbitano i pianeti con i loro satelliti, gli asteroidi, le comete e le meteore: *eclissi di S.*; *il moto apparente del S. intorno alla Terra*; *i raggi del s.*; *uscita, levata, tramonto del s.*; *al levare, al calar del s.*; *innanzi a tutti te s. altissimo, onoro* (CAMPANELLA). CFR. elio- | ***S. vero***, quello effettivamente osservabile e che si muove sull'eclittica di moto non uniforme | ***S. di mezzanotte***, visibile in estate da luoghi situati a latitudini superiori ai circoli polari | ***Sotto il s.***, sulla Terra: *nulla di nuovo sotto il s.* ➡ ILL. p. 2142, 2144 SISTEMA SOLARE. *2* (*astrol.*) Pianeta che domina il segno zodiacale del Leone. ➡ ILL. **zodiaco**. *3* (*est.*) Luce solare: *c'è s.*; *non c'è s.*; *c'è un bel s.*; *giornata senza s.*; *s. scialbo, debole, velato, pallido*; *s. splendente*; *s. d'agosto*; *il riflesso del s.*; *casa piena di s.*; *luogo ove batte il s.*; *il s. dardeggia, picchia, scotta* | ***Occhiali da s.***, usati per proteggere gli occhi dalle radiazioni solari | ***Orologio a s.***, meridiana | ***Essere esposto al s.***, a mezzogiorno | (*scherz.*) ***Vedere il s. a scacchi***, essere in prigione | ***Essere chiaro come il s.***, ***come la luce del s.***, ***essere più chiaro del s.***, essere evidente, manifesto | ***Alla luce del s.***, (*fig.*) apertamente, senza nascondere nulla: *agire alla luce del s.* | ***Avere qlco. al s.***, (*fig.*) avere qualche bene immobile | (*fig.*) ***Farsi onore, farsi bello, del s. di luglio***, vantarsi di qlco. di cui non si ha merito | ***Ombrello da s.***, parasole | ***Prendere il s.***, ***fare la cura del s.***, esporre il proprio corpo ai raggi solari | ***Mettere, mettersi, sdraiarsi, stare, al s.***, in un luogo riscaldato dalla luce solare. CFR. elio-. *4* In alcune loc., spec. del linguaggio turistico, appartenenza o pertinenza al mezzogiorno d'Italia: *autostrada del S.* *5* (*gener.*) Ogni corpo celeste che irradia luce propria. *6* (*poet.*) Giorno: *intero un s. al lagrimar si doni* (MONTI) | Anno: *nell'isola ... vidi più soli in molta miseria* (BOCCACCIO). *7* (*fig.*) Simbolo di splendore, bellezza, potenza, e sim.: *essere bello come il s.*; *essere un raggio di s.*; *uno spirito celeste, un vivo s. fu quel ch'i' vidi* (PETRARCA) | ***Re S.***, appellativo di Luigi XIV, re di Francia | ***Il s. dell'avvenire***, simbolo del socialismo. | ***S. che ride***, simbolo e denominazione di un movimento politico di ispirazione ambientalista, appartenente al movimento dei Verdi. *8* (*fig.*, *poet.*) Persona amata sopra ogni altra: *meglio è morire, / che senza te, mio sol, viver poi cieco* (ARIOSTO) | ***Il sommo S., il S. degli angeli***, Dio. *9* (*al pl.*, *poet.*, *fig.*) Occhi di donna, spec. amata: *duo negri occhi, anzi duo chiari soli* (ARIOSTO). *10* Una delle figure nel gioco dei tarocchi. || PROV. Dove entra il sole non entra il medico. || **solicèllo**, dim. | **solicìno**, dim.

soleàre [vc. dotta, lat. tardo *soleāre(m)* 'a forma di sandalo', da *sŏlea* 'sandalo, scarpa, suola' (V. *suola*); av. 1798] agg. ● (*zoot.*) Relativo alla suola dello zoccolo.

solécchio o †**solicchio** [lat. parl. **solĭculu(m)*, dim. di *sōl*, genit. *sōlis* 'sole'; 1319] s. m. ● Nelle loc. ***fare, farsi s.***, (*lett.*) farsi schermo con la mano aperta, accostandola alle sopracciglia, per evitare che una luce troppo viva colpisca gli occhi.

solecìsmo [vc. dotta, dal lat. *soloecĭsmu(m)*, dal gr. *soloikismós* 'sgrammaticatura', da *sóloikos* 'sgrammaticato'; Cfr. solecizzare; av. 1292] s. m. ● (*ling.*) Uso errato di forme linguistiche in morfologia o in sintassi: *di che la donna poco curò, piacendogli esso per altro* (BOCCACCIO).

solecizzàre [vc. dotta, dal gr. *soloikízein* 'sgrammaticare', da *sóloikos* 'abitante di Soli (*Sóloi*)', colonia greca in Cilicia, cui si attribuiva una parlata scorretta; 1620] v. intr. (aus. *avere*) ● (*raro*) Fare solecismi, nel parlare o nello scrivere.

soleggiaménto [av. 1730] s. m. ● Esposizione ai raggi solari.

soleggiànte [da *sole*; av. 1729] agg. ● (*raro*, *poet.*) Che splende come il sole: *Giuseppe Mazzini ... ebbe sublime, splendente, s., la visione della terza Roma* (CARDUCCI).

soleggiàre [1641] v. tr. (*io soléggio*) ● Esporre, fare stare al sole, spec. per asciugare: *s. il grano.*

soleggiàto [1666] part. pass. di *soleggiare*; anche agg. *1* Nel sign. del v. *2* Bene esposto al sole: *camera soleggiata.* SIN. Assolato, solatìo.

soléggio [da *soleggiare*] s. m. ● Nella loc., tipica del linguaggio marinaresco, ***al s.***, ad asciugare: *mettere le vele al s.*

Solèidi [vc. scient. moderna, dal lat. *sŏlea* (nom.) 'suola, sogliola'; 1970] s. m. pl. (sing. *-e*) ● Nella tassonomia animale, famiglia di Pesci dei Pleuronettiformi di dimensioni modeste, con corpo ovale e appiattito, occhi entrambi sul lato destro (*Soleidae*).

soleil /fr. sɔˈlɛjə/ [vc. fr., propr. 'sole', dal lat. parl. **solĭculu(m)*, dim. di *sōl*, genit. *sōlis* 'sole'; 1929] agg. inv. ● Detto di pieghettatura eseguita sul tessuto in sbieco, in modo che le pieghe molto strette in alto si vadano allargando come raggi: *plissé s.*; *gonna a pieghe s.*

solenìte [da *solene*, dal gr. *sōlḗn*, genit. *sōlênos* 'tubo', con *-ite* (*2*); 1905] s. f. ● Polvere senza fumo, formata da fulmicotone, cotone collodio, nitroglicerina, olio minerale, usata spec. a scopo militare.

solènne [vc. dotta, dal lat. *sollĕmne(m)*, comp. di *sŏllus* 'tutto' e di un corradicale di *ănnus* 'anno'; propr. 'ricorrente ogni anno'; sec. XIII] agg. *1* Che si celebra con cerimonia particolare: *festa, funzione, benedizione, s.* | ***Messa s.***, cantata | ***Voto s.***, che si svolge secondo le formalità prescritte dai canoni | ***Giorno s.***, in cui ricorre una festività | ***Abito s.***, da cerimonia | Che si compie con grande cerimoniale: *adunanza, seduta, ricevimento, s.*; *giuramento, encomio, s.* *2* Formale: *negozio giuridico s.* *3* (*lett.*) Insigne, eccellente: *fammi in tra gli altri, o gloria, sì s. / ch'io batta insino al ciel teco le penne* (POLIZIANO). *4* (*antifr.*) Famoso, matricolato: *sei un s. briccone*; *è un s. bugiardo* | Molto forte, grave e sim.: *schiaffo, castigo, bastonata, s.* *5* Imponente, serio, maestoso: *aspetto, aria, portamento, s.*; *parlare con tono s.* *6* †Squisito, detto di vino: *bevitore e vago de' vini solenni* (BOCCACCIO). *7* (*mus.*) Indicazione di movimento prescrivente una esecuzione grave e grandiosa. || **solenneménte**, avv.

solennità o †**solennitàde**, †**solennitàte** [vc. dotta, dal lat. tardo *sol(l)emnitāte(m)*, da *sollĕmnis* 'solenne'; 1225 ca.] s. f. *1* Condizione di chi (o di ciò che) è solenne: *la s. di una promessa.* *2* Ricorrenza, festività solenne: *s. religiosa*; *la s. della Pasqua.*

solennizzàre [vc. dotta, dal lat. tardo *sollemnizāre* 'celebrare solennemente', da *sollĕmnis* 'solenne'; 1260 ca.] v. tr. ● Celebrare con solennità: *s. il giorno della Vittoria.*

solennizzazióne [1656] s. f. ● Celebrazione in forma solenne.

solèno- [dal gr. *sōlḗn*, genit. *sōlênos* 'tubo'] primo elemento ● In parole composte della terminologia scientifica, significa 'a forma di tubo', 'tubiforme'.

Solenogàstri [comp. di *soleno-* e *-gastro*; 1929] s. m. pl. (sing. *-o*) ● Nella tassonomia animale, ordine di Molluschi a corpo vermiforme con cuticola a spicole calcaree, marini e carnivori (*Solenogastres*).

solenoidàle [da *solenoide*; 1938] agg. ● (*fis.*) Di campo vettoriale avente divergenza nulla in ogni punto.

solenòide [vc. dotta, dal gr. *sōlēnoeidḗs* 'a forma di tubo', da *sōlḗn*, genit. *sōlênos* 'tubo', con *-eidḗs* '-oide'; 1865] s. m. ● (*elettr.*) Avvolgimento cilindrico di filo conduttore disposto a elica, nel cui interno, al passaggio della corrente, si manifesta un intenso campo magnetico.

sòleo [dal lat. *sŏlea(m)* 'pianta del piede', per la sua forma; 1681] s. m. ● (*anat.*) Muscolo della gamba che provoca la flessione della pianta del piede e il sollevamento del calcagno.

solére [lat. *solēre*, di orig. indeur. (V. *solito*); av. 1250] **A** v. intr. (pres. *io sòglio*, *tu suòli*, *egli suòle*, *noi sogliàmo*, *voi soléte*, *essi sògliono*; imperf. *io solévo*; pass. rem. *io soléi*, *tu solésti*, raro; congv. pres. *io sòglia*, *noi sogliàmo*, *voi sogliàte*, *essi sògliano*; part. pass. *sòlito*; difett. del fut., del condiz. pres., dell'imperat., del part. pres. e dei tempi composti; per queste forme si usa la loc. *èssere sòlito*; è sempre seguito da un v. all'inf.) ● Avere l'uso, la consuetudine, il costume, essere avvezzo: *suole fare una passeggiata ogni sera*; *i saggi sogliono parlar poco.* **B** v. intr. impers. (aus. *essere*) ● Essere solito, consueto: *come si suol dire*; *come suole accadere*; *qui suole piovere d'estate.*

solèrte o †**solèrto** [lat. *sollĕrte(m)* 'abile, capace', comp. di *sŏllus* 'tutto' e *ărs*, genit. *ărtis* 'arte': propr. 'capace d'ogni arte'; av. 1332] agg. *1* Che adempie alle proprie mansioni con cura, diligenza, attenzione estrema: *insegnante, funzionario s.* *2* Svolto con grande cura e diligenza: *studi solerti.* || **solerteménte**, avv. Con solerzia.

solèrzia [vc. dotta, dal lat. *sollĕrtia(m)* 'capacità', da *sŏllers*, genit. *sollĕrtis* 'abile, capace'; 1354] s. f. ● Caratteristica di chi (o di ciò che) è solerte: *lavorare con s.*; *attendere con s. a un ufficio.*

solétta o **suolétta** [sec. XIV] s. f. *1* Dim. di *suola*. *2* Parte della calza che ricopre la pianta del piede. *3* Suola di feltro o sughero che si inserisce nella scarpa affinché sia più aderente al piede o come protezione del piede: *s. ortopedica.* *4* Lastra di piccolo spessore, di cemento armato, usata spec. nella costruzione di solai. *5* Rivestimento della faccia inferiore dello sci. || **solettóne**, accr. m.

solettàre [av. 1803] v. tr. (*io solétto*) ● Munire una scarpa di soletta.

solettatùra [da *solettare*; 1838] s. f. *1* Applicazione della soletta a una calzatura. *2* Costruzione, messa in opera, di solette per solai.

solettificio [da *soletta*; 1983] s. m. ● Stabilimento per la produzione e la lavorazione di solette per calzature.

solétto [av. 1276] agg. *1* Dim. di *solo*. *2* Nella loc. ***solo s.***, tutto solo: *se ne stava solo s. in un angolo.*

sòlfa o (*pop.*, *tosc.*) **zòlfa** [comp. di *sol* e *fa*; av. 1449] s. f. *1* Solfeggio: *cantare, battere, la s.* *2* (*fig.*) Ripetizione monotona e noiosa di suoni, discorsi, atteggiamenti e sim.: *è sempre la stessa s.*; *basta con questa s.*; *ogni giorno è la solita s.* | ***Battere la s.***, (*fig.*, *disus.*) ripetere qlco. insistentemente.

solfamidico ● V. *sulfamidico.*

solfanèllo ● V. *zolfanello.*

solfanilico ● V. *sulfanilico.*

solfàra o **zolfàra** [da *solfo*; 1871] s. f. ● Miniera di zolfo di natura sedimentaria: *le solfare della Sicilia.*

solfàre o **zolfàre** [da *solfo*; av. 1729] v. tr. (*io sólfo*) ● (*agr.*) Solforare.

solfatàio ● V. *solfataro.*

solfatàra o (*raro*) **zolfatàra** [da *solfo*; 1550] s. f. ● Emissione di gas e vapori caldi di origine vulcanica da condotti e fenditure del suolo | Deposito, miniera di zolfo.

solfatàro o **solfatàio** [1896] s. m. ● Cavatore in una solfara.

solfatazióne [da *solfato*; 1902] s. f. ● Reazione chimica che avviene durante la scarica degli accumulatori al piombo e per la quale sulle piastre positive e negative si forma del solfato di piombo.

solfàtico [1874] agg. (pl. m. *-ci*) ● Che contiene solfati, detto di concime.

solfàto [da *solfo*, con *-ato*; 1791] s. m. ● Sale o estere dell'acido solforico: *s. di sodio*; *s. acido di metile* | Composto di addizione di alcuni composti organici di natura basica con l'acido solforico: *s. di chinina.*

solfatùra [da *solfare*; av. 1698] s. f. ● (*agr.*) Solforazione.

solfeggiaménto [1775] s. m. ● (*raro*) Solfeggio.

solfeggiàre [da *solfa*, con suff. iter.-intens.; 1597] v. tr. e intr. (*io solféggio*; aus. *avere*) ● (*mus.*) Leggere un brano musicale secondo il solfeggio: *s. uno spartito*; *imparare a s.*

solfeggiatóre [1720] s. m. (f. *-trice*) ● Chi solfeggia.

solféggio [da *solfeggiare*; 1720] s. m. ● (*mus.*) Lettura della musica | ***S. parlato***, lettura del nome e del ritmo delle note | ***S. cantato***, se tale lettura è anche intonata | Titolo dei brani di esercizio per tale lettura.

solferino [da *Solferino*, luogo della sanguinosa battaglia (1859); 1881] **A** agg. inv. ● (*disus.*) Detto di tonalità molto viva di rosso: *color s.*; *rosa s.*; *rosso s.* **B** s. m. inv. ● Color solferino.

solfidràto [da *solfidrico*, con cambio di suff. (*-ato*); 1872] s. m. ● Sale ottenuto per parzial[e] neutralizzazione dell'acido solfidrico con u[na] base.

solfidrico [comp. di *solfo* e *idro(geno)*, co[n]

av. 1869] **agg.** (**pl. m.** *-ci*) • Detto di acido velenoso, con caratteristico odore di uova marce, ottenuto per sintesi dagli elementi o trattando un solfuro metallico con acido cloridrico o solforico.

solfidrìle [da (*acido*) *solfidrico* col suff. *-ile* (*2*); 1960] **s. m.** • (*chim.*) Radicale monovalente costituito da un atomo di idrogeno e da uno di zolfo, derivato dall'acido solfidrico per perdita di un atomo di idrogeno.

solfièro [da *solfo*; 1885] **agg.** • (*raro*) Attinente allo zolfo.

solfìfero [comp. di *solfo* e *-fero*; 1922] **agg.** • Che contiene zolfo: *depositi solfiferi.*

solfìmetro [comp. di *solfo* e *-metro*; 1965] **s. m.** • Apparecchio usato nell'industria enologica per dosare l'anidride solforosa.

solfino • V. *zolfino.*

solfitàre [da *solfito*; 1965] **v. tr.** • Trattare mosto o zucchero greggio con anidride solforosa.

solfitazióne [1960] **s. f.** • Operazione del solfitare.

solfìto [da *solfo*, con *-ito*; 1791] **s. m.** • Sale o estere dell'acido solforoso: *s. di sodio.*

sólfo • V. *zolfo.*

solfoantimoniùro [vc. dotta, comp. di *solfo*, *antimoni(o)* e il suff. *-uro* (*1*)] **s. m.** • (*chim.*) Composto chimico di un metallo legato con zolfo e antimonio.

solfoarseniùro [vc. dotta, comp. di *solfo*, *arseni(o)* e il suff. *-uro* (*1*)] **s. m.** • (*chim.*) Composto chimico di un metallo legato con zolfo e arsenico.

solfobattèrio [comp. di *solfo* e *batterio*; 1957] **s. m.** • (*biol.*) Qualsiasi batterio che ricavi energia per il proprio metabolismo ossidando lo zolfo o composti dello zolfo.

solfonàre [da *solfonico*; 1960] **v. tr.** (*io solfóno*) • (*chim.*) Introdurre uno o più gruppi solfonici in una molecola organica per trattamento con acido solforico concentrato.

solfonazióne [1960] **s. f.** • Operazione del solfonare.

solfóne o **sulfóne** [da *solfo*; 1957] **s. m.** • (*chim.*) Composto caratterizzato da uno o più gruppi solfonici uniti a radicali organici.

solfònico [da *solfone*; 1930] **agg.** (**pl. m.** *-ci*) • Detto di composto organico, generalmente della serie aromatica, contenente uno o più gruppi solfonici | ***Gruppo s.***, costituito da un atomo di zolfo, tre atomi di ossigeno, uno di idrogeno e avente una valenza libera.

solfonìtrico [comp. di *solfo* e *nitrico*; 1960] **agg.** (**pl. m.** *-ci*) • (*chim.*) ***Miscela solfonitrica***, miscela di acido nitrico e acido solforico concentrato, in proporzioni variabili, usata nelle reazioni di nitrazione.

solforàre [lat. tardo *sulphurāre* 'dare lo zolfo', da *sŭlphur*, genit. *sŭlphuris* 'zolfo'; av. 1714] **v. tr.** (*io sólforo*) **1** (*agr.*) Coprire le piante di polvere di zolfo a scopo anticrittogamico: *s. le viti.* **2** (*chim.*) Esporre ai vapori di zolfo | Ricoprire o intridere di zolfo.

solforàto [lat. *sulphurātu(m)* 'solforato', da *sŭlphur*, genit. *sŭlphuris* 'zolfo'; av. 1292] **agg.** • Che contiene zolfo, che è trattato con zolfo | ***Idrogeno s.***, acido solfidrico.

solforatóio [da *solforare*; 1803] **s. m.** • Locale in cui si esegue una solforazione.

solforatrìce [da *solforare*; 1886] **s. f.** • Apparecchio di piccole dimensioni usato per distribuire lo zolfo in polvere nei trattamenti antiparassitari.

solforatùra [da *solforare*; 1945] **s. f.** • (*agr.*) Operazione del solforare.

solforazióne [dal lat. *sulphuratiōne(m)*, propr. 'infiltrazione solforosa', da *sulphurātus* 'solforato' (V.); 1862] **s. f.** • Operazione del solforare: *s. dei tessuti.*

†**solfòreo** • V. *sulfureo.*

solfòrico [dal fr. *sulphorique*, dal lat. *sŭlphur*, genit. *sŭlphuris* 'zolfo'; 1791] **agg.** (**pl. m.** *-ci*) • Detto di composto dello zolfo esavalente: *anidride solforica* | ***Acido s.***, acido inorganico formato da un atomo di zolfo, due di idrogeno e quattro di ossigeno; liquido oleoso, pesante, incolore, fortemente corrosivo.

...lforóso [lat. *sulphurōsu(m)*, da *sŭlphur*, genit. ...*ris* 'zolfo'; 1791] **agg.** • Detto di composto ...lfo tetravalente | ***Acido s.***, ipotetico acido ...igenato dell'acido solforico, che si am... ...rmi trattando l'acqua con anidride sol... ***...idride solforosa***, ottenuta industrialmente per arrostimento delle piriti; è usata in enologia come antisettico e antiossidante o, in certi vini, per evitare rifermentazioni | ***Acqua solforosa***, contenente acido solfidrico e solfuri di sodio e calcio.

solfùreo • V. *sulfureo.*

solfùro [da *solfo*, con *-uro*; 1791] **s. m.** • Sale dell'acido solfidrico | ***S. di carbonio***, composto liquido usato in agricoltura nella disinfezione del terreno e dei magazzini per la conservazione delle granaglie.

†**sólgo** • V. *solco.*

†**solicchio** • V. *solecchio.*

solidàle [dalla loc. giuridica lat. *in sŏlidum* '(obbligato) in solido'; 1777] **agg.** **1** (*dir.*) Di creditore o debitore in solido | Di obbligazione, caratterizzata dal vincolo della solidarietà. **2** (*fig.*) Che condivide opinioni, propositi, idee e sim. di altri, e le responsabilità che possono derivarne: *essere, dichiararsi, s. con qlcu.* | (*est.*) Che rivela spirito di solidarietà: *avere un atteggiamento s.*; *federalismo s.* | ***Sciopero s.***, forma di sciopero che prevede l'espletamento della normale attività da parte dei lavoratori e il versamento di una parte della retribuzione a favore di iniziative benefiche. **3** (*mecc.*) Detto di elemento di un meccanismo rigidamente collegato a un altro. || **solidalménte**, **avv.**

†**solidàre** [vc. dotta, lat. *solidāre* 'render solido', da *sŏlidus* 'solido'; av. 1375] **v. tr.** • Rendere solido | (*fig.*) Consolidare.

solidarietà [da *solidario*; 1806] **s. f.** **1** Condizione di chi è solidale con altri | Appoggio, sostegno: *in quella vicenda hai tutta la mia s.* **2** Sentimento di fratellanza, di vicendevole aiuto, materiale e morale, esistente fra i membri di una società, una collettività: *la s. nazionale*; *fare appello alla s. umana.* **3** (*dir.*) Nelle obbligazioni con più soggetti, vincolo in forza del quale ciascun creditore ha diritto di esigere l'intero credito e ciascun debitore può essere costretto a pagare tutto il debito, con l'effetto di estinguere l'intera obbligazione: *s. attiva, passiva.*

solidàrio [dal fr. *solidaire*, dalla loc. giuridica lat. *in sŏlidum* '(obbligato) in solido' (V. *solidale*); 1806] **agg.** • (*raro*) Solidale.

solidarìsmo [da *solidario*, con *-ismo*, sul modello del fr. *solidarisme*; 1904] **s. m.** **1** Sentimento di solidarietà verso altri. **2** Dottrina sociale dei movimenti cattolici, che fa appello alla solidarietà come valore fondamentale di ogni comunità e, in generale, della convivenza civile.

solidarìsta [1912] **agg.**; anche **s. m. e f.** (**pl. m.** *-i*) • Che (o Chi) è fautore del solidarismo.

solidarìstico [av. 1926] **agg.** (**pl. m.** *-ci*) • Della solidarietà, che si basa sulla solidarietà | Relativo al solidarismo.

solidarizzàre [adattamento del fr. *solidariser*, da *solidaire* 'solidario'; 1911] **v. intr.** (aus. *avere*) • Dichiararsi, essere solidale: *s. con qlcu.*

solidézza [da *solido* (*1*); av. 1320] **s. f.** • (*raro*) Solidità.

solidificàbile [1957] **agg.** • (*raro*) Che si può solidificare.

solidificàre [da *solido* (*1*), con *-ficare*; 1853] **A** **v. tr.** (*io solidìfico, tu solidìfichi*) • Ridurre un liquido allo stato solido. **B** **v. intr.** e **intr. pron.** (aus. *essere*) • Diventare solido.

solidificazióne [1862] **s. f.** • Passaggio di un corpo dallo stato liquido allo stato solido.

solidità o †**soliditàde**, †**soliditàte** [vc. dotta, dal lat. *soliditāte(m)* 'compattezza', da *sŏlidus* 'solido'; av. 1342] **s. f.** • Condizione, caratteristica di ciò che è solido (*anche fig.*): *s. di un muro*; *s. di un'azienda*; *s. di cultura.*

♦**sòlido** (**1**) [vc. dotta, dal lat. *sŏlidu(m)* 'intero, compatto', di orig. indeur.; av. 1320] **A** **agg.** **1** Detto di corpo difficilmente deformabile dato l'elevato valore della forza di coesione fra le sue molecole: *stato s.*; *corpi solidi e corpi liquidi.* CONTR. Fluido. **2** (*mat.*) Tridimensionale | ***Geometria solida***, che studia le figure geometriche solide. CFR. stereo-. CONTR. Piano. **3** Stabile, resistente: *edificio s.*; *base solida*; *casa con fondamenta solide* | ***Stoffa di tinta solida***, che può essere lavata, esposta al sole o trattata in vario modo senza scolorire | Forte, robusto: *avere un paio di solide braccia.* **4** (*fig.*) Ben basato, ben fondato: *ditta, banca, solida*; *offrire solide garanzie*; *avere una solida posizione economica*; *ragionamento che parte da solide basi* | Profondo, radicato: *un s. retroterra culturale*; *solide tradizioni contadine.* **5** (*dir.*) Nella loc. ***in s.***, in qualità di parte di un'obbligazione solidale: *creditori, debitori in s.* || **solidaménte**, **avv.** Con solidità, fermezza e sim. **B** **s. m.** **1** Corpo solido: *i solidi e i liquidi.* **2** (*mat.*) Regione tridimensionale dello spazio ordinario.

sòlido (**2**) [dal lat. tardo *sŏlidu(m)* 'soldo, moneta'; av. 1580] **s. m.** • Moneta d'oro romana coniata da Costantino, del peso di 1/72 di libbra.

solidùngo [comp. di *solido* (*1*) e del lat. *ŭnguis* 'unghia, zoccolo'; 1873] **agg.** (**pl. m.** *-ghi*) • Detto di mammifero con piedi forniti di una sola unghia intera, detta anche zoccolo.

solidùngolo [comp. di *solido* (*1*) e del lat. *ŭngula* 'unghia, zoccolo'; 1873] **agg.** • (*zool.*) Solidungo.

soliflussióne [comp. di *soli-*, dal lat. *sŏlum* 'suolo', e *flussione*; 1965] **s. f.** • (*geogr.*) Soliflusso.

soliflùsso [comp. di *soli-*, dal lat. *sŏlum* 'suolo', e *flusso*; 1956] **s. m.** • (*geogr.*) Scivolamento di terreno imbevuto d'acqua, frequente lungo i pendii montani di regioni umide e fredde.

Solifughi [comp. di *sole* e un deriv. di *-fugo*; 1367] **s. m. pl.** (**sing.** *-go*) • Nella tassonomia animale, ordine di Aracnidi dei paesi caldi e desertici, simili a ragni, notturni, con morso velenoso (*Solifugae*).

solilòquio [vc. dotta, dal lat. tardo *solilŏquiu(m)* 'monologo', calco su *collŏquiu(m)* 'colloquio' con l'introduzione di *soli-*, da *sōlus* 'solo'; av. 1342] **s. m.** • Discorso tra sé e sé, a voce più o meno alta, oppure come intima riflessione: *fare dei soliloqui*; *abbandonarsi a un s.* | In teatro, monologo.

†**solimàre** • V. *sublimare* (*1*).

solìna [f. sost. di un deriv. dal lat. parl. **solīnu(m)* 'assolato', da *sŏl*, genit. *sōlis* 'sole'; av. 1879] **s. f.** • (*tosc.*) Luogo battuto dal sole.

soling /'sɔlin(g), *ingl.* 'səulɪŋ/ [vc. ingl., da *sole* 'suola', dal fr. ant. *sole* 'suola' (con passaggio semantico analogo a quello di *sandalo* (*3*)); 1973] **s. m. inv.** • (*mar.*) Grande imbarcazione a vela da regata, costituente classe olimpica, con scafo tondo, chiglia fissa, per tre persone di equipaggio.

solingo [da *solo*, col suff. *-ingo*, di orig. germ. (V. *guardingo*); 1294] **A** **agg.** (**pl. m.** *-ghi*) **1** (*lett.*) Detto di luogo, non frequentato, deserto. **2** (*lett.*) Detto di persona o animale, solitario, che ama star solo: *Pan l'eterno che su l'erme alture / a quell'ora e ne i pian s. va* (CARDUCCI). **3** (*lett.*) †Solo. || **solingaménte**, **avv.** Senza compagnia, da solo. **B** **s. m.** • †Solitudine: *ricorso al s. d'una mia camera, puosimi a pensare* (DANTE).

solìno [da *solo*, propr. 'staccato dalla camicia'; av. 1712] **s. m.** **1** Colletto staccato per camicia da uomo: *s. inamidato, floscio, da prete.* **2** Ampio bavero azzurro listato di bianco usato dai marinai. || **solinàccio**, **pegg.** | **solinóne**, **accr.**

sòlio • V. *soglio* (*1*).

solìpede [vc. dotta, sovrapposizione di *solo* al lat. *solidĭpede(m)* 'solidungolo', comp. di *sŏlidus* 'solido' e *pēs*, genit. *pĕdis* 'piede, zoccolo' (V. *solidungolo*); av. 1565] **A** **agg.** • (*zool.*) Detto di mammifero, come il cavallo, che poggia al suolo con lo zoccolo del solo terzo dito e ha lo zoccolo intero. SIN. Imparidigitato. **B** anche **s. m.**

solipsìsmo [vc. dotta, comp. del lat. *sōlus* 'solo' e *ĭpse* 'stesso', con *-ismo*; 1895] **s. m.** **1** Tesi filosofica in base alla quale il soggetto pensante non ammette altra realtà al di fuori di sé stesso e considera tutti gli altri enti soltanto come sue momentanee percezioni. **2** (*est., lett.*) Soggettivismo, individualismo.

solipsìsta [1870] **s. m. e f.** (**pl. m.** *-i*) **1** Chi aderisce al solipsismo. **2** (*est., lett.*) Chi è estremamente soggettivista.

solipsìstico [1930] **agg.** (**pl. m.** *-ci*) • Che attiene al solipsismo o ai solipsisti. || **solipsisticaménte**, **avv.**

solìsta [da *solo*; 1869] **A** **s. m. e f.** (**pl. m.** *-i*) **1** In una composizione vocale o strumentale, cantante o strumentista che ha una sua parte specifica distinta dal coro e dall'orchestra: *i solisti vocali del Requiem di Verdi*; *il s. dei concerti di Mozart.* SIN. Solo. **2** Ballerino o ballerina con ruolo principale. **B** anche **agg.**: *cantante, ballerino, ballerina, violino, s.*

solìstico [1960] **agg.** (**pl. m.** *-ci*) • Di solista.

solitària [da (*ascensione*) *solitaria*; 1983] **s. f.** • Ascensione alpinistica compiuta in totale solitudine.

♦**solitàrio** [vc. dotta, dal lat. *solitāriu(m)*, da *sōlus* 'solo'; per calco sul fr. *solitaire* 'solitario' (V. *solo*) nel sign. B 2; sec. XIII] **A** agg. *1* Che fugge ogni compagnia preferendo la solitudine: *uno giovine gentile … cortese e ardito, ma sdegnoso e s.* (COMPAGNI) | Che è solo, isolato, appartato: *viandante, passeggero s.* | ***Navigatore s.***, chi affronta da solo una lunga navigazione. *2* Detto di luogo, non frequentato: *contrada, strada solitaria.* SIN. Deserto, romito. *3* Detto di animale che vive isolato, non in branchi: *passero s.* | (*pop.*) ***Verme s.***, tenia | Detto di organo vegetale isolato: *fiore s.* || **solitariaménte**, avv. **B** s. m. *1* Ogni gioco a carte che un giocatore fa da solo, con combinazioni varie. *2* Brillante incastonato da solo spec. in un anello; (*est.*) anello su cui è montato un solitario. *3* †Eremita, anacoreta. **C** in funzione di avv. ● Nella loc. ***in s.***, da solo: *navigare in s.*; *regata, crociera in s.* || **solitariétto**, dim.

♦**sòlito** [dal lat. *sŏlitu(m)*, part. pass. di *solēre* 'essere solito' (V. *solere*); av. 1429] **A** agg. *1* Che è lo stesso delle altre volte, che deriva da lunga abitudine: *troviamoci al s. bar*; *prendere il s. tram*; *fare le solite chiacchiere, i soliti discorsi*; *far la solita vita*; *incontrare le solite persone*; *è sempre la solita storia*; *io prendo il s. caffè*; (*ellitt.*) *io prendo il s.* | Di situazione e sim., che si ripete frequentemente e sempre uguale: *ha fatto un'altra delle solite sciocchezze*; (*ellitt.*) *ne ha fatta un'altra delle solite* | (*ellitt.*) ***Siamo alle solite***, in riferimento a situazioni spec. negative che si ripetono: *Siamo alle maledette solite con voi giovani* (FENOGLIO) | Di persona, che mantiene immutate le sue caratteristiche: *tu sei il s. ottimista*; (*ellitt.*) *tu sei sempre il s.*; *Maria è la solita bugiarda*; (*ellitt.*) *Maria è la solita.* *2* (+ inf.; lett. + *a*, + *da*, + *di* seguiti da inf.) Nella loc. ***essere s.***: *sono solita leggere prima di addormentarmi*; *è s. partire presto*; *è solito piangere per un nonnulla*; *Io veramente non sono s. a improvvisare* (GOLDONI); *Ercole… era s. di frequentar le foreste* (MARINO). || **solitaménte**, avv. Abitualmente, per lo più. **B** s. m. solo sing. ● Ciò che è solito, consueto, che deriva da lunga abitudine: *oggi fa più caldo del s.*; *ha mangiato meno del s.*; *come il s.*; *come al s.*, *oggi studio*; *secondo il mio s. di sera leggo* | ***Al s.***, come sempre: *al s. è uscito senza avvertire* | ***Di s.***, ***per s.***, ***per il s.***, d'abitudine, generalmente: *di s. rientra alle sette.*

solitóne [ingl. *soliton*, da *solit(ary)* 'solitario', sottinteso *wave* 'onda', col suff. *-on* '-one' (3); 1988] s. m. ● (*fis.*) Onda di grande ampiezza che si propaga senza dispersione né dissipazione.

♦**solitùdine** [vc. dotta, dal lat. *solitūdine(m)*, da *sōlus* 'solo'; av. 1294] s. f. *1* Condizione di chi è, o vive, solo: *vivere in s.*; *desiderare, amare, la s.*; *avere paura, timore, della s.*; *il poeta aveva … inclinazione alla s., alla contemplazione, al raccoglimento* (DE SANCTIS). CONTR. Società. *2* Condizione di un luogo solitario, non frequentato, disabitato: *la s. del deserto* | Il luogo stesso: *le solitudini alpine.*

solivago [vc. dotta, dal lat. *solĭvagu(m)* 'che vaga solitario', comp. di *soli-*, da *sōlus* 'solo', e *văgus* 'errante'; av. 1563] agg. (pl. m. *-ghi*) ● (*raro, lett.*) Che va vagando solo.

solivo [vc. sett., lat. parl. **solīvu(m)* 'esposto al sole', da *sōl*, genit. *sōlis* 'sole'; av. 1725] agg.; anche s. m. ● (*raro, tosc.*) Solatio.

†**sollàcco** ● V. *sollazzo*.

sollazzaménto [sec. XV] s. m. ● (*raro*) Il sollazzare, il sollazzarsi | Sollazzo.

sollazzàre o †**solacciàre** [da *sollazzo*; av. 1250] **A** v. tr. ● Divertire, rallegrare, intrattenere piacevolmente. **B** v. intr. pron. e †intr. ● Divertirsi, svagarsi | (*lett.*) Godere di piaceri sessuali: *e con lei … amorosamente si sollazza* (BOCCACCIO).

sollazzévole [da *sollazzare*; sec. XIII] agg. *1* (*lett.*) Che ama i sollazzi, le burle, i divertimenti: *quantunque egli amoroso giudice e s. fosse* (BEMBO). *2* (*lett.*) Che dà sollazzo, divertimento. || **sollazzevolménte**, avv.

sollàzzo o †**solàccio**, †**sollàccio** [lat. *solā-tiu(m)*, variante tarda di *solācium* 'conforto, sollievo', da *solāri* 'ristorare', di etim. incerta; sec. XII] s. m. *1* †Conforto, consolazione, sollievo. *2* (*lett.* o *scherz.*) Piacere, divertimento: *con suo grande s.*; *darsi ai sollazzi* | ***Dare, recare s.***, ***essere di s.***, recare piacere, divertire: *alla primavera la villa ti dona infiniti sollazzi* (ALBERTI) | (*lett.*) Piacere sessuale | †*Donna, femmina da s.*, prostituta: *Il lusso è come … una donna da s.* (MURATORI). || **sollazzétto**, dim.

†**sollazzóso** [av. 1306] agg. ● Sollazzevole.

sollèciola [dim. dal lat. *senecĭōne(m)*, propr. 'vecchio', da *sĕnex* 'vecchio' per la peluria dei capolini simili a capelli bianchi; av. 1826] s. f. ● (*bot.*) Erba delle Composite a capolini cilindrici e fiori minuti (*Senecio vulgaris*). SIN. Calderugia.

sollecitaménto [av. 1406] s. m. ● (*raro*) Sollecitazione.

sollecitàre o †**sollicitàre** [vc. dotta, dal lat. *sollicitāre* 'agitare', da *sollĭcitus* 'agitato, sconvolto' (V. *sollecito* (*1*)); 1294] **A** v. tr. (*io sollécito*) *1* Far fretta, premura a qlcu. affinché esegua al più presto ciò che gli si chiede o gli si è chiesto: *s. un operaio perché finisca il lavoro*; *s. una risposta, una richiesta* | Affrettare: *s. il passo.* *2* Chiedere con insistenza, cercare di ottenere qlco.: *s. lavori, missioni, incarichi.* *3* Stimolare, spronare: *s. la fantasia*; *s. qlcu. a muoversi* | (*lett.*) Istigare, incitare: *s. qlcu. al peccato.* *4* (*mecc.*) Sottoporre a sollecitazione | (*est.*) Sottoporre a sforzo: *s. un muscolo dolente.* **B** v. intr. e intr. pron. ● †Affrettarsi.

sollecitàto [av. 1363] part. pass. di *sollecitare* ● Nei sign. del v.

sollecitatóre [vc. dotta, dal lat. *sollicitatōre(m)*, propr. 'seduttore', da *sollicitātus* 'agitato, turbato'; 1353] s. m.; anche agg. (f. *-trice*) ● Chi (o Che) sollecita: *il s. di una pratica.*

sollecitatòria [f. sost. di *sollecitatorio*; 1908] s. f. ● Lettera di sollecitazione.

sollecitatòrio [av. 1874] agg. ● Detto di lettera o sim. scritta per sollecitare qlco. o qlcu.

sollecitazióne [vc. dotta, dal lat. *sollicitatiō-ne(m)* 'pensiero, istigazione', da *sollicitātus* 'agitato'; 1353] s. f. *1* Atto del sollecitare | Richiesta, invito fatto a qlcu. affinché esegue al più presto ciò che deve: *scrivere una lettera di s.*; *non ha risposto alle nostre sollecitazioni.* *2* (*fig.*) Incitamento: *trovare una s. a migliorare.* *3* (*fis.*) Forza o momento applicato a un corpo | ***S. esterna***, azione di una forza esterna su un corpo elastico | ***S. interna***, in corrispondenza di una certa sezione del solido, risultante delle forze elementari che le due parti nel solido si trasmutano attraverso quella sezione | ***Sollecitazioni semplici***, trazione, compressione, flessione, taglio, torsione | ***Sollecitazioni composte***, formate da due o più sollecitazioni semplici | (*est.*) Azione che sottopone a uno sforzo: *la s. di un'articolazione.*

sollécito (**1**) o †**sollicito** [vc. dotta, dal lat. *sollĭ-citu(m)* 'agitato, turbato', comp. di *sŏllus* 'tutto' e *cĭ-tus*, part. pass. di *ciēre* 'agitare', di orig. indeur.; av. 1292] agg. *1* (*lett.*) Che si dà cura, pensiero, per qlcu. o per qlco.: *s. dell'educazione dei figli, della salute di qlcu.* | ***Essere s. di qlco.***, preoccuparsene. SIN. Premuroso. *2* Che agisce con zelo e diligenza: *impiegato s.*; *essere s. nell'adempiere il proprio dovere* | Pronto, rapido: *essere s. ad alzarsi dal letto.* SIN. Solerte. *3* Che è detto o fatto in modo sollecito: *le sollecite cure materne* | Rapido, pronto: *confido in una sollecita risposta.* || **sollecitaménte**, avv. Prontamente: *rispondere sollecitamente*; in modo premuroso; diligentemente.

sollécito (**2**) [da *sollecitare*; 1922] s. m. ● (*bur.*) Sollecitazione: *fare un s. telefonico* | Sollecitatoria: *ricevere il s. di un ordine.*

sollecitùdine o †**sollicitùdine** [vc. dotta, dal lat. *sollicitūdine(m)* 'preoccupazione', da *sollĭcitus* 'agitato'; av. 1292] s. f. *1* Caratteristica di chi (o di ciò che) è sollecito | Solerte diligenza: *con gran s. lavoravo, per finire la mia opera* (CELLINI) | Riguardo, cura: *la s. verso la propria famiglia.* *2* (*lett.*) Pensiero, preoccupazione: *il suo dire confuso accrebbe le nostre sollecitudini* (FOSCOLO).

†**sollenàre** [lat. parl. **sublenāre*, da *sublēnis* 'leggero, mitigato', comp. di *sŭb* 'sotto' e *lēnis* 'dolce, lieve'; 1294] v. tr. ● (*poet.*) Lenire, alleviare.

solleóne o (*pop.*) **sollióne** [comp. di *sol(e)* e *leone*; av. 1336] s. m. *1* Periodo compreso tra la seconda metà di luglio e la prima decade di agosto, quando il Sole si trova nel segno zodiacale del Leone e il caldo è maggiore. *2* (*est.*) Estate torrida | Grande caldo estivo. SIN. Canicola.

solleticaménto [1589] s. m. ● Il solleticare | (*fig.*) Lusinga.

solleticàre [lat. parl. **subtitillicāre*, comp. di *sŭb* 'sotto' e *titillicāre*, v. iter. di *titillāre* 'solleticare', di orig. onomat.; sec. XIV] v. tr. (*io sollético, tu sollétichi*) *1* Stuzzicare provocando il solletico: *s. i piedi a qlcu.*; *un capello mi solletica il braccio.* *2* (*fig.*) Eccitare, lusingare, stimolare piacevolmente (*anche assol.*): *s. l'appetito, lo stomaco, i sensi, la vanità, l'amor proprio, di qlcu.*; *anche l'amor delle brutte solletica* (FOSCOLO).

♦**sollético** [da *solleticare*; av. 1388] s. m. (pl. *-chi*) *1* Sensazione provocata da sfregamento lieve della cute: *fare il s. a qlcu.*; *fare il s. sotto i piedi, sul collo* | ***Sentire, soffrire il s.***, essere sensibile a ciò che lo provoca | ***Non sentire, non soffrire il s.***, rimanere indifferente a ciò che lo provoca | (*fig.*) ***Fare il s.***, ***non fare neanche il s.***, di cosa che lascia indifferente: *le sue minacce non mi fanno neanche il s.* *2* (*fig.*) Eccitamento, stimolo piacevole: *il s. dell'amor proprio* | ***Sentire il s. di qlco.***, sentirne la voglia.

solleticóso [1765] agg. ● (*lett.*) Provocante, invitante: *faceva la giovincella ritrosetta e solleticosa* (BACCHELLI).

sollevàbile [av. 1557] agg. ● Che si può sollevare.

sollevaménto [av. 1306] s. m. *1* Il sollevare, il sollevarsi. *2* (*sport*) ***S. pesi***, specialità maschile e femminile consistente nel sollevare da terra particolari attrezzi di peso graduato. SIN. Pesistica. *3* †Sollievo, conforto. *4* †Sollevazione, tumulto. *5* †Elemento spirituale.

♦**sollevàre** o †**sullevàre** [lat. *sublevāre* 'alzar da terra', comp. di *sŭb* 'sotto' e *levāre* 'alzare' (V. *levare* (*1*)); sec. XIII] **A** v. tr. (*io sollèvo*) *1* Levare, spostare verso una posizione più alta: *s. qlcu. da terra*; *s. un peso, una pietra, un mobile*; *il vento solleva la polvere della strada* | Alzare appena: *s. la testa dal cuscino*; *s. gli occhi dal lavoro.* CONTR. Abbassare. *2* (*fig.*) Innalzare: *s. una preghiera a Dio*; (*lett.*) *s. qlcu. al trono, ai più alti onori.* *3* (*fig.*) Porre in una condizione materialmente o spiritualmente migliore: *s. qlcu. dalla miseria, dal dolore, dall'abbattimento* | Rendere libero da un onere materiale o morale: *s. qlcu. da un lavoro faticoso, da un grave compito* | ***S. qlcu. da un incarico***, (*eufem.*) allontanarlo, licenziarlo | Dar sollievo, lenire le sofferenze: *il calmante lo solleverà un po'* | (*est.*) Dare conforto: *la lettera del figlio l'ha molto sollevata.* *4* (*fig.*) Fare insorgere, far ribellare: *s. il popolo contro il tiranno.* *5* (*fig.*) Far sorgere: *una protesta, un putiferio* | Proporre, presentare: *s. un problema, una questione procedurale, un'eccezione.* **B** v. intr. pron. *1* Levarsi verso l'alto: *il pallone si solleva nel cielo*; *un turbine si sollevò* | Rizzarsi, levarsi: *sollevarsi da terra, dal letto.* CONTR. Abbassare. *2* (*fig.*) Provar sollievo: *con questa cura ti solleverai* | Riaversi, riprendersi: *sollevarsi da una malattia, da uno spavento.* *3* (*fig.*) Ribellarsi, insorgere: *sollevarsi contro il tiranno*; *la popolazione si sollevò in massa.*

sollevàto [1294] part. pass. di *sollevare*; anche agg. *1* Nei sign. del v. *2* (*fig.*) Rianimato, confortato, non più abbattuto: *essere, sentirsi, apparire, s.*; *animo s.* *3* (*fig.*) †Insorto, ribellato: *contadini … sollevati e tumultuosi, per i danni e per le ingiurie ricevute* (GUICCIARDINI).

sollevatóre [av. 1519] **A** s. m.; anche agg. (f. *-trice*) ● Che (o Chi) solleva | ***S. di pesi***, pesista. **B** s. m. *1* Dispositivo, meccanismo per sollevare | ***S. elettromagnetico***, potente elettromagnete, usato nell'industria per sollevare materiali ferromagnetici. *2* Autoveicolo dotato di braccio telescopico oleodinamico, per sollevare carichi. *3* Grosso martinetto idraulico munito superiormente di rotaie su cui si pongono gli autoveicoli per sollevarli a scopo di manutenzione e riparazione.

sollevazióne [vc. dotta, dal lat. *sublevatiōne(m)* 'alleggerimento', da *sublevātus* 'sollevato'; sec. XIV] s. f. *1* (*lett.*) Sollevamento | (*fig., raro*) Agitazione, turbamento: *un ribollimento, una s. di pensieri e d'affetti* (MANZONI). *2* Insurrezione, rivolta armata: *preparare, reprimere, soffocare un s. popolare.* *3* (*fig.*) †Sollievo | Svago. *4* [illegible] *lett.*) Elevazione: *la s. del mio spirito* (D[illegible] ZIO).

†**sollìcito** e *deriv.* ● V. *sollecito* (*1*) e [illegible]

sollièvo [da *sollevare*; av. 1645] s. [illegible] mento di sofferenza fisica o morale [illegible] *re, porgere, s.*; *trovare un attimo di s.*; *cercare s. alla miseria* | Conforto: *le tue parole mi furono di gran s.* | ***Tirare un respiro di s.***, sentirsi sollevato da una preoccupazione, un affanno, e sim.

solliòne ● V. *solleone*.

†sòllo [di etim. incerta; sec. XIII] **agg.** ***1*** (*tosc.*) Morbido, soffice. ***2*** (*fig.*) Pacifico, docile.

sollùcchero ● V. *sollùchero*.

sollucheràre o **solluccheràre** [comp. di *so-* e dell'ant. *lucherare* 'stralunare gli occhi (per la beatitudine)'; sec. XIV] **A v. tr.** (*io sollùchero*) ● (*raro, tosc.*) Mandare in sollùchero. **B v. intr. pron.** ● (*raro, tosc.*) Andare in sollùchero.

sollùchero o **sollùcchero** [da *sollucherare*; 1868] **s. m.** ● Solo nelle loc. ***andare, mandare, in s.***, provare, far provare, un senso di intimo orgoglio, di compiacimento, derivante dal vedere soddisfatti i propri desideri, lusingata la propria vanità e sim.: *i complimenti mandano in s. i vanitosi*.

solmiṣazióne o **solmiẓẓazióne** [deriv. da *sol* e *mi*; 1826] **s. f.** ● (*mus.*) Sistema didattico usato fino al XVI sec. per intonare le note individuandole con le sillabe convenzionali *ut, re, mi, fa, sol, la*.

♦**sóIo** [lat. *sōlu(m)*, dalla radice indeur. *sē- che indica separazione (V. *severo, sobrio*); sec. XII] **A agg.** (poet. troncato in *sol* al **m.**, e †al **f. sing.** nella **loc.** *una sol volta*) ***1*** Che è senza compagnia, che non ha nessuno accanto, vicino, o insieme: *essere s.*; *rimanere s.*; *stare, starsene s.*; *tutto s.*; (*iter.*) *stare, starsene solo solo*; *camminare s.*; *vivere, mangiare, dormire, s.*; *essere s. come un cane*; *essere s. al mondo*; *essere s. in casa*; *è triste essere soli*. ***2*** (*sport*) Specialità del nuoto sincronizzato. **SIN.** Singolo. ***3*** Nella loc. ***da s.***, senza l'aiuto, l'intervento, la compagnia di altri, rar. unito a un pron. pers.: *faccio tutto da* (*me*) *s.*; *si fa il letto da s.*; *studierete da soli* | ***Essersi fatto da s.***, di persona che ha raggiunto una notevole posizione culturale, economica, sociale e sim. partendo dal nulla e valendosi unicamente delle proprie forze | ***Parlare da s.***, parlare ad alta voce, fare soliloqui. ***4*** (*spec. al pl.*) Che è in compagnia unicamente della persona di cui si parla, escludendo chiunque altro: *cenammo soli*; *finalmente ci lasciarono soli*; *siamo stati soli tutto il giorno* | ***Da s. a s.***, a quattrocchi, senza la presenza di nessun altro: *voglio vederti da s. a s.* ***5*** Posposto a un agg. num. ha valore restrittivo e significa 'solamente, nient'altro che': *verrà uno s.*; *andammo noi tre soli*; *due soli di voi verranno con me*. ***6*** Preceduto dall'art. indet. *un*, dall'art. det., dall'agg. num. *uno* o da un agg. dimostr. ha valore restrittivo e significa 'unico, singolo': *c'è un s. Dio*; *ha un s. figlio*; *è il s. amico che abbiamo*; *la camera ha una sola finestra*; *la verità è una sola*; *ha quei soli libri*; *di uomini come lui ce n'è uno s.* | ***Non un s.***, neppure uno: *non un s. amico si è ricordato di noi*. **CFR.** mono-. ***7*** (*al pl.*) Preposto a un s. ha valore restrittivo e significa 'solamente, nessun altro che': *ingresso riservato ai soli soci*; *giornale per soli uomini*; *club per sole donne*. ***8*** Detto di cosa, semplice, senza altre aggiunte: *non si vive di s. pane*; *la sua sola parola mi è di garanzia*. ***9*** Che risulta dall'unione di più cose uguali tra loro: *gridare a una sola voce*; *tanti ruscelli diventano un s. fiume*. ***10*** (*mus.*) Detto di composizioni riservate a un unico interprete: *suite per violino s.* ***11*** (*poet.*) Solitario, deserto, detto di luogo: *cercar le selve e le rive più sole* (ARIOSTO). || **solétto, dim.** (V.). || **solaménte, avv.** Soltanto. **B** in funzione di **avv.** ● Solamente, soltanto: *s. il padre mancava*; *s. Dio può fare ciò*; *mi è rimasto s. questo*; *mangio s. pane*; *non s. nega, ma anche insiste* | V. anche *soltanto* | Nella loc. cong. ***se s.*** (introduce una prop. condizionale-ottativa con il v. al congv.): *otterrebbe buoni risultati, se s. studiasse di più*; *ah, se s. fosse più altruista!* **C** in funzione di **cong.** ***1*** Ma, però (con valore avversativo e limitativo): *ho capito bene, s. vorrei mi fossero chiariti alcuni punti*; *ho telefonato, s. non ho trovato nessuno* | Con valore raff. nella loc. cong. ***s. che***: *ci andrò, s. che tu verrai con me*. ***2*** Nella loc. cong. ***s. che***, purché, basta che (introduce una
so[illegible] subordinata condiz. con il v. al congv.): *s.*
sŭlph[illegible] *lo voglia, potrai utilizzare tutti i miei libri*.
dello zo[illegible] ***1*** (**f.** *-a*) L'unico: *sei la sola a saperlo*;
meno oss[illegible]*opotto è il s. che mi stia bene*. ***2*** (*spec.*
mette si fo[illegible]) Solista nel sign. A1: *concerto per so-*
forosa | ***An***[illegible]*chestra*. ***3*** (*mus.*) Nella loc. ***a s.***, V. *assolo*.

solóne [dal lat. *Solōne(m)*, dal gr. *Sólōn*, genit. *Sólōnos* 'Solone' (640 ca.-560 ca. a.C.), celebre legislatore ateniese; 1789] **s. m.** ● (*per anton.*) Legislatore, riformatore di leggi (*anche spreg.*): *i moderni soloni* | (*iron.*) Sapientone.

solstiziàle [vc. dotta, dal lat. *solstitiāle(m)*, da *solstĭtium* 'solstizio'; 1484] **agg.** ● Di solstizio | ***Punti solstiziali***, in cui avvengono i solstizi.

solstìzio [vc. dotta, dal lat. *solstĭtiu(m)* 'solstizio', comp. di *sōl*, genit. *sōlis* 'sole', e di un corradicale di *sĭstere* 'fermarsi'; av. 1320] **s. m.** ● Istante e punto dell'eclittica in cui il Sole, due volte all'anno, si trova alla massima distanza dall'equatore celeste | ***S. d'estate***, il 21 o 22 giugno | ***S. d'inverno***, il 21 o 22 dicembre.

♦**soltànto** o **†sol tànto** [comp. di *sol(o)* e *tanto*; av. 1353] **A avv.** ● Unicamente, semplicemente (limita una quantità o un'estensione nel tempo o nello spazio, a quanto si sta affermando): *è s. pronto a ricevere, mai a dare*; *è arrivato s. ora*; *l'ho saputo s. in questo momento*; *ho fatto s. un errore*. **SIN.** Solamente, solo. **B cong.** ***1*** Ma, però, tuttavia (con valore avversativo e limitativo): *è un bell'appartamento, s. lo trovo un po' caro*; *sono due brave ragazze, s. un po' presuntuose*. ***2*** Nella loc. cong. ***s. che***, purché (introduce una prop. subordinata condiz. con il v. al congv.): *potresti riuscire s. che tu fossi disposto a qualche sacrificio*.

solùbile [vc. dotta, dal lat. tardo *solūbile(m)* 'dissolvibile', da *sŏlvere* 'sciogliere'; av. 1320] **agg.** ***1*** Che si può sciogliere: *s. in acqua*; *caffè s.* ***2*** (*fig.*) Che si può risolvere, spiegare: *dubbio, problema difficilmente s.* **CONTR.** Insolubile, irresolubile.

solubilità [vc. dotta, dal lat. tardo *solubilitāte(m)*, da 'dissolvibile'; 1805] **s. f.** ***1*** (*chim.*) Proprietà di una sostanza consistente nel formare una soluzione con una o più altre. ***2*** (*fig.*) Condizione di ciò che è solubile.

solubiliẓẓàre [1931] **v. tr.** ● Rendere solubile.

solubiliẓẓazióne [1949] **s. f.** ● Operazione del solubilizzare | Trattamento termico che rende omogenea una lega metallica.

†solutìvo [da *soluto*; sec. XIV] **A agg.** ● Lassativo: *medicamento s.* **B s. m.** ● Purgante: *prendere un s.*

solùto [sec. XIII] **A part. pass.** di *†solvere*; anche **agg.** ***1*** †Nei sign. del v. | Risolto: *Così è soluta la questione* (DANTE). ***2*** †Libero da vincoli di matrimonio, da voti religiosi, e sim. || **†solutaménte, avv.** Scioltamente, liberamente. **B s. m.** ● Sostanza, solida, liquida o gassosa, presente, in quantità minore rispetto al solvente, in una soluzione, in cui è disciolta dal solvente stesso.

solutóre [da *soluto*, sul modello del tardo lat. *solūtor*, genit. *solutōris* 'colui che scioglie, paga', da *solūtus* 'sciolto'; 1865] **s. m.** ***1*** (**f.** *-trice*) Chi risolve, spec. un gioco, un enigma e sim.: *i solutori del cruciverba*. ***2*** (*chim.*) Apparecchio per soluzioni.

♦**soluzióne** [vc. dotta, dal lat. *solutiōne(m)* 'liberazione, dissolvimento', da *solūtus* 'sciolto'; 1336 ca.] **s. f.** ***1*** Operazione dello sciogliere una sostanza in un liquido: *la s. del sale in acqua* | Miscela così ottenuta: *una s. di sale in acqua*. ***2*** (*chim.*) Insieme fisicamente omogeneo di solvente e soluto | ***S. tampone***, soluzione di una sostanza, che si oppone alla variazione di acidità dovuta all'aggiunta di acido o alcali. **CFR.** liso-, -lisi. ***3*** (*mat.*) Risoluzione | ***S. di un problema***, ente che risponde alle domande poste dal problema | ***S. d'una equazione, a una incognita***, valore che sostituito all'incognita rende vera l'uguaglianza. ***4*** Spiegazione: *s. di un quesito, di un indovinello, di un cruciverba*. ***5*** Risoluzione di una questione, di una difficoltà: *escogitare una s.*; *trovare una s.*; *proporre una s.*; *non c'è altra soluzione* | Risultato ottenuto risolvendo o spiegando qlco.: *s. giusta, sbagliata* | Modo di risolvere problemi tecnici, stilistici ecc.: *cambiavo continuamente … le soluzioni narrative* (CALVINO). ***6*** Accordo: *venire a una s.*; *s. pacifica*. ***7*** Pagamento, liberazione da un debito | ***Pagare in una sola, in un'unica s.***, in una sola volta. ***8*** Interruzione, solo nelle loc.: ***s. di continuità***, interruzione nella continuità temporale o spaziale di un fenomeno: *tra i due fatti c'è s. di continuità* | ***Senza s. di continuità***, senza interruzione | (*med.*) ***S. di continuo***, interruzione della continuità di un tessuto per ferite o incisioni.

solvatàre [1983] **v. tr.** ● (*chim.*) Effettuare la solvatazione.

solvatazióne [1957] **s. f.** ● (*chim.*) Formazione di un solvato.

solvàto [adattamento dell'ingl. *solvate*, da *to solve* 'sciogliere'; 1931] **s. m.** ● (*chim.*) Complesso costituito da ioni del soluto associati a un certo numero di molecole di solvente.

solvènte [1618] **A part. pres.** di *†solvere*; anche **agg.** ***1*** Nei sign. del v. ***2*** (*chim.*) Detto di sostanza, generalmente liquida, atta a portare in soluzione altre sostanze senza alterarne la natura chimica. **CFR.** lio-. ***3*** (*comm.*) Detto di chi è in grado di fare fronte alle passività, alle scadenze fissate, con mezzi normali di pagamento: *debitore s.* **CONTR.** Insolvente. **B s. m.** ● Sostanza solvente. **C s. m.** e **f.** ● Persona solvente.

solvènza [da *solvente*, nel sign. A 2; 1812] **s. f.** ● Capacità, spec. di imprenditori commerciali, di fare fronte ai propri impegni finanziari: *stato di s.*

†sòlvere [vc. dotta, dal lat. *sŏlvere* 'sciogliere', comp. di *sŏ-* pref. di separazione, e *lŭere* 'sciogliere, pagare', di orig. indeur.; av. 1292] **A v. tr.** ***1*** Sciogliere (*spec. fig.*): *s. un matrimonio* | ***S. un desiderio***, appagarlo | ***S. il digiuno***, romperlo. ***2*** Slegare: *s. un nodo* | (*fig.*) Liberare. ***3*** (*fig.*) Chiarire, spiegare: *desidero ora che mi solviate un altro dubbio* (MACHIAVELLI) | Dichiarare. ***4*** (*fig.*) Soddisfare, pagare: *s. un impegno, un debito*. **B v. intr. pron.** ● (*raro*) Sciogliersi | (*fig.*) Liberarsi.

solvìbile [da *solvere*; 1743] **agg.** ***1*** Che è in grado di adempiere le obbligazioni assunte. ***2*** Che si può pagare: *debito s.* ***3*** (*raro, lett.*) Che si può risolvere. **SIN.** Solubile.

solvibilità [1766] **s. f.** ● (*comm.*) Condizione di chi è solvibile.

†solvitóre [av. 1294] **s. m.** (**f.** *-trice*) ● Chi risolve (*spec. fig.*) | (*lett.*) Chi libera.

sòma (1) [lat. tardo *sauma(m)*, variante di *săgma*, dal gr. *ságma*, genit. *ságmatos* 'basto'; av. 1292] **s. f.** ***1*** Carico posto sulla groppa di un quadrupede | ***Bestia da s.***, atta al trasporto di carichi; (*fig.*) chi si sottopone a un lavoro eccessivo, sfibrante | †***Levare le some***, partire: *Astolfo con costui levò le some* (ARIOSTO). ***2*** (*fig., lett.*) Onere morale, impegno gravoso. ***3*** (*fig., lett.*) Oppressione, asservimento: *sofferto abbiam … / sette anni omai sotto la iniqua s.* (TASSO). ***4*** Unità di misura per materiali e derrate, usata prima dell'adozione del sistema metrico decimale, con valori variabili fra 66 e 145 litri. || **somèlla, dim.** | **somellìna, dim.** | **sométta, dim.** | **sommettìna, dim.**

sòma (2) [vc. dotta, dal gr. *sôma*, genit. *sômatos* 'corpo', di orig. indeur.; 1841] **s. m.** (**pl.** *-i*) ***1*** (*biol.*) Insieme delle cellule non riproduttive che costituiscono, come elementi caduchi, il corpo di un metazoo. ***2*** (*biol.*) Corpo, considerato spec. in riferimento alla muscolatura del tronco e degli arti, contrapposto ai visceri e alle loro componenti muscolari. ***3*** (*psicol.*) Corpo, inteso in contrapposizione a psiche.

sòma (3) [dall'ant. indiano *soma-*, attraverso l'ingl. *soma*; 1957] **s. m. inv.** ● Nella religione indiana antica, succo di una pianta usato sacramentalmente e capace di conferire la comunione con il mondo divino.

-sòma [gr. *sôma* 'corpo', ma etim., secondo riscontri dell'area indeur., '(oggetto) gonfio'] secondo elemento ● In parole scientifiche composte specialmente della biologia, significa 'corpo': *cromosoma*.

sòmalo o **†somàlo** [adattamento del somalo *Sŏmāli* 'somalo'; 1840] **A agg.** ● Della Somalia. **B s. m.** ***1*** (**f.** *-a*) Abitante, nativo della Somalia. ***2*** Antica unità monetaria della Somalia. **C s. m.** solo **sing.** ● Lingua del gruppo cuscitico meridionale.

somaràggine [av. 1936] **s. f.** ● (*fig.*) Condizione di chi è somaro | Ignoranza, asineria.

somaràta [1940] **s. f.** ● (*raro, fam.*) Atto, comportamento, discorso da somaro. **SIN.** Asinata.

somàro [lat. parl. *saumāriu(m), per *sagmārius* 'bestia da soma', da *săgma* 'basto'; av. 1313] **A s. m.** (**f.** *-a*) ***1*** Asino, spec. in quanto bestia da soma: *lavorare, faticare, e sim. come un s.* ***2*** (*fig.*) Persona ignorante: *guarda che cosa ha combinato quel s. di commesso!* | Zotico, maleducato: *che s.! entra senza salutare* | Ragazzo dallo scarso rendimento scolastico: *una classe di somari*. **SIN.** Asino. || **somaràccio, pegg.** | **somarèllo, dim.** | **somarìno, dim.** | **somaróne, accr.** | **somarùccio,**

dim. **B** in funzione di agg. ● Ignorante: *che gente somara!* | Che non rende nello studio: *è il più s. della scuola.* SIN. Asino.

somàsco [da *Somasca* (Bergamo), sede principale della congregazione; av. 1750] **A** agg. (f. *-a*; pl. m. *-schi*) ● Che è membro della Congregazione di chierici regolari, istituita da S. Girolamo Emiliani (1481-1537), in Somasca (Bergamasco). **B** anche s. m.: *un gruppo di somaschi.*

somàtico [vc. dotta, dal gr. *sōmatikós*, da *sôma*, genit. *sṓmatos* 'corpo', di orig. indeur.; 1838] agg. (pl. m. *-ci*) **1** (*biol.*) Del soma, relativo al soma: *cellule somatiche.* **2** Relativo al corpo umano: *tratti somatici.* || **somaticaménte**, avv. Da un punto di vista somatico.

somatizzàre [dal fr. *somatiser*, da *somatique* 'somatico'; 1982] v. intr. (aus. *avere*) ● (*med.*) In varie malattie psicosomatiche, convertire disturbi psichici in sintomi organici o funzionali.

somatizzazióne [dal fr. *somatisation*, da *somatiser* 'somatizzare'; 1960] s. f. ● (*med.*) Processo per cui un disturbo psichico causa l'insorgenza di sintomi organici o funzionali.

sòmato- [dal gr. *sôma*, genit. *sṓmatos* 'corpo'] primo elemento ● In parole composte della terminologia biologica e medica indica attinenza o pertinenza con il corpo e con caratteri fisici di individui e organi: *somatologia.*

somatologìa [comp. di *somato-* e *-logia*; 1821] s. f. ● Antropologia fisica.

somatològico [1884] agg. (pl. m. *-ci*) ● Relativo a somatologia.

somatomedìna [dall'ingl. *somatomedin*, comp. di *somato*(*tropin*) 'che stimola (*-tropo*) la crescita del corpo (*somato-*)', del lat. *mediāre* 'med(*iare*)' e del suff. *-ina*; 1989] s. f. ● Ormone proteico prodotto spec. dal fegato in risposta alla stimolazione dell'ormone somatotropo (ormone della crescita) di cui media alcune azioni fisiologiche.

somatometrìa [comp. di *somato-* e *-metria*; 1936] s. f. ● Antropometria.

somatopsìchico [comp. di *somato-* e *psichico*; 1956] agg. (pl. m. *-ci*) ● (*med.*) Psicosomatico.

somatostatìna [dall'ingl. *somatostatin*, comp. di *somato*(*tropin*) (V. *somatomedina*) e di un elemento tratto dal v. lat. *stāre* nel senso di 'fermare, arrestare'; 1988] s. f. ● Ormone peptidico prodotto dall'ipotalamo e da altri tessuti; inibisce la liberazione dell'ormone somatotropo (ormone della crescita) dall'ipofisi e quella di altri ormoni.

somatotropìna [da *somatotropo*; 1960] s. f. ● Ormone somatotropo, ormone della crescita.

somatòtropo [comp. di *somato-* e *-tropo*; 1948] agg. ● ***Ormone s.***, detto di ormone secreto dal lobo anteriore dell'ipofisi, implicato nella regolazione di importanti processi metabolici e di azioni fisiologiche quali lo sviluppo delle ossa e delle cartilagini. SIN. Ormone della crescita.

sombrèro /*sp.* som'brero/ [vc. sp., da *sombra* 'ombra'; av. 1530] s. m. (pl. *sombrèri* o sp. *sombreros*) ● Copricapo a cupola alta e a tesa larga, piatta o rialzata, tipico della Spagna, dell'America latina e del Messico.

someggiàbile [1905] agg. ● Che si può someggiare | Che è fatto per essere someggiato, detto spec. di materiali militari.

someggiàre [da *soma*, con suff. iter.-intens.; sec. XIV] v. tr. e intr. (*io soméggio*; aus. *avere*) ● Trasportare a soma, spec. materiali militari.

someggiàto [1921] part. pass. di *someggiare*; anche agg. ● Nel sign. del v. | ***Artiglieria someggiata***, per le truppe da montagna.

†**somerìa** s. f. ● Salmeria.

-somìa [da *-soma*] secondo elemento ● In parole scientifiche composte spec. della medicina, significa 'corpo': *ipersomia, iposomia.*

somière o **somièro** nel sign. 1 [dall'ant. fr. *somier* 'somaro', dal lat. *sagmāriu*(*m*) (V. *somaro*); 1225 ca.] s. m. **1** (*lett.*) Bestia da soma: *al somier che va ragghiando* (JACOPONE DA TODI). **2** (*mus.*) Cassa dell'organo mediante la quale l'aria passa dai mantici alle canne, secondo i comandi trasmessi | Nel clavicembalo, tavola di legno massiccio sul quale sono infisse le caviglie | Nel pianoforte, tavola di legno sulla quale sono infissi i pironi incaricati di tendere le corde. SIN. Pancone.

somigliànte o (*lett.*) **simigliànte** [1225 ca.] **A** part. pres. di *somigliare*; anche agg. ● Che somiglia: *un ritratto poco s.* || **somigliantemènte**, avv. In maniera simile, allo stesso modo. **B** s. m. solo sing. ● Cosa simile, uguale ad altra: *qlco. di s.* | (*lett.*) ***Fare, dire***, e sim. ***il s.***, fare, dire, la stessa cosa.

somigliànza o (*lett.*) **simigliànza** [av. 1250] s. f. **1** Condizione di chi (o di ciò che) è somigliante ad altri o ad altro: *tra i due c'è una certa s.; c'è s. con l'originale; c'è s. di gusti* | (*lett.*) ***A s.***, in modo simile: *a immagine e s. di Dio; comportarsi a s. di qlcu.* **2** †Figura, immagine | Aspetto. **3** †Paragone.

♦**somigliàre** o (*lett.*) **simigliàre** [lat. parl. **similiāre*, da *sĭmilis* 'simile'; av. 1276] **A** v. tr. (*io somiglio*) **1** (*raro* o *lett.*) Ricordare qlcu. o qlco. nella figura, nell'aspetto, nelle caratteristiche: *mala bestia ch'om simiglia* (DANTE). **2** (*lett.*) Paragonare: *la Rettorica, la quale al terzo cielo è simigliata* (DANTE). **B** v. intr. (aus. *essere* o *avere*) (+ *a*) ● Essere simile, avere caratteristiche simili: *somiglia a suo padre; questa storia somiglia a un'altra* | Parere, sembrare: *I suoi occhi, fra i cigli ritoccati col rimmel, somigliavano a due stelle more* (MORANTE). **C** v. rifl. rec. ● Essere simili, avere somiglianza l'uno con l'altro: *quei due fratelli si somigliano come due gocce d'acqua.* **D** v. intr. pron. (+ *a*) ● (*raro, lett.*) Farsi, rendersi, simile: *somigliarsi a Dio.*

†**somigliévole** [da *somigliare*; sec. XIII] agg. ● Somigliante.

somìte [dal gr. *sôma* 'corpo' col suff. *-ite* (*3*); 1933] s. m. ● (*anat.*) Ognuno dei gruppi cellulari, metamerici e pari, che costituiscono l'epimero.

♦**sómma** [lat. *sŭmma*(*m*), propr. 'la parte più alta', f. sost. di *sŭmmus* 'sommo'; 1225 ca.] s. f. **1** Risultato di un'addizione: *la s. ammonta a centocinquanta.* **2** Correntemente, addizione: *fare la s.; sbagliare la s.* | (*lett.*) *Tirare la s.*, fare un'addizione | ***Tirare le somme***, (*fig.*) venire a una conclusione. CONTR. Sottrazione. **3** Determinata quantità di denaro; *s. di denaro; costare una bella s.; depositare una s. in banca; ha disponibilità fino a una certa s.; ho perso una forte s.* **4** Complesso risultante dall'insieme di più cose: *la s. degli affari.* **5** Sostanza, essenzialità, conclusione: *questa è la s. del discorso* | (*lett.*) ***In s. delle somme***, in ultima analisi. **6** (*farm.*) Sinergismo in cui l'azione corrispondente all'associazione di due farmaci è pari o inferiore alla somma delle singole azioni. **7** (*lett.*) Esposizione scolastica medievale di materia teologica o giuridica. SIN. Summa. **8** (*raro, lett.*) Compendio, sintesi, sommario: *riflettere nelle somme delle leggi ... i particolari motivi dell'equità* (VICO) | ***In s.***, in breve, sommariamente | V. anche *insomma.* **9** †Sommità, massimo grado, nelle loc. ***la s. delle cose, la s. del comando***, il potere supremo. **10** V. *summa.* || †**sommarèlla**, †**sommerèlla**, dim. | **sommétta**, dim. | **sommettìna**, dim.

sommàbile [1960] agg. ● Che può essere sommato.

sommabilità [1936] s. f. ● Caratteristica di ciò che è sommabile: *la s. di una grandezza, di un numero.*

sommàcco [dall'ar. *summāq*; 1313] s. m. (pl. *-chi*) ● Albero delle Anacardiacee di cui si usano rami, corteccia e foglie per trarne infusi ad azione febbrifuga e prodotti concianti (*Rhus coriaria*).

sommàre [da *somma*; sec. XIII] **A** v. tr. (*io sómmo*) **1** Eseguire un'addizione, calcolare una somma. **2** (*est.*) Aggiungere, considerare vari elementi nel loro insieme (*anche fig.*): *Somma tutti gli istanti felici ch'ella ti ha fatti passare* (NIEVO). **B** v. intr. (aus. *avere* e *essere*) ● Ammontare, ascendere: *le offerte raccolte sommano a cinquecento euro.* **C** v. intr. pron. ● (*fig.*) Aggiungersi: *al danno si è sommata la beffa.*

sommarietà [av. 1794] s. f. ● (*raro*) Carattere sommario: *la s. di un giudizio.*

sommàrio (**1**) [da *somma*; sec. XIII] agg. **1** Fatto, esposto, per sommi capi: *racconto, esame, s.* SIN. Schematico | Fatto alla svelta, superficiale, approssimativo: *lavoro s.; preparazione sommaria.* **2** (*dir.*) Condotto con formalità semplificate rispetto a quelle ordinarie: *interrogatorio, procedimento s.* | ***Istruzione sommaria***, nel processo penale, istruzione dotata di formalità più semplici rispetto a quelle dell'istruzione formale | ***Procedimento, rito s.***, istituto della procedura civile per cui la legge prevede, in determinate circostanze, forme abbreviate | (*est.*) ***Giustizia, esecuzione sommaria***, eseguita con metodi sbrigativi, al di fuori delle procedure di legge. || **sommariamènte**, avv. In modo sommario, per sommi capi; alla bell'e meglio.

sommàrio (**2**) [vc. dotta, dal lat. *summāriu*(*m*) 'compendio', da *sŭmma* 'somma'; av. 1412] s. m. **1** Compendio, trattazione ristretta e fatta per sommi capi: *Cesare Balbo scrisse il 'Sommario della storia d'Italia'.* **2** Trattazione sintetica di materia scolastica: *un s. di storia moderna.* **3** Breve riassunto degli argomenti trattati nelle singole parti di un libro | Indice generale | Breve sintesi, posta sotto il titolo vero e proprio, del contenuto di un articolo di giornale.

†**sommàte** [vc. dotta, dal lat. *summāte*(*m*) 'nobile, eminente', da *sŭmmus* 'sommo'] s. m. ● (*raro*) Ottimate.

sommatività [da *sommativo*] s. f. ● (*psicol.*) Nella psicologia gestaltica o della forma, proprietà che ha un insieme di essere una pura somma di parti solo quando può essere composto da queste parti senza che alcuna di esse cambi per effetto della composizione.

sommatìvo [dall'ingl. *summative*, da *summation* 'addizione', a sua volta dal lat. mediev. *summatio*; 1983] agg. ● (*raro*) Cumulativo, complessivo | (*pedag.*) ***Valutazione sommativa***, in docimologia, giudizio globale sulle abilità, capacità e competenze che un allievo ha acquisito complessivamente al termine di un periodo scolastico.

sommàto [av. 1527] **A** part. pass. di *sommare*; anche agg. **1** Nei sign. del v. **2** ***Tutto s.***, tutto considerato, in conclusione, in fin dei conti: *tutto s., possiamo ritenerci soddisfatti.* || **sommatamènte**, avv. Sommariamente. **B** s. m. ● †Somma.

sommatóre [av. 1800] s. m. **1** (f. *-trice*) (*raro*) Chi somma. **2** (*elab.*) In un elaboratore elettronico, dispositivo che esegue l'operazione aritmetica di addizione.

sommatòria [da *sommare*; 1749] s. f. ● Simbolo (Σ, solitamente munito di indici: Σ_i, Σ_{ik}, ...) indicante che, nell'espressione che segue, bisogna dare all'indice, o agli indici, tutti i valori compresi fra i limiti assegnati, e quindi sommare tutte le espressioni ottenute | (*est., gener.*) Somma di elementi.

sommatòrio [1965] agg. ● Della sommatoria: *procedimento s.*

sommazióne [ingl. *summation*, propr. 'addizione, somma', dal fr. *sommation* (da *sommer* 'sommare'); 1900] s. f. **1** (*fisiol.*) In neurofisiologia, il processo con cui più stimoli, incapaci singolarmente di scatenare un impulso nervoso, riescono a farlo quando raggiungono simultaneamente o in rapida successione un neurone. **2** (*farm.*) Somma. **3** (*mat.*) Somma di più quantità, indicata con Σ.

sommelier /somme'lje*, *fr.* sɔmə'lje/ [vc. fr., propr. 'conduttore di bestie da soma'; dal lat. *sagmārius*, poi, man mano, 'addetto ai viveri' e, quindi, 'domestico incaricato della tavola'; 1927] s. m. e f. inv. (f. fr. *sommelière*; pl. m. *sommeliers*; pl. f. *sommelières*) ● Nei grandi ristoranti, esperto addetto alla cantina e alla scelta e al servizio dei vini.

sommèrgere [dal lat. *submĕrgere* 'sommergere', comp. di *sŭb* 'sotto' e *mĕrgere* 'immergere', di orig. indeur.; av. 1306] v. tr. (pres. *io sommèrgo, tu sommèrgi*; pass. rem. *io sommèrsi, tu sommergésti*; part. pass. *sommèrso*) **1** Coprire interamente, detto di acqua che dilaga, straripa e sim.: *l'acqua della diga sommerse l'intera vallata* | Affondare, mandare a fondo: *alte onde sommersero l'imbarcazione* | (*fig.*) Rovinare: *fu sommerso dai debiti* | (*fig.*) Ricoprire: *s. qlcu. di doni* | (*fig.*) Travolgere, sopraffare: *L'incantesimo della civiltà ... lo sommerse* (FENOGLIO). **2** (*fig., lett.*) Estinguere, far scomparire, far dimenticare: *il tempo sommerge ogni ricordo.*

sommergìbile [1745] **A** agg. ● Che si può sommergere. **B** s. m. ● Sottomarino.

sommergibilìsta [1937] s. m. e f. (pl. m. *-i*) ● Marinaio di un sommergibile.

sommersióne [vc. dotta, dal lat. tardo *submersiōne*(*m*) 'sommersione', da *submĕrsus* 'sommerso'; av. 1348] s. f. **1** Il sommergere | Affondamento | Immersione: *il genere umano si salvò dalla s. nelle acque del diluvio* (PASCOLI). **2** †Inondazione.

sommèrso [av. 1306] **A** part. pass. di *sommergere*; anche agg. **1** Nei sign. del v. | Immerso | Affondato | (*fig.*) Avvolto: *un paese s. nell'oscurità* |

(*fig.*) Completamente assorto, dedito: *s. nel lavoro* | (*fig.*) Sopraffatto, oppresso: s. dai debiti. *2* (*fig.*) Detto di attività economica che sfugge a ogni controllo fiscale e previdenziale o statistico: *economia sommersa*; *lavoro s.* **B s. m.** ● Economia sommersa.

†**sommessióne** ● V. *sommissione*.

sommésso (1) [dal lat. *submĭssu(m)*, part. pass. di *submĭttere* 'abbassare'; sec. XIII] **A agg.** *1* (*lett.*) Sottomesso, umile: *atteggiamento s.*; *Caparbio ancora, / o s. e pentito?* (GOLDONI). *2* Basso, contenuto, detto di suono: *voce sommessa*; *pianto s.* || **sommessaménte**, **avv.** *1* A bassa voce: *lamentarsi sommessamente*. *2* Umilmente. **B** in funzione di **avv.** ● (*lett.*) Piano, sottovoce.

†**somméso** (2) [vc. ant. e region. prob. deriv. dal lat. *semĭsse(m)* 'mezzo asse, mezza misura', comp. di *sēmi-* 'semi-' e *ās*, genit. *ăssis* 'asse'; av. 1348] **s. m.** ● (*region.*) Lunghezza del pugno col dito pollice alzato: *una ... che non era alta un s.* (BOCCACCIO).

†**somméttere** [dal lat. *submĭttere* 'abbassare', comp. di *sŭb* 'sotto' e *mĭttere* 'mandare'; av. 1294] **v. tr.** (coniug. come *mettere*) ● Sottomettere.

sommier /sɔm'mje*, *fr.* sɔ'mje/ [vc. fr., abbr. di *sommier de lit* 'saccone, rete da letto', originariamente 'bestia da soma', poi 'trave' e 'materasso, rete da letto': lat. tardo *sagmāriu(m)* 'somaro', *săgma* 'soma'; 1931] **s. m. inv.** ● Divano letto.

somministrànte [av. 1698] **A part. pres.** di *somministrare*; anche **agg.** ● Nei sign. del v. **B s. m. e f.** ● (*dir.*) Nel contratto di somministrazione, chi è obbligato alla fornitura continuativa o periodica di cose.

somministràre [dal lat. *subministrāre* 'somministrare', comp. di *sŭb* 'sotto' e *ministrāre* 'porgere' (V. *ministrare*); sec. XIV] **v. tr.** *1* Dare, fornire, eseguendo un compito, svolgendo una mansione e sim.: *s. viveri ai poveri, medicine ai malati*; *il sacerdote somministra i sacramenti* | (*gener.*) Dare, produrre: *erbe e ... frutta che la terra e gli arbori somministravano ... spontaneamente* (LEOPARDI). *2* (*dir.*) Fornire prestazioni in base a un contratto di somministrazione. *3* (*scherz.*) Affibbiare, appioppare: *s. schiaffoni*.

somministratìvo [1551] **agg.** ● (*raro*) Che serve a somministrare.

somministràto [1525] **A part. pass.** di *somministrare*; anche **agg.** ● Nei sign. del v. **B s. m.** ● (*dir.*) Avente diritto alla somministrazione.

somministratóre [dal lat. *subministratōre(m)*, da *subministrātus* 'somministrato'; 1598] **s. m.**; anche **agg.** (**f.** *-trice*) ● Chi (o Che) somministra.

somministrazióne [vc. dotta, dal lat. tardo (ecclesiastico) *subministratiōne(m)* 'somministrazione', da *subministrātus* 'somministrato'; 1550] **s. f.** *1* Il somministrare | Fornitura, distribuzione | Cosa somministrata. *2* (*dir.*) ***Contratto di s.***, con cui una parte si obbliga, dietro corrispettivo di un prezzo, a fornire prestazioni continuative o periodiche di cose. **SIN.** Contratto di fornitura.

sommissióne o †**sommessióne**, †**summessióne** [vc. dotta, dal lat. *submissiōne(m)* 'abbassamento', da *submĭssus* 'sommesso'; 1342] **s. f.** *1* (*lett.*) Atteggiamento umile e dimesso, conscio dell'altrui superiorità: *avere s. per qlcu.*; *essere pieno di s.*; *parlare con s.* *2* (*raro*, *lett.*) Sottomissione ad altri: *La pronta s. di molti Longobardi a Carlo* (MANZONI).

sommista o **summista** [da *somma* nel sign. 7; 1582] **s. m.** (**pl.** *-i*) ● (*lett.*) Autore di esposizioni scolastiche medievali di materia teologica o giuridica.

sommità o †**sommitàde**, †**sommitàte** [dal lat. tardo *summitāte(m)* 'cima', da *sŭmmus* 'sommo'; av. 1292] **s. f.** *1* Parte più alta, cima, vertice: *la s. della collina*; *sulla s. del monte*. **CFR.** ipso-. **SIN.** Vetta. *2* (*fig.*) Eccellenza, sommo grado: *la s. del sapere*; *toccare la s.* | ***Conferenza, incontro alla s.***, (*raro*) summit, vertice.

sommitàle [1940] **agg.** ● (*raro*) Che si trova sulla sommità: *Un'ora più tardi Giovanni Drogo era sulla terrazza s.* (BUZZATI) | Che forma la sommità: *la parte s. del monte*.

†**sommitàte** ● V. *sommità*.

sómmo o †**sùmmo** [lat. *sŭmmu(m)* 'il più alto', ... da *sŭb*, che indica movimento dal basso in alto; av. ... 1250] **A agg.** *1* (*lett.*) Che è il più alto di tutti: *sa...fic...a dell'Athos nella somma vetta* (FOSCOLO). ... (*fig.*) Che è superiore a ogni altro, spec. in una gerarchia, una valutazione, e sim.: *il s. grado raggiungibile*; *il s. Sacerdote* | ***Il s. Pontefice***, il Papa | ***L'Essere s.***, Dio | ***In s. grado***, sommamente | Massimo: *il s. bene*; *ho per lui s. rispetto*; *tributare sommi onori* | Eccellente, insigne: *un s. maestro*, *poeta* | ***Il s. poeta***, (*per anton.*) Dante. *3* Nella loc. ***per sommi capi***, limitandosi ai punti più rilevanti. || **sommaménte**, **avv.** *1* Grandemente, soprattutto: *amare sommamente la pace, l'onestà*. *2* †Sommariamente. **B s. m.** ● Sommità, colmo, apice (*anche fig.*): *riempire qlco. fino al s.*; *il s. del cielo*; *raggiungere il s. del successo* | ***A s.***, ***al s. di***, (*lett.*) ***a s. il***, ***in s. a***, in cima, sulla sommità | †***In s.***, in sommo grado, moltissimo.

†**sòmmolo** [da *sommo*; av. 1400] **s. m.** ● Estremità, punta: *tagliò li sommoli dell'alie* (SACCHETTI).

sommòmmolo o **sommòmolo** [comp. di *so-* e *mommolo*, di orig. onomat.; 1612] **s. m.** *1* (*tosc.*) Frittellina di riso. *2* (*tosc.*) Forte pugno sferrato al mento dal basso in alto.

†**sommormoràre** [lat. tardo *submurmurāre*, comp. di *sŭb* 'sotto' e *murmurāre* 'mormorare'; av. 1342] **v. intr.** ● Mormorare leggermente.

sommoscàpo [comp. di *sommo* e *scapo*; av. 1502] **s. m.** ● (*arch.*) Parte superiore della colonna, sotto il capitello.

sommòssa [f. sost. di *sommosso*; av. 1348] **s. f.** *1* Sedizione, sollevazione popolare: *fare una s.*; *è scoppiata una s.* **SIN.** Insurrezione, ribellione, rivolta, tumulto. *2* †Istigazione, nella loc.: ***a s. di qlcu.***

sommòsso [1294] **part. pass.** di *sommuovere*; anche **agg.** ● Nei sign. del v. | (*lett.*) Scosso: *sul s. petto* (FOSCOLO).

sommòvere ● V. *sommuovere*.

sommoviménto [da *sommuovere*, sul modello di *movimento*; av. 1363] **s. m.** *1* Sconvolgimento, violenta agitazione: *s. del fondo marino*. *2* Tumulto, sollevazione | †Istigazione.

sommovitóre [da *somm(u)overe*; av. 1348] **s. m.**; anche **agg.** (**f.** *-trice*) ● (*raro*) Chi (o Che) sommuove | (*lett.*) Istigatore.

†**sommozióne** [da *sommuovere*, sul modello di *commozione*; av. 1348] **s. f.** ● (*raro*) Agitazione.

sommozzatóre [dal nap. *sommozzare* 'tuffarsi', dal lat. parl. **subputeāre* 'immergersi' (V. *soppozzare*); 1857] **s. m.** *1* (**f.** *-trice*) Nuotatore subacqueo capace di eseguire, restando immerso anche senza speciale attrezzatura, lavori di una certa durata. *2* (*mil.*) Nuotatore munito di pinne e di respiratore per il nuoto subacqueo, operante nei reparti d'assalto della marina. **SIN.** Uomo rana | (*mar.*, *mil.*) ***S. sminatore***, incaricato di disinnescare e rimuovere un ordigno esplosivo sommerso.

sommuòvere o (*pop.*, *lett.*) **sommòvere** [dal lat. *submovēre* 'allontanare', comp. di *sŭb* 'sotto' e *movēre* 'muovere'; av. 1276] **v. tr.** (coniug. come *muovere*) *1* (*lett.*) Smuovere con violenza, agitare (*anche fig.*): *l'onda sommovi, e pesca / insidioso nel turbato stagno* (PARINI); *s. gli animi*. *2* (*fig.*, *lett.*) Indurre, istigare, alla rivolta: *s. il popolo contro l'oppressore*.

†**somniàre** ● V. *sognare*.

somnòsi [dal lat. *sŏmnus* 'sonno', col suff. *-osi*; 1983] **s. f. inv.** ● (*psicol.*) Sonnambulismo provocato durante il sonno ipnotico.

son /sɔn/ [da *son(oro)*, come parallelo di *fon* (2); 1976] **s. m. inv.** ● (*fis.*) Unità di misura dell'intensità sonora soggettiva; il valore di 1 son corrisponde a un livello di intensità sonora soggettiva di 40 phon; successivamente un aumento di 10 phon comporta un raddoppio dei son.

sonàbile o **suonàbile** [vc. dotta, dal lat. *sonābile(m)* 'risonante, sonoro', da *sonāre* 'risuonare'; sec. XIV] **agg.** ● (*raro*) Che si può suonare.

sonacchiàre ● V. *sonicchiare*.

†**sonagliàre** [av. 1306] **v. intr.** ● Far risuonare i sonagli: *all'erta solitaria / sonagliano gli armenti* (NIEVO).

sonaglièra [da *sonaglio*; av. 1492] **s. f.** ● Fascia di cuoio o tela con sonagli pendenti, che si mette al collo di cavalli, muli, asini.

sonàglio [dal provz. *sonalh*, dal lat. parl. **sonācŭlu(m)*, da *sonāre* 'suonare'; sec. XIII] **s. m.** *1* Piccolo globo cavo di rame, bronzo o sim., con due fori tondi collegati da una fessura, contenente una pallottolina di ferro che urtando contro le pareti tintinna. *2* (*zool.*) ***Serpente a sonagli***, crotalo. *3* †Bolla che si forma in un liquido in ebollizione, agitato, e sim.: *fa già l'acqua qualche s.* (PASCOLI). *4* †Gioco simile alla mosca cieca. || **sonagliàccio**, **pegg.** | **sonagliétto**, **dim.** | **sonaglìno**, **dim.** | **sonagliolìno**, **dim.** | **sonagliòlo**, **dim.**

sonànte (1) [av. 1292] **part. pres.** di *suonare*; anche **agg.** *1* Nei sign. del v. | Che suona: *Già sentir pargli le trombe sonanti* (POLIZIANO) | Che risuona. *2* ***Moneta s.***, metallica; (*est.*) moneta contante: *pagare*, *riscuotere*, *in moneta s.* *3* (*fig.*) Che ha proporzioni clamorose: *vittoria*, *punteggio*, *s.*

sonànte (2) [dal ted. *Sonant* (fr. *sonante*), estratto da *Konsonant* 'consonante'; 1957] **agg.** solo **f.**; anche **s. f.** ● (*ling.*) Detto di consonanti la cui articolazione presenta il più debole grado di ostacolo, come nasali, liquide, semivocali.

sònar [vc. ingl., abbr. di *so(und) n(avigation) a(nd) r(anging)*, propr. 'navigazione e misurazione per mezzo del suono'; 1950] **s. m. inv.** ● Ecogoniometro.

sonàre ● V. *suonare*.

sonàta o **suonàta** nei sign. 1, 3 e 4 [av. 1410] **s. f.** *1* Il suonare | Il suono che si produce. *2* (*mus.*) Anticamente, composizione strumentale in opposizione a quella vocale | Dalla fine del XVII sec., composizione per uno o due, raramente tre, strumenti, in tre o quattro tempi, in contrasto tematico e ritmico fra loro ma collegati dalla tonalità | ***Forma s.***, nello stile classico-romantico, struttura del primo movimento di sonata, sinfonia, quartetto, concerto, consistente in esposizione di due temi contrastanti, sviluppo e ripresa degli stessi e coda finale. *3* (*fam.*) Spesa forte, conto salato: *vedrete che s. in quel negozio!* *4* (*fam.*) Imbroglio: *prendersi una s.* | (*fam.*) Bastonatura: *dare una s.*, *una bella s.*, *a qlcu.* || **sonatìna**, **dim.** (V.).

sonatìna [av. 1704] **s. f.** *1* Dim. di *sonata*. *2* (*mus.*) Pezzo strumentale solitamente più breve, facile o leggero della sonata.

sonatìsmo [da *sonata*; 1987] **s. m.** ● (*raro*) Stile compositivo strettamente legato alla sonata.

sonatista [da *sonata*; 1960] **s. m. e f.** (**pl. m.** *-i*) ● (*mus.*) Autore di sonate e di musiche in forma sonata.

sonatìstico [da *s(u)onare*; 1941] **agg.** (**pl. m.** *-ci*) ● Di sonata, relativo a sonata nel sign. 2.

sonàto ● V. *suonato*.

sonatóre ● V. *suonatore*.

sonatùra [sec. XIV] **s. f.** ● (*raro*) Atto del suonare.

sónda [dal fr. *sonde*, abbr. dell'anglosassone *sundgyrd*, comp. di *sund* 'braccio di mare' e *gyrd* 'pertica'; 1481] **A s. f.** *1* Macchina per la perforazione profonda del suolo ed eventualmente il prelievo di campioni delle rocce attraversate: *s. petrolifera* | ***S. a rotazione***, ***a percussione***, a seconda del tipo di movimento dell'utensile perforante | (*ing.*) Tubo d'acciaio con bordo inferiore tagliente usato per eseguire pali trivellati di fondazione. *2* (*fis.*, *tecnol.*) Dispositivo atto a effettuare rilevazioni e misurazioni che gli strumenti ordinari potrebbero perturbare o in posizioni o luoghi a essi difficilmente accessibili | Elemento sensibile di dispositivo o strumento di misurazione | ***S. acustica***, dispositivo destinato a misurare la pressione sonora. *3* (*aer.*) ***S. spaziale***, veicolo spaziale lanciato mediante razzi vettori e contenente apparecchiature atte a effettuare rilevamenti, misurazioni e fotografie nello spazio extraterrestre, spec. in prossimità di pianeti e satelliti del sistema solare, e a trasmettere alla Terra le informazioni raccolte: *s. lunare*, *s. solare* | ***S. atmosferica***, razzo o pallone contenente apparecchiature per ricerche negli strati alti dell'atmosfera | ***S. meteorologica***, apparecchio o dispositivo per misurazioni meteorologiche in alta quota. *4* (*med.*) Strumento tubolare cavo o pieno, per dilatare un organo o per esplorarlo, o per aspirarne il contenuto o introdurre liquidi: *s. gastrica*; *s. uretrale*. ➡ **ILL. medicina e chirurgia.** *5* (*med.*) Spec. in odontoiatria, specillo. **B** in funzione di **agg.** ● (posposto al s.) Spec. nella loc. ***pallone s.***, piccolo aerostato munito di strumenti per registrare la pressione, la temperatura e sim. delle regioni aeree attraversate. || **sondìno**, **dim. m.**

sondàbile [1960] **agg.** ● Che si può sondare.

sondàggio [dal fr. *sondage*, da *sonde* 'sonda'; 1859] **s. m.** *1* Esplorazione eseguita mediante una sonda: *il s. del sottosuolo*; *s. gastrico*; *s. atmosferico*. *2* (*fig.*) Indagine, inchiesta, compiuta per conoscere qlco., saggiare eventuali reazioni e sim.: *fare, effettuare, compiere, un s.*; *s. d'opinioni*; *s. preelettorale*. **3** (*stat.*) Procedimento di raccolta di dati individuali per campione.

sondaggista [da *sondagg(io)* col suff. *-ista*; 1991] **s. m. e f.** (**pl. m.** *-i*) ● Chi per professione si occupa di sondaggi demoscopici.

sondàre [dal fr. *sonder*, da *sonde* 'sonda'; 1490] **v. tr.** (*io sóndo*) **1** Esaminare con la sonda: *s. il fondo del mare*. **2** (*fig.*) Saggiare, cercare di conoscere, di sapere: *s. le intenzioni di qlcu.*; *s. il terreno*; *s. gli umori di qlcu.*

sondatóre [da *sondare*; 1960] **s. m.** (**f.** *-trice*) ● Tecnico addetto al funzionamento e alla manovra di una sonda.

sondrièse [1927] **A agg.** ● Di Sondrio. **B s. m. e f.** ● Abitante, nativo di Sondrio.

†**sonecchiàre** ● V. *sonicchiare*.

soneria ● V. *suoneria*.

†**sonettàre** [av. 1400] **v. intr.** ● Comporre sonetti.

†**sonettatóre** [sec. XIV] **s. m.** (**f.** *-trice*) ● Sonettista.

sonettéssa [da *sonetto*; 1586] **s. f. 1** Sonetto caudato. **2** †Sonetto privo di valore.

†**sonettière** [1370] **s. m.** (**f.** *-a*) ● Sonettista.

sonettista [av. 1729] **s. m. e f.** (**pl. m.** *-i*) ● Compositore di sonetti.

sonétto [dal provz. *sonet*, dim. di *son* 'melodia, poema'; sec. XII] **s. m.** ● Composizione lirica formata di quattordici endecasillabi, variamente rimati, di cui i primi otto formano due periodi di quattro ciascuno, o quartine, e gli altri sei formano due periodi di tre ciascuno, o terzine | ***S. caudato, con la coda***, che ha un verso in più, ovvero tre, di cui il primo settenario. ‖ **sonettàccio**, **pegg.** | **sonettèllo**, **dim.** | **sonettellùccio**, **dim.** | **sonetterèllo**, **dim.** | **sonettino**, **dim.** | **sonettóne**, **accr.** | **sonettucciàccio**, **pegg.** | **sonettùccio**, **sonettùzzo**, **dim.**

†**sonévole** [da *s(u)onare*; av. 1375] **agg.** ● Risonante.

sonicchiàre o **sonacchiàre**, †**sonecchiàre** [da *s(u)onare*, col suff. attenuativo *-icchiare*; 1873] **v. tr. e intr.** (*io sonicchio*; aus. *avere*) ● Suonare in modo svogliato o stentato: *s. una canzone, il pianoforte*; *divertirsi a s.*

sònico [da *suono*, sul modello dell'ingl.-amer. *sonic*; 1949] **agg.** (**pl. m.** *-ci*) ● Relativo al suono, alla velocità del suono: *muro, boato, s.*; *barriera sonica*.

sonio [da *s(u)onare*; 1870] **s. m.** ● Il suonare continuo.

sònito [vc. dotta, dal lat. *sŏnitu(m)* 'rumore, strepito', connesso con *sonāre* 'risuonare'; sec. XIII] **s. m.** ● (*poet.*) Suono, strepito.

†**sonnacchiàre** ● V. *sonnecchiare*.

sonnacchióso o †**sonnocchióso** [lat. *somniculōsu(m)* 'sonnolento', da *somnĭculus*, dim. di *sŏmnus* 'sonno'; 1338 ca.] **agg. 1** Pieno di sonno, intontito dal sonno: *occhi sonnacchiosi*; *finalmente il cappellano tutto s. venne ad aprire* (NIEVO). **2** (*fig., lett.*) Abulico, indolente: *ne' figli sonnacchiosi ed egri* (LEOPARDI). **3** †Che induce al sonno: *i sonnacchiosi papaveri con le inclinate teste* (SANNAZARO). ‖ **sonnacchiosaménte**, **avv.** In modo sonnacchioso.

sonnambòlico [fr. *somnambulique*, da *somnambule* 'sonnambulo'; 1960] **agg.** (**pl. m.** *-ci*) ● (*raro*) Di sonnambulo, da sonnambulo.

sonnàmbolo e *deriv.* ● V. *sonnambulo* e *deriv.*

sonnàmbula o (*raro*) **sonnàmbola** [f. di *sonnambulo*; 1787] **s. f. 1** Donna che è affetta da sonnambulismo. **2** (*pop.*) Donna che, facendosi credere in stato ipnotico, predice l'avvenire.

sonnambulismo o (*raro*) **sonnambolismo** [dal fr. *somnambulisme*, da *somnambule*, con *-isme* '-ismo'; 1819] **s. m.** ● Stato caratteristico di chi, durante il sonno, compie azioni più o meno complesse senza svegliarsi.

sonnàmbulo o (*raro*) **sonnàmbolo** [dal fr. *somnambule*, comp. del lat. *sŏmnus* 'sonno' e *ambulāre* 'camminare', sul modello di *funāmbulus* 'funambolo'; 1743] **agg.**; anche **s. m.** (**f.** *-a* (V.)) ● Che (o Chi) è affetto da sonnambulismo.

sonnecchiàre o (*tosc.*) †**sonnacchiàre** [lat. parl. **somniculāre*, da *somnĭculus*, dim. di *sŏmnus* 'sonno'; av. 1306] **v. intr.** (*io sonnécchio*; aus. *avere*) **1** Stare fra la veglia e il sonno, dormire a tratti. **2** (*fig.*) Essere poco attivo.

†**sonneferàre** ● V. †*sonniferare*.

sonnellino [doppio dim. di *sonno*; av. 1386] **s. m.** ● Sonno non profondo né lungo: *fare un s.*; (*fam.*) *schiacciare un s.*; *s. pomeridiano*.

†**sonniferàre** o †**sonneferàre** [da *sonnifero*; sec. XIII] **v. intr.** ● Sonnecchiare.

sonnifero [vc. dotta, dal lat. *somnĭferu(m)* 'soporifero', comp. di *sŏmnus* 'sonno' e *-fĕr* '-fero'; sec. XIV] **A agg.** ● (*raro, lett.*) Che provoca il sonno: *oppio s.*; *sostanze sonnifere*. **B s. m.** ● Preparato medicinale che provoca il sonno.

sonnilòquio [comp. di *sonno* e *-loquio* 'parlata', sul modello di *soliloquio*; 1819] **s. m.** ● (*raro*) Discorso pronunciato nel sonno | (*fig.*) Discorso privo di senso.

sonniloquo [comp. di *sonno* e *-loquo*, dal lat. *-lŏquus* 'che parla', da *lŏqui* 'parlare' (V. *loquace*); 1819] **s. m.** (**f.** *-a*) ● Chi parla durante il sonno.

♦**sónno** (o *-ò-*) [lat. *sŏmnu(m)* 'sonno', di orig. indeur.; av. 1250] **s. m. 1** (*psicol.*) Stato fisiologico di sospensione delle attività psichiche superiori e della iniziativa motoria, soprattutto in rapporto alla vita di relazione: *s. tranquillo, agitato*; *s. ristoratore*; *s. leggero, pesante, duro*; *s. del giusto*; *essere immerso nel s.*; *fare un bel s.*; *dormire di un s. tranquillo*; *avere il s. tranquillo*; *conciliare, facilitare, il s.*; *far passare, levare, togliere, il s.*; *parlare, gridare, nel s.*; *il s. ha similitudine colla morte* (LEONARDO). **CFR.** ipno-, narco- (1) | ***Prendere s.***, addormentarsi | ***Riprendere s.***, riaddormentarsi | ***Essere nel primo s., nel più bello del s.***, nelle prime ore da che ci si è addormentati, quando il sonno è più profondo | ***Fare tutto un s.***, dormire dalla sera alla mattina senza risvegli intermedi | ***Rubare tempo, ore, al s., perdere il s.***, dormire meno del necessario, vegliare | ***Dormire sonni tranquilli***, (*fig.*) vivere in tranquillità | ***Difendere i propri sonni***, (*fig.*) difendere la propria tranquillità | ***Terapia, cura del s.***, trattamento usato per la cura di affezioni mentali o connesse a fenomeni mentali, consistente nel provocare al paziente, mediante farmaci, uno stato di sonno quasi ininterrotto per più giorni | ***S. lento o NREM***, fase caratterizzata da contenuti mentali simili al pensiero | ***S. paradosso o REM***, fase in cui compaiono i sogni | (*fig.*) ***L'ultimo s., il s. eterno***, la morte | (*fig.*) ***Il s. della ragione***, l'irrazionalismo. **2** (*med.*) ***Malattia del s.***, tripanosomiasi africana. **3** Senso di torpore, bisogno di dormire: *avere, non avere, s.*; *essere preso dal s.*; *vincere il s.* | (*iperb.*) ***Cadere, cascare, dal s., essere morto di s.***, avere molto sonno | ***Far venire s., mettere s.***, (*fig.*) essere causa di grande noia: *certi film fanno venire s.* **4** (*fig.*) Calma, silenzio: *un pace immerso nel s.* **5** (*poet.*) Sogno: *e Iulio a lui dentro al fallace s. / parea risponder* (POLIZIANO). **6** (*raro, gerg.*) Sospensione dell'attività di un adepto in una società massonica. ‖ **sonnellino**, **dim.** (V.) | **sonnerèllo**, **dim.** | **sonnétto**, **dim.**

†**sonnocchióso** ● V. *sonnacchioso*.

sonnolènto o †**sonnolènte** [dal lat. tardo *somnolĕntu(m)* 'sonnolento', da *sŏmnus* 'sonno'; sec. XIII] **agg. 1** Che è assonnato, pieno di sonno. **2** Che induce al sonno: *pomeriggio s.* | Immerso nella quiete: *il paese s.* (PASCOLI).

sonnolènza o †**sonnolènzia** [dal lat. tardo *somnolĕntia(m)*, da *somnolĕntus* 'sonnolento'; sec. XIII] **s. f. 1** Torpore provocato dalla necessità di dormire: *s. febbrile*; *avere addosso una gran s.*; *essere preso dalla s.*; *la s. del pomeriggio*; *l'aria calda dà s.* **2** (*fig.*) Pigrizia, lentezza, mancanza di vivacità mentale, spirituale e sim.

sòno (**1**) ● V. *suono*.

sóno (**2**) ● V. *essere* (*1*).

sòno- [da *s(u)ono*] primo elemento ● In parole composte della terminologia tecnica, fa riferimento a fenomeni o effetti sonori: *sonografo*, *sonogramma*.

sonografia [comp. di *sono-* e *-grafia*; 1983] **s. f.** ● (*med.*) Ecografia.

sonògrafo [comp. di *sono* e *-grafo*; 1974] **s. m.** ● (*fis.*) Strumento per rappresentare graficamente le caratteristiche di un segnale sonoro.

sonogràmma [comp. di *sono* e *-gramma*; 1977] **s. m.** (**pl.** *-i*) ● (*fis.*) Grafico delle proprietà di un segnale sonoro.

sonòmetro [comp. di *sono-* e *-metro*; 1821] **s. m.** ● (*fis.*) Strumento per sperimentare le vibrazioni delle corde sonore.

sonorànte [da *sonoro*; 1983] **agg.**; anche **s. f.** ● (*ling.*) Detto di suoni della voce umana comprendenti articolazioni vocaliche, semivocaliche, liquide e nasali.

sonorista [da *sonoro*; 1963] **s. m. e f.** (**pl. m.** *-i*) ● Tecnico che si occupa della colonna sonora di un film.

sonorità o †**sonoritàde**, †**sonoritàte** [dal lat. tardo *sonoritāte(m)*, da *sonōrus* 'sonoro'; sec. XIV] **s. f. 1** Caratteristica di ciò che è sonoro. **2** (*fis.*) Proprietà di un ambiente di riverberare i suoni. **3** (*ling.*) Carattere dei suoni sonori.

sonorizzàre [da *sonoro*; 1938] **A v. tr. 1** (*ling.*) Trasformare un suono sordo nel corrispondente sonoro. **2** (*cine*) Effettuare una sonorizzazione. **B v. intr. pron.** ● (*ling.*) Subire una sonorizzazione.

sonorizzatóre [da *sonorizzare*; 1933] **s. m.** (**f.** *-trice*) ● Tecnico che cura la sonorizzazione di un film, una trasmissione radiofonica o televisiva.

sonorizzazióne [da *sonorizzare*; 1931] **s. f. 1** (*ling.*) Passaggio di un suono sordo al corrispondente suono sonoro. **CONTR.** Assordimento. **2** (*cine*) Aggiunta della colonna sonora a un film.

sonòro [lat. *sonōru(m)*, da *sŏnor*, genit. *sonōris* 'suono', connesso con *sŏnus* 'suono'; 1338 ca.] **A agg. 1** Che emette suono, che risuona: *nel cavo ventre del s. legno* (MARINO) | Che dà risonanza: *volta sonora*. **2** Che ha un suono forte, chiaro: *voce sonora* | (*est.*) Rumoroso: *risa sonore*. **3** (*fig.*) Enfatico, altisonante: *dimmi tu le tue frasi sonore* (VERGA) | (*fig.*) Clamoroso, grave: *una sonora sconfitta*. **4** (*ling.*) Detto di consonante la cui emissione è accompagnata da vibrazioni laringee, come la *s* di *rosa* e la *z* di *razzo*. **CONTR.** Sordo. **5** ***Cinema s.***, che fa uso della colonna sonora. **CONTR.** Muto. ‖ **sonoraménte**, **avv.** In modo sonoro, con sonorità. **B s. m. 1** Cinema sonoro: *l'avvento del s.* **2** Parte sonora di una ripresa cinematografica, spec. se eseguita in registrazione diretta.

sontuàrio ● V. *suntuario*.

sontuosità o **suntuosità** [vc. dotta, dal lat. tardo *sumptuositāte(m)*, da *sumptuōsus* 'sontuoso'; av. 1406] **s. f.** ● Condizione di ciò che è sontuoso: *la s. di un banchetto*.

sontuóso o **suntuóso** [vc. dotta, dal lat. *sumptuōsu(m)*, da *sŭmptus* 'spesa' (V. *suntuario*); av. 1419] **agg.** ● Pieno di lusso, fasto, sfarzo: *ricevimento s.* | Costruito con magnificenza e ricchezza: *una sontuosa cappella* (BARTOLI). ‖ **sontuosaménte**, **avv.** In modo sontuoso, con sontuosità.

soperchiànte ● V. *soverchiante*.

soperchiàre ● V. *soverchiare*.

soperchiatóre o **soverchiatóre** [1308] **s. m.**; anche **agg.** (**f.** *-trice*) ● (*lett.*) Chi (o Che) soverchia: *uomo terribile, s. e abisso d'ogni malizia* (PIRANDELLO).

soperchieria o (*lett.*) **soverchieria** [da *soverchiare*; av. 1535] **s. f.** ● Sopraffazione, prepotenza | Atto arrogante, prepotente; **SIN.** Sopruso.

†**soperchiévole** ● V. †*soverchievole*.

†**sopèrchio** ● V. *soverchio*.

sopiménto [1644] **s. m.** ● (*raro, lett.*) Assopimento | (*fig.*) Attenuazione, lenimento.

sopire [dal lat. *sopīre* 'assopire', dalla radice indeur. **swep-* di *sŏpor* e *sŏmnus* (V. *sopore* e *sonno*); 1498] **v. tr.** (*io sopisco, tu sopisci*) **1** (*raro, lett.*) Addormentare, assopire. **2** (*fig.*) Acquietare, calmare, lenire (*anche assol.*): *sopìan gli affanni e raddolcìano i cori* (TASSO). **3** (*fig., lett.*) Mettere a tacere: *s. uno scandalo*; *S., troncare, padre molto reverendo: troncare, s.* (MANZONI).

sopito [1336 ca.] **part. pass.** di *sopire*; anche **agg.** ● Nei sign. del v.

sopitóre [av. 1608] **s. m.**; anche **agg.** (**f.** *-trice*) ● (*lett.*) Chi (o Che) sopisce.

sopóre [vc. dotta, dal lat. *sopōre(m)*, dalla stessa radice di *sŏmnus* 'sonno'; sec. XIV] **s. m.** ● Stato di rilassamento fisico e psichico simile al sonno, da cui differisce per la non completa sospensione della coscienza: *essere immerso nel s.*; *placido, leggero, s.* | (*fig.*) Quiete, calma: *il s. … della Venezia invernale* (BACCHELLI).

soporifero [vc. dotta, dal lat. *soporĭferu(m)*, comp. di *sŏpor*, genit. *sopōris* 'sopore', e *-fĕr* '-fero'; 1521] **agg. 1** Che dà sopore, sonno: *preparato s.*; *sostanza soporifera*. **SIN.** Soporoso. **2** (*fig., scherz.*) Noioso, che fa venire sonno: *film s.*

soporóso [da *sopore*; 1499] **agg.** ● (*lett.*) Soporifero.

soppalcàre [1960] **v. tr.** (*io soppàlco, tu soppàlchi*) ● (*raro*) Munire, dotare di un soppalco: *s. un soggiorno*.

soppàlco [comp. di *so-* e *palco*; 1324] **s. m.** (pl. *-chi*) **1** Palco o soffitto morto, soffittatura. **2** Locale accessorio ricavato suddividendo orizzontalmente ambienti di una certa altezza | Specie di armadio a palco ricavato nella parte alta di un locale.

soppannàre [da *soppanno*; av. 1492] **v. tr.** ● Mettere il soppanno, foderare.

soppànno [comp. di *so-* e *panno*; 1353] **A s. m.** ● Tipo di fodera pesante per mantelli o per interno di scarpe. **B avv.** ● †Sotto i panni: *avendosi tutte le carni dipinte s. di lividori* (BOCCACCIO).

soppàsso [comp. di *so-* e *passo* (2); av. 1524] **agg.** ● († o *region.*) Quasi appassito: *uva soppassa* | Quasi asciutto, quasi secco: *muro s.*; *calcina soppassa*.

soppedàneo ● V. *suppedaneo*.

†soppediàno o **†soppidiàno** [lat. tardo (eccl.) *suppedāneu(m)* 'da tenere ai piedi'; 1303] **s. m.** ● Cassone per capi di vestiario e oggetti di valore, posto ai piedi del letto | Cassa per conservare valori e documenti pubblici e privati.

†soppellìre ● V. *seppellire*.

soppélo [comp. di *so-* e *pelo*; 1838] **s. m.** ● Taglio di carne bovina costituito dalla punta attaccata alla spalla.

sopperìre [da *supplire*, attraverso **sopprire*, con anaptissi; 1339] **v. intr.** (*io sopperisco, tu sopperisci*; aus. *avere*) ● Far fronte, provvedere: *s. a un bisogno, a una spesa*.

soppesàre [comp. di *so-* e *pesare*; 1840] **v. tr.** (*io soppéso*) **1** Giudicare il peso di un oggetto alzandolo e abbassando ripetutamente la mano su cui lo si tiene. **2** (*fig.*) Esaminare con cura, prendere in attenta considerazione: *s. i vantaggi e gli svantaggi, i pro e i contro*.

soppéso [comp. di *so-* e *peso*; 1865] **vc.** ● (*tosc.*) Solo nella loc. avv. *di s.*, alzando da terra e sostenendo dal basso: *prendere qlco. di s.*

†soppestàre [comp. di *so-* e *pestare*; 1359] **v. tr.** (*io soppésto*) ● Pestare, sminuzzare: *s. i fiori d'arancio freschi* (REDI).

soppiantaménto [sec. XIV] **s. m.** ● (*raro*) Il soppiantare.

soppiantàre o **†supplantàre** [lat. *supplantāre* 'sgambettare', comp. di *sŭb* 'sotto' e *plănta* 'pianta del piede'; sec. XIII] **v. tr.** **1** †Mettere sotto i piedi. **2** (*fig.*) †Disprezzare | Ingannare. **3** Subentrare a qlcu. in una data posizione, spec. con metodi non corretti: *s. i colleghi nella simpatia del direttore* | Prendere il posto, sostituire: *l'aereo ha soppiantato il treno*.

soppiatterìa [1746] **s. f.** ● (*raro*) Comportamento subdolo.

soppiàtto [comp. di *so-* e *piatto* 'nascosto'; sec. XIV] **agg.** **1** †Subdolo | †Nascosto, celato. **2** Nella loc. avv. *di s.*, di nascosto, badando a non farsi scorgere: *agire di s.*; *entrare, guardare*, e sim. *di s.*

soppiattóne [da *soppiatto*; av. 1527] **A s. m.** (f. *-a*) ● (*disus.*) Persona subdola, che fa le cose di nascosto. || **soppiattonàccio**, pegg. **B** in funzione di **avv.** ● †Di soppiatto.

soppiattonerìa [da *soppiattone*; 1873] **s. f.** ● (*raro*) Soppiatteria.

†soppidiàno ● V. *†soppediano*.

†soppórre [dal lat. *suppōnere* 'metter sotto', comp. di *sŭb* 'sotto' e *pōnere* 'porre' (V. *supporre*); av. 1320] **v. tr.** ● (*lett.*) Sottoporre: *essi / sopporran volontari a te se stessi* (TASSO).

sopportàbile [1513] **agg.** ● Che si può sopportare (*spec. fig.*). CONTR. Insopportabile. || **sopportabilménte**, avv. In modo sopportabile.

sopportabilità [1960] **s. f.** ● Condizione di ciò che è sopportabile.

†sopportaménto [sec. XIV] **s. m.** ● Sopportazione.

sopportànte [1505] **A** part. pres. di *sopportare*; anche **agg.** ● Nei sign. del v. **B s. m. e f.** ● (*tosc.*) †Contribuente.

♦**sopportàre** o **†supportàre** [lat. tardo *supportāre* 'sostenere', comp. di *sŭb* 'sotto' e *portāre*; av. 1257] **v. tr.** (*io soppòrto*) **1** Reggere, sostenere su di sé: *i pilastri sopportano il peso delle volte*. **2** (*fig.*) Subire, sostenere un disagio, un onere e sim.: *s. una perdita, una spesa*. **3** (*fig.*) Soffrire, patire: *s. miserie, dolori*; *la poveretta sopporta continui sacrifici*. **4** (*fig.*) Resistere a situazioni più o meno disagevoli senza risentirne: *s. il freddo, il caldo*; *quando dormo non sopporto la luce*; *gli agrumi non sopportano il freddo intenso* | Tollerare, accettare, senza reagire: *sopporto tutto ma non questo* | *Non s.*, detestare: *non sopporto i maleducati, le persone ipocrite*. **5** (*est., fig., lett.*) Concedere, permettere: *parlerò in quel modo ... che la materia per sé medesima sopporta* (MACHIAVELLI).

sopportàto [sec. XIV] **part. pass.** di *sopportare*; anche **agg.** ● Nei sign. del v.

sopportatóre [av. 1475] **s. m.** (f. *-trice*) ● (*raro*) Chi sopporta.

sopportazióne [vc. dotta, dal lat. tardo *supportatiōne(m)*, da *supportātus* 'sopportato'; 1340] **s. f.** **1** Il sopportare. **2** Pazienza, tolleranza: *possedere una grande s.*; *spirito, capacità, di s.*; *la nostra s. ha un limite*; *hai raggiunto il limite della s.* **3** Atteggiamento di degnazione, di malcelata sufficienza: *trattare qlcu. con un'aria di s.* **4** †Permesso, licenza, nelle loc. *con s.*, *con s. di qlcu.*, *con vostra s.*

soppòrto ● V. *supporto*.

†soppozzàre [lat. parl. **subputeāre* 'sommergere', comp. di *sŭb* 'sotto' e di un deriv. di *pŭteus* 'pozzo' (V. *sommozzatore*); sec. XIII] **v. tr.** ● Affondare, sommergere.

†soppréndere ● V. *sorprendere*.

sopprèssa [da *soppressare*; sec. XIV] **s. f.** **1** †Pressa, torchio, macchina di compressione. **2** Salame di puro suino con spiccato gusto di aglio, tipico del basso e medio Veneto.

†soppressàre [comp. di *so-* e *pressare*; av. 1320] **v. tr.** (*io sopprèsso*) **1** Stringere sotto la soppressa, pressare forte. **2** (*fig.*) Opprimere, sopraffare.

soppressàta o (*tosc.*) **soprassàta**, **sopressàta** [di etim. discussa: dal provz. moderno *saupressado* '(carne) pressata col sale' (?); av. 1524] **s. f.** ● (*merid.*) Salume di carne di maiale macinata o tritata con pezzetti di lardo, condita con sale e pepe e ben calcata | (*tosc., sett.*) Salume fatto con carne, grasso, cartilagini e cotiche ricavate dalla testa del maiale, bollite, tritate, salate e insaccate.

soppressióne [vc. dotta, dal lat. *suppressiōne(m)* 'sottrazione', da *supprĕssus* 'soppresso'; 1540] **s. f.** **1** Abolizione, eliminazione | (*dir.*) *S. di stato*, delitto di chi occulta un neonato, così da omettere di registrarne la nascita nello stato civile. **2** Uccisione violenta.

soppressìvo [da *soppresso*; 1872] **agg.** ● Che sopprime, che serve a sopprimere: *legge soppressiva*.

sopprèsso [1319] **part. pass.** di *sopprimere*; anche **agg.** ● Nei sign. del v. | Eliminato, annullato: *volo s.* | (*lett.*) Trattenuto, represso.

soppressóre [da *soppresso*; 1952] **s. m.** **1** (*raro*) Chi sopprime. **2** (*tel.*) Dispositivo che sopprime l'eco telefonico: *s. d'eco*.

sopprìmere [vc. dotta, dal lat. *supprīmere* 'trattenere, impedire', comp. di *sŭb* 'sotto' e *prĕmere*; 1313] **v. tr.** (pass. rem. *io soppréssi, tu sopprimésti*; part. pass. *sopprèsso*) **1** Abolire, annullare: *s. una disposizione, una legge* | (*lett.*) Censurare, eliminare: *s. tutte le copie di un libro*. **2** Uccidere, togliere di mezzo: *s. un prigioniero, un testimone pericoloso*. **3** †Calcare, calpestare. **4** †Reprimere, soffocare.

soppùnto [comp. di *so-* e *punto*; 1825] **s. m.** ● Punto leggero e rado per cui non si trapassa tutto lo spessore del tessuto in modo che dal lato esterno il punto stesso rimanga invisibile.

sopr- ● V. *sopra-*.

♦**sópra** /'sopra*, 'sopra *nel sign. A*; *solo* 'sopra *nei sign. B, C, D*/ o (*lett.*) **sóvra** [lat. *sŭpra*, avv. di orig. indeur.; 1211] **A prep.** (*raro, lett.*) Si può elidere davanti a parola che comincia per vocale: *sopr'ogni altra considerazione*. **1** Indica una posizione più elevata rispetto a qlco. che, posta inferiormente e a contatto con questa, ne costituisce il sostegno o l'appoggio (con v. di stato o di moto regge il compl. di stato in luogo o di moto a luogo, anche fig.): *metti un coperchio s. la pentola*; *non appoggiare il ferro s. il mobile*; *sedetevi s. quegli sgabelli*; *il monastero poggia s. un roccione*; *è inutile scrivere s. la sabbia*; *segnati l'indirizzo e il numero telefonico s. il taccuino*; *appoggia pure la mano s. il mio braccio*; *fondo i miei sospetti s. buone ragioni*; *tu ti fondi s. semplici congetture* | Con riferimento a qlco. che ne avvolge, ricopre o riveste un'altra: *indossa una maglia s. quell'abito*; *s. la pelle porta solo la camicia*; *mettiti il cappotto s. le spalle*; *stendete una coperta s. il letto* | *Essere, andare s. coperta, s. tolda*, sul ponte di una nave, di un'imbarcazione | Anche nella loc. prep. *al di s. di*: *sono al di s. di ogni sospetto*; *vivono al di s. delle loro possibilità*. CONTR. Sotto. **2** Indica il disporsi o l'accumularsi di cose in posizioni gradatamente più alte e (*fig.*) il succedersi di qlco. a ritmo incalzante: *abito un appartamento s. il negozio*; *ho conosciuto gli inquilini che stanno s. di noi*; *si costruì la casa mattone s. mattone*; *il terremoto non ha lasciato pietra s. pietra*; *restituirò i denari uno s. l'altro*; *riporta vittoria s. vittoria*; *mi rivolge domande s. domande*; *accumula debiti s. debiti* | *Mettere una pietra s. qlco.*, (*fig.*) cercare di dimenticarsene. **3** Indica luogo più alto o posizione superiore, incombente o dominante rispetto a qlco. (con v. di stato o di moto, regge i compl. di stato in luogo o di moto a luogo, anche fig.): *è stato costruito un nuovo ponte s. il fiume*; *il lampadario deve pendere s. il tavolo*; *l'aeroplano vola s. le nubi*; *gli stava s. con la spada sguainata*; *una maledizione grava s. di loro* | (*fig.*) Indica superiorità, protezione, dominio e sim.: *governare s. un popolo*; *vigilare s. i lavori*; *avere un grande vantaggio s. il nemico*; *comandare s. una città* | Indica vicinanza immediata a qlco. in una posizione però dominante: *l'albergo è proprio s. il mare*; *si costruisce una villa s. la città*; *si trova s. Sorrento*; *abitano una casa s. il fiume* | *†S. sera*, verso sera. **4** Addosso (con v. di moto, indica qlco. o qlcu. che cade o cala dall'alto e regge il compl. di moto a luogo, anche fig.): *la pioggia scende s. i campi*; *la maledizione è scesa s. il nostro capo*; *l'aquila volò lenta s. gli agnelli*; *la sera calava s. i borghi e le vallate*; *le nostre colpe ricadono s. i nostri figli* | (*est.*) Contro: *gli si gettarono s. in quattro*; *si è buttato s. il nemico con coraggio*; *mi si è scagliato s. per immobilizzarmi* | *Dare s. a qlcu.*, dargli addosso, dargli torto | *Stare s. qlcu.*, stargli addosso, insistere presso qlcu. per ottenere qlco. **5** Dopo: *bevi un po' di vino s. la pastasciutta*; *prendi dello zucchero s. la medicina*. **6** Oltre, più in su di: *cento metri s. il livello del mare*; *porta le gonne s. il ginocchio*; *è già s. i sessant'anni*; *votano solo le persone s. i diciotto anni*; *sono cinque gradi centigradi s. lo zero* | Al di là da, più a Nord di: *s. l'equatore*; *s. il 30° parallelo*; *dieci kilometri s. Bologna* | Superiore a, più di: *i bambini s. il metro pagano il biglietto*; *si dovrà spendere s. i cinquemila euro*; *peserà s. il quintale* | *Essere s. pensiero*, V. *soprappensiero* | *Averne fin s. i capelli*, (*fig.*) essere nauseato o stufo di qlcu. o qlco. **7** Intorno a, riguardo a (regge il compl. di argomento o, più genericamente, indica interessamento per qlco. o qlcu.): *una conferenza s. la riforma monetaria*; *voglio un parere s. quanto hai sentito*; *piangere s. la morte di un amico*; *fare assegnamento s. qlcu. o qlco.*; *accampare i propri diritti s. un terreno* | *Tornare s. una decisione*, rimetterla in discussione o annullarla | *Avere delle idee s. qlcu. o qlco.*, avere delle mire, farci assegnamento | *Giocare, puntare s. un numero, una carta, un cavallo* e sim., puntare su quel numero, carta, cavallo e sim., una somma di denaro o altro bene | *Prestito s. pegno*, garantito da un pegno | *Giurare s. il proprio capo, s. qlcu. o qlco.*, giurare per, in nome del proprio capo, di qlcu. o qlco.: *lo giuro s. il Vangelo*. **8** Più di, più che (indica preminenza o preferenza): *mi interessa s. ogni altra cosa*; *è meritevole s. tutti gli altri*; *lo amo s. ogni cosa* | V. anche *soprattutto*. **9** (*raro*) Prima, innanzi di (regge il compl. di tempo determinato): *la notte s. il sabato*. **10** †Durante, sul momento di: *essendo s. rinnovare le leggi* (COMPAGNI) | *†Essere, stare s. qlco.*, essere in procinto o intento a farla. **11** †Conforme a, secondo: *fare qlco. s. modello*; *s. misura*. **12** Anche nella loc. prep. *s. di* (spec. seguito dai pron. pers.) e *s. a*: *guarda s. al tavolo*; *cerca di passare s. a queste sciocchezze*; *non devi prendere s. di te questi impegni*; *abita s. di noi*. **B avv.** **1** In luogo o posizione o parte più elevata rispetto ad altra: *il libro si è un po' rovinato s.*; *sotto è di ferro, ma s. è ricoperto in plastica*; *s. puoi verniciarlo di bianco*; *voglio un dolce con s. uno strato di cioccolata* | *Più s.*, più in alto: *appoggialo più s.* | *Berci s.*, per mandare giù; (*fig.*) per dimenticare qlco. | *Dormirci s.*, (*est., fig.*) rimandare al giorno seguente una decisione, un problema e sim. | *Non dormirci s.*, (*est.*) non perdere tempo | (*iter., intens.*) Alla sommità: *sopra so-*

pra abita un'altra famiglia | Con valore raff. preceduto da altro avv. di luogo: *appoggia tutto lì s.*; *cerca qua s.*; *qui s. deve esserci il libro che cerchiamo* | (*est.*) Al piano superiore: *s. sono venuti ad abitare nuovi inquilini*; *la mamma è s. che fa i letti* | Anche nelle loc. avv. ***di s.*** e (*raro*) ***al di s.***: *vado a cercare di s.*; *guarda di s.*; *chi sta di s. fa dispetto a chi sta di sotto*; *le nuvole al di s. passano veloci* (V. anche *disopra*) | Preceduto da una prep.: *i rumori vengono da s.*; *passate per s.*; *lenzuola con s. il monogramma* | (*raro*) Addosso: *chi porta s. questa reliquia, è immune.* **2** Precedentemente: *con riferimento a quanto detto s.*; *come ho già spiegato s.*, *la questione è spinosa*; *le parole s. citate sono di un'autorevole persona* | ***Di cui s.***, che è stato precedentemente menzionato: *il personaggio di cui s.* | ***Vedi s.***, ***come s.***, nei rinvii. **3** Oltre: *cerca di passar s.* **C** in funzione di **agg. inv.** ● Superiore, più alto: *cercalo nel piano s. dello scaffale*; *l'errore è nella riga s.* | Anche nella loc. agg. ***di s.***: *la parte di s. è rovinata*; *a tutti altri sapori esto è di s.* (DANTE *Purg.* XXVIII, 133). **D** in funzione di **s. m. inv.** ● La parte superiore, più alta, soprastante: *il s. è bianco*; *lava il s. del tavolo* | Anche nella loc. sost. ***il di s.***: *il di s. della scrivania è di mogano.*

sópra- o **sóvra-** [lat. *sŭpra*, subentrato al pref. *super-*, che in lat. aveva analoghe funzioni] **pref.** (*sopr-*, o *sovr-* davanti a vocale) **1** Indica che una cosa si trova sopra un'altra, o la copre, la riveste: *sopracciglio*, *soprascarpe.* **2** Indica aggiunta, supplemento: *soprannome*, *soprattassa.* **3** Esprime il superamento di un limite (quindi anche eccesso): *soprannumero*, *sopravvalutare.* **4** Indica superiorità di grado o funzione: *soprintendente* o *sovrintendente.* **5** Esprime trascendenza: *soprannaturale*, *sovrumano.* **6** Conferisce all'aggettivo valore di superlativo: *sopraffino*, *soprappieno.*

†**soprabbévere** [comp. di *sopra-* e *bevere* (V. il lat. *superbĭbere*, comp. di *sŭper* 'oltre' e *bĭbere* 'bere')] **v. tr.** ● (*raro*) Bere sopra a qlco.

soprabbondàre e *deriv.* ● V. *sovrabbondare* e *deriv.*

soprabbùsto [comp. di *sopra-* e *busto*; 1539] **s. m.** ● Copribusto.

♦**sopràbito** [comp. di *sopr-* e *abito*; 1804] **s. m.** ● Cappotto leggero per la mezza stagione. || **soprabitàccio**, **pegg.** | **soprabitino**, **dim.** | **soprabitóne**, **accr.** | **soprabitùccio**, **dim.**

sopraccàlza [comp. di *sopra-* e *calza*; 1588] **s. f.** ● Calzino corto, spec. di lana, infilato sulla calza più lunga.

sopraccàpo [comp. di *sopra-* e *capo*; 1509] **s. m.** **1** †Soprintendente, superiore. **2** (*raro*) Preoccupazione: *avere dei sopraccapi.*

sopraccaricàre ● V. *sovraccaricare.*

sopraccàrico ● V. *sovraccarico.*

sopraccàrta [comp. di *sopra-* e *carta*; av. 1685] **s. f.** **1** Carta che ne ricopre un'altra. **2** Anticamente, prima dell'uso delle buste, faccia esterna del foglio piegato su cui era scritto l'indirizzo del destinatario | (*est.*) Indirizzo.

†**sopraccàssa** [comp. di *sopra-* e *cassa*; 1681] **s. f.** ● Nell'orologio, controcassa.

†**sopraccelèste** o †**sovracceleste** [vc. dotta, dal lat. tardo *supracaelĕste(m)*, comp. di *sŭpra* 'sopra' e *caelĕstis* 'celeste'; sec. XIV] **agg.** ● Che sta sopra il cielo | Divino | Soprannaturale.

sopraccennàto [comp. di *sopr-* e *accennato*; 1611] **agg.** ● Predetto, suddetto.

soprraccièlo [comp. di *sopra-* e *cielo*; sec. XIV] **s. m.** **1** (*raro*) Soffitto di un ambiente. **2** Specie di baldacchino quadrangolare della grandezza del letto fissato in alto vicino al soffitto | Parte superiore del baldacchino del letto o della carrozza.

sopracciglìare ● V. *sopracciliare.*

♦**sopracciglio** [lat. *supercĭliu(m)* 'sopracciglio', comp. di *sŭper* 'sopra' e *cĭlium* 'ciglio', con sovrapposizione di *sopra-*; sec. XIII] **s. m.** (**pl.** *sopraccigli*, **m.**, o *sopracciglia*, **f.**) ● Rilievo arcuato, ricoperto di peli, sul margine superiore della cavità orbitale.

sopracciliàre o **sopraccigliàre**, **sopraciliàre** [1771] **agg.** ● Del sopracciglio: *arcata s.*

sopraccìò [comp. di *sopra-* e *ciò*; sec. XV] **s. m.** e **f.** **1** †Soprintendente, supervisore. **2** (*fig.*) Chi vuole comandare, vuole imporre la propria volontà (*anche fig.*): *fare il s.*; *fare da s.*

sopraccitàto o **sopracitàto** [comp. di *sopra-* e *citato*; 1664] **agg.** ● Citato in precedenza.

sopraccóda o **sopracóda** [comp. di *sopra-* e *coda*; 1604] **s. f.** o **m.** (**pl.** *sopraccóde*, **f.**, o *sopraccóda*, **m.**) ● Insieme delle penne copritrici che stanno sopra le remiganti della coda degli uccelli.

†**sopraccòllo** [comp. di *sopra-* e *collo* (*2*); av. 1540] **s. m.** ● Sovraccarico | ***Milizie di s.***, imbarcate su navi per essere trasportate.

sopraccolóre [comp. di *sopra-* e *colore*; 1873] **s. m.** ● (*raro*) Colore che si sovrappone a un altro della stessa qualità ma di gradazione diversa.

sopraccòmito o **sovraccòmito** [comp. di *sopra-* e *comito*; av. 1428] **s. m.** ● Comandante della galea.

sopraccopèrta o **sovraccopèrta**, **sovracopèrta**, nei sign. A [comp. di *sopra-* e *coperta*; 1598] **A s. f.** **1** Coperta leggera che si pone spec. per ornamento sopra il letto. **2** Foglio di carta avvolto intorno a un volume per proteggere la copertina e utilizzato a scopo pubblicitario e di richiamo. **3** (*mar.*) Tutto ciò che sta sul ponte di coperta, in contrapposizione a *sottocoperta.* **B** in funzione di **avv.** ● Nelle costruzioni navali, sul ponte di coperta: *andare*, *salire*, *stare s.*

†**sopraccréscere** [dal lat. *supercrēscere* 'crescer sopra', comp. di *sŭper* 'sopra' e *crēscere*, con sovrapposizione di *sopra-*; sec. XIII] **v. intr.** (coniug. come *crescere*; aus. *essere*) **1** Crescere sempre più. **2** Crescere dalla parte di sopra.

sopraciliàre ● V. *sopracciliare.*

sopracitàto ● V. *sopraccitato.*

sopracóda ● V. *sopraccoda.*

sopraconduttóre [comp. di *sopra-* e *conduttore*; 1934] **s. m.** ● (*fis.*) Superconduttore.

sopraconduzióne [comp. di *sopra-* e *conduzione*; 1965] **s. f.** ● (*fis.*) Superconduzione.

sopràcqueo [comp. di *sopr-* e *acqueo*; 1889] **agg.** ● (*raro*) Che è sopra l'acqua. CONTR. Subacqueo.

sopracùto [comp. di *sopr-* e *acuto*; av. 1574] **agg.** ● (*mus.*) Acutissimo, il più acuto possibile: *mi s.*

sopraddàzio o **sovraddàzio** [comp. di *sopra-* e *dazio*; av. 1801] **s. m.** ● Diritto supplementare pagato oltre al dazio ordinario.

sopraddétto o **sopradétto**, (*raro*) **sópra détto**, †**sovraddétto** [comp. di *sopra-* e *detto*; sec. XIII] **agg.** ● Detto prima, suddetto.

sopraddominànte o **sopradominànte** [comp. di *sopra-* e *dominante*; 1826] **s. f.** ● (*mus.*) Sesto grado della scala diatonica, così detto perché segue la dominante.

†**sopraddòta** ● V. *sopraddote.*

sopraddotàle [comp. di *sopra-* e *dotale*; 1685] **agg.** ● Di sopraddote.

sopraddotàre [comp. di *sopra-* e *dotare*; av. 1566] **v. tr.** (*io sopraddòto*) ● Dotare di sopraddote.

sopraddòte o †**sopraddòta** [comp. di *sopra-* e *dote*; av. 1444] **s. f.** ● Controdote.

sopradétto o **sópra détto** ● V. *sopraddetto.*

sopradominànte ● V. *sopraddominante.*

sopraebollizióne [comp. di *sopra-* ed *ebollizione*; 1891] **s. f.** ● (*fis.*) Stato di un liquido che non bolle pur avendo superato la sua normale temperatura di ebollizione.

sopraeccèdere e *deriv.* ● V. *sopreccedere* e *deriv.*

†**sopraeccellènte** ● V. †*soprecellente.*

sopraeccitàre e *deriv.* ● V. *sovreccitare* e *deriv.*

sopraedificàre o **sopredificàre** [vc. dotta, dal lat. tardo *superaedificāre*, comp. di *sŭper* 'sopra' ed *aedificāre* 'costruire', con sovrapp. di *sopra-*; av. 1420] **v. tr.** (*io sopraedìfico*, *tu sopraedìfichi*) ● Edificare sopra un preesistente edificio.

sopraedificazióne o **sopredificazióne** [vc. dotta, dal lat. tardo *superaedificatiōne(m)*, da *superaedificāre* 'sopredificare'; 1873] **s. f.** ● Il sopredificare | Costruzione, parte sopredificata.

sopraelencàto o **soprelencàto** [comp. di *sopra-* ed *elencato*; 1922] **agg.** ● In uno scritto o discorso, elencato in precedenza.

sopraelevaménto o **soprelevaménto** **s. m.** ● Soprelevazione.

sopraelevàre o **soprelevàre** [comp. di *sopra-* ed *elevare*; V. il lat. tardo ecclesiastico *superelevāre*, comp. di *sŭper* 'sopra' ed *elevāre*; 1917] **v. tr.** (*io sopraelèvo*) ● Alzare il fabbricato di uno o più piani | Elevare al disopra del piano normale: *s. una strada.*

sopraelevàta o **soprelevàta** [f. sost. di *soprelevato*; av. 1926] **s. f.** ● Ferrovia, strada, curva sopraelevata.

sopraelevàto o **soprelevàto** [av. 1926] **part. pass.** di *sopraelevare*; anche **agg.** **1** Nei sign. del v. **2** ***Strada***, ***ferrovia sopraelevata***, che corre su un viadotto, scavalcando le altre | ***Curva sopraelevata***, avente pendenza verso l'interno per opporsi alla forza centrifuga, consentendo maggiore velocità.

sopraelevazióne o **soprelevazióne** [1922] **s. f.** **1** Il sopraelevare | Parte sopraelevata di una costruzione. SIN. Sopralzo. **2** (*ferr.*) Dislivello esistente tra le due rotaie di un binario in curva.

sopraeminènte ● V. †*sovreminente.*

†**sopraeminènza** ● V. †*sovreminenza.*

sopraespósto o **sopresposto** [comp. di *sopra-* ed *esposto*; 1820] **agg.** ● Esposto precedentemente.

sopraffàre [comp. di *sopra-* e *fare* (*1*); av. 1348] **v. tr.** (**pres.** *io sopraffàccio* o *sopraffò*, *tu sopraffài*, *egli sopraffà*; nelle altre forme, coniug. come *fare*) **1** Soverchiare, dominare, usando prepotenza, soprusi: *s. i deboli*; *non credere di sopraffarci con le tue chiacchiere* | Superare, vincere (*anche fig.*): *s. l'avversario in battaglia*; *il rumore della strada sopraffà le nostre voci*; *una dolcezza tale*, *che tu ne sarai sopraffatto* (LEOPARDI). **2** (*assol.*) †Strafare, fare più di ciò che si dovrebbe. **3** †Sovrastare, dominare, essere a cavaliere: *un aspro monte che sopraffà la Murata* (GUICCIARDINI).

sopraffàscia [comp. di *sopra-* e *fascia*; 1873] **s. f.** (**pl.** *-sce*) ● (*raro*) Fascia che ne ricopre un'altra.

sopraffàtto [av. 1540] **part. pass.** di *sopraffare*; anche **agg.** ● Vinto | (*fig.*) Dominato: *era s. dalla stanchezza*, *dall'angoscia.*

sopraffattóre [da *sopraffare*; 1798] **s. m.**; anche **agg.** (**f.** *-trice*) ● Chi (o Che) sopraffà | Prepotente.

sopraffattòrio [1960] **agg.** ● Che tende a sopraffare: *atto*, *temperamento s.*

sopraffazióne [da *sopraffatto*; 1780] **s. f.** ● Il sopraffare | Atto di prepotenza: *patire una s.* SIN. Soperchieria, sopruso.

sopraffilàre [da *sopraffilo*; 1873] **v. tr.** ● (*raro*) Fare il sopraffilo.

sopraffilo [comp. di *sopra-* e *filo*; 1873] **s. m.** ● Punto lungo e rado usato per orlare il tessuto, dove non c'è cimosa, in modo che non si sfilacci.

sopraffinèstra [comp. di *sopra-* e *finestra*; av. 1555] **s. f.** ● Finestrella posta sopra una porta o la finestra principale, per dare aria e luce all'ambiente.

sopraffino [comp. di *sopra-* e *fino*; av. 1499] **agg.** ● Molto fino, eccellente: *pranzo s.* | Di qualità superiore: *vino s.* | (*fig.*) Raffinato, straordinario: *malizia*, *astuzia*, *sopraffina.*

sopraffollàto ● V. *sovraffollato.*

†**sopraffóndere** [dal lat. tardo *suprafŭndere* 'spargere sopra', comp. di *sŭpra* 'sopra' e *fŭndere* 'spargere'; av. 1685] **v. tr.** ● Spargere sopra.

sopraffóndo [comp. di *sopra-* e *fondo*; 1925] **s. m.** ● Base rialzata di una scatola o sim. | Cornice di cartone in cui si introduce un foglio con ritratto, disegno e sim.

sopraffusióne o **soprafusióne** [comp. di *sopra-* e *fusione*; 1875] **s. f.** ● (*fis.*) Condizione instabile di un corpo che si trova allo stato liquido pur trovandosi a temperatura inferiore a quella di solidificazione.

sopraffùso [comp. di *sopra-* e *fuso* (*1*); 1889] **agg.** ● (*fis.*) Detto di corpo in stato di sopraffusione.

soprafusióne ● V. *sopraffusione.*

sopraggittàre [comp. di *sopra-* e *gittare*; 1726] **v. tr.** ● (*raro*) Cucire con il sopraggitto.

sopraggitto [da *sopraggittare*; av. 1543] **s. m.** ● Cucitura molto fitta per unire due pezzi di tessuto: *cucire qlco. a s.* SIN. Soprammano (1).

†**sopraggiudicàre** [comp. di *sopra-* e *giudicare*; av. 1349] **v. tr.** ● (*raro*) Sovrastare.

sopraggiùngere o †**sopraggiùgnere**, †**sovraggiùgnere**, †**sovraggiùngere** [comp. di *sopra-* e *giungere*; av. 1257] **A v. intr.** (coniug. come *giungere*; aus. *essere*) **1** Arrivare improvvisamente: *sopraggiunse un messaggero*; *è sopraggiunta la notizia della sua morte* | Arrivare in aggiunta ad altri: *è sopraggiunto un nuovo ospite.* **2** Accadere improvvisamente: *è sopraggiunta una difficoltà nell'affare* | †Essere comunicato: *mi sopraggiunse ch'e' s'appiccò fuoco nella bottega* (CELLINI) | Accadere in aggiunta ad altro: *sono sopraggiunte complicazioni nella malattia.* **B v. tr.**

1 (*raro*) Cogliere, prendere di sorpresa: *lo sopraggiunse un malore*; *il temporale ci ha sopraggiunti per la strada*. *2* (*raro*) Raggiungere: *il coniglio fu sopraggiunto dai cani*. *3* †Aggiungere in più.

†**sopraggiungiménto** [1746] s. m. ● Arrivo.

sopraggiùnta [comp. di *sopra-* e *giunta*; 1313] s. f. *1* Nuova aggiunta | *Per s.*, per di più, per giunta. *2* †Arrivo improvviso.

sopraggiùnto [sec. XIII] part. pass. di *sopraggiungere*; anche agg. ● Nei sign. del v.: *il s. sergente* (FENOGLIO); *sopraggiunte complicazioni*.

†**sopraggrànde** o †**sovraggrànde** [comp. di *sopra-* e *grande*; av. 1342] agg. ● Molto grande | Più grande della norma.

sopraggravàre [dal lat. tardo *supragravāre* 'sovraccaricare', comp. di *sŭpra* 'sopra' e *gravāre*; 1505] v. tr. ● (*raro*) Aggravare ulteriormente.

sopraggràvio [comp. di *sopr-* e *aggravio*; 1873] s. m. ● (*raro*) Aggravio ulteriore.

†**sopraggridàre** o †**sopragridàre** [comp. di *sopra-* e *gridare*; 1319] v. intr. ● Gridare più forte degli altri.

sopraimbótte o **soprimbótte** [comp. di *sopra-* e *imbotte*; 1940] s. f. ● Superficie esterna della struttura di una volta. SIN. Estradosso.

sopraindicàto o **soprindicàto** [comp. di *sopra-* e *indicato*; av. 1799] agg. ● Indicato precedentemente.

soprainnestàre ● V. *sovrainnestare*.

soprainnèsto ● V. *sovrainnesto*.

soprainsègna o **sopransègna**, †**soprassègna**, **soprinsègna** [comp. di *sopra-* e *insegna*; sec. XIII] s. f. ● Anticamente, contrassegno particolare sull'armatura per distinguere i cavalieri.

soprainsième [comp. di *sopra-* e *insieme*; 1987] s. m. ● (*mat.*) Insieme che contiene tutti gli elementi dell'insieme dato.

sopraintèndere e *deriv.* ● V. *soprintendere* e *deriv.*

sopraliminàle o **supraliminàle** [sul modello di *subliminale*, con sostituzione di *sub-* con *sopra-*; 1960] agg. ● (*psicol.*) Detto dello stimolo che opera al di sopra della soglia della percezione e della coscienza e quindi viene percepito. CONTR. Subliminale.

soprallegàto [comp. di *sopra* e *allegato*; av. 1536] agg. ● (*raro*) Allegato, citato, precedentemente.

soprallodàto [comp. di *sopra-* e *lodato*; 1735] agg. ● (*raro*) Sullodato, già ricordato con lode.

soprallu̇ògo o **sopraluògo** [comp. di *sopra-* e *luogo*; 1699] A s. m. (pl. *-ghi*) *1* Ispezione di luoghi disposta ed eseguita di persona dall'autorità giudiziaria per fini probatori. *2* (*est., gener.*) Visita, ispezione eseguita da tecnici direttamente sul luogo. B avv. ● †Sul luogo stesso: *fare un'indagine s.*

sopralùce [propr. 'luce di sopra'; 1957] s. m. inv. ● (*edil.*) Piccola finestra situata sopra una porta per dare più aria e luce a un ambiente. SIN. Sopraporta.

sopraluògo ● V. *sopralluogo*.

sopràlzo o **sovràlzo** [comp. di *sopr-* e *alzo*; 1927] s. m. ● Parte di edificio eseguita successivamente alla costruzione principale esistente, sovrastante gli ultimi piani | Sopraelevamento di rotaie.

sopramàno ● V. *soprammano* (*1*).

†**sópra màno** ● V. †*soprammano* (*2*).

sopramentovàto ● V. *soprammentovato*.

sopramenzionàto ● V. *soprammenzionato*.

soprammànica [comp. di *sopra-* e *manica*; 1584] s. f. *1* Mezza manica di rasatello nero che, spec. in passato, si infilava a protezione della manica della giacca o della camicia. *2* Anticamente, parte di abito che, per ornamento, ricopriva le maniche degli abiti femminili.

soprammàno (1) o **sopramàno** [comp. di *sopra-* e *mano*; 1312] s. m. ● Sopraggitto: *ella / facea l'imbastitura e il sopramano* (PASCOLI).

†**soprammàno** (2) o †**sópra màno** [comp. di *sopra-* e *mano*; 1312] A avv. *1* Con la mano alzata al di sopra della spalla, detto spec. di colpi inferti con armi, bastoni e sim.: *ferì con una lancia sopra mano / al supplicante il delicato petto* (ARIOSTO). *2* Ostentatamente: *i cittadini di parte Nera parlavano sopra mano* (COMPAGNI) | In tono irato. *3* (*raro*) Sommamente. B in funzione di s. m. ● Percossa o colpo d'arma, spec. di spada, vibrato dall'alto al basso.

soprammattóne [comp. di *sopra-* e *mattone*; av. 1400] s. m. ● Esile muro divisorio di mattoni disposti a coltello l'uno sopra l'altro.

soprammentovàto o **sopramentovàto**, †**sovrammentovàto** [comp. di *sopra-* e *mentovato*; 1674] agg. ● (*lett.*) Mentovato prima.

soprammenzionàto o **sopramenzionàto** [comp. di *sopra-* e *menzionato*; av. 1701] agg. ● Menzionato prima.

soprammercàto [comp. di *sopra-* e *mercato*; av. 1547] vc. ● Solo nella loc. avv. *per s.*, per giunta, per di più.

soprammésso [sec. XIV] part. pass. di *soprammettere*; anche agg. ● Nel sign. del v. | Sovrapposto.

soprammèttere [comp. di *sopra-* e *mettere* (V. il lat. tardo *supermĭttere*, comp. di *sŭper* 'sopra' e *mĭttere* 'versare'); av. 1798] v. tr. (coniug. come *mettere*) ● (*raro*) Mettere sopra.

†**soprammiràbile** o †**sovrammiràbile** [comp. di *sopra-* e *mirabile*; sec. XIV] agg. ● (*raro*) Molto mirabile.

soprammişùra [comp. di *sopra-* e *misura*; av. 1226] avv. ● (*raro*) Grandemente, oltremodo: *è bella s.*

soprammòbile [comp. di *sopra-* e *mobile*; av. 1909] s. m. ● Oggetto artistico che si pone per ornamento sopra un mobile.

†**soprammòdo** o †**sopramòdo** [comp. di *sopra-* e *modo*; av. 1363] avv. ● (*lett.*) Oltremodo, sommamente: *meravigliandosene sopra modo* (LEOPARDI).

soprammondàno ● V. *sopramondano*.

soprammóndo ● V. *sopramondo*.

†**soprammontàre** [comp. di *sopra-* e *montare*; av. 1292] A v. tr. ● Soverchiare | (*fig.*) Soppiantare. B v. intr. *1* Montare sopra. *2* Crescere, sovrabbondare.

†**sopramòdo** ● V. †*soprammodo*.

sopramondàno o **soprammondàno** [comp di *sopra-* e *mondano*; 1551] agg. ● (*raro*) Che va oltre le cose del mondo.

sopramóndo o **soprammóndo** [comp. di *sopra-* e *mondo*; 1941] s. m. ● (*filos.*) Iperuranio.

sopràna [f. sost. di *soprano*; av. 1556] s. f. ● Sopravveste senza maniche indossata sulla veste da alcuni seminaristi.

sopranaşàle [comp. di *sopra-* e *naso*, con suff. aggettivale; 1957] agg. ● (*anat.*) Che è situato sopra il naso.

sopranazionàle o **soprannazionàle**, **sovranazionàle** [comp. di *sopra-* e *nazionale*; 1920] agg. ● Che gode della sopranazionalità.

sopranazionalità o **soprannazionalità**, **sovranazionalità** [comp. di *sopra-* e *nazionalità*; 1920] s. f. ● Autonomia e ampiezza dei poteri e funzioni di date organizzazioni internazionali rispetto agli Stati membri delle stesse: *la s. della FAO*.

sopranìle [da *soprano*; 1950] agg. ● (*raro*) Da soprano, di soprano: *voce s.*

sopranìsta [da *soprano*; 1954] s. m. (pl. *-i*) ● Cantante di sesso maschile che sosteneva ruoli di soprano ottenendone il registro, nei secc. XVII e XVIII in seguito a evirazione, attualmente mediante l'emissione di testa. CFR. Controtenore.

soprannarràto [comp. di *sopra-* e *narrato*; av. 1597] agg. ● (*lett.*) Narrato prima.

soprannaturàle o **sovrannaturàle** [comp. di *sopra-* e *naturale*; av. 1308] A agg. ● Che supera i limiti della natura, che trascende la natura | Che appartiene al mondo divino: *ordine s.* | Che si produce o si manifesta nell'uomo, in virtù della grazia, in forme che superano la sua natura: *felicità, virtù, fede, grazia, s.* | (*fig., iperb.*) Straordinario: *ha una forza s.* || **soprannaturalménte**, avv. B s. m. solo sing. ● Ciò che supera, che trascende la natura.

soprannaturalişmo [da *soprannaturale*, con *-ismo*; 1846] s. m. ● Dottrina filosofica che si fonda sulla credenza nel soprannaturale.

soprannaturalità [da *soprannaturale*; av. 1508] s. f. ● Condizione di ciò che è soprannaturale.

soprannazionàle ● V. *sopranazionale*.

soprannazionalità ● V. *sopranazionalità*.

soprannestàre ● V. *sovrainnestare*.

soprànno [comp. di *sopr-* e *anno*; 1312] agg. ● Detto di animale che ha più di un anno di età.

soprannòlo [comp. di *sopra-* e *nolo*, sul modello del fr. *surcharge*; 1970] s. m. ● Sovrapprezzo imposto, in certe situazioni, al carico imbarcato a bordo di navi.

†**soprannomàre** [comp. di *sopra-* e *nomare*; sec. XIV] v. tr. ● Soprannominare.

♦**soprannóme** (o *-ò-*) o †**sopranóme** (o *-ò-*) [dal lat. mediev. *supernōme(n)*, comp. di *sŭper* 'sopra' e *nōmen*, genit. *nōminis* 'nome', con sovrapposizione di *sopra-*; av. 1292] s. m. *1* †Casato, cognome: *gli era de' Grimaldi caduto il s.* (BOCCACCIO). *2* Appellativo, spesso legato a particolari caratteristiche individuali o ambientali, che si sostituisce al vero nome e cognome di una persona: *Giovan Francesco Barbieri è noto con il s. di 'il Guercino'*; *nel quartiere è conosciuto col s. di Gambacorta*; *è così furbo che per s. lo chiamano la volpe*.

soprannominàre [dal lat. tardo *supernomināre* 'soprannominare', comp. di *sŭper* 'sopra' e *nomināre*, con sovrapposizione di *sopra-*; av. 1348] v. tr. (*io soprannòmino*) ● Designare con un soprannome: *Venezia fu soprannominata la Serenissima*.

soprannominàto (1) [av. 1375] part. pass. di *soprannominare*; anche agg. *1* †Menzionato sopra: *calcolare … eclissi e gli altri accidenti soprannominati*. *2* Chiamato con soprannome: *Mario Rossi, s. il Riccio*.

soprannominàto (2) ● V. *sopranominato*.

†**soprannotàre** ● V. †*soprannuotare*.

soprannotàto o **sopranotàto**, **sópra notàto** [comp. di *sopra-* e *notato*; 1308] agg. ● Notato, indicato, prima.

soprannumeràrio o **sovrannumeràrio** [vc. dotta, dal lat. tardo *supernumerārĭu(m)*, comp. di *sŭper* 'sopra' e *numerārius*, da *nŭmerus* 'numero'; 1532] agg. ● Che è in soprannumero: *insegnanti soprannumerari* | (*anat.*) Che supera il numero normale: *dito s.*

soprannùmero o **sovrannùmero** [comp. di *sopra-* e *numero*; sec. XIV] A avv. ● Oltre il numero prestabilito: *ho carta e penne s.* | Anche nella loc. avv. *in s.*: *gli impiegati sono in s.* B in funzione di agg. inv. ● Extra, più dell'usuale o del prestabilito: *il lavoro s. verrà pagato a parte*.

†**soprannuotàre** o †**soprannotàre** [comp. di *sopra-* e *nuotare*; 1340 ca.] v. intr. ● Galleggiare in un liquido: *Il vaso, che soprannuota* (GALILEI) | (*fig., lett.*) Sopravvivere: *Egli è un pover'uomo … che per s. lavora … come un facchino* (CARDUCCI).

sopràno [lat. parl. **sup(e)rānu(m)* 'che sta sopra', da *sŭper* 'sopra'; av. 1294] A agg. *1* †Che sta sopra, più in alto: *contrade soprane* (D'ANNUNZIO). *2* (*fig.*) †Superiore per qualità e pregio: *non apprezzò … cosa sì soprana* (ARIOSTO). *3* (*fig.*) †Regale, che si riferisce al sovrano. *4* Che sta sopra, superiore, spec. usato in toponomastica in contrapposizione a *sottano*: *Petralia Soprana*. B s. m.; anche agg. ● (*mus.*) La più acuta delle voci femminili: *voce di s.*, *voce soprana*. C s. m. o f. (pl. m. *soprani*, pl. f. inv.) ● Chi canta con voce di soprano: *la sala ha applaudito entusiasticamente il s.* D agg. inv. ● (posposto al s.) (*mus.*) Detto di strumento musicale che, nell'ambito della propria famiglia, ha estensione simile a quella della voce di soprano: *sax s.* || **sopranétto**, dim. | **sopranìno**, dim.

†**sopranóme** (o *-ò-*) ● V. *soprannome*.

sopranominàto o **sópra nominàto**, (*raro*) **soprannominàto** (2) [comp. di *sopra-* e *nominato*, sul modello del lat. tardo *supranominātus*; 1342] agg. ● Nominato precedentemente.

sopranormàle [comp. di *sopra-* e *normale*; 1960] A agg. ● (*raro*) Superiore al normale. B s. m. ● Insieme dei fenomeni metapsichici.

sopranotàto o **sópra notàto** ● V. *soprannotato*.

sopransègna ● V. *soprainsegna*.

†**soprantèndere** ● V. *soprintendere*.

†**sopraordinàrio** [comp. di *sopra-* e *ordinario*; 1585] agg. ● Straordinario.

sopraòsso ● V. *soprosso*.

soprapagàre o **soprappagàre** [comp. di *sopra-* e *pagare*; 1225 ca.] v. tr. e intr. (*io soprapàgo, tu soprapàghi*; aus. *avere*) ● (*raro*) Pagare più del consueto, del normale.

†**soprapagatóre** [av. 1722] s. m. (f. *-trice*) ● (*raro*) Chi soprapaga.

sópra pàrto ● V. *soprapparto*.

soprapassàggio [comp. di *sopra-* e *passaggio*; 1962] s. m. ● Ponte, spec. stradale, che scavalca una strada o ferrovia. SIN. Cavalcavia.

sópra pensièro ● V. *soprappensiero.*

†sopraporre ● V. *sovrapporre.*

soprapòrta ● V. *soprapporta.*

soprappàga [comp. di *sopra-* e *paga*; 1543] s. f. *1* (*raro*) Paga corrisposta in più della paga normale. *2* (*fig.*) Nella loc. avv. ***per s.***, per di più, inoltre, per giunta.

soprappagàre ● V. *soprapagare.*

soprappàrto o **sópra pàrto** nel sign. B [comp. di *sopra-* e *parto*; av. 1604] **A** s. m. ● Parto che segue immediatamente il primo nei parti gemellari. **B** avv. ● Sul punto di partorire: *essere, stare, s.*; *morire s.*

soprappassàggio ● V. *sovrappassaggio.*

soprappàsso ● V. *sovrappasso.*

soprappensièro o **sópra pensièro**, (*raro*) **sovrappensièro** [comp. di *sopra-* e *pensiero*; av. 1543] avv. ● Assorto nei propri pensieri in modo da non prestare attenzione a ciò che avviene intorno o da agire distrattamente: *essere s.*; *fare qlco. s.*; *stavo s. e non ho capito quanto hai detto.*

soprappéso [comp. di *sopra-* e *peso*; sec. XIII] s. m. *1* (*raro*) Peso che si aggiunge al peso normale | ***Per s.***, per giunta, per di più. *2* (*med.*) V. *sovrappeso.*

†soprappièno o **†sovrappièno** [comp. di *sopra-* e *pieno*; av. 1294] agg. ● Stracolmo.

soprappiù ● V. *sovrappiù.*

soprappórre e *deriv.* ● V. *sovrapporre* e *deriv.*

soprappòrta o **soprapòrta**, **sovrappòrta** [comp. di *sopra-* e *porta*; av. 1400] s. f. *1* Ornamento scultorio o pittorico sovrastante l'architrave o il fregio di una porta nell'interno di un edificio. *2* Finestrino situato sopra una porta, per dare più aria e luce all'ambiente. SIN. Sopraluce.

†soprapprèndere [comp. di *sopra-* e *prendere*; sec. XIII] v. tr. ● Sorprendere: *la notte oscura il soprapprese di lungi del castello* (BOCCACCIO).

†soprappréso [av. 1292] part. pass. di *†soprapprendere* ● Sorpreso | Confuso.

soprapprèzzo ● V. *sovrapprezzo.*

soprapproduzióne ● V. *sovrapproduzione.*

soprapprofitto o **sopraprofitto**, **sovrapprofitto**, **sovraprofitto** [comp. di *sopra-* e *profitto*; 1916] s. m. ● (*econ.*) Profitto eccedente il livello normale, in genere dovuto ad avvenimenti eccezionali, come una guerra, o a congiunture particolari.

soprapprèzzo ● V. *sovrapprezzo.*

sopraprofitto ● V. *soprapprofitto.*

sopraùbico [comp. di *sopra* e *pubico*; 1957] agg. (pl. m. *-ci*) ● (*anat.*) Relativo alla regione del bacino al di sopra del pube | (*med.*) ***Prostatectomia soprapubica***, rimozione della prostata tramite un'incisione addominale al di sopra della sinfisi pubica.

soprarazionàle o (*raro*) **sovrarazionàle** [comp. di *sopra-* e *razionale*; av. 1588] agg.; anche s. m. ● Detto di ciò su cui la ragione con gli strumenti a sua disposizione non può pronunciarsi.

†sopràre ● V. *superare.*

soprariferito ● V. *soprarriferito.*

†sopraripreńsióne [comp. di *sopra-* e *riprensione*; av. 1566] s. f. ● Nella retorica classica, parte del discorso che segue alla riprensione.

soprariscaldaménto ● V. *soprarriscaldamento.*

soprarizzo [comp. di *sopra-* e di una var. sett. di *riccio* (*1*); 1523] **A** s. m. ● Tipo di velluto con motivi in rilievo su fondo liscio. **B** anche agg.: *velluto s.*

soprarriferito o **soprariferito** [comp. di *sopra-* e *riferito*; 1664] agg. ● (*raro*) Riferito precedentemente.

soprarriscaldaménto o **soprariscaldaménto** [comp. di *sopra-* e *riscaldamento*; 1965] s. m. ● (*fis.*) Surriscaldamento.

soprarrivàre [comp. di *sopr-* e *arrivare*; 1532] v. intr. (aus. *essere*) ● (*lett.*) Sopraggiungere, sopravvenire.

soprarrivàto [av. 1727] **A** part. pass. di *soprarrivare*; anche agg. ● Nei sign. del v. **B** s. m. (f. *-a*) ● (*lett.*) Persona sopraggiunta.

†soprasalàre [comp. di *sopra-* e *salare*; av. 1400] v. tr. e intr. ● Salare oltre il dovuto.

soprasaturazióne ● V. *soprassaturazione.*

soprasàturo ● V. *soprassaturo.*

soprascàrpa [comp. di *sopra-* e *scarpa*; 1838] s. f. ● Caloscia.

soprascrìtta [comp. di *sopra-* e *scritta*; av. 1294] s. f. *1* (*raro*) Indirizzo, di lettere o sim. *2* (*raro*) Iscrizione su lapidi, cartelli e sim.

†soprascrìtto [1225 ca.] part. pass. di *†soprascrivere*; anche agg. ● Nei sign. del v. | Citato in precedenza, suddetto: *le soprascritte ragioni* (L. DE' MEDICI).

†soprascrìvere [dal lat. tardo *suprascrībere*, variante di *superscrībere*, comp. di *sŭpra* 'sopra' e *scrībere* 'scrivere'; 1370] v. tr. *1* Scrivere sopra. *2* Apporre l'indirizzo a una lettera.

soprasegmentàle o **sovrasegmentàle** [ingl. *suprasegmental*, comp. di *supra-* 'sopra-' e *segmental* 'segmentale'; 1960] agg. ● (*ling.*) Detto dei tratti prosodici (come l'accento, l'intonazione, la durata) che, nella catena parlata, contraddistinguono un tratto più lungo del fonema.

soprasensìbile o **sovrasensìbile** [comp. di *sopra-* e *sensibile*; 1843] **A** agg. ● Detto di ciò di cui è impossibile avere qualsiasi tipo di conoscenza sensibile. **B** anche s. m. solo sing. ● Ciò che è soprasensibile.

soprasènso o **sovrasènso** [comp. di *sopra-*, *sovra-* e *senso*; 1308] s. m. *1* (*lett.*) Capacità sensoriale superiore a quella normale. *2* (*letter.*) Nella critica letteraria, significato nascosto, metaforico.

soprasottàna [comp. di *sopra-* e *sottana*] s. f. ● Negli antichi costumi, gonna generalmente aperta davanti o ripresa in un drappeggio in modo da lasciar vedere la gonna sottostante.

†sopraspèndere [comp. di *sopra-* e *spendere*; 1340] v. tr. e intr. ● Spendere eccessivamente.

soprassàlto [comp. di *sopra-* e *salto*; av. 1533] s. m. ● Movimento del corpo brusco e repentino: *avere, fare, un s.*; *essere preso da un s.* | ***Di s.***, con un sussulto, con un movimento brusco; (*est.*) d'un tratto, bruscamente: *svegliarsi di s.*

soprassàta ● V. *soppressata.*

soprassaturazióne o **soprasaturazióne** [comp. di *sopra-* e *saturazione*; 1875] s. f. ● Condizione di ciò che è soprassaturo: *grado di s.*

soprassàturo o **soprasàturo** [comp. di *sopra-* e *saturo*; 1941] agg. ● Detto di vapore o di soluzione che contiene una quantità di soluto superiore a quella massima consentita nelle stesse condizioni di temperatura e di pressione.

soprassedére [dal lat. tardo **suprasedēre* 'differire', variante di *supersedēre*, comp. di *sŭpra* 'sopra' e *sedēre* 'sedere'; av. 1332] v. intr. (coniug. come *sedere*; aus. *avere*) *1* Differire l'esecuzione di qlco., aspettare prima di decidere o di agire: *s. a una decisione*; *è meglio s.* *2* †Sedere sopra, essere sopra, sovrastare. *3* †Dimorare.

†soprassègna ● V. *soprainsegna.*

soprassegnàre [comp. di *sopra-* e *segnare*; 1305] **A** v. tr. (*io soprasségno*) ● Contrassegnare. **B** v. rifl. ● †Mettersi una soprainsegna.

soprasségno [comp. di *sopra-* e *segno*; 1483] s. m. *1* Contrassegno. *2* †Insegna sulla sopravveste: *ch'al s. t'ho riconosciuto* (PULCI).

soprassèlla [comp. di *sopra-* e *sella*] s. m. inv. ● Nel linguaggio del ciclismo, la zona del perineo.

soprassèllo [lat. tardo *supersĕllium(m)*, propr. 'gualdrappa', comp. di *sŭper* 'sopra' e *-sĕllium*, da *sĕlla*. V. *sella*; av. 1364] s. m. *1* †Carico aggiunto alla soma normale. *2* (*fig., disus.*) Giunta, aggiunta, spec. nella loc. avv. ***per s.***, in aggiunta.

soprassicurazióne [comp. di *sopra-* e *assicurazione*; 1960] s. f. ● Assicurazione per una somma superiore al valore di ciò che si assicura. CFR. Sottoassicurazione.

soprassòglio [comp. di *sopra-* e *soglio* 'soglia'; av. 1342] s. m. *1* Architrave. *2* Rialzo provvisorio costruito con sacchi di terra sugli argini di un corso d'acqua per fronteggiare una piena eccezionale.

soprassòldo [comp. di *sopra-* e *soldo*; av. 1806] s. m. ● (*disus.*) Aumento di paga per particolari incarichi.

soprassuòla [comp. di *sopra-* e *suola*; 1960] s. f. *1* Mezza suola in gomma sulla parte anteriore della scarpa per isolare maggiormente il piede. *2* (*est.*) Protezione che si mette ai cingoli di trattori e sim. quando avanzano su una superficie rigida, perché non la rovinino.

soprassuòlo o (*impropr.*) **soprasuòlo** [comp. di *sopra-* e *suolo*; av. 1862] s. m. *1* Strato coltivabile del terreno, spec. in contrapposizione a sottosuolo. *2* Insieme delle piante arboree di un terreno.

soprastallìa [comp. di *sopra-* e *stallia*; 1813] s. f. ● (*spec. al pl.*; *disus.*) Sosta di una nave in un porto per attendere il carico.

soprastampàre e *deriv.* ● V. *sovrastampare* e *deriv.*

soprastànte [sec. XIV] **A** part. pres. di *soprastare*; anche agg. ● Nei sign. del v. **B** s. m. ● (*disus.*) Vigilante, sorvegliante, custode: *il s. della prigione*; *Era stato Russo, il s., a rinvenire quella cosa* (TOMASI DI LAMPEDUSA).

†soprastànza s. f. *1* Superiorità. *2* Soprintendenza.

soprastàre [comp. di *sopra-* e *stare*, sul modello del lat. *superstāre* 'stare (*stāre*) sopra (*sŭper*)'; sec. XIII] **A** v. intr. (pres. *io soprastò, tu soprastài, egli soprastà*; nelle altre forme coniug. come *stare*; aus. *essere*, raro *avere*) *1* †Stare a capo, essere superiore, soprintendere. CONTR. Sottostare. *2* (*raro, lett.*) Dominare, sopraffare. *3* †Trattenersi in un luogo: *soprastette la notte di fuori* (SACCHETTI) | (*fig.*) †Indugiare, soprassedere. *4* †Cessare. *5* V. *sovrastare*. **B** v. tr. ● †Vincere, sopraffare.

soprastruttùra ● V. *sovrastruttura.*

soprasuòlo ● V. *soprassuolo.*

sopratàcco ● V. *soprattacco.*

†sopratàglio [comp. di *sopra-* e *taglio*; av. 1536] vc. ● Solo nella loc. ***a s.***, di indumento con spacchi orlati di passamano che lasciano vedere il tessuto sottostante d'altro colore: *brache, giustacuore, a s.*

sopratàssa ● V. *soprattassa.*

sopratassàre ● V. *soprattassare.*

sopratemporàle ● V. *sovratemporale.*

sópra tèrra o **sopratèrra** ● V. *sopratterra.*

sopraterréno [comp. di *sopra-* e *terreno*; 1680] agg. ● (*lett.*) Ultraterreno.

sopratitolo ● V. *soprattitolo.*

sopratònica [comp. di *sopra-* e *tonica*; 1801] s. f. ● (*mus.*) Secondo grado della scala diatonica, così detto perché segue la tonica.

soprattàcco o **sopratàcco** [comp. di *sopra-* e *tacco*; 1805] s. m. (pl. *-chi*) ● Tacco di rinforzo, consistente in un pezzo di cuoio o di gomma, che si sovrappone al tacco originario della scarpa.

soprattàssa o **sopratàssa**, **sovrattàssa** [comp. di *sopra-* e *tassa*; 1802] s. f. ● Sanzione fiscale costituita da una somma di denaro di ammontare pari all'imposta, o a una frazione o a un multiplo della stessa.

soprattassàre o **sopratassàre** [comp. di *sopra-* e *tassare*; av. 1861] v. tr. ● Gravare di soprattassa.

soprattènda [comp. di *sopra-* e *tenda*; 1922] s. f. ● Ciascuna delle due strisce di tessuto poste ai lati di una tenda di finestra spec. per ornamento.

†soprattenére [comp. di *sopra-* e *tenere*; 1353] v. tr. ● Trattenere oltre il dovuto.

soprattèrra o **sópra tèrra**, **sopratèrra** [comp. di *sopra-* e *terra*; av. 1374] avv. ● (*raro*) A fior di terra, sopra la superficie del suolo: *sporgere mezzo metro s.* | (*fig.*) †Sulla terra, nel mondo.

soprattétto [comp. di *sopra-* e *tetto*; 1618] **A** avv. ● (*raro*) Sopra il tetto di un edificio: *un'ampia terrazza costruita s.*; *un ripostiglio posto s.* **B** in funzione di agg. inv. ● (*raro*) Che sta sopra il tetto: *una stanza s.* **C** s. m. ● Nelle tende da campeggio, telo esterno spec. in materiale impermeabile.

soprattìtolo o **sopratìtolo** [comp. di *sopra-* e *titolo*; 1960] s. m. *1* (*tipogr.*) Occhiello nel sign. 5. *2* Testo originale (o traduzione) di un'opera teatrale che viene proiettato sopra o ai lati della scena per favorirne la comprensione da parte del pubblico. *3* (*edit.*) Titolo secondario premesso a quello principale di un libro per dare maggiore evidenza all'argomento trattato.

♦soprattùtto o (*raro*) **sópra tùtto**, (*raro*) **sopratùtto** [comp. di *sopra-* e *tutto*; sec. XIII] avv. ● Prima o più d'ogni altra cosa: *ciò che conta è s. l'onestà*; *mi piace s. il teatro*; *desidero s. che stiate sereni* | Specialmente, più di tutto: *mi raccomando s. la puntualità*; *e cercate s. di non fare rumore*; *s., cerca di stare calmo.*

†sopraumàno ● V. *sovrumano.*

sopravalutàre e *deriv.* ● V. *sopravvalutare* e *deriv.*

sopravanzàre [comp. di *sopr-* e *avanzare*; sec. XIII] **A** v. intr. ● (*raro*) Superare. **B** v. intr. (aus. *essere* nel sign. 1, *avere* nel sign. 2) *1* (*raro*) Avanzare, restare d'avanzo: *ciò che sopravanza lo distribui-*

scano gli altri (MURATORI). **2** †Sporgere in fuori | †Sovrastare.

sopravànzo [da *sopravanzare*; 1551] s. m. ● Ciò che sopravanza | (*raro*) ***Di s.***, per soprappiù.

sopravènto ● V. *sopravvento*.

†sopravèste ● V. *sopravveste*.

sopravvalutàre o **sopravalutàre** [comp. di *sopra-* e *valutare*; 1941] **A** v. tr. (*io sopravvalùto* o, più diffuso ma meno corretto, *sopravvàluto*) ● Attribuire a qlcu. o a qlco. maggiore importanza o valore di quanto realmente ne abbiano: *s. il nemico, le forze nemiche*; *s. una persona*; *s. una difficoltà*. CONTR. Sottovalutare. **B** v. rifl. ● Attribuirsi un valore, un'importanza o delle capacità maggiori di quelle reali. CONTR. Sminuirsi, sottovalutarsi, svalutarsi.

sopravvalutazióne o **sopravalutazióne** [da *sopravvalutare*; 1915] s. f. ● Valutazione eccessiva, oltre il reale o il giusto.

†sopravvedére [comp. di *sopra-* e *vedere* (*1*); sec. XIV] v. tr. e intr. ● Sorvegliare, controllare | Sovrintendere.

†sopravvegliànza [comp. di *sopra-* e *veglianza*; 1802] s. f. ● Sorveglianza.

†sopravvegnènte ● V. †*sopravveniente*.

†sopravvegnènza ● V. *sopravvenienza*.

†sopravveniènte o **†sopravvegnènte** [vc. dotta, dal lat. *superveniènte(m)*, part. pres. di *supervenīre* 'sopravvenire'; sec. XIII] agg. ● Che sopravviene.

sopravveniènza o **†sopravvegnènza** [da *sopravveniente*; 1512] s. f. **1** (*raro*) Il sopravvenire | Arrivo o evento imprevisto. **2** Entrata o uscita che si verifica imprevedibilmente in un'azienda, causata da fatti estranei alla normale gestione.

†sopravveniménto [1308] s. m. ● Sopravvenienza.

sopravvenìre [dal lat. *supervenīre*, comp. di *sŭper* 'sopra' e *venīre*, con sovrapposizione di *sopra-*; sec. XIII] **A** v. intr. (coniug. come *venire*; aus. *essere*) **1** (*raro*) Sopraggiungere: *sopravvenne il maestro e tutti tacquero*. **2** Accadere, succedere all'improvviso: *sono sopravvenute complicazioni*. **B** v. tr. ● †Sorprendere, cogliere.

sopravventàre [da *sopravvento*; 1814] v. tr. (*io sopravvènto*) ● (*mar.*; *disus.*) Guadagnare al vento, lasciare sottovento un'altra nave, un'isola, una punta di terra (*anche assol.*).

sopravvènto o **sopravènto** [comp. da *sopra-* e *vento*; av. 1364] **A** avv. ● Dal lato da cui spira il vento | (*mar.*) ***Essere, navigare s.***, trovarsi più vicino al lato da cui spira il vento rispetto ad un oggetto fisso o mobile in mare. CONTR. Sottovento. **B** in funzione di agg. inv. ● Detto del fianco di una montagna esposto all'azione diretta del vento, ove, con condizioni atmosferiche particolari, si hanno nubi cumuliformi e precipitazioni: *lato, versante s.* **C** in funzione di s. m. solo sing. **1** (*mar.*) Lato da cui spira il vento, rispetto all'asse longitudinale della nave. **2** (*fig.*) Vantaggio, posizione vantaggiosa, predominio: *avere, prendere il s. su qlcu.*

†sopravvenùta [comp. di *sopra-* e *venuta*; sec. XIV] s. f. ● Venuta improvvisa.

sopravvenùto [1353] part. pass. di *sopravvenire*; anche agg. ● Nei sign. del v. | Giunto all'improvviso | Accaduto in un secondo tempo, in modo imprevisto.

sopravvèste o **†sopravèste**, **†sopravvèsta** [comp. di *sopra-* e *veste*; av. 1348] s. f. ● Veste interamente aperta sul davanti in modo da lasciar vedere l'abito sottostante, tipica spec. del Medioevo.

†sopravvestìre [dal lat. tardo (eccl.) *supervestīre* 'rivestire', comp. di *sŭper* 'sopra' e *vestire*. V. *vestire* (*1*); sec. XIII] v. tr. ● Mettere la sopravveste | (*lett.*) Ricoprire.

sopravvìa [comp. di *sopra-* e *via*; 1891] s. f. ● (*disus.*) Strada soprelevata.

†sopravvìncere [dal lat. tardo *supervĭncere* 'stravincere', comp. di *sŭper* 'sopra' e *vĭncere*, con sovrapposizione di *sopra*; sec. XIII] v. tr. e intr. ● Stravincere.

†sopravvìnto [av. 1530] part. pass. di *sopravvincere*; anche agg. **1** Nel sign. del v. **2** Sopraffatto: *molti sopravvinti dal sonno si addormentarono* (SANNAZARO).

sopravvissùto [1691] **A** part. pass. di *sopravvivere*; anche agg. (assol.; + *a*) **1** Nei sign. del v. **2** Che è rimasto in vita dopo la morte di altri: *i padroni sopravvissuti pensavano già a cercare e a caparrare operai* (MANZONI); *i marinai sopravvissuti al naufragio*. **3** (*fig.*) Che ha mentalità, idee, e sim. arretrate, sorpassate. **B** s. m. (f. *-a*) ● Persona sopravvissuta (*anche fig.*).

sopravvìtto [comp. di *sopra-* e *vitto*; 1898] s. m. ● Nelle grandi comunità carcerarie, vitto sostitutivo o aggiuntivo dei pasti ordinari, che l'ospite o il recluso si procura a proprie spese.

sopravvivènte [sec. XIII] **A** part. pres. di *sopravvivere*; anche agg. ● Nei sign. del v. **B** s. m. e f. ● Chi sopravvive.

sopravvivènza [av. 1644] s. f. ● Il sopravvivere; condizione o stato di chi (o di ciò che) sopravvive: *dubito della sua s.*; *la s. di istituzioni arcaiche* | ***Certificato di s.***, attestante che una persona è ancora in vita | (*stat.*) ***Tavola di s.***, tavola di mortalità | (*stat.*) ***Probabilità di s.***, rappresenta la probabilità che un individuo di una data età sopravviva per un dato numero di anni | Survival: *corso di s.*

♦**sopravvìvere** [dal lat. tardo *supravīvere*, variante di *supervīvere*, comp. di *sŭpra* 'sopra' e *vīvere*. V. *vivere* (*1*); sec. XIII] v. intr. (fut. *io sopravvivrò* o *sopravviverò*; condiz. pres. *io sopravvivrèi* o *sopravviverèi*, *tu sopravvivrésti* o *sopravviverésti*; nelle altre forme coniug. come *vivere*; aus. *essere*) **1** (+ *a*) Continuare a vivere dopo la morte di altre persone: *è sopravvissuto al figlio* | Scampare a disgrazie, sciagure, e sim. in cui altri hanno trovato la morte: *sopravvissero al naufragio*. **2** (assol.; + *in*) (*fig.*) Rimanere vivo: *essa era certissima … di non s. che poche ore* (DE AMICIS); *gli artisti sopravvivono nelle loro opere*; *voglio s. in voi* (VERGA) | (*fig.*) Perdurare, mantenersi: *antiche superstizioni che tuttora sopravvivono*.

sopreccedènte o (*raro*) **sopraeccedènte**, **sovreccedènte** [1694] part. pres. di *sopreccedere*; anche agg. ● Eccedente, eccessivo | (*lett.*, *raro*) Straordinario.

sopreccedènza o (*raro*) **sopraeccedènza**, **sovreccedènza** [1694] s. f. ● (*raro*) Il sopreccedere | Eccedenza | ***In s.***, in più.

soprecc̀edere o (*raro*) **sopraeccèdere**, **sovreccèdere** [comp. di *sopr-* ed *eccedere*; sec. XV] **A** v. tr. (coniug. come *eccedere*) ● (*raro*) Eccedere superando. **B** v. intr. (aus. *avere*) ● Essere in più, essere d'avanzo.

†sopreccellènte o **†sopraeccellènte** [vc. dotta, dal lat. tardo *superexcellĕnte(m)* 'superiore a tutto', comp. di *sŭper* 'sopra' ed *excĕllens* 'eccellente', con sovrapposizione di *sopra-*; av. 1419] agg. ● Straordinario.

sopreccitàre e *deriv.* ● V. *sovreccitare* e *deriv.*

sopredificàre e *deriv.* ● V. *sopraedificare* e *deriv.*

soprelencàto ● V. *sopraelencato*.

soprelevàre e *deriv.* ● V. *sopraelevare* e *deriv.*

†sopreminènte ● V. †*sovreminente*.

†sopreminènza ● V. †*sovreminenza*.

sopresposto ● V. *sopraesposto*.

sopressàta ● V. *soppressata*.

†sopresso ● V. †*sovresso*.

soprimbòtte ● V. *sopraimbotte*.

soprindicàto ● V. *sopraindicato*.

soprinnestàre ● V. *sovrainnestare*.

soprinnèsto ● V. *sovrainnesto*.

soprinségna ● V. *soprainsegna*.

soprintendènte o **soprintendènte**, **sovraintendènte**, **sovrintendènte** [av. 1595] **A** part. pres. di *soprintendere*; anche agg. ● Nei sign. del v. **B** s. m. e f. **1** Chi soprintende all'esecuzione di qlco.: *il s. ai lavori*; *il s. della fabbrica*. **2** Funzionario statale con mansioni direttive e di vigilanza nei settori di Belle Arti e Antichità, spec. in uffici periferici del Ministero per i beni e le attività culturali. **3** V. *sovrintendente* nel sign. B 3.

soprintendènza o **sopraintendènza**, **sovraintendènza**, **sovrintendènza** [da *soprintendente*; av. 1580] s. f. **1** Attività del soprintendente. **2** Ufficio distaccato del Ministero per i beni e le attività culturali, cui spetta il compito di tutelare il patrimonio monumentale, artistico o archeologico di una data zona: *s. ai beni monumentali e architettonici, ai beni storici e artistici, ai beni archeologici*.

soprintèndere o **sopraintèndere**, **†soprantèndere**, **sovraintèndere**, **sovrintèndere** [vc. dotta, dal lat. *superintĕndere* 'sorvegliare', comp. di *sŭper* 'sopra' e *intĕndere* 'attendere, badare', sul modello del gr. *episkopêin*; sec. XIV] v. intr. (pass. rem. *io soprintési*, *tu soprintendésti*; part. pass. *soprintéso*; aus. *avere*) (+ *a*) ● Avere la cura e il comando di qlco.: *donna Prassede si trovava … aver tre monasteri e due case a cui s.* (MANZONI) | Vigilare sulla regolare esecuzione di un lavoro, un ufficio, e sim.: *s. alla costruzione di una chiesa*; *s. a un lavoro di ricerca*.

†soprordinàrio [comp. di *sopr(a)-* e *ordinario*; 1585] agg. ● (*raro*) Straordinario. || **sopraordinariamente**, avv.

soprósso o **sopraòsso**, **sovraòsso**, **sovròsso** [comp. di *sopr-* e *osso*; av. 1320] s. m. ● (*pop.*) Callo osseo.

†soprumàno ● V. *sovrumano*.

soprùso [comp. di *sopr-* e *uso*; av. 1540] s. m. ● Prepotenza, soperchieria, sopraffazione: *fare un s. a qlcu.*; *fare, commettere, un s.*; *ricevere, subire, un s.*; *è stato un s. dei superiori*.

soqquàdro [comp. di *so-* e *squadro*, loc. del linguaggio dei muratori: propr. 'non ad angolo retto'; av. 1488] s. m. ● Confusione, scompiglio, grande disordine, spec. nella loc. ***mettere a s.***: *metteremo il mondo a s. …!* (VERGA).

sór /sor/ o (*sett.*) **siór** [abbr. di *signor(e)*, in posizione procl.; 1747] s. m. (f. *sóra*, sett. *sióra*) ● (*region.*) Signore (si usa davanti a nomi propri o comuni, titoli, e sim.): *ecco il sor Mario*; *hai visto il sor dottore?*

sor- [dal lat. *sŭper* 'sopra'] pref. ● In parole composte di formazione italiana o modellate sul francese, significa 'sopra': *sorprendere*, *sorvolare*.

†sòra ● V. *suora*.

†soràre ● V. *sciorare*.

sòrba [da *sorbo*; av. 1320] **A** s. f. **1** Frutto del sorbo, simile a una piccola pera arrotondata, che si raccoglie acerbo e si lascia maturare nella paglia. SIN. Sorbola. **2** (*region.*, *fig.*) Botta, percossa. **B** al pl. in funzione di inter. ● (*region.*, *fam.*) Esprime sorpresa, meraviglia e sim.: *sorbe! che botte!*

sorbàre [da *sorba* 'percossa'; 1873] v. tr. (*io sòrbo*) ● (*region.*) Percuotere, picchiare: *lo sorbò di santa ragione*.

sorbettàre [da *sorbetto*; av. 1698] v. tr. (*io sorbétto*) **1** Gelare un liquido per farne un sorbetto. **2** (*fam.*, *fig.*, *disus.*) Sorbire: *sorbettarsi una persona antipatica*.

sorbetterìa [da *sorbetto*; av. 1769] s. f. ● (*raro*) Gelateria.

sorbettièra [da *sorbetto*; 1666] s. f. ● Recipiente cilindrico di rame stagnato, circondato di ghiaccio e sale da cucina, usato un tempo per fare sorbetti o gelati.

sorbettière [da *sorbetto*; av. 1686] s. m. (f. *-a*) ● Nell'industria dolciaria, addetto alla confezione dei gelati.

sorbétto [dal turco *şerbet* 'bevanda fresca', dall'ar. *šarba* (V. *sciroppo*), con sovrapposizione di *sorbire*; 1581] s. m. ● Preparazione semidensa e appena ghiacciata a base di sciroppo di zucchero mescolato a succo o polpa di frutta tritata, talvolta con aggiunta di albume d'uovo montato a neve. || **sorbettino**, dim.

sorbìbile [av. 1758] agg. ● (*raro*) Che si può sorbire.

sòrbico [da *sorb(o)* col suff. *-ico*; 1838] agg. (pl. m. *-ci*) ● (*chim.*) Detto di acido carbossilico insaturo a sei atomi di carbonio presente nei frutti di sorbo, largamente impiegato come conservante per alimenti.

†sòrbile [vc. dotta, dal lat. *sŏrbile(m)* 'da sorbire', da *sorbēre* 'sorbire'; av. 1552] agg. ● Che si può sorbire.

sorbillàre [vc. dotta, dal lat. *sorbi(l)lāre* 'centellinare', da *sorbēre* 'sorbire'; av. 1315] v. tr. ● (*raro*, *lett.*) Sorseggiare lentamente.

sorbìre [lat. *sorbēre* 'inghiottire', di orig. indeur., con cambio di coniug.; sec. XIII] v. tr. (*io sorbisco*, *tu sorbisci*) **1** Bere lentamente, aspirando a sorsi: *s. un liquore, un caffè*; *sorbirsi il brodo*. **2** (*fig.*) Sopportare con rassegnazione ma controvoglia persone o cose moleste, noiose e sim.: *dovremo sorbirci una lunga predica*. **3** †Assorbire liquido, detto di legname, pietra e sim.: *la pietra … non sorbisce quanto fa la tavola e la tela* (VASARI).

sorbìte [comp. di *sorbo* e *-ite* (*2*); 1875] s. f. **1** (*chim.*) Sorbitolo. **2** Costituente degli acciai, cui impartisce ottime caratteristiche costruttive.

†sorbìtico [da *sorba*; 1504] agg. ● Acidulo.

sorbitòlo [da †*sorbit(ico)*, con *-olo* (*1*); 1960] s.

m. ● (*chim.*) Alcol esavalente presente spec. nei frutti di sorbo selvatico. SIN. Sorbite.

sòrbo [lat. *sŏrbu(m)*, di etim. incerta; 1313] s. m. ● Pianta delle Rosacee a foglie pennate e frutti commestibili (*Sorbus domestica*) | ***S. selvatico, s. degli uccellatori***, spontaneo nei boschi montani, con piccoli frutti rossi e tondi appetiti dagli uccelli (*Sorbus aucuparia*); SIN. Matallo. ➡ ILL. piante/6.

sòrbola [sec. XIV] **A** s. f. ● (*bot.*) Sorba. **B** al pl. in funzione di inter. ● (*fam., region.*) Esprime meraviglia, stupore e sim.: *sorbole! quante arie ti dai!*

sórca [f. di *sorcio*; av. 1625] s. f. *1* (*region.*) Topo di fogna. *2* (*volg.*) Vulva.

†**sórce** ● V. *sorcio*.

sorcigno [da *sorcio*; 1925] agg. ● (*raro, lett.*) Che ha il colore del topo: *aveva … un abito lustro, s., che gli sgonfiava da tutte le parti* (PIRANDELLO).

sorcino [lat. *soricīnu(m)*, agg. da *sōrex*, genit. *sōricis* 'sorcio'; 1562] agg. ● (*raro*) Di sorcio, del colore del sorcio | ***Mantello s.***, formato di peli di color cenere, frequente negli asini e raro nei cavalli.

sórcio o (*dial.*) †**sórce**, †**sórco**, †**sòrgo** (2), (*dial.*) †**sórice**, †**sórico** [lat. *sōrice(m)* 'topo', di etim. incerta; av. 1306] s. m. (f. *sórca*, V.) ● Topo | ***Far vedere i sorci verdi a qlcu.***, sbalordire; (*est.*) mettere qlcu. in seria difficoltà; (*est.*) suscitare paura. || **sorcétto**, dim. | **sorcino**, dim.

sorcòtto [dall'ant. fr. *so(u)rcot*, propr. 'veste sopra la cotta'; sec. XIII] s. m. ● Corta sopravveste indossata dagli antichi cavalieri e dai soldati sulla cotta d'armi.

sordàggine [da *sordo*; av. 1320] s. f. ● (*raro*) Sordità.

sordàstro [vc. dotta, dal lat. *surdăstru(m)*, da *sŭrdus* 'sordo'; av. 1565] agg.; anche s. m. (f. *-a*) ● Che (o Chi) è affetto da lievi disturbi di udito.

†**sordézza** [lat. tardo *surdĭtia(m)* 'sordità', da *sŭrdus* 'sordo'; av. 1380] s. f. ● Sordità.

†**sordidàto** [vc. dotta, dal lat. *sordidātu(m)* 'vestito sudiciamente', da *sŏrdidus* 'sudicio'; av. 1527] agg. ● (*raro*) Sudicio | Mal vestito.

sordidézza [av. 1557] s. f. *1* Condizione, caratteristica di chi (o di ciò che) è sordido. *2* Grettezza, spilorceria.

sòrdido o **sórdido** [vc. dotta, dal lat. *sŏrdidu(m)*, da *sŏrdes* 'sporcizia'; 1336 ca.] agg. *1* Sporco, lordo, sozzo: *veste sordida* | (*fig.*) Ignobile, turpe: *luogo, ambiente, s.*; *un s. vizio*. *2* (*fig.*) Avaro, spilorcio: *un s. strozzino* | Gretto: *sordida avarizia*. || **sordidaménte**, avv. Con sordidezza, in modo sordido.

sordina [da *sordo*; av. 1503] s. f. *1* (*mus.*) Dispositivo applicabile a uno strumento, a corda, a fiato o a percussione, per attutirne il suono: *mettere la s.* SIN. Sordino | ***In s.***, senza far rumore; (*fig.*) nascostamente; (*fig.*) in tono minore: *inaugurazione in s.* *2* (*mus.*) Strumento musicale a tasti dal suono sordo e soave.

sordino [sec. XVII] s. m. *1* (*mus.*) Sordina. *2* Fischio leggero simile al verso dei falchi, che si fa ai richiami per farli tacere. *3* Nel gergo teatrale, sibili e mormorii sommessi del pubblico, per disapprovare un attore o una scena.

sordità o †**sorditàde**, †**sorditàte** [dal lat. *surditāte(m)* 'sordità', da *sŭrdus* 'sordo'; av. 1306] s. f. *1* Riduzione più o meno grave dell'udito | ***S. preverbale***, sordomutismo. *2* (*fig.*) Mancanza di sensibilità: *dimostrare s. per i problemi altrui*; *filosofo … reso coraggioso dalla sua s. stessa* (CROCE). *3* (*ling.*) Carattere dei suoni sordi.

sordizia [vc. dotta, lat. tardo *sordĭtie(m)*, da *sŏrdes* 'sporcizia'; av. 1493] s. f. ● (*lett.*) Sordidezza.

sórdo [lat. *sŭrdu(m)* 'sordo', di etim. incerta; sec. XIII] **A** agg. *1* Che è affetto da sordità: *essere s. dalla nascita*; *essere s. da un orecchio*; *essere mezzo s.* | ***Essere s. come una campana***, completamente privo dell'udito. *2* (*fig.*) Che non presta orecchio, non ascolta: *rimase s. ai nostri inviti* | Che non si piega, non si lascia commuovere: *essere s. alle preghiere, alla voce del cuore*; *la ninfa fugge, e sorda a' prieghi fassi* (L. DE' MEDICI). *3* Che ha poca sonorità, detto di ambienti: *teatro s.*; *sala sorda* | Cupo, smorzato, privo di sonorità, detto di suoni: *rumore, mormorio, s.* *4* (*fig.*) Tacito, celato, ma intenso: *rancore s.*; *guerra, lotta sorda*; *nutrire una sorda invidia verso qlcu.* | ***Dolore s.***, non acuto ma continuo, diffuso. *5* (*ling.*) Detto di consonante la cui emissione è priva di vibrazioni laringee, come la *s* di *signore* e la *z* di *azione*. CONTR. Sonoro. || **sordaménte**, avv. In modo sordo, senza rumore; (*fig.*) In modo tacito ma tenace: *odiare sordamente*. **B** s. m. (f. *-a*) ● Chi è affetto da sordità | ***S. profondo***, chi è affetto da profonda ipoacusia neurosensoriale | ***Fare il s.***, fingere di non sentire | ***Cantare, parlare, ai sordi***, invano. || **sordacchióne**, accr. | **sordàccio**, pegg. | **sordettino**, dim. | **sordóne**, accr. | **sordòtto**, dim.

sordomutìsmo [da *sordomuto*; 1830] s. m. ● (*med.*) Mutismo derivante dalla sordità congenita o acquisita prima dei cinque anni di vita. SIN. Sordità preverbale.

sordomuto [comp. di *sordo* e *muto*, sul modello del fr. *sourd-muet*; av. 1562] agg.; anche s. m. (f. *-a*) ● Che (o Chi) è affetto da sordomutismo. SIN. Sordo preverbale.

sordóne (1) [da *sordo*; 1826] s. m. ● (*mus.*) Strumento a fiato in uso fino al XVII sec., di voce velata.

sordóne (2) [da *sordo*, per il suo cantare in sordina; av. 1871] s. m. ● Passeriforme a dorso grigio, fianchi rosso mattone e gola bianca a macchie nere, onnivoro e cantore melodioso (*Prunella collaris*).

-sóre ● V. *-tore*.

♦**sorèlla** [dal lat. *sŏror*, genit. *sorōris* 'sorella', di orig. indeur., sul modello di *fratello*. V. *suora*; 1294] **A** s. f. *1* Ciascuna delle persone di sesso femminile nate dallo stesso padre e dalla stessa madre | (*dir.*) Parente di sesso femminile in linea collaterale di secondo grado | ***S. germana***, nata dallo stesso padre e dalla stessa madre | ***S. consanguinea***, nata dallo stesso padre ma da madre diversa | ***S. uterina***, nata dalla stessa madre ma da padre diverso | ***S. adottiva***, che trae il suo legame di sorellanza da un atto di adozione | ***S. di latte***, allattata dalla medesima balia che allatta un'estranea | ***Sembrare sorelle, assomigliarsi come sorelle***, assomigliarsi molto | ***Amarsi come fratello e s.***, di amore casto | (*fig.*) ***Le sette sorelle***, le sette maggiori società petrolifere del mondo. *2* (*fig.*) Cosa dotata di natura affine ad altra: *la malignità è s. dell'invidia*. *3* Suora: *s. Lucia* | Appellativo delle infermiere della Croce Rossa. || **sorellina**, dim. | **sorellóna**, accr. | **sorellùccia**, dim. **B** in funzione di agg. ● (posposto al s.) Che ha relazione di affinità con altra cosa simile: *arti, città, nazioni, lingue, sorelle*.

sorellànza [1847] s. f. *1* Relazione naturale e civile che intercorre tra sorelle. *2* (*est.*) Reciproco legame fra cose simili: *la s. delle lingue neolatine*.

sorellàstra [av. 1786] s. f. ● Sorella che ha in comune con gli altri figli della stessa famiglia solo il padre o la madre.

sorellévole [da *sorella*; 1832] agg. ● Da sorelle, come si conviene tra sorelle: *indifferente alle sorellevoli premure* (PELLICO). || †**sorellevolménte**, avv.

sorgènte (1) [av. 1294] **A** part. pres. di *sorgere* (*1*); anche agg. ● Nei sign. del v. | Che emerge, che si sporge: *Addio, monti sorgenti dall'acque* (MANZONI) | (*fig.*) Che sta nascendo, che si va sviluppando: *il s. movimento sindacale*. **B** agg. ● (*elab.*) Detto di codice scritto in un linguaggio di programmazione simbolico, prima che il compilatore lo traduca e lo renda eseguibile dall'elaboratore. **C** s. m. ● (*elab.*) Codice sorgente.

♦**sorgènte** (2) [f. sost. del precedente; sec. XIV] s. f. *1* Acqua che sgorga dal terreno: *una fresca s.* | Punto in cui l'acqua scaturisce dal terreno: *le sorgenti del Tevere*; *acqua di s.* SIN. Fonte. *2* (*fis.*) Corpo che emette onde elettromagnetiche o elastiche o radiazioni corpuscolari e sim.: *s. luminosa, di elettroni* | ***S. di energia***, corpo potenzialmente atto a fornire energia | Punto di un particolare campo vettoriale da cui fuoriescano le linee di flusso. *3* (*fig.*) Origine, causa: *l'odio è s. di ogni male*; *quel lavoro è una s. di ricchezza* | ***Risalire alla s.***, indagare la genesi di qlco., ricercare le cause di un fatto.

sorgentìfero [comp. di *sorgente* (*2*) e *-fero*; 1957] agg. ● Che si riferisce alle sorgenti di un corso d'acqua | ***Bacino s.***, area nella quale sgorgano le sorgenti di un corso d'acqua. SIN. Sorgentizio.

sorgentìzio [da *sorgente* (*2*); 1950] agg. ● Sorgentifero.

sorgènza [da *sorgere*; av. 1726] s. f. ● (*lett.*) Sgorgo, scaturigine.

♦**sórgere** (1) (o -ò-) o †**sùrgere** [lat. *sŭrgere*, forma sincopata di *subrĭgere* 'alzarsi', comp. di *sŭb* 'sotto' e *rĕgere* 'reggere, dirigere'; av. 1249] **A** v. intr. (pres. *io sórgo* (o -ò-), *tu sórgi* (o -ò-); pass. rem. *io sórsi* (o -ò-), *tu sorgésti*; part. pass. *sórto* (o -ò-); aus. *essere*) *1* (*lett.*) Alzarsi, levarsi, da seduto o da sdraiato, detto di persone: *s. a parlare*; *s. dal letto* | Insorgere: *voi stesso sorgete a condannare la vostra vita* (MANZONI) | †*Riemergere*: *entra nel fiume e surge all'altra riva* (ARIOSTO). *2* Stare in posizione alta, eretta, detto di cose: *Trevi sorge su un colle*; *qui sorgerà un grattacielo*. *3* Riapparire all'orizzonte per effetto della rotazione della Terra, detto degli astri: *il Sole non è ancora sorto* | Spuntare: *è sorto un nuovo giorno* | (*est.*) Avanzare: *sorgeva la notte* | (*lett.*) Manifestarsi: *sorse una tempesta* | Levarsi: *sorge la brezza*. *4* Scaturire, detto di acqua o corsi d'acqua: *un ruscello sorge dal sasso*. *5* (*fig.*) Nascere, venire a crearsi: *mi è sorto un sospetto*; *sono sorte complicazioni*. *6* (*fig., lett.*) Assurgere, elevarsi: *s. a grande potenza* | Progredire: *s. in fama, in ricchezza*. **B** s. m. solo sing. ● Il riapparire degli astri all'orizzonte: *vedere il s. del Sole*.

†**sórgere** (2) [dal catalano *surgir* 'ancorare, approdare', propr. 'sorgere (dal mare)'; sec. XIV] v. intr. ● Ancorarsi, approdare | (*mar.*) ***S. sulle ancore, su un'ancora***, essere alla fonda.

†**sorgévole** [1505] agg. ● (*lett.*) Che sorge.

†**sorgiménto** [av. 1519] s. m. ● Il sorgere di acque | (*fig.*) Ascesa | (*fig.*) Nascita.

sorgitóre [av. 1487] s. m. ● (*mar.*) Ancoraggio in rada o golfo in cui si può stare agevolmente alla fonda | Porto militare.

†**sorgiùngere** [comp. di *sor-* e *giungere*; av. 1348] v. intr. ● Sopraggiungere: *nova saetta ecco sorgiunge* (TASSO).

sorgiva [f. sost. di *sorgivo*; av. 1693] s. f. ● (*lett.*) Sorgente d'acqua.

sorgivo [da *sorgere* (*1*); 1559] agg. *1* Di sorgente: *acque sorgive*. *2* (*fig., lett.*) Fresco, spontaneo: *stile s.*

sórgo (1) [lat. *sūricu(m)* (*grānu(m)*) '(grano) di Siria', da *Sūria*, variante di *Sўria* 'Siria'; sec. XIV] s. m. (pl. *-ghi*) ● (*bot.*) Saggina.

†**sòrgo** (2) ● V. *sorcio*.

†**sorgozzóne** ● V. *sergozzone*.

soriàno [dall'ant. *Soria*, dal lat. *Sūria(m)*, variante del classico *Sўria(m)* 'Siria'; sec. XIV] **A** s. m. (f. *-a*) ● Gatto di razza europea tigrata, pelo corto e di colore vario (fulvo, ardesia o argentato), dotato di forme massicce e di mantello striato. **B** anche agg.: *gatto s.*

†**sórice** ● V. *sorcio*.

†**sórico** ● V. *sorcio*.

sorìte [vc. dotta, dal lat. *sorīte(m)*, dal gr. *sōreítēs* 'sillogismo in massa', da *sōrós* 'cumulo'; 1559] s. m. ● (*filos.*) Polisillogismo | Acervo.

sormontaménto [sec. XIV] s. m. ● (*raro*) Il sormontare | (*lett.*) Prevalenza.

sormontàre [comp. di *sor-* e *montare*; sec. XII] **A** v. tr. (*io sormónto*) ● Salire al disopra: *le acque hanno sormontato gli argini* | (*fig.*) Superare, vincere: *s. ostacoli, contrarietà, competitori*. **B** v. intr. (aus. *essere*) *1* †Elevarsi, innalzarsi: *poi che sormonta riscaldando il sole* (PETRARCA) | Salire di grado, d'importanza: *allora cominciò a s. Messer Maffeo Visconti* (COMPAGNI). *2* Sovrapporsi con la dovuta precisione, detto di lembi di stoffa: *i davanti della giacca non sormontano*. *3* †Passare, sorvolare.

sormontàto [sec. XIII] part. pass. di *sormontare*; anche agg. *1* Nei sign. del v. *2* (*arald.*) Detto di scudo o figura che ne ha un'altra posta sopra.

sornacchiàre [dal longob. *snarhhjan* 'russare'; V. ted. *schnarchen*; av. 1424] v. intr. (*io sornàcchio*; aus. *avere*) *1* †Sputare, scaracchiare. *2* (*region.*) Russare, ronfare.

†**sornàcchio** o †**sarnàcchio** [da *sornacchiare*; sec. XIV] s. m. ● Sputo catarroso.

sornióne [di etim. incerta: dal lat. *°sŭrnia* 'civetta' (?); av. 1712] **A** agg. ● Che non lascia trapelare quel che sente, pensa o sim. tenendo un atteggiamento apparentemente bonario e indifferente | (*est.*) Che manifesta l'atteggiamento di chi è smaliziato, la sa lunga e sim.: *fanciulle dagli sguardi sornioni e allusivi* (PAVESE). || **sornionaménte**, avv. **B** s. m. (f. *-a*) ● Persona sorniona: *dinanzi agli altri la sorniona mi dava del lei* (SVEVO). || **sornionàccio**, pegg.

sornioneria [da *sornione*; av. 1956] s. f. ● Comportamento, atteggiamento da sornione.

sòro (1) [vc. dotta, dal gr. *sōrós* 'mucchio', di orig. indeur.; 1818] s. m. ● (*bot.*) Ciascuna delle formazioni simili a prominenze rossastre formate da un gruppo di sporangi e situate sulla pagina inferiore delle foglie delle felci.

†**sòro (2)** [dall'ant. fr. *sor*, lat. mediev. *sāuru(m)* 'giallo-bruno', dal francone *saur* 'giallastro, arido'; sec. XIII] agg. *1* Semplice, ingenuo, inesperto: *Come è s. e innocente questo giovene!* (ARIOSTO). *2* Sauro: *un gran destrier di pelo s.* (BOCCACCIO).

sororàle [da †*sorore*; 1892] agg. ● (*lett.*) Di sorella, da sorella: *affetto s.*

sororàto [dal lat. *sŏror*, genit. *sorōris* 'sorella' (V. †*sorore*), sul modello di *matriarcato* e sim.; 1932] s. m. ● (*antrop.*) Istituzione, presente in numerosi popoli primitivi, che prevede l'unione del vedovo con la sorella della moglie defunta.

†**soróre** [lat. *sorōre(m)* 'sorella', di orig. indeur.; av. 1294] s. f. ● (*lett.*) Sorella.

sororicida [vc. dotta, lat. *sororicīda(m)*, comp. di *sŏror*, genit. *sorōris* 'sorella' (V. †*sorore*) e *-cīda*; sec. XVI] **A** s. m. e f. (pl. m. *-i*) ● Uccisore della propria sorella. **B** agg. ● Che si riferisce a chi uccide una sorella.

sororicidio [da *sororicida*; 1945] s. m. ● Uccisione della propria sorella.

soroṣio [vc. scient. moderna, dal gr. *sōrós* 'mucchio', con *-osio*. V. *soro (1)*; 1838] s. m. ● (*bot.*) Infruttescenza formata da drupe saldate fra loro.

♦**sorpassàre** [comp. di *sor-* e *passare*, sul modello del fr. *surpasser*; 1558] v. tr. *1* Superare: *s. qlcu. in altezza*; *s. qlcu. di un palmo*; *l'acqua sorpassa il livello ordinario.* *2* Detto di veicoli, oltrepassare un altro veicolo compiendo un'apposita manovra (*anche assol.*): *s. un camion*; *non si può s. sulla destra.* *3* (*fig.*) Sopravanzare: *s. qlcu. in intelligenza* | ***S. il limite, ogni limite, i limiti***, eccedere.

sorpassàto [av. 1915] **A** part. pass. di *sorpassare*; anche agg. *1* Nei sign. del v. *2* (*fig.*) Superato, non più attuale: *mentalità sorpassata.* **B** s. m. (f. *-a*) ● Persona dalle concezioni antiquate.

sorpàsso [1942] s. m. ● Manovra del sorpassare, spec. veicoli: *effettuare un s.* | ***Divieto di s.***, segnalato da apposito cartello o da una striscia continua doppia o semplice sulla carreggiata | (*fig.*) Il fatto di sopravanzare qlcu. in una classifica, in una competizione e sim.: *s. del Milan ai danni dell'Inter*; *s. elettorale.*

sorprendènte [1688] part. pres. di *sorprendere*; anche agg. *1* Nei sign. del v. *2* Che provoca meraviglia, sorpresa, stupore: *avvenimento, fatto, s.*; *è s. che non si sia fatto vivo* | (*est.*) Eccezionale: *la cura dà effetti sorprendenti.* || **sorprendenteménte**, avv. In modo sorprendente; meravigliosamente.

♦**sorprèndere** o †**sopprèndere** [comp. di *sor-* e *prendere*, propr. 'prendere dal di sopra'; av. 1294] **A** v. tr. (coniug. come *prendere*) *1* Colpire, raggiungere a un tratto, improvvisamente: *il temporale l'ha sorpreso per strada*; *la morte lo sorprese mentre scriveva.* *2* Cogliere all'improvviso, spec. durante il compimento di qlco. di disonesto o che si vorrebbe tenere nascosto: *l'ha sorpreso a fumare*; *l'hanno sorpreso sul fatto*; *sorpresero il ladro mentre cercava di svignarsela* | ***S. la buona fede di qlcu.***, ingannarlo. *3* (assol.; qlcu. o qlco.; + inf., anche preceduto da + *di*; + *che* seguito da congv.) Meravigliare vivamente: *ciò che più sorprende è il suo carattere*; *la sua imprudenza ci sorprende*; *mi ha sorpreso (di) saperlo sposato*; *mi sorprende che tu sia mancato all'appuntamento.* **B** v. intr. pron. (assol.; + *di*, anche seguito da inf.; + *che* seguito da congv.) ● Meravigliarsi, stupirsi vivamente: *non si sorprende più di nulla*; *mi sorprendo della vostra dichiarazione*; *si sorprendeva di non essersene accorto prima* (SVEVO); *mi sorprendo che sia ancora a casa.* **C** v. rifl. (+ *a* seguito da inf.) ● Accorgersi con stupore di qlco. che si sta facendo inconsciamente: *si sorprendeva spesso a pensare a lei.*

†**sorprendiménto** [da *sorprendere*; 1660] s. m. ● Il sorprendere | Sorpresa.

♦**sorprèṣa** [f. sost. di *sorpreso*; av. 1594] s. f. *1* Il sorprendere, il prendere alla sprovvista: *fare una s. a qlcu.*; *una s. della polizia*; *che bella s.!* | ***Di s.***, all'improvviso, senza preavviso: *agire di s.*; *cogliere, prendere, qlcu. di s.* *2* Ciò che cagiona meraviglia, stupore e sim.: *il tuo arrivo è proprio una s.*; *ha avuto la sgradita s. di non trovare nessuno in casa*; *che brutta s. mi hai fatto!* | Piccolo dono contenuto nelle uova di cioccolato che si regalano a Pasqua. *3* Meraviglia, stupore: *ho saputo la notizia con grande s.*; *ho provato viva s. nell'apprendere la notizia*; *mi aveva veduto in viso un lampo di s.* (FOGAZZARO). || **sorpreṣina**, dim. (V.).

sorpreṣina [av. 1963] s. f. *1* Dim. di *sorpresa.* *2* (*spec. al pl.*) Tipo di pasta alimentare piccola, da brodo.

sorprèṣo o †**sorpriṣo** [av. 1276] part. pass. di *sorprendere*; anche agg. *1* Nei sign. del v. | Stupito, meravigliato: *sono s. di quanto mi dici*; *era s. che le strade fossero deserte.* *2* †Preso in cambio. *3* †Offuscato.

sórra [dal catalano *sorra*, dall'ar. *surra* 'fianco di animale'; av. 1347] s. f. *1* Taglio di carne nella parte anteriore del vitello o del manzo. *2* Parte del tonno costituita dal ventre.

sorràdere [lat. tardo *subrādere* 'rasentare', comp. di *sŭb* 'sotto' e *rādere*; 1340 ca.] v. tr. (coniug. come *radere*) ● (*raro, lett.*) Raschiare, corrodere, leggermente: *nel riale / che l'accidie sorrade* (MONTALE).

†**sorrecchiàre** [comp. di *so-* e *(o)recchiare*; av. 1574] v. intr. ● Orecchiare, origliare.

sorrèggere [comp. di *so-* e *reggere*; V. il lat. *subrĭgere* 'sorreggere'; 1715] **A** v. tr. (coniug. come *reggere*) *1* Sostenere, reggere dal disotto: *sorreggi il bambino mentre si alza*; *un pilastro sorregge il palco.* *2* (*fig.*) Confortare, aiutare: *i suoi consigli mi sorreggono nel dolore.* **B** v. rifl. ● Tenersi ritto, reggersi in piedi: *non sorreggersi per il troppo vino bevuto.*

sorrentino [lat. *Surrentīnu(m)*, da *Surrĕntum* 'Sorrento'; av. 1498] **A** agg. ● Di Sorrento | Della penisola di Sorrento. **B** s. m. (f. *-a*) ● Abitante, nativo di Sorrento.

†**sorrettizio** ● V. *surrettizio.*

sorrètto [1842] part. pass. di *sorreggere*; anche agg. ● Nei sign. del v. | (*fig.*) Aiutato, ispirato: *s. dalla fede.*

♦**sorridènte** [av. 1406] part. pres. di *sorridere*; anche agg. ● Nei sign. del v. | (*fig.*) Allegro, gioioso: *occhi sorridenti* | (*fig.*) Ridente, luminoso: *golfi sorridenti*; *il s. al sol ligure mare* (CARDUCCI). || **sorridenteménte**, avv.

♦**sorridere** [lat. *subridēre* 'sorridere', comp. di *sŭb* 'sotto' e *ridēre* 'ridere', con cambio di coniug.; 1294] **A** v. intr. (coniug. come *ridere*; aus. *avere*) *1* (assol.; + *di*) Ridere leggermente, pianamente, con un lieve movimento della bocca e degli occhi: *s. dolcemente, mestamente, ironicamente*; *s. di piacere, di compiacenza, di sdegno*; *s. di qlcu., di qlco.* *2* (*fig.*) Apparire favorevole, propizio, arridere: *la vita gli sorride* | Apparire tale da ispirare letizia, serenità: *tutta la città sorride nel sole.* *3* (*fig.*) Destare piacere, riuscire gradito: *l'idea di partire mi sorride.* **B** v. tr. *1* (*lett.*) Dire sorridendo: *una parola sorridono: 'Pace!'* (PASCOLI). *2* (*lett.*; col compl. dell'ogg. interno) Manifestare un sentimento mediante il sorriso: *sorrise il buon Tancredi un cotal riso / di sdegno* (TASSO). **C** v. rifl. rec. ● Scambiarsi reciprocamente sorrisi: *i due si sorrisero.*

sorriṣètto [av. 1799] s. m. *1* Dim. di *sorriso (1).* *2* Sorriso privo di benevolenza o spontaneità: *un s. di circostanza*; *un s. sarcastico.*

♦**sorriṣo (1)** [da *sorridere*, sul modello di *riso*; 1321] s. m. *1* Riso leggero, appena accennato: *s. dolce, amabile, mesto, malinconico*; *inaspettati sorrisi storti e gialli* (CALVINO); *s. di gioia, di sdegno, di compassione*; *fare, abbozzare, un s.*; *avere un bel s.*; *avere sempre il s. sulle labbra*; *avere un s. per tutti.* *2* (*fig., lett.*) Letizia, bellezza: *il s. della natura.* || **sorriṣètto**, dim. (V.) | **sorriṣino**, dim.

sorriṣo (2) [1321] part. pass. di *sorridere*; anche agg. ● (*raro, poet.*) Nei sign. del v. | Espresso sorridendo: *le sorrise parolette brevi* (CARDUCCI) | Allietato: *una casetta linda, sorrisa dalla pace e dall'amore* (PIRANDELLO).

†**sorrogàre** e deriv. ● V. *surrogare* e deriv.

sorsàre [da *sorso*; av. 1375] v. tr. (*io sórso*) ● (*lett.*) Sorseggiare: *e quivi ottimi vini sorsavi* (BOCCACCIO).

sorsàta [da *sorso*; sec. XIV] s. f. ● Quantità di liquido bevuta in un sorso. || **sorsatina**, dim.

sorseggiàre [da *sorsare*, con suff. iter.-intens.; sec. XIV] v. tr. (*io sorséggio*) ● Bere a piccoli sorsi, centellinare: *s. un liquore.*

sórsi ● V. *sorgere (1).*

sórso [lat. parl. *sōrsu(m), nt. sost. di *sōrsus per il classico *sŏrptus*, part. pass. di *sorbēre* 'sorbire'; 1260 ca.] s. m. *1* Quantità di liquido che si beve in una volta: *un s. d'acqua, di vino*; *bere qlco. a piccoli sorsi*; *bere qlco. a lunghi sorsi* | ***In un s.***, tutto in una volta | ***A s. a s.***, poco alla volta (*anche fig.*). *2* (*est.*) Piccola quantità di liquido: *vorrei un s. d'acqua.* || **sorsellino**, dim. | **sorsèllo**, dim. | **sorsettino**, dim. | **sorsétto**, dim. | **sorsino**, dim.

sort /ingl. sɔːt/ [vc. ingl., propr. 'classe, ordinamento', di orig. lat.; 1989] s. m. inv. ● (*elab.*) Ordinamento di una serie di dati secondo un criterio prestabilito.

sòrta (1) o (*tosc.*) †**sòrte (2)** [dall'ant. fr. *sorte*, prob. dal lat. parl. *sŏrta(m) per *sŏrs*, genit. *sŏrtis* 'sorte'; av. 1348] s. f. (pl. *sorte*, raro *sorti*, pop. dial. *sorta*) *1* Specie, qualità, genere (anche con una connotazione negativa): *ogni s. di gente*; *gente di ogni s.*; *questa s. di persone non mi piace*; *che s. di uomo è?*; *libri di tutte le sorte* | (*ellitt.*) ***Di s.***, di nessun tipo, di nessuna specie: *non ci sono rischi di s.*; *non v'è prova di s. in sostegno di questa asserzione* (CARDUCCI) | ***Una s. di***, una specie di: *indossava una s. di vestaglia.* *2* †Capitale, patrimonio. *3* †Progenie, razza.

†**sòrta (2)** ● V. *sorte (1).*

♦**sòrte (1)** o †**sòrta (2)** [lat. *sŏrte(m)* 'sorte', in orig. 'tavoletta di legno per tirare a sorte', connesso con *sĕrere* 'allineare (le tavolette per il sorteggio)'. V. *serie*; av. 1249] s. f. *1* Ipotetica forza misteriosa e sovrumana che si immagina presiedere agli avvenimenti umani e regolarne, secondo sue leggi imperscrutabili, lo svolgimento: *la s. ha voluto così*; *la s. volle che ...*; *sperare nella s.*; *affidarsi, rimettersi, alla s.*; *essere in balia della s.*; *buona, cattiva, mala, s.*; *s. favorevole, sfavorevole, contraria, avversa, nemica*; *sperare nella buona s.*; *imprecare contro la mala s.* | ***Tentare la s.***, tentare la fortuna, spec. al gioco. SIN. Caso, destino, fato. *2* Condizione, stato, che tale forza superiore riserba agli uomini: *essere contento, scontento, della propria s.*; *compiacersi, lamentarsi, della propria s.*; *avere una buona, una cattiva, s.*; (*lett.*) *le sorti della patria*; *avrei potuto io chiuderla con me nel vuoto della mia s.?* (PIRANDELLO) | ***Avere, toccare in s.***, possedere, ottenere, qlco. indipendentemente dalla propria volontà: *ha avuto in s. una grande intelligenza* | †Fortuna: *avere s.*; *V'auguro s.* (ALFIERI) | Vita, condizione, futura: *decidere della s. di qlcu.*; *so quale sarà la mia s.*; *la tua s. è già segnata* | ***Abbandonare qlcu. alla sua s.***, a quello che sarà il suo destino, senza soccorrerlo, consigliarlo e sim. *3* Evento fortuito, caso imprevisto: *ebbe la s. di conoscerlo* | ***Per s.***, per caso: *si trovò per s. a passare di lì* | ***A s.***, a caso: *fanciulli, donne, uomini, vecchi, ... si radunavano a s.* (MANZONI) | ***Estrarre, tirare, a s.***, sorteggiare: *tiriamo a s. chi deve pagare.* *4* †Sortilegio, pronostico, oracolo | Mezzo o strumento con cui è tratto l'oracolo | ***Gettare le sorti***, lanciare dadi, tavolette, sassi, astragali o altri mezzi oracolari per trarne il presagio.

†**sòrte (2)** ● V. *sorta (1).*

sorteggiàbile [1873] agg. ● Che si può sorteggiare.

sorteggiàre [da *sorte (1)*, con suff. iter.-intens.; 1321] v. tr. (*io sortéggio*) ● Scegliere qlcu. o qlco., assegnare qlco. a qlcu., mediante estrazione a sorte: *s. i nuovi consiglieri, i numeri della tombola*; *s. i premi di una lotteria.*

sortéggio [1873] s. m. ● Estrazione a sorte: *fare il s.*; *assegnare qlco. per s.*

†**sortière** [sovrapposizione di *sorte (1)* a un deriv. dell'ant. fr. *sorcier*, da *sŏrs*, genit. *sŏrtis* 'sorte'; sec. XIII] s. m. (f. *-a*) ● Chi fa sortilegi.

sortilègio [dal lat. mediev. *sortilēgiu(m)*, astr. del classico *sortĭlegus* 'indovino', sul modello di *sacrilēgium* 'sacrilegio'. V. *sortilego*; av. 1327] s. m. *1* Pratica magica, incantesimo. *2* Nelle religioni antiche e primitive, pratica divinatoria consistente nel raccogliere le sorti o strumenti divinatori, dopo averli gettati, e nel trarne i presagi secondo interpretazione tradizionale | Divinazione.

sortìlego [vc. dotta, dal lat. *sortĭlegu(m)* 'indovino', comp. di *sŏrs*, genit. *sŏrtis* 'sorte' e *-lĕgus*, da *lĕgere* 'raccogliere'; av. 1348] agg.; anche s. m. (f. *-a*; pl. m. *-ghi*, †*-gi*) ● (*lett.*) Che (o Chi) trae le sorti e pronuncia il responso divinatorio | Divinatore.

sortire (1) [lat. *sortīre*, variante del classico *sortīrī* 'sorteggiare', da *sŏrs*, genit. *sŏrtis* 'sorte'; av. 1250] **v. tr.** (*io sortisco, tu sortisci*) **1** †Tirare a sorte, sorteggiare: *chi dè di voi combatter, sortirete* (ARIOSTO). **2** (*lett.*) Assegnare in sorte, destinare: *ineffabili ... / giorni ... / che sì fugaci e brevi / il cielo a noi sortì* (LEOPARDI). **3** (*lett.*) Avere in sorte: *felice ... quella repubblica, la quale sortisce uno uomo ... che gli die leggi ordinate* (MACHIAVELLI). **4** (*est.*) Ottenere, raggiungere: *la cura ha sortito il suo effetto*. **5** †Accadere, succedere: *e ciò che avien a lui a lei sortisca* (COLONNA).

sortire (2) [dal fr. *sortir*, prob. dal lat. *sortīre* 'uscire in sorte' e poi genericamente 'uscire'; av. 1525] **v. intr.** (*io sòrto*; aus. *essere*) **1** (*raro*) Uscire a sorte, per sorteggio: *il 67 non è sortito*. **2** (*region.*) Uscire: *oggi non sorto di casa*. **3** (*mil.*) †Fare una sortita.

sortita [da *sortire* (2), sul modello del fr. *sortie*; 1553] **s. f.** **1** Azione delle truppe assediate per assaltare di sorpresa gli assedianti. **2** Entrata in scena di un personaggio. **3** (*region.*) Uscita. **4** Battuta, frase spiritosa: *senti che sortite!*

sòrto o †**sùrto** [1313] **part. pass.** di *sorgere* (*1*) ● Nei sign. del v.

sorvegliànte [av. 1835] **A** **part. pres.** di *sorvegliare* ● Nei sign. del v. **B** **s. m. e f.** ● Chi sorveglia: *s. notturno*; *fare la s.*; *il s. ai lavori*.

sorvegliànza [1807] **s. f.** ● Attività del sorvegliare: *essere soggetto a s.*; *affidare a qlcu. la s. di qlco.* | ***S. speciale***, misura di prevenzione applicabile alle persone pericolose | ***Giudice di s.***, giudice incaricato di applicare, modificare o revocare le misure di sicurezza.

♦**sorvegliàre** [comp. di *sor-* e *vegliare*, sul modello del fr. *surveiller*; 1812] **v. tr.** (*io sorvéglio*) **1** Tenere d'occhio o sotto controllo persone o cose, come misura di sicurezza, per assicurare un normale svolgimento di un'attività: *la polizia sorveglia tutte le strade*; *un caposquadra sorveglia gli operai*; *i vigili sorvegliano il traffico*; *la maestra sorveglia gli alunni* | Seguire con costante e particolare attenzione: *i tecnici sorvegliano i mercati esteri*; *devi s. la sua salute*. **2** (*raro*) Curare, soprintendere: *s. il bilancio di un ente*.

sorvegliàto [1841] **A** **part. pass.** di *sorvegliare*; anche **agg.** ● Nei sign. del v. | (*fig.*) Controllato, sobrio: *stile s.* || **sorvegliataménte**, **avv.** **B** **s. m.** (**f.** *-a*) ● Chi è sorvegliato | ***S. speciale***, soggetto a sorveglianza speciale.

sorvenìre [comp. di *sor-* e *venire* (*1*); av. 1294] **v. intr.** ● (*lett.*) Sopravvenire | (*lett.*) Sopraggiungere: *Ma la sera poi sorviene / e riconcilia e chiude* (MONTALE).

sorvolaménto [1965] **s. m.** ● (*raro*) Il sorvolare | Sorvolo.

sorvolàre [comp. di *sor-* e *volare*; 1562] **v. tr. e intr.** (*io sorvòlo*; aus. *avere*) **1** Volare sopra: *s. una città*; (*raro*) *s. su una città*. **2** (*fig.*) Passar sopra senza toccare, senza considerare e sim.: *s. su un particolare*; (*raro*) *s. un particolare* | (*iron.*) ***Sorvoliamo!***, lasciamo perdere!: *'Com'era il film?' 'Sorvoliamo!'*.

sorvolatóre [da *sorvolare*; av. 1912] **s. m.** (**f.** *-trice*) ● Chi sorvola, chi ha compiuto un sorvolo.

sorvòlo [da *sorvolare*; 1950] **s. m.** ● (*aer.*) Passaggio in volo al di sopra di un punto, di una zona, e sim.

SOS /'ɛsse o'ɛsse/ [interpretata come sigla dell'espressione ingl. *Save Our Souls* 'salvate le nostre anime': in realtà il segnale dipende dalla facilità di trasmissione e ricezione radiotelegrafica (tre punti, tre linee, tre punti rispettivamente); 1923] **s. m.** ● Segnale internazionale un tempo usato per la richiesta telegrafica di soccorso per navi, aerei e sim. consistente in un gruppo di lettere dell'alfabeto Morse, emesso mediante radiotelegrafia, segnali luminosi o altri mezzi di trasmissione a distanza | ***Lanciare un SOS***, (*fig.*) chiedere aiuto, soccorso.

†**soscritto** [av. 1363; 1342] **part. pass.** di †*soscrivere*; anche **agg.** ● Sottoscritto, firmato: *La lettera non era soscritta* (FOSCOLO).

†**soscrittóre** [dal lat. *subscriptōre(m)* 'sottoscrittore', da *subscrīptus* 'sottoscritto'; av. 1861] **s. m.** (**f.** *-trice*) ● Firmatario | Sottoscrittore.

†**soscrìvere** [dal lat. *subscrībere*, comp. di *sŭb* 'sotto' e *scrībere* 'scrivere'; 1312] **v. tr.** ● Sottoscrivere.

soscrizióne [vc. dotta, dal lat. *subscriptiōne(m)* 'sottoscrizione', da *subscrīptus* 'sottoscritto'; sec. XV] **s. f.** **1** Nei manoscritti e negli incunaboli, colophon. **2** †Sottoscrizione.

sòsia [dal fr. *sosie*, lat. *Sōsia(m)*, dal gr. *Sōsías*, n. di schiavo assai frequente nella commedia antica, servo di Anfitrione nell'omonima commedia di Plauto e Molière; av. 1853] **s. m. e f. inv.** ● Persona che somiglia tanto a un'altra da poter essere scambiata per essa: *Carlo sembra il tuo s.*; *Francesca sembra il s.* (o *la s.*) *di Anna*.

†**sòso** ● V. *suso*.

†**sospecciàre** o †**sospicciàre** [dal provz. *sospechar*, dal lat. *suspectāre* 'sospettare' (V.); sec. XIII] **v. tr. e intr.** ● Guardare intorno con dubbio, con sospetto: *e poi che 'l sospecciar fu tutto spento* (DANTE *Inf.* X, 57) | Sospettare.

†**sospecciòne** [dal lat. *suspiciōne(m)* 'sospetto', da *suspĭcere* 'guardare con diffidenza', sul modello del provz. *sospecio(n)*; av. 1292] **s. f.** ● Sospetto.

†**sospecciòso** [da *sospecciare*; 1321] **agg.** ● Sospettoso | Perplesso, dubbioso.

♦**sospèndere** [lat. *suspĕndere*, comp. di *sŭb* 'sotto' e *pĕndere*, propr. 'pesare'. V. *pendere*; av. 1306] **A** **v. tr.** (**pass. rem.** *io sospési, tu sospendésti*; **part. pass.** *sospéso*) **1** Attaccare qlco., in alto, per una estremità, lasciandola pendere, penzolare: *s. un lampadario al soffitto*; *al tempio ... / qui l'armi sospende* (TASSO) | †Sollevare da terra, tenere in aria | (*raro, lett.*) Impiccare: *Sospenderanno me, non la sentenza* (MONTALE). **2** (*chim.*) Disperdere particelle solide in un liquido. **3** (*fig.*) Interrompere per un dato periodo di tempo: *s. le ricerche*; *s. una terapia*; *le lezioni sono sospese per qualche giorno* | ***S. un treno, una corsa***, e sim., sopprimerli temporaneamente | ***S. la paga, lo stipendio***, smettere temporaneamente di corrisponderli | ***S. i pagamenti***, non far fronte temporaneamente ai propri impegni | ***S. le ostilità***, far tregua | (*raro*) ***S. una decisione***, differirla. **4** (*fig.*) Privare per qualche tempo dell'esercizio di un ufficio, una carica e sim., spec. a scopo punitivo: *s. un funzionario dall'impiego*; *lo hanno sospeso per dieci giorni*; *lo hanno sospeso a tempo indeterminato* | ***S. un alunno dalle lezioni***, nelle scuole come punizione | ***S. a divinis***, proibire a un sacerdote di celebrare gli uffizi e la messa. **B** **v. rifl.** ● †Impiccarsi: *alcuni miserabilmente si sospesero da se stessi* (GUICCIARDINI).

sospendìbile [av. 1704] **agg.** ● (*raro*) Che si può sospendere.

sospendiménto [av. 1589] **s. m.** ● (*raro*) Sospensione.

sospenditrìce ● V. *sospensore*.

sospensióne o †**suspensióne** [vc. dotta, dal lat. tardo *suspensiōne(m)* 'interruzione', da *suspēnsus* 'sospeso'; 1313] **s. f.** **1** Il sospendere | Posizione di chi (o di ciò che) è sospeso: *stare in s.*; *lume a s.* | In ginnastica, attitudine del ginnasta quando il proprio baricentro è più in basso del sostegno | ***Tiro in s.***, nella pallacanestro, lancio del pallone dopo essersi staccati da terra. **2** (*chim.*) Dispersione di particelle liquide o solide in un gas o in un liquido | ***S. colloidale***, (*raro*) colloide. **3** Dispositivo meccanico che nei veicoli collega elasticamente la carrozzeria agli assali delle ruote generalmente mediante balestre, molle elicoidali, barre di torsione e ammortizzatori | ***S. pneumatica***, ove aria contenuta in appositi involucri funge da molla, usata negli autoveicoli. **4** Interruzione: *s. del lavoro* | Dilazione, differimento: *s. di una seduta* | (*sport*) Time out | (*dir.*) ***S. del processo***, temporanea quiescenza del processo civile, durante la quale non viene compiuto alcun atto processuale; nel processo penale, interruzione del dibattimento già formalmente aperto per essere continuato in altra udienza | ***S. della prescrizione***, momentaneo non decorrere del termine di prescrizione di un diritto per temporanea impossibilità di esercitare lo stesso. **5** Sanzione disciplinare o pena accessoria che comporta la temporanea esclusione da un impiego, una carica, un ufficio, o la temporanea privazione di diritti o di privilegi: *s. dall'esercizio di una professione o di un'arte*; *s. dall'esercizio della patria potestà o dell'autorità maritale* | ***S. a divinis***, pena canonica che consiste nel privare il sacerdote dell'esercizio del ministero e della celebrazione della messa | ***S. dal grado***, punizione dell'ufficiale per gravissima mancanza disciplinare o a seguito di sentenza di tribunale militare | ***S. dall'impiego***, provvedimento a carico di un impiegato che abbia riportato una condanna penale. **6** (*ling.*) Figura retorica che consiste nell'annunciare vagamente una cosa e poi interrompere o cambiare discorso: *Io cominciai: 'O frati, i vostri mali...'; / ma più non dissi* (DANTE *Inf.* XXIII, 109-110) | ***Puntini di s.***, i tre punti con i quali si indica l'interruzione del discorso. **7** (*fig., lett.*) Incertezza, apprensione: *il principe era stato ... in una s. molto penosa* (MANZONI). **8** (*anat., zool.*) Articolazione tra neurocranio e arco orale.

sospensìva [f. sost. di *sospensivo*; 1875] **s. f.** ● (*bur.*) Proposta o deliberazione di sospendere qlco. che sta per essere discussa, attuata e sim.

sospensìvo [dal lat. mediev. *suspensīvu(m)*, da *suspēnsus* 'sospeso'; av. 1348] **agg.** ● Che sospende | Che è atto a sospendere | (*raro*) ***Punti sospensivi***, puntini di sospensione | (*dir.*) ***Effetto s.***, effetto dell'impugnazione per cui l'esecuzione del provvedimento è sospesa, in pendenza del termine per impugnare e del giudizio sull'impugnazione. || **sospensivaménte**, **avv.**

†**sospènso** [vc. dotta, dal lat. *suspēnsu(m)*, part. pass. di *suspĕndere* 'sospendere'] **agg.** ● Sospeso.

sospensóre [da *sospenso*; 1775] **A** **agg.** (**f.** *sospenditrice*) ● (*anat.*) Detto di formazione anatomica con funzione di sostegno: *legamento s. del fegato*. **B** **s. m.** ● Dispositivo che serve a tenere sospeso qlco.

sospensòrio [dal lat. tardo *suspensōriu(m)*, da *suspēnsus* 'sospeso'; 1583] **A** **agg.** ● Sospensore. **B** **s. m.** ● Tipo di cinto per sostenere lo scroto durante l'esercizio di alcuni sport.

♦**sospéso** [av. 1306] **A** **part. pass.** di *sospendere*; anche **agg.** **1** Attaccato in alto, appeso | ***Ponte s.***, sostenuto da funi metalliche. **2** Temporaneamente interrotto: *le licenze sono sospese* | Che è incorso in una sospensione: *un alunno s.* **3** Che è in attesa di una definizione, spec. nella loc. ***in s.***: *tenere in s.* | ***Avere un conto in s.***, in attesa di essere saldato; (*fig.*) avere qlco. da regolare con qlcu.: *con te ho un conto in s.* **4** Incerto, ansioso: *essere, stare, con l'animo, col cuore, s.* | ***Stare col fiato s.***, trattenendo il respiro, per forte emozione, o sim. | ***Essere s. a un filo***, (*fig.*) essere in grave pericolo. || **sospesaménte**, **avv.** In modo sospeso, incerto. **B** **s. m.** ● Conto non pagato, pratica non evasa: *era carico di debiti e di sospesi*.

sospettàbile [1873] **agg.** ● Che si può sospettare: *persona s.* **CONTR.** Insospettabile.

sospettabilità [1892] **s. f.** ● Condizione di chi (o di ciò che) è sospettabile.

♦**sospettàre** [lat. *suspectāre*, intens. di *suspĭcere* 'guardare con diffidenza', comp. di *sŭb* 'sotto' e *-spĕcere* 'guardare'. V. *specchio*; sec. XIII] **A** **v. tr.** (*io sospètto*) **1** (qlcu. + *di* qlco.; + *che* seguito da congv.) Credere qlcu. colpevole di un reato basandosi su indizi, supposizioni e sim.: *s. qlcu. di tradimento, di furto*; *lo sospettano dell'uccisione della moglie*; *sospettano che abbia ucciso la moglie*. **2** Ritenere in base a indizi che qlcu. o qlco. siano diversi da come sembrano o come si vuole che sembrino: *in quelle parole sospetto un tranello*; *nonostante le apparenze, tutti sospettano un assassinio*. **3** (qlco. + *in*; + *che* seguito da congv.) Credere, supporre, immaginare: *non sospettavano in voi tanta crudeltà*; *non sospettavo che in voi ci fosse tanta crudeltà*. **B** **v. intr.** (aus. *avere*) (+ *di*) **1** Nutrire sospetti di colpevolezza nei confronti di qlcu.: *la polizia sospetta della moglie*. **2** Diffidare, temere: *s. di qlcu., di tutti, di tutto*; *è un tipo che non sospetta di nessuno*.

sospettàto [sec. XIV] **A** **part. pass.** di *sospettare*; anche **agg.** ● Nei sign. del v. **B** **s. m.** (**f.** *-a*) ● Chi è sospettato di un reato. **SIN.** Sospetto (1) B.

♦**sospètto** (1) [lat. *suspēctu(m)*, part. pass. di *suspĭcere* 'guardare con diffidenza'; av. 1306] **A** **agg.** **1** Che desta diffidenza, che fa temere, sospettare: *persona sospetta*; *tipo, individuo, s.* | ***Luogo s.***, che può celare insidie, pericoli | ***Merce di provenienza sospetta***, probabilmente rubata | ***Funghi sospetti***, probabilmente velenosi | Che può essere un segno rivelatore, un sintomo: *Macchie sospette ... sul viso* (CALVINO). **2** Che è ritenuto possibile, probabile: *sospetta frattura della clavicola*. || **sospettaménte**, **avv.** In modo sospetto, che dà sospetto. **B** **s. m.** (**f.** *-a*) ● Persona sospettata.

♦**sospètto** (2) [da *sospettare*; 1225 ca.] **s. m.**

1 Diffidenza, dubbio, nei confronti di altri, della loro condotta in determinate circostanze, della loro responsabilità, colpevolezza e sim.: *s. fondato, infondato, giustificato, ingiustificato, lieve, grave; dare, destare, s.; guardare qlcu., qlco., con s.; mettere in s.; scacciare, tenere lontano ogni s.; il s. è divenuto certezza; c'è il s. che si tratti di furto; avere, nutrire, dei sospetti; avere dei sospetti su qlcu., circa qlcu., circa qlco.* | ***Essere, venire, in s.***, sospettare | ***Cadere, essere, venire in s. di qlcu., a qlcu.***, essere sospettato. *2* Timore, presentimento, di danni, pericoli e sim.: *ho il s. che voglia ingannarmi; aveva il s. di essere gravemente malato; ebbi il s. che ci fosse sotto qlco.* *3* †Timore: *con grandissimo s. che fosse morto* (LEOPARDI). *4* †Indizio, traccia, segno. || **sospettùccio**, **dim.**

sospètto (3) [trad. del fr. *soupçon* 'sospetto, ombra, traccia, piccola quantità', dal tardo lat. *suspectiōne(m)*, variante del classico *suspīcio*, genit. *suspiciōnis* 'sospetto'. V. *sospezione*; 1676] **s. m.** ● (*fam., disus.*) Quantità minima: *caffè con un s. di cognac.*

sospettosità [1930] **s. f.** ● Caratteristica di chi (o di ciò che) è sospettoso.

sospettóso [da *sospetto* (2); av. 1294] **agg.** *1* Che è facile alla diffidenza, al sospetto: *la natura degli uomini è sospettosa e ambiziosa* (MACHIAVELLI) | Pieno di sospetto: *sguardo, contegno, s.* *2* †Che dà sospetto, timore. || **sospettosètto**, **dim.** || **sospettosaménte**, **avv.** Con diffidenza o timore.

†**sospezióne** o †**sospizióne** [dal provz. *sospecio(n)*, dal lat. *suspiciōne(m)* 'sospetto', da *suspīcere* 'guardare con diffidenza'; 1336 ca.] **s. f.** ● Sospetto.

†**sospicàre** o †**suspicàre** [vc. dotta, dal lat. *suspicāre*, variante del classico *suspicāri* 'sospettare', da *suspīcere* 'guardare con diffidenza'; 1499] **v. tr. e intr.** ● Sospettare: *non s. … per questa volta, / ché in veritade io non gli die' veleno* (BOIARDO).

†**sospicciàre** ● V. †*sospecciare*.

†**sospìgnere** e *deriv.* ● V. *sospingere* e *deriv.*

sospìngere o †**sospìgnere** [comp. di *so-* e *spingere*; 1304 ca.] **v. tr.** (coniug. come *spingere*) *1* Spingere in avanti, con movimento lieve e continuo: *il vento li sospinse al largo.* *2* (*fig.*) Spronare, incitare: *s. qlcu. a un atto temerario.*

†**sospingiménto** o †**sospigniménto** [av. 1292] **s. m.** ● Il sospingere | Spinta.

†**sospìnta** [da *sospingere*, sul modello di *spinta*; sec. XIII] **s. f.** ● Spinta | Istigazione.

sospìnto [sec. XIII] **part. pass.** di *sospingere*; anche **agg.** *1* Nei sign. del v. *2* Nella loc. ***a ogni piè s.***, (*fig.*) molto spesso, di continuo.

♦**sospiràre** o †**suspiràre** [lat. *suspirāre*, comp. di *sŭb* 'sotto' e *spirāre*; av. 1250] **A v. intr.** (aus. *avere*) ● Inspirare ed espirare l'aria in modo lento e profondo, in segno di angoscia, desiderio, dolore e sim.: *piangere e s.; che hai da s.?; perché sospiri tanto?; sospira continuamente* | (*fig.*) Nutrire sentimenti di angoscia, desiderio, dolore e sim.: *s. per la felicità perduta.* **B v. tr.** *1* Desiderare ardentemente, rimpiangere: *s. la famiglia, la patria lontana, il ritorno di qlcu.; viva l'amai, morta sospirolla* (SANNAZARO). *2* (*est.*) Aspettare con ansia: *s. la promozione, le vacanze* | ***Farsi s.***, farsi attendere a lungo, stare molto tempo senza farsi vedere, e sim. *3* (*lett.*) †Piangere, rimpiangere: *levò gli occhi al figliuol … / ch'avea per morto sospirato e pianto* (ARIOSTO).

sospiràto [1532] **part. pass.** di *sospirare*; anche **agg.** ● Nei sign. del v. | Da lungo tempo atteso e desiderato: *questo momento tanto s. del ritorno* (MORAVIA).

sospirévole [da *sospirare*; 1336 ca.] **agg.** ● (*lett.*) Flebile | Sospiroso.

♦**sospìro** o †**suspìro** [lat. *suspīru(m)* 'sospiro', da *suspirāre* 'sospirare'; av. 1250] **s. m.** *1* Profonda e lenta inspirazione, seguita da uguale espirazione, che dà luogo a un rumore simile a quello di un soffio ed è indice di turbamento spirituale: *un gran s.; un s. profondo, leggero, lungo, lieve; lagrime e sospiri; sospiri ardenti; un s. di dolore, d'amore; tirare un s. di sollievo; fare, mandare, un s.; pria flebilmente il suo lamento esprime / poi rompe in un sospiro* (MARINO). *2* (*lett.*) Cosa sospirata, poiché desiderata, rimpianta, e sim.: *amore, / s. acerbo de' provetti giorni* (LEOPARDI). *3* (*lett.*) Respiro | ***Dare, mandare, rendere, l'ultimo s., l'estremo s.***, morire. *4* (*lett.*) Alito, soffio, di vento. *5* †Affanno, difficoltà di respiro. *6* Piccola pasta dolce e leggera spesso coperta di cioccolata. || **sospirétto**, **dim.** | **sospirìno**, **dim.** | **sospiróne**, **accr.**

sospiróso [da *sospiro*; 1319] **agg.** *1* (*lett.*) Che sospira | Malinconico, triste: *fanciulla sospirosa.* *2* Pieno di sospiri | Languido, sentimentale: *poesia sospirosa; d'udirti parmi in sospirosi accenti / chiamarmi a nome* (ALFIERI). || **sospirosaménte**, **avv.**

†**sòspita** [vc. dotta, dal lat. *sŏspita(m)*, f. di *sŏspes*, genit. *sŏspitis* 'salvatore', di etim. incerta] **agg. f.** ● (*lett.*) Che libera, salva, detto di Giunone.

†**sospizióne** ● V. †*sospezione*.

†**sossannàre** ● V. *subsannare*.

sossópra [comp. di *so-* e *sopra*. V. *sottosopra*; av. 1470] **avv.** ● (*region.* o *lett.*) Sottosopra: *a s. cader fa d'ambo i lati / cavalieri e cavalli, arme ed armati* (TASSO).

♦**sòsta** [da *sostare*; sec. XIII] **s. f.** *1* Arresto, fermata in un luogo per un tempo piuttosto breve: *far s., fare una s.; Le pellegrine in s. … risalgono sui carri* (MONTALE) | Parcheggio di autoveicoli: *divieto di s.* | ***S. a giorni alterni***, consentita da un lato della via nei giorni pari e dall'altro nei giorni dispari | ***S. limitata***, consentita per un tempo limitato, spesso con l'esposizione del disco orario | ***S. vietata***, segnalata dal cartello di divieto di sosta | ***Merce in s.***, non ritirata entro il periodo di svincolo. *2* (*est.*) Pausa, tregua, interruzione spec. breve: *lavorare senza s.; un attimo di s.; una s. dal lavoro; non dare s.*

sostantivàle [da *sostantivo*; 1966] **agg.** ● (*ling.*) Che è in funzione di sostantivo.

sostantivàre [da *sostantivo*; 1821] **v. tr.** ● (*ling.*) Rendere sostantivo, usare come sostantivo un'altra parte del discorso.

sostantivàto [1907] **part. pass.** di *sostantivare*; anche **agg.** ● Nei sign. del v.: *aggettivo, infinito s.*

sostantivazióne [1960] **s. f.** ● (*ling.*) Uso di un'altra parte del discorso in funzione di sostantivo.

sostantìvo o †**sustantìvo** [vc. dotta, dal lat. tardo *substantīvu(m)* (*nōmen*) '(nome) sostantivo', da *substāntia* 'sostanza'; av. 1375] **A agg.** *1* (*ling.*) Detto della categoria del nome che serve a indicare persone, animali, cose, qualità | ***Verbo s.***, il verbo essere. *2* (*chim.*) Detto di colorante organico capace di tingere direttamente le fibre vegetali. || **sostantivaménte**, **avv.** In funzione di sostantivo. **B s. m.** ● (*ling.*) Nome sostantivo: *'libro' è un s.*

♦**sostànza** o †**sustànza**, †**sustànzia** [dal lat. *substāntia(m)* 'essenza', da *substāre*, propr. 'stare (*stāre*) sotto, fermo (*sŭb*)'; 1260 ca.] **s. f.** *1* (*filos.*) Nel pensiero aristotelico, essenza necessaria di una cosa o di un fatto | ***S. materiale***, la materia, considerata come sostrato di tutti i fenomeni di ordine fisico | ***S. spirituale***, l'anima, considerata come sostrato di tutti i fenomeni di ordine psichico | ***S. increata***, Dio | ***Una s. in tre persone***, Dio, uno nella sostanza e trino nelle persone. *2* (*gener.*) Qualunque materia: *s. liquida, gassosa, organica, inorganica, molle, solida, vegetale, minerale, aerea, acquea* | (*gener.*) Elemento o composto chimico: *sostanze alimentari, medicinali, proteiche, coloranti* | ***S. otticamente attiva***, dotata di potere rotatorio sulla luce polarizzata che la attraversa | (*anat.*) ***S. bianca***, parte dell'encefalo e del midollo spinale formata dalle fibre nervose | ***S. grigia***, parte dell'encefalo e del midollo spinale formata dalle cellule nervose. ➡ **ILL.** p. 2124 ANATOMIA UMANA. *3* Parte essenziale, fondamentale di qlco.: *badare alla s. e non alla forma; esponimi la s. del fatto* | Contenuto culturale, profondità di significato: *in questo libro c'è poca s.* | ***In s.***, insomma, in conclusione | ***In buona s.***, in ultima analisi, in definitiva. *4* Parte nutritiva di un alimento: *cibo che non ha s., che ha poca s.; cibo di s., di poca s., di molta s.* | ***Dare s.***, nutrire. *5* (*spec. al pl.*) Patrimonio, ricchezza, beni, averi: *le sue sostanze ammontano a ben poco; avere sostanze scarse; accumulare sostanze; dilapidare, consumare, le proprie sostanze.*

SOSTANZA
nomenclatura

sostanza

● *caratteristiche*: organica ⇔ inorganica, semplice = fondamentale = elemento ⇔ complessa = composto (binario, ternario, quaternario);

● *atomo*: elettropositivo ⇔ elettronegativo; elettrone, protone, neutrone, nucleo, ione, valenza, orbitale, isotopo; tavola periodica degli elementi;

● *operazioni*: aggregare, combinare, fissare, scindere, bombardare; fissione nucleare, fusione nucleare, attivazione nucleare, reazione (nucleare, termonucleare, a catena), radioattività, peso atomico (grammoatomo), numero atomico, massa atomica;

● *molecola*: (monoatomica ⇔ poliatomica) composizione molecolare, spazio intermolecolare, legame, meccanismo molecolare, coesione, adesione, disgregazione, aggregazione (solida, liquida, aeriforme = gassosa), affinità molecolare, velocità molecolare, peso molecolare (grammomolecola); isomeria, polimeria, stereoisomeria; isomero (destrogiro ⇔ levogiro);

● *corpo* = materia = sostanza materiale: gassosa, fluida, liquida, solida, neutra; semplice ⇔ composta, omogenea ⇔ eterogenea, idratata ⇔ disidratata, amorfa ⇔ polimorfa, monovalente ⇔ polivalente;

● *composti organici*: idrocarburi; alcol (fermentazione alcolica: fermenti organizzati = saccaromiceti, fermenti chimici = enzimi), aldeide, chetone, acido organico, etere, estere, grassi, sapone, chetone, glucidi = idrati di carbonio, sostanze proteiche = albuminoidi, alcaloidi (nicotina, chinina, stricnina, cocaina, morfina, caffeina), esplosivi (polvere pirica; dinamite, nitrocellulosa, tritolo, acido picrico, plastico);

● *composti inorganici*: metalli; minerali; non metalli (elettronegativi, gassosi = aeriformi, solidi ⇔ liquidi): antimonio, arsenico, azoto, bario, bromo, iodio, selenio, fosforo, silicio, tellurio, argo, neon, xeno, zolfo, carbonio (carbon fossile, grafite, diamante); acqua; aria (ossigeno, azoto, anidride carbonica, gas nobili, vapore acqueo, pulviscolo atmosferico): incolore, trasparente, compressibile, elastica, secca, umida, liquida; ossido, anidride, acido inorganico, idrossido = base, sale, idruro;

● *materie plastiche*: nitrato di cellulosa, cellofan, acetato e triacetato di cellulosa; resine fenoliche, resine ureiche, resine melamminiche, resine gliceroftaliche, resine poliestere, resine caseiniche, resine poliammidiche, resine polietileniche, resine propileniche, resine polistiroliche, resine viniliche, resine metacriliche, resine acriliche, resine politetrafluoroetileniche.

sostanziàle o †**sustanziàle** [vc. dotta, dal lat. *substantiāle(m)* 'sostanziale', da *substāntia* 'sostanza'; 1260 ca.] **A agg.** *1* (*filos.*) Che costituisce o appartiene a una sostanza. **CONTR.** Accidentale, formale. *2* Fondamentale: *differenza s.; la parte s. del programma.* **SIN.** Essenziale. *3* (*dir.*) Non processuale: *eccezione s.* | ***Questione s.***, fatto dedotto in giudizio considerato nella sua sussistenza concreta. **SIN.** Merito della causa | ***Provvedimento s.***, con cui l'autorità giudiziaria statuisce sul merito della causa | ***Legge in senso s.***, in quanto contenente delle regole di condotta per i propri destinatari. || **sostanzialménte**, **avv.** *1* (*filos.*) Per ciò che concerne la sostanza. *2* In modo sostanziale, fondamentalmente: *sono sostanzialmente d'accordo con te*; in sostanza: *sostanzialmente, le cose stanno in questo modo.* **B s. m.** solo **sing.** ● Ciò che è sostanziale, fondamentale: *occuparsi del s.; badare al s.*

sostanzialìsmo [da *sostanziale*, con *-ismo*; 1960] **s. m.** ● Ogni dottrina filosofica che pone a proprio fondamento una o più sostanze.

sostanzialìstico [1965] **agg.** (pl. m. *-ci*) ● (*filos.*) Che concerne o interessa il sostanzialismo. || **sostanzialisticaménte**, **avv.**

sostanzialità o **sustanzialità** [vc. dotta, dal lat. tardo (eccl.) *substantialitāte(m)* 'sostanzialità', da *substantiālis* 'sostanziale'; 1309] **s. f.** *1* (*filos.*) Condizione di ciò che è sostanziale: *la s. dell'anima.* *2* Importanza fondamentale: *la s. di una questione.* **SIN.** Essenzialità.

sostanziàre [da †*sostanzia*; sec. XIV] **A** v. tr. (*io sostànzio*) ● (*raro, lett.*) Fornire di sostanza, rendere sostanziale. **B** v. intr. pron. **1** (+*di*) (*raro*) Ricevere sostanza, alimentarsi: *un ragionamento che si sostanzia di tesi corpose*. **2** (+*in*) Attuarsi, concretizzarsi: *idee che hanno difficoltà a sostanziarsi in iniziative concrete*.

†**sostanzièvole** [da *sostanz(i)a*; av. 1396] agg. ● Sostanzioso.

sostanziosità [da *sostanzioso*; av. 1937] s. f. ● Condizione di ciò che è sostanzioso.

sostanzióso [da *sostanz(i)a*; sec. XIV] agg. **1** Che ha o dà sostanza, nutrimento: *cibo, pasto s.* | *Terreno s.*, fertile, ricco di elementi nutritivi. **2** (*fig.*) Denso di contenuti: *insegnamento, libro s.* | (*fig.*) Cospicuo, consistente: *un aumento s.* || **sostanziosaménte**, avv.

sostàre [lat. *substāre* 'stare, tener fermo', comp. di *sŭb* 'sotto' e *stāre* 'stare'; av. 1294] **A** v. intr. (*io sòsto*; aus. *avere*) **1** Soffermarsi, restare in un luogo per un periodo di tempo piuttosto breve: *sostammo a Milano*; *sostano in un albergo per la notte*; *sostarono un'ora per riposarsi* | Riferito a veicoli, parcheggiare: *qui non si può s.* **2** Sospendere per breve tempo ciò che si sta facendo, fare una pausa: *s. dal lavoro, dallo studio*. **B** v. tr. ● †Sospendere.

†**sostegnènza** ● V. †*sostenenza*.

sostégno [dal provz. *sostenh*, da *sostener* 'sostenere'; sec. XII] s. m. **1** Ciò che sostiene, serve di appoggio, supporto e sim.: *muro, pilastro, di s.*; *il s. del tetto* | Qualsiasi mezzo atto a sorreggere piante | *S. vivo*, costituito da altre piante. **2** (*fig.*) Chi (o ciò che) è d'aiuto ad altri materialmente o moralmente: *è il s. della famiglia, della casa*; *il s. della sua vecchiaia*; *non gli manca il s. della speranza*; *addurre nuovi elementi a s. di quanto detto*. **3** (*scol.*) *Iniziative di s.*, quelle adottate dal collegio dei docenti per colmare i divari fra gli alunni | *Insegnante di s.*, quello assegnato a una classe con alunni handicappati e che ha il compito di favorirne l'inserimento mediante una didattica integrata.

sostenèndo s. m. inv. ● (*mus.*) Ritenuto | Tenuto.

†**sostenènza** o †**sostegnènza** [lat. tardo (eccl.) *sustinĕntia(m)* 'tolleranza', da *sŭstinens*, genit. *sustinĕntis* 'sostenente'; sec. XIV] s. f. ● Sostentamento | Tolleranza.

♦**sostenére** [lat. *sustinēre*, comp. di *sŭb* 'sotto' e *tenēre*. V. *tenere*; 1224 ca.] **A** v. tr. (coniug. come *tenere*) **1** Reggere, portare su di sé il peso di qlco.: *gli stipiti sostengono l'architrave* | Tenere sospeso, sollevato: *la gru sostiene una pesante cassa* | Mantenere fermo, rendere saldo: *bisogna s. il muro con dei puntelli*; *una rete sostiene il terreno per impedire che smotti*. **2** (*fig.*) Sopportare, prendere su di sé un impegno, una responsabilità, un onere morale o materiale: *s. le spese della famiglia*; *s. il carico della famiglia*; *il popolo sostenne una lunga guerra* | *S. gli esami*, darli | Esercitare un ufficio, una carica, e sim.: *s. una carica* | *S. una parte*, interpretarla. **3** (*fig.*) Tenere su, mantenere alto: *s. i prezzi, i titoli, le azioni* | *S. la voce*, non abbassarne il tono, spec. nel cantare | (*mus.*) Ritenuto; tenuto. **4** (*fig.*) Aiutare, proteggere: *s. un amico*; *lo sostiene il pensiero della madre*; *lo sostenne molto nella disgrazia* | Difendere, patrocinare: *s. una causa, la candidatura di qlcu.* **5** (*fig.*) Nutrire, dare vigore, mantenere in forze (*anche assol.*): *un cibo che sostiene le forze*; *una bevanda che sostiene il cuore*; *la carne sostiene*. **6** (*fig.*) Affermare, asserire con convinzione: *s. una tesi, un'idea*; *tutti sostengono la tua innocenza*; *tutti sostengono che è innocente*; *l'ho detto e lo sostengo*; *sostiene di non sapere nulla*. **7** (*fig.*) Tollerare: *è un tipo che sostiene bene il vino*; *non può s. la luce del sole* | Resistere: *s. l'impeto, l'urto, l'assalto, del nemico*. **8** †Soffrire, patire: *sosteneva dolore incomparabile* (BOCCACCIO). **9** †Trattenere. **B** v. rifl. **1** Tenersi dritto, saldo: *la vecchietta si sostiene col bastone*. **2** (*fig.*) Mantenersi vigoroso, attivo e sim.: *beve molto caffè per sostenersi*. **C** v. intr. pron. **1** Stare su, stare dritto: *lo scaffale si sostiene senza altri puntelli*. **2** (*fig.*) Essere convincente, plausibile: *la tua idea non si sostiene*.

sostenìbile [av. 1712] agg. ● Che si può sostenere (*spec. fig.*): *spesa s.* CONTR. Insostenibile | (*fig.*) *Sviluppo s.*, V. *sviluppo*, sign. 1. || **sostenibilménte**, avv.

sostenibilità [1940] s. f. ● Condizione di ciò che è sostenibile.

†**sosteniménto** [av. 1292] s. m. **1** Sostegno. **2** (*fig.*) Sostentamento | Nutrimento.

sostenitóre [1312] **A** s. m. (f. *-trice*) ● Difensore, fautore: *i sostenitori della riforma* | Tifoso. CONTR. Avversario, oppositore. **B** agg. ● Che difende, propugna | *Socio s.*, chi, per aiutare l'associazione, il circolo o sim. cui è iscritto, paga una quota superiore a quella ordinaria | *Abbonamento s.*, quello dei soci sostenitori di un giornale, una rivista o sim.

†**sostentàcolo** [vc. dotta, dal lat. *sustentāculu(m)* 'sostegno', da *sustentāre* 'sostenere'; sec. XIV] s. m. ● Ciò che sostiene | Sostegno.

sostentaménto [1224 ca.] s. m. ● Il sostentare | Ciò che è necessario per sostentare, nutrire: *ricevere, dare il s. necessario*; *avere pochi mezzi di s.*

sostentàre o †**sustentàre** [lat. *sustentāre* 'sostenere', da *sustĕntus*, part. pass. di *sustinēre*; 1224 ca.] **A** v. tr. (*io sostènto*) **1** †Reggere, sostenere un peso. **2** Fornire del necessario per vivere: *s. la famiglia*; *la quale ne sustenta et governa* (FRANCESCO D'ASSISI). **3** †Mantenere | †*S. la guerra*, finanziarla. **4** †Difendere, propugnare. **5** (*fis.*) Mantenere in equilibrio un corpo in un fluido (spec. nell'aria), per mezzo di forze che ne bilanciano il peso. **B** v. rifl. ● Mantenersi in vita, in forze: *il poveretto non ha di che sostentarsi*. **C** v. intr. pron. ● (*aer.*) Mantenersi in equilibrio nell'aria, detto di aeromobile.

sostentatìvo [1726] agg. ● (*raro*) Atto a sostentare.

sostentàto [1573] part. pass. di *sostentare* ● Nei sign. del v.

sostentatóre [av. 1348] **A** s. m. (f. *-trice*) ● Chi sostenta | (*fig.*) †Sostenitore. **B** agg. ● Che sostenta: *gas s.*

sostentazióne [vc. dotta, dal lat. tardo *sustentatiōne(m)* 'sostentamento', da *sustentātus* 'sostentato'; 1353] s. f. **1** Sostentamento. **2** (*fis.*) L'equilibrio che un corpo mantiene in un fluido per effetto di forze che ne bilanciano il peso | *S. aerea*, aerosostentazione | *S. a getto*, gettosostentazione.

sostenutézza [1669] s. f. ● Caratteristica di chi (o di ciò che) è sostenuto | Atteggiamento riservato, distaccato, contegnoso: *le donne bisogna trattarle con s.* (PAVESE).

sostenùto [av. 1375] **A** part. pass. di *sostenere*; anche agg. **1** Nei sign. del v. **2** Che non dà confidenza, che mostra riservatezza e distacco: *essere s. con qlcu.*; *parlare con tono s.*; *mostrare un contegno s.* SIN. Austero, contegnoso, riservato. **3** Sorvegliato, elevato, alieno da modi volgari, detto di stile: *prosa sostenuta*. **4** (*mus.*) Ritenuto | Tenuto | Come specificazione di un tempo ne indica lo stacco più lento: *andante s.* **5** (*sport*) Elevato, intenso e duraturo: *velocità, andatura sostenuta*; *ritmo di gara s.* **6** Che si mantiene elevato: *prezzo s.* | *Corso s. dei valori mobiliari*, con tendenza all'aumento. || **sostenutaménte**, avv. **B** s. m. (f. *-a*) ● Chi non dà confidenza, chi tiene un atteggiamento distaccato, privo di cordialità: *non fare il s.*

sostituènte [av. 1737] part. pres. di *sostituire*; anche agg. **1** Nei sign. del v. **2** (*chim.*) Detto di atomo o raggruppamento atomico che durante una reazione può prendere il posto occupato da un altro atomo o raggruppamento in una molecola.

sostituìbile [1873] agg. ● Che si può sostituire. CONTR. Insostituibile.

sostituibilità [av. 1937] s. f. ● Condizione di ciò che è sostituibile.

♦**sostituìre** o †**sustituìre** [vc. dotta, dal lat. *substitŭere* 'porre sotto, dietro', comp. di *sŭb* 'sotto' e *statŭere* 'stabilire', con cambio di coniug.; sec. XIII] **A** v. tr. (*io sostituìsco, tu sostituìsci*) (qlcu. o q.c., + *a*, + *con*) **1** Mettere una persona o una cosa al posto di un'altra: *s. un giocatore*; *s. una lampadina*; *sostituì un tappeto nuovo a quello logoro* | Togliere qlcu. dal posto che occupa, dalla carica che riveste, e sim. mettendo un altro al suo posto: *bisogna s. il vecchio cassiere con uno più giovane*. **2** Prendere il posto di un'altra persona o cosa: *un supplente sostituisce il professore*; *in certe diete la saccarina sostituisce lo zucchero* | (*dir.*) *S. nel processo*, nel processo civile, compiere attività processuali in nome proprio per garantire la tutela di un diritto altrui. **3** (*chim.*) Introdurre in una molecola un atomo o raggruppamento atomico in luogo di un altro. **B** v. rifl. e intr. pron. (+ *a*) ● Prendere il posto di un'altra persona o cosa: *il figlio si è sostituito al padre*; *i fast food si sono sostituiti alle vecchie osterie*.

sostituìto [1363] part. pass. di *sostituire*; anche agg. ● Nei sign. del v.

sostitutìvo [1673] agg. **1** Atto a sostituire. **2** Detto di farmaco che si somministra per compensare sostanze prodotte in quantità inadeguata dall'organismo. || **sostitutivaménte**, avv.

sostitùto [vc. dotta, dal lat. *substitūtu(m)*, part. pass. di *substitŭere* 'sostituire'; av. 1304] s. m. **1** (f. *-a*) Chi fa le veci altrui: *mettere, mandare un s.*; *s. procuratore* | (*dir.*) *S. processuale*, colui che fa valere in un processo civile un diritto altrui in nome proprio | *S. d'imposta*, chi è tenuto al pagamento dell'imposta in luogo di altri, per fatti a questi riferibili. **2** (*ling.*) Unità linguistica che ne sostituisce un'altra. **3** (*mus.*) Maestro sostituto.

sostitutóre [vc. dotta, dal lat. mediev. *substitutōre(m)* 'sostitutore', da *substitūtus* 'sostituto'; 1838] s. m.; anche agg. (f. *-trice*) ● (*raro*) Chi (o Che) sostituisce. SIN. Sostituto.

sostituzióne [vc. dotta, dal lat. tardo *substitutiōne(m)* 'sostituzione', da *substitūtus* 'sostituto'; sec. XIV] s. f. **1** Il sostituire qlcu. o qlco. | *In s. di*, in luogo di | (*sport*) Cambio, rimpiazzo di un giocatore in campo con uno in panchina, spec. nel calcio | (*dir.*) *S. fedecommissaria*, fedecommesso | *S. processuale*, situazione nella quale un soggetto fa valere in giudizio in nome proprio un diritto altrui. **2** (*ling.*) Fenomeno per il quale una entità linguistica rimpiazza un'altra. **3** (*mat.*) Operazione che consiste nel sostituire a uno o più elementi di una espressione matematica, altri elementi | *Metodo di s.*, per risolvere un sistema di più equazioni a più incognite. **4** (*miner.*) Vicarianza.

sostràto o **substràto** [vc. dotta, dal lat. *substrātu(m)*, da *substĕrnere* 'stendere (*stĕrnere*) sotto (*sŭb*)'. V. *strato*; av. 1705] s. m. **1** (*geol.*) Strato sottostante a un altro: *un s. di roccia*. **2** (*ling.*) Lingua parlata sostituita, per varie cause storiche, in una determinata regione, da un'altra di maggior prestigio | *Reazione, fenomeno di s.*, l'influenza che la lingua precedente ha esercitato sulla nuova modificandola. **3** (*fig.*) V. *substrato*. **4** (*filos.*) La sostanza considerata come ciò che sta sotto agli accidenti. **5** (*biol., agr., chim.*) V. *substrato*.

sostruzióne [vc. dotta, dal lat. *substructiōne(m)* 'fondamenta', da *substrūctus*, part. pass. di *substrŭere* 'costruire (*strŭere*) sotto (*sŭb*)'; 1521] s. f. ● (*edil.*) Struttura più o meno sotterranea con funzione di fondazione per edifici, particolarmente usata per formare il piano di base orizzontale quando il terreno è in pendenza.

soteriologìa [comp. del gr. *sōtēría* 'salvezza', e *-logia*; 1829] s. f. ● Nelle religioni, dottrina che riguarda la salvezza.

soteriològico [1949] agg. (pl. m. *-ci*) ● Che si riferisce alla soteriologia.

sott- ● V. *sotto-*.

sottàbito [comp. di *sott-* e *abito*; 1787] s. m. ● Sottoveste.

sottacére [comp. di *so-* e *tacere* (*1*); 1858] v. tr. (coniug. come *tacere*) ● (*lett.*) Tacere intenzionalmente qlco. che si sa.

sottacéto [comp. di *sott-* e *aceto*; 1846] **A** avv. ● Immerso nell'aceto, a bagno nell'aceto: *mettere, tenere, s.*; *conservare i peperoni s.*; *lasciare la carne s.* **B** in funzione di agg. inv. ● Conservato nell'aceto: *peperoni, cipolline s.* **C** in funzione di s. m. pl. ● Prodotti alimentari, spec. vegetali, conservati sott'aceto: *preparare una salsa con sottaceti tritati*.

sottaciùto [av. 1914] part. pass. di *sottacere*; anche agg. ● Nei sign. del v.

sott'acqua o (*raro*) **sottàcqua** [comp. di *sott-* e *acqua*; 1483] avv. ● Sotto l'acqua, senza emergere dall'acqua: *stare sott'acqua*; *resistere a lungo sott'acqua*; *ritrovare qlco. sott'acqua* | *Lavorare sott'acqua*, (*fig.*) agire di nascosto.

sottàcqueo [comp. di *sott-* e *acqueo*. V. *subacqueo*; 1728] agg. ● (*raro*) Subacqueo.

sottalimentàre e *deriv.* ● V. *sottoalimentare* e *deriv.*

sottàna [f. sost. di *sottano*, per ellissi da *veste sottana* 'che sta, che si porta sotto'; 1536] s. f. **1** (*tosc.*) Sottabito, sottoveste. **2** Parte inferiore del vestito femminile | Gonna: *s. di lana, di tela*, *di cotone*; *s. larga*, *stretta*, *diritta*, *scampanata*, *corta*, *lunga* | (*fig.*) ***Stare sempre attaccato***, ***cucito***, ***alla s. della mamma***, di bambino che non si separa mai dalla madre; (*est.*, *spreg.*) di adulto ancora soggetto alla madre. ***3*** (*spec. al pl.*, *per anton.*, *fam.*) Donna: *correre dietro alle sottane*; *gli piacciono le sottane*. ***4*** Veste talare nera degli ecclesiastici. || **sottanàccia**, **pegg.** | **sottanèlla**, **dim.** | **sottanétta**, **dim.** | **sottanìna**, **dim.** | **sottanìno**, **dim. m.**

sottanière [da *sottana*; 1905] **s. m.** ● (*pop.*) Donnaiolo.

sottàno [lat. parl. **subtānu(m)* 'che sta sotto', da *sŭbtus* 'di sotto'; av. 1292] **agg.** ● †Che sta sotto | Oggi usato in toponomastica, spec. in contrapposizione a *soprano*: *Petralia Sottana*; *nella pregustante insonnia del borgo s.* (FENOGLIO).

sottàrco [comp. di *sott-* e *arco*; 1547] **s. m.** (**pl.** *-chi*) ● (*arch.*) Faccia inferiore della struttura di un arco. **SIN.** Intradosso.

sottascèlla ● V. *sottoascella*.

sottécchi o (*tosc.*) **sottécche** [di etim. discussa: lat. parl. **subtīcule*, avv. da *sŭbtus* 'di sotto' (?); 1481] **avv.** ● Con gli occhi socchiusi per non fare intendere le proprie intenzioni o i propri sentimenti o per non farsi notare: *guardare qlco. s.* | Spec. nella loc. avv. ***di s.***: *ci ammiccammo di sottécchi* (CARDUCCI) | (*est.*, *fig.*) Di nascosto: *fare qlco.*, *lavorare di s.*

sottèndere o †**suttèndere** [vc. dotta, dal lat. *subtĕndere* 'tendere (*tĕndere*) sotto (*sŭb*)'; sec. XIV] **v. tr.** (coniug. come *tendere*) ***1*** (*mat.*) Avere i medesimi estremi di un arco di circonferenza, detto della corda. ***2*** (*fig.*) Contenere in sé, implicare.

sottentraménto [1336 ca.] **s. m.** ● (*raro*) Il sottentrare | †Spiffero.

sottentràre [comp. di *sott-* ed *entrare* (*1*), V. *subentrare*; sec. XIII] **A v. tr. e intr.** (*io sottèntro*; aus. intr. *essere*) ● †Entrare sotto. **B v. intr.** (aus. *essere*) ***1*** (*fig.*, *raro*) Subentrare, succedere: *s. a qlcu. in qlco.* ***2*** (*disus.*) Nella ginnastica, passare le gambe sotto o sopra l'attrezzo mediante movimento dall'indietro in avanti.

sotterfùgio o †**sutterfùgio** [vc. dotta, dal lat. mediev. *subterfŭgiu(m)*, da *subterfŭgere*, comp. di *sŭbter* 'sotto' e *fŭgere* 'fuggire'; av. 1311] **s. m.** ● Accorgimento fondato sulla finzione, l'inganno, la menzogna, usato per uscire da situazioni imbarazzanti, pericolose o sim., per raggiungere fini illeciti o poco onesti, e sim.: *ricorrere a un s.*; *servirsi di un s.*; *usare un s.*; *vivere di sotterfugi* | ***Di s.***, di nascosto: *vedersi*, *incontrarsi*, *di s.*

sottèrra [comp. di *so-* e *terra*; av. 1292] **avv.** ● (*lett.* o *disus.*) Sotto terra: *fare le cantine s.*; *nascondersi s. per la vergogna* | ***Andare s.***, (*fig.*) morire.

sotterràbile [1873] **agg.** ● Che si può sotterrare.

sotterraménto [1611] **s. m.** ● Il sotterrare, il venire sotterrato.

sotterrànea [f. sost. di *sotterraneo*; 1934] **s. f.** ● Ferrovia il cui tracciato si snoda sottoterra | Metropolitana.

♦**sotterràneo** [vc. dotta, dal lat. *subterrāneu(m)*, comp. di *sŭb* 'sotto' e un deriv. di *tĕrra*; 1308] **A agg.** ***1*** Che è sotto terra: *luogo*, *corridoio*, *passaggio s.*; *cantina*, *ferrovia*, *sotterranea* | Che giunge di sottoterra: *fragore s.* | (*est.*, *lett.*) ***Mondo s.***, l'oltretomba, l'inferno. ***2*** (*raro*, *fig.*) Nascosto, segreto: *manovre sotterranee*. || **sotterraneaménte**, **avv.** **B s. m.** ***1*** Locale o serie di locali costruiti sotto il livello del terreno: *la cripta è nel s. della chiesa*; *i sotterranei di un castello*. ***2*** (*min.*) Nella loc. avv. ***in s.***, detto di escavazione eseguita sotto la superficie terrestre.

†**sotterrapersóne** [comp. di *sotterra(re)* e il pl. di *persona*; sec. XVI] **s. m. inv.** ● (*scherz.*) Medico ignorante.

sotterràre [da *sotterra*; av. 1292] **v. tr.** (*io sottèrro*) ***1*** Collocare sotto terra: *s. i semi* | Nascondere sotto terra: *s. un tesoro*. ***2*** Seppellire: *s. i morti* | (*fig.*) ***Averne sotterrati parecchi***, ***averli sotterrati tutti***, e sim., di chi ha visto morire molte persone, ed è quindi vissuto più a lungo | (*fig.*, *disus.*) ***S. il Carnevale***, festeggiarne la fine.

sotterràto [av. 1306] **part. pass.** di *sotterrare*; anche **agg.** ***1*** Nei sign. del v. ***2*** ***Morto e s.***, morto da molto tempo; (*fig.*) dimenticato, superato.

sotterratóre [av. 1519] **s. m.**; anche **agg.** (**f.** *-trice*) ● (*raro*) Chi (o Che) sotterra.

†**sotterratòrio** [da *sotterrare*; av. 1543] **s. m.** ● Sepoltura.

sottéso [1586] **part. pass.** di *sottendere*; anche **agg.** ***1*** Nel sign. del v. | (*raro*) Teso. ***2*** (*fig.*, *lett.*) Venato, improntato: *una prosa sottesa di amarezza*.

†**sottésso** [comp. di *sott-* ed *esso*; 1319] **prep.** ● (*lett.*) Sotto, proprio sotto: *s. l'ombra delle frondi amate* / *da Febo* (BOCCACCIO).

†**sottigliànza** [da *sottigliare*; av. 1276] **s. f.** ● Sottigliezza, acume.

†**sottigliàre** [lat. *subtiliāre* 'assottigliare', da *subtīlis* 'sottile'; av. 1266] **v. tr. e intr. pron.** ● Assottigliare | (*fig.*) Acuire.

sottigliézza [da *sottile*, con sovrapposizione di *sottigliare*; 1260 ca.] **s. f.** ***1*** Caratteristica, proprietà di ciò che è sottile. ***2*** (*fig.*) Acutezza, acume, finezza: *s. d'ingegno*. ***3*** (*spec. al pl.*) Sofisticheria, pedanteria, cavillo: *perdersi in sottigliezze*; *lasciare da parte le sottigliezze*; *senza tante sottigliezze*.

†**sottigliùme** [da *sottile*, con sovrapposizione di *sottigliare*; 1618] **s. m.** ***1*** Massa di cose sottili. ***2*** (*fig.*) Sofisticheria, sottigliezza.

♦**sottìle** o †**suttìle** [lat. *subtīle(m)* 'sottile', comp. di *sŭb* 'sotto' e di un deriv. di *tēla*; propr. 'che passa attraverso la tela'; sec. XII] **A agg.** ***1*** Che ha uno spessore molto limitato, o più limitato del normale, o limitato relativamente alle altre dimensioni: *corda*, *filo*, *lama*, *strato*, *parete s.*; *s. come un foglio di carta*, *come una ragnatela*. **CFR.** lepto- | (*mar.*) ***Cavi sottili***, quelli leggeri e maneggevoli, usati per facilitare le manovre, quando la nave sta per partire | ***Essere sui cavi sottili***, stare per partire, detto di navi. ***2*** (*est.*) Di forma snella, slanciata: *collo s.*; *vita*, *figura s.*; *gambe*, *caviglie sottili* | ***Barca***, ***imbarcazione s.***, leggera e veloce | (*fig.*) ***Voce s.***, di tono esile, lieve | (*disus.*) ***Mal s.***, tisi. ***3*** (*fig.*) Puro, fresco, leggero: *aria s.*; *brezzolina s. e penetrante*; *venticello s.* | ***Profumo s.***, delicato ma penetrante. **CONTR.** Pesante. ***4*** (*fig.*) Acuto, fine: *vista*, *odorato*, *s.* ***5*** (*fig.*) Perspicace: *ingegno*, *mente*, *intelligenza*, *spirito s.*; *persona molto s.* | Che è pensato, detto o fatto con acutezza: *astuzia*, *malizia*, *s.*; *fare una sottile distinzione*; *investigando fra me cose sottili e rare* (ALFIERI) | (*est.*) Sofistico, astruso, cavilloso: *discorso*, *disputa*, *argomentazione*, *s.* ***6*** (*fig.*) †Esiguo, scarso: *faccendo sottilissime spese* (BOCCACCIO). ***7*** (*fig.*) †*Manchevole*, *debole*. || **sottilménte**, †**sottileménte**, **avv.** ***1*** In modo sottile, minuto: *macinare sottilmente*. ***2*** Con acume: *ragionare sottilmente*; con minuziosità, con precisione: *studiare sottilmente la questione*. **B** in funzione di **avv.** ● (*lett.*) In modo acuto e penetrante: *io no lo intendo, sì parla s.* (DANTE). **C s. m.**, †**f.**, solo **sing.** ● Nelle loc. ***guardare***, ***andare***, ***per il s.***, †***per la s.***, badare alle minuzie, a particolari di scarso rilievo o peso. **D s. m.** ***1*** Parte sottile | †Stremo: *ridurre al s.* | †***Trarre il s. dal s.***, non sciupare nulla, utilizzare ogni cosa. ***2*** †Parte migliore. || †**sottilèllo**, **dim.** | **sottilétto**, **dim.** | **sottilìno**, **dim.** | **sottilùccio**, **dim.**

Sottilétte® [da *sottile*] **s. f. pl.** (**sing.** *-a*) ● Denominazione di fette sottili di formaggio fuso, confezionate in pacchetti.

sottilità o †**sottilitàde**, †**sottilitàte** [vc. dotta, dal lat. *subtilitāte(m)* 'sottigliezza', da *subtīlis* 'sottile'; av. 1294] **s. f.** ● (*raro*, *lett.*) Sottigliezza | (*fig.*) Acutezza, accortezza, sagacità.

sottilizzaménto [1639] **s. m.** ● (*raro*) Il sottilizzare.

sottilizzàre [da *sottile*; sec. XIV] **v. intr. e tr.** (aus. *avere*) ● Esaminare una questione, un argomento, indugiando in sottigliezze, perdendosi in ragionamenti sottili, cavillosi: *va sottilizzando, ... sminuzzando e allungando la descrizione per desiderio di fare effetto* (CROCE).

sottìno [comp. di *so-* e *tino*; 1869] **s. m.** ● Recipiente messo sotto il torchio per raccogliere l'olio d'oliva della prima spremitura.

sottinsù o **sott'in su**, **sótto in su**, (*tosc.*) **sottonsù** [comp. di *sott-*, *in* e *su*; av. 1680] **avv.** ● Solo nella loc. avv. ***di s.***, dal basso verso l'alto: *guardare qlcu. di s.*

sottintèndere o †**sottontèndere** [comp. di *sott-* e *intendere*; av. 1571] **v. tr.** (coniug. come *tendere*) ***1*** Intendere, capire qlco. non espressamente detta, ma in qualche modo implicita in quanto si è detto, si è fatto, e sim.: *l'allusione lascia s. il suo rifiuto*. ***2*** Non esprimere, tacere, qlco. che si può facilmente capire o intuire: *s. il verbo in una proposizione*; *invitando tutti sottintendevo invitare anche te* | (*est.*) Implicare, comportare: *il lavoro sottintende dei sacrifici* | ***Si sottintende***, si capisce, è chiaro anche senza bisogno di dirlo.

sottintendiménto [av. 1597] **s. m.** ● (*raro*) Il sottintendere.

sottintéso [av. 1597] **A part. pass.** di *sottintendere*; anche **agg.** ***1*** Nei sign. del v.: *soggetto s.* ***2*** ***Resta s.***, ***è s.***, e sim., è ovvio, s'intende, anche senza bisogno di dirlo. **B s. m.** ● Giudizio, opinione, e sim. non espresso ma implicito e intuibile dal contesto: *parlare per sottintesi*; *non mi piacciono i sottintesi*; *di' ciò che vuoi*, *senza sottintesi*.

♦**sótto** o †**sùtto** [dal lat. *sŭbtus*, da *sŭb* 'sotto': propr. 'per di sotto'; sec. XII] **A prep.** (si può elidere davanti a parola che cominci per vocale: *sott'acqua*, *sott'aceto*, *sott'olio*) ***1*** Indica posizione inferiore rispetto a qlco. che, posta superiormente e a contatto con questa, la copra, l'avvolga o vi si appoggi semplicemente (con v. di stato e di moto regge il compl. di stato in luogo o di moto a luogo, anche fig.): *metti questi appunti s. il fermacarte*; *tieni un cuscino s. la testa*; *s. il soprabito indossava una giacca*; *l'hanno trovato incolume s. le macerie*; *cercate s. la sabbia*; *infilarsi s. le coperte*, *le lenzuola*; *portare i libri s. il braccio*; *camminare s. la pioggia battente*; *sono venuto s. un grande temporale*; *leggere s. la luce di una torcia* | ***Mettersi qlco. o qlcu. s. i piedi***, calpestarlo; (*fig.*) assoggettarlo umiliandolo | ***Ridere s. i baffi***, (*fig.*) sorridere senza farsi vedere | ***Finire s. il treno***, ***s. una macchina*** e sim., rimanerne schiacciato | ***Andare s. terra***, (*eufem.*) morire | Indica la superficie o la parte inferiore di qlco.: *avere un foruncolo s. il braccio*; *avere male s. i piedi*; *tagliarsi s. il mento* | V. anche *sottaceto*; *sottobanco*; *sottobraccio*; *sottocoperta*; *sottogamba*; *sottomano*; *sott'olio*; *sottovoce*. **CFR.** ipo-. **CONTR.** Sopra. ***2*** Indica luogo più basso o posizione inferiore, sottostante o sottomessa rispetto a qlco. (con v. di stato o di moto, regge i compl. di stato in luogo o di moto a luogo, anche fig.): *si è nascosto s. il letto*; *è finito s. il tavolo*; *mi sono riparato dalla pioggia s. un albero*; *passeggiare s. i portici*; *vieni s. l'ombrello*; *la città è s. una cappa di nebbia*; *una passeggiata s. la luna* | ***Dormire s. le stelle***, all'aperto | ***Essere***, ***andare s. le armi***, (*fig.*) nell'esercito per compiere il servizio militare | ***Abitare s. qlcu.***, nel piano inferiore di un edificio rispetto all'abitante del piano superiore | ***S. il sole***, nel mondo: *non c'è niente di nuovo s. il sole* | Vicinissimo: *avere qlco. s. il naso*, *s. gli occhi e non vederla* | ***Avere qlco. o qlcu. sott'occhi***, davanti a sé. ***3*** Ai piedi di (indica immediata vicinanza o prossimità): *combattere s. le mura di una città*; *spingersi fin s. le mura*; *fare una serenata s. le finestre dell'innamorata*; *ti aspetto s. casa*; *la villa è proprio s. il monte*. ***4*** Più in basso di: *portare le gonne s. il ginocchio*; *essere s. il livello del mare*; *scendere s. la superficie del mare*; *nuotare s. il pelo dell'acqua*; *la temperatura è scesa s. lo zero* | Inferiore a, meno di: *il peso è s. il quintale*; *sono invitati i bambini s. i dieci anni* | Al di qua di, a sud di: *trenta kilometri s. Milano*; *il 45° parallelo s. l'equatore*. ***5*** (*fig.*) Esprime il concetto di dipendenza, soggezione, subordinazione, sudditanza: *combattere*, *militare s. qlcu.*; *combattere s. le insegne*, *s. la bandiera della propria patria*; *avere parecchi operai s. di sé*; *tenere qlcu. s. il proprio dominio*; *vivere s. dure leggi*; *gemere s. la tirannia*; *essere s. il dominio di qlcu.* | (*est.*) Durante il governo di (spec. per determinare un periodo, un'età storica): *s. il consolato di Cicerone*; *la Rivoluzione francese scoppiò s. Luigi XVI*; *patì s. Ponzio Pilato*; *e vissi a Roma s. 'l buono Augusto* (DANTE *Inf.* I, 71). ***6*** (*fig.*) Indica vigilanza, custodia, appoggio, difesa e sim.: *il minore è s. la mia tutela*; *il prigioniero verrà condotto s. scorta alle prigioni*; *è cresciuto s. la guida di un precettore*; *l'associazione nasce s. buoni auspici*; *l'iniziativa è s. l'alto patronato del Presidente della Repubblica* | ***Chiudere***, ***tenere qlcu. s. chiave***, (*est.*) nascosto, segregato | ***Tenere qlcu.***, ***qlco. sott'occhio***, non perderlo di vista, controllarlo | Nell'influsso di: *essere nato s. una buona stella*; *trovarsi s. il segno zodiacale dei Gemelli*. ***7*** (*fig.*) Indica lo stato in cui si trova qlcu. su cui incombe o grava qlco. o una situazione minacciosa (con valore modale): *essere*, *finire s. processo*; *trovarsi s. la minaccia di un grave pericolo*, *di un'epi-*

demia, di una malattia; vivere s. l'incubo di una guerra; è proibito espatriare s. pena di gravi sanzioni; trovarsi s. la minaccia di un fucile spianato; essere s. l'effetto dell'anestesia; trovarsi s. gli effetti del vino. ***8*** Con valore modale indica come qlco. si compie o si presenta: *Cristo si offre s. le specie del pane e del vino; s. veste d'agnelli sono lupi rapaci; sono s. pressione per via degli esami; caffè confezionato s. vuoto; si è presentato s. l'apparenza più innocente; l'ha pubblicato s. falso nome; si esprime volentieri s. metafora; eseguito s. commissione* | Con garanzia di, al patto che: *promettere qlco. s. giuramento; prestare qlco. s. garanzia; dare qlco. s. pegno; concedere qlco. s. condizioni* | Da: *s. un certo punto di vista hai ragione tu; bisogna guardare certe cose s. un angolo diverso.* ***9*** A causa di: *ha parlato s. l'effetto dell'alcol; è impallidito s. l'impressione del ricordo; ho agito s. l'impulso del momento.* ***10*** Verso, nell'imminenza di, in prossimità di, durante (con valore temporale regge i compl. di tempo determinato e continuato): *gli ho scritto s. Natale; l'ho incontrato s. Pasqua; ci siamo visti s. esami.* ***11*** Anche nelle loc. prep. ***s. di*** (spec. seguito dai pron. pers.) e ***s. a***: *guarda s. al tavolo; metti un braccio s. alla testa; non restare s. a quel muro pericolante; abita s. di noi; lo prenderò s. di me come garzone* | Anche nella loc. prep. ***al di s. di***, sotto; (*fig.*) inferiore a (V. *disotto*). **B** **avv.** ***1*** In luogo o posizione o parte più bassa rispetto ad altra: *è più bello s. che sopra; s. c'è uno strato di pasta sfoglia; s., la scatola è bianca; firmate s.* | ***Più s.***, più in basso: *guarda più s.; scavate più s.* | Con valore raff. preceduto da altro avv. di luogo: *guarda cosa c'è lì s.; cercate qui s.* | ***Andare s.***, infilarsi nel letto | (*est.*) Al piano inferiore: *non abita nessuno s.; la mamma è s., in cantina* | (*iter., intens.*) In fondo; (*fig.*) dentro di sé, nell'intimo: *quello che cerchi è nel baule, sotto sotto; sotto sotto se la ride dei nostri sforzi* | ***Qui c'è s. qlco.***, c'è qlco. di poco chiaro, di nascosto | ***Farsi s.***, avvicinarsi prudentemente ma con decisione, spec. negli assalti, nei combattimenti o nelle gare | ***Mettere, tenere s. qlcu.***, sopraffarlo, piegarlo alla propria volontà od obbligarlo a un lavoro faticoso | ***Mettere s. qlcu.***, investirlo con l'automobile, la motocicletta e sim. | ***Mettersi s.***, dare inizio con impegno ad un'attività | Anche nelle loc. avv. ***di s.*** e (*raro*) ***al di s.***: *vado a vedere di s.; al di s. si apre un precipizio* (V. anche *disotto*) | Preceduto da una prep.: *i rumori vengono da s.; sbucò di s.; passate per s.; una scatola con s. un buco.* CONTR. Sopra. ***2*** Oltre: *come dirò s., si possono fare tre tipi di distinzioni; dirò meglio s. di cosa si tratti!* | ***Vedi s.***, vedi in nota. ***3*** Addosso (spec. con riferimento alla nuda pelle o alle parti intime del corpo): *s. non porto mai la maglia; lo spogliarono tutto e s. era pieno di cicatrici* | ***Farsela s.***, farsela addosso. **C** in funzione di **agg. inv.** ● Inferiore, più basso: *guarda se è al piano s.; leggi e traduci la riga s.; prendi il pezzo s.* | Anche nella loc. agg. ***di s.***: *scelgo la parte di s.* **D** in funzione di **s. m. inv.** ● La parte inferiore, più bassa, sottostante: *bisogna rifare tutto il s. delle seggiole* | Anche nella loc. sost. ***il di s.***: *devi scucire il di s. dell'orlo.*

sótto- [lat. *sŭbtus*, che, nei deriv. it., ha preso il posto del pref. lat. *sŭb-*] **pref.** (*sott-*, davanti a vocale) ***1*** Con valore locale, indica una cosa, un oggetto che si trovano o vengono collocati sotto ad altri, o indica una parte sottostante ad altra, oppure uno strato o un piano inferiore: *sottabito, sottopassaggio, sottosuolo.* ***2*** Indica inferiorità immediata di grado e funzione in composti che fanno riferimento a carica, ufficio: *sottosegretario, sottotenente.* ***3*** Con riferimento a inferiorità quantitativa rispetto a ciò che è normale o necessario: *sottoccupazione, sottoproduzione.* ***4*** Indica una suddivisione: *sottocommissione, sottogruppo.* ***5*** In composizione con verbi: *sottolineare, sottoscrivere.*

sottoalimentàre o **sottalimentàre** [comp. di *sotto-* e *alimentare*; 1983] **v. tr.** (*io sottoaliménto*) ***1*** Alimentare, nutrire qlcu. in misura inadeguata al suo fabbisogno spec. recando conseguenze dannose al suo organismo. ***2*** In varie tecnologie, rifornire del materiale pertinente una macchina, una attrezzatura, un impianto e sim., in misura insufficiente rispetto alla loro reale capacità di assorbimento produttivo, rendendo perciò non economico il complesso delle loro prestazioni reali.

sottoalimentàto [1974] **part. pass.** di *sottoalimentare*; anche **agg.** ● Nei sign. del v.

sottoalimentazióne o **sottalimentazióne** [1950] **s. f.** ***1*** Il sottoalimentare | Nutrizione insufficiente. ***2*** Alimentazione di una macchina o sim. in misura insufficiente.

sottoascèlla o **sottascèlla** [comp. di *sotto-* e *ascella*; 1960] **s. f.** ● Doppia lunetta, di cotone da un lato e impermeabile dall'altro, disposta all'interno del giromanica per assorbire il sudore.

sottoassicurazióne [comp. di *sotto-* e *assicurazione*; 1987] **s. f.** ● Assicurazione per una somma inferiore al valore di ciò che si assicura. CFR. Soprassicurazione.

sottobànco o **sótto bànco** [comp. di *sotto-* e *banco*; av. 1686] **avv.** ● Di nascosto: *vendere, acquistare qlco. s.* | (*disus.*) ***Mettere, passare, s.***, mettere a tacere, non dare seguito | Anche nella loc. avv. ***di s.***: *smercia la carne di s.*

sottobicchière [comp. di *sotto-* e *bicchiere*; 1893] **s. m.** (pl. *sottobicchièri* o *sottobicchière*) ● Centrino di stoffa, tondino di carta o cartone, piattino o sim., che si pone sotto il bicchiere per evitare che si macchi il tavolo.

sottobórdo [comp. di *sotto-* e *bordo*; 1889] **avv.** ● Vicino, a fianco di una nave o di una imbarcazione, ma sempre sulla superficie dell'acqua: *essere, trovarsi, portarsi, s.*

sottobòsco [comp. di *sotto-* e *bosco*; 1935] **s. m.** (pl. *-schi*) ***1*** Insieme di tutte le piante spontanee, erbacee e legnose, che nascono nei boschi d'alto fusto, spec. nelle radure | (*est.*) L'insieme dei frutti che si trovano nei boschi, come mirtilli, fragole e sim. ***2*** (*fig.*) Insieme di persone che vivono e agiscono, spec. in modo non regolare, ai margini di un'attività: *il s. cinematografico.*

sottobottìglia [comp. di *sotto-* e *bottiglia*; 1922] **s. m. inv.** ● Piattino, centrino o altro che a tavola si pone sotto la bottiglia.

sottobràccio o **sótto bràccio** [comp. di *sotto-* e *braccio*; av. 1742] **avv.** ● A braccetto, con il braccio infilato a quello di un'altra persona: *passeggiare s. con la fidanzata; prendere, tenere qlcu. s.* | Sotto il braccio stretto e accostato al corpo: *portare il giornale s.*

sottocapitalizzàto [comp. di *sotto-* e *capitalizzato*; 1985] **agg.** ● (*econ.*) Detto di imprese che dispongono di capitale insufficiente per il livello di attività economica svolto.

sottocàpo [comp. di *sotto-* e *capo*, sul modello del fr. *sous-chef*; av. 1536] **s. m.** e **f.** (pl. m. *-i*; pl. f. **inv.**) ***1*** Aiutante o, in caso di necessità, sostituto del capo. ***2*** Graduato della marina militare corrispondente al caporalmaggiore.

sottòcchio o **sott'òcchio** [comp. di *sott-* e *occhio*; 1749] **avv.** ● Davanti agli occhi, in modo da potere guardare, seguire, controllare agevolmente e direttamente qlco. o qlcu.: *ho proprio s. la tua pratica; ho il libro proprio s.; bisogna tenere s. i bambini.*

sottoccupàto o **sottooccupàto** [comp. di *sott-* e *occupato*; 1952] **agg.**; anche **s. m.** (f. *-a*) ● Che (o Chi) è soggetto a sottoccupazione. CONTR. Disoccupato, inoccupato.

sottoccupazióne o **sottooccupazióne** [comp. di *sott-* e *occupazione*; 1951] **s. f.** ● Occupazione dei lavoratori per un periodo di ore o giornate lavorative inferiore al normale. CONTR. Sovraoccupazione.

sottochiàve o **sótto chiàve** [comp. di *sotto-* e *chiave*; 1681] **avv.** ● Chiuso a chiave in luogo o mobile apposito: *tengo i documenti s.; i prigionieri sono s.* | (*est., fam.*) ***Tenere qlcu. s.***, tenerlo chiuso in casa, impedirgli di uscire.

sottocìpria [comp. di *sotto-* e *cipria*; 1942] **s. m.** e **f. inv.** ● Cosmetico che si stende sul viso, come base per la cipria.

sottoclàsse [comp. di *sotto-* e *classe*; av. 1871] **s. f.** ● Nella tassonomia animale e vegetale, ciascuna delle categorie sistematiche in cui è suddivisa una classe.

sottocóda [comp. di *sotto-* e *coda*; 1561] **s. m. inv.** ***1*** Finimento per equini. ***2*** Piumaggio che negli uccelli ricopre la parte posteriore dell'addome.

sottocòdice [comp. di *sotto-* e *codice*, calco sull'ingl. *subcode*; 1972] **s. m.** ● (*ling.*) Ciascuna delle varietà che il codice globale della lingua assume per determinate funzioni o situazioni comunicative: *il s. politico, il s. dello sport, il s. della medicina.*

sottocommissióne [comp. di *sotto-* e *commissione*, sul modello del fr. *sous-commission*; av. 1861] **s. f.** ● Ogni gruppo in cui si può dividere una commissione per snellire lo svolgimento dei lavori.

sottoconsùmo [comp. di *sotto-* e *consumo*; 1934] **s. m.** ● Insufficienza del consumo complessivo di una collettività.

sottocopèrta o **sótto copèrta**, spec. nel sign. B [comp. di *sotto-* e *coperta*; sec. XIII] **A** **s. f.** ● (*mar.*) Tutto ciò che sta sotto il ponte di coperta, in contrapposizione a *sopraccoperta*. **B** in funzione di **avv.** ● Sotto il ponte di coperta: *andare, scendere, stare s.*

sottocòppa [comp. di *sotto-* e *coppa*; av. 1613] **s. m.** o **f.** (pl. *sottocòppa* m., *sottocòppe* f.) ***1*** Piattino o centrino che a tavola o nel servire viene posto sotto il bicchiere, la tazza e sim. ***2*** Riparo metallico posto sotto la coppa dell'olio negli autoveicoli, per proteggerla dai sassi e sim.

sottocorrènte [comp. di *sotto-* e *corrente*; 1838] **s. f.** ***1*** Corrente degli strati più profondi di un corso d'acqua. ***2*** Nel linguaggio politico, ciascuno degli schieramenti in cui può ulteriormente dividersi una delle correnti di un partito politico.

sottocòscio [comp. di *sotto-* e *coscio*; 1891] **s. m.** ● Soccoscio.

sottocostàle [comp. di *sotto-* e *costale*; 1829] **agg.** ● (*anat.*) Situato al di sotto di una costa.

sottocòsto o **sótto còsto** [comp. di *sotto-* e *costo*; 1944] **A** **avv.** ● A un prezzo inferiore a quello di costo: *vendere, comprare s.* **B** anche **agg. inv.**: *merce s.*

sottocrostàle [comp. di *sotto-* e *crosta*, con suff. agg.; 1983] **agg.** ● (*geol.*) Che si trova al di sotto della crosta terrestre.

sottocultùra [comp. di *sotto-* e *cultura*; 1965] **s. f.** ***1*** (*antrop.*) Cultura minoritaria, locale, all'interno di una comunità. ***2*** (*spreg.*) Cultura scadente, di qualità deteriore.

sottocuòco [comp. di *sotto-* e *cuoco*; 1325] **s. m.** (f. *-a*; pl. m. *-chi*) ● Aiutante del cuoco.

sottocutàneo [comp. di *sotto-* e *cutaneo*; 1829] **agg.** ● Relativo alla sottocute.

sottocùte o **sótto cùte** nel sign. B [comp. di *sotto-* e *cute*; 1891] **A** **s. m. inv.** ● Strato di tessuto immediatamente sotto la cute. **B** in funzione di **avv.** ● Sotto la cute: *iniettare qlco. s.*

sottodialètto [comp. di *sotto-* e *dialetto*; 1872] **s. m.** ● Varietà di un dialetto.

sottodimensionàto [comp. di *sotto-* e *dimensionato*; 1985] **agg.** ● Che ha dimensioni inferiori a quelle usuali, stabilite o necessarie: *questo ufficio è s. per carenza di personale.*

sottodiminutivo [comp. di *sotto-* e *diminutivo*; 1873] **agg.**; anche **s. m.** ● Diminutivo di un diminutivo: *suffisso s.; 'librettino' è il s. di 'libretto'.*

sottodividere [comp. di *sotto-* e *dividere*; av. 1565] **v. tr.** e **intr. pron.** (coniug. come *dividere*) ● (*raro*) Suddividere.

sottodivisióne [comp. di *sotto-* e *divisione*; 1595] **s. f.** ● (*raro*) Suddivisione.

sottodominànte [comp. di *sotto-* e *dominante*; 1801] **s. f.** ● (*mus.*) Quarto grado della scala diatonica, così detto perché precede la dominante.

sottoelencàto [comp. di *sotto-* ed *elencato*; 1983] **agg.** ● In uno scritto o discorso, elencato dopo.

sottoespórre [comp. di *sotto-* ed *esporre*; 1960] **v. tr.** (coniug. come *porre*) ● (*foto*) Nell'eseguire una fotografia, dare alla pellicola una esposizione di luce insufficiente.

sottoesposizióne [comp. di *sotto-* ed *esposizione*; 1960] **s. f.** ***1*** (*foto*) Esposizione troppo breve. ***2*** (*foto*) Pellicola sottoesposta.

sottoespósto [1960] **part. pass.** di *sottoesporre*; anche **agg.** ● Nel sign. del v.

sottofalda [comp. di *sotto-* e *falda*; 1965] **s. f.** ● Parte inferiore delle falde di un cappello | Fodera della falda di un abito.

sottofamiglia [comp. di *sotto-* e *famiglia*; 1906] **s. f.** ● (*bot., zool.*) Ciascuna delle categorie sistematiche in cui è suddivisa una famiglia.

sottofàscia o **sótto fàscia** nel sign. A [comp. di *sotto-* e *fascia*; 1811] **A** **avv.** ● Avvolto in una fascia di carta recante l'indirizzo del destinatario (detto dell'inoltro per posta di libri, giornali, stampati): *spedire un libro s.* **B** in funzione di **s. m. inv.** ● Stampato spedito per posta avvolto in una fascia di carta recante l'indirizzo del destinatario. **C** in funzione di **s. f. inv.** ● Foglia di tabacco per la confezione dei sigari.

sottofatturàre [comp. di *sotto-* e *fatturare*; 1989] v. tr. ● (*econ.*) Emettere una fattura per un valore inferiore a quello della prestazione.

sottofinàle [comp. di *sotto-* e *finale*; 1985] s. m. ● In uno spettacolo teatrale, cinematografico o sim., scena o numero immediatamente precedente al finale.

sottofondazióne [comp. di *sotto-* e *fondazione*; 1942] s. f. ● (*edil.*) Parte inferiore della fondazione costituita da uno strato di calcestruzzo con bassa dosatura di cemento per livellare la superficie di appoggio e ripartire i carichi.

sottofóndo [comp. di *sotto-* e *fondo*; 1940] s. m. *1* Strato inferiore, sottostante: *questa valigia ha un s.* | Terreno che serve di appoggio alle sovrastrutture stradali. *2* Commento musicale che accompagna l'azione scenica di un film o di un programma televisivo mentre si svolgono i dialoghi o mentre è in corso la riproduzione realistica degli effetti sonori. *3* (*fig.*) Connotazione, tratto caratteristico che è possibile cogliere solo indirettamente: *nel suo discorso c'è un s. di ironia.* SIN. Sostrato.

sottogàmba o **sótto gàmba** [comp. di *sotto-* e *gamba*; av. 1795] avv. ● Con eccessiva disinvoltura e leggerezza, senza valutare l'importanza e la difficoltà: *prendere s. il proprio avversario*; *prendere un esame s.* | (*raro*) Anche nella loc. avv. *di s.*

sottogènere [comp. di *sotto-* e *genere*; av. 1915] s. m. *1* (*raro*) Nella tassonomia animale e vegetale, ciascuna delle categorie sistematiche in cui è suddiviso un genere. *2* (*est.*) Ogni ulteriore suddivisione di un genere letterario o filmico sulla base di una più ristretta rosa di caratteri tipici affini: *il s. del romanzo giallo.*

†**sottogiacére** [comp. di *sotto-* e *giacere*; sec. XIII] v. intr. ● (*lett.*) Soggiacere.

sottogóla [comp. di *sotto-* e *gola*; 1561] s. m. e (*raro*) f. inv. *1* (*abbigl.*) Cinghietta di cuoio che passando sotto la gola fissa berretti e sim. nelle uniformi militari. *2* Parte della testiera che passa sotto la gola del cavallo o di altri animali da sella e da tiro. ➡ ILL. p. 2152 SPORT.

sottogónna o **sottogònna** [comp. di *sotto-* e *gonna*; av. 1927] s. f. ● Gonna di tessuto rigido, o inamidata, indossata sotto a un abito ampio per tenerlo ben scostato dalla persona.

sottogovèrno [comp. di *sotto-* e *governo*; 1954] s. m. ● Insieme delle attività di favoritismo e corruttela svolte da chi detiene i poteri pubblici per avvantaggiare i propri sostenitori e consolidare la propria posizione politica | (*est.*) Le persone e gli enti che svolgono tali attività.

sottogrùppo [comp. di *sotto-* e *gruppo*; 1884] s. m. *1* (*gener.*) Ciascuno dei gruppi minori in cui si suddivide o può suddividersi un gruppo: *gruppi e sottogruppi di ricerca, di studio*; *s. di montagne.* *2* (*chim.*) Ciascuna delle due parti di un gruppo del sistema periodico, nella quale si raccolgono gli elementi ancor più somiglianti. *3* (*mat.*) Sottoinsieme d'un gruppo che sia stabile rispetto alla legge di composizione del gruppo e che rispetto a questa sia ancora un gruppo.

sottoinsième [comp. di *sotto-* e *insieme*; 1960] s. m. ● (*mat.*) Insieme i cui elementi appartengono tutti all'insieme dato | Insieme subordinato.

sótto in su ● V. *sottinsù.*

♦**sottolineàre** [comp. di *sotto-* e *lineare* (2); 1873] v. tr. (*io sottolíneo*) *1* Segnare, con una linea tracciata sotto, una parola o una frase per farla spiccare nel contesto o per ragioni particolari: *sottolineò il brano da tradurre*; *s. qlco. in blu, in rosso*; *s. gli errori di un compito.* *2* (*fig.*) Dare risalto, mettere in rilievo: *s. la riservatezza di un incarico* | *S. una frase, una parola*, rilevarla, dirla con maggiore intensità.

sottolineàto [av. 1907] part. pass. di *sottolineare*; anche agg. ● Nei sign. del v.

sottolineatùra [1891] s. f. *1* Il sottolineare | Parte sottolineata. *2* (*fig.*) Risalto, accentuazione, enfasi.

sottolinguàle [comp. di *sotto-* e *linguale*; 1838] agg. ● (*anat.*) Che è sotto la lingua: *ghiandola s.*

sottòlio o **sott'òlio** nei sign. A e B [comp. di *sott-* e *olio*; av. 1800] A avv. ● Immerso nell'olio, a bagno nell'olio: *mettere, conservare un cibo sott'olio.* B in funzione di agg. inv. ● Conservato a bagno nell'olio: *tonno sott'olio.* C in funzione di s. m. pl. ● Prodotti alimentari, spec. vegetali, conservati sott'olio: *preparare una salsa con sottoli tritati.*

sottolivèllo [comp. di *sotto-* e *livello*; 1960] s. m. ● Ciascuno dei piani orizzontali che ulteriormente suddividono la parte di giacimento compresa tra due livelli di miniera.

sottomàno [comp. di *sotto-* e *mano*; per calco sul fr. *sous-main* nel sign. B 1; sec. XIV] A avv. *1* A portata di mano, vicino: *rompe tutto ciò che gli capita s.*; *ho s. ciò che mi occorre*; *tieni carta e penna s.* *2* (*raro*) Con la mano bassa: *sferzare, frustare un cavallo s.* | ***Tenere, condurre un cavallo s.***, tenerlo per le briglie alla propria destra cavalcando un altro cavallo | Nella scherma, detto di colpo inferto con la mano che impugna l'arma tenuta al disotto della spalla | (*gener.*) Dal basso verso l'alto: *tirare la palla s.* *3* ***Muovere s.***, negli scacchi, giocare in contromossa, avendo i pezzi neri. *4* (*fig., disus.*) Di nascosto, senza che altri veda: *mi ha passato un biglietto s.*; *ho avuto una mancia s.* B s. m. *1* Cartella che si tiene sulla scrivania per scrivervi sopra. *2* (*disus.*) Rimunerazione aggiunta allo stipendio | Mancia, regalia fatta di nascosto. *3* †Colpo dato di sotto in su.

sottomàrca [comp. di *sotto-* e *marca*; 1985] s. f. ● Prodotto o linea di prodotti di qualità e prezzo inferiori alla marca principale.

sottomarìno [comp. di *sotto-* e *marino*; 1792] A agg. ● Che sta sotto la superficie marina: *cavo s.*; *vegetazione, navigazione sottomarina.* B s. m. ● Unità navale destinata alla navigazione in immersione. SIN. Sommergibile.

sottomarino-ària [comp. di *sottomarino* e *aria*] agg. inv. ● (*mil.*) Acqua-aria.

sottomarino-superficie [comp. di *sottomarino* e *superficie*] agg. inv. ● (*mil.*) Acqua-terra.

sottomascellàre [comp. di *sotto-* e *mascellare*; 1838] agg. ● (*anat.*) Che sta sotto l'osso mascellare: *ghiandola s.*

sottomatrice [comp. di *sotto-* e *matrice*] s. f. ● (*mat.*) Parte di una matrice ottenuta sopprimendo alcune righe o colonne.

sottoménto [comp. di *sotto-* e *mento*; 1957] s. m. ● (*pop.*) Doppio mento, pappagorgia.

sottomercàto [comp. di *sotto-* e *mercato*; 1960] avv. ● (*raro*) A prezzo inferiore a quello praticato sul mercato: *svendere s.*

sottomésso [av. 1292] part. pass. di *sottomettere*; anche agg. *1* Nei sign. del v. | Assoggettato | Subordinato. *2* Rispettoso, docile: *atteggiamento s.* CONTR. Insofferente, ribelle.

sottométtere [comp. di *sotto-* e *mettere*, sul modello del lat. *submíttere*; av. 1294] A v. tr. (coniug. come *mettere*) (qlcu. o qlco. + *a*) *1* †Mettere sotto: *s. i buoi al giogo* | ***S. la vacca al toro***, farli accoppiare. *2* Assoggettare, soggiogare: *s. una popolazione al proprio dominio* | (*raro*) Costringere a ubbidire, piegare alla propria volontà: *s. un cavallo indocile.* *3* (*lett.*) Subordinare, posporre ad altro: *s. il senso alla ragione.* *4* (*raro*) Sottoporre: *fu sottomesso a una dura prova* | Presentare, proporre: *sottomise il problema alla nostra attenzione.* B v. intr. pron. (assol.; + *a*) ● Piegarsi al dominio, ai voleri altrui: *alla fine fu costretto a sottomettersi*; *dovettero sottomettersi agli invasori.*

sottomissióne [da *sottomesso*, sul modello del lat. *submíssio*, genit. *submissiōnis*; av. 1580] s. f. *1* Il sottomettere, il sottomettersi: *fare atto di s. a qlcu.* *2* Condizione di chi è sottomesso | (*est.*) Docilità, ubbidienza.

sottomisùra o **sótto misùra** [comp. di *sotto-* e *misura*; 1954] avv. ● In misura inferiore al normale, al giusto | Nel linguaggio calcistico, sotto porta, vicino alla porta avversaria: *un attaccante molto valido s.*

sottomùltiplo [comp. di *sotto-* e *multiplo*; 1940] A s. m. ● (*mat.*) Quantità di cui quella data è un multiplo | Quantità che si ottiene dividendo quella data in un numero intero di parti. B anche agg.: *quantità sottomultipla di un'altra.*

sottonocchière [comp. di *sotto-* e *nocchiere*; 1938] s. m. ● Nella marina militare, sottocapo della categoria nocchieri.

sottonotàto [comp. di *sotto-* e *notato*; av. 1516] agg. ● Che è notato, citato, più in basso, oltre.

sottonsù ● V. *sottinsù.*

†**sottontèndere** ● V. *sottintendere.*

sottooccupàto ● V. *sottoccupato.*

sottooccupazióne ● V. *sottoccupazione.*

sottopagàre [comp. di *sotto-* e *pagare*; 1957] v. tr. (*io sottopàgo, tu sottopàghi*) ● Retribuire in misura inferiore al dovuto o al giusto.

sottopagàto [1982] part. pass. di *sottopagare*; anche agg. ● Che è retribuito in misura inferiore al dovuto o al giusto: *lavoratore s.*; *mansioni sottopagate.*

sottopàlco [comp. di *sotto-* e *palco*; 1936] s. m. (pl. *-chi*) ● Parte del palcoscenico posta sotto il piano scenico e contenente parte del macchinario di scena.

sottopància [comp. di *sotto-* e *pancia*; 1816] s. m. inv. *1* Larga striscia di cuoio o di robusta tela che passando sotto la pancia del cavallo tiene ferma la sella. ➡ ILL. p. 2152, 2153 SPORT. *2* (*fig., scherz.*) Nel gergo militare, gli ufficiali aiutanti | (*est.*) Scagnozzo, tirapiedi. *3* (*tv*) Dicitura di identificazione di una persona, sovrapposta sul margine inferiore della sua immagine durante una trasmissione televisiva.

sottopassàggio [comp. di *sotto-* e *passaggio*; 1908] s. m. *1* Opera stradale costruita nell'incrocio di due vie per evitare l'attraversamento in superficie rispetto alla via superiore, più importante o preesistente. SIN. Sottovia | ***S. pedonale***, che permette ai pedoni di passare sotto una strada o una piazza. *2* Passaggio sotterraneo ricavato nell'ambito della stazione per permettere l'accesso dei viaggiatori ai vari marciapiedi di partenza evitando l'attraversamento dei binari.

sottopassàre [comp. di *sotto-* e *passare*; 1884] v. tr. ● (*raro, urban.*) Passare sotto, spec. nel sistema viario cittadino: *la metropolitana milanese sottopassa Piazza del Duomo.*

sottopàsso [comp. di *sotto-* e *passo*; av. 1869] s. m. ● Sottopassaggio, nelle costruzioni stradali e ferroviarie.

sottopèlle [comp. di *sotto-* e *pelle*; 1884] avv. ● Sotto la pelle | (*fig.*) In modo non evidente: *un impulso che si manifesta s.*

sottopéntola [comp. di *sotto-* e *pentola*; 1979] s. m. inv. ● Accessorio di piccole dimensioni e di materiale resistente al calore, usato in cucina come appoggio per pentole tolte dai fornelli.

sottopéso o **sótto péso** [comp. di *sotto-* e *peso*; 1986] A s. m. ● Peso inferiore a quello normale, usuale o stabilito: *studiare le cause di s. alla nascita.* B avv. ● In condizione di sottopeso: *dopo la dieta, è sempre s.* C anche agg. inv.

sottopiàtto [comp. di *sotto-* e *piatto*; 1873] s. m. ● Piatto usato in tavola per poggiarvi un altro piatto o la scodella col cibo.

sottopiède [comp. di *sotto-* e *piede*, sul modello del fr. *sous-pied*; 1884] s. m. *1* Parte interna della scarpa, di cuoio, feltro, sughero o altro materiale, direttamente a contatto con il piede. *2* Striscia di tessuto o di cuoio che, passando sotto al piede o sotto la scarpa, tiene il calzone ben teso, o ferma la ghetta.

sottopopolàto [comp. di *sotto-* e *popolato*; 1978] agg. ● Che ha una popolazione inferiore a quella che il territorio proporzionalmente potrebbe accogliere: *l'Australia è uno stato s.*

♦**sottopórre** [comp. di *sotto-* e *porre*, sul modello del lat. *suppōnere*. V. *supporre*; av. 1294] A v. tr. (coniug. come *porre*) (qlcu. o qlco. + *a*) *1* (*lett.*) Porre sotto: *Gli avevan sottoposti al capo tre guanciali* (BACCHELLI). *2* †Assoggettare, soggiogare. SIN. Sottomettere. *3* Costringere, indurre ad affrontare o a subire qlco. di spiacevole, gravoso e sim.: *sottopose l'alunno a una lunga interrogazione*; *ha sottoposto i dipendenti a una rigida disciplina.* *4* (*fig.*) Presentare: *s. una proposta di legge all'approvazione del Parlamento*; *s. le proprie opere alla critica.* B v. intr. pron. (+ *a*) *1* (*lett.* o *raro*) Sottomettersi: *sottoporsi alla legge, al volere altrui.* *2* Affrontare, subire qlco., spec. spiacevole, gravoso o sim.: *sottoporsi a un intervento chirurgico, a un grande sacrificio.*

sottopòrtico [comp. di *sotto-* e *portico*; av. 1571] s. m. (pl. *-ci*) ● Spazio sotto il portico.

sottoposizióne [da *sottoporre*, sul modello di *posizione*; av. 1698] s. f. ● (*raro*) Sottomissione.

sottopósto [1275 ca.] A part. pass. di *sottoporre*; anche agg. *1* Nei sign. del v. | Sottomesso, assoggettato | Subordinato, dipendente. *2* Esposto: *essere s. ai pericoli.* *3* (*raro, lett.*) Dedito: *uomo ambiziosissimo e superbissimo, s. al vino* (GUICCIARDINI). B s. m. (f. *-a*) *1* Chi, in un rapporto di lavoro, è subordinato ad altri. *2* †Suddito.

sottopotère [comp. di *sotto-* e *potere*; 1983] s.

m. • Sottogoverno.

sottoprefètto [comp. di *sotto-* e *prefetto*, sul modello del fr. *sous-préfet*; 1802] s. m. • Nel vecchio ordinamento amministrativo italiano, funzionario posto a capo di una sottoprefettura.

sottoprefettùra [comp. di *sotto-* e *prefettura*, sul modello del fr. *sous-préfecture*; 1802] s. f. *1* Nel vecchio ordinamento amministrativo italiano, ognuno dei circondari in cui era divisa una prefettura. *2* Grado, ufficio, di sottoprefetto.

sottoprèzzo [comp. di *sotto-* e *prezzo*; 1930] avv. • A un prezzo più basso di quello corrente sul mercato: *acquistare s.*

sottoprodótto [comp. di *sotto-* e *prodotto*; 1933] s. m. • Prodotto ottenuto, o come bene di valore economicamente inferiore, o come scarto, nel corso del processo produttivo rivolto a ottenere il prodotto principale | (*fig.*) Fenomeno culturale inferiore rispetto ad altri, spesso scadente: *un s. provinciale della cultura europea* (PASOLINI).

sottoproduzióne [comp. di *sotto-* e *produzione*; 1951] s. f. • Eccedenza della domanda sull'offerta effettiva nel mercato di un dato bene. CONTR. Sovrapproduzione.

sottoprogràmma [comp. di *sotto-* e *programma*; 1983] s. m. (pl. *-i*) • (*elab.*) Gruppo autonomo di istruzioni richiamate più volte nell'esecuzione di un programma. SIN. Subroutine.

sottoproletariàto [comp. di *sotto-* e *proletariato*; 1962] s. m. • Nelle moderne società industriali, il gruppo sociale più povero e privo di coscienza politica: *Il fenomeno è ... riconoscibile in tutta l'Italia, compreso ... il s. della capitale* (PASOLINI); (*est.*) i settori emarginati della popolazione.

sottoproletàrio [comp. di *sotto-* e *proletario*; 1956] s. m. (f. *-a*) • Membro del sottoproletariato.

sottopùnto [comp. di *sotto-* e *punto*; 1959] s. m. • Soppunto.

sottórdine [comp. di *sott-* e *ordine*; 1864] s. m. *1* Nella tassonomia animale e vegetale, ciascuna delle categorie sistematiche in cui è diviso un ordine. *2* Nella loc. avv. ***in s.***, in grado subordinato, alle dipendenze di qlcu.: *aver un posto, un incarico in s.*; *essere in s. a tutti*; *non sopporto di stare in s.* | Di importanza secondaria, di interesse inferiore: *questione in s.*; *questa faccenda va posta in s.*

sottorégno [comp. di *sotto-* e *regno*; 1960] s. m. • Nella tassonomia animale e vegetale, ciascuna delle categorie sistematiche in cui è diviso un regno.

†**sottorìdere** [comp. di *sotto-* e *ridere*; 1612] v. intr. • (*raro*) Sorridere | Arridere.

sottoscàla [comp. di *sotto-* e *scala*; av. 1742] s. m. inv. • Vano che rimane sotto la rampa della scala, spesso utilizzato come ripostiglio.

sottoscàrpa [comp. di *sotto-* e *scarpa* (*2*); 1934] s. f. • Solo nella loc.: ***muro di s.***, muro di sostegno di un terrapieno limitato alla porzione inferiore di esso.

sottoscàvo [comp. di *sotto-* e *scavo*] s. m. • Cala (1).

sottoscrìtto [sec. XIV] **A** part. pass. di *sottoscrivere*; anche agg. • Nei sign. del v. **B** s. m. (f. *-a*) • Chi scrive e firma un'istanza, una domanda, spec. designando sé stesso in terza persona: *il s. chiede che ...*; *la sottoscritta fa domanda per ...*; (*fam.*, *scherz.*) per indicare sé stesso: *il s. vorrebbe uscire.*

sottoscrittóre [da *sottoscritto*; 1745] s. m. (f. *-trice*) • Chi sottoscrive: *i sottoscrittori di una richiesta* | Chi partecipa a una sottoscrizione.

sottoscrìvere [comp. di *sotto-* e *scrivere*; 1534] v. tr. (coniug. come *scrivere*) *1* Scrivere la propria firma in calce a un documento a una lettera e sim.: *s. una denuncia, un contratto.* *2* Aderire a un'iniziativa apponendo la propria firma o versando una somma: *s. una petizione*; *s. un abbonamento*; *s. dieci euro* | ***S. obbligazioni, azioni***, impegnandosi a versare il corrispettivo quando verranno emesse. *3* (*fig.*) Condividere, approvare pienamente: *sottoscrivo ciò che hai detto.*

sottoscrizióne [da *sottoscritto*. V. *soscrizione*; av. 1536] s. f. *1* Atto del sottoscrivere. *2* Raccolta di firme, adesioni o fondi a favore di un'iniziativa: *promuovere, aprire una s.* *3* Nei documenti medievali, indicazione non sempre autografa dell'autore o dei contraenti, dei testimoni e del redattore, posta nella parte finale.

†**sottosegnàto** [comp. di *sotto-* e *segnato*, sul modello del fr. *soussigné*. V. lat. *subsignāre* 'scrivere (*signāre*) sotto (*sŭb*)'; 1858] agg. • Siglato | Contrassegnato.

sottosegretariàto [comp. di *sotto-* e *segretariato*; 1893] s. m. *1* Ufficio di sottosegretario | Complesso dei sottosegretari. *2* Personale che coadiuva il sottosegretario nella esplicazione delle proprie funzioni.

sottosegretàrio [comp. di *sotto-* e *segretario*, sul modello del fr. *sous-secrétaire*; 1640] s. m. (f. *-a*) • Segretario di grado inferiore, vicesegretario | ***S.*** (***di Stato***), collaboratore diretto del ministro segretario di Stato che esplica funzioni dallo stesso delegategli.

sottosèlla [comp. di *sotto-* e *sella*; 1907] s. m. inv. • Imbottitura che si pone sotto la sella a protezione della groppa del cavallo. ➡ ILL. p. 2152 SPORT.

sottosezióne [comp. di *sotto-* e *sezione*; 1863] s. f. • Ognuno dei settori in cui è divisa una sezione, spec. nell'ordinamento amministrativo.

sottosistèma [comp. di *sotto-* e *sistema*; av. 1973] s. m. (pl. *-i*) • Sistema che fa parte integrante di un sistema più complesso.

sottosópra [comp. di *sotto-* e *sopra*; sec. XIII] **A** avv. *1* Alla rovescia, in modo capovolto: *quella cassa è s.*; *bisogna rivoltare s. i materassi.* *2* (*est.*) In uno stato di grande disordine, scompiglio, confusione: *una stanza messa s.*; *mettere s. tutta la casa* | (*fig.*) In grande agitazione, turbamento o sconvolgimento: *mi sento s.*; *c'è mancato poco che non m'hai messo s. l'oste* (MANZONI). **B** in funzione di agg. inv. • Turbato, confuso: *ho la testa s.* **C** in funzione di s. m. inv. • Confusione, scompiglio, sconvolgimento: *arrivando all'improvviso ho trovato un gran s.*

sottospàzio [comp. di *sotto-* e *spazio*; 1550] s. m. • (*mat.*) Sottoinsieme di uno spazio dato, che dello spazio dato ha le stesse proprietà.

sottospècie [comp. di *sotto-* e *specie*; 1864] s. f. inv. *1* Nella tassonomia animale e vegetale, ciascuna delle categorie sistematiche in cui può essere suddivisa una specie. *2* (*est.*) Varietà di valore inferiore (*spec. spreg.*): *Vuoi due dita di questa s. di pernod?* (FENOGLIO).

sottospinàto [comp. di *sotto-* e un deriv. di *spina*] **A** agg. • (*anat.*) Detto di muscolo posto sotto la spina della scapola. **B** s. m. • Muscolo sottospinato.

sottosquàdro [comp. di *sotto-* e *squadro*; av. 1537] s. m. *1* (*edil.*) Superficie laterale di sporgenze o rientranze a coda di rondine o simili. *2* In varie tecnologie, incisione, intaglio o incavo profondo che forma un angolo acuto col piano di riferimento.

sottòssido [comp. di *sott-* e *ossido*; 1872] s. m. • (*chim.*) Ossido in cui l'ossigeno legato al metallo è in quantità inferiore a quella spettante alla valenza di detto metallo.

sottostànte [1505] **A** part. pres. di *sottostare*; anche agg. (assol.; + qlco.; + *a* qlco.) *1* Nei sign. del v. | Che è situato al di sotto, più in basso: *dalla mia finestra domino tutta la campagna s.*; *la stalla s. al* (*o il*) *fienile.* *2* (*ling.*) Detto di un elemento che fa parte della struttura profonda e che non si manifesta in questa forma nella frase realizzata in superficie. *3* (*econ.*) Detto di attività o strumento finanziario oggetto di un contratto derivato. **B** s. m. e f. • (*disus.*) Sottoposto, subordinato.

sottostàre [comp. di *sotto-* e *stare*; sec. XIII] v. intr. (pres. *io sottostò, tu sottostài, egli sottostà*; nelle altre forme coniug. come *stare*; aus. *essere*) (+ *a*) *1* (*raro, lett.*) Stare sotto, più sotto: *il paese sottostà a un bosco.* CONTR. Sovrastare. *2* (*fig.*) Essere soggetto, sottoposto: *s. a un padrone severo, alle minacce di qlcu.* | Affrontare, subire: *s. a una prova, a un controllo.*

sottostazióne [comp. di *sotto-* e *stazione*; 1900] s. f. • (*elettr.*) Impianto adibito alla trasformazione della corrente elettrica (voltaggio, frequenza e sim.), che vi perviene ad alta tensione, e alla distribuzione all'utenza della corrente così trasformata | (*est.*) Il locale o l'edificio che accoglie tale impianto.

sottosterzànte [comp. di *sotto-* e *sterzante*, part. pres. di *sterzare*; 1963] agg. • (*autom.*) Detto di autoveicolo che, in curva, tende a descrivere una traiettoria di raggio superiore a quello corrispondente alla posizione del volante, cioè ad allargare la curva.

sottosterzàre [comp. di *sotto-* e *sterzare*] v. intr. (*io sottostèrzo*; aus. *avere*) • (*autom.*) Presentare un comportamento sottosterzante, detto di autoveicolo.

sottosterzàta [comp. di *sotto-* e *sterzata*; 1987] s. f. • (*autom.*) Sterzata di autoveicolo sottosterzante.

sottostèrzo [1980] s. m. • (*autom.*) Caratteristica di un autoveicolo sottosterzante.

sottostìma [da *sottostimare*; 1981] s. f. • Stima inferiore alla realtà. SIN. Sottovalutazione.

sottostimàre [comp. di *sotto-* e *stimare*; av. 1952] v. tr. • Stimare qlcu. o qlco. al disotto del reale o del giusto.

sottostimàto part. pass. di *sottostimare*; anche agg. • Stimato al di sotto del giusto valore o della reale consistenza: *capacità sottostimate*; *patrimonio s.*

sottostruttùra [comp. di *sotto-* e *struttura*; 1905] s. f. • (*raro*) Parte inferiore di un complesso strutturale | Struttura economica; CFR. Sovrastruttura.

sottosuòlo [comp. di *sotto-* e *suolo*; 1840] s. m. *1* Nel terreno, parte o strato che si trova al di sotto del suolo e non è raggiunto dalle radici delle piante: *s. permeabile, profondo.* CONTR. Soprassuolo. *2* Locale o gruppo di locali parzialmente o totalmente sotto il livello del suolo.

sottosviluppàto [comp. di *sotto-* e *sviluppato*; 1956] agg. • Detto di paese o regione in condizione di sottosviluppo.

sottosvilùppo [comp. di *sotto-* e *sviluppo*; 1960] s. m. • Condizione di arretratezza sociale ed economica in genere, e in particolare sul piano tecnico e produttivo, in cui si trova una collettività nei confronti di sistemi economici più avanzati e che godono, quindi, di un più elevato reddito pro capite.

sottotenènte [comp. di *sotto-* e *tenente*; 1785] s. m. • Primo grado della gerarchia degli ufficiali | ***S. di vascello***, nella marina militare, grado corrispondente a quello di tenente dell'esercito.

sottotèrra o **sótto tèrra** [comp. di *sotto-* e *terra*; sec. XIII] **A** avv. • Sotto la terra, sotto la superficie del suolo: *scavare s.*; *nascondere qlco. s.* | ***Andare, mandare s.***, (*eufem.*) morire, fare morire | ***Essere s.***, (*eufem.*) essere morto. **B** in funzione di agg. inv. • (*raro*) Sotterraneo: *locale s.* **C** in funzione di s. m. inv. • (*raro*) Ambiente sotterraneo.

sottotèsi [comp. di *sotto-* e *tesi* (*1*); av. 1987] s. f. inv. • (*disus.*) Dissertazione orale o scritta svolta per integrare la tesi di laurea: *una s. sperimentale in fisica di cento* (*pagine*) (LEVI).

sottotètto [comp. di *sotto-* e *tetto*; av. 1574] s. m. • Spazio tra le falde del tetto e la struttura orizzontale che copre l'ultimo piano di un edificio. SIN. Soffitta, solaio.

sottotìpo [comp. di *sotto-* e *tipo*; 1960] s. m. • Nella tassonomia animale e vegetale, ciascuna delle categorie sistematiche in cui è diviso un tipo.

sottotitolàre [da *sottotitolo*; av. 1973] v. tr. (*io sottotìtolo*) *1* (*cine, tv*) Corredare di sottotitoli: *s. per i non udenti un programma televisivo.* *2* Aggiungere un titolo secondario a un libro e sim.

sottotìtolo [comp. di *sotto-* e *titolo*; 1878] s. m. *1* (*edit.*) Titolo secondario di un articolo di giornale o di un libro, spec. esplicativo del titolo principale, collocato sotto di questo in un corpo minore. *2* (*cine*) Didascalia disposta in sovraimpressione lungo il margine inferiore dell'immagine cinematografica o televisiva.

sottotóno [comp. di *sotto-* e *tono*; av. 1963] avv. *1* Con un tono di voce basso, poco percettibile. *2* (*fig.*) In uno stato di scarso vigore e benessere fisico: *sentirsi s.* *3* (*fig.*) In modo dimesso, modesto: *un'esibizione s.*

sottotràccia o **sótto tràccia** [comp. di *sotto-* e *traccia*; 1939] agg. inv. *1* (*elettr.*) Detto di impianto elettrico, telefonico e sim. i cui conduttori sono nascosti all'interno delle murature in canali appositamente predisposti, facendo capo a prese esterne. *2* (*fig.*) Nascosto, sotterraneo: *trattative s.*

sottotràtto [comp. di *sotto-* e *tratto*; 1960] avv. • Solo nelle loc. ***muovere, giocare s.***, nel gioco degli scacchi, avere i pezzi neri e muovere sempre dopo il bianco.

sótto-ufficiàle • V. *sottufficiale.*

sottounità [comp. di *sotto-* e *unità*; 1981] s. f. *1* (*tecnol.*) In un sistema o in un impianto, ciascuna delle parti funzionali che costituiscono, nel loro insieme, un'unità funzionale di ordine superiore: *le s. di regolazione automatica della tensione elettrica.* **2** (*biol.*) Subunità.

sottoutilizzàre [comp. di *sotto-* e *utilizzare*; 1985] **v. tr.** ● Utilizzare in modo incompleto o in misura insufficiente | *S. un dipendente*, non sfruttarne a pieno le capacità produttive.

sottovalutàre [comp. di *sotto-* e *valutare*; 1957] **A v. tr.** (*io sottovalùto* o, più diffuso ma meno corretto, *sottovàluto*) ● Valutare persone o cose al disotto del reale o del giusto. **CONTR.** Sopravvalutare. **B v. rifl.** ● Considerarsi da meno di ciò che realmente si è. **SIN.** Sminuirsi, svalutarsi. **CONTR.** Sottovalutarsi.

sottovalutazióne [da *sottovalutare*; 1908] **s. f.** ● Valutazione inferiore al reale o al giusto.

sottovàso [comp. di *sotto-* e *vaso*; 1839] **s. m.** ● Vaso o piatto in cui si pone un vaso da fiori, per ornamento o per ricevere l'acqua di scolo.

sottovéla [comp. di *sotto-* e *vela*; 1889] **avv.** ● Con le vele issate: *navigare, essere s.*

sottovènto [comp. di *sotto-* e *vento*; 1444] **A avv.** ● Dal lato opposto a quello da cui spira il vento: *essere, navigare, s.* **CONTR.** Sopravvento. **B** in funzione di **agg. inv.** ● Detto del fianco di una montagna opposto a quello sopravvento, ove si hanno venti di caduta, discendenti, e diradamento della nuvolosità: *lato, versante s.* **C** in funzione di **s. m.** solo **sing.** ● (*mar.*) Posizione contraria a quella di sopravvento.

♦**sottovèste** o (*pop.*) †**sottovèsta** [comp. di *sotto-* e *veste*; 1601] **s. f.** ● Indumento femminile che si indossa sotto al vestito. **SIN.** Sottabito. || **sottovestina**, **dim.**

sottovia [comp. di *sotto-* e *via*; 1765] **s. f.** ● Strada urbana che passa sotto altre strade od ostacoli.

sottovita [comp. di *sotto-* e *vita*; 1879] **s. f.** ● Corpettino scollato e senza maniche portato un tempo dalle donne per coprire la parte superiore del busto.

♦**sottovóce** o **sótto vóce** [comp. di *sotto-* e *voce*; sec. XIII] **A avv.** ● A voce bassa, in tono basso o sommesso, per non disturbare, infastidire o per non far sentire agli altri quanto si dice: *discutete s.*; *parliamo s.*; *suonare, cantare s.* **B s. f.** ● Ciascuna delle sezioni in cui può essere divisa la voce di un indice analitico, di un repertorio e sim.

sottovuòto o **sótto vuòto** [comp. di *sotto-* e *vuoto*; 1959] **A avv.** ● Col metodo impiegato per una lunga conservazione del prodotto mediante eliminazione dell'aria dal contenitore: *confezionare s.* | *S. spinto*, quando viene eliminata totalmente l'aria. **B agg. inv.** ● In varie tecnologie, di contenitore da cui è stata estratta l'aria: *confezione s.*; *impianto s.*

sottozèro o **sótto zèro** [comp. di *sotto-* e *zero*; 1816] **avv.** ● A una temperatura inferiore a zero gradi.

sottraèndo [vc. dotta, dal lat. *subtrahĕndu(m)* 'da sottrarsi', gerundivo di *subtrăhere* 'sottrarre'; 1849] **s. m.** ● (*mat.*) Secondo termine d'una sottrazione | Quantità che, aggiunta alla differenza, dà il minuendo.

†**sottràggere** ● V. *sottrarre.*

†**sottraiménto** [da *sottrarre*; av. 1311] **s. m.** ● Il sottrarre | Sottrazione.

sottràrre o †**sottràggere**, †**suttràrre** [lat. *subtrăhere* 'trarre (*trăhere*) di sotto, via (*sŭb*)'; av. 1249] **A v. tr.** (coniug. come *trarre*) **1** (qlco. o qlcu. + *a*, lett. + *da*) Levare via, togliere: *s. qlco. alla vista altrui*; *s. qlcu. agli sguardi dei curiosi* | Liberare, salvare: *s. qlcu. a un pericolo*; *e mi sottrasse a li mondani inganni* (SANNAZARO); *per sottrarmi da un sì fiero pericolo* (GOLDONI). **2** Rapire, rubare, togliere con l'inganno: *s. un documento a qlcu.*; *mi ha sottratto del denaro.* **3** (+ *da*) (*mat.*) Eseguire una sottrazione: *s. una parte dall'intero.* **CONTR.** Addizionare. **4** †Allettare, sedurre. **B v. rifl.** (+ *a*; lett. + *da*) ● Sfuggire, liberarsi, evitare: *sottrarsi a un pericolo, alla vigilanza di qlcu.*; *per sottrarmi da quei bricconi che mi circondano* (GOLDONI).

sottrattivo [da *sottratto*; av. 1444] **agg.** **1** Che sottrae. **2** (*ling.*) Privativo. **3** (*mat.*) Relativo alla sottrazione | *Termine s.*, che deve essere sottratto. **4** (*ottica*) *Sintesi sottrattiva*, formazione di una luce o di un'immagine colorata mediante eliminazione per filtrazione di alcune luci colorate da una luce bianca.

sottràtto [1300] **A part. pass.** di *sottrarre*; anche **agg.** **1** Nei sign. del v. **2** †Ingannevole. **B s. m.** ● (*lett.*) Sotterfugio, astuzia.

sottrattóre [da *sottratto*; 1336 ca.] **s. m.**; anche **agg.** (f. *-trice*) **1** (*raro*) Chi (o Che) sottrae. **2** †Ingannatore.

†**sottrattóso** [da *sottratto*; sec. XIII] **agg.** **1** Lusingatore. **2** Ingannatore.

sottrazióne [vc. dotta, dal lat. tardo *subtractiōne(m)*, da *subtrăctus* 'sottratto'; 1300 ca.] **s. f.** **1** Il sottrarre | Furto attuato con l'inganno | *S. alla leva*, reato di chi omette o cancella indebitamente un giovane dalla lista di leva. **2** (*mat.*) Operazione che a due quantità (minuendo e sottraendo) ne associa (quando esiste) una terza, detta differenza, che aggiunta al sottraendo dà il minuendo. **CONTR.** Addizione.

sottufficiàle o (*raro*) **sott'ufficiàle**, **sótto-ufficiàle** [comp. di *sott-* e *ufficiale*, sul modello del fr. *sous-officier*; 1809] **s. m.** (anche **f.** nel sign. 1) **1** Nella gerarchia militare, grado intermedio tra i graduati di truppa e gli ufficiali, comprendente sergente, sergente maggiore e maresciallo. **2** (*mar.*) Graduato appartenente a una categoria intermedia tra marinai e ufficiali, gener. specializzato (nostromo, capofuochista, meccanico).

soubrette /*fr.* su'bʀɛt/ [vc. fr., dal provz. moderno *soubreto* '(ragazza) affettata', dall'ant. *sobrar* 'esser di troppo', risalente al lat. *superāre*; 1857] **s. f. inv.** **1** Nel teatro comico francese dell'epoca classica, confidente accompagnatrice, o servetta che affianca la padrona nello svolgimento dell'azione. **2** In uno spettacolo di varietà, prima attrice, ballerina e cantante.

soufflé /*fr.* su'fle/ [vc. fr., propr. 'gonfiato', part. pass. di *souffler* 'soffiare, gonfiare'; 1905] **s. m. inv.** ● Vivanda a base di passati di carne, formaggio, verdura o altro e chiare d'uovo montate a neve, cotta al forno in modo che, al calore, si gonfi.

soul /sol, *ingl.* soʊl/ [1969] **A s. m. inv.** ● Accorc. di *soul music.* **B agg. inv.** ● (posposto al s.) Della soul music: *stile s.*

soul jazz /sol'dʒɛts*, *ingl.* 'soʊl,dʒæz/ [loc. ingl., propr. 'jazz spirituale', comp. di *soul* 'anima' (d'orig. germ.) e *jazz*; 1970] **s. m. inv.** ● (*mus.*) Nel jazz moderno, corrente che recupera lo spirito religioso, umano e comunitario del gospel.

soul music /sol'mjuzik, *ingl.* 'soʊl,mjuːzɪk/ [loc. ingl., propr. 'musica spirituale', comp. di *soul* e *music*; 1987] **loc. sost. f. inv.** ● (*mus.*) Nella musica americana degli anni '60 del Novecento, corrente ispirata a forte impegno sociale che cerca di comunicare all'ascoltatore la stessa partecipazione emotiva dell'esecutore.

sound /saund, *ingl.* saʊnd/ [vc. ingl., propr. 'suono'; 1983] **s. m. inv.** ● (*mus.*) Nel jazz e nella pop music, colore, timbro, carattere specifico e riconoscibile della sonorità creata da un solista o da un gruppo | (*est.*) Suono caratteristico dei diversi generi, stili, periodi della storia del jazz.

souplesse /*fr.* su'plɛs/ [vc. fr. *souple* 'flessibile, docile', dal lat. *sŭpplice(m)* 'supplice, che si umilia'; 1905] **s. f. inv.** **1** Scioltezza, agilità di un atleta nei suoi movimenti | *Vincere in s.*, agevolmente. **2** (*fig.*) Elasticità mentale, capacità di adattamento.

souvenir /suve'nir, *fr.* suv'niːʀ/ [vc. fr., dal v. *souvenir* 'ricordare'. V. *sovvenire*; 1841] **s. m. inv.** ● Oggetto che si riporta da un viaggio per ricordo.

†**sovàtto** ● V. †*sogatto.*

sovchoz /*russo* saf'xɔs/ [vc. russa, abbr. di *sov(jétskoje) choz(jájstvo)* 'azienda agricola statale'; 1929] **s. m. inv.** (pl. russo *sovchozy*) ● Nell'Unione Sovietica, azienda agricola statale. **CFR.** Kolchoz.

sovcòs **s. m.** ● Adattamento di *sovchoz* (V.).

sovcosiàno [da *sovchoz*] **agg.** ● Relativo a sovchoz.

†**sovenire** ● V. *sovvenire.*

sovènte [dall'ant. fr. *sovent* (moderno *souvent*), dal lat. *subĭnde* 'subito dopo, ripetutamente', comp. di *sŭb* 'sotto' e *ĭnde* 'poi'; av. 1250] **A avv.** ● (*lett.* o *region.*) Spesso: *mi accade s. di sbagliare*; *ti capita troppo s. di arrivare in ritardo*; *desidererei che tu scrivessi più s.*; *facea s. pe' boschi soggiorno* (POLIZIANO). **B** agg. (usato spec. al **pl.**) ● (*lett.*) Frequente: *soventi battaglie* (VILLANI). || **soventeménte**, **avv.**

soverchiànte o **soperchiànte** [sec. XIII] **part. pres.** di *soverchiare*; anche **agg.** ● Molto superiore per numero: *le soverchianti forze nemiche.* || **soverchianteménte**, **avv.**

†**soverchiànza** [da *soverchiante*; av. 1257] **s. f.** ● Eccesso | Soperchieria.

soverchiàre o (*raro*) **soperchiàre** [da *soverchio*; av. 1276] **A v. tr.** (*io sovèrchio*) **1** (*lett.*) Sormontare, oltrepassare: *il fiume in piena soverchia le sponde.* **2** (*lett.*, *fig.*) Sopraffare, usare soverchierie: *hanno messo innanzi il nome di vossignoria … per s. due innocenti* (MANZONI). **3** (*lett.*, *fig.*) Vincere, superare: *applausi fragorosi … soverchiavano la musica* (VERGA). **B v. intr.** (aus. *avere*) **1** †Sovrabbondare: *sempre erbe e frondi, et acque chiarissime … ne soverchino* (SANNAZARO). **2** (*lett.* o *disus.*) Sopravanzare, sporgere.

soverchiatóre ● V. *soperchiatore.*

soverchierìa ● V. *soperchieria.*

†**soverchiévole** o †**soperchiévole** [da *soverchiare*; 1294] **agg.** **1** Soverchio, eccessivo. **2** Oltraggioso, superbo. || †**soverchievolménte**, **avv.**

†**soverchiézza** [da *soverchio*; av. 1306] **s. f.** ● (*raro*) Soperchieria.

sovèrchio o †**sopèrchio** [lat. parl. **supĕrculu(m)*, da *sŭper* 'sopra, oltre'; av. 1250] **A agg.** ● (*lett.*) Eccessivo, esagerato, sovrabbondante: *s. amor proprio*; *s. caldo*; *sapevo ch'ella non faceva spesa soperchia* (CASTIGLIONE). || **soverchiaménte**, **avv.** Eccessivamente, troppo. **B** in funzione di **avv.** ● (*lett.*) Soverchiamente: *forse non errerebbe s.* (BEMBO). **C s. m.** **1** (*lett.*) Ciò che è in più, che sovrabbonda: *pretendere il s.* **2** †Soperchieria, oltraggio. || **PROV.** Il soverchio rompe il coperchio.

†**sóvero** [lat. parl. **sŏberu(m)*, variante del classico *sūber*, genit. *sūberis* 'sughero'; sec. XIV] **s. m.** ● (*region.*) Sughero.

sovesciàre [lat. parl. **subversiāre*, da *subvĕrsus*, part. pass. di *subvĕrtere* 'rivoltare (*vĕrtere*) sotto (*sŭb*)'; sec. XV] **v. tr.** (*io sovèscio*; fut. *io sovescerò*) ● (*agr.*) Trattare con la tecnica del sovescio (*anche assol.*): *s. i lupini*; *l'epoca in cui si sovescia.*

sovèscio [da *sovesciare*; sec. XIV] **s. m.** ● Sotterramento di piante appositamente coltivate per arricchire il terreno di materia organica.

sovièt /so'vjɛt, 'sɔvjet/ [dal russo *sovjét* 'consiglio'; 1917] **s. m. inv.** ● Nella rivoluzione russa del 1917, comitato esecutivo di operai, contadini e soldati | Nell'Unione Sovietica, consiglio di delegati: *s. comunale, regionale, supremo.*

soviètico [1931] **A agg.** (pl. m. *-ci*) **1** Dei soviet, formato dai soviet: *Unione delle Repubbliche Socialiste Sovietiche.* **2** (*est.*) Dell'Unione Sovietica: *politica sovietica*; *i carri armati sovietici.* **B s. m.** (f. *-a*) ● Abitante, cittadino, dell'Unione Sovietica.

sovietizzàre [da *sovietico*, sul modello del fr. *soviétiser*; 1921] **v. tr.** ● Sino alla fine degli anni '80 del Novecento, trasformare il sistema economico, politico e sociale di un Paese per rendervi operanti i modelli del sistema sovietico.

sovietizzazióne [1949] **s. f.** ● Il sovietizzare, il venire sovietizzato.

sovietologìa [comp. di *soviet(ico)* e *-logia*; 1982] **s. f.** ● Studio del sistema sociopolitico sovietico e della sua storia.

sovietòlogo [comp. di *soviet(ico)* e *-logo*; 1979] **s. m.** (f. *-a*; pl. m. *-gi*) ● Esperto di sovietologia.

sovr- ● V. *sovra-.*

sóvra /'sovra*, 'sovra/ ● V. *sopra.*

sóvra- o **sovr-** ● V. *sopra-.*

sovrabbondànte o (*raro*) **soprabbondànte** [sec. XIII] **part. pres.** di *sovrabbondare*; anche **agg.** (assol.; + *di*) **1** Molto abbondante: *una quantità di informazioni s.* | Eccessivo | (*fig.*) Ridondante: *un testo s. di metafore e di suggestioni.* **2** (*ling.*) *Nome s.*, che ha due plurali di genere diverso, solitamente con significato differente (ad es. *braccio* o *corno*). || **sovrabbondanteménte**, **avv.** Con sovrabbondanza, eccessivamente.

sovrabbondànza o (*raro*) **soprabbondànza** [dal lat. tardo (eccl.) *superabundāntiam*, astr. di *superabŭndans*, genit. *superabundāntis* 'sovrabbondante'; sec. XIII] **s. f.** ● Grande, spesso eccessiva, abbondanza | *In s.*, in grande quantità, in misura superiore al fabbisogno.

sovrabbondàre o (*raro*) **soprabbondàre** [vc. dotta, dal lat. tardo (eccl.) *superabundāre*, comp. di *sŭper* 'sopra' e *abundāre* 'abbondare', con sovrapp. di *sovra-*; sec. XIII] **v. intr.** (*io sovrabbóndo*; aus. *essere* e *avere*) **1** (assol.; + *di*) Abbondare molto: *in questa zona la frutta sovrabbonda*; *questa zona sovrabbonda di frutta*. *2* (+ *in*) Eccedere, esagerare: *uno scrittore che sovrabbonda in figure retoriche*.

sovraccaricàre o **sopraccaricàre** [comp. di *sovra-* e *caricare*; sec. XIV] **v. tr.** (*io sovraccàrico, tu sovraccàrichi*) *1* Caricare oltre le capacità di resistenza (*anche fig.*): *s. un mezzo di trasporto*; *s. qlcu. di lavoro*. *2* (*elettr.*) Determinare un sovraccarico.

sovraccàrico o **sopraccàrico** [comp. di *sovra-* e *carico*; 1598] **A agg.** (pl. m. *-chi*) ● Eccessivamente carico (*anche fig.*): *il treno è s. di passeggeri*; *stile s.* | (*fig.*) Oberato: *essere s. di lavoro*. **B s. m.** *1* Carico eccessivo (*anche fig.*): *avere un s. di lavoro*. *2* Carico che una struttura è in grado di tollerare oltre il carico normale. *3* (*elettr.*) Eccesso di potenza che supera quella corrispondente al carico normale.

†**sovraccelèste** ● V. *†sopracceleste*.

sovraccòmito ● V. *sopraccomito*.

sovraccopèrta ● V. *sopraccoperta*.

sovraccòscia [comp. di *sovra-* e *coscia*] **s. f.** (pl. *-sce*) ● Taglio di carne di pollo, tacchino e sim., comprendente la parte superiore della coscia.

sovracompressióne [comp. di *sovra-* e *compressione*; 1960] **s. f.** ● Surcompressione.

sovracomprèsso [comp. di *sovra-* e *compresso*; 1967] **agg.** ● Surcompresso.

sovracopèrta ● V. *sopraccoperta*.

sovracorrènte [comp. di *sovra-* e *corrente*; 1932] **s. f.** ● (*elettr.*) Corrente avente intensità superiore a quella normale.

sovraddàzio ● V. *sopraddazio*.

†**sovraddétto** ● V. *sopraddetto*.

sovradimensionaménto [da *sovradimensionare*; 1987] **s. m.** ● Il sovradimensionare | Condizione di ciò che è sovradimensionato: *il s. del personale docente*.

sovradimensionàre [comp. di *sovra-* e *dimensionare*; 1985] **v. tr.** (*io sovradimensióno*) ● Fissare dimensioni superiori al necessario: *s. un dispositivo di sicurezza* | Attribuire a un fenomeno, un fatto o sim. dimensioni superiori al reale: *s. una notizia*.

sovraespórre o **sovrespórre** [comp. di *sovra-* ed *esporre*; 1934] **v. tr.** (coniug. come *esporre*) ● Nell'eseguire una fotografia, dare un tempo di esposizione eccessivo a un materiale fotosensibile.

sovraesposizióne o **sovresposizióne** [1932] **s. f.** *1* (*foto*) Il sovraesporre | (*raro*) Fotografia sovraesposta. *2* (*fig.*) Eccesso di presenza, spec. in televisione e sui giornali, di personaggi pubblici: *l'immagine del primo ministro si è logorata per s. televisiva*.

sovraespósto o **sovrespósto** [1960] **part. pass.** di *sovraesporre*; anche **agg.** ● Nel sign. del v.

sovrafatturàre [comp. di *sovra-* e *fatturare*; 1987] **v. tr.** ● (*econ.*) Emettere una fattura per un valore superiore a quello della prestazione.

sovraffaticàre [comp. di *sovr-* e *affaticare*; 1963] **A v. tr.** (*io sovraffatico, tu sovraffatichi*) ● (*raro*) Affaticare eccessivamente. **B v. intr. pron.** ● Sottoporsi a fatica eccessiva.

sovraffollaménto [comp. di *sovr-* e *affollamento*; 1956] **s. m.** ● Eccesso di folla in un luogo spec. chiuso.

sovraffollàto o **sopraffollàto** [comp. di *sovr-* e *affollato*; 1960] **agg.** ● Troppo affollato: *strade sovraffollate*.

†**sovraggiùgnere** ● V. *sopraggiungere*.

†**sovraggiùngere** ● V. *sopraggiungere*.

†**sovraggrànde** ● V. *†sopraggrande*.

sovraimpórre ● V. *sovrimporre*.

sovraimpósta o **sovraimpòsta** ● V. *sovrimposta*.

sovraimpressióne ● V. *sovrimpressione*.

sovraimprèsso ● V. *sovrimpresso*.

sovrainnestàre o **soprainnestàre**, **soprannestàre**, **soprinnestàre** [comp. di *sovra-* e *innestare*; 1965] **v. tr.** (*io sovrainnèsto*) ● Innestare una pianta già innestata.

sovrainnèsto o **soprainnèsto**, **soprinnèsto** [comp. di *sovra-* e *innesto*; 1965] **s. m.** ● Innesto eseguito su una pianta già innestata.

sovraintèndere e *deriv.* ● V. *soprintendere* e *deriv.*

sovralimentàre [comp. di *sovr-* e *alimentare*; 1952] **v. tr.** (*io sovraliménto*) *1* Alimentare, nutrire qlcu. in misura eccessiva rispetto al suo fabbisogno, spec. procurando conseguenze dannose al suo organismo. *2* In varie tecnologie, rifornire di energia una macchina, una attrezzatura, un impianto e sim., in misura eccessiva rispetto al necessario. *3* (*mecc.*) Far funzionare un motore in regime di sovralimentazione.

sovralimentàto [1935] **part. pass.** di *sovralimentare*; anche **agg.** ● Nel sign. del v.

sovralimentatóre [comp. di *sovr-* e *alimentatore*; 1960] **s. m.** ● (*mecc.*) Congegno per la sovralimentazione di un motore a scoppio.

sovralimentazióne [comp. di *sovr(a)-* e *alimentazione*; 1938] **s. f.** *1* Iperalimentazione. *2* (*mecc.*) Alimentazione di un motore alternativo a combustione interna con una quantità d'aria introdotta a pressione superiore a quella atmosferica mediante un compressore.

sovrallenaménto [comp. di *sovr-* e *allenamento*; 1964] **s. m.** ● (*raro*) Superallenamento.

sovràlzo ● V. *sopralzo*.

sovramarèa [comp. di *sovra-* e *marea*; 1960] **s. f.** ● (*geogr.*) Innalzamento delle acque sopra il livello previsto dell'alta marea.

sovrametàllo [comp. di *sovra-* e *metallo*; 1979] **s. m.** ● Quantità di metallo eccedente che viene lasciata al pezzo, durante la sua formazione per fusione, per tener conto delle deformazioni di tempra durante le lavorazioni a freddo e per le lavorazioni delle macchine utensili.

†**sovrammentovàto** ● V. *soprammentovato*.

†**sovrammiràbile** ● V. *†soprammirabile*.

sovràna [f. di *sovrano*; 1816] **s. f.** ● Antica moneta d'oro inglese del valore di venti scellini, recante sul rovescio il re in trono. ➡ **ILL. moneta.**

sovranazionàle ● V. *sopranazionale*.

sovranazionalità ● V. *sopranazionalità*.

sovraneggiàre [da *sovrano*; av. 1673] **v. tr.** e **intr.** (*io sovranéggio*; aus. *avere*) ● (*lett.*) Comandare come un sovrano o in qualità di sovrano: *s. un popolo*; *s. su un popolo*.

sovranità o †**sovranitàde**, †**sovranitàte** [da *sovrano*; av. 1348] **s. f.** *1* (*dir.*) Potere supremo di comando: *s. statale* | *S. popolare*, potere supremo di comando riconosciuto alla collettività popolare che si organizza in Stato | Autorità, obbligatorietà: *s. della legge*. *2* Diritto, autorità di sovrano: *esercitare la s.* *3* (*fig.*, *lett.*) Superiorità.

sovrannaturàle ● V. *soprannaturale*.

sovrannumeràrio ● V. *soprannumerario*.

sovrannùmero ● V. *soprannumero*.

♦**sovràno** [dall'ant. fr. *soverain* (moderno *souverain*), dal lat. parl. **superānu(m)*. V. *soprano*; sec. XII] **A agg.** *1* †Che sta sopra, al disopra: *il macigno sovran che 'l grano trita* (ARIOSTO). *2* Del capo di uno Stato retto a monarchia: *decreto s.* *3* (*lett.*) Sommo, eminente, superiore a ogni altro: *onore, pregio, s.*; *maestro s.* | Totale, assoluto: *trattare qlcu. con s. disprezzo*. *4* (*dir.*) Imperativo, dotato del sommo potere di comando: *la Costituzione è sovrana* | *Potere s.*, che non dipende da alcun altro. || **sovranaménte**, **avv.** *1* Da sovrano, con sovranità. *2* In modo superbo (con valore superl.): *Quella pelle sovranamente aristocratica* (VERGA). **B s. m.** (f. *-a*) *1* †Chi sta sopra, al disopra: *così 'l sovran li denti a l'altro pose* (DANTE *Inf.* XXXII, 128). *2* Capo di uno Stato retto a monarchia: *le prerogative del s.*; *alla presenza del s.* | *I sovrani*, la coppia costituita da chi esercita il potere sovrano e dal coniuge.

†**sovranzàre** ● V. *†sobranzare*.

sovraoccupazióne [comp. di *sovra-* e *occupazione*; 1950] **s. f.** ● Condizione in cui, raggiunta la piena occupazione, i lavoratori sono utilizzati per un numero di ore eccedente il normale orario giornaliero.

sovraordinàta **s. f.** ● (*ling.*) Proposizione sovraordinata.

sovraordinàto [comp. di *sovra-* e *ordinato*; 1988] **agg.** ● (*ling.*) *Proposizione sovraordinata*, reggente rispetto a una proposizione dipendente o subordinata. **CONTR.** Subordinato.

sovraòsso ● V. *soprosso*.

sovrappassàggio o **soprappassàggio** [comp. di *sovra-* e *passaggio*; 1931] **s. m.** *1* Opera stradale che consente il passaggio, spec. dei pedoni, da un lato all'altro di una strada senza attraversarla a livello. *2* (*raro*) Cavalcavia.

sovrappàsso o **soprappàsso** [comp. di *sovra-* e *passo* (*3*); 1963] **s. m.** ● Ogni sovrappassaggio, nelle costruzioni stradali e ferroviarie.

sovrappensièro ● V. *soprappensiero*.

sovrappéso o **soprappéso** [comp. di *sovra-* e *peso*; sec. XIII] **A s. m.** ● (*med.*) Eccesso di peso rispetto a quello ottimale per un individuo: *essere, trovarsi in s.* **B** anche **agg. inv.** *individuo s.*

†**sovrappièno** ● V. *†soprappieno*.

sovrappiù o (*lett.*) **soprappiù** [comp. di *sopra* e *più*; 1280] **s. m.** *1* Ciò che è in più: *quel vestito nuovo è proprio un s.* | *Essere di s.*, essere di troppo, più del numero stabilito. *2* Aggiunta | *In s.*, *per s.*, per giunta, in aggiunta, per di più: *gli pagò il lavoro e per s. gli fece un regalo*.

sovrapponìbile [1922] **agg.** ● Che si può sovrapporre.

sovrapponiménto o (*raro*) **soprapponiménto** [da *sovrapporre*; av. 1604] **s. m.** ● (*raro*) Sovrapposizione.

sovrappopolàre [comp. di *sovra-* e *popolare*; 1960] **v. tr.** (*io sovrappòpolo*) ● Popolare un territorio in maniera eccessiva rispetto alle possibilità del territorio stesso.

sovrappopolàto [1950] **part. pass.** di *sovrappopolare*; anche **agg.** ● Eccessivamente popolato.

sovrappopolazióne [comp. di *sovra-* e *popolazione*; av. 1892] **s. f.** ● Popolazione in eccesso rispetto alle possibilità spaziali, produttive e sim. di un dato territorio.

sovrappórre o †**soprapórre**, (*raro*) **soprappórre** [comp. di *sovra-* e *porre*, sul modello del lat. *superpōnere* 'porre (*pōnere*) sopra (*sūper*)'; av. 1321] (qlco.; qlco. + *a*) **A v. tr.** (coniug. come *porre*) *1* Porre qlco. sopra ad altro, spec. in modo che coincidano o combacino: *s. due tagli di stoffa*; *s. un foglio al disegno*. *2* (*fig.*) Aggiungere, anteporre, far prevalere: *problemi ai quali egli aveva sovrapposto soluzioni ... fittizie* (CROCE). *3* (*mat.*) Portare una figura nel posto occupato da un'altra. **B v. intr. pron.** (assol.; + *a*) *1* Porsi sopra ad altro: *i due colori si sono sovrapposti*. *2* (*fig.*) Venire ad aggiungersi a ciò che già c'era: *nuovi litigi si sono sovrapposti ai precedenti*. *3* †Riuscire superiore.

sovrappòrta ● V. *soprapporta*.

sovrapposizióne o (*raro*) **soprapposizióne** [vc. dotta, dal lat. tardo *superpositiōne(m)*, da *superpŏsitus*, part. pass. di *superpōnere* 'sovrapporre'; av. 1499] **s. f.** *1* Il sovrapporre, il sovrapporsi | (*ling.*) *S. sillabica*, riduzione a una, di due sillabe simili in contatto. *2* (*mus.*) Operazione per cui taluni accordi sono posti l'uno sull'altro.

sovrappósto o (*raro*) **soprappósto** [1342] **A part. pass.** di *sovrapporre*; anche **agg.** *1* Nei sign. del v. *2* (*mus.*) Detto di nota scritta sopra un'altra. *3* *Fucile a canne sovrapposte*, *fucile s.*, fucile da caccia in cui le due canne, di stesso calibro o di calibri diversi, talvolta una liscia e l'altra rigata, sono disposte una sull'altra. **B s. m.** ● Fucile a canne sovrapposte.

sovrapprèmio [comp. di *sovra-* e *premio*] **s. m.** ● (*econ.*) Somma extra che l'assicurato deve aggiungere al premio per un qualsiasi motivo | *S. di rischio tarato*, quello pagato da chi stipula un'assicurazione sulla vita non godendo di buona salute.

sovrappressióne [comp. di *sovra-* e *pressione*; 1967] **s. f.** ● (*idraul.*) Aumento repentino e notevole della pressione che si verifica nelle condotte forzate degli impianti idroelettrici, per chiusura dell'otturatore a valle.

sovrapprèzzo o **soprapprèzzo**, **sopraprèzzo**, **sovraprèzzo** [comp. di *sovra-* e *prezzo*; av. 1861] **s. m.** *1* Somma pagata in più oltre il prezzo ordinario. *2* Maggiorazione, all'atto dell'emissione di valori mobiliari, del prezzo da pagarsi da parte dei sottoscrittori in seguito a plusvalore attribuito alle azioni rispetto al loro valore nominale, a conguaglio dividendi, a rimborso spese.

sovrapproduzióne o **soprapproduzióne** [comp. di *sovra-* e *produzione*; 1883] **s. f.** ● Eccedenza dell'offerta sulla domanda effettiva nel mercato di un dato bene. **CONTR.** Sottoproduzione.

sovrapprofìtto ● V. *soprapprofitto*.

sovraprèzzo ● V. *sovrapprezzo*.

sovraprofìtto ● V. *soprapprofitto*.

sovrarazionàle ● V. *soprarazionale*.

sovrascorriménto [comp. di *sovra-* e *scorrimento*; 1965] **s. m.** ● (*geol.*) Dislocazione tettonica di una vasta zolla rocciosa che viene sospinta sopra altri terreni durante il corrugamento di una catena montuosa.

sovrasegmentàle ● V. *soprasegmentale*.

sovrasensìbile ● V. *soprasensibile*.

sovrasènso ● V. *soprasenso*.

sovraspessóre [comp. di *sovra-* e *spessore*] s. m. ● Spessore sovrapposto a un altro.

sovrastàmpa o (*raro*) **soprastàmpa** [comp. di *sovra-* e *stampa*; 1960] s. f. ● Segno, sigla, scritta e sim. che viene impressa sul francobollo per modificarne l'uso e le caratteristiche.

sovrastampàre o (*raro*) **soprastampàre** [comp. di *sovra-* e *stampare*; 1950] v. tr. ● Imprimere una stampa su un'altra stampa | Stampare su qlco. già stampata.

sovrastampàto o (*raro*) **soprastampàto** [1963] part. pass. di *sovrastampare*; anche agg. *1* Nei sign. del v. *2* Detto di francobollo che reca una sovrastampa.

sovrastànte [sec. XIII] part. pres. di *sovrastare*; anche agg. (assol.; + qlco.; + *a* qlco.) *1* Che sta sopra: *Lo specchio ... celava un armario s.* (D'ANNUNZIO); *abitava nell'appartamento s. al nostro* (MONTALE); *sull'altipiano s. il paese* (PIRANDELLO). *2* (*fig.*) Imminente, incombente: *pericolo s.*

sovrastàre o **soprastàre** nei sign. 1 e 2 [comp. di *sovra-* e *stare*, sul modello del lat. *superstāre* 'stare (*stāre*) sopra (*sŭper*)'; 1294] v. tr. e intr. (aus. intr. *essere*, raro *avere*) (qlcu. o q.c; + *a*) *1* Stare sopra: *il monte sovrasta la* (o *alla*) *valle*. CONTR. Sottostare. *2* (*fig.*) Essere imminente: *una minaccia lo* (o *gli*) *sovrasta*; *soprastavano quello anno pericoli di perdere la libertà* (MACHIAVELLI). *3* (*fig.*) Avere superiorità, essere superiore: *s. i competitori*; *s. a tutti*.

sovrasterzànte [comp. di *sovra-* e *sterzante*, part. pres. di *sterzare*; 1963] agg. ● (*autom.*) Detto di autoveicolo che, in curva, tende a descrivere una traiettoria di raggio inferiore a quello corrispondente alla posizione del volante e cioè a ruotare su sé stesso verso l'interno.

sovrasterzàre [comp. di *sovra-* e *sterzare*] v. intr. (*io sovrastèrzo*; aus. *avere*) ● (*autom.*) Presentare un comportamento sovrasterzante, detto di autoveicolo.

sovrasterzàta [comp. di *sovra-* e *sterzata*; 1987] s. f. ● (*autom.*) Sterzata di autoveicolo sovrasterzante.

sovrastèrzo [comp. di *sovra-* e *sterzo*; 1980] s. m. ● (*autom.*) Caratteristica di un autoveicolo sovrasterzante.

sovrastimàre [comp. di *sovra-* e *stimare*; 1970] v. tr. ● Stimare al di sopra del valore o della consistenza reale: *s. un bene*; *s. le capacità di qlcu.*

sovrastruttùra o **soprastruttùra** [comp. di *sovra-* e *struttura*; 1909] s. f. *1* Parte superiore di un complesso strutturale | ***S. delle strade ferrate***, insieme degli elementi al di sopra del piano di regolamento o piattaforma stradale della ferrovia. *2* (*mar.*) Ogni costruzione posta sulla coperta di una nave. *3* (*filos.*) Secondo l'ideologia marxista, tutto ciò che, come la politica, la religione, l'arte, la filosofia e sim., appare come espressione culturale e istituzionale di un determinato modo di produzione. *4* (*fig.*) Elemento aggiuntivo, spesso superfluo.

sovrastrutturàle [comp. di *sovra-* e *strutturale*; 1949] agg. ● Che riguarda una sovrastruttura.

sovratemporàle o **sopratemporàle** [comp. di *sovra-*, *sopra-* e *temporale*; 1960] agg. ● (*filos.*) Che trascende le variazioni o le determinazioni temporali. SIN. Extratemporale.

sovratensióne [comp. di *sovra-* e *tensione*, sul modello del fr. *surtension*; 1911] s. f. ● Incremento notevole della tensione normale di esercizio in un impianto elettrico, che si previene mediante appositi dispositivi limitatori.

sovrattàssa ● V. *soprattassa*.

sovraumàno ● V. *sovrumano*.

sovreccèdere e deriv. ● V. *sopreccedere* e deriv.

sovreccitàbile o (*raro*) **sopraeccitàbile**, (*raro*) **sopreccitàbile** [comp. di *sovr-* e *eccitabile*; 1940] agg. ● Che si può facilmente sovreccitare.

sovreccitabilità o (*raro*) **sopraeccitabilità**, (*raro*) **sopreccitabilità** [1940] s. f. ● Condizione di chi (o di ciò che) è sovreccitabile.

sovreccitaménto [1940] s. m. ● (*raro*) Sovreccitazione.

sovreccitàre o (*raro*) **sopraeccitàre**, (*raro*) **sopreccitàre** [comp. di *sovr-* ed *eccitare*; 1858] **A** v. tr. (*io sovrèccito*) ● Mettere in grande agitazione: *gli alcolici lo sovreccitano*. **B** v. intr. pron. ● Mettersi in grande agitazione: *sovreccitarsi per un nonnulla*.

sovreccitàto [av. 1883] part. pass. di *sovreccitare*; anche agg. ● Nei sign. del v.

sovreccitazióne o (*raro*) **sopraeccitazióne**, (*raro*) **sopreccitazióne** [comp. di *sovr-* ed *eccitazione*; 1876] s. f. ● Stato di forte eccitazione psicofisica.

†**sovreminènte** o †**sopraeminènte**, †**sopreminènte** [vc. dotta, dal lat. tardo *supereminĕnte(m)* 'sovrastante', comp. di *sŭper* 'sopra' ed *ēminens*, part. pres. di *eminēre* 'sovrastare', con sovrapposizione di *sopra-*; 1540] agg. ● Che si eleva sopra altre cose (*anche fig.*): *l'aria sopreminente* (GALILEI). || **sovreminentemènte**, avv.

†**sovreminènza** o †**sopraeminènza**, †**sopreminènza** [vc. dotta, dal lat. tardo *supereminĕntia(m)* 'suprema eccellenza', da *superēminens*, genit. *supereminĕntis* 'sopraeminente'; 1595] s. f. ● Caratteristica di chi (o di ciò che) è sovreminente.

sovrespórre e deriv. ● V. *sovraesporre* e deriv.

†**sovrésso** o †**soprésso** [comp. di *sovr-* ed *esso*; av. 1313] prep. ● (*poet.*, *intens.*) Proprio sopra: *sen giva / s. l'acqua lieve* (DANTE *Purg.* XXXI, 95-96).

sovrimpórre o (*raro*) **sovraimpórre** [dal lat. *superimpōnere* 'imporre (*impōnere*) sopra (*sŭper*)'; 1735] v. tr. (coniug. come *porre*) *1* (*raro*) Imporre sopra o in aggiunta. *2* (*assol.*) Imporre una sovrimposta.

sovrimpòsta o **sovraimpòsta**, **sovrimpósta** [comp. di *sovr-* e *imposta*; av. 1794] s. f. ● Addizionale a una imposta: *s. fondiaria*.

sovrimpressióne o **sovraimpressióne** [comp. di *sovr-* e *impressione*; 1931] s. f. ● Impressione di due o più immagini sulla stessa pellicola | (*cine*, *tv*) Sovrapposizione di un testo sull'immagine: *i titoli di coda scorrono in s.*

sovrimprèsso o **sovraimprèsso** [comp. di *sovr-* e *impresso*; av. 1963] agg. ● Sovrastampato | Che reca impressa una immagine, didascalia e sim. sull'immagine di fondo.

sovrintendènte **A** part. pres. di *sovrintendere* ● V. *soprintendente A*. **B** s. m. e f. *1* V. *soprintendente B 1*. *2* V. *soprintendente B 2*. *3* Nell'ordinamento della polizia di Stato, grado suddiviso in tre qualifiche (vice sovrintendente, sovrintendente e sovrintendente capo), corrispondente ai gradi soppressi di brigadiere e maresciallo.

sovrintèndere e deriv. ● V. *soprintendere* e deriv.

sovròsso ● V. *soprosso*.

sovrumanità [av. 1643] s. f. ● (*raro*) Condizione di chi (o di ciò che) è sovrumano.

sovrumàno o †**sopraumàno**, †**soprumàno**, (*raro*) **sovraumàno** [comp. di *sovr-* e *umano*; 1516] agg. *1* Superiore a chi (o a ciò che) è umano: *di che altro poteva esser voce, che di alcuno spirito sopraumano?* (TASSO). *2* (*iperb.*) Molto grande, eccezionale: *sapienza, virtù, sovrumana*; *fare sforzi sovrumani per qlco.* || **sovrumanamènte**, avv.

†**sovvàllo** [di etim. incerta; av. 1587] s. m. ● (*tosc.*) Ciò che si ha senza spesa | ***A s.***, senza spendere nulla | ***Andare a s.***, fare qlco. a spese d'altri, a ufo | ***Mettere una somma a s.***, metterla da parte, riservandola spec. per i divertimenti | ***Di s.***, per di più, inoltre. || **sovvallétto**, dim.

†**sovvenènza** o †**sovveniènza** [da *sovvenire*; sec. XII] s. f. *1* (*lett.*) Ricordo. *2* Aiuto, soccorso.

†**sovvenévole** [da *sovvenire*; 1566] agg. ● Soccorrevole.

†**sovveniènza** ● V. †*sovvenenza*.

†**sovveniménto** [da *sovvenire*; av. 1292] s. m. ● Aiuto | Sovvenzione.

sovvenìre o †**sovenìre**, †**suvenìre** [dal lat. *subvenīre* 'accorrere', comp. di *sŭb* 'sotto' e *venīre*; av. 1250] **A** v. tr. (coniug. come *venire*) ● (*lett.*) Aiutare, soccorrere: *s. l'amico*; *se voi lo sovvenite ne' sua bisogni, dice che quel tanto che gli date a voi avanzava* (MICHELANGELO). **B** v. intr. (aus. *avere* nel sign. 1, *essere* nel sign. 2) *1* (+ *a*) (*lett.*) Venire in aiuto, in soccorso: *s. al bisogno di qlcu.*; *s. ai poveri*; *il conte ... non potrebbe alla ambizione di Filippo sovvenire* (MACHIAVELLI). *2* (qlco. + *a* qlcu.; + *di* qlco.; + *che* seguito da indic.) (*lett.*) Venire in mente: *e mi sovvien l'eterno / e le morte stagioni* (LEOPARDI); *mi fate s. di uno che mi voleva vendere un segreto* (GALILEI); *mi fe' s. che vi si parlava di me* (FOSCOLO). **C** v. intr. pron. ● (*lett.*) Ricordarsi: *non ti soven di quell'ultima sera ...?* (PETRARCA); *e tu chi sa se mai / ti sovverrai di me!* (METASTASIO). **D** s. m. ● (*raro*, *poet.*) Ricordo, memoria: *dei dì che furono / l'assalse il sovvenir!* (MANZONI).

sovvenitóre [da *sovvenire*; 1336 ca.] s. m.; anche agg. (f. *-trice*) ● (*lett.*) Chi (o Che) sovviene, aiuta, spec. moralmente.

sovventóre [lat. tardo *subventōre(m)*, da *subvĕntus*, part. pass. di *subvenīre* 'sovvenire'; av. 1448] s. m.; anche agg. (f. *-trice*) *1* (*raro*) Chi (o Che) fa una sovvenzione. *2* (*dir.*) ***Soci sovventori***, quelli che partecipano a una società cooperativa o di mutua assicurazione con conferimenti speciali volti a costituire fondi di garanzia.

sovvenzionaménto [da *sovvenzionare*; 1983] s. m. ● Il sovvenzionare | Sovvenzione.

sovvenzionàre [1862] v. tr. (*io sovvenzióno*) ● Aiutare con una sovvenzione: *s. una azienda in pericolo*. SIN. Finanziare, sussidiare.

sovvenzionatóre [da *sovvenzionare*; 1947] s. m.; anche agg. (f. *-trice*) ● Chi sovvenziona.

sovvenzióne [vc. dotta, dal lat. tardo *subventiōne(m)* 'soccorso', da *subvĕntus*, part. pass. di *subvenīre* 'sovvenire'; av. 1348] s. f. ● Sostegno economico: *accordare, ricevere una s.*; *godere di una s.* SIN. Finanziamento, sussidio. || **sovvenzioncèlla**, dim.

sovversióne o †**suvversióne** [vc. dotta, dal lat. tardo (ecclesiastico) *subversiōne(m)* 'rovina', da *subvĕrsus* 'sovverso'; sec. XIII] s. f. ● Sconvolgimento violento dell'ordine sociale e istituzionale.

sovversivìsmo [da *sovversivo*, con *-ismo*; 1908] s. m. ● Caratteristica di chi (o di ciò che) è sovversivo | Tendenza a essere sovversivo.

sovversìvo [dal fr. *subversif*, dal lat. *subvĕrsus* 'sovverso'; 1799] agg.; anche s. m. (f. *-a*) *1* Che (o Chi) mira a rovesciare e sconvolgere l'ordine sociale e le istituzioni dello Stato: *partito s.*; *un gruppo di sovversivi*. *2* (*est.*) Che (o Chi) tende a radicali innovazioni, al sovvertimento delle tradizioni. SIN. Ribelle, sedizioso. || **sovversivaménte**, avv.

†**sovvèrso** [sec. XIV] part. pass. di †*sovvertere*; anche agg. ● Distrutto | Sconfitto.

†**sovvèrtere** [av. 1348] v. tr. ● Sovvertire.

sovvertiménto [av. 1673] s. m. ● Il sovvertire.

sovvertìre [vc. dotta, dal lat. *subvĕrtere* 'rovesciare', comp. di *sŭb* 'sotto' e *vĕrtere* 'voltare', con cambio di coniug.; sec. XIII] v. tr. (*io sovvèrto*) *1* †Devastare, distruggere. *2* Sconvolgere, alterare profondamente, nella struttura sociale o politica: *s. l'ordine pubblico, la struttura dello Stato*. *3* Stravolgere, cambiare radicalmente: *s. una tradizione consolidata*. *4* (*fig.*) †Pervertire: *s. la fede di qlcu.*

sovvertitóre [sec. XIII] s. m.; anche agg. (f. *-trice*) ● Chi (o Che) sovverte.

†**sòzio** [1353] s. m. *1* V. *socio*. *2* (*scherz.*, *spreg.*) Compagno, compare.

†**sozzàre** [da *sozzo*; av. 1292] v. tr. ● Insozzare.

sozzerìa o (*dial.*) **zozzerìa** [da *sozzo*; 1957] s. f. ● (*region.*) Cosa, azione, fatto e sim. sordido, turpe: *a volte si vedono certe sozzerie!*

†**sozzézza** [da *sozzo*; 1300 ca.] s. f. ● (*raro*) Sozzura | (*lett.*) Sciatteria.

sózzo o (*dial.*) **zózzo** [dal provz. *sotz*, dal lat. **sūcidu(m)*, variante di *sūcidus* 'grasso, sudicio', da *sūcus* 'sugo'; sec. XII] agg. *1* Sporco, sudicio, in modo ripugnante, disgustoso: *aver le mani sozze di unto*; *questa stanza è sozza!* *2* (*fig.*) Sordido, turpe, immorale: *ambiente s.*; *una sozza storia*; *film sozzi*. *3* †Brutto, deforme. || **sozzétto**, dim., spreg. | **sozzóne**, accr., pegg. || **sozzaménte**, avv. In modo sozzo; turpemente.

sozzóne o **sozzóne**, (*dial.*) **zozzóne** [da *sozzo*; 1959] agg.; anche s. m. (f. *-a*) ● (*centr.*) Che (o Chi) è molto sporco (*anche fig.*).

sozzùme [da *sozzo*; 1623] s. m. ● Quantità di cose sozze | Sudiciume.

sozzùra [av. 1292] s. f. *1* Condizione di chi (o di ciò che) è sozzo. *2* Cosa sozza | (*fig.*) Cosa turpe, vergognosa.

spa /spa, esseppi'a/ s. f. inv. ● Accorc. di *società per azioni*.

spaccalégna [comp. di *spacca(re)* (*1*) e *legna*; av. 1793] s. m. e f. inv. ● Chi per mestiere spacca legna da ardere.

spaccaménto [da *spaccare* (*1*); 1818] **s. m.** ● (*raro*) Lo spaccare | Spaccatura.

spaccamontàgne [comp. di *spacca(re)* (*1*) e il pl. di *montagna*; 1726] **s. m. e f. inv.** ● Spaccone | Gradasso.

spaccamónti [comp. di *spacca(re)* (*1*) e il pl. di *monte*; 1669] **s. m. e f. inv.** ● Spaccamontagne.

spaccaòssa [comp. di *spacca(re)* (*1*) e il pl. di *osso*; 1932] **s. m. inv.** ● Coltello a lama larga e pesante, usato in macelleria o cucina per spaccare le ossa dei pezzi di carne.

spaccapiètre [comp. di *spaccare* (*1*) e il pl. di *pietra*; 1882] **s. m. e f. inv.** ● Operaio che spacca le pietre usate per lavori o pavimentazioni stradali.

♦**spaccàre** (**1**) [dal longob. *spahhan* 'fendere'; sec. XIV] **A v. tr.** (*io spàcco, tu spàcchi*) **1** Rompere, spezzare in due o più parti mediante azione violenta, spec. usando uno strumento tagliente o contundente: *s. la legna*; *s. le pietre con lo scalpello* | ***S. la faccia, il muso, a qlcu.***, (*fig.*) picchiarlo o minacciare di picchiarlo duramente | ***S. le pietre***, (*fig.*) detto di sole cocente | (*fig.*) ***S. il minuto***, †***s. il sessanta***, di orologio preciso, esattissimo | (*fig.*) ***S. un capello in quattro***, essere eccessivamente scrupoloso | (*fam.*) ***O la va o la spacca***, si dice quando si decide di fare qlco. rischiando il tutto per tutto. **2** (*fig.*) Dividere nettamente, scindere: *s. un partito*; *la questione ha spaccato l'opinione pubblica*. **B v. intr. pron.** ● Rompersi, fendersi: *il muro si spacca qua e là*; *col freddo la pelle si spacca* | Strapparsi: *cadendo mi si è spaccata la giacca* | (*fig.*) Dividersi, scindersi: *la maggioranza si è spaccata*.

spaccàre (**2**) [contr. di *impaccare*, con cambio di pref. (*s-*)] **v. tr.** (*io spàcco, tu spàcchi*) ● (*raro*) Aprire un pacco, levare qlco. da un pacco.

spaccasàssi [comp. di *spacca(re)* e del pl. di *sasso* per la sua proprietà di insinuarsi con le forti radici nella roccia fino a spaccarla; 1972] **s. m. inv.** ● (*bot.*) Bagolaro.

spaccàta [av. 1806] **s. f. 1** Atto dello spaccare in una volta, nel sign. di *spaccare* (*1*). **2** (*gerg.*) In ginnastica, divaricata | In alpinismo, posizione base adottata in camini e diedri, consistente nell'appoggiare un piede e una mano a ciascuna delle due pareti opposte. **3** (*gerg.*) Furto compiuto infrangendo una vetrina e asportandone il contenuto.

spaccatìmpani [comp. di *spacca(re)* e del pl. di *timpano*] **agg. inv.** ● (*fig., iperb.*) Assordante, troppo rumoroso, così acuto da rendere quasi sordo: *musica, discoteca, urlo s.*

spaccàto [av. 1535] **A part. pass.** di *spaccare* (*1*); anche **agg. 1** Rotto, spezzato (*anche in senso fig.*). **2** (*fig., raro*) Patente, manifesto: *Avevi ragione spaccata* (FENOGLIO) | Tale e quale: *quel bambino è suo fratello s.* **3** (*fig., fam.*) Dalla pronuncia fortemente scolpita: *parlare fiorentino s.* || **spaccataménte**, **avv.** Decisamente, recisamente. **B s. m. 1** Rappresentazione di un edificio o di una struttura in genere, eseguita mediante sezione verticale, in modo da mostrarne la composizione interna. **2** (*fig.*) Descrizione sintetica ma esauriente, particolareggiata: *uno s. della realtà italiana del secondo dopoguerra*.

spaccatùra [da *spaccare* (*1*); sec. XIV] **s. f. 1** Lo spaccare, lo spaccarsi. **2** Punto in cui qlco. si spacca o è spaccata | Fenditura tra i due lati di qlco. spaccata. **3** (*fig.*) Disaccordo, contrasto | (*fig.*) Rottura di rapporti, scissione.

spaccatùtto [comp. di *spacca(re)* e *tutto*; 1991] **agg. inv.**; anche **s. m. e f. inv.** ● Che (o Chi) tende a provocare danni o rotture: *un ragazzino s.*

spacchettàre [calco su *impacchettare*, con cambio di pref. (*s-*); 1891] **v. tr.** (*io spacchétto*) ● Disfare un pacchetto, levare qlco. da un pacchetto.

spacchétto [1873] **s. m. 1** Dim. di *spacco*. **2** Breve spacco ai lati o al centro della parte posteriore nella giacca da uomo. || **spacchettino**, **dim.**

spacciàbile [1675] **agg.** ● Che si può spacciare.

†**spacciaménto** [1476] **s. m.** ● Lo spacciare | Spaccio | (*lett.*) Disbrigo.

spacciàre [dall'ant. *dispacciare*, adattamento del provz. *despachar*, calco su *empachar* (V. *impacciare*), con cambio di pref. (*des-*); 1304] **A v. tr.** (*io spàccio*) **1** (*spec. lett.*) Sbrigare, spicciare: *s. le proprie faccende* | ***S. una questione***, risolverla. **2** Smerciare, vendere, in quantità notevole: *s. la propria merce*. **3** Mettere in circolazione (spec. in modo illecito): *s. moneta falsa*; *s. droga*; (*anche assol.*) *è stato sorpreso a s. davanti alla discoteca* | Far passare una cosa o una persona per un'altra: *s. ottone per oro*. **4** (*fam.*) Dichiarare inguaribile: *i medici lo hanno spacciato*. **5** †Inviare, spedire: *s. corrieri, messi*. **6** †Togliere di mezzo, uccidere. **B v. rifl. 1** †Spicciarsi, sbrigarsi. **2** Dare a credere di essere, farsi passare per: *spacciarsi per gran signore*.

†**spacciatìvo** [av. 1492] **agg.** ● Sommario, spiccio, sbrigativo.

spacciàto [sec. XIII] **part. pass.** di *spacciare*; anche **agg. 1** Nei sign. del v. **2** (*fam.*) Che non ha alcuna speranza di guarigione: *Il dottore ... lo diede per s.* (PAVESE) | (*fig.*) Rovinato. || **spacciataménte**, **avv.** Subito, presto.

spacciatóre [av. 1729] **s. m.** (**f.** *-trice*); anche **agg.** ● Chi (o Che) spaccia (spec. cose illecite): *s. di moneta falsa* | (*per anton.*) Chi spaccia droga: *arrestato uno s.*

spàccio (**1**) [da *spacciare*; 1353] **s. m. 1** Vendita al pubblico: *s. di merci*; *questa merce ha molto s.*; *essere autorizzato allo s. di carne congelata*. **2** Immissione in circolazione (spec. in modo illecito): *s. di biglietti falsi*; *s. di droga* | (*per anton.*) Spaccio di droga: *provvedimenti rivolti a colpire lo s.* **3** Negozio per la vendita al minuto spec. di generi alimentari | Nelle caserme o nell'ambito di una comunità, locale dove si vendono generi vari di conforto: *s. aziendale*. **SIN.** †Cantina. **4** †Commiato, separazione, partenza | †***Dare s.***, dare commiato: *si dà s. a la bestia trionfante, cioè a gli vizi che predominano* (BRUNO).

†**spàccio** (**2**) [da *dispaccio*; av. 1527] **s. m. 1** Spedizione di un dispaccio. **2** Dispaccio | Lettera di avviso.

spàcco [da *spaccare* (*1*); 1779] **s. m.** (**pl.** *-chi*) **1** Spaccatura, fenditura | (*agr.*) ***Innesto a s.***, eseguito inserendo le marze all'estremità dello spacco praticato al ramo o al tronco della pianta da innestare | (*est.*) Vano, apertura. **2** Taglio, strappo: *farsi uno s. nell'abito*. **3** Lungo taglio sul davanti, sul dietro o da un lato della gonna. || **spacchétto**, **dim.** (V.).

spacconàta [1711] **s. f.** ● Comportamento, discorso da spaccone.

spaccóne [da *spaccare* 'sentenziare con sussiego'; 1692] **s. m.** (**f.** *-a*) ● Chi si vanta di virtù, meriti, capacità, coraggio e sim. eccezionali, ma in realtà del tutto immaginari. **SIN.** Fanfarone, gradasso, smargiasso, spaccamontagne. || **spacconàccio**, **pegg.**

spacelab /ingl. 'speɪs,læb/ [vc. ingl., propr. 'laboratorio (*lab* per *laboratory*) dello spazio (*space*)'; 1979] **s. m. inv.** ● Laboratorio spaziale orbitante.

space shuttle /ingl. 'speɪs 'ʃʌtl/ [loc. ingl., comp. di *space* 'spazio' e *shuttle* 'navetta'; 1974] **s. m. inv.** (**pl.** ingl. *space shuttles*) ● (*aer.*) Navetta spaziale.

♦**spàda** o †**spàta** (**1**) [lat. *spătha(m)*, dal gr. *spáthē*, propr. 'spatola', di orig. indeur.; 1211] **A s. f. 1** Arma bianca da punta e taglio costituita da una lama di acciaio rettilinea, appuntita e con uno o due fili: *impugnatura, elsa, pomo, fondina, fodero, filo, della s.*; *con la s. in pugno* | ***Cingere la s.***, armarsene; (*est.*) combattere | ***Sguainare, snudare la s.***, toglierla dal fodero; (*est.*) iniziare un combattimento, una lotta | ***Rimettere, riporre la s. nel fodero***, riporvela; (*est.*) smettere un combattimento, una lotta | ***Incrociare le spade***, iniziare a combattere | ***Incrociare la s. con qlcu.***, battersi con qlcu. | ***Brandire la s.***, accingersi a un combattimento, una lotta (*anche fig.*) | ***Mettere, passare a fil di s.***, uccidere trapassando con la spada | ***A s. tratta***, (*fig.*) con slancio, vigore, impeto: *difendere, sostenere qlcu. a s. tratta* | (*lett.*) ***Venire a mezza s.***, alla conclusione: *a mezza s. vengono di botto* (ARIOSTO) | (*pop., fig.*) ***Dritto come una s.***, assolutamente dritto | ***S. di Damocle***, quella, trattenuta da un crine di cavallo, che Dionigi il Vecchio fece pendere dal soffitto sul trono ove sedeva il favorito Damocle per convincerlo della pericolosa incertezza del potere; (*fig.*) minaccia sempre incombente | ***Cameriere di cappa e s.***, nella corte pontificia, dignitario laico o ecclesiastico con titolo e incarico onorifico. **2** Una delle tre armi della scherma, a lama triangolare e rigida d'acciaio, il cui colpo è valido solo se arriva di punta: *scherma di s.* | Anticamente, gener. fioretto. ➡ **ILL.** p. 2150 SPORT. **3** (*est.*) Soldato armato di spada | Spadaccino, tiratore di spada: *è un'ottima s.* **4** Simbolo della Giustizia. **5** (*raro, fig.*) Trafittura, dolore: *sentire una s. nel cuore*. **6** (*spec. al pl.*) Uno dei quattro segni o semi delle carte da gioco italiane e dei tarocchi. || **PROV.** Ne ammazza più la gola che la spada. || **spadàccia**, **pegg.** | **spadétta**, **dim.** | **spadina**, **dim.** (V.) | **spadino**, **dim. m.** (V.) | **spadóna**, **accr.** (V.) | **spadóne**, **accr. m.** (V.) | **spadùccia**, **dim. B** in funzione di **agg. inv.** ● (posposto al s.) Nella loc. ***pesce s.***, V. *pesce*.

spadaccino [sec. XIV] **s. m.** (**f.** *-a*) ● Chi mostra abilità nell'adoperare la spada: *essere un abile, un bravo, s.*

spadacciòla [da *spada*; av. 1498] **s. f.** ● (*bot.*) Gladiolo.

spadàio o (*region.*) **spadàro** [lat. *spathăriu(m)*, da *spătha* 'spada'; 1308] **s. m.** (**f.** *-a*) ● Fabbricante di spade.

spadàra [1989] **s. f.** ● (*pesca*) Rete di notevole lunghezza usata per la cattura del pesce spada.

spadàta [av. 1611] **s. f.** ● (*raro*) Colpo di spada.

spadellàre o **padellàre** [da *padella* 'tiro mancato', con *s-*; 1922] **v. intr.** (*io spadèllo*; aus. *avere*) **1** Nel gergo dei cacciatori e di chi pratica lo sport del tiro, fallire clamorosamente un colpo. **2** (*fam.*) Spignattare.

spadellatóre [da *spadellare*; 1967] **s. m.** (**f.** *-trice*) ● (*gerg.*) Cacciatore che abitualmente fallisce i colpi.

spadèrna [etim. incerta] **s. f.** ● (*pesca*) Lunga lenza costituita da una corda a cui sono attaccati braccioli recanti gli ami, usata per la pesca di fondo nelle acque dolci.

spàdice [vc. dotta, dal lat. *spadīce(m)*, dal gr. *spádix*, genit. *spádikos* 'ramo di palma', da *spân* 'tirare', di orig. indeur.; 1809] **s. m.** ● (*bot.*) Infiorescenza formata da un asse ingrossato e carnoso con fiori sessili avvolto da una lunga brattea.

Spadiciflòre [comp. di *spadi(ce)* e *-flore*, dal lat. *flōs*, genit. *flōris* 'fiore'; 1929] **s. f. pl.** (**sing.** *-a*) ● Nella tassonomia vegetale, ordine di Monocotiledoni con dense infiorescenze a spadice (*Spadiciflorae*). ➡ **ILL.** **piante**/10.

spadifórme [comp. di *spada* e *-forme*; 1838] **agg.** ● (*lett.*) Che ha forma di spada.

spadina [1838] **s. f. 1** Dim. di *spada*. **2** Spillone in forma di spada con cui le donne si tenevano ferma l'acconciatura dei capelli.

spadino [av. 1704] **s. m. 1** Dim. di *spada*. **2** Piccola spada per uso militare e civile, usata spec. come arma da cerimonia.

spadista [1935] **s. m. e f.** (**pl. m.** *-i*) ● Chi pratica la scherma di spada.

spadóna [da *spada*; 1821] **A s. f. 1** Accr. di *spada*. **2** Varietà coltivata di pero dal frutto allungato, verde, sugoso e saporito, che matura in agosto. **B** anche **agg.** solo **f.**: *pera s.*

spadonàta [da *spadone* (*1*); 1891] **s. f.** ● (*raro*) Colpo di spadone.

spadóne (**1**) [av. 1566] **s. m. 1** Accr. di *spada*. **2** Grossa spada con lama a due fili, usata un tempo dalla cavalleria pesante.

†**spadóne** (**2**) [vc. dotta, dal lat. *spadōne(m)* 'eunuco', dal gr. *spádōn*, genit. *spádōnos*, da *spân* 'tirare', di orig. indeur.; av. 1292] **s. m.** ● Eunuco.

spadroneggiàre [da *padrone* con *s-* intensivo e *-eggiare*; av. 1767] **v. intr.** (*io spadronéggio*; aus. *avere*) ● Fare da padrone senza averne il diritto, comportandosi con prepotenza.

spaeṣaménto [da *spaesare*; 1934] **s. m.** ● Disorientamento, smarrimento: *non tardo ad avvertire un senso di solitudine e di s.* (CALVINO).

spaeṣàto [da *paese*, con *s-*; 1869] **agg.** ● Che sente disagio e imbarazzo per essere fra persone estranee, o troppo dissimili, o in ambiente diverso dal proprio e sim.: *essere, sentirsi, sembrare s.*

†**spagàto** [calco su *appagato*, con cambio di pref. (*s-*); av. 1348] **agg.** ● (*raro*) Insoddisfatto.

spagherìa [da *spago* (*1*); 1930] **s. f.** ● Fabbrica di spaghi.

spaghettàta [1950] **s. f.** ● (*fam.*) Mangiata di spaghetti: *fare una s.*; *la s. di mezzanotte*.

spaghetterìa [comp. di *spaghet(ti)* con il suff. *-eria*; 1983] **s. f.** ● Ristorante o trattoria nel quale si servono quasi esclusivamente spaghetti o una grande varietà di primi piatti.

spaghettièra [dal pl. di *spaghetto*; 1987] **s. f.** ● Recipiente usato per servire in tavola spaghetti o altra pastasciutta | Casseruola profonda usata per cuocere spaghetti.

♦**spaghétto** (1) [da *spago* (1); 1353] **s. m.** *1* Dim. di *spago* (1). *2* (*spec. al pl.*) Pasta alimentare lunga e sottile, non bucata, da minestra asciutta: *spaghetti al pomodoro*; *spaghetti alla chitarra*. *3* (*cine*, *scherz.*) Nella loc. ***spaghetti-western***, film western all'italiana. ‖ **spaghettino**, **dim.**

spaghétto (2) [da *spago* (2); av. 1793] **s. m.** ● (*region.*) Paura, fifa: *prendersi uno s.*; *che s.!*

spaginàre [da *pagina*, con *s-*; 1873] **v. tr.** (*io spàgino*) ● Disfare l'impaginatura.

spaginatùra [1940] **s. f.** ● Lo spaginare.

spagirica [prob. comp. del gr. *spân* 'separare (le sostanze)' (d'etim. incerta) e *agéirein* 'riunire (le sostanze)' (da *ágein* 'condurre', d'orig. indeur.)] **s. f.** ● Secondo la terminologia di Paracelso, l'antica scienza chimica intesa come arte che si occupa della composizione e decomposizione delle sostanze.

spagirico [vc. dotta, dal lat. *spargĭricu(m)*, vc. usata, e forse inventata, da Paracelso (1493-1541); av. 1640] **agg.** (**pl. m.** *-ci*) ● Relativo alla spagirica.

spagliaménto [da *spagliare* (1); 1865] **s. m.** ● (*raro*) Spagliatura.

spagliàre (1) [da *paglia*, con *s-*; sec. XIV] **A v. tr.** (*io spàglio*) ● Levare la paglia che copre o riveste: *s. i piatti imballati*; *s. seggiole*. **B v. intr.** (aus. *avere*) *1* Muovere la paglia nelle stalle, detto di animali: *i buoi spagliano*. *2* (*raro*) Alimentarsi con paglia, detto di animali: *gli asini spagliano*. *3* (*fig.*, *disus.*) Scroccare. **C v. intr. pron.** ● Perdere la paglia che copre o riveste: *i fiaschi si spagliano con facilità*.

spagliàre (2) [di etim. discussa: da un tema mediterr. **palja-*, con *s-* (?); av. 1742] **v. intr.** (*io spàglio*; aus. *avere*) ● Straripare e spandersi per la pianura, detto di acque.

spagliàto [av. 1685] **part. pass.** di *spagliare* (1); anche **agg.** ● Nei sign. del v.: *grano s.*; *una seggiola spagliata*.

†**spagliatóre** [1657] **agg. e s. m.** (**f.** *-trice*, o *-tora*) ● Addetto alla spagliatura del grano.

spagliatùra [1891] **s. f.** *1* Operazione del separare il grano dalla paglia. *2* Lo spagliarsi, detto di un fiasco, una sedia e sim. | Il punto spagliato.

spàglio [1779] **s. m.** *1* (*tosc.*) Straripamento | Terreno invaso da acque. *2* (agr.) ***Seminare a s.***, distribuire il seme in modo sparso a mano o a macchina.

spàgna [detta così perché portata dalla *Spagna*, dove la introdussero gli Arabi; 1685] **agg.**; anche **s. f.** ● Nella loc. ***erba s.***, (*ellitt.*) ***spagna***, erba medica.

spagnàio [1960] **s. m.** ● Campo di erba medica, detta anche erba spagna. **SIN.** Medicaio.

spagnòla [f. sost. di *spagnolo*; 1918] **s. f.** ● Febbre spagnola.

†**spagnolàta** [da *spagnolo*; av. 1625] **s. f.** ● Millanteria, spacconata.

spagnoleggiàre [da *spagnolo*, con suff. iter.-intens.; 1618] **v. intr.** (*io spagnoléggio*; aus. *avere*) *1* (*raro*) Usare voci, locuzioni, atteggiamenti e sim. spagnoli. *2* (*disus.*) Comportarsi boriosamente, secondo il modo considerato tipico degli spagnoli.

spagnolésco [1536] **agg.** (**pl. m.** *-schi*) ● (*spreg.*) Proprio dei modi altezzosi e boriosi considerati un tempo tipici degli Spagnoli. ‖ **spagnolescaménte**, **avv.**

spagnolétta [da *spagnolo*, con allusione all'orig.; 1771] **s. f.** *1* (*disus.*) Sigaretta: *l'avvocato ... stava facendo delle spagnolette* (VERGA). *2* Cilindro di cartoncino su cui si avvolge cotone o seta da cucire | Filato così avvolto. *3* Serrame per finestra costituito da un'asta metallica lunga quanto l'imposta e con ganci alle estremità, che si comanda mediante una maniglia. *4* Sciarpa o scialletto triangolare di pizzo che si porta sul capo con la punta che sfiora la fronte. *5* (*region.*) Arachide.

spagnolismo [da *spagnolo*, con *-ismo*; 1611] **s. m.** *1* Parola o locuzione di origine spagnola. *2* Usanza, moda spagnola | Gusto del fastoso, dell'appariscente, dell'esteriore, considerato tipico degli spagnoli.

spagnòlo o (*lett.*) **spagnuòlo** [da *Spagna*, dal lat. *Hispānia(m)*; sec. XIII] **A agg.** *1* Della Spagna: *lingua, letteratura spagnola*; *usanza spagnola* | ***Alla spagnola***, (*ellitt.*) alla maniera degli spagnoli. **CFR.** ibero-, ispano-. *2* (*med.*) ***Febbre spagnola***, forma influenzale grave diffusasi epidemicamente nel 1918. **B s. m.** (**f.** *-a*) ● Abitante della Spagna. **C s. m.** solo **sing.** ● Lingua del gruppo romanzo, parlata in Spagna.

♦**spàgo** (1) [lat. tardo *spăcu(m)* 'funicella', di etim. incerta; sec. XIII] **s. m.** (**pl.** *-ghi*) ● Funicella di piccolo diametro, normalmente fatta con due soli fili ritorti, spec. di canapa: *s. grosso*, *sottile*; *legare con lo s.*; *un gomitolo di s.* | Speciale filo di canapa da adoperare per cucire la suola e i sottopiedi di una scarpa | ***Dare s. a qlcu.***, (*fig.*) secondarlo, incoraggiarlo a parlare, a prendersi certe libertà, e sim. (dall'uso di legare le galline con uno spago per limitarne i movimenti). ‖ **spagàccio**, **pegg.** | **spaghetto**, **dim.** (V.).

spàgo (2) [di etim. incerta: deformazione gerg. di un deriv. del lat. *păvor*, genit. *pavōris* 'paura', con sovrapposizione di *spago* (1), avvicinato a *filo*, che aveva già questo significato nel gergo venez. del XVI sec. (?); 1466 ca.] **s. m.** (**pl.** *-ghi*) ● (*fam.*) Paura, fifa: *prendersi uno s.*; *un bello s.*; *che s.!*. ‖ **spaghétto**, **dim.** (V.).

spàhi /*fr.* spa'i/ [dal fr. *spahi* nel sign. 2, vc. turca dal persiano *sipāhi* 'soldato di cavalleria'; av. 1536] **s. m. inv.** *1* Soldato turco a cavallo (fra il 1500 e il 1800). *2* Soldato indigeno di cavalleria leggera dell'esercito francese, stanziato nel nord Africa durante la dominazione coloniale.

spài [av. 1536] **s. m. inv.** ● Adattamento di *spahi* (V.).

spaiaménto [av. 1620] **s. m.** ● Atto dello spaiare.

spaiàre [da *paio* (1), con *s-*; 1691] **v. tr.** (*io spàio*) ● Separare chi (o ciò che) è appaiato.

spaiàto [av. 1587] **part. pass.** di *spaiare*; anche **agg.** ● Nei sign. del v.

spalancaménto [1683] **s. m.** ● Lo spalancare | Completa apertura di una porta.

♦**spalancàre** [da *palanca* (1), con *s-*; 1483] **A v. tr.** (*io spalànco*, *tu spalànchi*) ● Aprire interamente, del tutto: *s. la porta* | ***S. gli occhi***, aprirli bene per osservare, per meraviglia, timore o sim. | ***S. la bocca***, per gridare, sbadigliare, mangiare, o per meraviglia e sim. | ***S. le braccia***, per abbracciare qlcu. o per gioia, rassegnazione, e sim. | (*fig.*) ***S. gli orecchi***, ascoltare con la massima attenzione. **B v. intr. pron.** ● Aprirsi del tutto, completamente.

spalancàto [av. 1591] **part. pass.** di *spalancare*; anche **agg.** ● Nei sign. del v.: *finestra spalancata*; *mi accolse a braccia spalancate*.

spalanéve [comp. di *spala(re)* e *neve*] **s. m. inv.** ● Macchina che libera le strade dalla neve.

spalàre (1) [da *pala*, con *s-* durativo-intens.; 1847] **v. tr.** ● (*mar.*) Sollevare dall'acqua le pale dei remi tenendole orizzontali sull'acqua.

spalàre (2) [da *pala*, con *s-* sottrattivo; sec. XIV] **v. tr.** ● Levare via con la pala: *s. la neve* | ***S. il grano***, aerarlo con la pala.

spalàta [1838] **s. f.** *1* Atto dello spalare una volta, nel sign. di *spalare* (2) | Colpo di pala. *2* Quantità di terra, grano, o sim. contenuta nella pala.

spalatóre [da *spalare* (2); av. 1430] **s. m.** (**f.** *-trice*) ● Chi spala neve o terra.

spalatrice [f. di *spalatore*; 1965] **s. f.** ● Macchina per ammassare e smuovere materiali sciolti, spec. cereali.

spalatùra [1821] **s. f.** ● Attività, lavoro dello spalare, nel sign. di *spalare* (2).

spalcàre [da *palco*, con *s-*; 1555] **v. tr.** (*io spàlco*, *tu spàlchi*) *1* Disfare il palco, l'impalcatura. *2* (*agr.*) Togliere a un albero gli ultimi palchi dei rami.

spalcatùra [da *spalcare*; 1965] **s. f.** ● (*agr.*) Operazione di potatura consistente nell'eliminare i rami più bassi della chioma di un albero.

†**spàldo** ● V. *spalto*.

♦**spàlla** [lat. *spătula(m)*, dim. di *spătha* 'spatola' e poi 'scapola, spalla'; sec. XIII] **s. f.** *1* (*anat.*) Nel corpo umano, ciascuna delle due parti comprese tra il collo e l'attaccatura del braccio: *s. sinistra*, *destra*; *mettere una mano sulla s. di qlcu.*; *avere un bel paio di spalle*; *spalle robuste*, *magre*, *tonde*; *essere forte*, *debole*, *di spalle* | (*al pl.*) Schiena: *tenere le spalle curve*; *mettersi la giacca sulle spalle* | ***A s.***, sulle spalle: *trasportare*, *portare*, *qlco. a s.* | (*fig.*) ***Gambe in s.!***, V. *gamba*, sign. 1 | (*giorn.*) Settore in alto a destra della pagina di un giornale: *articolo*, *titolo*, *di s.* | ***Violino di s.***, (*ellitt.*) **spalla**, V. *violino* | ***Accarezzare le spalle a qlcu.***, (*fig.*, *scherz.*) bastonarlo | ***Gravare le spalle***, (*fig.*) affliggere, dare molestia | ***Lavorare di spalle***, (*fig.*) farsi largo con qualsiasi mezzo | ***Alzare le spalle***, ***stringersi nelle spalle***, per esprimere rinuncia a fare o a dire, pensando che sarebbe inutile; (*est.*) disinteressarsi di qlco. | ***Alzata di spalle***, in segno di noncuranza, disprezzo o sim. | (*fig.*) ***Sulle spalle***, su di sé | ***Prendersi qlco. sulle spalle***, (*fig.*) assumersene la responsabilità | ***Avere qlcu.***, ***la famiglia***, e sim. ***sulle spalle***, (*fig.*) doverla mantenere | (*fig.*) ***Gettare la responsabilità***, ***la colpa*** e sim. ***sulle spalle di qlcu.***, addossargliele | ***Avere x anni sulle spalle***, avere quella data età, spec. avanzata | ***Vivere***, ***mangiare*** e sim. ***alle spalle di qlcu.***, (*fig.*) a suo carico, a sue spese | ***Avere buone spalle***, essere forte, anche moralmente | ***Voltare le spalle a qlcu.***, (*fig.*) abbandonarlo, negargli il proprio aiuto: *ora che vi hanno messo nell'impiccio vi voltano le spalle* (VERGA) | ***Volgere le spalle***, fuggire | ***Avere le spalle quadrate***, ***le spalle grosse***, (*fig.*) saper sopportare, saper resistere | ***Gettarsi qlco. dietro le spalle***, (*fig.*) non volersene più curare, dimenticarla | ***Alle spalle di qlcu.*** o ***di qlco.***, dietro | ***Ridere alle spalle di qlcu.***, (*fig.*) farsi beffe in sua assenza | ***Sparlare alle spalle di qlcu.***, (*fig.*) dirne male in sua assenza | ***Prendere***, ***colpire***, ***assalire***, ***alle spalle***, di sorpresa, imprevedibilmente; (*fig.*) a tradimento | ***Guardarsi alle spalle***, ***guardarsi le spalle***, (*fig.*) difendersi da eventuali insidie o pericoli | ***Mettere qlcu. con le spalle al muro***, (*fig.*) costringerlo a far fronte alle sue responsabilità | ***Essere con le spalle al muro***, (*fig.*) non avere alternative. *2* (*zool.*) Nei quadrupedi, regione della parete toracica intimamente collegata all'arto anteriore | Taglio di carne del quarto anteriore, usato per cotolette, brasato, bollito ecc. *3* Negli indumenti, parte che copre la spalla: *s. imbottita*. *4* Falda, fianco di montagna o collina. *5* Spalletta, rialzo laterale, argine. *6* (*arch.*) Piedritto d'arco o volta. *7* (*fig.*) Attore che nel teatro di rivista sostiene il ruolo di contraddittore del comico, per dargli la battuta | (*est.*) Collaboratore: *fare da s. a qlcu.* | †***Dare di s. a qlcu.***, ***essere di***, ***fare da s. a qlcu.***, dargli aiuto, soccorso. *8* Nella faccia superiore del fusto di un carattere tipografico, parte della forza di corpo non occupata dall'occhio della lettera. *9* (*mar.*) La parte della pala del timone a proravia dell'asse. ‖ **spallàccia**, **pegg.** | **spallùccia**, **dim.** (V.).

spallàccio [da *spalla*; sec. XIV] **s. m.** *1* Pezza d'armatura antica a protezione della spalla che si univa a incastro con il bracciale. *2* Specie di spallina in uniformi antiche. *3* Ciascuna delle due cinghie di cuoio o di grossa tela mediante cui si portano a spalla gli zaini. *4* Cinghia passante sulla spalla per sorreggere una giberna o un cinturone appesantito dalle cartuccere, dalla pistola e sim.

spallaménto **s. m.** ● (*mecc.*) Piano normale all'asse di un albero o di un foro, ricavato mediante variazione dei rispettivi diametri.

spallàre (1) [da *spalla*; sec. XIV] **A v. tr.** *1* Accostare il fucile alla spalla prima dello sparo. *2* †Fiaccare, rovinare le spalle di un animale da fatica per eccessivo sforzo. **B v. intr. pron.** ● †Danneggiarsi una spalla o le spalle.

spallàre (2) [denom. di *palla* col pref. *s-*; av. 1879] **A v. intr.** e **intr. pron.** (aus. intr. *avere*) ● Nel gioco del biliardo, restare scoperto con la propria palla. **B v. tr.** ● Fare in modo che l'avversario si trovi con la palla scoperta.

spallàrm o **spall'àrm** [comp. di *spall(a)* e *arm(a)*; av. 1912] **A inter.** ● Si usa come comando a militari schierati perché portino il fucile alla spalla destra, con la canna rivolta all'indietro, e ve lo appoggino reggendolo nella giusta inclinazione, impugnando il calcio con la mano destra. **B s. m.** *1* Il comando stesso. *2* La posizione stessa.

spallàta [1598] **s. f.** *1* Urto dato con la spalla: *la s. lo fece cadere*. *2* Alzata di spalle, per indifferenza, disprezzo, e sim.

spallàto ● V. *sballato*.

spallazióne [ingl. *spallation*, da *to spall* 'sbriciolare a martellate' (d'orig. incerta); 1974] **s. f.** ● (*fis. nucl.*) Reazione nucleare in cui una particella di alta energia causa l'emissione di più frammenti da un nucleo.

spalleggiaménto [1683] **s. m.** ● Protezione, sostegno.

spalleggiàre [da *spalla*, con suff. iter.-intens.; 1602] **A v. tr.** (*io spalléggio*) *1* Sostenere, proteggere, dando aiuto e appoggio: *s. qlcu. contro qlcu. altro*. **2** (*mil.*) Trasportare sulle spalle: *s. i cannoni*. **B** v. rifl. rec. ● Difendersi, sostenersi a vicenda.

spallétta [da *spalla*; 1511] s. f. **1** Parapetto di un ponte. **2** Parte rialzata del terreno, che serve di argine a un fiume. **3** Strombatura di porta o finestra, nella quale sono infisse le imposte.

spallièra [da *spalla*; av. 1363] s. f. **1** Sostegno per la schiena di un sedile, spesso artisticamente decorato e di forma diversa. **2** Elemento verticale posto a capo e a piedi del letto. CFR. Pediera, testiera. **3** (*agr.*) Sistema consistente nel disporre in filare, su intelaiatura appoggiata di solito a un muro, piante da frutto e ornamentali, allevate in forme diverse: *peri, viti a s.*; *una s. di gelsomini*. **4** Attrezzo ginnico, fissato alla parete, costituito da due montanti cui sono infisse orizzontalmente, a una determinata distanza fra loro, delle aste. **5** (*mar.*) Primi banchi della galea vicino alla poppa. || **spallierétta**, dim. | **spallierina**, dim.

spallière [da *spalla*; 1602] s. m. ● (*mar.*) Sulle galee, ciascuno dei due vogavanti che per primo regolava la voga.

spallina [da *spalla*; 1819] s. f. **1** Ornamento della divisa militare, sopra la spalla, di varia foggia e dimensione, che serve anche come distintivo | (*fig.*) ***Guadagnarsi le spalline***, essere promosso ufficiale. **2** Striscia più o meno larga di tessuto che regge grembiuli, sottovesti e sim. | Imbottitura nelle spalle di abiti e cappotti.

spallino (**1**) [da *spalla*; 1817] s. m. ● (*tosc.*) Spallina: *gli spallini lucenti ... nell'uniforme di gala* (VERGA).

spallino (**2**) s. m. (f. *-a*) ● Chi gioca nella squadra di calcio ferrarese della Spal o ne è sostenitore.

spallóne [da *spalla*; 1869] s. m. **1** Negli impermeabili o in giacche sportive, pezzo di stoffa aggiunto per meglio proteggere petto e spalle. **2** (*gerg.*) Portatore di merci di contrabbando. **3** Nei giornali, grande titolo di spalla.

spallùccia [sec. XV] s. f. (pl. *-ce*) **1** Dim. di *spalla*. **2** Nella loc. ***fare spallucce***, stringersi nelle spalle in segno di indifferenza, dubbio o sim.

spallucciàta [da *spalluccia*; 1840] s. f. ● Rapida alzata di spalle: *disse finalmente quel monello facendo una spallucciata* (COLLODI).

†**spallùto** [1547] agg. ● Che ha larghe spalle.

spalmàre [da *palma* (*1*), con *s-*; av. 1374] **A** v. tr. **1** Stendere con uniformità una sostanza pastosa od oleosa su una superficie solida: *s. il burro sul pane*; *s. il pane di burro*; *spalmarsi una crema sul viso*; *spalmarsi il viso di crema*. **2** (*fig.*) Distribuire, suddividere: *s. gli aumenti dei costi su tutti i prodotti*. **B** v. rifl. ● Cospargersi: *spalmarsi di unguenti*.

spalmàta [1873] s. f. ● Atto dello spalmare spec. in una sola volta e affrettatamente. || **spalmatina**, dim.

spalmatóre [av. 1557] **A** s. m.; anche agg. (f. *-trice*) ● Chi (o Che) spalma. **B** s. m. ● Operaio addetto alla spalmatrice.

spalmatrice [f. di *spalmatore*; 1933] s. f. ● Macchina per rivestire di gomma o di appretto un tessuto, una carta, e sim.

spalmatùra [1607] s. f. ● Operazione dello spalmare.

spàlmo [da *spalmare*; 1814] s. m. ● (*raro*) Spalmatura.

spàlto o †**spàldo** [dal longob. *spalt* '(bastione) dalle molte aperture'. V. ted. *spalten* 'fendere'; sec. XIII] s. m. **1** Terrapieno o muro antistante al fosso delle antiche opere fortificate, a protezione dei difensori | (*est.*) Bastione. ➡ ILL. p. 2120 ARCHITETTURA. **2** (*al pl.*) Nel linguaggio sportivo, gradinata dello stadio: *la folla sugli spalti*.

spàmming /ˈspamin(g), *ingl.* ˈspæmɪŋ/ [vc. ingl. da *Spam*® 'prosciutto in scatola', parola ricorrente nel popolarissimo show della tv ingl. *Monty Python's Flying Circus*, iniziato nel 1969; 1996] s. m. inv. ● (*elab.*) Diffusione tramite posta elettronica di messaggi pubblicitari o di altra natura non richiesti dai destinatari.

spampanaménto [1745] s. m. ● (*raro*) Spampanatura.

spampanàre o (*raro*) **spampinàre** [da *pampano*, variante di *pampino*, con *s-*; av. 1320] **A** v. tr. (*io spàmpano*) **1** Privare le viti dei pampini, spec. in vicinanza della vendemmia. **2** (*lett.*) Ostentare, sfoggiare | (*assol.*, *region.*) Vantarsi. **B** v. intr. pron. ● Perdere i pampini | Detto dei fiori, spec. delle rose, allargarsi molto dei petali e stare per cadere.

spampanàta [1565] s. f. **1** (*raro*) Atto dello spampanare una volta. **2** (*lett.*, *region.*) Vanto, millanteria.

spampanàto [1344 ca.] part. pass. di *spampanare*; anche agg. ● Nei sign. del v.

spampanatùra [av. 1686] s. f. ● Operazione dello spampanare.

spampinàre ● V. *spampanare*.

spanàre (**1**) [da *pane* (*di terra*), con *s-*; 1840] v. tr. ● Togliere il pane di terra alle radici delle piante da trapiantare.

spanàre (**2**) [da *pane* (*della vite*), con *s-*; 1853] **A** v. tr. ● Guastare l'impanatura o filettatura della vite. **B** v. intr. pron. ● Perdere la filettatura, per logorio o altro, detto di viti.

spanàto [1838] part. pass. di *spanare* (*2*); anche agg. ● Nei sign. del v.

spanciàre [da *pancia*, con *s-*; av. 1595] **A** v. tr. (*io spàncio*) **1** (*raro*) Sbudellare, sventrare. **2** (*aer.*) Cabrare un velivolo fino ad alta incidenza, talvolta fino allo stallo ed oltre: *il pilota spanciò il velivolo*. **B** v. intr. (aus. *avere*) **1** Battere la pancia sull'acqua nel tuffarsi. **2** (*aer.*) Detto di velivoli, procedere cabrando fino ad alta incidenza | Urtare il suolo col ventre per rottura o assenza del carrello: *l'aereo spanciò a terra, in acqua, su una casa*. **3** (*raro*, *tosc.*) Presentare un ingobbimento, detto di muri, affreschi, e sim. **C** v. intr. pron. **1** (*fig.*) Nella loc. ***spanciarsi dalle risa, dal ridere***, ridere a crepapelle. **2** (*raro*) Presentare un ingobbimento: *il dipinto si è spanciato*.

spanciàta [da *spanciare*; av. 1735] s. f. **1** Colpo dato battendo con la pancia: *dare una s.* **2** (*aer.*) Improvvisa perdita di quota durante una cabrata. **3** Scorpacciata: *farsi una s. di qlco.*

spàncio [deriv. di *spanciare* nel sign. B 3; sec. XVIII] s. m. ● (*raro*, *tosc.*) Ingobbimento, detto di muri, affreschi e sim.

spàndere [lat. *expàndere*, comp. di *ĕx-* (*s-*) e *pàndere* 'allargare, stendere', di orig. indeur.; av. 1250] **A** v. tr. (pass. rem. *io spandéi*, raro *spandètti* (o *-étti*), raro *spànsi*, *tu spandésti*; part. pass. *spànto*, †*spandùto*) **1** Distendere su un piano spec. ampio e con una certa regolarità: *s. il grano sull'aia*; *s. la cera sul pavimento*. **2** Versare, spargere: *s. un liquido sul tavolo* | ***S. lacrime***, piangere | ***S. acqua***, (*eufem.*, *fam.*) orinare. **3** Effondere: *s. profumo*; *la lampada spande luce chiara*. **4** (*lett.*, *fig.*) Divulgare, diffondere, propagare: *s. una notizia*; *incaute voci / spande il tuo labbro* (LEOPARDI). **5** Scialacquare, sperperare, spec. nella loc. ***spendere e s.*** (*anche assol.*). **B** v. intr. pron. **1** Spargersi, allargarsi: *le acque si spandono nella, per la campagna*. **2** Diffondersi: *la luce ... si spande sopra la terra per moltiplicarsi, generarsi e amplificarsi* (CAMPANELLA) | Effondersi. **3** (*lett.*) Riversarsi: *la gioventù del loco / lascia le case, e per le vie si spande* (LEOPARDI).

spandicèra [comp. di *spandere* e *cera*; 1960] **A** s. m. inv. ● Attrezzo di uso domestico con lungo manico, per spandere uniformemente la cera sul pavimento. **B** agg. inv. ● ***Spazzole s.***, quelle della lucidatrice, usate per spargere la cera sul pavimento.

spandiconcìme [comp. di *spandere* e *concime*; 1901] s. m. inv.; anche agg. inv. ● Macchina per spandere sul terreno, a spaglio o a righe, fertilizzanti e correttivi: *seminatrice s.*

spandifièno [comp. di *spandere* e *fieno*; 1862] s. m. inv. ● Macchina per spargere e rivoltare il fieno in modo uniforme. SIN. Voltafieno.

spandighiàia [comp. di *spande*(*re*) e *ghiaia*; 1989] s. m. inv. ● Macchina usata per spandere uniformemente ghiaia o materiali simili sul fondo stradale.

spandiletàme [comp. di *spandere* e *letame*; 1960] s. m. inv.; anche agg. inv. ● Macchina per distribuire il letame sul terreno. ➡ ILL. p. 2113 AGRICOLTURA.

spandiliquàme [comp. di *spande*(*re*) e *liquame*; 1976] s. m. inv. ● Macchina agricola per spandere liquami fertilizzanti sui campi.

spandiménto [sec. XIII] s. m. ● Lo spandere, lo spandersi | Spargimento: *s. di sangue*.

spandisàbbia [comp. di *spandere* e *sabbia*; 1970] s. m. inv. ● Dispositivo, applicato solitamente su un autocarro, per spargere sulle strade sabbia, miscelata con anticongelante, spec. con sale.

spandisàle [comp. di *spandere* e *sale*; 1983] s. m. inv.; anche agg. inv. ● Automezzo o dispositivo adibito a spargere sale sul manto stradale per evitare la formazione di ghiaccio. SIN. Spargisale.

spanditóre [av. 1348] s. m.; anche agg. (f. *-trice*) ● (*raro*) Chi (o Che) spande.

spanditùra [1891] s. f. ● (*raro*) Spandimento.

†**spandùto** [sec. XIV] part. pass. di *spandere*; anche agg. ● Nei sign. del v. | Sparso.

spaniàre [da *pania*, con *s-*; av. 1400] **A** v. tr. (*io spànio*) ● Liberare un uccello preso alla pania. **B** v. intr. pron. ● Liberarsi dalla pania | (*fig.*) Disimpacciarsi. **C** v. intr. (aus. *avere*) ● Levare le paniuzze.

spàniel /sˈpanjel, *ingl.* ˈspænjəł/ [vc. ingl., dall'ant. fr. *espaignol* 'spagnolo'; 1905] s. m. inv. ● Razza di cani da salotto o da caccia, di piccola statura, a muso rincagnato, orecchie pendenti e lungo pelame ondulato.

spànna [dal longob. *spanna*. V. ted. *Spanne* 'palmo del piede'; 1313] s. f. **1** Lunghezza della mano aperta e distesa, dalla estremità del mignolo a quella del pollice | (*fig.*, *fam.*) ***A spanne***, a occhio e croce, in modo approssimativo. **2** (*est.*) Misura (spec. altezza o lunghezza) molto piccola. SIN. Palmo. **3** (*est.*) Piccola quantità | ***Essere alto una s.***, essere molto piccolo. **4** (*lett.*) †Mano aperta.

†**spannàle** [av. 1400] agg. ● Che è lungo una spanna.

spannàre (**1**) [da *panna*, con *s-*; av. 1548] v. tr. ● Levare la panna al latte.

spannàre (**2**) [da *appannare* con sostituzione del pref. *-a* con l'opposto *s-*; av. 1936] v. tr. ● Eliminare l'appannamento di una superficie: *liquido per s. il parabrezza*.

spannaròla [da *spannare*; 1960] s. f. ● Attrezzo piatto d'alluminio usato nei caseifici per rompere e rivoltare la cagliata del grana per uniformare la temperatura.

spannatóia [da *spannare*; av. 1859] s. f. ● Mestola bucherellata per spannare il latte.

spannatùra [1891] s. f. ● Operazione dello spannare.

spannòcchia [da *pannocchia*, con *s-*; av. 1567] s. f. **1** V. *pannocchia* (*1*). **2** (*zool.*) Spannocchio.

spannocchiàre [da *pannocchia*, con *s-*; 1612] v. tr. (*io spannòcchio*) ● Togliere le pannocchie alle piante di mais.

spannocchiatùra [da *spannocchiare*; 1940] s. f. ● Operazione dello spannocchiare.

spannòcchio [da (*s*)*pannocchia*, per una certa somiglianza di forma; 1550] s. m. ● (*zool.*) Gambero di mare, molto ricercato per la grossezza e per le carni squisite.

spànsi ● V. *spandere*.

†**spànso** [lat. *expānsu*(*m*), part. pass. di *expàndere* 'spandere'. V. *espanso*; sec. XV] agg. ● Sparso | Esteso.

spantanàre [da *pantano*, con *s-*; av. 1675] **A** v. tr. ● (*disus.*) Togliere dal pantano | (*fig.*) Togliere da un impiccio, da un imbroglio, e sim. **B** v. intr. pron. ● Uscire da un pantano; (*fig.*) togliersi da una difficoltà, da un imbroglio, e sim.

spànto [sec. XIII] part. pass. di *spandere*; anche agg. ● Nei sign. del v.

spaparacchiàrsi [vc. nap., propr. 'spalancare', prob. vc. d'orig. espressiva; 1936] v. rifl. (*io mi sparàcchio*) ● (*region.*) Abbandonarsi, sdraiarsi, talora con atteggiamento scomposto, su una poltrona, divano e sim. SIN. Spaparanzarsi.

spaparanzàrsi [vc. espressiva; 1952] v. rifl. ● (*region.*) Spaparacchiarsi.

spappagallàre [da *pappagallo*, con *s-*; 1873] v. intr. (aus. *avere*) ● Fare il pappagallo, ripetendo meccanicamente le parole altrui.

spappolàbile [av. 1704] agg. ● (*raro*) Che si può spappolare.

spappolaménto [1907] s. m. ● Lo spappolare | (*med.*) Grave lesione di organo, spec. per trauma violento: *s. del fegato, della milza*.

spappolàre [da *pappa*, con *s-* e suff. iter.; av. 1568] **A** v. tr. (*io spàppolo*) ● Ridurre in poltiglia: *s. la carne per troppa cottura*. **B** v. intr. pron. ● Ridursi in poltiglia: *spappolarsi per schiacciamento*.

sparacchiàre [da *sparare*, con suff. iter.-dim.; 1942] v. tr. e intr. (*io sparàcchio*; aus. *avere*) ● Sparare ogni tanto un limitato numero di colpi.

sparachiòdi [comp. di *spara*(*re*) e il pl. di *chiodo*; 1970] **A** s. f. inv. ● Apparecchio ad aria compressa, di piccole dimensioni, simile nella forma a una pistola, per configgere chiodi. **B** anche agg. inv.: *pistola s.*

sparadràppo [dal fr. *sparadrap*, dal lat. mediev. *sparadrāpu(m)*, di orig. oscura; 1583] s. m. ● (*disus., region.*) Cerotto adesivo.

sparagèlla o **sparaghèlla** [da *sparagio*; 1763] s. f. ● (*pop.*) Varietà di asparago selvatico.

sparagiàia ● V. *asparagiaia*.

spàragio ● V. *asparago*.

sparagnàre [lat. mediev. *sparniāre*, dal germ. **sparōn*. V. ted. *sparen*; av. 1292] v. tr. e intr. (aus. *avere*) ● (*region.*) Risparmiare: *consolati che la fortuna ti sparagna de' bei fastidi* (NIEVO).

sparagnino [da *sparagnare*; 1858] agg.; anche s. m. (f. *-a*) ● (*region., spreg.*) Che (o Chi) mostra eccessiva parsimonia nello spendere.

sparàgno [da *sparagnare*; sec. XIV] s. m. ● (*region.*) Risparmio | (*spreg.*) Avarizia.

spàrago ● V. *asparago*.

sparanève [comp. di *spara(re)* e *neve*; 1984] agg. inv. ● Solo nella loc. ***cannone s.***, congegno che scaglia verso l'alto una miscela di acqua e aria che, a contatto con l'aria fredda esterna, si trasforma in neve.

sparapùnti [comp. di *spara(re)* e del pl. di *punto*] **A** s. f. inv. ● Apparecchio ad azionamento meccanico o pneumatico per configgere punti metallici. **B** anche agg. inv.: *pistola s.*

spararàzzi [comp. di *spara(re)* e del pl. di *razzo*; 1987] **A** s. m. inv. ● Congegno per lanciare razzi da segnalazione. **B** anche agg. inv. (posposto al s.): *arma, pistola s.*

sparàre (1) [da *parare*, con *s-*; 1260 ca.] **A** v. tr. **1** (*region.*) Sventrare con lungo taglio, squartare: *s. il pesce, un coniglio* | †(*med.*) Sezionare. **2** †Aprire sul davanti un indumento. **3** †Squarciare, fendere in due: *Orlando ... / l'avria sparato fin sopra la sella* (ARIOSTO). **B** v. rifl. ● Nella loc. (*fig.*) †***spararsi per qlcu.***, essere pronto a fare tutto per lui.

♦**sparàre (2)** [da *sparare (1)*; av. 1470] **A** v. tr. **1** Far scattare, azionare, il congegno di un'arma da fuoco: *s. un cannone*; *s. un colpo di fucile*; *s. un colpo in aria*; *s. una fucilata* | ***Spararsi un colpo***, uccidersi con un colpo d'arma da fuoco. **2** Tirare, scagliare: *s. calci, pugni* | ***S. il pallone in rete***, (*assol.*) ***s. a rete***, nel calcio, effettuare un forte tiro in porta. **3** (*fig.*) Dire cose false, esagerate: *s. fandonie*; *spararle grosse* | ***S. una cifra esorbitante***, richiederla | Dare grande risalto a una notizia giornalistica: *s. il fatto in prima pagina*. **4** (*mar.*) ***S. un moschettone, una bozza***, farli aprire con uno scatto, lasciando libero ciò che era trattenuto. **B** v. intr. (aus. *avere*) **1** Tirare con un'arma da fuoco, far fuoco: *s. bene, male*; *non sapere s.*; *imparare a s.*; *il fucile non spara*; *s. alla testa di qlcu.*; *s. a salve, a mitraglia* | ***S. a vista***, senza preavviso | ***S. a zero***, con l'alzo in posizione orizzontale perché il bersaglio è vicinissimo; (*fig.*) sottoporre qlcu. a un fuoco di fila di dure critiche | (*fig.*) ***S. nel gruppo, nel mucchio***, criticare alla rinfusa senza distinguere chi si colpisce | ***Spararsi***, uccidersi con un colpo d'arma da fuoco. **2** Nelle riprese televisive, produrre un abbagliamento, detto di superfici od oggetti troppo chiari.

sparàre (3) [da *parare* 'ornare, apprestare', con *s-*; av. 1484] **A** v. tr. ● (*raro*) Privare dei paramenti: *s. la chiesa*. CONTR. Parare. **B** v. rifl. ● (*raro*) Togliersi i paramenti.

†**sparàre (4)** [contr. di *imparare*, con cambio di pref. (*s-*); sec. XIII] v. tr. e intr. (aus. *avere*) ● (*tosc.*) Disimparare: *chi ha apparato tosto spara* (SACCHETTI).

sparàta [da *sparare (2)*; 1582] s. f. **1** Scarica di arma da fuoco. **2** (*fig.*) Millanteria, vantamento: *con la bocca tirata perché gli scappava da ridere per la s. che aveva in mente* (PASOLINI).

sparàto (1) [da *sparare (1)*; 1342] **A** agg. **1** †Sventrato con un lungo taglio, squartato: *un coniglio s.* **2** †Aperto sul davanti, detto di indumento: *una veste sparata*. **B** s. m. ● Petto inamidato di una camicia da uomo spec. da sera.

sparàto (2) [av. 1499] part. pass. di *sparare (2)*; anche agg. **1** Nei sign. del v. **2** (*fig., fam.*) Fulmineo, velocissimo: *andare s.*

sparatóre [1618] s. m. (f. *-trice*) ● Chi spara, nel sign. di *sparare (2)*.

sparatòria [da *sparato (2)*; 1927] s. f. ● Serie tumultuosa e violenta di spari.

†**sparavièri** ● V. *sparviero (1)*.

sparecchiaménto [av. 1742] s. m. ● (*raro*) Lo sparecchiare.

♦**sparecchiàre** [calco su *apparecchiare*, con cambio di pref. (*s-*); av. 1400] v. tr. (*io sparécchio*) **1** Liberare la tavola su cui si è mangiato da stoviglie, posate, tovaglia e sim. (*anche assol.*): *s. la tavola*; *la cameriera sparecchia*. CONTR. Apparecchiare. **2** (*lett.*) Mangiare con avidità ogni cibo che vien portato in tavola (*anche assol.*). **3** (*lett.*) Portar via.

sparéggio [da un ant. *spareggiare*, sul modello di *pareggio*; 1679] s. m. **1** Mancanza di pareggio, disavanzo, deficit. CONTR. Pareggio. **2** (*sport*) Incontro, partita supplementare decisiva fra due avversari o squadre che alla fine di uno o più gare si trovino alla pari. SIN. (*pop.*) Bella.

sparentàre [da *parente*, con *s-*; av. 1602] v. intr. (*io sparènto*) ● (*disus.*) Lasciare i genitori morendo. ‖ PROV. Chi presto indenta, presto sparenta.

Sparganiàcee [da *sparganio*, dal gr. *spargánion*, da *spárgonna* 'fascia', per la forma delle foglie; 1936] s. f. pl. (sing. *-a*) ● Nella tassonomia vegetale, famiglia di piante erbacee delle Monocotiledoni, con fiore a spadice e frutto a drupa (*Sparganiaceae*).

♦**spàrgere** o (*raro*) **espàrgere** [lat. *spărgere*, di orig. indeur.; sec. XII] **A** v. tr. (pres. *io spàrgo, tu spàrgi*; pass. rem. *io spàrsi, tu spargésti*; part. pass. *spàrso*, poet. *spàrto*) **1** Gettare qua e là: *s. fiori*; *s. il seme nei campi*; *s. la sabbia sul pavimento* | (*raro*) ***S. zizzania***, (*fig.*) seminare discordia | (*lett.*) ***S. le chiome, i capelli***, scioglierli. **2** (*raro*) Sparpagliare, mandare in più parti, persone o animali: *s. i cani all'inseguimento di qlcu.* **3** Versare: *s. il vino sulla tovaglia* | ***S. lacrime***, piangere | ***S. sangue***, ferire o uccidere | ***S. il proprio sangue***, essere ferito o ucciso | ***S. sudore***, sudare (*anche fig.*). **4** Emanare, mandare intorno: *s. luce, calore*. **5** (*lett.*) Cospargere: *s. il pavimento di sabbia*; *a sparger di celeste ambrosia / ... all'Italia nauseata i labbri* (PARINI). **6** Diffondere, divulgare: *s. una notizia*; *s. una voce ai quattro venti*; *per tutto el mondo ha nostre laude sparte* (POLIZIANO). **7** (*lett.*) Dare, elargire: *pene tu spargi a larga mano* (LEOPARDI). **8** (*fig.*) †Dissipare, scialacquare. **B** v. intr. pron. **1** Sparpagliarsi: *la folla si sparse per la campagna*. **2** Diffondersi, divulgarsi: *si è sparsa una voce sul suo conto*; *la notizia si sparse in un baleno*.

spargiménto [av. 1294] s. m. ● (*raro*) Lo spargere | ***S. di sangue***, ferimenti, uccisioni.

spargipépe [comp. di *spargere* e *pepe*; 1970] s. m. inv. ● Pepiera.

spargisàle [comp. di *spargere* e *sale*; 1970] s. m. inv.; anche agg. inv. **1** Saliera a forma di vasetto con coperchio bucherellato. **2** Spandisale

spargitàlco [comp. di *spargere* e *talco*; 1989] s. m. inv. ● Tappo bucherellato attraverso il quale è possibile spargere in modo uniforme il talco contenuto in un barattolo | Il barattolo stesso.

spargitóre [sec. XIII] s. m.; anche agg. (f. *-trice*) ● Chi (o Che) sparge.

spàrgolo [da *spargere*; 1534] agg. ● (*bot.*) Detto di grappolo che ha i granelli rari.

Spàridi [da *sparo (2)*; 1936] s. m. pl. (sing. *-e*) ● Nella tassonomia animale, famiglia di Pesci ossei carnivori dei Perciformi, delle acque costiere, con carni pregiatissime (*Sparidae*).

spariglìare [da *pariglia*, con *s-*; 1805] v. tr. (*io spariglio*) **1** Disfare una pariglia, una coppia. **2** Nel gioco della scopa e dello scopone, far sì che rimanga scompagnata una carta: *s. i sette* | ***S. le carte, il gioco, la situazione***, (*fig.*) creare confusione, introdurre un elemento nuovo che tende a modificare una situazione altrimenti stabile.

spariglio [1907] s. m. ● Nel gioco della scopa e dello scopone, lo sparigliare.

spariménto [av. 1342] s. m. ● (*lett.*) Scomparsa: *quella tristissima nuova dello s. della contessina* (NIEVO).

♦**sparire** [calco su *apparire*, con cambio di pref. (*s-*). V. *disparire*; sec. XIII] v. intr. (pres. *io sparisco, tu sparisci*; pass. rem. *io sparii*, lett. *sparvi, tu sparisti*; aus. *essere*) **1** Sottrarsi alla vista spec. improvvisamente o causando sorpresa, meraviglia e sim., detto di persona o cosa che prima era presente o visibile: *era qui e ora è sparito*; *una luce appariva e spariva*; *il sole sparisce dietro le nuvole*; *l'isola spariva alla vista*; *la visione sparì all'orizzonte* | ***Sparisci!***, (*fam.*) vattene immediatamente! | ***S. dalla terra, dalla faccia della terra***, (*eufem.*) morire | (*est.*) Dileguarsi, dissolversi (*anche fig.*): *la macchia è sparita*; *il ricordo di quel tempo è sparito*. CONTR. Apparire. **2** Essere, rendersi irreperibile, introvabile: *suo padre è sparito e nessuno sa dove sia*; *mi è sparito un libro*; *in questa casa la roba sparisce* | ***Far s. qlco.***, rubarla, sottrarla di nascosto: *in treno mi hanno fatto s. il portamonete*. **3** Consumarsi presto, detto spec. di cibi o sim.: *la torta è sparita in un'ora*; *ho comprato il vino ieri ed è già sparito* | ***Far s. qlco.***, consumare rapidamente, spec. cibi: *il bambino in un attimo ha fatto s. la merenda*. **4** Cessare di esistere, morire: *questa usanza è ormai sparita* | ***Far s. qlcu.***, sopprimerlo, ucciderlo.

sparizióne [1585] s. f. ● Il fatto di sparire, di essere sparito | Scomparsa: *la s. di un documento*.

†**sparlaménto** [av. 1420] s. m. ● Lo sparlare | Insinuazione, calunnia.

sparlàre [da *parlare (1)*, con *s-*; av. 1294] v. intr. (aus. *avere*) **1** Parlare male di qlcu., far maldicenza: *s. alle spalle degli altri*; *s. di tutti*. **2** (*raro*) Parlare a sproposito, parlare volgarmente e sim.

sparlatóre [sec. XIV] s. m. (f. *-trice*) ● Chi sparla.

sparnazzàre [sovrapposizione di *spargere* e *starnazzare*; av. 1535] v. tr. **1** (*tosc.*) Sparpagliare. **2** (*tosc.*) Razzolare, sparpagliando il becchime, detto dei polli (*anche assol.*): *davanti ai polli che sparnazzavano via spaventatissimi* (GADDA). **3** (*fig.*) †Scialacquare.

sparnòcchia [variante region. merid. di *spannocchia*, da *pannocchia*, con *s-*, per la forma. V. *spannocchio*; av. 1567] s. f. ● (*zool., region.*) Canocchia.

spàro (1) [da *sparare (2)*; 1653] s. m. ● Atto dello sparare: *congegno di s.* | Scatto, colpo, di arma da fuoco | Rumore prodotto da un colpo di arma da fuoco: *udire uno s.*

spàro (2) [lat. *spăru(m)*, dal gr. *spáros*, di orig. indeur.; av. 1498] s. m. ● (*region.*) Pesce degli Sparidi, caratterizzato da una lunghezza di 70-80 cm e diffuso in prossimità dei litorali.

sparpagliaménto [1641] s. m. ● Lo sparpagliare, lo sparpagliarsi.

sparpagliàre [di etim. incerta: lat. parl. **disparpalliāre*, da un tema mediterr. **palja-*. V. *spagliare (2)*; sec. XIII] **A** v. tr. (*io sparpàglio*) ● Spargere qua e là, senza ordine: *il vento ha sparpagliato i fogli* | Mandare qua e là, in varie direzioni: *s. gli agenti*; *s. i cani*. **B** v. intr. pron. ● Disperdersi, spargersi in varie parti: *la folla si sparpagliò per il paese*.

sparpagliàto [sec. XIII] part. pass. di *sparpagliare*; anche agg. ● Nei sign. del v. ‖ **sparpagliataménte**, avv. In modo sparpagliato, in ordine sparso.

sparpàglio (1) [1673] s. m. ● (*raro*) Sparpagliamento.

sparpaglio (2) [1845] s. m. ● Sparpagliamento diffuso.

spàrring pàrtner /s'parrin(g) 'partner, *ingl.* 'spɑːrɪŋ 'pʰɑːtnə/ [vc. ingl., propr. 'compagno (*partner*) d'esercizio (*sparring*, propr. gerundio di *to spar* 'combattere, esercitarsi nel pugilato')'; 1962] loc. sost. m. inv. (pl. ingl. *sparring partners*) ● Pugile che allena un altro pugile boxando con lui.

♦**spàrso** o (*poet.*) **spàrto (2)** [av. 1294] part. pass. di *spargere*; anche agg. **1** Nei sign. del v. **2** Non riunito, non raccolto insieme, sciolto: *capelli sparsi*; *pagine, rime sparse*; *raccolta di scritti sparsi*; *la bella Europa / sparse le bionde trecce* (MARINO). **3** (*bot.*) Che ha disposizione apparentemente disordinata | (*mil.*) ***Ordine s.***, formazione che assume un reparto a contatto del nemico, disponendosi con gli uomini irregolarmente distanziati e intervallati. **4** (*arald.*) Seminato. ‖ **sparsaménte**, avv.

spartachìsmo [da *spartachista*; 1941] s. m. ● Ideologia degli spartachisti.

spartachista [ted. *Spartakist*, da *Spartakusbund* 'gruppo Spartaco', dal n. del capo degli schiavi romani che si ribellarono nel 71 a.C., usato come pseudonimo da K. Liebknecht, uno dei leader del movimento; av. 1952] s. m. e f. (pl. m. *-i*) ● Membro della lega di Spartaco, organizzazione clandestina di sinistra sorta in Germania dopo lo scoppio della prima guerra mondiale.

spartàno [dal lat. *Spartānu(m)*, da *Spărta*, dal gr.

Spártē 'Sparta'; 1340] **A** **agg.** ***1*** Di Sparta. ***2*** (*fig.*) Fiero, austero, rigido, secondo i costumi considerati tipici degli Spartani antichi: *spirito s.*; *educazione spartana.* ‖ **spartanaménte**, **avv.** Secondo le usanze spartane. **B** **s. m.** (**f.** *-a*) ● Abitante di Sparta.

sparteina [adattamento dell'ingl. *sparteine*, comp. del lat. *spărtum* 'sparto', dal quale è estratta, col suff. chim. *-in(e)* '-ina', ampliata con *-e-*, secondo la terminazione di altri comp., come *phthalein*; 1873] **s. f.** ● Alcaloide contenuto nei fiori della ginestra, stimolante del cuore e diuretico.

spartiàcque [comp. di *sparti(re)* e il pl. di *acqua*; 1873] **s. m. inv.** ***1*** Linea di separazione fra gli opposti versanti di due bacini idrografici. **SIN.** Linea di displuvio. ***2*** (*fig.*) Elemento discriminante.

spartiàta o **spartiàte** [vc. dotta, dal gr. *Spartiátēs*, da *Spártē* 'Sparta'; 1549] **s. m.** (**pl.** *-i*) ● Cittadino spartano a pieno diritto, appartenente alla classe aristocratica.

spartìbile [1806] **agg.** ● Che si può spartire.

sparticàmpo [comp. di *sparti(re)* e *campo*; 1965] **s. m. inv.** ● Parte della mietitrice che devia verso la lama i culmi da recidere. **SIN.** Spartigrano.

spartifiàmma [comp. di *sparti(re)* e *fiamma*; 1989] **s. m. inv.** ● Nei fornelli da cucina, disco con piccoli fori laterali dai quali esce il gas combustibile. **CFR.** Rompifiamma.

spartifuòco [comp. di *sparti(re)* e *fuoco*; 1936] **s. m. inv.** ● Nei teatri, sipario metallico di sicurezza per isolare il palcoscenico dalla sala in caso di incendio. **CFR.** Tagliafuoco.

spartigràno [comp. di *sparti(re)* e *grano*; 1962] **s. m. inv.** ● Sparticampo.

spartiménto [1388] **s. m.** ● (*lett.*) Spartizione.

spartinéve [comp. di *sparti(re)* e *neve*; 1919] **s. m. inv.** ● Grosso cuneo formato da due lame, applicato a un veicolo, gener. un trattore, per liberare la sede stradale dalla neve spingendola ai lati della strada | (*est.*) Veicolo a motore munito del cuneo suddetto | Impropriamente, spazzaneve.

spartìre [da *partire* 'dividere', con *s-*; av. 1292] **v. tr.** (*io spartisco*, raro *spàrto*, *tu spartisci*, raro *spàrti*) ***1*** Dividere distribuendo a ciascuno la sua parte: *s. un patrimonio, un'eredità, un guadagno*; *il bottino fu spartito fra i ladri* | ***Spartirsi qlco.***, suddividerla prendendone ciascuno una parte: *i banditi si spartirono la preda*; *le bimbe, occupate a spartirsi i confetti, non gli badavano* (DE AMICIS) | ***Non aver nulla da s. con qlcu.***, (*fig.*) non avere o non voler avere nessun rapporto o relazione con qlcu. ***2*** Allontanare, separare: *s. due litiganti.* ***3*** (*raro*) Scompartire. ***4*** (*mus.*) Sistemare in partitura le singole parti degli esecutori.

spartisèmi [comp. di *sparti(re)* e il pl. di *seme*; 1965] **s. m. inv.** ● Apparecchio usato nell'industria enologica per separare meccanicamente dalle vinacce torchiate i vinaccioli destinati alla produzione di olio. **SIN.** Enovaglio.

spartito (**1**) [1304] **part. pass.** di *spartire*; anche **agg.** ● Nei sign. del v. ‖ **spartitaménte**, **avv.** Divisamente, separatamente.

spartito (**2**) [dal precedente, sost., perché trascrive separatamente le parti dei singoli esecutori; 1742] **s. m.** ***1*** (*mus.*) Riduzione per canto e pianoforte di una composizione per orchestra e voci soliste. ***2*** (*mus.*) Correntemente, partitura. ‖ **spartitino**, **dim.**

spartitóre [1384] **s. m.** (**f.** *-trice*) ● (*raro*) Chi spartisce.

spartitòrio [da *spartire*; 1985] **agg.** ● Che riguarda una spartizione, spec. nell'ambito politico e amministrativo (*spec. spreg.*): *equilibri di potere fondati su una logica spartitoria.*

spartitràffico [comp. di *sparti(re)* e *traffico*; 1942] **A** **s. m. inv.** ● Banchina, striscia bianca o altro elemento che suddivide una strada in varie corsie. **B** **agg. inv.**: *banchina, aiuola s.*

spartitùra [1659] **s. f.** ● Spartizione | Scriminatura: *s. dei capelli.*

spartivalànghe [comp. di *sparti(re)* e il pl. di *valanga*; 1987] **s. m.** o **f. inv.** ● Struttura in muratura a forma di cuneo sul lato della casa volta verso il pendio.

spartizióne [av. 1465] **s. f.** ● Distribuzione a ciascuno delle varie parti in cui si è diviso qlco.: *s. della Polonia* | Attribuzione concordata di nomine, incarichi e sim. a esponenti di forze politiche: *s. di cariche pubbliche.*

spàrto (**1**) [lat. *spărtu(m)*, dal gr. *spárton*, di orig. indeur.; 1340] **s. m.** ***1*** Pianta erbacea perenne delle Graminacee con foglie a lamina rigida utilizzate per la fabbricazione di cesti, corde e, dopo opportuna manipolazione, per la carta di riso (*Lygeum spartum*). **SIN.** Giunco marino. ***2*** Fibra ricavata dallo sparto | Cellulosa da carta.

spàrto (**2**) ● V. *sparso.*

sparutézza [1551] **s. f.** ● Condizione di chi (o di ciò che) è sparuto.

sparùto [part. pass. dell'ant. *sparere* 'sparire'; 1336 ca.] **agg.** ***1*** Piccolo e magro, gracile, smunto: *bimbi sparuti*; *avere un aspetto s.* ***2*** Di poca consistenza, di numero esiguo: *la sparuta clientela era di forestieri.* ‖ **sparutèllo**, **dim.** | **sparutino**, **dim.**

†**sparvieratóre** [da *sparviero* (*1*); av. 1400] **s. m.** ● Chi governava gli sparvieri.

sparvièro (**1**) o †**sparavièri**, **sparvière** [dal provz. *esparvier*, dal francone *sparwāri* 'aquila (*ari*) che mangia i passeri (*sparvo*)'; av. 1292] **s. m.** ***1*** Rapace diurno di forma snella con ali brevi, piumaggio grigio dorsalmente e bianco rossiccio ventralmente (*Accipiter nisus*) | *S. delle Asturie*, astore. ➡ **ILL. animali**/8. ***2*** Tavoletta di legno con impugnatura sulla faccia inferiore, usata dal muratore per lisciare l'intonaco o per tenere a portata di cazzuola un po' di calcina. ***3*** †Padiglione di letto.

sparvièro (**2**) [adattamento dell'ant. fr. *esparvier* 'rete per sparvieri'; av. 1591] **s. m.** ● (*pesca*, *sett.*) Giacchio.

spasimànte [1660] **A** **part. pres.** di *spasimare*; anche **agg.** ● (*lett.*) Nei sign. del v. **B** **s. m. e f.** ● (*lett.* o *scherz.*) Innamorato, corteggiatore.

spasimàre o †**spasmàre** [da *spasimo*; av. 1327] **v. intr.** (*io spàsimo*; aus. *avere*) (assol.; + *per* qlcu. o qlco.; + *da* qlco.; + *di* seguito da inf.) ***1*** Patire spasimi fisici: *è una pena vederlo s. tanto*; *s. per il dolore*; *Ho sete. Spasimo dalla sete* (D'ANNUNZIO). ***2*** (*fig.*, *lett.*) Soffrire per affanno, agitazione, ansia e sim.: *s. per le sventure di qlcu.* | (*fig.*) Desiderare ardentemente: *s. di rivedere qlcu.*; *s. di partire* | ***S. per qlcu.***, (*lett.* o *scherz.*) esserne innamorato: *il crudel sa che per lui spasmo e moro* (ARIOSTO).

spasimàto [av. 1380] **A** **part. pass.** di *spasimare*; anche **agg.** ***1*** Nei sign. del v. ***2*** †Fortemente innamorato. ***3*** (*arald.*) Detto del delfino a bocca aperta e senza lingua. **B** **s. m.** ● †Spasimante: *so che don Fernando mi fa lo s.* (GOLDONI).

spàsimo o †**spàsmo** [lat. *spăsmu(m)*, dal gr. *spasmós* 'spasmo', da *spân* 'tirare', di orig. indeur.; 1312] **s. m.** ● Dolore acuto, lancinante: *avere degli spasimi atroci*; *gli spasimi della fame, della morte*; *morire tra atroci spasimi* | Sofferenza dell'animo, pena tormentosa: *gli spasimi dell'amore* | Massima intensità, limite estremo: *tendendo gli orecchi fino allo s.* (FENOGLIO).

spasimóso o †**spasmóso** [av. 1566] **agg.** ● (*lett.*) Che dà spasimo: *dolore s.*; *pensiero s.*

†**spasmàre** ● V. *spasimare.*

spàsmo [av. 1320] **s. m.** ***1*** †V. *spasimo.* ***2*** (*med.*) Contrazione involontaria di un muscolo o di una parte di esso | ***S. cinico***, contrattura dei muscoli masticatori, che fa digrignare i denti.

spasmòdico [vc. dotta, dal gr. *spasmṓdēs* 'convulsivo', comp. di *spasmós* 'spasmo' ed *-eidḗs* '-oide', col suff. iter. *-ico*; av. 1568] **agg.** (**pl. m.** *-ci*) ***1*** Che dà spasimo, angoscia, affanno: *attesa spasmodica.* ***2*** (*med.*) Relativo a spasmo. ‖ **spasmodicaménte**, **avv.**

spasmofilìa [comp. di *spasmo* e *-filia*; 1899] **s. f.** ● Stato di ipereccitabilità neuromuscolare, con tendenza allo spasmo.

spasmòfilo [comp. di *spasmo* e *-filo*; 1960] **agg.** ● Che è caratterizzato da spasmofilia.

spasmolìtico [comp. di *spasmo* e *-litico*, dal gr. *lytikós* 'dissolvente', da *lýein* 'sciogliere'; 1957] **A** **agg.** (**pl. m.** *-ci*) ● Detto di farmaco, che calma e sopprime gli spasmi. **B** anche **s. m.**: *somministrare uno s.*

†**spasmóso** ● V. *spasimoso.*

†**spàso** [lat. *expānsu(m)*, part. pass. di *expāndere* 'spandere'; 1340] **agg.** ● Espanso, disteso, allungato | (*lett.*) ***Con l'ale, ad ali spase***, di corsa.

spassàre [lat. parl. **expassāre*, da *expāssus*, part. pass. di *expāndere* 'allargare (l'animo)'; sec. XIII] **A** **v. tr.** ● (*raro*) Dare spasso, divertire: *s. un bambino.* **B** **v. intr. pron.** ● Trattenersi piacevolmente, divertirsi: *al cinema mi spasso* | ***Spassarsela***, divertirsi, darsi alla bella vita; amoreggiare: *se la spassa con la cassiera.*

spasseggiaménto ● V. *passeggiamento.*

spasseggiàre ● V. *passeggiare.*

spasseggiàta ● V. *passeggiata.*

spasséggio ● V. *passeggio.*

†**spassévole** [da *spassare*; av. 1547] **agg.** ● Che dà spasso.

spassionàrsi [da *passione*, con *s-*; av. 1643] **v. intr. pron.** (*io mi spassióno*) ● (*tosc.*, *raro*) Sfogarsi: *non so a chi dire i miei guai*: *però li scrivo a te, e mi spassiono* (FOSCOLO).

spassionatézza [av. 1712] **s. f.** ● Caratteristica di chi (o di ciò che) è spassionato.

spassionàto [da *passione*, con *s-*; av. 1524] **agg.** ● Che è libero da parzialità, preferenze, interessi: *osservatore s.*; *giudizio, esame s.*; *dare un parere s.* **SIN.** Equo, imparziale, obiettivo. ‖ **spassionataménte**, **avv.** In modo spassionato, imparzialmente.

♦**spàsso** [da *spassare*; sec. XIII] **s. m.** ***1*** Divertimento, passatempo, svago: *prendersi un po' di s.*; *darsi s.*; *darsi agli spassi*; *è un vero s. uscire con lui* | ***Per s.***, per divertimento: *fare, dire, qlco. per s.* | ***Prendersi s. di qlcu.***, divertirsi alle sue spalle, farsene beffe. ***2*** (*fig.*) Persona spassosa: *quel ragazzo è uno s.*; *sei proprio uno s.!* ***3*** Passeggiata breve e fatta a scopo di svago, nelle loc. ***andare, mandare, menare, portare, a s.*** | (*fig.*) ***Essere a s.***, essere disoccupato, senza lavoro | ***Mandare qlcu. a s.***, licenziarlo | ***Menare, portare a s. qlcu.***, (*fig.*) illuderlo, prenderlo in giro | ***Va' a s., andate a s., e sim.***, escl. di insofferenza nei confronti di qlcu.

spassóso [av. 1696] **agg.** ● Che dà spasso, che diverte. ‖ **spassosaménte**, **avv.**

spastàre [da *pasto*, con *s-*; 1353] **A** **v. tr.** ● (*raro*) Togliere la pasta appiccicata: *spastarsi le mani.* **B** **v. rifl.** ● †Ripulirsi.

spasticità [da *spastico*] **s. f.** ● (*med.*) Condizione di ipertonia muscolare associata a esagerazione dei riflessi tendinei.

spàstico [vc. dotta, dal lat. *spăsticu(m)*, dal gr. *spastikós*, da *spân* 'tirare'; av. 1498] **A** **agg.** (**pl. m.** *-ci*) ● (*med.*) Di spasmo, relativo a spasmo, caratterizzato da spasmo: *paralisi spastica* | Che è in stato di spasmo. **B** **agg.**; anche **s. m.** (**f.** *-a*) ● Che (o Chi) è in stato di spasmo | Che (o Chi) è affetto da paralisi spastica.

spastoiàre [da *pastoia*, con *s-*; 1306] **A** **v. tr.** (*io spastóio*) ● (*raro*) Liberare dalle pastoie: *s. il cavallo.* **B** **v. intr. pron.** ***1*** Liberarsi dalle pastoie. ***2*** (*fig.*) Liberarsi da legami, soggezioni, pregiudizi e sim.: *per vedere che il Granduca si spastoiasse una volta dalla solita gente* (GIUSTI).

†**spàta** (**1**) ● V. *spada.*

spàta (**2**) [dal lat. *spătha(m)*, dal gr. *spáthē*. V. *spada*; 1542] **s. f.** ● (*bot.*) Larga e vistosa brattea che avvolge l'infiorescenza a spadice. ‖ **spatèlla**, **dim.**

spàtico [1820] **agg.** (**pl. m.** *-ci*) ● (*miner.*) Di spato, simile a spato | ***Struttura spatica***, di roccia caratterizzata da aggregati cristallini di grosse dimensioni, dotati di facile sfaldatura.

spàto [dal ted. *Spat*. V. *feldspato*; 1550] **s. m.** ● (*miner.*) Calcite | ***S. d'Islanda***, varietà limpida di calcite che presenta la birifrazione del raggio di luce che l'attraversi.

spàtola [lat. *spătula(m)*, dim. di *spătha* 'spada, spatola'; av. 1320] **s. f.** ***1*** Lamina metallica o di altro materiale, a bordi smussati, usata dal muratore e dallo stuccatore per lavori di rifinitura | Piccolo strumento costituito da una lamina metallica con manico, per trattare sostanze pastose: *la s. del dentista*; *s. del pittore* | Lista di legno per tagliare la polenta | Specie di coltello a doppio taglio usato nei caseifici per rompere la cagliata | ***A s.***, a forma di spatola, con le estremità lunghe e piatte: *dita a s.* ***2*** (*med.*) Strumento largo e appiattito per scostare o comprimere i visceri. ***3*** Parte anteriore dello sci, sagomata a punta e incurvata verso l'alto. ➡ **ILL.** p. 2158, 2159 SPORT. ***4*** Pesce dei fiumi americani con muso prolungato in un rostro sottile e lamellare (*Polydon spathula*) | Uccello di palude dei Ciconiformi con becco lungo, appiattito, dilatato all'estremità, atto alla cattura di animaletti sul fondo melmoso (*Platalea leucorodia*). ‖ **spatolétta**, **dim.** | **spatolina**, **dim.**

spatolàto [da *spatola*; av. 1800] **A** **agg.** ● Detto di foglia allungata con apice arrotondato a base ristretta. **B** s. m. ● Tipo di stucco ornamentale usato per intonaci caratterizzato da motivi variegati ottenuti con la spatola durante la posa.

spatriaménto [av. 1787] s. m. ● (*raro*) Espatrio.

spatriàre [da *patria*, con *s-*; av. 1548] **A** v. tr. (*io spàtrio*) ● (*raro*) Scacciare dalla patria, mandare via dalla patria. **B** v. intr. e intr. pron. (aus. *essere* o *avere*) ● (*lett.*) Andarsene dalla patria: *essere costretto a s.*

†**spàtrio** [da *spatriare*. V. *espatrio*; 1820] s. m. ● Espatrio.

spauràcchio [da †*spaurare*; av. 1566] s. m. *1* Spaventapasseri. *2* (*fig.*) Persona o cosa che mette paura, spavento: *essere lo s. di qlcu.*; *lo s. degli esami.*

†**spauràre** [da *paura*, con *s-*; sec. XIII] **A** v. tr. ● Impaurire. **B** v. intr. pron. ● Impaurirsi | (*lett.*) Sgomentarsi, turbarsi fortemente: *ove per poco / il cor non si spaura* (LEOPARDI).

†**spaurévole** [da †*spaurare*; av. 1332] agg. ● Spaventevole.

spaurire [calco su *impaurire*, con cambio di pref. (*s-*); av. 1315] **A** v. tr. (*io spaurisco, tu spaurisci*) ● Mettere paura, impaurire: *s. un bambino.* **B** v. intr. pron. ● Aver paùra, provare paura.

spaurito [av. 1347] part. pass. di *spaurire*; anche agg. *1* Pieno di paura. *2* (*est.*) Sbigottito, disorientato | Che esprime timore, sbigottimento e sim: *occhi spauriti*; *sorriso s.*; *una voce rauca, spaurita* (FENOGLIO).

†**spauróso** [da *pauroso*, con *s-*; sec. XIII] agg. ● (*raro*) Che prova o dà paura.

spavalderìa [1618] s. f. ● Caratteristica di chi (o di ciò che) è spavaldo | Atto, contegno, da spavaldo.

spavàldo [di etim. discussa: dal lat. *păvidu(m)* 'pauroso', con *s-* e il suff. pegg. *-aldo* (?); av. 1306] **A** agg. ● Sfrontato e temerario, troppo sicuro di sé: *ragazzo s.*; *aria spavalda*; *tenere un contegno s.* ‖ **spavaldaménte**, avv. **B** s. m. (f. *-a*) ● Persona spavalda. ‖ **spavaldóne**, accr.

spaventàbile [sec. XIV] agg. ● (*raro*) Che si può spaventare: *bambino s.*

†**spaventàcchio** [da *spaventare*. V. *spauracchio*; sec. XIII] s. m. ● Spauracchio (*anche fig.*): *chi crede siano spaventacchi, e chi crede che sia vero* (MACHIAVELLI).

†**spaventaménto** [av. 1292] s. m. ● Lo spaventare | Spavento.

♦**spaventapàsseri** [comp. di *spaventa(re)* e il pl. di *passero*; av. 1866] s. m. inv. *1* Fantoccio di stracci imbottiti con paglia issato su una pertica in mezzo ai campi per spaventare gli uccelli granivori. *2* (*fig.*) Persona brutta e allampanata.

♦**spaventàre** [lat. parl. **expaventāre*, intens. di *expavēre* 'temere', comp. di *ĕx-* (*s-*) e *pavēre* 'temere'; sec. XII] **A** v. tr. (*io spavènto*) *1* Incutere spavento, mettere paura: *la morte non lo spaventa*; *quella vista li spaventò* | (*est.*) Dare preoccupazione (*anche assol.*): *viaggiare con questo tempo mi spaventa*; *è una prospettiva che spaventa.* *2* (qlcu. + *da* seguito da inf.) (*raro, lett.*) Tenere lontano, far rifuggire: *non vi spaventi dal beneficiare gli uomini la ingratitudine di molti* (GUICCIARDINI). **B** v. intr. pron. (assol.; + *di*; + *per*) ● Provare spavento, farsi vincere dalla paura: *il cavallo si è spaventato*; *si spaventa di tutto*; *si spaventa per un nonnulla.*

spaventàto [1313] part. pass. di *spaventare*; anche agg. *1* Nei sign. del v. | Che prova spavento | Che esprime spavento: *occhi spaventati.* *2* †Che mette paura, spaventoso. *3* (*arald.*) Rampante.

spaventatóre [1336 ca.] s. m. (f. *-trice*) ● (*raro*) Chi spaventa.

†**spaventazióne** [da *spaventare*; av. 1400] s. f. ● (*raro*) Spavento: *se la vede, n'ha s.* (SACCHETTI).

spaventévole [da *spaventare*; sec. XIII] agg. ● Spaventoso. ‖ **spaventevolménte**, avv. In modo spaventevole, impressionante.

spaventevolézza [sec. XIV] s. f. ● (*raro*) Caratteristica di chi (o di ciò che) è spaventevole.

♦**spavènto** [da *spaventare*; sec. XIII] s. m. *1* Intenso e improvviso timore dovuto alla consapevolezza o alla sensazione di essere in presenza di un pericolo per sé o per altri: *fare, incutere, mettere, s.*; *provare un grande s.*; *essere preso dallo s.*; *tremare, morire di s., dallo s.*; *rimettersi dallo s.*; *per lo s. non riuscì a parlare* | *Far s.*, (*fig.*) impressionare fortemente, preoccupare e sim.: *essere brutto da far s.*; *era così magro da far s.* *2* (*iperb., fam.*) Persona o cosa molto brutta, malridotta e sim.: *quella donna è uno s.*; *ha uno s. di casa.*

spaventosità [av. 1704] s. f. ● (*raro*) Caratteristica di chi (o di ciò che) è spaventoso.

♦**spaventóso** [da *spaventare*; av. 1348] **A** agg. *1* Che suscita spavento: *scoppio, sogno s.*; *burrasca spaventosa*; *una caverna ... tetra e spaventosa* (NIEVO) | Che colpisce, impressiona, turba profondamente: *fatto s.*; *disgrazia, sciagura, spaventosa.* *2* (*iperb., fam.*) Straordinario, incredibile: *avere una fortuna spaventosa*; *andare a una velocità spaventosa*; *avere una sete spaventosa.* ‖ **spaventosaménte**, avv. *1* In modo spaventoso. *2* Eccessivamente; moltissimo. **B** in funzione di avv. ● †Spaventosamente: *urlavano s.* (BARTOLI).

♦**spaziàle** [av. 1904] agg. *1* Dello spazio. CFR. stereo- | *Carica s.*, in un tubo elettronico, elevata densità elettronica nello spazio compreso tra catodo e placca. *2* (*aer.*) Relativo allo spazio aereo o cosmico: *capsula, nave, veicolo, volo s.*; *medicina, ricerca s.* *3* *Arte s.*, quella tipica di un movimento di pittura e scultura fiorito spec. a cavallo del 1950 e ispirato alla necessità di mutare il rapporto tra l'uomo e lo spazio fisico circostante, collocandosi in antitesi sia con la rappresentazione figurativa tradizionale, sia con le più recenti rappresentazioni cubista e futurista. *4* (*fam., iperb.*) Eccezionale: *una moto s.* SIN. Megagalattico.

spazialìsmo [da (*arte*) *spaziale*; 1957] s. m. ● Movimento che si rifà al concetto dell'arte spaziale.

spazialìsta [da *spazialismo*; 1964] **A** s. m. e f. (pl. m. *-i*) ● Seguace dello spazialismo. **B** agg. ● Relativo all'arte spaziale e allo spazialismo.

spazialità [1902] s. f. ● Nel linguaggio della critica delle arti figurative, effetto di spazio relativo a un'opera figurativa o architettonica.

spazializzàre [1960] v. tr. ● (*filos., raro*) Rappresentarsi qlco. (ad es. il tempo) nel pensiero come collocato nello spazio.

spazializzazióne [da *spaziale*; 1988] s. f. ● Lo spazializzare.

spaziaménto [da *spaziare*; 1960] s. m. ● Distanza fra aerei contigui in una formazione di volo | *S. longitudinale*, secondo la direzione del moto | *S. trasversale* o *laterale*, ortogonale alla direzione del moto.

spaziàre [vc. dotta, dal lat. tardo *spatiāre*, variante del classico *spatiāri* 'passeggiare, estendersi', da *spătium* 'spazio'; 1319] **A** v. intr. (*io spàzio*; aus. *avere*) *1* Muoversi liberamente in un ampio spazio: *gli uccelli spaziano nel cielo.* *2* (*fig.*) Vagare col pensiero in un vasto ambito di idee: *s. in, per tutti i campi dello scibile umano.* **B** v. intr. pron. ● †Muoversi liberamente in un ampio spazio. **C** v. tr. *1* Porre, distribuire oggetti nello spazio distanziandoli opportunamente tra loro. *2* Nella composizione tipografica e in dattilografia, mettere uno spazio fra parola e parola o tra lettera e lettera di una stessa riga o tra linea e linea.

spaziatóre [1965] agg. (f. *-trice*) ● Nelle macchine per la composizione tipografica e nelle macchine per scrivere, detto di sistema usato per spaziare tra loro parole o lettere: *tasto s.*; *barra spaziatrice.*

spaziatùra [1927] s. f. *1* Lo spaziare | Spazio o serie di spazi tra più elementi. *2* (*tipogr.*) Bianchi tipografici con cui si ottiene lo spazio bianco fra le parole | Inserimento degli spazi fra parola e parola o tra lettera e lettera di una stessa riga o tra linea e linea nella composizione tipografica e in dattilografia: *s. differenziata.*

spazieggiàre [da *spaziare*, con suff. iter.-intens.; 1726] v. tr. (*io spaziéggio*) *1* Porre spazio tra una cosa e l'altra. *2* (*tipogr.*) Intercalare uno spazio bianco fra lettera e lettera di una parola per metterla in evidenza.

spazieggiatùra [da *spazieggiare*; av. 1859] s. f. ● Lo spazieggiare | Spaziatura superiore al normale.

spazientìre [da *paziente*, con *s-*; 1858] **A** v. intr. e intr. pron. (*io spazientisco, tu spazientisci*; aus. *essere*) ● Perdere la pazienza: *si spazientisce subito*; *non farlo s.* **B** v. tr. ● (*raro*) Far perdere la pazienza: *facendo così lo spazientisci.*

spazientìto [1858] part. pass. di *spazientire*; anche agg. ● Irritato. ‖ **spazientitaménte**, avv.

♦**spàzio** [vc. dotta, dal lat. *spătiu(m)* 'intervallo, spazio', forse connesso con *patēre* 'essere aperto'. V. *patente*; sec. XIII] s. m. (pl. †*spazia*, f.) *1* Nel linguaggio scientifico e filosofico, entità illimitata e indefinita nella quale sono situati i corpi: *s. ordinario*; *s. euclideo*; *s. non euclideo*; *s. tridimensionale*; *s. pluridimensionale*; *per taluni filosofi lo s. è un'intuizione pura.* *2* Luogo esterno all'atmosfera terrestre in cui i corpi celesti sono e si muovono: *volare nello s.*; *lo s. cosmico*; *andare alla conquista dello s.*; *il lancio dell'astronave nello s.*; *s. interstellare, interplanetario, intergalattico* | *Pionieri dello s.*, i primi astronauti. *3* Correntemente, estensione, variamente limitata, vuota od occupata da corpi: *qui non c'è s.*; *c'è s. solo per due*; *non ha s. per muoversi*; *riempire lo s. libero*; *lo s. tra di noi*; *il tavolo occupa troppo s.* | *S. pubblico*, zona collocata sopra o sotto un'area pubblica, la cui occupazione è soggetta a particolari tasse | *S. vitale*, secondo la teoria nazista, territorio che un popolo deve necessariamente conquistarsi per garantirsi libertà di azione, sviluppo e potenza; (*est., scherz.*) spazio necessario per fare qlco. | *S. atmosferico*, sovrastante il territorio in senso stretto e il mare territoriale di uno Stato soggetto alla sovranità dello stesso per il principio dell'irradiazione | *S. aereo*, spazio atmosferico | *S. stratosferico*, libero e non soggetto alla sovranità esclusiva di alcuno Stato. *4* Intervallo: *lo s. tra le file dei banchi* | *S. pubblicitario*, la parte che, nelle pubblicazioni spec. giornalistiche e negli affissi stradali, è destinata alla pubblicità | (*anat.*) *S. intercostale*, ognuno di quelli esistenti fra le coste | (*zool.*) *Spazi interdentari*, i tratti delle mascelle in cui non vi sono denti, negli equini e nei ruminanti. *5* (*fig.*) Ambito, campo, margine di azione, di comportamento, di realizzazione, spettante o disponibile a qlcu. o qlco.: *un partito alla ricerca del proprio s. elettorale*; *non c'è s. per la spesa proposta* | Opportunità, agio: *dare, concedere s. a qlcu.* | Ambiente, ambito, spec. in loc. come *s. moda*; *s. musica* e sim. *6* (*tipogr.*) Ciascuno degli intervalli bianchi esistenti fra lettera e lettera o fra parola e parola | *S. mobile*, congegno costituito da due cunei che scorrono l'uno sull'altro aumentando l'entità dello spazio minimo e giustificando quindi la riga. *7* (*mus.*) Vuoto che nel pentagramma separa una linea dall'altra, o dal taglio. *8* Estensione di tempo: *fece tutto nello s. di un giorno*; *mi occorre un breve s. di tempo*; *durò lo s. di un secolo* | Determinato periodo di tempo destinato a una trasmissione radiofonica o televisiva spec. pubblicitaria. *9* (*mat.*) *S. astratto*, insieme di elementi al quale è associata una serie di postulati che ne specificano la struttura. | *S. metrico* insieme dotato di metrica. ‖ **spaziétto**, dim.

spazionàve [dal fr. *spationef*, da *spatial* 'spaziale', sul modello di *astronef* 'astronave' e sim.; 1988] s. f. ● Nel linguaggio giornalistico, astronave, veicolo spaziale.

spaziopòrto [dall'ingl. *spaceport*, sul modello di *aeroporto*; 1962] s. m. *1* Poligono di lancio. *2* Nel linguaggio giornalistico, cosmodromo.

spaziosità o †**spaziositàde**, †**spaziositàte** [vc. dotta, dal lat. tardo *spatiositāte(m)*, da *spatiōsus* 'spazioso'; sec. XIV] s. f. ● Condizione, caratteristica di ciò che è spazioso.

♦**spazióso** [vc. dotta, dal lat. *spatiōsu(m)*, da *spătium* 'spazio'; av. 1292] agg. ● Che ha molto spazio: *casa, piazza, strada, spaziosa*; *le braccia aprendo in spaziosi giri* (MARINO) | *Fronte spaziosa*, alta. SIN. Ampio, vasto. ‖ **spaziosaménte**, avv. Con molto spazio, largamente.

spàzio-tèmpo o **spaziotèmpo** [comp. di *spazio* e *tempo*; 1931] s. m. (pl. *spàzi-tèmpo*) ● Nella teoria della relatività, spazio a quattro dimensioni, i cui punti sono gli eventi (ciascuno dei quali ha tre coordinate spaziali e una temporale).

spazio-temporàle o **spaziotemporàle** [1921] agg. ● (*fis.*) Relativo allo spazio-tempo | In senso generico, relativo allo spazio e al tempo.

spazzacamino [comp. di *spazza(re)* e *camino*; sec. XV] s. m. ● Chi per mestiere ripulisce i camini dalla fuliggine.

†**spazzacovèrta** [comp. di *spazza(re)* e *coverta*; 1481] s. f. ● (*mar.*) Sorta di scopamare.

spazzafórno [comp. di *spazza(re)* e *forno*; av. 1449] s. m. ● Attrezzo per spazzare il forno. SIN. Spazzatoio.

spazzamàre [comp. di *spazza(re)* e *mare*; 1973] s. m. inv. ● Catamarano fornito di speciali apparecchiature per ripulire l'acqua del mare da nafta, olio e sim.

spazzaménto [1585] s. m. ● (*raro*) Lo spazzare.

spazzamine [comp. di *spazza(re)* e il pl. di *mina*; 1914] s. m. inv. ● (*mar.*; *disus.*) Dragamine.

spazzanéve [comp. di *spazza(re)* e *neve*; 1878] s. m. inv. *1* Grossa lama applicata a un veicolo, gener. un trattore, per liberare le strade dalla neve spingendola di lato | (*est.*) Il veicolo stesso. *2* Tecnica di sciata, spec. per principianti, consistente nel divaricare le code degli sci mantenendo ravvicinate le punte, per discendere lentamente: *scendere a s.* | ***S. a punte larghe***, quello che consente una discesa controllata spec. con sci più corti della norma e dispone lo sciatore a una corretta impostazione sugli sci stessi.

♦**spazzàre** [lat. tardo *spatiāre*, variante del classico *spatiāri* 'passeggiare, estendersi', da *spătium* 'spazio'; sec. XIII] v. tr. *1* Pulire pavimenti o sim. con la scopa (*anche assol.*): *s. la strada, le stanze*. *2* Levare via, scopando o comunque facendo pulizia: *s. l'immondezza*; *s. il fango, la neve* | (*est.*) Portare via: *il vento spazza (via) le nuvole*. *3* (*fam.*) Mangiare avidamente: *ha spazzato via il dolce*; *ha spazzato tutto ciò che c'era*. *4* (*fig.*) Liberare da ciò che è dannoso, pericoloso, o sim.: *s. la città dai ladri* | Lasciare da parte, eliminare: *bisogna s. via questi pregiudizi*. *5* †Abbattere le difese del nemico demolendo mura e ostacoli | ***S. i nemici***, disperderli con tiri di artiglieria | ***S. il terreno***, con tiro radente. *6* ***S. l'area***, nel calcio, allontanare con grande decisione il pallone dalla propria area | ***S. il tabellone***, prendere molti rimbalzi spec. in difesa.

spazzàta [1866] s. f. ● Atto dello spazzare spec. rapidamente e alla meglio | Rapida pulita con la scopa o sim. || **spazzatina**, dim.

spazzatóio [da *spazzare*; sec. XIV] s. m. ● Spazzaforno.

spazzatóre [da *spazzare*; av. 1567] s. m. (f. *-trice*); *anche* agg. ● Chi (o Che) spazza: *macchina spazzatrice*.

spazzatrice [f. di *spazzatore*; 1916] s. f. ● Autoveicolo provvisto di meccanismi per spazzare le strade.

♦**spazzatùra** [av. 1292] **A** s. f. *1* Attività dello spazzare. *2* Ciò che si spazza, immondizia, rifiuti: *cassetta della s.*; *buttare qlco. nella s.* *3* (*fig.*) Ciò che è da rifiutare perché volgare, scadente, di pessimo gusto: *questo film è solo s.* | ***Trattare qlcu. o qlco. come s.***, con disprezzo. **B** in funzione di agg. inv. ● (posposto al s.) Volgare, di nessun pregio: *cinema s.*; *tv s.* SIN. Trash.

spazzaturàio [1632] s. m. (f. *-a*) ● Chi andava di casa in casa a raccogliere la spazzatura.

spazzino [1632] **A** s. m. (f. *-a*) ● Chi fa il mestiere di spazzare le strade; SIN. Netturbino | Spazzaturaio. || **spazzinàccio**, pegg. **B** agg. ● (*zool.*) Detto di animale che si nutre dei detriti, delle deiezioni e delle carogne presenti nella propria nicchia ecologica.

spàzzo [lat. *spătiu(m)* 'intervallo, distanza'. V. *spazio*; 1313] s. m. *1* (*raro, lett.*) Ampio tratto di terreno sgombro di ostacoli. *2* †Pavimento.

♦**spàzzola** [da *spazzare* (con sovrapposizione di *spatola*?); 1400 ca.] s. f. *1* Oggetto costituito da un supporto in legno o altro materiale su cui sono infissi peli o fili di natura varia, usato per togliere la polvere, lucidare, ravviare i capelli, e sim.: *s. dura, morbida*; *s. di setola, di nailon*; *s. da scarpe, da capelli*; *s. elettrica*; *le spazzole della lucidatrice* | ***A s.***, di capelli, peli duri e sim. tagliati corti e pari: *baffi, capelli, a s.* *2* (*elettr.*) Organo di contatto montato sulla parte fissa di una macchina elettrica che, strisciando sul collettore, serve ad addurvi corrente o a prelevarvela. *3* (*mus.*) Tipo di bacchetta che porta all'estremità un pennello di fili metallici per ottenere speciali effetti dai tamburi e dai piatti di una batteria. *4* (*autom.*) Nel tergicristallo, bordo di gomma a contatto con il parabrezza | (*est.*) La bacchetta del tergicristallo. || **spazzolétta**, dim. | **spazzolina**, dim. | **spazzolino**, dim. m. (V.) | **spazzolóne**, accr. m. (V.).

♦**spazzolàre** [av. 1629] v. tr. (*io spàzzolo*) ● Pulire con la spazzola: *s. un cappotto*; *spazzolarsi il vestito* | (*fig.*) ***S. la schiena di qlcu.***, colpirlo, batterlo, percuoterlo | (*fam.*) Divorare: *due vassoi ... di filetti furono spazzolati* (MORAVIA).

spazzolàta [1840] s. f. ● Atto dello spazzolare una volta e alla meglio | (*fam.*) Duro rimprovero. || **spazzolatina**, dim.

spazzolàto [av. 1921] **A** part. pass. di *spazzolare*; *anche* agg. ● Nei sign. del v. **B** s. m. ● (*mus.*) Modo di percuotere il rullante della batteria con apposite spazzole.

spazzolatrice [da *spazzolare*; 1934] s. f. ● In varie tecnologie, macchina destinata a operazioni di spazzolatura, pulitura e sim.

spazzolatùra [1882] s. f. ● Operazione dello spazzolare.

spazzolificio [comp. di *spazzola* e *-ficio*; 1942] s. m. ● Fabbrica di spazzole.

♦**spazzolino** [1668] s. m. *1* Dim. di *spazzola*. *2* Piccola spazzola per pulire denti, unghie e sim.: *s. da denti*; *s. da, per unghie*.

spazzolóne [1889] s. m. *1* Accr. di *spazzola*. *2* Grossa spazzola con lungo manico, usata per pulire o lucidare pavimenti e sim.

speaker /*ingl.* 'spi:kə/ [vc. ingl., propr. 'annunciatore', da *to speak* 'parlare'; 1748] s. m. e f. inv. *1* Annunciatore radiofonico e televisivo | Lettore o commentatore di un documentario, come voce fuori campo. *2* Nel linguaggio sportivo, chi, attraverso un altoparlante, comunica al pubblico di una gara varie informazioni relative alla gara stessa. *3* Nei Paesi anglosassoni, presidente della camera dei deputati.

speakeràggio /spike'radʤdʒo/ [da *speaker*; 1983] s. m. *1* (*tv*) Trasmissione dell'audio di una trasmissione televisiva registrata su nastro videomagnetico. *2* Divulgazione di notizie, informazioni e sim. per mezzo di un megafono o di un altoparlante posto a bordo di un'automobile.

specchiàio o (*pop.*) †**specchiàro** [dal lat. tardo *speculāriu(m)* 'fabbricante di specchi', da *spĕculum* 'specchio'; sec. XIV] s. m. (f. *-a*) ● Fabbricante o venditore di specchi.

specchiaménto [av. 1519] s. m. ● (*raro*) Lo specchiare, lo specchiarsi.

specchiàre [da *specchio*; av. 1294] **A** v. tr. (*io spècchio*) *1* (*lett.*) †Fissare: *avendo ciascuno i bicchieri in mano, e specchiando gli occhi loro nel vetro* (SACCHETTI). *2* (*lett.*) †Rimirare, contemplare: *a l'onde chiare specchiandosi il volto* (BOIARDO). **B** v. rifl. *1* Guardarsi, mirarsi allo specchio: *prima di uscire si specchia sempre*; *sta sempre a specchiarsi* | (*est.*) Guardarsi in una superficie che riflette le immagini: *specchiarsi nelle vetrine, nell'acqua, nel pavimento ben lucidato*. *2* (*fig.*) Prendere esempio da qlcu.: *specchiarsi in qlcu.*; *specchiarsi nelle imprese di qlcu.*; *specchiarsi in qlcu. per onestà*. **C** v. intr. pron. ● Riflettersi in uno specchio d'acqua, detto di cose: *la villa si specchia nel lago*.

†**specchiàro** ● V. *specchiaio*.

specchiàto [av. 1566] part. pass. di *specchiare*; *anche* agg. *1* Nei sign. del v. *2* Fornito di specchio: *porta specchiata*. *3* †Riflesso, rispecchiato. *4* (*fig.*) Puro, integro, esemplare: *persona di specchiati costumi*.

specchiatura [da *specchiare*; av. 1566] s. f. *1* (*raro*) Specchiamento. *2* Caratteristica del legno di alcune piante che in sezione radiale presenta una superficie lucente dovuta ai raggi midollari. *3* In una porta, riquadro in legno, compensato e sim. liscio o lavorato.

specchièra [da *specchio*; 1524] s. f. *1* Grande specchio da parete, spec. con funzioni decorative. *2* Mobile a specchio in cui si vede l'intera persona. *3* Tavolino da toeletta munito di un piccolo specchio nella parte interna della ribalta.

specchiétto [sec. XIV] s. m. *1* Dim. di *specchio*. *2* Specchio di ridotte dimensioni, variamente utilizzato: *s. tascabile, da borsetta* | ***S. retrovisivo***, in un autoveicolo o in un motoveicolo, piccolo specchio orientabile per controllare il tratto di strada retrostante. SIN. Retrovisore | ***S. di cortesia***, montato sul retro della visiera parasole dell'automobile, dal lato del passeggero. ➡ ILL. p. 2162, 2163, 2164, 2166 TRASPORTI. *3* Richiamo meccanico per le allodole, a mano o a orologeria, consistente in un brillare di specchietti girevoli che attira le allodole | ***S. per le allodole***, (*fig.*) lusinga per ingannare gli ingenui. *4* Prospetto, nota riassuntiva: *fare uno s. delle eccezioni grammaticali*.

♦**spècchio** o †**spècolo**, (*lett.*) †**spèculo** [lat. *spĕculu(m)*, da *spĕcere* 'osservare', dalla radice indeur. **spek-*, che indica il guardare durativo; 1225 ca.] s. m. *1* Superficie che riflette in modo regolare i raggi luminosi, generalmente costituita da una lastra di vetro con una faccia metallizzata | ***S. parabolico***, la cui superficie ha la forma di un paraboloide; usato spec. negli strumenti ottici e nei fari | ***S. retrovisore***, ***retrovisivo***, V. *specchietto* | ***Arrampicarsi sugli specchi***, V. *arrampicare*. ➡ ILL. p. 2140 SCIENZE DELLA TERRA ED ENERGIA. *2* Lastra di specchio di dimensioni varie, liscia o ornata, incorniciata o priva di cornici, usata per la toeletta: *s. a mano, da tavolo, da parete, da muro*; *guardarsi, mirarsi allo, nello s.*; *stare sempre davanti allo s.*; *l'occhio corporale ... vede tutti gli obbietti fuori di sé ed ha dello s. bisogno per vedere se stesso* (VICO) | ***Armadio a s.***, armadio con lo sportello o gli sportelli ricoperti di specchio che riflette l'intera persona. *3* (*fig.*) Ciò che è eccezionalmente pulito: *tenere una casa come uno s.*; *la sua casa è uno s.* | ***Tirare un pavimento a s.***, lucidarlo perfettamente. *4* (*fig.*) Ciò che esprime, rivela, riflette un sentimento, una situazione, un fenomeno e sim.: *gli occhi sono lo s. dell'anima*; *la crisi del cinema è lo s. di una crisi più generale della cultura*. *5* (*fig.*) Esemplare, modello: *essere uno s. di onestà* | ***Farsi s. di qlcu.***, prenderlo a esempio. *6* Superficie acquea non agitata da correnti, venti o sim.: *oggi il mare è uno s.* | ***S. d'acqua***, determinato tratto di mare o di lago | ***S. freatico***, superficie superiore di una falda acquifera | (*est.*) ***S. di faglia***, superficie di roccia perfettamente polita e lisciata dallo sfregamento dei due lembi rocciosi separati da una faglia | ***A s.***, di casa o località posta in riva al mare, lago o sim. in modo da potercisi specchiare: *il paese è a s. del mare*. *7* Nota, prospetto, specchietto: *lo s. delle assenze scolastiche*. *8* (*sport*) Nella pallacanestro, tabellone | ***S. della porta***, nel calcio, lo spazio frontale della porta. *9* (*mar.*) ***S. di poppa***, porzione del fasciame che chiude lo scafo a poppa; si presenta come una superficie piana o bombata, variamente inclinata. *10* (*pesca*) Attrezzo di forma cilindrica o troncoconica, con la parte superiore talvolta sagomata per adattarsi al volto di chi l'usa e con quella inferiore chiusa da un cristallo, usato per vedere sul fondo marino in acque poco profonde. *11* ***S. di Venere***, piccola pianta campestre delle Campanulacee con fiori violacei in corimbo (*Specularia speculum*). *12* Anticamente, in alcune città italiane, libro dei debitori del Comune: *essere a s.*; *essere sullo s.* || **specchiétto**, dim. (V.).

spècial /s'pɛʧal, *ingl.* 'speʃl/ [vc. ingl., propr. 'particolare, eccezionale'. V. *speciale*; 1966] s. m. inv. ● In televisione, numero unico di un programma di rivista eseguito da un solo complesso o da un unico cantante | Servizio speciale | Cortometraggio cinematografico sull'opera di un attore o di un regista, per favorirne la conoscenza.

♦**speciàle** o †**speziàle** (1) [vc. dotta, dal lat. *speciāle(m)* 'proprio della specie', da *spĕcies* 'specie'; av. 1294] **A** agg. *1* Che è proprio di una specie, spec. in contrapposizione a *generale*: *incarico, mandato s.* | (*est.*) Particolare, singolare: *trattare qlcu. con s. attenzione*; *avere una s. predilezione per qlcu.*; *inviato s.* | (*ling.*) ***Lingua s.***, forma particolare di lingua usata da un gruppo determinato | ***In modo s.***, in modo particolare. *2* (*dir.*) Previsto o disposto per uno o più casi particolari: *foro s.*; *domicilio s.* | ***Giurisdizione s.***, potestà giurisdizionale esplicata da organi giudiziari non facenti parte dell'ordine giudiziario | ***Giudice s.***, competente a esercitare la propria funzione in relazione a un determinato genere di processi | ***Procura s.***, conferita per la rappresentanza in un dato o in più predeterminati rapporti concernenti il rappresentato | ***Procedimento legislativo s.***, decentrato | ***Legge s.***, diretta a regolare rapporti giuridici particolari non del tutto disciplinati dai codici e dalla legislazione generale. *3* Scelto, di qualità non comune: *un vino s.* CONTR. Comune, normale. **B** s. m. *1* Programma televisivo su un particolare argomento | Special. *2* (*sport*) Nello sci, slalom speciale. || **specialménte**, avv. Particolarmente, soprattutto.

specialista [da *speciale*, sul modello del fr. *spécialiste*; 1846] **A** s. m. e f. (pl. m. *-i*) *1* Chi ha una particolare competenza in un'attività, uno studio, una professione e sim.: *uno s. di radiotecnica*; *uno s. in restauri*. *2* Medico diplomato in un particolare ramo della medicina: *consultare uno s.*; *s. per la gola*; *s. in malattie infantili*. *3* Atleta che pratica una specialità sportiva o ha una particolare abilità. *4* (*zool.*) Predatore caratterizzato da un regime alimentare monotono. CONTR. Generalista. **B** anche agg.: *medico, corridore, atleta, s.*

specialistico [1884] agg. (pl. m. *-ci*) ● Relativo a specialista o a specializzazione: *visita specialistica* | Settoriale: *linguaggio s.* || **specialisticamente**, avv.

♦**specialità** o †**spezialità**, †**spezieltà** [vc. dotta, dal lat. tardo *specialitāte(m)*, da *speciālis* 'speciale'; av. 1294] s. f. *1* (*raro*) Caratteristica di ciò che è speciale: *la s. di una situazione.* SIN. Particolarità, peculiarità, specificità | (*dir.*) ***Principio di s.***, quello che regola il concorso apparente di norme coesistenti nel senso della prevalenza della norma speciale rispetto a quella generale | †***In spezieltà***, specialmente. *2* Ramo di un'attività, uno studio, una professione e sim. in cui si è particolarmente esperti e abili: *la sua s. è la storia romana.* *3* Ciascuno dei particolari tipi di attività agonistiche di uno sport: *la s. dei cento metri piani*; *la s. dello slalom.* *4* Prodotto tipico ed esclusivo: *questa stoffa è una s. del nostro negozio* | Piatto caratteristico, manicaretto tipico: *i maccheroni alla chitarra sono una s. dell'Abruzzo* | ***S. farmaceutica***, (*ellitt.*) ***specialità***, ritrovato scientifico già in distribuzione, indicato per la cura di determinate malattie. *5* (*al pl.*) Corpi o reparti delle varie armi, addestrati per assolvere particolari compiti.

specializzàndo [da *specializzare*; 1986] agg.; anche s. m. (f. *-a*) ● Che (o Chi) è in procinto di specializzarsi.

specializzàre [da *speciale*, sul modello del fr. *spécialiser*; av. 1704] **A** v. tr. ● Restringere un'attività a particolari mansioni per ottenere migliori risultati nello svolgimento di questa: *s. un'industria in una data produzione.* **B** v. rifl. ● Dedicarsi a un ramo particolare di un'attività, uno studio, una professione | Conseguire una specializzazione: *specializzarsi in radiologia.*

specializzàto [av. 1926] part. pass. di *specializzare*; anche agg. *1* Nei sign. del v. *2* Dotato di specializzazione: *operaio s.*; *medico s. in reumatologia* | ***Militare s.***, abilitato per assolvere mansioni tecniche o far funzionare armi e mezzi che richiedano specifica qualificazione. *3* (*biol.*) Che svolge una o più funzioni determinate: *cellula specializzata.* *4* (*biol.*) Detto di organismo che risulta strettamente adeguato al suo habitat tanto da non poterne seguire eventuali variazioni | (*biol.*) Detto di organo che, in base alla selezione naturale, ha assunto forma e funzione diverse rispetto a quelle originarie. *5* (*agr.*) ***Coltura specializzata***, esclusiva di un appezzamento o di tutta o parte della superficie aziendale.

specializzazióne [da *specializzare*, sul modello del fr. *spécialisation*; 1900 ca.] s. f. *1* Lo specializzare | Acquisizione di una competenza specifica in un ramo particolare di un'attività, studio e sim. | Competenza specialistica | ***Scuola di s.***, quella che, attraverso un insieme di corsi, consente di ottenere un titolo professionale specifico dopo la laurea. *2* Divisione dello scibile umano in vari rami, per ognuno dei quali la ricerca si svolge con metodi autonomi: *la s. è tipica della cultura moderna.* *3* (*biol.*) Processo che modifica lo stato originario di un organo o di un organismo in rapporto a precise condizioni funzionali o ambientali, ma che ne riduce le capacità di adattamento quando tali condizioni variano.

speciazióne [ingl. *speciation*, da *species* 'specie'; 1960] s. f. ● (*biol.*) Formazione di nuove specie partendo da specie già preesistenti.

♦**spècie** o (*lett.*) **ispècie** nel sign. A 10, †**spèzie** (1) [vc. dotta, dal lat. *spĕcie(m)* 'vista, apparenza', da *spĕcere* 'osservare'; av. 1292] **A** s. f. inv. *1* (*lett.*) Immagine, apparenza, aspetto: *apparve in s. di angelo* | ***Mutare s.***, mutare aspetto | ***Sotto s. di***, con l'aspetto di; (*est.*) col pretesto di: *Gesù venne sulla terra sotto s. di uomo*; *sotto s. di volermi aiutare, m'ingannò* | (*relig.*) ***S. eucaristiche***, ***sacre s.***, il pane e il vino dopo la consacrazione. *2* Insieme di elementi distinti da altri dello stesso genere per certi comuni caratteri particolari: *la s. è una suddivisione del genere.* *3* (*biol.*) Complesso di individui aventi gli stessi caratteri biologici e morfologici e che riproducendosi danno una discendenza feconda | ***S. elementare***, unità secondaria di suddivisione della specie zoologica e botanica secondo il criterio dello zoologo Jordan. SIN. Giordanone. *4* (*miner.*) L'insieme di tutti i minerali che, avendo composizione chimica analoga e stessa struttura, presentano caratteristiche fisiche e chimiche simili. *5* (*est.*) Genere umano, spec. nella loc. ***la s. umana***. *6* (*lett.*) Caso particolare in cui si realizza un'entità più generale | ***Nella s.***, nel caso particolare. *7* Sorta, qualità: *ogni s. di frutta*; *frutta di ogni s.*; *tutte le s. di merce*; *merce di tutte le s.*; *che s. di cibo vuoi?*; *è in vendita una nuova s. di detersivo.* *8* Impressione, meraviglia, stupore, nella loc. ***fare s.***: *la sua assenza mi fa s.*; *mi fa proprio s. che abbia risposto in questo modo!* *9* Nella loc. ***una s. di***, di cosa che ha vaga somiglianza con altra analoga (*anche spreg.*): *indossava una s. di mantello*; *abita in una s. di villa*; *venne ad aprirmi una s. di cameriera.* *10* Nella loc. avv. ***in s.***, ***in ispecie***, soprattutto, in modo particolare: *ringraziò tutti, ma in s. il suo maestro*; *lo compatisco tutti, ma in ispecie i poveri gramatici* (LEOPARDI). **B** in funzione di avv. ● Specialmente, in modo particolare: *mi piace il teatro, s. quello drammatico.*

specie-specificità [dall'ingl. *species specificity*] s. f. ● (*biol.*) Condizione dell'essere specie-specifico.

specie-specifico [dall'ingl. *species-specific*] agg. (pl. m. *specie-specifici*) ● (*biol.*) Relativo a una particolare specie o alle cellule e ai tessuti di una particolare specie.

specifica [da *specificare*; 1811] s. f. ● Descrizione analitica, schematica e quantitativa, spec. espressa in cifre, di una situazione campione a cui confrontare situazioni produttive di serie: *E neppure dovrebbe mancare una s. delle specifiche* (LEVI) | Descrizione dettagliata: *s. delle merci, delle spese.*

specificàbile [1940] agg. ● Che può essere specificato.

specificàre [vc. dotta, dal lat. tardo *specificāre*, da *spĕcies* 'specie', con *-ficāre* '-ficare'; av. 1294] v. tr. (*io specìfico, tu specìfichi*) ● Determinare con precisione, indicare distintamente, in particolare (*anche assol.*): *devi s. di che cosa si tratta*; *specificò le sue ragioni*; *quello che dici non basta, devi s.*

specificativo [1639] agg. ● Che serve a specificare | (*gramm.*) ***Complemento s.***, di specificazione.

specificàto [av. 1321] part. pass. di *specificare*; anche agg. *1* Determinato con precisione: *accuse non specificate.* *2* (*raro*) Specializzato, qualificato: *lettori più specificati di me* (PAVESE). || **specificatamente**, avv. In modo chiaro, dettagliato.

specificazióne [vc. dotta, dal lat. mediev. *specificatiōne(m)*, dal tardo *specificāre*; sec. XIV] s. f. *1* Determinazione, indicazione particolareggiata: *è necessaria la s. dei prezzi delle merci* | ***Complemento di s.***, quello che specifica il concetto espresso da un sostantivo di carattere più generale dal quale è retto. *2* (*dir.*) Modo di acquisto della proprietà di una cosa ricavata dall'utilizzazione di materie altrui, qualora il valore della materia impiegata non sorpassi notevolmente quello della mano d'opera. *3* Nella filosofia di Kant, regola che impone all'intelletto di suddividere una specie in un certo numero di sottospecie, un concetto in altri concetti che possono essere raggruppati sotto la specie o il concetto principale.

specificità [1860] s. f. ● Caratteristica di ciò che è specifico. SIN. Peculiarità.

specifico [vc. dotta, dal lat. tardo *specĭficu(m)*, da *spĕcies* 'specie', con *-ficus* '-fico'; 1308] **A** agg. (pl. m. *-ci*) *1* Che si riferisce alla specie | (*biol.*) ***Caratteri specifici***, caratteristiche proprie di tutti gli individui appartenenti a una stessa specie | ***Differenza specifica***, caratteristica che distingue una specie da altre specie dello stesso genere. *2* Particolare, determinato: *nel caso s.* | (*est.*) Concreto, preciso: *rivolgere a qlcu. accuse specifiche.* CONTR. Generico. *3* (*med.*) Particolare, speciale | ***Malattia specifica***, prodotta da germi ben noti, in particolare la tubercolosi e la sifilide | ***Rimedio s.***, farmaco elettivo nella cura di una determinata malattia. *4* (*dir.*) ***Imposta specifica***, che si commisura alle unità, al peso, alla misura e sim. di un dato bene | ***Prova specifica***, nel diritto processuale penale, prova pertinente all'individuazione dell'autore di un reato di cui la prova generica abbia già mostrato la commissione. *5* Detto di una grandezza quando se ne consideri il valore corrispondente al valore unitario di un'altra grandezza quale il volume, l'area, la massa | (*fis.*) ***Peso s. assoluto***, rapporto tra il peso e il volume di un corpo | ***Peso s. relativo***, rapporto tra il peso del corpo e il peso di un ugual volume di acqua distillata a 4 °C, presa come campione. || **specificaménte**, avv. In modo specifico, particolare. **B** s. m. *1* (*farm.*) Rimedio specifico. *2* Ogni manifestazione artistica considerata nella sua individualità intrinseca ed esclusiva: *lo s. filmico*; *lo s. televisivo.*

specillàre [av. 1914] v. tr. ● (*med.*) Sondare con lo specillo.

specillo [vc. dotta, dal lat. *specĭllu(m)* 'specillo, sonda', dim. di *spĕculum* 'specchio'. V. *specchio*; 1583] s. m. ● (*med.*) Strumento sottile e flessibile di metallo, terminante con punta smussata, che serve a sondare le ferite e i tragitti fistolosi.

spècimen /*lat.* sˈpɛtʃimen, *ingl.* ˈspesəmɪn/ [attraverso l'ingl., dal lat. *spĕcimen*, genit. *specĭminis* 'saggio, prova', da *spĕcere* 'osservare'; av. 1755] s. m. inv. (pl. lat. *specimina*) *1* Saggio, campione. *2* Pagina o fascicoletto di saggio di un'opera, distribuito a fini pubblicitari. *3* Firma di paragone richiesta dalla banca trattaria per controllare l'autenticità della sottoscrizione degli assegni bancari.

speciosità o †**speziosità** [vc. dotta, dal lat. tardo *speciositāte(m)* 'apparenza, bellezza', da *speciōsus* 'apparente'; sec. XIV] s. f. *1* Caratteristica di ciò che è specioso, cavilloso, capzioso: *la s. di un ragionamento.* *2* (lett.) †Bellezza.

speciòso o †**speziòso** [vc. dotta, dal lat. *speciōsu(m)* 'apparente', da *spĕcies* 'apparenza'. V. *specie*; sec. XIII] agg. *1* (*lett.*) Di bella apparenza, di gradevole aspetto: *vestite di tuniche speciose* (D'ANNUNZIO). *2* Valido solo in apparenza: *argomenti, pretesti, speciosi.* SIN. Capzioso. || **speciosaménte**, avv.

speck /*ted.* ʃpɛk/ [vc. ted., propr. 'lardo' (d'orig. germ.); 1976] s. m. inv. (pl. ted. *Specke*) ● Prosciutto crudo disossato, salato e affumicato, prodotto tipico della salumeria altoatesina, tirolese e bavarese.

spèco [vc. dotta, dal lat. *spĕcu(m)* 'caverna', di etim. incerta; av. 1342] s. m. (pl. *-chi*) *1* (*lett.*) Antro, spelonca, grotta, caverna: *prende dolcezza … / l'anima, uscendo dal gravante e cieco / nostro terreno s.!* (CAMPANELLA) | ***Sacro s.***, in Subiaco, dove S. Benedetto da Norcia assunse l'abito monastico e fondò il suo ordine. *2* (*anat.*) Canale | ***S. vertebrale***, canale formato dall'insieme dei corpi vertebrali e dei rispettivi archi neurali.

spècola o (*raro*) **spècula** [vc. dotta, dal lat. *spĕcula(m)* 'vedetta, osservatorio', da *spĕcere* 'osservare'; av. 1527] s. f. *1* Osservatorio astronomico, situato in luogo eminente o nella parte più alta di un edificio. *2* †Luogo eminente da cui si può osservare il cielo.

specolàre e *deriv.* ● V. *speculare* (*1*) e *deriv.*

specolo [vc. dotta, dal lat. *spĕculu(m)* 'specchio'. V. *specchio*; 1504] s. m. *1* Adattamento di *speculum* (V.). *2* †V. *specchio.*

spècula ● V. *specola.*

speculàbile [vc. dotta, dal lat. *speculābile(m)*, da *speculāri* 'osservare'; 1499] agg. ● Che si può considerare con l'intelletto.

speculàre (1) o (*raro*) **specolàre** [vc. dotta, dal lat. *speculāri* 'osservare, esplorare', da *spĕculum* 'specchio'; av. 1306] **A** v. tr. (*io spèculo*) *1* †Osservare da un luogo eminente | †Esplorare: *Pietro Navarra mandato … a s. il sito* (GUICCIARDINI). *2* Indagare con l'intelletto: *s. la natura umana.* **B** v. intr. (aus. *avere*) *1* Considerare filosoficamente, meditare: *s. sulla natura umana*; *noi vogliamo speculando tentare di penetrare l'essenza vera … delle sostanze naturali* (GALILEI). *2* Compiere operazioni commerciali o economiche basate sulla previsione di futuri andamenti favorevoli del mercato. *3* (*est.*) Sfruttare possibilità che la situazione offre a proprio vantaggio e a svantaggio altrui: *s. sull'ignoranza, sugli errori altrui.*

speculàre (2) [vc. dotta, dal lat. *speculāre(m)*, da *spĕculum* 'specchio'; 1499] agg. *1* Di specchio, che ha le caratteristiche di uno specchio: *superficie s.* | ***Immagine s.***, quella che uno specchio o una superficie speculare riproduce di un oggetto, o che è uguale a quella riprodotta in tale modo | ***Scrittura s.***, che procede da destra a sinistra, o si legge riflessa in uno specchio. *2* (*fig.*) Reciproco | Simmetrico, corrispondente: *il film racconta le* *avventure speculari di due donne in una grande città.* || **specularménte**, avv.

specularità [1982] s. f. ● Caratteristica di ciò che è speculare.

†**speculativa** [vc. dotta, dal lat. tardo *speculatīva(m)*, f. sost. di *speculatīvus* 'speculativo'; av. 1332] s. f. ● Facoltà di speculare filosoficamente.

speculativo [vc. dotta, dal lat. tardo *speculatīvu(m)*, da *speculāri* 'indagare, osservare'; 1308] **A** agg. *1* Che si riferisce alla speculazione intellettuale, alla ricerca teorica: *filosofia speculativa* | ***Scienze speculative***, scienze pure, non applicate | Incline alla speculazione intellettuale, alla ricerca teorica: *intelletto s.*; *mente speculativa.* *2* (*econ.*) Che si riferisce a speculazione commerciale o finanziaria: *investimento s.* || **speculativaménte**, avv. In modo speculativo, teorico. **B** s. m. ● (*spreg.*) †Dottrinario, teorico.

speculatóre [vc. dotta, dal lat. *speculatōre(m)* 'osservatore', da *speculātus* 'osservato'; av. 1332] **A** s. m. (f. *-trice*); anche agg. *1* (*raro*) Chi (o Che) specula filosoficamente. *2* Chi (o Che) compie speculazioni economiche. **B** s. m. ● †Vedetta, esploratore: *mandando innanzi i cavalli leggieri come speculatori del paese* (MACHIAVELLI).

speculatòrio [da *speculare* (*1*); 1960] agg. ● Che si riferisce a una speculazione economica.

speculazióne [vc. dotta, dal lat. tardo *speculatiōne(m)* 'contemplazione', da *speculātus* 'osservato'; 1306] s. f. *1* Ricerca filosofica, indagine intellettuale avente fini esclusivamente teorici: *la s. antica, moderna* | (*est.*) Meditazione, pensiero (*anche scherz.*): *essere assorto, immerso, in profonde speculazioni.* *2* Operazione commerciale o finanziaria che si propone un forte e rapido utile prevedendo l'andamento del mercato: *fare una s.*; *sbagliare una s.*; *una s. sbagliata, fortunata* | Insieme di tali operazioni; insieme di persone che operano in base a fini speculativi: *la s. edilizia.* *3* (*est.*) Pretesto di chi sfrutta, anche con pochi scrupoli, una data situazione allo scopo di conseguire un vantaggio, spec. nel linguaggio politico: *una s. politica*; *è tutta una s. elettorale.* || **speculazioncèlla**, dim.

†**spèculo** ● V. *specchio.*

speculoscopìa [comp. di *speculum* e *-scopia*] s. f. ● (*med.*) Tecnica di indagine visiva diretta della cervice uterina che prevede l'inserimento dello speculum con l'aggiunta di un contenitore provvisto di una sostanza che se attivata emette luce bianco-blu.

spèculum [vc. dotta, lat. *spĕculu(m)*, propr. 'specchio'; 1895] s. m. inv. ● (*med.*) Strumento impiegato per dilatare cavità corporee, in modo da poterne osservare o raggiungere più agevolmente l'interno. ➡ ILL. **medicina e chirurgia.**

spedàle ● V. *ospedale.*

spedalière [da *spedale*; 1618] **A** agg. ● †V. *ospedaliero.* **B** s. m. ● (*disus.*) Rettore di un ospedale.

spedalità o **ospedalità** [da *spedale*; 1841] s. f. ● (*bur.*) Complesso delle pratiche inerenti al ricovero degli ammalati in ospedale: *ufficio s.*

spedalizzàre e *deriv.* ● V. *ospedalizzare* e *deriv.*

spedantìre [da *pedante*, con *s-*; av. 1584] v. tr. (*io spedantisco, tu spedantisci*) ● (*raro*) Rendere meno pedante.

spedàre [da *p(i)ede*, con *s-*; sec. XV] **A** v. tr. (*io spèdo*) *1* †Affaticare un cavallo. *2* (*mar.*) Detto di ancora, staccarla dal fondo per salparla. **B** v. intr. pron. ● (*lett.*, *raro*) Stancarsi i piedi per il troppo camminare.

†**spedicàre** [da †*pedica*, con *s-*; 1264] v. tr. *1* (*mar.*) Spedare. *2* (*raro*) Liberare.

spediènte ● V. *espediente.*

†**spediménto** [vc. dotta, dal lat. tardo *expedimĕntu(m)* 'soluzione, liberazione', da *expedīre* 'sciogliere'; av. 1442] s. m. ● Esecuzione, compimento.

♦**spedire** [lat. *expedīre*, da *pēs*, genit. *pĕdis* 'piede', con *ĕx-* (*s-*). V. *impedire*; av. 1348] **A** v. tr. (*io spedisco, tu spedisci*) *1* †Sbrigare, eseguire | Oggi usato nelle loc. ***s. una bolla, un breve***, stendere e mandare al destinatario un documento curiale o pontificio | ***S. la causa***, nel linguaggio forense, stabilire che si inizi la fase della decisione di una causa civile | (*farm.*) ***S. una ricetta***, preparare il medicamento in essa prescritto, seguendone le indicazioni. *2* Inviare, mandare, lettere, merci o sim., tramite i servizi postali o un qualsiasi mezzo di trasporto: *s. una lettera, un pacco*; *s. qlco. per espresso, per via aerea*; *s. qlco. via terra, via mare*; *s. qlco. per corriere*; *s. qlco. al domicilio del destinatario*; *s. qlco. a Roma, in Francia*; *spedisce la sua merce in tutto il mondo.* *3* Inviare, mandare sollecitamente qlcu. cui è affidato un dato incarico, in un luogo o da una persona: *s. il fattorino in banca*; *s. un messo alla corte imperiale* | (*fig.*) ***S. qlcu. all'altro mondo***, ucciderlo. **B** v. intr. pron. ● †Sbrigarsi, spicciarsi.

speditézza [1673] s. f. ● Caratteristica di chi (o di ciò che) è spedito. SIN. Rapidità.

speditìvo [da *spedito*; av. 1519] agg. *1* (*lett.*) Sbrigativo, spiccio: *Questo modo di pesare è molto s.* (LEONARDO). *2* In varie tecnologie, che agisce, si svolge, o viene compiuto con prontezza ed efficienza: *rilevamento topografico s.*; *analisi chimica speditiva.* || **speditivaménte**, avv. Speditamente.

spedito [1306] **A** part. pass. di *spedire*; anche agg. *1* Nei sign. del v. *2* Svelto e rapido: *essere s. nel fare qlco.*; *camminare con passo s.* | Facile, pronto: *lingua, pronuncia spedita.* *3* (*fam.*) Spacciato, destinato a morte sicura: *il poveretto è bell'e s.*; *i medici lo danno per s.* *4* †Sciolto, libero da legami. || **speditaménte**, avv. In modo spedito, lesto: *parlare, scrivere speditamente.* **B** in funzione di avv. ● In modo sciolto, veloce: *camminare s.* | Chiaramente: *parlare, scrivere s.*

speditóre [1416] s. m. (f. *-trice*) ● Chi spedisce, chi è addetto alle spedizioni in una azienda e sim.

♦**spedizióne** [vc. dotta, dal lat. *expeditiōne(m)* 'spedizione, uscita', da *expedītus* 'sciolto, liberato'; av. 1400] s. f. *1* Invio di lettere, merci e sim. tramite i servizi postali o un qualsiasi mezzo di trasporto: *s. di un pacco* | Collo spedito: *arrivo della s.* *2* Attività dello spedizioniere: *agenzia di s.*; *spese di s.* | (*dir.*) ***Contratto di s.***, con cui lo spedizioniere si obbliga, verso provvigione, a provvedere per conto del committente, a concludere con un vettore un contratto di trasporto di determinate cose. *3* Viaggio di più persone compiuto a scopo di esplorazione, ricerca, studio: *compiere, organizzare una s.*; *partecipare a una s.* | Insieme di persone partecipanti a una spedizione: *non si hanno notizie della s. di soccorso.* *4* (*mil.*) Operazione portata in luogo lontano da quello in cui sono state approntate e organizzate le forze operative | ***Corpo di s.***, complesso delle forze a essa destinate. *5* †Messaggio. || **spedizioncèlla**, dim.

spedizionière [da *spedizione*; 1617] s. m. (f. *-a*) ● (*dir.*) Nel contratto di spedizione, colui che si obbliga a concludere il contratto di trasporto con un vettore | ***S. doganale***, libero professionista che cura il disbrigo delle formalità doganali per conto di terzi.

speedway /ingl. 'spiːd,weɪ/ [vc. ingl., comp. di *speed* 'velocità' (d'orig. germ.) e *way* 'via' (vc. germ. d'orig. indeur.); 1973] s. m. inv. ● Tipo di motocross su pista circolare di terra battuta (spesso cosparsa di cenere e sabbia) o di ghiaccio.

†**spèglio** [dal provz. *espelh*, dal lat. *spĕculu(m)* 'specchio'. V. *specchio*; av. 1280] s. m. ● (*lett.*) Specchio.

spegnàre [da *pegno*, con *s-*; sec. XIV] v. tr. (*io spégno*) ● Liberare ciò che è stato dato in pegno. CONTR. Impegnare.

♦**spègnere** o **spégnere**, †**espingere**, (*tosc.*, *lett.*) **spèngere** [lat. parl. **expĭngere* 'cancellare', comp. di *ĕx-* (*s-*) e *pĭngere* 'tingere'. V. *pingere*; 1235 ca.] **A** v. tr. (pres. *io spèngo* o *spéngo, tu spègni* o *spégni*; pass. rem. *io spènsi* o *spénsi, tu spegnésti*; part. pass. *spènto* o *spénto*) *1* Far sì che qlco. cessi di ardere, di dare luce, di emanare calore: *s. il fuoco, la fiamma, l'incendio*; *s. il lume, la candela*; *s. una sigaretta* | ***S. la calce***, facendo lievitare con poca acqua nell'aria umida | ***S. la farina***, gettarvi l'acqua per ridurla in pasta. CONTR. Accendere. *2* Rendere inattiva un'apparecchiatura elettrica: *s. la televisione.* CONTR. Accendere. *3* (*fig.*) Chiudere, estinguere, cancellare: *s. un conto, un debito, un'ipoteca.* CFR. Accendere. *4* (*fig.*) Far svanire, distruggere lentamente: *il tempo spegne i rancori*: *il vostro intervento ha spento la polemica* | Attenuare, smorzare: *la neve spegne i rumori* | Placare: *s. la sete.* *5* (*lett.*) Uccidere: *misero colui che in guerra è spento* (LEOPARDI) | †***S. qlcu. di vita***, ucciderlo. **B** v. intr. pron. *1* Cessare di avere, di dare luce o calore: *il fuoco si spense*; *l'incendio si è spento da solo.* *2* Smettere di funzionare, detto di apparecchiature elettriche: *la lampada si è spenta.* *3* Venir meno, estinguersi: *il nostro ardore va spegnendosi*; *i ricordi si sono spenti.* *4* Morire: *si è spento serenamente.*

spegnìbile agg. ● (*raro*) Che si può spegnere.

spegnifiàmma [comp. di *spegn(ere)* e *fiamma*; 1960] s. m. inv. ● (*mil.*, *impropr.*) Riduttore di vampa.

spegniménto [1295] s. m. ● Lo spegnere, lo spegnersi.

spegnitóio o (*tosc.*, *lett.*) **spengitóio** [da *spegnere*; av. 1494] s. m. ● Piccolo cono vuoto metallico fissato a un manico col quale si copre la fiamma di una candela o sim. per spegnerla.

spegnitóre o (*tosc.*, *lett.*) **spengitóre** [sec. XIII] s. m.; anche agg. (f. *-trice*) ● Chi (o Che) spegne.

spegnitùra [sec. XIV] s. f. ● Atto dello spegnere.

spelacchiaménto [1940] s. m. ● Lo spelacchiare, lo spelacchiarsi | Pelame spelacchiato.

spelacchiàre [da *spelare*, con suff. iter.-intens.; av. 1712] **A** v. tr. (*io spelàcchio*) ● Togliere il pelo qua e là. **B** v. intr. pron. ● Perdere il pelo qua e là.

spelacchiàto o (*pop.*, *tosc.*) **spelacchito** [av. 1571] part. pass. di *spelacchiare*; anche agg. *1* Nei sign. del v. *2* Che ha pochi capelli: *un vecchietto s.*

spelafìli [comp. di *spela(re)* e il pl. di *filo*] agg. ● Detto di pinza per rimuovere la guaina di protezione dei conduttori elettrici.

†**spelagàre** [da *pelago*, con *s-*; av. 1488] v. intr. *1* Uscire dal pelago. *2* (*fig.*) Uscire da un impaccio.

spelàia, (*evit.*) **spellàia** [da *spelare*; 1936] s. f. ● Cascame della seta, tratto dalla bava filamentosa che avviluppa il bozzolo.

spelaiatùra [da *spelaia*; 1965] s. f. ● Asportazione della spelaia da bozzolo del baco da seta.

spelàre [da *pelo*, con *s-*; 1310] **A** v. tr. (*io spélo*) *1* Privare del pelo. *2* Rimuovere la guaina di protezione, gener. in plastica, dei conduttori elettrici. **B** v. intr. e intr. pron. (aus. *essere*) ● Perdere il pelo: *il tappeto si spela* | (*est.*) Perdere i capelli.

spelatùra [1957] s. f. *1* Lo spelare, lo spelarsi | Parte spelata. *2* Cascame di cotone.

spèlda ● V. *spelta.*

spelèo [vc. dotta, dal lat. *spelāeu(m)*, dal gr. *spḗlaion* 'caverna', di etim. incerta; 1873] agg. ● Delle caverne, che vive in caverne, cavernicolo: *fauna spelea.*

speleo- [V. *speleo*] primo elemento ● In parole composte dotte o scientifiche significa 'caverna': *speleologia, speleologo.*

speleobiologìa [comp. di *speleo-* e *biologia*; 1936] s. f. ● (*biol.*) Ramo della biologia che studia gli organismi viventi nelle grotte.

speleobotànica [comp. di *speleo-* e *botanica*; 1987] s. f. ● Ramo della speleobiologia che studia gli organismi vegetali che vivono nelle caverne.

speleologìa [comp. di *speleo-* e *-logia*; 1902] s. f. *1* Ramo della geografia fisica che studia le caverne naturali. *2* Pratica di esplorare caverne naturali e tecnica che a ciò si richiede.

speleològico [1902] agg. (pl. m. *-ci*) ● Che si riferisce alla speleologia.

speleòlogo [comp. di *speleo-* e *-logo*; 1923] s. m. (f. *-a*; pl. m. *-gi*) ● Chi si occupa di speleologia.

speleonàuta [comp. di *speleo-* e *-nauta* sul modello di *astronauta*; 1986] s. m. e f. (pl. m. *-i*) ● Speleologo che sperimenta a livello scientifico le condizioni di sopravvivenza durante una lunga permanenza in ambiente sotterraneo.

speleopaleontologìa [comp. di *speleo-* e *paleontologia*] s. f. ● Ramo della speleologia che studia i fossili umani, animali e vegetali rinvenuti nelle caverne.

speleopaletnologìa [comp. di *speleo-* e *paletnologia*] s. f. ● Ramo della speleologia che studia i reperti dei manufatti dell'uomo preistorico rinvenuti nelle caverne.

speleozoologìa [comp. di *speleo-* e *zoologia*; 1987] s. f. ● (*zool.*) Ramo della zoologia inerente agli animali che vivono nelle grotte.

spellàia ● V. *spelaia.*

spellaménto [av. 1758] s. m. ● (*raro*) Spellatura.

spellàre [da *pelle*, con *s-*; av. 1557] **A** v. tr. (*io spèllo*) *1* Levare la pelle a un animale ucciso, scuoiare: *s. un coniglio.* *2* (*fam.*) Scorticare, produrre lievi escoriazioni: *s., spellarsi, il ginocchio, il naso* | ***Spellarsi le mani***, (*iperb.*) applaudire fragorosamente e a lungo. *3* (*fam.*) Chiedere prezzi esosi: *certi negozianti spellano la gente.* SIN. Pelare. **B** v. intr. pron. ● Perdere la pelle: *i rettili si spellano* | Scorticarsi, prodursi lievi escoriazioni: *si è spellato cadendo.*

spellàto [av. 1557] part. pass. di *spellare*; anche agg. ● Nei sign. del v.

spellatùra [1833] s. f. ● Lo spellare, lo spellarsi | Abrasione, escoriazione: *farsi una s. al braccio.*

spellicciàre [da *pelliccia*, con *s-*; 1536] v. tr. (*io spellìccio*) *1* (*raro*) Levare la pelle o la pelliccia. *2* (*raro, fig.*) Bastonare, picchiare.

spellicciatùra [1519] s. f. ● (*raro*) Atto dello spellicciare.

spelling /s'pɛllin(g), *ingl.* 'spɛlɪŋ/ [vc. ingl., da *to spell* 'compitare' (d'orig. germ.); 1953] s. m. inv. ● Pronuncia lenta e articolata delle singole lettere di una parola. SIN. Compitazione.

spelluzzicàre ● V. *spilluzzicare.*

spelónca o †**spelùnca**, †**spilónca**, †**spilùnca** [dal lat. *spelŭnca(m)*, dal gr. *spêlunx*, genit. *spḗlungos* 'antro', corradicale di *spḗlaion*. V. *speleo*; av. 1292] s. f. *1* Grotta, caverna vasta e profonda. *2* (*fig.*) Casa squallida, triste. *3* †Ricettacolo di ladri e sim. || **spelonchétta**, dim.

spèlta o (*dial.*) **spèlda** [lat. tardo *spĕlta(m)*, forse di orig. germ.; 1262] s. f. ● (*bot.*) Farro.

†**spelùnca** ● V. *spelonca.*

spème o (*raro*) **spène** [dal lat. *spēm*, acc. di *spēs*, genit. *spĕi* 'speranza', di orig. indeur.; sec. XII] s. f. ● (*lett.*) Speranza: *altra s. non resta / che terminar la vita* (METASTASIO).

spencer /*ingl.* 'spɛnsə/ [vc. ingl., dal nome del conte J. Ch. *Spencer* (1758-1834); 1811] s. m. inv. *1* Giacca di panno nero con colletto, paramani e bordo di astrakan, portata un tempo dagli ufficiali. *2* (*est.*) Giacca maschile di maglia di lana | Giacca femminile corta.

spendacciòne [da *spendere*; 1891] s. m. (f. *-a*) ● Chi spende molto, senza misura. CONTR. Risparmiatore.

♦**spèndere** o †**espèndere** [lat. *expĕndere* 'pagare', comp. di *ĕx-* (*s-*) e *pĕndere* 'pesare', di orig. indeur.; 1219] **A** v. tr. (pass. rem. *io spési, tu spendésti*; part. pass. *spéso*) *1* Versare ad altri una somma di denaro come pagamento di un acquisto, come compenso per una prestazione, e sim.: *s. molto denaro*; *s. tutto il proprio guadagno*; *s. molto in vestiti* | ***S. un occhio della testa***, ***s. un patrimonio***, spendere moltissimo | ***S. e spandere***, scialacquare, sperperare (*spec. assol.*). *2* (*fig.*) Impiegare, consumare: *s. tutto il proprio tempo in uno studio*; *ho speso un mese per correggere il libro*; *spendete lietamente i vostri giorni, / ché giovinezza passa* (L. DE' MEDICI) | Dare via, sprecare: *ha speso i suoi anni migliori inutilmente*; *non s. il fiato con lui* | ***S. il nome di qlcu.***, servirsene, giovarsene | ***S. una parola***, ***quattro parole***, e sim. ***per qlcu.***, adoperarsi in suo favore, raccomandarlo a qlcu. *3* (*assol.*) Fare acquisti, fare spese: *s. molto, poco*; *s. bene, male*; *sapere, non sapere s.*; *andare al mercato a s.* **B** v. rifl. ● (*lett.* o *raro*) Prodigarsi, darsi da fare: *Le ci s'era spesa* (BACCHELLI); *Sei ... incapace di ... spenderti per il prossimo* (CALVINO).

spenderéccio [da *spendere*; av. 1375] agg. (pl. f. *-ce*) *1* Che spende facilmente, che è largo nello spendere: *uomo ricco e s.* *2* (*est., raro*) Che comporta forti spese: *vita spendereccia.*

spendìbile [1673] agg. ● Che si può spendere.

spendibilità [av. 1862] s. f. ● Condizione di ciò che è spendibile.

spendicchiàre o **spenducchiàre** [da *spendere*, col suff. iter.-dim. *-icchiare*; 1873] v. tr. e intr. (*io spendìcchio*; aus. *avere*) *1* Spendere con moderazione. *2* Spendere molto e senza riflettere.

†**spèndio** o †**espèndio** [da *spendere*. V. *dispendio*; sec. XII] s. m. ● Dispendio, spesa.

spèndita [1884] s. f. ● (*raro*) Spesa.

spenditóre [sec. XIII] s. m. (f. *-trice*, †*-tora*) ● Chi spende | (*mar.*) Incaricato degli approvvigionamenti.

spenducchiàre ● V. *spendicchiare.*

spène ● V. *speme.*

spèngere o **spéngere** e *deriv.* ● V. *spegnere* e *deriv.*

spennacchiàre [da *spennare*, con suff. iter-intens.; av. 1348] **A** v. tr. (*io spennàcchio*) *1* Privare in parte delle penne, spec. strappandole: *s. una gallina.* *2* (*fig., raro*) Carpire denaro. SIN. Spennare. **B** v. intr. pron. ● Perdere le penne qua e là.

spennacchiàto [sec. XIV] part. pass. di *spennacchiare*; anche agg. *1* Nei sign. del v. *2* (*scherz.*) Che ha pochi capelli o ne è privo: *testa spennacchiata.*

†**spennàcchio** ● V. *pennacchio.*

spennàre [da *penna*, con *s-*; av. 1292] **A** v. tr. (*io spénno*) *1* Privare delle penne: *s. un pollo.* *2* (*fig.*) Far pagare troppo: *in quel negozio spennano i clienti* | Carpire denaro: *s. qlcu. al gioco.* SIN. Pelare, spennacchiare. **B** v. intr. pron. e poet. intr. (aus. *essere*) ● Perdere le penne.

spennàta [1873] s. f. ● Lo spennare in fretta e alla meglio.

spennatùra [da *spennare*; 1878] s. f. ● Lo spennare, il venire spennato (*anche fig.*).

spennellàre [da *pennellare*, con *s-*; 1913] **A** v. tr. (*io spennèllo*) ● Passare su una superficie un pennello intinto in una sostanza liquida. **B** v. intr. (aus. *avere*) ● (*fam.*) Verniciare, dipingere: *spennella tutto il giorno.*

spennellàta [da *pennellata*, con *s-*; 1891] s. f. ● Lo spennellare.

spennellatùra [1891] s. f. *1* Lo spennellare | Tratto di colore steso con il pennello. *2* (*med.*) Pennellatura.

†**spensàre** [dal lat. tardo *expensāre* 'pagare', comp. di *ĕx-* (*s-*) e *pensāre* 'pensare'; av. 1306] v. tr. ● Spendere.

†**spensarìa** [da *spensare*; 1300 ca.] s. f. ● (*raro*) Spesa.

spènsi ● V. *spegnere.*

spensieratàggine [da *spensierato*; av. 1580] s. f. ● Spensieratezza, inconsideratezza eccessiva.

spensieratézza [1745] s. f. ● Condizione, stato d'animo di chi è spensierato: *la s. della gioventù.*

spensieràto [da *pensiero*, con *s-*; 1524] **A** agg. *1* Che non è preoccupato da pensieri tristi o fastidiosi: *essere lieto e s.*; *un ragazzo s.* | Caratterizzato da serenità, da assenza di preoccupazioni: *età spensierata.* *2* †Imprudente, negligente. || **spensierataménte**, avv. In modo spensierato. **B** s. m. (f. *-a*) ● Persona spensierata: *fare lo s.*; *vivere da s.*

spènto o **spénto** [av. 1292] part. pass. di *spegnere*; anche agg. *1* Nei sign. del v. *2* (*fig.*) Smorto: *colore s.* | Attutito, attenuato: *suono s.*; *voce spenta* | (*fig.*) Fiacco, abulico. *3* Estinto, morto: *civiltà, lingua spenta* | †***È s.***, è finito. *4* (*poet.*) Privo: *e mostri me d'ogni vertute s.* (DANTE). || **spentaménte**, avv.

spenzolàre [da *penzolare*, con *s-*; av. 1348] **A** v. tr. (*io spènzolo*) ● Far penzolare: *s. una corda nel pozzo.* **B** v. intr. (aus. *avere*) ● Penzolare: *s. con le gambe dalla finestra.* **C** v. rifl. ● Sporgersi molto in fuori, nel vuoto.

spenzolóni o **spenzolóne** [da *penzoloni*, con *s-*; 1525] avv. ● Penzoloni, spenzolando nel vuoto: *tenere le gambe s.*

speòto o **spèoto** [comp. del gr. *spéos* 'caverna' e *thṓs*, genit. *thōós* 'sciacallo'; 1930] s. m. ● Canide brasiliano, tozzo, a pelame bruno, feroce e selvaggio (*Speothos venaticus*).

spépa o **spépera** [da uno **spepare*, da *pepe*, con *s-*; av. 1881] s. f. ● (*tosc.*) Ragazzina, spec. vispa e petulante.

spéra (*1*) [lat. tardo *spāera(m)*, variante del classico *sphāera*, dal greco *sphâira* 'palla'. V. *sfera*; sec. XII] s. f. *1* (*raro, lett.*) Sfera | (*est.*) Sfera celeste: *indegne son di te l'eterne spere* (MARINO) | ***La s. del sole***, il disco solare; (*est.*) i raggi solari. *2* (*tosc.*) Insieme di raggi luminosi: *una s. di luce*; *una s. di sole.* *3* (*tosc.*) Piccolo specchio rotondo spec. da tavolo. *4* (*est.*) †Immagine riflessa. || **sperétta**, dim.

spèra (*2*) [dal gr. *spêira* 'gomena'; av. 1348] s. f. ● (*gener.*) Ancora galleggiante, anche approntata con mezzi di fortuna, che si getta a mare per mantenere la nave, non più in grado di governare, perpendicolare alla direzione delle onde.

†**spèra** (*3*) [da *sperare* (*1*), sul modello del provz. *espera*; av. 1249] s. f. ● Speranza.

speràbile [dal lat. *sperābile(m)*, da *sperāre*; 1669] agg. ● Che si può sperare | Desiderabile: *è s. che non sopravvengano complicazioni.* || **sperabilménte**, avv. In modo desiderabile, augurabile.

♦**speranza** [lat. parl. **sperāntia(m)* 'speranza', da *spērans*, genit. *sperāntis* 'sperante'; av. 1243] s. f. *1* Attesa fiduciosa di qlco. in cui si pensa che consista il proprio bene, o di qlco. che ci si augura avvenga secondo i propri desideri: *avere, nutrire, riporre, s. in qlcu. o in qlco.*; *concepire una s.*; *dare, infondere s.*; *essere sostenuto, sorretto, dalla s.*; *aprire il cuore alla s.*; *la s. gli sorride*; *non c'è più s.*; *avere la s. di vincere*; *partì con la s. di ritornare*; *uscì nella s. di vederla*; *non c'è più s. di scampo*; *s. debole, fallace, dileguata, perduta, vana*; *un filo, un raggio di s.*; *avere molta, poca s.*; *avere una pallida, una mezza s.*; *nella divina bontà conviene avere la principale s.* (SARPI); *Il voto nasce quando la s. muore* (LEONARDO); *vivere, pascersi di speranze*; *riporre tutte le proprie speranze in qlcu. o qlco.* | ***Oltre ogni s.***, impossibile; che riesce a onta di tutto | ***Il colore della s.***, il verde | (*mar.*) ***Ancore della s.***, che si tengono sistemate in coperta o in appositi pozzi, pronte per essere usate nei casi di cattivo tempo o di eccezionale bisogno | (*stat.*) ***S. di vita***, numero medio di anni di vita che restano a ciascun componente di una data classe di età. *2* Cosa sperata: *le mie speranze sono finite* | ***Un giovane di belle speranze***, che fa ben sperare per il suo futuro. *3* Persona o cosa in cui si ripone speranza: *il figlio è la sua unica s.*; *questo esame è la mia ultima s.* | Giovane che, all'inizio di un'attività, spec. sportiva o artistica, rivela buone doti: *una s. del calcio italiano*; *le speranze del nostro cinema.* *4* Una delle tre virtù teologali che, secondo la teologia cattolica, consiste nella sicura attesa della beatitudine eterna e dell'assistenza della grazia per conseguirla. *5* (*mat.*) Nella teoria dei giochi, prodotto del guadagno possibile di un giocatore per la probabilità che egli ha di realizzarlo. || **speranzàccia**, pegg. | **speranzèlla**, dim. | **speranzìna**, dim. | †**speranzòtta**, dim. | **speranzuòla**, dim.

†**speranzàre** [1858] v. tr. ● Dare speranza.

speranzóso [1686] agg. ● Pieno di speranza (*anche scherz.*): *essere s. di fare qlco.* CONTR. Disperato. || **speranzosaménte**, avv.

♦**speràre** (*1*) o †**isperàre** [lat. *sperāre*, da *spēs*, genit. *spĕi* 'speranza', di orig. indeur.; av. 1250] **A** v. tr. (*io spèro*) *1* (+ *di* seguito da inf.; + *che*; lett. seguito solo da inf.; lett. qlco.) Aspettare con desiderio e fiducia qlco. da cui si pensa che deriverà bene, gioia, piacere e sim.: *s. un bel voto, il successo, la guarigione*; *spero molto da voi*; *che cosa può s.?* | Aver fiducia che qlco. avvenga o sia avvenuta secondo i propri desideri: *spero di guarire*; *spero di rivederti presto*; *spero di non averti annoiato*; *spero che ci rivedremo presto*; *spero partir contento* (GOLDONI) | ***Spero di sì***, ***spero di no***, e sim., per indicare la speranza che un evento si verifichi oppure no: *pensi che pioverà? Lo spero, spero di no* | ***Voglio s.***, ***vorrei s.***, ***spero bene***, e sim., espressioni indicanti la fiducia assoluta che qlco. si svolga secondo i propri desideri (spesso con un tono quasi di sfida): *credi che sarò promosso? voglio s.!* *2* †Aspettare, attendere: *di dì in dì spero ormai l'ultima sera* (PETRARCA). **B** v. intr. (aus. *avere*) *1* (+ *in*; raro, lett. + *di*) Riporre fiducia, speranza: *s. in qlcu.*; *s. nella Provvidenza*; *s. nell'aiuto di qlcu.*; *s. in un bel voto, nella promozione, nella guarigione, in una bella accoglienza*; *Poco più pareva potesse s. del re d'Inghilterra* (MARINO). CONTR. Disperare. *2* †Credere, stimare.

speràre (*2*) [da *spera* (*1*); av. 1320] v. tr. (*io spèro*) ● (*centr.*) Guardare controluce un corpo diafano | ***S. le uova***, per controllarne la freschezza o vedere se sono fecondate | ***S. un tessuto***, per vedere se è fitto o no.

speràta [da *sperare* (*2*); 1872] s. f. ● (*tosc.*) Solo nella loc. ***s. di sole***, raggi di sole che entrano in una stanza.

speratùra [da *sperare* (*2*); 1940] s. f. ● Operazione dello sperare le uova.

sperauòvo [comp. di *spera(re)* (*2*) e *uovo*; 1965] s. m. (pl. *sperauova*) ● Apparecchio con sorgente luminosa propria per sperare le uova.

spèrdere [da *perdere*, con *s-*; sec. XII] **A** v. tr. (coniug. come *perdere*) *1* (*lett.*) Disperdere: *Sperdano i venti / ogni augurio infelice* (PARINI). *2* (*raro*) Smarrire: *s. le tracce.* **B** v. intr. pron. ● Smarrirsi, perdersi (*anche fig.*): *sperdersi nel bosco*; *in questo libro ci si sperde.*

sperdiménto [1865] s. m. ● (*raro*) Lo sperdere, lo sperdersi. SIN. Dispersione.

sperditóre [av. 1294] s. m.; anche agg. (f. *-trice*) ● (*raro, lett.*) Chi (o Che) sperde.

sperdùto [sec. XIII] part. pass. di *sperdere*; anche

agg. *1* Nei sign. del v. *2* Solitario, isolato, lontano dal resto del mondo: *uno s. paesetto di montagna.* *3* (*fig.*) Di chi si sente a disagio, fuori del proprio ambiente abituale: *essere, sentirsi, trovarsi s.* SIN. Sperso.

sperèlla ● V. *asperella.*

sperequàre [da *perequare*, col pref. *s-*; 1933] v. tr. (*io sperèquo*) ● Distribuire non equamente.

sperequàto [da *perequato*, con *s-*; 1940] agg. ● Caratterizzato da sperequazione.

sperequazióne [da *perequazione*, con *s-*; 1883] s. f. ● Differenza non equa, mancanza di uniformità | *S. tributaria*, incidenza dell'onere tributario sui vari contribuenti, in modo ineguale e non proporzionato.

†**spèrgere** [lat. *expèrgere*, comp. di *ĕx-* (*s-*) e *spărgere*. V. *spargere*; 1319] v. tr. ● Disperdere.

spergiuràbile [sec. XIV] agg. ● (*raro*) Che si può spergiurare.

spergiuràre [lat. *periurāre*, comp. di *pĕr-*, particella raff., e *iurāre* 'giurare', con *s-*; sec. XIII] v. tr. e intr. (aus. *avere*) *1* Giurare il falso | *S. il nome di Dio*, giurare il falso in suo nome. *2* (con valore raff.) *Giurare e s.*, sostenere con ogni argomento la verità di qlco.

spergiuratóre [sec. XIII] s. m. (f. *-trice*) ● (*lett.*) Chi spergiura.

spergiùro (1) [lat. *periūru(m)* 'spergiuro', con *s-*; sec. XIII] agg.; anche s. m. (f. *-a*) ● Che (o Chi) spergiura, che (o chi) manca ai giuramenti fatti: *uomo falso e s.* || **spergiuróne**, accr.

spergiùro (2) o †**spregiùro** [lat. *periūriu(m)* 'spergiuro', neutro sost. dell'agg. *periūrus* (V. precedente); sec. XIII] s. m. ● Giuramento falso.

spèrgola o **spèrgula** [etim. incerta: dal lat. *spĕrgere*, variante di *spărgere*, perché i semi si spargono lontano (?); 1779] s. f. ● (*bot.*) Renaiola.

†**spèrico** [da *sferico*; sec. XIII] agg. ● Sferico.

spericolàrsi [da *pericolo*, con *s-*; sec. XV] v. intr. pron. (*io mi spericolo*) *1* Esporsi con leggerezza a un pericolo. *2* (*tosc.*) Sgomentarsi, perdersi d'animo.

spericolatézza s. f. ● Caratteristica di chi (o di ciò che) è spericolato.

spericolàto [av. 1562] **A** part. pass. di *spericolarsi*; anche agg. *1* (*tosc.*) Timoroso, pavido. *2* Che non bada ai pericoli, che si espone ai pericoli con temerità | Rischioso: *un sorpasso s.* SIN. Temerario. || **spericolataménte**, avv. **B** s. m. (f. *-a*) ● Persona spericolata.

†**speriènza** ● V. *esperienza.*

†**speriènzia** ● V. *esperienza.*

sperimentàbile [da *sperimentare*; 1898] agg. ● Che si può sperimentare.

sperimentabilità [da *sperimentabile*; 1960] s. f. ● Caratteristica di ciò che può essere sperimentato.

sperimentàle o **esperimentàle** [da *sperimento*; av. 1446] agg. *1* Che si basa sull'esperienza, che procede per via di esperimenti: *metodo, prova s.* | *Scienza s.*, che si basa sulla sperimentazione. CONTR. Teorico. *2* Detto di attività che mira alla ricerca e alle sperimentazioni di nuovi metodi e nuove tecniche in un dato campo | *Campo s.*, per prove di interesse agrario | *Cantina s.*, per esperimenti enologici | *Reparto, arma, materiale, s.*, in sperimentazione prima dell'adozione ufficiale | *Teatro s., cinema s.*, spettacolo teatrale o film che adotti procedimenti stilistici d'avanguardia. || **sperimentalménte**, avv. In modo sperimentale, per via di esperimenti.

sperimentalìsmo [da *sperimentale*, con *-ismo*; 1869] s. m. *1* Orientamento metodologico per cui la ricerca scientifica viene fondata sull'esperienza. *2* Corrente letteraria d'avanguardia che prospetta nuove soluzioni linguistiche e artistiche.

sperimentalìsta [da *sperimentale*; 1881] **A** s. m. e f. (pl. m. *-i*) ● Chi segue lo sperimentalismo, spec. in campo artistico e letterario. **B** anche agg.: *corrente, critica s.*

sperimentàre o **esperimentàre**, †**espermentàre**, †**spermentàre** [dal lat. tardo *experimentāre*, da *experimĕntum* 'esperimento, prova'; av. 1320] **A** v. tr. (*io sperimènto*) *1* Sottoporre qlco. a esperimento allo scopo di verificarne le caratteristiche, la funzionalità e sim.: *s. l'efficacia di una medicina; s. la resistenza di una macchina.* *2* (*fig.*) Mettere alla prova qlcu. o qlco.: *s. i giovani nelle armi; s. le proprie forze in un'impresa; s. la sincerità di un amico.* *3* (*fig.*) Conoscere per esperienza, per prova: *ho sperimentato spesso la sua amicizia* | Provare: *non si può conoscere il dolore se non lo si è sperimentato.* *4* (*fig.*) Tentare: *abbiamo sperimentato ogni mezzo.* **B** v. rifl. ● Mettersi alla prova: *sperimentarsi nelle armi, in un'impresa.*

sperimentàto o **esperimentàto**, †**spermentàto** [av. 1375] part. pass. di *sperimentare*; anche agg. *1* Che ha esperienza, esperto: *soldati sperimentati alla guerra* (GUICCIARDINI). *2* Che è riuscito bene alla prova: *rimedio già s.*

sperimentatóre o **esperimentatóre** [sec. XIII] s. m. (f. *-trice*) ● Chi sperimenta, chi fa esperimenti.

sperimentazióne [sec. XIV] s. f. *1* Lo sperimentare, il fare esperimenti | Verifica basata sull'esperienza, su esperimenti: *la s. di un farmaco, di una terapia.* *2* Nelle scuole di ogni ordine e grado, la ricerca e la realizzazione di innovazioni sia sul piano metodologico e didattico che sul piano degli ordinamenti e delle strutture.

†**speriménto** ● V. *esperimento.*

sperlàno [di etim. incerta; 1965] s. m. ● Piccolo pesce marino costiero dei Clupeiformi con carni di odore caratteristico, che si usa per innescare gli ami (*Osmerus eperlanus*). SIN. Eperlano.

spèrma o †**spèrmo** [vc. dotta, dal lat. tardo *spĕrma* (nom. acc. nt.), dal gr. *spérma*, genit. *spérmatos* 'seme', da *spéirein* 'seminare', di orig. indeur.; av. 1320] s. m. (pl. *-i*) ● Liquido espulso dall'uretra durante l'eiaculazione, formato dagli spermatozoi e dal secreto di altre ghiandole dell'apparato genitale maschile.

spermacèti [dalla formula lat. moderna *spermacēti* 'semi di cetaceo', da *spĕrma* e *cēti*, genit. di *cētus*, dal gr. *kêtos* 'balena'; 1598] s. m. inv. ● Sostanza oleosa presente in alcune cavità della testa del capodoglio che, dopo la morte del cetaceo, solidifica in una massa bianca usata nella preparazione di candele, pomate, unguenti e cosmetici.

spermatèca [comp. di *sperma* e *-teca*; 1933] s. f. ● (*anat.*) Ricettacolo presente in alcune specie animali, quali anfibi e insetti, destinato a raccogliere e conservare gli spermatozoi in funzione di una successiva fecondazione.

spermàtico [vc. dotta, dal lat. tardo *spermāticu(m)*, dal gr. *spermatikós* 'seminale', da *spérma*, genit. *spérmatos* 'seme'; av. 1406] agg. (pl. m. *-ci*) ● Di sperma: *dotto, cordone s.* | *Vie spermatiche*, insieme dei tubuli e canalicoli che conducono lo sperma all'esterno.

spermàtide [da *spermat(o)-* col suff. *-ide*] s. m. ● (*biol.*) Nella maturazione dei gameti maschili, cellula germinativa successiva allo stadio dello spermatocita e destinata a subire drastiche trasformazioni morfologiche per diventare spermatozoo.

spèrmato- [dal gr. *spérma*, genit. *spérmatos* 'seme' (V. *sperma*)] primo elemento ● In parole composte della terminologia scientifica indica relazione col seme o con lo sperma nel significato di gamete maschile.

spermatocìta o **spermatocìto** [comp. di *spermato-* e *-cita*; 1931] s. m. (pl. *-i*) ● (*biol.*) Elemento precursore dello spermatozoo degli organismi animali destinato a impegnarsi in processi meiotici.

Spermatòfite [comp. di *spermato-* e *-fito*; 1936] s. f. pl. (sing. *-a*) ● (*bot.*) Fanerogame.

spermatòfora [comp. di *spermato-* e *-foro* adattato al f.] s. f. ● (*biol.*) Struttura specializzata, in grado di contenere e di mantenere vitali gli spermatozoi; è prodotta dagli esemplari maschi di numerosi gruppi animali.

spermatogènesi [comp. di *spermato-* e *genesi*; 1955] s. f. inv. ● (*biol.*) Processo di formazione degli spermatozoi.

spermatogònio [comp. di *spermato-* e *-gonio*, dal gr. *gon(o)-*, da *gónos* 'procreazione, origine, genitali'; 1949] s. m. ● (*biol.*) Ognuna delle cellule capostipite della linea germinale maschile.

spermatorrèa [comp. di *spermato-* e *-rea*; 1838] s. f. ● (*med.*) Emissione involontaria di liquido spermatico in assenza di orgasmo.

spermatozòide [da *spermatozoo*; 1875] s. m. *1* (*zool.*) Cellula germinale maschile matura. *2* (*bot.*) Gamete maschile.

spermatozòo [comp. di *spermato-* e *-zoo*; 1838] s. m. ● (*biol.*) Cellula sessuale maschile.

†**spermentàre** ● V. *sperimentare.*

†**spermentàto** ● V. *sperimentato.*

†**sperménto** ● V. *esperimento.*

spermicìda [comp. di *sperma* e *-cida*; 1976] agg.; anche s. m. (pl. *-i*) ● Di prodotto antifecondativo che, introdotto in vagina, ne aumenta l'acidità impedendo agli spermatozoi di vivere: *ovulo, pomata s.*

spèrmico [comp. di *spermi(o)* e del suff. *-ico*; 1957] agg. (pl. m. *-ci*) ● (*biol.*) Relativo a spermio: *nucleo s.*

spermidótto [comp. di *sperma* e *-dotto*; 1983] s. m. ● (*anat., zool.*) Struttura tubulare atta alla conduzione degli spermatozoi, solitamente dal testicolo verso l'esterno.

spèrmio [da *sperma*, forse ispirato dall'agg. gr. *spermeîon* 'seminale'; 1957] s. m. ● (*biol.*) Spermatozoo.

spermiogràmma [comp. di *spermio* e *-gramma*] s. m. (pl. *-i*) *1* (*biol.*) Diagramma che illustra le varie fasi cellulari della maturazione dello spermatozoo a partire dallo spermatogonio. *2* (*med.*) Serie di dati che descrivono le condizioni funzionali dello sperma.

†**spèrmo** ● V. *sperma.*

spermòfilo [comp. di *sperma* e *-filo*, perché mangia i semi; 1838] s. m. ● (*zool.*) Citello.

spernacchiàre [denom. di *pernacchia* con *s-* iter.; 1965] **A** v. intr. (*io spernàcchio*; aus. *avere*) ● Fare pernacchie. **B** v. tr. ● Sbeffeggiare, deridere.

†**spèrnere** [vc. dotta, dal lat. *spĕrnere* 'disprezzare', di orig. indeur.; 1321] v. tr. (difett. usato solo al pres. e imperf. indic. e al congv. pres.) ● Disprezzare | Ripudiare, scacciare.

speronaménto [1960] s. m. ● Lo speronare, il venire speronato.

speronàre [da *sperone*; av. 1294] v. tr. (*io speróno*) *1* Detto di nave, colpire un'altra nave con lo sperone o con la prua | (*est.*) Detto di veicolo, colpirne un altro nella fiancata: *l'auto fu speronata da un autotreno.* *2* †V. *spronare.*

speronàta [sec. XV] s. f. ● Colpo di sperone.

speronàto (1) [da *sperone*; av. 1625] agg. *1* Munito, dotato di speroni. *2* Detto di organo vegetale munito di un prolungamento cavo. *3* Detto di edificio rinforzato con speroni.

speronàto (2) [av. 1380] part. pass. di *speronare*; anche agg. ● Nei sign. del v.: *un battello s.*

speróne o **spróne** nei sign. 1, 3 e 7 [dal franccone *sporō*, da una radice indeur. che significa 'calcare col piede'; sec. XII] s. m. *1* Piccolo oggetto di metallo a forma di U, munito o meno di una rotella dentata, che viene applicato al tacco dello stivale del cavaliere e serve a pungolare l'animale. ➡ ILL. p. 2152 SPORT. *2* (*mar.*) Rostro. *3* (*zool.*) Escrescenza cornea nella parte posteriore del nodello degli Equini e dei Bovini | Residuo atrofico del primo dito del cane | Appendice del piede dei polli particolarmente sviluppata nei galli da combattimento. *4* (*med.*) Esostosi nella sede del calcagno. *5* (*geogr.*) Diramazione secondaria di una cresta o cima montuosa | Sporgenza sottomarina. ➡ ILL. p. 2132 SCIENZE DELLA TERRA ED ENERGIA. *6* (*arch. edil.*) Struttura sporgente trasversalmente, costruita per rinforzare murature, dighe e sim. sottoposte a spinte oblique. SIN. Contrafforte | Diga trasversale costruita per la difesa delle sponde dei fiumi e delle spiagge. SIN. Pennello. *7* (*bot.*) Prolungamento cavo, ristretto e incurvato del calice o della corolla di alcuni fiori. *8* (*bot.*) Cornetto.

speronèlla o **spronèlla** [da *sperone*, forse per la forma; 1561] s. f. ● (*bot.*) Pianta erbacea annua delle Ranuncolacee con fusto ramoso, foglie laciniate, fiori azzurri con il sepalo superiore speronato (*Delphinium consolida*). SIN. Sprone di cavaliere.

sperperaménto [1600] s. m. ● (*raro*) Lo sperperare | (*lett.*) Disgregazione: *lo s. della famiglia* (NIEVO).

sperperàre [lat. tardo (eccl.) *perperāre*, da *pĕrperus* 'di traverso, sconsiderato', propr. 'gettare sconsideratamente', con *s-*; sec. XV] v. tr. (*io spèrpero*) *1* Spendere senza discernimento: *s. un'eredità.* SIN. Dilapidare, scialacquare. *2* (*est.*) Consumare malamente: *s. il proprio ingegno in studi inadatti.* *3* (*lett.*) Disperdere, sparpagliare | †Devastare, rovinare.

sperperatóre [1723] s. m. (f. *-trice*) ● (*raro*) Chi sperpera.

sperperìo [1842] s. m. ● Lo sperperare continuo.

spèrpero [1618] s. m. ● Spesa eccessiva fatta

senza criterio. SIN. Scialo, sciupo, sciupìo.
sperpètua [deformazione scherz. della formula lat. dell'ufficio dei morti *lūx perpĕtua* 'luce perpetua'; av. 1704] **s. f.** ● (*fam., tosc.*) Disgrazia, sfortuna: *avere a s. addosso*.

spèrso (1) [1367] *part. pass.* di *sperdere*; anche agg. **1** Nei sign. del v. | Disperso: *il giorno dell'Anno / che ... ti riporta / gli amici spersi* (MONTALE). **2** Smarrito, privo di accompagnatori: *bambino s.* **3** (*fig.*) **Essere, sentirsi, trovarsi, s.**, a disagio, fuori del proprio ambiente naturale. SIN. Sperduto.

†spèrso (2) [1313] *part. pass.* di †*spergere* ● Nel sign. del v. | Eliminato.

spèrsola [da *sperso, part. pass.* di *sperdere* (?); 1931] **s. f.** ● Tavolo sul quale si collocano gli stampi contenenti la cagliata, allo scopo di facilitare la fuoriuscita del siero.

spersonalizzàre [da *personale*, con *s*-; av. 1883] **A v. tr. 1** Rendere privo di personalità. **2** Privare di ogni elemento personale una questione o un dibattito per garantirne l'obiettività. **B v. intr. pron.** ● Rinunciare alla propria personalità o non tenerla in considerazione spec. nell'emettere giudizi, e sim.

spersonalizzazióne [av. 1909] **s. f.** ● Lo spersonalizzare, lo spersonalizzarsi: *la s. di un prigioniero in un lager, in un gulag* | (*lett.*) Oggettivazione.

sperticàre [da *pertica*, con *s*-; 1838] **A v. intr.** (*io spèrtico, tu spèrtichi*) ● (*raro*) Allungarsi in alto come una pertica, detto di albero. **B v. intr. pron.** ● Fare qlco. in modo esagerato e poco sincero: *sperticarsi nel lodare qlcu.*

sperticàto [da *pertica*, con *s*-; av. 1523] *agg.* **1** (*raro*) Smisurato, di altezza o lunghezza: *collo, naso, s.* **2** (*fig.*) Esagerato: *elogi sperticati.* || **sperticataménte, avv.** In modo sperticato, eccessivamente.

spèrto ● V. *esperto.*

†spèrula [lat. parl. *sp(ā)erula(m), variante del tardo *sphaerula, dim.* di *sphaera 'sfera'; sec. XIII] **s. f.** ● (*lett.*) Piccolo globo luminoso.

♦**spésa** [lat. tardo *expēnsa(m), f. sost. di *expēnsus, part. pass.* di *expĕndere 'pagare'. V. *speso*; av. 1250] **s. f. 1** Lo spendere | Quantità di denaro che si spende o si deve spendere per acquistare, compensare, pagare tributi, e sim.: *s. modica, modesta, grande, enorme, eccessiva, insostenibile*; *la s. è di cento euro*; *la s. è sui cento euro*; *la s. si aggira intorno ai cento euro*; *fare, sostenere una s.*; *far fronte a una s.*; *rifarsi di una s.*; *incontrare molte spese* | **Avere qlco. senza s.**, senza spendere denaro | **Avere qlco. con poca s.**, spendendo poco denaro | (*fig.*) con poca fatica | **Essere di poca s.**, (*fig.*) spendere poco | **Non badare a spese**, spendere senza economia; (*fig.*) essere disposto a tutto per raggiungere un dato scopo | **A spese di**, †**alle spese di**, pagando col denaro di, a carico di: *i funerali sono a spese dello Stato*; *studia a spese mie*; (*fig.*) di persona, a proprio danno: *l'ho imparato a mie spese*; *si divertono a tue spese*, (*fig.*) a scapito di: *ottenne il denaro a spese della sua tranquillità* | (*fig.*) **Fare le spese di qlco.**, subire le conseguenze di qlco.: *il malcapitato fece le spese del nostro scherzo* | (*econ.*) **S. pubblica**, quella sostenuta dallo Stato in un dato periodo. **2** Compera, acquisto: *uscire a fare spese, a fare delle spese*; *fare una bella, una buona, una cattiva, s.* **2** (*fig.*) fare *un'ottima s.* **3** (*al sing.*) Acquisto dei generi alimentari e di prima necessità per il mantenimento di una famiglia: *andare a fare la s. ogni giorno*; *fare la cresta sulla s.* | (*est.*) L'insieme delle cose acquistate: *tornare a casa con la s.*; *dove hai messo la s.?* | **Borsa della s.**, usata per trasportare le cose acquistate. **4** (*al pl., gener.*) Uscita di denaro, denaro liquido sborsato: *spese ordinarie o correnti*; *spese straordinarie*; *spese d'impianto*; *le spese sono superiori alle entrate* | **Con spese**, nella terminologia bancaria, detto di titolo di credito che, qualora non sia pagato alla scadenza, deve essere protestato | **Senza spese**, di titolo di credito da ritirarsi in caso di mancato pagamento senza protesto | Ciò che si spende per il vitto, l'alloggio e il mantenimento: *ha un salario oltre le spese* | **Stare sulle spese**, provvedere al proprio mantenimento stando in un luogo diverso da quello in cui si vive abitualmente | **Lavorare per le spese**, in cambio del mantenimento, senza nessun guadagno | Nel conto della sarta, ciò che si paga oltre la fattura, per fodera, bottoni, filo e sim.: *pagare la fattura di un abito più le spese.* || **speṣàccia**, pegg. | **speṣarèlla**, dim. | **speṣerèlla**, dim. | **speṣerellìna**, dim. | **speṣètta**, dim. | **speṣicciuòla**, dim. | **speṣìna**, dim. | **speṣóna**, accr. | **speṣùccia**, dim. | **speṣùcola**, dim. |

speṣàre [da *spesa*; 1503] **v. tr.** (*io spéṣo*) ● Mantenere a proprie spese, sgravare dall'onere di spese: *la società lo spesa di tutto.*

†**speṣarìa** ● V. †*speseria.*

speṣàto [1608] *part. pass.* di *spesare*; anche *agg.* ● Che ha le spese rimborsate: *s. dalla società.*

†**speṣerìa** o †**speṣarìa** [1300 ca.] **s. f.** ● Spesa.

spéṣo [1319] *part. pass.* di *spendere*; anche *agg.* ● Nei sign. del v. | Impiegato, dedicato: *una giornata spesa a sbrigare pratiche burocratiche*; *tempo s. bene.*

†**speṣṣàre** o †**spiṣṣàre** [lat. *spissāre* 'ispessire', da *spīssus* 'spesso'; av. 1327] **A v. tr.** ● Rendere spesso. **B v. intr. e intr. pron.** ● Diventare spesso.

spesseggiaménto [av. 1320] **s. m.** ● (*raro*) Lo spesseggiare.

spesseggiàre [da *spesso*, con suff. iter.-intens.; av. 1292] **A v. intr.** (*io spességgio*) ● †Fare spesso, spesso | (*lett.*) Intensificare: *s. gli assalti.* **B v. intr.** (aus. *essere*, raro nei tempi composti) ● (*raro*) Essere frequente, verificarsi frequentemente: *fra le macchie si udivano s. le fucilate* (VERGA).

spesṣézza [av. 1292] **s. f. 1** (*raro*) Proprietà di ciò che è spesso. **2** (*lett.*) Frequenza.

spessìmetro [comp. di *spesso* e *-metro*; 1949] **s. m. 1** (*tecnol.*) Utensile costituito da una serie di lamelle di acciaio di diverso spessore, utilizzato per rilevare giochi tra due organi meccanici. **2** Piccolo apparecchio per misurare la profondità e lo stato di usura del battistrada di uno pneumatico.

†**spessìre** [da *spesso*; sec. XIV] **v. tr., intr. e intr. pron.** ● Rendere spesso, diventare spesso.

♦**spésso** [lat. *spīssu(m) 'denso', di orig. indeur.; sec. XII] **A** *agg.* **1** Denso: *vapori spessi*; *l'aria era oscura per la spessa pioggia* (LEONARDO). **2** Fitto, folto: *fugge nel bosco per gli arbori spessi* (BOIARDO). **3** Che ha un certo spessore: *muro s.*; *un cartone s. quattro centimetri.* **4** (*est.*) Numeroso, frequente: *spesse volte.* || **spessaménte**, avv. Frequentemente. **B** in funzione di *avv.* ● Di frequente: *questo mi accade s.*; *passo s. davanti a casa tua*; *mi visita molto s.*; *lo fai troppo s.*; *mi serve non molto s.*; *ora lo vediamo meno s. di una volta* | **S. e volentieri**, (*raro*) **bene s.**, molte volte: *mi prende in giro, s. e volentieri* | Anche iter.: *spesso spesso lo devo riprendere.* SIN. Sovente. CONTR. Raramente. || **spessìssimo**, superl. **C** *s. m.* ● V. †*Spessore.*

†**spessóra** [comp. di *spess(o) e *ora*; av. 1250] *avv.* ● (*raro*) Spesso.

spessóre [da *spesso*; 1824] **s. m. 1** Dimensione di un corpo secondo una direzione quando le altre due sono prevalenti: *lo s. di un foglio, di un asse.* **2** (*fig.*) Densità, profondità, consistenza: *un contributo culturale di notevole s.* **3** (*tecnol.*) Elemento che si interpone fra due parti per mantenerle distanziate.

spetezzaménto [1536] **s. m.** ● (*raro, pop.*) Lo spetezzare.

spetezzàre [da *peto*, con *s*-; sec. XIV] **v. intr.** (*io spetézzo*; aus. *avere*) ● (*pop.*) Fare peti.

†**spetràre** [da *p(i)etra*, con *s*-; av. 1374] **A v. tr.** (*io spètro*) **1** Disgregare, frantumare. **2** (*fig., lett.*) Intenerire, ammollire: *i duri cor ... / ammollisci e spetra* (TASSO). **B v. intr. pron.** | (*lett.*) Diventare meno duro | (*fig.*) Intenerirsi: *Don Fabrizio sentì spetrarsi il cuore* (TOMASI DI LAMPEDUSA). **2** (*fig., poet.*) Liberarsi, distaccarsi: *con quanta fatica oggi mi spetro / dall'errore, ov'io stesso m'era involto* (PETRARCA).

spettàbile [vc. dotta, dal lat. tardo *spectābile(m)*, titolo di dignitari imperiali, da *spectāre* 'osservare', intens. di *spĕcere* 'guardare'; 1336 ca.] *agg.* ● Ragguardevole, rispettabile, usato spec. nella corrispondenza commerciale: *s. ditta*; *alla s. società.*

spettabilità [vc. dotta, dal lat. tardo *spectabilitāte(m)*, da *spectābilis* 'spettabile'; 1483] **s. f.** ● Condizione di chi è spettabile.

spettacolàre [da *spettacolo*, sul modello del fr. *spectaculaire*; 1941] *agg.* ● Che costituisce uno spettacolo eccezionale, grandioso: *apparato s.* | *Film s.*, contenente elementi spettacolari della massima efficacia | (*est.*) Straordinario, mai visto: *incidente s.* || **spettacolarménte**, avv.

spettacolarità [1960] **s. f.** ● Caratteristica di ciò che è spettacolare.

spettacolarizzàre [da *spettacolare*; 1981] **v. tr.** ● Rendere spettacolare, trasformare in spettacolo un evento o un fenomeno: *s. una gara sportiva*; *s. l'informazione televisiva.*

spettacolarizzazióne [1982] **s. f.** ● Lo spettacolarizzare.

spettacolazióne [da *spettacolo*] **s. f.** ● Nel linguaggio teatrale, organizzazione e realizzazione di uno spettacolo.

♦**spettàcolo** o †**spettàculo** [vc. dotta, dal lat. *spectācŭlu(m), da *spectāre* 'guardare'. V. *spettare*; av. 1342] **A** **s. m. 1** Rappresentazione teatrale, cinematografica, canora e gener. artistica, o manifestazione sportiva, che ha luogo di fronte a un pubblico: *s. divertente, interessante, noioso, intelligente*; *assistere a uno s. di gala*; *la compagnia dà s. domani*; *andare all'ultimo s.*; *arrivare all'inizio dello s.*; *il derby fa prevedere un grande s.* | **S. acquatico**, spettacolo di varietà avente come palcoscenico una piscina in un ambiente di tipo marino | **Dare s., dare s. di sé**, attirare su di sé l'attenzione non sempre benevola di tutti i presenti. **2** Vista che, per il suo carattere particolare o eccezionale, attira l'attenzione e gli sguardi: *uno s. doloroso, penoso, commovente, magnifico*; *il sorgere del sole è uno s. indimenticabile*; *videro uno s. orribile*; *non dissero nulla davanti a certi spettacoli*; *mai s. allieta il mio cor* (FOSCOLO); *nell'ore / che più ridente il mondo / sereno rinfiorisce, / e l'ampio spettacol molle ai disperati affetti* (LEOPARDI). **3** †Spettatori: *ad una voce tutto lo s. chiamò vincitore Partenopeo* (SANNAZARO). **B** in funzione di *agg. inv.* ● (*posposto al s.*) Basato sull'esteriorità, sul sensazionalismo e sim.: *informazione s.*; *politica s.* || **spettacolàccio**, pegg. | **spettacolìno**, dim. | **spettacolóne**, accr. | **spettacolùccio**, pegg.

spettacolóṣo [av. 1755] *agg.* **1** Che fa spettacolo, che costituisce uno spettacolo: *festa spettacolosa*; *il fondo scenico di qualche ballo spettacoloso* (NIEVO). **2** (*fig.*) Straordinario, grandioso: *bellezza spettacolosa*; *ebbe un successo s.* || **spettacolosaménte**, avv.

†**spettàculo** ● V. *spettacolo.*

spettànte [1313] *part. pres.* di *spettare*; anche *agg.* ● Nei sign. del v.

spettànza [da *spettante*; 1798] **s. f. 1** Appartenenza, competenza, spec. nelle loc. **di mia, di tua, di sua, ecc. s.**: *la decisione non è di mia s.*; *la cosa è di tua s.* **2** Ciò che compete di diritto per l'attività prestata: *la s. di un reparto militare*; *farsi liquidare le proprie spettanze.*

spettàre [lat. *spectāre* 'osservare, rivolgersi, intens. di *spĕcere* 'guardare', di orig. indeur.; sec. XIII; 1344] **v. intr.** (*io spètto*; aus. *essere*) ● Appartenere per dovere o per diritto: *la decisione spetta a voi*; *ai genitori spetta il mantenimento dei figli*; *questo è quanto vi spetta*; *mi spettano cento euro.*

♦**spettatóre** [dal lat. *spectatōre(m) 'osservatore', da *spectātus, part. pass.* di *spectāre* 'osservare'; av. 1494] **s. m.** (*f. -trice*) **1** Chi assiste ad uno spettacolo: *gli applausi degli spettatori.* **2** Chi è presente ad un fatto, o ad un avvenimento: *essere s. di un evento*; *essere tra gli spettatori di un incidente.*

spettegolàre [da *pettegolare*, con *s*-; av. 1704] **v. intr.** (*io spettégolo*; aus. *avere*) ● Fare pettegolezzi.

spettinàre [da *pettinare*, con *s*-; 1865] **A v. tr.** (*io spèttino*) ● Arruffare i capelli, disfare la pettinatura. CONTR. Pettinare, ravviare. **B v. rifl. e intr. pron.** ● Disfarsi la pettinatura, arruffarsi i capelli: *la pettinatura non mi piaceva, così mi sono spettinata*; *col vento ci si spettina.*

spettinàto [1546] *part. pass.* di *spettinare*; anche *agg.* ● Che ha i capelli in disordine.

spettràle [1873] *agg.* **1** Di spettro, simile a spettro: *figura, aspetto, s.* | (*fig.*) **Luce s.**, sinistra, irreale | (*fig.*) Lugubre, desolato: *paesaggio s.* **2** (*fis.*) Relativo a uno spettro: *analisi, riga, serie s.* || **spettralménte**, avv.

spèttro [dal lat. *spĕctru(m) (che traduce il gr. éidōlon 'idolo'), da *spĕcere* 'osservare', di orig. indeur.; 1587] **s. m. 1** Fantasma, larva con sembianze di persona morta: *gli apparve uno s.*; *la fantasia popolare crede agli spettri*; *lo s. di Banquo nel Macbeth* | **Sembrare uno s.**, di persona pallida e magra. **2** (*fig.*) Ciò che incombe minacciosamente: *lo s. della fame, della miseria,*

spettrobolometro

della carestia. **3** (*fis.*) Il risultato, sotto forma di figura o diagramma, dell'analisi delle componenti di una radiazione ondulatoria o corpuscolare, in funzione di una grandezza caratteristica della radiazione stessa, quale la frequenza, la lunghezza d'onda, l'energia, la velocità e sim. | Il campo di frequenza in cui una radiazione ha determinate caratteristiche: *s. ultravioletto, visibile, infrarosso* | *S. acustico*, distribuzione secondo la frequenza delle oscillazioni semplici che compongono un suono | *S. d'assorbimento*, insieme delle radiazioni monocromatiche che una sostanza è capace di assorbire | *S. atomico*, insieme delle radiazioni emesse da un atomo eccitato | *S. solare*, ottenuto esaminando con lo spettroscopio la luce del Sole | *S. di frequenza*, diagramma della frequenza dei termini sinusoidali componenti una grandezza periodica | *S. elettromagnetico*, insieme delle onde elettromagnetiche emesse da una sorgente, distribuite secondo la loro frequenza | *S. di emissione*, insieme delle radiazioni monocromatiche emesse da una sostanza | *Analisi dello s.*, esame del contenuto in frequenza di un segnale. **4** Campo o raggio di azione | Distribuzione di una proprietà o di una caratteristica di una classe di sostanze o fenomeni: *antibiotico ad ampio s. di azione*. **5** (*zool.*) Grosso vampiro sudamericano che si nutre di frutta e fiori (*Vampyrum spectrum*).

spettrobolòmetro [comp. di *spettro*(*scopio*) e *bolometro*; 1987] **s. m.** ● Bolometro accoppiato a uno spettroscopio e usato, spec. in astronomia, per misurare l'energia termica delle radiazioni elettromagnetiche monocromatiche.

spettrochìmica [comp. di *spettro* e *chimica*; 1970] **s. f.** ● Branca della chimica che interpreta gli spettri delle varie sostanze ricavandone informazioni sulla costituzione molecolare.

spettrochìmico [1974] **agg.** (pl. m. *-ci*) ● Relativo alla spettrochimica: *analisi spettrochimica*.

spettrocolorìmetro [comp. di *spettro* e *colorimetro*; 1987] **s. m.** ● Colorimetro applicato a uno spettroscopio e destinato a compiere misurazioni relative all'assorbimento per i vari colori dello spettro ottico.

spettrocomparatòre [comp. di *spettro* e *comparatore*] **s. m.** ● Comparatore usato nella fotografia astronomica per misurare gli spostamenti delle righe spettrali di una sorgente rispetto a quelle di una sorgente di confronto.

spettroeliogràfico [1960] **agg.** (pl. m. *-ci*) ● Relativo allo spettroeliografo, ottenuto mediante lo spettroeliografo.

spettroeliògrafo [comp. di *spettro* ed *eliografo*; 1900] **s. m.** ● Strumento che, abbinato a un telescopio, permette di fotografare il Sole in luce monocromatica.

spettroeliogràmma [comp. di *spettro, elio-* e *-gramma*; 1960] **s. m.** (pl. *-i*) ● Fotografia del Sole in luce monocromatica ottenuta mediante uno spettroeliografo.

spettroelioscòpico [1960] **agg.** (pl. m. *-ci*) ● Relativo allo spettroelioscopio, ottenuto mediante lo spettroelioscopio.

spettroelioscòpio [comp. di *spettro* e *elioscopio*; 1960] **s. m.** ● Strumento per l'osservazione visuale del Sole in luce monocromatica.

spettrofotometrìa [comp. di *spettro* e *fotometria*; 1936] **s. f.** ● Parte della fotometria che si avvale dello spettrofotometro.

spettrofotomètrico [1936] **agg.** (pl. m. *-ci*) ● Relativo alla spettrofotometria o allo spettrofotometro.

spettrofotòmetro [comp. di *spettro* e *fotometro*; 1960] **s. m.** ● Strumento per la determinazione dell'intensità di radiazione nelle varie parti dello spettro.

spettrografìa [comp. di *spettro* e *-grafia*; 1960] **s. f.** ● Insieme dei sistemi di produzione, osservazione e registrazione degli spettri delle sostanze da analizzare.

spettrogràfico [1944] **agg.** (pl. m. *-ci*) ● Che si riferisce alla spettrografia: *analisi spettrografica*.

spettrògrafo [comp. di *spettro* e *-grafo*; 1930] **s. m.** ● (*fis.*) Strumento per eseguire la spettrografia | *S. di massa*, strumento che, mediante una combinazione di campi elettrici e magnetici, permette di analizzare una radiazione corpuscolare, formata da atomi o molecole ionizzati, nei suoi costituenti aventi lo stesso rapporto carica-massa.

spettrogràmma [comp. di *spettro* e *-gramma*; 1960] **s. m.** (pl. *-i*) ● Immagine spettrografica, registrazione ottenuta mediante uno spettrografo.

spettrometrìa [comp. di *spettro* e *-metria*; 1872] **s. f.** ● (*fis.*) Complesso delle tecniche di misurazione delle intensità delle righe degli spettri e delle loro lunghezze d'onda.

spettromètrico [1872] **agg.** (pl. m. *-ci*) ● Relativo alla spettrometria o allo spettrometro.

spettròmetro [comp. di *spettro* e *-metro*; 1891] **s. f.** ● (*fis.*) Goniometro a riflessione che permette di misurare l'indice di rifrazione delle sostanze col metodo del prisma.

spettroscopìa [comp. di *spettro* e *-scopia*; 1873] **s. f.** ● Parte della fisica che studia gli spettri elettromagnetici | *S. nucleare*, insieme di metodi di misura degli spettri alfa, beta e gamma da decadimento nucleare | *S. elettronica*, ramo della spettroscopia che studia le modificazioni energetiche della struttura elettronica di un atomo, molecola o aggregato molecolare | *S. ottica*, insieme di tutte le tecniche spettroscopiche nelle quali l'elemento disperdente della radiazione elettromagnetica è un dispositivo ottico tipo prisma, reticolo e sim. | *S. acustica*, analisi spettrale delle vibrazioni elastiche, sia sonore sia infrasonore e ultrasonore, prodotte da un corpo vibrante | *S. neutronica*, studio della diffrazione di fasci di neutroni da parte delle sostanze allo scopo di analizzare la struttura di queste ultime.

spettroscòpico [1861] **agg.** (pl. m. *-ci*) ● Che si riferisce alla spettroscopia.

spettroscòpio [comp. di *spettro* e *-scopio*; 1873] **s. m.** ● (*fis.*) Strumento ottico per la produzione dello spettro e la determinazione della posizione delle righe spettrali mediante osservazione visuale.

†**speziàle** (**1**) e *deriv.* ● V. *speciale* e *deriv.*

speziàle (**2**) [da *spezie* (2); 1211] **s. m.** **1** †Venditore di spezie o erbe medicinali. **2** (*lett.* o *region.*) Farmacista: *quel suo figlio poteva riuscire maestro o veterinario o s.* (FENOGLIO) | †*A lettere di speziali*, in modo chiaro, esplicito. **3** †Bottega di speziale: *era entrato in quello s. che stava in sul canto* (CELLINI).

speziàre [denom. di *spezia*; 1982] **v. tr.** (*io spèzio*) **1** Insaporire, condire con spezie. **2** (*fig.*) Rendere piccante o più interessante.

speziàto [sec. XV] **part. pass.** di *speziare*; anche *agg.* ● Aromatizzato con spezie: *evitare i cibi molto speziati*.

†**spèzie** (**1**) ● V. *specie*.

spèzie (**2**) [vc. dotta, dal lat. tardo *spĕcie*(*m*) 'spezie, droga', nel classico 'specie'. V. *specie*; av. 1310] **s. f. pl.** (raro sing. inv. o *spèzia*) ● Droghe, aromi usati in cucina e, un tempo, in farmacia, come pepe, cannella, noce moscata, chiodi di garofano, zafferano e sim.: *il commercio delle s.*; *comprami un po' di s. dal droghiere.* ➡ ILL. **spezie**.

†**speziéltà** ● V. *specialità*.

speziería [da *spezie* (2); av. 1292] **s. f.** **1** †Bottega dello speziale. **2** (*spec. al pl.*) Assortimento di spezie.

†**speziòso** e *deriv.* ● V. *specioso* e *deriv.*

spezzàbile [1723] **agg.** ● Che si può spezzare.

spezzaménto [av. 1292] **s. m.** ● (*raro*) Lo spezzare, lo spezzarsi, il venire spezzato | Rottura.

♦**spezzàre** [da *pezzo*, con *s-*; 1260 ca.] **A v. tr.** (*io spèzzo*) **1** Ridurre in due o più pezzi: *s. il pane, la legna, il ghiaccio*; *s. un osso* | *S. una lancia in favore di qlcu.*, (*fig.*) intervenire in sua difesa | †*S. una moneta*, cambiarla in spiccioli. **2** Infrangere, rompere: *s. un ramo*; *spezzarsi un braccio, una gamba* | *S. le catena, i ceppi*, (*fig.*) riacquistare la libertà | *S. il cuore*, (*fig.*) commuovere profondamente; dare un grande dolore: *quando lo stral spezzai / … / spezzar m'intesi il core* (METASTASIO). **3** (*fig.*) Dividere in due o più parti, interrompere: *s. il viaggio in quattro tappe* | *S. la giornata, la mattinata*, e sim., interromperla con un breve periodo di riposo; provocare un'interruzione tale da impedire il normale sfruttamento del

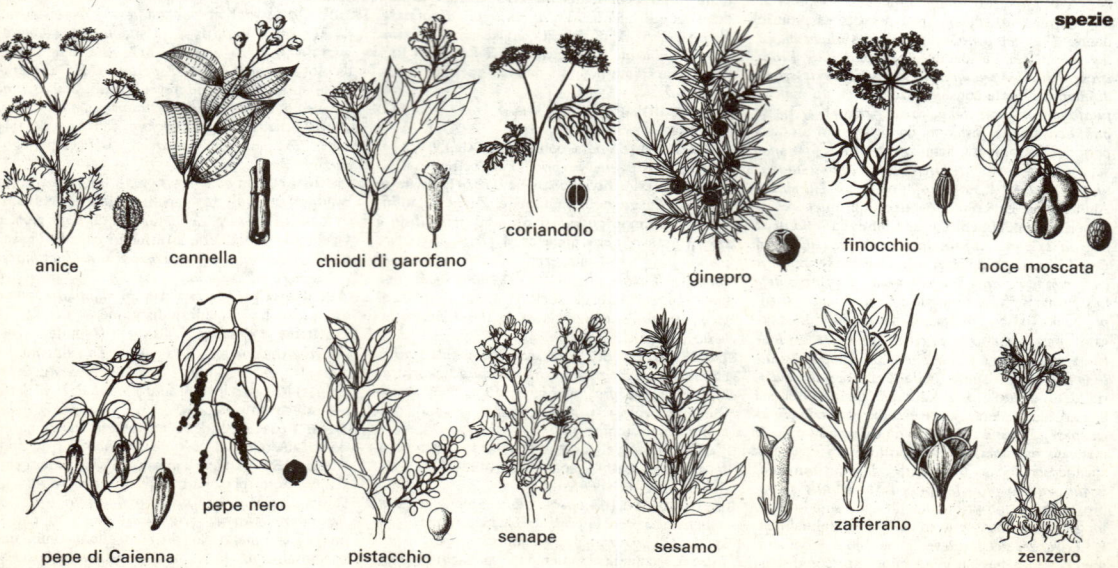

spezie: anice, cannella, chiodi di garofano, coriandolo, ginepro, finocchio, noce moscata, pepe di Caienna, pepe nero, pistacchio, senape, sesamo, zafferano, zenzero

tempo: *per s. la giornata vado a passeggiare un po'*; *uscire nel pomeriggio mi spezza la giornata* | (*gramm.*) ***S. il periodo***, dividere un unico periodo troppo lungo in periodi più brevi mediante la punteggiatura | (*mus.*) ***S. la nota***, sostituire una nota lunga con due o più note brevi. **B v. intr. pron.** ● Ridursi in due o più pezzi | Rompersi: *si sono spezzati due rami* | ***Spezzarsi in due per qlcu.***, (*fig.*) adoperarsi in ogni modo per essergli d'aiuto | (*fam.*, *fig.*) ***Si spezza ma non si piega***, di chi preferisce essere abbattuto piuttosto che umiliato.

spezzàta [f. sost. di *spezzato*; av. 1873] **s. f.** ● (*mat.*) Linea costituita da una serie di segmenti tali che due segmenti consecutivi abbiano un vertice comune.

spezzatìno [da *spezzato*; av. 1886] **s. m.** ● Vivanda di carne a pezzetti, rosolata in tegame poi cotta a fuoco lento con pomodori e verdure varie | (*est.*) Carne tagliata a pezzetti: *un kilo di s. di vitello.* **SIN.** Bocconcino.

spezzàto [sec. XIII] **A part. pass.** di *spezzare*; anche **agg.** **1** Diviso in pezzi | Rotto | ***Cuore s.***, (*fig.*) affranto dal dolore. **2** ***Orario s.***, orario di lavoro diviso in due o più turni | ***Periodo s.***, eccessivamente articolato | (*mat.*) ***Linea spezzata***, in geometria, sequenza di segmenti tali che due segmenti consecutivi abbiano un vertice comune | ***Terra spezzata***, divisa, frazionata, non riunita in poderi | †***Moneta spezzata***, spicciola | †***Alla spezzata***, (*ellitt.*) a pezzi, a intervalli. || **spezzataménte**, **avv.** Alla spezzata, spartitamente. **B s. m.** **1** Completo maschile con giacca di tessuto e colore diverso da quello dei pantaloni. **2** (*teat.*) Piccolo elemento di scena di profilo vario, adoperato anche per fingere particolari di ambienti naturali. **3** (*cuc.*) Spezzatino. **4** (*al pl.*) Monete spicciole: *contare gli spezzati*; *spezzati d'argento*.

spezzatóre [sec. XIV] **A s. m.**; anche **agg.** (**f.** *-trice*) ● (*raro*) Chi (o Che) spezza. **B s. m.** ● Macellaio che separa i grossi pezzi.

spezzatrìce [f. di *spezzatore*; 1952] **s. f.** ● Macchina del panificio atta a tagliare la pasta in pezzi aventi la forma e le dimensioni volute.

spezzatùra [1295] **s. f.** **1** Lo spezzare | Pezzo ottenuto spezzando. **2** Volume scompagnato di un'opera. **3** Nelle operazioni di borsa, frazione di normale partita di compravendita.

spezzettaménto [av. 1926] **s. m.** **1** Lo spezzettare, il venire spezzettato | (*fig.*) Frammentazione. **2** Frazionamento della proprietà terriera in unità piccole e non funzionali.

spezzettàre [da *pezzetto*, con *s-*; 1865] **A v. tr.** (*io spezzétto*) ● Ridurre in piccoli pezzi | (*fig.*) ***S. il discorso***, parlare in modo frammentario. **B v. intr. pron.** ● Ridursi in piccoli pezzi o parti (*anche fig.*).

spezzettàto [sec. XVIII] **part. pass.** di *spezzettare*; anche **agg.** ● Nei sign. del v.

spezzettatùra [1920] **s. f.** ● Spezzettamento | Ciò che viene spezzettato | (*fig.*) Interruzione.

spezzìno o **spezzino** [sec. XVIII] **A agg.** ● Della Spezia. **B s. m.** (**f.** *-a*) ● Abitante, nativo della Spezia.

spezzonaménto [da *spezzonare*; 1960] **s. m.** ● Bombardamento con spezzoni.

spezzonàre [1941] **v. tr.** (*io spezzóno*) ● Bombardare con spezzoni.

spezzóne [da *spezzare*; 1801] **s. m.** **1** Bomba d'aereo di piccole dimensioni, cilindrica, lanciata a grappoli contro obiettivi poco consistenti: *spezzoni incendiari* | Tubo esplosivo usato spec. nella prima guerra mondiale mediante lancio a mano, per la distruzione dei reticolati e per difesa. **2** (*gener.*) Pezzo, parte, frammento di un tutto unitario | Corto pezzo di pellicola cinematografica. **3** Parte di una grossa compagnia teatrale che si stacca temporaneamente per dare una serie di spettacoli in piazze di provincia.

spi /'spi/ **s. m. inv.** ● Accorc. di *spinnaker*.

♦**spìa** [dal got. **spaiha*, dalla radice indeur. **spek-* 'osservare'; 1269] **A s. f.** **1** Chi riferisce di nascosto cose per cui altri possono subire punizioni, danni e sim.: *scoprire una s.*; *tra i congiurati c'era una s.* | ***Fare la s.***, riferire ciò che può danneggiare altri: *fare la s. all'insegnante*; *fare la s. di qlco. a qlcu.* | Confidente della polizia. **2** Chi esercita l'attività dello spionaggio: *scoprire una s. nemica*; *s. di guerra*. **3** (*est.*) Dispositivo collocato sulle linee di apparecchi telefonici per intercettare le telefonate. **4** Dispositivo ottico, acustico e sim. per segnalare determinate condizioni di funzionamento: *la s. della benzina*, *dell'olio*; *la s. della lavabiancheria*. **5** (*fig.*) Indizio, sintomo: *il rialzo dei prezzi è una s. dell'inflazione.* **6** Fessura in una porta o parete per vedere al di là senza essere visti. **7** Lista di intonaco, carta o vetro messa a cavallo di una fenditura di muro per vedere se si allarga | Nelle botti, buco presso l'orlo superiore, chiuso da un vetro, per vedere quando la botte è quasi piena. **8** (*mar.*) Segno convenzionale che si mette agli oggetti forniti da un arsenale per riconoscerne la provenienza. || **spiàccia**, **pegg.** **B** in funzione di **agg. inv.** ● (posposto al s.) In alcune loc.: ***lampada s.***, tipo di lampada che, con la sua accensione, indica un particolare stato di funzionamento di un'apparecchiatura | ***Vetro s.***, oblò in vetro di cui possono essere muniti serbatoi, autoclavi e sim. per poterne osservare l'interno | ***Satellite s.***, V. *satellite*.

spiaccicàre [vc. di orig. onomat.; 1841] **A v. tr.** (*io spiàccico, tu spiàccichi*) ● Schiacciare, spec. cosa molliccia o cedevole: *s. un insetto col piede.* **B v. intr. pron.** ● Schiacciarsi | Schiantarsi.

spiaccichìo [1891] **s. m.** **1** Lo spiaccicare continuo | Lo spiaccicarsi. **2** Insieme di cose spiaccicate.

♦**spiacènte** [av. 1250] **part. pres.** di *spiacere*; anche **agg.** (assol.; + *di* seguito da inf.; + *che* seguito da congv.; + *per*) **1** Dispiaciuto, rammaricato: *s.*, *ma lei non può stare qui*; *sono s. di doverle dire che ...*; *sono s. di non potere accettare*; *sono s. che tu non possa venire*; *sono s. per quanto è accaduto.* **2** †Odioso, sgradito: *a Dio spiacenti e a' nemici sui* (DANTE *Inf.* III, 63). || **spiacenteménte**, **avv.**

†**spiacènza** [da *spiacente*; sec. XIII] **s. f.** ● Dispiacere.

spiacére [da *piacere*, con *s-*; av. 1250] **A v. intr.** (coniug. come *piacere*; aus. *essere*) **1** (*lett.*) Causare fastidio, contrarietà: *la giovanile etade in lui mi spiace* (METASTASIO). **2** (*lett.*) Essere antipatico, non piacere: *lo sguardo temendo d'essergli spiaciuta* (BACCHELLI). **3** (assol.; + *per* qlcu. o qlco.; + inf., anche preceduto da *di*; + *che* seguito da congv.) Addolorare, dispiacere: *la sua ingratitudine mi è spiaciuta*; *ci spiace per voi, per quello che vi è successo* | Causare rammarico, rincrescimento, disappunto (*anche impers.*): *mi spiace dover partire*; *mi spiace di non averti telefonato*; *mi spiace che se la sia presa*; *Spiacemi che non abbiate veduto colui* (GOLDONI); *spiace vederlo così abbattuto*; *mi spiace, ma c'ero prima io*; *dovrei scendere, se non le spiace.* **B v. intr. pron.** (+ *di* seguito da inf.) ● Dispiacersi, rammaricarsi: *si è spiaciuto di non averti visto.* **C s. m.** ● (*lett.*) †Dispiacere: *Mostrò cotanta pena degli spiaceri miei* (GOLDONI).

spiacévole [da *spiacere*; 1306] **agg.** ● Che dà noie, disturbo, dispiacere: *un dovere, una necessità s.* | Increscioso: *avvenimento s.* **CONTR.** Piacevole. || **spiacevolménte**, **avv.**

spiacevolézza [sec. XIII] **s. f.** ● Condizione di ciò che è spiacevole.

♦**spiàggia** [da *piaggia*, con *s-*; sec. XIV] **s. f.** (**pl.** *-ge*) **1** Bene appartenente al demanio dello Stato, consistente nella striscia costiera delimitata dal lido del mare e dai confini delle proprietà terriere. **2** Correntemente, fascia di costa pianeggiante, generalmente sabbiosa, frequentata dai bagnanti nei mesi estivi: *le spiagge dell'Adriatico, del Tirreno*; *una s. elegante, popolare, affollata, solitaria*; *andare alla, in s.*; *stare, giocare, sulla s.*; *essere vestito da s.* | ***Vita di s.***, quella che si svolge nelle stazioni balneari | ***Tipo da s.***, (*scherz.*) che si veste, si comporta, parla e sim. in modo stravagante, eccentrico | ***Lettura da s.***, leggera, non impegnativa | ***L'ultima s.***, (*fig.*) l'ultima possibilità, l'ultima speranza. ➡ **ILL.** p. 2133 SCIENZE DELLA TERRA ED ENERGIA. **3** †Zona pianeggiante | †Riva di un corso d'acqua. || **spiaggerèlla**, **dim.** | **spiaggétta**, **dim.** | **spiaggettìna**, **dim.** | **spiaggióne**, **accr. m.**

spiaggiamento [da *spiaggia*; 1983] **s. m.** ● (*raro*) Lo spiaggiare.

spiaggiàre [da *spiaggia*; 1983] **v. intr.** (*io spiàggio*; aus. *essere*) ● (*raro*) Arenarsi sulla spiaggia, detto di grandi cetacei (e, *est.*, di alghe o altri organismi).

†**spiaménto** [av. 1292] **s. m.** ● Lo spiare | Spiata.

spianàbile [1960] **agg.** ● Che si può spianare.

spianaménto [sec. XII] **s. m.** **1** Azione, lavoro dello spianare. **2** †Spiegazione di un testo.

spianàre o †**esplanàre** nel sign. A4 [lat. *explanāre*, propr. 'spiegare', comp. di *ĕx-* (*s-*) e di *plānus* 'piano, semplice'; sec. XII] **A v. tr.** **1** Rendere piana una superficie eliminandone le asperità: *s. il terreno, la strada, la via* | ***S. la pasta***, stenderla, assottigliarla | ***S. le cuciture, le costure di un abito***, stirarle, ribatterle | ***S. i mattoni***, plasmare l'argilla per dare loro la forma | ***S. la fronte***, appianarne le rughe, rasserenarsi | ***S. il fucile***, e sim., puntarlo contro qlcu. | ***S. il pane***, dividere la pasta nei pezzi desiderati | ***S. le costure, le costole, a qlcu.***, (*fig.*) bastonarlo per bene. **2** (*fig.*) Appianare, togliere ostacoli, eliminare difficoltà: *s. la strada, la via, il cammino, a qlcu.* | (*raro*) ***S. un debito***, estinguerlo. **3** Abbattere, demolire: *s. una casa*; *s. una città al suolo*; *proposero di s. per onore dell'imperatore ... le mura e le fosse della città* (MURATORI). **4** †Spiegare: *con esso spianavano la santa Scrittura* (CATERINA DA SIENA). **B v. intr.** (aus. *avere*) ● (*raro*) Assumere un andamento pianeggiante: *più in alto la strada spiana.* **C v. intr. pron.** ● Distendersi: *La fronte dell'innominato s'andò spianando* (MANZONI) | †Diventare piano.

spianàta [av. 1348] **s. f.** **1** Lo spianare. **2** Spazio di terreno spianato, pianeggiante. **3** †Tratto di terreno sgombro intorno allo spalto e fino a una certa distanza dalla fortezza | †Luogo piano tra una città e i castelli e le cittadelle circostanti.

spianàto [av. 1348] **A part. pass.** di *spianare*; anche **agg.** **1** Nei sign. del v. | ***Col fucile s.***, (*fig.*) detto di chi è pronto a criticare o attaccare gli altri al minimo errore: *tutti mi sono addosso col fucile s.* (GADDA). **2** (*mus.*) ***Canto s.***, continuo, legato, senza virtuosismi | Come specificazione di un movimento richiede un'esecuzione ariosa, di ampio respiro: *andante s. e grande polacca di Chopin.* **B s. m.** ● †Luogo piano e aperto.

spianatóia [da *spianato*; av. 1744] **s. f.** ● Asse su cui si spiana la pasta.

spianatóio [1681] **s. m.** ● (*gener.*) Attrezzo per spianare | Matterello.

spianatóre (**1**) [av. 1348] **s. m.** (**f.** *-trice* (V.)) ● (*raro*) Chi spiana.

†**spianatóre** (**2**) o †**esplanatóre** [dal lat. *explanatōre(m)* 'interprete', da *explanātus*, part. pass. di *explanāre* 'spiegare'; sec. XIII] **s. m.** ● Interprete di un testo.

spianatrice [f. di *spianatore* (*1*); 1940] **s. f.** ● Veicolo automotore o a traino, provvisto di particolari attrezzature per lavori di spianamento del terreno.

spianatùra [1556] **s. f.** ● Operazione, lavoro dello spianare.

spiàno [da *spianare*; av. 1606] **s. m.** **1** (*raro*) Lo spianare | Terreno spianato. **2** Anticamente, quantità di grano assegnata in Firenze dal magistrato dell'abbondanza a ogni fornaio per fare il pane | ***Mezzo s.***, assegnazione ridotta | ***Tutto s.***, assegnazione intera | ***A tutto s.***, (*fig.*) senza interruzione e in abbondanza: *spendere, divertirsi, a tutto s.*

spiantaménto [1679] **s. m.** ● (*raro*) Lo spiantare.

spiantàre [lat. *explantāre* 'sradicare', da *plānta* 'pianta', con *ĕx-* (*s-*); sec. XIV] **A v. tr.** **1** (*raro*) Sradicare, svellere: *s. un albero* | Togliere ciò che è conficcato: *s. un palo* | †Abbattere, radere al suolo: *s. una fortezza.* **2** (*fig.*) Ridurre in miseria: *il vizio del gioco lo ha spiantato.* **3** (*fig.*) †Distruggere, estirpare: *s. il vizio.* **B v. intr. pron.** ● Andare in rovina, ridursi in miseria.

spiantàto [av. 1389] **A part. pass.** di *spiantare*; anche **agg.** ● Nei sign. del v. **B s. m.** (**f.** *-a*) ● Chi è ridotto in miseria | Chi non gode di buone condizioni finanziarie: *sposare uno s.*; *uno s. senz'arte né parte* (VERGA).

spiantatóre [sec. XIII] **s. m.** **1** (**f.** *-trice*) (*raro*) Chi spianta. **2** (*agr.*) Ferro in forma di zappa molto ricurva o di embrice, con manico, per levare dal terreno le piccole piante con la zolla.

spiànto [da *spiantare*; av. 1725] **s. m.** ● Rovina, povertà assoluta, miseria, spec. nelle loc. ***andare, mandare, a, in, s.***

♦**spiàre** [dal got. **spaihōn*. V. *spia*; sec. XII] **v. tr.** **1** Seguire di nascosto e con attenzione azioni e comportamento altrui per curiosità, per informazione o per riferire ad altri: *uno sconosciuto ci sta spiando*; *il nemico spia le nostre mosse* | Scrutare qlcu. per comprenderne i sentimenti: *s. il volto di qlcu.*; *s. qlcu. in volto.* **2** Cercare di conoscere, di sapere: *s. i segreti altrui* | ***S. l'avversario***, cercare di scoprire il suo gioco per poterlo prevenire |

(*est.*) Aspettare con vigile attenzione: *s. l'occasione, il momento propizio.* **3** (*lett.*) Esplorare, indagare: *egli intorno spia s'adito alcuno / ... aprir si mira* (TASSO).

spiàta [1922] s. f. ● Atto dello spiare | Delazione: *è stato arrestato in seguito a una s.*

†**spiatóre** [da *spiare*; av. 1347] s. m. (f. *-trice*) ● Chi spia.

spiattellaménto [1872] s. m. ● (*raro*) Lo spiattellare.

spiattellàre [da *piattello*, con *s-*; av. 1565] v. tr. (*io spiattèllo*) **1** Dire, dichiarare, riferire apertamente e senza riguardi cose riservate, delicate, segrete e sim.: *s. la verità in faccia a qlcu.*; *il complice ha spiattellato tutto*; *spiattellò il fatto per filo e per segno.* SIN. Spifferare. **2** Mettere sotto gli occhi, mostrare chiaramente: *gli spiattellò la lettera davanti agli occhi.*

spiazzaménto [1970] s. m. ● (*sport*) Nel calcio, nel tennis e sim., azione di spiazzare l'avversario.

spiazzàre [da *piazza*, con *s-*; 1947] v. tr. **1** (*sport*) Nel calcio, nel tennis e sim., fare perdere all'avversario la posizione ottimale di gioco: *s. il portiere con una finta e segnare.* **2** (*fig.*) Mettere, spec. con astuzia, qlcu. in posizione sfavorevole o inopportuna: *s. un avversario politico.*

spiazzàta [da *piazza* con *s-*; 1865] s. f. **1** (*raro*) Spazio libero e aperto, radura. **2** (*fig.*) Zona del cuoio capelluto priva di capelli. || **spiazzatèlla**, dim.

spiàzzo [da *piazza*, con *s-*; sec. XIV] s. m. ● Spazio, piuttosto ampio, libero e aperto: *uno s. erboso.*

†**spica** ● V. *spiga.*

spicanàrdi ● V. *spigonardo.*

spicanàrdo ● V. *spigonardo.*

†**spicàre** ● V. *spigare.*

spicàstro [vc. scient. moderna, dal lat. *spīca* (nom.) 'spiga'; 1960] s. m. ● (*bot.*) Infiorescenza simile a una spiga, caratteristica delle Labiate.

spiccàce [da *spiccare*; 1865] agg. ● Detto di susina, pesca e sim., la cui polpa si stacca agevolmente dal nocciolo. SIN. Spiccagnolo, spiccatoio, spicco (2). CONTR. Duracino.

spiccàgnolo [1868] agg. ● Spiccace, spiccatoio, spicco (2).

spiccaménto [av. 1547] s. m. ● (*raro*) Lo spiccare.

♦**spiccàre** [calco su *appiccare* con cambio di pref. (*s-*); av. 1292] **A** v. tr. (*io spicco, tu spicchi*) **1** Staccare una cosa unita o attaccata a un'altra (*anche fig.*): *s. un fiore dalla pianta*; *s. la testa dal busto*; *Don Gesualdo spiccherebbe di lassù il sole ... per farvi piacere* (VERGA) | *S. il bollore*, cominciare a bollire | *S. un muro*, cominciare a elevarlo | *S. le parole, le sillabe*, pronunciarle distintamente. **2** Nel linguaggio giudiziario e commerciale, emettere: *s. un mandato di cattura*; *s. una tratta, un assegno.* **3** Compiere un movimento brusco e repentino staccandosi da terra, spec. nelle loc.: *s. un salto, un balzo* | *S. il volo*, elevarsi in volo, detto di uccelli; (*fig.*) andarsene, spec. verso esperienze nuove. **B** v. intr. (aus. *avere*) ● Fare spicco, distinguersi, risaltare: *spicca fra tutti per bellezza*; *spicca su tutti per intelligenza*; *il bianco spicca sul nero*; *il tuo vestito spicca tra la folla*; *questo colore spicca poco* | *Fare s.*, dare risalto: *l'azzurro fa s. i suoi occhi.* SIN. Risaltare. **C** v. intr. pron. ● Staccarsi con facilità dal nocciolo, detto di frutta. **D** v. rifl. ● (*raro, lett.*) Staccarsi da un luogo con movimento brusco e improvviso: *veloce Ettorre / dalle soglie si spicca* (MONTI).

spiccàto [sec. XIV] **A** part. pass. di *spiccare*; anche agg. **1** Nei sign. del v. **2** Marcato, pronunciato: *uno s. accento americano* | Notevole, singolare: *possiede una spiccata intelligenza.* || **spiccataménte**, avv. **1** Distintamente, con risalto. **2** Marcatamente: *una letteratura spiccatamente paesana* (CARDUCCI). **B** s. m. **1** (*edil.*) Tracciamento dei piedritti sopra un basamento | *Piano di s.*, ogni piano sul quale i piedritti cambiano sezione, in particolare quello in cui i piedritti partono dalle fondamenta. **2** (*mus.*) Colpo d'arco degli strumenti ad arco che ottiene staccati rapidi, virtuosistici con l'arco rimbalzante sulla corda.

spiccatóio [av. 1587] agg. ● Spiccace, spiccagnolo, spicco (2).

spìcchio [lat. *spīculu(m)* 'punta', dim. di *spīcus*, *spīca* 'spiga, spicchio'; av. 1320] s. m. **1** Ciascuna delle parti (o logge) avvolte da una sottile pellicola e colme di succo in cui sono divisi gli agrumi | Ciascuno dei piccoli bulbetti ovoidali che nell'insieme formano il bulbo dell'aglio | (*est.*) Ciascuna delle parti, simile per forma agli spicchi degli agrumi, in cui si può tagliare qualunque frutto: *uno s. di pera, di mela.* **2** (*est.*) Qualunque cosa la cui forma sia simile a quella di uno spicchio: *uno s. di torta, di formaggio*; *in ciel lo s. / della bianca luna nacque* (SABA) | *A spicchi*, formato di parti a forma di spicchi: *essere fatto a spicchi* | *Berretta a spicchi*, quella a tre punte dei preti | †*Di s.*, †*per s.*, di sghembo, di fianco | (*tosc.*) *S. di petto*, punta di manzo o di bue. **3** (*mat.*) *S. sferico*, intersezione d'una sfera con un diedro il cui spigolo passa per il centro. **4** (*arald.*) Porzione o raggio di una croce propria di ordine cavalleresco. || **spicchiétto**, dim.

†**spicchiùto** [av. 1375] agg. ● Fatto a spicchi.

spicciàre [dall'ant. fr. *despeechier*, moderno *dépêcher* 'sbarazzare', dal lat. parl. **dispedicāre*, comp. di *dis-* 'via' e di *pĕdica* 'laccio per i piedi', da *pēs*, genit. *pĕdis* 'piede'. V. *spacciare, impicciare*; 1313] **A** v. tr. (*io spiccio*) **1** Sbrigare in fretta: *s. una faccenda* | (*pop.*) *Spicciarsela*, togliersi d'impiccio. **2** Soddisfare qlcu. consentendogli di andarsene: *la spiccio subito*; *s. gli avventori, i clienti.* **3** (*tosc.*) Sgombrare: *s. una stanza.* **4** Spicciolare, cambiare in spiccioli: *s. un biglietto da dieci euro.* **5** †Spiccare, staccare. **B** v. intr. (aus. *essere*) ● (*raro*) Sgorgare con impeto, detto dei liquidi: *il sangue spiccia dalla ferita.* **C** v. intr. pron. ● Fare presto, sbrigarsi: *su, spicciati!*

spicciativo [da *spicciare*; 1777] agg. **1** Sbrigativo, svelto: *rimedio, metodo, s.* **2** Che usa metodi sbrigativi: *padre s.* || **spicciativaménte**, avv.

spiccicàre [calco su *appiccicare*, con cambio di pref. (*s-*); av. 1548] **A** v. tr. (*io spìccico, tu spìccichi*) ● Staccare una cosa appiccicata, separare cose appiccicate (*anche fig.*): *s. un francobollo attaccato a un foglio*; *non si riesce a s. quei due innamorati* | *S. le parole*, pronunciarle chiaramente | *Non s. parola*, non articolare, non proferire parola: *quando si emoziona non riesce a s. parola.* **B** v. intr. pron. ● Staccarsi | (*fig., fam.*) Liberarsi da qlcu. o da qlco. noioso, indesiderato e sim.: *dobbiamo spiccicarci da quel ficcanaso.*

spiccicàto [part. pass. di *spiccicare*; av. 1927] agg. ● Staccato | (*fig., region.*) Identico, tale e quale, molto simile: *è suo padre s.!*

spiccio (1) [agg. da *spicciare*; sec. XIV] agg. (pl. f. *-ce*) **1** Sollecito, sbrigativo: *è una cosa spiccia*; *usare mezzi spicci* | *Andare per le spicce*, (*ellitt.*) senza fare cerimonie e senza avere tanti riguardi. **2** (*tosc.*) Libero, disimpegnato: *avere le mani spicce* | Sgombro: *stanza spiccia.*

spiccio (2) ● V. *spicciolo.*

spicciolàme [1873] s. m. ● Quantità di monete spicciole.

spicciolàre (1) [da *picciolo*, con *s-*; av. 1512] v. tr. (*io spicciòlo*) ● Staccare dal picciolo gli acini d'uva. SIN. Sgranellare | Staccare dal calice i petali dei fiori.

spicciolàre (2) [da *spicciolo*; 1842] v. tr. (*io spìcciolo*) ● Cambiare in moneta spicciola: *s. cinque euro.*

spicciolàto [av. 1597] part. pass. di *spicciolare* (*1*); anche agg. **1** Nei sign. del v. | (*lett.*) Isolato, uno alla volta: *[i bravi] discesero spicciolati* (MANZONI). **2** Nella loc. *alla spicciolata*, (*ellitt.*) separatamente, pochi per volta: *arrivare, giungere, alla spicciolata.*

spìcciolo o **spiccio** (2) [da *spicciare*; av. 1800] **A** agg. **1** Minuto, spezzato in piccoli tagli, detto di denaro: *soldi spiccioli*; *monete spicciole.* **2** (*tosc.*) Ordinario, semplice: *gente spicciola.* **B** s. m. ● (*spec. al pl.*) Moneta spicciola: *rimanere senza spiccioli*; *cambiare una banconota in spiccioli.*

spìcco (1) [deriv. di *spiccare*; 1556] s. m. (pl. *-chi*) ● Lo spiccare, il risaltare | Risalto, rilievo: *fare s.*

spicco (2) [part. pass. contratto di *spiccare*; 1846] agg. (pl. m. *-chi*) ● Spiccace, spiccagnolo, spiccatoio.

spicconàre [da *picconare*, con *s-*; 1942] **A** v. tr. (*io spiccóno*) ● Demolire a colpi di piccone: *s. un muro.* **B** v. intr. (aus. *avere*) ● Lavorare di piccone: *sta tutto il giorno a s.*

spicilègio [vc. dotta, dal lat. *spicilĕgiu(m)* 'spigolatura', comp. di *spīca* 'spiga' e *-lĕgium*, da *lĕgere* 'raccogliere'; 1499] s. m. ● (*lett.*) Raccolta, scelta di scritti.

spicinàre [dal tardo lat. *micīna*, dim. di *mīca* 'briciola', con *s-* e prob. sovrapposizione di *piccino*; av. 1597] v. tr. (*io spìcino* o *spicìno*) ● (*fam., tosc.*) Disfare in pezzettini | Sbriciolare | (*est.*) Stritolare.

spicinìo [da *spicinare*; 1891] s. m. ● (*fam., tosc.*) Lo spicinare | (*est.*) Sperpero | (*est.*) Sconquasso, trambusto.

spìcola o **spìcula** [vc. scient. moderna, dal dim. del lat. *spīca* (nom.) 'spiga'; 1885] s. f. **1** (*zool.*) Formazione scheletrica, calcarea o silicea, tipica dei Poriferi. **2** (*astron.*) Piccola propaggine luminosa rilevabile sulla cromosfera solare.

spìculo [vc. dotta, dal lat. *spīculu(m)* 'punta', da *spīca* 'spiga'. V. *spicchio, spigolo*; sec. XIV] s. m. ● (*lett.*) Punta di dardo.

spider /s'paider, *ingl.* 'spaedəɹ/ [vc. ingl., propr. 'ragno'; 1915] s. m. o f. inv. ● Automobile scoperta a due posti, di tipo sportivo, munita di capote. CFR. Roadster. || **spiderino**, dim. m.

spidocchiàre [da *pidocchio*, con *s-*; av. 1492] **A** v. tr. (*io spidòcchio*) ● Levare i pidocchi: *s. un indumento*; *spidocchiarsi la testa.* **B** v. rifl. ● Levarsi i pidocchi.

spiedàta [sec. XIV] s. f. ● Quantità di carne che si può infilare in uno spiedo in una sola volta: *una s. di quaglie.*

†**spiède** ● V. *spiedo.*

spiedino [sec. XVIII] s. m. **1** Dim. di *spiedo.* **2** (*al pl.*) Bocconcini di carni diverse o pesce infilzati su piccoli spiedi e arrostiti sulla griglia, nel forno o in padella.

spièdo o (*tosc.*) †**spiède** [dall'ant. fr. *espiet*, dal francone *speut*. V. *schidione*; av. 1292] s. m. **1** Arma bianca costituita da un ferro lungo e acuminato a sezione generalmente poligonale, inastato, anticamente usato per la caccia e la guerra. **2** Ferro appuntito del girarrosto, sul quale si infilza la carne, spec. selvaggina o uccelli, da arrostire alla fiamma: *girare lo s.*; *tordi allo s.* **3** (*est.*) Spiedata: *uno s. di quaglie.* || **spiedàccio**, pegg. | **spiedétto**, dim. | **spiedino**, dim. (V.) | **spiedóne**, accr.

spièga [forma ridotta di *spiega(zione)*; av. 1748] s. f. **1** (*disus.*) Nota esplicativa | Glossa. **2** (*fam.* o *dial.*) Spiegazione, descrizione.

spiegàbile [vc. dotta, dal lat. tardo *explicābile(m)*, da *explicāre* 'spiegare'. V. *inesplicabile*; av. 1686] agg. ● Che si può spiegare. CONTR. Inspiegabile.

spiegacciàre e deriv. ● V. *spiegazzare* e *deriv.*

spiegaménto [da *spiegare*; av. 1565] s. m. **1** †Spiegazione. **2** (*mil.*) Insieme dei movimenti che una unità compie per assumere la formazione da combattimento | *S. di forze*, concentramento di grande quantità di truppe in armi o di forze di polizia pronte a entrare in azione.

♦**spiegàre** [lat. *explicāre*, propr. 'svolgere, sciogliere', comp. di *ĕx-* (*s-* sottratt.) e *plicāre* 'piegare'. V. *piegare, esplicare*; per calco sul fr. *déployer* nel sign. A 5; sec. XIII] **A** v. tr. (*io spiègo, tu spièghi*) **1** Distendere, allargare, svolgere, ciò che è piegato, involto, o sim.: *s. la tovaglia, il tovagliolo, la rete, la bandiera* | *S. le vele*, stenderle nella loro ampiezza | *S. le vele al vento*, (*lett.*) salpare; (*est.*) partire | *S. le ali*, aprirle per volare | *S. il volo*, volare ad ali spiegate | (*fig.*) *S. la voce, il canto*, emetterli in tutta la loro estensione. **2** (*fig.*) Rendere intelligibile, chiaro, piano, ciò che presenta difficoltà di comprensione: *s. il senso di una frase*; *s. il significato di una parola*; *s. un enigma, un rebus, una sciarada* | Esporre commentando, chiarendo, interpretando: *s. un teorema, una formula, un brano filosofico*; *s. le opere di Dante, ecc.*; *s. Dante*; *io potrei con ... molti esempi spiegar la ricchezza della natura* (GALILEI). **3** (*est.*) Insegnare, far capire: *spiegami come devo fare*; *gli ho spiegato la strada da prendere* | Manifestare, far conoscere: *spiegami come si è svolto il fatto*; *spiegami il fatto.* **4** (*pleon.*) *Spiegarsi qlco.*, rendersi conto, capire: *non mi spiego il suo modo di agire*; *non riesco a spiegarmi quella frase*; *ora mi spiego perché non rispondeva al telefono!* **5** (*raro*) Manifestare, mostrare: *s. zelo, forza* | Svolgere: *s. una grande attività.* **6** (*mil.*) Disporre unità in formazione da combattimento: *s. le truppe, le schiere.* **B** v. rifl. ● Manifestare chiaramente il proprio pensiero: *vedo che non mi sono* *spiegato*; *con voi non mi spiego mai*; *in tedesco non riesco a spiegarmi* | ***Spiegati, spiegatevi***, e sim., come invito a parlar chiaro | ***Mi spiego?***, ***mi sono spiegato?***, per sottolineare quanto detto, spesso con un tono di avvertimento: *la prossima volta, chi arriva in ritardo resta fuori*: *mi sono spiegato?* | ***Non so se mi spiego*** ..., per sottolineare le implicazioni o i sottintesi esistenti in quanto detto (*anche iron.*). **C** v. rifl. rec. ● Venire a una spiegazione: *dopo la lite si sono spiegati* | ***Spieghiamoci***, beninteso: *l'automobile, spieghiamoci, non gliel'ho regalata.* **D** v. intr. pron. *1* Aprirsi, svolgersi: *le vele si spiegano al vento*; *le tenere fronde al sol si spiegano* (L. DE' MEDICI). *2* Diventare chiaro, comprensibile: *ecco che il problema si spiega.*

†**spiegativo** [da *spiegato*; av. 1686] agg. ● (*raro*) Esplicativo.

spiegàto [av. 1306] part. pass. di *spiegare*; anche agg. *1* Nei sign. del v. *2* ***A voce spiegata***, a piena voce | ***A sirene spiegate***, avendo attivato il segnale acustico usato dai veicoli di impiego urgente: *la polizia è accorsa a sirene spiegate* | ***A vele spiegate***, (*fig.*) con successo, senza ostacoli: *la squadra procede a vele spiegate verso lo scudetto* | †***Alla spiegata***, (*ellitt.*) difilato, senza fermarsi. || **spiegataménte**, avv. *1* Apertamente, chiaramente. *2* Per esteso.

spiegatóre [dal lat. *explicatōre(m)*, da *explicātus* 'spiegato'; av. 1675] s. m. (f. *-trice*) ● (*raro*) Chi spiega.

spiegatùra [av. 1566] s. f. *1* (*raro*) Lo svolgere ciò che è piegato o involto. *2* (*lett.*) Spiegazione | (*lett.*) Svolgimento, stesura.

♦**spiegazióne** [vc. dotta, dal lat. *explicatiōne(m)*, da *explicātus* 'spiegato'; 1562] s. f. *1* Chiarimento di ciò che presenta difficoltà di comprensione: *la s. di un dubbio*; *la s. dell'enigma*; *ascoltare la s. dell'insegnante*; *la s. di un testo*; *s. chiara, confusa*; *poche parole di s.* *2* Ciò che serve a spiegare, a chiarire, a risolvere: *ecco la s. del mistero*; *non trovo s. a questo fatto*; *non c'è una s. plausibile*; *la s. è cervellotica*; *non c'è alcuna s.*; *chiedere spiegazioni a qlcu. di qlco.* *3* Giustificazione di chi deve render conto di qlco.: *chiedere una s. a qlcu.*; *dare, ottenere, una s.*; *pretendere una s.* | Discussione chiarificatrice: *avere una s. con qlcu.*; *venire a una s.*; *Una franca s. non ci starebbe?* (PAVESE).

spiegazzaménto o (*raro*) **spiegacciaménto** [1960] s. m. ● Lo spiegazzare.

spiegazzàre o (*raro*) **spiegacciàre** [da *piegare*, con *s-* e suff. iter.-pegg.; 1842] **A** v. tr. ● Piegare in malo modo: *s. un foglio* | Sgualcire. **B** v. intr. pron. ● Piegarsi in malo modo | Sgualcirsi.

spiegazzatùra [1907] s. f. ● Spiegazzamento | Piega o serie di pieghe.

spiemontizzàre [da *Piemonte*, con *s-*; 1802] **A** v. tr. ● Rendere non piemontese o meno piemontese. **B** v. intr. pron. ● Perdere i modi, le caratteristiche piemontesi.

spietatézza [1676] s. f. ● Caratteristica di chi (o di ciò che) è spietato | Atto spietato.

spietàto [da *pietà*, con *s-*; av. 1250] agg. *1* Che è senza pietà, che non ha pietà: *essere, mostrarsi, s. verso qlcu.*; *tiranno s.*; *sentenza spietata* | Crudele, inesorabile: *tanto è spietata la mia sorte e dura, / che mostrar non la pon rime né verso* (BOIARDO). CONTR. Pietoso. *2* (*fig.*) Accanito, ostinato: *concorrenza spietata*; *fare una corte spietata a qlcu.* || **spietataménte**, avv. In modo spietato, crudele.

†**spietóso** [da *pietoso*, con *s-*; av. 1328] agg. ● Impietoso.

spietràre [comp. parasintetico di *pietra*, col pref. *s-*; 1922] v. tr. (*io spiètro*) ● (*agr.*) Togliere le pietre da un terreno, un pascolo e sim. per renderne più facile la coltivazione o l'uso.

spietratùra [da *spietrare*] s. f. ● (*agr.*) Lavoro dello spietrare.

spifferaménto [1960] s. m. ● (*raro*) Lo spifferare.

spifferàre [da *piffero*, con *s-*; av. 1574] **A** v. tr. (*io spìffero*) ● (*fam.*) Raccontare senza alcun riserbo ciò che si è visto, udito o saputo: *ha spifferato tutto* | Dire apertamente: *gli ho spifferato tutto ciò che pensavo*. SIN. Spiattellare. **B** v. intr. (aus. *avere*) ● Soffiare tra le fessure, detto di vento o sim.

spifferàta [1873] s. f. *1* Lo spifferare | Spiata. *2* (*raro*) Suonata di pifferi.

spiffero [da *spifferare*; 1870] s. m. ● (*fam.*) Soffio di vento proveniente da una stretta apertura: *da sotto la porta viene uno s.*

spifferóne [1891] s. m. (f. *-a*) ● (*fam.*) Chi spiffera con facilità.

♦**spiga** o †**spica** [lat. *spīca(m)* 'punta', di etim. incerta; 1308] **A** s. f. *1* (*bot.*) Infiorescenza con fiori sessili inseriti su un asse allungato: *s. semplice* | ***S. composta***, formata da piccole spighe o spighette. *2* (*assol.*) Correntemente, spiga di frumento: *le spighe biondeggiano*; *il grano ha messo le spighe*; *cogliere una s.* | (*pop.*, *bot.*) ***S. bianca***, pannocchina | ***A s.***, a forma di spiga | ***Pavimento a s.***, fatto con mattonelle che divergono obliquamente | ***Tessuto a s.***, lavorato a spiga, spigato. || **spighétta**, dim. (V.). **B** in funzione di agg. inv. ● (posposto al s.) Nella loc. ***punto s.***, punto di ricamo in cui i punti ripetono il motivo della spiga.

spigàme [1375] s. m. ● (*tosc.*) Quantità di spighe.

spiganàrdo ● V. *spigonardo*.

spigàre o †**spicàre** [lat. *spicāre*, da *spīca* 'spiga'; av. 1250] v. intr. (*io spìgo, tu spighi*; aus. *essere* e *avere*) *1* Fare la spiga, detto di cereali: *il grano comincia a s. tra aprile e maggio.* *2* (*est.*) Allungarsi nella cima a mo' di spiga, perdendo freschezza, detto di ortaggi.

spigàto [sec. XIII] **A** agg. *1* (*bot.*) Che ha fiori disposti a spiga. *2* Fatto, lavorato a spiga | ***Tessuto s.***, che nel disegno, per il suo intreccio diagonale, ricorda il tracciato, a componenti oblique, di una spiga. SIN. Spinato. **B** s. m. ● Tessuto spigato.

spigatùra [sec. XIV] s. f. ● Nei cereali, formazione di spighe | Epoca in cui i cereali spigano.

spighétta [da *spiga*; 1608] s. f. *1* Dim. di *spiga*. *2* (*bot.*) Insieme dei fiori riuniti e avvolti dalle glume che nelle Graminacee formano la spiga composta. *3* Nastro di seta o cotone intrecciato usato in sartoria o tappezzeria.

spigionaménto [1673] s. m. ● (*raro*) Cessazione di una locazione.

spigionàrsi [da *pigione*, con *s-*; 1840] v. intr. pron. (*io mi spigióno*) ● (*disus.* o *region.*) Restare spigionato, sfitto: *l'appartamento si è appena spigionato.*

†**spigliàre** [calco su *impigliare*, con cambio di pref. (*s-*); sec. XIII] v. tr. e intr. pron. ● Districare, districarsi | Affrettarsi.

spigliatézza [sec. XIV] s. f. ● Caratteristica di chi (o di ciò che) è spigliato.

spigliàto [calco su *impigliato*, con cambio di pref. (*s-*); av. 1313] agg. ● Disinvolto, franco, privo di impacci: *maniere spigliate*; *parlare in modo s.* CONTR. Impacciato. || **spigliataménte**, avv. In modo spigliato, disinvolto.

spignattàre [da *pignatta*, con *s-*; 1942] v. intr. (aus. *avere*) ● (*fam.*) Darsi da fare intorno ai fornelli per cucinare. SIN. Spadellare.

†**spignere** e *deriv.* ● V. *spingere* (*1*) e *deriv.*

spignoraménto [1960] s. m. ● Lo spignorare, il venire spignorato.

spignoràre [da *pignorare*, con *s-*; 1877] v. tr. (*io spìgnoro* o, diffuso ma meno corretto, *spignòro*) *1* Liberare ciò che era stato sottoposto a pignoramento. CONTR. Pignorare. *2* (*est.*) Riscattare ciò che era stato dato in pegno come garanzia di un prestito. CONTR. Impegnare.

spigo [lat. *spīcu(m)*, variante di *spīca* 'punta, spiga'; sec. XIII] s. m. (pl. *-ghi*) ● (*bot.*) Lavanda.

spigola [dim. di *spiga*, perché ha il dorso spinoso; 1560] s. f. ● Grosso pesce osseo marino dei Perciformi con due spine sull'opercolo e sulla prima pinna dorsale, carnivoro, con carni pregiate (*Dicentrarchus labrax*). SIN. Branzino. ➡ ILL. animali/6.

spigolàre [da *spiga*, con suff. iter.; 1313] v. tr. (*io spìgolo*) *1* Raccattare le spighe rimaste sul campo dopo la mietitura (*spec. assol.*): *andare a s.* *2* (*fig.*) Raccogliere, ricercare, cose o fatti minuti, sparsi: *s. curiosità letterarie.*

spigolatóre [av. 1604] s. m. (f. *-trice*) ● Chi spigola (*anche fig.*).

spigolatùra [1574] s. f. *1* Lavoro dello spigolare. *2* (*spec. al pl.*, *fig.*) Fatterelli, notizie, curiosità: *spigolature di cronaca mondana.*

†**spigolistro** [da *spigolo*, con un raro suff. corrispondente ad *-astro*; av. 1342] agg.; anche s. m. (f. *-a*) ● Bacchettone, bigotto | (*est.*) Falso, ipocrita | (*lett.*) Pedante, pignolo.

spigolo [lat. *spīculu(m)*, da *spīca*, *spīcus* 'punta'; 1319] s. m. *1* (*mat.*) ***S. d'un poliedro***, uno dei lati delle facce del poliedro | ***S. d'un diedro***, intersezione dei due semipiani che individuano il diedro | ***S. d'un grafo***, uno degli elementi d'un grafo che congiungono due vertici | (*miner.*) Segmento che segna l'intersezione di due facce contigue di un cristallo. *2* Correntemente, parte angolare o laterale prominente di costruzioni, oggetti e sim.: *lo s. della casa, della finestra, del tavolo*; *battere, urtare, in, contro, uno s.* | ***S. vivo***, non smussato. *3* Nell'alpinismo, struttura rocciosa prominente formata dalla convergenza di due superfici o pareti. *4* (*spec. al pl.*, *fig.*) Asprezza, ruvidezza: *smussare gli spigoli del proprio carattere* | ***Essere tutto spigoli***, molto scontroso. || **spigolóne**, accr.

spigolosità [av. 1963] s. f. *1* Caratteristica di ciò che è spigoloso. *2* (*fig.*) Durezza, asprezza.

spigolóso [1941] agg. *1* Pieno di spigoli. *2* (*fig.*) Scontroso, brusco: *un tipo s.*; *avere un carattere s.*; SIN. Angoloso | Arduo, difficile: *una questione spigolosa*. || **spigolosaménte**, avv.

spigonàrdo o **spicanàrdi**, **spicanàrdo**, **spiganàrdo** [variante di *spiganardo*, *spicanardo*, *spicanardi*, più vicine all'orig. lat. (da *spīca nārdi*, propr. 'la spiga del nardo'); av. 1508] s. m. ● (*bot.*) Lavanda coltivata.

spigóne [da *spiga*; 1602] s. m. ● (*mar.*; *disus.*) Asta che serve a prolungare pennone o antenna. ➡ ILL. p. 2172 TRASPORTI. || **spigoncìno**, dim. | **spigonétto**, dim.

spigrìre [da *pigro*, con *s-*; av. 1367] **A** v. tr. (*io spigrisco, tu spigrisci*) ● Rendere meno pigro: *il lavoro lo ha spigrito*. CONTR. Impigrire. **B** v. intr. pron. e †intr. ● Diventare meno pigro.

spike /spaik, *ingl.* spaɪk/ [vc. ingl., propr. 'punta, lancia'; 1989] s. m. inv. *1* (*fis.*) Regione localizzata di un materiale che è stata danneggiata in seguito all'azione di radiazioni nucleari. *2* Segnale elettrico o sim. molto breve e intenso, la cui rappresentazione in un grafico su assi cartesiani ha una tipica forma appuntita.

spikeràggio s. m. ● Adattamento di *speakeraggio* (V.).

♦**spilla** [lat. tardo *spīnula(m)*, dim. di *spīna*. V. *spina*; av. 1342] s. f. *1* (*region.*) Spillo | ***S. da balia***, ***s. di sicurezza***, spillo doppio la cui estremità si inserisce in un fermaglio a molla che ne copre la punta e la tiene bloccata. *2* Gioiello che si appunta per ornamento: *una s. d'oro, di brillanti*; *s. da cravatta*. || **spillétta**, dim.

spillaccheràre [da *pillacchera*, con *s-*; 1559] v. tr. (*io spillàcchero*) ● (*tosc.*) Pulire dalle pillacchere: *spillaccherarsi i calzoni*. CONTR. Impillaccherare.

spillàio [1891] s. m. (f. *-a*) ● Chi fa o vende spilli.

spillàre (**1**) [da *spilla*; 1960] v. tr. ● Unire fogli di carta e sim. mediante spilli, punti metallici e sim.: *s. dei fogli*.

spillàre (**2**) [da *spillo*; av. 1380] **A** v. tr. *1* (*raro* o *lett.*) Forare con lo spillo la botte per cavarne vino, spec. per l'assaggio: *Lui andò a s. una sua botticina* (MANZONI) | Attingere vino (o birra) dalla botte, facendolo uscire dall'apposito foro. *2* (*tecnol.*) Prelevare, fare uscire un liquido o un aeriforme da un recipiente: *s. vapore acqueo da un generatore di vapore.* *3* (*fig.*) Carpire qlco. poco alla volta, usando la furbizia o l'inganno: *s. denaro a qlcu.* *4* Scoprire a poco a poco le carte da gioco che si hanno in mano, aprendole lentamente a ventaglio: *s. le carte.* **B** v. intr. (aus. *essere*, se il sogg. è il liquido, *avere* se il sogg. è il recipiente) (+ *da*; anche assol.) ● (*raro*) Stillare, versarsi lentamente, detto di liquido: *il vino è spillato dalla botte*; *la botte ha spillato.*

spillàtico [da *spillo*, sul modello di *legnatico*, ecc.; av. 1803] s. m. (pl. *-ci*) ● In passato, parte della rendita dotale spettante annualmente alla donna per le sue spese personali in esecuzione di una apposita clausola dell'atto costitutivo di dote.

spillatrice [da *spillare* (*1*); 1960] s. f. ● Cucitrice, nel sign. B3.

spillatùra [sec. XIV] s. f. *1* Operazione dello spillare il vino dalla botte. *2* (*tecnol.*) Scarico di metallo fuso o lega metallica fusa da una siviera con foro di colata sul fondo o da un forno. *3* (*min.*) Scarico di materiale granulare da una tramoggia, per es. di un silo.

spillettóne [da *spillo*: detto così dai lunghi rostri appuntiti] s. m. ● (*bot.*) Acicula.

spillo [da *spilla* (V.); av. 1320] s. m. **1** Sottile filo di acciaio appuntito da un lato e terminante dall'altro con una capocchia: *appuntare un vestito con gli spilli*; *una scatola, una carta, di spilli* | ***S. da balia, di sicurezza***, V. *spilla* | ***A s.***, a forma di spillo, sottile e appuntito come uno spillo: *tacchi a s.* | ***Colpo di s.***, (*fig.*) punzecchiatura, dispetto. **2** (*fig.*) Niente, con valore raff., nella loc. negativa ***neanche, nemmeno uno s.*** **3** Spilla: *uno s. di brillanti*. **4** Stiletto di ferro per forare le botti e assaggiarne il vino | Foro fatto sulla botte con lo stiletto. **5** Sfondatoio, per forare il cartoccio nelle artiglierie a retrocarica | ***Fucile a s.***, uno dei primi sistemi di arma portatile a retrocarica | ***S. di sicurezza***, congegno che impedisce lo scoppio prematuro della bomba a mano o della spoletta di un proiettile d'artiglieria. **6** (*tecnol.*) Organo otturatore di valvola, carburatore e altri dispositivi: *valvola, carburatore a s.* || **spillàccio**, pegg. | **spillétto**, dim. | **spillóne**, accr. (V.).

spillóne [1627] s. m. **1** Accr. di *spillo*. **2** Lungo spillo, spesso con capocchia decorativa, usato per appuntare cappelli o abiti femminili.

spilluzzicaménto [av. 1311] s. m. ● (*raro*) Lo spilluzzicare.

spilluzzicàre o (*raro*) **spelluzzicàre**, **spiluzzicàre** [di etim. incerta: da *piluccare*, con *s-* (?); 1553] v. tr. (*io spillùzzico, tu spillùzzichi*) **1** Mangiare una vivanda in piccoli pezzi, come assaggiando (*anche assol.*): *s. un pollo*; *La Volpe avrebbe spelluzzicato volentieri qualche cosa anche lei* (COLLODI). SIN. Piluccare, spizzicare. **2** (*fig., lett.*) Raggranellare | Impadronirsi di qlco. a poco a poco.

spillùzzico [da *spilluzzicare*; av. 1565] s. m. ● Solo nella loc. avv. ***a s.***, a poco per volta: *lavorare, studiare, a s.*

†**spilónca** ● V. *spelonca*.

spilorceria [av. 1556] s. f. ● Caratteristica di chi è spilorcio | Atto da spilorcio.

spilórcio (o **-ò-**) [etim. incerta; 1534] agg.; anche s. m. (f. *-a*; pl. f. *-ce*) ● Che (o Chi) è molto avaro, anche nelle spese minute o necessarie. SIN. Taccagno, tirchio. || **spilorciaménte**, avv. Da spilorcio, con spilorceria.

spilosòma [comp. del gr. *spîlos* 'macchia', e *-soma*, dal gr. *sôma* (nom. acc. nt.) 'corpo'] s. f. ● Piccola farfalla con ali chiare macchiettate, le cui larve sono diffuse e dannose a svariate piante (*Spilosoma menthastri*).

spiluccàre [da *piluccare*, con *s-*; sec. XIII] v. tr. (*io spilùcco, tu spilùcchi*) ● (*tosc.*) Piluccare.

†**spilùnca** ● V. *spelonca*.

spilungóne [dal lat. *perlŏngu(m)* 'lunghissimo', comp. di *pĕr-* 'molto' e *lŏngus* 'lungo', con *s-*; 1618] s. m. (f. *-a*) ● Persona molto alta e magra: *una spilungona con gli occhi spauriti e malevoli* (CALVINO) || **spilungonàccio**, pegg.

spiluzzicàre ● V. *spilluzzicare*.

spin /ingl. spɪn/ [vc. ingl., propr. abbr. di *spinning moment* 'momento di rotazione', da *to spin* 'ruotare'; 1950] s. m. inv. ● (*fis.*) Momento della quantità di moto, o momento angolare di una particella elementare o di un nucleo atomico: *s. elettronico, s. nucleare* | (*fis. nucl.*) ***S. isobarico, isotopico***, grandezza fisica, introdotta per distinguere particelle elementari, quali i nucleoni, che si comportano similmente rispetto alla forza nucleare forte ma hanno cariche elettriche diverse.

♦**spina** [lat. *spīna(m)*, di etim. incerta; av. 1250] s. f. **1** (*bot.*) Formazione vegetale dura e pungente derivata dall'epidermide o da trasformazione di rami: *spine caulinari, fogliari, radicali*. **2** Correntemente, appendice lignificata del fusto di alcune piante, a punta diritta o ricurva, costituita dalle cellule epidermiche o sottoepidermiche: *le spine della rosa, del rovo*; *pungersi con una s.* CFR. acanto-, echino-. SIN. Aculeo. **3** (*al pl.*) Insieme di piante o rami spinosi: *un cespuglio di spine*; *cadere fra le spine*; *corona di spine*. **4** (*fig.*) Tribolazione, cruccio, tormento: *avere una s. nel cuore*; *togliere una s. dal cuore*; *quel ragazzo è la loro s.* | ***S. nel fianco***, motivo di grave e continua preoccupazione: *la crisi economica era una vera s. nel fianco per il Governo* | (*fig.*) ***Essere, stare sulle spine***, in grande agitazione o ansia; a disagio. **5** (*pop.*) Dolore acuto, fitta: *mi sento una s. alla spalla destra*. **6** (*zool.*) Aculeo di ricci o istrici | Pungiglione di insetti | Lisca dei pesci | ***A s. di pesce***, si dice di ciò che nel disegno, nella forma e sim. ripete il tracciato della spina di pesce: *tessuto a s. di pesce*; *pavimento, parcheggio a s. di pesce* | (*agr.*) ***Sistemazione a s. di pesce***, tipo di sistemazione dei declivi | ***Passo a s. di pesce***, nello sci, sistema usato per superare pendii. **7** (*anat.*) Formazione ossea acuminata | ***S. dorsale***, complesso dei processi spinosi vertebrali, colonna vertebrale; (*fig.*) carattere, coraggio | ***S. bifida***, malformazione sulla parte posteriore della colonna vertebrale formata dal midollo e dalle sue membrane fuoriusciti attraverso una fessurazione dell'arco vertebrale posteriore | ***S. ventosa***, malattia ossea, spec. delle falangi, spesso di natura tubercolare, che dà aspetto rigonfio alle dita. **8** (*elettr.*) Organo di collegamento elettrico costituito da uno o più cilindretti metallici pieni che vanno a inserirsi in altrettanti cilindretti metallici cavi della corrispondente presa | ***Staccare la s.***, interrompere l'alimentazione elettrica di un apparecchio; interrompere il funzionamento di apparecchiature che mantengono artificialmente in vita un malato; (*fig.*) fermarsi, abbandonare un'attività; cessare un aiuto. **9** (*tecnol.*) Elemento metallico, gener. di acciaio, di forma cilindrica o troncoconica, destinato a collegare due organi o a stabilire la loro posizione relativa, inserendosi in appositi fori praticati in essi: *s. di collegamento*; *s. di riferimento, di centraggio*; *s. conica, cilindrica, a intagli, elastica, a estrazione rapida*. **10** (*tecnol.*) Dispositivo di fissaggio che si colloca fra le punte del tornio dopo avere inserito su di esso un pezzo recante un foro coassiale con la superficie da tornire esternamente: *s. conica, cilindrica, espansibile*. **11** (*tecnol.*) ***S. dentata***, broccia (3). **12** In metallurgia, asta metallica rivestita di materiale refrattario e recante all'estremità il tampone di chiusura del foro di colata situato sul fondo della secchia di colata | Dispositivo di chiusura del foro di colata di un forno o di una fornace. **13** Foro della botte in cui entra la cannella per spillare il vino | La cannella stessa | ***S. fecciaia***, cannella che si fa entrare nel fondo della botte per cavarne la feccia | ***Birra alla s.***, spillata direttamente dalla botte o dal fusto. **14** (*archeol.*) Nell'antico circo romano, lunga barriera muraria, costituita e ornata da elementi diversi (edicola, obelischi, statue ecc.), che univa le due mete dividendo lo spazio di gara in due metà dette lizze | (*edil.*) Struttura o insieme di strutture disposte longitudinalmente rispetto ad altre strutture simili | (*edil.*) ***Muro di s.***, muro maestro interno, parallelo ai due muri maestri perimetrali costituenti le facciate più lunghe dell'edificio e destinato a reggere il colmo del tetto | Muro longitudinale rispetto all'asse principale di un corpo di fabbrica. **15** (*mar.*) Golfare. || **spinòtto**, dim. m. (V.). || PROV. Non c'è rosa senza spina.

spinàcio o (*raro*) **spinàce** [dal persiano *äspānāh*, attraverso l'ar. *isfānāğ, isfināğ*; av. 1320] s. m. ● Pianta erbacea delle Chenopodiacee con foglie triangolari di colore verde scuro, ricca di ferro, coltivata per alimento (*Spinacia oleracea*) | ***S. romano***, poligonacea alpina le cui foglie sono commestibili in insalata (*Rumex scutana*) | ***S. buon-Enrico***, nome regionale di una specie di chenopodio con foglie talvolta usate in insalata (*Chenopodium bonus-henricus*). SIN. Chenopodio buon-Enrico.

spinacrìsti o **spina cristi** [adattamento del lat. *spīna Christi* 'spina di Cristo'; 1891] s. f. inv. ● Arbusto spinoso, frequente nei luoghi marini, con bacche di forma allungata di colore rosso o giallo (*Lycium europaeum*). SIN. Agutoli, spino santo.

spinàio [da *spina*; 1659] s. m. ● (*raro*) Spineto.

spinàle [lat. tardo *spināle(m)*, da *spīna*. V. *spina*; sec. XIV] agg. ● (*anat.*) Della spina vertebrale: *midollo s.* | ***Nervo s.***, che nasce dal midollo vertebrale.

spinaloscòpio [comp. di *spinale* e *-scopio*] s. m. ● (*med.*) Apparecchio che permette di rilevare le alterazioni patologiche del midollo spinale mediante due tubi flessibili di fibra di vetro, uno dei quali trasmette la luce, l'altro l'immagine.

spinapésce [comp. di *spina* e *pesce*; sec. XIV] s. m. inv. ● Anticamente, lavoro in mattoni che ricorda la spina di un pesce | Ricamo a spina di pesce | ***A s.***, a spina di pesce.

spinàre [da *spina*; 1922] v. tr. ● Levare la lisca a un pesce: *s. una sogliola*.

spinarèllo [da *spina*; av. 1806] s. m. ● Piccolo, agilissimo pesce d'acqua dolce dei Gasterosteiformi con spine erettili sul dorso, il cui maschio costruisce il nido (*Gasterosteus aculeatus*).

spinaròlo [da *spina*; 1875] s. m. ● Squalo con aculeo puntuto che precede le pinne dorsali, noto anche per le carni commestibili (*Squalus acanthias*). SIN. Spinello (2).

spinàto [da *spina*; av. 1306] **A** agg. **1** Fornito di spine, spec. nella loc. ***filo s.***, filo di ferro doppio o multiplo munito di punte, per reticolato. **2** Fatto, lavorato a spina di pesce: *pavimento s.* | ***Tessuto s.***, che nel disegno, per il suo intreccio diagonale, ricorda il tracciato della spina di pesce. SIN. Spigato. **B** s. m. ● Tessuto spinato.

spinatrice [da *spina*; 1949] s. f. ● (*tecnol.*) Brocciatrice.

spinatùra (1) [da *spinare*] s. f. ● (*fam.*) Operazione dello spinare.

spinatùra (2) [da *spino (1)* nel sign. 5] s. f. ● Operazione eseguita con lo spino per rompere e agitare la cagliata durante la preparazione dei formaggi.

spincionàre [da *spincione*; av. 1566] v. intr. (*io spinciòno* aus. *avere*) ● Emettere un breve verso, detto dei fringuelli catturati da poco e ingabbiati | (*est.*) Imitare il verso dello spincione.

spincióne [da *pincione*, con *s-*; 1825] s. m. ● Fringuello da richiamo.

spinellàre [denom. di *spinello*; 1978] v. intr. (*io spinèllo*; aus. *avere*) ● (*gerg.*) Fumare uno spinello.

spinèllo (1) [da *spina*, forse per la forma a punta delle gemme ottenute dai suoi cristalli; 1576] s. m. ● (*miner.*) Gruppo di ossidi doppi di metalli vari, cubici e gener. duri | ***S. nobile***, l'ossido di alluminio e magnesio, in cristalli ottaedrici rosei o rossi, limpidi, usato come gemma. CFR. Cromite, magnetite, pleonasto.

spinèllo (2) [sec. XIV] s. m. ● Spinarolo.

spinèllo (3) [etim. incerta: da *spina* nel sign. 12 'cannello' (?); 1972] s. m. ● (*gerg.*) Sigaretta di marijuana o hascisc | ***Farsi uno s.***, fumarlo. SIN. Canna.

spinescènte [lat. tardo *spinescente(m)*, part. pres. di *spinescĕre* 'diventare spinoso'; 1838] agg. ● (*bot.*) Che è o appare spinoso: *fusto s.* | Che termina in punta spinosa: *foglia s.*

spinètico [lat. *spinetĭcus*] agg. (pl. m. *-ci*) ● Relativo alla antica città etrusca di Spina (nei pressi di Comacchio): *vaso s.*

spinéto [lat. *spinētu(m)*, da *spīna*. V. *spina*; av. 1306] s. m. ● Luogo pieno di spine.

spinétta [da *spina*, la penna del salterello; 1553] s. f. ● (*mus.*) Strumento a corde simile a un clavicembalo ma molto più piccolo, le cui corde sono fatte vibrare da un becco di penna | ***S. sorda***, clavicordo. ➡ ILL. **musica**. || **spinettina**, dim.

spingàrda [dall'ant. fr. *espringale, espringarde* 'specie di balestra', da *espringuer* 'saltare', dal francone *springan* (ted. *springen*); 1340 ca.] s. f. **1** Grosso fucile a canna lunga e di grande calibro, usato in passato per tiri a distanza su stormi di anatre posate. **2** Antica macchina da guerra che lanciava grosse pietre | Grossa arma da fuoco da posta del XV sec.

†**spingàre** o †**sprangàre (2)**, †**springàre** [dal longob. *springan* 'saltare'; av. 1300] v. intr. ● (*lett.*) Guizzare coi piedi, tirare calci.

♦**spingere (1)** o †**pignere (2)**, (*poet.*) **pingere (2)**, †**spignere** [lat. parl. **expĭngere*, comp. di *ex-* (*s-*) e *pāngere* 'ficcare', di orig. indeur.; av. 1294] **A** v. tr. (pres. *io spingo, tu spingi*; pass. rem. *io spinsi, tu spingésti*; part. pass. *spinto*) **1** Esercitare una forte pressione, continua o temporanea, su qlcu. o su qlco. affinché si muova, si sposti e sim.: *s. un carro*; *s. un tavolo contro il muro*; *s. una persona da una parte*; *la folla lo spinse lontano*; *la corrente ha spinto la barca a riva*; *s. avanti, indietro, dentro, fuori* | Premere: *s. un pulsante*; *spinse l'arma nel petto del nemico* | (*mus.*) ***S. l'arcata***, tirare l'arco in su. **2** (*fig.*) Protendere: *s. lo sguardo lontano*; *s. l'occhio fino a un dato punto*. **3** (*fig.*) Stimolare, indurre: *s. qlcu. a far male*; *il dolore lo ha spinto al suicidio*. **4** (*assol.*) Fare ressa, dare spinte: *nella calca tutti spingono*; *smettete di s.*; *non spingete*; *non c'è bisogno di s.* **B** v. intr. (aus. *avere*) ● Fare pressione: *il fiume spinge contro gli argini*. **C** v. intr. pron. **1** Andare, inoltrarsi: *spingersi troppo avanti*; *si spinsero fino al Polo*. **2** (*fig.*) Osare: *la sua prepotenza si è* *spinta fino a questo punto.*

†spingere (**2**) [da *pingere* (*1*) con *s-*; 1304] **v. tr.** ● Cancellare.

spingidisco [comp. di *spingere* (*1*) e *disco*; 1970] **s. m.** (pl. *-schi*) ● Nelle automobili, parte della frizione che serve a spingere e premere il disco che porta il materiale d'attrito.

spingiménto o **†spignimento** [av. 1406] **s. m.** ● (*raro*) Lo spingere, nel sign. di *spingere* (*1*).

†spingitóre [sec. XIV] **s. m.** (f. *-trice*) ● (*raro*) Chi spinge, nel sign. di *spingere* (*1*).

spinificàre [da *spina*; 1960] **v. intr.** (*io spinìfico, tu spinìfichi*; aus. *avere*) ● (*bot.*) Modificarsi di un organo vegetale, come foglia, ramo o stipola, in spina.

spinifórme [comp. di *spina* e *-forme*; 1838] **agg.** ● Che ha forma di spina.

spinite [comp. di *spina* (*dorsale*) e del suff. *-ite* (*1*); 1838] **s. f.** *1* (*med., disus.*) Mielite. *2* (*med.*) Infiammazione delle meningi del midollo spinale.

spinnaker /spin'naker, *ingl.* 'spɪnəkəɹ/ [vc. ingl. di etim. discussa: da *spinx*, errata pronuncia di *Sphinx*, dal n. della barca a vela che per prima lo adottò (?); 1932] **s. m. inv.** ● (*mar.*) Vela di prua non inferita, leggera e usata in andature dal traverso alla poppa, la cui mura è fissata all'estremità di un tangone articolato perpendicolarmente all'albero. **SIN.** Fiocco pallone.

spinning /s'pinnin(g), *ingl.* 'spɪnɪŋ/ [vc. ingl., dal v. *to spin* 'ruotare'] **s. m. inv.** *1* Pesca al lancio. *2* Tecnica di ginnastica aerobica praticata in palestra che utilizza uno speciale tipo di cyclette.

spino (**1**) [lat. *spīnu(m)* 'pruno', da *spīna*. V. *spina*; 1260] **s. m.** *1* (*gener.*) Pianta spinosa. *2* Pruno selvatico. *3* (*region.*) Spina. *4* ***S. bianco***, biancospino | ***S. cervino***, alberello delle Ramnacee con foglie opposte e dentate, fiori ascellari e drupe purgative (*Rhamnus cathartica*) | ***S. d'asino***, eringio | ***S. nero***, prugnolo | ***S. santo***, spinacristi | ***S. di Giuda***, triacanto. *5* Utensile col quale nel caseificio si esegue la spinatura.

spino (**2**) [da *spino* (*1*); av. 1536] **agg.** ● Spinoso, solo in denominazioni botaniche o zoologiche: *pero s.*; *porco s.*

spino (**3**) [da *spinello* (*3*); 1978] **s. m.** ● (*gerg.*) Spinello (3).

spin-off /spin'ɔf, *ingl.* 'spɪn,ɒf/ [vc. ingl. comp. di *to spin* 'ruotare', 'filare' e *off* 'fuori'] **s. m. inv.** *1* Ricaduta, sviluppo vantaggioso conseguenti a un'azione, un fenomeno, una ricerca: *questi telefilm sono uno spin-off della serie precedente.* *2* (*econ.*) Trasformazione di un settore di un'azienda in un'azienda separata.

spinola [variante di *spigola*, da *spina*; av. 1557] **s. f.** ● (*region.*) Spigola.

spinóne [da *spina*, per la ruvidezza del pelo; 1905] **s. m.** ● Cane da ferma rustico e vigoroso, adatto per caccia, con pelo abbondante, duro e ispido, di colore bianco, arancio o marrone.

spinosità o **†spinositàde**, **†spinositàte** [sec. XIV] **s. f.** ● Condizione, caratteristica di ciò che è spinoso (*spec. fig.*): *comprendendo le s. in cui dovea trovarsi la fanciulla dopo la sua dichiarazione* (VERGA).

spinóso [lat. *spinōsu(m)*, da *spīna*. V. *spina*; sec. XIII] **A agg.** *1* Pieno di spine: *ramo s.*; *pianta spinosa* | (*region.*) ***Porco s.***, porcospino. *2* (*fig.*) Difficile, irto di difficoltà: *linguaggio s.*; *materia spinosa* | Scabroso, imbarazzante: *una questione spinosa.* *3* (*anat.*) ***Processo s.***, prolungamento posteriore dell'arco delle vertebre. || **spinosétto**, **dim.** || **spinosaménte**, **avv.** **B s. m.** ● (*region.*) Porcospino.

spinòtto [da *spina*; 1930] **s. m.** *1* Dim. di *spina*. *2* (*tecnol.*) Perno cilindrico che collega il pistone alla biella o altri organi meccanici fra loro. *3* (*elettr.*) Spina, spec. unipolare.

spinozìsmo [da *Spinoza*, adattamento ol. di Benedictus (ebr. Baruch) de *Spinoza*, n. di famiglia ebraica emigrata dal Portogallo, con *-ismo*; 1771] **s. m.** ● (*filos.*) Complesso delle dottrine di B. Spinoza (1632-1677) passate nella tradizione filosofica posteriore.

spinozìsta [1765] **s. m. e f.** (pl. m. *-i*) ● Chi segue o si ispira alla filosofia di B. Spinoza.

spinsi ● V. *spingere* (*1*), *spingere* (*2*).

♦**spinta** o **†pinta** (**2**) [f. sost. di *spinto*; sec. XIV] **s. f.** *1* Pressione, urto che si esercita su qlcu. o qlco. affinché si muova, si sposti e sim.: *la s. del vento*; *dare, ricevere, una s.*; *resistere a una s.*; *con una s. fu fatto cadere*; *a forza, a furia, di spinte*; *cacciare a spinte* | ***Fare a spinte***, darsi delle spinte, giocando o scherzando | Impulso: *dare, darsi una s. in avanti.* *2* (*sport*) In ginnastica, rapida distensione di un arto flesso. *3* (*fig.*) Stimolo: *senza una s. non fa nulla*; *l'orgoglio è per lui una s. a lavorare*; *questa è la s. decisiva* | ***Mediano di s.***, nel calcio, giocatore centrocampista abile nel costruire il gioco di attacco. *4* (*fig.*) Aiuto, appoggio, favoreggiamento, agevolazione: *dare una s. a qlcu.*; *per avere l'impiego ha bisogno di una s.*; *va avanti a forza di spinte.* *5* (*fis.*) Forza sulla superficie di un corpo, intensa, applicata dall'esterno e con una direzione preponderante | ***S. idrostatica*** o ***s. di Archimede***, risultante delle forze esercitate su una superficie solida da un liquido in quiete | ***S. idrodinamica***, risultante delle forze esercitate contro una superficie solida da un liquido in movimento | ***S. delle terre***, azione esercitata su un muro o su un altro manufatto dal terreno contiguo. || **spintarèlla**, **dim.** (V.) | **spintóne**, **accr. m.** (V.).

spintarèlla [1828] **s. f.** *1* Dim. di *spinta*. *2* (*fig.*) Appoggio, favoreggiamento, raccomandazione: *ci vorrebbe una s.*

spinte [deriv. scherz. di *spinta*, sul modello dell'avv. lat. *spŏnte* 'spontaneamente'; av. 1873] **vc.** ● Solo nella loc. (*scherz.*) ***s. o sponte***, ***di s. o di sponte***, di buona o di malavoglia, per amore o per forza.

spinterògeno [comp. del gr. *spinthḗr*, genit. *spinthêros* 'scintilla', di etim. incerta, e *-geno*; 1931] **s. m.** ● Dispositivo costituito essenzialmente dal ruttore e dal distributore, che serve per fare arrivare ciclicamente l'alta tensione alle candele di un motore a scoppio.

spinteròmetro [comp. del gr. *spinthḗr*, genit. *spinthêros* 'scintilla', di etim. incerta, e *-metro*; 1875] **s. m.** ● (*elettr.*) Dispositivo per provocare scariche nei gas e nei liquidi, consistente in due elettrodi, spec. sferici, tra cui si applica una tensione.

spinto [av. 1327] **part. pass.** di *spingere*; anche **agg.** *1* Nei sign. del v. | ***Vuoto s.***, V. *vuoto* nel sign. B 1. *2* Disposto, incline: *sentirsi s. verso l'arte*; *si sentì s. a perdonarlo.* *3* Eccessivo: *fare una corte spinta a una donna* | Estremistico: *sono idee un po' troppo spinte* | Scabroso: *un discorso s.* | Piccante, salace: *barzellette spinte.*

spintonàre [da *spintone*; 1958] **v. tr.** (*io spintóno*) *1* (*sport*) Nel calcio, caricare rudemente e irregolarmente l'avversario con una spinta. *2* (*est., gener.*) Urtare con spintoni.

spintóne [1618] **s. m.** *1* Accr. di *spinta*. *2* (*fig.*) Aiuto, raccomandazione: *far carriera con gli spintoni.*

spintóre [da *spinta*; 1987] **s. m.** ● Rimorchiatore, spec. fluviale, dotato di ampia prua quadrata attrezzata con appositi sostegni, che spinge convogli di chiatte.

spiombàre (**1**) [da *piombo*, con *s-*; 1611] **v. tr.** (*io spiómbo*) *1* Rendere privo di piombatura | Togliere i piombini: *s. un pacco* | ***S. un vagone ferroviario***, tagliare lo spago cui sono attaccati i piombini per chiusura. *2* (*chim.*) Privare una soluzione dei sali di piombo in essa contenuti precipitandoli con adatto reattivo.

spiombàre (**2**) [da *piombare* (*1*), con *s-*; 1367] **A v. tr.** (*io spiómbo*) *1* Spostare dalla linea a piombo. *2* (*est.*) Far cadere, gettare a terra. **B v. intr.** (aus. *avere* nel sign. 1, *essere* e *avere* nel sign. 2) *1* (*raro*) Spostarsi dalla linea a piombo, pendere. *2* Essere molto pesante: *è un carico che spiomba.*

spionàggio [dal fr. *espionnage*, da *espion* 'spia'; 1790] **s. m.** ● Attività clandestina diretta a procurarsi notizie d'ordine politico, militare ed economico concernenti uno Stato, che, nell'interesse della sicurezza di questo, dovrebbero rimanere segrete o riservate, e a comunicarle a un altro Stato | ***S. industriale***, ricerca illecita di notizie riservate o segrete relative a industrie concorrenti.

spionàre [1548] **v. intr. e tr.** (*io spióno*; aus. *avere*) ● (*raro, lett.*) Spiare.

spioncèllo [da *spione*; sec. XVII] **s. m.** ● Uccello dei Passeriformi delle catene montuose europee che predilige zone d'acqua e ha canto dolce e lamentoso (*Anthus spinoletta*).

spioncìno [da *spione*; 1895] **s. m.** ● Piccola apertura di una porta, munita di sportellino, per guardare dall'altra parte senza bisogno di aprirla: *l'occhio del capoguardia dallo s.* (MONTALE) | Spia di porta, per vedere senza essere visti, prima di aprire.

spióne [dal francone *spëho*. V. *spia*; av. 1292] **s. m.** (f. *-a*) ● (*spreg.*) Spia | Chi fa la spia. || **spionàccio**, **accr.**

spionìstico [da *spione*; 1931] **agg.** (pl. m. *-ci*) ● Che si riferisce alle spie, allo spionaggio: *attività spionistica.*

spiovènte [1891] **A part. pres.** di *spiovere* (*2*); anche **agg.** ● Che ricade in giù: *la bocca aperta sotto i baffi spioventi ancora neri* (CALVINO) | Che ha una grande inclinazione verso terra: *tetto s.* | Nel calcio, detto di pallone lanciato, e del lancio stesso, con parabola abbastanza alta, che ricade obliquamente spec. nell'area di porta: *tiro s.*; *palla s.* **B s. m.** *1* Superficie superiore nella cornice della trabeazione per facilitare lo sgocciolamento delle acque | Falda inclinata di un tetto. *2* (*geogr., raro*) Versante. *3* Nel calcio, tiro spiovente.

spiòvere (**1**) [da *piovere*, con *s-* sottrattivo; av. 1535] **v. intr. impers.** (*spiòve*; pass. rem. *spiòvve*; aus. *essere* e *avere*) ● Cessare di piovere: *è spiovuto verso sera*; *aspetto che abbia spiovuto.*

spiòvere (**2**) [da *piovere*, con *s-* durativo-intens.; 1550] **v. intr.** (coniug. come *piovere*; aus. *essere*) *1* Scolare, scorrere in giù, detto dell'acqua. *2* (*est.*) Ricadere: *i lunghi capelli le spiovono sul viso.*

spipola ● V. *pispola.*

spippola ● V. *pispola.*

spippolàre [da *spippola*; 1611] **v. tr.** (*io spìppolo*) *1* (*tosc.*) Piluccare: *s. l'uva.* *2* (*tosc.* o *lett.*) Dire, comporre, cantare e sim., con facilità e naturalezza: *s. bugie, sonetti, ariette.*

spira [vc. dotta, dal lat. *spīra(m)*, dal gr. *spêira* 'spirale', di orig. indeur.; sec. XIII] **s. f.** *1* Ciascuno dei giri che una curva descrive intorno a un punto iniziale, allontanandosi sempre più da esso: *le spire di una bobina* | ***A spire***, a spirale | (*est.*) Voluta di fumo: *spire di zampironi tentano di salvarmi* (MONTALE). *2* (*elettr.*) Conduttore elettrico avvolto una sola volta in modo da formare un poligono o, in particolare, una circonferenza. *3* (*al pl.*) Anelli che i serpenti formano avvolgendosi su sé stessi | (*fig.*) Ciò che avvince, seduce, soggioga: *lo aggirava tra le spire della sua arguta malizia* (PIRANDELLO).

spiràbile [vc. dotta, dal lat. *spirābile(m)* 'respirabile', da *spirāre*; av. 1356] **agg.** ● (*poet.*) Respirabile.

spiràcolo o **†spiràculo** [vc. dotta, dal lat. *spirācŭlu(m)* 'spiraglio', da *spirāre*; av. 1342] **s. m.** *1* †Spiraglio. *2* (*zool.*) Fessura branchiale specializzata, la prima dopo l'arco orale, caratteristica dei Condroitti e degli Osteitti più antichi e corrispondente all'orecchio medio dei Tetrapodi. || **spiracolétto**, **dim.**

spiràglio [dal provz. *espiralh*, dal lat. *spirācŭlu(m)* 'spiraglio, stretta apertura', deriv. di *spirāre* 'soffiare, spirare'.; 1306] **s. m.** *1* Fessura attraverso la quale passano l'aria e la luce: *lo s. della finestra*; *aprire uno s.*; *guardare attraverso uno s.* | (*est.*) Soffio d'aria, raggio di luce, che passa attraverso uno spiraglio: *uno s. di luce entra dalla finestra.* *2* (*fig.*) Barlume, indizio: *uno s. di speranza* | (*raro*) ***Aprire uno s.***, dare qualche speranza. || **spiraglino**, **dim.**

spiralàto [da *spirale*; 1960] **agg.** ● Spiraliforme.

spiràle [da *spira*; 1567] **A agg.** ● Che è fatto a spire: *linea, molla s.* | (*astron.*) ***Galassia s.***, costituita da un nucleo dal quale fuoriescono alcuni rami a forma di spirale. **B s. f.** *1* (*mat.*) Curva piana, caratterizzata dall'avvolgersi infinite volte intorno a un punto fisso detto polo, descritta da una funzione che mette in relazione la distanza d di ogni punto della curva dal polo con l'anomalia a | ***S. di Archimede***, nella quale d è proporzionale ad a | ***S. iperbolica***, nella quale d è inversamente proporzionale ad a | ***S. logaritmica***, in cui d è proporzionale al logaritmo di a. *2* Oggetto, struttura, formazione e sim. a forma di spirale d'Archimede: *una s. metallica*; *spirali di fumo* | ***A s.***, a forma di spirale | ***Molla a s.***, negli orologi, quella che regola il moto alternato del bilanciere | Correntemente anche oggetto, struttura, formazione e sim. a forma di elica geometrica | ***Volo a s.***, volo ascendente o discendente lungo una traiettoria a spirale, con asse pressoché verticale. *3* (*fig.*) Sviluppo costante, e a intensità crescente, di un fenomeno gener. negativo: *la s. dell'odio, della violenza, dell'inflazione.* **4** (*med.*) Dispositivo contraccettivo meccanico intrauterino, di varia forma e vario materiale, in cui è inserita una piccolissima spirale di rame. SIN. IUD. **5** (*miner.*) Dislocazione di un reticolo che si avvolge su sé stesso in modo da favorire la crescita del cristallo.

spiralifórme [comp. di *spirale* e *-forme*; 1909] agg. ● Che ha forma di spirale.

spiraménto [lat. *spiramĕntu(m)* 'soffio', da *spirāre*; av. 1276] s. m. **1** (*raro*) Soffio d'aria. **2** †Ispirazione.

spirànte (1) [sec. XIII] **A** part. pres. di *spirare* (*1*); anche agg. **1** Nei sign. del v. | (*lett.*) ***Essere vivo e s.***, sembrare proprio vivo | (*lett.*) ***Bronzi, marmi*** e sim. ***spiranti***, animati dall'arte. **2** (*ling.*) ***Consonante s.***, costrittiva. **B** s. f. ● (*ling.*) Costrittiva.

spirànte (2) [av. 1595] part. pres. di *spirare* (*2*); anche agg. **1** Nei sign. del v. **2** (*lett.*) ***Essere s.***, in agonia, morente.

spirantiẓẓàre [1960] **A** v. tr. ● (*ling.*) Trasformare una consonante occlusiva in spirante. **B** v. intr. pron. ● Trasformarsi in consonante spirante.

spirantiẓẓazióne [da *spirante* (*1*); 1960] s. f. ● (*ling.*) Trasformazione di una consonante occlusiva in spirante.

spiràre (1) [lat. *spirāre*, di orig. onomat. V. *respirare*; av. 1250] **A** v. intr. (aus. *avere*) **1** Soffiare, detto dei venti: *spira un lieve venticello*; *non spira un alito di vento*; *oggi spira il ponentino* | (*fig.*) ***Non spira buon vento, non spira aria buona, spira aria cattiva***, e sim., riferito a una situazione o ad ambienti maldisposti, ostili. **2** (*lett.*) Esalare, emanare: *un pessimo odore spira dalla fossa*; *da questi fiori spira un grato profumo.* **3** Nel linguaggio biblico, emanare del Soffio o dello Spirito da Dio | Nel linguaggio teologico cristiano, procedere dello Spirito Santo dal Padre e dal Figlio. **4** †Respirare, alitare | (*est.*) †Vivere: *io vivo? io spiro ancora?* (TASSO). **5** †Fiutare, aspirare. **B** v. tr. **1** (*lett.*) Emanare, spargere intorno: *il suo sguardo spira serenità*; *questi fiori spirano un grato profumo.* **2** (*poet.*) Ispirare: *voi spirerà l'altissimo subbietto* (LEOPARDI) | Infondere: *tu spira al petto mio celesti ardori* (TASSO). **3** †Pronunciare, dire.

spiràre (2) [lat. *expirāre*, comp. di *ĕx-* (*s-*) e *spirāre*; av. 1348] **A** v. intr. (aus. *essere*) **1** Morire, esalare l'ultimo respiro: *essere vicino a s.*; *stare per s.*; *spirò dopo lunga agonia*; *è spirato nel Signore.* **2** (*fig.*, *raro*) Terminare, finire, scadere: *il termine per la domanda spira oggi.* **B** v. tr. ● Nella loc. (*lett.*) ***s. l'anima***, morire.

spirazióne [vc. dotta, dal lat. *spiratiōne(m)* 'soffio, respiro', da *spirātus* 'spirato'; 1342] s. f. **1** †Lo spirare, nel sign. di *spirare* (*1*). **2** †Respiro, alito | Ispirazione. **3** (*relig.*) ***S. dello Spirito Santo***, nel linguaggio teologico cristiano, la modalità secondo la quale lo Spirito procede dal Padre e dal Figlio.

spirèa [lat. *spirāea(m)*, dal gr. *speiráia*; 1821] s. f. ● (*bot.*) Regina dei prati.

spirifero [comp. di *spira* e *-fero*; 1875] s. m. ● Mollusco fossile a simmetria raggiata.

spirifórme [comp. di *spira* e *-forme*; 1960] agg. ● Che ha forma di spira.

Spirillàcee [da *spirillo*; 1930] s. f. pl. (sing. *-a*) ● Nella tassonomia vegetale, famiglia di batteri a forma di virgola incurvati o spiralati con un flagello a un polo (*Spirillaceae*).

spirillo [dim. dotto di *spira*; 1884] s. m. ● (*biol.*) Batterio filiforme, a spirale.

spiritàccio [1760] s. m. **1** Pegg. di *spirito* (*1*). **2** (*fam.*) Persona dall'ingegno vivace e arguto, piena di risorse e di inventiva.

spiritàle o †**spirtàle** [lat. tardo (eccl.) *spiritāle(m)*, da *spīritus* 'spirito'; sec. XII] agg. ● (*raro*, *lett.*) Spirituale: *volti emaciati e spiritali* (D'ANNUNZIO). || †**spiritalménte**, avv. Spiritualmente.

spiritàre [da *spirito* (*1*); 1498] v. intr. (*io spirito*; aus. *essere*; raro nei tempi composti) **1** †Essere ossesso, essere posseduto da uno spirito malefico. **2** (*raro*, *fig.*) Essere fuori di sé, in preda a grande agitazione o paura, a forte sorpresa, e sim.: *s. dalla paura, dal freddo, dalla fame*; *Spiritò alla proposta di don Pietro di far da testimonio nelle nozze* (PIRANDELLO).

spiritàto [av. 1400] **A** part. pass. di *spiritare*; anche agg. **1** (*lett.*) Ossesso, posseduto dal demonio: *Messer Stratiere è s.* (SANNAZARO). **2** (*fig.*) Che dimostra grande agitazione o eccitazione: *occhi spiritati*; *faccia spiritata.* **3** (*fig.*, *fam.*) Che è pieno di vita, vivacità, energia: *bambino s.* || **spiritaticcio**, dim. || **spiritataménte**, avv. Da spiritato. **B** s. m. (f. *-a*) **1** Persona invasata da uno spirito malefico. SIN. Indemoniato, ossesso. **2** (*fig.*) Persona esaltata, sovraccitata | ***Da s.***, proprio di un ossesso: *occhi, modi da s.*

spiritèllo [av. 1300] s. m. **1** Dim. di *spirito* (*1*). **2** (*fam.*) Persona, bambino, molto vivace. **3** Nelle mitologie nordiche, ciascuno dei geni o spiriti elementari che abitano i vari regni naturali.

spiritico [da *spirito* (*1*); 1864] agg. (pl. m. *-ci*) ● Che si riferisce allo spiritismo e ai fenomeni propri dello spiritismo.

spiritiṣmo [dall'ingl. *spiritism*, da *spirit* 'spirito' con *-ism* '-ismo'; 1863] s. m. **1** Sistema mistico-religioso fondato sull'interpretazione di fenomeni medianici e paranormali rilevati, per la prima volta, ad Hydesville, presso New York, nel XIX sec. | Movimento mondiale che derivò da tale sistema. **2** Ipotesi interpretativa dei fenomeni metapsichici e paranormali | Pratica delle sedute spiritistiche, nelle quali, attraverso il medium, si prende contatto con gli spiriti e si determinano fenomeni paranormali.

spiritìsta [1870] s. m. e f. (pl. m. *-i*) ● Chi segue o pratica lo spiritismo.

spiritìstico [1873] agg. (pl. m. *-ci*) ● Che si riferisce a fenomeni propri dello spiritismo.

♦**spirito** (1) o (*lett.*) **ispirito**, (*poet.*) †**spirto** [vc. dotta, dal lat. *spīritu(m)*, da *spirāre*. V. *spirare* (*1*); av. 1250] s. m. **1** Principio immateriale attivo, spesso considerato immortale o di origine divina, che si manifesta come vita e coscienza: *le esigenze dello s.*; *l'arte è un'attività dello s.*; *i valori dello s.*; *essere dedito alle cose dello s.*; *la poesia eleva lo s.*; *nutrire il proprio s. di studi poetici*; *lo s. vince la materia.* **2** (*raro*) Anima, principio di vita individuale | ***Rendere lo s. a Dio***, (*eufem.*) morire. **3** (*gener.*) Anima, in quanto contrapposta al corpo e alla carne: *la vita dello s.*; *curare lo s.*; *fortificare lo s. contro le tentazioni* | †***Uomo di s.***, dedito alle cose dell'anima. **4** Nelle religioni superiori, manifestazione ed essenza della divinità, riferita soprattutto al momento di creazione e di ordinamento del cosmo, ma anche all'ispirazione provvidenziale degli individui: *Dio è puro s.*; *lo s. di Dio si muoveva sopra le acque.* **5** Essenza personificata che ha vita autonoma, perché separata per morte dal corpo, o perché, per natura, priva di corpo: *gli spiriti dei morti, degli antenati, dei trapassati* | ***I puri spiriti, gli spiriti celesti***, gli angeli | ***Gli spiriti infernali, gli spiriti maligni***, i demoni | ***Gli spiriti beati***, le anime dei beati in Paradiso | ***Gli spiriti dannati***, le anime dei dannati nell'Inferno | ***Lo Spirito Santo***, nella teologia cattolica, la terza delle tre persone della Trinità, che procede dal Padre e dal Figlio | (*fam.*) ***Per opera e virtù dello Spirito Santo***, di cosa la cui origine è ignota. **6** (*est.*, *gener.*) Fantasma, spettro: *in quel luogo si vedono gli spiriti*; *avere paura degli spiriti*; *credere agli spiriti*; *evocare gli spiriti*; *quella casa è frequentata dagli spiriti.* **7** Rappresentazione di ciascuna delle potenze, benevole o malevole, che, nella mentalità primitiva, animano le singole realtà: *s. della foresta, della casa, del sole.* **8** Disposizione d'animo da cui deriva un modo d'essere e di agire: *s. cristiano, umanitario, comunitario*; *s. di carità, di giustizia, di sacrificio, di liberalità, di sopportazione* | ***S. pratico***, capacità di considerare e risolvere le questioni su un piano eminentemente pratico | ***S. di contraddizione***, tendenza ostinata a contraddire tutto e tutti | ***S. di corpo***, sentimento di solidarietà che si stabilisce fra tutti gli appartenenti a un gruppo, una società, una categoria, e sim. | ***S. di parte***, partigianeria, parzialità | Inclinazione, attitudine: *avere lo s. del soldato, del conquistatore.* **9** Complesso delle facoltà morali, sentimentali, intellettuali e sim., dell'animo umano: *avere lo s. calmo, tranquillo, inquieto, turbato, agitato*; *parlare con noi gli sollevò lo s.*; *mi sento lo s. rinfrancato*; *grandezza, piccolezza, meschinità, di s.*; *l'anima, il petto e il spirito li avampava* (BOIARDO) | ***Bollenti spiriti***, (*fig.*) impulso istintivo d'ira, d'entusiasmo e sim. **10** Vivacità d'ingegno, intelligenza briosa: *avere molto s.*; *essere tutto s.* | ***Presenza di s.***, capacità di sapersi comportare convenientemente in circostanze pericolose, difficili o imbarazzanti: *avere, non avere presenza di s.*; *avere la presenza di s. di fare qlco.* | Arguzia, senso dell'umorismo: *avere, non avere, s.*; *mancare di s.*; *essere pieno di s.* | ***Fare dello s.***, fare dell'ironia | ***Persona di s.***, che accetta le battute, gli scherzi | ***Povero di s.***, persona semplice; (*est.*) persona sciocca | ***Battuta, motto, di s.***, frase arguta, spiritosa | (*fam.*) ***S. di patata, di patate, di rapa***, tipo di umorismo insulso, che non diverte nessuno. **11** (*est.*) Persona, in quanto dotata di determinate facoltà morali, sentimentali, intellettuali e sim.: *uno s. generoso, meschino, riflessivo, forte*; *è uno s. superiore*; *i grandi spiriti del passato* | ***Un bello s.***, una persona arguta, brillante. **12** Complesso delle caratteristiche morali, intellettuali e simtipiche di un'epoca o di un ambiente: *lo s. del Rinascimento*; *lo s. della nazione*; *c'è un mutamento nello s. dei tempi.* **13** Essenza, significato sostanziale: *lo s. di una legge, di un libro*; *ha falsato lo s. della poesia.* **14** Secondo l'antica fisiologia, fluido sottile che si credeva scorresse nel corpo umano determinandone le funzioni vitali: *s. vitale*; *s. sensitivo, visivo, auditivo.* **15** Nella poesia medievale, spec. nello Stilnovo, i sentimenti, le passioni umane. **16** (*lett.*) †Fiato, alito, respiro: *raccogliere lo s.*; *esalare l'estremo, l'ultimo s.* **17** (*poet.*) †Aria, vento. || **spiritàccio**, pegg. (V.) | **spiritèllo**, dim. (V.).

♦**spirito** (2) [dal precedente, attraverso il sign. di 'esalazione'; 1644] s. m. **1** (*disus.*) Sostanza alcolica ad alta gradazione, ottenuta per distillazione di liquidi fermentati di varia natura | ***S. di vino***, ottenuto per distillazione del vino. **2** Correntemente, alcol etilico: *fornello a s.*; *ciliegie sotto s.*

spirito (3) [dal precedente, calco semantico sul gr. *pnêuma*, genit. *pnéumatos* 'aspirazione', da *pnêin* 'soffiare'; av. 1571] s. m. ● Nella grammatica greca, *s. aspro* (ʽ) o *dolce* (ʼ), segno grafico designante l'attacco vocalico aspirato o non aspirato.

spiritoṣàggine [1765] s. f. **1** Caratteristica di chi (o di ciò che) è spiritoso (*anche spreg.*). **2** Atto, battuta, espressione spiritosa (*spec. spreg.*).

spiritoṣità [1678] s. f. ● Spiritosaggine.

♦**spiritóṣo** [da *spirito* (*1*) e (*2*); 1550] **A** agg. **1** (*disus.*) Che contiene alcol, che è ricco di alcol: *bevanda spiritosa.* **2** Che è ricco di umorismo, arguzia, brio: *conversatore, narratore s.*; *risposta, uscita, frase spiritosa.* SIN. Brillante, brioso | (*antifr.*) Che è improntato di uno spirito inopportuno o di cattivo gusto: *ma che idea spiritosa!* **3** †Ingegnoso, acuto: *il quesito … ricercava qualche applicazione spiritosa* (GALILEI). || **spiritoṣaménte**, avv. **B** s. m. (f. *-a*) ● Persona spiritosa | (*spreg.*) Chi fa dello spirito fuori luogo, di cattivo gusto, sgradito: *non fare troppo lo s.*

spiritrómba [comp. di *spira* e *tromba* nel sign. zoologico; 1933] s. f. ● (*zool.*) Nelle farfalle, l'apparato boccale succhiatore, che, in riposo, è avvolto a spirale.

spiritual /s'piritwal, *ingl.* 'spɪrɪtʃuəl/ [vc. ingl., propr. abbr. di *spiritual* (*song*) '(canto) spirituale'; 1936] s. m. inv. ● Canto popolare, corale e di ispirazione biblica, dei neri nordamericani.

spirituàle [vc. dotta, dal lat. *spirituāle(m)*, da *spīritus* 'spirito'; 1225 ca.] **A** agg. **1** Che concerne lo spirito, spec. in contrapposizione ad animale: *facoltà spirituali* | Che si riferisce allo spirito, spec. in contrapposizione a sensuale: *amore, godimento, s.* **2** Che concerne lo spirito, come principio puro distinto dalla materia | ***Sostanza s.***, l'anima | ***Parentela s.***, quella contratta fra fedeli cattolici per vincolo di sacramento | ***Potere, dominio s.***, quello della Chiesa cattolica sulle anime dei fedeli; CONTR. Temporale | ***Esercizi spirituali***, pratica di ritiro e di meditazione per perfezionarsi nella vita cristiana | ***Padre, direttore s.***, il sacerdote che assume la cura personale della vita religiosa di un fedele; nella vita monastica e regolare, chi è preposto alla direzione della vita interiore dei novizi, dei postulanti e degli studenti | ***Libro, canto, laude, s.***, di argomento religioso. **3** Che nel modo di sentire, di agire, di vivere attribuisce grande importanza ai valori dello spirito: *persona s.*; *è una donna molto s.* **4** †Religioso, elevato, detto di persona. || **spiritualménte**, avv. **B** s. m. solo sing. ● Una delle due forme di giurisdizione della Chiesa cattolica sulle anime e sulle realtà del mondo: *lo* *s. e il temporale.* **C** **s. m.** ● (*al pl.*) Aderenti laici od ecclesiastici al movimento di povertà evangelica, di tendenze eretiche, che nei secoli XIII e XIV predicò il ritorno alla stretta osservanza della regola di S. Francesco d'Assisi.

spiritualismo [da *spirituale*, con *-ismo*; 1816] **s. m.** ● Ogni dottrina filosofica che afferma l'esistenza nell'uomo di un principio spirituale, direttamente testimonianza della coscienza, dal quale è possibile desumere i dati della ricerca filosofica. CONTR. Materialismo.

spiritualista [1858] **A** **s. m. e f.** (**pl. m.** *-i*) ● Chi segue e si ispira allo spiritualismo. **B** **agg.** ● Spiritualistico.

spiritualistico [1860] **agg.** (**pl. m.** *-ci*) ● Che concerne o interessa lo spiritualismo. ‖ **spiritualisticaménte**, **avv.**

spiritualità o †**spiritualitàde**, †**spiritualitàte** [dal lat. tardo (eccl.) *spiritualitāte(m)*, da *spirituālis* 'spirituale'; sec. XIV] **s. f.** **1** Condizione di ciò che è spirituale: *quello che m'innamora del corpo è una certa s. che veggiamo in esso* (BRUNO). **2** Attitudine a vivere secondo le esigenze dello spirito e a dare loro preminenza: *è un uomo di grande s.* **3** Insieme di valori spirituali che caratterizzano una religione, una nazione, un ambiente e sim.: *la s. dell'Islam, del Buddhismo, della Compagnia di Gesù*; *la s. nella cultura contemporanea.*

spiritualizzaménto [av. 1712] **s. m.** ● (*raro*) Spiritualizzazione.

spiritualizzàre [1673] **A** **v. tr.** **1** Rendere spirituale, ridurre su un piano puramente spirituale: *s. l'amore.* CONTR. Materializzare. **2** Idealizzare: *s. la donna amata.* **B** **v. intr. pron.** ● Rendersi spirituale, ridursi a puro spirito: *l'amore si spiritualizza nell'arte.*

spiritualizzazióne [1749] **s. f.** ● Lo spiritualizzare, lo spiritualizzarsi.

spiro [da *spirare* (*1*); sec. XIII] **s. m.** **1** (*poet.*) Alito, soffio. **2** (*poet.*) Spirito, anima. **3** (*poet.*, *per anton.*) Spirito Santo: *tal risonò moltiplice / la voce dello Spiro* (MANZONI).

spiro- [gr. *spêira* 'spira(le)', da una ant. base col senso fondamentale di 'avvolgere, piegare'] primo elemento ● In parole scientifiche composte, indica forma sinuosa o a spirale: *spirocheta.*

spirochèta [comp. di *spiro-* e del gr. *cháite* 'chioma'; 1884] **s. f.** ● (*biol.*) Genere di Batteri della famiglia delle Spirochetacee (*Spirochaeta*) | *S. pallida*, agente della sifilide, treponema pallido.

Spirochetàcee [da *spirocheta*; 1930] **s. f. pl.** ● (*biol.*) Famiglia di batteri con cellule relativamente grandi a forma di filo ondulato a spirale, capaci di continui movimenti (*Spirochaetaceae*).

spirochetòsi [da *spirocheta*, con *-osi*; 1932] **s. f. inv.** ● Malattia provocata da spirochete | *S. ittero-emorragica*, infezione da leptospira, caratterizzata da ittero ed emorragie.

spirogìra [comp. di *spiro-* e *-gira*, dal gr. *gŷros* 'giro'; 1838] **s. f.** ● Alga verde delle acque stagnanti, filamentosa, contenente un cloroplasto a forma di lamina avvolta a spirale (*Spirogyra*).

spirogràfide [comp. di *spiro-* e *-grafide*, vc. dotta dal lat. *grăphide(m)*, dal gr. *graphís*, genit. *graphídos* 'stilo, penna'] **s. m.** ● Anellide marino dei Policheti che vive entro tubi diritti da cui sporgono vistosi tentacoli retrattili piumosi (*Spirographis spallanzanii*).

spiroidale [da *spiroide*; 1922] **agg.** ● Che ha forma di spirale.

spiròide [da *spiro-*, con *-oide*; 1838] **agg.** ● Spiroidale.

spirometria [da *spirometro*; 1936] **s. f.** ● (*med.*) Determinazione del volume d'aria inspirata ed espirata dal polmone in un profondo atto respiratorio.

spiromètrico [1957] **agg.** (**pl. m.** *-ci*) ● (*med.*) Relativo alla spirometria: *esame s.*

spiròmetro [comp. di *spirare* 'respirare' e *-metro*; 1875] **s. m.** ● Apparecchio per spirometria.

†**spirtàle** ● V. *spiritale.*

†**spirto** ● V. *spirito* (*1*).

spirula [vc. dotta, dal lat. *spīrula(m)*, dim. di *spīra*. V. *spira*; av. 1800] **s. f.** ● Mollusco marino dei Cefalopodi munito di conchiglia interna a spirale e dotato di un organo luminoso impari (*Spirula peronii*).

†**spissàre** ● V. †*spessare.*

spit /ingl. spɪt/ [vc. ingl., propr. 'spiedo'; 1987] **s. m. inv.** ● (*sport*) Nell'alpinismo, speciale chiodo di sicurezza.

spittinàre [di orig. onomat.; 1865] **v. intr.** (*io spìttino*; aus. *avere*) ● (*tosc.*) Emettere un verso breve e acuto, detto spec. del pettirosso.

spittinio [1891] **s. m.** ● (*tosc.*) Lo spittinare continuo.

spiumacciàre [da *piumaccio*, con *s-*; 1313] **v. tr.** (*io spiumàccio*) ● (*raro*) Sprimacciare.

spiumacciàta [da *spiumacciare*; 1838] **s. f.** ● (*raro*) Sprimacciata.

spiumàre [da *piuma*, con *s-* sottrattivo; av. 1389] **A** **v. tr.** **1** Privare delle piume. **2** (*fig.*) Sottrarre denaro a qlcu. SIN. Spennare. **B** **v. intr. e intr. pron.** (aus. intr. *avere*) ● (*raro*) Perdere le piume: *il guanciale spiuma*; *l'uccello si spiuma.*

spizzicàre [da *pizzico*, con suff. durativo-intens.; 1598] **v. tr.** (*io spìzzico, tu spìzzichi*) ● Spilluzzicare, piluccare (*anche assol.*).

spizzicatùra [1891] **s. f.** ● (*raro*) Lo spizzicare.

spìzzico [da *spizzicare*; sec. XV] **s. m.** (**pl.** *-chi*) ● Solo nelle loc. avv. ***a s.***, ***a spizzichi***, (*region.*) ***a spizzichi e bocconi***, un po' per volta, a poco a poco, a piccole riprese: *pagare a s.*

splafonaménto [da *plafon(d)* con il pref. *s-*] **s. m.** ● Lo splafonare.

splafonàre [da *plafón*, pronuncia corrente di *plafond*, col prefisso *s-*; 1985] **v. intr.** (*io splafóno*; aus. *avere*) ● Nel linguaggio commerciale, superare un plafond.

splàncnico [vc. dotta, dal gr. *splanchnikós* 'interiora', vc. collegata con *splḗn* 'milza'; 1838] **agg.** (**pl. m.** *-ci*) ● (*med.*) Pertinente ai visceri.

splancnocrànio [comp. del gr. *splánchnon* 'viscere' e *cranio*] **s. m.** ● (*anat.*) Nei Vertebrati, porzione del cranio corrispondente alle regioni orale, ioidea e laringea dei Tetrapodi o alle regioni orale, ioidea e branchiale dei Pesci.

splancnologia [comp. del gr. *splánchnon* 'viscere' (da *splḗn* 'milza', d'etim. incerta) e *-logia*; av. 1752] **s. f.** ● (*med.*) Ramo dell'anatomia umana e comparata che studia i visceri.

splancnoptòsi [comp. del gr. *splánchnon* 'viscere' (V. *splancnologia*) e *ptosi*] **s. f. inv.** ● (*med.*) Abbassamento dei visceri, spec. di quelli addominali, per rilassamento dei legamenti di fissazione.

splash /ingl. splæʃ/ [vc. onomat.; 1950] **A** **inter.** ● Riproduce il tonfo di qlco. o qlcu. che cade in acqua. **B** **s. m. inv.** ● Nella loc.: ***fare s.***, (*fig.*) subire un tracollo, fare fiasco.

splashdown /ingl. 'splæʃ,daon/ [vc. ingl., comp. di *to splash* 'ammarare' (da *to plash* 'schizzare', d'orig. germ.) e *down* 'giù' (d'orig. indeur.); 1974] **s. m. inv.** ● Ammaraggio, o istante di ammaraggio, di un veicolo spaziale o di un missile.

splatter /ingl. 'splætəɹ/ [dall'ingl. *to splatter* 'schizzare'; 1986] **A** **agg.** ● Detto di film o di opere letterarie in cui si rappresentano scene raccapriccianti e truculente. CFR. Pulp. **B** **anche s. m. inv.** ● Genere cinematografico o letterario con tali caratteristiche.

spleen /ingl. spliːn/ [vc. ingl., propr. 'milza', considerata la sede delle emozioni umane. V. *splene*; 1766] **s. m. inv.** ● Stato di malessere, di malinconia, di totale insoddisfazione.

♦**splendènte** o †**splendiènte** [av. 1243] **part. pres.** di *splendere*; **anche agg.** ● Che splende | (*fig.*) ***Occhi splendenti***, luminosi, radiosi. ‖ †**splendenteménte**, **avv.**

♦**splèndere** [vc. dotta, dal lat. *splendēre*, di orig. indeur., con cambio di coniug.; av. 1276] **v. intr.** (**pass. rem.** *io splendéi* o *splendètti* (o *-étti*), *tu splendésti*; aus. *essere* e *avere*; raro nei tempi composti) **1** Mandare vivida luce, essere intensamente luminoso: *nel cielo splendono le stelle*; *s. come l'oro, come la fiamma* | (*fig.*) Risplendere, rilucere: *la felicità splende nei tuoi occhi*; *i tuoi occhi splendono di felicità.* SIN. Brillare. **2** (*fig.*) Essere insigne, illustre: *s. di gloria, di virtù*; *s. per insigni imprese.*

splendidézza [1524] **s. f.** **1** (*raro*) Splendore. **2** (*lett.*) Generosità, liberalità. **3** (*lett.*) Magnificenza, bellezza.

♦**splèndido** o †**sprèndido** [vc. dotta, dal lat. *splĕndidu(m)*, da *splendēre* 'splendere'; 1260 ca.] **A** **agg.** **1** (*lett.*) Che manda vivido splendore: *sole, astro s.* | (*est.*) Chiaro, luminoso: *una splendida giornata*; *Quel cielo di Lombardia … così s.* (MANZONI). **2** Bellissimo, mirabile, stupendo: *donna, casa, splendida*; *possiede una splendida villa*; *che splendida automobile!* | (*est.*) Sfarzoso, lussuoso: *ricevimento s.*; *festa splendida.* **3** Ottimo, notevole: *è uno s. libro*; *ha fatto una splendida carriera*; *ha sostenuto uno s. esame*; *ha fatto uno s. lavoro.* **4** (*lett.*) Munifico, liberale, magnanimo: *uomo, signore s.* **5** (*lett.*) Illustre, cospicuo: *persona di splendidi natali.* ‖ **splendidaménte**, **avv.** In modo splendido, con magnificenza. **B** **s. m.** (**f.** *-a*) ● (*lett.*, *raro*) Chi è molto generoso nello spendere e nel donare: *fare lo s.*

†**splendiènte** ● V. *splendente.*

†**splendiménto** [da *splendere*; av. 1306] **s. m.** ● Splendore.

♦**splendóre** o †**sprendóre** [vc. dotta, dal lat. *splendōre(m)*, da *splendēre* 'splendere'; 1224 ca.] **s. m.** **1** Luce vivida e intensa: *lo s. del sole, delle stelle*; *lo s. delle gemme, dell'oro*; *s. abbagliante.* **2** (*fig.*) Fulgore: *quella donna è nel pieno s. della sua bellezza.* **3** Magnificenza, sfarzo: *lo s. di una festa, di un ricevimento*; *che s. di gioielli!* **4** Ricchezza, nobiltà, fasto: *lo s. degli antenati*; *in quella famiglia è scomparso l'antico s.*; *i passati splendori*; *gli splendori delle corti italiane del Rinascimento.* **5** Persona, cosa, molto bella, mirabile: *che s. di ragazza!*; *che s. di casa!*; *ha una casa che è uno s.* **6** (*lett.*) Persona, cosa, che è causa di onore, lustro, vanto: *essere lo s. della patria.* **7** (*fis.*) Grandezza energetica che corrisponde alla brillanza. ‖ **splendorùccio**, **splendorùzzo**, **dim.**

splène [vc. dotta, dal lat. *splēne(m)*, dal gr. *splḗn*, genit. *splēnós* 'milza', di orig. indeur.; av. 1327] **s. m.** ● (*anat.*) Milza.

splenectomia [comp. di *splen(o)-* ed *-ectomia*; 1888] **s. f.** ● (*chir.*) Asportazione chirurgica della milza.

splenètico [vc. dotta, dal lat. *splenĕticu(m)*, da *splḗn* 'milza'; sec. XIII] **A** **agg.** (**pl. m.** *-ci*) ● (*med.*) Splenico. **B** **agg.**; **anche s. m.** (**f.** *-a*) **1** (*raro*) Che (o Chi) è affetto da male alla milza. **2** (*est.*) Che (o Chi) ha carattere malinconico.

splènico [vc. dotta, dal lat. *splēnicu(m)*, dal gr. *splēnikós*, agg. da *splḗn*, genit. *splēnós* 'milza'; av. 1666] **A** **agg.** (**pl. m.** *-ci*) ● Della milza: *arteria, vena splenica.* **B** **s. m.** (**f.** *-a*) ● Chi è affetto da male alla milza.

splènio [vc. dotta, dal gr. *splḗnion* 'fasciatura, compressa'; 1681] **s. m.** **1** (*anat.*) Muscolo del collo. ➡ ILL. p. 2122 ANATOMIA UMANA. **2** (*anat.*) La porzione posteriore del corpo calloso.

splenite [vc. dotta, dal gr. *splēnîtis*, genit. *splēnítidos* 'splenite', da *splḗn*, genit. *splēnós* 'milza', con sovrapposizione di *-ite* (*1*); av. 1750] **s. f.** ● Infiammazione della milza: *s. tubercolare.*

spleno- [dal gr. *splḗn*, genit. *splēnós* 'milza' (V. *splene*)] primo elemento ● In parole composte di medicina significa 'milza': *splenomegalia.*

splenocontrazióne [comp. di *splen(e)* e *contrazione*; 1960] **s. f.** ● (*med.*) Contrazione della milza causata da fattori emotivi, da agenti fisici o farmacologici.

splenomegalìa [comp. di *spleno-* e *-megalia*; 1894] **s. f.** ● (*med.*) Aumento di volume della milza. SIN. Megalosplenia.

†**splicàre** ● V. *esplicare.*

split /ingl. splɪt/ [vc. ingl. d'Amer., propr. 'divisione, spaccata'] **A** **s. m. inv.** ● Nel bowling, colpo realizzato quando tutti i birilli non possono essere abbattuti neppure con la seconda boccia. **B** **agg. inv.** ● (*tecnol.*) Detto di meccanismo o dispositivo in due parti: *condizionatore d'aria in versione s.*

splitting /ingl. 'splɪtɪŋ/ [vc. ingl., da *to split* 'dividere, scindere'; 1982] **s. m. inv.** **1** Divisione, separazione, scissione | Nel linguaggio tributario, frazionamento di un reddito fra più soggetti per ridurre le aliquote fiscali e le imposte. **2** (*fis.*) In meccanica quantistica, fenomeno per il quale livelli energetici che in condizioni normali sono degeneri vengono distinti dall'azione di una forza esterna. **3** Nell'industria petrolchimica, operazione di distillazione frazionata con cui da una miscela si ottengono due miscele distinte.

†**splorατóre** ● V. *esploratore.*

spòcchia [di etim. incerta; av. 1704] **s. f.** ● Boria, vanteria, vanità: *essere pieno di s.*; *quanta s.!*; *che s.!*

spocchióne [1873] **s. m.** (**f.** *-a*) ● (*raro*, *tosc.*) Vanitoso, borioso.

spocchióso [1865] **agg.** ● Che è pieno di spocchia. ‖ **spocchiosàccio**, **pegg.** ‖ **spocchiosaménte**, **avv.**

spoderàre [da *podere*, con *s-*; 1873] **A** v. tr. (*io spodèro*) ● Mandare via da un podere: *s. i contadini.* **B** v. intr. (aus. *essere* e *avere*) ● Andare via da un podere.

spodestaménto [1873] s. m. ● (*raro*) Lo spodestare, il venire spodestato.

spodestàre o †**spotestàre** [da *podestà*, con *s-*; 1309] **A** v. tr. (*io spodèsto*) *1* Privare del potere, dell'autorità: *s. il re dal regno*; *il vecchio funzionario è stato spodestato.* *2* (*raro*) Privare della proprietà, della ricchezza: *s. qlcu. di tutto il denaro in suo possesso.* **B** v. intr. pron. ● †Privarsi del dominio | Perdere la proprietà, il possesso.

spoetàre [da *poeta*, con *s-*; av. 1566] **A** v. tr. (*io spoèto*) ● (*lett.*) Togliere la qualifica di poeta | (*lett., raro*) Spoetizzare. **B** v. intr. pron. ● (*lett.*) Abbandonare la poesia.

spoetizzànte [1931] part. pres. di *spoetizzare*; anche agg. ● Che delude, fa svanire un incanto, disgusta: *una volgarità s.*

spoetizzàre [comp. parasintetico di *poeta*, col pref. *s-*; 1745] **A** v. tr. ● Far perdere ogni disposizione poetica, ogni illusione sentimentale (*anche assol.*): *le sue parole mi hanno spoetizzato*; *il suo modo di parlare spoetizza* | (*est.*) Disgustare: *ha spesso un atteggiamento che spoetizza.* **B** v. intr. pron. ● Perdere ogni illusione.

spòglia (**1**) [lat. *spŏlia*, nt. pl. di *spŏlium* 'spoglia', di orig. indeur.: in orig. 'ritaglio'; 1313] s. f. *1* (*lett.*) Abito, vestito: *spoglie regali, sacerdotali*; *non è madre che sia schiva / della s. più festiva / i suoi bamboli vestir* (MANZONI) | ***Sotto mentite spoglie***, con altra veste, sotto false apparenze, con altro nome. *2* (*lett.*) Cadavere, salma: *s. mortale*; *spoglie mortali*; *al ciel nuda è gita / lasciando in terra la sua bella s.* (PETRARCA). *3* Pelle che taluni animali (rettili, insetti, e sim.) perdono durante la muta: *la s. del serpente.* *4* (*lett.*) †Insieme delle foglie di un albero: *una pianta che si svelse ... / spargendo a terra le sue spoglie eccelse* (PETRARCA). *5* (*al pl.*) Armatura di guerriero vinto, presa dal vincitore in segno di vittoria: *né favor di regi / all'Itaco le spoglie ardue serbava* (FOSCOLO). *6* (*al pl., est.*) Preda, bottino: *le spoglie del Colosseo* | ***Spoglie opime***, presso gli antichi Romani, quelle del re o condottiero vinto offerte agli dei; (*fig.*) ricco bottino.

spòglia (**2**) ● V. *sfoglia* (*1*).

†**spogliagióne** ● V. *spoliazione.*

spogliaménto [da *spogliare*; sec. XIII] s. m. ● (*raro*) Spoliazione.

♦**spogliàre** [lat. *spoliāre*, da *spŏlium* 'spoglia'; sec. XII] **A** v. tr. (*io spòglio*) (qlcu. o qlco. + *di*; lett. + *da*) *1* Privare qlcu. degli indumenti togliendoglieli di dosso: *s. un bambino per fargli il bagno*; *s. qlcu. completamente*; *s. qlcu. delle vesti*; (*raro, lett.*) *s. le vesti a qlcu.* | (*fig.*) ***S. qlcu. con gli occhi***, guardarlo con forte desiderio sessuale | ***S. l'abito monacale, l'abito sacerdotale***, abbandonare la vita religiosa. CONTR. Vestire. *2* Privare di rivestimenti, ornamenti e sim.: *s. l'altare dei paramenti*; *s. la sala degli addobbi, un guerriero delle armi, un albero delle foglie* | ***S. il riso***, brillarlo. *3* (*fig.*) Rendere privo di ogni sovrastruttura, ogni elemento superfluo: *chiamare la poesia dal primitivo al moderno, è lo stesso che ... volerla s. di quel sovrano diletto ch'è suo proprio* (LEOPARDI); *s. una prosa dalle metafore.* *4* (*fig.*) Depredare, rubare, portare via con la violenza: *s. i nemici vinti*; *s. qlcu. di ogni avere*; *fu spogliato di tutti i suoi beni*; *i ladri gli hanno spogliato la casa* | ***S. la città***, saccheggiarla | Privare di tutto il denaro: *si è fatto s. al gioco.* *5* Fare lo spoglio: *s. un testo, un documento, un vocabolario*; *s. la corrispondenza.* **B** v. rifl. (assol.; + *di*) *1* Restare senza uno o più indumenti, sfilandoseli di dosso: *spogliarsi del mantello, dei paramenti*; *spogliarsi in camicia*; *spogliarsi per andare a letto*; *spogliarsi nudo.* *2* Gettare la spoglia, cambiare la pelle, detto di alcuni animali: *la serpe si spoglia a primavera.* **C** v. intr. pron. (+ *di*; lett. + *da*) *1* Privarsi di ciò che si possiede, spec. per darlo ad altri: *si è spogliato della casa*; *si spogliò di tutto a favore dei figli*; *si è spogliato di ogni avere per sistemare la famiglia.* *2* (*fig.*) Lasciare, abbandonare, deporre: *spogliarsi dei pregiudizi*; *chi vuol perfettamente giudicare ... deve saper spogliarsi dalla consuetudine di credere* (BRUNO). *3* (*assol.*) Diventare spoglio: *in autunno gli alberi si spogliano.*

spogliarellista [1959] s. f. e m. (pl. m. *-i*) ● Chi esegue spogliarelli.

spogliarèllo [da *spogliare*; 1955] s. m. ● Spettacolo in cui una ballerina o un ballerino si spoglia- no a tempo di musica. SIN. Striptease.

spogliàto [1305] part. pass. di *spogliare*; anche agg. ● Nei sign. del v.

spogliatóio [da *spogliare*; 1550] s. m. ● Stanza o ambiente in cui ci si può spogliare e depositare gli indumenti: *gli spogliatoi della scuola* | (*est., sport*) Nel linguaggio giornalistico, il complesso dei rapporti che intercorrono fra gli atleti di una squadra: *una squadra con problemi di s.*

spogliatóre [lat. *spoliatōre(m)* 'depredatore', da *spoliātus* 'spogliato'; 1336 ca.] s. m.; anche agg. (f. *-trice*) ● (*raro, lett.*) Chi (o Che) spoglia | Chi (o che) depreda, deruba.

spogliatùra [av. 1306] s. f. ● (*raro, lett.*) Lo spogliare, lo spogliarsi.

spogliazióne ● V. *spoliazione.*

♦**spòglio** (**1**) [agg. di *spogliare*; 1292] agg. (assol.; + *di*) *1* Spogliato, nudo, privo: *alberi, rami, spogli di foglie*; *rami spogli* | (*fig.*) Disadorno: *una casa spoglia*; SIN. Nudo | (*fig.*) ***Una prosa spoglia, uno stile s.***, essenziale; SIN. Scarno. *2* (*fig.*) Esente, immune da: *essere s. di pregiudizi.*

♦**spòglio** (**2**) [da *spogliare*; av. 1348] s. m. *1* (*raro, lett.*) Spoliazione, privazione | (*dir.*) ***Azione di s.***, azione di reintegrazione nel possesso. *2* Raccolta, ordinamento e classificazione di dati, notizie e sim.: *fare lo s., procedere allo s., dei giornali, della corrispondenza* | ***Fare lo s. di un testo, di un autore***, analizzarli per individuare determinati elementi utili ai fini di uno studio, una ricerca e sim. | ***S. delle schede***, in una votazione, operazione consistente nell'apertura e nella lettura delle schede e nel computo dei voti. *3* (*dir.*) Sottrazione di un bene al suo possessore.

spòglio (**3**) [lat. *spŏliu(m)* 'spoglia, preda'; sec. XIII] s. m. *1* (*raro*) Vestiario smesso: *regalare gli spogli al personale di servizio.* *2* (*poet.*) Spoglia di animale: *posa qui del leone il fero s.* (POLIZIANO) *3* †Spoglia, preda.

spòiler /s'pɔiler, *ingl.* 'spɔɪlə*/ [vc. ingl., propr. 'spogliatore, saccheggiatore' (da *to spoil* 'guastare, saccheggiare', dal fr. ant. *espoillier* 'spogliare'); 1983] s. m. inv. *1* (*aer.*) Disruttore. ➡ ILL. p. 2174 TRASPORTI. *2* (*autom.*) Superficie profilata, applicata gener. alle estremità della carrozzeria di un veicolo, per migliorarne le caratteristiche aerodinamiche. SIN. Alettone. ➡ ILL. p. 2162 TRASPORTI. *3* (*sport*) Parte posteriore della tomaia di uno scarpone da sci o gener. di una scarpa sportiva, articolata alla parte anteriore per consentire la mobilità della caviglia. *4* (*sport*) Dispositivo in plastica che si applica a pressione nella parte anteriore degli sci da discesa per evitare vibrazioni ad alte velocità e l'incrociarsi degli sci stessi. *5* (*mar.*) Prolungamento della superficie della carena a poppa, che aumenta la lunghezza al galleggiamento.

spoils system /spoil'sistəm, *ingl.* 'spɔɪl-ˌsɪstəm/ [loc. ingl., propr. 'sistema delle spoglie, del bottino'; 1997] loc. sost. m. inv. ● (*polit.*) Prassi consistente nell'affidare funzioni e incarichi di nomina pubblica a membri e sostenitori del partito o della coalizione che ha vinto le elezioni.

spòla o (*lett.*) †**spuòla** [dal longob. *spōla*. V. ted. *Spule*; 1313] s. f. *1* Bobina di filato che si introduce nella navetta, per tessere | Navetta già armata, che passa avanti e indietro tra i fili dell'ordito | Spoletta di macchina per cucire | ***Fare la s.***, (*fig.*) andare avanti e indietro da un luogo a un altro | ***Gioco di s., lavoro di s.***, nel calcio, azione continua di spostamento di un calciatore da un settore all'altro del campo, per mantenere i collegamenti tra i reparti. *2* (*region.*) Pane di forma affusolata. *3* †Piccola nave, battelletto. || **spolétta**, dim. (V.) | **spolino**, dim. m.

spolatrice [da *spola*; 1933] s. f. ● Macchina che avvolge i filati sulle bobine. SIN. Bobinatrice.

spolatùra [da *spola*; 1936] s. f. ● Operazione con cui si preparano le spole per i telai.

spolétta [1584] s. f. *1* Dim. di *spola.* *2* Rocchetto che si introduce nella navetta della macchina per cucire. *3* Congegno destinato a provocare l'esplosione della carica interna dei proiettili | ***S. a percussione***, messa in azione dall'urto del proiettile contro il bersaglio | ***S. a tempo***, entra in funzione allo scadere di un determinato intervallo di tempo | ***S. a doppio effetto***, può funzionare sia a percussione sia a tempo. *4* (*region.*) Forma di pane affusolata.

spolettàre [1960] v. tr. (*io spolétto*) ● Munire di spoletta un proiettile o un ordigno esplosivo.

spolettificio [comp. di *spoletta* e *-ficio*; 1922] s. m. ● Fabbrica di spolette per proiettili.

spoliàrio [vc. dotta, dal lat. *spoliāriu(m)* 'spogliatoio', da *spŏlium* 'spoglia'; 1838] s. m. ● (*archeol.*) Luogo presso l'anfiteatro in cui erano svestiti i gladiatori uccisi | Spogliatoio degli stabilimenti balneari.

spoliazióne o †**spogliagióne**, (*raro*) **spogliazióne** [dal lat. *spoliatiōne(m)*, da *spoliātus* 'spogliato'; sec. XIV] s. f. *1* Ingiusta appropriazione di roba altrui. *2* †Depredazione, saccheggio.

spolièra [da *spola*; 1936] s. f. ● (*tess.*) Spolatrice.

spoliticàre [da *politica*, con *s-*; 1762] v. intr. (*io spolìtico, tu spolìtichi*; aus. *avere*) ● (*raro*) Discorrere di politica in modo superficiale o incompetente.

spoliticizzàre [da *politico*, con *s-*; 1950] **A** v. tr. ● Rendere privo di caratteri politici: *s. i sindacati.* CONTR. Politicizzare. **B** v. intr. pron. ● Perdere ogni interesse politico.

spoliticizzazióne [da *spoliticizzare*; 1955] s. f. ● Lo spoliticizzare, il venire spoliticizzato.

spollaiàre [da *pollaio*, con *s-*; av. 1588] **A** v. tr. (*io spollàio*) ● †Nelle loc. ***s. qlcu., fare s. qlcu.***, distogliere qlcu. da ciò che sta facendo, dal luogo in cui si trova, e sim. **B** v. intr. pron. ● (*raro*) Smettere di stare appollaiato, detto di polli e sim. | Scuotersi vigorosamente le penne, detto di polli e sim.

spollinàrsi [da (*pidocchio*) *pollino* 'pidocchio dei polli', con *s-*; av. 1735] v. rifl. ● Scuotersi i pidocchi pollini di dosso, detto di polli e sim.

spollonàre [da *pollone*, con *s-*; av. 1380] v. tr. (*io spollóno*) ● (*agr.*) Sopprimere i polloni emessi dal pedale o dalle radici della pianta: *s. la vite.*

spollonatùra [av. 1811] s. f. ● (*agr.*) Operazione dello spollonare.

spolmonàrsi [da *polmone*, con *s-* sottratt.; av. 1827] v. intr. pron. (*io mi spolmóno*) ● Parlare, cantare, gridare e sim. tanto forte o tanto insistentemente da affaticare i polmoni: *s. a far lezione, a spiegare, a chiamare qlcu.*

spolpaménto [1686] s. m. ● (*raro*) Lo spolpare.

spolpàre [da *polpa*, con *s-*; av. 1300] **A** v. tr. (*io spólpo*) *1* Privare della polpa: *s. un pollo, un osso.* *2* (*fig.*) Privare di gran parte degli averi, immiserire: *s. il popolo con le tasse*; *l'hanno spolpato al gioco.* **B** v. intr. pron. *1* (*raro*) Dimagrire. *2* (*fig., raro*) Impoverirsi.

spolpàto [1533] part. pass. di *spolpare*; anche agg. *1* Nei sign. del v. *2* (*est.*) Magro, secco: *cavallo s.* *3* (*tosc.*) Con valore raff. nelle loc. ***matto, pazzo, innamorato*** e sim. ***s.***, al massimo grado.

spólpo [da *spolpare*; 1618] agg. ● (*tosc.*) Molto magro | Spolpato, spec. con valore raff.: *innamorato, tisico, s.*

spoltiglia [da *poltiglia*, con *s-*, forse per sovrapposizione di *smeriglio*; av. 1647] s. f. ● Polvere di smeriglio, per levigare marmi, metalli, e sim.

spoltiglio [av. 1601] s. m. ● Spoltiglia.

†**spoltràre** [1698] v. tr. e intr. pron. ● Spoltrire.

spoltrire [da *poltrire*, con *s-*; 1313] v. tr. e intr. pron. (*io spoltrisco, tu spoltrisci*) ● Spoltronire, spoltronirsi: *Ormai convien che tu così ti spoltre* (DANTE *Inf.* XXIV, 46).

spoltroneggiàre [da *poltroneggiare*, con *s-*; 1561] v. intr. (*io spoltronéggio*; aus. *avere*) ● (*raro*) Fare il poltrone.

spoltronire [da *poltrone*, con *s-*; av. 1406] **A** v. tr. (*io spoltronisco, tu spoltronisci*) ● Rendere meno poltrone. SIN. Spoltrire. **B** v. intr. pron. ● Diventare meno poltrone.

♦**spolveràre** (**1**) [da *polvere*, con *s-* sottrattivo; 1585] **A** v. tr. (*io spólvero*) *1* Pulire levando la polvere: *s. l'abito, i mobili*; *s. qlco. con la spazzola, col battipanni*; *spolverarsi le scarpe* | ***S. le spalle, il groppone e sim. a qlcu.***, (*fig., iron.*) bastonarlo. CONTR. Impolverare. *2* (*fig., scherz.*) Consumare tutto, mangiare con avidità: *ha spolverato un intero pollo.* *3* (*fig.*) Rubare, portare via: *i ladri gli hanno spolverato la casa.* *4* ***S. un disegno***, riprodurlo mediante la tecnica dello spolvero. **B** v. rifl. ● (*raro*) Levarsi la polvere di dosso: *sei sporco, spolverati un po'!* **C** v. intr. (aus. *avere*) ● Levare la polvere: *qui bisogna s.*

spolveràre (**2**) [da *polvere*, con *s-* durativo-intens.; sec. XV] **v. tr.** (*io spólvero*) ● Cospargere con una sostanza in polvere: *s. un dolce con zucchero vanigliato.*

spolveràta (**1**) [da *spolverare* (*1*); 1873] **s. f.** ● Lo spolverare in fretta e alla meglio | ***Dare una s. a qlcu.***, (*scherz.*) bastonarlo, redarguirlo. || **spolveratina**, **dim.**

spolveràta (**2**) [da *spolverare* (*2*); 1955] **s. f.** *1* Spargimento di una sostanza fine come polvere: *diede una s. di zucchero vanigliato alla torta.* *2* La sostanza così sparsa: *una s. di neve ha imbiancato i tetti della città; una s. di cacao sul cappuccino.*

spolveratóre [1879] **s. m.**; anche **agg.** (**f.** *-trice*) ● Chi (o Che) spolvera, nel sign. di *spolverare* (*1*).

spolveratùra (**1**) [da *spolverare* (*1*); av. 1800] **s. f.** ● Attività dello spolverare, del togliere la polvere: *la s. dei libri; s. dei tappeti.*

spolveratùra (**2**) [1946] **s. f.** *1* Spolverata (2). *2* Farina impalpabile, spolvero. *3* (*fig.*) Conoscenza superficiale e generica, infarinatura: *ha solo una s. di scienza.*

†**spolverezzàre** e *deriv.* ● V. *spolverizzare* e *deriv.*

spolverìna [1714] **s. f.** ● (*abbigl.*) Spolverino (2).

spolverìno (**1**) [da *spolverare* (*1*) e (*2*) nel sign. 3; 1891] **s. m.** *1* Piumino per togliere la polvere. *2* Piccola spazzola o pennello usato dai barbieri dopo il taglio dei capelli. *3* Vasetto bucherellato per cospargere di zucchero i dolci o spargere sostanze in polvere.

spolverìno (**2**) [da *polvere*, con *s-*; 1598] **s. m.** ● Leggero soprabito da viaggio usato un tempo per riparare gli abiti dalla polvere | Attualmente, leggero soprabito di seta, cotone e sim.

spolverìo [da *spolverare* (*1*); 1555] **s. m.** *1* Polverio continuo. *2* (*fig.*, *scherz.*) Grande e abbondante mangiata.

spolverizzaménto [sec. XIV] **s. m.** ● (*raro*) Lo spolverizzare.

spolverizzàre o †**spolverezzàre** [da *polverizzare*, con *s-*; sec. XIII] **A v. tr.** *1* Ridurre in polvere, polverizzare. *2* Cospargere con una sostanza in polvere: *s. una torta di zucchero.* *3* Ricavare un disegno mediante la tecnica dello spolvero. **B v. intr. pron.** ● (*lett.*, *raro*) Ridursi in polvere.

spolverizzatóre [da *spolverizzare*; 1940] **s. m.** ● (*med.*) Vaporizzatore.

spólvero [sec. XV] **s. m.** *1* (*raro*) Attività dello spolverare: *fare lo s.* *2* Strato impalpabile di sostanza polverosa: *uno s. di carbone; uno s. di farina.* *3* (*fig.*) Infarinatura, conoscenza superficiale: *uno s. di erudizione.* *4* (*fig.*, *raro*) Apparenza, esteriorità: *erudizione di s.* *5* (*sport*) ***Essere in grande s.***, nel linguaggio giornalistico, essere in condizioni brillanti, in gran forma. *6* (*tecnol.*) Particolare sistema di riporto di un disegno su una superficie, che si effettua praticando una serie di fori lungo i contorni del disegno stesso, sui quali viene successivamente passato un tampone.

spompàre [da *pompa* (*1*), con *s-* priv.; 1963] **A v. tr.** (*io spómpo*) ● (*fam.*) Estenuare, sfinire | Privare di vigore, di volontà, della voglia di fare. **B v. rifl.** ● (*fam.*) Estenuarsi, sfinirsi.

spompàto [av. 1963] **part. pass.** di *spompare*; anche **agg.** ● Nei sign. del v.

♦**spónda** [lat. *spŏnda* 'lettiera, sponda (del letto)', di etim. incerta; av. 1292] **s. f.** *1* Superficie che limita lateralmente un corso d'acqua, il mare, un lago: *la s. del mare; le sponde del fiume.* *2* (*est.*, *lett.*) Regione, paese: *chiunque … voglia o caso peregrinando adduce a queste sponde* (TASSO). *3* Bordo laterale, lato estremo: *sedersi sulla s. del letto; le sponde del carro* | Parapetto: *la s. del fosso, del ponte.* *4* Ciascuno dei quattro lati rilevati del tavolo da biliardo. *5* (*fig.*, *fam.*) Persona in grado di dare difesa, protezione: *farsi una s.* | (*fig.*) ***Fare da s.***, nel calcio, appoggiare l'azione di un compagno ricevendone il pallone e ripassandogli la palla; (*est.*) fare da interlocutore, da punto di riferimento per qlcu. || **spondicina**, **dim.** | **spondina**, **dim.**

spondàico [vc. dotta, dal lat. *spondāicu(m)*, da *spondēus* 'spondeo'; av. 1544] **agg.** (**pl. m.** *-ci*) ● Nella metrica greca e latina, detto di esametro che nella quinta sede ha uno spondeo.

spondèo [vc. dotta, dal lat. *spondēu(m)*, dal gr. *spondêios*, da *spondḗ* 'libagione', perché originariamente usato durante le libagioni rituali; av. 1472] **s. m.** ● (*ling.*) Nella poesia greca e latina, piede metrico formato da due sillabe lunghe.

sponderuòla [da *sponda*; 1838] **s. f.** ● In falegnameria, pialletto adatto a spianare la fascia di contorno o sponda delle tavole di legno, con ceppo di larghezza ridotta e ferro largo quanto il ceppo.

spondilìte [da *spondilo*, con *-ite* (*1*); 1829] **s. f.** ● (*med.*) Infiammazione della colonna vertebrale, in particolare dei corpi vertebrali.

spòndilo [vc. dotta, dal lat. *spŏndylu(m)* 'mollusco' e 'vertebra', dal gr. *spóndylos*, di orig. indeur.; 1282] **s. m.** ● (*anat.*) Corpo vertebrale.

spondiloartrìte [comp. di *spondilo* e *artrite*; 1960] **s. f.** ● (*med.*) Artrite a carico delle articolazioni intervertebrali.

spondiloartròṣi [comp. di *spondilo* e *artrosi*; 1960] **s. f. inv.** ● (*med.*) Processo di artrosi localizzato alle articolazioni intervertebrali.

spondilolistèṣi [vc. dotta, comp. di *spondil(o)* e del gr. *olísthēsis* 'scivolamento'; 1957] **s. f. inv.** ● (*med.*) Progressivo e lento scivolamento in avanti di una vertebra rispetto alla vertebra sottostante.

spondilòṣi [da *spondilo*, con *-osi*; 1987] **s. f. inv.** ● (*med.*) Malattia di natura non infiammatoria delle vertebre caratterizzata da degenerazione dei dischi intervertebrali.

†**spónga** [forma ant. e dial. di *spugna*; sec. XIII] **s. f.** ● Spugna.

spongàta [da *sponga*, per l'aspetto; 1617] **s. f.** ● Dolce natalizio originario dell'Emilia, a base di marzapane, miele, canditi e frutta secca.

spòngia [V. *spugna*] **s. f.** (**pl.** *-ge*) ● Genere di Poriferi comprendente alcune specie, i cui scheletri di spongina vengono messi in commercio come spugne naturali. ➡ **ILL. animali**/1.

Spongiàri [vc. dotta, dal gr. *spongía* 'spugna'. V. *spugna*; 1885] **s. m. pl.** (**sing.** *-o*) ● (*zool.*) Poriferi.

spongifórme [comp. di *spongi-*, tratto dal lat. *spŏngi(am)* 'spugna' e *-forme*; av. 1968] **agg.** ● Che ha l'aspetto e la consistenza di una spugna | (*med.*) Nella loc. ***encefalopatia s.***, V. *encefalopatia.*

spongìlla [dim. dotto, tratto dal lat. *spŏngia(m)* 'spugna'; 1838] **s. f.** ● Comunissima spugna silicea di acqua dolce che forma piccole masserelle grigiastre sui corpi sommersi (*Spongilla lacustris*).

spongìna [deriv. dotto del lat. *spŏngia(m)* 'spugna', con *-ina*; 1873] **s. f.** ● Sostanza albuminoide, costituente principale delle spugne naturali.

†**spongióṣo** [lat. *spongiōsu(m)*, da *spŏngia* 'spugna'; av. 1502] **agg.** ● Spugnoso.

spongìte [vc. dotta, dal lat. *spongītis* (nom.), dal gr. *spongîtis*, genit. *spongítidos*, da *spongía* 'spugna'; 1550] **s. f.** ● (*geol.*) Pietra spugnosa e leggera.

†**spònsa** ● V. *sposa.*

sponsàle [vc. dotta, dal lat. *sponsāle(m)*, da *spŏnsus*, part. pass. di *spondēre* 'promettere solennemente'. V. *sposo*; av. 1294] **agg.** ● (*lett.*) Nuziale, coniugale: *letto s.*

sponsàli [dall'agg. *sponsale* sost.; av. 1600] **s. m. pl.** *1* (*lett.*) Promessa di futuro matrimonio. *2* (*est.*, *lett.*) Matrimonio: *solenni s.; sono stati celebrati gli s. del re.*

†**sponsalìzio** ● V. *sposalizio.*

†**spònso** ● V. *sposo.*

spònsor /ingl. 'spɒnsə/ [vc. ingl., propr. 'padrino, garante', dal lat. *spŏnsor* (nom.) 'garante', deriv. di *spŏnsus* (V. *sponsale*); 1960] **s. m.** e **f. inv.** ● Chi, per ricavarne pubblicità, finanzia l'attività di atleti singoli o in squadra, di cantanti o gener. artisti, l'organizzazione di spettacoli pubblici e mostre d'arte, la diffusione di trasmissioni televisive o radiofoniche | (*fig.*) Protettore, patrocinatore.

sponsorizzàre [da *sponsor*; 1978] **v. tr.** ● Nel mondo dello sport e dello spettacolo, finanziare con intento pubblicitario qlcu. o qlco. | (*fig.*) Sostenere, patrocinare.

sponsorizzatóre [da *sponsorizzare*; 1978] **s. m.** (**f.** *-trice*); anche **agg.** ● Chi (o Che) sponsorizza.

sponsorizzazióne [1978] **s. f.** ● Lo sponsorizzare, il venire sponsorizzato.

spontaneìṣmo [da *spontaneo*; 1969] **s. m.** ● Atteggiamento di chi, nell'ambito politico, sindacale o gener. associativo, privilegia le iniziative spontanee di base rispetto a quelle promosse da organismi di vertice.

spontaneìsta [da *spontaneismo*; 1971] **s. m.** e **f.** (**pl. m.** *-i*) ● Chi si ispira a spontaneismo o si comporta con spontaneismo.

spontaneìstico [1965] **agg.** (**pl. m.** *-ci*) ● Relativo a spontaneismo | Da spontaneista. || **spontaneisticaménte**, **avv.**

spontaneità [1735] **s. f.** ● Caratteristica di chi (o di ciò che) è spontaneo.

spontàneo o †**spontàno** [vc. dotta, dal lat. *spontāneu(m)*, connesso con l'avv. *spŏnte* 'volontariamente', di etim. incerta; sec. XIII] **agg.** *1* Che si fa per proprio libero impulso, senza che vi siano costrizioni, imposizioni o sollecitazioni da parte di altri: *atto, aiuto s.; rinuncia, offerta, spontanea; il tributo di simpatia è stato s.* | ***Di mia, tua, sua ecc. spontanea volontà***, spontaneamente, in seguito a una libera scelta. **CONTR.** Forzato, imposto. *2* Che nasce dal proprio animo, che è dettato dal sentimento, dall'istinto: *uno s. moto dell'animo; salutò con spontanea cordialità; quel pensiero gli venne s.; ha per noi un affetto sincero e s.* | Naturale, privo di artificio o finzione: *stile s.; espressione spontanea.* **CONTR.** Artificioso, innaturale. *3* Detto di persona, che agisce, si esprime e sim., con naturalezza, in modo non artefatto: *bambino, scrittore, poeta, s.* *4* Detto di fenomeno naturale che avviene per forza propria, senza l'opera dell'uomo: *moto s.; vegetazione spontanea* | ***Combustione spontanea***, che si innesca da sola, per l'aumento di temperatura delle sostanze comburenti dovuto a fermentazione o a ossidazione da parte dell'ossigeno atmosferico | (*chim.*) Di processo che avviene con tale facilità da non richiedere alcun aiuto esterno. *5* (*ling.*) Detto di mutamento fonetico indipendente dall'influsso del contesto. || **spontaneaménte**, **avv.** In modo spontaneo, senza costrizione alcuna.

spónte [lat. *spŏnte* 'spontaneamente', propr. abl. di **spōns*, genit. *spŏntis* 'volontà', di etim. incerta; 1340] **avv.** *1* (*lett.*) †Spontaneamente | (*scherz.*) (***Di***) ***mia, tua, sua s.***, volontariamente. *2* Nella loc. (*scherz.*) ***spinte o s.***, ***di spinte o di s.***, di buona o di mala voglia, per amore o per forza.

†**spontóne** e *deriv.* ● V. *spuntone* e *deriv.*

spoon /ingl. spuːn/ [vc. ingl., propr. 'cucchiaio', di orig. indeur.; 1964] **s. m. inv.** ● (*sport*) Uno dei bastoni da golf con spatola in legno.

spopolaménto [1573] **s. m.** ● Lo spopolare, lo spopolarsi | Riduzione, diminuzione della popolazione.

spopolàre [da *popolo*, con *s-*; sec. XV] **A v. tr.** (*io spòpolo*) *1* Rendere privo o povero di popolazione: *l'epidemia spopolò il paese; il fenomeno dell'urbanesimo spopola le campagne.* *2* (*est.*) Rendere meno affollato o frequentato: *Eran le malattie a s. le carceri* (BACCHELLI). **B v. intr.** (aus. *avere*) ● (*fam.*) Avere molto successo: *quella cantante spopola.* **C v. intr. pron.** *1* Diventare privo o povero di popolazione: *le campagne si spopolarono per l'industrializzazione.* *2* (*est.*) Diventare meno affollato o frequentato: *le spiagge in settembre si spopolano.*

spopolàto [sec. XV] **part. pass.** di *spopolare*; anche **agg.** ● Nei sign. del v.

spoppàre [da *poppa* (*1*), con *s-*; av. 1342] **v. tr.** (*io spóppo*) ● Slattare, divezzare: *s. un bambino.*

spoppatùra [av. 1795] **s. f.** ● (*raro*) Svezzamento.

spòra [vc. dotta, dal gr. *sporá* 'semina', da *spéirein* 'seminare', di orig. indeur.; 1813] **s. f.** *1* (*bot.*) Cellula riproduttiva delle Crittogame capace di originare un nuovo individuo. **SIN.** Sporula. ➡ **ILL. paleontologia.** *2* (*zool.*) Stadio della vita di alcuni protozoi, che consente la sopravvivenza in condizioni ambientali non favorevoli.

sporadicità [1875] **s. f.** ● Caratteristica di ciò che è sporadico.

sporàdico [vc. dotta, dal gr. *sporadikós*, da *spéirein* 'seminare'; 1754] **agg.** (**pl. m.** *-ci*) *1* Isolato, non continuo nel tempo e nello spazio: *casi sporadici; presenze sporadiche* | (*med.*) ***Malattia sporadica***, che appare saltuariamente, senza connessione con altre malattie. **CONTR.** Continuo, costante. *2* (*ling.*) Detto di elemento linguistico isolato. || **sporadicaménte**, **avv.** In modo sporadico, saltuario.

sporàle [1983] **agg.** ● (*bot.*) Sporico.

sporàngio [comp. di *spor(a)* e *-angio*; 1813] **s. m.** ● (*bot.*) Organo chiuso delle Crittogame, nel quale si formano le spore, di origine asessuale.

sporcaccióne [da *sporcare*, con suff. pegg.; 1870] **agg.**; anche **s. m.** (**f.** *-a*) **1** Che (o Chi) è molto sporco: *quello s. non si lava mai*; *è un bambino s.* **SIN.** Sudicione. **2** Che (o Chi) si esprime o si comporta in modo moralmente spregevole, osceno, turpe: *evita quello s.*; *un vecchio s.* **SIN.** Sudicione.

♦**sporcàre** [lat. *spurcāre*, da *spŭrcus* 'sporco'; av. 1557] **A v. tr.** (*io spòrco, tu spòrchi*) **1** Rendere sporco: *s. il vestito, il pavimento* | Imbrattare con cose che macchiano, insudiciano, insozzano: *s. la tovaglia di vino*; *sporcarsi la camicia di sugo*; *sporcarsi le scarpe di fango.* **SIN.** Imbrattare, insozzare, insudiciare, lordare, sozzare. **2** (*fig.*) Macchiare, deturpare moralmente, infamare: *s. il proprio nome* | ***Sporcarsi le mani***, (*fig.*) V. *mano* nel sign. A 1. **3** (*mar.*) ***S. l'ancora***, impigliarla in cavi o catene sommerse, che ne impediscono il recupero a bordo. **B v. rifl. e intr. pron. 1** Insudiciarsi, spec. involontariamente: *si è sporcato tutto*; *quando mangia si sporca sempre.* **2** (*fig.*) Fare qlco. di losco, vile o sim., tale da macchiare il proprio nome: *sporcarsi con un affare, in una faccenda* | Abbassarsi moralmente: *non mi sporco a trattare con voi.*

†**sporcheria** [sovrapposizione di *sporco* e *porcheria*; 1527] **s. f.** ● Porcheria | Rifiuto.

sporchévole [1948] **agg.** ● (*region.*) Che si sporca con facilità: *abito, stoffa, s.*

sporchézza [1524] **s. f.** ● (*raro*) Sporcizia | (*fig., lett.*) Oscenità.

♦**sporcìzia** o (*raro*) **sporchìzia** [dal lat. *spurcĭtia(m)*, da *spŭrcus* 'sporco'; av. 1349] **s. f. 1** Caratteristica, condizione di chi (o di ciò che) è sporco. **CONTR.** Pulizia. **2** Cosa sporca: *togliere la s.*; *vivere nella s.* **3** (*fig.*) Comportamento disonesto, corrotto | Cosa, azione, parola, volgare, oscena: *dire, fare, sporcizie*; *libro pieno di sporcizie.*

♦**spòrco** [lat. *spŭrcu(m)* 'impuro', forse connesso con *spŭrius* 'bastardo' (V. *spurio*), di orig. etrusca; sec. XIV] **A agg.** (**pl. m.** *-chi*) **1** Che non è pulito: *viso s.*; *calzoni, piatti, sporchi*; *avere le mani sporche* | ***Essere s.***, essersi accidentalmente insudiciato; essere abitualmente mancante di pulizia e di igiene: *il bambino è s., bisogna lavarlo*; *quella è gente sporca* | ***Avere la lingua sporca***, patinosa, spec. per cattiva digestione | ***Avere la fedina penale sporca***, (*fig.*) che reca annotate le condanne penali subite | (*fig.*) ***Avere la coscienza sporca***, aver agito male ed esserne consapevole. **SIN.** Lordo, sozzo, sudicio. **CONTR.** Pulito. **2** Che è imbrattato, insudiciato, da qlco. che macchia, insozza, e sim.: *il foglio è s. di inchiostro*; *la tovaglia è sporca di vino*; *sei s. di unto*; *ha le mani sporche di fango.* **3** (*fig.*) Che è disonesto, disonorevole, immorale: *è una faccenda sporca*; *sono sporchi individui*; *quell'affare è s.*; *fanno una sporca politica* | ***Denaro s.***, proveniente da attività criminose | Volgare, osceno, turpe: *film, libro, s.*; *parole, barzellette, sporche* | (*fam.*) ***Farla sporca***, fare una cosa disonesta, senza cura o capacità di nasconderla | Nel gergo sportivo, irregolare, non perfetto: *rimbalzo s.*; *tiro s.* **4** Nella canasta, detto di ogni combinazione di sette o più carte in cui figurano uno o due jolly: *canasta sporca.* || **sporchétto**, **dim.** | **sporchino**, **dim.** || **sporcaménte**, **avv. 1** Schifosamente. **2** Slealmente. **B s. m.** solo **sing.** ● Sporcizia: *togliere, levare lo s.*; *pulire dallo s.*; *vivere nello s.* **CONTR.** Pulito.

♦**sporgènte** [sec. XIV] **A part. pres.** di *sporgere*; anche **agg.** ● Nei sign. del v. **B s. m.** ● (*mar.*) Piazzale che sporge in un bacino portuale per aumentare la superficie utile all'attracco delle navi.

sporgènza [av. 1502] **s. f. 1** (*raro*) Condizione di ciò che è sporgente. **2** Ciò che sporge, esce in fuori: *la s. della parete*; *togliere le sporgenze.*

spòrgere [lat. *exporrĭgere*, comp. di *ĕx-* (*s-*) e *porrĭgere* 'porgere'; 1313] **A v. tr.** (**pres.** *io spòrgo* (o *-ó-*), *tu spòrgi* (o *-ó-*); **pass. rem.** *io spòrsi* (o *-ó-*), *tu sporgésti*; **part. pass.** *spòrto* (o *-ó-*)) ● Protendere, stendere, in avanti, in fuori: *s. la testa dalla finestra*; *s. le mani verso qlcu. o qlco.* | (*dir.*) ***S. querela***, presentarla. **B v. intr.** (aus. *essere*) ● Venire in fuori, fare aggetto: *lo scoglio sporge dal mare*; *dal muro sporge un chiodo*; *la terrazza sporge sul lago.* **C v. rifl.** ● Stendersi in avanti, in fuori: *è pericoloso sporgersi*; *sporgersi dal balcone*; *si sporge nel vuoto.*

sporgiménto [av. 1597] **s. m.** ● (*raro, lett.*) Lo sporgere | Sporgenza: *piccolo s. di terra che formava la rada* (VERGA).

spòrico [da *spora*; 1960] **agg.** (**pl. m.** *-ci*) ● (*bot.*) Relativo alla spora. **SIN.** Sporale.

sporìdio [dim. dotto di *spora*, su modelli greci; 1838] **s. m.** ● (*bot.*) Spora | Basidiospora di Uredinali e Ustilaginali.

sporìfero [comp. di *sporo-* e *-fero*; 1960] **agg.** ● (*bot.*) Che porta spore.

sporìgeno ● V. *sporogeno.*

spòro- [gr. *sporá* 'seme', dal v. *spéirein* 'fare la semina', isolato in gr., ma di orig. indeur.] primo elemento ● In parole scientifiche composte, significa 'spora', 'seme' o fa riferimento alla riproduzione: *sporocarpo, sporogonia, sporozoi.*

sporocàrpo [comp. di *sporo-* e *-carpo*; 1875] **s. m.** ● (*bot.*) Piccola formazione di natura fogliare che racchiude gli sporangi.

sporofìllo [comp. di *sporo-* e *-fillo*; 1932] **s. m.** ● (*bot.*) Espansione fogliare che produce spore.

sporòfito [comp. di *sporo-* e *-fito*; 1960] **s. m.** ● (*bot.*) Nel ciclo vitale delle piante, l'individuo diploide che produce spore.

sporogènesi [comp. di *spora* e *genesi*; 1970] **s. f. inv.** ● (*bot.*) Nei vegetali, l' insieme dei fenomeni che portano alla produzione di spore.

sporògeno o **sporigeno** [comp. di *sporo-* e *-geno*; 1970] **agg.** ● Che produce spore.

sporogonìa [comp. di *sporo-* e *-gonia*; 1906] **s. f.** ● (*bot.*) Forma di riproduzione sessuata degli sporozoi, a cui segue la formazione di spore.

sporogònio [comp. di *sporo-* e *-gonio*; 1875] **s. m.** ● (*bot.*) Sporofito caratteristico delle Briofite, non dotato di vita autonoma, che forma le spore in una capsula apicale.

sporologìa [comp. di *sporo-* e *-logia*; 1983] **s. f.** ● Disciplina che studia le spore vegetali, spec. sotto l'aspetto morfologico.

sporòlogo [comp. di *sporo-* e *-logo*; 1983] **s. m.** (**f.** *-a*; **pl. m.** *-gi*) ● Chi si occupa di sporologia.

Sporozòi [comp. di *sporo-* e *-zoo*; 1960] **s. m. pl.** (**sing.** *-zoo*) ● Nella tassonomia animale, classe di Protozoi parassiti o saprofiti che alternano una riproduzione sessuata a una asessuata (*Sporozoa*).

sporozoìte [da *sparozo(i)* col suff. *-ite* (*3*); 1983] **s. m.** ● (*biol.*) Negli Sporozoi, ciascuno degli organismi derivati dallo zigote, in grado di infettare un ospite grazie anche alla capsula resistente che di solito li riveste.

†**spòrre** e *deriv.* ● V. *esporre* e *deriv.*

♦**sport** /*ingl.* spɔ:t/ [vc. ingl., in orig. 'divertimento', dall'ant. fr. *desport*. V. *diporto*; 1829] **A s. m. inv. 1** L'insieme delle gare e degli esercizi compiuti individualmente o in gruppo come manifestazione agonistica, per svago o per sviluppare le capacità motorie: *fare dello s.*; *praticare lo s.*; *s. individuale*; *s. a squadre*; *lo s. del calcio, del pugilato*; *il ciclismo è uno s. molto diffuso* | ***S. invernali***, quelli che si praticano sulla neve o sul ghiaccio (sci, bob, hockey, ecc.) | ***S. di combattimento***, il pugilato, la scherma e sim. ➡ **ILL.** p. 2145-2160 SPORT. **2** (*est.*) Divertimento, diletto, passatempo, spec. nella loc. ***per s.***: *fare qlco. per s.* **B** in funzione di **agg. inv.** ● (posposto a un s.) Sportivo: *macchina s.*

SPORT
nomenclatura

sport

● *caratteristiche*: preferito, praticato, salutare, benefico; professionistico ⇔ dilettantistico; competizione = gara = lotta = agone, ludo, spettacolo; ginnastica; agonismo, sportività; girone, serie, allenamento, ritiro, categoria, batteria, classifica, graduatoria, eliminatoria (quarti di finale, semifinale, finale), punteggio, primato = record, scudetto; fallo, penalità, squalifica, doping, antidoping; ingaggio, incontro, partita, meeting, match; campionato (locale, regionale, nazionale, internazionale, europeo, mondiale); federazione; sportività, sportivo ⇔ antisportivo;

● *sport invernali*: sci (cfr.) alpino, di velocità, d'erba, nordico; alpinismo (cfr.); bob, curling, slittino, biathlon, freestyle, sledog;

● *sport acquatici*: canottaggio (cfr.), rafting; nuoto (cfr.), pallanuoto, tuffi, vela (cfr.), windsurf, surf, sci nautico, motonautica;

● *sport individuali*: atletica (cfr.) leggera, pesante; bocce, ciclismo (cfr.), croquet, equitazione, ippica; ginnastica, golf, pattinaggio (cfr.) su ghiaccio, su rotelle, pugilato, scherma (cfr.), tennis (cfr.), tiro a volo; deltaplano, paracadutismo, parapendio, volo (a vela, a motore); automobilismo, karting, motociclismo, motocross; aikido, judò, jujitsu, karate, kendo, kung fu, sumo, tae-kwon-do;

● *sport a squadre*: baseball (cfr.), calcio (cfr.), cricket, football, hockey, pallacanestro, pallamano, pallavolo, polo, rugby;

● *strutture sportive*: stadio, palasport, ippodromo, maneggio, velodromo, autodromo, palestra, campo da tennis, campo da baseball, campo da golf, sferisterio; piscina; spalti, gradinate, tribuna; spogliatoio, panchina;

● *persone*: giuria, arbitro, direttore tecnico, allenatore, mister, manager, coach, massaggiatore; atleta, professionista, riserva, sponsor, campione, outsider, testa di serie, campionissimo, concorrente, professionista, dilettante; appassionato, supporter, tifoso;

● *azioni*: esercitare, praticare uno sport, fare dello sport, essere sportivo; tifare, sponsorizzare; allenare, allenarsi, sacrificarsi, concentrarsi; vincere ⇔ perdere, partecipare, gareggiàre, giocare; arbitrare, fischiare, ammonire, espellere, richiamare, squalificare.

spòrta [lat. *spŏrta(m)* 'paniere', venuto attraverso l'etr. dal gr. *spyrís*, genit. *spyrídos*, di orig. indeur.; av. 1303] **s. f. 1** Borsa grande e capace, di materiale vario, fornita di due manici, usata spec. per fare la spesa: *avere la s. in mano*; *s. piena, vuota* | ***Cappello a s.***, con la tesa molto sporgente. **2** (*est.*) Quantità di roba contenuta in una sporta: *una s. di frutta.* **3** Grande quantità, abbondanza, nella loc. ***un sacco e una s.***: *dirne, darne, prenderne, un sacco e una s.* || **sportèlla**, **dim.** | **sportellina**, **dim.** | **sporticèlla**, **dim.** | **sporticciuòla**, **dim.** | **sporticina**, **dim.** | **sportina**, **dim.** | **sportòna**, **accr.** | **sportóne**, **accr. m.**

†**sportàre** [da *sporto* (*2*); sec. XIII] **v. tr.** e **intr.** ● Sporgere in fuori | Fare aggetto.

sportellàto [1824] **agg. 1** Fornito di sportelli. **2** Fatto a forma di sportello.

sportellìsta [1960] **s. m. e f.** (**pl. m.** *-i*) ● Impiegato il cui lavoro si svolge a diretto contatto col pubblico, dietro uno sportello.

♦**sportèllo** [da *portello*, con *s-*; sec. XIII] **s. m. 1** Imposta girevole su cerniere verticali | Imposta, scuretto di infisso | †Porticina inclusa nel portone di un edificio. **2** Porta di carrozza ferroviaria, automobile, aereo e veicoli in genere. **3** Apertura attraverso la quale, nelle banche e in alcuni uffici, gli impiegati possono comunicare col pubblico: *fare la coda davanti allo s.* | ***Chiudere gli sportelli***, nelle banche, sospendere operazioni e pagamenti | ***S. automatico***, impianto, collocato all'esterno di una banca, che consente a un correntista di effettuare operazioni bancarie, previa introduzione di una tessera magnetica e composizione di un numero di codice personale. **4** (*est., per anton.*) Ufficio di una banca a diretto contatto con il pubblico | Correntemente, filiale o agenzia di una banca: *la Banca di Roma ha aperto dieci nuovi sportelli* | Ufficio che fornisce consulenze, informazioni e sim. su un determinato argomento | ***S. unico***, ufficio, spec. della pubblica amministrazione, che permette di snellire le procedure burocratiche, accorpando servizi prima svolti da uffici diversi e semplificando l'accesso dell'utente alle informazioni. **5** Ognuna delle tavole laterali di un trittico che, per mezzo di cerniere, si rovesciano a coprire il dipinto. || **sportellino**, **dim.** | **sportellóne**, **accr.**

sport-fisherman /*ingl.* 'spɔ:t,fɪʃəmən/ [vc. ingl., comp. di *sport* e *fisherman* 'pescatore'; 1970] **s. m. inv.** ● Imbarcazione, spec. grosso motoscafo, attrezzato per la pesca sportiva d'altura alla traina.

sportività [1950] **s. f.** ● Spirito sportivo | (*est.*) Correttezza; **SIN.** Fair play.

♦**sportìvo** [da *sport*; 1884] **A agg. 1** Di sport, relativo allo sport: *spettacolo s.*; *manifestazione, stampa sportiva* | ***Campo s.***, luogo dove si praticano gli sport all'aperto. **2** Che pratica gli sport o ne è appassionato: *un ragazzo s.* | ***Spirito s.***, conforme alle norme di lealtà proprie dello sport | ***Guida sportiva***, veloce, disinvolta. **3** Detto di abito particolarmente pratico, semplice, informale: *cappotto s.* || **sportivaménte**, **avv. 1** Dal punto di vista sportivo; in modo sportivo: *veste sportivamente*. **2** (*fig.*) Lealmente, cavallerescamente: *accettare sportivamente una sconfitta*. **B** s. m. (f. *-a*) ● Chi pratica gli sport o ne è appassionato: *gli sportivi del paese*; *deludere l'attesa degli sportivi*; *è un acceso s.*

spòrto (1) [1319] part. pass. di *sporgere*; anche agg. ● Nei sign. del v.: *Quivi pregava con le mani sporte* (DANTE *Purg.* VI, 16).

spòrto (2) [forma sost. dal precedente; av. 1348] s. m. **1** (*arch.*) Sporgenza dalla linea verticale del muro. SIN. Aggetto | (*lett.*) Sporgenza rocciosa. **2** Imposta di negozio che si apre verso l'esterno: *è ora di chiudere gli sporti*. **3** Muricciolo eretto un tempo presso l'entrata di una bottega per mettervi in mostra la merce.

sportsman /*ingl.* 'spɔːɹ̣tsmən/ [vc. ingl., comp. di *sport* e *man* 'uomo'; 1863] s. m. inv. (pl. ingl. *sportsmen*) ● Chi pratica uno o più sport.

sportswear /s'pɔrtwɛr, *ingl.* 'spɔːɹ̣ts,wɛəɹ̣/ [vc. ingl., propr. 'abiti (*wear*) sportivi (*sports*)'; 1980] s. m. inv. ● Abbigliamento per lo sport e il tempo libero | Settore che produce tale abbigliamento. CFR. Casual.

spòrtula [vc. dotta, dal lat. *spŏrtula(m)* 'panierino', poi 'largizione', dim. di *spŏrta*. V. *sporta*; av. 1494] s. f. **1** Nell'antica Roma, largizione che il patrizio usava corrispondere periodicamente ai propri clienti. **2** Antica forma di compenso che il giudice aveva diritto di ricevere per il compimento di determinati atti. SIN. Propina. **3** (*gener., est.*) Compenso | (*iron., lett.*) Castigo: *Mi toccò la s. d'un giorno ... a pane ed acqua* (NIEVO).

sport utility /spɔrt u'tiliti, *ingl.* 'spɔːɹt ju'tɪlɨti/ [accorc. della loc. ingl. *sport utility vehicle* 'autoveicolo per lo sport e per il lavoro'; 1997] loc. sost. f. inv. ● (*autom.*) Automobile fuoristrada con rifiniture, accessori e prestazioni simili a quelle di una berlina.

spòrula [dim. di *spora*; 1838] s. f. ● (*biol.*) Spora.

sporulazióne [da *sporula*; 1906] s. f. **1** (*bot.*) Produzione di spore. **2** (*zool.*) Divisione asessuata di un individuo in numerosi individui figli.

spòsa o (*lett.*) **ispòsa**, (*lett.*) †**spònsa** [lat. *spōnsa(m)*, propr. 'promessa sposa', f. sost. di *spōnsus*, part. pass. di *spondēre* 'promettere solennemente', di orig. indeur.; sec. XII] s. f. (la forma letteraria *isposa* è oggi usata solo se preceduta da per o in) **1** (*disus.* o *region.*) Donna nubile promessa in matrimonio, fidanzata | ***Promessa s.***, fidanzata. **2** Donna nel giorno nuziale: *abito, velo, da s.*; *i fiori d'arancio per la s.*; *i regali della s.*; *festeggiare la s.*; *l'arrivo della s.*; *ricevere la s.*; *baciare la s.* | (*fig.*) ***S. monaca***, monaca nel giorno della sua vestizione religiosa. **3** Moglie: *dare una figlia in s. a qlcu.*; *andare s. a qlcu.*; *farsi s.*; *s. novella* | (*fig., per anton.*) ***La s. di Dio, di Cristo***, la Chiesa | (*fig.*) ***S. di Cristo, di Gesù***, monaca, suora. **4** (*fig.*) Compagna: *la vite s. all'olmo*. **5** (*pop.*) Donna sposata da poco: *una bella s.* **6** (*zool.*) ***Anatra s.***, V. *anatra*. || **sposétta**, dim. | **sposina**, dim. (V.) | **sposóna**, accr. | **sposòtta**, accr.

sposalìzio o †**sponsalìzio** [forma sost. dal lat. tardo *sponsalīciu(m)* 'che riguarda gli sponsali', tratto da *sponsālis* 'sponsale'; 1321] **A** s. m. **1** Cerimonia delle nozze: *celebrare lo s.*; *lo s. avrà luogo domani* | ***Lo s. del mare***, antica cerimonia della repubblica di Venezia in cui il doge celebrava le nozze simboliche fra questa e il mare gettando un anello fra le onde. **2** †Promessa di matrimonio. **B** agg. ● †Nuziale: *anello s.*

♦**sposàre** [lat. tardo *sponsāre*, propr. 'fidanzarsi, fidanzare', da *spōnsus* 'promesso'. V. *sposa*; av. 1250] **A** v. tr. (*io spòso*) **1** Prendere per marito: *sposa il suo primo amore*; *l'ha sposato contro il volere del padre*; *se l'è sposato a ogni costo* | ***S. Gesù***, farsi monaca. **2** Prendere in moglie: *sposa una ricca vedova*; *ha sposato la cugina*; *anche se povera se l'è sposata lo stesso*. **3** Unire in matrimonio, celebrare il matrimonio: *li ha sposati il sindaco*; *ci sposò il parroco*. **4** Dare in moglie: *ha sposato la figlia a un uomo anziano*. **5** (*raro*) Dare in marito: *ha sposato il figlio a una brava ragazza*. **6** †Promettere in matrimonio | †Dare promessa di matrimonio. **7** (*raro, fig.*) Mescolare, congiungere: *al scettro sposano la croce* (FOSCOLO). **8** Abbracciare, sostenere, nelle loc.: ***s. una causa, un'idea, un partito***, e sim. **B** v. intr. (aus. *avere*) ● (*region.*) Unirsi in matrimonio: *sposano domenica*; *hanno sposato in municipio*. **C** v. intr. pron. e rifl. rec. **1** Unirsi in matrimonio: *si è sposata con un ottimo partito*; *si sposano oggi*. **2** (*fig.*) Accordarsi: *questo vino bianco si sposa bene con gli antipasti*.

sposàto [sec. XII] **A** part. pass. di *sposare*; anche agg. ● Coniugato: *uomo s.* **B** s. m. (f. *-a*) ● Persona sposata. CFR. Celibe, nubile.

†**sposerèccio** [da *sposare*; av. 1432] agg. ● Nuziale.

sposina [av. 1742] s. f. **1** Dim. di *sposa*. **2** Giovane sposa | Donna appena sposata. **3** †Novizia, giovane che si prepara alla vita monastica. **4** Uccello degli Anseriformi a vivi colori e con bel ciuffo sul capo, originario dell'America sett. (*Aix sponsa*). SIN. Anatra sposa.

sposino [av. 1587] s. m. **1** Dim. di *sposo*. **2** Giovane sposo | Uomo appena sposato. **3** (*al pl.*) Coppia appena sposata.

♦**spòso** o (*lett.*) **ispòso**, (*lett.*) †**spònso** [lat. *spōnsu(m)* 'promesso sposo', part. pass. sost. di *spondēre* 'promettere solennemente'. V. *sposa*; sec. XII] s. m. (la forma letteraria *isposo* è oggi usata solo se preceduta da per o in) **1** (*disus.* o *region.*) Uomo celibe promesso in matrimonio, fidanzato | ***Promesso s.***, fidanzato | ***I promessi sposi***, i fidanzati. **2** Uomo nel giorno nuziale: *abito da s.*; *i regali dello s.*; *l'arrivo dello s.*; *lo s. ha baciato la sposa*. **3** Marito: *andare s. a qlcu.*; *s. novello* | ***S. della Chiesa***, Gesù, secondo l'interpretazione cristiana del Cantico dei Cantici. **4** (*al pl.*) L'uomo e la donna nel giorno nuziale: *ecco gli sposi!*; *evviva gli sposi!*; *gli sposi escono dalla chiesa* | Marito e moglie, spec. sposati da poco: *sposi novelli*; *sono sposi da un anno*. || **sposétto**, dim. | **sposino**, dim. (V.).

spossaménto [1799] s. m. ● (*lett.* o *raro*) Lo spossare, lo spossarsi | Spossatezza.

spossànte [1728] part. pres. di *spossare*; anche agg. ● Nei sign. del v. | Estenuante: *un'attesa s.* || **spossanteménte**, avv.

spossàre [da *possa* (*1*), con *s-*; 1600] **A** v. tr. (*io spòsso*) ● Togliere forza, vigore, energia: *la fatica lo ha spossato*; *questo caldo ci spossa*. SIN. Debilitare, estenuare, fiaccare, sfibrare. **B** v. intr. pron. ● Perdere forza, vigore, energia.

spossatézza [da *spossato*; av. 1704] s. f. ● Grande debolezza, prostrazione di forze.

spossàto [sec. XIII] part. pass. di *spossare*; anche agg. ● Nei sign. del v. | Privo di forze, di energia: *la malattia mi ha lasciato s.* | Moralmente prostrato. || †**spossataménte**, avv.

spossessaménto [da *spossessare*; av. 1944] s. m. ● Lo spossessare, lo spossessarsi, il venire spossessato.

spossessàre [da *possesso*, con *s-*; 1305] **A** v. tr. (*io spossèsso*) ● Privare del possesso o della proprietà di dati beni. **B** v. rifl. ● Privarsi di ciò che si ha.

spostàbile [1960] agg. ● Che può essere spostato.

spostaménto [1728] s. m. **1** Rimozione, trasferimento di qlcu. o qlco. dalla posizione in cui si trova o che gli è abituale: *lo s. di un confine, di un tavolo* | ***S. d'aria***, violento movimento di una massa d'aria, spec. in seguito a un'esplosione | Differimento o anticipazione: *s. di una seduta*; *s. di data, di orario*. **2** (*mar.*; *disus.*) Dislocamento.

♦**spostàre** [da *posto*, con *s-*; 1584] **A** v. tr. (*io spòsto*) **1** Trasferire altrove qlcu. o qlco. dal posto, la posizione, la condizione in cui si trovava o che gli era abituale: *s. una sedia, un armadio*; *s. un impiegato da un ufficio a un altro* | Cambiare nel tempo: *hanno spostato l'orario della conferenza*. **2** (*fig., disus.*) Recare danno, dissestare: *questo imprevisto mi sposta*. **3** (*mus.*) Trasportare in altro tono. **4** (*mar.*; *disus.*) Dislocare. **B** v. rifl. ● Muoversi dal posto, dalla posizione, che si occupa o che è abituale, detto di persona: *spostati che devo passare*; *da Roma mi sposterò a Napoli*; *si è spostato in un altro ufficio* | ***Non spostarsi di un passo***, (*fig.*) restare fermo sulle posizioni prese. **C** v. intr. pron. ● Muoversi dal luogo o dalla posizione abituale, detto di cosa: *la lancetta si è spostata*; *l'accento si sposta sull'ultima sillaba* | (*fig.*) Passare, trasferirsi: *il dibattito si è spostato su un altro tema*.

spostàto [1805] **A** part. pass. di *spostare*; anche agg. ● Nei sign. del v. **B** s. m.; anche agg. (f. *-a*) ● Chi (o Che) per motivi dovuti ad avvenimenti esterni, a fattori sociali, ereditari, psicologici, interiori e sim. non riesce a realizzarsi e inserirsi nella vita pratica: *la guerra ha formato molti spostati*; *i figli di genitori simili non possono essere altro che degli spostati*; *ragazzi spostati*; *gioventù spostata*.

spostatùra [av. 1712] s. f. **1** (*raro*) Spostamento. **2** (*fig., tosc.*) Depressione | Sgarbo: *fare una s. a qlcu.* || **spostaturàccia**, pegg.

spot (1) /*ingl.* spɒt/ [vc. ingl., propr. 'punto, macchia'; 1960] s. m. inv. **1** Spazio o comunicato pubblicitario televisivo o radiofonico. **2** (*elettron.*) Punto luminoso che appare su uno schermo fluorescente per azione di un pennello elettronico.

spot (2) /*ingl.* spɒt/ [abbr. della vc. ingl. *spotlight* 'faro', 'proiettore orientabile'; 1942] s. m. inv. ● Proiettore atto a concentrare un fascio luminoso su un'area assai limitata, usato spec. sulle scene teatrali e negli studi fotografici e cinematografici e televisivi, nelle mostre, nei musei e sim. | (*est., autom.*) ***S. di lettura***, piccola lampada orientabile montata sul cruscotto o sul soffitto di talune autovetture | Nell'arredamento, faretto.

†**spotestàre** ● V. *spodestare*.

sprànga [dal longob. *spanga* 'sbarra', con sovrapposizione del got. **sparra*; 1313] s. f. **1** Sbarra di ferro o legno, traversa, per chiudere, tener serrate porte o sim.: *mettere la s. al portone* | (*gener.*) Sbarra, tubo di ferro e sim.: *il rapinatore lo ha colpito alla testa con una s.* **2** (*tosc.*) Filo di ferro con cui si riparano terraglie rotte. || **spranghétta**, dim. (V.).

sprangàre (1) [da *spranga*; sec. XIII] v. tr. (*io sprànġo, tu sprànghi*) **1** Mettere la spranga, sbarrare, chiudere con spranga: *s. porte e finestre*. **2** (*tosc.*) Rimettere insieme i cocci delle terraglie con fil di ferro. **3** Colpire, percuotere qlcu. con una spranga.

†**sprangàre** (2) ● V. †*spingare*.

sprangàta [da *spranga*; 1909] s. f. ● Colpo dato con una spranga.

sprangàto [1310] part. pass. di *sprangare* (*1*); anche agg. **1** Nei sign. del v.: *persiane sprangate* | (*est.*) Chiuso in casa: *gli abitanti erano sprangati in casa*. **2** Colpito con una spranga.

sprangatùra [1550] s. f. ● Lo sprangare, nel sign. di *sprangare* (*1*) | (*est.*) Ciò che serve a sprangare.

spranghétta [av. 1665] s. f. **1** Dim. di *spranga*. **2** (*pop., fig., disus.*) Peso alla testa, mal di capo. || **spranghettina**, dim.

spràtto [dal francone *sprat*, che è dall'ingl. *sprat*; 1936] s. m. ● Pesce dei Clupeidi affine all'aringa ma più piccolo, commestibile sia fresco che salato o affumicato (*Clupea sprattus*).

♦**spray** /*ingl.* spɹeɪ/ [vc. ingl., propr. 'spruzzo, getto vaporizzato'; 1927] **A** s. m. inv. **1** Dispositivo per spruzzare mediante nebulizzazione o polverizzazione sostanze liquide, spec. prodotti di bellezza, profumi, insetticidi e sim.: *dare il profumo con lo s.* **2** (*est.*) La sostanza liquida che si spruzza mediante lo spray: *dare lo s. sui capelli*; *dà un po' di s. nella stanza*. **B** in funzione di agg. inv. ● (posposto al s.) Detto di prodotto fornito di spray: *profumo in confezione s.*; *bombola s.* | (*est.*) Detto di sostanza liquida che si spruzza mediante lo spray: *deodorante, insetticida, lacca s.*

†**sprazzàre** [da *sprizzare*, *spruzzare*, vc. di orig. onomat.] **A** v. tr. **1** Spruzzare. **2** (*lett.*) Emanare (una luce, un bagliore). **B** v. intr. ● (*lett.*) Sprigionarsi | Brillare.

spràzzo [da †*sprazzare*; 1319] s. m. **1** (*lett.*) Spruzzo: *gli sprazzi delle onde*. **2** Raggio di luce improvviso e breve: *uno s. di sole*. **3** (*fig.*) Lampo, scintilla: *ebbe uno s. di lucidità* | Manifestazione repentina e fuggevole di un sentimento: *uno s. di gioia* | ***A sprazzi***, in modo sporadico: *pioveva a sprazzi*. || **sprazzétto**, dim.

spread /sprɛd, *ingl.* spɹæd/ [vc. ingl., propr. 'estensione', nel sign. borsistico di 'scarto'; 1981] s. m. inv. ● Nel linguaggio borsistico, scarto tra due quotazioni di un titolo | Scarto rispetto al tasso di interesse.

spreadsheet /*ingl.* 'spɹɛd,ʃiːt/ [vc. ingl., comp. di *sheet* 'foglio (di carta)' e *spread* 'disteso, allungato'; 1985] s. m. inv. ● (*elab.*) Foglio elettronico.

sprecaménto [av. 1311] s. m. ● (*raro*) Spreco.

♦**sprecàre** [di etim. discussa: lat. parl. **dispergicāre*, iter. da *dispĕrgere* 'gettare (*spărgere*) via (*dĭs-*)'. V. *spargere*; av. 1306] **A** v. tr. (*io sprèco, tu* *sprèchi*) ● Usare malamente e inutilmente, consumare senza ottenere alcun frutto: *s. tempo, fatica; spreca la sua intelligenza in studi meschini* | Spendere male: *s. il denaro* | (*fig.*) ***S. il fiato, le parole***, parlare inutilmente | (*sport*) ***S. una palla, un pallone***, nel calcio, basket, tennis e sim., sbagliare, mancare un tiro, un lancio, spec. quando questo sia facile. **B** v. intr. pron. **1** Rivolgere le proprie capacità, le proprie energie, a uno scopo che non le merita: *si spreca in lavori banali.* **2** (*fam., iron.*) Fare qlco. in modo meschino, limitato, inadeguato alle reali possibilità: *si è sprecato a farmi un regalo!; non ti sei certo sprecato a studiare!*

sprecàto [1811] part. pass. di *sprecare*; anche agg. ● Nei sign. del v.: *tempo s.; fatica sprecata; è tutto fiato s.!; un ingegno s.*

†**sprecatóre** [av. 1306] s. m. (f. *-trice*) ● Chi spreca.

†**sprecatùra** [av. 1306] s. f. ● Spreco.

spreciṡo [da *preciso* con *s-* neg.; av. 1963] agg. ● Impreciso: *Il fuoco di disturbo ... era sporadico e s.* (FENOGLIO) | Che rivela trascuratezza e negligenza: *lavoro s.; esecuzione sprecisa.*

sprèco [1853] s. m. (pl. *-chi*) ● Cattivo uso, consumo eccessivo o inutile: *s. di tempo, di denaro, di luce; fare s. di energie; che s.!; non posso vedere gli sprechi; bisogna finirla con gli sprechi* | ***A s.***, in grande quantità: *in quella casa di libri ce n'è a s.*

sprecóne [1873] agg.; anche s. m. (f. *-a*) ● Che (o Chi) spreca.

spregévole [da *spregiare*; 1612] agg. ● Che merita disprezzo: *uomo, condotta, s.* CONTR. Pregevole. || **spregevolménte**, avv. In modo spregevole, con senso di disprezzo.

spregevolézza [da *spregevole*; 1936] s. f. ● (*lett., raro*) Condizione di chi (o di ciò che) è spregevole: *la s. di un comportamento.*

spregiàre [da *pregiare*, con *s-* V. *dispregiare*; av. 1250] v. tr. (*io sprègio*) ● (*lett.*) Non tenere in pregio, considerare privo di pregio: *s. gli onori, le ricchezze; chi spesso giura con animo ... fallace s'avvezza a ... s. la religione* (ALBERTI). CONTR. Apprezzare, pregiare.

spregiativo [da *spregiare*; 1400] **A** agg. **1** Che mostra o esprime disprezzo: *epiteto s.; la parola 'beghina' in senso s. significa 'bigotta'.* **2** (*ling.*) Detto di forma alterata di un sostantivo o di un aggettivo che designa un oggetto considerato con disprezzo: *i suffissi -onzolo, -ucolo e -ume hanno valore s.* || **spregiativaménte**, avv. In modo spregiativo; in funzione spregiativa: *usare spregiativamente un aggettivo.* **B** s. m. ● (*ling.*) Forma spregiativa di un aggettivo o di un sostantivo.

spregiàto [av. 1292] part. pass. di *spregiare*; anche agg. ● Nei sign. del v. | (*lett.*) Disprezzato. || **spregiataménte**, avv.

spregiatóre [sec. XIII] s. m.; anche agg. (f. *-trice*) ● (*lett.*) Chi (o Che) spregia.

sprègio [da *spregiare*; av. 1266] s. m. **1** (*lett.*) Disprezzo: *mostrare s. per qlcu. o per qlco.* | ***Avere in s., a s.***, disprezzare, spregiare. **2** Atto che dimostra disprezzo: *recar s. a qlcu.; fare degli spregi; sopportare uno s.*

†**spregionàre** ● V. *sprigionare*.

spregióso [da *spregi(o)* con il suff. *-oso*; av. 1963] agg. ● (*lett.*) Sprezzante, pieno di disprezzo: *'Han da sapere assai!' ripeté s.* (BACCHELLI).

spregiudicàre [da *pregiudicare*, con *s-*; av. 1790] **A** v. tr. (*io spregiùdico, tu spregiùdichi*) ● (*raro, lett.*) Rendere libero da pregiudizi o preconcetti. **B** v. intr. pron. ● (*raro, lett.*) Diventare libero da pregiudizi o preconcetti.

spregiudicatézza [1818] s. f. ● Caratteristica di chi (o di ciò che) è spregiudicato | Comportamento da persona spregiudicata.

spregiudicàto [da *pregiudicato*, con *s-*; av. 1729] **A** agg. ● Libero da (o privo di) pregiudizi, preconcetti e sim.: *discorso, contegno s.; quello zio affettuoso e pieno ... di s. buon senso* (GADDA) | Che non ha o mostra di non avere scrupoli d'indole morale: *un affarista alquanto s.* || **spregiudicataménte**, avv. **B** s. m. (f. *-a*) ● Persona spregiudicata: *fare la spregiudicata; atteggiarsi a s.*

†**spregiùro** ● V. *spergiuro* (2).

†**spregnàre** [calco su *impregnare*, con cambio di pref. (*s-* sottratt.); 1353] v. intr. ● Partorire.

sprèlla ● V. *asperella*.

♦**sprèmere** [lat. parl. **exprĕmere*, rideterminazione dal classico *exprĭmere* 'cacciare (*prĕmere*) fuori (*ĕx-*)'. V. *premere*; sec. XIII] v. tr. (coniug. come *premere*) **1** Premere, stringere, schiacciare qlco. per trarne il liquido in essa contenuto: *s. un'arancia, un limone, le olive; s. il succo di un'arancia; s. l'olio dalle olive* | ***S. il sugo da qlco.***, (*fig.*) trarne l'essenza | (*fig.*) ***S. lacrime***, muovere al pianto | (*fig.*) ***Spremersi il cervello, le meningi***, pensare a lungo e intensamente per risolvere un problema. **2** (*fig.*) Far sborsare denaro, sfruttare finanziariamente: *s. i cittadini con le tasse; quel disgraziato spreme i suoi genitori* | ***S. denaro a qlcu., da qlcu.***, ottenerlo con furbizia o raggiro. **3** †Esprimere.

spremiagrùmi [comp. di *spremere* e *agrumi*; 1960] s. m. inv. ● Spremitoio per agrumi. SIN. Spremilimoni.

spremifrùtta [comp. di *spremere* e *frutta*; 1886] s. m. inv. ● Spremitoio per estrarre il succo della frutta.

spremilimóni [comp. di *spremere* e il pl. di *limone*; 1886] s. m. inv. ● Spremiagrumi.

spremitóio [da *spremere*; 1891] s. m. ● Utensile da cucina e bar per spremere il succo dalla frutta.

spremitóre [da *spremere*; 1931] s. m.; anche agg. (f. *-trice*) ● Chi (o Che) spreme.

spremitùra [av. 1567] s. f. ● Operazione dello spremere: *s. delle olive* | Il liquido spremuto.

spremùta [f. sost. di *spremuto*; 1899] s. f. **1** Lo spremere in una volta: *dare una s. a un'arancia.* **2** Bibita ottenuta da una spremitura: *s. di limone, d'arancia.*

spremùto [1542] part. pass. di *spremere*; anche agg. **1** Nei sign. del v. **2** (*fig.*) Sfruttato al massimo | ***Trattare, gettare, come un limone s.***, disinteressarsi di qlcu. o qlco. dopo averne tratto tutto il profitto che si poteva.

†**sprèndido** ● V. *splendido*.

†**sprendóre** ● V. *splendore*.

spretàrsi [da *prete*, con *s-*; av. 1527] v. intr. pron. (*io mi sprèto*) ● Lasciare l'abito e la condizione di prete.

spretàto [1691] **A** part. pass. di *spretarsi*; anche agg. ● Nei sign. del v. **B** s. m. ● Chi ha lasciato l'abito e la condizione di prete.

†**sprèto** [vc. dotta, dal lat. *sprētu(m)*, part. pass. di *spĕrnere* 'disprezzare'. V. †*spernere*; 1848] s. m. ● Spregio, spec. nella loc. ***in s. a***, contro: *commettere qlco. in s. alla legge.*

sprezzàbile [da *sprezzare*; 1592] agg. ● (*raro, lett.*) Spregevole.

sprezzànte [av. 1375] part. pres. di *sprezzare*; anche agg. ● Che sente o mostra disprezzo, che è pieno di alterigia: *essere, mostrarsi, s.; gesto, sguardo, frase, s.* || **sprezzanteménte**, avv. In modo sprezzante, con evidente disprezzo.

sprezzàre [lat. parl. **expretiāre*, da *prĕtium* 'stima', con *ĕx-* (*s-*). V. *disprezzare*; 1304] **A** v. tr. (*io sprèzzo*) ● (*lett.*) Disprezzare, non curare: *il mio cor lasso ogni altra vista sprezza* (PETRARCA). **B** v. rifl. ● (*lett.*) Disprezzarsi | Trascurarsi.

sprezzatóre [av. 1342] s. m.; anche agg. (f. *-trice*) ● (*raro*) Chi (o Che) sprezza.

sprezzatùra [da *sprezzare*; 1528] s. f. **1** (*lett., raro*) Caratteristica di chi (o di ciò che) è sprezzante | Atteggiamento sprezzante. **2** (*lett.*) Negligenza, incuria: *c'era l'indolenza, la s., la sbadataggine* (VERGA). **3** Maniera distaccata e disinvolta di fare, dire e sim., propria di chi è molto sicuro di sé: *questa virtù ... contraria alla affettazione, ... noi per ora chiamiamo s.* (CASTIGLIONE).

sprèzzo [da *sprezzare*. V. *disprezzo*; 1573] s. m. ● (*lett.*) Disprezzo: *trattare con s.* | Noncuranza: *agire con s. del pericolo.*

sprigionaménto [1676] s. m. ● Lo sprigionare, lo sprigionarsi.

sprigionàre o †**spregionàre** [da *prigione*, con *s-*; 1336 ca.] **A** v. tr. (*io sprigióno*) **1** †Liberare dalla prigione. SIN. Scarcerare. CONTR. Imprigionare. **2** (*fig.*) Emettere, emanare: *questa sostanza sprigiona un pessimo odore.* **B** v. rifl. ● (*lett.*) Svincolarsi. **C** v. intr. pron. ● Uscir fuori, spec. con impeto: *dalla stufa si sprigiona un po' di calore; un fiotto d'aria si sprigionò dal tubo* | (*fig.*) Esprimersi apertamente, manifestarsi: *dal romanzo si sprigiona una grande forza evocativa.*

sprillàre [vc. di orig. onomat.; av. 1698] v. intr. (aus. *essere*) ● (*raro*) Sprizzare, zampillare.

sprimacciàre [da *spiumacciare*; av. 1400] v. tr. (*io sprimàccio*) ● Scuotere, battere con le mani un guanciale, un materasso e sim., perché la lana o la piuma che lo riempiono si distribuiscano uniformemente nella fodera. SIN. Spiumacciare.

sprimacciàta [1838] s. f. ● Atto dello sprimacciare.

†**sprìmere** e deriv. ● V. *esprimere* e *deriv.*

spring /ingl. spɹɪŋ/ [vc. ingl., propr. 'scatto, molla, cavetto', di orig. indeur.; 1960] s. m. inv. ● (*mar.*) Cima d'ormeggio disposta diagonalmente da prua a una bitta posta verso poppa o viceversa che mantiene l'imbarcazione perpendicolare alla banchina.

†**springàre** ● V. †*spingare*.

sprinkler /ingl. 'spɹɪŋklə/ [vc. ingl., propr. 'spruzzatore', da *to sprinkle* 'spruzzare' (d'orig. germ.); 1989] s. m. inv. ● Speciale valvola, comprendente un fusibile e un ugello, destinata a spruzzare automaticamente l'acqua quando la temperatura dell'ambiente dove è installata supera una data temperatura, azionando simultaneamente una campana d'allarme | ***Impianto a s.***, impianto antincendio automatico, costituito da una rete di tubazioni, applicate ai soffitti degli ambienti da proteggere e recanti più sprinkler, prescritto come protezione di navi, grandi magazzini, autorimesse e sim.

sprint /ingl. spɹɪnt/ [vc. ingl., propr. 'scatto'; 1909] **A** s. m. inv. ● (*sport*) Accelerazione improvvisa che un corridore o un cavallo compiono in un certo momento di una corsa, spec. quello finale | Capacità di compiere tale accelerazione: *mancare di s.* | ***Avere dello s.***, (*fig.*) essere molto attivo, dinamico e sim. **B** in funzione di agg. inv. (posposto al s.); anche s. f. inv. ● Detto di automobile dotata di caratteristiche tecniche che ne migliorano, rispetto al normale, la velocità, la ripresa, la prestazione in salita: *vettura s.; guidare una s.*

sprintàre [da *sprint*; 1961] v. intr. (aus. *avere*) ● Effettuare uno sprint.

sprinter /ingl. 'spɹɪntə/ [vc. ingl., propr. 'velocista', da *sprint*; 1911] s. m. e f. inv. ● (*sport*) Scattista, velocista | Cavallo da corsa particolarmente dotato per lo scatto e la velocità.

sprizzàre o †**ṡbrizzàre** [vc. d'orig. onomat. V. †*sprazzare*, *spruzzare*; 1340] **A** v. intr. (aus. *essere*) ● Scaturire, zampillare, uscire impetuosamente, detto di liquidi: *l'acqua sprizza dalla fontana; il sangue sprizzò dalla ferita.* **B** v. tr. **1** Emettere, far scaturire impetuosamente: *la sua ferita sprizza sangue.* **2** (*fig.*) Manifestare vivacemente un dato modo di essere, un sentimento e sim.: *s. salute da tutti i pori; uno sguardo che sprizza allegria; l'ingegno di Dante sprizza poesia anche dove meno si aspetterebbe* (CROCE).

sprìzzo [da *sprizzare*; av. 1808] s. m. **1** Getto impetuoso di liquido: *uno s. di sangue.* **2** (*fig.*) Manifestazione breve e vivace di un sentimento, un modo di essere, e sim.: *uno s. di allegria.*

†**spròcco** [dal longob. *sproh* 'germoglio'; av. 1276] s. m. (pl. *-chi*) **1** Ramo secco. **2** Pollone, germoglio.

sprofondaménto [sec. XIV] s. m. **1** Lo sprofondare. **2** (*geol., geogr.*) Depressione dovuta al cedimento di alcuni strati della crosta terrestre. **3** (*raro, fig.*) †Avvilimento.

♦**sprofondàre** [da *profondo*, con *s-*; sec. XIII] **A** v. tr. (*io sprofóndo*) ● Precipitare nel profondo: *Dio sprofondò il demonio* | Far cadere rovinando: *il terremoto ha sprofondato il paese.* **B** v. intr. (aus. *essere*) **1** Cadere nel profondo: *la nave sprofondò negli abissi marini.* CONTR. Emergere | (*fig., iperb.*) Scomparire sotto terra per sottrarsi alla vergogna, all'imbarazzo e sim.: *quella volta avrei voluto s.!* | Crollare: *il tetto è sprofondato sotto il peso della neve* | Cadere rovinando: *tutte le case sono sprofondate per il terremoto.* **2** Aprirsi, formare una voragine: *il pavimento è sprofondato; il terreno sprofondò sotto di noi.* **3** Affondare per un buon tratto in qlco. di molle, cedevole: *s. nel fango, nella neve, nella melma.* **4** (*fig.*) Lasciarsi vincere, sopraffare, da un sentimento, uno stato d'animo: *s. nel dolore, nell'angoscia.* **C** v. rifl. **1** Abbandonarsi, lasciarsi andare su qlco.: *sprofondarsi in un divano, in una poltrona.* **2** (*fig.*) Immergersi, lasciarsi assorbire da un lavoro, un'attività, e sim.: *sprofondarsi nello studio, nel lavoro, nella lettura.*

sprofondàto [sec. XIII] part. pass. di *sprofondare*; anche agg. ● Nei sign. del v. | (*fig., lett.*) Assorto:

Sei sempre s. in te stesso (CALVINO).

sprofóndo [deriv. di *sprofondare*; av. 1850] **s. m.** *1* Sprofondamento | Cavità profonda. *2* (*geol.*) Cedimento degli strati calcarei di terreni alluvionali che si verifica in una pianura al piede di montagne calcaree. *3* In speleologia, cavità più o meno profonda, prodotta, spec. in zone carsiche, dal crollo delle volte di caverne.

†**sprolongàre** ● V. †*sprolungare*.

sproloquiàre [1884] **v. intr.** (*io sprolòquio*; aus. *avere*) ● Parlare in modo prolisso, fare discorsi enfatici, dire sproloqui.

sprolòquio [vc. dotta, dal lat. *prolŏquiu(m)*, da *prōloqui* 'esprimere', con *s-*; sec. XVIII] **s. m.** ● Discorso lungo, enfatico e prolisso.

†**sprolungàre** o †**sprolongàre** [da *prolungare*, con *s-*] **v. tr.** e **intr. pron.** ● Prolungare.

sprométtere [da *promettere*, con *s-*; sec. XIV] **v. tr.** e **intr.** (coniug. come *mettere*; aus. *avere*) ● (*fam.*) Disdire quanto si era promesso: *promettere e s.*

spronàre o †**speronàre** [da *sprone*; sec. XIII] **v. tr.** (*io spróno*) *1* Stimolare il cavallo con gli sproni per incitarlo a muoversi, a correre (*anche assol.*): *s. il cavallo*; *s. contro, verso, addosso a qlcu.*; *s. via*. *2* (*fig.*) Stimolare, incitare: *s. qlcu. a studiare, allo studio*; *quella gentil ch'a dir lo sprona* (POLIZIANO).

spronàta [da *spronare*; sec. XIV] **s. f.** *1* Colpo di sprone. *2* (*fig.*) Incitamento: *ha bisogno di una s.* || **spronatina**, **dim.**

spronatóre [av. 1698] **s. m.**; anche **agg.** (f. *-trice*) ● (*raro*) Chi (o Che) sprona (*spec. fig.*).

spróne [variante di *sperone*; av. 1288] **s. m.** *1* Sperone nel sign. 1 | ***Dar di s., dar di sproni, ai cavalli***, spronarli | ***A spron battuto***, velocemente, di gran corsa; (*fig.*) in gran fretta: *andarsene, fuggire, a spron battuto*; *fare qlco. a spron battuto*. *2* (*fig.*) Stimolo, incitamento: *essere, servire, di s. a qlcu.*; *non aver bisogno di sproni*. *3* (*abbigl.*) Rettangolo di tessuto che, spec. nelle camicie maschili e in certe camicette sportive femminili, scende dalle spalle sul dorso e sul petto. **SIN.** Carré. *4* (*region.*) Rotellina dentata, con la quale si taglia la sfoglia. **SIN.** Tagliapasta. *5* (*bot.*) *S. di cavaliere*, speronella. *6* (*anat.*) Struttura che sporge bruscamente dalla superficie piana di un organo, a esempio di un osso: *s. occipitale*. *7* V. *sperone* per tutti gli altri sign. || **spronétto**, **dim.**

spronèlla ● V. *speronella*.

spropiàre ● V. *espropriare*.

sproporzionàle [da *proporzionale*, con *s-*; 1674] **agg.** ● (*raro*) Non proporzionale. **CONTR.** Proporzionale. || **sproporzionalménte**, **avv.** Senza proporzione.

†**sproporzionalità** [av. 1565] **s. f.** ● Condizione di ciò che è sproporzionale | Enormità.

sproporzionàre [da *proporzionare*, con *s-*; 1550] **v. tr.** (*io sproporzióno*) ● (*lett.*) Rendere sproporzionato. **CONTR.** Proporzionare.

sproporzionàto [da *proporzionato*, con *s-*; 1505] **agg.** *1* Che manca di proporzione: *il peso è s. all'altezza*; *la reazione è sproporzionata all'azione*. **CONTR.** Proporzionato. *2* (*est.*) Esagerato, eccessivo: *prezzo s.* || **sproporzionataménte**, **avv.** In modo sproporzionato, senza proporzione.

sproporzióne [da *proporzione*, con *s-*; av. 1406] **s. f.** ● Mancanza di proporzione: *c'è molta s. tra peso e altezza*; *c'è s. tra l'offesa che ha ricevuto e la sua reazione*. **CONTR.** Proporzione.

spropositàre [av. 1594] **v. intr.** (*io spropòsito*; aus. *avere*) ● (*raro*) Fare, dire, scrivere, spropositi.

spropositàto [1582] **part. pass.** di *spropositare*; anche **agg.** *1* (*lett.* o *raro*) Pieno di spropositi, di sbagli: *lettera spropositata*; *discorso s.* *2* (*fig.*) Troppo grande, enorme: *naso s.*; *altezza spropositata* | Eccessivo (anche con valore raff.): *spesa spropositata*; *ricco s.* || **spropositataménte**, **avv.** In modo spropositato, eccessivamente.

spropòsito [da *proposito*, con *s-*; 1582] **s. m.** *1* (*raro*) Azione o affermazione inopportuna, insensata: *è stato uno s. sposarsi così giovane*; *ha fatto lo s. di non accettare* | ***Fare, commettere, uno s.***, un'azione grave, non meditata ma dettata dall'ira: *sapete cosa vi dico? Che mi fate fare uno s.!* (VERGA) | ***Dire uno s., degli spropositi***, cose imprudenti, temerarie | ***A s.***, inopportunamente: *parlare, rispondere, a s.* *2* Errore, grosso sbaglio: *uno s. di grammatica*; *un grave s.*; *uno s. madornale*; *un compito pieno di spropositi*. *3* (*fam.*) Quantità enorme, eccessiva: *consuma uno s. di luce*; *ha mangiato uno s. di dolci*; *la formidabile capacità di austione, di immissione dello s. nella realtà* (GADDA) | Somma enorme, esagerata: *l'ho pagato uno s.*; *per quell'oggetto ho speso uno s.* || **spropositàccio**, **pegg.** | **spropositóne**, **accr.** | **spropositùccio**, **dim.**

sproprïàre ● V. *espropriare*.

sprotèggere [comp. di *s-* e *proteggere*] **v. tr.** (coniug. come *proteggere*) ● (*elab.*) Rimuovere da un programma o da un insieme di dati la protezione che ne impedisce la modifica, la cancellazione, la copia o l'uso non autorizzato.

sprotezióne [comp. di *s-* e *protezione*] **s. f.** ● (*elab.*) Lo sproteggere: *s. di un programma*.

†**sprovàre** [da *provare*, con *s-*; av. 1294] **v. tr.** ● Esperimentare, provare.

†**sprovedùto** ● V. *sprovveduto*.

sprovincializzàre [da *provincia*, con *s-*; 1920] **A v. tr.** ● Privare del carattere provinciale: *la permanenza all'estero lo ha sprovincializzato*. **B v. intr. pron.** ● Perdere i caratteri, gli aspetti provinciali: *gli abitanti della zona si sono sprovincializzati*; *la cultura del paese tarda a sprovincializzarsi*.

sprovincializzazióne [av. 1937] **s. f.** ● Lo sprovincializzare, lo sprovincializzarsi.

sprovvedére [da *provvedere*, con *s-*; av. 1540] **A v. tr.** (coniug. come *provvedere*) ● (*raro*, *lett.*) Rendere, lasciare sfornito: *né volendo i Francesi s. lo Stato di Milano* (GUICCIARDINI). **B v. rifl.** ● (*raro*) Privarsi di ciò di cui si è provvisti: *sprovvedersi di ogni avere*.

sprovvedutézza [1858] **s. f.** ● Condizione di chi è sprovveduto: *la s. di certi lettori*.

sprovvedùto o (*lett.*) †**sprovedùto** [da *provveduto*, con *s-*; av. 1342] **A agg.** *1* Che manca della preparazione necessaria ad affrontare determinate situazioni: *essere s. di fronte alla vita* | (*est.*) Che ha scarse doti intellettuali o culturali: *il pubblico s.*; *rivolgersi ai lettori più sprovveduti*; *è gente sprovveduta*. **CONTR.** Provveduto. *2* (*lett.* o *raro*) Sprovvisto. *3* †Impreveduto, improvviso | ***Alla sprovveduta***, (*ellitt.*) inaspettatamente, alla sprovvista. || **sprovvedutaménte**, **avv.** *1* In maniera sprovveduta. *2* †Improvvisamente, inaspettatamente. **B s. m.** (f. *-a*) ● Persona incapace o impreparata ad affrontare una situazione; persona che ha scarse doti intellettuali o culturali.

sprovvisto [sec. XV] **part. pass.** di *sprovvedere*; anche **agg.** *1* Privo, che non è fornito: *un negozio s. di latte*; *un regista non s. di inventiva*. *2* Nella loc. ***alla sprovvista***, in modo improvviso, di sorpresa: *cogliere qlcu. alla sprovvista*; *essere preso alla sprovvista*.

sprùe /sprue, *ingl.* spɹuː/ [vc. ingl., di etim. incerta; 1930] **s. f. inv.** ● Malattia cronica dell'apparato digerente, caratterizzata da diarrea, anemia e profondo dimagrimento.

†**sprunàre** [da *pruno*, con *s-*; av. 1400] **v. tr.** e **intr. pron.** ● Disprunare | (*fig.*) Districarsi.

spruzzabiancheria [comp. di *spruzza(re)* e *biancheria*; 1970] **s. m. inv.** ● Piccolo recipiente munito di coperchio bucherellato, che contiene l'acqua con cui si aspergono i panni da stirare.

spruzzàglia [da *spruzzare*; 1550] **s. f.** ● (*raro*) Insieme di spruzzi | Pioggia breve e leggera.

spruzzaménto [1592] **s. m.** ● (*raro*) Lo spruzzare.

♦**spruzzàre** [di orig. onomat. V. †*sprazzare*, *sprizzare*; av. 1292] **A v. tr.** *1* Spargere una sostanza liquida a spruzzi, a piccole gocce: *s. acqua sul viso a qlcu. per farlo rinvenire*; *s. un po' di profumo sui capelli*. *2* Aspergere, bagnare, con spruzzi di sostanza liquida: *s. qlcu. d'acqua*; *spruzzare i capelli di profumo*; *s. la biancheria per stirarla*; *spruzzarsi il vestito di fango*. *3* (*est.*) Spargere sopra: *s. lo zucchero su una torta*; *s. una torta di zucchero*. **B v. rifl.** o **intr. pron.** ● Aspergersi o bagnarsi con spruzzi: *spruzzarsi d'acqua di Colonia*.

spruzzàta [1738] **s. f.** *1* Lo spruzzare rapido e sommario: *una s. di profumo*; *una s. di cacao*. *2* (*fig.*) Pioggia leggera e minuta, di breve durata. || **spruzzatina**, **dim.**

spruzzatóre [1930] **s. m.** *1* (*gener.*) Oggetto per spruzzare. *2* Flaconcino a pompetta per spruzzare profumi. *3* (*autom.*) Getto di carburatore.

spruzzatùra [1940] **s. f.** ● Lo spruzzare | Sostanza spruzzata: *una s. di fango* | Segno lasciato da una sostanza spruzzata: *pulire le spruzzature di vino*.

spruzzétta [1949] **s. f.** ● Dispositivo usato nei laboratori chimici per spruzzare un liquido sotto forma di getto sottile.

sprùzzo [da *spruzzare*; sec. XIV] **s. m.** ● Getto di liquido formato da minutissime gocce: *uno s. d'acqua*; *gli spruzzi del mare*; *il battello ballava ... inondato dagli spruzzi delle onde* (FOGAZZARO) | ***Uno s. di pioggia***, pioggia leggera e di breve durata | (*tecnol.*) ***Essiccatore a s.***, nel quale una sostanza in soluzione viene spruzzata in una corrente d'aria calda e secca che ne evapora la parte liquida lasciando la parte solida in forma di finissima polvere secca | ***Verniciatura a s.***, mediante una speciale pistola che lancia la vernice a schizzi. || **spruzzétto**, **dim.** | **spruzzino**, **dim.**

spruzzolàre [da *spruzzare*, con suff. dim.; 1535 ca.] **A v. tr.** (*io sprùzzolo*) ● (*raro*) Spruzzare leggermente. **B v. intr.** (anche **impers.**; aus. *essere* e *avere*) ● (*raro*) Piovigginare.

spruzzolàta [1940] **s. f.** ● (*raro*) Leggera spruzzata.

spruzzolìo [1884] **s. m.** ● Lo spruzzolare continuo.

sprùzzolo [da *spruzzolare*; av. 1470] **s. m.** ● (*raro*) Spruzzo piccolo, leggero: *uno s. di pioggia*. || **spruzzolino**, **dim.**

spudoratézza [1873] **s. f.** ● Caratteristica di chi (o di ciò che) è spudorato.

spudoràto [vc. dotta, dal lat. *expudorātu(m)* 'svergognato', da *pŭdor*, genit. *pudōris* 'vergogna', con *ĕx-* (*s-*). V. *pudore*; 1858] **A agg.** ● Che non ha pudore, non sente vergogna: *uomo, ragazzo s.* | Sfrontato, sfacciato: *contegno s.*; *menzogna spudorata*. **SIN.** Impudente. || **spudorataménte**, **avv.** Con spudoratezza. **B s. m.** (f. *-a*) ● Persona spudorata.

♦**spùgna** o †**spùngia** [lat. *spŏngia(m)*, dal gr. *spongía* 'spugna'; av. 1250] **s. f.** *1* Scheletro di alcuni Poriferi, costituito di una sostanza cornea, morbida, molto elastica, facilmente inzuppabile d'acqua, utile per svariati usi domestici e non: *lavare, lavarsi con la s.*; *passare la s. sul parabrezza* | ***S. artificiale***, simile a quella naturale, ma fatta di gomma o materia plastica | ***Passare la s. su qlco., dare un colpo di s. su qlco.***, (*fig.*) cancellarla dalla memoria, non parlarne più | (*fig.*) ***Diventare una s.***, inzupparsi completamente, detto spec. di persona | ***Bere come una s.***, (*fig.*) essere un gran bevitore | ***Essere una s.***, (*fig.*) un gran bevitore. ➡ **ILL. zoologia generale.** *2* (*est.*) Tessuto di cotone soffice e poroso, usato spec. per accappatoi da bagno e asciugamani | ***Gettare la s.***, V. *gettare*. *3* (*chim.*) ***S. di platino***, platino in massa estremamente porosa, leggerissima, con spiccate proprietà catalitiche. || **spugnétta**, **dim.** (V.) | **spugnùccia**, **spugnùzza**, **dim.**

spugnàre (1) [lat. tardo *spongiāre*, da *spŏngia* 'spugna'; 1561] **v. tr.** ● Bagnare, lavare o pulire con la spugna: *s. i vetri*.

†**spugnàre** (2) e *deriv.* ● V. *espugnare* e *deriv.*

spugnàta [da *spugna*; 1891] **s. f.** *1* Lo spugnare, nel sign. di *spugnare* (*1*). *2* Colpo di spugna inzuppata d'acqua.

spugnatùra [da *spugnare* (*1*); 1891] **s. f.** *1* Applicazione di una spugna inzuppata d'acqua sul corpo. *2* Trattamento fisioterapico con acqua o liquidi medicamentosi applicati mediante spugna.

Spùgne **s. f. pl.** ● Nella tassonomia animale, tipo di invertebrati acquatici con corpo sacciforme sostenuto da una impalcatura silicea, cornea, calcarea (*Porifera*). ➡ **ILL. animali**/1.

spugnétta [1513] **s. f.** *1* Dim. di *spugna*. *2* Piccola spugna inumidita, contenuta in apposito recipiente, usata negli uffici per umettarsi le dita o per inumidire il retro dei francobolli.

spugnòla [da *spugna*; 1813] **s. f.** ● Fungo commestibile degli Ascomiceti con cappello conico alveolato, internamente cavo (*Morchella vulgaris*) | ***S. d'autunno***, con cappello biancastro, lobato a forma di sella ma non alveolato (*Helvella crispa*). ➡ **ILL. fungo.**

spugnòlo [sec. XVIII] **s. m.** ● (*bot.*) Spugnola.

spugnóne [da *spugna*; 1681] **s. m.** ● (*geol.*) Varietà di travertino molto cavernoso.

spugnosità [av. 1320] **s. f.** ● Proprietà di ciò che è spugnoso | Parte spugnosa.

spugnóso [lat. *spongiōsu(m)*, da *spŏngia* 'spugna'; sec. XIII] **agg.** ● Che ha l'aspetto, la natura, le caratteristiche della spugna: *pietra spugnosa*; *osso s.*; *stoffa spugnosa*.

spulàre [da *pula*, con *s*-; 1723] v. tr. ● Mondare dalla pula: *s. il grano*.

spulatùra [1891] s. f. ● Operazione dello spulare.

†**spulcellàre** o †**spulzellàre** [da *pulcella*, con *s*-; sec. XIV] v. tr. ● (*raro*) Sverginare.

spulciàre [da *pulce*, con *s*-; av. 1557] **A** v. tr. (*io spùlcio*) **1** Liberare dalle pulci. **2** (*fig.*) Consultare, esaminare minuziosamente, cercando dati, notizie e sim.: *s. documenti, testi antichi*. **B** v. rifl. ● Togliersi le pulci: *le scimmie si spulciano*.

spulciatóre [av. 1907] s. m. (f. *-trice*) ● Chi spulcia testi, documenti, e sim.

spulciatùra [1789] s. f. ● Attività dello spulciare (*spec. fig.*).

†**spulezzàre** o †**spuleggiàre** [da *pula*, con *s*- e suff. iter.; sec. XIV] v. intr. ● Fuggire in gran fretta, quasi volando via come fa la pula.

†**spulèzzo** o †**spulèggio** [da *spulezzare*; av. 1470] s. m. ● Fuga precipitosa.

spulizzìre [da *pulizia*, con *s*-; 1873] v. tr. (*io spulizzisco, tu spulizzisci*) ● (*pop., tosc.*) Ripulire.

†**spulzellàre** ● V. †*spulcellare*.

spùma [lat. *spūma(m)*, di orig. indeur. V. *pomice*; sec. XIII] s. f. **1** Schiuma: *la s. delle onde, del mare, della birra*. **2** (*miner.*) *S. di mare*, sepiolite. **3** (*bot.*) *S. di primavera*, alga azzurra che forma colonie gelatinose e ondulate sulla terra umida (*Nostoc commune*). **4** Bibita analcolica gassata e aromatizzata. **5** (*cuc.*) Mousse.

spumànte [1336 ca.] **A** part. pres. di *spumare*; anche agg. ● (*raro*) Nel sign. del v.: *onde ... verdi e spumanti* (BOCCACCIO). **B** agg. e s. m. ● Detto di vino frizzante, gener. bianco, che produce schiuma e perlage quando viene stappato e versato nel bicchiere: *un bicchiere di s.*; *s. di Asti*; *s. secco*; *s. semisecco* | *S. naturale*, ottenuto per fermentazione, lenta in bottiglia (metodo classico o champenois), o rapida in autoclave (metodo Charmat) | *S. artificiale o gassificato*, ottenuto per immissione di anidride carbonica, e gener. di scarsa qualità | *Allo s.*, al momento in cui si serve lo spumante, alla fine del pranzo.

spumantìstica [dall'agg. *spumantistico* sostantivato; 1982] s. f. ● Attività legata alla produzione e alla commercializzazione del vino spumante.

spumantizzàre [da *spumant(e)* col suff. *-izzare*; 1985] v. tr. ● (*enol.*) Sottoporre un vino al processo di spumantizzazione.

spumantizzazióne [da *spumantizzare*; 1977] s. f. ● (*enol.*) Processo di trasformazione di un vino in spumante.

spumàre [lat. *spumāre*, da *spūma*; av. 1468] v. intr. (aus. *avere*) ● Fare spuma: *lo champagne spuma nei calici* | (*fig.*) *S. dalla rabbia*, essere molto arrabbiato.

spumeggiànte [1607] part. pres. di *spumeggiare*; anche agg. **1** Nel sign. del v.: *vino s.* **2** (*fig.*) Vivace, brillante: *commedia s.* **3** (*fig., lett.*) Soffice, vaporoso: *pizzo s.*

spumeggiàre [da *spuma*, con suff. iter.-intens.; av. 1636] v. intr. (*io spuméggio*; aus. *avere*) **1** Sollevare molta spuma, spec. continuamente: *il torrente spumeggia*; *lo champagne spumeggia nelle coppe*. **2** (*fig., lett.*) Manifestarsi con vivacità: *spumeggiavano le risate* | Agitarsi, essere in fermento: *La folla spumeggiava e ondeggiava* (VERGA).

spùmeo [vc. dotta, dal lat. *spūmeu(m)*, da *spūma* 'spuma'; 1499] agg. ● (*raro, lett.*) Spumeggiante, spumoso.

spumìno [da *spuma*] s. m. ● Piccolo dolce a base di chiara d'uovo montata a neve con zucchero e cotta al forno.

spumóne [da *spuma*; 1891] s. m. **1** Dolce al cucchiaio leggero e spumoso, fatto con chiara d'uovo, latte e zucchero. **2** Gelato soffice, ottenuto mescolandolo con panna montata.

spumosità [1800] s. f. ● Proprietà, caratteristica di ciò che è spumoso.

spumóso [lat. *spumōsu(m)*, da *spūma* 'spuma'; 1336 ca.] agg. **1** Che è pieno di spuma, che fa molta spuma: *vino s.*; *odorose bevande che ... / ... ardenti, torbide, spumose, / inondavan le tazze* (PARINI) | (*est., lett.*) Vaporoso: *nello s. contorno di trine* (MORAVIA). **2** (*fig.*) Che è soffice e leggero come la spuma: *dolce s.*

†**spùngia** ● V. *spugna*.

spungióne [da *spungia* 'spugna'] s. m. ● (*geol.*) Incrostazione calcarea spugnosa e leggera.

spùnta [da *spuntare* (*2*); av. 1797] s. f. ● Nel linguaggio commerciale, operazione di controllo o revisione di conti, prospetti contabili e sim. | Segno usato per tale operazione.

♦**spuntàre** (**1**) [da *punta* (*1*), con *s*-; sec. XIII] **A** v. tr. **1** Privare della punta: *s. la penna, il coltello, la freccia* | Accorciare leggermente: *s. i capelli, i baffi*; *s. i rami di un albero* | *S. un sigaro*, mozzarne l'estremità affinché tiri meglio. **2** (*raro*) Staccare ciò che era appuntato: *s. un nastro*; *s. un fermaglio dal vestito*. **3** (*fig.*) Superare: *s. una difficoltà* | *Spuntarla*, averla vinta, riuscire in ciò che si desidera: *alla fine l'ha spuntata*; *con me non la spunterà*; *ha finito per spuntarla* | *S. un buon prezzo*, ottenere di acquistare qlco. a un prezzo vantaggioso. **B** v. intr. (aus. *essere*) **1** Uscire con la punta | Nascere, venir fuori, cominciare ad apparire: *nuove foglie stanno spuntando*; *al bambino è spuntato un dente*; *sulle labbra gli spuntò un sorriso*; *all'orizzonte è spuntato il sole*; *cominciava a s. una scienza dell'uomo e della natura* (DE SANCTIS). **2** Comparire all'improvviso: *spuntò da un cespuglio*; *già d'una grotta / spunta giù 'l cavriol* (POLIZIANO). **C** v. intr. pron. **1** Perdere la punta: *la penna si è spuntata nel cadere* | *Spuntarsi contro qlco.*, (*fig.*) perdere forza, pericolosità. **2** (*fig.*) Affermarsi, venir meno: *la sua rabbia si spuntò di colpo*. **D** s. m. solo sing. ● L'apparire, il nascere, il venir fuori: *lo s. della luna*; *allo spuntar del sole*.

♦**spuntàre** (**2**) [da *punto*, con *s*-, sul modello di *appuntare*; 1865] v. tr. ● Controllare un elenco, una distinta e sim. apponendo un segno accanto a ciascuno dei dati man mano che questi vengono controllati: *s. le fatture*.

spuntàre (**3**) [da *punta* (*1*), con *s*-] v. intr. (aus. *avere*) ● (*mecc.*) Superare lo spunto, cioè l'attrito o lo sforzo dell'avviamento: *la slitta ha spuntato* | Disincagliare, disincagliarsi. CONTR. Grippar-si, incepparsi.

spuntàta (**1**) [da *spuntare* (*1*); 1960] s. f. ● Atto del tagliare la punta. || **spuntatina**, dim.

spuntàta (**2**) [da *spuntare* (*2*); 1960] s. f. ● Il controllare velocemente.

spuntàto (**1**) [1342] part. pass. di *spuntare* (*1*); anche agg. ● Nei sign. del v.: *coltello s.*

spuntàto (**2**) [da *spunto* (*1*)] agg. ● Detto di vino che ha preso lo spunto.

spuntatóre [1965] s. m.; anche agg. (f. *-trice*) ● Chi (o Che) spunta, nel sign. di *spuntare* (*2*).

spuntatrice [da *spuntare* (*1*); 1931] s. f. ● Scortecciatrice.

spuntatùra (**1**) [da *spuntare* (*1*); av. 1320] s. f. **1** Operazione del tagliare la punta | Parte tagliata. **2** Trinciato per pipa fatto con le punte tagliate via dai sigari: *spuntature di sigaro*. **3** Taglio di carne bovina o suina intorno alla punta delle costole | Ritagli di carne, nella vendita al minuto: *s. di coste, di lombo*. **4** (*centr.*) Budella di agnello di latte arrostite con spezie.

spuntatùra (**2**) [da *spuntare* (*2*)] s. f. ● (*bur.*) Spunta.

spuntellàre [da *puntello*, con *s*-; av. 1484] v. tr. (*io spuntèllo*) ● Liberare dai puntelli. CONTR. Puntellare.

spuntèrbo [da *punta* (?); 1865] s. m. ● Mascherina della scarpa.

spuntigliàre [da *spuntiglio*; 1860] v. tr. (*io spuntìglio*) ● Lavorare, rifinire con lo spuntiglio.

spuntiglio [variante dell'ant. *spoltiglio* (V.); 1853] s. m. ● Polvere abrasiva assai fine, per levigare superfici metalliche.

spuntinàre [comp. parasintetico di *puntino* col pref. *s*-; 1987] v. tr. ● (*fot.*) Eliminare, mediante ritocco, i puntini bianchi presenti su un negativo.

spuntinatùra [da *puntino*, con *s*-; 1937] s. f. ● (*fot.*) Operazione di spuntinare.

spuntìno [da *spunto* (*1*) e (*2*) con passaggio semantico non chiarito; 1863] s. m. ● Pasto leggero che si consuma tra i pasti principali o in sostituzione di uno di essi: *fare uno s.*

spùnto (**1**) [da *punta*, con *s*-; av. 1811] s. m. **1** Accenno che il suggeritore fa di una battuta teatrale | Prima battuta di un motivo musicale. **2** (*est.*) Occasione che suggerisce l'esecuzione di qlco.: *dare, offrire, lo s.*; *prendere lo s. da qlco.*; *lo s. per la novella glielo offrì un ricordo d'infanzia*. **3** (*enol.*) Difetto del vino debole o non ben conservato che incomincia a infortire, a sapere di acido: *s. acetico, s. lattico*.

spùnto (**2**) [da *spuntare* (*3*); 1919] s. m. **1** (*mecc.*) Superamento dell'attrito o sforzo all'avviamento, di veicoli, motori e sim. **2** (*sport*) Scatto: *s. di velocità* | *S. finale*, volata conclusiva di una corsa.

†**spùnto** (**3**) [dal lat. *expūnctu(m)*, propr. part. pass. di *expŭngere* 'cancellare'. V. *espungere*; 1353] agg. ● Squallido, smorto.

spuntonàta o †**spontonàta** [av. 1400] s. f. ● Colpo di spuntone | (*est.*) Colpo di oggetto simile a uno spuntone.

spuntóne o †**spontóne** [accr. di *punta*, con *s*-; sec. XIII] s. m. **1** Spina acuta e legnosa: *gli spuntoni del carciofo*. **2** †Pungiglione, spec. di vespa. **3** Grossa punta di legno o ferro: *gli spuntoni dell'inferriata*. **4** Antica arma, costituita da un ferro lungo e aguzzo infisso in un'asta, usata per la difesa delle brecce e negli arrembaggi. **5** Breve sporgenza acuminata di roccia, utilizzata in alpinismo come appiglio nell'arrampicata e per manovre di corda. **6** †Coltello a due tagli. || **spuntoncino**, dim.

spunzecchiàre (o *-z-*) ● V. *punzecchiare*.

spunzonàre [da *punzone* 'pugno', con *s*-; 1582] v. tr. (*io spunzóno*) ● (*raro, tosc.*) Colpire con uno spunzone | (*fig.*) Punzecchiare.

spunzonàta [da *spunzonare*; 1922] s. f. ● (*tosc.*) Colpo di spunzone.

spunzóne [da *punzone*, con *s*-; sec. XV] s. m. **1** (*tosc.*) Colpo dato col gomito o con la mano raccolta. **2** (*tosc.*) Grossa punta di ferro | (*est.*) Punta, spina.

†**spuòla** ● V. *spola*.

spupazzàre [da *pupo* 'bambino'; 1913] **A** v. tr. **1** (*fam.*) Coccolare, vezzeggiare con affettuosità, detto di bambini e gener. delle persone amate. **2** (*scherz.*) Intrattenere, accompagnare qlcu. controvoglia: *ho dovuto spupazzarlo per tutto il pomeriggio*. **B** v. intr. pron. ● (*fam.*) Compiere gesti affettuosi, amoreggiare.

†**spuràre** [da *purare*, con *s*-; sec. XIV] v. tr. ● Pulire, spurgare, nettare.

spurgaménto [sec. XIV] s. m. ● (*raro*) Spurgo.

spurgàre [dal lat. *expurgāre*, comp. di *ĕx-* (*-s*) e *purgāre*. V. *purgare*; av. 1347] **A** v. tr. (*io spùrgo, tu spùrghi*) ● Liberare, pulire da ciò che ingombra, ostruisce, insudicia: *s. un canale, una fogna*; *s. il petto dal catarro*; *spurgarsi il petto*. **B** v. intr. pron. ● Espettorare.

spurgatóre [1745] s. m.; anche agg. (f. *-trice*) ● Chi (o Che) spurga | Chi (o Che) serve a spurgare.

spurgatùra [1960] s. f. ● (*raro*) Spurgo.

spùrgo [av. 1527] s. m. (pl. *-ghi*) **1** Lo spurgare, lo spurgarsi: *lo s. dei bronchi* | Operazione dello spurgare: *lo s. di una fogna* | *S. di caldaia*, operazione che consiste nell'estrarre periodicamente dalla caldaia una percentuale dell'acqua in essa contenuta, per sostituirla con altrettanta acqua più pura. **2** Materia che si elimina spurgando. **3** (*edit., spec. al pl.*) Fondo di magazzino, scarto librario.

spùrio [vc. dotta, dal lat. *spŭriu(m)* 'bastardo', di orig. etrusca. V. *sporco*; sec. XIII] agg. **1** Illegittimo: *figlio s.* **2** Privo di genuinità, di autenticità: *opere spurie* | *Edizione spuria*, quella non riconosciuta dall'autore. **3** (*anat.*) *Coste spurie*, fluttuanti.

sput [vc. onomat.] inter. ● Riproduce il rumore di un motore spec. automobilistico in avaria (*spec. iter.*).

sputacchiàre [da *sputare*, con suff. iter.-intens.; av. 1342] **A** v. intr. (*io sputàcchio*; aus. *avere*) **1** Sputare spesso: *mentre parla sputacchia qua e là*. **2** Emettere schizzi di saliva parlando. **B** v. tr. ● (*raro*) Colpire con sputi, coprire di sputi.

sputacchièra [da *sputacchiare*; av. 1698] s. f. ● Recipiente, talora fornito di coperchio, ripieno di segatura, calce o sim., per sputarvi dentro.

sputacchìna [da *sputacchio*, per l'aspetto delle larve; 1916] s. f. ● Insetto degli Omotteri le cui larve compiono tutto lo sviluppo immerse in una schiuma bianca sull'erba medica o sul trifoglio (*Philaenus spumarius*).

sputacchìno [1960] s. m. ● Sputacchina.

sputàcchio [sec. XIV] s. m. ● Sputo grasso e denso.

sputapépe [comp. di *sputa(re)* e *pepe*; 1698] s.

f. inv. ● (*pop.*) Donna petulante e pungente.

♦**sputàre** [lat. *sputāre*, da *spūtus*, part. pass. di *spŭere*; sec. XIII] **A v. tr.** *1* Espellere dalla bocca: *s. saliva, catarro, sangue*; *s. la medicina, la pillola, il cibo, un nocciolo*; *s. ciò che si ha in bocca* | ***S. sangue***, (*fig.*) faticare molto | (*fig.*) ***S. l'anima***, fare una gran fatica; fare tutto ciò che è possibile | ***S. veleno, bile***, (*fig.*) dire parole piene di sdegno, rabbia, invidia | ***S. l'osso***, (*fig.*) restituire ciò che si è preso; dire ciò che si vorrebbe tacere | (*fig.*) ***S. i polmoni***, tossire molto forte; (*est.*) sfiatarsi a parlare | (*fig.*) ***S. sentenze***, parlare con affettazione e sussiego | (*fig.*) ***S. il proprio disprezzo in faccia a qlcu.***, dimostrarglielo apertamente: *sputandole in faccia tutto ... questo disprezzo* (VERGA) | (*fig.*) ***S. il rospo***, esprimere liberamente un motivo di preoccupazione o di sofferenza tenuto celato a lungo per scrupolo o timore. *2* (*fig.*) Gettare fuori, lanciare con violenza: *il vulcano sputa lava*; *la locomotiva sputa fumo e fuoco*. *3* (*raro*) Trasudare: *s. salsedine*. **B v. intr.** (aus. *avere*) ● Emettere sputo dalla bocca: *è vietato s.*; *s. per terra, nel fazzoletto* | ***S. su qlco., addosso a qlcu., a qlco., s. in faccia a qlcu.***, e sim., (*fig.*) dimostrare grande disprezzo | ***S. nel piatto in cui si mangia***, (*fig.*) disprezzare chi (o ciò che) dà aiuto, sostentamento e sim. | †***S. tondo***, parlare con alterigia.

sputasénno [comp. di *sputa(re)* e *senno*; 1476] **s. m. e f. inv.** ● (*disus.*) Sputasentenze.

sputasentènze [comp. di *sputa(re)* e il pl. di *sentenza*; 1598] **s. m. e f. inv.** ● Chi parla sentenziosamente, con tono perentorio.

sputàto [av. 1396] **part. pass.** di *sputare*; anche **agg.** *1* Nei sign. del v. *2* (*fig.*) ***Essere qlcu.*** (***nato e***) ***s.***, essere molto somigliante: *quella ragazza è sua madre sputata.*

†**sputatóre** [dal lat. *sputatōre(m)*, da *sputāre* 'sputare'; av. 1646] **s. m.** (f. *-trice*) ● Chi sputa (*spec. fig.*): *s. di sentenze.*

sputavelèno [comp. di *sputa(re)* e *veleno*; 1960] **s. m. inv.** *1* (*bot.*) Cocomero asinino. *2* (*anche f.*) Persona maldicente.

sputnik /s'putnik, *russo* s'puṭutnjɪk/ [vc. russa, propr. 'compagno di viaggio'; 1957] **s. m. inv.** (pl. russo *sputniky*) ● Nome del primo satellite artificiale, lanciato dall'Unione Sovietica il 4.10.1957 | (*est.*) Satellite artificiale.

spùto [lat. *spūtu(m)*, nt. sost. del part. pass. di *spŭere* 'sputare', di orig. indeur.; av. 1292] **s. m.** *1* (*raro*) Lo sputare. *2* Getto di saliva, o di escreti dell'apparato respiratorio quali muco, catarro e sim., espulso dalla bocca: *s. sanguigno* | ***Ricoprire qlcu. di sputi***, (*fig.*) insultarlo gravemente | ***Essere fatto con lo s.***, (*fig.*) di cosa molto fragile | ***Essere appiccicato con lo s.***, (*fig.*) di cosa che non tiene, che non regge. ‖ **sputàccio**, **pegg.** | **sputétto**, **dim.**

sputtanaménto [1911] **s. m.** ● (*volg.*) Lo sputtanare, lo sputtanarsi, il venire sputtanato.

sputtanàre [da *puttana*, con *s-*; 1849] **A v. tr.** ● (*volg.*) Sparlare di qlcu. in modo da fargli perdere la reputazione, la considerazione degli altri. **B v. intr. pron.** ● (*volg.*) Comportarsi in modo tale da perdere la reputazione, la considerazione degli altri.

sputtanàta [da *sputtanare*; 1983] **s. f.** ● (*volg., raro*) Sputtanamento.

†**spùzza** e *deriv.* ● V. *puzza* e *deriv.*

spy story /spaisˈtɔri, *ingl.* 'spaeˌstɔːɹi/ [loc. ingl., propr. 'racconto, storia (*story*) di spie (*spy*)'; 1981] **loc. sost. f. inv.** (pl. ingl. *spy stories*) *1* Racconto, romanzo o film di spionaggio. *2* Genere letterario o cinematografico di argomento spionistico.

†**squaccheràre** e *deriv.* ● V. *squacquerare* e *deriv.*

squaccheróne ● V. *squacquerone.*

†**squàcquera** o †**squàcchera** [da *squacquerare*; 1353] **s. f.** ● (*fam.*) Diarrea | (*fig., lett.*) Paura: *in città hanno gran s. del colera* (BACCHELLI) | ***A s.***, a vanvera.

†**squacqueràre** o †**squaccheràre** [prob. sovrapp. di *cacca* ad *acqua*; 1483] **A v. intr.** (*io squàcquero*; aus. *avere*) ● (*fam.*) Avere la diarrea. **B v. tr.** ● (*fig.*) Fare qlco. alla svelta | ***S. parole***, spifferare, rivelare tutto. **C v. intr. pron.** ● (*fam.*) Diventare molle.

†**squacqueràto** o †**squaccheràto** [av. 1566] **part. pass.** di *squacquerare*; anche **agg.** *1* Nei sign. del v. *2* (*fig.*) Sguaiato, sconcio: *riso s.* *3* Mollliccio, acquoso. ‖ **squacqueratamènte**, **avv.**

squacqueróne o **squaccheróne** [da *squacquerare*; 1942] **s. m.** ● Formaggio di consistenza molto morbida, simile allo stracchino, tipico dell'Emilia Romagna.

squadernàre [da *quaderno*, con *s-*; 1321] **A v. tr.** (*io squadèrno*) *1* (*raro*) Voltare e rivoltare le pagine di libri, quaderni e sim. *2* Spalancare, per mostrare con evidenza: *gli squadernò la lettera davanti agli occhi* | (*raro*) ***S. ogni cosa***, dirla francamente. **B v. intr. pron.** *1* Mostrarsi, presentarsi. *2* (*raro, lett.*) †Essere diviso, sparso.

squàdra (**1**) [da *squadrare* (*1*); av. 1400] **s. f.** ● Strumento a forma di triangolo rettangolo, atto a tracciare le perpendicolari e le parallele a una retta data | ***S. iperbolica***, strumento che permette di misurare aree, come un rudimentale planimetro | ***S. zoppa, falsa s.***, accessorio della tavoletta pretoriana atto a far coincidere un punto del disegno col punto di stazione in una rilevazione topografica | ***A s.***, ad angolo retto | ***Essere, mettere, stare a, in, s.***, in perpendicolare | ***Uscire di s.***, (*fig.*) uscire dai limiti; (*est.*) perdere la pazienza | ***Essere fuori di s.***, non essere perpendicolare; (*fig.*) essere fuori posto, in disordine.

♦**squàdra** (**2**) [da *squadrare* (*1*) con riferimento a gruppi squadrati; sec. XIV] **s. f.** *1* Complesso di persone addette a uno stesso lavoro o riunite per uno stesso scopo: *una s. di operai, di tecnici, di pompieri*; *s. di soccorso* | (*ferr.*) ***S. rialzo***, destinata alla riparazione e manutenzione delle vetture ferroviarie | ***S. mobile***, reparto speciale di agenti della polizia giudiziaria | (*est., raro*) Brigata, comitiva, gruppo: *una s. di amici, di studenti.* *2* (*mil.*) Minima unità organica di alcune armi o specialità dell'esercito, comandata da un sergente o sergente maggiore ed eventualmente da un graduato di truppa: *s. fucilieri, mitraglieri, mortai* | Unità organica dell'aeronautica militare, costituita da due divisioni | Unità organica della marina militare, formata di due o più divisioni. *3* (*gener.*) Gruppo, schiera di soldati | ***S. d'azione fascista***, negli anni '20 del Novecento, ognuna delle squadre d'assalto formate da volontari armati che compivano azioni di violenza contro i partiti democratici, le organizzazioni sindacali e i loro appartenenti | (*al pl.*) †Moltitudine di soldati: *Veggio rilucer sol di armate squadre / i miei sì larghi campi* (COLONNA) | ***A squadre***, in gran numero. *4* (*sport*) Insieme dei giocatori o degli atleti che disputano partite o campionati o partecipano, collettivamente o individualmente, a competizioni per l'affermazione dei colori sociali o nazionali: *s. di calcio, di ciclisti* | ***Gioco di s.***, quello realizzato dagli atleti che agiscono collettivamente secondo un disegno strategico predisposto; (*fig.*) azione combinata di più persone che collaborano in perfetto accordo per il raggiungimento di un fine comune. ‖ **squadràccia**, **pegg.** (V.) | **squadrétta**, **dim.** | **squadróne**, **accr. m.** (V.) | **squadrùccia**, **dim.**

squadràccia [1905] **s. f.** (pl. *-ce*) *1* Pegg. di *squadra* (*2*). *2* (*spreg.*) Squadra d'azione fascista.

squadràre (**1**) [lat. parl. **exquadrāre*, comp. di *ĕx-* (*s-*) e *quadrāre* 'ridurre in quadro'. V. *quadrare*; 1313] **v. tr.** *1* Disporre a squadra, disporre in modo da ottenere una figura con angoli retti | ***S. un foglio***, tracciarvi, con squadra e compasso, il riquadro entro cui si svilupperà il disegno. *2* (*est.*) Ridurre a sezione quadra: *s. il legno, una trave* | Ridurre in forma quadra | ***S. il terreno***, dividerlo in forme geometriche regolari, in quadrati o rettangoli, con squadri e traguardi. *3* (*mil.*) ***S. il pezzo***, nelle antiche artiglierie, controllare che la bocca da fuoco fosse perfettamente incavalcata ed equilibrata sull'affusto. *4* (*est.*) Osservare, considerare attentamente, quasi misurando: *s. qlcu. con l'occhio, con lo sguardo*; *s. qlcu. da capo a piedi*; *lo squadrò minacciosamente.*

†**squadràre** (**2**) ● V. *squartare.*

squadràto [sec. XIV] **part. pass.** di *squadrare* (*1*); anche **agg.** *1* Ridotto a sezione o in forma quadra: *un blocco di marmo s.* *2* (*fig.*) ***Viso s.***, dai lineamenti spigolosi e marcati.

squadratóre [da *squadrare* (*1*); sec. XV] **s. m.** (f. *-trice*) ● Operaio che squadra pietre. **SIN.** Scalpellino.

squadratrìce [da *squadrare* (*1*); 1988] **s. f.** ● In falegnameria, macchina dotata di frese o di seghe a disco per la regolazione dei bordi e la squadratura in lunghezza e larghezza dei pannelli di compensato, truciolare e sim.

squadratùra [sec. XVI] **s. f.** ● Operazione, lavoro dello squadrare, nel sign. di *squadrare* (*1*).

squadrìglia [dallo sp. *escuadrilla*, dim. di *escuadra* 'squadra (2)'; 1555] **s. f.** *1* (*raro*) Piccola squadra. *2* (*mar.*) Nella marina militare, gruppo di due o tre sezioni di navi leggere o di sommergibili riunite sotto un unico comando | (*aer.*) Unità organica dell'aeronautica militare, comprendente un numero di aerei variabile secondo la specialità: *s. di caccia, di bombardieri.*

squadrìsmo [da *squadra* (*2*), con *-ismo*; 1924] **s. m.** ● L'insieme delle squadre d'azione fasciste e la loro attività negli anni 1921-25 | (*est.*) Uso della violenza e della sopraffazione nei confronti degli avversari politici da parte di squadre organizzate.

squadrìsta [da *squadra* (*2*); 1922] **s. m. e f.** (pl. m. *-i*) ● Appartenente a una squadra d'azione fascista.

squadrìstico [1964] **agg.** (pl. m. *-ci*) ● Relativo a squadrismo | Da squadrista: *un'azione squadristica.*

squàdro (**1**) [1353] **s. m.** *1* Lo squadrare, nel sign. di *squadrare* (*1*): *opera di s.* *2* Strumento topografico che permette di tracciare allineamenti ad angolo retto: *s. agrimensorio*; *s. graduato*; *s. a specchi.* *3* †Squadra, nel sign. di *squadra* (*1*) | ***A s.***, ad angolo retto | ***Sotto s.***, ad angolo acuto | ***Fuori di s.***, non ad angolo retto; (*fig.*) in disordine, fuori posto.

squàdro (**2**) [lat. tardo *squătu(m)*, di etim. incerta; sec. XV] **s. m.** ● Pesce degli Squaliformi con pinne pettorali larghissime, testa e tronco depressi (*Squatina squatina*). **SIN.** Angelo di mare, pesce angelo.

†**squadronàre** [da *squadrone* (*1*); av. 1638] **A v. tr.** ● Ordinare in squadroni. **B v. intr. pron.** ● Muoversi in ordinanza, fare evoluzioni di guerra.

squadróne (**1**) [av. 1470] **s. m.** *1* Accr. di *squadra* (*2*) | (*sport*) Squadra molto forte: *vittoria del nostro s. nella Coppa dei campioni* | Gruppo folto, schiera numerosa. *2* (*mil.*) Unità organica di cavalleria, al comando di un capitano | Denominazione di alcuni reggimenti di mezzi corazzati e blindati. ‖ **squadroncèllo**, **dim.** | **squadroncino**, **dim.**

†**squadróne** (**2**) [sovrapp. di *spadone* a *squadra* (*2*); 1513] **s. m.** ● Grossa sciabola.

squagliaménto [av. 1574] **s. m.** ● Lo squagliarsi (*anche in senso fig.*).

squagliàre [da *quagliare*, con *s-*; av. 1290] **A v. tr.** (*io squàglio*) ● Liquefare, sciogliere, fondere: *il sole squaglia la neve.* **B v. intr. pron.** *1* Liquefarsi, sciogliersi: *la neve al sole si squaglia.* *2* (*fig.*; anche nella forma *squagliarsela*) Andarsene furtivamente, svignarsela: *al momento di pagare si sono squagliati*; *il ladruncolo è riuscito a squagliarsela.*

squàglio [av. 1905] **s. m.** ● (*region.*) Squagliamento | (*rom.*) ***S. di cioccolata***, cioccolata in tazza.

squalène [comp. di *squal(o)* (è abbondante nell'olio di fegato di pescecane) ed *-ene*; 1983] **s. m.** ● (*chim.*) Idrocarburo insaturo a trenta atomi di carbonio della famiglia dei terpeni; è un importante intermedio del metabolismo del colesterolo e degli acidi biliari.

squalìfica [da *squalificare*; 1911] **s. f.** *1* (*raro, lett.*) Lo squalificare | Discredito: *s. sociale*; *Per te sarà la s.!* (PIRANDELLO). *2* (*sport*) Provvedimento disciplinare preso dagli organi federali nei confronti di un atleta o di una squadra che si sono resi colpevoli di una grave scorrettezza o infrazione al regolamento, consistente nell'esclusione da una o più gare o nella sospensione dall'attività per un determinato periodo di tempo | ***S. del campo***, sanzione dovuta a incidenti provocati dal pubblico, che consiste nell'imporre a una squadra di giocare in campo neutro una o più partite che avrebbe dovuto giocare in casa.

squalificàbile **agg.** ● Che può essere squalificato.

squalificànte [1992] **part. pres.** di *squalificare*; anche **agg.** *1* Nei sign. del v. *2* Che priva di credito, prestigio, autorità qlcu. o qlco.: *frasi squalificanti per chi le pronuncia.*

squalificàre [da *qualificare*, con *s-*; 1892] **A v. tr.**

(*io squalìfico, tu squalìfichi*) *1* Riconoscere non idoneo | (*fig.*) Screditare: *quel gesto l'ha squalificato.* *2* (*sport*) Comminare la squalifica a un atleta o a una squadra. **B** v. rifl. ● (*fig.*) Dimostrarsi, col proprio comportamento, inadatto o incapace a un lavoro, indegno della stima e del credito altrui, e sim.

squalificàto [1936] part. pass. di *squalificare*; anche agg. ● Nei sign. del v. | (*fig.*) Screditato.

squalificazióne [da *squalificato*] s. f. ● (*raro*) Squalifica.

Squalifórmi [vc. dotta, comp. del pl. di *squalo* e del pl. di *-forme*; 1960] s. m. pl. (sing. *-e*) ● Nella tassonomia animale, ordine di Selaci con corpo fusiforme, cinque fessure branchiali, bocca ventrale, pinna caudale asimmetrica (*Squaliformes*).

squallènte [vc. dotta, dal lat. *squalĕnte(m)*, part. pres. di *squalēre* 'essere squallido', da *squālus* 'rozzo, sudicio', di orig. indeur. V. *squama*; sec. XVII] agg. ● (*raro, lett.*) Squallido.

squallidézza [sec. XIV] s. f. ● Condizione di ciò che è squallido.

squàllido [vc. dotta, dal lat. *squālidu(m)* 'rozzo, sudicio', da *squalēre* 'essere ruvido', connesso con *squālus* 'ruvido, sporco'. V. *squallente*; av. 1320] agg. *1* Che si trova in uno stato di abbandono, miseria e sim., tale da esprimere o infondere tristezza: *tugurio s.*; *abitazione, casa, squallida*; *terra, campagna, squallida*; *vivere nella più squallida miseria*; *vivere una vita squallida* | Moralmente spregevole, abietto: *uno s. individuo*; *è implicato in una squallida vicenda*; *la squallida realtà del bordello* (SVEVO). *2* (*lett.*) Detto di persona, pallido, smunto, emaciato: *viso s.*; *con la squallida prole e con la nuda / consorte a lato* (PARINI). *3* (*lett.*) †Incolto, ispido: *barba squallida.* || **squallidaménte**, avv.

squallóre [vc. dotta, dal lat. *squalōre(m)*, da *squalēre* 'essere ruvido, aspro'. V. *squallente*; 1342] s. m. ● Aspetto squallido: *là regna lo s.*; *lo s. di un luogo* | Stato di grave miseria, abbandono, tristezza: *vivere nello s.*; *che s.!*; *si sentiva invader l'anima … da uno s. angoscioso* (PIRANDELLO) | Mediocrità, meschinità: *lo s. di giornate sempre uguali.*

♦**squàlo** [vc. dotta, dal lat. *squălu(m)*, di orig. indeur.; av. 1498] s. m. ● (*gener.*) Pesce degli Squaliformi | ***S. azzurro***, verdesca | ***S. balena***, il più grande pesce vivente, raro, grigiastro a macchie tondeggianti chiare (*Rhineodon typus*) | ***S. bianco***, carcarodonte | ***S. elefante***, ***s. gigante***, cetorino | ***S. volpe***, volpe di mare (V. *volpe*) | ***S. tigre***, feroce, tropicale, bruno-grigio, con pelle pregiata e carni commestibili (*Galeocerdo arcticus*) | ***S. nasuto***, smeriglio (3). ➡ ILL. **animali**/6.

squàma o (*tosc.*) **squàmma** [vc. dotta, dal lat. *squāma(m)*, connesso con *squālus* 'ruvido'. V. *squallente*; sec. XIII] s. f. *1* (*zool.*) Ciascuna delle laminette cornee di forma e grandezza varie sulla pelle di molti Vertebrati. *2* (*bot.*) Lamina fogliacea molto ridotta | ***S. placentare***, lamina consistente delle Conifere, inserita sull'asse dello strobilo e portante gli ovuli. *3* (*anat.*) Formazione lamellare, sottile | ***S. cutanea***, lamella di tessuto corneo che si esfolia dalla cute | ***S. temporale***, parte superiore, assottigliata dell'osso temporale. *4* (*gener.*) Scaglia: *le squame di una corazza.* CFR. placo-. || **squamétta**, dim.

squamàre o (*tosc.*) **squammàre** [da *squama*; 1550] **A** v. tr. ● Privare delle squame: *s. un pesce.* **B** v. intr. pron. *1* Detto della pelle umana o animale, sfaldarsi in squame, perdere le squame. *2* (*gener.*) Sfaldarsi in scaglie.

Squamàti [da *squamato*; 1960] s. m. pl. (sing. *-o*) ● Nella tassonomia animale, ordine di Rettili a corpo allungato, coperto di squame o scudi cornei (*Squamata*).

squamàto o (*tosc.*) **squammàto** [vc. dotta, dal lat. tardo *squamātu(m)* 'coperto di squame', da *squāma*; 1499] agg. *1* Fatto a squame | Ricoperto di squame. *2* (*tess.*) Detto di tessuto composto di pagliuzze metalliche o lustrini.

squamatùra [1963] s. f. *1* Lo squamare, lo squamarsi | Parte squamata. *2* Distacco della pellicola di una vernice dal supporto, sotto forma di scaglie.

squamifórme [comp. di *squama* e *-forme*; 1960] agg. ● Che ha forma di squama.

squàmma e deriv. ● V. *squama* e *deriv.*

squamóso [vc. dotta, dal lat. *squamōsu(m)*, da *squāma*; 1334] **A** agg. ● Che è coperto di squame, che è pieno di squame: *pesce s.* CFR. lepido-. **B** s. m. ● (*zool.*) Osso laterale del neurocranio dei Vertebrati, localizzato dietro all'orbita e corrispondente alla squama dell'osso temporale dei Mammiferi.

squarciagóla [comp. di *squarcia(re)* e *gola*; 1873] vc. ● Solo nella loc. avv. ***a s.***, con tutta la forza della voce, in modo forte e violento: *cantare, gridare, urlare a s.*

squarciaménto [av. 1292] s. m. ● Lo squarciare, lo squarciarsi | †Squarcio, fenditura.

squarciàre [lat. parl. **exquartiāre*, da *quărtus* 'quarto' con *ĕx-* (*s-*), propr. 'spaccare in quarti'; av. 1292] **A** v. tr. (*io squàrcio*) *1* Aprire lacerando con violenza, rompere in brandelli: *s. le bende*; *squarciarsi le vesti*; *taglia al pagano ogni armatura, / come squarciasse tegole di carte* (BOIARDO) | (*fig.*) Interrompere violentemente: *un urlo squarciò il silenzio*; *l'esplosione squarciò le tenebre.* *2* (*fig.*) Aprire, svelare: *s. il velo del mistero, del destino.* **B** v. intr. pron. ● Fendersi, aprirsi (*anche fig.*): *le nubi si squarciarono*; *il velo del mistero si squarciò.*

†**squarciasàcco** [comp. di *squarcia(re)* e *sacco*; sec. XIV] vc. ● Solo nella loc. avv. ***a s.***, di sbieco, con ostilità: *guardare a s.*

†**squarciàta** [sec. XIV] s. f. ● Colpo che squarcia (*anche fig.*) | (*fig.*) Vittoria.

squarciàto [sec. XIII] part. pass. di *squarciare*; anche agg. ● Nei sign. del v.

squarciatóre [sec. XIV] s. m.; anche agg. (f. *-trice*) ● (*raro*) Chi (o Che) squarcia.

squarciatùra [1309] s. f. ● Squarciamento | Squarcio.

squarcìna [da *squarciare*; sec. XV] s. f. ● Specie di coltellaccio, un tempo usato come daga dalla fanteria, adatto a squarciare le armature dei cavalieri caduti.

squàrcio [da *squarciare*; av. 1535] s. m. *1* Apertura, lacerazione grande e profonda: *fare, produrre uno s.*; *avere uno s. nel vestito*; *un vestito pieno di squarci* | (*fig.*) Apertura tra le nuvole: *uno s. di sereno, di azzurro.* *2* (*fig.*) Brano letterario, poetico, musicale: *gli squarci più belli del romanzo*; *quei sì spessi squarci dei nostri poeti … italiani … venivano da me saltati a piè pari* (ALFIERI). SIN. Stralcio. *3* †Brogliaccio, scartafaccio. || **squarcétto**, dim. | **squarcino**, dim.

squarcióne [da *squarciare*; av. 1686] s. m.; anche agg. (f. *-a*) ● (*raro*) Spaccone, millantatore.

square dance /*ingl.* 'skwɛəɹ,dæ·ns/ [vc. ingl., propr. 'danza (*dance*) in quadrato (*square*)'; 1965] loc. sost. f. inv. ● Danza popolare nordamericana ballata da quattro coppie disposte in modo da formare un quadrato.

squarquòio [di etim. incerta; av. 1535] agg. ● (*tosc.*) Molto vecchio, decrepito.

squartaménto [av. 1535] s. m. ● Lo squartare | Antica forma di supplizio consistente nello smembrare il corpo (o il cadavere) del condannato mediante violenta trazione dei quattro arti spec. da parte di cavalli spinti in direzioni opposte.

squartàre o (*lett.*) †**squadràre** (2), †**squatràre** [lat. parl. **exquartiāre*, propr. 'dividere in quarti', da *quărtus* 'quarto', con *ĕx-* (*s-*) (V. *squarciare*); sec. XIII] v. tr. *1* Dividere in quarti, tagliare in grossi pezzi: *s. un vitello macellato.* *2* (*iperb.*) Massacrare, trucidare. *3* †Uccidere col supplizio dello squartamento.

squartaròla ● V. *squataròla.*

squartàta [av. 1565] s. f. ● Rapido squartamento: *dare una s.*

squartatóio [da *squartare*; av. 1859] s. m. ● Lungo e grosso coltello da macellaio, per squartare le bestie.

squartatóre [av. 1519] s. m.; anche agg. (f. *-trice*) ● Chi (o Che) squarta | Assassino feroce e truculento.

squartatùra [1865] s. f. ● Operazione dello squartare.

squàrto [sec. XIV] s. m. ● Squartamento | ***Carbone di s.***, ottenuto da legna squartata, cioè da tronchi spaccati secondo la lunghezza.

squash /*ingl.* skwɒʃ/ [vc. ingl., accorc. di *squash* (*rackets*), a sua volta da *to squash* 'schiacciare (con le racchette)'; 1964] s. m. inv. ● (*sport*) Incontro al chiuso tra due giocatori che con una racchetta devono lanciare una palla contro un muro facendola rimbalzare oltre la linea di metà campo, in maniera che l'avversario non risponda.

squaṣimodèo o **scaṣimodèo**, †**squaṣimoddèo** [alterazione pop. di *spasimo di Dio* (?); 1353] **A** s. m. (pl. *squaṣimodei*, raro *squaṣimiddei*) ● †Rozzo, sciocco. **B** in funzione di inter. ● †Esprime meraviglia, sorpresa, ammirazione e sim.

squassaménto [1560] s. m. ● (*raro*) Violento scuotimento.

†**squassapennàcchi** [comp. di *squassa(re)* e il pl. di *pennacchio*; 1534] s. m. inv. ● (*scherz.*) Spaccone, smargiasso.

squassàre [dal lat. *quassāre*, intensivo di *quătere* 'scuotere', con *s-* durativa-intensiva (V. †*quassamento*, *scassare*); sec. XIII] **A** v. tr. ● Scuotere con violenza: *il vento squassa gli alberi.* **B** v. rifl. ● (*raro*) Agitarsi, divincolarsi.

squàsso [sec. XIII] s. m. ● (*raro*) Squassamento | Scossa violenta.

squataròla o **squartaròla** [da una vc. sett. **scatarola*, connessa con l'ant. *scato* 'bastone', dal lat. tardo *scăptu(m)*, di orig. got.: il n. è prob. dovuto alle lunghe gambe; av. 1871] s. f. ● (*zool.*) Pivieressa.

†**squatràre** ● V. *squartare.*

squatter /'skwɒtər, *ingl.* 'skwætəɹ/ [vc. ingl. da *to squat*, propr. 'accosciarsi', dal fr. antico *esquater* 'comprimere', a sua volta dal latino *cōgere* 'costringere' tramite il lat. mediev. (non attestato) *coactīre*; 1937] s. m. e f. inv.; anche agg. inv. ● Chi (o Che) occupa abusivamente un edificio, un appartamento o un terreno, spec. come atto di protesta sociale.

squattrinàre (1) [da *quattrino*, con *s-*; 1845] **A** v. tr. ● (*disus.*) Ridurre senza quattrini. **B** v. intr. pron. ● (*disus.*) Ridursi senza quattrini.

squattrinàre (2) [da *squittinare*, *scrutinare* (V.), con sovrapposizione di *quattrino*; av. 1803] v. tr. ● (*fam., tosc.*) Esaminare minuziosamente.

squattrinàto [da *quattrino*, con *s-*; av. 1673] agg.; anche s. m. (f. *-a*) ● Che (o Chi) non ha quattrini. CONTR. Danaroso.

squaw /*ingl.* skwɔ:/ [adattamento ingl. di una vc. indiana delle tribù della famiglia algonchina; 1923] s. f. inv. ● Sposa, moglie, nel linguaggio degli Indiani dell'America settentrionale.

squèro [vc. venez., dal gr. *eschárion* 'cantiere', da *eschára* 'legno, base'; 1500] s. m. ● (*venez.*) Cantiere navale, spec. di piccole imbarcazioni: *vedevo gli squeri su cui nascevano i bastimenti* (STUPARICH) | Scalo, riparo coperto per navi in disarmo e piccole imbarcazioni, spec. gondole.

squilibràre [calco su *equilibrare*, con cambio di *e-* ritenuto prefisso (*s-*); av. 1808] **A** v. tr. *1* (*raro*) Far uscire d'equilibrio | (*fig.*) Privare dell'equilibrio psichico. *2* (*fig.*) Dissestare finanziariamente. **B** v. intr. pron. ● (*raro*) Perdere l'equilibrio (*anche fig.*).

squilibràto [1818] **A** part. pass. di *squilibrare*; anche agg. *1* Privo di equilibrio: *un carico s.* | (*fig.*) Detto di ciò che manca di una giusta proporzione fra gli elementi che lo costituiscono: *dieta squilibrata.* *2* Che non ha, o non ha più, l'equilibrio psichico, mentale o morale: *mente squilibrata*; *giovane s.* CONTR. Equilibrato. **B** s. m. (f. *-a*) ● Persona squilibrata.

squilìbrio [calco su *equilibrio*, con *s-*; 1803] s. m. *1* Mancanza di equilibrio, anche psichico o mentale: *s. mentale*; *dare segni di s.* *2* Differenza, sbilancio | Situazione, di breve o lunga durata, in cui si altera l'equilibrio tra le forze che agiscono nel sistema economico: *s. tra la domanda e l'offerta*; *s. tra risparmi e investimenti.*

squìlla (1) [dal got. **skilla*, V. ted. *Schelle* 'campanello'; 1319] s. f. *1* Campana, spec. piccola e di suono acuto | Campano che si attacca al collo dei bovini. *2* (*est., lett.*) Campana | Suono di campana: *or la s. dà segno / della festa che viene* (LEOPARDI).

squìlla (2) [lat. *squĭlla(m)*, di etim. incerta; sec. XIII] s. f. ● (*dial.*) Canocchia, cicala di mare.

squillànte [sec. XIV] part. pres. di *squillare*; anche agg. *1* Nei sign. del v. *2* Chiaro, acuto, detto di suono: *voce s.*; *note squillanti.* *3* (*fig.*) Vivace, intenso, detto di colore: *colore s.*; *verde s.*

♦**squillàre** [da *squilla* (*1*); 1344 ca.] **A** v. intr. (aus. *essere* e *avere*) *1* Emettere un suono chiaro, acuto, alto: *il campanello sta squillando*; *squilla il telefono*; *la sua voce squillò nel silenzio.* *2* (*fig.*) †Muoversi velocemente, volare. **B** v. tr. ● †Far squillare: *chi mostra fuochi, chi squilla el suo corno* (POLIZIANO).

†**squillitico** [vc. dotta, dal lat. *scillĭticu(m)*, dal gr. *skillitikós*, da *skílla* 'scilla, cipolla'; sec. XIV] **agg.** ● Di squilla, nel sign. di *squilla (2)*.

squillo [da *squillare*; 1321] **A s. m.** ● Suono forte, acuto e vibrante, dalla durata breve: *uno s. di tromba; al primo s. di campanello; due squilli di telefono; uno s. di risa; s'udì lo s. della sua voce.* **B** in funzione di **agg. inv.** ● (posposto al s.) Nelle loc. ***ragazza s.***, prostituta disponibile mediante chiamata telefonica | (*est.*) ***Albergo, centrale, casa s.***, in cui si esercita tale tipo di prostituzione. **C** in funzione di **s. f. inv.** ● (*ellitt.*) Ragazza squillo.

†**squinanzia** [vc. dotta, deriv. dal gr. *kynánchē* 'angina del cane', comp. di *kýōn*, genit. *kynós* 'cane' e di un deriv. di *ánchein* 'soffocare', con *s-*; av. 1306] **s. f.** ● Angina, mal di gola.

squinci [da *quinci*, con *s-*; av. 1793] **vc.** ● (*pop., scherz.*) Nelle loc. ***parlare in quinci e s.***, ***in s. e squindi***, in modo affettato e pedante | ***Senza tanti s. e squindi***, senza inutili parole e complimenti, semplicemente: *vieni al sodo, senza tanti s. e squindi.*

squincio ● V. *sguincio*.

squindi [da *quindi*, con *s-*; 1873] **vc.** ● (*pop., scherz.*) Nelle loc. ***parlare in squinci e s.***, in modo affettato e pedante | ***Senza tanti squinci e s.***, senza inutili parole e complimenti, semplicemente: *dimmi ciò che vuoi senza tanti squinci e s.*

squinternare [da *quinterno*, con *s-*; 1527] **v. tr.** (*io squintèrno*) **1** Sconnettere i quinterni di un libro, un fascicolo, e sim. **2** (*fig.*) Scombussolare, turbare: *quel fatto mi ha squinternato.*

squinternàto [1534] **A part. pass.** di *squinternare*; anche **agg.** **1** Scompaginato. **2** Che ha un comportamento strano, che conduce una vita disordinata | Che non ha il cervello completamente a posto. || **squinternataménte**, **avv.** **B s. m.** (f. *-a*) ● Persona squinternata.

squinternatùra [1960] **s. f.** **1** (*raro*) Lo squinternare. **2** In legatoria, scomposizione, scucitura dei fascicoli di un libro prima di una nuova legatura.

squinzia [prob. da Donna *Squinzia*, personaggio di una commedia di C.M. Maggi (1630-1691); av. 1750] **s. f.** ● (*region.*) Ragazza smorfiosa e saccente, dai modi leziosi e affettati.

squirting /*ingl.* 'skwɜːɪtɪŋ/ [vc. ingl. da *to squirt* 'sprizzare, guizzare'; 1994] **s. m. inv.** ● Tipo di canoa leggerissima molto maneggevole, impiegata per eseguire spettacolari evoluzioni.

squiṣitézza o †**esquiṣitézza** [1585] **s. f.** **1** Caratteristica di ciò che è squisito | Finezza, raffinatezza di modi. **2** (*spec. al pl., est.*) Cosa squisita: *le squisitezze della tavola.*

♦**squiṣito** o †**esquiṣito** [lat. *exquisītu(m)*, part. pass. di *exquīrere* 'cercare insistentemente', comp. di *ĕx-* (*s-*) e *quaërere* 'cercare' (V. †*quesire*); av. 1306] **agg.** **1** Eccellente, prelibato, detto di cibi, bevande e sim., dal sapore delicato e gradevole: *dolce, gelato, s.; vini squisiti; una cena squisita.* **2** (*fig.*) Raffinato, perfetto: *gentilezza, cortesia, squisita; artista, scrittore, s.; una squisita padrona di casa; il Poliziano aveva uno s. sentimento della forma* (DE SANCTIS). **3** (*raro, lett.*) Ricercato. || **squiṣitaménte**, **avv.** **1** In modo squisito: *un piatto squisitamente buono; un uomo squisitamente gentile.* **2** Tipicamente, prettamente: *una raffinatezza squisitamente francese.*

squiṣitùdine o †**esquiṣitùdine** [1873] **s. f.** ● (*raro, tosc.*) Squisitezza, gentilezza affettata.

squit [vc. onomat.; 1970] **inter.** ● Riproduce lo squittio di un topo.

†**squittinàre** [lat. tardo *scrutināre* 'investigare' (V. *scrutinare*); av. 1364] **v. tr. e intr.** ● Scrutinare.

†**squittinatóre** [da *squittinare*; av. 1363] **s. m.** (f. *-trice*) ● Scrutinatore.

†**squittinio** (1) o †**squittino** [dal lat. tardo *scrutīniu(m)* 'inchiesta' (V. *scrutinio*); av. 1309] **s. m.** ● Scrutinio.

squittinio (2) [da *squittire* (1); av. 1912] **s. m.** ● Lo squittire, nel sign. di *squittire (1)* | Verso dell'animale che squittisce.

†**squittino** ● V. †*squittinio (1)*.

squittio [1832] **s. m.** ● Lo squittire continuo, nel sign. di *squittire (1)*.

squittire (1) o †**schiattire** [vc. di orig. onomat.; sec. XIV] **v. intr.** (*io squittisco, tu squittìsci*; aus. *avere*) **1** Emettere versi brevi, acuti e stridenti, detto di animali, spec. uccelli: *i pappagalli squittiscono; il topo squittisce* | Nel linguaggio venatorio, abbaiare sommessamente, detto dei cani da seguito. **2** (*raro, scherz., spreg.*) Emettere piccoli gridi striduli, detto di persona: *costui lavala con l'acqua bollente, la donna squittisce* (SACCHETTI).

†**squittire** (2) o †**sguittire** [etim. incerta; 1921] **v. intr.** ● Sguizzare, guizzare.

†**squoiare** ● V. *scoiare*.

ṣradicàbile [1858] **agg.** ● Che si può sradicare.

ṣradicaménto [1671] **s. m.** ● Lo sradicare, il venire sradicato (*anche in senso fig.*) | ***S. economico, sociale***, condizione di chi non ha rapporti organici con il mondo economico e con le forze sociali.

ṣradicàre [lat. parl. **exradicāre*, rideterminazione del classico *eradicāre*, comp. di *ĕx-* (*s-*) e di *rādix*, genit. *radīcis* 'radice'; sec. XIII] **v. tr.** (*io ṣràdico, tu ṣràdichi*) **1** Strappare un vegetale con le radice: *s. un albero dal suolo.* **SIN.** Estirpare, svellere. **2** (*fig.*) Estirpare, distruggere: *s. il vizio, il male; s. l'ignoranza della società.*

ṣradicàto [1561] **A part. pass.** di *sradicare*; anche **agg.** **1** Nei sign. del v. **2** Che non ha o non sente legami con l'ambiente o la società in cui vive: *artista s.* **B s. m.** (f. *-a*) ● Persona sradicata.

ṣradicatóre [1745] **A s. m.**; anche **agg.** (f. *-trice*) ● Chi (o Che) sradica. **B s. m.** ● Attrezzo per togliere dal terreno ceppi o radici, o per abbattere alberi o arbusti.

ṣragionaménto [1822] **s. m.** ● Lo sragionare | Ragionamento sconnesso.

ṣragionàre [da *ragionare*, con *s-*; 1803] **v. intr.** (*io ṣragióno*, aus. *avere*) ● Ragionare male, a rovescio, fare ragionamenti sconnessi.

†**ṣragionatóre** [1821] **s. m.** (f. *-trice*) ● Chi sragiona.

ṣragionévole [da *sragionare*, sul modello di *ragionevole*; 1618] **agg.** ● (*raro*) Irragionevole.

ṣralingàre [da *ralinga*, con *s-*; 1889] **v. tr.** (*io ṣralìngo, tu ṣralìnghi*) ● (*mar.*) Togliere o scucire le ralinghe.

†**ṣregolaménto** [da *sregolare*; 1604] **s. m.** ● (*raro*) Sregolatezza.

†**ṣregolàre** [da *regola*, con *s-*; av. 1459] **A v. tr.** ● Fare uscire di regola. **B v. intr. pron.** ● Disordinarsi, deviare dalla regola.

ṣregolatézza [av. 1729] **s. f.** **1** Condizione di chi (o di ciò che) è sregolato: *s. di vita, di costumi.* **SIN.** Dissolutezza. **2** Atto, comportamento, sregolato: *le sue sregolatezze lo porteranno alla rovina.*

ṣregolàto [da *regola*, con *s-*; av. 1574] **agg.** **1** Che non ha regola: *essere s. nel mangiare.* **CONTR.** Regolato. **2** Moralmente disordinato: *fare una vita sregolata.* **CONTR.** Sobrio. || **ṣregolataménte**, **avv.** Senza regola, senza misura: *vivere sregolatamente.*

ṣrotolaménto **s. m.** ● (*raro*) Lo srotolare, lo srotolarsi.

ṣrotolàre [contr. di *arrotolare*, con cambio di pref. (*s-*); 1886] **A v. tr.** (*io ṣròtolo*) ● Stendere ciò che era arrotolato. **CONTR.** Arrotolare. **B v. intr. pron.** ● Stendersi, detto di ciò che è arrotolato.

ṣrugginire [calco su *arrugginire*, con cambio di pref. (*s-*); av. 1574] **v. tr.** (*io ṣrugginisco, tu ṣrugginìsci*) ● (*raro*) Dirugginire.

ṣruvidire [da *ruvido*, con *s-*] **v. tr.** (*io ṣruvidisco, tu ṣruvidisci*) ● (*raro, pop.*) Togliere la ruvidezza.

SS /'esse 'esse/ [vc. ted., dalle iniziali di *Schutz-Staffel* 'scaglione (*Staffel*) di difesa (*Schutz*)'; 1950] **s. f. inv.** ● Milite appartenente alla Schutz-Staffel, organizzazione militare del partito nazionalsocialista tedesco, con compiti di polizia, fino al 1945: *a Marzabotto le SS hanno sterminato donne, vecchi e bambini.*

st /sː/ o **sst** /sːt/, **ssst** /sːt/, **sss** /sː/, **ssh** /*ʃː/ [onomat.; 1827] **inter.** ● Riproduce il suono sibilante con cui si zittisce qlcu. ovvero si chiama o si richiama qlcu. sottovoce.

sta /sta/ ● V. †*esta*.

stabaccàre [da *tabaccare*, con *s-*; 1865] **v. intr.** (*io stabàcco, tu stabàcchi*; aus. *avere*) ● (*pop., disus.*) Fiutare spesso tabacco.

Stàbat Màter [loc. lat., propr. 'stava', III pers. sing. imperf. indic. di *stāre* 'stare' e *māter* 'la madre'; av. 1306] **loc. sost. m. inv.** ● Parole con le quali inizia l'inno *Stabat Mater Dolorosa*, composto da Jacopone da Todi e usato nella liturgia cattolica del Venerdì Santo | (*est.*) L'inno stesso | Composizione musicale, gener. per voci e orchestra, che accompagna tale inno: *lo Stabat Mater di G. Rossini.*

stabbiàre [lat. *stabulāre* 'stare nella stalla', da *stăbulum* 'stalla'; 1592] **A v. tr.** (*io stàbbio*) **1** Tenere il bestiame nello stabbio. **2** Concimare con lo stabbio. **B v. intr.** (aus. *avere*) ● Stare nello stabbio per concimare il terreno, detto di pecore o sim.

stabbiàto [av. 1597] **part. pass.** di *stabbiare*; anche **agg.** ● (*raro*) Nei sign. del v.

stabbiatùra [1822] **s. f.** ● Concimazione di pascoli e prati mediante lo sterco di bestiame tenuto all'addiaccio.

stàbbio [lat. *stăbulu(m)* 'stalla', da *stāre* 'stare'; sec. XIII] **s. m.** **1** Recinto ove sono raccolte di notte pecore o mandrie al pascolo. **SIN.** Addiaccio. **2** Sterco degli animali di stalla misto a paglia. **SIN.** Letame, stallatico. || **stabbiòlo**, **dim.** (V.).

stabbiòlo o †**stabbiuòlo** [dim. di *stabbio*; av. 1604] **s. m.** ● Piccola stalla | Porcile.

♦**stàbile** [vc. dotta, dal lat. *stăbile(m)*, da *stāre* 'stare'; 1280] **A agg.** **1** Che è ben saldo, fisso, inamovibile: *scala, ponte, s.; fondamenta stabili* | (*disus.*) Beni stabili, beni immobili | †***Entrare in beni stabili***, comprare beni immobili. **CONTR.** Instabile. **2** (*fig.*) Durevole, costante: *essere s. nei propositi; dare a qlco. una sistemazione s.* | Permanente, duraturo, non provvisorio: *impiego s.; essere impiegato in pianta s.; avere dimora s. in un luogo* | Non variabile, detto del tempo: *tempo s.; bello s.; temperatura s.* | Che non sbiadisce, detto di colore: *tinta s.* **3** (*chim.*) Detto di composto o sistema chimico che non subisce alterazioni o variazioni nel tempo. **4** ***Teatro s., compagnia s.***, organizzazione teatrale o compagnia stabilmente attiva in una determinata città. **5** (*fis.*) Detto di atomo o particella elementare non soggetta a disintegrazione spontanea | ***Equilibrio s.***, in un sistema meccanico, posizione di equilibrio tale che il sistema, una volta allontanato anche di pochissimo da essa, tende a ritornarvi. || **stabilménte**, **avv.** **B s. m.** **1** Edificio, casa, fabbricato: *uno s. pericolante; reddito degli stabili.* **SIN.** Immobile. **2** (*ellitt.*) Teatro stabile: *lo Stabile di Torino.* **3** †Stabilità. **C s. f.** ● Compagnia teatrale stabile: *la Stabile di Genova.*

†**stabilézza** [av. 1306] **s. f.** ● (*lett.*) Stabilità.

♦**stabiliménto** [vc. dotta, dal lat. *stabilimĕntu(m)* 'appoggio, sostegno', da *stabilīre* 'stabilire' per calco sul fr. *établissement* nel sign. 2 e seguenti; av. 1292] **s. m.** **1** (*lett., elvet.*) Lo stabilire, il determinare qlco. di stabile: *lo s. della pace* | Istituzione: *lo s. di una società* | †Consolidamento. **2** Fabbricato, insieme di fabbricati, in cui si svolge un'attività industriale: *s. industriale, siderurgico.* **3** Fabbricato, insieme di fabbricati adeguatamente attrezzati, in cui si svolge un servizio di pubblica utilità: *s. termale, balneare, idroterapico* | ***S. penale, carcerario***, carcere | ***S. ospedaliero***, nel nuovo ordinamento del servizio sanitario nazionale, l'edificio o il complesso di edifici adibito ai servizi ospedalieri. **4** (*mar.*) ***S. del porto***, intervallo di tempo tra l'istante del passaggio della Luna al meridiano e quello in cui la marea raggiunge il massimo livello. **5** (*al pl.*) Colonia, possedimento, in alcune denominazioni geografiche: *stabilimenti francesi d'Oceania.*

♦**stabilire** [vc. dotta, dal lat. *stabilīre* 'rendere stabile', da *stăbilis* 'stabile'; av. 1294] **A v. tr.** (*io stabilìsco, tu stabilìsci*) **1** Determinare qlco. in modo stabile, fissare: *s. la propria sede, la propria dimora, in un luogo.* **2** Istituire, costituire: *Dario stabilì l'impero persiano.* **3** Statuire, deliberare, decretare: *s. norme, leggi, regole; s. i patti, le condizioni; s. il prezzo d'acquisto; s. qlco. per legge, per decreto* | Decidere: *s. di farsi; stabilì di andare; stabilì che sarebbe andato* | Proporsi: *stabilì in cuor suo di fuggire; stabilì in cuor suo che sarebbe fuggito.* **4** †Rendere stabile, fermo: *s. una pianta sul terreno.* **B v. rifl.** **1** Prendere stanza, sede, dimora (*anche fig.*): *si è stabilito a Roma; si stabilirono in campagna; la costanza … si stabilisce … con lo studio della sapienza dei filosofi* (VICO). **2** (*lett.*) †Costituirsi, mettersi: *era necessitato di … stabilirsi da se medesimo in perpetua suggezione* (GUICCIARDINI). **3** (*lett.*) †Confermarsi, ostinarsi.

stabilità o †**stabilitàde**, †**stabilitàte** [vc. dotta, dal lat. *stabilitāte(m)*, da *stăbilis* 'stabile'; 1304] **s. f.** **1** Condizione, caratteristica di ciò che è stabile: *s. di un edificio, di un ponte; s. di propositi; s. di un servizio, di un impiego; la s. dei prezzi.*

2 (*aer.*) Capacità dell'aereo di mantenersi, o ritornare prontamente in assetto normale dopo una perturbazione. *3* (*mar.*) Attitudine di una nave a riprendere la posizione iniziale dopo esserne stata spostata da una causa perturbatrice | ***S. di rotta***, attitudine di una nave a mantenere la rotta senza necessità di manovrare con il timone.

stabilito [av. 1300] **A** part. pass. di *stabilire*; anche **agg.** *1* Nei sign. del v. *2* Disposto, fissato: *è s. che*; *resta s. che ...*; *resta s. così* | ***L'ordine s.***, la legge. **B** s. m. ● (*dir.*) Documento contenente tutti gli elementi del contratto, che, se munito di clausola all'ordine, ne consente la cessione senza notificazione o accettazione del contraente ceduto.

stabilitùra [da *stabilire*; av. 1755] s. f. ● Applicazione sulle pareti interne o esterne degli edifici dell'ultimo strato di smalto sull'intonaco.

stabilizzànte [1965] **A** part. pres. di *stabilizzare*; anche **agg.** *1* Nei sign. del v. *2* (*chim.*) Detto di additivo di varia natura atto a conservare stabile un composto o un sistema chimico. SIN. Stabilizzatore. **B** s. m. ● (*chim.*) Sostanza stabilizzante.

stabilizzàre [comp. di *stabil(e)* e *-izzare*; 1929] **A** v. tr. ● Rendere stabile. **B** v. intr. pron. ● Diventare stabile: *le condizioni del paziente si sono stabilizzate.*

stabilizzàto [1940] **A** part. pass. di *stabilizzare*; anche **agg.** *1* Reso o diventato stabile. *2* Nel passato ordinamento universitario, detto di professore incaricato che aveva diritto a conservare l'incarico se in possesso di tre anni di anzianità di insegnamento. **B** s. m. (f. *-a*) ● Professore universitario stabilizzato.

stabilizzatóre [1907] **A** s. m.; anche **agg.** (f. *-trice*) ● Chi (o Che) stabilizza: *apparecchio s.* **B** s. m. *1* (*elettr.*) Dispositivo che elimina le variazioni nella tensione o nella corrente destinate alla alimentazione di apparecchiature a tensione costante, come radio, televisione, strumenti di misura, e sim., o a corrente costante. *2* (*aer.*) Parte fissa dell'impennaggio orizzontale destinata ad assicurare la stabilità dell'aeromobile. ➡ ILL. p. 2157 SPORT; p. 2175 TRASPORTI. *3* (*mar.*) Apparecchio per contrastare il rollio. *4* (*chim.*) Stabilizzante.

stabilizzazióne [1927] s. f. ● Lo stabilizzare, lo stabilizzarsi, il venire stabilizzato.

stabulàre (1) [vc. dotta, dal lat. *stabulāre* 'stare nella stalla' (V. *stabbiare*); 1504] **A** v. tr. (*io stàbulo*) ● Mettere, tenere nella stalla | ***S. le trote, le anguille***, allevarle in recinti, in vivai appositi. **B** v. intr. (aus. *avere*) *1* Essere tenuto, allevato in stalla, detto di animali domestici. *2* (*lett.*) †Albergare: *qualunque ... pastor vi pasce o stabula* (SANNAZARO).

stabulàre (2) [dal lat. *stăbulu(m)* 'stalla' col suff. di agg.] **agg.** ● Detto di allevamento praticato al chiuso di una stalla.

stabulàrio [vc. dotta, dal lat. *stabulāriu(m)* 'albergatore, oste', da *stăbulum* 'stalla'; av. 1406] s. m. *1* Stalla pubblica. *2* Canile municipale per cani randagi o smarriti. *3* Locale di un istituto di ricerca scientifica o di laboratorio, in cui si allevano animali a scopo di studio e osservazione. *4* †Oste, albergatore | Pastore.

stabulazióne [vc. dotta, dal lat. *stabulatiōne(m)* 'stallaggio', da *stabulāre* 'stallare' (V. *stabbiare*); 1857] s. f. *1* Sistema di allevamento del bestiame nelle stalle | ***S. fissa***, con bestiame legato | ***S. libera***, con bestiame libero nell'interno della stalla, su lettiera permanente o su graticci. *2* Sistema di allevamento di alcuni pesci e molluschi in appositi recinti o impianti a mare, tali da eliminare il pericolo di infezioni e consentire una più abbondante e rapida riproduzione.

stacanovìsmo e *deriv.* ● V. *stachanovismo e deriv.*

staccàbile [av. 1704] **agg.** ● Che si può staccare.

staccaménto [av. 1537] s. m. ● (*raro*) Lo staccare, lo staccarsi |Distacco.

♦**staccàre** [da *tacca*, con *s-*; av. 1380] **A** v. tr. (*io stàcco, tu stàcchi*) *1* Levare da ciò che è attaccato o congiunto ad un altro: *s. un francobollo da una lettera*; *s. un quadro dal muro*; *s. un bottone*; *la coltellata gli staccò l'orecchio*; *s. un biglietto, una bolletta* | Scostare, rimuovere: *s. un mobile dalla parete* | Togliere: *s. la corrente* | ***Non s. gli occhi di dosso a qlcu., non s. gli occhi da qlcu. o da qlco.***, guardare a lungo e insistentemente | (*raro*) ***S. un vestito***, tagliare, far tagliare dalla pezza la stoffa necessaria per fare un vestito | ***S. i cavalli***, togliere loro i finimenti per metterli nella stalla (*anche assol.*): *andare a s.* CONTR. Attaccare. *2* Spiccare: *s. un assegno* | (*raro*) ***S. il bollore***, cominciare a bollire | †***S. un mandato***, emanarlo. *3* (*sport*) In una gara di corsa, distanziare gli avversari, prendere del vantaggio su di essi: *s. il gruppo.* *4* (*mus.*) ***S. le note***, eseguirle separandole nettamente. **B** v. intr. (aus. *avere*) *1* Spiccare, risaltare, avere rilievo: *la figura stacca dal fondo*; *il bianco stacca sul nero.* *2* (*fam.*) Cessare il lavoro: *a che ora stacchi? Oggi stacco a mezzogiorno.* **C** v. intr. pron. *1* Separarsi (*anche fig.*): *si staccò lentamente dalla parete*; *staccarsi dalla famiglia, dai propri cari, dal mondo.* *2* Venir via: *si è staccato un bottone*; *il manifesto si stacca dal muro.* *3* Allontanarsi: *la barca si stacca dalla riva* | ***Staccarsi da terra, dall'acqua***, alzarsi a volo, detto di un aeromobile.

staccàto [av. 1311] **A** part. pass. di *staccare*; anche **agg.** *1* Nei sign. del v. *2* (*teat.*) ***Parte staccata***, quella limitata a una sola scena | (*mus.*) Colpo ad arco degli strumenti ad arco che ottiene suoni staccati facendo scorrere una parte sola dell'arco | ***Note staccate***, quelle, segnate con apposite indicazioni, che devono eseguirsi nettamente separate fra loro con una corrispondente diminuzione della loro durata | (*mil.*) ***Opere staccate***, costruzioni difensive che si integrano sistematicamente in una cinta continua fortificata ma sono da questa distanziate pur ricevendone appoggio diretto. || **staccataménte**, avv. **B** s. m. ● (*mus.*) Modo di esecuzione a note staccate, e relativa indicazione sullo spartito. CFR. Tenuto.

staccatùra [av. 1537] s. f. ● (*raro*) Stacco.

staccheggiàre [da *tacco*, con *s-* e suff. iter.-intens.; 1873] v. intr. (*io stacchéggio*; aus. *avere*) ● (*raro*) Fare rumore coi tacchi camminando.

stacchettàre [da *tacchettare*, con *s-* durativa-intensiva; 1870] v. intr. (*io stacchétto*; aus. *avere*) ● Stacheggiare.

stàcci ● V. *stare*.

stacciabùràtta o **stacciabbùràtta** [comp. di *staccia(re)* e *(ab)buratta(re)*; av. 1665] vc. ● (*tosc.*) Solo nella loc. ***fare a s.***, gioco infantile consistente nel tirarsi avanti e indietro tenendosi per le mani e stando uno di fronte all'altro.

stacciàio [sec. XVI] s. m. (f. *-a*) ● Chi fabbrica o vende stacci.

stacciàre [lat. tardo *saetaciāre*, da *saetācium* 'staccio' (V. *setacciare*); av. 1320] v. tr. (*io stàccio*) ● Setacciare.

stacciàta [sec. XIV] s. f. ● Lo stacciare una volta.

stacciatóre [1970] s. m.; anche **agg.** (f. *-trice*) ● Chi (o Che) staccia.

stacciatùra [av. 1566] s. f. ● Operazione dello stacciare | Residuo di ciò che è stato stacciato.

stàccio [lat. tardo *saetāciu(m)*, da *sāeta* 'setola' (V. *setaccio*); sec. XIV] s. m. ● Setaccio.

staccionàta [vc. laziale, dall'ant. *staccia*, dall'ant. fr. *estache* 'palo'; 1846] s. f. *1* Recinzione formata da traverse di legno sostenute da pali infissi nel terreno. *2* (*sport*) Nelle gare di salto ippiche, ostacolo formato di frasche e sterpi o di traverse di legno, che, se urtate, cadono.

stàcco [da *staccare* (V. *distacco*); av. 1767] s. m. (pl. *-chi*) *1* Lo staccare, lo staccarsi, il fatto di venire staccato | ***S. d'abito***, taglio di stoffa staccato da una pezza per fare un abito. *2* (*fig.*) Intervallo, mancanza di continuità: *fare uno s. tra una parola e l'altra*; *c'è troppo s. fra le due scene* | (*est.*) Breve intervallo in una trasmissione radiotelevisiva: *s. musicale*; *s. pubblicitario.* *3* (*fig.*) Passaggio brusco, senza mediazioni: *fra i due colori c'è troppo s.* | ***Fare s.***, risaltare, spiccare. *4* (*cine*) Passaggio da un'inquadratura a un'altra in un film, senza servirsi di dissolvenze. *5* (*sport*) Nel salto, azione con cui il corpo dell'atleta o del ginnasta abbandona il contatto con il terreno. || **stacchétto**, dim.

stachanovìsmo /stakano'vizmo/ o **stacanovìsmo**, **stakanovìsmo** [dal n. del minatore russo A. G. *Stachanov* (1906-1977) che nel 1935 segnò un primato nella quantità di carbone estratto individualmente; 1936] s. m. *1* Movimento sorto nell'Unione Sovietica dopo il 1935 per incrementare la produttività mediante l'emulazione reciproca dei lavoratori. *2* (*iron.*) Esagerato entusiasmo, zelo eccessivo sul lavoro.

stachanovista /stakano'vista/ o **stacanovista**, **stakanovista** [1935] **A** s. m. e f. (pl. m. *-i*) *1* Chi pratica lo stacanovismo. *2* (*iron.*) Chi lavora con entusiasmo esagerato. **B** agg. ● Che si riferisce allo stacanovismo: *sistema s.*

stachanovìstico /stakano'vistiko/ o **stacanovìstico**, **stakanovìstico** [1987] **agg.** (pl. m. *-ci*) ● Che riguarda lo stacanovismo | Da stacanovista. || **stachanovisticaménte**, avv.

stadèra [lat. *statēra(m)*, dal gr. *statḗr*, genit. *statêros* 'peso, moneta', da *histánai* 'stare', di orig. indeur. (V. *stare*); av. 1306] s. f. ● Tipo di bilancia con un peso costante scorrevole lungo un braccio graduato, in modo da costituire un momento equilibratore di quello che l'oggetto da pesare forma rispetto al punto fisso | ***S. a ponte***, bilancia per la misura del carico di carri, autocarri, carri ferroviari e sim. || **staderìna**, dim. | **staderóna**, accr. | **staderóne**, accr. m.

staderàio [1386] s. m. (f. *-a*) ● Chi fabbrica o vende stadere.

staderànte [1892] s. m. e f. ● Addetto alla pesatura con una stadera.

stàdia [V. *stadio*; 1875] s. f. ● Asta graduata di misura impiegata in rilevamenti topografici.

†**stàdico** ● V. †*statico (2)*.

♦**stàdio** [vc. dotta, dal lat. *stădiu(m)*, dal gr. *stádion* 'stadio' (V. *staggio*) (*1*); av. 1275] s. m. *1* Misura greca di lunghezza, corrispondente a seicento piedi, di valore variabile a seconda della dimensione del piede nelle diverse località ed epoche | ***S. attico***, pari a m 177,6 | ***S. alessandrino***, pari a m 184,85. *2* (*archeol.*) Nell'antica Grecia e Roma, edificio di forma rettangolare con uno dei lati corti arrotondato, circondato di gradinate che permettevano agli spettatori di assistere seduti alle gare di corsa a piedi. *3* (*sport*) Campo per lo svolgimento di gare sportive solitamente all'aperto, attrezzato con varie strutture, quali spogliatoi, servizi igienici, palestre, ristori e uffici, fornito di gradinate, talora coperte, che accolgono un alto numero di spettatori: *andare allo s.* ➡ ILL. p. 2146 SPORT. *4* (*fig.*) Fase, grado, periodo: *il processo si trova al primo s.*; *gli stadi di una malattia*; *uno s. avanzato*; *i primi stadi di una civiltà.* *5* (*aer.*) Ciascuno dei tronchi propulsivi di un missile vettore che si staccano via via, al procedere della salita, quando è esaurito il loro propellente | ***Primo s.***, quello che imprime la fortissima accelerazione iniziale e si stacca per primo | ***Ultimo s.***, quello che porta il satellite, la capsula, la sonda o altro veicolo spaziale. *6* (*elettron.*) Circuito che assolve una data funzione: *s. amplificatore*; *s. di alta o di bassa frequenza*; *s. mescolatore*; *s. rivelatore.*

staff /ingl. stæ˙f/ [vc. ingl., propr. 'bastone', perché questo è simbolo d'autorità; 1955] s. m. inv. ● Gruppo di persone addette a un particolare compito o assegnate alle dipendenze di qlcu. per aiutarlo nello svolgimento dei suoi compiti: *uno s. di ricercatori*; *lo s. del sindaco* | (*org. az.*) Ufficio o gruppo di funzionari con compiti ausiliari, privo di legami di gerarchia operativa diretta nella gestione aziendale.

stàffa (1) [dal longob. *staffa* 'predellino'; sec. XIII] s. f. *1* Ciascuno dei due arnesi di ferro pendenti dalla sella, nei quali si mette il piede salendo a cavallo o ve lo si tiene appoggiato nel cavalcare: *mettere, infilare, tenere il piede nella s.*; *accorciare, allungare le staffe* | ***Reggere le staffe***, per aiutare a montare a cavallo | ***Essere con il piede nella s.***, essere pronto a partire (*anche fig.*) | ***Perdere le staffe***, non avervi più i piedi infilati; (*fig.*) perdere la pazienza, non frenarsi più | ***Tenere il piede in due staffe***, (*fig.*) barcamenarsi fra due partiti in contrasto fra loro, per uscire senza danno da una situazione, comunque essa si risolva | ***Il bicchiere della s.***, l'ultimo bicchiere, offerto o bevuto al momento della partenza, del commiato. ➡ ILL. p. 2152 SPORT. *2* Montatoio, predellino della carrozza. *3* Striscia di tessuto o di cuoio che, passando sotto al piede o sotto alla scarpa, tiene fermi i calzoni o le ghette | ***S. della calza***, parte fra il calcagno e il collo del piede | ***S. della vanga***, staffale, vangile | ***S. della balestra***, ferro a forma di staffa fissato all'estremità superiore dell'arma in cui il balestriere infilava il piede tenendo capovolta la balestra per tendere la corda. *4* In alpinismo, scaletta portatile di due o tre gradini usata per l'arrampicata artificiale. *5* In varie tecnologie, pezzo di ferro con funzioni di collegamento, rinforzo e sim. *6* (*edil.*) Parte dell'armatura trasversale delle travi di cemento armato, formata da un tondo di acciaio di piccolo diametro e piegato a linea chiusa o quasi chiusa. *7* (*banca*) *S. scalare*, prospetto per il calcolo degli interessi nei conti correnti bancari.

stàffa (**2**) [dal precedente, per la forma; 1691] **s. f.** ● (*anat.*) Uno degli ossicini dell'orecchio medio. ➡ ILL. p. 2126 ANATOMIA UMANA.

staffàle [da *staffa* (*1*); 1876] **s. m.** ● Ferro sporgente del manico della vanga su cui poggia e preme il piede dell'operatore. SIN. Vangile.

staffàre (**1**) [da *staffa* (*1*) nel sign. 5; sec. XIV] **v. tr.** ● (*tecnol.*) Attaccare, rinforzare e sim. con una o più staffe | Munire di staffe di sostegno.

staffàre (**2**) [da *staffa* (*1*) nel sign. 1, con *s-* sottratt. concresciuto; av. 1435] **A v. intr.** (aus. *avere*) ● (*raro*) Perdere la staffa | Levare il piede dalla staffa. **B v. intr. pron.** ● (*raro*) Restare con un piede impigliato nella staffa.

staffatùra [1891] **s. f.** ● Operazione dello staffare, nel sign. di *staffare* (*1*).

†**staffeggiàre** [da *staffa* (*1*), con *s-* e *-eggiare*; 1483] **v. intr.** ● Perdere la staffa.

staffétta [da *staffa* (*1*); sec. XIII] **A s. f.** *1* (*ant.* o *mil.*) Corriere, anticamente a cavallo, incaricato di portare lettere, ordini, messaggi e sim.: *spedire una s.*; *è arrivata una s.*; *spedire un messaggio per s.*, *per la s.* *2* (*sport*) Gara di corsa, nuoto e sim. tra squadre i cui componenti percorrono ciascuno un tratto successivo del percorso | La squadra che disputa tale gara | *S. mista*, nel nuoto, gara in cui ogni frazionista adotta uno dei quattro stili | Nello sci nordico, gara di fondo disputata da squadre di quattro concorrenti che percorrono frazioni successive su un percorso di lunghezza variabile | *S. alpina*, disputata da tre atleti che in successione percorrono un tratto in piano, uno in salita e uno in discesa | Nel calcio, avvicendamento, nel corso di una partita, fra calciatori che giocano nello stesso ruolo. *3* (*fig.*) Avvicendamento concordato, spec. in campo politico. || **staffettina**, dim. **B** in funzione di **agg. inv.** ● (posposto al s.) Detto di mezzo di trasporto che per motivi di sicurezza ne precede un altro, su cui viaggia un personaggio illustre o potente, allo scopo di verificare che il percorso sia libero di ostacoli e pericoli: *treno s.*, *vettura s.*

staffettìsta [1950] **s. m. e f.** (pl. m. *-i*) ● (*sport*) Concorrente di una gara a staffetta.

staffière [da *staffa* (*1*); av. 1470] **s. m.** *1* Servo che un tempo reggeva la staffa al signore quando questi montava a cavallo. SIN. Palafreniere. *2* Servitore di casa signorile.

staffilaménto [1838] **s. m.** ● (*raro*) Lo staffilare.

staffilàre [da *staffile*; 1557] **v. tr.** *1* Percuotere con lo staffile. *2* (*fig.*) Sferzare, con critiche aspre, acerbe.

staffilàta [1526] **s. f.** *1* Colpo di staffile. *2* (*fig.*) Critica aspra, acerba. *3* Nel calcio, tiro forte e rapido contro la porta avversaria.

staffilatóre [1826] **s. m.** (f. *-trice*) ● (*raro*) Chi staffila.

staffilatùra [1824] **s. f.** ● (*raro*) Lo staffilare | Punizione a base di staffilate.

staffile [da *staffa* (*1*); sec. XV] **s. m.** *1* Sferza, spec. formata da una striscia di cuoio. *2* Striscia di cuoio a cui sta appesa la staffa, nella bardatura del cavallo. ➡ ILL. p. 2152 SPORT.

†**stàfile** [vc. dotta, dal gr. *staphylḗ* 'grappolo d'uva', poi 'ugola', d'orig. oscura: per il passaggio semantico V. *ugola*; 1606] **s. f.** ● Ugola.

Stafilìnidi [da *stafilino* (*1*); 1931] **s. m. pl.** (sing. *-e*) ● Nella tassonomia animale, famiglia di Coleotteri con corpo allungato ed elitre accorciate, spesso ipogei (*Staphylinidae*).

stafilìno (**1**) [vc. dotta, dal gr. *staphylînos*, n. d'insetto, da *staphylḗ* 'grappolo d'uva' (V. *stafile*), per la forma; 1821] **s. m.** ● Coleottero comune nei prati, nero, opaco, carnivoro, con lunghe e forti mandibole (*Ocypus olens*).

stafilìno (**2**) [da *stafile*; 1810] **agg.** ● (*anat.*) Relativo al palato molle e all'ugola: *muscolo s.*

stàfilo- [dal gr. *staphylḗ* 'grappolo d'uva' (V. *stafile*)] primo elemento ● In parole composte della terminologia scientifica, indica struttura o disposizione a grappolo (*stafilococco*) e in qualche caso somiglianza con il chicco d'uva (*stafiloma*); nella terminologia medica, indica anche relazione con l'ugola o con il palato molle (*stafilofaringite*).

stafilocòccico agg. (pl. m. *-ci*) ● Di, relativo a stafilococco.

stafilocòcco [comp. di *stafilo-* e *cocco* (*4*); 1899] **s. m.** (pl. *-chi*) ● (*biol.*) Varietà di microrganismo piogeno formato di cocchi che si dispongono a grappolo.

stafilodromìa [vc. dotta, dal gr. *staphylodrómos*, propr. 'colui che corre col grappolo d'uva', comp. di *staphylḗ* 'grappolo, racemo' e *-dromos* 'corridore' (V. *velodromo*); 1965] **s. f.** ● Gara di corsa tenuta nell'antica Sparta durante le feste in onore di Apollo Carneo.

stafilofaringite [comp. di *stafilo-* e *faringite*; 1957] **s. f.** ● (*med.*) Infiammazione simultanea della faringe e del palato molle.

stafilòma [comp. di *stafil(o)-* e *-oma*; sec. XIV] **s. m.** (pl. *-i*) ● (*med.*) Dilatazione di un tratto della parete oculare con protrusione del contenuto, simile a chicco d'uva.

stafisàgria [vc. dotta, lat. tardo *stăphis ăgria* (nom.), dal gr. *staphìs agría*, propr. 'uva (*staphís*, d'orig. sconosciuta) selvatica (*agría*, f. di *ágrios*, da *agrós* 'campo', d'orig. indeur.)'; sec. XIV] **s. f.** ● Pianta erbacea delle Ranuncolacee con odore sgradevole, fiori azzurri o rosei in racemi terminali con sepali speronati (*Delphinium staphysagria*). SIN. Erba dei pidocchi, pidocchiara.

stage /fr. staʒ, *evit. ingl.* steidʒ/ [vc. fr., propr. 'tirocinio'; 1963] **s. m. inv.** ● Fase di un addestramento consistente nel trascorrere un certo periodo di tempo in un ufficio, presso un istituto universitario o un'azienda, per imparare il lavoro che vi si svolge.

stagflazióne [comp. di *stag(nazione)* e *(in)flazione*; 1973] **s. f.** ● (*econ.*) Fase del ciclo economico caratterizzata dalla presenza simultanea di fenomeni di stagnazione e inflazione.

stàggia [da *staggio* (*1*); sec. XV] **s. f.** ● (*lett.*) Staggio (1).

staggiàre [da *staggio* (*1*); 1825] **v. tr.** (*io stàggio*) *1* (*agr.*) Puntellare gli alberi carichi di troppi frutti. *2* (*mar.*) †Controllare la portata di una nave, per mezzo dello staggio.

staggiatùra [1870] **s. f.** ● (*agr.*) Operazione dello staggiare.

†**staggiménto** [da †*staggire*; sec. XIV] **s. m.** ● Sequestro.

†**staggina** [sovrapposizione di (*o*)*staggio* a un deriv. dall'ant. fr. *saisine* 'impossessamento', da *saisir* 'impadronirsi'; av. 1292] **s. f.** ● Sequestro.

stàggio (**1**) [lat. *stădiu(m)* 'misura' (V. *stadio*); av. 1320] **s. m.** *1* In vari oggetti o tecnologie, ciascuno dei pezzi di legno, aste, pertiche e sim., usati per sorreggere, tendere, limitare qlco. | Ciascuna delle due aste verticali della scala a mano, in cui sono infissi di traverso i pioli | Ciascuno dei due legni della sedia che delimitano lateralmente la spalliera | Ciascuno dei regoli che servono a stringere e allargare il telaio da ricamo | Regolo di gabbia | Ciascuno dei due legni cui è fissata la lama nella sega intelaiata. SIN. (*lett.*) Staggia. *2* (*caccia*) Pertica o stanga laterale per sostenere le reti dei paretai. *3* (*sport*) Ciascuno dei due elementi orizzontali delle parallele usati in ginnastica artistica. *4* †Asta graduata usata per fare misurazioni.

†**stàggio** (**2**) [dall'ant. fr. *estage*, dal lat. parl. **stăticu(m)*, da *stāre* 'stare'] **s. m.** ● (*raro*) Stallo, abitazione.

†**stàggio** (**3**) ● V. *ostaggio*.

†**staggire** [sovrapposizione di (*o*)*staggio* a un deriv. dall'ant. fr. *saisir* 'impadronirsi'; 1303] **v. tr.** ● Pignorare, sequestrare | (*fig.*) *S. qlcu. in prigione*, *in carcere*, trattenervelo.

†**staggitóre** s. m.; anche **agg.** (f. *-trice*) ● (*raro*) Chi (o Che) staggisce.

stagionàle [1922] **A agg.** *1* Che riguarda la stagione: *fenomeno s.* | Che è proprio di una stagione: *malattia s.* *2* Che dura una stagione, che si verifica durante una stagione: *emigrazione s.*; *lavoro s.* | *Primato s.*, il risultato migliore conseguito da un atleta durante una stagione di gare. || **stagionalménte**, avv. **B s. m. e f.** ● Chi lavora solo in determinati periodi dell'anno: *gli stagionali dell'agricoltura*.

stagionalità [1960] **s. f.** ● (*raro*) Condizione di ciò che è stagionale.

stagionaménto [av. 1704] **s. m.** ● Stagionatura.

stagionàre [da *stagione*; 1288] **A v. tr.** (*io stagióno*) ● Conservare un prodotto in determinate condizioni per il tempo necessario perché acquisti particolari qualità: *s. il vino*, *il formaggio* | *S. il legname*, lasciarlo all'aria aperta sino a che abbia perso tutta l'umidità. **B v. intr. e intr. pron.** (aus. *essere*) *1* Acquistare particolari qualità rimanendo in determinate condizioni per il tempo necessario: *il formaggio pecorino deve stagionare almeno due mesi.* *2* †Ridursi a perfetta cottura.

stagionàto [av. 1367] **part. pass.** di *stagionare*; anche **agg.** *1* Nei sign. del v. *2* (*scherz.*) Attempato, in là con gli anni: *una signora piuttosto stagionata.*

stagionatóre [da *stagionare*; 1676] **s. m.** (f. *-trice*) ● Chi è addetto alla stagionatura.

stagionatùra [1669] **s. f.** ● Operazione, tecnica dello stagionare | Processo di conservazione di ciò che stagiona | Tempo necessario per stagionare: *richiedere una lunga s.*

♦**stagióne** [lat. *statiōne(m)*, propr. 'dimora', da *stātus*, part. pass. di *stāre* (V. *stare*, *stazione*); av. 1250] **s. f.** *1* Ciascuno dei quattro periodi in cui gli equinozi e i solstizi dividono l'anno solare, e cioè primavera, estate, autunno, inverno: *l'alternarsi*, *il succedersi*, *il mutare*, *delle stagioni*; *s. avanzata*, *inoltrata*; *cambiamento di s.* | (*poet.*) *La nuova s.*, *la s. novella*, la primavera | *Mezza s.*, (*gener.*) primavera, autunno | *Abito da mezza s.*, né leggero né pesante. *2* (*est.*) Condizioni meteorologiche e atmosferiche che accompagnano ogni stagione: *s. fredda*, *calda*, *piovosa*, *umida* | *La bella*, *la buona*, *s.*, la primavera, l'estate | *La brutta*, *la cattiva s.*, l'autunno, l'inverno. *3* Periodo dell'anno in cui hanno luogo determinati lavori agricoli o in cui si hanno determinati raccolti: *la s. della semina*, *della vendemmia*, *del raccolto*; *la s. delle ciliege*, *delle pesche*, *dell'uva* | *La s. dei fiori*, (*per anton.*) la primavera. *4* Periodo di tempo, anche compreso entro due anni successivi, in cui hanno luogo determinate attività, manifestazioni e sim.: *la s. teatrale*, *cinematografica*, *lirica*; *la s. della prosa*; *la s. delle vendite*; *i saldi di fine s.*; *s. ciclistica*; *s. calcistica 1995-96* | *Alta*, *bassa s.*, periodo dell'anno in cui l'attività turistica e alberghiera è particolarmente intensa o ridotta | *S. morta*, periodo dell'anno in cui una qualsiasi attività si svolge a ritmo molto ridotto, o cessa del tutto. *5* Tempo adatto, propizio: *la s. dei bagni*, *degli amori*; *è finita la s. delle passeggiate*; *non è questa la s. per fare un viaggio*; *ogni cosa ha la sua s.* | *Frutto di s.*, giunto a maturazione nel suo tempo; (*fig.*) qualunque evento, anche spiacevole e noioso, normale per il periodo in cui si verifica: *il raffreddore è un frutto di s.* | *Frutto fuori s.*, giunto a maturazione prima o dopo il suo tempo; (*fig.*) qualunque evento che si verifichi in un periodo insolito o inopportuno. *6* (*poet.*) Tempo, periodo di tempo: *soffrii lunga stagion ciò che più spiace* (TASSO) | Età: *quando de' miei fiorenti anni fuggiva / la stagion prima* (FOSCOLO) | †*Alla s.*, secondo il tempo | †*Per s.*, talvolta | †*Tutta s.*, sempre. || **stagionàccia**, pegg.

†**stagionévole** [av. 1729] **agg.** ● (*raro*) Che stagiona.

stagirita [vc. dotta, dal lat. *Stagirīta(m)*, dal gr. *Stagirítēs*, da *Stágira* 'Stagira'; 1308] **A agg.** (pl. m. *-i*) ● Di Stagira, antica città greca. **B s. m. e f.** ● Abitante di Stagira | *Lo Stagirita*, (*per anton.*) Aristotele.

stagista [da *stag(e)* col suff. *-ista*; 1989] **s. m. e f.** (pl. m. *-i*) ● Chi sta compiendo uno stage.

stagliàre [da *tagliare*, con *s-*; 1553] **A v. tr.** (*io stàglio*) *1* (*disus.*) Tagliare grossolanamente. *2* †Fare uno stralcio | (*est.*) Risolvere, regolare. **B v. intr. e intr. pron.** (aus. *essere*) ● Risaltare, fare spicco: *la montagna si staglia contro il cielo*; *i monti si stagliano nel cielo.*

stagliàto [1313] **part. pass.** di *stagliare*; anche **agg.** *1* (*disus.*, *lett.*) Scosceso. *2* Nella loc. †*andar alla stagliata*, (*ellitt.*) per la via più breve.

stagliatùra [1945] **s. f.** ● (*disus.*) Lo stagliare.

†**stàglio** [da *stagliare*, sul modello di *taglio*; sec. XIV] **s. m.** ● Computo fatto alla grossa, stralcio.

stàgna [da *stagnare*; 1914] **s. f.** ● Recipiente a chiusura ermetica di latta stagnata: *una s. di olio*, *di benzina*. CFR. Latta. || **stagnina**, dim.

stagnàio o (*dial.*) **stagnàro** [lat. tardo *stagnāriu(m)*, da *stăgnum* 'stagno (1)'; av. 1536] **s. m.** (f. *-a*) ● Artigiano che salda con lo stagno e fa lavori in latta. SIN. Lattoniere.

stagnaménto [av. 1698] **s. m.** ● Ristagno.

stagnànte [av. 1374] part. pres. di *stagnare (3)*; anche agg. ● Che ristagna: *aria s.*; *commerci stagnanti*.

stagnàre (1) [lat. tardo *stagnāre* 'saldare', da *stăgnum* 'stagno (1)'; sec. XIII] v. tr. *1* Rivestire con un sottile strato di stagno una superficie metallica | Aggiustare, saldare con lo stagno: *s. una pentola*. *2* (*est.*) Chiudere recipienti, serbatoi e sim., in modo che il liquido in essi contenuto non fuoriesca: *s. un barile*.

stagnàre (2) [lat. *stagnāre*, da *stăgnum* 'stagno (2)' (V. *ristagnare (1)*); sec. XIII] **A** v. tr. ● Far cessare il flusso di un liquido: *s. il flusso del sangue*; *s. il sangue di una ferita*. **B** v. intr. e intr. pron. (aus. intr. *avere*) ● Cessare di fluire: *il sangue si è stagnato*.

stagnàre (3) [lat. *stagnāre*, da *stăgnum* 'stagno (2)' (V. *ristagnare (1)*); 1313] v. intr. (aus. *avere*) *1* Fermarsi formando uno stagno, detto di acqua: *l'acqua del fiume stagna nelle campagne* | (*est.*) Essere fermo, non circolare: *nei luoghi chiusi l'aria stagna*. *2* (*fig.*) Ridursi notevolmente d'intensità, detto spec. di attività economica: *in questo periodo i commerci stagnano*.

stagnàro ● V. *stagnaio*.

stagnàta (1) [1865] s. f. ● Lo stagnare in fretta, nel sign. di *stagnare (1)*.

stagnàta (2) [f. sost. di *stagnato*; sec. XIII] s. f. ● (*dial.*) Recipiente di latta stagnata. SIN. Stagnina. || **stagnatèlla**, dim. | **stagnatina**, dim.

stagnàto [1303] part. pass. di *stagnare (1)*; anche agg. ● Nei sign. del v.: *una pentola dal fondo s.*

stagnatùra [lat. *stagnatūra(m)*, da *stagnāre* 'saldare, stagnare' (V. *stagnare (1)*); 1795] s. f. *1* Operazione dello stagnare. *2* Rivestimento di superfici metalliche con uno strato di stagno, per immersione o per elettrodeposizione | Strato di stagno.

stagnazióne [da *stagnare (3)*, sul modello dell'ingl. *stagnation*; av. 1714] s. f. ● (*econ.*) Periodo di arresto della crescita economica; CFR. Stagflazione | (*est.*) Fase di ristagno di un'attività o di un fenomeno: *s. culturale*.

†**stàgneo** [vc. dotta, dal lat. *stăgneu(m)*, da *stăgnum* 'stagno (1)'; av. 1363] agg. ● (*raro*) Di stagno.

†**stagnìcola** [comp di *stagno (2)* e *-cola* (V. *-colo*); 1875] s. f. ● (*zool.*) Gallinella d'acqua.

stagnicoltóre s. m. (f. *-trice*) ● Chi si occupa di stagnicoltura.

stagnicoltùra [comp. di *stagno (2)* e *coltura*; 1912] s. f. ● Allevamento di pesci in stagni.

stagnìna [da *stagno (1)*; 1872] s. f. ● Recipiente di latta stagnata | Bricco di latta stagnata per tenervi l'olio.

stagnìno [da *stagno (1)*; 1873] s. m. (f. *-a*) ● (*region.*) Stagnaio.

stàgno (1) [lat. *stăgnu(m)*, di orig. gallica; av. 1294] s. m. ● Elemento chimico, metallo bianco argenteo, malleabile, ottenuto per riduzione della cassiterite, usato per leghe, per saldature elettriche, per la produzione della latta, e sim. SIMB. Sn | ***Grido dello s.***, caratteristico rumore emesso da una barra di tale metallo quando venga piegata | ***Peste dello s.***, fenomeno per cui lo stagno, in un ambiente freddo, può passare a una sua forma allotropica, disgregandosi in una polvere grigia.

♦**stàgno (2)** [lat. *stăgnu(m)*, di etim. incerta; sec. XIII] s. m. ● Piccola distesa d'acqua, dolce o salmastra, poco profonda, che non scorre né defluisce: *sullo s. del parco affiorano le ninfee*; *s. artificiale*.

♦**stàgno (3)** [da *stagnare (1)*, sec. XIII] agg. *1* Che è a tenuta d'acqua: *paratie stagne* | ***Compartimenti stagni***, gli ambienti della parte sommersa di una nave divisi fra loro da paratie stagne; (*fig.*) ambienti, attività e sim. nei quali o fra i quali regna l'incomunicabilità più assoluta. *2* (*dial.*) Solido, robusto, ben piantato.

†**stàgno (4)** agg. ● (*lett.*) Stagnato.

stagnòla [da *stagno (1)*; 1803] s. f. *1* Lamina di stagno sottilissima, usata per l'avvolgimento protettivo di sostanze spec. alimentari deperibili. *2* (*dial.*) Lattina, bidone per olio o petrolio.

stagnòlo [da *stagno (1)*; sec. XV] agg. ● Di stagno, spec. nella loc. ***carta stagnola***, carta comune a cui viene fatta aderire sotto pressione, mediante collanti, la stagnola, usata per imballo protettivo di sostanze deperibili.

staiàta [1871] s. f. ● Spazio di terreno per seminare uno staio di grano.

stàio o †**stàro** [lat. *sextāriu(m)* 'sesta parte del congio', da *sĕxtus* 'sesto'; sec. XII] s. m. (pl. *stàia*, f. nei sign. 1 e 3, *stài*, m. nel sign. 2) *1* Unità di misura di capacità per cereali o aridi usata un tempo nell'Italia settentrionale: *uno s. di grano* | ***A staia***, in grande quantità. *2* Recipiente cilindrico a doghe per misurare grano, avena e sim., di capacità diversa secondo i luoghi | ***Ago dello s.***, ferro che dal centro del fondo dello staio arriva sino alla bocca di questo inserendosi nella maniglia | ***Maniglia dello s.***, ferro che attraversa la bocca dello staio ed è fermato all'ago | ***Colmare lo s.***, (*fig.*, *tosc.*) compiere l'opera | (*scherz.*) ***Cappello a s.***, cappello a cilindro. *3* Antica unità di misura agraria di superficie che indica quanta terra occorre alla semina di uno staio di grano e sim. SIMB. bu || **staióne**, accr.

stakanovìsmo /stakano'vismo/ e *deriv.* ● V. *stachanovismo* e *deriv.*

Stalag /ted. 'ʃtalak/ [vc. ted., abbr. di *Sta(mm)lag(er)* 'campo di base'; 1960] s. m. inv. ● Campo di prigionia per sottufficiali e soldati nemici nella Germania nazista durante la Seconda Guerra Mondiale.

stalagmìte o **stalammìte** [vc. dotta, comp. del gr. *stálagma*, genit. *stalágmatos* 'goccia' e *-ite (2)*; 1726] s. f. ● (*geol.*) Deposito colonnare di carbonato di calcio che s'innalza dal suolo delle grotte nelle quali si sono infiltrate acque calcaree. ➡ ILL. p. 2130 SCIENZE DELLA TERRA ED ENERGIA.

stalagmìtico [av. 1803] agg. (pl. m. *-ci*) ● Di stalagmite | Che ha aspetto o natura di stalagmite.

stalagmòmetro [comp. del gr. *stálagma*, genit. *stalágmatos* 'goccia', e *-metro*; 1934] s. m. ● (*fis.*) Apparecchio che misura la tensione superficiale di un liquido.

stalammìte ● V. *stalagmite*.

stalattìte [vc. dotta, comp. del gr. *stalaktós* 'gocciolante', da *stalássein* 'stillare' e *-ite (2)*; av. 1730] s. f. ● (*geol.*) Deposito di carbonato di calcio di forma generalmente conica che pende dalla volta delle grotte nelle quali si sono infiltrate acque calcaree | ***A s.***, detto spec. di decorazione che riprende la forma caratteristica delle stalattiti. ➡ ILL. p. 2130 SCIENZE DELLA TERRA ED ENERGIA.

stalattìtico [1760] agg. (pl. m. *-ci*) ● Di stalattite | Che ha aspetto o natura di stalattite.

staliniàno [1949] agg. ● Di Stalin, che si riferisce a Stalin.

stalinìsmo [1946] s. m. *1* (*polit.*) Complesso dei metodi e delle concezioni ideologiche e politiche che si richiamano a una particolare interpretazione del marxismo e del leninismo, proprie di Stalin (1879-1953) o che a lui si ispirano | (*est.*) Interpretazione dogmatica e deterministica delle teorie marxiste. *2* (*est.*, *fig.*) Esercizio del potere in maniera dura e repressiva.

stalinìsta [1950] **A** s. m. e f. (pl. m. *-i*) *1* (*polit.*) Chi segue o sostiene lo stalinismo. *2* (*est.*, *fig.*) Chi fa valere in modo duro e repressivo la propria volontà. **B** agg. ● Che si riferisce allo stalinismo.

stalinizzàre [1963] v. tr. ● Trattare, reggere secondo i metodi e i criteri dello stalinismo, spec. per ciò che rientra nell'ambito politico e culturale.

♦**stàlla** [dal got. **stalla* 'dimora, sosta' (cfr. ted. *Stall*); sec. XIII] s. f. *1* Fabbricato rurale destinato al ricovero di animali domestici, spec. bovini ed equini: *pulire, spazzare, rigovernare la s.* | ***Garzone, mozzo, ragazzo di s.***, addetto a tutto quanto concerne gli animali e la stalla | (*zoot.*) ***Prezzo alla s.***, nella produzione lattiera, formula contrattuale designante l'obbligo dell'acquirente di accollarsi l'onere del trasporto del latte dalla stalla allo stabilimento di trasformazione | ***Chiudere la s. dopo che i buoi sono scappati***, (*fig.*) adottare un rimedio quando ormai è tardivo e quindi inutile | (*fig.*) ***Essere, sembrare una s.***, detto di ambiente molto sporco | ***Dalle stelle alle stalle***, per indicare un brusco e improvviso passaggio da una situazione elevata a una infima. ➡ ILL. p. 2113 AGRICOLTURA. *2* (*est.*) Insieme delle bestie allevate o ricoverate in una stalla: *avere una buona s.*; *la s. gli frutta molto*. *3* †Ricovero, riposo delle bestie, nella loc. ***dare s.*** || **stallàccia**, pegg. | **stallùccia**, dim.

†**stallaggiàre** v. intr. ● (*raro*) Avere stallaggio.

stallàggio o (*dial.*, *sett.*) **stallàzzo** [dall'ant. fr. *estalage*, etim. corrispondente a *stallatico* (V.); sec. XIV] s. m. *1* Anticamente, alloggio per le bestie, spec. i cavalli, in stalle di alberghi, locande, osterie e sim. *2* Spesa dello stallaggio.

†**stallàre (1)** [av. 1333] **A** v. intr. *1* Dimorare nella stalla. *2* Defecare, detto di animali. **B** v. tr. ● Tenere nella stalla: *s. i cavalli*.

stallàre (2) [adatt. del fr. *étaler* 'opporre resistenza alla forza degli elementi', dall'agg. *étale* 'stazionario' di prob. provenienza neerl.; 1769] v. intr. e tr. (aus. *avere*) ● (*mar.*) Prueggiare | Avanzare lentamente controvento o controcorrente.

stallàre (3) [da *stallo (2)*; 1988] v. intr. ● (*aer.*) Andare in stallo, superare il valore critico di incidenza dell'ala, provocando la caduta della portanza.

stallàta [1865] s. f. ● (*raro*, *pop.*) Quantità di bestie che stanno in una stalla.

stallàtico [da *stalla*; av. 1533] **A** agg. (pl. m. *-ci*) ● Di stalla, spec. nella loc. ***concime s.***, letame di animali allevati in stalla. **B** s. m. *1* Concime stallatico. SIN. Concio, stabbio. *2* Stallaggio: *locanda con s.*

stallàzzo ● V. *stallaggio*.

stallerèccio [1873] agg. (pl. f. *-ce*) ● (*raro*) Di stalla | Di bestie da stalla.

stallìa [da *stallo (1)*; av. 1536] s. f. ● Nel contratto di trasporto marittimo, tempo normale di durata delle operazioni di carico o scarico della nave.

stallière [1557] s. m. (f. *-a*) ● Servitore addetto alla cura dei cavalli e della stalla in cui sono alloggiati.

stallìno [av. 1811] agg. *1* Di stalla. *2* Nato o allevato nella stalla: *cavallo s.*

stallìvo o **stallìo** [av. 1535] agg. ● † Detto di cavallo che è stato a lungo nella stalla, senza essere adoperato | Di stalla: *allevamento s.*

stàllo (1) [dal francone **stall* 'sosta, dimora' (V. *stalla*); av. 1294] s. m. *1* Sedile di legno con braccioli e dorsale per persona importante | Sedile, spec. con braccioli e dorsale, unito ad altri uguali e allineati su cui siedono le persone riunite a convegno | ***Stalli da coro***, di solito appoggiati con alti dorsali alle pareti delle chiese, spesso artisticamente decorati a intaglio e intarsio. *2* †Luogo ove si sta, si stanzia, si dimora | (*est.*) †Sosta, indugio. *3* Nel gioco degli scacchi, situazione del re che non può muoversi perché cadrebbe sotto scacco, mentre d'altra parte nessun altro pezzo è movibile | (*fig.*) Situazione bloccata, apparentemente senza vie d'uscita: *le trattative sono in una fase di s.*

stàllo (2) [dall'ingl. *stall*, V. *stallo (1)*; 1960] s. m. ● (*aer.*) In un'aerodina, distacco della corrente del fluido dai piani portanti e spec. dall'ala, che si realizza quando si raggiunge l'incidenza critica, con conseguente caduta della portanza dell'ala, aumento della resistenza e, talora, caduta in vite del velivolo.

stàllo (3) ● V. *stare*.

stallòggi o (*tosc.*) **strallògi** [dal lat. *aristolōchia(m)* 'aristolochia', per alterazione pop.; sec. XVII] s. m. inv. ● (*bot.*) Aristolochia.

stallóne [da *stalla*, anche sul modello dell'ant. fr. *estalon*, da cui l'attuale *étalon* 'stallone'; sec. XIII] s. m. *1* Cavallo maschio destinato alla riproduzione | (*est.*, *gener.*) Animale maschio riproduttore di una specie domestica: *asino s.* *2* (*fig.*, *scherz.*) Uomo che dà prova di eccezionale vigoria sessuale.

stallùccio [propr. dim. di *stalla*; 1863] s. m. ● Stabbiolo del maiale.

†**stamaiòlo** o †**stamaiuòlo** [da *stame*; 1309] s. m. ● Venditore, lavoratore, di stame.

♦**stamàne** o **stamàni** [comp. di (*que*)*sta* e *mane*; av. 1300] avv. ● Stamattina: *s. il tempo è veramente bello*; *s. non sono ancora uscito*; (*pop.*, *tosc.*, *intens.*) *s. mattina*.

♦**stamattìna** [comp. di (*que*)*sta* e *mattina*; 1336 ca.] avv. ● Questa mattina, nella mattinata di oggi: *l'ho visto s. alle nove*; *è da s. che ti cerco*; *il lavoro doveva essere finito per s.* SIN. Stamani.

stambécco [dal medio alto ted. *steinbock*, comp. di *stein* 'sasso, rupe' e *bock* 'becco'; av. 1364] s. m. (f. *-a*; pl. m. *-chi*) ● Mammifero ruminante affine alla capra, grigio rossastro con corna massicce nodose curvate a scimitarra, che vive protetto sulla catena alpina (*Capra ibex*). SIN. Ibice. ➡ ILL. **animali**/13.

stambèrga [dal longob. *stainberga* 'casa (*berga*) di pietra (*stain*)'; av. 1573] s. f. ● Abitazione squallida, misera e sporca: *una cupa, decrepita s. … guastava l'armonia della piazza* (PIRANDELLO). ||

stambergàccia, pegg. | **stamberghétta**, dim. | **stamberghìna**, dim. | **stambergóna**, accr.

stambùgio [sovrapp. di *bugio* 'buco' a *stamberga* (?); av. 1839] **s. m.** ● Stanzino buio e squallido. ‖ **stambugèllo**, dim. | **stambugétto**, dim. | **stambugiàccio**, pegg. | **stambugino**, dim.

stamburaménto [av. 1742] **s. m.** ● Lo stamburare (*spec. fig.*).

stamburàre [da *tamburare*, con *s-*; av. 1742] **A** v. tr. e intr. (aus. *avere*) ● (*raro*) Suonare insistentemente il tamburo. **B** v. tr. ● (*fig.*) Vantare, decantare con eccesso di chiasso, propaganda e sim.: *s. i propri successi.*

stamburàta [da *stamburare*; 1865] **s. f.** *1* (*raro*) Lunga suonata, rullo, di tamburo. *2* (*fig.*) Vanteria, ostentazione prolungata ed eccessiva dei propri meriti.

stàme [lat. *stāme(n)*, connesso con *stāre* 'stare'; 1300] **s. m.** *1* La parte più fine, più resistente e lunga della lana, separata dal resto col pettine. *2* (*est.*) Filo, specie dell'ordito | (*lett.*) ***Lo s. della vita***, l'ipotetico filo a cui è legata la vita di ognuno: *recidere lo s. della vita*; *del mio viver Atropo / presso è a troncar lo s.* (PARINI). *3* (*bot.*) Organo maschile del fiore costituito da filamento e antera. ‖ **stamétto**, dim.

stamenàle ● V. *staminale.*

staménto [dallo sp. *estamento* 'ramo del Parlamento, stato delle Cortes', da *estar* 'stare'; 1835] **s. m.** ● Ciascuno dei rami dell'antico parlamento sardo.

stamìgna o **stamìna** [lat. *stamĭnea(m)*, f. sost. di *stamĭneus* 'fatto di fili', da *stāmen*, genit. *stāminis* 'stame'; 1182] **s. f.** *1* Tessuto rado, ma resistente, per stacci e colini. SIN. Buratto, étamine | Tessuto rado e ruvido di lana col quale si fanno le bandiere. *2* †Veste mortuaria.

staminàle (1) o **stamenàle** [dal gr. *stamís*, genit. *stamínos* 'montante della nave'; 1561] **s. m.** ● (*mar.*) Nelle navi in legno, i pezzi che seguono i madieri.

staminàle (2) [da *stame* nel sign. 3; 1957] **agg.** *1* (*bot.*) Relativo allo stame. *2* (*biol.*) Detto di cellula non differenziata dalla quale possono derivare una o alcune linee cellulari specializzate.

stamìneo [vc. dotta, dal lat. *stamĭneu(m)* 'fatto di fili', da *stāmen*, genit. *stāminis* 'stame' (V. *stamigna*); 1813] **agg.** ● (*bot.*) Dello stame | Che ha stami.

stamìnifero [vc. dotta, comp. del lat. *stāmen*, genit. *stāminis* 'stame' e *-fero*; 1855] **agg.** ● (*bot.*) Detto di fiore che ha soltanto gli stami.

stàmno [vc. dotta, dal gr. *stámnos* 'anfora, giara', di orig. indeur.; 1957] **s. m.** ● (*archeol.*) Vaso di produzione greca con corpo piriforme, strozzatura al piede, due anse orizzontali, bocca larga.

♦**stàmpa** [da *stampare*; 1319] **A s. f.** *1* Particolare tecnica che permette di riprodurre uno scritto, un disegno e sim. in un numero illimitato di copie uguali, partendo da un'unica matrice: *s. tipografica, litografica, serigrafica, digitale*; *l'arte, l'invenzione della stampa*; *macchina da s.* | (*est.*) Insieme di concrete operazioni proprie di tale tecnica: *iniziare, curare la s. di un libro*; *andare in s.*; *essere in corso di s.*; *bozze, prove di s.* | ***Dare un'opera alla s., alle stampe***, farla pubblicare | ***Sala (da) s.***, reparto di uno stabilimento grafico in cui avviene la stampa. CFR. -tipia. *2* Insieme di caratteri, immagini e sim. risultanti dalle operazioni di stampa: *brutta, buona s.*; *s. mal riuscita*; *la s. non è nitida.* *3* (*spec. al pl.*) Cose stampate, spec. in quanto oggetto di spedizione postale: *le stampe vanno spedite sotto fascia*; *stampe raccomandate*; *stampe con lettera di accompagnamento.* *4* (*gener.*) Complesso delle pubblicazioni giornalistiche: *s. quotidiana, periodica*; *la s. cittadina, locale, nazionale, estera*; *la s. di destra, di sinistra*; *s. libera, indipendente, venduta, prezzolata* | ***Libertà di s.***, diritto di manifestare liberamente il proprio pensiero per mezzo della stampa. *5* (*gener.*) Giornalisti, pubblicisti e sim. considerati nel loro insieme: *l'intervento della s.*; *invitare la s.*; *poltrone riservate alla s.*; *i biglietti per la s.*; *la tribuna della s.*; *il tavolo della s.*; *Associazione della s.*; *circolo della s.*; *i giudizi, i commenti, le critiche, le opinioni, della s.* *6* Ciò che si scrive, si pubblica, spec. nella loc. ***avere una buona, una cattiva s.***: avere giudizi favorevoli o sfavorevoli sui giornali e (*fig.*) godere di buona o di cattiva reputazione presso altri, detto di persona. *7* Riproduzione di un disegno, un quadro e sim. ottenuta mediante stampa: *la s. di un'incisione* | (*est.*) Foglio contenente la riproduzione di un disegno, un quadro e sim.: *una s. del Settecento*; *una raccolta di stampe.* *8* (*foto*) Procedimento mediante il quale le immagini di una pellicola vengono trasferite su un'altra o su carta fotosensibile | ***S. a contatto***, effettuata ponendo a contatto con carta o pellicola fotosensibili la pellicola negativa già sviluppata | ***S. a ingrandimento***, effettuata ponendo nell'ingranditore la pellicola sviluppata per ottenere una copia su carta o pellicola di formato diverso. *9* (*tess.*) ***S. dei tessuti***, impressione su stoffa, opportunamente preparata, di un disegno a colori, inciso su cilindri di rame o con altri sistemi | ***S. a mano***, eseguita con matrici impresse a mano. *10* (*zoot.*) Ogni foro di passaggio per i chiodi posto sulla faccia inferiore del ferro di cavallo. *11* (*gener., disus.*) Stampo: *s. per le cialde, per i dolci.* *12* (*fig., lett.*) Indole, carattere: *sono tutti della stessa s.*; *è un uomo di vecchia s.* | (*disus.*) Sorta, specie: *non voglio parlare con gente di simile s.* *13* †Impronta: *sì ch'ogni memoria / segnar si possa di mia eterna s.* (POLIZIANO). *14* †Conio: *la s. del fiorino.* **B** in funzione di **agg. inv.** ● (*posposto al s.*) Dei giornali, dei giornalisti, per i giornalisti: *comunicato s.* | ***Ufficio s.***, presso un ente, un partito, un'organizzazione e sim., l'ufficio che ha l'incarico di redigere stampati, opuscoli e sim. e di trasmettere notizie ai giornalisti | ***Sala s.***, quella riservata ai giornalisti presso la sede di un ente o istituzione o durante una manifestazione | ***Conferenza s.***, in cui un personaggio illustre, famoso, potente risponde alle domande che gli pongono i giornalisti. ‖ **stampàccia**, pegg. | **stampétta**, dim. | **stampìna**, dim.

STAMPA
nomenclatura

stampa

● *caratteristiche*: tipografica, litografica = offset, anastatica, a rotocalco, serigrafica, iconografica, permeografica, pianografica, rilievografica, xilografica; stereotipia (flano), bicromia, quadricromia, tiflografia, collotipia, cromolitografia, cromotipia, eliografia, fotocalcografia, fotolitografia, fotostatica, fototipia, calcografia, cianografia; quotidiana ⇔ periodica, cittadina = locale, nazionale ⇔ estera, indipendente ⇔ di partito, buona ⇔ cattiva, gialla, rosa; nitida, poco chiara; libro (cfr.), giornale (cfr.), quotidiano, rivista, pubblicazione, volantino; edizione, ristampa; libertà di stampa, reati di stampa, conferenza stampa; informazione, dichiarazione, messaggio, opinione;

● *locali*: tipografia, stamperia, officina tipografica, arti grafiche, cartotecnica, fotocomposizione, zincografia, legatoria, linotipia, litografia, monotipia, industria editoriale; redazione; ufficio stampa, sala stampa;

● *fotolitografia, fotoincisione e stampa*: cliché, mordente, riprodurre, premontaggio, prova di stampa, montaggio, ciano, lastra, avviamento, registro, tiratura, bozza di stampa (in colonna, impaginata), menabò; collazione, revisione, impaginazione; composizione a mano, a macchina, a caldo, a freddo = fotocomposizione; incorniciatura, spazieggiatura, interlineatura, uscita in pellicola, tipometro, menabò, lettura, correzione, refuso, pesce = salto; allineamento, capoverso, esponente, forma di stampa = matrice, riga (orfana, vedova), serraforme, telaio, retino; preavviamento;

● *carta*: telata, pergamenata, satinata, filigranata, vergata, uso mano = naturale, patinata, pigmentata, zigrinata, calandrata, riciclata, ecologica, bollata, oleata, camoscio, velina, carbone; da stampa, da disegno, da lettera; di paglia, di riso, di pula, di sparto, di stracci, di stagno = stagnola, di alfa; foglio, foglietto, pagina, risma, bobina, rotolo, quaderno, quinterno, registro, scheda, cartella, agenda, taccuino, scartafaccio; cartiera, cartaio, cartoleria, cartolaio;

● *macchine*: compositrici (linotype, monotype); fotocompositrici (tastiera, fotounità, videoimpaginatore), desk top publishing = DTP; fotoriproduzione (scanner, plotter), torchio, tiraprove, rullo inchiostratore, racla, rotativa, rotocalcografica, tipografica piana, litografica piana (mono, a più colori), ciclostile, policilindrica, goffratrice, gommatrice, verniciatrice, plastificatrice, piegatrice, cucitrice, brossuratrice, taglierina;

● *azioni*: stampare, ristampare, imprimere, tirare; pubblicare, curare la stampa, mandare o dare alle stampe;

● *forme dei caratteri* (altezza, corpo, occhio, avvicinamento): corsivo ⇔ tondo, grassetto, chiaro ⇔ neretto, maiuscolo ⇔ minuscolo; logotipo;

● *tipi di carattere*: aldino, bodoni, elzeviro, garamond, gotico, romano, normanno, inglese, times, helvetica, zapf;

● *segni e fregi tipografici*: accento, asterisco, parentesi, paragrafo, filetti, millefili, grappe, fregi; segno di omissione; compositoio, flano, segnatura;

● *inchiostri*: essiccanti, colorati, a doppia tinta, fuggitivi, copiativi, indelebili, opachi, per carte patinate, per cartevalori, per timbri;

● *personale specializzato*: tipografo, battitore, fonditore, compositore, monotipista, linotipista, fotocompositore, stereotipista, zincografo, fotolitografo, fotoincisore, rullatore, torcoliere, impressore, stampatore, legatore, impaginatore, revisore, correttore.

stampàbile [av. 1552] **agg.** ● Che si può stampare.

stampàggio [da *stampare*, sul modello del fr. *estampage*; 1929] **s. m.** ● Operazione di formatura a freddo o a caldo di lamiere, pezzi metallici, materie plastiche e sim., entro stampi per dar loro la forma voluta | (*tecnol.*) ***S. a iniezione***, pressoiniezione.

†**stampanàre** [prob. dal francone *stampōn* 'pestare'; av. 1363] **v. tr.** ● Stracciare, lacerare.

stampànte [1973] **A** part. pres. di *stampare*; anche **agg.** ● Nei sign. del v. **B s. f.** ● (*elab.*) Unità periferica di uscita dei dati sotto forma di prospetti stampati | ***S. ad aghi***, nella quale una testina dotata di numerosi aghi si muove lungo la linea di stampa componendo le forme dei caratteri da stampare mediante impatto su un nastro inchiostrato | ***S. a getto di inchiostro***, nella quale l'inchiostro, emesso in minutissime gocce da ugelli posti su una testina mobile, va a formare i caratteri sulla carta | ***S. laser***, nella quale la pagina viene tracciata da un raggio laser, opportunamente pilotato da un sistema ottico, sulla superficie di un cilindro di selenio che trasferisce l'immagine alla carta mediante l'uso di un inchiostro in polvere.

♦**stampàre** [dal francone *stampōn* 'pestare'; av. 1348] **A v. tr.** *1* Imprimere, lasciare impresso (*anche fig.*): *s. orme sulla sabbia*; *altri di lor ne la carriera illustre / stampa i primi vestigi* (PARINI) | ***S. baci***, darli con trasporto. *2* Riprodurre mediante le operazioni di stampa: *s. un libro, un giornale* | ***Si stampi***, formula con cui, dopo aver esaminato la bozza, si autorizza l'esecuzione di uno stampato. *3* Pubblicare, dare alla stampa: *s. un libro, un articolo* | (*est.*) Scrivere: *ha stampato tre volumi di memorie.* *4* Dire, fare, in abbondanza e con facilità, nelle loc. (*fam.*) ***s. bugie, s. figli***, e sim. *5* Riprodurre mediante stampaggio: *s. pezzi metallici.* *6* (*foto*) Trasferire l'immagine di una pellicola su un'altra o su carta fotosensibile. *7* (*conciar.*) Conferire ai pellami una grana artificiale a mezzo della pressa idraulica. **B v. intr. pron.** ● Imprimersi, restare impresso (*spec. fig.*): *quelle parole gli si stamparono nel cuore.*

stampatèllo [da *stampato*; av. 1712] **A agg.** ● Detto di carattere a mano che imita la stampa. **B s. m.** ● Carattere stampatello: *scrivere in, a, s.*

♦**stampàto** [da *stampare*; per calco sul fr. *imprimé* nel sign. A2 e B2; sec. XIII] **A** part. pass. di *stampare*; anche **agg.** *1* Nei sign. del v.: *cuoio s.* *2* Pubblicato per mezzo della stampa: *libro s.* | (*fig.*) ***Parlare come un libro s.***, con grande proprietà di linguaggio; (*iron.*) in modo ricercato, non spontaneo. *3* Detto di tessuto con disegni a colori impressi dopo la tessitura. *4* (*fig.*) Impresso, chiaramente visibile: *portare s. in viso il proprio vizio.* *5* ***Circuito s.***, circuito elettrico in cui alcuni componenti, quali conduttori, resistori, condensatori e induttori, sono fabbricati per stampaggio su una base di laminato fenolico. **B s. m.** *1* Foglio, opuscolo, e sim. stampato: *affrancare gli stampati*; *ricevere, distribuire, degli stampati* | Modulo: *riempire uno s.* *2* Tessuto stampato.

stampatóre [da *stampare*; sec. XV] **s. m.** (f. *-trice* (V.), pop. disus. *-tora*) *1* (*gener.*) Chi stampa.

2 Operaio addetto alle macchine da stampa, in una tipografia. *3* Operaio addetto allo stampaggio. *4* †Tipografo, proprietario di una tipografia | Tipografo editore di opere a stampa. || **stampatorèllo**, **dim.** | **stampatorètto**, **dim.** | **stampatorino**, **dim.** | **stampatoróne**, **accr.** | **stampatorùccio**, **dim.**

stampatrice [f. di *stampatore*; 1940] **s. f.** *1* Macchina atta a compiere il procedimento di stampa delle pellicole fotografiche e cinematografiche. *2* Stampante.

stampatùra [av. 1584] **s. f.** ● (*raro*) Lo stampare | Stampaggio.

stampèlla [da *stampare*, nel senso di 'pestare, lasciar tracce' (?); 1536] **s. f.** *1* Gruccia: *camminare con le stampelle* | ***Reggersi sulle stampelle***, (*fig.*) essere in condizioni poco buone. *2* Gruccia per abiti: *appendere la giacca alla s.* || **stampellóne**, **accr. m.**

stamperìa [da *stampare*; 1534] **s. f.** ● Stabilimento in cui si eseguono stampati di vario genere. || **stamperiétta**, **dim.** | **stamperiùccia**, **dim.**

stampìglia [dallo sp. *estampilla*, da *estampar* 'stampare'; 1698] **s. f.** *1* Timbro di metallo o gomma che serve a imprimere numeri, diciture, firme. *2* (*raro*) Modulo, volantino a stampa, spec. di carattere pubblicitario | Striscia di carta, tavoletta, recante i numeri del lotto estratti.

stampigliàre [1922] **v. tr.** (*io stampìglio*) ● Timbrare con la stampiglia.

stampigliatrice [da *stampigliare*; 1965] **s. f.** ● Macchina che effettua stampigliature.

stampigliatùra [1922] **s. f.** ● Operazione dello stampigliare | Dicitura, contrassegno e sim., stampigliati.

stampinàre [1891] **v. tr.** ● Riprodurre con lo stampino: *s. un disegno.*

stampinatùra [1868] **s. f.** ● Operazione dello stampinare | La riproduzione ottenuta.

stampino [da *stampo*; av. 1642] **s. m.** *1* Dim. di *stampo.* *2* Disegno traforato su cartone, gomma o lastra metallica, che si riproduce applicandolo su una superficie e passandovi il pennello. *3* Piccolo ferro tagliente per fare buchi regolari spec. nel cuoio. *4* †Bozza di stampa.

stampista [1966] **s. m.** e **f.** (**pl. m.** *-i*) ● Operaio specializzato nella fabbricazione di stampi.

stampita [dal provz. *estampida* 'canzone a ballo', da *estampir* 'battere i piedi' (V. *stampare*); sec. XIII] **s. f.** *1* Componimento a ballo, vivace, polimetrico, accompagnato dalla musica, diffuso spec. nell'antica Provenza. *2* (*raro, tosc.*) Discorso prolisso. *3* (*spec. al pl., tosc.*) Smorfie: *quante stampite!*

stàmpo [da *stampare*; sec. XIII] **s. m.** *1* Attrezzo da cucina, di forme e dimensioni varie, in cui si versano o plasmano sostanze allo stato liquido o semiliquido che, solidificando, ne assumono la forma: *s. per dolci, per budino.* *2* Modello che, premuto su materiali malleabili, imprime loro la propria forma | ***Fatto a s.***, ottenuto per mezzo di stampi al torchio | ***Essere fatto con lo s.***, (*fig.*) di cosa o persona uguale a molte altre, mancante di originalità | ***Se n'è perso lo s.***, (*fig.*) di cose o persone come non se ne trovano più | Conio | Punzone per stampaggio | CFR. tipo-, -tipo. *3* (*fig.*) Indole, carattere: *sono tutti dello stesso s.*; *un uomo di vecchio s.* | (*spreg.*) Sorta, specie: *non voglio parlare con gente di quello s.* *4* Strumento per stampare disegni su stoffa, cuoio, intonaco. *5* Nella caccia, spec. di palude, uccello finto usato per attirare gli uccelli selvatici. *6* (*biol., chim.*) La struttura fungente da modello nella costruzione di una nuova struttura identica alla prima | La molecola di DNA fungente da modello nella replicazione del DNA. || **stampino**, **dim.** (V.).

stampóne [da *stampa*; 1807] **s. m.** ● (*edit.*) Prova su carta di un cliché.

stanàre [da *tana*, con *s-*; 1623] **A v. tr.** *1* Fare uscire dalla tana. CONTR. Rintanare. *2* (*est.*) Fare uscire qlcu. dal luogo in cui sta rinchiuso, nascosto, e sim. *3* (*fig.*) Fare uscire allo scoperto, far prendere posizione. **B v. intr. pron.** ● †Uscire dalla tana.

stànca [da *stancare*; 1864] **s. f.** *1* Periodo dell'alta marea in cui l'acqua, avendo già raggiunto il livello più alto, rimane in stasi prima di cominciare a decrescere | (*est.*) In un corso d'acqua, periodo successivo all'istante di colmo, in cui la portata si mantiene prossima al valore di colmo: *il Po è in s.* *2* (*pop.*) Fase di quiete dei vulcani. *3* (*fig.*) Periodo di stasi, di stagnazione.

stancàbile [av. 1729] **agg.** ● Che si stanca facilmente. CONTR. Instancabile.

stancaménto [sec. XIV] **s. m.** ● (*raro*) Lo stancare, lo stancarsi.

stancànte [1870] **part. pres.** di *stancare*; anche **agg.** ● Che provoca stanchezza: *un lavoro s.*

♦**stancàre** [da *stanco*; 1308] **A v. tr.** (*io stànco, tu stànchi*) *1* Rendere stanco, indebolire fisicamente o psichicamente: *la corsa mi ha stancato*; *lo studio lo stanca*; *la lettura stanca gli occhi, la vista*; *il troppo camminare stanca le gambe*; (*anche assol.*) *lavorare stanca.* *2* Far venir meno l'impegno, indebolire le capacità di resistenza: *s. l'avversario, il nemico*; *cerca di stancarci creandoci continue difficoltà.* *3* (*est.*) Annoiare, tediare, infastidire (*anche assol.*): *le sue chiacchiere stancano tutti*; *è un film che stanca.* **B v. intr.** ● †Mancare, venir meno. **C v. intr. pron.** *1* (assol.; + *a* seguito da inf.; + *di*, lett. + *da*, seguiti da inf.) Affaticarsi grandemente provocando un indebolimento fisico o psichico nel proprio organismo: *non devi stancarti troppo*; *cerca di non stancarti*; *il ragazzo si stanca a studiare*; *non si stancherebbe mai di lavorare*; *non si stancava dal seguir suo marito* (NIEVO). *2* (+ *di*, anche seguito da inf.) Annoiarsi: *mi sono stancato di ascoltarti*; *si è stancato delle tue storie*; *la moglie si è stancata di lui* | ***Non stancarsi di fare, di dire***, e sim. ***qlco.***, continuare a farla, a dirla e sim.

stancheggiàre [da *stanco*, con suff. iter.-intens.; 1527] **v. tr.** (*io stanchéggio*) ● (*raro*) Rendere stanco con continue molestie, indebolire la capacità di resistenza.

stanchévole [sec. XIII] **agg.** ● (*raro*) Che stanca, che dà stanchezza.

stanchézza [av. 1342] **s. f.** ● Stato, condizione di chi (o di ciò che) è stanco: *s. fisica, mentale*; *sentire una grande s., avere una grande s. addosso*; *sentire s. nelle gambe*; *avere le ossa rotte dalla s.*; *non reggersi in piedi dalla s.*; *dare segni di s.*

♦**stànco** [di etim. incerta: sovrapposizione di *stracco* a *manco* (?); sec. XIII] **agg.** (**pl. m.** *-chi*) *1* (+ *per*; + *da*) Che, spec. a causa di una fatica sostenuta, si sente spossato, svigorito, indebolito nelle forze fisiche e psichiche, e desidera riposo: *essere, sentirsi, s.*; *essere s. per la corsa, per i troppi impegni*; *È un poco stanca dal viaggio* (GOLDONI); *essere s. dal troppo lavoro*; *essere fisicamente, psichicamente, intellettualmente s.*; *essere s. nella mente, negli occhi, nelle gambe*; *essere s. morto, s. sfinito*; *avere le gambe stanche*; *avere, sentirsi il cervello s.* | Che rivela stanchezza: *parlare con voce stanca* | ***Essere nato s.***, (*fig.*) battere la fiacca. *2* (+ *di*, spec. seguito da inf.; + *che* seguito da congv.) Che non sente più alcun desiderio di continuare a fare una determinata cosa: *essere s. di parlare, di camminare, di studiare, di lavorare*; *essere s. di vivere*; *essere s. della vita* | Che non può più sopportare oltre: *sono s. delle sue scenate*; *è s. di essere trattato male*; *sono s. che mi risponda sempre in modo sgarbato* | ***Essere s. di qlcu.***, non volerne più sapere. *3* (*fig.*) Esaurito, spento: *fantasia stanca* | (*fig.*) Scialbo, mediocre: *uno s. imitatore di Proust* | (*agr.*) ***Terreno s.***, esaurito, sfruttato, spossato | (*econ.*) ***Mercato s.***, in cui c'è scarsità di contrattazioni. *4* (*fig.*) Detto di legatura di un libro antico, molto usurata e deteriorata. *5* †Sinistro, detto di mano, braccio o sim. *6* (*poet.*) †Che sta per finire: *giorno s.* || **stanchétto**, **dim.** | **stanchino**, **dim.** | **stancùccio**, **dim.** || **stancaménte**, **avv.** Con stanchezza, con gesti, frasi, azioni che mostrano stanchezza; (*fig.*) con fiacchezza: *la Borsa ha reagito stancamente.*

stand /*ingl.* stænd/ [vc. ingl., da *to stand* 'stare'; 1905] **s. m. inv.** *1* Spazio riservato a ciascun espositore o a ciascuna categoria di prodotti esposti, in un'esposizione, mostra, fiera e sim. *2* (*sport*) Campo per il tiro a volo | Spazio destinato al pubblico in varie manifestazioni sportive.

stand-alone /stend ə'lon, *ingl.* ˌstændə'lown/ [vc. ingl., propr. 'che sta (dal v. *to stand*) da solo (*alone*)'; 1984] **agg. inv.** ● (*elab.*) Di dispositivo, spec. un computer, non collegato in rete.

stàndard /*ingl.* 'stændəd/ [vc. ingl., propr. 'insegna' e poi 'livello, qualità', dall'ant. fr. *estendart* 'stendardo'; av. 1764] **A s. m. inv.** *1* Modello, esempio, punto di riferimento prestabilito: *attenersi a uno s. comune* | Livello qualitativo, tenore: *lo s. di vita di un paese* | ***S. di un atleta***, il suo rendimento abituale: *mantenersi nel proprio s.*; *andare al di sotto del proprio s.* *2* (*comm.*) Ciascuno dei campioni di un certo prodotto che corrispondono ad altrettanti tipi o gradi della sua produzione e che servono a determinarne la qualità nelle classificazioni internazionali: *gli s. del grano, del rame.* *3* (*tecnol.*) Modello o tipo di un certo prodotto | Insieme di norme destinate a uniformare le caratteristiche di fabbricazione di un determinato prodotto. *4* Insieme di elementi che identificano un processo, un sistema, un gruppo di organismi e sim. | ***S. televisivo***, l'insieme degli elementi, fra cui il numero di righe di analisi, che identificano le caratteristiche di un determinato sistema televisivo, sia in bianco e nero sia a colori | (*biol.*) Insieme dei caratteri somatici che caratterizzano una razza animale o vegetale. *5* (*urban.*) Norma relativa ai servizi e alla pianificazione territoriale. *6* (*ling.*) Lingua parlata in modo uniforme, senza molte differenze, dai parlanti di una comunità e proposta come modello da imitare nell'insegnamento. *7* (*stat.*) Valore significativo di una certa grandezza, ricavato come media di valori consuntivi o come valore statisticamente più probabile fra quelli verificatisi. **B** in funzione di **agg. inv.** (posposto al s.) *1* Tipico, unificato: *formato, prodotto, dimensioni, costo s.* | (*dir.*) ***Minimum s.***, complesso minimo di diritti, poteri e facoltà che uno Stato deve concedere agli stranieri residenti nello stesso. *2* (*fis.*) ***Stato s.***, stato di un corpo assunto come riferimento per definire altri stati. *3* (*mar.*) ***Dislocamento s.***, quello di una nave militare in assetto completo, ma senza combustibile e acqua per i generatori di vapore. *4* (*dir.*) ***Contratto s.***, predisposto da un contraente con clausole uniformi per tutte le possibili controparti.

standardizzàre [da *standard*, sul modello dell'ingl. *to standardize*; 1927] **v. tr.** ● Ridurre prodotti industriali a pochi tipi standard e stabilire le norme relative: *s. la produzione dei mattoni.* SIN. Unificare | (*est., fig.*) Rendere uguale a qlco. che si assume come tipo, modello: *s. la propria vita.*

standardizzàto [1942] **part. pass.** di *standardizzare*; anche **agg.** *1* Nei sign. del v. *2* (*fig.*) Che è uniformato alla norma, privo di caratteristiche proprie: *teorie standardizzate.*

standardizzazióne [1907] **s. f.** ● Lo standardizzare, il venire standardizzato (*anche in senso fig.*). SIN. Unificazione.

stand by /stend'bai, *ingl.* 'stænd,bae/ [vc. ingl., propr. 'stare (*to stand*) vicino (*by*)'; 1980] **loc. sost. m. inv.** (**pl. ingl. inv.**) *1* Negli aeroporti, lista di attesa per viaggiatori senza prenotazione. *2* (*gener.*) In informatica e nelle comunicazioni, posizione di attesa di una linea o di un collegamento | Dispositivo che regola tale posizione. *3* (*econ.*) Apertura di credito di una banca ad un'altra banca, a un'azienda o a uno Stato.

standing /*ingl.* 'stændıŋ/ [vc. ingl., propr. 'posizione, situazione': ger. di *to stand* 'stare'; 1970] **s. m. inv.** ● (*banca*) Posizione finanziaria e grado di solvibilità di una persona o di un'azienda.

standing ovation /'stendin(g) o'veʃʃon, *ingl.* 'stændıŋ əʊ'veıʃn/ [loc. ingl., propr. 'ovazione (*ovation*) in piedi (*standing*)'; 1992] **loc. sost. f. inv.** (pl. ingl. *standing ovations*) ● Applauso lungo e caloroso tributato dal pubblico in piedi.

standista /sten'dista, stan-/ [da *stand* nel sign. 1; 1935] **s. m.** e **f.** (**pl. m.** *-i*) ● Chi allestisce uno stand | Chi è addetto al ricevimento dei visitatori e dei clienti in uno stand.

standistico **agg.** (**pl. m.** *-ci*) ● Che riguarda uno o più stand di una mostra, un'esposizione, una fiera e sim.: *attrezzatura, consulenza standistica.*

Standòlio® [marchio registrato] **s. m.** ● (*chim.*) Nome commerciale di olio insaturo siccativo ricavato dall'olio di lino, utilizzato nella fabbricazione di inchiostri.

stanfèrna [vc. tosc., di etim. incerta: da un ant. **taferna*, variante di sostrato etrusco del lat. *tabĕrna* 'capanna, tugurio', con *s-* (?)] **s. f.** ● (*raro, pop., tosc.*) Squarcio, grossa apertura.

stànga [dal got. **stanga* (Cfr. ted. *Stange*); av. 1292] **s. f.** *1* Lungo legno squadrato, usato spec. per sprangare i due battenti di porte e finestre, facendone entrare le estremità in buchi negli stipiti | ***S. dell'aratro***, bure. *2* Ciascuno dei due bracci paralleli di carro o carrozza tra i quali si pone l'animale da tiro. *3* Sbarra che separa i cavalli tra loro nelle stalle. *4* (*fig., pop.*) Persona, alta e magra. *5* (*fig., tosc.*) Miseria, scarsità di denaro: *avere la s.*; *ridursi alla s.*; *patire la s.* ‖ **stanghétta**, **dim.** (V.) | **stanghino**, **dim. m.** | **stangóna**, **accr.** | **stangóne**, **accr. m.** (V.).

stangàre [da *stanga*; 1340] **v. tr.** (*io stàngo, tu stànghi*) *1* (*raro*) Puntellare, chiudere, con la stanga: *s. l'uscio.* *2* Percuotere con la stanga. *3* (*fig.*) Infliggere un danno, una perdita e sim.: *s. i cittadini con tasse esose* | ***S. un alunno***, giudicarlo negativamente, bocciarlo. *4* (*assol.*) ***S. in porta***, nel calcio, effettuare un tiro molto forte contro la porta avversaria.

stangàta [da *stanga*; av. 1625] **s. f.** *1* Colpo di stanga. *2* (*fig.*) Spesa superiore al previsto: *dare, ricevere, una s.* | Sacrificio economico, gener. non previsto, richiesto alla collettività dallo Stato mediante l'aumento di tariffe, imposte e sim.: *la s. fiscale* | Danno economico, grave perdita finanziaria: *il fallimento è stato una vera s.* *3* (*fig.*) Cattivo risultato, esito duramente negativo: *prendere una s. agli esami.* *4* Nel calcio, tiro molto forte con traiettoria orizzontale: *una s. imprendibile.*

stangàto [sec. XIV] **part. pass.** di *stangare*; anche **agg.** *1* Nei sign. del v. *2* (*pop., tosc.*) Che ha poco denaro, che è quasi in miseria.

†**stangheggiàre** [sovrapposizione di *stanga* a *stancheggiare* (V.); 1585] **v. tr.** ● (*raro*) Vessare.

stanghétta [av. 1320] **s. f.** *1* Dim. di *stanga.* *2* Ferretto quadrangolare del chiavistello che, col volgere della chiave, esce fuori dalla toppa di un battente, entra nell'apposito alloggio dell'altro battente e chiude la porta. *3* Ciascuna delle due piccole aste laterali che con una delle due estremità ricurve servono a fermare gli occhiali alle orecchie. *4* (*mus.*) Lineetta verticale sul pentagramma che separa una battuta dall'altra | Nella musica seriale, ausilio grafico senza valore ritmico. ‖ **stanghettina**, **dim.**

†**stangonàre** [da *stangone*; 1681] **v. tr.** ● Dimenare il metallo fuso mentre è nella fornace.

stangóne [av. 1292] **s. m.** *1* Accr. di *stanga.* *2* (**f.** *-a*) (*fig.*) Persona alta e robusta.

stànne ● V. *stare.*

stànnico [vc. dotta, comp. di *stann(o)* e *-ico*; 1960] **agg.** (**pl. m.** *-ci*) ● (*chim.*) Detto di composto dello stagno tetravalente | ***Acido s.***, acido ossigenato dello stagno tetravalente.

stannìfero [comp. di *stanno* e *-fero*; 1885] **agg.** ● Che contiene stagno.

stannìte [comp. di *stann(o)* e *-ite* (*2*); 1940] **s. f.** ● Calcopirite contenente stagno di colore grigio-acciaio.

stànno [lat. *stānnum*, variante di *stăgnum* 'stagno (1)'; 1499] **s. m.** ● (*raro*) Stagno (1).

stannóso [da *stanno*; 1960] **agg.** ● (*chim.*) Detto di composto dello stagno bivalente: *ossido s.*; *cloruro s.*

♦**stanòtte** [comp. di *sta* e *notte*; sec. XIII] **avv.** ● Nella notte in corso, o in quella immediatamente passata, o in quella che sta per venire: *s. fa molto buio*; *s. sono rimasto alzato fino a tardi*; *partiremo s. alle due*; *hai sentito che tuoni s.?*; *la partenza è fissata per s.*

stànte (**1**) [av. 1294] **A** **part. pres.** di *stare*; anche **agg.** *1* (*lett.*) Che sta | (*archeol., arte*) Che sta in piedi, detto di statua. *2* ***A sé s.***, di ciò che è distinto, separato dagli altri: *è un appartamento a sé s.* | Con valore avverbiale, ***seduta s.***, mentre si svolge la seduta; (*est.*) lì per lì, immediatamente: *mi ha risposto seduta s.* | †***Bene s.***, forte, ben messo, solido; V. anche *benestante* | †***Poco s., non molto s.***, poco dopo, non molto tempo dopo. *3* †Presente, corrente: *il mese s.* *4* †Fermo, stagnante: *acqua s.* **B** **prep.** ● A causa di, per la presenza o condizione di: *s. la presente carestia, verranno fatti tesseramenti*; *s. il cattivo tempo, non partiremo*; *s. le numerose richieste, hanno istituito un nuovo ufficio* | Anche con valore e uso di aggettivo: *stanti le dimensioni ridotte del teatro*; *stanti le pessime condizioni del mare* | ***S. il fatto che***, poiché: *s. il fatto che tu non vieni, dovrò cercarti un sostituto.*

†**stànte** (**2**) ● V. *istante* (*2*).

stanteché o **stànte che** [comp. di *stante* (*1*) e *che* (cong.); 1584] **cong.** ● (*raro*) Poiché (introduce una prop. caus. con il v. all'indic.): *la con... verrà rinviata, s. il professore è fuori ...* o (*dial.*)

†**stantivo** [sovrapposizione di *stante* (*1*) a un deriv. dal lat. *statīvu(m)* 'stabile, fisso', da *stătus* 'stato'; av. 1449] **A** **agg.** *1* Che ha perso freschezza, odore, sapore, per essere stato conservato troppo a lungo, detto spec. di cibo: *pane, burro, s.*; *minestra stantia.* *2* (*est.*) Vecchio, disusato: *usanza stantia* | (*fig.*) Non più attuale: *notizie stantie.* **B** **s. m.** solo **sing.** ● Odore, sapore, di cosa stantia: *sapere, puzzare, di s.*; *sapore, odore, di s.*

stantùffo [di etim. incerta: forse adattamento dell'ant. fr. *fonfoufle*, (*es*)*tandeffe* 'strumento per lanciare sassi', dal lat. *fundĭbulu(m)*, da *fŭndere* 'gettare'; av. 1537] **s. m.** ● (*mecc.*) Elemento a sezione circolare che nelle macchine a moto alternativo riceve la spinta del fluido motore (motore a scoppio, a vapore) e la trasmette alla biella, o viceversa nelle macchine operatrici (pompe, compressori a stantuffo).

♦**stànza** (**1**) o †**stànzia** (**1**) [lat. parl. **stăntia(m)* 'dimora', da *stāns*, genit. *stăntis*, part. pres. di *stāre* 'stare'; 1294] **s. f.** *1* (*raro, lett.*) Lo stare, il dimorare in un luogo: *fare s., fare breve, lunga s.* | Dimora, luogo di dimora: *avere, prendere, trovare s. in un luogo*; *Penati di Troia avranno s. / in queste tombe* (FOSCOLO); *trova s. in cuore la speranza* (MONTALE) | (*mil.*) ***Essere di s.***, avere sede abituale: *il 2° reggimento degli Alpini è di s. a Cuneo.* *2* (*gener.*) Ambiente interno di un edificio, destinato ad abitazione o a uso professionale: *un appartamento di sei stanze*; *s. grande, piccola*; *s. a pianterreno*; *s. vuota, ammobiliata, affittata*; *s. da pranzo, da letto*; *s. di soggiorno, di lavoro*; *s. degli uscieri, del direttore* | ***S. dei bottoni***, (*fig.*) luogo da cui si esercita un importante comando, in cui sono le leve del potere, spec. politico. **SIN.** Camera. *3* (*banca*) ***S. di compensazione***, istituto bancario avente lo scopo di pareggiare le posizioni di debito e credito delle banche evitando movimenti di capitali e titoli. *4* (*letter.*) Strofa della canzone, della ballata | Ottava rima. *5* †Posto. ‖ **stanzàccia**, **pegg.** | **stanzerèlla**, **dim.** | **stanzétta**, **dim.** | **stanzettàccia**, **pegg.** | **stanzettina**, **dim.** | **stanzina**, **dim.** | **stanzino**, **dim. m.** (V.) | †**stanziolino**, **dim. m.** | **stanzóna**, **accr.** | **stanzóne**, **accr. m.** | **stanzùccia**, **dim.** | **stanzucciàccia**, **pegg.** | **stanzuòla**, **dim.**

†**stànza** (**2**) ● V. *istanza.*

†**stànzia** (**1**) ● V. *stanza* (*1*).

†**stànzia** (**2**) ● V. *istanza.*

stanziàbile [1960] **agg.** ● (*banca*) Che si può stanziare.

stanziàle [da †*stanzia* (*1*); av. 1292] **agg.** *1* Che dimora stabilmente in un luogo. *2* (*mil.*) Permanente, detto di soldato, corpo e sim. *3* Detto di avifauna, non migratrice: *selvaggina s.* ‖ **stanzialménte**, **avv.** Stabilmente, con dimora fissa.

stanziaménto [1433] **s. m.** ● Assegnazione di una somma in bilancio | La somma stanziata: *uno s. insufficiente* | ***S. pubblicitario***, cifra predisposta per il finanziamento di una campagna pubblicitaria.

stanziàre [da †*stanzia* (*1*); 1294] **A** **v. tr.** (*io stànzio*) *1* Inserire una spesa in un bilancio preventivo, assegnare una somma. *2* †Deliberare, decretare, ordinare: *s. di*; *s. che.* **B** **v. intr.** (aus. *avere*) ● †Dimorare: *a Padova, dove allora stanziavo, … mi posi a pensar sopra tal problema* (GALILEI). **C** **v. intr. pron.** ● Prendere dimora stabile in un luogo: *gli invasori si stanziarono a sud del paese.*

stanziàto [1312] **part. pass.** di *stanziare*; anche **agg.** ● Nei sign. del v.

stanziatóre [1825] **s. m.**; anche **agg.** (**f.** *-trice*) ● Chi (o Che) stanzia: *ente s.*

stanzino [av. 1311] **s. m.** *1* Dim. di *stanza* (*1*). *2* Piccola stanza, gener. buia, che serve come sgabuzzino, ripostiglio, bagno | (*eufem.*) Gabinetto. ‖ **stanzinùccio**, **dim.**

stapedìfero [comp. di *stapedi(o)* e *-fero*] **agg.** ● (*zool.*) Detto di Tetrapode, in quanto il suo orecchio medio è dotato di staffa.

stapèdio [dal lat. mediev. *stapēdiu(m)*, prob. comp. di *stăpha(m)* 'staffa' e *pĕde(m)* 'piede'; 1690] **agg.** ● (*anat., zool.*) Relativo alla staffa: *arteria stapedia.*

♦**stappàre** [da *tappo*, con *s-*; av. 1850] **v. tr.** ● Privare del tappo: *s. una bottiglia* | ***S. gli orecchi***, togliere il cerume; (*fig.*) fare intendere qlco. di spiacevole. **CONTR.** Tappare.

stappatùra [1960] **s. f.** ● (*raro*) Lo stappare.

†**stàpula** [dall'ant. fr. *estaple*, moderno *étape*, dal medio ol. *stapel* 'magazzino'; 1347] **s. f.** ● Mercato | Magazzino.

star /*ingl.* stɑːʳ/ [vc. ingl., propr. 'stella'; 1929] **s. f. inv.** *1* Attrice o attore molto famoso e importante. **SIN.** Stella. *2* (*est.*) Il personaggio più importante, di maggior richiamo in una certa attività: *Coppi fu una s. del ciclismo internazionale.* **SIN.** Stella. *3* (*mar.*) Imbarcazione a vela da regata, costituente classe olimpica, con scafo a spigolo, chiglia fissa, randa e fiocco, per due persone di equipaggio. **SIN.** Stella.

staràre [da *tarare*, con *s-*; 1960] **A** **v. tr.** ● Determinare un'alterazione nelle caratteristiche normali di funzionamento di un apparecchio. **B** **v. intr. pron.** ● Detto di apparecchi, alterarsi nelle caratteristiche normali.

staratùra [1960] **s. f.** ● Alterazione della giusta taratura di un apparecchio.

star del crédere [comp. di *star(e)*, sottinteso *'come garante'*, *del* e *credere* 'credito'; 1882] **loc. sost. m. inv.** ● (*dir., comm.*) Obbligazione eventuale del commissionario o dell'agente di garantire al committente il buon fine nell'esecuzione dell'affare | (*est.*) Il compenso speciale o la maggior provvigione corrisposta dal committente al commissionario o all'agente per tale obbligazione.

♦**stàre** [lat. *stāre*, dalla radice indeur. **sthā* 'fermarsi'; 1211] **A** **v. intr.** (**pres.** *io sto* /stɔ*/, *tu stài, egli sta* /sta*/, *noi stiàmo, voi stàte, essi stànno*; **fut.** *io starò*; **pass. rem.** *io stètti* (o *-étti*), †*stéi*, †*stièi*, **pop.** *stièdi, tu stésti, egli stètte* (o *-étte*), **poet.** †*sté*, †*stiè*, **pop.** *stiède, noi stémmo, voi stéste, essi stèttero* (o *-étte-*), †*stèttono* (o †*-étto-*), †*stérono*, †*stièrono*; **congv. pres.** *io stìa*, **poet.** †*stèa, tu stìa*, **poet.** †*stìe, egli stìa*, **poet.** †*stèa*, **poet.** †*stìe, noi stiàmo, voi stiàte, essi stìano*, **poet.** †*stèano*, **poet.** †*stìeno*; **congv. imperf.** *io stéssi*; **condiz. pres.** *io starèi, tu starésti*; **imperat.** *sta* /sta, sta*/ o *sta'* (V. nota d'uso ELISIONE e TRONCAMENTO) o *stài, state*; **part. pass.** *stàto*; aus. *essere*) ATTENZIONE! *sto* e *sta* non vanno accentati. La forma *sta* dell'imperat. può assumere, in unione con particelle pron. o avv., le forme *stàmmi, stàllo, stànne, stàttene, stàcci* e sim., con raddoppiamento della consonante iniziale della particella e, nel caso di *stammi, stallo* e sim., anticipazione (o 'risalita') della particella: *stammi a sentire* per *sta a sentirmi. Stàttene* è l'imperat. della forma intensiva *starsene*; *statti* è l'imperat. della forma intr. pron. (di uso lett. ma anche region.) *starsi.* **I** In un primo gruppo di significati esprime il rimanere in un dato luogo, una data posizione, una data situazione e sim. *1* (*poet.*) Fermarsi, cessare il movimento o una serie di movimenti. *2* (*lett.*) Restare fermo, immobile. *3* (*raro, lett.*) Essere in piedi, rimanere ritto (*spec. fig.*): *chi possendo star cadde tra via / degno è che … a terra giaccia* (PETRARCA). *4* Trattenersi, rimanere in un luogo per un periodo più o meno lungo: *era incerto se andare o s.*; *vado fuori, ma ci starò poco*; *sono stata a fare quattro chiacchiere*; *è stato fuori tutto il pomeriggio*; *staremo un anno in America*; *sto qui ancora un po'.* *5* Indugiare, tardare: *stette un po', poi rispose*; *stette alquanto prima di decidere*; *non starà molto a tornare.* *6* (*disus.*) Durare, mantenersi: *il segno della ferita stette un mese* | †Trascorrere | †***Poco stando***, dopo poco tempo. *7* Nel gioco, non volere altre carte: *io sto.* **II** In un secondo gruppo di sign., sempre seguito da una determinazione che ne specifica il senso, esprime l'essere, il trovarsi, il venirsi a trovare, in un dato luogo, una data posizione, condizione, situazione e sim. *1* Essere, trovarsi, in una determinata situazione o in un determinato luogo (usato anche nella forma intens. *starsene*): *s. ad aspettare qlcu.*; *s. in casa*; *s. a scuola, all'aria aperta, al chiuso, all'ombra, al sole*; *s. con la porta chiusa, con la finestra aperta*; *s. in fila, in compagnia, in attesa*; *s. sul trono, su uno sgabello, su un albero*; *s. per terra*; *s. a cavallo, a tavola*; *s. a cena, a colazione da qlcu.*; *s. al balcone, alla finestra*, (*fig.*) restare, inattivo, mentre gli altri agiscono. *2* Essere, trovarsi in una determinata posizione, condizione, situazione e sim., con riferimento alla positura fisica, alla situazione spirituale e psichica e sim.: *s. fermo, immobile, sdraiato, supino, prono, seduto, composto, scomposto, comodo, scomodo, stretto, largo*; *s. bocconi, in ginocchio, a testa alta, a capo chino, a mani giunte, a bocca aperta*; *s. buono, calmo, attento, sicuro, tranquillo*; *s. in ansia, col cuore in gola, con l'acqua alla gola* | ***S. sulle sue***, mostrarsi molto riservato | ***S. sulla difensiva***, assumere un atteggiamento di difesa. ***3*** Essere, trovarsi, in un determinato modo, una determinata condizione, con riferimento allo stato di vita o di salute, alle condizioni economiche e sim.: *s. bene, male, di salute*; *stai bene d'intestino?*; *è stato male con la gola* | ***Chiedere come sta qlcu.***; ***chiedere a qlcu. come sta***, domandare notizie della sua salute | ***S. bene, male***, essere in buona, in cattiva salute: *oggi non sto bene*; *ieri è stato male*; (*est.*) essere in buone, in cattive condizioni economiche: *è gente che sta bene*. ***4*** Essere, trovarsi in una determinata situazione o in un determinato luogo, con riferimento all'esecuzione della propria attività o del proprio lavoro: *s. a servizio, a servire*; *s. alla cassa, al banco, all'uscita*; *s. a guardia di qlco.*; *s. di guardia a qlcu.* ***5*** Essere, trovarsi, in una data posizione nello spazio, con riferimento alla posizione di altre persone o cose: *s. accanto, a fianco, davanti, dietro, di lato, addosso, sotto, sopra* | ***S. addosso a qlcu.***, (*fig.*) incalzarlo, sollecitarlo; assillarlo, opprimerlo | Mantenersi in una data posizione: *s. in equilibrio, a cavalcioni*; *s. a galla*. ***6*** Avere il proprio domicilio, la propria abitazione: *sta di casa in via Roma*; *sta in via Roma*; *sta a Milano*; *stanno al terzo piano*; *dove stai?*; *l'ufficio sta in piazza Mazzini*; *s. a pensione presso qlcu.* | (*est.*) Vivere: *sta con i genitori*; *andremo a s. in campagna* | ***S. sulle spese***, vivere fuori di casa, sostenendo spese maggiori | ***S. come un papa, come un re*** e sim., con ogni comodità. ***7*** Essere collocato, situato, detto di cose: *il libro sta nel cassetto*; *dove sta il mio cappotto?*; *il paese sta a pochi kilometri dalla città*; *quel luogo sta ai confini del mondo*; *la villa sta in collina* | ***Non s. né in cielo, né in terra***, di cosa assurda, priva di senso. **III** In un terzo gruppo di sign., si avvicina a taluni significati del v. essere. ***1*** (*gener.*) Essere: *le cose stanno così*; *adesso sto tranquillo*; *non c'è proprio da s. allegri* | ***Il fatto sta così***; ***il fatto sta così e così***, questa è la verità dei fatti | (***Il***) ***fatto sta che***, ***sta di fatto che***, per appoggiare, rafforzare una affermazione: *puoi dire quel che vuoi, ma sta di fatto che la situazione peggiora* | ***Sta scritto***, è scritto, è fissato | ***Stando ciò***, ***stando così le cose***, poiché la situazione è questa: *stando così le cose, vi lascio e me ne vado* | ***S. a cuore***, importare molto: *la sua sorte mi sta a cuore* | ***S. a dieta***, seguire una dieta | ***S. sulle spine***, in grande agitazione o ansia, a disagio. ***2*** Dipendere: *sta a vedere se è vero* | ***Sta in me, in lui***, ecc., dipende da me, lui ecc. | Toccare, essere in facoltà: *sta a lui decidere*; *sta in voi sapere come agire*; *non sta a noi pensarci*; *sta al governo provvedere ai cittadini*. ***3*** Consistere: *in questo sta il suo merito*; *qui sta il difficile*; *qui sta il bello*; *qui sta il suo debole* | ***Tutto sta***, l'essenziale è: *tutto sta nel convincerlo*; *tutto sta che riesca a convincerlo*. **IV** In un quarto e più ristretto gruppo di sign. esprime un rapporto di quantità. ***1*** Essere contenuto, entrarci: *tanto olio quanto ne sta in un cucchiaio*; *in quella bottiglia ci sta un litro*; *nel nuovo stadio possono s. centomila persone*; *il 2 nell'8 ci sta 4 volte* | (*fig.*) ***Non s. in sé dalla gioia***, non saperla trattenere, dimostrarla a tutti. ***2*** (*mat.*) Avere rapporto, proporzione: *20 sta a 100 come 5 sta a 25*. ***3*** (*raro*) Costare: *a quanto sta il pesce?*; *la frutta sta a due euro il kilo*; *il trasporto viene a s. troppo*. **V** In un quinto gruppo di sign. esprime varie relazioni grammaticali. ***1*** Seguito da un gerundio, indica la continuità dello svolgimento dell'azione espressa dal verbo stesso: *sta leggendo*; *stava mangiando*; *stavo camminando quando mi sentii chiamare*; *stavamo parlando di te*. ***2*** Seguito dalla prep. *a* e l'inf. indica l'esecuzione dell'azione espressa dal verbo stesso: *s. a chiacchierare, a leggere, a vedere, a guardare*; (*pleon.*) *non starmi a dire che hai cambiato idea*; *su, non starci tanto a pensare* | ***S. a vedere, a guardare***, (*fig.*) restare inattivo aspettando gli eventi, mentre gli altri agiscono. ***3*** Seguito dalla prep. *per* e l'inf. indica l'imminenza dell'azione espressa dal verbo stesso: *stiamo per lasciarci*; *sta per piovere*; *stavo quasi per picchiarlo* | ***Sto per dire***, ***s. per dire*** e sim., frasi usate per attenuare un'affermazione. **VI** In un sesto gruppo di sign. assume significati diversi a seconda delle loc. in cui ricorre. ***1*** Nella loc. ***s. a***, attenersi: *s. ai fatti, alle regole, al regolamento, al testo* | Rimettersi: *s. al giudizio della Commissione, alla decisione dei giudici* | ***S. alle apparenze***, giudicare basandosi solo su elementi esterni | ***S. alle parole di qlcu.***, fidarsene | ***S. al proprio posto***, saper mantenere le distanze, non immischiarsi nei fatti altrui | ***S. allo scherzo, agli scherzi***, accettarli con spirito, senza risentirsene | ***Stando a quanto si dice*** ..., limitatamente, relativamente a quanto si dice. ***2*** Nella loc. ***s. bene***, essere in buona salute e (*est.*) in buone condizioni economiche | Adattarsi bene, conferire grazia, spec. di indumenti: *quel vestito ti sta molto bene*; *il soprammobile non sta bene su quel tavolo* | Essere opportuno, decente: *non sta bene sbadigliare in pubblico*; *questi modi non stanno bene* | Essere meritato, detto di cosa spiacevole: *ti sta bene*; *ben ti sta, così impari*; *lo hanno imbrogliato e gli sta bene, e ben gli sta* | ***Sta bene***, per esprimere approvazione | ***S. bene a quattrini***, averne in abbondanza. ***3*** Nella loc. ***s. male***, essere in cattiva salute e (*est.*) in cattive condizioni economiche | Non adattarsi, rovinare esteticamente: *quel cappello ti sta male* | ***S. male a quattrini***, averne pochi. ***4*** Nella loc. ***s. con***, abitare insieme con qlcu.: *sta con i genitori*; *andò a s. col fratello* | Convivere: *sta con quell'uomo da molti anni* | Stare in compagnia di qlcu.: *si sta bene con loro*; *è così antipatico che non si può s. con lui* | Essere d'accordo con qlcu., seguirne le idee, il modo di agire: *sto con voi*; *tu con chi stai?* ***5*** Nella loc. ***starci***, accettare, acconsentire: *ci state a fare una gita?*; *ho lanciato l'idea di un pranzo e tutti ci sono stati* | Lasciar fare, non reagire: *il marito gliene fa un sacco, eppure lei ci sta* | Accettare di avere relazioni, rapporti, spec. occasionali: *è una che ci sta*; *vorrei che uscisse con me, ma lei non ci sta*. ***6*** Nella loc. ***lasciare s.***, non toccare una cosa, non prenderla, non muoverla: *lasciate s. i miei libri*; *i bambini devono lasciare s. le medicine* | (*fig.*) Non occuparsi di qlco.: *quest'affare scotta, lascialo s.*; *lasciate s., pago io* | Desistere da qlco.: *si stancò di quella storia e lasciò s.* | Non nominare, tenere fuori da una faccenda: *lascia s. mio padre, ché qui non c'entra* | Non dare disturbo, fastidio, noia: *lasciate s. il bambino*; *per favore lasciami s.* | ***Lasciamo s. che*** ..., a parte il fatto che: *lasciamo s., che la colpa è un po' di tutti* ... ***7*** Nella loc. ***non poter s. senza qlco.*** o ***qlcu.***; ***non poter s. senza fare qlco.***, non poterne fare a meno, non poter resistere: *non può s. senza quella donna*; *non posso s. senza di lui*; *non può s. senza scrivere*; *non può più s. senza fumare*. ***8*** Nella loc. (*fam.*) ***ci sta che***, è possibile, è accettabile, è verosimile: *ci sta che lei se la sia presa*; *ci sta che la squadra sia un po' stanca*. **B** **v. intr. pron.** ***1*** †Stare fermo. ***2*** †Rimanere, restare | †Desistere.

stark delicious /s'tark de'litʃus, *ingl.* 'stɑːɹk dɪ'lɪʃəs/ [loc. ingl., propr. 'completamente squisita', comp. di *stark* 'rigido, forte, assoluto' (d'orig. germ.) e *delicious* 'delizioso, squisito'; 1983] **A** **loc. sost. m. inv.** ● Varietà coltivata di melo, dal frutto di color rosso e dal sapore delicato. **B** **loc. sost. f. inv.** ● Il frutto di tale albero.

stàrlet /*ingl.* 'stɑːɹlət/ [vc. ingl., propr. dim. di *star* 'stella'; 1956] **s. f. inv.** ● Attrice cinematografica agli inizi della carriera, in cerca di rapide affermazioni. **SIN.** Stellina.

stàrna [vc. di orig. mediterr.; 1306] **s. f.** ● (*zool.*) Uccello dei Galliformi affine alla pernice, grigiastro con strisce scure dorsali e macchie ventrali (*Perdix perdix*). **SIN.** Pernice grigia. ➡ **ILL. animali/8.** || **starnino, dim. m.** | **starnòtto, dim. m.** (V.).

starnàre [lat. *exenteràre* 'cavar fuori le interiora', comp. di *ĕx-* (*s-*) e di un deriv. dal gr. *énteron* 'intestini' (V. *enterite*), con sovrapposizione di *starna* (?); 1750] **v. tr.** ● Togliere le interiora alle starne e ad altri gallinacei, appena uccisi, affinché non si guastino.

starnazzàre [da *starna*, con suff. iter.-intens.; av. 1519] **A** **v. intr.** (aus. *avere*) ***1*** Agitare le ali gettandosi la terra addosso, detto dei Gallinacei e di altri Uccelli. ***2*** (*raro, fig., scherz.*) Agitarsi scioccamente, facendo chiasso: *quelle ragazzine non fanno che s.* **B** **v. tr.** ● (*raro*) Sbattere, agitare, detto di gallinacei e di altri uccelli: *s. le ali*.

starnàzzio [av. 1956] **s. m.** ● Lo starnazzare.

starnòtto [av. 1552] **s. m.** ***1*** Dim. di *starna*. ***2*** Pulcino della starna. || **starnottino, dim.**

†**starnutadògmi** [comp. di *starnuta(re)* e il pl. di *dogma*; 1786] **s. m. inv.** ● (*raro, scherz.*) Sputasentenze.

starnutaménto [lat. *sternutamĕntu(m)*, da *sternutāre* 'starnutare'; av. 1564] **s. m.** ● Lo starnutare | Sequenza di starnuti.

starnutàre o (*raro*) **sternutàre**, (*pop.*) **stranutàre** [lat. *sternutāre*, intens. di *sternŭere*, di orig. indeur.; sec. XIII] **v. intr.** (aus. *avere*) ● Starnutire.

starnutatòrio [da *starnutare*; sec. XIV] **A** **agg.** ● Che fa starnutire: *sostanza starnutatoria*. **B** **s. m.** ● Ogni prodotto irritante, che provoca lo starnuto.

starnutazióne [vc. dotta, dal lat. tardo *sternutatiōne(m)* 'starnuto', da *sternutāre* 'starnutare'; av. 1320] **s. f.** ● (*raro*) Lo starnutare.

starnutìre o (*raro*) **sternutìre**, (*pop.*) **stranutìre** [da *starnutare*, con cambio di coniug.; 1353] **v. intr.** (*io starnutìsco, tu starnutìsci*; aus. *avere*) ● Fare uno o più starnuti.

starnùto o (*raro*) **sternùto**, (*pop.*) **stranùto** [lat. tardo *sternūtu(m)*, da *sternŭere* 'starnutare'; av. 1320] **s. m.** ● Brusco e rumoroso atto espiratorio, riflesso, involontario, consecutivo a profonda inspirazione: *fare uno s., una serie di starnuti*; *soffocare uno s.*; *gli è scappato uno s.*

†**stàro** ● V. *staio*.

starosta /s'tarosta, *russo* s'tɯarʌstʌ/ [dal russo *stárosta*, propr. 'anziano', da *stárost* 'vecchiaia'; av. 1557] **s. m.** (**pl.** *-i*, **pl.** russo *starosty*) ● Anziano posto a capo di un villaggio o capo di una comunità agricola locale, nella Russia zarista e gener. nelle antiche culture slave.

star system /*ingl.* 'stɑːɹ,sɪstəm/ [loc. ingl., propr. 'sistema (*system*) che riguarda la stella (*star*) dello spettacolo'; 1959] **loc. sost. m. inv.** ● Nel mondo del cinema e dello spettacolo, apparato tecnico-organizzativo che, con i sistemi della pubblicità, lancia e sostiene i divi.

start /*ingl.* stɑːɹt/ [vc. ingl., propr. 'partenza'; 1923] **s. m. inv.** ***1*** Fotogramma d'inizio di un film. ***2*** Segnale di partenza.

stàrter /*ingl.* 'stɑːɹtəɹ/ [vc. ingl., propr. 'mossiere', da *to start* 'partire'; 1891] **s. m. inv.** ***1*** Chi dà il via in una gara di corsa. **SIN.** Mossiere. ***2*** Nei veicoli a motore, dispositivo per facilitarne l'avviamento.

stasàre [calco su *intasare*, con cambio di pref. (*s-*); 1684] **v. tr.** ● Liberare da intasamenti, sturare: *s. un condotto*. **CONTR.** Intasare.

stasatóre [da *stasare*; 1987] **s. m.** ● Dispositivo a spazzola o a spirale destinato a stasare e pulire condutture.

♦**staséra** [comp. di (*que*)*sta* e *sera*; av. 1313] **avv.** ● Questa sera, nella serata che sta per venire o che è già in corso: *s. andrò al cinema*; *per s. ancora non abbiamo fissato nulla*; *ci vedremo s. alle ventuno*; *lo spettacolo di s. è di beneficenza*; *da s. voglio andare a letto presto*.

stàsi [vc. dotta, dal gr. *stásis*, connesso con *histánai* 'stare', di orig. indeur. (V. *stare*); 1805] **s. f. inv.** ***1*** (*med.*) Rallentamento della corrente sanguigna in un organo. ***2*** (*fig.*) Ristagno, arresto momentaneo: *c'è una s. nel commercio*; *le operazioni hanno subito un periodo di s.*

-stasi /stazi, s'tazi/ o **-stasia** [gr. *stásis*, propr. 'lo stare (diritto)', dal v. *histánai* 'levare, drizzare', di orig. indeur.] **secondo elemento** ● In parole composte della terminologia medica, significa 'intervento atto ad arrestare' o 'cessazione': *emostasi*, *batteriostasi*.

stasifobia [comp. del gr. *stásis* 'lo stare' (V. *-stasi*) e *-fobia*] **s. f.** ● (*psicol.*) Paura ossessiva di essere incapaci a mantenere la stazione eretta.

stàsimo [dal lat. tardo *stăsimu(m)*, dal gr. *stásimos* 'canto, a piè fermo', da *stásis* 'stasi, posizione' (V. *stasi*); 1572] **s. m.** ● Nella tragedia greca, canto del coro che divide un episodio dall'altro.

stassanizzàre [1965] **v. tr.** ● Sottoporre il latte alla stassanizzazione.

stassanizzazióne [dal n. di E. *Stassano*, inventore del procedimento; 1960] **s. f.** ● Metodo di pastorizzazione celere del latte.

♦**statàle** [da *stato* (*3*); 1883] **A** **agg.** ● Dello Stato: *organo, bilancio, s.*; *Ministero delle partecipazioni statali* | ***Impiegato s.***, presso un ufficio dello Stato o di altro ente pubblico | ***Strada s.***, ognuna delle strade che costituiscono la rete viabile principale della penisola e i suoi principali allacciamenti alle reti degli Stati finitimi, numerate e iscritte in apposito elenco. || **statalménte**, **avv** **B** **s. m. e f.** ● Chi è impiegato presso un ufficio d lo Stato o di altro ente pubblico. **C** **s. f.** ● statale.

statalìsmo [comp. di *statale* e *-ismo*; ay

m. *1* Teoria politica che riconosce, come unica fonte di diritto, lo Stato. *2* Concezione politica fautrice dell'intervento dello Stato nella vita economica e sociale.

statalista [1924] **s. m. e f.** (**pl. m.** *-i*) ● Chi sostiene lo statalismo.

statalistico [1963] **agg.** (**pl. m.** *-ci*) ● Che si riferisce allo statalismo.

statalizzàre [comp. di *statal(e)* e *-izzare*; 1960] **v. tr.** ● Rendere di proprietà statale. **SIN.** Statizzare.

statalizzatóre **s. m.**; anche **agg.** (**f.** *-trice*) ● (*raro*) Chi (o Che) statalizza. **SIN.** Statizzatore.

statalizzazióne [1956] **s. f.** ● Trasferimento dai privati allo Stato sia della proprietà sia della gestione di imprese produttive o servizi. **SIN.** Statizzazione.

†**statàrio** [vc. dotta, dal lat. *statāriu(m)* 'che avviene sul posto', da *stătus*, part. pass. di *stāre* 'stare'; 1549] **agg.** ● Fermo, stabile, fisso in un dato luogo | ***Battaglia stataria***, lungamente combattuta nello stesso luogo | ***Soldato s.***, che combatte da fermo.

stàte ● V. *estate*.

statère [vc. dotta, dal lat. tardo *statēre(m)*, dal gr. *statḗr*, genit. *statêros* 'peso, moneta', da *histánai* 'stare'; sec. XIII] **s. m.** *1* Moneta greca che ebbe massimo corso nei secc. VI-IV a.C., d'oro o d'argento, del valore di due dramme e di peso variabile secondo i sistemi monetali di appartenenza | In età romana, tetradramma d'argento. ➡ **ILL. moneta.** *2* Peso da porsi sui due piatti della bilancia per stabilirne l'equilibrio.

†**stateréccio** [da *state*; av. 1332] **agg.** ● Estivo.

stàtica [f. sost. di *statico* (*1*); 1745] **s. f.** *1* (*fis.*) Parte della meccanica che studia l'equilibrio dei corpi sottoposti a forze. **CFR.** Cinematica, dinamica | ***S. grafica***, risoluzione grafica di problemi riguardanti equilibri di forze. *2* (*est.*) Correntemente, complesso delle condizioni di stabilità e di equilibrio di una costruzione: *una buona, una cattiva s.*; *il palazzo ha una buona s.* *3* Analisi dei fenomeni economici che prescinde dagli effetti del fattore tempo.

stàtice [dal lat. *stātice(m)*, dal gr. *statikḗ*, f. sost. di *statikós* 'astringente', connesso con *histánai* 'stare fermo'; 1813] **s. f.** ● Pianta delle Plumbaginacee, perenne, che forma cespuglio con brattee ferruginose e fiori violacei (*Statice armeria*).

staticismo [comp. di *statico* (*1*) e *-ismo*; 1942] **s. m.** ● (*raro*) Tendenza a un comportamento statico.

staticità [da *statico* (*1*); 1912] **s. f.** ● Proprietà o condizione di ciò che è statico.

stàtico (**1**) [vc. dotta, dal gr. *statikós* 'che riguarda l'equilibrio' (V. *stasi*); av. 1710] **agg.** (**pl. m.** *-ci*) *1* (*fis.*) Relativo alla statica | ***Sollecitazione statica***, sollecitazione applicata a un corpo in modo da non turbarne l'equilibrio | ***Elettricità statica***, relativa a cariche elettriche in quiete. *2* Che ha buone condizioni di stabilità, di equilibrio: *ponte s.* *3* (*fig.*) Che è privo di movimento, di sviluppo in qualsiasi senso: *situazione, politica statica* | ***Linguistica statica***, studio di una lingua nello stato in cui si trova. **CONTR.** Dinamico. ‖ **staticaménte**, **avv.** *1* (*fis.*) Sotto l'aspetto, secondo i principi della statica. *2* (*fig.*) In modo statico. **CONTR.** Dinamicamente.

†**stàtico** (**2**) o †**stàdico** [variante ant. di *ostatico*, V. *ostaggio*; av. 1292] **s. m.** ● Ostaggio.

-stàtico [dal gr. *statikós*] secondo elemento ● Forma aggettivi composti, che per lo più sono connessi con sostantivi in *-stasi*, *-statica* e *-stato*, e significa 'che ferma, che arresta', e sim.: *batteriostatico, emostatico, elettrostatico, idrostatico, termostatico*.

statino (**1**) [da *stato* 'registro, condizione' (V. *stato* (*2*)); 1858] **s. m.** *1* Prospetto, specchietto, piccolo inventario: *gli statini delle vendite*. *2* Modulo che le segreterie di alcune università rilasciano agli studenti, comprovante il pagamento delle tasse, l'iscrizione all'esame e sim., su cui viene in seguito segnato il voto riportato all'esame.

statino (**2**) [da (*e*)*state*; 1873] **agg.** *1* (*dial.*) Detto di uccello che emigra d'estate. *2* (*raro*) Che matura d'estate, detto di frutta.

station wagon /steʃʃon'wɛgon, *ingl.* 'steɪʃn-wægən/ [loc. ingl., comp. di *station* 'stazione, so[...] e *wagon* 'carro coperto'; 1959] **loc. sost. f. inv.** ([...]gl. *station wagons*) ● Automobile fornita di [...]lone posteriore, sedili posteriori ribaltabili e ampio spazio per bagagli e merci. **SIN.** Familiare. ➡ **ILL.** p. 2167 TRASPORTI.

statista [da *stato* (*3*); 1611] **s. m. e f.** (**pl. m.** *-i*) ● Persona che, per la sua capacità e competenza, ha assunto un ruolo rilevante nella vita politica di uno Stato | Chi governa, dirige, uno Stato.

statìstica [f. sost. di *statistico*; 1812] **s. f.** *1* Scienza che studia, in base a metodi matematici, fenomeni collettivi di carattere variabile; **CFR.** Campione nel sign. 5. *2* (*fis.*) Legge probabilistica di distribuzione delle particelle di un sistema, che permette di calcolare le proprietà macroscopiche del sistema quando l'elevato numero delle particelle non consente lo studio di ogni singola particella | ***S. classica***, quando le particelle seguono leggi classiche | ***S. quantistica***, quando le particelle seguono leggi quantistiche | ***S. di Bose-Einstein***, statistica quantistica applicabile a sistemi di particelle per le quali vale il principio di indistinguibilità, ma non il principio di esclusione | ***S. di Fermi-Dirac***, statistica quantistica applicabile a sistemi di particelle per le quali vale il principio di indistinguibilità e quello di esclusione. *3* (*est.*) Raccolta organica e ordinata di dati: *fare la s. della popolazione* | (*est.*) Calcolo accurato: *fare una s.*

statìstico [da *stato* (*3*); 1630] **A** **agg.** (**pl. m.** *-ci*) ● Della, relativo alla statistica: *metodo s.*; *tavole statistiche* | ***Dato s.***, risultato di una classificazione di unità che compongono un collettivo, secondo le modalità di uno o più caratteri. ‖ **statisticaménte**, **avv.** Secondo un punto di vista statistico. **B** **s. m.** (**f.** *-a*, raro) ● Chi si occupa di statistica.

stativo (**1**) [vc. dotta, dal lat. *statīvu(m)* 'stabile, fisso', da *stătus*, part. pass. di *stāre* 'stare'; sec. XIV] **agg.** *1* (*raro*) Fermo, stazionario: *accampamento s.* *2* (*raro*) Stanziale: *uccello s.* *3* (*ling.*) Detto di verbi e aggettivi che indicano una durata, uno stato permanente.

stativo (**2**) [da *stativo* (*1*), sul modello del ted. *Stativ*; 1960] **s. m.** ● Supporto, molto robusto e stabile per microscopi, micrometri e altri strumenti di precisione.

statizzàre [da *stato* (*3*); 1905] **v. tr.** ● Statalizzare.

statizzatóre [da *statizzare*; 1913] **s. m.**; anche **agg.** (**f.** *-trice*) ● (*raro*) Statalizzatore.

statizzazióne [da *statizzare*; 1905] **s. f.** ● Statalizzazione.

stàto (**1**) [sec. XIII] **part. pass.** di *stare* (si usa inoltre come **part. pass.** del **v.** *essere* nella coniug. dei tempi composti) ● Nei sign. del v.

♦**stàto** (**2**) [dal lat. *stătu(m)* 'condizione, posizione', da *stāre* 'stare'; 1225 ca.] **s. m.** *1* Lo stare, lo stare fermo: *verbi di s. e verbi di moto* | ***Complemento di s. in luogo***, indica il luogo, reale o figurato, in cui si trova un soggetto o accade un'azione. *2* Modo di essere, di trovarsi, condizione: *lo s. delle cose, lo s. della questione*; *lo s. del cielo, dell'aria, del mare*; *lo s. del mondo*; *lo s. presente, futuro*; *essere in uno s. lacrimevole, pietoso, da far pietà, da far paura* e sim.; *essere in buono, in cattivo, in ottimo, in pessimo s.* | ***Essere in s. di fare qlco.***, essere in condizioni tali da poterlo fare | (*dir.*) Situazione di immutabilità di una sentenza: *la sentenza fa s. fra le parti*. *3* Modo di vivere, di persone o animali: *s. di civiltà*; *vivere allo s. selvaggio*; *vivere allo s. libero, brado*; *vivere in uno s. miserabile*; *vivere in s. d'indigenza*. *4* Condizione economica e sociale: *essere nato in, di, umile s.*; *essere venuto di basso s.*; *essere salito in grande s.*; *cambiare, mutare, s.*; *migliorare il proprio s.* | (*assol.*) Buona posizione economica e sociale: *farsi, formarsi, uno s.* *5* Condizione di una persona relativamente alla posizione che essa occupa nell'ambito della famiglia, della collettività, della propria professione e sim.: *s. nubile, celibe, libero, coniugale, maritale, vedovile* | ***S. giuridico***, qualificazione attribuita dall'ordinamento giuridico a un soggetto in relazione alla sua posizione nella collettività, come cittadino, coniuge, figlio e sim.: *s. civile*; *s. di famiglia*; *s. libero* | ***Azioni di s.***, dirette a ottenere il riconoscimento del proprio stato giuridico | ***S. clericale, religioso, laico***, le differenti condizioni rilevabili in diritto canonico riguardo alla persona fisica, che può liberamente eleggere la condizione sacerdotale o religiosa, ovvero restare nel mondo | ***Scegliere il proprio s.***, decidere se sposarsi oppure no, se abbracciare la vita religiosa oppure no e sim. | ***Gli obblighi, gli impegni, i doveri*** e sim. ***del proprio s.***, quelli derivanti dalla particolare condizione in cui si è nell'ambito di una collettività, dalla professione che si esercita e sim. *6* Condizione, situazione, di carattere eccezionale in cui si trova una persona, un gruppo di persone o una collettività: *essere in s. di accusa, di arresto*; *essere in s. di emergenza* | ***S. d'assedio***, disposizione diretta a mantenere l'ordine pubblico turbato da sommosse, con conseguente trapasso dei poteri dalle autorità civili a quelle militari | ***S. di guerra***, condizione di tutto o di parte del territorio nazionale, determinata mediante decreti, in relazione alle necessità di difesa o di resistenza del paese. *7* Condizione di salute, sia fisica sia psichica: *s. di salute*; *essere in buono o in cattivo s. di salute*; *essere in s. di debolezza, di prostrazione, di ubriachezza*; *essere in s. di gravidanza*; *essere in s. di depressione, di agitazione, di incoscienza, di ansia, di euforia* | ***Essere in s. interessante***, in stato di gravidanza | Condizione spirituale o morale: *essere in s. di innocenza, di colpa* | ***S. d'animo***, condizione di spirito | ***S. di grazia***, nella teologia cattolica, condizione di chi ha la grazia santificante; (*fig.*) condizione di particolare euforia, rendimento, ispirazione e sim.: *essere, sentirsi, in s. di grazia*. *8* (*stat.*) ***S. della popolazione***, condizione, caratteri, in un dato momento, della popolazione considerata come un insieme di unità statistiche concrete. *9* (*st.*) Classe sociale, ordine: *anticamente il popolo francese era diviso in tre stati* | ***Il Terzo S.***, la borghesia | ***Il Quarto S.***, il proletariato | ***Stati generali***, antico parlamento feudale francese, composto da rappresentanti dei tre ordini (nobiltà, clero e borghesia); (*est.*) assemblea dei rappresentanti di un'organizzazione, di un organismo ecc.: *gli Stati generali di un partito, di una regione*. *10* (*dir.*) Situazione della persona connessa con la sua appartenenza alla comunità | ***S. civile***, situazione di un individuo relativamente alla cittadinanza o ai vincoli familiari: *atti dello s. civile*; *registro dello s. civile* | ***S. di insolvenza***, incapacità di un imprenditore di soddisfare regolarmente le proprie obbligazioni | ***S. di necessità***, causa di giustificazione che esclude la punibilità di chi ha commesso il fatto costrettovi dalla necessità di salvare sé o altri dal pericolo attuale di un danno grave alla persona | ***S. passivo***, nel fallimento, elenco dei crediti di cui viene richiesta la soddisfazione. *11* (*chim.*) Particolare condizione in cui una sostanza si trova | ***Stati di aggregazione***, ognuno dei diversi modi nei quali le molecole di una sostanza possono trovarsi associate: *s. solido, liquido, gassoso*; *passaggio di s.* | ***S. atomico, nascente***, con riferimento ad atomi prima che si riuniscano in molecole poliatomiche o a molecole all'atto della loro formazione da reazioni chimiche | ***S. nativo***, di metalli e metalloidi che esistono puri in natura | ***S. colloidale***, dispersione di minutissime particelle di una sostanza in un solvente, sì da dare l'apparenza di una soluzione | ***S. critico***, condizione di equilibrio fra due fasi di una sostanza che può essere alterata da piccolissime variazioni di temperatura, pressione o volume | ***S. fondamentale, s. eccitato***, stato di un atomo o di una molecola che presentano configurazioni elettroniche con energia rispettivamente minima o maggiore della minima. *12* (*elettr.*) Insieme dei valori di tensione e di corrente che caratterizzano un circuito elettrico | Regime elettrico. *13* (*med.*) Periodo di stazionarietà di una malattia. *14* (*bur.*) Documento comprovante la posizione giuridica di una persona relativamente a determinate situazioni: *s. di famiglia*; *s. libero*; *richiedere all'anagrafe lo s. di famiglia* | Documento, prospetto, di tipo contabile, economico e sim.: *s. di previsione* | (*ragion.*) ***S. patrimoniale***, inventario di fine esercizio esposto in forma sinottica | (*ragion.*) ***S. attivo e passivo***, stato patrimoniale. *15* (*mil.*) ***Stato Maggiore***, complesso di ufficiali qualificati posti alla guida e direzione dei comandi di grandi unità che collaborano con il rispettivo comandante nella sua azione direttiva | ***S. Maggiore della Difesa***, al vertice delle Forze Armate, retto dal Capo di Stato Maggiore che in tempo di pace dipende direttamente dal Ministro della Difesa | (*est., fig., scherz.*) ***S. Maggiore***, il gruppo di alti dirigenti di una qualunque organizzazione. *16* †Ricchezza, patrimonio: *dare via il proprio s.* *17* †Signoria, dominio: *avere s.*

♦**stàto** (**3**) [dal precedente; 1313] **A** **s. m.** (spesso scritto con iniziale maiuscola) *1* Persona giuridica territoriale sovrana, costituita dalla organizzazione politica di un gruppo sociale stanziato stabilmente su di un territorio: *s. monarchico, repubblicano; s. indipendente; Stati federati, confederati; Stati Uniti d'America, Stato della Città del Vaticano; rapporti tra S. e Chiesa; avvocatura dello s.; Capo dello s.; Consiglio di S.; Ferrovie dello S.* | ***S. unitario***, in cui un solo ente è titolare della sovranità | ***S. federale***, risultante dall'unione di più stati federati | ***S. democratico***, che garantisce l'estensione dei diritti individuali a tutti i cittadini, e riconosce il diritto del popolo, come totalità organica, a governarsi da sé | ***S. totalitario***, a partito unico, in cui tutto è subordinato a questo che organizza dittatorialmente le varie attività del paese | ***S. cuscinetto***, in cui è preminente la funzione di evitare il contatto diretto fra altri due stati, altrimenti confinanti | ***S. guida***, che ispira e condiziona l'azione politica di altri stati | ***S. di diritto***, caratterizzato da una costituzione rigida e dal controllo di legittimità costituzionale delle leggi ordinarie | ***S. di polizia***, in cui non c'è libertà e la polizia serve a mantenere al potere i governanti; nel sec. XVII, forma di Stato che riconosceva diritti civili ma non politici ai sudditi | ***S. sociale***, ***S. del benessere***, sistema politico-sociale in cui lo Stato si assume il compito di promuovere il benessere dei cittadini garantendo loro un reddito minimo e attuando varie misure di sicurezza sociale, spec. nel campo sanitario e della previdenza. SIN. Welfare state | ***S. assistenziale***, Stato sociale; (*spreg.*) degenerazione dello Stato sociale verso forme clientelari o statalistiche | ***Colpo di s.***, sovvertimento illegittimo dell'ordinamento costituzionale di uno Stato, operato da un organismo dello Stato stesso, quale l'esercito o il governo | ***Ragion di s.***, la logica dell'azione politica di uno Stato | ***Affare di s.***, che concerne strettamente lo Stato | (*fig.*) ***Fare un affare di s. di qlco.***, fare gran rumore attorno a qlco. di scarsa importanza | ***Uomo di s.***, statista | ***Scuola di s.***, pubblica | ***Esami di s.***, quelli controllati dallo Stato e aventi valore ufficiale, da sostenersi per ottenere un diploma di scuola media o l'abilitazione all'esercizio di una data professione. *2* (*est.*) Territorio di uno Stato: *s. grande, piccolo; invadere, conquistare, occupare, uno s.; risiedere nello s. di X.* || **staterèllo**, **dim.** | **statùcolo**, **dim.** **B** in funzione di **agg. inv.** ● (posposto al s.) Nella loc. ***città s.***, presso gli antichi Greci, tipica comunità politica costituita dal centro abitato cinto di mura e dal territorio dipendente.

STATO
nomenclatura

stato

● *caratteristiche*: paese, nazione, popolo, territorio, giurisdizione, sovranità = indipendenza, costituzione, repubblica, superpotenza, stato di diritto, federazione = confederazione;

● *stato italiano*: capo dello stato = presidente della repubblica; potere legislativo (parlamento), potere esecutivo (governo), corte costituzionale; corte dei conti; avvocatura dello stato; consiglio nazionale dell'economia e del lavoro;

● *amministrazione dello stato*: centrale ⇔ periferica; attiva, consultiva, di controllo; ragioneria dello stato, fisco, erario, tesoreria, ministero; amministrazione della giustizia.

● *parlamento*: assemblea parlamentare (camera dei deputati, senato), emiciclo; deputato, senatore (senatore a vita), presidente (della camera, del senato), vicepresidente; immunità parlamentare, legislatura, scioglimento (anticipato) delle camere, seduta = sessione, votazione, voto (palese ⇔ segreto, favorevole ⇔ contrario), astensione, scheda bianca, maggioranza (assoluta, relativa), minoranza, numero legale = quorum (costitutivo, deliberativo); interrogazione, interpellanza, mozione di fiducia ⇔ di sfiducia, discussione, relazione, emendamento, disegno di legge, legge, decreto, conversione, promulgazione, ratifica; seggio, elezioni (candidato, circoscrizione, collegio, collegio uninominale, sistema maggioritario, sistema proporzionale, voto di preferenza, comizio elettorale, campagna elettorale, propaganda, demagogia, programma elettorale; seggio elettorale, scheda elettorale, scrutinio, ballottaggio, sondaggio elettorale, exit poll, proiezioni);

● *governo*: consiglio dei ministri, presidente del consiglio dei ministri, vicepresidente del consiglio dei ministri, ministro, sottosegretario di stato, gabinetto del ministero, direzione generale, ministeri (degli interni: provincia, prefettura, questura, commissariato; degli affari esteri: ambasciata, consolato; di grazia e giustizia: tribunale, prigione = carcere; del bilancio; delle finanze, fisco; del tesoro, erario, ragioneria dello stato; della difesa: forze armate, esercito, marina, aeronautica; della pubblica istruzione: scuola; della sanità: unità sanitaria locale, ospedale, consultorio; della famiglia; dei lavori pubblici; dei trasporti; dell'università e della ricerca scientifica; delle poste e telecomunicazioni; dell'industria e commercio; del lavoro e previdenza sociale; del commercio con l'estero; della marina mercantile; della protezione civile; dei beni culturali: biblioteca, museo, galleria; dell'ambiente);

● *amministrazione della giustizia*: magistratura (consiglio superiore della magistratura, corte suprema di cassazione, procura generale; avvocatura generale; corte d'appello, tribunale, pretura, giudice di pace, tribunale amministrativo regionale = T.A.R.);

● *enti locali*: regione (consiglio regionale, presidente del consiglio regionale, consigliere, giunta, presidente della giunta e della regione, assessore, assessorato, autonomia, a statuto speciale, ad autonomia ordinaria); provincia (presidente della provincia, assessore, assessorato); comune = municipio (piccolo, medio, grande, capoluogo di provincia, capoluogo di regione, diviso in circoscrizioni; urbano ⇔ rurale, montano; consorziato, comunità montana), uffici comunali, assessorato, albo, servizi di stato civile = anagrafe, delegazioni = circoscrizioni, esattoria comunale, tesoreria, archivio; polizia urbana, nettezza urbana; demanio; consiglio comunale, giunta, sindaco, consigliere, assessore, commissario prefettizio; segretario, messo, usciere.

stàto- [gr. *statós* 'che sta diritto', agg. v. di *histánai* 'porre in piedi, ritto', di orig. indeur.] primo elemento ● In parole composte della terminologia scientifica, significa 'che sta ritto' o ha riferimento alla statica o a condizione di equilibrio: *statolite, statoreattore.*

-stato [dal gr. *státēs* (s.) e *-statós* (agg.), propr. 'che ferma'] secondo elemento ● In parole composte della terminologia scientifica e tecnica, riferito per lo più a strumenti, indica capacità di stabilizzare, di rendere o mantenere stazionario (*girostato, eliostato, termostato*) o anche capacità di sostenersi (*aerostato*).

statocettóre [comp. di *stato* e (*re*)*cettore*] **s. m.** ● (*anat., fisiol.*) Statorecettore.

statocisti o **statociste** [comp. di *stato-* e del gr. *kýstis* 'vescica' (V. *cisti*); 1940] **s. f. inv.** ● (*zool.*) Cavità o fossetta chiusa o comunicante con l'esterno contenente statoliti, con funzione statica e di controllo sul tono muscolare.

statolàtra [comp. di *stato* (*3*) e *-latra*, dal gr. *-látrēs*, da *latréuein* 'esser servo'; 1891] **s. m.** e **f.** (**pl. m.** *-i*) ● Chi ha un atteggiamento di statolatria.

statolatria [comp. di *stato* (*3*) e *-latria* (V.); 1873] **s. f.** ● Culto assoluto ed esclusivo dell'autorità dello Stato.

statòlder [adattamento dal fr. *stathouder*, dall'ol. *stathouder* 'governatore, luogotenente'; 1801] **s. m. inv.** ● Nei secc. XVI-XVIII, titolo dato ai governatori delle Province Unite dei Paesi Bassi.

statolderàto [av. 1750] **s. m.** ● Carica, dignità di statolder.

statòlito o **statolito**, **statòlite** o **statolite** [comp. di *stato-* e *-lite*; 1931] **s. m.** ● (*biol.*) Concrezione di materiali vari, organici e inorganici, che funziona da organo statico stimolando per gravità le cellule sensitive.

statóre (**1**) [vc. dotta, dal lat. *statōre(m)* 'che dà stabilità', da *stătus*, part. pass. di *stāre* 'star fermo'; sec. XIV] **agg. m.** solo **sing.** ● Presso gli antichi Romani, epiteto di Giove che dà agli eserciti la forza di resistere al nemico: *Giove Statore.*

statóre (**2**) [dall'ingl. *stator*, trad. del ted. *Ständer*, 1930] **s. m.** ● (*mecc.*) Parte non rotante di macchina elettrica, turbina e sim. CONTR. Rotore.

statoreattóre [comp. di *stato-* e *reattore*; 1949] **s. m.** ● (*aer.*) Autoreattore.

statorecettóre [comp. di *stato-* e *recettore*; 1960] **s. m.** ● (*anat., fisiol.*) Organo sensoriale o elemento cellulare sensoriale deputato alla raccolta di stimoli relativi alla posizione del corpo nello spazio. SIN. Statocettore.

statoscòpio [comp. di *stato-* e *-scopio*; 1929] **s. m.** ● Strumento che indica gli spostamenti di un aeromobile dalla quota prestabilita misurando le variazioni di pressione.

stàttene ● V. *stare.*

stàtti ● V. *stare.*

♦**stàtua** [vc. dotta, dal lat. *stătua(m)*, da *statŭere* 'stabilire, collocare' (V. *statuire*); sec. XIII] **s. f.** *1* Opera di scultura a tutto tondo, rappresentante una persona, un animale o una cosa personificata: *una s. d'oro, di marmo, di bronzo, di gesso; modellare, scolpire, una s.; fondere una s. di bronzo; fare, innalzare, una s.; una s. del Canova* | Figura scolpita: *la s. della Libertà; la s. di un condottiero; la s. di un cervo* | ***S. equestre***, raffigurante una persona a cavallo. *2* (*fig.*) Persona dall'aspetto solenne | Persona muta e immobile: *essere, parere, sembrare, una s.* || **statuétta**, **dim.** | **statuìna**, **dim.**

statuàle [da *stato* (*3*) (V. *statale*); 1332 ca.] **A** **agg.** ● Dello Stato, quale persona giuridica territoriale sovrana: *organo s.; norma s.* **B** **s. m.** ● †Uomo di Stato | †Uomo di governo.

statualìsmo [comp. di *statual(e)* e *-ismo*; 1989] **s. m.** ● (*raro*) Statalismo.

statuàre [1499] **v. intr.** (*io stàtuo*) ● (*disus.*) Fare statue: *allora era veramente tempo da … s.* (CELLINI).

statuària [f. sost. di *statuario*, sul modello del lat. *ars statuāria* (nom.) 'arte statuaria'; av. 1527] **s. f.** ● (*raro*) Scultura: *benché diversa sia la pittura dalla s., pur l'una e l'altra da un medesimo fonte … nasce* (CASTIGLIONE).

statuàrio [vc. dotta, dal lat. *statuāriu(m)*, da *stătua* 'statua'; sec. XIV] **A** **agg.** *1* Di statua: *arte statuaria* | Da statua: *marmo s.* *2* (*est.*) Degno di una statua, solenne: *posa, bellezza, statuaria.* **B** **s. m.** ● (*raro*) Scultore.

statuìna [sec. XVII] **s. f.** ● Dim. di statua: *le statuine del presepio* | ***Gioco delle belle statuine***, gioco infantile che consiste nel restare immobili assumendo, al termine di un girotondo o di una filastrocca, una posa originale e graziosa | (*fig.*) ***Fare la bella statuina***, restare immobile, non lavorare, non darsi da fare.

statuìre [vc. dotta, dal lat. *statŭere* 'stabilire', da *stătus* 'stato, condizione' (V. *stato* (*2*)); 1297] **v. tr.** (**pres.** *io statuìsco, tu statuìsci*; **part. pass.** *statuìto*, †*statùto*) *1* (*lett.*) Stabilire, deliberare, decretare: *s. una legge;* †*s. il giorno, il tempo.* *2* †Porre, collocare, erigere.

statuizióne [da *statuire*; 1950] **s. f.** ● (*dir.*) Affermazione di diritto posta dall'autorità: *s. giurisdizionale, normativa.*

statunitènse [1932] **A** **agg.** ● Degli Stati Uniti d'America. **B** **s. m.** e **f.** ● Abitante, nativo degli Stati Uniti d'America.

stàtu quo o **status quo** (spec. se usato come sogg.) [loc. lat., propr. *statu quo ante* 'nello stato in cui (si trovava) prima'; 1805] **loc. sost. m. inv.** ● Situazione di fatto, rilevante spec. in campo giuridico e politico, che sussiste in un determinato momento storico: *l'invasione della Polonia interruppe lo statu quo europeo nel 1939.*

♦**statùra** [lat. *statūra(m)*, da *stătus*, part. pass. di *stāre* 'stare'; sec. XII] **s. f.** *1* Altezza del corpo umano che sta in posizione eretta: *s. alta, grande, bassa, piccola; essere di s. media; essere di normale s.; essere di s. superiore, inferiore alla media; essere di alta s.; essere alto di s.; avere alta s.; crescere di s.* | (*est.*) Altezza di alcuni animali, misurata dal piede alla spalla: *la s. di un cavallo.* *2* (*fig.*) Altezza morale, d'animo, d'ingegno: *essere di alta s. morale; è un uomo di grande s. intellettuale.* *3* †Positura del corpo. *4* †Stato, condizione.

staturàle [da *statur(a)* col suff. *-ale* (1); 1987] **agg.** ● (*med.*) Che riguarda la statura: *sviluppo, ritardo s.*

stàtus [vc. lat., propr. 'stato, condizione', giuntaci attrav. l'ingl.; 1828] **s. m. inv.** (**pl. lat. inv.**) ● Posiz… ne di un individuo in una struttura sociale | … giuridico: *s. di un cittadino.*

stàtus quo ● V. *statu quo.*

stàtus sỳmbol /s'tatus 'simbol, *ing…*

,sımbɨ| [loc. ingl., comp. di *status* (V.) e *symbol* 'simbolo'; 1964] loc. sost. m. inv. (pl. ingl. *status symbols*) ● Ogni segno esteriore che denota la condizione sociale di una persona, spec. quando è indice di ricchezza o prestigio: *ha paura di volare, ma ha l'elicottero perché è uno status symbol* | Simbolo di status.

statutàle agg. ● (*raro*) Statutario.

statutàrio [da *statuto* (1); 1309] **A** agg. ● Di statuto, disposto dallo statuto: *norma statutaria*. || **statutariaménte**, avv. **B** s. m. ● (*st.*) Nell'età comunale, l'incaricato della compilazione degli statuti cittadini.

statùto (**1**) [vc. dotta, dal lat. tardo *statūtu(m)*, part. pass. sost. di *statuĕre* 'statuire'; av. 1292] s. m. **1** Atto disciplinante l'organizzazione e l'attività di una persona giuridica: *s. della società* | *S. regionale*, legge contenente le norme di organizzazione interna di una regione: *regione a s. speciale* | *S. albertino*, carta costituzionale concessa dal re Carlo Alberto nel 1848, e dal 1947 sostituita dall'attuale Costituzione | *S. dei diritti dei lavoratori*, la legge 20 maggio 1970 n. 300 della Repubblica Italiana che si propone la tutela della libertà e dignità dei lavoratori, della libertà sindacale e dell'attività sindacale nei luoghi di lavoro, nonché la disciplina del collocamento. **2** (*est.*) Complesso di deliberazioni normative di un ente. **3** (*st.*) Nel Medioevo, corpo delle leggi proprie d'un comune o di un'arte.

†**statùto** (**2**) [1209] part. pass. di *statuire*; anche agg. ● Nei sign. de v.

†**statutóre** [da †*statuto* (2); 1808] s. m. (f. *-trice*) ● Chi statuisce.

stàuro- [dal gr. *staurós* 'croce'] primo elemento ● In parole composte del linguaggio dotto o scientifico, indica 'riferimento alla Croce' come simbolo di culto, oppure 'forma di croce'.

staurolite [comp. di *stauro-*, e *-lite*, trad. del n. lat. mediev. *lăpis crŭcifer*, 1821] s. f. ● (*miner.*) Silicato idrato di alluminio e ferro in cristalli prismatici, spesso geminati, di colore bruno o nerastro.

staurotèca [comp. di *stauro-* e *-teca*; 1876] s. f. ● Custodia di reliquie, spec. della Croce di Cristo, di piccolo formato, portata dai fedeli anche al collo.

◆**stavòlta** [abbr. di (*que*)*sta volta*; 1747] avv. ● (*fam.*) Questa volta: *s. non me la fai; s. non la passerà liscia; s. ti sbagli proprio!; s., la tua porta fu sbattuta dagli uragani* (MORANTE).

stayer /ingl. ˈstɛɪəɹ/ [vc. ingl., propr. 'fondista', da *to stay* 'durare, resistere'; 1891] s. m. inv. ● (*sport*) Cavallo da corsa con attitudini nel le gare di fondo | Nel ciclismo, mezzofondista.

†**stàza** e *deriv.* ● V. *stazza* e *deriv.*

†**stàzio** ● V. *stazzo.*

staziògrafo [comp. del lat. *stătĭo* (nom.) 'posizione' e *-grafo*, sul modello dell'ingl. *station pointer* 'indicatore di posizione'; 1935] s. m. ● (*mar.*) Strumento che permette di fissare graficamente su una carta nautica la posizione di una nave, conoscendo gli angoli che formano le rette visuali condotte dalla nave a tre punti di posizione nota.

stazionàle [da *stazione* (*liturgica quaresimale*); 1716] agg. ● (*relig.*) Che si riferisce alle stazioni liturgiche, quaresimali e della Via Crucis: *croce, chiesa, processione, ufficiatura s.*

stazionaménto [1812] s. m. ● Lo stazionare | Sosta | *Freno di s.*, freno a mano.

stazionàre [da *stazione*, sul modello del fr. *stationner*; 1521] v. intr. (*io stazióno*; aus. *avere*) ● Stare fermo in un luogo, detto spec. di veicoli: *le automobili stazionano nella piazza.*

stazionarietà [1851] s. f. ● Condizione di ciò che è stazionario.

stazionàrio [vc. dotta, dal lat. tardo *statiōnărĭu(m)* 'fisso', da *stătĭo*, genit. *statiōnis* 'stazione'; 1282] **A** agg. **1** Che rimane fermo in un luogo | *Nave stazionaria*, nave militare fissa in un porto straniero | *Volo s.*, v. *volo* | *Stato s.*, stato che si mantiene costante nel tempo | (*med.*) *Malattia stazionaria*, che si protrae nel tempo senza che si manifestino miglioramenti o peggioramenti delle condizioni del malato | (*mat.*) *Punto s.*, punto di una curva in cui la tangente è parallela all'asse delle ascisse. **2** Detto di animale che non migra ma trascorre tutta la vita nella medesima zona: *uccelli stazionari.* **3** (*fig.*) Che non muta, non varia: *la situazione non è stazionaria; le condizioni del malato sono stazionarie.* || **stazionariaménte**, avv. **B** s. m. ● (*st.*) Nel Medioevo, libraio autorizzato al prestito dei testi di insegnamento. ... lat. *statiōne(m)* 'sosta, fermata'... *stāre* 'star fermo'. V.

stagione; per calco sull'ingl. *station* nei sign. 1 e 2; sec. XIII] s. f. **1** Complesso degli impianti necessari all'espletamento di qualsiasi traffico di viaggiatori e merci: *s. ferroviaria, marittima, aerea*; *s. degli autobus*; *s. della metropolitana*; *s. di smistamento* | *S. di teleferica, funivia* e sim., ciascuna delle costruzioni alle estremità del percorso destinate al carico e allo scarico. ➡ ILL. p. 2170 TRASPORTI. **2** (*assol.*) Stazione ferroviaria: *la tettoia, la pensilina della s.; accompagnare qlcu. alla s.; quel treno si ferma in tutte le stazioni* | *S. di transito, passante, di passaggio*, quella che è attraversata dai binari principali di corsa, con gli edifici e gli impianti situati su uno o ambedue i lati della linea | *S. di testa*, quella in cui i binari principali si arrestano ed è perciò necessario, per proseguire, cambiare di senso di marcia dei convogli. **3** (*disus.*) Fermata, sosta, spec. di veicoli: *fare s. in un luogo; essere di s. in un luogo; il taxi sono di s. in piazza*. **4** †Luogo attrezzato per il cambio dei cavalli: *s. di posta*. **5** Località di villeggiatura, soggiorno, cura: *s. climatica, balneare, termale*. **6** Luogo, edificio, convenientemente attrezzato per la prestazione di particolari servizi | *S. sanitaria*, ambulatorio situato in zone lontane dai centri urbani | *S. di monta*, per la riproduzione di bovini, equini e sim. | *S. di servizio*, lungo le strade, area attrezzata per il rifornimento, la riparazione e il lavaggio degli autoveicoli, e spesso anche per il ristoro dei viaggiatori. **SIN.** Autostazione | *S. telegrafica, telefonica*, punto dove mettono capo i cavi di collegamento | *S. trasmittente*, luogo ove esistono uno o più trasmettitori | *S. ricevente*, luogo ove esistono uno o più ricevitori | *Stazioni di condizionatura*, laboratori nei quali si compie la condizionatura delle fibre tessili | (*elab.*) *S. d'interrogazione e risposta*, unità periferica fornita di tastiera e di organo di stampa che permette di porre domande e di ricevere risposte dal sistema. **7** Piccolo osservatorio scientifico: *s. astronomica, sismica* | *S. meteorologica*, osservatorio opportunamente attrezzato per effettuare osservazioni e misurazioni meteorologiche e per compilare e trasmettere i relativi messaggi. **8** *S. spaziale*, satellite artificiale attrezzato come base di riferimento per astronauti. **9** (*elab.*) *S. di lavoro*, apparecchio in grado di funzionare sia come personal computer che come terminale di un elaboratore centrale. **SIN.** Workstation. **10** (*relig.*) Nella liturgia cattolica, la chiesa d'arrivo cui giungeva, a Roma, la processione partita dalla residenza papale o da altra chiesa, per ivi celebrare la liturgia natalizia o pasquale | Ufficiatura quaresimale romana con processione che, muovendo da un luogo di raduno, si dirigeva a una delle chiese stazionali dove era celebrata la messa al tramonto del sole | (*est.*) Luogo di preghiera e riunione dei fedeli per le indicate stazioni liturgiche e quaresimali | Nella pratica devota della Via Crucis, ciascuna delle quattordici immagini, dinanzi alle quali i fedeli sostano; e anche, le orazioni e meditazioni che accompagnano tale sosta. **11** (*mil.*) Nucleo di uomini destinato a restare fisso in un determinato luogo per assolvere particolari compiti | Minima unità operativa dell'Arma dei Carabinieri, retta da un sottufficiale; la sua giurisdizione; l'edificio ove ha sede. **12** Posizione del corpo umano: *s. eretta, supina* | Posizione dell'animale in piedi | *S. libera*, se assunta spontaneamente | *S. forzata*, se imposta. || **stazioncìna**, dim.

stazzaménto [1889] s. m. ● Stazzatura.

stazzàre o †**stazàre** [1813] **A** v. tr. ● Misurare la stazza di un'imbarcazione | Eseguire le misurazioni e i calcoli per verificare il rating di un'imbarcazione da regata o la conformità a quanto riportato sul certificato di stazza. **B** v. intr. (aus. *avere*) ● Detto di nave, avere una determinata stazza: *una nave che stazza 15 000 tonnellate.*

stazzatóre o †**stazatóre** [da *stazzare*; 1873] s. m. (f. *-trice*) ● Perito che fa lo stazzare di una nave mercantile.

stazzatùra o †**stazatùra** [da *stazzare*; 1813] s. f. **1** Misurazione della stazza. **2** Stazza.

stàzzo o †**stàzio** [lat. *stătĭo* (nom.) 'fermata, sosta', da *stătus* 'stato' (1)'; av. 1294] s. m. **1** Recinto all'aperto per il gregge. **SIN.** Addiaccio, stabbio. **2** †Luogo di sosta.

stazzonaménto [av. 1604] s. m. ● (*raro*) Lo stazzonare, il venire stazzonato.

stazzonàre [da *stazzone*; 1536] v. tr. (*io stazzóno*) **1** Maneggiare malamente, sgualcire: *s. un abito*. **2** (*raro*) Palpeggiare.

†**stazzóne** [lat. *statiōne(m)* 'dimora, alloggio', da *stătus* 'stato (1)'. V. *stazzo*, *stazione*; av. 1292] s. f. **1** Alloggio, dimora. **2** Bottega: *dove questo calzolaio stava con la sua s., ... messer ... si ferma* (SACCHETTI).

Steadicam® /ˈstɛdikam, ingl. ˈstɛdɪˌkæm/ [vc. ingl., comp. di *steady* 'fermo, stabile' e *cam* (accorc. di *camera* 'cinepresa, telecamera'); 1986] s. m. o f. inv. ● (*cine, tv*) Struttura leggera per reggere la macchina da presa o la telecamera che, indossata dall'operatore come un corpetto, consente di smorzare i movimenti grazie a un sistema di leve e contrappesi | (*est.*) Telecamera portatile fornita di tale struttura.

steamer /ingl. ˈstiːmər/ [vc. ingl., da *steam* 'vapore'; 1837] s. m. inv. ● (*mar.*) Nave a vapore.

steàrica [f. sost. di *stearico*; av. 1869] s. f. ● (*ellitt.*) Candela stearica.

steàrico [dal fr. *stéarique*, da *stéarine* 'stearina'; 1829] agg. (pl. m. *-ci*) ● (*chim.*) Detto di acido grasso saturo monovalente, presente in organismi animali e vegetali, usato per fabbricare candele, nella preparazione di appretti per tessuti e di numerosi derivati organici | *Candela stearica*, v. *stearina*.

stearìna [dal fr. *stéarine*, da gr. *stéar*, genit. *stéatos* 'grasso'; 1821] s. f. ● (*chim.*) Denominazione data ai gliceridi dell'acido stearico | Commercialmente, l'acido stearico o la miscela di acido stearico, palmitico e oleico.

steatite [vc. dotta, dal gr. *stéar*, genit. *stéatos* 'grasso', con *-ite* (2); av. 1498] s. f. **1** (*miner.*) Varietà compatta di talco usata per piccoli intagli. **2** Pietra da sarto.

steàto- o **steato-** [gr. *stéar*, genit. *stéatos* 'grasso' (d'orig. incerta)] primo elemento ● In parole composte, dotte o scientifiche, significa 'grasso'.

steatopigìa [comp. di *steato-* e *-pigia*, dal gr. *pygē* 'deretano'; 1914] s. f. ● Abnorme accumulo di adipe nei glutei e nelle cosce, spec. delle donne di alcune popolazioni africane allo stato di natura.

steatopìgico [da *steatopigia*] agg. (pl. m. *-ci*) ● Che presenta le caratteristiche della steatopigia: *statuetta, figurina steatopigica.*

steatòpigo o **steatopìgo** [vc. scient. moderna, comp. di *steato-* e *-pigo*, da *pygē* 'natica'; 1838] agg. (pl. m. *-gi*; pl. f. *-ghe* o *-gie*) ● Che presenta steatopigia.

steatorrèa [comp. di *steato-* e *-rea*; 1960] s. f. ● (*med.*) Emissione di feci ad alto contenuto di sostanze grasse non digerite.

steatòsi [da *steat*(*o*)-, con *-osi*; 1838] s. f. inv. ● (*med.*) Degenerazione grassa: *s. epatica.*

stécca [dal got. *stika* 'bastone'; 1353] s. f. **1** Asticella stretta e sottile, spec. di legno: *le stecche del ventaglio*; *metro a stecche* | (*mar.*) Ciascuna delle asticelle, spec. di materiale plastico, inserite in apposite tasche lungo la balumina di una randa o lungo tutta la sua larghezza, per consentire un maggiore allungamento della vela mantenendola nel contempo ben tesa. **2** Sottile asta di materiale vario, adibita a usi diversi | *Stecche dell'ombrello*, bacchette d'acciaio che ne costituiscono l'ossatura | *Stecche di balena*, i fanoni, usati per busti e ventagli | *S. del biliardo*, asta tonda, in vari materiali, più sottile in cima ove è guarnita di un girello di cuoio o gomma, per colpire la palla: *passare il gesso sulla punta della s.* | (*per metonimia*) Giocatore di biliardo: *è una buona stecca* | *Fare una s., una s. falsa*, colpire male la palla | Strumento usato da scultori e decoratori per modellare la creta o altro materiale plasmabile. **3** (*med.*) Tavoletta di legno, di metallo o di materia plastica destinata ad assicurare una relativa immobilità a ossa fratturate. **4** (*mil.*) (*disus.*) Tavoletta con al centro una lunga fessura e un foro

steccadenti

terminale, per lucidare i bottoni delle antiche uniformi | *Lasciare la s.*, cessare un servizio per trasferimento o congedamento | *Passare la s. a qlcu.*, dare le consegne a un altro. **5** (*fig.*) Stonatura improvvisa di un cantante o di uno strumento musicale: *fare, prendere una s.* **6** Scatola o involucro contenente dieci o venti pacchetti di sigarette. **7** (*gerg.*) Tangente, mazzetta, bustarella. | **steccàccia**, pegg. | **stecchìna**, dim. | **steccolìna**, dim. | **steccóne**, accr. m. (V.).

steccadènti [comp. di *stecca* e il pl. di *dente*; 1583] s. m. inv. ● (*raro*) Stuzzicadenti.

steccàia [da *stecca*; sec. XV] s. f. ● (*idraul.*) Paratia costituita da paletti di legno, disposta obliquamente lungo le sponde dei corsi d'acqua allo scopo di deviare una parte dell'acqua o come opera di difesa fluviale.

steccàre [da *stecca, stecco*; 1312] **A** v. tr. (*io stécco, tu stécchi*) **1** Dotare di stecche | Cingere con uno steccato: *s. il giardino.* **2** Fasciare con una stecca: *s. una gamba rotta.* **3** Lardellare la carne introducendo spezie. **4** (*fig.*) Sbagliare: *s. una nota*; *s. il tiro* | *S. la palla*, nel tennis, colpirla col bordo della racchetta. **B** v. intr. (aus. *avere*) ● Fare una stecca giocando a biliardo | Fare una stecca, stonare, cantando o suonando.

steccàta [da *stecca*; sec. XIV] s. f. **1** Steccato. **2** (*raro*) Colpo di stecca.

steccàto [da *stecca*; 1262] s. m. **1** Riparo, recinto, chiusura fatta di stecche o stecconi: *circondare qlco. con uno s.*; *lo s. di cinta.* **2** Nell'ippica, delimitazione della pista composta di pali infitti nel terreno e collegati fra loro; (*gener.*) il bordo interno della pista. SIN. Corda. **3** (*fig.*) Rigida separazione, barriera: *battersi contro gli steccati etnici.* **4** †Spiazzo cinto con uno steccato adibito a tornei, giostre e sim.

steccatùra [1891] s. f. ● Operazione dello steccare.

steccherìno [da *stecco*; 1838] s. m. ● (*pop.*) Fungo mangereccio delle Idnacee | *S. dorato*, carnoso e commestibile, con aculei rivestiti dall'imenio sulla faccia inferiore del cappello (*Hydnum repandum*).

stecchétto [sec. XIV] s. m. **1** Dim. di *stecco.* **2** Nella loc. avv. *a s.*, con scarsità di cibo, di denaro, di mezzi: *stare, fare stare, tenere a s.*

stecchièra [da *stecca*; 1960] s. f. ● Mobile atto a reggere le stecche di biliardo e sul quale si segnano i punti di una partita mediante file di palline numerate.

stecchìno [1863] s. m. **1** Dim. di *stecco.* **2** Stuzzicadenti. **3** (*spec. al pl.*) †Fiammiferi di legno.

stecchìre [da *stecco*; sec. XIV] **A** v. intr. e intr. pron. (*io stecchìsco, tu stecchìsci*; aus. *essere*) ● Diventare secco | Diventare rigido. **B** v. tr. **1** (*raro*) Far diventare secco. **2** Uccidere sul colpo, far secco: *un colpo di fucile stecchì l'animale.*

stecchìto [av. 1586] part. pass. di *stecchire*; anche agg. **1** Rinsecchito. **2** Molto magro: *forme stecchite* | *Morto s.*, morto sul colpo | (*fig.*) *Lasciare s.*, di stucco, molto sorpreso: *l'accaduto mi lasciò s.*

stécco [dal longob. *stëk* 'bastone'; av. 1276] s. m. (pl. *-chi*) **1** Ramoscello sfrondato e secco: *orticello … riparato … da stecchi e spuntoni* (PIRANDELLO) | *Essere sottile come uno s., essere uno s., ridursi come uno s.*, (*fig.*) di persona molto magra. **2** Bastoncino aguzzo | Pezzetto di legno appuntito che si conficca col martello in un foro fatto col succhiello, per commettere legni. **3** (*pop., zool.*) Bacillo di Rossi. || **stecchétto**, dim. (V.) | **stecchìno**, dim. (V.) | **steccolìno**, dim.

stéccolo [av. 1795] s. m. ● (*pop., tosc.*) Stecco.

stecconàre [av. 1601] v. tr. (*io steccóno*) ● (*raro*) Chiudere, recintare con stecconi.

stecconàta [da *steccone*; 1873] s. f. ● Stecconato.

stecconàto [1612] s. m. ● Recinto, riparo o barriera fatta con stecconi. SIN. Stecconata.

steccóne [av. 1470] s. m. **1** Accr. di *stecca.* **2** Stecca lunga e larga, appuntita alla sommità, usata per fare steccati. **3** Lunga stecca da biliardo. || **stecconcèllo**, dim. | **stecconcìno**, dim.

steccùto [1547] agg. **1** (*raro*) Che è pieno di stecchi. **2** Che è fatto a stecchi.

stechiometrìa [comp. del gr. *stoichêion* 'elemento', e *-metria*; 1821] s. f. ● (*chim.*) Studio delle relazioni numeriche fra elementi e composti, delle proporzioni con cui gli elementi si combinano fra loro, delle quantità di elementi o composti interessati a una reazione.

stechiomètrico [1930] agg. (pl. m. *-ci*) ● Che si riferisce alla stechiometria.

steeplechase /ingl. ˈstiːplˌtʃeɪs/ [vc. ingl., propr. 'caccia (*chase*) del campanile (*steeple*)' perché questo era la meta; 1841] s. m. inv. ● Nell'ippica e in equitazione, corsa a ostacoli con sienpi naturali o artificiali.

steganografìa [vc. dotta, comp. del gr. *steganós* 'coperto' e *-grafia*; 1749] s. f. ● Insieme delle tecniche crittografiche che consentono di mantenere la segretezza di un messaggio celandolo all'interno di un altro testo.

Steganòpodi [vc. dotta, dal gr. *steganópous*, genit. *steganópodos* 'palmipede', comp. di *steganós* 'chiuso, segreto' e *pous*, genit. *podós* 'piede'; 1838] s. m. pl. (*sing. -e*) ● (*zool.*) Pelecaniformi.

steganùra [comp. del gr. *steganós* 'folto', e *-ura*; 1957] s. f. ● Uccello dei Passeriformi africano il cui maschio in livrea nuziale ha lunghissime penne trainanti che mantiene per circa quattro mesi (*Steganura paradisea*).

steganùro s. m. ● (*zool.*) Steganura.

Stegocèfali [vc. scient. moderna, comp. del gr. *stégos* 'tetto, coperchio', e *-cefalo*; 1957] s. m. pl. (*sing. -o*) ● Nella tassonomia animale, sottoclasse di Anfibi fossili, provvisti di coda come le salamandre, terrestri o acquatici anche di grandi dimensioni (*Stegocephalia*).

stègola o **stévola** [lat. *stiva(m)*, di etim. incerta, con suff. dim.; sec. XIV] s. f. ● Dispositivo di varie macchine agricole, quali aratro, motocoltivatore, sarchiatrice e sim., munito di impugnatura che ne consente la guida da parte dell'operatore, che procede a piedi.

stègolo [da *stegola* (?); 1825] s. m. ● Robusto asse di legno che nel mulino a vento è collegato da una parte alle ali, dall'altra alla macina, cui trasmette il moto.

stegomìa [comp. del gr. *stégos* 'tetto' e *mýia* 'mosca'; 1967] s. f. ● Piccolo insetto dei Ditteri, tipico delle zone d'acqua tropicali, simile a una piccola zanzara, in grado di trasmettere con la puntura la febbre gialla (*Stegomyia fasciata*).

stegosàuro [comp. del gr. *stégos* 'tetto', e *sauro* per l'enorme cresta; 1935] s. m. ● Grande rettile mesozoico, appartenente ai Dinosauri, provvisto dorsalmente di placche ossee e di spinosità sulla coda (*Stegosaurus*). ➡ ILL. **paleontologia**.

stèle o (*raro*) **stèla** [vc. dotta, dal lat. *stēla(m)*, dal gr. *stēlē* 'colonna', connesso con *stéllein* 'collocare'; 1838] s. f. (pl. *stele*, raro *steli*) **1** Lastra in pietra o marmo, adorna spesso di rilievi, con iscrizione dedicatoria a una divinità, un imperatore o un defunto. **2** (*bot.*) Parte centrale del fusto primario delle Felci e delle piante a seme comprendenti i fasci conduttori e il midollo.

stélla [lat. *stēlla(m)*, di orig. indeur.; per calco sull'ingl. *star*, propr. 'stella' nei sign. 8 e 10; 1224 ca.] s. f. **1** Corpo celeste splendente di luce propria, come il sole: *s. variabile, nova, supernova, magnetica, pulsante, doppia, tripla, multipla* | *S. nana, gigante, supergigante*, secondo le dimensioni | *Stelle evolute*, stelle in una fase di vita avanzata, di difficile osservazione per la struttura ad alta densità e piccolo raggio | *S. di neutroni*, possibile fase terminale della vita di una stella, ridotta a una nube di gas superdenso di neutroni | *S. cadente, filante*, meteora | *S. crinita, cornuta, caudata*, cometa | *S. telescopica*, ciascuna delle stelle visibili con uno strumento potente, di magnitudine compresa fra la decima e la quindicesima | *S. azzurra, bianca, gialla, aranciata, rossa*, secondo il tipo spettrale, stabilito in base al colore dominante nel fondo dello spettro stellare | *S. polare*, la stella dell'Orsa Minore, situata allo zenit del Polo Nord. **2** (*est., gener.*) Qualunque corpo celeste luminoso: *le stelle scintillano, sfavillano, luccicano*; *le stelle brillano nel cielo*; *il tremolio delle stelle*; *il chiarore delle stelle*; *notte piena di stelle*; *una notte senza stelle*; *la notte non si stelle lucenti* (BOIARDO) | *Stelle lucenti, erranti*, i pianeti | *Stelle medicee*, i quattro satelliti di Giove, scoperti da Galileo | *La s. Diana*, Venere | *La s. dei Re Magi, di Betlemme, di Natale*, quella che si dice guidasse i Re Magi verso la capanna di Betlemme | (*fig.*) *Andare, giungere, salire alle stelle*, salire molto in alto; rincarare, detto dei prezzi: *i suoi strilli giungono alle stelle*; *il prezzo dell'oro è salito alle stelle*; *la benzina è salita alle stelle* | (*fig.*) *Portare, levare qlcu. alle stelle, fino alle stelle, fin sopra le stelle*, esaltarlo, magnificarlo | (*fig.*) *Dalle stelle alle stalle*, V. *stalle* | (*fig.*) *Vedere le stelle*, provare un fortissimo dolore fisico: *quel pugno gli fece vedere le stelle.* **3** (*al pl., poet.*) Cielo, paradiso: *salire alle stelle.* **4** (*fig.*) Occhi lucenti e bellissimi: *i suoi occhi sono, sembrano, stelle*; (*assol., poet.*) *ov'è … l'una e l'altra stella / ch'al corso del mio viver lume danno* (PETRARCA). **5** Destino, sorte, secondo l'antica credenza che riteneva le vicende umane sottoposte all'influsso degli astri: *nascere sotto una buona, una cattiva*; *la mia buona s. ha voluto che …*; *spero in una s. migliore* | (*raro*) *Seguire la propria s.*, seguire il proprio destino, secondare le disposizioni congenite. **6** (*est.*) Persona che protegge, aiuta, spec. nella loc. *essere la buona s. di qlcu.* **7** (*poet.*) Donna bellissima | Donna amata | (*fam.*) *Che s.!, s. mia!, Sei la mia s.!* e sim., escl. affettuose. **8** Attrice o attore molto famoso e importante | (*est.*) Personaggio più importante, di maggior richiamo in una certa attività. SIN. Star. **9** Oggetto, dispositivo, struttura e sim. a forma di stella | *S. dello sperone*, rotellina, rosetta | *S. di rette, di piani*, in matematica, insieme delle rette o dei piani passanti per un punto dello spazio | *A s.*, a forma di stella, cioè con un certo numero di punte o raggi che si dipartono dal centro: *motivo ornamentale a s.* | *Collegamento a s.*, nei sistemi elettrici polifase, quando ciascuna parte del carico del generatore è inserita tra un morsetto di linea e un punto comune | *Avvolgimento a s.*, le cui fasi risultano collegate a stella | *Stelle filanti*, rotelle di strisce di carta variamente colorate che si lanciano in aria facendole srotolare, spec. a carnevale. **10** (*mar.*) Star. **11** Chiazze, macchie e sim. di forma tondeggiante, a contorni irregolari: *il cavallo aveva una s. bianca sulla fronte.* **12** (*arald.*) Titolo di numerosissimi ordini cavallereschi e decorazione di vari altri. **13** Distintivo, emblema di Stati, partiti, associazioni, gruppi religiosi, città: *la s. d'Italia*; *la s. di Davide* | *Stelle e strisce*, degli Stati Uniti d'America (dal disegno della bandiera): *il cinema stelle e strisce* | Decorazione, simbolo di onorificenza a forma di stella: *s. al merito del lavoro* | Simbolo di grado nella gerarchia militare: *generale a quattro stelle* | Simbolo usato per graduare attività o attrezzature di varia natura secondo il livello qualitativo o quantitativo delle prestazioni rese: *albergo a quattro stelle*; *congelatore a tre stelle* | *A cinque stelle*, di categoria lusso; (*fig.*) eccellente. **14** (*al pl.*) *Stelle*, una delle figure nel gioco dei tarocchi. **15** (*bot.*) *S. alpina*, pianta composita delle Alpi con rizoma cilindrico, foglie ellittiche lanuginose, piccoli capolini raggruppati circondati da brattee feltrate (*Leontopodium alpinum*) | *S. di Natale*, pianta arbustiva delle Euforbiacee, con fiori gialli circondati da grandi brattee rosse disposte a forma di stella (*Poinsettia* o *Euphorbia pulcherrima*). SIN. Poinsezia. ➡ ILL. **piante**/9. **16** (*zool.*) *S. di mare, s. marina*, invertebrato degli Echinodermi con corpo a forma di stella con cinque o più bracci. SIN. Asteria. ➡ ILL. **animali**/4. **17** (*spec. al pl.*) Pastina da minestra in brodo, a forma di piccole stelle. **18** (*tipogr.*) Asterisco. **19** Gioco enigmistico costituito da una serie di parole disposte in modo da formare una figura a forma di stella e da poter essere lette, oltre che orizzontalmente, anche obliquamente. || **stellétta**, dim. (V.) | **stellìna**, dim. (V.) | **stellóne**, accr. m. (V.) | **stellùccia, stellùzza**, dim.

stellage /fr. stɛˈlaːʒ/ [vc. fr., dal ted. *stellen* 'esser fermo, alto', detto di prezzi; 1905] s. m. inv. ● (*borsa*) Stellaggio.

stellàggio [adattamento it. di *stellage*; 1960] s. m. ● Contratto di borsa a premio in cui uno dei contraenti si riserva il diritto di scegliere tra la posizione di compratore e quella di venditore di una certa quantità di titoli.

stellànte [dal lat. *stellānte(m)*, part. pres. di *stēllāre* 'costellare'; av. 1374] agg. **1** (*poet.*) Pieno di stelle: *cielo s.* **2** (*lett.*) Che splende come le stelle: *occhi stellanti.*

stellàre (1) [lat. *stellāre* 'costellare'; sec. XIV] **A** v. tr. (*io ré di stelle* | Costellare. **B** v.

stellàre (2) [vc. dotta,

da *stēlla* 'stella'; sec. XIV] **agg.** **1** Di stella, della stella: *luce s.* | ***Associazione s.***, insieme di stelle dislocate in una ristretta regione dello spazio e che hanno comune origine e ciclo evolutivo | ***Catalogo s.***, elencazione di oggetti celesti con l'indicazione delle loro funzioni sulla sfera celeste e di altre caratteristiche fisiche e dinamiche | ***Corrente s.***, insieme di stelle animate da una comune direzione di moto | ***Eclissi s.***, nei sistemi binari o stelle doppie, l'epoca in cui una stella occulta l'altra rispetto a un osservatore che si trovi sulla Terra. **2** Che è a forma di stella. **3** (*mecc.*) Detto di motore a scoppio in cui gli assi dei cilindri sono disposti a raggiera in un piano normale all'asse dell'albero motore. **4** Nel linguaggio giornalistico, detto di armi spaziali, offensive o difensive, che si avvalgono dei prodotti di nuove tecnologie quali laser di potenza, raggi X, sistemi elettronici avanzati | ***Guerre stellari***, ***scudo s.***, V. *guerra*. **5** (*fig.*) Smisurato: *prezzi stellari*. **SIN.** Astronomico.

stellàre (3) [dal dial. *stella* 'scheggia', dal lat. tardo *astĕlla(m)* 'scheggetta', doppio dim. di *ăssis*, *ăxis* 'tavola'; 1889] **v. tr.** (*io stèllo*) ● (*mar.*) Nelle costruzioni navali, dare alle coste dello scafo il voluto grado di finezza.

stellària [da *stella*, per la disposizione dei petali; 1563] **s. f.** ● (*bot.*) Genere di piante erbacee delle Cariofillacee, con molte specie caratterizzate da fiori bianchi divisi in lobi (*Stellaria*) | ***S. media***, centocchi, centonchio. **SIN.** Piede di leone.

stellàto (1) [lat. *stellātu(m)*, da *stēlla* 'stella'; 1294] **A** **agg.** **1** Pieno, disseminato di stelle: *cielo s.*; *notte stellata* | ***Bandiera stellata***, (*per anton.*) quella degli Stati Uniti d'America in cui ogni stella corrisponde a uno Stato | (*est.*) ***La repubblica stellata***, gli Stati Uniti d'America | (*est.*) Cosparso, disseminato: *un prato s. di fiori*. **2** Che è a forma di stella: *ricamo s.*; *opera di fortificazione stellata*. **3** Detto di cavallo che abbia una macchia bianca o di colore chiaro, a forma di stella, sulla fronte. **B** **s. m.** ● Cielo stellato | Quantità di stelle che si vedono a ciel sereno: *era uno s. che faceva un chiarore grandissimo* (CELLINI).

stellàto (2) [1774] **A** **part. pass.** di *stellare (3)*; anche **agg.** ● Detto di ogni elemento costitutivo dello scafo di un'imbarcazione fornito del giusto grado di finezza. **B** **s. m.** ● (*mar.*) Parte prodiera e poppiera della nave dove le coste sono molto stellate.

stelleggiàre [da *stella*, con suff. iter.-intens.; 1426] **v. tr.** (*io stellèggio*) ● (*raro*) Riempire di stelle, di ricami o sim. a forma di stella.

stellétta [av. 1542] **s. f.** **1** Dim. di *stella*. **2** (*al pl.*) Distintivo che, sul bavero dell'uniforme, contraddistingue lo stato militare degli appartenenti alle forze armate italiane; sulle spalline costituisce distintivo di grado degli appartenenti all'esercito | ***Guadagnarsi le stellette***, avanzare di grado | ***Rimetterci le stellette***, perdere il grado. **3** (*edit.*, *giorn.*) Asterisco.

†**stellìfero** [vc. dotta, dal lat. *stellĭferu(m)*, comp. di *stēlla* 'stella' e *-fĕr* '-fero'; av. 1400] **agg.** ● Cosparso di stelle.

stellìna [da *stella*; per calco sull'ingl. *starlet*, dim. di *star* 'stella, attrice cinematografica' nel sign. 2; 1585] **s. f.** **1** Dim. di *stella*. **2** Giovane attrice cinematografica in cerca di successo, con doti personali di fascino. **SIN.** Starlet. **3** (*bot.*) ***S. odorosa***, pianta delle Rubiacee con rizoma sottile e ramoso, foglie verticillate, fiori piccoli e bianchi in corimbi di odore piacevole (*Asperula odorata*). **SIN.** Asperula | ***S. dorata***, pianta delle Liliacee con fiori stellati verdi esternamente e giallo-dorati all'interno (*Gagea fistulosa*). **4** (*spec. al pl.*) Pastina da brodo, a forma di piccole stelle.

stellionàto [vc. dotta, dal lat. tardo *stellionātu(m)* 'imbroglio', da *stēllio*, genit. *stelliōnis* 'trafficante, imbroglione'; 1673] **s. m.** ● Nel diritto romano, qualunque comportamento doloso nella pratica commerciale che non rientrasse tra quelli previsti [illegible]lle leggi speciali | Nel diritto francese, reato di [illegible]losamente vende o ipoteca un immobile non [illegible] dichiara ipoteche minori di quelle esi-[illegible]

[illegible] dotta, dal lat. *stelliōne(m)* 'taranto-[illegible]a', per una macchia frontale chia-[illegible]ell'animale; sec. XIII] **s. m.** ● [illegible]e a un lucertolone con coda co-[illegible]nose (*Agama stellio*).

[illegible]. di *stella* e *-grafo*; av. 1588] **s.** **m.** ● (*raro*) Astronomo.

stelloncìno [doppio deriv. di *stella*; 1902] **s. m.** ● (*giorn.*) Asterisco | Trafiletto.

stellóne [1825] **s. m.** **1** Accr. di *stella* | ***S. d'Italia***, denominazione scherz. dell'emblema a forma di stella che sormonta la figura femminile simboleggiante l'Italia, con allusione alla sorte favorevole che ha aiutato il Paese in vari periodi della sua storia. **2** (*pop.*, *raro*) Caldo canicolare estivo.

stèlo [lat. *stĭlu(m)* 'gambo', di etim. incerta; 1313] **s. m.** **1** (*bot.*) Fusto delle piante erbacee e dei fiori. **2** (*est.*) Asta di sostegno di forma allungata e sottile | ***Lampada a s.***, con lungo fusto poggiante sul pavimento | Nello stantuffo di macchine motrici e di pompe, organo meccanico di collegamento fra questo e la testa a croce | Gambo della valvola a fungo. **3** Nelle calze, baghetta.

stèmma [vc. dotta, dal lat. *stĕmma* (nom. acc. nt.), dal gr. *stémma*, genit. *stémmatos* 'corona', e nell'uso rom. 'albero gentilizio', da *stéphein* 'incoronare'; sec. XV] **s. m.** (**pl.** *-i*) **1** (*arald.*) L'insieme dello scudo, delle insegne, degli ornamenti esteriori e dei contrassegni di nobiltà: *lo s. degli Asburgo, di casa Savoia, del conte Raimondo Biscaretti di Ruffia* | Emblema di enti pubblici, istituzioni e sim.: *lo s. della Repubblica Italiana, della Regione Lombardia, di Firenze* | La raffigurazione dei simboli araldici o di un emblema: *s. di pietra, di marmo*; *s. scolpito, inciso, dipinto*. **SIN.** Arme. **2** (*letter.*) ***S. dei codici***, in filologia, schema in cui sono rappresentate, come in un albero genealogico, le relazioni di dipendenza dei vari codici di un testo considerati per l'edizione critica di questo.

stemmàrio [da *stemma*; 1960] **s. m.** ● (*arald.*) Libro ove sono raccolti gli stemmi delle famiglie nobili, oppure quelli di città, nazioni, corporazioni e sim. **SIN.** Armoriale.

stemmàto [1840] **agg.** ● Fregiato di stemma: *carrozza stemmata*.

stémmo ● V. *stare*.

stemperaménto (1) [da *stemperare*; av. 1357] **s. m.** ● (*raro*) Lo stemperare, il venire stemperato: *lo s. dei colori*. **SIN.** Stemperatura.

†**stemperaménto (2)** [da *temperare*, con *s-*; av. 1363] **s. m.** ● Intemperanza, eccesso.

†**stemperànza** [da *temperanza*, con *s-*; av. 1364] **s. f.** **1** Intemperanza. **2** Intemperie.

stemperàre o (*lett.*) **stempràre** [da *temperare*, con *s-*; av. 1292] **A** **v. tr.** (*io stèmpero*) **1** Sciogliere in un liquido: *s. la calce*; *s. i colori nell'olio* | (*fig.*) Diluire attenuando la forza, l'efficacia: *s. un concetto polemico*. **2** Togliere la tempera: *s. l'acciaio, il bronzo*. **3** (*raro*) Togliere la punta: *s. una penna*. **4** (*raro*, *lett.*) Alterare, corrompere: *il toscano tuo parlar celeste / ognor più stempra nel sermon straniero* (FOSCOLO). **5** (*raro*, *fig.*) Svigorire, avvilire. **B** **v. intr. pron.** **1** Perdere la tempera | Perdere la punta. **2** (*raro*) Sciogliersi, struggersi: *stemperarsi in lacrime*; *lo cor si stempre / di soverchia dolcezza* (PETRARCA).

stemperàto (1) [av. 1306] **part. pass.** di *stemperare*; anche **agg.** ● Nei sign. del v.

†**stemperàto (2)** [da *temperato*, con *s-*; 1282] **agg.** ● Intemperante, sregolato, smodato. **CONTR.** Temperato. || **stemperataménte**, **avv.** Eccessivamente, smoderatamente.

stemperatùra [av. 1620] **s. f.** ● Stemperamento (1).

stempiàrsi [da *tempia*, con *s-*; 1940] **v. intr. pron.** (*io mi stèmpio*) ● Perdere i capelli sulle tempie.

stempiàto [av. 1584] **part. pass.** di *stempiarsi*; anche **agg.** **1** Nei sign. del v. **2** †Madornale, grande, grosso.

stempiatùra [da *stempiato*; av. 1320] **s. f.** ● Lo stempiarsi | Parte della testa, sopra le tempie, priva di capelli.

stempràre ● V. *stemperare*.

stèn /ingl. sten/ [vc. ingl., dalle iniziali del cognome degli inventori ingl., *S(heppard)* e *T(urpin)*, e dal n. della città di *En(field)*, luogo di fabbricazione; 1947] **s. f.** o **m. inv.** ● Pistola mitragliatrice leggera.

stèncil /'stensil, *ingl.* 'stensɪl/ [vc. ingl., propr. 'stampino, matrice'; 1987] **s. m. inv.** **1** Mascherina traforata per disegno. **2** Tecnica decorativa che utilizza mascherine per disegnare | Il disegno così realizzato.

†**stendàle** [da *standardo*, con cambio di suff., prob. sul modello dell'ant. fr. *estandale*; sec. XIII] **s. m.** ● Standardo.

stendardière [1498] **s. m.** ● Chi porta lo stendardo.

stendàrdo [dall'ant. fr. *estendart*, moderno *étendard*, prob. di orig. germ.; sec. XIII] **s. m.** **1** Insegna o bandiera, nelle antiche milizie | Fino alla seconda guerra mondiale, bandiera dei reggimenti di cavalleria e di artiglieria, di dimensioni ridotte rispetto alla bandiera degli altri corpi | †***Alzare lo s.***, intraprendere una guerra. **2** Bandiera o gonfalone che, nelle processioni cattoliche, porta l'immagine del patrono e distingue fra loro le congregazioni e confraternite. **3** (*bot.*) Petalo superiore, dilatato della corolla delle Leguminose. **SIN.** Vessillo.

†**stendàre** [da *tenda*, con *s-*] **v. intr.** ● Togliere le tende.

♦**stèndere** [lat. *extĕndere*, comp. di *ĕx-* (*s-*) e *tĕndere* 'tendere'. V. *tendere*, *estendere*; 1225 ca.] **A** **v. tr.** (coniug. come *tendere*) **1** Allungare, distendere, allargare: *s. i piedi fuori dal letto*; *s. le braccia, le gambe* | ***S. la mano***, per stringere un'altra mano, per dare o prendere qlco.; (*assol.*) chiedere l'elemosina | ***S. l'esercito, le truppe***, schierarli | (*lett.*) ***S. l'arco***, tenderlo. **2** Sciorinare, mettere all'aria (*anche assol.*): *s. le reti*; *s. i panni al sole*; *s. la biancheria ad asciugare*; *è ora di s.* | Spiegare, svolgere: *s. un tappeto*; *s. la tovaglia sulla tavola*. **3** Spianare, spalmare: *s. il colore, la vernice*; *s. il burro sul pane* | ***S. la pasta***, ridurla in sfoglia col matterello | ***S. un metallo***, ribatterlo in modo da appiattirlo e aumentarne la superficie. **4** Mettere a giacere, mettere disteso: *lo stesero sul letto* | Gettare per terra: *con una spinta lo stese a terra*. **SIN.** Abbattere, atterrare | (*est.*) Uccidere: *lo stese con una fucilata*. **5** Mettere per iscritto: *s. un verbale, un memoriale, una lettera, un reclamo*; *sta stendendo l'ultimo capitolo del libro*. **B** **v. rifl.** ● Allungarsi, distendere il corpo: *mi stendo un po'*; *dopo pranzo ha l'abitudine di stendersi sul letto*. **C** **v. intr. pron.** **1** Estendersi nello spazio: *il ponte si stende da un versante all'altro*. **2** (*raro*, *lett.*) Arrivare fino a un dato limite: *ché stilo oltre l'ingegno non si stende* (PETRARCA). **3** (*raro*) Trattenersi, dilungarsi: *stendersi su un argomento* | †***Stendersi in un pensiero***, sprofondarvisi.

stendhalìano /stenda'ljano/ [1893] **agg.** ● Che riguarda il romanziere e saggista francese Stendhal, pseudonimo di Marie-Henri Beyle (1783-1842).

stendibianchería [comp. di *stendere* e *biancheria*; 1970] **s. m. inv.** ● Attrezzo in metallo o plastica, di varia struttura, sul quale si stende, anche all'interno dell'abitazione, la biancheria da asciugare.

stendifili [comp. di *stendere* e il pl. di *filo*; 1942] **s. m. inv.** ● Militare od operaio specializzato nello stendimento di linee telegrafiche e telefoniche | Apparecchio meccanico che serve per stendere tali linee.

stendiménto [sec. XIV] **s. m.** ● (*raro*) Lo stendere.

stendìno [da *stend(ere)* con il suff. *-ino*; 1997] **s. m.** ● (*fam.*) Stendibiancheria.

stenditóio [da *stendere*; 1825] **s. m.** ● Locale in cui si stendono i panni | Struttura a braccia o a fili su cui si mettono ad asciugare i panni.

stenditóre [1691] **A** **s. m.** (f. *-trice* (V.)) ● Operaio addetto alla stenditura della canapa. **B** **agg.** ● Che stende | ***Macchina stenditrice***, che stende la cera calda sui pavimenti.

stenditùra [1960] **s. f.** ● Lo stendere, il fatto di essere steso: *la s. dei panni* | Operazione con cui si riuniscono in un nastro continuo le mannelle pettinate della canapa.

stenebràre [da *tenebrare*, con *s-*; 1319] **v. tr.** (*io stènebro*) ● (*lett.*) Togliere dalle tenebre. **SIN.** Rischiarare.

stenia [contr. di *astenia*, con sottrazione del pref. *a-* priv.; av. 1810] **s. f.** ● (*med.*) Senso di forza organica, vigore. **CONTR.** Astenia.

stènico [da *stenia*, sul modello di *astenico*; 1818] **agg.** (**pl. m.** *-ci*) ● Che presenta stenia.

stèno- [gr. *steno-*, da *stenós* 'stretto', vc. isolata in gr. e di etim. incerta] **primo elemento** ● In parole composte dotte e scientifiche, significa 'stretto', 'restringimento' (*stenocardia*) e in altre ha il significato di 'più breve', 'abbreviato' (*stenografia*).

stenoalino [comp. di *steno-* e *-alino*, dal gr. *háls*, genit. *halós* 'sale', di orig. indeur.; 1929] **agg.** ●

Detto di animale o vegetale acquatico che non sopporta variazioni di salinità nell'ambiente. CONTR. Eurialino.

stenòbate [comp. di *steno-* e del gr. *báthos* 'profondità'] agg. ● (*biol.*) Detto di organismo acquatico che può sopravvivere solo a determinati valori di pressione idrostatica. CONTR. Euribate.

stenoblòcco [comp. di *steno(grafia)* e *blocco*; 1963] s. m. (pl. *-chi*) ● Blocco di carta con speciale rigatura adatta alla stenografia.

stenocardìa [comp. di *steno-* e *-cardia*; 1829] s. f. ● (*med.*) Sensazione di costrizione precordiale caratteristica dell'angina pectoris.

stenòcoro [comp. di *steno-* e di (*euro*)*coro*; 1960] agg. ● (*biol.*) Detto di specie animale o vegetale che può vivere solo in determinati ambienti. CONTR. Euricoro.

stenodàttilo [1962] s. m. e f. inv. ● Accorc. di *stenodattilografia, stenodattilografo*.

stenodattilografìa [comp. di *steno(grafia)* e *dattilografia*; 1960] s. f. ● Sistema che combina la stenografia con la dattilografia.

stenodattilògrafo [comp. di *steno(grafo)* e *dattilografo*; 1897] s. m. (f. *-a*) ● Chi è diplomato, specializzato in stenodattilografia.

stenografàre [da *stenografo*; 1861] v. tr. (*io stenògrafo*) ● Scrivere con la stenografia (*anche assol.*): *s. una conferenza; sapere s.*

stenografìa [comp. di *steno-* e *-grafia*, sul modello dell'ingl. *stenography*; 1809] s. f. ● Scrittura veloce sintetica per la formazione di parole con segni semplici e l'uso di abbreviazioni fisse e facoltative.

stenogràfico [1809] agg. (pl. m. *-ci*) ● Della stenografia: *segni stenografici* | Scritto mediante la stenografia: *resoconto s.* || **stenograficaménte**, avv. In modo stenografico; per mezzo della stenografia.

stenògrafo [comp. di *steno-* e *-grafo*; 1809] s. m. (f. *-a*) ● Chi scrive con la stenografia: *gli stenografi della Camera dei Deputati.*

stenogràmma [comp. di *steno-* e *-gramma*; 1914] s. m. (pl. *-i*) *1* Stenoscritto. *2* Segno stenografico.

stenoscritto [comp. di *steno(grafico)* e *scritto*; 1925] s. m. ● Testo stenografato.

stenòsi o **stenòsi** [comp. di *sten(o)-* ed *-osi*, sul modello del gr. *sténōsis* 'strettezza'; 1829] s. f. inv. ● (*med.*) Restringimento di un canale o di un passaggio naturale: *s. dell'aorta* | ***S. pilorica***, malattia del lattante da ipertrofia dello sfintere pilorico | ***S. mitralica***, ***s. polmonare***, restringimento della valvola mitrale o polmonare del cuore.

stenotermìa [1940] s. f. ● (*zool., bot.*) Proprietà di organismo stenotermo.

stenotèrmo [comp. di *steno-* e *-termo*; 1929] agg. ● (*biol.*) Detto di organismo che non tollera variazioni di temperatura troppo ampie. CONTR. Euritermo.

stenotipìa [comp. di *steno(grafia)* e *-tipia*; 1925] s. f. ● Scrittura dei segni stenografici per mezzo di una macchina analoga alla macchina per scrivere.

stenotipista [1925] s. m. e f. (pl. m. *-i*) ● Stenografo che usa l'apposita macchina per stenotipia.

†**stensióne** ● V. *estensione*.

†**stensivo** ● V. *estensivo*.

stent /*ingl.* stɛnt/ [dal n. del dentista ingl. Ch. T. *Stent*, inventore di una sostanza impiegata in odontoiatria; 1989] s. m. inv. *1* (*med.*) Sostanza utilizzata per prendere l'impronta della bocca. *2* (*chir.*) Protesi foggiata a stecca o tubo impiegata per conservare la pervietà di un corpo cavo: *s. coronarico, s. uretrale.*

stentacchiàre o **stentucchiàre** [da *stentare*, con suff. dim.; av. 1775] v. intr. (*io stentàcchio*; aus. *avere*) ● (*fam.*) Stentare | Soffrire piccole e continue privazioni.

†**stentaménto** [da *stentare*; sec. XIV] s. m. ● Stento.

stentàre [lat. *extentāre* 'sforzarsi', da *ĕx-* (*s-*) e *tentāre*, intens. di *tenēre*. V. *tenere*; sec. XIII] **A** v. intr. (*io stènto*; aus. *avere*) *1* (+ *a*, raro lett. + *di*, seguiti da inf.) Durare fatica, fare sforzi per riuscire in qlco.: *s. a leggere, a scrivere, a imparare una lingua, a capire qlco.; un viluppo ch'io stesso ... stento di ammettere* (SVEVO) | ***Stento a crederlo***, mi è difficile crederlo. *2* (*assol.*) Condurre una vita grama, infelice, misera: *è una famiglia che stenta.* **B** v. tr. ● Nelle loc. ***s. la vita***, ***il pane***, e sim., vivere con pena e fatica, fra grandi stenti. **C** v. intr. pron. ● †Soffrire, patire.

stentatézza [av. 1798] s. f. ● Condizione di chi (o di ciò che) è stentato.

stentàto [av. 1320] part. pass. di *stentare*; anche agg. *1* Eseguito a fatica: *compito, lavoro s.* *2* Che è fatto, detto e sim. con sforzo, senza spontaneità: *sorriso, invito, s.; parole stentate* | Che mostra artificiosità, mancanza di ispirazione: *prosa stentata.* *3* Pieno di sofferenze e privazioni: *condurre una vita stentata.* *4* Che si sviluppa a stento, crescendo poco e male, detto di ragazzi, animali, piante: *è un bambino un po' s.* || **stentatino**, dim. || **stentataménte**, avv. In modo stentato, a fatica.

stenterellàta [1848] s. f. ● Atto, discorso, da stenterello.

stenterellésco [av. 1850] agg. (pl. m. *-schi*) ● Proprio di, relativo a, Stenterello.

stenterèllo [doppio dim. di *stento* (*1*); 1808] s. m. *1* ***Stenterello***, maschera del teatro fiorentino. *2* (*est.*) Persona molto magra e patita | (*est.*) Persona sciocca e ridicola.

stènto (1) [1830] agg. ● (*tosc.*) Stentato. || **stentìno**, dim.

stènto (2) [da *stentare*; av. 1327] s. m. *1* Patimento, sofferenza, per scarsità o privazione di cosa necessaria: *vivere tra gli stenti, di stenti; ebbe una vita piena di stenti; ebbe una vita di s.; ha il viso segnato dagli stenti.* *2* Difficoltà, fatica nel riuscire in qlco.: *con qualche s. ho capito la lezione* | ***A s.***, con difficoltà, a fatica | ***Senza s.***, senza difficoltà, facilmente, agevolmente.

stèntore [dal lat. *Stĕntore(m)*, dal gr. *Sténtōr* 'Stentore', eroe omerico dal potente grido di guerra; 1799] s. m. ● (*per anton., lett.*) Uomo dalla voce potente: *sdegna d'alzare / fra il rauco suon di Stentori plebei / tu' amabil voce* (PARINI).

stentòreo [da *Stentore*; 1769] agg. ● Chiaro e forte, detto della voce umana: *con la sua voce stentorea si mise a narrare certe storielle* (SVEVO). || **stentoreaménte**, avv.

stentucchiàre ● V. *stentacchiare*.

stentùme [da *stento* (*2*); 1707] s. m. ● (*tosc.*) Cosa fatta con stento.

†**stenuàre** e *deriv.* ● V. *estenuare* e *deriv.*

stepìdire ● V. *stiepidire*.

stéppa [attraverso il fr. *steppe*, dal russo *step*; 1773] s. f. ● Vasta pianura povera di acque, con prevalenti forme di vegetazione erbacea.

steppàre [dall'ingl. *to step* 'camminare'; 1970] v. intr. (*io stéppo*; aus. *avere*) ● Detto del cavallo, trottare in modo difettoso, per cui gli arti anteriori vengono distesi esageratamente.

stèpper /'stepper, *ingl.* 'stepəɹ/ [vc. ingl. da *step* 'passo, gradino'; 1996] s. m. inv. ● Attrezzo ginnico che permette un movimento analogo a quello di chi sale le scale, utilizzato per esercizio fisico o allenamento.

stéppico [1960] agg. (pl. m. *-ci*) ● Della steppa: *vegetazione steppica.*

steppificazióne [comp. di *stepp(a)* e *-ficazione*; 1960] s. f. ● (*geogr.*) Progressiva trasformazione in steppa di formazioni vegetali quali praterie e savane, dovuta a modificazione di fattori climatici e ambientali.

steppóso [1946] agg. ● Che ha aspetto, carattere, di steppa: *zona stepposa.*

steradiànte [comp. di *ste(rangolo)* e *radiante*; 1960] s. m. ● (*fis.*) Unità di misura degli angoli solidi nel Sistema Internazionale; è pari all'angolo solido che, su una sfera avente centro nel vertice dell'angolo, intercetta una calotta di area uguale a quella di un quadrato avente lato uguale al raggio della sfera stessa. SIMB. sr.

steràngolo [comp. di *ster(eo)-* e *angolo*; 1960] s. m. ● (*mat.*) Angolo solido.

stèrco [vc. dotta, dal lat. *stĕrcus* (nom. acc. nt.) 'escremento', di etim. incerta; av. 1292] s. m. (pl. *stèrchi*, m., poet. †*stèrcora*, f.) ● Escrementi, feci di animale. CFR. scato-.

stercoràceo [da *sterco*, sul modello di *stercorario*; sec. XVII] agg. ● Attinente allo sterco: *raccolta stercoracea.*

stercoràrio [vc. dotta, dal lat. *stercorāriu(m)*, da *stĕrcus*, genit. *stĕrcoris* 'sterco'; sec. XIV] **A** agg. *1* Di sterco, dello sterco. *2* ***Scarabeo s.***, insetto con corpo robusto, zampe dilatate e appiattite, che scava gallerie sotto gli escrementi bovini o equini per deporvi le uova (*Geotrupes stercorarius*). SIN. Geotrupe. **B** s. m. ● Uccello dei Caradriformi a piedi palmati, becco adunco, unghie ad artiglio, che si nutre rubando le prede ad altri uccelli acquatici (*Stercorarius pomarinus*).

Sterculiàcee [da *sterculia*, vc. dotta, dal lat. *stĕrcus*, genit. *stĕrcoris* 'sterco', per l'odore fetido dei fiori. V. il n. lat. *Stercŭlius* 'divinità dell'ingrasso dei campi'; 1875] s. f. pl. (sing. *-a*) ● Nella tassonomia vegetale, famiglia di piante dicotiledoni tropicali con frutto a capsula contenente molti semi (*Sterculiaceae*). ➡ ILL. **piante**/4.

♦**stèreo** [1968] **A** agg. inv. ● Accorc. di *stereofonico*. **B** s. m. inv. ● Impianto per l'ascolto spec. di musica registrata su dischi o su nastro magnetico, costituito da amplificatori e altoparlanti che diffondono nell'ambiente in modo da riprodurre il panorama di suoni acustici originari. SIN. Impianto stereofonico.

stèreo- [gr. *stereo-*, da *stereós* 'fermo, stabile, solido', o anche 'cubico' (in geometria) di orig. indeur.] primo elemento ● In parole scientifiche composte, significa 'solido', 'rigido' (*stereomeccanica*) o ha il significato di 'spaziale', 'tridimensionale' o fa riferimento a più posizioni nello spazio e sim. (*stereoscopia, stereofonico, stereogramma*).

stereoagnosìa [comp. di *stereo-* e *agnosia*; 1960] s. f. ● (*med.*) Incapacità di riconoscere la forma degli oggetti mediante il tatto.

stereoagnòstico agg. (pl. m. *-ci*) ● Che si riferisce alla stereoagnosia, caratterizzato da stereoagnosia.

stereòbate [vc. dotta, dal lat. *stereŏbate(m)*, dal gr. *stereobátēs*, comp. di *stereós* 'solido' e *-bátēs*, da *-baínein* 'andare'; av. 1502] s. m. ● Nell'architettura greca, basamento atto a sostenere l'edificio.

stereochìmica [comp. di *stereo-* e *chimica*; 1895] s. f. ● (*chim.*) Studio della configurazione spaziale di una molecola in rapporto ai costituenti della molecola stessa.

stereocinematografìa [comp. di *stereo-* e *cinematografia*; 1939] s. f. ● Cinematografia stereoscopica.

stereocinèsi [comp. di *stereo-* e *-cinesi*] s. f. inv. ● (*psicol.*) Percezione tridimensionale di un oggetto bidimensionale in movimento che, quando è fermo, viene percepito a due dimensioni.

stereocomparatóre [comp. di *stereo-* e *comparatore*; 1911] s. m. ● Apparecchio che permette l'osservazione stereoscopica di una coppia di fotogrammi normali nella restituzione fotogrammetrica.

stereofonìa [comp. di *stereo-* e *-fonia*; 1942] s. f. ● Tecnica di registrazione e di riproduzione del suono su due canali, attraverso la quale l'ascoltatore riceve un effetto spaziale del suono riprodotto.

stereofònico [1950] agg. (pl. m. *-ci*) ● Che si riferisce alla stereofonia: *effetto s.; amplificatori stereofonici* | ***Impianto s.***, stereo. || **stereofonicaménte**, avv.

stereofotografìa [comp. di *stereo-* e *fotografia*; 1912] s. f. ● Fotografia stereoscopica.

stereofotogràmma [comp. di *stereo-* e *fotogramma*; 1925] s. m. (pl. *-i*) ● Coppia di fotogrammi di una stessa zona, usata per ottenere l'effetto stereoscopico, cioè di rilievo, mediante la visione binoculare. SIN. Stereogramma, coppia stereoscopica.

stereofotogrammetrìa [comp. di *stereo-* e *fotogrammetria*; 1960] s. f. ● Fotogrammetria che usa per la restituzione l'effetto stereoscopico.

stereognòstico [comp. di *stereo-* e *-gnostico*, dal gr. *gnōstikós* 'conoscitivo', da *gnôsis* 'conoscenza'. V. *gnosi*; 1970] agg. (pl. m. *-ci*) ● Che si riferisce alla percezione tattile delle qualità parziali degli oggetti: *senso s.*

stereografìa [comp. di *stereo-* e *-grafia*; 1821] s. f. ● (*med.*) Metodo diagnostico radiologico che si basa sull'osservazione di due radiografie dispost[illegible] in un particolare apparecchio in modo da av[illegible] una visione stereoscopica.

stereogràfico [da *stereografia*; 1840] a[illegible] m. *-ci*) ● Detto di proiezione prospe[illegible] quale l'osservatore è supposto agl[illegible] punto di tangenza del piano di pr[illegible]

stereogràmma [comp. di s[illegible] 1880] s. m. (pl. *-i*) *1* (*mat.*) Ra[illegible] fica di dati statistici mediant[illegible] geometriche solide. ➡ ILL. **dia**[illegible] Rappresentazione grafica tr[illegible] struttura geologica di una regione. ***3*** Stereofotogramma.

stereoisomerìa [comp. di *stereo-* e *isomeria*; 1930] **s. f.** ● (*chim.*) Isomeria di certi composti che si differenziano per la diversa posizione nello spazio di alcuni dei loro atomi.

stereoisòmero [comp. di *stereo-* e *isomero*; 1931] **A s. m.** ● (*chim.*) Ciascuno degli isomeri spaziali di una molecola. **B** anche **agg.**: *composto s.*

stereolitografia [comp. di *stereo-* e *litografia*; 1988] **s. f.** ● (*mecc.*) Tecnica di realizzazione di pezzi meccanici mediante macchine utensili a controllo numerico pilotate da strumenti di rilevazione stereoscopica.

stereolitògrafo [comp. di *stereo-* e *litografo*] **s. m.** ● Macchina utensile a controllo numerico costituita da un braccio dotato di una fresa a più assi in grado di riprodurre un modello tridimensionale di un oggetto partendo dal suo disegno elettronico.

stereòma [vc. dotta, dal gr. *steréōma*, genit. *stereṓmatos* 'scheletro, sostegno', da *stereós* 'solido, duro'; 1930] **s. m.** (**pl.** *-i*) ● (*bot.*) Insieme di sclereidi e di fibre mediante il quale i vegetali costruiscono gli organi assili di sostegno.

stereometrìa [vc. dotta, dal gr. *stereometría*, comp. di *stereós* 'solido' e *-metría* '-metria'; 1569] **s. f.** ● Parte della geometria che studia la misurazione dei solidi.

stereomètrico [vc. dotta, dal gr. *stereometrikós*, da *stereometría* 'stereometria'; av. 1572] **agg.** (**pl. m.** *-ci*) ● Che si riferisce alla stereometria.

stereoscopìa [comp. di *stereo-* e *-scopia*; 1857] **s. f.** ***1*** Percezione del rilievo volumetrico di un oggetto mediante la visione binoculare. ***2*** (*fis.*) Parte dell'ottica che studia tale percezione. ***3*** Metodo di ripresa e proiezione delle immagini che dà la sensazione volumetrica degli oggetti. ***4*** Fotografia stereoscopica.

stereoscòpico [1865] **agg.** (**pl. m.** *-ci*) ● Che si riferisce alla stereoscopia | ***Fotografia stereoscopica***, ripresa fotografica affiancata di due immagini dello stesso oggetto per ottenere in sede di osservazione visiva l'effetto tridimensionale | ***Coppia stereoscopica***, stereofotogramma. ‖ **stereoscopicaménte**, **avv.**

stereoscòpio [comp. di *stereo-* e *-scopio*; 1865] **s. m.** ● Strumento per l'osservazione di fotografie stereoscopiche.

stereospecìfico [comp. di *stereo-* e *specifico*] **agg.** (**pl. m.** *-ci*) ● (*chim.*) Detto di reazione che consente di ottenere uno specifico stereoisomero.

stereotipàre [da *stereotipo*; 1840] **v. tr.** (*io stereòtipo*) ● Stampare in stereotipia.

stereotipàto [da *stereotipo*; 1875] **agg.** ***1*** Stampato con la stereotipia. ***2*** (*fig.*) Convenzionale, reso quasi immutabile dall'uso: *frasi stereotipate*; *la guardai indagando se il sorriso che contraeva la sua faccia fosse s. o … nuovo* (SVEVO). ***3*** (*psicol.*) Detto di movimento, posizione o espressione verbale anormale ricorrente o persistente, avente scarsa relazione con la situazione esterna.

stereotipìa [comp. di *stereo-* e *-tipia*, sul modello del fr. *stéréotypie*; 1799] **s. f.** ***1*** (*tipogr.*) Procedimento di copiatura d'una matrice rilievografica in cui si fonde una certa quantità di lega su un flano recante l'impronta della matrice | La nuova matrice ottenuta con tale procedimento | Stampa ottenuta con tale matrice. ***2*** (*psicol.*) Condizione frequente in alcune psicosi in cui un individuo manifesta movimenti stereotipati o pensa per stereotipi.

stereotìpico [1925] **agg.** (**pl. m.** *-ci*) ● Che si riferisce alla stereotipia.

stereotipìsta [da *stereotip*(*ia*), con *-ista*; 1891] **s. m. e f.** (**pl. m.** *-i*) ● Operaio addetto alla produzio-e delle stereotipie.

…eòtipo [da *stereotipia*, con *stereo-* e *tipo*; …1] **A agg.** ● Stereotipato | ***Edizione stereotipa***, chi doa identica di un testo, eseguita sulla stereoproprio cn. ***1*** (*psicol.*) Percezione o concetto restenti. nido ed eccessivamente semplifica-

stellióne [vc. …n aspetto della realtà, in particola', da *stēlla* 'ste… di gruppi sociali | (*est.*) Luogo ra, caratteristica *ragionare per stereotipi*. (*zool.*) Sauro simi…ne fissa e ripetuta di parole, perta di squame spificato lessicale globale e au-

†**stellògrafo** [com…tta.

STEREOTIPO
nota d'uso

Si dicono 'stereotipi linguistici' quelle espressioni proverbiali o singole parole nelle quali si riflettono pregiudizi e opinioni, spesso negative, su gruppi sociali, professionali, etnici.

Facilmente identificabili come stereotipi sono quei brevi motti scherzosi che estendono una qualità a tutti i nativi di un luogo: *bolognesi gran dottori*; *veneziani gran signori*.

Anche riconoscibili sono gli stereotipi consistenti in nomi o aggettivi di forma scherzosa o spregiativa: *azzeccagarbugli*, *paglietta o avvocaticchio* per *avvocato*; *polentone* per (*italiano*) *settentrionale* e *terrone* per (*italiano*) *meridionale*; *sbirro* per *agente di polizia*.

Spesso lo stereotipo si nasconde, in modo a volte difficile da avvertire, in parole di valore descrittivo. Così, se diamo a qualcuno l'epiteto di *contadino*, per 'maleducato', o di *gesuita*, per 'ipocrita', con un sol colpo offendiamo il destinatario dell'epiteto e, implicitamente e senza alcuna ragione, intere categorie di persone. Antichi e immotivati pregiudizi etnici o razziali, prodottisi per le più varie vicende storiche, rischiano così di farci offendere, in modo implicito, intere popolazioni (si vedano le voci *chietino*, *ebreo*, *giudeo*, *napoli*, *ottentotto*, *teutonico*, *zingaro*, *zulu*).

stereovisóre [comp. di *stereo-* e *visore*; 1956] **s. m.** ● Apparecchio ottico che consente la visione in rilievo di fotografie stereoscopiche.

stèrico [agg. da *stereo-*; 1960] **agg.** (**pl. m.** *-ci*) ● (*chim.*) Che si riferisce allo spazio | ***Impedimento s.***, effetto derivante dalla presenza in una molecola di aggruppamenti atomici di grosse dimensioni o di forme particolarmente ingombranti.

stèrile [vc. dotta, dal lat. *stĕrile*(*m*), di orig. indeur.; av. 1292] **agg.** ***1*** Che è affetto da sterilità, che è incapace di riprodursi: *uomo, donna s.*; *cavallo s.* **CONTR.** Fecondo, fertile. ***2*** Detto di fiore, che non dà frutti. **CONTR.** Fruttifero. ***3*** (*fig.*) Che non produce effetti: *ingegno, vita s.* | Vano: *perdersi in chiacchiere sterili*; *polemica s.* | Privo di qlco.: *un impiego s. di soddisfazioni*; *la terra … è nuda d'erbe / e di fontane s. e di rivi* (TASSO). ***4*** Sterilizzato: *soluzione s.* ‖ **sterilménte**, **avv.**

sterilézza [sec. XIV] **s. f.** ● (*raro*) Sterilità.

sterilìre [1499] **A v. tr.** (*io sterilisco, tu sterilisci*) ● Rendere sterile. **SIN.** Isterilire. **B v. intr. e intr. pron.** (aus. *essere*) ● (*raro*) Diventare sterile.

sterilità o †**sterilitàde**, †**sterilitàte** [vc. dotta, dal lat. *sterilitāte*(*m*), da *stĕrilis* 'sterile'; 1308] **s. f.** ***1*** Condizione, caratteristica o proprietà di ciò che è sterile. ***2*** Incapacità a produrre prole, a riprodursi.

sterilizzàre [av. 1580] **v. tr.** ***1*** Rendere sterile. ***2*** Sottoporre a sterilizzazione.

sterilizzàto [av. 1952] **part. pass.** di *sterilizzare*; anche **agg.** ● Nei sign. del v.

sterilizzatóre [1893] **A s. m.** ***1*** (**f.** *-trice*) Chi sterilizza. ***2*** Apparecchio per sterilizzare. **B agg.** ● Che sterilizza: *macchina sterilizzatrice*.

sterilizzazióne [1890] **s. f.** ***1*** Lo sterilizzare, il venire sterilizzato. ***2*** Intervento chirurgico mediante il quale viene soppressa la capacità di generare in un individuo maschio o femmina (consistente nella *vasectomia* (V.), per l'uomo, e nella legatura delle tube, per la donna). ***3*** (*chim.*, *biol.*) Eliminazione di tutti i germi patogeni e non patogeni | Trattamento eseguito sugli alimenti conservati, per azione del calore, allo scopo di renderli atti a una lunga conservazione | ***S. in bottiglia***, del latte già imbottigliato.

sterilùme [1891] **s. m.** ● (*raro*) Insieme di cose sterili.

sterlétto o **sterlàtto** [dal ted. *Sterlett*, che è dal russo *stérljad* (V. *storione*); av. 1557] **s. m.** ● Pesce molto simile allo storione ma piccolo e con muso assai appuntito, che fornisce carni e caviale pregiatissimi (*Acipenser ruthenus*).

sterlina [f. sost. da (*lira*) *sterlina*, dall'ingl. *sterling* 'vero, genuino'; 1211] **A s. f.** ● Unità monetaria circolante nel Regno Unito e in altri Paesi extraeuropei. **SIMB.** £. **B** in funzione di **agg.** ● (posposto al s.) Nella loc. *lira s.*, sterlina.

sterlineàre [calco su *interlineare* (*2*), con sostituzione del presunto pref. *in-* con *s-*; av. 1917] **v. tr.** (*io sterlìneo*) ● In una composizione tipografica, togliere le interlinee allo scopo di diminuire le distanze fra una riga e l'altra.

sterlineatùra [1910] **s. f.** ● (*tipogr.*) Operazione dello sterlineare.

sterling /s'tɛrlin(g)/, *ingl.* 'stɜːlɪŋ/ [vc. ingl., propr. 'schietto, di buona lega'; 1960] **A s. m. inv.** ● Vernice a base di olio di lino, elettricamente isolante, usata in elettrotecnica. **B** anche **agg. inv.**: *tela s.*

sterlingàto [da *sterling*; 1967] **agg.** ● Trattato con vernice sterling.

sterminàbile [vc. dotta, dal lat. tardo *extermĭnābile*(*m*) 'funesto', da *extermĭnāre* 'bandire, far sparire'; sec. XIII] **agg.** ● Che si può sterminare.

sterminaménto [sec. XIII] **s. m.** ● (*raro*) Sterminio.

sterminàre o (*lett.*) **esterminàre** [lat. *extermĭnāre*, propr. 'scacciare', da *tĕrminus* 'confine', con *ĕx-* (*s-*); sec. XIII] **v. tr.** (*io stèrmino*) ● Distruggere, annientare fino all'ultimo: *s. i nemici, gli insetti*; *sterminateli senza pietà*.

sterminatézza [1686] **s. f.** ● Condizione di ciò che è sterminato, nel sign. di *sterminato* (*1*).

sterminàto (**1**) o (*lett.*) **esterminàto** [lat. *extermĭnātu*(*m*), nel senso etim. di 'senza confini', da *tĕrminus* 'confine', con *ĕx-* (*s-*); av. 1306] **agg.** ● Di smisurata ampiezza (*anche fig.*): *paese s.*; *pianura sterminata*; *ignoranza sterminata*. ‖ **sterminataménte**, **avv.** Smisuratamente, senza alcuna limitazione.

sterminàto (**2**) [av. 1756] **part. pass.** di *sterminare*; anche **agg.** ● Nel sign. del v.

sterminatóre o (*lett.*) **esterminatóre** [vc. dotta, dal lat. tardo *exterminatōre*(*m*) 'distruttore', da *exterminātus*, part. pass. di *extermĭnāre* 'sterminare'; sec. XIV] **s. m.**; anche **agg.** (**f.** *-trice*) ● Chi (o Che) stermina: *Qui su l'arida schiena / del formidabil monte / sterminator Vesevo* (LEOPARDI).

sterminazióne o (*lett.*) **esterminazióne** [vc. dotta, dal lat. tardo (eccl.) *exterminatiōne*(*m*) 'distruzione', da *exterminātus*, part. pass. di *extermĭnāre* 'sterminare'; sec. XIII] **s. f.** ● (*raro*) Sterminio.

stermìnio o (*lett.*) **estermìnio** [vc. dotta, dal lat. tardo (eccl.) *extermĭniu*(*m*) 'cacciata, sterminio', da *extermĭnāre* 'cacciare, distruggere'; sec. XIII] **s. m.** ***1*** Annientamento, distruzione generale, strage: *fare uno s.*; *sedizioni populari con morti ed esterminio d'innumerabili persone* (SARPI) | ***Campi di s.***, durante la seconda guerra mondiale, quelli in cui i deportati erano uccisi in massa dai nazisti. ***2*** (*fig.*, *fam.*) Quantità grande, sterminata: *durante le vacanze ho letto uno s. di libri*.

stèrna [dal fr. *sterne*, dall'ant. ingl. *stearn* 'rondine di mare'; 1838] **s. f.** ● (*zool.*) Uccello acquatico, simile al gabbiano ma più piccolo e slanciato e con collo e zampe più corti (*Sterna*) | ***S. comune***, rondine di mare.

sternàle [da *sterno*; 1829] **agg.** ● Dello sterno: *puntura s.*

†**sternàto** [connesso con †*sternere*; av. 1342] **agg.** ● (*raro*) Abbattuto, disteso.

stèrnebro [comp. di *stern*(*o*) e del m. di (*vert*)*ebra*] **s. m.** ● (*anat.*, *zool.*) Ognuno dei centri di ossificazione segmentali dello sterno dei Mammiferi.

†**stèrnere** [vc. dotta, dal lat. *stĕrnere*, di orig. indeur.; 1321] **v. tr. e intr. pron.** ***1*** Distendere per terra | Spianare. ***2*** (*fig.*) Spiegare, chiarire.

sternìte [comp. di *stern*(*o*) e del suff. *-ite* (*3*); 1875] **s. m.** ● (*zool.*) Struttura cuticolare che riveste ventralmente un segmento corporeo degli Artropodi.

stèrno [vc. dotta, dal gr. *stérnon* 'petto', connesso con *stornýnai* 'stendere', di orig. indeur. (V. *sternere*); propr. 'la parte piatta del corpo'; av. 1698] **s. m.** ● (*anat.*) Osso piatto sulla linea mediana anteriore del torace al quale si uniscono le coste; è composto da tre porzioni distinte che si succedono in senso cefalico-caudale. ➡ **ILL.** p. 2122 ANATOMIA UMANA.

sternocleidomastoidèo [comp. di *sterno*, *-cleido-*, dal gr. *kléis*, genit. *kleidós* 'chiave', e *mastoideo*; 1821] **A agg.** ● (*anat.*) Detto di muscolo del collo con inserzioni allo sterno, alla clavicola e alla mastoide. **B** anche **s. m.**: *lo s.* ➡ **ILL.** p. 2122 ANATOMIA UMANA.

sternutàre ● V. *starnutare*.

sternutìre ● V. *starnutire*.

sternùto ● V. *starnuto*.
stèro [dal fr. *stère*, dal gr. *stereós* 'solido'; 1802] **s. m.** ● Unità di misura di volume, usata per il legname da ardere e pari a 1 m^3. SIMB. st.
steròide [vc. scient. moderna, dal gr. *ster(eós)* 'solido', con *-oide*; 1960] **s. m.** ● (*chim.*) Sostanza organica diffusa in natura, a struttura complessa, costituente la base di molti ormoni e acidi biliari, di varia azione biologica.
steroidèo [1982] **agg.** ● (*chim.*) Di, relativo a steroide: *composto s.*
steròlo [vc. scient. moderna, dal gr. *ster(eós)* 'solido', con *-olo* (*1*); 1960] **s. m.** ● (*chim.*) Alcol aliciclico non saturo, molto complesso, presente in tutte le cellule sia animali sia vegetali, in parte libero e in parte esterificato con gli acidi grassi.
stèrpa [lat. parl. **stĕrpa(m)*, dal gr. *stériphos* 'sterile', di orig. indeur.; 1957] **s. f.** ● (*centr.*) Pecora destinata all'ingrasso perché non più atta alla riproduzione.
sterpàglia [1873] **s. f.** ● Ammasso di sterpi | Terreno sterposo.
†sterpàgnolo [1779] **agg.** ● Sterpigno.
sterpàia [1910] **s. f.** ● Luogo pieno di sterpi: *incontra fumo / a sbuffi dai comignoli / e rasente alla s.* (LUZI).
sterpàio [av. 1548] **s. m.** ● Sterpaia.
sterpàme [sec. XIV] **s. m.** ● Insieme di sterpi.
sterpàre [lat. *extirpāre* 'svellere', comp. di *ĕx-* (*s-*) e di un denominale di *stĭrps*, genit. *stĭrpis* 'sterpo' (V. *sterpo*, *estirpare*); sec. XIII] **v. tr.** (*io stèrpo*) **1** (*lett.*) Togliere gli sterpi. **2** (*lett.*) Estirpare, strappare (*anche fig.*): *io sterparogli il core, io darò in pasto / le membra lacerate agli avvoltoi* (TASSO).
sterpàzzola o **sterparòla**, **sterpazzòla** [da *sterpo*; 1827] **s. f.** ● Uccello dei Passeriformi grigio-brunastro, più chiaro inferiormente, che vive nelle siepi e nei cespugli (*Sylvia communis*).
†stèrpe o **stèrpe** [av. 1374] **s. f. o m.** ● Sterpo.
sterpéto o **†stirpéto** [lat. tardo *stirpētu(m)*, da *stĭrps*, genit. *stĭrpis* 'sterpo'; av. 1342] **s. m.** ● Sterpaio.
sterpìccio [sec. XVI] **s. m.** ● (*raro*) Sterpaglia.
sterpìgno [1618] **agg.** ● Che ha natura di sterpo | Che è pieno di sterpi: *luogo s.*
stèrpo o **stérpo** [lat. *stĭrpe(m)* 'ceppo', di etim. incerta; 1313] **s. m.** ● Ramo secco | Pruno spinoso | Residuo delle radici di un albero tagliato. ‖ **sterpàcchio**, **pegg.** | **sterponcèllo**, **dim.** | **sterpóne**, **accr.**
sterpóso [sec. XV] **agg.** ● Che è pieno di sterpi.
sterquilìnio o **sterquilìno** [vc. dotta, dal lat. *sterquilīniu(m)* 'letamaio', da *stĕrcus* 'sterco'; 1300 ca.] **s. m.** ● (*raro*, *lett.*) Letamaio.
sterraménto [1838] **s. m.** ● (*raro*) Sterro.
sterràre [da *terra*, con *s-*; sec. XIII] **v. tr.** (*io stèrro*) ● Scavare e portare via la terra, per fare una strada, una fossa per fondamenta, e sim. (*anche assol.*): *s. un canale*; *hanno finito di s.*
sterràto [1669] **A part. pass.** di *sterrare*; anche **agg.** ● Nei sign. del v. **B s. m.** ● Luogo, terreno, sterrato.
sterratóre [da *sterrare*; 1779] **s. m.** (f. *-trice*) ● Operaio addetto ad opere di sterro.
stèrro [sec. XV] **s. m.** ● Operazione dello sterrare | Terra scavata e ammucchiata all'orlo dello scavo | Fossa, buca, aperta sterrando.
stertóre [vc. dotta, coniata sul lat. *stĕrtere* 'russare', di orig. indeur.; av. 1698] **s. m.** ● (*med.*) Rantolo tracheale.
stertoróso [da *stertore*; 1838] **agg.** ● Rantoloso.
sterzànte **part. pres.** di *sterzare* (*1*); anche **agg.** ● Nei sign. del v. | ***Ruote sterzanti***, quelle comandate dallo sterzo o libere di sterzare.
sterzàre (1) [da *sterzo*; 1743] **v. intr.** (*io stèrzo*; aus. *avere*) **1** Manovrare lo sterzo con il volante o il manubrio, detto di automobilista, motociclista e sim.: *il tassista sterzò all'incrocio* | Cambiare, mutare la direzione di marcia, detto di veicolo: *la motocicletta sterzò a sinistra*. **2** (*fig.*, *fam.*) Cambiare idea, opinioni e sim., spec. all'improvviso.
sterzàre (2) [da *terzo*, con *s-*; 1803] **v. tr.** (*io stèrzo*) **1** †Dividere in tre parti. **2** Diminuire di un terzo | (*agr.*) Sfoltire, diradare: *s. una pineta*.
sterzàta [da *sterzare* (*1*); 1922] **s. f.** **1** Manovra per voltare lo sterzo: *l'automobilista diede una brusca s. per non investire il pedone* | Mutamento, abbandono della direzione di marcia di un veicolo: *la macchina fece una s. a destra*. **2** (*fig.*) Brusco mutamento di idea, indirizzo e sim.
sterzatùra (1) [da *sterzare* (*1*); 1967] **s. f.** **1** (*raro*) Sterzata. **2** Struttura e capacità di rendimento dello sterzo di un veicolo: *la mia macchina possiede una buona s.*
sterzatùra (2) [da *sterzare* (*2*); av. 1786] **s. f.** ● (*agr.*) Diradamento dei polloni di una stessa ceppaia, eseguito spec. nei cedui destinati a fornire pali di media grandezza, per favorire lo sviluppo di quelli rimasti.
stèrzo [dal longob. *sterz* 'manico dell'aratro'; 1805] **s. m.** **1** Dispositivo che permette di variare l'orientamento delle ruote direttrici, spec. anteriori, di un veicolo per modificare la direzione di marcia: *lo s. di un'automobile, di una motocicletta*; *il manubrio dello s. di una bicicletta*. **2** (*raro*) Sterzata.
stésa [f. sost. di *steso*; 1641] **s. f.** ● Lo stendere | Serie di cose stese.
stéso [av. 1306] **A part. pass.** di *stendere*; anche **agg.** ● Nei sign. del v. ‖ **†stesaménte**, **avv.** Distesamente, diffusamente. **B** in funzione di **avv.** ● †Diffusamente.
stèssere [lat. *extĕxere*, comp. di *ĕx-* (*s-*) e *tĕxere* (V. *tessere*); av. 1446] **A v. tr.** (coniug. come *tessere*) ● (*lett.*) Disfare il tessuto. **B v. intr. pron.** ● (*fig.*, *poet.*) Disfarsi, rompersi: *ai suoi remi si stessean le nubi* (PASCOLI).
stéssi ● V. *stare*.
♦**stésso** o **†istésso** [lat. *ĭstu(m) ĭpsu(m)*, propr. 'questo stesso', attraverso la fase ant. *istesso* (V.); sec. XII] **A agg. dimostr.** **1** Indica identità con qlco. o qlcu.: *andiamo in villeggiatura sempre nello s. luogo*; *abbiamo le stesse idee*; *frequento gli stessi amici*; *siamo allo s. punto di prima*; *ripete sempre le stesse cose*; *è sempre la stessa storia*; *mi ha fatto cento volte lo s. discorso* | ***Nel*, *al tempo s.***, ***nello s. tempo***, contemporaneamente e (*est.*) anche, inoltre: *è furbo e nello s. tempo abile*; *compra un oggetto utile e al tempo s. bello* | (*pleon.*) Con valore raff. seguito da 'medesimo': *sono le stesse medesime opinioni*. SIN. Medesimo. **2** Indica uguaglianza per grandezza, quantità, qualità: *sono due malattie che presentano gli stessi sintomi*; *lui e lei hanno la stessa età*; *non prendere due abiti dello s. colore*; *i due tagli hanno la stessa metratura*. SIN. Medesimo. **3** (con valore raff.) Proprio, in persona: *il presidente s. si è congratulato con lui*; *quella ragazza è la gentilezza s.*; *tu s. hai riconosciuto di avere avuto torto*; *io stessa l'ho accompagnata fino alla porta* | (con valore enfat. e raff., posposto a un s. o a un avv.) Proprio: *provvederò oggi s.*; *le regole stesse del gioco impongono serietà*; *vorrei farlo oggi s.*; *l'ho visto con questi stessi occhi entrare in casa* | (con valore raff. e enfat.) Anche, persino: *i nemici stessi gli hanno reso onore*; *lo s. modo con cui si è presentato lo squalifica* | (con valore raff.) Sottolinea per chiarezza e rende efficace e accettabile la ripetizione di un termine del discorso: *per apprendere certi esercizi, è necessario ripetere gli esercizi stessi più volte* | (con valore raff.) Proprio, perfino, anche (preceduto da un pron. pers.): *voi stessi, da soli, capite bene la situazione*; *ne parlerò con lui s.*; *bada a te s.* | ***Contratto con sé s.***, contratto concluso da una sola persona che agisce in nome proprio e in nome delle persone che rappresenta. ‖ **stessìssimo**, **superl.** ● (*fam.*) Proprio lo stesso: *è sempre la stessissima noia*. **B pron. dimostr.** **1** La medesima, identica persona: *sì, è lo s. che tu conosci*; *la padrona è la stessa di una volta*; *ho trenta alunni, ma ce n'è uno, sempre lo s., che conta per venti*; *sono sempre gli stessi che protestano*; *mi ha risposto lo s. dell'altra volta* | ***Non essere più lo s.***, non essere più quello di una volta, avere cambiato modi, carattere, comportamento, aspetto e sim. SIN. Medesimo. **2** La stessa cosa (con valore neutro): *se non vieni, per me è lo s.*; *non ti preoccupare, fa lo s.* | ***Siamo sempre alle stesse***, alle solite, al punto di prima. **3** (*fam.*, *assol.*) Nella loc. avv. ***lo s.***, ugualmente: *lo pagherò lo s.*; *vacci lo s.*, *anche se non vogliono*.
stésti ● V. *stare*.
stesùra [da *steso*; av. 1722] **s. f.** **1** Lo stendere, spec. mettendo per iscritto: *la s. del verbale del contratto*; *la s. dei colori sulla tela di un quadro*. **2** Redazione di un'opera letteraria: *questa è la prima s.*; *abbiamo diverse stesure di quest'opera*.
stetoscopìa [comp. del gr. *stêthos* 'petto', e *-scopia*; 1940] **s. f.** ● (*med.*) Indagine mediante lo stetoscopio.
stetoscòpico [1940] **agg.** (pl. m. *-ci*) ● Della stetoscopia | Eseguito per mezzo dello stetoscopio: *esame s.*
stetoscòpio [comp. del gr. *stêthos* 'petto', e *-scopio*; 1829] **s. m.** ● (*med.*) Strumento a cannula di legno o metallo che viene applicato su una regione del corpo per percepire, amplificati, i suoni in essa prodotti. ➡ ILL. **medicina e chirurgia.**
stétti ● V. *stare*.
stévola ● V. *stegola*.
steward /s'tjuard, *ingl.* 'stjuəd/ [vc. ingl., propr. 'amministratore, dispensiere', dall'ant. ingl. *sti* 'recinto' e *weard* 'guardiano'; 1935] **s. m. inv.** ● Persona di sesso maschile impiegata a bordo degli aerei civili per fornire assistenza ai passeggeri | (*est.*) Chi svolge lo stesso incarico su altri mezzi di trasporto pubblico o privato, come navi, treni, autopullman.
stìa (1) [dal longob. *stiga* 'scala', per la sua forma; av. 1300] **s. f.** ● Grande gabbia in cui si tengono i polli e sim., per ingrassarli o per trasportarli. ‖ **stiàccia**, **pegg.**
stìa (2) ● V. *stare*.
stiàccia ● V. *schiaccia*.
stiacciàre ● V. *schiacciare*.
stiacciàta ● V. *schiacciata*.
stiacciàto [1550] **A part. pass.** di *stiacciare*; anche **agg.** ● V. *schiacciato*. **B s. m.** ● Nella scultura, rilievo a sporgenza minima e depressa che si attenua gradualmente dai primi agli ultimi piani, dando l'illusione della profondità con tecnica analoga alla pittura, tipico spec. delle predelle rinascimentali.
stiaccìno [di etim. incerta; 1957] **s. m.** ● Piccolo uccello dei Passeracei, migratore, che nidifica nei monti dell'Italia settentrionale (*Saxicola rubetra*).
stiàffo ● V. *schiaffo*.
stiància [etim. incerta; 1774] **s. f.** (pl. *-ce*) ● Pianta palustre delle Tifacee con rizoma strisciante e articolato e lunghe foglie lineari usate per lavori di intreccio (*Typha latifolia*). ➡ ILL. **piante**/10.
stiantàre e *deriv.* ● V. *schiantare* e *deriv.*
†stiàre [da *stia* (*1*); 1869] **v. tr.** ● Tenere nella stia.
stiattàre ● V. *schiattare*.
stiàvo ● V. *schiavo*.
stibìna [da *†stibio*, con *-ina*; 1885] **s. f.** **1** (*miner.*) Antimonite. **2** (*chim.*) Trisolfuro di antimonio usato come antiparassitario.
†stìbio [vc. dotta, dal lat. *stĭbiu(m)*, dal gr. *stíbi* 'antimonio', di orig. sem.; 1550] **s. m.** ● (*chim.*) Antimonio.
stibìsmo [da *†stibio*; 1960] **s. m.** ● (*med.*) Intossicazione cagionata dall'antimonio.
stibnìte [da *†stibio*, e (*antimo*)*nite*] **s. f.** ● (*miner.*) Solfuro di antimonio in cristalli prismatici o aciculari di colore grigio-piombo, facilmente fusibili. SIN. Antimonite; stibina.
stick /*ingl.* stɪk/ [vc. ingl., propr. 'bastone'; 1927] **s. m. inv.** ● Bastoncino, piccolo cilindro spec. di materiale cosmetico e igienico, gener. protetto da un involucro di plastica da cui può essere fatto sporgere mediante un dispositivo a vite o a scorrimento.
stìco [gr. *stíchos* 'linea, verso'] **s. m.** (pl. *-chi*) ● (*ling.*) In filologia, verso o rigo di scrittura.
stico-, -stico [dal gr. *stíchos* 'linea, verso'] primo o secondo elemento ● In parole composte della terminologia dotta significa 'rigo', 'verso': *sticomitia*, *distico*.
sticometrìa [comp. di *stico-* e *-metria*; 1940] **s. f.** ● Anticamente, divisione in versi.
sticòmetro [comp. di *stico-* e *-metro*; 1934] **s. m.** ● (*tipogr.*) Tipometro.
sticomitìa [vc. dotta, dal gr. *stichomythía*, comp. di *stíchos* 'verso' e *-mythía*, da *mythéisthai* 'dialogare'; 1940] **s. f.** ● Nella tragedia greca e latina, dialogo di poesia drammatica in cui ciascun interlocutore recita una battuta racchiusa in un solo verso.
stìdda [vc. sicil., propr. 'stella', come contrassegno della cosca, anche se il riferimento può essere secondario; 1992] **s. f.** ● Organizzazione minore della mafia, attiva inizialmente nella Sicilia Occidentale e diffusasi poi in altre regioni italiane,

fino ad acquisire la denominazione di 'mafia parallela'.

stiddàro [da *stidda* col suff. *-aro*; 1992] **s. m.** (f. *-a*) ● Chi appartiene alla stidda.

stidióne ● V. *schidione*.

stiepidìre o **stepidìre** [da *intiepidire*, con cambio di pref. (*s-*); 1873] **v. tr.** (*io stiepidìsco, tu stiepidìsci*) ● (*raro*) Riscaldare, intiepidire.

†**stièra** ● V. *schiera*.

stiètto o **stiétto** ● V. *schietto*.

stiffèlius o **stifèlius** [dal n. dell'opera verdiana *Stiffelio*, secondo la variante nella lingua di diffusione, il ted. (?); 1854] **s. m. inv.** ● Redingote.

†**stigàre** e *deriv.* ● V. *istigare* e *deriv.*

stìgio [vc. dotta, dal lat. *Stўgiu(m)*, dal gr. *Stýgios* 'dello Stige' ossia 'infernale'; 1336 ca.] **agg.** (**pl. f.** *-gie*) **1** Che si riferisce allo Stige, uno dei fiumi infernali della mitologia greco-romana: *la palude stigia*; *fino al labro sta nelle onde stigie / Tantalo* (POLIZIANO). **2** (*est., raro, lett.*) Nero, oscuro.

stigliàre [da *tiglio* 'fibra', con *s-*; 1768] **v. tr.** (*io stìglio*) ● Separare la parte legnosa dello stelo del lino e della canapa da quella fibrosa.

stìglio (**1**) [av. 1757] **s. m.** ● Strumento usato per stigliare.

stìglio (**2**) [lat. mediev. *usitīliu(m)*, dal classico *utensīlia*, propr. 'cose necessarie', nt. pl. di *utēnsilis* 'utile, necessario'. V. *utensili*; 1473] **s. m.** ● (*spec. al pl., dial.*) Mobili e arredi di un negozio, un magazzino, e sim.

stìgma o **stìmma** [vc. dotta, dal lat. *stĭgma* (nom. acc. nt.), dal gr. *stígma*, genit. *stígmatos* 'puntura, segno', da *stízein* 'marcare con un segno'; av. 1306] **s. m.** (**pl.** *-i*) **1** (*bot.*) Parte apicale espansa del pistillo, vischiosa o piumosa, sorretta o no dallo stilo. **2** (*zool.*) Ognuna delle piccole aperture ai lati del corpo degli Insetti per permettere l'entrata dell'aria nelle trachee. **3** Anticamente, marchio impresso sulla fronte di malfattori o schiavi. **4** (*fig., lett.*) Segno caratteristico, impronta: *ha sul viso lo s. del vizioso*.

stìgmate o (*raro*) **stìmate**, †**stìmite**, **stìmmate** [vc. dotta, dal lat. *stĭgmata* (nt. pl.), dal gr. *stígma*, genit. *stígmatos* 'puntura, marchio'. V. *stigma*; av. 1306] **s. f. pl.** **1** Segni, in forma di piaghe e ferite, prodotti dai chiodi alle mani e ai piedi di Gesù crocifisso e dalla lancia al suo costato | Impressione delle medesime piaghe sulle corrispondenti parti del corpo di santi e asceti | †***Aspettare le stimite***, †***fare le stimite***, alzare le braccia in atto di grande ammirazione o meraviglia. **2** Manifestazioni più comuni ed evidenti in una malattia: *s. isteriche*. **3** (*fig., lett.*) Segno caratteristico, marchio, impronta: *ciascuno con le stimate del suo peccato* (VERGA).

stigmàtico o **stimmàtico** [vc. scient. moderna, dal lat. *stĭgma*, genit. *stĭgmatis* 'stigma', di orig. gr.; 1906] **agg.** (**pl. m.** *-ci*) **1** (*bot.*) Che riguarda lo stigma. **2** (*fis.*) Detto di sistema ottico dotato di stigmatismo.

stigmatìsmo [1960] **s. m.** ● (*fis.*) Proprietà per cui, quando il fascio di raggi uscenti di un punto emergente da un sistema ottico passa per un altro punto, le immagini risultano nitide.

stigmatizzàre o **stimmatizzàre**, (*raro*) **stimatizzàre** [vc. dotta, dal gr. tardo *stigmatízein* 'marchiare, bollare', da *stígma*, genit. *stígmatos* 'marchio'. V. *stigma*; av. 1686] **v. tr.** **1** (*raro*) Imprimere le stigmate. **2** (*fig.*) Bollare con parole di forte biasimo, criticare vivamente: *s. le decisioni di qlcu.*

stigmatizzazióne [da *stigmatizzare*; 1960] **s. f.** **1** (*raro*) Impressione delle stigmate. **2** (*fig.*) Severa critica, energica condanna.

stigmòmetro [comp. del lat. *stĭgma* 'punto' e *-metro*; 1969] **s. m.** ● Dispositivo utilizzato per la messa a fuoco in alcune macchine fotografiche reflex; è basato sullo sdoppiamento di una porzione dell'immagine.

†**stìgnere** ● V. *stingere*.

***ilàre** [da *stilo*; av. 1770] **v. tr.** ● (*bur.*) Redigere, *na.*ere nella forma dovuta: *s. un documento, una zione* ...

stazionar... gr. *stŷlos* 'colonna', sul modello di *co-* Nelle università ● (*arch.*) Piedritto, intermedio la conservazione e ...ua.

mento manoscritti. *stílbein* 'splendere'; 1949] **s.**

♦**stazióne** [vc. dotta, d...lanza, definita come brilmata', da *stătus*, part. pani cm^2 della quale emette perpendicolarmente a sé stessa un fascio dell'intensità di una candela. **SIMB.** sb.

stilbìte [vc. dotta, dal gr. *stílbē* 'splendore', con *-ite* (*2*); 1819] **s. f.** ● (*miner.*) Zeolite in cristalli incolori o in masse a struttura fibroso-raggiata con lucentezza madreperlacea.

stilbo [vc. dotta, dal gr. *stilbós* 'lucido'. V. *stilb*] **s. m.** ● Insetto degli Imenotteri con addome rosso e torace verde brillante con riflessi dorati (*Stilbum splendidum*). **SIN.** Vespa d'oro.

♦**stile** o (*lett.*) **stilo** nel sign. 7 [lat. *stĭlu(m)* 'stilo', poi 'modo di scrivere', prob. di orig. indeur., affine a *stĭmulus* 'stimolo'; sec. XIII] **s. m.** **1** Complesso delle caratteristiche linguistiche e formali tipiche di un autore, di un genere o di una tendenza letteraria; (*gener.*) modo personale di scrivere: *s. originale, potente, elevato, accurato, elegante, ampolloso, prolisso, rozzo, dimesso, sciatto, fiacco*; *s. tragico, comico, elegiaco, eroico, serio, giocoso, burlesco, teatrale, epico, oratorio*; *lo s. di Omero, di Dante*; *innalzare lo s.*; *elevatezza, eleganza, di s.* | (*est.*) Modo particolare di esprimersi musicalmente, caratteristico di un musicista o di una scuola: *lo s. di Verdi*; *lo s. rappresentativo del Seicento* | In pittura, architettura, e gener. in ogni espressione artistica insieme degli elementi e delle forme caratteristiche di un autore, una scuola, un'epoca: *s. raffaellesco*; *lo s. di Donatello*; *s. bizantino, romanico, gotico*; *lo stile di F. Fellini*; *lo s. del neorealismo* | ***S. di un mobile***, insieme delle caratteristiche formali e artistiche con riferimento all'epoca in cui vennero di moda e ai personaggi che le imposero o idearono: *mobile s. Luigi XV, di s. neoclassico* | ***Mobile in s.***, mobile di esecuzione moderna a imitazione di stili precedenti | ***S. floreale***, V. *floreale*. **2** Modo di computare il tempo, spec. l'inizio dell'anno: *s. romano, gregoriano* | ***Vecchio s.***, usato prima della riforma gregoriana | ***Nuovo s.***, usato dopo la riforma gregoriana | ***S. dell'Incarnazione***, il far cominciare l'anno il 25 marzo, giorno dell'Annunciazione | ***S. della Natività***, il far cominciare l'anno il 25 dicembre, giorno di Natale. **3** Modo abituale di essere, di comportarsi, di agire: *lo s. solito*; *avere un proprio s.*; *cambiare s.*; *è nel suo s. non salutare mai*; *uno s. personale, impeccabile* | (*assol.*) Correttezza, distinzione, signorilità, nel comportarsi e nell'agire: *una donna di s.*; *quella donna ha molto s.*; *vestire con s.* **4** Modo di esecuzione di un esercizio o di un'attività sportiva | ***S. libero***, nel nuoto, crawl, freestyle. **5** Foggia di vestito o di accessorio di moda: *mantello di s. inglese*; *eleganza di s. americano*; *pantaloni da sci di s. norvegese*. **6** Nella loc. ***in grande s.***, di grandi proporzioni, con larghezza di mezzi: *un'avanzata in grande s.*; *è stata una festa in grande s.* **7** Stiletto. || **stilàccio**, **pegg.**

stilè o **stilé** [adattamento grafico del fr. *stylé*, da *style* 'stile'; 1908] **agg.** ● Impeccabile, elegante, spec. nel vestiario e nel comportamento.

stilèma [da *stile* col suff. *-ema*, sul modello di *fonema*; 1958] **s. m.** (**pl.** *-i*) **1** (*ling.*) Elemento di stile considerato come unità funzionale. **2** Frase, costrutto, procedimento stilistico, tipico di un autore, una scuola, un periodo.

stilettàre [da *stiletto*; 1669] **v. tr.** (*io stilétto*) ● (*raro*) Colpire, ferire, con uno stiletto.

stilettàta [1609] **s. f.** **1** Colpo di stiletto. **2** (*est.*) Dolore acuto e intenso (*anche fig.*): *sentire una s. al cuore*; *la rivelazione fu per lei una s. al cuore*.

stilétto [dim. di *stilo*; 1416] **s. m.** ● Specie di pugnale, con ferro a sezione quadra o triangolare, molto aguzzo.

stilifórme [comp. di *stilo* e *-forme*; av. 1730] **agg.** ● A forma di stilo, sottile come uno stilo.

stilìsmo [1925] **s. m.** **1** Culto dello stile. **2** Raffinatezza, virtuosismo, di stile. **3** Spec. nel settore della moda, sperimentazione di nuove idee, di nuovi stili.

stilista (**1**) [da *stile*, con *-ista*; 1870] **s. m. e f.** (**pl. m.** *-i*) ● Chi cura molto la correttezza e l'eleganza dello stile, spec. nello scrivere.

stilista (**2**) [calco dall'ingl. *stylist*; 1965] **s. m. e f.** (**pl. m.** *-i*) ● Chi progetta la linea estetica dei modelli per una serie di prodotti industriali: *un noto s. dell'alta moda italiana*; *una s. d'arredamento*.

stilistica [f. sost. di *stilistico*, con influsso del ted. *stilistik*; 1855] **s. f.** ● Studio dei procedimenti e degli effetti di stile caratteristici di un genere letterario | Studio degli stilemi di una data epoca o di un dato autore.

stilìstico [da *stilista*; 1883] **agg.** (**pl. m.** *-ci*) ● Dello stile, che si riferisce allo stile. || **stilisticaménte**, **avv.** Dal punto di vista stilistico.

stilita o **stilìte** [vc. dotta, dal gr. tardo (eccl.) *stylítes*, da *stŷlos* 'colonna'; av. 1484] **s. m.** (**pl.** *-i*) ● Nella Chiesa orientale, santo anacoreta che praticava la pubblica penitenza passando la vita sopra una colonna.

stilizzàre [da *stile*; 1897] **v. tr.** ● Rappresentare nelle linee essenziali, interpretate secondo uno stile uniforme e atto a dar loro rilievo.

stilizzàto [av. 1916] **part. pass.** di *stilizzare*; anche **agg.** ● Rappresentato negli elementi essenziali o interpretato secondo un dato stile.

stilizzazióne [1897] **s. f.** ● Lo stilizzare, il venire stilizzato | Il modo di essere stilizzato.

stilla [vc. dotta, dal lat. *stĭlla(m)*, di prob. orig. mediterr.; 1321] **s. f.** **1** (*lett.*) Goccia, piccola goccia: *una s. d'acqua, di sangue, di sudore* | ***A s. a s.***, goccia a goccia. **2** (*fig., poet.*) Parte, quantità, minima.

stillaménto [dal lat. tardo *stillamĕntu(m)*, da *stillāre* 'stillare'; av. 1406] **s. m.** ● (*raro*) Lo stillare.

stillànte [av. 1374] **part. pres.** di *stillare*; anche **agg.** **1** Nei sign. del v. **2** (*lett.*) Gocciolante: *le chiome dell'azzurra onda stillanti* (FOSCOLO).

stillàre [dal lat. *stillāre*, da *stĭlla* 'stilla'. V. *instillare*; sec. XIII] **A v. tr.** **1** Mandare fuori a stille: *i favi stillano miele*; *la ferita stilla sangue*. **2** (*raro*) Distillare, filtrare | (*fig., fam.*) ***Stillarsi il cervello***, lambiccarsi il cervello. **3** (*raro, lett.*) Infondere, instillare | †***S. qlco. negli orecchi a qlcu.***, suggerirgliela. **B v. intr.** (aus. *essere* nel sign. 1, *avere* nel sign. 2) **1** Gocciolare, uscire a stille: *il miele stilla dai favi*; *dalla ferita stilla sangue*. **2** (*raro, fig.*) Arzigogolare: *ha stillato tutto il giorno su questa faccenda*. **C v. intr. pron.** ● (*raro*) Ingegnarsi, lambiccarsi il cervello: *stillarsi per trovare una via d'uscita*.

stillatìzio [vc. dotta, dal lat. *stillatīciu(m)* 'stillante', da *stillātus* 'stillato'; av. 1498] **agg.** ● (*raro, lett.*) Che scende stillando.

stillàto [av. 1348] **A part. pass.** di *stillare*; anche **agg.** ● Nei sign. del v. **B s. m.** ● (*disus., lett.*) Brodo ristretto, concentrato.

stillazióne [vc. dotta, dal lat. tardo *stillatiōne(m)* 'il cadere goccia a goccia', da *stillātus* 'stillato'. V. *distillazione*; sec. XIV] **s. f.** **1** (*raro*) Il fatto di cadere a goccia a goccia. **2** Distillazione.

stilliberista [da *stil(e) libero*, con *-ista*; 1960] **s. m. e f.** (**pl. m.** *-i*) ● Nel nuoto, chi disputa le gare di stile libero.

stillicìdio [vc. dotta, dal lat. *stillicĭdiu(m)*, comp. di *stĭlla* 'stilla' e *-cĭdium*, da *cădere* 'cadere'; av. 1342] **s. m.** **1** Caduta dell'acqua goccia a goccia: *lo s. di una grondaia*. **2** (*fig.*) Ripetizione continua e fastidiosa di qlco.: *uno s. di richieste, di contrattempi*.

stillo [da *stillare*; sec. XVI] **s. m.** **1** (*tosc.*) Vaso per distillare, alambicco. **2** (*fig., tosc.*) Lambiccatura, sottigliezza, astruseria. **3** (*raro*) In alcuni giochi di carte, la carta di maggior presa, come l'asso, il due, il tre.

stilnovìsmo [da *stil novo*, con *-ismo*; 1942] **s. m.** **1** Stilnovo. **2** Modo di poetare caratteristico degli stilnovisti.

stilnovista [1942] **A s. m.** (**pl.** *-i*) ● Poeta dello stilnovo. **B agg.** ● Stilnovistico.

stilnovistico [1942] **agg.** (**pl. m.** *-ci*) ● Dello stilnovo | Degli stilnovisti. || **stilnovisticaménte**, **avv.**

stilnòvo o **stil nòvo** [comp. di *stil(e)* e *n(u)ovo*, ma attrav. l'espressione (*dolce*) *stil novo* impiegata da Dante nel canto XXIV del Purgatorio; 1319] **s. m.** solo **sing.** ● Stile poetico comune ad alcuni autori italiani del XIII e XIV sec., tra cui Dante, caratterizzato da uno squisito impegno formale e da una tematica amorosa sensibile allo psicologismo cortese e all'idealizzazione della donna come fonte di elevazione morale.

stilo (**1**) o (*raro*) **stile**, nei sign. 1, 2, 3 [dal lat. *stĭlu(m)*, di etim. incerta; 1294] **s. m.** **1** Presso gli antichi, strumento in metallo od osso, con un'estremità appuntita per scrivere sulle tavolette cerate, l'altra estremità allargata, per cancellare la scrittura stendendo la cera. **2** Braccio graduato della stadera | Ago, indice di bilancia | Nel giradischi, asta mobile che regge una puntina di diamante. *3* Stiletto. *4* (*bot.*) Parte del pistillo che si eleva dall'ovario e sorregge lo stigma. *5* (*zool.*) Appendice, spina, o sim. di taluni insetti. *6* Denominazione di un tipo standard di pila da 1,5 V. || **stilètto**, dim. (V.).

stilo (2) [1965] s. f. inv. ● Accorc. di *stilografica*.

stilo-, -stilo [gr. *stylo-*, da *stŷlos* 'colonna' (prob. d'orig. indeur.)] primo e secondo elemento ● In parole composte, significa 'colonna' o 'aspetto simile a colonna': *stiloforo*; *astilo*, *polistilo*.

stilòbate [vc. dotta, dal lat. *stylŏbate(m)*, dal gr. *stylobátēs* 'piedistallo', comp. di *stŷlos* 'colonna' e *-bátēs*, da *báinein* 'andare'; av. 1452] s. m. *1* (*arch.*) Negli edifici dell'antica Grecia, base della colonna. *2* (*arch.*) Zoccolo, basamento comune a gradinate di un edificio, nell'antica Grecia. SIN. Crepidine. ➡ ILL. p. 2116, 2117 ARCHITETTURA.

stilòforo [comp. di *stilo-*, dal gr. *stŷlos* 'colonna', e *-foro*; 1940] **A** agg. ● (*arch.*) Detto di animale marmoreo, gener. un leone, portante una colonna, usato, per es., in alcuni protiri dell'architettura romanica. **B** s. m. *1* Animale stiloforo. *2* Accessorio da scrivania, consistente in una base che regge un piccolo sostegno cavo atto a contenere una penna.

stilogràfica [abbr. di (*penna*) *stilografica*, sul modello dell'ingl. *stylographic pen*; 1911] s. f. ● Penna stilografica.

stilogràfico [comp. di *stilo* e *-grafico*; 1910] agg. (pl. m. *-ci*) ● Detto di un tipo di penna dotato di un serbatoio contenente inchiostro che alimenta un pennino di metallo inossidabile, oro o sim.: *penna stilografica* | ***Inchiostro s.***, quello adatto a tale tipo di penna.

stilòide [vc. dotta, gr. *styloeidḗs* 'simile (*-oidḗs*) a colonna (*stŷlos*)'; av. 1673] agg. ● (*anat.*) Detto di struttura ossea conformata come uno stilo.

stiloiodèo [comp. di (*ipofisi*) *stil(oide)* e *ioideo*; 1840] agg. ● (*anat.*) Relativo al processo stiloide del temporale e all'osso ioide: *legamento s.*

stilosfèra [abbr. di (*penna*) *stilo*(*grafica a*) *sfera*] s. f. ● (*raro*) Penna stilografica a inchiostro liquido e punta scrivente simile a quella delle penne a sfera.

stima o †**estima** [da *stimare*; av. 1294] s. f. *1* Valutazione, assegnazione di un prezzo a un bene o un servizio: *fare la s. di una casa, di un oggetto di antiquariato* | Prezzo assegnato in base a tali operazioni: *s. alta, bassa* | Cosa su cui si è fatta la stima | (*raro*) ***Stime vive***, bestiame del podere. SIN. Scorte vive | ***Stime morte***, letame, paglia, foraggi, macchine, attrezzi, ecc. SIN. Scorte morte | (*raro*) ***Fare s. di***, fare conto di | †***Senza s.***, in modo incalcolabile. *2* Determinazione di valori incogniti, non certi ma deterministici, con valutazioni soggettive: *il reddito d'impresa è un valore di s.* *3* (*mar.*) Calcolo per determinare la posizione della nave in base alle rotte seguite e alle velocità tenute. *4* Opinione buona, favorevole, delle qualità, dei meriti, dell'operato e sim. altrui: *avere s. di qlcu.*; *avere poca, molta, nessuna s. di qlcu.*; *godere la s. di tutti*; *essere degno di s.*; *avere qlcu. in grande s.*; *crescere nella s. di qlcu.*; *ricevere una manifestazione di s.* | ***Successo di s.***, quello di un'opera, spec. teatrale, dovuto più al buon nome dell'autore che non al merito intrinseco dell'opera stessa. SIN. Considerazione, credito. CONTR. Disistima.

stimàbile [vc. dotta, dal lat. *aestimābile(m)*, da *aestimāre* 'stimare'; av. 1294] agg. *1* Che si può stimare. *2* Che è degno di stima.

stimabilità o †**estimabilità** [av. 1704] s. f. ● (*raro*) Condizione di chi (o di ciò che) è stimabile.

†**stimagióne** ● V. *estimazione*.

♦**stimàre** o (*lett.*) **estimàre** [lat. *aestimāre*, da *āes*, genit. *āeris* 'bronzo, cosa preziosa'; sec. XII] **A** v. tr. *1* Valutare, determinare il prezzo, il valore: *s. un podere, un gioiello.* *2* Reputare, giudicare, credere: *tutti lo stimano fortunato*; *lo stimano un grande attore*; *quella beltade / Ch'egli stimava … più che umana* (BOIARDO) | †***Se bene stimo***, se giudico bene, se la mia opinione è giusta | (*lett.*) Calcolare, far conto: *la salute di chi al mondo vive consiste nella quiete et … nel s. niente le cose del mondo* (VASARI). *3* Avere buona opinione, grande considerazione di qlcu.: *tutti lo stimano*; *è un uomo stimato da tutti*. CONTR. Disistimare. **B** v. rifl. *1* Giudicarsi, ritenersi: *puoi stimarti fortunato.* *2* (*dial.*) Essere orgoglioso, superbo di qlco.

stimate ● V. *stigmate*.

stimativa ● V. *estimativa*.

†**stimativo** ● V. *estimativo*.

stimatizzàre e *deriv.* ● V. *stigmatizzare* e *deriv.*

stimàto [1388] part. pass. di *stimare*; anche agg. *1* Determinato per mezzo di una stima: *valore s.* *2* Che gode di alta considerazione: *un professionista molto s.* *3* Detto di misurazione ottenuta mediante stima: *punto s. di navigazione.*

stimatóre o **estimatóre** [lat. *aestimatōre(m)*, da *aestimātus* 'stimato'; 1293] s. m. (f. *-trice*) *1* Chi, spec. per professione, giudica il valore o il prezzo di qlco.: *uno s. di oggetti d'arte.* *2* V. *estimatore*.

stimazióne ● V. *estimazione*.

†**stìmite** ● V. *stigmate*.

stìmma ● V. *stigma*.

stìmmate ● V. *stigmate*.

stimmàtico ● V. *stigmatico*.

stimmatizzàre ● V. *stigmatizzare*.

Stimmung /ted. 'ʃtɪmʊŋ/ [vc. ted., propr. 'tendenza, stato d'animo', in orig. 'accordatura, intonazione', dal v. *stimmen* 'accordare, predisporre'; 1957] s. f. inv. (pl. ted. *Stimmungen*) ● Nel linguaggio della critica letteraria e filosofica, atmosfera, clima di un'epoca, di un'ambiente | (*est.*) Stato d'animo, umore individuale.

†**stìmo** (1) [av. 1294] s. m. ● Stima.

†**stìmo** (2) ● V. *estimo* (*1*).

stimolànte [av. 1758] **A** part. pres. di *stimolare*; anche agg. *1* Che stimola, che sprona: *un esempio s.* | Che suscita interesse: *una lettura, una conferenza s.* *2* (*med.*) Che eccita una determinata funzione: *sostanza, farmaco, medicinale, s.* SIN. Eccitante. **B** s. m. ● Sostanza, farmaco stimolante.

stimolàre [vc. dotta, dal lat. *stimulāre*, da *stĭmulus* 'stimolo'; sec. XIII] v. tr. (*io stìmolo*) *1* (*disus.*, *lett.*) Pungere con lo stimolo: *s. i buoi* | (*est.*) Pungere, tormentare: *vespe che stimolano.* *2* (*fig.*) Incitare, spronare, esortare: *s. qlcu. a studiare*; *s. qlcu. con le lusinghe*; *l'ambizione lo stimola ad agire.* *3* Eccitare una determinata reazione: *s. l'appetito* | Rendere più vivace, più attivo: *uno spettacolo che stimola l'intelligenza.*

stimolativo [av. 1698] agg. ● (*raro*) Che stimola | Atto a stimolare.

stimolatóre [dal lat. tardo *stimulatōre(m)*, da *stimulātus* 'stimolato'; sec. XIII] **A** s. m.; anche agg. (f. *-trice*) ● Chi (o Che) stimola: *azione stimolatrice.* **B** s. m. ● ***S. cardiaco interno***, pacemaker.

stimolazióne [vc. dotta, dal lat. *stimulatiōne(m)*, da *stimulātus* 'stimolato'; av. 1406] s. f. ● Lo stimolare: *la s. di un nervo*; *s. della retina.*

stìmolo o †**stìmulo** [vc. dotta, dal lat. *stĭmulu(m)*, propr. 'cosa puntuta', di orig. indeur.; av. 1292] s. m. *1* (*disus.*) Pungolo per i buoi. *2* (*fig.*) Incentivo, incitamento: *senza uno s. non agisce*; *ha bisogno di uno s.*; *agire sotto lo s.*, *sotto gli stimoli, dell'ira.* *3* Bisogno di soddisfare una necessità fisiologica: *sentire lo s. della fame, dei sensi.* *4* Fattore capace di provocare una reazione organica: *s. secretore*; *s. nervoso.* *5* (*psicol.*) ***S. condizionato***, quello che mediante condizionamento acquista la proprietà di provocare una data risposta, di cui era originariamente incapace. *6* †Angoscia, tormento | †Molestia.

†**stimolóso** [dal lat. tardo *stimulōsu(m)* 'stimolante', da *stĭmulus* 'stimolo'; 1336 ca.] agg. ● Pieno di stimoli.

†**stìmulo** ● V. *stimolo*.

stincàta [av. 1535] s. f. ● Colpo battuto con lo stinco. || **stincatàccia**, pegg. | **stincatina**, dim.

stincatura [av. 1767] s. f. ● Percossa ricevuta nello stinco | Segno lasciato da una stincata.

stinco [dal longob. *skinkan*. V. ted. *Schinken* 'prosciutto'; sec. XIII] s. m. (pl. *-chi*) *1* Comunemente, corpo della tibia caratterizzato da un margine anteriore spigoloso | ***Allungare gli stinchi***, (*fig.*, *disus.*) morire, tirare le cuoia | ***Rompere gli stinchi a qlcu.***, importunarlo | ***Non essere uno s. di santo***, (*scherz.*) essere tutt'altro che un galantuomo, comportarsi in modo non conforme alla morale (con riferimento alle reliquie di santi negli ossari). *2* (*zool.*) Parte dell'arto fra il ginocchio e il nodello, nei quadrupedi.

†**stinènzia** ● V. *astinenza*.

stìngere o †**stignere** [da *tingere*, con *s-*; sec. XIII] **A** v. tr. (coniug. come *tingere*) ● Togliere la tinta, il colore: *il sole stinge i colori vivaci.* **B** v. intr. e intr. pron. (aus. *essere*, raro *avere*) ● Perdere la tinta, il colore: *è una stoffa che stinge*; *il tappeto si è stinto.*

stìngersi [lat. *stĭnguere* 'spegnere', di orig. indeur.] v. intr. pron. (pres. *io mi stìngo, tu ti stìngi*; pass. rem. *io mi stìnsi, tu ti stingésti*; part. pass. *stìnto*) ● (*raro*, *poet.*) Affievolirsi, estinguersi.

†**stinguere** [variante ant. di *estinguere*, dal lat. *stĭnguere* (V. *stingersi*); av. 1250] v. tr. ● (*lett.*) Estinguere.

stìnsi ● V. *stingere*.

stintignàre [da *stentare*; av. 1850] v. intr. (aus. *avere*) ● (*fam.*) Fare qlco. in modo fiacco, svogliato, indeciso.

stìnto (1) [1319] part. pass. di *stingere*; anche agg. ● Che ha perso la tinta, il colore: *abito s.*

stìnto (2) part. pass. di *stingersi* ● Nel sign. del v.

†**stìnto** (3) [1319] part. pass. di †*stinguere*; anche agg. ● Nel sign. del v.

stiòppo ● V. *schioppo*.

stiòro [variante region. di *staiuolo*, dim. di *staio*; sec. XIII] s. m. (pl. *stiòra*, f.) ● Antica misura toscana di superficie con valore variabile da luogo a luogo e generalmente compreso fra 500 e 600 m^2.

stìpa (1) [lat. *stīpa(m)* 'paglia'; sec. XIII] s. f. *1* (*disus.* o *raro*) Insieme di sterpi, rami secchi, e sim. usati per accendere il fuoco. *2* †Catasta di legna.

stìpa (2) [da *stipa* (*1*); av. 1512] s. f. ● (*bot.*) Genere di Graminacee spontanee comprendente più di cento specie tropicali e subtropicali | ***S. tenacissima***, alfa (2).

stìpa (3) [da *stipare* (*2*); 1313] s. f. ● (*raro*, *lett.*) Mucchio di cose stipate insieme.

stipàre (1) [da *stipa* (*1*), con *s-*; av. 1292] v. tr. *1* Pulire i boschi dalla stipa, nel sign. di *stipa* (*1*). *2* †Circondare di stipa.

stipàre (2) [lat. *stipāre*, di orig. indeur.; 1313] **A** v. tr. *1* Ammassare persone o cose in uno spazio assai limitato. *2* (*fig.*, *lett.*) Addensare, condensare. **B** v. intr. pron. ● Accalcarsi, pigiarsi: *ci stipammo nel piccolo teatro.*

stipàto [av. 1292] part. pass. di *stipare* (*2*); anche agg. ● Ammassato in uno spazio ristretto: *vestiti stipati in un mobile* | Molto affollato: *un teatro s. di spettatori.*

stipatùra [da *stipare* (*1*); av. 1811] s. f. ● Asportazione della vegetazione di erbe, cespugli e talora arbusti ricoprente il terreno rimasto nudo dopo il taglio del ceduo.

stìpe [vc. dotta, dal v. lat. *stipāre* 'accatastare'; av. 1564] s. f. ● (*archeol.*) Insieme di oggetti votivi offerti a una divinità e ritrovati in fosse o depositi ubicati in aree sacre | Il deposito o la fossa stessi.

stipendiàre [dal lat. tardo *stipendiāri* 'servire a stipendio', da *stipĕndium* 'stipendio'; 1598] v. tr. (*io stipèndio*) ● Assumere al proprio servizio | Retribuire con uno stipendio.

†**stipendiàrio** [vc. dotta, dal lat. *stipendiāriu(m)* 'tributario' e 'mercenario', da *stipĕndium* 'stipendio'; av. 1400] s. m. *1* Mercenario | Stipendiato. *2* Tributario.

stipendiàto [1499] **A** part. pass. di *stipendiare*; anche agg. ● Nei sign. del v. **B** s. m. (f. *-a*) ● Chi percepisce uno stipendio.

♦**stipèndio** [vc. dotta, dal lat. *stipĕndiu(m)*, propr. 'contribuzione in denaro', comp. di *stĭps*, genit. *stĭpis* 'moneta, offerta' e *-pĕndium*, da *pĕndere* 'pagare'; 1306] s. m. *1* Retribuzione del lavoro subordinato degli impiegati: *s. magro, lauto*; *ritirare lo s.*; *avere un aumento di s.*; *essere sospeso dello s.* *2* Anticamente, paga, soldo, per servizio militare | Retribuzione corrisposta ai mercenari | (*disus.*, *lett.*) ***Essere, stare, allo s., agli stipendi, di qlcu.***, al servizio di qlcu. || **stipendiétto**, dim. | **stipendióne**, accr. | **stipendiùccio**, dim.

stipéto [da *stipa* (*1*); 1891] s. m. ● (*raro*) Terreno coperto di stipa.

stipettàio [da *stipetto*; 1772] s. m. (f. *-a*) ● Artigiano specializzato nella fabbricazione di stipi.

stipetterìa [da *stipetto*; 1960] s. f. ● Fabbricazione di stipi.

stipètto [1623] s. m. *1* Dim. di *stipo*. *2* (*mar.*) Armadietto di bordo. || **stipettino**, dim.

stìpite o †**stìpito** [vc. dotta, dal lat. *stīpite(m)* 'fusto, palo', connesso con *stipāre* 'stipare (2)'; av. 1306] **A** s. m. *1* (*bot.*) Fusto delle palme. *2* Gambo dei funghi. *3* Elemento architettonico verticale che limita lateralmente un vano di porta, di finestra e sim. *4* (*fig.*, *raro*) Colui da cui discendono due o più persone legate fra loro da un vincolo di parentela. *5* (*ling.*) Origine comune. **B** agg. ● (*biol.*) Nella loc. ***cellula s.***, generatrice di una serie di altre cellule.

stipo [da *stipare* (*2*); 1618] s. m. ● Mobiletto di solito in legno pregiato e artisticamente decorato diffusosi nel XVI secolo per conservare oggetti di valore, documenti e sim. ‖ **stipètto**, dim. (V.).

stipola [vc. dotta, dal lat. *stĭpula*(*m*), connesso forse con *stipāre* 'stipare (2)'. V. *stoppia*; 1806] s. f. ● (*bot.*) Espansione di aspetto fogliaceo posta all'inserzione del picciuolo.

stipolàre ● V. *stipulare*.

stipolàto [da *stipola*; 1840] agg. ● (*bot.*) Detto di foglia fornita di stipola.

stìpsi [vc. dotta, dal lat. tardo *stȳpsi*(*m*), dal gr. *stýpsis* 'astringenza', da *stýphein* 'restringere', di orig. indeur. V. *stipare* (*2*); 1829] s. f. inv. ● (*med.*) Ritardo o insufficienza dell'evacuazione delle feci dall'intestino crasso. SIN. Stitichezza.

stìpula (**1**) [variante ant. di *stipola* (V.); av. 1342] s. f. *1* (*raro*) Stipola. *2* (*raro*, *lett.*) Stoppia.

stìpula (**2**) [da *stipulare*; 1743] s. f. ● Stipulazione: *la s. di un contratto*.

stipulànte [1313] **A** part. pres. di *stipulare*; anche agg. ● Nel sign. del v. **B** s. m. e f. ● Nel diritto romano, il soggetto della stipulazione a favore del quale sorgeva il diritto di credito.

stipulàre o (*raro*) **stipolàre** [vc. dotta, dal lat. tardo *stipulāre*, variante del classico *stipulāri* 'esigere un impegno formale', da *stĭpula* 'paglia', perché si contraeva l'obbligo spezzando una pagliuzza; 1357] v. tr. (*io stìpulo*) ● Redigere una convenzione per iscritto: *s. un contratto di vendita*.

stipulazióne [vc. dotta, dal lat. *stipulatiōne*(*m*), da *stipulātus* 'stipulato'; sec. XIII] s. f. ● (*dir.*) Nell'antica Roma, forma solenne, verbale, utilizzata per costituire un'obbligazione | Qualunque convenzione scritta nell'osservanza delle forme di legge | (*comm.*) Conclusione di un atto con l'assistenza di un notaio.

stiracalzóni [comp. di *stira*(*re*) e il pl. di *calzone*; 1905] s. m. inv. ● Pressa di legno per dare o mantenere la piega ai calzoni.

†**stiracchiàbile** [av. 1712] agg. ● Che si può stiracchiare.

stiracchiaménto [1539] s. m. ● Lo stiracchiare, lo stiracchiarsi (*anche fig.*).

stiracchiàre [da *stirare*, con suff. iter.-pegg.; 1498] **A** v. tr. (*io stiràcchio*) *1* (*raro*) Tirare facendo forza, per distendere, allargare e sim.: *s. le gambe*; *stiracchiava il labbro inferiore e stava ad aspettare che la lacrima gli colasse giù* (PIRANDELLO). *2* (*fig.*, *fam.*) Cercare di risparmiare il più possibile (*anche assol.*): *per vivere devono s.* | ***S. la vita***, campare stentatamente. **B** v. tr. e intr. (aus. *avere*) *1* (*fam.*) Mercanteggiare: *s. un prezzo*, *su un prezzo*; *comprare senza s.* *2* (*fam.*) Interpretare cavillando, forzare il significato di qlco.: *s. il* (*o sul*) *significato di una frase*. **C** v. rifl. ● Distendere, allungare, le membra: *smettila di stiracchiarti in pubblico*.

stiracchiàto [1551] part. pass. di *stiracchiare*; anche agg. *1* Nei sign. del v. *2* (*fig.*) Sforzato, stentato: *discorso s.*; *interpretazione stiracchiata*. ‖ **stiracchiataménte**, avv. In modo stiracchiato, stentato.

stiracchiatùra [av. 1594] s. f. *1* (*raro*) Stiracchiamento. *2* (*fig.*) Interpretazione forzata, espressione stentata: *questo racconto è tutto una s.*

stiràggio s. m. ● Stiramento | (*tecnol.*) ***S. del vetro***, il procedimento per produrre lastre, fili, bacchette, lana di vetro, a partire da una massa di vetro portata al giusto grado di viscosità mediante riscaldamento.

stiramàniche [comp. di *stira*(*re*) e il pl. di *manica*; 1960] s. m. inv. ● Attrezzo in legno per stirare le maniche senza comprimerle, formato da due tavolette distanziate e sovrapposte, unite da un lato, di cui la superiore, nella quale va infilata la manica, è arrotondata all'estremità libera.

stiraménto [1553] s. m. *1* Lo stirare, lo stirarsi: *s. di fibre tessili*; CFR. Stiratura. *2* (*med.*) Lesione dei legamenti di un'articolazione per allontanamento dei capi articolari. *3* (*mecc.*) Avaria della dentatura degli ingranaggi consistente nella formazione di un solco sui denti conduttori e di una cresta su quelli condotti, dovuta a una lubrificazione insufficiente o non appropriata. *4* (*tecnol.*) Stiro.

stirapantalóni [comp. di *stira*(*re*) e del pl. di *pantalone*; 1987] s. m. inv. ● Stiracalzoni.

♦**stiràre** [da *tirare*, con *s-*; sec. XIV] **A** v. tr. *1* Distendere tirando: *s. una coperta*. *2* Togliere le pieghe col ferro caldo (*anche assol.*): *s. la biancheria*, *i panni*; *la domestica stira*; *ferro per s.* | ***S. i capelli***, renderli lisci con apposita piastra calda. *3* (*tecnol.*) Stendere su una superficie più ampia, detto spec. della massa del vetro nel procedimento dello stiraggio. **B** v. rifl. ● (*fam.*) Distendere le membra intorpidite. **C** v. intr. pron. ● Essere vittima di uno stiramento muscolare o tendineo.

stiràta [1823] s. f. ● Lo stirare in una volta e in fretta. ‖ **stiratina**, dim.

stiràto [sec. XIV] part. pass. di *stirare*; anche agg. *1* Nei sign. del v. *2* (*tecnol.*) Che è stato sottoposto a stiro: *film di materia plastica s.*

stiratóio [da *stirare*; av. 1859] s. m. *1* (*tess.*) Macchina tessile impiegata spec. nella lavorazione del cotone e del raion, avente lo scopo di disporre parallelamente le fibre e regolarizzare il nastro che esce dalle corde. *2* Panno di lana coperto di tela, sul quale si stira.

stiratóre [da *stirare*; 1858] s. m. *1* (f. *-trice* (V.), pop. disus. *-tora*) Operaio addetto a operazioni di stiramento o di stiratura. *2* (*dial.*) Tavolo per disegnatori.

stiratorìa [da *stirare*; 1939] s. f. ● (*tosc.*) Stireria.

stiratrìce [f. di *stiratore*; 1839] s. f. *1* Donna che per mestiere stira la biancheria. *2* Macchina automatica per stirare. *3* (*tess.*) Stiratoio.

stiratùra [av. 1566] s. f. *1* Operazione dello stirare la biancheria. *2* (*raro*) Stiramento, di muscoli. *3* (*tecnol.*) Stiro.

stirène [vc. scient. moderna, dal gr. *stýrax*, genit. *stýrakos* 'storace', con *-ene*; 1933] s. m. ● (*chim.*) Derivato fenilico dell'etilene contenuto nello storace, impiegato nella fabbricazione di resine e della gomma sintetica. SIN. Stirolo.

stirènico agg. (pl. m. *-ci*) ● (*chim.*) Detto di sostanza derivata o a base di stirene.

stirerìa [da *stirare*; 1891] s. f. ● Laboratorio attrezzato per la stiratura a pagamento di indumenti e biancheria | Locale ove si stirano indumenti e biancheria, in grandi comunità, quali collegi, alberghi, ospedali, o in dimore signorili.

stirizzìre [calco su *intirizzire*, con cambio di pref. (*s-*); av. 1921] v. tr. e rifl. (*io stirizzìsco*, *tu stirizzìsci*) ● Togliere l'intirizzimento: *stirizzirsi le membra*; *cerca di stirizzirti*. CONTR. Intirizzire.

stìro [da *stirare*; 1898] s. m. *1* Operazione dello stirare la biancheria, spec. nella loc. ***da s.***: *ferro*, *asse*, *tavolo*, *da s.* | ***Pressa da s.***, usata nelle stirerie per la stiratura a vapore. *2* (*tecnol.*) Operazione che si compie sulle fibre e sui film di determinate materie plastiche, consistente nel sottoporre a trazione le prime lungo l'asse e i secondi lungo una direzione o due direzioni ortogonali, e che ha lo scopo di determinare un allungamento permanente del materiale con un conseguente assottigliamento.

stiròlo [dal gr. *stýrax*, genit. *stýrakos* 'storace', con *-olo* (*1*). V. *storace*; 1875] s. m. ● (*chim.*) Stirene.

stirpàre ● V. *estirpare*.

stìrpe [vc. dotta, dal lat. *stĭrpe*(*m*) 'ceppo, radice', di orig. mediterr.; 1308] s. f. *1* Schiatta, origine di una famiglia: *essere di antica*, *di nobile*, *s.*; *s. reale*. SIN. Casata, famiglia, lignaggio. *2* (*dir.*) Complesso di persone che formano la discendenza immediata del defunto: *successione per stirpi*. SIN. Discendenza, generazione, progenie.

†**stirpéto** ● V. *sterpeto*.

stitichería [av. 1587] s. f. ● (*fam.*) Caratteristica di chi è stitico (*spec. fig.*).

stitichézza [da *stitico*; 1340 ca.] s. f. ● (*pop.*) Stipsi.

†**stiticità** [da *stitico*; av. 1346] s. f. ● Caratteristica di ciò che è astringente, aspro.

stìtico [vc. dotta, dal lat. tardo *stȳpticu*(*m*), dal gr. *styptikós* 'astringente', da *stýpsis* 'stipsi'; av. 1292] **A** agg.; anche s. m. (f. *-a*; pl. m. *-ci*, †*-chi*) *1* Che (o Chi) soffre di stipsi. *2* (*fig.*) Che (o Chi) opera con lentezza, faticosamente. *3* (*fig.*) Avaro. **B** agg. *1* (*pop.*, *tosc.*) Di carattere scontroso, austero. *2* †Astringente. ‖ **stiticùzzo**, dim. ‖ **stiticaménte**, avv. (*fig.*) In modo avaro, non generoso.

†**stituìre** e *deriv.* ● V. *istituire* e *deriv.*

stìva (**1**) [da *stivare*; av. 1347] s. f. ● Locale della nave in cui è immagazzinato il carico.

stìva (**2**) [lat. *stīva*(*m*), di etim. incerta. V. *stegola*; 1542] s. f. ● Stegola dell'aratro.

stivàggio [da *stivare*; 1805] s. m. ● Operazione dello stivare | Carico nella stiva.

stivalàio [1811] s. m. (f. *-a*) ● Chi fabbrica o vende stivali.

stivalàta [1581] s. f. ● Colpo di stivale.

stivalàto [av. 1566] agg. ● Calzato con stivali.

♦**stivàle** [dall'ant. fr. e provz. *estival*, prob. dal tardo lat. *tibiāle* (nt.) 'fascia intorno alla tibia', da *tībia*. V. *tibia*; 1262] s. m. *1* Calzatura di cuoio o gomma che arriva al ginocchio, mezza coscia o anche all'inguine: *stivali da caccia*, *da palude*; *calzare*, *mettersi*, *togliersi*, *gli stivali*; *togliere gli stivali a qlcu.*; *il gatto con gli stivali* | ***Stivali alla scudiera***, appena oltre il ginocchio | ***Stivali alla ussaro***, ***a fisarmonica***, in pelle morbida, che fa perciò pieghe alla caviglia | ***Stivali all'inglese***, con risvolti in pelle di colore diverso dal gambale | ***Ungere***, ***lustrare***, ***gli stivali a qlcu.***, (*fig.*) adularlo | ***Rompere gli stivali***, (*pop.*, *fig.*) seccare, dare fastidio | ***Dei miei stivali***, (*fig.*, *spreg.*) si dice di persona che non vale nulla o non serve a nulla: *avvocato dei miei stivali!* ➡ ILL. p. 2152 SPORT. *2* ***Lo S.***, (*per anton.*) l'Italia, che nella sua forma peninsulare ricorda uno stivale. *3* (*est.*) Grosso boccale da birra a forma di stivale. *4* (*mus.*) Sacco. *5* (*raro*, *pop.*) Minchione, persona da nulla. ‖ **stivalàccio**, pegg. | **stivalétto**, dim. (V.) | **stivalìno**, dim. | **stivalóne**, accr. | **stivalòtto**, accr. | **stivalùccio**, dim.

stivalerìa [av. 1869] s. f. ● Fabbrica di stivali.

stivalétto [av. 1484] s. m. *1* Dim. di *stivale*. *2* Scarpa che arriva poco più su del collo del piede, da uomo, donna o bambino: *le si vedeva la punta lucida … d'uno s.* (FOGAZZARO) | ***S. anfibio***, calzatura militare alta fino al polpaccio, resistente e impermeabile all'acqua | Speciale calzatura per il pattinaggio su ghiaccio e a rotelle. *3* ***S. malese***, antico strumento di tortura formato da due ganasce per stringere il piede del condannato.

stivaménto [av. 1406] s. m. ● (*raro*) Operazione dello stivare.

stivàre [lat. *stipāre* 'stipare (2)'; 1314] v. tr. *1* Sistemare convenientemente nella stiva le merci da caricare. *2* (*raro*) Stipare, nel sign. di *stipare* (*2*).

stivatóre [da *stivare*; 1396] s. m. (f. *-trice*) ● Chi è addetto allo stivaggio.

stìzza [da †*stizzare*; sec. XIII] s. f. *1* Irritazione acuta ma di breve durata, dovuta spec. a scontentezza, contrarietà, impazienza: *rodersi di s.*; *essere pieno di s.*; *avere*, *provare s. di qlco.*; *l'ira … gonfia di s. negli occhi e nel viso* (ALBERTI). *2* (*tosc.*) Ghiandola che il pollo ha sul codrione: *Gettate via la testa*, *le zampe*, *la s.*, *e gl'intestini* (ARTUSI). ‖ **stizzàccia**, pegg. | **stizzerèlla**, dim. | **stizzina**, dim.

†**stizzàre** [da *tizzo*, con *s-*; sec. XIII] v. tr., intr. e intr. pron. ● (*dial.*) Stizzire.

stizzìre [da *stizza*; sec. XIII] **A** v. tr. (*io stizzìsco*, *tu stizzìsci*) ● Far prendere la stizza: *mi avete stizzito!* **B** v. intr. e intr. pron. (aus. *essere*) ● Essere preso dalla stizza: *si è stizzito per il contrattempo*.

stizzìto [av. 1363] part. pass. di *stizzire*; anche agg. ● Pieno di stizza.

†**stìzzo** ● V. *tizzo*.

†**stizzóne** ● V. *tizzone*.

stizzóso [da *stizza*; 1313] agg. ● Che è facile a stizzirsi: *bambino s.*; *temperamento collerico e s.* | Che dimostra stizza: *parole stizzose*. ‖ **stizzosàccio**, pegg. | **stizzosèllo**, dim. | **stizzosétto**, dim. | **stizzosìno**, dim. ‖ **stizzosaménte**, avv. Con stizza, rabbia.

'sto /sto/ o **sto** [lat. *ĭstu*(*m*) 'questo', con aferesi. V. †*esto*; sec. XII] agg. dimostr. ● (*pop.*, *fam.*) Questo, codesto: *guarda 'sto cretino*; *vedi un po' 'sta stupida* | V. anche †*esto*.

stòa [vc. dotta, dal gr. *Stoá* 'portico', ossia il portico per eccellenza, dove insegnava il filosofo Zenone (V. *stoico*); 1556] s. f. *1* Presso gli antichi greci, portico usato per passeggiare, conversare, discutere, per tenervi lezioni di filosofia. *2* (*est.*, *fig.*) Scuola filosofica stoica: *le dottrine della s.*

stocàstica [da *stocastico*; 1991] s. f. ● Disciplina che studia i fenomeni aleatori.

stocàstico [vc. dotta, dal gr. *stochastikós* 'congetturale', da *stocházesthai* 'fare congetture'; 1955] agg. (pl. m. *-ci*) *1* Dovuto al caso, aleatorio | ***Variabile stocastica***, variabile probabilistica. *2* (*mus.*) ***Musica stocastica***, V. *musica*.

stoccafisso [dall'ant. ol. *stocvisch* 'pesce (*visch*) seccato sul bastone (*stoc*)'. V. ted. *Stockfisch*; 1432] s. m. *1* Merluzzo disseccato all'aria. *2* (*fig.*, *fam.*) Persona magra e secca.

stoccàggio [adattamento del fr. (o ingl.) *stockage*, da *stock* (V.); 1960] s. m. ● (*org. az.*) Accumulazione o sistemazione di merci in un magazzino | Magazzinaggio.

stoccàre (1) [da *stock*; 1972] **A** v. intr. (*io stòcco, tu stòcchi*; aus. *avere*) ● (*org. az.*) Accumulare, sistemare in un magazzino come scorta | (*est.*, *raro*) Acquistare delle merce in blocco per rivenderla. **B** v. tr. ● Immagazzinare.

†**stoccàre** (2) [1956] v. intr. ● Maneggiare lo stocco, nel sign. di *stocco (1)*.

stoccàta [da *stocco* (*1*); sec. XV] s. f. *1* Colpo di stocco. *2* Nella scherma, colpo che conclude un'azione. *3* Nel calcio, forte tiro in porta a conclusione di un'azione. *4* (*fig.*) Allusione, battuta, pungente: *hai sentito che stoccate dà?* *5* (*fig.*) Richiesta di denaro molesta e inattesa. || **stoccatèlla**, dim. | **stoccatina**, dim.

stoccatóre [da †*stoccare* (*2*); av. 1686] s. m. (f. *-trice*) *1* Chi dà stoccate, parlando o chiedendo denaro. *2* Nel calcio, giocatore che si distingue per potenza di tiro, realizzatore di numerose reti.

stoccheggiàre [da †*stoccare* (*2*), con suff. iter.-intens.; 1325 ca.] **A** v. tr. (*io stocchéggio*) ● (*disus.*) Ferire con lo stocco. **B** v. intr. (aus. *avere*) ● (*disus.*) Tirare di stocco.

stocchista ● V. *stockista*.

stòcco (1) [dal provz. *estoc*, dal francone *stok* 'bastone'; sec. XIII] s. m. (pl. *-chi*) *1* Tipo di arma bianca simile alla spada ma più corta e sottile, con sezione triangolare, adatta a colpire di punta. SIN. Broccio. *2* Bastone, mazza, che ha l'anima di stocco: *bastone da s.* SIN. Bastone animato. *3* (*raro*, *tosc.*) Reputazione, valore: *avere s.* | ***Uomo, donna, di s.***, di maniere ferme e risolute. || **stocchétto**, dim.

stòcco (2) [dal longob. *stok* 'ceppo'. V. ted. *Stock* 'bastone'; av. 1348] s. m. (pl. *-chi*) *1* Stelo del mais. *2* †Stollo del pagliaio. *3* †Parte di legno della lancia. *4* †Lignaggio, stirpe, ceppo.

stock /*ingl.* stɒk/ [vc. ingl., propr. 'tronco, ceppo' e poi 'rifornimento, provvista'; av. 1769] s. m. inv. ● Quantità di merci o di materie prime in un magazzino o in un negozio | Assortimento | Disponibilità.

stock-car /*ingl.* 'stɒk,kɑːɹ/ [vc. ingl., propr. 'vettura (*car*) di serie (*stock*)'] s. m. inv. (pl. ingl. *stock-cars*) ● Autovettura per gare su pista in terra battuta ghiacciata, nelle quali è lecito superare gli avversari urtandoli e ostruendone il passaggio | Corsa che si effettua con stock-car.

stockista o **stocchista** [1984] s. m. e f. (pl. m. *-i*) *1* Chi acquista, per rivenderli in blocco e a prezzi ridotti, stock di merce invenduta, spec. nel campo dell'abbigliamento. *2* Chi tiene in deposito stock di merci immagazzinate per conto terzi.

stock option /stok'ɔpʃən, *ingl.* 'stɒk,ɒpʃn/ [loc. ingl., comp. di *stock* 'azione, titolo azionario' e *option* 'opzione'; 1987] loc. sost. f. inv. (pl. ingl. *stock options*) ● (*econ.*) Possibilità offerta da una società ai propri dipendenti di acquistare un certo numero di azioni della società stessa a un prezzo prefissato.

♦**stòffa** [dall'ant. fr. *estophe*, moderno *étoffe*, da *étoffer*, dal francone *stopfōn* 'imbottire'; 1667] s. f. *1* Tessuto per abiti o tappezzeria, di lana, seta, cotone e sim.: *s. per abiti, per cappotti; per quell'abito occorrono cinque metri di s.; s. di buona qualità, di qualità scadente.* *2* (*fig.*, *fam.*) Capacità, doti naturali, per un dato comportamento o una data attività: *ha la s. del galantuomo, dell'oratore, del pittore* | (*assol.*) Capacità, attitudine: *quel bambino ha della s.; vorrebbe cantare, ma non ha la s. per riuscire.* || **stoffàccia**, pegg. | **stofféttа**, dim. | **stoffettina**, dim.

stogàrsi [da *toga*, con *s-*; 1873] v. rifl. (*io mi stògo, tu ti stòghi*) ● (*raro*) Deporre la toga, abbandonare la professione per cui si usa la toga.

†**stòggio** [lat. *stŭdiu(m)* 'deferenza, ossequio'. V. *studio*; 1612] s. m. ● (*raro*) Cerimonia, lusinga.

stògliere o †**stòrre** [comp. di *s-* e *togliere*; sec. XIII] v. tr. e intr. pron. (coniug. come *togliere*) ● (*raro*) Distogliere.

stòia ● V. *stuoia*.

stoicìsmo [da *stoico*, con *-ismo*; av. 1698] s. m. *1* Dottrina della scuola filosofica fondata ad Atene da Zenone di Cisio nel III sec. a.C., il cui ideale etico è rappresentato dall'apatia raggiungibile attraverso l'esercizio della virtù, la liberazione dalle passioni, il vivere secondo natura. *2* (*est.*) Fermezza d'animo, impassibilità al dolore.

stòico [vc. dotta, dal lat. *Stōicu(m)*, dal gr. *Stōikós* 'Stoico', da *Stoá* 'stoa, portico'. V. *stoa*; 1308] **A** agg. (pl. m. *-ci*) *1* Che concerne o interessa lo stoicismo o gli stoici. *2* (*est.*) Detto di chi non si lascia vincere, né abbattere, né turbare da dolori, avversità e sim. || **stoicaménte**, avv. In maniera stoica. **B** s. m. (f. *-a*) *1* Chi segue o si ispira allo stoicismo. *2* (*est.*) Persona stoica.

stoino ● V. *stuoino*.

stokes /*ingl.* stəuks/ [vc. ingl., dal n. del matematico e fisico ingl. Sir G. G. *Stokes* (1819-1903); 1959] s. m. inv. ● (*fis.*) Unità di misura della viscosità cinematica nel sistema CGS, pari a 1 cm^2/s. SIMB. St.

stòla [vc. dotta, dal lat. *stŏla(m)*, dal gr. *stolḗ* 'abbigliamento', da *stéllein* 'apparecchiare, vestire'; av. 1306] s. f. *1* Striscia larga di stoffa posta sopra il camice, discendente in due liste fino al basso, come insegna del potere dell'ordine proprio dei vescovi, dei sacerdoti e dei diaconi. *2* Sciarpa, più o meno lunga e larga, di pelliccia, che le donne usano per coprire le spalle. *3* Antica veste femminile lunga fino ai piedi, provvista o meno di maniche, chiusa con una fibula su ciascuna spalla e provvista di una cintura al disotto del seno e di un'altra all'altezza delle anche: *s. greca, romana.* *4* ***S. salvagente***, specie di striscia in tela o plastica ripiena di sughero o materiale espanso, che mantiene la testa del naufrago fuori dall'acqua anche in caso di un'improvvisa mancanza di sensi. || **stolóne**, accr. m. (V.).

stolidàggine [1780] s. f. ● Stolidezza.

stolidézza [av. 1566] s. f. ● Caratteristica di chi (o di ciò che) è stolido.

stolidità [vc. dotta, dal lat. tardo *stoliditāte(m)*, da *stŏlidus* 'stolido'; 1572] s. f. *1* Caratteristica, condizione di chi è stolido. *2* Azione, discorso, da persona stolida.

stòlido [vc. dotta, dal lat. *stŏlidu(m)*, connesso con *stŭltus* 'stolto'. V. *stolto*; av. 1493] agg.; anche s. m. (f. *-a*) ● Stolto. || **stolidaménte**, avv.

stòllo [dal longob. *stollo* 'puntello'; av. 1587] s. m. *1* Lungo legno attorno al quale si ammassa paglia o fieno: *un pagliaio … che aveva un pentolino in cima allo s.* (PIRANDELLO). *2* (*est.*) Asta di legno.

stolóne (1) [accr. di *stola*; 1805] s. m. ● Fregio ricamato in oro che corre lungo le due parti anteriori del piviale.

stolóne (2) [vc. dotta, dal lat. *stolōne(m)*, di orig. indeur.; 1542] s. m. *1* (*bot.*) Fusto strisciante sul terreno, capace di emettere a intervalli radici e originare nuove piantine. ➡ ILL. **botanica generale**. *2* (*zool.*) Prolungamento del corpo di alcuni invertebrati e di Cordati ove si formano nuove gemme.

stolonifero [comp. di *stolone* (*2*) e *-fero*; 1838] agg. ● Detto di piante o animali provvisti di stoloni.

stoltézza [lat. *stultĭtia(m)*, da *stŭltus* 'stolto'; sec. XIII] s. f. *1* Caratteristica, condizione di chi è stolto. *2* Azione, discorso, da stolto.

stoltilòquio [vc. dotta, dal lat. *stultilŏquiu(m)*, comp. di *stŭltus* 'stolto' e *-lŏquium*, da *lŏqui* 'parlare'; 1592] s. m. ● (*raro*, *lett.*) Discorso stolto.

stoltìzia [sec. XIII] s. f. ● (*raro*, *lett.*) Stoltezza.

stólto (1) o †**stùlto** [lat. *stŭltu(m)*, di etim. incerta; 1294] **A** agg. *1* Che dimostra poca intelligenza, poco senno, pochezza di mente: *uomo s. e cieco; fu così s. da credergli.* SIN. Stolido. *2* Che è pensato, detto, o fatto in modo stolto: *opinione, domanda, risposta, stolta; s. orgoglio; stolta superbia.* || **stoltaménte**, avv. Da stolto, da sciocco. **B** s. m. (f. *-a*) ● Persona stolta: *parlare da s.* SIN. Stolido.

stòlto (2) [av. 1685] part. pass. di *stogliere* ● Nei sign. del v.

stòma [vc. dotta, dal gr. *stóma*, genit. *stómatos* 'bocca'; 1821] s. m. (pl. *-i*) *1* (*bot.*) Apertura nell'epidermide delle foglie e del fusto che permette gli scambi gassosi e la traspirazione. *2* Apertura della conchiglia, nei Molluschi dei Gasteropodi. *3* (*anat.*) Orifizio di piccole dimensioni che mette in comunicazione condotti linfatici adiacenti. *4* (*chir.*) Apertura chirurgica della parete addominale in grado di mettere in comunicazione l'intestino con l'esterno.

stomacàle [da *stomaco*; 1494] **A** agg. ● (*raro*) Gastrico. **B** agg.; anche s. m. ● Stomachico.

stomacànte [sec. XIV] agg. ● (*raro*) Stomachevole.

stomacàre [dal lat. *stomachāri*, adattamento del gr. *stomachêin* 'esser disgustato', da *stómachos* 'stomaco'; sec. XIII] **A** v. tr. (*io stòmaco, tu stòmachi*) *1* Dare nausea, turbare lo stomaco (*anche assol.*): *quel cibo mi ha stomacato; c'è un puzzo che stomaca.* SIN. Disgustare, nauseare. *2* (*fig.*) Disgustare moralmente (*anche assol.*): *la sua volgarità ci stomaca.* **B** v. intr. pron. ● Sentirsi rivoltare lo stomaco: *si è stomacato di quel cibo* | (*fig.*) Disgustarsi moralmente.

stomachévole [da *stomacare*; 1364] agg. ● Che muove lo stomaco, che nausea, disgusta (*anche fig.*). SIN. Nauseabondo, ributtante, rivoltante, stomacante. || **stomachevolménte**, avv.

stomàchico [vc. dotta, dal lat. tardo *stomăchicu(m)*, dal gr. *stomachikós*, agg. da *stómachos* 'stomaco'; av. 1698] **A** s. m. (pl. *-ci*) ● Farmaco che promuove la secrezione gastrica e il buon funzionamento dello stomaco. **B** anche agg.: *farmaco s.*

♦**stòmaco** [lat. *stŏmachu(m)*, dal gr. *stómachos*, propr. 'esofago', ampliamento di *stóma*, genit. *stómatos* 'bocca'; 1225 ca.] s. m. (pl. *-chi*, o *-ci*) *1* Organo sacciforme dell'apparato digerente contenuto nella parte alta dell'addome, subito dopo l'esofago, con importanti funzioni digestive: *s. debole, gracile, forte, delicato; un cibo che rimette, guasta, rovina lo s.; male, dolore, di s.; essere delicato di s.; guastarsi, rovinarsi, lo s.* | ***Riempire, riempirsi, lo s.***, (*fam.*) mangiare | (*fig.*) ***Avere uno s. di ferro, di struzzo***, essere in grado di digerire qualsiasi cosa | ***Avere qlco. sullo s.***, non avere digerito | ***Avere qlcu. sullo s.***, (*fig.*) non poterlo sopportare | †***Portare qlcu. sopra lo s.***, averlo in odio | ***Dare di s.***, vomitare | ***Fare s., rivoltare lo s.***, stomacare, nauseare (*anche fig.*) | ***Fare qlco. contro s.***, contro voglia | CFR. gastro-. ➡ ILL. p. 2123, 2125 ANATOMIA UMANA. *2* (*fig.*, *fam.*) Capacità di chi sa tollerare situazioni o persone particolarmente disgustose o moleste: *ci vuole un bello s. a stare con certa gente; sai che cosa ha avuto lo s. di fare?* || **stomacàccio**, pegg. | **stomachino**, dim. | **stomacóne**, accr. | **stomacùccio**, **stomacùzzo**, dim.

stomacóso [lat. *stomachōsu(m)* 'bilioso', da *stŏmachus* 'stomaco'; av. 1364] agg. ● Stomachevole.

stomàtico [vc. dotta, dal gr. *stomatikós*, da *stóma*, genit. *stómatos* 'bocca'; 1818] agg. (pl. m. *-ci*) *1* (*farm.*) Detto di rimedio usato contro le infiammazioni della mucosa boccale. *2* (*bot.*) Dello stoma | ***Apertura stomatica***, fessura delimitata dalle due cellule reniformi dello stoma | ***Cellule stomatiche***, le due cellule che delimitano lo stoma regolandone l'apertura. *3* Correntemente, stomachico.

stomatite [da *stomat(o)-*, con *-ite* (*1*); 1829] s. f. ● (*med.*) Infiammazione della mucosa della bocca.

stómato- [dal gr. *stóma*, genit. *stómatos* 'bocca'] primo elemento ● In parole scientifiche composte, spec. della medicina, significa 'bocca', 'apertura': *stomatologia*.

stomatologìa [comp. di *stomato-* e *-logia*; 1911] s. f. ● Studio delle malattie del cavo orale.

stomatològico [1957] agg. (pl. m. *-ci*) ● Che si riferisce alla stomatologia.

stomatòlogo [comp. di *stomato-* e *-logo*; 1911] s. m. (f. *-a*; pl. m. *-gi*) ● Studioso, specialista in stomatologia.

Stomatòpodi [comp. di *stomato-* e del gr. *poús*, genit. *podós* 'piede'; 1936] s. m. pl. (sing. *-e*) ● Nella tassonomia animale, ordine di Crostacei marini dei Malacostraci con tre paia di arti ambulacrali e addome terminato da una specie di pinna codale

(*Stomatopoda*).

stòmia (**1**) [vc. dotta, dal gr. *stomías* 'duro di bocca', da *stóma*, genit. *stómatos* 'bocca'; 1840] **s. m. inv.** ● Pesce abissale dei Clupeiformi a corpo slanciatissimo, denti molto sviluppati e sottili, colore scuro con numerosi fotofori (*Stomias boa*).

stomìa (**2**) [dal gr. *stóma* 'bocca'; 1939] **s. f.** ● (*chir.*) Neostomia.

-stomìa [dal gr. *stóma* 'bocca'] secondo elemento ● In parole composte della terminologia medica significa 'nuova apertura': *esofagostomia*.

stomizzàre [da *stomia* (*2*) col suff. *-izzare*] **v. tr.** ● (*chir.*) Eseguire un intervento di neostomia.

stomizzàto [1982] **A part. pass.** di *stomizzare*; anche **agg.** ● Nei sign. del v. **B s. m.** (f. *-a*) ● (*chir.*) Individuo che è stato sottoposto a neostomia.

stomodèo [comp. del gr. *stóma* 'bocca' e *hodaîon* 'che è nella via (*hodós*)'] **s. m.** ● (*anat., zool.*) Porzione anteriore del cavo orale derivata, nell'embrione, dall'invaginazione dell'ectoderma.

stonacàre [calco su *intonacare*, con cambio di pref. (*s-*); 1858] **A v. tr.** (*io stònaco, tu stònachi*) ● (*raro*) Privare un muro dell'intonaco. CONTR. Intonacare. **B v. intr. pron.** ● (*raro*) Perdere l'intonaco.

stonamènto [1780] **s. m.** ● (*raro*) Stonatura.

stonàre (**1**) [da *tono* (*1*), con *s-*; av. 1348] **A v. tr. e intr.** (*io stòno*; aus. intr. *avere*) ● Nel cantare o nel suonare, uscire di tono, non tenersi al debito grado di elevatezza: *s. il la*; *un cantante che stona*. **B v. intr.** (aus. *avere*) ● Non armonizzare, non corrispondere allo stile, alla forma generale: *quel quadro stona con l'ambiente*. CONTR. Armonizzare.

stonàre (**2**) [lat. parl. **extonāre*, comp. di *ĕx-* (*s-*) e *tonāre* 'rimbombare' (V. *tuonare*). V. il fr. *étonner*; av. 1769] **v. tr.** (*io stòno*) ● (*raro*) Stordire, confondere: *la notizia mi ha stonato*.

stonàta [1841] **s. f.** ● Il fatto di stonare, nel sign. di *stonare* (*1*). || **stonatina**, dim.

stonàto [1676] **part. pass.** di *stonare* (*1*); anche **agg.** *1* Nei sign. del v.: *uno strumento, un cantante s.* *2* **Nota stonata**, (*fig.*) elemento, particolare e sim. inopportuno, non adatto alla situazione. || **stonataménte**, avv.

stonatùra [1720] **s. f.** *1* Il fatto di stonare, nel sign. di *stonare* (*1*) | Suono stonato. *2* (*fig.*) Cosa fuori di tono, inopportuna: *l'accenno al guadagno è stato una s.*

†**stonazióne** [1777] **s. f.** ● Stonamento.

stondàre [comp. parasintetico di *tondo*, col pref. *s-*; 1879] **v. tr.** (*io stóndo*) ● (*raro*) Rendere tondo.

stondàto [av. 1970] **part. pass.** di *stondare*; anche **agg.** ● (*raro*) Reso tondo | Smussato: *angolo s.*

stonìo [da *stonare* (*1*); 1873] **s. m.** ● (*raro*) Stonatura prolungata.

stop /ingl. stɒp/ [vc. ingl., propr. 'fermata', da *to stop* 'fermarsi'; 1870] **A s. m. inv.** *1* Luce, fanalino d'arresto degli autoveicoli. *2* Obbligo d'arresto per i veicoli, prima di immettersi in una strada più importante o di attraversarla, segnalato da apposito cartello o da dicitura sulla carreggiata | (*est.*) Il cartello o la dicitura stessa. *3* Ordine di fermarsi: *intimare lo s.* | Nel pugilato, ordine dell'arbitro di interrompere il combattimento. *4* (*mar.*) Voce usata nelle osservazioni astronomiche per indicare l'istante in cui l'assistente deve leggere l'ora di osservazione | ***S. orario***, segnalazione che dà l'istante di una determinata ora al meridiano di Greenwich, o ad altro meridiano. *5* (*sport*) Nel calcio, arresto del pallone al volo col piede o col petto | Nel basket, arresto con le mani di un tiro dell'avversario | Nel pugilato, azione difensiva per impedire all'avversario di colpire. *6* Punto fermo, nel linguaggio telegrafico internazionale. **B** in funzione di **inter.** ● Ferma, alt, basta: *mi intimò 's.!' e io mi fermai* | (*est.*) Ordine, intimazione di cessare o sospendere un'attività, un comportamento o sim.: *stop alle patenti facili*; *stop ai bagarini*. SIN. Alt, basta.

stop and go /stɒp ən'go, *ingl.* stɒp ən'gəʊ/ [loc. ingl., comp. dal v. *to stop* 'fermare', da *and* 'e' dal v. *to go* 'andare'; 1986] **loc. sost. m. inv.** *1* Fermata e ripresa del movimento: *il traffico cittadino con i suoi continui stop and go* | (*fig.*) Interruzione e ripresa di un'attività, una polemica e sim.: *gli stop and go di un'inchiesta giudiziaria*. *2* (*autom.*) Nelle gare automobilistiche, sanzione inflitta dalla direzione di gara a un pilota, in seguito a una scorrettezza, che consiste nell'obbligo di fermarsi ai box per un certo numero di secondi, con il divieto per i meccanici di effettuare qualunque intervento.

stóppa [lat. *stŭppa(m)*, dal gr. *stýppē*, di orig. indeur.; av. 1292] **s. f.** *1* Cascame del lino e della canapa, usato per imbottiture o, incatramato, per calafatare imbarcazioni | ***S. nera***, incatramata | ***Carne che sembra s.***, dura e tigliosa | ***Capelli di s., che sembrano s., come s.***, biondi, slavati e secchi | ***Avere le gambe di s.***, deboli, fiacche | ***Essere un uomo di s.***, senza importanza, senza autorità | ***Essere come un pulcino nella s.***, impacciato, incapace di fare da solo | †***Fare la barba di s.***, beffare. *2* (*dial.*) Sbornia: *prendere una s.* || **stoppàccia**, pegg. | **stoppettina**, dim.

stoppàccio [da *stoppa*; 1671] **s. m.** *1* Batuffolo di stoppa con cui si fermavano gli elementi di carica nei fucili a bacchetta. *2* (*est., pop.*) Batuffolo di stoppa.

stoppaccióso [da *stoppaccio*; 1664] **agg.** ● Stopposo.

stoppàre (**1**) [lat. parl. **stuppāre*, da *stŭppa* 'stoppa'; sec. XIII] **v. tr.** (*io stóppo*) ● Turare con stoppa o stoppaccio | (*est.*) Chiudere bene | †***S. qlcu. o qlco.***, non curarsene.

stoppàre (**2**) [da *stop* (V.); 1935] **v. tr.** (*io stòppo*) *1* Bloccare, fermare. *2* (*sport*) Effettuare uno stop o una stoppata.

stoppàta [da *stoppare* (*2*); 1965] **s. f.** ● (*sport*) L'azione di stop.

stoppatóre (**1**) [da *stoppare* (*2*). V. *stopper*; 1951] **s. m.** (f. *-trice*) ● (*sport*) Chi effettua una stoppata.

stoppatóre (**2**) [lat. tardo *stuppatōre(m)* 'calafato', da *stŭppa* 'stoppa'; 1889] **s. m.** (f. *-trice*) ● (*mar.*) Calafato.

stòpper /s'tɔpper, *ingl.* 'stɒpə/ [vc. ingl., da *to stop* 'fermare'; 1955] **s. m. inv.** *1* (*sport*) Nel calcio, giocatore della difesa che ha il compito di contrastare il giocatore più avanzato della squadra avversaria. *2* (*mar.*) Dispositivo per l'arresto temporaneo di una manovra corrente. SIN. Arrestatoio.

stóppia [lat. *stŭpula(m)*, variante di *stĭpula* 'pagliuzza'. V. *stipola*; av. 1292] **s. f.** ● (*spec. al pl.*) Residui di steli e foglie di una coltura, spec. di cereali, rimasti sul terreno dopo la mietitura: *campo di s.*; *ardere le stoppie* | †***Mettere s. in aia***, fare qlco. di inutile.

stoppinàre [1585] **v. tr.** *1* (*raro*) Accendere, dare fuoco con lo stoppino. *2* (*fam., tosc.*) Stoppare, chiudere bene porte o finestre.

stoppìno [da *stoppa*; sec. XIV] **s. m.** *1* Lucignolo di candela, lume a olio o petrolio. *2* Miccia per fuochi artificiali. *3* (*tess.*) Specie di sottile nastro formato da fibre tessili unite tra loro da una leggera torsione e che, sotto forma di spole, viene ridotto in filato mediante i filatoi. SIN. Lucignolo. || **stoppinétto**, dim.

stoppióne [da *stoppia*; av. 1665] **s. m.** ● Erba rizomatosa delle Composite con foglie spinose e capolini bianchi o rossastri riuniti in corimbi (*Cirsium arvense*).

stoppóso [da *stoppa*; av. 1449] **agg.** ● Che è simile a stoppa, che ha aspetto di stoppa: *coi capelli già biondi, ora stopposi* (PIRANDELLO) | (*est.*) ***Carne stopposa***, tigliosa, dura | (*est.*) ***Limone s.***, ***arancia stopposa***, privi di sugo.

storàce [vc. dotta, dal lat. tardo *stŏrace(m)*, variante di *stŷrax*, dal gr. *stýrax*, genit. *stýrakos* 'albero resinoso', di orig. semitica; av. 1347] **s. m.** *1* Nome popolare degli alberi del genere *Liquidambar*, dai quali si ricava la resina dello stesso nome. SIN. Ambra liquida | Balsamo di colore verde-grigio ricavato dalla corteccia bollita dell'albero omonimo, usato in farmacia e profumeria. SIN. Ambra liquida. *2* (*bot.*) Arbusto con foglie biancastre e lanuginose nella pagina inferiore, e fiori bianchi, che cresce in alcune regioni del bacino del Mediterraneo centro-orientale (*Styrax officinalis*) | ***S. solido***, resina ricavata dal tronco di tale arbusto, usata un tempo in farmacia e profumeria.

stòrcere [lat. *extorquēre*, comp. di *ĕx-* (*s-*) e *torquēre* 'torcere'. V. *estorcere*; sec. XIII] **A v. tr.** (coniug. come *torcere*) *1* Torcere con violenza: *s. una mano a qlcu.* | Spostare dalla linea diritta e naturale: *s. un chiodo, una chiave* | ***S. il naso, le labbra, la bocca e sim.***, in segno di disapprovazione, disgusto, e sim. | ***S. gli occhi***, stralunarli | ***Storcersi un piede, una gamba, un braccio e sim.***, slogarseli. *2* (*raro, fig.*) Distorcere: *s. le parole di qlcu.*; *s. il senso di una frase*. **B v. rifl.** ● Contorcersi, dimenarsi: *si storceva per il dolore*. **C v. intr. pron.** ● Spostarsi dalla linea diritta e naturale: *la chiave si è storta*.

storcicòllo [da *torcicollo*, con *s-*; 1873] **s. m.** ● (*pop.*) Torcicollo.

storciménto [av. 1519] **s. m.** ● Lo storcere, lo storcersi.

†**storcitùra** [av. 1603] **s. f.** ● Storcimento.

†**stordigióne** [sec. XIII] **s. f.** ● Stordimento: *sebbe caduto veramente, / se in quella stordigione … durava* (BOIARDO).

storditménto [1308] **s. m.** *1* (*raro*) Lo stordire, lo stordirsi. *2* Condizione di chi è stordito. SIN. Rintontimento.

stordìre [da *tordo* 'balordo', con *s-*; 1353] **A v. tr.** (*io stordìsco, tu stordìsci*) *1* Provocare grande turbamento e confusione, impedendo temporaneamente l'udito, alterando l'equilibrio psichico, e sim.: *il boato ci stordì*; *quel vino mi ha stordito* | Privare dei sensi, tramortire: *lo stordì con un pugno*. *2* (*fig.*) Far rimanere attonito, sbalordito, stupefatto (*anche assol.*): *la grandezza del luogo lo stordì*; *sono cose da s.* **B v. intr.** (aus. *essere*) ● (*raro*) Rimanere attonito, sbalordito, stupefatto: *stordisco a vedere tutto questo*. **C v. rifl.** ● (*fig.*) Sviarsi da pensieri tristi, preoccupazioni, e sim. con emozioni e divertimenti: *cerca di stordirsi per non pensare*; *si stordisce col bere*.

storditàggine [1808] **s. f.** ● Condizione di chi è stordito | Azione da persona stordita.

storditézza [av. 1623] **s. f.** ● (*raro*) Condizione di chi è o si sente stordito.

stordìto [sec. XII] **A part. pass.** di *stordire*; anche **agg.** *1* Privo di sensi, tramortito | (*fig.*) Sbalordito, attonito. *2* Sventato, inconsiderato, smodato: *è un ragazzo s.*; *che s. sono, ho dimenticato tutto!* || **storditaménte**, avv. Da stordito. **B s. m.** (f. *-a*) ● Persona sventata, inconsiderata: *non mi fido di lui, è uno s.* || **storditàccio**, pegg. | **storditèllo**, dim. | **storditóne**, accr.

♦**stòria** o (*lett.*) †**istòria** [vc. dotta, dal lat. *histŏria(m)*, dal gr. *historía* 'indagine, ricerca', da *hístōr*, genit. *hístoros* 'che ha visto, testimone', dalla radice indeur. **weid-* 'vedere, sapere'. V. *vedere* (*1*); av. 1250] **s. f.** *1* L'insieme degli eventi umani, o di determinati eventi umani, considerati nel loro svolgimento: *la scoperta dell'America segna l'inizio della s. moderna*; *quel fatto ebbe grande importanza nella s. della civiltà*. *2* Narrazione sistematica dei fatti memorabili della collettività umana, fatta in base a un metodo d'indagine critica: *Erodoto fu detto il padre della s.*; *Clio era la musa della s.*; *alterare, falsificare, la s.*; *il giudizio della s.*; *un uomo che appartiene alla s.* | ***Passare alla s.***, di avvenimento, persona e sim. degno di essere ricordato dai posteri. *3* Narrazione di fatti d'ordine politico, sociale, militare, religioso, economico e sim., relativi ad una determinata epoca, a un determinato evento, a una determinata collettività umana, e sim.: *s. medievale, moderna, contemporanea*; *s. universale, generale*; *s. greca, romana*; *s. francese, inglese, italiana*; *s. di Francia, d'Inghilterra, d'Italia*; *la s. delle guerre puniche, della Rivoluzione francese*; *il proponimento mio è di scrivere l'istoria del concilio tridentino* (SARPI) | Nelle scuole, materia d'insegnamento: *insegnare s.*; *studiare la s.*; *cattedra di s. e filosofia*; *essere rimandato in s.* *4* Il succedersi, l'evolversi di fenomeni naturali: *la s. della Terra, la s. geologica*. *5* Opera storica: *la s. del Cantù*; *s. d'Italia dalle origini al Quattrocento*. *6* Fatto vero, documentabile: *mescolare la favola con la s.*; *questa è s.* *7* Esposizione critica di fatti relativi all'origine, allo svolgimento e all'evoluzione di una determinata attività umana: *s. dell'arte, della letteratura, della filosofia, del diritto, del cinema, della tecnica*; *la s. dell'estetica … non si può separare dalla s. di tutta l'altra filosofia* (CROCE) | ***S. naturale***, l'insieme delle scienze naturali. *8* Serie di vicende, spec. personali: *la tua è una triste s.*; *ho udito una s. penosa*; *la loro è una s. poco pulita*; *fammi la s. della tua vita*; *gli raccontò tutta la sua s.* | (*est.*) Vicenda, relazione amorosa: *un anno fa ha avuto una s. a Pescara*. *9* (*gener.*) Faccenda, questione: *basta con questa s.!*; *non voglio più sentire parlare di questa s.*; *questa s. non c'entra con noi*; *è un'altra s.* | ***È la solita s.***, di cosa, spec.

spiacevole, che si ripete con monotonia | *È una s. lunga*, discorso, faccenda e sim., che ha strascichi, conseguenze. **10** Narrazione di un fatto particolare, vero o inventato: *mi fece la s. del viaggio*; *è una s. d'amore*; *la s. di Rinaldo*; *la s. dei cavalieri della tavola rotonda*; *la bella istoria che 'l mio canto muove* (BOIARDO) | Favola: *la nonna racconta molte storie ai nipotini*; *la s. di Cappuccetto Rosso*. **11** Fandonia, racconto inventato: *quel ragazzo racconta un sacco di storie*; *non credergli, è tutta una s.* | Scusa, pretesto: *questa è una s. per non venire*. **12** (*spec. al pl.*) Tergiversazioni, smorfie, smancerie: *senza storie, dimmi se accetti o no*; *su, non fare tante storie*; *eh, quante storie!* **13** Rappresentazione, dipinta o scolpita, di un fatto: *d'una pietosa istoria e di devote / figure la sua stanza era dipinta* (TASSO). || **storiàccia**, pegg. (V.) | **storièlla**, dim. (V.) | **storiétta**, dim.

storiàccia [1763] s. f. ● Pegg. di *storia* | Brutta storia | Episodio o vicenda negativa, immorale, illegale e sim.: *una s. di droga e corruzione*.

†**storiàio** o (*pop.*) †**storiàro** [1825] s. m. ● Venditore di storie, favole, canzoni.

†**storiàre (1)** ● V. *istoriare*.

storiàre (2) [vc. dial. tosc., da *storia* 'lungaggine, indugio': propr. 'far attendere a lungo, far impazzire'] v. intr. (*io stòrio*) ● Solo nelle loc. (*pop., tosc.*) *fare s. qlcu.*, farlo ammattire, fargli perdere tempo; *fare s. qlco.*, tirarla per le lunghe.

†**storiàro** ● V. †*storiaio*.

storicìsmo [da *storico*, con *-ismo*; 1887] s. m. **1** Indirizzo filosofico, sviluppatosi in Germania nella seconda metà del XIX secolo, che intende esaminare le possibilità di una scienza storica, garantendone l'autonomia sia dal sapere metafisico come pure da quello delle scienze della natura | (*est.*) Tendenza a riferire ogni attività e manifestazione umana al contesto storico in cui si è formata e sviluppata. **2** Nella critica letteraria, studio delle matrici storiche e culturali di un testo, viste come prevalenti o generative rispetto ai fatti di forma. CONTR. Formalismo.

storicìsta [1916] s. m. e f. (pl. m. *-i*) ● Chi segue o si ispira allo storicismo.

storicìstico [1913] agg. (pl. m. *-ci*) ● Che concerne o interessa lo storicismo. || **storicisticaménte**, avv.

storicità [1898] s. f. ● Valore storico, caratteristica di ciò che è storico: *sostenere la s. dello spirito* | Realtà storica: *la s. di un fatto*.

storicizzàre [da *storico*; 1935] v. tr. ● Valutare, considerare, come processo storico, o come momento di un processo storico: *s. la cultura*, *la letteratura*.

storicizzazióne [av. 1937] s. f. ● Lo storicizzare, il venire storicizzato.

♦**stòrico** o (*lett.*) †**istòrico** [dal lat. *histŏricu(m)*, dal gr. *historikós*, agg. da *historía* 'storia'; av. 1374] **A** agg. (pl. m. *-ci*) **1** Della storia, che appartiene alla storia, che ha rapporto con la storia, con lo studio o le prospettive della storia: *opera storica*; *notizie storiche*; *lettura storica*; *senso, metodo s.*; *circostanze storiche*; *critica storica*; *ogni giudizio s. ... è sempre assoluto e relativo insieme* (CROCE) | *Materialismo s.*, teoria dello sviluppo storico propria di K. Marx e del pensiero marxista, secondo cui le cause principali del progresso sociale sono materiali, e particolarmente economiche | (*ling.*) *Grammatica storica*, studio di un sistema linguistico nelle varie fasi del suo sviluppo | (*est.*) Relativo alle origini o alle prime fasi di sviluppo di un fenomeno o movimento, spec. politico, culturale e sim.: *avanguardia storica*; *repubblicani storici*. **2** Che è realmente accaduto, che non è inventato: *fatto, personaggio, s.*; *dati storici* | *Tempi storici*, i cui avvenimenti sono narrati nella storia | Che risale a epoche passate: *un edificio s.*; *il centro s. di Firenze* | *Romanzo s.*, in cui hanno parte eventi e personaggi storici | *Film s.*, ispirato alla storia passata e generalmente in costume | (*dir.*) *Prova storica*, prova consistente nella rappresentazione del fatto, come il documento o la testimonianza. **3** (*est.*) Memorabile, che è degno di essere ricordato nel tempo, di essere tramandato ai posteri: *una storica giornata*; *una decisione storica*; *quello fu un discorso s.* **4** (*fam., raro*) Che è noto a tutti. || **storicaménte**, avv. **1** Da un punto di vista storico: *considerare storicamente la natura umana*. **2** Realmente: *un fatto storicamente avvenuto*. **B** s. m. (f. *-a*) **1** Scrittore, studioso di storia: *un celebre s.*; *gli storici greci*; *uno s. contemporaneo*; *gli storici di Roma*. SIN. Storiografo. **2** (*mus.*) Negli oratori, passioni e sim., personaggio cui è affidata la parte narrativa.

storièlla [av. 1729] s. f. **1** Dim. di *storia*. **2** Aneddoto, barzelletta. **3** Fandonia | Pretesto. || **storiellìna**, dim.

storino ● V. *stoino*.

storiografìa o (*raro, lett.*) **istoriografìa** [vc. dotta, dal gr. *historiographía*, comp. di *historía* 'storia' e *-graphía* '-grafia'; 1895] s. f. ● Elaborazione e stesura di opere storiche condotte con metodo scientifico e critico: *s. giuridica*, *s. letteraria* | Complesso delle opere storiche e delle ipotesi metodologiche di una data epoca o su un dato argomento: *la s. della Rivoluzione francese*.

storiogràfico o (*raro, lett.*) **istoriogràfico** [vc. dotta, dal gr. *historiographikós*, da *historiographía* 'storiografia'; 1869] agg. (pl. m. *-ci*) ● Della storiografia, che riguarda la storiografia. || **storiograficaménte**, avv.

storiògrafo o (*raro, lett.*) **istoriògrafo** [vc. dotta, dal lat. tardo *historiŏgraphu(m)*, dal gr. *historiográphos*, comp. di *historía* 'storia' e *-gráphos* '-grafo'; av. 1342] s. m. (f. *-a*) ● Autore di opere storiche, studioso di storiografia. SIN. Storico.

storióne [dall'ant. alto ted. *sturio*. V. ted. *Stöhr*; sec. XIII] s. m. ● Pesce degli Acipenseriformi, lungo oltre tre metri, con quattro barbigli sul lungo muso, bocca ventrale priva di denti, marino, depone le uova nei fiumi (*Acipenser sturio*). ➡ ILL. animali/7.

†**stormeggiàre** [da *stormo*, con suff. iter.-intens.; sec. XIII] **A** v. intr. ● Adunarsi, riunirsi, in stormo. **B** v. tr. e intr. ● Suonare a stormo.

†**stormeggiàta** [da †*stormeggiare*; av. 1363] s. f. ● (*raro*) Rumore di stormo.

†**storménto** ● V. *strumento*.

stormire [dal francone *sturmjan* 'tempestare'. V. *stormo*; 1313] v. intr. (*io stormisco, tu stormìsci*; aus. *avere*) ● Agitarsi producendo un lieve fruscio: *le foglie*, *le fronde stormiscono*.

stórmo [dal longob. *sturm*. V. ted. *Sturm* 'assalto'; av. 1294] s. m. **1** (*raro*) Moltitudine di persone o animali | †Moltitudine spec. di armati accorsi per combattere | *Suonare a s.*, a martello, detto di campane, per richiamare molta gente. **2** Gruppo di uccelli in volo: *uno s. di passeri*. **3** (*aer.*) Unità organica dell'aeronautica militare, costituita da più gruppi. **4** (*mil.*) Piccolo gruppo di cavalieri: *uno s. di ulani*. **5** †Scontro, assalto.

stornàre [da *tornare*, con *s-*, sul modello del fr. *détourner*; av. 1250] **A** v. tr. (*io stórno*) **1** †Volgere indietro. **2** (*fig.*) Volgere ad altra parte, allontanare: *s. un pericolo, uno scandalo*. **3** (*fig.*) Distogliere, dissuadere: *s. qlcu. da un proposito*; *invano cercava di stornarlo dai foschi pensieri* (PIRANDELLO). **4** (*ragion.*) Correggere, rettificare una scrittura in un conto | (*ragion.*) Girare una partita da un conto a un altro | (*ragion.*) Trasferire una spesa da un titolo di erogazione a un altro, nel bilancio di un ente pubblico | (*comm.*) Annullare un affare già concluso in precedenza. **B** v. intr. (aus. *essere*) **1** †Volgersi indietro. **2** Nel biliardo, andare indietro, detto di palla che ha colpito quella avversaria.

stornellàre [1858] v. intr. (*io stornèllo*; aus. *avere*) ● Cantare, comporre, stornelli.

stornellàta [av. 1952] s. f. ● Cantata, gara di stornelli | Insieme di stornelli.

stornellatóre [da *stornellare*; 1884] s. m. (f. *-trice*) ● Chi canta o compone stornelli.

stornèllo (1) [deriv. dim. del provz. *estorn* 'tenzone poetica', dal francone *sturm* 'assalto'. V. *stormo*; av. 1446] s. m. ● Canto popolare, spec. dell'Italia centrale, composto di due endecasillabi preceduti da un quinario, che rima o assona con l'ultimo, spec. con l'invocazione del nome di un fiore nel quinario. || **stornellétto**, dim. | **stornellino**, dim. | **stornellùccio**, dim.

stornèllo (2) [lat. tardo *sturnĕllu(m)*, dim. di *stŭrnus* 'storno'; 1313] s. m. ● (*zool.*) Storno (1).

†**storniménto** [sovrapposizione di *stornare* 'frastornare' a *stordimento*; sec. XVI] s. m. ● Vertigine, capogiro.

stórno (1) [lat. *stŭrnu(m)*, di orig. indeur.; av. 1367] s. m. ● (*zool.*) Uccello dei Passeriformi di colore scuro macchiettato di bianco, gregario, con voce sonora e piacevole (*Sturnus vulgaris*). SIN. Stornello (2). ➡ ILL. animali/10.

stórno (2) [dal precedente, nel sign. già latino di 'grigio come uno storno'; 1848] agg. ● (*zool.*) Detto di mantello equino grigio scuro disseminato di piccole e numerose macchie bianche che lo rendono simile al piumaggio dello storno | Detto del cavallo che ha tale mantello: *cavalla storna*.

stórno (3) [da *stornare*; 1726] s. m. **1** (*ragion., comm.*) Operazione dello stornare nel sign. 4. **2** (*dir.*) *S. di dipendenti*, atto di concorrenza sleale dell'imprenditore che induce i dipendenti di un'impresa concorrente a interrompere il rapporto di lavoro. **3** (*tosc.*) Biglietto del lotto messo in vendita, un tempo, coi numeri già scritti e registrati.

storpiaménto [1549] s. m. ● (*raro*) Storpiatura.

storpiàre o (*pop.*) **stroppiàre** [lat. parl. **exturpiāre*, comp. di *ĕx-* (*s-*) e di un denominale di *tŭrpis* 'deforme'. V. *turpe*; av. 1342] **A** v. tr. (*io stòrpio*) **1** Rendere storpio: *l'incidente gli storpiò i piedi*. **2** (*fig.*) Pronunciare male, erroneamente: *s. le parole*. **3** †Impedire, far fallire | †Frastornare. **B** v. intr. pron. ● Diventare storpio: *è caduto da cavallo e si è storpiato*.

storpiàto [sec. XIII] **A** part. pass. di *storpiare*; anche agg. ● Nei sign. del v. **B** s. m. (f. *-a*) ● Persona storpia: *un povero s.* || **storpiatàccio**, pegg. | **storpiatino**, dim.

†**storpiatóre** [1583] s. m.; anche agg. (f. *-trice*) ● Chi (o Che) storpia.

storpiatùra o (*pop.*) **stroppiatùra** [1598] s. f. ● Lo storpiare, lo storpiarsi, il venire storpiato | Cosa storpiata.

stòrpio (1) (o *-ó-*) o (*pop.*) **stròppio** (o *-ó-*) [agg. da *storpiare*; av. 1400] agg.; anche s. m. (f. *-a*) ● Che (o Chi) è deforme nelle braccia e nelle gambe | (*fig.*) *Raddrizzare le gambe agli storpi*, tentare un'impresa impossibile. || **storpiaménte**, avv.

†**stòrpio (2)** (o *-ó-*) o †**stròppio** (o *-ó-*) [da *storpiare*, nel sign. A 3; av. 1292] s. m. ● Contrarietà, impedimento.

†**stórre** ● V. *stogliere*.

stòrsi ● V. *storcere*.

stòrta (1) [da *storcere*; sec. XIII] s. f. **1** (*fam.*) Torsione: *dare una s. a qlcu.* **2** (*raro*) Svolta, tortuosità, di fiume, strada e sim. **3** (*fam.*) Distorsione: *prendere una s.*

stòrta (2) [f. sost. di *storto*; av. 1524] s. f. **1** Recipiente di vetro o altro materiale a base larga e collo ripiegato verso il basso, usato per distillazione. **2** (*raro*) Pappagallo per urinare. **3** Arma da taglio con lama di media lunghezza, larga, ricurva, col filo esterno, un tempo usata dalla fanteria | †Scimitarra. || **stortétta**, dim. | **stortina**, dim.

stortàre [da *storto*; 1905] v. tr. (*io stòrto*) ● (*fam.*) Storcere.

stortézza [av. 1557] s. f. ● Proprietà, caratteristica di ciò che è storto.

stortignàccolo [da *storto*; 1891] **A** agg. ● (*pop., fam.*) Storto. **B** agg.; anche s. m. (f. *-a*) ● (*fam.*) Storpio.

♦**stòrto** [1300 ca.] **A** part. pass. di *storcere*; anche agg. **1** (*raro*) Torto con forza. **2** Che non è diritto: *gambe storte*. **3** Che non è collocato in linea diritta, o nel senso giusto, rispetto a un punto di riferimento: *il quadro che hai appeso è s.*; *questa riga è storta*. **4** (*fig.*) Erroneo, sbagliato: *idee storte* | (*fam.*) Sfavorevole, contrario, opposto al verso desiderato: *è una giornata storta*; *gli vanno tutte storte*. || **stortaménte**, avv. In modo storto; erroneamente. **B** in funzione di avv. ● In modo obliquo: *camminare s.* | *Guardare s.*, (*fig.*) guardare male, con severità, malanimo e sim.

stortùra [av. 1535] s. f. **1** Stortezza | (*fig.*) Cosa storta, ingiusta: *indignarsi per le storture di questo mondo*. **2** (*fig.*) Maniera erronea di giudicare, agire e sim.: *una s. mentale*; *un carattere che presenta molte storture*.

-story /'stɔ:ri/ [dall'ingl. *story* 'storia, racconto'] secondo elemento ● In parole composte, spec. del linguaggio giornalistico, significa 'storia', 'vicenda', spesso con implicazioni scandalistiche: *spy-story*, *love-story*, *tangenti-story*.

story board /'stɔ:ri,bɔ:d/ [loc. ingl., propr. 'quadro (*board*) del racconto (*story*)'; 1989] loc. sost. m. inv. (pl. ingl. *story boards*) ● Sequenza di bozzetti e didascalie che condensano la trama di un film, di un programma televisivo o di uno spot pubblicitario.

stoscanizzàre [da *toscanizzare*, con *s-*; 1891] **A** v. tr. ● Togliere le caratteristiche toscane. **B** v. intr. pron. ● Perdere le caratteristiche toscane.

†**stòscio** [da *stroscio*; av. 1292] s. m. ● Salto, precipizio.

stovaìna® [dal fr. *stovaïne*, deriv. sul modello di *cocaïne* dall'ingl. *stove* 'fornello' (trad. del n. dello scopritore, il fr. *Forneau*); 1923] s. f. ● (*chim.*) Derivato benzoico, usato per anestesia locale in sostituzione della cocaina.

♦**stovìglia** [lat. parl. **testulia* (nt. pl.), da *tēstu* 'vaso di terracotta', con aplologia. V. *testo* (*1*); 1243] s. f. ● (*spec. al pl.*) Piatti e vasellame per uso di cucina e di tavola: *lavare le stoviglie.*

stovigliàio [av. 1449] s. m. (f. *-a*) ● (*raro*) Chi lavora o vende stoviglie.

stoviglierìa [av. 1704] s. f. ● (*raro*) Quantità, assortimento di stoviglie | Fabbrica di stoviglie.

†**stovìglio** [1309] s. m. ● (*spec. al pl.*) Stoviglie.

stozzaménto [1940] s. m. ● (*raro*) Stozzatura.

stozzàre [da *stozzo*; av. 1400] v. tr. (*io stòzzo*) ● Lavorare di stozzo | Dare la convessità a una lastra metallica | Abbozzare col cesello o col bilanciere una forma.

stozzatóre [1960] s. m. (f. *-trice*) ● Chi stozza | Chi lavora alla stozzatrice.

stozzatrìce [da *stozzare*; 1922] s. f. ● Macchina utensile, usata per spianatura di superfici continue o di superfici a profilo qualsiasi con direttrici piane, spec. per eseguire scanalature. SIN. Mortasatrice.

stozzatùra [1940] s. f. ● Operazione dello stozzare.

stòzzo [dal longob. *stozza* 'maglio'. V. *stuzzicare* e *tozzo* (*1*); av. 1537] s. m. ● Strumento per stozzare | Specie di cesello o punzone con la testa stondata per dare la prima impronta a una lastra metallica.

stra- [lat. *ĕxtra* 'fuori'] pref. *1* Vale etimologicamente 'fuori': *straordinario, straripare.* *2* Indica eccesso: *strafare, stravizio.* *3* Esprime misura oltre il normale: *strapagare, stravincere.* *4* Premesso ad aggettivi li rende di grado superlativo: *stragrande, strapieno, stravecchio* (cfr. *stracittà, strapaese*). *5* Rafforzativo di *tra-* in casi come: *straboccare.*

†**strabalzaménto** [av. 1712] s. m. ● Lo strabalzare.

strabalzàre [comp. di *stra-* e *balzare*; sec. XIII] **A** v. tr. e intr. (aus. intr. *essere*, raro *avere*) ● (*raro*) Trabalzare. **B** v. tr. ● †Trasferire qlcu. molto lontano.

†**strabalzóni** [da *strabalzare*; av. 1708] avv. ● (*raro*) A balzi, balzelloni: *camminare s. per aver bevuto* | Anche nella loc. avv. ***a s.***

strabène [comp. di *stra-* e *bene*; av. 1604] avv. ● (*raro*) Benissimo.

strabenedire [comp. di *stra-* e *benedire*; 1891] v. tr. (coniug. come *benedire*) ● (*pop.*) Benedire grandemente | (*antifr.*) Maledire (*anche scherz.*): *che Dio ti strabenedica!*

strabére [comp. di *stra-* e *bere* (*1*); av. 1705] v. intr. (coniug. come *bere*; aus. *avere*) ● Bere troppo.

stràbico [da *strabismo*; 1892] agg.; anche s. m. (f. *-a*; pl. m. *-ci*) ● Che (o Chi) è affetto da strabismo.

strabiliànte [1936] part. pres. di *strabiliare*; anche agg. ● Sbalorditivo: *una notizia, un fatto s.*

strabiliàre [da *bile*, con *stra-*, propr. 'fare uscir la bile per lo spavento' (?); 1473] **A** v. intr. (*io strabilio*; aus. *avere*) ● Rimanere sbalordito per la meraviglia: *sono cose da s.*; *mi ha fatto s. con le sue prodezze.* **B** v. tr. ● Sbalordire, stupire al massimo grado: *la cosa mi ha strabiliato*; *mi ha strabiliato con le sue prodezze.*

strabiliàto [av. 1606] part. pass. di *strabiliare*; anche agg. ● Attonito, sbalordito: *restare s.*

†**strabìlio** [av. 1704] s. m. ● Lo strabiliare, spec. nella loc. ***dare nello s.***

†**strabilìre** [av. 1698] v. intr. ● Strabiliare.

strabìsmo [vc. dotta, dal gr. *strabismós*, da *strabós* 'losco'; 1745] s. m. ● (*med.*) Difetto di parallelismo dei due assi oculari: *s. convergente, divergente* | ***S. di Venere***, lieve strabismo, considerato un attributo del fascino femminile | ***S. convergente***, esotropia | ***S. accomodativo***, strabismo da eccessivo sforzo accomodativo con conseguente esaurimento della capacità accomodativa; SIN. Esotropia accomodativa.

straboccaménto [1342] s. m. ● (*raro*) Lo straboccare.

straboccàre [da *traboccare*, con sovrapposizione di *stra-*; sec. XIII] v. intr. (*io strabócco, tu strabócchi*; aus. *avere* se il sogg. è il recipiente, *essere* o *avere* se il sogg. è il liquido) *1* (*pop.*) Traboccare. *2* †Abbattersi, precipitare.

strabocchévole [da *straboccare*; 1300 ca.] agg. *1* Numeroso, straordinario, eccessivo: *ricchezza, folla, s.* SIN. Trabocchevole. *2* †Impetuoso | †Scosceso. || **strabocchevolménte**, avv. In modo strabocchevole, eccessivamente.

strabócco [da *straboccare*. V. *trabocco* (*1*); 1838] s. m. (pl. *-chi*) ● (*raro*) Trabocco.

strabometrìa [da *strabometro*; 1960] s. f. ● (*med.*) In oftalmologia, misurazione dell'entità dello strabismo.

strabòmetro [comp. di *strab(ismo)* e *-metro*; 1960] s. m. ● (*med.*) In oftalmologia, strumento per la misurazione dell'entità dello strabismo.

strabuzzaménto o **strabuzzaménto** [av. 1862] s. m. ● Lo strabuzzare gli occhi.

strabuzzàre o **strabuzzàre** [adattamento del gr. *strabízein* 'avere lo strabismo', da *strabós* 'strabico'; sec. XIV] v. tr. ● Stralunare, stravolgere, nella loc. ***s. gli occhi***, spalancarli, storcendoli in avanti con intensa fissità.

stracanàrsi [comp. di *stra-* e di un denominale di *cane*; 1865] v. intr. pron. ● (*tosc., fam.*) Affaticarsi, strapazzarsi.

stracannàggio [da *stracannare*; 1960] s. m. ● (*tess.*) Avvolgimento del filato da un rocchetto all'altro, per una successiva lavorazione.

stracannàre [da *canna*, con *stra-*; 1825] v. tr. ● (*tess.*) Avvolgere il filato su un altro rocchetto.

stracannatùra [1805] s. f. ● (*tess.*) Stracannaggio.

stracàrico o †**stracàrco** [comp. di *stra-* e *carico*; av. 1536] agg. (pl. m. *-chi*) ● Molto carico, troppo carico: *l'ascensore è s. di gente*; *l'autobus è s.*; *essere s. di lavoro.*

stràcca [da *straccare*; 1344 ca.] s. f. ● (*raro*) Grande stanchezza, spec. nella loc. ***pigliare una s.*** | †***A s.***, con gran forza | †***In s.***, precipitosamente.

straccabràccia [comp. di *stracca(re)* e il pl. di *braccio*; 1865] vc. ● (*pop., raro*) Solo nella loc. avv. ***a s.***, svogliatamente: *lavorare a s.*

straccadènti [comp. di *stracca(re)* e il pl. di *dente*; 1942] s. m. inv. ● (*dial.*) Specie di biscotto durissimo.

straccaganàsce [comp. di *stracca(re)* e il pl. di *ganascia*; 1931] s. m. inv. *1* (*rom.*) Straccadenti. *2* (*venez.*) Castagna sbucciata e seccata.

straccàggine [da *stracco*; av. 1729] s. f. ● (*raro*) Stanchezza, fiacca.

straccàle [da *stirare* (?); av. 1446] s. m. *1* Finimento che si attacca al basto e fascia i fianchi della bestia da soma | (*raro, fig.*) ***Portare lo s.***, essere un asino. *2* (*pop., tosc.*) Cencio | Cosa inutile, molesta. *3* (*spec. al pl.*) †Spallacci di zaino | †Bretelle di calzoni.

straccaménto [sec. XIII] s. m. ● (*raro*) Stanchezza, spossatezza.

straccàre [da *stracco*; av. 1320] **A** v. tr. (*io stràcco, tu stràcchi*) ● Rendere stracco, sfinito. **B** v. intr. pron. ● Stancarsi molto, diventare stracco.

straccatóia s. f. ● (*pop., tosc.*) Stracca.

straccatóio [1660 ca.] agg. ● (*raro, pop.*) Che stracca.

stracceria [da *straccio*; av. 1536] s. f. *1* Insieme, quantità di stracci. *2* †Bottega di robe minute, di cianfrusaglie.

stracchézza [da *stracco*; av. 1320] s. f. ● Senso di fiacchezza, di stanchezza.

stracchìno [da *stracco*, perché fatto con latte di vacche *stracche*, cioè stanche o per la discesa al piano dagli alpeggi o perché adibite ai lavori campestri (?); av. 1768] s. m. *1* Formaggio di pasta grassa e uniforme, non fermentato, prodotto in Lombardia con latte di vacca e messo in commercio in forme quadrate o rettangolari. *2* (*merid.*) Gelato in forma di mattonella, come il formaggio omonimo.

stracciàbile [1561] agg. ● Che si può stracciare.

†**stracciafòglio** [comp. di *straccia(re)* e *foglio*; 1343] s. m. ● Brogliaccio | Scartafaccio.

stracciaiòlo (1) o †**stracciaiuòlo**, (*dial.*) **stracciaròlo** [da *straccio*; 1385] s. m. (f. *-a*) ● Cenciaiolo, straccivendolo | Rigattiere.

stracciaiòlo (2) [da *stracciare*; sec. XIV] s. m. (f. *-a*) ● (*raro*) Operaio che col pettine straccia i bozzoli della seta.

stracciaménto [av. 1348] s. m. ● (*raro*) Lo stracciare, lo stracciarsi.

stracciàre [lat. parl. **extractiāre*, comp. di *ĕx-* (*s-*) e **tractiāre*, da *tractus*, part. pass. di *trāhere* 'tirare'. V. *trarre*; sec. XIII] **A** v. tr. (*io stràccio*) *1* Lacerare, rompere, tirando con violenza e riducendo in brandelli: *s. un vestito, un lenzuolo, un documento, una lettera*; *stracciarsi il vestito* | (*raro*) ***Stracciarsi i capelli***, strapparseli | ***Stracciarsi le vesti***, (*fig.*) abbandonarsi clamorosamente alla disperazione o alla rabbia | †Dilaniare (*anche assol.*). *2* (*tess.*) Sfilacciare con pettine di ferro la seta dei bozzoli. *3* (*fig., fam.*) In una competizione, vincere dimostrando grande superiorità nei confronti degli avversari: *s. gli avversari*; *ha stracciato tutti.* **B** v. intr. pron. ● Lacerarsi: *il foglio si è tutto stracciato.*

stracciaròlo ● V. *stracciaiolo* (*1*).

stracciasàcco [comp. di *straccia(re)* e *sacco*; av. 1400] vc. ● (*raro*) Solo nella loc. avv. ***a s.***, di sbieco, in cagnesco: *guardare qlcu. a s.*

stracciatèlla [da *stracciato*; 1931] s. f. *1* Minestra preparata gettando in brodo bollente uova sbattute, semolino e parmigiano. *2* Tipo di gelato alla crema contenente scaglie di cioccolato.

stracciàto [sec. XIII] part. pass. di *stracciare*; anche agg. *1* Ridotto in brandelli: *un abito s.* *2* Che ha i vestiti laceri, detto di persona: *si presentò tutto s.* *3* Detto di prezzo di assoluta concorrenza, estremamente ribassato: *prezzo s.*

stracciatùra [av. 1347] s. f. *1* (*raro*) Lacerazione. *2* (*tess.*) Pettinatura, cardatura dei bozzoli sfarfallati.

stràccio (1) [av. 1646] agg. (pl. f. *-ce*) *1* (*raro*) Stracciato. *2* Che è da stracciare, da farne stracci | ***Roba straccia***, di nessun valore | ***Carta straccia***, da macero.

♦**stràccio** (2) [da *stracciare*; sec. XIII] s. m. *1* Cencio, brandello di stoffa: *lo s. per il pavimento*; *passare lo s. per terra* | ***Ridursi uno s.***, in cattive condizioni, spec. fisiche | ***Sentirsi uno s.***, stremato di forze. *2* (*tess.*) Seta sfilacciata dai bozzoli col pettine. *3* (*fam.*) Persona o cosa qualsiasi, misera, di poco conto, nella loc. ***uno s. di***: *non avere neppure uno s. di vestito, di casa, di marito*, e sim. *4* (*spec. al pl., fam.*) Indumenti, effetti personali, e sim., spec. dimessi: *prendi i tuoi stracci e vattene.* *5* (*raro*) Strappo, rottura, in un indumento o in una stoffa. *6* (*disus.*) Niente, con valore raff., nelle loc. negative ***non essercene***, ***non trovarne***, ***non capirne***, e sim. uno s. *7* †Brano di scrittura. || PROV. Gli stracci vanno sempre all'aria. || **straccétto**, dim. | **stracciùccio**, dim. | **stracciuòlo**, dim.

straccióne [da *straccio*; av. 1541] **A** s. m. (f. *-a*) ● Persona con vesti stracciate, logore | Pezzente, miserabile. **B** agg. ● (*spreg.*) Miserabile, tipico dei miserabili: *imperialismo s.*

stracciòso [da *straccio*; av. 1557] agg. ● (*raro*) Che ha gli abiti stracciati, detto di persona.

straccivéndolo [comp. di *straccio* e di un deriv. di *vendere*, come *erbivendolo*, ecc.; 1949] s. m. (f. *-a*) ● Chi per mestiere compra e rivende stracci. SIN. Cenciaiolo, stracciaiolo (1).

stràcco [dal longob. *strak* 'stracco'; av. 1348] agg. (pl. m. *-chi*) *1* (*pop.*) Stanco, esausto, affaticato: *sentirsi, essere s.*; *essere s. dal lungo viaggio* | Fiacco: *andatura stracca*; *racconto s.* | ***Alla stracca***, fiaccamente, di malavoglia. *2* (*fig.*) Logorato dal lungo uso, non più efficace | ***Terreno s.***, stanco, esausto | (*fig., raro*) Che va estinguendosi: *sentimento, amore s.* || **straccùccio**, dim. || **straccaménte**, avv.

†**straccuràre** e *deriv.* ● V. *trascurare* e *deriv.*

stracittà [comp. di *stra-* e *città*. V. *strapaese*; 1927] s. f. ● Nel primo dopoguerra italiano, tendenza letteraria che propugnava, in opposizione al regionalismo nazionalistico, un'adesione alle correnti culturali europee.

stracittadino [comp. di *stra-* e *cittadino*; 1930] agg. ● Che presenta in sé al massimo i caratteri della vita cittadina.

stracòcere ● V. *stracuocere.*

stracollàre [da *collo* (*del piede*), con *stra-*; 1865]

v. tr. (*io stracòllo*) ● (*fam.*) Slogare: *stracollarsi un piede.*

stracollatùra [da *stracollare*; 1873] s. f. ● (*fam.*) Slogatura, spec. del piede.

stracólmo [comp. di *stra-* e *colmo*; 1937] agg. ● Traboccante, pieno zeppo (*anche fig.*): *un bicchiere s. di vino*; *un film s. di effetti speciali.*

stracontènto [comp. di *stra-* e *contento*; 1545] agg. ● (*fam.*) Molto contento.

†**stracotànza** ● V. *tracotanza.*

stracòtto [1692] **A** part. pass. di *stracuocere*; anche agg. *1* Troppo cotto: *riso s.* *2* (*fig.*, *scherz.*) Molto innamorato: *essere cotto e s.* **B** s. m. ● Pezzo di carne di manzo, cotto a lungo in casseruola con odori e verdure trite o passate. ‖ **stracottìno**, dim.

stracuòcere o (*pop.*) **stracòcere** [comp. di *stra-* e *cuocere*; 1745] v. tr. (coniug. come *cuocere*) ● Cuocere a lungo, o troppo.

♦**stràda** o (*lett.*) **istràda** [lat. tardo *strāta(m)*, f. sost. per *vĭa strāta* 'via lastricata', da *strātus*, part. pass. di *stĕrnere* 'stendere, lastricare'. V. †*sternere*, *strato*; 1211] s. f. (la forma letteraria *istrada* è oggi usata solo se preceduta da per o in) *1* Tratto di terreno, generalmente spianato o lastricato o asfaltato, che permette la comunicazione fra più luoghi: *costruire, fare, aprire una s.*; *selciare, lastricare, una s.*; *la manutenzione della s.*; *il ciglio, il fondo, la massicciata, il marciapiede della s.*; *all'angolo della s.*; *quella s. porta, conduce, va, a Roma*; *quella s. mette, sbocca, in piazza*; *s. ampia, larga, curva, stretta*; *s. piana, pianeggiante, erta, scoscesa*; *s. in salita, in discesa*; *s. acciottolata, asfaltata, lastricata, selciata*; *s. solitaria, deserta, battuta, frequentata*; *s. principale, secondaria*; *s. statale, provinciale, comunale*; *s. consolare*; *s. carrozzabile, camionabile*; *s. mulattiera* | *S. maestra*, †*s. regia*, †*s. corrente*, quella principale, che unisce due paesi o città | *S. alzata*, alzaia | *S. di circonvallazione*, il cui tracciato non attraversa il centro abitato ma gli gira attorno | *S. panoramica*, tracciata a scopo turistico in zona panoramica | *S. di uso pubblico*, bene parte del demanio statale, comunale o provinciale o appartenente a privati cittadini ma gravato da una servitù di uso pubblico | *S. privata*, appartenente a cittadini privati e da loro usata esclusivamente | *S. vicinale*, che serve a un numero ristretto di proprietari a cui è in parte a carico la manutenzione della stessa | *S. bianca*, non asfaltata | *Strade militari*, generalmente nelle zone di confine, in vista di particolari finalità strategico-logistiche | *S. ferrata*, ferrovia | *Dare sulla s.*, *guardare verso la s.*, di finestre, porte, e sim. che si aprono su di essa | *Attraversare la s.*, percorrerla in senso trasversale | *Tagliare la s. a qlcu.*, attraversarla improvvisamente, costringendo a una brusca frenata chi sopraggiunge; nelle corse ippiche, deviare irregolarmente dalla propria linea di azione, ostacolando l'avversario | *Codice della s.*, l'insieme organico delle norme che regolano la circolazione stradale | *Circolazione, traffico su s.*, che ha luogo fuori di città | *Corse su s.*, nel ciclismo, quelle, singole o divise in tappe, che non si svolgono in pista | *Gare fuori s.*, nell'automobilismo e nel motociclismo, quelle che si svolgono, almeno in parte, al di fuori delle strade normali, su terreno naturale | *S. coperta*, striscia di terreno intorno al fosso di una fortezza, dalla parte della campagna, coperta da un parapetto che si congiunge allo spalto a protezione dei difensori. *2* Via, cammino che conduce a un dato luogo, che consente di spostarsi da un luogo a un altro: *conoscere, sapere, insegnare, mostrare, la s. a qlcu.*; *sbagliare la s.*; *smarrire la s.*; *tenere una s.*; *cambiare s.*; *allungare la s.*; *fare una s.*; *facciamo la s. insieme?*; *essere sulla buona s.*; *scegliere la s. giusta*; *andare per la propria s.*; *la s. è lunga*; *essere a metà s.*; *non c'è molta s.*; *ci sono due kilometri di s.*; *c'è un'ora di s.* | *Mettersi in s.*, *incamminarsi per una s.*, *prendere la s.*, *mettersi la s. fra le gambe*, mettersi in cammino | *Divorare la s.*, andare molto veloce, detto di veicoli | *S. facendo*, mentre si cammina, durante il cammino | *Andare, finire, fuori s.*, uscire dai limiti della strada, detto di veicoli | *Fare s.*, percorrerla: *con questa benzina l'automobile fa molta s.*; (*fig.*) fare progressi, affermarsi, raggiungere il successo nella carriera, nella vita sociale e sim.: *è un ragazzo che farà s.*; *se continua così farà poca s.*; *ne ha fatta della s., da allora!*; *è un uomo che ha fatto molta s.*; *si è fatto s. da solo* | *Lasciare un lavoro a metà s.*, *fermarsi a metà s.*, (*fig.*) non terminare un lavoro, non portare a compimento un'iniziativa e sim. | *Uomo della s.*, uomo qualunque, uomo medio | †*Rompere le strade*, derubare, assalire i passanti. *3* (*fig.*) Condotta, modo di procedere, di comportarsi, di agire: *mettersi per una s.*; *tenere una s.*; *essere sulla buona s.*; *essere su una cattiva s.*; *cambiare s.*; *percorrere, seguire, la s. dell'onore, della virtù, del vizio, della perdizione* | *Andare per la propria s.*, mirare al proprio scopo, senza interessarsi di ciò che fanno o dicono gli altri | *Andare fuori s.*, cadere in errore | *Essere fuori s.*, essere in errore | *Mettere fuori s.*, far cadere in errore | *Scegliere, cercare, trovare, la propria s.*, *la s. giusta*, l'attività, la professione e sim. più congeniale alle proprie caratteristiche e aspirazioni. *4* (*fig.*) Condizione di miseria, di mancanza di mezzi, nelle loc. *mettere qlcu. sulla s.*; *mettere qlcu. in mezzo a una s.*; *lasciare sulla s.*; *trovarsi sulla s.* | Condizione di vita misera, poco seria o poco onesta nelle loc. *crescere per la s.*; *raccattare qlcu. di s.*; *raccogliere, prendere qlcu. dalla s.* *5* (*spreg.*) Nelle loc. *di s.*, *da s.*, indica volgarità, trivialità: *ragazzi di s.*; *parole da s.* | *Donna, donnaccia, di s.*, prostituta | *Ladro di s.*, brigante. *6* (*gener.*) Passaggio, varco (*anche fig.*): *farsi s. nei boschi*; *farsi s. tra la folla*; *aprirsi la s. fra i boschi*; *questa scoperta apre la s. a nuove applicazioni tecniche* | *Farsi s.*, rivelarsi, mostrarsi, detto di cose: *la verità si è finalmente fatta s.* | *Fare s. a qlcu.*, precederlo, guidarlo, mostrargli il cammino e sim. | *Fare, aprire, la s. a qlcu.*, agevolarlo in una attività, una professione e sim. | *Trovare la s. fatta*, affermarsi in una attività, una professione e sim. grazie ad ogni genere di agevolazioni. *7* (*fig.*) Mezzo, modo, per riuscire in un intento: *la s. per riuscire è quella*; *non c'è altra s.*; *bisogna tentare ogni s.*, *tutte le strade.* *8* (*est.*) Apertura, solco: *fare la s. alla sega, a una vite.* *9* (*est.*) Orbita: *la s. dei pianeti.* ‖ **stradàccia**, pegg. | **stradèlla**, dim. | **stradellina**, dim. | **stradellino**, dim. m. | **stradèllo**, dim. m. | **stradétta**, dim. | **stradettìna**, dim. | **stradicciòla**, **stradicciuòla**, dim. | **stradina**, dim. | **stradóne**, accr. m. (V.) | **stradùccia**, **stradùcola**, dim. | **stradùzza**, dim.

STRADA
nomenclatura

strada

● *caratteristiche*: acciottolata, lastricata = selciata, ammattonata, di terra battuta, a massicciata = a macadam, sterrata, asfaltata; statale, regionale, provinciale, comunale, vicinale; carovaniera, montana; panoramica, dissestata, interrotta, deformata, praticabile ⇔ impraticabile, tortuosa, a culla, a schiena d'asino; polverosa, bagnata, ghiacciata; di circonvallazione, d'accesso, di sbocco; selciata ⇔ disselciata, pubblica ⇔ privata, spaziosa = larga ⇔ stretta, comoda ⇔ scomoda, sicura ⇔ pericolosa, frequentata = affollata ⇔ deserta = vuota = sgombra, piana ⇔ erta = ripida = scoscesa, convergente ⇔ divergente, pedonalizzata; urbana ⇔ extraurbana;

● *tipi di strada*: via, traversa, viale, controviale, arteria, rete stradale, viabilità, vie di comunicazione; sentiero, scorciatoia, pista, mulattiera, tratturo, trazzera, viottolo, callaia, calle, carruggio; rotabile, carrareccia; stradone, camionabile, carrozzabile, superstrada, autostrada (cfr.), itinerario europeo, tracciato, bretella, passo carraio, meandro, rampa, viadotto, sopravia, soprelevata, sovrappasso, sottovia, sottopasso, cavalcavia, scorciatoia, raccordo (anulare, a cappio, a quadrifoglio), tratto, tronco, variante, anello stradale, tangenziale, asse attrezzato, circonvallazione, svincolo, curva, tornante, gomito, salita, discesa, bivio, trivio, quadrivio, incrocio, crocicchio = crocevia, attraversamento, pendenza, saliscendi, biforcazione, diramazione, confluenza, deviazione, strettoia, cunetta, dosso, fosso; viaggio, percorso, direzione, mano ⇔ contromano, senso di marcia, meta, transito, rettilineo, isola rotazionale, pista ciclabile, area pedonale = isola pedonale, passaggio pedonale; lungomare, lungolago; pista, autodromo circuito;

● *parti della strada*: pavimentazione, fondo stradale (bagnato, scivoloso), massicciata, terrapieno, greppo = scarpata, cunetta, manto, carreggiata, piano stradale, corsia (di marcia, di sorpasso, di sosta = di emergenza), mezzeria = asse stradale, banchina (transitabile, non transitabile, di servizio, spartitraffico), guardrail, marciapiede, salvagente, serpentone, paracarro; coppa giratoria, piazzola, ciglio, ciglione, margine, parapetto; segnaletica (orizzontale ⇔ verticale); asfalto, compressore stradale, acciottolato, pavé;

● *persone*: cantoniere = stradino; catramista;

● *segnaletica stradale*: cartello (triangolare, quadrangolare, circolare; di pericolo, di indicazione, di prescrizione);

● *segnaletica orizzontale*: strisce bianche (continue, discontinue, affiancate, alternate), strisce gialle, strisce azzurre; chiodi, gemme, rifrangenti, frecce direzionali, mezzeria, linea di arresto, passaggio pedonale, strisce pedonali = zebratura, attraversamento ciclabile, fermata di autobus, area preclusa al parcheggio, delimitazione zona di parcheggio, divieto di sosta, canalizzazione, stop;

● *segnali luminosi di circolazione*: semaforo (pensile, a colonnina, per veicoli, tranviario, pedonale; luce gialla, verde, rossa), frecce direzionali.

stradaiòlo [1912] s. m. (f. *-a*) ● (*raro*) Stradista.

♦**stradàle** [1838] **A** agg. ● Di strada, attinente a strada: *piano, polizia s.* | *Cartello s.*, cartello indicatore, targa stradale | *Carta s.*, carta geografica ove sono segnate con particolare rilievo le strade, le distanze ed eventualmente le loro condizioni, ad uso degli automobilisti | *Macchine stradali*, usate per lavori stradali. **B** s. f. ● (*ellitt.*) Polizia stradale. **C** s. m. ● (*raro*) Viale.

stradaménto [da *stradare*; 1683] s. m. ● (*raro*) Instradamento.

stradàre [da *strada*; 1380] **A** v. tr. ● (*raro*) Instradare. **B** v. intr. e intr. pron. (aus. *essere*) ● Instradarsi | Incamminarsi.

stradàrio [1913] s. m. ● Elenco alfabetico delle strade di una città con le relative indicazioni per trovarle.

stradicò ● V. *straticò.*

stradicòto ● V. *straticò.*

†**stradière** [da *strada*; av. 1524] s. m. ● Daziere.

stradino [1551] s. m. (f. *-a*) *1* Operaio che lavora alla manutenzione delle strade. *2* (*pop.*, *tosc.*) Persona di strada.

stradiòto o **stradiòtto** [vc. venez., dal gr. *stratiṓtēs* 'soldato', da *stratiá* 'esercito' (prob. d'orig. indeur.); sec. XV] s. m. ● Soldato a cavallo, armato alla leggera, assoldato dall'antica repubblica di Venezia tra albanesi, bulgari, greci e dalmati. SIN. Cappelletto.

stradista [da *strada*; 1939] s. m. e f. (pl. m. *-i*) ● Corridore ciclista specialista delle gare su strada. SIN. Routier. CFR. Pistard.

stradivàrio [da *Stradivarius*, forma latinizzata di A. *Stradivari* (1643/44-1737), cognome del costruttore; 1862] s. m. ● Violino o violoncello fabbricato da Antonio Stradivari.

stradóne [1587] s. m. *1* Accr. di *strada.* *2* Grande strada, spec. alberata e periferica.

stradóppio [comp. di *stra-* e *doppio*; av. 1712] agg. ● (*bot.*) Detto di fiore in cui stami e pistilli sono sostituiti da petali.

stradotàle [comp. di *stra-* e *dotale*; av. 1750] agg. ● (*pop.*) Extradotale.

†**straère** ● V. *estrarre.*

†**strafalciàre** [comp. di *stra-* e *falciare*, propr. 'falciare a casaccio'; av. 1565] v. intr. ● Lavorare malamente.

strafalcióne [da *strafalciare*; av. 1565] s. m. *1* Errore, sproposito grossolano: *dire, scrivere, uno s.* *2* (f. *-a*) (*pop.*, *raro*) Chi lavora grossolanamente, senza cura.

strafàre [comp. di *stra-* e *fare* (*1*); av. 1535] v. intr. (pres. *io strafàccio* o *strafò*, *tu strafài*, *egli strafà*; nelle altre forme coniug. come *fare*; aus. *avere*) ● Fare più di quanto occorre o conviene: *è uno che vuole sempre s.*

strafàtto [av. 1729] part. pass. di *strafare*; anche agg. *1* Troppo maturo, detto di frutta: *pere strafatte.* *2* Fatto da tempo, spec. nella loc. *essere fatto e s.* *3* (*fig.*, *gerg.*) Ubriaco fradicio o drogato.

strafelàrsi [da *trafelare*, con sovrapposizione di *stra-*; av. 1597] **v. intr. pron.** (*io mi strafélo*) ● (*pop.*, *tosc.*) Affannarsi, agitarsi, nel camminare, nel lavorare e sim.

strafico o **strafigo** [comp. di *stra-* e *fico* (*3*); 1986] **A agg.** (**pl. m.** *-chi*) ● (*fam.*) Eccezionalmente piacevole, divertente, riuscito: *una festa strafiga.* **B s. m.** (**f.** *-a*) ● (*volg.*) Persona vistosamente bella, spec. di sesso femminile.

†**strafiguràre** e *deriv.* ● V. *trasfigurare e deriv.*

†**strafigurire** ● V. *trasfigurire.*

strafilàggio [da *strafilare*; 1937] **s. m.** ● (*mar.*) Unione di due lembi di tela, forniti di appositi occhielli, mediante uno spago che viene infilato a zigzag negli stessi | Un tempo, cordicella con cui i marinai legavano la branda dopo averla chiusa.

strafilàre [da *filo*, con *stra-*; 1937] **v. tr.** ● (*mar.*) Unire due pezzi di tela mediante strafilaggio.

strafogàrsi [prob. sta per *stra*(*af*)*fogarsi*; sec. XVI] **v. rifl.** (*io mi strafógo, tu ti strafóghi*) ● (*centr.*) Rimpinzarsi, ingozzarsi.

straforàre [da *traforare*, con sovrapposizione di *stra-*; 1547] **v. tr.** (*io strafóro* (o *-ò-*)) ● (*raro*, *pop.*) Traforare: *un po' di crepuscolo ... straforava le macchie dei fichidindia* (VERGA).

†**straformàre** ● V. *trasformare.*

strafóro (o *-ò-*) [da *straforare*. V. *traforo*; sec. XV] **s. m.** ● (*raro*) Traforo, piccolo foro da parte a parte: *lavorare di s.*; *lima da s.* | ***Lavori di s.***, filigrane | ***Di s.***, (*fig.*) di nascosto, di sfuggita: *vedersi, incontrarsi di s.*

strafottènte [1856] **part. pres.** di *strafottere*; anche **agg.** e **s. m.** e **f.** ● Che (o chi) manifesta un arrogante disinteresse per tutto ciò che riguarda gli altri. || **strafottenteménte**, **avv.**

strafottènza [1891] **s. f.** ● Caratteristica di chi è strafottente | Atteggiamento strafottente.

strafóttere [comp. di *stra-* e *fottere*; 1861] **A v. tr.** e **intr.** (**aus.** *avere*) ● (*volg.*) Fottere più volte | Nella loc. avv. ***a s.***, in grande quantità: *avere soldi a s.* **B v. intr. pron.** ● (*volg.*) Infischiarsene, mostrare assoluta noncuranza per qlcu. o qlco. (spec. nella forma *strafottersene*): *me ne strafotto di tutti.*

strāge [vc. dotta, dal lat. *strāge*(*m*) 'abbattimento, macello', da *stĕrnere* 'abbattere'. V. †*sternere*; av. 1363] **s. f. 1** Uccisione violenta di un gran numero di persone o animali insieme: *fare una s.*; *menare, seminare s.*; *la s. degli innocenti*; *la s. di Piazza Fontana a Milano nel 1969*; *i cacciatori hanno fatto s. di lepri* | (*est.*) Mortalità diffusa: *la peste fece s. fra le popolazioni in Europa nel XIV secolo.* **2** Distruzione, rovina di cose: *la s. dell'eccedenza di mele prodotte nel Ferrarese* | (*fig.*) ***Fare s. di cuori***, fare innamorare di sé molte persone. **3** (*fig.*, *est.*) Esito rovinoso, risultato pesantemente negativo: *che s. quest'anno agli esami di maturità!* **4** (*antifr.*) Grande quantità, abbondanza: *dopo le ultime piogge c'è stata una s. di funghi.* **5** †Mucchio di cadaveri.

stragìsmo [da *strage*; 1984] **s. m.** ● Strategia eversiva basata sul ricorso a stragi e attentati come mezzi per sconvolgere la vita civile e destabilizzare lo Stato.

stragìsta [1983] **A s. m.** e **f.** (**pl. m.** *-i*) ● Chi teorizza e pratica lo stragismo. **B agg.** ● Che appartiene allo stragismo o si basa sullo stragismo: *gruppo, terrorismo s.*

stragiudiziàle o **stragiudiciàle** [comp. di *stra-* e *giudiziale*; 1673] **agg.** ● (*dir.*) Extragiudiziale.

stràglio ● V. *strallo.*

†**stràgno** [lat. *extrāneu*(*m*) 'estraneo', da *ĕxtra* 'fuori'. V. *estraneo, strano*] **agg. 1** V. *estraneo.* **2** (*raro*, *poet.*, *fig.*) Aspro, crudele.

stragodére [comp. di *stra-* e *godere*; av. 1315] **v. intr.** (**coniug.** come *godere*; **aus.** *avere*) ● (*fam.*) Godere moltissimo.

stragónfio [comp. di *stra-* e *gonfio*; 1873] **agg.** ● Molto gonfio.

stragrànde [comp. di *stra-* e *grande*; 1363] **agg.** ● Molto grande.

stralciàre [da *tralcio*, con *s-*; 1353] **v. tr.** (*io stràlcio*) **1** (*raro*) Tagliare i tralci alle viti. **2** Levare via, togliere da un insieme: *s. un nome da un elenco.* **3** Levare via, liquidare: *s. una partita da un conto*; *s. i crediti* | ***S. un'azienda, una società commerciale***, metterla in liquidazione.

stralciatùra [1803] **s. f.** ● Lavoro dello stralciare le viti.

stràlcio [da *stralciare*; 1568] **A s. m. 1** Lo stralciare, il levare via da un insieme | Ciò che si stralcia | Scelta. **2** Liquidazione: *mettere in s.*; *vendere a s.*; *partita di s.* | †***Tirare avanti per lo s.***, trascinare alla meglio il resto della vita. **B** in funzione di **agg. inv.** ● (posposto al s.) In alcune loc. | ***Legge s.***, quella contenente solo una parte, rivolta agli aspetti più urgenti di una materia, delle norme di una legge più ampia | ***Ufficio s.***, quello che, dopo la soppressione di un ente o di un organo, ne cura la liquidazione della gestione risolvendo o affidando ad altri enti le questioni già di sua competenza | ***Sezione s.***, sezione del Tribunale incaricata di smaltire gli arretrati delle cause civili pendenti.

stràle [dal longob. *strāl* 'freccia'; av. 1294] **s. m. 1** (*poet.*) Freccia, saetta (*anche fig.*): *al nervo adatta del suo stral la cocca* (POLIZIANO); *gli strali delle calunnie, dell'amore.* **2** (*est.*, *poet.*) Colpo, trafittura, dolore. || **stralétto**, **dim.**

straliciàre [da *tralice*, con *s-*; 1891] **v. tr.** (*io stralìcio*) ● (*tosc.*) Tagliare in tralice.

straliciatùra [1891] **s. f.** ● (*tosc.*) Operazione dello straliciare | Pezzo tagliato in tralice: *un vestito ... guernito con una s. di seta nera* (DE AMICIS).

strallàre [da *strallo*; 1960] **v. tr.** ● (*edil.*) Applicare stralli a un palo, a una struttura metallica e sim.

strallétto [dim. di *strallo*; 1838] **s. m. 1** (*mar.*) Dim. di *strallo.* **2** (*mar.*) Manovra dormiente che sostiene l'albero verso prua, in posizione intermedia tra l'albero e lo strallo principale | Nell'attrezzatura tradizionale, ciascuno degli stralli del belvedere, del velaccio e del velaccino.

stràllo o **stràglio** [di etim. incerta: dall'ant. fr. *estail* 'canapo per issare le merci su una nave', con epentesi di *-r-* (?); 1712] **s. m. 1** (*mar.*) Manovra dormiente, spec. in cavo metallico, che sostiene l'albero verso prua e al quale sono inferiti i fiocchi | ***S. avvolgibile***, quello dotato di un avvolgitore per ridurre o serrare la vela | ***Vela di s.***, quella inferita sullo strallo intermedio di un'imbarcazione a più alberi. ➡ **ILL.** p. 2155 SPORT; p. 2172-2173 TRASPORTI. **2** Tirante di acciaio che vincola una struttura metallica per impedirne la flessione. ➡ **ILL.** p. 2141 SCIENZE DELLA TERRA ED ENERGIA. || **strallétto**, **dim.** (V.).

strallògi ● V. *stalloggi.*

stralodàre [comp. di *stra-* e *lodare*; 1710] **v. tr.** (*io stralòdo*) ● Lodare molto, eccessivamente.

stralucènte [comp. di *stra-* e *lucente*; sec. XIII] **agg.** ● (*raro*) Molto lucente.

stralunaménto [av. 1698] **s. m.** ● (*raro*) Lo stralunare.

stralunàre [da *luna* 'bianco degli occhi', con *stra-*; 1313] **v. tr.** ● Detto degli occhi, sbarrarli e stravolgerli, per malore, forte emozione, e sim. **SIN.** Strabuzzare.

stralunàto [av. 1400] **part. pass.** di *stralunare*; anche **agg. 1** ***Occhi stralunati***, sbarrati. **2** Stravolto, fuori di sé: *era tutto s.*

stramaledétto [1947] **part. pass.** di *stramaledire*; anche **agg.** ● (*enfat.*) Maledetto: *non riesco ad aprire quella stramaledetta serratura!*

stramaledire [comp. di *stra-* e *maledire*; 1891] **v. tr.** (**coniug.** come *maledire*) ● (*fam.*) Maledire con veemenza: *che Dio la stramaledica!*

stramangiàre [comp. di *stra-* e *mangiare* (*1*); 1816] **v. intr.** (*io stramàngio*; **aus.** *avere*) ● (*raro*) Mangiare smoderatamente.

stramatùro [comp. di *stra-* e *maturo*; 1551] **agg.** ● (*fam.*) Più che maturo, detto di frutto.

stramazzàre [da *mazza*, con *stra-*, propr. 'essere abbattuto da un colpo di mazza'. V. *ammazzare*; av. 1347] **A v. tr.** ● (*raro*) Gettare disteso per terra: *con un colpo in testa lo stramazzò.* **B v. intr.** (**aus.** *essere*) ● Cadere pesantemente a terra, per malore, percosse, e sim.: *stramazzò al suolo*; *colto da malore, stramazzò sul pavimento.*

stramazzàta [1600] **s. f.** ● (*raro*) Il fatto di stramazzare.

stramazzétto [da *stramazzare*] **s. m.** ● Solo nelle loc. ***fare, dare, s.***, fare, dare, stramazzo, in alcuni giochi di carte.

stramàzzo (*1*) [da *stramazzare*; sec. XIII] **s. m. 1** Il fatto di stramazzare: *dare uno s. in terra*; *cadere giù di s.* **2** ***Fare, dare s.***, in alcuni giochi di carte, vincere tutte le partite tranne una. **3** (*idraul.*) Apertura praticata nella parete di un bacino contenente del liquido che risulta parzialmente sommersa: *bocca a s.*

stramàzzo (*2*) [da *strame*; av. 1405] **s. m.** ● (*dial.*) Grosso panno di lino, lana o sim. ripiegato più volte, su cui si può dormire in mancanza del letto | Materasso da letto | Saccone da letto | Pagliericcio: *sul suo s.*, *in un angolo, era buttato un giubbone* (VERGA).

stramazzóne [da *stramazzare*; 1481] **s. m.** ● Forte stramazzo, pesante caduta a terra: *dare uno s. in terra.*

†**stràmba** [abbr. di *corda stramba*, da *strambo* 'ritorto'; 1313] **s. f.** ● Fune di fibre vegetali intrecciate.

strambàre [da *stramba* (?); av. 1537] **v. intr.** (**aus.** *avere*) **1** (*mar.*) Virare di poppa | ***Far s. la randa***, portare la randa sul bordo opposto, volontariamente o involontariamente. **2** (*mar.*, *assol.*) Far strambare. **3** †Torcersi, detto del legno.

†**strambasciàre** ● V. *trambasciare.*

strambàta [da *strambare*; 1992] **s. f.** ● (*mar.*) Il fatto o la manovra dello strambare nei sign. 1 e 2: *s. volontaria, involontaria* | ***S. cinese***, incidente di manovra in cui la parte superiore della randa rimane sul bordo precedente.

†**strambellàre** [1525] **v. tr. 1** Ridurre in strambelli. **2** (*raro*, *fig.*) Biasimare, censurare.

†**strambèllo** [sovrapposizione di *straccio* a *brandello* (?); 1553] **s. m.** ● Brandello, straccio.

stramberìa [av. 1686] **s. f.** ● Caratteristica di chi (o di ciò che) è strambo | Atto, discorso e sim., strambo: *la Natura fa una delle sue solite stramberie* (PIRANDELLO).

†**strambézza** [da *strambo*; av. 1799] **s. f.** ● Stortezza.

stràmbo [lat. tardo *strămbu*(*m*), variante del classico *străbus* 'strabico, storto'; 1481] **agg. 1** Strano, bizzarro, stravagante: *idee strambe*; *è una testa stramba*; *che tipo s.!* **2** (*disus.*) Storto: *gambe strambe* | ***Occhi strambi***, strabici. **3** (*disus.*) Ritorto | ***Corda stramba***, fatta di fibre vegetali intrecciate. || **strambaménte**, **avv.**

strambòtto [dall'ant. fr. *estribot* 'componimento satirico', da *estribar* 'staffilare', con sovrapposizione di *strambo*; sec. XIII] **s. m. 1** Breve componimento poetico satirico o amoroso, di otto endecasillabi a rima alternata. **2** (*raro*) Poesia di poco conto | (*fig.*, *disus.*) Cosa non vera, fandonia: *raccontare strambotti.*

strambòttolo [av. 1568] **s. m.** ● (*pop.*) Strambotto.

stràme [lat. *strāme*(*n*) (nom. acc. nt.) 'paglia, lettiera', da *stĕrnere* 'stendere'; 1313] **s. m.** ● Paglia, fieno e sim., usati per alimento o lettiera al bestiame | Erbe secche.

†**strameggiàre** [da *strame*, con suff. iter.-intens.; 1525] **v. intr.** ● Mangiare strame, detto del bestiame.

strameritàre [comp. di *stra-* e *meritare*; 1985] **v. tr.** (*io stramèrito*) ● Meritare ampiamente: *s. un premio, una punizione.*

stramoggiàre [comp. di *stra-*, prob. metatesi di *tras-*, e di *moggio*; 1691] **v. intr.** (*io stramòggio*; **aus.** *essere* e *avere*) **1** (*pop.*, *tosc.*) Sovrabbondare. **2** (*pop.*, *tosc.*) Soddisfare pienamente, nella loc. ***non mi stramoggia.***

stramònio [dal lat. mediev. *stramōniu*(*m*), prob. dal classico *strūmus* 'solano', di etim. incerta, con sovrapposizione di *strāmen* 'strame, paglia', perché la pianta cresceva spec. presso gli stazzi delle bestie; 1726 ca.] **s. m.** ● Pianta delle Solanacee (*Datura stramonium*) con foglie irregolarmente lobate e dentate e corolla a forma di imbuto; l'infuso delle foglie dà effetti allucinogeni. **CFR.** Datura, daturismo.

†**stramortire** ● V. *tramortire.*

strampalatàggine [av. 1712] **s. f.** ● (*raro*) Strampaleria.

†**strampalaterìa** [av. 1712] **s. f.** ● Strampaleria.

strampalàto [di etim. discussa: da *trampali* 'trampoli', con *s-*; av. 1686] **agg.** ● Strano, stravagante, illogico: *ragionamenti strampalati*; *un ragazzo piuttosto s.* || **strampalatóne**, **accr.** || **strampalataménte**, **avv.**

strampalerìa [av. 1752] **s. f.** ● Condizione di chi è strampalato | Comportamento, atto, discorso strampalato.

stramuràle **agg.** ● Extramurale.

†**stranàre** [da *strano*; av. 1294] **v. tr. 1** Allontana-

re, alienare. SIN. Straniare. *2* Bistrattare.

†straneàre ● V. *straniare*.

stranézza [av. 1300] **s. f.** *1* Caratteristica di chi (o di ciò che) è strano. *2* Atto, discorso, comportamento, strano: *le sue stranezze mi preoccupano*. *3* (*fis.*) Numero quantico attribuito ai barioni, uguale all'ipercarica meno il numero barionico. *4* †Maltrattamento, angheria.

strange /streindʒ, *ingl.* streɪndʒ/ [vc. ingl., da *strange* (*particle*) '(particella) strana', dal fr. ant. *estrange*, dal lat. *extrāneus*; 1990] **s. m. inv.** ● (*fis.*) Numero quantico corrispondente al terzo tipo (o sapore) di quark.

†strángio [dall'ant. fr. *estrange*, dal lat. *estrāneu(m)* 'strano'. V. *estraneo, strano*] **agg.**; anche **s. m.** ● (*raro*) Straniero, forestiero.

†strangoglióne ● V. *stranguglione*.

strangolaménto [1576] **s. m.** ● Lo strangolare, il fatto di venire strangolato: *morire in seguito a s.*

strangolaprèti [trentino *strangolapret*, comp. di *strangolar* 'strangolare' e *pret* 'prete'; av. 1542] **s. m. pl.** ● (*cuc., dial.*) Strozzapreti.

strangolàre [lat. *strangulāre*, dal gr. *strangalân* 'strangolare', da *strangálē* 'laccio'; av. 1292] **A v. tr.** (*io stràngolo*) *1* Uccidere, ostruendo le vie respiratorie al collo: *lo strangolò mentre dormiva*; *la ragazza fu strangolata con un laccio*. SIN. Soffocare, strozzare. *2* (*est., iperb.*) Stringere al collo impedendo il respiro: *questa cravatta mi strangola*. *3* (*fig.*) Mettere alle strette, soffocare: *provvedimenti che strangolano l'economia della regione*; *s. un'iniziativa*. *4* (*mar.*) †Imbrogliare le vele. **B v. intr. pron.** *1* Morire strozzato: *è rimasto impigliato nelle corde e si è strangolato*. *2* †Sgolarsi, gridare a squarciagola.

strangolàto [av. 1292] **part. pass.** di *strangolare*; anche **agg.** ● Nei sign. del v.

strangolatóre [lat. tardo *strangulatōre(m)*, da *strangulātus* 'strangolato'; av. 1530] **s. m.** (f. *-trice*) ● Chi strangola.

strangolatòrio [av. 1566] **agg.** ● (*raro*) Che strangola (*spec. fig.*): *condizioni strangolatorie*.

strangolatùra [1877] **s. f.** ● (*raro*) Strangolamento.

strangolazióne [vc. dotta, dal lat. *strangulatiōne(m)*, da *strangulātus* 'strangolato'; sec. XIV] **s. f.** ● (*raro*) Strangolamento.

stràngoli [deriv. di *strangolare*; 1973] **s. m. pl.** (**sing.** *-o*) ● Attrezzi del fucinatore per produrre strozzature nel metallo.

stranguglióne o **†strangoglióne** [da *strangolare*; sec. XIII] **s. m.** *1* (*veter., pop.*) Adenite equina. *2* (*spec. al pl.*) Singhiozzo, senso di peso allo stomaco e di soffocamento per avere mangiato troppo: *avere gli stranguglioni*; *farsi venire gli stranguglioni*; *uno s. di risa*.

strangùria o **stranguria** [vc. dotta, dal lat. *strangūria(m)*, dal gr. *strangouría*, comp. di *stránx*, genit. *strangós* 'goccia, stilla', e *-ouría*, da *aurêin* 'urinare'. V. *urea*; av. 1320] **s. f.** ● (*med.*) Emissione difficoltosa e intermittente dell'urina, spesso a gocce, durante la minzione.

straniaménto [1928] **s. m.** *1* (*raro*) Lo straniare, lo straniarsi. *2* In letteratura, procedimento compositivo mirante a generare una nuova e inconsueta visione di una realtà già nota, mediante la modificazione delle tecniche espressive e la deformazione degli automatismi del linguaggio comune | Nel teatro e nel cinema, senso di distacco dello spettatore nei confronti della vicenda rappresentata, provocato da un autore o da un attore mediante varie tecniche.

straniàre o **†straneàre** [lat. tardo *extraneāre*, da *extrāneus* 'stranio'; av. 1292] **A v. tr.** (*io strànio*) ● (*raro, lett.*) Allontanare: *s. qlcu. dalla famiglia*; *s. l'animo di qlcu. dalla famiglia*. **B v. rifl.** ● V. *estraniarsi*.

straniàto [av. 1243] **part. pass.** di *straniare*; anche **agg.** *1* (*raro*) Allontanato. *2* Assente, distante, profondamente assorto: *espressione straniata*.

♦**stranièro** o **†stranière**, spec. nel sign. B [dall'ant. fr. *estrangier*, da *estrange* 'estraneo'. V. †*strangio*; sec. XIII] **A agg.** *1* Relativo ad altro soggetto di diritto internazionale: *deliberare un provvedimento giurisdizionale s.* | (*anton.*) Di persona avente la cittadinanza di uno stato estero: *turisti stranieri*. CFR. xeno-. *2* Che è proprio di un paese, di una nazione e sim. diversa dalla propria: *terra straniera*; *lingue straniere*; *usi stranieri*; *accento s.*; *popolo s.* *3* Che si riferisce a un popolo nemico e invasore: *esercito s.*; *invasione, occupazione, dominazione straniera*. *4* (*lett.*) Estraneo: *sentirsi s. in un luogo*; *giovani madri che a straniera lotta / non concedean gl'infanti* (FOSCOLO). *5* †Strano. *6* †Alieno, nella loc. *s. da qlco.* **B s. m.** *1* (f. *-a*) Cittadino di altro stato: *lo s. ha diritto d'asilo*. *2* Popolo nemico e invasore: *essere oppressi dallo s.*; *essere soggetti allo s.*; *languire sotto lo s.*; *cacciare lo s.*; *morte allo s.!*

†stranièzza [da †*stranio*; 1483] **s. f.** ● (*raro*) Stranezza, stravaganza.

†strànio [lat. *extrāneu(m)* 'estraneo', da *ēxtra* 'fuori'. V. *estraneo, strano*; av. 1243] **agg.** *1* (*poet.*) Straniero, forestiero. *2* V. *estraneo*. *3* V. *strano*.

stranìre [da *strano*; av. 1726] **v. tr.** (*io stranisco, tu stranìsci*) ● Rendere strano, inquieto, turbato.

stranìto [av. 1755] **part. pass.** di *stranire*; anche **agg.** ● Innervosito | Intontito: *è ancora s. dal sonno*.

♦**stràno** o (*poet.*) **†strànio** [lat. *extrāneu(m)* 'estraneo', da *ēxtra* 'fuori'. V. *estraneo*; av. 1276] **A agg.** *1* Che è diverso dal consueto e dal normale: *parla una lingua strana*; *veste in modo s.*; *porta uno s. cappello* | Che, per le sue caratteristiche, provoca stupore, turbamento o sospetto: *è veramente un fatto s.*; *è uno s. caso*; *talvolta succedono strani fenomeni*; *sentì uno s. rumore*; *quelle strane parole lo spaventarono* | ***Essere, parere, sembrare s.***, di cosa difficile a credersi e a pensarsi: *è s. che non sia venuto*; *mi pare s. che non telefoni*; *non vi sembri s. se non ci sarò*. *2* Detto di persona, che pensa, agisce e sim., in modo diverso da quello della maggior parte della gente: *è un ragazzo s.*; *un tipo molto s.*; *che s. carattere!* *3* †Straniero, forestiero. *4* †Sgarbato, scortese. *5* (*poet.*) †Romito, selvaggio, detto di strade, luoghi, e sim. *6* †Eterogeneo. *7* V. *estraneo*. || **stranaménte**, **avv.** **B s. m.** solo **sing.** *1* Ciò che è diverso dal consueto, dal normale: *questo è lo s.* *2* †Straniero.

stranutàre ● V. *starnutare*.

stranutìre ● V. *starnutire*.

stranùto ● V. *starnuto*.

straordinariàto [1873] **s. m.** ● Condizione e durata di ufficio o carica straordinaria.

straordinarietà [av. 1704] **s. f.** ● Caratteristica, condizione di ciò che è straordinario.

♦**straordinàrio** o **†estraordinàrio** [vc. dotta, dal lat. *extraordināriu(m)*, comp. di *ēxtra* 'stra-' e *ordinārius* 'ordinario'; 1321] **A agg.** *1* Che è fuori dell'ordinario, rispetto alla natura o alla consuetudine stabilita o seguita: *caso, avvenimento, fatto, fenomeno, s.*; *spesa, vendita, straordinaria*; *recita straordinaria* | ***Treno s.***, che viene effettuato quando se ne manifesta la necessità | ***Assemblea straordinaria***, che può essere convocata in qualsiasi momento per deliberare su oggetto o su fatti eccezionali di preminente importanza | ***Imposta straordinaria***, istituita per necessità eccezionali | ***Lavoro s.***, eccezionalmente prestato dal lavoratore al di fuori dell'orario normale di lavoro | ***Impiegato s.***, assunto temporaneamente | ***Professore s.***, nell'ordinamento universitario italiano, professore di ruolo nei tre anni successivi alla nomina per concorso. CONTR. Ordinario. *2* Molto grande, notevole: *successo s.*; *forza, potenza, straordinaria* | Singolare, eccezionale: *spettacolo s.*; *persona di straordinaria bontà*; *qui è il meraviglioso ..., rappresentare un mondo così s. con semplicità e naturalezza* (DE SANCTIS). || **straordinariaménte**, **avv.** In modo straordinario; oltremodo: *straordinariamente affascinante*. **B s. m.** *1* (*ellitt.*) Lavoro straordinario | Compenso per tale lavoro, maggiorato rispetto alla retribuzione ordinaria. *2* (f. *-a*) (*ellitt.*) Impiegato, professore, straordinario.

straorzàre o **straorẓàre** [comp. di *stra-* e *orzare*; av. 1557] **v. intr.** (*io straòrzo* o *straòrẓo*; aus. *avere*) ● (*mar.*) Portare improvvisamente e involontariamente la prua al vento, per errore di manovra, colpo di vento o di mare, detto di un'imbarcazione a vela. CONTR. Strapoggiare.

straorzàta o **straorẓàta** [da *straorzare*; 1838] **s. f.** ● (*mar.*) Lo straorzare.

strap /strap, *ingl.* stɹæp/ [vc. ingl., propr. 'cinghia'; 1985] **s. m. inv.** ● Contratto di borsa che conferisce al compratore la facoltà di ritirare, entro un termine prefissato, la quantità di titoli pattuita, oppure di consegnarne la metà allo stesso prezzo. CFR. Noch, strip (2).

strapaeṣàno [comp. di *stra-* e *paesano*; 1928] **A agg.** ● Detto di ciò che presenta in sé al massimo grado i caratteri della vita del proprio paese. **B agg.**; anche **s. m.** (f. *-a*) ● Aderente al movimento letterario di Strapaese.

strapaéṣe [comp. di *stra-* e *paese*; 1927] **s. m.** ● (*letter.*) Nel primo dopoguerra italiano, corrente letteraria che propugnava un ritorno alla schiettezza delle tradizionali culture paesane delle regioni italiane, opponendosi all'ammirazione e all'imitazione dei modelli letterari stranieri.

strapagàre [comp. di *stra-* e *pagare*; 1536] **v. tr.** (*io strapàgo, tu strapàghi*) ● Pagare troppo (*anche assol.*): *pagare e s.*

straparlàre [comp. di *stra-* e *parlare* (*1*); 1526] **v. intr.** (aus. *avere*) ● Parlare troppo, a sproposito | Vaneggiare.

strapazzaménto [1557] **s. m.** ● Lo strapazzare, lo strapazzarsi, il venire strapazzato.

strapazzàre [da *pazzo*, con *stra-* (?); sec. XIV] **A v. tr.** *1* Maltrattare: *s. i dipendenti*, *la servitù*, *gli inferiori*. *2* Adoperare senza riguardo, senza cura, sciupare: *s. un vestito*, *i libri* | ***S. un autore***, tradurlo o interpretarlo male | ***S. una commedia***, recitarla male | ***S. un mestiere, un'arte***, esercitarli male. *3* Affaticare eccessivamente, sottoporre a gravi fatiche: *s. i cavalli*; *quel lavoro lo strapazza*; *strapazzarsi la salute*, *la vista*, *gli occhi*. **B v. rifl.** ● Sottoporsi a fatiche gravi, eccessive: *si strapazza col troppo lavoro*.

strapazzàta [da *strapazzare*; 1763] **s. f.** *1* Grave rimprovero, sgridata: *dare*, *fare*, *ricevere*, *una s.* *2* Fatica fisica eccessiva: *è stata una bella s. andare fin là*. || **strapazzatina**, **dim.**

strapazzàto [1630] **part. pass.** di *strapazzare*; anche **agg.** *1* Maltrattato. *2* Malconcio: *un abito s.* | ***Vita strapazzata***, piena di fatiche, di strapazzi | ***Uova strapazzate***, sbattute mentre si cuociono al tegame. || **strapazzataménte**, **avv.** In modo strapazzato, senza riguardo.

strapazzatóre [1592] **s. m.** (f. *-trice*) ● (*raro*) Chi strapazza, spec. la roba.

strapàzzo [av. 1594] **s. m.** *1* (*raro*) Lo strapazzare la roba. *2* Nella loc. agg. ***da s.***, di poco prezzo, privo di eleganza, ma resistente e da potersi usare senza riguardo: *cose*, *vestito*, *giacca e sim. da s.*; (*fig., spreg.*) privo di valore: *poeta*, *scrittore*, *da s.* *3* Eccessivo affaticamento: *questo lavoro per lui è uno s.*; *per lo s. si è ammalato*; *prendersi un grande s.*; *rimettersi dallo s. del viaggio*; *una vita di strapazzi*.

strapazzóne [1865] **s. m.**; anche **agg.** (f. *-a*) ● Chi (o Che) strapazza, sciupa la roba.

strapazzóṣo [1716] **agg.** ● Che reca strapazzi, fatiche, disagi: *viaggio s.*; *vita strapazzosa*. || **strapazzoṣaménte**, **avv.** Senza riguardo, con strapazzo.

strapèrdere [comp. di *stra-* e *perdere*; 1566] **v. tr.** e **intr.** (coniug. come *perdere*; aus. *avere*) ● Perdere moltissimo: *quando gioca perde e straperde*.

strapiantàre o **†traspiantàre** [da *trapiantare*, con *s-*; av. 1597] **v. tr.** ● (*raro, pop.*) Trapiantare.

†strapiè [comp. di *stra-*, metatesi di *tras-*, e *piè* 'piede'; av. 1556] **agg.** *1* Storpio, zoppo. *2* (*raro*) Nella loc. avv. ***a s.***, a rovescio.

strapièno [comp. di *stra-* e *pieno*; 1873] **agg.** ● Molto pieno, pieno zeppo.

strapiombànte [1909] **part. pres.** di *strapiombare*; anche **agg.** ● Che sporge in fuori | ***Parete s.***, in alpinismo, parete a strapiombo.

strapiombàre [comp. di *stra-* e *piombare*; av. 1798] **v. intr.** (*io strapiómbo*; aus. *essere* e *avere*) ● Non cadere a piombo, sporgere in fuori: *il muro strapiomba*; *la parete di roccia strapiomba sull'abisso*.

strapiómbo [da *strapiombare*; 1891] **s. m.** *1* Lo strapiombare. *2* Luogo scosceso: *cadere*, *precipitare*, *da uno s.* *3* In alpinismo, tratto di roccia sporgente oltre la perpendicolare | ***Parete a s.***, parete la cui inclinazione supera la verticale.

strapoggiàre o **strapuggiàre** [da *stra-*, che indica eccesso, e *poggiare*; 1873] **v. intr.** (*io strapòggio*; aus. *avere*) ● (*mar.*) Andare improvvisamente e involontariamente alla poggia, per errore di manovra, colpo di vento o di mare, detto di un'imbarcazione a vela. CONTR. Straorzare.

strapoggiàta o **strapuggiàta** [1889] **s. f.** ● (*mar.*) Lo strapoggiare.

strapportàre e *deriv.* ● V. *trasportare* e *deriv.*

strapotènte [comp. di *stra-* e *potente*; av. 1600] agg. ● Molto potente, che ha potenza soverchiante.

strapotènza [comp. di *stra-* e *potenza*; av. 1744] s. f. ● Caratteristica di chi è strapotente.

strapotére [comp. di *stra-* e *potere*; 1848] s. m. ● Potere eccessivo.

†**strappabécco** [comp. di *strappa(re)* e *becco*; av. 1675] vc. ● Solo nella loc. avv. *a s.*, con prestezza, in fretta.

strappàbile [da *strappare*; av. 1704] agg. ● Che si può strappare.

†**strappacavézza** [comp. di *strappa(re)* e *cavezza*; 1873] vc. ● Solo nella loc. avv. *a s.*, di cavallo o altra bestia, che si contratta sul mercato senza patto scritto o garanzia di sorta: *comprare, vendere, a s.*

strappacuòre [comp. di *strappa(re)* e *cuore*; 1906] agg. inv. ● Che strappa il cuore, che commuove fortemente: *scena s.*

strappalàcrime [comp. di *strappare* e il pl. di *lacrima*; 1964] agg. inv. ● Che strappa le lacrime, che commuove fortemente: *film, romanzo s.*

strappalàna [da *strappa(re)* e *lana*; 1813] s. f. ● (*bot.*) Pianta delle Composite con capolino aculeato, uncinato, largamente diffusa nei luoghi aridi (*Xanthium italicum*).

strappaménto [1638] s. m. ● Lo strappare, lo strapparsi | (*med.*) ***Lesione da s.***, provocata da una forza che supera i limiti di estensibilità di un organo.

♦**strappàre** [dal got. *strappan*; sec. XIII] **A** v. tr. **1** Togliere tirando via con forza e in modo rapido: *s. un fiore da una pianta*; *s. un coltello di mano a qlcu.*; *strapparsi gli abiti di dosso* | ***Strapparsi i capelli***, in segno di rabbia, disperazione, e sim. | Sradicare, svellere (*anche fig.*): *s. un dente, una pianta*; *s. le erbacce*; *strapparsi un ricordo dal cuore*; *avrebbe voluto strapparsi gli occhi per non vedere quelli della Lupa* (VERGA). **2** Rimuovere, allontanare a forza: *la strapparono dal letto del marito*; *strappò il figlio alla madre.* **3** Stracciare, lacerare, rompere in più parti materiale poco resistente: *s. un foglio, una lettera, un lenzuolo*; *strapparsi il vestito, i calzoni* | (*fig.*) ***S. il cuore***, commuovere profondamente. **4** (*fig.*) Riuscire a ottenere, a carpire, a estorcere: *s. una promessa, una confessione, un segreto*; *s. una parola di bocca a qlcu.* | ***S. gli applausi***, ottenere grande successo di pubblico | ***S. le lacrime***, commuovere profondamente | (*sport*) ***S. il servizio***, nel tennis, vincere il game quando il servizio è dell'avversario. **B** v. intr. (aus. *avere*) ● (*autom.*) Detto della frizione, non aderire perfettamente al volano, provocando un'andatura a sbalzi del veicolo. **C** v. intr. pron. ● Lacerarsi, rompersi: *la corda si è strappata* | Nel linguaggio sportivo, procurarsi uno strappo muscolare.

strappàta [sec. XV] s. f. **1** Lo strappare | Tirata rapida, strappo: *dare una s. alla fune.* **2** (*fig., raro*) Strappo, nel sign. 5. || **strappatàccia**, pegg. | **strappatèlla**, dim. | **strappatina**, dim.

strappàto [1353] part. pass. di *strappare*; anche agg. ● Nei sign. del v.

strappatóre [sec. XV] s. m. (f. *-trice*) ● (*raro*) Chi strappa.

strappatùra [av. 1597] s. f. **1** Lo strappare | Punto strappato, strappo. **2** (*tess.*) Scarto della canapa, usato come stoppa.

strappìsta [1964] s. m. (pl. *-i*) ● (*sport*) Pesista specialista nel sollevamento a strappo.

♦**stràppo** [da *strappare*; sec. XIV] s. m. **1** Atto dello strappare: *le portò via la borsetta con uno s.* **2** Lacerazione, rottura: *farsi uno s. nel vestito*; *cucire, rammendare, gli strappi*; *un vestito tutto pieno di strappi* | (*med.*) ***S. muscolare***, eccessivo stiramento delle fibre muscolari con interruzione delle stesse ed emorragia. **3** (*raro, pop.*) Squarcio: *uno s. di sereno.* **4** (*fig.*) Infrazione, eccezione: *fare uno s. alla regola, al regolamento* | Spec. nel linguaggio politico, interruzione di rapporti, rottura | ***A strappi***, a più riprese, a intervalli: *dormire a strappi.* **5** (*fig., fam.*) Breve passaggio in macchina o sulla moto: *mi dai uno s. fino alla stazione?*; *farsi dare uno s.* **6** (*sport*) Serie di pedalate rapide e improvvise in cui si produce un corridore ciclista per staccare gli avversari, soprattutto in salita | Nel ciclismo, breve rampa | Specialità del sollevamento pesi in cui si solleva, a braccia tese e con un solo movimento, un bilanciere da terra fin sopra la testa. **7** Operazione del distaccare un affresco dal muro per il trasferimento su tela o altro supporto. || **strappettino**, dim. | **strappétto**, dim. | **strappóne**, accr.

strapuggiàre e *deriv.* ● V. *strapoggiare* e *deriv.*

strapuntino [dim. di *strapunto*; av. 1522] s. m. **1** Dim. di *strapunto.* **2** Sedile pieghevole usato sui mezzi di trasporto, nelle sale di spettacolo e sim. **3** (*mar.*) Materasso per la branda, in dotazione ai marinai.

strapùnto [da *trapunto*, con *s-*; 1612] s. m. **1** Materasso sottile, saccone imbottito e trapuntato. **2** Coperta imbottita. || **strapuntino**, dim. (V.).

straricco [comp. di *stra-* e *ricco*; av. 1424] agg. (pl. m. *-chi*) ● Molto ricco, ricchissimo.

straripaménto [1811] s. m. ● Il fatto di straripare.

straripànte [av. 1876] part. pres. di *straripare*; anche agg. ● (*fig., iperb.*) Pieno, traboccante: *con l'animo s. di gioia* | (*fig.*) Esuberante, difficilmente contenibile: *commozione, felicità s.*; *un fisico s.*

straripàre [comp. di *stra-* e di un denominale di *ripa* 'riva'; 1598] v. intr. (aus. *essere* e *avere*) **1** Traboccare uscendo dalle rive o dagli argini, detto di fiumi: *l'Arno è straripato*; *l'Arno ha straripato.* **2** (*fig.*) Rigurgitare, traboccare: *la sala straripava di folla.*

†**straripévole** [comp. di *stra-* e di un deriv. di *ripa* 'dirupo'; 1336 ca.] agg. ● Dirupato, scosceso.

†**stràrre** ● V. *estrarre.*

strasapére [comp. di *stra-* e *sapere*; 1566] v. intr. (coniug. come *sapere*; aus. *avere*) ● Sapere moltissimo: *sapere e s.*

strascicaménto [av. 1704] s. m. ● Lo strascicare, il venire strascicato.

strascicàre [da *strascinare*; av. 1400] **A** v. tr. (*io stràscico, tu stràscichi*) **1** Trascinare con azione continuata e poco energica: *s. un vestito per terra, un sacco* | ***S. le gambe***, di persona debole o stanca | ***S. i piedi***, strisciarli per terra. **2** (*fig.*) Fare qlco. lentamente, di malavoglia: *s. un lavoro, un compito* | ***S. una malattia***, portarsela addosso senza curarsi. **3** (*fig.*) Pronunciare con suono prolungato, indistinto: *s. le parole, la voce.* **B** v. rifl. ● Camminare a stento, trascinarsi: *non strascicarti così!* **C** v. intr. (aus. *avere*) ● Toccare terra, spec. pendendo: *la coperta strascica sul pavimento*; *il vestito strascica in terra.*

strascicàta [1873] s. f. ● (*raro*) Lo strascicare la voce.

strascichìo [da *strascicare*; 1870] s. m. ● Lo strascicare continuo | Rumore di cosa che strascica: *uno s. di piedi.*

stràscico [da *strascicare*; av. 1524] s. m. (pl. *-chi*) **1** (*raro*) Lo strascicare | ***Rete a s.***, tipo di rete, molto lunga, che viene trascinata sul fondo del mare, di fiumi, laghi e sim. | ***Pesca a s.***, quella fatta con le reti a strascico | ***Caccia alla volpe con lo s.***, fatta trascinando per terra un pezzo di carne, il cui odore attira l'animale | ***Caccia a s.***, quella fatta con reti che si tirano strisciando sul terreno spec. prativo per catturare uccelli, spec. quaglie | ***Parlare con lo s.***, allungando le vocali, spec. in fine di periodo. **2** Parte posteriore di abito lungo che strascica per terra: *abito da sposa, abito da sera, con lo s.*; *uno s. lungo due metri*; *reggere lo s. a qlcu.*; *reggersi lo s.* **3** Seguito, codazzo: *un lungo s. di ammiratori.* **4** Segno che le lumache lasciano nel passare. **5** Serie di conseguenze negative, spec. di cose spiacevoli: *gli strascichi della malattia, della guerra*; *l'influenza gli ha lasciato uno s. di febbre*; *la lite ebbe uno s. di pettegolezzi.*

strascicóne [da *strascicare*; 1688] s. m. (f. *-a*) ● (*fam.*) Persona vecchia o malata che si strascica nel camminare.

strascicóni [da *strascicare*; 1587] avv. ● Strascicando, strascicandosi: *portare il vestito s.*; *camminare, avanzare s.* | Anche nella loc. avv. ***a s.***: *fece pubblicamente sei palmi di lingua a s. sui ciottoli del sacrato innanzi alla chiesa, in penitenza* (VERGA).

strascinaménto [av. 1406] s. m. ● Lo strascinare.

strascinàre [da *trascinare*, con *s-*; 1312] **A** v. tr. ● Trascinare qlco. di pesante e che oppone una certa resistenza, facendola strisciare per terra: *s. una catena, una sbarra di ferro, un cadavere* | (*fig.*) ***S. la vita***, stentare, condurla penosamente: *Mirra infelice, strascina una vita / peggio d'ogni morte* (ALFIERI). **B** v. rifl. ● Trascinarsi a fatica, senza riuscire a sollevarsi da terra: *si strascinò fino alla porta.* **C** v. intr. pron. ● (*fig.*) Durare, prolungarsi nel tempo: *una situazione che si strascina da anni.*

strascinìo [av. 1375] s. m. ● Lo strascinare continuo | Rumore di cosa strascinata.

stràscino (**1**) o **strascìno** [da *strascinare*, con l'accento di *strascico*; 1282] s. m. **1** †Lo strascinare. **2** (*pesca*) Specie di giacchio. **3** (*caccia*) Rete da trascinare sul terreno spec. prativo per catturare uccelli, spec. quaglie.

strascìno (**2**) [da *strascinare*; 1688] s. m. **1** In passato, venditore ambulante di carne, spec. di cattiva qualità. **2** (f. *-a*) (*raro*) Persona molto negligente nel vestire.

strasecolàre ● V. *trasecolare.*

straservìto [comp. di *stra-* e *servito*; 1872] agg. ● Più che servito, molto ben servito.

strass /ted. ʃtʀas/ [dal n. dell'inventore, J. *Strasser* di Vienna; 1840] s. m. inv. (pl. ted. *Strasse*) ● Cristallo molto ricco di piombo, che, per lo splendore, imita il diamante e, opportunamente colorato, altre pietre preziose: *una spilla di s.*

stratagèmma o (*pop.*) **strattagèmma** [vc. dotta, dal lat. *stratēgma* (nom. acc. nt.), dal gr. *stratḗgēma*, genit. *stratēgḗmatos* 'stratagemma', da *stratēgêin* 'condurre l'esercito', connesso con *stratēgós* 'stratega'; av. 1487] s. m. (pl. *-i*) ● Accorgimento astuto, per sorprendere e sopraffare il nemico: *lo s. del cavallo di Troia* | (*est.*) Espediente, trovata astuta: *inventare uno s.*; *ricorrere a uno s.*; *riuscì a fuggire con uno s.*

stratàtico [vc. dotta, dal lat. mediev. *stratāticu(m)*, dal lat. tardo *strāta* 'strada'; 1960] s. m. (pl. *-ci*) ● All'epoca dei Comuni e delle Signorie, pedaggio da pagare sulle strade.

stratèga [V. *stratego*; 1849] s. m. (anche f. nel sign. 2; pl. m. *-ghi*; pl. f. *-ghe*) **1** Capo, comandante militare che ha il senso e l'esperienza della strategia: *Giulio Cesare e Napoleone sono fra i massimi strateghi della storia mondiale.* **2** (*est.*) Chi è abile nel raggiungere lo scopo voluto predisponendo con lungimiranza le opportune condizioni di successo.

strategia [vc. dotta, dal gr. *stratēgía*, da *stratēgós* 'comandante'; 1829] s. f. **1** Branca dell'arte militare che tratta della condotta della guerra: *s. terrestre, navale, aeronautica* | Modo di condurre determinate operazioni belliche da parte di un comandante, un esercito e sim.: *la s. napoleonica durante la campagna di Russia.* CFR. Tattica. **2** (*fig.*) Predisposizione e coordinamento dei mezzi necessari per raggiungere un determinato obiettivo: *s. politica, elettorale, di un partito*; *s. aziendale*; *la s. di Cavour nella formazione del regno d'Italia.*

stratègico [vc. dotta, dal lat. tardo *stratēgicu(m)*, dal gr. *stratēgikós*, agg. da *stratēgía* 'strategia'; 1833] agg. (pl. m. *-ci*) **1** Attinente alla strategia: *piano s.*; *mossa strategica* | ***Obiettivo s.***, la cui conquista o difesa è determinante ai fini dell'esito positivo della guerra | ***Posizione strategica***, di grande importanza per la condotta della guerra | ***Vittoria strategica***, che determina, o concorre a determinare, l'esito finale vittorioso di un conflitto | ***Materiali strategici***, che contribuiscono in modo rilevante a determinare il potenziale bellico. CFR. Tattico. **2** (*fig.*) Adeguato al raggiungimento di uno scopo più generale: *una mossa, una scelta strategica* | Che è detto, fatto e sim., in modo abile, astuto: *trovata strategica.* || **strategicaménte**, avv. **1** Dal punto di vista strategico. **2** Con abilità: *riuscì strategicamente a imporre il suo volere.*

stratègo [vc. dotta, dal lat. *stratēgu(m)*, dal gr. *stratēgós* 'comandante militare', comp. di *stratós* 'esercito' e di un corradicale di *ágein* 'condurre'; 1750] s. m. (pl. *-ghi*) **1** Nell'antica Grecia, comandante militare | Ad Atene, dalla fine del VI secolo a.C., ciascuno dei dieci membri di una magistratura avente il comando dell'esercito e della flotta e poi, dalla fine del V, supremo magistrato con poteri civili e militari analoghi a quelli del dittatore romano. **2** Funzionario che governava una delle province ordinate militarmente dell'Impero bizantino | Funzionario giurisdizionale e amministrativo in alcuni territori longobardi e normanni dell'Italia meridionale durante il Medioevo. *3* (*raro*) Stratega.

stratèmpo [comp. di *stra-*, metatesi di *tras-*, e *tempo*; 1873] **s. m.** ● (*raro*, *lett.*) Tempo inclemente: *spero ancora un rifugio allo s.* (SABA).

straticò o **stradicò**, **straticòto**, **stradicòto** [dal gr. biz. *stratēgós* 'comandante'; 1353] **s. m.** ● Stratego longobardo e normanno, nel Medioevo.

stratificàre [comp. di *strato* e *-ficare*; 1612] **A v. tr.** (*io stratìfico, tu stratìfichi*) ● Disporre a strati. **B v. intr. pron.** ● Disporsi a strati.

stratificàto [1740] **part. pass.** di *stratificare*; anche **agg.** *1* Disposto a strati. *2* (*biol.*) ***Tessuto s.***, che presenta due o più strati di cellule | (*stat.*) ***Campione s.***, scelto col procedimento della stratificazione.

stratificazióne [da *stratificare*; 1777] **s. f.** *1* Disposizione a strati | ***S. sociale***, in sociologia, fenomeno per cui i componenti di una società si presentano come riuniti in gruppi omogenei e ben differenziati tra loro. *2* (*geol.*) Suddivisione in strati di una roccia sedimentaria. *3* (*stat.*) Procedimento consistente nel raggruppare le unità che compongono un dato universo in strati o classi comprendenti ciascuno quelle fra tali unità che presentano caratteri comuni.

stratifórme [comp. di *strato* e *-forme*; 1805] **agg.** ● Che ha forma di strato.

stratigrafìa (**1**) [comp. di *strato* e *-grafia*, sul modello dell'ingl. *stratigraphy*; 1873] **s. f.** ● Ramo della geologia che ricostruisce i rapporti di precedenza e successione delle rocce e ne studia la distribuzione nel tempo.

stratigrafìa (**2**) [comp. di *strato* e (*radio*)*grafia*; 1930] **s. f.** ● (*med.*) Tecnica radiografica che consente di osservare un singolo strato di una parte corporea eliminando le immagini degli strati soprastanti e sottostanti. **SIN.** Tomografia, röntgenografia, planigrafia.

stratigràfico (**1**) [da *stratigrafia* (*1*); av. 1869] **agg.** (**pl. m.** *-ci*) ● (*geol.*) Relativo alla stratigrafia | ***Unità stratigrafica***, gruppo di strati o rocce formate in condizioni ambientali costanti, o in un determinato intervallo di tempo, o durante il periodo di esistenza di determinati fossili.

stratigràfico (**2**) [da *stratigrafia* (*2*)] **agg.** (**pl. m.** *-ci*) ● (*med.*) Che riguarda la stratigrafia: *indagine stratigrafica*.

stratigrafo [comp. di *strato* e *-grafo*; 1960] **s. m.** ● (*med.*) Apparecchio per eseguire stratigrafie. **SIN.** Tomografo.

stratigràmma [comp. di *strato* e (*radio*)*gramma*; 1960] **s. m.** (**pl.** *-i*) ● (*med.*) Radiogramma ottenuto mediante lo stratigrafo. **SIN.** Planigramma, tomogramma.

stratimetrìa [comp. di *strato* e *-metria*; 1936] **s. f.** ● (*geol.*) Misura degli spessori e della giacitura degli strati che formano la crosta terrestre.

stratiòta o **stratiòte**, **stratiòto** [dal gr. *stratiṓtēs* 'soldato'. V. *stradiotto*; av. 1536] **s. m.** (**pl.** *-i*) ● Nell'Impero bizantino, soldato di milizia stanziale.

♦**stràto** [lat. *strātu(m)*, nt. sost. di *strātus* 'disteso', part. pass. di *stĕrnere* 'stendere'; av. 1348] **s. m.** *1* Quantità di materia omogenea distesa su una superficie in modo piuttosto uniforme: *s. spesso, denso, sottile, omogeneo*; *uno s. di polvere, di vernice*; *spalmare uno s. di burro sul pane*; *sulla strada c'è uno s. di ghiaccio* | (*fis.*) ***S. limite***, porzione di un fluido viscoso prossima alla parete della conduttura in cui esso fluisce. *2* Corpo geologico sedimentario, tabulare, limitato da due giunti o superfici di stratificazione, depositato in condizioni fisiche e ambientali costanti, di vario spessore. *3* (*meteor.*) Distesa nuvolosa uniforme bassa grigia con base definita, talvolta accompagnata da pioviggine o pioggia debole. ➡ **ILL.** p. 2134 SCIENZE DELLA TERRA ED ENERGIA. *4* Livello di scavo archeologico caratterizzato da materiali che risalgono ad uno stesso periodo. *5* (*fig.*) Ceto, classe, categoria sociale: *i vari strati della popolazione, della società*. *6* †Tappeto, drappo steso in segno d'onore. *7* †Letto. || **straterèllo**, **dim.**

stratocrazìa [vc. dotta, comp. del gr. *stratós* 'esercito' (prob. d'orig. indeur.) e *-crazia*; 1838] **s. f.** ● Governo, dominio esercitato dai militari.

stratocùmulo [comp. di *strato* nel sign. 3 e *cumulo*; 1934] **s. m.** ● (*meteor.*) Nube stratificata composta di grandi elementi tondeggianti grigi scuri più o meno saldati uno all'altro, talvolta accompagnata da pioggia o nevischio. **SIN.** Cumulostrato. ➡ **ILL.** p. 2134 SCIENZE DELLA TERRA ED ENERGIA.

stratofortézza [comp. di *strato*(*sfera*) e *fortezza* sul modello dell'amer. *strato fortress*; 1991] **s. f.** ● Bombardiere plurimotore a getto che può volare nella stratosfera.

stratonémbo [comp. di *strato* nel sign. 3 e *nembo*; 1965] **s. m.** ● (*meteor.*) Nembostrato.

stratopàuṣa [comp. di *strato*(*sfera*) e *-pausa*, dal gr. *pâusis* 'cessazione'. V. *pausa*; 1960] **s. f.** ● Strato di transizione, nell'atmosfera, che limita superiormente la stratosfera.

stratoreattóre [comp. di *strato*(*sfera*) e *reattore*; 1970] **s. m.** ● Aereo a reazione che può volare nella stratosfera.

stratosfèra [dal fr. *stratosphère*, comp. di *strato* e *-sphère*, secondo elemento di *atmosphère* 'atmosfera'. V. *atmosfera*; 1923] **s. f.** ● (*geogr.*) Regione dell'atmosfera compresa tra la troposfera e la mesosfera, tra 10-15 a 30-50 km di altezza, caratterizzata da aumento progressivo della temperatura (da –55 a 0 °C) con l'altezza. ➡ **ILL.** p. 2129 SCIENZE DELLA TERRA ED ENERGIA.

stratosfèrico [1935] **agg.** (**pl. m.** *-ci*) *1* Della stratosfera, che si riferisce alla stratosfera. *2* (*fig.*) Fantastico, astruso: *discorsi stratosferici* | Spropositato: *prezzi stratosferici*.

stratoviṣióne [comp. di *strato*(*sfera*) e (*tele*)*visione*; 1946] **s. f.** ● Trasmissione televisiva da aeromobili.

stràtta [da *tratta*, con *s-*; 1384] **s. f.** ● Strappata, tirata brusca e violenta: *dare una s. a qlco.*; *dare delle stratte* | ***A stratte***, a strappi, a scatti e (*raro*, *fig.*) a intervalli.

strattagèmma ● V. *stratagemma*.

†**strattézza** [da †*stratto* (*2*); 1427] **s. f.** ● Stravaganza.

†**stràtto** (**1**) ● V. *astratto*.

†**stràtto** (**2**) ● V. *estratto*.

strattonàre [da *strattone*; 1949] **v. tr.** (*io strattóno*) ● Dare strattoni | Nello sport, spec. nel calcio, afferrare un avversario per la maglia, impedendogli di proseguire l'azione.

strattonàta [da *strattonare*; 1938] **s. f.** ● Violento strattone.

strattóne [da *stratta*; 1865] **s. m.** ● Scossa, strappo e, gener., movimento brusco e violento, con cui ci si vuole liberare da qlcu. o qlco. ovvero trarli a sé: *dare uno s.*; *con uno s. si liberò*.

stravacàto [deriv. part. del lat. tardo *transvaricāre* 'allargare le gambe', detto propr. degli equini che allargando le gambe pencolano. V. *divaricare*; 1825] **agg.** ● (*tipogr.*) Detto di composizione a caratteri mobili, in cui i vari componenti si sono accidentalmente coricati.

stravaccàrsi [da *vacca*, con *stra-*; sec. XIV] **v. intr. pron.** (*io mi stravàcco, tu ti stravàcchi*) ● (*fam.*) Sdraiarsi, sedersi, in modo estremamente scomposto.

stravaccàto [1588] **part. pass.** di *stravaccarsi*; anche **agg.** ● (*fam.*) Seduto, sdraiato o sim. in modo estremamente scomposto, detto di persona.

stravagànte o (*raro*) **estravagànte** [lat. mediev. *extravagānte(m)*, comp. di *ĕxtra* 'fuori' e *văgans*, genit. *vagāntis*, part. pres. di *vagāri* 'vagare'. V. *vagare*; sec. XIV] **A agg.** *1* (*lett.*, *raro*) Che va al di fuori dei limiti, della consuetudine | ***Rime stravaganti***, quelle non comprese da un autore nella raccolta da lui stesso curata. *2* (*est.*, *raro*) Che esce dall'uso comune, straordinario, singolare: *cose stravaganti*; *discorsi stravaganti*. *3* (*est.*) Che si comporta in modo strano, bizzarro, eccentrico: *persona, uomo s.*; *è cosa nota che gli artisti sono un po' stravaganti* | ***Tempo s.***, incostante. || **stravaganteménte**, **avv.** In maniera stravagante, strana. **B s. m. solo sing.** ● Ciò che è stravagante: *che mai può avere di s. costei, che non sia comune all'altre donne?* (GOLDONI). **C s. m. e f.** ● Persona stravagante.

stravagànza o †**estravagànza**, †**stravagànzia** [1336 ca.] **s. f.** ● Caratteristica di chi (o di ciò che) è stravagante | Atto, discorso, comportamento e sim. stravagante: *tutti abbiamo le nostre stravaganze*.

stravaṣàre [da *travasare*, con sovrapposizione di *stra-*; av. 1347] **v. tr.**, **intr.** e **intr. pron.** ● (*raro*) Travasare.

stravàṣo [da *stravasare*, sul modello di *travaso*; 1804] **s. m.** ● (*raro*) Travaso.

stravècchio [comp. di *stra-* e *vecchio*; 1843] **agg.** *1* Molto vecchio (anche con valore raff.): *vestito s.*; *cappello vecchio e s.* *2* Invecchiato, stagionato a lungo, detto di sostanze alimentari: *cognac, grana s.*

stravedére [da *travedere*, con sovrapposizione di *stra-*; av. 1566] **v. intr.** (coniug. come *vedere*; aus. *avere*) ● (*raro*) Travedere, vedere male, cadere in errore | (*fig.*) ***S. per qlcu.***, amarlo, ammirarlo in modo eccessivo, al punto da non poter essere imparziale nei suoi confronti.

stravéro [comp. di *stra-* e *vero*; av. 1589] **agg.** ● Verissimo (*spec. enfat.*): *è vero e s.!*

†**stravestìre** e *deriv.* ● V. *travestire* e *deriv.*

stravìncere [comp. di *stra-* e *vincere*; 1550] **v. tr.** (coniug. come *vincere*) ● Vincere di gran lunga, superare nettamente (*spec. assol.*): *abbiamo vinto e stravinto*.

straviṣàre ● V. *travisare*.

straviziàre [da *stravizio*; 1618] **v. intr.** (*io stravìzio*; aus. *avere*) ● Fare stravizi.

stravìzio [da †*stravizzo*, con influsso di *stra-* e *vizio*; 1604] **s. m.** ● Disordine, eccesso, nel mangiare, nel bere, nei piaceri sessuali: *una vita di stravizi*; *darsi agli stravizi*; *risentire degli stravizi passati*.

†**stravìzzo** [dal serbocroato *sdravica* 'brindisi', 'festa nuziale'; 1525] **s. m.** *1* Stravizio. *2* Convito, pranzo solenne degli accademici della Crusca, con recitazione di cicalate.

stravolére [comp. di *stra-* e *volere* (*1*); 1600] **v. tr.** e **intr.** (coniug. come *volere*; aus. *avere*) ● (*raro*) Volere più del giusto, più del dovuto.

stravòlgere [da *travolgere*, con sovrapposizione di *stra-*; sec. XIII] **A v. tr.** (coniug. come *volgere*) *1* (*raro*) Capovolgere | Deviare dalla posizione o direzione normale: *s. gli occhi*. *2* (*fig.*) Turbare, agitare, alterare: *la notizia gli stravolse il viso*; *quella vista gli ha stravolto i lineamenti*. *3* (*fig.*) Interpretare male, volgere ad altro significato: *s. il senso di uno scritto, il pensiero di qlcu.*; **SIN.** Snaturare **B v. rifl.** ● (*raro*) Contorcersi, torcersi.

stravolgiménto [av. 1348] **s. m.** ● Lo stravolgere, il venire stravolto.

stravòlto [sec. XIII] **part. pass.** di *stravolgere*; anche **agg.** *1* Nei sign. del v. *2* Alterato, sconvolto, stralunato, profondamente turbato: *faccia stravolta*; *occhi stravolti*; *mente stravolta*.

†**stravoltùra** [av. 1686] **s. f.** ● Stravolgimento.

straziànte [1858] **part. pres.** di *straziare*; anche **agg.** ● Nei sign. del v.: *un grido, un dolore s.* | ***Un film s.***, (*fig.*, *iperb.*) molto brutto, penoso. || **strazianteménte**, **avv.**

straziàre [da *strazio*; av. 1292] **v. tr.** (*io stràzio*) *1* Tormentare, maltrattare, provocare atroci dolori fisici: *s. le carni, il corpo, la persona* | Affliggere profondamente, provocare grande dolore morale: *s. l'anima, il cuore*; *il rimorso lo strazia* | (*enfat.*) ***S. gli orecchi***, con rumori, suoni stonati, e sim. *2* (*fig.*) Fare cattivo uso, sciupare miseramente: *s. la roba* | ***S. una musica***, suonarla male | ***S. una commedia***, recitarla male | ***S. una lingua***, parlarla male. *3* †Beffare, schernire. *4* †Strappare, stracciare: *straziarsi i capelli*; *il re di doglie si straziava il manto* (BOIARDO).

straziàto [av. 1342] **part. pass.** di *straziare*; anche **agg.** *1* Nei sign. del v. *2* Tormentato, addolorato: *è il mio cuore / il paese più s.* (UNGARETTI).

straziatóre [sec. XIV] **s. m.** (**f.** *-trice*) ● (*raro*) Chi strazia.

†**straziévole** [sec. XIII] **agg.** ● (*raro*) Straziante.

stràzio [lat. *distrăctio* (nom.), da *distrăctus*, part. pass. di *distrăhere* 'tirare'. V. *distrarre*; sec. XIII] **s. m.** *1* Supplizio, tormento: *lo s. delle torture*; *lo s. delle membra, del corpo*; *fare s. di qlcu.*; *fare s. del corpo di qlcu.*; *soffrire lo s. del dubbio*; *essere in preda agli strazi del rimorso*. **SIN.** Scempio. *2* (*fam.*) Fastidio, noia, seccatura: *che s. questo libro!*; *quanto durerà questo s.?* | Disastro, nullità: *quel ragazzo è un vero s.!* *3* (*fig.*) Sciupìo, consumo: *fare s. dei soldi*. *4* †Scherno, beffa.

stràzza [vc. veneta corrispondente a *straccio*; 1960] **s. f.** ● (*spec. al pl.*) Cascami di seta provenienti dal filatoio.

streaking /*ingl.* 'stɹiːkɪŋ/ [vc. ingl. da *to streak*, nel significato familiare di 'correre come un lampo'; 1981] **s. m. inv.** ● Corsa su breve tragitto compiuta all'improvviso da persone denudatesi per esprimere protesta o condanna verso qlcu. o qlco.

streamer /ingl. 'stɹiːmə˞/ [vc. ingl., propr. 'striscia'] s. m. inv. ● (*elab.*) Dispositivo di memoria di massa che utilizza cartucce di nastro magnetico.

strebbiàre o **stribbiàre** [da *trebbiare* (V.), con *s-*; av. 1375] v. tr. (*io strébbio*) **1** †Levigare, lisciare: *strebbiarsi la pelle.* **2** (*pop., tosc.*) Sciupare, usare senza riguardo.

strecciàre [deriv. di *treccia* con *s-*; 1612] v. tr. (*io stréccio*) ● Sciogliere ciò che è stato intrecciato: *s. i capelli.*

♦**strèga** [lat. *strīga(m)*, variante pop. di *strīx*, genit. *strīgis*, dal gr. *strínx*, genit. *strigós* 'uccello notturno'; sec. XIII] **A** s. f. **1** Donna che, nelle credenze popolari di molte civiltà, e in particolare nell'Europa medievale e rinascimentale, è ritenuta in rapporto con le potenze malefiche e accusata di azioni delittuose contro la religione e la società | ***Caccia alle streghe***, quella cui, nel passato, erano sottoposte le donne accusate di stregoneria; (*fig.*) ogni persecuzione mossa da superstizioni o pregiudizi. **2** (*fig.*) Donna, ragazza, malvagia, perfida, di pessimo carattere e sim.: *quella s. di ragazza litiga con tutti.* **3** (*est.*) Donna brutta e vecchia: *sembrare una s.*; *essere brutta come una s.* **4** (*tosc.*) Cerino all'estremità di una pertica per accendere lumi o candele posti in alto. **5** (*med.*) ***Colpo della s.***, V. *colpo.* ‖ **stregàccia**, pegg. | **streghétta**, dim. | **streghina**, dim. | **streghinèlla**, dim. **B** in funzione di agg. inv. ● (posposto al s.) Nella loc. ***erba s.***, licopodio.

stregaménto [1524] s. m. ● Lo stregare.

♦**stregàre** [lat. parl. **strigāre*, da *strīga* 'strega'; av. 1494] v. tr. (*io strégo, tu stréghi*) **1** Sottoporre una persona o una cosa a pratiche di stregoneria | Sottrarre a una persona la propria capacità di intendere e di volere, per stregoneria. **2** (*fig.*) Ammaliare, sedurre: *non devi farti s. dai suoi sorrisi*; *quel demonio è venuto fin qui a stregarmi la mia figliuola!* (VERGA).

stregàto [1600] part. pass. di *stregare*; anche agg. **1** Sottoposto a stregoneria: *un castello s.* |(*fig.*) Colpito dalla sfortuna: *per la nostra squadra è una partita stregata.* **2** (*fig.*) Ammaliato: *restò s. dal suo sorriso.*

strégghia e *deriv.* ● V. *striglia* e *deriv.*

stregherìa [da *strega*; 1555] s. f. ● (*raro*) Stregoneria.

†**stréglia** ● V. *striglia.*

♦**stregóne** [da *strega*; av. 1406] s. m. **1** (*antrop.*) Presso molti popoli allo stato di natura, persona, spesso di grande importanza politica e sociale, che, mediante particolari facoltà personali e secondo pratiche tradizionali, svolge funzioni sacrali di indovino e guaritore. **2** (f. *-a*) (*est., gener.*) Chi pratica la stregoneria | ***Apprendista s.***, (*fig.*) chi promuove attività o determina situazioni che non è poi in grado di controllare nella loro successiva evoluzione. **3** (f. *-a*) (*est.*) Chi pratica la medicina popolare | Santone, guaritore. ‖ **stregonàccio**, pegg.

stregonerìa [da *stregone*; av. 1685] s. f. **1** In molte religioni superiori e primitive e, in particolare, nella civiltà europea dell'ultimo Medioevo e del Rinascimento, pratica malefica che, avvalendosi di una presunta alleanza con le potenze del male, si sviluppa in antitesi alla religione riconosciuta e ne sovverte i valori. **2** (*est., gener.*) Operazione e incantesimo della strega e dello stregone: *fare una s.* | (*fig.*) Fatto straordinario, prodigioso.

stregonésco [1858] agg. (pl. m. *-schi*) ● Di, da, stregone | Di, da, strega. ‖ **stregonescaménte**, avv.

stregònico [1902] agg. (pl. m. *-ci*) ● Di stregone | Di strega.

strégua o **strègua** [da *tregua*, con *s-*; av. 1565] s. f. **1** Misura, proporzione, criterio, nelle loc. ***alla s. di, alla stessa s.***: *giudicare qlcu. alla s. di un altro*; *considerare tutti alla stessa s.* **2** †Rata, quota da pagare.

strelìtzia /stre'litstsja/ [dal n. della principessa Carlotta di Mecklenburg-*Strelitz* (1744-1818) poi moglie di Giorgio III d'Inghilterra; 1875] s. f. ● Pianta delle Musacee, coltivata per i fiori recisi di forma strana con sepali arancione e petali azzurri (*Strelitzia reginae*).

strelìzzi [dal russo *strjeljéz* 'tiratore', da *strjelá* 'saetta', attraverso il fr. *strélitz* o il ted. *Strelitze*; av. 1799] s. m. pl. (sing. *-o*) ● Casta russa di uomini liberi, soldati di padre in figlio, spesati dallo stato quali guardie del corpo dello zar, istituiti nel sec. XVI dallo zar Ivan il Terribile.

stremàre [da *stremo* (V.); av. 1294] **A** v. tr. (*io strèmo*) ● Indebolire, ridurre allo stremo: *questo lavoro ci strema.* **B** v. tr. e intr. pron. ● †Scemare, diminuire.

stremàto [av. 1348] part. pass. di *stremare*; anche agg. ● Privo di forze, esausto.

†**stremenzìre** ● V. *striminzire.*

streméżza [da *stremo*; av. 1294] s. f. **1** (*raro, lett.*) Debolezza fisica. **2** (*raro, lett.*) Scarsità di denaro.

†**streminzìre** ● V. *striminzire.*

stremìre [vc. sett., dal lat. parl. **extremīre*, variante del classico *trĕmere* 'tremare', con *ĕx-* (*s-*), forse attraverso il provz. e l'ant. fr. *extremir*; sec. XIII] **A** v. tr. (*io stremìsco, tu stremìsci*) ● (†o *dial.*) Spaventare, atterrire. **B** v. intr. e intr. pron. ● (†o *dial.*) Rimanere spaventato.

†**stremità** ● V. *estremità.*

†**stremitàde** ● V. *estremità.*

†**stremitàte** ● V. *estremità.*

strèmo [variante di *estremo* (V.), con aferesi; av. 1292] **A** s. m. **1** Estremo limite delle forze fisiche, delle possibilità finanziarie e sim.: *essere, ridursi allo s. delle forze*; *essere, ridursi, allo s.* **2** †Punto estremo, fine: *lo s. della vita*; *negli stremi gioghi delle nostre alpi* (BEMBO). **B** agg.; anche s. m. ● V. *estremo.*

strènna (o *-é-*) [lat. *strēna(m)* 'dono di buon augurio', f. sost. di *strēnuus* 'forte, animoso', di orig. sabina (?); sec. XIII] **A** s. f. **1** Regalo che si fa o si riceve in occasione delle maggiori feste annuali: *la s. di Natale.* **2** Raccolta di prose, poesie e sim., edita in occasione del Capodanno. **3** Presso gli antichi Romani, dono scambiato nei giorni festivi, spec. alle calende di gennaio. **B** in funzione di agg. ● (posposto al s.) Nella loc. ***libri s.***, quelli particolarmente attraenti nella veste grafica pubblicati in occasione delle festività di Natale e di Capodanno.

strenuità [vc. dotta, dal lat. *strenuitāte(m)*, da *strēnuus*. V. *strenuo*; sec. XIV] s. f. ● (*raro, lett.*) Caratteristica di chi è strenuo.

strènuo [vc. dotta, dal lat. *strēnuu(m)*, ampliamento di *strēnuus* 'forte, risoluto'. V. *strenna*; 1342] agg. **1** Valoroso, coraggioso, gagliardo e pronto: *s. capitano, condottiero, difensore.* **2** (*est.*) Infaticabile: *uno s. lavoratore.* ‖ **strenuaménte**, avv. **1** Valorosamente. **2** Infaticabilmente, con molto impegno.

strèpere [vc. dotta, dal lat. *strĕpere* 'strepitare', affine a *sternūere* 'sternutire'; 1340] v. intr. (difett. del part. pass. e dei tempi composti) ● (*poet.*) Strepitare, rumoreggiare: *strepono or qua, le vecchie rane, or là* (PASCOLI).

†**strepidìre** [da *strepidare*, var. ant. di *strepitare*, con cambio di coniug.] v. intr. ● (*raro*) Rintronare di strepiti.

strepìre [lat. *strĕpere* 'strepitare', con cambio di coniug. V. *strepere*; 1340] v. intr. (*io strepisco, tu strepisci*; difett. del part. pass. e dei tempi composti) ● (*poet.*) Strepere.

strepitaménto [1686] s. m. ● (*raro*) Lo strepitare.

strepitàre [dal lat. *strepitāre*, intens. di *strĕpere* 'strepitare'; av. 1367] v. intr. (*io strèpito*; aus. *avere*) ● Fare strepito: *mandava fuori all'alba due tamburi i quali fino a mezzogiorno strepitavano* (NIEVO).

strepitìo [da *strepitare*; av. 1342] s. m. ● Strepito continuato.

strèpito [vc. dotta, dal lat. *strĕpitu(m)*, da *strĕpere* 'strepitare'; sec. XIII] s. m. **1** Insieme confuso e disordinato di rumori vari, schiamazzi, voci e grida fragorose e sim.: *uno s. di voci*; *s. di catene*; *lo s. dei cani sulla strada*; *lo s. della folla.* **2** Nella loc. ***fare s.***, far parlare di sé, ottenere successo.

strepitóso [av. 1519] agg. **1** Che fa strepito: *applausi strepitosi.* **2** (*fig.*) Straordinario, eccezionale: *successo s.*; *vittoria strepitosa.* ‖ **strepitosaménte**, avv.

Strepsìtteri [comp. del gr. *strépsis* 'volgimento', da *stréphein* 'volgere' (V. *strepto-*) e *-ttero*; 1838] s. m. pl. (sing. *-o*) ● Nella tassonomia animale, ordine di piccolissimi Insetti vivipari, privi di apparato digerente, che vivono parassiti entro il corpo di altri Insetti (*Strepsiptera*).

strèpto- [dal gr. *streptós* 'ritorto, attorcigliato', da *stréphein* 'volgere, incurvare', di orig. indeur.] primo elemento ● In parole scientifiche composte, significa 'contorto', 'ritorto', 'ripiegato': *streptococco.*

streptocòcco [comp. di *strepto-* e *-cocco*, dal gr. *kókkos* 'granello'; 1888] s. m. (pl. *-chi*) ● Batterio di forma sferica che ha tendenza a disporsi a catena.

streptolisìna [fr. *streptolysine*, comp. di *strepto(coque)* 'streptococco' e *lysine* 'lisina'; 1960] s. f. ● Emolisina prodotta da streptococchi, dotata di proprietà antigeniche.

streptomicète [comp. di *strepto-* e *micete* (*1*); 1960] s. m. ● (*biol.*) Batterio degli actinomiceti, con struttura filamentosa e ramificata, da cui si ricavano diversi antibiotici | ***S. griseus***, da cui si ottiene l'antibiotico streptomicina | ***S. rimosus***, da cui si ottiene l'antibiotico tetraciclina.

streptomicina [comp. di *strepto-* e *-micina*, deriv., con *-ina*, dal gr. *mýkēs*, genit. *mýkētos* 'fungo'. V. *mico-*; 1947] s. f. ● Antibiotico ottenuto dai liquidi di coltura di alcune varietà di actinomiceti, efficace in varie infezioni.

stress /ingl. stɹɛs/ [vc. ingl., propr. 'sforzo, tensione'; 1955] s. m. inv. ● (*med.*) Qualunque condizione fisica, chimica, psichica e sim. che, esercitando uno stimolo dannoso sull'organismo, ne provoca la reazione | (*est., gener.*) Tensione nervosa, logorio conseguente spec. a ritmi di vita frenetici.

stressànte [1955] part. pres. di *stressare*; anche agg. ● Che provoca stress: *un lavoro, un'attività s.* ‖ **stressanteménte**, avv.

stressàre [da *stress*; 1955] **A** v. tr. (*io strèsso*) ● Sottoporre a stress, provocare uno stress: *lo studio lo stressa.* **B** v. intr. pron. ● Sottoporsi a stress: *il ragazzo si stressa a studiare.*

stressàto [1960] part. pass. di *stressare*; anche agg. ● Che ha subito uno stress, logorato dallo stress: *mi sento stanco e s.*

stretch /ingl. stɹɛtʃ/ [vc. ingl., di orig. e area germ., dal v. *to stretch* 'tendere, tirare'; 1983] **A** s. m. inv. ● Tessuto elasticizzato: *calze in s. trasparente.* **B** agg. inv. ● (posposto al s.) Detto di tessuto reso elastico e cedevole o di indumento confezionato con tale tessuto: *pigiamino in spugna s.*; *seta s.*; *minigonna, abito s.*

stretching /ingl. 'stɹɛtʃɪŋ/ [vc. ingl., da *to stretch* 'tendere, tirare'; 1986] s. m. inv. **1** (*sport*) Tecnica di allungamento della muscolatura. **2** (*chim.*) Moto di vibrazione di un legame chimico nel senso della sua lunghezza. CFR. Bending.

stretch-pack /ingl. 'stɹɛtʃˌpæk/ [vc. ingl., comp. di *to stretch* 'tendere, tirare' e *pack* 'pacco, involto' (d'orig. germ.); 1989] s. m. inv. (pl. ingl. *stretch-packs*) ● Tipo di imballaggio costituito da un supporto rigido spec. di cartone su cui l'oggetto viene fissato da un film di plastica fattogli aderire per aspirazione.

strétta [f. sost. di *stretto* (*1*); av. 1292] s. f. **1** Atto dello stringere, spec. con forza: *dare una s. alla briglia, al timone, a una vite* | Riduzione: *s. del credito, s. creditizia* | ***S. di mano***, gesto di saluto: *un'affettuosa, una cordiale, una gelida, s. di mano.* **2** (*fig.*) Turbamento, commozione improvvisa: *sentire una s. al cuore, alla gola.* **3** Calca, mischia: *sottrarsi alla s. della folla*; *presto, usciamo da questa s.* **4** Momento critico, punto culminante: *la s. della febbre lo ha spossato* | Conclusione, fase risolutiva: *essere alla s. finale*; *venire alle strette.* **5** Varco angusto, gola | (*lett., per anton.*) Il passo delle Termopili: *le mortali strette / che difese il leon con poca gente* (PETRARCA). **6** Situazione difficile, stato di estremo bisogno: *trovarsi in una s., in una dolorosa, in una difficile s.* | ***Essere, mettere alle strette***, in una condizione tale da avere una sola via d'uscita. **7** (*mus.*) Accelerazione del movimento nella parte conclusiva di una composizione o di una sua parte. ‖ **stretterèlla**, dim.

strettézza [da *stretto* (*1*); av. 1292] s. f. **1** Condizione, caratteristica di ciò che è stretto: *la s. di una stanza, di una strada*; *s. di un vestito, di una scarpa.* **2** (*fig.*) Scarsezza: *s. di tempo, d'impegno, di denaro* | Povertà, ristrettezza: *Doveva essere cresciuta fra le strettezze* (ALERAMO).

strettìre [da *stretto* (*1*); 1801] v. tr. (*io strettisco, tu strettisci*) ● (*pop., tosc.*) Restringere.

◆**strétto** (1) [1225 ca.] **A** part. pass. di *stringere*; anche agg. **1** Premuto, serrato con forza: *tenere qlco. s. fra le mani; tenere qlcu. s. a sé; tenere qlcu. s. fra le braccia; tenere la spada stretta in pugno; essere s. in una morsa; nodo ben s.; a pugni stretti* | *A bocca stretta*, (fig., lett.) di malavoglia: *parlare a bocca stretta* | *A denti stretti*, (fig.) con tenacia; *combattere a denti stretti*; controvoglia, forzatamente: *ridere, accettare a denti stretti* | (fig.) *Avere il cuore s. dall'angoscia, dall'emozione e sim.*, essere in preda a tali sentimenti. **2** Molto vicino, rasente, addossato: *stare s. a qlcu.; erano stretti l'uno all'altro; camminavano stretti stretti; tenersi s. al muro* | *Prendere una curva stretta*, passando molto rasente al bordo interno della strada | (mar.) *Vento s.*, che forma un ridotto angolo con la prua. **3** Legato ad altri da vincoli di amicizia, parentela e sim.: *essere s. di amicizia con qlcu.; sono stretti da un lungo affetto* | *Intimo: legame s.; amicizia stretta* | *Prossimo: parenti stretti.* **4** Costretto, spinto: *essere s. dalla necessità, dal bisogno, a fare qlco.* **5** Urgente, inevitabile: *essere, trovarsi, nella stretta necessità di fare qlco.* **6** Avaro, spilorcio: *essere, tenersi, s. (nello spendere)* | *Avere, tenere la borsa stretta, tenere stretti i cordoni della borsa,* (fig.) essere avaro. **7** Che ha dimensioni limitate nel senso della larghezza: *camera stretta; vestito, cappello s.; calzoni stretti; scarpe strette* | *Andare s., essere s.*, stringere, impedire i movimenti, detto di indumenti: *questo vestito mi va s.* | *Stare, andare s.*, (fig.) essere considerato insufficiente, inadeguato: *è un lavoro che gli va s.; il pareggio ci sta s.* | *Carattere s.*, carattere tipografico in cui l'occhio normale è stato compresso | *Stoffa stretta*, di poca altezza | Angusto: *passaggio, corridoio s.* **CFR.** steno-. **CONTR.** Largo. **8** Rigoroso, severo: *la stretta osservanza delle regole; s. obbligo far ciò; tenere qlcu. sotto stretta sorveglianza* | *Lutto s.*, rigoroso, secondo la tradizione più formale | Preciso: *attenersi allo s. significato di un vocabolo.* **9** Puro, detto di dialetto o sim.: *parlare in s. napoletano; parlare il, un, napoletano s.* **10** (preposto al s.) Soltanto, nient'altro che, nelle loc. *lo s. necessario, lo s. indispensabile*, e sim. **11** (ling.) Detto di vocale chiusa. **12** (mus.) Accelerando. ‖ **strettino**, dim. ‖ **strettaménte**, avv. **1** In modo stretto: *furono strettamente legati al palo.* **2** In maniera rigorosa: *li pregammo di osservare strettamente le regole stabilite.* **B** v. intr. ne di avv. ● Strettamente, stringendo forte: *abbracciare qlcu. s. s.* | *Parlare s.*, con le vocali chiuse | (fig.).

◆**strétto** (2) [dal precedente sost.; av. 1348] **s. m.** **1** Braccio di mare attraverso il quale comunicano le acque di due mari contigui. **2** (raro) Varco angusto tra due montagne, due file di case e sim. **3** (mus.) Parte finale della fuga, in cui soggetto e risposta compaiono a distanze ravvicinate.

strettóia [da *stretto* (1); av. 1400] **s. f.** **1** Punto in cui una strada si restringe. **2** (fig.) Momento, condizione e sim. di notevole gravità: *essere, trovarsi, in una s.; uscire da una s.* **3** *Fascia, legatura, per stringere.* **4** †Strettoio.

strettóio [da *stretto* (1); sec. XIII] **s. m.** **1** Strumento a vite, un tempo usato per la spremitura delle olive. **2** In legatoria, strumento che comprime il libro quando si esegue la coloritura dei tagli. **3** Specie di morsetto usato in falegnameria e nella fabbricazione delle botti. **4** †Luogo angusto. ‖ **strettoiàccia**, pegg. f. ‖ **strettoino**, dim.

strettùra [lat. *strictūra*(m) 'restringimento', da *strĭctus* 'stretto'; sec. XIII] **s. f.** **1** (raro) Strettezza. **2** (raro) Luogo angusto.

stria [lat. *strīa*(m) 'riga', forse da un precedente *strīgia*, corradicale di *strīngere* 'troncare, tagliare'; av. 1452] **s. f.** **1** Scanalatura di una colonna. **2** (gener.) Riga sottile su un fondo di colore diverso: *le bianche strie delle nuvole nel cielo.* **3** Linea biancastra o pigmentata della cute: *s. gravidica* | Smagliatura cutanea da alterazione del trofismo della pelle. **4** Difetto di fabbricazione del vetro che consiste in una variazione rapida di indice di rifrazione in una sottile regione interna alla massa di vetro.

striàre [dal lat. *striāre*, da *strīa* 'riga'; 1513] **v. tr.** ● Segnare di strie.

striàto [dal lat. *striātu*(m), part. pass. di *striāre* 'striare'; 1499] **agg. 1** Segnato, cosparso di strie. **2** (anat.) Caratterizzato da rugosità o da striature | *Corpo s.*, complesso di nuclei nervosi alla base del telencefalo | *Muscolo s.*, V. muscolo.

striatùra [da *striāto*(m), da *striātus* 'striato'; 1521] **s. f.** ● Lo striare | Insieme di strie | Stria.

stribbiàre ● V. strebbiare.

†**stribuire** e deriv. ● V. distribuire e deriv.

†**stricàre** ● V. strigare.

stricco [dal longob. *strihha* 'corda'; 1889] **s. m.** (pl. -chi) ● (mar.) Paranco usato su piccole navi per caricare e scaricare merci e sim.

stricnìna [vc. dotta, dal gr. *strýchnos*, n. di diverse piante, con *-ina*; 1821] **s. f.** ● Alcaloide velenoso a complessa struttura chimica, contenuto in parecchie piante delle Loganiacee, usato in terapia come stimolante del sistema nervoso.

stricto sènsu [loc. lat.] **loc. avv.** ● In senso stretto, letterale.

stridènte [sec. XIII] part. pres. di *stridere*; anche **agg. 1** Che stride: *rumore s.* **2** (fig.) Sgradevole, disarmonico: *un accostamento s.* | *Contrasto, contraddizione s.*, evidente, che risalta nella sua acutezza.

strìdere [dal lat. *strīdere*, di orig. onomat.; sec. XIII] **v. intr.** (pass. rem. *io strìdei* o *strìdetti* (o -*étti*), *tu stridésti*; aus. *avere*; part. pass. raro *stridùto*) **1** Mandare un suono acuto e sgradevole: *il ferro rovente stride nell'acqua stride; l'olio bollente stride; nell'aprirsi la porta strideva.* **SIN.** Cigolare, scricchiolare. **2** Strillare, emettere grida acute, detto di persona: *la caccia, per quanto lei si divincolasse e stridesse, a sedere dirimpetto a sé* (MANZONI). **3** Detto di animali, emettere un verso stridulo e acuto: *le cicale stridono; la civetta stride nella notte; l'aquila stride* | Emettere un urlo acuto e prolungato, detto del cinghiale ferito. **4** (fam., tosc.) Essere costretto a sopportare qlcu. o qlco. a malincuore, contro voglia. **5** (fig.) Contrastare fortemente, produrre un accordo sgradevole: *quei colori stridono fra loro; le parole stridono con la musica della canzone; tra gli aspetti di quei luoghi, strideva quella loro allegria* (PIRANDELLO).

stridévole [av. 1547] **agg.** ● Stridente.

†**stridiménto** [1639] **s. m.** ● Stridore.

strìdio [1715] **s. m.** ● Uno stridore prolungato.

stridìre [da *stridere*, con cambio di coniug.; av. 1320] **v. intr.** (*io stridisco, tu stridisci*; difett. del part. pass. e dei tempi composti) ● (poet.) Stridere.

strìdo [da *stridere*; av. 1250] **s. m.** (pl. *strida*, f., raro *stridi*, m.) ● Voce, grido, suono, acuto e prolungato: *dare, emettere, trarre, uno s.*; *strida di bambini* | †*Andare alle strida*, seguire la voce pubblica.

stridóre [vc. dotta, dal lat. *stridōre*(m), da *strīdere* 'stridere'; av. 1292] **s. m.** **1** Rumore di cosa che stride: *s. confuso, acuto; lo s. della carrucola; s. di denti; l'orribil stridor delle ritorte* (BOIARDO). **2** (dial.) Freddo eccessivo.

stridulàre [da *stridulo*; 1960] **v. intr.** (aus. *avere*) ● Emettere un suono stridulo sfregando fra loro le elitre, detto di alcuni insetti: *la cicala stridula.*

stridulazióne [da *stridulare*; 1960] **s. f.** ● Emissione di suoni striduli da parte di alcuni insetti.

strìdulo [vc. dotta, dal lat. *strīdulu*(m), da *strīdere* 'stridere'; 1499] **agg. 1** Che ha suono acuto e stridente: *canto s.*; *voce stridula.* **2** Che emette suono acuto e stridente: *le stridule cicale.* ‖ **stridulaménte**, avv.

strigàre o †**estricàre**, †**stricàre** [lat. *extrīcāre*, comp. di *ĕx-* (s-) e di un denominale di *trīcae* (nom. pl.) 'fastidi, noie'. V. *distrigare, intrigare*; av. 1292] **A v. tr.** (*io strigo, tu strighi*) ● (raro, pop.) Levare l'intrigo, l'imbroglio, sciogliere ciò che è intricato (anche fig.): *s. un nodo, una matassa*; *s. una questione, una faccenda.* **SIN.** Districare, sbrogliare. **B v. intr. pron.** ● (raro, pop.) Trarsi di un imbroglio, un intrigo: *strigarsi da qlco.*

strige [vc. dotta, dal lat. *strix*, genit. *strīgis*, dal gr. *strίx*, genit. *strigós* 'strige' (V. *strega*) 1458 ca.] **s. f. 1** (pop.) Gufo. **2** †Maliarda, strega, incantatrice.

†**striggine** (1) o †**strigine** [da *strige*] **s. f.** ● (raro) Strega.

striggine (2) [connesso con *strina* (V.); av. 1698] **s. f.** ● (disus.) Tempo uggioso e freddo.

Strigifórmi [comp. di *strige* e il pl. di *-forme*; 1960] **s. m. pl.** (sing. *-e*) ● Nella tassonomia animale, ordine di Uccelli notturni a becco robusto e adunco, occhi frontali sviluppatissimi, artigli, piumaggio morbidissimo (*Strigiformes*).

strigilatùra [da *strigile*; 1930] **s. f.** ● Decorazione a scanalature ondulate.

strìgile [vc. dotta, dal lat. *strĭgile*(m), prob. adattamento del gr. *stlengís*, genit. *stlengídos* 'raschiatoio', di etim. incerta; av. 1498] **s. m.** o **f.** ● Nell'antichità greca e romana, strumento curvo, con manico, a forma di pettine, usato nelle terme e nelle palestre per strofinare la pelle al fine di pulirla e detergerne il sudore.

†**strìgine** ● V. †striggine (1).

strìglia o (pop., tosc.) **stréggia**, †**stréglia** [dall'ant. fr. *estrille*, dal lat. parl. *strĭgila*, variante di *strĭgilis* 'raschiatoio'; 1313] **s. f.** ● Strumento formato di più lamine dentate, infisse in un telaietto metallico, usato per pulire il pelo degli equini.

strigliàre o (tosc.) †**streghiàre** [dall'ant. fr. *estriller*, dal lat. parl. *strĭgilāre* 'sfregare con la striglia'; sec. XIV] **A v. tr.** **1** Fregare, ripulire con la striglia: *s. il cavallo.* **2** (fig.) Sgridare aspramente. **B v. rifl.** ● (scherz.) Spazzolarsi e ripulirsi bene.

strigliàta [da *strigliare*; 1873] **s. f.** **1** Passata di striglia: *dare una s.* **2** (fig.) Duro rimprovero, critica severa: *dare, ricevere, una s.* ‖ **strigliatìna**, dim.

strigliatóre [av. 1604] **s. m.** (f. *-trice*) ● Chi striglia, spec. i cavalli.

strigliatùra [av. 1565] **s. f.** ● Operazione dello strigliare i cavalli e sim.

†**strìgnere** ● V. *stringere*.

strigóne [da *striga*; 1872] **s. m.** ● (tess.) Pettine grosso per strigare il capecchio della canapa.

strike /straik, ingl. strạek/ [vc. ingl. d'Amer., propr. 'colpo', nel gerg. amer. 'buon colpo, botta decisiva'; 1970] **s. m. inv. 1** Nel bowling, colpo realizzato abbattendo tutti i birilli con il lancio della prima boccia. **2** Nel baseball, lancio vantaggioso della palla, messo a segno contro il battitore.

◆**strillàre** [lat. parl. *stridulāre*, da *strīdulus* 'stridulo'; av. 1363] **A v. intr.** (aus. *avere*) **1** Gridare forte, emettere grida acute. **2** (est.) Parlare a voce molto alta: *non s., ci sentono.* **3** (fig., raro, lett.) Protestare. **B v. tr.** ● Dire a voce molto alta: *strillò 'arrivederci' e se ne andò.* **4** (fam.) Rimproverare, sgridare: *il padre lo strilla spesso.*

strillàta [da *strillare*; 1858] **s. f.** ● Forte gridata | Rabbuffo.

strìllo [da *strillare*; sec. XIII] **s. m. 1** Grido acuto: *fare uno s.* | Grido di protesta: *con uno s. fece tacere tutti.* **2** (giorn.) Breve notizia con un titolo evidente, che si mette in prima pagina per richiamare l'attenzione su un argomento che viene sviluppato più ampiamente in una pagina interna. **3** (fam.) Rimprovero, sgridata.

strillonàggio [da *strillone*; 1918] **s. m.** ● Vendita di giornali quotidiani, spec. in edizione straordinaria, mediante gli strilloni.

strillóne [1873] **s. m.** (f. *-a*) **1** (fam.) Chi strilla molto | Chi parla a voce molto alta. **2** Venditore ambulante di giornali che, spec. un tempo, annunciava ad alta voce le notizie più interessanti in essi contenute.

strillòzzo [da *strillare*; 1622] **s. m.** ● Uccello dei Passeriformi di tinte modeste, con voce che somiglia a uno strillo (*Emberiza calandra*).

striminzìre o **stremenzire**, †**streminzire** [da *stremare* (V.); 1715] **A v. tr.** (*io striminzìsco, tu striminzìsci*) ● Stringere il corpo di qlcu. con busto, fascia o sim. per renderlo più sottile. **B v. rifl.** ● Stringersi per apparire più sottile. **C v. intr. pron.** ● Diventare magro.

striminzìto [1715] part. pass. di *striminzire*; anche **agg. 1** Nei sign. del v. **2** Misero: *vestito s.* | Gracile, molto magro: *uomo s.*

strimpellaménto [da *strimpellare*; av. 1742] **s. m.** ● Lo strimpellare.

strimpellàre [da *trimpellare*, con *s-*; 1612] **v. tr.** (*io strimpéllo*) ● Suonare malamente, con imperizia, strumenti musicali a tasti o a corde (anche assol.): *s. il pianoforte.*

strimpellàta [da *strimpellare*; 1619] **s. f.** ● Pezzo musicale eseguito strimpellando.

strimpellatóre [1864] **s. m.** (f. *-trice*, †*-tora*) ● Chi strimpella.

strimpellatùra [1873] **s. f.** ● (raro) Strimpellamento.

strimpellìo [1873] **s. m.** ● Lo strimpellare continuo.

strimpèllo [1760] s. m. ● (*pop.*, *raro*) Strumento da strimpellare.

strimpellóne [1891] s. m. (f. *-a*) ● (*fam.*) Chi strimpella spesso.

†**strina** [lat. tardo *ustrīna(m)* 'bruciore', da *ūrere* 'bruciare', di orig. indeur. V. *ustione*; av. 1336] s. f. ● (*dial.*) Freddo pungente.

strinàre [lat. parl. **ustrināre*, da *ustrīna* 'combustione'; sec. XIII] **A** v. tr. **1** Bruciacchiare alla fiamma viva uccelli o polli già spennati, per far scomparire la peluria. **2** Bruciacchiare la biancheria, stirandola con ferro troppo caldo; SIN. Abbronzare. **B** v. intr. pron. ● Bruciacchiarsi: *la camicia si è strinata.*

strinàto [sec. XIV] part. pass. di *strinare*; anche agg. **1** Nei sign. del v. **2** Magro, secco (spec. con valore raff.): *un uomo magro s.*

strinatùra [da *strinare*; 1884] s. f. ● Lo strinare | Segno di bruciacchiatura sulla biancheria.

stringa [lat. parl. **strīnga(m)*, da *strīngere* 'stringere' (?); 1437] s. f. **1** Cordoncino, nastro, striscetta di cuoio, terminati spesso da puntali metallici, usati per allacciare scarpe, busti e sim. **2** (*elab.*) Insieme di elementi simili, consecutivi e adiacenti: *una s. di bit, di caratteri.* **3** (*ling.*) Nella frase, sequenza finita di elementi sintatticamente concatenati. **4** (*fis.*) Superstringa. || **stringhétta**, dim.

stringàio [av. 1536] s. m. (f. *-a*) ● (*raro*) Chi fabbrica o vende stringhe.

stringàre [da *stringa*; av. 1540] v. tr. (*io strìngo, tu strìnghi*) **1** Legare bene, stringere forte, spec. con legacci. **2** (*fig.*) Rendere conciso, essenziale: *s. uno scritto.*

stringatézza [1660] s. f. ● Caratteristica di ciò che (o di chi) è stringato: *parlare, scrivere con s.* SIN. Concisione.

stringàto [1336 ca.] part. pass. di *stringare*; anche agg. **1** (*raro*) Nei sign. del v. **2** (*fig.*) Conciso, succinto: *discorso, stile, s.* || **stringataménte**, avv.

stringèndo [propr. gerundio di *stringere*; 1826] s. m. inv. ● (*mus.*) Accelerando. CONTR. Rallentando.

stringènte [av. 1375] part. pres. di *stringere*; anche agg. **1** Nei sign. del v. **2** Persuasivo, convincente: *argomentazioni stringenti.* **3** Incalzante: *interrogatorio s.*

♦**stringere** o †**strignere** [lat. *strīngere*, prob. di orig. indeur.; av. 1250] **A** v. tr. (pres. *io strìngo, tu strìngi*, †*strìgni*; pass. rem. *io strìnsi, tu stringésti*, †*strignésti*; part. pass. *strétto*, pop. dial. *strìnto*; in tutta la coniug. arc. si ha la variante †*gn* quando la *g* è palatale) **1** Avvicinare fra loro due cose, o due parti di una stessa cosa, serrando più o meno forte: *s. una morsa, un compasso, le tenaglie*; *s. le gambe, le dita, le labbra, i denti*; *s. i freni* | *S. i denti*, essere in uno stato di grande tensione, durante uno sforzo o una dolorosa prova fisica: *strinse i denti e continuò la scalata*; *stringere i denti per non gridare* | *S. i freni*, (*fig.*) rendere più rigida una disciplina | *S. il vento*, navigare formando l'angolo minore possibile tra la direzione del vento e quella della prua. CONTR. Allargare. **2** Premere, tenere premuto, qlcu. o qlco. contro, o entro, altra persona o cosa: *s. una balla con la corda*; *s. qlcu. fra le braccia, al petto*; *la madre si strinse il figlio al seno* | *S. la mano a qlcu.*, come segno di saluto | (*fig.*) *S. il cuore*, commuovere profondamente, dare grande dolore: *strinse il cuore un rimpianto di te* (SABA). **3** (*lett.*) Impugnare, brandire: *vibra contra costei la lancia e stringi / la spada* (TASSO). **4** Cingere tutt'intorno, circondare serrando: *s. una città d'assedio*; †*s. un castello, una città* | Costringere qlcu. a ridosso di qlco.: *s. il nemico in un bosco*; *s. qlcu. al muro* | *S. qlcu. tra l'uscio e il muro*, (*fig.*) metterlo alle strette. **5** (*lett.*) Obbligare, costringere: *il bisogno mi stringe a chiedere aiuto* | †Avvincere, legare. **6** Concludere, stipulare: *s. un patto, un'alleanza, un accordo* | *S. amicizia con qlcu.*, *s. un'amicizia*, dare inizio a dei rapporti amichevoli. **7** Comprimere, premere dolorosamente (*anche assol.*): *queste scarpe stringono i piedi*; *queste scarpe stringono.* **8** (*raro*) Condensare, coagulare: *s. il latte.* **9** Rendere stitico (*spec. assol.*): *il succo di limone stringe.* **10** Ridurre le misure di qlco., rimpicciolire, restringere: *s. un vestito, una giacca* | (*est.*, *banca*) *S. il credito*, diminuire il numero e l'entità dei prestiti erogati dalle banche ai propri clienti. CONTR. Allargare. **11** (*fig.*) Riassumere in sintesi (*anche assol.*): *s. un discorso*; *per s. dirò che …* | (*assol.*) *Stringi, stringi*, in conclusione: *stringi, stringi, non abbiamo guadagnato niente* | (*assol.*) *Stringi!*, escl. con cui si invita qlcu. a sintetizzare, a giungere a una conclusione. **12** (*fig.*) Accelerare il compimento di qlco.: *la scadenza del lavoro è vicina, bisogna s. i tempi* | †*S. il passo*, affrettarlo: *prende nuovo vigore, e stringe il passo* (L. DE' MEDICI). **13** (*mus.*) Accelerando. CONTR. Rallentare. **B** v. intr. (aus. *avere*) **1** Incalzare, urgere, premere: *il tempo stringe*; *le necessità che più stringono.* **2** (*sport*) *S. a rete, al centro*, nel calcio, portare la palla, in fase d'attacco, verso la fascia centrale del campo o verso la porta avversaria. **C** v. rifl. **1** Accostarsi, farsi molto vicino: *stringersi al muro, a qlcu.*; *il bimbo si strinse alla mamma* | *Stringersi intorno a qlcu.*, per difenderlo, dimostrargli affetto, solidarietà | *Stringersi addosso a qlcu.*, avventarsi su di lui | Restringersi: *stringetevi un po' e fatemi posto.* **2** Contrarsi | *Stringersi nelle spalle*, sollevare le spalle e poi lasciarle ricadere, in segno di disinteresse, impotenza, indecisione e sim. | (*raro*) *Stringersi nelle spese*, fare economia. **D** v. intr. pron. ● Restringersi, diventare stretto (*anche fig.*): *è un tessuto che non si stringe*; *a quello spettacolo gli si strinse il cuore.*

stringilàbbro [comp. di *stringere* e *labbro*] s. m. (pl. *stringilàbbra*) ● Torcinaso per cavallo.

stringiménto [sec. XIII] s. m. ● (*raro*) Lo stringere, lo stringersi | (*fig.*) *S. di cuore*, stretta al cuore.

stringinàso [comp. di *stringere* e *naso*; 1937] s. m. inv. **1** Montatura da occhiali priva di aste, ma fornita di due placchette a molla che stringono il naso. SIN. Pince-nez. **2** Congegno che serve a chiudere le narici, usato nel nuoto sincronizzato e in alcune immersioni. **3** Torcinaso per cavallo.

stringitóre [av. 1704] s. m.; anche agg. (f. *-trice*) ● (*raro*) Chi (o Che) stringe.

stringitùra [1527] s. f. **1** (*raro*) Stringimento. **2** Spremitura, spec. dello strettoio.

strinsi ● V. *stringere.*

strinta [f. sost. di *strinto*. V. *stretta*; av. 1337] s. f. ● (*pop.*, *tosc.*) Stretta.

strinto [av. 1375] part. pass. di *stringere*; anche agg. ● (*pop.*, *dial.*) Nei sign. del v.

†**strione** e *deriv.* ● V. *istrione* e *deriv.*

strip (1) /*ingl.* stɹɪp/ [1965] s. m. inv. ● Accorc. di *striptease.*

strip (2) /*ingl.* stɹɪp/ [vc. ingl., propr. 'striscia'; 1965] **A** s. f. inv. ● Striscia, nel sign. 3. **B** s. m. inv. ● Contratto di borsa che conferisce al compratore la facoltà di ritirare, entro un termine prefissato, la quantità di titoli pattuita, oppure di consegnarne il doppio allo stesso prezzo. CFR. Noch, strap.

strippapèlle [comp. di *strippa(re)* e *pelle*; 1868] vc. ● (*pop.*) Solo nella loc. avv. *a s.*, a crepapelle: *mangiare a s.*

strippàre (1) [da *trippa*, con *s-*; 1618] v. intr. e intr. pron. (aus. intr. *avere*) ● (*pop.*) Mangiare troppo, a crepapelle.

strippàre (2) [denom. di *trip* 'viaggio (del drogato)' con il pref. *s-*; 1977] v. intr. e rifl. (aus. intr. *avere*) ● (*gerg.*) Assumere droga, drogarsi.

strippàta [da *strippare*; av. 1850] s. f. ● (*pop.*) Grande mangiata, scorpacciata. || **strippatàccia**, pegg.

strippàto [adattamento dell'ingl. *stripped*, part. pass. del v. *to strip* 'togliere (le cedole)'] agg. ● (*econ.*) Detto di titolo obbligazionario privato della cedola. CFR. Coupon stripping.

stripping /'stripin(g), *ingl.* 'stɹɪpɪŋ/ ● V. *coupon stripping.*

strippóne [da *strippare*; 1873] s. m. (f. *-a*) ● (*pop.*) Mangione. || **stripponàccio**, pegg.

striptease /strip'tiz, *ingl.* 'stɹɪp,tiːz/ [vc. ingl., comp. di *to strip* 'svestire' e *tease* 'provocazione', l'una e l'altra di orig. e area germ.] s. m. inv. (pl. ingl. *stripteases*) ● Spogliarello.

♦**striscia** [vc. di orig. onomat.; trad. dell'ingl. *comic strips*, propr. 'strisce comiche o d'avventura, fumetti' nel sign. 3; 1319] s. f. (pl. *-sce*) **1** Pezzo stretto e lungo di materiale vario: *una s. di carta, di stoffa, di tela* | *S. di cuoio*, (*per anton.*) quella su cui si passa il rasoio per affilarlo. **2** Ciò che ha aspetto, forma stretta e allungata, simile a una riga: *decoro a strisce orizzontali, verticali* | Traccia lunga e sottile: *una s. biancastra.* **3** Breve storia o episodio a fumetti formata da una serie di vignette affiancate su una sola linea: *le strisce di Charlie Brown.* SIN. Strip (2). **4** (*aer.*) Zona rettangolare in un aeroporto, preparata per il decollo e l'atterraggio di aerei. **5** Porzione di territorio esteso nel senso della lunghezza: *una lunga s. di costa.* **6** In geometria, regione di piano compresa tra due rette parallele. **7** (*al pl.*) Passaggio pedonale delimitato da zebratura: *attraversare sulle strisce.* SIN. Zebre. || **striscétta**, dim. | **striscettina**, dim. | **strisciolina**, dim. | **strisciòna**, accr. | **striscióne**, accr. m. (V.) | **strisciuòla**, dim.

strisciaménto [1666] s. m. ● Lo strisciare, lo strisciarsi | (*fig.*) Atteggiamento di servile sottomissione.

strisciànte [av. 1654] **A** part. pres. di *strisciare*; anche agg. **1** Che striscia. **2** (*fig.*, *spreg.*) Che è subdolo, viscido, insinuante: *persona, individuo s.*; *modi striscianti.* **3** (*fig.*) Detto di fenomeno, spec. economico o politico, che si verifica in modo continuo, non particolarmente vistoso: *inflazione s.*; *guerra s.* **4** (*bot.*) Detto di pianta erbacea che si espande con stoloni sulla superficie del terreno: *fusto s.*; *ramo s.* SIN. Repente. **B** s. m. ● (*ferr.*) Insieme delle barre di contatto della presa di corrente a pantografo.

♦**strisciàre** [da *striscia*; av. 1348] **A** v. tr. (*io strìscio*; fut. *io striscerò*) **1** Muovere sfregando, strofinando: *s. i piedi sul pavimento*; *s. un mobile per terra* | *S. una carta*, in vari giochi di carte, calarla, facendola scorrere sul tavolo, per indicare al proprio compagno che se ne hanno altre dello stesso seme. **2** Toccare appena passando, sfiorare: *il proiettile gli strisciò la tempia*; *ho strisciato il parafango contro un muro.* **B** v. intr. (aus. *avere*) **1** Muoversi sfiorando o sfregando sopra una superficie: *i serpenti strisciano per terra*; *la lumaca striscia sul muro.* **2** Passare rasente: *ho strisciato col parafango contro un muro.* **3** Crescere rasoterra o comunque aderendo a una superficie: *i fusti delle zucche strisciano sul suolo.* **4** (*fig.*) Essere umile, servile, sottomesso per ottenere favori e vantaggi o evitare punizioni e danni. **5** Nel gioco del tressette, giocare una carta strisciandola sul tavolo per segnalare al compagno che si hanno altre carte semplici dello stesso seme. **C** v. rifl. **1** Sfregarsi, strofinarsi: *non strisciarti al muro*; *l'orso si strisciava contro un albero.* **2** (*fig.*) *Strisciarsi a qlcu.*, stargli intorno in modo servile per ottenerne favori o vantaggi. **3** †Azzimarsi, lisciarsi: *molti … si strisciano con tutti que' modi che si farieno le più lascive … femmine* (CASTIGLIONE).

strisciàta [1550] s. f. **1** Lo strisciare. **2** Segno lasciato da ciò che striscia. **3** Prova di stampa in fotocomposizione, su carta fotografica o pellicola, a forma di striscia di varia lunghezza. **4** Striscia di carta che esce dalla macchina calcolatrice stampante. **5** In aerofotogrammetria, l'insieme dei fotogrammi che la camera da presa riprende, mentre l'aereo su cui è montata segue una rotta rettilinea. || **strisciatina**, dim.

strisciatùra [1777] s. f. ● Strisciata.

striscio [da *strisciare*; av. 1584] s. m. **1** Lo strisciare, il venire strisciato | *Ballo con lo s.*, eseguito strisciando i piedi | *Fare lo s.*, nel gioco del tressette, strisciare la carta. **2** (*med.*) Preparato per esame microscopico, ottenuto strisciando il materiale da esaminare su un vetrino portaoggetto | Tecnica per ottenere tale preparato: *sottoporsi a uno s. vaginale.* **3** Nella loc. avv. *di s.*, strisciando, sfiorando: *colpire, ferire, di s.*; *prendere la palla di s.* | *Ferita di s.*, superficiale | (*fam.*, *tosc.*) Di seguito: *ha vinto due partite di s.* **4** Segno fatto strisciando: *il pavimento è pieno di strisci.*

striscióne (1) [1923] s. m. **1** Accr. di *striscia.* **2** Larga striscia di tessuto, carta e sim., recante una scritta o un disegno, che si appende in alto, trasversalmente a una strada, in una piazza e sim. o che si innalza durante manifestazioni o cortei: *s. pubblicitario*; *gli striscioni elettorali* | *S. d'arrivo*, segnale di traguardo di una gara di corsa.

striscióne (2) ● V. *strisciòni.*

strisciòni o **striscióne** (2) [da *strisciare*; 1728] avv. ● Strisciando per terra: *i soldati mandati in perlustrazione avanzarono s. fin sotto le linee nemiche.*

stritolàbile [1623] agg. ● Che si può stritolare.

stritolaménto [av. 1635] **s. m.** ● Operazione dello stritolare | Lo stritolarsi, il venire stritolato.

stritolàre [da *tritolare*, con *s-*; av. 1342] **A v. tr.** (*io strìtolo*) **1** Ridurre in pezzi minuti: *quella macchina stritola i sassi.* **2** (*fig.*) Annientare, schiacciare, con le proprie argomentazioni: *s. l'avversario.* **B v. intr. pron.** **1** Ridurre in minutissimi pezzi: *la lastra di vetro si è stritolata.* **2** †Struggersi, sdilinquirsi.

stritolatóre [1873] **s. m.**; anche **agg.** (**f.** *-trice*) ● Chi (o Che) stritola.

stritolatùra [av. 1698] **s. f.** ● (*raro*) Stritolamento | Materiale residuo di un oggetto stritolato.

stritolazióne [1673] **s. f.** ● (*raro*) Stritolamento.

stritolìo [1960] **s. m.** ● Lo stritolare continuo | Rumore prodotto da qlco. che si stritola.

strizióne [vc. dotta, lat. tardo *strictiōne(m)* 'costrizione, pressione', da *strictus*, part. pass. di *stringere*; 1960] **s. f.** ● (*mecc.*) Diminuzione della sezione trasversale di un metallo sottoposto a trazione, che precede la rottura.

strìzza [deriv. di *strizzare*; 1967] **s. f.** ● (*fam.*) Paura.

strizzacervèlli [comp. di *strizza(re)* e del pl. di *cervello*; 1987] **s. m. e f. inv.** ● (*scherz.*) Psicanalista, psicoterapeuta.

strizzàre [lat. parl. **strictiāre*, da *strictus*, part. pass. di *stringere* 'stringere'; av. 1348] **v. tr.** ● Stringere forte qlco. in modo da farne uscire il liquido in essa contenuto: *s. i panni bagnati*; *s. un limone, un'arancia* | ***S. l'occhio***, ammiccare.

strizzàta [1841] **s. f.** ● Atto dello strizzare una volta. || **strizzatina**, **dim.**

strizzatóio [da *strizzare*; 1880] **s. m.** ● Nelle macchine lavatrici, congegno a rulli gommati per la strizzatura dei panni.

strizzatùra [1873] **s. f.** ● Lo strizzare.

strizzóne [da *strizzare*; 1873] **s. m.** **1** Strizzata forte, violenta: *dare uno s. a qlcu.* **2** Fitta, dolore acuto: *sentire uno s. allo stomaco*; *uno s. di stomaco.* **3** (*tosc.*) Freddo eccessivo.

strobilazióne [da *strobilo*; 1960] **s. f.** ● (*zool.*) Particolare tipo di divisione per gemmazione, in alcuni polipi degli Scifozoi.

stròbilo [vc. dotta, dal lat. tardo *strōbilu(m)*, dal gr. *stróbilos* 'pina'; 1653] **s. m.** **1** (*bot.*) Struttura riproduttiva vegetale formata da numerosi sporofilli inseriti con disposizione spiralata su di un asse allungato, come nei licopodi e nelle Conifere. **2** (*zool.*) Insieme delle proglottidi che formano il corpo dei Cestodi | Ciascuno dei segmenti sovrapposti a pila in cui si divide il corpo del polipo nella strobilazione.

strobofotografìa [comp. del gr. *stróbos* 'corpo che gira' e *fotografia*] **s. f.** ● Fotografia ottenuta applicando una macchina fotografica a uno stroboscopio.

stroboscopìa [da *stroboscopio*; 1936] **s. f.** ● Metodo di osservazione mediante lo stroboscopio.

stroboscòpico [1892] **agg.** (**pl. m.** *-ci*) ● Che riguarda la stroboscopia o lo stroboscopio | ***Luci stroboscopiche***, luci psichedeliche.

stroboscòpio [comp. del gr. *stróbos* 'corpo che gira', e di *-scopio*; 1927] **s. m.** ● Apparecchio per l'osservazione analitica, a frequenza apparente ridotta, di fenomeni periodici, spec. di un corpo rotante o vibrante.

stròfa ● V. *strofe*.

strofantìna [comp. di *strofanto* e *-ina*; 1905] **s. f.** ● (*chim.*) Glucoside contenuto nei semi dello strofanto, usato come sedativo e tonico.

strofànto o **stròfanto** [comp. del gr. *stróphos* 'corda ritorta', da *stréphein* 'volgere', e *ánthos* 'fiore'; 1829] **s. m.** ● Pianta africana delle Apocinacee, lianosa e velenosa, con fusto peloso, fiori giallastri a strie rosse e semi provvisti di pappo, utili in medicina (*Strophantus hispidus*). ➡ **ILL. piante/8.**

stròfe o **stròfa** [vc. dotta, dal lat. tardo *strŏpha(m)*, dal gr. *strophḗ* 'voltata (del coro)', da *stréphein* 'volgere'; av. 1574] **s. f.** (**pl.** *stròfe*, raro *stròfi*) **1** (*letter.*) Gruppo ritmico di due o più versi che hanno tra loro identità per numero e rispondenza di rime e che viene ripetuto quasi sempre più di una volta nello stesso componimento poetico | (*est.*) Gruppo di versi che l'autore vuole distinguere dal resto del testo, anche senza specifiche corrispondenze. **2** Nella lirica greca, parte di una triade lirica | Nella tragedia greca, gruppo di versi che presenta una esatta corrispondenza con la successiva antistrofe. || **strofàccia**, **pegg.** | **strofétta**, **dim.** | **strofettina**, **dim.** | **strofùccia**, **dim.**

stròfico [da *strofe*; 1891] **agg.** (**pl. m.** *-ci*) ● (*letter.*) Detto di componimento nel quale un determinato periodo ritmico è ripetuto più volte. || **stroficaménte**, **avv.**

♦**strofinàccio** [da *strofinare*; 1309] **s. m.** ● Straccio per strofinare, pulire, rigovernare e sim. | (*fig., fam.*) ***Trattare come lo s., essere lo s. di qlcu.***, trattare male, essere trattato male.

strofinaménto [av. 1346] **s. m.** ● Lo strofinare, lo strofinarsi, il venire strofinato.

♦**strofinàre** [dal longob. *straufinōn*. V. *stropicciare*; sec. XIII] **A v. tr.** ● Passare, sfregare ripetutamente qlco. sopra una superficie per pulirla, lucidarla e sim.: *s. il marmo con uno straccio*; *s. i piatti, i mobili.* **B v. intr. pron.** ● Strusciarsi: *non strofinarti contro il muro*; *il gatto si strofina alla porta* | (*fig.*) Adulare: *strofinarsi a qlcu.*

strofinàta [av. 1712] **s. f.** ● Lo strofinare una volta. || **strofinatina**, **dim.**

strofinìo [av. 1320] **s. m.** **1** Lo strofinare continuo. **2** (*fis.*) Operazione mediante la quale si elettrizza staticamente un corpo.

strofinóni [1891] **avv.** ● (*raro*) Strofinandosi: *stare s. in terra.*

stròfio [vc. dotta, dal lat. *strŏphiu(m)*, dal gr. *stróphion*, da *stréphein* 'avvolgere', di orig. indeur.; av. 1660] **s. m.** ● Presso gli antichi, fascia femminile avvolta intorno alla vita per sostenere il seno | Benda con cui si legavano i capelli | Cinghia di cuoio che passava attorno alle dita, nel cesto dei pugili.

strogolàre [da *tr(u)ogolo*, con *s-*; 1891] **v. intr.** (*io strògolo*; aus. *avere*) ● (*raro, pop.*) Grufolare nel truogolo, detto del maiale | (*spreg.*) Mangiare sporcandosi, detto di persona.

stròlaga [deformazione di *folaga* (?); 1827] **s. f.** ● (*zool.*) Nome comune di ogni uccello appartenente all'ordine dei Gaviformi, caratterizzati da un eccellente adattamento alla vita acquatica. **SIN.** Colimbo.

stròlago e *deriv.* ● V. *astrologo* e *deriv.*

strollàto [vc. dial., mil. *strolàa* 'inzaccherato'; 1991] **s. m.** ● (*edil.*) Intonaco di finitura realizzato con uno strato di legante cementizio arricchito da pietrisco minuto per ottenere un effetto di scabrosità.

stròlogo e *deriv.* ● V. *astrologo* e *deriv.*

stròma [vc. dotta, dal gr. *strôma* 'coperta, tappeto', da *strōnnýnai* 'stendere'; 1875] **s. m.** (**pl.** *-i*) ● (*biol.*) Tessuto di sostegno di un organo.

strombàre [da *tromba* (per la forma), con *s-*; 1838] **v. tr.** (*io strómbo*) ● Fare una strombatura.

strombatùra [da *strombare*; av. 1712] **s. f.** ● Conformazione di porta, finestra e sim. con stipite tagliato obliquamente, e quindi svasato verso l'esterno o verso l'interno.

strombazzaménto [1947] **s. m.** ● Lo strombazzare, il fatto di venire strombazzato: *dopo tanto s., il risultato mi pare ben poca cosa.*

strombazzàre [da *tromba*, con *s-* e suff. iter.-intens.; 1585] **A v. tr.** ● Divulgare con esagerato chiasso, propaganda e sim.: *s. una scoperta, i meriti di qlcu.* **B v. intr.** (aus. *avere*) **1** Suonare ripetutamente il clacson di un autoveicolo. **2** (*raro*) Suonare la tromba male e rumorosamente.

strombazzàta [1566] **s. f.** ● Suonata di tromba | Strombazzamento.

strombazzatóre [1851] **s. m.** (**f.** *-trice*) ● Chi strombazza.

strombazzatùra [1898] **s. f.** ● (*raro*) Strombazzamento.

strombettàre [da *tromba*, con *s-* e suff. iter.-dim.; 1611] **A v. intr.** (*io strombétto*; aus. *avere*) **1** Suonare la trombetta, o la tromba, spesso e male. **2** (*est.*) Suonare ripetutamente il clacson dell'automobile: *che cos'ha quello da s.?* **B v. tr.** ● (*raro*) Strombazzare: *s. i propri meriti.*

strombettàta [av. 1536] **s. f.** ● Lo strombettare.

strombettatóre [1861] **s. m.** (**f.** *-trice*) ● (*raro*) Chi strombetta.

strombettìo [1691] **s. m.** ● Lo strombettare continuo.

strómbo (1) [vc. dotta, dal lat. *strŏmbu(m)*, dal gr. *strómbos* 'conchiglia', di orig. indeur.; av. 1498] **s. m.** ● Grosso mollusco dei Gasteropodi dei mari caldi, con conchiglia a forma di piccola torre dal margine esterno espanso, usata per fare cammei (*Strombus gigas*). ➡ **ILL. animali/4.**

strómbo (2) [da *strombare*; 1774] **s. m.** ● Strombatura.

strombolìano [1890] **agg.** ● Del, relativo al vulcano Stromboli | (*geol.*) Detto di eruzione caratterizzata da emissione di lava basica con esplosioni non molto violente e fontane ardenti.

stromboliòtta o **stromboliòtto** **A agg.** (**pl. m.** *-i*) ● Dell'isola di Stromboli. **B s. m. e f.** ● Abitante, nativo dell'isola di Stromboli.

stroménto ● V. *strumento*.

stroncaménto [av. 1729] **s. m.** ● Lo stroncare: *s. di un ramo.*

stroncàre [da *troncare*, con *s-*; av. 1375] **A v. tr.** (*io strónco, tu strónchi*) **1** Troncare con violenza (*anche fig.*): *il vento stronca i rami*; *il proiettile gli ha stroncato un braccio*; *una grave malattia stroncò la sua vita* | ***Stroncarsi le braccia, le gambe e sim.***, fare una grande fatica. **2** (*fig.*) Reprimere, soffocare: *s. una rivolta, un'insurrezione.* **3** (*fig.*) Fare oggetto di critica feroce e demolitrice: *s. un'opera, un libro, un film*; *s. un autore.* **B v. intr. pron.** ● (*raro*) Spezzarsi, rompersi: *legno che si stronca.*

stroncàto [1550] **part. pass.** di *stroncare*; anche **agg.** ● Nei sign. del v.

stroncatóre [1745] **s. m.**; anche **agg.** (**f.** *-trice*) ● Chi (o Che) stronca (*spec. fig.*): *critica stroncatrice.*

stroncatòrio [1911] **agg.** ● (*fig.*) Che stronca: *articolo s.*

stroncatùra [av. 1729] **s. f.** **1** (*raro*) Stroncamento. **2** (*fig.*) Critica feroce e demolitrice: *la s. di un film.*

strónco [da *stroncare*; sec. XIV] **agg.** (**pl. m.** *-chi*) ● (*tosc.*) Stroncato. || **stroncàccio**, **pegg.** | **stronchìno**, **dim.**

stroncóne [da *troncone*, con *s-*; 1873] **s. m.** ● (*raro, tosc.*) Troncone.

stronfiàre [da *tronfiare*, con *s-*; 1825] **v. intr.** (*io strónfio*; aus. *avere*) ● (*fam., tosc.*) Sbuffare forte, detto di persona irata, grassa, affaticata o sim.: *s. per l'ira*; *s. mangiando* | Russare rumorosamente.

stronfióne [da *stronfiare*; 1873] **s. m.** (**f.** *-a*) **1** (*fam., tosc.*) Persona che stronfia molto. **2** (*fig.*) Persona boriosa, gonfia di sé. || **stronfionàccio**, **accr.** | **stronfioncèllo**, **dim.**

strong /strɔŋg, *ingl.* strɔŋ/ [vc. ingl. 'forte, potente'; 1960] **agg. inv.** ● Detto di tipo di carta particolarmente resistente e tenace: *extra s.* | (*fig.*) Forte, violento.

stròngilo [vc. dotta, dal gr. *strongýlos* 'rotondo', di orig. indeur.; 1821] **s. m.** ● (*zool.*) Verme dei Nematodi, da adulto parassita interno dei Vertebrati mentre allo stato larvale conduce vita libera.

†**stronomìa** ● V. *astronomia*.

stronzàggine [da *stronzo* nel sign. 2; av. 1966] **s. f.** **1** (*fig., volg.*) Caratteristica di chi (o di ciò che) è stronzo: *la s. di quel lungo discorso.* **2** (*fig., volg.*) Discorso, comportamento da persona stronza: *non riesco a ridere alle sue stronzaggini.*

†**stronzàre** [vc. venez. ant., variante di *storonzare*, dal lat. parl. *rotundiare*, da *rotŭndus* 'rotondo', con metatesi e *s-*; 1512] **v. tr.** ● (*raro*) Diminuire, restringere.

stronzàta [da *stronzo* nel sign. 2; 1961] **s. f.** ● (*fig., volg.*) Comportamento, discorso, azione, da stronzo.

strònzio o **strónzio** [da *Strontian*, miniera dell'Argyllshire (Scozia); 1829] **s. m.** ● Elemento chimico, metallo alcalino terroso, solido bianco argenteo. **SIMB.** Sr.

strónzo [dal longob. *strunz* 'sterco'; av. 1400] **s. m.** **1** (*volg.*) Escremento solido, di forma cilindrica. **2** (**f.** *-a*) (*fig., volg.*) Persona stupida od ottusa | Persona fastidiosa o malevola | (*scherz., attenuativo*) *Dai, non fare lo s.*, non prendertela || **stronzétto**, **dim.** | **stronzìno**, **dim.** | **stronzóne**, **accr.**

strónzolo [sec. XIV] **s. m.** ● (*volg., tosc.*) Stronzo, nel sign. 1.

stropicciaménto [sec. XIV] **s. m.** ● Lo stropicciare, lo stropicciarsi, il venire stropicciato.

stropicciàre [dal got. *straupjan* 'sfregare', con suff. iter. V. *strofinare*; av. 1300] **A v. tr.** (*io stropìccio*) **1** Strofinare, sfregare forte qlco. con la mano, o una cosa contro un'altra: *stropicciarsi un brac-*

cio; *s. due legni fra loro*; *s. i piedi in terra* | ***Stropicciarsi le mani***, in segno di soddisfazione | ***Stropicciarsi gli occhi***, in segno di sonnolenza, o sim. ***2*** (*region., fam.*) Sgualcire: *stropicciarsi il vestito.* ***3*** (*raro, fig.*) †Inquietare, infastidire. **B** v. intr. pron. ***1*** Sgualcirsi, spiegazzarsi: *la gonna si è stropicciata.* ***2*** (*pop.*) Infischiarsi, disinteressarsi di qlco. o qlcu.: *me ne stropiccio di voi!*

stropicciàta [1572] s. f. ● Lo stropicciare una volta. || **stropicciatèlla**, dim. | **stropicciatina**, dim.

stropicciatùra [av. 1606] s. f. ● Lo stropicciare.

stropiccìo [1353] s. m. ● Lo stropicciare continuo | Rumore di cosa, spec. piedi, stropicciata.

stropiccióne [av. 1587] s. m. (f. *-a*) ***1*** (*raro*) Chi si attacca a qlcu. per ottenere favori e protezione. ***2*** †Bacchettone.

stroppàre [da *stroppo*; av. 1557] v. tr. (*io stròppo*) ● (*mar.*) Legare con uno stroppo | Guarnire di stroppi.

stroppiàre e *deriv.* ● V. *storpiare* e *deriv.*

stròppio (o *-ó-*) ● V. *storpio* (*1*) e (*2*).

stròppo [lat. *strŏppu(m)*, dal gr. *strόphos* 'corda'; 1602] s. m. ● (*mar.*) Pezzo di cima usata per assicurare un oggetto a un punto fisso senza impedirne i movimenti | Anello che tiene uniti remo e scalmo.

stròscia [sec. XIV] s. f. (pl. *-sce*) ● (*raro*) Lo strosciare | Riga che fa l'acqua, e sim., cadendo in terra.

strosciàre [dal longob. *trausjan*, con *s-*; av. 1584] v. intr. (*io stròscio*; fut. *io stroscerò*; aus. *avere*) ● (*pop.*) Scrosciare.

stròscio [da *strosciare*; 1313] s. m. ***1*** (*pop.*) Scroscio. ***2*** †Colpo per caduta.

stròzza [dal longob. *strozzā* 'gola'; 1313] s. f. ***1*** Canna della gola: *afferrare qlcu. per la s.*; *stringere nella s.*; *l'urlo roco delle strozze riarse* (SCIASCIA); *le parole gli rimasero nella s.* ***2*** (*mar.*) Canale metallico in coperta che serve al passaggio della catena dell'ancora.

strozzaménto [av. 1356] s. m. ● Lo strozzare, il venire strozzato; (*fig.*) richiesta esosa | (*med.*) ***S. erniario***, alterazione della circolazione sanguigna in un viscere contenuto nell'ernia, dovuto alla compressione | (*mecc.*) ***S. del vapore***, riduzione della sua pressione, ottenuta per mezzo di una valvola o di altro organo di regolazione.

strozzaprèti [comp. di *strozza(re)* e il pl. di *prete*; 1873] s. m. pl. ● (*cuc., region.*) Gnocchetti di farina e talora di patate, duri e compatti, che si mangiano lessati e conditi con sugo di pomodoro e carne.

strozzàre [da *strozza*; av. 1342] **A** v. tr. (*io stròzzo*) ***1*** Uccidere ostruendo le vie respiratorie mediante una pressione esercitata sul collo con le mani: *l'hanno strozzato* | Strangolare: *lo strozzarono con una calza* | Usato talora come minaccia scherzosa: *se lo vedo lo strozzo.* ***2*** (*est.*) Impedire il respiro, soffocare (*anche assol.*): *è un cibo che strozza*; *mi sento s.* ***3*** (*est.*) Restringere in un punto un organo o un oggetto cavo, spec. premendo dall'esterno: *s. un tubo, una conduttura* | ***S. la salsiccia***, legarla con uno spago a intervalli regolari sì da dividerla in rocchi | (*est.*) Ostruire: *uno scoglio strozza il passaggio.* ***4*** (*fig.*) Prestare denaro a forte usura: *con quegli interessi lo strozzano.* ***5*** (*fig., raro*) Concludere rapidamente, troncare: *s. una discussione.* ***6*** (*mar.*) Fermare la catena nella strozza | Fermare una cima con uno strozzascotte o sim. **B** v. intr. pron. ***1*** Morire per strozzamento. ***2*** Avere il respiro impedito, rimanere soffocato da un boccone di cibo: *se mangi così in fretta ti strozzerai.* ***3*** Subire una strozzatura: *a quel punto la strada si strozza.* **C** v. rifl. ● Strangolarsi, impiccarsi: *si è strozzato con un lenzuolo.*

strozzascòtte [comp. di *strozza(re)* e il pl. di *scotta* (*1*); 1983] s. m. inv. ● (*mar.*) Dispositivo per arrestare in un senso lo scorrimento di una cima, costituito da una camma o da due ganasce dentate.

strozzàto [sec. XIV] part. pass. di *strozzare*; anche agg. ***1*** Nei sign. del v. ***2*** Che esce dalla gola a stento, a scatti: *voce strozzata*; *parole strozzate.* ***3*** (*med.*) Sottoposto a strozzamento: *ernia strozzata.*

strozzatóio [1546] **A** agg. ● (*raro*) Che strozza. **B** s. m. ● (*mar.*) Un tempo, dispositivo per frenare lo scorrimento della catena dell'ancora quando si dava fondo.

strozzatóre [1696] s. m. anche agg. (f. *-trice*) ● Chi (o Che) strozza.

strozzatùra [1641] s. f. ***1*** Forte riduzione del diametro di un recipiente, di un tubo e sim. | Punto di restringimento. ***2*** Tratto nel quale una strada si restringe sensibilmente: *ci trovammo di fronte a una s.* ***3*** (*fig.*) Arresto nell'attività economica limitato a un settore, che impedisce lo sviluppo di altri rami produttivi.

strozzière [dall'ant. fr. *ostorier*, da *ostor*, moderno *autour* 'astore'. V. *astore*; av. 1446] s. m. ● Anticamente, custode e allevatore dei falconi nobili, per la falconeria.

strozzinàggio [da *strozzino*; 1902] s. m. ● Usura.

strozzinésco [1891] agg. (pl. m. *-schi*) ● Di, da, strozzino.

strozzìno [da *strozzare*; av. 1850] s. m. (f. *-a*) ***1*** Chi presta denaro a interesse molto alto. SIN. Usuraio. ***2*** (*est.*) Chi vende a prezzi molto alti | Chi cerca di togliere ad altri quanto più denaro è possibile.

stròzzo [da *strozzare*; av. 1912] s. m. ● (*pop.*) Strozzinaggio: *dare, prestare, soldi a s.*

†**strozzùle** [sovrapposizione di *strozza* a *gorgozzule*; av. 1348] s. m. ● Strozza.

strubbiàre [sovrapposizione di *strusciare* a *strebbiare*; 1873] v. tr. (*io strùbbio*) ● (*pop., tosc.*) Sciupare, usare senza riguardo.

struccàre [da *truccare*, con *s-*; av. 1936] **A** v. tr. (*io strùcco, tu strùcchi*) ● Togliere il trucco dal viso. **B** v. rifl. ● Togliersi il trucco dal viso.

struccatùra [da *struccare*; 1983] s. f. ● Strucco.

strùcco [deriv. di *struccare*; av. 1952] s. m. (pl. raro *-chi*) ● Lo struccare, lo struccarsi il viso: *velina da s.*

strucinàre [connesso con *strusciare* (?); 1873] v. tr. (*io strùcino*) ● (*pop., tosc.*) Sciupare, consumare: *s. i vestiti.*

strùdel /ˈʃtrudel, *ted.* ˈʃtruːdl/ [vc. ted., propr. 'vortice', per la forma; 1905] s. m. inv. (pl. ted. inv.) ● Dolce di pasta arrotolata, farcito di frutta, spec. mele, uva passa, pinoli, condito con burro fuso, zucchero e cotto in forno.

strùffolo o **strùfolo** [dal longob. **strupf* 'batuffolo, brandello'; av. 1525] s. m. ***1*** Anticamente, batuffolo, spec. di paglia, usato dagli scultori. ***2*** (*spec. al pl.*) Palline fritte di pasta dolce e miele.

struggènte [1873] part. pres. di *struggere*; anche agg. ● (*fig.*) Dolorosamente commovente: *una musica s.*; *il finale s. di un film.* || **struggenteménte**, avv.

strùggere [da (*di*)*struggere*, passato al senso di 'liquefare'; 1250] **A** v. tr. (pres. *io strùggo, tu strùggi*; pass. rem. *io strùssi, tu struggésti*; part. pass. *strùtto*) ***1*** (*raro*) Liquefare, sciogliere, col calore: *s. la cera, la neve, il ghiaccio*; *s. qlco. in bocca.* ***2*** (*fig., lett.*) Consumare lentamente, causare dolore, sofferenza: *l'amore la strugge*; *quel pensiero ossessivo lo strugge*; *ardo d'amore ... / per una dama che me strugge el core* (L. DE' MEDICI). ***3*** †Distruggere. **B** v. intr. pron. e †intr. ***1*** (*raro*) Fondersi, sciogliersi, col calore: *il burro si strugge sul fuoco*; *struggersi come le candele.* ***2*** (+ *di*, + *per*, lett. + *da*; + *in*) (*fig., lett.*) Consumarsi, logorarsi, di passione, desiderio, dolore, e sim.: *struggersi d'amore per qlcu.*; *struggersi in lacrime, in pianto*; *struggersi di desiderio*; *struggersi per il dolore*; *si struggeva dall'invidia* (PIRANDELLO).

struggicuòre [comp. di *struggere* e *cuore*; av. 1566] s. m. inv. ● Struggimento di cuore.

struggigràno [comp. di (*di*)*struggere* e *grano*; 1965] s. m. inv. ● Coleottero nero, con capo voluminoso e forti mandibole sporgenti le cui larve divorano cariossidi di cereali immagazzinati (*Tenebrioides mauritanicus*).

struggiménto [av. 1294] s. m. ● (*raro*) Lo struggere, lo struggersi | (*fig.*) Doloroso tormento.

struggitóre [av. 1294] s. m.; anche agg. (f. *-trice*) ● (*raro*) Chi (o Che) strugge.

strullerìa [1873] s. f. ● (*tosc.*) Caratteristica di chi (o di ciò che) è strullo | Atto, discorso e sim. strullo.

strùllo [da *trullo* (*1*), da *citrullo* con aferesi, e *s-*; 1873] agg.; anche s. m. (f. *-a*) ● (*tosc.*) Grullo, melenso, sciocco.

strùma [vc. dotta, dal lat. *strūma(m)* 'scrofola', di etim. incerta; 1494] s. f. ***1*** †Scrofola. ***2*** (*med.*) Tumefazione. ***3*** (*med.*) Gozzo.

strumentàle o †**istrumentàle** [da *strumento*; 1308] **A** agg. ***1*** Di strumento | Relativo a strumento. ***2*** Che si esegue mediante strumenti: *osservazione, misurazione, s.* | ***Musica s.***, fatta per gli strumenti: *concerto vocale e s.* | ***Volo s.***, in aeronautica, quello condotto in base a riferimenti dedotti con strumenti o mezzi di navigazione, causa insufficiente visibilità. ***3*** Che serve di strumento | ***Bene s.***, di cui si avvale la produzione per ottenere i beni di consumo | ***Causa s.***, nella metafisica di Aristotele, una delle cause che presiedono al divenire promuovendo il passaggio di un ente dalla potenza all'atto | ***Lingua s.***, quella usata nell'insegnamento nei Paesi mistilingui | (*fig.*) Fatto per secondi fini: *polemica s.* ***4*** (*ling.*) Detto di caso della declinazione indoeuropea indicante lo strumento dell'azione verbale. ***5*** In sismologia, detto del primo grado di intensità di un terremoto nella scala Mercalli, che passa inosservato o è registrato solo dai sismografi. || **strumentalménte**, avv. ***1*** Mediante uno strumento. ***2*** Dal punto di vista strumentale. ***3*** In modo strumentale: *aprire strumentalmente una polemica.* **B** s. m. ● (*ling.*) Caso della declinazione indoeuropea indicante lo strumento dell'azione verbale.

strumentalìsmo [comp. di *strumental(e)* e *-ismo*, sul modello dell'ingl. *instrumentalism*; 1946] s. m. ● Dottrina filosofica di J. Dewey (1859-1952) secondo cui il pensiero non si presenta solo come passivo rispecchiamento della realtà, ma anche e soprattutto come strumento operante sulla realtà per migliorarla.

strumentalità [1865] s. f. ● Caratteristica, condizione di ciò che è strumentale: *la s. di una polemica.*

strumentalizzàre [comp. di *strumental(e)* e *-izzare*; 1964] v. tr. ● Servirsi di qlcu. o di qlco. per raggiungere un proprio fine: *s. la politica.*

strumentalizzazióne [da *strumentalizzare*; 1966] s. f. ● Lo strumentalizzare, il venire strumentalizzato.

strumentàre o †**istrumentàre** [da *strumento*; 1755] v. tr. e intr. (*io struménto*; aus. *avere*) ● (*mus.*) Orchestrare.

†**strumentàrio** (**1**) o †**istrumentàrio** [da *strumento*; 1363] agg. ● Strumentale.

strumentàrio (**2**) [da *strumento*; 1914] s. m. ● Complesso degli strumenti atti a espletare una determinata attività, spec. medica: *s. chirurgico, ostetrico.*

strumentatóre o †**istrumentatóre** [1875] s. m. (f. *-trice*) ● (*mus.*) Chi strumenta.

strumentatùra o †**istrumentatùra** [1855] s. f. ● (*mus.*) Lo strumentare.

strumentazióne o †**istrumentazióne** [da *strumentare*; 1813] s. f. ***1*** (*mus.*) Orchestrazione | Parte della didattica che concerne il meccanismo, l'estensione, i mezzi di esecuzione e le proprietà espressive di ciascuno strumento. ***2*** Complesso degli strumenti, attrezzature, impianti, dispositivi, che occorrono per certe attività di studio, ricerca, controllo e sim.: *s. per ricerche geologiche, per il controllo dei missili.* ***3*** Insieme degli strumenti di controllo di una macchina, di un veicolo.

strumentino [av. 1698] s. m. ***1*** Dim. di *strumento.* ***2*** (*mus., spec. al pl.*) Legni.

strumentista [1883] **A** s. m. e f. (pl. m. *-i*) ● Chi, per professione, suona uno strumento musicale. **B** s. m. e f.; anche agg. ● Specialista nella progettazione e montaggio di strumentazioni per impianti industriali: *ingegnere s.*; *tecnico s.*

♦**struménto** o †**instroménto**, †**instruménto**, †**istroménto**, (*lett.*) **istruménto**, †**storménto**, (*poet.*) **stroménto** [lat. *instrūmentu(m)* 'corredo, suppellettile', da *instrŭere* 'apparecchiare'. V. *istruire*; av. 1292] s. m. ***1*** (*gener.*) Attrezzo o dispositivo atto al compimento di determinate operazioni: *gli strumenti del fabbro, del falegname, del muratore*; *strumenti rurali, chirurgici* | ***Strumenti di bordo***, strumenti a bordo di navi, aerei e sim., usati per la navigazione e il controllo del veicolo | ***Strumenti di misura***, dispositivi che misurano una grandezza fisica per misurazione diretta, o previa taratura e lettura diretta di indice su scala graduata | ***Strumenti elettrici di misura***, strumenti per la misura delle grandezze elettriche | ***Stru-***

menti di precisione, quelli che sono in grado di fornire dati della massima esattezza possibile | (*elettr.*) ***S. universale***, multimetro. **2** ***S. musicale***, col quale, per mezzo di vibrazioni variamente provocate, si producono suoni: *strumenti ad aria, a percussione, a corda, elettronici; strumenti a fiato, a bocchino, a pizzico, ad arco*. ➡ ILL. **musica**. **3** ***S. finanziario***, qualsiasi titolo rappresentativo di capitale di rischio negoziabile sul mercato dei capitali, per es. azioni, obbligazioni, quote di fondi comuni, contratti future, swap, ecc. **4** (*fig.*) Persona, cosa e sim., che serve come mezzo per raggiungere un dato fine: *fu lo s. della provvidenza; è s. della malvagità altrui; fu l'involontario s. di un delitto; del suo genio fece uno s. di pace.* **5** (*tosc., fig., scherz.*) Persona inquieta, fastidiosa: *sai che sei un bello s.?* **6** Atto pubblico redatto da un notaio. || **strumentàccio**, pegg. | **strumentino**, dim. (V.) | **strumentóne**, accr. | **strumentùccio, strumentùzzo**, dim.

strumóso [dal lat. *strumōsus*, deriv. di *struma*; sec. XIV] agg. **1** (*disus.*) Scrofoloso. **2** (*disus.*) Di molti colori, variopinto.

†**strùpo** e *deriv.* ● V. *stupro e deriv.*

strusciaménto [1438] s. m. ● Lo strusciare, lo strusciarsi | Rumore di cosa che struscia.

strusciàre [lat. parl. **extrusāre*, da *extrūsus*, part. pass. di *extrūdere* 'trascinare (*trūdere*) fuori (*ĕx-*)', di orig. indeur.; sec. XIII] **A** v. tr. e intr. (*io strùscio*; fut. *io struscerò*; aus. intr. *avere*) ● Strofinare qlco. sopra o contro un'altra: *s. i gomiti sulla tavola; s. i piedi per terra; s. contro il muro; se ne andava pian piano, molle molle, strusciando le scarpe* (PIRANDELLO) | Sciupare, rovinare: *s. i vestiti.* **B** v. rifl. **1** Strofinarsi: *non strusciarti alla porta.* **2** ***Strusciarsi a qlcu.***, stargli molto vicino abbandonandosi a effusioni amorose; (*fig.*) stare attorno a qlcu. adulandolo per ottenerne favori.

strusciàta [1879] s. f. ● Lo strusciare una volta. || **strusciatina**, dim.

strùscio (**1**) [da *strusciare*; av. 1871] s. m. **1** A Napoli, giro per la visita ai sepolcri nel giovedì santo. **2** (*est., merid., centr.*) Passeggiata domenicale o serale che ha luogo nella via principale di paesi o cittadine di provincia. **3** Rete verticale per catturare uccelli: *caccia allo s.*

struscìo (**2**) [1943] s. m. ● Lo strusciare continuo.

struscióne [1873] s. m. (f. *-a*) **1** (*fam.*) Chi ha l'abitudine di strusciarsi o di strusciare la roba. **2** (*fig.*) Adulatore.

strùssi ● V. *struggere.*

struttìvo [vc. dotta, dal lat. *strūctus*, part. pass. di *strūere* 'costruire', di orig. indeur.; 1960] agg. ● (*raro*) Della struttura | Strutturale.

strùtto (**1**) [sec. XIII] part. pass. di *struggere*; anche agg. ● Nei sign. del v.

strùtto (**2**) [forma sost. del precedente; sec. XIV] s. m. ● Grasso ricavato facendo fondere le parti adipose del maiale, conservato in vesciche o in vasi per uso di cucina. SIN. Sugna.

♦**struttùra** [vc. dotta, dal lat. *structūra(m)*, da *strūctus*, part. pass. di *strūere* 'costruire'; sec. XIV] s. f. **1** (*edil.*) Insieme delle parti costruttive di un edificio | ***S. portante***, ossatura | Impianto attrezzato: *potenziare le strutture sportive.* **2** (*est.*) Composizione, ordine e modo di essere di un organismo, di un'opera, e sim.: *la s. dello Stato; la s. del corpo umano; la s. dell'universo; la s. di una lingua, di un romanzo* | ***S. sociale***, complesso di relazioni gerarchiche fra i vari gruppi di una data società, la cui dinamica condiziona il verificarsi dei singoli sviluppi | ***S. della popolazione***, in statistica, distribuzione delle unità che compongono una determinata popolazione secondo le modalità di determinati caratteri. **3** (*mat.*) Organizzazione degli elementi e dei sottoinsiemi d'un insieme | Sistema di sottoinsiemi dell'insieme, o d'un altro insieme che si ottenga da quello, e da altri a esso collegati | ***S. algebrica***, struttura individuata da una o più leggi di composizione. **4** (*chim.*) Disposizione degli atomi nella molecola di un composto | ***S. cristallina***, disposizione degli atomi e degli ioni nei solidi allo stato cristallino | ***S. di una roccia***, in mineralogia, rapporti intercorrenti tra i componenti di una roccia per effetto del processo genetico | ***Formula di s.***, indica il modo in cui gli atomi che costituiscono un composto sono disposti e ordinati. **5** (*ling.*) Organizzazione sistematica degli elementi di una lingua (fonemi, morfemi, sintagmi), le proprietà dei quali sono determinate da regole che ne stabiliscono le reciproche relazioni | ***S. profonda***, nella grammatica generativa, livello astratto dell'organizzazione della frase, generato dalle regole sintattiche della base senza le trasformazioni | ***S. superficiale***, nella grammatica generativa, livello di organizzazione della frase come essa si presenta nella sua forma fonetica una volta applicate le trasformazioni alla struttura profonda.

strutturàbile [da *strutturare*; 1983] agg. ● Che si può strutturare.

strutturàle [da *struttura*; av. 1907] agg. **1** Della struttura, che riguarda la struttura | ***Carta s.***, rappresentazione delle strutture tettoniche per mezzo di isoipse di un livello guida. **2** ***Linguistica s.***, studio della lingua considerata come un insieme di elementi in relazione reciproca fra loro. || **strutturalménte**, avv. In riferimento alla struttura.

strutturalìsmo [comp. di *struttural(e)* e *-ismo*; 1950] s. m. **1** (*psicol.*) Scuola psicologica volta ad analizzare gli stati o i contenuti mentali in costituenti elementari col metodo dell'introspezione aiutata dall'esperimento. **2** Teoria e metodologia scientifica che, spec. nelle scienze umane come la linguistica, l'antropologia, la critica letteraria e sim., considera la struttura degli elementi come un sistema di interrelazioni formalmente definibile, partendo da un insieme di dati empiricamente accertati. **3** (*arch.*) Indirizzo di studio che si occupa della struttura corrispondentemente alle funzioni di collegamento e di sostegno e ai concetti di distribuzione e di organizzazione. **4** In antropologia culturale, studio della produzione simbolica umana, spec. dei miti, considerata come un complesso di elementi formalmente correlati.

strutturalista [1942] **A** s. m. e f. (pl. m. *-i*) ● Seguace o studioso di uno strutturalismo. **B** agg. ● Strutturalistico.

strutturalìstico [1964] agg. (pl. m. *-ci*) ● Che si riferisce a uno strutturalismo o agli strutturalisti. || **strutturalisticaménte**, avv.

strutturàre [1940] **A** v. tr. ● Disporre, ordinare, secondo una struttura (*anche fig.*). **B** v. intr. pron. ● Risultare organizzato secondo una data struttura.

strutturàto [1745] **A** part. pass. di *strutturare*; anche agg. **1** Nel sign. del v. **2** ***Gioco s.***, nell'ambito delle tecnologie educative, insieme di materiali presentati al discente sotto forma di gioco e organizzati in modo tale che questi, interagendo con esso, esegua determinate operazioni fisiche o logiche. **B** s. m. ● Alimento disidratato a base di soia ad alto contenuto proteico, in commercio sotto forma di granulato, di spezzatino e di bistecca che, reidratato, può essere utilizzato in varie ricette al posto della carne.

strutturazióne [1962] s. f. ● Lo strutturare | Modo in cui qlco. è strutturato (*anche fig.*).

strutturista [da *struttura*; 1987] **A** s. m. e f. (pl. m. *-i*) ● Chi progetta strutture spec. nel campo dell'ingegneria civile o della meccanica. **B** anche agg.: *ingegnere s.*

strutturìstica [da *struttura*; 1950] s. f. ● (*fis.*) Disciplina che studia la costituzione interna dei corpi solidi.

†**struzióne** ● V. *distruzione.*

Struzionifórmi [comp. del lat. *strūthio*, genit. *struthiōnis* 'struzzo', e il pl. di *-forme*; 1960] s. m. pl. (sing. *-e*) ● Nella tassonomia animale, ordine di Uccelli incapaci di volare, ottimi corridori (*Struthioniformes*).

strùzza [forse da un prec. *(*a*)*stuzza*, deriv. di *asta*; 1960] s. f. ● (*mar.; disus.*) Balestrone.

♦**strùzzo** [vc. dotta, dal lat. tardo *strūthio* (nom.), dal gr. tardo *strouthíōn*, genit. *strouthíōnos*, dim. di *strôuthos* 'struzzo', di orig. indeur.; av. 1292] s. m. ● Grosso uccello degli Struzioniformi, con zampe nude, muscolose, a due dita, lungo collo e pelle molle e cascante (*Struthio camelus*): *penne di s.* | ***S. d'America***, nandù | ***S. australiano***, emù | ***Avere uno stomaco di s.***, (*fig.*) digerire tutto | ***Fare lo s., fare la politica dello s.***, fingere di ignorare cose o situazioni di particolare gravità, secondo la credenza popolare per cui lo struzzo, all'avvicinarsi del pericolo, nasconde la testa nella sabbia. ➡ ILL. **animali**/7.

stuàrdo [1611] agg. ● Degli Stuart (dinastia scozzese che regnò dal 1371 al 1714) o della loro epoca: *restaurazione stuarda; moda stuarda* | ***Alla stuarda***, (*ellitt.*) detto di colletto di pizzo o lino ricamato e pieghettato, molto alto sulla nuca in modo da incorniciare il volto (dal nome di Maria Stuarda, sotto il cui regno (1542-1567) si diffuse la moda di tali colletti).

stub /stab, *ingl.* stʌb/ [vc. ingl. propr. 'mozzicone', di orig. indeur.] s. m. inv. ● Strumento fornito di un tampone adesivo che raccoglie le tracce di esplosivo presenti sulle mani di chi ha azionato da poco tempo un'arma da fuoco | ***Prova dello s.***, la prova in cui viene utilizzato tale strumento; ha sostituito quella del guanto di paraffina.

Stube /*ted.* ˈʃtuːbə/ [vc. ted., dapprima 'stanza da bagno', che ha la stessa orig. di *stufa*. V. *stufare*; 1988] s. f. inv. (pl. ted. *Stuben*) ● Spec. in località dell'Alto Adige, stanza di soggiorno, spesso con una stufa in maiolica | (*est.*) In alberghi o ristoranti, saletta con arredamento tipico in legno.

stuccaménto [av. 1537] s. m. ● Operazione dello stuccare, nel sign. di *stuccare* (*1*).

stuccàre (**1**) [da *stucco* (*1*); av. 1320] v. tr. (*io stùcco, tu stùcchi*) **1** Riempire, turare, saldare, rivestire con lo stucco: *s. un buco, un vetro.* **2** Decorare con stucchi.

stuccàre (**2**) [da *stuccare* (*1*) nel senso di 'riempire'; sec. XIV] **A** v. tr. (*io stùcco, tu stùcchi*) **1** Riempire fino alla sazietà, indurre fastidio, nausea (*anche assol.*): *troppi dolci stuccano.* SIN. Nauseare. **2** (*raro*) Infastidire, annoiare. **B** v. intr. pron. ● (*raro*) Infastidirsi.

stuccàto [1550] part. pass. di *stuccare* (*1*); anche agg. ● Chiuso o ricoperto con lo stucco | Ornato di stucchi: *un soffitto s.*

stuccatóre [da *stuccare* (*1*); sec. XV] s. m. (f. *-trice*) **1** Chi esegue lavori di stuccatura: *s. di mobili.* **2** Chi esegue stucchi per decorazioni.

stuccatùra [1685] s. f. **1** Operazione dello stuccare, nel sign. di *stuccare* (*1*). **2** Stucco messo in opera, già indurito.

stucchévole [da *stuccare* (*2*); 1539] agg. ● Che dà fastidio, nausea, disgusto: *sapore s.; dolce s.* | Che dà tedio, noia: *che discorsi stucchevoli!* || **stucchevolménte**, avv.

stucchevolézza [1758] s. f. ● Condizione di ciò che è stucchevole.

stucchino [da *stucco* (*1*); 1870] s. m. ● (*tosc.*) Figurina di stucco.

stùcco (**1**) [dal longob. *stuhhi* 'crosta, intonaco'; av. 1355] s. m. (pl. *-chi*) **1** Malta composta di calce grossa e polvere di marmo con cui si ricoprono membrature architettoniche cui si vuol dare l'apparenza del marmo, o per fare ornati, cornici e sim.: *turare un buco con lo s.* | ***Essere di s.***, (*fig.*) insensibile, torpido | (*fig.*) ***Rimanere di s.***, sbalordito, stupefatto. **2** Rilievo ornamentale, decorazione, scultura e sim., eseguita con lo stucco: *una sala piena di stucchi; la sala degli stucchi.*

stùcco (**2**) [part. pass. contratto di *stuccare* (*2*); 1313] agg. (pl. m. *-chi*) ● (*raro*) Pieno a sazietà, sazio fino alla nausea: *essere s. di qlco.; essere s. e ristucco.* SIN. Stufo.

stuccóso [da *stuccare* (*2*); 1873] agg. ● (*raro*) Stucchevole.

studentàto [da *studente*; 1942] s. m. **1** Periodo di tempo che un giovane trascorre negli studi superiori. **2** Edificio dove alloggiano studenti spec. universitari | Collegio universitario. **3** Collegio ove compiono i loro studi i chierici di alcuni ordini religiosi.

♦**studènte** [vc. dotta, dal lat. *studĕnte(m)*, part. pres. di *studēre* 'occuparsi, applicarsi agli studi'; av. 1400] s. m. (f. *-éssa*) **1** Chi è iscritto a un corso di studi e lo frequenta regolarmente: *s. di scuola media, di liceo, di università; gli studenti medi, gli studenti universitari.* **2** (*per anton.*) Studente universitario: *uno s. di medicina, di lettere; i tempi di quando era s.; la protesta degli studenti* | ***Casa dello s.***, collegio universitario. || **studentàccio**, pegg. | **studentèllo**, dim. | **studentino**, dim. | **studentùccio**, dim. | **studentùcolo**, dim.

studentésca [da *studente*, sul modello di *scolaresca*; 1884] s. f. ● (*disus.*) Complesso degli studenti.

studentésco [1870] agg. (pl. m. *-schi*) ● Di studente, degli studenti: *comitato, movimento, s.*

studiàbile [av. 1729] agg. ● Che si può studiare, che non presenta grandi difficoltà allo studio.

studiacchiàre o **studicchiàre** [da *studiare*, col suff. iter.-dim. *-icchiare*; 1546] **v. tr. e intr.** (*io studiàcchio*; aus. *avere*) ● Studiare poco e male.

†**studiaménto** [da *studiare*; av. 1347] **s. m.** ● (*raro*) Sollecitudine, diligenza.

studiànte [av. 1306] **A part. pres.** di *studiare* ● Nei sign. del v. **B s. m. e f.** ● †Studente.

♦**studiàre** [da *studio* (V.); av. 1243] **A v. tr.** (*io stùdio*) **1** Applicare la propria intelligenza all'apprendimento di una disciplina, un'arte, un particolare argomento e sim., seguendo un certo metodo e valendosi dell'aiuto di libri, strumenti e sim., spesso sotto la guida di un maestro: *s. musica, pittura, scultura, poesia, chimica, medicina, elettronica*; *s. il latino, il violino*; *s. le opere di Dante*; *s. Dante*; *s. una poesia*; *s. da sé, da solo*; *s. con un maestro*; *s. sotto la guida di un maestro*; *s. qlco. a memoria, a senso*; *s. giorno e notte*; *s. di sera*; *s. poco*; *s. di malavoglia*. **2** (*assol.*) Seguire regolarmente i corsi di una scuola o di un'università: *non ha i mezzi per s.*; *il padre non l'ha fatto s.*; *ha smesso di s.*; *non avere voglia di s.*; *s. per notaio*; †*s. in medicina*. **3** Fare oggetto di esame, meditazione, indagine: *s. un progetto, una questione*; *s. le cause del disastro*; *s. l'uomo* | ***S. le mosse dell'avversario***, per prevedere le sue azioni future | Cercare ingegnosamente, escogitare: *s. il modo per risolvere un problema*; *s. il mezzo per riuscire in qlco.*; (*fam.*) *le studia tutte!*; *questa l'hai studiata bene!* **4** Ponderare, misurare, controllare il proprio modo di agire: *s. le parole, i gesti, il proprio contegno*. **5** †Affrettare, sollecitare: *s. il passo*. **B v. intr. e intr. pron.** (aus. intr. *avere*) (+ *di* seguito da inf.) ● Industriarsi, sforzarsi, ingegnarsi: *studia di comportarti bene*; *si studia di essere buono*. **C v. intr.** ● †Attendere, applicarsi a qlco.: *s. a essere buono*; *s. nella dottrina delle armi*. **D v. intr. pron.** ● †Affrettarsi. **E v. rifl.** ● Osservarsi, esaminarsi: *si studiava allo specchio*.

†**studiatézza** [da *studiato*; 1765] **s. f.** ● (*raro*) Studio, premura.

studiàto [av. 1375] **part. pass.** di *studiare*; anche **agg.** **1** Nei sign. del v. **2** (*fig.*) Meditato, affettato, non spontaneo: *maniere, parole, studiate*; *gesti, modi, studiati*. || **studiataménte**, **avv.** In modo ricercato, di proposito.

studiatóre [av. 1347] **s. m.**; anche **agg.** (f. *-trice*) ● (*raro*) Chi (o Che) studia.

studicchiàre ● V. *studiacchiare*.

♦**stùdio** [vc. dotta, dal lat. *stŭdiu(m)*, da *studēre* 'applicarsi, studiare', di orig. indeur.; per calco sull'ingl. e amer. *studio* nel sign. 14; av. 1292] **s. m.** **1** Attività dello studiare, applicazione intesa a sapere, imparare, conoscere: *dedicarsi allo s.*; *essere dedito allo s.*; *s. della filosofia, della matematica*; *s. lungo, assiduo, severo*; *una giornata di s.*; *due ore di s.*; *dedicare tutto il proprio tempo allo s.* | ***Uomo di s.***, dedito allo studio | ***Borsa di s.***, sussidio in denaro concesso a studenti meritevoli affinché possano studiare. CFR. -grafia, -logia, -sofia. **2** Ciò che costituisce oggetto di studio: *la storia è il suo s. prediletto*; *gli studi letterari, scientifici*; *studi liberali*. **3** (*al pl.*) Attività di chi segue regolarmente i corsi di una scuola o di un maestro: *fare i propri studi*; *cominciare, finire, interrompere, gli studi*; *alla fine degli studi si sposerà*. **4** (*al pl.*) Organizzazione scolastica, nella loc. ***provveditore agli studi***, chi è preposto all'organizzazione scolastica di una provincia. **5** Lavoro, ricerca, indagine approfondita su determinati argomenti: *quest'opera è frutto di un lungo s.*; *sta facendo degli studi sulla lingua*; *secondo i più recenti studi ...* | Monografia: *s. critico, storico*; *un pregevole s. sul Tasso* | ***S. di settore***, strumento operativo dell'amministrazione fiscale al fine di individuare la capacità reddituale delle imprese, basato sulla valutazione delle condizioni operative delle imprese stesse attraverso l'analisi delle caratteristiche strutturali di una specifica attività. **6** (*mus.*) Pezzo nel quale domina da cima a fondo un dato passaggio (tema) inteso a vincere una difficoltà tecnica, vocale o strumentale: *gli studi di Chopin*. **7** Progetto, disegno, preparazione: *lo s. di una nuova autostrada*; *lo s. per l'acquedotto* | ***Essere allo s.***, di proposta, progetto e sim. che è ancora all'esame degli organi competenti. **8** Disegno, soggetto, preso dal vero, a scopo di approfondimento di particolari, preparazione di un'opera, e sim. **9** (*lett.*) Cura, diligenza, sollecitudine, premura: *mettere tutto lo s. nel fare qlco.*; *fare qlco. con ogni s.* | ***A tutto s.***, (*raro*) ***a sommo s.***, intenzionalmente, a bella posta. **10** †Voglia, desiderio | †Inclinazione, tendenza. **11** †Occupazione. **12** Stanza da studio: *lavorare nella quiete del proprio s.*; *passare molte ore nello s.* | Mobili che costituiscono l'arredamento di uno studio: *uno s. in stile*; *uno s. in palissandro*. **13** Stanza, insieme di stanze, adeguatamente attrezzate in cui un professionista o un artista svolgono la loro attività: *s. di notaio, di avvocato*; *s. legale*; *il medico ha lo s. in Via Mazzini*; *s. di pittore, di scultore*; *s. fotografico*; *s. di pubblicità*. **14** Insieme di ambienti appositamente attrezzati per riprese cinematografiche, televisive o per registrazioni musicali: *gli studi di Cinecittà*; *trasmettiamo dagli studi di Milano*. **15** Nel Medioevo, Università: *lo s. di Pisa*; *il glorioso s. di Bologna*. **16** †Anno accademico: *essendo noi or mai allo scorcio dello s.* (GALILEI). **17** †Collezione di antichità, o cose rare. || **studiarèllo**, **dim.** | **studiétto**, **dim.** | **studiòlo**, †**studiuòlo**, **dim.** (V.).

studiòlo o †**studiuòlo** [da *studio* 'stanza'; av. 1412] **s. m.** **1** Dim. di *studio*. **2** Piccola stanza da studio, anticamente anche con collezioni d'arte. **3** (*tosc.*) Mobile per scrivere molto diffuso nel XVI secolo, composto da due corpi, quello superiore con facciata a calatoia, quello inferiore a due sportelli. || **studiolétto**, **dim.** | **studiolino**, **dim.**

♦**studióso** [vc. dotta, dal lat. *studiōsu(m)* 'diligente, studioso', da *stŭdium* 'propensione, studio'; av. 1292] **A agg.** **1** (*raro*) Che si dedica agli studi: *è s. di matematica*. **2** Che studia con diligenza e buona volontà, detto di chi frequenta una scuola: *è un ragazzo s.*; *è molto, abbastanza, poco s.* **3** (*raro, lett.*) Premuroso, sollecito, zelante: *essere s. di apprendere*; *con studiosa cura*. || **studiosaménte**, **avv.** **1** Diligentemente. **2** A bella posta. **B s. m.** (f. *-a*) ● Chi si dedica agli studi | Chi si dedica allo studio di determinata disciplina: *uno s. di storia romana*; *un insigne s.*; *i pareri degli studiosi*. CFR. -logo, -sofo.

†**studiuòlo** ● V. *studiolo*.

studtite [comp. dal n. del geologo ted. F. E. *Studt* e *-ite* (*2*)] **s. f.** ● Carbonato idrato di uranio dal tipico colore giallo chiaro.

stuellàre [1930] **v. tr.** (*io stuèllo*) ● Curare una ferita con stuelli.

stuèllo [vc. di orig. sett., dal lat. *stŭppa(m)* 'stoppa'; sec. XIII] **s. m.** ● (*med.*) Zaffo.

♦**stùfa** [da *stufare*; sec. XIII] **s. f.** **1** Apparecchio di riscaldamento, spec. per usi domestici: *s. a legna, a carbone, a gas, a nafta*; *s. elettrica* | Radiatore. **2** (*raro*) Serra calda. **3** Lo stufare, nei sign. A 1 e A 2. **4** †Locale termale | †Stanza delle terme | †Bagno caldo. || **stufétta**, **dim.** | **stufettina**, **dim.**

stufaiòla [da *stufare*; 1873] **s. f.** ● Tegame fondo con coperchio, per lo stufato.

†**stufaiòlo** o †**stufaiuòlo** [da *stufa* 'bagno caldo'; sec. XV] **s. m.** ● Inserviente dei bagni caldi.

♦**stufàre** [lat. parl. **extufāre* 'riscaldare', comp. di *ĕx-* (*s-*) e di un denominale del gr. *tŷphos* 'vapore, febbre'. V. *tifo*; sec. XIII] **A v. tr.** **1** (*raro* o *disus.*) Scaldare nella stufa | ***S. i bozzoli***, riscaldarli con vapore acqueo o aria calda per impedirne lo sfarfallamento. **2** Cuocere a fuoco lento in un recipiente coperto. **3** (*fig., fam.*) Seccare, dare fastidio, noia: *mi avete stufato!* **B v. intr. pron.** (assol.; + *di*, anche seguito da inf.) ● (*fig., fam.*) Seccarsi, annoiarsi: *ci siamo stufati di quella musica*; *mi sono stufato di ascoltarti*.

stufàto [sec. XIV] **A part. pass.** di *stufare*; anche **agg.** ● Nei sign. del v. **B s. m.** ● Carne a pezzetti cotta a fuoco lento in un tegame fondo ben chiuso, condita con sale, pepe, aglio, pomodoro, olio o burro: *uno s. di lepre*. || **stufatino**, **dim.**

stufatùra [da *stufato* 'riscaldato, bollito'; av. 1712] **s. f.** **1** Operazione dello stufare i bozzoli. **2** Operazione che si compie nella preparazione dei formaggi a pasta molle mantenendo la cagliata a temperatura piuttosto alta in ambienti adatti, onde attivarne l'attività enzimatica.

♦**stùfo** [da *stufare*; 1523] **agg.** (assol.; + *di*, anche seguito da inf.; + *che* seguito da congv.) ● (*fam.*) Annoiato, infastidito, seccato: *essere s. di qlco.*; *essere s. e arcistufo*; *sono s. di aspettarlo*; *sono s. che mi telefoni solo quando vuole un piacere*.

Stuka /'ʃtuka, *ted.* 'ʃtu:ka, -uka/ [vc. ted., abbr. di *Stu*(*rz*)*ka*(*mpfflugzeug*) 'aereo da picchiata', comp. di *Sturz* 'picchiata', *Kampf* 'combattimento' e *Flugzeug* 'aeroplano'; 1942] **s. m. inv.** (pl. ted. *Stukas*) ● (*aer.*) Tipo di aeroplano da guerra tedesco, usato nel secondo conflitto mondiale, adatto spec. per colpire il bersaglio non in quota ma in picchiata.

†**stùlto** ● V. *stólto* (*1*).

stunt car /*ingl.* 'stʌnt,kɑ:ɹ/ [loc. ingl., propr. 'automobile (*car*) da acrobazia (*stunt*)'; 1991] **loc. sost. m. inv.** (pl. ingl. *stunt cars*) ● Auto usata nel cinema per riprese di scene pericolose o acrobatiche, che prevedono scontri, incidenti, salti e sim.

stuntman /'stantmen, *ingl.* 'stʌnt,mæn/ [vc. ingl., propr. 'uomo (*man*) di destrezza, acrobazia (*stunt*)'; 1955] **s. m. inv.** (pl. ingl. *stuntmen*) ● Acrobata particolarmente esperto nel compiere azioni spettacolari come quella di cadute, tuffi, salti mortali, che fa da comparsa, o da controfigura all'attore protagonista, in film di avventure. SIN. Cascatore.

stuòia o (*pop.*) **stòia**, †**stuòra** [lat. *stŏria(m)*, *stŏrea(m)* 'stuoia', prob. da un termine gr. connesso con *storennýnai* 'stendere', di orig. indeur.; 1263] **s. f.** **1** Tessuto di giunchi, canne, paglia, sparto, per tappeti, tendaggi, graticci di soffitti, coperture di ortaggi delicati e sim. | Prodotto ottenuto con tale tessuto. **2** ***Tessuto a s.***, che presenta trama in rilievo, di solito su armatura tela a fili grossi | ***Punto a s.***, punto di ricamo eseguito con lunghe passate formate a intervalli con punti obliqui per ottenere un effetto di stuoia. || **stuoina**, **dim.** | **stoino**, **dim. m.** (V.).

stuoiàio [da *stuoia*; 1960] **s. m.** (f. *-a*) ● Artigiano che intreccia stuoie.

stuoiàre [da *stuoia*; 1873] **v. tr.** (*io stuòio*) ● (*raro*) Rivestire di, proteggere con stuoie: *s. un pavimento*.

stuoiàto [da *stuoia*; 1757] **s. m.** ● Graticciato | Soffitto di graticci intonacati.

stuoino o (*dial.*) **storino**, **stoino** [1840] **s. m.** **1** Dim. di *stuoia*. **2** Piccola stuoia messa davanti all'uscio come nettapiedi. SIN. Zerbino (1). **3** Tenda esterna di stuoia, avvolgibile con funicelle verso l'alto.

stuòlo [lat. tardo *stŏlu(m)*, dal gr. *stólos* 'spedizione militare', da *stéllein* 'apparecchiare'; av. 1292] **s. m.** **1** †Moltitudine armata, esercito | †Flotta. **2** (*est., gener.*) Schiera, moltitudine: *uno s. di giovinetti*; *la seguiva uno s. di ammiratori*.

†**stuòra** ● V. *stuoia*.

stùpa [dal sanscrito *stūpah* 'ciuffo di capelli, colmo del tetto'; 1847] **s. m.** (pl. inv. o *-i*) ● Costruzione tipica della religione buddista, sormontata da una cupola e provvista spesso di un recinto, in cui di solito sono racchiuse delle reliquie.

stupefacènte o †**stupefaciènte** [da *stupefare*; calco sul fr. *stupéfiant* nel sign. B; 1644] **A part. pres.** di *stupefare*; anche **agg.** ● Che provoca stupore: *una notizia s.* **B s. m.**; anche **agg.** ● Ogni sostanza tossica, di origine vegetale o sintetica, che agisce sul sistema nervoso provocando un'alterazione dell'equilibrio psicofisico, il cui uso prolungato genera uno stato di assuefazione accompagnato da grave decadimento organico e psichico; gli stupefacenti sono usati anche in farmacologia per le loro proprietà analgesiche: *abbrutito dagli stupefacenti*; *sostanza a uso s.*; *sostanza s.* CFR. narco- (2).

stupefàre [vc. dotta, dal lat. *stupefăcere*, comp. di *stupe-*, corradicale di *stupēre* 'stupire', e *făcere* 'fare'; av. 1306] **A v. tr.** (pres. *io stupefàccio* o *stupefò, tu stupefài, egli stupefà*; nelle altre forme coniug. come *fare*) ● Riempire di stupore, di meraviglia: *quello che mi ha detto mi ha stupefatto*. SIN. Meravigliare, stupire. **B v. intr. e intr. pron.** (aus. *essere*) ● (*raro*) Stupirsi, rimanere attonito: *a quella vista tutti stupefecero*.

stupefàtto [sec. XIII] **part. pass.** di *stupefare*; anche **agg.** ● Pieno di stupore: *alle mie parole, rimase s.*

stupefazióne [vc. dotta, dal lat. tardo *stupefactiōne(m)* 'stupore', da *stupefăctus* 'stupefatto'; 1353] **s. f.** **1** Il fatto di essere stupefatto; SIN. Stupore. **2** (*med.*) Stupore.

†**stupendità** [av. 1704] **s. f.** ● Caratteristica di ciò che è stupendo.

♦**stupèndo** [vc. dotta, dal lat. *stupĕndu(m)*, gerundivo di *stupēre* 'stupire'; sec. XIV] **agg.** ● Mirabile, meraviglioso, che fa rimanere attonito per l'ammirazione che desta: *spettacolo s.*; *è un discorso s.*; *le vesti pontificali son stupende di bellezza e di significato* (CAMPANELLA) | Molto bello: *abbiamo trascorso una giornata stupenda.* ‖ **stupendaménte**, avv. In maniera stupenda.

stupidàggine [av. 1872] s. f. *1* Caratteristica di chi (o di ciò che) è stupido. *2* Atto, discorso, stupido. *3* (*est.*) Cosa da nulla, inezia: *quell'operazione ormai è una s.*

stupidàrio [da *stupido*; av. 1945] s. m. ● (*raro*) Raccolta di fatti o detti memorabili per la loro stupidità.

stupidàta [1960] s. f. ● (*sett.*) Atto, discorso, stupido.

stupidézza [sec. XIV] s. f. ● (*raro*) Caratteristica di chi (o di ciò che) è stupido | Atto o discorso stupido.

stupidiménto [da *stupidire*; 1886] s. m. ● Istupidimento.

stupidire [da *stupido*; av. 1292] v. tr. e intr. (*io stupidisco, tu stupidìsci*; aus. intr. *essere*) ● Istupidire.

stupidità [vc. dotta, dal lat. *stupiditāte(m)*, da *stŭpidus* 'stupido'; av. 1557] s. f. *1* Caratteristica di chi (o di ciò che) è stupido | (*raro*) Torpore. *2* Atto, discorso, stupido.

♦**stùpido** [vc. dotta, dal lat. *stŭpidu(m)*, propr. 'sbalordito', da *stupēre* 'stupire'; av. 1292] **A** agg. *1* (*lett.*) Preso da stupore, sbalordito, attonito. *2* Che ha scarsa intelligenza, mente tarda, ottusa: *persone stupide* | Che mostra scarsa intelligenza: *atto, discorso s.*; *parole stupide* | Ingenuo, sprovveduto, credulone: *siamo stati stupidi a fidarci di lui.* SIN. Sciocco, stolto. *3* †Intorpidito, torpido. ‖ **stupidaménte**, avv. *1* (*lett.*) In modo che rivela stupore: *mirare stupidamente una cosa.* *2* Da stupido: *si è lasciato sfuggire stupidamente quell'occasione.* **B** s. m. (f. *-a*) ● Persona stupida. ‖ **stupidàccio**, pegg. | **stupidèllo**, dim. | **stupidino**, dim. | **stupidóne**, accr. | **stupidòtto**, dim.

♦**stupire** [lat. *stupēre* 'sbalordire', con cambio di coniug., dalla radice indeur. *(*s*)*teup-* 'battere'; av. 1306] **A** v. tr. (*io stupisco, tu stupìsci*) *1* Riempire di stupore: *il suo silenzio mi stupisce.* SIN. Meravigliare, stupefare. *2* †Considerare con stupore. **B** v. intr. e intr. pron. (aus. *essere*) (+ *di*, lett. + *a*, anche seguiti da inf.; anche assol.) ● Restare attonito, pieno di stupore: *non stupirsi di nulla*; *M'accorsi ch'ella si stupì del mio aspetto* (D'ANNUNZIO); *l'altre sue cittadine stupivano a sentirla favellare* (ARETINO); *se stupì in quel momento, fu forse di non potersi s.* (NIEVO).

♦**stupito** [sec. XIV] part. pass. di *stupire*; anche agg. ● Pieno di stupore, sorpreso: *mi guardò s.*

♦**stupóre** o **stùpor** nel sign. 2 [dal lat. *stupōre(m)*, da *stupēre* 'stupire'; 1308] s. m. *1* Senso di grande meraviglia che colpisce e lascia attonito, quasi senza parole: *essere colto, preso da s.*; *riempire qlcu. di s.*; *trasecolare di s.*; *fare s.*; *grido, esclamazione di s.*; *è alto / sulle macerie / il limpido / s. / dell'immensità* (UNGARETTI) | †*A s.*, stupendamente. *2* (*med.*) Condizione in cui l'individuo, sebbene non incosciente, appare insensibile agli stimoli e dimostra perdita dell'orientamento e attività molto limitata. *3* †Torpore, intontimento.

stuporóso [1660] agg. ● (*lett.* o *raro*) Che produce torpore, intontimento: *liquore s.*; *sotto l'effetto di un filtro s.* (MORANTE).

stupràre o †**strupàre** [vc. dotta, dal lat. *suprāre*, da *stŭprum* 'stupro'; sec. XIV] v. tr. ● Fare oggetto di stupro.

stupratóre o †**strupatóre** [vc. dotta, dal lat. *stupratōre(m)*, da *stuprātus* 'stuprato'; av. 1375] s. m. (f. *-trice*) ● Chi commette stupro.

stùpro o †**strùpo** [vc. dotta, dal lat. *stŭpru(m)* 'disonore, vergogna', dapprima in senso generale, 'fatto stupefacente', della stessa famiglia, a cui appartiene *stupīre* 'stupire, essere colpito'; av. 1292] s. m. *1* Atto sessuale imposto con la violenza. *2* †Adulterio.

stùra [av. 1492] s. f. ● Operazione dello sturare: *dare la s. a un fiasco* | ***Dare la s.***, (*fig.*) dare libero sfogo ai propri pensieri, sentimenti e sim., dire tutto liberamente: *c'è sempre chi nel buio ... dà la s. agli scherzi ed ai sarcasmi* (CALVINO).

sturabottiglie [comp. di *stura(re)* e il pl. di *bottiglia*; 1873] s. m. inv. ● Cavaturaccioli, cavatappi.

sturalavandini [comp. di *stura(re)* e *lavandino*; 1940] s. m. inv. ● Ventosa di gomma con manico per sturare i lavandini.

sturaménto [1873] s. m. ● Azione dello sturare.

sturàre [da *turare*, con *s-*; av. 1342] **A** v. tr. *1* Aprire ciò che è turato, stappare: *s. una bottiglia, una botte* | ***S. gli orecchi a qlcu.***, togliere il cerume in essi depositato; (*fig.*) fargli intendere bene qlco. *2* Liberare da ostruzioni, occlusioni, intasamenti: *s. una conduttura, un tubo*; *s. il lavandino, la vasca.* **B** v. intr. pron. ● Stapparsi: *il lavandino s'è sturato.*

sturbaménto [1338 ca.] s. m. ● (*region.*) Lo sturbare, lo sturbarsi, il fatto di essere sturbato.

sturbàre [lat. *exturbāre* 'scacciare, sconvolgere', comp. di *ĕx-* (*s-*) e *turbāre*. V. *turbare, disturbare*; av. 1250] **A** v. tr. *1* (*raro*) Disturbare, interrompere, impedire. *2* (*region., pop.*) Turbare, sconvolgere. **B** v. intr. pron. *1* (*region., pop.*) Turbarsi, sconvolgersi. *2* (*centr.*) Svenire.

stùrbo [da *sturbare*. V. *disturbo*; 1342] s. m. *1* (*raro*) Disturbo, impedimento, scompiglio. *2* (*dial., centr.*) Svenimento.

Sturm und Drang /ʃturmun'drang, *ted.* 'ʃtʊʌm ʔʊn'dʀaŋ/ [loc. ted., propr. 'tempesta e ardore'; sec. XIX] loc. sost. m. inv. ● Movimento preromantico tedesco della seconda metà del XVIII sec. caratterizzato dalla rivalutazione del sentimento e dell'irrazionale in contrapposizione al razionalismo illuministico e al neoclassicismo.

Stùrnidi [comp. del lat. *stŭrnu(m)* (V. *storno*) e *-idi*; 1936] s. m. pl. (sing. *-e*) ● Nella tassonomia animale, famiglia di Passeriformi comprendente numerose specie caratterizzate da piumaggio simile nei due sessi, zampe e becco allungati (*Sturnidae*).

†**stutàre** [lat. parl. **extutāre* 'attutare', comp. di *ĕx-* (*s-*) e *tutāre*, var. del classico *tutāri* 'proteggere', poi 'estinguere'. V. *tutore, tutela*; av. 1250] v. tr. ● (*oggi dial.*) Spegnere.

†**stùzia** ● V. *astuzia.*

stuzzicadènti [comp. di *stuzzica(re)* e il pl. di *dente*; av. 1556] s. m. inv. *1* Sottile stecco di legno, avorio o plastica per levare i frammenti di cibo rimasti tra i denti. *2* (*fig.*) Persona di eccessiva magrezza.

stuzzicaménto [1559] s. m. ● Lo stuzzicare, il venire stuzzicato.

stuzzicànte [1673] part. pres. di *stuzzicare*; anche agg. *1* Nei sign. del v. *2* (*fig.*) Eccitante, stimolante: *discorso, argomento s.*

stuzzicàre [da un **tuzzare*, di orig. onomat., con *s-* (V. *rintuzzare*); 1353] **A** v. tr. (*io stùzzico, tu stùzzichi*) *1* Frugare leggermente qua e là, spec. con cosa sottile e appuntita: *stuzzicarsi i denti, gli orecchi.* *2* Toccare con insistenza: *s. una ferita*; *stuzzicarsi il naso* | (*fig.*) Molestare, irritare: *non s. tuo fratello*; *perché stuzzichi il cane?* *3* (*fig.*) Stimolare, eccitare: *s. l'appetito, la curiosità* | (*raro*) ***S. il fuoco***, attizzarlo. **B** v. intr. ● (*scherz.*) †Essere sul punto di partire, muoversi: *io stuzzicai parecchie volte di andarmi con Dio* (CELLINI).

stuzzicatóre [av. 1444] s. m.; anche agg. (f. *-trice*) ● (*raro*) Chi (o Che) stuzzica.

stuzzichino [da *stuzzicare*, vc. centr.; 1873] s. m. *1* (f. *-a*) (*fam.*) Chi usa stuzzicare importunamente gli altri. *2* (*region.*) Cibo appetitoso | Spuntino. *3* (*spec. al pl.*) Tartina, salatino e sim. che si offre, spec. con un aperitivo, per stimolare l'appetito prima di un pasto.

styling /*ingl.* 'staelɪŋ/ [vc. ingl., propr. 'progettazione, modellazione'; 1972] s. m. inv. ● Disegno, linea di un prodotto industriale: *studiare, progettare lo s. di un'automobile.*

stylist /'stailist, *ingl.* 'staɪlɪst/ [vc. dell'ingl. d'America, deriv. di *style* 'disegno, modello'; 1961] s. m. e f. inv. ● Disegnatore, stilista.

♦**su** /su*/ o (*raro*) **sù** nei sign. B, (*pop., tosc.*) †**sùe** nei sign. B (V. anche †**sur** e †**sùso**) [lat. *sūsum* 'su', ant. *sūrsum*, da **subvŏrsum* 'in su, verso l'alto'; sec. XII] **A** prep. propria semplice (fondendosi con gli **art. det.** dà origine alla **prep. art. m. sing.** *sul*, poet. *su 'l, sullo*; **m. pl.** *sui, sugli*; **f. sing.** *sulla*; **f. pl.** *sulle*. Poteva elidere la vocale, o allungarsi in *sur*, solo davanti a parola che cominciasse per *u*). Stabilisce diverse relazioni dando luogo a molti complementi. *1* Compl. di stato in luogo (con gli stessi sign. di 'sopra', *anche fig.*): *stava sdraiato sull'erba*; *seduto sul tappeto*; *sui monti è già nevicato*; *è morto sul campo di battaglia*; *siedi su quella poltrona*; *su quell'abito ci vuole qualcosa di vivace*; *buttati uno scialle sulle spalle*; *sulla gonna indossava una semplice camicetta*; *sul fiume hanno gettato una passerella*; *la casa poggia su uno strato di roccia*; *ho messo una pietra sul passato*; *i miei sospetti poggiano su solidi indizi*; *per dire questo mi baso su parole tue*; *faccio assegnamento sul tuo buonsenso*; *potete contare su di me*; *ho puntato una forte somma su quel cavallo*; *io gioco tutto su questa carta*; *punto sul rosso*; *il paese è a duemila metri sul livello del mare*; *si è costruito la casa pietra su pietra*; *fa errori su errori*; *il sospetto è caduto su di me*; *l'uccello si libra sulle ali* | (*pleon., pop.* o *lett.*) ***D'in su, di su***, da sopra: *d'in su la vetta della torre antica* (LEOPARDI) | (*lett.*) ***In su, su per***, sopra: *in sul terrazzo*; *gli uccelli su per gli verdi rami cantando piacevoli versi* (BOCCACCIO) | ***Tenere qlcu. sulla corda***, tenerlo in sospeso | (*fig.*) ***Stare sulle spine***, in grande ansia e a disagio | ***Essere, capitare come il cacio sui maccheroni***, molto a proposito, a buon punto | (*fig.*) ***Essere, andare sulla bocca di tutti***, essere oggetto dei discorsi o dei pettegolezzi generali | (*est.*) ***Contare sulle dita***, di cosa che è rara: *i suoi pregi si contano sulle dita* | ***Pungere, toccare sul vivo***, centrare il punto debole di qlcu.: *mi ha punto sul vivo facendo appello al mio orgoglio* | (*fig.*) Indica il settore cui si estende il comando, il dominio, l'autorità e sim.: *ha molta autorità sui suoi subalterni*; *esercita il suo dominio su molti popoli*; *comanda su tutti*; *la partita è sul 3 a 2.* *2* Compl. di moto a luogo (con gli stessi sign. di 'sopra', *anche fig.*): *metti quelle carte sulla scrivania*; *salite su quella collina e riferite ciò che vedete*; *venite sul terrazzo*; *i nemici si gettarono sulla preda*; *gettano volantini pubblicitari su tutta la spiaggia*; *cercano di scaricare la colpa su quei ragazzi* | Anche seguito dalla prep. *per*: *si arrampicò su per il muro*; *salì su per le scale* | Contro: *le truppe nemiche puntarono sulla capitale*; *la marcia su Roma*; *la polizia sparò sui manifestanti*; *si scagliarono su di me*; *la pioggia picchia sui vetri* | Verso: *le finestre guardano sul giardino* | (*fig.*) ***Andare, montare su tutte le furie***, arrabbiarsi moltissimo. *3* Compl. d'argomento: *hanno discusso sulla situazione economica*; *trattato sulla proliferazione atomica*; *saggio sulla questione del Mezzogiorno*; *opera su Cesare*; *voglio un giudizio sul mio operato* | ***Piangere su qlcu. o qlco.***, compiangerlo o rammaricarsene. *4* Compl. di tempo det. (esprime approssimazione con il sign. di 'intorno a', 'verso', 'circa' e sim.): *vediamoci sul mezzogiorno*; *l'appuntamento è sul tardi*; *lo incontrai sul far della sera*; *partiamo sul far del mattino*; *ritorneremo sul calar del sole* | ***Nascere sullo scorcio del secolo***, verso la fine del secolo | ***La notte sulla domenica***, fra il sabato e la domenica | ***Sul momento, sull'istante, sui due piedi***, immediatamente, lì per lì: *sul momento, non ho capito a chi alludesse*; *ho deciso di piantarlo sull'istante*; *ha accettato così, su due piedi, senza rifletterci sopra* | ***Essere, stare sul punto di***, essere in procinto di, stare per: *ero sul punto di accettare*; *sono sul punto di partire* | (*pop., lett.*) Anche nella loc. prep. ***in sul***: *la donzelletta vien dalla campagna / in sul calar del sole* (LEOPARDI) | (*raro*) Dopo: *il limone sul latte dà acidità di stomaco.* *5* Compl. di tempo continuato (con il sign. di 'circa'): *ho lavorato sulle tre ore*; *starò assente sui due mesi.* *6* Compl. d'età (indica approssimazione): *un ragazzo sui dodici anni*; *un uomo sulla settantina.* *7* Compl. di stima e prezzo (indica approssimazione): *la casa gli è costata sui duecentomila euro*; *avrà un valore sui cinquanta euro, non di più.* *8* Compl. di peso e misura (indica approssimazione): *il volume in preparazione sarà sulle duemila pagine*; *pesa sui sessanta kili*; *sarà alto sui due metri.* *9* Compl. di modo o maniera: *lavorare su ordinazione*; *confezionare su commissione*; *spedire su richiesta*; *vestiti, scarpe su misura*; *agisce sull'esempio del padre*; *prestito su pegno*; *l'accordo è stato firmato su certe garanzie* | ***Stare sull'avviso***, tenersi pronti | ***Stare sulle spese***, provvedere al proprio mantenimento, stando in un luogo diverso da quello in cui si vive abitualmente, il che comporta una spesa superiore al previsto | ***Credere sulla parola***, fidandosi solo della parola, senza pretendere altre garanzie | ***Giurare sul Vangelo, su qlcu. o qlco.***, giurare in nome del Vangelo, in nome di qlcu. o qlco. | ***Stare sulle sue***, avere sussiego, tenere gli altri a distanza non confidandosi | ***Parlare sul serio***, dire la verità senza scherzare. ***10*** Con particolare valore modale e strumentale: *dipinto su tela*; *incisione su rame*; *ricamo su seta*. **B** avv. ***1*** In alto, verso l'alto (con v. di stato e di moto): *guarda su e lo vedrai*; *vieni su*; *su vedrai meglio*; *ora verrete su* | (*est.*) Al piano superiore: *è su dalla nonna*; *la mamma è su che fa i letti* | ***Abitare più su***, al piano superiore oppure più avanti in una strada | (*pleon.*) Con valore raff. seguito da altri compl. di luogo: *mio fratello è su in casa*; *sono salita su in soffitta*; *l'aquilone sale su nel cielo* | ***Andare su e giù***, scendere e salire o andare avanti e indietro | ***Non andare né su né giù***, non riuscire a inghiottire, non digerire e (*fig.*) non tollerare: *la minestra non mi va né su né giù*; *questi discorsi non vanno né su né giù* | ***Un su e giù***, V. *su e giù* | (*fig.*) ***I prezzi continuano ad andare su***, ad aumentare | ***Venire su bene***, crescere, svilupparsi bene: *il mio bambino viene su bene* | ***Mi viene su tutto il pranzo***, me lo sento in gola, non lo digerisco | (*fig.*) ***Venire su dal nulla***, formarsi una posizione sociale partendo da umili condizioni | ***Tirare su i figli***, allevarli | ***Tirarsi su***, sollevarsi e (*est.*) rimettersi in buone condizioni economiche, sociali, di salute oppure reagire ad una depressione psichica | ***Con su***, con sopra, sulla superficie: *un cassettone con su due candelabri*; *federe e lenzuola con su le cifre ricamate*. CONTR. Giù. ***2*** (*iter.*) Indica un movimento progressivo o prolungato, spec. lento, in salita: *passava su su nel cielo un aeroplano*; *salimmo su su fino alla vetta*; (*anche fig.*) *tratterò l'argomento su su fino alle origini più remote*. CONTR. Giù. ***3*** (*pleon.*) Con valore intens.: *non riesce ad alzarsi su*; *levatevi su da quel prato*; *non andare su di sopra* | ***Saltare su***, (*fig.*) incominciare a parlare: *saltò su tutto inferocito*; *saltò su a dire che io non avevo alcun diritto* | ***Mettere su uno*** (*contro qlcu.*), istigarlo contro qlcu. | ***Mettere su l'acqua***, ***il brodo***, ***la pasta*** e sim., metterli sopra il fornello, sopra il fuoco per farli bollire o cuocere | ***Mettere su casa***, (*fig.*) farsi, arredarsi l'abitazione | (*fig.*) ***Mettere su famiglia***, sposarsi | ***Mettere su una bottega***, ***uno studio***, ***una fabbrica*** e sim., aprirla | (*fig.*) ***Mettere su superbia***, assumere un contegno superbo, scostante. ***4*** (*intens.*) Preceduto da altro avv. di luogo, lo determina meglio: *metti il giornale lì su*; *non vorrete andare là su*; *siediti qui su* | ***Poco su***, ***poco giù***, pressappoco, all'incirca | V. anche *lassù*, *quassù*, *suppergiù*. ***5*** (*assol.*) Con ellissi del v. in escl. di esortazione, comando, sdegno e sim.: *alzatevi, su!*; *su ragazzi, andiamo!*; *su, racconta!*; *su, animo!*; *su, svelti, sbrigatevi!*; *su con la vita!*; *su con il morale!* | (*iter.*, *intens.*) *Su su, fatti animo!*; *su su che è già tardi!* | V. anche *orsù* e *suvvia*. ***6*** Nella loc. avv. ***in su***, verso l'alto: *faccio fatica nell'andare in su*; *guarda in su*; *da la cintola in su tutto 'l vedrai* (DANTE *Inf.* X, 33) | In alto: *sistemerei il quadro più in su* | (*est.*) Al Nord: *da Roma in su il servizio ferroviario è molto più celere* | Salendo verso numeri, valori più alti: *dal numero venti in su*; *possono entrare i ragazzi dai diciotto anni in su*; *si accettano puntate dai cinque euro in su* | (*pleon.*) ***Passeggiare in su e in giù***. ***7*** Nelle loc. avv. ***da***, ***di su***, dall'alto, da sopra: *l'ho sentito da su*; *il rumore viene da su*; *ci hanno visti di su* | ***Di qua***, ***di là***, ***di su***, ***di giù***, da ogni parte.

su' (**1**) /su/ agg. poss. di terza pers. sing. ● (*pop.*, *tosc.*) Forma tronca di 'suo', 'sua', 'suoi', 'sue', in posizione proclitica.

su' (**2**) /su/ prep. art. m. pl. ● (*tosc.*, *lett.*) Forma tronca della prep. art. 'sui'.

suaccennàto [comp. di *su* e *accennato* (V.); av. 1789] agg. ● Sopraccennato.

suàcia [lat. parl. **suăce*(*m*), da *sūs*, genit. *sŭis* 'porco, pesce porco', con cambio di declinazione, V. il gr. tardo *sýax*, genit. *sýakos*; 1825] s. f. (pl. *-cie*) ● Pesce osseo marino dei Pleuronettiformi a corpo ovale, quasi trasparente, a macchie irregolari e occhi sul lato sinistro (*Arnoglossus laterna*).

suadènte [vc. dotta, dal lat. *suadĕnte*(*m*), part. pres. di *suadēre* 'suadere'; sec. XIV] agg. ● (*lett.*) Che persuade, concilia, lusinga: *voce s.*; *parole suadenti*. || **suadenteménte**, avv.

suadére [vc. dotta, dal lat. *saudēre*, connesso con *suāvis* 'soave'. V. *persuadere*; sec. XIII] v. tr. e intr. (pass. rem. *io suàsi*, *tu suadésti*; part. pass. *suàso*; aus. *avere*) ● (*poet.*) Persuadere, consigliare, indurre.

†**suaditóre** [1873] s. m.; anche agg. (f. *-trice*) ● Chi (o Che) suade.

†**suàdo** [vc. dotta, dal lat. *suădu*(*m*) 'suadente', da *suadēre* 'suadere'] agg. ● Allettevole, suasivo.

†**suàrio** [vc. dotta, dal lat. *suăriu*(*m*), agg. da *sūs*, genit. *sŭis* 'maiale'. V. *suino*; av. 1587] agg. ● (*raro*) Che si riferisce agli animali suini, nella loc. *foro s.*

†**suasìbile** [vc. dotta, dal lat. tardo (eccl.) *suasĭbile*(*m*), da *suāsus* 'suaso'; 1499] agg. ● (*raro*) Che si può suadere.

†**suasióne** [vc. dotta, dal lat. *suasiōne*(*m*), da *suāsus* 'suaso'; 1360 ca.] s. f. ● (*lett.*) Esortazione, persuasione.

suasìvo [da *suaso*; sec. XIV] agg. ● Convincente: *un discorso semplice e s.*; SIN. Persuasivo | (*lett.*, *raro*) Che ha lo scopo di persuadere; SIN. Suadente, suasorio. || **suasivaménte**, avv.

suàso [1308] part. pass. di *suadere*; anche agg. ● (*poet.*) Nei sign. del v.

suasòria [vc. dotta, dal lat. *suasōria*(*m*), abbr. di *suasōria ōrātio* 'orazione persuasiva', f. di *suasōrius* 'suasorio'; av. 1667] s. f. ● Nella letteratura latina, orazione esortativa.

suasòrio [vc. dotta, dal lat. *suasōriu*(*m*), da *suāsus* 'suaso'; av. 1586] agg. ● (*lett.*) Esortatorio, che mira a persuadere: *ironia*, *non epigrammatica*, *né suasoria* (FOSCOLO). CFR. Suasivo.

suàsso ● V. *svasso*.

†**suàve** e *deriv.* ● V. *soave* (*1*) e *deriv.*

suàzzo ● V. *svasso*.

sub (**1**) [1954] s. m. e f. inv. ● Accorc. di *subacqueo* nel sign. B.

sub (**2**) [dalla prep. lat. *sŭb* 'sotto'; 1313] prep. ***1*** Sotto | ***Sub voce*** o (*ellitt.*) ***sub***, in bibliografia, formula di rinvio ad altra voce o a un testo già citato; in sigla s.v. | ***Sub condicione***, nel linguaggio giuridico ed ecclesiastico, a una data condizione, con riserva: *accettare sub condicione una disposizione testamentaria* | (*dir.*) ***Sub iudice***, detto di argomento su cui l'organo giudicante non si è ancora pronunciato; (*est.*) detto di problemi, opinioni e sim. non risolti e di cui si sta ancora discutendo: *per ora è un'alleanza sub iudice*. ***2*** Al tempo di, sotto il regno, il governo di: *Nacqui 'sub Iulio', ancor che fosse tardi* (DANTE *Inf.* I, 70).

sub- [lat. *sŭb* 'sotto', di orig. indeur. (radice **upo* allargata col suff. *s-*)] pref. ***1*** Con valore locale, coi sign. di 'sotto', 'che sta sotto' (*anche fig.*): *subacqueo*, *sublunare*, *subalterno*, *subordinato*, *subagente*. ***2*** Con valore locale, coi sign. di 'vicino', 'a lato', 'di fianco': *subantartico*. ***3*** Con valore attenuativo, con il sign. di 'quasi' indicando somiglianza (*subacuto*, *subcilindrico*, *subdesertico*, *subsferico*) o con quello di 'simile' e 'prossimo', insieme (*subalpino*, *subartico*, *sublitorale*). ***4*** Col valore di 'imperfettamente', 'non pienamente': *subcosciente*.

subaccollàre [comp. di *sub-* e *accollare*; 1873] v. tr. (*io subaccòllo*) ● Accollare ad altri il lavoro avuto in accollo.

subaccollatàrio [comp. di *sub-* e *accollatario*; 1873] s. m. (f. *-a*) ● Chi assume un subaccollo.

subaccòllo [comp. di *sub-* e *accollo*; 1873] s. m. ● Accollo di seconda mano.

subàcqueo [comp. di *sub-* e *acqueo*; 1787] **A** agg. ● Che si trova, si svolge, opera e sim., sott'acqua: *pianta*, *vegetazione*, *subacquea* | ***Cavo s.***, quello, telegrafico o telefonico, che posa sul fondo marino e collega terre separate fra loro dal mare | ***Armi subacquee***, torpedini, mine, siluri, bombe di profondità, e sim. | ***Guerra subacquea***, quella condotta con armi subacquee | ***Sport subacquei***, la caccia subacquea in apnea o con autorespiratore e le gare di immersione | ***Nuotatore s.***, chi pratica sport subacquei. CONTR. Sopracqueo. **B** s. m. (f. *-a*) ● Chi pratica sport subacquei | Sommozzatore.

SUBACQUEA (IMMERSIONE)
nomenclatura

subacquea (**immersione**)

● *caratteristiche*: ad aria compressa ⇔ in apnea, profonda ⇔ superficiale, lunga ⇔ breve; in assetto fisso, variabile, col respiratore;

● *azioni*: ventilare i polmoni, immergersi, andare giù, scendere, compensare, pinneggiare, riemergere;

● *fasi d'immersione e attrezzatura*: giubbotto di salvataggio, braccioli, tavoletta, stringinaso, pinne, occhialini, maschera, boccaglio, bombola, erogatore, muta, scafandro, giubbotto idrostatico, coltello, pesi, fucile subacqueo, torcia, profondimetro, boa; batiscafo, batisfera = batosfera, campana da palombaro; decompressione, nuoto subacqueo; pesca, esplorazione, safari subacqueo, fondo, fondale; embolia, stordimento;

● *persone*: nuotatore, apneista, palombaro, subacqueo, sub, sommozzatore, uomo rana.

subacùto [comp. di *sub-* e di *acuto*; 1895] agg. ● (*med.*) Detto di malattia con decorso prolungato, anche se a esito benigno, e con quadro clinico attenuato.

subaèreo [comp. di *sub-* e *aereo*; 1987] agg. ● Che si trova, si svolge, opera e sim. sotto l'aria, sulla superficie terrestre | ***Corso d'acqua s.***, in contrapposizione a quello sotterraneo.

subaffittàre [comp. di *sub-* e *affittare*; 1669] v. tr. ● Cedere ad altri in subaffitto: *s. una impresa*.

subaffitto [comp. di *sub-* e *affitto*; av. 1728] s. m. ● Contratto di affitto stipulato dall'affittuario con un terzo: *s. di fondo rustico*.

subaffittuàrio [comp. di *sub-* e *affittuario*; 1751] s. m. (f. *-a*) ● Chi prende qlco. in subaffitto.

subafflu̇ènte [comp. di *sub-* e *affluente*; 1960] s. m. ● Corso d'acqua affluente di un affluente.

subagènte [comp. di *sub-* e *agente*; av. 1925] s. m. e f. ● Chi si assume l'incarico di concludere contratti per conto di un agente.

subagenzìa [comp. di *sub-* e *agenzia*; 1922] s. f. ***1*** Contratto con il quale un agente conferisce a un subagente l'incarico di promuovere o concludere affari. ***2*** Distaccamento periferico di un'azienda, subordinato a una sua agenzia.

subalpìno [vc. dotta, dal lat. *subalpīnu*(*m*), comp. di *sŭb* 'sub-' e *alpīnus* 'alpino'. V. *alpino*; av. 1796] agg. ***1*** Che si riferisce alla, che è proprio della parte inferiore del piano alpino: *vegetazione subalpina*. ***2*** (*est.*) Piemontese | ***Parlamento s.***, nel Risorgimento, quello del regno Sardo.

subalternànte [sec. XV] **A** part. pres. di *subalternare*; anche agg. ***1*** Nel sign. del v. ***2*** (*filos.*) Nella logica antica e medievale, detto della proposizione universale che è in rapporto di subalternazione con la corrispondente proposizione particolare. **B** s. f. ● (*filos.*) Proposizione subalternante.

subalternàre [da *subalterno*; sec. XV] v. tr. (*io subaltèrno*) ● (*raro*) Rendere subalterno.

subalternàto [sec. XIV] part. pass. di *subalternare*; anche agg. ***1*** Nel sign. del v. ***2*** (*filos.*) Nella logica antica e medievale, detto della proposizione particolare che è in rapporto di subalternazione con la corrispondente proposizione universale.

subalternazióne [av. 1612] s. f. ● (*filos.*) Nel quadrato degli opposti costruito dai logici medievali sui principi della logica aristotelica, rapporto intercorrente tra le proposizioni universali e quelle particolari.

subalternità [1977] s. f. ● Condizione di chi (o di ciò che) è subalterno.

subaltèrno [vc. dotta, dal lat. tardo *subaltĕrnu*(*m*) 'subordinato', comp. di *sŭb-* 'sub-' e *altĕrnus* 'alterno'; av. 1499] **A** agg. ***1*** Che è posto sotto altri, che dipende da altri: *personale s.* | ***Ufficiali subalterni***, tenenti e sottotenenti | (*est.*, *gener.*) Che dipende, che è in secondo piano rispetto ad altro: *una politica subalterna*; CFR. Autonomo. ***2*** (*filos.*) ***Proposizioni subalterne***, nella logica scolastica, due proposizioni aventi soggetto, predicato e qualità uguali, ma diverse nella quantità, essendo una universale e l'altra particolare | ***Opposizione subalterna***, subalternazione. **B** s. m. ***1*** (f. *-a*) Persona subalterna: *avere la stima dei subalterni*. SIN. Sottoposto, subordinato. ***2*** Ufficiale subalterno.

subàlveo [comp. di *sub-* e *alveo*; 1930] agg. ● (*geogr.*) Che si trova sotto l'alveo di un corso d'acqua.

subantàrtico [comp. di *sub-* e *antartico*; 1960] agg. (pl. m. *-ci*) ● Adiacente alle regioni antartiche.

subappaltàre [comp. di *sub-* e *appaltare*; 1696] v. tr. ● Dare in subappalto.

subappaltatóre [da *subappaltare*; 1696] s. m.; anche agg. (f. *-trice*) ● Chi (o Che) ha assunto l'esecuzione di un contratto di subappalto

subappàlto [comp. di *sub-* e *appalto*; 1696] **s. m.** ● Contratto con cui l'appaltatore affida a un altro l'esecuzione dell'opera o del servizio da lui già assunta con contratto d'appalto.

subappennìnico [comp. di *sub-* e *appenninico*; 1960] **agg.** (**pl. m.** *-ci*) ● (*geogr.*) Che è proprio della regione posta ai piedi degli Appennini.

subaracnoidàle [comp. di *sub-* e *aracnoidale*] **agg.** ● (*anat.*) Che è posto sotto l'aracnoide.

subaracnoidèo [comp. di *sub-* e *aracnoideo*; 1985] **agg.** ● (*anat.*) Subaracnoidale.

subàrtico [comp. di *sub-* e *artico*; 1949] **agg.** (**pl. m.** *-ci*) ● Adiacente alle regioni artiche.

subàsta [da *subastare*; 1775] **s. f.** ● (*dir.*) Vendita forzata dei beni del debitore promossa dal creditore che non è stato soddisfatto. **SIN.** Vendita all'incanto.

subastàre [dal fr. *subhaster*, deriv. del lat. tardo *subhastāre*, comp. di *sŭb* 'sotto' e *-hastāre*, da *hăsta* 'asta'; 1342] **v. tr.** ● Vendere all'asta, all'incanto.

subatlàntico [comp. di *sub-* e *atlantico*; 1991] **agg.** (**pl. m.** *-ci*) ● (*geogr.*) Detto di zona di transizione tra quella caratterizzata da clima atlantico e quella continentale.

subatòmico [comp. di *sub-* e *atomico*; 1946] **agg.** (**pl. m.** *-ci*) ● (*fis.*) Che ha dimensioni inferiori a quelle dell'atomo | ***Particelle subatomiche***, costituenti dell'atomo, quali il nucleo e gli elettroni.

sùbbia [lat. *sūbula(m)* 'lesina', connesso con *sŭere* 'cucire', di orig. indeur.; sec. XIII] **s. f.** ***1*** Scalpello con la punta a piramide quadrangolare, per lavorare la pietra. ***2*** (*dial.*) Lesina. || **subbiétta**, **dim.**

subbiàre [da *subbia*; 1550] **v. tr.** (*io sùbbio*) ● Lavorare con la subbia.

†**subbiètto** e *deriv.* ● V. †*subietto* e *deriv.*

†**subbieziòne** [vc. dotta, dal lat. *subiectiōne(m)*, da *subiĕctus*, part. pass. di *subĭcere* 'sottoporre'] **s. f.** ● (*raro*) Soggezione.

†**subbillàre** ● V. *sobillare*.

sùbbio o (*sett.*) †**sùggio**, spec. nel sign. 2 [lat. tardo *insŭbulu(m)* 'pernio del telaio', da *insubulāre*, comp. di *ĭn* 'in-' e di un denominale di *sūbula* 'subbia'; 1309] **s. m.** ***1*** (*tess.*) Nel telaio per tessitura, cilindro di legno o di metallo sul quale sono avvolti i fili dell'ordito o il tessuto fabbricato. ***2*** (*est.*) In varie tecnologie, organo cilindrico di congegno o macchina, adibito a vari usi. || **subbièllo**, **dim.**

†**subbissàre** e *deriv.* ● V. *subissare* e *deriv.*

subbollire ● V. *sobbollire*.

subbùglio o (*pop., tosc.*) **sobbùglio**, †**subùglio** [dal lat. tardo *subbullīre* 'bollire un poco'; av. 1348] **s. m.** ● Confusione tumultuosa, scompiglio: *essere in s.*; *mettere in s.*; *nacque un gran s.* **SIN.** Fermento, trambusto.

Subbùteo® [n. dato dall'ornitologo ingl. P. Adolph nel 1947 al calcio in miniatura, ricavato dal lat. scientifico *Falco subbuteo* 'falco lodolaio', formato da *sŭb-* 'simile' e *būteo*, genit. *buteōnis* 'bozzago' (uccello di rapina); 1979] **s. m.** ● Gioco da tavolo, costituito da un panno verde che riproduce un campo di calcio su cui si dispongono pedine che rappresentano i giocatori e che vengono mosse a colpi di dito.

subcellulàre [comp. di *sub-* e *cellulare*; 1963] **agg.** ● (*biol.*) Detto di elemento ultrastrutturale di una cellula o di processo che avviene nell'ambito di una cellula.

subcilìndrico [comp. di *sub-* e di *cilindrico*] **agg.** (**pl. m.** *-ci*) ● Quasi, pressoché cilindrico.

†**subclàvio** ● V. *succlavio*.

subcònscio [comp. di *sub-* e *conscio*; 1955] **agg.**; anche **s. m.** (**pl. f.** *-sce* o *-scie*) ● (*psicol.*) Subcosciente.

subcontinènte [comp. di *sub-* e *continente*; 1970] **s. m.** ● (*geogr.*) Parte vasta e delimitata di un continente con sue caratteristiche peculiari.

subcontrarietà [da *subcontrario*; 1960] **s. f.** ● (*filos.*) Nella logica antica e medievale, relazione di opposizione intercorrente tra due proposizioni subcontrarie.

subcontràrio [vc. dotta, dal lat. tardo *subcontrāriu(m)*, comp. di *sŭb* 'sub-' e *contrārius* 'contrario'; 1728] **agg.** ● Nella logica antica e medievale, detto delle preposizioni particolari affermative e particolari negative che sono tra loro in rapporto di subcontrarietà.

subcorticàle [comp. di *sub-* e *corticale*; 1970] **agg.** ● (*bot.*) Che è posto sotto la corteccia.

subcosciènte [comp. di *sub-* e *cosciente*; 1904] **A agg.** ● (*psicol.*) Detto di ciò che non è chiaramente cosciente ma è suscettibile di divenirlo. **B s. m.** ***1*** (*psicol.*) Attività psichica non chiaramente cosciente ma suscettibile di divenire tale. ***2*** Correntemente, zona dell'attività psichica di cui non si ha piena e chiara coscienza: *nel suo s. sentiva di odiarlo*; *accettò, sebbene nel s. non ne fosse convinto*.

subcosciènza [comp. di *sub-* e *coscienza*; 1915] **s. f.** ● (*psicol.*) Subcosciente.

subcultùra [comp. di *sub-* e *cultura*; 1971] **s. f.** ● Sottocultura nel sign. 1.

†**subdècuplo** [comp. di *sub-* e *decuplo*; 1548 ca.] **agg.** ● (*raro*) Dieci volte minore.

subdelegàre o **suddelegàre** [comp. di *sub-* e *delegare*; av. 1557] **v. tr.** (*io subdèlego, tu subdèleghi*) ● Trasferire una delega ad altri.

subdesèrtico [comp. di *sub-* e *desertico*; 1960] **agg.** (**pl. m.** *-ci*) ***1*** Detto di territorio o fenomeno che si trova o si manifesta ai margini del deserto | (*est.*) Che è proprio di tali territori o fenomeni. ***2*** Detto di vegetazione che presenta caratteri desertici attenuati.

sùbdolo [vc. dotta, dal lat. *sŭbdolu(m)*, comp. di *sŭb-* 'sub-' e *dŏlus* 'inganno'. V. *dolo*; av. 1472] **agg.** ● Astutamente falso, ingannevole: *animo s.*; *arti subdole*; *domande subdole*. || **subdolaménte**, **avv.**

subduziòne [fr. *subduction*, vc. dotta, che si rifà al lat. *subductiōne(m)*, da *subdŭctus*, part. pass. di *subdŭcere* 'sottrarre, rimuovere' (comp. di *sŭb-* 'sub-' e *dūcere* 'condurre': V. *indurre*); 1982] **s. f.** ● (*geol.*) Sprofondamento di una zolla litosferica sotto un'altra, fino alla sua dissoluzione nel mantello.

subeconomàto [comp. di *sub-* ed *economato*; 1891] **s. m.** ● Ufficio di subeconomo.

subecònomo [comp. di *sub-* ed *economo*; 1891] **s. m.** (**f.** *-a*) ● Funzionario di grado immediatamente inferiore all'economo.

subecumène [comp. di *sub-* ed *ecumene*; 1960] **s. f.** ● Ciascuna delle aree della terra che hanno caratteristiche sfavorevoli all'insediamento permanente dell'uomo, e che perciò sono abitate solo temporaneamente da popolazioni nomadi.

subecumènico [da *subecumene*; 1932] **agg.** (**pl. m.** *-ci*) ● (*geogr.*) Che ha caratteri di subecumene.

subenfitèuṣi [comp. di *sub-* ed *enfiteusi*; 1891] **s. f. inv.** ● Concessione di un fondo in enfiteusi da parte dell'enfiteuta anziché dal proprietario dello stesso.

subentrànte [1673] **part. pres.** di *subentrare*; anche **agg.** ***1*** Nel sign. del v.: *l'inquilino s.* ***2*** (*med.*) ***Coliche subentranti***, che si succedono a breve distanza l'una dall'altra.

subentràre [vc. dotta, dal lat. tardo (eccl.) *subintrāre*, comp. di *sŭb* 'sub-' e *intrāre* 'entrare'; av. 1492] **v. intr.** (*io subèntro*; aus. *essere*) ● Entrare al posto di altri, in seguito a successione o sostituzione (*anche fig.*): *s. a qlcu. in qlco.*; *gli subentrò nel possesso del locale*; *talvolta al riso subentra il pianto*.

subèntro [1950] **s. m.** ● (*bur.*) Il fatto di subentrare: *s. in un ufficio, in un diritto*.

subequatoriàle [comp. di *sub-* ed *equatoriale*; 1960] **agg.** ● (*geogr., antrop.*) Che si trova fra l'equatore e i tropici | Proprio della, relativo alla zona compresa fra l'equatore e i tropici.

suberàto [vc. dotta, dal lat. *subaerātu(m)*, comp. di *sŭb-* 'sub-' e *āes*, genit. *āeris* 'rame, bronzo' (V. *erario*), con suff. aggettivale; av. 1750] **agg.** ● Detto di moneta formata da un'anima di metallo di pochissimo valore, quale stagno, ferro, rame, poi ricoperta di una leggera lamina di argento o talvolta d'oro, molto diffusa nell'antichità classica.

subericolo ● V. *sughericolo*.

subericoltóre ● V. *sughericoltore*.

subericoltùra ● V. *sughericoltura*.

suberificàre [dal lat. *sūber*, genit. *sūberis* 'sughero', con *-ficare*. V. †*subero*; 1960] **v. intr.** e **intr. pron.** (*io suberìfico, tu suberìfichi*; aus. *essere*) ● (*bot.*) Modificarsi in sughero, per impregnazione di suberina, detto della membrana delle cellule vegetali.

suberificaziòne [da *suberificare*; 1922] **s. f.** ● (*bot.*) Processo di trasformazione in sughero.

suberina® [comp. di †*suber(o)* e *-ina*; 1838] **s. f.** ***1*** (*bot.*) Sostanza organica complessa costituente il tessuto cellulare del sughero. ***2*** Marchio registrato di un isolante costituito da sughero espanso per riscaldamento e da asfalto.

suberiẓẓàre [da *subero*; 1960] **v. intr.** e **intr. pron.** (aus. *essere*) ● Suberificare.

suberiẓẓaziòne [1983] **s. f.** ● Suberificazione.

†**sùbero** ● V. *sughero*.

subfornitóre [comp. di *sub-* e *fornitore*; 1985] **s. m.** (**f.** *-trice*) ● Imprenditore che sottoscrive un contratto di subfornitura.

subfornitùra [comp. di *sub-* e *fornitura*; 1957] **s. f.** ● Lavorazione effettuata (o servizi forniti) da un'azienda per conto di un'altra.

subiettivàre o **subbiettivàre** [da *subiettivo*; 1945] **v. tr.** ● (*raro, lett.*) Soggettivare.

subiettivìṣmo o **subbiettivìṣmo** [comp. di *subiettivo* e *-ismo*; 1846] **s. m.** ● (*raro, lett.*) Soggettivismo.

subiettività o **subbiettività** [da *subiettivo*; 1819] **s. f.** ● (*raro, lett.*) Soggettività.

subiettivo o **subbiettivo** [vc. dotta, dal lat. tardo *subiectīvu(m)* 'relativo al soggetto'. V. *soggettivo*; sec. XIV] **agg.** ● (*raro, lett.*) Soggettivo.

†**subiètto** o †**subbiètto** [vc. dotta, dal lat. *subiĕctu(m)*, part. pass. di *subĭcere* 'sottoporre': V. *soggetto* (*1*) e (*2*); sec. XIII] **agg.**; anche **s. m.** ● Soggetto, nei sign. di *soggetto* (*1*) e di *soggetto* (*2*).

subinfeudàre [comp. di *sub-* e *infeudare*; 1849] **v. tr.** (*io subinfèudo*) ● Nel diritto medievale, investire di un feudo un vassallo di grado inferiore.

subingrèsso [comp. di *sub-* e *ingresso*; 1641] **s. m.** ● (*dir.*) Il sostituirsi ad altri nella titolarità e nell'esercizio di un diritto | ***S. ipotecario***, diritto del creditore ipotecario di surrogarsi nell'ipoteca del creditore anteriore che, mediante esercizio dell'azione ipotecaria, lo abbia privato della garanzia.

subinquilino [comp. di *sub-* e *inquilino*; 1673] **s. m.** (**f.** *-a*) ● Persona a cui un inquilino subaffitta, in tutto o in parte, un appartamento di cui è locatario.

♦**subire** [vc. dotta, dal lat. *subīre* 'andare incontro', comp. di *sŭb-* 'sub-' e *īre* 'andare'; il sign. 1 è calco semantico del fr. *subir*; 1499] **v. tr.** (*io subìsco, tu subìsci*) ***1*** Soffrire, essere costretto a sopportare, qlco. di dannoso o spiacevole: *s. un affronto, un torto, un'ingiustizia, un sopruso*; *s. una condanna*; *s. una tortura*; *s. un danno, una perdita* | ***S. l'iniziativa dell'avversario***, lasciarsi sorprendere dall'azione di questo | Sottostare a: *s. un esame, una prova*; *s. cambiamenti, modificazioni*. ***2*** Sottoporsi a: *s. un'operazione, un intervento*.

subirrigaziòne [comp. di *sub-* e *irrigazione*; 1960] **s. f.** ● Irrigazione del terreno realizzata con canalizzazioni sotterranee disperdenti.

subissàre o †**sobbissàre**, †**sobissàre**, †**subbissàre** [calco su *abissare*, con sostituzione di *sub-* al presunto pref. *a-*; av. 1306] **A v. tr.** ***1*** (*lett.*) Far inabissare, sprofondare in precipitosa rovina: *s. città, case*. ***2*** (*fig.*) Colmare, riempire: *s. qlcu. di doni, di complimenti*. **B v. intr.** (aus. *essere*) ● (*raro*) Sprofondare.

†**subissativo** o †**subbissativo** [av. 1712] **agg.** ● Atto a subissare.

subissatóre o †**subbissatóre** [1838] **s. m.**; anche **agg.** (**f.** *-trice*) ● (*raro*) Chi (o Che) subissa.

subisso o †**subbisso** [da *subissare*; av. 1565] **s. m.** ***1*** (*lett.*) Grande rovina, sterminio: *andare in s.*; *mandare qlco. in s.* ***2*** (*fig., fam.*) Quantità enorme: *un s. di applausi*.

subitaneità [av. 1704] **s. f.** ● Caratteristica di ciò che è subitaneo.

subitàneo [vc. dotta, dal lat. *subitāneu(m)*, da *sŭbitus* 'improvviso'; av. 1292] **agg.** ● Repentino, che si manifesta in modo rapido e improvviso: *apparizione subitanea*; *mutamento s.*; *atto, moto, s.* | (*disus.*) ***Uomo s.***, impulsivo. || **subitaneaménte**, **avv.** In modo improvviso.

subitàno [dal lat. tardo *subitānu(m)*, variante di *subitāneus* 'subitaneo'; sec. XIII] **agg.** ● (*poet.*) Subitaneo.

subitézza [da *subito* (*2*); av. 1292] **s. f.** ● (*raro*) Caratteristica di ciò che è sùbito, improvviso.

subitìssimo [1867] **avv.** ● (*fam.*) Immediatamente, il più presto possibile: *voglio vederti s.!*

♦**sùbito** (1) [vc. dotta, dal lat. *sŭbito* 'all'improvviso', forma irrigidita dell'abl. di *sŭbitu(m)*. V. *subito* (2); av. 1292] **A** avv. *1* Immediatamente, prontamente, senza indugiare: *la luce del lampo sparisce s.*; *rispondi s. al telefono*; *torno s.*; *venite s.*; *glielo dico s.*; *fallo s.*; *vieni qui s.!* | (con valore raff.) *E s.*: *vacci, e s.!*; *devi farlo e s. anche!* | (*assol.*) In risposta a una chiamata, a un ordine: *'portami per favore un bicchiere d'acqua' 's.!'*; *'signor Rossi!' 's.!'* | ***S. prima***, ***s. dopo***, immediatamente prima o dopo: *l'ho visto accelerare e s. dopo si è scontrato con l'auto che proveniva in senso opposto*; *s. prima avevo telefonato* | ***S. al principio***, ***all'inizio***, sul principio, proprio all'inizio di qlco.: *s. al principio ho capito cosa voleva* | Con valore raff. (*iter.*) *Vengo subito subito.* *2* (*est.*) In un tempo brevissimo, molto presto: *aspettate, è s. fatto*; *un colpo di ferro ancora ed è s. pronto*; *questo tipo di pasta cuoce s.* *3* (*lett.*) All'improvviso | Anche nella loc. avv. ***di s.***: *di s. parve giorno a giorno / essere aggiunto* (DANTE *Par.* I, 61-62). **B** nella loc. cong. ***s. che***, lett. pop. ***s. come*** ● Non appena (introducono una prop. temp. con il v. all'indic.): *s. che scrive, avvisatemi*; *s. come torna mandatelo da me.* **C** s. m. solo sing. ● Solo nella loc. avv. ***in un s.***, in un attimo: *l'attesa è trascorsa in un s.*; *in un s. me l'ha riparato* (V. nota d'uso ACCENTO).

sùbito (2) [vc. dotta, dal lat. *sŭbitu(m)* 'improvviso', da *subīre* 'sopraggiungere, sorprendere'. V. *subire*; av. 1292] agg. *1* (*lett.*) Improvviso, repentino: *lampo, moto, s.*; *agghiaccia ognun di subite paure* (POLIZIANO). *2* (*lett.*) Rapido | Pronto: *con subita risoluzione, non avendo ... rimedii sì subiti, volsero l'animo* (GUICCIARDINI). *3* †Impetuoso, focoso, detto di persona. || **subitaménte**, avv. Improvvisamente.

subito (3) [1873] part. pass. di *subire*; anche agg. ● Sopportato, patito: *danno, insulto, s.* | Riportato: *la legge è stata approvata con le modifiche subite.*

†**subitosaménte** [da un **subitoso*, da *subito* (1); av. 1547] avv. ● (*lett.*) Istantaneamente.

subìttero [comp. di *sub-* e *ittero* (1)] s. m. ● (*med.*) Ittero lieve in cui la colorazione giallastra è limitata alle sclere e alla mucosa del palato.

†**subiuntivo** ● V. *soggiuntivo.*

sublacènse [comp. di *sub-* e di un denom. di *lago*; sec. XVI] **A** agg. ● (*lett.*) Di Subiaco: *il complesso benedettino s.* **B** s. m. e f. ● (*lett.*) Abitante, nativo di Subiaco, nei pressi di Roma.

sublamellàre /sub-lamel'lare/ [comp. di *sub-* e *lamellare*; 1873] agg. ● (*miner.*) Quasi lamellare.

†**sublàto** [vc. dotta, dal lat. *sublātu(m)*, comp. di *sŭb-* 'sub-' e *lātus*, part. pass. di *fĕrre* 'portare'; sec. XIII] agg. ● (*lett.*) Tolto, portato via: *s. l'incendio amatorio* (ALBERTI).

sublimàbile [av. 1625] agg. ● (*raro*) Che si può sublimare.

sublimàre (1) o †**solimàre** [vc. dotta, dal lat. tardo *sublimāre*, da *sublīmis* 'sublime'; av. 1306] **A** v. tr. *1* (*lett.*) Innalzare, elevare a grandi onori, cariche, e sim.: *s. qlcu. all'impero, al supremo comando.* *2* (*fig., lett.*) Elevare sul piano spirituale, rendere sublime: *s. alla gloria dei santi*; *intesi abbastanza per s. il mio intelletto alla immensità di tutto questo creato* (ALFIERI). *3* †Rialzare cosa piegata. *4* (*psicoan.*) Trasformare impulsi sessuali o aggressivi in altri di ordine superiore. **B** v. intr. pron. *1* (*fig.*) Elevarsi spiritualmente, farsi sublime. *2* †Innalzarsi, ergersi.

sublimàre (2) [dal precedente, attraverso il lat. degli alchimisti; sec. XV] **A** v. intr. (aus. *essere*) ● (*chim.*) Passare direttamente dallo stato solido a quello gassoso senza passare attraverso lo stato liquido. **B** v. tr. ● (*chim.*) Purificare una sostanza mediante sublimazione.

sublimàto [av. 1249] **A** part. pass. di *sublimare* (2); anche agg. ● Nei sign. del v. **B** s. m. ● (*chim.*) Prodotto ottenuto per sublimazione | ***S. corrosivo***, cloruro mercurico, velenosissimo, usato come disinfettante esterno e nell'analisi chimica.

sublimazióne (1) [vc. dotta, dal lat. tardo *sublimatiōne(m)*, da *sublimātus* 'sublimato'; 1471] s. f. *1* (*lett.*) Elevazione (*spec. in senso fig.*). *2* (*psicoan.*) Capacità di trovare qualche attività compensatrice per la rinuncia alla soddisfazione di istinti o desideri proibiti, in particolare, la direzione dell'energia sessuale verso attività sociali e culturali.

sublimazióne (2) [da *sublimare* (2); av. 1320] s. f. ● (*chim.*) Purificazione di sostanze atte a sublimare, risolidificando su di una parete fredda i loro vapori | Passaggio diretto di una sostanza dallo stato solido a quello gassoso senza passare attraverso lo stato liquido.

sublìme [vc. dotta, dal lat. *sublīme(m)*, comp. di *sŭb-* 'sub-' e *līmus* 'obliquo', propr. 'che sale obliquamente'; 1321] **A** agg. *1* (*lett.*) Molto alto, elevato: *vette sublimi*; *l'api amano l'ombra / del s. cipresso* (FOSCOLO). *2* (*fig.*) Illustre, nobile, eccelso: *virtù sublimi*; *musica, poesia s.*; *il più s. lavoro della poesia è alle cose insensate dare senso e passione* (VICO) | ***Stile s.***, alto e maestoso. *3* (*fig.*) Eccellente, insigne sugli altri, detto di persona: *poeta, scrittore, s.*; *una donna veramente s.* || **sublimeménte**, avv. **B** s. m. solo sing. ● La manifestazione di un fatto estetico o etico nel suo massimo grado, e il conseguente sentimento che si determina in chi lo contempla: *innalzare l'animo al s.*; *toccare, raggiungere, il s.*; *una visione che ha del s.*

subliminàle /sub-limi'nale/ [dall'ingl. *subliminal*, comp. di *sub-* e di un deriv. del lat. *līmen*, genit. *līminis* 'soglia'; 1904] agg. *1* (*psicol.*) Detto di stimolo che è troppo debole per essere percepito e riconosciuto, ma non tanto debole da non esercitare qualche influenza sui processi psichici consci o sul comportamento. CONTR. Sopraliminale. *2* (*fisiol.*) Detto di stimolo nervoso o sensoriale non in grado di provocare una risposta da una struttura neurale o, rispettivamente, da un recettore.

sublimità o †**sublimitàde**, †**sublimitàte** [vc. dotta, dal lat. *sublimitāte(m)*, da *sublīmis* 'sublime'; 1306] s. f. ● Caratteristica di chi (o di ciò che) è sublime.

†**sublìmo** [dal lat. *sublīmu(m)*, variante di *sublīmis* 'sublime'] agg. ● Sublime.

sublinguàle /sub-liŋ'gwale/ [comp. di *sub-* e *linguale*; av. 1758] agg. ● (*anat.*) Sottolinguale.

sublitoràle /sub-lito'rale/ [comp. di *sub-* e *litorale*; 1960] agg. ● Che si trova vicino al litorale: *zona s.*

sublitoràneo [comp. di *sub-* e *litoraneo*; 1960] agg. ● (*geogr.*) Relativo alla zona alle spalle del litorale.

sublocàre /sub-lo'kare/ o (*pop.*) †**sullogàre** [comp. di *sub-* e *locare*; 1673] v. tr. (*io sublòco, tu sublòchi*) ● Dare in sublocazione: *s. un appartamento.*

sublocatàrio /sub-loka'tarjo/ [comp. di *sub-* e *locatario*; 1802] s. m. (f. *-a*) ● Chi riceve in sublocazione: *diritti e doveri del s.*

sublocatóre /sub-loka'tore/ [comp. di *sub-* e *locatore*; av. 1910] s. m. (f. *-trice*) ● Chi dà in sublocazione.

sublocazióne /sub-lokats'tsjone/ [comp. di *sub-* e *locazione*; 1673] s. f. ● Contratto di locazione concluso dal locatario con un terzo.

sublunàre /sub-lu'nare/ o †**sullunàre** [vc. dotta, dal lat. tardo *sublunāre(m)*, comp. di *sŭb-* 'sub-' e *lunāris* 'lunare'; 1551] agg. ● Che è posto sotto la luna | ***Mondo s.***, la terra (*anche scherz.*).

sublussazióne /sub-lussats'tsjone/ [comp. di *sub-* e *lussazione*; 1583] s. f. ● (*med.*) Perdita parziale dei normali rapporti fra le due estremità di una articolazione.

submicroscòpico [comp. di *sub-* e *microscopico*; 1956] agg. (pl. m. *-ci*) ● Detto di corpuscolo, struttura e sim. aventi dimensioni inferiori a circa 0,2 μm e quindi troppo piccoli per poter essere risolti od osservati con il microscopio ottico. SIN. Ultramicroscopico.

submontàno [comp. di *sub-* e *montano*; 1701] agg. ● Che si trova vicino a un monte, ai monti.

subnormàle [comp. di *sub-* e *normale*; av. 1742] **A** agg. ● Che è al di sotto della norma, detto spec. di bambini di intelligenza notevolmente al di sotto della media e bisognosi di insegnamento speciale. **B** s. m. e f. ● Bambino subnormale.

subnucleàre [comp. di *sub-* e *nucleare*; 1974] agg. ● (*fis. nucl.*) Che ha dimensioni inferiori a quelle normali del nucleo atomico.

suboceànico [comp. di *sub-* e *oceanico*; 1872] agg. (pl. m. *-ci*) ● Che è posto sotto l'oceano: *cavo s.*

subodoràre [vc. dotta, dal lat. mediev. *subodorāri*, comp. di *sŭb-* 'sub-' e *odorāri* 'odorare'; 1586] v. tr. (*io subodóro*) ● Presentire, intuire, avere sentore di qlco. di negativo: *s. un'insidia, un imbroglio.*

suborbitàle [comp. di *sub-* e *orbitale*; 1963] agg. ● (*aer.*) Detto spec. di volo la cui traiettoria è inferiore a quella necessaria per fare entrare un corpo in orbita.

subordinaménto [1665] s. m. ● (*raro*) Subordinazione.

subordinànte [1690] part. pres. di *subordinare*; anche agg. *1* Nei sign. del v. *2* (*ling.*) Detto di parola che istituisce un rapporto di subordinazione.

subordinàre [vc. dotta, dal lat. mediev. *subordināre*, comp. di *sŭb-* 'sub-' e *ordināre*; av. 1613] v. tr. (*io subórdino*) ● Far dipendere una cosa da un'altra | Mettere una cosa in sottordine rispetto a un'altra: *subordina la vendita all'approvazione del padre*; *subordina tutto al suo interesse personale.*

subordinàta [f. sost. di *subordinato*; 1940] s. f. *1* (*ling.*) Proposizione subordinata. *2* (*dir.*) Domanda giudiziale proposta in subordine.

subordinatìvo [1960] agg. ● Che subordina | (*ling.*) ***Congiunzione subordinativa***, quella che mette una proposizione in rapporto di dipendenza grammaticale da un'altra.

subordinàto [av. 1406] **A** part. pass. di *subordinare*; anche agg. (assol.; + *a*) *1* Che dipende da altro: *la mia partenza è subordinata al consenso del medico.* *2* (*raro*) Disciplinato, ubbidiente, rispettoso: *ragazzo s.*; *essere s. verso i superiori.* CONTR. Insubordinato. *3* ***Lavoro s.***, che si presta alle dipendenze e sotto la direzione del datore di lavoro | ***Lavoratore s.***, che esplica il proprio lavoro con vincolo di subordinazione. *4* (*ling.*) ***Proposizione subordinata***, unita a un'altra e da essa dipendente. *5* (*mat.*) Detto di insieme contenuto in un altro. || **subordinataménte**, avv. **B** s. m. (f. *-a*) ● Persona subordinata a un'altra, spec. in un rapporto di lavoro: *trattare bene i propri subordinati.* SIN. Sottoposto, subalterno.

subordinazióne [av. 1610] s. f. *1* Stato, condizione di chi (o di ciò che) è subordinato: *la s. è alla base delle strutture militari* | ***S. del prestatore di lavoro***, dipendenza del lavoratore dal potere direttivo e dal potere disciplinare del datore di lavoro. *2* (*ling.*) Unione di due proposizioni in rapporto di dipendenza l'una dall'altra.

subórdine [comp. di *sub-* e *ordine*; 1957] s. m. ● Solo nella loc. avv. ***in s.***, in grado subordinato ad altri, in dipendenza: *trovarsi, essere in s.* | (*dir.*) Di domanda giudiziale proposta nell'eventualità in cui non venga accolta dal giudice la domanda principale. SIN. Sottordine.

subornàre [vc. dotta, dal lat. *subornāre* 'allestire', poi 'sedurre', comp. di *sŭb-* 'sub-' e *ornāre* 'preparare'; av. 1375] v. tr. (*io subórno*) ● Commettere il reato di subornazione nei confronti di qlcu. | (*gener.*) Indurre qlcu. a mancare al proprio dovere.

subornatóre [vc. dotta, dal lat. tardo *subornatōre(m)*, da *subornātus* 'subornato'; av. 1463] s. m. (f. *-trice*) ● Reo di subornazione.

subornazióne [da *subornare*; 1476] s. f. ● (*dir.*) Reato di chi offre denaro o altra utilità a un testimone, perito o interprete per indurlo a una falsa testimonianza, perizia o interpretazione.

subpolàre [comp. di *sub-* e *polare*; 1950] agg. *1* Detto di territorio o di fenomeno che si trova o si manifesta ai margini delle zone polari | (*est.*) Che è proprio di tali territori o fenomeni. *2* Che nasce, cresce, e sim. ai margini delle zone polari: *fauna, flora, s.*

subregióne [comp. di *sub-* e *regione*; 1960] s. f. ● (*geogr.*) Area geografica con caratteri fisici e antropici peculiari, all'interno di una regione più estesa: *il Canavese è una s. del Piemonte.*

subrétta [1963] s. f. ● Adattamento di *soubrette* (V.). || **subrettina**, dim. (V.).

subrettìna [1959] s. f. *1* Dim. di *subretta.* *2* Nel teatro di rivista italiano, attrice giovane che fa da spalla al primo attore in numeri parlati o cantati.

†**subrogàre** ● V. *surrogare.*

subroutine /'sabrutin, *ingl.* 'sʌbɹuːˌtiːn/ [vc. ingl., propr. 'sottoprogramma', da *sub* 'sotto' e *routine*, un francesismo che in inform. ha assunto lo specifico sign. di 'programma'; 1966] s. f. inv. ● (*elab.*) Sottoprogramma.

subsannàre o †**sossannàre** [lat. tardo (eccl.) *subsannāre* 'schernire', comp. di *sŭb* 'sotto' e *san-*

nāre, da *sānna* 'smorfia', dal gr. *sánnas* 'buffone', connesso con *sáinein* 'scodinzolare', di etim. incerta; av. 1498] **v. intr.** (aus. *avere*) ● (*raro, lett.*) Ghignare, schernire facendo smorfie, boccacce.

subsatèllite [comp. di *sub-* e *satellite*; 1989] **s. m.** ● (*astron.*) Proiezione ortogonale della posizione di un satellite, spec. artificiale, sulla superficie del pianeta attorno al quale orbita.

subsfèrico [comp. di *sub-* e di *sferico*] **agg.** (**pl. m.** *-ci*) ● Quasi, pressoché sferico.

subsidènte [vc. dotta, dal lat. *subsidĕnte(m)*, part. pres. di *subsīdere* 'abbassarsi'. V. *subsidenza*; 1970] **agg.** ● (*geol.*) Che manifesta subsidenza | Che affonda lentamente entro la crosta terrestre.

subsidènza o †**sussidènza** [dal lat. *subsidĕntia(m)*, deriv. di *subsīdere* 'abbassarsi', comp. di *sŭb-* 'sub-' e *sīdere* 'sedersi'; av. 1803] **s. f.** **1** (*geol.*) Abbassamento del fondo di un bacino, marino o continentale, che tende ad affondare entro la crosta terrestre | (*est.*) Abbassamento del terreno. **2** (*meteor.*) Lento movimento di discesa dell'aria, caratteristico nelle zone anticicloniche, che ha per conseguenza un riscaldamento, per compressione, dell'aria stessa.

†**subsistere** ● V. *sussistere*.

subsònico [comp. di *sub-* e *sonico*; 1949] **agg.** (**pl. m.** *-ci*) ● (*aer.*) Relativo a velocità inferiori alla velocità del suono: *aereo s.*

substràto o **sostràto** [V. *sostrato*; 1860] **s. m.** **1** (*biol.*) Base o sostegno su cui si fissa una pianta, o un animale sessile. **2** (*fig.*) Ciò che costituisce la base, lo sfondo di qlco.: *il s. ideologico di un romanzo*. **3** (*biol.*) Sostanza inerte contenente una soluzione nutritizia. **4** (*agr.*) Suolo inorganico inerte, costituito da ghiaia, torba e sim., o da materie plastiche espanse, predisposto per le colture idroponiche. **5** (*chim.*) La sostanza o la miscela di sostanze su cui agisce un reattivo | (*chim., biol.*) La sostanza su cui un enzima esplica la sua azione catalitica. **6** V. *sostrato* nei sign. 1, 2, 4.

subtotàle [comp. di *sub-* e *totale*; 1987] **A agg.** ● Quasi totale | (*med.*) Di atto chirurgico che asporta una parte di un organo o di un tessuto, detto spec. dell'isterectomia che lascia in sede il collo uterino. **B s. m.** ● In contabilità, totale parziale di riporto.

subtropicàle [comp. di *sub-* e *tropicale*; 1875] **agg.** **1** Che è posto sotto i tropici. **2** Che nasce, cresce, e sim. sotto i tropici: *fauna, flora s.*

†**subùglio** ● V. *subbuglio*.

subumàno [comp. di *sub-* e *umano*; 1929] **agg.** ● Che è al di sotto della condizione umana, sprovvisto dei caratteri e delle qualità proprie dell'uomo.

subunità [comp. di *sub-* e *unità*; 1985] **s. f.** ● (*biol.*) Ogni componente di una unità funzionale di ordine superiore: *s. proteica*. **SIN.** Sottounità.

suburbàno [vc. dotta, dal lat. *suburbānu(m)*, comp. di *sŭb-* 'sub-' e *urbānus*; sec. XIV] **agg.** ● Che si trova vicino alla città: *giardini suburbani*; *canti si levano … / nell'osteria suburbana* (SABA).

suburbicàrio [vc. dotta, dal lat. tardo *suburbicāriu(m)*, comp. di *sŭb-* 'sub-' e *urbicārius* 'urbano', da *ŭrbs*, genit. *ŭrbis* 'città'; 1619] **agg.** **1** Detto di chiesa o di sede vescovile fuori delle mura di Roma o nel circondario della città. **2** ***Regioni suburbicarie***, nell'ordinamento dell'impero romano, quelle centro-meridionali, geograficamente più vicine a Roma, esenti da taluni tributi.

subùrbio [vc. dotta, dal lat. *subŭrbiu(m)*, comp. di *sŭb-* 'sub-' e di un deriv. di *ŭrbs*, genit. *ŭrbis* 'città'; av. 1590] **s. m.** ● Zona periferica della città, a espansione più o meno ordinata.

subùrra [lat. *Subūr(r)a(m)*, quartiere popolare e malfamato dell'antica Roma, situato tra il Celio e l'Esquilino; sec. XIV] **s. f.** ● (*lett.*) Il quartiere più malfamato di una città.

subvedènte [comp. di *sub-* e *vedente*; 1983] **agg.**; anche **s. m. e f.** ● Che (o Chi) è affetto da vista debole.

succedaneità [1943] **s. f.** ● Condizione, caratteristica di ciò che è succedaneo.

succedàneo [vc. dotta, dal lat. tardo *succedāneu(m)*, da *succēdere* 'subentrare'; 1573] **A agg.** ● Detto di qualunque sostanza che ne sostituisce un'altra nell'uso e negli effetti. **B s. m.** ● Sostanza che ne sostituisce un'altra: *i succedanei del caffè*. **SIN.** Surrogato.

♦**succèdere** [vc. dotta, dal lat. *succēdere*, propr. 'venire (*cēdere*) di sotto (*sŭb*), subentrare'; sec. XIII] **A v. intr.** (**pass. rem.** *io succèssi*, o *succedéi* nei sign. A 1, 2, 3, 5, 6 e nel sign. B, o *succedètti* nei sign. A 1, 2, 4, 5, 6 e nel sign. B, *tu succedésti*; **part. pass.** *succèsso* o *succedùto* nei sign. A 1, 2, 4, 5, 6 e nel sign. B; aus. *essere*) (+ *a*) **1** Subentrare ad altri, prendere il posto di altri in un ufficio, un grado, una dignità: *s. a qlcu. nel trono, nel possesso di qlco.*; *Tiberio succedette ad Augusto* | Subentrare ad altri in dati rapporti giuridici, spec. in base a una successione a causa di morte: *gli è successo nella totalità il figlio*. **2** Seguire, venire dopo, nel tempo o nello spazio: *un pensiero succede all'altro*; *l'effetto succede alla causa*; *ad un certo punto alla pianura succede un altopiano*. **3** (assol.; + *di* seguito da inf.; + *che* seguito da indic. o congv.) Avvenire, verificarsi: *questo fatto successe molti anni or sono*; *è successa una disgrazia*; *che cosa succede?*; *che cosa sta succedendo là dietro?*; *non succede niente*; *tutto può s.*; *mi succede spesso di incontrarlo a teatro*; *E se poi ti succede di inciampare* (NIEVO); *succedeva che a Pasqua e a Natale s'aveva sempre una gran folla* (VERGA); *forse succederà che di quel fremito / rifrema?* (UNGARETTI) | (*fam.*) ***Sono cose che succedono***, per esprimere accettazione, rassegnazione. **4** (*lett.*) Derivare, provenire. **5** †Divenire erede | †Venire per eredità. **6** †Riuscire, avere effetto, successo. **B v. intr. pron.** ● Susseguirsi, venire l'uno dopo l'altro: *gli avvenimenti si succedono serrati*.

†**succediménto** [da *succedere*; sec. XIII] **s. m.** ● Avvenimento, fatto successo.

succeditóre [sec. XV] **s. m.**; anche **agg.** (**f.** *-trice*) ● (*raro*) Chi (o Che) succede | Successore.

succedùto [av. 1363] **part. pass.** di *succedere* ● Nei sign. A 1, 2, 4 e 5 e nel sign. B del v.

successìbile [da *successo* (*1*); 1673] **agg.**; anche **s. m. e f.** ● Che (o Chi) può succedere a qlcu. spec. mediante successione a causa di morte: *ordine dei successibili*.

successibilità [1575] **s. f.** ● Condizione di chi è successibile.

successióne [vc. dotta, dal lat. *successiōne(m)*, da *succĕssus* 'successo (1)'; 1308] **s. f.** **1** (*dir.*) Il subentrare di un soggetto nella situazione giuridica precedentemente occupata da un altro soggetto di diritto: *s. nei contratti dell'azienda* | ***S. nel processo***, nella posizione di parte | Il subentrare nella totalità o in una parte dei rapporti giuridici che facevano capo a un soggetto, in occasione e a causa della sua morte: *s. ereditaria, a causa di morte*; *imposta di s.* | ***S. a titolo universale***, nella totalità dei rapporti giuridici mediante l'acquisto del titolo di erede | ***S. a titolo particolare***, per effetto dell'acquisto di un legato | ***S. legittima***, disposta dalla legge allorché il testatore è morto senza aver fatto testamento | ***S. testamentaria***, secondo il testamento | ***S. necessaria***, quella dei legittimari o riservatari. **2** Serie, seguito, di avvenimenti, fenomeni e sim. susseguentisi fra loro: *la s. dei giorni, dei mesi, delle stagioni*; *la pronta s. della parola al pensiero*. **3** (*mat.*) Insieme ordinato di elementi che può essere posto in corrispondenza biunivoca con i numeri naturali.

†**successive** [avv. lat. med., tratto dal lat. tardo *successīvus* 'successivo'; av. 1498] **avv.** ● (*raro, lett.*) Successivamente.

♦**successìvo** [vc. dotta, dal lat. tardo *successīvu(m)*, da *succĕssus* 'successo (1)'; 1308] **agg.** ● Che viene subito dopo ad altro: *anno, giorno, s.*; *scendere alla fermata successiva*. **SIN.** Seguente, susseguente. ‖ **successivaménte**, **avv.** In ordine successivo; in seguito, poi.

succèsso (**1**) [av. 1342] **part. pass.** di *succedere* ● Nei sign. del v.

♦**succèsso** (**2**) [dal lat. *succĕssu(m)* 'arrivo, buon esito, riuscita', da *succēdere* 'succedere'; av. 1342] **s. m.** **1** (*raro*) Avvenimento, evento, caso | (*disus.*) Esito, risultato: *avere un buon, un cattivo, s.* **2** (*assol.*) Esito favorevole, buona riuscita, favore popolare: *avere, ottenere, riportare, riscuotere, s.*; *grande, strepitoso, clamoroso, s.*; *un film di s.* ‖ **successóne**, **accr.**

successóre [vc. dotta, dal lat. *successōre(m)*, da *succĕssus* 'successo (1)'; av. 1294] **s. m.**; anche **agg.** (**f.** raro *succeditrice*) ● Chi (o Che) succede ad altri in ufficio, possesso, dignità, e sim. | Erede.

successòrio [vc. dotta, dal lat. tardo *successōriu(m)*, da *succĕssus* 'successo (1)'; 1673] **agg.** ● (*dir.*) Relativo a una successione a causa di morte: *imposta successoria* | ***Patto s.***, convenzione con cui taluno dispone della propria successione, o atto con cui dispone dei, o rinuncia ai, diritti che gli possono spettare su una successione non ancora aperta.

succhiaménto [av. 1406] **s. m.** ● (*raro*) Il succhiare.

♦**succhiàre** [lat. parl. **suculāre*, da *sūcus* 'sugo, succo'. V. *sugo*; av. 1348] **v. tr.** (*io sùcchio*) **1** Attrarre nella propria bocca un liquido aspirandolo con le labbra: *s. il latte dal biberon*; *s. una bibita con la cannuccia* | ***Avere succhiato qlco. col latte, col latte della madre***, (*fig.*) averla connaturata | ***S. il sangue a qlcu.***, (*fig.*) sfruttarlo | Tenere in bocca qlco. facendola sciogliere e ingerendone il succo: *s. una caramella* | ***Succhiarsi il dito***, tenerlo continuamente in bocca, detto spec. di bambini. **2** Assorbire: *le radici delle piante succhiano l'acqua piovana*. **3** (*lett.* o *raro*) Assaporare (*anche fig.*). **4** ***S. la ruota***, nel ciclismo, fare il succhiaruote.

succhiaruòte [comp. di *succhia(re)* e il pl. di *ruota*; 1964] **s. m. e f. inv.** ● Nel linguaggio sportivo, corridore ciclista che tiene la ruota anteriore della sua bicicletta subito dietro quella posteriore di un altro per risparmiare energie, avvantaggiandosi della minore resistenza dell'aria.

succhiàta [1940] **s. f.** ● Il succhiare una volta.

succhiatóio [1891] **s. m.** ● (*zool.*) Organo per succhiare degli insetti.

succhiatóre [1427] **s. m.**; anche **agg.** (**f.** *-trice*) ● Chi (o Che) succhia.

succhiellàio [1379] **s. m.** (**f.** *-a*) ● Chi fa o vende succhielli.

succhiellaménto [1618] **s. m.** ● Lavoro fatto col succhiello.

succhiellàre [da *succhiello*; 1315 ca.] **v. tr.** (*io succhièllo*) **1** Forare col succhiello: *s. una botte*. **2** (*tosc.*) ***S. le carte***, tirarle su torcendole tra l'indice e il pollice verso l'angolo superiore.

succhièllo [dim. di *succhio* (*2*); av. 1320] **s. m.** ● Utensile formato da un corpo cilindrico di acciaio con un'estremità elicoidale, usato per praticare fori nel legno, particolarmente per avviare la strada dei chiodi e delle viti di collegamento. ‖ **succhiellétto**, **dim.** | **succhiellino**, **dim.** | **succhiellùccio**, **dim.**

succhiétto [1935] **s. m.** ● Succhiotto.

sùcchio (**1**) [da *succhiare*; av. 1380] **s. m.** **1** Il succhiare. **2** (*raro*) Risucchio, spirale. **3** (*bot.*) Linfa dei vegetali | ***Essere, venire, in s.***, delle piante a primavera.

sùcchio (**2**) [lat. tardo *sūculu(m)* 'porcellino', dim. di *sūs*, genit. *sŭis* 'porco', per la forma attorcigliata (?); 1313] **s. m.** ● (*pop., tosc.*) Succhiello.

succhióne [da *succhiare*; 1768] **s. m.** **1** (*agr.*) Ramo vigoroso di vite e altri fruttiferi, sviluppatosi sui tronchi e sui grossi rami da gemme avventizie o latenti. **SIN.** Pollone. **2** (*fig., disus.*) Persona che vive alle spalle degli altri. **SIN.** Parassita, sfruttatore.

†**succhióso** [da *succhio* (*1*). V. *succoso*; 1499] **agg.** ● Pieno di succo.

succhiòtto [da *succhiare*; 1950] **s. m.** **1** Tettarella di gomma non bucata, che, al di fuori della poppata, viene posta nella bocca del lattante per calmarlo, per farlo addormentare e sim. **SIN.** Ciuccio, ciucciotto. **2** (*pop.*) Segno lasciato da un bacio.

succiacàpre [comp. di *succia(re)* e il pl. di *capra*. Cfr. *caprimulgo*; 1838] **s. m. inv.** ● (*zool.*) Caprimulgo.

succiafióre [comp. di *succia(re)* e *fiore*] **s. m.** ● (*zool.*) Uccello mosca, colibrì.

succiamèle [comp. di *succia(re)* e *m(i)ele*; av. 1492] **s. m. inv.** ● Pianta delle Orobancacee, parassita, con spiga di fiori bianchi, priva di foglie, la cui radice si attacca mediante austori alla radice delle leguminose (*Orobanche speciosa*).

succiaménto [sec. XIV] **s. m.** ● (*pop., tosc.*) Il succiare.

succianèspole [comp. di *succia(re)* e *nespole*; 1870] **s. m. e f. inv.** ● (*pop., tosc.*) Persona inetta, incapace, ridicola.

succiàre [lat. parl. **suctiāre*, da *sūctus*, part. pass. di *sūgere* 'succhiare'; 1312] **v. tr.** (*io sùccio*) **1** (*pop., tosc.*) Succhiare: *succiarsi il dito*.

2 (*fig., tosc.* o *lett.*) Prendersi, appropriarsi: *dalla nostra Italia ... succiarono l'altre provincie d'Europa il vero sapor delle scienze* (MURATORI). **3** (*fig., pop., tosc.*) Sopportare qlco. di molesto: *succiarsi una visita noiosa.*

succiasàngue [comp. di *succia(re)* e *sangue*; 1873] **s. m. e f. inv.** ● (*raro*) Chi toglie ad altri lo scarso denaro che possiede | Usuraio, strozzino.

succiàta [av. 1685] **s. f.** ● (*pop., tosc.*) Succhiata. || **succiatina**, **dim.**

succìdere [vc. dotta, dal lat. *succīdere*, comp. di *sŭb-* 'sub-' e *caedere* 'tagliare'. V. *cesura*; sec. XIII] **v. tr.** (**pass. rem.** *io succiṣi, tu succidésti*; **part. pass.** *succiṣo*) ● (*lett.*) Tagliare dalla parte di sotto | *S. una pianta*, tagliarla alla base.

succinàto [da *succinico*, con cambio di suff. (*-ato*); 1875] **s. m.** ● (*chim.*) Sale dell'acido succinico.

succìngere [vc. dotta, dal lat. *succīngere*, comp. di *sŭb-* 'sub-' e *cīngere* 'cingere'; 1338 ca.] **v. tr.** (coniug. come *cingere*) ● (*raro, lett.*) Avvolgersi alla vita con la cintura le vesti troppo lunghe, in modo che non impaccino i movimenti.

succìnico [comp. di *succino* e *-ico*; 1795] **agg.** (**pl. m.** *-ci*) ● (*chim.*) Detto di acido organico bicarbossilico, presente nel mondo minerale, vegetale e animale.

succinìte [comp. di *succino* e *-ite* (*2*); 1819] **s. f.** ● (*miner.*) Ambra, resina fossile.

sùccino [lat. *sūcinu(m)*, forse di orig. indeur.; 1499] **s. m.** ● (*miner.*) Ambra gialla.

succintézza [av. 1704] **s. f.** ● Caratteristica di ciò che è succinto (*spec. fig.*).

succìnto o †**soccinto** [sec. XIII] **part. pass.** di *succingere*; anche **agg.** **1** †Cinto sotto, in basso. **2** (*raro, lett.*) Detto di veste fermata sotto il petto da una cintura e poi tirata su: *veste, tunica, succinta* | Detto di persona, che indossa una veste succinta: *si volse / agile come in cielo Ebe succinta* (FOSCOLO). **3** Detto di abito, corto, scollato, che lascia scoperta buona parte del corpo: *i succinti abiti estivi.* **4** (*fig.*) Breve, conciso, sintetico: *esposizione, introduzione, succinta* | ***In s.***, (*ellitt.*) succintamente. || **succintaménte**, **avv.** **1** In modo succinto, conciso: *esporre succintamente i fatti.* **2** In modo succinto: *una signora vestita succintamente.*

succintòrio [vc. dotta, dal lat. tardo (eccl.) *succinctōriu(m)* 'grembiule', da *succīnctus* 'succinto'; av. 1420] **s. m.** ● Ornamento usato dal Papa nella celebrazione della messa solenne, consistente in una specie di manipolo che si porta sul camice, al fianco sinistro.

sùccio [av. 1446] **s. m.** ● (*dial.*) Atto del succiare | Sorso.

sùcciola [da *succiare*; sec. XIV] **s. f.** ● (*pop., tosc.*) Castagna lessa con la scorza, da succiare | ***Brodo di succiole***, (*fig.*) privo di sostanza | (*fig.*) ***Andare in brodo di succiole***, struggersi di piacere, di contentezza. **CFR.** Giuggiola.

succióne [da *succiare*. V. *succhione*; av. 1472] **s. m.** ● Succhione.

succiṣo [av. 1257] **part. pass.** di *succidere*; anche **agg.** ● (*lett.*) Nel sign. del v.

succitàto [comp. di *su-* e *citato*; 1819] **agg.** ● Citato, nominato prima, sopra.

succlàvio o †**subclàvio** [comp. di *su(b)-* e *clavio*, dal lat. *clāvis* 'chiave', nella terminologia medica moderna 'clavicola'; 1668] **agg.** ● (*anat.*) Che è posto sotto la clavicola: *arteria, vena, succlavia.* ➡ ILL. p. 2123 ANATOMIA UMANA.

♦**sùcco** [lat. tardo *sūccu(m)*, variante di *sūcus* 'sugo', prob. connesso con *sūgere* 'succhiare', di orig. indeur.; av. 1342] **s. m.** (**pl.** *-chi*) **1** Sostanza liquida spremuta da ortaggi o frutta: *s. di pomodoro, d'uva*; *spremere il s. da un'arancia.* **SIN.** Sugo. **2** ***S. di frutta***, nell'industria alimentare, derivato naturale, non diluito, che ha colore, aroma e gusto dei frutti da cui è ottenuto con procedimenti meccanici. **3** (*anat.*) Qualsiasi prodotto di secrezione ghiandolare | ***S. gastrico***, prodotto di secrezione delle ghiandole dello stomaco | ***S. enterico***, dell'intestino. **4** (*biol.*) ***S. nucleare***, sostanza fluida costituente il nucleo delle cellule animali e vegetali. **5** (*fig.*) Sostanza, essenza: *questo è il s. del discorso.*

succoṣità [vc. dotta, dal lat. tardo *sucositāte(m)*, astr. di *sucōsus* 'succoso'; 1873] **s. f.** ● Proprietà, caratteristica di ciò che è succoso (*anche fig.*).

succóṣo [lat. *sucōsu(m)*, da *sūcus* 'succo'; av. 1472] **agg.** **1** Che è pieno di succo. **SIN.** Sugoso. **2** (*fig.*) Sostanzioso e conciso al tempo stesso: *scritto s.* || **succoṣaménte**, **avv.** In modo succoso.

Succot ● V. *Sukkot.*

succubànza [da *succube*] **s. f.** ● (*psicol.*) Stato di chi è succube di qlcu. o qlco.

sùccubo o **sùccube** [*succubo* è forma m. tratta dal lat. tardo *sūccuba(m)* 'concubina', comp. di *sŭb* 'sotto' e di un corradicale di *cubāre* 'giacere'; la forma *succube* è modellata sulla grafia del fr. *succube*; av. 1472] **s. m.** (**f.** *-a* o *-e*); anche **agg.** nel sign. 2 **1** Nella demonologia cristiana, demonio che, assumendo aspetto fittizio femminile, si unisce sessualmente a uno stregone o a un invasato. **2** (*est.*) Chi (o Che) soggiace completamente al volere di un altro: *è succuba del marito.*

succulènto [vc. dotta, dal lat. tardo *suculĕntu(m)* 'succoso', da *sūcus* 'succo'; 1499] **agg.** **1** Pieno di succo, succoso. **2** (*est.*) Gustoso, sostanzioso: *cibo s.*; *pietanze succulente.* **3** (*bot.*) Detto di pianta o di organo ricco di tessuti acquiferi | ***Piante succulente***, piante grasse.

succulènza [1606] **s. f.** ● Caratteristica di ciò che è succulento.

succursàle [vc. dotta, dal lat. *succŭrsus*, part. pass. di *succŭrrere* 'soccorrere'; calco sul fr. *succursale* nel sign. B; 1772] **A agg.** ● Detto di chiesa in cui si svolge il servizio religioso per i fedeli che abitano lontano dalla propria chiesa parrocchiale. **B s. f.** ● Sede secondaria di una società, una banca, un'azienda e sim. **SIN.** Filiale.

sùcido [vc. dotta, dal lat. *sūcidu(m)* 'unto', detto spec. della lana, da *sūcus* 'sugo, untume'. V. *sudicio*; 1313] **agg.** ● (*raro, lett.*) Sporco, sudicio | (*tess.*) ***Lana sucida***, allo stato naturale, come viene dalla tosatura.

sucidùme [comp. di *sucid(o)* e *-ume*; 1319] **s. m.** **1** (*raro, lett.*) Sporcizia, sudiciume. **2** (*tess.*) Materia grassa con incorporati vari sali, emanata dalle ghiandole sudorifere e sebacee della pecora, presente nella lana di questa.

†**sùco** [dal lat. *sūcus* 'sugo'; sec. XIII] **s. m.** ● Succo.

sucre /sp. 'sukre/ [dal n. del generale A. J. de *Sucre* (1795-1830); 1932] **s. m. inv.** (**pl.** sp. *sucres*) ● Unità monetaria circolante fino all'anno 2000 in Ecuador, sostituita dal dollaro USA.

♦**sud** [dal fr. *sud*, che è dall'ant. ingl. *suth*; av. 1557] **A s. m.** **1** Punto cardinale nella cui direzione si osserva il Sole nel momento in cui esso è più alto sull'orizzonte. **CONTR.** Nord. **2** Zona meridionale di un paese, una nazione, e sim.: *il sud dell'Italia*; *terra, gente, del sud* | ***Profondo sud***, territori di regioni meridionali spec. americane ed europee, caratterizzate da depressioni socio-economiche | L'insieme dei Paesi del sottosviluppo, situati per lo più nell'emisfero australe: *il Sud del mondo*; *la contraddizione Nord-Sud.* **3** Nel bridge, posizione del giocatore che, al tavolo da gioco, si colloca di fronte al giocatore in posizione Nord col quale fa coppia. **B** in funzione di **agg. inv.** ● (posposto al s.) Meridionale, spec. nelle loc. ***fascia sud***, ***parete sud***, ***zona sud*** e sim.

sud- primo elemento ● In aggettivi e sostantivi etnici e geografici significa 'del Sud', 'meridionale': *sudafricano, sudamericano.*

sudacchiàre [da *sudare*, con suff. dim.-iter.; 1825] **v. intr.** (*io sudàcchio*; aus. *avere*) ● Sudare alquanto.

sudafricàno [comp. di *sud-* e *africano*; 1892] **A agg.** ● Dell'Africa meridionale e spec. della Repubblica Sudafricana. **B s. m.** (**f.** *-a*) ● Abitante, nativo dell'Africa meridionale e spec. della Repubblica Sudafricana.

†**sudaménto** [av. 1685] **s. m.** ● Il sudare.

sudamericàno [comp. di *sud-* e *americano*; 1914] **A agg.** ● Dell'America del Sud. **B s. m.** (**f.** *-a*) ● Abitante dell'America del Sud.

sudàmina [da *sudare*; av. 1698] **s. f.** ● Insieme di vescicole arrossate per l'eccessivo sudore attorno allo sbocco delle ghiandole sudoripare.

sudanéṣe [1885] **A agg.** ● Del Sudan: *lingue sudanesi.* **B s. m. e f.** ● Abitante, nativo del Sudan.

♦**sudàre** [lat. *sudāre*, di orig. indeur.; 1270 ca] **A v. intr.** (aus. *avere*) **1** Emettere sudore: *s. molto, poco*; *s. per il caldo, per la fatica*; *gli sudano le mani*; *gli sudava la fronte* | ***S. freddo***, per malattia, emozione, paura e sim. **2** (*fig.*) Affaticarsi, lavorare molto: *s. per guadagnarsi da vivere*; *s. sui libri.* **B v. tr.** **1** (*raro*) Trasudare: *il vaso suda acqua.* **2** Procacciarsi, guadagnarsi con fatica: *s. il pane*; *sudarsi i soldi.* **3** Affaticarsi molto, nelle loc. ***s. sangue***, ***s. sette camicie***, e sim.

sudàrio [vc. dotta, dal lat. *sudāriu(m)* 'fazzoletto', da *sudāre* 'sudare'; sec. XII] **s. m.** **1** Presso gli antichi Romani, sottile panno di lino per detergere il sudore | Fascia di lino portata avvolta attorno al collo dai soldati. **2** Presso gli antichi, panno con cui si copriva il viso dei morti. **3** Panno con il quale la Veronica asciugò il sudore a Gesù portato al Calvario e sul quale restò impressa l'immagine di lui.

sudàta [av. 1750] **s. f.** **1** Il fatto di sudare, spec. abbondantemente: *fare una s.* **2** (*est.*) Fatica, grande sforzo. || **sudatàccia**, **pegg.** | **sudatina**, **dim.**

sudatìccio [sec. XVI] **A agg.** (**pl. f.** *-ce*) ● Alquanto sudato, molliccio di sudore: *fronte sudaticcia.* **B s. m.** ● (*raro*) Umidore prodotto dal sudore: *c'è puzzo di s.*

♦**sudàto** [1320] **part. pass.** di *sudare*; anche **agg.** **1** Bagnato di sudore: *è tornato a casa tutto s.* **2** (*fig.*) Fatto con grande impegno e fatica: *studi sudati*; *un gran palazzo ... / s. già nei cicilian camini* (POLIZIANO). || **sudataménte**, **avv.** Con sudore, fatica.

†**sudatóio** [lat. *sudatōriu(m)*, m. sost. di *sudatōrius* 'sudorifico'] **s. m.** ● Luogo caldo da provocare sudore.

sudatòrio [fr. *sudatoire*, vc. dotta che si rifà al lat. *sudatōriu(m)* 'sudorifico' (da *sudātus*, part. pass. di *sudāre*); 1556] **A agg.** ● Che fa sudare, che produce sudorazione. **B s. m.** ● Negli edifici termali dell'antica Roma, ambiente attrezzato per provocare la sudorazione.

suddelegàre ● V. *subdelegare.*

suddétto [comp. di *su-* e *detto*; 1336 ca.] **agg.** ● Sopraddetto, nominato in precedenza.

suddiaconàto (o **-dia-**) [vc. dotta, dal lat. tardo (eccl.) *subdiaconātu(m)*, comp. di *sŭb-* 'sub-' e *diaconātus* 'diaconato'; av. 1342] **s. m.** ● Nella gerarchia sacerdotale cattolica, primo degli ordini maggiori soppresso dopo il Concilio Ecumenico Vaticano Secondo.

suddiàcono (o **-dià-**) o †**soddiàcono** [vc. dotta, dal lat. tardo (eccl.) *subdiăconu(m)*, comp. di *sŭb-* 'sub-' e *diăconus* 'diacono'; av. 1348] **s. m.** ● Chi, nella gerarchia sacerdotale cattolica vigente prima del Concilio Ecumenico Vaticano Secondo, aveva ricevuto il suddiaconato.

suddistìnguere [vc. dotta, dal lat. tardo *subdistĭnguere*, propr. 'separare con la punteggiatura', comp. di *sŭb-* 'sub-' e *distĭnguere*. V. *distinguere*; 1745] **v. tr.** (coniug. come *distinguere*) ● (*raro*) Distinguere ulteriormente, dopo una prima distinzione.

suddistinzióne [vc. dotta, dal lat. tardo *subdistinctiōne(m)*, da *subdistĭnguere* 'separare con la punteggiatura'; 1745] **s. f.** ● (*raro*) Distinzione ulteriore.

sudditànza [av. 1786] **s. f.** ● Condizione di suddito | (*fig.*) Forte dipendenza o soggezione, subalternità: *s. psicologica.*

sùddito [vc. dotta, dal lat. *sŭbditu(m)*, part. pass. di *sŭbdere* 'sottomettere', comp. di *sŭb* 'sub-' e di un corradicale di *făcere* 'fare'; sec. XIII] **A agg.** ● †Sottoposto, soggetto a un potere sovrano, spec. regio. **B s. m.** (**f.** *-a*) **1** Chi è sottoposto a una sovranità statale: *un fedele s. dello Stato.* **2** Chi è sottoposto alla sovranità di uno Stato e ne subisce i doveri, ma è privo dei diritti propri del cittadino: *s. coloniale.* **3** Il cittadino di uno Stato retto a monarchia: *i sudditi di Sua Maestà britannica.* || **sudditerèllo**, **dim.**

♦**suddivìdere** [vc. dotta, dal lat. tardo (eccl.) *subdivīdere*, comp. di *sŭb* 'sub-' e *divīdere*; av. 1320] **v. tr.** (coniug. come *dividere*) ● Dividere ulteriormente ciò che era già diviso: *s. capitoli in paragrafi* | (*est.*) Dividere: *s. un libro in capitoli.*

suddiviṣìbile [av. 1642] **agg.** ● Che si può suddividere.

suddiviṣibilità [1957] **s. f.** ● Condizione di ciò che è suddivisibile.

suddiviṣióne [vc. dotta, dal lat. tardo *subdivisiōne(m)*, da *subdivīdere* 'suddividere'; av. 1375] **s. f.** **1** Divisione ulteriore | (*est.*) Divisione. **2** (*mat.*) Partizione, divisione spec. di figure geometriche. **3** (*mus.*) Scomposizione di ogni tempo di una battuta in accenti secondari.

suddiviṣo [1701] part. pass. di *suddividere*; anche agg. ● Nei sign. del v.

sudequatoriàle [1933] agg. ● (*geogr.*) Che si trova a sud dell'equatore, nell'emisfero australe.

sudèst o **sud-est** [comp. di *sud* e *est*; 1577] s. m. ● Punto dell'orizzonte equidistante da sud ed est | *Vento di s.*, scirocco | Zona sudorientale: *il S. asiatico*.

sudicerìa [da *sudicio*; 1716] s. f. *1* Condizione di chi (o di ciò che) è sudicio. *2* Atto, discorso e sim., sudicio, sconveniente: *la sua bocciatura è stata proprio una s.* *3* Insieme di cose sudice: *togli questa s. dal tavolo.*

sudicézza [av. 1512] s. f. ● (*raro*) Condizione di ciò che è sudicio.

sùdicio [da *sucido*, per metatesi. V. *sucido*; sec. XIV] **A** agg. (pl. f. *-cie* o *-ce*) *1* Non lavato né pulito, imbrattato, sporco: *viso s.*; *casa sudicia*; *biancheria sudicia*; *essere s.*; *essere s. di sudore*; *il vestito è s. di fango*; *mi sono accoccolato / vicino ai miei panni / sudici di guerra* (UNGARETTI). CONTR. Pulito. *2* Detto di colore, non brillante, non vivo: *colore s.*; *bianco s.* *3* (*fig.*) Disonesto, turpe, immorale: *individuo, affare, s.*; *è una faccenda sudicia* | Indecente, sconcio: *discorsi sudici* | (*est.*) Spregevole: *è un s. strozzino.* || **sudicétto**, dim. | **sudiciòtto**, accr. || **sudiciaménte**, avv. *1* In modo sudicio, sporco. *2* (*fig.*) In maniera disonesta. **B** s. m. solo sing. ● Sudiciume (*anche fig.*): *vivere nel s.*; *togliere il s.*; *in questa storia c'è del s.* SIN. Sporco.

sudicióne [da *sudicio*; av. 1704] agg.; anche s. m. (f. *-a*) *1* Che (o Chi) è molto sudicio | Che (o Chi) non ama o non cura la pulizia. *2* (*fig.*) Che (o Chi) manifesta, spec. in pubblico, una sensualità volgare od oscena | (*raro*) Persona disonesta, immorale. SIN. Sporcaccione.

sudiciùme [av. 1472] s. m. *1* Roba sudicia, sporcizia. *2* (*fig.*) Immoralità, disonestà.

sudista [comp. di *sud* e *-ista*; 1937] **A** s. m. e f. (pl. m. *-i*) *1* Nella guerra di secessione americana, appartenente a uno Stato del sud o parteggiante per esso. *2* (*raro*) Chi abita nella zona meridionale di un paese politicamente diviso in due parti. **B** anche agg.: *governo s.*

sudoccidentàle o **sud-occidentàle** [1946] agg. ● (*geogr.*) Che si trova a sud-ovest | Che proviene da sud-ovest: *vento, corrente sud-occidentale.*

sudoràle [fr. *sudoral*, dal lat. *sūdor*, genit. *sudōris* 'sudore'; av. 1468] agg. ● (*med.*) Caratterizzato da sudorazione irregolare, detto spec. di certi stati febbrili.

sudorazióne [1913] s. f. ● Secrezione del sudore.

sudóre [lat. *sudōre(m)*, di orig. indeur. V. *sudare*; 1270 ca.] s. m. *1* Liquido incolore, di sapore salato e odore caratteristico, prodotto dalle ghiandole sudoripare: *gocce, stille, di s.*; *grondare s.*; *essere bagnato, madido, molle, di s.*; *essere in un bagno di s.*; *avere la fronte imperlata di s.*; *asciugarsi il s.* | *S. freddo*, dovuto a particolari stati, spec. emotivi: *a quella vista gli venne il s. freddo.* *2* (*fig.*) Fatica, lavoro: *questa casa è costata molto s.*; *è il frutto dei suoi sudori.* *3* (*bot.*) †Umore trasudato da un organo vegetale. || **sudorétto**, dim. | **sudorino**, dim.

sudorientàle o **sud-orientàle** [1946] agg. ● (*geogr.*) Che si trova a sud-est: *Asia sud-orientale* | Che proviene da sud-est.

sudorìfero [vc. dotta, dal lat. tardo *sudorĭferu(m)*, comp. di *sūdor*, genit. *sudōris* 'sudore' e *-fer* '-fero'; 1681] **A** agg. ● Che determina sudorazione: *tisana sudorifera.* **B** s. m. ● Diaforetico.

sudorìfico [comp. di *sudore* e *-fico*; av. 1698] agg. (pl. m. *-ci*) ● Sudorifero.

sudorina [sovrapposizione di *sudore* a *sudamina*] s. f. ● (*fam.*) Sudamina.

sudorìparo [comp. di *sudore* e *-paro*, dal lat. *pàrere* 'generare', sul modello dell'ingl. *sudoriparous*; 1891] agg. ● (*med.*) Del sudore, che produce sudore: *ghiandola sudoripara.*

sudòvest o **sud-òvest** [comp. di *sud* e *ovest*; 1739] s. m. *1* Punto dell'orizzonte equidistante da sud e ovest | *Vento di s.*, libeccio. *2* (*mar.*) Cappello di tela cerata con tesa allungata sul collo.

sudtiroléṣe o **sud-tiroléṣe** [dal ted. *Südtirol* 'Tirolo meridionale'; 1964] **A** agg. ● Del Sud Tirolo, del Tirolo meridionale: *partito popolare s.* **B** s. m. e f. ● Abitante, nativo del Sud Tirolo. CFR. Altoatesino.

†**sùe** ● V. *su*.

su e giù loc. sost. m. inv. ● Viavai, andirivieni: *un continuo, incessante su e giù di gente.*

suespósto [comp. di *su-* ed *esposto*; av. 1869] agg. ● Esposto precedentemente.

sufèta o **suffèta** [vc. dotta, dal lat. *sūfete(m)*, a sua volta vc. fenicia, propr. 'giudice'; 1824] s. m. (pl. *-i*) ● A Cartagine, ciascuno dei magistrati la cui carica durava un anno, forniti del sommo potere politico e giurisdizionale.

suffètto [vc. dotta, dal lat. *suffēctu(m)* 'sostituto', part. pass. di *sufficere* 'sostituire', comp. di *sŭb* 'sub-' e *fàcere* 'fare'; 1499] agg. ● Presso gli antichi Romani, detto del console che subentrava a un altro defunto prima dello scadere del suo ufficio.

♦**sufficiènte** o †**sofficiènte**, (*evit.*) **sufficènte**, †**suffiziènte** [vc. dotta, dal lat. *sufficiĕnte(m)*, part. pres. di *sufficere* 'sostenere, somministrare'. V. *suffetto*; av. 1243] **A** agg. *1* Che basta alla necessità, che vale a soddisfare un bisogno: *quantità s.*; *cibo s.*; *cibo più che s.*; *questa carne non è s. per due persone* | Che è adatto allo scopo: *quanto dici non è s. a scusarti*; *il luogo è s. a ospitare molte persone*; *non trovo parole sufficienti per dirvi la mia sorpresa.* CONTR. Insufficiente. *2* Detto di condizione che basta da sola al verificarsi di un fatto o di una relazione logica, matematica, sperimentale | *Principio di ragione s.*, in filosofia, quello in base al quale è possibile rendere ragione a priori del perché una cosa esiste invece di non esistere e del perché essa è così e non altrimenti. *3* Nelle votazioni scolastiche, giudizio corrispondente alla votazione di 6/10. CONTR. Insufficiente. *4* (*raro*) Borioso, presuntuoso: *non avere quell'aria s.!* *5* †Abile, capace. || **sufficienteménte**, avv. A sufficienza. **B** s. m. solo sing. ● Ciò che basta, ciò che è strettamente necessario: *ha il s. per vivere.* **C** s. m. e f. ● Chi è borioso, chi assume atteggiamenti di superiorità nei confronti degli altri: *fa la s.*

sufficiènza o †**sofficiènza**, (*evit.*) **sufficènza** [vc. dotta, dal lat. tardo *sufficiĕntia(m)*, astr. di *sufficiens*, genit. *sufficiĕntis* 'sufficiente'; av. 1294] s. f. *1* Condizione di ciò che è sufficiente: *avere s. di qlco.* | *A s.*, che basta, abbastanza: *avere tempo a s. per fare qlco.*; *ne ho a s. di quell'individuo*; *avete mangiato a s.?* *2* (*fig.*) Presunzione, boria, sussiego: *aria di s.*; *avere, prendere, un'aria di s.* *3* Votazione scolastica di sei decimi: *ottenere la s. in un compito.* CONTR. Insufficienza.

suffissàle [da *suffisso*; 1978] agg. e s. m. ● (*ling.*) Relativo ai suffissi | *Elemento s.*, suffisso.

suffissàre [da *suffisso*; 1983] v. tr. ● (*ling.*) Nella derivazione delle parole, aggiungere suffissi al radicale.

suffissàto [1986] **A** part. pass. di *suffissare*; anche agg. ● Nel sign. del v. **B** s. m. ● (*ling.*) Unità lessicale formata mediante un suffisso.

suffissazióne [1974] s. f. ● (*ling.*) Aggiunta di un suffisso.

suffìsso [vc. dotta, dal lat. *suffīxu(m)*, part. pass. di *suffīgere* 'appendere (*fīgere*) sotto (*sŭb*)'; 1832] s. m. ● (*ling.*) Particella che, posposta alla radice di una parola, ne modifica il significato o le caratteristiche morfologiche: *-aio*, *-are*, *-eo.* CFR. Suffissoide.

suffissòide [comp. di *suffisso* e *-oide*; 1950] s. m. ● (*ling.*) Elemento formativo terminale di una parola composta, derivato da una parola avente significato compiuto: *-grafia*, *-mania*, *-teca.* CFR. Suffisso.

†**suffiziènte** ● V. *sufficiente*.

sufflè s. m. ● Adattamento di *soufflé* (V.).

†**suffocàre** e *deriv.* ● V. *soffocare* e *deriv.*

†**suffólcere** ● V. †*soffolcere*.

†**suffóndere** ● V. *soffondere*.

†**sufformativo** [comp. di *su(b)-* e *formativo*; av. 1565] agg. ● Quasi formativo.

suffraganeità [1873] s. f. ● Condizione di chi è suffraganeo.

suffragàneo o †**soffragàneo** [vc. dotta, dal lat. tardo (eccl.) *suffragăneu(m)*, da *suffragāri* 'suffragare'; 1363] agg. ● Detto di vescovo sottoposto al metropolita | Detto di diocesi soggetta a tale vescovo.

suffragànte [1499] **A** part. pres. di *suffragare* ● Nei sign. del v. **B** s. m. ● Ecclesiastico che dà il voto favorevole in una causa di canonizzazione.

suffragàre [vc. dotta, dal lat. tardo *suffragāre*, variante del classico *suffragāri* 'favorire, sostenere', propr. 'votare', comp. di *sŭb* 'sub-' e di un corradicale di *frangere* 'rompere' (V. *frangere*), perché si votava per mezzo di tessere, tavolette, ecc.; av. 1429] v. tr. (*io suffràgo, tu suffràghi*) *1* (*lett.*) Aiutare, favorire, rafforzare: *valide ragioni suffragano la nostra tesi.* *2* Raccomandare con preghiera a Dio l'anima dei morti o applicare al loro suffragio i meriti di un'opera di carità.

suffragatóre [vc. dotta, dal lat. *suffragatōre(m)*, da *suffragātus* 'suffragato'; 1556] s. m.; anche agg. (f. *-trice*) ● (*raro*) Chi (o Che) suffraga: *preghiera suffragatrice.*

suffragazióne [vc. dotta, dal lat. *suffragatiōne(m)*, da *suffragātus* 'suffragato'; 1556] s. f. ● Il suffragare, spec. le anime dei defunti.

suffragétta [dall'ingl. *suffragette*, da *suffrage* 'suffragio' (V.); 1913] s. f. ● (*scherz.*) Suffragista.

suffràgio [vc. dotta, dal lat. *suffrāgiu(m)*, da *suffragāri* 'votare'. V. *suffragare*; av. 1342] s. m. *1* Voto per elezione | *S. universale*, estensione del diritto di voto a tutti i cittadini, uomini e donne, senza vincoli di carattere economico o culturale, a partire da una determinata età | *Diritto di s.*, elettorale. *2* (*est.*) Approvazione, appoggio, sostegno: *dare, negare, il proprio s.*; *il libro ha ottenuto i suffragi della critica.* *3* Preghiera o opera di carità i cui meriti sono applicati a favore dei morti: *Messa di s.*

suffragiṣmo [da *suffragio* (*elettorale*), sul modello dell'ingl. *suffragism*; 1912] s. m. ● Movimento femminista, diffuso spec. all'inizio del XX sec., propugnante l'uguaglianza dei diritti elettorali delle donne e degli uomini.

suffragìsta [da *suffrag(io)*, con *-ista*, sul modello dell'ingl. *suffragist*; 1908] s. m. e f.; anche agg. (pl. m. *-i*) ● Seguace del movimento femminista sorto in Gran Bretagna agli inizi del Novecento, che propugnava l'uguaglianza dei diritti elettorali delle donne e degli uomini.

suffrùtice o (*raro*) **soffrùtice** [comp. di *su(b)-* e *frutice* (V.); 1561] s. m. ● Pianta perenne con fusto legnoso solo alla base.

suffruticóṣo [1809] agg. ● Che ha carattere di suffrutice.

suffumicaménto [sec. XIII] s. m. ● Suffumicazione.

suffumicàre o (*raro*) **suffumigàre** [lat. *suffumigāre*, comp. di *sŭb* 'sub-' e *fumigāre* 'affumicare', da *fūmus* 'fumo'; av. 1320] v. tr. (*io suffùmico, tu suffùmichi*) *1* Esporre al fumo, spec. a scopo medicamentoso. *2* Riempire di fumo, spec. per disinfezione: *s. un ambiente, una stanza.*

suffumicazióne [vc. dotta, dal lat. tardo *suffumigatiōne(m)*, da *suffumigāre* 'suffumigare'; sec. XIII] s. f. ● Operazione del suffumicare.

suffumigàre ● V. *suffumicare.*

suffumìgio [da *suffumicare*; av. 1320] s. m. ● Pratica terapeutica o di disinfezione consistente nel fare evaporare sostanze medicamentose o disinfettanti a scopo inalatorio o per disinfezione di ambienti.

†**suffùṣo** ● V. *soffuso.*

sùfi [deriv., attraverso l'ingl., dall'ar. *ṣūfī*. V. *sufismo*; av. 1494] s. m. inv. ● Chi professa il sufismo.

sùfico [1932] agg. (pl. m. *-ci*) ● Relativo ai sufi e al sufismo.

sufiṣmo [dall'ingl. *sufism*, dall'ar. *ṣūfī* 'coperto di lana', da *ṣūf* 'lana', perché i devoti vestivano un saio di lana di cammello; 1872] s. m. ● Dottrina e organizzazione mistiche musulmane che ritengono possibile il contatto diretto con Dio attraverso mezzi estatici e meditazione.

sufita [1872] s. m.; anche agg. (pl. m. *-i*) ● Seguace del sufismo.

†**sùfolo** e *deriv.* ● V. *zufolo* e *deriv.*

sùga [da †*sugare* (*1*); 1768] agg. solo f. ● (*disus.*) Solo nella loc. *carta s.*, carta assorbente; V. anche *cartasuga.*

sugàia [da †*sugare* (*2*); 1873] s. f. ● (*pop., tosc.*) Concimaia.

sugànte [av. 1498] part. pres. di †*sugare* (*1*); anche agg. *1* Nei sign. del v. *2* (*disus.*) *Carta s.*, carta assorbente: *ella, che avèa … assaporato le mie parole, che come carta s. se n'era imbevuta* (DOSSI).

†**sugàre** (*1*) [lat. tardo *exsucāre*, propr. 'togliere il sugo', comp. di *ĕx-* (*s-*) e di un denominale di *sūcus* 'sugo, succo'. V. *asciugare*; sec. XIII] **v. tr.** ● (*dial.*) Assorbire | Succhiare.

†**sugàre** (*2*) [da *sugo* 'letame'; 1873] **v. tr.** ● (*pop., tosc.*) Concimare (*anche assol.*).

†**sugàtto** ● V. †*sogatto*.

suggellaménto [sec. XIV] **s. m.** ● Il suggellare | Suggello.

suggellàre [lat. *sigillāre*, da *sigĭllum* 'suggello'; av. 1294] **A v. tr.** (*io suggèllo*) **1** (*lett.*) Sigillare. **2** (*fig.*) Confermare: *suggellarono l'amicizia con una stretta di mano.* **B v. intr.** ● †Combaciare perfettamente.

suggellatóre [1313] **s. m.**; anche **agg.** (f. *-trice*) ● Chi (o Che) suggella.

suggellazióne [sec. XIV] **s. f.** ● Suggellamento.

suggèllo [lat. *sigĭllu(m)* 'sigillo', dim. di *sīgnu(m)* 'segno, impronta'. V. *sigillo*; 1278] **s. m. 1** (*lett.*) Sigillo: *È l'usanza di porvi il s.* (DA PONTE). **2** (*fig.*) Gesto, parola, fatto che testimonia, conferma, e sim.: *si strinsero la mano a s. del giuramento.*

sùggere [vc. dotta, dal lat. *sūgere*, di orig. indeur. V. *sugo, succo*; sec. XIII] **v. tr.** (*io sùggo, tu sùggi*; **pass. rem.** *io suggéi* (o *suggètti* (o *-étti*), *tu suggésti*; difett. del **part. pass.** e dei tempi composti) ● (*lett.*) Succhiare (*anche fig.*): *e pargli ch'ogni vena Amor li sugge* (POLIZIANO).

suggeriménto [1745] **s. m.** ● Il suggerire | Cosa suggerita: *dare un s.*; *seguire il s. di qlcu.*; *non ha tenuto conto dei nostri suggerimenti.*

♦**suggerìre** [vc. dotta, dal lat. *suggĕrere* 'fornire, suggerire', comp. di *sŭb* 'sub-' e *gĕrere* 'portare', con cambio di coniug.; 1499] **v. tr.** (*io suggerisco, tu suggerisci*) **1** Rammentare ad altri qlco. spec. a bassa voce (*anche assol.*): *gli suggerì la risposta*; *gli hanno suggerito la parola esatta*; *il maestro proibisce di s.* **2** Far venire in mente: *questo paesaggio mi suggerisce tristi pensieri* | Consigliare: *il medico gli ha suggerito un soggiorno al mare.* **3** †Porgere: *prima avea … suggerito al Pontefice materia di sdegnarsi* (GUICCIARDINI).

suggerito [1540] **part. pass.** di *suggerire*; anche **agg.** ● (*raro*) Nei sign. del v.

suggeritóre [da *suggerire*; av. 1673] **s. m.** (f. *-trice*) **1** Chi suggerisce. **2** Nel teatro lirico o di prosa, chi, dall'apposita buca o da dietro le quinte, suggerisce le battute agli attori sul palcoscenico. **3** Nel baseball, giocatore che dai bordi del campo assiste e consiglia i compagni durante la partita.

suggestionàbile [1905] **agg.** ● Che si può suggestionare | Che è facile a subire suggestioni.

suggestionabilità [1905] **s. f.** ● Condizione, caratteristica di chi è suggestionabile.

suggestionàre [da *suggestione*; 1898] **A v. tr.** (*io suggestióno*) ● Indurre con suggestione | (*gener.*) Influenzare il comportamento di qlcu. | Affascinare: *uno spettacolo che suggestiona.* **B v. intr. pron.** ● Subire una suggestione | Credere qlco. per suggestione.

suggestionàto [1905] **part. pass.** di *suggestionare*; anche **agg. 1** Nei sign. del v. **2** Vivamente colpito: *rimase s. da quella visione.*

suggestióne [vc. dotta, dal lat. tardo *suggestiōne(m)*, da *suggĕstus*, part. pass. di *suggĕrere* 'suggerire'; av. 1342] **s. f. 1** (*psicol.*) Processo mediante cui un individuo, senza l'uso di argomenti logici, di ordini o di mezzi coercitivi, induce un altro individuo ad agire in un determinato modo o ad accettare una certa opinione, fede o convincimento. **2** (*est., raro*) Istigazione, suggerimento: *la s. al male*; *segue la s. degli amici* | ***S. al testimone***, tentativo di influenzarne la deposizione con insinuazioni, false rappresentazioni e sim. **3** (*fig.*) Viva impressione, intenso fascino: *la s. di un paesaggio, di una melodia.*

suggestività [av. 1909] **s. f.** ● Caratteristica di ciò che è suggestivo.

suggestivo [da *suggestione*, sul modello dell'ingl. *suggestive*; 1614] **agg. 1** (*dir.*) Che suggerisce la risposta: *le domande suggestive sono proibite agli avvocati durante il processo.* **2** (*fig.*) Che suscita viva emozione: *spettacolo s.* **SIN.** Affascinante, allettante, incantevole. || **suggestivaménte**, **avv.** In maniera suggestiva.

†**suggettàre** ● V. †*soggettare*.

†**suggètto** ● V. *soggetto* (*1*).

†**suggezióne** ● V. *soggezione*.

†**sùggio** ● V. *subbio*.

†**suggiugàre** ● V. *soggiogare*.

sùghera [av. 1597] **s. f.** ● Grande albero delle Cupulifere, coltivato in molti Paesi del Mediterraneo per la caratteristica corteccia da cui si ricava il sughero (*Quercus suber*). **SIN.** Quercia da sughero. ➡ **ILL. piante**/2.

sugheràio [1960] **s. m.** (f. *-a*) ● Chi lavora il sughero.

sugheràto [da *sughero*; av. 1306] **A agg. 1** (*raro*) Fornito di sughero. **2** Detto di straccio, che ha il colore del sughero. **B s. m.** ● Strato di sughero tra sottopiede e suola inserito in alcuni tipi di calzature ortopediche.

sugheréta [1779] **s. f.** ● Sughereto.

sugheréto [1559] **s. m.** ● Bosco di sughere.

sughericolo o **subericolo** [comp. di *sughero* e *-colo*; 1960] **agg.** ● Che si riferisce alla lavorazione e alla coltivazione del sughero.

sughericoltóre o **subericoltóre** [da *sughero*, sul modello di *agricoltore*; 1960] **s. m.** (f. *-trice*) ● Chi si occupa di sughericoltura.

sughericoltùra o **subericoltùra** [da *sughero*, sul modello di *agricoltura*; 1960] **s. f.** ● Coltivazione dei sugheri.

sugherificio [comp. di *sughero* e *-ficio*; 1943] **s. m.** ● Stabilimento per la lavorazione del sughero.

sùghero o †**sùbero**, †**sùvero** [lat. *sūbere(m)* (con cambio di declinazione), forse connesso col gr. *sȳphar*, di orig. mediterr.; 1303] **s. m. 1** (*bot.*) Tessuto cutaneo secondario, costituito da cellule di forma tubulare con la membrana ispessita per l'impregnazione di suberina, che protegge i fusti dei grossi alberi da parassiti, eccessi termici, traspirazione eccessiva | ***S. maschio, primario***, il più duro e meno pregiato. **SIN.** Sugherone | ***S. femmina, secondario***, il più elastico e pregiato | ***Essere come un s.***, stare a galla e quindi nuotare, con naturalezza e facilità | Tessuto cutaneo secondario protettivo di fusto e radice nelle piante fanerogame. **2** (*est.*) Oggetto fatto di sughero | Tappo di sughero | Galleggiante per reti e lenze da pesca. **3** Quercia da sughero. **SIN.** Sughera.

sugheróne [1998] **s. m. 1** Accr. di *sughero*. **2** (*bot.*) Sughero maschio.

sugherosità [1960] **s. f.** ● Caratteristica, aspetto, di ciò che è sugheroso.

sugheróso [1813] **agg.** ● Poroso come il sughero.

sùgli o (*raro*) **su gli prep. art. m. pl.** comp. di *su* e *gli* (*1*) ● V. *gli* (*1*) per gli usi ortografici.

†**sugliàrdo** [dal fr. *souillard*, da *souiller* 'insudiciare', dal lat. parl. **suculāre*, da *sūculus*, dim. di *sūs*, genit. *sŭis* 'porco'; 1353] **agg.** ● Schifoso, sporco, lordo.

sùgna [lat. *axŭngia(m)* 'grasso da ruote', comp. di *ăxis* 'asse, sala del carro', e di un corradicale di *ŭngere* 'ungere'; av. 1292] **s. f. 1** Massa di grasso intorno ai rognoni del maiale, che si liquefa per ottenere lo strutto | Lo strutto stesso. **2** (*raro*) Morchia per ungere le ruote. || **sugnàccia**, **pegg.** | **sugnàccio**, **pegg. m.**

sugnóso [sec. XVI] **agg. 1** Che ha sugna. **2** Grasso e untuoso come la sugna.

sùgo [lat. *sūcu(m)* 'succo, sugo', di orig. indeur. V. *succo*; av. 1292] **s. m.** (pl. *-ghi*) **1** Liquido spremuto da frutta e verdure: *il s. dell'arancia* | ***S. zuccherino***, soluzione zuccherina ottenuta dalle polpe delle barbabietole saccarifere e da cui dopo una serie di operazioni si ricava lo zucchero. **SIN.** Succo. **2** Liquido più o meno denso e di gusto gradevole prodotto durante la cottura dalle vivande, spec. dalla carne: *il s. dell'arrosto.* **3** (*assol.*) Condimento preparato con olio, burro, pomodoro, cipolla, erbe aromatiche: *fare il s. per la pasta asciutta.* **4** (*fig.*) Sostanza, essenza, idea fondamentale: *il s. del discorso* | (*est.*) Gusto, soddisfazione, che si trae da qlco.: *a stare con loro ci trovo poco s.* | ***Non c'è s., c'è poco s.***, e sim., non c'è gusto | ***Senza s.***, scipito, insulso: *una persona, una storia*, e sim. *senza s.* || **sughétto**, **dim.** | **sughìno**, **dim.**

sugosità [vc. dotta, dal lat. tardo *succositāte(m)*, astr. di *sucōsus* 'sugoso'. V. *succosità*; av. 1320] **s. f.** ● Caratteristica di ciò che è sugoso.

sugóso [lat. *sucōsu(m)*, da *sūcus* 'sugo, succo'. V. *succoso*; av. 1276] **agg.** ● Ricco di sugo (*anche fig.*): *un frutto s.*; *un articolo s.* **SIN.** Succoso. || **sugosaménte**, **avv.**

sùi o (*raro*) **su i prep. art. m. pl.** comp. di *su* e *i* (*2*) ● V. *i* (*2*) per gli usi ortografici.

suicìda [dal fr. *suicide*, comp. del lat. *sūi*, genit. di *sē*, pron. rifl. di III pers. e *-cide* '-cida', sul modello di *omicida* (V.): propr. 'uccisore di sé stesso'; 1764] **A s. m. e f.** (pl. m. *-i*) ● Chi uccide sé stesso. **B agg.** ● Che tende al suicidio: *mania, proposito, impulso, s.*

suicidàre [da *suicidarsi*, reso tr. spec. nell'uso giornalistico degli anni intorno al 1980; 1882] **v. tr.** ● (*raro*) Assassinare, simulando il suicidio della vittima: *chi ha suicidato il boss nella sua camera da letto?* | Spingere qlcu. al suicidio.

suicidàrsi [da *suicida*, sul modello del fr. (*se*) *suicider*, 1855] **v. rifl. 1** Commettere suicidio, darsi volontariamente la morte, togliersi la vita, uccidersi: *s. con un colpo di rivoltella.* **2** (*est.*) Rischiare la vita senza necessità: *correre in auto a quella velocità significa s.* **3** (*fig.*) Danneggiarsi gravemente e irrimediabilmente: *si suicidò moralmente quando cominciò a drogarsi.*

suicìdio [dal fr. *suicide* (V. *suicida*), sul modello di *omicidio*; 1734] **s. m. 1** Uccisione di sé stesso, atto con cui ci si dà la morte di propria volontà: *spingere, portare, qlcu. al s.* **2** (*est.*) Rischio della vita senza necessità: *correre ai 100 all'ora su quella strada è un s.* **3** (*fig.*) Atto con cui si arreca grave danno alla propria reputazione, salute e sim.: *s. morale*; *lavorare in quelle condizioni è un s.*

Suìdei [dal lat. *sūs*, genit. *sŭis* 'maiale' (V. *suino*)] **s. m. pl.** ● Nella tassonomia animale, superfamiglia di Mammiferi degli Artiodattili Bunodonti con canini sviluppati in modo da costituire vere e proprie zanne (*Suoidea*).

Sùidi [vc. scient. moderna, comp. dal lat. *sūs*, genit. *sŭis* 'maiale' e *-idi* (V. *suino*); 1960] **s. m. pl.** (sing. *-e*) ● Nella tassonomia animale, famiglia di Mammiferi degli Artiodattili, onnivori, tozzi, con olfatto e udito finissimi e vista non acuta (*Suida*).

Suifórmi [comp. del lat. *sūs*, genit. *sŭis* 'maiale' (V. *suino*) e del pl. di *-forme*] **s. m. pl.** (al sing. *-e*) ● Suidei.

sui gèneris [loc. lat., propr. 'di suo proprio genere'; av. 1861] **loc. agg. inv.** ● Di un genere tutto a sé, tutto particolare, di natura singolare: *un tipo sui generis*; *sapore, odore, sui generis.*

suindicàto [comp. di *su-* e *indicato*; 1811] **agg.** ● Sopraindicato.

suinétto **s. m. 1** Dim. di *suino*. **2** Giovane suino ancora alimentato con latte materno o succedanei dello stesso.

Suìni [V. *suino*] **s. m. pl.** (sing. *-o*) ● Nella tassonomia animale, sottofamiglia dei Suidi con canini a crescita continua volti all'indietro e in alto, muso terminante in un grugno o una corta proboscide (*Suinae*).

suinìcolo [comp. di *suino* e *-colo*; 1950] **agg.** ● Che si riferisce alla suinicoltura.

suinicoltóre [comp. di *suino* e *-coltore*, sul modello di *agricoltore*. V. *cultore*; 1963] **s. m.** (f. *-trice*) ● Allevatore di suini.

suinicoltùra [comp. di *suino* e *coltura*; 1950] **s. f.** ● Allevamento di suini.

suìno [vc. dotta, dal lat. *suīnu(m)*, da *sūs*, genit. *sŭis* 'maiale', di orig. indeur.; 1810] **A agg.** ● Di maiale: *carne suina.* **B s. m.** ● Maiale: *carne di s.* || **suinétto**, **dim.** (V.).

suite /swit, *fr.* sɥit/ [vc. fr., propr. 'seguito', da *suivre* 'seguire'; 1826] **s. f. inv. 1** (*mus.*) Composizione strumentale costituita da più movimenti di danza dall'andamento ritmico spesso contrastante. **2** Appartamento in un albergo: *ha affittato una s. di tre stanze.* **3** (*elab.*) Pacchetto integrato di programmi complementari, in grado di scambiarsi reciprocamente i dati.

suiveur /*fr.* sɥi'vœʀ/ [vc. fr., propr. 'colui che segue', da *suivre* 'seguire'; 1938] **s. m. inv.** (f. fr. *suiveuse*) ● (*sport, raro*) Chi è al seguito di una corsa ciclistica per ragioni tecniche, professionali o sim.

suk [ar. *sūq* 'mercato'; 1911] **s. m. inv.** ● Quartiere del mercato nelle città arabe, costituito da un dedalo di viuzze spesso coperte e fiancheggiate di botteghe | (*est., spreg.*) Mercato disordinato; (*fig.*) contrattazione poco seria.

Sukkot /*ebr.* suk'kot/ o **Succot** [ebr. (*hagh has*)*sukkōth* 'festa delle capanne'] **s. f.** o **m. inv.** ● Festa ebraica celebrata per sette giorni a partire dal 15 del mese di *tishrì* (settembre-ottobre) a ricordo della permanenza degli ebrei nel deserto sotto tende o capanne.

♦**sul** o (*poet.*) **su 'l** prep. art. m. sing. comp. di *su* e (*i*)*l* ● V. *il* per gli usi ortografici.

sùla [dall'ant. nordico *sūla*; 1891] s. f. ● (*gener.*) Uccello dei Pelecaniformi, marino, con lungo becco conico e puntuto e ali sviluppatissime, assai abile nel catturare pesci tuffandosi in acqua (*Sula*).

sulfamìdico o **solfamìdico** [abbr. di *sulf*(*anil*)*amidico*, comp. di (*acido*) *sulfanil*(*ico*) e *a*(*m*)*mide*, con *-ico*; 1942] **A** agg. (pl. m. *-ci*) ● (*chim.*) Detto di composto organico di varia costituzione, caratterizzato dalla presenza di zolfo e azoto, usato in medicina per l'azione antibatterica. **B** anche s. m.: *prescrivere un s.*

sulfanìlico o **solfanìlico** [comp. di *sulf*(*o*)-, dal lat. *sŭlphur* (nom.) 'zolfo', e *anilina* (V.), con cambio di suff. (*-ico*); 1970] agg. (pl. m. *-ci*) ● Detto di acido organico cristallino, ottenuto scaldando anilina con acido solforico, usato spec. come intermedio per coloranti.

sulfoemoglobina [comp. di *sulfo-*, dal lat. *sŭlphur* (nom.) 'solfo', ed *emoglobina*; 1965] s. f. ● Sostanza tossica, combinazione di idrogeno solforato con emoglobina, che si riscontra nell'organismo in casi di intossicazione da idrogeno solforato.

sulfóne ● V. *solfone*.

sulfùreo o †**solfòreo**, (*raro*) **solfùreo** [vc. dotta, dal lat. *sulphŭreu*(*m*), da *sŭlphur*, genit. *sŭlphuris* 'zolfo'; av. 1320] agg. ● Di zolfo, che ha natura di zolfo, che contiene zolfo | ***Acqua sulfurea***, acqua solforosa.

sulky /ingl. 'sʌlki/ [vc. ingl., propr. 'arcigno, scontroso', perché dà posto a una sola persona; 1895] s. m. inv. (pl. ingl. *sulkies*) **1** Speciale carrozzino leggero a due ruote, su cui siede il guidatore nelle corse al trotto. SIN. Sediolo. **2** Piccola autovettura da città, a tre ruote.

sùlla (1) o (*raro*) **su la** prep. art. f. sing. comp. di *su* e *la* (*1*) ● V. *la* (*1*) per gli usi ortografici.

sùlla (2) [dal lat. tardo *sȳlla*(*m*), di orig. mediterr.; sec. XIV] s. f. ● Leguminosa coltivata come foraggio o per la pratica del sovescio (*Hedysarum coronarium*). ➡ ILL. **piante**/6.

sùlle o (*raro*) **su le** prep. art. f. pl. comp. di *su* e *le* (*1*) ● V. *le* (*1*) per gli usi ortografici.

†**sullevàre** ● V. *sollevare*.

sùllo o (*poet.*) **su lo** prep. art. m. sing. comp. di *su* e *lo* ● V. *lo* per gli usi ortografici.

sullodàto [comp. di *su-* e *lodato*; av. 1794] agg. ● (*disus.*) Lodato prima, in precedenza | Nominato prima.

†**sullogàre** ● V. *sublocare*.

†**sullunàre** ● V. *sublunare*.

sultàna [f. di *sultano*; 1553] s. f. **1** Moglie, madre, del sultano. **2** Divano basso e rotondo, da tenere in mezzo alla stanza. SIN. Divano alla turca.

sultanàle o **sultaniàle** [1950] agg. ● Di sultano | Del sultanato.

sultanàto [1574] s. m. **1** Dignità di sultano. **2** Territorio sottoposto all'autorità di un sultano.

sultaniàle ● V. *sultanale*.

sultanìna [da *sultano*; 1895] **A** agg. solo f. ● Detto di una varietà di uva bianca, da tavola, senza semi, adatta ad essere essiccata. **B** anche s. f.: *per la torta occorre un etto di s.*

sultàno o †**soldàno** [dall'ar. *sulṭān*, vc. di orig. siriaca, originariamente 'potere sovrano', poi 'sovrano'; sec. XII] s. m. (f. *-a* (V.)) ● Nel mondo musulmano, titolo di colui che esercitava il potere supremo; in particolare, il sovrano dell'impero ottomano | Titolo del califfo in alcuni Paesi islamici | (*fig., scherz.*) ***Fare una vita da s.***, lussuosa, sfarzosa.

sumèrico [1960] **A** agg. (pl. m. *-ci*) ● Dei Sumeri. **B** s. m. solo sing. ● Antica lingua dei Sumeri, scritta in caratteri cuneiformi.

sumèro [dal babilonese *Shumer*, n. della regione abitata da questo popolo; 1936] **A** s. m.; anche agg. (f. *-a*) ● Appartenente a un'antica popolazione che nel IV millennio a.C. abitò la Mesopotamia meridionale, prima dell'affermazione dei Babilonesi, creando la prima civiltà urbana a noi nota. **B** s. m. solo sing. ● Lingua sumerica.

sumerologia [comp. di *sumero* e *-logia*] s. f. ● Disciplina che studia la civiltà sumerica.

sùmma o **sómma** [vc. dotta, dal lat. mediev. *sŭmma*(*m*) 'compendio', dal classico *sŭmma* 'somma' (V.); 1960] s. f. **1** Nel mondo medievale, opera contenente tutti i principi fondamentali di una scienza: *la s. teologica di S. Tommaso.* **2** (*est.*) Raccolta sistematica, compendio: *questo libro è la s. della letteratura inglese.*

summentovàto [comp. di *su* e *mentovato*; 1787] agg. ● (*disus.*) Summenzionato.

summenzionàto [comp. di *su* e *menzionato*; av. 1907] agg. ● Nominato, menzionato, in precedenza.

†**summessióne** ● V. *sommissione*.

summista ● V. *sommista*.

summit /'summit, *ingl.* 'sʌmɪt/ [vc. ingl., propr. 'sommità, cima', dal fr. *sommet* (dal lat. *sŭmmu*(*m*) 'sommità': V. *sommo*); 1967] s. m. inv. ● Incontro al vertice, spec. di capi di Stato.

†**sùmmo** ● V. *sommo*.

sumo /giapp. ˌsu'mɔː/ [vc. giapp.; 1934] s. m. inv. ● Tipo di lotta praticato in Giappone tra contendenti di corporatura eccezionale che cercano di spingere o trascinare fuori da uno spazio circoscritto l'avversario.

sùnna [dall'ar. *sunna* 'regola, norma'; 1872] s. f. inv. ● Consuetudine, modo di comportarsi, regola di interpretazione e di comportamento che i Musulmani Sunniti traggono dal Corano e dalle tradizioni relative a Maometto.

sunnìṣmo [comp. di *sunna* e *-ismo*; 1970] s. m. ● Dottrina e organizzazione proprie della maggioranza dei Musulmani, che si ritengono eredi della giusta interpretazione data alla religione da Maometto.

sunnita [dall'ingl. *sunnite*, dall'ar. *sunna* 'sunna'; av. 1652] s. m. e f. (pl. m. *-i*) ● Seguace del Sunnismo | Osservante della Sunna. CFR. Sciita.

sunnominàto [comp. di *su* e *nominato*; 1812] agg. ● Nominato sopra, in precedenza.

sunnotàto [comp. di *su* e *notato*; 1872] agg. ● Notato prima, in precedenza.

sunteggiàre [da *sunto*, con suff. iter.-intens.; av. 1869] v. tr. (*io suntéggio*) ● Ridurre in sunto, esporre in sunto: *s. un racconto.* SIN. Riassumere.

sùnto [forma sost. dal lat. *sŭmptu*(*m*), part. pass. di *sŭmere* 'prendere'. V. *riassunto*; av. 1470] s. m. ● Compendio, esposizione riassuntiva orale o scritta: *fare un s.*; *fare il s. di qlcu.* | ***In s.***, in breve, in compendio. SIN. Riassunto. || **sunterèllo**, dim.

suntuàrio o (*raro*) **sontuàrio** [vc. dotta, dal lat. *sumptuāriu*(*m*), da *sŭmptus* 'spesa', da *sŭmere* 'impiegare, consumare'; 1521] agg. ● Nella Roma antica, detto di leggi aventi lo scopo di reprimere il lusso smodato.

suntuóṣo e *deriv.* ● V. *sontuoso* e *deriv.*

♦**sùo** [lat. *sŭu*(*m*), di orig. indeur.; 1080 ca.] **A** agg. poss. di terza pers. sing. (f. *sua*; pl. m. *suoi*, centr. †*sua*, dial. †*sui*; pl. f. *sue*, centr. †*sua*.; pop. tosc. troncato in *su'*, in posizione procl., per tutti i generi e i numeri: *il su' nonno*; *il su' vestito*; *la su' nonna*; *la su' visita*; *le su' sorelle*; *i su' parenti.* dial. †*so*, in posizione encl. *signorso*, signor suo) **1** Che appartiene a lui, a lei, a loro (indica proprietà, possesso, anche relativi): *cura molto il suo giardino*; *mi ha imprestato i suoi libri*; *ho preso per sbaglio la sua giacca*; *preferisce la sua camera*; *qui ha il suo ufficio* | Con valore enfat. e raff., posposto a un s.: *che se ne stia a casa sua!*; *questi sono vestiti suoi.* **2** Che gli è peculiare (indica appartenenza con riferimento all'essere fisico o spirituale, o a facoltà, espressioni, manifestazioni che gli sono proprie): *disprezza il suo corpo*; *gli piace ascoltare la sua voce*; *la sua anima è innocente*; *ci mette tutta la sua volontà*; *nessuno conosce i suoi pensieri*; *anche lui ha le sue preoccupazioni*; *ama molto il suo lavoro*; *la nave è affondata con tutto il suo carico*; *non sa nascondere i suoi pensieri* | Con riferimento a parole, atti e sim. che procedono da lui, da lei, da loro: *stanno tutti ai suoi ordini*; *il suo discorso era piuttosto confuso*; *il suo tema è molto più lungo del mio*; *ha venduto il suo ultimo quadro per una fortuna* | Con valore raff. seguito da 'proprio': *ciascuno ha le sue proprie idee*; *l'ha visto con i suoi propri occhi.* **3** Di lui, di lei, di loro (indica relazione di parentela, di amicizia, di conoscenza, di dipendenza e sim.; nel caso in cui indichi relazione di parentela, respinge l'articolo quando il s. che segue l'agg. poss. sia sing., non alterato e non accompagnato da attributi o apposizioni; fanno eccezione i s. 'mamma', 'babbo', 'nonno', 'nonna', 'figliolo', 'figliola' che possono anche essere preceduti dall'art.): *rispetta molto suo padre*; *adora i suoi figli*; *ha un debole per sua nipote*; *oggi vengono i suoi parenti*; *la sua mamma l'aiuta spesso*; *ha lasciato tutto al suo buon nipote*; *ignoro il suo paese d'origine e la sua nazionalità*; *riceve i suoi amici ogni lunedì*; *il suo avvocato è un imbroglione*; *è molto affezionato alla sua maestra*; *tratta i suoi dipendenti con generosità* | ***Per amor suo***, per l'amore che ho per lui | ***Fallo per il suo affetto***, per l'affetto che egli nutre per te. **4** (*fam.*) Che gli è abituale, consueto: *dopo pranzo si beve sempre il suo caffè*; *gli piace dormire nel suo letto*; *non può rinunciare alla sua passeggiata*; *deve fumarsi la sua sigaretta dopo cena.* **5** Adatto, conveniente, opportuno: *ogni cosa va fatta a suo tempo*; *ogni frutto ha la sua stagione* | Corrispondente, relativo: *una scatola con il suo coperchio*; *una serratura con la sua chiave*; *una tazza con il suo piattino.* **6** Preposto a un s., si usa in formule di cortesia e di cerimoniale: *Sua Maestà è servita*; *Sua Santità impartirà una benedizione speciale*; *sua eccellenza è indisposta* | Nella chiusa di lettere o nelle dediche, in espressioni di affetto o deferenza che precedono la firma: *suo obbligatissimo Luigi Rossi*; *suo affezionatissimo Giuseppe*; *sua devotissima Maria*; *suo Mario.* **B** agg. poss. di terza pers. pl. ● (*pop.*) †Loro: *lo fanno per il suo interesse*; *hanno i suoi meriti.* **C** pron. poss. di terza pers. sing. **1** Quello che a lui, a lei appartiene, o è proprio, o è peculiare o che comunque a lui, lei si riferisce (sempre preceduto dall'art. det.): *ho bisogno del tuo appoggio e del suo*; *il mio consiglio è più disinteressato del suo.* **2** Ricorre, con ellissi del s., in alcune espressioni e locuzioni particolari, proprie del linguaggio fam.: *non vuole rimetterci del suo*, di ciò che gli appartiene | ***Ha dilapidato tutto il suo***, il suo patrimonio | ***Paga del suo***, paga con i suoi denari e (*fig.*) ci rimette di tasca sua | ***I suoi***, i suoi genitori o parenti o amici o seguaci o sostenitori: *i suoi non gli scrivono da una ventina di giorni*; *non può più contare sull'aiuto dei suoi*; *quei due in borghese sono dei suoi* | ***Ha voluto per forza dire la sua***, la sua opinione, la sua ragione | ***Stiamo, teniamo dalla sua***, dalla sua parte, a suo favore | ***Ha fatto anche lui le sue***, le sue scappatelle | ***Ne ha fatta, detta una delle sue***, una delle sue solite malefatte | ***Ha passato anche lui le sue***, le sue disavventure, amarezze e sim. | (*bur.*) ***Rispondo alla sua del 18 settembre***, alla sua lettera | ***È uno che sta molto sulle sue***, che ha molto sussiego o tratta gli altri con distacco e alterigia | ***Ha avuto le sue***, le botte che si meritava.

♦**suòcera** o (*pop.*) **sòcera** [lat. tardo *sŏcera*(*m*), variante del classico *sŏcrus* 'suocera', vc. di orig. indeur., che, insieme con *sŏcer*, *socĕri* 'suocero', indicava nell'ordinamento patriarcale i genitori del marito e l'appartenenza a uno stesso gruppo sociale; 1225 ca.] s. f. **1** Madre di uno dei coniugi, nei confronti dell'altro coniuge. **2** (*fig., fam.*) Donna che vuole comandare, riprendere gli altri, e sim. | Donna bisbetica: *non fare la s.!* | ***S. e nuora***, (*fig., pop., tosc.*) oliera composta di due ampolle, una per l'olio e l'altra per l'aceto. || **suoceràccia**, pegg. | **suoceróna**, accr.

♦**suòcero** o (*pop.*) **sòcero** [lat. *sŏceru*(*m*), di orig. indeur. V. *suocera*; 1287] s. m. (f. *-a* (V.)) **1** Padre di uno dei coniugi, nei confronti dell'altro coniuge. **2** (*al pl.*) Il suocero e la suocera considerati insieme: *fare visita ai suoceri.*

suòla o (*pop.*) **sòla** [lat. *sŏla*, nt. pl. di *sŏlum* 'suolo', con sovrapposizione di *sŏlea* 'sandalo, suola', V. *soglia*; 1312] s. f. **1** Parte della scarpa che poggia a terra: *suole di cuoio, gomma*; *scarpe con la s. di para*; *s. chiodata*; *doppia s.* | ***Mezze suole***, pezzi di cuoio applicati sulla parte superiore di suole consunte. **2** (*zool.*) Strato corneo interno dell'unghia che diventa ispessita e ventrale negli ungulgradi. **3** (*raro*) Nello sci, soletta. **4** In vari organi, congegni, strutture e sim., faccia o parte inferiore: *la s. della pialla, della rotaia*; *la s. di una galleria* | ***S. del forno***, rivestimento refrattario della parte inferiore | ***S. del freno***, guarnizione d'attrito del ceppo | ***S. dell'aratro***, organo che striscia contro la parete di terreno sodo. **5** (*mar.*) Piano di solide assi su cui scivola la nave durante il varo | Ciascuna di tali assi. || **suolétta**, **solétta**, dim. (V.).

suolàre o **solàre** (2) [da *suola*; 1340] **v. tr.** (*io suòlo*, pop. *sòlo*; in tutta la coniug. di *solare* la *-o-* dittonga in *-uo-* soprattutto se accentata; sono in uso le forme *solavo, solerò, solassi* oltre alle più comuni *suolavo, suolerò, suolassi*) ● Mettere la suola a un paio di scarpe | Risuolare.

suolàto o **solàto** part. pass. di *suolare*; anche agg. ● Nel sign. del v.

suolatùra o **solatùra** [1262] **s. f.** ● Operazione del suolare | La suola applicata.

suòle ● V. *solere*.

suolifìcio [da *suola*] **s. m.** ● Stabilimento per la produzione e la lavorazione di suole per calzature.

♦**suòlo** [lat. *sŏlu(m)*, di orig. indeur.; 1262] **s. m.** (pl. *suòla*, f. nel sign. 6) **1** Parte più superficiale del terreno, su cui si cammina: *cadere, stramazzare, al s.*; *giacere al s.*; *s. pubblico* | (*raro*) Pavimento. **2** Strato superficiale della crosta terrestre prodotto dall'azione fisica e chimica degli agenti esogeni organici e inorganici sulle rocce | ***S. a cuscinetti***, distesa di zolle erbose dovute al continuo alternarsi del gelo e disgelo | ***S. poligonale***, terreno ricoperto di ciottoli che assumono una posizione pressoché geometrica. **3** (*fig., lett.*) Luogo, paese: *s. natio*; *il sacro s. della patria*. **4** (*poet.*) Superficie di uno specchio d'acqua. **5** (*dial.*) Strato, piano: *disporre qlco. a s., a s. e s.*; *un s. di pasta*. **6** (*spec. al pl., tosc.*) Suola di scarpa.

♦**suonàre** o **sonàre** [lat. *sonāre*, da *sŏnus* 'suono' (V. *suono*); av. 1294] **A v. tr.** (*io suòno*, dial. lett. *sòno*; in tutta la coniug. di *sonare* la *-o-* dittonga in *-uo-* soprattutto se accentata; sono in uso le forme *sonavo, sonerò, sonassi* oltre alle più comuni *suonavo, suonerò, suonassi*) **1** Far emettere suoni a uno strumento, spec. secondo determinate regole (*anche assol.*): *s. l'arpa, l'organo, il pianoforte, la tromba*; *è da stamattina che suona il violino*; *sa s. molto bene la tromba*; *desidero imparare a s. la cetra*; *s. bene, male, divinamente*; *stasera l'orchestra non suona*. **2** Eseguire suonando: *s. un valzer*; *s. la Traviata*; *s. Wagner*; *l'organo suona la 'Toccata' di Bach*. **3** Percuotere un oggetto perché mandi suono: *s. un bicchiere*; *quando ei comperano uno vaso di terra o di vetro, lo suonano ... per vedere se è buono* (MACHIAVELLI). **4** Annunziare col suono, detto di campane, trombe e sim.: *la campana suona l'Avemaria*; *la tromba suona il silenzio* | Battere le ore, detto di orologi: *l'orologio suona le cinque*; *l'orologio della torre suona mezzogiorno*. **5** (*fig., fam.*) Parlare, dire francamente: *suonarla sul viso a qlcu.*; *la suonerò chiara a quel tipo*. **6** (*fam.*) Picchiare: *lo suonò ben bene*; *guarda che te le suono!* **7** (*fam.*) Imbrogliare, raggirare: *s. qlcu.*; *suonarla a qlcu.* **B v. intr.** (aus. *avere* nei sign. 1, 3 e 5, *essere* nei sign. 2 e 7, *essere* e *avere* nei sign. 4 e 6) **1** Mandare, emettere, suono: *questo cristallo non suona*; *le monete di rame suonano male*; *sta suonando il telefono*; *ha suonato il campanello* | Produrre suono, detto di strumenti musicali: *questo tasto suona male*; *il nuovo violino suona meravigliosamente*; *il pianoforte si è scordato e non suona più*. **2** Essere annunziato da un suono: *l'Avemaria suona di sera*; *a che ora suona la ritirata?*; *sono già suonate le cinque?*; *è appena suonato mezzogiorno*. **3** Rintoccare, detto delle campane: *s. a distesa, a festa, a martello, a messa, a morto, a stormo*; *le campane di San Petronio suonano a festa*; (*ellitt.*) *San Petronio suona a festa*. **4** (*lett.*) Risuonare, rimbombare: *di fischi e bussi tutto il bosco suona* (POLIZIANO). **5** Essere suonatore: *quel pianista suona in teatro*; *ogni sera suonano nei locali notturni*. **6** Rendere un'impressione di grazia, di armonia: *questo verso non suona bene*; *senti come suonano queste parole!*; *sdegno il verso che suona e che non crea* (FOSCOLO). **7** (*lett.*) †Essere conosciuto, noto. **C v. tr. e intr.** (aus. intr. *essere*) ● (*lett.*) Significare, esprimere: *le sue parole suonano condanna*; *questo discorso suona sinistramente*; *in greco 'corpo' suona 'soma'*; *né era certo che i Veneziani ... avessero a essere così pronti ... come sonavano le parole del Duca* (GUICCIARDINI).

suonàta ● V. *sonata*.

suonàto o **sonàto** [1353] part. pass. di *suonare*; anche agg. **1** Nei sign. del v. **2** Compiuto, finito: *ha quarant'anni suonati*. **3** (*fig.*) Nel linguaggio sportivo, detto di pugile le cui facoltà fisiche e mentali sono gravemente menomate per i colpi ricevuti: *pugile s.* **4** (*fig.*) Rimbambito, rincitrullito: *deve proprio essere s., per fare cose simili*.

suonatóre o **sonatóre** [da *s(u)onare*; sec. XIII] **s. m.** (f. *-trice*) ● Chi suona uno strumento musicale | ***S. ambulante***, chi suona per le strade, nei locali pubblici, e sim. chiedendo un'offerta ai presenti | (*fam.*) ***Buonanotte suonatori, buonanotte ai suonatori***, non c'è altro da fare, la faccenda è chiusa, e sim.

suonerìa o **sonerìa** [dal fr. *sonnerie*, da *sonner* 'suonare'; 1771] **s. f.** ● Dispositivo acustico di segnalazione, a funzionamento meccanico o elettrico: *la s. della sveglia*; *s. d'allarme*.

♦**suòno** o (*pop., lett.*) **sòno** [lat. *sŏnu(m)*, da *sonāre* 'suonare'; av. 1292] **s. m.** (pl. †*suòna*, f., †*sònora*, f.) **1** Sensazione percepita dall'organo dell'udito, dovuta a onde meccaniche in mezzi elastici con frequenze da 16 a 20 000 Hz | (*est.*) L'insieme di tali onde meccaniche: *s. alto, acuto, basso, grave, cupo, rauco, aspro, dolce, chiaro, argentino, cristallino, metallico*; *il s. del campanello, del martello sull'incudine, della voce umana, delle onde*; *l'altezza, l'intensità, il timbro, del s.*; *dare, mandare, produrre, un s.*; *percepire un s.*; *il propagarsi del s.*; *sentire il s. della voce di qlcu.* | ***Muro del s.***, barriera del suono | ***Colonna del s.***, colonna sonora | ***Tecnico del s.***, in cinematografia, addetto alla registrazione dei suoni sulla colonna sonora di un film; in teatro, addetto alla riproduzione meccanica dei rumori e delle musiche di scena; in sala di registrazione, addetto alla manovra delle apparecchiature | ***Ingegnere del s.***, esperto che progetta e cura le caratteristiche acustiche ottimali di un ambiente destinato a spettacoli spec. musicali; esperto che predispone le attrezzature, gli impianti e, gener., le condizioni tecniche per una corretta registrazione sonora, spec. di una esecuzione musicale. CFR. fono-, -fono, -fonia. **2** Particolari vibrazioni ordinate di uno strumento musicale: *il s. della chitarra, dell'organo, del flauto, delle campane* | ***Affinità dei suoni***, tendenza che una nota musicale ha verso un'altra. **3** (*ling.*) ***S. linguistico***, entità fisico-acustica del linguaggio articolato. **4** Impressione resa da una parola, una frase e sim.: *il verso deve avere un s. più dolce*; *queste consonanti insieme hanno un s. sgradevole* | (*raro*) Senso, significato, di una parola, una frase e sim. **5** (*poet.*) Voce, parola | Discorso. **6** (*poet.*) Fama. **7** Nella loc. ***al s. di, a suon di***, con l'accompagnamento di un dato strumento musicale (*anche fig.*): *ballavano al s. del violino*; *marciano a suon di tromba*; *lo cacciarono a suon di pugni*; *fu accolto a suon di fischi*. **8** †Canzone, melodia, motivo musicale. **9** †Insieme di strumenti musicali. || **suonicìno**, dim.

SUONO
nomenclatura

suono (cfr. rumore, udito, orecchio, voce)

● *tipi di suono*: rumore (cfr.); sirena, suoneria, trillo, squillo, scampanio, rintocco, tintinnio; rullo, zufolamento, nota, fondamentale, accordo, armonia, concento, aria, melodia, musica (cfr.); fono, fonema, vocale ⇔ consonante, voce (cfr.); eco, rimbombo, risonanza = riverbero, interferenza;

● *caratteristiche*: forte = potente ⇔ debole = fioco = fievole = flebile = tenue = sommesso = smorzato = ovattato = lieve = impercettibile; alto ⇔ basso, acuto = elevato ⇔ grave; chiaro = limpido ⇔ confuso = opaco, cristallino = argentino ⇔ rauco; vivace = vibrante = metallico = squillante ⇔ spento = profondo = cupo = sordo; morbido ⇔ duro, dolce ⇔ aspro; irregolare ⇔ regolare, inarticolato ⇔ articolato; soave = melodioso = modulato = armonioso = armonico ⇔ stridulo = stridente = disarmonico; piacevole = grato = gradevole ⇔ spiacevole = ingrato = sgradevole, lugubre, sinistro, straziante; leggero ⇔ pesante; equabile ⇔ enarmonico, alterato, distorto, fondamentale, cacofonico ⇔ eufonico; livello sonoro, forza = intensità, altezza = tono, colore = timbro, registro, diapason, estensione, ottava, intervallo, crescendo, dodecafonia; armonia ⇔ disarmonia; assonanza ⇔ dissonanza, equisonanza; pienezza, fusione, tenuità, debolezza; bel, decibel, limite di udibilità ⇔ soglia del dolore, sorgente sonora, onde sonore, frequenza, cassa di risonanza = cassa armonica, rifrazione;

● *azioni*: vibrare, risonare, ripercuotersi, rifrangersi, perdersi, raddolcirsi, diminuire, affievolirsi, smorzarsi = spegnersi, morire = cessare; rafforzarsi, aumentare = accrescersi = ampliarsi, innalzarsi, dilatarsi; assordare = intronare = stordire, incidere, registrare, riprodurre, insonorizzare, distorcere, spezzare; strimpellare, strombazzare strombettare, tambureggiare, zufolare;

● *persone*: suonatore, suonatore ambulante, musicante, filarmonico = strumentista, concertista, solista, corista, cantante; complesso, banda, orchestra, quartetto, coro; tecnico del suono, rumorista, microfonista.

● *acustica*: fonografia, registrazione (analogica, digitale) = incisione, sala di registrazione = sala di incisione, microfono (da tavolo, su stelo, giraffa, a mano, da collo), fonografo = registratore, riproduzione, monofonia, stereofonia, quadrifonia, olofonia, impianto stereo = hi-fi, fonografo = grammofono = giradischi = piatto, registratore = piastra, cd = lettore compact, altoparlanti = casse = diffusori (midrange, tweeter ⇔ woofer), preamplificatore, amplificatore, sintetizzatore, sintoamplificatore, cuffia = auricolare, Walkman, jukebox; disco = ellepì = long-playing, cassetta = MC = musicassetta, cd = compact disc, strumenti musicali.

♦**suòra** o †**sòra**, †**suòre**, nel sign. 1 [lat. *sŏror* (nom.) 'sorella', attraverso un ant. *suoro* poi passato alla categ. del f. in *-a*; la vc., di orig. indeur., è corradicale di *suo, suocera*, ecc.; 1225 ca.] **s. f.** Davanti a nome proprio, *suora* si tronca sempre in *suor*: *suor Angela, suor Maria* (V. nota d'uso ELISIONE e TRONCAMENTO). **1** (*poet.*) Sorella: *Laudato si', mi' Signore, per sora luna* (FRANCESCO D'ASSISI); *pur non so dirvi, o belle suore, addio* (FOSCOLO). **2** Religiosa che ha pronunciato i soli voti semplici | Correntemente, monaca e religiosa dedita a opere di assistenza. || **suorìna**, dim.

suovetaurìlia [vc. dotta, dal lat. *suovetaurīlia* (nt. pl.), comp. di *sūs* 'maiale', *ŏvis* 'pecora' e *-taurīlia*, da *tăurus* 'toro'; 1936] **s. m. pl.** ● Presso gli antichi Romani, cerimonia sacra consistente nel sacrificio di un maiale, una pecora e un toro, a scopo purificatorio.

♦**sùper** [da *super-*; 1936] **A agg. inv.** ● (posposto al s.) Di qualità eccellente, superiore: *modello s.* | ***Benzina s.***, supercarburante. **B s. f. inv.** ● (*fam.*) Benzina super, supercarburante: *fare il pieno di s.* **C s. m.** solo sing. ● (*raro*) Grado massimo, limite estremo, non plus ultra: *quella sera il suo atteggiamento costituì il s. dell'eccentricità*.

sùper- [dal lat. *sŭper* 'sopra', di orig. indeur.] **pref.** **1** Indica addizione, sovrapposizione, eccesso: *superstrato, superfecondazione, superallenamento*. **2** Significa 'che sta sopra', 'che va oltre', 'che supera' (*superalcolico, supersonico*) o indica condizione, posizione di superiorità, preminenza: *supervisione, superuomo*. **3** Conferisce valore superlativo ad aggettivi e sostantivi: *supergigante, superprodotto, supercinema, supermercato, superrisparmio* (spec. nel linguaggio enfatico pubblicitario).

superabbondànza o †**superabbondànzia** [vc. dotta, dal lat. tardo *superabundāntia(m)*, comp. di *sŭper* 'sopra' e *abundāntia* 'abbondanza'. V. *sovrabbondanza*; sec. XIV] **s. f.** ● Sovrabbondanza.

superàbile [vc. dotta, dal lat. *superābile(m)*, da *superāre* 'superare'; 1614] **agg.** ● Che si può superare. CONTR. Insuperabile.

superabilità [av. 1704] **s. f.** ● Condizione di ciò che è superabile.

superaccessoriàto [comp. di *super-* e *accessoriato*; 1968] **agg.** ● Dotato di un grande numero di accessori: *auto superaccessoriata*.

superaffollaménto [comp. di *super-* e *affollamento*; 1955] **s. m.** ● Affollamento eccessivo.

superaffollàto [comp. di *super-* e *affollato*; 1955] **agg.** ● Che è eccessivamente affollato.

superalcòlico [comp. di *super-* e *alcolico*; 1931] **A agg.** (pl. m. *-ci*) ● Detto di bevanda fortemente alcolica. **B** anche **s. m.**

superalimentazióne [comp. di *super-* e *alimentazione*; 1957] **s. f.** ● Iperalimentazione.

superallenaménto [comp. di *super-* e *allenamento*; 1939] **s. m.** ● Allenamento eccessivo, mal regolato, che determina uno stato di esaurimento nervoso e fisico.

superaménto [1691] s. m. ● Il fatto di superare (*anche in senso fig.*): *il s. di una crisi*; *il s. di vecchie concezioni*; *I superamenti erano il suo forte, in ogni campo* (SCIASCIA).

♦**superàre** o †**sopràre** [vc. dotta, dal lat. *superāre*, da *sŭperus* 'superiore'. V. *supero*; sec. XIII] v. tr. (*io sùpero*) **1** Essere superiore ad altre persone o cose per dimensioni o quantità: *s. qlcu. in altezza*; *s. qlcu. di statura*; *s. qlco. in larghezza, in peso, in volume*; *questi alberi superano gli altri*; *la produzione supera il fabbisogno*. **2** Andare oltre un dato limite (*anche fig.*): *la scala non supera i tre metri*; *il fiume ha superato il livello di guardia*; *s. il traguardo, il confine*; *ha superato il limite della sopportazione*; *questo supera le previsioni*; *quella donna ha superato la trentina* | Attraversare: *s. un fiume, un fossato, uno sbarramento* | Percorrere: *s. grandi distanze* | Sorpassare: *s. un veicolo in curva*; *s. un avversario in corsa* | (*fig.*) Andare oltre, al di là: *s. il vecchio storicismo*. **3** (*fig.*) Essere più bravo, più valente, di altri: *s. qlcu. per intelligenza, per cultura*; *s. qlcu. in astuzia, in generosità*; *s. qlcu. nella musica*; *in quella gara ha superato tutti gli avversari*. **4** Sostenere con successo, uscire senza danno da una situazione difficile o pericolosa: *s. un dolore, una difficoltà, una prova, un pericolo, un ostacolo, una crisi, una malattia, un esame, un concorso*.

superàto [1483] part. pass. di *superare*; anche agg. **1** Nei sign. del v. **2** Che non è più valido, non è più attuale: *idee superate*; *gusti, metodi, superati*; *filosofo s.*

superàttico [comp. di *super-* e *attico* (2); 1966] s. m. (pl. *-ci*) ● (*edil.*) Attico sovrastante un altro attico e arretrato rispetto a questo | Attico che si distingue per il lusso delle rifiniture, per la particolare gradevolezza del panorama circostante e gener. per altri pregi eccezionali di costruzione.

superattivo [comp. di *super-* e *attivo*; 1986] agg. ● Che si dedica a una o a molte attività con energia e dinamismo.

†**superazióne** [vc. dotta, dal lat. *superatiōne(m)*, da *superātus* 'superato'; av. 1495] s. f. ● Superamento.

supèrbia [vc. dotta, dal lat. *supĕrbia(m)*, da *supĕrbus* 'superbo'; 1294] s. f. **1** Opinione esagerata di sé, delle proprie capacità e dei propri meriti, che esteriormente si manifesta con una ostentazione di altera superiorità e di disprezzo per gli altri: *mettere s.*; *mettere su s.*; *montare, salire, levarsi, in s.*; *gonfiarsi di s.*; *essere gonfio di s.*; *avere molta s. addosso*; *la s. è tenuta per gran peccato* (CAMPANELLA). **2** Nella teologia cattolica, il primo, per gravità, dei sette vizi capitali, che consiste nell'affermare la propria eccellenza fino a disconoscere la propria dipendenza da Dio. || PROV. La superbia va a cavallo e torna a piedi. || **superbiàccia**, pegg. | **superbiétta**, dim. | †**superbiòla**, dim.

†**supèrbio** [forma ant. di *superbo*, per sovrapposizione di *superbia*] agg. ● Superbo.

superbióso [da *superbio*; 1300 ca.] agg. ● (*raro*) Che nell'aspetto, nel comportamento, mostra superbia, alterigia stizzosa e sprezzante: *più burbero, più s., più accigliato del solito, uscì, e andò passeggiando verso Lecco* (MANZONI). || **superbiosàccio**, pegg. | **superbiosétto**, dim. | **superbiosino**, dim. || **superbiosaménte**, avv.

superbire [dal lat. *superbīre*, da *supĕrbus* 'superbo'; 1319] v. intr. e intr. pron. (*io superbisco, tu superbisci*; aus. *essere*) ● (*poet.*) Insuperbire.

supèrbo [dal lat. *supĕrbu(m)*, da *sŭper* 'sopra'; propr. 'colui che sta sopra'; av. 1306] **A** agg. **1** Che ha superbia e la dimostra: *uomo s.*; *donna superba* | Che rivela superbia: *atteggiamento s.*; *espressione, fronte, superba*; *parole superbe*. CONTR. Modesto, umile. **2** (sempre seguito da una specificazione) Che è fiero, che si compiace giustamente di qlcu. o di qlco.: *andare s. dei propri figli*; *essere s. del dovere compiuto*. **3** Detto di animale, tronfio: *gallo, pavone, s.* | Di eccellenti doti, qualità: *cavallo, destriero, s.* **4** Grandioso, imponente: *palazzo, monumento, s.* | Magnifico, bellissimo, splendido: *spettacolo, ricevimento, s.*; *una donna di superba bellezza*; *un s. animale*; *gambe superbe* | ***La Superba***, (*per anton.*) la città di Genova, per la sua splendida posizione, i suoi monumenti e la grandezza della sua storia. **5** Che si eleva molto, che è posto molto in alto: *le superbe cime alpine*. || **superbaménte**, avv. **1** Con superbia: *rispondere superbamente*. **2** Magnificamente: *un oggetto lavorato superbamente*. **B** s. m. (f. *-a*) ● Persona superba. || **superbàccio**, pegg. | **superbétto**, dim. | **superbóne**, accr. | **superbùccio**, **superbùzzo**, dim.

superbóllo [comp. di *super-* e *bollo* (2); 1985] s. m. ● (*autom.*) Tassa aggiuntiva imposta agli autoveicoli con motore alimentato da gasolio, gas liquido o metano.

superbómba [comp. di *super-* e *bomba*; 1942] s. f. ● Bomba molto potente.

superbowl /*ingl.* 'suupəˌbəʊl/ [vc. ingl., comp. di *super-* 'super-' e *bowl* 'coppa'; 1983] s. m. inv. ● (*sport*) Finale del campionato del football americano che si disputa in un'unica partita.

superburòcrate [comp. di *super-* e *burocrate*; 1970] s. m. e f. ● Funzionario di altissimo grado nella scala gerarchica della Pubblica Amministrazione.

supercarburànte [comp. di *super-* e *carburante*; 1955] s. m. ● Benzina ad alto numero di ottano, ossia elevato potere antidetonante. SIN. Benzina super.

supercàrcere [comp. di *super-* e *carcere*; 1980] s. m. (pl. *supercàrceri*, f.) ● (*gerg.*) Carcere di massima sicurezza.

superceménto [comp. di *super-* e *cemento*; 1960] s. m. ● Cemento ad alta resistenza, ottenuto con particolare cura, in modo da ottenere un indurimento più rapido e una resistenza più elevata che per i cementi comuni.

supercentrifuga [comp. di *super-* e *centrifuga*; 1982] s. f. ● (*fis.*) Ultracentrifuga.

supercilio [vc. dotta, dal lat. *supercĭliu(m)*, comp. di *sŭper* 'sopra' e *cĭlium* 'ciglio'; av. 1375] s. m. **1** †Sopracciglio. **2** (*lett., fig.*) Cipiglio, grinta severa.

superciliòso [vc. dotta, dal lat. *superciliōsu(m)* 'accigliato', da *supercĭlium* 'sopracciglio, cipiglio'; 1561] agg. ● (*lett.*) Accigliato, severo, sprezzante: *sarà un tanto s. che non vogli ... patir la lode propria* (BRUNO).

superclàsse [comp. di *super-* e *classe*; 1983] s. f. ● Nella tassonomia animale e vegetale, categoria sistematica che raggruppa più classi.

superclorazióne [comp. di *super-* e *clorazione*; 1991] s. f. ● Trattamento delle acque potabili che vengono sterilizzate con una percentuale di cloro superiore a quella necessaria, allo scopo di eliminare ogni microrganismo.

supercollaudàto [comp. di *super-* e di un deriv. del v. *collaudare*; 1985] agg. ● (*fig.*) Sperimentato, sicuro: *alleanza supercollaudata*.

supercolòsso [comp. di *super-* e *colosso*; 1928] s. m. ● Film di altissimo costo, di carattere spettacolare, con scene di particolare ricchezza e grandiosità e molti celebri attori.

supercompùter [comp. di *super-* e *computer*; 1982] s. m. inv. ● (*elab.*) Elaboratore di elevatissima potenza di calcolo.

superconduttività [comp. di *super-* e *conduttività*; 1960] s. f. ● (*fis.*) Brusca e totale scomparsa della resistività che si osserva in alcuni materiali (metalli, conduttori organici, ecc.) quando la temperatura si abbassa al di sotto di un certo valore critico.

superconduttivo [comp. di *super-* e *conduttivo*; 1965] agg. ● (*fis.*) Che è dotato di superconduttività.

superconduttóre [comp. di *super-* e *conduttore*; 1931] s. m. ● (*fis.*) Materiale che presenta il fenomeno della superconduttività.

superconduzióne [comp. di *super-* e *conduzione*; 1960] s. f. ● (*fis.*) Conduzione elettrica che avviene in regime di superconduttività.

supercongelàto [comp. di *super-* e *congelato*; 1963] agg.; anche s. m. ● (*raro*) Surgelato.

supercritico [comp. di *super* e *critico*; 1986] agg. (pl. m. *-ci*) ● (*chim.*) Detto di fluido che si trova a pressione e temperatura superiori ai valori critici.

superdecoràto [comp. di *super-* e *decorato*; 1929] agg.; anche s. m. (f. *-a*) ● Che (o Chi) è stato insignito di molte decorazioni.

superderivàto [comp. di *super-* e *derivato*; 1991] **A** s. m. ● (*ling.*) Parola che deriva da un'altra già derivata. **B** anche agg.: *parola superderivata*.

superdònna [comp. di *super-* e *donna*; 1851] s. f. ● (*iron.*) Donna che presume di essere superiore alle altre persone, spec. donne, e come tale si comporta: *arie da s.*

superdòse [comp. di *super-* e *dose*: calco sull'ingl. *overdose*; 1983] s. f. ● (*raro*) Overdose.

superdotàto [comp. di *super-* e *dotato*; 1960] agg.; anche s. m. (f. *-a*) ● Che (o Chi) ha doti superiori alla media.

†**superedificàre** [vc. dotta, dal lat. tardo *superaedificāre*, comp. di *sŭper* 'super' e *aedificāre* 'costruire'; av. 1712] v. tr. ● Sopredificare.

Super-Ègo [comp. di *super-* e del lat. *ĕgo* 'io'. V. *Super-Io*; 1965] s. m. inv. ● (*psicoan.*) Super-Io.

†**supereminènte** [vc. dotta, dal lat. tardo *supereminĕnte(m)*, comp. di *sŭper* 'super-' ed *ēminens*, genit. *eminĕntis*, part. pres. di *eminēre* 'elevarsi'; 1486] agg. ● Sovreminente.

†**supereminènza** [comp. di *super-* ed *eminenza*; 1425] s. f. ● Sovreminenza.

Superenalòtto® [comp. di *super-* ed *enalotto*; 1997] s. m. ● Concorso a premi, collegato al gioco del lotto, nel quale vince chi indovina da tre a sei numeri estratti per primi su sei ruote.

supererogatòrio [dal lat. tardo *supererogāre* 'dare, fare al di là dell'obbligo'; 1873] agg. ● (*relig.*) Nella teologia cattolica, detto di ogni opera buona compiuta dal fedele in quanto tale, non per obbligo imposto o per consiglio ricevuto.

supererogazióne [av. 1420] s. f. ● (*relig.*) Compimento di opere supererogatorie.

supereterodina [dall'ingl. *superheterodyne*, abbr. di *super(sonic)-heterodyne (receiver)*; 1930] s. f. ● (*radio*) Radioricezione con conversione di tutte le frequenze ricevute a una frequenza fissa. CFR. Eterodina.

superette /*ingl.* suupəˈrɛt/ [vc. orig. dell'ingl. d'America, comp. di *super(market)* e del suff. dim. di provenienza fr. *-ette*; 1988] s. f. o m. ● Locale di vendita di prodotti di largo consumo di superficie inferiore a 400 m², con vendita a self-service. CFR. Ipermercato, supermercato.

superfamiglia [comp. di *super-* e *famiglia*; 1931] s. f. ● Nella tassonomia animale e vegetale, categoria sistematica che raggruppa più famiglie.

superfecondazióne [comp. di *super-* e *fecondazione*; av. 1941] s. f. ● (*biol.*) Fecondazione simultanea di due o più uova provenienti dallo stesso ciclo mestruale, per opera di differenti spermi provenienti gener. da differenti coiti.

superfémmina [comp. di *super-* e *femmina*; 1912] s. f. ● In genetica, individuo di sesso femminile il cui corredo cromosomico presenta uno o più cromosomi sessuali femminili soprannumerari. CFR. Supermaschio.

superfetazióne [comp. di *super-* e *fetazione*, dal lat. *superfetāre* 'concepire (*fetāre*) di nuovo (*sŭper*)'. V. *feto*; 1680] s. f. **1** (*bot.*) Fecondazione di un ovulo per opera di due o più tipi di polline. **2** (*zool.*) Nei Mammiferi, fenomeno anomalo consistente nella fecondazione successiva, nello stesso utero, di due o più uova prodotte in cicli mestruali diversi. **3** (*arch., urban.*) Parte che è aggiunta a un edificio e sim. dopo che è stato completato secondo il progetto originale e che ne guasta l'estetica o deturpa l'ambiente circostante. **4** (*fig.*) Ciò che si aggiunge ad altro in un secondo momento, senza necessità.

superfice ● V. *superficie*.

superficiàle [vc. dotta, dal lat. tardo *superficiāle(m)*, da *superfĭcies* 'superficie'; 1342] **A** agg. **1** Della superficie: che costituisce la superficie: *parte, strato, s.* | Che sta alla superficie: *ferita, increspatura, macchia, s.* | ***Tensione s.***, in fisica, forza specifica che si manifesta sulla superficie di separazione fra un liquido e un gas o fra due liquidi non miscibili, dovuta alla distribuzione non simmetrica delle azioni molecolari; per essa tale superficie si comporta come una membrana tesa | ***Acque superficiali***, che corrono sulla superficie terrestre. **2** (*fig.*) Detto di persona, che non approfondisce, che non medita, che si ferma all'esteriorità delle cose: *osservatore s.* | Detto di cose, rapido, sbrigativo: *esame, lettura, occhiata s.* | Non profondo, generico: *cognizione, cultura, conoscenza, s.* || **superficialménte**, †**superficialeménte**, avv. **1** Alla superficie: *è intaccato solo superficialmente*. **2** In maniera non profonda, trascurata: *il problema fu affrontato molto superfi-*

cialmente. **B** s. m. e f. ● Persona superficiale. || **superficialóne**, accr.

superficialità [1575] s. f. ● Caratteristica di chi (o di ciò che) è superficiale (*spec. fig.*).

superficiàrio [vc. dotta, dal lat. tardo *superficiāriu(m)*, da *superficies* 'superficie'; 1937] **A** agg. ● (*dir.*) Che si riferisce al diritto di superficie | ***Proprietà superficiaria***, proprietà della costruzione separata da quella del suolo. **B** s. m. (f. *-a*) ● Titolare del diritto di superficie.

♦**superficie** o (*raro*) **superfice** [vc. dotta, dal lat. *superfĭcie(m)*, comp. di *sŭper* 'super' e *fācies* 'faccia'; sec. XIII] s. f. (pl. *superfici* o *superficie*) **1** Piano che delimita un corpo, una struttura, una massa e sim.: *la s. di un muro, di uno specchio*; *la s. interna, esterna di un tubo, di una conduttura*; *la s. terrestre, della terra*; *la s. del mare* | Nella loc. sost. ***grande s.***, esercizio commerciale di dimensioni molto superiori alla media della tipologia di appartenenza | (*per anton.*) Superficie del mare o di altre distese di acque: *navigare alla s.*; *restare in s.* | ***Nave di s.***, che naviga in superficie, spec. in contrapposizione a sottomarini e sim. **2** (*fig.*) Esteriorità, apparenza: *fermarsi, rimanere in s., alla s.*; *andare, penetrare, oltre la s. delle cose*. **3** (*est.*) Strato, spessore superficiale: *una scabra s. di intonaco*; *una s. vetrosa, lucida*; *una sottile s. di colore*. **4** (*est.*) Area: *calcolare la s. di un quadrato*; *superfici edificabili* | ***S. alare, frontale***, in aeronautica, rispettivamente area della pianta di un'ala e della sezione maestra | ***S. velica***, in marina, la somma della superficie di tutte le vele esposte al vento | ***S. agraria, forestale***, parte di terreno rispettivamente coltivato o che dà una produzione spontanea utilizzabile. **5** (*dir.*) Diritto di fare o di mantenere al disopra o al disotto del suolo altrui una costruzione di cui si acquista la proprietà. **6** (*mat.*) Varietà di uno spazio topologico omeomorfa a un quadrato o riunione di varietà omeomorfe ad un quadrato | Varietà a due dimensioni | ***S. algebrica***, superficie d'uno spazio numerico rappresentabile con equazioni algebriche | ***S. sferica***, luogo dei punti che da un punto dato, il centro, hanno distanza assegnata, il raggio | ***S. topografica***, superficie dello spazio tridimensionale tale che esista un piano, detto orizzontale, in modo che le perpendicolari a questo piano intersechino la superficie in un punto al più. || **superficiétta**, dim.

SUPERFICIE
nomenclatura

superficie (cfr. tatto, mano)
● *caratteristiche*: limitata ⇔ illimitata = sconfinata; regolare ⇔ irregolare; piana, curva, sferica, concava, convessa, poliedrica; lanosa, stopposa, vellutata, serica, satinata, gommosa, mucillaginosa, marmorea, legnosa, gessosa, porcellanata, vetrosa, farinosa, glutinosa, pastosa, oleosa, spugnosa, carnosa; tenera ⇔ dura, morbida = soffice ⇔ coriacea, liscia = levigata = polita ⇔ ruvida = scabrosa = scabra = aspra = squamosa = grinzosa = rugosa, ondulata = ronchiosa = bitorzoluta = granulosa = smerigliata; fluida = scorrevole ⇔ attaccaticcia = appiccicosa = viscida = vischiosa; elastica = flessibile = pieghevole, trattabile = cedevole = malleabile = duttile ⇔ rigida = inflessibile; molle = floscia = moscia = flaccida = frolla ⇔ compatta = solida = soda; pelosa = villosa = irsuta = ispida ⇔ pelata = spelacchiata = calva;
● *misure*: metro quadrato, ara, ettaro; agrimensura, agrimensore;
● *azioni*: toccare, tastare, palpare, lambire, sfiorare, accarezzare; premere, affondare, affiorare, emergere, spuntare.

superficie-ària [comp. di *superficie* e *aria*; 1987] agg. inv. ● (*mil.*) Detto di missile destinato a essere lanciato da mezzi terrestri o da navi contro bersagli aerei quali aerombili in volo e missili aria-superficie. CFR. Terra-aria.

superficie-superficie [comp. di *superficie* ripetuto; 1987] agg. inv. ● (*mil.*) Detto di missile destinato a essere lanciato da mezzi terrestri o da navi contro bersagli terrestri. CFR. Terra-terra.

superfino [da *super-* e *fino* (2)] agg. ● Estremamente fino | ***Riso s.***, V. *riso*.

superfluidità [fr. *superfluidité*, da *superfluide* 'superfluido'; 1984] s. f. ● (*fis.*) Caratteristica dell'elio liquido di non solidificare anche a temperature vicine allo zero assoluto se non è soggetto a forte pressione.

superflùido [fr. *superfluide*, comp. di *super-* 'super-' e *fluide* 'fluido'; 1987] agg.; anche s. m. ● (*fis.*) Detto dell'elio quando manifesta le proprietà caratteristiche della superfluidità.

superfluità [vc. dotta, dal lat. tardo (eccl.) *superfluitāte(m)*, da *supĕrfluus* 'superfluo'; 1303] s. f. **1** Condizione di ciò che è superfluo. **2** (*spec. al pl.*) Cosa superflua: *rinunciare alle s.*

supèrfluo [vc. dotta, dal lat. *supĕrfluu(m)*, da *superflŭere* 'scorrere (*flŭere*) sopra (*sŭper*), traboccare'; 1334] **A** agg. ● Che eccede il bisogno, che è in più, che non è necessario: *spese, parole, chiacchiere superflue*; *tutto quello el qual e tuoi figliuoli non sapranno maneggiare e governare ... sarà loro s.* (ALBERTI). || **superfluamente**, avv. **B** in funzione di avv. ● †In modo superfluo, troppo: *parlare s.* **C** s. m. solo sing. ● Ciò che è in più rispetto al necessario: *eliminare, evitare, il s.*; *fare a meno del s.*; *donare il s. ai bisognosi*.

superfortézza [comp. di *super-* e *fortezza*; 1945] s. f. ● (*aer.*) Velivolo quadrimotore da bombardamento statunitense Boeing B29, con caratteristiche tecniche e belliche potenziate rispetto alla fortezza volante, usato nella seconda guerra mondiale, spec. contro il Giappone | (*est.*) Qualsiasi quadrimotore da bombardamento con caratteristiche analoghe a quelle del Boeing B29.

superfosfàto [comp. di *super-* e *fosfato*; 1931] s. m. ● (*chim.*) Perfosfato.

supergalàssia [comp. di *super-* e *galassia*; 1960] s. f. ● (*astron.*) Galassia il cui contenuto stellare è notevolmente superiore a quello medio.

supergàllo [comp. di *super-*, nel sign. 2, e (*peso*) *gallo*; 1984] s. m. inv.; anche agg. inv. ● Nel pugilato, chi (o che) rientra nella categoria di peso compresa tra quelle dei pesi gallo e dei pesi piuma.

supergigànte [comp. di *super-* e *gigante*; 1960] **A** s. f.; anche agg. ● (*astron.*) Stella avente dimensioni centinaia di volte maggiori di quelle del Sole. **B** s. m. (anche nella forma *superG*) ● Nello sci alpino, specialità con caratteristiche intermedie tra la discesa libera e lo slalom gigante.

su per giù /supper'ʤu*/ ● V. *suppergiù*.

superinfezióne [comp. di *super-* e *infezione*; 1960] s. f. ● (*med.*) Nuova infezione causata da microrganismi uguali a, o diversi da, quelli che hanno già determinato una precedente infezione ancora in atto.

†**superinfùso** [vc. dotta, dal lat. tardo *superinfūsu(m)*, comp. di *sŭper* 'sopra' e *infūsus*, part. pass. di *infūndere* 'infondere'; av. 1375] agg. ● Infuso dall'alto.

Super-Io [comp. di *super-* e *io*; 1926] s. m. inv. ● (*psicoan.*) Sistema delle norme e dei principi morali ricevuti dai genitori e dalla società, che appartiene in prevalenza all'inconscio ed esercita una funzione di critica sull'Io.

superióra [f. di *superiore*; 1717] **A** s. f. ● Monaca o suora che governa una casa, una comunità, una congregazione, un ordine di religiose. **B** anche agg. solo f.: *madre s.*

superioràto [da *superiore*; av. 1685] s. m. ● Dignità, ufficio, grado, di superiore o di superiora.

♦**superióre** [vc. dotta, dal lat. *superiōre(m)*, comp. di *sŭperus* 'che sta sopra'. V. *supero*; 1336 ca.] **A** agg. **1** Che è posto sopra, più in alto, rispetto a un termine di paragone espresso o sottinteso: *il piano s. al vostro*; *il piano s.*; *la parte s. della casa*; *le stanze superiori*; *il labbro s.* | ***Corso s. di un fiume***, quello più vicino alla sorgente. CONTR. Inferiore. **2** Presso gli antichi Romani, detto della parte meridionale, cioè più vicina a Roma, di una provincia: *Gallia, Austria, Pannonia s.* CONTR. Inferiore. **3** Che è maggiore per numero, quantità, qualità e sim.: *avere una statura s. alla media*; *questo articolo ha un prezzo s. all'altro*; *il contenuto di zucchero è in quantità s. al 10%*; *merce di qualità s.*; *raggiungere un livello s.* **4** Che possiede determinate qualità, capacità, doti e sim. in misura maggiore di altre persone o cose: *essere s. a qlcu. per intelligenza*; *nessuno è s. a lui nella corsa*; *si sente s. a tutti*; *è senz'altro s. a noi*; *la squadra avversaria si dimostrò s. alla nostra*; *questo vestito è s. all'altro per durata*; *questo cognac è s. a tutti gli altri* | Che possiede determinate qualità, capacità, doti e sim. in massimo grado: *ingegno, mente s.*; *uomo, donna s.*; *un prodotto decisamente s.* **5** Che in un ordinamento, una gerarchia e sim. occupa un grado più alto: *classe, scuola, istituto, s.* | ***Scuole medie superiori***, scuole secondarie di 2° grado | ***Istruzione s.***, quella universitaria | ***Ufficiali superiori***, maggiore, tenente colonnello, colonnello | ***Per ordine s., per disposizione s.***, di cosa eseguita su ordine proveniente da chi ha maggiore autorità. **6** (*fig.*) Che va oltre un dato limite: *quel lavoro è s. alle tue capacità*; *l'esito è stato s. all'attesa*; *ha ottenuto un risultato s. a ogni previsione* | Che è al di sopra di determinate situazioni: *il libro è s. a ogni critica*; *è una persona s. a ogni sospetto*. **7** Che considera determinate cose con sdegno, noncuranza, disinteresse, nella loc. ***essere s. a***: *essere s. alle chiacchiere, alle insinuazioni, alle malignità, ai pettegolezzi, alle piccinerie*, e sim. **8** †Precedente. || **superiorménte**, avv. Nella parte superiore. **B** s. m. (f. *-a* (V.)) **1** Chi, in una gerarchia, riveste un grado più alto, in rapporto a chi ne riveste uno più basso: *rispettare i superiori*; *obbedire ai superiori*; *chiedere un permesso ai superiori*; *con licenza dei superiori*; *essere lodato dai superiori* | Appellativo con cui i carcerati si rivolgono al secondino. **2** Religioso che, eletto o designato, governa una comunità regolare, o anche una sede locale di tale comunità.

superiorità [da *superiore*; av. 1472] s. f. ● Caratteristica di chi (o di ciò che) è superiore (*spec. fig.*): *s. di forze*; *s. numerica*; *rivelare una netta s. sull'avversario*; *far sentire, far pesare, la propria s.*; *esercitare una certa s. sugli altri*; *s. morale, intellettuale*; *atteggiamento di s.*; *arie di s.*

superlativo [vc. dotta, dal lat. tardo *superlatīvu(m)*, da *superlātus* 'iperbolico', part. pass. di *superfĕrre* 'portare sopra': calco dal gr. *hyperthetikós*, agg. da *hypertithénai* 'porre (*tithénai*) sopra (*hypér*)'; av. 1367] **A** agg. **1** Massimo, sommo, eminente: *bontà superlativa*; *è bella in modo s.* **2** ***Grado s.***, superlativo. || **superlativaménte**, avv. **B** s. m. ● Grado dell'aggettivo e dell'avverbio che esprime il più alto valore di una qualità | ***S. relativo***, in rapporto ad altri elementi dello stesso tipo: *sei il più bravo di tutti noi* | ***S. assoluto***, V. *assoluto*.

superlavóro [comp. di *super-* e *lavoro*; 1929] s. m. solo sing. ● Lavoro eccessivo: *sottoporsi a un s.*

superléga [comp. di *super-* e *lega*; 1957] s. f. ● Tipo di lega refrattaria, dotata di buona resistenza alla corrosione a temperature di 800-900 °C.

superleggèro [comp. di *super-*, nel sign. 2, e (*peso*) *leggero*; 1957] s. m.; anche agg. ● Nel pugilato, chi (o che) rientra nella categoria di peso compresa tra quelle dei pesi leggeri e dei pesi welter.

superman /'supermen, *ingl.* 'suːpəˌmæn/ [vc. ingl., comp. di *super-* 'super-' e *man* 'uomo'; l'accezione scherz. si deve al personaggio di fantasia omonimo, che compie inverosimili imprese; 1961] s. m. inv. (f. ingl. *superwoman* /'suːpəˌwumən/, pl. m. ingl. *supermen* /'suːpəˌmen/, pl. f. *superwomen* /'suːpəˌwimin/) ● (*scherz.*) Uomo dotato di straordinarie qualità fisiche | (*est., scherz.*) Persona che possiede o presume di possedere eccezionali capacità operative o professionali. CFR. Superuomo.

supermàrket /super'market, *ingl.* 'suːpəˌmaːkit/ [vc. ingl., comp. di *super-* 'super-' e *market* 'mercato'; 1961] s. m. inv. ● Supermercato.

supermàschio [comp. di *super-* e *maschio*] s. m. ● In genetica, individuo di sesso maschile il cui corredo cromosomico presenta uno o più cromosomi sessuali maschili soprannumerari. CFR. Superfemmina.

supermàssimo [comp. di *super-*, nel sign. 2, e (*peso*) *massimo*; 1988] s. m.; anche agg. ● Nel pugilato, chi (o che) rientra nella categoria di peso superiore a quella dei massimi.

♦**supermercàto** [adattamento di *supermarket* (V.); 1956] s. m. ● Locale di vendita di prodotti di largo consumo di superficie superiore a 400 m², con vendita a self-service. CFR. Ipermercato.

supermetanièra [comp. di *super-* e *metaniera*] s. f. ● Metaniera di grande portata.

superminimo [comp. di *super-* e *minimo*; 1969] s. m. ● Integrazione del salario minimo convenuto nei contratti collettivi di lavoro che, in alcune aziende, viene corrisposto ai lavoratori dipendenti nel caso di alta produttività aziendale o per riconoscimento di meriti personali.

supermùlta [comp. di *super-* e *multa*; 1982] **s. f.** ● Multa di importo elevato, spec. per scoraggiare alcune infrazioni al codice stradale.

†**supernàle** [1225 ca.] **agg.** ● Superno.

supernazionàle [comp. di *super-* e *nazionale*; 1929] **agg.** ● (*raro*) Sopranazionale.

supernazionalità [comp. di *super-* e *nazionalità*; 1924] **s. f.** ● (*raro*) Sopranazionalità.

supèrno [vc. dotta, dal lat. *supĕrnu(m)*, da *sŭperus* 'superiore'. V. *supero*, *inferno*; sec. XIII] **agg.** *1* (*lett.*) Superiore, che sta in alto, che è posto sopra a tutti. *2* (*lett.*, *est.*) Del cielo, celeste: *le cose superne*; *vita superna* | ***La città superna***, il Paradiso.

supernòva [vc. scient. moderna, comp. di *super-* e *nova*; 1948] **s. f.** (**pl.** *-ae*) ● (*astron.*) Stella che, esplodendo con estrema violenza, lancia parte della materia che la costituisce nei circostanti spazi interstellari; tale fenomeno è accompagnato da variazioni di luminosità simili a quelle di una stella nova.

supernutrizióne [comp. di *super-* e *nutrizione*; 1929] **s. f.** ● (*med.*) Ipernutrizione.

sùpero (**1**) [vc. dotta, dal lat. *sŭperu(m)* 'superiore', da *sŭper* 'sopra'; av. 1514] **A agg.** *1* (*lett.*) Superiore, posto nella parte più alta: *gli dei superi* | ***Mare s.***, presso i Latini, l'Adriatico. *2* (*bot.*) Detto di ovario inserito sul ricettacolo al di sopra del calice e degli stami. **B s. m. al pl.** ● ***Superi***, nella mitologia greco-romana, dei che abitano il cielo, opposti agli Inferi.

sùpero (**2**) [da *superare*; 1853] **s. m.** ● Avanzo, eccedenza.

superomìsmo [da *super(u)omo*; av. 1917] **s. m.** *1* Dottrina del superuomo: *il s. nietzschiano*. *2* (*est.*) Atteggiamento, comportamento da superuomo.

superordinàto [comp. di *super-* e *ordinato*] **agg.**; anche **s. m.** ● (*ling.*) Iperonimo.

superórdine [comp. di *super-* e *ordine*; 1960] **s. m.** ● Nella tassonomia animale e vegetale, categoria sistematica che raggruppa più ordini.

superottista [da *superotto*; 1987] **s. m. e f.** (**pl. m.** *-i*) ● Chi usa cinepresa con pellicola di formato superotto | Cineamatore che utilizza pellicole di formato superotto.

superòtto o **super8** [comp. di *super-* e *otto*; 1978] **A s. m. inv.**; anche **agg. inv.** ● Tipo di pellicola cinematografica a passo ridotto che, mediante una diversa perforazione rispetto al tradizionale formato 8 mm, consente un aumento della superficie del fotogramma. **B s. f. inv.** ● Macchina cinematografica che usa pellicola di formato superotto.

superparassita [comp. di *super-* e *parassita*] **A agg.** (**pl. m.** *-i*) ● (*biol.*) Detto di organismo che partecipa al superparassitismo: *specie s.* **B s. m.** ● (*biol.*) Organismo coinvolto attivamente nel superparassitismo.

superparassitìsmo [comp. di *super-* e *parassitismo*] **s. m.** ● (*biol.*) Fenomeno per cui organismi di più specie vivono a scapito di un ospite.

super pàrtes [loc. lat.; 1989] **loc. agg. inv.** ● Che è al di sopra delle parti, imparziale: *rivolgersi a un'autorità super partes*.

superperito [comp. di *super-* e *perito*; 1955] **s. m.** (**f.** *-a*) ● Specialista a cui, durante un'istruttoria o un processo, viene demandato il controllo e la revisione di perizie tecniche, chimiche, balistiche e sim.

superperìzia [comp. di *super-* e *perizia*; 1953] **s. f.** ● Perizia di un superperito.

superpetrolièra [comp. di *super-* e *petroliera*; 1960] **s. f.** ● Petroliera con stazza superiore alle 70 00* tonnellate.

superpiùma [comp. di *super-*, nel sign. 2, e (*peso*) *piuma*; 1979] **s. m. inv.**; anche **agg. inv.** ● Nel pugilato, chi (o che) rientra nella categoria di peso compresa tra quelle dei pesi piuma e dei pesi leggeri.

superplasticità [comp. di *super-* e *plasticità*; 1990] **s. f.** ● (*fis.*) Proprietà dei materiali metallici che presentano elevatissima deformabilità.

superplàstico **agg.** (**pl. m.** *-ci*) ● (*fis.*) Dotato di superplasticità.

superpotènza [comp. di *super-* e *potenza*; 1954] **s. f.** ● Stato in possesso di una enorme organizzazione industriale e di armamenti atomici.

superprefètto [comp. di *super-* e *prefetto*; 1963] **s. m.** ● Prefetto al quale sono stati conferiti poteri eccezionali, spec. nella lotta contro la criminalità organizzata.

superprocùra [comp. di *super* e *procura*; 1988] **s. f.** ● (*dir.*) Ufficio giudiziario con speciali compiti di investigazione sulla criminalità organizzata.

superproduzióne [comp. di *super-* e *produzione*; 1919] **s. f.** ● (*raro*) Sovrapproduzione.

superprofitto [comp. di *super-* e *profitto*; 1921] **s. m.** ● Soprapprofitto.

supersfida [comp. di *super-* e *sfida*; 1985] **s. f.** ● Competizione, spec. sportiva, di grande interesse per il richiamo e l'importanza dei concorrenti.

supersimmetrìa [comp. di *super-* e *simmetria*; 1985] **s. f.** ● (*fis.*) Tipo di simmetria che consente di ipotizzare la formazione di multipletti di particelle con spin diverso, permettendo una trattazione unitaria delle particelle di interazione e di quelle costituenti la materia.

supersònico [comp. di *super-* e *sonico*, sul modello dell'ingl. *supersonic*; 1947] **agg.** (**pl. m.** *-ci*) ● Relativo a velocità superiori alla velocità del suono: *aereo s.*

superstàr /supers'tar, *ingl.* 'su:pə,sta:/ [vc. ingl., comp. da *super-* e *star*; 1957] **s. m. e f. inv.**; anche **agg. inv.** ● Detto di personaggio, spec. nel mondo dello spettacolo o dello sport, che gode di eccezionale notorietà.

supèrstite [vc. dotta, dal lat. *supĕrstite(m)*, comp. di *sŭper* 'super-' e di un deriv. di *stāre* 'stare, esserci'; sec. XIII] **A agg.**; anche **s. m. e f.** ● Che (o Chi) è rimasto in vita dopo un evento in cui altri sono morti: *il figlio fu s. ai genitori*; *i superstiti del terremoto*; *è l'unico s. della strage*. **B agg.** ● Che resta, rimane: *le rovine superstiti*; *raccogliere le forze superstiti*.

superstizióne [vc. dotta, dal lat. *superstitiōne(m)*, da *superstāre* 'star sopra'; propr. 'ciò che sta sopra, sovrastruttura', opposto a *relĭgio*, genit. *religiōnis* 'insieme scelto di formule sacre'; 1354] **s. f.** *1* Credenza, atteggiamento o pratica consistente nell'attribuire fenomeni spiegabili razionalmente e naturalmente a cause occulte o soprannaturali | (*gener.*) Credenza irrazionale nell'influenza positiva o negativa di determinati fattori sulle vicende umane: *la s. del gatto nero*. *2* Eccesso di scrupolo e di timore religioso | All'interno di ogni religione, il residuo di antichi culti e di precedenti credenze religiose, non completamente eliminato.

superstiziosità [av. 1595] **s. f.** ● Caratteristica, comportamento, di chi è superstizioso.

superstiziòso [vc. dotta, dal lat. *superstitiōsu(m)*, da *superstĭtio*, genit. *superstitiōnis* 'superstizione'; av. 1342] **A agg.** *1* Che segue le superstizioni, che crede alle superstizioni: *essere s.*; *gente superstiziosa*. *2* Che deriva da superstizione: *credenza, pratica superstiziosa*. || **superstiziosaménte**, **avv.** **B s. m.** (**f.** *-a*) ● Persona superstiziosa.

superstràda [comp. di *super-* e *strada*; 1928] **s. f.** ● Grande strada per il traffico veloce in cui il numero degli attraversamenti è ridotto al minimo.

superstràto [comp. di *super-* e *strato*, sul modello di *sostrato*; 1932] **s. m.** ● (*ling.*) Lingua che in una determinata area si sovrappone, per varie cause (contatti, colonizzazioni, invasioni e sim.), a una lingua preesistente, influenzandone le strutture lessicali, fonologiche e morfosintattiche.

superstringa [dall'ingl. *superstring*, comp. di *super* 'super' e *string* 'catena, successione'; 1978] **s. f.** ● (*fis.*) Ipotetico oggetto unidimensionale le cui vibrazioni rappresentano le particelle elementari. **SIN.** Stringa.

supertàssa [comp. di *super-* e *tassa*; 1979] **s. f.** ● (*gerg.*) Sovrimposta straordinaria.

supertèste [comp. di *super-* e *teste*; 1973] **s. m. e f.** ● Supertestimone.

supertestimóne [comp. di *super-* e *testimone*; 1970] **s. m. e f.** ● Chi, nell'istruttoria o nel corso di un processo, presenta prove a carico o discarico dell'imputato ritenute decisive.

superumàno [comp. di *super-* e *umano*; 1898] **agg.** ● Che è al di sopra dei limiti e delle facoltà dell'uomo.

superumeràle [vc. dotta, dal lat. tardo *superhumerāle* (nt.) 'efod', comp. di *sŭper* 'sopra' e *(h)umerāle* 'veste che copre le spalle', da *(h)ŭmerus* 'omero'; av. 1498] **s. m.** ● Efod, quando, nella Bibbia, questo termine indica lo speciale vestito del sommo sacerdote di Gerusalemme.

superuòmo [comp. di *super-* e *uomo*, sul modello del ted. *Übermensch*; 1894] **s. m.** (**pl.** *superuòmini*) *1* (*filos.*) Secondo F. Nietzsche, colui che attraverso la volontà di potenza è in grado di staccarsi dalla morale comune e di vivere al di là del bene e del male. **SIN.** Oltreuomo. *2* (*est.*, *iron.*) Uomo che crede di essere superiore agli altri e come tale si comporta: *fare il s.*; *darsi arie da s.*; *atteggiarsi a s.*

supervacàneo o †**supervacàno** [vc. dotta, dal lat. *supervacāneu(m)*, comp. di *sŭper* 'sopra', e di un deriv. di *văcuus* 'vuoto, inutile'. V. *vacuo*; sec. XIV] **agg.** ● (*raro*, *lett.*) Superfluo, inutile, non necessario: *è impresa al mio parere supervacanea e vana* (GALILEI).

supervalutàre [comp. di *super-* e *valutare*. V. *sopravvalutare*; 1941] **v. tr.** (*io supervalùto* o, più diffuso ma meno corretto, *supervàluto*) ● Sopravvalutare.

supervalutazióne [comp. di *super-* e *valutazione*; 1921] **s. f.** ● Sopravvalutazione | (*econ.*) Valutazione di un bene superiore a quella del mercato, spec. per indurre il cliente a un nuovo acquisto: *s. dell'usato nel campo dell'auto, degli elettrodomestici*.

supervisionàre [comp. di *super-* e *visionare*; 1985] **v. tr.** (*io supervisióno*) ● Sottoporre a una supervisione.

supervisióne [comp. di *super-* e *visione*, sul modello dell'ingl. *supervision*; 1932] **s. f.** *1* Attività del supervisore. *2* (*cine*) Direzione generale, artistica, tecnica ed economica di un film.

supervisóre [dall'ingl. *supervisor*, 1931] **s. m.** (**f.** *-a*) *1* (*gener.*) Chi dirige e controlla la realizzazione di un programma, un'opera e sim. *2* (*tv*) Tecnico addetto al controllo e alla manipolazione del segnale radioelettrico o televisivo in uscita dagli studi | (*cine*) Incaricato della direzione generale artistica, tecnica o economica di un film.

superwèlter /super'velter, *ingl.* 'su:pə,weltə/ [comp. di *super-*, nel sign. 2, e (*peso*) *welter*; 1981] **s. m. inv.**; anche **agg inv.** ● Nel pugilato, chi (o che) rientra nella categoria di peso compresa tra quelle dei pesi welter e dei pesi medi.

†**supinàre** [vc. dotta, dal lat. *supināre*, da *supīnus* 'supino (1)'; sec. XIII] **A v. tr.** ● (*raro*) Alzare, rovesciare in alto. **B v. intr. pron.** ● (*raro*) Mettersi supino.

supinatóre [da *supinare*; av. 1673] **A agg.** ● (*anat.*) Detto di muscolo che provoca supinazione. **B** anche **s. m.**: *il s. della coscia*.

supinazióne [vc. dotta, dal lat. tardo *supinatiōne(m)* 'rovesciamento', da *supināre* 'rovesciare'. V. *supinare*; 1771] **s. f.** *1* (*anat.*) Movimento del rivoltare la mano con il palmo verso l'alto. *2* (*anat.*) Condizione di giacere con la faccia verso l'alto. **CONTR.** Pronazione.

supino (**1**) [vc. dotta, dal lat. *supīnu(m)*, da **sūp-*, *sub* 'dal basso in alto'; opposto a *prōnus* 'con la faccia in giù'. V. *prono*; sec. XIII] **agg.** *1* Detto di persona, che giace sul dorso col viso e il ventre rivolti all'insù: *giacere, stare s.*; *cadere s.*; *dormire s.*; *essere in posizione supina*. **CONTR.** Bocconi, prono. *2* (*est.*) Che ha il palmo voltato verso l'alto, detto della mano: *tenere le mani supine* | (*raro*, *lett.*) Voltato all'insù, detto degli occhi. *3* (*fig.*) Che mostra obbedienza cieca, servile: *essere s. alla volontà altrui* | ***Rassegnazione supina***, vile | ***Ignoranza supina***, crassa. || **supinaménte**, **avv.**

supino (**2**) [vc. dotta, dal lat. *supīnu(m)* (*vĕrbum*) '(parola) supina', perché si appoggia al verbo; 1526] **s. m.** ● (*gramm.*) Forma nominale del verbo in latino.

†**sùppa** ● V. *zuppa*.

suppedàneo o **soppedàneo** [vc. dotta, dal lat. tardo (eccl.) *suppedāneu(m)* (*scabĕllu(m)*) '(scanno) da tenere sotto i piedi', comp. di *sŭb* 'sotto' e *pedāneus*, agg. da *pēs*, genit. *pĕdis* 'piede'; 1714] **s. m.** *1* (*lett.*) Scanno, panno o altro da tenere sotto i piedi come appoggio. *2* Predella dell'altare.

†**suppeditàre** [vc. dotta, dal lat. *suppeditāre*, comp. di *sŭb* 'sub-' e *-peditāre*, da *pĕdes*, genit. *pĕditis* 'pedone, fante': propr. 'accorrere in aiuto'; av.

1472] v. intr. ● (*raro*) Bastare.

suppellèttile [vc. dotta, dal lat. *sup(p)ellĕctile(m)*, di etim. incerta; sec. XIV] s. f. *1* Oggetto o insieme di oggetti di qualche pregio che entrano a far parte dell'arredamento di una casa | (*est.*) Oggetto o insieme di oggetti che fanno parte di un ufficio, una scuola, una chiesa, e sim.: *s. scolastica, teatrale*; *le suppellettili sacre*. *2* (*archeol.*) Oggetto o insieme di oggetti rinvenuti in uno scavo: *suppellettili egiziane, etrusche*. *3* (*raro, fig.*) Insieme di cognizioni che abbelliscono la mente: *una ricca s. di conoscenze*; SIN. Corredo.

suppergiù o **su per giù** [comp. di *su*, *per* e *giù*; 1863] avv. ● (*fam.*) Circa, più o meno, pressappoco: *saranno s. venti kili*; *saranno state s. venti persone*; *arriveremo s. alle dieci*.

†**supplantàre** ● V. *soppiantare*.

supplementàre [da *supplemento*; av. 1827] agg. *1* Che serve di supplemento: *attività, entrata s.* | (*econ.*) ***Bene s.***, succedaneo di altro bene, di cui possiede la stessa attitudine a soddisfare un certo bisogno | ***Treno s.***, ripetizione di altro treno di cui assume l'orario | ***Tempi supplementari***, V. *tempo*. *2* (*mat.*) Detto di angolo che, aggiunto all'angolo dato, dà un angolo piatto. ➡ ILL. **geometria**.

suppleménto [vc. dotta, dal lat. *supplemĕntu(m)*, da *supplēre* 'supplire'; sec. XIV] s. m. *1* Ciò che si aggiunge a qlco. per supplire a una mancanza, un'insufficienza, e sim.: *chiedere un s. di dolce* | (*econ.*) ***S. d'imposta***, ammontare d'imposta che integra un precedente accertamento, non esatto, del tributo. *2* Aggiunta o aggiornamento di un'opera: *s. al vocabolario* | ***S. a un giornale***, pagina o insieme di pagine, o intero fascicolo, che, in aggiunta alle pagine consuete, è dedicato a un particolare avvenimento o argomento. *3* (*ferr.*) Sovraprezzo richiesto quando il viaggiatore usufruisca di treni, carrozze o sim. che offrano particolari requisiti, comodità, prestazioni: *s. rapido*.

supplentàto [1942] s. m. ● Ufficio del supplente | Durata di tale ufficio.

supplènte [av. 1571] **A** part. pres. di *supplire*; anche agg. *1* Nei sign. del v. *2* Che sostituisce temporaneamente un impiegato o un insegnante impedito di esercitare le proprie funzioni: *maestro, professore, s.* **B** s. m. e f. ● Impiegato, maestro, professore, supplente: *il s. di latino*; *la nuova s.*

supplènza [1865] s. f. ● Ufficio, condizione, di supplente: *ottenere una s.*; *è stato incaricato di una s.* | Durata di tale ufficio: *una s. di un anno*.

suppletivìsmo [comp. *suppletiv(o)* e *-ismo*; 1960] s. m. ● (*ling.*) Fenomeno per il quale una forma sostituisce un'altra che manca.

suppletivo [vc. dotta, dal lat. tardo *suppletīvu(m)*, da *supplētus*, part. pass. di *supplēre* 'supplire'; av. 1643] agg. *1* Che serve a supplire, che serve come supplemento: *articolo s.* | ***Sessione suppletiva di esami***, quella disposta per i candidati che, per cause di forza maggiore, non hanno potuto sostenere gli esami nella sessione normale | ***Elezioni suppletive***, quelle che si svolgono in un collegio elettorale per sostituire un parlamentare eletto col sistema uninominale che sia decaduto dalla carica | †***Esame s.***, di riparazione | ***Norma suppletiva***, che disciplina situazioni e rapporti per l'ipotesi che non vi abbiano provveduto i privati | ***Truppe suppletive***, anticamente, aliquote di truppe delle varie armi a disposizione delle grandi unità, in aggiunta ai reparti organici. *2* (*ling.*) Detto di forma che sostituisce le forme mancanti in una serie difettiva. || **suppletivaménte**, avv.

suppletòrio [vc. dotta, dal lat. mediev. *suppletōriu(m)*, dal classico *supplētus*, part. pass. di *supplēre* 'supplire'; av. 1764] agg. ● Suppletivo: *prova suppletoria* | (*dir.*) ***Giuramento s.***, nel processo civile, giuramento deferito d'ufficio a una parte dall'organo giudicante per decidere la causa quando le prove non sono sufficienti.

supplì [vc. rom., adattamento del fr. *surprise* 'sorpresa' (con allusione al ripieno); 1846] s. m. inv. ● Crocchetta di riso variamente farcita con carne, rigaglie, mozzarella.

sùpplica [da *supplicare*; 1534] s. f. *1* Il supplicare | Umile preghiera, solitamente esposta per iscritto, con cui si chiede qlco.: *rivolgere, presentare, una s. a qlcu.*; *sottoscrivere una s.*; *parole, tono, di s.* *2* Preghiera cattolica per ottenere grazia, rivolta a Dio, alla Madonna o ai Santi, come intermediatori.

supplicànte [sec. XIV] **A** part. pres. di *supplicare*; anche agg. ● Che supplica: *chiedere qlco. con voce s.* **B** s. m. e f. ● Chi supplica. SIN. Supplice.

♦**supplicàre** [vc. dotta, dal lat. *supplicāre*, di *sŭpplex*, genit. *sŭpplicis* 'supplice'; av. 1243] v. tr. e lett. intr. (*io sùpplico, tu sùpplichi*; aus. intr. *avere*) ● Pregare umilmente, chiedere con fervore e umiltà: *s. Dio, il Papa*; *s. Dio che, perché, faccia la grazia*; *s. qlcu. di una grazia*; *ti supplico di ascoltarmi*; *supplicò al padre e agli altri cardinali che … gli concedessero la facoltà di lasciar la dignità e l'abito* (GUICCIARDINI).

supplicatóre [vc. dotta, dal lat. tardo (eccl.) *supplicatōre(m)*, da *supplicātus* 'supplicato'; 1513] s. m. (f. *-trice*) ● (*raro*) Chi supplica.

supplicatòrio [da *supplicare*; av. 1348] agg. ● Che ha carattere, forma, di supplica.

supplicazióne [vc. dotta, dal lat. *supplicatiōne(m)*, da *supplicātus* 'supplicato'; av. 1342] s. f. *1* †Supplica | †Domanda di grazia o sim. rivolta a un'autorità. *2* Presso gli antichi Romani, cerimonia solenne con banchetto pubblico, processione e sacrifici, per stornare gli effetti funesti della collera degli dei o per ringraziare gli dei stessi.

sùpplice [vc. dotta, dal lat. *sŭpplice(m)*, comp. di *sŭb* 'sub-' e di un corradicale di *plicāre* 'piegare'. V. *semplice*, *duplice*; sec. XIV] **A** agg. ● (*lett.*) Che supplica, chiede grazia, prega, e sim.: *sguardo s.*; *occhi supplici*; *persone supplici*. **B** s. m. e f. ● (*lett.*) Chi supplica. SIN. Supplicante.

supplichévole [da *supplicare*; sec. XIV] agg. ● Che supplica, che ha tono di supplica: *uno sguardo s.*; *parole supplichevoli*. || **supplichevolménte**, avv.

†**supplìcio** ● V. *supplizio*.

suppliménto [sec. XIII] s. m. *1* (*raro*) Il supplire. *2* †Supplemento.

supplire [vc. dotta, dal lat. *supplēre* 'completare', comp. di *sŭb* 'sub-' e *plēre* 'riempire', di orig. indeur. V. *(ri)empire*; 1336 ca.] **A** v. intr. (*io supplisco, tu supplisci*; aus. *avere*) *1* Provvedere a colmare una lacuna, una mancanza, a sopperire a un difetto: *s. con la simpatia alla scarsa bellezza*; *talvolta la buona volontà supplisce al poco ingegno*; *il mondo popolare dell'immaginazione che suppliva alla scienza* (DE SANCTIS). *2* †Adempiere, soddisfare un'obbligazione: *s. a un debito*. *3* †Bastare: *s. a una necessità*. **B** v. tr. ● Sostituire temporaneamente in un ufficio il titolare assente: *supplisco l'insegnante di latino*.

†**supplitóre** s. m.; anche agg. (f. *-trice*) ● Chi (o Che) supplisce.

suppliziàre [da *supplizio*; sec. XIV] v. tr. (*io supplìzio*) ● (*raro*) Sottoporre a supplizio, tormentare con supplizi.

supplìzio o †**supplìcio** [vc. dotta, dal lat. *supplĭciu(m)* 'atto di ammenda' poi 'tormento, pena', da *sŭpplex*, genit. *sŭpplicis* 'supplice'; av. 1306] s. m. *1* Pena, tormento, grave castigo corporale: *il s. della crocifissione, della flagellazione*; *sottoporre qlcu. a un atroce s.* | ***S. di Tantalo***, nel mito greco, quello inflitto a Tantalo, costretto a soffrire perpetuamente la fame e la sete senza poter toccare le bevande e il cibo a portata di mano; (*est., fig.*) desiderio ardente, e sempre deluso, di un bene che pare vicino | ***L'estremo s., l'ultimo s., il s. capitale***, la pena di morte | Pena di morte: *essere condotto al s.* *2* (*fig.*) Tormento, patimento fisico o morale (*anche iperb.*): *stare con voi è un s.*; *assistere alla scena fu un s. per me*; *questo vestito stretto è un s.*; *il mio s. / è quando / non mi credo / in armonia* (UNGARETTI).

supponènte [1973] **A** part. pres. di *supporre*; anche agg. ● Nei sign. del v. **B** agg.; anche s. m. e f. ● Che (o Chi), nei modi e nell'aspetto, dimostra una fierezza sdegnosa e arrogante.

supponènza [da *supponente*; av. 1914] s. f. ● Fierezza sdegnosa e arrogante.

supponìbile [da *suppōnere* 'supporre'; 1669] agg. ● Che si può supporre.

suppórre [vc. dotta, dal lat. *suppōnere*, propr. 'porre (*pōnere*) sotto (*sŭb*)'; av. 1276] v. tr. (coniug. come *porre*) *1* Presumere in via d'ipotesi, immaginare che qlco. sia accaduto o possa accadere in un determinato modo: *suppongo che sia come dici tu*; *supponiamo che questo sia vero*; *suppongo che tu non sia d'accordo*; *l'avvocato suppone la vostra colpevolezza*; *spesso mi sono ingannato, supponendo nella gente sentimenti troppo delicati* (DE SANCTIS). *2* †Porre sotto. *3* †Sostituire, scambiare, una persona con un'altra.

†**supportàre** (1) ● V. *sopportare*.

supportàre (2) [adattamento dell'ingl. *to support* 'sostenere'; av. 1872] v. tr. (*io suppòrto*) *1* Fornire, dotare di un supporto. *2* (*fig.*) Sostenere, appoggiare, incoraggiare.

supporter /sup'pɔrter, *ingl.* sə'pɔ:tə/ [vc. ingl., da *to support* 'sostenere'; 1915] s. m. e f. inv. ● (*sport*) Tifoso, sostenitore.

suppòrto o (*raro*) **soppòrto** [dal fr. *support*, da *supporter* 'sopportare'; 1853] s. m. *1* (*mecc.*) Organo di macchina contenente il cuscinetto cui si appoggia il perno di un albero. *2* (*est.*) Ciò che è destinato a sostenere qlco., a portare qlco. su di sé (*anche fig.*): *la tela è il s. del dipinto*; *la colonna sonora è stata un ottimo s. al film* | (*fig.*) Sostegno, aiuto: *c'è riuscito col s. degli amici*. *3* Nastro magnetico o pellicola fotocinematografica, considerati senza l'emulsione magnetica o fotosensibile. *4* (*elab.*) Il mezzo fisico, costituito da dischi magnetici o ottici, nastri magnetici o perforati e sim., sul quale i dati vengono registrati e che ne consente il trattamento.

suppositivo [vc. dotta, dal lat. tardo *suppositīvu(m)*, da *suppŏsitus* 'supposito'; av. 1565] agg. ● (*raro*) Che si suppone, che si ammette per supposizione. || **suppositivaménte**, avv. Congetturalmente.

suppositìzio [vc. dotta, dal lat. *suppositīciu(m)*, da *suppŏsitus* 'supposito, sostituito'; av. 1504] agg. ● (*raro*) Che non è vero ma viene presentato come tale.

†**suppòsito** [1495] **A** part. pass. di *supporre*; anche agg. ● Nei sign. del v. **B** s. m. (f. *-a*, raro) ● Persona sostituita ad altra.

suppositòrio [agg. sost. dal tardo lat. *suppositōriu(m)*, da *suppŏsitus* 'supposito'; av. 1320] s. m. ● Forma medicamentosa da introdurre nelle cavità naturali del corpo: ***s. rettale***, supposta | ***S. uretrale***, candeletta | ***S. vaginale***, ovulo.

supposizióne [vc. dotta, dal lat. *suppositiōne(m)*, propr. 'il metter sotto', da *suppŏsitus* 'supposito'; sec. XIV] s. f. *1* Il supporre | Congettura fatta in via d'ipotesi: *fare una s.*; *è una semplice s.*; *s. falsa, inverosimile, assurda*. *2* (*raro*) Il presentare come vero ciò che non è tale | ***S. di stato, di parto***, reato di chi fa figurare nei registri dello stato civile una nascita inesistente. *3* †Scambio, sostituzione di persona. *4* Nella logica terministica medievale, significato che un termine può assumere in una proposizione. || **supposizioncèlla**, dim.

suppósta [f. sost. di *supposto*; av. 1320] s. f. ● Suppositorio rettale.

suppósto [1308] **A** part. pass. di *supporre*; anche agg. ● Presunto | ***S. che***, ammettendo in via d'ipotesi che: *anche s. che sia in buona fede, come possiamo accertarlo?* **B** s. m. ● (*raro*) Ciò che si suppone: *ha negato il s.*

suppuraménto [da *suppurare*; av. 1698] s. m. ● (*raro*) Suppurazione.

suppuràre [vc. dotta, dal lat. *suppurāre*, comp. di *sŭb* 'sub-' e di un denominale di *pūs*, genit. *pūris* 'pus'. V. *pus*; 1499] v. intr. (aus. *avere* o *essere*) ● Venire a suppurazione.

suppurativo [da *suppurare*; 1561] agg. ● Atto a promuovere la suppurazione.

suppurazióne [vc. dotta, dal lat. *suppuratiōne(m)*, da *suppurātus* 'suppurato'; 1561] s. f. ● Processo infiammatorio caratterizzato dalla formazione di pus.

supputàre [vc. dotta, dal lat. *supputāre*, comp. di *sŭb* 'sub-' e *putāre* 'calcolare'; 1552] v. tr. (*io sùpputo*) ● (*raro, lett.*) Sommare, computare.

†**supputazióne** [vc. dotta, dal lat. tardo *supputatiōne(m)*, da *supputāre* 'computare'; 1521] s. f. ● Calcolo, computo.

supraliminale ● V. *sopraliminale*.

suprèma s. f. ● Adattamento di *suprême* (V.).

suprematìsmo [1932] s. m. ● Movimento artistico, sviluppatosi durante e dopo la prima guerra mondiale, basato sulla più completa semplificazione degli elementi figurativi fino a giungere a una combinazione di elementi geometrici.

suprematista [da *suprem*a*zia*; 1957] s. m. e f.; anche agg. (pl. m. *-i*) ● Chi (o Che) si riferisce al suprematismo: *quadro s.*

supremazia [dal fr. *suprématie*, che è dall'ingl. *supremacy*, da *supreme* 'supremo'; av. 1764] **s. f.** ● Autorità assoluta, predominio, preminenza sugli altri: *la s. dello stato*; *avere la s.*

suprême /fr. sy'pʀɛm/ [vc. fr.: uso sost. dell'agg. *suprême* 'supremo'; 1905] **A s. f. inv.** ● La parte più tenera del petto di pollo o di tacchino, variamente cucinabile. **B** in funzione di **agg. inv.** ● (posposto al s.) ***Salsa s.***, preparata con salsa vellutata e panna liquida.

suprèmo [vc. dotta, dal lat. *suprēmu(m)*, superl. di *sŭperus* 'superiore'; 1319] **agg.** ***1*** (*lett.*) Che è posto più in alto di ogni altra cosa. ***2*** (*fig.*) Sommo, massimo: *capo s.*; *il s. potere*; *la suprema potestà*; *tribunale, comando s.* | ***Corte suprema***, la Corte di Cassazione quale organo giurisdizionale di ultima istanza | ***Ente s.***, Dio. ***3*** (*fig., lett.*) Estremo, ultimo: *le supreme parole di chi muore* | ***L'ora suprema***, quella della morte | ***Il giudizio s.***, quello finale. || **supremaménte**, **avv.** In modo supremo, sommamente.

†**sur** [dal lat. *sŭper* 'sopra'; av. 1250] **prep.** (tuttora in uso, sia pur raro, davanti a parola che cominci per *u*) ● Su, sopra.

sur- [pref. orig. fr., dal lat. *sŭper* 'sopra'] primo elemento ● In parole composte, equivale a 'sovra-', 'sopra-', 'super-', 'sor-' e indica superamento di un limite o eccesso (*suralimentazione*, *surgelare*, *surriscaldamento*).

sùra (**1**) [dall'ar. *sūra* 'sequenza'; 1873] **s. f.** ● Ognuno dei centoquattordici capitoli del Corano.

sùra (**2**) o **surà** **s. m. inv.** ● Adattamento di *surah* (V.).

sùra (**3**) [vc. dotta, lat. *sūra(m)*, priva di etim.; sec. XV] **s. f.** ● (*anat.*) Polpaccio della gamba.

-sùra ● V. *-tura*.

surah /ingl. 'sʊəɹʌ/ [vc. ingl., da *Surat*, località dell'India dove veniva lavorato il prodotto; 1879] **s. m. inv.** ● Tipo di tessuto molto morbido, in seta o cotone.

suràle [da *sura* (*3*); av. 1673] **agg.** ● (*anat.*) Di, relativo alla sura.

suralimentazióne [comp. di *sur-* e *alimentazione*, sul modello del fr. *suralimentation*; 1960] **s. f.** ● Sovralimentazione.

surclassàre [comp. di *sur-* e di un denominale di *classe*, sul modello del fr. *surclasser*; 1931] **v. tr.** ***1*** In gare sportive, sconfiggere un avversario con schiacciante superiorità. ***2*** (*est.*) Rivelarsi notevolmente superiore ad altri in qlco.: *nel ballo surclassa tutti noi.*

surcompressióne [comp. di *sur-* e *compressione*; 1960] **s. f.** ● Aumento del rapporto volumetrico di compressione di un motore a carburazione. **SIN.** Sovracompressione.

surcomprèsso [comp. di *sur-* e *compresso*; 1960] **agg.** ● Detto di motore a carburazione che funziona in regime di surcompressione.

surcontràre [fr. *surcontrer*, da *surcontre* (V.); 1983] **v. tr.** (*io surcóntro*) ● Nel bridge, dichiarare il surcontre.

surcontre /fr. syʀ'kõːtʀə/ [vc. fr., comp. di *sur* 'sopra, oltre' e *contre* 'contro'; 1940] **s. m. inv.** ● Nel bridge, conferma di una dichiarazione cui è stato opposto il contre.

surf /ingl. sɜːɹf/ [vc. angloamericana, ricavata da *surf-board*, comp. di *surf* 'frangente, cresta dell'onda' e *board* 'asse' (d'orig. germ.); 1964] **s. m. inv.** ***1*** Ballo moderno nordamericano. ***2*** (*sport*) Tavola lunga e stretta, di vario materiale, su cui si sta in piedi facendo velocissime planate sospinti dalle onde del mare | (*est.*) Lo sport praticato con tale tavola. **SIN.** Tavola da salto. ***3*** (*sport*) Accorc. di *windsurf.*

surfactànte o **surfattànte** [ingl. *surfactant*, da *surf(ace) act(ive) a(ge)nt* 'agente superficialmente attivo'; 1989] **s. m.**; anche **agg.** ● (*chim.*) Tensioattivo.

surfboat /'serfbot, ingl. 'sɜːɹf͵bəʊt/ [vc. ingl., comp. di *surf* 'frangente' e *boat* 'barca'] **s. f. inv.** ● (*mar.*) Robusta imbarcazione dotata di notevole galleggiabilità, con poppa e prua rialzate e fondo piatto, adatta per prendere terra o il largo sulle coste oceaniche battute dai frangenti.

surfcasting /serf'kastin(g), ingl. 'sɜːɹf͵kæstɪŋ/ [vc. angloamericana, comp. di *surf* (V.) e *casting*, da *to cast* 'lanciare, gettare', di etim. incerta] **s. m. inv.** ● Pesca in mare praticata direttamente dalla riva mediante canne con lenze lunghissime.

surfer /ingl. 'sɜːɹfəɹ/ [vc. ingl., da *surf* (V.); 1967] **s. m. e f. inv.** ● Surfista.

surfing /ingl. 'sɜːɹfɪŋ/ [vc. ingl., da *surf* (V.); 1965] **s. m. inv.** ***1*** Sport praticato con il surf. ***2*** (*elab.*) Attività di esplorazione della rete Internet svolta dall'utente che passa da un sito all'altro.

surfista [da *surf*; 1964] **s. m. e f.** (pl. m. *-i*) ● Chi pratica lo sport del surf.

surgelaménto [da *surgelare*; 1970] **s. m.** ● Surgelazione.

surgelàre [comp. di *sur-* e *gelare*; 1964] **v. tr.** (*io surgèlo*) ● Congelare rapidamente prodotti alimentari a bassissima temperatura per consentirne una prolungata conservazione a −18 °C fino al momento del consumo.

surgelàto [comp. di *sur-* e *gelato*, v. il fr. *surgelé*, sul modello dell'ingl. *deep-frozen* 'profondamente gelato'; 1960] **A agg.** ● Detto di alimento conservato mediante surgelamento. **B** anche **s. m.**: *vendita di surgelati.*

surgelatóre [da *surgelare*; 1966] **A agg.** (f. *-trice*) ● Che surgela, che provoca surgelazione. **B s. m.** ● Apparecchio domestico o industriale per la surgelazione di alimenti.

surgelazióne [1966] **s. f.** ● Procedimento del surgelare.

†**sùrgere** e *deriv.* ● V. *sorgere* (*1*) e *deriv.*

suriettivo [fr. *surjectif*, da *surjection* 'applicazione suriettiva', comp. di *sur-* 'sur-' e (*in*)*jection* 'iniezione'; 1974] **agg.** ● (*mat.*) Che soddisfa alla definizione di suriezione.

suriezióne **s. f.** ● (*mat.*) Applicazione fra due insiemi tale che ogni elemento del secondo sia immagine d'un elemento, almeno, del primo | Applicazione d'un insieme su un altro.

surimi /su'rimi, giapp. suɯ'rimi/ [vc. giapp.; 1991] **s. m. inv.** ● (*cuc.*) Preparato alimentare in forma di piccoli cilindri rosati, a base di merluzzo cotto insaporito con polpa di granchio.

surmenage /fr. syʀmə'naːʒ/ [vc. fr., propr. 'strapazzo', da *surmener* 'sovraffaticare', comp. di *sur-* e *mener* 'trascinare, condurre'; 1905] **s. m. inv.** ***1*** Condizione di chi è sovraffaticato. ***2*** (*sport*) Superallenamento.

surmolòtto o **surmulòtto** [fr. *surmulot*, comp. di *sur-* 'sur-' e *mulot* 'topo campagnolo' (vc. d'orig. francone); 1875] **s. m.** ● Specie di grosso topo battagliero e robusto, diffuso in tutto il mondo (*Rattus norvegicus*). **SIN.** Ratto delle chiaviche, topo di chiavica.

surplace /fr. syʀ'plas/ [vc. fr., propr. 'sul (*sur*) posto (*place*)'; 1931] **s. m. inv.** ● (*sport*) Nelle gare ciclistiche di velocità su pista, tecnica di equilibrio sulla bicicletta ferma, studiando l'avversario in attesa di scattare | ***Lasciare in s.***, nel calcio e nella pallacanestro, sfuggire di scatto all'avversario senza dargli la possibilità di reagire.

surplus /sur'plus, 'surplus, fr. syʀ'ply/ [vc. fr., comp. di *sur* 'sur-' e *plus* 'più'; 1948] **s. m. inv.** ***1*** (*econ.*) Eccesso di produzione sul consumo, di offerta sulla domanda, di crediti sui debiti. ***2*** (*gener.*) Soprappiù, residuo.

sùrra [deriv., attraverso l'ingl. *surra*, dal maratto *sūra* 'soffio asmatico'; 1960] **s. f.** ● Malattia dovuta a un tripanosoma, che colpisce cammelli, cavalli, buoi, cani, diffusa in India, Cina, Iran.

surreàle [comp. di *sur-* e *reale*. V. *surrealismo*; 1941] **A agg.** ● Che evoca il mondo dell'inconscio, dell'intimità psicologica: *atmosfera, mondo, s.* **B** anche **s. m.**: *il fascino del s.*

surrealìsmo [dal fr. *surréalisme*, comp. di *sur-* e *réalisme* 'realismo': 'superamento del realismo'; 1925] **s. m.** ● Movimento artistico e letterario, sorto in Francia fra le due guerre mondiali, e il cui principale promotore fu A. Breton, caratterizzato da una negazione degli strumenti espressivi tradizionali della ragione, in favore di registrazioni istintive o metaforiche di automatismi psichici, di stati onirici o ipnotici, nel quadro di una realtà sovente avvertita come labirinto retto dall'assurdo e da una dialettica di crudeltà fra gli uomini.

surrealista [dal fr. *surréaliste*, da *surréalisme*, con *-iste* '-ista'; 1926] **A s. m. e f.** (pl. m. *-i*) ● Chi segue il surrealismo. **B agg.** ● Surrealistico.

surrealìstico [1939] **agg.** (pl. m. *-ci*) ● Che si riferisce al surrealismo e ai surrealisti. || **surrealisticaménte**, **avv.**

surrenàle [dal fr. *surrénal*, comp. di *sur-* e *rénal* 'renale'. V. *renale*; 1840] **agg.** ● Del surrene | ***Ghiandola s.***, posta sul polo superiore di ciascun rene. ➡ **ILL.** p. 2125 ANATOMIA UMANA.

surrène [comp. di *sur-* e *rene*. V. *surrenale*; 1942] **s. m.** ● (*anat.*) Ghiandola surrenale.

surrettizio o †**sorrettizio** [vc. dotta, dal lat. *subreptīciu(m)*, da *subrēptus*, part. pass. di *subrēpere* 'strisciare (*rēpere*) sotto (*sŭb*)'; av. 1498] **agg.** ***1*** Nel linguaggio giuridico, detto di ciò che si ottiene tacendo intenzionalmente qualche circostanza essenziale: *dichiarazione surrettizia.* ***2*** (*filos.*) Detto di concetto contrario o difforme rispetto all'esattezza delle conclusioni o alla coerenza dei principi e dei criteri di un ragionamento, di un'argomentazione e sim. ***3*** (*est.*) Detto di ciò che si compie od ottiene con furtività e reticenza, di nascosto, tenendone volutamente all'oscuro chi dovrebbe o vorrebbe invece saperlo: *manovra, macchinazione surrettizia.* || **surrettiziaménte**, **avv.** In modo surrettizio.

surrezióne [vc. dotta, lat. *subreptiōne(m)*, da *subrēpere*. V. *surrettizio*; 1363] **s. f.** ***1*** (*dir.*) Acquisizione di una grazia, privilegio e sim. tacendo ciò che vi si potrebbe opporre. ***2*** (*est., disus.*) Reticenza.

surricordàto [comp. di *su* e *ricordato*; 1848] **agg.** ● Ricordato sopra, precedentemente.

surriferito [comp. di *su* e *riferito*; av. 1642] **agg.** ● Riferito sopra, precedentemente.

surriscaldaménto [da *surriscaldare*; 1895] **s. m.** ● (*fis.*) Somministrazione di calore al vapore per portarlo dallo stato di vapore saturo sino a quello di vapore surriscaldato | Riscaldamento eccessivo, spec. di un motore.

surriscaldàre [comp. di *sur-* e *riscaldare*, sul modello del fr. *surchauffer*; 1905] **A v. tr.** ***1*** Riscaldare eccessivamente, o oltre un certo limite. ***2*** (*fis.*) Sottoporre a surriscaldamento. **B v. intr. pron.** ● Diventare eccessivamente caldo: *il motore si è surriscaldato.*

surriscaldàto [1905] **part. pass.** di *surriscaldare*; anche **agg.** ***1*** (*fis.*) Detto di vapore che ha raggiunto una temperatura superiore a quella di saturazione. ***2*** Riscaldato eccessivamente, detto spec. di motore. ***3*** (*fig.*) Pieno di nervosismo, di agitazione: *l'incontro si svolse in un'atmosfera surriscaldata.*

surriscaldatóre [da *surriscaldare*; 1915] **s. m.** ● (*tecnol.*) Apparecchio che, nella caldaia, serve a produrre vapore surriscaldato.

sùrroga [da *surrogare*; 1658] **s. f.** ● (*dir.*) Surrogazione.

surrogàbile [1868] **agg.** ● Che si può surrogare | ***Bene s.***, bene supplementare.

surrogabilità [av. 1776] **s. f.** ● Condizione di ciò che è surrogabile.

surrogaménto [da *surrogare*; 1671] **s. m.** ● Surrogazione.

surrogàre o †**sorrogàre**, †**subrogàre** [vc. dotta, dal lat. *subrogāre*, comp. di *sŭb* 'sub-' e *rogāre* 'chiedere'. V. *rogare*; sec. XIV] **v. tr.** (*io surrògo, tu surròghi* o, più corretto ma meno diffuso, *io sùrrogo, tu sùrroghi*) ***1*** Mettere qlcu. o qlco. in luogo di altra persona o cosa: *s. un bene con un altro*; *s. un bene a un altro.* ***2*** (*raro*) Sostituire: *s. un insegnante* | (*dir.*) Subentrare in un diritto: *s. un creditore.*

surrogàto o †**sorrogàto** [av. 1540] **A part. pass.** di *surrogare*; anche **agg.** ***1*** Nei sign. del v. ***2 Bene s.***, bene supplementare. **B s. m.** ***1*** Prodotto alimentare di minor valore usato al posto di un altro genuino: *l'orzo tostato è un s. del caffè.* **SIN.** Succedaneo. ***2*** (*est., gener.*) Ciò che sostituisce un'altra cosa in modo incompleto, imperfetto: *questo è un s. di cultura.*

surrogatòrio [da *surrogare*; 1960] **agg.** ● (*dir.*) Che vale a surrogare | ***Imposta surrogatoria***, che tende a colpire beni sfuggiti all'applicazione delle imposte indirette su trasferimenti | ***Azione surrogatoria***, o (*ellitt.*) ***surrogatoria***, diritto di sostituirsi al proprio debitore, per assicurarsi la soddisfazione del proprio credito, nell'esercizio dei diritti patrimoniali che questi vanta verso terzi e che trascura di far valere.

surrogazióne [vc. dotta, dal lat. tardo (eccl.) *subrogatiōne(m)*, da *subrogātus* 'surrogato'; av. 1547] **s. f.** ***1*** Atto, effetto del surrogare. ***2*** (*dir.*) Subentro del terzo adempiente nel diritto del creditore soddisfatto: *s. dell'assicuratore*; *pagamento con s.* | ***S. reale***, mutamento dell'oggetto del rapporto obbligatorio per sostituzione della cosa o della prestazione con un'altra | *S. del creditore perdente*, subingresso di un creditore ipotecario nell'ipoteca di un altro creditore che lo precede nell'ordine delle ipoteche e che è stato soddisfatto.

sùrsum còrda [loc. lat., propr. 'in alto i cuori', sottinteso 'alziamo'; 1370] escl. ● Esortazione a sollevare il morale e a reagire alle avversità. SIN. Animo, coraggio.

survival /sur'vaival, *ingl.* sə'vaevḷ/ [vc. ingl., da *to survive* 'sopravvivere'; 1985] s. m. inv. ● Disciplina sportiva che consente di sperimentare le capacità di sopravvivenza in un ambiente naturale ostile e con un equipaggiamento privo di supporti tecnologici: *corsi, gare di s.*

survivalismo [da *survival*, come l'ingl. *survivalism*; 1981] s. m. ● Pratica del survival.

survivalista [1980] s. m. e f. (pl. m. *-i*) ● Chi pratica il survival.

survivalistico [1989] agg. (pl. m. *-ci*) ● Che riguarda il survivalismo | Da survivalista.

survoltàre [comp. di *sur-* e *voltare*, da *volt*; 1963] v. tr. (*io survòlto*) ● (*elettr.*) Aumentare il valore di una tensione.

survoltàto [1960] part. pass. di *survoltare*; anche agg. ● Nel sign. del v. | ***Lampada survoltata***, lampada a incandescenza per illuminazione fotocinematografica, con rendimento luminoso più alto del normale.

survoltóre [comp. di *sur-* e di un deriv. di *volt*, sul modello del fr. *survolteur*, 1907] s. m. ● (*elettr.*) Dispositivo che consente di aumentare il valore di una tensione.

suscettànza [dal lat. *suscĕptu(m)* part. pass. di *suscĭpere* 'ricevere'; 1960] s. f. ● (*elettr.*) Parte immaginaria dell'ammettenza, che determina lo sfasamento in quadratura della corrente che vi circola rispetto alla tensione applicatavi.

suscettìbile [vc. dotta, dal lat. tardo *susceptĭbile(m)*, da *susceptus*, part. pass. di *suscĭpere* 'prendere su di sé'; per calco sul fr. *susceptible* nel sign. 2; av. 1498] agg. **1** Capace di subire alterazioni, modificazioni: *beni suscettibili di pignoramento*. **2** Eccessivamente sensibile nell'amor proprio, facile a risentirsi, a offendersi: *è un tipo molto s.* SIN. Permaloso.

suscettibilità [da *suscettibile*; 1677] s. f. ● Caratteristica o condizione di chi è suscettibile: *offendere la s. di qlcu.*

suscettività [da *suscettivo*; 1819] s. f. **1** (*raro*) Caratteristica di ciò che è suscettivo. **2** (*fis.*) ***S. magnetica***, attitudine di un corpo a magnetizzarsi, espressa dal quoziente fra l'intensità di magnetizzazione e quella del campo magnetico che la produce | ***S. dielettrica***, attitudine di un corpo a polarizzarsi, espressa dal rapporto fra la polarizzazione e il prodotto della permettività del mezzo per il campo elettrico.

suscettivo [dal lat. tardo *susceptīvu(m)*, da *susceptus* (V. *suscettibile*); 1308] agg. ● (*filos.*) Atto a ricevere determinazioni, attributi e sim.

suscitaménto [av. 1363] s. m. ● (*raro*) Il suscitare.

♦**suscitàre** (**1**) [vc. dotta, dal lat. *suscitāre*, comp. di *sū(b)s* 'all'insù' e *citāre*, intens. di *ciēre* 'muovere'; av. 1292] v. tr. (*io sùscito*) **1** (*lett.*) Far sorgere, far levare su in alto (*spec. fig.*). **2** (*fig.*) Eccitare, destare, provocare: *s. ira, discordia in qlcu.*; *s. una lite*; *s. il riso.*

†**suscitàre** (**2**) [da *resuscitare*; av. 1292] **A** v. tr. ● Resuscitare. **B** v. intr. ● Resuscitare | Risorgere, levarsi.

suscitatóre [dal lat. tardo *suscitatōre(m)*, da *suscitātus* 'suscitato'; 1336 ca.] s. m.; anche agg. (f. *-trice*) ● Chi (o Che) suscita.

†**suscitazióne** [vc. dotta, dal lat. tardo *suscitatiōne(m)*, da *suscitātus* 'suscitato'; sec. XIII] s. f. ● Risuscitazione.

sushi /'suʃʃi, *giapp.* ˌsɯ'ɕi/ [vc. giapp.; 1985] s. m. inv. ● (*cuc.*) Piatto giapponese a base di pesce crudo, riso e alghe.

susina [f. sost. di *susino*, da *Susa*, città persiana; 1312] s. f. ● Frutto del susino con polpa di diversa consistenza, buccia sottile e pruinosa, nocciolo duro e seme amaro. SIN. Prugna. || **susinétta**, dim.

susino [da *Susa*. V. *susina*; av. 1320] s. m. ● Alberetto delle Rosacee con foglie ovali seghettate e rugose, fiori bianchi o rosa a coppie (*Prunus domestica*). SIN. Prugno. ➡ ILL. **piante**/6.

†**sùso** o †**sóso** [lat. *sūsu(m)*, ant. *sūrsum*, da **subvōrsum* 'in su, verso l'alto'; 1270 ca.] avv. ● Su: *s. in Italia bella giace un laco* (DANTE *Inf.* XX, 61).

†**susórno** [da †*suso*; sec. XIII] s. m. **1** (*raro*) Suffumigio. **2** Colpo dato sul capo.

suspense /'saspens, *ingl.* sə'spens, *fr.* sys'pɑ̃s, sœs-/ [vc. ingl., dal fr. (*en*) *suspens* '(in) sospeso', dal lat. *suspēnsu(m)*, part. pass. di *suspĕndere* 'sospendere'; 1938] s. f. inv. ● Stato di ansia e di attesa provocato dall'intreccio avventuroso di un dramma di cui non si sa immaginare la fine, dall'esito incerto di un avvenimento e sim.; (*est.*) meccanismo narrativo che crea tale stato di ansiosa attesa: *un film ricco di s.*

†**suspensióne** ● V. *sospensione.*

suspezióne ● V. *suspicione.*

†**suspicàre** ● V. †*sospicare.*

suspicióne o **suspezióne**, **suspizióne** [vc. dotta, dal lat. *suspiciōne(m)*, da *suspĭcere* 'guardare (*spĕcere*) dal sotto in su (*sŭ(b)s*)'; av. 1294] s. f. **1** †Sospetto, timore: *sono l'opere virtuose quelle nelle quali si trova niuna suspizione ... di disonestà* (ALBERTI). **2** (*dir.*) ***Legittima s.***, (*ellitt.*) ***suspicione***, V. *legittima suspicione.*

†**suspiràre** e *deriv.* ● V. *sospirare* e *deriv.*

suspizióne ● V. *suspicione.*

sussecutivo [dal lat. *subsecūtum*, part. pass. di *sŭbsequi* 'seguire', sul modello di *consecutivo*; av. 1698] agg. ● (*raro, lett.*) Susseguente, successivo. || **sussecutivaménte**, avv. Di seguito.

susseguènte o †**sussequènte** [1338 ca.] part. pres. di *susseguire*; anche agg. ● (*raro*) Seguente, successivo: *l'indagine s. a un delitto.* || **susseguenteménte**, avv. Successivamente, dopo.

†**susseguènza** [da *susseguente*; av. 1698] s. f. ● Ordine del susseguire | ***Per s.***, per conseguenza: *La s. dei suoi pensieri è assolutamente barbara* (CAMPANA).

susseguìre [vc. dotta, dal lat. *sŭbsequi* 'seguire (*sĕqui*) sotto (*sŭb*)', sul modello di *seguire*; sec. XIII] **A** v. intr. e raro tr. (*io susséguo*; aus. intr. *essere*) ● Seguire, venire dopo, come conseguenza: *il tuono sussegue al lampo*; *dal fatto sussegue che tu hai torto.* **B** v. rifl. rec. ● Verificarsi, venire a breve distanza l'uno dall'altro: *gli assalti si susseguirono con molta frequenza.*

†**sussequènte** ● V. *susseguente.*

sùssi [dall'ant. fr. (*jeu a*) *sous* '(gioco di) soldi', dal lat. *sŏlidos* 'soldi'; av. 1665] s. m. inv. ● Gioco di ragazzi consistente nel cercar di colpire una moneta posta su un sasso ritto | (*est.*) La pietra su cui si mette la moneta | (*fig., fam.*) ***Essere il s.***, essere il bersaglio delle maldicenze, delle burle altrui.

†**sussidènza** [vc. dotta, dal lat. *subsidĕntia(m)*, da *subsīdere* 'abbassarsi (*sīdere*) giù (*sŭb*)'; av. 1698] s. f. **1** Posatura, accumulo. **2** (*geol.*) V. *subsidenza.*

sussidiàre [vc. dotta, dal lat. *subsidiāri* 'accorrere di rinforzo', da *subsĭdium* 'riserva, sussidio'; sec. XV] v. tr. (*io sussìdio*) ● Aiutare con un sussidio, dotare di un sussidio: *s. una famiglia bisognosa*; *s. gli alluvionati.*

sussidiarietà [da *sussidiari(o)* col suff. *-età*; 1983] s. f. **1** (*dir.*) Rapporto fra due norme penali che prevedono stadi o gradi diversi di offesa a un medesimo bene, in forza del quale l'applicazione della norma che prevede l'offesa più grave esclude l'applicazione di quella che prevede l'offesa meno grave. **2** (*dir.*) Principio per il quale un'autorità di livello gerarchico superiore si sostituisce a una di livello inferiore quando quest'ultima non sia in grado di compiere gli atti di sua competenza | Principio per il quale il potere pubblico, a eccezione di quanto è ritenuto strategico per la collettività nazionale, svolge solo le attività che i privati non siano in grado di compiere.

sussidiàrio [vc. dotta, dal lat. *subsidiāriu(m)*, da *subsĭdiu(m)* 'sussidio'; 1564] **A** agg. ● Che è di sussidio, di aiuto e sim.: *esercito s.*; *mezzi sussidiari* | ***Fermata sussidiaria***, quella, poco distante dalla fermata normale di un mezzo pubblico, che quest'ultimo può utilizzare qualora si verifichi la contemporanea fermata di più vetture | ***Segnali sussidiari***, per richiamare l'attenzione del macchinista di un treno | ***Nave sussidiaria***, destinata non a combattere, ma a fornire vari servizi logistici alle proprie forze navali. || **sussidiariaménte**, avv. **B** s. m. ● Libro di testo comunemente adottato, insieme al libro di lettura, nel secondo ciclo della scuola elementare, che contiene i primi elementi di tutte le materie d'insegnamento.

sussidiàto [av. 1787] part. pass. di *sussidiare*; anche agg. **1** Aiutato con un sussidio. **2** ***Scuole sussidiate***, quelle istituite da enti o da privati con finanziamento statale, in località in cui il numero degli scolari non raggiunge le quindici unità.

sussidiatóre [1618] s. m.; anche agg. (f. *-trice*) ● Chi (o Che) sussidia: *ente s.*

sussìdio [vc. dotta, dal lat. *subsĭdiu(m)* 'riserva, soccorso', da *subsīdere* 'fermarsi, appostarsi'. V. *sussidenza*; 1321] s. m. **1** Aiuto, soccorso: *mandare truppe in s. alla città, della città*; *ho svolto il tema con il s. di un dizionario*; *sussidi bibliografici, scientifici* | ***Sussidi didattici***, l'insieme del materiale utile per l'insegnamento nelle scuole elementari e medie | ***Sussidi audiovisivi***, mezzi audiovisivi utili per l'insegnamento. **2** Sovvenzione in denaro, finanziamento: *chiedere, concedere, ottenere, un s.*; *presentare domanda di s.*; *s. di disoccupazione*; *s. dello Stato.* **3** (*spec. al pl.*) †Truppe ausiliarie, corpo di riserva. **4** †Suggestione.

†**sussiegàto** [da *sussiego*. Cfr. lo sp. *sosegado*; av. 1594] agg. ● Sussiegoso.

sussiègo [dallo sp. *sosiego* 'calma, contegno', da *sosegar* 'calmare', da un ant. *sessegar*, lat. parl. **sessicāre*, da *sedēre* 'star seduto'; av. 1555] s. m. (pl. *-ghi*) ● Aspetto, contegno, dignitoso e sostenuto, non privo di una certa altezzosità: *stare, mettersi, in s.*; *aria di s.*; *parlare con s.*

sussiegóso [1868] agg. ● Pieno di sussiego. || **sussiegosaménte**, avv.

sussistènte [sec. XIV] part. pres. di *sussistere*; anche agg. ● Che sussiste: *controversie sussistenti fra due persone.*

sussistènza [vc. dotta, dal lat. tardo *subsistĕntia(m)*, da *subsĭstens*, genit. *subsistĕntis* 'sussistente'; 1321] s. f. **1** Il fatto di sussistere: *accertare la s. di date condizioni* | Esistenza reale e attuale. **2** (*filos.*) L'esistere, indipendentemente dal soggetto pensante | (*filos.*) L'esistere come sostanza | Sostanza. **3** Ciò che è necessario per il sostentamento: *mezzi di s.*; *agricoltura di s.* **4** Tutto ciò che occorre per il sostentamento delle truppe | Branca del commissariato militare, destinata ad assicurare in pace e in guerra il vettovagliamento delle truppe: *uffici, magazzini, di s.*; *essere addetto alla s.* CFR. Vettovagliamento.

sussìstere o †**subsìstere** [vc. dotta, dal lat. *subsĭstere* 'fermarsi, tener saldo', comp. di *sŭb* 'sub-' e *sĭstere*, intens. di *stāre* 'stare'; av. 1375] v. intr. (pass. rem. *io sussistéi* o *sussistètti* (o *-étti*), *tu sussistésti*; part. pass. *sussistito*; aus. *essere*, raro *avere*) **1** Esistere, essere: *il fatto non sussiste* | Essere fondato, aver peso, valore, reale consistenza: *sono motivi che non sussistono.* **2** (*filos.*) Esistere indipendentemente dal soggetto pensante. **3** †Reggere, resistere.

sussultàre [vc. dotta, dal lat. *subsultāre*, comp. di *sŭb* 'sub-' e *saltāre* 'saltare'; 1499] v. intr. (aus. *avere*) **1** Sobbalzare con moto subitaneo, spec. per improvvisa emozione: *s. di spavento*; *s. per la gioia.* **2** Muoversi improvvisamente, spec. dal basso verso l'alto: *il pavimento sussultò sotto di noi.*

sussùlto [da *sussultare*; 1810] s. m. **1** Sobbalzo, trasalimento, per improvvisa emozione: *avere, dare, un s.* | Scossa: *la terra ebbe un s.* **2** (*fig.*) Improvvisa manifestazione di un sentimento: *un s. di orgoglio, di dignità.* SIN. Scatto | (*fig., spec. al pl.*) Ricomparsa, rigurgito: *sussulti di un'epoca passata.*

sussultòrio [da *sussulto*; 1835] agg. ● Che dà sussulti, che si manifesta con sussulti | ***Terremoto s.***, terremoto provocato in prevalenza da onde che giungono perpendicolarmente alla superficie terrestre. CONTR. Ondulatorio.

sussùmere [comp. di *sub-* e *sumere*, dal lat. *sūmere* 'prendere'; av. 1937] v. tr. (pass. rem. *io sussùnsi, tu sussumésti*; part. pass. *sussùnto*) **1** (*filos.*) Fare una sussunzione. **2** (*dir.*) Riferire un fatto specifico alla norma di legge che lo contempla.

sussunzióne [comp. di *sub-* e *sunzione*, sul modello del ted. *Subsumption*; 1584] s. f. ● (*dir.*) Il sussumere | (*filos.*) Nella logica aristotelica, operazione mediante la quale, in un sillogismo, il termine medio si presenta come soggetto della premessa maggiore e predicato della premessa minore.

♦**sussurràre** o (*lett.*) **susurràre** [dal lat. *susurrāre*, da *susŭrrus* 'sussurro'; 1388] **A** v. tr. **1** Dire a bassa voce: *s. due parole all'orecchio di qlcu.* SIN. Bisbigliare. **2** Dire in segreto, con tono di riprovazione, critica, e sim.: *sussurrano certe cose sul suo conto …!; si sussurra che sia fuggita di casa.* SIN. Mormorare. **B** v. intr. (aus. *avere*) **1** Mandare un rumore leggero e continuo: *le fronde sussurrano al vento; le acque del ruscello sussurrano.* **2** Sparlare di nascosto, in segreto: *s. contro qlcu.*

sussurratóre o (*lett.*) **susurratóre** [dal lat. tardo *susurratōre(m)*, da *susurrātus* 'sussurrato'; av. 1342] s. m.; anche agg. (f. *-trice*) ● Chi (o Che) sussurra.

†**sussurrazióne** o †**susurrazióne** [vc. dotta, dal lat. tardo *susurratiōne(m)*, da *susurrātus* 'sussurrato'; sec. XIII] s. f. ● Il sussurrare | Sussurro.

sussurrìo o (*lett.*) **susurrìo** [av. 1673] s. m. ● Il sussurrare continuo.

sussùrro o (*lett.*) **susùrro** [dal lat. *susŭrru(m)*, di orig. indeur.; sec. XIV] s. m. ● Il sussurrare | Suono leggero, continuo e indistinto: *il s. delle foglie, della voce di qlcu.; la sua voce si spense in un s.; mi parlò in un s.; di mille pioppe aerëe al s. / ombrano i buoi le chiuse* (FOSCOLO).

sussurróne [dal lat. tardo *susurrōne(m)*, da *susurrāre* 'sussurrare'; av. 1342] s. m. (f. *-a*) ● (*fam., raro*) Chi è solito sussurrare, con tono di riprovazione, critica, e sim.: *un certo Dandolo che aveva acquistato gran fama di s. nei crocchi più tempestosi* (NIEVO).

sùsta [dal lat. *suscitāre* 'sollevare, stimolare'. V. *suscitare*; av. 1389] s. f. **1** (*region.*) Molla, spec. a spirale. **2** (*spec. al pl.*) Stanghette degli occhiali. **3** (*fig., region.*) †Agitazione, movimento, nelle loc. *essere, mettere, in s.*

†**sustànte** [comp. di *su* e *stante*, part. pres. di *stare*; sec. XIII] vc. ● (*raro*) Solo nella loc. avv. *in s.*, in piedi.

†**sustantìfico** [creato sul modello del lat. *substantīvus, substantiālis*, con cambio di suff. (*-fico*); 1585] agg. ● (*raro*) Sostanziale.

†**sustantìvo** ● V. *sostantivo.*

†**sustànza** ● V. *sostanza.*

†**sustànzia** e *deriv.* ● V. *sostanza* e *deriv.*

†**sustentàre** ● V. *sostentare.*

†**sustituìre** ● V. *sostituire.*

susurràre ● V. *sussurrare.*

susùrro e *deriv.* ● V. *sussurro* e *deriv.*

†**sùto** ● V. †*essuto.*

sùtra /*sanscrito* 'su:tra/ [sanscrito *sūtra*, propr. 'norma, regola'; 1895] s. m. inv. (pl. sanscrito *sutro*) ● Nella letteratura indiana, breve aforisma di filosofia, grammatica, letteratura e sim., spesso riunito con altri in un trattato | Il trattato stesso.

†**suttèndere** ● V. *sottendere.*

†**sutterfùgio** ● V. *sotterfugio.*

†**suttìle** ● V. *sottile.*

†**sùtto** ● V. *sotto.*

†**suttràrre** ● V. *sottrarre.*

sutùra [vc. dotta, dal lat. *sutūra(m)*, da *sūtus*, part. pass. di *sŭere* 'cucire', di orig. indeur.; 1499] s. f. **1** (*anat.*) Articolazione fissa tra due ossa, con interposizione di tessuto fibroso: *s. cranica* | *S. coronale, coronaria*, che unisce l'osso frontale con le ossa parietali. **2** (*chir.*) Metodo di riunione dei margini di una ferita con fili o graffette metalliche. **3** (*raro, fig.*) Collegamento: *tra le due parti non c'è s.*

suturàle [1960] agg. ● Di sutura | Che forma una sutura.

suturàre [1916] v. tr. ● Sottoporre a sutura.

†**suvenìre** ● V. *sovvenire.*

†**sùvero** ● V. *sughero.*

su vìa /suv'via/ ● V. *suvvia.*

†**suvversióne** ● V. *sovversione.*

†**sùvvi** [comp. di *su* e *vi*; 1367] avv. ● (*intens., pleon.*) Sopra, su di esso, su di essa: *la scuccumedra con Agnolo s.* (SACCHETTI).

suvvìa o (*raro*) **su via** [comp. di *su* 'orsù' e *via*; av. 1742] inter. ● Esprime esortazione, incoraggiamento e sim. spec. con tono d'impazienza: *s., coraggio!; s.! calmatevi; s.! non c'è niente d'irreparabile; s., muoviamoci di qui!* SIN. Orsù.

suzióne [vc. scient. moderna, dal lat. *sūctus* (nom.), part. pass. di *sūgere* 'succhiare'. V. *suggere*; 1950] s. f. ● Complesso delle operazioni con cui il bambino succhia il latte dalla mammella.

suzzàcchera (o *-zz-*) o †**ossizzàcchera** (o *-zz-*), nel sign. 1 [dal gr. tardo *oxysákcharon*, comp. di *oxýs* 'acuto' e *sákcharon* 'zucchero'; av. 1400] s. f. **1** †Bevanda di zucchero e aceto. **2** (*fig., tosc.*) Cosa lunga, che reca noia e fastidio.

suzzàre (o *-zz-*) [lat. parl. **suctiāre*, da *sūctus*, part. pass. di *sūgere* 'succhiare'. V. *suggere, succiare*; av. 1498] v. tr. ● (*pop., tosc.*) Asciugare, assorbire.

ṣvaccàrsi [comp. parasintetico di *vacca* nel sign. 5, col pref. *s-*; 1959] v. intr. pron. (*io mi ṣvàcco, tu ti ṣvàcchi*) ● (*pop.*) Perdere la voglia, il gusto di fare qlco., non concludere, spec. dopo un inizio promettente.

ṣvaccàto [dalla loc. *andare in vacca* col pref. *s-*; 1945] agg. ● (*pop.*) Che è diventato indolente e abulico dopo aver perso interessi, slanci, motivazioni.

ṣvàcco [deriv. di *svaccarsi*; 1980] s. m. (pl. *-chi*) ● (*pop.*) Comportamento, atteggiamento di chi ha perso la voglia o il gusto di fare qlco.

ṣvagaménto [av. 1673] s. m. ● (*raro*) Svago.

ṣvagàre [lat. parl. **exvagāre*, variante del classico *evagāri*, comp. di *ĕx-* (*s-*) e *vagāre* 'vagare'; 1260 ca.] **A** v. tr. (*io ṣvàgo, tu ṣvàghi*) **1** (*raro*) Distrarre qlcu. da ciò che sta facendo: *per favore, non svagarmi quando studio.* **2** Distrarre da pensieri tristi, preoccupazioni e sim.: *il teatro lo svaga molto.* SIN. Divertire. **3** (*fam., tosc.*) Andare a genio, piacere: *quel tipo non mi svaga proprio.* **B** v. intr. pron. **1** Distrarsi da ciò che si sta facendo: *non svagarti, ascolta l'insegnante.* **2** Divertirsi, ricrearsi: *va fuori per svagarsi un po'!* **3** †Deviare dal cammino, detto di cose.

ṣvagatàggine [1873] s. f. ● Svagatezza.

ṣvagatézza [1823] s. f. ● Caratteristica di chi è svagato.

ṣvagatìvo [av. 1704] agg. ● (*raro*) Atto a svagare, a distrarre.

ṣvagàto [sec. XIII] part. pass. di *svagare*; anche agg. ● Distratto, disattento: *un ragazzo un po' s.* | Che rivela mancanza di concentrazione: *avere un'aria svagata.* || **ṣvagatàccio**, pegg. | **ṣvagatèllo**, dim. | **ṣvagatìno**, dim. | **ṣvagatóne**, accr. | **ṣvagatùccio**, dim. || **ṣvagataménte**, avv.

†**ṣvaginàre** [da *vagina*, con *s-*. V. il lat. tardo *evagināre*; av. 1568] v. tr. ● (*lett.*) Sguainare.

ṣvàgo [da *svagare*; av. 1673] s. m. (pl. *-ghi*) **1** Piacevole distrazione dalle normali attività: *prendere, prendersi, darsi, un po' di s.; un mese di s.* **2** Ciò che svaga: *in questa città ci sono molti svaghi; è uno s. innocuo.* SIN. Divertimento.

ṣvagolàre [da *svagare*, con suff. iter.-dim.; av. 1380] **A** v. tr. (*io ṣvàgolo*) ● (*raro, tosc.*) Rendere svagato, distratto. **B** v. intr. pron. ● Distrarsi, svagarsi.

ṣvagolàto [av. 1380] part. pass. di *svagolare*; anche agg. **1** Distratto, svagato. **2** Scioperato, perdigiorno.

ṣvaligiaménto [av. 1527] s. m. ● Lo svaligiare, il fatto di venire svaligiato.

ṣvaligiàre [da *valigia*, con *s-*; sec. XV] v. tr. (*io ṣvaligio*) **1** Rubare da un luogo il denaro, gli oggetti e sim. in esso contenuti o custoditi: *s. un negozio, una banca; s. una cassaforte.* **2** †Depredare, saccheggiare: *nella quale terra entrato di notte, la svaligiò* (GUICCIARDINI).

ṣvaligiatóre [1556] s. m. (f. *-trice*) ● Chi svaligia.

†**ṣvaloríre** [da *valore*, con *s-*; av. 1406] v. intr. ● (*raro*) Perdere il valore.

ṣvalorizzàre [da *valorizzare* col pref. neg. *s-*; 1924] v. tr. ● Diminuire il valore, l'importanza, il pregio di qlcu. o qlco.

ṣvalutàbile [da *valutabile* col pref. neg. *s-*] agg. ● Che può essere svalutato.

ṣvalutàre [da *valuta*, con *s-*, sul modello del fr. *évaluer*; 1918] **A** v. tr. (*io ṣvalùto* o, più diffuso ma meno corretto, *ṣvàluto*) **1** Ridurre il valore, il prezzo di qlco.: *s. le immobilizzazioni, la moneta* | *S. un credito*, ridurre il reale valore, nell'impossibilità di ottenerne il pagamento. **2** (*fig.*) Considerare inferiore al valore, all'importanza reale: *s. l'opera dei predecessori.* **B** v. intr. pron. ● Diminuire di valore, di prezzo: *la moneta si sta svalutando.* **C** v. rifl. ● Considerarsi da meno di ciò che realmente si è. SIN. Sminuirsi, sottovalutarsi. CONTR. Sopravvalutarsi.

ṣvalutazióne [1908] s. f. **1** Lo svalutare. **2** (*econ.*) Riduzione del valore di una moneta nei confronti delle altre monete estere.

ṣvampàre [da *vampa*, con *s-* estrattivo-durativo; 1367] **A** v. intr. (aus. *avere* nel sign. 1, *essere* nel sign. 2) **1** Uscir fuori emettendo vampate, calore, vapore: *la fiamma svampa dal fornello.* **2** Svigorirsi, diminuire d'intensità (*spec. fig.*): *gli è svampata la collera.* **B** v. tr. ● (*raro, lett.*) Manifestare liberamente, sfogare. **C** v. intr. pron. ● †Sfogarsi, agitarsi.

ṣvampìre [da *vampa*, con *s-* negativo-sottrattivo (V. *svampare*); av. 1529] v. intr. (*io ṣvampisco, tu ṣvampisci*; aus. *essere*) **1** (*region.*) Svaporare. **2** (*fig.*) Svigorirsi, diminuire d'intensità: *gli svampì tutto l'entusiasmo.*

ṣvampìto [1951] **A** part. pass. di *svampire*; anche agg. ● Nei sign. del v. **B** agg.; anche s. m. (f. *-a*) ● Chi (o Che) è distratto, svanito | ***Una ragazza svampita***, frivola, ostentatamente leggera.

†**ṣvanévole** [av. 1704] agg. ● Atto a svanire.

ṣvaniménto [av. 1342] s. m. ● (*lett.*) Il fatto di svanire: *s. delle parti oscure e opache* (BRUNO).

ṣvanìre [da *vanire*, da *vano*, con *s-*; sec. XIII] v. intr. (*io ṣvanìsco, tu ṣvanìsci*; aus. *essere*) **1** Disperdersi, finire in nulla: *tenendo la finestra aperta il calore svanisce.* **2** Dileguarsi, scomparire: *l'apparizione svanì; il treno svanì in lontananza* | (*fig.*) Cessare di essere, sfumare: *svanirono le illusioni; ogni speranza è svanita; molte volte … occasioni sufficienti per produrre notabili effetti, … svaniscono per mancamento d'uomini che se ne sappiano valere* (SARPI). **3** (*raro*) Perdere odore, sapore, aroma: *all'aria le essenze svaniscono.* **4** (*fig.*) Esaurirsi, indebolirsi: *con gli anni la memoria svanisce* | Placarsi: *gli è svanita l'ira.*

ṣvanitìccio [da *svanito*; 1677] agg. (pl. f. *-ce*) ● (*raro*) Che svanisce con facilità.

ṣvanìto [av. 1424] **A** part. pass. di *svanire*; anche agg. ● Che ha perso l'intensità: *un aroma s.* | (*fig.*) Scomparso, dileguato: *illusioni ormai svanite.* **B** agg.; anche s. m. (f. *-a*) ● Che (o Chi) ha le facoltà mentali indebolite, per malattia, vecchiaia e sim.: *quell'uomo mi sembra un po' s.; è una svanita* | Detto di chi è o vuole apparire leggero e futile, senza idee o interessi.

†**ṣvanitóre** [av. 1704] s. m.; anche agg. (f. *-trice*) ● Chi (o Che) svanisce.

ṣvantaggiàre [da *vantaggio*, con *s-* negativo; 1943] v. tr. ● Danneggiare qlcu. o qlco. nei confronti di altro o di altri: *misure economiche che potrebbero s. il Mezzogiorno.*

ṣvantaggiàto [contr. di *avvantaggiato*, con cambio di pref. (*s-*); 1960] **A** agg. ● Che si trova in condizioni di svantaggio rispetto ad altri: *è s. dalla bassa statura; è s. per la bassa statura.* **B** s. m.; anche agg. ● Bambino che ha bisogno di ricevere una particolare educazione, spec. scolastica, perché proveniente da un ambiente familiare culturalmente inferiore a quello dei suoi coetanei.

ṣvantàggio [da *vantaggio*, con *s-*. V. il fr. *désavantage*; av. 1375] s. m. **1** Situazione, posizione, stato di netto sfavore: *essere in s. rispetto a qlcu.; avere lo s. di essere timido* | Pregiudizio, danno: *ciò torna a s. della salute.* CONTR. Vantaggio. **2** (*sport*) Distacco da chi è in testa a una gara o da chi sta prevalendo in una partita: *s. di tre punti; essere in s. di due gol; recuperare lo s.*

ṣvantaggióso [av. 1600] agg. ● Che arreca svantaggio: *patti svantaggiosi.* CONTR. Vantaggioso. || **ṣvantaggioṣaménte**, avv. In modo svantaggioso.

ṣvànzica [adattamento del ted. *zwanzig* (*Kreuzer*) 'venti (soldi)', che costituivano la lira austriaca; 1822] s. f. **1** (*pop., sett.*) Lira austriaca avente corso, un tempo, nel Regno Lombardo-Veneto. **2** (*spec. al pl., fam., scherz.*) Denari, quattrini.

ṣvaporàbile [sec. XVII] agg. ● (*raro*) Che svapora con facilità.

ṣvaporaménto [av. 1320] s. m. ● Lo svaporare.

ṣvaporàre [dal lat. tardo *exvaporāre*, variante del classico *evaporāre*, comp. di *ĕx-* (*s-*) e *vaporāre* 'esalare'. V. *vaporare*; 1282] **A** v. intr. (*io ṣvapóro*; aus. *essere*) **1** Perdere odore, sapore, aroma, detto di determinate sostanze: *all'aria la benzina svapora.* SIN. Evaporare. **2** (*fig.*) Svanire, esaurirsi: *gli è svaporato l'entusiasmo; m'andarono svaporando dal capo i fumi della poesia* (NIEVO). **B** v. tr. ● †Fare evaporare.

ṣvaporàto [av. 1589] part. pass. di *svaporare*; anche agg. **1** Evaporato: *un profumo s.* **2** (*fig.*) Svanito, detto di persona.

ṣvaporazióne [av. 1698] s. f. ● (*raro*) Svaporamento.

ṣvariaménto [av. 1276] s. m. ● Lo svariare.

ṣvariàre [da *variare*, con *s-*; av. 1276] **A** v. tr. (*io ṣvàrio*) **1** (*raro*) Rendere vario o più vario: *s. uno spettacolo.* **2** (*fig.*, *raro*) Svagare, distrarre. **B** v. intr. (aus. *essere* e *avere*) **1** (*lett.*) Avere varietà di aspetto, di colori. **2** Nel linguaggio del calcio, spostarsi allargando l'azione: *una punta che ama s. sulla fascia destra.* **C** v. intr. e intr. pron. ● †Deviare, vagare, con la mente.

ṣvariatézza [1879] s. f. ● Condizione di ciò che è svariato.

ṣvariàto [av. 1294] part. pass. di *svariare*; anche agg. **1** Vario, diverso, che ha molte varietà: *forme svariate*; *rappresentazione svariata.* **2** (*al pl.*) Numerosi e diversi: *ho acquistato svariati oggetti* | Molti, numerosi: *gli ho scritto svariate volte.* || **ṣvariataménte**, avv. In modo svariato, diverso.

†**ṣvàrio** [da *svariare*; av. 1347] s. m. ● Divario, differenza.

ṣvarióne [da *svario*; av. 1462] s. m. ● Grosso errore di lingua, traduzione, o sim.: *dire uno s.*; *il giornale è pieno di svarioni tipografici.* SIN. Sfarfallone, sproposito.

ṣvaṣaménto [1940] s. m. ● Svasatura.

ṣvaṣàre [da *vaso*, con *s-*. V. il fr. *évaser*; 1892] v. tr. **1** Cambiare di vaso: *s. una pianta.* **2** Foggiare a forma di vaso, cioè di tronco conico rovesciato | ***S. un albero***, potare i rami, come a formare un vaso | ***S. una gonna***, allargarla sensibilmente in basso.

ṣvaṣàto [1858] part. pass. di *svasare*; anche agg. ● Nei sign. del v.

ṣvaṣatùra [1884] s. f. **1** Lo svasare | Parte, forma, svasata. **2** (*tecnol.*) Allargamento di un foro cilindrico in modo da renderlo conico. **3** (*arch.*) Spazio delimitato da struttura o da elementi architettonici ad andamento convergente.

ṣvàṣo [1940] s. m. ● (*arch.*) Svasatura.

ṣvàsso o **ṣuàsso**, **ṣuàzzo** [vc. sett. lat. parl. **suāce(m)*, da *sūs*, genit. *sŭis* 'porco', passato alla categoria del n. in *-o*; 1797] s. m. ● ***S. maggiore***, uccello di palude dei Podicepidiformi con lungo collo e, nella stagione degli amori, ciuffi di penne sul capo (*Podiceps cristatus*) | ***S. piccolo***, con ali più corte, collo nero e penne dorate ai lati degli occhi (*Podiceps nigricollis*). SIN. Tuffolo.

ṣvàstica [dal sanscrito *svastika-*, agg. da *svasti-* 'felicità'; 1846] s. f. **1** Simbolo magico-religioso di molte popolazioni del gruppo linguistico indoeuropeo, rappresentante probabilmente il movimento solare e le quattro direzioni cosmiche, composto da una croce a quattro bracci di uguale lunghezza il cui prolungamento ad angolo retto volge in una direzione, o destra o sinistra. **2** Analogo simbolo adottato da vari movimenti antisemiti e soprattutto dal partito nazista in Germania negli anni 1930-40.

ṣvecchiaménto [1803] s. m. ● Lo svecchiare.

ṣvecchiàre [da *vecchio*, con *s-*; av. 1380] v. tr. (*io ṣvècchio*) ● Liberare da ciò che è vecchio, rimuovere tutto o in parte: *s. il guardaroba, la casa*; *s. la lingua*; *s. i programmi scolastici.*

ṣvecchiatùra [1779] s. f. ● (*raro*) Svecchiamento.

ṣvecciàre [da *veccia*, con *s-*; 1960] v. tr. (*io ṣvéccio*) ● Separare grano, orzo e sim. dai semi di veccia.

ṣvecciatóio [da *svecciare*; 1940] s. m. ● Macchina per la pulizia e selezione di semi di forma diversa, spec. di cereali, a mezzo di cilindri rotanti alveolati. SIN. Svecciatore.

ṣvecciatóre [1940] s. m. ● Svecciatoio.

ṣvedéṣe [1657] **A** agg. **1** Della Svezia: *paesaggio s.* **2** (*est.*) Detto di ciò che proviene dalla Svezia, che è stato ideato in Svezia e sim. | ***Fiammifero s.***, fiammifero di sicurezza | ***Pannolino s.***, per neonati, di cellulosa in fiocco rivestita di morbido tessuto, dotato di grande capacità di assorbimento | ***Ginnastica s.***, uno dei metodi di educazione ed esercizio fisico fondato su basi anatomiche e fisiologiche, dal quale derivano tutti i sistemi di ginnastica scientifica | ***Spalliera s.***, tipo di spalliera, usato spec. nella ginnastica svedese | ***Quadro s.***, attrezzo ginnico per esercizi di traslocazione, formato da montanti paralleli e da correnti orizzontali, anch'essi paralleli, che si intersecano formando una grande scacchiera | (*mar.*) ***Randa s.***, piccola randa da tempesta non inferita sul boma. **B** s. m. (anche f. nel sign. 1) **1** Abitante, nativo della Svezia. **2** Fiammifero svedese. **C** s. m. solo sing. ● Lingua del gruppo germanico, parlata in Svezia. **D** s. f. ● (*mar.*) Randa svedese.

♦**ṣvéglia** [da *svegliare*; 1294] **A** s. f. **1** Lo svegliare, lo svegliarsi, il momento in cui ci si sveglia: *dare il segnale di s.*; *la s. è alle sette*; *hanno anticipato la s.* **2** Segnale dato mediante un suono di tromba, campanello, tamburo, e sim. per svegliare gli appartenenti a una comunità, al termine del riposo notturno: *dare la s.*; *suonare la s.*; *in caserma la s. suona alle cinque.* **3** Orologio con suoneria, che suona a tempo prescelto per svegliare: *la s. suona alle sette*; *metti la s. alle sette*; CFR. Radiosveglia. **4** †Strumento di tortura | †***Essere, stare, sulla s.***, in pena. **5** †Chi suona la sveglia. || **ṣvegliétta**, dim. | **ṣveglióne**, accr. m. **B** in funzione di inter. ● Si usa come esortazione a destarsi, ad alzarsi, o anche come incitamento a una maggiore attenzione, alacrità e sim.: *sono le sette, s.!*; *s., è ora di alzarsi!*; *s., ragazzi!*; *s., cerca di capire!*

ṣvegliaménto [sec. XIV] s. m. ● (*raro*) Risveglio.

♦**ṣvegliàre** [provz. *esvelhar*, dal lat. parl. **exvigilāre*, variante del classico *evigilāre*, comp. di *ĕx-* (*s-*) e *vigilāre* 'vegliare'; av. 1276] **A** v. tr. (*io ṣvéglio*) **1** Destare dal sonno, fare interrompere il sonno: *svegliami alle sette*; *la luce lo sveglia*; *s. qlcu. con un rumore* | (*fam.*) ***Non lo sveglierebbero neppure le cannonate***, di chi ha il sonno molto pesante. **2** (*fig.*) Rendere attento, vigile, desto, togliendo da uno stato di torpore: *devi svegliare un po' quel ragazzo* | Scaltrire: *l'esperienza lo ha svegliato.* **3** (*fig.*) Eccitare, suscitare: *s. un desiderio, l'appetito.* **B** v. intr. pron. **1** Destarsi dal sonno: *svegliarsi alle sette*; *svegliarsi di soprassalto*; *a ogni minimo rumore si sveglia.* **2** (*fig.*) Scaltrirsi: *con l'età si è svegliato.* **3** (*fig.*) Manifestarsi, mettersi in azione: *gli si è svegliato l'appetito*; *si è svegliato il male* | Alzarsi, levarsi: *si svegliò un forte vento.*

ṣvegliarìno [da *svegliare*; av. 1705] s. m. **1** Negli orologi antichi, quadrante della sveglia. **2** (*fam.*, *disus.*) Mezzo per stimolare, esortare, richiamare: *dare, fare, uno s. a qlcu.*

ṣvegliàta [1773] s. f. ● (*raro*, *fam.*) Risveglio.

ṣvegliatézza [da *svegliato*; av. 1705] s. f. ● (*raro*) Caratteristica di chi è sveglio, pronto d'ingegno.

ṣvegliàto [1294] part. pass. di *svegliare*; anche agg. **1** Nei sign. del v. **2** †Sveglio.

ṣvegliatóre [av. 1484] s. m. (f. *-trice*) ● (*raro*) Chi sveglia (*anche fig.*).

†**ṣvègliere** ● V. *svellere.*

†**ṣvegliévole** [da *svegliare*; sec. XIV] agg. ● (*raro*) Che si sveglia con facilità.

♦**ṣvéglio** [agg. da *svegliare*; 1836] agg. **1** Che non dorme, che è in stato di veglia: *essere, stare, s.*; *sei già s.?* CONTR. Addormentato. **2** (*fig.*) Attento e pronto, dotato di ingegno vivace: *bambino s.*; *mente sveglia.* CONTR. Ottuso, stolido, tonto. **3** (*fig.*, *fam.*) Astuto, scaltro: *quella lì è una donna sveglia.*

ṣvelaménto [1644] s. m. ● (*raro*) Lo svelare.

ṣvelàre [da *velo*, con *s-*; 1319] **A** v. tr. (*io ṣvélo* (o *-è-*)) **1** (*lett.*, *raro*) Togliere il velo. **2** Rivelare qlco. di segreto: *s. un segreto a qlcu.*; *s. un mistero.* **3** (*fig.*) Palesare, scoprire, mostrare chiaramente: *s. le proprie intenzioni*; *quel gesto svelò la sua rabbia.* **B** v. rifl. ● (*fig.*) Palesarsi, rivelarsi: *si è svelato per quell'egoista che è*; *si è svelato in tutta la sua crudeltà.*

ṣvelatóre [1873] s. m.; anche agg. (f. *-trice*) ● (*raro*) Chi (o Che) svela segreti, misteri e sim.

ṣvelatùra [da *velatura* (*1*), con *s-*; 1960] s. f. ● Rimozione, con apposite tecniche, delle velature dai dipinti.

ṣvelenàre o †**ṣvenenàre** [da *veleno*, con *s-*; av. 1380] v. tr. e intr. pron. (*io ṣveléno*) ● Svelenire.

ṣvelenìre [da *svelenare*, con cambio di coniug.; av. 1629] **A** v. tr. (*io ṣvelenìsco, tu ṣvelenìsci*) **1** Liberare dal veleno. **2** (*fig.*) Liberare dal rancore, dall'astio: *la richiesta di scusa lo ha svelenito* | (*fig.*) Rendere meno velenoso, meno teso: *s. i contrasti*; *s. una polemica.* **B** v. intr. pron. ● (*fig.*) Sfogare il rancore: *finalmente si è svelenito* | Liberarsi del rancore, dell'astio: *l'atmosfera si è svelenita.*

†**ṣvellàto** [da *vello*, con *s-*; 1550] agg. ● Ravviato, detto spec. di capelli o barba.

ṣvèllere o †**eṣvèllere**, †**ṣvègliere**, (*poet.*) **ṣvèrre** [dal lat. parl. **exvĕllere*, variante del classico *evĕllere*, comp. di *ex-* (*s-*) e *vĕllere* 'strappare'; 1313] **A** v. tr. (pres. *io ṣvèllo*, o *ṣvèlgo, tu ṣvèlli, egli ṣvèlle, noi ṣvelliàmo, voi ṣvelléte, essi ṣvèllono* o *ṣvèlgono*; pass. rem. *io ṣvèlsi, tu ṣvellésti*; congv. pres. *io ṣvèlla*, o *ṣvèlga*; part. pass. *ṣvèlto*) ● (*lett.*) Strappare, tirare via con forza, sradicare (*anche fig.*): *s. una pianta, un palo*; *s. un ricordo dal proprio animo.* **B** v. rifl. ● †Staccarsi, strapparsi, allontanarsi: *con molto pensiero indi si svelse* (PETRARCA).

ṣvelliménto [sec. XIV] s. m. ● (*raro*) Lo svellere.

ṣvèlsi ● V. *svellere.*

ṣveltézza [da *svelto* (*1*); 1550] s. f. **1** Caratteristica di chi (o di ciò che) è svelto. **2** Forma slanciata ed elegante.

ṣveltiménto [1915] s. m. ● Lo sveltire, lo sveltirsi.

ṣveltìna [da *svelto* (*1*); 1976] s. f. ● (*volg.*) Rapporto sessuale compiuto con rapidità.

ṣveltìre [da *svelto* (*1*); 1681] **A** v. tr. (*io ṣveltìsco, tu ṣveltìsci*) **1** Rendere più svelto, più disinvolto: *l'esperienza lo ha sveltito.* **2** Rendere più spedito, più rapido: *s. il traffico, la circolazione.* **3** Rendere più snello, più slanciato, più aggraziato: *quell'abito sveltisce la figura*; *s. la forma di una colonna.* **B** v. intr. pron. ● Diventare più svelto, più disinvolto: *si è sveltito molto.*

♦**ṣvèlto** (**1**) o **ṣvélto** [dal tosc. merid. *svélto*, allotropo di *svegliato*, part. pass. di *svegliare*; 1378 ca.] agg. **1** Che si muove, agisce e sim. con prontezza, senza impaccio: *un cameriere s. nel servire* | ***S. di mano***, che ha tendenza a rubare o a picchiare | ***S. di lingua***, troppo loquace, maldicente. CONTR. Lento, tardo. **2** Lesto, sollecito: *passo s.*; *andatura svelta*; *cammina più s.* | ***Alla svelta***, (*ellitt.*) in modo svelto, rapido: *preparati alla svelta.* **3** Sottile e slanciato, agile: *campanile s.*; *una ragazza dalla persona svelta.* **4** Sveglio, vivace: *è molto s. per la sua età*; *mente svelta.* || **ṣveltìno**, dim. || **ṣveltaménte**, avv. In modo lesto, con rapidità.

ṣvèlto (**2**) [1340 ca.] part. pass. di *svellere* ● (*raro*) Nei sign. del v.

†**ṣvembràre** ● V. *smembrare.*

ṣvenaménto [1745] s. m. ● (*raro*) Lo svenare | Il fatto di svenarsi, di venire svenato (*spec. in senso fig.*).

ṣvenàre [da *vena*, con *s-*; av. 1348] **A** v. tr. (*io ṣvéno*) **1** Uccidere tagliando le vene. **2** (*fig.*) Privare qlcu. di tutto, o di quasi tutto, ciò che possiede: *quello strozzino lo ha svenato.* **B** v. rifl. **1** Darsi la morte tagliandosi le vene: *si è svenato con una lametta*; *ei si sveni, e il vil suo sangue / su' Filistei ricada* (ALFIERI). **2** (*fig.*) Sostenere grandi sacrifici, grandi spese, per qlcu. o qlco.: *per far studiare i figli si è svenato.*

ṣvenatùra [1873] s. f. ● (*raro*) Svenamento.

ṣvéndere [da *vendere*, con *s-*; 1922] v. tr. (coniug. come *vendere*) ● Vendere a prezzo inferiore al costo (*anche assol.*).

ṣvéndita [av. 1937] s. f. ● Lo svendere: *s. di fine stagione.*

†**ṣvenenàre** ● V. *svelenare.*

ṣvenevolàggine [av. 1675] s. f. ● Svenevolezza.

ṣvenévole [da *svenire*; av. 1449] **A** agg. **1** Che si comporta in modo eccessivamente languido, lezioso, sdolcinato: *signora s.*; *essere s. nel parlare*; *maniere svenevoli.* **2** †Sgraziato, sguaiato. || **ṣvenevolménte**, avv. In maniera svenevole. **B** s. m. e f. ● Persona, spec. donna, svenevole: *fare la s.* || **ṣvenevolóne**, accr. | **ṣvenevolùccio**, dim.

ṣvenevolézza [av. 1375] s. f. **1** Condizione di chi (o di ciò che) è svenevole. **2** Atto, comportamento, svenevole.

ṣvènia [da †*invenia*, con cambio di pref. (*s-*); 1861] s. f. ● (*spec. al pl.*, *fam.*, *tosc.*) Atti leziosi, smorfie.

ṣveniménto [da *svenire*; 1520] s. m. ● Transitoria perdita di coscienza non dovuta a epilessia o a malattie cerebrali: *avere uno s.*

♦**ṣvenìre** [da *venire* (*meno*), con *s*-; sec. XIII] **v. intr.** (coniug. come *venire*; aus. *essere*) ● Perdere i sensi, venir meno, cadere in deliquio: *sentirsi s.*; *s. per la debolezza* | ***Fare s.***, (*iperb.*) essere molto noioso, insopportabile: *è così lento che fa s.*

ṣventaglìare [da *ventaglio*, con *s*-; 1873] **A v. tr.** (*io ṣventàglio*) **1** Agitare il ventaglio, fare aria con un ventaglio o sim.: *sventagliarsi la faccia*. **2** (*est.*) Agitare come un ventaglio: *gli sventagliò la lettera sotto il naso*. **3** Disporre a ventaglio: *s. le carte sul tavolo* | Sparare a ventaglio: *s. una raffica di mitra*. **B v. rifl.** ● Farsi aria con un ventaglio: *sta sempre là a sventagliarsi*.

ṣventagliàta [1923] **s. f. 1** Lo sventagliare un po'. **2** Scarica di arma automatica mossa a guisa di ventaglio: *una s. di mitra*.

ṣventàre (1) [da *vento*, con *s*- intens., propr. 'dar vento, far sfogare'; 1562] **v. tr.** (*io ṣvènto*) ● †Fare uscire l'aria, il gas e sim. contenuti in un recipiente | ***S. una mina***, renderla inefficace aprendone il fornello, così che i gas non abbiano effetto; anche, neutralizzarla mediante contromina.

ṣventàre (2) [da *vento*, con *s*- sottrattivo; 1602] **v. tr.** (*io ṣvènto*) **1** Far fallire, rendere vano: *s. una trama, una macchinazione, una congiura, un pericolo*. **2** (*mar.*) Orientare l'imbarcazione o le vele in modo che queste non si gonfino di vento.

ṣventatàggine [av. 1872] **s. f.** ● (*raro*) Sventatezza.

ṣventatézza [da *sventato* (*2*); 1766] **s. f. 1** Caratteristica, condizione di chi è sventato. **2** Atto, comportamento, sventato.

ṣventàto (1) [1655] **part. pass.** di *sventare* (*2*); anche **agg.** ● Reso vano, fatto fallire: *un attentato s.*

ṣventàto (2) [dal precedente, in senso figurato; 1536] **A agg.** ● Che agisce senza giudizio, senza ponderazione: *ragazzo s.* | ***Alla sventata***, (*ellitt.*) in modo sventato, distrattamente: *agire alla sventata*. **SIN.** Avventato, sbadato, sconsiderato. || **ṣventatamènte**, **avv. B s. m.** (f. *-a*) ● Persona sventata: *fare lo s.*; *comportarsi da s.*

ṣvèntola [da *ventola*, con *s*-; 1873] **s. f. 1** Ventola | (*fig.*) ***Orecchie a s.***, col padiglione che sporge molto in fuori. **2** (*est.*) Colpo violento, percossa. **3** Nel pugilato, colpo portato facendo compiere un ampio movimento al braccio disteso, verso la spalla opposta. **4** (*fig.*, *fam.*) Donna di alta statura e dalla bellezza appariscente.

ṣventolaménto [av. 1566] **s. m.** ● Lo sventolare.

ṣventolàre [da *ventolare*, con *s*-; sec. XIV] **A v. tr.** (*io ṣvèntolo*) **1** Muovere, agitare al vento: *s. la bandiera, il fazzoletto*. **2** Fare vento: *s. il viso a un malato* | ***S. il fuoco***, ravvivarlo. **3** Dare aria, arieggiare | ***S. il grano***, tirarlo con la pala sull'aia, per liberarlo dalla loppa, o rivoltarlo nel granaio perché non ammuffisca | ***S. le olive***, rivoltarle o cambiarle di posto perché non fermentino. **B v. rifl.** ● Farsi vento, aria: *sventolarsi con un giornale*. **C v. intr.** (aus. *avere*) ● Muoversi per il vento, ondeggiare al vento: *le bandiere sventolano sull'edificio*.

ṣventolàta [1638] **s. f.** ● Lo sventolare, lo sventolarsi un po'. || **ṣventolatina**, **dim.**

ṣventolìo [1863] **s. m.** ● Lo sventolare continuo.

ṣventraménto [1891] **s. m. 1** Lo sventrare (*anche fig.*): *lo s. di un pollo*; *lo s. di un centro storico*. **2** (*med.*) Grave rilasciamento dei muscoli anteriori dell'addome.

ṣventràre [da *ventre*, con *s*-; av. 1348] **A v. tr.** (*io ṣvèntro*) **1** Aprire il corpo di animale macellato per levarne le interiora: *s. un coniglio*. **2** (*est.*) Ferire al ventre, uccidere ferendo al ventre. **3** (*fig.*) Demolire interi quartieri o singoli edifici: *s. un edificio pericolante*. **B v. rifl.** ● †Uccidersi ferendosi al ventre.

ṣventràta (1) **s. f.** ● Operazione dello sventrare un animale ucciso prima di cucinarlo: *dare una s. al pollo*.

ṣventràta (2) [da *ventre*; 1734] **s. f.** ● (*raro*) Scorpacciata.

ṣventràto [sec. XIV] **part. pass.** di *sventrare*; anche **agg. 1** Nei sign. del v. **2** (*pop.*, *tosc.*) Insaziabile: *mangia tanto che sembra s.!* || **ṣventratàccio**, **pegg.**

ṣventùra [da *ventura*, con *s*-; 1319] **s. f. 1** Sorte avversa, malasorte:: *essere perseguitato dalla s.*; *essere provato dalla s.*; *per nostra s.*; *per colmo di s.*; *un colpo di s.*; *s. volle che ...* **2** Avvenimento, circostanza, che provoca danno, dolore: *raccontare le proprie sventure*; *questa circostanza è una s. per noi* | ***Compagni di s.***, persone che subiscono insieme sventure e sim. (*anche scherz.*). **SIN.** Avversità, disgrazia.

ṣventuràto [av. 1272] **A agg. 1** Colpito da sventura, perseguitato dalla sventura: *famiglia sventurata*; *amante s.* | (*pegg.*) Sciagurato. **2** Che apporta sventura: *una sventurata risposta*; *quello s. giorno*. || **ṣventuratamènte**, **avv.** Per sventura, disgrazia. **B s. m.** (f. *-a*) ● Persona sventurata.

†**ṣventuróṣo** [sec. XIII] **agg.** ● Sventurato.

ṣvenùto [1554] **part. pass.** di *svenire*; anche **agg.** ● Privo di sensi.

ṣverdìre [da *verde*, con *s*-; av. 1750] **v. intr.** (*io ṣverdìsco, tu ṣverdìsci*; aus. *essere*) ● (*raro*) Perdere il verde.

ṣvergàre [da *verga*, con *s*-; av. 1537] **v. tr.** (*io ṣvérgo, tu ṣvérghi*) **1** Ridurre in verghe: *s. acciaio, oro, stagno*. **2** (*mar.*; *disus.*) Sciogliere una vela dal suo sostegno o una bandiera dal suo cavetto.

ṣverginaménto [sec. XIV] **s. m.** ● Lo sverginare, il venire sverginato.

ṣverginàre [da *vergine*, con *s*-; av. 1333] **v. tr.** (*io ṣvérgino*) **1** Togliere la verginità. **SIN.** Deflorare. **2** (*fig.*, *scherz.*) Incominciare a usare: *s. un paio di scarpe*.

ṣverginatóre [av. 1606] **s. m.** (f. *-trice*) ● Chi svergina.

ṣvergognaménto [av. 1292] **s. m. 1** Far fallire, svergognare. **2** †Impudenza.

†**ṣvergognànza** [da *vergogna*, con *s*-; sec. XIII] **s. f.** ● (*raro*) Svergognamento.

ṣvergognàre [da *vergogna*, con *s*-; 1336 ca.] **v. tr.** (*io ṣvergógno*) **1** Far vergognare qlcu. rimproverandolo, spec. pubblicamente: *lo svergognò davanti ai suoi compagni*. **2** Rivelare la reale natura malvagia di qlcu., le sue cattive azioni, e sim.: *l'accusatore lo svergognò di fronte a tutto il paese*.

ṣvergognatézza [da *svergognato* (*2*); sec. XIII] **s. f.** ● Condizione di chi è svergognato.

ṣvergognàto (1) [1319] **part. pass.** di *svergognare*; anche **agg.** ● Che è stato coperto di vergogna | Che è stato smascherato.

ṣvergognàto (2) [da *vergogna*, con *s*-; sec. XIII] **agg.**; anche **s. m.** (f. *-a*) ● Che (o Chi) non sente vergogna di ciò che di vergognoso fa o dice. **SIN.** Impudente, spudorato. || **ṣvergognatàccio**, **pegg.** | **ṣvergognatèllo**, **dim.** | **ṣvergognatùccio**, **dim.** || **ṣvergognatamènte**, **avv.** Senza vergogna e pudore, sfacciatamente.

ṣvergolaménto [da *svergolare*; 1919] **s. m.** ● Deformazione preordinata, rispetto alla forma teorica, di un pezzo meccanico: *s. alare*.

ṣvergolàre [vc. di orig. dial., da *svergolo* 'storto, piegato' (?); 1929] **A v. tr.** (*io ṣvérgolo*) ● Compiere uno svergolamento. **B v. intr. pron.** ● Subire uno svergolamento.

ṣverlàre [da (*a*)*verla*, con *s*-; av. 1912] **v. intr.** (*io ṣvèrlo*; aus. *avere*) ● Detto dell'averla, emettere il tipico verso | (*est.*) Cantare, detto di uccelli.

ṣvernaménto [da *svernare* (*1*); 1735] **s. m. 1** Il fatto di svernare. **2** (*biol.*) Ibernazione.

ṣvernàre (1) [da *verno* (*2*), con *s*-; 1313] **A v. intr.** (*io ṣvèrno*; aus. *avere*) ● Passare l'inverno in un determinato luogo, spec. riparato dal freddo: *s. in Africa, in riviera*; *le truppe svernarono nei quartieri d'inverno*. **B v. tr.** ● (*raro*) Fare passare l'inverno: *s. le truppe nella pianura*.

†**ṣvernàre (2)** [da *vernare* (*2*), con *s*-; sec. XIII] **v. intr.** (aus. *avere*) ● Cantare all'inizio della primavera, detto degli uccelli: *udir li augei svernar, rimbombar l'onde* (POLIZIANO).

ṣverniciànte [1983] **A part. pres.** di *sverniciare*; anche **agg.** ● Nei sign. del v. **B s. m.**; anche **agg.** ● Solvente usato per la sverniciatura.

ṣverniciàre [av. 1956] **v. tr.** (*io ṣvernìcio*) ● Togliere la vernice.

ṣverniciatóre [da *sverniciare*; 1986] **s. m. 1** (f. *-trice*) Chi è addetto a operazioni di sverniciatura. **2** Solvente usato per sverniciare.

ṣverniciatùra [1983] **s. f.** ● Operazione dello sverniciare.

†**ṣvèrno** [da *svernare* (*1*); 1602] **s. m.** ● Svernamento.

ṣvèrre ● V. *svellere*.

ṣverrèi ● V. *svenire*.

ṣverrò ● V. *svenire*.

ṣversaménto [da *versamento* col pref. *s*-; 1982] **s. m.** ● Scarico illegale o accidentale, in mare o in terraferma, di liquidi tossici o inquinanti.

ṣversatàggine [1891] **s. f. 1** (*fam.*, *tosc.*) Caratteristica di chi (o di ciò che) è sversato. **2** (*fam.*, *tosc.*) Atto sversato, sgarbato.

ṣversàto [da *verso*, con *s*-; av. 1850] **agg.** ● (*fam.*, *tosc.*) Sgarbato, sgraziato.

ṣvérẓa o **ṣvèrẓa** [da *verza* (*2*), con *s*-; av. 1530] **s. f.** ● Scheggia lunga e sottile di legno, o sim. || **ṣverẓolina**, **dim.**

ṣverẓàre [da *sverza*; av. 1571] **A v. tr.** (*io ṣvérẓo* o *ṣvèrẓo*) **1** Tagliare, rompere, in sverze, spec. di legno. **2** Turare con sverze: *s. un cassetto*. **B v. intr. pron.** ● Rompersi in sverze.

ṣverẓìno [da *sverza*; 1873] **s. m.** ● Spago che si attacca al cordone della frusta, per farla schioccare.

ṣvesciàre [da *vescia*, con *s*-; 1734] **v. tr.** (*io ṣvéscio*; fut. *io ṣvescerò*) ● (*fam.*, *tosc.*) Dire tutto, vuotare il sacco.

ṣvescicàre [da *vescica*, con *s*-; 1759] **A v. tr.** (*io ṣvescico, tu ṣvescichi*) ● (*fam.*) Fare vesciche sulla pelle: *l'olio bollente gli ha svescicato una mano*. **B v. intr. pron.** ● Ustionarsi coprendosi di vesciche: *mi sono svescicato*.

ṣvescióne [da *svesciare*; 1870] **s. m.** (f. *-a*) ● (*fam.*, *tosc.*) Chi ha l'abitudine di ridire tutto quello che sa.

ṣvestìre [da *vestire* (*1*), con *s*-; 1321] **A v. tr.** (*io ṣvèsto*) **1** Privare delle vesti, sfilandole di dosso una dopo l'altra: *s. un bambino* | Togliere un rivestimento. **CONTR.** Vestire. **2** (*raro*, *fig.*) Eliminare un'apparenza, un aspetto esteriore. **3** †Togliere una veste o ciò che funge da veste. **B v. rifl. 1** Togliersi di dosso le vesti: *si svestì, poi fece il bagno*. **2** (*fig.*) Abbandonare un'apparenza: *svestirsi della superbia* | Deporre il simbolo di una carica, di una dignità e quindi, rinunciare alla carica, alla dignità stessa: *svestirsi dello scettro regale*. **C v. intr. pron.** ● Perdere un rivestimento: *il muro si è svestito dell'intonaco*.

ṣvestìto [av. 1681] **part. pass.** di *svestire*; anche **agg. 1** Privo delle vesti, spogliato. **2** ***Riso s.***, sbramato.

ṣvestizióne [1838] **s. f.** ● (*raro*) Lo svestire.

ṣvettaménto [av. 1704] **s. m.** ● (*raro*) Svettatura.

ṣvettàre (1) [da *vetta*, con *s*- sottrattivo; 1427] **v. tr.** (*io ṣvétto*) ● Togliere la vetta o cima dei rami: *s. un albero, una siepe*.

ṣvettàre (2) [da *vetta*, con *s*- durativo-intens.; 1697] **v. intr.** (*io ṣvétto*; aus. *avere*) **1** Flettere la vetta, la cima, detto di alberi. **2** (*est.*) Spiccare, ergersi con la vetta: *il monte svetta nel cielo*.

ṣvettatóio [av. 1892] **s. m.** ● Attrezzo usato per svettare gli alberi.

ṣvettatùra [sec. XVIII] **s. f.** ● Operazione dello svettare.

ṣvèvo [dal lat. *suēvu*(*m*), *suēbu*(*m*); av. 1504] **A agg. 1** Della Svevia, regione della Germania meridionale | Degli Svevi. **2** Che si riferisce alla dinastia degli Hohenstaufen (1079-1268), originari della Svevia: *casa sveva*; *dominio s.*; *imperatori svevi*. **B s. m. 1** (f. *-a*) Nativo, abitante della Svevia. **2** Chi appartiene alla dinastia degli Hohenstaufen.

ṣvezzaménto [da *svezzare*; 1909] **s. m. 1** Perdita di un abitudine **2** (*fisiol.*) ***S. del bambino***, sostituzione nell'alimentazione di un lattante del latte materno con latte vaccino o altro alimento. **SIN.** Divezzamento.

ṣvezzàre [calco su *avvezzare*, con cambio di pref. (*s*-); av. 1294] **A v. tr.** (*io ṣvézzo*) **1** (*raro*) Far perdere il vezzo, l'abitudine, il vizio: *s. qlcu. dal bere*. **2** Far passare un bambino dall'alimentazione a base di latte a un'alimentazione più varia (spec. pappe a base di farinacei, carne e verdura): *s. un bambino*. **B v. intr. pron.** ● Perdere un'abitudine, un vizio.

ṣviaménto [1354] **s. m. 1** Lo sviare, lo sviarsi | ***S. di potere***, uso da parte della Pubblica Amministrazione di una facoltà discrezionale per un fine diverso da quello stabilito dalla legge. **2** Fuoriuscita di un asse di un veicolo ferroviario dalle rotaie | Deragliamento.

ṣviànte [1976] **part. pres.** di *sviare*; anche **agg.** ● Nei sign. del v.: *sono conclusioni svianti*.

ṣviàre [da *via*, con *s-*; av. 1294] **A** v. tr. *1* Far cambiare direzione, deviare: *s. il colpo*; *s. l'attenzione degli astanti*; *s. le indagini* | ***S. il discorso***, portarlo su un argomento diverso. *2* (*fig.*) Distogliere dalle consuete occupazioni: *s. qlcu. dallo studio* | Corrompere, allontanare dalla via del bene: *quella ragazza lo ha sviato*. CFR. Fuorviare. **B** v. intr. e intr. pron. (aus. intr. *avere*) *1* Uscire di strada | Sbagliare strada. *2* Allontanarsi dalla via consueta: *l'uccello si è sviato dal nido* | (*fig.*) Allontanarsi dalla via del bene: *si è sviato per i cattivi consigli*.

ṣviàto [sec. XIII] **A** part. pass. di *sviare*; anche agg. *1* Nei sign. del v. *2* Traviato, allontanato dal giusto, dal bene: *ragazzi sviati*. **B** s. m. (f. *-a*) ● Persona sviata.

ṣviatóio [1957] s. m. ● Dispositivo destinato a far deragliare rotabili ferroviari in movimento non controllato.

ṣviatóre [av. 1311] s. m.; anche agg. (f. *-trice*) ● Chi (o Che) svia.

ṣvicolàre [da *vicolo*, con *s-*; av. 1693] v. intr. (*io ṣvìcolo*; aus. *essere* e *avere*) ● Scantonare in un vicolo o per i vicoli per sfuggire a una persona | Andarsene, svignarsela | (*fig.*) Evitare una domanda o un problema imbarazzante: *quando gli ricordo la sua promessa, lui svicola*.

ṣvièni ● V. *svenire*.

ṣvignàre [da *vigna*, con *s-*; sec. XIV] v. intr. (aus. *essere*) ● Allontanarsi in fretta, di nascosto | (*fam.*) ***Svignarsela***, andarsene via di nascosto, spec. per togliersi da un impiccio: *non vedo l'ora di svignarmela*.

ṣvigoriménto [1683] s. m. ● Lo svigorire, lo svigorirsi.

ṣvigorire [da *vigore*, con *s-*; sec. XIII] **A** v. tr. (*io ṣvigorisco, tu ṣvigorisci*) ● Far perdere il vigore, indebolire: *s. il corpo, le forze, la mente*. **B** v. intr. pron. ● Perdere il vigore: *la memoria gli si è svigorita*.

ṣviliménto [av. 1704] s. m. ● Lo svilire, il venire svilito.

ṣvilio [1960] s. m. ● (*raro*) Lo svilire.

ṣvilire [da *vile*, con *s-*; 1441] v. tr. (*io ṣvilisco, tu ṣvilisci*) *1* Rendere vile, spregiare: *s. il proprio ingegno*. *2* Svalutare.

ṣvillaneggiaménto [1618] s. m. ● Lo svillaneggiare, il venire svillaneggiato.

ṣvillaneggiàre [da *villano*, con *s-* e suff. iter.-intens.; av. 1324] **A** v. tr. (*io ṣvillanéggio*) ● Maltrattare, coprire di villanie. **B** v. rifl. rec. ● Dirsi scambievolmente villanie.

ṣvillaneggiatóre [1549] s. m.; anche agg. (f. *-trice*) ● (*raro*) Chi (o Che) svillaneggia.

ṣviluppàbile [1821] agg. *1* Che si può sviluppare. *2* (*mat.*) Detto di superficie che si possa stendere senza dilatazioni e tagli su un piano | Detto di superficie che sia un cono, o un cilindro, o contenuta nel luogo delle tangenti a una curva.

ṣviluppaménto [1575] s. m. ● (*raro*) Sviluppo.

♦**ṣviluppàre** [da *viluppare*, con *s-*; 1336 ca.] **A** v. tr. *1* (*lett.*) Disfare, sciogliere un viluppo: *s. un groviglio*; *la serpe sviluppa le sue spire* | Aprire, distendere: *s. un involto* | Liberare. *2* Svolgere, trattare ampiamente: *s. un argomento, una questione, un tema*. *3* Far progredire, far aumentare: *lo studio sviluppa l'intelligenza*; *s. l'industria, il turismo*. *4* Suscitare, produrre: *la scintilla ha sviluppato un'esplosione* | Sprigionare: *questo terreno sviluppa gas*. *5* (*fot.*) Rendere visibile mediante un rivelatore l'immagine latente di un'emulsione fotografica. *6* (*mat.*) Fare lo sviluppo. **B** v. rifl. ● (*lett.*) Liberarsi, districarsi: *svilupparsi da una stretta*. **C** v. intr. pron. e intr. (aus. intr. *avere*) *1* Acquistare la forma definitiva, detto di organismi viventi: *l'insetto si è sviluppato completamente*; *la pianta sviluppa bene*. *2* Raggiungere l'età dello sviluppo, detto di ragazzi: *la bambina ha sviluppato tardi*; *è un ragazzo che si svilupperà precocemente*. **D** v. intr. pron. *1* Aumentare, progredire, evolversi: *in questi anni l'agricoltura si è notevolmente sviluppata*. *2* Prodursi, manifestarsi, diffondersi: *si sta sviluppando un incendio*; *bisogna evitare che l'epidemia si sviluppi* | Sprigionarsi: *dal terreno si sviluppano gas*.

ṣviluppàto [1336 ca.] part. pass. di *sviluppare*; anche agg. *1* Evoluto, progredito: *un Paese economicamente s.* *2* Elaborato: *un tema poco s.* *3* Che ha una costituzione fisica molto robusta | Detto di adolescente che ha raggiunto la pubertà.

ṣviluppatóre [1745] s. m. *1* (f. *-trice*) Chi sviluppa. *2* Rivelatore.

ṣviluppatrice [1931] s. f. ● Macchina o contenitore a tenuta di luce per lo sviluppo di emulsioni fotografiche.

♦**ṣvilùppo** [da *sviluppare*; 1598] s. m. *1* Espansione, potenziamento, incremento: *dare s. a un'attività*; *favorire lo s. di un'industria*; *essere in pieno s.*; *avere grande s.*; *sfavorire, ritardare, rallentare lo s. di un'attività* | ***S. economico***, tendenza all'espansione di un sistema economico, e quindi all'incremento della produzione industriale e agricola e del reddito pro-capite | ***Paese in via di s.***, (*eufem.*) che si trova in una condizione di sottosviluppo | ***S. sostenibile***, sviluppo economico compatibile con gli equilibri sociali e con la salvaguardia e la conservazione delle risorse ambientali. *2* Svolgimento, trattazione di un tema: *lo s. di un racconto*; *bisogna dare s. alla parte narrativa*. *3* (*biol.*) Insieme dei processi attraverso i quali un organismo acquista la sua forma definitiva | ***S. embrionale***, fino alla nascita | ***S. post-embrionale***, fino allo stadio dell'adulto | Processo di crescita dell'organismo umano che s'avvia verso la sua complessione perfetta: *lo s. fisico e psichico del fanciullo* | ***L'età dello s.***, la pubertà. *4* Procedimento chimico mediante il quale si rende visibile l'immagine latente di un'emulsione fotografica | Soluzione chimica utilizzata nel procedimento stesso. *5* (*mat.*) ***S. d'una funzione***, somma di termini il cui valore uguaglia quello della funzione | ***S. d'una espressione***, altra forma che si può dare all'espressione, facendo uso delle regole di calcolo | (*mat.*) ***S. d'una superficie***, stendimento della superficie, sul piano quand'è possibile, detto spec. per i coni, i cilindri e le superfici poliedriche | ***S. di una strada***, lunghezza della strada misurata lungo il suo asse. *6* (*mus.*) Parte che segue l'esposizione di un tema e lo elabora, importante spec. nella forma sonata. SIN. Svolgimento.

ṣvinàre [da *vino*, con *s-*; 1481] v. tr. ● Togliere il vino nuovo dai tini per immetterlo nelle botti (*anche assol.*).

ṣvinatóre [av. 1702] s. m. (f. *-trice*, pop. disus. *-tora*) ● Chi fa la svinatura.

ṣvinatùra [da *svinare*; av. 1725] s. f. ● Estrazione del vino dai tini, a fermentazione ultimata o quasi | Separazione del vino dalle vinacce.

ṣvincolaménto [av. 1686] s. m. ● (*raro*) Lo svincolare.

ṣvincolàre [da *vincolo*, con *s-*; 1616] **A** v. tr. (*io ṣvìncolo*) *1* Liberare da un vincolo: *s. un podere da un'ipoteca*. *2* Ritirare una merce dalla stazione o dalla dogana, pagando i relativi diritti. **B** v. rifl. ● Liberarsi da ciò che trattiene, impedisce e sim.: *svincolarsi da una stretta*.

ṣvìncolo [da *svincolare*; 1893] s. m. *1* Adempimento delle condizioni del trasporto della merce, al fine di poterla ritirare. *2* Strada o complesso di strade di collegamento fra due o più autostrade che s'incrociano o si diramano | ***S. a trombetta***, quello di accesso alle autostrade o di uscita da queste, che consente, con un solo sovrappasso, di servire, senza incroci, tutte le direzioni di marcia.

ṣvio [1789] s. m. ● Sviamento.

ṣvịolinàre o (*raro*) **vịolinàre** [da *violino*, con *s-*; 1935] v. tr. ● (*fam.*) Trattare con adulazioni e lusinghe sfacciate (*anche assol.*).

ṣvịolinàta o (*raro*) **vịolinàta** [1916] s. f. ● (*fam.*) Lo sviolinare | Discorso o sim. fatto per adulare.

ṣvịolinatùra [1929] s. f. ● (*fam.*) Discorso o sim. fatto per adulare.

ṣvirgola [vc. gerg. mil., da *virgola*, con *s-* (?); 1917] s. f. ● (*pop.*) Colpo violento.

ṣvirgolàre [1960] v. tr. (*io ṣvìrgolo*) ● (*pop.*) Colpire con violenza | Nel gioco del calcio, colpire la palla di striscio, sbagliando il tiro.

ṣvirilizzàre [da *virile*, con *s-*; av. 1686] v. tr. ● Privare della forza virile | (*fig.*) Svigorire.

ṣviṣaménto [1873] s. m. ● Travisamento.

ṣviṣàre [da *viso*, con *s-*; 1353] v. tr. *1* †Sfregiare in viso. *2* (*fig.*) Travisare, alterare: *s. i fatti, la realtà dei fatti*.

ṣvisceraménto [1427] s. m. ● (*raro*) Lo sviscerare, lo sviscerarsi.

ṣvisceràre o †**visceràre** [da *viscere*, con *s-*; sec. XIV] **A** v. tr. (*io ṣvìscero*) *1* (*raro*) Sventrare, privare dei visceri. *2* (*fig.*) Studiare profondamente, indagare a fondo: *s. un argomento, una questione*. **B** v. rifl. ● (*fig.*) Esprimere esagerato affetto, stima e sim.: *sviscerarsi per qlcu.*

ṣvisceratézza [1615] s. f. ● Condizione di ciò che è sviscerato | Espressione esagerata di affetto, amore, e sim.

ṣvisceràto [av. 1492] part. pass. di *sviscerare*; anche agg. *1* Nei sign. del v. *2* Appassionato, veemente: *amare qlcu. di amore s.* *3* (*spreg.*) Esagerato, eccessivo, non sincero: *complimenti sviscerati*. || **ṣviscerataménte**, avv. In modo sviscerato, appassionato: *amare svisceratamente qlcu.*

ṣvisceratóre [1612] s. m.; anche agg. (f. *-trice*) ● (*raro, lett.*) Chi (o Che) sviscera.

ṣvista [da *vista*, f. sost. di *visto*, con *s-*; 1735] s. f. ● Sbaglio dovuto a disattenzione, fretta e sim.: *fare una s.*; *è stata una s.*

ṣvitaménto [1940] s. m. ● Lo svitare.

ṣvitàre [da *vite* (*2*), con *s-*; av. 1400] **A** v. tr. ● Girare la vite in senso contrario, per allentarla o toglierla | Disunire cose fermate con vite o viti: *s. la serratura*. **B** v. intr. pron. ● Allentarsi girando in senso contrario, detto di una vite.

ṣvitàto [av. 1400] **A** part. pass. di *svitare*; anche agg. *1* Nei sign. del v. *2* (*fam.*) Sconclusionato, strambo, stravagante: *è un po' s.* **B** s. m. (f. *-a*) ● (*fam.*) Persona stramba, bizzarra.

ṣvitatùra [1873] s. f. ● Operazione dello svitare.

ṣviticchiàre [da *viticchio*, con *s-*; sec. XIV] **A** v. tr. (*io ṣvitìcchio*) ● Separare, disgiungere, liberare, ciò che è avviticchiato. **B** v. rifl. ● (*fig., raro*) Liberarsi da chi (o da ciò che) disturba, impiccia: *sviticchiarsi da un seccatore*.

†**ṣvivàre** [da *vivo*, con *s-*] v. tr. ● Separare l'argento vivo dai metalli cui è attaccato.

†**ṣvivatóio** s. m. ● Strumento per svivare.

ṣviziàre [da *viziare*, con *s-*; av. 1348] **A** v. tr. (*io ṣvìzio*) ● (*raro*) Togliere un vizio. **B** v. intr. pron. ● (*raro*) Perdere un vizio.

ṣvìzzera [f. sost. di *svizzero*; 1970] s. f. ● Bistecca alla svizzera.

ṣvìzzero [1447] **A** agg. ● Della Svizzera | ***Formaggio s.***, emmental, groviera | ***Coltello s.***, (*per anton.*) coltello a serramanico a più usi, gener. con manico di plastica rossa, fabbricato in Svizzera | ***Guardia svizzera***, corpo armato pontificio costituito nel XVI sec., e formato di soldati e ufficiali arruolati fra i cittadini svizzeri, esclusi quelli del Canton Ticino, incaricati della custodia della persona del Pontefice e dei Palazzi apostolici | ***Alla svizzera***, (*ellitt.*) alla maniera degli Svizzeri | ***Bistecca alla svizzera***, (*cuc.*) porzione arrotondata e appiattita di polpa di carne bovina tritata, che si cuoce in tegame o sulla graticola, con sale e pepe. **B** s. m. *1* (f. *-a*) Abitante, nativo della Svizzera. *2* Soldato della Guardia svizzera pontificia: *gli svizzeri del Papa*. *3* (*cuc., per anton.*) Formaggio emmental o groviera: *un etto di s.*

ṣvociàto [da *voce*, con *s-*; 1960] agg. ● Che è afono, senza voce per aver troppo parlato, gridato, e sim.

ṣvogliaménto [av. 1667] s. m. ● (*raro*) Svogliatezza.

ṣvogliàre [da *voglia*, con *s-*; av. 1294] **A** v. tr. (*io ṣvòglio*) ● (*raro*) Togliere la voglia, far desistere dal volere, dall'amare, e sim. **B** v. intr. pron. ● Perdere la voglia: *svogliarsi dello studio*.

ṣvogliatàggine [1673] s. f. ● Condizione di chi è abitualmente svogliato.

ṣvogliatézza [1673] s. f. ● Caratteristica di chi è svogliato | Stato di indifferenza, di apatia: *s. dallo studio*; *essere preso dalla s.*; *lavorare con s.*

ṣvogliàto [da *voglia*, con *s-*; 1344 ca.] agg.; anche s. m. (f. *-a*) ● Che (o Chi) non ha voglia di qlco. o di fare qlco. o ne ha perduta la voglia: *essere s. del cibo*; *ragazzo, studente, lavoratore, s.* || **ṣvogliatèllo**, dim. | **ṣvogliatino**, dim. | **ṣvogliatàccio**, pegg. | **ṣvogliatóne**, accr. | **ṣvogliatùccio**, dim. || **ṣvogliataménte**, avv. In modo svogliato, senza voglia.

ṣvogliatùra [1669] s. f. ● (*raro*) Svogliatezza.

ṣvolacchiàre [da *svolare*, con suff. iter.-intens.; 1550] v. intr. (*io ṣvolàcchio*; aus. *avere*) ● (*raro*) Volare qua e là.

†**ṣvolaménto** s. m. ● (*lett.*) Lo svolare.

ṣvolàre [lat. parl. **exvolāre*, variante del classico *evolāre* 'volare (*volāre*) via (*ēx-*)'. V. *volare*; 1340 ca.] v. intr. (*io svólo*; aus. *avere*) ● (*lett.*) Volare via | Svolazzare.

svolazzaménto [av. 1667] s. m. ● (*raro*) Lo svolazzare.

♦**svolazzàre** [da *svolare*, con suff. iter.-intens.; 1313] **A** v. intr. (aus. *avere*) **1** Volare ora qua, ora là, senza direzione: *le rondini svolazzano al tramonto*. **2** (*fig.*) Vagare qua e là, spec. con la mente: *s. da un pensiero a un altro*. **3** Dibattere le ali. **4** Essere mosso, agitato, dal vento: *le tende della finestra aperta svolazzano*. **B** v. tr. ● (*raro*) Agitare: *s. il fazzoletto*.

svolazzatóre s. m. (f. *-trice*) ● (*raro*) Chi svolazza.

svolàzzio [1589] s. m. ● (*raro*) Lo svolazzare continuo.

svolàzzo o †**volàzzo** [1513] s. m. **1** (*raro*) Svolazzamento. **2** Cosa che svolazza | Lembo svolazzante di veste. **3** Nella scrittura, ornamento finale o iniziale di una lettera: *firma con svolazzi*. **4** (*spec. al pl., fig.*) Ornamento eccessivo, superfluo: *un discorso pieno di svolazzi*. **5** (*spec. al pl., arald.*) Pezzo di stoffa frastagliato, ricadente dall'elmo sullo scudo.

svolére [da *volere* (1), con s-; av. 1276] v. tr. (coniug. come *volere*) ● (*raro*) Disvolere (anche assol.).

♦**svòlgere** o (*poet.*) **svòlvere** [da *volgere*, con s-; sec. XIII] **A** v. tr. (coniug. come *volgere*) **1** Distendere, aprire, spiegare, ciò che è avvolto o involto: *s. un rotolo, un gomitolo, un involto, un pacco* | (*disus.*) **S.** *un libro*, sfogliarlo, voltarne le pagine. CONTR. Avvolgere. **2** (*fig.*) Sviluppare, trattare per esteso, spiegare in ogni parte: *s. un argomento, un soggetto, una tesi, un tema*. **3** Eseguire una serie di azioni per conseguire un determinato scopo: *s. un programma, un piano di lavoro; tutti si congratularono per l'opera da lui svolta* | Esplicare: *s. un lavoro, un'attività*. **4** (*raro*) Volgere in altra direzione | (*est.*) Distogliere, dissuadere, rimuovere: *s. qlcu. da qlco*. **B** v. rifl. ● Liberarsi, sciogliersi: *svolgersi da un impaccio* | Svilupparsi. **C** v. intr. pron. **1** Distendersi, spiegarsi (*anche fig.*): *il filo si svolge dal rocchetto*; *una splendida vista si svolge sotto di noi*. **2** Accadere, avvenire, avere luogo, detto di fatto considerato nel complesso delle sue circostanze: *la battaglia si svolse secondo i piani; il traffico si svolge con regolarità; qui la vita si svolge tranquilla; come si sono svolti i fatti?* | Essere ambientato: *la scena del dramma si svolge a Londra nel 1900*.

svolgiménto [1611] s. m. **1** Lo svolgere, lo svolgersi (*spec. fig.*): *riferire lo s. dei fatti*. **2** Trattazione di un tema scolastico. **3** (*mus.*) Sviluppo.

svolgitóre [1669] s. m.; anche agg. (f. *-trice*) ● (*raro*) Chi (o Che) svolge.

svòlio [av. 1912] s. m. ● (*lett.*) Lo svolare, spec. di molti uccelli insieme.

svòlo [da *svolare*, sul modello di *volo*; 1856] s. m. ● (*raro, lett.*) Il volar via | (*lett., fig.*) Lo svanire.

svòlsi ● V. *svolgere*.

svòlta [da *svoltare* (2); 1550] s. f. **1** Atto dello svoltare: *fare una s*. **2** Curva di strada | Manovra compiuta per percorrerla: *fare una s*. **3** (*fig.*) Mutamento importante: *questa scoperta segna una s. nella storia della scienza* | Momento, punto, in cui occorre scegliere, decidere: *essere a una s. nella propria vita*.

svoltaménto [da *svoltare* (1), 1838] s. m. ● (*raro*) Lo svoltare.

svoltàre (1) [da *voltare*, con s- intens.; av. 1641] v. tr. (*io svòlto*) ● (*raro*) Svolgere ciò che era involto: *s. un pacco*. CONTR. Involtare.

svoltàre (2) [da *voltare*, con s- sottratt.-intens.; av. 1503] v. intr. (*io svòlto*; aus. *avere*) ● Mutare direzione, piegare verso una data parte: *s. a sinistra; svolta, poi va' dritto*.

svoltàta [da *svoltare* (1); av. 1787] s. f. ● Lo svoltare | Svolta, curva.

svoltatùra [da *svoltare* (2); 1688] s. f. ● (*raro*) Lo svolgere ciò che era involto.

svòlto (1) [av. 1370] part. pass. di *svolgere*; anche agg. ● Nei sign. del v.: *raccolta di temi svolti*.

svòlto (2) [forma m. di *svolta*; av. 1861] s. m. ● Svolta, voltata.

svoltolaménto [1760] s. m. ● (*raro*) Lo svoltolare, lo svoltolarsi.

svoltolàre [da *voltolare*, con s-; 1560] **A** v. tr. (*io svòltolo*) **1** Svolgere ciò che era involto: *s. un pacco*. **2** (*raro*) Voltolare. **B** v. rifl. ● Voltolarsi.

svoltolóne [da *svoltolare*. V. *voltolone*; 1862] s. m. ● (*raro, pop.*) Ruzzolone, rotolone.

svòlvere ● V. *svolgere*.

svotàre e deriv. ● V. *svuotare* e deriv.

svuotaménto o (*raro*) **svotaménto** [av. 1797] s. m. ● Lo svuotare | Il fatto di svuotarsi, di venire svuotato: *lo s. di un bacino*.

svuotàre o **svotàre** [da *v(u)otare*, con s-; av. 1536] v. tr. (*io svuòto*; in tutta la coniug. si conserva di solito il dittongo *-uo-* anche se atono) **1** Vuotare di tutto il contenuto: *s. il fiasco*. CONTR. Riempire. **2** (*fig.*) Privare di contenuto: *s. di significato una frase; s.*

di valore un accordo.

swahili /swa'ili, *ingl.* swə'hiıli, *swahili* suą'hili/ [dal n. di una popolazione (*kiswaheli*) Bantu; 1884] **A** s. m. inv. **1** Lingua del gruppo Bantu, di larga diffusione nell'Africa centrale. **2** Popolazione del gruppo Bantu dell'Africa centrale. **B** anche agg. inv.: *lingue* s.

swap /*ingl.* swɒp/ [dal v. ingl. *to swap*, sin. di *echange* 'cambiare'; 1979] s. m. inv. ● (*econ.*) Contratto con cui una divisa (o un credito) vengono venduti a pronti e contemporaneamente riacquistati a termine sulla base di un tasso di interesse prefissato: *s. su tassi di interesse*; *s. su tassi di cambio*.

swattàre /zvat'tare/ [da *watt*, con s-; 1960] v. tr. ● (*elettr.*) Aumentare la potenza reattiva rispetto a quella attiva, in un circuito a corrente alternata.

sweater /*ingl.* 'swɛtəɹ/ [vc. ingl., da *to sweat* 'sudare'; 1924] s. m. inv. ● Ampio maglione sportivo di lana pesante.

swing /*ingl.* swıŋ/ [vc. ingl., da *to swing* 'brandire, vibrare ruotando (una lancia, un colpo)'. V. *sventola*; 1922] s. m. inv. **1** (*mus.*) Caratteristico modo di accentuazione anche sui tempi deboli, da cui deriva un costante impulso ritmico, proprio del jazz | Stile di jazz degli anni 1930-40: *era dello s*. **2** (*sport*) Nel pugilato, sventola | Nel golf, movimento di torsione del busto per eseguire un colpo.

switch /*ingl.* swıtʃ/ [vc. ingl., propr. 'commutatore', forse di orig. medio-ted.; 1980] s. m. inv. (pl. ingl. *switches*) **1** (*tecnol.*) Interruttore, commutatore. **2** (*banca*) Passaggio da un fondo di investimento a un altro all'interno della stessa famiglia di fondi, offerto da una società di gestione senza alcuna spesa aggiuntiva o con spese ridotte. **3** (*elab.*) In un programma, istruzione che consente di dirigere il flusso di elaborazione a seconda del verificarsi di certe condizioni.

Sylvaner o **Silvàner** /*ted.* zıl'va:nʌ/ [n. ted., prob. dal lat. *Sylvānu(m)*, *Silvānu(m)* 'dio dei boschi' con la terminazione *-er*] ● Vitigno originario della Germania (regione del Reno), da cui si ottiene un vino bianco secco | Vino bianco di color giallo chiaro tendente al verdognolo, profumo fresco e fruttato, sapore vivace, prodotto in Alto Adige dal vitigno omonimo.

sympòsium /*lat.* sim'pɔzjum/ [1942] s. m. inv. (pl. lat. *symposia*) ● Convegno organizzato per consentire a più persone, spec. studiosi, ricercatori e sim., di discutere questioni e argomenti di comune interesse. SIN. Simposio.

t, T

Il suono rappresentato in italiano dalla lettera *T* è quello della consonante occlusiva dentale non-sonora /t/. Questa consonante può essere, secondo i casi, semplice (es. *réte* /'rete/, *votiàmo* /vo'tjamo/, *Atrìde* /a'tride/, *quàndo tuòna* /kwando'twɔna/, *astrùso* /as'truzo/, *tuòna* /'twɔna/, *non tuòna* /non'twɔna/) oppure geminata (es. *lètto* /'letto/, *aspettiàmo* /aspet'tjamo/, *attrézzo* /at'trettso/, *se tuòna* /set'twɔna/).

t, (*maiusc.*) **T** [sec. XIV] **s. f.** o **m. inv.** ● Ventesima lettera dell'alfabeto italiano (nome per esteso *ti*): *t minuscola, T maiuscolo* | Nella compitazione spec. telefonica it. *t come Taranto*; in quella internazionale *t come tango* | *a T*, detto di due linee, oggetti o elementi, uno dei quali sia perpendicolare all'altro: *incrocio a T, tubo a T, raccordo idraulico a T; trave a T; profilato a T.*

†**ta¹** agg. dimostr. m. e f. pl. ● (*tosc.*) Forma tronca di 'tali' (V. *tale*).

tabaccàio [1698] **s. m.** (f. *-a*) ● Rivenditore di tabacchi, gestore di una privativa. || **tabaccaino**, dim.

tabaccàre [1481] **v. intr.** (*io tabàcco, tu tabàcchi*; aus. *avere*) ● Fiutare tabacco.

tabaccàto [1779] **agg.** ● Di colore che si accosta al tabacco.

tabaccherìa (av. 1795) **s. f.** ● Rivendita di tabacchi, sale e altri generi di monopolio.

tabacchicoltóre o **tabacchicultóre** [comp. di *tabacco* e *-coltore*; 1960] **s. m.** (f. *-trice*) ● Coltivatore di tabacco.

tabacchicoltùra o **tabacchicultùra** [comp. di *tabacco* e *coltura*; 1907] **s. f.** ● Coltivazione del tabacco.

tabacchicultóre ● V. *tabacchicoltore*.
tabacchicultùra ● V. *tabacchicoltura*.

tabacchièra (av. 1712) **s. f.** ● Scatoletta in cui si tiene il tabacco da naso: *una t. di madreperla* | *T. per sigarette*, astuccio a forma di tabacchiera. || **tabacchierina**, dim. | **tabacchieróna**, accr.

tabacchifìcio [comp. di *tabacco* e *-ficio*; 1960] **s. m.** ● Stabilimento dove viene lavorato il tabacco in foglie.

tabacchino [1805] **s. m.** (f. *-a*) **1** Operaio addetto alla lavorazione delle foglie di tabacco. **2** (*region.*) Tabaccaio.

♦**tabàcco** [sp. *tabaco*, di etim. discussa: dal n. di diverse piante medicinali europee, dall'ar. *ṭabbāq*, passato poi alle foglie da fumare trovate nella Nuova America (?); av. 1557] **A s. m.** (pl. *-chi*) **1** Solanacea annua con fusto vischioso, grandi foglie ovate, fiori rossi in corimbo (*Nicotiana tabacum*). ➡ ILL. **piante**/8. **2** Prodotto da fumo, da fiuto o da masticazione, ottenuto trinciando o polverizzando le foglie essiccate e conciate della pianta omonima: *t. da pipa, trinciato, da fiuto o da naso; t. dolce, forte; t. biondo, scuro; una presa, un pizzico di t.; tabacchi nazionali, esteri; rivendita di tabacchi.* **B** in funzione di **agg. inv.** ● (posposto al s.) Detto di una particolare gradazione del marrone simile al colore delle foglie essiccate della pianta omonima: *color t.*

tabaccóne [1816] **s. m.**; anche agg. **m.** (f. *-a*) ● Chi (o Che) annusa molto tabacco.

tabaccósi [1830] **agg.** ● Sporco di tabacco o che ne conserva l'odore: *fazzoletto t.*

tabacòsi [comp. di *tabac(co)* e *-osi*; 1940] **s. f. inv.** ● Pneumoconiosi da inalazione di polvere di tabacco.

tabàgico [fr. *tabagique*, da *tabagie* (V. *tabagi-smo*); 1960] **agg.** (pl. m. *-ci*) ● Che si riferisce a tabacco | Causato dal tabacco.

tabagìsmo [fr. *tabagisme*, da *tabagie*, da una parola algonchina col sign. originario di 'festino' con sovrapposizione di *tabac* ('tabacco'; 1899] **s. m.** ● (*med.*) Intossicazione cronica da uso eccessivo di tabacco da fumo.

tabagìsta [da *tabagismo*; 1983] **s. m. e f.** (pl. m. *-i*) ● Chi è affetto da tabagismo | (*est.*) Chi fuma tabacco.

†**tabàllo** [sp. (*a)tabal*, dal n. dello strumento nell'ar. di Spagna (*tabl*); 1569] **s. m.** ● Timballo.

Tabanìdi [vc. dotta, comp. di †*tabano* e *-idi*; 1831] **s. m. pl.** (sing. *-e*) ● Nella tassonomia animale, famiglia di Ditteri dal corpo robusto e massiccio, pelosi, i cui maschi si nutrono di polline mentre le femmine sono ematofaghe e pungono i Mammiferi (*Tabanidae*).

†**tabàno** [vc. dotta, lat. *tabānu(m)*: di orig. non indeur. (?); av. 1565] **agg.** ● Maldicente, maligno, velenoso, solo nella loc. **lingua tabana**.

tabarin /fr. taba'ʀɛ̃/ [vc. fr., sottinteso *bal* 'il ballo di Tabarin', n. di una maschera buffa del teatro fr.; 1933] **s. m. inv.** ● Locale notturno da ballo, anche con numeri di varietà.

tabàrro [etim. incerta; 1293] **s. m.** **1** Ampio mantello che gli uomini indossavano sull'abito o sul cappotto. **2** Pastrano (*spec. scherz.*). || **tabarràccio**, pegg. | **tabarrétto**, dim. | **tabarrino**, dim. | **tabarróne**, accr. | **tabarrùccio**, dim.

tabàsco® [dal n. dell'omonimo Stato sudorientale del Messico; marcio registrato; 1934] **s. m. inv.** ● Salsa a base di pepe rosso e aceto.

tàbe [vc. dotta, lat. *tābe(m)* 'disfacimento', da *tābere* 'fondersi, liquefarsi', di orig. indeur.; av. 1494] **s. f. 1** (*med.*) Consunzione generata da malattie croniche | *T. dorsale*, infezione luetica tardiva del midollo spinale con alterazioni della sensibilità e atassia | *T. meseraica*, infezione tubercolare delle linfoghiandole mesenteriche. **2** (*raro, lett.*) Pus, marcia | (*est., lett.*) Degenerazione.

†**tabefàtto** [vc. dotta, lat. tardo *tabefāctu(m)*, part. pass. di *tabefăcere*, comp. di *tābes* 'tabe' e *făcere* 'fare'; 1340] **agg.** **1** Fradicio, marcio, guasto. **2** (*lett.*) Insudiciato: *t. il viso / di polvere, di sangue e di sudore* (BOCCACCIO).

♦**tabèlla** [vc. dotta, lat. *tabĕlla(m)*, dim. di *tābula* 'tavola'; av. 1492] **s. f.** **1** Prospetto, specchietto con indicazioni, iscrizioni, disegni vari: *la t. dei prezzi*; *nell'atrio c'è la t. con la dislocazione dei vari uffici* | *T. a doppia entrata*, tabella con linee orizzontali e colonne verticali in numero uguale o diverso in cui ciascun dato dipende dalle intestazioni della colonna e della linea: *la tavola pitagorica è una t. a doppia entrata* | Quadro con dati di vario genere: *la t. dei quadrati, dei cubi* | *T. internazionale*, nelle gare in più prove (come ad es. il decathlon), quadro espositivo dei punteggi assegnati proporzionalmente alle misure e ai tempi ottenuti nelle singole specialità dell'atletica leggera | *T. di marcia*, prospetto dei tempi approssimativi in cui i corridori, spec. ciclisti, dovrebbero transitare in alcuni punti del percorso; (*fig.*) prospetto che fissa le scadenze delle varie fasi di un lavoro. **2** (*tosc.*) Strumento di legno, costituito da una ruota dentata e da una tavoletta sulla quale battono due ferri, che si suona, in sostituzione delle campane, durante la settimana santa | *Suonare le tabelle dietro qlcu.*, (*fig.*) sbeffeggiarlo, dirne male. SIN. Battola, raganella. **3** Composizione tipografica. **4** Nell'antichità romana, tavoletta cerata in uso come supporto scrittorio. || **tabellìna** (V.), dim. | **tabellóna**, accr. | **bellóne**, accr. m. (V.).

tabellàre [da *tabella*; 1945] **agg.** **1** Di tavoletta. **2** Fatto a tabella. **3** Che si riferisce a una tabella.

tabellàrio [vc. dotta, lat. *tabellāriu(m)*, da *tabĕllae* (pl. di *tabĕlla*) 'tavolette scritte, lettere'; av. 1589] **s. m.** ● Nel mondo romano classico, portalettere, corriere.

tabellàto [da *tabella*; 1860] **agg.** ● Che è elencato, contenuto in una tabella.

tabellazióne [da *tabella*; 1983] **s. f.** ● Prospetto, elenco.

tabellìna [1960] **s. f. 1** Dim. di *tabella*. **2** Nel linguaggio scolastico, ogni riga della tavola pitagorica: *studiare la t. del nove*; *imparare le tabelline*.

tabellionàto [da *tabellione*; 1840] **s. m.** ● Nel Medioevo, la professione del notaio | *Segno del t.*, nel Medioevo, sigla personale apposta dal notaio sugli atti a garanzia della loro autenticità.

tabellióne [vc. dotta, lat. tardo *tabelliōne(m)*, dal le *tabĕllae* 'tavolette', su cui trascriveva gli atti; sec. XIII] **s. m. 1** Nell'antica Roma, scrivano. **2** Nell'esarcato ravennate, notaio.

tabellóne [1920] **s. m. 1** Accr. di *tabella*. **2** Cartellone, prospetto contenente votazioni, orari di mezzi di trasporto pubblici, di treni, ecc. | Cartellone murale con informazioni varie. **3** Tavola applicata a una parete, e provvista di sostegni, per l'affissione di avvisi, manifesti, giornali e sim. **4** Nella pallacanestro, quadro di materiale vario al quale è fissato il canestro.

tabernàcolo o †**tabernàculo** [vc. dotta, lat. *tabernāculu(m)*, propr. 'tenda' (dim. di *tabĕrna* 'abitazione') ma nell'augurale lat. 'tenda nella quale prendere gli auspici' (donde il sign. assunto nel lat. eccl.); 1270 ca.] **s. m. 1** Edicola, cappella, nella quale si conservano immagini di santi | Ciborio, costruzione nella quale si conservano le ostie consacrate. **2** Presso gli antichi Ebrei, tenda posta nel deserto nella quale si conservavano le Tavole della Legge | Arca portatile nella quale si conservavano le Tavole, la manna e la verga di Aronne. **3** Nella sistemazione castrense degli antichi Romani, ampia tenda destinata al comandante dell'esercito. **4** †Tenda, padiglione.

tabernària [vc. dotta, lat. *tabernāria(m)*, sottinteso *fābula*, col senso di 'basso, comune', che aveva assunto questo deriv. da *tabĕrna* 'taverna'; 1639] **s. f.** ● Tipo di commedia popolare della letteratura latina.

†**tabernàrio** [vc. dotta, lat. *tabernāriu(m)*, da *tabĕrna* 'taverna'; sec. XIV] **s. m.** ● Tavernaio.

tabèscere [vc. dotta, lat. *tabēscere*, che designa l'azione iniziale di *tabēre* (V. *tabe*); 1476] **v. intr.** ● Andare in consunzione.

tabètico [da *tabe*, col falso suff. di (*diab)etico* ed altre simili vc.; 1887] **A agg.** (pl. m. *-ci*) ● Concernente la tabe. **B agg.**; anche **s. m.** (f. *-a*) ● Che (o Chi) è affetto da tabe.

tabì [ar. *'attābī*, dal n. del quartiere di Bagdad (*al-'Attābiyya*), dal n. di persona *'Attāb*, dove si lavorava; av. 1499] **s. m.** ● Tessuto pesante di seta, simile al taffetà, lavorato in modo da ottenere effetti di marezzatura.

tàbico [av. 1769] **agg.** (pl. m. *-ci*) ● Di tabe.

tàbido [vc. dotta, lat. *tabĭdu(m)*, da *tābes* 'tabe'; av. 1694] **agg.** ● Affetto da tabe.

tabifìco [vc. dotta, lat. *tabĭficu(m)*, comp. di *tābes* 'tabe' e *-ficum* '-fico'; sec. XIV] **agg. 1** Che può struggere, liquefare. **2** Che produce consunzione.

tabla /*hindi* 'tʌb-lʌ/ [ar. *ṭabla* (cfr. *taballo*); 1954] **s. f. pl.** ● (*mus.*) Strumento a percussione tipico della musica indiana, solitamente costituito da due piccoli tamburi di diverse dimensioni che si battono con le mani.

tableau /*fr.* ta'blo/ [vc. fr., dim. di *table* 'tavola'; 1817] **s. m. inv.** (**pl.** fr. *tableaux*) **1** Tappeto della roulette. **2** Quadro, tabella contenente dati statistici ordinati in liste o, gener., informazioni sull'andamento della produzione economica, dell'attività aziendale e sim. **3** *T. vivant*, coreografia con più personaggi in posa a formare un quadro vivente: *un t. vivant ispirato a un quadro di Guido Reni.*

table d'hôte /*fr.* ˌtablə'doːt/ [loc. fr., propr. 'tavola (*table*) di ospite (*hôte*)'; 1905] **loc. sost. f. inv.** (**pl.** fr. *tables d'hôte*) ● Mensa a prezzo fisso servita in un albergo a una tavola comune.

tablìno [vc. dotta, lat. *tablīnu(m)*, per *tab(u)līnu(m)*, da *tăbula* 'tavola', attraverso un passaggio semantico non chiaro; 1521] **s. m.** ● Parte della casa romana antica, adibita a sala da pranzo, che veniva dopo l'atrio e metteva nel corridoio che portava alle stanze interne per la famiglia.

tablòid /ta'blɔid, *ingl.* 'tʰæblɔɪd/ [ingl. *tabloid*, comp. di *table* 'tavol(ett)a' e del suff. di orig. gr. (da *éidos* 'forma') *-oid*; 1950] **A s. m. inv.** ● Giornale di formato corrispondente a circa la metà dei quotidiani normali, ma con un numero di pagine superiore, che pubblica un notiziario condensato e molto materiale fotografico. **B** anche **agg. inv.**: *un settimanale formato t.*

tablòide [V. precedente; 1905] **s. m.** ● Compressa, tavoletta di preparato farmaceutico.

tabòga ● V. *toboga.*

tabù o **tàbu** [fr. *tabou*, dall'ingl. *taboo*, da una vc. di orig. polinesiana (*tapu*) col senso di 'sacro, proibito', propr. 'segnato (*ta*) straordinariamente (*pu*)'; 1895] **A s. m. inv. 1** Presso i Polinesiani, ciò che viene considerato sacro o proibito per motivi di carattere sacro | Presso tutte le religioni primitive e, talvolta, in quelle superiori, ciò che è sacro, proibito | (*est.*) Situazione, oggetto, tempo, luogo, persona carichi di presenza religiosa o di cautela cerimoniale. **2** (*est.*) Proibizione ingiustificata | *T. linguistico*, proibizione o censura, da parte della comunità, dell'uso di parole identificate, secondo una concezione quasi magica del significato, con l'oggetto designato o evocato e appartenente di solito alle sfere dei termini riguardanti divinità, organi e attività sessuali, malattie temibili: *t. religioso*; *t. morale*; *t. da paura* | (*scherz.*) Cosa non nominabile, argomento, tesi che non si possono criticare o persona che non si deve o non si può avvicinare. **B agg. inv.** (posposto al s.) **1** Sacro o sottoposto a divieto sacrale. **2** (*est.*, *anche scherz.*) Che non si può nominare o non è possibile criticare: *argomento t.* | Di chi non si lascia avvicinare: *un superiore t.*

tabuàto [fr. *taboué*, part. pass. di *tabouer* 'tabuizzare'; 1960] **agg.** ● (*ling.*) Detto di parola che non è possibile usare perché ricadente in un tabù linguistico.

tabuizzàre [fr. *tabouiser*, da *tabou* 'tabù'; 1970] **v. tr. 1** Rendere o dichiarare religiosamente interdetti una situazione, un oggetto, un tempo, un luogo, una persona. **2** (*est.*, *raro*) Proibire, vietare (*anche scherz.*).

tàbula gratulatòria [loc. lat., propr. 'tavola, tabella di felicitazione'] **loc. sost. f. inv.** (**pl.** lat. raro *tabulae gratulatoriae*) ● Elenco, posto all'inizio di una pubblicazione in onore di qlcu., con i nomi di persone, enti, istituzioni che partecipano alle onoranze.

tàbula ràsa [loc. lat., propr. 'tavola (*tăbula*, di etim. incerta) raschiata (dal part. pass. di *rādere*, che significava 'cancellare', raschiando la cera incisa con scrittura)'; av. 1327] **loc. sost. f. inv.** (**pl.** lat. *tabulae rasae*) ● In vari sistemi filosofici, supposta condizione della mente umana anteriore all'acquisizione dei dati del mondo esterno, affine, per analogia, a un foglio bianco sul quale l'esperienza traccerà i suoi segni | *Fare tabula rasa*, (*fig.*) eliminare completamente, togliere tutto, cacciare tutti.

tabulàre (**1**) [vc. dotta, lat. *tabulāre(m)* 'relativo ad una tavola (*tăbula*)'; 1960] **agg. 1** Che ha la forma appiattita propria di una tavola | *Cristallo t.*, di forma appiattita. **2** (*mat.*) Proprio dei dati d'una tavola | *Differenza t.*, differenza fra due dati consecutivi.

tabulàre (**2**) [da *tăbula*, per *tavola*, pretto latinismo; 1960] **v. tr.** (*io tàbulo*) ● (*mat.*) Mettere in tabella: *t. le variabili di un'equazione.*

tabulàrio [vc. dotta, lat. *tabulāriu(m)*, da *tăbulae* 'tavole (sulle quali erano scritte le leggi, i decreti, le liste degli elettori ed altri atti pubblici)'; av. 1580] **s. m.** ● Nell'antica Roma, archivio.

tabulàto [1951] **A part. pass.** di *tabulare* (*2*); anche **agg.** ● Nel sign. del v. **B s. m.** ● Prospetto stampato dalla stampante di un elaboratore elettronico.

tabulatóre [dal lat. *tăbula(m)* 'tavola' nel senso di 'registro di conti'; 1907] **s. m.** ● Dispositivo e tasto delle macchine per scrivere impiegato per incolonnare i dati | (*elab.*) Nelle tastiere dei computer, tasto per spostare il cursore in posizioni predefinite all'interno di documenti spec. allo scopo di incolonnare dati.

tabulazióne [ingl. *tabulation*, da *to tabulate* 'tabulare (2)'; 1963] **s. f.** ● Esposizione sotto forma di tabella dei dati ottenuti con un'inchiesta o un'indagine.

tac (**1**) o **tàcche**, **tàcchete** [vc. onomat.; 1524] **inter. 1** Riproduce il rumore leggero, secco e repentino di uno scatto di molla o di un colpo improvviso | V. anche *tic tac.* **2** (*fig.*) Si usa per sottolineare il verificarsi improvviso e inaspettato di qlco.: *speravo di non essere interrogato e tac! ha chiamato proprio me* | V. anche *tic tac.*

TAC (**2**) o **Tac** [sigla di *T(omografia) A(ssiale) C(omputerizzata)*; 1981] **s. f.** o raro **m. inv.** ● (*med.*) Apparecchiatura per eseguire la tomografia assiale computerizzata | La tecnica diagnostica che usa tale apparecchiatura.

tacamàca ● V. *taccamacca.*

Tàcan [sigla dell'ingl. *Tac(tical) A(ir) N(avigation)* 'sistema tattico di aeronavigazione'] **s. m.** ● Apparecchiatura di radioassistenza alla navigazione aerea.

tàcca [got. *taikn* 'segno', dalla radice germ. **taikna-n*, di orig. indeur.; av. 1292] **A s. f. 1** Incisione a cuneo ottenuta con due tagli vicini e convergenti: *un banco di scuola rovinato dalle tacche* | *Le tacche della stadera*, incise sul braccio a distanze uguali, per indicare i vari pesi | (*dir.*) *T. di contrassegno*, intaglio fatto su bastoncini in possesso delle due parti contraenti una somministrazione, quale mezzo di prova del rapporto giuridico esistente tra le stesse | *T. di mira*, intaglio nel ritto dell'alzo delle armi da fuoco portatili, attraverso il quale passa la visuale mirino-bersaglio, per il puntamento dell'arma. **2** Intaccatura sul filo di una lama: *rasoio pieno di tacche.* **3** Cartellino che i mercanti fiorentini dovevano apporre alle pezze di panno importate, col prezzo d'origine e le spese sostenute per il trasporto | (*est.*, *fig.*) Statura, levatura: *della stessa t.* | *Di mezza t.*, V. *mezzatacca.* **4** Macchia naturale sul manto di animali, su marmo o pietra: *pelame a tacche bianche e nere.* **5** (*fig.*, *raro*) Magagna, difetto. **SIN.** Neo. **6** Nell'alpinismo, cavità nella roccia o nel ghiaccio dove si può appoggiare la mano o il piede. || **taccherèlla**, **dim.** | **taccherellina**, **dim.** | **tacchettina**, **dim.** **B** in funzione di **avv.** ● (*iter.*, *tosc.*) Così così: *campano tacca tacca* | Un passo dietro l'altro: *lo segue tacca tacca.*

taccagnerìa [1514 ca.] **s. f.** ● Condizione di chi è taccagno. **SIN.** Avarizia, grettezza, spilorceria, tirchieria.

taccàgno [sp. *tacaño*, di etim. incerta; 1503 ca.] **agg.**; anche **s. m.** (**f.** *-a*) ● Che (o Chi) è molto restio a spendere. **SIN.** Avaro, gretto. || **taccagnóne**, **accr.** || **taccagnaménte**, **avv.**

taccamàcca o **tacamàca** [sp. *tacamaca*: dall'azteco *tecomahiyac* (?); 1576] **s. f.** ● Oleoresina contenuta in piante di origine diversa.

†**taccaménto** [1337] **s. m.** ● Modo, atto del taccare.

taccàre [da *tacca*; 1337] **v. tr.** (*io tàcco*, *tu tàcchi*) **1** (*raro*) Segnare con tacche. **2** †Apporre la tacca ai panni importati dall'estero.

taccàta [1805] **s. f. 1** †Il taccare i panni. **2** (*mar.*) Sostegno della chiglia della nave in costruzione, o quando è immessa in bacino.

taccàto [av. 1292] **part. pass.** di *taccare*; anche **agg. 1** (*raro*) Munito di tacche, contrassegnato con tacche. **2** (*disus.*) Maculato.

tàcche ● V. *tac.*

taccheggiàre (**1**) [comp. di *tacco* nel sign. 4 e *-eggiare*; 1797] **v. tr.** (*io tacchéggio*) ● Nella tecnica tipografica, effettuare il taccheggio.

taccheggiàre (**2**) [da *tacca*, nel senso gerg. di 'truffa', originariamente 'debito (segnato per mezzo di tacche)'; 1942] **A v. tr.** (*io tacchéggio*) ● Rubare col taccheggio. **B v. intr.** (aus. *avere*) ● Rendersi colpevole di taccheggio.

taccheggiatóre [1938] **s. m.**; anche **agg.** (**f.** *-trice*) ● Chi (o Che) taccheggia.

tacchéggio (**1**) [da *taccheggiare* (*1*); 1940] **s. m.** ● (*tipogr.*) Operazione volta a differenziare localmente mediante strati di carta sottilissima la pressione di stampa esercitata su un cliché.

tacchéggio (**2**) [da *taccheggiare* (*2*); 1931] **s. m.** ● Furto aggravato di merci esposte al pubblico per la vendita.

tàcchete ● V. *tac* (*1*).

tacchettàre [denominale iter. di *tacco*; 1870] **v. intr.** (*io tacchétto*; aus. *avere*) ● Far rumore coi tacchi camminando.

tacchettìo [da *tacchettare*, con suff. iter.; 1942] **s. m.** ● Rumore dei tacchi di chi cammina velocemente.

tacchétto [av. 1936] **s. m. 1** Dim. di *tacco.* **2** Tacco piccolo, esile e alto, spec. di calzature da donna. **3** Ciascuno dei dischetti di cuoio o altro materiale applicati sotto la suola delle scarpe dei giocatori per far presa sul terreno. **SIN.** Bollino. **4** Organo che fa da intermediario e che trasmette alla navetta l'impulso necessario per attraversare il passo dell'ordito nel telaio per tessitura. || **tacchettino**, **dim.**

†**tàcchia** [da *tacca*; av. 1597] **s. f.** ● (*raro*) Truciolo.

tacchinàre [da *tacchino*, noto per il suo vistoso corteggiamento; 1987] **v. tr.** (*io tacchino*) ● Nel linguaggio giovanile, fare la corte con insistenza.

♦**tacchìno** [dim. di *tac(co)*, di orig. onomat. (dal grido dell'animale); av. 1676] **s. m.** (**f.** *-a*) ● Grosso galliforme di origine americana con capo e collo nudi e verrucosi, piumaggio a tinte metalliche, coda erigibile a ruota nei maschi, allevato per le sue carni (*Meleagris gallopavo*). **CFR.** Gloglottare. ➡ **ILL.** **animali**/8 | *Diventare rosso come un t.*, arrossire moltissimo. || **tacchinàccio**, **pegg.** | **tacchinóne**, **accr.** | **tacchinòtto**, **accr.** | **tacchinùccio**, **dim.**

tàccia [fr. *tache* 'macchia', dal got. *taikns* 'segnare'; av. 1292] **s. f.** (**pl.** *-ce*) ● Accusa, imputazione dovuta alla pubblica opinione | Cattiva fama: *essersi creato la t. di imbroglione* | †*Di mala t.*, di mala fama.

tacciàbile [1659] **agg.** ● Che può essere tacciato: *siete tacciabili di malafede.*

tacciàre [da *taccia*; av. 1311] **v. tr.** (*io tàccio*) ● Incolpare, imputare: *t. qlcu. di negligenza.* **SIN.** Accusare.

†**tàccio** (**1**) [ant. fr. *tasche* 'cottimo', dal lat. *taxāre* 'tassare'; av. 1406] **s. m. 1** Transazione. **2** Cottimo.

tàccio (**2**) ● V. *tacere* (*1*).

♦**tàcco** [etim. discussa: da *tacca* (?); 1585] **s. m.** (**pl.** *-chi*) **1** Rialzo di cuoio, legno o altro materiale, posto nelle calzature sotto il tallone | *Tacchi alti*, quelli delle calzature da donna | *Tacco a spillo*, altissimo, esile e generalmente con anima interna di metallo, usato nelle calzature da donna | *Battere, alzare i tacchi*, (*fig.*) andarsene | *Stare al t. di qlcu.*, (*fig.*) seguirlo, pedinarlo | *Colpo di t.*, nel calcio, finezza stilistica con cui si colpisce la palla con il tallone. **2** Cuneo, pezzo di legno per tenere sollevata o ferma una cosa | Cuneo che si pone tra il terreno e una ruota di un aereo per ostacolarne il moto. **3** Corto cilindro di legno che nelle antiche artiglierie serviva per serrare la carica contro il fondo della bocca da fuoco, mentre anteriormente era incavato a emisfero per dare appoggio alla palla. **4** Nella tecnica tipografica, striscia cartacea per il taccheggio. || **tacchétto**, **dim.** (V.).

tàccola (**1**) [longob. **tahala*, da una base germ. **dhakw-*, di orig. onomat.; av. 1406] **s. f. 1** Uccello passeriforme nero con la parte superiore del collo color cenere, gregario, comune in Italia (*Coloeus monedula*). **CFR.** Crocidare, gracchiare. **2** (*fig.*) †Bazzecola, cosa da nulla. **3** (*fig.*) †Tresca. **4** (*fig.*) †Gioco.

tàccola (**2**) [vc. lombarda, di etim. incerta; 1905] **s. f.** ● (*sett.*) Pisello con semi piccoli e teneri di cui si mangia anche il baccello.

tàccola (**3**) [propr. dim. di *tacca*; av. 1424] **s. f. 1** (*raro*) Difetto, magagna. **2** (*fig.*) †Debito.

taccolàre [da *taccola* (*1*), in senso fig.; 1605] **v. intr.** (*io tàccolo*; aus. *avere*) ● (*raro*) Chiacchierare, ciarlare.

taccolàta [da *taccola* (*1*) nel senso di 'bazzecola'; av. 1565] **s. f.** *1* (*raro*) Cosa da nulla. *2* †Chiacchiera.

†taccolerìa [da *taccolare* 'ciarlare'; av. 1587] **s. f.** ● Ciarla, chiacchiera.

†taccolévole [da *taccolare* 'chiacchierare'; av. 1704] **agg.** ● Ciarliero.

tàccolo (**1**) [da *taccola* (*1*), attraverso il sign. di 'ciancia'; 1614] **s. m.** *1* (*raro*) Bazzecola. *2* †Scherzo, gioco. *3* †Ciarla. *4* †Cavillo.

tàccolo (**2**) [dim. di *tacca*; av. 1782] **s. m.** ● (*raro, tosc.*) Piccolo debito.

tacconàre [da *taccone*; 1539] **v. tr.** (*io taccóno*) *1* Impuntire le doppie suole con spago incerato. *2* (*dial.*) Applicare tacconi, toppe, a scarpe o vestiti logori. **SIN.** Rattoppare.

taccóne [da *tacca*; sec. XV] **s. m.** *1* (*dial.*) Pezza, toppa che si applica a scarpe o vestiti | (*fig.*) Zeppa, rimedio applicato maldestramente. *2* Bulletta per chiodare i tacchi degli scarponi. *3* †Tacco di scarpa | ***Battere il t.***, (*fig.*) andarsene in tutta fretta.

♦**taccuìno** [ar. *taqwīm* 'sistemazione'; av. 1348] **s. m.** *1* Quadernetto per appunti, spec. tascabile. *2* †Lunario, almanacco.

tacènte [av. 1250] **part. pres.** di *tacere*; anche **agg.** *1* Nei sign. del v. *2* †Muto, silenzioso.

♦**tacére** (**1**) [lat. *tacēre*, di ristretta area indeur. e di etim. incerta; av. 1250] **A v. intr.** (**pres.** *io tàccio, tu tàci, egli tàce, noi tacciàmo, voi tacéte, essi tàcciono*; **pass. rem.** *io tàcqui*, †*tacètti* (o †*-étti*), *tu tacésti*; **congv. pres.** *io tàccia, ..., noi tacciàmo, voi tacciàte, essi tàcciano*; **part. pass.** *taciùto*; aus. *avere*) (assol.; + *di*; + *su*) *1* Non parlare, non dire nulla: *questo è il momento di t.*; *taceva ostinatamente e non andò molto che spalancò la bocca e scoppiò in lagrime* (FOGAZZARO) | Trattenersi o astenersi dal dire qlco. su un certo argomento: *su quel fatto è meglio t.*; *anche se conosci la verità, ti consiglio di t.*; *Taccia di Cadmo e d'Aretusa Ovidio* (DANTE *Inf.* XXV, 97); *Ma tacerò di questo pianto* (ALFIERI) | ***Mettere qlco. a t.***, evitare che si parli di qlco. | ***Gli ho scritto, ma he sempre taciuto***, non ha mai inviato risposta | (*fam.*) ***Perdere una bella occasione di t.***, parlare a sproposito | (*est.*) Non manifestare, detto spec. di sentimenti o stati d'animo: *è uno che sa t.* | Essere acquiescente, subire senza opporsi: *abbiamo taciuto anche troppo: è ora di ribellarsi.* *2* Fare silenzio, cessare di parlare, di gridare o fare rumore: *dette poche parole, tacque*; *fatelo t.*: *ha detto troppe sciocchezze*; *taci!, tacete!* | (*fig.*) ***Far t. qlcu.***, ridurre qlcu. al silenzio; *far t. l'opposizione*; *ho fatto t. ogni sentimento.* *3* Non riportare, riferire, suggerire nulla (*anche fig.*): *sull'incidente, il giornale tace*; *su quel personaggio le fonti tacciono*; *riguardo a ciò che vi interessa, il libro tace.* *4* (*est.*) Non fare rumore, non farsi più udire o percepire (*anche fig.*): *gli strumenti tacquero all'improvviso*; *i rumori della strada tacciono*; *dal presente regal giogo oppresso, / sol nei deserti tacciono i miei guai* (ALFIERI) | Non essere in funzione, detto di macchine e sim.: *nell'ufficio le calcolatrici tacevano*; *dopo la battaglia, i cannoni tacquero* | Stare quieto, calmo, essere silenzioso o immerso nel silenzio, detto della natura, di paesaggi e sim.: *la notte tace*; *tutta la vallata taceva*; *tacean le selve* (MARINO). **B v. tr.** (qlco.; + *di* seguito da inf.; + *che* seguito da indic.) ● Astenersi o rifiutarsi di dire: *tacque l'accaduto per non impressionarlo* | Non rivelare, nascondere col silenzio: *t. una colpa*; *non so perché ha taciuto di averlo visto*; *non convien t. che le glorie del discepolo riverberavano in volto al maestro* (NIEVO) | Non lasciare apparire, celare (*anche fig.*): *t. il proprio dolore*; *ha taciuto i suoi meriti*; *non voglio tacerti nulla* | Tralasciare, dare per sottinteso: *t. un particolare superfluo*; *in questa frase si può t. il soggetto.* **C v. intr. pron.** ● (*raro, lett.*) Restare silenzioso, smettere o trattenersi dal parlare: *Io mi taccio per vergogna delle mie ricchezze* (BOCCACCIO). || **PROV.** Un bel tacer non fu mai scritto; chi tace acconsente.

tacére (**2**) [da *tacere* (*1*); av. 1249] **s. m.** solo **sing.** ● Silenzio: *il t. lo ha salvato da una situazione imbarazzante.*

tàcet [vc. lat., terza pers. sing. del pres. indic. di *tacēre* 'tacere'; 1840] **s. m. inv.** ● (*mus.*) Indicazione per cui uno strumento o voce non interviene a lungo nell'esecuzione.

†tacévole [da *tacere* (*1*); sec. XIII] **agg.** ● Tacito, silenzioso. || **†tacevolménte**, **avv.** Tacitamente.

tacheometrìa [comp. del gr. *tachéōs* 'velocemente' (da *tachýs*) e *-metria*; 1875] **s. f.** ● Metodo di rilevamento topografico rapido sul quale, facendo stazione in un solo punto, si misurano col tacheometro i dislivelli e le distanze degli altri punti. **SIN.** Celerimensura.

tacheomètrico [1960] **agg.** (**pl. m.** *-ci*) ● Relativo al tacheometro e alla tacheometria: *rilevamento t.*

tacheòmetro [comp. del gr. *tachéōs* 'velocemente' (da *tachýs*) e *-metro*; 1875] **s. m.** ● Strumento tipico della tacheometria, meno preciso del teodolite, dotato di un declinometro e di un cannocchiale distanziometrico.

tàchi- [dal gr. *tachýs* 'veloce', di etim. incerta] primo elemento ● In parole composte, significa 'veloce', 'rapido', o fa riferimento alla velocità: *tachicardia, tachigrafo, tachimetro.* **CONTR.** Bradi-.

tachicardìa [comp. di *tachi-* e del gr. *kardía* 'cuore'; 1891] **s. f.** ● (*med.*) Disturbo caratterizzato da un aumento della frequenza dei battiti cardiaci oltre i valori normali | ***T. parossistica***, forma di tachicardia ricorrente che inizia e cessa bruscamente.

tachicàrdico [1960] **A agg.** (**pl. m.** *-ci*) ● Relativo alla tachicardia. **B agg.**; anche **s. m.** (**f.** *-a*) ● Che (o Chi) è affetto da tachicardia.

tachifagìa [comp. di *tachi-* e *-fagia*; 1960] **s. f.** ● (*med.*) Ingestione rapida e precipitosa del cibo.

tachigrafìa [comp. di *tachi-* e *-grafia*; av. 1764] **s. f.** ● Modo di scrivere rapido per mezzo di segni convenzionali.

tachigràfico [1819] **agg.** (**pl. m.** *-ci*) ● Che utilizza la tachigrafia: *sistema t.*; *tecnica tachigrafica.* || **tachigraficaménte**, **avv.**

tachìgrafo [comp. di *tachi(metro)* e *-grafo*; 1960] **s. m.** ● Tachimetro registratore.

tachilalìa [comp. di *tachi-* e *-lalia*; 1960] **s. f.** ● (*med.*) Pronuncia rapida delle sillabe o parole.

tachimetrìa [comp. di *tachi-* e *-metria*; 1965] **s. f.** ● (*fis.*) Misura della velocità istantanea di organi rotanti.

tachimètrico [1960] **agg.** (**pl. m.** *-ci*) ● Relativo al tachimetro e alla tachimetria.

tachìmetro [comp. di *tachi-* e *-metro*; 1913] **s. m.** ● Strumento per misurare la velocità istantanea di rotazione di un albero od organo di macchina, di uso generale negli autoveicoli per indicarne la velocità in km/h | ***T. contakilometri***, strumento formato dalla combinazione di un tachimetro e di un contakilometri sugli autoveicoli.

tachióne [da *tachi-*, col suff. *-one* (*3*); 1979] **s. m.** ● (*fis.*) Presunta particella elementare che si crede viaggi più veloce della luce.

tachipèssi o **tachipessìa** [comp. di *tachi-* e *-pessi*; 1942] **s. f. inv.** ● Processo ultrarapido di congelazione attuato in apposite celle dall'industria alimentare.

tachipnèa [comp. di *tachi-* e del gr. *pnoḗ* 'respiro'; 1960] **s. f.** ● (*med.*) Aumento di frequenza degli atti respiratori.

tachipsichìsmo [comp. di *tachi-* e *psichismo*; 1932] **s. m.** ● Attività psichica molto rapida e vivace.

tachisintògrafo [1963] **s. m.** ● Dispositivo che consente la sintonizzazione automatica dei radioricevitori.

tachisme /fr. ta'ʃismə/ [vc. fr., da *tache* 'macchia' (prob. d'orig. germ.); 1915] **s. m. inv.** ● (*pitt.*) Nella pittura astratta, modo di dipingere attraverso l'uso di elementi colorati che richiamano la forma della macchia, della chiazza o dello schizzo.

tachìsmo [fr. *tachisme* (V.)] **s. m.** ● Adattamento di *tachisme* (V.).

tachìsta [fr. *tachiste*, da *tache* 'macchia' (V. *tachismo*); 1983] **A s. m. e f.** (**pl. m.** *-i*) ● Chi dipinge con la tecnica del *tachisme.* **B** anche **agg.**: *quadro t.*; *pittrice t.*

tachistoscòpio [comp. del gr. *táchystos*, superl. di *tachýs* 'rapido' (V. *tachi-*) e *-scopio*] **s. m.** ● Strumento che fornisce una esposizione, per frazioni di secondo, di materiale visivo come disegni, lettere, cifre e sim.

tacìbile [1340] **agg.** ● (*raro*) Che si può, si deve tacere.

†taciménto [sec. XIV] **s. m.** *1* Il tacere. *2* (*ling.*) Nella retorica, preterizione.

tacitaménto [1940] **s. m.** ● Il tacitare: *il t. dei creditori.*

tacitàre [da *tacito*; 1812] **v. tr.** (*io tàcito*) *1* Pagare, soddisfare una richiesta di denaro con una somma inferiore a quella dovuta: *t. un creditore.* *2* (*est.*) Mettere a tacere: *t. uno scandalo.*

tacitazióne [da *tacitare*; 1802] **s. f.** ● (*raro*) Tacitamento.

tacitiàno [av. 1872] **agg.** *1* Che concerne lo storico romano Tacito (56/57 ca.-120 ca.). *2* Che imita Tacito: *storico t.* | (*est.*) Stringato, conciso: *stile t.*

tacitìsmo [1929] **s. m.** *1* (*raro*) Imitazione di Tacito. *2* Corrente politico-culturale che, spec. nel tardo Cinquecento, ricavava dalle opere dello storico latino norme di vita e prassi politica.

tacitìsta [av. 1613] **s. m. e f.** (**pl. m.** *-i*) *1* (*raro*) Studioso o imitatore di Tacito. *2* Scrittore legato al tacitismo.

tàcito [vc. dotta, lat. *tăcitu(m)*, dal part. pass. di *tacēre*; av. 1294] **A agg.** *1* (*lett.*) Che tace, mantiene il silenzio: *restò t. e silenzioso*; *Taciti, soli, sanza compagnia / n'andavam l'un dinanzi e l'altro dopo* (DANTE *Inf.* XXIII, 1-2) | (*est.*) Che non fa rumore (*anche fig.*): *passo t.*; *una fine tacita* | Quieto, silenzioso: *una notte tacita.* *2* Che non è espresso apertamente, ma si può facilmente intuire: *un t. assenso*; *il suo sguardo esprimeva un t. rimprovero* | Sottinteso: *fra loro c'è un t. patto* | (*fig.*) Nascosto: *un amore t.* || **tacitaménte**, **avv.** *1* In silenzio: *aspettare tacitamente*; implicitamente: *rinnovare tacitamente un contratto.* *2* Segretamente: *tacitamente lo tradirono.* **B** in funzione di **avv.** ● (*lett.*) †Silenziosamente.

†tacitóre [da *tacito*; av. 1294] **s. m.**; anche **agg.** (**f.** *-trice*) ● Chi (o Che) tace.

taciturnità [vc. dotta, lat. *taciturnitāte(m)*, da *tacitŭrnu(m)* 'taciturno'; av. 1332] **s. f.** ● Caratteristica di chi è taciturno, anche abitualmente. **CONTR.** Loquacità.

tacitùrno [vc. dotta, lat. *tacitŭrnu(m)*, da *tăcitu(m)*, con richiamo nella formazione *a noctŭrnu(m)* 'notturno'; sec. XIII] **agg.** *1* Che tace quasi sempre per natura o usa poche parole nei discorsi: *temperamento chiuso e t.* | Che si chiude o si è chiuso nel silenzio: *dopo la discussione, rimase t. tutta la sera.* **SIN.** Silenzioso. **CONTR.** Loquace. *2* (*est., lett.*) Che non fa rumore o si muove silenziosamente, detto di cosa: *fiume lento e t.*; *quando alfin sente dopo induge tante, / che il t. chiavistel si muova* (ARIOSTO). || **taciturnaménte**, **avv.** In silenzio, senza farsi sentire.

taciùto [av. 1375] **part. pass.** di *tacere*; anche **agg.** ● Nei sign. del v.

tackle /ingl. 'tʰækḷ/ [vc. ingl., propr. 'affrontare, trattenere (un avversario)', in orig. 'attaccare, assicurare con una taglia (*tackle*, di area germ.)'; 1953] **s. m. inv.** ● Nel calcio, contrasto, intervento contro un giocatore avversario in possesso del pallone: *entrare in t.*

tàcqui ● V. *tacere* (*1*).

tactìsmo ● V. *tattismo.*

tadórna [fr. *tadorne*, di etim. incerta; 1826] **s. f.** ● (*zool.*) Volpoca.

taekwondo /coreano ˌthegwɔn'do/ [vc. coreana, propr. 'con le mani e con i piedi'; 1988] **s. m. inv.** ● Arte marziale assai violenta e spettacolare, caratterizzata soprattutto dall'uso di calci sferrati in volo e in giravolta.

taf ● V. *taffete.*

tafanàre [da *tafano*; av. 1802] **A v. tr.** ● (*raro*) Punzecchiare, detto del tafano e (*est.*) di altri insetti. **B v. intr.** (aus. *avere*) ● Entrare, rovistare dovunque.

tafanàrio [perché parte più colpita dai *tafani* (?); av. 1556] **s. m.** ● (*scherz.*) Deretano, sedere.

tafàno [lat. parl. **tafānu(m)*, prob. variante di *tabānu(m)* 'tabano'; 1313] **s. m.** *1* Insetto affine alla mosca, ma più grande, le cui femmine perseguitano gli animali al pascolo per suggerne il sangue (*Tabanus bovinus*). ➡ **ILL. animali**/2. *2* (*fig.*) Persona molto importuna, molesta, insistente.

†taferùgia ● V. †*tafferugia.*

†tafettà ● V. *taffettà.*

tàffe ● V. *taffete.*

tafferìa [ar. *ṭayfūriyya*, da *ṭayfūr* 'piatto tondo'; 1340 ca.] **s. f.** ● Tavola di legno con manico sulla quale viene versata dal paiolo la polenta.

†tafferùgia o **†taferùgia** [1803] **s. f.** ● Tafferu-

glio.
tafferùglio [turco *teferrüc* 'divertimento, passeggiata', dall'ar. *tafarruğ* con il suff. di *garbuglio*, *intruglio*, e sim.; 1585] s. m. *1* Baruffa, rissa di molte persone che provocano rumore, confusione, scompiglio: *trovarsi in un t.*; *è nato un t.* *2* †Baldoria.
taffetà ● V. *taffettà*.
tàffete o **taf**, (*raro*) **tàffe** [vc. onomat.; 1534] inter. *1* Riproduce il rumore di qlco. che cade o batte per terra o che si schiaccia: *urtò il vaso e t.! giù per terra.* *2* (*fig.*) Si usa per sottolineare la subitaneità o il verificarsi improvviso e inaspettato di qlco.: *passo di lì e t.! incontro proprio lui!*; *t., buttan dentro nel discorso qualche parola in latino* (MANZONI).
taffettà o †**tafettà**, (*raro*) **taffetà** [fr. *taffetas*, dal persiano *tāfta* 'specie di vestito di seta'; 1336] s. m. *1* Tessuto di seta o di fibra artificiale, compatto, sostenuto e frusciante, per abiti, sottogonne, fodere. *2* (*disus.*) Cerotto.
taffiàre [etim. discussa: lat. parl. *taflāre 'mettere in tavola' (*tafla, parallelo dial. di *tābula* 'tavola') (?); 1726] v. intr. (*io tàffio*; aus. *avere*) ● (*disus.*) Fare un lauto pasto.
†**tàffio** [da *taffiare*; 1723] s. m. ● Banchetto.
tafofobìa [comp. del gr. *táphos* 'tomba, sepolcro' e *fobia*; 1905] s. f. ● (*psicol.*) Paura morbosa di essere sepolto vivo.
tafonàto agg. ● Riferito a tafone.
tafóne [etim. incerta; 1930] s. m. ● Roccia o blocco di foggia curiosa, cavo internamente per fenomeni d'erosione.
tafonomìa [comp. del gr. *táphos* 'seppellimento' (d'orig. indeur.) e *-nomia*; 1960] s. f. ● (*biol.*) Studio degli organismi animali e vegetali penetrati da vivi o inclusi al momento della loro morte nella crosta terrestre.
tafònomo [1983] s. m. (f. *-a*) ● Esperto di tafonomia.
Tafrinàcee [vc. dotta, comp. dal gr. *táphros* 'fossa' e *-acee*; 1960] s. f. pl. (sing. *-a*) ● Nella tassonomia vegetale, famiglia di Funghi degli Ascomiceti parassiti di alberi con micelio che si sviluppa dentro l'ospite (*Taphrinaceae*).
tagàl [dal n. (*Tagal*, *Tagalog*) di un gruppo etnico delle Filippine; 1934] s. m. ● Dialetto del gruppo delle lingue indonesiane del nord, lingua nazionale della Repubblica delle Filippine.
tagète o **tagètes** [etim. incerta: forse da *Tagete*, n. d'un etrusco che insegnò l'arte divinatoria; 1825] s. m. ● (*bot.*) Genere di piante erbacee delle Composite, annuali o perenni, con capolini semplici o doppi e le cui foglie, se spezzate, emanano odore pungente (*Tagetes*).
tagicco o **tagico**, **tagiko** [dall'osmanli *tagik*, di orig. persiana (*tāčik* 'arabo, persiano, maomettano', dall'ar. *Ṭā'ī*, n. di popolazione); 1930] agg.; anche s. m. (f. *-a*; pl. m. *-chi*) ● Che (o Chi) abita i distretti più occidentali del Pamir, nel Tagikistan, ed è di lingua iranica indoeuropea.
tàglia (1) [da *tagliare* (*1*); av. 1292] s. f. *1* †Il tagliare | (*est.*) Legnetto su cui si facevano le tacche di contrassegno per forniture a credito | ***T. di contrassegno***, tacca di contrassegno | †***A t.***, a credito. *2* Statura, complessione del corpo | ***Di mezza t.***, di media statura. *3* In sartoria, e spec. in confezione, misura convenzionale dell'abito: *una giacca, un cappotto di taglia 46*; *io porto la t. 48* | ***T. forte***, misura di un abito adatto a chi ha una corporatura molto robusta e non potrebbe vestirsi con le taglie correnti | ***T. unica***, misura che può adattarsi a due o tre taglie intermedie, usata spec. per piccoli indumenti o biancheria in tessuto molto elastico. *4* Negli animali, altezza misurata dal garrese a terra. *5* †Foggia del vestire | †Divisa, uniforme. *6* (*ant.*) Imposta | Tributo imposto spec. da un esercito vincitore. *7* Prezzo che si promette a chi riesce a catturare malviventi o animali molto pericolosi: *una t. pende sul capo di qlcu.*; *mettere una t. su qlcu.*
tàglia (2) [etim. incerta; 1306] s. f. ● Paranco di due bozzelli, uno fisso e uno mobile, e una o più carrucole, su cui si avvolge una fune, per sollevare grossi pesi.
tagliàbile [1644] agg. *1* Che si può tagliare. *2* Che può essere sottoposto a taglia.
tagliabórdi [comp. di *taglia(re)* (*1*) e *bordo*; 1983] s. m. inv. ● Attrezzo manuale di piccole dimensioni, fornito di un disco metallico girevole per tagliare l'erba ai bordi di prati o aiuole.
tagliabórse [comp. di *taglia(re)* (*1*) e il pl. di *borsa*; 1353] s. m. e f. inv. ● Chi ruba tagliando le borse o tasche | Borsaiolo.
tagliabòschi [comp. di *taglia(re)* (*1*) e il pl. di *bosco*; av. 1831] s. m. e f. inv. ● Chi per mestiere taglia i boschi cedui, abbattendo gli alberi e segandoli in tronconi.
tagliacàlli [comp. di *taglia(re)* (*1*) e il pl. di *callo*; 1960] s. m. inv. ● Coltellino o piccolo rasoio a lame cambiabili per tagliare o eliminare i calli.
†**tagliacantóni** [comp. di *taglia(re)* (*1*) e il pl. di *cantone*; 1553] s. m. inv. ● Spaccone, bravaccio.
tagliacàrte [comp. di *taglia(re)* (*1*) e il pl. di *carta*; 1862] s. m. inv. *1* Stecca metallica, d'avorio e sim., tagliente, più o meno simile a un coltello, per tagliare carte, aprire pagine ancora chiuse e sim. *2* Macchina per tagliare la carta.
tagliacèdole [comp. di *taglia(re)* (*1*) e il pl. di *cedola*; 1970] s. m. inv. ● Squadretta per lo stacco delle cedole.
tagliàcque [comp. di *taglia(re)* (*1*) e il pl. di *acqua*; 1875] s. m. inv. ● Rostro a monte delle pile dei ponti.
tagliacùce o **tagliacùci** [comp. della prima pers. indic. pres. di *tagliare* (*1*) e *cucire*; 1983] s. f. ● Tipo di macchina per cucire in grado, nello stesso tempo, di rifinire e cucire a sopraggitto i bordi dei tessuti.
†**tagliadóre** [av. 1348] s. m. ● Tagliere.
tagliafèrro [comp. di *taglia(re)* (*1*) e *ferro*; 1614] s. m. ● Scalpello d'acciaio fino per tagliare il ferro.
tagliafièno [comp. di *taglia(re)* (*1*) e *fieno*; 1960] s. m. inv. ● Attrezzo per tagliare fieno e paglia dai pagliai o dai fienili.
tagliafuòco [comp. di *taglia(re)* (*1*) e *fuoco*; 1846] **A** s. m. inv. *1* Sopraelevazione del muro divisorio tra due edifici contigui oltre le falde del tetto, per evitare il propagarsi di eventuali incendi dall'uno all'altro fabbricato. *2* Nei boschi, fascia continua disboscata per interrompere il propagarsi di un incendio. **B** agg. inv. ● Detto di porta o paratia che, spec. nelle navi o in locali con pericolo d'incendio, serve a isolare vani con funzioni vitali nella struttura d'insieme: *portelli t.*; *palcoscenico con sipario t.*
tagliafuòri [da *taglia(re)* (*1*) e *fuori*; 1983] s. m. inv. ● Nella pallacanestro, azione difensiva volta a impedire all'avversario di andare a rimbalzo.
†**tagliagióne** [da *tagliare* (*2*) nel senso specifico di 'uccidere (in battaglia)'; sec. XIV] s. f. ● Uccisione.
♦**taglialégna** [comp. di *taglia(re)* (*1*) e *legna*; 1598] s. m. e f. inv. ● Chi per mestiere taglia e spacca i tronchi e i grossi rami riducendoli nelle pezzature volute.
tagliamàre [comp. di *taglia(re)* (*1*) e *mare*; sec. XIV] s. m. inv. ● (*mar.*) Spigolo esterno del dritto di prua dello scafo della nave.
tagliaménto [av. 1292] s. m. *1* (*raro*) Il tagliare | Taglio. *2* †Uccisione, eccidio, strage | Distruzione.
tagliàndo [comp. di *taglia(re)* (*1*) col suff. del gerundio *-ando* col senso di 'che deve essere (tagliato)'; 1877] s. m. ● Parte che viene staccata da un titolo, una cartella di rendita, una tessera, un biglietto e sim. | ***Fare il t.***, sottoporre un autoveicolo a revisione periodica entro i termini previsti dalla casa costruttrice. SIN. Cedola.
tagliànte [av. 1337] part. pres. di *tagliare* (*1*); anche agg. ● Che taglia.
tagliapàsta [comp. di *taglia(re)* (*1*) e *pasta*; 1831] **A** s. m. inv. ● Utensile da cucina munito di una rotella dentata, atta a tagliare la sfoglia. **B** anche agg. inv.: *rotella t.*
tagliapatàte [comp. di *taglia(re)* (*1*) e il pl. di *patata*] s. m. inv. ● Utensile da cucina per ridurre le patate in piccoli pezzi o in sottili fette.
tagliapiètre [comp. di *taglia(re)* (*1*) e il pl. di *pietra*; av. 1472] s. m. inv. ● Scalpellino, spaccapietre.
tagliapòggio [comp. di *taglia(re)* (*1*) e *poggio*; 1979] s. m. ● Modo di sistemare i terreni collinari per rendere più lento il deflusso delle acque piovane ed evitare le conseguenze negative dell'erosione.
♦**tagliàre** (1) [lat. tardo *taliāre*, da *tālea* 'boccio, punta'; 1250] **A** v. tr. (*io tàglio*) *1* Separare, fendere, dividere un corpo, usando una o più volte una lama affilata o altro strumento tagliente: *t. qlco. con il coltello, una lametta, la falce, la sega*; *t. un tronco con la scure*; *t. un pezzo di carne con la coltella*; *t. un panno con le forbici* | (*fig.*) ***Un tipo tagliato con l'accetta***, grossolano, rozzo, dalle maniere rudi e spicce, dai lineamenti marcati e pronunciati | (*assol.*) Avere un buon taglio, essere ben affilato: *una lama che taglia*; *questo rasoio non taglia più.* *2* Dividere una o più parti dell'intero usando una lama o altro mezzo affilato: *t. mezzo metro da una pezza di tela*; *mi tagli una fetta di dolce?* | ***T. un bosco***, abbattere i fusti degli alberi in parte o totalmente | ***T. l'uva***, vendemmiare | ***T. un abito***, ritagliare da una stoffa le parti da confezionare | ***T. le pagine di un libro***, separarle tagliandole con un tagliacarte o altro strumento affilato lungo i margini congiunti | ***T. un muro***, staccare un pezzo di parete | ***T. un diamante***, eseguirne la sfaccettatura | ***T. vini***, unire in una mescolanza un vino robusto con uno di gradazione inferiore | ***T. una droga***, accrescerne il peso e il volume mescolandola con sostanze affini solo per colore e consistenza, ma che spesso ne aumentano la tossicità | ***T. fuori***, dividere una formazione militare da un centro operativo e (*fig.*) escludere, isolare, estraniare da un gruppo, una comunità e sim. | Accorciare: *tagliarsi i capelli*, *le unghie*. *3* Togliere o separare una parte con un taglio netto o una recisione: *t. un ramo dal tronco*; *t. l'erba con la falce*; *l'ingranaggio di lame gli ha tagliato una mano* | ***T. una gamba***, amputarla | ***T. le gambe a qlcu.***, (*fig.*) ostacolarlo seriamente così da impedirgli di portare a termine qlco. o di sostenersi con i propri mezzi | ***T. la testa***, decapitare | ***T. la testa al toro***, (*fig.*) prendere una decisione definitiva eliminando ogni esitazione | ***T. i panni addosso a qlcu.***, (*fig.*) dirne male, criticarlo dietro le spalle | (*fig.*) Interrompere, troncare (*anche assol.*): *t. il discorso*; *non dilungarti troppo: taglia!*; *l'orgogliose minacce a mezzo taglia* (ARIOSTO) | †***T. le parole a qlcu.***, interromperlo | †***T. una sentenza***, rifiutarla, rigettarla | ***T. corto***, (*fig.*) accorciare o terminare bruscamente, spec. un discorso | ***T. la corda***, (*fig.*) andarsene di nascosto, scappare | ***T. i ponti***, (*fig.*) rompere con decisione le relazioni con qlcu. | ***T. il traguardo***, superare per primo la linea d'arrivo; (*fig.*) portare a termine felicemente qlco. *4* Separare in più parti con tagli adatti: *t. in due*, *in quattro*, *in diagonale* | ***T. per il lungo***, nel senso della lunghezza | ***T. il salame***, ***l'arrosto***, affettarli | ***T. un pollo***, dividerlo in parti, per distribuirlo ai commensali dopo che è stato cucinato | ***T. a pezzi***, ricavare vari pezzi con tagli opportuni | ***T. le carte***, separarle, dopo averle mescolate, in due o più mazzetti da sovrapporre in ordine inverso per ricomporre il mazzo | ***T. la palla***, nel calcio e nel tennis, imprimerle un particolare effetto con il tiro | ***T. una finestra***, ***una porta***, aprirle, costruirle | ***T. una montagna***, spaccarla | Fendere, solcare: *i remi tagliano l'acqua*; *la prua della barca tagliava le onde* | ***Una nebbia da t. col coltello***, fittissima. *5* Produrre uno o più tagli o incisioni, spec. involontariamente: *si è tagliato la pelle del viso con la lametta* | Incidere chirurgicamente: *t. un ascesso* | Ferirsi: *tagliarsi la gola con il rasoio* | ***Tagliarsi la gola***, (*fig.*) uccidersi | (*fig.*) ***Un freddo che taglia la faccia***, molto pungente, penetrante | (*fig.*) ***Una lingua che taglia***, assai maldicente | ***Vino che taglia le gambe***, molto alcolico | †Ferire, uccidere: *or questo, or quello tagliando de' Saracini crudelmente molti n'uccise Gerbino* (BOCCACCIO). *6* Abbreviare, condensare: *t. uno scritto*, *un articolo*, *una conferenza* | ***T. le spese***, diminuirne l'entità | ***T. i tempi***, ridurre i tempi, spec. di una lavorazione industriale, allo scopo di fare aumentare la produzione | Togliere, eliminare: *t. una sequenza cinematografica*, *un intervento televisivo*; *sono state tagliate le battute più scabrose della commedia.* *7* Impedire il passaggio, interrompere i movimenti, ostacolare lo svolgimento di un'azione: *t. la ritirata al nemico*; *t. le comunicazioni*, *i collegamenti*; *tagliarono il rifornimento di carburante* | ***T. i viveri***, cessare o impedire il rifornimento e (*fig.*) togliere i mezzi per vivere | ***T. l'acqua***, impedire che arrivi a chi deve usarla. *8* Passare attraverso, incrociare, intersecare: *l'antica via consolare taglia l'abitato*; *pochissime strade tagliano la tangenziale* | ***T. la rotta***, passare davanti a una nave incidentalmente o con intenzioni ostili | ***T. la strada a qlcu.***, attraversargliela costringendolo a

fermarsi; (*fig.*) non permettergli di realizzare qlco. **9** Attraversare per la via più breve o più facilmente percorribile, spec. per accorciare la strada: *t. il paese per le scorciatoie* | *T. la curva*, detto di veicoli, prenderla stretta, rasentando il bordo interno. **10** (*sport*) Eliminare dalla rosa di una squadra | Cedere, vendere un giocatore nel corso della stagione agonistica: *t. il pivot americano*. **11** (*elab.*) In un programma di elaborazione testi o di grafica, asportare da un documento un blocco di dati, copiandolo in un'apposita area di memoria. **12** (*fig.*) †Separare, segregare. **B** v. intr. (aus. *avere*) ● Percorrere la via più breve: *tagliammo per il centro* | *T. diritto*, camminare evitando le strade non in linea retta. **C** v. intr. pron. ● Rompersi, dividersi, lacerarsi: *il vestito si è tagliato in più punti*; *col tempo, le pagine del manoscritto si sono tagliate*.

†**tagliàre (2)** [da *taglia* (*1*), nel sign. 6, secondo il modello del fr. *taill(i)er*; av. 1348] v. tr. (*io tàglio*) ● Mettere una taglia o un tributo.

tagliarèllo [da *tagliare* (*1*); 1611] s. m. ● (*spec. al pl.*) Pasta, a base di uova e farina, tirata a sfoglia e tagliata a strisce sottili.

tagliarète [comp. di *taglia(re)* (*1*) e *rete*; 1937] s. m. inv. ● Sega d'acciaio di grandi dimensioni, un tempo applicata alla prua dei sommergibili per tagliare le reti metalliche di ostruzione.

tagliasfòglia [comp. di *taglia(re)* (*1*) e *sfoglia*; 1965] s. m. inv. ● Tagliapasta.

tagliasièpe [comp. di *taglia(re)* (*1*) e *siepe*; 1983] s. f. ● Tosasiepi.

tagliasìgari [comp. di *taglia(re)* (*1*) e il pl. di *sigaro*; 1960] s. m. inv. ● Piccolo strumento a lama per spuntare i sigari.

tagliastràcci [comp. di *taglia(re)* (*1*) e il pl. di *straccio*; 1960] s. f. inv. ● Nelle cartiere, macchina per ridurre i cenci a dimensioni uniformi.

tagliàta [f. sost. di *tagliato*; sec. XIII] s. f. **1** Operazione del tagliare, spec. in una volta e in fretta: *farsi dare una t. ai capelli* | Lavoro fatto tagliando: *la t. del fieno* | (*raro*) La cosa tagliata. **2** Abbattuta di alberi | Superficie del bosco dove si è eseguito il taglio in una sola volta. **3** (*cuc.*) Costata di manzo cotta ai ferri o in padella, servita in fette sottili, cosparsa di olio d'oliva crudo e di erbe aromatiche o variamente condita. **4** †Opera di difesa costituita da un fosso traverso una strada o un tratto di terreno per ritardare la marcia del nemico. **5** †Uccisione, strage. **6** †Minaccia fatta in modo grossolano, bravata.

tagliatartùfi [comp. di *taglia(re)* (*2*) e il pl. di *tartufo* (*1*)] s. m. inv. ● Utensile di cucina provvisto di lama regolabile per affettare i tartufi.

tagliatèlla [dim. del f. del part. pass. sost. di *tagliare* (*1*); av. 1549] s. f. ● (*spec. al pl.*) Pasta all'uovo a strisce lunghe, che si mangia gener. asciutta: *t. al sugo* | ***Tagliatelle verdi***, impastate con spinaci lessi tritati.

tagliatino [da *tagliato*; 1865] s. m. ● (*tosc.*) Taglierino.

tagliàto [1313] part. pass. di *tagliare* (*1*); anche agg. **1** Nei sign. del v.: *un ramo t.* **2** Accorciato, ridotto, condensato: *è un'edizione molto tagliata* | Tolto, soppresso: *quante sono le scene tagliate?* **3** Fatto, formato, riguardo il carattere, l'indole, le inclinazioni: *è un uomo t. all'antica* | ***Essere ben t.***, proporzionato nella statura, la corporatura | ***Essere t. con l'accetta***, (*fig.*) avere una figura mal conformata, tozza o, detto di cosa, essere di fattura grossolana | (*est.*) Che si adatta bene: *questa gonna è tagliata per lei*; *una risposta tagliata per quell'impertinente* | (*fig.*) ***Essere t. per qlco.***, avere inclinazione, attitudine per qlco. **4** (*arald.*) Detto di scudo o figura, divisi in due parti uguali per mezzo di una linea diagonale dall'angolo superiore sinistro all'angolo inferiore destro. **5** †Castrato.

tagliatóre [ant. provz. *talhador*, da *talhar* 'tagliare'; sec. XIII] s. m. (f. *-trice* (V.), pop. disus. *-tora*) ● Chi taglia | Chi è impiegato in lavori di taglio.

tagliatrice [1879] s. f. **1** Macchina per tagliare | *T. per barbabietole*, usata negli zuccherifici per ridurre le barbabietole saccarifere in fettucce. **2** (*min.*) Macchina provvista di una catena dentata che esegue intagli orizzontali alla base dei banchi di carbon fossile, salgemma e altri minerali per consentirne l'abbattimento.

tagliatùra [lat. tardo *taliatūra(m)*, da *taliāre* 'tagliare (1)'; sec. XII] s. f. **1** Operazione, lavoro del tagliare | Il punto in cui qlco. è stato tagliato. **2** Ciò che resta dopo un'operazione di taglio. SIN. Ritaglio.

tagliaùnghie [comp. di *taglia(re)* (*1*) e il pl. di *unghia*; 1973] s. m. inv. ● Tronchesina per tagliare le unghie.

tagliaòva [comp. di *taglia(re)* (*1*) e il pl. di *uovo*; 1970] s. m. inv. ● Utensile da cucina costituito da un telaio con una serie di fili d'acciaio o piccole lame per tagliare a fettine un uovo sodo.

tagliavènto [comp. di *taglia(re)* (*1*) e *vento*; 1659] s. m. inv. **1** (*mar.*; *raro*) Piccola randa impiegata con venti molto forti. **2** (*mil.*) Specie di cappuccio metallico molto appuntito, applicato all'ogiva di un proiettile d'artiglieria, per accrescerne la capacità di penetrazione nell'aria e aumentarne quindi la gittata.

tagliazòlle o **tagliaẓòlle** [comp. di *taglia(re)* (*1*) e il pl. di *zolla*; 1875] s. m. inv. ● Strumento impiegato in giardinaggio per smuovere il terreno e regolarizzare le zolle erbose.

taglieggiamènto [1984] s. m. ● Il fatto di taglieggiare, di venire taglieggiato.

taglieggiàre [comp. di *taglia* (*1*) nel sign. 5 e *-eggiare*; 1520] v. tr. (*io taglièggio*) **1** (*raro* o *lett.*) Sottoporre a taglie, tributi e sim. un paese conquistato: *si ragunarono insieme più brigate … e andavano taglieggiando le terre* (MACHIAVELLI) | (*est.*) Estorcere somme di denaro con minacce: *t. i commercianti di un quartiere*. **2** †Mettere taglie su prigionieri, banditi e sim.

taglieggiatóre [1527] s. m. (f. *-trice*) ● Chi taglieggia.

tagliènte [lat. parl. **taliĕnte(m)*, part. pres. di **taliāre*, da *tālea*, parallelo di *taliāre* 'tagliare'; sec. XIII] **A** agg. **1** Di taglio sottile, ben affilato: *coltello, lama, spada t.* | (*fig.*) Mordace, maldicente: *una battuta t.*; *lingua t. e maligna*. **2** Di taglio netto, privo di sfumature: *contorno, profilo t.* | (*raro*) Di disegno, pittura priva di morbidezza nelle linee e nello stile. || **taglientemènte**, avv. (*raro*) Di taglio. **B** s. m. ● Parte tagliente, affilata di qlco.: *il t. di una lama*. SIN. Filo.

taglière o †**taglièro** [fr. *tailloir*, da *tailler* 'tagliare'; sec. XIII] s. m. **1** Asse di legno duro variamente sagomato, usato in cucina per tagliare, affettare o triturare cibi o ingredienti. **2** †Piatto, vassoio | †***Fare i taglieri***, i piatti, le porzioni | †***Stare a t. con qlcu.***, mangiare insieme, allo stesso piatto | †***Essere due ghiotti a un t.***, (*fig.*) desiderare la stessa cosa. **3** †Coperto. || **taglierètto**, dim. | **taglierino**, dim. | **taglierùzzo**, pegg.

taglierìa [da *tagliare* (*1*); 1960] s. f. ● Laboratorio per il taglio dei diamanti.

taglierina [da *tagliare* (*1*); 1931] s. f. ● Qualsiasi macchina o attrezzo usati per tagliare materiali diversi (carta, cartone, laminati metallici o plastici, tessuti, ecc.). CFR. Raffilatoio | Dispositivo per rifilare i margini delle copie fotografiche | Macchina usata per dare a una lente da occhiali la forma corrispondente all'anello della montatura.

taglierino [da *tagliare* (*1*); 1640] s. m. **1** (*spec. al pl.*) Tipo di tagliatelle molto sottili, da mangiarsi spec. in brodo. **2** (*fam.*) Cutter nel sign. 2.

†**taglièro** ● V. *tagliere*.

tagliétto [1560] s. m. **1** Dim. di *taglio*: *si è fatto un t. a un dito*. **2** Specie di corto scalpello a taglio smusso per troncare sbarre e fili di metallo. **3** (*edit.*) Strumento per tagliare e smussare interlinee e margini sottili | Piccola lama, fissata a una cannuccia, con cui s'intaglia un foglio di carta per vari scopi, fra cui il taccheggio dei cliché.

♦**tàglio** [da *tagliare* (*1*); av. 1257] s. m. **1** Azione, lavoro del tagliare: *il t. di un metallo, dei boschi, di un abito, dei capelli* | ***T. di un arto***, amputazione | ***T. della testa***, decapitazione | ***Alberi da t.***, per legname da lavoro impiegato per i più diversi usi | ***T. del fieno, dell'erba***, sfalcio | ***T. dei vini***, operazione del miscelare due o più qualità di vino per ottenerne uno con determinati requisiti | ***Vino da t.***, usato per dare forza ai vini deboli perché ricco di alcol, tannino e colore | ***Strumenti da t.***, quelli che servono a tagliare, come il coltello, la falce, la scure, ecc. | Operazione dell'aprire strade, canali e sim.: *il t. di un istmo, di una strada carrozzabile* | (*fig.*) Eliminazione di una parte, diminuzione, decurtazione; *la commedia è stata rappresentata senza tagli*; *t. di mano d'opera* | (*fig.*) ***Dare un t.***, troncare bruscamente un discorso, una questione o i rapporti con qlcu. **2** Apertura, segno di separazione prodotto in ciò che è tagliato: *nella giacca ci sono due tagli* | Ferita causata da uno strumento tagliente: *farsi un t. al dito*; *un doloroso t. di rasoio* | Incisione: *banco pieno di tagli* | Nella testa della vite, incisione ove si inserisce il tagliente del cacciavite | (*raro*) Apertura, spaccatura, fenditura: *nella montagna si è prodotto un t.* | Modo in cui si presentano la superficie o i margini di un taglio: *un t. deciso, netto, slabbrato, irregolare, contorto* | (*giorn.*) ***T. alto, basso***, in un quotidiano, posizione di un articolo nella parte superiore o inferiore della pagina | (*giorn.*) ***Articolo di t.***, o (*ellit.*) ***taglio***, pubblicato nella parte centrale della pagina con titolo su due o più colonne. **3** Ciascuna delle parti tagliate da un tutto: *un t. di lino*; *un bel t. di carne* | ***Pizza a t.***, porzione di pizza venduta a peso | Porzione, quantità di stoffa staccata dalla pezza: *un t. esclusivo*; *un t. di tre metri*; *comprare, vendere a t.* | Pezzo di carne di bestia macellata: *un t. da arrosto*. **4** Maniera, stile di tagliare o di lavorare tagliando: *avere un t. preciso, sicuro, elegante*; *il mio sarto ha un bel t.*; *quel barbiere ha un t. di capelli ormai fuori moda* | Tecnica del tagliare stoffe: *maestro, scuola di t.* | Foggia, linea, di abito e sim.: *giacca di t. inglese*; *un vestito di t. elegante* | (*raro, est.*) Garbo, stile: *un tavolo di t. classico* | (*raro, fig.*) Natura, indole: *non pratico gente di quel t.* **5** Nel linguaggio della critica letteraria, stile, particolare angolazione di uno scritto: *un saggio di t. retorico* | (*est.*) Impostazione, impronta, punto di vista: *ha dato al suo articolo un t. originale*; *il t. di quell'inchiesta non mi convince*. **6** Parte tagliente, affilata di una lama: *un rasoio con t. molto affilato*; *coltello a t. vivo* | ***Perdere il t.***, non tagliare più | ***Rifare, ridare il t.***, affilare di nuovo | ***Coltello, arma a doppio t.***, (*fig.*) ciò che può rivelarsi controproducente | ***Colpire di t.***, di fianco, con la parte laterale di una lama | †***Colpo di t.***, fendente | †***Mettere al t. della spada***, ferire, uccidere, trapassare con la spada. **7** (*est.*) La parte meno spessa o più stretta di qlco., spec. di un mattone, una pietra e sim.: *il t. di una lastra di marmo*; *il t. della tavola*; *il t. di una moneta* | La superficie dei tre tagli esterni di un libro: *il t. anteriore è opposto al dorso* | Lo spigolo di un muro | ***Essere, collocare di t.***, in modo da mostrare i lati più stretti | (*fig.*) ***Venire, cadere a t.***, capitare al momento giusto | ***Colpire la palla, il pallone di t.***, di lato, per imprimere loro l'effetto. **8** Formato, dimensione, misura: *sono oggetti dello stesso t.* | ***Banconota di piccolo t.***, di valore minore, rispetto a una di grande taglio | (*tipogr.*) Forma e intensità di un carattere, spec. nella composizione di titoli: *t. alto, medio, basso*. **9** Forma data alle pietre preziose: *t. a tavola, a brillante, a stella, a navetta*. **10** (*med.*) Incisione | ***T. cesareo***, estrazione del feto per via addominale con incisione dell'utero. CFR. -tomìa. **11** (*cine*) Spezzone di film che viene eliminato in fase di montaggio per ottenere poi la stampa della copia definitiva o da proiezione. **12** (*mus.*) Lineetta posta sopra, sotto o su una nota per indicarne l'altezza che non rientrerebbe nel pentagramma: *t. in testa, t. in gola* | Accorciamento di una composizione. **13** (*mecc.*) ***Sforzo di t.***, forza esercitata da una superficie su un'altra parallela in direzione parallela a entrambe. **14** (*mar.*) ***Vela di t.***, quella inferita lungo il bordo verticale prodiero, che si comporta come una superficie portante sotto l'azione del vento. **15** Trattino che taglia le lettere di alcuni alfabeti: *la t ha un t. orizzontale*. **16** †Strage, uccisione. **17** †Spicchio di frutta. || **tagliettino**, dim. | **tagliétto**, dim. (V.).

tagliòla o (*lett.*) **tagliuòla** [lat. parl. **taliŏla(m)*, per *taleŏla(m)* 'piccola talea' (per la forma); sec. XIII] s. f. **1** Dispositivo per catturare selvaggina o animali nocivi, formato da due branche di metallo che si chiudono a molla. **2** (*fig., raro*) Inganno: *tendere, preparare la t.* **3** Luogo dove le talee legnose radicate in vivaio sono tenute al riparo per un certo tempo prima di essere poste a dimora.

tagliolino [da *tagliolo*; 1560] s. m. ● Taglierino.

tagliòlo o (*raro, lett.*) **tagliuòlo** [dim. di *taglio*; av. 1537] s. m. **1** (*raro, tosc.*) Pezzetto di carne, pesce o altro. **2** Laterizio che serve per chiudere gli archi. **3** Attrezzo del fucinatore, usato per il taglio dei metalli.

taglióne (1) [vc. dotta, lat. *taliōne(m)*, di etim. discussa: da una radice col sign. di 'pagare' (?); sec. XIV] s. m. **1** Tipo antichissimo di pena, consistente nell'infliggere al colpevole lo stesso danno personale o patrimoniale da lui arrecato ad altri. *2* †Taglia.

tagliòne (**2**) [etim. incerta; 1960] **s. m.** ● Struttura di fondazione in muratura, di notevole profondità, usata nelle costruzioni idrauliche.

†tagliòne (**3**) [da *taglio*; av. 1292] **avv.** ● (*raro*) Di taglio, tagliando.

tagliuòla ● V. *tagliola.*

tagliuòlo ● V. *tagliolo.*

tagliuzzaménto [1738] **s. m.** ● Il tagliuzzare.

tagliuzzàre [da *tagliare* (*1*), con suff. verb. iter.; 1527] **v. tr.** ● Tagliare minutamente, in striscioline o pezzettini: *t. un nastro.*

tagmèma [ingl. *tagmeme*, dal gr. *tágma*, propr. 'ciò che è messo in ordine', deriv. di *tássein* 'ordinare' (d'orig. incerta); 1969] **s. m.** (**pl.** *-i*) ● (*ling.*) Minima unità significante di una forma grammaticale.

tagmèmico [da *tagmema*; 1979] **agg.** (**pl. m.** *-ci*) ● (*ling.*) Che riguarda o prende in considerazione il tagmema: *analisi tagmemica.*

taguàn o **tàguan** [ingl. *taguan*, dal n. indigeno (Filippine); 1957] **s. m.** ● Scoiattolo asiatico di colore scuro (*Petaurista petaurista*).

tahitiàno /tai'tjano/ o (*raro*) **taitiàno** [1957] **A agg.** ● Dell'isola di Tahiti. **B s. m.** (**f.** *-a*) ● Abitante di razza polinesiana dell'isola di Tahiti.

tai (**1**) ● V. *thai.*

†tai (**2**) **agg. dimostr. m. e f. pl.** ● Forma tronca di 'tali' (V. *tale*).

tai chi chuan ● V. *tai ji quan.*

taicùn [ingl. *taikun*, dal giapp. *taikun* 'grande principe', comp. di *ta* 'grande' e *kiun* 'principe'] **s. m. inv.** ● Titolo giapponese con il quale erano conosciuti dagli stranieri i vicari dell'imperatore | (*est., lett.*) Autorità potente e dispotica.

tàide [vc. dotta, lat. *Thāide*(*m*), nom. *Thāis*, dal gr. *Thaís*: 'la divina' (?); 1638] **s. f.** ● (*raro, lett.*) Meretrice.

tàiga o (*raro*) **taigà** [russo *taygá*: originariamente 'monte roccioso' (?); av. 1912] **s. f.** ● Formazione vegetale di conifere estesa su vasti territori siberiani a sud della tundra.

tai ji quan /*cin.* ˋ˛thaeˈtɕiˈtɕhɥɛn/ o **tai chi chuan** [vc. cin., propr. 'grande arte del pugilato'; 1988] **s. m. inv.** ● Ginnastica cinese lenta e coordinata, di derivazione marziale, che ha come obiettivo l'equilibrio interiore e la liberazione dell'energia.

tailandése ● V. *thailandese.*

tailleur /ta'jɛr, -jør, *fr.* ta'jœːʀ/ [vc. fr., da (*costume*) *tailleur* '(abito fatto dal) sarto (da uomo)'; 1884] **s. m. inv.** ● Completo femminile composto da giacca e gonna o pantaloni oppure da abito e giacca: *t. sportivo, elegante, di taglio maschile.* || **tailleurino**, **dim.**

tàit **s. m.** ● Adattamento di *tight* (V.).

taitiàno ● V. *tahitiano.*

takeaway /*ingl.* ˈtheɪkəˌweɪ/ [vc. ingl., propr. 'prendere (*to take*) con sé, portare via (*away*)'; 1986] **s. m. inv.** ● Locale che confeziona cibi pronti da consumare altrove | Servizio di cibi cotti da asporto offerto da ristoranti, trattorie, tavole calde: *quella pizzeria ha il t.*

take off /teiˈkɔf, *ingl.* ˈtheɪkˌɒˑf/ [loc. ingl., comp. di *to take* 'prendere' e dell'avv. *off* 'via, lontano, distante' (entrambe d'orig. germ.); 1971] **loc. sost. m. inv.** (**pl. ingl.** *take offs*) ● Decollo di un aeroplano o di un missile | (*est., fig.*) Decollo economico di un Paese sottosviluppato.

take-over /*ingl.* ˈtheɪkˌəʊvəɹ/ [vc. ingl., 'assorbimento, subentro'; 1966] **s. m. inv.** (**pl. ingl.** *take-overs*) ● (*econ.*) Acquisizione di una quota azionaria che consente il controllo di un'azienda.

takigòto [etim. incerta; 1957] **s. m. inv.** ● Strumento giapponese costituito da una cassa a forma di trapezio su cui sono tese corde di seta che si pizzicano con unghie di avorio fissate con appositi anelli sulla punta delle dita.

tal ● V. *tale.*

†talabalàcco [turco *dümbelek* 'tamburello'; av. 1494] **s. m.** ● Tamburo da guerra saraceno.

†talacimànno [persiano *dānišmand* 'saggio', deriv. da *dāniš* 'conoscenza', attraverso un prob. tramite turco; av. 1470] **s. m.** ● Muezzin: *un muover d'arme, un correr di persone, / e di talacimanni un gridar alto* (ARIOSTO).

talalgìa [comp. di *tal*(*lone*) e *-algia*; 1940] **s. f.** ● (*med.*) Dolore localizzato al tallone e alla regione posteriore del piede.

talàltro o **tal àltro** [comp. di *tal*(*e*) e *altro*; 1815] **pron. indef.** ● Qualche altro (si usa in correl. con 'taluno' e 'talvolta'): *talvolta mi riceve, talaltra no; taluno lo vuole così, t. in modo contrario.*

tàlamo [vc. dotta, lat. *thălamu*(*m*), dal gr. *thálamos* 'la stanza più interna della casa', di orig. pregreca; sec. XII] **s. m.** *1* (*lett.*) Camera nuziale. *2* (*lett.*) Letto coniugale | (*est.*) Letto | (*fig.*) Nozze | ***Condurre al t.***, sposare | ***Macchiare il t.***, commettere adulterio. *3* (*bot.*) Parte superiore dilatata del peduncolo florale, sulla quale stanno inseriti stami e pistillo. **SIN.** Ricettacolo fiorale. *4* (*anat.*) Regione laterale e lateroventrale del diencefalo dei Vertebrati | ***T. ottico***, grosso nucleo ovoidale di sostanza nervosa del diencefalo.

talàre (**1**) [vc. dotta, lat. *talāre*(*m*) 'che giunge fino al tallone (*tālus*, di etim. incerta)'; sec. XIV] **agg.** ● Detto dell'abito lungo indossato dai preti cattolici per il culto e usato come abito comune anche al di fuori del culto: *veste t.* | ***Svestire l'abito t.***, (*fig.*) rinunciare allo stato sacerdotale.

talàre (**2**) [vc. dotta, lat. *talāria* (nt. pl.) '(calzari) giunti alle caviglie (da *tālus* 'malleolo' e, per estensione, 'caviglia', di etim. incerta)'; av. 1472] **s. m.** ● (*spec. al pl.*) Nella mitologia greco-romana, i calzari alati di Mercurio.

talassemia [comp. del gr. *thálassa* 'mare' e di un deriv. da *hâima* 'sangue', perché propria specialmente di popolazioni rivierasche; 1979] **s. f.** ● (*med.*) Malattia ereditaria del sangue, caratterizzata da alterazione di forma dei globuli rossi, cui corrispondono particolari segni clinici a carico dello scheletro e della faccia. **SIN.** Anemia mediterranea.

talassèmico [da *talassemia*; 1981] **agg.**; anche **s. m.** (**f.** *-a*; **pl. m.** *-ci*) ● (*med.*) Che (o Chi) è affetto da talassemia.

talàssico [dal gr. *thálassa* 'mare', di orig. mediterr.; 1895] **agg.** (**pl. m.** *-ci*) ● (*raro*) Del mare, che riguarda il mare.

talàsso- [dal gr. *thálassa* 'mare'] primo elemento ● In parole composte dotte o scientifiche, significa 'mare' o indica relazione col mare: *talassobiologia, talassofobia, talassografia, talassoterapia.*

talassobiologìa [comp. di *talasso-* e *biologia*; 1950] **s. f.** ● Scienza che studia vegetali e animali marini e le loro relazioni con l'ambiente in cui si trovano.

talassòcrate [comp. di *talasso-* e di un deriv. di *krátos* 'potenza'; 1918] **s. m. e f.** ● (*lett.*) Signore del mare.

talassocrazìa [gr. *thalassokratía*, comp. di *thálassa* 'mare' e di un deriv. da *krátos* 'potenza'; 1842] **s. f.** ● (*raro*) Dominio del mare | Potenza fondata sul dominio del mare: *la t. di Venezia.*

talassofilìa [comp. di *talasso-* e *-filia*; 1960] **s. f.** ● (*zool.*) Tendenza a vivere nel mare o in prossimità di esso.

talassofobìa [comp. di *talasso-* e *-fobia*; 1957] **s. f.** ● (*psicol.*) Paura morbosa del mare.

talassografìa [comp. di *talasso-* e *-grafia*; 1895] **s. f.** ● Scienza che studia il mare dal punto di vista fisico e chimico.

talassogràfico [1884] **agg.** (**pl. m.** *-ci*) ● Che concerne la talassografia.

talassògrafo [1940] **s. m.** (**f.** *-a*) ● Studioso di talassografia.

talassologìa [comp. di *talasso-* e *-logia*; 1754] **s. f.** ● Oceanografia.

talassòlogo [comp. di *talasso-* e *-logo*; 1983] **s. m.** (**f.** *-a*; **pl. m.** *-gi*) ● Chi studia o è esperto in talassologia.

talassoterapìa [comp. di *talasso-* e *terapia*; 1899] **s. f.** ● (*med.*) Cura che sfrutta l'azione del clima marino e dei bagni di mare.

talassoteràpico [1960] **agg.** (**pl. m.** *-ci*) ● Che concerne la talassoterapia.

talassòtoco [vc. dotta, gr. *thalassótokos*, propr. 'nato, generato, figlio (*tókos*) dal o nel mare (*thálassa*)'] **agg.** (**pl. m.** *-ci*) ● (*zool.*) Detto di pesce osseo che nasce da uova deposte nel mare e che successivamente si trasferisce in acque dolci o salmastre. **SIN.** Catadromo.

talché o (*poet.*) **tal che**, **tàle che** [comp. di *tal*(*e*) e *che* (*2*); 1279] **cong.** ● (*lett.*) Cosicché, tanto che, in modo tale che (introduce una prop. consec. con valore conclusivo e con il v. all'indic. o al congv.): *non si trovava alcuno che contra ai nobili volesse testimoniare: t. in brieve tempo si tornò Firenze ne' medesimi disordini* (MACHIAVELLI).

tàlco [ar. *ṭalq* 'amianto', di orig. persiana; av. 1472] **s. m.** (**pl.** *-chi*) *1* (*miner.*) Silicato idrato di magnesio in masse lamellari di lucentezza madreperlacea, sfaldabili, di colore biancastro spesso con sfumature verdoline. *2* Polvere del minerale omonimo, usata in cosmesi e come lubrificante.

talcoscisto [comp. di *talco* e *scisto*; 1885] **s. m.** ● (*geol.*) Roccia metamorfica a struttura lamellare, di colore biancastro o verdastro, untuosa e cedevole al tatto, composta soprattutto di talco.

talcòsi [comp. di *talc*(*o*) e del suff. *-osi*; 1960] **s. f. inv.** ● (*med.*) Pneumoconiosi causata dalla inalazione prolungata di polvere di talco.

talcóso [1840] **agg.** ● Che contiene talco | Che è simile al talco.

◆**tàle** [lat. *tāle*(*m*), nom. *tālis*, comp. con elementi indeur. (†dimostr., *-is* pron.), ma senza precise corrispondenze fuori del lat.; sec. XII] **A agg. dimostr.** (**pl. m. e f.** *tali* o, davanti a consonante, poet. †*tai*, poet. †*ta'* Troncato in *tal* spec. davanti a parole che cominciano per consonante; non si apostrofa mai: *una tal attesa, in tal caso*) (V. nota d'uso ELISIONE e TRONCAMENTO). *1* Di questa o di quella specie, maniera, natura, caratteristica e sim.: *non vorrai approfittare di t. situazione!; tali discorsi non sono tollerabili; con tali scuse ha evitato il peggio* | In correl. con 'che', 'da' e 'quale': *ha detto tali sciocchezze da fare ridere; ha tali sentimenti quali tu certo non immagini; mille disegni varii, bizzarri, spaventevoli, mi improvvisavano nel cervello tali arabeschi che non arrivavo a tenervi dietro* (NIEVO). *2* Così grande (spec. in correl. con 'che', 'da', 'quale'): *è di una t. impertinenza!; fa una t. confusione!; ho preso un tal spavento che ancora tremo tutta.* *3* In correl. con 'tale', esprime identità, somiglianza strettissima: *con tale precedente, tali scuse; t. abate, tali monaci* | In correl. con 'quale' e con 'come' introduce il secondo termine di una similitudine: *il figlio è t. e quale* (o *tal quale*) *il padre.* *4* Questo, quello: *con tali parole mi ha congedato; quando avvenne t. fatto, io ero ragazzo; in t. condizione deve cedere per primo.* **B agg. indef.** *1* Certo (al sing. sempre preceduto dall'art. indet. con valore raff. per indicare cosa o persona ignota o che non si vuole precisare): *un t. ragionier Bianchi desidera parlarti; incontrarono degli amici, tali Rossi* | (*fam., intens.*) ***Un tal quale***, un certo: *ha un tal quale modo di fare che lo rende antipatico; ho una tal quale pigrizia addosso!* | Preceduto da 'questo' o 'quello' con valore raff.: *c'è quella tal persona che chiede di te; voglio definire questa tal questione.* *2* Indica persona o cosa indeterminata (preceduto dall'art. det.): *voglio parlare con la tal persona; vuole la tal cosa e poi la tal altra* | Con valore raff. posposto al s.: *vieni il giorno t., all'ora t.* **C pron. dimostr.** ● Questa, quella persona già menzionata e di cui non si vuole ripetere il nome: *allora quel t. gli ha risposto per le rime; io sono il tale, gli dissi.* **D pron. indef.** *1* Indica persona indeterminata (preceduto dall'art. indet.): *c'è una t. che vuole parlare con te; ha telefonato un t. per sapere a che ora sei in casa* | †Uno, un certo (non preceduto dall'art.). *2* Indica, preceduto da 'quello' o da 'questo', persona già menzionata o comunque nota: *è tornato quel t. di ieri a cercarti; quella t. continua a telefonare tutti i giorni.* *3* Nelle loc. ***il tal dei tali***, ***la tal dei tali***, indica persona ben nota di cui si conoscono nome e cognome ma che non si vuole menzionare: *l'ho saputo dal tal dei tali; vai dalla tal dei tali e falle questa ambasciata.* **E avv.** ● (*lett.*) †Talmente, in modo tale, così (spec. correl. con 'che'). || **talménte**, **avv.** *1* Così tanto, in modo tale: *sono talmente contento!; ho gustato talmente la sua compagnia!* *2* Nelle loc. cong. ***talmente che***, ***talmente da***, tanto, così che, così da (introduce una prop. consec. esplicita con il v. all'indic., implicita con il v. all'inf.): *sono talmente felice che non puoi credere; sono stato talmente sciocco da accettare senza riserve.*

talèa (**1**) o **tàlea** [vc. dotta, lat. *tālea*(*m*), prob. da una lingua mediterranea; av. 1320] **s. f.** ● Porzione di ramo, germoglio, foglia o radice, capace di costituire, posta nel terreno, una nuova pianta: *t. legnosa, semilegnosa, erbacea* | ***T. semplice***, ***a zampa di cavallo***, ***a magliolo***. ➡ **ILL. agricoltura e giardinaggio.**

talèa (**2**) [vc. d'orig. sconosciuta; 1960] **s. f.** ●

(*mus.*) Nella musica dei secc. XIV e XV, ripetizione di uno schema ritmico fisso.

taleàggio [da *talea* (*1*); 1960] **s. m.** ● Riproduzione di una pianta per mezzo di talea.

talebàno **s. m.** ● Adattamento di *taliban* (V.).

tàle che /tale'ke*, 'taleke*/ ● V. *talché*.

talèd o **tallèd** [ebr. *tallīth*: dall'ebr. biblico *tillēl* 'coprì' (?); 1840] **s. m. inv.** ● Nel culto ebraico, manto rettangolare, munito di frange e di fiocchi agli angoli, nel quale si avvolgono, durante il rito, i fedeli maschi, dall'età di tredici anni compiuti.

talèggio [dal n. del luogo di produzione, *Taleggio*, in provincia di Bergamo: un deriv. del lat. *tĭlia* 'tiglio' (?); 1918] **s. m.** ● Tipo di formaggio molle e stagionato.

talentàccio [av. 1742] **s. m.** *1* Pegg. di *talento* (*2*). *2* Ingegno originale, anche se non raffinato.

talentàre [da *talento* (*2*); 1235 ca.] **v. intr.** (*io talènto*; aus. *essere*) ● (*lett.*) Andare a genio: *era una festa ... disporre ogni cosa come le talentava* (DE ROBERTO).

talènto (**1**) [vc. dotta, lat. *talĕntu(m)*, dal gr. *tálanton* 'talento', a sua volta da *tálas*, genit. *tálantos* 'sopportazione', di orig. indeur.; sec. XIII] **s. m.** *1* Antica unità ponderale greca di 60 o 50 mine e di peso diverso secondo il sistema ponderale in uso nella regione. *2* Moneta anticamente in uso in Grecia e Palestina.

talènto (**2**) [vc. dotta, lat. eccl. *talĕntu(m)* 'moneta', nel senso di 'dono dato da Dio'; av. 1249] **s. m.** *1* (*lett.*) Voglia, desiderio: *Dintorno mi guardò, come t. / avesse di veder s'altri era meco* (DANTE *Inf.* X, 55-56) | ***A proprio t.***, spontaneamente | ***Andare a t.***, andare a genio, piacere | †***Venire in t.***, sentire la voglia, il desiderio | (*raro*) ***Con mal t.***, con malanimo, avversione, odio o sdegno. *2* Ingegno, capacità, inclinazione: *ha un certo t. musicale*. *3* Persona dotata di ingegno e capacità: *è un t. naturale*. || **talentàccio**, **pegg.** (V.) | **talentino**, **dim.** | **talentóne**, **accr.**

talentóso o (*raro*) **talentuóso** [da *talento* (*2*); av. 1294] **agg.** *1* (*raro*) Voglioso, desideroso. *2* (*raro*) Dotato di grande ingegno.

tàlent scout /talen(t)s'kaut, *ingl.* 'tʰælən(t)-ˌskaʊt/ [loc. ingl., propr. 'scopritore (*scout*, dall'ant. fr. *escouter* 'ascoltare') di talenti (*talent*, latinismo)'; 1954] **loc. sost. m.** e **f. inv.** (**pl.** ingl. *talent scouts*) ● Nell'editoria e nello spettacolo, ricercatore professionista di persone di talento.

talentuóso ● V. *talentoso*.

Taliàcei [vc. dotta, dal lat. *Thalīa(m)*, dal gr. *Tháleia*, propr. 'fiorente, abbondante', di ristretta area indeur.; 1937] **s. m. pl.** (**sing.** *-o*) ● Nella tassonomia animale, classe di Tunicati marini con corpo a bariletto trasparente e fosforescente, che hanno riproduzione alternata sessuale e agamica (*Thaliacea*).

taliban /*iran.* tɒːle'bɒːn/ [dall'ar. *tālib*, persiano anche *tāleb*, 'studente', con la desinenza persiana del pl. *-an*; 1995] **s. m.** ● Studente di scuola coranica, membro di un'organizzazione politico-militare di ispirazione integralista islamica attiva in Afghanistan dal 1994.

talidomide® [marchio registrato] **s. m.** o **f.** ● (*farm.*) Farmaco con azione ipnotica, oggi non più in commercio per i suoi effetti teratogeni.

talipede [comp. del lat. *tālus* 'tallone' (V. *tallone* (*1*)) e *pēs*, genit. *pĕdis* 'piede'; 1960] **agg.**; anche **s. m.** e **f.** ● Che (o Chi) è affetto da talismo.

talismànico [1676] **agg.** (**pl. m.** *-ci*) ● Che si riferisce a talismano.

talismàno [persiano *tilismāt*, pl. di *tilism*, dal gr. *télesma* 'cerimonia religiosa', da *telêin* 'compiere (un sacrificio)'; 1672] **s. m.** *1* Carattere, figura, formula, incisi o scritti su oggetto di pietra, metallo o altro, che, nelle credenze popolari e religiose, hanno virtù magica difensiva contro il male e i demoni. *2* L'oggetto stesso che porta il carattere, la figura o la formula. *3* (*est.*) Portafortuna (*anche fig.*): *la simpatia è il suo t.*

talismo [dal lat. *tālus* 'tallone' (V. *tallone* (*1*)); 1960] **s. m.** ● (*med.*) Malformazione del piede che, per una eccessiva flessione del dorso, si appoggia sul calcagno e non sulla punta.

talk show /tɔlk'ʃo*, *ingl.* 'tʰɔːkˌʃəʊ/ [vc. ingl., comp. di *talk* 'conversazione' e *show* (V.); 1980] **s. m. inv.** (**pl.** ingl. *talk shows*) ● Programma radiofonico o televisivo in cui un conduttore conversa con noti personaggi del mondo della politica, dello spettacolo, dello sport, ecc.

tallèd ● V. *taled*.

tàllero [ted. *T(h)aler* 'moneta primamente coniata a (*Joachims*)*tal*, in Boemia'; 1557] **s. m.** *1* Grossa moneta d'argento coniata per la prima volta da Sigismondo d'Austria nel 1484, poi diffusa in tutta l'Europa e in Italia con diverso valore | ***T. di Maria Teresa***, coniata in Austria dall'imperatrice Maria Teresa nel XVIII sec. e anche in epoca moderna costituendo, fino alla seconda guerra mondiale, la principale moneta circolante in Abissinia. *2* Unità monetaria circolante in Slovenia. **SIMB.** SLT. ➡ **ILL. moneta.**

tàllio [da *tallo* per la sua colorazione verde allo spettro; 1863] **s. m.** ● Elemento chimico, metallo di aspetto simile al piombo, velenoso nei suoi sali usati come depilatori, topicidi o per filamenti di lampade. **SIMB.** Tl.

tallìre [1476] **v. intr.** (*io tallìsco, tu tallìsci*; aus. *essere* e *avere*) ● Mettere talli | Accestire.

tallìto [1525] **part. pass.** di *tallire*; anche **agg.** *1* Nei sign. del v. *2* ***Orzo t.***, detto di orzo germinato, usato nella fabbricazione della birra.

tallitùra [da *tallire*; 1960] **s. f.** ● Germinazione dell'orzo.

tàllo [vc. dotta, lat. *thăllu(m)*, dal gr. *thallós*, deriv. da *thállein* 'fiorire', di orig. mediterr.; sec. XIII] **s. m.** *1* Corpo vegetativo dei vegetali inferiori, non distinto in radice, fusto e foglie. *2* Germoglio, cima giovane: *t. della rapa, della cipolla* | (*raro*) ***Mettere, rimettere il t.***, (*fig.*) risorgere, rinvigorire. *3* †Tralcio.

tallòfita [comp. di *tallo* e *-fita*; 1884] **s. f.** ● Ogni pianta il cui corpo vegetativo è un tallo.

tallòlio [ingl. *tall oil*, dallo sved. *tallolja* 'olio (*olja*) di pino (*tall*)'; 1960] **s. m.** ● Liquido bruno vischioso, di odore resinoso, presente nelle acque di rifiuto della preparazione della cellulosa, scindibile per distillazione in acidi grassi e resine impiegati nella produzione di detergenti, impermeabilizzanti, inchiostri, adesivi e sim.

tallonàggio [da *tallonare* in senso sportivo; 1964] **s. m.** ● Nel rugby, azione del tallonatore.

tallonaménto [1953] **s. m.** *1* Inseguimento ravvicinato, incalzante: *il t. del giocatore avversario*. *2* (*mecc.*) Impuntamento, nella lavorazione di un metallo.

tallonàre [fr. *talonner*, da *talon* 'tallone' (con la consonante rafforzata di *tallone*); 1935] **v. tr.** (*io tallóno*) *1* Premere, inseguire da vicino, spec. in gare di corsa | (*est.*) Seguire da vicino, incalzare (*anche fig.*): *l'opposizione tallona i partiti di governo nei sondaggi*. *2* Nel rugby, colpire il pallone con il tallone.

tallonàta [1960] **s. f.** *1* Colpo di tallone. *2* Nel rugby, lancio del pallone all'indietro con un colpo di tallone.

tallonatóre [da *tallonare* nel sign. sport.; 1960] **s. m.** (**f.** *-trice*) ● Nel rugby, il giocatore di prima linea che, durante la mischia, ha il compito di conquistare il pallone colpendolo con il tallone.

talloncino [1809] **s. m.** *1* Dim. di *tallone* (*2*). *2* Cedoletta che, staccata da una scheda, una cartolina e sim., serve da ricevuta | Parte staccabile dalle scatole di medicinali, su cui è stampato il prezzo, trattenuta dal farmacista per ottenere il rimborso dal servizio sanitario. *3* Breve annuncio pubblicitario pubblicato sui quotidiani, riguardante uno spettacolo, spesso vistosamente incorniciato o anche illustrato.

tallóne (**1**) [lat. tard. *talōne(m)*, parallelo di *tālus*, di etim. incerta, attraverso il fr. *talon*; sec. XIII] **s. m.** *1* (*anat.*) Calcagno | †Caviglia | ***T. d'Achille***, quello che, secondo la leggenda omerica, era il solo punto vulnerabile dell'eroe; (*fig.*) punto vulnerabile di qlcu. o qlco. *2* Rinforzo della calza sul calcagno. *3* Parte sporgente che in vari oggetti, arnesi, strumenti serve di appoggio fermo o mobile: *il t. della lama del coltello*; *il t. del vomere* | (*mus.*) Impugnatura dell'archetto degli strumenti ad arco a cui è fissato un capo dei crini, provvisto di un nasetto che ne regola la tensione | (*mus.*) ***Suonare al t.***, ottenendo suoni robusti. *4* Nella sciabola, la parte più robusta non scanalata della lama, che si trova vicino alla coccia. *5* (*disus.*) Nel canottaggio, rivestimento di cuoio del remo nella parte in cui si appoggia sullo scalmo. *6* Parte tondeggiante del calcio d'un fucile. *7* Ciascun bordo ingrossato del copertone, che sta a contatto col cerchio della ruota. *8* Mazzo di carte avanzate dalla distribuzione iniziale dal quale si attinge durante il gioco.

tallóne (**2**) [fr. *talon*, uso fig. del sign. proprio di 'tallone', cioè di 'estremità di un oggetto'; 1877] **s. m.** ● Tagliando, cedola. || **talloncino**, **dim.** (V.).

tallóne (**3**) [fr. *étalon*, propr. 'modello di pesi e misure', dal francone **stalo* 'modello'; 1938] **s. m.** ● (*econ.*) Base di un sistema monetario | ***T. aureo, argenteo***, sistema monetario basato sull'oro o sull'argento.

tallóso (**1**) [da *tallo*; 1891] **agg.** ● Che ha aspetto di tallo.

tallóso (**2**) [da *tallio*] **agg.** ● Detto di composto del tallio monovalente.

talmenteché o **talménte che** [comp. di *tal(e)*, *-mente* d'uso avv. e *che* (*2*); 1521] **cong.** ● (*raro*) In modo tale che, a tal segno che (introduce una prop. consec. con il v. all'indic. o al condiz.): *quell'odio contro don Rodrigo, quel rodio continuo ... scomparso anche quello. Talmenteché non saprei immaginare contentezza più viva* (MANZONI).

Talmùd [ebr. *talmūd* 'studio, insegnamento', di vasta area semitica; av. 1524] **s. m. inv.** ● Raccolta, conservata in doppia redazione, palestinese e babilonese, di trattati giuridici, religiosi e ritualistici del III-V sec. d.C. che contengono la dottrina giudaica post-biblica in forma di sentenze fondamentali e di interpretazioni e ampliamento di tali sentenze.

talmùdico [av. 1524] **agg.** (**pl. m.** *-ci*) ● Relativo al talmud.

talmudista [1486] **s. m.** e **f.** (**pl. m.** *-i*) ● Studioso e interprete del talmud.

talònide [ingl. *talonid*, comp. di *talon* 'artiglio' col suff. proprio di un elemento strutturale *-id*] **s. m.** ● (*zool.*) Superficie accessoria di masticazione presente nei molari inferiori di Mammiferi arcaici, posteriore rispetto al trigono.

talóra [comp. di *tal(e)* e *ora*; av. 1257] **avv.** (poet. troncato in *talor* spec. davanti a parola che comincia per consonante) ● Qualche volta, a volte: *t. succede di non sapere cosa rispondere*; *vogliono e fanciulli essere corretti con modo e ragione, e anche t. con severità* (ALBERTI); *e le fiere talor sbranar le fiere* (MONTI). **SIN.** Talvolta.

†**talòtta** [comp. di *tal(e)* e *otta*; sec. XIII] **avv.** ● Talvolta.

♦**tàlpa** o †**tàlpe** [lat. *tălpa(m)*, vc. prelatina di etim. incerta; av. 1292] **A s. f.** *1* Piccolo mammifero insettivoro, con morbida pelliccia rasa, occhi piccolissimi e zampe unghiute e robuste atte a scavare gallerie nel terreno nelle quali vive e nidifica (*Talpa europaea*) | ***Vederci come una t., esser cieco come una t.***, avere scarsissima vista. ➡ **ILL. animali**/11. *2* Pelliccia di pelo dell'animale. *3* (*tess.*) ***Talpa***®, marchio registrato di un tessuto di lana pura o mista con fibre sintetiche, usato per confezionare abiti da società e da cerimonia. *4* (*fig.*, *raro*) Persona tarda e d'ottusa intelligenza. *5* (*fig.*) Chi, approfittando della copertura fornita da un lavoro insospettabile, fornisce a un'organizzazione criminale informazioni riservate provenienti dall'ambiente di lavoro, o comunque le usa per attività di spionaggio. *6* Macchina operatrice adatta a perforare ogni tipo di roccia, usata per scavare gallerie in lavori minerari o di ingegneria civile, spec. nella costruzione di ferrovie metropolitane. *7* (*agr.*) ***Aratro t.***, aratro provvisto di utensile scavatore cilindrico, appuntito anteriormente, destinato a scavare piccoli canali sotterranei allo scopo di far defluire dal terreno le acque superflue. *8* (*mar.*) ***T. marina***, scafandro cilindrico usato talvolta in passato per lavori subacquei a moderata profondità. *9* (*veter.*) Processo suppurativo aprentesi all'esterno mediante una fistola nella nuca di Equini e Bovini. **B** in funzione di **agg. inv.** ● (posposto al s.) Detto di grigio tendente al nero: *color t.* || **talpétta**, **dim.** | **talpettina**, **dim.** | **talpóna**, **accr.** | **talpóne**, **accr. m.** (V.).

†**talpino** [vc. dotta, lat. tardo *talpīnu(m)*, da *tălpa*; 1585] **agg.** ● Simile alla talpa.

talpóne [av. 1492] **s. m.** (**f.** *-a*) *1* Accr. di *talpa*. *2* (*fig.*) Persona sedentaria, staccata dal mondo esterno.

talùno [comp. di *tal(e)* e *uno*; sec. XIV] **A agg. indef.** ● (*al pl.*) Alcuni, certi: *citerò solo taluni autori*; *talune critiche sono fondate*. **B pron. indef.** ● (*lett.*) Qualcuno, qualche persona: *talune delle persone presenti protestarono*; *taluni si offesero* | In correl. con 'talaltro': *t. mi dava ragione, talal-*

tro torto; *t. lo crede, talaltro no.*

♦**talvòlta** o (*raro*) **tal vòlta** [comp. di *tal(e)* e *volta*; 1292] **avv.** ● Qualche volta: *t. mi fa veramente arrabbiare*; *t., usciamo a passeggio* | Con valore correl.: *t. posso avere torto, ma t. ho ragione* | In correl. con 'talaltra': *t. è allegro, talaltra è di umore pessimo.* **SIN.** Talora.

†**talvòlte** [1614] **avv.** ● (*raro*) Talvolta: *gli rispondeva alle sue ambasciate e da parte di lei ne gli faceva t.* (BOCCACCIO).

†**tamàgno** [lat. *tām măgnu(m)* 'così (*tăm*) grande (*măgnus*)'; sec. XIII] **agg.** ● Tanto, così grande | (*assol.*) Molto grande.

†**tamànto** [da †*tamagno*, dal lat. *tām măgnu(m)* 'tanto grande', con sovrapposizione di *tanto*; sec. XIII] **agg. indef.** ● (*raro*) Tanto, tanto grande.

tamàri [n. giapp. della salsa] **s. m. inv.** ● (*cuc.*) Salsa fermentata a base di soia, frumento e acqua usata nella cucina orientale.

Tamaricàcee [vc. dotta, comp. dal lat. *tamarīce(m)* 'tamarice' e *-acee*; 1937] **s. f. pl.** (**sing.** *-a*) ● Nella tassonomia vegetale, famiglia di piante dicotiledoni tropicali e subtropicali adattate a regioni desertiche o steppiche (*Tamaricaceae*).

tamarice ● V. *tamerice.*

tamarindo [ar. *tam(a)r hindī*, propr. 'dattero indiano'; av. 1347] **s. m.** ● Albero delle Leguminose coltivato nelle regioni calde per il frutto a legume di cui si utilizza la polpa per bevande dissetanti ed in medicina (*Tamarindus indica*). ➡ **ILL. piante**/7.

tamarisco o **tamerisco** [vc. dotta, lat. *tamarīscu(m)*, come la variante *tamarīce(m)*, di orig. straniera e etim. incerta; sec. XIII] **s. m.** (**pl.** *-schi*) ● (*bot.*) Tamerice.

tàmaro [etim. incerta; 1561] **s. m.** ● Pianta volubile delle Monocotiledoni comune nei boschi freschi mediterraneo-europei con foglie cuoriformi e bacche rosse (*Tamus communis*).

tamàrro [dall'ar. *tammār* 'venditore di datteri'; 1980] **s. m.** (**f.** *-a*) **1** (*region.*) Zotico, burino. **2** (*spreg.*) Ragazzo di periferia, rozzo e impacciato, che segue la moda, ma ne coglie gli aspetti più vistosi e volgari.

tambarèllo [vc. dial., di etim. incerta; 1936] **s. m.** ● Pesce dei Tunnidi simile allo scombro con due pinne dorsali molto distanti fra loro, azzurro con fasce più scure sul dorso, argenteo sul ventre (*Auxis thazard*).

†**tambène** [sp. *tambien*, da *tanto bien* 'tanto bene'; av. 1588] **avv.** ● (*raro*) Come, cioè.

tambùcio o **tambùgio** [variante di *stambugio* (?); 1887] **s. m.** ● (*mar.*) Copertura scorrevole degli accessi sottocoperta | Casotto costruito in coperta per riparo al boccaporto.

†**tamburagióne** o †**tamburazióne** [dal *tamburo* 'specie di cassetta chiusa' (così detta per la sua forma), nel quale era posta; av. 1385] **s. f. 1** Querela, denuncia anonima. **2** Carta della querela.

tamburàio [1808] **s. m.** (**f.** *-a*) ● Artigiano che fabbrica e vende tamburi.

tamburaménto [1963] **s. m.** ● In falegnameria, costruzione di un pannello tamburato.

tamburàre [da *tamburo*; av. 1449] **A v. tr. 1** (*raro*) Bastonare. **2** Battere con mazze la carcassa di una bestia, perché la pelle si stacchi dalla carne. **3** In falegnameria, costruire un pannello tamburato. **B v. intr.** (aus. *avere*) ● Battere il tamburo. **C v. rifl. rec.** ● (*fig.*) †Percuotersi, picchiarsi.

tamburàta [av. 1386] **s. f.** ● (*raro*) Il tamburare | (*raro, fig.*) Bastonatura.

tamburàto [1879] **A part. pass.** di *tamburare*; anche **agg.** ● Nei sign. del v. | ***Pannello t.***, pannello formato da due fogli di compensato o di laminato plastico applicati su uno strato interno di riempimento e distanziamento, costituito da un nido d'ape di carta o cartone, da materia plastica espansa, da un leggero reticolato di legno e sim., usato spec. per la produzione in serie di porte piane. **SIN.** Pannello a tramezzino | ***Porta tamburata***, costituita da un pannello tamburato nella cui anima sono applicati i pezzi di rinforzo in corrispondenza delle maniglie e della serratura e l'intelaiatura periferica. **B s. m.** ● Pannello tamburato.

†**tamburazióne** ● V. †*tamburagione.*

tambureggiaménto [1917] **s. m. 1** Serie di colpi di tamburo | (*est.*) Successione insistente di colpi d'arma da fuoco: *il t. dell'artiglieria* | (*fig.*) Sequenza incalzante: *essere sottoposto a un t. di domande.* **2** Nel calcio, serie di tiri continui contro la porta avversaria | Nel pugilato, rapida e prolungata successione di colpi sferrati all'avversario.

tambureggiànte [av. 1686] **part. pres.** di *tambureggiare*; anche **agg.** ● Nei sign. del v.

tambureggiàre [comp. di *tamburo* e *-eggiare*; 1598] **A v. intr.** (*io tamburéggio*; aus. *avere*) **1** Battere il tamburo. **2** Risuonare, detto di tamburi | (*est.*) Crepitare, detto spec. di armi da fuoco. **B v. tr.** ● (*est.*) Battere, colpire fittamente: *i grossi calibri tambureggiavano le fortificazioni*; *t. la porta avversaria.*

tamburellàre [da *tamburello*; av. 1875] **A v. intr.** (*io tamburèllo*; aus. *avere*) ● Suonare il tamburello. **B v. tr. e intr.** (aus. *avere*) ● (*fig.*) Battere con colpi rapidi e fitti: *la pioggia tamburellava sui tetti*; *tamburellarsi la pancia con le dita.*

tamburellista [1960] **s. m. e f.** (**pl. m.** *-i*) ● Giocatore di tamburello.

tamburèllo [sec. XIII] **s. m. 1** Dim. di *tamburo.* **2** Strumento musicale a percussione, consistente in una membrana tesa su di un cerchio di legno in cui sono incastrati piccoli campanelli, dischi metallici e sim., che si suona tenendolo con la mano sinistra e percuotendo la membrana con il dorso della mano destra oppure agitandolo velocemente per far tintinnare i campanelli. ➡ **ILL. musica.** **3** Cerchietto di legno su cui è tesa una pelle animale conciata in modo speciale, per rilanciare la palla nell'omonimo gioco | Gioco a palla tra due squadre di quattro o tre giocatori, su un lungo campo rettangolare diviso a metà.

†**tamburière** [1585] **s. m. 1** Artigiano che lavora tamburi. **2** (*dial.*) Tamburino.

tamburinàre [da *tamburino*; av. 1789] **v. intr. e tr.** (aus. *avere*) ● (*raro*) Tamburellare (*spec. fig.*).

tamburino [sec. XIII] **s. m. 1** Dim. di *tamburo.* **2** (**f.** *-a*) Suonatore di tamburo: *il t. di una banda, dell'esercito.* **3** (*mus.*) Piccolo tamburo appeso all'anca, percosso da una bacchetta, suonato insieme a un piccolo flauto dallo stesso suonatore | Suonatore di questo strumento. **4** †Parlamentario. **5** (*gerg.*) Lista degli spettacoli divisa per categoria che appare ogni giorno sui giornali.

tamburlàno [da *tamburlo*, variante sett. di *tamburo*, per la forma; 1693] **s. m. 1** Struttura simile a un alto tamburo con una rete di fili di ferro, che si collocava un tempo sopra un braciere per stendervi la biancheria da far asciugare. **2** Apparecchio elementare per la distillazione di liquidi alcolici, simile all'alambicco.

♦**tambùro** [persiano *tabīr* con sovrapposizione dell'ar. *ṭunbūr*, n. di uno 'strumento musicale'; sec. XIII] **A s. m. 1** (*mus.*) Strumento a percussione costituito da una cassa cilindrica in legno o metallo, coperta ai due lati da membrane, di cui la superiore viene percossa da apposite bacchette: *rullo del t.*; *pelli del t.*; *t. militare* | ***Batteria del t.***, rulli diversi di segnale ai soldati | ***Battuta di t.***, segnale dato con il tamburo | ***A t. battente***, (*fig.*) in tutta fretta, immediatamente | ***Battere il t.***, (*fig.*) farsi pubblicità in modo rumoroso, scoperto. ➡ **ILL. musica.** **2** Chi suona il tamburo | (*mil.*) ***T. maggiore***, capotamburo. **3** (*arch.*) Parte cilindrica o prismatica di alcune cupole, compresa fra gli elementi di base e la calotta, spesso provvista di finestre. **4** Elemento cilindrico nel fusto di una colonna. **5** (*tecnol.*) Nelle costruzioni meccaniche e sim., corpo cilindrico o conico, pieno o cavo, fisso o girevole, la cui superficie esterna è conformata secondo le applicazioni, potendo essere liscia, scanalata, graduata, provvista di guarnizioni. **6** Cilindro dotato di più camere, gener. in numero di cinque o sei, atte a contenere le cartucce e usato come serbatoio spec. nelle pistole a rotazione | ***Pistola a t.***, rivoltella. **7** Organo rotante dei freni degli autoveicoli, consistente in un cilindro largo e piatto solidale al mozzo ruota contro la cui superficie periferica interna agiscono i ceppi. **8** (*tecnol.*) Negli orologi a molla, bariletto. **9** (*elab.*) ***T. magnetico***, tipo di memoria ad accesso casuale impiegato negli elaboratori elettronici. **10** (*mar.*) ***T. del timone***, cupola con la quale si copre la testata | ***T. delle ruote***, opera in forma di mezzo cilindro che copre la metà superiore di ciascuna ruota degli antichi piroscafi | ***T. dell'ancora***, barbottino. **11** Cassetta un tempo messa alle colonne di molte città italiane perché i cittadini vi ponessero querele e denunce. **12** (*fig.*) Nel linguaggio giornalistico, annuncio pubblicitario pubblicato a fine anno per attirare l'attenzione dei lettori sulle condizioni di abbonamento per l'anno seguente. **13** (*teat.*) In scenotecnica, argano con asse diviso in due parti di diametro diverso, sulla maggiore delle quali si avvolgono le funi più grosse, di comando, rinviate da carrucole ad argani sussidiari installati nei ballatoi, e sulla minore le funi più sottili, legate allo scenario. **14** Nella fortificazione antica, barbacane. **15** (*edil.*) L'insieme della centina e del manto nella centinatura di un arco o di una volta. || **tamburàccio**, **pegg.** | **tamburèllo**, **dim.** (V.) | **tamburétto**, **dim.** | **tamburino**, **dim.** (V.) | **tamburóne**, **accr.** **B** in funzione di **agg. inv.** ● (posposto al s.) Solo nella loc. ***pesce t.***, V. *pesce.*

tambussàre [adattamento del tipo fr. *tabaser*, dalla radice onomat. *ta(m)b-*; av. 1463] **v. tr. 1** †Percuotere, picchiare, bastonare. **2** (*sett.*) Percuotere con colpi piccoli e leggeri, spec. della mano.

tambùsso [1965] **s. m.** ● In apicoltura, il percuotere le arnie dall'esterno per farne uscire le api.

tamerìce o **tamarice** [vc. dotta, lat. *tamarīce(m)*, di orig. straniera e di etim. incerta; sec. XIII] **s. f.** ● Albero delle Tamaricacee con foglie squamiformi e fiori rosei (*Tamarix africana*). **SIN.** Tamarisco.

tamerisco ● V. *tamarisco.*

tàmia [gr. *tamías* 'economo, intendente': di orig. indeur. (?); 1840] **s. m. inv.** ● Vivace mammifero roditore americano simile ad uno scoiattolo con mantello rosso bruno striato longitudinalmente (*Tamia striatus*).

†**tamìgio** ● V. *tamisio.*

tàmil [etim. discussa: da una precedente forma dravidica **Damira*, nome di popolo (i Dravidi) (?); av. 1916] **A s. m. e f. inv.** ● Ogni appartenente a una popolazione indiana di stirpe dravidica, stanziata nell'India meridionale e nella parte settentrionale dello Sri Lanka. **B s. m. inv.** ● Lingua della famiglia dravidica, parlata dai Tamil.

tamìlico [1891] **agg.** (**pl. m.** *-ci*) ● Che riguarda la popolazione dei Tamil, i loro usi, la loro cultura: *lingua tamilica.*

tamìsio o †**tamìgio** [fr. *tamis*, dal lat. parl. **tamīsiu(m)*, di etim. incerta; sec. XIV] **s. m.** ● (*dial.*) Staccio.

Tampax® /'tampaks, *ingl.* 'tæmpæks/ [dall'ingl. *tampon* 'tampone' nel senso di 'assorbente igienico'] **s. m. inv.** ● Nome commerciale di un assorbente interno.

tampinàre [milan. *tampinà* 'importunare' (d'orig. sconosciuta); 1961] **v. tr. 1** (*region.*) Seguire con insistenza. **2** (*fig.*) Seccare, assillare, molestare.

†**tampòco** [sp. *tampoco*, comp. di *tan(to)* 'tanto' e *poco*; av. 1487] **avv.** ● Nemmeno, neppure, tanto meno (sempre preceduto dalla cong. negativa 'né'): *né io t. ho preteso di provarla* (GALILEI) | Oggi usato scherz.: *non ho voglia di vederlo né t. di parlargli.*

tamponaménto [fr. *tamponnement*, da *tamponner* 'tamponare'; 1889] **s. m. 1** Il tamponare | ***Gioco, azione di t.***, nel calcio, difensiva per arginare i pressanti attacchi della squadra avversaria. **2** Urto, collisione di un veicolo contro un altro che si trova davanti | ***T. a catena***, quando più autoveicoli si tamponano in successione. **3** (*med.*) Riempimento di una cavità con garza o altro a scopo emostatico o disinfettante: *t. uterino.*

tamponàre [fr. *tamponner*, da *tampon* 'tampone'; 1886] **v. tr.** (*io tampóno*) **1** Chiudere con un tampone | ***T. una falla***, (*fig.*) mettere un rimedio provvisorio a un guaio improvviso e che va risolto subito. **2** Urtare la parte posteriore del veicolo che precede: *l'autobus tamponò un autocarro.*

tamponatùra [1940] **s. f.** ● Il tamponare una falla | Applicazione di un tampone a una ferita | (*est.*) Il tampone applicato.

tampóne [fr. *tampon*, da *tapon* 'tappo', con nasalizzazione; 1886] **A s. m. 1** (*med.*) Pezzo di garza o cotone per assorbire il sangue o per eseguire prelievi di secrezioni organiche | Assorbente interno. **2** Cuscinetto impregnato d'inchiostro per inumidire i timbri e sim. **3** Respingente | ***T. paracolpi***, elemento di gomma posto tra la carrozzeria e l'assale di un autoveicolo per impedirne il contatto e attutire gli urti, quando la sospensione cede eccessivamente per un forte sobbalzo. **4** (*mus.*) Mazza a doppia testa, usata in passato per eseguire il rullo sulla grancassa. **5** (*chim.*) Sostanza che, presente in una soluzione, si oppone alla variazione di acidità dovuta all'aggiunta di acido o alcali. **6** (*miner.*) Associazione di sostanze solide usata in minerosintesi per mantenere costante lo stato di ossidoriduzione di una reazione e predeterminare lo stato di valenza del prodotto. **B** in funzione di **agg. inv.** ● (posposto al s.) Detto di provvedimento legislativo varato per fronteggiare situazioni di emergenza e avente carattere di provvisorietà: *legge t.*; *misure t.* || **tamponcino**, **dim.**

tamtàm o **tam-tàm**, **tantàn**, **tan-tàn** [vc. onomat.; 1819] **s. m.** **1** Strumento a percussione di origine cinese. **SIN.** Gong. **2** Grande tamburo ligneo da segnali, costituito da un tronco scavato, posato o sospeso orizzontalmente, che viene percosso con bastoni | (*est.*) Il suono di tale tamburo: *un lugubre t.* | (*fig.*) Scambio di notizie, spec. riservate o che non potrebbero circolare apertamente, da persona a persona: *il t. del carcere.* ➡ **ILL. musica.**

tamurè [dal n. indigeno polinesiano; 1963] **s. m. inv.** ● Ballo tipico dell'isola di Tahiti.

tan o **tatatàn** [vc. onomat.; sec. XVI] **inter.** **1** Riproduce il rullo dei tamburi che ritmano la marcia di reparti militari (*spec. iter.*): *tan tan, tatatan.* **2** Riproduce il rumore di un colpo di pistola o di fucile | (*iter.*) Riproduce il rumore di una raffica di colpi: *tan tan tatatan.*

♦**tàna** [lat. (*sub*)*tāna*(*m*) 'sotterranea' (sottinteso *cavĕrna*(*m*) 'caverna'), con fraintendimento di *sŭb* come prep.; sec. XIII] **s. f.** **1** Buca profonda, scavata spec. nella terra o nella roccia, dove si rifugiano animali selvatici: *le faine scavano la t. nei vecchi alberi* | (*fig.*) Rifugio, covo, nascondiglio: *è una t. di malviventi* | (*fig.*, *spreg.*) †Patria, dimora: *son Vanni Fucci / bestia, e Pistoia mi fu degna t.* (DANTE *Inf.* XXIV, 125-126). **2** (*fig.*) Abitazione malsana, squallida: *vive in periferia, in una t. vecchia e sporca.* **SIN.** Buco, stamberga, tugurio. **3** (*fig.*) In giochi infantili, il punto in cui ci si deve rifugiare per salvarsi quando si è inseguiti o scoperti: *toccare t.* **4** (*raro*, *fig.*) Strappo. **5** †Fossa, buca | (*fig.*) Bolgia dantesca.

tanacetina [comp. di *tanaceto* e *-ina*; 1875] **s. f.** ● Principio amaro contenuto nelle sommità fiorite del tanaceto.

tanacéto [lat. med. *tanacētu*(*m*), di etim. incerta; 1522] **s. m.** ● Composita comune negli incolti, profumata, con capolini gialli in corimbi (*Tanacetum vulgare*).

tanàglia ● V. *tenaglia.*

tanagliàre o (*raro*, *lett.*) **tenagliàre** [da *tanaglia*; sec. XIV] **v. tr.** (*io tanàglio*) ● (*lett.*) Attanagliare, tormentare, torturare: *non trovando che io le dica il vero, mi faccia tenagliare in un fondo di torre* (TASSO).

tanàgra (**1**) [port. *tangara*, di orig. tupi (*tangard*); 1875] **s. f.** ● Uccello passeriforme americano dal piumaggio abbondante e vivacemente colorato (*Tanagra*).

tanàgra (**2**) o **tànagra** [dal n. della città omonima; 1913] **s. f.** ● (*archeol.*) Nome di un tipo di statuetta funeraria policroma di terracotta raffigurante figure femminili e prodotta in età ellenistica nella città di Tanagra, in Beozia: *un deposito di t., idoletti egizi, cocci della Creta minoica* (SAVINIO).

tananài [variante di *badanai* con sovrapposizione di un motivo onomat.; av. 1803] **s. m. inv.** ● (*pop.*) Confusione, schiamazzo.

†**tanàre** **v. intr.** ● Dimorare in una tana.

tànato- [dal gr. *thánatos* 'morte', d'orig. incerta] primo elemento ● In parole composte del linguaggio scientifico, significa 'morte' o, più raramente, 'cadavere': *tanatofobia*, *tanatologia.*

tanatofobia [comp. del gr. *thánatos* 'morte' e *fobia*; 1841] **s. f.** ● (*psicol.*) Paura ossessiva della morte.

tanatofòbico [da *tanatofobia*; 1960] **A** **agg.** (f. *-a*; pl. m. *-ci*) **1** Che riguarda la tanatofobia. **2** Che soffre di tanatofobia. **B** **s. m.** ● Chi ha una paura morbosa della morte.

tanatologia [comp. del gr. *thánatos* 'morte' e *-logia*; 1840] **s. f.** ● (*med.*) In medicina legale, studio delle circostanze connesse alla morte e delle conseguenti modificazioni chimico-morfologiche dell'organismo.

tanatològico [1960] **agg.** (pl. m. *-ci*) ● Concernente la tanatologia.

tanatopràssi [comp. di *tanato-* e *prassi* nel senso orig. di 'azione'; 1995] **s. f. inv.** ● Pratica di conservazione temporanea e presentazione estetica di una salma mediante sostanze speciali e mezzi tecnici opportuni.

tanatoscopìa [comp. di *tanato-* e *-scopia*; 1960] **s. f.** ● (*med.*) Insieme di procedimenti che in campo medico-legale permettono di verificare il decesso.

tanatòsi [comp. del gr. *tánathos* 'morte', per l'assoluta immobilità, e del suff. *-osi*; 1960] **s. f. inv.** ● (*zool.*) Risposta riflessa di totale immobilità attuata con probabile funzione difensiva da alcuni Insetti.

tànca (**1**) [1889] **s. f.** **1** V. *tanica.* **2** (*mar.*) Cisterna o vano stagno per contenere e trasportare liquidi sulle navi.

tànca (**2**) [catalano *tanca*, da *tancar*, di etim. incerta; av. 1806] **s. f.** ● Terreno recintato per bestiame, in Sardegna: *Saliva un monte, attraversava una t.* (DELEDDA).

tàndem [ingl. *tandem*, applicazione scherz. della vc. lat., che fra gli studenti valeva anche 'alla lunga', 'per la lunghezza'; 1890] **s. m. inv.** **1** Bicicletta a due sellini, due manubri e due coppie di pedali azionata da due ciclisti posti uno dietro l'altro | ***Vincere il t.***, la gara disputata con questo mezzo. **2** Coppia di atleti perfettamente affiatati, che gareggiano con azione combinata e precisa intesa: *t. di attacco* | ***Fare qlco. in t.***, (*fig.*) fare qlco. insieme, collaborare.

tanè [fr. *tanné*, part. pass. di *tanner* 'conciare'; 1477] **A** **s. m. inv.** ● (*raro*) Colore scuro, fra il rosso e il nero, proprio del guscio della castagna. **B** anche **agg. inv.**: *color t.*

†**taneìccio** [av. 1597] **agg.** ● Detto di colore che tende al tanè.

†**tanfanàre** [variante di *tonfanare*, da *tonfo* (?); 1600] **v. tr.** ● Percuotere, picchiare, maltrattare.

tanfàta [1863] **s. f.** ● Ondata di tanfo o di odore sgradevole.

tànfo [longob. *tampf* 'vapore', dalla radice indeur. **dhem-* 'fumare'; 1525] **s. m.** ● Pesante e sgradevole odore di rinchiuso o di muffa: *dal sotterraneo esala un forte t.* | (*est.*) †Muffa. || **tanfétto**, **dim.**

tànga [vc. d'orig. tupi, giunta attrav. il port.; av. 1703] **s. m. inv.** **1** Coprisesso femminile di terracotta di dimensioni molto ridotte rinvenuto in scavi archeologici in alcune zone dell'America meridionale. **2** Costume da bagno femminile costituito da due pezzi o da un solo pezzo inferiore molto sgambato anteriormente e ridotto spesso a una sottile striscia nella parte posteriore | Slip molto sgambato.

tàngelo [vc. ingl., comp. di *tang*(*erine*) '(arancia) di Tangeri' e (*pom*)*elo* '(varietà di) pompelmo'; 1960] **s. m.** ● Ibrido fra pompelmo e mandarino algerino, con frutti succosi e profumati.

tangènte [vc. dotta, lat. *tangĕnte*(*m*), part. pres. di *tăngere* (sottinteso *līnea*(*m*) 'linea'; av. 1642] **A** **agg.** **1** †Che tocca, sfiora. **2** (*mat.*) Detto della posizione limite di una retta che interseca una curva in due punti P e Q quando Q tende a P | Detto di due linee curve che, in un punto dato, hanno la stessa retta tangente | Detto di un piano rispetto a una superficie in un punto P, quando tutte le tangenti alle linee sulla superficie che passano per P hanno tangenti che giacciono nel piano stesso | Detto di due superfici che hanno lo stesso piano tangente. **B** **s. f.** **1** (*mat.*) Retta tangente a una curva in un punto dato | ***Filare per la t.***, (*fig.*) svignarsela | ***Partire per la t.***, (*fig.*) divagare all'improvviso o, detto di situazioni, sfuggire al controllo. **2** (*mat.*) ***T. trigonometrica d'un angolo***, rapporto tra il seno e il coseno dell'angolo. **3** (*raro*) Parte che tocca a ciascuno in guadagno o spesa comune. **SIN.** Quota, rata. **4** Percentuale sul guadagno che spetta a chi ha favorito la conclusione di un affare | Somma di denaro estorta con minacce a esercenti o imprenditori. **SIN.** Pizzo | Nel quadro dei rapporti fra amministrazione pubblica e imprese, quota di denaro versata illegalmente in cambio della concessione di appalti, favori e vantaggi vari, sia come iniziativa individuale (fenomeno frequentemente collegato con i reati di *corruzione* e *concussione*) che, da parte di intermediari, come forma di finanziamento occulto di partiti politici.

tangentière [1988] **s. m.** (f. *-a*) ● Chi riscuote tangenti spec. su appalti e commissioni pubbliche.

tangentìsmo [da *tangent*(*e*) con il suff. *-ismo*; 1987] **s. m.** ● Il fenomeno diffuso della richiesta e del pagamento di tangenti: *il t. degli anni Ottanta.*

tangentista [da *tangentismo*; 1983] **s. m.** e **f.** (pl. m. *-i*) ● Chi abitualmente riscuote o chiede tangenti.

tangentizio [1988] **agg.** ● Che riguarda il sistema fondato sulle tangenti: *malcostume t.*

tangentocràtico [comp. di *tangent*(*e*) e *-cratico*] **agg.** (pl. m. *-ci*) ● Che riguarda la tangentocrazia.

tangentocrazia [comp. di *tangent*(*e*) e *-crazia*; 1983] **s. f.** ● Nel linguaggio politico, sistema di governo e di potere fondato sulla richiesta e il pagamento di tangenti.

tangentòide [comp. di *tangente* e di un deriv. dal gr. *éidos* '(della) forma (di)'; 1960] **s. f.** ● (*mat.*) Diagramma della tangente.

tangentòpoli [comp. di *tangent*(*e*) e *-poli*; 1991] **s. f. inv.** ● (spesso con l'iniziale maiuscola) Nel linguaggio giornalistico e politico, città in cui emergono diffusi episodi di corruzione basati spec. sulla richiesta e il versamento di tangenti | Lo scandalo, il fenomeno delle tangenti e le relative inchieste giudiziarie.

tangènza [1960] **s. f.** **1** (*mat.*) Condizione, posizione della tangente. **2** (*aer.*) Altitudine massima raggiungibile in aria calma da un aerostato o da un'aerodina a motore.

tangenziàle [da *tangenza*; av. 1764] **A** **agg.** ● Relativo alle tangenti | Di tangente o tangenza. || **tangenzialménte**, **avv.** Secondo la tangente. **B** **s. f.** **1** (*mat.*, *raro*) Tangente. **2** Strada di traffico veloce che gira attorno ad un centro urbano.

tàngere [vc. dotta, lat. *tăngere*, di etim. incerta; sec. XIII] **v. tr.** (*io tàngo, tu tàngi*; oggi usato soprattutto nelle terze pers. sing. e **pl.**; difett. del **pass. rem.**, del **part. pass.** e dei tempi composti) ● (*lett.*) Toccare (*anche fig.*): *la vostra miseria non mi tange* (DANTE *Inf.* II, 92).

†**tangeróso** [da *tăngere* 'toccare (delicatamente)'; sec. XIII] **agg.** ● Delicato, sensibile.

tangheggiàre [denom. di *tangheggio*, dal fr. *tangage* (a sua volta deriv. di *tanguer* 'beccheggiare', di orig. incerta), col suff. del sin. *beccheggio*; 1813] **v. intr.** (*io tanghéggio*; aus. *avere*) ● (*mar.*; *disus.*) Beccheggiare.

tànghero [etim. incerta; av. 1400] **s. m.** (f. *-a*) ● Persona grossolana, rustica e villana. **SIN.** Buzzurro. || **tangheràccio**, **pegg.** | **tangherèllo**, **dim.** | **tangheròtto**, **dim.**

tangìbile [vc. dotta, lat. tardo *tangĭbile*(*m*), da *tăngere*; 1308] **agg.** **1** Percepibile al tatto: *la materia celeste non può essere toccata perché manca delle tangibili qualità* (GALILEI). **2** (*est.*, *fig.*) Che si può toccare con mano, sicuro, manifesto: *prova t.* || **tangibilménte**, **avv.** In modo tangibile (*spec. fig.*).

tangibilità [1879] **s. f.** ● Stato, condizione di ciò che è tangibile (*anche fig.*).

tàngo [sp. *tango*, di etim. discussa: di orig. onomat., tenuto conto dei sign. successivi 'tamburo', poi 'riunione di negri per ballare al suono del tamburo', infine la 'danza' stessa (?); 1909] **A** **s. m.** (pl. *-ghi*) ● Danza popolare di ritmo binario, e movimento moderato, affine a quello dell'habanera, introdotto in Europa dall'America meridionale. **B** in funzione di **agg. inv.** ● (posposto al s.) Detto di un colore rosso assai brillante: *rosso t.*; *abito color t.*

tangóne [fr. *tangon*, vc. d'orig. oscura, giunta in fr. dallo sp. o dal provz.; 1879] **s. m.** ● (*mar.*) Asta articolata all'albero di un'imbarcazione a vela che si protende fuori bordo, all'estremità della quale si mura lo spinnaker o il fiocco.

tàngram /ingl. 'thæŋgɹəm/ [prob. comp. del cin. *t'ang* 'cinese' e *-gram* '-gramma'] **s. m. inv.** ● Rompicapo cinese costituito da un quadrato diviso in sette figure geometriche, con le quali bisogna costruire altre figure dal contorno dato.

tanguìno [etim. incerta; 1829] **s. m.** ● Albero delle Apocinacee del Madagascar, velenoso, con frutti disseminati dalle acque marine (*Cerbera venenifera*).

tànica o (*raro*) **tànca** (**1**) [ingl. *tank*, dall'indost. *tānkh* 'cisterna'; 1939] **s. f.** **1** Recipiente di forma parallelepipeda, in metallo o materia plastica, destinato al trasporto di liquidi, spec. combustibili. **2** Serbatoio rigido sganciabile da un aereo.

tank /ingl. tʰæŋk/ [vc. ingl., dal sign. originario di 'serbatoio' (di orig. indiana), secondo un'incerta evoluzione semantica; 1916] **s. m. inv.** **1** Carro armato. **2** (*raro*) Cisterna per liquidi. **3** (*fot.*) Contenitore a tenuta di luce per lo sviluppo, su apposite spirali, delle pellicole fotografiche in rullo.

tankista [da *tank* 'serbatoio'; 1983] s. m. e f. (pl. m. *-i*) ● Chi è addetto alle cisterne in una nave per il trasporto di liquidi o in una petroliera.

tannànte [propr. part. pres. di *tannare*; 1960] **A** agg. ● Detto di sostanza naturale o sintetica che ha le proprietà concianti del tannino: *le cortecce dei pini sono agenti tannanti.* **B** anche s. m.

tannàre [fr. *tanner*, da *tan* 'tanno'; av. 1750] v. tr. ● Conciare le pelli con sostanze tanniche.

tannàto [da (*acido*) *tann*(*ico*) e *-ato*; 1862] s. m. ● Combinazione di un tannino con metalli o basi organiche, di largo e svariato impiego, spec. in medicina.

tànnico [fr. *tannique* 'pertinente al tanno (*tan*)'; 1875] agg. (pl. m. *-ci*) **1** Del tannino | ***Acido t.***, acido gallotannico. **2** (*enol.*) Detto di vino ricco di tannino per cui presenta sapore astringente (caratteristica apprezzabile in vini giovani).

tannino [fr. *tanin*, da *tan* 'tanno'; 1829] s. m. ● Classe di composti fenolici diffusi in legni, foglie, cortecce e frutti, usati come concianti e mordenzanti, per inchiostri e, in medicina, come astringenti.

†**tànno** [fr. *tan*, dalla base gallica **tanno-* 'quercia', dalla cui scorza era ricavato; 1803] s. m. ● Scorza ricca di tannino, della quercia o altra pianta.

tannofòrmio® [marchio registrato; 1940] s. m. ● Prodotto di condensazione del tannino con la formaldeide, dotato di proprietà antisettiche e astringenti.

tantafèra [per *cantafera* con assimilazione; 1481] s. f. ● (*pop., tosc.*) Discorso, ragionamento prolisso, noioso e senza costrutto.

tantaferàta [av. 1566] s. f. ● (*raro, tosc.*) Tantafera: *ladre tantaferate a ritornelli / udimmo troppe* (CARDUCCI).

tantàlico [1840] agg. (pl. m. *-ci*) ● Detto di composto del tantalio pentavalente | ***Acido t.***, acido ossigenato del tantalio.

tantàlio [dal n. del mitico personaggio *Tantalo*, con aggiunta l'allusione allo sforzo inutile che fa per assorbire integralmente gli acidi; 1819] s. m. ● Elemento chimico, di colore grigio, che fonde ad alta temperatura, duro e duttilissimo, resistente agli agenti chimici, un tempo usato per filamenti di lampade, ora impiegato per apparecchiature esposte spec. all'attacco di alogeni e, in lega col tungsteno, per la costruzione di veicoli spaziali. SIMB. Ta.

tàntalo [vc. dotta, lat. *Tāntalu*(*m*), dal n. proprio, passato, come in altri casi, a n. d'animale; 1771] s. m. ● Uccello africano dei Ciconiformi con lunghissime zampe sottili, lungo becco arancione e piumaggio bianco, roseo, nero bronzeo (*Ibis ibis*).

tantàn o **tan-tàn** ● V. *tamtam.*

tantino [sec. XIII] **A** agg. indef. ● Dim. di *tanto* (*1*). **B** pron. indef. solo m. sing. **1** Una piccola quantità, un po': *me ne basta un t.*; *bevi un t. di vino e digerirai meglio.* **2** Nella loc. avv. ***un t.***, un po': *sono un t. stanco*; *fermiamoci un t. a riposare.* || **tantinèllo**, dim. | **tantinétto**, dim. | **tantinino**, dim.

♦**tànto** (1) [lat. *tāntu*(*m*), comp. dell'avv. *tăm*, di sola area lat. e di orig. indeur., con l'ampliamento agg. *-to-*; 1225 ca.] **A** agg. indef. **1** (*al sing.*) Così molto, così grande (riferito a cosa con valore più intens. e più esteso di 'molto' e 'grande'): *c'è tanta miseria nel mondo!*; *fanno t. sperpero*; *abbiamo davanti t. tempo*; *devi fare ancora tanta strada?*; *c'era proprio tanta gente*; *l'ho aspettato per tanti anni*; *avevano tanta sete!*; *è una persona di t. tatto e buon senso*; *c'è sempre tanta ironia nel suo sguardo*; *per questo lavoro occorre tanta precisione*; *dopo t. studiare si è ridotto senza un buon lavoro*; *ho avuto proprio tanta pazienza con voi* | (*lett., enfat.*) Così illustre, importante, insigne: *nulla a t. intercessor si neghi* (TASSO) | In correl. con 'che' e 'da' introduce una prop. consec.: *ha tanta volontà che riesce in ogni cosa a cui si applica*; *ho t. sonno da morire*; *mi tornò t. vigore che io non mi avedevo se io avevo più febbre e più paura di morte* (CELLINI). **2** Molto (per numero o quantità): *dicono che abbia tanti appartamenti*; *c'erano tante persone di riguardo*; *ha passato tanti guai, poveretto*; *mi aveva fatto tante promesse prima di partire*; *è una ragazza che non fa tanti complimenti*; *tanti saluti anche da parte di mia sorella*; *ti faccio tanti auguri di pronta guarigione*; *tante grazie per la vostra cortesia*; *le tante mie giovenili storture, di cui mi toccherà di arrossire in eterno* (ALFIERI) | (con valore raff. ed enfat.) ***T. e poi t.***, (*fam.*) ***t. ma t.***, ***t. t.***, moltissimo: *ho tanti impegni, ma tanti, che non puoi credere*; *ha t. t. soldi.* **3** In quantità o numero così grande (in espressioni interr. ed escl.): *avete invitato tante persone?*; *cosa te ne fai di t. denaro?*; *sarebbe un buon ragazzo, ma ha tanti grilli per la testa!*; *non faccia tanti complimenti!*; *gli ho scritto tante volte!*; *ho aspettato per t. tempo!*; *o ciechi, il t. affaticar che giova?* (PETRARCA) | In correl. con 'che' e 'da' introduce una prop. consec.: *hanno tanti soldi che non sanno dove spenderli*; *abbiamo tanti debiti da far paura.* **4** In correl. con 'quanto' indica corrispondenza di numero o di quantità in prop. compar.: *spende t. denaro quanto ne guadagna*; *ci sono tanti quaderni quanti sono gli alunni.* **5** Altrettanto: *tutto il mio lavoro se ne va in t. sudore*; *ho cambiato cento euro in tante monete da un euro* | In espressioni correl.: *tante persone, tante opinioni*; *tanti dipendenti, tante gratifiche*; *tante parole, tante sciocchezze.* **6** Con valore distributivo preceduto da 'ogni': *ogni tanti invitati disporremo una decorazione floreale*; *ogni tanti mesi riceverete il saldo dei vostri averi*; *ogni tanti kilometri c'è un distributore di benzina.* **7** Con valore neutro per ellissi di un s.: *non stare fuori t.*; *spende t. per le sue condizioni*; *non ci vuole t. a capirlo*; *è già t. che sia stato promosso*; *è t. che non lo vedo*; *ci sarebbe t. da dire sul suo conto*; *ho t. da fare*; *t. disse e t. fece che lo convinse*; *è t. se riuscirò a farlo venire* | ***Or non è t.***, poco tempo fa | ***Fra non t.***, fra breve tempo | ***A dir, a far t.***, tutt'al più, al massimo: *saranno state, a dir t., le dieci* | ***Da t.***, di molto valore, capace di simili cose: *non lo facevo da t.*; *tu non sei da t.* | ***Giungere, arrivare a t.***, a tal punto: *è arrivato a t. da rinfacciarmi ciò che ho fatto per lui* | ***Combinarne tante***, tante malefatte, marachelle, disastri e sim. | ***Dirne tante a qlcu.***, rimproverarlo aspramente, insultarlo | ***Raccontarne tante***, tanti fatti, spec. fandonie, spacconate e sim. | ***Darne tante a qlcu.***, picchiarlo ben bene | ***Di t. in t.***, ***ogni t.***, di quando in quando, saltuariamente | ***Fino a t. che***, finché. || **tantino**, dim. (V.). **B** pron. indef. **1** (*al pl.*) Molte persone (con valore indet.): *tanti l'hanno visto negli ultimi tempi*; *tanti lo trovano antipatico*; *fra i tanti che hanno risposto all'inserzione c'è anche un mio cugino*; *è uno dei tanti che si credono infallibili* | In correl. con 'quanto': *siamo in tanti quanti non osavo sperare.* **2** Molto, parecchio (riferito a cose e a persone con valore indef.): *se ti piacciono i libri, qui ne troverai tanti*; *penso di essere una ragazza come tante*; *quanti anni ho io? tanti!*; *sono golosa di cioccolata e ne tengo sempre tanta in casa.* **3** Altrettanto (in correl. con 'quanto'): *il denaro? ne ho t. quanto basta*; *devi comprare dei quaderni, tanti quanti sono le materie scolastiche* | ***Né t. né quanto***, affatto, punto: *non mi piace né t. né quanto.* **4** Con valore indet. indica un numero o una quantità che non si vuole o non si può specificare: *dei soldi che ti dò, tanti sono per la casa, tanti per le tue spese personali* | ***Nell'anno millettocento e tanti***, e rotti | ***Ai tanti di maggio***, in quel certo giorno di maggio. **5** Con valore neutro indica una quantità indeterminata: *dei soldi che ti do, tanti sono per l'affitto, tanti per le spese* | ***Non più che t.***, poco: *si dà da fare non più che t.* | ***Se t. mi dà t.***, (*fig.*) se le cose vanno così | ***T. è, tant'è***, è lo stesso: *se non puoi uscire, tant'è che me ne vada a casa* | ***T. vale, t. fa, t. varrebbe***, è lo stesso, sarebbe meglio: *t. vale che ce ne andiamo subito*; *t. fa che ti aiuti, così farai presto*; *t. varrebbe rifare tutto il lavoro* | ***Con t. di***, (*enfat.*) addirittura con, proprio con (seguito da un compl. partitivo): *il cameriere con t. di guanti bianchi*; *l'ho visto con t. di barba e baffi* | (*fig.*) ***Ascoltare con t. d'orecchie***, molto attentamente | (*fig.*) ***Guardare con t. d'occhi***, guardare con meraviglia, spalancando gli occhi per lo stupore, l'ammirazione, la sorpresa e sim. | (*fig.*) ***Rimanere con t. di naso***, restare male, avvilito. **C** in funzione di pron. dimostr. ● Tutto questo, ciò (con valore neutro): *ti ho già raccontato prima cosa avvenne, e questo è t.*; *a t. non seppi trattenermi*; *e con t. la riverisco*; *t. ti serva di replica* | ***T. di guadagnato!***, ***t. di meglio!***, meglio, questo è un vantaggio per noi | V. anche *frattanto, intanto, pertanto.* **D** in funzione di s. m. solo sing. **1** Una quantità indeterminata: *gli viene a costare un t. al mese*; *costa un tanto al metro*; *gli dò un tanto alla settimana per le piccole spese.* SIN. Tot. **2** Quantità grande, quasi eccessiva: *devi prendere in considerazione sia il t., sia il poco.*

♦**tànto** (2) [lat. *tāntu*(*m*), uso avv. di *tāntus* 'tanto (1)'; sec. XII] **A** avv. **1** Così, in questo modo, in questa misura: *andiamo t. d'accordo!*; *non studiare t.*; *perché ridete t.?*; *sarebbe simpatico se non parlasse t.*; *o Morte, Morte / cu' t. invoco* (ALFIERI) | Accompagnando le parole col gesto: *è alto t. e largo t.* | A lungo, per lungo tempo: *camminare t. mi stanca* | In correl. con 'che' e 'da', introduce una prop. consec. esplicita o implicita: *è t. giovane che sembra un ragazzo*; *è stato t. ingenuo da credere a tutto*; *vuoi essere t. gentile da passarmi quel giornale?* **2** Così, altrettanto (in correl. con 'quanto' o 'tanto' nei compar. di uguaglianza e nelle prop. compar.): *è t. bella quanto modesta*; *scrive t. quanto parla*; *non studia t. quanto potrebbe*; *non è poi t. furbo quanto sembra*; *lo ammiro non t. per la sua ricchezza, quanto per la sua disinvoltura* | Sia, così (in correl. con 'quanto', *pop.* 'che', *pop.* 'come'): *voglio bene t. a voi quanto a loro*; *ammiro t. il tuo coraggio come la tua gentilezza.* **3** Molto, assai: *ti ringrazio t.*; *saluta t. la nonna*; *vengo t. volentieri*; *ora dormi t. di più*; *ti trovo t. ingrassato*; *non sono più t. giovane*; *scusate t.*; *ti vedo addolorato, ma proprio t.*; *t. peggio per voi*; *se non vieni, t. meglio* | (*intens., iter.*) ***Sono t. t. contento per voi***; ***sei t. gentile, ma t.*** | ***Non t.***, poco: *guadagna non t.* | ***Poco o t.***, sia quanto sia: *poco o t., questo è tutto* | ***Né t. né poco***, affatto, per nulla: *ciò non mi riguarda né t. né poco.* **4** Solamente, soltanto: *per una volta t. potresti venire anche tu*; *se fa t. di venirmi a tiro, lo concio per le feste*; *dammene due dita, t. per gradire*; *è un bravo ragazzo, ma parla t. per parlare*; *voglio andare al mare, t. per cambiare*; *facciamo una partita a carte, t. per passare il tempo*; *sto facendo un pullover, t. per fare qualcosa.* **5** Nella loc. avv. ***t. più, t. meno*** (in correl. con 'tanto' o 'quanto' nelle prop. compar.): *t. più lo conosco, t. più l'ammiro*; *quanto più lo frequento, t. meno mi trovo imbarazzato.* **B** cong. **1** Tuttavia, ma comunque (con valore avversativo): *puoi andarci, t. non gliene importa molto.* **2** Con valore conclusivo esprime sfiducia o rassegnata accettazione: *non avvilirti, t. ormai è fatta*; *non venire, t. a me non importa*; *entra, entra, t. sono già pronta!*; *è inutile gridare, t. non ci sentirebbe nessuno.* **3** (*raro*) Ancora (spec. iter. con valore conclusivo): *se tu fossi ricco, tanto tanto capirei il tuo comportamento.*

tànto che /tanto'ke*, 'tantoke*/ o (*raro*) **tantoché** [comp. di *tanto* (*2*) e *che* (*2*); sec. XIII] cong. ● Cosicché, di modo che (introduce una prop. consec.): *il malato peggiorò, tanto che dovettero ricoverarlo in ospedale.*

tànto nòmini [dall'iscrizione posta sulla tomba di N. Machiavelli *tanto nomini nullum par elogium* 'a un nome così grande nessun epitaffio è adeguato'] loc. agg. inv. ● (posposto al s., *iron.*) Formula usata dopo la citazione di un nome proprio che dovrebbe apparire importante.

†**tantòsto** [comp. di *tan*(*to*) (*2*) e *tosto*; av. 1294] avv. ● (*raro*) Subito, tosto, in brevissimo tempo: *fiso guardandolo, t. il riconobbe* (BOCCACCIO).

tàntra [sanscrito *tántram* 'dottrina (essenziale)', 'libro', ma originariamente 'ordito di un tessuto', dal v. *tanóti* '(s)tendere', di orig. indeur.; 1940] s. m. inv. ● Complesso dei libri sacri dell'Induismo e del Buddismo, di epoca posteriore a quella dei testi fondamentali.

tàntrico [da *tantra*; 1907] agg. (f. *-a*; pl. m. *-ci*) ● Che si riferisce o è proprio del tantrismo.

tantrìsmo [comp. di *tantr*(*a*) e *-ismo*; 1940] s. m. ● Indirizzo e sistema magico-religiosi, fondati sul tantra, nell'Induismo e nel Buddhismo.

tàntum èrgo [lat., propr. 'un così grande, dunque, (sacramento)'; av. 1803] loc. sost. m. inv. ● Principio della penultima strofa dell'inno liturgico cristiano *Pange lingua*, cantato nelle benedizioni eucaristiche | ***Cantare a qlcu. il tantum ergo***, (*fig., pop.*) spiattellargli le cose in faccia.

tanùda [etim. incerta; 1680] s. f. ● (*zool.*) Cantaro (1).

tanzaniàno [1973] **A** agg. ● Della Tanzania. **B** s. m. (f. *-a*) ● Nativo o abitante della Tanzania.

tanzanite [dalla *Tanzania*, ove fu trovata; 1979] **s. f.** ● (*miner.*) Nome comune della zoisite blu scoperta in Tanzania e impiegata in gioielleria.

tao [vc. cin., propr. 'via, strada (giusta)'; 1843] **s. m. inv.** ● Nel sistema filosofico-religioso cinese di Lao-Tse (V sec. a.C.), principio vitale indefinibile che, in forma di soffi alterni, ha dato origine al cosmo e lo regge.

taoismo [comp. di *tao* e *-ismo*; 1917] **s. m.** ● Sistema filosofico-religioso cinese che risale alle dottrine tradizionali del tao, ed è fondato sulle norme di non-azione nei confronti del tao e sulle vie magiche per prendere contatto con esso.

taoista [1927] **A agg.** ● Che si riferisce al taoismo: *religione t.* **B agg.** e **s. m.** e **f.** (**pl. m.** *-i*) ● Seguace del taoismo.

taoistico [1965] **agg.** (**pl. m.** *-ci*) ● Relativo al taoismo e ai taoisti.

tàpa [ingl. *tapa*, n. indigeno polinesiano dell'albero, dalla cui corteccia si ricava tale stoffa; 1884] **s. f.** ● Stoffa preparata con la corteccia di alcuni alberi da vari popoli primitivi, spec. quella bianca, soffice e pieghevole lavorata in Polinesia.

tap dance /*ingl.* 'tʰæpˌdæˑns/ [loc. ingl., comp. di (*tip*) *tap* (n. di danza) e *dance* 'danza'; 1955] **s. f. inv.** ● Tip tap.

tape mònitor /teip'mɔnitor, *ingl.* 'tʰeɪpˌmɒnɨṭəɹ/ [loc. ingl., comp. di *tape* 'nastro' (d'orig. sconosciuta) e *monitor* (V.)] **s. m. inv.** (**pl.** ingl. *tape monitors*) ● Negli apparecchi per la registrazione del suono, dispositivo che permette l'ascolto di una registrazione nel momento in cui viene effettuata.

tap-in /*ingl.* 'tʰæpˌɪn/ [vc. ingl., comp. di *tap* 'colpo' (d'orig. onomat.) e *in* 'dentro'; 1990] **s. m. inv.** ● Nella pallacanestro, realizzazione ottenuta mediante colpo al volo su rimbalzo offensivo.

tapinàre [da *tapino*; 1313] **A v. intr.** (aus. *avere*) ● (*raro, lett.*) Condurre un'esistenza tribolata, miserevole, stentata o raminga. **B v. intr. pron.** ● (*lett.*) Tribolarsi, affliggersi, dolersi.

tapinèllo agg.; anche **s. m.** (**f.** *-a*) ● (*lett.*) Che (o Chi) fa vita da tapino.

†**tapinità** [av. 1623] **s. f.** ● Bassezza, viltà.

tapino [gr. *tapeinós* 'meschino', di orig. incerta; av. 1250] **agg.**; anche **s. m.** (**f.** *-a*) ● (*lett.*) Misero, infelice, tribolato. ‖ **tapinèllo**, **dim.** (V.). ‖ **tapinamente**, **avv.** (*lett.*) In modo tapino.

tapiòca [port. *tapioca*, dal tupi *tipiok*, propr. 'residuo, coagulo'; 1840] **s. f.** ● Fecola alimentare fornita dalle radici di un'euforbiacea americana, la manioca.

tapiro [port. *tapir*, dal tupi *tapira*; 1803] **s. m.** ● Mammifero notturno dei Perissodattili, simile nell'aspetto ai Suini, con coda rudimentale, muso terminante in una breve proboscide, che vive in luoghi paludosi (*Tapirus*). ➡ **ILL. animali**/12.

tapis roulant /*fr.* taˌpiʀu'lɔ̃/ [loc. fr., propr. 'tappeto (*tapis*, di diretta orig. gr.) rotolante (*roulant*, part. pres. di *rouler* 'rotolare')'; 1905] **loc. sost. m. inv.** (**pl.** fr. *tapis roulants*) ● Nastro trasportatore.

♦**tàppa** [fr. *étape*, dal medio neerlandese *stāpel* 'deposito', di area germ. e orig. indeur.; 1652] **s. f.** *1* Luogo designato per una fermata che permetta di riposare o ristorarsi durante un viaggio o uno spostamento di truppe: *comando di t.* | (*est.*) Fermata, sosta: *andando a Napoli, faremo t. a Firenze.* *2* Il tratto di strada che separa una sosta dall'altra: *arriveremo in due tappe* | (*fig.*) ***Bruciare le tappe***, avanzare speditamente in un lavoro, raggiungere una rapida affermazione in qlco. | (*pedag.*) ***Tappe minime***, fase dell'istruzione programmata in cui l'apprendimento avviene in una serie di tappe successive durante le quali le difficoltà da affrontare vengono scomposte in difficoltà minime. *3* (*fig.*) Momento fondamentale, decisivo: *la scoperta della penicillina è stata una t. determinante nella storia della medicina.* *4* In un giro spec. ciclistico della durata di più giorni, tratto di strada che si copre in un giorno: *corsa a tappe*; *t. di montagna*; *classifica di t.*; *t. a cronometro.* **CFR.** Semitappa. *5* (*dir.*) Fase, grado di un processo. ‖ **tappóne**, **accr. m.** (V.).

tappabùchi [comp. di *tappa(re)* e il pl. di *buco*; 1909] **s. m.** e **f. inv.** ● (*scherz.*) Persona che viene di solito chiamata a sostituirne o supplirne un'altra assente: *fu invitato alla festa come t.*

tappabùco [comp. di *tappa(re)* e *buco*] **s. m.** (**pl.** *-chi*) ● (*giorn.*) Zeppa.

♦**tappàre** [da *tappo*; av. 1574] **A v. tr.** ● Chiudere, turare con un tappo: *t. le bottiglie, la botte* | (*est.*) Chiudere un'apertura, un buco: *ho tappato tutti i buchi del muro* | Chiudere bene, senza lasciare fessure: *t. la finestra* | ***T. qlcu. in un posto***, chiudervelo dentro | ***Tapparsi le orecchie, gli occhi, la bocca, il naso***, (*fig.*) non voler sentire, vedere, parlare, odorare | ***T. la bocca a qlcu.***, (*fig.*) impedirgli di parlare o di portare a termine un discorso, spec. vincendolo in uno scontro verbale | ***T. un buco***, (*fig.*) rimediare a qlco., pagare un debito in qualche modo. **B v. rifl.** *1* Chiudersi, serrarsi, non uscire più da un luogo: *tapparsi in casa per il freddo, per studiare, per sfuggire ai creditori.* *2* (*raro*) Coprirsi bene con un indumento pesante: *tapparsi con il cappotto.*

tapparèlla [da *tappare*; 1935] **s. f.** ● (*fam.*) Persiana avvolgibile.

tapparellista [1965] **s. m.** e **f.** (**pl. m.** *-i*) ● (*fam.*) Chi fabbrica, ripara, mette in opera tapparelle.

tappàto [1642] **part. pass.** di *tappare*; anche **agg.** *1* Nei sign. del v. *2* (*mus.*) Detto di canna d'organo chiusa all'estremità superiore, che dà un suono cupo e di un'ottava più bassa.

tappatrice [da *tappare*; 1970] **s. f.** ● Macchina per tappare le bottiglie.

tappetàre [da *tappeto*; 1879] **v. tr.** (*io tappéto*) ● (*raro*) Ricoprire, guarnire, fornire di tappeto: *t. una stanza.*

tàppete [vc. onomat.; 1726] **inter.** *1* Riproduce il suono secco di qlco. che batte | V. anche *tip tap.* *2* Si usa per sottolineare la subitaneità o il verificarsi inaspettato e improvviso di qlco.

tappetino [1598] **s. m.** *1* Dim. di *tappeto*: *t. da bagno* | (*autom.*) Copertura in gomma o moquette per proteggere il pavimento di un'autovettura. *2* (*elab.*) Piccolo riquadro di gomma o altro materiale sul quale si fa scorrere il mouse.

♦**tappéto** [lat. *tap(p)ētu(m)*, pl. *tapētia*, dal gr. *tapḗtia*, di orig. orient.; sec. XIII] **s. m.** *1* Spesso tessuto di lana, cotone o altra fibra, spec. con disegni ornamentali, destinato a essere collocato sul pavimento per abbellimento o per maggiore confortevolezza: *un t. persiano*; *battere i tappeti* | ***Mettere i tappeti alle finestre***, durante feste o solennità civili e religiose | (*est.*) Drappo per ricoprire tavoli e sim.: *un t. ricamato a mano* | ***T. verde***, quello del tavolo da gioco; (*est.*) il tavolo da gioco, o il gioco stesso | ***Mettere qlco. sul t.***, (*fig.*) intavolare una trattativa, affrontare una discussione | †***Pagare sul t.***, per via giudiziaria | (*est.*) Spesso strato che ricopre qlco.: *un t. di fiori, di rose* | ***T. erboso***, l'erba folta dei prati | ***T. stradale***, manto stradale | (*fig.*) ***Bombardamento a t.***, lancio di grandissime quantità di bombe su una delimitata zona in modo da distribuirle egualmente dappertutto | Nella loc. agg. ***a t.***, (*fig.*) effettuato in modo sistematico, meticoloso: *indagine a t.* *2* Nel pugilato, e in alcuni tipi di lotta, piano del quadrato su cui si svolge il combattimento, ricoperto di materiale morbido in modo da attutire le cadute | ***Mettere***, ***mandare al t.***, nel pugilato, atterrare l'avversario | ***Andare al t.***, nel pugilato, essere atterrato; (*fig.*) lasciarsi sopraffare | ***Mandare, costringere qlcu. al t.***, (*fig.*) superarlo, vincerlo nettamente in qlco. *3* ***T. elastico***, attrezzo ginnico costituito da una rete elastica rettangolare tesa parallelamente al suolo sul quale si fanno salti e varie acrobazie. ‖ **tappetàccio**, **pegg.** | **tappetino**, **dim.** (V.) | **tappetùccio**, **dim.**

tappezzàre [lat. parl. **tapitiāre*, da **tapītiu(m)*, dal gr. *tapḗtion*, secondo una pronuncia tarda, dim. di *tápēs* 'tappeto', di orig. orient.; av. 1536] **v. tr.** (*io tappézzo*) *1* Rivestire pareti o mobili con tappezzeria di stoffa o carta: *t. il salotto, un divano.* *2* (*est.*) Attaccare dappertutto fino a rivestire, ricoprire come con una tappezzeria: *t. i muri di manifesti.*

tappezzerìa [adattamento del fr. *tapisserie*, da *tapisser* 'tappezzare'; 1506] **s. f.** *1* Tessuto per lo più con disegni, ricami e sim. per rivestimento decorativo di pareti o mobili | Carta da parati | ***Fare t.***, (*fig.*) assistere a qlco., spec. a feste da ballo, senza partecipare alle danze. *2* L'insieme dei rivestimenti, spec. di stoffa, pelle e finta pelle, dei sedili e delle superfici interne di un'automobile, di un aereo e sim. *3* Arte del tappezziere. *4* Bottega, laboratorio del tappezziere.

tappezzière [da *tappezzare*, sul modello del corrispondente fr. *tapissier*; 1585] **s. m.** (**f.** *-a*) ● Artigiano che mette in opera stoffe di arredamento, monta le tende, imbottisce, riveste, ripara divani, poltrone, ribatte materassi, e sim.

♦**tappo** [got. **tappa*, di orig. e area germ.; av. 1597] **s. m.** *1* Accessorio realizzato in metallo, materia plastica, sughero, legno, vetro, impiegato per la chiusura di contenitori e di recipienti di vario tipo: *t. a fungo, a vite, a strappo, meccanico* | ***T. a corona***, realizzato in banda stagnata e di forma particolare, impiegato per la chiusura di bottiglie di vetro | ***T. di tenuta***, quello di materia plastica che, inserito nel collo della bottiglia, viene tenuto fermo da un tappo a vite, usato spec. nelle confezioni di profumo, medicinali e sim. ➡ **ILL. vino.** *2* (*fig.*) Persona di bassa statura | ***Essere un t., un t. da botte***, (*fig., scherz.*) essere piccolo e grassoccio. *3* Qualunque sostanza od oggetto che ottura un condotto, un canale e sim.: *il t. di un vulcano.* *4* Cartoncino superiore, o chiusura stellare per cartucce da caccia. *5* (*elettr.*) ***T. d'aereo, t. luce***, collegamento di un radioricevitore con la rete d'illuminazione, per servirsi di essa come antenna. ‖ **tappàccio**, **pegg.** | **tappettino**, **dim.** | **tappétto**, **dim.** | **tappino**, **dim.** | **tappóne**, **accr.** | **tappùccio**, **dim.**

tappóne [accr. di *tappa*; 1963] **s. m.** ● Lunga tappa, spec. di corse ciclistiche: *il t. dolomitico.*

tàpsia [vc. dotta, lat. *thăpsia(m)*, dal gr. *thapsía* (sottinteso *ríza* 'radice'), perché proveniente dall'isola di *Thápsos*; 1340 ca.] **s. f.** ● (*bot.*) Pianta delle Ombrellifere, mediterranea, con fiori bianchi o gialli e radici usate come rivulsivo (*Thapsia garganica*). **SIN.** Turbitto.

tapùm [doppia riproduzione onomat.; 1942] **A inter.** ● Riproduce il suono di uno sparo di fucile. **B** in funzione di **s. m. inv.** *1* Rumore di uno sparo isolato. *2* (*est.*) Fucile.

TAR [sigla di *T(ribunale) A(mministrativo) R(egionale)*; 1971] **s. m. inv.** ● (*dir.*) Tribunale amministrativo istituito in ogni regione con la competenza di trattare le controversie in primo grado.

tàra (**1**) [ar. parl. *ṭarah*, per *ṭarḥ* 'detrazione' (?); 1278] **s. f.** *1* Peso del recipiente o del veicolo di una merce, da detrarre dal peso complessivo per avere quello netto | Perdita di valore che subisce una merce per avaria nella qualità o diminuzione nella quantità | (*tosc.*) †***Essere t. e tarata***, essere perfettamente uguale. *2* †Ciò che si defalca da un conto | †Sconto, riduzione | (*fig.*) ***Fare la t. a un racconto, a una notizia***, e sim., accoglierli con riserve, eliminandone le esagerazioni.

tàra (**2**) [fr. *tare* 'difetto', accezione particolare di *tare* 'tara (1)'; 1337] **s. f.** *1* Malattia, deformazione ereditaria che compromette l'integrità fisica o psichica di un individuo. *2* (*fam.*) Difetto, magagna: *ognuno ha le sue tare.*

tarà o **taraà**, **tarattà**, **tarattattatà**, **tatà**, **tataà** [vc. onomat.] **inter.** ● Riproduce, variamente iter., il suono di una cornetta: *tarà, tarà, tarattà, tarattattatà* | ***Tarà zum, tarà zum, tarà zum, zum, zum***, riproduce il suono di una cornetta con accompagnamento di grancassa.

tarabaràlla o †**tarabàra** [di orig. onomat. (?); 1734] **avv.** ● (*pop., tosc.*) Pressappoco, suppergiù: *avrà t. sessant'anni* | Alla meglio, alla peggio.

tarabùgio ● V. *tarabuso.*

tarabusino [propr. dim. di *tarabuso*; 1891] **s. m.** ● Uccello dei Ciconiformi, il pigmeo degli aironi, con coda brevissima e mantello scuro (*Ixobrychus minutus*). **SIN.** Airone piccolo, guacco, nonnotto.

tarabùso o **tarabùgio** [comp. del lat. *tăuru(m)* 'toro' (per il suo verso profondo) e *būtio* (nom.) 'tipo di uccello', di orig. onomat.; 1481] **s. m.** ● Uccello dei Ciconiformi con becco puntuto e fortissimo, morbido piumaggio fulvo con numerose macchie scure (*Botaurus stellaris*).

tarabùsto [di orig. onomat. (?)] **s. m.** ● Antico cannone di grosso calibro e a canna corta.

taràllo [etim. incerta; 1574] **s. m.** ● Biscotto a forma di ciambella, insaporito da semi d'anice, pepe o altro, a volte reso dolce dall'aggiunta di zucchero, tipico del Meridione. ‖ **tarallùccio**, **dim.** (V.).

tarallùccio [sec. XVI] **s. m.** ● Dim. di *tarallo* | ***Finire a tarallucci e vino***, (*fig.*) risolvere anche troppo amichevolmente o con plateali riconciliazioni contrasti, liti o scandali.

tarantèlla [per *tarant(or)ella*, dim. di *tarantola*, con richiamo al ballo che sembra invadere colui ch'è morso dal ragno; av. 1665] **s. f.** *1* (*zool.*) Tarantola. *2* Vivace danza popolare delle regioni meridionali, che si balla a coppie con accompagnamento di nacchere e tamburelli. *3* Rete da fondo a doppio tramaglio, di facile manovra, per pescare in prossimità della costa.

tarantèllo o (*raro*) **tarantièllo** [dal n. della città di *Taranto*, centro di produzione e smercio; sec. XIV] **s. m.** *1* Parte laterale del tonno sott'olio, tra la schiena e la ventresca. *2* (*disus.*) Giunta, di qualità inferiore, che dà il venditore per accontentare il cliente.

tarantino [sec. XV] **A agg.** ● Di Taranto. **B s. m.** (**f.** *-a*) ● Abitante, nativo di Taranto.

tarantiṣmo [per *tarant(ol)ismo*; 1749] **s. m.** ● (*med.*) Manifestazione isterica di tipo convulsivo, attribuita dalle credenze popolari al morso della tarantola.

taràntola [da *Taranto*, nella cui area era prevalentemente diffusa; av. 1350] **s. f.** *1* Ragno dei Licosidi, lungo circa tre centimetri, con dorso grigio striato di nero e di giallo e ventre aranciato con macchie nere, con morso velenoso ma non mortale; vive nell'Europa meridionale (*Lycosa tarentula*). ➡ **ILL. animali**/3. *2* Geco. ‖ **tarantolino**, **dim. m.** (V.).

tarantolàto [av. 1535] **agg.**; anche **s. m.** (**f.** *-a*) ● Che (o Chi) è morso da tarantola.

tarantolino [dim. di *tarantola*, n. del geco, così chiamato perché ritenuto velenoso, come il ragno pugliese; 1932] **s. m.** ● Geco.

tarantoliṣmo [comp. di *tarantol(a)* e *-ismo*; av. 1698] **s. m.** ● Tarantismo.

tararà [adattamento del fr. *tarare*, vc. imit. del rumore della macchina; 1970] **s. f.** ● Apparecchio per la selezione delle sementi in corrente d'aria che ne asporta leggere impurità.

taràre [da *tara* (*1*); 1337] **v. tr.** *1* Fare la tara | Detrarre la tara. *2* Regolare, mettere a punto uno strumento, un'apparecchiatura e sim. *3* †Esaminare, riscontrare.

taràssaco [ar. *tarahšaqūn* 'cicoria selvatica', dal persiano *talkh-chûk*, propr. 'erba amara'; 1498] **s. m.** (**pl.** *-chi*) *1* (*bot.*) Genere di piante delle Composite con diverse specie, che vivono in regioni temperate (*Taraxacum*). *2* Pianta erbacea perenne delle Composite con fiori gialli in capolini e le cui foglie giovani sono commestibili (*Taraxacum officinale*). **SIN.** Dente di leone, piscialetto, soffione.

tarataǹtara [reduplicazione onomat., usata già da scrittori latini; 1527] **A inter.** ● (*lett.*) †Riproduce il suono delle trombe. **B** in funzione di **s. m. inv.** ● (*raro, lett.*) Clangore di trombe: *leggete qui, e persuadetevi che il t. classico non è più di moda* (CARDUCCI).

†**taratantariẓẓàre** [comp. di una base onomat. (cfr. *taratantara*) e *-izzare*; 1634] **v. intr.** ● Squillare fragorosamente, detto delle trombe.

taràto (**1**) [1891] **part. pass.** di *tarare*; anche **agg.** *1* Detto di peso da cui è stata detratta la tara. *2* Sottoposto a taratura: *strumento t.*

taràto (**2**) [fr. *taré*, da *tare* 'tara (2)'; 1931] **agg.**; anche **s. m.** (**f.** *-a*) ● Che (o Chi) è malato, anormale, spec. in conseguenza di un male ereditario (*anche fig.*).

taratóre [1337] **s. m.** (**f.** *-trice*) ● Chi tara.

tarattà ● V. *tarà*.

tarattattatà ● V. *tarà*.

taratùra [da *tarare*; 1884] **s. f.** *1* Operazione che si compie sugli strumenti di misura di qualunque genere per le loro esatta graduazione. *2* (*est.*) Correzione, aggiustamento | (*mil.*) ***Tiro di t.***, tiro sperimentale per accertare e correggere le differenze di rendimento dei pezzi di una stessa batteria.

tarcagnòtto ● V. *tracagnotto*.

tàrchia [etim. incerta; 1798] **s. f.** ● (*mar.*) Vela triangolare inferita a un pennone inclinato e incernierato alla base dell'albero, tipica di battelli da pesca.

tarchiàno [variante, con suff. mutato, di *tarchiato* (?); 1879] **agg.** ● (*raro*) Di persona dalla corporatura grossa e goffa. ‖ **tarchianóne**, **accr.**

tarchiàto [etim. incerta; 1353] **agg.** ● Di persona dalla corporatura ben quadrata e forte. **SIN.** Massiccio. ‖ **tarchiatèllo**, **dim.** | **tarchiatòtto**, **accr.**

†**tardagióne** [lat. tardo *tardatiōne(m)*, da *tardātus* 'tardato'; 1344] **s. f.** ● Ritardo, indugio.

†**tardaménto** [av. 1292] **s. m.** ● Modo, atto del tardare.

tardàndo [da *tardare*; 1994] **s. m. inv.** ● (*mus.*) Rallentando. **CONTR.** Accelerando.

tardànte [sec. XIII] **part. pres.** di *tardare*; anche **agg.** ● Nei sign. del v. ‖ †**tardanteménte**, **avv.** Con ritardo; adagio, lentamente.

†**tardànza** [av. 1250] **s. f.** ● (*lett.*) Il tardare | (*est.*) Lentezza, indugio | Ritardo: *tua madre, spaventata dalla tua … t., che ti cerca da me come una pazza* (VERGA).

♦**tardàre** [lat. *tardāre*, da *tārdus* 'tardo'; 1225 ca.] **A v. intr.** (aus. *avere* nel sign. 1, *essere* nei sign. 2, 3, 4) *1* (assol.; + *a*; + *in*) Arrivare, fare, terminare qlco. oltre il tempo fissato, utile, necessario: *t. alla festa*; *t. nella consegna della merce*; *t. a dare un permesso* | Indugiare, trattenersi: *perché avete tardato tanto a rispondere?*; *cercate di non t. oltre*: *vi aspettano* | Non arrivare in tempo, ritardare: *uscite subito per non t.*; *non capisco perché tardi tanto*. *2* Stare molto a venire: *se i rinforzi fossero tardati ancora, la battaglia sarebbe stata perduta*. **SIN.** Indugiare. *3* (+ *di* seguito da inf.) (*lett.*) Parer tardi: *avrei dovuto accorgermi che all'ufficiale tardava di essere lasciato solo con la sua carta e i suoi uomini* (SVEVO). *4* †Farsi tardi, detto dell'ora. **B v. tr.** ● Ritardare, procrastinare, portare in lungo: *t. un lavoro* | (*lett.*) Far procedere più lento.

tardézza [av. 1294] **s. f.** ● (*lett.*) Caratteristica di chi (o di ciò che) è tardo | Lentezza.

♦**tàrdi** [lat. *tărde*, avv. di *tărdus* 'tardo'; av. 1250] **avv.** *1* A ora avanzata: *andiamo sempre a letto t.*; *mi sono svegliato t.*; *ho dormito fino a t.*; *lavorerò fino a t.*; *per me a quell'ora è t.*; *ci vediamo più t.*; *la sera gli piace far t.* | ***Sul t.***, ***verso il t.***, nelle ore avanzate del pomeriggio, verso sera o nelle ore avanzate del mattino: *è arrivato sul t.*; *ci possiamo vedere oggi sul t.*; *posso venire questa mattina solo verso il t.* | ***Presto o t.***, prima o poi: *presto o t. la giustizia arriva per tutti*; *presto o t. mi darà ragione* | ***A più t.!***, si usa come formula di saluto quando, in un'ora prossima, ci si deve incontrare nuovamente | ***Al più t.***, al massimo, non oltre un limite massimo di tempo: *per le dieci, al più t., tutto deve essere terminato*; *al più t. sarò di ritorno tra una settimana*; *la consegna sarà effettuata al più t. fra venti giorni*. *2* Oltre il termine di tempo conveniente, stabilito o necessario: *cerca di non arrivare t.*; *anche oggi ho fatto t. a scuola*; *arrivi troppo t.*; *è ormai t. per pensarci*; *è t. per andare al cinema*; *mi sono accorto t. del mio errore*; *meglio t. che mai*; *si è fatto t. e bisogna andare*; *t. a punir discendi* (METASTASIO). *3* (*disus.*, *est.*) Lentamente, con indugio: *camminare t.*; *muoversi t.* ‖ **PROV.** Chi tardi arriva male alloggia. ‖ **tardétto**, **dim. vezz.** | **tardiccio**, **dim.** | **tardino**, **dim.** | **tardùccio**, **dim. vezz.**

Tardìgradi [av. 1799] **s. m. pl.** (**sing.** *-o*) ● Nella tassonomia animale, tipo di animali affini agli Artropodi e agli Anellidi lunghi al più un millimetro con corpo ovale, allungato, rivestito da cuticola chitinosa e quattro paia di arti (*Tardigrada*).

tardìgrado [vc. dotta, lat. *tardĭgradu(m)*, comp. di *tărdus* 'lento' e *-grădus*, dal v. *grădi* 'camminare, andare'; av. 1730] **agg.** ● (*raro, scherz.*) Che cammina o si muove lentamente.

†**tardio** ● V. *tardivo*.

tardità o †**tarditàde**, †**tarditàte** [vc. dotta, lat. *tarditāte(m)*, da *tărdus* 'tardo'; av. 1294] **s. f.** ● (*lett.*) Caratteristica di chi (o di ciò che) è tardo: *piansi un tempo, come volle Amore, / la t. delle promesse* (L. DE' MEDICI) | (*fig.*) Ottusità.

tardività [1941] **s. f.** ● Caratteristica di chi (o di ciò che) è tardivo (*anche fig.*). **SIN.** Ritardo.

tardìvo o †**tardio** [lat. tardo *tardīvu(m)*, da *tărdus* 'tardo'; av. 1304] **agg.** *1* Che giunge tardi: *primavera tardiva* | Che è lento a nascere, fiorire, maturare, detto di piante e spec. di frutta: *l'aria profumava di tardive ginestre* (SCIASCIA). **CONTR.** Precoce. *2* (*fig.*) Che è indietro nello sviluppo fisico e intellettuale: *un ragazzo t.* **CONTR.** Precoce. *3* Che giunge troppo tardi e quindi non è più utile, efficace: *scuse tardive*; *rimedio t.* ‖ **tardivaménte**, **avv.** In modo tardivo, in ritardo.

tardìzia [da *tardo*, sul modello di *primizia*; 1942] **s. f.** ● Prodotto ortofrutticolo la cui maturazione avviene, anche artificialmente, fuori stagione.

♦**tàrdo** [lat. *tărdu(m)*, di etim. incerta; av. 1292] **A agg.** *1* (*lett.*) Pigro, non sollecito | (*est.*) Lento: *t. a muoversi*; *passi tardi*; *in un moto in sé considerato e solo dir si può veloce o t.* (SARPI) | (*lett.*) Che rivela una lentezza grave e severa: *Genti v'eran con occhi tardi e gravi* (DANTE *Inf.* IV, 112) | (*fig.*) Ottuso, poco sagace: *ingegno t.*; *essere t. a capire*. *2* Che è molto inoltrato o lontano nel tempo: *è arrivato fino alla più tarda vecchiaia*; *si salutarono nel t. pomeriggio* | ***Ore tarde***, quelle della sera | ***A notte tarda***, a notte avanzata | Estremo, ultimo: *i tardi nipoti* | Che è il più vicino alla fine, detto di periodi storici, artistici, letterari: *il t. Illuminismo*. *3* Che viene dopo il tempo opportuno e riesce inutile: *consiglio t.*; *una tarda confessione*. **SIN.** Inopportuno, intempestivo. *4* †Tardivo, detto di piante o frutta. ‖ **tardètto**, **dim.** | **tardóne**, **accr.** (V.) | **tardòtto**, **accr.** | **tardùcio**, **dim.** ‖ **tardaménte**, **avv.** *1* (*raro*) Tardi. *2* (*raro*) Lentamente, adagio. **B avv.** *1* (*lett.*) †Lentamente, piano: *la spada di qua su non taglia in fretta / né t.* (DANTE *Par.* XXII, 16-17). *2* †Tardi: *alma real, dignissima d'impero / se non fossi fra noi scesa sì t.* (PETRARCA).

tàrdo- primo elemento ● In parole composte della terminologia della storia, della letteratura, dell'arte, fa riferimento alla fase finale o di decadenza di un periodo definito: *tardomedievale*, *tardorinascimentale*, *tardogotico*.

tardocrazìa [sovrapp. di *tardo-* a *burocrazia*] **s. f.** ● (*iron.*) Lentocrazia.

tardogòtico [comp. di *tardo-* e *gotico*; 1949] **agg.** (**pl. m.** *-ci*) ● Riferito all'arte spec. architettonica dell'Europa settentrionale tra i secc. XV e XVI.

tardóna [accr. di *tarda* (di età); 1942] **s. f.** ● (*scherz.*) Donna già sfiorita che ostenta abbigliamento e atteggiamenti giovanili.

tardóne [1960] **agg.**; anche **s. m.** (**f.** *-a* (V.)) *1* Accr. di *tardo*. *2* (*fam.*) Che (o Chi) è lento e pigro, spec. d'ingegno.

tardorinascimentàle [comp. di *tardo-* e *rinascimentale*; 1981] **agg.** ● Del tardo Rinascimento: *la poesia t. del Tasso*.

†**tarèno** [lat. mediev. *tarēnu(m)* 'tarì'; sec. XIV] **s. m.** ● (*numism.*) Tarì.

♦**tàrga** [ant. provz. *targa*, dal francone **targa* 'scudo'; av. 1306] **s. f.** *1* Lastra metallica o di altro materiale, recante una indicazione, un'iscrizione, un fregio e sim.: *applicare sulla porta di casa una t. con il proprio nome* | ***T. di circolazione***, di autoveicoli e motocicli, che reca la sigla del capoluogo di provincia e il numero di immatricolazione | ***T. internazionale***, che reca la sigla del Paese di appartenenza | (*anton.*) Targa di circolazione: *la t. dell'auto, della motocicletta* | ***Targhe alterne***, provvedimento di limitazione della circolazione delle autovetture in base all'ultimo numero (pari o dispari) della targa | ***T. stradale***, lastra di marmo, di maiolica o di altro materiale recante il nome della via, posta gener. sul muro di un edificio all'inizio della via stessa o in corrispondenza di incroci di strade. *2* Placca di metallo per lo più prezioso con fregi e iscrizioni da darsi in premio per gare vinte, per omaggio, per ricordo e sim. *3* Ornamento architettonico contenente stemma, motto, impresa, spec. a forma di scudo. *4* Scudo di legno e cuoio a forma di cuore, largo in cima e appuntito in fondo, in uso in età medievale. *5* Piastrina metallica fissata a una macchina e sulla quale sono riportate quelle caratteristiche che possono interessare il funzionamento della macchina stessa: *dati di t.* ‖ **targàccia**, **pegg.** | **targhétta**, **dim.** (V.) | **targóne**, **accr. m.**

targàre [da *targa*; 1935] **v. tr.** (*io tàrgo, tu tàrghi*) ● Provvedere di targa: *t. un autoveicolo*.

†**targàta** [av. 1606] **s. f.** ● Colpo dato con la targa.

targàto [1959] **part. pass.** di *targare*; anche **agg.** *1* Provvisto di targa. *2* (*fig.*) Che appartiene, è proprio, caratteristico di qlcu. o qlco.: *una moda targata Italia*; *uno sciopero t. C.G.I.L.*

targatùra [1935] **s. f.** ● Operazione del targare: *la t. di un'automobile*.

tàrget /'target, *ingl.* 'tʰɑːɹgɪt/ [ingl. *target* 'bersaglio', propr. 'scudo, targa' (V. *targa*); 1964] **s. m. inv.** *1* (*comm.*) Fascia dei potenziali consumatori di un prodotto alla quale si rivolgono le strategie di vendita di un'azienda. *2* (*comm.*) Obiettivo di vendita.

targhétta [av. 1400] **s. f.** *1* Dim. di *targa*. *2* Piccola targa, spec. con l'indicazione del nome e dell'indirizzo: *applicare una t. al baule*. ‖ **targhettina**, **dim.**

targhettatrìce [da *targhetta*; 1983] **s. f.** ● Piccola macchina per applicare targhette.

targóne [ar. *tarḫūn*, di etim. incerta; 1546] **s. m.** ● (*bot.*) Dragoncello.

tarì [ar. *ṭarī* 'fresco, tenero', cioè '(di conio) recente'; 1278] **s. m.** ● Moneta d'oro araba e normanna della Sicilia, imitata dalle zecche dell'Italia meridionale e coniata, in multipli sotto gli Svevi e in argento sotto gli Aragonesi, fino alla fine del XVIII sec. | Nel sistema monetario del sovrano ordine di Malta, moneta corrispondente alla dodicesima parte dello scudo. SIN. Tareno. ➡ ILL. **moneta.**

tarida [ar. *ṭarīda* 'nave da trasporto'; sec. XIII] **s. f.** ● Nave del XIII e XIV sec. per trasporto di cavalli, soldati, viveri, materiali, armi e macchine guerresche.

♦**tariffa** [ar. *ta'rīfa*, dal v. *'árraf* 'portare a conoscenza, informare'; 1338 ca.] **s. f.** *1* Insieme dei prezzi stabiliti per determinate merci o prestazioni e prospetto su cui tali prezzi sono indicati: *t. ferroviaria, doganale*; *t. ordinaria, speciale, eccezionale.* *2* Costo stabilito d'autorità: *t. giudiziaria degli atti processuali.*

tariffàle [1848] **agg.** ● Concernente la tariffa: *norma t.*

tariffàre [1749] **v. tr.** ● Assegnare una tariffa a beni o servizi, spec. di pubblica utilità: *t. la fornitura di energia elettrica.*

tariffàrio [1884] **A agg.** ● Tariffale: *aumento t.* **B s. m.** ● Lista di tariffe.

tariffazióne [da *tariffare*; 1960] **s. f.** ● Il tariffare.

tarlàre [da *tarlo*; av. 1557] **A v. tr.** ● Detto di tarli, tarme e sim., produrre guasti in legno o stoffa | (*raro, fig.*) Guastare, corrompere a poco a poco: *il male / che tarla il mondo* (MONTALE). **B v. intr. e intr. pron.** (aus. *essere*) ● Esser roso dai tarli: *il legno vecchio tarla con facilità* | Tarmare.

tarlatàna [fr. *tarlatane*, di orig. discussa: da *tiretaine*, da *tiret*, da *tire* 'stoffa proveniente da *Tiro*' (?); 1866] **s. f.** ● Tessuto di cotone molto leggero che si differenzia dal velo e dalla mussola per la forte apprettatura a cui viene sottoposto.

tarlàto [sec. XIV] **part. pass.** di *tarlare*; anche **agg.** *1* Danneggiato dai tarli o dalle tarme. *2* (*fig., raro*) Decrepito | Moralmente corrotto.

tarlatùra [da *tarlato*; 1563] **s. f.** ● Galleria prodotta da larve di insetti nel legno | Tritume del legno prodotto dal tarlo.

tàrlo [lat. parl. **tărmulu(m)*, dim. di *tărmu(m)*, per *tărmes* (nom.) 'tarma'; sec. XIII] **s. m.** *1* (*fam.*) Ogni insetto dei Coleotteri le cui larve rodono il legno, scavandovi delle gallerie. *2* (*fig.*) Male, tormento, pena che pare rodere l'animo: *il t. del rimorso, del dubbio.* SIN. Assillo. *3* †Rancore.

tàrma [lat. *tărmes* (nom.) 'tarlo', di etim. incerta; sec. XIII] **s. f.** ● (*zool.*) Tignola.

tarmàre [da *tarma*; 1441] **A v. tr.** ● Detto di tarme, guastare, rodere la stoffa. **B v. intr. e intr. pron.** (aus. *essere*) ● Essere infestato, roso, dalle tarme: *la lana tarma facilmente.*

tarmàto [av. 1415] **part. pass.** di *tarmare*; anche **agg.** *1* Roso dalle tarme. *2* †Butterato.

tarmatùra [da *tarmare*] **s. f.** ● Guasto prodotto da una tarma: *un golf con evidenti tarmature.*

tàrmica o **ptàrmica** [vc. dotta, gr. *ptarmikḗ*, f. sost. di *ptarmikós* 'che fa starnutire', da *ptarmós* 'starnuto'; 1840] **s. f.** ● (*bot.*) Erba perenne delle Composite con foglie seghettate e capolini in corimbo composto; le foglie e le radici polverizzate hanno proprietà starnutatorie (*Achillea ptarmica*).

tarmicida [comp. di *tarma* e *-cida*; 1945] **A s. m.** (pl. *-i*) ● Sostanza che distrugge le tarme. **B** anche **agg.**: *prodotto t.*

taroccàre [forse dal sign. di 'rispondere con tarocchi' nei giochi di carte; av. 1589] **v. intr.** (*io taròcco, tu taròcchi*; aus. *avere*) *1* (*fam.*) Arrabbiarsi, brontolare, borbottare: *ha voglia di t.* (GOLDONI). *2* (*gerg.*) Truccare, falsificare, contraffare.

taròcco (1) [etim. incerta; av. 1494] **s. m.** (pl. *-chi*) *1* Ciascuna delle 22 carte figurate che con altre 56 di quattro semi formano il mazzo usato per il gioco dei tarocchi di antica origine; le carte vengono usate anche in cartomanzia. *2* (*gerg.*) Falso, imbroglio, raggiro.

taròcco (2) [etim. incerta; 1963] **s. m.** (pl. *-chi*) ● Varietà coltivata di arancio della Sicilia, con frutto a buccia sottile e polpa sanguigna, che matura in dicembre-gennaio.

taròzzo [etim. incerta; 1814] **s. m.** ● (*mar.*) Ciascuno dei gradini della biscaglina.

tarpàn [vc. russa, dal chirghiso *tarpan*; 1875] **s. m. inv.** ● Cavallo selvatico asiatico, oggi estinto, probabile progenitore delle razze domestiche (*Equus gmelini*).

tarpàno [da *tarpa*, variante di *talpa* (?); av. 1566] **agg.**; anche **s. m.** ● Rozzo, zotico, villano.

tarpàre [fr. *étraper*, dal lat. *exstirpāre* 'sterpare, estirpare'; sec. XIII] **v. tr.** *1* Spuntare, ridurre le penne delle ali agli uccelli | *T. le ali, il volo*, (*fig.*) indebolire, privare delle energie, impedire a qlcu. di progredire in qlco. *2* (*fig.*) †Detrarre, togliere da una somma | †Eliminare, togliere da uno scritto.

tarpatùra [1879] **s. f.** *1* (*raro*) Operazione del tarpare. *2* (*fig.*) †Operazione del tagliare scritti.

tarpèo [vc. dotta, lat. *Tarpēiu(m)*, sottinteso *mōnte(m)*, 'il monte di *Tarpea*'; av. 1374] **agg.** ● Capitolino.

tarsàle [1940] **agg.** ● (*anat.*) Del tarso.

tarsalgìa [comp. di *tars(o)* e *-algia*; 1960] **s. f.** ● (*med.*) Dolore al tarso.

tarsìa o (*raro*) **tàrsia** [ar. *tarṣī'*, da *ráṣṣa'a* 'intarsiare'; sec. XIII] **s. f.** *1* Tecnica decorativa in legno o pietra, consistente nell'accostare elementi di vario colore, connettendoli secondo un disegno prestabilito: *t. in pietre dure*; *stalli di un coro ligneo decorati a t.* *2* Qualunque opera ottenuta con tale tecnica. *3* (*raro, fig.*) Opera letteraria composta di brani presi da vari autori.

†**tarsiàre** [da *tarsia*; sec. XV] **v. tr.** ● Intarsiare.

tàrsio [dal gr. *társos* 'pianta del piede', in questi animali molto sviluppata; 1821] **s. m.** ● Proscimmia asiatica bruno-rossastra, notturna, con grandi occhi fosforescenti e lunga coda con ciuffo terminale (*Tarsius*) | *T. spettro*, correntemente, il tarsio delle Filippine (*Tarsius filippinensis*). ➡ ILL. **animali**/14.

tàrso (1) [gr. *tarsós* 'graticcio' e poi 'pianta del piede', di orig. indeur.; 1561] **s. m.** *1* (*anat.*) Insieme delle ossa del piede poste tra la tibia ed il perone da un lato e i metatarsi dall'altro. ➡ ILL. p. 2122 ANATOMIA UMANA. *2* (*zool.*) Parte dello scheletro dell'arto posteriore dei Tetrapodi tra tibia e fibula e metatarso | Quinto segmento della zampa articolata degli Insetti.

tàrso (2) [etim. incerta; sec. XVI] **s. m.** ● Varietà di marmo bianco cavato in Toscana.

tartàglia [da *tartagliare*; 1840] **s. m. e f. inv.** ● Tartaglione.

tartagliaménto [1840] **s. m.** ● Il tartagliare. SIN. Balbettamento.

tartagliàre [vc. onomat.; 1481] **A v. intr.** (*io tartàglio*; aus. *avere*) ● Parlare ripetendo più volte lettere o sillabe spec. iniziali. SIN. Balbettare. **B v. tr.** ● Dire a fatica, con poca chiarezza: *si congedò tartagliando poche parole.* SIN. Balbettare, farfugliare.

tartaglióne [av. 1446] **s. m.**; anche **agg.** (f. *-a*) ● Chi (o Che) tartaglia. SIN. Balbuziente.

tàrtan [vc. ingl., dal fr. *tiretaine*, di orig. incerta (?); 1788] **s. m. inv.** *1* Tessuto di lana a quadri larghi di vario colore, usato specialmente nella confezione dei kilt scozzesi. *2* **Tartan**®, marchio registrato di resina poliuretanica usata un tempo per ricoprire in maniera durevole e tecnicamente soddisfacente attrezzature sportive di vario genere, come piste di atletica, salto, scherma, campi di basket, pallavolo, tennis e sim.

tartàna [ant. provz. *tartana*, originariamente 'specie di falco', vc. onomat. imitativa del grido di questo uccello; sec. XIV] **s. f.** *1* Piccolo veliero da carico, con un solo albero e bompresso, vela latina e uno o due fiocchi, impiegato anche per la pesca. ➡ ILL. **pesca.** *2* Rete da pesca a strascico simile alla cocchia ma più piccola. || **tartanèlla**, dim. | **tartanina**, dim. | **tartanóne**, accr. m. (V.).

tartanóne [1811] **s. m.** *1* Accr. di *tartana.* *2* Rete, simile alla sciabica, che si tira a forza di braccia verso terra.

tartaràto ● V. *tartrato.*

tartàreo [vc. dotta, lat. *Tartăreu(m)*, dal gr. *Tartáreios* 'relativo al Tartaro (*Tártaros*)'; av. 1374] **agg.** ● (*lett.*) Del Tartaro, infernale: *il rauco suon de la tartarea tromba* (TASSO).

†**tartarésco** (1) [da *tartaro* (1); av. 1729] **agg.** (pl. m. *-schi*) ● (*lett.*) Infernale.

tartarésco (2) [av. 1324] **agg.** (pl. m. *-schi*) ● Che concerne la Tartaria o i tartari.

tartàrico (1) [da *tartaro* (2); 1778] **agg.** (pl. m. *-ci*) ● (*chim.*) Del tartaro | **Acido t.**, ossiacido bivalente presente come sale in molti frutti, spec. nell'uva, ricavato industrialmente dalle fecce del vino e usato in tintoria, nella panificazione, in fotografia, in farmacia e nella fabbricazione di alcuni coloranti.

tartàrico (2) [av. 1557] **agg.** (pl. m. *-ci*) ● Tartaresco (2).

tàrtaro (1) [vc. dotta, lat. *Tártaru(m)*, dal gr. *Tártaros*: di orig. imitativa (?); sec. XIV] **s. m.** ● Nella mitologia greco-romana, abisso in cui furono precipitati i Titani e luogo di tormento per i dannati | (*est., lett.*) Inferno.

tàrtaro (2) [lat. mediev. *tărtaru(m)*, di etim. incerta; av. 1320] **s. m.** *1* Incrostazione prodotta dal vino nelle botti. SIN. Gromma, gruma. *2* (*miner.*) Cristallizzazioni di carbonato di calcio deposte da acque cariche di bicarbonato. *3* (*med.*) Deposito di sali di calcio e di sostanze organiche sulla superficie del dente in forma di concrezione, che può danneggiare la gengiva e l'apparato di sostegno del dente. *4* (*chim.*) **Cremore di t.**, tartrato acido di potassio usato in tintoria, per polveri effervescenti e lievitanti, e in medicina | **T. emetico**, tartrato di antimonio e potassio usato come mordente e, in medicina, come emetico.

tàrtaro (3) o, nel sign. A, **tàtaro** [turco *Tatār* 'popolo della Mongolia', con sovrapposizione del mitologico *Tartaro*; 1308] **A s. m.** (f. *-a*) ● Appartenente a una stirpe mongola guerriera e nomade originaria dell'attuale Mongolia esterna, ma diffusasi già dal XII sec. fino alle coste del Mar Caspio: *i tartari dell'Orda d'oro.* **B agg.** ● Dei tartari e della Tartaria | **Salsa tartara**, salsa fredda a base di olio di oliva, tuorli d'uova sode, cipollina fresca tritata, senape, aceto di vino rosso, sale e pepe | **Zuppa tartara**, dolce freddo a base di ricotta e savoiardi ammollati in un liquore | **Alla tartara**, alla maniera dei tartari | **Bistecca alla tartara**, (*ellitt.*) **tartara**, filetto di manzo tritato e servito crudo con salsa tartara.

♦**tartarùga** [etim. discussa: dal lat. tardo *tartarūchu(m)* 'demonio', dal gr. *tartaroûchos* 'abitante del Tartaro', perché ritenuto animale demoniaco, immondamente avvolto nel fango (?); 1526] **s. f.** *1* Testuggine | (*fig.*) Persona lenta nel muoversi, nel procedere e sim.: *essere una t.* | **Camminare come la t., a passi di t.**, (*fig.*) molto lentamente *2* Carne di tartaruga di mare, per zuppa o altro. *3* Sostanza ossea, semitrasparente e di bel colore, ricavata dalle placche cornee della tartaruga, adoperata per pettini, stecche di ventaglio, montature d'occhiali, e sim. || **tartarughina**, dim.

tartarughièra [da *tartaruga*] **s. f.** ● Vasca per piccole tartarughe acquatiche.

tartassaménto [1957] **s. m.** ● (*raro*) Il tartassare (*anche fig.*).

tartassàre [lat. *taxāre*, intens. di *tăngere* 'toccare (ripetutamente)', col pref. onomat. *tar(t)-* (?); 1538] **v. tr.** ● (*raro*) Vessare, angariare | (*fam.*) Maltrattare, strapazzare, conciare male: *li hanno acciuffati e tartassati* | (*fig.*) **T. qlcu. a un esame**, porgli una lunga e difficile serie di domande | (*fig.*) **T. uno strumento**, strimpellarlo | (*raro, fig.*) Tormentare, detto di malattie o disturbi fisici.

tartelètta [fr. *tartelette*, dim. di *tarte* 'torta' (V. *tartina*); av. 1973] **s. f.** ● Piccolo dolce a pasta morbida, generalmente di forma rotonda e guarnito di marmellata, frutta o crema, per tè o dessert.

tartìna [fr. *tartine*, dim. di *tarte* 'torta', di etim. incerta; 1819] **s. f.** ● Fetta sottile di pane liberata dalla crosta, tagliata in forme diverse, che può essere tostata o fritta, guarnita con vari ingredienti o servita come antipasto, spuntino o buffet.

tartràto o **tartaràto** [per *tart(a)rato*, attraverso la forma fr. (*tartrate*); 1829] **s. m.** ● Sale o estere dell'acido tartarico | **T. di antimonio e potassio**, tartaro emetico | **T. acido**, bitartrato.

tartufàia [1759] **s. f.** ● Terreno che produce tartufi, o nel quale si coltivano i tartufi.

tartufàio [1808] **s. m.** (f. *-a*) ● Venditore di tartufi | Cavatore di tartufi.

tartufàre [1865] **v. tr.** ● Guarnire, condire con tartufi.

tartufàta [da *tartufare* 'guarnire una pietanza', in orig. con *tartufi*; 1965] **s. f.** ● Torta farcita di panna montata e ricoperta di falde sottili di cioccolato.

tartuferìa [da *tartufo* (2); 1903] **s. f.** ● (*raro*) Fariseismo, ipocrisia | Azione ipocrita.

tartufésco [1857] **agg.** (pl. m. *-schi*) ● (*raro*) Di, da tartufo, nel sign. di tartufo (2).

tartufìcolo [comp. del pl. di *tartufo* (1) e *-colo*; 1960] **agg.** ● Che riguarda i tartufi, la loro coltivazione e la loro commercializzazione: *terreno t.*; *la tradizione tartuficola del Piemonte.*

tartuficoltóre o **tartuficultóre** [comp. del pl. di *tartufo* (*1*) e *coltore* 'cultore'; 1960] **s. m.** (**f.** *-trice*) ● Coltivatore di tartufi.

tartuficoltùra o **tartuficultùra** [comp. del pl. di *tartufo* e *coltura*; 1940] **s. f.** ● Coltivazione e produzione artificiale di tartufi.

tartuficultóre ● V. *tartuficoltore.*

tartuficultùra ● V. *tartuficoltura.*

tartufìgeno [comp. di *tartufo* (*1*) e *-geno*; 1970] **agg.** ● Terreno adatto allo sviluppo dei tartufi | ***Bosco t.***, di quercia, nocciolo, pioppo | ***Pianta tartufigena***, che crea nel terreno le condizioni favorevoli al tartufo.

tartùfo (**1**) [lat. parl. *territūfru(m)* 'tubero (nella variante dial. *tūfer*) di terra'; sec. XIV] **s. m.** ***1*** Correntemente, fungo sotterraneo degli Ascomiceti a forma di tubero globoso irregolare, di cui sono note specie commestibili assai pregiate | ***T. nero***, bruno, verrucoso, di odore piccante, pregiato se raccolto immaturo (*Tuber melanosporum*) | ***T. bianco***, di colore ocraceo pallido, molto fragrante e assai più pregiato, che vive in simbiosi con querce, pioppi e salici (*Tuber magnatum*) | ***T. giallo***, di colore ocraceo, con scarso valore alimentare, che vive in simbiosi con i cisti e gli eliantemi (*Terfezia leonis*) | ***T. d'America***, topinambur. ➡ **ILL. fungo.** ***2*** Dolce morbido, di forma tondeggiante, a base di burro, zucchero, uova, cioccolato (*t. nero*) o panna (*t. bianco*) | Nome commerciale di un semifreddo di forma semisferica a base di gelato alla vaniglia e mousse al cioccolato, ricoperto di piccole scaglie di cioccolato fondente. ***3*** ***T. di mare***, mollusco dei Lamellibranchi che vive nel fango e nella sabbia del Mediterraneo ed ha carni pregiate (*Venus verrucosa*). ***4*** Punta del naso del cane.

tartùfo (**2**) [fr. *Tartuffe*, n. di un personaggio di Molière, tipicamente ipocrita e moralmente sotterraneo, come il *tartufo* (*1*); 1819] **s. m.** ● Chi, sotto un'apparenza di onestà e di sentimenti devoti e pii, nasconde viltà, immoralità e cinismo. **SIN.** Bigotto, ipocrita.

†**tarùllo** [etim. incerta; 1634] **agg.** ● Scempio, melenso.

Tàrzan /'tardzan, tar'dzan/ [dal n. di un personaggio dello scrittore E. R. Burroughs (1875-1950) divulgato dai film d'avventure; 1957] **s. m.** ● (*scherz.*) Giovane aitante, incolto e selvaggio | (*fig.*) Ladro acrobatico.

tasajo /*sp.* ta'saxo/ [vc. sp., di orig. incerta] **s. m. inv.** ● Carne conservata mediante essiccamento, consumata nell'America del Sud.

♦**tàsca** [ant. alto ted. *taska*, di etim. incerta; av. 1306] **s. f.** ***1*** Sacchetto cucito all'interno di un'apposita apertura del vestito, destinato ad accogliere fazzoletto, portafoglio, chiavi e sim. o usata come pura guarnizione su giacche e cappotti femminili: *t. tagliata, a battente, a toppa* | ***T. ladra***, interna, tagliata nella fodera | ***Starsene con le mani in t.***, (*fig.*) restare inoperoso, essere ozioso | ***Vuotarsi, ripulirsi le tasche***, (*fig.*) spendere tutto, ridursi in miseria | ***Riempirsi le tasche***, (*fig.*) guadagnare molto, arricchirsi | ***Avere le tasche asciutte***, (*fig.*) essere senza denaro | ***Non mi entra nulla in t.***, (*fig.*) non ci guadagno, non ne ricavo nulla | ***Conoscere come le proprie tasche***, conoscere molto bene | (*fam.*) ***Averne le tasche piene***, esserne stanco, stufo | (*volg.*) ***Rompere le tasche***, seccare, importunare, infastidire | (*volg.*) ***Prenderla in t.***, essere ingannati, imbrogliati | ***Avere in t. qlcu.***, non poterlo sopportare | ***Entrare in t. a qlcu.***, diventargli insopportabile, venirgli a noia. ***2*** (*est.*) Scompartimento interno di valigie, borse, portamonete, e sim.: *un astuccio con tre tasche* | (*est., lett.*) Borsa, tasca per tenervi il denaro | †Sacca o piccola sacca. ***3*** Specie di imbuto di tela per decorare con crema o altro i dolci. ***4*** †Saccа, borsa: *t. per la biancheria, per i ferri del mestiere.* ***5*** (*anat.*) Formazione anatomica, od organo, a forma di tasca | ***T. gutturale***, estroflessione della tuba uditiva propria degli Equini | ***T. del nero***, organo tipico di alcuni Molluschi cefalopodi che contiene un liquido scuro eiettabile nell'acqua per sottrarsi alla vista di un qualsiasi nemico. ‖ **tascàccia**, **pegg.** | **taschétta**, **dim.** | **taschettina**, **dim.** | **taschina**, **dim.** (V.) | **taschino**, **dim. m.** (V.) | **tascóna**, **accr.** | **tascóne**, **accr. m.**

tascàbile [1763] **A agg.** ***1*** Che si può portare in tasca: *libro, edizione, formato t.* ***2*** (*est.*) Di piccole dimensioni (*anche scherz.*): *abbiamo comperato un salotto t.* | ***Venere t.***, (*scherz.*) donna graziosissima ma di piccola statura. ***3*** (*mar.*) ***Corazzata, sottomarino t.***, con dislocamento inferiore alla norma tradizionale della loro categoria. **B s. m.** ● Libro in edizione economica di formato adatto ad entrare nelle tasche.

tascapàne [comp. di *tasca* per il *pane*; 1918] **s. m.** ● Borsa a tracolla per il cibo, usata da soldati ed escursionisti.

tascàta [1738] **s. f.** ● Tutto ciò che può riempire una tasca: *raccorse una t. di sassolini.*

taschìna [1879] **s. f.** ***1*** Dim. di *tasca.* ***2*** Piccola busta trasparente, talora con fondo di cartone scuro, dove porre ogni francobollo nell'album senza bisogno di linguella.

taschìno [av. 1726] **s. m.** ***1*** Dim. di *tasca.* ***2*** Piccola tasca sul petto della giacca maschile, o nel gilet. ***3*** Scompartimento di borse, valigie e sim. | (*est.*) Borsellino, portamonete | (*pop., tosc.*) ***Entrare nel t.***, (*fig.*) diventare noioso.

task force /'task 'fɔrs, *ingl.* 'tʰæ:sk,fɔ:ɹs/ [loc. ingl., propr. 'forza (destinata ad un determinato) compito', comp. di *task* 'dovere, compito' (dal fr. ant. *tâche*, propr. 'compito, tassa') e *force* 'forza'; 1974] **loc. sost. f. inv.** (**pl. ingl.** *task forces*) ***1*** Formazione navale, composta di mezzi aventi caratteristiche diverse, in grado di muoversi ed effettuare operazioni belliche come una unità indipendente | Unità militare delle forze armate terrestri composta di elementi e mezzi scelti per l'effettuazione di missioni speciali | (*est.*) Unità operativa in grado di fronteggiare situazioni di emergenza: *la task force della polizia.* ***2*** (*fig.*) Gruppo di esperti o di funzionari incaricati di studiare e formulare strategie operative, spec. in campo economico e politico: *l'azienda ha costituito una task force per risolvere il problema del calo delle vendite.*

Tasmanian® /*ingl.* tæz'meɪniən/ [marchio registrato del Lanificio Ing. Loro Piana, vc. ingl., propr. 'tasmaniano, della Tasmania'; 1979] **s. m. inv.** ● Tessuto di lana leggero, usato spec. nella confezione di abiti maschili | (*est.*) Abito confezionato con tale tessuto.

tasmaniàno [1957] **A agg.** ● Della Tasmania. **B s. m.** (**f.** *-a*) ● Abitante o nativo della Tasmania.

tàso [ant. fr. *tas* 'mucchio', dal francone **tas* (?); sec. XIV] **s. m.** ● Tartaro, gromma delle botti.

♦**tàssa** [da *tassare*; av. 1363] **s. f.** ***1*** Tributo dovuto allo Stato o ad altro ente pubblico per la esplicazione di un'attività dell'ente che concerne in modo particolare l'obbligato: *tasse scolastiche, postali, giudiziarie*; **CFR.** Imposta | (*autom.*) ***T. di possesso***, tributo annuale imposto su ogni autoveicolo, la cui entità è commisurata alla potenza fiscale del motore; ha sostituito la tassa di circolazione | ***T. sulla salute***, nel gergo giornalistico, contributo al Servizio Sanitario Nazionale che sono tenuti a versare i percettori di redditi soggetti a IRPEF diversi da quelli da lavoro dipendente | ***Agente delle tasse***, funzionario incaricato di rilevare i dati necessari all'accertamento di un tributo. ***2*** (*fam.*) Imposta, tributo: *aumentare le tasse*; *imporre, pagare le tasse.*

tassàbile [1767] **agg.** ● Che si può o deve tassare.

tassabilità [1877] **s. f.** ● Condizione di ciò che è tassabile.

Tassàcee ● V. *Taxacee.*

†**tassagióne** ● V. *tassazione.*

tassàmetro [fr. *taxamètre*, comp. di *taxe* 'tassa' e *-mètre* '-metro'; 1908] **s. m.** ● Tipo di contatore in dotazione ai taxi che calcola l'importo da pagare in base al percorso fatto e al tempo impiegato | ***T. di parcheggio***, parchimetro.

tassàre [vc. dotta, lat. *taxāre*, dal gr. *tássein* 'porre in ordine, classificare', di orig. incerta; 1324] **A v. tr.** ***1*** Sottoporre a tassa o imposta: *t. i redditi.* ***2*** (*lett.*) †Assegnare un prezzo, stabilire una tariffa. ***3*** †Assegnare la misura di un premio, una pena e sim. ***4*** †Tacciare, censurare. **B v. rifl.** ● Accordarsi su ciò che ciascuno deve pagare per concorrere ad una spesa: *ci siamo tassati per cento euro.*

tassatività [1983] **s. f.** ● Caratteristica, condizione di ciò che è tassativo: *la t. di una disposizione.*

tassativo [da *tassare* nel sign. lat. di 'stabilire assolutamente (il valore di una cosa)'; 1673] **agg.** ● Che stabilisce in modo preciso e indilazionabile | ***Disposizione tassativa di legge***, statuizione legislativa assolutamente vincolante che non può essere interpretata liberamente | ***Termine t.***, che non può essere rinviato o prolungato. ‖ **tassativaménte**, **avv.** In modo preciso, assoluto e specificato: *affermare qlco. tassativamente*; *è tassativamente vietato.*

tassàto [1303] **part. pass.** di *tassare*; anche **agg.** ● Nei sign. del v. | ***Corrispondenza tassata***, (*ellitt.*) *tassata*, gravata da una tassa a carico del destinatario.

tassatóre [vc. dotta, lat. tardo *taxatōre(m)*, originariamente 'stimatore', secondo il senso originario di *taxāre* 'tassare'; 1419] **A s. m.**; anche **agg.** (**f.** *-trice*) ● Chi (o Che) impone tasse. **B s. m.** ● Nelle cancellerie medievali, funzionario addetto all'applicazione delle tasse per il rilascio dei documenti.

tassazióne o †**tassagióne** [vc. dotta, lat. *taxatiōne(m)*, da *taxātus* 'tassato'; 1309] **s. f.** ***1*** Imposizione di una tassa o di un'imposta. ***2*** Quota d'imposta dovuta da ogni contribuente.

tassellaménto [1963] **s. m.** ● (*raro*) Il tassellare.

tassellàre [da *tassello*; av. 1449] **v. tr.** (*io tassèllo*) ***1*** Ornare, riparare, turare e sim. con tasselli. ***2*** Tagliare qlco., estraendone un tassello, un pezzetto: *t. un formaggio, un cocomero.* ***3*** Applicare un talloncino comprovante il pagamento della tassa erariale su oggetti d'importazione soggetti al monopolio di Stato.

tassellàto [1550] **A part. pass.** di *tassellare*; anche **agg.** ● Nei sign. del v. **B s. m.** ● Parquet.

tassellatùra [1707] **s. f.** ● Operazione del tassellare.

tassèllo [lat. *taxīllu(m)* 'dadetto', dim. di *tālus* 'dado', come *axīlla(m)* 'ascella' e *maxīlla(m)* 'mascella' lo sono di *āla* e *māla*; sec. XIII] **s. m.** ***1*** Pezzetto di legno o pietra a forma di dado, cuneo o prisma, che si applica a un muro o a un mobile per riparare, restaurare, turare, ornare | ***T. a espansione***, elemento di collegamento costituito da un blocchetto di metallo, gomma o plastica, spec. cilindrico, che, inserito in un foro, accoglie una vite dilatandosi e così fissandola saldamente. ***2*** Pezzo di stoffa quadrato o a rombo che si applica nell'incavo delle maniche a kimono per rendere più agevoli i movimenti del braccio. ***3*** Piccolo rombo di pelle cucito nei guanti all'attaccatura delle dita. ***4*** Pezzetto che si cava come assaggio da cocomero, formaggio, ecc. ***5*** (*fig.*) Parte, elemento di un insieme, di un contesto: *gli ultimi tasselli di un'inchiesta.* ***6*** †Ampio bavero di mantello. ***7*** In fonderia, blocchetto mobile, dello stesso materiale della forma, impiegato per realizzare i sottosquadri del pezzo.

tassèma [ingl. *taxeme*, dal gr. *táxis* 'ordinamento' (da *tássein* 'ordinare', d'orig. incerta), sul modello di *phoneme* 'fonema' e sim.; 1974] **s. m.** (**pl.** *-i*) ● (*ling.*) Tratto semplice di disposizione grammaticale secondo l'ordine dei costituenti, la modulazione, la modificazione dei fonemi nel contesto e la selezione di forme aventi la stessa disposizione grammaticale ma significati diversi.

tassésco [av. 1642] **agg.** (**pl. m.** *-schi*) ● Proprio del poeta T. Tasso (1544-1595) e spec. della sua opera, del suo stile: *patetismo t.*

tassì [av. 1936] **s. m.** ● Adattamento di *taxi* (V.).

tàssi-, -tàssi [dal gr. *táxis* 'ordinamento, collezione'] primo e secondo elemento ● In parole composte dotte e scientifiche significa 'disposizione, ordinamento': *tassidermia*; *filotassi*, *ipotassi*, *paratassi.*

tassìa o **tàssi** [dal gr. *táksis* 'ordinamento'; 1906] **s. f.** ***1*** (*bot.*) Ordine, caratteristico per ogni pianta, con cui sono disposte le parti di un vegetale: *t. fogliare.* ***2*** (*biol.*) Tattismo.

tassiàno [1951] **agg.** ● Del poeta T. Tasso: *poesia tassiana.*

tassidermìa [comp. di *tassi-* e del gr. *dérma* 'pelle'; 1821] **s. f.** ● Tecnica di preparare gli animali impagliati.

tassidermista [1875] **s. m.** e **f.** (**pl. m.** *-i*) ● Preparatore di animali impagliati.

tassinàggio [da *tassì*; 1983] **s. m.** ● Servizio di trasporto, spec. a carattere regolare, mediante taxi.

tassinàro [da *tassì* col doppio suff. *-in(o)* e *-aro*; 1957] **s. m.** (**f.** *-a*) ● (*centr.*) Tassista.

tassinomìa ● V. *tassonomia.*

tassista o (*raro*) **taxista** [1955] s. m. e f. (pl. m. *-i*) ● Autista di taxi.

tàsso (**1**) [lat. tardo *taxōne(m)*, nom. *tāxo*, di orig. germ.; sec. XIII] s. m. ● (*zool.*) Mammifero dei Mustelidi, onnivoro, con corte zampe dalle unghie solidissime, pelo foltissimo grigio e bianco sul capo con due strisce nere (*Meles meles*) | ***Pennello di t.***, per pittura o barba, preparato coi lunghi peli della coda del tasso | ***Dormire come un t.***, (*fig.*) profondamente, saporitamente. ➡ ILL. **animali**/14.

tàsso (**2**) [lat. *tăxu(m)*, di etim. incerta; av. 1320] s. m. *1* (*bot.*) Arbusto delle Conifere con foglie piatte, appuntite, velenose e bacche rosse (*Taxus baccata*) | ***T. barbasso***, V. *tassobarbasso*. ➡ ILL. **piante**/1. *2* Legno molto duro dell'albero omonimo, rossastro, con belle venature, pregiato in ebanisteria.

tàsso (**3**) [fr. *ta(u)x*, da *ta(u)xer* 'tassare'; 1848] s. m. *1* Rapporto tra due fenomeni considerati nell'unità di tempo: *studiare il t. di natalità di un paese.* *2* (*banca*) Misura percentuale dell'interesse | ***T. di interesse annuale***, rapporto annuale tra un capitale dato a prestito e la somma corrisposta a titolo di interesse | ***T. di sconto***, quello applicato a un importo di disponibilità futura per ricavarne il valore attuale | ***T. di sconto cambiario***, differenza tra il valore facciale di una cambiale e l'importo percepito da chi la presenta allo sconto | ***T. Lombard***, tasso di interesse praticato dalle banche su crediti concessi dietro garanzia di titoli o merci | ***T. primario***, il più basso, cioè quello praticato da una banca sui prestiti alla migliore clientela | ***T. ufficiale di sconto***, tasso di interesse stabilito da una banca centrale per la concessione di prestiti al sistema bancario | ***T. interbancario***, tasso in base al quale vengono remunerati i depositi nei rapporti tra le banche | (*dir.*) ***T. di usura***, quello che supera di oltre la metà il tasso medio di interesse applicato sui prestiti dagli istituti di credito. SIN. Saggio. *3* (*med.*) ***T. di zucchero nel sangue***, glicemia.

tàsso (**4**) [fr. *tas*: dal sign. di 'mucchio' (?); av. 1537] s. m. ● Incudine quadrata, senza corni, usata da fabbri e calderai.

tassobarbàsso o **tàsso barbàsso** [comp. di *tasso*, dal gr. *thápsos* (v. *tapsia*) e della variante dial. assimilata di *verbasco*; sec. XIII] s. m. ● (*bot.*) Pianta erbacea delle Scrofulariacee, caratterizzata da una lanugine biancastra (*Verbascum thapsus*). SIN. Verbasco.

Tassodiàcee ● V. *Taxodiacee*.

tassòdio o **taxòdio** [da *tasso* (2); 1895] s. m. ● Genere di piante delle Cupressacee, di grosse dimensioni, adatte a terreni umidi, originarie dell'America settentrionale, che forniscono legno pregiato per carpenteria e per mobili (*Taxodium*).

tassonomìa o **tassinomìa** [comp. del gr. *tássein* 'ordinare, classificare' e *nómos* 'norma, regola'; 1829] s. f. *1* (*biol.*) Metodo e sistema di descrizione e classificazione degli organismi. *2* (*ling.*) Classificazione di elementi, sequenze di elementi o classi di sequenze per formare liste che rendano conto delle frasi di una lingua mediante le loro regole di combinazione. *3* (*pedag.*) Valutazione e definizione degli obiettivi e degli strumenti di un processo educativo, nell'intento di darne una classificazione univoca.

tassonòmico [1829] agg. (pl. m. *-ci*) *1* Concernente la tassonomia. *2* (*ling.*) Che è proprio dei procedimenti di analisi che, applicati ad un testo, hanno lo scopo di riorganizzarlo secondo i dati della ricerca, traendone esclusivamente ciò che contiene | ***Linguistica tassonomica***, quella che descrive il funzionamento di una lingua classificando i suoi elementi senza spiegare né prevedere. || **tassonomicaménte**, avv.

tassonomista [da *tassonomia*; 1960] s. m. e f. (pl. m. *-i*) ● (*biol.*) Chi studia o si occupa di tassonomia.

tàsta [da *tastare*; av. 1327] s. f. *1* (*med.*, *raro*) Drenaggio. *2* Asta metallica con capocchia, che si fa penetrare nel terreno su cui si vuole fabbricare per studiarlo. *3* (*fig.*) †Noia, fastidio. || **tastétta**, dim. | †**tastolina**, dim.

†**tastàme** [av. 1573] s. m. ● Insieme di tasti.

tastaménto [av. 1292] s. m. ● (*raro*) Il tastare.

tastàre [lat. parl. **tastāre*, di etim. incerta; 1319] v. tr. *1* Toccare ripetutamente e leggermente per sentire qlco. al tatto: *tastò il sacco per capire cosa contenesse.* SIN. Palpare | ***T. il polso***, per sentirne i battiti; (*fig.*) cercare di conoscere le intenzioni di qlcu. | ***T. il terreno***, saggiarne la consistenza; (*fig.*) cercare di rendersi conto delle intenzioni, dello stato d'animo di qlcu., della probabile riuscita di qlco. o delle reali condizioni di una situazione. *2* (*fam.*) Toccare | ***T. un cibo***, assaggiarlo, gustarlo. *3* Scandagliare, saggiare.

tastàta [1643] s. f. ● Il tastare una volta o un poco | ***Dare una t. a qlcu.***, (*fig.*) cercare di conoscerne le intenzioni e le disposizioni d'animo. || **tastatina**, dim.

tastatóre [1840] **A** s. m.; anche agg. (f. *-trice*) ● (*raro*) Chi (o Che) tasta. **B** s. m. ● Organo, facente parte di apparecchi tecnici di misura, controllo, verifica, che viene posto a contatto con le superfici da misurare, controllare, verificare e sim.

tastavìno [comp. di *tasta(re)* e *vino*; 1965] s. m. ● Adattamento di *taste-vin* (V.).

tasteggiàre [comp. di *tastare* e *-eggiare*; 1614] v. tr. (*io tastéggio*) ● Tastare un poco, in modo breve | Premere con le dita i tasti di uno strumento per produrre il suono | (*est.*) Passare le dita sui fori di alcuni strumenti a fiato, come lo zufolo, per produrre il suono.

tasteggiatùra [av. 1686] s. f. ● (*raro*) Il tasteggiare.

taste-vin /fr. tastəˈvɛ̃/ [vc. fr., comp. del v. *tâter* 'toccare, tastare' e *vin* 'vino'] s. m. inv. (pl. fr. inv.) *1* (*enol.*) Piccola tazza d'argento dal bordo abbassato, usata per assaggiare il vino e valutarne la limpidezza e il colore, attraverso i riflessi che acquista il liquido grazie ai particolari rialzi e incavi del recipiente. *2* Assaggiatore di vini.

tastièra [dai *tasti*, di cui è costituita; 1607] s. f. *1* (*mus.*) Serie di tasti opportunamente disposti e tra loro congegnati, premendo i quali con le dita si produce il suono di alcuni strumenti musicali: *la t. dell'organo*; *la t. del clavicembalo, del pianoforte*; *la t. dell'organo elettronico, del sintetizzatore* | (*per anton.*) La tastiera del pianoforte: *Liszt fu un genio della t.* | (*per anton.*) Nei complessi di musica moderna, la tastiera dell'organo elettronico o del sintetizzatore; (*est.*) lo strumento stesso | (*est.*) Insieme delle capacità tecniche e artistiche di un pianista, organista e sim.: *ha una t. troppo vigorosa* | Negli strumenti a corda, parte del manico sulla quale si premono, con le dita, le corde: *la t. della viola.* *2* L'insieme dei tasti che permettono di scrivere o di eseguire determinate operazioni in apparecchi di vario tipo: *t. di un computer, di una macchina per scrivere, di un telefono* | Insieme, serie di tasti azionanti un qualsiasi meccanismo, congegno, apparecchio e sim. *3* (*mar.*) Insieme delle leve di comando di una manovra nei sommergibili. || **tastierino**, dim. m. (V.).

tastierino [da *tastiera*] s. m. *1* Dim. m. di *tastiera*. *2* Tastiera dotata di pochi tasti. *3* (*elab.*) ***T. numerico***, in un computer, area della tastiera predisposta per l'inserimento rapido di dati numerici.

tastierista [1950] s. m. e f. (pl. m. *-i*) *1* (*tecnol.*) Chi manovra la tastiera di una macchina, apparecchiatura e sim. | Chi è addetto all'immissione di dati tramite la tastiera di un computer, di una telescrivente e sim. *2* (*mus.*) Chi suona un organo elettronico, un sintetizzatore e sim. azionandone la tastiera.

tàsto [da *tastare*; sec. XIII] s. m. *1* Atto del tastare | ***Conoscere qlco. al t.***, al tatto | ***Andare a t.***, tastando il terreno spec. con un bastone o le pareti con le mani | †***Dare un t. a qlco.***, farvi cenno. *2* (*mus.*) Ciascuna delle leve degli strumenti a tastiera, che si toccano per suonare | ***Tasti del pianoforte***, corrispondenti a martelletti di legno coperti di panno o feltro che percuotono le corde metalliche | ***Toccare un brutto t., un t. delicato, falso***, (*fig.*) affrontare un argomento inopportuno e sgradito a qlcu. | ***Toccare il t. giusto***, (*fig.*) prendere un'iniziativa, abbordare un argomento nel modo migliore | ***Battere sullo stesso t.***, (*fig.*) insistere su qlco. *3* Nelle macchine per scrivere, nei personal computer e nelle calcolatrici, bottone su cui si appoggia il dito per ottenere la scrittura o l'impostazione della lettera o cifra corrispondente o per fornire un comando alla macchina. *4* In telegrafia, il dispositivo manuale con cui si chiude e apre il circuito per mandare il segnale. *5* Saggio di materiale prelevato per esaminare le condizioni, lo stato di qlco. | ***T. di formaggio, di cocomero***, tassello d'assaggio. *6* (*zoot.*) Deposito di grasso sottocutaneo che indica lo stato di ingrassamento di un animale. *7* ***Parata di t.***, nella scherma, modo di difendersi con cui si fa deviare il ferro avversario con la sola opposizione della propria arma, mantenendo il contatto delle due lame. *8* †Collaudo, prova. || **tastino**, dim.

tastóni o (*raro*) **tastóne** [da *tast(are)* col suff. avv. *-oni*; sec. XIII] avv. ● Quando, brancolando nel buio, è necessario muoversi tastando il terreno, le pareti e gli oggetti che si trovano sul proprio cammino: *camminare t. per la stanza* | (*fig.*) Alla cieca, in modo incerto: *andiamo avanti t. in questa faccenda* | Anche nella loc. avv. ***a t.***

tat [sigla di *t(ariffa) t(elefonica) a t(empo)*; 1999] s. f. inv. ● Tariffa telefonica calcolata sulla base della durata della conversazione espressa in secondi. CFR. Tut.

tàta [vc. infant.; 1582] s. f. *1* (*infant.*) Bambinaia | Donna che ha cura di un bambino, lo vezzeggia o gli si dimostra amica. *2* (*infant.*) Sorella maggiore. || **tatina**, **tatùccia**, dim.

tatà ● V. *tarà*.

tataà ● V. *tarà*.

tatàmi [vc. giapp. col senso proprio di 'stuoia'; 1933] s. m. inv. ● Nel judo, superficie su cui si svolgono allenamenti e gare.

tatanài ● V. *badanai*.

tàtaro ● V. *tartaro* (*3*).

tatatà ● V. *tatatì*.

tatatàn ● V. *tan*.

tatatì o **tatatà** [vc. onomat.] inter. ● Solo nella loc. iter. ***t. tatatà*** che si usa per indicare il parlare fitto e monotono di chi dice cose senza interesse: *e t. tatatà, non la smetteva più.*

tàto [vc. infant.; 1604] s. m. *1* (*raro*) Chi ha cura di un bambino o gli dedica molte attenzioni. *2* (*infant.*) Fratello maggiore | Babbo.

†**tàttera** [etim. discussa: got. **taddora* 'ciocca', 'ciuffo' (?); av. 1533] s. f. *1* (*fig.*) Bagatella, minuzia fastidiosa. *2* (*fig.*) Vizio, magagna. *3* Malessere, malanno.

tàttica [gr. *taktikḗ* (sottinteso *téchnē*) '(l'arte) di ordinare (dal v. *tássein*)', di etim. incerta; av. 1742] s. f. *1* Branca dell'arte militare che tratta i principi generali, i criteri e le modalità per l'impiego delle unità e dei mezzi nel combattimento; CFR. Strategia | ***T. navale***, scienza e arte del disporre le navi in battaglia dinanzi al nemico. *2* Nello sport, sistema di schieramento dei giocatori in campo o particolare condotta di gara: *adottare una t. difensiva, di copertura, d'attesa.* *3* (*est.*) Complesso di azioni, accorgimenti, manovre dirette al conseguimento di uno scopo: *in vista delle elezioni, il partito di minoranza ha cambiato t.* *4* (*fig.*) Prudenza, accortezza, scaltrezza nel muoversi, nell'agire: *con lui bisogna usare un po' di t.*

tatticismo [comp. di *tattico* e *-ismo*; 1954] s. m. ● Uso frequente di manovre ed espedienti tattici (*anche spreg.*).

tàttico [gr. *taktikós* 'ordinato', dal v. *tássein*, di etim. incerta; av. 1292] **A** agg. (pl. m. *-ci*) *1* Che riguarda la tattica | Che concerne una sola operazione militare: *vittoria tattica, ma non strategica* | ***Missile t.***, V. *missile*. *2* (*fig.*) Che rivela accortezza, prudenza e scaltrezza: *vinse la partita con una mossa tattica.* || **tatticaménte**, avv. (*est.*) In modo conforme a una tattica: *agire tatticamente.* **B** s. m. ● Militare, persona di notevole abilità tattica.

tatticóne [da *tattica* nel senso di 'arte di destreggiarsi'; 1865] s. m. (f. *-a*) ● (*fam.*) Persona furba, abile e scaltra che sa come ottenere dagli altri ciò che si propone.

tàttile [vc. dotta, lat. *tăctile(m)*, da *tăctu(m)* 'tatto'; av. 1841] agg. ● Del tatto: *sensibilità t.* || **tattilménte**, avv. Attraverso il tatto.

tattilità [av. 1855] s. f. *1* Facoltà tattile: *la t. dei polpastrelli.* *2* Possibilità di essere percepito mediante il tatto: *la t. di uno stimolo, di una sensazione.*

tattismo o **tactismo** [fr. *tactisme*, dal gr. *taktós* 'ordinato, stabilito' (dal v. *tássein*) con riferimento al movimento determinato dai diversi stimoli; 1934] s. m. ● (*biol.*) Movimento di traslazione di cellule o di organismi elementari in risposta a stimoli di varia natura; SIN. Tassia | ***T. positivo*** (***o negativo***) se vi è attrazione (o allontanamento) dalla sorgente dello stimolo.

†**tattivo** [da *tatto*; av. 1558] agg. ● Che è proprio del tatto.

tàtto [vc. dotta, lat. *tāctu(m)*, propr. 'toccato', part. pass. di *tăngere*; av. 1266] **s. m.** ***1*** Senso che permette di prendere conoscenza del mondo esterno mediante il contatto con la superficie corporea. ➡ **ILL.** p. 2126 ANATOMIA UMANA. ***2*** (*fig.*) Accortezza, prudenza, riguardo nel trattare con gli altri: *è un uomo che ha poco t.*; *occorre t. nel dargli la notizia*. **SIN.** Delicatezza, garbo.

TATTO
nomenclatura

tatto (cfr. mano, superficie)
● *caratteristiche*: delicato = fine ⇔ ottuso;
● *azioni*: tangere = toccare, toccheggiare, palpare = palpeggiare = tastare, tentare, brancicare; carezzare, lambire, sfiorare, titillare = vellicare, solleticare, stuzzicare; maneggiare, percuotere = picchiare = colpire;
● *anomalie*: anestesia, ipoestesia ⇔ iperestesia;
● *organo del tatto*: papille tattili, sensibilità tattile.

tattoo /ta'tu, *ingl.* tæ'tʰuu/ [vc. ingl. di orig. polinesiana; 1992] **s. m. inv.** (pl. ingl. *tattoos*) ● Tecnica e pratica del tatuaggio decorativo | Il tatuaggio stesso.

tatù [dal n. tupì; 1805] **s. m.** ● (*zool.*) Armadillo.

tatuàggio [fr. *tatouage*, da *tatouer* 'tatuare'; 1840] **s. m.** ● Derivato della pittura corporale consistente nell'incidere la pelle ritardandone la cicatrizzazione con sostanze particolari o nell'eseguire punture con introduzione di sostanze coloranti nelle ferite.

tatuàre [fr. *tatouer*, dall'ingl. *tattoo*, da *tátau* di una lingua della Polinesia; 1874] **A v. tr.** (*io tàtuo*) ● Eseguire un tatuaggio | Sottoporre a un tatuaggio. **B v. rifl.** ● Praticarsi un tatuaggio.

tatuàto [av. 1928] **part. pass.** di *tatuare*; anche **agg.** ● Nei sign. del v.

tatuatóre [da *tatuare*; av. 1909] **s. m.** (f. *-trice*) ● Chi esegue tatuaggi.

tatzebào ● V. *dazebao*.

tatze-bao /tadzdze'bao, *cin.* 'ta'tsu',pao/ ● V. *dazebao*.

tàu [dal gr. *tâu*; sec. XIV] **s. m.** o **f. inv.** ● Nome della diciannovesima lettera dell'alfabeto greco.

taumaturgia [gr. *thaumatourgía*, sin. di *thaumatopoiía*, 'opera (*érgon*) di prodigi (*tháumata*, pl.)'; 1792] **s. f.** ● Capacità di compiere miracoli.

taumatùrgico [gr. *thaumatourgikós*, da *thaumatourgía* 'taumaturgia'; 1829] **agg.** (pl. m. *-ci*) ● Relativo a taumaturgia e a taumaturgo | ***Potere t.***, capacità di compiere miracoli. || **taumaturgicaménte**, **avv.**

taumatùrgo [gr. *thaumatourgós*, comp. di *thâuma*, genit. *tháumatos* 'fatto meraviglioso' e di un deriv. da *érgon* 'opera, azione'; 1589] **s. m.** (f. *-a*; pl. m. *-ghi* o *-gi*) ● Chi ha il potere di compiere miracoli.

tauóne **s. m.** ● (*fis.*) Leptone avente massa circa 3500 volte maggiore di quella dell'elettrone, soggetto all'interazione elettromagnetica e a quella debole. **SIN.** Mesone tau.

taurifórme [vc. dotta, lat. *taurifŏrme(m)* 'della forma (*fŏrma*) di toro (*tăurus*)'; 1723] **agg.** ● (*lett.*) Che si presenta in forma di toro.

taurina [ingl. *taurine*, comp. del lat. *tăurus* 'toro', l'animale dalla cui bile fu originariamente ricavata, e il suff. di prodotto chim. *-ine* '-ina'; 1875] **s. f.** ● (*biol.*) Composto amminico che si trova combinato nella bile, usato per la preparazione di tensioattivi e come purgante in medicina.

taurino [vc. dotta, lat. *taurīnu(m)*, da *tăurus* 'toro'; 1499] **agg.** ● Di, da toro | (*fig.*) Pieno di vigore, di forza: *membra taurine* | ***Collo t.***, (*fig.*) tozzo e robusto.

†**tàuro** ● V. *toro* (*1*).

tauromachia [gr. *tauromachía*, comp. di *tâuros* 'toro' e di un deriv. di *machē* 'lotta, battaglia'; 1841] **s. f.** ● Arte e tecnica del combattimento dell'uomo contro i tori e il combattimento stesso | (*lett.*) Corrida.

tauròtrago [comp. del gr. *tâuros* 'toro' e *trágos* 'capro'; 1930] **s. m.** (pl. *-ghi*) ● La più grossa specie di antilope africana, con maschi dalle lunghe corna diritte e spiralate (*Taurotragus derbianus*).

tàuto- [dal gr. *tautó* 'lo stesso'] primo elemento ● In parole composte, esprime identità: *tautocrona*, *tautologia*.

tautòcrona [comp. di *tauto-* e *chrónos* 'tempo'; 1841] **A s. f.** ● Curva posta in un piano verticale, con la proprietà che un punto materiale, lasciato libero e senza attrito, impiega lo stesso tempo a percorrerla giungendo al suo punto più basso, qualunque sia il punto della curva da cui parte. **B** anche **agg.** solo **f.**: *curva t.*

tautogràmma [comp. del gr. *tautó* 'lo stesso' e *grámma* 'lettera'; 1805] **s. m.** (pl. *-i*) ● Componimento le cui parole cominciano tutte con la medesima lettera.

tautologia [vc. dotta, lat. tardo *tautolŏgia(m)*, dal gr. *tautología* 'che dice (dal v. *légein*) lo stesso (*tautó*)'; 1551] **s. f.** ***1*** Proposizione nella quale il predicato ripete il concetto già contenuto nel soggetto (ad es.: 'i quadrupedi hanno quattro zampe') | (*est.*) Ripetizione, ridondanza linguistica (ad es. 'alzare in alto'). ***2*** Nella logica contemporanea, proposizione complessa che risulta sempre vera al di là dei valori di verità delle singole proposizioni componenti.

tautològico [1805] **agg.** (pl. m. *-ci*) ● Che concerne la tautologia, che ha carattere di tautologia: *giudizio t.* || **tautologicaménte**, **avv.**

tautologizzàre [comp. di *tautologi(a)* e *-izzare*] **v. intr.** (aus. *avere*) ● (*raro*) Argomentare usando tautologie.

tautomeria [comp. di *tauto-* e di un deriv. di *méros* 'parte'; 1931] **s. f.** ● (*chim.*) Isomeria dovuta allo spostamento di un atomo da un punto all'altro della molecola.

tautòmero [da *tautomeria*; 1931] **agg.** ***1*** (*chim.*) Di composto che presenta il fenomeno della tautomeria. ***2*** (*anat.*) Di organo situato nella stessa metà del corpo.

tautosillàbico [comp. di *tauto-* e *sillabico*; 1961] **agg.** (pl. m. *-ci*) ● (*ling.*) Detto di suono appartenente alla stessa sillaba (ad es. i suoni *s* e *n* nella sillaba *spon-* di 'sponda'). **CONTR.** Eterosillabico.

tavèlla [lat. *tabĕlla(m)* 'piccola tavola', dim. di *tăbula* 'tavola'; 1352] **s. f.** ***1*** Laterizio forato, piano o curvo, usato in rivestimenti, tramezzi, soffittature e sim. ***2*** Apparecchio usato nella trattura della seta per unire più bave in un unico filo. || **tavellóne**, **accr. m.** (V.).

tavellàto [1556] **agg.** ● Fatto con tavella: *solaio t.*

tavellonàto **agg.** ● (*edil.*) Fatto con tavelloni: *solaio t.*

tavellóne [1957] **s. m.** ***1*** Accr. di *tavella*. ***2*** Tavella di notevoli dimensioni, usata nelle costruzioni di solai o strutture orizzontali.

tavèrna [lat. *tabĕrna(m)*, dapprima 'abitazione', poi 'bottega, negozio' e spec. 'osteria', di etim. discussa: di orig. etrusca (?); av. 1292] **s. f.** ***1*** Trattoria, osteria | (*spreg.*) Bettola: *discorsi da t.* ***2*** Trattoria o locale notturno in stile rustico. ***3*** †Bottega. || **tavernèlla**, **dim.** | **tavernètta**, **dim.** (V.) | **tavernùccia**, **pegg.**

tavernàio o †**tavernàrio**, †**tavernàro** [lat. *tabernāriu(m)*, da *tabĕrna* 'taverna'; sec. XIII] **A s. m.** (f. *-a*) ***1*** (*disus.*) Oste, gestore di una taverna. ***2*** †Beccaio. **B agg.** ● †Da taverna.

†**tavernàre** [da *taverna*; sec. XV] **v. intr.** ● Andare gozzovigliando per taverne.

†**tavernàrio** ● V. *tavernaio*.

†**tavernàro** ● V. *tavernaio*.

†**taverneggiàre** [comp. di *taverna* e *-eggiare*; sec. XIII] **v. intr.** ● Frequentare taverne.

tavernétta [1970] **s. f.** ***1*** Dim. di *taverna*. ***2*** Locale privato, seminterrato o sotterraneo, arredato spec. in stile rustico, per feste, cene, riunioni e sim.

tavernière [fr. *tavernier*, dal lat. *tabernāriu(m)* 'tavernaio'; av. 1342] **s. m.** (f. *-a*) ***1*** (*lett.*) Oste di una taverna. ***2*** (*raro*) Frequentatore di taverne.

♦**tàvola** [lat. *tăbula(m)*, di etim. incerta; sec. XII] **s. f.** ***1*** Asse rettangolare di legno, segata più o meno sottile e di una certa lunghezza: *t. d'abete, di noce*; *capanna, pavimento di tavole* | ***T. di salvezza***, quella a cui si attacca il naufrago; (*fig.*) estrema, unica via di salvezza | ***Il mare è una t.***, è calmo | (*al pl.*) Tavolato, spec. palcoscenico, scena dove agiscono gli attori | ***Calcare le tavole del palcoscenico***, ***le tavole***, (*fig.*) recitare, dedicarsi al teatro. ***2*** (*est.*) Lastra, lamina a forma rettangolare di vari materiali: *una t. di marmo, di plastica* | (*est.*) Pezzo di qlco. a forma rettangolare: *una t. di cioccolata*. ***3*** Mobile, di solito in legno o metallo, formato da un piano orizzontale posto su di un supporto gener. a quattro gambe, e impiegato spec. per consumare i pasti: *t. ovale, rettangolare*; *t. di noce, acero, con intarsi*; *i piedi della t.* | ***T. rotonda***, negli antichi romanzi cavallereschi, quella che vedeva riuniti a mensa o congresso i cavalieri di re Artù eliminando, per la sua forma, ogni idea di preminenza tra i partecipanti; (*fig.*) dibattito fra esperti riuniti per la discussione di un problema | ***Mettere le carte in t.***, (*fig.*) rivelare con chiarezza e apertamente le proprie intenzioni | (*per anton.*) Tavola su cui si consumano i pasti: *sedersi a t. per la cena*; *apparecchiare, sparecchiare la t.*; *biancheria, servizio da t.* | ***Essere a t.***, stare consumando il pranzo o la cena seduti a tavola: *se siete a t. richiamo più tardi* | ***Discuteremo a t.***, durante il pasto | ***È pronto in t.***, ***è in t.***, il pranzo è servito | ***Portare in t.***, servire in tavola le vivande | ***Avere il gusto della buona t.***, saper gustare, amare i buoni cibi | ***T. calda***, locale di ristorante, bar o rosticceria con servizio dei pasti al banco e prolungato orario d'apertura | ***T. fredda***, analoga specie di locale, che però serve solo piatti freddi | †***Levar le tavole***, levare le mense | †***Tenere***, ***mettere t.***, dare un banchetto | (*est.*) Insieme dei commensali: *è una t. allegra*; *a quella t. il buon umore fu distrutto per qualche istante* (SVEVO) | (*est.*) Pranzo: *una t. assai magra* | ***Alla fine della t.***, alla fine del pasto. ***4*** Banco da lavoro; piano per macchine, strumenti: *la t. del falegname* | (*est.*) Attrezzo da lavoro a forma di tavola: *t. da stiro, da lavare* | (*raro*) ***T. nera***, lavagna. ***5*** Superficie scrittoria in metallo, pietra o legno | ***Le tavole della legge***, lastre di pietra sulle quali Mosè scrisse il decalogo dettatogli da Dio | ***Le dodici tavole***, bronzee, quelle con incisa la legge dei decemviri, la principale testimonianza del diritto romano arcaico e alto-repubblicano. ***6*** Quadro dipinto su una tavola di legno: *una t. a olio*; *una t. del Trecento* | †Ritratto, quadro. ***7*** Pagina, foglio di un libro con illustrazioni, figure, riproduzioni, disegni: *una t. fuori testo, a colori, su carta patinata*; *tavole anatomiche in bianco e nero* | ***Tavole geografiche***, mappe, carte. ***8*** Prospetto grafico, tabella: *tavole sinottiche, statistiche*; *una t. di valori a confronto*; *la t. pitagorica* | ***Tavole logaritmiche***, ***trigonometriche***, per il calcolo approssimativo dei logaritmi o delle funzioni trigonometriche | ***Tavole di tiro***, tabelle contenenti i dati di puntamento per un obiettivo di cui siano note le coordinate | ***Tavole astronomiche***, effemeridi | ***T. genealogica***, rappresentazione grafica in forma schematica della discendenza e delle ramificazioni di una famiglia | ***T. di concordanza***, lista che indica la corrispondenza delle segnature archivistiche attuali con le precedenti, e sim. | ***T. censuaria***, registro dei dati catastali delle proprietà | ***T. periodica***, disposizione, su righe e colonne, degli elementi chimici con l'indicazione delle loro proprietà e del numero atomico | (*raro*) Indice: *tavole degli autori*. ➡ **TAV. elementi chimici**. ***9*** Apparecchio per separare minerali di diverso peso specifico, in base al diverso trascinamento che subiscono per effetto di una corrente d'acqua fluente su una tavola inclinata | ***T. dormiente***, il cui piano è immobile | ***T. a scossa***, il cui piano è animato da moto oscillante. ***10*** Nella trivellazione petrolifera, disco rotante che aziona lo scalpello. ***11*** Faccetta superiore e inferiore di pietra preziosa tagliata a brillante. ***12*** Ogni matrice, cliché per stampare francobolli. ***13*** †Banco dei banchieri o dei cambiatori: *che avrem noi a fare altro, se non andare alle tavole dei cambiatori, le quali sapete che stanno sempre cariche ... di fiorini?* (BOCCACCIO). ***14*** (*mus.*) ***T. armonica***, (*ellitt.*) ***tavola***, sottile pezzo di legno che costituisce la parte superiore o coperchio della cassa armonica degli strumenti cordofoni e la base del telaio di quelli a tastiera. ***15*** †Spazio quadrato | Antica misura agraria di superficie, oscillante tra le 0,04 are di Udine e le 10 di Roma. ***16*** ***T. reale***, gioco a due da tavoliere, simile al backgammon, con 24 frecce alternativamente bianche e nere, con 15 pedine a giocatore e due dadi, nel quale vince il giocatore che riesce per primo a spostare tutte le proprie pedine nel campo di gioco avversario | (*est.*) Il tavoliere stesso su cui si gioca. **SIN.** Tric trac. ***17*** ***T. a vela***, windsurf. ➡ **ILL.** p. 2155 SPORT. ***18*** ***T. da salto***, surf nel sign. 2. ***19*** (*relig.*) Organo collegiale avente funzioni di coordinamento e direzione in alcune Chiese riformate: *la t. valdese*. ***20*** (*oref.*)

Faccia piana superiore e inferiore nel taglio a brillante del diamante. || PROV. A tavola non s'invecchia. || **tavolàccia**, pegg. | **tavolèlla**, dim. (V.) | **tavolétta**, dim. (V.) | **tavolina**, dim. | **tavolóna**, accr. | **tavolùccia**, dim.

†tavolacciàio [da *tavolaccio* nel sign. 4; 1313] s. m. ● (*raro*) Fabbricante di scudi.

tavolàccio o †**tavolàzzo** [av. 1310] s. m. *1* Pegg. di *tavolo*. *2* Tavolato leggermente inclinato usato un tempo dai soldati di guardia per riposarsi. *3* Giaciglio di detenuti nelle prigioni. *4* Targa in legno coperta di cuoio in uso come arma difensiva spec. nel XVI sec.

tavolàme [1959] s. m. ● Insieme di tavole da costruzione.

tavolàre (1) [1336 ca.] v. tr. (*io tàvolo*) *1* Coprire di tavole, fare un tavolato. *2* †Misurare il terreno a tavole. *3* †Nel gioco degli scacchi o della dama, creare una situazione tale per cui nessuno dei due giocatori può vincere.

tavolàre (2) [1873] agg. ● †Relativo a una tavola, a un prospetto | (*dir.*) ***Sistema t.***, complesso di registri immobiliari pubblici dai quali risulta la titolarità dei diritti reali, in uso nelle province già appartenenti all'impero austro-ungarico e annesse all'Italia dopo la prima guerra mondiale.

tavolàta [sec. XIV] s. f. *1* Insieme di molti commensali seduti a una stessa tavola. *2* Colpo dato con una tavola. *3* †Tavolato.

tavolàto [lat. *tabulātu(m)* 'fatto di tavole (*tābulae*)'; 1353] s. m. *1* Parete o pavimento di tavole | Assito. *2* (*anat.*) Qualsiasi superficie piana | ***T. osseo del cranio***, lamina interna ed esterna delle ossa della volta cranica. *3* (*geogr.*) Altipiano costituito di rocce stratificate con disposizione orizzontale.

†tavolàzzo ● V. *tavolaccio*.

tavoleggiànte [1865] **A** part. pres. di †*tavoleggiare*; anche agg. ● †Nel sign. del v. **B** s. m. e f. ● (*disus.*) Cameriere.

†tavoleggiàre [comp. di *tavol(a)* e *-eggiare*] v. intr. ● Servire in tavola.

tavolèlla [av. 1292] s. f. *1* Dim. di *tavola*. *2* †Tessera.

tavolétta [1294] s. f. *1* Dim. di *tavola* | ***Gioco delle tre tavolette***, gioco d'azzardo clandestino che consiste nel puntare denaro su una fra tre tavolette, variamente contrassegnate e scambiate con velocità e destrezza da chi tiene banco; (*fig.*) truffa, abile raggiro a danno di ingenui. *2* Pezzo rettangolare e di piccolo formato di sostanze alimentari o medicinali: *una t. di brodo, di cioccolata, di chinino*. *3* Piccola tavola incerata sulla quale si scriveva, nel mondo classico, incidendo le parole con uno stilo. *4* (*elab.*) ***T. grafica***, dispositivo di input di dati, spec. grafici, costituito da un piano di riferimento e da uno stilo elettronico che consente di individuare i punti di tale piano. *5* ***T. pretoriana***, assicella fornita di diottra e traguardi con cui si fa direttamente il rilievo topografico del terreno. *6* (*raro*) Tabella, prospetto. *7* Carta topografica alla scala 1:25 000. *8* Nella loc. (*pop.*) ***andare a t.***, tenere premuto a fondo l'acceleratore di un autoveicolo per imprimergli la massima velocità. || **tavolettina**, dim.

tavolière (1) o †**tavolièri**, †**tavolièro** [adattamento del fr. *tablier*, da *table* 'tavola (da gioco)'; sec. XIII] s. m. *1* (*dial.*) Asse stretta e lunga su cui si spiana il pane. *2* Tavolino da gioco con disegnati i riquadri per gli scacchi oppure altri schemi per giochi da tavolo come il tric trac | Piano del tavolo da biliardo | (*lett.*) ***Mettere sul t.***, (*fig.*) arrischiare: *considerava quanto la cosa fussi pericolosa e difficile e quanto bello stato e ricchezza e' mettessi in sul t.* (GUICCIARDINI).

†tavolière (2) [adattamento del fr. *tablier*, da *table* 'tavola di cambio, banca'; sec. XIII] s. m. ● Banchiere, cambiatore.

tavolière (3) [da *tavola*; av. 1806] s. m. ● Vasta pianura: *il T. delle Puglie*.

♦**tavolino** [1550] s. m. *1* Dim. di *tavolo*. *2* Tavolo usato come scrittoio spec. per studiare, scrivere o leggere | ***Stare a t.***, studiare | (*disus.*) ***Uomo di t.***, uomo di studio | ***A t.***, teoricamente, in modo astratto: *fare la guerra a t.*; *vincere, perdere a t.*, nel linguaggio sportivo, vincere o perdere per decisione dei giudici sportivi, e non in base al risultato ottenuto sul campo. *3* Tavolo da gioco. *4* (*ottica*) Piatto del microscopio ottico. *5* (*pop.*) Tavolo con tre piedi usato nelle sedute medianiche. || **tavolincino**, dim. | **tavolinétto**, dim. | **tavolinùccio**, pegg.

♦**tàvolo** [da *tavola*; 1651] s. m. *1* Tavola adibita a usi particolari: *t. da gioco, da ping-pong, di cucina, d'ufficio* | ***T. operatorio***, ripiano articolato su cui viene posto il paziente per l'intervento | ***T. anatomico***, per le dissezioni anatomiche | (*sport*) ***Giudici di t.***, nel basket, segnapunti e cronometristi. *2* (*est.*) Luogo, occasione di confronto: *sindacati e imprenditori al t. delle trattative* | (*est.*) La trattativa, la discussione, il confronto stessi: *il t. della pace*; *il t. programmatico dei progressisti, dei moderati*. || **tavolàccio**, pegg. (V.) | **tavolino**, dim. (V.) | **tavolóne**, accr. (V.) | **tavolòtto**, accr. | **tavolùzzo**, pegg.

tavolóne [av. 1465] s. m. *1* Accr. di *tavolo*. *2* Grosso asse da costruzione.

tavolòzza [da *tavola*; 1632] s. f. *1* Sottile assicella sulla quale i pittori tengono i colori durante il lavoro. *2* (*est.*) L'insieme, la gamma dei colori preferiti da un pittore: *la t. di Raffaello*.

Taxàcee o **Tassàcee** [vc. dotta, comp. del lat. *tăxus* '(albero di) tasso' e *-acee*; 1960] s. f. pl. (sing. *-a*) ● Nella tassonomia vegetale, famiglia di Conifere arboree o arbustive, molto ramificate (*Taxaceae*).

♦**tàxi** /'taksi, tas'si*, *fr.* tak'si, *ingl.* 'tʰæksi/ [per *taxi(mètre)*, variante di *taxamètre* 'tassametro', lo strumento di cui sono fornite tali vetture; 1914] s. m. inv. ● Automobile fornita di tassametro, per il trasporto a pagamento dei passeggeri | ***T. aereo***, aerotaxi.

taxi-girl /taksi'gerl, *ingl.* 'tʰæksi,gɜːɹl/ [vc. ingl., comp. di *girl* 'ragazza' e *taxi(meter)* 'tassametro', perché il pagamento è commisurato ai giri di ballo; 1935] s. f. inv. (pl. ingl. *taxi-girls*) ● Ragazza stipendiata per far danzare i clienti in una sala da ballo.

tàxis [dal gr. *táksis* 'ordinamento, disposizione'; 1895] s. m. inv. *1* (*biol.*) Orientamento e crescita di una pianta o animale in risposta a uno stimolo fisico come la luce o il flusso dell'acqua. *2* (*med.*) Manovra manuale volta a ridurre un'ernia o una lussazione.

taxista ● V. *tassista*.

Taxodiàcee o **Tassodiàcee** [vc. dotta, comp. di *tassodio* e *-acee*; 1960] s. f. pl. (sing. *-a*) ● Nella tassonomia vegetale, famiglia di Conifere arboree, di grandi dimensioni, con strobili legnosi, arrotondati, eretti (*Taxodiaceae*).

taxòdio e *deriv.* ● V. *tassodio* e *deriv.*

taylorìsmo /tailo'rizmo, tei-/ [dal n. dell'iniziatore, l'amer. F. W. *Taylor* (1856-1915); 1895] s. m. ● Teoria di organizzazione aziendale che ha introdotto metodi scientifici nello svolgimento delle attività produttive attraverso la razionale suddivisione del lavoro in funzioni specifiche.

taylorìstico /tailo'ristiko, tei-/ [1920] agg. (pl. m. *-ci*) ● Relativo al taylorismo.

tazebào ● V. *dazebao*.

♦**tàzza** [ar. *ṭāss(a)* 'grande coppa, vaso'; av. 1342] s. f. *1* Piccolo recipiente tondo e basso, con uno o due manici ad ansa: *t. di porcellana, di ceramica*; *t. da tè, da caffellatte, da consommé* | Quanto contiene una tazza: *bere una t. di brodo*. *2* (*fam.*) Vaso del water-closet. *3* †Bicchiere. || **tazzàccia**, pegg. | **tazzétta**, dim. | **tazzìna**, dim. (V.) | **tazzóna**, accr. | **tazzóne**, accr. m. | **tazzùccia**, pegg.

tazzìna [1829] s. f. *1* Dim. di *tazza*. *2* Piccola tazza, spec. da caffè | Quanto può esservi contenuto.

tbc /tibbitʃ'tʃi*/ [da *t(u)b(er)c(olosi)*; av. 1963] s. f. inv. ● Accorc. di tubercolosi polmonare: *è guarito dalla tbc*.

♦**te** (1) /te* *nei sign. 1 e 2*, te *nei sign. 3 e 4*/ [lat. *tē*, acc. di *tū*, di orig. ed ampia area indeur.; sec. XII] pron. pers. di seconda pers. m. e f. sing. *1* Indica la persona a cui si parla e si usa al posto di 'tu' nei vari compl.: *abbiamo parlato di te*; *parlerò con te*; *verrò presto da te*; *potrei contare su di te?*; *fra lui e te c'è una gran differenza*; *lo faccio per te*; *spedirò a te il pacco* | Si usa come compl. ogg. in luogo del pron. atono 'ti' quando gli si vuole dare particolare rilievo: *vogliono te al telefono*; *hanno cercato te e non lei* | Si rafforza con 'stesso' e 'medesimo': *pensa a te stesso* | Si pospone ad 'anche', 'neanche', 'pure', 'neppure', 'nemmeno' e sim.: *prenderemo anche te*; *non vogliono parlare nemmeno con te*; *invitano pure te* | ***Da te***, da solo, senza aiuto o intervento di altri: *pensaci da te*; *fallo da te* | ***Per, secondo te***, a tuo parere, a tuo giudizio: *chi vincerà la partita secondo te?*; *già! per te io non conto nulla in questo affare* | ***Fra te, tra te e te, dentro di te***, nel tuo intimo, nella tua coscienza: *tu continui a rimuginare fra te e te* | ***Quanto a te***, per ciò che ti concerne: *quanto a te, devi solo fare il tuo dovere*. *2* Si usa al posto di 'tu', con funzione di sogg., in espressioni esclamative e in espressioni comparative dopo 'come' e 'quanto' e anche, con funzione di predicato nominale, dopo i verbi 'essere', 'sembrare', 'parere', quando il sogg. della prep. non sia 'tu': *povero te!*; *te infelice!*; *sono contento anch'io come te*; *lavoriamo quanto te*; *ne so quanto te*; *io non sono te*; *sembra proprio te!* | (*region.*) Tu: *te fai come vuoi*; *pensaci te*; *contento te, contenti tutti*; *ehi, te!, cosa fai?*; *uscito te si sono messi a bisticciare*. *3* Ti (come compl. ogg. e come compl. di termine, sia encl. sia procl.; forma che il pron. atono 'ti' assume davanti ai pron. atoni 'la', 'le', 'li', 'lo' e alla particella 'ne'): *te lo dico in due parole*; *te le voglio fare vedere quelle carte*; *prestami dei soldi, te li restituirò presto*; *te ne parlerò dopo*; *volevo fartelo vedere subito*; *te ne pentirai!*; *ricordatelo*. *4* (*fam.*, *pleon.*) Con valore raff.: *te lo ricordi?*; *e allora te lo afferra per il collo e incomincia a stringere* (V. nota d'uso ACCENTO).

†te (2) /te*/ ● V. *ti* (2).

♦**tè** /tɛ*/ o **the** [da una forma dial cin. *t'e*; av. 1606] s. m. *1* Pianta delle Teacee coltivata come arbusto per le foglie sempreverdi coriacee e dentellate, contenenti teina (*Thea sinensis*) | ***Tè del Paraguay***, mate. ➡ ILL. **piante**/4. *2* Le foglie torrefatte, essiccate e sbriciolate dell'arbusto omonimo | L'infuso odoroso e leggermente eccitante che con esse si prepara come bevanda: *prendere il tè*; *tè col latte, col limone*; *biscotti da tè*; *servizio da tè in porcellana* | ***Casa da tè***, locale pubblico giapponese e cinese ove si beve tè. *3* Ricevimento a carattere familiare o mondano durante il quale è offerto il tè: *invitare a un tè* | ***L'ora del tè***, nel pomeriggio | ***Tè danzante***, trattenimento pomeridiano in cui si balla (V. nota d'uso ACCENTO).

te' /tɛ/ [da *t(i)eni*, imperat. di *tenere*, per troncamento; sec. XII] inter. *1* (*pop.*, *dial.*) Tieni, prendi, eccoti (gener. facendo l'atto di offrire o porgere qlco. alla persona cui ci si rivolge): *te' i soldi per il cinema* | (*iter.*) ***Te' te'***, offrendo qlco. a un animale o a persona che si tratta da inferiore o con impazienza | †Seguito da 'ne' encl.: *tenne un'altra* (BOCCACCIO). *2* Tie'.

tèa [vc. ingl., propr. *'tè'*; 1891] agg. solo f. ● Detto di una varietà di rosa coltivata nei giardini, che emana odore di tè.

Teàcee [comp. di *tè* col suff. di famiglia botan. *-acee*; 1937] s. f. pl. (sing. *-a*) ● Nella tassonomia vegetale, famiglia di piante dicotiledoni legnose con foglie intere sempreverdi (*Theaceae*). ➡ ILL. **piante**/4.

teach-in /*ingl.* 'tʰiːtʃ,ɪn/ [loc. ingl., comp. di *to teach* 'insegnare' (vc. d'orig. germ.) e *in* (V. *tap-in*); 1970] s. m. inv. *1* Il processo didattico ed educativo applicato all'interno di una squadra di team-teaching. *2* Discussione tra studenti, spec. universitari, e insegnanti | (*est.*, *polit.*) Manifestazione di protesta con dibattiti e conferenze.

teak /tɛk, *ingl.* tʰiːk/ [vc. ingl., adattata in *tek*; 1813] s. m. inv. ● (*bot.*) Tek.

team /tim, *ingl.* tʰiːm/ [vc. ingl., propr. 'gruppo', di orig. indeur. ed area germ.; 1897] s. m. inv. *1* Squadra, formazione sportiva. *2* Gruppo di ricercatori scientifici o di persone che si dedicano ad una medesima attività intellettuale | (*est.*) Gruppo di persone che collaborano per il raggiungimento di uno scopo prefissato, spec. in campo industriale, commerciale o sportivo: *un t. di scienziati*.

team-teaching /*ingl.* 'tʰiːm,tʰiːtʃɪŋ/ [loc. ingl. comp. di *teaching* 'insegnamento' (da *to teach* 'insegnare', vc. germ. d'orig. indeur.) e *team* 'gruppo'] s. m. inv. ● Insegnamento impartito da una squadra di docenti, che ha il compito di verificare i livelli di apprendimento spec. con test e questionari redatti collegialmente.

teandrìa [comp. del gr. *theós* 'dio' e *anḗr*, genit. *andrós* 'uomo'; 1847] s. f. ● Natura divina-umana del Cristo.

teàndrico [gr. eccl. *theandrikós*, agg. (*-ikós*) del comp. di *theós* 'dio' e *anḗr*, genit. *andrós* 'uomo'; av. 1705] agg. (pl. m. *-ci*) ● Relativo a teandria e a teandrismo.

teandrìsmo [comp. di *teandric(o)* e *-ismo*; 1961]

s. m. ● Dottrina che riguarda la natura umana e divina del Cristo.

teantropìa [dal gr. *theánthrōpos*, comp. di *theós* 'dio' e *ánthrōpos* 'uomo'; 1829] **s. f.** ● Carattere umano-divino della divinità | Attribuzione di caratteri umani alla divinità.

tea-room /ti'rum, *ingl.* 'tʰiiˌɹu(u)m/ [vc. ingl., propr. 'stanza (*room*, di orig. indeur. e area germ.) per il tè (*tea*, dal fr.)'; 1897] **s. m. inv.** (pl. ingl. *tea-rooms*) ● Sala da tè.

teaser /'tizer, *ingl.* 'tʰiizəɹ/ [vc. ingl., propr. 'che stuzzica', dal v. *to tease*; 1989] **s. m. inv.** ● Annuncio pubblicitario anonimo, che crea attesa nei confronti di un prodotto che verrà nominato solo in annunci successivi.

teatino [vc. dotta, lat. *Teatīnu(m)*, propr. 'di Chieti (*Teāte*)', vescovato di uno dei fondatori dell'ordine; av. 1535] **A agg.** ● Di Chieti. **B s. m.** (f. *-a*) ● Abitante di Chieti. **C s. m.**; anche **agg.** ● Chi (o Che) appartiene all'ordine dei chierici regolari della congregazione fondata nel 1524 da S. Gaetano da Thiene e da Pietro Carafa (poi Paolo IV).

teatràbile [da *teatro*; 1891] **agg.** ● Che può essere rappresentato in teatro: *copione t.*

teatràle [vc. dotta, lat. *theatrāle(m)* 'proprio del teatro (*theātrum*)'; 1594] **agg.** *1* Di, da teatro: *spettacolo, avvenimento t.* *2* (*fig., spreg.*) Di effetto esagerato, privo di naturalezza e spontaneità: *gesto t.* | (*est.*) Artificioso, insincero: *una commozione t.* ‖ **teatralménte**, **avv.** In modo teatrale (*anche fig.*).

teatralità [av. 1869] **s. f.** *1* (*raro*) Caratteristica di ciò che è teatrale. *2* (*fig.*) Esagerazione, artificiosità: *parla e gestisce con quella certa t. che è propria della passione esaltata* (PIRANDELLO).

teatralizzàre [da *teatrale*; 1936] **v. tr.** ● Amplificare, esibire in modo enfatico e plateale: *t. un evento privato.*

teatralizzazióne **s. f.** ● Il teatralizzare.

teatrànte [da *teatro*; av. 1798] **s. m. e f.** *1* (*raro* o *spreg.*) Attore che recita in teatro | Comico. *2* (*spreg.* o *scherz.*) Chi usa spesso un tono declamatorio e artificioso.

†**teàtrico** [vc. dotta, lat. tardo *theātricu(m)*, dal gr. *theatrikós* 'appartenente al teatro (*théatron*)'; sec. XIV] **agg.** ● Teatrale.

teatrino [av. 1742] **s. m.** *1* Dim. di *teatro*. *2* Teatro in miniatura, giocattolo per bambini | Teatro di burattini. *3* (*fig., spreg.*) Situazione in cui ciascuno sostiene il suo ruolo in base a un rituale gioco delle parti: *il t. della politica.*

♦**teàtro** [vc. dotta, lat. *theātru(m)*, dal gr. *théatron* 'posto (suff. locativo *-tron*) per spettacolo (*théa*)'; 1313] **s. m.** *1* Edificio destinato alla rappresentazione di opere liriche o di prosa: *il t. greco di Epidauro* | ***T. di posa***, ambiente in cui vengono effettuate le riprese degli interni di un film, attrezzato per tale funzione | ***T. tenda***, tendone da circo utilizzato stabilmente come struttura per spettacoli teatrali | ***Gente di t.***, attori, cantanti, ballerini, registi, tecnici e sim. | ***Opera per il t.***, destinata ad essere rappresentata | (*est.*) Rappresentazione che si dà in teatro: *andare a t.*; *il t. comincia alle nove* | (*est.*) Spettacolo con caratteri di grandiosità e teatralità: *il t. del mondo, dell'universo, della storia.* ➡ **ILL. archeologia.** *2* Complesso degli spettatori presenti in teatro: *un t. elegante, entusiasta, polemico*; *ricevere gli applausi di tutto il t.* **SIN.** Pubblico. *3* Produzione, attività teatrale di un autore, di un periodo letterario o storico, di un Paese: *il t. di Sofocle*; *il t. italiano del Seicento* | ***T. danza***, genere che fonde il linguaggio della danza con la musica e la recitazione. *4* Complesso delle attività che promuovono l'allestimento di spettacoli teatrali: *le sorti del t. americano*; *le rivendicazioni del giovane t.* *5* Luogo dove si svolgono o si svolsero in passato azioni importanti, memorabili o che, in qualche modo, si impongono all'attenzione generale: *visitare i teatri dell'ultima guerra*; *la sua casa è stata t. di un fatto spiacevole* | (*mil.*) ***T. di operazioni, operativo***, il territorio nel quale si svolgono operazioni belliche condotte da forze terrestri, navali e aeree sotto un unico comandante, secondo criteri tattici nell'ambito di una determinata strategia | ***Di t.***, detto di arma o sistema d'arma impiegato nel teatro operativo: *missili di t.* *6* Aula universitaria per esperimenti | ***T. anatomico***, sala di dissezione per la dimostrazione didattica. ‖ **teatràccio**, **pegg.** | **teatrino**, **dim.** (V.) | **teatróne**, **accr.** (V.) | **teatrùccio**, **pegg.**

TEATRO E CIRCO
nomenclatura

teatro

● *caratteristiche*: comico, tragico, tragicommedia, satirico, farsesco, d'avanguardia, dialettale, sperimentale, teatro dell'assurdo, stabile, tenda, underground; dramma, commedia (dell'arte, di costume, nera), sceneggiata, tragedia; prosa ⇔ opera = opera lirica, operetta; dramma sacro = dramma liturgico, lauda, sacra rappresentazione, mistero, grand-guignol; melodramma; opera buffa, commedia musicale, musical, varietà, rivista, avanspettacolo, cabaret, recital, farsa, pochade, féerie, vaudeville; kabuki, nō; mimo, pantomima, balletto; teatro dei burattini = delle marionette = opera dei pupi; politeama, teatro tenda, anfiteatro, odeon, arena, circo;

● *commedia dell'arte* - maschere: Arlecchino (Bergamo), Pulcinella (Napoli), Pantalone (Venezia), Colombina (Venezia), Brighella (Bergamo), Scaramuccia (Napoli), Balanzone (Bologna), Stenterello (Firenze), Gianduia (Torino), Rugantino (Roma), Meneghino (Milano), Gioppino (Bergamo), Capitan Fracassa (Spagna), Capitan Spaventa (Genova), Sandrone (Modena), Giangurgolo (Calabria), Fagiolino (Reggio Emilia);

● *locali e attrezzature*: facciata, ingresso, atrio, botteghino, ridotto = foyer; platea, balconata, cavea, barcaccia, palchi, poltrona, galleria, loggione; palcoscenico, retropalco, sottopalco, logeion, proscenio, boccascena, buca del suggeritore, buca dell'orchestra, golfo mistico, allestimento scenico, scena = ribalta, retroscena, quinte, coulisse, scenari, fondale, sipario, sipariettto, riflettori, bilancia; camerini, guardaroba, magazzino, uscita di sicurezza, ingresso degli artisti;

● *recita*: parte, ruolo, scrittura; applauso, bis, chiamata, fischio; locandina, cartellone, programma, manifesto, repertorio, cassetta; biglietto, abbonamento, entrata di favore; anteprima, debutto, prima, prova generale, rappresentazione, replica, serata di gala, serata d'onore, matinée = mattinata, soirée = serata, stagione, tournée; atto, azione, battuta, trama, colpo di scena, deus ex machina, dialogo, monologo, soliloquio, numero, quadro, esibizione, preludio, prologo, soggetto, sketch, atto unico, finale, intervallo, interludio, duetto, cavatina, tirata; regia, dizione, interpretazione, recitazione; allestimento coreografia, scenografia, costumi, messinscena, canovaccio; unità d'azione, unità di luogo, unità di tempo;

● *persone*: autore, bozzettista, critico teatrale, impresario, agente teatrale, drammaturgo, commediografo, regista, aiuto regista, scenografo, tragediografo, mimografo; filodrammatico; claque, cast, capocomico, prima donna; primo amoroso, prima amorosa, caratterista, comparsa, interprete, personaggio; suggeritore, bagarino, portoghese; buttafuori; trovarobe, attrezzista di scena, macchinista, costumista, sarta, tecnico delle luci; inserviente, maschera;

● *compagnia*: comica ⇔ drammatica, stabile ⇔ di giro;

● *attore*: dilettante ⇔ professionista, drammatico ⇔ comico = brillante, spalla, sconosciuto ⇔ famoso; esordiente, protagonista (deuteragonista), sorpassato, istrione, mattatore, pagliaccio, gigione, guitto, buffone, generico, illusionista, prestigiatore, acrobata, burattinaio = marionettista = puparo, soubrette, imitatore, spogliarellista, ipnotizzatore, cantautore, chansonnier; seratante;

● *azioni*: calcare le scene, presentarsi alla ribalta, recitare, debuttare, esordire, interpretare, cantare, suonare, danzare; fare fiasco, impaperarsi, declamare, mimare, provare, truccarsi, replicare, dare la battuta; mettere in scena, andare in scena, sceneggiare, scritturare, tenere il cartellone; applaudire, fischiare, chiamare, bissare, annoiarsi, entusiasmarsi.

circo

● *caratteristiche*: circo equestre; tendone, arena, palco, gradini, trapezio, rete, altalena, pertica, fune; animali ammaestrati, serraglio, gabbie, carrozzoni;

● *persone*: acrobata = funambolo = equilibrista = trapezista, clown = pagliaccio; cavallerizzo, amazzone, allenatore, domatore; direttore.

teatróne [1825] **s. m.** *1* Accr. di *teatro*. *2* (*raro* o *lett.*) Grande afflusso di spettatori a una rappresentazione.

tebàide [vc. dotta, lat. *Thebăide(m)*, propr. agg., sottinteso *tĕrra(m)*, '(regione) di Tebe', nom. *Thebāis*, dal gr. *Thēbaís* 'il territorio di *Tebe* (*Thêbai*)'; av. 1603] **s. f.** *1* (*lett.*) Luogo solitario e deserto eletto da eremiti a loro soggiorno. *2* (*fig.*) Luogo isolato e inospitale: *vivere in una t.*

tebaìna [ingl. *thebain(e)*, dal n. della città egiz. di *Tebe*, produttrice d'oppio, con *-ina*; 1891] **s. f.** ● Alcaloide contenuto nell'oppio.

tebaìsmo [da *teba(ina)* col suff. di affezione *-ismo*; 1961] **s. m.** ● (*med.*) Intossicazione da oppio.

tebàno [vc. dotta, lat. *Thebānu(m)* 'di *Tebe* (*Thēbae*)'; 1308] **A agg.** ● Di Tebe nella Beozia | Di Tebe d'Egitto. **B s. m.** *1* (f. *-a*) Abitante di Tebe. *2* Tipo di marmo nero dell'Egitto.

tebèo [vc. dotta, lat. *thebǎeu(m)*, da *thēbâios*, agg. di *Thêbai* 'Tebe'; 1340] **agg.**; anche **s. m.** (f. *-a*) ● Che (o Chi) era nativo o abitante dell'antica Tebe d'Egitto.

tèca [vc. dotta, lat. *thēca(m)*, dal gr. *thḗkē* 'scatola ove porre (*tithénai*) qualcosa'; 1583] **s. f.** *1* (*raro*) Custodia, astuccio | Piccola vetrina per l'esposizione di oggetti preziosi, reperti archeologici e sim. *2* Astuccio o scatola in cui si conservano reliquie di santi | Ciborio o scatola di metallo dorato in cui si conserva l'ostia consacrata sull'altare o per portarla nella visita e comunione dei malati e degli impediti. *3* (*anat.*) ***T. cranica***, volta del cranio. *4* (*bot.*) Urna dei muschi | Logge delle antere | Cellula che contiene le spore | Frustolo. *5* (*zool.*) Parte del calice calcareo su cui poggiano o sono parzialmente inclusi i polipi dei Madreporari.

-tèca [dal gr. *thḗkē*: V. precedente] secondo elemento ● In parole composte significa 'deposito', 'raccolta', 'custodia' e sim.: *biblioteca, cineteca, discoteca, emeroteca.*

tècca [della stessa orig. di *tacca* (V.); av. 1292] **s. f.** ● (*raro, tosc.*) Macchia | (*fig.*) Magagna, difetto.

†**tecchire** [da un v. germ. **thihan* 'prosperare'; 1891] **v. intr.** ● Attecchire.

tèccola [1734] **s. f.** ● Tecca.

Technicòlor® /tekni'kɔlor, *ingl.* 'tʰɛknɪˌkʌlə˞/ [marchio registrato; 1942] **s. m. inv.** ● Sistema tecnico di fabbricazione e di stampa di pellicole cinematografiche a colori | ***In t.***, (*fig., fam.*) a colori sgargianti.

tèchno /'tɛkno, *ingl.* 'tʰɛknəʊ/ ● V. *tecno.*

teck /tɛk/ ● V. *tek.*

tecnèzio o **tecnètio**, **tecnèto** [dal gr. *technētós* 'artificiale', da *téchnē* 'arte'; 1949] **s. m.** ● Elemento chimico metallico, simile al renio e al manganese, che esiste solo in isotopi radioattivi ottenuti mediante reazioni nucleari, usato in diagnostica medica. **SIMB.** Tc.

-tecnìa [dal gr. *téchnē* 'tecnica' col suff. *-ia* (*2*)] secondo elemento ● In parole composte della terminologia scientifica, significa 'tecnica': *zootecnia, pirotecnia.*

♦**tècnica** [f. sost. dell'agg. *tecnico*; 1891] **s. f.** *1* Serie di norme che regolano il concreto svolgimento di un'attività manuale, intellettuale o sportiva: *t. del falegname*; *t. della pittura a olio*; *t. del tuffo*; *la t. militare.* **CFR.** -tecnia. *2* Modo di lavorare, produrre, realizzare qlco.: *le moderne tecniche di trasformazione degli idrocarburi*; *hanno costruito il ponte con una t. più sicura* | (*fam.*) Sistema: *ha una sua t. per ottenere un prestito.* *3* Qualsiasi forma di attività umana volta, sfruttando le conoscenze e le acquisizioni della scienza, alla creazione di nuovi mezzi, strumenti, congegni, apparati che migliorino le condizioni di vita dell'uomo stesso: *le straordinarie realizzazioni della t.*

tecnicalità [dall'ingl. *technicality*, dall'agg. *technical* 'tecnico'; 1987] **s. f.** ● Dettaglio tecnico: *non perdete tempo in inutili t.*

tecnicìsmo [comp. di *tecnic(o)* e *-ismo*; 1818] **s. m.** *1* Aderenza rigida ed esclusiva alle norme che regolano la realizzazione di qualsiasi attività pratica o intellettuale. *2* (*est.*) Predominio del fattore tecnico, con esclusione del libero intervento personale e dell'attività fantastica, in chi si dedica a un'arte, una ricerca scientifica, e sim.

3 (*ling.*) Termine o locuzione connessa strettamente al campo concettuale di una disciplina: *un t. finanziario.* *4* (*spreg.*) Uso eccessivo di terminologia tecnica.

tecnicista [1961] s. m. e f. (pl. m. *-i*) ● Chi si occupa dei procedimenti della tecnica industriale, commerciale, aziendale ecc.

tecnicìstico [1938] agg. (pl. m. *-ci*) ● Che rivela, mostra tecnicismo: *i limiti tecnicistici della produzione letteraria di un autore.* || **tecnicisticaménte**, avv.

tecnicità [1929] s. f. ● Carattere, elemento tecnico: *la t. di un procedimento*; *la t. di un vocabolo.*

tecniciẓẓàre [comp. di *tecnic(o)* e *-izzare*; 1951] v. tr. ● Rendere tecnico | Organizzare secondo procedimenti tecnici: *t. un'indagine storica, letteraria.*

tecniciẓẓazióne [da *tecnicizzare*; av. 1966] s. f. *1* Il tecnicizzare: *la t. di una struttura industriale.* *2* Tendenza a una eccessiva specializzazione: *la progressiva t. del linguaggio.*

♦**tècnico** [vc. dotta, lat. *tĕchnicu(m)*, dal gr. *technikós* 'proprio di un'arte (*téchnē*, di prob. orig. indeur.)'; 1660 ca.] **A** agg. (pl. m. *-ci*) *1* Che riguarda un'attività specifica, una scienza, una disciplina: *nozioni tecniche*; *ufficio t.*; *linguaggio t.* *2* Che è relativo a un'arte, un'attività, una disciplina e al processo della loro pratica attuazione: *capacità tecniche* | (*est.*) Relativo ad aspetti particolari: *dei dettagli tecnici si occuperanno gli specialisti.* *3* Detto di tessuto o di capo d'abbigliamento sintetico, di uso spec. sportivo, prodotto con tecnologie avanzate; CFR. Tecno, nel sign. 2. || **tecnicaménte**, avv. In modo tecnico; dal lato tecnico, per quanto concerne la tecnica: *realizzazione tecnicamente ineccepibile.* **B** s. m. (f. *-a*; V. nota d'uso FEMMINILE); anche agg. *1* Chi (o Che) ha una pratica specifica in qlco.: *bisogna consultare un t.*; *personale t.* | ***T. delle luci***, persona cui è affidata la responsabilità dell'illuminazione della scena cinematografica e degli attori | ***T. del suono***, in cinematografia, addetto alla registrazione dei suoni sulla colonna sonora di un film; in teatro, addetto alla riproduzione meccanica dei rumori e delle musiche di scena; in sala di registrazione, addetto alla manovra delle apparecchiature. *2* Chi (o Che) mette in pratica, attua le elaborazioni teoriche, i progetti di altri: *non è proprio un progettista, è solo un t.* | ***Ministro t.*** (*ellitt.*) ***tecnico***, ministro che ha una competenza specifica in un determinato settore piuttosto che statura e responsabilità politiche: *un governo di tecnici*; CFR. Politico. *3* Lavoratore che possiede una preparazione pratica oltre che teorica: *l'industria ha bisogno di tecnici.* *4* (*sport*) Allenatore di una squadra. **C** s. m. ● (*sport*) Particolare fallo che in alcune discipline viene decretato contro un giocatore o un allenatore responsabile di comportamento non regolamentare.

tecnicòlor [anglo-americano *technicolor*, comp. di *technic* 'tecnico' e del lat. *cŏlor* 'colore'; 1961] s. m. inv. ● Adattamento di *Technicolor* (V.).

tecnificàre [comp. di *tecni(co)* e *-ficare*; 1963] v. tr. (*io tecnìfico, tu tecnìfichi*) ● (*ling.*) Fare assumere a un vocabolo un significato tecnico, spec. nel passaggio da una lingua ad un'altra: *alcuni termini d'arte derivati dal latino vengono tecnificati nel Trecento.*

tecnìgrafo [comp. di *tecno-* 'proprio dei tecnici' e *-grafo*; 1904] s. m. ● (*mecc.*) Strumento sussidiario per disegnatori tecnici costituito da una squadra centimetrata e da un goniometro che si applica, con un sistema articolato fisso o scorrevole, sul banco da disegno | (*est.*) Piano di lavoro basculante attrezzato con tecnigrafo.

tècno o **tèchno** spec. nel sign. A e B 2 [adattamento di *techno* all'uso ortografico it.; 1991] **A** s. f. o m. inv. ● (*mus.*) Genere musicale contemporaneo basato sulla ripetizione ossessiva di segmenti campionati e duplicati mediante dispositivi elettronici digitali. **B** agg. inv. *1* Accorc. di *tecnologico.* *2* Detto di tessuto sintetico, leggero e resistente, di facile manutenzione e di grande adattabilità; CFR. Tecnico, nel sign. A3. *3* Relativo al genere musicale: *musica t.*

tècno- [gr. *techno-*, da *téchnē* 'arte, tecnica', di prob. orig. indeur.] primo elemento ● In parole composte, significa 'capacità tecnica', 'procedimenti tecnici', o fa riferimento a specializzazione tecnica: *tecnocrazia, tecnologia.*

tecnòcrate [ingl. *technocrat*, da *technocracy* 'tecnocrazia'; 1961] s. m. e f. ● Uomo politico o alto funzionario la cui autorità si fonda prevalentemente sulla competenza tecnica.

tecnocràtico [ingl. *technocratic*, da *technocrat* 'tecnocrate'; 1953] agg. (pl. m. *-ci*) ● Di, relativo a, tecnocrazia. || **tecnocraticaménte**, avv.

tecnocrazìa [ingl. *technocracy*, da *techno-* e *-cracy* '-crazia' (gr. *-kratía*, da *krátos* 'potere'); 1935] s. f. ● Governo dei tecnici | Egemonia, potere dei tecnici nella vita dello Stato.

tecnofibra [comp. di *tecno-* e *fibra*; 1973] s. f. ● (*chim.*, *tecnol.*) Ciascuna delle fibre artificiali e sintetiche.

tecnologìa [gr. *technología* 'discorso (*lógos*) sistematico su un'arte (*téchnē*)'; av. 1729] s. f. *1* Studio della tecnica e della sua applicazione. *2* Studio dei procedimenti e delle attrezzature necessarie per la trasformazione di una data materia prima in un prodotto industriale: *t. meccanica, metallurgica, del legno, chimica, tessile, ceramica, alimentare* | ***T. dolce***, V. *dolce* | ***T. dura***, V. *duro.* *3* ***Tecnologie educative, dell'insegnamento, dell'istruzione***, attuazione dei processi educativi basata sull'analisi scientifica dell'apprendimento e dell'insegnamento, sulle metodologie e sui mezzi che essa suggerisce. *4* (*raro*) Linguaggio tecnico, terminologia tecnica.

tecnològico [1832] agg. (pl. m. *-ci*) ● Della tecnologia: *sviluppo t.* | Che riguarda la tecnologia: *laboratorio t.* || **tecnologicaménte**, avv.

tecnologiẓẓàre [da *tecnologia*; 1967] v. tr. *1* (*raro*) Rendere tecnologico. *2* Sottoporre a procedimenti tecnologici.

tecnòlogo [fr. *technologue*, comp. di *techno-* 'tecno-' e *-logue* '-logo'; 1854] s. m. anche agg. (f. *-a*; pl. m. *-gi*) ● Chi studia, realizza o applica procedimenti tecnologici.

tecnopatìa [comp. di *tecno-* e *-patia*; 1940] s. f. ● (*raro*) Malattia professionale.

tecnopègnio [gr. *technopáignion* 'gioco (*páignion*) d'arte (*téchnē*)'; 1930] s. m. (pl. *tecnopègnia*) ● (*letter.*) Calligramma.

tecnopolìmero [comp. di *tecno-* e *polimero*; 1983] s. m. ● Ciascuna di una classe di materie plastiche costituite da polimeri termoplastici, le cui caratteristiche chimico-fisiche ne permettono l'impiego per fabbricare parti di macchine, strumenti e sim., prodotte tradizionalmente in metallo.

tecnostruttùra [comp. di *tecno-* e *struttura*; 1973] s. f. ● (*econ.*) Insieme di coloro che partecipano, direttamente o indirettamente, ai processi decisionali delle imprese di grandi dimensioni, contribuendo alla produzione con le loro conoscenze tecniche: *la t. di una società multinazionale.*

tecnotrònica [comp. di *tecno-* ed (*elet*)*tronica*; 1972] s. f. ● Tecnologia avanzata, realizzata con l'apporto di sistemi elettronici di controllo, automazione e sim.

tecnotrònico [1971] agg. (pl. m. *-ci*) ● Che riguarda la tecnotronica: *civiltà, era tecnotronica.*

tèco [vc. dotta, lat. *tēcum*, parallelo di *cŭm* 'con' *tē* 'te'; av. 1205] forma pron. ● (*lett.*) Con te: *gli è t. cortesia l'esser villano* (ARIOSTO); *son t., e non mi fai / né pena né piacer* (METASTASIO) | (*raro, lett.*) ***T. stesso, t. medesimo***, dentro di te, fra te e te | (*pleon.*) †***Con t., con esso t.***: *s'Amor con t. a grande opra mi chiama* (POLIZIANO).

tecodónte [dal gr. *thḗkē* (V. *teca*) e it. *-odonte*; 1865] agg. ● Che ha i denti confitti in alveoli: *animale t.*; *dentatura t.*

tectìte [da *tect(onico)*, col suff. *-ite* (2); 1963] s. f. ● (*miner.*) Piccola massa vetrosa traslucida di colore rossastro, verde o nero, di incerta origine, forse prodotta da impatti fra asteroidi e ricaduta sulla terra.

tectònica e *deriv.* ● V. *tettonica* e *deriv.*

tèda [vc. dotta, lat. *tǣda(m)*, originariamente 'specie di pino resinoso', poi la 'torcia (di resina)', dal gr. *daída*, acc. di *daís*, di orig. indeur.; 1336 ca.] s. f. *1* Fiaccola di legno resinoso usata dai Greci e dai Romani nelle solennità nuziali e nei cortei | (*poet.*) Fiaccola | (*poet., fig.*) ***T. nuziale***, le nozze, il matrimonio: *sto soggiogata alla t. legittima* (POLIZIANO). *2* (*poet.*) Pino selvatico e ricco di resine.

Teddèum ● V. *Te Deum.*

teddy boy /tɛddi'bɔi, *ingl.* 'tḥedi,bɔɪ/ [loc. ingl., 'ragazzo (*boy*) vestito alla moda del regno di Edoardo VII, *Edward*, e per vezz. *Teddy*'; 1957] loc. sost. m. inv. (pl. ingl. *teddy boys*) ● Giovane teppista.

tedescànte [da *tedesco*; 1870] agg.; anche s. m. e f. ● (*disus., spreg.*) Tedescofilo.

tedescheggiàre [comp. di *tedesco* e *-eggiare*; 1879] v. intr. (*io tedeschéggio*; aus. *avere*) ● Seguire i costumi, gli usi, il pensiero dei Tedeschi | Essere sostenitore dei Tedeschi.

tedescherìa [1617] s. f. ● (*scherz.* o *spreg.*) L'insieme dei Tedeschi | Il paese abitato dai Tedeschi.

tedeschìsmo [da *tedesco*; 1892] s. m. ● Voce passata, a partire dal XIV sec., dalla lingua tedesca in quella italiana.

tedeschiẓẓàre [comp. di *tedesco* e *-izzare*; 1915] v. tr. ● (*raro*) Rendere tedesco.

tedésco o †**todésco** [dal lat. mediev. *Teutĭscus*, tratto da **thiudisk-*, agg. con senso allargato dal got. *thiuda* 'popolo (germanico)'; sec. XII] **A** agg. (pl. m. *-schi*) ● Della Germania | ***Alla tedesca***, (*ellitt.*) secondo l'usanza tedesca. || **tedeschìno**, dim. || **tedescaménte**, avv. (*raro*) Alla tedesca. **B** s. m. (f. *-a*) ● Abitante della Germania. **C** s. m. solo sing. ● Lingua del gruppo germanico, parlata in Germania, Austria, Liechtenstein e in altri Paesi | ***Alto t., basso t.***, la varietà di lingua tedesca parlata dalle popolazioni stanziatesi rispettivamente nell'area meridionale e nell'area settentrionale della Germania. || **tedescàccio**, pegg. | **tedescóne**, accr.

tedescòfilo [comp. di *tedesco* e *-filo*; 1874] agg.; anche s. m. (f. *-a*) ● Che (o Chi) simpatizza per i Tedeschi e li sostiene.

tedescòfobo [comp. di *tedesco* e *-fobo*; av. 1937] agg.; anche s. m. (f. *-a*) ● Che (o Chi) è nemico dei Tedeschi e di tutto ciò che è tedesco.

tedescòfono [comp. di *tedesco* e *-fono*; 1983] agg.; anche s. m. (f. *-a*) ● Che (o Chi) parla tedesco.

tedescùme [comp. di *tedesco* e *-ume*; av. 1803] s. m. ● (*spreg.*) Insieme di cose, idee, usanze, popolazioni tedesche.

Te Dèum /te(d)'dɛum/ o **Teddèum**, **Tedèum** [dalle parole lat. iniziali dell'inno: propr. 'te (*tē*), o Signore (*Dĕum*)', e continua 'lodiamo (*laudāmus*)'; av. 1750] loc. sost. m. inv. ● (*relig.*) Solenne inno della liturgia cattolica per glorificazione e ringraziamento a Dio | (*mus.*) Composizione vocale e strumentale sul testo di tale inno: *un 'Te Deum' di G. Mahler.*

tediàre [vc. dotta, lat. *taediāre*, da *tǣdium* 'tedio'; av. 1363] **A** v. tr. (*io tèdio*) ● Procurare tedio | Annoiare, infastidire: *per non tediarvi, sarò breve.* SIN. Importunare, seccare. **B** v. intr. pron. ● Provare fastidio, noia. SIN. Annoiarsi, infastidirsi.

tèdio [vc. dotta, lat. *taēdiu(m)*, da *taedēre* 'essere disgustato', vc. espressiva di etim. incerta; sec. XIII] s. m. ● Senso di profonda noia e dolorosa stanchezza | (*est.*) Noia, fastidio: *dare t.*; *venire a t.*; *questa lettura procura un grande t.* | ***T. della vita***, indifferenza e insofferenza verso i problemi dell'esistenza propria e altrui. SIN. Uggia.

tediosità [1639] s. f. ● Caratteristica di chi (o di ciò che) è tedioso.

tedióso [vc. dotta, lat. *taediōsu(m)*, agg. da *taēdium* 'tedio'; av. 1243] agg. ● Che procura tedio: *giorno t.*; *libro t.* SIN. Fastidioso, noioso, uggioso. || **tediosaménte**, avv.

tedòforo [comp. di *teda* 'fiaccola' e *-foro*; 1829] s. m.; anche agg. (f. *-a*) ● (*lett.*) Chi (o Che) porta una fiaccola.

tee /ti*, *ingl.* tḥi/ [vc. ingl. di etim. incerta; 1989] s. m. inv. ● (*sport*) Nel golf, piccolo supporto sul quale si poggia la pallina per effettuare il primo colpo di una buca | Piazzola di partenza.

teenager /ti'neidʒer, *ingl.* 'tḥiːn,eɪdʒəɹ/ [vc. ingl., comp. di *-teen* (da *ten* 'dieci', d'area germ. e orig. indeur.), terminazione dei numeri cardinali dal 13 al 19 incluso, e *ager*, da *age* 'età', di orig. fr.; 1951] s. m. e f. inv. ● Ragazzo o ragazza fra i tredici e i diciannove anni.

tee-shirt /tiʃ'ʃɛrt, *ingl.* 'tḥiː,ʃɜːɹt/ ● V. *T-shirt.*

Tèflon® [marchio registrato della DuPont De Nemours] s. m. inv. ● (*chim.*) Denominazione commerciale del politetrafluoroetilene e di altri fluoroderivati.

teflonàre [da *teflon*; 1983] v. tr. (*io teflòno*) ● Rivestire di Teflon.

tefrìte [vc. dotta, lat. *tephrīte(m)*, dal gr. *tephrítis* 'pietra del colore della cenere (*téphra*, di orig.

indeur.)'; 1840] s. f. ● (*geol.*) Roccia eruttiva effusiva con grossi cristalli di feldspatoidi in una pasta di fondo quasi totalmente cristallina.

tefromanzìa [comp. del gr. *téphra* 'cenere' e *-manzia*; 1970] s. f. ● Divinazione mediante esame della cenere delle are.

tèga [lat. *thēca(m)* 'custodia, teca'; av. 1557] s. f. *1* (*dial.*) Baccello di fava, fagiolo e sim. *2* (*dial.*) Gluma.

tegamàta [av. 1584] s. f. *1* Quanto cibo sta in un tegame: *una t. di fagioli.* *2* Colpo di tegame.

tegàme [gr. *têganon*, attratto nella serie dei collettivi con suff. *-ame*; av. 1400] s. m. *1* Recipiente da cucina in terracotta o metallo, tondo e basso, con manici ad ansa: *preparare la salsa nel t.* *2* (*est.*) Quanto può contenere un tegame. || **tegamàccio**, pegg. | **tegamino**, dim. (V.) | **tegamóne**, accr.

tegamìno [1556] s. m. *1* Dim. di *tegame.* *2* Tegame piccolo e basso di sponda, usato per cuocere le uova | *Uova nel t., al t.*, fritte con burro od olio, talora con aggiunta di salsa.

tegenària [vc. dotta, lat. tardo **tegenāriu(m)* per *tegetāriu(m)* 'che costruisce stuoie (*tēgetes*, dalla radice indeur. *teg-* 'coprire', con allusione alle ragnatele)'; 1875] s. f. ● Ragno grigiastro di modeste dimensioni, cosmopolita, che popola gli angoli scuri di soffitte, cantine, stanze (*Tegenaria domestica*).

téglia o †**tégghia** [lat. *tēgula(m)* con il senso di 'coperchio', da una base indeur. *teg-* 'coprire'; sec. XIV] s. f. *1* Tegame senza manico, rotondo o rettangolare, per cuocere in forno dolci e gener. vivande. *2* (*fig., scherz.*) Cappello a tesa larga. || **tegliàccia**, pegg. | **tegliétta**, dim. | **tegliettina**, dim. | **teglina**, dim. | **teglióna**, accr. | **teglióne**, accr. m.

tegliàta [1691] s. f. ● Quanto può essere contenuto in una teglia.

†**tegnènte** ● V. *tenente* (*1*).

†**tegnènza** [da *tegnente*] s. f. ● Tenacità.

♦**tégola** [vc. dotta, lat. *tēgula(m)*, della medesima famiglia di *tēctum* 'tetto', secondo la comune orig. dalla radice indeur. *teg-* 'coprire'; 1221] s. f. ● Laterizio a superficie rettangolare, variamente sagomato o curvo, usato per copertura di tetti, solo o con embrici | *T. curva*, coppo | Disgrazia improvvisa e inaspettata. || **tegolina**, dim. | **tegolóne**, accr. m.

tegolàta [av. 1742] s. f. ● Colpo di tegola.

tegolàto [collettivo da *tegola*, come **tegulātum* 'tetto' nel lat. parl.; 1905] s. m. ● (*raro*) Copertura di tegoli.

tégolo [av. 1292] s. m. ● (*tosc.*) Tegola | (*raro*) *Scoprire qualche t.*, (*fig.*) scoprire qualche fatto nascosto.

tegumentàle [1883] agg. ● Del tegumento | *Tessuto t.*, formato da cellule a mosaico che riveste gli organismi vegetali.

tegumentàrio [1940] agg. ● Tegumentale | *Apparato t.*, negli animali, l'insieme della pelle e delle produzioni cutanee.

teguménto [vc. dotta, lat. *tegumĕntu(m)* 'copertura', dalla base indeur. *teg-* col senso di 'coprire'; 1813] s. m. ● (*biol.*) Tessuto o apparato di rivestimento del corpo umano o di un organo animale o vegetale.

teicoltóre [comp. di *tè* e *coltore*; 1961] s. m. (f. *-trice*) ● Chi pratica la teicoltura.

teicoltùra [comp. di *tè* e *coltura*; 1937] s. f. ● Coltivazione del tè.

teièra [da *tè*, sui modelli preesistenti di *sorbettiera*, *cioccolatiera*, *caffettiera*; 1711] s. f. ● Bricco panciuto con beccuccio in cui si prepara o si serve il tè.

teìna [da *tè*, col suff. *-ina* di analoghe sostanze chim.; 1875] s. f. ● Alcaloide contenuto nelle foglie del tè, identico chimicamente alla caffeina.

teìṣmo [comp. dal gr. *theós* 'dio' e *-ismo*, sul modello del fr. *théisme*; av. 1769] s. m. ● Credenza in una divinità personale e unica | Dottrina religiosa o filosofica fondata su tale credenza.

teìsta [da *teismo*, come il fr. *théiste* da *théisme*; av. 1667] s. m. e f. (pl. m. *-i*) ● Chi aderisce al teismo.

teìstico [1877] agg. (pl. m. *-ci*) ● Che concerne il teismo. || **teisticaménte**, avv.

tek /tɛk/ o **teck** [da una vc. malese (*tekka*) di orig. indiana; 1813] s. m. ● Legno che si ricava dall'albero *Tectona grandis*, leggero ma durissimo e resistente, facilmente lavorabile perché senza nodi, usato per ponti di navi, mobili, pavimenti, serramenti.

♦**téla** [lat. *tēla(m)*, per un precedente *tĕxla(m)*, da *tĕxere* 'tessere', di orig. indeur.; 1280 ca.] s. f. *1* Tessuto di lino, cotone o canapa a tessitura classica: *ordire una t.*; *lenzuolo di t.* | *T. cerata*, impermeabilizzata con gomma o vernice | *T. d'Olanda*, olanda | *T. di ragno*, ragnatela | *La t. di Penelope*, (*fig.*) lavoro che sembra non aver termine perché sempre rivisto, corretto, rifatto | *Restare, finire in braghe di t.*, (*fig., pop.*) rimanere senza risorse morali o materiali, spec. dopo aver subìto un raggiro, un inganno o un rovescio economico. *2* Tessuto con cui si formano le vele e le tende | *Far t.*, (*fig., pop.*) svignarsela. *3* Elemento costitutivo dell'armatura dello pneumatico, composto generalmente di cordicelle parallele d'acciaio, fibre naturali o sintetiche incorporate in uno strato di gomma. *4* Quadro dipinto su tela: *ammirare alcune tele di Raffaello, del Murillo.* *5* Sipario | *Cala la t.*, (*fig.*) finisce, è finito, detto di fatti, vicende, avvenimenti. *6* (*fig., lett.*) Complesso di azioni meditate e preordinate spec. per raggirare, imbrogliare qlcu.: *ordire una t.*; *cadere nella t.* SIN. Trama. *7* (*fig.*) †Azione che si va ideando o compiendo | †Ragionamento, discorso, racconto: *vidi t. sottil ordir Crisippo* (PETRARCA). *8* (*caccia*) *T. alle folaghe*, battuta di caccia durante la quale un gran numero di partecipanti a bordo di piccole imbarcazioni spara agli uccelli, dopo averli chiusi al centro di laghi o valli paludose. *9* (*anat.*) Formazione anatomica simile a lamina, di spessore modesto e di struttura delicata. || **telàccia**, pegg. | **telétta**, dim. (V.) | **telina**, dim. | **telino**, dim. m.

telàggio [1790] s. m. ● Qualità, tipo di tessitura della tela | Tele assortite.

telaino [av. 1912] s. m. *1* Dim. di *telaio.* *2* Cornice di legno che in un alveare sostiene i favi.

telàio o †**telàro** [lat. parl. *telāriu(m)*, da *tēla*; av. 1342] s. m. *1* Macchina tessile che produce il tessuto mediante l'intreccio di due elementi tra loro perpendicolari, l'ordito e la trama: *t. a mano*; *telai meccanici*; *t. per la lana, seta, cotone, lino, canapa* | *T. da ricamo*, attrezzo di legno a incastro o formato da due cerchi concentrici in cui si tende il tessuto da ricamare. *2* Incastellatura di travi i cui assi formano una linea chiusa | *T. multiplo*, formato da due o più telai aventi a due a due un lato in comune | *T. di finestra*, struttura in legno o metallo a forma di cornice fissata al muro su cui sono applicati i cardini. *3* Ossatura, armatura, intelaiatura: *t. del letto, di un mobile, di un quadro, del pianoforte* | Armatura di legno atta a sostenere le scene teatrali o a tirarne la tela. *4* Scheletro metallico costituente l'ossatura di base di un autoveicolo, vagone ferroviario e sim. | *T. portautensili*, struttura metallica per il montaggio di corpi operatori diversi, che si collega in vario modo alla trattrice. ➡ ILL. p. 2114 AGRICOLTURA; p. 2162 TRASPORTI. *5* In tipografia, dispositivo della monofonditrice in cui sono saldamente fissate le matrici delle varie lettere o segni. *6* Avvolgimento di filo elettrico variamente disposto che funge da antenna per radioonde e con cui è possibile determinarne la direzione di provenienza. || **telaiétto**, dim. | **telaino**, dim. (V.) | **telaióne**, accr.

telamóne [vc. dotta, lat. tardo *telamōne(m)*, nom. *tĕlamo(n)*, dal gr. *telamṓn*, che, come il n. dell'eroe *Telamṓn* 'Telamone', è legato alla radice *tel-* '(sop)portare'; 1598] s. m. ● Statua d'uomo, per lo più colossale, che, nelle parti esterne di un edificio, funge da colonna o pilastro o anche modiglione. SIN. Atlante.

telangettaṣìa o **telangectaṣìa** ● V. *teleangectasia.*

telangettàṣico agg. (pl. m. *-ci*) ● (*med.*) Relativo alla telangettasia: *emangioma t.*

telàre [da *tela* nella loc., di provenienza gerg. o di orig. incerta, *far tela* 'scappare'; 1870] v. intr. (*io télo*; aus. *essere*) ● (*pop., region.*) Svignarsela.

†**telàro** ● V. *telaio.*

telàto [1961] agg. ● Simile alla tela | Che ha l'aspetto e la consistenza della tela | *Carta telata*, particolare tipo di carta per scrivere.

telatùra [da *telare* nel senso di 'dare l'aspetto di tela'; 1931] s. f. ● (*cart.*) Procedimento di finitura superficiale della carta che le conferisce un aspetto telato.

tèle [televisione; 1963] A s. f. inv. ● (*fam.*) Accorc. di *televisione.* B s. m. inv. ● Accorc. di *teleobiettivo.*

tèle- (*1*) o **tèle-** [dal gr. *tēle* 'lontano, a distanza'] primo elemento ● In parole composte per lo più della terminologia scientifica e tecnica, significa 'da lontano' o fa riferimento a operazioni, trasmissione a distanza: *telecinesi, telefono, telegrafo, telemetro, televisione.*

tèle- (*2*) o **tèle-** primo elemento ● In alcui casi è accorciamento di *televisione* e vale 'della, relativo alla televisione': *teleabbonato, telecamera, telefilm.*

teleabbonàto [comp. di *tele-* (*2*) e *abbonato*; 1955] s. m. (f. *-a*) ● Abbonato ai servizi televisivi forniti dalla RAI-TV, mediante il pagamento di un canone annuo.

teleallàrme [comp. di *tele-* (*1*) e *allarme*; 1984] s. m. ● Dispositivo di allarme il cui segnale può essere ricevuto a distanza.

teleangectaṣìa o **telangectaṣìa** [comp. di *tele-* (*1*), *ang(io)-* ed *ectasia*; 1840] s. f. ● (*med.*) Dilatazione di un gruppo di piccoli vasi sanguigni che provoca la comparsa di fini ramificazioni rosse o bluastre sulla cute e sulle mucose.

teleannunciatóre [comp. di *tele-* (*2*) e *annunciatore*; 1990] s. m. (f. *-trice*) ● Annunciatore televisivo.

teleàrma [comp. di *tele-* (*1*) e *arma*; 1944] s. f. (pl. *-i*) ● (*mil.*) Ordigno offensivo telecomandato o teleguidato.

teleàsta [comp. di *tele-* (*2*) e *asta*; 1973] s. f. ● Trasmissione televisiva di una vendita all'asta che prevede la partecipazione dei telespettatori collegati per telefono.

teleaudioconferènza [comp. di *tele-* (*1*), *audio-* e *conferenza*; 1982] s. f. ● Conferenza o dibattito che possono realizzarsi attraverso collegamenti di tipo telefonico fra due o più gruppi di persone situati in ambienti e luoghi diversi e distanti fra loro, con l'eventuale impiego di servizi opzionali, come la fotocopiatura a distanza, la trasmissione dati e sim. ➡ ILL. **telematica.**

teleaudioviṣìvo [comp. di *tele-* (*2*) e *audiovisivo*; 1983] A agg. ● Che si basa sull'impiego a distanza di mezzi audiovisivi. B s. m. ● Strumento, sistema teleaudiovisivo: *alcune tecnologie avanzate sfruttano i teleaudiovisivi.*

teleautografìa [comp. di *tele-* (*1*) e *autografia*; 1937] s. f. ● Trasmissione a distanza, attraverso circuiti telegrafici, di scritti, disegni, immagini fisse.

teleautogràfico [1961] agg. (pl. m. *-ci*) ● Relativo alla teleautografia.

teleautògrafo [1890] s. m. ● Apparecchio per la teleautografia.

teleavvìṣo [comp. di *tele-* (*1*) e *avviso*; 1992] s. m. ● Messaggio di ricerca inviato a un utente di teledrin.

telebàby /tɛle'bebi/ [comp. di *tele-* (*1*) e *baby*] s. m. inv. ● Sciovia per bambini.

telebómba [comp. di *tele-* (*1*) e *bomba*; 1961] s. f. ● Bomba aerea speciale munita di superfici portanti e di organi di stabilità e comando lanciata da aerei contro obiettivi terrestri.

telebórsa [comp. di *tele(scrivente)* e *borsa* (*2*); 1970] s. f. ● Particolare servizio di telescrivente utilizzato presso le sale di contrattazione di merci o titoli.

telebùssola [comp. di *tele-* (*1*) e *bussola*; 1961] s. f. ● (*mar.*) Dispositivo costituito da una bussola magnetica, installata in modo da essere esente il più possibile da influenze perturbatrici, e da un certo numero di ripetitori di rotta.

telecabìna [fr. *télécabine* 'cabina (*cabine*) teleferica (*télé(phérique)*)'; 1963] s. f. ● Cabina di funivia | *Impianto a t.*, cabinovia. ➡ ILL. **funivia.**

telecàmera [comp. di *tele-* (*2*) e *camera* nel senso ingl. di 'macchina fotografica'; 1936] s. f. ● Dispositivo di ripresa per televisione che trasforma l'immagine ottica in una successione di segnali elettrici.

telecàrta [comp. di *tele(fono)* e *carta*; 1995] s. f. ● Carta, scheda telefonica.

telecettóre [comp. di *tele-* (*1*) e (*re*)*cettore*; 1974] s. m. ● (*fisiol.*) Esterocettore, quale un recettore uditivo, visivo od olfattivo, che viene attivato da energia proveniente da una sorgente distante dall'organismo.

telecinecàmera [comp. di *tele-* (*2*) e *cinecamera*; 1959] s. f. ● Macchina da presa cinematografica provvista di una telecamera funzionante da mirino.

telecìnema [comp. di *tele-* (*2*) e *cinema*; 1966]

s. m. inv. ● Dispositivo che permette di trasmettere in televisione una pellicola cinematografica e di registrarne le immagini su un supporto magnetico.

telecinèṣi [comp. di *tele-* (*1*) e del gr. *kínēsis* 'movimento'; 1961] s. f. inv. ● (*psicol.*) In parapsicologia, lo spostamento di corpi fisici non provocato da energia nota.

telecinètico [1954] agg. (pl. m. *-ci*) ● Relativo a telecinesi.

telecittà [da *tele-* (*2*), sul modello di *Cinecittà*; 1961] s. f. ● Complesso abbastanza vasto e completo di attrezzature televisive.

teleclinòmetro [comp. di *tele-* (*1*) e *clinometro*] s. m. ● Apparecchio impiegato nella prospezione del petrolio per la determinazione della posizione nello spazio dei pozzi petroliferi.

telecomandàre [comp. di *tele-* (*1*) e *comandare*; 1955] v. tr. ● Comandare a distanza dispositivi, veicoli e sim. SIN. Teleguidare.

telecomandàto [1929] part. pass. di *telecomandare*; anche agg. ● Nel sign. del v.

♦**telecomàndo** [comp. di *tele-* (*1*) e *comando*; 1918] s. m. *1* Comando di un dispositivo a distanza, per mezzo di fili oppure onde acustiche o elettromagnetiche. *2* Dispositivo, meccanismo di telecomando: *t. del televisore.*

telecomunicàre [comp. di *tele-* (*1*) e *comunicare*; 1955] v. intr. e tr. (*io telecomùnico, tu telecomùnichi*; aus. *avere*) ● Comunicare a distanza.

telecomunicazióne [comp. di *tele-* (*1*) e *comunicazione*; 1911] s. f. *1* Comunicazione a distanza di suoni, parole, immagini, scritture, con o senza fili. *2* Comunicazione eseguita per telefono o per telegrafo.

teleconferènza [comp. di *tele-* (*1*) e *conferenza*; 1983] s. f. ● Conferenza o dibattito che, attraverso sistemi di telecomunicazione, collega sia in audio che in video persone o gruppi che si trovano in località diverse | (*est.*) Conversazione telefonica fra più di due persone.

telecontrollàre [comp. di *tele-* (*1*) e *controllare*; 1987] v. tr. (*io telecontròllo*) ● Telecomandare.

telecontròllo [comp. di *tele-* e *controllo*; 1961] s. m. ● Telecomando.

telecòpia [comp. di *tele-* (*1*) e *copia*; 1983] s. f. *1* Copia ottenuta mediante telecopiatrice. *2* Telefax.

telecopiatóre [comp. di *tele-* (*1*) e *copiatore*, sul modello dell'ingl. *telecopier*; 1983] s. m. ● Telefax.

telecopiatrice [comp. di *tele-* (*1*) e *copiatrice*, sul modello dell'ingl. *telecopier*; 1982] s. f. ● Fax.

telecopiatùra [comp. di *tele-* (*1*) e *copiatura*, sul modello dell'ingl. *telecopier*; 1983] s. f. ● Sistema di copiatura a distanza mediante telefax.

telecrazia [comp. di *tele-* (*2*) e *-crazia*; 1964] s. f. ● Videocrazia.

telecrònaca [comp. di *tele-* (*2*) e *cronaca*; 1954] s. f. ● Ripresa commentata di un avvenimento eseguita mediante apparecchiature televisive | ***T. diretta***, trasmessa contemporaneamente agli avvenimenti in corso | ***T. differita***, registrazione effettuata nel corso degli avvenimenti e trasmessa successivamente.

telecronista [1955] s. m. e f. (pl. m. *-i*) ● Chi effettua telecronache.

telecuòre [comp. di *tele-* (*1*) e *cuore*; 1991] s. m. ● (*med.*) Radiogramma del cuore mediante teleradiografia.

teledidàttica [comp. di *tele-* (*1*) e *didattica*; 1986] s. f. ● Istruzione a distanza con sistemi telematici multimediali.

telediffóndere [comp. di *tele-* (*2*) e *diffondere*; 1979] v. tr. (coniug. come *fondere*) ● Diffondere attraverso la televisione.

telediffuṣióne [comp. di *tele-* (*2*) e *diffusione*; 1965] s. f. ● Trasmissione di programmi televisivi e sim.

teledipendènte [comp. di *tele-* (*2*) e *-dipendente*; 1981] agg.; anche s. m. e f. ● Videodipendente.

teledipendènza [comp. di *tele-* (*2*) e *dipendenza*; 1983] s. f. ● Videodipendenza.

telediàmma [comp. di *tele-* (*2*) e *dramma*; 1955] s. m. (pl. *-i*) ● Dramma concepito e realizzato appositamente per la televisione.

Teledrin® [comp. di *tele-* (*1*) e dell'onomat. *drin*; 1985] s. m. inv. ● Nome commerciale di un servizio cercapersone | L'apparecchio ricevente tascabile utilizzato per tale servizio. CFR. Cercapersone.

teleelaborazióne [comp. di *tele-* (*1*) ed *elaborazione*; 1974] s. f. ● (*elab.*) Elaborazione elettronica a distanza dei dati che un terminale invia a un elaboratore centrale il quale gli ritrasmette i risultati in cui li ha convertiti.

tèlefax [comp. di *tele-* (*1*) e *fax* (forse da *facsimile*); 1982] s. m. inv. ● Fax. ➡ ILL. **telefonia, telematica.**

telefèrica [fr. (*ligne*) *téléphérique* '(linea) teleferica', a sua volta dall'ingl. *telpherage*, comp. delle due parole gr. *tēlé* 'lontano' e *phérein* 'portare'; 1917] s. f. *1* Impianto per il trasporto di merci mediante veicoli che viaggiano, sospesi ad una certa altezza dal suolo, lungo una o più funi portanti. *2* (*impropr.*) Funicolare aerea, funivia. ➡ ILL. **funivia.**

telefèrico [fr. *téléphérique* (V. *teleferica*); 1922] agg. (pl. m. *-ci*) ● Concernente i trasporti effettuati per mezzo di una teleferica.

teleferista [1926] s. m. e f. (pl. m. *-i*) *1* Persona addetta all'esercizio di una teleferica. *2* Ciascuno degli appartenenti ai reparti speciali del genio addetti all'impianto e all'esercizio delle teleferiche.

telefilm [comp. di *tele-* (*2*) e *film*; 1954] s. m. inv. ● Film, gener. di breve durata, concepito e realizzato appositamente per la televisione.

♦**telefonàre** [da *telefono*; 1886] **A** v. tr. (*io telèfono*) ● Comunicare per via telefonica: *ci hanno telefonato cattive notizie.* **B** v. intr. (aus. *avere*) ● Parlare per mezzo del telefono: *mi telefona ogni lunedì.*

♦**telefonàta** [da *telefonare*; 1911] s. f. ● Chiamata e comunicazione per telefono | ***T. urbana, interurbana***, tra abbonati della stessa o di una diversa rete telefonica. || **telefonatina**, dim.

telefonàto [1957] part. pass. di *telefonare*; anche agg. *1* Nei sign. del v. *2* (*sport*) Detto di tiro del pallone, pugno e sim., prevedibile e lento.

telefonìa [comp. di *tele-* (*1*) e di un deriv. di *phōnḗ* 'voce, suono'; 1881] s. f. ● Trasmissione a distanza dei segnali fonici, gener. per mezzo della corrente elettrica | ***T. ottica***, trasmissione di segnali fonici fra due stazioni in contatto ottico mediante un fascio di luce, o di ultrarosso o di ultravioletto, modulato dal suono | ***T. senza fili***, radiotelefonia | ***T. a correnti vettrici***, che impiega un solo circuito per molte conversazioni | ***T. mobile***, che impiega una rete di telefoni cellulari | ***T. fissa***, in cui i telefoni sono collegati tramite cavi. ➡ ILL. **telefonia.**

♦**telefònico** [1882] **A** agg. (pl. m. *-ci*) *1* Di telefono, di telefonia: *elenco, impianto t.*; *cabina telefonica* | ***Centrale telefonica***, insieme di apparecchiature che consentono lo svolgimento del servizio telefonico | ***Distretto t.***, ciascuna delle aree in cui è suddiviso il territorio nazionale agli effetti del servizio telefonico. *2* Ottenuto tramite il telefono: *chiamata telefonica.* **B** s. m. (f. *-a*) ● Chi è addetto agli impianti telefonici o lavora in un ufficio dell'amministrazione telefonica: *la categoria dei telefonici.* || **telefonicaménte**, avv. Per mezzo del telefono: *lo raggiungeremo telefonicamente.*

♦**telefonino** [dim. di *telefono*; 1956] s. m. ● Telefono di piccole dimensioni: *... si udì il suono del t. della portineria* (MONTALE) | Telefono portatile: *t. cellulare, t. cordless*: *chiamare qlcu. sul* (*o al*) *t.*

telefonista [da *telefono*; 1882] s. m. e f. (pl. m. *-i*) *1* Persona addetta alle comunicazioni telefoniche | Impiegato al servizio del commutatore negli uffici centrali del telefono. *2* Operaio addetto agli impianti telefonici. *3* Militare specializzato per le trasmissioni a filo.

♦**telèfono** [comp. di *tele-* (*1*) e *phōnḗ* 'voce, suono', sull'es. del fr. *téléphone*; 1878] s. m. *1* Apparecchio che, mediante la trasformazione delle onde acustiche in impulsi elettrici, consente la trasmissione a distanza; è composto esternamente da una cassa e da un microtelefono e internamente da dispositivi elettromeccanici: *chiamare, rispondere al t.*; *i fili del t.* | ***Numero di t.*** o (*ellitt.*) ***telefono***, quello da comporre per stabilire il collegamento a una linea telefonica: *il numero di t. di Zanichelli è 051 293111*; *mi dai il tuo t.?* | ***Colpo di t.***, chiamata | ***T. automatico***, senza il telefonista intermediario | ***T. interno***, apparecchio derivato da un centralino privato | ***T. pubblico***, a disposizione del pubblico per conversazioni urbane o interurbane | ***T. a tastiera***, apparecchio telefonico in cui il numero dell'abbonato chiamato viene composto mediante una tastiera | ***T. a scheda, a scheda magnetica***, apparecchio telefonico con il quale si può effettuare la comunicazione solo previa introduzione di una scheda magnetica corrispondente a un determinato numero di scatti e al relativo importo, che l'apparecchio provvede ad annullare man mano che si svolge la comunicazione | ***T. senza filo***, apparecchio telefonico che consente di ricevere e trasmettere comunicazioni mediante radiocollegamento da una certa distanza da una centralina collegata mediante cavo a un'ordinaria presa telefonica | ***T. cellulare***, telefono portatile individuale che impiega una rete di comunicazioni ad alta frequenza basata su numerosi ripetitori che controllano 'celle' di territorio del raggio di circa 20 km | ***T. cellulare veicolare***, quello installato su veicoli | ***T. cellulare palmare***, di piccole dimensioni, che può essere contenuto nel palmo di una mano. SIN. Telefonino | ***T. rosso***, linea diretta che collega la Casa Bianca al Cremlino e (*est.*) linea usata per comunicazioni di emergenza o consultazioni ad altissimo livello | ***Telefoni bianchi***, genere di film italiani degli anni 1930-40 di tono e contenuto leggero, con riferimento agli interni lussuosi di quelle pellicole. *2* Servizio telefonico che offre consulenza o riceve segnalazioni e proteste | ***T. amico***, rivolto a chi ha bisogno di aiuto, conforto, consigli | ***T. azzurro***, per la difesa di minori che subiscono violenze fisiche o psicologiche | ***T. rosa***, per denunce di donne che hanno subito abusi o violenze. || **telefonino**, dim. (V.).

TELEFONO
nomenclatura

telefono

● *tipi di telefono*: da tavolo, da muro, a disco, a tastiera, da campo, telefono privato, posto telefonico pubblico (a scatti, cabina telefonica, a gettoni, a moneta, a carta telefonica, a carta di credito telefonica), gettone, scheda magnetica; cordless = senza fili = portatile, cellulare = telefonino, GSM, autotelefono, risponditore, interfono, videotelefono, citofono, videocitofono, radiotelefono, teledrin, cercapersone, dittafono;

● *parti del telefono*: forcella, finestrella, disco combinatore, cassa, imboccatura, tastiera, spina e presa, cornetta = ricevitore, microtelefono, auricolare, cassa, cordone; suoneria; batteria;

● *impianti e servizi telefonici*: Telecom; telefonia, distretto, compartimento telefonico, guida = elenco telefonico, elenco telefonico per categorie = Pagine Gialle®, Pagine Gialle lavoro®, elenco telefonico stradale; filo diretto, linea, linea rossa, rete telefonica, teleselezione, segreteria telefonica (cfr. casa), filodiffusione; impianto singolo = simplex, duplex, interno, a spina, a centralino (elettronico, automatico); apparecchio principale, apparecchio addizionale, derivazione semplice; impianti intercomunicanti, selezione passante; telefonata (urbana ⇔ interurbana, internazionale, intercontinentale; breve ⇔ lunga), chiamata (normale, urgente, urgentissima, con preavviso, con prenotazione, in teleselezione), appuntamento telefonico, conversazione, intercettazione, contatto; numero, prefisso, segnale acustico, pronto, libero, occupato; tariffa (TUT, a contatore, a forfait, ordinaria, ridotta, ore di punta; unità telefonica), scatto, contascatti, preavviso telefonico; contratto, canone telefonico, bolletta; numero verde = telefono verde, telefono amico, telefono azzurro, telefono rosa, 144, telemarketing; telefax, teletex, teletext, teleconferenza, telescrivente, videotel, permutatore telefonico; modem, Internet (cfr. informatica);

● *azioni*: formare, comporre il numero, suonare = squillare; parlare, rispondere, sbagliare numero, essere in linea, stare al telefono, passare qualcuno, cadere la linea, riattaccare; parlare, telefonare, chiamare; ricevere una telefonata; fare, dare un colpo di telefono;

● *persone*: abbonato, utente, coutente; operatore telefonico, centralino, centralinista, telefonista.

Teleforàcee [vc. dotta, comp. del gr. *thēlḗ* 'capezzolo, mammella' e di un deriv. da *phérein* 'portare' (con *-acee*), per la forma a coppa del corpo fruttifero; 1930] s. f. pl. (sing. *-a*) ● Nella tassonomia vegetale, famiglia di Funghi saprofiti degli Imenomiceti a forma crostosa, laminare o a imbuto (*Thelephoraceae*).

telèforo [comp. di *tele-* (*1*) e *-foro*, sul modello di

telefoto

telefono; 1891] s. m. ● Teleferica rudimentale destinata al trasporto a breve distanza di carichi quali legname o prodotti agricoli, assicurati a una fune metallica con un morsetto.

telefoto [1922] s. f. inv. ● Accorc. di *telefotografia*.

telefotografia [comp. di *tele-* (1) e *fotografia*; 1893] s. f. 1 Sistema di trasmissione a distanza di immagini fisse, in bianco e nero o a colori, mediante correnti elettriche, costituito gener. da un apparato trasmittente, dove l'immagine da trasmettere viene introdotta e sottoposta a un processo di scansione, una linea di trasmissione, e un apparato ricevente, dove l'immagine trasmessa viene ricostruita e riprodotta su un supporto fisico. 2 Immagine trasmessa a distanza mediante correnti elettriche. 3 Fotografia eseguita con una macchina fotografica munita di teleobiettivo.

telefotografico [1907] agg. (pl. m. -ci) ● Relativo alla telefotografia.

telegenia [comp. di *tele-* (2) e *-genia*; 1932] s. f. ● Caratteristica di chi è telegenico.

telegènico [da *fotogenico* con sostituzione del prefissoide *foto-* con *tele-* (2); 1940] agg. (pl. m. -ci) ● Detto di persona adatta a essere ripresa dalla televisione.

♦**telegiornàle** [comp. di *tele-* (2) e *giornale*; 1954] s. m. ● Notiziario televisivo.

telegiornalista [comp. di *tele-* (2) e *giornalista*; 1984] s. m. e f. (pl. m. -i) ● Giornalista televisivo.

♦**telegrafàre** [da *telegrafo*; 1866] v. tr. e intr. (io *telègrafo*; aus. *avere*) ● Comunicare col telegrafo: *t. una notizia*; *non ho potuto t*.

telegrafia [comp. di *tele-* (1) e *-grafia*; 1805] s. f. ● Trasmissione e riproduzione a distanza di un messaggio codificato: *t. a divisione di frequenza o armonica, a divisione di tempo, a commutazione automatica, intercontinentale* | *T. ottica*, quella che utilizza un fascio di luce interrotto secondo il codice Morse, o altri segnali visibili o luminosi | *T. acustica*, quella che utilizza segnali acustici | *T. elettrica*, quella in cui ciascun simbolo alfanumerico del messaggio viene convertito, in trasmissione, in una sequenza di impulsi elettrici secondo un dato codice, la quale, in ricezione, viene decodificata e riconvertita nel simbolo corrispondente | *T. senza fili*, radiotelegrafia.

♦**telegràfico** [1821] agg. (pl. m. -ci) 1 Concernente il telegrafo o la telegrafia: *impianto t.*; *cavo t. sottomarino transoceanico*. 2 Trasmesso con il telegrafo. 3 (*fig.*) Conciso, stringato: *stile t.* || **telegraficaménte**, avv. 1 Per mezzo del telegrafo. 2 (*fig.*) In modo conciso, stringato.

telegrafista [da *telegrafo*; 1873] s. m. e f. (pl. m. -i) 1 Persona addetta alla trasmissione e ricezione di messaggi telegrafici. 2 Operaio specializzato addetto alla manutenzione d'impianti telegrafici. 3 Militare specializzato del genio addetto al telegrafo.

telègrafo [comp. di *tele-* (1) e *-grafo*, sul modello del fr. *télégraphe*; 1805] s. m. 1 Dispositivo o apparecchio per telegrafia | *T. ottico*, quello atto a realizzare la telegrafia ottica | *T. elettrico*, quello atto a realizzare la telegrafia elettrica | *T. Morse*, telegrafo elettrico destinato a trasmettere e riprodurre a distanza messaggi scritti, codificati secondo il codice Morse | *T. senza fili*, radiotelegrafo | *T. campale*, impiantato dall'arma del Genio. 2 (*mar.*) *T. di macchina*, apparecchio meccanico o elettromeccanico che permette di trasmettere gli ordini dalla plancia al locale delle macchine e di ricevere la risposta. 3 Edificio ove sono situati impianti telegrafici.

telegrafónico [comp. di *telegra*(*fico*) e (*tele*)*fonico*; 1961] agg. (pl. m. -ci) ● Che riguarda i servizi telegrafici e telefonici: *rete telegrafonica*.

♦**telegràmma** [comp. di *tele-* (1) e *gramma* 'lettera'; 1857] s. m. (pl. -i) ● Testo trasmesso per telegrafo: *t. urgente, con precedenza assoluta, con risposta pagata* | *T. lampo*, trasmesso con la massima velocità | *T. lettera*, quello con un minimo di parole più alto e a tariffa ridotta rispetto ai telegrammi ordinari, che viene inoltrato dopo questi ultimi e recapitato il giorno successivo con la posta ordinaria | *T. treno*, **volante**, quello che viene consegnato al personale viaggiante di un treno, che lo consegna alla prima stazione ferroviaria perché sia inoltrato con i mezzi ordinari.

teleguida [da *teleguidare*; 1961] s. f. 1 Guida telecomandata, atto ed effetto del teleguidare: *t. di un autoveicolo, di un aeromobile, di un missile, di un veicolo spaziale*; *sistema, dispositivo di t.* 2 Dispositivo, sistema di guida telecomandata.

teleguidàre [comp. di *tele-* (1) e *guidare*; 1961] v. tr. ● Guidare a distanza il moto di autoveicoli, navi, aeromobili, missili, veicoli spaziali e sim.

teleguidàto [1947] part. pass. di *teleguidare*; anche agg. ● Nel sign. del v.

teleinformàtica [comp. di *tele-* (1) e *informatica*; 1972] s. f. ● L'insieme degli aspetti scientifici e tecnici della trasmissione delle informazioni.

teleinseritóre [comp. di *tele-* (1) e *inseritore*] s. m. ● Dispositivo automatico atto a inserire a distanza macchine o strumenti di misura elettrici, per es. ad avviare automaticamente una telescrivente a seguito di un segnale di chiamata.

telelavoratóre [comp. di *tele-* e *lavoratore*; 1991] s. m. (f. -*trice*) ● Chi svolge un telelavoro.

telelavóro [comp. di *tele-* (1) e *lavoro*; 1982] s. m. ● Attività lavorativa svolta nel domicilio del lavoratore, che è collegato con la propria azienda mediante sistemi telematici.

telemanipolatóre [comp. di *tele-* (1) e *manipolatore*; 1979] s. m. ● Dispositivo che permette di manipolare a distanza sostanze pericolose o nocive, per es. radioattive.

telemanòmetro [comp. di *tele-* (1) e *manometro*] s. m. ● Manometro atto a indicare e a registrare a distanza la pressione di un fluido.

telemark /teleˈmark, ingl. ˈtheliˌmɑːk/ [dal n. della regione norvegese dove in orig. veniva praticata questa tecnica; 1930] s. m. inv. ● (*sport*) Nello sci-alpinismo, tecnica di virata, con l'utilizzo di

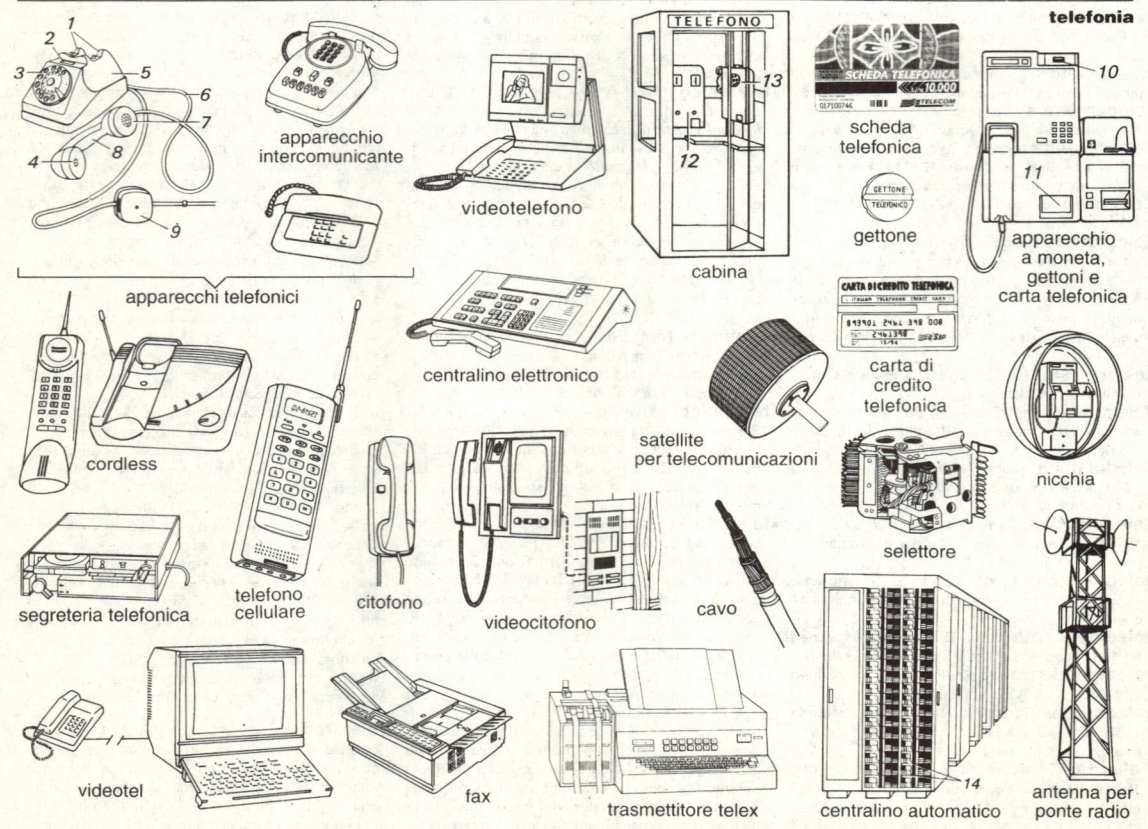

telefonia

apparecchio intercomunicante — videotelefono — cabina — scheda telefonica — gettone — apparecchio a moneta, gettoni e carta telefonica

apparecchi telefonici — cordless — segreteria telefonica — telefono cellulare — citofono — videocitofono — centralino elettronico — satellite per telecomunicazioni — cavo — carta di credito telefonica — selettore — nicchia

videotel — fax — trasmettitore telex — centralino automatico — antenna per ponte radio

1 forcella   2 finestrella   3 disco combinatore   4 auricolare   5 cassa   6 cordone   7 imboccatura   8 microtelefono   9 spina e presa   10 fessura per gettone   11 finestrella per la restituzione dei gettoni   12 gettoniera   13 apparecchio telefonico   14 selettori

attacchi a talloniera non fissa.

telemàrketing /tɛle'marketin(g), ingl. 'tʰeli,maːɪkitɪŋ/ [comp. di *tele-* (1) e *marketing*; 1986] s. m. ● Tecnica di indagine e promozione commerciale attuata per mezzo di sistemi telematici.

telemàtica [comp. di *tele-* (1) e (*infor*)*matica*; 1979] s. f. ● Insieme delle applicazioni derivate dall'integrazione delle tecnologie informatiche con quelle delle telecomunicazioni, basate sullo scambio di dati o sull'accesso ad archivi attraverso la rete telefonica o apposite reti. ➡ ILL. **telematica**.

telemàtico [da *telematica*; 1982] **A agg.** (pl. m. *-ci*) ● Relativo alla telematica: *età telematica*; *rivoluzione telematica* | **Mercato t.**, mercato di valori mobiliari in cui le contrattazioni avvengono a mezzo di strumenti telematici. **B s. m.** (f. *-a*) **1** Chi si occupa di telematica. **2** Mercato telematico.

telematizzàre [da *telematica*; 1984] v. tr. ● Dotare di una rete telematica.

telemeccànica [1961] s. f. ● L'insieme delle questioni riguardanti i telecomandi e la teleguida.

telemeccànico [1961] agg. (pl. m. *-ci*) ● Riguardante la telemeccanica: *sistema, dispositivo t.*

telemedicìna [comp. di *tele-* (1) e *medicina*; 1982] s. f. ● Applicazione della telematica alla medicina che consente, sfruttando la capillarità della rete telefonica commutata, di mettere in comunicazione un malato con un medico o un centro sanitario lontano e di trasmettere a esso elettrocardiogrammi, radiografie, segnali bioelettrici e sim., per effettuare diagnosi e terapie d'urgenza.

telemessàggio [comp. di *tele-* (1) e *messaggio*; 1983] s. m. ● Discorso teletrasmesso pronunciato da un'autorità politica o religiosa: *il t. del Presidente della Repubblica ai cittadini*; *il t. del Papa*.

telemetràggio [da *telemetrare*; 1961] s. m. ● Misurazione effettuata per mezzo del telemetro.

telemetràre [da *telemetro*; 1961] v. tr. (*io telèmetro*) ● Misurare la distanza di un oggetto mediante un telemetro: *t. un bersaglio*; *imparare a t.*

telemetrìa [da *telemetro*; 1893] s. f. ● Teoria e pratica dell'impiego del telemetro.

telemètrico [1940] agg. (pl. m. *-ci*) ● Concernente il telemetro o la telemetria.

telemetrista [1940] s. m. e f. (pl. m. *-i*) ● Artigliere o topografo specializzato per l'impiego del telemetro.

telèmetro [comp. di *tele-* (1) e *-metro*; 1875] s. m. ● Strumento che permette di misurare indirettamente la distanza di un oggetto rispetto a un osservatore, usato in fotografia, topografia, artiglieria: *t. ottico, a reticolo, stereoscopico, ottico-meccanico, elettronico, radar, a laser* | (*mil.*) **T. da costa**, apparecchio atto a fornire la distanza di un bersaglio da una batteria di artiglieria.

telemiṣùra [comp. di *tele-* (1) e *misura*; 1979] s. f. ● Tecnica per conoscere a distanza i dati forniti da uno strumento di misura che utilizza la trasmissione di segnali elettrici.

telemiṣurazióne [comp. di *tele-* (1) e *misurazione*; 1957] s. f. ● Misurazione eseguita con la tecnica della telemisura.

telencèfalo [comp. di *tele-* (1) e *encefalo*, di cui rappresenta la parte terminale; 1905] s. m. ● (*anat.*) Parte dell'encefalo formata dai due emisferi cerebrali e dal corpo calloso.

telenovèla /teleno'vɛla, *port.* tɛlɛnuˈvɛlʌ, tɛlinu'vɛla/ [vc. port., comp. di *tele-* (2) e *novela* 'romanzo, racconto'; 1983] s. f. (pl. *telenovèle*, port. *telenovelas*) ● Teleromanzo in moltissime puntate, a carattere popolare, di origine latino-americana | (*est., iron.*) Vicenda inutilmente complicata che si protrae più del dovuto.

teleobiettivo o **teleobbiettivo** [comp. di *tele-* (1) e *obiettivo*; 1901] s. m. ● Obiettivo fotografico usato per riprendere soggetti molto distanti e costituito gener. da due elementi, uno convergente o positivo e uno divergente o negativo, tali che la distanza focale dell'intero sistema sia molto maggiore della distanza fra l'obiettivo e la pellicola.

teleologìa [comp. del gr. *télos*, genit. *téleos* 'fine' e *-logia*; 1821] s. f. ● (*filos.*) Finalismo.

teleològico [1840] agg. (pl. m. *-ci*) ● Pertinente alla teleologia. ‖ **teleologicaménte**, avv.

teleonomìa [comp. di *teleo*(*logia*) e *-nomia*; 1974] s. f. ● (*biol.*) Finalismo insito negli organismi viventi o nelle loro strutture.

Teleòstei [comp. del gr. *téleios* 'completo, perfetto' e *ostéon* 'osso'; 1875] **s. m. pl.** (sing. *-o*) ● (*zool.*) Nella tassonomia animale, superordine degli Osteitti con scheletro integralmente ossificato, sottili scaglie di dentina, pinna caudale simmetrica e camera branchiale coperta da un opercolo osseo (*Teleostea*).

Telepàss® [comp. di *tele-* (2) e dell'ingl. *pass* 'passaggio'; 1990] s. m. inv. ● Sistema elettronico che consente il pagamento del pedaggio autostradale senza sosta al casello, tramite un'apparecchiatura di ricetrasmissione che identifica l'autoveicolo e addebita l'importo direttamente sul conto corrente del proprietario.

telepatìa [comp. di *tele-* (1) e *-patia*, secondo il fr. *télépathie*, ripreso a sua volta dall'ingl. *telepathy*; 1895] s. f. ● In parapsicologia, trasmissione extrasensoriale di processi mentali (pensieri o sentimenti) tra due persone.

telepàtico [1897] agg. (pl. m. *-ci*) ● Di telepatia. ‖ **telepaticaménte**, avv.

telepilotàre [comp. di *tele-* (1) e *pilotare*; 1987] v. tr. (*io telepilòto*) ● Pilotare a distanza.

telepredicatóre [comp. di *tele-* (2) e *predicatore*; 1987] s. m. (f. *-trice*) ● Chi usa il mezzo televisivo per prediche religiose.

teleprocessing /ingl. ˈtʰeliˌpɹɑʊsɛsɪŋ/ [vc. ingl., comp. di *tele-* (1) e *processing* 'elaborazione' (da *to process* 'sottoporre a processo, a procedimento'); 1974] s. m. inv. ● Uso di elaboratori elettronici a distanza per mezzo di reti di comunicazione telefonica.

teleprocèsso [comp. di *tele-*(1) e *processo*; 1989] s. m. ● Processo durante il quale alcuni imputati o testimoni sono ascoltati a distanza con l'ausilio di tecnologie televisive o telematiche.

teleprogràmma [comp. di *tele-* (2) e *programma*; 1983] s. m. (pl. *-i*) ● Programma televisivo.

teleproiètto [comp. di *tele-* (1) e *proietto*; 1945] s. m. ● Proiettile a grande raggio di azione, telecomandato, autopropulso per tutta la traiettoria o per una parte di essa.

telepromozióne [comp. di *tele-* (2) e *promozione*; 1993] s. f. ● Pubblicità televisiva diretta a promuovere la vendita di prodotti, effettuata nel corso di programmi di varietà, di giochi, di informazione, di dibattiti e sim.

telequiz [comp. di *tele-* (2) e *quiz*; 1957] s. m. inv. ● Quiz televisivo.

teleradiografìa [comp. di *tele-* (1) e *radiografia*; 1984] s. f. ● (*med.*) Radiografia (spec. del cuore e del torace) che viene eseguita con il paziente posizionato a circa 200 cm dalla sorgente di radiazione.

teleradiotraṣmèsso part. pass. di *teleradiotrasmettere*; anche **agg**. ● Nel sign. del v.: *avvenimento sportivo t.*

teleradiotraṣméttere [comp. di *tele-* (2), *radio-* (3) e *trasmettere*; 1961] v. tr. (coniug. come *mettere*) ● Trasmettere simultaneamente attraverso la televisione e la radio: *la partita finale verrà teleradiotrasmessa*.

teleregolàre [comp. di *tele-* (1) e *regolare* (1); 1987] v. tr. (*io teleregolo*) ● Regolare a distanza con l'utilizzo di telecomandi.

telerìa [da *tela*, sul modello del fr. *toilerie*; 1557] s. f. ● Assortimento di tele: *magazzino, negozio di telerie*.

telericevènte [comp. di *tele-* (1) e (*macchina*) *ricevente*; 1965] **A agg**. ● (*elettr.*) Che riceve immagini e suoni teletrasmessi. **B s. f.** ● Stazione telericevente.

telericévere [comp. di *tele-* (1) e *ricevere*; 1983] v. tr. (coniug. come *ricevere*) **1** Ricevere a distanza segnali e sim. **2** Ricevere immagini diffuse da una stazione televisiva.

telericezióne [comp. di *tele-* (1) e *ricezione*; 1983] s. f. **1** Ricezione a distanza di segnali e sim. **2** Ricezione televisiva.

telerilevaménto [comp. di *tele-* (1) e *rilevamento*; 1983] s. m. ● Tecnica di rilievo a distanza della superficie terrestre o di un altro corpo celeste mediante satelliti artificiali.

teleriprésa [comp. di *tele-* (1) e *ripresa*; 1960] s. f. **1** In cinematografia e fotografia, ripresa effettuata con il teleobiettivo. **2** Ripresa televisiva.

teleriscaldaménto [comp. di *tele-* (1) e *riscaldamento*; 1979] s. m. ● Tecnologia che permette di ottenere il calore necessario al riscaldamento di ambienti dal vapore in eccesso di un'unica centrale di produzione, la quale genera contemporaneamente energia elettrica, con il vantaggio di ridurre i costi e il tasso di inquinamento.

teleriscaldàre [comp. di *tele-* (1) e *riscaldare*; 1983] v. tr. ● Riscaldare un certo numero di edifici, un quartiere o una intera città utilizzando la tecnologia del teleriscaldamento.

teleriscaldàto [2000] part. pass. di *teleriscaldare*; anche **agg**. ● Nel sign. del v.: *una serra teleriscaldata*.

telèro [veneto *telero* 'telaio'; av. 1536] s. m. ● (*pitt.*) Nome dato a Venezia a vaste composizioni pittoriche su tela che, generalmente riunite in cicli narrativi, sostituirono le decorazioni murali tra la fine del XV e il XVI secolo.

teleromànzo [comp. di *tele-* (2) e *romanzo*; 1960] s. m. ● Romanzo trasmesso dalla televisione dopo essere stato opportunamente adattato e sceneggiato.

teleruttóre® [comp. di *tele-* (1) e di (*inter*)*ruttore*; 1955] s. m. ● (*elettr.*) Denominazione del contattore.

teleschérmo o **teleschèrmo** [comp. di *tele-* (2) e *schermo*, secondo il modello dell'ibrido comp. ingl. *telescreen*; 1963] s. m. ● Schermo del cinescopio del televisore | (*est.*) Televisione.

telescopìa [comp. di *tele-* (1) e di un deriv. dal gr. *skopêin* 'guardare, esaminare'; 1970] s. f. ● Osservazione di corpi celesti o, più in generale, di oggetti distanti, mediante particolari strumenti che ne facilitano la visione.

telescòpico [da *telescopio*; 1739] agg. (pl. m. *-ci*) **1** Detto di sistema ottico, avente i fuochi all'infinito in direzione dell'asse. **2** Visibile col telescopio | **Stelle telescopiche**, non visibili a occhio nudo. **3** Detto di elementi tubolari atti a scorrere l'uno nell'altro come le parti di un telescopio: *sospensione, forcella telescopica*. **4** (*zool.*) Detto dell'occhio assai sporgente dall'orbita, a guisa di cannocchiale, tipico di varie specie di Pesci e Crostacei abissali.

telescòpio [comp. di *tele-* (1) e *-scopio*; 1618] s. m. ● Cannocchiale a fortissimo ingrandimento, impiegato per l'osservazione di oggetti molto lontani, usato spec. in astronomia | (*elettron., astron.*) **T. elettronico**, telescopio provvisto di un tubo amplificatore della brillanza dell'immagine e usato per migliorare la fotografia di oggetti celesti o dei loro spettri | (*nucl.*) **T. di rivelatori, di contatori**, sistema di rivelatori o contatori sovrapposti, usato per studiare le radiazioni corpuscolari, spec. quelle cosmiche | **T. riflettore**, V. *riflettore* | **T. rifrattore**, V. *rifrattore* | (*mecc.*) **Albero a t.**, costituito da una serie di cilindri metallici, collegati fra loro, che durante il funzionamento possono rientrare gli uni negli altri variando così la

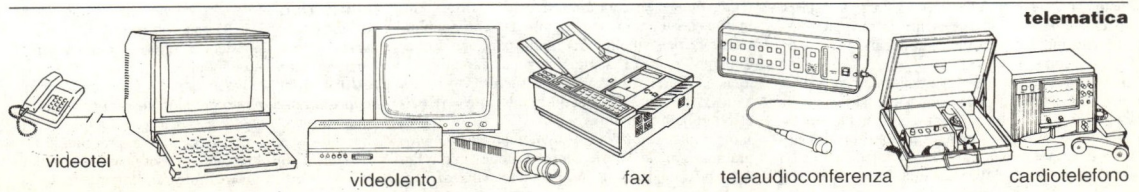

telematica

videotel   videolento   fax   teleaudioconferenza   cardiotelefono

lunghezza complessiva.

telescritto [1950] **A** agg. ● Detto del testo ricevuto e riprodotto su un foglio da una telescrivente. **B** s. m. ● Testo telescritto.

telescrivènte [comp. di *tele-* (*1*) e di (macchina) *scrivente*; 1937] s. f.; anche agg. ● Macchina, simile nell'aspetto e nell'uso a una macchina per scrivere, destinata alla ricetrasmissione in chiaro di messaggi su linee telegrafiche: *t. elettromeccanica, elettronica*. SIN. Telestampante.

telescriventista [1950] s. m. e f.; anche agg. (pl. m. *-i*) ● Chi (o Che) è addetto a una telescrivente.

telescuòla [comp. di *tele-* (*2*) e *scuola*; 1958] s. f. inv. ● Corso di lezioni televisive rivolte generalmente a ragazzi che frequentano la scuola dell'obbligo o ad adulti analfabeti.

telesegnalazióne [1965] s. f. ● (*elettr.*) Informazione relativa a un sistema telericevente o teletrasmittente.

teleselettivo [da *teleselezione*; 1954] agg. ● Che riguarda la teleselezione, che si effettua mediante la teleselezione: *servizio telefonico t.*; *prefisso t.*

teleselezióne [comp. di *tele-* (*2*) e *selezione*; 1955] s. f. ● Servizio telefonico automatico che consente di effettuare chiamate direttamente senza il tramite di un centralino, formando prima del numero desiderato, il prefisso corrispondente alla località da raggiungere | *T. passante*, quella che permette di accedere a numeri di utenti di una rete privata, per es. ai numeri interni di un'azienda, attraverso il centralino.

telesina ● V. *teresina*.

telesismo [comp. di *tele-* (*1*) e di *sismo* 'terremoto'; 1930] s. m. ● Scossa prodotta da terremoti lontani.

telesoccórso [comp. di *tele-* (*1*) e *soccorso*; 1984] s. m. ● Servizio di assistenza a distanza con l'utilizzo del telefono: *molti anziani sono utenti del t.*

telesónda [comp. di *tele-* (*1*) e *sonda*; 1957] s. f. **1** (*meteor.*) Radiosonda. **2** Dispositivo collegato con un apparecchio telefonico, installato in abitazioni, uffici o banche, dotato di strumenti in grado di captare suoni, voci o rumori e di trasmetterli a una centrale di ascolto.

telesorveglianza [comp. di *tele-* (*1*) e *sorveglianza*] s. f. ● Sorveglianza a distanza con l'impiego di mezzi telematici.

telespettatóre [comp. di *tele-* (*2*) e *spettatore*; 1954] s. m. (f. *-trice*) ● Chi segue trasmissioni televisive.

telespia [comp. di *tele-* (*1*) e *spia*; 1983] s. f. ● Dispositivo collocato sulle linee di apparecchi telefonici per intercettare le telefonate.

telestampa [comp. di *tele-* (*1*) e *stampa*; 1963] s. f. ● Servizio che trasmette con telescriventi notizie e articoli per i giornali.

telestampante [comp. di *tele-* (*1*) e di (macchina) *stampante*; 1937] s. f.; anche agg. ● Telescrivente.

telestesia [comp. di *tele-* (*1*) ed *estesia*; 1920] s. f. ● In parapsicologia, percezione di oggetti o di eventi che oltrepassano la portata dei normali organi di senso.

telèstico [comp. del gr. *télos* 'fine' e *-stico*, sul modello di *acrostico*; 1961] s. m. (pl. *-ci*) ● (*ling.*) Componimento poetico che forma una parola o una frase determinata con le lettere finali dei versi lette una di seguito all'altra in senso verticale.

telestruménto [comp. di *tele-* (*1*) e *strumento*; 1983] s. m. ● Strumento usato per misurazioni a distanza, costituito da un trasmettitore e da un ricevitore collegati meccanicamente o elettricamente.

teletermografia [comp. di *tele-* (*1*), *termo-* e *-grafia*; 1983] s. f. ● Riproduzione fotografica delle zone calde e fredde del corpo attraverso l'uso di una telecamera a raggi infrarossi.

teletèx [comp. di *tele-* (*1*) e della vc. ingl. *tex*(*t*) 'testo', anche su modello di *telex*; 1983] s. m. inv. ● Sistema telematico che consente di trasmettere testi scritti mediante terminali collegati alla rete telefonica commutata.

teletèxt [comp. di *tele-* (*1*) e della vc. ingl. *text* 'testo'; 1980] s. m. inv. ● Sistema telematico per la trasmissione di informazioni ciclicamente ripetute (notizie, previsioni meteorologiche, orari ferroviari e aerei e sim.), attraverso i canali televisivi con ricezione su televisore dotato di apposito decodificatore. CFR. Televideo.

teletrasmésso [1946] part. pass. di *teletrasmettere*; anche agg. ● Nei sign. del v.

teletrasméttere [comp. di *tele-* (*1*) e *trasmettere*; 1939] v. tr. (coniug. come *mettere*) **1** Trasmettere a distanza: *t. comandi a una macchina mediante un telecomando*; *t. dati*. **2** Trasmettere a distanza immagini mediante la televisione: *t. un avvenimento sportivo*.

teletrasmettitóre [comp. di *tele-* (*2*) e *trasmettitore*; 1983] s. m. ● Trasmettitore televisivo.

teletrasmissióne [comp. di *tele-* (*1*) e (*2*) e *trasmissione*; 1939] s. f. **1** Trasmissione a distanza: *t. di comandi, di dati*. **2** Trasmissione di immagini mediante la televisione: *t. di un avvenimento sportivo*.

teletrasmittènte [1939] **A** agg. ● Che teletrasmette | *Stazione t.*, stazione di radiodiffusione televisiva. **B** s. f. ● Stazione teletrasmittente.

teletraspòrto [comp. di *tele-* (*1*) e *trasporto*] s. m. ● Nella fantascienza, trasferimento istantaneo di un corpo che, dopo essersi smaterializzato, si ricostituisce in un altro luogo.

telétta (**1**) ● V. *toletta*.

telétta (**2**) [1309] s. f. **1** Dim. di *tela*. **2** Tessuto di cotone rado molto resistente, usato soprattutto per rinforzare giacche e colli di camicia. **3** †Drappo intessuto d'oro e argento.

teleutènte [comp. di *tele-* (*2*) e *utente*; 1961] s. m. e f. ● Utente di un servizio televisivo.

televéndita [comp. di *tele-* (*2*) e *vendita*; 1989] s. f. ● Vendita televisiva.

televenditóre [comp. di *tele-* (*2*) e *venditore*; 1987] s. m. (f. *-trice*) ● Chi usa il mezzo televisivo per vendere prodotti di vario genere o condurre aste.

Televideo [comp. di *tele-* (*2*), anche come acc. di *teletext* (V.) e di *video*; 1983] s. m. inv. ● Il sistema di teletext usato in Italia.

♦**televisióne** [comp. di *tele-* (*2*) e *visione*; 1909] s. f. **1** Sistema di telecomunicazione destinato alla trasmissione a distanza di immagini non permanenti, fisse o in movimento, mediante un radiocollegamento o un collegamento tramite cavo coassiale: *t. in bianco e nero* o *monocromatica*; *t. a colori* | *T. via satellite*, quella in cui il segnale, analogico o digitale, viene diffuso attraverso un sistema di satelliti geostazionari | *T. a circuito chiuso*, trasmissione di immagini fra una telecamera e uno o più ricevitori, attraverso un cavo coassiale o un ponte radio, senza il carattere di un servizio di diffusione, allo scopo di effettuare operazioni di controllo, sorveglianza, esplorazione e sim. | *T. su cavo, via cavo*, quella in cui il collegamento fra il posto trasmittente e il posto ricevente è effettuato mediante un cavo coassiale | *T. circolare*, diffusione via cavo o via radio di programmi audiovisivi a numerosi utenti | *T. cieca*, quella che utilizza la sola parte audio del trasmettitore televisivo per diffondere programmi radiofonici quando non è in funzione la parte video. ➡ ILL. **televisione**. **2** (*fam.*) Ente che diffonde programmi televisivi | Il complesso dei programmi televisivi: *non guardiamo spesso la t.*; *t. privata, locale*. **3** (*fam.*) Televisore.

TELEVISIONE
nomenclatura

televisione

● *caratteristiche*: in bianco e nero, a colori; fisso, portatile, a proiezione; televisione pubblica ⇔ privata, network, pay tv; TV, trasmissione, telecomunicazione (su cavo = teledistribuzione, a circuito chiuso, via satellite), radiocollegamento, ricezione, fototelegrafia; stazione televisiva, radiotelevisione, emittenza radiotelevisiva, stazione radiotrasmittente, satellite televisivo, ponte televisivo, ponte radio, area di servizio, ripetitore, canale, frequenza, rete, network, antenna (trasmittente, ricevente, centralizzata, via satellite, telemetrica), canone = tassa di abbonamento, pubblicità, raccolta pubblicitaria, ascolto, indice di gradimento, indice di ascolto, telegenia, zapping; audience, share, meter; radiotrasmettitore (video, audio), radioricevitore audio; televisore = ricevitore radiotelevisivo;

● *programma radiotelevisivo*: palinsesto, programma, canale; rubrica, trasmissione (in diretta, dal vivo, in differita, registrata), realizzazione, edizione, ciclo = serie, replica, telefilm, telegiornale, giornale radio, notiziario, bollettino, d'informazione, d'intrattenimento, varietà, carosello, pubblicità, segnale orario, attualità, reportage, collegamento (nazionale ⇔ in eurovisione, in mondovisione, in diretta, via satellite, via cavo), teleromanzo, sceneggiato, riduzione, adattamento, puntata, numero, intervallo, intermezzo, quiz, telequiz, lungometraggio, cortometraggio, documentario, film, originale televisivo, inchiesta, candid camera, blob, servizio, commento, intervista, telemessaggio, presentazione, rassegna, retrospettiva, telecronaca, spot, televendita, serial, telenovela, teleromanzo, soap opera, videoclip, videomusic, videogioco; televideo, teletext, videotel, teleconferenza;

● *azioni*: riprendere, trasmettere, amplificare, ricevere, trasformare, irradiare, propagare, sintonizzare, modulare, registrare, collegare, mandare in onda, proiettare, annunciare, presentare, realizzare; assistere, ascoltare, accendere = aprire, regolare (il volume, il contrasto, la luminosità), spegnere = chiudere; blobbare;

● *persone*: operatore = cameraman, aiuto-operatore, regista, aiuto-regista, assistente alla regia, assistente di studio, tecnico del suono, tecnico delle luci, tecnico alla console, mixer, segretario di produzione, arredatore, annunciatore = speaker, presentatore, anchor man, conduttore, show man, radiocronista, telecronista, commentatore, giornalista, redattore, documentarista, attore, cantante, valletta, disc jockey, balletto; utente, telespettatore, radioamatore, radioascoltatore, radioabbonato, teleabbonato, pubblico, spettatore, ascoltatore, videodipendente.

♦**televisivo** [da *televisione*; 1925] agg. ● Concernente la televisione | *Apparecchio t.*, televisore. || **televisivaménte**, avv. Da un punto di vista televisivo; per mezzo della televisione.

♦**televisóre** [da *televisione*; 1929] s. m. ● Apparecchio ricevente di trasmissioni televisive.

televóto [comp. di *tele-* (*2*) e *voto*; 1994] s. m. ● Sistema di votazione a distanza in base al quale il votante deve comporre un determinato numero telefonico a seconda della preferenza che vuole esprimere.

tèlex [abbr. ingl. di *tel*(*eprinter*) *ex*(*change*), propr. 'scambio (*exchange*, di orig. fr.) con telescrivente (*teleprinter*, comp. analogo all'it.)'; 1961] **A** s. m. inv. **1** Servizio di scambio diretto di messaggi telegrafici fra utenti privati mediante telescriventi e reti telegrafiche pubbliche. **2** Testo così trasmesso. **B** agg. inv. ● (posposto al s.): *servizio, posto, utente t.*

telferàggio [ingl. *telpherage*, da *telpher* 'teleferico'; 1930] s. m. ● Impianto di trasporto per mezzo di carrelli sospesi a una monorotaia aerea, impiegato per caricare e scaricare minerali e sim.

tell /ar. tɛl:/ [ingl. *tell*, dall'ar. *tall* 'collina'; 1961] s. m. inv. (pl. ar. *atlāl*) ● (*archeol.*) Tumulo o collina artificiale formatisi per l'accumularsi di una o più stratificazioni di detriti di antichi insediamenti.

tellina [gr. *tellínē*, di etim. incerta; sec. XIV] s. f. ● Mollusco mediterraneo dei Bivalvi a conchiglia rosea e carni pregiate (*Tellina pulchella*). ➡ ILL. **animali**/4.

†**tellùre** [vc. dotta, lat. *tellūre*(*m*), sin. poet. di *tĕrra*(*m*), di etim. incerta, anche se da inserirsi nell'indeur.; sec. XIV] s. f. ● (*lett.*) Terra, globo terrestre.

tellùrico [da *tellure*, secondo il modello fr. (*tellurique*); 1840] agg. (pl. m. *-ci*) **1** Della terra, spec. con riferimento ai fenomeni che si originano o si verificano nel suo interno: *movimento t.* | *Correnti telluriche*, correnti elettriche provocate nella crosta terrestre dalle variazioni del campo magnetico terrestre. **2** Di composto del tellurio esavalente | *Acido t.*, acido ossigenato del tellurio esavalente, buon ossidante.

telluridrico [comp. di *tellurio* e di un agg. deriv. da *idr*(*ogeno*); 1875] agg. (pl. m. *-ci*) ● Detto di acido gassoso, tossico, di odore sgradevole, formato da idrogeno e tellurio.

tellùrio [dal lat. *tĕllus*, genit. *tellūris* 'terra', come opposto all'elemento precedente scoperto e chiamato *uranio*; 1817] s. m. solo sing. ● Elemento chimico di aspetto metallico, fragile, presente in natura anche allo stato nativo, usato per semiconduttori, nell'ottica a raggi infrarossi, come materiale

tema

colorante per vetri e come additivo del piombo per aumentare la sua forza e resistenza alla corrosione. SIMB. Te.

tèlo (1) [da *tela*; 1353] s. m. **1** Pezzo di tela come esce dal telaio, che, cucito con altri simili, compone un lenzuolo o una veste: *lenzuolo a tre teli*. **2** Pezzo di tela o altro tessuto che da solo o con altri, ma senza esservi cucito, è adibito a vari usi | *T. da bagno*, *da spiaggia*, *da mare*, grande asciugamano di spugna usato per asciugarsi dopo il bagno o per sdraiarvisi a prendere il sole | *Teli da tenda*, quelli di cui si compone una tenda spec. militare | (*mil.*) *T. da segnalazione*, bianco da una parte e rosso dall'altra, per le segnalazioni da terra agli aerei | (*mil.*) *T. mimetico*, per riparo della persona in caso di pioggia o per montare tende o coprire materiali | *T. di salvataggio*, usato dai vigili del fuoco per attutire la caduta di persone che debbono gettarsi da grande altezza. ǁ **telóne**, *accr.* (V.).

tèlo (2) [vc. dotta, lat. *tēlu*(m), di etim. incerta; av. 1294] s. m. **1** (*poet.*) Arma da lancio e spec. dardo, freccia, lancia | (*raro*) *Un tratto di t.*, quanto spazio percorre un telo lanciato. **2** (*est.*, *poet.*) Il dardo di Cupido: *poi ch'uscì da' bei vostri occhi il t.* / *che 'l cor mi fisse* (ARIOSTO) **3** (*est.*) †Proiettile.

telofàṣe [comp. del gr. *télo*(s) 'fine, termine' e *faṣe*; 1948] s. f. ● (*biol.*) Fase terminale della mitosi e della meiosi, nel corso della quale si organizzano i due nuclei delle cellule figlie, a partire dai cromatidi separatisi nel corso delle fasi precedenti.

telolecìtico [comp. del gr. *télos* 'sviluppo' e di *lékithos* 'tuorlo' col suff. *-ico*] agg. (pl. m. *-ci*) ● (*biol.*) Detto di gamete femminile contenente notevoli quantità di deutoplasma. CONTR. Oligolecitico.

†**telonàrio** [vc. dotta, lat. tardo *telonāriu*(m), da *telōnium* 'telonio'; av. 1342] s. m. ● Gabelliere.

telóne [av. 1795] s. m. **1** Accr. di *telo* (1). **2** Grosso telo impermeabile con cui si riparano le merci durante il trasporto ferroviario o automobilistico. **3** Sipario teatrale a innalzamento verticale.

telonèo [vc. dotta, lat. tardo *teloneu*(m), dal gr. *telōnêion*, comp. di *télos* 'tassa' e di un deriv. dal v. *ōnêisthai* 'riscuotere'; 1085] s. m. ● Nel diritto greco antico, tassa, imposta | Nel diritto romano, imposta indiretta che per lo più aveva per oggetto le merci in circolazione.

†**telònio** [vc. dotta, lat. tardo *telōniu*(m), dal gr. *telṓnion*, *telōnêion* 'dogana', da *télos*, che, oltre al senso di 'fine', ha anche quello di 'dazio'; av. 1672] s. m. ● Banco del gabelliere o del cambiatore | *Stare al t.*, (*fig.*) rimanere intento alla propria occupazione.

teloṣlìtta [comp. di *telo* (1) e *slitta*; 1961] s. f. ● Larga striscia di tela molto resistente, impiegata dai vigili del fuoco per fare scivolare fino a terra persone bloccate ad una certa altezza.

telson [gr. *télson* 'estremità' (d'orig. incerta); 1929] s. m. inv. ● (*zool.*) Ultima sezione dell'addome degli Artropodi. SIN. Pigidio.

◆**tèma** (1) [vc. dotta, lat. *thēma*, dal gr. *théma* 'argomento che si vuol proporre' (*tithénai*); 1294] **A** s. m. o †f. (pl. m. *temi*) ● Argomento, soggetto di uno scritto, un ragionamento, una discussione: *dare il t. della conversazione*; *uscire di t.*; *essere*, *andare fuori t.*; *restare in t.*; *tenersi al t.*; *in quell'articolo è trattato un t. interessante* | *In tema di*, *il collegio dei docenti ha potere deliberativo in t. di didattica* | Argomento o motivo di fondo, ripetutamente trattato in opere artistiche, letterarie e sim., proprio di un autore, di un'epoca, di un movimento culturale: *il t. dell'eroismo nella poesia dell'Alfieri*; *il t. della morte nella pittura secentesca*; *i temi floreali del liberty*; *la t. piacque alla lieta brigata* (BOCCACCIO). **B** s. m. **1** Argomento di un componimento scolastico: *il t. d'esame era facile* | Il componimento stesso: *copiare il t.*; *consegnare i temi all'insegnante*. **2** (*mus.*) Idea musicale fondamentale suscettibile di sviluppo e variazioni: *primo e secondo t. della sonata*. **3** (*ling.*) Parte di una parola che rimane dopo aver tolto la desinenza; CFR. Radice | Parte dell'enunciato che è data per già conosciuta, in contrapposizione al *rema*, che costituisce una

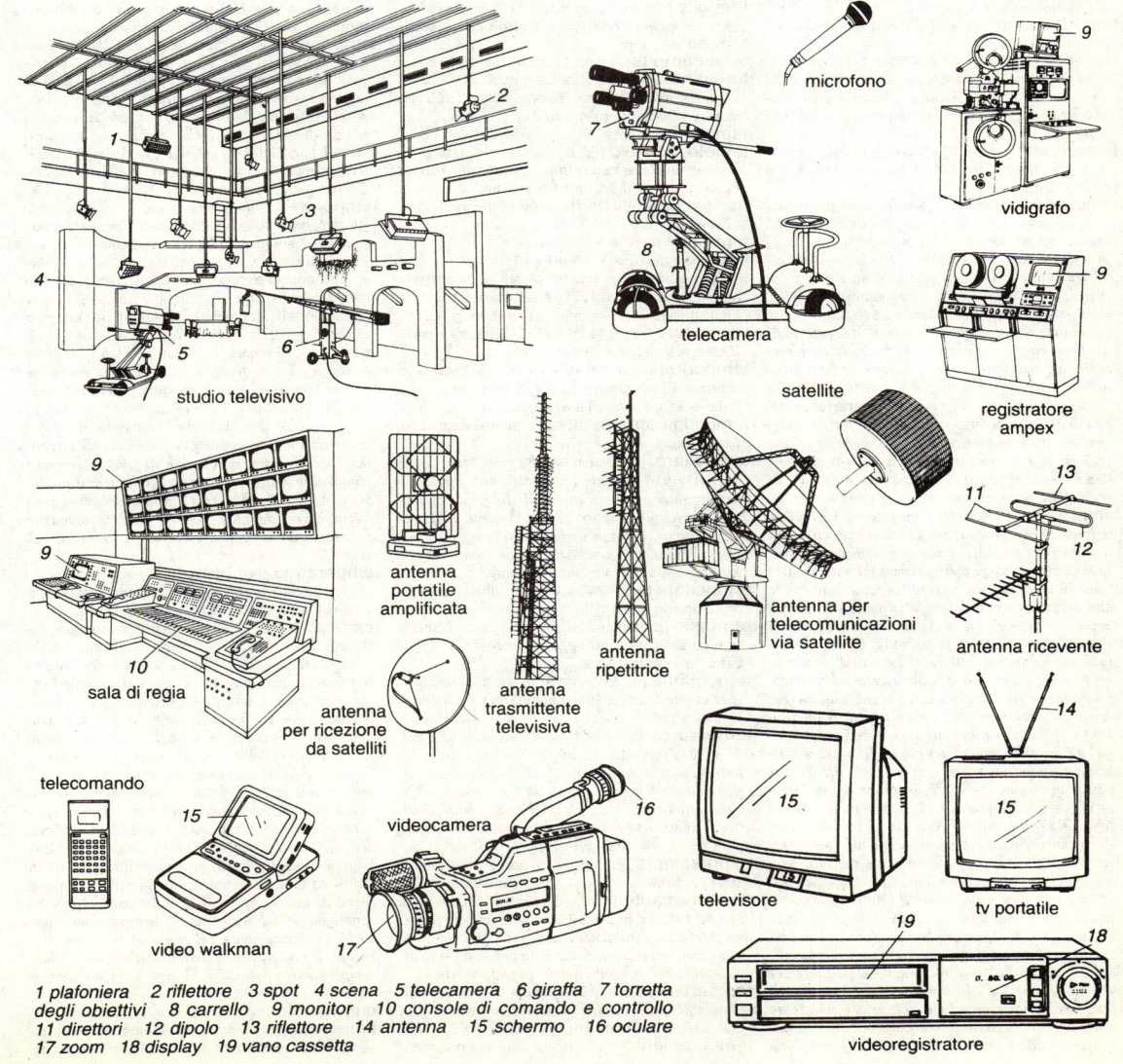

televisione

1 plafoniera 2 riflettore 3 spot 4 scena 5 telecamera 6 giraffa 7 torretta degli obiettivi 8 carrello 9 monitor 10 console di comando e controllo 11 direttori 12 dipolo 13 riflettore 14 antenna 15 schermo 16 oculare 17 zoom 18 display 19 vano cassetta

nuova informazione. *4* (*raro, lett.*) Esempio. *5* (*astrol.*) ***T. di nascita***, disposizione astrale al momento della nascita di una persona o del verificarsi di un evento. ‖ **temàccio**, spreg. | **temino**, dim. spreg. | **temóne**, accr.

téma (2) o **tèma** [da *temere*; av. 1294] s. f. solo sing. ● (*lett.*) Timore, paura: *senza t. di essere contraddetto*; *nei peccatori si conosce il peccato e la t. insieme del danno eterno* (VASARI).

tèma (3) [gr. tardo e biz. *théma* 'luogo', propr. 'ciò che si pone' (V. *tema* (*1*)); av. 1748] s. m. (pl. *-i*) ● (*st.*) Circoscrizione amministrativa e militare nell'impero bizantino.

temàtica [da *tematico* 'relativo ad un *tema*'; 1941] s. f. ● Complesso dei temi ricorrenti in opere musicali, artistiche, letterarie, in autori, epoche, movimenti culturali: *la t. di Cervantes*; *studiare la t. dell'Illuminismo*.

temàtico [gr. *thematikós* 'relativo al tema (*théma*, genit. *thématos*)'; 1772] agg. (pl. m. *-ci*) *1* Che riguarda un tema musicale, artistico, letterario e sim. *2* Del tema di una parola: *formazione tematica* | ***Vocale tematica***, aggiunta alla radice per formare il tema. ‖ **tematicaménte**, avv. Dal punto di vista tematico.

tematismo [da *tematico*; 1981] s. m. ● (*mus.*) Modo di procedere compositivo che pone il tema a fondamento della struttura musicale.

tematizzàre [comp. di *temat(ico)* e *-izzare*; 1984] v. tr. *1* Accomunare fatti, notizie, testi in base a un tema dominante. *2* (*ling.*) Mettere in rilievo un elemento dell'enunciato mediante particolari meccanismi linguistici.

tematizzazióne [1983] s. f. ● Il tematizzare, il venire tematizzato.

temènza [da *temente*; av. 1250] s. f. *1* (*lett.*) †Timore: *i Neri v'andarono con fidanza, e i Bianchi con t.* (COMPAGNI). *2* (*tosc.*) Timore ispirato a timidezza, soggezione, rispetto: *un bambino che non ha t. degli anziani*.

temerarietà [av. 1424] s. f. ● Caratteristica di chi (o di ciò che) è temerario | Temerità. SIN. Audacia, baldanza.

temeràrio [vc. dotta, lat. *temerāriu(m)*, propr. 'dovuto al caso', dall'avv. *tĕmere* 'alla cieca', propr. abl. di *tĕmus* 'oscurità' (V. *tenebre*); av. 1332] **A** agg. *1* Che è troppo ardito e non riflette sull'effettiva consistenza di un pericolo: *un giovane t. e imprudente* | (*raro* o *lett.*) Impudente, sfrontato: *come osi, t.!*; *risposta temeraria*. SIN. Baldanzoso, tracotante. *2* Inconsiderato, avventato, precipitoso: *sono conclusioni temerarie* | (*dir.*) ***Lite temeraria***, priva di fondamento giuridico | (*est.*) Privo di fondamento, ingiustificato: *giudizio t.* *3* †Casuale, fortuito: *avvenimento t.* ‖ **temerariaménte**, avv. In modo temerario, con temerità: *intraprendere temerariamente un pericoloso viaggio*; *parlare, rispondere temerariamente*. **B** s. m. (f. *-a*) ● Chi è temerario: *non fidarti di quel t.*; *colui è un t.* (GOLDONI). SIN. Sconsiderato.

♦**temére** [lat. *timēre*, di etim. incerta; av. 1250] **A** v. tr. (pres. *io témo* o *tèmo*; pass. rem. *io teméi* o *temètti* (o *-étti*), *tu temésti*) (qlco. o qlcu.; + *di* seguito da inf.; + *che* seguito da congv. o, raro, da indic.) *1* Provare una sensazione di timore o un turbamento aspettando che avvenga qlco. di spiacevole o che si vorrebbe evitare: *t. la morte, la vergogna, il castigo*; *non t. l'uom valoroso e forte* (GOLDONI); *temo di scivolare*; *temiamo di sbagliare*; *temeva di dimenticarsene*; *se mi ascolterete, non avrete da t. brutte sorprese*; *temo che venga*; *temo che non venga*; *Temo che quando sarò vecchia lo dirò anch'io* (SVEVO) | †***Temo non venga***, non voglio che venga | †***T. a qlco.***, temere per qlco. | ***Non avere nulla da t.***, essere a posto con la coscienza | Aver paura, non osare: *temo di intraprendere un'azione così rischiosa* | (*assol.*) Nutrire timore: *abbiate fiducia e non temete* | Avere il dubbio, il sospetto: *temeva che lo tradissero*; *non temi di sbagliare?* | (*est., fam.*) Credere, ritenere, pensare: *con questo chiasso, temo che impazziremo*; *temo proprio che ci daranno ragione*. *2* (Nella forma attenuativa, neg. *non temere*) Avere il coraggio, osare: *non temo di affrontare la morte* | Essere in grado di sopportare o superare: *non t. le fatiche, i disagi, le difficoltà*; *un abito che non teme di essere sciupato* | ***Un'affermazione che non teme smentite***, indiscutibile | ***Un prezzo che non teme confronti***, molto basso | Non curarsi, non dare importanza: *non t. le chiacchiere, le malignità* | Non aver riguardo di qlcu. o qlco.: *sappiate che non vi temo*. *3* Riverire, guardare, considerare con riverenza: *t. Dio* | Avere soggezione, rispetto: *t. i genitori*; *t. la legge*. *4* Trovarsi a patire un danno, risentire per qualche condizione sfavorevole: *sono piante che temono la luce*; *i vecchi temono il freddo*. **B** v. intr. (aus. *avere*) (assol.; + *per*) *1* Essere preoccupato: *t. per la salute di qlcu.*; *t. per le sorti della battaglia* | ***T. per qlcu.***, preoccuparsi per la sua sorte o che non gli accada nulla di male: *Ah, forse Paolo è già partito! Non bisogna t. per lui* (D'ANNUNZIO). *2* (assol.; + *di*) Sospettare, diffidare: *non bisogna t. di tutto e di tutti* | Dubitare: *sarete ricompensati, non temete* | ***T. di qlco.***, aspettarsi un danno da qlco.: *Se io non temessi di qualche malizia … Io te darebbi volentieri aiuto* (BOIARDO) | ***T. di sé***, non fidarsi neppure di sé stesso. *3* Nutrire dubbi, timori, non avere speranze: *temono del buon esito dell'esperimento*. **C** v. intr. pron. ● †Aver paura. ‖ PROV. Chi ama, teme.

temerità [vc. dotta, lat. *temeritāte(m)*, dallo stesso avv. *tĕmere*, donde *temerario* (V.); av. 1342] s. f. *1* Esagerato e irragionevole coraggio, che fa affrontare i rischi e i pericoli in modo sconsiderato e avventato: *non raggiungerete lo scopo affidandovi solo alla vostra t.* *2* Azione temeraria: *la loro impresa è stata una inutile t.* | Comportamento temerario: *sconterete la vostra t.*

tèmi o **tèmide** [vc. dotta, lat. *Thĕmide(m)*, nom. *Thĕmis*, dal gr. *Thémis*, nome della dea greca della giustizia, di orig. indiana; av. 1799] s. f. inv. ● (*lett.*) Giustizia | (*lett.*) ***Aule di t.***, tribunale.

temìbile [av. 1549] agg. ● Che si deve o si può temere: *nemico t.*; *responso t.* ‖ **temibilménte**, avv.

tèmide ● V. *temi*.

†**temiménto** [da *temere*] s. m. ● Timore.

†**temmìrio** [gr. *tekmḗrion* 'segno, indice', da *tékmar* 'termine, garanzia', di orig. indeur.; 1551] s. m. ● Argomento, prova sicura.

†**tèmo** ● V. *timone*.

tèmolo o **tèmolo** [gr. *thýmallos*, n. di pesce: da *thýmon* 'timo' per il suo odore (?); av. 1464] s. m. ● Pesce d'acqua dolce dei Clupeiformi con pinna dorsale a ventaglio che ha carni molto apprezzate (*Thymallus thymallus*).

†**temóne** e *deriv.* ● V. *timone* e *deriv.*

†**temóre** e *deriv.* ● V. *timore* e *deriv.*

témpa o **tìmpa** [da una vc. prelatina, di estensione mediterr., **timpa*; 1857] s. f. ● (*dial.*) Cima rotondeggiante nell'Appennino meridionale.

tempàccio [av. 1444] s. m. *1* Pegg. di *tempo*. *2* Cattive condizioni atmosferiche.

tempàrio [da *tempo*; 1974] s. m. ● Manuale che contiene l'indicazione dei tempi base per eseguire lavorazioni industriali o artigianali.

†**tempellaménto** [av. 1348] s. m. ● Il tempellare (*anche fig.*).

†**tempellàre** [da una base onomat. *temp-*; sec. XIII] **A** v. tr. *1* Battere, percuotere uno strumento per produrre suoni o rumori. *2* (*fig.*) Far vacillare | Tenere indeciso, irresoluto. **B** v. intr. *1* Suonare, risuonare, detto di strumento o di oggetto percosso: *tutto il dì tempellaron le campane* (PULCI). *2* (*fig.*) Esitare, tentennare, dubitare.

†**tempellàta** [av. 1484] s. f. ● Il tempellare | Suono rumoroso | Tempello.

†**tempèllo** [da *tempellare*; av. 1606] s. m. *1* Suono ritmico di strumento, oggetto percosso. *2* (*fig.*) Esitazione, indecisione.

†**tempellóne** [da *tempellare* nel senso di 'vacillare (per la grossezza)'; 1840] s. m. (f. *-a*) ● (*scherz.*) Uomo torpido e indeciso.

tèmpera (o *-é-*) [da *temperare*; 1400 ca.] s. f. *1* Tecnica pittorica che impiega colori a colla diluiti in acqua: *dipingere a t.* *2* (*est.*) Quadro dipinto con tale tecnica: *una t. dell'Ottocento*. *3* V. *tempra* nei sign. 1, 3, 4 e 5. *4* (*agr.*) ***In t.***, detto del terreno che possiede un'umidità favorevole per l'esecuzione dei lavori.

temperalàpis [comp. di *tempera(re)* e *lapis*; 1891] s. m. inv. ● (*disus.*) Temperamatite.

temperamatìte [comp. di *tempera(re)* e il pl. di *matita*; 1957] s. m. inv. ● Piccolo oggetto di acciaio, plastica o altro materiale, a forma di cono vuoto e fornito di una lama tagliente nel quale si fa girare un'estremità della matita per appuntirla.

temperamentàle [1957] agg. ● Che riguarda il temperamento: *condizionamenti temperamentali* | (*est.*) Umorale, istintivo: *reazione t.*

temperaménto [vc. dotta, lat. *temperamĕntu(m)*, da *temperāre* 'mescolare in giusta misura'; 1282] s. m. *1* †Regolare proporzione, giusta misura: *portare a t.* *2* †Combinazione, mescolanza, mistura: *t. di colori* | (*fig., lett.*) Mitigamento, alleviamento: *cercare un t. al dolore* | (*raro*) Moderazione, attenuazione: *questo temporale sarà di t. all'eccessivo caldo* | (*disus.*) Accomodamento, espediente conciliativo: *suggerisco un t. fra le due soluzioni* | (*lett.*) Freno: *il quale rimedio fu un grande t. a tanta autorità* (MACHIAVELLI). *3* Complesso dei tratti psicofisici e caratteriali di un individuo: *un t. calmo, malinconico, nervoso*. *4* (*assol.*) Carattere forte, indipendente, originale: *un attore senza t.* SIN. Indole, natura, tempra. *5* Carattere determinato dal prevalere dell'influsso di un singolo pianeta o di un segno zodiacale in un oroscopo | (*astrol.*) ***T. maschile***, dei segni Ariete, Gemelli, Leone, Bilancia, Sagittario, Acquario | (*astrol.*) ***T. femminile***, dei segni Toro, Cancro, Vergine, Scorpione, Capricorno, Pesci. *6* (*mus.*) Sistema di divisione dell'ottava in dodici parti uguali ottenute mediante lievi alterazioni degli intervalli naturalmente esatti. *7* †Temperatura.

temperamìne [comp. di *tempera(re)* e del pl. di *mina*; 1979] s. m. inv. ● Piccolo oggetto fornito di una o più lame per fare la punta alle mine di grafite.

temperànte [vc. dotta, lat. *temperānte(m)*, propr. part. pres. di *temperāre*; 1546] agg. ● Di persona che sa temperare, moderare o contenere i propri bisogni e gli istinti: *essere t. nel bere, nel mangiare*. SIN. Controllato, misurato, sobrio. ‖ **temperanteménte**, avv. Con temperanza, moderazione.

temperànza o †**tempranza** [vc. dotta, lat. *temperāntia(m)*, dal part. pres. di *temperāre* (*tĕmperans*, genit. *temperāntis*); 1282] s. f. *1* Capacità di moderarsi nell'appagare i propri bisogni, istinti, desideri, appetiti. SIN. Misura, sobrietà. *2* (*est., raro*) Moderazione: *castigare con t.*; *t. di linguaggio*. *3* Una delle figure nel gioco dei tarocchi. *4* †Attenuazione, mitigamento. *5* †Temperatura. *6* †Temperamento, indole.

temperàre †*temprare* nei sign. 3 e 5 [vc. dotta, lat. *temperāre*; da connettere con *tĕmpus* 'tempo', anche se sfugge il rapporto semantico (?); av. 1292] **A** v. tr. (*io tèmpero* (o *-é-*)) *1* (*disus.*) Mescolare con la debita proporzione, spec. il vino con l'acqua | (*est.*) †Tagliare un vino | †***T. i colori***, mescolarli, stemperarli. *2* Addolcire, mitigare (*spec. fig.*): *t. la luce solare*; *t. la severità, il rigore* | (*fig.*) Frenare, moderare: *t. il desiderio, la passione*. *3* (*poet.*) †Accordare, combinare, far concordare in un tutto armonico: *temprar potess'io in sì soavi note / i miei sospiri* (PETRARCA) | (*est., disus.*) Accordare uno strumento. *4* Affilare, aguzzare, fare la punta: *t. la matita*. *5* †Regolare: *spesso Imeneo col suon di sua zampogna / tempra lor danze* (POLIZIANO). *6* V. *temprare* nei sign. A1 e A2. **B** v. rifl. *1* Moderarsi, frenarsi | †***Temperarsi da qlco.***, astenersi. *2* V. *temprare* nel sign. B. **C** v. intr. pron. ● V. *temprare* nel sign. C.

temperatìvo [vc. dotta, lat. tardo *temperatīvu(m)*, da *temperātus* 'temperato'; sec. XIV] agg. ● (*raro*) Che è atto a temperare (*spec. fig.*).

temperàto [1282] **A** part. pass. di *temperare*; anche agg. *1* Nei sign. del v. | Appuntito | (*mus.*) Detto di strumento accordato mediante temperamento | ***Scala temperata***, che si ottiene dividendo l'ottava in dodici semitoni perfettamente uguali. *2* Che possiede un giusto grado, una misura non eccessiva di calore, detto spec. del clima, della temperatura o delle stagioni: *cuocere a fuoco t.*; *clima t.* *3* Non eccessivo, prudente: *un entusiasmo t.*; *linguaggio t.* *4* Che sa moderare istinti, appetiti, passioni: *un uomo t. nel bere* | ***Vita temperata***, regolata, sobria. SIN. Controllato, sobrio. *5* (*raro*) V. *temprato*. *6* (*biol.*) Detto di un virus batterico che, invece di provocare direttamente la lisi di un batterio, si integra nella cellula ospite e viene trasmesso alle cellule figlie dando luogo al fenomeno della lisogenia. ‖ **temperataménte**, avv. *1* Moderatamente: *bere, mangiare temperatamente*. *2* (*raro*) Con giusto grado e proporzione: *temperatamente freddo*. **B** avv. ● †Con temperanza.

†**temperatóio** [sec. XV] s. m. ● Temperino.

temperatóre [vc. dotta, lat. *temperatōre(m)*, da *temperātus* 'temperato'; av. 1333] s. m.; anche agg.

(f. -trice) ● (raro) Chi (o Che) tempera | (fig.) Moderatore.

◆**temperatùra** [vc. dotta, lat. temperatūra(m) 'mescolanza in giusta misura (di caldo e freddo, umido e secco)'; sec. XIV] **s. f. 1** Grandezza fisica scalare usata, mediante la scelta di scale di misura, di unità, di punti di riferimento, per misurare la capacità di un corpo a dare sensazioni di caldo o freddo: *la t. di un gas; misurare la t. col termometro* | **T. assoluta, t. termodinamica,** temperatura riferita allo zero assoluto, espressa in kelvin | **T. di ebollizione,** quella in cui si manifesta il fenomeno dell'ebollizione e che è invariabile per ogni liquido nelle stesse condizioni | **T. critica,** quella al di sopra della quale una sostanza gassosa non può passare allo stato liquido | Attitudine di un corpo a dare o a ricevere calore: *la t. del mare; la t. di un ambiente* | **T. alta,** molto calda | **T. bassa,** fredda | CFR. termo-, -termo, -termia. ➡ TAV. **temperatura (scale della). 2** Grado di calore del corpo umano | **T. esterna,** misurata alla cute | **T. interna,** misurata nelle cavità del corpo | (*fam.*) Febbre: *ha un po' di t.* **3** (*per anton.*) Stato termico dell'atmosfera: *t. costante; sbalzi di t.* | **T. dell'aria,** quella indicata da un termometro esposto all'aria ma convenientemente protetto dalle radiazioni dirette ed indirette | **T. massima e minima,** il più alto e il più basso valore verificatosi in un determinato periodo di tempo; CFR. Escursione nel sign. 3 | **T. di rugiada,** quella che segnerebbe un termometro se l'aria venisse resa satura di vapore mediante un conveniente raffreddamento a pressione costante | **T. ambiente,** quella consueta negli ambienti interni: *servire un vino a t. ambiente.* **4** †Atto del temperare l'acciaio o una penna. **5** †Temperamento | †Complessione, costituzione fisica. **6** (*mus.*) †Temperamento.

tempèrie [vc. dotta, lat. tempĕrie(m), da temperāre; av. 1400] **s. f. inv. 1** (*raro*) Stato dell'atmosfera, clima | Clima temperato e mite. **2** (*fig.*) Carattere di una situazione storica o culturale in rapporto ai fatti attraverso i quali si manifesta o che ne sono il frutto. SIN. Clima. **3** †Proporzionata mescolanza.

temperinàta [1825] **s. f.** ● Colpo di temperino: *non si mena una bocca, ma un taglio lungo e sottile, fatto con una t.* (DE AMICIS).

temperìno [da temper(are) con suff. di strumento -ino; av. 1548] **s. m. 1** Coltello a serramanico a una o più lame lunghe meno di cm 8. **2** Temperamatite.

tempest /'tɛmpest, *ingl.* 'thɛmpɪst/ [vc. ingl., propr. 'tempesta'; 1970] **s. f.** o **m. inv.** ● Imbarcazione a vela da regata, per un equipaggio di due persone, con chiglia fissa, randa e fiocco.

◆**tempèsta** [vc. dotta, lat. tempĕsta(m), originariamente agg. f. di tĕmpus 'tempo'; av. 1250] **s. f. 1** Perturbazione atmosferica con vento di forte o fortissima intensità, forza 10-11 della scala del vento Beaufort, pioggia e talvolta grandine | **T. di mare,** uragano, fortunale | **T. magnetica,** cambiamento del magnetismo terrestre con effetti perturbatori sulle radiocomunicazioni, dovuta a emissione di elettroni e protoni da parte del Sole. **2** (*region.*) Grandine | **La t. è vicina, c'è odor di t.,** (*fig.*) si avvicinano rimproveri o sgridate. **3** (*fig.*) Veemenza, impeto: *calmare la t. dei sentimenti* | †Furia, violenza: *il fiero Agrican con più t. / rimena il colpo* (BOIARDO) | (*est.*) Fitta quantità, gragnuola (*anche fig.*): *una t. di proiettili; una t. di guai.* **4** (*fig.*) Gran turbamento, sconvolgimento morale, violenta agitazione: *chi potrebbe esprimere la t. che così si sollevò nel cuore?* (NIEVO) | (*est.*) Confusione, scompiglio: *quel bambino porta in casa la t.* | (*fig.*) **Una t. in un bicchier d'acqua,** un grande agitarsi di discussioni, contrasti, litigi che si risolve in nulla. **5** Pastina da brodo a forma di piccolissimi cilindri anche forati.

†**tempestaménto** [da tempestare; 1828] **s. m.** ● Tempesta.

†**tempestànza** [da tempestare; av. 1257] **s. f.** ● Tempesta.

tempestàre [da tempesta; av. 1250] **A v. tr.** (*io tempèsto*) **1** †Colpire con la tempesta | †Inquietare, mettere sottosopra, in grande agitazione. **2** Percuotere con colpi fitti, rapidi e violenti: *t. la porta di colpi* | (*fig.*) Bersagliare con insistenza, subissare: *t. qlcu. di domande, di richieste, di telefonate; lo tempestò di acerbi rimproveri* | †Guastare, rovinare: *n'andò in cucina, e là fece gran danno, tempestando ciò che v'era* (SACCHETTI). **3** Ornare fittamente: *t. un diadema di brillanti.* **B v. intr.** (*aus. avere*) **1** (*raro*) Essere, mettersi in tempesta, detto spec. delle acque del mare, dei laghi, ecc. | (*fig.*) Agitarsi, infuriare, imperversare (*anche fig.*): *tempestò a lungo con pugni e calci.* **2** (*fig.*) Essere agitato, turbato. **C v. intr. impers.** (*aus. avere e essere*) ● Fare, infuriare, tempesta: *tempestava e grandinava.*

tempestàrio [da tempestare; 1826] **s. m.** (*f. -a*) ● Nelle credenze medievali e rinascimentali europee sulla stregoneria, chi provocava la grandine e la tempesta per operazione diabolica.

tempestàto [av. 1294] **A part. pass.** di *tempestare*; *anche agg.* **1** Nei sign. del v.: *un cielo t. di stelle; un braccialetto t. di diamanti.* **2** †Travagliato, agitato. **B s. m.** ● †Tempesta.

†**tempestévole** [sec. XVI] **agg.** ● Soggetto alla tempesta.

†**tempestìa** [da tempesta con ampliamento suff. a carattere iter.; sec. XIV] **s. f.** ● Tempesta.

tempestìo [per tempesti(v)o; 1879] **s. m. 1** Il tempestare continuato (*spec. fig.*): *un t. di calci; un t. di rampogne.* **2** (*tosc.*) Fracasso, confusione.

tempestività [vc. dotta, lat. tempestivitāte(m), da tempestīvus 'tempestivo'; 1640] **s. f.** ● Caratteristica di chi (o di ciò che) è tempestivo: *ci ha salvati la tua t.; la t. di un discorso.*

tempestìvo [vc. dotta, lat. tempestīvus 'che viene a tempo (tempĕstus, agg. di tĕmpus)'; av. 1389] **agg. 1** Che giunge opportuno, si compie nel momento adatto, conveniente: *rimedio, aiuto t.* **2** Detto di chi interviene nel momento migliore: *con quel discorso, è stato molto t.* || **tempestivaménte, avv.** In modo tempestivo: *agire, intervenire tempestivamente.*

tempestóso [vc. dotta, lat. tardo tempestuōsu(m), da tempĕstus, agg. di tĕmpus, con sovrapposizione di tempesta; av. 1250] **agg. 1** Burrascoso, agitato dalla tempesta: *mare t.* **2** (*raro, fig.*) Impetuoso: *un t. torrente* | (*fig.*) Agitato, turbato, inquieto: *pensieri tempestosi; una vita tempestosa* | (*fig.*) Che è contrastato o provoca tumulti, reazioni violente: *una riunione molto tempestosa.* **3** (*fig.*) †Mutevole, instabile, fluttuante. || **tempestosaménte, avv. 1** In modo tempestoso. **2** (*fig.*) Impetuosamente; tumultuosamente. **3** †Ansiosamente.

tèmpia (o **-é-**) [lat. tĕmpora, pl. di tĕmpus, genit. tĕmporis, di etim. incerta; sec. XIII] **s. f. 1** Regione corrispondente all'osso temporale | **Avere le tempie bianche,** avere i capelli delle tempie bianchi; (*est.*) essere avanzato negli anni. **2** (*spec. al pl.*) Testa | (*fig., lett.*) Mente.

tempiàle [da tempia nel senso di 'travi del tetto', che aveva il lat. tĕmpla, pl. di tĕmplum, di orig. incerta; 1585] **s. m.** ● Organo del telaio che tiene ben teso il tessuto nel senso della trama.

tempière [dal francese custodito, secondo il fr. templier; 1312] **s. m.** ● (*raro*) Templare.

tempiétto [sec. XIV] **s. m. 1** Dim. di *tempio.* **2** (*arch.*) Costruzione generalmente a pianta circolare che in forme ridotte riproduce il modello del tempio classico.

tempificàre [comp. di tempo e -ficare; 1970] **v. tr.** (*io tempifico, tu tempifichi*) ● Ripartire, suddividere i tempi di lavorazione all'interno di un processo industriale.

◆**tèmpio** (o **-é-**) o **tèmplo** (o †**-é-**) [lat. tĕmplu(m), vc. di orig. indeur. col senso di 'spazio delimitato, consacrato agli dèi'; sec. XIII] **s. m.** (*pl. tèmpli* o †*témpli*) **1** Edificio consacrato a una divinità e al culto religioso, spec. nelle religioni superiori: *t. egiziano, greco, romano* | **T. classico,** quello nato in Grecia nell'età arcaica e sviluppatosi fino al IV sec. a.C. | (*per anton.*) Il tempio di Gerusalemme, centro della religione ebraica prima della diaspora. ➡ ILL. p. 2116 ARCHITETTURA; **archeologia. 2** Chiesa, santuario, basilica: *il t. di S. Pietro a Roma.* **3** (*est.*) Edificio, luogo dedicati alla celebrazione di persone insigni, memorie gloriose, istituzioni. **4** (*fig.*) Luogo sacro, degno di venerazione o ritenuto di ideali alti e nobili: *quel teatro è un t. dell'arte; il Mondo è statua, immagine, t. vivo di Dio* (CAMPANELLA). **5** (*raro*) Ordine dei Templari. || **tempiétto,** dim. (V.).

tempìsmo [da tempista; 1924] **s. m.** ● Caratteristica, capacità di chi è tempista (*in senso fig.*) | Condotta da tempista.

tempìsta [da tempo in senso mus.; 1791] **s. m.** e **f.** (*pl. m. -i*) **1** Musicista che ha perfetta abilità nell'andare a tempo. **2** (*fig.*) Chi sa agire cogliendo il momento giusto, opportuno: *in politica, è un abile t.; quell'atleta è un t. eccezionale.* **3** Tecnico addetto alla rilevazione dei tempi con i vari metodi disponibili.

tempìstica [da tempistico; 1986] **s. f.** ● (*org. az.*) Studio e valutazione dei tempi necessari a eseguire un'operazione.

tempìstico [1957] **agg.** (*pl. m. -ci*) ● Da tempista | Ispirato, conforme a tempismo.

templàre o (*raro*) **templàrio** [vc. dotta, lat. templāre(m) 'relativo al tempio (tĕmplum)'; 1270 ca.] **A s. m.** ● Membro dell'ordine militare-religioso del Tempio, fondato nel 1119, soppresso nel 1312, che si proponeva la guerra contro gli infedeli e la difesa del Santo Sepolcro. **B agg. 1** Dell'ordine del Tempio. **2** (*raro*) Di, del tempio o dei templi: *torre t.*

temple-block /*ingl.* 'thɛmpḷ͵blɒk/ [*loc. ingl.,*

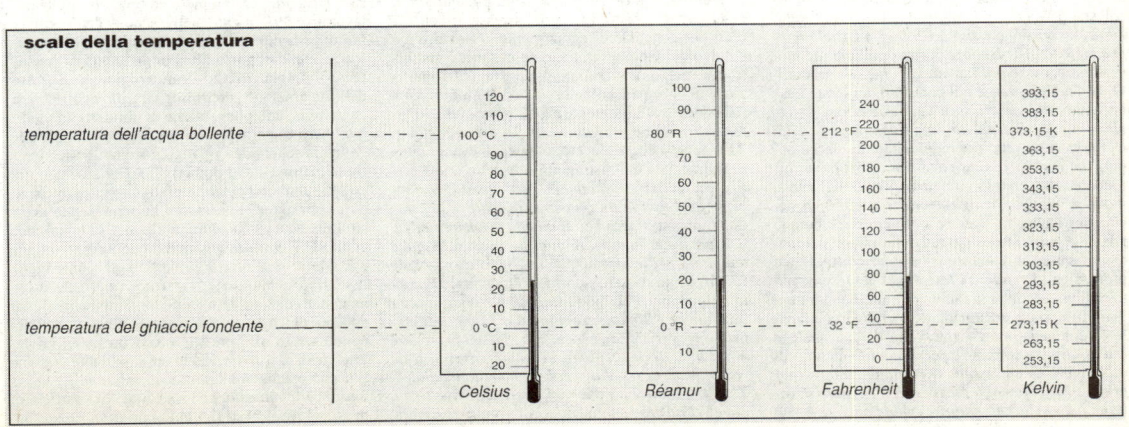

scale della temperatura

temperatura dell'acqua bollente — 100 °C / 80 °R / 212 °F / 373,15 K

temperatura del ghiaccio fondente — 0 °C / 0 °R / 32 °F / 273,15 K

Celsius — Réamur — Fahrenheit — Kelvin

comp. di *temple* 'tempio' e *block* 'blocco', con passaggio semantico non del tutto chiaro (forse dalla forma che ricorda la cupola d'un tempio); 1955] **s. m. inv.** (pl. ingl. *temple-blocks*) ● (*mus.*) Denominazione di vari strumenti in legno a percussione, di antica origine orientale, usati nel jazz dei primi anni del Novecento e di qui passati nell'orchestra sinfonica contemporanea.

†**tèmplo** (o -**é**-) ● V. *tempio*.

♦**tèmpo** [lat. *tĕmpus*, di etim. discussa: dalla stessa radice indeur. che significa 'tagliare', col senso originario di 'divisione (del tempo)' (?); sec. XII] **s. m.** **I** Spazio indefinito nel quale si verifica l'inarrestabile fluire degli eventi, dei fenomeni e delle esistenze, in una successione illimitata di istanti. ***1*** Durata globale del fluire delle cose, considerata in assoluto: *l'idea, la coscienza del t.*; *il trascorrere, il precipitare del t.*; *non si può fermare il t.* | ***Il t. non passa mai***, quando ci si annoia, perché si sta in ozio o in attesa | ***Col t.***, con il passare del tempo: *col t. imparerai a stimarlo* | ***Perdere la nozione del t.***, non essere coscienti del suo fluire, non riuscire a individuare l'ora o il giorno nei quali ci si trova | ***Dar t. al t.***, aspettare con pazienza il momento opportuno per la risoluzione di qlco. | ***In progresso, in processo di t.***, (*lett.*) col trascorrere del tempo | ***Senza t.***, nell'eternità, eternamente. ***2*** Successione di istanti irreversibile e di durata senza limiti, ma considerata come una grandezza che può essere misurata e suddivisa: *la misura, la divisione del t.*; *l'orologio segna, indica il t.* CFR. crono-, -crono | (*astron.*) Angolo orario dell'oggetto celeste di riferimento, ossia ore e frazioni trascorse dal suo passaggio al meridiano | ***T. vero***, riferito al Sole vero | ***T. medio***, riferito al Sole medio | ***T. siderale***, riferito all'equinozio di primavera | ***T. civile***, quello medio aumentato di 12 ore | ***T. universale***, il tempo civile del primo fuso orario o di Greenwich | ***T. medio dell'Europa centrale***, il tempo civile del secondo fuso orario, al quale appartiene l'Italia. ***3*** Porzione limitata di una durata complessiva, periodo: *un t. lungo, breve*; *per molto, poco, qualche t.*; *dopo poco t.*; *poco t. dopo, prima*; *è da poco t. che ci conosciamo*; *gli ha dedicato tutto il suo t.*; *non sappiamo dove è stato tutto questo t.*; *quanto t. resterai con noi?* | ***Tutto il t.***, continuativamente: *gli ho parlato tutto il t.* ***4*** Spazio di tempo circoscritto che occorre, viene previsto o deciso perché si compia un'azione, si verifichi un fenomeno o un avvenimento: *calcolare i tempi*; *il t. della reazione chimica è brevissimo*; *quanto t. avete riservato alla cerimonia?* | ***T. di cottura***, richiesto da una vivanda perché sia cotta al punto giusto | (*org. az.*; *anche al pl.*) ***T. di lavorazione***, quello necessario per eseguire un'operazione direttamente produttiva: *stare nei tempi* | (*org. az.*) ***T. normale***, necessario per l'esecuzione di un'operazione da parte di un operatore di normali capacità e impegno in condizioni normali | ***Tempi lunghi, tempi brevi***, per attuazione di progetti che preventivano molto o poco tempo | ***Tempi tecnici***, quelli minimi necessari per la realizzazione di qlco., il disbrigo di una pratica e sim. | ***Tempi morti***, momenti di interruzione di un'attività, non utili ai fini della produzione | (*org. az.*) ***T. reale***, quello normale maggiorato dei fattori fisiologici, di fatica e ambientali | (*org. az.*) ***T. supplementare***, quello assegnato, su richiesta, per fattori non previsti nel ciclo di produzione, lavorazione e sim. | (*org. az.*) ***Ufficio tempi e metodi***, ufficio che si occupa di elaborare programmi per il miglioramento dei metodi produttivi, la determinazione e il controllo dei tempi base necessari alle varie fasi di una lavorazione | (*fis.*, *elettron.*) ***T. di transito***, quello impiegato dagli elettroni in un tubo per raggiungere la placca oppure dai portatori di cariche nei transistori per diffondere attraverso le giunzioni | (*elab.*) ***T. reale***, modo d'impiego degli elaboratori elettronici per cui questi, anziché operare a posteriori, elaborano i dati, acquisiti attraverso reti di terminali, nel momento stesso in cui hanno origine. CONTR. Batch processing | ***Prendere i tempi***, nel gergo cinematografico, calcolare la durata di ogni inquadratura di un film, spec. documentario, per potervi adattare la colonna sonora | Intervallo di una qualche estensione occorrente per l'adempimento di un'attività, di un lavoro: *ti ci vuole molto t. per prepararti?*; *dammi il t. necessario per fare le valigie*; *per avviare il motore ci vuole poco t.*; *è una operazione che richiede un certo t.*; *c'è appena il t. di telefonargli* | ***Non avere t.***, essere molto impegnato: *oggi non ho t.*, *ripassa domani* | Spazio di tempo non di breve durata: *ci vuole t. per riparare il guasto*; *occorre t. per conoscersi bene* | ***Ci vuole il suo t.***, è meglio non aver fretta o essere impazienti | ***T. un mese***, prima che sia trascorso un mese | ***Non c'è t. da perdere***, bisogna affrettarsi, lavorare con lena per portare a termine qlco. | ***È finito il t.***, si è esaurito il tempo assegnato | ***Senza por t. in mezzo***, senza frapporre indugi | ***Acquistare, guadagnare t.***, affrettarsi a portare a termine qlco. per dedicarsi ad altre attività | ***Prendere t.***, indugiare in attesa che una situazione difficile si risolva o sia risolta da altri | ***A t.***, ***in t.***, entro il periodo prescritto, necessario e sim.: *non sei più a t. a presentarti all'esame* | ***Al t. stesso***, nello stesso momento, contemporaneamente | ***Per t.***, con sollecitudine, presto | ***A far t. da***, iniziando da, a partire da. ***5*** (*mus.*) Suddivisione metrico-ritmica della battuta in parti di identico valore, rappresentata da una frazione, scritta all'inizio del brano, il cui denominatore dà il valore scelto come unità e il numeratore dà il numero delle volte in cui quel valore si presenta: *t. in 3/4*, *in 2/4*, *t. ternario*, *t. binario* | ***T. forte o in battere***, la prima unità della battuta sulla quale cade l'accento | ***T. debole o in levare***, le unità della battuta sulle quali non cade o è più debole l'accento | ***Segnare, battere il t.***, suddividere le battute con la mano o con la bacchetta | ***Andare a t.***, ***tenere il t.***, rispettare il ritmo richiesto | ***T. rubato***, licenza di non tenere il ritmo in modo meccanico e richiesta di una certa elasticità a fini espressivi | ***T. primo***, ritorno al movimento segnato inizialmente | ***Senza t.***, indicazione di libertà ritmica nell'esecuzione di un passaggio | Movimento. ***6*** In metrica, misura che corrisponde al valore di una vocale breve: *in una sillaba lunga i tempi sono due* | ***T. debole***, parte del piede non sottoposta all'ictus | ***T. forte***, parte del piede sottoposta all'ictus. ***7*** Ogni movimento di cui si compone un'azione dallo svolgimento complesso: *un passo di danza in quattro tempi* | ***Fare qlco. in più tempi***, rispettando sequenze stabilite o con interruzioni anche non programmate | ***Al t.!***, (*disus.*) comando di sospensione durante l'esecuzione di un esercizio che deve essere ripetuto; (*est.*) invito a non tenere in considerazione un ordine, un'azione o una frase pronunciata erroneamente. ***8*** Ciascuna delle fasi il cui insieme costituisce il ciclo di funzionamento di un motore a scoppio: *motore a due, a quattro tempi*. ***9*** (*fis.*) Parametro che assume i valori nel campo reale, e del quale sono funzione le variabili meccaniche e fisiche. ***10*** In vari sport, il periodo di tempo fissato per la disputa dell'incontro: *segnare allo scadere del t.* | Ciascuna delle parti in cui è diviso il tempo regolamentare di un incontro: *chiudere il primo t. in parità* | ***Tempi supplementari***, quelli che vengono disputati in aggiunta ai regolamentari, quando un incontro è finito in parità, per designare la squadra vincente | Spazio di tempo cronometrato che viene impiegato in una corsa: *realizzare un buon t.*; *ottenere il miglior t.* | ***Migliorare il t.***, in una gara di corsa, coprire il percorso in un tempo minore di quello realizzato in precedenza | ***Tenere un buon t.***, mantenere alta la media della velocità | ***T. massimo***, nelle gare di corsa, il tempo concesso ai concorrenti per concludere regolarmente la prova dopo l'arrivo del vincitore; in vari sport, quello stabilito in anticipo per terminare la prova. ***11*** Ripartizione di uno spettacolo di rivista o di un film, corrispondente all'atto nel teatro di prosa o nell'opera lirica: *siamo entrati all'inizio del secondo t.* ***12*** In una successione cronologica di eventi, punto rintracciabile e distinguibile rispetto a un 'prima' e a un 'dopo': *da quel t. iniziammo a parlarci*; *in quel t. ci fu un'alluvione disastrosa* | Periodo, momento: *è passato il t. della spensieratezza*; *il t. presente, futuro* | ***A quel t.***, allora | ***In quei tempi, a quei tempi***, in quei periodi ormai lontani | ***T. fa***, in un passato non molto lontano | ***D'ogni t.***, in qualunque periodo | ***In ogni t.***, sempre, continuamente | ***Rimandare a miglior t.***, ad occasione più propizia | Era, epoca, età: *al t. dei primi uomini*; *al t. degli Etruschi, delle Signorie*; *al t. di Napoleone*; *al t. della seconda guerra mondiale* | ***T. di***, caratterizzato da: *t. di guerra, di rivolte, di pace* | ***Il nostro t.***, l'epoca in cui viviamo | ***Essere del proprio t.***, ***figlio del proprio t.***, averne i costumi, le abitudini | ***Ai nostri tempi***, all'epoca della nostra giovinezza, quando avevamo autorità o eravamo nel pieno dell'attività | ***Al t. che Berta filava***, (*scherz.*) in epoche assai remote e in condizioni ambientali, storiche o sociali ormai superate | ***Del t.***, della stessa epoca, contemporaneo | ***Un t.***, in passato, in un'epoca ormai trascorsa | ***Ci fu un t. in cui*** ..., all'inizio di narrazioni, tanto tempo fa, in un'epoca lontana | ***Ha fatto il suo t.***, si dice di persona scaduta di autorità, di cosa che ha perduto valore o è passata di moda | (*spec. al pl.*) Epoca non sempre ben collocabile in una successione cronologica o definibile soprattutto con riferimenti alle condizioni storiche e sociali: *tempi d'oro, favolosi, mitici*; *tempi oscuri, bui, difficili*; *i tempi antichi, moderni*; *i tempi nostri*; *in questi ultimi tempi*; *quelli erano tempi!* | ***Altri tempi!***, ***che tempi!***, escl. di nostalgia per epoche ritenute migliori di quella in cui si vive o di riprovazione per il presente | ***Coi tempi che corrono***, date le difficoltà che la vita presenta oggi | ***In tempi non sospetti***, in un periodo in cui le opinioni espresse o i comportamenti tenuti da qlcu. non potevano essere riconducibili a una moda o a un interesse personale | ***Adeguarsi ai tempi***, ***essere all'altezza dei tempi***, ***andare coi tempi***, sapersi uniformare alle esigenze di un periodo storico non comune | ***Al t. dei tempi***, ***nella notte dei tempi***, in epoca assai lontana. ***13*** Età, dell'uomo o di un animale, spec. se giovani: *quanto t. ha questo ragazzo?*; *quel cucciolo non ha molto t.* | ***Essere del t. di qlcu.***, averne circa la stessa età | ***Il suo giovane t.***, (*lett.*) la sua giovinezza. ***14*** Periodo dell'anno di una certa estensione avente caratteristiche proprie o nel quale si verificano eventi naturali ricorrenti: *t. di primavera, di vacanze*; *t. quaresimale, pasquale*; *il t. della semina, della trebbiatura*; *il t. delle fragole è molto breve* | ***T. di caccia***, epoca in cui la caccia è permessa dalla legge. ***15*** Parte della giornata o di un periodo più prolungato nei quali ci si impegna in un lavoro o ci si dedica a una attività: *il t. dello studio, dello svago, del riposo*; *fare buon uso, un uso equilibrato del t.*; *saper impiegare, distribuire il proprio t.*; *non riesco mai a trovare il t. per leggere*; *posso rubarti un po' del tuo t., del tuo t. prezioso?*; *figurati se ho t. per queste cose!*; *non riesco più a trovare t. a tutto*; *hai un briciolo di t. per me?* | ***T. libero***, quello al di fuori dell'orario di lavoro, utilizzabile per il riposo o lo svago | ***Nei ritagli di t.***, ***a t. perso***, nei momenti liberi da attività consuete o impegnative | ***Sprecare, buttare via il t.***, fare cose inutili o addirittura stare in ozio | ***Buttare via t. e quattrini***, dedicarsi a qualcosa il cui esito appare molto incerto o del tutto negativo | ***Perdere t.***, ***perdere il t.***, passarlo vanamente, in modo inconcludente | ***Non perdere t.***, agire con tempestività ed efficacia (*anche iron.*): *come vedi, pur di arricchirsi, non ha perso t.* | ***È t. perso***, è un'azione, un lavoro che non approderà a nulla: *se lo fai senza entusiasmo, è tutto t. perso* | ***Riguadagnare il t. perduto***, mettersi alacremente al lavoro, dopo un periodo di inattività o per rimediare alla pigrizia di cui precedentemente si era dato prova | ***Ingannare, ammazzare il t.***, fare qlco. per non annoiarsi | ***Darsi al bel t.***, ***al buon t.***, divertirsi, spassarsela | ***Impiego a t. pieno***, per il numero complessivo delle ore lavorative | ***T. pieno***, nella scuola dell'obbligo, prolungamento dell'orario scolastico nelle ore pomeridiane, con possibilità per gli alunni di consumare a scuola il pasto di mezzogiorno, di fruire dell'integrazione dell'insegnamento curricolare con attività complementari e di utilizzare in modo più libero e aperto le strutture scolastiche | ***T. lungo***, nella scuola dell'obbligo, facoltà di estendere, sia la mattina che il pomeriggio, l'orario scolastico oltre il tempo pieno, soprattutto per permettere ad alcuni alunni l'accesso e la permanenza nelle strutture scolastiche durante l'orario di lavoro dei genitori | ***T. prolungato***, nella scuola dell'obbligo, estensione dell'orario scolastico al pomeriggio durante il quale viene impartito il normale insegnamento di tutte le materie da parte degli stessi docenti del mattino | ***Retribuzione a t.***, salario commisurato alle ore di lavoro prestate. ***16*** In grammatica, il momento in cui il parlante colloca l'azione espressa dal verbo: *t. presente, passato, futuro* | ***T. composto***, con l'ausiliare e il participio passato | ***Avverbi di t.***, quelli che determinano in quale tempo avviene l'azione, indicando il presente, il passato, il futuro | ***Complementi di t.***, quelli che indicano una determinazione temporale, reale o figurata: *t. determinato*; *t. continuato.* ***17*** Periodo anche brevissimo, momento stabilito, epoca opportuna per l'esecuzione o l'espletamento di qlco.: *avrete la risposta entro il t. convenuto* | ***T. utile***, quello in cui è possibile compiere atti giuridici o presentare documenti, domande e sim. | ***A t. debito***, al momento opportuno o stabilito dalla legge: *vi sarà inviato il contratto a t. debito* | ***A t. e luogo, a suo t.***, nel momento adatto, opportuno | ***A un t.***, contemporaneamente: *il suo comportamento desta a un t. compassione e disprezzo* | ***È t. di ..., è t. che ...***, è il momento giusto o favorevole per fare qlco.: *è tempo che tu gli dica come stanno le cose* | ***Prima del t.***, (*lett.*) ***anzi, innanzi t.***, prima dei termini fissati o consueti | Occasione, momento irripetibile: *non ha saputo cogliere il t.* ***18*** Personificazione del fluire degli anni, dei secoli e del continuo cambiamento delle cose: *i guasti, le ingiurie, le offese del t.*; *il t. corre, fugge* | ***Il t. fa giustizia da solo***, con il passare del tempo, si chiariscono le situazioni, si ristabilisce la giustizia | ***Il t. è un gran dottore, il t. è medico***, il tempo attenua e ripara danni fisici e morali. **III** Insieme degli elementi meteorologici che caratterizzano lo stato dell'atmosfera su un luogo o una regione in un determinato momento: *t. splendido, bello, brutto, variabile, umido, piovoso*; *il t. cambia, si mantiene, si guasta, si rinfresca, si rimette, tende al brutto*; *che t. fa?*; *usciremo con qualsiasi t.* | Aspetto del cielo: *t. chiaro, trasparente, grigio, buio*; *il t. si rischiara* | ***T. da cani, da lupi***, pessimo, assai rigido | ***Un t. pesante***, che produce sull'uomo un senso di oppressione o di tristezza | ***T. permettendo***, se le condizioni atmosferiche saranno buone | ***Previsioni del t.***, quelle fatte dai meteorologi | ***Sentire il t.***, avvertirne i cambiamenti con dolori, disturbi fisici, irritabilità e sim. | (*fig.*) ***Fare il bello e il brutto*** (o ***il cattivo***) ***t.***, avere, esercitare un potere pieno e da tutti riconosciuto, spec. in un ambiente, in un gruppo di persone | ***Lascia il t. che trova***, detto di azione, provvedimento e sim. che non hanno alcun risultato o non producono l'effetto auspicato | (*mar.*) ***Fuggire il t.***, allontanarsi nella direzione stessa della bufera, detto di imbarcazione investita da una tempesta. || **PROV.** Rosso di sera, bel tempo si spera; il tempo è moneta; chi ha tempo non aspetti tempo; il tempo viene per chi lo sa aspettare. || **tempàccio**, **pegg.** | **tempétto**, **dim.** | **tempìno**, **dim.** (V.) | †**tempóne**, **accr.** (V.) | **tempucciàccio**, **pegg.** | **tempùccio**, **pegg.**

†tempóne [1532] **s. m.** ***1*** Accr. di *tempo.* ***2*** Allegria, festa | ***Far t.***, spassarsela.

tèmpora [vc. lat., pl. di *tĕmpus*, genit. *tĕmporis*, col senso di 'stagione'; 1353] **s. f. pl.** ● Stagioni, nella loc. ***quattro tempora*** che indicava i giorni iniziali (mercoledì, venerdì e sabato) delle quattro divisioni dell'anno liturgico, nei quali vi era obbligo di astinenza e digiuno, ora sostituiti dal precetto di santificazione.

temporàle (***1***) [vc. dotta, lat. *temporāle(m)*, agg. 'relativo al tempo (*tĕmpus*, genit. *tĕmporis*)'; av. 1294] **A** **agg.** ***1*** Che ha durata limitata nel tempo | Caduco, mondano: *beni temporali* | ***Pene temporali***, quelle del Purgatorio, che non durano in eterno | ***Potere t. dei papi***, il potere politico esercitato sui possedimenti territoriali della Chiesa. **CONTR.** Eterno, spirituale. ***2*** (*ling.*) Di, del tempo: *avverbio t.* ***3*** (*mat.*) Che riguarda il tempo: *ascissa t.* | (*stat.*) ***Serie t.***, insieme ordinato di dati indicanti i valori assunti da una variabile nel tempo. ***4*** †Secolare, laico. || †**temporalemènte**, **temporalménte**, **avv.** (*raro*) ***1*** In modo temporaneo; †mondanamente. ***2*** †Nel tempo. **B** **s. f.** ● Proposizione subordinata indicante contemporaneità o anteriorità o posteriorità di un'azione rispetto alla reggente.

temporàle (***2***) [vc. dotta, lat. *temporāle(m)*, agg. 'relativo alla tempia (*tĕmpus*, genit. *tĕmporis*)'; av. 1493] **agg.** ● Relativo alla tempia: *regione t.* | ***Osso t.***, del cranio, posto sui due lati fra le ossa frontale, parietale e occipitale. ➡ **ILL.** p. 2122 ANATOMIA UMANA.

♦**temporàle** (***3***) [sost. di *temporale* (*1*); sec. XIII] **s. m.** ***1*** Scarica brusca di elettricità atmosferica che si manifesta con lampo e con tuono | (*gener.*) Perturbazione atmosferica locale, di breve durata, accompagnata da raffiche di vento, rovesci di pioggia, talvolta grandine e scariche elettriche. ➡ **ILL.** p. 2135 SCIENZE DELLA TERRA ED ENERGIA. ***2*** (*fig., scherz.*) Reazione violenta, lite aspra: *fra di loro, per un'inezia, scoppia il t.* ***3*** †Tempo, età | †Stagione. || **temporalàccio**, **pegg.** | **temporalóne**, **accr.**

temporalésco [da *temporale* (*3*); 1835] **agg.** (**pl. m.** *-schi*) ● Di, relativo a temporale: *cielo t.*

temporalìsmo [da (potere) *temporal(e)* (*1*) e *-ismo*; 1911] **s. m.** ● (*st.*) Indirizzo ecclesiastico che, nella politica ecclesiastica cattolica, dava particolare rilievo alle forme di governo mondano o temporale della Chiesa.

temporalità [vc. dotta, lat. tardo *temporalitāte(m)*, dall'agg. *temporālis* 'temporale'; sec. XIV] **s. f.** ***1*** Carattere di ciò che è temporale | Caducità. ***2*** (*spec. al pl.*) Dotazione di beni reali ed economici, propria della Chiesa, di un ente canonico, di un convento e sim. ***3*** †Affetto alle cose mondane.

temporaneità [av. 1855] **s. f.** ● Carattere, condizione di ciò che è temporaneo: *la t. di un ufficio, una carica.*

temporàneo [vc. dotta, lat. tardo *temporāneu(m)* 'che comincia al tempo (*tĕmpus*, genit. *tĕmporis*) giusto'; sec. XIII] **agg.** ***1*** Che dura poco tempo, non è stabile e definitivo: *incarico t.* | Provvisorio, momentaneo: *soluzione temporanea* | ***Lavoro t.***, V. *lavoro* | Passeggero, destinato a scomparire: *sono nubi temporanee.* ***2*** †Che viene a tempo debito: *pioggia temporanea*; *aiuto t.* | †***Frutto t.***, primaticcio. || **temporaneaménte**, **avv.** Per un tempo breve, limitato: *si sono temporaneamente trasferiti in campagna*; in modo transitorio, non definitivo: *cercare temporaneamente una soluzione.*

†**temporàrio** [vc. dotta, lat. *temporāriu(m)* 'che appartiene al tempo (*tĕmpus*, genit. *tĕmporis*)'; 1476] **agg.** ● (*raro*) Temporaneo. || †**temporariaménte**, **avv.** Temporaneamente.

tempore, in illo ● V. *in illo tempore.*

temporeggiaménto [1626] **s. m.** ● Il fatto di temporeggiare.

temporeggiàre [da *tempo*; sec. XIII] **A** **v. intr.** (*io temporéggio*; aus. *avere*) ***1*** Prendere tempo, aspettare il momento opportuno per agire, decidere e sim.: *l'offerta era vantaggiosa, ma continuava a t.* **SIN.** Indugiare. ***2*** (*lett.*) Comportarsi secondo l'opportunità. **B** **v. tr.** ● †Non affrontare, rimandare, differire indugiando. **C** **v. intr. pron.** ● †Destreggiarsi: *temporeggiati el meglio puoi* (MACHIAVELLI).

temporeggiatóre [1598] **s. m.** (**f.** *-trice*) ● Chi temporeggia.

tempòribus ìllis [propr. 'in quei (*illis*, abl. pl. di *ille*) tempi (*tempŏribus*, abl. pl. di *tĕmpus*, genit. *tĕmporis*)'; 1879] **loc. avv.** ● Nei tempi antichi (*spec. scherz.*): *temporibus illis questo sarebbe stato possibile, ora è ridicolo.*

temporizzàre [dal fr. *temporiser*, deriv. di *temps* 'tempo'; 1965] **v. tr.** ● Regolare a tempo un meccanismo perché funzioni a intervalli prestabiliti: *t. un dispositivo di irrigazione.*

temporizzatóre [da *tempo*; 1970] **s. m.** ● (*elettr.*) Commutatore funzionante automaticamente a intervalli di tempo regolari.

temporomandibolàre [comp. di *tempor(ale)* (*2*) e *mandibolare*; 1961] **agg.** ● (*anat.*) Che riguarda l'osso temporale e la mandibola: *articolazione, regione t.*

tempororbitàrio [comp. di *tempor(ale)* (*2*) e *orbitario*] **agg.** ● (*anat.*) Relativo alle ossa temporali e alle orbite.

tèmpra o (*raro*) **tèmpera** nei sign. 1, 3, 4 e 5 [variante di *tempera*; 1319] **s. f.** ***1*** Caratteristica di maggior durezza e resistenza che acquistano i metalli e il vetro se riscaldati e poi rapidamente raffreddati immergendoli in acqua, olio o altro, oppure investendoli con getti d'aria: *acciaio di buona t.* | Trattamento termico cui vengono sottoposti i metalli e il vetro da indurire: *dare la t.* ***2*** L'insieme delle doti fisiche, intellettuali e morali che una persona possiede: *un uomo di t. eccezionale*; *una t. di studioso*; *non è della nostra t.* | Costituzione fisica, spec. se robusta e salda: *una t. rotta a tutte le fatiche* | (*raro, lett.*) Temperamento: *il padre fu di umore allegro, la madre di t. assai malinconica* (VICO). ***3*** (*raro, lett.*) Disposizione naturale | †Disposizione d'animo. ***4*** Insieme di caratteristiche particolari possedute dalla voce umana o dal suono di uno strumento. **SIN.** Timbro. ***5*** (*est.*) †Armoniosa modulazione della voce: *né mai in sì dolci e in sì soavi tempre / risonar seppi gli amorosi guai* (PETRARCA) | (*poet.*) Disposizione delle parti rispetto a un tutto armonico | (*est., spec. al pl.*) Qualità, genere, maniera. ***6*** (*lett.*) †Temperatura, clima: *oh! fortunate / genti che in dolci tempre / quest'aura respirate* (PARINI).

†**temprànza** ● V. *temperanza.*

tempràre o (*raro*) **temperàre** [variante di *temperare*; 1313] **A** **v. tr.** (*io tèmpro* (o *-é-*)) ***1*** Dare la tempra: *t. il vetro, l'acciaio* | (*est., lett.*) Formare, fabbricare. ***2*** (*est., fig.*) Irrobustire, rendere forte e resistente fisicamente e moralmente: *il lavoro gli ha temprato il carattere.* **SIN.** Fortificare, rafforzare. ***3*** †V. *temperare* nei sign. 3 e 5. **B** **v. rifl.** ● Fortificarsi nel fisico o nello spirito: *temprarsi con lo sport, l'esperienza, le lotte della vita.* **C** **v. intr. pron.** ● Diventare più forte: *il suo carattere si è temprato durante la giovinezza.* **SIN.** Fortificarsi, rafforzarsi.

tempràto o (*raro*) **temperàto** [1321] **part. pass.** di *temprare*; anche **agg.** ● Nei sign. del v.: *vetro, acciaio t.*; *un carattere t. dalle sofferenze.*

tempura /'tempura, *giapp.* ˌtempɯɾa/ [n. giapp. del piatto, da *tempora*, perché per i missionari gesuiti portoghesi era un cibo da consumarsi durante il periodo delle tempora] **s. m.** o **f. inv.** ● (*cuc.*) Frittura di molluschi, crostacei e verdure in una pastella di farina di riso, acqua e uovo, tipica della cucina giapponese.

tempùscolo [da *tempo* col suff. dim. di *corpuscolo*; av. 1855] **s. m.** ● Nel linguaggio scientifico, intervallo di tempo infinitesimo o piccolissimo.

†**temulènto** [vc. dotta, lat. *temulĕntu(m)*, da *temētum*, n. di una bevanda inebriante, di orig. incerta; sec. XIII] **agg.** ● Ubriaco, ebbro.

†**temulènza** [vc. dotta, lat. *temulĕntia(m)*, da *temulĕntus* 'temulento'; sec. XIV] **s. f.** ● Ubriachezza.

temùto [sec. XIII] **part. pass.** di *temere*; anche **agg.** ***1*** Atteso o previsto con timore: *è arrivata la temuta perturbazione.* ***2*** Che incute timore: *un insegnante assai t.*

tenàce [lat. *tenāce(m)*, da *tenēre*; av. 1292] **agg.** ***1*** Resistente: *filo t.* | Sodo, compatto: *terreno t.* | ***Legno t.***, duro. ***2*** Che è viscoso, adesivo: *colla t.* | Che si attacca facilmente e fa presa: *materia, calce t.* | (*fig.*) †***Contatto t.***, stretto. ***3*** (*fig.*) Saldo: *memoria t.* | ***Proposito t.***, mantenuto con fermezza, ostinato | ***Amicizia, odio t.***, che durano e resistono da tempo | Di chi è fermo, costante nei propositi, nelle idee: *un uomo forte e t.* ***4*** (*raro, lett.*) Avaro, parco nello spendere. || **tenacétto**, **dim.** || **tenaceménte**, **avv.** In modo tenace (*spec. fig.*): *attaccarsi tenacemente a qlco.*; *è tenacemente fermo nel suo proposito.*

tenàcia [lat. *tenācia(m)*, da *tenēre*; 1831] **s. f.** (**pl.** *-cie*) ● Caratteristica di chi (o di ciò che) è tenace (*spec. fig.*): *lavorare con t. per affermarsi.*

tenacità [lat. *tenacitāte(m)*, da *tĕnax*, genit. *tenācis* 'tenace'; av. 1311] **s. f.** ***1*** Proprietà di ciò che è tenace, spec. viscoso, duro, compatto: *la t. di un metallo, un terreno.* ***2*** (*fig., raro*) Fermezza, perseveranza. ***3*** (*raro, lett.*) Avarizia.

tenàglia o (*lett.*) **tanàglia** [lat. tardo *tenācula*, nt. pl. di *tenāculu(m)* 'pinza', da *tenēre* 'tenere'; 1312] **s. f.** ***1*** (*spec. al pl., tecnol.*) Attrezzo manuale costituito da due bracci d'acciaio incrociati e mobili intorno a un perno, le cui parti più lunghe costituiscono l'impugnatura mentre quelle più corte, incurvate e terminanti a spigolo acuto, talvolta taglienti, sono atte a compiere operazioni quali sconficcare chiodi, tagliare fili di ferro e unghie di animali, afferrare pezzi riscaldati nella fucina e sim.: *t. per falegname, per carpentiere, per maniscalco, per fabbro* | ***T. a rana***, attrezzo costituito da un parallelogramma articolato e usato nella trafilatura per afferrare le estremità dei trafilati | ***Cavare le parole di bocca con le tenaglie a qlcu.***, (*fig.*) costringere a parlare una persona riluttante | ***A t.***, detto di oggetto o fenomeno che per la forma o la funzione ricorda una tenaglia | (*mil.*) ***Manovra a t.***, quella con cui un esercito arriva contemporaneamente sui due fianchi dello schieramento nemico | (*mil.*) ***Lanciasiluri a t.***, coppia di morse che sostiene il siluro lungo il fianco di piccole siluranti e lo lascia cadere in acqua al momento del lancio. ***2*** (*tecnol.*) Organo di presa di apparecchi di sollevamento e trasporto: *draga a t.* *3* (*zoot.*) Attrezzo usato per imprimere tatuaggi a inchiostro sulle orecchie del bestiame o applicarvi marche metalliche mediante perforazione. *4* (*med.*) Pinze per estrazioni dentarie, con bocca conformata secondo il dente da estrarre. *5* Fortificazione che si distende a tenaglia aperta verso la campagna usata, spec. un tempo, per ottenere tiro incrociato. ➡ ILL. p. 2121 ARCHITETTURA. *6* (*spec. al pl., pop.*) Chele di crostacei o scorpioni. || **tenagliàccia**, **pegg.** | **tenagliétta**, **dim.** | **tenaglina**, **dim.** | **tenaglióne**, **accr. m.** | **tenagliùccia**, **dim.** | **tenagliuòla**, **dim.**

tenagliàre ● V. *tanagliare.*

tenalgìa [comp. di *ten(o)-* e *-algia*; 1961] **s. f.** ● (*med.*) Dolore localizzato a un tendine.

tènar o **tènare** [gr. *thénar* 'palma della mano', con qualche riscontro germ.; 1797] **agg.** ● (*anat.*) Detto del rilievo muscolare del palmo della mano dalla parte del pollice: *eminenza t.*

tenàrio [vc. dotta, lat. *Taenăriu(m)* 'relativo al promontorio e alla città di *Tāenarus*', in gr. *Táinaros*; 1476] **agg.** *1* (*poet.*) Infernale. *2* Detto di un marmo greco nero o verde-giallo.

†**tencióne** e *deriv.* ● V. *tenzone* e *deriv.*

♦**tènda** [lat. parl. **tĕnda(m)*, da *tĕndere* nel senso specifico di 'tendere la tenda'; av. 1294] **s. f.** *1* Tela stesa allo scoperto per riparo dal sole, dalla pioggia, dal vento: *rizzare la t. per vendere roba al mercato* | ***T. di negozio***, tenuta ferma all'esterno con ferri infissi nel muro ed avvolgibile intorno ad un'asta metallica | ***T. alla veneziana***, a stecche di legno o a lamine di plastica, inclinabili a piacere | (*raro*) Telone di teatro. *2* Drappo di tessuto più o meno leggero appeso davanti alla finestra, per ornamento, per impedire di esser visti o come protezione contro la luce solare: *alzare, calare la t.* | ***Tirare la t.***, farla scorrere per aprirla o chiuderla. *3* Riparo trasportabile costituito da un telo impermeabile sorretto da pali e fissato al terreno da picchetti, usato da campeggiatori, militari o nomadi: *t. da sei, otto, dodici uomini* | ***T. canadese***, tipo di tenda da campeggio, a sezione triangolare, costituita da semplici teli di copertura sorretti da due paletti | ***T. ad arco***, ***t. a cupola***, tipo di tenda da campeggio sostenuta da archi flessibili di metallo o di fibra di vetro | ***T. a casetta***, tipo di tenda da campeggio costituita da una serie di ambienti separati fra loro, dotati di porte e finestre, sorretti da una struttura metallica | ***T. d'alta quota***, ***da bivacco***, in alpinismo, di minime dimensioni e peso, con struttura a doppia intercapedine e appositi materiali, tale da ottenere alto potere coibente e isotermico | ***Rizzare***, ***piantare le tende***, accamparsi; (*fig.*) approfittare a lungo dell'ospitalità di qlcu. | ***Levare le tende***, smontare l'accampamento; (*fig.*) andarsene | ***Ritirarsi sotto la t.***, (*fig.*) isolarsi sdegnosamente. ➡ ILL. **campeggiatore**. *4* ***T. a ossigeno***, apparecchio per fornire ossigeno a un malato. || **tendàccia**, **pegg.** | **tendétta**, **dim.** | **tendina**, **dim.** (V.) | **tendóne**, **accr. m.** (V.) | **tendùccia**, **dim.**

tendàggio [da *tenda*; 1930] **s. m.** *1* Tenda che chiude il vano di un letto, una porta, una finestra. *2* Insieme di più tende disposte per adornare un ambiente.

tendaggista [da *tendaggio*; 1983] **s. m. e f.** (**pl. m.** *-i*) ● Chi confeziona o vende tende.

tendàle [sp. *tendal*, da *tienda* 'tenda'; sec. XVI] **s. m.** *1* (*raro*) Tenda grandissima che si mette nei luoghi aperti per ripararsi dal sole o dalla pioggia. *2* (*mar.*) Tenda mobile che copriva la poppa e l'alloggiamento degli ufficiali nelle galee. || **tendalétto**, **dim.** | **tendalino**, **dim.** (V.).

tendalino [1983] **s. m.** *1* Dim. di *tendale*. *2* Telo che viene teso sopra il pozzetto o la coperta delle imbarcazioni per ripararsi dal sole o dalla pioggia.

tendàme [da *tenda*, con suff. collett. *-ame*; 1891] **s. m.** ● Insieme di tende e accessori: *negozio di tendami.*

†**tendàre** [da *tenda*] **v. intr.** e **intr. pron.** ● Attendarsi, accamparsi.

tendènte **part. pres.** di *tendere*; anche **agg.** *1* Che mira: *un'espressione t. a offendere.* *2* Che si avvicina: *un cielo t. al grigio.*

♦**tendènza** [da *tendere*; av. 1535] **s. f.** *1* Propensione, attitudine, consapevole indirizzo verso qlco.: *avere t. ai lavori manuali*; *ha t. verso la vita politica*; *non ha tendenze per il disegno.* CFR. -mania. SIN. Disposizione, inclinazione. *2* Orientamento, corrente che si sviluppa all'interno di fenomeni culturali, movimenti storici, artistici o letterari, partiti politici: *le nuove tendenze della moda*; *t. di destra, di sinistra* | Complesso delle persone che manifestano una tendenza: *al congresso ha prevalso la t. moderata* | Nella loc. agg. ***di t.***, che riflette od orienta i gusti del pubblico: *spettacolo, giornale di t.* CFR. Trendy. *3* Attitudine a evolversi in un determinato modo: *questo tessuto ha una t. a sgualcirsi*; *il tempo ha t. a peggiorare* | ***T. di mercato***, insieme di fattori che orientano in un dato senso il fenomeno dei consumi.

tendenziàle [1899] **agg.** ● Che ha, rivela una tendenza. || **tendenzialménte**, **avv.** Con tendenza, predisposizione: *è tendenzialmente sincero.*

tendenziosità [1935] **s. f.** ● Condizione di ciò che è tendenzioso. SIN. Parzialità.

tendenzióso [da *tendenza*; 1890] **agg.** ● Che mira a scopi e interessi particolari | Non obiettivo, parziale: *giudizio t.* || **tendenziosaménte**, **avv.**

tènder /ingl. 'tʰendəɹ/ [vc. ingl., dal v. *to tend* 'accompagnare, servire', variante per aferesi di *to attend* 'assistere, attendere a'; 1749] **s. m. inv.** *1* Veicolo ferroviario la cui cassa è atta a contenere scorte di acqua, combustibile, lubrificanti e attrezzi, necessari per la locomotiva a vapore. *2* (*mar.*) Piccolo battello di servizio di imbarcazioni più grandi, utilizzato per scendere a terra.

♦**tèndere** [lat. *tĕndere*, di orig. indeur.; av. 1292] **A** **v. tr.** (**pass. rem.** *io tési, tu tendésti*; **part. pass.** *téso*) *1* Distendere, spiegare tirando, per allargare o allungare al massimo: *t. una fune*; *t. la biancheria ad asciugare* | Tirare: *t. la corda di uno strumento* | (*raro*) ***T. un padiglione***, negli antichi accampamenti militari, drizzarlo | Preparare (*anche fig.*): *t. le reti*; *t. una trappola, un tranello*; *t. insidie* | (*assol., lett.*) Cacciare: *ecco angel novo, / a cui non tesi, e ne la rete il trovo* (ARIOSTO). CONTR. Allentare. *2* Stendere, allungare: *t. la mano per chiedere l'elemosina* | ***T. la mano a qlcu.***, (*fig.*) offrirgli il proprio aiuto | (*fig.*) ***T. l'orecchio***, prestare attenzione a un discorso | (*fig.*) ***T. lo sguardo***, volgerlo in un punto con la massima attenzione | (*raro, fig.*) ***T. la mente***, applicarsi, sforzarsi su qlco. | ***T. le braccia***, (*poet.*) ***t. le palme***, (*fig.*) supplicare, implorare. *3* (*raro, lett.*) Dirigere: *t. il cammino.* **B** **v. intr.** (**aus.** *avere*) (+ *a*) *1* Cercare di raggiungere, inclinare, volgere a un fine: *tendiamo a una maggiore serenità.* SIN. Aspirare, mirare. *2* Propendere, essere naturalmente incline: *un ragazzo che tende alle fantasticherie*; *t. al male, alla misantropia* | (*raro*) Essere favorevole: *tendere verso un partito.* *3* Indirizzarsi, stare per evolversi verso una determinata condizione: *la stagione tende al caldo*; *è un materiale che tende a deteriorarsi.* *4* Avvicinarsi a una determinata gradazione, detto di colori, sapori, odori: *oggi il cielo tende al grigio.* **C** **v. intr. pron.** ● Entrare in tensione, contrarsi: *gli si tendono i nervi.*

tenderòmetro [ingl. *tenderometer*, comp. di *tender* 'tenero' e *-meter* '-metro'; 1965] **s. m.** ● Apparecchio atto a misurare la durezza dei piselli e quindi il loro grado di maturazione.

tendicaténa [comp. di *tendere* e *catena*; 1949] **s. m. inv.** ● Dispositivo per mantenere tesa una catena di trasmissione in biciclette, motocicli e sim.

tendicinghia [comp. di *tendere* e *cinghia*; 1961] **s. m. inv.** ● Dispositivo per mantenere tesa una cinghia di trasmissione.

tendicòllo [comp. di *tendere* e *coll(ett)o*; 1963] **s. m. inv.** ● Rinforzo di plastica che si mette all'interno del collo della camicia maschile per renderlo rigido.

tendifilo [comp. di *tendere* e *filo*; 1965] **s. m.** (**pl. inv.** o *-i*) *1* Congegno per tendere il filo metallico attorno a un collo o a un contenitore per chiuderlo. *2* Nella macchina da cucire, congegno che mantiene teso il filo via via che si svolge dal rocchetto.

♦**tendina** [1650] **s. f.** *1* Dim. di *tenda*. *2* Tenda piccola e leggera di finestra, sportello di carrozza, e sim.: *tirare, abbassare le tendine.* *3* (*cine*) Effetto speciale che, per mezzo di una linea che attraversa lo schermo, permette il passaggio graduale da un'immagine a un'altra senza dissolvenza.

tèndine [da *tendere*; 1561] **s. m.** ● (*anat.*) Estremità connettivale fibrosa di un muscolo, che lo fissa allo scheletro | ***T. d'Achille***, della parte posteriore del calcagno. CFR. teno-.

tendineo [1775] **agg.** ● (*anat.*) Del tendine | ***Organo t.***, propriocettore di tensione muscolare.

tendinite [comp. di *tendine* e *-ite* (*1*); 1961] **s. f.** ● (*med.*) Infiammazione dei tessuti tendinei.

tendinóso [1684] **agg.** ● (*raro*) Che presenta tendini.

tendiscàrpe [comp. di *tende(re)* e il pl. di *scarpa*; 1970] **s. m. inv.** ● Forma leggera di plastica o legno munita di una molla che introdotta in una scarpa la distende e la riporta alla sua forma originale.

tenditóio [da *tendere* (i panni); 1879] **s. m.** *1* (*raro*) Luogo in cui si stendono i panni del bucato, stenditoio. *2* (*raro*) Strumento che serve a tendere.

tenditóre [1309] **A** **s. m.** *1* (f. *-trice*) (*raro*) Chi tende | (*raro*) Chi per mestiere tende reti. *2* Meccanismo usato per tendere cavi, catene o altro. *3* (*mecc.*) Congegno a vite che congiunge i due ganci e le aste di trazione di due vagoni agganciati. **B** **agg.** ● Che tende, che serve per tendere qlco.: *fune tenditrice.*

tenditrice ● V. *tensore.*

tendóne [1640] **s. m.** *1* Accr. di *tenda*. *2* Tenda grande o robusta: *i tendoni dei negozi* | Grande tenda impermeabile per riparare merci o altro dalle intemperie | Grande tenda gener. circolare, sorretta da una struttura metallica, sotto la quale si tengono spettacoli, mostre e sim.: *il t. del circo* | (*agr.*) ***A t.***, detto di un particolare tipo di allevamento della vite. ➡ ILL. **agricoltura e giardinaggio.**

tendòpoli [comp. di *tenda* e del gr. *pólis* 'città', in una applicazione compositiva abbastanza frequente; 1923] **s. f. inv.** *1* (*raro*) Campeggio molto esteso e affollato. *2* Agglomerato di tende di grandi dimensioni installate, insieme a servizi igienici, centri sanitari e sim., per accogliere un gran numero di persone che abbiano dovuto abbandonare le loro case in seguito a calamità o ad altra situazione di emergenza.

tènebra o (*poet.*) **tenèbra** [lat. tardo *tĕnebra(m)* 'oscurità', usato più spesso, nella classicità, al pl., di orig. indeur.; av. 1292] **s. f.** *1* (*spec. al pl.*) Oscurità profonda, completa, buio assoluto: *la città è avvolta in fitte tenebre*; *aver paura delle tenebre.* CFR. scoto- | (*lett.*) Densa nube: *sole coperto di tenebre*; *veggiono il ciel di tenebre coperto* (POLIZIANO) | (*fig.*) ***Occhi coperti di tenebre***, ciechi | (*assol.*) Oscurità della notte: *usciremo al cader delle tenebre* | (*fig.*) Ignoranza | ***Avvenimenti ancora avvolti nelle tenebre***, non ancora conosciuti, studiati, esplorati. *2* ***Ufficio delle tenebre***, prima della riforma del 1955, liturgia cattolica della settimana santa, nel corso della quale, per commemorare la morte di Gesù, si spegnevano i lumi. *3* †Squallore, lutto, afflizione. *4* †Confusione.

tenebràre [lat. tardo *tenebrāre*, da *tĕnebra*; 1319] **A** **v. tr.** (*io tènebro*) ● (*lett.*) Ottenebrare, oscurare (*anche fig.*). **B** **v. intr. pron.** ● (*lett.*) Oscurarsi, rabbuiarsi (*anche fig.*).

†**tenebria** [da *tenebra*, con suff. intens.; sec. XIII] **s. f.** ● Vaste tenebre (*anche fig.*).

†**tenebricóso** [vc. dotta, lat. *tenebricōsu(m)*, da *tenĕbricus*, agg. di *tĕnebrae* 'tenebre, oscurità'; 1499] **agg.** ● (*lett.*) Pieno di tenebre.

tenebrióne [vc. dotta, lat. *tenĕbrio*, genit. *tenebriōnis* 'che fugge la luce, rifugiandosi nell'oscurità (*tĕnebrae*)'; 1771] **s. m.** ● Insetto dei Coleotteri cosmopolita, bruno, lucido, notturno; ha larve giallicce e si nutre di farina, crusca, cereali (*Tenebrio molitor*). SIN. Verme della farina.

Tenebriònidi [comp. del lat. *tenĕbrio*, genit. *tenebriōnis*, propr. 'che ama le tenebre', e *-idi*; 1875] **s. m. pl.** (**sing.** *-e*) ● Nella tassonomia animale, famiglia di Insetti dalle abitudini notturne, di color scuro o grigio o anche metallico, generalmente atteri con corpo di varia forma, che si nutrono per lo più di detriti vegetali (*Tenebrioniidae*).

†**tenebróre** [da *tenebra* col suff. di stato atmosferico, come in (*chiar*)*ore*; sec. XIII] **s. m.** ● (*lett.*) Tenebre, buio, oscurità.

tenebrosità o †**tenebrositàde**, †**tenebrositàte** [sec. XIII] **s. f.** *1* (*raro*) Condizione di ciò che è tenebroso (*anche fig.*). *2* †Offuscamento della vista. *3* †Foschia.

tenebróso [vc. dotta, lat. *tenebrōsu(m)* 'relativo all'oscurità (*tĕnebrae*)'; av. 1292] **agg.** *1* Pieno di tenebre, avvolto in una fitta oscurità: *notte tenebrosa*; *baratro t.*; *l'emisfero t. della terra* (GALI-

LEI) | (*raro*) ***Occhio t.***, che vede poco | (*fig.*) Misterioso, pesantemente oscuro: *pensiero t.*; *maneggi tenebrosi* | (*fig.*) Detto di persona dall'atteggiamento cupo, schivo, misterioso: *un uomo t.* **2** †Turbolento | Confuso, agitato, turbato. || **tenebroṣaménte**, **avv.** Misteriosamente, subdolamente: *agire tenebrosamente.*

tenènte (**1**) o (*lett.*) †**tegnènte** [av. 1292] **part. pres.** di *tenere*; anche **agg.** **1** Nei sign. del v. **2** †Che tiene saldo | (*raro*, *lett.*) Sodo, compatto, tenace: *la candida farina / che la pasta farà molto tegnente* (D'ANNUNZIO).

♦**tenènte** (**2**) [per (*luogo*)*tenente* 'che tiene il posto (*luogo*) di un altro', secondo il modello fr. (*lieutenant*); 1611] **s. m.** ● Secondo grado della gerarchia degli ufficiali, successivo a quello di sottotenente, cui compete il comando di un plotone delle varie armi o della linea pezzi di una batteria d'artiglieria | ***T. colonnello***, secondo grado della gerarchia degli ufficiali superiori, successivo a quello di maggiore, con competenza al comando di battaglione o unità corrispondente | ***T. generale***, grado della gerarchia militare esistente in taluni organi e servizi, corrispondente al grado di generale di divisione | ***T. di vascello***, ufficiale della marina militare di grado pari al capitano dell'esercito e, nel linguaggio di bordo, l'ufficiale in seconda sulle navi da guerra minori. || **tenentìno**, **dim.**

tenènza [da *luogotenente*, come il corrispondente fr. *lieutenance*; 1676] **s. f.** ● Comando retto da un ufficiale subalterno dei carabinieri o della guardia di finanza.

♦**tenére** [lat. *tenēre*, della stessa radice indeur. di *tĕndere*; sec. XII] **A v. tr.** (**pres.** *io tèngo*, †*tègno*, *tu tièni*, †*tègni*, *egli tiène*, *noi teniàmo*, †*tegnàmo*, *voi tenéte*, *essi tèngono*, †*tègnono*; **pass. rem.** *io ténni*, †*tenéi*, †*tenètti* (o †*-étti*), *tu tenésti*; **fut.** *io terrò*, *tu terrài*; **congv. pres.** *io tènga*, †*tègna*, ..., *noi teniàmo*, †*tegnàmo*, *voi teniàte*, †*tegnàte*, *essi tèngano*, †*tègnano*; **condiz. pres.** *io terrèi*, *tu terrésti*; **imperat.** *tièni*, *tenéte*; **part. pres.** *tenènte*, †*tegnènte*; **part. pass.** *tenùto*) La forma *tièni* dell'imperat. può assumere, in unione con particelle pron., le forme *tièmmi* (per *tiènimi*), *tiènne* (per *tiènine*) e sim., con apocope di 'i' e, nel caso di *tiemmi*, assimilazione di *n* a *m*. *Tiènti* è l'imperat. della forma intensiva o rifl. *tenersi*: *tienti il resto*; *tienti forte!* **1** Avere qlco. o qlcu. con sé e stringerlo perché non cada, non sfugga, stia fermo: *t. in mano un giornale*; *t. l'ombrello con la destra*; *teneva una cartella sottobraccio*; *tieni questa statuetta con tutte e due le mani*; *tenete questo bambino per un braccio* | ***T. tra le braccia***, abbracciare | ***T. l'avversario***, nel pugilato, impedire all'avversario di combattere, usando tattiche ostruzionistiche | Stringere con le mani: *t. le briglie*; *non riesce a t. il bicchiere* | Afferrare: *tenetelo, sta scappando!* | Fare in modo che qlco. non oscilli o si sposti: *tieni il lampadario mentre svito la lampadina*; *t. una scala, un sostegno a qlcu. che sale* | Reggere, sostenere (*anche fig.*): *non ce la faceva più a t. quel baule sulle spalle*; *è lui a t. tutto il peso della famiglia* | (*fig.*) ***T. il sacco, mano, bordone a qlcu.***, avere un rapporto di complicità con qlcu. | (*fig.*) ***T. l'anima coi denti***, trovarsi in precarie condizioni di salute | ***T. bene il mare***, di imbarcazione in grado di affrontare un mare agitato o tempestoso perché dotata di stabilità, manovrabilità e sim. **2** Fare in modo che qlcu. o qlco. rimanga per un certo tempo in una posizione, uno stato, una situazione o un posto stabilito: *t. le mani lungo i fianchi, il cappello in testa, gli occhi bassi*; *t. la finestra socchiusa*; *lo ha tenuto in piedi per due ore*; *lo tennero a dieta per un mese*; *questo lavoro mi terrà impegnato fino a tardi*; *t. qlcu. prigioniero, in ostaggio*; *t. qlcu. in ansia*; *abbiamo tenuto il vino in fresco*; *t. le valigie in deposito*; *t. un animale in gabbia* | ***T. qlcu. sospeso***, lasciare qlcu. nell'incertezza o in attesa di una risposta | ***T. sotto qlcu.***, (*fig.*) mantenerlo in una situazione di inferiorità, sottomissione o soggezione | ***T. qlco. da conto***, conservarla con cura | ***T. qlco. a mente, a memoria***, ricordarla | ***T. una pratica in sospeso***, non evaderla | ***T. un campo a grano***, coltivarlo a grano | (*fig.*) ***T. il piede in due staffe***, barcamenarsi tra due posizioni fra loro opposte, allo scopo di uscire senza danno da una situazione difficile | ***T. le mani a posto***, non toccare qlco. o non mettere le mani addosso a qlcu. | ***T. la lingua a posto***, non insolentire o insultare qlcu. | ***T. la testa a partito***, comportarsi in modo saggio, ponderato | ***T. qlcu. in pugno***, (*fig.*) averlo in proprio potere | ***Tenersi buono qlcu.***, mantenere con qlcu. un rapporto di amicizia perché non possa nuocere o per calcolo | Trattare: *t. bene qlcu.*; *lo teneva come un principe* | ***T. qlcu. come un cane***, trattarlo molto male | ***T. le distanze***, (*fig.*) non entrare in dimestichezza con qlcu., mantenere un atteggiamento distaccato | ***T. un bambino a battesimo***, ***a cresima***, fargli da padrino o da madrina | Fare rimanere a posto: *le bretelle tengono i pantaloni*; *tiene i capelli con un nastro* | Far durare: *è un tessuto che tiene la stiratura*; *questo clavicembalo non tiene più l'accordatura* | (*mus.*) ***T. una nota***, prolungarne il suono con la voce o uno strumento | Fare restare con sé: *lo tenne in casa dieci anni* | Fare vivere con sé, provvedendo al mantenimento: *a sua posta tenendolo in una casa a Camaldoli* (BOCCACCIO) | ***T. una cameriera***, averla in casa, alle proprie dipendenze | Trattenere: *non vi terremo a cena*: *è troppo tardi* | ***T. qlcu. in parole***, trattenerlo, distrarlo parlando | ***T. a bada qlcu.***, trattenerlo o sorvegliarlo per evitare che si opponga a qlcu. o qlco. con atti o parole | Frenare, dominare: *t. la rabbia*; *non riusciva più a t. le lacrime.* **3** Mantenere ciò che si è detto o promesso: *t. la parola*; *non tenne fede al giuramento* | Non lasciarsi sfuggire, non rivelare, non tradire: *t. un segreto, una confidenza* | Rispettare, osservare: *t. un impegno*; *t. una regola.* **4** Avere per sé, in proprio possesso: *tenete fra le mani una ricchezza e non lo sapete* | Prendere: *tieni questo regalo*; *tenga pure il resto*; *Tieni!*; *tenete!* | (*fam.*) ***Te'***, ***tie'***, tieni, prendi. **5** (*merid.*) Avere, possedere: *t. sonno*; *t. famiglia*; *non tengo un soldo*; *che bella casa che tiene!*. **6** (*poet.*) Ottenere, conquistare: *e tiene un premio / ch'era follia sperar* (MANZONI). **7** Occupare uno spazio, quasi sempre eccessivo (*anche fig.*): *quell'arazzo tiene tutta la parete*; *il pullman teneva gran parte della strada*; *questo argomento tiene troppo spazio nella discussione* | Occupare un luogo per conservarlo, impedendo ad altri di accedervi: *se arrivi prima, tienimi un posto in gradinata* | Occupare un luogo per abitarvi: *t. un appartamento al primo piano* | Presidiare, difendere: *t. una posizione strategica, una via di comunicazione* | (*est.*) Mantenere assoggettato, dominare: *t. una città*; *ormai il nemico teneva tutta la regione.* **8** Occupare un posto, ricoprire una carica, svolgere una funzione: *t. un incarico al ministero*; *t. una posizione di riguardo, di comando*; *t. un ruolo scomodo* | Gestire, esercitare un'attività: *t. bottega*; *t. una pensione, un caffè* | Avere in mano, amministrare: *è lui che tiene la cassa* | ***T. (il) banco***, in un gioco, accettare le puntate degli altri giocatori e guidare il gioco | (*fig.*) ***T. banco***, si dice di chi, in un gruppo di persone, guida la conversazione e accentra su di sé l'attenzione generale. **9** Organizzare, presiedere, prendere parte: *t. un'assemblea*; *t. un consiglio di amministrazione*; *t. una riunione* | (*con il 'si' passivante*) Tenersi, avere luogo, svolgersi: *l'assemblea si terrà domani mattina* | ***T. consiglio con qlcu.***, consultarsi con qlcu. per deliberare su qlco. **10** Contenere, avere una determinata capacità o capienza: *questa bottiglia tiene un litro scarso*; *la sala terrà circa duecento persone* | (*lett.*) Accogliere, ospitare: *la tua città ... / seco mi tenne in la vita serena* (DANTE *Inf.* VI, 50-51). **11** Percorrere mantenendo una direzione (*anche fig.*): *t. sempre la medesima strada*; *t. un contegno scorretto* | ***T. la destra***, marciare lungo il lato destro della strada | ***T. la mano***, procedere lungo il lato consentito dal codice stradale | ***T. la strada***, di autoveicolo, non sbandare | ***T. la rotta***, di imbarcazione, rispettare la rotta prestabilita | ***T. la parte, le parti di qlcu.***, condividerne le opinioni e sostenerlo | (*fig.*) ***T. il filo del discorso***, seguire un ordine logico nell'esposizione, non divagare. **12** Valutare, reputare, considerare, stimare: *t. sicuro, certo, probabile*; *lo avevano tenuto come un fratello*; *lo tengo per quel che vale*; *per invidia non già che non mi tiene / maggior di sé* (LEOPARDI) | ***T. qlcu., qlco. in nessun conto***, non concedergli nessuna stima, considerazione | ***T. per fermo***, considerare come cosa sicura. **13** (*assol.*) Nel linguaggio alpinistico, arrestare la caduta del compagno di cordata. **14** Nelle seguenti espressioni assume significati diversi, determinati dal predicato o dal complemento oggetto | ***T. stretto***, stringere | ***T. d'occhio qlcu.***, sorvegliarlo, spiarlo, controllarne i movimenti | ***T. conto di qlco.***, prenderla in considerazione, darle importanza | ***T. copia di qlco.***, provvedere a ricopiarla per conservarla | ***T. compagnia***, fare compagnia | †***T. mente***, sorvegliare, badare | ***T. caldo***, fornire calore, di abito pesante e sim. | (*dir.*) ***T. udienza***, concederla | ***T. un discorso***, pronunciarlo | ***T. una lezione***, farla, impartirla | ***T. un linguaggio sconveniente***, esprimersi in modo sconveniente. **B v. intr.** (aus. *avere*) **1** Resistere allo sforzo, reggere alla fatica: *questo reparto di soldati non potrà t. a lungo* | ***T. alla distanza***, nel linguaggio sportivo, resistere bene fino al termine di una gara | ***Tener duro***, non cedere | (*fig.*) Saper fronteggiare situazioni difficili, mantenendo il controllo di sé: *il campione ha tenuto grazie alla sua forza di carattere* | ***La produzione, il mercato tiene***, (*fig.*) le capacità produttive dell'industria e quelle di assorbimento dei prodotti da parte dei consumatori si mantengono a livelli soddisfacenti. **2** Non cedere, non rompersi, non aprirsi, detto di cose: *questo nodo terrà*; *è una chiusura che non tiene* | Non lasciare uscire un liquido, detto di recipienti: *questa borraccia non tiene più.* **3** Essere solido, resistente, valido (*anche fig.*): *occorrono chiodi che tengano*; *il dollaro tiene*; *sono ragioni che non tengono*; *la tua storia tiene poco* | Fare presa, detto di colla, calce e sim.: *se il mastice terrà, i pezzi non si staccheranno* | Non sbiadire, detto di colori, tinte e sim. | (*fig.*) Durare, resistere al tempo: *è un matrimonio che tiene* | Non scomporsi o disfarsi: *la tua acconciatura non tiene.* **4** Attecchire, mettere radici, crescere, detto di piante: *gli ulivi in questo terreno non tengono*; *quest'anno le rose hanno tenuto bene.* **5** Procedere, avanzare in una direzione: *t. a destra*; *t. rasente l'argine* | ***T. dietro a qlcu.***, seguirlo (*anche fig.*): *legge così velocemente che non riusciamo a tenergli dietro.* **6** Parteggiare per qlcu., sostenere un'idea: *t. per qlcu., per uno dei due litiganti*; *bisognerebbe che tutti i preti fossero come vossignoria, che tenessero un po' dalla parte de' poveri* (MANZONI) | ***T. per una squadra***, parteggiare, fare il tifo per essa. **7** Annettere importanza a qlco., nutrire per qlcu. attaccamento o interesse: *è uno che tiene alla forma*; *ci tengo molto al successo di questa impresa*; *ci teniamo all'indipendenza economica*; *teneva moltissimo alla sua donna* | ***Tengo a***, mi sta a cuore, m'importa di: *tengo a dichiarare che ...* **8** Avere un rapporto di somiglianza con qlcu. o qlco. o partecipare alla natura di qlco., in alcune locuzioni particolari | ***T. da***, somigliare: *tiene un poco dalla madre* | ***T. di***, possedere elementi comuni, avere analoga natura: *è un avvenimento che tiene del prodigioso.* **C v. rifl.** **1** Reggersi, appoggiarsi, aggrapparsi per evitare di cadere o di lasciarsi sfuggire qlco.: *si tenga forte alla ringhiera*; *il naufrago si teneva con la destra a un relitto della nave.* **2** Essere o restare in uno stato, in una determinata posizione o situazione: *tenersi in piedi, inginocchiato, a gambe unite*; *tenersi da parte, a distanza, in primo piano*; *tenersi pronto, a disposizione di qlcu.*; *studia e legge molto per tenersi aggiornato* | ***Tenersi a galla***, galleggiare | ***Tenersi sulle sue***, star sulle sue, dandosi un contegno sostenuto o mostrandosi offeso | ***Tenersi sulla difensiva***, difendersi senza prendere l'iniziativa di attaccare | Stare in un luogo, in un posto: *si teneva in un angolo, al centro della sala.* **3** Trattenersi, contenersi, non poter fare a meno di: *tenersi a stento dal ridere*; *non potemmo tenerci dal rimproverarlo.* **4** Attenersi a qlco., non discostarsene: *tenersi al consiglio, al parere di qlcu.*; *ci teniamo alle informazioni che abbiamo raccolto* | Limitarsi ad osservare: *è bene che vi teniate al regolamento* | ***Tenersi ai patti***, rispettarli | ***Tenersi ai fatti***, limitarsi ad esporre i fatti senza aggiunte personali | ***Tenersi a un metodo***, seguirlo totalmente | Regolarsi, comportarsi: *sapere a che tenersi*; *dovete dirgli come tenersi*; *tenetevi bene a tavola.* **5** (*lett.*) Abitare, avere dimora: *Al bosco si tenne Diana, ed Elice caccionne* (DANTE *Purg.* XXV, 130-131). **6** Procedere in una direzione: *tenersi a sinistra*; *tenersi rasente il muro* | ***Tenersi al largo***, navigare lontano dalla costa; (*fig.*) star lontano da qlcu. o da qlco. per evitare eventuali pericoli, noie e sim. | ***Tenersi al vento***, navigare sopravvento; (*fig.*) agire con circospezione e cautela, preparandosi ad affrontare situazioni negative. **7** Ritenersi, stimarsi: *mi tengo offeso di quanto avete detto*; *ci teniamo onorati di conoscervi*; *non si tiene un gran che* | (*raro*) ***Tenersi di qlco.***, farsene un vanto. **D** v. rifl. rec. ● Tenersi, sostenersi l'un l'altro: *camminavano tenendosi per mano*; *si tenevano stretti sottobraccio*.

†**tenerèto** s. m. ● Ramo tenero di pianta.

♦**tenerézza** [lat. parl. **tenerĭtia(m)*, da *tĕner* 'tenero'; 1310] s. f. *1* Caratteristica, condizione di ciò che è tenero: *la t. di un frutto*; *legno privo di t.* *2* (*est.*) Morbidezza nelle linee di un disegno | (*fig.*) Dolcezza, tenera commozione suscitata da sentimenti di affetto, amore, compassione e sim.: *provare t. verso i propri figli*; *si fatta t. gli abbondava / che e' non poté le parole finire* (PULCI). *3* †Fiacchezza, debolezza. *4* (*al pl.*) Atti, parole tenere: *accogliere qlcu. con sincere tenerezze* | (*spreg.*) Affettuosità sdolcinate: *lo hanno guastato le tenerezze*.

†**tenerità** [vc. dotta, lat. *teneritāte(m)*, da *tĕner* 'tenero'; sec. XIII] s. f. ● Tenerezza.

†**teneritùdine** [vc. dotta, lat. *teneritūdine(m)*, astr. raro da *tĕner* 'tenero'; sec. XIV] s. f. ● L'essere tenero (*anche fig.*).

tenerizzatóre [da *tenero*, sul modello di alcuni denom. dei verbi in *-izzare*; 1983] s. m. (f. *-trice*) *1* In macelleria, additivo usato per rendere più tenera la carne. *2* (*raro*) Snervatrice.

♦**tènero** [lat. *tĕneru(m)*, legato, ma solo in lat., alla stessa radice indeur. di *tenēre*, *tĕndere*, *tĕnnis*; av. 1292] **A** agg. *1* Che non è duro o è meno duro del consueto: *carne tenera* | ***Pietra tenera***, poco dura, facile a lavorarsi | Cedevole al tatto, molle, morbido: *pasta*, *cera tenera* | Poco compatto: *neve tenera*. *2* Nato da poco, spuntato recentemente: *pianticelle tenere*; *ella delicatissima … andava per li belli prati cogliendo teneri fiori* (SANNAZARO) | Che ha pochissimi anni, detto di persona: *un t. bambino* | ***Età tenera***, ***teneri anni***, la puerizia, la fanciullezza | Di colore tenue, sfumato: *si devono aprire le stelle / nel cielo sì t. e vivo* (PASCOLI) | (*lett.*) Bello, delicato | (*raro*, *lett.*) Debole, non stabile, malsicuro. *3* (*fig.*) Che è dolce, di animo delicato e si commuove facilmente: *un uomo t. e sensibile*; *avere il cuore t.* | (*est.*) Affettuoso, amoroso: *un padre t.* | Indulgente, facile al perdono: *è un educatore troppo t.* | Che esprime tenerezza: *sguardo t.*; *parole tenere*. *4* †Che è pieno di cure, premuroso. *5* †Che richiede cure e riguardi. *6* †Troppo sensibile, permaloso. ‖ **teneraménte**, avv. ● Con tenerezza, amorevolmente: *amare*, *pregare teneramente*. **B** s. m. *1* Parte tenera di qlco. | (*fig.*) Punto debole: *colpire nel t.* *2* Simpatia, affetto: *fra quei ragazzi c'è del t.* ‖ **teneràccio**, pegg. | **tenerèllo**, dim. | **tenerétto**, dim. | **tenerino**, dim. | **teneróne**, accr. (V.) | **teneròtto**, accr. | **tenerùccio**, **tenerùzzo**, dim.

teneróne [accr. di *tenero*; av. 1742] agg. e s. m. (f. *-a*) ● Che (o chi) è facile a commuoversi.

†**teneróre** [da *tenero*] s. m. ● Tenerume.

tenerùme [comp. di *tenero* e *-ume*; av. 1320] s. m. *1* Insieme di cose tenere | Materia, parte tenera di qlco.: *il t. delle foglie*. *2* (*fig.*) False tenerezze, smancerie. *3* (*cuc.*) Cartilagini attaccate alle ossa di un taglio di carne bovina, spec. del bollito.

tenèsmo [vc. dotta, lat. *tenēsmu(m)*, dal gr. *tēnesmós*, per *teinesmós* 'tensione', da *téinein* 'tendere'; 1476] s. m. ● (*med.*) Contrazione involontaria, dolorosa di uno sfintere associata al continuo bisogno di evacuare: *t. vescicale*, *rettale*.

tèngo ● V. *tenere*.

tènia [vc. dotta, lat. *Taenia(m)* '(verme a forma di) nastro', dal gr. *tainía*; 1521] s. f. *1* Verme dei Platelminti con capo munito di quattro ventose e corpo di centinaia di proglottidi | (*per anton.*) Verme di tale tipo, parassita allo stato adulto dell'uomo e che ha come ospite intermedio il maiale (*Tenia solium*). SIN. Verme solitario | ***T. saginata***, che ha come ospite intermedio il bue. ➡ ILL. **zoologia generale**; **animali**/1. *2* (*arch.*) Listello che nell'ordine dorico separa l'architrave dal fregio.

teniaṣi [comp. di *ten(ia)* e *-iasi*; 1961] s. f. inv. ● Infestazione da tenia.

tenibile [da *tenere*; 1940] agg. ● (*raro*) Che si può tenere, conservare o difendere: *posizione t.*

tenière [ant. provz. *teneire* 'manico' (propr. 'tenitore'), dal lat. *tenēre*; av. 1523] s. m. *1* Fusto della balestra. *2* Manico degli antichi schioppetti.

tenifugo [comp. di *teni(a)* e *-fugo* 'che mette in fuga'; 1884] **A** s. m. (pl. *-ghi*) ● Sostanza o medicamento che abbia efficacia nel combattere l'infestazione da tenia. **B** anche agg.: *farmaco t.*

teniménto [sec. XIII] s. m. *1* (*raro*) Il tenere | †Sostegno. *2* († o *raro*) Possedimento terriero, tenuta, podere. *3* †Obbligo. *4* †Rione, quartiere.

†**tenitòio** [da *tenere*; 1723] s. m. ● Manico, impugnatura.

tenitóre [sec. XIII] s. m.; anche agg. (f. *-trice*) *1* (*raro*) Chi (o Che) tiene, ha in gestione: *t. di un locale notturno*. *2* †Possessore.

†**tenitòrio** o †**tenitòro** [da *tenere* con sovrapposizione di *territorio*; 1324] s. m. ● Distretto, territorio: *il castello di Pescia e quello di Buggiano e i loro tenitorii* (VILLANI).

tenitùra [da *(sos)tenere*; 1840] s. f. *1* (*raro*) Il tenere. *2* Durata di una serie di rappresentazioni: *le lunghe teniture dei teatri americani*. *3* †Sostegno.

♦**tènnis** /'tennis, *ingl.* 'tʰɛnɪs/ [vc. ingl. (ant. ingl. *teneis*), di orig. fr. (dall'imperat. *tenez!* 'tenete', frequentemente usata dai giocatori, lanciando la palla); 1828] s. m. inv. *1* Gioco di origine inglese, tra due o quattro giocatori su un campo rettangolare diviso a metà da una rete, che consiste nel rinviare, secondo certe regole, una pallina nella metà campo avversaria servendosi di apposite racchette | ***T. da tavolo***, ping-pong. *2* Campo o impianto sportivo dove si pratica tale gioco: *recarsi al t.*

TENNIS
nomenclatura

tennis

● *caratteristiche*: lawn tennis = tennis su prato; set = partita, game = gioco, quindici, trenta, quaranta, vantaggio; tie break, due set su tre, tre set su cinque; gioco in coppia (doppio maschile, doppio femminile, doppio misto), gioco singolo = singolare (singolo maschile, singolo femminile); torneo, tabellone, testa di serie, sorteggio, eliminazione diretta, sedicesimi, ottavi, quarti, semifinale, finale; esibizione; coppa Davis; grande slam;

● *campo*: linea laterale del doppio, linea laterale del singolo, linea di fondo, segno di battuta, linea di battuta = di servizio, rettangolo di servizio, fondo (in terra battuta, erba, sintetico), rete, linea centrale;

● *colpi*: drive = diritto, rovescio (incrociato, lungolinea, passante), battuta = servizio, prima palla, seconda palla, doppio fallo, net, ace, demivolée, volée, smash = schiacciata, back-spin, lift, effetto, pallonetto = lob, top-spin, slice, smorzata;

● *strumenti*: racchetta (impugnatura = manico, superficie di battuta, corde, accordatura), pressa per racchette (tenditore a vite), visiera paraocchi; palline;

● *persone*: tennista, raccattapalle, arbitro, giudice di linea, giudice arbitro.

tennista [1905] s. m. e f. (pl. m. *-i*) ● Chi gioca al tennis.

tennistàvolo [1939] s. m. inv. ● (*raro*) Tennis da tavolo, ping-pong.

tennistico [1935] agg. (pl. m. *-ci*) ● Del tennis, dei tennisti: *incontro t.* | (*est.*) ***Punteggio t.***, in una partita di calcio, quello conseguito dalla squadra vincente segnando almeno sei gol.

tènno /'tẹnno, *giapp.* ˌtennɔː/ [vc. giapp., propr. 'celeste sovrano'; 1912] s. m. ● Titolo dell'imperatore del Giappone.

tèno- [dal gr. *ténōn* 'tendine'] primo elemento ● In parole composte della terminologia medica, significa 'tendine'.

tenonatrice [da *tenone*; 1961] s. f. ● Macchina per fare i tenoni.

tenóne [fr. *tenon*, da *tenir* 'tenere'; 1853] s. m. ● In carpenteria, parte di pezzo che s'incastra in una mortasa.

tenoplàstica [comp. di *teno-* e *plastica*; 1959] s. f. ● (*chir.*) Qualsiasi intervento di chirurgia plastico-ricostruttiva di un tendine.

tènor [vc. lat., V. *tenore*; 1757] s. m. inv. (pl. lat. *tenores*) *1* Nelle prime forme di polifonia, melodia gregoriana attorno alla quale s'aggiungevano altre parti o voci. *2* Melodia gregoriana, profana, popolare che i polifonisti sceglievano e usavano come parte o voce fondamentale delle loro musiche sacre: *le messe di Dufay, Ockeghem, Despres sul t. dell' 'Homme arme'*. *3* Nelle musiche polifoniche, parte o voce principale, che contiene una melodia preesistente alla composizione o inventata dal compositore: *una messa a quattro voci*: *cantus*, *altus*, *t. e bassus*. *4* Suono sul quale un canto gregoriano insiste particolarmente.

tenóre [vc. dotta, lat. *tenōre(m)* 'tenuta, continuità', anche 'accento tonico' (con sovrapposizione del gr. *tónos* 'tono') in retorica, da *tenēre*; av. 1292] **A** s. m. *1* Comportamento, modo di procedere: *cercate di non continuare con questo t.* | (*raro*) Andamento di fatti, fenomeni | ***T. di vita***, livello di vita, con riferimento spec. alle possibilità economiche: *t. di vita elevato*, *modesto* | Forma, tono, contenuto di scritti o discorsi: *il t. della sua richiesta non ammette indugi* | ***A t. di***, a sensi di, in base al disposto | ***A t. di legge***, stando a ciò che dispone la legge. *2* Proporzione di una sostanza in una soluzione: *liquore a basso t. alcolico* | Proporzione nella quale il metallo utile si trova nella ganga che lo contiene. *3* (*mus.*) Voce virile adulta del registro più alto | Chi canta con voce di tenore | ***T. di grazia***, ***leggero***, con voce più chiara | ***T. drammatico***, ***di forza***, con voce più intensa e robusta. *4* †Estensione della voce. **B** agg. inv. ● (posposto al s.) (*mus.*) Detto di strumento musicale che, nell'ambito della propria famiglia, ha estensione simile a quella della voce di tenore: *trombone*, *sax t.* ‖ **tenorino**, dim. (V.) | **tenorùccio**, pegg.

tenoreggiàre [comp. di *teno(re)* e *-eggiare*; 1617] v. intr. (*io tenoréggio*; aus. *avere*) ● Imitare, cantando, la voce del tenore | Cantare in tono tenorile.

tenorile [1937] agg. ● Di, da tenore: *voce t.*

tenorino [1879] s. m. *1* Dim. di *tenore*. *2* (*mus.*) Tenore dalla voce chiara e acuta, previsto spec. nell'opera comica.

tenorrafia [comp. del gr. *ténōn* 'tendine' e di un deriv. da *raphḗ* 'cucitura, sutura'; 1865] s. f. ● (*chir.*) Sutura di un tendine.

tenosinovite [comp. di *teno-* e *sinovite*; 1961] s. f. ● (*med.*) Infiammazione del tendine e della guaina sinoviale che lo riveste. SIN. Tenovaginite.

tenotomia [comp. del gr. *ténōn* 'tendine' e di un deriv. da *tomḗ* 'taglio'; 1891] s. f. ● (*chir.*) Incisione del tendine.

tenovaginite [comp. di *teno-* e *vagin(a)* 'guaina' con il suff. *-ite* (*1*)] s. f. ● (*med.*) Tenosinovite.

tènsa [vc. dotta, lat. *tensa(m)*: dal part. pass., sost., di *tĕndere* per la *tenda*, che copriva il carro sacro (?); 1554] s. f. ● Nel mondo classico, carro su cui si portavano in processione i simulacri degli dei.

tènsile [dal lat. *tĕnsus* 'teso', part. pass. di *tĕndere*; 1840] agg. ● Che si può tendere.

tensioattività [da *tensioattivo*; 1965] s. f. ● Proprietà di una sostanza tensioattiva.

tensioattivo [comp. di *tensio(ne)* e *attivo*; 1932] **A** s. m. ● Sostanza che, aggiunta a un liquido, ne abbassa la tensione superficiale, usata nella preparazione di emulsioni, cosmetici, inchiostri, adesivi, detergenti, prodotti alimentari. **B** anche agg.: *sostanza tensioattiva*.

tensiògrafo [comp. di *tensio(ne)* e *-grafo*; 1970] s. m. ● (*fis.*, *ing.*) Tensiometro registratore.

tensiometria [comp. di *tensio(ne)* e *-metria*; 1968] s. f. ● Impiego del tensiometro.

tensiomètrico [1983] agg. (pl. m. *-ci*) ● Che riguarda il tensiometro o la tensiometria.

tensiòmetro [comp. di *tensio(ne)* e *-metro*; 1961] s. m. *1* (*ing.*) Apparecchio destinato a misurare le tensioni che si producono in un elemento sollecitato. *2* (*tecnol.*) Apparecchio destinato a misurare la tensione di un filato, di un filo, di una catena, di un nastro magnetico e sim.: *t. meccanico*, *elettronico*, *piezoelettrico*. *3* (*elettr.*) ***T. elettrico***, voltmetro. *4* (*fis.*) ***T. magnetico***, apparecchio destinato a misurare differenze di potenziale magnetico in mezzi omogenei isotropi. *5* (*fis.*) Apparecchio destinato a misurare la tensione superficiale.

tensióne [vc. dotta, lat. tardo *tensiōne(m)*, dal part. pass. di *tĕndere* (*tēnsus*) usato dapprima dai medici per rendere il corrisp. gr. *tásis*; av. 1320] s. f. *1* Il tendere, il venire teso: *sottoporre una corda a t.*; *la t. dell'arco* | Condizione, stato di ciò che è teso: *la t. di un muscolo*. CFR. tono-, -tono, -tonia. *2* (*fig.*) Stato di eccitazione nervosa accompagnata da instabilità emotiva: *non riesce a superare la t. dell'interrogatorio* | ***T. dell'animo***, *t. mentale*, raccoglimento, sforzo, ansiosa attesa | ***Una pagina piena di t. drammatica***, ricca di motivi drammatici. ***3*** (*fig.*) Contrasto, irrigidimento, che spesso prelude a una rottura: *fra i due Stati c'è un momento di grande t.* | ***Strategia della t.***, spec. negli anni 1960-70, disegno politico concepito per sovvertire le istituzioni democratiche e attuato mediante atti terroristici, con lo scopo di provocare una reazione negativa nell'opinione pubblica. ***4*** (*fis.*) Forza, riferita all'unità di superficie, che si scambiano reciprocamente le parti contigue di un corpo e che tende a separarle | ***T. residua***, tensione interna dei corpi, non equilibrata da forze esterne | ***T. superficiale***, tendenza dei liquidi a ridurre la loro superficie in conseguenza delle forze di attrazione molecolare. ***5*** (*elettr.*) Differenza di potenziale elettrico misurata in volt, tra due corpi o tra due punti di un conduttore o di un circuito: *alta, bassa t.* | ***T. attiva***, componente della tensione di una rete in corrente alternata in fase con la corrente | ***T. distruttiva***, tensione critica, al di sopra della quale ha luogo la perforazione del dielettrico | ***T. impulsiva***, tensione elettrica con durata dell'ordine di qualche microsecondo | ***T. primaria***, tensione sul circuito primario di un trasformatore | ***T. secondaria***, tensione sul circuito secondario di un trasformatore. ***6*** (*med.*) Pressione: *t. sanguigna.*

tensìvo [fr. *tensif*, dal lat. *tēnsus* 'teso', part. pass. di *tĕndere*; 1779] **agg.** ***1*** (*raro*) Che produce, dà tensione. ***2*** (*med.*) Relativo a pressione.

tensóre [ingl. *tensor*, dal lat. *tēnsus* 'teso', part. pass. di *tĕndere*; 1865] **A agg.** (f. *tenditrice*) ● Che tende: *muscolo t. della fascia lata.* **B s. m.** ● (*mat.*) Ente matematico, definito in uno spazio vettoriale, che, fissata una base dello spazio, è individuato da un insieme ordinato di elementi scalari, detti componenti; serve a rappresentare alcune situazioni fisiche, come la deformazione di un mezzo elastico sottoposto ad uno sforzo, le proprietà di rotazione di un solido attorno ad un asse e sim. | ***T. di ordine zero***, grandezza scalare | ***T. di ordine uno***, grandezza vettoriale.

tensoriàle [1949] **agg.** ● (*mat.*) Che si riferisce ai tensori, che applica i tensori | ***Calcolo t.***, procedimento che permette di studiare fenomeni e teorie complesse in coordinate generali, senza far ricorso cioè a un particolare sistema di coordinate: *il calcolo t. è fondamentale nella teoria generale della relatività di Einstein.*

tensorialità s. f. ● (*mat.*) Proprietà di ciò che è tensoriale | Proprietà di un ente di essere un tensore.

tensostruttùra [comp. del lat. *tēnsus* 'teso' (V. *tensione*) e *struttura*; av. 1944] **s. f.** ● (*ing.*) Struttura, quale una membrana o una rete di funi, capace di resistere solo a sollecitazioni di trazione e usata, per es., per coprire stadi e auditori o per sorreggere l'impalcato dei ponti sospesi.

tentàbile [av. 1712] **A agg.** ● Che si può tentare: *è una via non t.* **B s. m.** solo **sing.** ● Ciò che è possibile tentare: *hanno fatto il t.* | ***Tentare il t.***, fare tutti i tentativi possibili.

tentacolàre [da *tentacolo*; 1909] **agg.** ***1*** Simile a tentacolo | (*raro*) Che agisce con i tentacoli. ***2*** (*fig.*) Che attrae, avvince, corrompe: *città, vita t.*

Tentacolàti [da *tentacolo*; 1961] **s. m. pl.** (sing. *-o*) ● Nella tassonomia animale, classe degli Ctenofori comprendente organismi dotati di due tentacoli e di faringe tubulare (*Tentaculata*).

tentàcolo [dal lat. *temptāre* 'toccare, tastare'; 1792] **s. m.** ***1*** Appendice mobile di alcuni animali utilizzata per il movimento e per afferrare le prede: *i tentacoli del polpo.* ***2*** (*fig.*) Cosa che attrae, avvince e dalla quale non è possibile liberarsi: *i tentacoli del vizio.*

Tentaculìferi [comp. del lat. scient. *tentāculu(m)* 'tentacolo' e il pl. di *-fero*] **s. m. pl.** (sing. *-o*) ● (*zool.*) Tentacolati (*Tentaculifera*).

†**tentaménto** [vc. dotta, lat. *tentamĕntu(m)*, da *tentāre*; sec. XIII] **s. m.** ● Tentazione | Tentativo.

♦**tentàre** [lat. *temptāre*, di etim. incerta; 1225 ca.] **v. tr.** (*io tènto*) (qlcu. o qlco.; qlcu. + *a*, + *di*, seguiti da inf.; lett. + *che*, + *se*, seguiti gener. da congv.) ***1*** (*lett.*) Toccare e ritoccare lievemente, tastare: *Io era in giuso ancora attento e chino, / quando il mio duca mi tentò di costa* (DANTE *Inf.* XXVII, 31-32) | (*lett.*) ***T. le corde di uno strumento***, toccarle per farle suonare. ***2*** Toccare per accertarsi della consistenza, la natura, la resistenza di qlco.: *t. il terreno con un bastone*; *t. il fondo del fiume* | (*fig., lett.*) Interrogare qlcu. per cercare di conoscerne le intenzioni, per esaminarlo: *più volte fece t. Cipseo, padre d'Ifigenia, che lei per moglie gli dovesse dare* (BOCCACCIO) | Mettere alla prova: *t. l'animo, l'onestà, le intenzioni di qlcu.* **SIN.** Saggiare, tastare. ***3*** Cercare di corrompere, istigare al male: *lo tentavano con promesse di una vita facile* | Attrarre, invogliare: *è una vacanza che mi tenta* | Indurre a fare qlco.: *si lasciano t. a intervenire su tutto* | (*lett.*) Chiedere, proporre qlco. a qlcu. per conoscerne le intenzioni: *lo tentò che si rimettesse alla volontà sua* (GUICCIARDINI). ***4*** Provare, cercare di riuscire a fare qlco. o sforzarsi di ottenerla (*anche assol.*): *tentò di uscire sul corridoio ove faceva tanto freddo* (SVEVO); *è inutile t. di persuaderlo*; *cerchiamo almeno di t.!*; *tenta se forse ancor tempo sarebbe / da scemar nostro duol* (PETRARCA) | Sperimentare un mezzo per riuscire in qlco.: *stanno tentando una nuova cura* | ***T. la sorte, la fortuna***, intraprendere qlco. fidando nella buona sorte. **SIN.** Arrischiare, azzardare. || **PROV.** Il tentar(e) non nuoce.

♦**tentativo** [da *tentare*; av. 1566] **s. m.** ***1*** Prova, esperimento per cercare di riuscire in qlco.: *il t. ha avuto buon esito.* ***2*** (*dir.*) ***T. di reato***, V. *reato tentato* | ***T. incompiuto***, quando l'attività diretta a commettere il delitto non è portata a termine | ***T. compiuto***, quando tale attività è ultimata ma non si verifica l'evento richiesto per l'esistenza del reato.

tentàto [av. 1292] **part. pass.** di *tentare*; anche **agg.** ***1*** Nei sign. del v. | (*dir.*) Detto di delitto che si è cercato di compiere: *è accusato di t. omicidio, di tentata truffa.* ***2*** Attratto, allettato, invogliato: *tentata da molti, ultimamente vinta da uno* (BOCCACCIO) | (+ *di* seguito da inf.) Propenso, intenzionato: *sono t. di scrivergli una letteraccia*; *fu quasi tentata di scapparsene di là* (PIRANDELLO); *sono stato tentatissimo di fermarmi qui in Bologna* (LEOPARDI). ***3*** (*lett.*) Percorso, esplorato: *E dai tentati triboli / L'irto cinghiale uscir* (MANZONI); *Che fuggon d'Alessandria da i mal tentati valli* (CARDUCCI). || **tentatissimo**, **superl.**

tentatóre [vc. dotta, lat. *tentatōre(m)* 'colui che mette alla prova', da *tentāre*; 1336 ca.] **s. m.**; anche **agg.** (f. *-trice*) ● Chi (o Che) tenta, alletta, istiga al male: *resistere ai tentatori*; *diavolo t.*

tentazióne [vc. dotta, lat. *tentatiōne(m)* 'attacco, prova' (da *tentāre*), poi usato per rendere il corrispondente gr. *peirasmós*; 1294] **s. f.** (assol.; + *di*) ***1*** (*relig.*) Incitamento al peccato nel tentativo di saggiare la capacità del credente di rimanere fedele alla legge morale | La condizione di chi è tentato. ***2*** Correntemente, istigazione, allettamento al male: *abile, subdola t.*; *Chi gli ha messi … nella t. di far ciò che hanno fatto?* (MANZONI) | Condizione, stato di chi è tentato: *cadere in t.* | Ciò che tenta (*anche scherz.*): *le tentazioni della gola*; *quello spettacolo è una t.* ***3*** Voglia, desiderio, curiosità (*spec. scherz.*): *non resistemmo alla t. di leggere quel romanzo.* || **tentazioncèlla**, **dim.**

†**tentellàre** [variante di *tentennare*; sec. XIII] **v. intr.** ● Tintinnire, risuonare.

tenténna [da *tentennare*; av. 1712] **A s. m. e f. inv.** ● (*scherz., disus.*) Persona irresoluta, esitante. **SIN.** Cacadubbi. **B** anche **agg. inv.**: *il re t.* || **tentennìno**, **dim.** (V.) | **tentennóne**, **accr.** (V.).

tentennaménto [1612] **s. m.** ● (*raro*) Dondolamento, oscillazione | (*fig.*) Indecisione, incertezza: *basta con i tentennamenti: decidetevi.* **SIN.** Dubbio, esitazione.

tentennànte [1618] **part. pres.** di *tentennare*; anche **agg.** ***1*** (*raro*) Che oscilla, che traballa: *sedia t.* ***2*** (*fig.*) Indeciso, esitante: *è ancora t. e non si lascia convincere.*

tentennàre [lat. *tintinnāre*, v. onomat. col senso di 'suonare', reduplicazione di *tinnīre*; sec. XIII] **A v. intr.** (*io tenténno*; aus. *avere*) ***1*** Stare malfermo sulle fondamenta, muoversi in qua e in là: *muro che tentenna*; *il tavolo tentennava* | ***Camminare tentennando***, quasi barcollando | ***Il dente tentenna***, è sul punto di cadere | (*raro, fig.*) Piegarsi, cedere: *le truppe tentennano.* **SIN.** Dondolare, traballare. ***2*** (*fig.*) Essere irresoluto, incerto, titubante: *ancora tentenna fra le due soluzioni.* **SIN.** Esitare, titubare. **B v. tr.** ● Muovere in qua e in là, scuotere: *tentennava la testa in segno di disapprovazione.*

tentennàta [1483] **s. f.** ***1*** Il tentennare una volta per scuotere, fare oscillare: *se ne andò con una t. di testa*; *dare una t. alla culla.* ***2*** (*lett.*) Colpo, forte scossa: *si svegliava con un riscossone, come se uno, per dispetto, fosse venuto a dargli una t.* (MANZONI). || **tentennatìna**, **dim.**

tentennatóre [1988] **s. m.** (f. *-trice*) ● (*raro*) Chi tentenna (*spec. fig.*).

tentennìno [dim. di *tentenna*; sec. XIV] **s. m.** ***1*** (f. *-a*) Persona irresoluta, indecisa, pigra. ***2*** †Diavolo tentatore.

tentennìo [1535 ca.] **s. m.** ● Tentennamento continuato | (*fig.*) Indecisione, irresolutezza.

tentennóne [accr. di *tentenna*; 1605] **A s. m.** (f. *-a*) ● Chi non si decide mai e non conclude nulla. **B agg.** ● †Tremulo, tremolante: *vecchio t.*

tentennóni [av. 1646] **avv.** ● Tentennando, traballando: *camminare t.* | (*fig., disus.*) Con incertezza.

tentóni o (*lett.*) **tentóne** [da *tentare* col suff. di analoghi avv.; 1353] **avv.** ***1*** Alla cieca, saggiando, senza vederlo, il terreno con un piede o con un bastone: *camminare, procedere t.*; *scendere t. in cantina* | Anche nella loc. avv. ***a t.*** ***2*** (*fig.*) A caso, senza sicurezza, senza idee precise e cognizioni e indizi sicuri: *rispondere* (*a*) *t.*

tentòrio [vc. dotta, lat. *tentōriu(m)* 'tenda'; 1840] **s. m.** ● (*anat.*) Formazione anatomica laminare, di solito connettivale, che costituisce la copertura di un organo o la separazione tra organi: *t. del cervelletto.*

tentrèdine [dal gr. *tenthrēdṓn*, 'specie di vespa' (da *tenthrḗnē* sovrapposto a *pemphrēdṓn*, l'uno e l'altro n. di insetti); av. 1604] **s. f.** ● Piccolo imenottero con ampie ali chiare le cui larve divorano le frutta in via di sviluppo, spec. pere, mele, susine e sim. (*Hoplocampa*).

tènue [lat. *tĕnue(m)*, della stessa radice indeur. di *tĕndere* e *tenēre*; av. 1460] **A agg.** ***1*** (*lett.*) Sottile, esile, leggero: *un t. stelo*; *un t. filo* | Poco denso: *nuvola t.* | Non molto vivo, pallido, detto di colore: *rosso t.* | Debole: *un t. suono*; *una t. luce.* ***2*** (*fig.*) Di scarsa importanza, di poco peso e rilievo: *un t. guadagno* | Esiguo, lieve, poco pesante: *ha servito … in questa … Università nella cattedra di rettorica col t. soldo di cento ducati annui* (VICO); *un t. desiderio*; *una pena molto t.* | Poco fondato: *una t. illusione.* ***3*** (*enol.*) Detto di vino che ha profumo poco spiccato. ***4*** (*ling.*) Detto di occlusiva sorda | Detto di grado consonantico contraddistinto da minima forza e durata. ***5*** (*anat.*) ***Intestino t.***, parte dell'intestino che va dal piloro alla valvola ileocecale. || **tenueménte**, **avv.** **B s. m.** ● (*anat., ellitt.*) Intestino tenue.

tenuità o †**tenuitàde**, †**tenuitàte** [vc. dotta, lat. *tenuitāte(m)*, da *tĕnuis* 'tenue'; av. 1320] **s. f.** ● Caratteristica di ciò che è tenue (*anche fig.*): *la t. di un filo*; *la t. di una spesa, di una speranza.*

tenùta [f. sost. del part. pass. di *tenere*, anche col senso di 'possedere'; 1219] **s. f.** ***1*** Il fatto di tenere | Capacità di impedire a liquidi o gas di fuoriuscire o filtrare: *flacone a t. perpetua* | ***Recipiente con buona t. d'acqua***, in grado di non lasciare passare l'acqua | ***Organo, dispositivo di t.***, quello che viene interposto fra due superfici in moto l'una rispetto all'altra per isolare fra loro due ambienti contenenti gas o liquidi diversi o a diversa pressione | ***Anello, disco di t.***, elemento in feltro o altro, posto su organi lubrificati per impedire la fuoriuscita del lubrificante | ***T. di strada***, attitudine di un autoveicolo a seguire la traiettoria impostagli senza slittare e sbandare. ***2*** Capacità, quantità che può essere contenuta: *questa bottiglia ha la t. di un litro.* ***3*** Modo di tenere in regola la contabilità, i registri: *t. dei libri paga.* ***4*** Resistenza di un atleta o di una squadra a un prolungato sforzo: *dimostrare una buona t.*; *non avere t.* ***5*** (*mus.*) Il tenere le note prolungandone il suono. ***6*** (*ling.*) Mantenimento di una data posizione da parte degli organi articolatori. ***7*** †Possesso: *si ritornò a casa e riebbe la t. delle sue castella* (SACCHETTI). ***8*** Esteso possedimento agricolo di più poderi: *acquistare una t. in collina.* ***9*** Abito, abbigliamento: *t. da lavoro, di fatica* | Divisa: *sfilarono in alta t.* || **tenutèlla**, **dim.**

tenutàrio [1740 ca.] **s. m.** (f. *-a*) ● Chi ha o gestisce una bisca, un locale equivoco.

tenùto [1219] **A part. pass.** di *tenere*; anche **agg.** ***1*** Mantenuto, conservato: *una casa ben tenuta*; *un libro mal t.* | Adibito: *un prato t. a pascolo.*

2 (*mus.*) *Nota tenuta, accordo t.*, mantenuti sottolineando a scopo espressivo l'intero valore di durata o prolungandolo leggermente. *3* Nella loc. *essere t. a* (seguita da un inf.), sentirsi obbligato, in dovere: *non sono t. a ringraziarvi.* **B** s. m. ● (*mus.*) Modo di esecuzione a note tenute, e relativa indicazione sullo spartito. CFR. Staccato.

†**tènza** [ant. fr. *tence*, da *tencer*, dal lat. parl. **tentiāre* 'litigare', da *tĕntus*, part. pass. di *tĕndere* '(con)tendere'; sec. XIII] s. f. ● Contesa, contrasto, lite: *la t. che aveano ... con la gente del Duca* (VILLANI).

†**tenzióne** e *deriv.* ● V. *tenzone* e *deriv.*

†**tenzóna** ● V. *tenzone.*

tenzonàre o †**tencionàre**, †**tenzionàre** [1225 ca.] v. intr. (*io tenzóno*; aus. *avere*) ● (*lett.*) Far tenzone, contendere | (*fig.*) Combattersi, contrastare: *e io rimagno in forse, / che sì e no nel capo mi tenciona* (DANTE *Inf.* VIII, 110-111).

tenzonatóre o †**tencionatóre** [sec. XIV] s. m.; anche agg. (f. *-trice*) ● (*raro, lett.*) Chi (o Che) tenzona.

tenzóne o †**tencióne**, †**tenzióne**, †**tenzóna** [ant. fr. *tenzon*, dal lat. tardo *tentiōne(m)* 'lite, contesa', da *tĕndere* nel senso di 'contendere'; av. 1294] s. f. *1* Nella letteratura medievale, disputa in vario metro su di un argomento fittizio, personale, filosofico o amoroso: *la t. fra Dante e Forese Donati.* *2* (*lett.*) Disputa, aspro contrasto verbale: *ma Gisippo ... dopo lunga tencione vel pur mandò* (BOCCACCIO). *3* (*lett.*) Combattimento, battaglia, scontro: *di novo ancora a la tenzon si scaglia* (TASSO).

teo- [dal gr. *theós* 'dio'] primo elemento ● In parole composte, significa 'Dio' o, in modo generico, 'divinità': *teocrazia, teogonia, teologia.*

teobròma [comp. del gr. *theôn* 'degli dèi' e *brôma* 'cibo'; 1829] s. m. (pl. *-i*) ● (*bot.*) Albero del cacao.

teobromina [comp. di *teobrom(a)* e *-ina*; 1865] s. f. ● Alcaloide contenuto nei semi di cacao, simile alla caffeina, usato in medicina come diuretico e vasodilatatore.

teocàlli [vc. della lingua nahuatl, propr. 'casa (*calli*) di Dio (*teotl*)'; av. 1869] s. m. inv. ● (*archeol.*) Tempio azteco a forma di piramide tronca in cima alla quale si svolgevano sacrifici umani.

teocèntrico [comp. di *teo-* e dell'agg. di *centro*; av. 1956] agg. (pl. m. *-ci*) ● Relativo a teocentrismo.

teocentrịsmo [comp. di *teo-*, *centro* e *-ismo*; av. 1956] s. m. ● Indirizzo di pensiero che pone Dio come centro e fine di ogni pensiero e attività umana.

teocrạsia [vc. dotta, gr. tardo *theokrasía*, comp. di *theós* 'dio' e *krâsis* 'mescolanza'; 1961] s. f. ● (*relig.*) Fusione di due divinità, spec. nella fase di assimilazione di una cultura locale da parte di un'altra dominante.

teocràtico [av. 1744] agg. (pl. m. *-ci*) ● Di teocrazia: *governo t.*

teocrazìa [gr. *theokratía*, comp. di *theós* 'dio' e di un deriv. di *krátos* 'potere, dominio'; 1700] s. f. *1* Sistema di governo in cui l'autorità politica, vista come emanante da Dio, è esercitata dal potere religioso (una casta sacerdotale o un monarca con caratteristiche di divinità). *2* Dottrina politica che attribuisce a Dio l'origine e il fondamento del potere politico.

teocritèo [1832] agg. ● Dell'antico poeta greco Teocrito (305 ca.-260 ca. a.C.).

teodìa [comp. di *teo-* e di un deriv. di *ōidḗ* 'canto, inno', di orig. indeur.; 1321] s. f. ● Canto in lode di Dio.

teodicèa [fr. *théodicée*, comp. del gr. *theós* 'dio' e di un deriv. di *díkē* 'giustizia'; av. 1750] s. f. ● Parte della teologia che tratta della giustizia di Dio e spiega l'esistenza del male in rapporto ad essa | Teologia naturale.

teodolite [ingl. *theodolite*, di orig. incerta; 1794] s. m. ● Strumento a cannocchiale, usato in topografia e in geodesia, provvisto di cerchio orizzontale per il rilevamento di angoli azimutali e di cerchio verticale per il rilevamento di angoli zenitali | *T. universale*, con miglioramenti nel sistema di lettura dei cerchi, che son racchiusi in armature metalliche, e dispositivi di precisione per la lettura indiretta delle distanze.

teodoṣiàno [vc. dotta, lat. *Theodosiānu(m)* 'proprio di Teodosio' (*Theodŏsius*, dal gr. *Theodósios* 'dono (*dósis*) di Dio (*Theós*)'); 1585] agg. ● Di un imperatore romano di nome Teodosio, spec. di Teodosio II (401-450) | *Codice t.*, ordinato da Teodosio II nel 438 per raccogliere le costituzioni imperiali da Costantino in poi.

teofagìa [comp. di *teo-* e *-fagia*; 1937] s. f. ● Consumazione della carne di una vittima sacrificale offerta alla divinità e identificata con essa.

teofanìa [gr. *theophàneia* 'apparizione (da *pháinein* 'manifestarsi') di Dio (*theós*)'; 1561] s. f. ● Apparizione o manifestazione della divinità, in forma personale o impersonale | Oggetto o realtà in cui la manifestazione divina si realizza.

teofillìna [comp. di *tè* (*1*), del gr. *phýllon* 'foglia' e *-ina*; 1929] s. f. ● (*farm.*) Alcaloide stimolante del sistema nervoso centrale, impiegato come dilatatore delle coronarie, come diuretico e antiasmatico.

teofillìnico [da *teofillina*] agg. (pl. m. *-ci*) ● Detto di preparato farmaceutico che contiene teofillina.

teofòrico [da *teoforo*; 1931] agg. (pl. m. *-ci*) ● Teoforo.

teòforo [comp. di *teo-* e *-foro*; 1930] agg. ● Detto di nome di persona che contiene il nome di un dio (ad es. *Apollonio* 'consacrato ad Apollo' o *Isidoro* 'dono di Iside'). SIN. Teoforico.

teogonìa [gr. *theogonía* 'generazione, genealogia (*gonéia*) degli dèi (*theói*)'; av. 1574] s. f. ● Narrazione mitologica dell'origine e della generazione degli dei.

teogònico [1879] agg. (pl. m. *-ci*) ● Relativo a teogonia, al tempo di origine degli dei.

teologàle [av. 1300] agg. ● Di teologo o teologia | *Virtù teologali*, fede, speranza e carità che, nella teologia cattolica, hanno per oggetto Dio e vengono infuse dallo Spirito Santo.

teologàre [da *teologo*; av. 1604] v. intr. (*io teòlogo, tu teòloghi*; aus. *avere*) ● Trattare di teologia | †Teologizzare.

teologìa [vc. dotta, lat. *theolŏgia(m)*, dal gr. *theología* 'scienza (dal v. *légein* 'discorrere') delle cose di Dio (*theós*)'; av. 1294] s. f. ● Scienza e studio della natura di Dio | Trattazione speculativa che, all'interno delle singole religioni, ha per oggetto Dio, la sua azione e i suoi attributi: *t. cristiana, musulmana, greca* | *T. naturale*, nella terminologia cristiana, scienza dell'esistenza e provvidenza di Dio, fondata sui dati della sola ragione | *T. biblica*, che riguarda la nozione di Dio nelle Scritture | *T. speculativa, dogmatica*, che riguarda le verità rivelate e i dogmi | *T. pratica, morale*, scienza delle regole di vita cristiana, come via per giungere a Dio | *T. pastorale*, concernente le obbligazioni di chi ha cura di anime | *T. positiva*, che ricava dalle fonti della rivelazione le verità e le propone semplicemente | *T. mistica*, che si riferisce alle esperienze massime del rapporto religioso | *T. negativa*, che tratta della accessibilità conoscitiva di Dio solo attraverso attributi negativi | *T. della morte di Dio*, movimento americano che riconosce validi alcuni principi del Cristianesimo, accogliendo anche posizioni agnostiche o atee.

†**teologicàle** [da *teologico*; av. 1642] agg. ● Che concerne la teologia.

†**teologicàre** [da *teologico*; 1639] v. intr. ● Teologizzare.

teològico [vc. dotta, lat. *theolŏgicu(m)*, dal gr. *theologikós* 'relativo alla teologia (*theología*)'; 1308] agg. (pl. m. *-ci*) ● Attinente a teologia: *disputa teologica*; *studi teologici* | *Il problema t.*, quello dell'esistenza di Dio. || **teologicaménte**, avv.

teologizzàre [da *teologia*; 1351] v. tr. ● Trattare, discutere di teologia.

teòlogo [vc. dotta, lat. *theŏlogu(m)*, dal gr. *theólogos* 'che discorre (dal v. *légein*) degli dèi (*theói*)'; 1308] s. m. (f. *-a*; pl. m. *-gi*) ● Esperto, studioso, scrittore di teologia.

†**teomètrico** [comp. di *teo-* e dell'agg. di *métron* 'misura'; av. 1685] agg. ● Che misura l'opera di Dio.

teomòrfo [gr. *theómorphos*, comp. di *theo-* 'teo-' e *-morphos* '-morfo'; 1947] agg. ● Che ha l'aspetto o la forma di una divinità.

†**teòrba** ● V. *tiorba.*

teorèma [vc. dotta, lat. *theorēma* (nt.), dal gr. *theṓrēma* 'oggetto di contemplazione, di speculazione' (dal v. *teōrêin* 'guardare'); av. 1375] s. m. (pl. *-i*) *1* Affermazione che, in una teoria, viene dimostrata logicamente a partire dagli assiomi. *2* (*est.*) Ipotesi fondata prevalentemente su deduzioni logiche: *formulare un t. accusatorio.*

teoremàtico [gr. *theōrēmatikós*, da *theṓrēma* 'teorema'; 1740] agg. (pl. m. *-ci*) ● Concernente un teorema.

teorèṣi [gr. *theṓrēsis*, da *theōrêin* 'guardare, esaminare', di orig. indeur.; 1936] s. f. inv. ● (*filos.*) Attività conoscitiva.

teorèta [da *teoresi*; 1961] s. m. e f. (pl. m. *-i*) *1* Studioso di teoretica. *2* (*est.*) Chi nell'attività speculativa si pone finalità prevalentemente teoretiche.

teorètica [dal f. sost. (sottinteso *filosofia*) di *teoretico*; 1940] s. f. ● Filosofia riguardante il problema della conoscenza.

teorètico [vc. dotta, lat. tardo *theorĕticu(m)*, dal gr. *theōrētikós* 'proprio della teoria (*theōría*)'; av. 1729] agg. (pl. m. *-ci*) ● (*filos.*) Attinente alla teoria o al problema della conoscenza. || **teoreticaménte**, avv.

♦**teorìa** [vc. dotta, lat. *theōria(m)*, dal gr. *theōría*, da *theōrós*, propr. 'colui che dà uno sguardo', 'spettatore'; 1584] s. f. *1* Formulazione e sistemazione dei principi generali di una scienza o una sua parte, una dottrina filosofica, un'arte o un'altra forma del sapere: *le teorie della moderna critica filologica* | Serie di ipotesi conclusive relative a uno o più fenomeni: *la t. degli insiemi.* CFR. -logia. *2* Complesso dei precetti che servono di guida alla pratica: *la t. del maneggio del fucile* | (*spreg.*) Eccesso di elaborazione teorica: *perdersi nella t.* | *In t.*, teoricamente. CONTR. Pratica. *3* Sistema, modo di pensare: *non condivido le sue teorie sull'amicizia.* SIN. Idea, opinione. *4* (*lett.*) Processione, corteo, fila, sfilata: *passavano lunghe teorie di cavalli carichi di frumento* (D'ANNUNZIO).

teòrica [da *teorico*; av. 1292] s. f. *1* (*raro*) Formazione di principi generali. *2* (*raro*) Complesso di regole che dovrebbero essere di guida nella pratica: *credo che ciò proceda perché voglia ... antepor la t. alla pratica* (GALILEI) | *In t.*, in teoria.

teoricità [1961] s. f. ● Caratteristica, condizione di ciò che è teorico.

teòrico [gr. *theōrikós* 'relativo alla teoria (*theōría*)'; av. 1404] **A** agg. (pl. m. *-ci*) ● Di teoria: *manuale t.* | Attinente alla teoria, basato sulla teoria: *sono considerazioni teoriche* | Conoscitivo, concettuale, dottrinale: *elaborazione teorica.* || **teoricaménte**, avv. Dal punto di vista teorico: *è un ragionamento teoricamente sbagliato*; in teoria, sul piano teorico: *teoricamente si può fare, ma in pratica è difficile.* **B** s. m. (f. *-a*) ● Chi elabora, formula e sviluppa una teoria: *i teorici del marxismo* | (*spreg.*) Chi insiste sulla teoria non preoccupandosi delle sue applicazioni pratiche.

teorizzàre [comp. di *teori(a)* e *-izzare*; 1813] v. tr. ● Formulare una teoria | Ridurre a teoria (*anche assol.*) | (*assol., spreg.*) Ragionare in modo astratto.

teorizzatóre [1921] s. m.; anche agg. (f. *-trice*) ● (*raro*) Chi (o Che) teorizza.

teorizzazióne [1919] s. f. ● Il teorizzare | Teoria formulata da chi teorizza (*anche spreg.*).

teoṣofìa [gr. *theosophía* 'conoscenza (*sophía*) delle cose di dio (*theós*)'; 1821] s. f. *1* Movimento e dottrina religioso-esoterici risalenti al XIX sec. che, in un sistema sincretistico di elementi cristiani, orientali e filosofici, assume la possibilità di un diretto contatto con la divinità e predica la metempsicosi. *2* Ogni dottrina filosofico-religiosa che si fonda su una diretta rivelazione di scienza divina e indica i mezzi per un contatto diretto con la divinità.

teoṣòfico [1787] agg. (pl. m. *-ci*) ● Relativo alla teosofia e ai teosofi.

teòṣofo [gr. *theósophos* 'sapiente (*sophós*) nelle cose di dio (*theós*)'; 1796 ca.] s. m. (f. *-a*) ● Seguace della teosofia.

tep /tɛp/ [abbr. di *t(onnellata) e(quivalente di) p(etrolio)*; 1974] s. f. inv. ● (*fis.*) Unità di energia pari a 10^7 kcal.

tèpalo [forma volutamente metatetica di *petalo*; 1906] s. m. ● (*bot.*) Ciascuno degli elementi che formano il perianzio omoclamidato.

tepee /ti'pi*, *ingl.* 'tʰiːpiː/ [vc. ingl. d'America, da *tipi*, comp. delle radici *ti* 'abitare' e *pi* 'usare per'; 1970] s. m. inv. ● Tenda conica degli indiani d'America della prateria, sostenuta da un'intelaiatura di pali ricoperti di pelli di bisonte o di scorza d'albero.

†**tepefàre** [adattamento su *fare* del lat. *tepefăcere* 'fare (*făcere*) caldo (da *tep-*, di orig. indeur.)'; av. 1375] **v. tr.** ● Intiepidire, riscaldare: *io col proprio caldo della mia mano il petto freddissimo tepefeci* (BOCCACCIO).

†**tepefàtto** [av. 1565] **part. pass.** di †*tepefare*; anche **agg.** ● (*poet.*) Reso tiepito, riscaldato.

tepènte [1340 ca.] **part. pres.** di *tepere*; anche **agg.** ● (*poet.*) Tiepido, caldo.

tèpere o **tepère** [vc. dotta, lat. *tepēre* 'essere caldo (dalla radice indeur. *tep-* 'calore')'; 1321] **v. intr.** (oggi difett. usato solo alla terza pers. sing. dell'indic. **pres.** *tèpe* e al **part. pres.** *tepènte*) ● (*poet.*) Essere tiepido: *dove tepe la ligure Maremma* (CARDUCCI).

†**tepidàre** [da *t(i)epido*; sec. XIV] **v. tr.** ● Intiepidire.

tepidàrio [vc. dotta, lat. tardo *tepidāriu(m)*, da *tĕpidus* 'tiepido'; 1521] **s. m.** *1* Nell'antichità romana, ambiente delle terme di passaggio dal bagno freddo al bagno caldo. *2* Serra fredda.

tèpido e *deriv.* ● V. *tiepido* e *deriv.*

tepóre [vc. dotta, lat. *tepōre(m)*, da *tepēre*; av. 1565] **s. m.** ● Caldo moderato e gradevole: *il t. primaverile.*

tèppa [vc. lombarda di orig. prelatina col sign. di 'zolla d'erba', assunto poi da una società di rissosi compagnoni, chiamatasi scherzosamente *Compagnia della Teppa*; 1585] **s. f.** *1* (*bot.*) Borraccina. *2* (*sett.*) Feccia, gentaglia della grande città.

teppàglia [da *teppa*, con suff. spreg.; 1963] **s. f.** ● (*spreg.*) Teppa.

teppìsmo [comp. di *teppa* e *-ismo*; 1905] **s. m.** *1* Modo di comportarsi da teppista. *2* Malavita: *combattere il t.*

teppista [da *teppismo*; 1895] **s. m. e f.** (**pl. m.** *-i*) ● Chi appartiene alla teppa | Chi commette atti violenti, vandalici ecc.

teppìstico [1903] **agg.** (**pl. m.** *-ci*) ● Da teppista. || **teppisticaménte**, **avv.**

tequila /*sp.* te'kila/ [vc. sp., dall'omonima città messicana, dove è prodotto in grande quantità; 1963] **s. f. inv.** (**pl.** sp. *tequilas*) ● Liquore messicano ricavato dalla distillazione delle foglie di una varietà di agave.

ter /*lat.* tɛr/ [avv. num. lat., *tĕr* 'tre volte'; 1957] **agg. inv.** ● (posposto al s.) Terzo (si usa nelle numerazioni in successione a bis): *legge, emendamento ter.*

tèra- [contrazione di *tetra-* (V.); riferito alla quarta potenza di 10^3] primo elemento ● Anteposto a un'unità di misura, la moltiplica per mille miliardi, cioè per 10^{12}. **SIMB.** T.

teramàno [1894] **A agg.** ● Di Teramo. **B s. m.** (**f.** *-a*) ● Abitante, nativo di Teramo.

terapèuta [da *terapeutica*; av. 1928] **s. m. e f.** (**pl. m.** *-i*) *1* Chi studia o si occupa di terapeutica. *2* Medico particolarmente competente nella cura delle malattie: *ci siamo rivolti ad un noto t.* *3* Terapista.

terapèutica [da *terapeutico*; 1494] **s. f.** ● Scienza della cura delle malattie.

terapèutico [gr. *therapeutikós* 'abile a curare (*therapéuein*, di etim. incerta)'; av. 1754] **agg.** (**pl. m.** *-ci*) ● Di, relativo alla terapia: *metodo t.* | ***Ginnastica terapeutica***, ginnastica medica. || **terapeuticaménte**, **avv.**

terapìa [gr. *therapéia*, da *therápōn* 'servo', di etim. incerta; 1828] **s. f.** *1* Parte della medicina che tratta della cura delle malattie. *2* (*est.*) Cura: *l'ammalato ha iniziato una nuova t.* | ***T. convulsivante***, elettroshock | ***T. fisica***, fisioterapia | ***T. intensiva***, cura intensa e protratta dei pazienti che hanno perduto una o più funzioni vitali, attuata in ambienti opportunamente attrezzati | ***T. d'urto***, somministrazione unica in dosi massicce di un farmaco o di associazioni di farmaci, usati spec. per aggredire un quadro patologico avanzato | ***T. del dolore***, insieme di trattamenti che hanno come scopo la riduzione o la soppressione del dolore, spec. in malati terminali. *3* (*fam.*) Psicoterapia | ***T. di gruppo***, V. *gruppo.*

-terapìa [da *terapia*] secondo elemento ● In parole composte del linguaggio medico, significa 'metodo di cura': *idroterapia, massoterapia, elioterapia.*

teràpico [da *terapia*; 1931] **agg.** (**pl. m.** *-ci*) ● Che riguarda la terapia.

terapìsta [1912] **s. m. e f.** (**pl. m.** *-i*) ● Chi applica particolari metodi di cura; è spesso usato come accorciativo di parole composte quali fisioterapista, psicoterapista, massoterapista, fitoterapista e sim.

Teràpsidi [comp. del gr. *théraps* 'servo, aiutante, compagno' e *-idi*; 1982] **s. m. pl.** (**sing.** *-e*) ● Nella tassonomia animale, ordine di Rettili della sottoclasse dei Sinapsidi, dai quali sono derivati i Mammiferi (*Therapsida*).

teràto- [dal gr. *téras*, genit. *tératos* 'mostro' (d'orig. incerta)] primo elemento ● In parole composte del linguaggio medico, significa 'mostro, mostruosità': *teratogeno.*

teratogènesi [comp. di *terato-* e *genesi*; 1895] **s. f. inv.** ● (*biol.*) Alterato sviluppo embrionale, fetale o post-natale, causato da un agente teratogeno.

teratògeno [comp. di *terato-* e *-geno*; 1980] **agg.** ● (*biol.*) Che può produrre malformazioni o mostruosità nell'embrione: *alcune malattie virali sono teratogene* | ***Agenti teratogeni***, agenti fisici, chimici o biologici che causano anomalie fetali.

teratologìa [gr. *teratología* 'discorso (da *lógos*) su cose strane o mostruose (*téras*, genit. *tératos*)'; 1728] **s. f.** ● (*med.*) Studio delle malformazioni corporee | ***T. fantastica***, interesse verso i mostri, i mutanti e gli alieni creati dalla fantasia umana o degli artisti.

teratològico [av. 1855] **agg.** (**pl. m.** *-ci*) ● (*med.*) Di teratologia.

teratòma [comp. di *terat(o)-* e *-oma*; 1931] **s. m.** (**pl.** *-i*) ● (*med.*) Mostruosità circoscritta a carattere neoplastico, contenente abbozzi di organi vari.

tèrbio [dal n. della città sved. di *Ytterby*; 1875] **s. m.** ● Elemento chimico del gruppo delle terre rare. **SIMB.** Tb.

†**tèrchio** [etim. discussa: variante di *técchio*, dal lat. *tĭtulus* 'marca, titolo' (?); av. 1400] **agg.** ● Zotico, selvatico, rozzo.

Terebintàli [da *terebinto*; 1961] **s. f. pl.** (**sing.** *-e*) ● Nella tassonomia vegetale, ordine di piante delle Dicotiledoni, per lo più legnose, spesso con organi secretori. ➡ **ILL. piante**/5.

terebìnto [vc. dotta, lat. *terebĭnthu(m)*, dal gr. *terébinthos*, di orig. preellenica; sec. XIII] **s. m.** ● Alberetto delle Anacardiacee che fornisce la resina detta trementina di Chio o di Cipro, frutti aromatici commestibili e semi oleosi (*Pistacia terebinthus*).

tèrebra [vc. dotta, lat. *tĕrebra(m)* 'succhiello', derivato da *tĕrere* 'fregare, tritare'; 1521] **s. f.** *1* Antica macchina da guerra, munita di grossa punta a succhiello atta a trivellare muraglie, apprestamenti difensivi e sim. *2* (*zool.*) Ovopositore capace di trivellare anche tessuti resistenti di cui sono provvisti alcuni insetti imenotteri.

terebrànte [vc. dotta, lat. *terebrānte(m)*, part. pres. di *terebrāre* 'forare (con la *tĕrebra*)'; 1895] **A s. m.**; anche **agg.** ● Ogni insetto imenottero munito di terebra. **B agg.** ● (*med.*) Detto di dolore profondo, penetrante.

terebrazióne [vc. dotta, lat. tardo *terebratiōne(m)*, da *terebrātus* 'terebrato, trivellato'; 1942] **s. f.** ● Nella tecnica mineraria e delle costruzioni, perforazione, trivellazione.

terèdine [vc. dotta, lat. *terēdine(m)*, nom. *terēdo*, dal gr. *tērēdṓn* 'verme che rode il legno', connesso col v. *téirein* 'fregare', di orig. indeur.; 1499] **s. f.** ● Mollusco lamellibranchio marino a corpo vermiforme e con piccolissima conchiglia che rode qualunque legno sommerso (*Teredo navalis*).

tereftalàto [1983] **s. m.** ● (*chim.*) Sale o estere dell'acido tereftalico.

tereftàlico [comp. di *tere(binto)* e *ftalico*; 1957] **agg.** (**pl. m.** *-ci*) ● (*chim.*) ***Acido t.***, isomero dell'acido ftalico, si presenta sotto forma di cristalli incolori insolubili in acqua; usato spec. nella preparazione delle resine poliestere.

teresiàno [1774] **agg.** ● Che si riferisce a un personaggio storico di nome Teresa | Relativo a S. Teresa d'Avila (1515-1582), all'ordine delle Carmelitane Scalze da lei fondato e alla spiritualità di lei e del suo ordine | Relativo all'imperatrice Maria Teresa d'Austria (1717-1780).

teresìna o **telesìna** [forse dalla città brasiliana di *Teresina*; 1957] **s. f.** ● Variante del poker che si gioca con le carte tutte o in parte scoperte e senza possibilità di sostituirle.

terfèzia [vc. dotta, dal lat. *terfezia leonis*, dall'ar. *tirfās*; 1984] **s. f.** ● (*bot.*) Genere di Funghi ipogei commestibili degli Ascomiceti, con specie distribuite nelle regioni mediterranee e subtropicali (*Terfezia*).

tergàle [da *tergo*; 1891] **s. m.** ● Spalliera artistica, di sedia o poltrona.

tergèmino [vc. dotta, lat. *tergĕminu(m)*, variante di *tregĕminu(m)* 'trigemino'; 1485 ca.] **agg.** ● (*lett.*) Triplice, trigemino.

tèrgere [vc. dotta, lat. *tĕrgere*, di etim. incerta; av. 1348] **v. tr.** (**pres.** *io tèrgo, tu tèrgi*; **pass. rem.** *io tèrsi, tu tergésti*; **part. pass.** *tèrso*) *1* (*lett.*) Forbire, nettare, pulire asciugando | Asciugare: *scendea Venere dall'Olimpo, e delle sue / ambrosie dita le tergeva il pianto* (FOSCOLO). *2* (*lett.*) Rendere nitido | (*raro, fig.*) Purificare: *o rose sparse in dolce falda / di viva neve, in ch'io mi specchio e tergo* (PETRARCA).

tergestìno [vc. dotta, lat. *Tergestīnu(m)*, etnico di *Tergĕste*, ant. n. di 'Trieste'; 1840] **A agg.** ● Dell'antica Tergeste | (*lett.*) Della moderna Trieste. **B s. m.** (**f.** *-a*) ● Abitante o nativo di Tergeste. **C s. m.** solo **sing.** ● Antico dialetto di tipo friulano parlato a Trieste fino alla metà circa del XIX secolo.

tergicristàllo [comp. di *tergere* e *cristallo*; 1942] **s. m.** ● Dispositivo applicato alla faccia esterna del parabrezza di autoveicolo, aereo e sim. che, con un movimento a va e vieni di una spazzola di gomma, serve a mantenere pulito il cristallo in caso di pioggia o neve. ➡ **ILL.** p. 2164 TRASPORTI.

tergilavacristàllo [sovrapp. di *tergicristallo* e *lavacristallo*; 1979] **s. m.** ● Tergicristallo in grado anche di lavare il parabrezza di un autoveicolo.

tergilavalunòtto [comp. di *tergere*, *lavare* e di *lunotto*; 1978] **s. m.** (**pl. inv.** o *-i*) ● Tergilavacristallo applicato al lunotto di un autoveicolo.

tergilunòtto [comp. di *tergere* e *lunotto*; 1977] **s. m.** (**pl. inv.** o *-i*) ● Tergicristallo applicato al lunotto di un autoveicolo.

tergìte [dal lat. *tĕrgu(m)* 'dorso' col suff. *-ite* (3)] **s. m.** ● (*zool.*) Struttura cuticolare che riveste dorsalmente un segmento corporeo degli Artropodi.

tergiversàre [vc. dotta, lat. *tergiversāri*, formato da *tĕrga* 'le spalle' e *vĕrtere* 'volgere, voltare'; av. 1550] **v. intr.** (*io tergivèrso*; aus. *avere*) *1* Cercare di eludere una questione, di sfuggire a una domanda, di ritardare una decisione ricorrendo a pretesti, cavilli, sotterfugi. **SIN.** Nicchiare, temporeggiare. *2* †Voltare le spalle al nemico.

tergiversatóre [vc. dotta, lat. tardo *tergiversatōre(m)*, da *tergiversātus*, part. pass. di *tergiversāri* 'tergiversare'; 1598] **s. m.** *1* (**f.** *-trice*) (*raro*) Chi tergiversa. *2* †Chi fugge in battaglia.

tergiversazióne [vc. dotta, lat. *tergiversatiōne(m)*, da *tergiversātus*, part. pass. di *tergiversāri* 'tergiversare'; av. 1503] **s. f.** ● (*raro*) Il tergiversare | (*raro*) Pretesto, scusa, cavillo: *rispondere senza tergiversazioni.*

†**tergivèrso** [1618] **agg.** ● Che tergiversa, sfugge.

†**tergiversóre** [da *tergiversare*; sec. XVII] **s. m.** ● Soldato che fugge in battaglia.

tèrgo [vc. dotta, lat. *tĕrgu(m)*, di etim. incerta; 1319] **s. m.** (**pl.** *tèrghi*, **m.** nei sign. 1 e 2, *tèrga* e †*tèrgora*, **f.** nel sign. 1) *1* (*lett.*) Dorso, schiena: *quella turba / che se ne va di retro a' vostri terghi* (DANTE *Purg.* XXVI, 65-66) | ***Voltare, dare il t.***, voltare le spalle per fuggire o per manifestare disprezzo, ostilità | ***A, da t.***, di, da dietro: *stare a t.*; *venire da t.* *2* Parte posteriore di un foglio | Rovescio di una moneta o una medaglia.

Tèri [vc. dotta, dal gr. *thēríon* 'animale selvaggio'] **s. m. pl.** (**sing.** *-io*) ● (*zool.*) Nella sistematica dei Mammiferi, raggruppamento comprendente gli Euteri e i Marsupiali, oltre ad alcune forme fossili.

†**teriàca** ● V. *triaca.*

terìdio [gr. *thērídion*, dim. di *thēríon* 'animale', a sua volta dim. di *thḗr*, di orig. indeur.; 1840] **s. m.** ● Piccolo ragno con zampe esili, innocuo, che costruisce tele irregolari tra gli arbusti (*Theridion*).

Terilène® [marchio registrato ICI] **s. m.** ● (*chim.*) Nome commerciale di una fibra tessile sintetica simile al Dacron.

tèrio-, -tèrio [dal gr. *thēríon*, dim. di *thḗr*, genit. *thērós* 'bestia (feroce), fiera', di orig. indeur.] primo o secondo elemento ● In parole composte dotte e scientifiche, significa 'animale', 'belva': *teriomorfo*; *megaterio.*

teriomorfìsmo [da *teriomorfo* col suff. *-ismo*, sul modello di *antropomorfismo*; 1929] **s. m.** ● Natura animale o forma animale delle figure divine.

teriomòrfo [gr. *thēriómorphos*, comp. di *thēríon* 'piccola belva' (V. *terio-*) e *morphḗ* 'forma' (V. *-morfo*); 1961] **agg.** ● Detto di divinità che ha natura o forma animale.

Tèrital® [marchio registrato dalla Montefibre; 1962] s. m. ● (*chim.*) Nome commerciale di una fibra tessile sintetica simile al Dacron.

terlàno o **terlàner** [dal n. della località (ted. *Terlan*: dal n. proprio lat. *Taurīnus* col suff. prediale *-ānum* (?)), dove si coltivano le viti; 1961] s. m. ● Vino bianco verdolino, secco, morbido e armonico, prodotto in provincia di Bolzano da uve Pinot bianco, Riesling e altre uve locali.

termàle [da *terme*; 1521] agg. *1* Detto di acqua minerale che sgorga da una sorgente calda: *acque termali* | ***Stabilimento t.***, ove si effettuano spec. cure idropiniche. *2* Concernente le antiche terme.

termalgìa [comp. di *term(o)-* e *-algia*] s. f. ● (*med.*) Causalgia.

termalìsmo [da *termale*; 1963] s. m. *1* (*med.*) Complesso delle funzioni, delle strutture e delle attrezzature per le cure termali. *2* Turismo che si sviluppa attorno alle stazioni di cure termali.

termalìsta [da *termale*; 1983] s. m. e f. (pl. m. *-i*) *1* Chi è addetto ai servizi termali. *2* Chi è addetto ai servizi turistici in una stazione termale.

tèrme [vc. dotta, lat. *thĕrma(s)*, nom. (pl.) *thĕrmae*, dal gr. *thérmai*, pl. di *thérmē* 'caldo', di orig. indeur.; av. 1342] s. f. pl. *1* Edificio per cure termali | Luogo in cui si sfruttano sorgenti termali: *le t. del Lazio*. *2* Presso gli antichi romani, edifici pubblici per bagni con annessi luoghi di riunione, palestre, biblioteche: *t. di Diocleziano, di Caracalla*.

-termìa [da *-termo*] secondo elemento ● In parole scientifiche composte, significa 'calore', 'temperatura': *elettrotermia, ipotermia, omotermia*.

tèrmico [dal gr. *thérmē* 'calore'; 1879] agg. (pl. m. *-ci*) *1* Attinente al calore o alla temperatura: *variazione termica* | Del calore: *energia termica del Sole* | ***Sensibilità termica***, forma di sensibilità cutanea che permette di apprezzare le variazioni di temperatura | ***Lunotto t.***, vetro posteriore di un autoveicolo, provvisto di sbrinatore elettrico | ***Borsa termica***, V. *borsa* (*1*). *2* Detto di macchina motrice a gas o vapore, in quanto la compressione e l'espansione dei gas sono accompagnate o influenzate da fenomeni termici. ‖ **termicaménte**, avv.

TERMICA (ENERGIA)
nomenclatura

termica (**energia**)

● combustibili: solidi, liquidi, gassosi; *primari* (combustibili naturali); fossili, vegetali;

● *secondari*: benzina, gasolio, olio combustibile, coke; *fossili solidi*: torba; lignite; carbone fossile (antracite, litantrace); scisti, calcari, sabbie bituminose; ozocerite);

● *fossili liquidi*: petrolio, bitume; *fossili gassosi*: gas naturale (GN); *solidi artificiali*: agglomerati di combustibili solidi naturali, coke, semicoke, carbone di legna; *liquidi artificiali* (derivati da petrolio: benzine, gasolio, olio combustibile), alcol metilico, etilico; benzolo; oli vegetali; sintina; sintolo; syncrude; propellenti combustibili aeronautici e spaziali; *gassosi artificiali*: gas di città (= illuminante), d'officina, di petrolio liquefatto (GPL), d'aria (= povero), d'acqua, misto, d'altoforno, dei forni a coke (= di cokeria), di raffineria, doppio, di olio, di cracking, di olio minerale; idrogeno; acetilene; ossido di carbonio;

● *carbone fossile* (= naturale): miniera; giacimento; gassificazione, idrogenazione, liquefazione, pirolisi del carbone; cokeria, officina del gas, altoforno; carbone di legna = carbonaia.

-tèrmico secondo elemento ● Forma aggettivi composti del linguaggio scientifico, nella maggioranza connessi con sostantivi astratti in *-termia*: *elettrotermico, ipotermico, omotermico*.

termidoriàno [fr. *thermidorien*, da *thermidor* 'termidoro'; 1797] **A** agg. ● Del termidoro. **B** s. m. ● Deputato francese che prese parte alla coalizione che rovesciò Robespierre il 9 termidoro del 1794.

termidòro [fr. *thermidor*, comp. del gr. *thermós* 'caldo' e *dōron* 'dono, regalo'; 1797] s. m. ● Undicesimo mese del calendario rivoluzionario francese, il cui inizio corrispondeva al 19 luglio e il termine al 17 agosto.

terminàbile [vc. dotta, lat. tardo *terminābile(m)*, nel senso 'che si può limitare' (da *tĕrminus* 'pietra di confine'); av. 1332] agg. ● Che si può terminare: *impresa t. in poco tempo* | Che ha un termine. ‖ †**terminabilménte**, avv.

terminabilità [1585] s. f. ● (*raro*) Condizione di ciò che è terminabile.

tèrminal /'terminal, *ingl.* 'tɜːmɪnl/ [1960] s. m. inv. *1* Capolinea, opportunamente collegato con il retroterra o i centri urbani, per trasporti terrestri, marittimi o fluviali: *è stato costruito un nuovo t. per container.* ➡ ILL. p. 2171 TRASPORTI. *2* Accorc. di *air terminal*. *3* Aerostazione, spec. quando ve ne siano più di una in uno stesso aeroporto.

terminàle [vc. dotta, lat. *terminăle(m)*, da *tĕrminus* 'termine'; av. 1292] **A** agg. *1* Di termine, di confine: *cippo t.* *2* Che è posto alla fine o costituisce la parte finale: *tratto t. di un corso d'acqua*. CONTR. Iniziale. *3* Detto di organo vegetale che si trova all'apice di un altro organo come fiore, gemma, capolino. *4* (*med.*) Detto di paziente che si trova nel periodo preagonico di una malattia con esito mortale: *malato t.* *5* (*med.*) Detto di infezione da microrganismi patogeni che insorge nel corso di una malattia con esito mortale e che rappresenta spesso la causa immediata della morte. *6* (*med.*) Detto di disinfezione di un ambiente o di un edificio attuata dopo che ne è uscito un paziente che è stato affetto da una malattia contagiosa. **B** s. m. *1* Punto estremo di collegamento di un conduttore, di un apparecchio elettrico e sim. | Morsetto. *2* (*elab.*) Dispositivo di input/output dei dati costituito gener. da una tastiera e da un monitor | ***T. intelligente***, dotato di autonoma capacità di elaborazione.

terminalìsta [1983] s. m. e f. (pl. m. *-i*) ● (*elab.*) Persona addetta a un terminale in un centro elettronico.

terminànte [sec. XIV] part. pres. di *terminare*; anche agg. ● Nei sign. del v.

♦**terminàre** [vc. dotta, lat. *termināre*, da *tĕrminus* 'termine'; 1294] **A** v. tr. (*io tèrmino*) *1* Finire, ultimare, condurre a termine: *t. la lettera, il discorso, un lavoro*; *ha terminato l'università* | (*eufem.*) ***T. la vita, t. di soffrire***, morire | (*raro*) Completare. CONTR. Cominciare. *2* (*disus.* o *lett.*) Porre i termini, i confini | (*raro*) Limitare, circoscrivere: *mari e monti che terminano l'Italia*. *3* †Determinare, definire | †Decidere: *e terminò passare in Pagania* (PULCI). **B** v. intr. (aus. *essere*) *1* Finire, arrivare al termine: *dove termina la valle*; *la strada termina in campagna*; *il bastone termina a punta*; *la commedia è terminata alle sei*. CONTR. Cominciare. *2* (*raro*) Confinare: *il podere termina col fiume*. *3* (*ling.*) Uscire, avere desinenza.

†**terminatézza** [da *terminare* 'porre dei termini, dei limiti'; av. 1729] s. f. ● Limitatezza.

terminatìvo [av. 1406] agg. ● (*raro*) Che dà il termine, serve a terminare o a limitare.

terminatóre [vc. dotta, lat. tardo *terminatōre(m)*, da *terminātus* 'terminato'; av. 1386] **A** s. m.; anche agg. (f. *-trice*) ● (*raro*) Chi (o Che) termina | †Chi (o Che) determina, definisce qlco. **B** s. m. *1* (*astron.*) Linea di divisione tra la zona illuminata dal Sole e quella oscura sul disco lunare o dei pianeti. *2* †Chi segna i termini, i confini.

terminatùra s. f. ● †Il terminare | (*raro*) Modo con cui una cosa termina.

terminazióne [vc. dotta, lat. *terminatiōne(m)*, da *terminātus* 'terminato'; 1342] s. f. *1* (*raro*) Conclusione, fine. *2* Estremità, punto terminale: *terminazioni nervose*. *3* Collocazione dei termini sulle linee di confine tra singole proprietà. *4* (*ling.*) Uscita, desinenza. *5* (*tipogr.*) Grazia.

♦**tèrmine** (**1**) o †**tèrmino** [vc. dotta, lat. *tĕrmine(m)*, variante di *tĕrminus*, vc. italica con corrispondenza in gr.; sec. XII] s. m. *1* Confine, limite di un podere, un territorio, una regione: *lo steccato segna il t. della proprietà* | Pietra, fossa, palo di confine. *2* (*dir.*) Momento del tempo da cui decorrono o cessano gli effetti di un negozio giuridico | ***T. iniziale***, momento da cui decorrono gli effetti del negozio | ***T. finale***, momento da cui cessano | ***T. essenziale***, quello alla cui scadenza le parti di un contratto collegano la risoluzione di diritto del contratto in caso di inadempimento | Nella loc. agg. ***a termine***, detto di ciò di cui si prevede una durata definita, limitata: *mandato a t.*; *Governo a t.* | ***Contratto a t.***, di cui al momento della stipulazione è stata fissata la scadenza | Tempo entro od oltre un certo periodo in cui un dato atto deve essere compiuto per essere valido: *t. processuale, ordinario* | ***T. dilatorio***, prima della cui scadenza non può compiersi una determinata attività | ***T. di decadenza***, termine perentorio. *3* Correntemente, ognuno dei due momenti entro i quali si compie qlco.: *oltrepassare i termini stabiliti* | Limite di tempo: *nel t. di un mese*; *aspetto la risposta in un t. di tre ore* | ***Chiedere un t. maggiore***, una dilazione più lunga | ***A lungo t., a breve t.***, a lunga, a breve scadenza. *4* Punto estremo, fine: *siamo arrivati al t. della strada*; *al t. del lavoro riposeremo*; *è ormai al t. della vita* | ***Aver t.***, finire | ***Porre, dare t. a qlco.***, farla finire, cessare | ***Portare a t.***, portare a compimento | ***Volgere al t.***, stare per finire | †***Senza t.***, eternamente. CONTR. Inizio | (*miner.*) ***T. estremo, t. puro***, uno dei due o più estremi, di composizione chimica ideale, a cui si avvicina la composizione reale dei minerali, oppure entro i quali varia una serie isomorfa. *5* Elemento che viene esaminato separatamente, ma non può essere definito senza tenere conto dell'insieme cui appartiene: *il soggetto e il predicato sono termini di una proposizione* | ***I termini di un paragone***, ciascuno degli elementi che vengono precisati in una contrapposizione, una similitudine | ***I termini di una frazione***, rispettivamente il numeratore e il denominatore | ***Ridurre ai minimi termini***, trasformare una frazione in un'altra di valore uguale in cui numeratore e denominatore siano primi fra loro; (*fig.*) rimpicciolire oltre misura, ridurre in cattivo stato | ***Complemento di t.***, indica la persona o la cosa a cui è rivolta l'azione espressa dal verbo. *6* †Maniera di trattare: *... il più quieto e nobile t., che usar si potesse verso la persona mia* (GALILEI). *7* (*fig.*) Punto, grado a cui si arriva: *dopo le ricerche, siamo giunti a questo t.* | ***A buon t.***, a buon punto | †***Non essere in t. di***, non essere in grado di | (*fig.*, *raro*) Meta, scopo, punto di arrivo: *mirare a un t. preciso*; *questo è il t. dei nostri sforzi*. *8* (*spec. al pl.*, *fig.*) Limiti concessi all'agire e prescritti dall'uso, le regole, la legge, le convenienze: *stare, rimanere nei termini*; *varcare i termini della buona educazione*; *l'arte di mariolare ave li suoi termini e regole, come tutte l'altre* (BRUNO) | Complesso degli elementi e delle circostanze che concorrono a definire e a ben configurare una situazione: *ci siamo accordati entro questi termini*; *non avete chiarito i termini della controversia* | Stato, condizione, modo di essere: *le cose sono, stanno in questi termini* | ***Essere in buoni termini con qlcu.***, in buoni rapporti. ‖ **terminétto**, dim.

♦**tèrmine** (**2**) [dal precedente, estensione dell'uso in logica e grammatica, che traduce il gr. *óros* 'confine, delimitazione', e quindi 'definizione'; 1308] s. m. *1* Locuzione, voce propria di una scienza, un'arte, una disciplina: *un t. medico, filosofico, letterario*; *pagina ricca di termini scientifici*; *sono termini della pittura*. *2* Parola, come elemento di una proposizione: *questo t. è il predicato* | Proposizione di un sillogismo: *t. maggiore, medio, minore* | (*est.*) Parola, vocabolo: *un t. toscano*; *un t. proprio, poco usato*; *questi due termini hanno lo stesso significato* | ***In altri termini***, in altre parole | ***In questi termini***, così: *le cose stanno in questi termini* | ***Moderare i termini***, attenuare un linguaggio aspro od offensivo | ***A rigor di termini***, secondo il significato più stretto, puntuale | (*fam.*) ***Mezzo t.***, espediente inefficace | ***Senza mezzi termini***, chiaramente, apertamente, senza sotterfugi.

terminìsmo [comp. da *termine* (*2*) e *-ismo*; 1961] s. m. ● (*filos.*) Nominalismo.

terminìsta [da *terminismo*; 1865] s. m. e f. (pl. m. *-i*) ● Nominalista.

terminìstico [da *terminismo*; 1961] agg. (pl. m. *-ci*) ● (*filos.*) Nominalistico.

†**tèrmino** ● V. *termine* (*1*).

terminologìa [comp. di *termine* (*2*) e *-logia*; 1820] s. f. *1* (*raro*) Trattato sui vocaboli. *2* Insieme dei termini usati per esprimere le nozioni proprie di una scienza, un'arte o una disciplina e sim.: *la t. scientifica, letteraria, medica*; *la t. ... formata per i giudizî negativi del brutto* (CROCE) | ***T. critica***, quella della critica artistica, letteraria, teatrale e sim.

terminològico [da *terminologia*; av. 1886] agg. (pl. m. *-ci*) ● Che riguarda una determinata terminologia. ‖ **terminologicaménte**, avv. Da un punto di vista terminologico.

tèrminus [vc. lat.: V. *termine* (*1*); 1983] s. m. inv. (pl. lat. raro *termini*) ● Termine, limite di tempo; si usa spec. in ambito storico, giuridico e burocratico nelle locuzioni *terminus ante quem* (o *ad quem*) e *terminus post quem* (o *a quo*) indicanti, nell'ordine, la data prima o dopo la quale un fatto si è verificato, una legge è entrata in vigore, un'attività si può svolgere.

termistóre [comp. di *termo-* e (*resi*)*store*; 1940] **s. m.** ● (*fis.*) Conduttore la cui resistenza diminuisce in maniera evidente all'aumentare della temperatura.

termitàio [av. 1928] **s. m.** ● Nido di termiti.

tèrmite (**1**), (*evit.*) **termite** [vc. dotta, lat. *tĕrmite*(*m*), variante tarda di *tàrmite*(*m*) 'tarma', connesso col v. *tĕrere* 'fregare'; 1824] **s. f.** ● Correntemente, ogni insetto isottero sociale che vive in colonie numerosissime in cui si distinguono varie caste di individui: operai e soldati senza ali, maschi e femmine fecondi che si strappano le ali dopo la sciamatura. ➡ **ILL. animali**/2.

termite (**2**) [ted. *Thermit*, comp. del gr. *thérmē* 'calore' (per il grande calore sviluppato, quando il composto s'infiamma) e *-ite* (*2*); 1906] **s. f.** ● Miscela di metalli e ossidi metallici in polvere, spec. ossido di ferro e alluminio, la cui combustione produce altissimo calore, in generale adoperata per alluminotermia.

tèrmo ● V. *thermos*.

tèrmo-, -tèrmo [dal gr. *thermón* 'calore'] primo o secondo elemento ● In parole composte della terminologia scientifica e tecnica, fa riferimento al calore, alla temperatura: *termodinamica, termogenesi, isotermo*.

termoadeṣióne [comp. di *termo-* e *adesione*; 1979] **s. f.** ● (*tecnol.*) Metodo di separazione dei minerali, che sfrutta la proprietà di alcuni di essi di aderire a una superficie rivestita di resine termoplastiche, quando vengono riscaldati per irraggiamento.

termoadeṣivo [comp. di *termo-* e *adesivo*; 1957] **agg.** ● Che aderisce a una superficie mediante un trattamento a caldo: *decorazioni termoadesive per tessuti*.

termoanesteṣìa [comp. di *termo-* e *anestesia*; 1961] **s. f.** ● (*med.*) Abolizione della sensibilità al calore.

termobàgno [comp. di *termo*(*sifone*) e *bagno*; 1931] **A agg. inv.** ● Nel linguaggio degli annunci economici, detto di appartamento provvisto di riscaldamento a termosifone e di bagno. **B** anche **s. m. inv.**: *affittare un t.*

termobaròmetro [comp. di *termo-* e *barometro*; 1875] **s. m.** ● Ipsometro.

termobattèrio [comp. di *termo-* e *batterio*; 1938] **s. m.** ● (*biol.*) Batterio termogeno.

termobilància [1961] **s. f.** (pl. *-ce*) ● (*chim.*) Apparecchio destinato a registrare le variazioni di massa che un campione subisce a causa di processi chimici determinati da un riscaldamento.

termocautèrio [comp. di *termo-* e *cauterio*; 1880] **s. m.** ● (*chir.*) Strumento per la cauterizzazione.

termocauterizzazióne [comp. di *termo-* e *cauterizzazione*] **s. f.** ● (*chir.*) Metodo terapeutico che utilizza il calore per arrestare emorragie o distruggere tessuti.

termocettóre [comp. di *termo-* e (*re*)*cettore*; 1983] **s. m.** ● (*fisiol.*) Recettore sensibile alle variazioni della temperatura.

termochìmica [comp. di *termo-* e *chimica*; 1894] **s. f.** ● Parte della chimica che si occupa dei fenomeni termici che accompagnano le reazioni chimiche.

termochìmico [1940] **agg.** (pl. m. *-ci*) ● Che concerne la termochimica.

termocinètica [comp. di *termo-* e *cinetica*; 1961] **s. f.** ● (*fis.*) Parte della termologia che studia la propagazione del calore.

termocinètico [1965] **agg.** (pl. m. *-ci*) ● Concernente la termocinetica.

termocoagulazióne [comp. di *termo-* e *coagulazione*; 1961] **s. f.** ● (*chir.*) Tecnica chirurgica che consente la distruzione o l'asportazione di un tessuto, mediante l'uso di corrente elettrica ad alta frequenza che consente l'arresto contemporaneo dell'emorragia.

termocoibènte [comp. di *termo-* e *coibente*; 1965] **s. m.**; anche **agg.** ● Termoisolante.

termocoibènza [1979] **s. f.** ● Proprietà dei materiali termocoibenti.

termocompressióne [comp. di *termo-* e *compressione*; 1961] **s. f.** ● (*fis.*) Compressione di un vapore allo scopo di indurne la condensazione con conseguente emissione di calore latente che può essere assorbito a temperatura superiore.

termocompressóre [comp. di *termo-* e *compressore*; 1961] **s. m.** ● (*fis.*) Apparecchio per termocompressione.

termoconvettóre [comp. di *termo-* e *convettore*; 1949] **s. m.** ● Apparecchio riscaldante, costituito da due o più tubi alettati, usato negli impianti di riscaldamento ad acqua calda.

termocopèrta [comp. di *termo-* e *coperta*; 1955] **s. f.** *1* Coperta confezionata con intreccio di resistenze elettriche. *2* ***Termocoperta***®, marchio registrato di coperta a doppio tessuto di lana, reso morbido dalla garzatura.

termocòppia o **termocóppia** [comp. di *termo-* e *coppia*; 1935] **s. f.** ● (*elettr.*) Coppia di metalli diversi saldati agli estremi, nella quale si manifesta una forza elettromotrice quando esiste una differenza di temperatura fra le due saldature. **SIN.** Coppia termoelettrica, pila termoelettrica, pinza termoelettrica, termogiunzione.

termocùlla [comp. di *termo-* e *culla*] **s. f.** ● Culla termica.

termodiffuṣióne [comp. di *termo-* e *diffusione*; 1961] **s. f.** ● (*fis.*) Fenomeno per cui si ottiene una particolare separazione dei componenti una miscela di gas, dovuta a uno spostamento di alcune specie di molecole nel verso della propagazione del calore e di altre nel verso opposto.

termodinàmica [comp. di *termo-* e *dinamica*; 1865] **s. f.** ● Studio, basato su tre leggi, della trasformazione delle varie forme di energia, in particolare dell'energia termica in energia meccanica e viceversa.

termodinàmico [comp. di *termo-* e *dinamico*; 1876] **agg.** (pl. m. *-ci*) ● Relativo alla, proprio della termodinamica | ***Concentrazione termodinamica***, frazione molare | ***Ciclo t.***, complesso di trasformazioni termodinamiche che, attraverso una serie di strati intermedi diversi fra loro, riconduce il sistema allo stato iniziale. || **termodinamicaménte**, avv.

termoelasticità [comp. di *termo-* ed *elasticità*; 1979] **s. f.** ● Proprietà elastiche dei materiali in funzione della temperatura.

termoeleménto [comp. di *termo-* e *elemento*; 1961] **s. m.** ● Elemento sensibile alle variazioni della temperatura, quale una termocoppia o un termistore, usato nei dispositivi di misurazione o controllo della temperatura.

termoelettricità [comp. di *termo-* e *elettricità*; 1879] **s. f.** ● (*elettr., fis.*) Insieme dei fenomeni connessi alla trasformazione dell'energia termica di un corpo in energia elettrica e viceversa.

termoelèttrico [comp. di *termo-* e *elettrico*; 1841] **agg.** (pl. m. *-ci*) *1* (*fis.*) Che riguarda la, o che presenta, o che utilizza la termoelettricità: *effetto t.*; *forza motrice termoelettrica* | ***Coppia, pila, pinza termoelettrica***, termocoppia. *2* Detto di generatore elettrico azionato da una macchina termica | (*est.*) ***Centrale termoelettrica***, impianto di produzione dell'energia elettrica che utilizza macchine termiche e, come fonte di energia, gener. combustibili fossili.

termoelettróne [comp. di *termo-* e *elettrone*; 1961] **s. m.** ● Elettrone emesso da un corpo incandescente.

termoelettrònica [comp. di *termo-* e *elettronica*; 1961] **s. f.** ● Insieme dei fenomeni e delle leggi relative all'effetto termoelettronico.

termoelettrònico [comp. di *termo-* e *elettronico*; 1935] **agg.** (pl. m. *-ci*) *1* Detto di effetto consistente nella emissione di elettroni da un metallo posto nel vuoto e portato a temperatura elevata. *2* Che riguarda l'effetto termoelettronico: *corrente termoelettronica*. *3* Che sfrutta l'effetto termoelettronico | ***Tubo t.***, tubo elettronico nel quale gli elettroni vengono emessi da un catodo a elevata temperatura, per effetto termoelettronico.

termoesteṣìa [comp. di *termo-* e di un deriv. da *áisthēsis* 'sensazione'; 1961] **s. f.** ● Sensibilità termica.

termoesteṣiòmetro [comp. di *termo-*, *estesia* e *-metro*; 1932] **s. m.** ● Strumento per la valutazione della sensibilità termica.

termofilìa [comp. di *termo-* e *-filia*; 1961] **s. f.** ● Carattere degli organismi termofili.

termòfilo [comp. di *termo-* e *-filo*; 1961] **agg.** ● (*biol.*) Detto di organismo animale o vegetale che predilige clima caldo.

termofìṣica [comp. di *termo-* e *fisica*; 1949] **s. f.** ● (*fis.*) Termologia.

termofissàggio [comp. di *termo-* e *fissaggio*; 1979] **s. m.** *1* (*tess.*) Operazione di rifinizione compiuta su tessuti e maglierie fabbricati con fibre sintetiche pure o in mischia per conferire loro forma e dimensioni stabili. *2* (*tecnol.*) Termostabilizzazione di oggetti in materia plastica per eliminare gli effetti della memoria elastica.

termofissàre [comp. di *termo-* e *fissare*; 1979] **v. tr.** ● (*tess., tecnol.*) Compiere il termofissaggio.

termofissatóre [comp. di *termo-* e *fissatore*; 1979] **s. m.** ● (*tess., tecnol.*) Dispositivo o impianto per compiere il termofissaggio.

termofobìa [comp. di *termo-* e *-fobia*; 1967] **s. f.** ● (*psicol.*) Stato patologico che si manifesta con la paura del calore.

termoformatùra [comp. di *termo-* e *formatura*; 1982] **s. f.** ● (*tecnol.*) Metodo per la fabbricazione di imballaggi e contenitori multipli mediante formatura sottovuoto di lastre e fogli di materiale termoplastico, portati a temperatura di rammollimento in un apposito stampo.

termòforo [comp. di *termo-* e *-foro*; 1894] **s. m.** ● Apparecchio formato da una resistenza elettrica chiusa in tessuto di amianto e variamente rivestito, il cui calore viene utilizzato spec. a scopo terapeutico e antidolorifico.

termogèneṣi [comp. di *termo-* e *genesi*; 1896] **s. f. inv.** ● (*biol.*) Produzione di calore negli organismi viventi.

termogenètico [comp. di *termo-* e *genetico*; 1970] **agg.** (pl. m. *-ci*) ● (*biol.*) Che riguarda la termogenesi.

termogènico [comp. di *termo-* e *-genico*; 1885] **agg.** (pl. m. *-ci*) ● (*geol.*) Detto di suolo delle zone calde, nel quale le elevate temperature determinano una rapida degradazione delle sostanze organiche e disgregazione dei componenti rocciosi, conferendogli gener. un colore rossastro.

termògeno [comp. di *termo-* e *-geno*; 1841] **agg.** ● (*biol.*) Capace di generare calore, detto spec. di batteri che con le loro azioni biochimiche provocano un aumento della temperatura del loro substrato.

termogiunzióne [comp. di *termo-* e *giunzione*; 1979] **s. f.** ● (*elettr.*) Termocoppia.

termografìa [comp. di *termo-* e *-grafia*; 1960] **s. f.** *1* Rilievografia mediante polveri di resine termoindurenti mescolate con inchiostro e riscaldate. *2* Telerilevamento delle differenze di temperatura superficiale e dei relativi gradienti, realizzato mediante emulsioni termosensibili o apparecchi elettronici con presentazione video dell'immagine termica e utilizzato in campo tecnico, militare e clinico | (*med.*) Metodo d'indagine per l'individuazione precoce dei tumori della mammella, basato sul rilevamento della temperatura corporea e sul fatto che gli eventuali tumori tendono a conservare una temperatura superiore a quella dei tessuti circostanti, quando questi vengono raffreddati. *3* Procedimento di riproduzione diretta di un documento, di un manoscritto, di uno stampato per mezzo dei raggi infrarossi, senza trattamento chimico.

termogràfico [1937] **agg.** (pl. m. *-ci*) *1* Relativo al, o rilevato col termografo | ***Diagramma t.***, termogramma. *2* Relativo alla termografia: *esame t.*

termògrafo [comp. di *termo-* e *-grafo*; 1885] **s. m.** ● Termometro il cui indice è in grado di disegnare un diagramma delle temperature in funzione del tempo.

termogràmma [comp. di *termo-* e *-gramma*; 1961] **s. m.** (pl. *-i*) *1* Diagramma di registrazione di un termografo. *2* Immagine fotografica ottenuta con la termografia.

termoigrogràfico [1961] **agg.** (pl. m. *-ci*) ● Del, relativo al termoigrografo | Registrato con il termoigrografo.

termoigrògrafo [comp. di *termo-* e *igrografo*; 1961] **s. m.** ● Strumento per la registrazione cronologica e contemporanea, su di un'unica cartina, dell'andamento della temperatura e dell'umidità dell'aria.

termoindurènte [comp. di *termo-* e del part. pres. di *indurire*; 1961] **agg.** ● (*chim.*) Detto di sostanza che subisce un processo di indurimento irreversibile per effetto di reazioni chimiche di polimerizzazione che determinano la formazione di una struttura chimica reticolata tridimensionale: *resina t.*

termoindurimento [comp. di *termo-* e *indurimento*] s. m. ● Indurimento di una sostanza termoindurente per effetto del riscaldamento.

termoindurito agg. ● Detto di resina o materia plastica termoindurente che ha subìto il processo di indurimento.

termoióne [comp. di *termo-* e *ione*; 1961] s. m. ● (*fis.*) Ione emesso da un corpo a temperatura sufficientemente alta.

termoiònica [comp. di *termo-* e del f. dell'agg. *ionico*; 1961] s. f. ● (*fis.*) Studio e complesso di fenomeni relativi all'emissione di ioni dei corpi a temperatura sufficientemente elevata, nel vuoto circostante.

termoiònico [comp. di *termo-* e *ionico*; 1929] agg. (pl. m. *-ci*) ● Che concerne i termoioni | ***Effetto t.***, emissione di ioni da una superficie metallica riscaldata nel vuoto | ***Valvola termoionica***, tubo elettronico.

termoisolànte [comp. di *termo-* e del part. pres. sost. di *isolare*; 1961] **A** s. m. ● Sostanza che, essendo cattiva conduttrice del calore, viene usata come isolante termico. **B** anche agg.: *sostanza t.*

termolàbile [comp. di *termo-* e *labile* 'instabile', contrapposto a *termostabile*; 1941] agg. ● Che si altera con il calore. CONTR. Termostabile.

termòlisi [comp. di *termo-* e *-lisi*; 1961] s. f. inv. *1* (*chim.*) Dissociazione o decomposizione di una sostanza determinata dal calore. *2* (*biol.*) Dispersione del calore negli organismi viventi.

termologìa [comp. di *termo-* e *-logia*; 1754] s. f. ● Parte della fisica che studia i fenomeni e le leggi riguardanti il calore. SIN. Termofisica.

termològico [1940] agg. (pl. m. *-ci*) ● Che concerne la termologia.

termoluminescènza [comp. di *termo-* e *luminescenza*; 1934] s. f. ● (*fis.*) Tipo di fotoluminescenza consistente in emissione sotto forma di energia luminosa dell'energia termica immagazzinata.

termomagnètico [comp. di *termo-* e *magnetico*; 1934] agg. (pl. m. *-ci*) ● (*fis.*) Detto di materiale, fenomeno, effetto, collegato al termomagnetismo | ***Effetto t.***, variazione della conducibilità di un materiale dovuta a un campo magnetico.

termomagnetismo [comp. di *termo-* e *magnetismo*; 1970] s. m. ● (*fis.*) Magnetismo prodotto dal calore.

termomanòmetro [comp. di *termo-* e *manometro*; 1875] s. m. ● Strumento che indica la temperatura e quindi la pressione di un vapore saturo, usato nelle caldaie a vapore e negli impianti frigoriferi.

termomeccànico [comp. di *termo-* e *meccanico*; 1957] agg. (pl. m. *-ci*) ● (*fis.*) Detto di effetto consistente in un piccolo aumento della temperatura che si osserva nell'elio liquefatto quando è contenuto in un recipiente munito di orifizi capillari.

termometrìa [comp. di *termo-* e *-metria*; 1875] s. f. *1* Studio dei metodi e degli strumenti di misura delle temperature. *2* Misura della temperatura del corpo e studio delle variazioni durante la malattia.

termomètrico [comp. di *termo-* e *-metrico*; av. 1829] agg. (pl. m. *-ci*) *1* Del, relativo al termometro | Misurato con il termometro. *2* (*fis.*) Di sostanza i cui allungamenti sono proporzionali alle variazioni di temperatura subite.

♦**termòmetro** [fr. *thermomètre*, comp. di *thermo-* 'termo-' e *-mètre* '-metro'; 1660] s. m. *1* Strumento per la misura della temperatura | ***T. a massima, a minima***, per la misura, a mezzo di particolare accorgimento tecnico, della più alta e, rispettivamente, più bassa temperatura verificatasi in un intervallo di tempo determinato, generalmente un giorno | ***T. registratore***, termografo | ***T. a liquido***, nel quale è utilizzata la variazione di volume prodotta nei corpi quali mercurio o alcol da variazioni di temperatura | ***T. elettrico***, in cui è utilizzata la variabilità della resistenza elettrica di un conduttore metallico con la temperatura | ***T. a deformazione, a lamina bimetallica***, quello in cui l'elemento sensibile è costituito da due lamine metalliche, saldate tra loro, aventi diversi coefficienti di dilatazione, che si deformano al variare della temperatura | ***T. clinico***, che permette la lettura del massimo di temperatura corporea raggiunta | (*per anton.*) Termometro clinico: *quanto segna il t.?*; *mettiti il t.* *2* (*fig.*) Segno indicatore, indizio: *questa protesta è il t. del malcontento generale.* || **termometrino**, dim.

termominerale [comp. di *termo-* e *minerale*; 1879] agg. ● Detto di acqua minerale che sgorga con una temperatura superiore a 20 °C.

termonucleàre [comp. di *termo-* e (*reazione*) *nucleare*; 1955] agg. *1* Detto di reazione nucleare che può avvenire solo ad altissima temperatura. *2* Detto di apparato o di grandezza che contribuisce o interviene nei processi per ottenere energia termica da energia nucleare: *apparecchio, impianto, energia t.* | (*mil.*) ***Bomba t.***, quella che sfrutta l'energia sviluppata da una reazione di fusione nucleare esplosiva.

termoplasticità [comp. di *termo-* e *plasticità*] s. f. ● Proprietà reversibile dei materiali termoplastici.

termoplàstico [comp. di *termo-* e *plastico*; 1942] agg. (pl. m. *-ci*) ● (*chim.*) Detto di materiale, inorganico quale il vetro o organico come molti polimeri, che rammollisce per effetto del riscaldamento e indurisce quando si raffredda: *resine termoplastiche, polimero t.*

termoreattóre [comp. di *termo-* e *reattore*; 1961] s. m. ● (*mecc.*) Sistema propulsivo, utilizzante un getto ottenuto accelerando, a mezzo del calore, una massa d'aria prelevata dall'esterno.

termoregolàre [comp. di *termo-* e *regolare*; 1957] v. tr. (*io termorègolo*) ● Attuare la termoregolazione: *t. un apparecchio.*

termoregolàto agg. ● Che è sottoposto a, o che è capace di termoregolazione: *apparecchio t.*; *organismo t.*

termoregolatóre [comp. di *termo-* e *regolatore*; 1901] **A** s. m. ● (*tecnol.*) Termostato. **B** agg. (f. *-trice*) ● Detto di ciascuno dei centri del sistema nervoso centrale e di ciascun dispositivo anatomico e funzionale che assicurano la termoregolazione.

termoregolazióne [comp. di *termo-* e *regolazione*; 1955] s. f. *1* Meccanismo biologico di autoregolazione della temperatura corporea degli animali. *2* Regolazione della temperatura per mezzo di termoregolatori | ***Centralina di t.***, nel riscaldamento domestico ad acqua calda, termoregolatore.

termoretraìbile [comp. di *termo-* e un deriv. di *retrarre* 'ritrarre'; 1993] agg. ● (*fis.*) Detto di materiale soggetto a ritrazione o ritiro o restringimento per effetto del riscaldamento: *involucro t.*

tèrmos ● V. *thermos.*

termosaldàre [comp. di *termo-* e *saldare*; 1970] v. tr. ● Saldare a caldo, spec. materie plastiche, mediante apparecchiatura funzionante a corrente elettrica.

termosaldàto [1982] part. pass. di *termosaldare*; anche agg. ● Nel sign. del v.: *sacchetto di plastica t.*

termosaldatrìce [comp. di *termo-* e *saldatrice*; 1979] s. f. ● Macchina saldatrice per materie plastiche.

termoscòpio [comp. di *termo-* e *-scopio*; 1670] s. m. ● Indicatore non graduato dello stato termico di un corpo.

termosensìbile [comp. di *termo-* e *sensibile*; 1961] agg. *1* Che è modificato dall'azione del calore. *2* Che è sensibile alle variazioni di temperatura.

termosfèra [comp. di *termo-* e *sfera*; 1979] s. f. ● Regione dell'atmosfera, che si estende al di sopra della mesopausa, in cui la temperatura va generalmente aumentando con l'altezza. ➡ ILL. p. 2129 SCIENZE DELLA TERRA ED ENERGIA.

♦**termosifóne** [comp. di *termo-* e *sifone*; 1839] s. m. *1* Sistema di riscaldamento degli ambienti di un edificio mediante circolazione di acqua calda o vapore che da una caldaia centrale raggiunge i radiatori. *2* Ciascuno dei radiatori che danno calore ai vari ambienti.

termostàbile [comp. di *termo-* e *stabile*, sul modello dell'ingl. *thermostable*, contrapposto a *thermolabile*; 1950] agg. ● Che non si altera con il calore. CONTR. Termolabile.

termostabilizzàre [comp. di *termo-* e *stabilizzare*; 1983] v. tr. ● (*chim., tecnol.*) Effettuare la termostabilizzazione.

termostabilizzàto part. pass. di *termostabilizzare*; anche agg. ● Nel sign. del v.: *materie plastiche termostabilizzate.*

termostabilizzazióne [comp. di *termo-* e *stabilizzazione*; 1983] s. f. ● (*chim., tecnol.*) Operazione con cui un materiale viene stabilizzato verso o mediante l'azione del calore: *t. delle materie plastiche.*

termostatàre [da *termostato*; 1961] v. tr. (*io termòstato*) ● Mantenere la temperatura a un valore prestabilito, con un termostato.

termostàtico [1961] agg. (pl. m. *-ci*) *1* Detto di ambiente a temperatura costante: *camera termostatica.* *2* Relativo al termostato | ***Temperatura termostatica***, quella che è mantenuta costante nel termostato. *3* Detto di dispositivo atto a mantenere costante una temperatura | ***Rubinetto miscelatore t.***, in un impianto idraulico domestico, rubinetto miscelatore dell'acqua fredda e calda provvisto di un termoelemento che permette di erogare acqua miscelata a una temperatura prestabilita e costante.

termòstato [comp. di *termo-* e del gr. *statós* 'posto, situato'; 1883] s. m. *1* Apparecchio in cui si mantiene costante la temperatura allo scopo, per es., di tarare termometri, eseguire esperienze e misurazioni in condizioni isotermiche e conservare determinate sostanze o colture microbiologiche: *t. a gas, a ghiaccio fondente, elettrico.* *2* Dispositivo di regolazione atto a mantenere costante la temperatura di un ambiente, di un'apparecchiatura o di un fluido: *t. elettrico, a lamina bimetallica.* SIN. Termoregolatore.

termotècnica [comp. di *termo-* e *tecnica*; 1920] s. f. ● Ramo della tecnica che studia il calore e le sue applicazioni pratiche.

termoterapìa [comp. di *termo-* e *terapia*; 1908] s. f. ● (*med.*) Applicazione del calore umido o secco, o elevazione della temperatura dei tessuti profondi mediante tecniche fisioterapiche, per il trattamento di affezioni quali l'artrosi e il reumatismo.

termotropismo [comp. di *termo-* e *tropismo*; 1940] s. m. ● (*bot.*) Tropismo causato da uno stimolo termico.

termovalìgia [comp. di *termo-* e *valigia*; 1974] s. f. (pl. *-gie* o *-ge*) ● Contenitore provvisto di un serbatoio isolato riempito di acqua calda, per il trasporto di neonati prematuri.

termoventilatóre [comp. di *termo-* e *ventilatore*; 1961] s. m. *1* Aerotermo. *2* Ventilatore azionato da un motore termico. *3* Piccolo riscaldatore elettrico dell'aria nel quale è incorporato un ventilatore per accelerarne la circolazione.

termoventilazióne [comp. di *termo-* e *ventilazione*; 1961] s. f. ● Sistema di riscaldamento degli ambienti mediante circolazione di aria calda.

termovettóre [comp. di *termo-* e *vettore*] agg. (f. *-trice*) ● Detto di fluido che circola in un impianto termico e ne trasporta il calore.

termovisióne [comp. di *termo-* e *visione*; 1974] s. f. ● Visualizzazione delle radiazioni termiche emesse da un corpo, effettuata a scopo di indagine o di osservazione industriale, clinica e militare.

termovisóre [comp. di *termo-* e *visore*; 1979] s. m. ● Apparecchio che effettua la termovisione.

tèrna [f. di *terno* in particolare impiego; av. 1794] s. f. *1* Complesso, insieme di tre elementi | ***T. arbitrale***, nel calcio, l'arbitro e i due guardalinee | (*mat.*) ***T. di riferimento***, insieme di tre assi, con origine comune, idonei a individuare matematicamente i punti dello spazio | ***T. fissa***, assunta solidale con un sistema di stelle fisse. *2* Lista di tre persone una delle quali deve essere scelta per un incarico, un ufficio e sim.: *la t. dei candidati alla presidenza.* *3* Macchina per movimento terra a triplice funzione, costituita da un trattore per traino, con benna per caricamento nella parte anteriore e un escavatore per posa in opera di tubi e cavi nella parte posteriore.

ternàno [1550] **A** agg. ● Di Terni. **B** s. m. (f. *-a*) ● Abitante, nativo di Terni.

ternàre [da *terna*; 1961] v. tr. (*io tèrno*) ● Mettere, includere qlcu. in una terna.

ternàrio o †**ternàro** nel sign. B [vc. dotta, lat. *ternāriu(m)*, da *tērni* 'a tre a tre' (V. *terno*); 1321] **A** agg. ● Che contiene, si compone di tre elementi: *verso t.*; *metro t.*; *i glucidi sono composti ternari, costituiti di carbonio, ossigeno e idrogeno.* **B** s. m. *1* (*raro*) Insieme di tre elementi. *2* (*letter.*) Terza rima, terzina | Verso trisillabo. *3* (*mil.*) Ordinamento secondo il quale una unità è articolata in tre aliquote costitutive.

ternàto [dal lat. *tĕrni*, distributivo, da *tĕr* 'tre'; 1825] **A** agg. ● Detto di organi disposti a tre a tre: *foglie ternate*. **B** s. m. ● Terna, nel sign. 2.

tèrno [sing. tratto dal pl. lat. *tĕrni*, distributivo ('a tre a tre', 'tre per volta') da *tĕr* 'tre' (avv.); av. 1404] **A** s. m. *1* Al lotto, giocata ed estrazione di tre numeri sulla stessa ruota che paga 4250 volte la posta | *T. secco*, senza premio per l'estratto e per l'ambo | *Un t. al lotto*, (*fig.*) una fortuna insperata | A tombola, serie di tre numeri estratti sulla stessa fila di una cartella | Ai dadi, punto fatto quando su entrambi esce il tre. *2* Gruppo di tre fogli piegati in due e inseriti l'uno dentro l'altro. **B** agg. ● †Che è in numero di tre.

teròldego [vc. trentina d'orig. sconosciuta; 1934] s. m. ● Vitigno coltivato nel Trentino, dal quale si ricava il vino omonimo di color rosso rubino intenso, profumo gradevolmente fruttato e sapore asciutto e corposo leggermente amarognolo.

teromòrfico [comp. del gr. *thḗr*, genit. *thērós* 'fiera, belva' (V. *terio-*) e *-morfo*, con suff. aggettivale] agg. (pl. m. *-ci*) ● Che si presenta in forma di belva.

terotecnologia [da *tecnologia*; di non chiara orig. la prima parte del comp.; 1983] s. f. ● (*org. az.*) Applicazione di molteplici discipline, quali il management, la finanza e l'ingegneria, ai beni fisici di un'azienda, compiuta in collaborazione e in ogni fase decisionale dal suo personale specializzato, allo scopo di ottimizzare la vita economica dei beni stessi a vantaggio sia dell'azienda sia degli utenti.

terotecnòlogo [1983] s. m. (f. *-a*; pl. m. *-gi*) ● (*org. az.*) Specialista in terotecnologia.

terpène [ted. *Terpene*, da *Terp(entin)* 'terebinto, trementina', con *-ene*; 1895] s. m. ● (*chim.*) Idrocarburo a catena aperta o chiusa e di varia grandezza molecolare, che si riscontra in generale negli oli essenziali e nelle resine naturali.

terpènico [1933] agg. (pl. m. *-ci*) ● (*chim.*) Di, relativo ai terpeni, che ha carattere e struttura terpenici | *Idrocarburo t.*, terpene.

terpina [dalla prima parte dello sved. *terp(entin)* 'trementina', con *-ina*; 1879] s. f. ● Glicol terpenico ottenuto per idratazione della trementina con acido solforico, usato come espettorante e per la preparazione di profumi.

terpineòlo o **terpinòlo** [comp. di *terpina* e *-olo* (*2*); 1891] s. m. ● Miscuglio liquido di quattro alcoli terpenici isomeri, ottenuto per disidratazione della terpina, usato per profumare saponi e come base di profumi sintetici fini.

♦**tèrra** [lat. *tĕrra(m)*, per un ant. *tersa, di orig. indeur., col senso di 'parte secca' (opposta alla 'parte acquea'); 960] **A** s. f. **I** Il nostro mondo, considerato sia come astro che come l'ambiente che accoglie uomini, animali, vegetali, ecc. *1* Corpo celeste appartenente al sistema solare, con movimento di rotazione attorno al proprio asse e di rivoluzione attorno al Sole, rispetto al quale è il terzo pianeta in ordine di distanza (scritto con iniziale maiuscola quando è considerato nome proprio, nel linguaggio scientifico o per non equivocare con altre accezioni del termine): *la superficie, l'equatore della Terra*; *la Luna gira attorno alla Terra*; *studiare i movimenti della Terra*; *discutere sulla sfericità della Terra* | *Rappresentazione della Terra*, cartografia. CFR. geo-, -geo. ➡ ILL. p. 2130 SCIENZE DELLA TERRA ED ENERGIA; p. 2142, 2144 SISTEMA SOLARE. *2* L'insieme di tutti i luoghi alla portata dell'uomo, in contrapposizione al cielo: *la creazione del cielo e della t.*; *ha esplorato la t. in lungo e in largo* | *Ci corre quanto dal cielo alla t.*, (*enfat.*, *iperb.*) c'è una differenza incolmabile | *Non sta né in cielo né in t.*, di fatto, avvenimento straordinario o inverosimile o di errore spropositato | *Muovere cielo e t.*, (*fig.*) adoperarsi con ogni mezzo, rivolgersi a tutti quelli che si conoscono per ottenere qlco. | Il luogo dove l'uomo trascorre la sua esistenza terrena, in contrapposizione al mondo soprannaturale: *siamo di passaggio su questa t.*; *acquistare meriti sulla t.* | *I beni della t.*, i beni materiali. *3* L'ambiente dove l'uomo vive, il globo terrestre con i suoi abitanti: *non ha nessuno su questa t.*; *siamo in molti sulla t.* | *Essere sulla t.*, vivere | *Lasciare, abbandonare questa t.*, morire | (*est.*) Gli abitanti della terra, gli uomini: *lo farò sapere a tutta la t.*; *così, percossa, attonita / la t. al nunzio sta* (MANZONI). **II** Elemento che, in contrapposizione ad altri, costituisce la parte compatta e solida della superficie terrestre, sorregge gli esseri viventi e le loro opere, contiene le sostanze che permettono la crescita dei vegetali. *1* Parte solida della superficie terrestre emergente dalle acque, spec. in opposizione ad altri elementi, come il mare, l'aria, ecc.: *una stretta lingua di t. si protende nel mare*; *cercare sulla carta la linea che separa la t. dal mare*; *spedizione, viaggio, trasporto via t.*; *le forze armate di t.* | *Vento, brezza di t.*, che spira dalla terra al mare | *T. ferma*, la costa, la terraferma (V.) | *Cercare qlcu. o qlco. per mare e per t.*, (*fam.*, *iperb.*) dovunque, in tutti i luoghi possibili | *Toccar t.*, di una nave, approdare; di un velivolo, atterrare | *Prendere t.*, *posarsi a t.*, atterrare | (*raro*) *Pigliare t.*, approdare | *Scendere, mettere piede a t.*, scendere da un mezzo di trasporto o da cavallo | *Rimanere a t.*, non riuscire a imbarcarsi su una nave; (*est.*) perdere l'aereo, il treno, ecc. | Crosta terrestre, considerata anche in una sua parte: *i sussulti, i sommovimenti della t.*; *durante il terremoto, la t. tremò alcuni secondi*. *2* Estensione più o meno ampia e definita della superficie solida del globo terrestre, territorio, regione: *t. ospitale, selvaggia, inesplorata*; *terre artiche, australi, boreali* | *Terra Santa*, i luoghi della Palestina in cui visse Gesù Cristo | *T. promessa*, quella che Dio aveva promesso agli Ebrei come loro patria; (*fig.*) paese ricco di risorse o bene ardentemente desiderato | *T. bruciata*, il territorio abbandonato in guerra al nemico dopo aver distrutto tutto quanto poteva essergli utile | (*fig.*) *Fare t. bruciata*, svolgere un'opera distruttiva, rendere impossibili altre iniziative | *T. di nessuno*, il terreno posto fra due eserciti in guerra | *Terre ballerine*, definizione scherz. di alcune zone sismiche o vulcaniche dell'Italia meridionale | Paese, terra dalla quale l'uomo proviene e nella quale può vivere: *la t. natale*; *torneremo alla nostra t.*; *andare, vivere in t. straniera* | *T. d'elezione*, nazione o luogo in cui non si è nati, ma dove si sceglie di vivere | Patria: *sacrificarsi per la difesa della propria t.*; *nostalgia della propria t.*; *tu non altro che il canto avrai del figlio, / o materna mia t.* (FOSCOLO) | (*fig.*) Zona, luogo che costituisce il centro vitale o fondamentale di svariate attività: *Emilia, t. dei motori*. CFR. -landia. *3* Superficie esterna della crosta terrestre sulla quale camminano o stanno uomini e animali: *strisciare sulla t.*; *nascondere, mettere sotto t.*; *scavare sotto t.* | *Correre ventre a t.*, a grande velocità | *Stare con i piedi in, sulla t.*, *avere i piedi per t.*, (*fig.*) essere realisti, non lasciarsi trasportare dall'immaginazione | *Sentirsi mancare la t. sotto i piedi*, (*fig.*) sentirsi perduto, privo di ogni sicurezza | *Avere una gomma a t.*, avere uno pneumatico sgonfio | *A fior di t.*, *raso t.*, *t. t.*, al livello del suolo, quasi a contatto del suolo | *Volare t. t.*, a scarsissima altezza dal suolo | *Essere t. t.*, (*fig.*) di scarsa levatura intellettuale e culturale, detto di persona; inconsistente o banale, detto di argomento, discorso, ecc. | *Cuccia t.!*, comando al cane da ferma per farlo stendere a terra. *4* (*est.*) Suolo, pavimento, qualsiasi superficie su cui poggia un corpo: *sedersi, stendersi, sdraiarsi in t.*; *abbiamo dormito per t.*; *alzarsi, sollevarsi da t.*; *gettare qlco. a, in t.*; *cadere a, in, per t.*; *il cane si rotolava per t.*; *scivolò sul ghiaccio e finì per t.*; *ha vuotato per t. il contenuto della borsa*; *teneva lo sguardo a t. per la timidezza*; *scese dal letto e poggiò i piedi a t.* | *Dormire sulla nuda t.*, a diretto contatto col suolo | *Gettare in t.*, (*raro*) abbattere, demolire | *Buttare, prostrare a t.*, (*fig.*) umiliare, avvilire | *Mettere qlcu. a t.*, (*fig.*) ridurlo in precarie condizioni fisiche o morali o rovinarlo economicamente | *Rimanere a t.*, (*fig.*) rovinarsi o restare in uno stato di prostrazione fisica e morale | *Essere a t.*, (*fig.*) essere estremamente depresso a causa di una malattia, moralmente depresso o rovinato finanziariamente. *5* Punto di un circuito elettrico con potenziale prossimo allo zero, quale è quello della superficie terrestre | *Mettere a t.*, collegare qualsiasi conduttore con la terra | *Scaricare a t.*, far scaricare sul suolo, con un filo, una carica elettrica | *Presa di t.*, sistema di conduttori elettrici collegato direttamente al terreno, nel quale vengono disperse le cariche elettriche. *6* Materia di cui è costituita la parte meno profonda della crosta terrestre: *scavare, rimuovere la t.*; *piantare, affondare qlco. nella t.*; *un mucchietto di t.*; *la t. delle montagne*; *t. battuta, polverosa*; *scavando, mi sono coperto di t.* | *Movimenti di t.*, scavi e accumuli, effettuati di norma con appositi escavatori, per costruire edifici e strade | *T. di riporto*, utilizzata in luogo diverso da quello dello scavo, per colmare una depressione, formare un argine, un rialzo stradale e sim. | *Strada di t.*, di terra battuta, priva di asfalto. *7* L'elemento in cui crescono le piante, terreno agrario: *la t. dei campi*; *la t. della pianura, della brughiera, della collina*; *t. fertile, arabile, coltivata, incolta, sterile*; *t. leggera, argillosa, calcarea, dura*; *dissodare, sfruttare, lavorare, seminare, concimare la t.*; *far riposare la t.* | *T. grassa, magra*, ricca o no di sostanze utili alla crescita delle piante | *T. vergine*, non ancora coltivata | *T. grigia*, tipo di suolo biancastro, carente di sali solubili, caratteristico della Russia settentrionale | *T. nera*, tipo di suolo nerastro caratteristico dell'Ucraina | *Verme di t.*, lombrico | *Porcellino di t.*, onisco. *8* Distesa, estensione di terreno coltivato: *raccogliere i prodotti, i frutti della t.* | La campagna, le attività agricole, la vita rurale: *i lavoratori della t.*; *essere favorevole al ritorno alla t.*; *amare la t.*; *avere la passione della t.* *9* (*est.*) Estensione di terreno coltivabile, che può essere delimitata, chiusa entro confini e posseduta da qlcu.: *comprare, vendere una t.*; *ha acquistato alcuni ettari di t. a grano* | *Avere un po' di t. al sole*, avere un piccolo possedimento rurale | Fondo, tenuta (*spec. al pl.*): *si è ritirato nelle sue terre*; *vive delle proprie terre*; *le belle terre che aveva covato cogli occhi tanto tempo* (VERGA). *10* (*lett.*) Città, borgo, luogo abitato: *Lecco, la principale di quelle terre … giace poco discosto dal ponte* (MANZONI) | *Terre marittime*, città del litorale. **III** Ogni sostanza estratta dal suolo, che si presta a essere utilizzata e lavorata dall'uomo e nella composizione della quale entrano elementi diversi. *1* Sostanza naturale non compatta e della consistenza della polvere: *terre coloranti, decoloranti* | *T. di Siena*, roccia sedimentaria di colore giallo o bruno dalla quale si ricava un colorante usato in tintoria; (*est.*) colore giallo-bruno, ocra | *T. di Vicenza*, tipo di caolino proveniente dall'alto Vicentino | *T. d'ombra*, colorante bruno | *T. da follone*, varietà di argilla che ha la proprietà di assorbire le materie grasse, usata per sgrassare la lana, decolorare oli, chiarificare sciroppi | *T. da fonderia*, terra argillosa, avente requisiti atti alla formatura per fonderia | *T. da sbianca*, materiali argillosi che hanno la proprietà di assorbire le sostanze coloranti e altre impurità sciolte o disperse nei liquidi, usati nella raffinazione degli oli minerali e sim. | *T. da porcellana*, caolino | *T. inglese*, miscela di argilla plastica e di quarzo | *T. da pipe*, terra inglese mista a ossido di calcio. *2* Argilla o creta usata nella produzione di ceramiche: *vasi, stoviglie in t.*; *statuetta, maschera di t.* | *T. da formare*, argilla per uso ceramico | *T. creta*, creta | *T. cotta*, terracotta; (*est.*) statua, manufatto in terracotta. *3* *T. sigillata*, tipica ceramica di colore rosso corallino, molto liscia e compatta, ornata con disegni a rilievo impressi con una matrice, prodotta in epoca romana spec. nella zona di Arezzo | (*est.*) Vaso, manufatto in terra sigillata: *una collezione di terre sigillate etrusche del II sec. a.C.* *4* (*chim.*) *Terre rare*, gruppo di quindici elementi, poco frequenti in natura, di numero atomico compreso tra 57 e 71. SIN. Lantanidi. **B** in funzione di agg. inv. (posposto al s.) *1* Che si trova allo stesso livello del suolo | *Piano t.*, pianterreno. *2* Detto di colore marrone chiaro, sfumato dal grigio al verdastro: *color t.* *3* (*astrol.*) *Elemento t.*, (*ellitt.*) *terra*, trigono a cui appartengono i segni del Toro, della Vergine e del Capricorno, nella suddivisione dei pianeti secondo l'elemento che vi domina. ➡ ILL. zodiaco. || **terràccia**, pegg. | **terrétta**, dim. (V.) | †**terricciòla**, †**terricciuòla**, dim.

TERRA
nomenclatura

Terra

● *caratteristiche*: terraferma, ecumene, anecumene, mondo, globo terrestre, orbe terracqueo, pianeta, geoide, madre Terra, Gea = Gaia; antipodi, poli;

● *struttura e zone della Terra*: nucleo centrale (interno solido, esterno liquido), nife, osol, barisfera, mantello (inferiore, superiore), astenosfe-

ra, litosfera, sima, crosta oceanica, sial, crosta continentale, crosta terrestre; biosfera, atmosfera, discontinuità, zolla, magnetosfera, geomagnetismo = magnetismo terrestre; zona torrida, zona temperata boreale, zona temperata australe, calotta polare artica, calotta polare antartica;
● *movimenti della Terra*: moto di rotazione, moto traslatorio di rivoluzione, moto di traslazione; longitudine, latitudine, meridiani, paralleli, equatore, circolo polare, tropico del Cancro, tropico del Capricorno, tropici, polo Sud, polo Nord; bradisismo, cataclisma, affioramento, subsidenza, cordoni litorali, regressione, deposito, diaclasi, dilavamento, calanco, erosione, modellamento, fenomeni carsici, carsismo, dolina, sprofondamento, subduzione, fenomeni sismici, terremoto, zoccolo, fenomeni vulcanici, effusione, vulcanismo, fessurazione, glaciazione, masso erratico, esarazione, grotta, caverna (stalattite, stalagmite);orogenesi, corrugamento, sovrascorrimento, piega, ricoprimento, dislocazione, precipitazioni atmosferiche, frana, smottamento, palingenesi, petrogenesi, litogenesi, roccia, levigazione, deflazione, alterazione, sedimento, detrito, deiezione, pedogenesi, stratificazione, carreggiamento, strato; frattura, diaclasi, litoclasi faglia = paraclasi (diretta, inversa, trasforme), deriva dei continenti;
● *scienze della Terra*: geografia, geofisica, geologia, topografia, geodesia, tettonica; geologo, speleologo.

tèrra-ària [1983] **agg. inv.** ● (*mil.*) Detto di missile a corta gittata destinato a essere lanciato da mezzi terrestri contro bersagli aerei quali aeromobili in volo e missili aria-superficie. **CFR.** Superficie-aria.

terracòtta o (*raro*) **tèrra còtta** [da intendersi *terra* (per 'argilla') *cotta*; 1313] **s. f.** (**pl.** *terrecòtte*) **1** Argilla modellata, seccata e cotta in forno ad alta temperatura, usata per fabbricare vasellame. **2** Manufatto di terracotta.

terràcqueo ● V. *terraqueo*.

terrafèrma o (*raro*) **tèrra fèrma** [comp. di *terra* e dell'agg. *ferma*, sull'es. del corrispondente gr. *stereà gê*; sec. XIII] **s. f.** (**pl.** *terrefèrme*) ● Continente: *scorgere, avvistare la t.*

†**terrafinàre** [da *terrafine*; sec. XIV] **v. tr.** ● Mandare in esilio.

†**terrafine** o †**terrafino** [lat. mediev. *terrafīne(m)*, nom. *terrafīnis* 'terra (*tĕrra*) di confine (*fīnis*)'; av. 1292] **s. m.** **1** Esilio, confino. **2** †Confine, termine.

terràglia [fr. *terraille*, da *terre* 'terra' col suff. collett. *-aille*; av. 1803] **s. f.** ● Ceramica a impasto poroso e bianco, con vernice trasparente, per vasellame, vasche da bagno, lavabi e sim.: *t. tenera* o *dolce, dura* o *forte* | (*al pl.*) Vasellame, oggetti d'uso domestico in terraglia: *imballare le terraglie.*

†**terràglio** [lat. parl. **terrăculu(m)*, da *tĕrra* col suff. collett. *-ăculum*; av. 1428] **s. m.** ● Terrazzo, terrapieno.

†**terràgno** [lat. tardo *terrāneu(m)* 'che appartiene alla terra', da *tĕrra* con suff. agg.; sec. XIII] **agg.** ● Posto sulla terra piana | Che sta vicino a terra, a livello del suolo: *sovra i sepolti le tombe terragne / portan segnato quel ch'elli eran pria* (DANTE *Purg.* XII, 17-18).

terràgnolo [av. 1311] **agg.** **1** Terragno. **2** Detto di pianta vicino a terra o che striscia per terra. **3** Terricolo.

terraiòlo o (*lett.*) **terraiuòlo** [da *terra*; 1566] **s. m.**; anche **agg.** ● Terricolo, spec. in riferimento a volatili.

terramàra [per un precedente *terra mala* (così detta, perché vi si ritrovano scheletri), assimilato; av. 1797] **s. f.** (**pl.** *terramàre* o *terremàre*) ● Grandi cumuli di terreno archeologico rinvenuti in località un tempo palustri con resti di palafitte, tipici della pianura emiliana ad ovest del Reno e dei territori di Mantova e Cremona.

terramaricolo [da *terramara*, con suff. deriv. dal v. *cŏlere* 'abitare', di orig. indeur.; 1905] **s. m.** (**f.** *-a*) ● (*spec. al pl.*) Appartenente alla cultura preistorica delle terramare.

terràme [comp. di *terr(a)* e *-ame*; sec. XV] **s. m.** ● (*raro*) Quantità, massa di terra che può venire impiegata in vari lavori.

terramicina® [marchio registrato; 1956] **s. f.** ● Antibiotico appartenente al gruppo delle tetracicline, usato in terapia nelle infezioni polmonari e intestinali.

terràneo [vc. dotta, in confronto di *terragno*, dal lat. tardo *terrāneu(m)* 'relativo alla terra'; 1820] **agg.** ● Detto di locale, ambiente o parte di edificio posti al livello della strada.

terranòva [fr. *terre-neuve*, che traduce l'ingl. *newfoundland (dog)* '(cane) di Terranova'; 1905] **s. m. inv.** ● Cane da guardia grosso e robusto, con pelo lungo e ondulato, orecchie pendenti e lunga coda.

terrapienàre [1554] **v. tr.** (*io terrapièno*) ● (*raro*) Alzare terrapieni, fortificare con terrapieni.

terrapièno [comp. di *terra* e *pieno* 'colmo di terra'; av. 1487] **s. m.** **1** Massa di terra addossata ad altre opere per arginatura, riparo, difesa. **2** (*mil.*) Massa di terra, spianata al sommo, posta dietro le mura di un'opera fortificata per sostenerla, rinforzarla e per disporvi le artiglierie e gli uomini di difesa. ➡ **ILL.** p. 2120 ARCHITETTURA.

terràqueo o **terràcqueo** [comp. di *terr(a)* e *acqueo*; av. 1687] **agg.** ● Composto di terra e acqua | ***Globo t.***, il globo terrestre, la Terra.

terràrio [da *terra*, sul modello di *acquario*; 1940] **s. m.** ● Vasca fornita di terra, sabbia, acqua, piante e sim. per ospitare e allevare anfibi e rettili, ai quali si cerca di ricreare le condizioni dell'ambiente naturale.

tèrra-tèrra [1983] **agg. inv.** ● (*mil.*) Detto di missile destinato a essere lanciato da basi terrestri, o eventualmente da navi, contro bersagli terrestri. **CFR.** Superficie-superficie.

terraticànte [da *terratico*; 1834] **s. m. e f.** ● Chi prende in affitto un terreno con contratto di terratico.

terràtico [lat. mediev. *terrāticu(m)*, comp. di *tĕrra* e del suff. indicante tributo *-āticum*; 1260] **s. m.** (**pl.** *-ci*) ● Canone in natura per l'affitto di un piccolo appezzamento di terreno, oggi pressoché in disuso.

†**terràto** [da *terra*; 1312] **s. m.** **1** Riparo, per lo più di circostanza, fatto di terra. **2** Solaio, terrazzo.

♦**terràzza** [fr. *terrasse*, da *terre* 'terra'; av. 1536] **s. f.** **1** Superficie praticabile pavimentata all'aperto a livello di terra o ricavata su una parte dell'edificio, adatta al soggiorno e munita di parapetto. **2** Terrazzo nei sign. 2 e 3. || **terrazzina**, **dim.**

terrazzaménto [1928] **s. m.** **1** (*geogr.*) Formazione di ripiani orizzontali nelle valli fluviali, in quelle glaciali o lungo le coste: *t. fluviale, glaciale, marino.* **2** (*agr.*) Sistemazione a gradoni di terreni in forte pendio per evitare franamenti ed allo stesso tempo coltivarli. ➡ **ILL. agricoltura e giardinaggio.**

terrazzàno [da *terra*, nel senso di 'terra murata'; 1313] **s. m.** (**f.** *-a*) **1** (*lett.*) Nativo o abitante di una città fortificata, un castello, un villaggio. **2** (*lett.*) Paesano. || **terrazzanàccio**, **pegg.**

terrazzàre [da *terrazza*; 1561] **v. tr.** ● Sistemare a gradoni o terrazzi un terreno declive.

terrazzàto [av. 1557] **part. pass.** di *terrazzare*; anche **agg.** ● Nel sign. del v.

terrazzière [adattamento del fr. *terrassier*, da *terrasse* 'terrazza'; av. 1912] **s. m.** (**f.** *-a*) **1** Sterratore. **2** Chi mette in opera i pavimenti del tipo a terrazzo.

terrazzino [1550] **s. m.** **1** Dim. di *terrazzo*. **2** Nel linguaggio alpinistico, breve risalto roccioso in parete, su cui si sosta per fare assicurazione nel corso di una scalata, o anche per bivaccare. **3** Balcone.

♦**terràzzo** [sec. XIII] **s. m.** **1** Terrazza. **2** Gradino di erosione sul fianco di una valle. **3** Ripiano coltivabile di un terreno in pendio sistemato a gradoni. **4** (*edil.*) Pavimento impermeabile per terrazze | Pavimento a seminato. || **terrazzino**, **dim.** (V). | **terrazzóne**, **accr.**

†**terreità** [da *terra*; sec. XVI] **s. f.** ● Materia terrea.

terremotàre [da *terremoto*; 1915] **v. tr.** (*io terremòto*) ● (*raro*) Devastare, mettere sottosopra | (*fig.*) Sconvolgere profondamente.

terremotàto [1918] **A part. pass.** di *terremotare*; anche **agg.** ● Danneggiato, devastato, dal terremoto: *paese t.* **B s. m.** (**f.** *-a*) ● Abitante o profugo di una zona danneggiata dal terremoto.

♦**terremòto** [vc. dotta, lat. *tĕrrae mōtu(m)*, propr. 'movimento (*mōtus*) della terra (*tĕrrae*, genit. di *tĕrra*)'; 1294] **s. m.** **1** Scossa o vibrazione rapida e improvvisa della crosta terrestre: *t. ondulatorio, sussultorio*; *epicentro, ipocentro di un t.*; *magnitudo di un t.* | ***Scala dei terremoti, scala sismica***, V. *scala* nel sign. 8. **CFR.** sismo-, -sismo. **SIN.** Sismo. ➡ **ILL.** p. 2130 SCIENZE DELLA TERRA ED ENERGIA. ➡ **TAV. terremoti (scala dei).** **2** (*fig.*) Persona o animale troppo vivace.

†**terrenàle** [da *terreno* 'della terra'; 1556] **agg.** ● Terrestre.

†**terrenézza** [sec. XIV] **s. f.** ● Caratteristica di ciò che è terreno.

terrenità [1950] **s. f.** ● (*raro, lett.*) Condizione di ciò che è terreno: *la t. della gloria.*

♦**terréno** (**1**) [lat. *terrēnu(m)*, per un precedente **terēsnos*, ant. agg. con sovrapposizione di *tĕrra*; 1225 ca.] **A agg.** **1** Che appartiene o si riferisce alla terra, intesa come luogo ove si svolgono le vicende umane: *vita terrena*; *beni terreni* | Mondano, profano: *gloria terrena*; *gioie terrene*; *desideri terreni.* **CONTR.** Celeste, spirituale. **2** †Di, della Terra come pianeta: *superficie terrena* | †Terrestre: *battaglia terrena* | (*lett.*) ***Il carico t.***, il corpo. **3** Che è a livello del suolo, della strada: *La casa di Geppetto era una stanzina terrena* (COLLODI) | ***Piano t.***, pianterreno. || **terrenaménte**, **avv.** **B s. m.** ● Livello stradale: *stanza a t.* | Pianterreno: *affittare il t.*

♦**terréno** (**2**) [lat. *terrēnu(m)*, sost. nt. dell'agg. *terrēnus* 'terreno (1)'; sec. XIII] **s. m.** **1** Spazio più o meno esteso e determinato di superficie terrestre: *t. pianeggiante, soleggiato, esposto a levante* | Area coltivabile, terra coltivata, campo: *dissodare il t.*; *intorno alla villa c'è un t. boschivo*; *i terreni sono cresciuti molto di prezzo da allora a oggi* (BACCHELLI) | ***T. di bonifica***, prosciugato e acquisito alla coltura | ***Tastare il t.***, (*fig.*) informarsi prima di fare qlco. | ***Preparare il t.***, lavorarlo prima della semina; (*fig.*) predisporre ciò che è utile per ottenere o realizzare ciò che si desidera | ***Trovare il t. adatto***, (*fig.*) trovare l'ambiente favorevole, la persona meglio disposta a qlco. | †***Trovare il t. morbido***, trovare una persona arrendevole, cedevole | Area fabbricabile: *hanno trovato il t. per il nuovo ospedale.* **2** Campo di battaglia: *alcuni soldati uscirono a perlustrare il t.* | ***Guadagnare, acquistare t.***, (*fig.*) progredire, avvantaggiarsi | ***Studiare il t.***, (*fig.*) cercare di conoscere le intenzioni di qlcu. | ***Disputare il t.***, (*fig.*) lottare, difendersi con energia per qlco. | ***Scendere sul t.***, affrontare un duello, una battaglia | ***Restare sul t.***, morire in battaglia | ***Incontrarsi in t. neutro***, (*fig.*) cercare un accomodamento. **3** Suolo: *stendere, gettare sul t.* | ***Sentirsi mancare il t. sotto i piedi***, (*fig.*) sentirsi perduto, smarrito | ***T. minato***, nel quale sono state occultate delle mine; (*fig.*) argomento insidioso, situazione sfavorevole o che presenta troppe incognite | (*fig.*) Argomento, soggetto di un discorso o di una discussione: *su questo t. non posso seguirti*; *hanno portato la discussione su di un t. pericoloso.* **4** ***T. di gioco***, (*ellitt.*) ***terreno***, campo su cui si svolge una partita: *giocare sul t. avversario*; *vincere sul proprio t.* | ***T. allentato***, fondo del campo o della pista molle per la pioggia. **5** †Territorio, dominio. **6** †Terra, lido. **7** (*biol.*) Mezzo artificiale liquido o solido su cui coltivare in vitro microrganismi.

tèrreo [vc. dotta, lat. *tĕrreu(m)*, agg. di *tĕrra*; av. 1375] **agg.** ● (*raro*) Che è fatto di terra, terroso | Che ha la natura, l'aspetto, la consistenza della terra | ***Colorito t.***, giallo olivastro, livido.

†**terrésco** [1352] **agg.** ● Che è vicino a terra.

†**terrestiàle** [da *terrest(r)e* col suff. di (*celesti*)*ale*; sec. XIV] **agg.** ● Terrestre.

♦**terrèstre** o †**terrèsto**, †**terrèstro** [vc. dotta, lat. *terrĕstre(m)*, da **terĕstris* 'pertinente alla terra', cui si è sovrapposto *tĕrra*; 1282] **A agg.** **1** Della Terra, attinente alla Terra: *superficie t.*; *diametro t.*; *calore t.* **2** (*lett.*) Che è di questa Terra, terreno: *ma 'l sovrastar ne la pregion terrestre / cagion m'è, lasso, d'infiniti mali* (PETRARCA) | ***Paradiso t.***, Eden, giardino nel quale Dio pose, secondo la narrazione biblica, la prima coppia umana; (*fig.*) luogo pieno di delizie, di pace, di beatitudine. **3** Di terra: *battaglia t.*; *forze terrestri* | Che vive sulla terraferma o è solito stare in terra: *animali terrestri* | †Legato alla terra: *i sensi sono terrestri, la ragione sta for di quelli quando contempla* (LEONARDO). **4** ***Edera t.***, labiata strisciante dei boschi che produce facilmente radici avventizie (*Glechoma hederacea*). **B s. m. e f.** ● Chi abita, vive sulla Terra (spec. nella narrativa di fantascienza).

terrestrità o †**terrestreità** [av. 1320] s. f. 1 (*lett.*) Caratteristica, condizione di ciò che è terrestre | (*fig.*) Terrenità. 2 †L'essere terroso.

†**terrèstro** ● V. *terrestre*.

♦**terrìbile** o †**terrìbole** [vc. dotta, lat. *terrĭbile(m)*, agg. da *terrēre* 'spaventare', di orig. indeur.; av. 1292] **agg. 1** Che incute terrore, spavento, angoscia: *belva t.*; *mostro t.*; *una scena t.*; *è un discorso t.*; *ripreso insiem avean crudel battaglia / la più terribil mai non fu mirata* (BOIARDO) | Che è di una eccessiva crudeltà o cattiveria: *un nemico t.*; *la t. lingua del maldicente*; *è una donna t.* | Troppo severo, spietato: *il t. Dio d'Israele*; *un giudice t.* | Orrendo, spaventoso: *una t. tortura*; *un bombardamento t.* **2** (*iperb.*) Molto forte, eccessivo: *un dolore t.*; *un freddo t.* | Formidabile, straordinario: *una intelligenza t.*; *suscita una t. simpatia*. || **terribilménte**, †**terribileménte**, avv. **1** In modo da spaventare: *terribilmente armato*. **2** (*iperb.*) Eccessivamente: *fa terribilmente caldo*; in modo straordinario, eccezionale: *è terribilmente vivace*.

†**terribilézza** [av. 1380] s. f. ● Terribilità.

terribilìsmo [da *terribile*] s. m. ● (*raro*) Terribilità.

terribilità [vc. dotta, lat. tardo *terribilitāte(m)*, da *terrĭbilis* 'terribile'; sec. XIV] s. f. ● (*raro*) Condizione di chi (o di ciò che) è terribile: *la t. dell'aspetto di qlcu.*; *la t. di una pena*; *la t. e la grandezza dell'opera è tale, che non si può descrivere* (VASARI).

†**terrìbole** ● V. *terribile*.

terricciàto [da *terriccio*; 1879] s. m. ● Materiale fertilizzante formato da letame, residui organici e terra, con aggiunta o meno di concimi chimici e liquami. SIN. Composta.

terrìccio [comp. di *terr(a)* e *-iccio*; 1565] s. m. ● Terra ricca di sostanze vegetali decomposte, quali foglie, rami secchi e sim., usata spec. per piante coltivate in vaso, in aiuole, in serre: *t. di bosco* | *T. di castagno*, polvere marrone che si forma per disfacimento del legno nelle vecchie ceppaie, ricercata in floricoltura per invasare le piante.

terrìcolo [vc. dotta, lat. *terrĭcola(m)*, comp. di *tĕrra* e *-cola* 'abitante', dal v. *cŏlere* 'abitare'; 1499] agg. ● Che vive in terra: *animale t.*; *pianta terricola*.

terrier /'tɛrrjer, *fr.* te'ʀje, *ingl.* 'tʰɛɹɪəɹ/ [vc. fr., in modo completo *chien terrier* 'cane terriero', usato nella caccia di animali che si nascondono nel suolo; 1749] **s. m. inv.** ● Cane piccolo e robusto, un tempo utilizzato per la caccia, oggi prevalentemente da compagnia.

terrière [da *terriero*, sull'es. del fr. *terrier*, av. 1363] s. m. ● Abitatore di un borgo fortificato, un castello | Paesano, terrazzano.

terrièro [da *terra*, sull'es. del fr. *terrier*; 1879] agg. ● Di terra, di campagna, di terreno agrario: *proprietà terriera*; *possidente t.*

terrificànte [1905] part. pres. di *terrificare*; anche agg. ● Che incute spavento, terrore: *una scena*, *uno spettacolo t.*

terrificàre [vc. dotta, lat. *terrificāre*, da *terrĭficus* 'terrifico'; av. 1519] v. tr. (*io terrifico, tu terrifichi*) ● (*raro*) Riempire di spavento, atterrire.

terrìfico [vc. dotta, lat. *terrĭficu(m)*, da *terrēre* 'spaventare' e di un deriv. suffissale da *făcere* 'fare'; calco sull'ingl. *terrific* nel sign. 2; 1499] agg. (pl. m. *-ci*) **1** (*lett.*) Terribile, spaventevole: *Le navi inermi drizzavansi in balzi / Terrifici al cielo* (CAMPANA). **2** (*zool.*) Detto di carattere morfologico o comportamento atto a impaurire e allontanare un predatore o un competitore.

terrìgeno [vc. dotta, lat. *terrĭgena(m)*, comp. di *tĕrra* e di un deriv. di *gĭgnere* 'nascere'; 1499] agg. **1** (*lett.*) Nato dalla terra: *stirpe terrigena dei giganti*. **2** (*geol.*) Relativo a sedimenti o a granuli clastici di origine continentale.

terrìgno [da *terra*, secondo un modulo formativo incerto; sec. XIV] agg. **1** Che è simile alla terra, per aspetto o colore. **2** †Che abita sottoterra, detto di animale.

terrìna [fr. *terrine* '(recipiente) di terra (*terre*)'; 1776] s. f. **1** (*region.*) Zuppiera, insalatiera di ceramica. **2** (*cuc.*) Tegame a sponda alta, di terracotta o porcellana, per la cottura a fuoco lento di preparazioni di carne, pesce o verdura, in cui gli ingredienti sono tagliati a strisce o a dadi e disposti in strati | (*est.*) La preparazione ottenuta: *t. di lepre*, *d'anatra*, *di pesce*, *di verdura*. **3** Vaso di terracotta largo e basso, usato per semenzai in floricoltura.

terrìre [vc. dotta, lat. *terrēre*, dalla stessa radice indeur. di *trĕmere* 'tremare', con passaggio a diversa coniug.] v. tr. ● Atterrire, spaventare.

territoriàle [vc. dotta, lat. tardo *territoriāle(m)*, da *territŏriu(m)* 'territorio'; 1673] **agg.** ● Di territorio, appartenente a un territorio: *proprietà t.*; *giurisdizione t.* | *Acquisto*, *compenso t.*, in territorio | *Milizia t.*, fino alla prima guerra mondiale, suddivisione dell'esercito costituita con le classi più anziane per la tutela del Paese e per i servizi di retrovia | *Comando militare t.*, quello che esercita la propria autorità sugli enti, cose e affari territoriali dell'esercito nella regione militare di sua giurisdizione costituita da una o più regioni del territorio nazionale | *Difesa t.*, complesso di predisposizioni e azioni mediante le quali determinati organi e forze dell'esercito, con le altre forze armate, corpi armati ed organizzazioni dello stato, assicurano il regolare svolgimento della mobilitazione e delle comunicazioni verso la zona di combattimento, e la difesa dell'interno del territorio dalle offese del nemico | *Difesa aerea t.*, contro le offese aeree portate nell'interno del territorio nazionale | *Acque territoriali*, zona di mare adiacente alle coste di uno Stato e sottoposta alla sovranità dello stesso | *Superiorità t.*, prevalenza dimostrata da una squadra di calcio scarrocciata al centrocampo. || **territorialménte**, avv. Per ciò che riguarda il territorio; in un determinato territorio.

territorialìsmo [da *territoriale*; 1981] s. m. ● (*biol.*) Comportamento comune a quasi tutti gli animali, che si esplica nel limitare i propri movimenti all'interno di aree fornite di particolari requisiti e che vengono difese dall'ingresso di altri animali.

territorialìstico [da *territorialismo*; 1961] agg. (pl. m. *-ci*) ● Che è dettato, ispirato da principi di ingrandimento territoriale: *politica territorialistica*.

territorialità [da *territoriale*, secondo il corrispondente fr. *territorialité*; 1859] s. f. ● Caratteristica di ciò che è territoriale | *T. della legge*, vigore della stessa nell'ambito di un determinato territorio.

territorializzàre [da *territoriale*; 1961] **A** v. tr. ● (*raro*) Dare un carattere territoriale. **B** intr. pron. ● Assumere carattere territoriale | Limitarsi a un territorio ristretto: *la lotta alla delinquenza si è territorializzata*.

SCALA DEI TERREMOTI

secondo Mercalli

Grado	Caratteristiche	Effetti
I	Strumentale	Rilevabile solo con sismografi
II	Debole	Rilevabile solo da persone sensibili
III	Lieve	Sentito solo da persone ferme, ai piani superiori degli edifici
IV	Moderato	Sentito anche da persone in movimento; rovescia gli oggetti e i veicoli fermi oscillano
V	Alquanto forte	Sveglia le persone che dormono
VI	Forte	Gli oggetti sospesi oscillano
VII	Molto forte	Stato di allarme generale; le pareti e i soffitti crollano
VIII	Distruttivo	Cadono i camini e si incrinano gli edifici a struttura debole
IX	Rovinoso	Crollo di alcune case; apertura di voragini nel terreno; scoppio delle tubazioni
X	Disastroso	La terra si apre; gli edifici vengono in gran parte distrutti; le rotaie si piegano
XI	Molto disastroso	Restano in piedi poche case; crollano i ponti; tutti gli impianti fuori servizio
XII	Catastrofico	Distruzione totale; oggetti fluttuanti in aria; la terra si gonfia ed esplode

secondo Richter

Magnitudo	Energia in erg	Evento umano o naturale
0	$4{,}7 \times 10^3$	Proiettile di un fucile da caccia
	$2{,}5 \times 10^4$	
	$3{,}6 \times 10^5$	Lampadina di 100W accesa per 1 ora
1	$7{,}9 \times 10^5$	
	3×10^6	8 ore di duro lavoro
	$1{,}4 \times 10^7$	Consumo giorn. di 1 adulto
2	$2{,}5 \times 10^7$	
3	$7{,}9 \times 10^8$	
	$\sim 10^{10}$	Lampo
4	$2{,}5 \times 10^{10}$	
	$3{,}7 \times 10^{10}$	Combustione di 1 t di carbone
	$\sim 4 \times 10^{11}$	Tornado
5	$7{,}9 \times 10^{11}$	
	$\sim 10^{12}$	Prima bomba atomica
	$1{,}1 \times 10^{12}$	Valanga ghiacciata, Perù, 1962
6	$2{,}5 \times 10^{13}$	
	$4{,}7 \times 10^{14}$	Eruzione Mont Pelée, 1902
	$6{,}9 \times 10^{14}$	Frana Gilbert Inlet, luglio 1958
7	$7{,}9 \times 10^{14}$	
	$\sim 8 \times 10^{14}$	Cumulonembo
	$7{,}1 \times 10^{15}$	Meteorite di Meteor Crater
8	$2{,}5 \times 10^{16}$	
	9×10^{16}	Cascate del Niagara in 1 anno
	$5{,}6 \times 10^{17}$	Eruzione Krakatoa, 1883
	$\sim 10^{18}$	Eruzione Tambora, 1815
	$8{,}4 \times 10^{19}$	Uragano medio
	10^{22}	Energia solare ricevuta dalla Terra in 1 giorno

♦**territòrio** o †**territòro** [vc. dotta, lat. *territōriu(m)*, comp. di *tĕrra* e del suff. locativo di *(prae)tōrium*, *(dormi)tōrium*, e sim.; av. 1375] **s. m.** *1* Porzione definita di terra: *un t. montuoso* | Regione, paese: *il t. nazionale*; *i territori d'oltremare* | ***Competenza per t.***, misura della giurisdizione stabilita in base al luogo ove ha sede o si trova o dove è stata compiuta una data attività. *2* Nel baseball, il terreno di gioco nel suo complesso | ***T. faul***, la parte del campo al di là delle linee che partono dalla casa base. *3* (*ecol.*, *biol.*) Area di terreno difesa da un singolo o da una società animale, per i quali costituisce la riserva in cui si svolgono le principali funzioni, come la ricerca del cibo e l'accoppiamento | (*gener.*) Ambiente: *i problemi, la difesa, l'uso del t.*

terrizióne [vc. dotta, lat. tardo *territiōne(m)*, da *tĕrritus*, part. pass. di *terrēre* 'spaventare, atterrire'; 1961] **s. f.** ● Nell'antica procedura inquisitoria, minaccia formale di tortura con cui i giudici terrorizzavano l'imputato.

terrò ● V. *tenere.*

terróne [da *terra*, col suff. *-one* (*1*); 1946] **s. m.** (f. *-a*) ● (*sett.*) Epiteto scherz. o spreg. dato ai nativi dell'Italia meridionale (V. nota d'uso STEREOTIPO).

♦**terróre** [vc. dotta, lat. *terrōre(m)*, da *terrēre* 'spaventare'; av. 1306] **s. m.** *1* Grande paura, forte spavento, timore che sconvolge: *mettere, incutere t.*; *quello spettacolo cruento ci riempì di t.*; *avere t. del buio*; *durante la notte … ebbi per l'ultima volta il t. di veder risorgere quella coscienza che tanto temevo* (SVEVO). *2* Cosa, persona che incute, provoca terrore: *l'esame era il suo t.* *3* ***Il Terrore***, periodo della Rivoluzione francese dal maggio 1793 al luglio 1794 quando, sotto il Comitato di salute pubblica, si decretarono molte esecuzioni capitali | (*est.*) Periodo di dittatura violenta e sanguinaria.

terrorìsmo [fr. *terrorisme*, dal lat. *tĕrror* col suff. *-isme* '-ismo'; 1794] **s. m.** *1* Regime instaurato da governanti o belligeranti che si valgono di mezzi atti a incutere terrore. *2* Concezione e pratica di lotta politica che fa uso della violenza (sotto forma di omicidi, attentati, rapimenti, ecc.) per sconvolgere gli assetti politici e istituzionali esistenti: *t. di destra, di sinistra*; *i collegamenti internazionali del t.* *3* (*fig.*) Atteggiamento fortemente intimidatorio: *fare del t. psicologico.*

terrorìsta [fr. *terroriste*, dal lat. *tĕrror* col suff. *-iste* '-ista'; 1795] **A s. m. e f.** (**pl. m.** *-i*) *1* Chi appartiene a gruppi od organizzazioni che fanno uso della violenza contro persone o cose con l'intento di sconvolgere gli assetti politici e istituzionali esistenti o di rivendicare l'indipendenza di uno stato o una regione. *2* Durante la Rivoluzione francese, membro del governo del Terrore. **B** anche **agg.**: *gruppo t.*; *base, azione t.*

terroristico [da *terrorista*; 1799] **agg.** (**pl. m.** *-ci*) *1* Che mira a terrorizzare: *bombardamenti terroristici.* *2* Ispirato ai metodi del terrorismo: *strategia terroristica.* || **terroristicaménte**, **avv.**

terrorizzàre [fr. *terroriser*, da *terreur* 'terrore'; 1877] **v. tr.** ● Incutere grande spavento, spargere il terrore. **SIN.** Spaventare.

terróso [vc. dotta, lat. *terrōsu(m)*, agg. di *tĕrra*; sec. XIV] **agg.** *1* Che è misto di terra: *liquido t.* | Imbrattato di terra: *mani terrose.* *2* Che nell'aspetto assomiglia alla terra: *materiale t.* *3* (*chim.*, *raro*) Di metallo appartenente al 1° sottogruppo del 3° gruppo del sistema periodico: *alluminio e boro sono metalli terrosi* | ***Ossido t.***, ossido di metallo terroso.

terrùcola [comp. di *terr(a)* e il f. di *-ucolo*; sec. XVIII] **s. f.** *1* (*raro*) Terra sterile, che non rende. *2* †Casolare, villaggio.

tersézza [1662] **s. f.** ● (*raro*) Condizione di ciò che è terso.

tersicorèo [da *Tersicore*, musa della danza, col suff. dotto *-eo*; 1868] **agg.** ● (*lett.*) Che riguarda la danza.

†**tersióne** [da *terso*; av. 1348] **s. f.** ● Atto, effetto del tergere.

tersità [da *terso*; av. 1519] **s. f.** ● (*raro*) Tersezza.

tersite [vc. dotta, lat. *Thersīte(n)*, dal gr. *Thersítēs*, propr. 'il baldanzoso (da *thérsos*, forma eolica di orig. indeur.)', n. di un personaggio omerico, tipo del vigliacco sobillatore; av. 1574] **s. m.** ● (*raro*, *lett.*) Uomo maldicente, insolente e vigliacco.

tèrso [1319] **part. pass.** di *tergere*; anche **agg.** *1* Detto di superficie del tutto pulita, priva di macchie: *il pavimento appare perfettamente t.* *2* Limpido, senza impurità: *cielo t.*; *un'aria timida e tersa, da mattina presto* (CALVINO). *3* (*fig.*) Detto di scritto o stile che rivela proprietà di linguaggio ed eleganza formale: *una pagina, una prosa tersa.* || **tersaménte**, **avv.** (*raro*) In modo terso.

†**tersòrio** [dal lat. *tĕrsus*, part. pass. di *tergēre*, nel senso di 'asciugare'; sec. XIV] **s. m.** ● Asciugatoio.

tèrza [f. sost. di *terzo*; 1278] **s. f.** *1* (*ellitt.*) Terza classe di una scuola | ***La t. elementare, liceo scientifico***, e sim., (*ellitt.*) la terza classe di tali ordini di studi: *ripetere la t.* | Terza classe del treno o del piroscafo, oggi soppressa: *biglietto di t.* *2* (*ellitt.*) Negli autoveicoli, terza marcia: *innestare la t.* *3* Atteggiamento schermistico: *invito, legamento di t.* | Azione difensiva: *parata di t.* *4* Ora canonica corrispondente alle nove antimeridiane. *5* (*mus.*) Terzo grado della scala diatonica | Intervallo che abbraccia tre gradi. *6* Nella danza classica, posizione in cui i piedi, voltati completamente in fuori, sono posti in maniera che il tallone del piede che sta davanti si trovi nell'incavo tra la parte anteriore e il calcagno del piede che sta dietro. *7* La terza volta. *8* (*raro*) La terza parte.

terzàdro [da *terzadrica* 'terzeria'; 1961] **s. m.** (f. *-a*) ● Chi coltiva un fondo agricolo con un contratto di terzeria.

terzàna [vc. dotta, lat. *tertiāna(m)*, sottinteso *fĕbre(m)* '(febbre) del terzo (*tĕrtius*) giorno'; 1278] **s. f.** ● (*med.*) Forma di malaria in cui l'accesso febbrile insorge ogni terzo giorno.

terzanèlla [da (*febbre*) *terzana*; sec. XV] **s. f.** *1* Forma attenuata di malaria terzana. *2* Seta scadente, ricavata da bozzoli avariati o non portati a compimento. *3* (*bot.*) Anagallide.

†**terzàre** ● V. *terziare.*

terzarìa ● V. *terzeria.*

terzaròla [da *terzo*; 1915] **s. f.** ● Moneta genovese d'oro a 23 carati, del valore di un terzo del genovino.

terzarolàre [da *terzarolo*; 1870] **v. tr.** (*io terzaròlo*) ● (*mar.*) Ridurre la superficie della vela esposta al vento.

terzaròlo o **terzaruòlo**, **terzeròlo**, **terzeruòlo** [perché originariamente la *terza* delle vele minori; 1313] **s. m.** *1* Ripiegatura che si fa alla vela per ridurne la superficie esposta al vento | ***Far t.***, terzarolare | ***Prima, seconda mano di terzaroli***, ciascuna delle porzioni della vela, gener. predisposta con borose e matafioni, che può essere raccolta: *prendere una mano di terzaroli.* ➡ ILL. p. 2173 TRASPORTI. *2* Nelle galee, vela di terzo ordine | Remo più corto delle galee che portavano più remi a ciascun banco.

terzaruòla [1700] **s. f.** ● Munizione spezzata per tiro a mitraglia con armi da fuoco adatte come spingarde, terzaruoli, pistoni, tromboni.

terzaruòlo [da *terzuolo* 'specie di sparviero', secondo l'uso di applicare nomi di animali ad armi da fuoco (?); av. 1673] **s. m.** *1* V. *terzarolo.* *2* La più antica arma da fuoco adottata dalla cavalleria di grave armatura in luogo della lancia, a foggia di archibugio corto o pistolone, di grosso calibro e caricata con pallettoni.

terzàvo [comp. di *terz(o)* e *avo*; av. 1406] **s. m.** (f. *-a*) ● (*raro*) Terzavolo.

terzàvolo [comp. di *terz(o)* e *avolo*; av. 1311] **s. m.** (f. *-a*) ● (*raro*) Trisavolo.

terzèra [etim. incerta; 1930] **s. f.** ● Trave soggetta a flessione deviata, come l'arcareccio, ma più robusta, dovendo sostenere i connessi nell'orditura di tetto alla lombarda.

terzerìa o (*raro*) **terzarìa** [da *terza* (parte); av. 1698] **s. f.** *1* Contratto di compartecipazione per il quale il coltivatore del terreno riceve un terzo del prodotto | Rotazione triennale della coltura con il primo anno a maggese o a riposo. *2* †Rata di stipendio, pagamento di un quadrimestre.

terzeròlo ● V. *terzarolo.*

terzeruòlo ● V. *terzarolo.*

terzétta [per la lunghezza della canna (un *terzo* delle altre); av. 1595] **s. f.** ● Antica pistola da cintura, intermedia fra il pistoletto da arcione e il mazzagatto, da tasca.

terzettàta [1879] **s. f.** ● (*raro*) Colpo sparato con la terzetta.

terzétto [da *terzo*; av. 1519] **s. m.** *1* (*mus.*) Composizione vocale a tre parti, in genere concertanti, usata in opera, cantata e oratorio. **CFR.** Trio. *2* (*letter.*) Ternario, terzina. *3* Complesso di tre persone che sono simili per qualche particolare fisico o morale o che insieme compiono qlco.: *un allegro t.*; *un t. di truffatori.* || **terzettino**, **dim.**

terziàre o †**terzàre** [vc. dotta, lat. *tertiāre*, da *tĕrtius* 'terzo'; sec. XIV] **v. tr.** (*io tèrzio*) *1* Arare per la terza volta il maggese. *2* †Misurare in tre luoghi con un compasso il pezzo d'artiglieria, per riconoscere se ha la debita grossezza di metallo alla culatta, presso gli orecchioni e alla volata.

terziàrio [vc. dotta, lat. *tertiāriu(m)* 'il terzo (*tĕrtius*)'; av. 1590] **A s. m.** *1* (f. *-a*) Iscritto al terzo ordine di una regola monastica: *t. francescano.* *2* (*geol.*) ***Il Terziario***, l'era cenozoica. *3* (*econ.*) Settore che produce o fornisce servizi: *aumentano gli addetti al t.* | ***T. avanzato***, quello in cui i servizi hanno un alto contenuto di innovazione dei processi produttivi, come la ricerca scientifica e tecnica, l'engineering, l'informatica, la consulenza di organizzazione aziendale e sim. *4* Chi coltiva il terreno a terzeria. **B agg.** *1* Che occupa il terzo posto, che si trova al terzo posto di una successione, usato spec. in campo scientifico: *era terziaria.* *2* (*chim.*) Detto di composto contenente un gruppo funzionale legato a un atomo di carbonio o azoto terziario: *alcol t.* | ***Carbonio, azoto t.***, quello che in una molecola organica risulta unito a tre atomi di carbonio. *3* (*econ.*) Detto del settore o dell'attività, che produce o fornisce servizi. **CFR.** Primario, secondario.

terziarizzàre [1979] **A v. tr.** *1* Trasformare una realtà economica aprendola al terziario. *2* (*econ.*) Trasferire funzioni e servizi interni all'azienda a un fornitore esterno. **B v. intr. pron.** ● Orientarsi verso il settore terziario.

terziarizzazióne [da *terziario* nel sign. B 3; 1975] **s. f.** *1* (*econ.*) Processo socioeconomico per il quale, nell'ambito della popolazione attiva, prevalgono i lavoratori dei servizi rispetto a quelli occupati nell'industria e nell'agricoltura. *2* (*econ.*) Trasferimento di funzioni e servizi interni all'azienda a un fornitore esterno. **SIN.** Outsourcing.

terziatùra [dal part. pass. di *terziare*; 1595] **s. f.** ● Terza aratura del maggese.

terzière [da *terzo*; 1260] **s. m.** ● Ognuna delle tre parti in cui era divisa o viene divisa una città piccola | †Quartiere.

terzietà [dal lat. *tĕrtiu(m)* 'terzo'; 1986] **s. f.** ● In un rapporto giuridico, la condizione di chi è terzo, cioè estraneo agli interessi di una delle due parti: *la t. di un giudice.*

terzìglia [av. 1952] **s. f.** *1* Disposizione, schieramento di tre persone che si fronteggiano stando una accanto all'altra. *2* Squadra composta di tre giocatori per il gioco del tamburello e del pallone a bracciale.

terzìglio [sp. *tresillo*, dim. di *tres*, perché si gioca fra tre persone, con sovrapposizione di *terzo*; av. 1861] **s. m.** ● Tressette a tre. **SIN.** Calabresella.

terzìna [da *terzo*; 1575] **s. f.** *1* Strofe di tre versi endecasillabi le cui rime sono variamente combinate, a seconda del componimento poetico: per es. nella *Commedia* di Dante, il 1° verso rima col 3° e il 2° col 1° e col 3° della strofa seguente | Ciascuna delle due strofe di tre versi endecasillabi di cui è costituita la seconda parte del sonetto e le cui rime sono variamente intrecciate. *2* (*mus.*) Successione di tre note | Suddivisione in tre di un dato valore | Figura ritmica irregolare di tre note che, in un contesto a suddivisione ternaria, valgono per due. *3* Nelle bocce, squadra di tre giocatori. *4* Nel gioco della roulette, combinazione di tre numeri, posti in fila orizzontale, su cui si può puntare. *5* †Terno: *giocare una t. al lotto.*

terzinàre [da *terzina*; 1964] **v. tr.** ● (*mus.*) Scrivere o eseguire un brano secondo un ritmo a terzine.

terzìno [dalla *terza* linea, nella quale gioca; av. 1802] **s. m.** *1* (f. *-a*) Nel calcio, difensore sulla fascia laterale. *2* Fiasco piccolo, terza parte del comune. *3* Piccolo clarinetto, una terza minore più alto del solito clarinetto in *do.*

terzìsta [da (*conto*) *terzi*; 1982] **A s. m. e f.** (**pl. m.** *-i*) ● Chi lavora per conto terzi. **B agg.** ● Detto di chi produce per conto di terzi e talvolta con materie prime fornite dal committente.

♦**tèrzo** [lat. *tĕrtiu(m)*, da *trēs* 'tre' allargato col suff. proprio degli ordinali, di orig. indeur.; av. 1264]

A agg. num. ord. *1* Corrispondente al numero tre in una sequenza, in una successione, in una classificazione, in una serie (rappresentato da III nella numerazione romana, da 3° in quella araba): *abito al t. piano*; *è la terza volta che ti chiamo*; *il t. capitolo*; *il t. volume*; *il t. atto della commedia*; *ci vediamo la terza domenica del mese*; *arrivare, classificarsi t.*; *poltrona di terza fila*; *palco di terz'ordine*; *frequentare la terza classe elementare, media, liceo*; *la terza persona singolare del presente di un verbo*; *Gesù risuscitò il t. giorno*; *Vittorio Emanuele III, re d'Italia*; *Napoleone III*; *papa Clemente III*; *Enrico III* | ***Due alla terza***, (*ellitt.*) elevato alla terza potenza | ***Il t. caso***, il dativo | ***In t. luogo***, considerando o enumerando varie possibilità o diversi aspetti di qlco. | ***Terza prova***, V. *prova* nel sign. 2 | ***Il t. cielo***, quello di Venere | ***La Terza Italia***, l'Italia del Risorgimento, rispetto a quella romana e a quella comunale-rinascimentale | ***Il T. Stato***, in Francia, prima della Rivoluzione francese, la borghesia | ***Il t. Reich***, la Germania di Hitler | (*polit.*) ***Il T. Mondo***, dagli anni 1950-60, l'insieme delle nazioni dell'Asia, Africa e America Latina, caratterizzate da arretratezza e che non appartenevano né al mondo occidentale né a quello socialista; oggi si distingue tra le nazioni che hanno superato la soglia dell'arretratezza, quelle che possiedono risorse naturali, come il petrolio, e quelle che ne sono prive e vengono quindi considerate povere. CFR. Quarto mondo | ***Da T. mondo***, (*spreg.*) molto arretrato: *un ospedale, una linea ferroviaria da T. mondo* | ***Terza forza***, schieramento politico che si pone come mediatore fra due forze in contrasto | ***T. settore***, settore distinto da quello privato e da quello pubblico, costituito dall'insieme delle organizzazioni che non hanno scopo di lucro | ***T. ordine***, pia associazione o sodalizio di laici che, sotto la guida di un ordine religioso, si propongono lo scopo di raggiungere la perfezione cristiana secondo le regole dell'ordine a cui aderiscono | ***T. programma***, programma radiofonico con caratteri culturali | ***Terza pagina***, nei giornali, la pagina un tempo riservata agli articoli di cultura | ***Il t. sesso***, gli omosessuali | ***La terza età***, la vecchiaia | ***Terza rima***, terzina | (*fig.*) ***Di terz'ordine***, di qualità scadente. *2* In composizione con altri numerali, forma gli ordinali superiori: *decimoterzo*; *vigesimoterzo*; *terzodecimo*. **B** s. m. *1* Ciascuna delle tre parti uguali di una stessa quantità: *gli spetta un t. della somma*; *riduciamo le spese di un t.*; *i due terzi degli iscritti si sono presentati*; *i due terzi della produzione sono già stati venduti* | (*mar.*) ***Vela al t.***, randa aurica il cui picco è fissato all'albero a un terzo della sua lunghezza. *2* (*dir.*) Persona estranea rispetto a un determinato rapporto giuridico: *contratto concluso per conto di terzi* | ***T. acquirente***, colui che acquista un bene soggetto a ipoteca per un credito di altra persona | ***T. nel processo***, chi non è parte processuale | ***Opposizione di t.***, mezzo straordinario di impugnazione concesso al terzo che non abbia voluto o potuto intervenire nel processo civile. *3* (*spec. al pl.*) Chi non fa parte di qlco., chi è estraneo: *in questa questione non voglio assolutamente l'intervento di terzi*; *non farlo sapere a terzi*; *questa non era ragione da dirsi così chiaramente davanti a quel t.* (MANZONI) | ***Per conto terzi***, per conto di altre persone | ***A danno di terzi***, a danno di persone estranee, non direttamente interessate a qlco. *4* (f. *-a*) Chi (o ciò che) viene considerato dopo altri due, che viene al terzo posto (per ellissi di un s.): *basta con i gelati: è il t. oggi!*; *per giocare manca un t.*; *bisognerebbe sentire il parere di un t.!* | ***Il t. incomodo***, chi si intromette inopportunamente tra due persone | ***Il t. e il quarto***, (*est.*) questo e quello, l'uno e l'altro, tutti: *non andarlo a raccontare al t. e al quarto* | †***In t.***, composto di tre parti | †***Essere in t.***, fare da terza persona, da terzo incomodo: *non piacendogli di tirare in disparte il curato e di bisbigliar con lui in segreto, mentre il nuovo amico era lì in t.* (MANZONI).

terzodècimo [vc. dotta, lat. *tertiumdĕcimu(m)*, comp. di *tĕrtius* 'terzo' e *dĕcimus* 'decimo'; 1282] agg. num. ord.; anche s. m. ● (*lett.*) Tredicesimo. SIN. (*lett.*) Decimoterzo.

terzogènito [comp. di *terzo* e *genito*; av. 1504] s. m.; anche agg. (f. *-a*) ● Chi (o Che) è nato per terzo.

terzòlo ● V. *terzuolo* (*1*) e (*2*).

terzomondismo [da *terzo mondo*; 1969] s. m. *1* Complesso di problemi riguardanti il Terzo Mondo. *2* Atteggiamento culturale e politico di sostegno ai Paesi del terzo mondo, unito a spirito polemico verso i Paesi più sviluppati.

terzomondista [da *terzo mondo*; 1970] **A** agg. ● Relativo al terzo mondo, al terzomondismo. **B** agg.; anche s. m. e f. (pl. m. *-i*) *1* (*raro*) Che (o Chi) è esperto dei problemi del Terzo Mondo. *2* Fautore del terzomondismo.

terzomondistico agg. (pl. m. *-ci*) ● Relativo al terzomondismo: *prospettiva, propaganda, politica terzomondistica*.

terzonàto [comp. di *terzo* e *nato*; 1879] s. m.; anche agg. (f. *-a*) ● (*raro*) Terzogenito.

terzóne [da *terzo* con vario riferimento; 1840] s. m. *1* Grossa tela di canapa o di altra fibra, che serve ad avvolgere balle o pacchi o a far sacchi. *2* Barile dell'acqua potabile negli antichi velieri.

terzùltimo o **terz'ùltimo** [comp. di *terzo* e *ultimo*; 1879] s. m.; anche agg. (f. *-a*) ● Chi (o Che) corrisponde al numero tre o sta al terzo posto, partendo a contare dall'ultimo, in una sequenza, una successione, una classificazione, una serie: *è arrivato t.*

terzuòlo (*1*) o **terzòlo** [ant. fr. *tersol*, dal lat. parl. **tertiŏlu(m)* 'che sta al terzo (*tĕrtius*) posto': perché è il *terzo* dei nati, che esce dal nido (?); av. 1292] s. m. ● In falconeria, maschio di astori e falconi.

terzuòlo (*2*) o **terzòlo** [da *terzo* (taglio); av. 1803] s. m. ● Terzo taglio annuale del fieno.

tésa [f. sost. del part. pass. di *tendere*; 1308] s. f. *1* Parte sporgente del cappello attaccata alla cupola: *cappello a larghe tese*; *t. rialzata*. SIN. Falda. *2* (*caccia*) Atto, operazione del tendere le reti, spec. agli uccelli | (*est.*) Le reti stesse | Tempo e luogo in cui si tendono. *3* Misura di lunghezza, varia secondo i luoghi, pari all'apertura delle braccia. *4* (*lett.*) †Tensione. || **tesóna**, accr.

tesafili [comp. di *tesa(re)* e il pl. di *filo*; 1961] s. m. inv. ● Attrezzo a ganasce, impiegato nella tesatura dei conduttori delle linee elettriche aeree.

tesàggio [da *tesare*; 1853] s. m. ● Operazione di tendere cavi metallici.

tesàre [lat. parl. *tensāre*, da *tēnsus*, part. pass. di *tĕndere*; 1614] v. tr. (*io téso*) *1* Tendere cavi, funi e sim. *2* (*mar.*) Tendere un cavo oppure orientare una vela perché sfrutti pienamente il vento.

tesàta [1902] s. f. ● (*raro*) Tesatura.

tesàto part. pass. di *tesare*; anche agg. ● Nei sign. del v.

tesatùra [1902] s. f. ● Operazione del tesare | Tensione di un cavo, una fune e sim.

tesaurizzàre o **tesorizzàre** [vc. dotta, lat. eccl. *thesaurizāre*, dal gr. *thēsaurízein*, da *thēsaurós* 'tesoro'; sec. XIII] v. tr. e intr. (aus. *avere*) *1* (*econ.*) Accumulare ricchezze, senza destinarle a investimenti produttivi. *2* (*fig.*) Accumulare conoscenze, esperienze e sim. *3* (*raro*) Fare tesoro.

tesaurizzatóre [da *tesaurizzare*; 1928] s. m. (f. *-trice*); anche agg. ● Chi (o Che) tesaurizza.

tesaurizzazióne o **tesorizzazióne** [vc. dotta, lat. eccl. *thesaurizatiōne(m)*, da *thesaurizātus* 'tesaurizzato'; av. 1712] s. f. ● Tesoreggiamento (*anche fig.*).

tesàuro s. m. *1* †V. *tesoro* e *deriv.* *2* Thesaurus nel sign. 1.

tèschio (o *-é-*) [lat. parl. *tēstulu(m)*, dim. di *tēstu* '(coperchio di) pentola di terracotta'; 1313] s. m. ● Cranio, comunemente quello dei cadaveri: *il t. dello scheletro*. || **teschiétto**, dim. | **teschióne**, accr.

tèsi (*1*) [vc. dotta, lat. *thēsi(n)*, dal gr. *thésis* 'l'azione di porre (*tithénai*)'; av. 1544] s. f. inv. *1* Proposizione, enunciato che richiedono di essere dimostrati: *formulare, sostenere, demolire una t.* | (*est.*, *gener.*) Teoria, idea, opinione, spec. in una discussione, un dibattito e sim.: *accettare, respingere una t.*; *una t. insostenibile*; *la t. della difesa* | ***Commedia, romanzo a t.***, che si propongono di dimostrare una tesi, spec. di argomento sociale o morale | ***T. di laurea***, dissertazione scritta che lo studente di un corso di laurea concorda con il professore di una disciplina al fine di presentarla alla discussione per il conseguimento del titolo dottorale. *2* (*filos.*) In varie correnti di pensiero, il primo momento di un processo logico dialettico in cui si afferma una proposizione. CONTR. Antitesi. CFR. Sintesi. *3* (*mat.*) Parte dell'enunciato d'un teorema, contenente l'affermazione che si vuol provare in base all'ipotesi. *4* Nella metrica greca, tempo forte del piede, nella metrica latina tempo debole. *5* (*mus.*) Unità ritmica in battere. CONTR. Arsi (1). || **tesìna**, dim. (V.).

tési (*2*) ● V. *tendere*.

tesìna [1930] s. f. *1* Dim. di *tesi*. *2* Discussione orale o scritta svolta da uno studente su un argomento scientifico attinente alle discipline da lui studiate, spec. nelle facoltà universitarie per integrare la tesi di laurea.

tesista [da *tes(i)* (*1*) con il suff. *-ista*; 1997] s. m. e f. (pl. m. *-i*) ● Chi sta compilando una tesi di laurea.

tèsla [dal n. dell'ingegnere americano di orig. slava N. *Tesla* (1856-1943); 1974] s. m. inv. ● Unità di misura dell'induzione magnetica, pari a 1 weber/m^2. SIMB. T.

Tesmofòrie [vc. dotta, lat. *thesmophŏria* (nt. pl.), dal gr. *Thesmophória*, feste in onore di Demetrio, il legislatore (*Thesmophóros*, comp. di *Thesmós* 'legge' e di un deriv. del v. *phérein* 'portare'); 1499] s. f. pl. ● Feste in onore di Demetra come istitutrice dell'agricoltura, del matrimonio e dell'ordine civile, celebrate in autunno nell'antica Atene.

tesmotèta [gr. *thesmothétēs*, comp. di *thesmós* 'legge' e *thétēs* 'che pone, stabilisce' (da *tithénai* 'porre'); 1591] s. m. (pl. *-i*) ● Nell'antica Atene, ciascuno dei sei arconti incaricati di custodire le leggi.

téso [sec. XIII] part. pass. di *tendere*; anche agg. *1* Che è in tensione, tirato: *un cavo ben t.* | (*fig.*) Sottoposto a tensione nervosa: *in questo periodo è sempre molto t.* | ***Avere i nervi tesi***, essere agitato, molto inquieto | ***Faccia tesa***, con i lineamenti tirati, affaticati | (*fig.*) ***Rapporti tesi***, non facili, vicini a una rottura | (*fig.*) ***Situazione tesa***, momento critico che in genere prelude ad aperte ostilità. *2* (*est.*) Disteso, non piegato: *tenere la gamba tesa*. *3* (*est.*) Proteso | ***Mano tesa***, per salutare o aiutare qlcu., o per chiedere l'elemosina | (*fig.*) ***Stare con le orecchie tese***, pronte ad ascoltare | (*fig.*) ***Avere l'animo t. ad un obiettivo***, rivolto. *4* (*raro*) Steso, aperto, allargato: *bucato t. al sole*; *reti tese*; *io li vidi venir con l'ali tese* (DANTE *Inf.* XXIII, 35).

†**tesóre** ● V. *tesoro*.

tesoreggiaménto [1947] s. m. ● Accumulo di beni.

tesoreggiàre o †**tesaureggiàre** [da *tesaurizzare* con adattamento pop. del suff.; av. 1574] v. tr. e intr. (*io tesoréggio*; aus. *avere*) *1* Accumulare denaro, ricchezze. *2* (*raro*) Fare tesoro di qlco., convertire in tesoro: *t. insaziabilmente libri antichi*; *t. l'esperienza*.

tesoreggiatóre [1766] s. m.; anche agg. (f. *-trice*) ● (*raro*) Chi (o Che) tesoreggia.

tesoreria o †**tesaureria** [da *tesoro*; sec. XIII] s. f. *1* Organo amministrativo dello Stato e degli altri enti pubblici, cui compete la gestione di cassa (incassi e pagamenti) | ***T. provinciale***, cassa dello stato nella provincia. *2* Ufficio che amministra e maneggia il denaro di uffici, aziende e sim.

tesorétto [av. 1294] s. m. *1* Dim. di *tesoro*. *2* Caveau.

†**tesorieràto** [av. 1613] s. m. ● Ufficio del tesoriere | Durata dell'ufficio stesso.

tesorière o †**tesaurière**, †**tesaurièro**, †**tesorièro** †**trasorière** [da *tesoro*; av. 1292] s. m. (f. *-a*) *1* (*raro*) Chi custodisce e amministra un tesoro | Ecclesiastico incaricato del Tesoro di una chiesa, ossia della conservazione delle reliquie e degli ex voto. *2* Capo della tesoreria centrale o provinciale, di Stato o Comune. *3* (*est.*) Persona incaricata della custodia e dell'amministrazione del denaro di un'azienda, una società e sim.

tesorizzàre ● V. *tesaurizzare*.

tesorizzazióne ● V. *tesaurizzazione*.

♦**tesòro** o †**tesàuro**, †**tesóre** [lat. *thesāuru(m)*, dal gr. *thēsaurós*, di etim. incerta; av. 1292] s. m. *1* Gran quantità di denaro o oggetti preziosi, ammassati per essere conservati spec. nascosti: *seppellire un t.* | ***Caccia al t.***, gioco di società all'aperto, consistente nel rintracciare su vaghi indizi oggetti disparati, in precedenza disseminati da chi ha organizzato il gioco. *2* (*est.*) Grande quantità di denaro: *ha speso un t. in vestiti*. *3* (*dir.*) Cosa di pregio, nascosta o sotterrata nei tempi passati, scoperta per caso, e della quale nessuno può provare la proprietà: *appropriazione del t.*; *trovare un t.* *4* (*fig.*) Ricchezza naturale: *i tesori* *del sottosuolo* | Opera artistica di grande valore: *una galleria piena di tesori* | Dote morale, preziosa ricchezza spirituale: *il t. della virtù*; *i tesori della grazia*. **5** (*fig.*) Persona molto amata, cosa alla quale si attribuisce grande valore: *il figlio è il suo t.*; *la libertà è il t. più grande* | (*fam.*) Persona simpatica, affettuosa o di grande aiuto in qlco.: *quella domestica è un t.* | ***Fare t. di qlco.***, tenere qlco. in grande conto, giovarsene. **6** Erario pubblico: *buono del t.*; *conto del t.* | ***Ministero del t.***, quello da cui dipendeva la presentazione al parlamento del bilancio generale dello Stato e la gestione del denaro pubblico; le sue funzioni sono ora attribuite al Ministero dell'economia | Camera corazzata in cui, nelle banche, si custodiscono denaro e oggetti preziosi. SIN. Caveau. **7** Complesso delle reliquie e degli ex voto, oggetti e arredi preziosi depositati e custoditi in una chiesa cattolica. **8** Nella letteratura, spec. medievale, opera enciclopedica | ***T. della lingua latina***, ***greca***, grande vocabolario storico di queste lingue. **9** (*archeol.*) Nell'antica Grecia, piccolo edificio, gener. a forma di tempietto, destinato a conservare le offerte votive a una divinità: *il t. degli ateniesi a Delfi* | Costruzione funeraria a cupola appartenente alla civiltà micenea: *il t. di Atreo a Micene*. || **tesorétto**, dim. (V.) | **tesorino**, dim. | **tesoróne**, accr. | **tesorùccio**, dim.

tessàlico [vc. dotta, lat. *Thessălicu(m)*, dal gr. *Thessalikós*: da *théssesthai* 'implorare' (?); 1340 ca.] **A** agg. (pl. m. *-ci*) ● Della Tessaglia, regione della Grecia antica. **B** s. m. solo sing. ● Dialetto della Tessaglia.

tèssalo [vc. dotta, lat. *Thĕssalu(m)*, dal gr. *Thessalós*: da *théssesthai* 'implorare' (?); 1532] **A** agg. ● Della Tessaglia. **B** s. m. (f. *-a*) ● Abitante o nativo della Tessaglia.

tessàno ● V. *texano*.

tessellàto [vc. dotta, lat. *tessellātu(m)* 'coperto di piccole tessere (*tessĕllae*, dim. di *tĕsserae*)'; 1550] agg. ● (*archeol.*) Detto di un tipo di pavimento a piccole tessere quadrangolari in pietra, marmo o laterizio.

tèssera [lat. *tĕssera(m)*, originariamente 'tavoletta quadrata', dal gr. *tessarágōnos* 'che ha quattro (*téssara*) angoli (*gōnioi*), quadrato'; 1521] s. f. **1** Cartoncino o libretto con l'indicazione del nome, delle generalità e talvolta con la fotografia del possessore per dimostrare l'appartenenza di quest'ultimo a un ente, un'associazione o un partito, per il suo riconoscimento o per l'attribuzione di particolari diritti: *rinnovare*, *smarrire la t.*; *la t. di impiegato statale*; *mostrare la t. all'ingresso* | ***T. annonaria***, per ottenere le previste razioni di viveri spec. in periodo bellico | ***T. magnetica***, dotata di una banda magnetizzata che, letta da apposite apparecchiature, permette di utilizzare sistemi o di accedere a luoghi altrimenti inaccessibili. **2** Pezzo di metallo a forma di moneta, antico o moderno, fabbricato per servire a usi vari, con figurazioni o leggende, monogrammi, numerali e sim. **3** Ciascuno dei pezzi del domino. **4** ***T. musiva***, (*ellitt.*) ***tessera***, ciascuno dei tasselli cubici di pietra, anche smaltata o dorata, che compongono il mosaico. || **tesserina**, dim. | **tesserino**, dim. m. (V.).

tesseraménto [1918] s. m. **1** Attività del tesserare a un partito, un'associazione e sim.: *campagna di t.* **2** Distribuzione da parte delle autorità governative di tessere annonarie | Razionamento: *il t. del pane in tempo di guerra*.

†**tesserándolo** [adattamento del fr. *tisserand*, da *tisser* 'tessere' col suff. di orig. germ. *-enc*; av. 1348] s. m. (f. *-a*, raro) ● Tessitore.

tesseràre [da *tessera*; 1940] **A** v. tr. (*io tèssero*) **1** Provvedere di tessera, fornire la tessera di iscrizione a un partito, un ente, un'associazione e sim. **2** Razionare mediante tessera viveri e altri prodotti, in casi di emergenza: *t. lo zucchero*, *il latte*. **B** v. intr. pron. ● Munirsi di tessera | Iscriversi a un partito, un ente, un'associazione, prendendone la tessera.

tesseràto [1918] **A** part. pass. di *tesserare*; anche agg. **1** Munito di tessera | Razionato: *zucchero t.* **2** Detto di atleta che fa parte di una società sportiva, con l'obbligo di gareggiare solo per i colori di questa e di ottemperare ai regolamenti della relativa federazione. **B** s. m. (f. *-a*) ● Chi ha la tessera di un partito, un ente, associazione e sim.: *convocare i vecchi tesserati*.

tèssere [lat. *tĕxere*, di orig. indeur.; 1308] v. tr. (pass. rem. *io tesséi*, *tu tessésti*; part. pass. *tessùto*) **1** Fabbricare una stoffa sul telaio, intrecciando con la spola i fili dell'ordito con quelli della trama (*anche assol.*): *t. la canapa*, *il lino*; *sapere t.* **2** Comporre a guisa di tessuto: *t. una stuoia*, *una rete metallica*. **3** (*est.*) Intrecciare (*anche fig.*): *t. funi*, *ghirlande*; *t. danze*; *gli uccelli tessevano voli* | ***T. un'azione d'attacco***, nel calcio, coordinare un'azione offensiva. **4** (*fig.*) Comporre con arte: *t. un discorso*, *un racconto* | Compilare con cura, attenzione, ordine: *t. una grandiosa opera storica* | ***T. lodi***, metterle insieme con arte. **5** Macchinare, ordire: *t. inganni*, *insidie*, *tradimenti*; *t. le fila della congiura*. SIN. Tramare.

tesserino [1962] s. m. ● Dim. di *tessera* nel sign. 1: *smarrire il t. di riconoscimento*; *il t. dell'autobus*.

♦**tèssile** [da *tessere* col suff. del corrispondente lat. *tĕxtilis*; 1858] **A** agg. ● Concernente la tessitura: *industria t.* | ***Materia t.***, che può essere filata, tessuta | ***Fibre tessili***, i filati | ***Prodotti tessili***, i filati e i tessuti | ***Piante tessili***, coltivate per le loro fibre. **B** s. m. e f. ● (*spec. al pl.*) Chi lavora nell'industria tessile, come operaio, tecnico o industriale. **C** s. m. ● Prodotto tessile: *negozio di tessili*; *fiera del t.* | Settore dell'industria che produce tessuti: *lavorare nel t.*; *la crisi del t.*

tessilsàcco® [marchio registrato; 1963] s. m. (pl. *-chi*) ● Sacco di carta o plastica, usato per tenervi gli abiti al riparo dalla polvere e dalle tarme.

tessitóre o †**testóre** [da *tessere*; av. 1292] s. m. (f. *-trice*, pop. disus. *-tora* nei sign. 1, 2 e 3) **1** Operaio dell'industria tessile che esegue la tessitura. **2** (*fig.*, *lett.*) Chi compone con cura, arte, attenzione: *parco di versi tessitor ben fia / che me l'Italia chiami* (PARINI) | (*fig.*, *lett.*) Chi opera con pazienza e abilità: *Cavour, t. dell'unità d'Italia*. **3** (*fig.*) Orditore: *un volgare t. d'inganni*. **4** Correntemente, uccello passeriforme tropicale, appartenente a varie specie della famiglia dei Ploceidi, che costruisce ammirevoli nidi intrecciando pagliuzze e foglie. || **tessitorèllo**, dim. | **tessitorino**, dim.

tessitorìa [da *tessere*; 1898] s. f. ● (*raro*) Fabbrica per la tessitura | Bottega di tessitore | Attività del tessitore.

tessitùra [da *tessere*; sec. XIII] s. f. **1** Operazione del tessere: *la t. della canapa*, *della tela* | Modalità di tale operazione: *t. a mano*, *a macchina*; *t. fitta*. **2** Lavoro d'intreccio, gener. eseguito a mano: *la t. di un cestino*; *stuoia a t.* **3** Stabilimento contenente i macchinari e gli impianti per le operazioni di tessitura. **4** (*fig.*) Composizione più o meno ordinata di un'opera letteraria: *la t. di una commedia*. SIN. Intreccio, trama. **5** (*mus.*) Estensione. **6** ***T. di una roccia***, modalità con cui si riuniscono i singoli cristalli che costituiscono la roccia stessa.

tessutàle, (*evit.*) **tissutàle** [1942] agg. ● (*anat.*) Di tessuto | ***Terapia t.***, ottenuta con estratti d'organo capaci di stimolare i processi vitali dell'organismo.

tessùto (1) [sec. XIII] part. pass. di *tessere*; anche agg. **1** Nei sign. del v. **2** (*fig.*) Composto.

tessùto (2) [da *tessuto* (1); 1325] s. m. **1** Strato flessibile formato da uno, da due o più sistemi di fili che si incrociano e intrecciano fra loro in determinate direzioni e sotto angoli determinati | ***T. a intreccio semplice***, a intreccio di fili di trama e di ordito | ***T. a maglia***, a fili curvilinei | ***T. non t.***, V. *non tessuto*. **2** (*fig.*) Insieme di cose, di fatti strettamente legati e connessi: *questo racconto è un t. di bugie*; *un t. di episodi e avventure legate* (DE SANCTIS). SIN. Trama | (*fig.*) L'intreccio degli elementi costitutivi di un insieme: *il t. urbano*; *il t. sociale*. **3** (*anat.*) Insieme di cellule della stessa natura: *t. muscolare*, *nervoso*. CFR. isto-.

test /tɛst, *ingl.* tʰest/ [vc. ingl., dall'ant. fr. *test*, originariamente 'vaso (in lat. *tĕstu*: V. *testo* (2)) per raffinare o per saggiare i metalli', poi la stessa 'prova' o 'saggio'; 1766] s. m. inv. **1** (*psicol.*) Prova, quesito o insieme di quesiti che permettono di misurare e valutare in sede diagnostica le caratteristiche psicologiche e le reazioni individuali o le differenze mentali e comportamentali fra individui | ***T. di intelligenza***, V. *intelligenza*. **2** Prova attitudinale, usata spec. nell'orientamento professionale: *i candidati furono selezionati in base a un t.* | (*est.*) Quesito che ammette una sola risposta, posto a un esaminando. **3** (*gener.*) Prova, saggio, esperimento (*anche fig.*): *t. di funzionalità epatica*; *questo lavoro è per lui un t. importante*. CFR. Area test, pap-test | (*autom.*) ***T. dell'alce***, in cui il guidatore esegue una serie programmata di sterzate, per verificare la stabilità di una vettura in una situazione simile a quella provocata dall'improvvisa comparsa di un animale sulla strada.

♦**testa** [lat. *tĕsta(m)*, propr. 'guscio (specie di tartaruga)', di etim. incerta, poi, per la somiglianza, 'vaso di terra', quindi 'capo'; av. 1250] s. f. **I** Con riferimento al valore anatomico del termine e a significati ad esso riconducibili. **1** Negli uomini e negli animali, estremità rostrale distinta e riconoscibile dal resto del corpo, contenente l'encefalo, il tratto iniziale dell'apparato digerente e respiratorio e diversi organi di senso: *un uomo dalla t. grossa*, *rotonda*, *allungata*, *a pera*; *la t. di un cavallo*, *di un uccello*, *di un insetto*; *la parte anteriore*, *laterale della t.*; *studiare l'anatomia della t.*; *mozzare*, *tagliare la t.* | Testa di animale macellato: *una t. di vitello*, *di maiale*, *di agnello*. CFR. cefalo-, -cefalo, -cefalia. **2** Parte superiore del corpo umano, attaccata al tronco per mezzo del collo: *alzare*, *sollevare*, *girare*, *rovesciare la t.*; *dormire con la t. reclinata*; *tenere la t. penzoloni*; *appoggiare la t. sulla spalla di qlcu.*; *si teneva la t. fra le mani*; *gli fece cenno con la t. di tacere*; *cadere a t. in giù*; *gli diede un violento colpo in t.* | ***Dalla t. ai piedi***, completamente, in tutto il corpo | ***Rompersi la t.***, ferirsi alla testa | ***Andare***, ***camminare a t. alta***, (*fig.*) avere orgogliosa coscienza della propria onestà, della propria integrità, del proprio merito | ***Abbassare***, ***chinare la t.***, (*fig.*) accettare un'umiliazione, un'imposizione | ***Scuotere la t.***, manifestare disapprovazione o diniego per qlco. | ***Uscire con la t. rotta***, (*fig.*) uscire perdenti, sconfitti o a mal partito da un contrasto, una disputa e sim. | ***Non sapere dove battere***, ***sbattere la t.***, non sapere a chi rivolgersi per essere aiutati o quale soluzione adottare per uscire da una situazione difficile | ***Sbattere***, ***picchiare la t. contro il muro***, (*fig.*) esternare in modo plateale sentimenti di rabbia, ira o rammarico | ***Gettarsi a t. bassa contro qlcu.***, ***in qlco.***, affrontare qlcu. con eccessiva irruenza o imprudenza, manifestare un interesse esagerato ed esclusivo per qlco. | ***Gonfiare a qlcu. la t.***, ***fare a qlcu. la t. come un pallone***, (*fam.*) stordirlo, riempirlo di chiacchiere | ***Fare una t. così***, (*fam.*) parlare a qlcu. di qlcu. o di qlco. con accenti esageratamente entusiasti o denigratori | (*sport*) ***Giocare***, ***segnare di t.***, nel calcio, colpire il pallone con la testa | Parte superiore del cranio umano, coperto in genere dai capelli: *una t. bionda*, *bruna*, *brizzolata*, *folta*, *pelata*, *calva*; *carezzare la t. di un bambino*; *camminare con il cappello in t.*; *lavarsi la t.* | ***T. rasata***, skinhead | ***A t. coperta***, ***scoperta***, con o senza cappello o altro copricapo | ***Grattarsi la t.***, mostrare indecisione, perplessità | ***Lavata di t.***, (*fig.*) rimprovero, energica sgridata | ***Averne fin sopra la t.***, (*fig.*) non riuscire più a sopportare qlcu. o qlco. | Sensazione, impressione, disturbo localizzato alla testa: *sentire la t. pesante*, *vuota*; *avere delle fitte alla t.* | ***Avere mal di t.***, soffrire di cefalea, emicrania | ***Avere giramenti di t.***, soffrire di vertigini | ***Gli andò***, ***gli montò il sangue alla t.***, fu sconvolto dall'ira | ***Dare alla t.***, di vino o altra bevanda alcolica, inebriare; di avvenimenti o situazioni, esaltare, suscitare entusiasmo o eccitazione. SIN. Capo. **3** (*per metonimia*) Vita, considerando la testa come parte vitale di un individuo: *rischiare*, *salvare*, *scommettere*, *rimetterci la t.*; *se sbaglia*, *ne va della sua t.*; *giurò sulla t. dei suoi figli* | ***Domandare***, ***reclamare***, ***esigere la t. di qlcu.***, chiedere la pena di morte per qlcu. o (*fig.*) la sua rovina, la sua destituzione da un incarico. **4** Raffigurazione di una testa umana o di animale, spec. in opere d'arte: *una t. scolpita*, *dipinta*; *una t. in bronzo*, *in marmo*, *in gesso*; *modellare*, *incidere una t.*; *le teste di Andrea del Sarto* | ***T. di turco***, figura che rappresenta una testa coperta da un turbante, collocata nelle fiere e nei parchi di divertimento come bersaglio da colpire col pugno o con altro mezzo, per misurare la forza dei concorrenti | (*fig.*) ***Essere la t. di turco di qlcu.***, esserne lo zimbello, la vittima, il capro espiatorio. **5** Misura di una testa umana considerata nella sua altezza: *oltrepassare qlcu. di una t.*; *era più alto del bambino di due teste*. **6** (*sport*) Nelle corse ippiche, unità di misura, usata nella classificazione dei vincitori, corrispondente alla lunghezza della testa del cavallo: *vincere per una t., per mezza t.*; *secondo a corta, cortissima t.* | ***Arrivare t. a t.***, giungere nello stesso momento al traguardo | ***Lottare t. a t.***, contendersi la vittoria con le stesse probabilità. **7** ***T. e croce***, gioco d'azzardo notissimo in tutto il mondo, consistente nel buttare in aria una moneta e nel cercare di indovinare quale faccia presenterà dopo la caduta. **8** (*anat.*) ***T. di Medusa***, sviluppo delle vene superficiali della parete addominale e toracica, quando le vene profonde sono ostruite. **9** (*fam.*) Cranio, ossa del cranio dell'uomo o di animali: *hanno dissotterrato alcune teste del III secolo d.C.*; *la t. della bandiera dei pirati* | (*zool.*) ***T. di morto***, atropo | ***T. di produzione***, complesso di valvole, montato alla bocca di un pozzo petrolifero a erogazione spontanea, per regolare la velocità di efflusso del petrolio. SIN. Albero di Natale. **II** Con riferimento alle facoltà del cervello di produrre idee, sensazioni, immagini, stati d'animo, ecc. **1** (*fig.*) Sede dell'intelletto, della ragione, del pensiero: *lavoro di braccia e di t.* | ***Avere in t. qlco.***, conoscerla, averla in mente o essere intenzionati a realizzarla | ***Mettersi, ficcarsi in t. qlco.***, arrivare a convincersi della veridicità, della fondatezza di qlco.: *si è messo in t. che io non posso soffrirlo* | ***Mettersi in t. di fare qlco.***, decidere fermamente di farla e persistere in tale proposito | ***Mettere qlco. in t. a qlcu.***, fargliela credere, persuaderlo di qlco. | ***Levare, togliere di t. qlco.***, far ricredere su qlco., persuadere del contrario | ***Levarsi, togliersi dalla t.***, dimenticare qlcu., ricredersi su qlco., rinunciare a un proponimento | ***Rompersi la t.***, (*fig.*) scervellarsi su un problema, un rompicapo e sim. | ***Non avere che un'idea in t.***, avere un pensiero fisso, un assillo costante | ***Avere un chiodo in t.***, (*fig.*) avere un pensiero ossessivo, una grave preoccupazione | Memoria: *mettere, cercare nella t.* | ***Entrare in t.***, essere assimilato e memorizzato | ***Passare di t.***, sfuggire alla memoria | ***Passare per la t.***, venire in mente, affiorare alla memoria | ***Cacciarsi in t.***, imprimersi bene nella memoria | ***Non avere t.***, dimenticare con grande facilità | ***Avere la t. vuota***, non riuscire più a ricordare o a pensare. SIN. Mente. **2** Riflessione, discernimento, giudizio, anche in opposizione al cuore come sentimento: *adoperare la t.*; *agire con la t.* | ***Di t.***, con la ragione, mentalmente | ***Fare le cose senza t., con la t. nel sacco***, senza pensare o riflettere su ciò che si fa | ***Avere la t. fra le nuvole***, essere svagato, distratto, fantasticare | ***Vivere con la t. fra le nuvole***, perdere il contatto con la realtà | ***Essere lontano, non esserci con la t., essere via di t.***, essere assorto in altri pensieri | ***Dove hai la t.?***, (*fam.*) richiamo che si rivolge a chi si mostra distratto, svagato, scarsamente attento o concentrato | ***Avere la t. a qlco.***, pensarci insistentemente o prestarvi la massima attenzione | ***Avere la t. sulle spalle***, (*fig.*) essere riflessivo, cauto, realista | ***Fare di t. propria***, agire scegliendo liberamente, secondo le proprie idee, convinzioni, inclinazioni | ***Un colpo di t.***, (*fig.*) decisione improvvisa, precipitosa, temeraria | ***Mettere la t. a posto, a segno, a partito***, mettere giudizio | ***Montarsi la t.***, esaltarsi, illudersi di poter raggiungere uno scopo molto al di sopra delle proprie possibilità. **3** Capacità di ordinare, collegare e dominare le proprie idee, formulando ragionamenti, deduzioni, operazioni logiche | ***Avere la t. a posto***, agire in modo logico e assennato | ***Perdere la t.***, non essere più in grado di controllare le proprie azioni o i propri sentimenti | ***Mi va via la t.***, non riesco più a pensare, a connettere le idee | ***Non avere più la t. con sé***, perdere la ragione | ***Andare giù di t.***, agitarsi, confondersi, perdere il controllo di sé; impazzire. **4** Ingegno, capacità, attitudine: *è una ragazza che ha della t.*; *è un uomo di t.*; *nel suo lavoro, dimostra molta t.*; *non ha t. per la matematica* | (*est.*) La persona che dimostra di possedere capacità mentali: *dicono tutti che è una t.* | ***Che t. d'uomo!, che t.!***, che persona ricca di ingegno oppure che persona singolare, bizzarra, stravagante e sim. **5** (*fig.*) Sede degli stati psicologici, carattere, indole: *ha una t. davvero stramba.* **III** Ricorre in alcune accezioni o locuzioni col significato di individuo, persona. **1** Persona, considerata come individuo singolo: *toccare, spettare un tanto a t.*; *pagammo venti euro a t.* | ***Per t.***, pro capite, individualmente | (*est.*) Persona senza caratteristiche fisiche e psichiche ben determinate: *su quale t. ricadrà questo errore?* **2** Persona avente determinate caratteristiche riconducibili al carattere, al modo di pensare o alle capacità intellettive: *è una t. d'asino* | ***T. quadra***, persona molto controllata o testarda | ***T. dura***, persona cocciuta e caparbia | ***T. vuota***, persona irriflessiva o superficiale | ***T. matta***, persona focosa, ribelle, imprevedibile | ***T. calda***, persona instabile, irrequieta, facile all'ira e agli entusiasmi, spec. per idee, convinzioni politiche e sim. | ***T. di legno***, persona ottusa o caparbia; prestanome | ***T. di gesso***, prestanome | ***T. d'uovo***, (*iron., spreg.*) intellettuale | ***T. di cavolo, di rapa***, (*eufem.*) imbecille, stupido, testone. **3** Per meton., indica persona che svolge determinate funzioni simboleggiate da ornamenti per il capo, copricapi e sim. | ***T. coronata***, sovrano, re | ***T. di cuoio***, appartenente a un corpo speciale della polizia della Repubblica Federale Tedesca specializzato in compiti di controguerriglia, i cui membri portano un caratteristico copricapo con rifiniture in pelle; (*est.*) chi appartiene a corpi ristretti dell'esercito o della polizia di altri Stati addetti a compiti di controguerriglia. **4** Persona con funzioni organizzative, direttive o di guida: *è lui la t.*; *è la t. del movimento che non riusciamo a individuare.* SIN. Capo. **5** †Testatico. **IV** Con valore estensivo o figurato e per analogia rispetto alla forma o alla posizione della testa nel corpo umano, anche in varie scienze e tecnologie, con riferimento a dispositivi, organi, congegni, strutture, processi e sim. **1** Parte iniziale, anteriore o superiore di qlco.: *la t. di una trave, di un missile* | ***Stazione di t.***, quella in cui i binari principali si arrestano ed è perciò necessario, per proseguire, cambiare il senso di marcia dei convogli | ***Vettura di t.***, la prima del treno | ***In t. al treno***, nella prima vettura | ***La t. del letto***, la sponda presso la quale si poggia il capo | ***T. di corda***, capo, estremità | ***T. di una pezza di tessuto***, l'inizio | ***T. del mattone***, larghezza del mattone e unità di misura per lo spessore dei muri in laterizi | ***T. della campana***, la parte superiore emisferica, il cui diametro è solitamente la metà di quello della bocca, e nella quale è appeso l'occhio per il battaglio | ***T. di una pagina***, il lato superiore, opposto al piede | ***T. d'albero***, sui velieri, la parte superiore di un albero | ***La t. delle ruote***, il mozzo | ***T. della tonnara***, ciascuno dei lati più corti del rettangolo che forma l'isola delle reti | ***Titoli di t.***, didascalie poste all'inizio di un film. CFR. Testa-coda. **2** Parte terminale, estremità di un oggetto che si estende in lunghezza, spec. quando ha forma arrotondata: *la t. di un fiammifero*; *prendere un chiodo per la t.* | ***La t. di uno spillo***, la capocchia | ***T. del martello***, in alpinismo, la mazza battente in acciaio non temperato perché il chiodo risenta pienamente del colpo | ***T. della vite***, estremità della vite, più larga del gambo, di varia forma a seconda della chiave usata per il serraggio. **3** (*bot.*) Estremità arrotondata o ingrossata di piante o fiori | ***T. d'aglio***, il bulbo | ***La t. di un fungo***, il cappello | ***Teste di papavero***, le capsule giunte a maturazione del papavero da oppio. **4** (*anat.*) Estremità in genere: *t. dell'omero, del pancreas* | ***T. del femore***, parte del femore a mezza sfera che si articola con la cavità cotiloide del bacino, dove è trattenuto dal legamento rotondo. **5** Estremità anteriore di una fila, di un gruppo di persone che si spostano, di una formazione di marcia: *la t. del corteo*; *la t. di una processione*; *la t. di una colonna militare* | ***Essere in t., alla t.***, davanti a tutti: *musica, bandiera in t.*; *alla t. del reggimento* | ***Mettersi, essere alla t.***, assumere il posto di comando: *essere alla t. di un partito, di una grossa industria* | ***Tener t. al nemico***, nel linguaggio militare, contrastare, opporre resistenza al nemico | ***Tener t. a qlcu. o a qlco.***, (*est.*) resistere, opporsi a qlcu. o far fronte a una difficoltà | ***T. di ponte***, terreno occupato da un'avanguardia immediatamente al di là di un ponte e disposto a difesa per permettere il passaggio del ponte medesimo a nuove truppe | ***T. di sbarco***, in un'operazione di sbarco, le prime operazioni di occupazione del territorio nemico e di schieramento difensivo | (*sport*) In una gara, in una classifica e sim., prima posizione: *passare, essere in t.* | ***Prendere la t.***, in una corsa, passare a condurre | ***Teste di serie***, le squadre o i giocatori migliori che in un torneo vengono abbinati in modo che non si incontrino al primo turno e non si eliminino a vicenda | (*est.*) Prima posizione, posto di chi precede tutti gli altri: *la t. di un elenco, di una graduatoria.* **6** (*cine, tv*) Parte superiore, snodabile e orientabile, del cavalletto di una macchina da presa. SIN. Testata | ***T. panoramica***, atta a permettere alla macchina da presa il movimento di rotazione orizzontale e di parziale inclinazione verticale | ***T. fluida***, testa panoramica dotata di un sistema di ammortizzatori a fluido che consente movimenti particolarmente dolci della macchina da presa. **7** (*fot.*) ***T. snodata***, dispositivo a snodo sferico o di altro tipo, che permette di inclinare un apparecchio fotografico. **8** (*mecc.*) Testata di motore a combustione interna | ***T. del cilindro***, nei motori a scoppio, parte che racchiude la camera di combustione | ***A t. calda***, detto di motore a scoppio ad iniezione munito di parte della camera di combustione priva di refrigerazione e atta all'accensione della miscela | ***T. motrice***, organo di una macchina utensile che racchiude il motore e il cambio di velocità | ***T. di biella***, estremità di una biella, collegata al bottone di manovella, che si muove di moto rotatorio | ***T. a croce***, nei motori diesel di grandi dimensioni e nei motori a vapore, organo scorrevole su guide che collega lo stelo dello stantuffo alla biella. **9** (*ing.*) ***T. di iniezione***, nella tecnologia petrolifera, organo delle sonde a rotazione e gener. di impianti estrattivi, destinato a far affluire alla batteria di aste tubolari, e attraverso queste allo scalpello, il fluido o fango di perforazione per l'asportazione dei detriti. **10** Parte circolare del segno che indica una nota musicale: *scrivere un do con taglio in t.* **11** (*geogr.*) Cima all'estremità di una costiera o in una posizione di particolare rilievo lungo la stessa. **12** (*chim.*) Prima parte della distillazione | ***Prodotto di t., distillato di t.***, il prodotto più volatile che si ottiene alla estremità superiore della colonna di distillazione. || PROV. Chi non ha testa abbia gambe. || **testàccia**, pegg. | **testina**, dim. (V.) | **testolina**, dim. (V.) | **testóna**, accr. | **testóne**, accr. m. (V.) | **testùccia**, **testùzza**, dim.

testàbile [vc. dotta, lat. tardo *testābile(m)*, da *tĕstis* 'testimonio'; 1745] agg. ● (*dir.*) Che può essere oggetto di disposizione testamentaria.

testabilità [1979] s. f. ● (*dir.*) Condizione di testabile.

Testàcei s. m. pl. (sing. *-o*) ● Nella tassonomia animale, ordine di Protozoi dei Rizopodi rivestiti da un guscio munito di un'apertura (*Testacea*).

testàceo [vc. dotta, lat. *testāceu(m)*, da *tēsta* 'guscio'; 1499] **A** agg. **1** Di invertebrato munito di conchiglia | ***Membrana testacea***, la più esterna dell'uovo degli uccelli immediatamente sotto il guscio. **2** (*raro*) Di coccio, di terracotta. **3** Detto del colore tendente al marrone che assumono le crisalidi di alcuni insetti. **B** anche s. m.

tèsta-códa o **testacóda** [1964] s. m. inv. ● Sbandamento dopo il quale l'autoveicolo si trova rivolto in senso opposto a quello in cui procedeva | ***Fare testa-coda***, di autoveicolo, girare su sé stesso.

†**testamentàre** [1623] v. intr. ● Far testamento.

testamentàrio [vc. dotta, lat. *testamentāriu(m)*, da *testamĕntum* 'testamento'; sec. XIV] agg. ● Del testamento, che riguarda il testamento o si fa per testamento: *disposizioni testamentarie*; *erede, tutore t.*; *esecutore t.* | Lasciato per testamento: *beni testamentari.*

testaménto [vc. dotta, lat. *testamĕntu(m)*, da *testāri* 'prendere a testimonio', perché originariamente era una dichiarazione verbale davanti all'assemblea popolare; il sign. eccl. proviene dal gr. *diathḗkē*, che significava, assieme, 'alleanza' e 'testamento'; av. 1292] s. m. (*Testaménto* nel sign. 3) **1** Atto revocabile con cui si dispone di tutto o di parte del proprio patrimonio per il tempo successivo alla propria morte: *t. congiuntivo, olografo, pubblico* | ***T. spirituale***, complesso di idee, principi, sentimenti che costituiscono il messaggio ideale ispirato dall'opera e dalla vita di grandi uomini. **2** (*letter.*) Componimento giocoso, spec. satirico, in forma di testamento. **3** ***Antico e Nuovo t.***, le due parti della Bibbia, concernenti il Patto o Testamento Antico, stretto da Dio con Israele, e il Testamento o Patto Nuovo annunciato da Gesù | ***Libri dell'Antico t.***, quelli che precedono Gesù | ***Libri del Nuovo t.***, gli Evangeli, gli Atti, le Lettere e l'Apocalisse.

testànte [1599] **A** part. pres. di *testare* (*1*); anche agg. ● Nei sign. del v. **B** s. m. e f. ● (*dir.*) Persona che fa testamento.

testardàggine [av. 1680] s. f. ● Condizione, caratteristica di chi è testardo: *si rifiuta di cambiare idea solo per t.* SIN. Caparbietà, cocciutaggine, ostinazione.

testàrdo [da *testa*, col suff. spreg. *-ardo*; 1640] **A** agg. ● Che si rifiuta di ascoltare il parere altrui e non si lascia persuadere, più per scarsa agilità mentale e per un atteggiamento di caparbia ostinazione che per la convinzione della giustezza delle proprie idee: *un uomo t. come un mulo.* SIN. Caparbio, cocciuto, ostinato. ‖ **testardaménte**, avv. **B** s. m. (f. *-a*) ● Persona testarda. ‖ **testardàccio**, pegg.

testàre (1) [vc. dotta, lat. *testāri*, da *tēstis* 'teste'; 1248] **A** v. intr. (*io tèsto*; aus. *avere*) ● (*dir.*) Fare testamento. **B** v. tr. *1* †Assegnare per testamento. *2* †Attestare.

testàre (2) [fr. *tester*, da *test* (V.); 1983] v. tr. (*io tèsto*) ● Sottoporre a test: *t. un candidato* | Sottoporre a test, prove, esami: *t. un cosmetico*; *un prodotto farmaceutico clinicamente testato.*

testaròlo [adattamento della vc. dial. *testàeo*, da *tèsto* 'piccola teglia di terracotta', dove si prepara; 1988] s. m. ● (*cuc.*) Tipo di crêpe a base di farina, sale e acqua, cotta nel testo, condita con burro fuso e formaggio, con pesto o altre salse; specialità lunigiana.

testàta (1) [da *testa*; av. 1574] s. f. *1* Parte estrema, anteriore o superiore di una superficie, un corpo, una struttura: *la t. di un argine*; *la t. di una colonna* | ***La t. del carro***, la traversa anteriore del telaio | ***La t. del timone***, parte dove si attacca la barra | ***La t. di una valle***, contrafforte | ***La t. del letto***, la spalliera, specie quella alta, dalla parte della testa | ***Le testate del canapè***, le due sponde laterali | ***T. d'arrivo***, nel molo, banchina, sponda di traguardo | Parte di accesso, esterna o interna, di costruzioni o impianti a sviluppo longitudinale: *la t. di un aeroporto.* SIN. Fronte. *2* Parte superiore della pagina o foglio di un giornale comprendente il titolo, il prezzo, l'indicazione del numero e sim. | ***T. del giornale***, titolo del giornale, la cui proprietà è garantita dalla legge affinché non venga adottata da altri | (*est.*) Il giornale stesso: *una t. indipendente*; *è uscita una nuova testata.* *3* Parte del motore a combustione interna che funge da coperchio al blocco cilindri e definisce il cielo delle camere di combustione. *4* Parte anteriore dell'ultimo stadio di un missile contenente una carica esplosiva o apparecchiature scientifiche: *missili a t. nucleare* | In artiglieria, parte anteriore dell'affusto di un pezzo. *5* Robusta traversa posta a ciascuna estremità del telaio di un rotabile ferroviario e sim. *6* Una delle due pareti laterali di minor superficie di una cassa parallelepipeda. *7* †Riparo di terra che si alzava in modo sbrigativo alla testa di un lavoro di zappa non finito per impedire che il nemico ne disturbasse il compimento. *8* Colpo dato o battuto con la testa: *dare una violenta t. in terra.* *9* Nel pugilato, colpo irregolare dato con la testa sul viso dell'avversario durante il corpo a corpo. *10* (*cine*, *tv*) Testa. ‖ **testatina**, dim. (V.).

testàta (2) [da *testo* (2); 1880] s. f. ● (*tosc.*) Quanto cibo si cuoce in un testo o tra due testi: *una t. di necci.*

testàtico [da *testa* nel senso tributario di 'persona', col suff. proprio d'imposizioni fiscali *-atico*; 1674] **A** s. m. (pl. *-ci*) *1* Nel Medioevo, imposta consistente in una cifra fissa a persona. *2* (*raro*) Quantità stabilita per persona. **B** agg. ● (*disus.*) Per persona, pro capite: *consumo t.*

testatina [1947] s. f. *1* Dim. di *testata* (*1*). *2* Intestazione al centro e in alto della pagina interna di un giornale, per indicare la materia particolare della pagina stessa | Titolo di una rubrica di un giornale | Dicitura posta nella parte alta delle pagine di un libro che ripete alcuni dati, quali il nome dell'autore e il titolo del capitolo | Nei libri antichi, fregio a stampa, posto spec. all'inizio del libro, in alto nella pagina.

testàto [1990] part. pass. di *testare* (*2*); anche agg. ● Che è stato sottoposto a uno o più test: *candidato non ancora t.*; *farmaco t. in laboratorio.*

testatóre [vc. dotta, lat. *testatōre(m)*, da *testāri* 'far testamento' (V. *testare* (*1*)); sec. XIII] s. m. (f. *-trice*) ● Chi fa testamento.

†**testazióne** [vc. dotta, lat. *testatiōne(m)*, da *testātus* 'testato'; av. 1342] s. f. ● Attestazione | Testimonianza.

♦**tèste** (1) [vc. dotta, lat. *tēste(m)*, per un precedente **terste(m)*, da *triste(m)*, perché il teste era, dopo le due parti in giudizio, il *terzo* (da *três*) che le sosteneva; 1160] s. m. e f. ● (*dir.*) Testimone: *prova per t.*; *dichiarazione del t.*; *t. a carico*, *a discarico.*

tèste (2) s. m. ● Adattamento di *test* (V.).

testé [da †*teste(so)*; 1294] avv. *1* (*lett.*) Qualche momento fa, or ora: *è arrivato t.*; *l'ho visto t.* *2* †Ora, adesso, in questo momento: *t. mi porgi nuova trama ove io pigli licenza ad estendermi in un altro … lungo favellare* (ALBERTI). *3* †Fra poco, di qui a poco.

tèster /ˈtester, *ingl.* ˈtʰɛstəɹ/ [vc. ingl., da *to test* 'provare' (deriv. di *test*: V.); 1940] s. m. inv. ● (*elettr.*) Multimetro.

†**testeréccio** [da *testa*, col suff. *-eccio* ampliato con *-r-*; av. 1349] agg. ● Ostinato, testardo, caparbio. ‖ †**testerecciaménte**, avv. Ostinatamente.

†**testéso** [da *tes(o) teso* (?); sec. XIII] avv. ● Testé: *E quel che mi convien ritrar t., / non portò voce mai* (DANTE *Par.* XIX, 7-8).

testicciòla o (*raro*, *lett.*) **testicciuòla** [da *testa*, con doppio suff. dim.; av. 1400] s. f. ● Testina di bestia macellata: *una t. d'agnello.*

testicolàre [av. 1570] agg. ● (*anat.*) Del testicolo.

testìcolo [vc. dotta, lat. *testĭculu(m)*, dim. di *tēstes* (nom. pl.), accezione speciale di *tēstis* 'testimonio'; 1282] s. m. ● Ghiandola sessuale maschile che produce gli spermatozoi e gli ormoni maschili. CFR. orchi-. SIN. Didimo. ➡ ILL. p. 2124, 2125 ANATOMIA UMANA.

testièra [ant. fr. *testiere*, da *teste* 'front(al)e'; sec. XIII] s. f. *1* Parte dei finimenti del cavallo che s'infila sulla testa a cui è collegata l'imboccatura | Fascia sulla fronte dei bovini, per ornamento. *2* Spalliera del letto, dalla parte della testa | Parte alta della spalliera di poltrona o sedile, sagomata per appoggiarvi la testa. CFR. Pediera. *3* Testa femminile in legno, cartapesta, gesso o plastica, con parte del busto, di cui si servono i parrucchieri e le modiste per esporre parrucche, acconciature, cappelli. *4* Armatura frontale del cavallo che, integrata dal collo, ne proteggeva la testa. *5* (*mar.*) ***T. della vela***, lembo superiore che si lega al pennone. ‖ **testierina**, dim.

†**testificànza** [da *testificare*; av. 1306] s. f. ● Attestazione.

testificàre [vc. dotta, lat. *testificāri* 'fare (*făcere*) testimonio (*tēstis*)'; sec. XIII] v. tr. (*io testìfico, tu testìfichi*) ● (*raro*) Rendere testimonianza | Attestare.

†**testificativo** [da *testificare*; 1340] agg. ● Che serve ad attestare.

†**testificatóre** [da *testificare*; sec. XIV] s. m. (f. *-trice*) ● Chi testifica.

†**testificazióne** [vc. dotta, lat. *testificatiōne(m)*, da *testificātus* 'testificato'; sec. XIII] s. f. ● (*dir.*) Atto, effetto del testificare.

†**tèstile** [vc. dotta, lat. *tĕxtile(m)*, da *tĕxtus*, part. pass. di *tĕxere* 'tessere'; 1857] agg. ● Tessile.

♦**testimóne** [da *testimonio* attraverso la forma pl. (*testimoni*); 1264] **A** s. m. e f. *1* Correntemente, persona che è a diretta conoscenza di un fatto | ***T. oculare***, chi ha visto | ***T. auricolare***, chi ha sentito. *2* (*dir.*) Persona fisica che dichiara o espone oralmente dinanzi all'organo giudiziario fatti a lei noti attinenti alla materia del processo | ***T. a carico***, che depone a sfavore di una parte | ***T. a discarico***, che depone a favore di una parte | ***T. a futura memoria***, testimone la cui deposizione è assunta in vista di un futuro processo e nel timore che il teste stesso possa venire a mancare. *3* (*dir.*) Colui che assiste alla redazione di un atto pubblico attestandone la validità: *i testimoni delle nozze*; *la firma dei testimoni.* *4* (*fig.*, *lett.*) Chi (o ciò che) attesta, fornisce la prova, l'indizio, la manifestazione di qlco.: *i parlari volgari debbon esser i testimoni più gravi degli antichi costumi de' popoli* (VICO). *5* ***T. di Geova***, ciascuno degli aderenti alla congregazione cristiana che nega la Trinità, respinge l'inferno e attende la restaurazione del regno di Geova, mentre, sul piano civile, rifiuta il voto, il servizio militare e le trasfusioni di sangue (*Geova* è la forma italianizzata di *Jehovah*, denominazione medievale di Dio, dal tetragramma ebraico *jhwh*, nome di Dio). *6* (*raro*) Testimonial. **B** s. m. *1* Nelle corse a staffetta, il bastoncino che deve essere consegnato al compagno cui tocca di correre la successiva frazione | ***Passare il t. a qlcu.***, (*fig.*) affidare ad altri la continuazione di un compito da svolgere, dopo aver fatto la propria parte. *2* Campione di roccia del sottosuolo prelevato con la sonda. SIN. Carota.

†**testimònia** [vc. dotta, lat. *testimōnia* (nt.), pl. di *testimōnium* 'testimonio' nel senso originario di 'testimonianza'; sec. XIII] s. f. ● Testimonianza | †***Fare la t.***, testimoniare.

testimonial /testiˈmɔnjal, *ingl.* ˌtestɪˈməʊnɪəl/ [vc. ingl., propr. 'referenza, garanzia'; 1979] s. m. e f. inv. ● Messaggio pubblicitario in cui un personaggio famoso garantisce la bontà del prodotto reclamizzato | (*est.*) Il personaggio famoso stesso.

testimoniàle [vc. dotta, lat. tardo *testimoniāle(m)*, da *testimōnium* 'testimonio'; sec. XIV] **A** agg. ● Di uno o più testimoni: *dichiarazione*, *lista t.* | ***Prova t.***, costituita dalle dichiarazioni dei testimoni. **B** s. m. ● †Il complesso delle prove per testi assunte in un processo: *t. d'accusa*, *di difesa.*

testimoniànza [da *testimonio*; 1282] s. f. *1* Deposizione fatta in qualità di testimone: *la t. è durata pochi minuti*; *Le testimonianze fanno vortice intorno all'imputata* (SCIASCIA) | Ciò che viene testimoniato: *t. falsa*, *reticente* | (*est.*) Dichiarazione: *secondo la t. dei contemporanei.* *2* (*est.*) Attestazione, dimostrazione, prova che rende atto di qlco.: *dare t. di buona volontà*; *ha avuto testimonianze di solidarietà da tutti* | ***Rendere t.***, far fede, attestare | †***Dare buona t. a qlcu.***, dimostrare di esserne degno. *3* Indizio, argomento sicuro o prova materiale che attesta, documenta qlco.: *questa è la migliore t. della vostra negligenza.* *4* La condizione propria del cristiano che, attraverso il pensiero e gli atti, vive il Vangelo.

testimoniàre [da *testimonio*; 1225 ca.] **A** v. tr. (*io testimònio*) *1* Esporre, spec. in giudizio, delle dichiarazioni in qualità di testimone (*anche assol.*): *t. il vero*, *il falso*; *furono convocati a t.* *2* (*fig.*) Fare fede, essere una prova, un documento, detto di cose: *questi resti testimoniano la grandezza di un'antica civiltà.* SIN. Provare. **B** v. intr. (aus. *avere*) *1* Deporre: *non volle t. sull'incidente.* *2* (*est.*) Riferire: *Enea venne di Roma in Italia, …, sì come testimoniano le scritture* (DANTE). SIN. Affermare, attestare. *3* (*fig.*) Far fede: *sono pronto a t. della sua buona fede.*

testimònio [vc. dotta, lat. *testimōniu(m)* 'deposizione del teste (*tēstis*)', passata poi dal senso astratto a quello concreto; av. 1292] s. m. *1* †Testimonianza: *quantunque io vi creda, senza t.* (BOCCACCIO). *2* (*disus.*, *fig.*) Prova, manifestazione. *3* (f. †*-a*) (*pop.*) Testimone: *fare da t. alle nozze di qlcu.*

testina [sec. XIV] s. f. *1* Dim. di *testa.* *2* Testa piccola e graziosa, spec. di bambino | Piccola figura di testa, spec. di bambino | (*fig.*) Persona capricciosa: *quella ragazza è una t.!* *3* Testa di animale piccolo macellato: *t. di vitello bollita.* *4* (*fis.*) ***T. magnetica***, trasduttore elettromagnetico usato per la registrazione, la riproduzione e la cancellazione di segnali elettrici su un adatto supporto, come disco o nastro magnetico | ***T. di registrazione***, quella usata per la registrazione dei segnali elettrici | ***T. di lettura***, quella usata per la riproduzione dei segnali elettrici registrati dalla testina di registrazione | ***T. di cancellazione***, quella usata per cancellare i segnali elettrici registrati dalla testina di registrazione | ***T. multitracce***, quella usata per la registrazione stereofonica o di altro tipo a più tracce. *5* ***T. di stampa***, nelle stampanti e nelle macchine per scrivere, dispositivo mobile che contiene l'elemento scrivente.

testista [da *test*; 1970] **A** agg. ● ***Psicologo t.***, psicologo specializzato nell'applicazione e interpretazione dei test mentali. **B** s. m. e f. (pl. m. *-i*) ● Psicologo testista.

♦**tèsto** (1) [vc. dotta, lat. *tĕxtu(m)*, propr. part. pass. di *tĕxere* 'tessere'; 1280] s. m. *1* L'insieme delle parole che, nella loro forma, dicitura, interpunzione, sono contenute in uno scritto, un documento, uno stampato: *un t. corretto*, *genuino*; *emendare il t. di una legge*; *il t. di una commedia.* *2* (*ling.*) L'insieme degli enunciati linguistici, parlati o scritti, sottoposti all'analisi | Campione di comportamento linguistico. *3* (*edit.*) Qualunque scritto di un autore prescindendo da note, chiose, intercalazioni o traduzioni: *versione con t.*

a fronte; dettare il t. di un brano da tradurre | ***Tavole fuori t.***, stampate a parte, spesso su carta diversa da quella del volume, e intercalate poi alle pagine di questo | ***Caratteri di t.***, caratteri tipografici usati per opere letterarie, articoli e sim. grazie alla loro grande leggibilità. *4* Libro culturalmente fondamentale: *i testi classici greco-latini; le opere di Proust, Joyce e Musil sono tra i grandi testi del Novecento* | ***I testi sacri***, la Bibbia | ***I testi di lingua***, opere di autori rilevanti per purezza di linguaggio | ***Libri di t.***, quelli usati nelle scuole come base didattica delle singole discipline | ***T. unico***, raccolta coordinata di tutte le norme legislative riguardanti una data materia | ***Far t.***, (*fig.*) costituire un punto di riferimento fondamentale, di esattezza indiscutibile e sim.: *le sue decisioni in materia fanno t.* || **testino**, dim.

tèsto (2) [lat. *tĕxtu(m)* 'coperchio di pentola di terra', di etim. incerta; av. 1292] **s. m.** *1* Coperchio di terracotta | Teglia per torte, con orli bassi | Disco di terracotta o terra refrattaria che, reso incandescente, serve per cuocere testaroli, piade, necci e sim. *2* †Vaso di terracotta per fiori | Coccio, oggetto in terracotta.

†**tèsto** (3) [vc. dotta, lat. *tĕxtu(m)* '(in)tessuto', part. pass. di *tĕxere* 'tessere'; 1374] **agg.** ● (*poet.*) Intessuto, intrecciato, intarsiato.

†**tèstola** [vc. dotta, lat. tardo *tĕstula(m)*, dim. di *tĕsta* 'vaso, coccio'; sec. XVI] **s. f.** ● Vaso, recipiente.

testolina [av. 1571] **s. f.** *1* Dim. di *testa*. *2* Testina di bimbo o di donna | (*fig.*) Persona sventata, capricciosa.

testologia [da *testo* (*1*) e *-logia*, ma attraverso il russo *Tekstologija*, diffuso, dopo il 1962, dal titolo di un volume del filologo sovietico D. S. Lichačëv; 1983] **s. f.** ● Nella moderna filologia, l'insieme degli studi convergenti al restauro di un testo letterario pervenuto attraverso scorrette tradizioni manoscritte o a stampa.

testóne [av. 1306] **s. m.** *1* Accr. di *testa*. *2* (f. *-a*) Persona che ha la testa grossa | (*fig.*) Persona ostinata, caparbia o ottusa. *3* Moneta d'argento italiana di ca. grammi 9,60 con l'effigie del principe sul dritto, coniata a Milano sotto Galeazzo Maria Sforza nel XV sec., e poi da quasi tutti gli Stati italiani. *4* (*gerg.*) Somma di denaro del valore di un milione. || **testonàccio**, pegg.

†**testóre** ● V. *tessitore*.

testosteróne [comp. del lat. *tĕst(es)* 'testicoli', *ster(oide)* e *-one* (*2*); 1942] **s. m.** ● Ormone del tessuto testicolare, il più attivo degli ormoni androgeni, usato in terapia nelle forme di carenza ormonica, ipertrofia prostatica, carcinoma mammario.

testuale [da un deriv. mediev. del lat. *tĕxtus* 'testo'; av. 1375] **agg.** *1* Del testo, che si riferisce al testo: *esposizione t.* | ***Critica t.***, in filologia, serie di operazioni volte a stabilire, col massimo rigore scientifico, la esatta lezione di un'opera, quando ci sia pervenuta alterata da errori di copisti o di stampa | ***Trasmissione t.***, la serie dei testimoni e degli intermediari a cui è consegnata la storia di un testo | (*ling.*) ***Linguistica t.***, corrente della linguistica moderna che assume come proprio oggetto non più la frase o l'enunciato, bensì il testo inteso come segno linguistico originario. *2* Che riporta fedelmente le parole di un testo: *citazione t.* | (*est.*) Che ripete in modo esatto uno scritto o un discorso: *non conosco le sue testuali parole.* || **testualménte**, avv. In modo esattamente aderente al testo di uno scritto o di un discorso: *ripetimi testualmente la sua risposta.*

testualità [da *testuale*; 1975] **s. f.** ● (*ling.*) Carattere del testo in quanto unità corrispondente a un progetto compositivo organico, che lo rende pertanto analizzabile solo nel suo insieme.

testùcchio [etim. incerta: si può pensare ad una sovrapp. di *testa* al lat. tardo *festūcula*, dim. di *festūca* 'gambo, stelo, fuscello' (V. *festuca*); av. 1698] **s. m.** ● (*bot.*) Acero comune, loppio.

Testudinàti [vc. dotta, lat. tardo *testudinātu(m)*, da *testūdo*, genit. *testūdinis* 'testuggine'; 1982] **s. m. pl.** (sing. *-o*) ● Cheloni.

testùggine o (*lett.*) **testùdine** [lat. parl. **testūgine(m)* per *testūdine(m)* 'testuggine' con mutamento di suff. (al nom. *-ūgo* per *-ūdo*) non raro; 1282] **s. f.** *1* Chelone terrestre o acquatico | Tartaruga. ➡ ILL. **zoologia generale.** ➡ ILL. **animali**/5. *2* Formazione dei soldati dell'antichità nel procedere all'assalto delle mura, con gli scudi tenuti alti sul capo e orizzontali, a stretto contatto l'uno con l'altro, così da far riparo contro le offese degli assediati. *3* Antica macchina da assedio consistente in una tettoia mobile a protezione degli assalitori nell'accostamento alle mura. *4* (*mus.*) Denominazione derivante dal latino della lira greca. *5* Nell'architettura della Roma antica, tetto formato da quattro piani convergenti verso il centro.

testùra [vc. dotta, lat. *textūra(m)*, da *tĕxtus*, part. pass. di *tĕxere* 'tessere'; 1441] **s. f.** *1* (*raro, lett.*) Tessitura *2* (*fig., lett.*) Struttura, disposizione delle parti di un componimento, un'opera, e sim.: *molte cose sarebbon da dirsi e da considerarsi intorno alla t. di questo argomento* (GALILEI) | (*ling.*) Proprietà di un testo di costituire un'unità, una sequenza coerentemente concatenata di frasi.

testurizzàre [1969] **v. tr.** ● (*tecnol.*) Sottoporre a testurizzazione.

testurizzazióne [da *testura*; 1969] **s. f.** ● (*tecnol.*) Processo termomeccanico che fa acquistare elasticità e volume ai filamenti di fibre chimiche destinati a particolari applicazioni, spec. tessili.

tèta o **thèta** [dal gr. *thêta*; 1840] **s. m.** o **f. inv.** ● Nome dell'ottava lettera dell'alfabeto greco.

tetania [da *tetano*; 1908] **s. f.** ● (*med.*) Stato di abnorme eccitabilità neuromuscolare con reazione spastica muscolare dolorosa spec. a livello delle estremità.

tetànico [gr. *tetanikós* 'relativo al *tetano* (*tétanos*)'; 1862] **agg.** (pl. m. *-ci*) ● Di tetano: *tossina tetanica.*

tètano [gr. *tétanos* 'tensione, rigidità del corpo', connesso col v. *téinein* 'tendere'; 1359] **s. m.** ● Infezione da *Clostridium tetani* che produce una tossina che agisce sul sistema nervoso provocando stati di contrattura muscolare dolorosa.

tête-à-tête /fr. ˌtɛta'tɛt/ [loc. fr., propr. 'testa a testa (*tête*, della stessa orig. di testa)'; 1766] **A s. m. inv.** (pl. fr. inv.) ● Colloquio a quattr'occhi | Incontro a due | Conversazione intima. **B** anche **loc. agg. inv.** e **loc. avv.**: *un colloquio tête-à-tête, vediamoci tête-à-tête.*

tetèrrimo [vc. dotta, lat. *taetĕrrimu(m)*, da *tāeter* 'tetro' col suff. di superl. *-errimus*; 1483] **agg.** ● (*raro, lett.*) Assai oscuro | Orrendo.

tèti (*1*) [gr. *thêtes*, di etim. incerta; 1841] **s. m. pl.** ● Nell'antica Grecia, classe sociale dei cittadini liberi, ma privi di proprietà.

Tèti (*2*) o (*raro, lett.*) **Tètide** (*2*) [vc. dotta, lat. *Thĕtide(m)*, nom. *Thĕtis*, dal gr. *Thétis*, n. della dea del mare nella mitologia greca; av. 1375] **s. f.** solo **sing.** ● (*poet.*) Mare: *e primo corse a fendere / co' remi il seno a T.* (MONTI).

tètico [vc. dotta, lat. tardo *thĕticu(m)*, dal gr. *thetikós*, da *thésis* 'tesi', con specifica applicazione nel campo musicale; come vc. filosofica è il ted. *thetisch*; 1838] **agg.** (pl. m. *-ci*) *1* (*mus.*) Detto di un tempo in battere o di un disegno melodico che inizia sul tempo forte della misura. *2* (*filos., disus.*) Che riguarda la tesi, ponendosi prima dell'antitesi e della sintesi.

tètide (*1*) [vc. dotta, lat. *Thĕtide(m)*, dal n. gr. (*Thétis*, genit. *Thétidos*) della mitica dea del mare. V. *Teti* (*2*); 1961] **s. m.** ● (*zool.*) Salpa del plancton mediterraneo (*Thetis vagina*).

Tètide (*2*) ● V. *Teti* (*2*).

tètra [prob. ricavato da *tetra(odonte)*] **s. m. inv.** ● Ciascuno dei pesci ossei dei Cipriniformi che vivono nelle acque dolci tropicali e vengono allevati negli acquari per i loro colori (*Hyphessobrycon*).

tètra- [elemento di comp. greci, deriv. da *téttares* 'quattro', di orig. indeur.] primo elemento ● In parole composte dotte e scientifiche, significa 'quattro', 'formato di quattro': *tetraedro, tetralogia*; in chimica, il ripetersi per 4 volte di una proprietà: *tetravalente.*

tetraboràto [1961] **s. m.** ● Sale o estere dell'acido tetraborico | ***T. sodico***, borace.

tetrabòrico [comp. di *tetra-* e *borico*; 1930] **agg.** (pl. m. *-ci*) ● Detto di ossiacido del boro che non esiste allo stato libero mentre sono noti i suoi sali: *acido t.*

tetrabromùro [comp. di *tetra-* e *bromuro*; 1970] **s. m.** ● Combinazione di un elemento o di un gruppo atomico con quattro atomi di bromo.

tetraciclina [comp. di *tetra-* e di un deriv. dal gr. *kýklos* 'cerchio' per i suoi quattro anelli benzenici; 1963] **s. f.** ● (*farm.*) Ognuno degli appartenenti a una classe di antibiotici naturali batteriostatici, utilizzato per la terapia di infezioni da batteri parassiti intracellulari.

tetracisesaèdro [vc. dotta, comp. del gr. *tetrákis* 'quattro' e di *esaedro*; 1931] **s. m.** ● (*miner.*) Poliedro cristallino delimitato da 24 facce a forma di triangolo isoscele disposte a gruppi piramidali di 4 al posto di ciascuna delle 6 facce di un cubo.

tetraclorometàno [comp. di *tetra-*, *cloro* e *metano*; 1895] **s. m.** ● Tetracloruro di carbonio.

tetraclorùro [comp. di *tetra-* e *cloruro*; 1902] **s. m.** ● Combinazione di un elemento o di un gruppo atomico con quattro atomi di cloro | ***T. di carbonio***, ottenuto spec. per azione del cloro sul solfuro di carbonio, ininfiammabile, usato come solvente, per estintori di incendio e in medicina come antielmintico. SIN. Tetraclorometano.

tetracoràllo [comp. di *tetra-* e *corallo*; 1930] **s. m.** ● (*zool.*) Madreporario fossile i cui scheletri calcarei hanno vasta distribuzione geografica.

tetracòrdo [vc. dotta, lat. *tetrăc(h)ordo(n)*, dal gr. *tetráchordos* 'a quattro (*tetra-*) corde (*chordái*)'; 1521] **s. m.** *1* (*mus.*) Strumento a quattro corde | Strumento antico di quattro corde che coi ponticelli venivano divise in una certa proporzione e accordo. *2* (*mus.*) Nella musica greca, successione discendente di quattro suoni congiunti.

tetracromia [comp. di *tetra-* e di un deriv. del gr. *chrômos* 'colore'; 1961] **s. f.** ● Quadricromia.

tètrade [vc. dotta, lat. tardo *tĕtrade(m)*, dal gr. *tetrás*, genit. *tetrádos* (V. *tetra-*); 1861] **s. f.** ● Gruppo di quattro elementi.

tetradimensionàle [comp. di *tetra-* e dell'agg. di *dimensione*; 1965] **agg.** ● Quadridimensionale.

tetradràmma o **tetradràmmo** [vc. dotta, lat. tardo *tetrădrachmu(m)*, dal gr. *tetrádrachmon* '(moneta) da quattro (*tetra-*) dracme (*drachmái*)'; sec. XIV] **s. m.** (pl. *-i*) ● Moneta greca d'argento di 4 dramme, coniata spec. ad Atene.

tetraèdrico [1879] **agg.** (pl. m. *-ci*) ● Relativo a un tetraedro.

tetraedrite [da *tetraedro*, perché si cristallizza in forme tetraedriche; 1895] **s. f.** ● (*miner.*) Solfoantimoniuro di rame in cristalli grigi, talora contenente argento, usato per l'estrazione di rame e argento.

tetraèdro [gr. *tetráedron* 'figura a quattro (*tetra-*) facce (*hédrai*)'; av. 1616] **s. m.** ● (*mat.*) Poliedro con quattro facce triangolari. ➡ ILL. **geometria.**

tetraetile [comp. di *tetra-* ed *etile*; 1948] **agg.** ● (*chim.*) Detto di composto contenente quattro gruppi etilici | ***Piombo t.***, composto metallorganico usato come antidetonante per carburanti.

tetrafluoroetilène [ingl. *tetrafluoroethylene*, comp. di *tetra-* 'tetra-', *fluoro-* 'fluoro-' e *ethylene* 'etilene'; 1948] **s. m.** ● (*chim.*) Composto organico derivato dall'etilene per sostituzione degli atomi di idrogeno con atomi di fluoro; è monomero di partenza per la produzione del Teflon.

tetrafluorùro [comp. di *tetra-* e *fluoruro*; 1911] **s. m.** ● Combinazione di un elemento o di un gruppo atomico con quattro atomi di fluoro | ***T. di silicio***, gas incolore, soffocante, ottenibile per attacco della silice con acido fluoridrico.

tetràggine [da *tetro*, col suff. *-aggine*; 1740 ca.] **s. f.** ● Condizione di chi (o di ciò che) è tetro (*anche fig.*): *la t. di una vecchia casa*; *la t. di un discorso* | Umore tetro.

tetraginia [comp. di *tetra-* e di un deriv. di *gynḗ* 'donna', qui 'elemento femminile'; 1970] **s. f.** ● (*bot.*) Presenza di quattro pistilli in un fiore ermafrodito.

tetragnàta [vc. dotta, lat. *tetragnăthiu(m)*, dal gr. *tetrágnathon*, propr. 'con quattro (*tetra-*) mascelle (*gnáthoi*)'] **s. f.** ● Ragno rosso giallastro di acqua dolce che tesse tele oblique rispetto al pelo dell'acqua (*Tetragnatha*).

tetragonàle [1640] **agg.** *1* (*mat.*) Di tetragono. *2* (*miner.*) ***Sistema t.***, sistema cristallino caratterizzato da tre assi cristallografici perpendicolari tra loro e inoltre da due parametri uguali, in modo che il terzo abbia simmetria quaternaria.

tetragònia [gr. *tetragōniá*, da *tetrágōnos* 'quadrangolare', per la forma dei suoi frutti; 1821] **s. f.** ● Erba delle Aizoacee usata cotta come ortaggio (*Tetragonia expansa*).

tetràgono [vc. dotta, lat. tardo *tetrágōnu(m)*, dal gr. *tetrágōnos* 'che ha quattro (*tetra-*) angoli (*gōníai*)'; 1321] **A agg.** *1* Che ha quattro angoli.

2 (*fig.*) Fermo, forte, resistente, detto di persona: *avvegna ch'io mi senta / ben t. ai colpi di ventura* (DANTE *Par.* XVII, 23-24) | Difficile a rimuovere da un proposito, un'idea, una convinzione: *un uomo t.*; *un carattere t.* **B** s. m. ● Solido a quattro spigoli | Poligono con quattro angoli.

tetragràmma (1) [vc. dotta, lat. *tetragrămmaton*(*n*), dal gr. *tetragrámmatos* 'di quattro (*tetra-*) lettere (*grámmata*, sing. *grámma*)'; sec. XIV] s. m. (pl. *-i*) ● Nome di quattro lettere | Nome di Dio, di quattro lettere, presso gli Ebrei.

tetragràmma (2) [comp. del gr. *tetra-* 'a quattro' (sostituito a *penta-* 'a cinque') e *grámma* 'linea'; 1961] s. m. (pl. *-i*) ● Rigo musicale composto di quattro linee, in uso dall'XI al XVI sec.

tetraiodùro [comp. di *tetra-* e *ioduro*] s. m. ● Combinazione di un elemento o di un gruppo atomico con quattro atomi di iodio.

tetralina [comp. di *tetra-* e della seconda parte di (*nafta*)*lina*; 1931] s. f. ● (*chim.*) Idrocarburo, ottenuto per idrogenazione della naftalina, usato spec. come solvente.

tetralìneo [comp. di *tetra-* e *linea*, sul modello di *tetrastico*] agg. ● (*mus.*) Composto di quattro linee: *rigo t.*

tetralogìa [gr. *tetralogía*, comp. di *tetra-* 'quattro' e di un deriv. di *lógos* 'discorso'; av. 1729] s. f. **1** Nel mondo greco classico, l'insieme di quattro drammi, cioè la trilogia e il dramma satirico. **2** Correntemente, gruppo di quattro opere teatrali: *la t. di Wagner.* **3** (*est.*) Serie di quattro elementi | (*med.*) *T. di Fallot*, cardiopatia congenita caratterizzata da spostamento verso destra dell'aorta, comunicazione tra i ventricoli, stenosi dell'arteria polmonare e ipertrofia del ventricolo sinistro. SIN. Quadrilogia.

tetràmero [gr. *tetramerês*, comp. di *tetra-* 'quattro' e di un deriv. di *méros* 'parte'; 1961] agg. ● Che consta di quattro parti.

tetràmetro [vc. dotta, lat. *tetrămetru*(*m*), dal gr. *tetrámetros* 'di quattro (*tetra-*) misure (*métra*)'; 1561] s. m. ● Serie di quattro metri nella poesia classica.

tetrandrìa [comp. del gr. *tetra-* 'a quattro' e di un deriv. di *anḗr*, genit. *andrós* 'uomo', qui 'elemento maschile'; 1970] s. f. ● (*bot.*) Presenza nel fiore di quattro stami liberi.

tetraodónte [comp. del gr. *tetra-* 'a quattro' e di un deriv. di *odṓn*, genit. *odóntos* 'dente'; 1895] s. m. ● (*zool.*) Pesce palla.

tetraóne [vc. dotta, lat. *tetraōne*(*m*), dal gr. *tetráōn*, di orig. imit.; 1961] s. m. ● Uccello galliforme americano a livrea scura con piedi e collo arancione e sacchi membranosi ai lati del collo (*Tympanuchus cupido*). SIN. Gallo delle praterie.

tetraparèṣi [comp. di *tetra-* e *paresi*] s. f. inv. ● (*med.*) Indebolimento della contrazione muscolare nei quattro arti.

tetràpilo [vc. dotta, lat. tardo *tetrăpylu*(*m*) 'a quattro (*tétra-*) porte (*pýla*(*s*))'; 1856] s. m. ● (*archeol.*) Antico monumento romano in forma di arco quadrifronte, posto in genere al centro di un quadrivio.

tetraplegìa [comp. di *tetra-* e *-plegia*; 1970] s. f. ● (*med.*) Paralisi di quattro arti.

tetraplègico [1970] **A** agg. (pl. m. *-ci*) ● Che è colpito da tetraplegia. **B** anche s. m. (f. *-a*): *terapie per tetraplegici.*

tetràpode [gr. *tetrápous*, genit. *tetrápodos* 'che ha quattro (*tetra-*) piedi (*póus*, genit. *podós*)'; 1825] **A** agg. ● Che ha quattro arti: *vertebrato t.* **B** s. m. al pl. **1** I Vertebrati terrestri con quattro arti. **2** Blocco frangiflutti di cemento armato fornito di quattro cunei che ne facilitano la connessione ad altri blocchi simili.

tetrapodìa [gr. *tetrapodía* '(misura) di quattro (*tetra-*) piedi (*póus*, genit. *podós*)'; av. 1907] s. f. ● Nella metrica classica, serie di quattro piedi uguali: *t. trocaica.*

tetràrca [vc. dotta, lat. *tetrărcha*(*m*), dal gr. *tetrárchēs*, comp. di *tetra-* 'quattro' e di un deriv. di *árchein* 'comandare'; sec. XIII] s. m. (pl. *-chi*) ● Nell'antichità, re o governatore della quarta parte di un regno | In epoca romana, sovrano di uno dei piccoli regni in cui era divisa la Giudea: *il t. della Galilea.*

tetrarcàto [da *tetrarc*(*a*) col suff. *-ato*; av. 1694] s. m. **1** Ufficio, carica del tetrarca | Durata di tale carica. **2** Territorio governato da un tetrarca.

tetrarchìa [vc. dotta, lat. *tetrărchia*(*m*), dal gr. *tetrarchía*, da *tetrárchēs* 'tetrarca'; sec. XIV] s. f. **1** Nell'antichità, governo della quarta parte di un regno | All'epoca di Diocleziano, sistema di governo basato sul tetrarcato. **2** (*est.*, *raro*) Potere di governo esercitato da quattro persone o partiti.

tetràrchico [gr. *tetrarchikós* 'che concerne un tetrarca (*tetrárchēs*)'; 1960] agg. (pl. m. *-ci*) ● Di, della tetrarchia.

tetràstico [vc. dotta, lat. *tetrăstichu*(*m*), dal gr. *tetrástichos* 'disposto su quattro (*tetra-*) file (*stíchoi*)'; av. 1535] agg. (pl. m. *-ci*) **1** Detto di strofa di quattro versi. **2** (*est.*) Che è formata da quattro parti, detto spec. di struttura architettonica.

tetràstilo [vc. dotta, lat. tardo *tetrastylo*(*n*), dal gr. *tetrástylos* comp. di *tetra-* e *-stilo*; 1521] agg. ● Detto di tempio classico o edificio che presenti una serie di quattro colonne nella facciata.

tetratòmico [comp. di *tetra-* e *atomico*; 1961] agg. (pl. m. *-ci*) ● (*chim.*) Di ione, raggruppamento atomico o molecola formato da quattro atomi uguali o diversi | Di composto ciclico originato dalla chiusura di una catena di quattro atomi.

tetravalènte [comp. di *tetra-* e del part. pres., in uso agg., di *valere*; 1875] agg. ● (*chim.*) Di atomo o raggruppamento atomico che può combinarsi con quattro atomi d'idrogeno | Di sostanza che presenta nella sua molecola quattro identici gruppi funzionali. SIN. Quadrivalente.

tetravalènza [comp. di *tetra-* e *valenza*; 1940] s. f. ● (*chim.*) Condizione di tetravalente.

tètro [vc. dotta, lat. *tāetru*(*m*), di etim. incerta; 1313] agg. (superl. *tetrìssimo*, lett. *tetèrrimo* (V.)) **1** Scuro, senza luce: *una tetra cantina*; *un lungo corridoio t.* | (*est.*) Fosco, pauroso, che dà un senso di orrore: *un sotterraneo t. e silenzioso*; *un paesaggio t.*; *una tetra fortezza.* **2** (*fig.*) Cupo, malinconico, triste: *viso t.*; *umore t.*; *il dì futuro / del dì presente più noioso e t.* (LEOPARDI) | ***Colore t.***, che tende al nero. **3** (*raro*, *lett.*) Ripugnante, sgradevole. || **tetraménte**, avv.

tètrodo, (*evit.*) **tetròdo** [comp. di *tetra-* e della seconda parte di (*elettr*)*odo*; 1950] s. m. ● Valvola elettronica con 4 elettrodi.

Tetrodontifórmi [comp. di *tetra-*, del gr. *odoús*, genit. *odóntos* 'dente' e il pl. di *-forme*] s. m. pl. (sing. *-e*) ● Nella tassonomia animale, ordine di Pesci di forme strane con corpo generalmente corto, bocca piccola, spesso coperti di scudi ossei (*Tetrodontiformes*).

tetròssido [comp. di *tetra-* e *ossido*; 1829] s. m. ● Composto chimico binario, contenente quattro atomi di ossigeno | ***T. d'azoto***, ipoazotide.

tétta [vc. infant. di natura onomat., come il lat. *tītta* 'capezzolo'; 1308] s. f. ● (*fam.*) Poppa, mammella: *tranquillo come un bambino alla t.* (BACCHELLI). || **tettina**, dim. | **tettòla**, dim. | **tettóna**, accr. (V.).

tettaiòlo o †**tettaiuòlo** [1865] agg. ● (*raro*) Che vive sotto i tetti | ***Topo t.***, (*fig.*) persona che vive solitaria.

tettàle [da *tetto*] agg. ● (*anat.*) Relativo al tetto del mesencefalo.

tettàre [da *tetta*; sec. XIV] v. intr. e tr. (*io tétto*; aus. intr. *avere*) ● Poppare.

tettarèlla [da *tetta* con suff. dim.; 1942] s. f. ● Capezzolo di gomma del poppatoio | Oggettino simile che si dà da succhiare al bambino per tenerlo buono.

♦**tétto** [lat. *tēctu*(*m*), da *tēctus*, part. pass. di *tĕgere* 'coprire', di orig. indeur.; av. 1292] s. m. (pl. †*tetta*, f.) **1** Copertura a spioventi di un edificio, costituita solitamente da una intelaiatura lignea o da solai inclinati ricoperti da tegole, embrici, coppi, oppure lamiere ondulate, lastre di eternit, e sim.: *t. a due, a quattro spioventi*; *t. a capanna, a padiglione, a cupola, piano*; *le falde, la gronda del t.*; *mettere, coprire, rifare il t.*; *i passeri cinguettavano sul t.* (VERGA) | ***T. alla lombarda***, col manto di copertura formato da tegole piatte | ***A t.***, proprio sotto il tetto: *abitare a t.* | ***Stanze a t.***, le più alte, quelle proprio sotto il tetto | (*raro*) ***Essere a t.***, al riparo, al coperto | ***Predicare sui tetti***, (*fig.*) palesare a tutti | ***Ci sono i tetti bassi***, (*tosc.*, *fig.*) sono presenti dei bambini e quindi occorre parlare con moderazione. **2** (*est.*) Casa, dimora, abitazione: *t. paterno*; *il t. natio*; *il t. coniugale* | ***Restare senza t.***, perdere la casa in seguito a disgrazia, calamità o gravi difficoltà economiche | ***Non aver né pane né t.***, essere senza niente, in miseria | (*fig.*) Luogo sicuro, confortevole, sistemazione stabile: *non ha ancora trovato il suo t.* **3** (*est.*) Copertura, parte superiore: *il t. dell'automobile* | Parte più alta, dominante | ***Il t. del mondo***, l'acrocoro del Pamir o (*pop.*) il monte Everest | ***Il t. del giro***, (*fig.*) nel ciclismo, il punto più alto toccato in una corsa a tappe. **4** (*fig.*) Limite massimo: *il t. del disavanzo pubblico.* **5** Nel linguaggio alpinistico, tratto di roccia sporgente quasi a formare un angolo retto con una parete. **6** Roccia che sta al di sopra del giacimento o, in genere, di altro strato di roccia | ***Falso t.***, strato di scisto carbonioso friabile che sovrasta certi strati di carbon fossile, rendendo pericoloso lo sfruttamento | ***T. di una faglia***, parete sovrastante di una faglia non verticale. || **tettino**, dim. | **tettùccio**, dim. (V.).

TETTO
nomenclatura

tetto

● *caratteristiche*: inclinato, spiovente, sporgente, aguzzo; a falda (unica, doppia), a padiglione, a mezzo padiglione, a cupola, a capanna, a due o tre acque, a terrazza, a piramide, a volta, a spiovente, a capriata di ferro o di legno; di lavagna, di lamiera, di zinco, di eternit, di embrici (a frate), di tegole (coppo, embrice, marsigliese, a doppio corso, semplici, curve, a canale = concave, a sfiatatoio), a shed, in lastre (di cemento, di amianto), guaina bituminosa;

● *parti del tetto*: sgrondo = pendenza, travatura, arcareccio, cavalletto = capriata, monaco, puntone, comignolo = fumaiolo, scrimolo, gronda, canale di gronda, grondaia, pluviale gocciolatoio, scarico, doccia, doccione, cornicione, displuvio = colmo, spioventi = falde, compluvio (impluvio), tegola, coppo, travetto, correntino; sottotetto = solaio = soffitto, mansarda, lucernario = abbaino = tettuccio; lanterna, cupola, pinnacolo = guglia, banderuola = girandola = girotta, parafulmine, embrice, trave.

tettogèneṣi [comp. del gr. *tekto-*, da *téktōn* 'costruttore' e *genesi*; 1961] s. f. inv. ● (*geol.*) Formazione di strutture tettoniche.

tettóia [lat. *tectōria*, pl. di *tectōriu*(*m*), originario agg. di *tēctum* 'tetto' impiegato in costrutti del tipo (*ŏpus*) *tectōrium* '(lavoro) di copertura'; sec. XV] s. f. **1** Copertura a forma di tetto che copre uno spazio aperto: *la t. di una stazione ferroviaria.* **2** (*dial.*) Gronda assai sporgente. **3** (*est.*) Riparo, copertura: *ci costruimmo una t. di frasche.* || **tettoiàccia**, pegg. | **tettoiùccia**, dim.

tèttola [da *tetta* con suff. dim.; av. 1320] s. f. ● Ciascuna delle due escrescenze carnose ai lati del collo di alcune razze suine e caprine.

tettóna [1963] s. f. **1** Accr. di *tetta.* **2** (*fam.*) Donna dal seno esuberante e vistoso.

tettònica o **tectònica** [adattamento del gr. *tektonikḗ* (sottinteso *téchnē*) '(arte) della costruzione' (V. *tettonico*); 1892] s. f. **1** (*geol.*) Studio delle deformazioni e degli spostamenti che subiscono le rocce e la crosta terrestre, e che hanno come causa fondamentale forze endogene, interne al pianeta | ***T. a zolle, delle zolle, a placche***, teoria che spiega la configurazione della crosta terrestre attraverso movimenti orizzontali delle zolle o placche della litosfera | Insieme delle giaciture, fratture, strutture di deformazione delle rocce. **2** (*anat.*) In istologia, disposizione a strati di elementi costituenti un tessuto: *t. delle cellule nervose.*

tettònico o **tectònico** [vc. dotta, lat. tardo *tectŏnicu*(*m*), dal gr. *tektonikós* 'relativo all'arte (*téchnē*) costruttiva del carpentiere (*téktōn*)'; 1902] agg. (pl. m. *-ci*) ● Relativo alla tettonica | Causato da spinte o tensioni di origine crostale o sottocrostale.

tettonite [comp. di *tetton*(*ico*) e *-ite* (2); 1957] s. f. ● Roccia a struttura e tessitura intimamente deformata per azioni tettoniche.

†**tettòrio** [vc. dotta, lat. *tectōriu*(*m*), agg. di *tēctum* 'tetto'; sec. XIV] agg. ● Che riguarda il tetto o la copertura di un fabbricato.

tettùccio [sec. XIII] s. m. **1** Dim. di *tetto.* **2** Struttura superiore, scorrevole, della carrozzeria di un'autovettura: *un modello con t. apribile* | (*aer.*) Struttura sovrastante l'abitacolo di aerei, spec. monoposto o biposto, trasparente e apribile | ***T. scorrevole***, per facilitare l'entrata e l'uscita dall'abitacolo dell'aereo.

tèucrio [vc. dotta, lat. *tēucrio(n)*, dal gr. *téukrion*: dal n. (*Tēukros*) del mitico progenitore dei *Troiani* (?); 1499] **s. m.** ● Pianta erbacea pelosa delle Labiate, spontanea nei luoghi aridi e rocciosi, con fiori rosei solitari o in infiorescenze e frutto composto da quattro acheni (*Teucrium*).

tèucro [vc. dotta, lat. *Tēucru(m)*, dal gr. *Tēukros*, n. del mitico primo re troiano; av. 1566] **agg.**; anche **s. m.** (f. *-a*) ● (*lett.*) Troiano.

teurgia [vc. dotta, lat. *theūrgia(m)*, dal gr. *theourgía*, comp. di *théos* 'dio' e di un deriv. di *érgon* 'opera, azione', di orig. indeur.; sec. XIV] **s. f.** ● Operazione magica, propria dell'ermetismo ellenistico, nella quale si presumeva di stabilire, a mezzo di evocazione, un contatto con la divinità o con le forze demoniache, e di compiere miracoli attraverso tale contatto.

teùrgico [vc. dotta, lat. *theūrgicu(m)*, dal gr. *theourgikós*, agg. di *theourgós* 'teurgo'; sec. XIV] **agg.** (pl. m. *-ci*) ● Relativo alla teurgia.

teùrgo [vc. dotta, lat. *thēurgu(m)*, dal gr. *theourgós*, propr. 'operatore (da *érgon*) divino (da *theós*)'; sec. XIV] **s. m.** (pl. *-ghi* o *-gi*) ● Operatore di teurgia, mago, evocatore.

tèutone [vc. dotta, lat. *Tēutonu(m)* 'appartenente al popolo (germ. **theudo-*)'; av. 1557] **s. m.** e **f.** *1* Ogni appartenente a un'antica popolazione di stirpe germanica che nel II sec. a.C. migrò in Gallia, invase l'Italia e fu sconfitta nel 102 a.C. da Mario. *2* (*lett.*, *spreg.*) Tedesco.

teutònico [vc. dotta, lat. *Teutŏnicu(m)*, agg. di *Tēutones* 'Teutoni'; av. 1451] **agg.** (pl. m. *-ci*) *1* Dell'antica popolazione dei Teutoni. *2* Tedesco (*iron.* o *spreg.*): *esattezza, tenacia teutonica* | ***Ordine t.***, ordine militare ospedaliero fondato nel XII sec. da Federico duca di Svezia in Palestina per combattere gli infedeli e poi trasferito dal 1228 in Prussia per combattervi gli idolatri (V. nota d'uso STEREOTIPO). || **teutonicaménte**, **avv.**

TeV /tɛv/ [sigla ingl., da *t(era) e(lectron) v(olt)*, propr. 'mille miliardi (*tera*, dal gr. *téras* 'portento') di volt-elettroni'; 1965] **s. m. inv.** ● (*fis.*) Unità di energia, usata in fisica nucleare, pari a un trilione di elettronvolt.

texàno o (*raro*) **tessàno** [av. 1873] **A agg.** ● Del Texas. **B s. m.** (f. *-a*) ● Abitante, nativo del Texas.

textùra **s. f.** ● Adattamento di *texture* (V.).

texture /ingl. 'tɛkstʃə/ [vc. ingl., propr. 'trama, struttura' (stessa etim. dell'it. *testura*); 1985] **s. f. inv.** ● Trattamento della superficie liscia di un materiale mediante fitti rilievi, minutissimi segni, incisioni e sim., allo scopo di renderla ruvida: *t. di un intonaco, di un vetro.*

texturizzàre [da *textura*] **v. tr.** ● Trattare la superficie liscia di materiali naturali o artificiali allo scopo di renderla ruvida.

texturizzazióne [da *textura*] **s. f.** ● Operazione del texturizzare.

thài o **tai** /tai, *thail.* thai/ [vc. siamese giuntaci prob. attrav. il fr.; 1930] **s. m. inv.** ● (*ling.*) Gruppo di lingue monosillabiche parlate dalle popolazioni mongoloidi dell'Indocina.

thailandése o **tailandése** [1970] **A agg.** ● Della Thailandia. **B s. m.** e **f.** ● Abitante, nativo della Thailandia. **C s. m.** solo **sing.** ● Lingua ufficiale della Thailandia.

Thànatos /gr. 'θanatos/ [vc. dotta, gr. *thánatos* 'morte', di prob. orig. indeur.; av. 1907] **s. f. inv.** (pl. gr. *Thanatoi*) ● Nome greco della morte e del dio della morte, usato in psicoanalisi per indicare gli istinti distruttivi o di morte, in contrapposizione a Eros, simbolo degli istinti vitali e dio dell'amore.

the /tɛ*/ ● V. *tè*.

thèrmos /'termos/ o (*raro*) **tèrmo**, **tèrmos** [gr. *thermós* 'caldo', ripreso dall'inventore ingl. del recipiente, originariamente definito *thermos bottle* o *thermos flask* 'bottiglia calda' e poi divenuto marca di fabbrica; 1918] **s. m. inv.** ● Recipiente di vetro a doppia parete, protetto da un involucro di metallo, plastica o altro materiale, con le facce interne argentate e l'intercapedine vuota, per conservare a lungo un liquido caldo o freddo come vi è stato immesso.

thesàurus /lat. te'zaurus, ingl. θɪ'sɔːrəs/ [vc. lat., propr. 'tesoro'; 1930] **s. m. inv.** (pl. lat. *thesauri*, pl. ingl. *thesauri* o *thesauruses*) *1* Vocabolario o lessico storico di una lingua: *il t. linguae latinae.* *2* In cibernetica, vocabolario di cui è dotato un computer.

thèta /'tɛta, 'θɛ-/ ● V. *teta*.

think tank /tiŋk'tɛŋk, *ingl.* 'θɪŋ(k),tʰæŋk/ [loc. ingl., propr. 'serbatoio (*tank*) di pensatori (dal v. *to think* 'pensare')'; 1991] **loc. sost. m. inv.** ● Gruppo di esperti in discipline diverse che collabora alla risoluzione di problemi complessi, spec. in campo economico, politico, militare.

tholos /'tɔlos/ [vc. gr. (*thólos*), termine tecnico di etim. incerta; 1938] **s. f. inv.** (in greco **s. m.**, **pl. m.** *tholoi*) ● Nel mondo mediterraneo arcaico, costruzione circolare a cupola usata spec. come copertura di tombe: *tomba a t.*

thonet® /'tɔnet/ [dal n. dell'industriale ted., che fabbricò questo tipo di mobili, M. *Thonet* (1796-1871); 1965] **s. m.** o **f.** ● Tipo di sedia in legno curvato e sedile in paglia.

thriller /'triller, *ingl.* 'θɹɪlə/ [vc. ingl., da *to thrill* 'fremito, brivido' (forma metatetica di *to thirl* 'bucare, perforare', d'orig. germ.); av. 1957] **s. m. inv.** ● Testo narrativo, spettacolo teatrale, cinematografico o televisivo dall'intreccio particolarmente avvincente e in grado di produrre negli spettatori tensione, ansia, paura. **SIN.** Thrilling.

thrilling /'trillin(g), *ingl.* 'θɹɪlɪŋ/ [vc. ingl., propr. part. pres. del v. *to thrill*, propr. '(per)forare, trafiggere', di orig. e area germ.; 1933] **A agg. inv.** ● Detto di spettacolo o narrazione emozionante, appassionante, orripilante: *una commedia t.* **B s. m. inv.** ● Thriller.

thyratron® /'tairatron, *ingl.* 'θaeə̯ɹə,tɹɒn/ [vc. ingl., propr. 'tubo a gas a catodo', comp. del gr. *thýra* 'porta', d'orig. indeur., ed *électron* 'elettrone'; 1947] **s. m. inv.** ● (*elettron.*) Triodo a vapori di mercurio o a gas inerte, a catodo caldo, ampiamente impiegato come raddrizzatore e relè | Diodo controllato termoelettronico a riempimento gassoso.

♦**ti** (1) /ti/ [lat. *tē*, acc. di *tū*, di orig. indeur., che ha sostituito in atonia anche il dativo *tĭbi* 'a te'; av. 1250] **pron. pers.** atono di seconda pers. sing. (formando gruppo con altri **pron.** atoni e **avv.**, si premette a *ci*, *si* e si pospone a *mi*: *non ti ci provare*; *non si può dire nulla*; *non mi ti avvicinare*. Assume la forma **te** (V.) davanti ai **pron.** atoni *la*, *le*, *li*, *lo* e alla particella *ne*. Si può elidere solo davanti a parole che cominciano per vocale: *t'ammiro*; *come t'è sembrato lo spettacolo?*) *1* Tu (come compl. ogg. encl. o procl.): *non ti ho visto ieri*; *ti hanno avvisato del mio ritardo?*; *non voglio vederti piangere* | Si usa procl. e lett., †encl. nella coniug. dei v. rifl. e intr. pron.: *tu ti pettini*; *ti sei offeso?*; *non pentirti di ciò che hai fatto*; *vegnonti a pregar* (DANTE *Purg.* V, 44) | Si usa lett. e †procl. nell'imperat.: *a noi ti piega* (DANTE *Purg.* I, 81); *non ti avvicinare*; *guardati da quell'uomo.* *2* A te (come compl. di termine encl. o procl.): *ti racconterò ogni cosa*; *desidero comunicarti alcune cose*; *ti sembra possibile questo?*; *voglio darti un consiglio.* *3* Esprime (come 'dativo etico') partecipazione affettiva, interesse, adesione psicologica del sogg.: *ti sei mangiato tutto!*; *ti si sta facendo tardi*; *ti sei preso quello che meritavi.* *4* (*pleon.*) Con valore raff.: *tu ti credevi di farla franca*; *chi ti credi d'essere?* (V. nota d'uso ELISIONE e TRONCAMENTO).

ti (2) /ti*/ o (*dial.*) †**te** (2) /te*/ [sec. XIV] **s. f.** o **m. inv.** *1* Nome della lettera *t.* *2* (*mar.*) Pezzo di ferro battuto a forma di T: *bagli a ti.*

tiade [vc. dotta, lat. *Thўade(m)*, nom. *Thў(i)as*, dal gr. *Thyiás* 'donna furente', da *thýein* 'offrire in sacrificio agli dèi', di orig. indeur.; 1499] **s. f.** ● Baccante, menade.

tiamìna [comp. del gr. *thêi(on)* 'zolfo' e *amina*; 1949] **s. f.** ● Vitamina B_1.

tiàra [vc. dotta, lat. *tiāra(m)*, dal gr. *tiára*, di orig. orient.; av. 1375] **s. f.** *1* Copricapo rigido, per lo più a punta, dei sacerdoti e dei re dell'antico Oriente. *2* Copricapo ornato da tre corone sovrapposte e con croce all'apice, portato dal Papa, come simbolo del potere, in alcune cerimonie.

tiàso [vc. dotta, lat. *thīasu(m)*, dal gr. *thíasos*, di etim. incerta; 1499] **s. m.** ● Nella religione greca antica, associazione di fedeli del culto di Dioniso | Danza e cerimonia propria di tali associazioni.

tiazìna [comp. di *ti(o)-*, *az(oto)* e *-ina*; 1961] **s. f.** ● (*chim.*) Molecola eterociclica esatomica aromatica costituita da quattro atomi di carbonio, uno di zolfo e uno di azoto; i suoi derivati sono usati come coloranti e prodotti terapeutici.

tiazòlo [comp. del gr. *thêi(on)* 'zolfo' e *azolo*; 1932] **s. m.** ● (*chim.*) Composto eterociclico ad anello pentatomico contenente zolfo e azoto, usato in molte sintesi organiche.

tiberìno [vc. dotta, lat. *Tiberīnu(m)*, agg. del n. del fiume 'Tevere' (*Tiberis*); 1342] **agg.** ● Del Tevere, bagnato dal Tevere: *valle tiberina.*

tibet [dal tibetano *Tō-bhōt*, propr. 'alto (*Tō*) Tibet (*Bod*, n. locale della regione)'; 1835] **s. m.** ● Qualità di lana o anche di seta molto morbide e pregiate, ottenute dalla sfilacciatura di tessuti fini, usati.

tibetàno [1792] **A agg.** ● Del Tibet: *i monasteri tibetani.* **B s. m.** (f. *-a*) ● Abitante, nativo del Tibet. **C s. m.** solo **sing.** ● Lingua della famiglia sino-tibetana, parlata nel Tibet.

tìbia [vc. dotta, lat. *tībia(m)*, da principio 'flauto' (di etim. incerta), poi anche 'stinco', seguendo l'analogo passaggio semantico del corrispondente gr. *aulós*; sec. XIV] **s. f.** *1* (*anat.*) Osso lungo della gamba, di cui, assieme alla fibula, costituisce lo scheletro. ➡ **ILL.** p. 2122 ANATOMIA UMANA. *2* Nel mondo classico, strumento a fiato di canna, bosso o avorio, simile al flauto. ➡ **ILL. musica.**

tibiàle [vc. dotta, lat. *tibiāle(m)*, agg. di *tībia*; 1499] **agg.** ● (*anat.*) Della tibia: *muscolo t.*

tibìcine [vc. dotta, lat. *tibīcine(m)*, comp. di *tībia* 'flauto' e di un deriv. da *cănere* 'cantare (accompagnandosi con uno strumento)'; sec. XIV] **s. m.** (f. *-a*) ● Suonatore di tibia.

tibioastragàlico [comp. di *tibia* e dell'agg. di *astragalo*; 1935] **agg.** (pl. m. *-ci*) ● (*anat.*) Della tibia e dell'astragalo: *articolazione tibioastragalica.*

tibiotàrsico [comp. di *tibia* e dell'agg. di *tarso*; 1840] **agg.** (pl. m. *-ci*) ● (*anat.*) Della tibia e del tarso.

tibulliàno [dal n. del poeta lat. *Ălbius Tibŭllus*, dim. di orig. incerta; 1723] **agg.** ● Concernente l'arte e lo stile del poeta Albio Tibullo (55 ca.-19/18 a.C.): *elegie tibulliane.*

tibùrio [dal lat. *tigŭriu(m)* 'tugurio' con sovrapposizione di *cibōrium* 'ciborio' (?); av. 1519] **s. m.** ● Rivestimento esterno cilindrico o prismatico di una cupola, usato in alcune forme architettoniche bizantine, romane, gotiche.

tibùrte [vc. dotta, lat. *Tibūrte(m)*, da *Tībur* 'Tivoli'; 1898] **agg.** ● (*raro*, *lett.*) Tiburtino.

tiburtìno [vc. dotta, lat. *Tiburtīnu(m)*, dal n. lat. (*Tībur*) di 'Tivoli'; av. 1292] **agg.** ● Della città di Tivoli | ***Pietra tiburtina***, travertino.

♦**tic** o **ticche**, **ticchete** nei sign. A e B 1 [vc. imit.; 1513] **A inter.** ● Riproduce un rumore lieve, secco e repentino | V. anche *tic tac* e *tic toc.* **B** in funzione di **s. m.** *1* Piccolo colpo o battito: *il tic di una goccia che cade.* *2* (*med.*) Movimento involontario, brusco, intermittente causato dalla contrazione di uno o più muscoli, spec. della faccia. *3* (*fig.*) Abitudine, comportamento, gesto strano o quasi incontrollato che vengono ripetuti spesso.

ticche ● V. *tic.*

ticche tàcche ● V. *tic tac.*

ticchete ● V. *tic.*

ticchete tàcchete ● V. *tic tac.*

ticchete tòcchete ● V. *tic toc.*

ticche tòcche ● V. *tic toc.*

ticchettàre [sec. XVI] **v. intr.** (*io ticchétto*; aus. *avere*) ● Produrre un ticchettio o un picchiettio.

♦**ticchettìo** [da *tic*; 1890] **s. m.** ● Rumore secco, rapido e leggero che si ripete frequentemente.

ticchio (1) [adattamento di *tic* in senso medico; av. 1665] **s. m.** *1* Tic nervoso. *2* Vizio d'abitudine per cui un animale, spec. il cavallo, assume atteggiamenti anormali | ***T. d'appoggio***, se il cavallo afferra coi denti il margine libero della mangiatoia inghiottendo aria | ***T. dell'orso***, se il cavallo si dondola sulle spalle alla maniera dell'orso | ***T. volante***, se il cavallo, spingendosi all'indietro e flettendo la testa, aspira l'aria con violenza. *3* (*fig.*) Capriccio, ghiribizzo, voglia strana: *gli è saltato il t. di recitare.*

ticchio (2) [etim. incerta; 1779] **s. m.** ● Macchiolina che si scorge spec. nei marmi, in alcune pietre o nella frutta.

ticchiolàto [da *ticchio* (2); 1759] **agg.** ● Macchiettato, picchiettato.

ticchiolatùra [da *ticchiolato*; av. 1862] **s. f.** ● Malattia fungina di alcune piante, specie del pero e del melo, che colpisce frutti, foglie, germogli e fiori.

ticcóso [da *tic*; 1937] **agg.** *1* (*raro*) Di tic nervoso. *2* (*raro*) Di persona affetta da tic.

ticinése [1540] **A** agg. ● Del fiume Ticino | Del Canton Ticino. **B** s. m. e f. ● Abitante o nativo del Canton Ticino.

tick /tik, *ingl.* tɪk/ [vc. ingl. propr. 'ticchettio', 'scatto'] s. m. inv. ● (*econ.*) Ampiezza minima della variazione di prezzo registrabile su alcuni mercati telematici.

ticket /'tiket, *ingl.* 'tɪkɪt/ [vc. ingl., dal fr. *estiquette*, var. antica di *étiquette* 'etichetta'; 1895] s. m. inv. *1* (*sport*) Nelle corse ippiche, scontrino consegnato dal totalizzatore con gli estremi della scommessa effettuata. *2* (*med.*) Quota che deve corrispondere chi ricorre all'assistenza sanitaria pubblica per fruire di alcune specialità farmaceutiche e prestazioni mediche. *3* Scontrino di abbonamento per il consumo di pasti a prezzo convenzionato in tavole calde, self-service e sim. *4* (*polit.*) Negli Stati Uniti, programma politico e coppia di candidati alla presidenza e alla vicepresidenza proposti da ciascun partito nelle elezioni presidenziali.

tic tac /tik'tak/ o **ticche tàcche**, **ticchete tàcchete**, **tictàc** [vc. imit. con alternanza di vocale; av. 1584] **A** loc. inter. ● Riproduce il rumore ritmico prodotto da colpi secchi, lievi e con frequenza regolare: *l'orologio faceva tic tac tic tac tic tac*; *tic tac tic tac tic tac: qualcuno camminava al piano di sopra.* **B** in funzione di loc. sost. m. inv. ● Il rumore stesso: *il tic tac dei tacchi a spillo*; *il tic tac dell'orologio.*

tic toc /tik'tɔk/ o **ticche tòcche**, **ticchete tòcchete** [vc. imit. con alternanza di vocale; av. 1566] **A** inter. ● Riproduce il rumore di un battito ritmico e secco, spec. di un cuore. **B** in funzione di s. m. ● Il rumore stesso.

tie' o **tiè** [V. *te'*] inter. *1* (*fam.*) Esprime un atteggiamento di ripicca, di compiacimento per un insuccesso o qlco. di negativo capitato ad altri (talora accompagnato da un gestaccio con il braccio). *2* Te'.

tie-break /*ingl.* 'tʰae,bɹeɪk/ [loc. ingl., comp. di *tie* 'laccio, vincolo', poi 'pareggio' (d'orig. germ.) e *break* (V.); 1983] s. m. inv. (pl. ingl. *tie-breaks*) *1* Nel gioco del tennis, metodo per abbreviare la durata di un set, dopo sei giochi pari. *2* Nel gioco della pallavolo, set di spareggio che si svolge dopo due set vinti da ogni squadra.

tièlla [nap. *tiella* 'padella', poi 'cibo contenuto in una padella', dal lat. parl. **tegĕlla(m)*, dim. di *tēgula* 'teglia' (V. *teglia*); 1961] s. f. ● Tipo di torta salata, cotta al forno, fatta con pasta del pane e ripiena di verdure o frutti di mare, tipica delle coste del basso Lazio e della Campania.

tièmmi ● V. *tenere.*

tièni ● V. *tenere.*

tiènne ● V. *tenere.*

tiènti ● V. *tenere.*

tientibène [da separare *tien(i)ti bene*; 1870] s. m. inv. ● (*mar.*) Struttura solidamente collegata allo scafo, alla coperta o alle sovrastrutture, all'esterno o all'interno, per fornire un appiglio sicuro.

†**tiepidàre** [lat. *tepidāre* 'fare intiepidire', da *tĕpidus* 'tiepido'] v. intr. ● Divenire tiepido.

tiepidézza o (*lett.*) **tepidézza** [av. 1306] s. f. *1* Caratteristica, condizione di ciò che è tiepido: *la t. di una stanza*; *la t. della stagione.* *2* (*fig.*) Scarsezza di fervore, interesse, slancio nei sentimenti o nell'agire: *accogliere qlcu. con t.*

tiepidità o (*lett.*) **tepidità** [av. 1292] s. f. ● (*raro*) Tiepidezza (*anche fig.*).

♦**tièpido** o (*lett.*) **tèpido** [vc. dotta, lat. *tĕpidu(m)*, da *tepēre* 'essere alquanto caldo', di orig. indeur.; 1310] agg. *1* Non molto caldo: *acqua tiepida*; *vento t.* | †*Fuoco t.*, lento. *2* (*fig.*) Di chi dimostra poco interesse, calore o slancio nei sentimenti o nelle azioni: *innamorato t.*; *difensore t.* | Debole, fiacco, detto di sentimenti, convinzioni: *affetto t.* | Poco caloroso: *il film ha avuto una tiepida accoglienza.* ‖ **tiepidétto**, dim. | **tiepidino**, dim. ‖ **tiepidaménte**, avv. *1* (*raro*) Con scarso calore. *2* (*fig.*) Freddamente, senza slancio o entusiasmo.

†**tiepidóre** [parallelo del latinismo *tepore*, formato da *tiepido*; sec. XIV] s. m. ● Tiepidezza, tepore.

†**tièra** [etim. incerta; av. 1348] s. f. ● Serie, fila | (*tosc.*) *T. di pane*, piccia | *Correre a t.*, in fila.

tifa [gr. *týphē*, n. di 'pianta', di orig. indeur.; 1476] s. f. ● (*bot.*) Stiancia.

Tifàcee [comp. del gr. *týphē*, n. di 'pianta', di orig. indeur., e *-acee*; 1841] s. f. pl. (sing. *-a*) ● Nella tassonomia vegetale, famiglia di piante monocotiledoni con fiori maschili o femminili in spighe compatte, privi di calice e corolla e circondati da peli e scaglie (*Typhaceae*). ➡ ILL. **piante**/10.

♦**tifàre** [da *tifo* nel sign. 2; 1935] v. intr. (aus. *avere*) ● (*fam.*) Fare il tifo per un atleta o una squadra sportiva | (*est.*) Parteggiare per qlcu. o per qlco.

tifernàte [vc. dotta, lat. *tifernāte(m)*, da *Tifĕrnum* 'Città di Castello'; 1860] agg.; anche s. m. e f. ● (*lett.*) Abitante o nativo di Città di Castello.

tìfico [da *tifo* nel sign. 1; 1840] agg. (pl. m. *-ci*) ● (*med.*) Del tifo.

tiflìte [comp. del gr. *typhlós* 'cieco', di orig. indeur., e *-ite* (*1*); 1875] s. f. ● (*med.*) Infiammazione dell'intestino cieco.

tiflo- [dal gr. *typhlós* 'cieco'] primo elemento ● In parole composte, significa 'cieco': *tiflografia*, *tiflologia.*

tiflografìa [comp. di *tiflo-* e *-grafia*; 1925] s. f. ● Scrittura in rilievo per uso dei ciechi.

tiflògrafo [comp. di *tiflo-* e *-grafo*; 1875] s. m. ● Strumento per scrivere a uso dei ciechi.

tiflologìa [comp. di *tiflo-* e *-logia*; 1957] s. f. ● Studio delle condizioni e dei problemi dei non vedenti, spec. in rapporto al loro inserimento professionale.

tiflològico [1983] agg. (pl. m. *-ci*) ● Che riguarda la tiflologia.

tiflòpe [gr. *typhlṓps* 'della vista (*ṓps*) cieca (*typhlós*)'; 1840] s. m. ● Rettile con occhio coperto da squame, bocca piccolissima e corpo vermiforme lungo fino a mezzo metro, innocuo, sotterraneo (*Tiphlops*).

tifo [gr. *typhōs* 'fumo', 'febbre con torpore e stupore', da *týphein*, di orig. indeur.; 1818] s. m. *1* Gruppo di malattie infettive causate da batteri (*rickettsie* o *salmonelle*) caratterizzate da torpore, febbre, manifestazioni enteriche o esantematiche | *T. addominale*, grave infezione dell'intestino tenue da *Salmonella typhi* che può portare a ulcerazioni dell'ileo con conseguenti emorragie intestinali o perforazioni. SIN. Febbre tifoide | *T. esantematico*, *t. petecchiale*, *t. classico*, infezione acuta febbrile da *Rickettsia prowazekii* trasmessa dal pidocchio; dà stato stuporoso e comparsa di petecchie emorragiche | *T. murino*, infezione da *Rickettsia typhi* trasmessa dalla pulce del ratto; dà febbre e petecchie emorragiche. *2* (*fam.*) Fanatismo sportivo: *studiare il fenomeno del t.* | (*est.*) *Fare il t. per qlcu.*, sostenerlo, spalleggiarlo, esaltarlo.

tifòide [comp. di *tifo* e *-oide*; 1813] **A** agg. ● Pertinente o simile al tifo addominale o febbre tifoide. SIN. Tifoideo. **B** s. f. ● Febbre tifoide, tifo addominale.

tifoidèo [1813] agg. ● Tifoide.

†**tìfolo** [etim. incerta; av. 1565] s. m. ● Strido, strillo.

tifóne [port. *tufão*, dall'ar. *ṭūfān*, a sua volta dal gr. *typhôn* 'vento fortissimo' e anche n. di un 'misterioso mostro' di orig. orient., che ha influenzato anche la forma della vc. europea; av. 1375] s. m. ● Ciclone tropicale dei Mari della Cina o della zona nord-occidentale del Pacifico | (*est.*) Vento tempestoso, vorticoso e di straordinaria violenza distruttiva.

tifoserìa [da *tifoso*; 1962] s. f. ● Gruppo, più o meno numeroso, di tifosi di un atleta o di una formazione sportiva (*anche spreg.*): *la t. locale ha provocato incidenti alla fine della partita.*

tifòsi [comp. di *tifo* e *-osi*; 1935] s. f. inv. *1* (*med.*) *T. tubercolare*, tubercolosi miliare acuta a forma tifoide. *2* (*veter.*) *T. aviaria*, malattia che colpisce spec. i polli, raramente i tacchini, causata da una specie di salmonella.

♦**tifóso** [1901] agg.; anche s. m. (f. *-a*) *1* (*med.*) Che (o Chi) è affetto da tifo. *2* (*fam.*) Che (o Chi) fa il tifo per atleti o squadre sportive | (*est.*, *raro*) Ammiratore entusiastico: *essere t. di un noto cantante.* SIN. Fan.

tìfula [dim. con suff. lat. (*-ula*) di *tifa*; 1957] s. f. ● Fungo delle Clavariacee saprofita o parassita di piante coltivate (*Typhula*).

tigèlla [modenese *tigèla*, all'orig. 'disco di terracotta, tra due dei quali caldissimi si chiudeva la pasta': prob. stessa orig. di *teglia*; 1983] s. f. ● Schiacciata tipica dell'Appennino modenese, cotta tra due piastre e mangiata calda con prosciutto e sim.

tiggì ● V. *tigì.*

tight /tait, *ingl.* tʰaet/ [ingl. *tight* (vc. germ. d'orig. indeur.), che però significa solo 'attillato, stretto' (quindi propr. 'abito stretto'); 1870] s. m. inv. ● Abito maschile da cerimonia, con giacca nera a falde larghe e lunghe e pantaloni rigati nei toni grigio e nero.

tigì o **tiggì** [dalla lettura delle iniziali di *t(ele)* e *g(iornale)*; 1985] s. m. ● (*fam.*) Telegiornale.

Tigliàcee [comp. di *tiglio* e *-acee*; 1840] s. f. pl. (sing. *-a*) ● Nella tassonomia vegetale, famiglia di dicotiledoni arboree a foglie semplici, alterne e fiori regolari (*Tiliaceae*). ➡ ILL. **piante**/4.

tìglio [lat. *tĭlia(m)*, di etim. incerta; av. 1320] s. m. *1* Albero delle Tigliacee con foglie a cuore e seghettate, fiori in infiorescenze dal profumo intenso, forniti di una brattea gialla-verdastra, utile per la disseminazione e frutto a noce (*Tilia cordata*) | *Infuso di t.*, preparato con i fiori secchi del tiglio e dotato di azione sedativa e sudorifera. ➡ ILL. **piante**/4. *2* Legno bianco, tenero e leggero dell'albero omonimo, usato per lavori d'intaglio, matite e fiammiferi. *3* Fibre di pianta legnosa o erbacea, come canapa e lino | (*est.*) Filo duro di carne, frutta e sim.

tiglióso [da *tiglio* nel senso di 'fibra dura'; av. 1320] agg. ● Fibroso | *Carne tigliosa*, dura, che si mastica male.

tigmotassìa o **tigmotàssi** [1994] s. f. ● (*biol.*) Tigmotattismo.

tigmotattìsmo [comp. del gr. *thígma* 'contatto' e *tattismo*; 1994] s. m. ● (*biol.*) Tattismo in risposta a stimoli meccanici da contatto. SIN. Tigmotassia.

tigna [lat. *tĭnea(m)*, di etim. incerta; sec. XIII] s. f. *1* Fungo deuteromiceto con ife sottili e ramose responsabili delle tigne dell'uomo e degli animali (*Trichophyton*). *2* Affezione del cuoio capelluto da ifomiceti, con scomparsa dei capelli | (*fig.*, *pop.*) *Grattare la t.*, battere, picchiare senza riguardo, graffiare. *3* (*fig.*) Fastidio, grattacapo, cosa molesta. *4* (*dial.*) Persona avara. *5* (*centr.*) Puntiglio, testardaggine | Stizza, rabbia.

tignàmica [dal lat. *tiniāria(m)* 'erba della tigna (*tĭnea*)'; 1840] s. f. ● Pianta delle Asteracee delle lande e zone sabbiose con fusto e foglie bianche e lanose e brattee giallo oro (*Helichrysum stoechas*).

tignàre [lat. tardo *tineāre*, da *tĭnea* 'tigna'; 1427] v. intr. e intr. pron. (aus. *essere*) ● (*dial.*) Intignare.

†**tignère** ● V. *tingere.*

tignòla [lat. *tinĕola(m)*, da *tĭnea* 'tigna'; av. 1292] s. f. ● Correntemente, farfalla di varie famiglie le cui larve, nutrendosi di sostanze organiche eterogenee, possono essere molto dannose. SIN. Tarma | *T. dei panni*, farfallina gialliccia, notturna, con larve che rodono la lana (*Tinea pellionella*) | *T. del grano*, dannosa ai cereali, nocciole, arachidi e sim. (*Tinea*) | *T. grigia della farina*, piccola farfalla della famiglia piralidi le cui larve si nutrono di cariossidi di graminacee o di farina (*Ephestia kuhniella*) | *T. degli alveari*, *della cera*, piralide. ➡ ILL. **animali**/2.

tignósa [da *tigna*; 1858] s. f. ● Nome comune di alcuni Funghi del genere *Amanita*, con varietà commestibili e velenose | *T. paglierina*, velenosa, con cappello giallo macchiato di marrone (*Amanita citrina*). ➡ ILL. **fungo.**

tignóso [lat. tardo *tineōsu(m)*, da *tĭnea* 'tigna'; 1225 ca.] agg.; anche s. m. (f. *-a*) *1* Che (o Chi) è affetto da tigna. *2* (*fig.*) Che (o Chi) è fastidioso | Miserabile, meschino. *3* (*dial.*) Avaro, spilorcio. *4* (*centr.*) Puntiglioso, testardo | Stizzoso. ‖ **tignosùccio**, **tignosùzzo**, dim.

tigóne [comp. di *tig(re)* e *(le)one*; 1974] s. m. ● Animale ibrido prodotto dall'incrocio di una tigre maschio con una leonessa.

tigràrsi [1961] v. intr. pron. ● Coprirsi di macchie e striature in modo da assumere l'aspetto del mantello della tigre: *le banane si tigrano.*

tigràto [av. 1755] **A** agg. ● Che ha macchie a strisce come il mantello della tigre: *alano t.* **B** s. m. ● Gatto robusto, di pelo corto e vellutato che forma delle caratteristiche tigrature che ricordano il mantello della tigre.

tigratùra [da *tigrato*; 1961] s. f. ● Complesso delle strisce e delle macchie che presenta un mantello di animale tigrato.

♦**tigre** [vc. dotta, lat. *tĭgri(m)*, dal gr. *tígris*, di orig. iran.; sec. XIII] s. f. o lett. †m. *1* Carnivoro felino asiatico, snello ed elegante, giallastro a strisce scure, di indole feroce anche se addomesticato (*Pànthera tigris*) | *T. americana*, giaguaro | *T. di carta*, (*fig.*) persona o cosa che sembrano pericolose o temibili ma non lo sono | ***Cavalcare una t.***, ***essere a cavallo della t.***, (*fig.*) intraprendere un'azione pericolosa | ***Cuore di t.***, spietato, crudele. ➡ ILL. **animali**/14. ***2*** (*est.*, *fig.*) Persona crudele, feroce. || **tigrétto**, **dim. m.** | **tigrina**, **dim.** | **tigrino**, **dim. m.** | **tigróna**, **accr.** | **tigróne**, **accr. m.** | **tigròtto**, **dim. m.** (V.).

tigrésco [1879] **agg.** (**pl. m.** *-schi*) ● Di, da tigre: *ferocia tigresca*.

†**tigro** [av. 1292] **s. m.** ● Tigre.

tigròtto [dim. m. di *tigre*; 1728] **s. m.** ● Cucciolo della tigre.

†**tigùrio** ● V. *tugurio*.

tilacìno [dal gr. *thýlakos* 'borsa, sacco', di etim. incerta; 1846] **s. m.** ● Mammifero marsupiale australiano con l'aspetto di un cane lupo grigio a strisce scure trasversali, carnivoro, oggi raro, se non addirittura estinto (*Thylacinus cynocephalus*).

tilacòide [comp. del gr. *thýlakos* 'borsa', di etim. incerta, e *-oide*] **s. m.** ● (*bot.*) Struttura membranosa a forma di sacco presente nei Cianobatteri e nei cloroplasti degli organismi eucarioti, dove sono localizzate le clorofille.

tilbury /*ingl.* 'tɪlbəɹi, -ˌbɛɹi/ [vc. ingl., dal n. del suo costruttore; 1832] **s. m. inv.** ● Tipo di calesse leggero.

tilde [vc. sp., da una forma metatetica del lat. *títulus* 'iscrizione, titolo'; av. 1789] **s. m.** o **f.** ● (*ling.*) Segno di lineetta per lo più ondulata messo sopra a una lettera per contraddistinguerne una particolare pronuncia (ad es. in spagnolo si sovrappone alla consonante *n* per indicarne la pronuncia palatale; in portoghese si sovrappone a una vocale per indicarne la pronuncia nasale).

tilla [gr. *thylás* 'borsa, sacco': vc. di orig. straniera (?); 1961] **s. f.** ● (*bot.*) Estroflessione di cellule vive del parenchima legnoso che entrano nei vasi del durame riempiendone la cavità.

Tilletiàcee [vc. dotta, comp. dal n. dell'agronomo fr. M. *Tillet* e *-acee*; 1930] **s. f. pl.** (**sing.** *-a*) ● Nella tassonomia vegetale, famiglia di Funghi parassiti di varie piante spec. graminacee (*Tilletiaceae*).

tillo [1931] **s. m.** ● (*bot.*) Tilla.

tilòma [comp. del gr. *týlos* 'callo', di orig. indeur., e del suff. *-oma*; 1840] **s. m.** (**pl.** *-i*) ***1*** Callosità cutanea spec. nel palmo della mano e nella pianta dei piedi. ***2*** Indurimento del margine palpebrale come conseguenza di certi processi infiammatori.

tilt /tilt, *ingl.* tɪlt/ [vc. ingl. d'orig. germ., che significa 'colpo, inclinazione'; 1959] **s. m. inv.** ● Nel flipper, scatto, con conseguente accensione di una spia luminosa, che segnala la fine della partita o la sua interruzione a causa di un errore del giocatore | ***Fare***, ***essere***, ***andare in t.***, (*est.*) subire un guasto, detto di circuiti elettrici o elettronici; (*fig.*) perdere il controllo o non riuscire più a fornire prestazioni soddisfacenti: *per la stanchezza è andato in t.*

timbàllo [fr. *timbale*, da *tambal*, di orig. sp. (*atabal*), con sovrapposizione di *cymbale* 'cembalo'; 1655] **s. m.** ***1*** (*mus.*) Antico strumento a percussione simile al timpano | (*lett.*) Tamburo: *e il canto superbo di trombe e timballi / insulta i silenzi del sacro Aventin* (CARDUCCI). ***2*** Vivanda a base di ingredienti vari racchiusi in un involucro di pasta sfoglia o frolla, cotta al forno in uno stampo a bordi alti: *t. di maccheroni* | Lo stampo stesso.

timbràre [fr. *timbrer*, da *timbre* 'timbro'; av. 1872] **v. tr.** ● Apporre, mettere un timbro o una stampigliatura | ***T. il cartellino***, all'inizio e alla fine d'ogni periodo di lavoro, apporre un timbro sul cartellino di presenza per mezzo dell'orologio marcatempo, detto di lavoratori subordinati; (*est.*) prestare lavoro dipendente; (*est.*, *fig.*) essere sottoposto a una routine.

timbratrice [da *timbrare*; 1973] **A s. f.** ● Macchina che annulla automaticamente francobolli, biglietti e sim. **B** anche **agg.**

timbratùra [1907] **s. f.** ● Apposizione di un timbro | Timbro, spec. quello applicato sul francobollo.

timbrico [1939] **agg.** (**pl. m.** *-ci*) ● Che riguarda il timbro, in musica e in pittura | ***Valore t. di un autore***, ***di una composizione***, espressività, musicalità. || **timbricaménte**, **avv.**

timbrificio [comp. di *timbro* e *-ficio*; 1961] **s. m.** ● Fabbrica o laboratorio dove si producono timbri.

timbro [fr. *timbre*, che, prima di 'bollo', significava 'tamburo' (dal gr. *týmpanon* 'timpano'); 1812] **s. m.** ***1*** Strumento in legno o metallo e gomma di piccolo formato che serve per imprimere bolli, scritte e sim. | ***T. a secco***, strumento che stampa un bollo a secco, senza inchiostro | Annullo. ***2*** (*mus.*) Qualità che permette di distinguere due suoni di uguale altezza e intensità: *t. della voce*, *di uno strumento*; *una voce di un t. basso cantante* (MORANTE). **SIN.** Colore | (*est.*) In pittura, maniera di usare il colore: *il t. della pittura astratta*. ***3*** (*fig.*) Tono, cadenza caratteristica di autori o composizioni letterarie: *il t. di una canzone trecentesca*. ***4*** (*ling.*) Aspetto con cui si presenta alla percezione una vocale. || **timbrino**, **dim.**

timèle o **tìmele** [vc. dotta, lat. tardo *thýmele(n)*, dal gr. *thymélē*, connesso con *thýein* 'faccio fumare (nell'offerta sacrificale)', di orig. indeur.; av. 1597] **s. f.** ● Nella Grecia antica, ara sacrificale di Dioniso, collocata al centro dell'orchestra, nei teatri.

timelèa [vc. dotta, lat. *thymelǣa(m)*, dal gr. *thymélaia* 'ulivo (*eláia*) di timo (*thýmos*)'; 1476] **s. f.** ● (*bot.*) Mezereo.

Timeleàcee [comp. di *timele(a)* e *-acee*; 1891] **s. f. pl.** (**sing.** *-a*) ● Nella tassonomia vegetale, famiglia di piante legnose dicotiledoni con fiori senza corolla e calice tubulare colorato (*Thymelaeaceae*).

time out /tai'maut, *ingl.* 'tḁem 'aot/ [loc. ingl., propr. 'fuori (*out*) dal tempo (*time*)', perché, nelle competizioni disputate a tempo effettivo, il cronometro che indica i restanti minuti di gara rimane bloccato per l'intera durata del *time out*; 1964] **loc. sost. m. inv.** ● (*sport*) Nella pallacanestro e sim., sospensione regolamentare del gioco chiesta da un allenatore.

timer /'taimer, *ingl.* 'tḁemə˞/ [vc. ingl., da *time* 'tempo', dall'anglosassone *tīma*; 1964] **s. m. inv.** ● Temporizzatore munito di un contatore a orologeria, usato sia nella confezione di ordigni esplosivi a tempo che in numerosi elettrodomestici o apparecchi: *il t. della lavatrice*; *il t. del videoregistratore*.

time sharing /*ingl.* 'tḁem 'ʃɛə˞ɪŋ/ [loc. ingl., comp. di *time* 'tempo' (V. *timer*) e *sharing* 'ripartizione', da *to share* 'dividere' (entrambe d'orig. germ.); 1966] **s. m. inv.** ● Tecnica che permette, in base al principio della ripartizione del tempo, l'utilizzazione contemporanea di un grosso calcolatore da parte di più persone che operano da terminali diversi.

timico [da *timo* (*2*); 1681] **agg.** (**pl. m.** *-ci*) ● (*anat.*) Del timo | ***Morte timica***, improvviso collasso mortale nell'infanzia attribuito a iperattività del timo.

timidézza [av. 1404] **s. f.** ● Caratteristica, condizione di chi (o di ciò che) è timido: *la t. naturale del carattere perdurava* (MORANTE) | Comportamento timido: *è ostacolato dalla t.*

†**timidióso** [da *timido*] **agg.** ● Timido, timoroso.

†**timidità** o †**timiditàde**, †**timiditàte** [vc. dotta, lat. *timiditāte(m)*, da *tĭmidus* 'timido'; 1308] **s. f.** ● (*lett.*) Timidezza, spec. abituale | Atto da timido.

♦**timido** [vc. dotta, lat. *tĭmidu(m)*, da *timēre* 'temere', di etim. incerta; sec. XIII] **A agg.** ***1*** (*raro* o *lett.*) Che si spaventa o si scoraggia facilmente: *un t. coniglio*; *Nastagio … tutto t. divenuto e quasi non avendo pelo addosso che arricciato non fosse* (BOCCACCIO) | Che manca di disinvoltura, mostra soggezione, si dimostra impacciato, detto di persona: *con i superiori diventa t.* | ***Farsi t.***, arrossire, balbettare, mostrarsi nell'aspetto come una persona timida. **CONTR.** Audace. ***2*** Che rivela timidezza, detto di gesto, atteggiamento, comportamento: *una domanda timida ed esitante*; *un t. tentativo* | (*est.*) Vago, indeciso: *un t. accenno di sole* | Incerto: *timidi segnali di ripresa economica*. || **timidétto**, **dim.** | **timidino**, **dim.** | **timidùccio**, **dim.** || **timidaménte**, **avv.** In modo timido, con timidezza: *tacere timidamente*; *chiese timidamente il nostro parere*. **B s. m.** (**f.** *-a*) ● Persona timida: *i timidi arrossiscono facilmente*.

timina [comp. di *tim(ico)* e *-ina*; 1929] **s. f.** ● (*chim.*) Base organica eterociclica esatomica costituita da quattro atomi di carbonio e due di azoto; è uno dei costituenti principali degli acidi nucleici.

timing /*ingl.* 'tḁemɪŋ/ [vc. ingl., dal v. *to time* 'determinare il tempo (*time*)'; 1974] **s. m. inv.** ● Determinazione delle scadenze necessarie per la realizzazione di un progetto, un'attività, un ciclo produttivo.

timo (**1**) [vc. dotta, lat. *thўmu(m)*, dal gr. *thýmos*, deriv. da *thýein* 'fumare' per il suo acuto profumo; sec. XIII] **s. m.** ***1*** Piccola labiata dei terreni aridi con foglie sessili, fiori rosei e odore aromatico (*Thymus serpyllum*). **SIN.** Serpillo. ➡ ILL. **piante**/8. ***2*** Droga aromatica ricavata dalla pianta omonima, usata come condimento e come aromatizzante di liquori.

timo (**2**) [dal gr. *thymós* 'anima, principio vitale' (?); av. 1673] **s. m.** ● (*anat.*) Organo linfoide ben evidente nell'infanzia nel mediastino anteriore, atrofico nell'adulto. ➡ ILL. p. 2125 ANATOMIA UMANA.

timocìta o **timocìto** [comp. di *timo* e *-cita*; 1988] **s. m.** (**pl.** *-i*) ● (*biol.*) Linfocita che si forma nel timo.

timocràtico [gr. *timokratikós*, da *timokratía* 'timocrazia'; 1942] **agg.** (**pl. m.** *-ci*) ● Concernente la timocrazia.

timocrazìa [gr. *timokratía*, comp. di *timḗ* 'onore', da *tíein* 'onorare', di orig. indeur., e *-kratía*, da *krátos* 'potere'; av. 1574] **s. f.** ● Governo in cui le cariche sono assegnate in base al censo.

timòlo [comp. di *tim(o)* (*1*) e *-olo* (*2*); 1879] **s. m.** ● (*chim.*) Derivato del cresolo, presente nell'olio essenziale di timo, usato come antisettico, vermicida e come conservante.

timologìa [comp. dal gr. *timḗ* 'valore' e *-logia*; 1965] **s. f.** ● (*filos.*) Assiologia.

timòma [comp. di *timo* (*2*) e *-(o)ma*; 1937] **s. m.** (**pl.** *-i*) ● (*med.*) Tumore del timo.

timonàre [da *timone*; 1889] **v. tr.** (*io timóno*) ● Governare, dirigere un'imbarcazione manovrando il timone (*anche assol.*).

timóne o (*poet.*) †**tèmo**, †**temóne** [lat. parl. **timōne(m)*, variante di *temōne(m)*, di orig. indeur.; av. 1130] **s. m.** ***1*** (*mar.*) Organo direzionale di un'imbarcazione, gener. costituito da una robusta superficie sagomata incernierata a poppa in corrispondenza del piano longitudinale di simmetria e in grado di compiere spostamenti angolari intorno a un asse verticale: *la ruota*, *la barra del t.* | ***T. di fortuna***, approntato con mezzi di bordo per sostituire il timone perso o spezzato per la violenza del mare | ***T. di profondità***, orizzontale, posto simmetricamente sulla prua dei sommergibili, per determinare dinamicamente variazioni di quota. ➡ ILL. p. 2155 SPORT; p. 2172 TRASPORTI. ***2*** (*aer.*) Parte mobile di un impennaggio che equilibra o comanda l'aereo, o missile, nel piano ortogonale al proprio | ***T. di profondità***, ***di quota***, equilibratore. ➡ ILL. p. 2157 SPORT; p. 2175 TRASPORTI. ***3*** Parte articolata del rimorchio che serve ad agganciarlo alla motrice. ***4*** Stanga sporgente innanzi a un veicolo agrario, che serve di guida al carro e di attacco alle bestie da tiro | ***T. dell'aratro***, parte anteriore della bure portante gli organi di attacco agli animali o alla trattrice | ***Pariglia di t.***, nell'artiglieria ippotrainata di un tempo, la coppia di cavalli attaccata direttamente al timone dell'avantreno del pezzo o del cassone. ***5*** (*est.*, *poet.*) Carro. ***6*** (*fig.*) Governo, guida, direzione: *il t. dello Stato*; *mettersi al t. di un'azienda*. ***7*** (*edit.*) Rappresentazione schematica della sequenza delle pagine di una pubblicazione e del loro contenuto.

timoneggiàre [av. 1519] **v. tr.** (*io timonéggio*) ● (*raro*) Timonare | (*raro*) Dirigere (*anche assol.*) | (*mar.*) Utilizzare il timone di una deriva, spec. in regata, come elemento propulsivo.

timonèlla [dim. di *timone*, dal n. del legno che in questi veicoli sostituisce il timone; 1791] **s. f.** ● (*region.*) Carrozzino a quattro ruote, con mantice, tirato da un solo cavallo.

timonerìa [1889] **s. f.** ***1*** Complesso degli organi dello sterzo di un autoveicolo. ***2*** (*aer.*) Complesso delle trasmissioni rigide o flessibili che azionano il timone di un aeromobile. ***3*** (*ferr.*) Complesso dei leveraggi che azionano i freni dei veicoli ferroviari. ***4*** (*mar.*) Complesso degli apparecchi di governo del timone | In passato, magazzino dove erano custoditi il timone e i relativi apparecchi di governo, di riserva | In passato, insieme di personale e mezzi attinenti al servizio della rotta e dei segnali.

timonièra [da *timon(ier)e*; sec. XIV] **s. f.** ● (*mar.*) Locale coperto situato sul ponte di comando che contiene la ruota del timone, la bussola di governo, gli strumenti nautici e le bandiere di segnalazione.

timonière o †**temonière** [fr. *timonier*, da *timon*

'timone'; sec. XIV] s. m. (f. *-a*) ● Chi è addetto al maneggio della ruota o della barra del timone | *T. di manovra*, il più abile tra il personale di bordo che fa servizio al timone, che prende la ruota quando per le manovre che la nave deve compiere si richiede la maggiore perizia.

timonièro [1805] agg. ● Del timone | ***Penne timoniere***, le penne di contorno della coda degli uccelli con funzione di timone nel volo.

†timonista [1481] s. m. e f. ● Timoniere.

timoràto [vc. dotta, lat. tardo *timorātu(m)*, da *tĭmor* 'timore'; av. 1306] agg. ● Scrupoloso, onesto, che segue la coscienza: *un giovane t.* | *T. di Dio*, che ha timore di Dio e cerca di non offenderlo. || **timoratamènte**, avv.

†timorazióne [da *timorato*] s. f. ● Timore.

♦**timóre** o †**temóre** [vc. dotta, lat. *timōre(m)*, da *timēre* 'temere'; av. 1292] s. m. *1* Stato d'animo che riflette un sentimento di paura o di ansia provocato da un male imminente, vero o creduto tale, e al quale ci si vorrebbe sottrarre: *vivere in continuo t.*; *avere t. degli esami* | Preoccupazione, turbamento: *i tuoi timori sono irragionevoli*. CFR. -fobo, -fobia. SIN. Apprensione, trepidazione. *2* Rispetto, soggezione: *aver t. dei più anziani* | ***T. filiale***, rispetto dovuto ai genitori | ***T. di Dio***, uno dei sette doni dello Spirito Santo | ***Essere senza t. di Dio***, non avere rispetto del prossimo, essere senza scrupoli | ***T. reverenziale***, quello che si prova nei confronti di persone dalle quali si dipende o che hanno un maggiore ascendente. || **timorétto**, dim. | **timorino**, dim. | **timorùccio**, dim.

timorése A agg. ● Di Timor, isola dell'Indonesia. B s. m. e f. ● Abitante, nativo di Timor.

timoróso o †**temoróso** [da *timore*; av. 1294] agg. *1* Che è pieno di timore, di paura | Che rivela timore: *una risposta timorosa* | (*raro*) Timido. *2* †Che dà paura. || **timorosamènte**, avv. Con timore; timidamente.

timpa ● V. *tempa*.

timpanàto [1961] agg. ● (*arch.*) Che è fornito di timpano.

timpaneggiàre [fr. *tympaniser*, da *tympan* 'timpano'; av. 1494] v. intr. (*io timpanéggio*; aus. *avere*) ● (*raro*) Suonare il timpano.

timpànico [1829] agg. (pl. m. *-ci*) ● (*med.*) Del timpano, del timpanismo.

timpanismo [da *timpano* per la turgidezza dell'addome; 1905] s. m. *1* (*med.*) Suono chiaro, prodotto con la percussione su cavità piene d'aria. *2* (*med.*) Distensione della parete addominale provocata dall'accumulo di gas nella cavità peritoneale o in una parte del tratto gastrointestinale.

timpanista [av. 1686] s. m. e f. (pl. m. *-i*) ● Chi suona il timpano.

timpanìte [vc. dotta, lat. tardo *tympanīte(n)*, dal gr. *tympanítēs*, per il ventre teso come un timpano (*týmpanon*); 1494] s. f. *1* (*med.*) Infiammazione del timpano e della cassa timpanica | (*anat.*) Complesso della membrana e della cassa timpanica. *2* (*med., veter.*) Meteorismo intestinale.

tìmpano [vc. dotta, lat. *tympanu(m)*, dal gr. *týmpanon*, di orig. indeur.; sec. XII] s. m. *1* (*anat.*) Membrana che chiude il condotto uditivo esterno, separandolo dall'orecchio medio | ***Rompere i timpani***, (*fig.*) assordare con un forte rumore | (*fam.*) ***Essere duro di timpani***, sentirci poco | (*anat.*) Complesso della membrana e della cassa timpaniche. ➡ ILL. p. 2126 ANATOMIA UMANA. *2* (*mus.*) Strumento a percussione che consta di un vaso emisferico di lamina di rame, sulla cui bocca è tesa una pelle che si picchia con due mazzuoli, presente nelle grandi orchestre spec. in numero di tre | (*lett.*) Tamburo: *l'alto rumor de le sonore trombe / de' timpani e de' barbari stromenti* (ARIOSTO). ➡ ILL. **musica**. *3* (*arch.*) Spazio triangolare o mistilineo, compreso tra la cornice e i due spioventi del frontone | Muratura sovrapposta a un arco o volta in corrispondenza delle fronti. ➡ ILL. p. 2116, 2117, 2118 ARCHITETTURA. *4* †Ciascuno dei due fondi della botte. || **timpanèllo**, dim. | **timpanétto**, dim.

tina [lat. *tīna(m)*, di etim. incerta; av. 1292] s. f. ● (*dial.*) Tino, nel sign. di *tino* (*1*) | (*mar.*; *disus.*) ***T. da catrame***, recipiente di legno dove si conserva il catrame | ***T. da manovra***, gabbia in legno di forma ellittica per coglierví le manovre correnti quando le vele sono serrate. || **tinèlla**, dim. (V.).

tinàia [av. 1574] s. f. ● Locale destinato alla pigiatura e alla fermentazione del mosto nei tini.

Tinamifórmi [comp. del n. caraibico dell'uccello *tina* e del pl. di *-forme*; 1961] s. m. pl. (sing. *-e*) ● Nella tassonomia animale, ordine di Uccelli di media grandezza con sterno carenato, ali corte arrotondate, corridori, cattivi volatori (*Tinamiformes*).

tìnca [lat. tardo *tĭnca(m)*, di etim. incerta; 1303] s. f. *1* Pesce d'acqua dolce dei Cipriniformi con pelle ricca di ghiandole mucose, verde scurissima che popola stagni ed ambienti a fondo melmoso (*Tinca tinca*). ➡ ILL. **animali**/6. *2* (*anat.*) ***Muso di t.***, porzione del collo uterino che sporge in vagina. *3* (*teat., gerg.*) Parte che richiede lunga presenza in scena all'attore che la sostiene, ma che ha scarso peso sull'azione. || **tincàccia**, pegg. | **tinchétta**, dim. | **tinchettina**, dim. | **tinchina**, dim. | **tincolina**, dim. | **tincolino**, dim. m.

tincóne [da *tinca*, secondo un passaggio semantico non chiarito; sec. XV] s. m. *1* (*med., raro*) Adenite inguinale. *2* (f. *-a*) (*pop., tosc.*) Persona fastidiosa.

tindalizzazióne [dal n. del fisico ingl., che propugnò il nuovo metodo, J. *Tyndall* (1820-1893); 1929] s. f. ● Metodo di sterilizzazione frazionata, applicato a quei materiali che si alterano a temperature elevate, consistente nel riscaldare il materiale in esame più volte a una temperatura di 60-70 °C.

tinèlla [dim. di *tina*; sec. XV] s. f. ● Piccolo tino di legno usato nei frantoi per il trasporto delle olive: *il fabbro di canestre e di tinelle* (D'ANNUNZIO).

tinèllo [sec. XIII] s. m. *1* Dim. di *tino* (*1*). *2* Piccolo tino per il trasporto dell'uva sui carri durante la vendemmia. *3* Stanza ove mangiavano in comune i servitori delle case signorili | †***Avere il t.***, il vitto gratuito | †***A tutto t.***, spesato di tutto. *4* Saletta da pranzo adiacente alla cucina | Salottino di soggiorno e di ricevimento. || **tinellino**, dim.

tìngere o †**tignere** [vc. dotta, lat. *tĭngere*, di orig. indeur.; sec. XIII] A v. tr. (pres. *io tingo, tu tingi*; pass. rem. *io tinsi, tu tingésti*; part. pass. *tinto*) (q.c; qlco. + *di*, + *con*) *1* Far diventare qlco. di colore diverso dall'originario: *t. un vestito di nero*; *t. il legno con l'anilina*; *tingersi i capelli, i baffi*; *tingersi le labbra col rossetto*. *2* (*raro*) Macchiare, insudiciare (*anche fig.*): *tingersi le mani d'inchiostro*; *e di crudele immagine / la tua bellezza tinse* (PARINI) | (*est., poet.*) Bagnare. *3* (*lett.*) Colorare: *la timidezza gli tinge le guance di rossore*; *l'alba tinge il cielo di rosa*. B v. rifl. ● Darsi il belletto, il rossetto, il cosmetico per le ciglia | Tingere i capelli. SIN. Dipingersi. C v. intr. pron. (+ *di*) *1* Prendere naturalmente un determinato colore: *il cielo si tinge di rosso* | ***Tingersi di rossore***, arrossire. SIN. Colorarsi. *2* (*fig.*) Assumere una particolare sfumatura, risonanza, detto di sentimenti, stati d'animo: *il dolore si tingeva di rassegnazione*. *3* (*assol.*) (*raro*) Macchiarsi, insudiciarsi: *tingersi, toccando una vernice*. D v. intr. (aus. *avere*) ● (*pop.*) Macchiare, spandendo colore: *una penna che tinge*; *tessuto che tinge*.

tingitùra [sec. XIII] s. f. ● (*raro*) Operazione del tingere.

tinnànte [part. pres. di (*tin*)*tinnare*; 1901] agg. ● (*poet.*) Tintinnante.

tinniènte [av. 1907] part. pres. di *tinnire*; anche agg. ● Nel sign. del v.

tinnire [vc. dotta, lat. *tinnīre*, di orig. onomat.; 1878] v. intr. (*io tinnisco, tu tinnisci*; aus. *avere*) ● (*lett.*) Squillare, tintinnare, risuonare.

tinnito [vc. dotta, lat. *tinnītu(m)*, part. pass. di *tinnīre*; 1476] s. m. ● (*lett.*) Tintinnio: *era nel cielo un pallido t.* (PASCOLI).

tìnnulo [vc. dotta, lat. *tĭnnulu(m)*, da *tinnīre*; av. 1729] agg. ● (*lett.*) Squillante, risonante.

♦**tino** (**1**) [vc. dotta, lat. *tīnu(m)*, di etim. incerta; 1284] s. m. (pl. *tini*, m., pop. tosc. †*tina*, f.) *1* Grande recipiente in legno per la fermentazione del mosto. CFR. Vasca | ***T. madre***, che fornisce il lievito necessario all'inizio della fermentazione nei tini successivi | ***T. con peducci***, posato su travi | ***Vendere al t.***, vendere il mosto appena si svina. ➡ ILL. **vino**. *2* Vasca nella quale si fanno le tinture | ***Tintura al t.***, uno dei vari procedimenti per tingere filati o tessuti eseguito con coloranti, derivati spec. dall'indaco e dall'antrachinone, che richiedono di essere disciolti mediante riduzione chimica con idrosolfito e soda caustica. *3* Ampia vasca, in generale in mattoni smaltati, in cui si tiene la pasta greggia nelle cartiere. *4* Parte superiore troncoconica dell'altoforno nella quale viene introdotto il minerale. || **tinèllo**, dim. (V.).

tino (**2**) [vc. dotta, lat. *tīnu(m)*, tratto da *tīna*; 1499] s. m. ● Arbusto delle Caprifogliacee affine al viburno, sempreverde, coltivato nei boschetti e nelle siepi (*Viburnum tinus*).

tinòzza [da *tino* (*1*) con suff. accr. d'aspetto merid.; av. 1529] s. f. *1* Tino basso, più largo che alto. ➡ ILL. **vino**. *2* Recipiente in ferro smaltato o marmo, in forma di basso tino, usato un tempo come vasca da bagno.

tinsi ● V. *tingere*.

tinta [lat. *tĭncta(m)*, propr. part. pass. f. di *tĭngere*; av. 1237] s. f. *1* Materia con la quale si tinge o si colorisce: *scatola con le tinte*; *dare una mano di t. al muro* | ***T. per le scarpe***, vernice, tintura. SIN. Colore. *2* Colore assunto da qlco. in seguito a tintura: *quel mobile ha preso una tinta troppo cupa* | ***Mezza t.***, sfumatura non ben definita, fra le tinte più chiare e le più scure | ***In t. unita***, tutto di un colore | (*est.*) Colore: *una bella t.*; *una t. calda* | (*est.*) Colore naturale: *la t. del cielo, del mare, dei capelli* | ***La t. della carnagione***, il colorito. *3* Tratto, tocco, colorito di una composizione letteraria: *un racconto dalla t. malinconica* | Maniera di presentare la narrazione, il resoconto di un fatto: *raccontò l'accaduto con tinte molto suggestive* | ***Calcare, attenuare le tinte***, (*fig.*) esagerare, attenuare l'importanza o la gravità di un fatto | ***A forti tinte***, (*fig.*) con notevoli effetti di drammaticità | ***A fosche tinte***, (*fig.*) in modo pessimistico. *4* (*fig., fam.*) Tipo, qualità: *ce n'è di tutte le tinte* | (*raro*) Apparenza. *5* †Tintoria: *giunse alla t., dov'era il suo albergo* (SACCHETTI). *6* †Foglietta metallica colorata che veniva messa nel castone sotto le gemme per aumentare il colore e la lucentezza. || **tintàccia**, pegg. | **tintarèlla**, dim. (V.) | **tinterèlla**, dim.

tintarèlla [av. 1850] s. f. *1* Dim. di *tinta*. *2* (*fam.*) Abbronzatura.

tinteggiàre [1831] v. tr. (*io tintéggio*) ● Colorire qua e là con la tinta o con diverse tinte.

tinteggiatóre [da *tinteggiare*; 1961] s. m. (f. *-trice*) ● Operaio addetto alla tinteggiatura di pareti. SIN. Imbianchino.

tinteggiatùra [1937] s. f. ● Il tinteggiare | Coloritura di pareti intonacate, esterne o interne, di un edificio.

†tintillàno [perché panno *tinto* quand'era ancora in *lana*, prima della tessitura; 1353] s. m. ● Panno fine, la cui lana veniva tinta ancora in filo.

tin tin /tin'tin/ o **tintin** [reduplicazione onomat.; 1321] A inter. ● Riproduce il suono argentino di un campanello o quello di un oggetto metallico, di vetro e sim. che, percosso, emette leggeri suoni squillanti: *come orologio che ne chiami / … / tin tin sonando con sì dolce nota* (DANTE *Par.* X, 139-143). B in funzione di s. m. ● Il suono stesso: *il tin tin della campanella*; *i bicchieri di cristallo fecero un tin tin*.

tintinnàbolo o †**tintinnàbulo** [lat. *tintinnābulu(m)*, da *tintinnāre*; sec. XIV] s. m. ● Presso i Romani, campanello, squilla.

tintinnaménto [1585] s. m. ● (*raro*) Il tintinnare.

tintinnànte [1336 ca.] part. pres. di *tintinnare*; anche agg. ● Che tintinna: *salvadanaio t.*

tintinnàre [vc. dotta, lat. *tintinnāre*, affine a *tinnīre*; av. 1494] v. intr. (aus. *essere* e *avere*) ● Squillare, risuonare con brevi colpi staccati: *far t. un campanello*.

tintinnìo [av. 1729] s. m. ● Un tintinnare continuato: *un insistente t. di campanelli*.

tintinnìre [1532] v. intr. (*io tintinnisco, tu tintinnisci*; aus. *essere* e *avere*) ● (*lett.*) Tintinnare.

tintìnno [vc. dotta, lat. tardo *tintĭnnu(m)*, da *tintinnāre*; 1321] s. m. *1* Il tintinnare | Suono, risonanza: *un t. di corde*. *2* †Rumore.

†tintintò [ripetizione sillabica a carattere onomat.] A inter. ● Riproduce il suono lugubre delle campane. B anche in funzione di s. m.: *il triste t. del vespero*.

tinto [av. 1257] A part. pass. di *tingere*; anche agg. *1* Colorato | Sporco, imbrattato. *2* (*est.*) Che ha assunto un dato colore: *un cielo t. di rosso* | (*fig., lett.*) Venato: *reminiscenze tinte di nostalgia*. *3* †Oscuro, nero. B s. m. ● †Tintura.

tintóre [lat. *tinctōre(m)*, da *tĭnctus* 'tinto'; 1319] s. m. (f. *-tora*) ● Addetto alla tintura di tessuti o pelli | Gestore di una tintoria. || **tintorèllo**, dim. | **tin-**

torétto, dim. | **tintorùccio**, dim.

tintorìa [da *tintore*; sec. XIV] s. f. *1* Stabilimento industriale o laboratorio in cui si tingono fibre tessili, stoffe, pelli e sim. | Negozio che provvede alla pulitura e alla stiratura di abiti. *2* Tecnica e attività del tingere.

tintoriàle [fr. *tinctorial*, dal lat. *tinctōrius* 'tintorio'; 1884] agg. ● Di, relativo a, tintura.

tintòrio [vc. dotta, lat. *tinctōriu(m)*, da *tĭnctus* 'tinto'; 1670] agg. ● Della tintura: *arte, industria, tecnica tintoria* | Che serve a tingere: *sostanza tintoria* | ***Piante tintorie***, quelle che forniscono essenze atte a tingere stoffe, pelli, alimenti, come il campeggio, l'indaco, la robbia, lo zafferano.

tintùra [lat. *tinctūra(m)*, da *tĭnctus* 'tinto'; av. 1292] s. f. *1* Operazione del tingere; la colorazione ottenuta: *procedere alla t. di una stoffa; la t. dei capelli è riuscita male* | Tecnica del tingere: *studiare la t. delle pelli* | (*fig.*; *disus.* o *lett.*) Conoscenza superficiale, infarinatura. *2* Sostanza, materia per tingere: *t. per le scarpe, per i capelli.* *3* Preparazione medicinale liquida ottenuta con estrazione dei principi attivi dalle droghe mediante liquidi diversi: *t. alcolica, acquosa* | ***T. di iodio***, soluzione alcolica di iodio, impiegata spec. come antisettico. *4* (*raro*) Colore della cosa tinta: *una t. rossa* | (*est.*) †Tinta, colore. *5* (*fig.*) †Modificazione, alterazione portata a un racconto | †Impressione prodotta nell'animo dall'educazione: *... non esser possibile levargli quella t. della tirannide* (CASTIGLIONE).

tio- [dal gr. *théion* 'zolfo'] primo elemento ● In parole composte della terminologia scientifica, spec. della chimica, indica presenza di zolfo, o fa comunque riferimento allo zolfo: *tiosolfato, tiosolforico.*

tioàcido [comp. di *tio-* e *acido*; 1895] s. m. ● (*chim.*) Acido in cui uno o più atomi di ossigeno sono stati sostituiti da atomi di zolfo.

tiobarbitùrico [comp. di *tio-* e *barbiturico*; 1980] **A** agg. (pl. m. *-ci*) ● Detto di acido che si ottiene dall'acido barbiturico per sostituzione di un atomo d'ossigeno con uno di zolfo e dei composti da esso derivati. **B** s. m. ● Composto derivato dall'acido tiobarbiturico con proprietà anestetiche rapide e di breve durata.

tiofène [comp. di *tio-*, dell'iniziale di *f(enile)* e del suff. chim. *-ene*; 1957] s. m. ● (*chim.*) Composto eterociclico pentatomico contenente zolfo, simile al benzene col quale si accompagna nei petroli, sintetizzato da acetilene e zolfo, usato per la preparazione di diversi composti terapeutici.

tiògeno [comp. di *tio-* e *-geno*; 1961] agg. ● (*chim.*) Detto di alcuni coloranti allo zolfo: *bruno, nero, porpora, violetto t.*

tiònico [comp. di *tio-* e *(io)nico (3)*; 1875] agg. (pl. m. *-ci*) ● Detto di acido dello zolfo con numero variabile di atomi di zolfo.

tiòrba o †**teòrba** [etim. incerta; 1585] s. f. ● (*mus.*) Strumento simile al liuto, con doppio manico e sino a quattordici paia di corde di metallo da pizzicarsi con un plettro, tipico del XVI sec.

tiorbìsta [1745] s. m. e f. (pl. m. *-i*) ● Suonatore di tiorba.

tiosolfàto [comp. di *tio-* e *solfato*; 1895] s. m. ● (*chim.*) Sale o estere dell'acido tiosolforico | ***T. di sodio***, usato come sbiancante, come mordente, nella fabbricazione di coloranti, nell'analisi chimica, come fissatore in fotografia.

tiosolfòrico [comp. di *tio-* e *solforico*; 1895] agg. (pl. m. *-ci*) ● (*chim.*) Detto di acido instabile in soluzione derivante dall'acido solforico per sostituzione di un atomo di ossigeno con uno di zolfo.

tiourèa [comp. di *tio-* e *urea*; 1961] s. f. ● (*chim.*) Molecola con struttura chimica simile all'urea da cui differisce per sostituzione dell'atomo di ossigeno con uno di zolfo.

tiourèico [1980] agg. (pl. m. *-ci*) ● (*chim.*) Detto di derivato della tiourea.

tipàccio [pegg. di *tipo*; 1955] s. m. (f. *-a*) ● Individuo losco, poco raccomandabile: *nei vicoli del vecchio quartiere circolavano certi tipacci.*

tipi [vc. indigena degli Indiani d'America; 1929] s. m. inv. ● (*antrop.*) Tepee.

-tipìa [gr. *-typía*, elemento compositivo deriv. da *týpos* 'tipo'] secondo elemento ● In parole composte, indica un determinato procedimento di stampa specificato dal primo componente: *cromotipia, zincotipia.*

tipicità [1933] s. f. ● Caratteristica, condizione di ciò che è tipico: *la t. di una frase; la t. di un vino; la t. di una figura giuridica.* SIN. Peculiarità.

tipicizzàre [da *tipico*; 1950] v. tr. ● (*raro*) Tipizzare.

♦**tìpico** [vc. dotta, lat. tardo *tўpicu(m)*, dal gr. *typikós*, agg. di *týpos* 'tipo'; av. 1574] agg. (pl. m. *-ci*) *1* Che contraddistingue un tipo, una persona o una cosa: *espressione tipica; una tua reazione tipica* | (*est.*) Esemplare: *caso t.* SIN. Caratteristico. *2* Che può valere da tipo essendo conforme a un tipo o avendone le caratteristiche: *gesto t.; carattere t.* | (*est.*) Caratteristico di un determinato luogo o regione: *costume t.; prodotti tipici; cucina tipica; vino t.* *3* (*dir.*) Di figura giuridica specificamente prevista dalla legge. *4* Figurativo, simbolico | ***Fatti tipici***, dell'Antico Testamento come prefigurazioni di quelli del Nuovo | ***Agnello t.***, simbolo di Gesù. || **tipicaménte**, avv. *1* In modo tipico: *espressione tipicamente familiare.* *2* †Figurativamente.

tipificàre [comp. di *tipo* e *-ficare*; 1957] v. tr. (*io tipìfico, tu tipìfichi*) ● (*raro*) Tipizzare.

tipizzàre [1912] v. tr. ● Rendere conforme a un tipo | Standardizzare.

tipizzazióne [1941] s. f. ● Il tipizzare | Standardizzazione.

♦**tipo** [vc. dotta, lat. *tўpu(m)*, dal gr. *týpos*, di orig. indeur.; av. 1416] **A** s. m. *1* Segno impresso, impronta, conio: *il t. di una moneta, di una medaglia.* *2* Modello, esemplare, campione (*anche iron.*): *il primo t. di caldaia a vapore; il vero t. del gentiluomo; il t. perfetto del furfante* | Genere, in relazione al prezzo e alle caratteristiche, detto di prodotto in vendita: *un t. elegante di soprabito; merce di tutti i tipi; un t. molto costoso* | Specie: *gente del suo t.* | ***Di, sul t. di***, simile a | (*ellitt.*) Che riproduce le caratteristiche di un determinato prodotto: *una borsa t. pelle* | ***Confezione t. famiglia***, che può soddisfare i bisogni di molte persone | (*ellitt., fam.*) Come, come se fosse; ad esempio: *una cantante t. la Callas; vediamoci t. giovedì.* *3* Forma esemplare a cui, per avere caratteri comuni, si possono ricondurre i singoli con le loro varietà: *il t. mongolo; i vari tipi africani* | Fisionomia caratteristica: *il t. della razza* | ***T. costituzionale***, biotipo | Schema ideale, esemplificazione di una categoria di persone o cose: *il t. del seduttore.* *4* Rappresentazione artistica di un carattere o un personaggio che tenga conto solo di particolari elementi anche comuni ad altri individui: *i tipi del teatro popolare.* *5* (f. *-a*) (*est.*) Persona originale, singolare o bizzarra: *che t.!; proprio lei ha il coraggio di farmi questa domanda!... bel t.!* (MORAVIA) | ***Un t.***, un tale | ***Essere un t.***, avere una personalità originale e manifestarla spec. attraverso il modo di vestire, di muoversi, di atteggiarsi | ***T. da spiaggia***, (*scherz.*) che si veste, si comporta, parla e sim. in modo stravagante, eccentrico. *6* Suddivisione della sistematica zoologica e botanica che raggruppa classi fra loro affini. *7* (*raro*) Simbolo, figura: *l'agnello è t. di Gesù.* *8* (*spec. al pl.*) Caratteri tipografici: *i tipi bodoniani.* || **tipàccio**, pegg. (V.) | **tipètto**, dim. | **tipino**, dim. **B** in funzione di agg. inv. ● (posposto al s.) Che può fungere da esemplare, da campione: *una risposta t.* | Tipico, medio: *famiglia t.; reddito t.*

tipo-, -tipo [gr. *týpos* 'tipo' (V.)] primo o secondo elemento ● In parole composte, significa 'stampo', 'matrice' (*dagherrotipo*; *tipografia*) o 'esemplare', 'modello' (*archetipo, biotipo, prototipo*; *tipologia*).

tipoauxìa [comp. di *tipo-* e un deriv. del gr. *áuxein* 'aumentare' (V. *auxina*)] s. f. ● Accrescimento somatico regolare o che riguarda il tipo medio.

tipocomposizióne [comp. di *tipo(grafico)* e *composizione*] s. f. ● Composizione tipografica.

tipòfono [comp. del gr. *týpos* 'colpo' e *-fono*] s. m. ● (*mus.*) Celesta.

tipografìa [comp. di *tipo-* e *-grafia*; 1598] s. f. *1* Primo e più antico sistema di stampa, in cui gli elementi stampanti sono in rilievo. *2* Stabilimento in cui si stampa con questo sistema.

tipogràfico [1669] **A** agg. (pl. m. *-ci*) ● Che concerne la tipografia: *carattere t.* **B** s. m. ● Il settore dell'industria tipografica: *il fatturato del t.* || **tipograficaménte**, avv. Dal punto di vista tipografico.

♦**tipògrafo** [comp. di *tipo-* e *-grafo*; 1598] s. m. (f. *-a*) *1* Chi stampa con il sistema tipografico. *2* Operaio di una tipografia.

tipolitografìa [comp. di *tipo(grafia)* e *litografia*; 1940] s. f. ● Laboratorio di tipografia attrezzato anche per la stampa litografica.

tipologìa [comp. di *tipo-* e *-logia*; 1936] s. f. *1* Studio della classificazione e descrizione dei diversi tipi di un genere, spec. quello umano | ***T. linguistica***, studio dei sistemi linguistici condotto allo scopo di classificare le varie lingue secondo diversi tipi strutturali. *2* Studio dei tipi e (*est.*) di tutti i componenti grafici di uno stampato. *3* Nell'esegesi biblica, spec. medievale, lettura dei fatti e personaggi del Vecchio Testamento come prefigurazioni del Nuovo.

tipològico [1954] agg. (pl. m. *-ci*) ● Della tipologia, relativo alla tipologia. || **tipologicaménte**, avv.

tipometrìa [comp. di *tipo-* e *-metria*; 1961] s. f. ● Scienza che studia le misure tipografiche.

tipòmetro [comp. di *tipo-* e *-metro*; 1925] s. m. ● Strumento di misura graduato in righe tipografiche.

tip tap /tip'tap/ o **tippe tàppe** nei sign. A e B 1, **tippete tàppete** nei sign. A e B 1 [di orig. imit. con alternanza di vocale; 1943] **A** loc. inter. ● Riproduce il suono ritmico e secco che si produce tamburellando con le dita sopra qlco. o saltellando. **B** loc. sost. m. inv. *1* Il suono stesso. *2* Danza moderna di origine irlandese importata in America verso la metà dell'Ottocento, caratterizzata dalla percussione ritmica e alternata della punta e del tacco delle scarpe, appositamente rivestite di placchette metalliche.

tiptologìa [comp. di un deriv. del gr. *týptein* 'battere', di orig. indeur., e *-logia*; 1905] s. f. *1* Serie di colpi battuti sul muro usati come linguaggio dai carcerati. *2* Metodo di interpretazione dei colpi battuti dagli spiriti sul tavolino nelle sedute spiritiche.

tiptològico [1904] agg. (pl. m. *-ci*) ● Che riguarda la tiptologia: *linguaggio t.*

tip top® /tip'tɔp, *ingl.* 'tɪp 'tɒp/ [vc. ingl. 'superlativo, eccellente', comp. di *tip* 'punta' e *top* 'cima, sommità' (entrambe d'orig. germ.); 1973] loc. sost. m. inv. ● Contenitore in cartone rinforzato per pratiche d'ufficio.

tìpula [vc. dotta, lat. *ti(p)pŭl(l)a(m)*, connesso col gr. *tiphē* 'ragno d'acqua', di etim. incerta; 1499] s. f. ● Insetto dei Nematoceri con ampie ali che vive in zone umide e le cui larve rodono radici e pianticelle varie (*Tipula oleracea*). SIN. Zanzarone degli orti.

TIR o **Tir** [sigla fr. di *T(ransports) I(nternationaux) R(outiers)* 'Trasporti Internazionali Stradali'; 1970] s. m. inv. ● Grande autotreno o autoarticolato abilitato e adibito al trasporto internazionale di merci.

†**tìra** [da *tirare*; av. 1348] s. f. ● Gara, controversia.

tirabàci [comp. di *tira(re)* e il pl. di *bacio*; 1887] s. m. inv. ● Ricciolo piatto che ricade sulla fronte o su una gota, nelle acconciature femminili.

tirabòzze [comp. di *tira(re)* e il pl. di *bozza*; 1925] **A** s. m. inv. ● Torchietto o macchinetta piano-cilindrica, azionati a mano e usati per ottenere bozze di una composizione tipografica. **B** s. m. e f. inv. ● Chi è addetto alla stampa delle bozze.

tirabràce [comp. di *tira(re)* e *brace*; 1831] s. m. inv. ● Ferro ricurvo per levare la brace dal forno.

tirabusciò [adattamento del fr. *tire-bouchon*, propr. 'cavatappi (*bouchon*)', da *tirer* 'tirare' e *boucher* nel senso di 'chiudere con un mazzo di erba o paglia'; av. 1793] s. m. ● (*pop.*) Cavatappi, sturabottiglie.

tiracampanèllo [comp. di *tira(re)* e *campanello*; 1868] s. m. ● Elegante striscia di stoffa con cui nei salotti si tirava la corda del campanello.

tiracatèna [comp. di *tira(re)* e *catena*; 1940] s. m. inv. ● Tendicatena.

tira e mòlla ● V. *tiremmolla.*

tiràfilo [comp. di *tira(re)* e *filo*; 1983] **A** s. m. ● Nella macchina da cucire, dispositivo per il trascinamento del filo del rocchetto. **B** anche agg. inv.: *leva t.*

tirafóndo [comp. di *tira(re)* e *fondo*; 1840] s. m. ● Vite che fissa un oggetto su una base di legno: *fissare la morsa al banco con tirafondi.*

tirafórme [comp. di *tira(re)* e il pl. di *forma*; 1940] s. m. inv. ● Asticciola metallica a forma di T che serve per togliere le forme dalle scarpe.

tiràggio [adattamento del fr. *tirage*, da *tirer* 'tirare'; 1853] s. m. *1* Movimento continuo dell'aria necessaria alla combustione che entra nel focolare e dei fumi che escono dal camino | ***T. naturale***, per differenza di densità tra i fumi caldi e l'aria esterna | *T. forzato, meccanico*, provocato da ventilatori. *2* Compenso pagato al noleggiatore che provvede con mezzi propri all'estrazione delle merci dalla stiva. *3* (*econ.*) Prelievo valutario presso il Fondo Monetario Internazionale. *4* (*fot.*) Distanza tra il piano pellicola e l'attacco per l'innesto degli obiettivi intercambiabili in una macchina fotografica.

tiralàtte [comp. di *tira(re)* e *latte*; 1961] **A** s. m. inv. ● Dispositivo per estrarre il latte alla puerpera quando ve ne sia in eccesso o il neonato non sia in grado di succhiarlo. **B** anche agg. inv.: *pompetta t.*

tiralìnee [comp. di *tira(re)* e del pl. di *linea*; av. 1683] s. m. inv. ● Piccolo strumento d'acciaio con due punte sottilissime, che, intinte d'inchiostro e regolate con un'apposita vite, permettono di tirare linee più o meno sottili sulla carta | ***Compasso a t.***, che ha un tiralinee in luogo di un'asta.

tiralìngua [comp. di *tira(re)* e *lingua*; 1973] agg. inv. ● Detto di strumento chirurgico usato per trattenere la lingua: *pinza t.*

tiralòro [da dividersi *tira l'oro*, comp. di *tira(re)* e *oro*; av. 1584] s. m. e f. inv. ● Chi riduce in fili oro, argento e sim.

tiramènto [sec. XIV] s. m. *1* (*raro*) Il tirare. *2* (*est.*, *volg.*, *raro*) Eccitazione sessuale | (*est.*) Desiderio intenso e capriccioso, uzzolo.

tiramisù o **tirami su** [comp. dell'imperativo di *tirare*, *mi* e *su* prob. con allusione alle virtù corroboranti dell'uovo sbattuto; 1980] s. m. inv. ● Dolce a base di pan di Spagna intriso di caffè e farcito con mascarpone mescolato a uova, zucchero e panna montata, il tutto ricoperto da un velo di cioccolato in polvere e servito freddo.

tira mòlla ● V. *tiremmolla*.

tiramòlla ● V. *tiremmolla*.

tiramòlle [comp. di *tira(re)* e il pl. di *molla*; 1833] s. m. inv. ● Piccolo strumento di ferro col quale mediante una vite di pressione si comprimono e tengono ravvicinate le due branche del mollone maggiore dell'acciarino o di altra molla simile che si debba smontare.

†**tirannànzi** [comp. di *tira(re)* e *(i)nnanzi*; av. 1621] s. m. inv. ● Araldo, alfiere, guida.

†**tirannàre** [da *tiranno*; av. 1348] v. tr. e intr. ● Tiranneggiare: *voler esser signori e t.* (VILLANI).

tiranneggiamènto [1716] s. m. ● (*raro*) Il tiranneggiare, il venire tiranneggiato.

tiranneggiàre [da *tiranno*; 1342] **A** v. tr. (*io tiranéggio*) ● Governare da tiranno | (*est.*) Imporsi sugli altri, limitandone in qualche modo la libertà e la personalità e trattandoli con eccessiva durezza: *t. gli inferiori*; *t. la moglie*. **B** v. intr. (aus. *avere*) ● Esercitare il governo in modo tirannico | (*est.*) Comportarsi in modo tirannico, dispotico.

†**tirannerìa** [sec. XIV] s. f. ● Tirannia.

tirannésco [1312] agg. (pl. m. *-schi*) ● (*raro*, *spreg.*) Di tiranno: *allor che la mia tromba / canti le tirannesche ire disfatte* (CARDUCCI) | (*est.*) Che rivela crudeltà e durezza tirannica: *metodi tiranneschi*. || **tirannescaménte**, avv. (*raro*) In modo tirannesco.

tirannìa [gr. *tyrannía* 'potere di tiranno (*týrannos*)'; sec. XIII] s. f. *1* Governo del tiranno: *la t. di Pisistrato* | Dispotismo, tirannide | (*est.*) Autorità imposta con violenza e prepotenza: *liberarsi dalla t. del padre* | Atto tirannico: *questa è una vera t.* *2* (*fig.*) Elemento, fatto che obbliga a un determinato comportamento: *la t. dello spazio*; *la t. della rima limita la libertà del poeta* | Forza, potere irresistibile: *la t. del denaro*. *3* (*mar.*; *disus.*) Risacca, maretta in porto, riferita al continuo movimento che subiscono gli ormeggi.

tirannicìda [comp. di *tiranno* e *-cida*; 1521] **A** s. m. e f. (pl. m. *-i*) ● Chi uccide un tiranno. **B** agg. ● Che serve a uccidere un tiranno: *spada t.*

tirannicìdio [vc. dotta, lat. tardo *tyrannicīdiu(m)*, comp. di un deriv. di *tyrănnus* 'tiranno' e di un deriv. di *caedere* 'uccidere'; 1584] s. m. ● Uccisione di un tiranno.

tirànnico [vc. dotta, lat. *tyrănnicu(m)*, dal gr. *tyrannikós*, da *týrannos* 'tiranno'; av. 1348] agg. (pl. m. *-ci*) ● Di, da tiranno: *governo t.*; *autorità tirannica* | (*est.*) Crudele, prepotente e violento: *un uomo t.*; *contegno t.* || **tirannicaménte**, avv.

tirànnide [vc. dotta, lat. *tyrănnide(m)*, dal gr. *tyrannís*, da *týrannos* 'tiranno'; av. 1499] s. f. *1* Governo di un tiranno, spec. in riferimento alla Grecia classica. *2* (*lett.*) Governo tirannico, assoluto, dispotico: *quanto più per fuggire la t. si accostano alla licenzia, tanto più vi caggiono dentro* (GUICCIARDINI).

tirànno [vc. dotta, lat. *tyrănnu(m)*, dal gr. *týrannos*, termine proveniente dall'Asia Minore; 1308] **A** s. m. *1* Nella Grecia antica, chi si impadroniva di una città assumendo ogni potere civile e militare. *2* (f. *-a*) (*est.*) Chi raggiunge il potere con la violenza e lo esercita con dispotismo | (*est.*) Chi con prepotenza impone la propria autorità o la propria volontà limitando la libertà o la personalità altrui: *con i sottoposti è un t.* SIN. Despota. *3* (f. *-a*) (*fig.*) Elemento dominante e condizionatore di scelte, comportamenti, azioni: *l'ambizione è la sua tiranna*. *4* Piccolo passeraceo nordamericano con sul capo un ciuffetto erigibile di penne rosso vivo (*Tyrannus tyrannus*). || **tirannàccio**, pegg. | **tirannèllo**, dim. **B** in funzione di agg. *1* Dispotico, prepotente: *un padrone t.* *2* Che attira e tiene legato fortemente: *un amore t.*

tirannosàuro [comp. di *tiranno* e *sauro*, frequente nella comp. di n. di fossili; 1940] s. m. ● Gigantesco rettile carnivoro scomparso nel Cretaceo, con grosso cranio e forte dentatura (*Tyrannosaurus*). ➡ ILL. **paleontologia**.

tirànte [1622] **A** part. pres. di *tirare*; anche agg. ● Nei sign. del v. **B** s. m. *1* Striscia o sbarra e sim. che serve a fissare o a tenere unite due o più parti di oggetti, congegni, macchine o strutture mediante trazione. *2* (*arch.*) Elemento strutturale, rigido o flessibile, per sopportare carichi soltanto di trazione | Negli archi, asta tesa per sopportare la spinta orizzontale. *3* ***Tiranti del tamburo***, pezzetti di grossa pelle o cuoio con le testate in forma di staffa o di passante dove entra ciascuna addoppiatura angolare della fune e che, scorrendo, fanno aumentare la tensione delle pelli del tamburo. *4* (*mar.*) Tratto di cavo uscente dal paranco sul quale si applica la potenza | ***T. del fumaiolo***, venti del fumaiolo | ***T. di caldaia***, aste di ferro che, andando dalla faccia anteriore a quella posteriore della caldaia a tubi di fiamma, ne rinforzano la struttura | (*raro*) ***T. d'acqua***, pescaggio. *5* Striscia di pelle cucita nella parte posteriore di calzature che non è agevole sfilare o infilare: *i tiranti degli stivali*.

tiranterìa [da *tirante*; 1983] s. f. ● (*mecc.*) L'insieme dei tiranti e dei meccanismi che azionano il freno di un veicolo a motore.

tiraòlio [comp. di *tira(re via)* e *olio*; 1961] s. m. inv. ● Specie di ampolla a due becchi con funzionamento a sifone usata per togliere il leggero strato di olio che nei fiaschi e nelle damigiane ricopre il vino.

†**tirapèlle** [comp. di *tira(re)* e *pelle*; av. 1584] vc. ● (*raro*) Solo nella loc. avv. ***a t.***, a crepapelle, fino a scoppiare.

tirapièdi [comp. di *tira(re)* e il pl. di *piede*; 1857] **A** s. m. inv. ● Garzone e aiutante del boia che un tempo aveva il compito di tirare per i piedi gl'impiccati per abbreviarne l'agonia. **B** s. m. e f. inv. ● (*fig.*, *spreg.*) Chi è al servizio di un altro e ne asseconda ogni iniziativa per servilismo o allo scopo di ricavarne vantaggi | (*fig.*, *fam.*) Chi svolge mansioni modeste.

tirapròve [comp. di *tira(re)* e il pl. di *prova* (di stampa); 1966] s. m. e f. inv. *1* Tirabozze piano-cilindrico a mano, ma con tutte le caratteristiche d'una macchina da stampa normale, usato per veline, patinate e sim. | Macchina analoga per prove di stampa offset e rotocalco. *2* Operaio che stampa le copie di prova in fotoincisione e fotolitografia.

tirapùgni [comp. di *tira(re)* e il pl. di *pugno*; 1908] s. m. inv. ● Arma proibita formata da quattro anelli metallici uniti in modo da potervi infilare le dita per rendere più potente il pugno. SIN. Pugno di ferro.

♦**tiràre** [etim. incerta; av. 1250] **A** v. tr. **I** Esercitare una forza spec. su qlco. per modificarne le dimensioni, la forma o la posizione. *1* Portare verso di sé, o allontanare, le estremità di qlco. in modo da tenderla, allungarla, distenderla: *t. una corda, una molla*; *t. le redini*; *t. i capelli a qlcu.*; *t. le lenzuola prima di stirarle* | ***T. il collo a un pollo***, torcerne e tenderne il collo per ucciderlo | ***T. gli orecchi a qlcu.***, (*fig.*) rimproverarlo, ammonirlo | ***T. la cinghia***, (*fig.*, *fam.*) vivere in ristrettezze economiche, soffrire la fame | ***T. le cuoia***, (*fam.*) morire | ***T. un metallo***, allungarlo, assottigliarlo, con un martello o altro | ***T. i tessuti***, distendere le pezze sui valichi del tiratoio, per dare la giusta larghezza e lunghezza | (*mar.*; *disus.*) ***T. a disteso***, tesare | (*mar.*; *disus.*) ***T. a rovescio***, mollare | ***T. in lungo, per le lunghe***, far durare più del necessario, ritardare la conclusione di qlco. (*anche assol.*): *t. per le lunghe una discussione*; *terminate il lavoro senza t. in lungo* | ***T. l'alba, giorno, mattina***, fare le ore piccole | ***T. un filo, una corda***, tenderli | ***T. i fili, le fila di una situazione***, (*fig.*) mantenerne il controllo, facendola procedere nel modo voluto. *2* Muovere, portare verso di sé, nella propria direzione, restando fermi ed agendo su ciò che si vuole spostare: *t. un cassetto*; *t. la porta*; *chiudere un cancello tirando il catenaccio*; *t. qlcu. per il vestito*; *lo tirò a sé prendendolo per la giacca*; *t. il gatto per la coda*; *t. il campanello d'allarme* | ***T. le reti***, riunirne le estremità o raccoglierle dopo averle lanciate per pescare | ***T. i remi in barca***, (*fig.*) concludere un'attività o un periodo di vita attiva oppure desistere da un'impresa rischiosa o troppo ambiziosa | ***T. in secco un'imbarcazione***, tirarla sulla spiaggia | ***T. in secco una nave***, alarla su uno scalo | Far muovere lateralmente, per aprire o chiudere: *t. una tenda, una serratura*. *3* (*fig.*) Attirare, volgere verso di sé, attrarre: *un musetto che tira i baci*; *t. l'occhio, l'attenzione di qlcu.*; *verso Dio / tutti tirati sono e tutti tirano* (DANTE *Par.* XXVIII, 128-129) | ***T. gli schiaffi***, rendersi insopportabile per atteggiamenti sfrontati, sfacciati e sim. | ***Tirarsi addosso qlco.***, (*fig.*, *fam.*) procurarsi qualche guaio o attirare su di sé critiche, risentimenti e sim. | Esercitare un'influenza o una pressione sul pensiero, la volontà o il comportamento di qlcu.: *t. qlcu. a testimoniare a proprio favore*; *lo ha tirato alle sue conclusioni* | ***T. qlcu. dalla propria parte***, riuscire a conquistarne la simpatia, l'appoggio, il consenso | ***T. per la giacca***, (*fig.*) spec. nel linguaggio dei giornali, invitare in modo insistente qlcu. a fare una determinata scelta | ***T. l'acqua al proprio mulino***, (*fig.*) cercare di volgere ogni cosa a proprio vantaggio. *4* Far avanzare, muovere dietro di sé, agendo su ciò che si vuole spostare mentre si è in movimento: *t. una slitta, un rimorchio*; *la locomotiva tira le carrozze*; *i buoi tirano il carro* | ***T. la carretta***, (*fig.*) lavorare duramente, guadagnarsi da vivere con continua fatica | ***Tirarsi dietro qlco. o qlcu.***, trascinare qlco. dietro di sé o portare qlcu. con sé | ***T. qlcu. in un luogo***, farsi accompagnare o seguire in un luogo da qlcu. prima riluttante | ***T. qlcu. per i capelli***, (*fig.*) convincerlo con l'inganno o costringerlo a fare ciò che non vorrebbe | ***T. un ragionamento per i capelli***, (*fig.*) giungervi con sforzo o arbitrariamente, formularlo in modo capzioso | ***T. l'anima coi denti***, (*fig.*) reggersi in piedi a fatica, essere molto malato, debole e sim. | ***T. qlco. coi denti***, (*fig.*) sostenerla a stento, detto spec. di argomentazioni, ragionamenti, conclusioni | ***Una parola tira l'altra***, di discussioni troppo vivaci che possono far trascendere gli interlocutori o che sconfinano, senza un preciso motivo, in argomenti lontani dal principale. **II** Fare uscire da una determinata collocazione di luogo o di tempo, o da una situazione. *1* Spostare, far cessare di essere in un luogo o in una posizione: *t. indietro, a destra, a sinistra, di fianco*; *t. più avanti un mobile*; *tira più in là quel vaso*; *tirati giù la maschera* | ***T. qlcu. da parte***, mettersi a tu per tu con qlcu. per comunicargli qlco. di segreto o di riservato | ***T. su***, fare uscire, tirare fuori: *t. su l'acqua da una cisterna* | ***T., tirarsi su i capelli***, raccoglierli in cima alla testa | ***T. su qlcu.***, alzarlo, sollevarlo da terra; (*fig.*) aiutarlo a superare una crisi fisica, morale o economica | ***T. su un bambino***, allevarlo, dargli un'educazione | ***T. su col naso***, o (*assol.*) ***tirare su***, (*fam.*) aspirare l'aria col naso facendo rumore e cercando di trattenere il muco | ***T. la cocaina***, annusarla | ***T. su***, (*raro*, *fam.*) vomitare | ***T. giù***, fare scendere, abbassare; (*est.*) prendere qlco. che è posta in alto | ***T. giù qlcu. dal letto***, farlo alzare | ***T. giù un bicchiere, una bottiglia***, bere in pochi sorsi, in fretta | ***T. giù pugni, colpi***, picchiare, battere con violenza | ***T. avanti***, portare avanti, far procedere (*anche fig.*): *t. avanti la famiglia*; *t. avanti le trattative* | ***T. via***, portare via, togliere, asportare | ***T. via un lavoro***, eseguirlo in fretta e con scarsa cura | ***T. in ballo qlco.***, affrontare, in un discorso o in una discussione, un argomento estraneo o inappropriato | ***T. in ballo qlcu.***, farlo intervenire, farlo partecipare a qlco. o citarne le opinioni | ***T. di mano qlco. a qlcu.***, levargliela, strappargliela | ***T. fuori***, fare uscire, cavare, estrarre: *t. fuori uno di prigione*; *t. fuori una pistola* | (*fig.*) ***T. fuori scuse, pretesti***, addurli come giustificazione | (*est.*) Estrarre, scegliere in mezzo ad altri, fare uscire da un contenitore: *t. una scheggia da un piede*; *t. una carta dal mazzo*; *t. il portamonete dalla tasca*; *t. una spada dal fodero* | ***T. su i numeri***, estrarli in una lotteria, una tombola o nel gioco del lotto | ***T. a sorte***, sorteggiare, estrarre dall'urna. **2** Fare uscire, fare scendere spec. un liquido, dopo averlo succhiato o aspirato: *t. il latte*; *t. il vino dalla botte* | (*assol.*) Poppare: *il neonato tira lentamente* | ***T. l'acqua***, assorbirla rapidamente, detto di terreno arido | ***T. il fiato***, immettere aria nei polmoni o respirare; (*fig.*) sentirsi finalmente sollevato, avere un attimo di tranquillità | ***T. l'aria***, di stufe, camini e sim., avere un buon tiraggio | ***T. il gruppo*** o (*assol.*) *tirare*, spec. nel ciclismo, prendere la testa del gruppo e farne a ritmo sostenuto l'andatura | ***T. la volata a un compagno di squadra***, nel ciclismo, aiutarlo portandolo velocissimo dietro alla propria ruota fin in prossimità del traguardo | ***T. la volata a qlcu.***, (*fig.*) favorirlo, facilitargli il raggiungimento di un obiettivo. **3** Ricavare, ottenere, trarre qlco. da qlco.: *t. una nota da uno strumento*; *t. il sugo cuocendo la carne a fuoco lento* | ***T. una salsa***, aumentarne la concentrazione e la consistenza | ***Tirar partito da qlco.***, trarne vantaggio, saperne approfittare | ***T. le somme, i conti***, addizionare, fare i conti; (*fig.*) tirare le conclusioni | Trarre, dedurre, cogliere col ragionamento, l'osservazione, l'analisi, ecc.: *t. la conclusione di un discorso*; *t. le conseguenze*; *da tutto sa t. argomenti di discussione* | Rielaborare in un'idea o in un sistema concettuale elementi frutto di riflessione o di analisi: *t. una teoria*; *t. una morale*; *t. un sistema filosofico*. **4** (*pop.*) Riscuotere: *t. lo stipendio*; *t. una gratifica*; *Né io sono per anche un manzoniano / Che tiri quattro paghe per il lesso* (CARDUCCI). **5** Portare, far arrivare a una condizione: *t. a lucido un mobile* | ***T. a cera i pavimenti***, lucidarli con la cera | ***T. a sciroppo***, concentrare una soluzione zuccherata sino alla consistenza di uno sciroppo | ***T. al peggio***, (*fig.*) interpretare un fatto nel modo peggiore o travisare volutamente le parole di qlcu. | ***T. scemo qlcu.***, (*fam.*) frastornarlo, confonderlo. **III** Fare arrivare lontano usando la forza del braccio, strumenti o armi da lancio. **1** Lanciare, gettare, scagliare: *t. un sasso, la palla*; *t. in aria il berretto*; *t. una freccia con l'arco*; *t. una bomba*; *t. petali di fiori, coriandoli* | ***T. baci***, fare il gesto di inviarli con la punta delle dita | ***T. i dadi***, gettarli, giocando | ***T. moccoli, bestemmie, imprecazioni***, (*fig.*) dirne a profusione e in tono rabbioso | ***T. calci, pugni***, sferrarli | ***T. una fregatura***, (*volg.*) imbrogliare, raggirare. **2** Fare partire un colpo di arma da fuoco, fare esplodere, sparare (*anche assol.*): *t. una fucilata, una cannonata*; *t. a un bersaglio mobile*; *è una pistola che non tira molto bene* | (*est.*, anche *assol.*) ***T. in porta, a rete***, nel calcio, effettuare un tiro. **IV** Mettere, trasferire sulla carta linee, segni o figure, usando la scrittura, disegnando o stampando. **1** Tracciare, disegnare: *t. una linea*; *t. la perpendicolare, la bisettrice* | (*est.*) Tendere, fare assumere posizione sul terreno: *t. un cordone difensivo di militari* | (*fig.*) ***T. un piano***, costruirlo, elaborarlo. **2** Riprodurre con la tecnica della stampa: *t. le bozze di un libro*; *t. una litografia*; *t. molte copie di un negativo*; *t. dei manifestini col ciclostile* | (*est.*) Stampare, pubblicare: *di questo quotidiano viene tirata anche l'edizione della notte*; *l'autore ha deciso di t. solo poche copie numerate*. **B** v. intr. (aus. *avere*) **I** Muoversi in una direzione, avanzare verso qlcu. o qlco. **1** Procedere, proseguire | ***T. avanti***, seguitare a camminare senza curarsi di altro; (*fig.*) persistere in un'iniziativa, un proposito, un'azione | ***T. avanti a stento***, fare una vita grama, faticosa | ***Come va? Si tira avanti***, si procede alla meglio, si vive stentatamente | ***T. innanzi***, continuare nel proprio cammino senza tenere in considerazione persone, fatti o interventi esterni | ***T. di lungo***, andare avanti senza fermarsi | ***T. diritto***, continuare a percorrere la strada davanti a sé evitando le vie laterali; (*fig.*) tendere con decisione a uno scopo prestabilito | ***T. via***, (*raro*) abbandonare un luogo in tutta fretta; (*fig.*) cercare di portare a compimento qlco. evitando di impegnarsi eccessivamente, lasciar correre, finire in fretta. **2** (*fig.*) Tendere, mirare, aspirare a qlco., avere inclinazione per qlco.: *t. al bene, al male, a imbrogliare*; *non capisco a cosa tiri col suo comportamento*; *è uno che tira soltanto ai soldi* | ***T. a indovinare***, (*fam.*) dare a casaccio qualche risposta sperando che sia quella giusta | ***T. a campare***, cercare di vivere evitando di affannarsi, crearsi problemi e assumersi eccessive responsabilità; (*est.*) fare qlco. evitando di impegnarsi e di affaticarsi troppo. **3** Avvicinarsi, assomigliare, richiamare, detto spec. di colore: *un grigio che tira all'azzurro* | ***T. da qlcu.***, assomigliare fisicamente o nel carattere a qlcu.: *è un bambino che tira dalla madre*. **4** (*fam.*) Essere incline, propendere: *sappiamo per chi tira* | Minacciare, essere sul punto di: *tira a piovere* | Tendere, deviare: *lo sterzo di questa macchina tira a destra*. **II** Esercitare una forza, una trazione o una compressione (*anche fig.*). **1** Del vento, soffiare, spirare con forza: *oggi tira la tramontana*; *tira un'aria poco invitante* | ***Col vento, con l'aria che tira***, (*fam.*) coi tempi che corrono, vista la situazione. **2** Essere in grado di esercitare una trazione, detto di motori e sim.: *quest'auto non tira più in salita* | Richiedere uno sforzo di trazione, perché in salita o in forte pendenza: *una curva, una strada che tira*. **3** (*est.*, *volg.*) Essere in stato di eccitazione, detto di organo sessuale. **4** (*fig.*) Essere in piena efficienza, in espansione o incidere positivamente sullo sviluppo economico: *l'industria tira*; *il turismo tira bene*; *il mercato dell'auto tira ancora*. **5** Di indumento, stringere, premere, andare stretto: *la cintura tira*; *questa gonna tira sui fianchi*; *sei cresciuto di peso e i pantaloni ormai ti tirano* | Della pelle, essere eccessivamente tesa, facile a screpolarsi: *col freddo, la pelle del viso tira*. **6** (*fig.*) Ridurre le spese, cercare di risparmiare | ***T. sul prezzo***, contrattare, mercanteggiare | ***T. sulle spese***, cercare di spendere il meno possibile. **III** Usare un'arma che scaglia proiettili contro persone o animali: *t. col fucile, con l'arco, con la balestra*; *imparare a t.*; *saper t.*; *t. bene, male*; *t. alla schiena, alle gambe*; *t. alla selvaggina* | ***T. a fermo***, sparare a un animale immobile, non a volo o in corsa | ***T. all'alzata***, sparare appena un uccello si alza da terra | ***T. di accompagnatura***, seguire con la mira l'animale per un certo tempo | ***T. a polvere, a salve***, senza carica di piombo | ***T. di scherma, di boxe***, praticare la scherma, il pugilato | Avere una determinata gittata: *un fucile che tira a grande distanza*. **C** v. rifl. ● Cambiare stato, luogo, condizione: *tirarsi da parte* | ***Tirarsi in là***, scostarsi, mettersi da parte | ***Tirarsi su***, alzarsi; (*fig.*) sollevarsi, riprendersi fisicamente, moralmente o economicamente | ***Tirarsi indietro***, indietreggiare, ritrarsi; (*fig.*) sottrarsi a un impegno o rinunciare a un proposito.

tirasàcco [comp. di *tira(re)* e *sacco*: detto così perché i suoi peli, rivolti verso il basso, si attaccano ai tessuti tirandoli a sé] s. m. (pl. *-chi*) ● (*dial.*) Forasacco.

tirasségno [comp. di *tiro* (*1*), a e *segno*; 1918] s. m. ● Tiro a segno.

tirastivàli [comp. di *tira(re)* e il pl. di *stivale*; 1840] s. m. inv. ● Cavastivali.

tirasuòle [comp. di *tira(re)* e il pl. di *suola*; 1950] s. m. inv. ● Utensile a due impugnature che serve al calzolaio per levigare le suole.

tiràta [1306] s. f. **1** Atto del tirare in una sola volta: *dare una t. alla campana* | ***T. d'orecchi***, (*fig.*) sgridata, rimprovero | (*fam.*) Boccata di fumo: *finire la sigaretta in poche tirate* | (*disus.*) ***T. di penna***, tratto, quanto può scrivere una penna con l'inchiostro intinto una sola volta | Strappo, colpo dato nel tirare. **2** Lavoro o altra attività compiuti senza interruzioni: *preparare la tesi è stata una bella t.* | ***Fare tutta una t.***, non fermarsi, andare sempre di seguito. **3** Lungo discorso scritto o parlato | Lunga invettiva: *ha fatto una nuova t. contro i genitori*. **4** (*letter.*) Lassa (2). || **tiratina**, dim.

tiratàrdi [comp. di *tirare* e dell'avv. *tardi*; 1963] s. m. e f. inv. **1** Chi ama fare tardi la notte. **2** Persona lenta, scarsamente puntuale.

tiratézza [sec. XIV] s. f. **1** (*raro*) Condizione di ciò che è tirato, in tensione. **2** (*fig.*, *raro*) Caratteristica di chi è tirato, avaro.

tira tira o **tiratira** [duplicazione affettiva di un deriv. da *tira(re)*; 1840] s. m. inv. **1** (*fam.*, *disus.*) Grande interesse | Passione: *quel ragazzo è il suo tira tira*. **2** (*fam.*, *disus.*) Il contendersi, cercare di strapparsi l'un l'altro qlco. di mano: *fare a tira tira* | (*raro*, *fam.*) ***Stare a tira tira***, stiracchiare il prezzo.

tiràto [1319] part. pass. di *tirare*; anche agg. **1** Nei sign. del v. **2** Teso, allungato, disteso: *corda tirata*; *tenda tirata* | ***Carni tirate***, non flosce | Che rivela preoccupazione, stanchezza: *viso t.*; *espressione tirata*. **3** (*fig.*) Sforzato, stentato: *un consenso t.*; *un sorriso t.* | ***Vita tirata***, piena di stenti | ***Essere tirati con qlco.***, averne poco | (*raro*) ***Stare tirati***, non cedere. **4** Che spende con eccessiva parsimonia: *una persona tirata*. SIN. Avaro, gretto. **5** (*fig.*) Sostenuto, sollecitato: *mercato t. dalla domanda*. **6** (*fam.*) Elegante, azzimato: *esce sempre tutto t.* || **tiratino**, dim. || **tirataménte**, avv.

tiratóio [da *tirare*; 1305] s. m. ● (*tess.*) Reparto nel quale i tessuti vengono messi ad asciugare opportunamente tirati perché assumano la larghezza e la lunghezza necessarie.

tiratóre [1336 ca.] s. m. (f. *-trice*) **1** Chi tira, spec. con armi da fuoco | Servente d'artiglieria addetto a far partire il colpo agendo sul congegno di sparo | Esperto nel tiro con arma da fuoco portatile: *t. scelto*, | ***Franco t.***, partigiano, guerrigliero; (*fig.*) il deputato che nel segreto dell'urna vota contro il governo sostenuto dal proprio partito. **2** (*raro*) Operaio tessile che stende la stoffa nel tiratoio.

tiratron s. m. inv. ● Adattamento di *thyratron* (V.).

tiratùra [da *tirare*; 1337] s. f. **1** Numero di copie stampate o da stampare di una qualunque commessa di lavorazione come biglietti da visita, manifesti, libri, e sim.: *la t. di un grande giornale supera le centinaia di migliaia di copie*. **2** Numero di francobolli di ciascun tipo stampati per una emissione. **3** (*raro*) Operazione del tirare: *la t. dei tessuti nel tiratoio*.

tiratùtti [comp. di *tira(re)* e il pl. di *tutto*; 1808] s. m. inv. ● (*mus.*) Sbarra che, premuta col piede, apre indistintamente tutti i registri dell'organo.

tiravolista [da *tiro a volo*; 1961] s. m. e f. (pl. m. *-i*) ● Chi pratica lo sport del tiro a volo.

†**tirazióne** s. f. ● Tiramento.

tirchierìa [1734] s. f. ● (*fam.*) Comportamento di, da tirchio | Azione da tirchio: *questa è una meschina t.* SIN. Avarizia, spilorceria.

tìrchio [da *pirchio* con sovrapposizione di *tirato* nel senso di 'avaro' (?); av. 1584] agg.; anche s. m. (f. *-a*) ● (*fam.*) Avaro, spilorcio, taccagno. || **tirchiàccio**, pegg. | **tirchióne**, accr. || **tirchiaménte**, avv.

tirèlla [da *tirare*; av. 1712] s. f. ● Ciascuna delle strisce di cuoio che collegano il pettorale del cavallo alla stanga del veicolo. ➡ ILL. p. 2153 SPORT.

tiremmòlla o **tira e mòlla**, **tiramòlla**, **tira mòlla** [comp. di *tira(re)* e *molla(re)* con la cong. *e* incorporata; 1905] s. m. inv. ● Continuo alternarsi di azioni che, dirigendosi verso scopi diversi o contrari, ritardano il compimento di qlco.: *le trattative si sono concluse dopo un estenuante t.* | ***Fare a tira e molla***, mostrarsi esitante, indeciso, tergiversare.

tireo- [dal gr. *thyro(eidḗs)* (V. *tiroide*)] primo elemento ● In termini del linguaggio medico, indica la ghiandola della tiroide: *tireosi*, *tireotossicosi*.

tireòsi [fr. *thyréose*, forma contratta di *thyréotoxicose* 'tireotossicosi'; 1961] s. f. inv. ● (*med.*) Termine generico che indica affezioni della tiroide.

tireostàtico [comp. dell'abbr. del gr. *thyreo(eidḗs)* 'tiroide' e dell'agg. *statikós* 'che ferma, arresta'; 1965] agg. (pl. m. *-ci*) ● Detto di farmaco ad azione inibitrice sulla funzione della tiroide.

tireotòssico [da *tireotossicosi*; 1970] agg. (pl. m. *-ci*) ● (*med.*) Relativo a tireotossicosi: *gozzo t.*

tireotossicòsi [comp. dell'abbr. del gr. *thyreo(eidḗs)* 'tiroide' e *tossicosi*; 1949] s. f. inv. ● (*med.*) Qualsiasi condizione causata da eccessiva liberazione in circolo degli ormoni tiroidei, che provoca aumento del metabolismo basale e talvolta esoftalmo.

tireotropina o **tirotropina** [comp. di *tireo-* e un deriv. del gr. *trépein* 'volgere' (V. *-tropia*); 1961] s. f. ● (*biol.*) Ormone proteico secreto dall'ipofisi anteriore, che stimola la ghiandola tiroide a secernere gli ormoni tiroidei; in sigla TSH.

tireòtropo [da *tireotropina*; 1961] agg. ● (*biol.*)

tiretto 1890

Di, relativo a tireotropina | ***Ormone t.***, tireotropina.

tirètto [da *tirare*, secondo un modello dial. sett.; 1793] s. m. ● Cassetto.

†**tirìaca** ● V. *triaca*.

tiristóre [adattamento it. dell'ingl. *thyristor*, a sua volta comp. di *thyr(atron)* e *(trans)istor*; 1969] s. m. ● (*elettron.*) Dispositivo a semiconduttore con caratteristiche analoghe a quelle del thyratron, ampiamente usato come interruttore elettronico, regolatore di tensione, raddrizzatore controllato e invertitore.

tiritèra [da *tira(re)* con reduplicazione onomat. distratta; av. 1565] s. f. ● Cantilena, filastrocca | (*est.*) Discorso prolisso e noioso.

tiritèssi [sovrapposizione espressiva di *tessere* a *tirare*; 1879] s. m. inv. ● (*raro, tosc.*) Confusione, affaccendamento.

tiritómbola [sovrapposizione espressiva di *tombola* a *tirare*; 1863] s. f. ● (*tosc.*) Ruzzolone, capitombolo.

tirlindàna o **dirlindàna** [vc. lombarda, di etim. incerta; 1937] s. f. ● Lunga lenza, fornita di piombini e molti ami che, trainata dalla barca, è usata per la pesca in acque dolci. ➡ ILL. **pesca**.

♦**tiro** (1) [da *tirare*; av. 1495] s. m. **1** Trazione esercitata su qlco. per muoverla, spostarla, attrarla e sim.: *t. alla fune* | Traino di un veicolo tramite animali: *bestia da t.* | ***T. a due, a quattro***, con due o quattro animali, spec. cavalli | ***Un t. di buoi***, insieme dei buoi aggiogati allo stesso carro; (*est.*) l'animale o gli animali che trainano un veicolo | (*fig., fam.*) ***Essere in t.***, essere elegante, azzimato. **2** Il tirare con un'arma da getto o da fuoco: *t. coll'arco*; *il t. del cannone*; *t. terrestre, antiaereo, navale* | ***T. di sbarramento***, d'interdizione, di disturbo | ***T. a segno***, esercitazione di tiro al bersaglio; anche il luogo o il locale dove si svolge questo tipo di esercitazione | ***T. a volo***, contro un bersaglio mobile (un tempo anche piccioni, oggi piattelli), in gare sportive | ***T. al piattello***, sparando a bersagli mobili di forma appiattita e tondeggiante, spec. di argilla, lanciati da macchina speciale | ***A un t. di schioppo, di fucile***, (*fig.*) molto vicino | ***Essere a t.***, alla giusta distanza per colpire, cogliere un bersaglio; (*fig., fam.*) al punto giusto, a portata di mano | ***Essere sotto t.***, essere sotto il fuoco di un'arma; (*fig.*) essere sottoposto a critiche, attacchi polemici e sim. | ***Correggere il t.***, (*fig.*) cambiare strategia, modo di procedere | Colpo di arma da getto: *un t. corto, sbagliato* | Sparo: *t. di partenza*; *dopo due tiri lo centrò*; *ci restano pochi tiri* | †***Sul t.***, sul colpo | ***Centrale di t.***, nella marina da guerra, complesso degli apparati e dei calcolatori che elaborano i dati per il puntamento delle artiglierie e il locale di bordo che li contiene. **3** (*est.*) Il gettare, lo scagliare, il lanciare qlco.: *un t. di dadi* | Nel calcio e in altri sport di palla, lancio della palla: *t. di testa*; *t. lungo*; *un t. forte*; *t. in porta*, *t. a canestro*; *t. al volo, rasoterra, ad effetto* | ***T. angolato***, con traiettoria diagonale verso un angolo della porta | ***T. libero***, nella pallacanestro, tiro di punizione dal centro della lunetta senza che gli avversari possano ostacolare. **4** Corda che tende gli elementi di scena, azionata a mano o elettricamente dalla soffitta. **5** ***T. di corda***, in alpinismo, tratto di parete che una cordata percorre per portarsi da un punto di sosta al successivo. **6** (*fig.*) Azione dannosa che colpisce chi non se l'aspetta: *un t. mancino, birbone*; *giocare un brutto t.* | (*pop.*) ***Un t. secco***, una morte improvvisa. **7** (*fig., pop.*) Boccata: *dar due tiri a una sigaretta*. **8** Annusata: *un t. di cocaina*. || **tiràccio**, pegg.

†**tiro** (2) [dal gr. *thḗr*, dim. *thḗrion*, di orig. indeur. (?); av. 1294] s. m. ● Vipera, serpente velenoso.

tirocinànte [1877] agg.; anche s. m. e f. ● Che (o Chi) fa un tirocinio: *operaio t.*; *i tirocinanti saranno assunti*. SIN. Apprendista.

tirocìnio [vc. dotta, lat. *tirocīniu(m)*, da *tiro*, genit. *tirōnis* 'tirone, principiante'; 1499] s. m. **1** Scambio dell'addestramento professionale con una prestazione di lavoro subordinato: *contratto di t.*; *attestato di t.* | ***Rapporto di t.***, relazione giuridica intercorrente tra il datore di lavoro e l'apprendista. SIN. Apprendistato. **2** Correntemente, preparazione pratica necessaria per esercitare un mestiere o una professione e che si svolge sotto la guida di un esperto: *è passato alla cattedra universitaria dopo un t. presso un istituto di ricerche*.

tiròide [gr. *thyreoidḗs* 'che ha la forma (*êidos*) di uno scudo (*thyreós*)'; 1805] s. f. ● (*anat.*) Ghiandola endocrina a forma di scudo, posta nella parte anteriore del collo, che produce un ormone ricco di iodio, detto tiroxina, che aumenta il metabolismo basale dell'organismo. ➡ ILL. p. 2125 ANATOMIA UMANA.

tiroidectomìa [comp. di *tiroid(e)* e *-ectomia*; 1931] s. f. ● (*chir.*) Asportazione della tiroide.

tiroidèo [av. 1758] agg. ● (*anat.*) Della tiroide: *disfunzione tiroidea*; *ormone t.*

tiroidìna [comp. di *tiroide* e *-ina*; 1908] s. f. ● (*med.*) Estratto di ghiandola tiroidea.

tiroidìşmo [comp. di *tiroide* e *-ismo*; 1946] s. m. ● (*med.*) Stato morboso da alterata funzione della tiroide.

tiroidìte [comp. di *tiroide* e *-ite* (*1*); 1940] s. f. ● (*med.*) Infiammazione della ghiandola tiroide.

tirolèşe [da *Tirolo*, n. che in orig. indicava un castello (*Tirol*) presso Merano; av. 1750] **A** agg. ● Del Tirolo | ***Alla t.***, (*ellitt.*) nella foggia ispirata allo stile del Tirolo: *pantaloni di pelle alla t.* | ***Cappello alla t.***, di feltro vellutato verde con pennacchietto di tasso. **B** s. m. e f. ● Abitante o nativo del Tirolo. **C** s. f. ● Vivace danza campagnola originaria del Tirolo.

tirolìno [dal *Tirolo*, dove fu coniata; 1915] s. m. ● Moneta d'argento coniata a Merano da Mainardo II conte del Tirolo nel 1271, contraddistinta da due croci incrociate sul rovescio.

†**tiróne** (1) [vc. dotta, lat. *tirōne(m)*, di etim. incerta; sec. XIV] s. m. **1** Recluta, spec. nell'esercito di Roma antica: *avevano preposto sopra i militi novelli, i quali chiamavano tironi, un maestro a esercitarli* (MACHIAVELLI). **2** (*est.*) Novizio, novellino.

tiróne (2) [da *tirare*; 1957] s. m. ● Asta di ferro che sostiene un elemento scenico in posizione verticale.

tironiàno [vc. dotta, lat. *tironiānu(m)*, da *Tīro*, genit. *Tirōnis*, n. del liberto e segretario di Cicerone; 1819] agg. ● Relativo a Tirone (104-4 a.C.), liberto e segretario di Cicerone, e al sistema tachigrafico usato dai Romani e da lui ideato | ***Note tironiane***, l'insieme dei segni che formavano quella scrittura.

tiroşìna [dal gr. *tyrós* 'formaggio', dal quale è stato orig. tratto, col suff. *-ina*; 1875] s. f. ● (*chim.*) Amminoacido idrofobo presente nelle proteine.

tirotropìna ● V. *tireotropina*.

tiroxìna o **tirossìna** [comp. della prima parte di *ti-r(oide)*, *oss(igeno)* e *-ina*, secondo il modello dell'ingl. *thyroxine*; 1932] s. f. ● Ormone prodotto dalla tiroide, impiegato nella terapia dell'ipotiroidismo, turbe dello sviluppo e della crescita.

tirrènico [vc. dotta, lat. *Thyrrhēnicu(m)*, da *Thyrrhēnum* 'Tirreno'; 1728] agg. (pl. m. *-ci*) ● Del mar Tirreno: *le coste tirreniche*.

tirrèno [1340 ca.] **A** agg.; anche s. m. (f. *-a*) ● Che (o Chi) apparteneva alle popolazioni dell'Italia centromeridionale, anteriori a quelle indoeuropee, identificate un tempo con gli Etruschi. **B** agg.; anche s. m. solo sing. ● Detto di quella parte di Mediterraneo racchiusa fra la costa occidentale della penisola italiana, quella settentrionale della Sicilia e quella orientale della Sardegna e della Corsica: *mar Tirreno*; *le coste del Tirreno*.

tirsìfero [comp. del lat. *thȳrsus* 'tirso' e *-fero*; 1728] agg. ● (*lett.*) Portatore del tirso.

tirso [vc. dotta, lat. *thȳrsu(m)*, dal gr. *thýrsos*, termine originario dell'Asia Minore; sec. XIV] s. m. **1** Asta circondata da pampini e da edera, che era portata dal dio romano Bacco e dalle baccanti. **2** (*bot.*) Pannocchia.

tirtàico [1928] agg. (pl. m. *-ci*) **1** Dell'antico poeta greco Tirteo (sec. VII a.C.). **2** (*est.*) Che contiene ideali eroici o esorta al valore: *discorso t.*; *la poesia tirtaica del Carducci*.

tirtèo [gr. *Tyrtâios*, di etim. incerta; 1614] s. m. ● (*raro*) Poeta marziale, cantore di glorie patrie.

tirucchiàre [comp. di *tirare* e *-ucchiare*; 1879] v. tr. (*io tirùcchio*) ● (*raro*) Tirare spesso, ma con poca abilità (*anche assol.*).

tişàna [vc. dotta, lat. *(p)tisana(m)*, dal gr. *ptisánē* (in it. l'accento segue il modello gr.), deriv. da *ptíssein* 'tritare, pestare', di orig. indeur.; 1300 ca.] s. f. ● Soluzione diluita di sostanze medicamentose ottenuta per infusione di fiori di camomilla, di tiglio, malva e sim. o per decozione di cortecce o semi, usata come calmante o emolliente. CFR. Decotto, infuso.

Tişanòtteri [comp. del gr. *thýs(s)anos* 'nappa, frangia' e *pterón* 'ala', ambedue di orig. indeur.; 1932] s. m. pl. (sing. *-o*) ● Nella tassonomia animale, ordine di piccoli Insetti con quattro ali lunghe frangiate e trasparenti che si nutrono suggendo linfa vegetale (*Thysanoptera*).

Tişanùri [comp. del gr. *thýs(s)anos* 'nappa, frangia' e *ourá* 'coda', l'uno e l'altro di orig. indeur.; 1840] s. m. pl. (sing. *-o*) ● Nella tassonomia animale, ordine di Insetti atteri dalla coda frangiata, con lunghe antenne e apparato boccale masticatore (*Thysanura*).

tişi o †**ptişi** [vc. dotta, lat. *phthĭsi(m)*, dal gr. *phthísis*, da *phthíein* 'consumarsi', di orig. indeur.; av. 1468] s. f. inv. ● (*med.*) Tubercolosi.

tişiàtra [1981] s. m. e f. (pl. m. *-i*) ● Tisiologo.

tişiatrìa [1983] s. f. ● Tisiologia.

†**tìşica** [av. 1347] s. f. ● Tisichezza.

tişichézza [sec. XIII] s. f. **1** Condizione di chi è malato di tisi. **2** (*est.*) Gracilità estrema, stato di consunzione | (*fig.*) Mancanza di vigore, di nerbo.

tìşico [vc. dotta, lat. *phthĭsicu(m)*, dal gr. *phthisikós*, da *phthísis* 'tisi'; av. 1306] **A** agg. (pl. m. *-ci*) **1** Che è malato di tisi. **2** (*est.*) Macilento, quasi consunto | Gracile: *un alberello t.* | (*fig.*) Stentato, misero, fiacco: *idee tisiche*. || **tişicaménte**, avv. **B** s. m. (f. *-a*) ● Chi è malato di tisi. || **tişicàccio**, pegg. | **tişichèllo**, dim. | **tişichìno**, dim. | **tişicùccio**, **tişicùzzo**, dim.

tişicùme [da *tisico*, col suff. spreg. *-ume*; 1550] s. m. ● †Tisi | (*spreg.*) Insieme, quantità di persone affette da tisi | (*spreg., fig.*) Complesso di cose stentate, prive di vigore, detto spec. di piante.

tişiologìa [comp. di *tisi* e *-logia*; 1882] s. f. ● Studio della tubercolosi.

tişiòlogo [comp. di *tisi* e *-logo*; 1935] s. m. (f. *-a*; pl. m. *-gi*) ● Studioso, specialista in tisiologia.

tissotropìa e *deriv.* ● V. *tixotropia* e *deriv.*

tissulàre [fr. *tissulaire*, da *tissu* 'tessuto', sul modello di *cellulaire* 'cellulare'; 1942] agg. ● (*biol.*) Dei tessuti.

tissutàle ● V. *tessutale*.

titànico (1) [1672] agg. (pl. m. *-ci*) ● Dei Titani | (*est.*) Gigantesco, eccezionale: *sforzo t.* || **titanicaménte**, avv.

titànico (2) [da *titanio* (*2*); 1879] agg. (pl. m. *-ci*) ● Di composto del titanio tetravalente | ***Acido t.***, sostanza anfotera | ***Anidride titanica***, diossido di titanio.

titànio (1) [vc. dotta, lat. *Titāniu(m)* 'proprio dei Titani (*Titānes*, dal gr. *Titânes*, di orig. straniera)'; sec. XVI] agg. ● (*lett.*) Di Titano | Dei Titani: *la titania stirpe*.

titànio (2) [dal n. dei *Titani*, i figli di Urano, che aveva già suggerito il n. dell'elemento precedentemente scoperto, l'*uranio*; 1829] s. m. ● Elemento chimico, il solo capace di bruciare nell'azoto, molto resistente alla corrosione e alle sollecitazioni meccaniche, usato per ferroleghe e, allo stato puro, per costruire scambiatori di calore, motori e telai di aerei; SIMB. Ti | ***Diossido di t.***, di colore bianco, usato per il suo alto potere ricoprente nella fabbricazione di vernici | ***Idrato di t.***, acido titanico.

titanìşmo [dal n. dei *Titani*, che osarono sfidare gli dèi dell'Olimpo; av. 1937] s. m. ● (*letter.*) Atteggiamento di lotta contro tutte le forze che soverchiano l'uomo nel suo slancio verso l'assoluto: *il t. romantico*.

titàno [vc. dotta, lat. *Titāne(n)*, dal gr. *Titân*, prob. orig. dall'Asia Minore col senso di 'figlio del sole'; 1552] s. m. **1** (spec. con l'iniziale maiuscola) Ciascuno dei giganti che, nel mito greco, combatterono contro Saturno per detronizzarlo e furono sconfitti da Giove. **2** (*fig.*) Persona molto forte fisicamente o che pratica un'arte o un'attività con risultati eccezionali: *un t. della poesia*. SIN. Colosso, gigante.

titanomachìa [gr. *Titanomachía*, comp. di *Titán* 'Titano' e di un deriv. di *máchē* 'battaglia', di orig. indeur.; 1889] s. f. ● Nella mitologia greca, il combattimento dei Titani contro gli dèi celesti o olimpici.

titillaménto [vc. dotta, lat. tardo *titillaméntu(m)*, da *titillare*; 1673] s. m. ● Il titillare, il venire titillato (*anche fig.*). SIN. Vellicamento.

titillàre [vc. dotta, lat. *titillāre*, di orig. imit.; av. 1475] v. tr. ● Solleticare in modo lieve: *con quel bianco secco ... che ancora gli titillava il velo-*

pendolo (GADDA) | (*fig.*) Lusingare: *t. la vanità, l'orgoglio di qlcu.* SIN. Vellicare.

titillatòrio [da *titillare*; 1563] agg. ● (*raro*) Che produce titillazione.

titillazióne [vc. dotta, lat. *titillatiōne(m)*, da *titillātus*, part. pass. di *titillāre*; av. 1468] s. f. ● (*raro*) Titillamento.

titino [da *Tito*, pseudonimo assunto dall'uomo politico iugoslavo Josip Broz; 1945] s. m. (f. *-a*); anche agg. ● (*spec. spreg.*) Spec. alla fine della seconda Guerra Mondiale e nel decennio successivo, seguace del maresciallo Tito (1892-1980): *truppe titine.*

titoişmo [da J. Broz (1892-1980), detto *Tito*; 1949] s. m. ● La linea politica e ideologica seguita dopo il 1948 dal maresciallo iugoslavo Tito all'interno del movimento comunista e nei rapporti internazionali, basata su un atteggiamento di indipendenza nei confronti dell'Unione Sovietica.

titoista [1960] **A** agg. (pl. m. *-i*) ● Relativo al titoismo. **B** s. m. e f.; anche agg. ● Sostenitore del titoismo.

titolàre (1) [vc. dotta, lat. **titulāre(m)*, da *tĭtulus* 'titolo'; 1550] **A** agg. **1** Che ha un titolo professionale, la nomina per occupare un ufficio: *professore, magistrato t.* **2** Che ha solo il titolo: *sovrano t.* | ***Vescovo, arcivescovo, canonico t.***, che ha solo il titolo e non il beneficio e la giurisdizione, soprattutto per le sedi cristiane antiche attualmente in Paesi non cristiani | ***Santo t.***, patrono, che dà il titolo a una chiesa o ad un'associazione. **B** s. m. e f. **1** Chi occupa un ufficio avendone il titolo: *il t. di un dicastero ministeriale*; *il t. di una cattedra.* **2** Correntemente, proprietario: *il t. di un negozio.* **3** Atleta che fa parte ufficialmente di una squadra o che gioca abitualmente in una formazione con un dato ruolo, spec. in contrapposizione a *riserva.*

titolàre (2) [vc. dotta, lat. tardo *titulāre*, da *tĭtulus* 'titolo'; av. 1363] **A** v. tr. (*io tìtolo*) **1** (*raro*) Dare un titolo nobiliare | (*est., scherz.*) Dare, chiamare con un nome ingiurioso: *t. qlcu. di stolto.* **2** (*chim.*) Determinare il contenuto o la concentrazione di una soluzione, il titolo di una lega, di una fibra tessile e sim. **3** Fornire di titoli un libro, un film, uno spettacolo televisivo e sim. **B** v. intr. (aus. *avere*) ● Uscire con un titolo, detto di giornali: *tutti i quotidiani oggi titolano sui problemi economici.*

titolàrio [comp. di *titolo* e *-ario*; 1865] s. m. ● Schema preordinato per la classificazione degli atti e dei documenti di archivio, per lo più suddiviso in titoli, classi e rubriche.

titolarità [da *titolo* nel senso giuridico di 'diritto'; 1900] s. f. ● (*dir.*) Appartenenza di un diritto soggettivo a una persona | ***T. mediata***, acquisto di un diritto soggettivo per effetto o per mezzo di acquisto di altro diritto soggettivo.

titolarizzàre [da *titolare* 'dare un titolo'] v. tr. ● (*econ.*) Cartolarizzare.

titolàto [av. 1363] **A** part. pass. di *titolare*; anche agg. ● Nei sign. del v. | (*chim.*) ***Soluzione titolata***, quella di concentrazione nota. **B** agg. e s. m. (f. *-a*) ● Che (o chi) è insignito di un titolo nobiliare.

titolatrice [dal *titolo*, che riprende; 1961] s. f. **1** Apparecchiatura che, in unione con una cinepresa, consente di realizzare titoli di film. **2** (*tv*) Dispositivo elettronico che permette di inserire testi scritti su un'immagine audiovisiva.

titolatùra [da *titolare* (2); 1961] s. f. **1** Apposizione di un titolo a una pubblicazione, un film, un articolo di giornale e sim. **2** Il modo in cui un titolo è realizzato, con riferimento al carattere tipografico, alla spaziatura e sim.: *t. lineare, allargata.*

titolazióne [1940] s. f. **1** (*chim.*) Determinazione del titolo di una lega o di una soluzione: *t. di un composto chimico* | ***T. dei filati***, metodo di misurazione che dà il diametro approssimativo di un filo di qualsiasi fibra tessile, basandosi sul rapporto tra lunghezza e peso dei filati. **2** (*giorn.*) Quella parte dell'attività redazionale che consiste nel redigere i titoli da dare agli articoli e alle notizie, precisandone anche la lunghezza e i caratteri.

†**titoleggiàre** [1605] v. intr. ● Dare titoli.

titolista [da *titolo* (di giornale); 1946] s. m. e f. (pl. m. *-i*) **1** Nelle tipografie dei giornali, chi è addetto alla composizione dei titoli. **2** Chi titola un film o uno spettacolo televisivo.

♦**titolo** [vc. dotta, lat. *tĭtulu(m)*, di etim. incerta; av. 1294] s. m. **1** Nome, breve indicazione posta in cima a uno scritto, nel frontespizio di un libro, o in calce a un'opera d'arte per farne conoscere il soggetto o il contenuto: *il t. di un racconto, di una commedia, di una scultura* | In un testo legislativo, ripartizione caratterizzata da un numero romano: *i rapporti etico-sociali sono trattati nel t. II della parte prima della Costituzione italiana* | ***T. corrente***, quello che si ripete in testa alle singole pagine di un libro | ***Titoli di testa***, didascalie poste all'inizio di un film o di un programma televisivo, con i nomi del regista, degli attori e dei principali collaboratori che vi prendono parte | ***Titoli di coda***, didascalie poste alla fine di un film o di un programma televisivo | Parole che si mettevano in cima a una lettera per indicare il mittente e il destinatario | †***Lettera senza t.***, anonima. **2** (*dir.*) Giustificazione del diritto soggettivo: *t. del diritto di proprietà*; *a t. gratuito, oneroso* | ***T. di una pretesa***, motivazione a sostegno di una pretesa | ***T. di reato***, complesso degli elementi costitutivi di uno specifico reato commesso in concreto | ***T. di credito***, documento che incorpora un diritto di credito il cui contenuto è fissato esclusivamente dal tenore letterale del documento stesso | ***T. societario***, quello che documenta un diritto nei confronti di una società | ***T. esecutivo***, atto avente determinati requisiti sostanziali e formali che fornisce il diritto di dare inizio a una esecuzione processuale forzata | ***T. di viaggio***, (*bur.*) biglietto, tessera di abbonamento o sim., valido per un mezzo di trasporto pubblico. **3** Qualificazione particolare che attesta la carica, la dignità, il grado di nobiltà di qlcu.: *avere il t. di professore, di magistrato*; *conferire il t. di conte, di cardinale* | ***Titoli accademici***, laurea, libera docenza, docenza e sim. | ***Per titoli***, detto spec. di concorsi nei quali si formano graduatorie valutando esclusivamente i titoli professionali o accademici dei candidati | Documento che attesta il diritto a fregiarsi di un titolo o di un appellativo: *produrre i titoli necessari*; *elenco dei titoli da presentare al concorso* | ***T. di studio***, quello che si consegue al termine di un corso di studi | ***T. di campione***, quello che ottiene un atleta o una squadra vincitori di un campionato: *t. italiano*; *t. mondiale*; *t. olimpico.* **4** (*est.*) Appellativo, nome, qualificazione: *merita il t. di difensore della patria*; *sì bel titol d'amore ha dato il mondo / a una ceca peste* (POLIZIANO) | (*est.*) Fama, vanto, nomea: *poi ven colei che ha 'l titol d'esser bella* (PETRARCA) | (*iron., scherz.*) Epiteto, spec. ingiurioso: *gli diede il t. di vigliacco.* **5** (*est., fig.*) Diritto acquisito in base a un merito: *aver t. alla gratitudine di qlcu.*; *questo è t. sufficiente perché sia ascoltato* | ***Con giusto t.***, a buon diritto | Causa, motivo | ***A t. di***, sotto forma di, con valore di, con il fine di | †***Sotto t. di***, sotto pretesto di. **6** (*est.*) Intestazione di conti, bilanci o registrazioni varie | (*econ.*) Certificato azionario o di una obbligazione | ***Titoli di Stato***, obbligazioni emesse dallo Stato quando ricorre al prestito pubblico | ***T. a reddito fisso***, quello che frutta un tasso fisso per un periodo stabilito | ***T. atipico***, strumento finanziario o valore mobiliare innovativo per il quale non esiste una compiuta definizione giuridica | ***T. guida***, blue chip. **7** Frase, dicitura in cima a un articolo e in genere a un servizio giornalistico che, indicando l'argomento di cui si tratta, serve ad attirare l'attenzione del lettore: *t. d'apertura, di spalla*; *l'articolo aveva un t. su tre colonne.* **8** (*chim.*) Rapporto tra la massa di un componente e la quantità complessiva del composto o della miscela di cui fa parte: *t. del vapore*; *t. dei concimi* | ***T. dell'oro***, percentuale d'oro in una sua lega | ***T. di una soluzione***, la concentrazione del soluto espressa gener. in moli per litro. **9** Indice della grossezza o della finezza di un filato, ottenuto mediante la titolazione. **10** (*disus.*) Lemma di dizionario, enciclopedia e sim. **11** †Indicazione, iscrizione, memoria: *nessun altro t. sotto la sua statua fu intagliato* (POLIZIANO) | †***Drizzare un t.***, ergere un'iscrizione lapidaria | (*est.*) Intestazione di una chiesa. **12** Santo cui si intitola un beneficio o una chiesa | (*est.*) Il beneficio stesso. **13** †Cognome di stirpe, famiglia. || **titolàccio**, pegg. | **titolétto**, dim. | **titolino**, dim. | **titolóne**, accr. (V.).

titolóne [av. 1409] s. m. **1** Accr. di *titolo.* **2** Titolo, spec. di giornale, scritto a grossi caratteri o con parole tali da attirare l'attenzione del lettore.

titubànte [1336] part. pres. di *titubare*; anche agg. ● Esitante, indeciso | ***Essere t.***, titubare | †***Onda t.***, che percuote la riva opposta e ritorna diminuendo. || †**titubanteménte**, avv. Con titubanza.

titubànza [vc. dotta, lat. tardo *titubāntia(m)*, da *titubāre*; av. 1815] s. f. ● Caratteristica di chi è titubante | Comportamento, atto da persona titubante, esitante: *siamo stanchi delle vostre titubanze.* SIN. Dubbio, esitazione, indecisione, perplessità.

titubàre [vc. dotta, lat. *titubāre*, vc. espressiva; sec. XIV] v. intr. (*io tìtubo*; aus. *avere*) **1** (*raro*) Vacillare, non essere fermo, stabile. **2** (*fig.*) Essere, mostrarsi incerto, indeciso, esitante: *t. a lungo prima di agire.* SIN. Esitare, dubitare, tentennare.

titubazióne [vc. dotta, lat. *titubatiōne(m)*, da *titubātus*, part. pass. di *titubāre*; 1527] s. f. **1** †Il titubare, vacillare | (*raro, fig.*) Titubanza: *scorgeva in pelle in pelle la t. che costui si sforzava invano di tener nascosta* (MANZONI). **2** (*med.*) Atassia.

tivù o **tivvù** [dalla pronuncia delle lettere *t* e *v* di *t(ele)v(isione)*; 1956] s. f. inv. ● (*fam.*) Televisione.

tixotropìa o **tissotropìa** [comp. del gr. *thíksis* 'l'atto di toccare' e *-tropia*; 1949] s. f. ● (*chim.*) Fenomeno per cui alcune sostanze gelatinose (*gel*) passano, se agitate, allo stato liquido ritornando a coagulare al termine dell'azione meccanica.

tixotròpico o **tissotròpico** [1961] agg. (pl. m. *-ci*) ● Che riguarda la tixotropia: *comportamento t.* | Che è suscettibile di tixotropia: *sospensione tixotropica* | Che presenta tixotropia: *sostanza tixotropica.*

tixotropizzànte o **tissotropizzànte** agg. ● Che determina l'insorgere della tixotropia.

tizianésco [dal n. del pittore *Tiziano*, dal lat. *Titiānus*, in orig. agg. di *Tĭtius* 'Tizio'; av. 1552] agg. (pl. m. *-schi*) ● Che è proprio del pittore Tiziano Vecellio (1488 ca.-1576) o della sua maniera | ***Capelli tizianeschi***, di un colore biondo rame | ***Colorito t.***, florido, roseo, radioso.

Tiziàno [1961] agg. inv. ● Tizianesco: *capelli T.*; *biondo T.*

tìzio [vc. dotta, lat. *Tĭtiu(m)*, usato come fittizio riferimento giuridico dal n. di prob. formazione infant. *Titus* 'Tito'; av. 1683] s. m. (f. *-a*) **1** Persona che non ha o alla quale non si attribuisce grande importanza: *ha sposato un t. qualunque* | ***È venuto un t.***, un tale. **2** Persona indeterminata che non si vuole o non si può nominare: *ha raccontato la cosa a Tizio, Caio e Sempronio.*

tìzzo o (*dial.*) †**stizzo** [lat. *tĭtio*, genit. *titiōnis*, termine di orig. pop. e prob. onomat.; 1313] s. m. ● (*raro*) Pezzo di legno o carbone che sta bruciando.

tizzonàto [da *tizzone*, per il colore scuro delle macchie; 1970] agg. ● Detto di mantello spec. equino che presenta macchie scure o rossastre irregolari.

tizzóne o †**stizzóne** [lat. tardo *titiōne(m)* 'tizzo', di orig. pop.; av. 1292] s. m. ● Pezzo di legno o di carbone che arde o che viene tirato fuori dal fuoco: *prendere un t. con le molle* | ***Nero più che un t. spento***, nerissimo | (*fig.*) ***T. d'inferno***, persona empia, perversa, scellerata. || **tizzonàccio**, pegg. | **tizzoncèllo**, dim. | **tizzoncino**, dim.

tlàspi [vc. dotta, lat. *thlăspi* (nt.), dal gr. *thláspis*, di orig. straniera; 1563] s. m. inv. ● Crocifera comune, con odore agliaceo, foglie abbraccianti il fusto e frutti piatti, circolari, con margine alato (*Thlapsia arvense*).

tmèşi [vc. dotta, lat. tardo *tmēsi(m)*, dal gr. *tmêsis*, da *témnein* 'dividere, tagliare', di orig. indeur.; av. 1651] s. f. inv. ● (*ling.*) Figura retorica che consiste nella scomposizione di una parola all'interno di una frase, spesso a fine verso: *così quelle carole, differente- / mente danzando ...* (DANTE *Par.* XXIV, 16-17). SIN. Diacope.

to' (1) /tɔ, tɔ*/ o (*raro*) **toh** nel sign. 3 [sta per *tò(gli)* 'prendi'; sec. XIII] inter. **1** (*fam.*) Eccoti, prendi (accompagnando le parole col gesto): *to' questa caramella*; *to'! due euro per il gelato* | Accompagnando con le parole uno scapaccione, uno schiaffo, una spinta, un pugno e sim.: *to'! prendi anche questo!*; *to' to' e to'!* **2** Si usa per richiamare un cane: *to' to'! Bill, vieni qua.* **3** Esprime meraviglia, stupore, e anche disapprovazione, e sim.: *to'! guarda chi si vede!*; *to'! questa è bella!*; *to', e lo vieni a dire a me!*

†**to'** (2) /to/ ● V. *tu'.*

toast /tost, *ingl.* tʰoust/ [vc. ingl., dal v. *to toast*, di orig. fr. (ant. fr. *toster* 'tostare'); 1961] s. m. inv. ●

Coppia di fette di pane a cassetta sovrapposte, variamente farcite e tostate.

tobòga o **tabòga** [ingl. *toboggan*, dal fr. del Canada *tobogan*, di orig. algonchina, simile al *tobâgun* 'slitta di pelle' degli indiani Micmac; 1906] **s. m. inv.** *1* Slitta di origine canadese, priva di pattini, a fondo piatto, composta tradizionalmente di sottili assi di betulla foggiate come gli sci, ma talvolta costruita anche in ferro. *2* Carrello slittante su apposite guide fortemente inclinate, usato in parchi di divertimenti, nelle piscine e sulle spiagge | Scivolo, nei campi da gioco attrezzati per i bambini.

toc /tɔk/ o **tòcche**, **tòcchete** [vc. onomat.; 1513] **inter.** ● Riproduce il rumore dei colpi bussati a una porta (*spec. iter.*): *toc toc! 'chi è?'* | (*raro*) Riproduce il rumore di qlco. che picchia contro il legno | V. anche *tic toc*.

tocài [adattamento di *tokaj* (V.); 1765] **s. m. inv.** ● Antico vitigno friulano, coltivato anche nel Veneto e in Lombardia, che dà un'uva bianca di color giallo dorato | Vino di color giallo verdolino tendente al citrino, profumo di fiori selvatici e mandorla amara, sapore asciutto su fondo amarognolo, prodotto dal vitigno omonimo spec. nella zona del Collio goriziano | *T. rosso*, versione scura del vitigno friulano, coltivata in Veneto nei Colli Berici, da cui si ricava il vino omonimo.

tocàrio o **tocàrico**, **tochàrio** [ted. *tocharisch*, dal n. dell'ant. pop. chiamato *Tócharoi* dai Greci; 1933] **s. m.** ● Antica lingua della famiglia indoeuropea, attestata nel Turkestan cinese.

tòcca (1) [vc. di orig. germ. come altre della stessa area, ma di orig. incerta; av. 1292] **s. f.** *1* Passamano per addobbi sacri, in canapa e lamina metallica. *2* Drappo di seta con fili d'oro o d'argento.

tócca (2) [da *toccare*; 1335] **s. f.** ● Pezzo d'oro legato in date proporzioni che, fregato sulla pietra di paragone e provato nell'acido nitrico, lascia lo stesso colore del pezzo che si vuol saggiare | ***Titolazione alla t.***, eseguita saggiando periodicamente su carta reattiva una goccia del liquido che si sta titolando, per cogliere il punto finale della reazione.

toccàbile [av. 1604] **agg.** *1* Che si può toccare | Sensibile al tatto. *2* (*fig.*) Concreto, tangibile: *prova t. con mano*.

toccafèrro o **tócca fèrro** [comp. di *tocca(re)* e *ferro*; 1772] **s. m. solo sing.** *1* Gioco di fanciulli, in cui basta toccare qualche cosa di ferro, come un cancello, per evitare di essere acchiappati da chi è sotto: *giocare a t.* *2* Il toccare ferro per scaramanzia | ***Tocca ferro!***, ***t.!***, escl. che invita a toccare ferro in segno di scongiuro.

toccalàpis [comp. di *tocca(re)* e *lapis*; 1585] **s. m.** ● Matitatoio, portalapis.

toccamàno [comp. di *tocca(re)* e *mano*; 1629] **s. m.** *1* Stretta di mano, spec. dopo una compravendita per sancire un accordo. *2* Mancia data di nascosto.

toccamènto [sec. XIII] **s. m.** ● (*raro*) Il toccare, il toccarsi, il venire toccato.

toccànte (1) [adattamento del corrispondente fr. *touchant*; 1685] **agg.** ● Che commuove o suscita un sentimento di tenerezza: *un discorso t.*

toccànte (2) [1361] **part. pres.** di *toccare*; anche **agg.** ● (*raro*) Nei sign. del v.

♦**toccàre** [vc. di orig. onomat., da *tocc-* per esprimere un 'colpo'; av. 1250] **A v. tr.** (**pres.** *io tócco, tu tócchi*; **part. pass.** *toccàto*, lett. *tócco*) *1* Palpare, sfiorare, premere o sentire con la mano o con un'altra parte del corpo: *toccarsi la fronte con le dita*; *t. qlcu. col gomito*; *t. la porta verniciata di fresco*; *sciupare qlco. toccandola* | ***Cose che si possono t.***, ben visibili, concrete | ***T. con mano***, (*fig.*) accertarsi personalmente di qlco. | ***T. il polso a qlcu.***, tastarlo; (*fig.*) cercare di scoprire le intenzioni di qlcu. | †***T. la mano***, salutare affettuosamente qlcu. o darsi la mano durante la cerimonia del fidanzamento | Sfiorare, premere non direttamente ma con uno strumento o un oggetto qualsiasi: *t. il muro con un bastone* | (*est.*) Incitare un animale con la frusta o altro: *t. le bestie col pungolo* | †***T. il cavallo di sprone***, incitarlo con lo sprone | Premere, spingere con un tocco, un colpo, un urto più o meno forte: *t. un tasto* | (*est.*) Far vibrare col tocco, detto di strumenti musicali spec. a corde o a tasto: *t. il violino, l'organo* | (*est.*) †Suonare: *il quale strumento egli tocca assai gentilmente* (GALILEI) | (*est.*) †Dare i rintocchi per segnale: *t. il vespro, la raccolta* | (*assol.*) †***T. col pennello***, dipingere. *2* Avvicinarsi a qlcu. o a qlco. fino a esserne a contatto o contiguo: *la tenda tocca la finestra* | Urtare leggermente: *l'onda tocca lo scoglio* | ***T. il fondo***, ***t. fondo***, in acqua, poter stare in piedi sul fondo; strisciare la chiglia sul fondo, detto di imbarcazione | (*assol.*) Nell'acqua, stare con i piedi sul fondo tenendo fuori la testa: *si tocca ancora per pochi metri*. *3* Spostare: *perché avete toccato i miei libri?* | Usare, consumare, manomettere, danneggiare: *non vuole che gli si tocchi la sua roba* | Prendere in mano: *guardate senza t. nulla* | ***Non t. libro***, non leggere o non studiare | ***Non t. cibo***, ***letto***, non mangiare, non dormire | Ritoccare, correggere, modificare: *in quel quadro non è necessario t. niente*; *t. un discorso prima di pronunciarlo*; *la Banca d'Italia non tocca i tassi* | †***T. una scrittura***, alterarla | (*raro*) ***T. una donna***, avere con lei rapporti sessuali | (*raro*) Percuotere, picchiare | †***T. il debitore***, intimargli il pagamento. *4* Giungere a un punto determinato, raggiungere un'altezza, una distanza (*anche fig.*): *con la testa tocca addirittura il lampadario*; *t. la meta, la maturità, la sessantina* | ***T. il segno***, colpire nel punto giusto (*anche fig.*) | ***T. il cielo con un dito***, essere al culmine della beatitudine | ***T. il fondo***, (*fig.*) giungere al grado estremo di una condizione negativa: *t. il fondo del degrado morale* | ***T. un porto***, ***una città***, farvi scalo, detto di navi o aerei | ***T. terra***, scendere a terra, posare i piedi sul suolo, detto di persona; approdare, accostare, detto di nave o altra imbarcazione; atterrare, detto di velivolo. *5* Riguardare: *è un'accusa che tocca tutti voi*; *son cose che ci toccano direttamente*. **SIN.** Interessare, riferirsi. *6* (*fig.*) Comportarsi in modo tale da colpire nell'animo, commuovendo, impressionando, turbando od offendendo qlcu.: *guai a toccargli la famiglia*; *nessuno lo può t.*; *le vostre maldicenze non lo toccano* | ***T. il cuore***, suscitare compassione, pietà, commozione | ***T. sul***, ***nel***, ***vivo***, urtare, irritare con parole particolarmente pungenti | (*assol.*) Colpire, commuovere: *il tuo discorso tocca intimamente* | †***T. l'ugola***, stuzzicare l'appetito. *7* (*ellitt.*, *fam.*) ***Toccarle***, ***toccarne***, prendere botte; (*est.*) rimetterci | (*ellitt.*) †***T. di ladro***, prendere il titolo di ladro. *8* (*fig.*) Trattare brevemente, sfiorare: *t. un argomento spinoso*; *t. di sfuggita una questione importante*. **B v. intr.** (aus. *essere*) *1* Capitare, avvenire, accadere: *gli è toccata una fortuna insperata*; *anche questo mi tocca* (*di*, lett. *a*) *sentire?* | ***A chi tocca***, ***tocca***, non è possibile ribellarsi alla sorte | Capitare, detto solo di cose poco gradite: *tutti i castighi toccano a lui*. *2* Essere obbligato, costretto: *gli toccò* (*di*, lett. *a*) *pagare i debiti senza protestare*. *3* Appartenere, spettare di diritto o per dovere: *a ciascuno tocca una piccola parte di eredità*; *tocca a voi difenderci*; *a chi tocca parlare per primo?* *4* †Riferirsi: *t. a* ... **C v. rifl.** ● (*eufem.*) Eccitarsi sessualmente, masturbarsi. **D v. rifl. rec.** ● Essere a contatto, così vicini da sfiorarsi, premersi, urtarsi ecc.: *si toccano con i gomiti*. || **PROV.** Fin ch'uno ha denti in bocca, non sa quel che gli tocca.

toccasàna o **tócca sàna** [comp. di *tocca(re)* e *sana(re)*; av. 1839] **s. m. inv.** ● Rimedio pronto e sicuro o considerato prodigioso (*anche fig.*): *la tua amicizia è per lui un t.* **SIN.** Balsamo, panacea.

toccàta [av. 1570] **s. f.** *1* Il toccare una sola volta. *2* (*mus.*) Composizione per strumenti a tastiera, diffusa dal XVI al XVIII sec., a volte precedente una fuga: *le toccate e fughe di J. S. Bach* | ***T. per l'elevazione***, quella da suonarsi durante il particolare momento della messa. *3* †Cenno | †Allusione. || **toccatìna**, **dim.** (V.).

toccatìna [av. 1665] **s. f.** *1* Dim. di *toccata*. *2* (*mus.*) Piccolo preludio di sonata.

toccàto [sec. XIII] **part. pass.** di *toccare*; anche **agg.** *1* Nei sign. del v. | (*fig.*) Trattato, affrontato: *un argomento non ancora t.* *2* (*fig.*) Di chi è stato colpito da una frase pungente e non sa replicare. *3* Nella scherma, colpito da una stoccata dell'avversario. *4* Di persona stravagante, mattoide, scombinata. *5* (*raro*, *tosc.*) Che ha subìto un colpo apoplettico.

toccatóre [1353] **s. m.** (f. *-trice*) ● (*raro*) Chi tocca.

toccatùra [1983] **s. f.** ● (*med.*) Applicazione superficiale di medicamento, consistente nell'appoggiare ripetutamente sulla parte da curare batuffoli e sim. impregnati del medicamento stesso.

toccatùtto [comp. di *tocca(re)* e *tutto*; 1940] **s. m. e f. inv.** ● Chi ha l'abitudine di toccare ogni cosa: *quel bambino è un vero t.*

tòcche ● V. *toc*.

toccheggiàre [da *tocco*; 1745] **v. intr.** (*io tocchéggio*; aus. *avere*) ● (*raro*) Suonare a tocchi, detto delle campane.

tocchéggio [1868] **s. m.** ● (*raro*) Il toccheggiare.

tòcchete ● V. *toc*.

tòccio [vc. di provenienza dial. e di orig. incerta; 1942] **s. m.** ● (*dial.*, *pop.*) Intingolo, sugo.

tócco (1) [1312] **A part. pass.** di *toccare* ● (*tosc.* o *lett.*) Toccato. **B agg.** (**pl. m.** *-chi*) *1* (*raro*) Di frutto guasto, o un po' ammaccato. *2* Di persona un po' matta o stravagante.

tócco (2) [da *toccare*; 1340 ca.] **s. m.** (**pl.** *-chi*) *1* Atto del toccare: *gli batté sulla spalla con un t. leggero*; *un t. di rossetto* | ***Gli ultimi tocchi***, le rifiniture. *2* Maniera, arte del suonare uno strumento musicale a corda o a tasto ottenendone particolari sonorità: *un pianista dal t. raffinato* | †Suono emesso da uno strumento a fiato. *3* Modo di trattare la materia per lavorarla | (*est.*) Impronta caratteristica propria di un autore, un artista: *un pittore dal t. vivace*; *il t. manzoniano, michelangiolesco*. *4* (*est.*) Colpo vibrato o battuto contro qlco.: *un forte t. di martello* | Colpo dato sulla campana dal battaglio | Rintocco di orologio pubblico: *contare i tocchi* | (*est.*, *tosc.*) Prima ora dopo il mezzogiorno: *l'orologio ha suonato il t.*; *desinare al t.* *5* (*fam.*) Colpo apoplettico. *6* (*raro*) Sensazione che qlco. comunica al tatto: *una tela dal t. gradevole*. *7* (*fig.*) †Cenno, accenno. || **tocchettìno**, **dim.** | **tocchétto**, **dim.**

tòcco (3) [da *tòcca* '(pezzo di) stoffa' (?); av. 1574] **s. m.** (**pl.** *-chi*) *1* Pezzo più o meno grosso staccato da qlco.: *un t. di manzo*. *2* (*fig.*) Persona di costituzione fisica alta e robusta: *un t. d'uomo* | ***Un bel t. di ragazza***, una ragazza alta e prosperosa, spec. detto con compiaciuta ammirazione | (*iron.*) ***Un t. d'asino***, (*fig.*) una persona molto ignorante. || **tocchétto**, **dim.**

tòcco (4) [etim. incerta] **s. m.** (**pl.** *-chi*) ● Intingolo della cucina ligure per condire pasta o riso, a base di sugo di carne, vino bianco, olio e spezie.

tòcco (5) [fr. *toque*, di orig. germ., come *tòcca* 'drappo' (V.); 1525] **s. m.** (**pl.** *-chi*) ● Berretta tonda e senza tesa: *il t. dei magistrati*.

†**toccolàre** [da *toccare* con infisso attenuativo-iter. *-ol-*; sec. XIV] **v. intr.** ● Battere alla porta.

toccóne [da *toccare* con suff. accr.; 1879] **s. m.** (**f.** *-a*) ● (*raro*) Toccatutto.

tochàrio /to'karjo/ ● V. *tocario*.

tòco [n. locale (*tupì*); 1937] **s. m.** (**pl.** *-chi*) ● Uccello dei Tucani, americano, con grosso becco alto e massiccio rosso aranciato e piumaggio nero, rosso e bianco (*Rhamphastos toco*).

tocoferòlo [comp. del gr. *tókos* 'parto' e *-fero* '(ap)portatore' (col suff. chim. *-olo* (*1*)) con allusione al fattore della riproduzione propria di questa vitamina; 1949] **s. m.** ● Vitamina E.

tocografìa [comp. del gr. *tókos* 'parto' di orig. indeur. e *-grafia*] **s. f.** ● (*med.*) Registrazione dell'attività contrattile uterina per mezzo di un trasduttore che collega la parete addominale a un monitor.

tocologìa [comp. del gr. *tókos* 'parto', di orig. indeur. e *-logia*; 1829] **s. f.** ● (*raro*) Scienza del parto. **SIN.** Ostetricia.

tòdaro ● V. *totano* (*1*).

toddy /*ingl.* 'tɒdi/ [vc. ingl., dall'indostano *tāḍī*, deriv. di *tār* 'albero di palma'; 1891] **s. m. inv.** (**pl.** ingl. *toddies*) ● Nome indiano del vino di palma.

†**todésco** ● V. *tedesco*.

todìno [da *Todi*, cittadina umbra; av. 1400] **A agg.** ● Di Todi. **B s. m.** (**f.** *-a*) ● Abitante, nativo di Todi.

toelètta e *deriv.* ● V. *toletta* e *deriv.*

toelètte ● V. *toletta*.

tofàna [dal cognome di una megera siciliana, che agli inizi del Seicento preparava a Roma una soluzione arsenicale, come veleno; 1865] **agg.** solo **f.** ● Nella loc. ***acqua t.***, detto di veleno a base d'arsenico.

toffee /'tɔfi, *ingl.* 'tɒfi/ [vc. ingl., alterazione di *taffy*, di orig. sconosciuta] **s. f. o m. inv.** (**pl.** ingl. *toffees*) ● Caramella morbida spec. con un ripieno di mandorla tritata.

tòfo [vc. dotta, lat. *tōfu(m)* 'tufo', per la sua natura calcarea; 1584] **s. m.** ● (*med.*) Nodulo formato da deposizione di acido urico, spec. nei tessuti molli in vicinanza delle articolazioni, tipico della gotta.

tofu /'tɔfu, *giapp.* ˌtɔːɸɯ/ o **toufu** [vc. giapp., *tōfu*, dal cinese *dòufu*, comp. di *dòu* 'fagioli' e *fŭ* 'fracido'; 1980] **s. m. inv.** ● Formaggio di soia di colore biancastro, consistenza molle, sapore delicato, ottenuto facendo cagliare un liquido lattiginoso derivato dalla soia; tipico della cucina orientale.

tòga [vc. dotta, lat. *tŏga(m)*, da *tĕgere* '(ri)coprire', di orig. indeur.; av. 1332] **s. f.** *1* Mantello che i Romani portavano sopra la tunica, costituito da panno di lana a forma semicircolare | *Seno della t.*, parte che scendeva sul davanti | *T. candida*, imbiancata, tipica dei candidati | *T. sordida*, dei supplicanti | *T. bruna*, per lutto | *T. virile*, quella che i giovanetti dell'antica Roma indossavano quando arrivavano ai sedici anni. *2* Veste che i magistrati e gli avvocati indossano in udienza e i professori universitari nelle cerimonie ufficiali | (*est.*) Professione forense: *abbandonare la t.* | Chi esercita l'avvocatura o la funzione del giudice | *T. di ermellino*, (*per anton.*) magistrato dei più alti gradi gerarchici, spec. quelli della Corte di Cassazione.

togàle [av. 1642] **agg.** ● (*raro*) Di, della toga: *gravità t.*

togàta [vc. dotta, lat. *togāta(m)*, sottinteso *fābula* 'commedia con personaggi vestiti con la *tŏga*'; av. 1563] **s. f.** ● Commedia romana di argomento italico.

togàto [vc. dotta, lat. *togātu(m)*, da *tŏga*; 1342] **agg.** *1* Che veste la toga | *Gente togata*, gli antichi Romani | *I giudici togati*, (*ellitt.*) *i togati*, i magistrati, spec. contrapposto ai giudici popolari. *2* (*fig.*) Ampolloso, aulico: *stile t.*

♦**tògliere** o (*lett.*) †**tòllere**, (*raro, lett.*) **tòrre** (**2**) [lat. *tŏllere*, di orig. indeur., inserito nella serie di *cogliere*; 1219] **A v. tr.** (**pres.** *io tòlgo*, poet. †*tòglio*, *tu tògli*, poet. †*tòi*, *egli tòglie*, poet. †*tò* /tɔ*/, poet. †*tòe*, *noi togliàmo*, *voi togliéte*, *essi tòlgono*, poet. †*tògliono*; **pass. rem.** *io tòlsi*, *tu togliésti*; **fut.** *io toglierò*, pop. poet. *torrò*, *tu toglierài*, pop. poet. *torrài*; **congv. pres.** *io tòlga*, poet. †*tòglia*, *noi togliàmo*, *voi togliàte*, *essi tòlgano*, poet. †*tògliano*; **condiz. pres.** *io toglierèi*, pop. poet. *torrèi*, *tu toglierésti*, pop. poet. *torrésti*; **part. pass.** *tòlto*; talora usata la variante *trar*) *1* Rimuovere da una posizione, spostare: *t. la tovaglia dal tavolo*; *t. uno specchio dalla parete*; *bisogna t. tutte le virgole* | Levare via, cavare: *togliersi i guanti*; *togliersi il cappello davanti a qlcu.*; *togliersi un'idea dalla testa* | *T. un divieto, un ostacolo, un impedimento*, rimuoverli | *Togliersi la fame*, sfamarsi | *Togliersi una voglia*, soddisfarla, prendersela | *Togliersi un dente*, cavarselo; (*fig.*) liberarsi di qlco. di spiacevole | (*fig.*) *Togliersi una spina dal cuore*, eliminare un cruccio, una preoccupazione e sim. | *Togliersi la maschera*, (*fig.*) rivelare la propria natura | *Togliersi qlcu. dai piedi*, mandarlo via | *T. qlcu. di mezzo*, allontanarlo, sopprimerlo | *T. qlco. di mezzo*, portarla via | *T. via*, distruggere, cancellare | (*est.*) Trasferire, destituire: *da un mese l'hanno tolto dall'ufficio*; *t. da un incarico* | (*est.*) Distrarre: *t. da un pensiero, un timore* | (*est.*) †Distogliere, dissuadere. *2* Non concedere più, riprendere: *t. quel che si era dato* | Privare: *mi ha tolto il piacere di rivederlo*; *quell'avvenimento gli tolse l'uso della ragione* | *T. il saluto*, non salutare più, per rancore o altro | *T. l'onore*, disonorare | *T. il rispetto*, mancare di rispetto verso qlcu. | *T. la reputazione, la fede*, screditare | (*raro*) *T. il cervello, la testa*, confondere | Sottrarre, portare via con l'inganno: *t. il fidanzato all'amica* | Strappare, portare via a forza: *t. il figlio alla madre* | *T. la vita*, uccidere | *Togliersi la vita*, suicidarsi | †Rubare, rapire | †*T. la persona*, togliere la vita, uccidere | *T. la parola a qlcu.*, impedirgli di continuare a parlare | *T. la parola di bocca a qlcu.*, dire quello che l'altro cercava di dire o stava per dire. *3* Sottrarre una parte: *t. meno della metà*; *da dieci devi togliere quattro.* **SIN.** Detrarre. **CONTR.** Aggiungere. *4* Liberare: *t. qlcu. da una situazione imbarazzante.* *5* (*lett.*) †Impedire: *se noi vogliamo tor via che gente nuova non ci sopravvenga* (BOCCACCIO) | *Ciò non toglie che*, ciò non esclude che: *anche se nessuno lo conosce, ciò non toglie che ci si debba fidare di lui* | (*raro, lett.*) *Tolga Iddio!*, Dio non voglia! *6* †Prendere su, alzare, staccare, sollevare da terra: *t. qlcu. in braccio* | (*apocope imperat.*) *To'*, (*raro*) *togli*, prendi, †in esclamazioni di scherno | *Tor moglie, torre qlcu. in, per moglie, torre marito*, sposare, sposarsi | (*lett.*) Innalzare, alzare (*anche fig.*) | (*fig.*) †Eleggere a una carica, un ufficio. *7* (*dial., pop.*) †Prendere, pigliare: *t. a prestito*; *t. su di sé una responsabilità*; *t. commiato da qlcu.*; *t. tempo*; *t. di mira*; *t. come regola*; *t. per salario* | (*est., pop.*) Comprare: *t. un pollo al mercato.* *8* (*lett.*) Derivare, trarre: *si tolse quello vocabulo da le corti* (DANTE) | Prendere per imitazione, ritrarre: *t. un'arte*; *t. uno stile da un autore* | Ricavare, estrarre da un'opera: *t. alcuni brani, una citazione, una similitudine.* *9* (*dial.*) †Prendere, esigere in pagamento: *io vi torrò fiorini cinque* (SACCHETTI). *10* (*lett.*) Imprendere, cominciare, intraprendere: *ha tolto a considerare diligentemente le qualità e l'indole del nostro tempo* (LEOPARDI). *11* (*raro, pop.*) Trovare, escogitare: *t. il mezzo, il modo di fare qlco.* *12* †Ricevere | †Accogliere, accettare: *il padre di lei, ch'in casa il tolse* (ARIOSTO) | †*T. dentro*, accogliere, fare entrare. *13* †Preferire, scegliere. **B v. rifl.** ● Levarsi: *togliersi da una posizione scomoda* | Allontanarsi, partirsene: *togliersi di mezzo*; *togliersi da un luogo*; *togliersi dai piedi* | †*Togliersi da fare qlco.*, desistere | (*lett.*) Sottrarsi: *togliersi dalla vista di qlcu.*

†**togligióne** **s. f.** ● Toglimento.

toglimènto [av. 1544] **s. m.** *1* (*raro*) Il togliere. *2* †Furto.

toglitóre [1309] **s. m.**; anche **agg.** (**f.** *-trice*) ● (*raro*) Chi (o Che) toglie.

tògo (**1**) [etim. discussa: da *togo* (*2*) con allusione alla magnificenza della sopravveste (?); 1870] **agg.** (**pl. m.** *-ghi*) ● (*dial., scherz.*) Magnifico, eccellente, di gala, di lusso.

tògo (**2**) [av. 1850] **s. m.** (**pl.** *-ghi*) ● Toga.

togolése [1971] **A agg.** ● Del Togo. **B s. m. e f.** ● Abitante, nativo del Togo.

♦**toh** /tɔ, tɔ*/ ● V. *to'* (*1*).

toiletries /*ingl.* 'tɔɪlɪtrɪz/ [vc. ingl., da *toilet* 'toilette'; 1983] **s. m. e f. pl.** ● L'insieme dei prodotti usati nella toilette personale: *una nuova linea maschile di t.*

toilette /*fr.* twa'lɛt/ [vc. fr., antico dim. di *toile* 'tela', propr. 'piccola tela'; 1695] **s. f. inv.** *1* Mobile con specchio e ripiano su cui è disposto il necessario per pettinarsi e per il trucco. *2* (*est.*) Piccola stanza in cui si trova il mobile da toilette. *3* Stanza munita di servizi igienici: *cercare una t.*; *andare alla t.* *4* Complesso delle operazioni che occorrono, spec. a una donna, per completare l'igiene personale, l'abbigliamento, l'acconciatura o il trucco: *ha impiegato un'ora a fare t.* *5* Abito femminile elegante e sfarzoso: *una t. da sera.*

toiletterìa **s. f.** ● Adattamento di *toiletries* (V.).

tokàj /*ungh.* 'tokɒj/ [dal n. dell'omonima provincia ungh.; 1709] **s. m. inv.** ● Vino tipico ungherese, di color biondo oro, secco o dolce, di ricco aroma, prodotto nei vigneti della collina omonima, vicino ai Carpazi | In Alsazia, Pinot grigio. **CFR.** Tocai.

tokamak /*russo* ta'kʊamʌk/ [dal russo *to(roidál'naya) kám(era s) ak(siál'nym magnitnym pólem)* 'camera toroidale con campo magnetico assiale'; 1983] **s. m. inv.** (**pl.** russo *tokamaki*) ● (*fis.*) Dispositivo toroidale a confinamento magnetico per mantenere isolato il plasma dalle pareti di un reattore termonucleare.

tòlda [port. *tolda*, di prob. orig. germ.; 1525] **s. f.** ● (*mar.*) Un tempo, ponte di coperta delle navi a vela.

tolemàico [vc. dotta, lat. tardo *Ptolemāicu(m)*, dal gr. *Ptolemaïkós* 'di Tolomeo' (*Ptolemâios*, collegato con *p(t)ólemos* 'guerra'); 1632] **agg.** (**pl. m.** *-ci*) *1* Della dinastia egizia dei Tolomei. *2* Concernente l'astronomo greco C. Tolomeo (sec. II) | *Sistema t.*, quello che poneva la Terra al centro del sistema solare. **CFR.** Copernicano.

tolètta o **telètta** (**1**), **toelètta**, **toelètte** [1717] **s. f.** ● Adattamento di *toilette* (V.).

tolettàre o **toelettàre** [da *toletta*, sul modello del fr. *toiletter* 'fare toilette'] **A v. tr.** (*io tolétto*) ● (*zool., veter.*) Pulire, nettare il corpo, detto di animali: *la cagna toletta il suo cucciolo.* **B v. rifl.** ● (*zool.*) Pulire, nettare il proprio corpo, detto di animali: *la gatta si toletta.*

tolettatùra o **toelettatùra** **s. f.** *1* (*zool., veter.*) Il tolettare, il tolettarsi. *2* (*est., scherz.*) Ripulitura: *è iniziata la t. della città.*

tòlgo ● V. *togliere.*

tòlla [dal lat. *tăbula(m)* 'tavola'] **s. f.** ● (*region.*) Latta, lamiera | (*fig.*) *Faccia di t.*, faccia di bronzo, persona sfrontata.

tollatùra [dal dial. *tolla* 'lamina, lamiera, tavola'; 1957] **s. f.** ● (*tess.*) Finitura superficiale dei tessuti di seta per renderli più compatti e uniformi.

†**tollenóne** [vc. dotta, lat. *tollenōne(m)*: di orig. etrusca (?); 1840] **s. m.** ● Mazzacavallo nel sign. 2.

tolleràbile [vc. dotta, lat. *tolerābile(m)*, da *tolerāre* 'tollerare', con la consonante rafforzata di *tollerare*; 1355] **agg.** *1* Che si può tollerare, sopportare: *non è un comportamento t.* **SIN.** Compatibile, sopportabile. *2* (*est.*) Mediocre, passabile: *una commedia appena t.* ‖ **tollerabilménte**, **avv.** *1* (*raro*) In maniera tollerabile, sopportabile. *2* Mediamente.

tollerabilità [1961] **s. f.** ● Condizione di ciò che è tollerabile.

tolleránte [1581] **part. pres.** di *tollerare*; anche **agg.** *1* Che è in grado di tollerare: *essere t. del freddo, delle fatiche*; *un ragazzo poco t. della disciplina.* *2* Che dimostra tolleranza, spec. nei confronti delle idee altrui: *una persona t.*, *dal carattere t.* **CONTR.** Intollerante.

tolleránza [vc. dotta, lat. *tolerāntia(m)*, da *tolerāre* 'tollerare' con sovrapposizione di *tollerare*; sec. XIV] **s. f.** *1* Capacità di tollerare ciò che è o potrebbe rivelarsi sgradevole o dannoso: *avere t. per un cibo, un clima*; *ha poca t. per i lunghi viaggi* | *Casa di t.*, bordello. **SIN.** Sopportazione. *2* Disposizione d'animo per la quale si accettano e si rispettano idee, opinioni, religioni diverse dalle proprie: *t. civile, politica, religiosa* | Atteggiamento comprensivo, indulgenza: *manifestare t. per i difetti altrui.* *3* Ritardo ammesso oltre la data, l'ora stabilita: *prima dell'inizio della lezione c'è una t. di dieci minuti.* *4* Scarto, riduzione, divergenza ammessa: *hanno concesso su ogni prezzo una t. del cinque per cento.* *5* Inesattezza di fabbricazione di un pezzo di lavorazione ammissibile per dati valori. *6* Possibilità di differenza dalle condizioni e caratteristiche di una merce prevista in contratto: *t. di quantità*, *t. di calo* | *T. di coniazione*, approssimazione per eccesso o per difetto del peso o del titolo di una moneta. *7* (*dir.*) *Atto di t.*, implicita o esplicita concessione che il titolare di un diritto fa dell'esercizio dello stesso ad altri pur senza rinunciarne all'esclusiva titolarità | *T. zero*, insieme di provvedimenti legislativi e di interpretazioni delle norme esistenti miranti a non lasciare impuniti i reati minori (calco sulla loc. ingl. *zero tolerance*); (*est.*) rifiuto a giustificare fenomeni sociali negativi: *nei confronti del razzismo t. zero.* *8* (*med.*) Capacità di un organismo di sopportare gli effetti di una sostanza o di un farmaco | Capacità di attenuare o di eliminare gli effetti di un trattamento nei confronti dei quali vi siano state precedenti esperienze | *T. immunologica*, capacità di un organismo di non reagire nei confronti di antigeni estranei dei quali abbia avuto esperienza in epoca embrionale.

tolleràre [vc. dotta, lat. *tolerāre*, da *tŏllere* 'togliere', nel suo primitivo senso di '(sop)portare', col rafforzamento consonante frequente nelle parole sdrucciole; 1292] **v. tr.** (*io tòllero*) *1* Sopportare con pazienza e senza lamentarsene cose spiacevoli o dolorose: *t. l'indifferenza, il disprezzo altrui*; *non tollero le vostre offese* | Ammettere la presenza di qlcu. o di qlco. di poco gradito: *non lo tollerano nella loro compagnia* | Poter subire senza soffrire dolori, disagi e prove fisiche di varia natura: *non t. il caldo eccessivo*; *tollera tutti i liquori*; *non tollera le lunghe camminate.* *2* Ammettere idee, convinzioni, opinioni contrarie alle proprie: *t. tutte le religioni, le ideologie* | Perdonare, usare indulgenza: *ha sempre tollerato la sua inesperienza.* *3* Consentire dilazioni, scarti, differenze di non grave entità: *è tollerato un ritardo di pochi minuti.*

tollerazióne [vc. dotta, lat. *toleratiōne(m)*, da *tolerātus* 'tollerato' con la cons. rafforzata del part. pass. it.; av. 1595] **s. f.** ● (*raro*) Il tollerare | Tolleranza.

†**tòllere** ● V. *togliere.*

†**tollètta** o **tollètta** [variante di *tolletto*, come *tolta* accanto a *tolto*; av. 1306] **s. f.** ● Furto, ruberia: *ruine, incendi e tollette dannose* (DANTE *Inf.* XI, 36).

†**tollètto** o **tollètto** [lat. parl. *tollēctu(m), da tŏllere 'togliere', che sostituisce l'ant. part. pass. (t)lātu(m), sull'es. di collēctu(m) da collĭgere 'cogliere'] s. m. ● Solo nella loc. ***il mal t.***, maltolto, preda, ruberia: *di mal t. vuo' far buon lavoro* (DANTE *Par.* V, 33).

tòlsi ● V. *togliere*.

tolstoiàno [1900] agg. ● Concernente lo scrittore russo L. N. Tolstoj (1828-1910): *i romanzi tolstoiani*.

tolstoìsmo [1931] s. m. ● Il complesso delle dottrine di Tolstoj ispirate alla non violenza e al socialismo cristiano.

†**tòlta** s. f. *1* Il togliere | (*est.*) Furto, ruberia. *2* Guadagno, acquisto | Compera: *buona, mala t.*

toltèco [dallo sp. tolteca, pl. del n. locale toltecatl] agg. (pl. m. -*chi*); anche s. m. (f. -*a*) ● Appartenente a una popolazione precolombiana dedita al culto del serpente piumato e la cui civiltà, documentata dall'VIII secolo negli altopiani centrali del Messico, influenzò quella maya.

tòlto [av. 1250] **A** part. pass. di *togliere*; anche agg. *1* Nei sign. del v. *2* (*raro*) *T. di sé*, fuori di sé. *3* †Rubato. *4* Eccetto, tranne: *tolte le ultime, le sue commedie sono state un fallimento*. **B** s. m. ● Solo nella loc. ***il mal t.***, ciò che è stato sottratto ingiustamente o con l'inganno.

tolù [sp. (balsamo de) Tolú, dal n. della città colombiana Santiago de Tolú; 1826] s. m. ● Albero delle Papilionacee del Venezuela e Colombia, da cui si estrae una sostanza dal forte odore balsamico, utilizzata in farmacia (*Toluifera balsamum*).

toluène [comp. di tolù e -ene, per analogia con benzene; 1875] s. m. ● (*chim.*) Idrocarburo aromatico, derivato metilico del benzolo, presente nel petrolio, nel catrame di carbon fossile e nei prodotti di distillazione di varie resine, usato nelle benzine per le qualità antidetonanti, come solvente di lacche e resine, come materia prima per diversi prodotti. SIN. Toluolo.

toluidina [fr. toluidine, da toluène 'toluene'; 1957] s. f. ● Ammina aromatica derivata dal toluene, omologa dell'anilina, esistente in tre forme isomere di cui due liquide e una solida, solubile in solventi organici e acidi, ampiamente usata come intermedio nella preparazione di coloranti | ***Blu di t.***, colorante usato in istologia, spec. per la colorazione delle cellule nervose.

toluòlo [comp. di tolù e -olo (2) per analogia con benzolo; 1920] s. m. ● Toluene.

tòma (1) o **tóma** [etim. incerta; av. 1543] s. f. ● Solo nella loc.: ***promettere Roma e t.***, fare grandi promesse, promettere cose eccezionali.

tòma (2) [da tomare (1)] s. f. ● (†, *sett.*) Caduta, capitombolo.

†**tòma** (3) [etim. incerta] s. f. *1* Luogo solitario e remoto. *2* Terreno a mezzogiorno difeso dalla tramontana.

tòma (4) [vc. d'etim. incerta; 1983] s. f. ● Nome di un formaggio, tipico del Piemonte e della Valle d'Aosta, prodotto un tempo con latte misto di vacca e di pecora, oggi solo con latte di vacca. || **tomino**, dim. m. (V.).

tomahawk /'tɔmawok, *ingl.* 'tɒmə,hɔːk/ [vc. ingl., dalla vc. algonchina orient. tamahacan; 1818] s. m. inv. ● Accetta da guerra propria dei pellirosse, prima con lama di pietra e poi di ferro, adornata con penne d'aquila e insegne distintive del comando o della tribù.

tomàia [gr. tomárion '(ri)taglio (di cuoio)', dal v. témnein 'tagliare', di orig. indeur.; 1598] s. f. ● Parte superiore della scarpa che comprende la mascherina e i quartieri.

tomaificio [comp. di tomaia e della seconda parte di altri simili comp., diffusi da Milano, come (opi)ficio, (lani)ficio, ecc.; 1961] s. m. ● Fabbrica dove si tagliano e cuciono tomaie.

tomàio [av. 1602] s. m. ● Tomaia.

†**tomàre** (1) [dalla base onomat. tum(b)-; 1313] v. intr. (aus. *essere*) *1* Cadere giù, precipitare, cadere | Gettarsi a capo all'ingiù, alzando i piedi in aria, detto spec. di animali: *spesso toma come un babbuino* (PULCI). *2* Capovolgersi: *sul mare intanto, e spesso al ciel vicino / l'afflitto e conquassato legno toma* (ARIOSTO).

tomàre (2) [da tomare (1) nel sign. di 'far cadere'; 1840] v. tr. (*io tòmo*) ● (*mar.*) In una imbarcazione a vele latine, riportare sottovento l'antenna, dopo una virata o un cambiamento di direzione del vento.

tomatillo /*sp.* toma'tiʎo, -ijo/ [vc. sp., propr. dim. (-illo) di tomate 'pomodoro'] s. m. (pl. sp. *tomatillos*) ● (*bot.*) Pianta erbacea delle Solanacee, originaria del Messico e degli Stati Uniti meridionali, coltivata per i frutti (*Physalis ixocarpa*) | La grossa bacca commestibile di tale pianta, di colore rosso, con semi da cui si estrae un olio utilizzato nella preparazione di cosmetici. SIN. Albero del pomodoro.

♦**tómba** [lat. tardo tŭmba(m), dal gr. týmba, variante di týmbos, di orig. indeur.; 1313] s. f. *1* Luogo di sepoltura per una o più salme, a forma di arca, sepolcro, urna, sarcofago e sim.: *una t. marmorea; inumare nella t. di famiglia; rispettare le tombe* | ***Dalla culla alla t.***, dalla nascita alla morte | ***Essere muto come una t.***, ***essere una t.***, (*fig.*) essere molto riservato, saper conservare un segreto | ***Avere un piede nella t.***, (*fig.*) essere molto malandato, in fin di vita | (*fig.*) ***Portare un segreto nella t.***, non rivelarlo a nessuno fino alla morte | ***Voce che esce da una t.***, (*fig.*) debolissima. *2* (*fig.*) Abitazione bassa e scura o luogo chiuso, buio e tetro: *quel carcere è una t.* *3* Volta sotterranea sotto il fondo di un canale. *4* †Corte di una villa con magazzini e stalle. || **tombino**, dim. m. (V.) | **tombóne**, accr. m.

tombàcco [fr. tombac, dal malese tambaga 'rame', di prob. orig. indiana (dal sanscrito tāmráh 'del colore del rame (tāmram)'); 1840] s. m. (pl. -*chi*) ● Particolare ottone composto di molto rame e poco zinco, di colore giallo-rossastro, usato per fabbricare oggetti a imitazione dell'oro.

tombàle [da tomba, sul modello del corrispondente fr. tombal; 1884] agg. *1* Di, relativo a, tomba | ***Pietra, lastra t.***, quella che chiude la tomba. *2* (*dir.*) ***Condono t.***, quello che consente la definizione automatica, con il pagamento di una somma di denaro, di tutte le pendenze in atto o future per una determinata imposta, relativamente a periodi d'imposta già conclusi.

tombaménto [da tomba; 1961] s. m. ● Operazione che consiste nel colmare i vuoti di uno scavo, nel riempire di materiali solidi il letto di un piccolo corso d'acqua o nel livellare un terreno che presenta depressioni: *il t. di un canale*.

tombarèllo [ant. fr. tomberel, da tumber 'saltare, tombare', dalla radice espressiva tumb-; 1961] s. m. ● Carro o rimorchio agricolo con cassone ribaltabile.

tombaròlo [da tomba con suff. di natura dial. (per -aiolo); 1963] s. m. (f. -*a*) ● (*gerg.*) Chi viola tombe spec. etrusche o scava abusivamente in zone protette dalla legge, per rubare oggetti di interesse archeologico da vendere a collezionisti.

tombeau /*fr.* tõ'bo/ [vc. fr., propr. 'tomba, sepolcro', dove è sepolto l'onorato della composizione] s. m. inv. ● (*mus.*) Composizione strumentale in commemorazione di un personaggio: *'Le t. de Couperin' di Ravel*.

tombeur de femmes /*fr.* tõ,bœʀdə'fam/ [loc. fr., propr. colui che fa cadere (tomber) le donne (femmes); 1988] loc. sost. m. inv. (pl. fr. *tombeurs de femmes*) ● Conquistatore, seduttore, dongiovanni.

tombinàre [da tombino] v. tr. ● Coprire un piccolo corso d'acqua che passa attraverso un abitato.

tombino [dim. di tomba; 1905] s. m. ● Elemento di chiusura, in pietra o ghisa, di un pozzetto fognario, spec. stradale | Canaletto o pozzetto per il deflusso delle acque stradali. SIN. Chiusino.

♦**tómbola** (1) [da tombola (2) nel sign. di 'caduta' e perciò 'termine (del gioco)' (?); 1779] s. f. ● Gioco consistente nell'estrazione successiva di numeri compresi fra 1 e 90 | Premio massimo di questo gioco, vinto dal primo che si vede estratti tutti i numeri della sua cartella: *far t.* | L'insieme degli oggetti occorrenti per tale gioco, come borsa con dischetti numerati, cartelle, cartellone, fagioli o altro per segnare i numeri estratti || **tombolóne**, accr. m.

tómbola (2) [da tombolare; 1940] s. f. ● (*fam.*) Caduta | ***Far t.***, ***fare una t.***, cadere | (*escl.*, *scherz.*) *Tombola!*, si dice quando cade un bambino o si rovescia qlco.

tombolàre [di orig. imit.; sec. XV] **A** v. intr. (*io tómbolo*; aus. *essere*) *1* (*fam.*) Cadere col capo all'ingiù: *t. dal letto, da una sedia* | (*fam.*, *fig.*) Andare in rovina. *2* (*aer.*) Ruzzolare per aria, detto di aereo, capsula, missile, loro frammento e sim., spec. per avaria, insufficiente stabilità o governo: *il missile cominciò a t.* **B** v. tr. ● (*fam.*) Scendere ruzzolando: *t. una scala*.

tombolàta (1) [1840] s. f. ● (*raro*) Caduta, ruzzolone.

tombolàta (2) [1891] s. f. ● Giocata a tombola: *una t. in famiglia; t. di beneficenza*.

tombolino s. m. (f. -*a*) *1* Dim. di *tombolo* (*2*). *2* Bambino grassottello: *un grazioso t.*

tómbolo (1) [da tombolare; av. 1555] s. m. ● Capitombolo, ruzzolone | ***Fare un t.***, (*fig.*) rovinarsi economicamente, essere privato di una carica.

tómbolo (2) [uso fig. di tombolo (3); 1738] s. m. *1* Cuscino cilindrico a ciascun lato del canapè. SIN. Rullo. *2* Cuscinetto imbottito per la lavorazione del merletto a fuselli, a forma di rullo | ***Merletto, trina a t.***, a fuselli. *3* (*fam.*, *scherz.*) Persona piuttosto piccola e grassoccia: *sei diventato un t.!*; *quella donna è un t.* || **tombolétto**, dim. | **tombolino**, dim. (V.) | **tombolòtto**, dim.

tómbolo (3) [dal lat. tŭmulus 'tumulo', forse anche con sovrapposizione di tŭmba 'rilievo di terreno'; 1763] s. m. ● Monticello di rena che il mare forma sulle spiagge.

tombolóne [da tombola (2); 1879] s. m. ● (*fam.*) Capitombolo rovinoso o spettacoloso.

toménto [dal lat. tomĕntu(m) 'peluria', di etim. incerta; 1961] s. m. ● (*bot.*) Rivestimento di organi vegetali fatto di peli brevi, esili e folti, con aspetto cotonoso.

tomentóso [fr. tomenteux, dal lat. tomĕntum 'peluria, fiocco lanuginoso', di etim. incerta; 1826] agg. ● (*bot.*) Detto di organo vegetale ricoperto di peli cotonosi.

-tomia [secondo elemento compositivo di orig. gr., da témnein 'tagliare'] secondo elemento ● In parole scientifiche composte, spec. della terminologia medica, significa 'taglio', 'sezionamento', 'apertura', 'incisione', 'resezione': *laparatomia, osteotomia, gastrotomia*.

-tòmico secondo elemento ● Forma aggettivi composti della terminologia scientifica, spec. medica, derivati dai corrispondenti sostantivi in *-tomia*: *anatomico*.

tomino [da toma (4); 1879] s. m. *1* Dim. di *toma* (*4*). *2* Formaggio caprino, con pepe.

Tomìsidi [vc. dotta, lat. thōmice(m), nom. thōmix 'specie di corda', dal gr. thōmi(n)x, vc. tecn. di etim. incerta; 1961] s. m. pl. (sing. -*e*) ● Nella tassonomia animale, famiglia di ragni abbastanza comuni e diffusi in tutto il mondo con corpo appiattito e andatura che ricorda quella dei granchi (*Thomisidae*).

tomìsmo [comp. dal n. proprio lat. (eccl.) Thōmas 'Tommaso', di orig. gr. (Thōmâs, che traduce l'aramaico t'ômâ 'gemello'), e -ismo; 1749] s. m. ● La filosofia di Tommaso d'Aquino (1221 ca.-1274).

tomista [1476] **A** s. m. e f. (pl. m. -*i*) ● Chi segue il, si attiene al tomismo. **B** agg. ● Tomistico.

tomistico [1766] agg. (pl. m. -*ci*) ● Concernente il tomismo e i tomisti.

tòmo (1) [vc. dotta, lat. tardo tŏmu(m), dal gr. tómos, deriv. da témnein 'tagliare', di orig. indeur.; sec. XIV] s. m. *1* Sezione, parte di un'opera a stampa: *vocabolario in otto tomi*. *2* (*disus.* o *scherz.*) Volume: *un vecchio t.* || **tométto**, dim. | **tomóne**, accr.

tòmo (2) [uso fig. di tomo (1), nel sign. 2 (?)] s. m. ● (*fam.*) Persona strana, bizzarra | ***Un bel t.***, un bel tipo | ***Essere t. da***, essere un tipo capace di.

†**tòmo** (3) [da tomare 'cadere'; 1353] s. m. *1* Caduta, capitombolo. *2* Discesa.

-tomo [secondo elemento compositivo di orig. gr. (-tomon), da témnein 'tagliare'] secondo elemento ● Forma parole composte, soprattutto del linguaggio medico, che indicano strumenti atti a incidere o a compiere resezioni (*craniotomo, osteotomo*), e talora la persona che esegue un determinato intervento chirurgico (*flebotomo*).

tomografia [comp. del gr. tómos 'sezione', qui nel sign. di 'strato' (V. tomo (1)), e -grafia; 1963] s. f. ● (*med.*) Stratigrafia (2) | ***T. unidirezionale, pluridirezionale***, quella in cui si ottengono sfumature orientate, rispettivamente, in una o in più direzioni | ***T. assiale trasversa***, quella in cui si eseguono tomogrammi in direzione trasversale all'asse corporeo, allo scopo di studiare il mediastino e gli organi addominali | ***T. in rilievo***, quella in cui si eseguono più tomogrammi simultanei che, osservati in opportune condizioni, forniscono un'immagine in trasparenza e in rilievo | ***T. assia-***

le (trasversa) computerizzata, tecnica, nota anche come TAC, in cui i raggi röntgen sono raccolti, invece che da una lastra sensibile, da un rivelatore a scintillazione che invia i propri segnali a un elaboratore elettronico il quale, con procedimenti statistici, provvede a ricostruire l'immagine. SIN. Röntgenstratigrafia, planigrafia.

tomogràfico [1949] agg. (pl. m. *-ci*) ● (*med.*) Relativo alla tomografia.

tomògrafo [1949] s. m. ● (*med.*) Apparecchio per eseguire tomografie. SIN. Stratigrafo. ➡ ILL. **medicina e chirurgia**.

tomogràmma [1973] s. m. (pl. *-i*) ● (*med.*) Radiogramma ottenuto mediante il tomografo. SIN. Stratigramma, planigramma.

tómolo [ar. *tūmn*, propr. 'un ottavo'; 1465] s. m. *1* Antica misura di capacità per aridi, di valore variabile, in uso nell'Italia meridionale. *2* Unità di misura della superficie agraria, in uso nell'Italia centro-meridionale.

tomtom /tam'tam, tɔm'tɔm/ [vc. onomat.; 1983] s. m. inv. ● (*mus.*) Strumento affine al tamburo, originario degli indiani d'America, usato nel jazz, nella musica da ballo e in composizioni orchestrali contemporanee.

ton (**1**) /tɔn/ [vc. onomat.; 1827] inter. ● (*anche iter.*) Riproduce il suono dei rintocchi di una grossa campana, spec. quando suona a martello: *ton, ton, ton, ton: i contadini balzano a sedere sul letto* (MANZONI).

ton (**2**) /tan, *ingl.* tʌn/ [vc. ingl., propr. 'tonnellata'; 1974] s. m. inv. *1* (*fis.*) Unità di energia, pari alla quantità di energia liberata dall'esplosione di una tonnellata di tritolo, usata, spec. con i suoi multipli kiloton e megaton, per misurare l'energia sviluppata da un esplosivo o da una bomba nucleare; 1 ton è pari a $4{,}2 \cdot 10^9$ joule. *2* (*fis.*) Unità di misura della massa nei sistemi anglosassoni pari a 2000 libbre (short ton) o a 2240 libbre (long ton).

tònaca o (*dial.*) †**tònica** (**1**) [lat. *tūnica(m)*, di prob. orig. semitica; 1306] s. f. *1* Abito dei frati e delle monache, lungo fino ai piedi, con maniche, stretto talvolta da un cordone alla cintola | ***Vestire, indossare la t.***, dedicarsi alla vita religiosa facendosi frate o monaca | (*raro*) La veste dei sacerdoti | ***Gettare la t. alle ortiche, buttare la t.***, sfratarsi, smonacarsi o spretarsi | ***Uomo di t.***, frate o prete | ***†T. di frate***, color marrone. *2* (*anat.*) Membrana, tunica: *t. sierosa*. *3* Rivestimento in creta dei modelli per fare la forma. || **tonacàccia**, pegg. | **tonacèlla**, **tonachèlla**, dim. (V.) | **tonachètta**, dim. | **tonachina**, dim. | **tonachino**, dim. m. | **tonacóna**, accr. | **tonacóne**, accr. m. (V.).

tonacèlla o **tonicèlla** [av. 1311] s. f. *1* (*raro*) Dim. di *tonaca*. *2* Paramento del suddiacono, più stretta della dalmatica e con le maniche più lunghe | (*est.*) Dalmatica del diacono.

tonacóne s. m. *1* Accr. di *tonaca*. *2* (*disus., fam.*) Abito lungo e goffo.

tonàle [1826] agg. *1* Del tono, che riguarda il tono | Detto di pittura basata prevalentemente sul chiaroscuro. *2* (*mus.*) Relativo alla tonalità | ***Musica t.***, che segue i principi classici della tonalità; CFR. Atonale, dodecafonico. || **tonalménte**, avv.

tonalìsmo [da (valore) *tonale* e *-ismo*; 1950] s. m. *1* (*mus.*) Caratteristica di una composizione basata sul sistema tonale. *2* In pittura, tendenza a dare rilievo ai valori tonali.

tonalità [da *tonale*; 1826] s. f. *1* Sfumatura, gradazione di colore: *un abito in tutte le t. dell'azzurro*. *2* (*mus.*) Insieme di relazioni colleganti una serie di note e di accordi a una nota detta tonica, che costituisce la base armonica di un pezzo. SIN. Tono.

†**tonaménto** s. m. ● Il tuonare.

tonànte [av. 1527] part. pres. di *tuonare*; anche agg. *1* Che risuona: *voce t.* *2* (*lett.*) Che produce il tuono: *Giove t.* (o, *assol., per anton., il Tonante*).

tonàre ● V. *tuonare*.

tonàrium [vc. lat., da *tŏnus* 'tono' con il suff. proprio di analoghe raccolte; 1937] s. m. inv. ● (*mus.*) Raccolta di melodie gregoriane classificate secondo l'ordine dei modi a cui appartengono.

tonatóre [da *tuonare*] s. m.; anche agg. (f. *-trice*) ● (*raro, lett.*) Chi (o Che) manda tuoni.

tonchiàre [1840] v. intr. (*io tónchio*; aus. *essere*) ● Essere roso, divorato, infestato dai tonchi, detto dei legumi.

tonchiàto [1840] agg. ● (*bot.*) Detto di seme guastato dai tonchi.

tónchio [da una ant. forma dim. di (*An*)*tonio*, applicato ad insetto, secondo un frequente modello formativo pop.; av. 1665] s. m. ● Nome comune di Insetti dei Coleotteri che vivono su svariate piante o si sviluppano a spese dei legumi | ***T. dei piselli***, piccolo insetto coleottero nerastro e peloso le cui larve divorano i semi dei piselli (*Bruchus pisorum*).

tonchióso [1618] agg. ● Infestato dai tonchi.

†**tondàre** (**1**) [da *tondere*, per contaminazione con *tondare* (*2*); 1303] v. tr. (*io tóndo*) *1* Tagliare, nella rilegatura, le estremità delle carte per eguagliarle. *2* Tosare. *3* Cimare un tessuto.

tondàre (**2**) [var. di (*ri*)*tondare* 'rendere (*ro*)*tondo*'; 1540] v. tr. (*io tóndo*) ● (*raro*) Arrotondare, rendere tondo.

†**tondatóre** [da *tondare* (*1*); 1309] s. m. (f. *-trice*) ● Tagliatore, cimatore | Tosatore.

tondeggiaménto [da *tondeggiare*; 1667] s. m. *1* (*raro*) Il dare forma tonda. *2* Rotondità.

tondeggiànte [av. 1537] part. pres. di *tondeggiare*; anche agg. ● Che ha forma rotonda o arrotondata.

tondeggiàre [comp. da *tondo* 'rotondo' e *-eggiare*; 1528] **A** v. intr. (*io tondéggio*; aus. *essere*; raro nei tempi composti) ● Essere tondo o quasi: *la guancia risorgente / tondeggia sul bel viso* (PARINI) | Tendere alla figura tonda. **B** v. tr. ● (*raro*) Dare forma tonda o tendente al tondo | Arrotondare.

tondèllo [dalla forma *tonda*; 1916] s. m. *1* Oggetto di forma tonda: *un t. di legno*. *2* Piccolo disco di metallo di forma solitamente rotonda e di peso e lega determinati per legge usato per coniare monete o medaglie.

tóndere [vc. dotta, lat. *tondēre*, di etim. incerta, con passaggio ad altra coniug.; av. 1320] v. tr. (pass. rem. *io tondéi, tu tondésti*; part. pass. *tondùto*) *1* †Tosare persone o animali. *2* (*est., lett.*) Potare, tagliare per intero: *t. i rami*.

tondézza [av. 1348] s. f. ● (*raro*) Caratteristica di ciò che è tondo | Rotondità.

tondino [av. 1774] s. m. *1* Dim. di *tondo*. *2* Piatto, piattino | Sottobicchiere, sottocoppa. *3* Profilato di ferro a sezione circolare, generalmente usato come armatura nel cemento armato. *4* (*arch.*) Modanatura che ha per profilo un semicircolo di piccolo raggio decorato a file di olive, perle, fusi. SIN. Bastoncino, astragalo, fusaiola.

†**tonditóre** s. m. (f. *-trice*) ● Chi tonde.

tonditùra [1314] s. f. ● (*disus.* o *lett.*) Tosatura.

♦**tóndo** [da (*ro*)*tondo*; sec. XIII] **A** agg. *1* Che ha forma circolare, sferica, rotonda o quasi: *un vaso t.*; *cupola tonda*; *occhi tondi*; *il sole è t.* | ***Cappello t.***, che non ha punte | (*raro*) ***Luna tonda***, luna piena | ***Voce tonda***, (*fig.*) piena, sonora | (*fig.*) Compiuto, preciso, esatto: *cinque mesi tondi*; *sono cinquanta euro tondi* | ***Numero t., cifra tonda***, senza frazioni o decimali o avente come ultime cifre uno o più zeri | ***Fare il conto t.***, arrotondarlo in più o in meno | ***Essere t. come una palla***, (*fig.*) essere grosso, detto di persona | ***†Sputare t.***, ostentare gravità | ***A, in t.***, (*tosc., ellitt.*) ***alla tonda***, in circolo, in giro, in cerchio: *a tutti taglieran lo capo a t.* (ANGIOLIERI). *2* (*fig., disus.* o *lett.*) Di intelligenza grossolana, sempliciotto o rozzo di modi: *un uomo t. e sciocco* | ***Essere t. come l'O di Giotto***, (*fig.*) essere tonto, tardo di mente | ***†T. di pelo***, sciocco. *3* ***Carattere t.***, in tipografia, quello nel quale l'asse di ogni lettera cade perpendicolare all'allineamento | ***Parentesi tonda***, che ha questa forma ( ). **B** s. m. *1* Globo, circolo, sfera, cerchio, circonferenza: *disegnare un t.* | ***Mezzo t.***, semicerchio. *2* Dipinto, decorazione avente forma circolare: *un t. di terracotta*; *il t. Doni di Michelangelo* | ***Scultura a tutto t.***, V. *tuttotondo*. *3* In tipografia, carattere tondo. *4* Oggetto di forma rotonda. *5* Piatto, vassoio, sottocoppa di forma tonda. *6* Pezzo di legna per la stufa, largo una decina di centimetri. *7* †Colpo dato a tondo. **C** in funzione di avv. ● Apertamente, senza sotterfugi o reticenze: *parlare chiaro e t.* || **tonderèllo**, dim. | **tondètto**, dim. | **tondino**, dim. (V.) | **tondóne**, accr. (V.).

tondóne [1891] s. m. *1* Accr. di *tondo*. *2* Trave non riquadrata.

†**tondùto** [av. 1320] **A** part. pass. di *tondere*; anche agg. *1* Tosato. *2* (*fig.*) Spogliato di ogni avere. **B** s. m. ● Persona che è stata tosata.

†**toneggiàre** [comp. da *t*(*u*)*ono* e *-eggiare*] v. intr. e intr. impers. ● Tuonare spesso.

tonèllo [sp. *tonel*, dall'ant. fr. *tonel*, dim. di *tonne* 'grande botte', di orig. celt., ma passata attraverso il lat.] s. m. ● Barile di legno a doghe usato dagli Spagnoli nelle guerre di Fiandra e d'Italia sia nelle opere di difesa sia nelle mine, riempiendolo rispettivamente di terra o di polvere.

tonèma [fr. *tonème*, da *ton* 'tono', sul modello di *morphème* 'morfema' e sim.; 1979] s. m. (pl. *-i*) ● (*ling.*) Unità accentuale nelle lingue in cui il tono ha funzione distintiva di unità significative.

toner /'tɔner, *ingl.* 'tʰəʊnəɹ/ [vc. ingl., da *tone* 'tono', 'colore (di un'immagine fotografica)'; 1984] s. m. inv. ● (*tecnol.*) Polvere o pigmento, nero o colorato, impiegato nelle fotocopiatrici e nelle stampanti laser; forma l'immagine depositandosi sulle aree che hanno cariche elettrostatiche.

tónfano [longob. **tumpfilo* 'fossa d'acqua', da una radice germ. **dup* 'essere profondo', con sovrapposizione d'altra vc.; 1612] s. m. *1* (*tosc.*) Profondo affossamento nell'alveo di un fiume. *2* (*disus.*) Capace vaso per bere.

tonfàre [da *tonfo*; 1863] **A** v. intr. (*io tónfo*; aus. *essere*) ● (*raro*) Fare un tonfo. **B** v. tr. ● (*tosc.*) Percuotere, battere, picchiare | (*fam.*) ***E tonfa!***, escl. rivolta a chi riprende un discorso già troppe volte ripetuto.

tónfete o **tùnfete** [vc. imit.; 1891] inter. ● Riproduce il rumore cupo e sordo di un corpo piuttosto voluminoso che batte contro qlco. o che cade, spec. in acqua.

tónfo [di orig. onomat.; av. 1606] s. m. *1* Rumore che fa cadendo spec. in acqua una persona o una cosa: *scivolò con un t. terribile* | La caduta stessa: *fare, dare un t.* *2* Rumore, suono sordo causato da colpi battuti: *dalla stanza venivano dei tonfi lontani*. *3* (*fig.*) Pesante sconfitta. || **tonfètto**, dim. | **tonfino**, dim.

tòni [ingl. *Tony*, propr. dim. di (*An*)*tony* 'Antonio', ma fam. 'semplicione, babbeo'; 1905] s. m. inv. ● Pagliaccio del circo.

-tonia [secondo elemento compositivo di orig. gr., da *tónos* 'tensione'] secondo elemento ● In parole composte dotte e scientifiche, significa 'tensione', 'tono' e anche 'pressione': *atonia, distonia, ipotonia, sintonia, vagotonia*.

†**tònica** (**1**) ● V. *tonaca*.

tònica (**2**) [da *tonico*, sottinteso *vocale*; 1757] s. f. *1* (*ling.*) Vocale accentata. *2* (*mus.*) Primo grado della scala diatonica, o suono fondamentale | Corda media tra la dominante e la sottodominante.

tonicèlla ● V. *tonacella*.

tonicità [1840] s. f. ● Proprietà, caratteristica di ciò che è tonico.

tònico [gr. *tonikós* 'relativo al tono (*tónos*)', in vari sensi; 1821] **A** agg. (pl. m. *-ci*) *1* (*ling.*) Detto di sillaba, o di vocale, accentata | ***Accento t.***, che caratterizza l'intonazione di una parola (V. nota d'uso ACCENTO). *2* (*mus.*) Attinente al tono. *3* (*med.*) Relativo al tono muscolare | (*est.*) Che ha un buon tono psicofisico, che è in uno stato di benessere: *un atleta t.*; *oggi mi sento t.* **B** s. m.; anche agg. ● Ricostituente, spec. riferito a corroborante delle funzioni digestive o a preparato cosmetico: *un amaro t.*; *prendere un t.*; *un t. per la pelle* | ***Acqua tonica***, bibita analcolica amara, preparata con acqua, zucchero, acido citrico, anidride carbonica e variamente aromatizzata.

-tònico secondo elemento ● Forma aggettivi composti del linguaggio medico e scientifico, derivati dai corrispondenti sostantivi astratti in *-tonia*: *distonico, vagotonico*.

tonificànte [1940] **A** part. pres. di *tonificare*; anche agg. ● Che tonifica: *una passeggiata t.* **B** s. m. ● Tonico, spec. in riferimento a prodotti cosmetici.

tonificàre [comp. di *tono* (*1*) e *-ficare*, sul modello del fr. *tonifier*; 1906] v. tr. (*io tonìfico, tu tonìfichi*) ● Rendere energico, elastico e sim. | Rinforzare, fortificare.

tonificazióne s. f. ● Rinvigorimento: *la t. di un muscolo, della pelle*.

tonitruànte [vc. dotta, lat. tardo *tonitruānte(m)*, part. pres. di *tonitruāre*, da *tonĭtr(u)us*, da *tonāre* con sovrapposizione d'altra vc. con *r*; 1925] agg. *1* (*lett.*) Che tuona: *Giove t.* | Che produce il rumore del tuono. *2* (*raro, scherz.*) Che parla con voce sonora, tonante: *un oratore t.* | Rimbombante, detto della voce o del discorso stesso.

tonnàra [lat. *thunnāria(m)*, agg. f. di *t(h)ūnnus* 'tonno'; av. 1348] **s. f.** ● Grande impianto per la pesca dei tonni, costituito da reti che formano camere collegate l'una all'altra e nelle quali si fanno entrare successivamente i pesci fino ad arrivare all'ultima, detta camera della morte, dove avviene la mattanza.

tonnarèllo [vc. dial., propr. 'tondarello', da *tondo* per la forma; 1961] **s. m.** spec. al **pl.** ● Specie di spaghetti di pasta all'uovo ritagliati dalla sfoglia con la chitarra e conditi con un sugo di prosciutto, piselli e funghi.

tonnaròtto [siciliano *tunnarotu*, da *tunnara* 'tonnara' con suff. di mestiere; 1840] **s. m.** ● Pescatore delle tonnare.

tonnàto [1923] **agg.** ● Nelle loc. *salsa tonnata*, a base di tonno, alici, capperi e maionese | ***Vitello t.***, lessato e ricoperto con tale salsa.

tonné [vc. pseudo-fr.] **agg. inv.** ● (*cuc.*) Tonnato.

tonneau /fr. tɔ'no/ [vc. fr., propr. 'botticella', dim. di *tonne*, di orig. gallica (da *tūnna* 'grossa botte'); 1903] **s. m. inv.** (pl. fr. *tonneaux*) **1** Telone impermeabile per proteggere dalle intemperie l'abitacolo delle automobili scoperte | Tipo di calesse nel quale si sale posteriormente | Antica carrozzeria di automobile che ricorda la forma del calesse omonimo. **2** (*aer.*) Mulinello.

tonneggiàre [comp. dal gr. *tónos* 'cavo, fune tesa', da *téinein* 'tendere', e *-eggiare*; 1805] **A v. tr.** (*io tonnéggio*) ● Spostare una nave o un'imbarcazione facendo forza sulle cime d'ormeggio o sulla linea d'ancoraggio. **B v. intr. pron.** ● Spostarsi fra un cavo e l'altro.

tonnéggio [1805] **s. m.** ● (*mar.*) Manovra del tonneggiare | Cavo che serve a tonneggiare.

tonnellàggio [da *tonnellata*; 1879] **s. m.** ● Misura di volume di una nave o di un'imbarcazione.

♦**tonnellàta** [sp. *tonelada*, da *tonel*, dall'ant. fr. *tonel* 'piccola botte'; 1561] **s. f.** **1** Unità di misura della massa, pari a 1000 kg. **SIMB.** t. **2** (*mar.*) ***T. di stazza lorda***, unità di misura del volume usata per misurare la stazza o portata delle navi, pari a 2,83168 m³ (100 piedi cubici inglesi). **SIMB.** t.s.l.

tonnétto [dim. di *tonno* (cui assomiglia), per la più piccola mole; 1961] **s. m.** **1** Pesce osseo marino affine al tonno ma più piccolo, commestibile (*Euthynnus alletteratus*). **2** Tonno al naturale, costituito dal tonno più piccolo, detto anche palamita, conservato in salamoia anziché sott'olio.

tonnina [da (carne di) *tonno*; av. 1348] **s. f.** ● Tonno salato, conservato in bariletti | Salume fatto con la schiena del tonno | (*scherz.*) †***Fare t. di qlcu.***, tagliarlo a pezzi.

♦**tónno** [lat. *t(h)ŭnnu(m)*, dal gr. *thýnnos*, di orig. pregreca; av. 1348] **s. m.** **1** Grosso pesce della famiglia degli Scombridi, con coda forcuta dal peduncolo sottile, che vive nei mari temperati (*Thunnus thynnus*). ➡ **ILL. animali**/7. **2** Carne del pesce omonimo, consumata fresca oppure conservata sott'olio. || **tonnétto**, **dim.** (V.).

♦**tòno** (**1**) o †**tuòno** (**1**) [vc. dotta, lat. *tŏnu(m)*, dal gr. *tónos*, da *téinein* 'tendere', di orig. indeur.; 1491] **s. m.** **1** (*fis.*) Onda acustica con oscillazioni sinusoidali di frequenza costante. **2** (*mus.*) Intervallo di seconda maggiore: *t. intero* | Nel canto gregoriano nome delle formule esecutive: *t. di preghiera*, *t. salmodico* | Tonalità | Modo | (*fig.*) ***In t. minore***, ***sotto t.***, scadente, fiacco: *una serata in t. minore*. **CFR.** tono-, -tono, -tonia. **3** Correntemente, nota: *i toni alti*, *acuti* | ***Dare il t.***, dare l'intonazione; (*fig.*) costituire l'esempio, fare da guida: *è un artista che dà il t.* | ***Essere in t.***, essere intonato | ***Essere fuori t.***, ***uscire di t.***, stonare; (*fig.*) essere intontito; (*raro*, *est.*) perdere il filo del ragionamento, avere le idee confuse | (*raro*) ***Stare in t.***, non uscire dai termini del discorso | (*raro*) ***Tenere a t.***, tenere a freno | ***Scendere***, ***calare di t.***, scendere a toni più bassi, detto della voce e di alcuni strumenti musicali; (*fig.*) scadere, perdere forza, vigore | (*raro*) ***Venire in t.***, giungere opportuno | ***Rispondere a t.***, nella maniera più appropriata, opportuna; rispondere per le rime. **4** (*ling.*) Variazione di altezza nella pronuncia di parole che, in alcune lingue, come il cinese, il giapponese, il vietnamita, serve a distinguere parole con significati diversi | Modulazione, colorito di una voce o di un suono: *parlare con un t. basso*; *strumento dal t. troppo acuto* | Carattere, espressione, forma di un discorso: *mi rispose con un t. insolente*; *parla con un t. cattedratico*; *il vostro t. canzonatorio lo ha irritato*; *cercate di cambiare t.* | ***Non prenderla su questo t.***, non risentirti, non offenderti | ***Rispondere sullo stesso t.***, replicare negli stessi termini, spec. a parole e discorsi offensivi. **5** Grado di luminosità dei colori, loro attitudine alla riflessione della luce | ***T. freddo***, tono di un colore mescolato al blu o a colori vicini al blu nello spettro | ***T. caldo***, tono di un colore mescolato al rosso o a colori vicini al rosso nello spettro | Grado di luminosità di un'inquadratura fotografica e cinematografica | ***T. alto***, in cui prevalgono i bianchi e i grigi chiari | ***T. basso***, in cui prevalgono i neri e i grigi scuri. **6** Grado di naturale tensione ed elasticità delle fibre e degli organi del corpo | ***T. cardiaco***, suono prodotto dall'aprirsi e chiudersi delle valvole cardiache al passaggio del sangue | ***T. muscolare***, stato di contrazione lieve e continua, regolato da centri nervosi superiori e dal midollo spinale, che persiste nel muscolo a riposo ed è importante per lo svolgimento di alcune funzioni fisiologiche, quali la postura e il ritorno del sangue al cuore | ***Essere in t.***, (*fig.*) trovarsi in uno stato di benessere fisico | ***Essere giù di t.***, ***sotto t.***, (*fig.*) essere giù di corda, essere depresso e sim. **CFR.** tono-, -tono, -tonia. **7** (*fig.*) Stile di uno scritto o un discorso: *una lettera di t. familiare* | Foggia di un abito: *una giacca di t. sportivo* | (*assol.*) ***Un abito di t.***, elegante | Modo, carattere: *la festa aveva un t. allegro* | ***Darsi un t.***, assumere un contegno sostenuto | ***Mantenere un t. di vita brillante***, un tenore di vita brillante | ***Tenersi su un t. alto***, ammettere gente dal tenore di vita alto, detto di locali pubblici | (*raro*) ***Stare***, ***tenersi in t.***, darsi un contegno sussiegoso e sostenuto. **8** †Ordine, regola.

tòno (**2**) ● V. *tuono* (*2*).

tòno-, **-tono** /'tɔno, tono/ [gr. *tónos* 'tensione', dal v. *téinein* 'tendere', di orig. indeur.] primo o secondo elemento ● In parole composte dotte e scientifiche, significa 'tensione', 'tono', 'pressione': *tonometro*; *atono*, *baritono*.

tonofilaménto [comp. del gr. *tónos* 'tensione' e *filamento*] **s. m.** ● (*biol.*) Ognuno dei microscopici filamenti presenti, per lo più in fascetti, nelle cellule epiteliali, con funzione di sostegno citoplasmatico e di giunzione intercellulare.

tonometria [comp. di *tono* (*1*) e *-metria*; 1879] **s. f.** **1** (*med.*) Misurazione del tono muscolare. **2** (*chim.*) Parte della chimica-fisica che studia il comportamento della tensione del vapore delle soluzioni, in relazione alla variazione di concentrazione del soluto.

tonòmetro [comp. di *tono* (*1*) e *-metro*; 1940] **s. m.** ● Apparecchio per la tonometria.

tonsilla [vc. dotta, lat. *tonsilla(s)* (pl.), nom. *tonsĭllae*, dim. di *tōles* 'gonfiamento delle tonsille', di etim. incerta; 1598] **s. f.** ● (*anat.*) Formazione od organo costituito da tessuto linfatico | ***T. palatina***, (*ellitt.*) ***tonsilla***, organo linfoide annesso alla mucosa dell'istmo delle fauci e situato tra i due pilastri nella cavità tonsillare, normalmente di forma ovoidale e di grandezza pari a quella di una mandorla | ***T. faringea***, insieme di tessuto linfatico posto nella parte posteriore della faringe | ***T. linguale***, insieme di tessuto linfatico situato alla base della lingua. ➡ **ILL.** p. 2127 ANATOMIA UMANA.

tonsillàre [1840] **agg.** ● (*anat.*) Che appartiene o si riferisce alle tonsille palatine: *cavità t.*; *ascesso t.*

tonsillectomia [comp. di *tonsill(e)* e *-ectomia*; 1937] **s. f.** ● (*chir.*) Asportazione delle tonsille palatine.

tonsillite [comp. di *tonsille* e *-ite* (*1*); 1840] **s. f.** ● (*med.*) Infiammazione delle tonsille palatine. **SIN.** Angina.

tonsillòtomo [comp. di *tonsill(e)* e *tomo*; 1891] **s. m.** ● (*chir.*) Strumento per l'asportazione delle tonsille palatine.

†**tonsóre** [vc. dotta, lat. *tonsōre(m)*, da *tōnsus*, part. pass. di *tondēre*; 1840] **s. m.** (come f. *tonditrice*, spec. scherz.) ● Barbiere (*oggi scherz.*).

tonsùra [vc. dotta, lat. *tonsūra(m)*, da *tōnsus*, part. pass. di *tondēre*; sec. XIV] **s. f.** **1** Cerimonia, ora abolita, del taglio circolare dei capelli o di una sola ciocca di essi, cui era sottoposto chi entrava nello stato ecclesiastico, in segno di rinuncia al mondo. **2** Taglio circolare dei capelli e rasatura dell'area tagliata, più o meno ampia, la quale distingueva lo stato ecclesiastico. **SIN.** Chierica. **3** †Tosatura: *vedi il Pastor, che va per le sue gregge, / come agnel mansueto, alla t.* (SANNAZARO).

tonsuràndo [da *tonsurare* col senso di azione incipiente di analoghe formazioni, tratte dal gerundivo lat.; 1961] **s. m.**; anche **agg.** (f. *-a*) ● Chi (o Che) stava per essere tonsurato.

tonsuràre [vc. dotta, lat. tardo *tonsurāre*, da *tonsūra*; av. 1698] **v. tr.** ● Sottoporre a tonsura.

tonsuràto [1671] **A part. pass.** di *tonsurare*; anche **agg.** ● Nel sign. del v. **B s. m.** (f. *-a*) ● Chi ha ricevuto la tonsura.

tontina [dal n. del banchiere nap. *L. Tonti* (1630-1695) che propose al cardinal Mazzarino questa forma assicurativa; 1799] **s. f.** ● Un tempo, rendita vitalizia reversibile ai superstiti della società che la costituiva.

tónto [etim. discussa, ma molto prob. vc. di orig. imit., riproducente un balbettio; av. 1565] **A agg.** ● Stupido, di poco senno. **SIN.** Sciocco. **B s. m.** (f. *-a*) ● Persona tonta | ***Fare il finto t.***, fare finta di non capire. **SIN.** Stupido. || **tontóne**, **accr.**

tontolóne [da *tonto*, sul modello di *brontolone*; 1970] **agg.**; anche **s. m.** (f. *-a*) ● (*fam.*) Che (o Chi) dimostra grande ingenuità e stupidità.

tool /tul, *ingl.* tħuul/ [vc. ingl., propr. 'strumento, utensile'; 1995] **s. m. inv.** ● (*elab.*) Programma dedicato all'esecuzione di una specifica operazione.

top /tɔp, *ingl.* tħɒp/ [vc. ingl., propr. 'vetta, cima' (V. *tip top*), poi anche 'nastro di fibre sintetiche lavorato col sistema laniero'; 1962] **s. m. inv.** **1** Indumento femminile costituito da una camicetta senza maniche, spesso priva di allacciatura, molto scollata sia davanti che dietro. **2** Culmine, vertice, grado più elevato: *questo libro ha raggiunto il top della classifica delle vendite* (con questo significato, entra come primo elemento in numerosi composti, come *top model*, *top-secret*, ecc.). **3** (*fis.*) Numero quantico corrispondente al sesto tipo (o sapore) di quark. **SIN.** Truth.

tòpa [da *topo*, come in altre denominazioni simili; 1976] **s. f.** ● (*region.*, *volg.*) Vulva.

topàia [av. 1597] **s. f.** **1** Nido, tana di topi. **2** (*fig.*) Casa vecchia, sporca e in pessimo stato.

†**topàio A agg.** ● Di topo. **B s. m.** ● Topaia (*anche fig.*).

topàto [dal colore del *topo*; 1891] **agg.** ● Detto di mantello equino, sorcino.

topàzio [vc. dotta, lat. tardo *topāziu(m)*, dal gr. *topázion*: dall'isola di *Tópazos* nell'Oceano Indiano, dove si trovano crisoliti (?); 1321] **s. m.** **1** (*miner.*) Fluorosilicato di alluminio in cristalli prismatici limpidi, gialli o verdognoli, usato come pietra preziosa. **2** Colibrì della Guiana lungo fino a 20 cm, con maschi dal piumaggio splendente e gola di color giallo (*Topaza pella*).

top class /tɔp'klas, *ingl.* 'tħɒp,klæ's/ [loc. ingl., propr. 'classe (*class*) più alta (*top*)'; 1982] **A loc. sost. f. inv.** (pl. ingl. *top classes*) ● Negli aerei, la prima classe | Scomparto riservato di livello superiore alla prima classe. **B** anche **agg.**: *settore top class.*

topésco [av. 1553] **agg.** (pl. m. *-schi*) ● (*raro*) Di, da topo: *astuzie*, *insidie topesche*.

top gun /tɔp'gan, *ingl.* 'tħɒp,gʌn/ [loc. ingl., propr. 'cacciatore (*gun*) massimo (*top*)'; 1986] **loc. sost. m. inv.** (anche f. nel sign. 2, pl. ingl. *top guns*) **1** Aereo impiegato in azioni di guerra. **2** (*est.*) Pilota particolarmente addestrato per guidare aerei da combattimento.

topiàrio [vc. dotta, lat. *topiāriu(m)* 'concernente l'arte del giardino ornato (*tŏpia*, nt. pl., derivazione tecnica dal gr. *tópos* 'luogo, località')'; 1840] **agg.** ● Solo nella loc. ***arte topiaria***, quella dei giardinieri di potare in forme geometriche o bizzarre piante e arbusti.

tòpica (**1**) [vc. dotta, lat. *tŏpica(m)*, dal gr. *topikḗ*, sottinteso *téchnē* '(arte) propria dell'utilizzazione dei luoghi (*tópoi*)'; av. 1565] **s. f.** **1** Nella retorica classica, teoria dei luoghi comuni a cui si può far ricorso in una dimostrazione. **2** Arte del trovare gli argomenti.

tòpica (**2**) [lombardo *topica*, dal v. *topicá* 'inciampare', della stessa orig. di *intoppare*; 1890] **s. f.** ● (*fam.*) Mossa sbagliata, inopportuna | Sbaglio: *fare*, *commettere una t.* **CFR.** Gaffe.

topicida [comp. di *topo* e *-cida*; 1941] **A s. m.** (pl. *-i*) ● Preparato velenoso per uccidere i topi. **SIN.** Ratticida. **B** anche **agg.**: *sostanza t.*

tòpico [vc. dotta, lat. *tŏpicu(m)*, dal gr. *topikós*, da *tópos* 'luogo', di orig. indeur.; av. 1565] **agg.** (pl. m. *-ci*) **1** Attinente alla topica: *scritti topici* | ***Luogo***

t., nella retorica, schema, metodo di ragionamento. *2* Che si riferisce al luogo: *data topica* | †*Uomo t.*, che vive ritirato. *3* (*est.*, *lett.*) Fondamentale, decisivo: *momento t.* *4* (*farm.*) Detto di farmaco da applicare esternamente su una regione limitata del corpo.

topinàia [adattamento del dial. *topinara* 'buca di talpe'; 1879] **s. f.** ● (*raro*) Topaia (*anche fig.*).

topinambùr [fr. *topinambour*, da *Tupinambás* 'tribù indiana dell'America sett.'; 1804] **s. m.** ● Pianta americana delle Composite, annua, con capolini gialli e tuberi commestibili (*Helianthus tuberosus*) | I tuberi stessi. ➡ **ILL. piante**/9.

topino [av. 1320] **A s. m.** *1* Dim. di *topo*. *2* (**f.** *-a*) (*fig.*, *vezz.*) Bambino, ragazzo piccolo ed esile, ma svelto. *3* Piccola rondine grigia sul dorso e bianca ventralmente, gregaria, che predilige le sponde dei fiumi (*Riparia riparia*). *4* (*tosc.*, *spec. al pl.*) Gnocchetto di patate. **B agg.** ● (*raro*) Di colore grigio simile a quello del topo.

topless /'tɔples, *ingl.* 'tʰɒpləs/ [vc. ingl., agg. indicante propr. 'senza (*-less*) parte superiore (*top*)' comp. di due elementi di orig. e area germ.; 1964] **s. m. inv.** ● Indumento, costume femminile, spec. da bagno, che lascia interamente scoperto il seno.

top management /*ingl.* 'tʰɒp 'mænɪʤmənt/ [loc. ingl., propr. 'massima (*top*) dirigenza (*management*)'; 1985] **loc. sost. m. inv.** ● Alta dirigenza di una azienda, di un settore industriale o di una organizzazione: *il top management dell'industria farmaceutica.*

top manager /*ingl.* 'tʰɒp 'mænɪʤəɹ/ [loc. ingl., propr. 'dirigente (*manager*) più elevato (*top*)'; 1983] **loc. sost. m. e f. inv.** (**pl.** ingl. *top managers*) ● Dirigente al più alto livello.

top model /*ingl.* 'tʰɒp 'mɒdḷ/ [loc. ingl., propr. 'modella (*model*) del massimo (*top*) livello'; 1986] **loc. sost. f. inv.** (raro **m.**, **pl.** ingl. *top models*) ● Indossatrice o fotomodella di alta professionalità, molto nota e retribuita.

♦**tòpo** [lat. tardo *tălpu(m)*, variante di *tălpa(m)* 'talpa', attraverso un dial. **tàupo*; sec. XIII] **s. m.** *1* Correntemente, roditore simplicidentato, diffusissimo e dannoso, con lunga coda coperta di squamette cornee, occhi ed orecchie ben sviluppati, zampe posteriori più lunghe delle anteriori | ***T. campagnolo***, bruno rossastro, si nutre di bulbi, semi, insetti (*Apodemus sylvaticus*). **CFR.** Squittire. ➡ **ILL. animali**/11 | ***T. d'acqua***, nutria | ***T. di chiavica***, surmolotto | ***T. delle nocciole***, moscardino | ***T. delle case***, piccolo, grigio, cosmopolita e dannoso (*Mus musculus*). **SIN.** Topolino domestico | ***T. muschiato***, ondatra | ***T. d'albergo, di treno, d'auto***, (*fig.*) ladro specializzato in furti negli alberghi, sui treni, nelle automobili | ***T. di biblioteca***, (*fig.*) studioso che passa molto tempo in biblioteca | ***Muso, visetto di t.***, con lineamenti minuti, appuntiti e graziosi | ***Denti di t.***, piccoli e a punta | ***Fare la fine del t.***, restare intrappolato o morire senza aver avuto la possibilità di fuggire | ***Bagnato come un t.***, con i capelli bagnati di pioggia. *2* Grisatoio. *3* (*mar.*) Tradizionale barca da pesca in legno dell'alto Adriatico, parzialmente pontata, con prua slanciata, un albero e vela al terzo. || **topàccio**, **pegg.** | **topàstro**, **pegg.** | **topétto**, **dim.** | **topino**, **dim.** (V.) | **topolino**, **dim.** (V.) | **topóne**, **accr.**

tòpo-, **-topo** [dal gr. *tópos* 'luogo'] primo e secondo elemento ● In parole composte dotte o scientifiche, significa 'luogo': *topologia*, *toponimo*; *biotopo*, *isotopo*.

topofilia [comp. di *topo-* e *-filia*; 1983] **s. f.** ● Profondo attaccamento per un luogo.

topofobia [vc. dotta, comp. di *topo-* e *-fobia*; 1957] **s. f.** ● (*psicol.*) Timore ossessivo di un luogo.

topografia [vc. dotta, lat. tardo *topogrăphia(m)*, dal gr. *topographía*, comp. di *tópos* 'luogo' (d'orig. incerta) e *-graphía* '-grafia'; 1550] **s. f.** *1* Tecnica (e disciplina che se ne occupa) di rappresentare col disegno in una mappa con segni convenzionali, colori, linee punteggiate, curve e sim. il livello e le accidentalità del terreno, la giacitura delle valli, la direzione e l'altezza delle montagne, il corso e la larghezza dei fiumi, dei laghi, delle strade ecc. *2* Descrizione particolare di qualche tratto di paese: *la t. di Roma.* *3* (*elettr.*) Serie di disegni rappresentanti lo schema tridimensionale degli strati di cui si compone un prodotto a semiconduttori.

topogràfico [1696] **agg.** (**pl. m.** *-ci*) ● Concernente la topografia: *rilievo t.* | ***Carta topografica***, che rappresenta, con molti particolari, una piccola porzione di superficie terrestre. || **topograficaménte**, **avv.**

topògrafo [gr. *topográphos*, comp. di *tópos* 'luogo' e di un deriv. da *gráphein* 'scrivere'; 1585] **A s. m.** (**f.** *-a*) *1* Studioso, esperto di topografia. *2* Ufficiale, sottufficiale qualificato per lavori topografici militari | Soldato di artiglieria specializzato per le operazioni topografiche riguardanti il tiro. **B** anche **agg.**: *sottufficiale t.*

topolino [1313] **A s. m.** *1* Dim. di *topo*. *2* Topo delle case | ***T. di risaia***, piccolo topo rossiccio a coda prensile, capace di arrampicarsi sui fusti delle graminacee (*Micromys minutus*). *3* (**f.** *-a*) (*fig.*) Bambino molto svelto, vivace. **B s. f. inv.** (*Topolino*) ● (*pop.*) Vettura utilitaria Fiat di 570 cm^3 costruita dal 1936 al dopoguerra.

topologia [comp. di *topo-* e *-logia*; 1942] **s. f.** *1* Studio geografico delle forme del terreno. *2* (*ling.*) Studio della collocazione delle parole nella frase. *3* Ramo della matematica che studia gli spazi topologici | Studio delle proprietà delle figure invarianti per omeomorfismi | ***T. generale***, studio assiomatico degli spazi topologici | ***T. algebrica***, ramo della topologia che fa uso sistematico di concetti e di metodi dell'algebra astratta | ***T. combinatoria***, teoria dell'omologia e analoghe.

topològico [1950] **agg.** (**pl. m.** *-ci*) ● Che concerne la topologia | ***Spazio t.***, insieme di elementi arbitrari in cui si distinguono dei sottoinsiemi, detti aperti, tali che l'unione di un numero qualsiasi e l'intersezione di un numero finito di aperti, come pure l'intero spazio e il vuoto, siano aperti. || **topologicaménte**, **avv.**

toponimia [da *toponimo*; 1888] **s. f.** ● Studio dei nomi di luogo.

toponimico [1961] **agg.** (**pl. m.** *-ci*) ● Concernente i toponimi.

topònimo [comp. di *topo-* e del gr. *ónyma*, var. dial. di *ónoma* 'nome'; 1916] **s. m.** ● Nome di un luogo.

toponomàstica [comp. di *top(o)-* e *onomastica*; 1884] **s. f.** *1* Settore dell'onomastica che studia i nomi propri dei luoghi. *2* Insieme dei nomi di luogo di una regione, di uno Stato, di una lingua.

toponomàstico [da *toponomastica*; 1913] **agg.** (**pl. m.** *-ci*) ● Che riguarda la toponomastica: *ricerche toponomastiche.*

toporàgno [comp. di *topo* e *ragno*, per il suo morso ritenuto volgarmente velenoso; 1561] **s. m.** (**pl.** *toporàgni*) ● Piccolo mammifero degli Insettivori, con muso foggiato a proboscide, feroce predatore notturno di piccoli animali (*Sorex araneus*). ➡ **ILL. animali**/11.

tòpos [vc. gr., 'luogo', di etim. ignota; 1985] **s. m.** (**pl.** *tòpoi*) *1* Argomentazione retorica utilizzabile nella trattazione di argomenti diversi: *il t. della simulazione di modestia* | (*est.*) Luogo comune. *2* (*est.*) Motivo stilistico, elemento tematico proprio di un autore, di un genere letterario, di un filone artistico: *i topoi del romanzo d'avventura.*

tòppa [variante di *toppo* con valore dim. (?); 1319] **s. f.** *1* Pezza di stoffa o di cuoio che si cuce sul punto rotto del vestito, della scarpa | ***Mettere una t.***, rattoppare. **SIN.** Rappezzatura, rattoppo. *2* (*fig.*) Riparo, rimedio provvisorio: *mettere una t. a una situazione difficile.* *3* Buco della serratura, per infilarvi la chiave | Serratura. *4* Gioco d'azzardo a carte, molto simile alla zecchinetta. *5* †Risarcimento. || **toppàccia**, **pegg.** | **toppétta**, **dim.** | **toppettina**, **dim.** | **toppóne**, **accr. m.** (V.).

toppàre [da *toppa*, tipo di gioco d'azzardo; 1879] **A v. intr.** (*io tòppo*; aus. *avere*) ● (*fam.*) Fallire, sbagliare | Fare una brutta figura. **B v. tr.** ● (*fam.*) Fermare, bloccare qlcu.

toppàta [da *toppare*, per *intoppare* 'inciampare'; 1988] **s. f.** ● (*gerg.*) Errore madornale, svista clamorosa.

toppàto [1879] **agg.** ● (*raro*) Pezzato.

toppè [av. 1744] **s. m.** ● Adattamento di *toupet* (V.).

tòppete [vc. onomat.; 1734] **inter.** *1* Riproduce il rumore secco di qlco. che cade o di uno sparo. *2* (*scherz.*) Si usa per incoraggiare e consolare qlcu., spec. un bambino, che cade a terra, per evitare che pianga o si lamenti.

topping /*ingl.* 'tʰɒpɪŋ/ [vc. ingl., propr. 'svettatura, cimatura', da *top* 'sommità, testa' (d'orig. germ.); 1930] **A s. m. inv.** ● Distillazione del petrolio greggio per la rimozione delle frazioni più volatili. **B** anche **agg. inv.** ● posposto al s.: *fase t.*; *impianti t.*

tòppo [etim. discussa: got. *tups* 'cima, sommità' (?); av. 1400] **s. m.** *1* La parte dell'albero che rimane nel terreno dopo il taglio | (*est.*) Tronco d'albero rozzamente tagliato e squadrato. *2* Parte del tornio, posta all'estremità del banco, che contiene gli organi che determinano la linea delle punte e quindi l'asse del tornio.

toppóne [av. 1742] **s. m.** *1* Accr. di *toppa*. *2* Rinforzo di cuoio o panno lungo il lato interno del ginocchio e di parte della coscia ai pantaloni dei cavallerizzi | Rinforzo di cuoio nella parte posteriore della scarpa. *3* Coperta fatta con vari pezzi di stoffa cuciti assieme.

topponificio [comp. di *toppone* e *-ficio*] **s. m.** ● Fabbrica che produce topponi per scarpe.

top rate /*ingl.* 'tʰɒp 'ɹeɪt/ [loc. ingl., propr. 'tasso (*rate*) massimo (*top*)'; 1982] **loc. sost. m. inv.** (**pl.** ingl. *top rates*) ● (*banca*) Tasso massimo di interesse che le banche praticano alla loro clientela.

top-secret /top'sikret, *ingl.* tʰɒp 'siːkɹɪt/ [loc. ingl., propr. 'segreto (*secret*, di orig. fr.) che sta in cima (*top*, di area germ. con infiltrazione nelle lingue romanze)'] **agg. inv.** ● Detto spec. di notizia segretissima, da tenere estremamente riservata: *un'informazione top-secret*; *un dossier top-secret.*

top spin /*ingl.* 'tʰɒp,spɪn/ [loc. ingl., propr. 'rotazione (*spin*) verso l'alto (*top*)', sia in riferimento all'esecuzione del movimento che alla traiettoria della palla; 1989] **loc. sost. m. inv.** (**pl.** ingl. *top spins*) ● (*sport*) Nel tennis, ping-pong e sim., rotazione che si imprime alla palla colpendola dal basso verso l'alto con la racchetta inclinata in avanti, in modo tale da farne innalzare la traiettoria dopo il rimbalzo | Colpo giocato con tale rotazione.

top ten /tɔp'ten, *ingl.* 'tʰɒp 'tʰɛn/ [loc. ingl., 'i dieci (*ten*) in cima (*top*)'; 1967] **A loc. sost. m.** e **f. pl.** ● I primi dieci titoli di una classifica relativa alle vendite di dischi, di libri, di film e sim. **B loc. sost. f. inv.** ● (*est.*) La classifica stessa.

top-weight /*ingl.* 'tʰɒp,weɪt/ [loc. ingl., comp. di *top* 'sommità' (V. *topping*) e *weight* 'peso' (d'orig. germ.); 1905] **s. m. inv.** ● (*sport*) Il peso più gravoso assegnato a un cavallo in una corsa ippica con handicap | Il cavallo stesso.

toque /*fr.* tɔk/ [vc. fr., dallo sp. *toca*, di orig. incerta; 1905] **s. f. inv.** ● Cappello da donna senza tesa, a tocco.

tor (**1**) /tɔr/ ● V. *togliere.*

tor (**2**) /tor/ **s. f.** ● Nei toponimi, accorc. di torre.

Torà [1930] **s. f** solo **sing.** ● Adattamento di *Torah* (V.).

toràce [vc. dotta, lat. *thorăce(m)*, nom. *thōrax*, dal gr. *thṓrax* 'corazza' e 'parte del corpo da questa coperta', di prob. orig. indeur.; 1499] **s. m.** *1* (*anat.*) Porzione del tronco interposta tra il collo e l'addome che ospita, tra l'altro, il cuore e i polmoni. *2* (*zool.*) Parte mediana del corpo degli Insetti formata da tre segmenti su cui sono inserite zampe e ali.

toracèntesi o **toracentèsi**, **toracocèntesi**, **toracocentèsi** [comp. di *toraco-* e del gr. *kéntēsis* 'puntura', da *kéntein* 'pungere', di orig. indeur.; 1829] **s. f. inv.** ● (*chir.*) Puntura evacuativa della cavità pleurica.

toràcico [gr. *thōrakikós* 'pertinente al torace (*thórax*, genit. *thṓrakos*)'; 1668] **agg.** (**pl. m.** *-ci*) ● Del torace: *cavità toracica.*

toràco- [dal gr. *thṓrax*, genit. *thṓrakos* 'torace', di prob. orig. indeur.] primo elemento ● In parole composte del linguaggio anatomico indica relazione con il torace: *toracoplastica*, *toracoscopia.*

toracocèntesi o **toracocentèsi** ● V. *toracentesi.*

toracoplàstica [comp. di *toraco-* e plastica; 1961] **s. f.** ● (*chir.*) Intervento di obliterazione parziale del torace mediante asportazione di più coste per la cura della tubercolosi polmonare.

toracoscopia [comp. di *toraco-* e *-scopia*; 1829] **s. f.** ● Esame ottico della cavità toracica e degli organi prospicienti il cavo pleurico.

toracotomia [comp. di *toraco-* e *-tomia*; 1905] **s. f.** ● (*chir.*) Incisione della parete toracica.

Torah /*ebr.* to'ʀa/ [vc. ebr., propr. 'direzione, istruzione, legge', di orig. non chiara; 1930] **s. f** solo **sing.** *1* Legge data da Dio agli uomini, secondo la rivelazione biblica. *2* Pentateuco, i primi cinque libri che contengono la Rivelazione, secondo la denominazione ebraica.

tórba (o -ó-) [fr. *tourbe*, dal francone *torba*, di orig. germ.; av. 1636] **s. f.** ● Combustibile fossile, di formazione recente, costituito da residui di piante paludose accumulatesi al fondo di laghi o stagni, che ha basso potere calorifico e contiene molte impurità.

tórbida [lat. *tŭrbida(m)*, agg. f. di *tŭrbidus* 'torbido'; av. 1519] **s. f.** *1* Liquido che contiene particelle solide in sospensione. *2* Sospensione in acqua di minerale macinato, che viene avviata alle macchine di trattamento | ***T. pesante***, sospensione in acqua di minerali pesanti o polveri metalliche, usata per la separazione per galleggiamento di minerali leggeri da minerali pesanti.

†**torbidànza** **s. f.** ● Torbidezza.

†**torbidàre** [lat. tardo *turbidāre*, da *tŭrbidus* 'torbido'; av. 1332] **v. tr.** ● Intorbidare.

torbidézza o †**turbidézza** [sec. XV] **s. f.** ● Condizione, caratteristica di ciò che è torbido (*anche fig.*): *la t. di una situazione.* CONTR. Limpidezza.

torbidìccio [1520] **agg.** (pl. f. *-ce*) ● Alquanto torbido.

torbidimetria e *deriv.* ● V. *turbidimetria* e *deriv.*

torbidità [av. 1667] **s. f.** ● Torbidezza.

tórbido o †**tùrbido** [lat. *tŭrbidu(m)*, da *tŭrba* 'confusione, scompiglio', di orig. indeur.; 1313] **A agg.** *1* Detto di liquido impuro, che manca di chiarezza e limpidezza: *vino t.*; *acqua torbida* | (*raro*) ***Nuvole torbide***, fosche, nere. CONTR. Limpido. *2* (*fig.*) Che manca di onestà, di purezza, di innocenza: *pensieri torbidi* | ***Aspetto t.***, sinistro | ***Sonno t.***, agitato, tormentato | ***Tempi torbidi***, tumultuosi, inquieti politicamente o socialmente | †***Notizia torbida***, cattiva, dolorosa. ‖ **torbidaménte**, **avv.** In modo torbido (*anche fig.*). **B s. m.** *1* Aspetto poco chiaro, situazione poco onesta: *in quel discorso c'è del t.* | ***Pescare nel t.***, (*fig.*) cercare di trarre profitto da momenti di confusione o da situazioni poco chiare e oneste | (*raro, est.*) Aspetto fosco e scuro del cielo. *2* (*al pl., disus.*) Principi di rivoluzione o di sommossa | Tumulti.

torbidùme [comp. di *torbid(o)* e *-ume*; 1667] **s. m.** ● Insieme di cose torbide.

torbièra [fr. *tourbière*, da *tourbe* 'torba'; 1862] **s. f.** ● Luogo dove si trovano ammassati grandi strati di torba.

tórbo [per *torb(id)o*; av. 1294] **agg.** ● (*tosc.*) Torbido, impuro (*anche fig.*): *vino t.* ‖ **torbaménte**, **avv.** (*raro*) Torbidamente.

torbóso [1875] **agg.** ● Ricco di torba: *terreno t.*

torcènte [1949] **part. pres.** di *torcere*; anche **agg.** *1* Nei sign. del v. *2* (*mecc.*) ***Momento t.***, azione che tende a far ruotare la sezione di un solido rispetto a quella contigua.

torcèra ● V. *torciera.*

♦**tòrcere** [lat. parl. **tŏrcere* per *torquēre*, da una radice indeur. **terkw-* 'voltare', con semplificazione consonantica; 1313] **A v. tr.** (pres. *io tòrco, tu tòrci*; pass. rem. *io tòrsi, tu torcésti*; part. pass. *tòrto*) *1* Avvolgere qlco. su sé stessa: *t. la biancheria lavata* | ***T. il collo***, strangolare; (*est., iperb.*) espressione usata per minacciare qlcu.: *se ti acchiappo ti torco il collo* | ***Non t. un capello***, (*fig.*) non fare alcun male | ***Dare del filo da t.***, (*fig.*) frapporre ostacoli, difficoltà | Girare con violenza: *t. un polso, un braccio a qlcu.* | ***Torcersi le mani***, (*fig.*) rimpiangere un'occasione perduta. *2* Piegare con forza: *t. un filo di ferro*; *t. una lama* | ***T. un ramo***, curvarlo | Storcere: *t. il naso, la bocca, in segno di disgusto.* *3* (*lett.*) Volgere, dirigere (*spec. fig.*): *t. gli occhi, lo sguardo*; *Ma se l'amor de la spera supprema / torcesse in suso il disiderio vostro* (DANTE *Purg.* XV, 52-53) | (*est.*) Allontanare, distogliere, deviare: *t. qlcu. dalla retta via*; *torcendo 'l viso a' preghi onesti e degni* (PETRARCA) | ***T. il significato di uno scritto, un discorso***, alterarlo. **B v. intr.** (aus. *essere*, raro) *1* (+ *a*) (*raro*) Voltare, mutare direzione: *la strada torce a sinistra.* *2* †Girare intorno, detto dei cieli. **C v. rifl.** *1* (+ *da*) Contorcersi, piegarsi: *torcersi dalle risa, dal male.* *2* (*lett.*) Volgersi. **D v. intr. pron.** ● Storcersi, incurvarsi: *è una lama che si torce facilmente* | Deformarsi, alterarsi (*anche fig.*).

torcétto [dim. di *torcia*; av. 1704] **s. m.** *1* Candela multipla, di quattro saldate insieme. *2* Biscotto a forma di cuore, costituito da un nastro di pasta accostata alle estremità e ricoperto di un lieve strato di zucchero caramellato, comune nell'Italia settentrionale.

torchiàre [lat. tardo *torculāre*, da *tŏrculum* 'torchio'; 1813] **v. tr.** (*io tòrchio*) *1* Comprimere col torchio la pasta di olive o le vinacce. *2* (*fig., fam.*) Costringere qlcu. a rispondere a una lunga e difficile serie di domande: *all'esame lo hanno torchiato*; *la polizia ha torchiato gli arrestati.*

torchiatóre [da *torchiare*; 1961] **s. m.** (f. *-trice*) ● Operaio addetto alla torchiatura.

torchiatùra [1862] **s. f.** ● Lavoro del torchiare | Il liquido che ne risulta.

torchiétto [1865] **s. m.** *1* Dim. di *torchio* (*1*). *2* Attrezzo per la stampa per contatto di pellicole fotografiche, utilizzato un tempo nei laboratori fotografici.

tòrchio (1) [lat. *tŏrculu(m)*, da *torquēre* 'torcere', in vari sensi; 1483] **s. m.** *1* Macchina atta a comprimere gradatamente e senza urti un materiale posto fra due piastre parallele, una mobile e una fissa: *t. per uva, per olive.* ➡ ILL. **vino.** *2* La prima e più semplice macchina da stampa, costituita da un piano su cui un accoppiamento leva-vite abbassa un piano di pressione | ***Essere sotto il t.***, (*disus.*) essere in via di stampa; (*fig.*) essere costretto a un duro sforzo o a un interrogatorio lungo e difficile | (*scherz.*) ***Far gemere i torchi***, fare stampare, spec. opere poco pregevoli. *3* (*anat.*) ***T. addominale***, massa muscolare che comprime la cavità addominale. ‖ **torchiàccio**, **pegg.** | **torchièllo**, **dim.** | **torchiétto**, **dim.** (V.) | **torchióne**, **accr.**

†**tòrchio** (2) [lat. parl. **tŏrculu(m)* 'oggetto avvolto', da *tŏrques* 'collana', da *torquēre* '(rav)volgere'; 1312] **s. m.** *1* Grosso cero o torcetto di più candele. *2* Collana, monile. ‖ **torchiétto**, **dim.**

torchon /fr. tɔʀ'ʃɔ̃/ [vc. fr., propr. 'torcia', perché arrotolata a torciglione] **s. m. inv.** ● Collana di perle o grani di pietre dure a più fili intrecciati, di solito valorizzata da un fermaglio di metallo prezioso: *un t. di coralli.*

♦**tòrcia** [fr. *torc(h)e*, orig. 'cosa attorta', dal lat. **tŏrca* per *tŏrqua*, variante di *tŏrques* 'collana, collare', da *torquēre* '(rav)volgere'; av. 1348] **s. f.** (pl. *-ce*) *1* Fiaccola di funi ritorte e stoppa, impregnata di resina, sego, cera | Ramo resinoso acceso | ***T. a vento***, che non si spegne al vento | ***T. elettrica***, grossa lampada portatile alimentata a pila. *2* Cero, torcetto per processioni. *3* Parte principale di un lampeggiatore fotografico particolarmente del tipo elettronico. *4* Denominazione di un tipo standard di pila da 1,5 V. ‖ **torcétto**, **dim. m.** (V.).

†**torciàre** [lat. parl. **tortiāre*, da *tŏrtus*, part. pass. di *torquēre* 'avvolgere', con riferimento al legame stretto del carico; av. 1348] **v. tr.** ● Attorcere | Legare strettamente spec. per caricare qlco. | (*est.*) Caricare un peso, un bagaglio.

†**torcicollàre** [da *torcicollo*] **v. intr.** ● (*scherz.*) Andare con il collo storto come i bacchettoni.

torcicòllo [comp. di *torce(re)* e *collo*; 1828] **s. m.** *1* Atteggiamento viziato del capo spesso per contrattura del muscolo sternocleidomastoideo: *t. congenito, acquisito* | (*fam.*) Dolore al collo che impedisce la rotazione del capo. *2* (*disus., spreg.*) Bacchettone. *3* Uccelletto dei Piciformi a zampe brevi e collo mobilissimo, divoratore di insetti (*Jynx torquilla*). ➡ ILL. **animali**/9.

torcièra o **torcèra** [da *torcia*, come il corrisp. fr. *torchère* da *torche*; 1598] **s. f.** ● Grosso candeliere per torcia.

torcière [da *torcia*, come il corrisp. fr. *torchier* da *torche*; av. 1647] **s. m.** *1* Persona che regge la torcia. *2* Torciera.

torcigliàre [lat. parl. **tortiliāre* 'torcere parecchie volte', con sovrapposizione di *torcere*; sec. XIV] **v. tr.** (*io torciglio*) ● (*raro*) Attorcigliare.

torciglióne [da *torcigliare*; 1865] **s. m.** *1* Fascia attorta portata sul capo a guisa di corona. *2* Torcinaso.

†**torcimànno** [da *turcimanno* per accostamento a *torcere*; 1534] **s. m.** ● Turcimanno (*anche fig.*).

torciménto [av. 1363] **s. m.** *1* (*raro*) Il torcere, il torcersi. *2* (*raro*) Piegatura, flessione, torsione. *3* †Svolta, deviazione | (*fig.*) †Vizio, aberrazione. *4* †Tortuosità.

torcimetro [comp. di *torcere* e *-metro*; 1940] **s. m.** ● Apparecchio che serve per determinare il numero di giri di torsione per unità di lunghezza nei filati semplici o nei ritorti a due o più capi.

torcinàso [comp. di *torce(re)* e *naso*; 1879] **s. m.** (pl. *torcinàso*, o *torcinàsi*) ● Apparecchio formato da un anello di corda fissato a un corto bastone con cui si stringe il naso o il labbro del cavallo per immobilizzarlo.

torcitóio [da *torcere*; sec. XIV] **s. m.** *1* Dispositivo che produce la torsione dei lucignoli stirati nell'operazione di filatura. *2* †Strettoio, torchio.

torcitóre [1437] **s. m.** (f. *-trice*) *1* (*raro*) Chi torce. *2* Operaio tessile che esegue la torcitura dei filati.

torcitrìce [da *torcere*; 1961] **s. f.** ● Macchina tessile per eseguire l'operazione di torcitura.

torcitùra [1598] **s. f.** *1* (*raro*) Il torcere | Torsione, piegamento | Contorsione. *2* Operazione dell'industria tessile che conferisce la necessaria resistenza ed elasticità ai lucignoli di fibre mediante la torsione, costituendo il filato.

†**torcolàre** [vc. dotta, lat. *torculāre* 'torchiare', da *tŏrculum* 'torchio'] **s. m.** ● (*lett.*) Strettoio, torchio.

torcolière [da *torcolo* 'torchio'; av. 1698] **s. m.** ● L'operaio addetto al torchio nelle antiche tipografie.

tòrcolo [vc. dotta, lat. *tŏrculu(m)* 'torchio', da *torquēre* 'torcere'; 1524] **s. m.** *1* †Torchio. *2* (*mus.*) Figura neumatica di tre note, le prime due ascendenti, la terza discendente.

tordàio [lat. *turdāriu(m)*, da *tŭrdus* 'tordo'; av. 1320] **s. m.** *1* Luogo dove si tengono a ingrassare i tordi. *2* Cacciatore di tordi.

tordéla o **tordèla**, **tordèlla** [lat. tardo *turdēla(m)*, da *tŭrdus* 'tordo'; 1481] **s. f.** ● Uccello dei Passeriformi, più grande del tordo, con capo chiarissimo e ventre giallo fulvo, gregario e ricercato dai cacciatori (*Turdus viscivorus*).

tordièra [da *tordo*; 1970] **s. f.** ● (*caccia*) Tesa per i tordi, con panie e richiami.

tórdo [lat. *tŭrdu(m)*, di orig. indeur. e diffusione germ. e balto-slava; 1355] **s. m.** *1* Uccello dei Passeriformi, di passo in Italia, bruno, inferiormente biancastro, vive fra i cespugli ed è selvaggina pregiata (*Turdus ericetorum*). CFR. Chioccolare, fischiare, zirlare. ➡ ILL. **animali**/10 | ***T. sassello***, di color bruno olivastro con i fianchi rosso castano (*Turdus musicus*) | ***Grasso come un t.***, ben pasciuto. *2* (*fig., raro*) Persona sempliciotta, balorda. ‖ **tordùccio**, **dim.**

-tóre o, quando il tema del verbo termina con *d*, **-sóre** [lat. *-(a)tōre(m)*, di orig. indeur., applicato a n. di persona per indicarne una caratteristica attività] **suff.** derivativo ● Forma aggettivi e sostantivi maschili ricavati da verbi: *trasportatore, mangiatore, incisore.*

toreador /sp. torea'ðor/ [vc. sp., da *torear* 'combattere col toro', giuntaci attraverso il fr. con la popolarità dell'opera *Carmen* di Bizet; 1905] **s. m. inv.** (pl. sp. *toreadores*) ● Torero.

toreàre [sp. *torear*, da *toro* 'toro (1)'; 1963] **v. intr.** (*io torèo*; aus. *avere*) ● Combattere col toro nell'arena.

torèllo (1) **s. m.** *1* Dim. di *toro* (*1*). *2* Giovane toro. *3* (*fig.*) Ragazzo, giovane robusto e vigoroso.

torèllo (2) [dim. di *toro* (*3*) nel senso di 'cavo avvolgente' e qualsiasi bordatura che quello ricordi; 1889] **s. m.** ● (*mar.*) Ciascuna delle tavole fortemente intestate nella chiglia che formano il primo corso di bordatura esterna.

torèro /sp. to'rero/ [vc. sp., dal lat. *tauriāru(m)* 'gladiatore che lottava col toro (*tāurus*)'; 1829] **s. m.** (f. *-a*, pl. m. *-i*, pl. f. *-e* o sp. f. *-a*, pl. m. *-os*, pl. f. *-as*) ● Chi combatte col toro nell'arena.

torèutica [gr. *toreutikḗ*, sottinteso *téchnē*, '(arte) del cesellare (*toréuein*, da *torós* 'cesello', 'che si spinge dentro', di orig. indeur.)'; av. 1796] **s. f.** ● Arte di martellare, cesellare, sbalzare, bulinare i metalli.

tòrico [da *toro* (*3*); 1935] **agg.** (pl. m. *-ci*) ● (*mat.*) Relativo al, a forma di toro: *superficie torica*; *anello t.* | (*ottica*) ***Lente torica***, lente che ha una superficie piana o sferica e l'altra costituita da una porzione di superficie torica, usata per la correzione dell'astigmatismo.

torinése [1740 ca.] **A agg.** ● Di Torino: *dialetto t.* **B s. m. e f.** ● Abitante o nativo di Torino. **C s. m.** solo sing. ● Dialetto di Torino.

torinista **agg.**; anche **s. m. e f.** (pl. m. *-i*) ● Che (o Chi) gioca nella squadra di calcio del Torino o ne è sostenitore.

tòrio [dal n. del dio scandinavo del tuono *Thor*, di area nord-germ.; 1879] **s. m.** solo **sing.** ● Elemento chimico, metallo radioattivo naturale, impiegato come diossido nelle lampade a incandescenza e negli impianti nucleari. SIMB. Th.

torite [sved. *thorit*, comp. di *Thor*, n. del dio scandinavo del tuono, e *-ite* (*2*); 1891] s. f. ● (*miner.*) Silicato di torio in cristalli tetragonali di colore bruno o nero, radioattivo.

tòrlo ● V. *tuorlo*.

tórma o †**tùrma** [lat. *tŭrma*(*m*), in orig. d'ambito mil. ('squadrone di cavalleria'), di etim. incerta; 1313] s. f. *1* (*lett.*) Schiera di soldati | (*est.*) Quantità di persone che vanno insieme e disordinatamente: *una t. di dimostranti* | *A torme*, in folla | (*fig.*, *lett.*) Insieme, quantità, spec. di idee, pensieri, sentimenti: *dalla chimmeria valle uscian le torme / de' sogni negri con diverse forme* (POLIZIANO). *2* Branco di animali: *una t. di bufali*. *3* Reparto di cavalleria dell'esercito romano corrispondente al moderno plotone.

tormalina [fr. *tourmaline*, dal singalese *tōramalli*, n. indigeno della cornalina; 1817] s. f. ● (*miner.*) Nome collettivo di un gruppo di silicati idrati contenenti boro, alluminio, ferro, sodio e calcio, in cristalli prismatici trigonali striati, di vari colori, caratterizzati da piroelettricità e piezoelettricità; è usata per costruire manometri oppure, se limpida e di buon colore, come gemma.

torménta [fr. *tourmente*, dal lat. *torménta*, propr. pl. di *torméntum* 'tormento'; 1851] s. f. ● Bufera turbinosa di neve costituita da aghetti nevosi sollevati dal vento, caratteristica dell'alta montagna.

†**tormentaménto** [da *tormentare*] s. m. ● Tormento.

♦**tormentàre** [da *tormento*; sec. XIII] **A** v. tr. (*io torménto*) *1* (*raro* o *lett.*) Mettere alla tortura, straziare con pene e tormenti fisici: *t. i prigionieri* | (*est.*) Causare dolori fisici più o meno gravi: *lo tormenta una malattia fastidiosa*. SIN. Martoriare, torturare. *2* (*fig.*) Procurare pena, afflizione, rimorso, noia, e sim.: *lo tormentava il desiderio di rivedere la famiglia* | Molestare, dare fastidio: *non tormentarmi con questi discorsi sciocchi*. SIN. Affliggere, perseguitare. *3* †Infestare. **B** v. rifl. ● Darsi pena: *si tormenta continuamente pensando al futuro*. SIN. Crucciarsi, struggersi.

tormentàto [av. 1306] **A** part. pass. di *tormentare*; anche agg. *1* Nei sign. del v. | (*est.*) Afflitto: *era costretto a letto, t. dal mal di schiena*. *2* (*fig.*) Angosciato: *animo t. dai dubbi* | Travagliato, vita di difficoltà: *vita tormentata* | Sofferto: *una decisione tormentata*. *3* Molto accidentato, aspro: *percorso t.*; *il profilo t. della costa*. || **tormentataménte**, avv. **B** s. m. (f. *-a*) ● †Chi subisce torture fisiche.

tormentatóre [1300] s. m.; anche agg. (f. *-trice*) ● Chi (o Che) tormenta.

tormentilla [vc. dotta, lat. med. *tormentĭlla*(*m*), dim. di *torméntum* nel senso di 'mal di ventre, colica', che quella curava; sec. XIV] s. f. ● (*bot.*) Potentilla.

tormentina [da *tormento*, nel sign. marinaresco di 'difficoltà, affaticamento (anche dei materiali)'; 1937] s. f. ● (*mar.*) Piccolo fiocco usato con venti particolarmente forti.

torménto o †**troménto** [vc. dotta, lat. *tormĕntu*(*m*) 'macchina bellica' e 'strumento di tortura', da *torquēre* 'torcere' (attraverso **torq-mĕntum*); av. 1250] s. m. *1* Strumento di tortura | Pena della tortura: *condannare al t. della ruota*. *2* Acuto dolore provocato da mali fisici: *la ferita gli dava un insopportabile t.* | Sofferenza, fastidio fisico dovuti a cause diverse: *il t. dell'insonnia*; *il t. del caldo*. *3* (*fig.*) Cruccio insistente, dolore morale, continua afflizione, strazio: *il t. dell'invidia*; *vivere in un perenne t.* | Chi (o ciò che) è causa di preoccupazione: *la riuscita del figlio è il suo t.* SIN. Patimento, pena, sofferenza. *4* (*mar.*; *disus.*) Difficoltà, affaticamento, detto anche dei materiali. *5* (*iperb.*) Molestia, seccatura: *intrattenere quell'ospite noioso è stato un vero t.* | Persona, cosa che provocano molestia: *smettila di fare domande: sei un t.!* *6* (*raro*, *lett.*) †Antica macchina di guerra per lanciare proiettili di ogni tipo: *Di tormenti bellici ha munite / le rocche sue questa novella Dite* (TASSO). || **tormentóne**, accr. (V.).

tormentóne [1977] s. m. *1* Accr. di *tormento*. *2* (*fig.*) Passione rovente e lancinante, rovello che tormenta, espressi spec. spettacolarmente. *3* Spec. nel gergo teatrale, battuta ripetuta ossessivamente | (*est.*) Argomento continuamente riproposto da articoli di giornale, trasmissioni televisive e sim.: *Il discorso della dignità è, in queste storie del popolo, ripetuto quasi a t.* (FO).

tormentóso [da *tormento*, come il corrispondente lat. tardo *tormentuōsus* da *torméntum*; 1294] agg. *1* Che dà tormento fisico: *sete tormentosa* | (*fig.*) Che affligge spiritualmente: *angoscia tormentosa* | Fastidioso, molesto: *un dubbio t.* *2* (*fig.*) Travagliato, pieno di difficoltà: *esistenza tormentosa*. || **tormentosaménte**, avv.

tornacónto [comp. di *torna*(*re*) e *conto* nel senso di 'vantaggio, utile'; 1818] s. m. ● Utile, guadagno, vantaggio personale: *se è d'accordo, avrà il suo t.*

tornàdo /sp. tor'naðo, ingl. tɔːˈneɪdəʊ/ [vc. ingl., presa dallo sp. *tronada*, un deriv. da *tronar* 'tuonare', col sign. di 'tempesta' e poi con quello di 'uragano', diffuso in tutte le lingue eur., sp. compreso; 1875] s. m. (pl. *-i* o *-o*, pl. ingl. *tornadoes*, pl. sp. *tornados*) *1* Tempesta a vortice di limitata estensione, ma di terrificante potenza distruttiva, frequente negli Stati Uniti centro-occidentali. *2* (*mar.*) Catamarano a vela con due persone di equipaggio che costituisce classe olimpica.

tornagùsto [che fa *torna*(*re*) il *gusto* nel senso di 'voglia, appetito'; 1551] s. m. ● (*raro*) Cibo, bevanda che stuzzica l'appetito.

†**tornàio** [da *torno* 'tornio'; 1548] s. m. ● Tornitore.

†**tornaménto** s. m. ● Il tornare.

tornànte (*1*) [fr. *tournant*, part. pres. di *tourner* 'girare' (stessa etim. dell'it. *tornare*); 1897] s. m. *1* Curva di raccordo fra due rettifili esterna alla poligonale d'asse, formata da un arco circolare di raggio minimo consentito e da due archi di raccordo di concavità opposte. *2* (*fam.*) Curva strettissima di strada di montagna: *la salita presenta dei tornanti pericolosi*. SIN. Tourniquet.

tornànte (*2*) [fr. (*aile*) *tournante*, part. pres. f. di *tourner* (V. *tornante* (*1*)); 1961] **A** agg. ● *Ala t.*, nel calcio, giocatore che, pur avendo il ruolo di attaccante, ripiega in appoggio alla difesa. **B** anche s. m.: *fare il t.*; *giocare nel ruolo di t.*

♦**tornàre** [vc. dotta, lat. *tornāre*, propr. 'lavorare al tornio (*tŏrnus*)', poi 'girare'; 1158] **A** v. intr. (*io tórno*; aus. *essere*) *1* Volgersi, rientrare, dirigersi di nuovo verso il luogo dal quale si era partiti: *torna subito a casa a prendere l'ombrello*; *torneremo in città fra dieci giorni* | ***T. daccapo, al punto di partenza***, riprendere dall'inizio | ***T. in sé***, recuperare i sensi; (*fig.*) ravvedersi, rinsavire | ***T. a galla***, riemergere; (*fig.*) tornare d'attualità, detto di fatti, personaggi, opere, ecc. | ***T. al mondo, in vita***, risuscitare, recuperare forza, vitalità, energia | ***T. a bomba***, riprendere il tema, l'argomento più importante | ***T. su, t. in gola***, detto di cibo che non si è digerito | ***T. all'antico***, rifarsi a usi, abitudini, costumi passati | (*fam.*) ***Questo si chiama torna***, frase che accompagna una cosa che si dà in prestito. *2* Venire via da un luogo che si è visitato, da uno spettacolo, o dopo aver compiuto qlco. (*anche assol.*): *torno adesso da Roma*; *†t. di Milano*; *siamo appena tornati da teatro*; *tornavano in massa dalla dimostrazione*; *vado e torno*. *3* Andare, venire nuovamente: *dovrà t. all'ospedale fra pochi giorni* | ***T. sui propri passi, sulle proprie decisioni***, recedere da un'azione che si era cominciata, da una decisione presa | ***T. col discorso su un argomento***, discorrerne di nuovo o riesaminarlo | ***T. col pensiero a qlco.***, rievocarla | ***T. a qlcu.***, riprendere a parlare di qlcu. | ***T. alla carica***, (*fig.*) insistere per ottenere qlco. | ***T. a dire, a fare qlco.***, ripetere, rifare un'azione, un discorso, insistere nel dire o fare qlco. *4* Ripresentarsi, ricomparire, manifestarsi di nuovo: *è tornata la primavera*; *gli torna la febbre*; *è un'occasione che non tornerà più* | Fare ricomparire, riprodurre: *è una pomata che fa t. i capelli*. *5* (*raro*, *lett.*) Trasformarsi, cambiare: *la paura torna in gioia* | Volgersi, riuscire: *t. a onore, a danno* | Essere: *non mi torna utile*; *mi torna gradito* | (*raro*) ***L'eredità torna al nipote***, è a vantaggio del nipote | †***Tornerà in capo a te***, ricadrà su di te, detto di cose spiacevoli | †***T. tutt'uno***, essere tutt'uno. *6* Diventare: *sono funghi che seccati tornano la quinta parte di peso*. *7* Ridiventare, rifarsi (*anche fig.*): *dopo la pulitura, i calzoni sono tornati nuovi*; *è tornato un uomo onesto*. *8* Riuscire giusto, esatto, corrispondere bene, quadrare: *il conto torna* | ***Il discorso non torna***, non è logico | ***C'è qlco. che non torna in quella faccenda***, non è chiaro, non convince | ***Non mi torna***, non sono convinto | ***Il vestito torna bene***, sta bene | ***Gli torna conto accettare***, gli è utile, vantaggioso | Essere conforme: *tutto torna secondo le previsioni*. *9* (*tosc.*) Andare ad abitare o alloggiare altrove: *t. di casa*; *t. di bottega*; *è tornato in via Nazionale* | Cambiare lavoro, servizio: *è tornato come cameriere in una famiglia nobile*. **B** v. tr. *1* (*lett.*) Ricondurre, rimettere, riportare (*anche fig.*): *t. qlco. in buono stato* | (*lett.*) Restituire nelle condizioni, lo stato di prima | (*region.*) Restituire: *non mi ha ancora tornato il libro*. *2* (*lett.*) Volgere in giro, girare, rivolgere: *t. il viso, lo sguardo*. *3* (*lett.*) †Trasformare, cambiare, mutare. *4* †Cagionare.

tornasóle [propr. 'che fa girare (*tornare*) il *sole*', secondo il gr. *hēliotrópion* 'eliotropio', di uguale composizione; 1599] s. m. ● Materia colorante violacea ricavata da alcuni licheni, usata come indicatore nell'analisi chimica, poiché diventa rossa in ambiente acido e azzurra in ambiente alcalino | ***Cartina al, di t.***, imbevuta di soluzione acquosa di tale sostanza, usata per analisi chimiche; (*fig.*) ciò che serve a mettere qlco. in chiara evidenza. SIN. Laccamuffa.

tornàta [1353] s. f. *1* †Il tornare, ritorno | †***Fare t.***, ritornare | †***T. di casa***, abitazione. *2* (*raro*) Adunanza di un'accademia, una società, un'assemblea di magistrati, ecc.: *stendere il verbale dell'ultima t. della Crusca* | Turno: *t. elettorale*. *3* (*letter.*) Ultima e più breve stanza della canzone, col commiato e la dedica.

tornatùra [da *tornata* 'voltata (di lavoro in una determinata superficie)'; av. 1363] s. f. ● Misura agraria dell'Emilia e Romagna di valori variabili oscillanti tra le 20,80 are di Bologna e le 34,18 di Ravenna.

†**torneaménto** o †**torniaménto** [sec. XIII] s. m. *1* Il torneare | Torneo. *2* Circonferenza, giro.

torneàre o †**torniàre** (*1*) [ant. fr. *torneiar* 'girare (*tornar*) attorno'; sec. XIII] **A** v. intr. (*io tornèo*; aus. *avere*) *1* Prendere parte a un torneo. *2* †Muoversi in giro, girare. **B** v. tr. ● †Attorniare, circondare.

torneatóre [da *torneare*; 1840] s. m. ● (*raro*) Chi combatteva in un torneo.

†**torneggiàre** [comp. di *torn*(*io*) e *-eggiare*] v. tr. ● Lavorare col tornio.

tornéggio [1961] s. m. ● Tornitura al tornio da vasaio.

tornèllo [da *tornare* nel senso di 'girare (attorno)' (?); 1561] s. m. *1* (*lett.*) Distico di endecasillabi a rima baciata che era posto a chiusura di un sonetto oppure di un monologo o dialogo in alcune laude medievali. *2* Cancello girevole che, in luoghi o veicoli pubblici, consente l'accesso di una sola persona per volta.

♦**tornèo** [da *torneare*; 1353] s. m. *1* Spettacolo d'armi, in cui i cavalieri si affrontavano a squadre o a coppie entro un largo steccato circolare, cercando di rimanere padroni del campo disarcionando l'avversario | Rievocazione spettacolare di tale combattimento, con cavalieri in costume. *2* Serie di gare a eliminazione, talvolta con classifica, tra singoli atleti e giocatori o squadre: *t. di tennis, di scherma, di calcio*; *t. di scacchi* | ***T. all'italiana***, quello in cui ogni squadra incontra tutte le altre. *3* †Giro.

tornerìa [da *torno* (*1*); 1942] s. f. ● (*raro*) Laboratorio di tornitura.

tornése [fr. *tournois*, dal lat. mediev. *turonēnse*(*m*) 'propria della città di Tours (dall'ant. stirpe gallica dei *Tŭrones*)'; 1211] s. m. *1* Moneta d'argento coniata a Tours in Francia da Luigi IX nel 1266 e molto imitata in Italia e altrove. *2* Moneta di rame napoletana coniata dalla metà del XVI sec. alla fine del regno borbonico. ➡ ILL. **moneta.**

†**torniàre** (*1*) e *deriv.* ● V. *torneare* e *deriv.*

†**torniàre** (*2*) [da *tornio*; av. 1565] v. tr. ● Lavorare qlco. al tornio.

†**torniatóre** [1550] s. m. ● Tornitore.

†**tornière** [da *tornio*] s. m. ● Tornitore.

torniménto [av. 1673] s. m. ● (*raro*) Il tornire.

tórnio o (*region.*) †**tórno** (*1*) [dal pl. *torni* del precedente *torno*, dal lat. *tŏrnus*, di provenienza gr. e orig. indeur.; 1312] s. m. ● Macchina utensile per la lavorazione dei metalli, del legno e sim., nella quale il moto di lavoro, che è rotatorio, viene impresso dal mandrino al pezzo, mentre l'utensile, piazzato sul carrello porta-utensili, compie un moto traslatorio di alimentazione: *t. parallelo* | ***T. da vasaio***, costituito da un piatto girevole su cui viene posta l'argilla da modellare | ***Mani, braccia***

fatte al t., (*fig.*) tornite.

tornire [da *tornio*; 1612] **v. tr.** (*io tornisco, tu tornisci*) **1** Lavorare al tornio. **2** (*fig.*) Rifinire con grande cura e precisione, rendere formalmente perfetto: *t. la frase*.

tornito [av. 1665] **part. pass.** di *tornire*; anche **agg.** **1** Lavorato al tornio. **2** (*fig.*) ***Braccia, gambe tornite***, armoniosamente rotonde | (*fig.*) Rifinito con precisione: *versi torniti*.

tornitóre [da *tornire*; 1667] **s. m.** (**f.** *-trice*) ● Chi lavora a un tornio o si occupa del suo funzionamento: *t. in legno*; *nell'industria c'è richiesta di tornitori specializzati*.

tornitùra [1692] **s. f.** **1** Lavorazione eseguita al tornio. **2** Residui della lavorazione al tornio.

†**tórno** (**1**) ● V. *tornio*.

tórno (**2**) [da *tornare*; sec. XIV] **A s. m.** ● (*raro*) Giro | ***In quel t. di tempo***, attorno a quel tempo, quel periodo | ***In quel t.***, circa | †***A t.***, attorno | ***Di t.***, d'attorno: *smettila di infastidirmi e levati di t.* **B** nella **loc. avv.** o **prep.** *t. t.*, attorno: *t. t. la casa corre un ballatoio*.

♦**tòro** (**1**) o †**tàuro** [lat. *tāuru(m)*, vc. pop. di orig. indeur.; 1313] **s. m.** **1** Maschio del *Bos taurus* destinato alla riproduzione | (*fig., fam.*) ***Essere, sembrare un t.***, di chi ha struttura fisica potente e robustezza eccezionale | ***Sbuffare come un t.***, manifestare ira o grande impazienza | ***Tagliare la testa al t.***, (*fig.*) prendere una decisione netta, troncando una discussione, una questione | ***Prendere il t. per le corna***, (*fig.*) affrontare senza esitazione un ostacolo. ➡ **ILL. animali**/13. **2** (*gerg.*) Nel linguaggio di borsa, rialzista | (*gerg.*) Tendenza al rialzo nel mercato della borsa. **CONTR.** Orso. || **torèllo**, **dim.** (V.).

Tòro (**2**) [V. *toro* (*1*)] **A s. m.** **1** (*astron.*) Costellazione dello zodiaco che si trova fra quella dei Gemelli e quella dell'Ariete. **2** (*astrol.*) Secondo segno dello zodiaco, compreso tra trenta e sessanta gradi dell'anello zodiacale, che domina il periodo tra il 21 aprile e il 21 maggio. ➡ **ILL. zodiaco.** **B s. m. e f. inv.** ● Persona nata sotto il segno del Toro.

tòro (**3**) [vc. dotta, lat. *tŏru(m)*, di etim. incerta, col sign. primitivo di 'fune'; 1567] **s. m.** **1** (*arch.*) Modanatura della forma del tondino, ma con raggio maggiore, usata nelle basi delle colonne. ➡ **ILL.** p. 2117 ARCHITETTURA. **2** (*mat.*) Superficie ottenibile facendo ruotare una circonferenza intorno a una retta del suo piano che non l'interseca | Superficie omeomorfa a un toro. **3** (*bot.*) Ricettacolo di alcuni frutti. **4** (*bot.*) Ispessimento degli opercoli nelle punteggiature delle conifere. || **torèllo**, **dim.**

tòro (**4**) [da *toro* (*3*), passato a indicare anche 'funi intrecciate (intorno a materassi e cuscini)' e quindi 'letto'; 1342] **s. m.** ● (*lett.*) Letto maritale.

tòro (**5**) ● V. *toron*.

toroidàle [da *toro* (*3*); 1961] **agg.** ● (*mat.*) Che ha forma di toro | (*elettr.*) ***Avvolgimento t.***, di un conduttore elettrico avvolto a spirale, le cui spire sono disposte secondo la forma geometrica del toro.

toròide [da *toro* (*3*); 1961] **s. f.** ● (*mat.*) Curva parallela a un'ellisse.

tòron o **tòro** (**5**) [dal *tor(io)*, da cui si forma, con la terminazione delle analoghe emanazioni, (*ra-d*)*on* e (*attin*)*on*; 1932] **s. m.** ● Emanazione radioattiva prodotta dalla disintegrazione del torio.

toróso [vc. dotta, lat. tardo *torōsu(m)*, da *tŏrus* 'toro, cordone'; 1499] **agg.** ● (*raro, lett.*) Muscoloso, robusto.

torpèdine (**1**) [vc. dotta, lat. *torpēdine(m)*, da *torpēre* 'restare intorpidito, paralizzato', di orig. indeur.; sec. XIV] **s. f.** ● Pesce marino dei Selaci con corpo discoidale nudo, bocca e fessure branchiali ventrali, dotato di organi elettrici mediante i quali emette potenti scariche (*Torpedo*). ➡ **ILL. animali**/5.

torpèdine (**2**) [traduzione dell'ingl. *torpedo*, che vale tanto 'il pesce torpedine' quanto l'arma subacquea, che emette scariche elettriche; 1866] **s. f.** ● (*mar.*) Arma subacquea, mina: *t. a urto, magnetica, acustica, a pressione*.

torpedinièra [dalla *torpedine* (*2*), 'siluro', di cui è armata, secondo il modello del corrispondente fr. *torpilleur*; 1883] **s. f.** ● (*mar.*) Nave militare veloce, destinata spec. all'uso di torpedini o di siluri | Tipo di nave militare, predisposta alla caccia dei sommergibili e alla scorta.

torpedinière [da *torpedine* (*2*) 'siluro' con allargamento a tutte le 'armi subacquee'; 1889] **A agg.** (**f.** *-a*) ● Di, relativo a nave destinata all'uso di torpedini o siluri. **B s. m.** ● Un tempo, marinaio adibito alla manutenzione e all'impiego delle torpedini.

Torpediniformi [comp. di *torpedine* (*1*) e il pl. di *-forme*] **s. m. pl.** (**sing.** *-e*) ● Nella tassonomia animale, ordine di Pesci cartilaginei con pinne pettorali unite al capo e al corpo a formare il disco appiattito (*Torpediniformes*).

torpèdo /sp. tor'peðo/ [vc. sp., propr. 'torpedine, siluro' con estensione del senso per il suo aspetto fusiforme; 1918] **s. f.** o **m. inv.** (**pl. m.** sp. *torpedos*) ● Automobile aperta a quattro o più posti, diffusa nei primi decenni del Novecento.

torpedóne [propr. accr. di *torpedo*; 1930] **s. m.** ● Autobus aperto, non più in uso | Autopullman.

torpènte [vc. dotta, lat. *torpĕnte(m)*, part. pres. di *torpēre*; 1321] **agg.** ● (*lett.*) Che torpe, è inerte | Che rende torpido.

†**torpére** o **tòrpere** [vc. dotta, lat. *torpēre*, di orig. indeur.; 1374] **v. intr.** (difett. usato solo all'indic. e **congv. pres.**) ● Rimanere intirizzito, torpido (*spec. fig.*).

torpidézza [1671] **s. f.** ● Caratteristica o condizione di chi (o di ciò che) è torpido, intorpidito: *la t. delle membra* | (*fig.*) Torpore, svogliatezza: *vincere la t. della mente*.

torpidità [av. 1758] **s. f.** ● (*raro*) Torpidezza.

tòrpido o **tórpido** [vc. dotta, lat. *tŏrpidu(m)*, da *torpēre* 'restare intorpidito'; 1499] **agg.** **1** Che è preso da torpore, è intorpidito, detto del corpo o di una sua parte | (*est.*) Pigro e tardo nei movimenti, intellettualmente o spiritualmente: *un gesto t.*; *ingegno t.*; *volontà torpida*. **2** (*poet.*) Che fa diventare torpido. || **torpidaménte**, **avv.** In modo torpido, fiacco: *muoversi torpidamente*; *reagire torpidamente*.

†**torpiglia** [fr. *torpill(l)e*, di prob. orig. merid. (provz. *torpio*, da *torpin* 'torpedine (1)', con sostituzione di suff.); 1671] **s. f.** ● (*zool.*) Torpedine (1).

torpóre [vc. dotta, lat. *torpōre(m)*, da *torpēre* 'restare intorpidito'; av. 1406] **s. m.** **1** Alterazione fisica che si manifesta con l'attenuazione della prontezza dei riflessi e dei movimenti e con la perdita totale o parziale della sensibilità: *la digestione difficile gli provoca t.* **2** (*est.*) Lentezza, pigrizia fisica, intellettuale o spirituale: *il t. provocato dal caldo*; *il t. dell'ozio* | (*fig.*) Stupidità, ottusità: *t. mentale*.

tòrque [vc. dotta, lat. *tŏrque(m)*, connesso con *torquēre* 'torcere, girare', di orig. indeur.; 1865] **s. f.** ● (*lett.*) Collana, monile.

torquemada /sp. torke'maða/ [dal n. dell'inquisitore generale sp. T. de *Torquemada* (1420-1498); 1818] **s. m. inv.** ● Chi, nella repressione di qlco., si serve di metodi crudeli e spietati e degni di un inquisitore.

torr /tɔr/ [da E. *Torricelli* (1608-1647); 1956] **s. m. inv.** ● Unità fondamentale di pressione, pari a 1 mm di mercurio o a 1/750 bar.

torracchióne [da *torre* con doppio suff. accr.-spreg.; av. 1470] **s. m.** **1** Accr. di *torre*. **2** Torrione antico, isolato e in rovina.

torraiòlo o †**torraiuòlo** [1684] **agg.** ● (*raro*) Che dimora nelle torri | Che vive o nidifica nelle torri o sui culmini delle case: *colombo t.*

torràzzo [av. 1566] **s. m.** ● Edificio grande e massiccio simile a una torre: *il t. di Cremona*.

♦**tórre** (**1**) [lat. *tŭrri(m)*, prob. vc. proveniente dall'Asia Minore; 1306] **s. f.** **1** Costruzione a pianta spec. quadrangolare o circolare, assai più alta che larga, a diversi ordini di palchi, innalzata per difesa di città, castelli, palazzi: *t. pentagonale, merlata*; *mura coronate da torri* | ***La città delle due Torri***, (*per anton.*) Bologna | ***All'ombra delle due Torri***, (*per anton., fig.*) a Bologna | ***Torri gentilizie***, nelle case signorili delle città medievali | ***T. campanaria***, campanile | ***T. di Babele***, (*fig.*) caos, confusione | ***Chiudersi in una t. d'avorio***, (*fig.*) isolarsi, ignorando gli avvenimenti e i problemi del mondo (dal lat. 'turris eburnea', espressione contenuta nel Cantico dei Cantici e divenuta epiteto della Madonna) | †***Famiglia di t.***, famiglia gentilizia, signorile. ➡ **ILL.** p. 2118, 2119 ARCHITETTURA. **2** (*aer.*) ***T. di controllo***, negli aeroporti, struttura dalla cui sommità i controllori osservano a vista e con il radar il traffico aereo e il traffico al suolo nella zona aeroportuale, fornendo agli aeromobili tutte le istruzioni necessarie per rullaggi, decolli e atterraggi | (*min.*) ***T. di trivellazione***, V. *trivellazione* | ***T. di lancio***, in un impianto per il lancio di razzi, struttura destinata al supporto del razzo e all'espletamento delle procedure che precedono il lancio. ➡ **ILL.** p. 2136 SCIENZE DELLA TERRA ED ENERGIA. **3** Speciale edificio corazzato spec. cilindrico sulle navi militari per contenere i più delicati e importanti organi di servizio e impianti di grosse artiglierie: *t. di comando* | ***T. binata, trinata***, armata con due o tre cannoni. **4** (*chim.*) Costruzione verticale cilindrica, per lo più in lamiera, nel cui interno si trovano dispositivi vari per favorire l'intimo contatto tra gas e liquidi | ***T. di raffreddamento***, in cui acqua calda è raffreddata per evaporazione. **5** In alpinismo, cima nettamente isolata e dai ripidi fianchi. **6** Nel gioco degli scacchi, pezzo in forma di torre, che si può muovere sia in linea orizzontale che verticale | Una delle figure nel gioco dei tarocchi. **7** Nella pallacanestro, il giocatore più alto di una squadra | ***Fare da t.***, nel calcio, favorire la conclusione a rete di un compagno con un passaggio di testa, susseguente a un cross. || **torracchióne**, **accr. m.** (V.) | **torràccia**, **pegg.** | †**torràccio**, **pegg. m.** | **torrétta**, **dim.** (V.) | **torricciòla**, **torricciuòla**, **dim.** | **torricèlla**, **dim.** | **torricino**, **dim. m.** | **torrióne**, **accr. m.** (V.) | †**torróne**, **accr. m.** | **torrùccia**, **dim.**

tòrre (**2**) ● V. *togliere*.

torrefàre [vc. dotta, lat. *torrefăcere*, comp. di un deriv. di *torrēre* 'far seccare', di orig. indeur., e *făcere* 'fare'; 1765] **v. tr.** (*io torrefò* o *torrefàccio, tu torrefài, egli torrefà*; nelle altre forme coniug. come *fare*) ● Sottoporre a torrefazione | Tostare.

torrefàtto **part. pass.** di *torrefare*; anche **agg.** ● Nei sign. del v.

torrefattóre [1961] **s. m.** (**f.** *-trice*) ● Operaio addetto alla torrefazione.

torrefazióne [da *torrefare*; 1713] **s. f.** **1** Operazione consistente in un forte riscaldamento cui vengono sottoposte molte sostanze per modificarne la composizione chimica e che va dalla disidratazione, spinta eventualmente sino ad una parziale carbonizzazione, per le sostanze organiche, sino alla trasformazione dei carbonati e dei solfuri in ossidi, per i minerali: *t. del caffè*; *t. della pirite*. **2** Negozio in cui si tosta, si vende, si degusta il caffè.

torreggiànte **A** **part. pres.** di *torreggiare*; anche **agg.** ● Che domina, si erge. **B s. m.** ● †Guardiano di una torre.

torreggiàre [comp. di *torr(e)* e *-eggiare*; 1313] **A v. intr.** (*io torréggio*; aus. *avere*) **1** (*raro*) Innalzarsi con le proprie torri, detto di città, rocca, castello e sim. **2** (*fig.*) Elevarsi, dominare come una torre: *t. su tutti con la propria statura*. **B v. tr.** ● (*lett.*) Cingere come le torri.

torréi ● V. *togliere*.

♦**torrènte** [vc. dotta, lat. *torrĕnte(m)*, propr. part. pres. di *torrēre* 'esser secco', di orig. indeur., con sovrapposizione, nel senso, di *corrente*; 1321] **A s. m.** **1** Corso d'acqua breve, di solito a forte pendenza e con accentuate variazioni di portata | ***T. glaciale***, corso d'acqua che esce dalla bocca di un ghiacciaio ed è alimentato dalle acque di fusione della lingua di ablazione. ➡ **ILL.** p. 2132 SCIENZE DELLA TERRA ED ENERGIA. **2** (*est.*) Cosa che scorre, scende o precipita con forza e in gran quantità (*anche fig.*): *un t. di lava*; *un t. di sangue*; *un t. di lacrime*; *un t. di ingiurie* | (*fig.*) Insieme di persone o animali che avanzano con grande impeto: *un t. di barbari invasori* | (*fig., lett.*) Forza inarrestabile: *cedi, cedi al t.* (ALFIERI) | ***A torrenti***, con impeto e grande abbondanza. **3** †Corrente di mare. || **torrentàccio**, **pegg.** | **torrentèllo**, **dim.** | **torrentùccio**, **dim.** **B agg.** ● (*lett.*) †Rapido, impetuoso.

torrentismo [da *torrente*; 1989] **s. m.** ● (*sport*) Pratica sportiva consistente nella discesa a piedi e a nuoto di torrenti incassati, facendo uso delle tecniche e delle attrezzature dell'alpinismo e della speleologia. **SIN.** Canyoning.

torrentìzio [1879] **agg.** ● Di torrente: *corso t.* | Da torrente, simile a torrente: *fiume di natura torrentizia*.

torrenziàle [fr. *torrentiel*, da *torrent* 'torrente'; 1875] **agg.** ● Che scende abbondante, con l'impeto di un torrente: *pioggia t.* || **torrenzialménte**, **avv.** (*raro*) In modo torrenziale.

torrétta [av. 1698] **s. f.** **1** Dim. di *torre* (*1*). **2** Piccola torre, spec. di palazzi gentilizi. *3* Sovrastruttura metallica corazzata, girevole, che nei carri armati racchiude e protegge il cannone consentendone il brandeggio a giro d'orizzonte. *4* Supporto, generalmente manovrabile, installato a bordo di un aereo militare, per una o più mitragliatrici: *t. anteriore, posteriore, dorsale, ventrale.* *5* Piastra girevole sulla quale sono fissati gli obiettivi di una cinepresa o di una telecamera, per consentirne il cambio rapido. *6* Parte mobile del tornio sulla quale sono fissati gli utensili.

†torriàre [adattamento dello sp. *torrear* 'cingere di torre', da *torre*] **v. tr.** ● Munire, ornare di torri.

†torribolo ● V. *turibolo.*

torricelliàno [1745] **agg.** ● Che si riferisce all'opera e ai lavori del matematico e fisico E. Torricelli (1608-1647), inventore del barometro | ***Vuoto t.***, vuoto non spinto per la presenza di vapori di mercurio, ottenuto nella parte superiore di un tubo barometrico.

tòrrido [vc. dotta, lat. *tŏrridu(m)*, connesso con *torrēre* 'far diventare secco', di orig. indeur.; 1499] **agg.** ● Rovente, riarso, caldissimo: *clima t.*; *un pomeriggio t.*; *estate torrida* | ***Zona torrida***, attraversata dall'equatore e compresa tra i due tropici.

torrière [fr. *tourier*, da *tour* 'torre'; 1374] **s. m.** ● (*raro, lett.*) Chi abita o custodisce una torre: *alla torre basta un solo t.* (D'ANNUNZIO).

†torrigiàno [adattamento di una forma sett. *toresano*, da *tore* 'torre'; sec. XIV] **s. m.** ● Guardiano di una torre.

torrióne (o **-riò-**) [da *torre*; av. 1363] **s. m.** *1* Grossa torre merlata nelle mura perimetrali di castelli, fortezze e sim. *2* Struttura corazzata che s'innalza dal ponte delle grosse navi militari e contiene organi di comando, centrali di tiro e sim. *3* Nel linguaggio alpinistico, struttura rocciosa isolata.

torrito ● V. *turrito.*

torrò ● V. *togliere.*

torróne [sp. *turrón*, di etim. discussa: dal lat. *torrēre* 'far diventare secco' (?); 1549] **s. m.** ● Dolce glutinoso di mandorle tostate, miele, zucchero, bianco d'uovo, confezionato spec. in stecche. || **torroncino**, **dim.**

torsàta [da *torso*] **s. f.** ● (*raro*) Torsolata.

torsèllo [ant. fr. *torsel*, dim. di *torse* 'fagotto, bagaglio', da *torser*, *trosser* 'ravvolgere', da un lat. **torsāre*, parallelo di *torquēre* 'torcere'; av. 1348] **s. m.** *1* †Piccola balla, pezza di tela. *2* Guancialino per tenervi appuntati aghi e spilli. *3* Cercine, ciambella di panno che vien posto sul capo per reggervi un peso. *4* Punzone per coniare monete. **SIN.** Conio.

tòrsi ● V. *torcere.*

torsiòmetro [1932] **s. m.** ● Strumento per misurare la torsione | Torcimetro.

torsionàle [1949] **agg.** ● Concernente la torsione.

torsióne o **†torzióne** [vc. dotta, lat. tardo *torsiōne(m)*, da **tŏrsus* per *tŏrtus* 'torto'; av. 1320] **s. f.** *1* Il torcere | Movimento di rotazione di una parte del corpo intorno al suo asse longitudinale: *t. del busto* | Torcitura di un filato, consistente nell'avvolgimento delle fibre dello stoppino. *2* (*fis.*) Deformazione di un corpo solido attorno a un asse in cui le linee che inizialmente erano parallele diventano elicoidali: *barra di t.* *3* (*med.*) Volgersi di un organo su sé stesso o attorno ad un peduncolo: *t. del testicolo.* *4* (*mat.*) ***T. di una linea nello spazio***, deviazione dell'andamento piano in ognuno dei punti della linea stessa | ***T. di una curva nello spazio***, limite cui tende il rapporto fra l'angolo formato dai piani osculatori in due punti prossimi e l'arco di curva compreso, al tendere del secondo punto al primo.

tórso [lat. *thýrsu(m)*, dal gr. *thýrsos*, vc. proveniente dall'Asia Minore, secondo una variante tarda latinizzata *tŭrsu(m)*; sec. XIII] **s. m.** *1* Ciò che rimane di alcuni frutti dopo averne levata la polpa: *un t. di pera*; *gettare il t.* *2* Parte del corpo umano che va dal collo alla cintura: *stare a t. nudo*; *la nuvola bronzeo-rosea d'un t. nudo femminile* (CALVINO) | (*est.*) Statua mancante di braccia, testa e gambe. *3* (*fig., fam.*) Uomo buono a nulla.

torsolàta [1618] **s. f.** ● (*raro*) Colpo dato con un torso lanciato.

tórsolo [propr. dim. di *torso*; av. 1742] **s. m.** ● Fusto di piante erbacee privato delle foglie | Parte centrale non commestibile di alcuni frutti, specie pomacee | ***Non star lì come un t.!***, (*fig.*) detto di persona goffamente impacciata | ***Non valere un t.***, (*fig.*) essere uno sciocco, non valere niente.

tòrta (**1**) [vc. dotta, lat. *tŏrta(m)*, propr. part. pass. di *torquēre* 'torcere'; 1865] **s. f.** ● Il torcere una volta e un poco: *dare una t. alla corda.* || **tortóne**, **accr. m.**

♦**tórta** (**2**) [lat. tardo *tŏrta(m)*, di orig. incerta; sec. XIII] **s. f.** ● Dolce, di forma gener. tonda, cotto al forno, solitamente a base di farina, latte, uova, zucchero, con aggiunta di ingredienti vari: *t. di mele, di zucca, di ricotta* | ***T. pasqualina***, V. *pasqualina* | ***T. gelato***, torta contenente strati di gelato | Preparazione salata, e gener. farcita, cotta in forno | ***Dividersi la t.***, (*fig.*) spartirsi un bottino o un guadagno spec. illecito | (*fig.*) ***Ciliegina sulla t.***, V. *ciliegina* | ***T. in faccia***, (*fig.*) comica del cinema muto spec. americano | ***Diagramma a t.***, areogramma. || **tortàccia**, **pegg.** | **†tortellétta**, **dim.** | **†tortellina**, **dim.** | **tortèllo**, **dim. m.** (V.) | **tortétta**, **dim.** | **tortina**, **dim.** | **tortino**, **dim. m.** (V.) | **tortóna**, **accr.** | **tortóne**, **accr. m.**

tortàio [1879] **s. m.** (f. *-a*) ● (*tosc.*) Chi fa e vende torte.

tortellinatrice [da *tortellino*; 1983] **s. f.** ● Macchina per la fabbricazione dei tortellini.

tortellino [dim. di *tortello*, secondo il modello bolognese (*turtlén*); 1846] **s. m.** *1* Dim. di *tortello.* *2* (*spec. al pl.*) Piccolo quadrato di pasta all'uovo con ripieno a base di lombo di maiale, prosciutto, parmigiano, odore di noce moscata, ripiegato e attorcigliato su sé stesso, mangiato in brodo o asciutto: *tortellini di Bologna.*

tortèllo [dim. di *torta* (*2*); av. 1484] **s. m.** *1* (*spec. al pl.*) Involtino di pasta all'uovo ripieno di un composto a base di ricotta, spinaci o altro che si mangia di solito asciutto. *2* ***T. dolce***, in Lombardia, piccolo dolce fritto di farina, latte, uovo e burro. *3* (*arald.*) Tondino di colore. || **tortellino**, **dim.** (V.) | **tortellóne**, **accr.** (V.).

tortellóne [1899] **s. m.** spec. al **pl.** *1* Accr. di *tortello.* *2* Involto di pasta, più grosso del tortellino, gener. ripieno di ricotta, uova, formaggio, prezzemolo o verdure tritate, da mangiarsi asciutto.

†tortevolménte [da *torto* (*2*)] **avv.** ● Ingiustamente, a torto.

tortézza **s. f.** ● (*raro*) Caratteristica di ciò che è torto | Piegatura, obliquità.

torticcio [1889] **A** **s. m.** ● Fune formata da più canapi attorcigliati. **B** anche **agg.** (**pl. f.** *-ce*): *cavo t.*

tortièra [1598] **s. f.** ● Teglia tonda per torte.

tortiglia [1936] **s. f.** ● Filato ritorto molto resistente, costituito dall'intreccio di più fili già torti.

tortiglióne [dal lat. parl. **tortiliāre*, da *tŏrtilis* 'tortile'; 1846] **A** **s. m.** *1* Oggetto avvolto a spirale. *2* Motivo di tornitura a spirale. *3* (*spec. al pl.*) Pasta da minestra, avvolta a elica. *4* (*zool.*) Sigaraio. **B** **loc. avv.** ● ***A t.***, stretto e a spirale | ***Colonna a t.***, colonna tortile.

†tortiglióso [da *tortigliare*; sec. XIV] **agg.** ● Piegato, attorcigliato in diverse parti.

tòrtile [vc. dotta, lat. *tŏrtile(m)*, da *tŏrtus*, part. pass. di *torquēre* 'torcere'; 1499] **agg.** ● Che gira a spirale: *colonna t.*

tortino [av. 1566] **s. m.** *1* Dim. di *torta.* *2* Preparazione salata, a base spec. di verdura e formaggio in strati sovrapposti, cotta in forno: *t. di carciofi, di melanzane.*

tòrto (**1**) [1308] **A** **part. pass.** di *torcere*; anche **agg.** *1* Nei sign. del v.: *filo t.* *2* ***Gambe torte***, storte | ***Occhi torti***, (*fig.*) torvi, stravolti | ***Viso t.***, (*fig.*) disgustato, sdegnato, irato | ***Camminare col collo t.***, (*fig.*) con atteggiamento di falsa compunzione | (*fig.*) †Deviato, sviato dalla retta strada: *salendo e rigirando la montagna / che drizza voi che 'l mondo fece torti* (DANTE *Purg.* XXIII, 125-126). **CONTR.** Diritto. || **tortaménte**, **avv.** *1* †In modo obliquo, non diritto. *2* (*raro, fig.*) Torvamente, biecamente. *3* (*fig.*) †Iniquamente. **B** in funzione di **avv.** ● In modo storto | (*fig.*) Torvamente: *guardare qlcu. t.*

♦**tòrto** (**2**) [lat. tardo *tŏrtu(m)*, s. del part. pass. di *torquēre* '(dis)torcere', col senso di 'cosa (s)torta'; av. 1250] **A** **s. m.** *1* Ciò che è contrario al diritto, la ragione, la giustizia: *ricevere un t.*; *confessare i propri torti* | ***Fare un t.***, commettere un'ingiustizia, una slealtà | ***Fare t. a qlcu.***, mancare verso qlcu., venir meno alla stima dovuta a qlcu. | ***Avere dei torti verso qlcu.***, avere delle colpe, aver commesso delle mancanze verso qlcu. | ***Ti fa t.***, non è degno di te | ***Fare t. a qlco.***, essere in contrasto con essa: *è una frase che fa t. alla tua intelligenza.* **SIN.** Colpa, oltraggio, offesa. *2* Il fatto di essere contrario, opposto alla ragione, al diritto, alla giustizia | ***Avere t.***, non avere la ragione dalla propria parte, nel dire o fare qlco. | ***Non ha tutti i torti***, ha le sue ragioni | ***Avere t. a fare qlco.***, fare male a fare qlco. | ***Dare t. a qlcu.***, conraddirlo, disapprovarlo | ***Essere, passare dalla parte del t.***, comportarsi in modo ingiusto | (*raro*) ***Raddrizzare il t.***, ristabilire la giustizia. **CONTR.** Ragione. **B** **loc. avv.** ● ***A t.***, ingiustamente | ***A t. o a ragione***, con torto o con ragione, sia che sia bene o male.

†tórtola ● V. *tortora.*

†tortóne [da *torto* (*1*) in senso fig. e neg.] **agg.** ● (*raro*) Duro, immaturo, detto spec. di fico: *nel canestro mettea fichi tortoni, ... che appena gli avrebbono mangiati i porci* (SACCHETTI).

tórtora o (*pop.*) **†tórtola** [lat. *tŭrture(m)*, vc. onomat.; av. 1294] **A** **s. f.** (**m.** *tórtore*, lett.) ● Piccolo uccello dei Colombiformi dal piumaggio di colori delicati, addomesticabile, che ha un verso monotono e ripetuto a lungo (*Streptopelia turtur*). **CFR.** Tubare, grugare. ➡ **ILL.** **animali**/9. **B** in funzione di **agg. inv.** ● (posposto al s.) Spec. nella loc. ***grigio t.***, detto di colore grigio simile a quello del piumaggio dell'animale omonimo. || **tortorèlla**, **dim.** | **tortorétta**, **dim.** | **tortorina**, **dim.**

†tortóre (**1**) [lat. *tortōre(m)*, da *tŏrtus*, part. pass. di *torquēre* 'torcere (le membra)', 'torturare'] **s. m.** ● Carnefice, tormentatore, boia.

tortóre (**2**) [variante dial. di *tortoio*; av. 1704] **s. m.** ● (*dial.*) Pezzo di legno con cui si torce la fune del basto per tenderla | Randello, clava.

tórtore (**3**) [lat. *tŭrture(m)*, di orig. onomat.; av. 1311] **s. m.** ● (*lett.*) Maschio della tortora.

tortoreggiaménto **s. m.** ● (*raro*) Il tortoreggiare (*spec. scherz.*).

tortoreggiàre [comp. di *tortora* e *-eggiare*; 1846] **v. intr.** (*io tortoréggio*; aus. *avere*) ● (*raro*) Imitare il verso della tortora | (*est., scherz.*) Parlare sottovoce scambiandosi tenerezze: *t. come due innamorati.* **SIN.** Tubare.

†tortóso [da *torto* (*1*) in senso fig. e neg.; 1294] **agg.** ● Ingiusto.

tortrice [dal lat. *tŏrtus*, part. pass. di *torquēre* 'torcere' per l'abitudine di 'attorcigliare' le foglie, sulle quali vivono; 1875] **s. f.** ● Correntemente, farfalletta crepuscolare e notturna le cui larve danneggiano fiori o foglie o frutti di alberi coltivati | ***T. della vite***, dannosissima per le larve che in primavera divorano foglie e fiori della vite (*Sparganotis pilleriana*).

tortuosità [vc. dotta, lat. tardo *tortuositāte(m)*, da *tortuōsus* 'tortuoso'; av. 1320] **s. f.** ● Caratteristica, condizione di chi (o di ciò che) è tortuoso (*anche fig.*): *verificare la t. di un percorso*; *la t. di un pensiero*; *la sua t. lo rende poco simpatico* | Curva, piega: *le molte t. del fiume.*

tortuóso [vc. dotta, lat. *tortuōsu(m)*, da *tŏrtus*, part. pass. di *torquēre* 'torcere'; 1340] **agg.** *1* Che presenta molte pieghe o curve: *via tortuosa* | Sinuoso, anfrattuoso: *un fiume dal corso t.* *2* (*fig.*) Poco chiaro, ambiguo, scarsamente leale: *ragionamento, comportamento t.*; *una persona tortuosa.* **CONTR.** Lineare. || **tortuosaménte**, **avv.** *1* Con tortuosità: *il viottolo procede tortuosamente.* *2* (*fig.*) Ambiguamente.

tortùra [vc. dotta, lat. tardo *tortūra(m)*, propr. 'attorcimento', da *torquēre* 'torcere'; av. 1306] **s. f.** *1* †Il torcere | †Punto in cui qlco. si piega | †Giro: *E già venuto all'ultima t. / s'era per noi* (DANTE *Purg.* XXV, 109-110) | (*fig.*) †Torto, ingiustizia. *2* Tormento corporale di varia specie che si infliggeva un tempo legalmente, e che talvolta illegalmente s'infligge ancor oggi, a un imputato o a un testimone, per ottenere la confessione di un delitto o qualche dichiarazione importante: *porre, mettere alla t.* *3* (*est.*) Atto brutale, crudele o qualsiasi forma di grave costrizione praticata su qlcu. per ottenere qlco. o solo per sevizia: *lo ridussero al silenzio con una continua t. morale.* *4* (*fig., enfat.*) Tormento, grosso fastidio: *sopportare quel bambino è una vera t.* **SIN.** Martirio.

torturàre [da *tortura*; 1598] **A** **v. tr.** *1* Mettere alla tortura. *2* (*fig.*) Tormentare, angariare: *lo tor-*

torturatore

turava con continue sevizie fisiche e morali | Affliggere, angustiare: *è torturato dalla sua impazienza* | *Torturarsi il cervello*, affaticarsi la mente, lambiccarsi. **B** v. rifl. ● Tormentarsi, crucciarsi.
torturatóre [1864] **s. m.** (f. *-trice*) anche agg. ● Chi (o Che) tortura (*anche fig. e iperb.*): *con questi discorsi sei diventato il mio t.!*
†**torvità** [vc. dotta, lat. tardo *torvitāte(m)*, da *tŏrvus* 'torvo'] **s. f.** ● Aspetto torvo. SIN. Cipiglio.
tòrvo [vc. dotta, lat. *tŏrvu(m)*, di etim. incerta; 1342] **agg.** ● Bieco, feroce e minaccioso: *occhio t.* || **torvaménte**, avv. In modo torvo: *guardare torvamente.*
tory /'tɔri, *ingl.* 'thɔːɹi/ [vc. ingl., originariamente epiteto di fuorilegge irlandesi del XVII e XVIII sec., dall'irlandese *tōraidhe* 'ladrone', propr. 'cacciatore'; 1718] **s. m. e f.** (pl. ingl. *tories*); anche agg. inv. **1** Chi (o Che) appartenne al partito politico inglese che, dalla fine del XVII all'inizio del XIX sec., voleva mantenere le prerogative reali, i privilegi della Chiesa anglicana e gli interessi fondiari. **2** Appartenente al partito conservatore inglese. CFR. Whig.
†**torzióne** ● V. *torsione.*
torzóne o **tozzóne** [accr. di *torso* nel sign. 3, secondo una variante (*torzo*) dial. merid.; av. 1742] **s. m.** ● (*raro*) Frate rozzo, non istruito | (*est.*) Persona grossolana, ignorante.
tòsa (1) [f. sost. del lat. *tōnsu(m)*, part. pass. di *tondĕre* 'v. tosa(re); 1353] **s. f.** ● (*sett.*) Fanciulla, ragazza. || **toṣétta**, dim.
tòṣa (2) [da *tosare*; 1957] **s. f.** ● (*raro*) Tosatura.
toṣacàni [comp. di *tosa*(re) e il pl. di *cane*; 1961] **s. m. e f. inv.** ● Chi tosa i cani (*scherz., spreg.*) Barbiere da strapazzo.
toṣaèrba [comp. di *tosa*(re) ed *erba*; 1973] **s. m. o f. inv.** ● Piccola macchina da giardinaggio montata su ruote, spec. a motore, a lame rotanti per falciare e pareggiare l'erba.
toṣaménto [1745] **s. m.** ● (*raro*) Tosatura.
toṣàre [lat. parl. *tōnsāre, iter. di *tondĕre*, tratto dal suo part. pass. *tōnsus*; av. 1294] **v. tr.** (*io tóso*) **1** Tagliare la lana alle pecore, il pelo ai cani, ai cavalli. **2** Potare, spuntare, pareggiare siepi, spalliere, piante ornamentali e sim. **3** (*est., scherz.*) Tagliare i capelli molto corti a qlcu. SIN. Rapare. **4** (*fig.*) Spogliare del denaro con forti tasse o prezzi eccessivi. SIN. Pelare. **5** (*raro, est.*) Pareggiare i fogli dei libri nel rilegarli.
toṣasièpi [comp. di *tosa*(re) e il pl. di *siepe*; 1965] **s. m. o f. inv.** ● Cesoie con lame larghe a taglio orizzontale usate per tagliare i rami delle siepi e pareggiarne la cima. SIN. Tagliasiepe.
toṣàto [sec. XIV] **part. pass.** di *tosare*; anche agg. ● Nei sign. del v.
toṣatóre [1598] **s. m.**; anche agg. (f. *-trice*, pop. disus. *-tora*) ● Chi (o Che) tosa.
toṣatrìce [1922] **s. f. 1** Macchinetta usata al posto delle forbici per tosare. **2** Macchinetta elettrica usata nei grandi allevamenti di pecore per eseguire la tosa. **3** Tosaerba.
toṣatùra [1598] **s. f. 1** Operazione del tosare. **2** (*scherz.*) Il tagliare i capelli molto corti: *prima dell'estate avete bisogno di una bella t.* **3** Tutto ciò che si leva tosando: *conservare la t.*
toscaneggiànte [1840] **A** part. pres. di *toscaneggiare*; anche agg. ● Nel sign. del v. **B** s. m. e f. ● Chi toscaneggia parlando o scrivendo: *i moderni toscaneggianti.*
toscaneggiàre [comp. di *toscan*(o) e *-eggiare*; av. 1729] **v. intr.** (*io toscanéggio; aus. avere*) ● Affettare il modo di parlare o di scrivere dell'uso toscano.
toscanèlla [da *toscano*, prob. perché originaria della Toscana; 1840] **s. f.** ● Larga bottiglia, capace quasi come il fiasco, dal collo più lungo del normale e un'ampia base cilindrica che ricorda il gotto.
toscanèllo [da *toscano*; 1965] **s. m. 1** Varietà coltivata di fagiolo piccolo e di colore bianco. **2** *Toscanello*®, marchio registrato del mezzo sigaro toscano. **3** Toscanella.
toscanerìa [da *toscano*; 1550] **s. f.** ● (*raro*) Tendenza ad abusare di toscanismi (*spec. pegg.*).
†**toscanéṣimo** ● V. *toscanismo.*
toscanèṣmo ● V. *toscanismo.*
toscànico ● V. *tuscanico.*
toscaniṣmo o †**toscanéṣimo**, †**toscanèṣmo** [av. 1729] **s. m. 1** (*raro*) Condizione di toscano. **2** Modo di parlare proprio dei toscani | Idiotismo

toscano.
toscanità (av. 1565] **s. f. 1** Condizione, caratteristica di chi (o di ciò che) è toscano: *la t. di un vocabolo.* **2** Uso proprio e regolato del parlare toscano: *la t. del Cinquecento.*
toscanizzàre [comp. di *toscan*(o) e *-izzare*; 1726] **A** v. tr. ● Dare forma toscana: *t. uno scritto* | Rendere toscano. **B** v. intr. (*aus. avere*) ● (*raro*) Toscaneggiare. **C** v. intr. pron. ● Diventare toscano o assumere forma toscana: *questa parola yi è toscanizzata.*
toscàno [lat. *tŭscānu(m)*, detto propr. di un prodotto etrusco, da *Tūscus* 'Etrusco, tosco'; sec. XII] **A agg. 1** Della Toscana, proprio della Toscana: *lingua toscana; scultura toscana.* **2** Che riguarda la lingua toscana: *il volgare t.; i dialetti toscani; dizionario t.* **3** (*arch.*) Dell'ordine tuscanico. **4** †Etrusco. || **toscanaménte**, avv. **1** Secondo il modo usato dai toscani, spec. nel parlare o nello scrivere. **2** Alla maniera toscana. **B s. m. 1** (f. *-a*) Abitante o nativo della Toscana. **2** Sigaro di tabacco forte, prodotto dal monopolio italiano, che si presenta spezzato a metà. **3** (*arch.*) Tuscanico. **C s. m. solo sing.** ● Ciascuno dei dialetti italiani dell'area toscana.
tòsco (1) o **tòsko** [adattamento del lat. *Tŭscu(m)* 'Etrusco', dal n. gr. degli Etruschi, *Tyrsēnói* 'Tirreni' (da *týrsis, týrris* 'roccaforte, torre'); av. 1294] **A agg.** (pl. m. *-schi*) ● (*lett.*) Toscano. **B s. m.** (f. *-a*) ● (*poet.*) Chi è nativo o abitante della Toscana: *l'ombra... del gran Tosco... / che gli antiqui vestigi di molti discopersi* (PARINI).
†**tòsco** (2) ● V. *tossico* (1).
tòsco (3) [albanese *tosk*ë; 1957] **A agg.** (pl. m. *-schi*) ● Degli albanesi meridionali | *Dialetti toschi*, quelli parlati in Albania nelle regioni a sud del fiume Shkumbi e in alcuni paesi dell'Italia centro-meridionale. CFR. Ghego. **B s. m.** (f. *-a*) ● Nativo delle regioni albanesi a sud del fiume Shkumbi.
tosco- o **tosco-** primo elemento ● In parole composte fa riferimento alla Toscana o ai suoi abitanti: *tosco-emiliano, tosco-romagnolo.*
†**toscóso** ● V. *tossicoso.*
tóṣo [lat. *tōnsu(m)* 'tosato', part. pass. di *tondĕre*, dall'uso, variamente spiegato, di tagliare i capelli ai ragazzi; 1367] **A** part. pass. di *tosare*; anche agg. ● (*lett.*) †Nei sign. del v. **B s. m.** (f. *-a* (V.)) **1** (*sett.*) Fanciullo, ragazzo. **2** †Persona tosata.
†**toṣolàre** [lat. tardo *tonsurāre*, da *tonsūra*; 1325 ca.] **v. tr.** ● Tosare.
toṣóne [fr. *toison*, dal lat. tardo *tonsiōne(m)* 'tosatura', da *tōnsus* 'tosato'; sec. XIV] **s. m.** ● Vello di pecora o d'ariete | *Toson d'oro*, ordine cavalleresco istituito in Borgogna nel XV sec. da Filippo il Buono per difendere la tranquillità dello Stato, passato poi alle case d'Austria e di Spagna.
◆**tòsse** o (*pop.*) †**tòssa** [lat. *tŭssi(m)*, di etim. incerta; 1292] **s. f.** ● Atto respiratorio caratterizzato da una profonda inspirazione cui segue un'espirazione violenta, sonora, per espellere il contenuto delle vie aeree | *T. asinina, canina, cattiva, cavallina, convulsiva, convulsa*, pertosse. || PROV. *Amore, tosse e fumo non si possono celare a nessuno.* || **tossàccia**, pegg. | **tosṣétta**, dim. | **tosṣettìna**, dim.
tossialimentàre [comp. di *tossi*(co) (1) e *alimentare*; 1961] **agg.** ● Detto di sostanza tossica che si origina da alimenti alterati | *Fattore t.*, tossina di origine alimentare.
tossicàre (1) [lat. *toxicāre*, dal lat. *tŏxicus* 'che ha la tosse (*tŭssis*)'; 1840] **v. intr.** (*io tóssico, tu tóssichi*; aus. *avere*) ● (*raro*) Tossicchiare.
†**tossicàre** (2) [lat. tardo *toxicāre*, da *tŏxicum* 'tossico (1)'] **v. tr.** ● Intossicare, avvelenare.
tossicària [da *tossico* (1) perché molto amara; 1840] **s. f.** ● (*bot.*) Graziola.
†**tossicatóre** [da *tossico* (1)] **s. m.** (f. *-trice*) ● Avvelenatore.
tossicchiàre [da *tossire* col suff. verb. iterativo-attenuativo *-icchiare*; 1860] **v. intr.** (*io tossìcchio*; aus. *avere*) ● Tossire leggermente e spesso | Cercare di attirare l'attenzione di qlcu. con una tosse simulata.
tossicità [1894] **s. f.** ● Condizione, caratteristica di ciò che è tossico.
◆**tòssico** (1) o (*poet.*) †**tòsco** (2) [vc. dotta, lat.

tŏxicu(m), dal gr. *toxikón* 'veleno'; av. 1294] **A agg.** (pl. m. *-ci*) ● Detto di sostanza che ha effetto nocivo su un organo o sull'organismo | *Dose tossica di un farmaco*, quella che può danneggiare chi la assume | (*est.*) Velenoso: *gas tossici.* **B s. m. 1** Sostanza tossica. **2** (*lett.*) Veleno micidiale e amarissimo (*anche fig.*): *un t. vegetale; addolciva d'Amor l'amaro tosco /... / l'innamorato giovane* (MARINO) | (*est., iperb.*) Cibo disgustoso.
tòssico (2) [accorc. di *tossicodipendente*; 1983] **s. m.** (f. *-a*; pl. m. *-ci*) ● (*gerg.*) Tossicodipendente.
tossicodipendènte [comp. di *tossico* (1) nel sign. B e *-dipendente*; 1978] **s. m. e f.**; anche **agg.** ● Chi (o Che) si trova in una condizione di tossicodipendenza.
tossicodipendènza [da *tossicodipendente*; 1979] **s. f.** ● Stato di dipendenza fisica o psichica in cui cade chi è solito assumere droghe naturali o sintetiche.
tossicòfilo [comp. di *tossico* (1) nel sign. B e *-filo*; 1979] **agg.**; anche **s. m.** (f. *-a*) ● (*med.*) Che (o Chi) manifesta una tendenza morbosa ad assumere sostanze tossiche, per lo più stupefacenti.
tossicofobìa [comp. di *tossico* (1) e *-fobia*] **s. f.** ● (*psicol.*) Paura morbosa dei veleni o di essere avvelenato.
tossicologìa [comp. di *tossico* (1) e *-logia*; 1789] **s. f.** ● Branca della farmacologia che studia la natura dei veleni, la loro azione e il modo di combatterli.
tossicològico [comp. di *tossico* (1) e *-logico*; 1879] **agg.** (pl. m. *-ci*) ● Concernente la tossicologia.
tossicòlogo [comp. di *tossico* (1) e *-logo*; 1879] **s. m.** (f. *-a*; pl. m. *-gi*) ● Specialista in tossicologia.
tossicolóṣo [vc. dotta, lat. tardo *tussiculōsu(m)*, da *tussícula*, dim. di *tŭssis* 'tosse'; 1858] **agg.**; anche **s. m.** (f. *-a*) ● (*raro*) Chi (o Chi) tossisce spesso.
tossicòmane [da *tossicomania*; 1920] **s. m. e f.**; anche **agg.** ● Chi (o Che) è affetto da tossicomania.
tossicomanìa [comp. di *tossico* (1) e *-mania*; 1942] **s. f.** ● (*med.*) Abitudine ad assumere in modo più o meno continuato droghe naturali o sintetiche.
tossicóne [1865] **s. m.** ● (*tosc.*) Tosse forte con catarro abbondante.
tossicòṣi [comp. di *tossico* (1) e *-osi*; 1915] **s. f. inv.** ● (*med.*) Complesso delle manifestazioni morbose che conseguono alla presenza nel sangue di sostanze tossiche.
†**tossicóṣo** o †**toscóṣo** [da *tossico* (1); 1582] **agg.** ● Tossico, velenoso: *ti sento proferir queste dolci parole: conchiudo più fermamente che di quel t. mele abbi lo stomaco ripieno* (BRUNO).
tossiemìa o **toxiemìa** [comp. di *tossi*(co) (1) ed *-emia*; 1937] **s. f.** ● (*med.*) Presenza nel sangue di sostanze tossiche di origine esogena o endogena | *T. renale*, causata dal cattivo funzionamento dei reni | *T. gravidica*, processo di autointossicazione, prob. di origine endocrina, che è alla base della eclampsia gravidica.
tossìfugo [comp. di *tosse* e *-fugo*; 1961] **A agg.** (pl. m. *-ghi*) ● Detto di sostanza o preparato medicinale che ha la proprietà di inibire la tosse. SIN. Bechico. **B** anche **s. m.**
tossiménto s. m. ● (*raro*) Il tossire.
tossìna [comp. da *toss*(ico) e *-ina*; 1894] **s. f.** ● Sostanza di origine batterica non per sé tossico per l'uomo, capace di comportarsi come antigene.
tossinfettìvo [comp. di *tossi*(co) (1) ed *infettivo*; 1961] **agg.** ● (*med.*) Relativo alla tossinfezione.
tossinfezióne [comp. di *tossi*(co) (1) ed *infezione*; 1941] **s. f.** ● (*med.*) Malattia infettiva causata da germi patogeni in grado di produrre una tossiemia che, rispetto al focolaio infettivo, è la maggiore responsabile dell'azione patogena: *la salmonellosi è una t.*
◆**tossìre** [lat. *tussīre*, da *tŭssis* 'tosse'; av. 1300] **v. intr.** (*io tossìsco* o raro *tòsso, tu tossìsci* o raro *tòssi*; aus. *avere*) ● Avere un attacco di tosse | Segnalare qlco. con un falso colpo di tosse: *tossì per avvertirci dell'errore.*
tossitóre s. m.; anche agg. (f. *-trice*) ● Chi (o Che) tossisce.
tossòide [vc. dotta, comp. di *toss*(in)a e *-oide*] **s. m.** ● (*med.*) Anatossina.
†**tòṣta** [da *tosto* (1);] **s. f.** ● Rapidità, velocità.
tostacaffè [comp. di *tosta*(re) e *caffè*; 1941] **s. m.**

● Apparecchio per tostare i chicchi di caffè.

†tostanézza [da †*tostano*] s. f. ● Prontezza, velocità.

†tostàno [da *tosto* (*1*); 1294] agg. *1* Presto, veloce: *troppo tostana è la venuta di messer Giovanni* (COMPAGNI). *2* Improvviso, subitaneo. || **†tostanaménte**, avv. Prestamente, subitamente.

†tostànza [da *tosto* (*1*)] s. f. ● Velocità, prestezza.

tostapàne [comp. di *tosta(re)* e *pane*; 1955] s. m. inv. ● Apparecchio elettrodomestico atto a tostare le fette di pane.

tostàre [lat. tardo *tostāre*, da *tŏstus* 'tosto', part. pass. di *torrēre* 'rendere secco', di orig. indeur.; 1598] v. tr. (*io tòsto*) *1* Cuocere fette di pane al forno o nel tostapane. *2* Abbrustolire, torrefare: *t. il caffè, le mandorle.*

tostàto [sec. XVIII] part. pass. di *tostare*; anche agg. ● Nei sign. del v.: *pane t.*; *caffè t.*; *seme di zucca t.*

tostatóre [1961] s. m. (f. *-trice*) ● (*raro*) Chi tosta | Torrefattore.

tostatùra [da *tostare*; av. 1698] s. f. ● Operazione di blanda torrefazione cui vengono sottoposte molte sostanze | ***T. del caffè, dei semi di cacao, delle nocciole***, per modificarne le proprietà organolettiche.

†tostevolménte avv. ● Speditamente, subito.

†tostézza [da *tosto* (*1*)] s. f. ● Prestezza, sollecitudine.

tostino [1879] s. m. ● (*fam.*) Macchina per tostare: *t. per caffè, per nocciole, per semi di cacao.*

tòsto (**1**) [lat. *tŏstu(m)*, propr. part. pass. di *torrēre* 'seccare', col senso di '(seccato) rapidamente'; av. 1250] **A** avv. ● (*lett.*) Presto, rapidamente, subito, senza porre tempo in mezzo: *ci andrò t.* | Con valore raff.: *Ben t., t. t.*: *lo sapremo ben t.* | V. anche *piuttosto*. **B** nelle loc. cong. ***t. che***, (*raro, lett.*) ***t. come***, (*lett.*) ***sì t. come***, subito che, appena che (introduce una prop. temp. con il v. all'indic., raro al congv.): *t. che dal piacere in atto è desto* (DANTE *Purg.* XVIII, 21); *Sì t. come il vento a noi li piega, / mossi la voce* (DANTE *Inf.* V, 79-80). **C** agg. ● (*lett.*) Presto, veloce | Subito, improvviso | Breve. || **†tostaménte**, avv. Rapidamente, prestamente; subitamente.

tòsto (**2**) [lat. *tŏstu(m)*, part. pass. di *torrēre* 'seccare', passato a indicare un '(uomo) duro, sfacciato, gagliardo'; 1592] agg. *1* (*lett., region.*) Duro, sodo | ***Stare t.***, star fermo, immobile, non cedere | ***Avere faccia tosta***, essere sfrontato, non scomporsi. *2* (*fam.*) Deciso, risoluto (con connotazione positiva): *è un tipo t.* | Spec. nel gergo giovanile, convincente, valido: *un film t., una canzone tosta.*

tòsto (**3**) [av. 1749] s. m. ● Adattamento di *toast* (V.): *preclaro / dottor di tosti e thè, di ponchi e birre* (PINDEMONTE).

tot /tɔt/ [avv. lat. dalla radice *t-* del dimostr. indeur.; 1918] **A** agg. indef. *1* (*al pl.*) Tanti, tante (indica un numero precisato ma che non occorre dire in modo determinato in quanto fisso o implicito o non necessario alla chiarezza del discorso): *compera tot capi per un valore di tot euro e si mette in proprio.* *2* (*al sing.*) Tale: *fissiamo per la consegna il mese tot e il giorno tot.* **B** pron. indef. ● Un tanto, una certa quantità: *guadagna tot e spende tot* | Tanto, tanti (nelle date, nelle ore): *oggi ne abbiamo tot, fra un mese esatto faremo il punto della situazione.* **C** anche s. m. inv.: *guadagna un tot al mese.*

tòta [per *(ma)tota*, f. dim.-vezz. di *mat*, propr. 'matto', con non rara applicazione affettuosa a 'ragazzo'; 1817] s. f. ● (*sett.*) Ragazza, fanciulla.

♦totàle [vc. dotta, lat. tardo *totāle(m)*, da *tōtu(m)* 'tutto'; 1476] **A** agg. ● Pieno, intero, completo: *rovina t.*; *con t. abbandono*; *eclissi t.* CONTR. Parziale. CFR. olo- | ***Un silenzio t.***, assoluto | ***Spesa t.***, comprensiva di tutto | (*med.*) ***Anestesia totale***, che interessa tutte le attività cerebrali, a eccezione di quelle strettamente vitali, con soppressione della coscienza; CONTR. Locale. || **totalménte**, avv. Interamente, completamente, in tutto e per tutto: *mi sembra un individuo totalmente incapace*; assolutamente: *è un caso totalmente singolare.* **B** s. m. ● Risultato di un'addizione: *il t. risulta sbagliato.* SIN. Somma. **C** s. f. ● (*med.*) Anestesia totale.

totalità [da *totale*; 1550] s. f. *1* L'interezza di qlco.: *il pubblico nella sua t. ha gradito lo spettacolo* | ***Nella sua t.***, in tutto il suo essere. CONTR. Parzialità. *2* Tutto l'insieme, la quantità totale delle cose o delle persone che vengono considerate: *la t. degli iscritti parteciperà all'assemblea.*

totalitàrio [da *totale* con la seconda parte di (*autor*)*itario*; 1924] agg. *1* (*raro*) Che riguarda la totalità o proviene dalla totalità: *approvazione totalitaria.* *2* Ispirato al totalitarismo: *regime t.*; *Stato t.* || **totalitariaménte**, avv.

totalitarìsmo [comp. di *totalitar(io)* e *-ismo*; 1950] s. m. ● Regime politico che ammette un solo partito informatore e guida dell'azione statale, e nel quale il potere governativo disciplina direttamente tutti i rapporti sociali in base ad un'unica ideologia | Teoria che propugna tale tipo di regime.

totalitarìstico [1950] agg. (pl. m. *-ci*) ● Concernente il totalitarismo.

totalizzànte [fr. *totalisant*, part. pres. di *totaliser* 'fare la somma, totalizzare', poi anche 'riunire totalmente'; 1977] agg. ● Che investe, coinvolge tutto: *il suo impegno politico è stata un'esperienza t.*

totalizzàre [da *totale*, sull'es. del fr. *totaliser*; 1858] v. tr. ● Calcolare in totale, tutti insieme | Conseguire un certo totale.

totalizzatóre [da *totalizzare*, sull'es. del fr. *totalisateur*; 1891] s. m. *1* Gioco di scommesse in uso negli ippodromi e nei cinodromi, che consiste nel raccogliere tutte le puntate e, sottratta una parte per tasse e trattenute varie, ridistribuirle a coloro che hanno indicato il cavallo o il cane vincitore o piazzato | (*est.*) Banco che riceve le scommesse. *2* Organo base delle macchine da calcolo costituito normalmente da una serie di ruote dentate e destinato all'accumulo positivo o negativo degli operandi e quindi, in particolare, alla formazione dei totali di somme e sottrazioni, dei prodotti nelle moltiplicazioni e al trattamento del dividendo nelle divisioni.

totalizzazióne [da *totalizzare*, sull'es. del fr. *totalisation*; 1940] s. f. ● (*raro*) Operazione del totalizzare | Il totale calcolato.

totalrifrattòmetro [comp. di *total(e)* e *rifrattometro*; 1961] s. m. ● (*fis.*) Strumento impiegato per misurare indici di rifrazione, basato sul fenomeno della riflessione totale.

totanàra [da *totano* (*1*), il cefalopode di principale cattura; 1935] s. f. ● Attrezzo fatto a fuso per catturare calamari e totani, lungo 10 cm e con una corona di uncini all'estremità.

tòtano (**1**) o **tòdaro** [gr. *touthís*, d'orig. sconosciuta; av. 1604] s. m. ● (*zool.*) Mollusco cefalopode marino, commestibile, simile al calamaro, ma che può raggiungere anche un metro di lunghezza (*Ommatostrephes sagittatus*).

tòtano (**2**) [da *totano*, n. d'un uccello, d'orig. sconosciuta; 1957] s. m. ● (*zool.*) Pettegola.

tòtem [ingl. *totem*, da una vc. algonchina *ote(m)* 'segno' e 'famiglia, tribù' con la *t-* di un precedente pron. poss.: 'il tuo segno'; 1890] s. m. inv. ● Oggetto materiale, corpo celeste, animale o pianta che, nelle credenze di molte tribù primitive, ha dato origine al gruppo, con la conseguenza di un rapporto di discendenza e parentela, che determina obblighi del gruppo, talvolta di carattere religioso.

totèmico [ingl. *totemic*, da *totem* con desinenza agg.; 1931] agg. (pl. m. *-ci*) ● Che si riferisce al totem e al totemismo | ***Gruppo t., parentela totemica***, fondati sulla comunanza del totem.

totemìsmo [ingl. *totemism*, da *totem* con suff. di credenza; 1905] s. m. *1* Sistema di discendenze e di parentele fondato, presso alcune tribù e gruppi primitivi, sul totem | Complesso delle norme sociali, e talvolta religiose, derivanti da tale sistema. *2* Correntemente, presunta religione primitiva fondata sul culto del totem.

Totip® [dalle iniziali del *tot(alizzatore) ip(pico)*; 1950] s. m. solo sing. ● Concorso settimanale a premi basato sul pronostico di corse ippiche e consistente nell'indicare, su un'apposita schedina, la vittoria di un cavallo del gruppo 1, del gruppo X o del gruppo 2, lo stesso per il secondo arrivato.

totipotènte [vc. dotta, comp. della prima parte del lat. *tō(tus)* 'tutto' e *potente*; 1961] agg. ● (*biol.*) Detto di cellula embrionale potenzialmente capace di originare tutti i tessuti dell'organismo adulto.

†tòto [vc. dotta, lat. *tōtu(m)*, di etim. incerta; sec. XIV] agg. indef. ● (*poet.*) Tutto: *la prima cagion non veggion tota!* (DANTE *Par.* XX, 132).

totò [vc. infant. a reduplicazione sillabica; 1957] vc. ● Solo nella loc. ***fare t.***, picchiare, dare le busse (nel linguaggio infantile): *la mamma ti farà t. se non stai buono*; *chi ti ha fatto t.?* | (*pop., dial.*) Anche nella loc. ***fare le t.***

toto, in ● V. *in toto.*

tòto- [da *tot(alizzatore)*, sul modello di *totocalcio*] primo elemento ● In parole composte per lo più scherzose o di libera invenzione giornalistica, fa riferimento a previsioni di un evento futuro (quali per es. *totoministri*, relativamente alla possibilità o probabilità di essere nominato ministro in un governo in formazione, o *totoelezioni*, relativamente alla graduatoria dei voti riportati dalle liste dei vari partiti in una consultazione elettorale).

totocàlcio [da *tot(alizzatore di) calcio*; 1938] s. m. ● Concorso pubblico settimanale a premi che consiste nell'indovinare i risultati delle più importanti partite di calcio che si svolgono alla domenica, segnando su un'apposita schedina 1 per la vittoria della squadra ospitante, X per il pareggio, 2 per la vittoria della squadra ospite: *giocare, vincere, al t.*

tòto còrde [loc. lat., propr. 'con tutto (*tōto*, abl. di *tōtus*, di etim. incerta) il cuore (*cŏrde*, abl. di *cŏr*, genit. *cŏrdis*, di orig. indeur.)'; 1908] loc. avv. ● Con tutto il cuore, pienamente: *vi do la mia approvazione toto corde.*

Totogòl [comp. di *toto-* e *gol*; 1994] s. m. inv. ● Concorso pubblico settimanale a premi che consiste nell'indovinare, fra trenta partite di calcio elencate in una schedina, gli otto, i sette o i sei incontri che si sono conclusi con il maggior numero di reti.

totonéro [comp. di *toto(calcio)* e *nero*; 1982] s. m. ● Gioco di scommesse clandestine sui risultati delle partite del campionato di calcio: *i proventi illegali del t.* SIN. Calcioscommesse. CFR. Totoscommesse.

totoscommèssa [da *toto* per *totalizzatore* e il pl. di *scommessa*; 1992] s. f. ● (*spec. al pl.*) Scommessa sui risultati delle partite del campionato di calcio o di altre gare sportive. CFR. Totonero.

tottavilla [vc. di orig. onomat., dal verso dell'animale; 1937] s. f. ● Uccello passeriforme simile all'allodola, con ciuffetto al sommo del capo e con voce più melodiosa (*Lullula arborea*).

touch-down /taʧ'daun, *ingl.* 'tʌʧ,daon/ [vc. ingl., propr. 'meta' (nel rugby), comp. di *touch* 'tocco' e *down* 'giù'; 1987] s. m. inv. ● (*sport*) Nel football americano, marcatura che si ottiene quando il pallone viene portato o intercettato nella parte di campo situata dietro ai pali avversari | L'area nella quale è possibile ottenere tale marcatura: *entrare in touch-down.*

touche /*fr.* tuʃ/ [vc. fr., propr. 'tocco (2)', da *toucher* 'toccare'; 1955] s. f. inv. ● Nel rugby, l'azione con cui si riprende il gioco dopo che il pallone è uscito dalla linea laterale | ***Calciare in t., salvarsi in t.***, mandare il pallone oltre la linea laterale.

touché /*fr.* tu'ʃe/ [vc. fr., propr. 'toccato'; 1989] escl. ● Nella scherma, si dice quando si riconosce di essere stati colpiti dall'avversario | (*fig.*) Si dice quando si riconosce giusta e pertinente una critica o un'osservazione altrui.

touchpad /'taʧped, *ingl.* 'tʌʧ,pæd/ [vc. ingl., comp. di *to touch* 'toccare' e *pad* 'cuscinetto'; 1996] s. m. inv. ● (*elab.*) Nei computer, spec. portatili, tavoletta sensibile allo sfioramento grazie alla quale l'utente con un tocco delle dita può spostare il cursore sullo schermo e selezionarne gli elementi. SIN. Trackpad.

toufu /*cin.* ˋ,thəʊ,fu/ ● V. *tofu.*

toupet /*fr.* tu'pɛ/ [vc. fr., dim. dell'ant. fr. *top*, dal francone *top* 'cima, ciuffo', di area germ.; av. 1744] s. m. inv. *1* Ciuffo di capelli posticci, usato per acconciature. SIN. Posticcio. *2* (*fig.*) Sfrontatezza.

toupie /*fr.* tu'pi/ [vc. fr., propr. 'trottola', dall'ingl. *top* 'trottola', a sua volta dal francone **top* 'punta' (perché la trottola gira sulla punta); 1900] s. f. inv. ● Macchina utensile per la lavorazione del legno, che esegue sagome, scanalature, incastri e sim.

tour /*fr.* tuːʀ/ [vc. fr., propr. 'giro', dal primitivo senso di 'tornio'; 1813] s. m. inv. *1* Giro turistico, spec. organizzato: *fare un t. in Provenza.* *2* (*sport, per anton.*) Giro ciclistico di Francia.

tourbillon /*fr.* tuʀbi'jõ/ [vc. fr., propr. 'turbine',

dal lat. parl. **turbĭculu(m)*, allargamento di *tŭrbo*, genit. *tŭrbinis* 'turbine'; 1955] **s. m. inv.** *1* Nel calcio, rapidi spostamenti degli attaccanti, per creare confusione nella difesa avversaria. *2* (*fig., est.*) Rapido susseguirsi di idee, eventi, fenomeni e sim.: *lasciarsi prendere dal t. degli affari.*

tour conductor /turkon'daktor, *ingl.* 'tʰʊəɹ kən'dʌktəɹ/ [loc. ingl., comp. di *tour* 'giro, viaggio' (V. *tour*) e *conductor* 'guida' (V. *conduttore*); 1965] **s. m. e f. inv.** (**pl.** ingl. *tour conductors*) ● Tour leader.

tour de force /turde'fɔrs, *fr.* ˌturdə'fɔʀsə/ [loc. fr., propr. 'giro (*tour* 'movimento circolare', dal primitivo senso di 'tornio') di (*de*) forza (*force*, della medesima orig. del corrisp. it.)'; 1875] **loc. sost. m. inv.** (**pl.** fr. *tours de force*) *1* (*sport*) Serie di prove che richiedono prestazioni superiori al rendimento abituale di una squadra o di un atleta. *2* (*est.*) Sforzo intenso e fuori della norma: *per superare l'esame si è sottoposto a un autentico tour de force.*

tour leader /tur'lider, *ingl.* 'tʰʊəɹ 'liːdəɹ/ [loc. ingl., comp. di *tour* 'giro, viaggio' (V. *tour*) e *leader* 'guida' (V. *leader*); 1975] **s. m. e f. inv.** (**pl.** ingl. *tour leaders*) ● Chi svolge funzioni di guida, assistenza e coordinamento di un gruppo di turisti per conto di una compagnia o agenzia di viaggi. **SIN.** Accompagnatore turistico.

tournedos /*fr.* turnə'do/ [vc. fr., propr. 'giradorso' (da *tourner* 'girare', dal lat. *tornāre*, propr. 'girare al tornio', e *dos* 'dorso'), di incerta allusione; 1905] **s. m. inv.** (**pl.** fr. **inv.**) ● Fetta di filetto di bue, spessa e rotonda.

tournée /*fr.* tur'ne/ [vc. fr., propr. 'girata', f. sost. del part. pass. (*tourné*) del v. *tourner* 'girare', secondo il senso etim. del lat. *tornāre* 'lavorare al tornio (*tŏrnus*)'; 1905] **s. f. inv.** ● Serie di partite, di gare o spettacoli, compiuta da una squadra, da un atleta, da una compagnia teatrale, da un cantante e sim., in diverse località secondo un itinerario e un programma fissati.

tourniquet /*fr.* turni'kɛ/ [vc. fr., da *tourner* 'girare' con doppio affisso dim. (il suff. *-et* e l'infisso *-iq-*); 1813] **s. m. inv.** *1* Strettissima curva di strada, in montagna. **SIN.** Tornante. *2* Tornello. *3* Laccio emostatico.

tournure /*fr.* tur'nyːr/ [vc. fr., da *tourner* 'girare' (stessa etim. dell'it. *tornare*); 1832] **s. f. inv.** ● Costruzione sintattica tipica di una lingua.

tour operator /*ingl.* 'tʰʊəɹ 'ɒpəˌɹeɪtəɹ/ [loc. ingl., comp. di *tour* 'giro, viaggio' (V. *tour*) e *operator* 'operatore'; 1981] **s. m. e f. inv.** (**pl.** ingl. *tour operators*) ● Chi organizza viaggi per turisti, stabilisce itinerari, prenota alberghi e mezzi di trasporto, stipulando anche contratti con agenzie di altri Paesi per incrementare il turismo nel proprio. **SIN.** Operatore turistico.

tout court /*fr.* tu'kuːr/ [loc. fr., propr. 'tutto (*tout*, della stessa orig. del corrisp. it.) corto (*court*, come in it., dal lat. *cŭrtus*)'; 1793] **loc. avv.** ● Brevemente, a farla breve | Senza molti chiarimenti o precisazioni: *ha risposto tout court di essere d'accordo; è stato definito tout court un incompetente.*

tovàglia [ant. provz. *toalha*, dal francone *thwahlja* 'fazzoletto'; 1182] **s. f.** *1* Drappo solitamente bianco, talora ricamato, che si stende sulla tavola per apparecchiare la mensa | ***Stendere la t.***, apparecchiare | ***Levare la t.***, sparecchiare. *2* Nella liturgia cattolica, il panno di color bianco che si distende sopra l'altare, per celebrarvi la messa, sovrapposto ad altri due panni dello stesso colore | ***T. di comunione***, quadrato di stoffa che, nella liturgia cattolica, si distendeva dinanzi al comunicante. || **tovagliétta**, **dim.** | **tovaglìna**, **dim.**

tovagliàto [da *tovaglia*; 1961] **s. m.** ● Assortimento, insieme di tovaglie e tovaglioli per la tavola | Tipo di tessuto adatto per la confezione di tovagliati.

tovagliòlo o (*lett.*) **tovagliuòlo** [da *tovaglia*; av. 1424] **s. m.** ● Piccolo drappo quadro, tessuto come la tovaglia, che si adopera a tavola per pulirsi la bocca e le mani e per non macchiarsi l'abito | ***Spiegare il t.***, mettersi a tavola per mangiare. **SIN.** Salvietta. || **tovagliolino**, **dim.**

tower /'tawer, *ingl.* tʰaʊəɹ/ [vc. ingl., propr. 'torre', dal fr. ant. *tor* 'torre'; 1992] **s. f. inv.** ● (*elab.*) Contenitore a sviluppo verticale per l'unità centrale di un personal computer.

toxiemìa ● V. *tossiemia.*

toxoplàsma [comp. del gr. *tóxon* 'arco' (prob. d'orig. indeur.) e *plásma* 'formazione' (V. *plasma*), con passaggio semantico non chiaro; 1932] **s. m.** (**pl.** *-i*) ● Genere di protozoi parassita di molti Mammiferi, Uccelli, Rettili.

toxoplasmòsi [da *toxoplasma*; 1949] **s. f. inv.** ● Malattia parassitaria provocata da toxoplasmi che all'uomo possono essere trasmessi da animali domestici.

tozzétto [dim. di *tozzo* (*2*) nel senso di 'pezzo mal tagliato'] **s. m.** ● (*edil.*) Piastrella di piccole dimensioni utilizzata in combinazione con altre di dimensioni maggiori e forma diversa.

tòzzo (**1**) [etim. incerta; 1758] **A agg.** ● Di cosa o persona eccessivamente grossa rispetto all'altezza: *una ragazza piccola e tozza* | ***Edificio t.***, che manca di snellezza, di sviluppo in altezza. **SIN.** Massiccio, pesante. **B s. m.** (**f.** *-a*); anche **agg.** ● (*gerg., region.*) Paninaro. || **tozzòtto**, **accr.**

tòzzo (**2**) [etim. discussa: da *tozzare* 'rompere a pezzi', di orig. imit. (?); av. 1484] **s. m.** ● Pezzo spec. di pane indurito | ***Guadagnare un t. di pane***, appena di che vivere | ***Per un t. di pane***, per un prezzo bassissimo. || **tozzétto**, **dim.**

†**tozzolàre** [ampliamento con l'infisso *-ol-* di *tozzare*, d'orig. imit.] **v. intr.** ● Mendicare tozzi di pane.

tozzóne ● V. *torzone.*

♦**tra** /tra*/ o (*lett.*) †**intra** [lat. *ĭntra* con valore di 'all'interno', da un agg. *ĭnterus* 'interno', comp. di *in-* 'dentro' col suff. compar. *-tero*; 1211] **prep.** propria semplice. (Fondendosi con gli **art. det.** dà origine alle **prep. art.** poet. e lett. **m. sing.** *tral, trallo*; **m. pl.** *tragli*, †*tralli, trai* (tosc. *tra'*); **f. sing.** *tralla*; **f. pl.** *tralle*. Ha gli stessi usi e sign. di *fra* ma si preferisce l'una o l'altra forma soprattutto per evitare la cacofonia derivante spec. dall'incontro di gruppi di consonanti). **I** Stabilisce diverse relazioni dando luogo a molti complementi. *1* Compl. di stato in luogo (con il sign. di 'in mezzo a', indica la posizione intermedia tra due persone, oggetti, situazioni, limiti o punti estremi o contrapposti nello spazio): *tra casa e casa c'è un po' di spazio; la strada corre tra due file di alberi; un grande centro industriale è sorto tra le due città; è scomparso tra la folla; ha rovistato tra quei vecchi appunti; tengo la tua fotografia tra i ricordi di famiglia* | ***Mettere il bastone tra le ruote***, (*fig.*) intralciare | ***Tra i piedi***, (*fig.*) vicino, accanto, in modo fastidioso o petulante: *mi sta sempre tra i piedi* | ***Trovarsi tra l'incudine e il martello***, (*fig.*) essere preso da due persone o situazioni ugualmente pressanti, fastidiose, spiacevoli e sim. | ***Trovarsi tra due fuochi***, (*fig.*) essere esposto a due avversari, difficoltà, minacce e sim., ugualmente pericolosi | ***Dormire tra due guanciali***, (*fig.*) essere al sicuro da ogni pericolo e lontano da ogni preoccupazione | ***Essere tra la vita e la morte***, essere moribondo. *2* Compl. di moto attrav. luogo: *un raggio di luce filtra tra le imposte socchiuse; l'ho visto scomparire tra gli alberi; è passato tra sofferenze e sventure indicibili* | (*lett.*) Preceduto dalla prep. *di* indica anche provenienza: *il sole fece capolino di tra le nuvole; sbucò fuori di tra i cespugli.* *3* Compl. di moto da luogo: *tra Roma e Firenze ci sono alcune ore di treno; tra casa mia e casa sua ci sono cinque minuti di strada.* *4* Compl. di distanza: *tra duecento metri c'è casa mia; tra venti kilometri ci deve essere un'area di servizio.* *5* Compl. di tempo (indica il limite di tempo entro il quale si svolgerà un'azione, oppure l'intervallo di tempo che può intercorrere per portare a compimento un'azione): *torno tra poco; vengo tra due giorni; ti scriverò tra una settimana; sarò da te tra le sette e le otto; tra oggi e domani si deve decidere tutto* | Durante, entro: *verrò tra i prossimi quindici giorni; udii tra il sonno le ciaramelle* (PASCOLI). *6* Compl. di relazione (indica contrasto, solidarietà, reciprocità e sim.): *auspichiamo la pace tra tutti i popoli; sono amicissimi tra loro; tra parenti si può dire liberamente; si assomigliano tra loro* | ***Sia detto tra noi***, in confidenza | ***Pensare tra sé e sé***, nel proprio intimo | ***Dire tra sé e sé***, pensare, ragionare con sé stesso | Indica l'esitazione, la scelta e sim.: *sono incerto tra il sì e il no; pareva incerto tra il riso e il pianto; non so scegliere tra l'uno e l'altro; è un colore tra il verde e il giallo; tra le due cose c'è poca differenza* | Presso, nell'opinione di: *tra gli esperti si è sempre più convinti di ciò; tra gli investigatori si è rafforzata l'opinione della sua piena responsabilità.* *7* Compl. di compagnia: *si mescolò tra la folla; pure tra tanta gente mi sentivo sperduto; sta sempre tra i suoi amici; è arrivato tra i primi; tra i presenti c'erano alcune personalità.* *8* Compl. partitivo: *sei il migliore tra i miei amici; è solo uno tra i tanti a pensarla così; alcuni tra i presenti reclamarono; chi tra voi avrebbe tanto coraggio?* *9* Compl. di causa: *tra tanto lavoro non trovo mai tempo per uscire; tra la casa e i bambini non ho mai un attimo di sosta; tra una chiacchiera e l'altra ci si è fatto tardi; tra una cosa e l'altra sono sempre occupato* | Con valore correl.: *tra la sua indecisione, tra la mancanza di tempo, non si è combinato ancora nulla* | (*pop.*) ***Tra per, tra per***: *tra per il lavoro, tra per i miei malanni sono sempre in casa.* *10* Compl. di modo o maniera: *sorrise tra le lacrime; trascorre le sue giornate tra la lettura e il lavoro; borbottò qualcosa di incomprensibile tra i denti.* **II** Ricorre con diverso valore e funzione in alcune espressioni. *1* Con valore determinativo indica complesso, globalità e sim.: *tra tutti siamo diecimila iscritti; tra tutti non saranno più di cinquanta.* *2* Con valore indet. indica approssimazione: *avrà tra i dieci e i quindici anni; ci vorranno tra le due e le tre ore per terminare il lavoro.* *3* Ricorre nella formazione di alcune loc. avv., spec. con valore temporale: *tra poco; tra breve; tra non molto* | ***Tra l'altro***, inoltre: *tra l'altro non sapremmo neppure a chi affidare il lavoro* | ***Tra tutto***, complessivamente: *tra tutto sono trenta euro* (V. nota d'uso ACCENTO).

tra- [lat. *trāns-* 'attraverso', di orig. indeur.] **pref.** ● Forma numerose parole di derivazione latina o di formazione italiana, che significano movimento, passaggio al di là di qlco. da un punto ad un altro (*anche fig.*) (*tradurre, tramandare, trascrivere*), attraversamento (*trafiggere, traforare*), 'in mezzo', 'tra altre cose', con influsso del lat. *ĭntra* 'tra' (*trascegliere*), 'oltre un limite', con influsso del lat. *ŭltra* 'oltre' (*tracotante*) | In alcuni casi ha valore attenuativo: *tramortire, trasognare.*

trabàcca [etim. discussa: dal lat. *trăbe(m)* 'trave' con sovrapposizione d'altra vc. (?); 1336 ca.] **s. f.** ● (*lett.*) Tenda, baracca, casotto posticcio. || **trabacchétta**, **dim.**

†**trabàcco** **s. m.** ● Trabacca.

trabàccolo [da *trabacco* con suff. dim.; 1805] **s. m.** ● (*mar.*) Nave a vela da trasporto e pesca, tipica del mar Adriatico, con prua e poppa rigonfie, attrezzato con due alberi e vele al terzo, bompresso e polaccone.

†**trabaldàre** o †**tribaldàre** [da *baldo* con pref. intens.; av. 1348] **v. tr.** ● Trafugare.

†**trabalderìa** [da †*trabaldare*; 1355] **s. f.** ● Ruberia, truffa.

traballaménto [1916] **s. m.** ● Atto, effetto del traballare.

traballànte [1840] **part. pres.** di *traballare*; anche **agg.** ● Nei sign. del v.: *una passerella t.; governo t.*

traballàre [comp. di *tra-* e *ballare*; 1481] **v. intr.** (aus. *avere*) *1* Non riuscire a reggersi bene, barcollare, vacillare (*anche fig.*): *l'ubriaco traballava a ogni passo; l'ultima speranza traballa* | Non poggiare bene a terra, tentennare, oscillare: *il tavolino traballa* | (*raro*) Tremare: *durante il terremoto la terra cominciò a t.* | (*fig.*) Essere in pericolo, stare per cadere: *il ministero traballa* | (*fig.*) Vacillare: *le sue speranze cominciarono a t.* *2* †Ballare di continuo.

traballìo [da *traballare*; av. 1704] **s. m.** ● Un continuo traballamento | (*raro*) Movimento di cose traballanti.

traballóne [av. 1850] **s. m.** ● (*raro*) Movimento di chi traballa molto forte perché sta per cadere | ***Dare il t.***, cadere e (*fig.*) fallire, andare in rovina.

†**trabaltàre** [da *ribaltare* con sostituzione di pref.; av. 1802] **v. intr.** ● Ribaltarsi.

trabalzàre [comp. di *tra-* e *balzare*; sec. XIV] **A v. tr.** ● (*raro*) Mandare, sbalzare da un luogo all'altro. **B v. intr.** (aus. *essere* e *avere*) ● (*raro*) Balzare qua e là.

trabàlzo [av. 1540] **s. m.** *1* (*raro*) Il trabalzare. *2* †Usura, guadagno illecito. || **trabalzóne**, **accr.** (V.).

trabalzóne [1891] **s. m.** ● Accr. di *trabalzo* nel sign. 1 | Forte scossa, spostamento.

trabànte [ted. *Trabant* 'combattente a piedi', dal ceco *drabant* 'soldato di fanteria', di orig. incerta, ma non indigena; 1840] **s. m.** *1* (*st.*) Soldato tedesco addetto alla guardia imperiale | (*est.*) Scherano, sgherro. *2* Domestico privato in servizio presso gli ufficiali del vecchio esercito piemontese. *3* (*est.*, *lett.*) Attendente: *nella stalla di don Gesualdo dei trabanti governavano i cavalli* (VERGA).

†trabàsso [comp. di *tra-* e *basso*] **avv.** ● (*raro*) Più che in basso.

trabattèllo [milan. *trabattèll*, d'orig. incerta: forse dal lat. *trăbe(m)* 'trave' (?); 1957] **s. m.** ● Specie di leggera impalcatura mobile costituita da tubi metallici e piani prevalentemente di legno, usata soprattutto per piccoli lavori di edilizia, pulizia, restauro di interni.

†trabàttere [comp. di *tra-* e *battere*] **v. intr.** ● Sbattere, percuotere insieme due cose.

trabàtto [da *trabattere*; 1957] **s. m.** ● Apparecchio formato di setacci piani oscillanti per separare semi di diverse dimensioni.

†tràbe ● V. *trave*.

tràbea [vc. dotta, lat. *trăbea(m)*, di etim. incerta; av. 1342] **s. f.** ● Toga candida con strisce di porpora, di cui si vestivano i consoli, il flamine marziale e i patrizi dell'antica Roma nelle grandi solennità.

trabeàta [vc. dotta, lat. (*fabula*) *trabeāta*, dall'agg. *trabeātu(m)*, da *trăbea*; 1499] **A s. f.** ● Nell'antica Roma augustea, genere di commedia in cui agivano personaggi del ceto equestre. **B** anche **agg.** solo **f.**: *commedia t.*

trabeazióne [da *trabeata*, con passaggio di settore d'applicazione; av. 1502] **s. f.** ● Struttura orizzontale, caratteristica di vari ordini architettonici, sostenuta da colonne, che si compone dell'architrave, del fregio e della cornice. ➡ **ILL.** p. 2116, 2117 ARCHITETTURA.

trabècola [adattamento del lat. *trabēcula(m)* 'piccola (*-ula(m)*) trave (*trăbe(m)*)'] **s. f.** *1* (*anat.*) Fibra o banda di tessuto connettivo e talvolta di muscolatura liscia, che dalla capsula di un organo si spinge verso la porzione interna dello stesso: *t. dei corpi cavernosi*. *2* (*anat.*) Rilievo colonnare di natura muscolare sporgente nel lume di un organo | ***T. carnea***, rilievo miocardico sporgenti nel lume ventricolare. *3* (*anat.*, *zool.*) Processo cartilagineo pari che, nel cranio embrionale dei Vertebrati, si porta dalla regione dell'orecchio a quella nasale.

trabecolàre [da *trabecola*] **agg.** ● (*anat.*) Che riguarda una o più trabecole.

†trabène [comp. di *tra-* e *bene*] **avv.** ● (*raro*) Molto bene.

†trabère [comp. di *tra-* e *bere* (*1*)] **v. intr.** ● Bere smodatamente.

trabiccolo [lat. *trabĭculu(m)* per *trabĭcula(m)*, variante di *trabēcula(m)* 'piccola trave'; av. 1673] **s. m.** *1* (*disus.*) Piccola incastellatura di stecche di legno curvate ad arco, in cui si pone uno scaldino per riscaldare il letto. *2* (*scherz.*) Veicolo vecchio e mal sicuro o mobile mal fatto e traballante | (*spreg.*) Aggeggio complicato. || **trabiccolétto**, **dim.** | **trabiccolino**, **dim.**

traboccaménto [da *traboccare* (*1*); sec. XIV] **s. m.** *1* (*raro*) Il traboccare | (*fig.*) †Eccesso. *2* †Rovina.

traboccànte **part. pres.** di *traboccare* (*1*); anche **agg.** ● Nei sign. del v.: *un vaso t.*; *cuore t. d'ira, di gioia*.

traboccàre (**1**) [comp. di *tra-* e un deriv. di *bocca*; sec. XIII] **A v. intr.** (*io trabócco, tu trabócchi*; aus. *essere* se il sogg. è il liquido o il materiale contenuto; *avere* se il sogg. è il recipiente o il contenente) *1* Versarsi, detto di liquido che esce dalla bocca di un recipiente troppo pieno: *l'acqua trabocca dalla caldaia* | (*fig.*) ***Il dolore trabocca***, non può più essere contenuto, ha bisogno di sfogo | Far uscire, versare il contenuto sovrabbondante, detto di recipiente (*anche fig.*): *il tino trabocca*; *l'animo trabocca di felicità* | ***La goccia che fa t. il vaso***, (*fig.*) il fatto, anche di scarso rilievo, che fa prorompere un dolore, un'ira, un rancore, lungamente represso e lentamente accumulato | (*raro*) ***Far t. la bilancia***, farla pendere da un lato; (*fig.*) determinare una decisione intervenendo energicamente in una situazione non risolta. *2* (*raro*) Straripare provocando un'inondazione, detto di fiume o lago in piena: *l'acqua che lo stagno riceve dai circostanti fiumi, non trovando più esito … o rompe … o trabocca* (LEONARDO). *3* (*raro*) Cadere con violenza, precipitare. *4* (*raro*) Capovolgersi, detto della nave. **B v. tr.** *1* (*raro*) Riversare, spandere fuori, fuoriuscire. *2* †Saggiare il peso delle monete con il trabocco. *3* †Gettare a terra | †Far precipitare.

†traboccàre (**2**) [ant. provz. *trabucar*, comp. del pref. *tra-* e di un deriv. dal franc. *būk* 'busto, tronco', cioè originariamente 'volgersi sul busto, capovolgersi'] **v. tr.** ● Abbattere città, mura, castelli nemici con la macchina da assedio chiamata trabocco.

traboccàto **part. pass.** di *traboccare* (*1*); anche **agg.** *1* Nei sign. del v. *2* †Eccessivo, strabocchevole.

†trabocchèllo [1832] **s. m.** ● Trabocchetto.

trabocchétto [ant. provz. *trabuquet*, dim. di *trabuc* 'trabucco (1)'; 1566] **A s. m.** *1* Congegno, preparato e dissimulato in un pavimento, consistente in una tavola posta in bilico o un pianerottolo a ribalta che si aprono quando qlcu. vi passa, facendolo cadere in una buca sottostante. *2* (*fig.*) Trappola, inganno: *tendere un t. a qlcu.*; *cadere nel t.*; *fare una domanda a t.* **B** in funzione di **agg. inv.** ● (posposto al s.) Che nasconde bene una difficoltà o un tranello: *domanda t.*

trabocchévole [da *traboccare* (*1*); sec. XIV] **agg.** *1* (*raro*) Che è fuor di misura, eccessivo. **SIN.** Strabocchevole. *2* †Precipitoso. || **trabocchevolménte**, **avv.** *1* (*raro*) Eccessivamente. *2* †Precipitosamente.

trabócco (**1**) [da *traboccare* (*1*); 1525] **s. m.** (**pl.** *-chi*) *1* (*raro*) Il traboccare | (*raro*, *est.*) Sbocco: *t. di sangue*. *2* †Caduta | (*fig.*) †Tracollo, rovina. *3* †Luogo in cui si corre il rischio di precipitare.

†trabócco (**2**) [da *traboccare* (*1*) (della bilancia)] **s. m.** (**pl.** *-chi*) ● Bilancino che serviva per verificare il peso delle monete.

trabócco (**3**) o **trabùcco** (**1**) [dall'ant. provz. *trabuc*, cfr. *traboccare* (*2*); av. 1363] **s. m.** (**pl.** *-chi*) *1* Antica macchina da assedio per gettare grosse pietre | Antica bocca da fuoco cortissima per tiro in arcata. *2* (*pesca*) Specie di grande bilancia calata obliquamente in mare, in modo che il lato vicino a terra rimanga al pelo dell'acqua e fornita di lampada a riverbero per attrarre il pesce.

†traboccóne [da *trabocco* (*1*) col suff. avv. *-one*] **avv.** ● (*raro*) A precipizio.

trabucàrsi [comp. di *tra-* e di un deriv. da *buco*; av. 1850] **v. intr. pron.** (*io mi trabùco, tu ti trabùchi*) ● (*lett.*) Nascondersi andando di buco in buco.

†trabuccàre (**1**) [da *trabucco* (*1*), cfr. il corrispondente ant. provz. *trabucar*] **v. tr.** ● Lanciare proiettili, grosse pietre e sim. col trabocco.

†trabuccàre (**2**) [da *trabocco* (*2*)] **v. tr.** ● Misurare col trabucco.

trabùcco (**1**) ● V. *trabocco* (*3*).

trabùcco (**2**) [dal lat. *tribūtu(m)* 'imposta' con mutamento di suff.; av. 1465] **s. m.** ● Antica misura lineare, sottomultiplo della pertica, in uso a Milano, a Torino e in Sardegna e corrispondente, rispettivamente, a m 2,611; 3,086; 3,148 | ***T. quadrato***, antica unità di misura di superficie.

†trabuòno [comp. di *tra-* e *buono*] **agg.** ● Oltremodo buono.

trac o **tràcchete** nel sign. A [vc. onomat.; 1953] **A inter.** ● Riproduce il rumore forte e secco di qlco. che si spezza o si strappa | V. anche *tric t.* **B s. m.** ● Timore improvviso che prova chi parla o si esibisce in pubblico.

tracagnòtto o (*raro*, *tosc.*) **tarcagnòtto**, **traccagnòtto** [connesso con *tarchiato* (?); 1747] **agg.**; anche **s. m.** (**f.** *-a*) ● Che (o Chi) è piccolo e tarchiato.

tracannàre [comp. di *tra-* e di un deriv. di *canna*; 1481] **v. tr.** ● Mandar giù nella canna della gola | Bere ingordamente, in un fiato: *t. un bicchiere di vino*.

tracannatóre [av. 1400 ca.] **s. m.** (**f.** *-trice*) ● Chi tracanna.

†tracapàce [comp. di *tra-* e *capace*] **agg.** ● Oltremodo capace.

†tracàrco [comp. di *tra-* e *carco*] **agg.** ● Stracarico.

traccàgno [V. *tracagnotto*] **agg.**; anche **s. m.** (**f.** *-a*) ● (*fam.*) Tracagnotto.

traccagnòtto ● V. *tracagnotto*.

traccheggiàre [di orig. onomat.; 1738] **A v. intr.** (*io tracchéggio*; aus. *avere*) *1* (*raro*) Rimandare una decisione. **SIN.** Temporeggiare. *2* Nella scherma, eseguire movimenti di traccheggio. **B v. tr.** ● Tenere a bada qlcu. o in sospeso qlco.

traccheggiatóre **s. m.** (**f.** *-trice*) ● (*raro*) Chi traccheggia.

tracchéggio [1853] **s. m.** *1* (*raro*) Il traccheggiare | Indugio. *2* Nella scherma, complesso di movimenti ritenuti di valido aiuto a realizzare un'azione, mascherando le proprie intenzioni.

tràcchete ● V. *trac*.

♦**tràccia** [da *tracciare*; av. 1306] **s. f.** (**pl.** *-ce*) *1* Segno lasciato sul terreno da un corpo, un oggetto, un attrezzo: *la t. di una slitta sulla neve*; *la t. di un bastone trascinato sul terreno* | Striscia, linea: *una t. di polvere*; *seguire in cielo una t. luminosa*. **SIN.** Scia. *2* Orma, impronta, pesta lasciata da un uomo o un animale camminando, correndo, ecc.: *perdere le t. di qlcu.*; *seguire le tracce della volpe* | ***Seguire la t. di qlcu.***, (*fig.*) cercare di seguirne l'esempio | ***Essere sulla t.***, ***in t.***, essere sul punto di snidare la selvaggina; (*fig.*) stare cercando qlcu. o qlco. seguendo degli indizi | ***Essere sulla buona t.***, avere indicazioni sicure, indizi certi | †***Tenere t.***, seguire qlcu. per sorprenderlo al momento buono. *3* (*est.*) Segno, indizio: *dopo il delitto, hanno fatto sparire ogni t.* *4* Ciò che resta a testimoniare di uno stato, un fatto, una condizione (*anche fig.*): *restano molte tracce del suo soggiorno all'estero*; *nel suo comportamento non ci sono più tracce di timidezza* | Quantità minima, residuo: *tracce di albumina, di veleno* | (*fig.*) Indizio che documenta del passato, vestigio: *studiare le tracce della civiltà etrusca* | (*miner.*) ***T. di fissione***, dislocazione interna che si forma in un cristallo contenente atomi radioattivi a seguito della radiazione emessa da uno di questi e dal conseguente spostamento degli atomi del reticolo. *5* Abbozzo, schizzo che serve da guida per l'esecuzione di un disegno, la realizzazione di un quadro, un'incisione, un affresco | ***La t. di una strada***, il tracciato | Schema di un componimento, sommario con l'indicazione dei punti principali da toccare in un discorso, abbozzo di un lavoro, filo conduttore di una discussione, e sim.: *prima di scrivere sarà bene preparare una t.*; *questa è la t. da sviluppare nel dibattito*. *6* (*lett.*) Cammino | †Fila di gente che procede insieme | †***Perdere la t.***, perdere la via, smarrirsi. *7* Immagine luminosa che si forma sullo schermo dei tubi a raggi catodici in corrispondenza al percorso del pennello elettronico | La zona interessata sul nastro nella registrazione magnetica. *8* (*mat.*) In una matrice quadrata, somma degli elementi della diagonale principale. *9* Piccola scanalatura in una parete per incassare tubi o fili elettrici. **CFR.** Sottotraccia.

tracciabilità [da *tracciabil(e)* con il suff. *-ità*; 1995] **s. f.** ● Possibilità di individuare l'origine di un prodotto alimentare seguendo le tracce delle varie fasi della sua produzione e commercializzazione: *la t. di un olio d'oliva*.

traccialinee [comp. di *traccia(re)* e il pl. di *linea*] **s. m. inv.** ● Piccolo attrezzo a punta ricurva per tracciare linee o incidere sulla superficie del legno e del cuoio.

tracciaménto [1865] **s. m.** *1* Operazione del tracciare. *2* (*ing.*) Operazione mediante la quale vengono riportati in sito gli elementi principali della pianta di un edificio o di un'opera da eseguire. *3* †Macchinamento.

tracciànte [1840] **A part. pres.** di *tracciare*; anche **agg.** *1* Nei sign. del v. *2* ***Proiettile t.***, a scia luminosa che ne rende visibile la traiettoria percorsa agevolando l'aggiustamento del tiro. *3* (*chim.*, *nucl.*) ***Elemento t.***, isotopo di un elemento presente in una sostanza, il quale viene introdotto nelle molecole della sostanza stessa quando se ne vuole seguire il percorso o la trasformazione in un processo chimico, fisico o biologico, essendo individuabile qualitativamente o dosabile quantitativamente nelle varie tappe del processo. **B s. m.** *1* Sostanza, dispositivo e sim. che sono fatti intervenire in un fenomeno per visualizzarlo o seguirne altrimenti lo svolgimento. *2* Proiettile tracciante. *3* Elemento tracciante. *4* (*chim.*, *nucl.*) ***T. radioattivo***, isotopo radioattivo usato come tracciante, in quanto facilmente individuabile e dosabile. **SIN.** Indicatore radioattivo, radioindicatore.

♦**tracciàre** [lat. parl. **tractiāre*, intens. freq. di *trăhere*, formato dal part. pass. *trăctus*, di etim. incerta; 1373] **v. tr.** (*io tràccio*) *1* Segnare, indicare una traccia per la realizzazione di qlco.: *t. un per-*

corso, una rotta | ***T. una strada***, indicarne l'andamento sul terreno | ***Sala a t.***, nei cantieri navali, grande locale ove si segnano in grandezza naturale sulle lamiere da tagliare i profili delle parti di una nave. **2** (*est.*) Rappresentare con un disegno: *t. un rettangolo*. **3** (*fig.*) Abbozzare, fare lo schema, indicare in sintesi: *t. un discorso*; *t. gli sviluppi di un avvenimento*. **4** †Seguire la traccia. **5** †Macchinare, ordire.

tracciaspessóri [comp. di *traccia(re)* e il pl. di *spessore*; 1961] **s. m. inv.** ● In falegnameria, graffietto usato per tracciare uno spessore sulla costola di una tavola.

tracciàto [1940] **A part. pass.** di *tracciare*; anche **agg.** ● Nei sign. del v. **B s. m. 1** Grafico, diagramma lineare | Diagramma disegnato su un supporto fisico, gener. di carta, da uno strumento di misurazione registratore: *t. elettrocardiografico, encefalografico* | (*mar.*) Linea che rappresenta la rotta di una nave in navigazione: *t. della rotta* | (*mar.*) Disegno di parte dello scafo, al vero o in scala: *t. di prua, di poppa* | ***Sala t.***, sala a tracciare. **2** (*ing.*) Risultato dell'operazione di tracciamento, grafico contenente le indicazioni per realizzare un lavoro o una costruzione sul terreno | Elemento geometrico progettuale di un'opera, che diventerà oggetto di tracciamento nella fase costruttiva: *t. di una ferrovia, di una strada*. **3** Schema, descrizione schematica | (*elab.*) ***T. record***, schema che descrive la suddivisione in campi di un record | (*elab.*) ***T. stampa***, schema che descrive come saranno disposte le informazioni nei moduli prodotti dalla stampante | (*elab.*) ***T. dell'archivio***, descrizione dell'organizzazione dei dati in un archivio. **4** (*sport*) ***T. di gara***, il percorso di una competizione.

tracciatóio [1840] **s. m.** ● Strumento che serve a tracciare.

tracciatóre [1865] **A s. m.** (**f.** *-trice* nei sign. 1, 2, 3) **1** Chi traccia. **2** Operaio specializzato nel lavoro di tracciatura. **3** Nello sci, chi traccia il percorso di una gara. **4** (*mar.*) ***T. di rotta***, dispositivo elettronico, asservito a un sistema di posizionamento e dotato di una rappresentazione digitale della carta nautica, che visualizza su di uno schermo la rotta seguita. **5** (*elettron., elab.*) ***T. di grafici, di diagrammi***, plotter. **6** (*mil.*) Artificio che viene applicato al fondello di alcuni proiettili di artiglieria e di alcuni proiettili di armi portatili per renderne visibile la traiettoria e correggere così il tiro. **B agg. 1** Che esegue la tracciatura, spec. nell'industria meccanica: *operaio t.* **2** Che si occupa della progettazione e della realizzazione di tracciati di precisione, spec. nella costruzione di strade o di altre opere di ingegneria civile: *geometra t.*; *topografo t.* **3** (*elab.*) ***Programma t.***, programma destinato a fornire numerose e continue informazioni sullo svolgimento del programma elaborativo in esame.

tracciatrice [1961] **s. f.** ● (*tecnol.*) Macchina simile a un trapano, destinata alla tracciatura di pezzi semilavorati, in cui può anche compiere operazioni di foratura e alesatura.

tracciatùra [1922] **s. f. 1** Operazione del tracciare | Disegno, o insieme di segni, tracciato. **2** (*tipogr.*) In legatoria, grecaggio. **3** (*mar.*) Operazione che viene eseguita nella sala a tracciare e che consiste nel riportare sulle lamiere il contorno delle parti dello scafo che dovranno essere successivamente tagliate. **4** Operazione consistente nel riportare sulla superficie di un pezzo i tratti segnati sul disegno di progetto, perché possano servire da guida nella lavorazione alle macchine. **5** (*elab.*) ***T. di un programma***, esecuzione di un programma elaborativo, accompagnata da indicazioni particolareggiate su ciascuna istruzione eseguita e sulle informazioni che implica.

tràcco [vc. onomat.; 1961] **s. m.** (**pl.** *-chi*) ● (*dial.*) Particolare fuoco d'artificio a più scoppi ritardati.

traccutàto e *deriv.* ● V. †*trascutato e deriv.*

tràce [vc. dotta, lat. *Thrāce(m)*, nom. *Thrāx*, dal gr. *Thrâix*, di etim. incerta; 1532] **A agg.** ● Della Tracia. **B s. m.** (anche **f.** nel sign. 1) **1** Abitante o nativo della Tracia. **2** Negli spettacoli circensi dell'antica Roma, gladiatore armato di daga e piccolo scudo, opposto spec. al reziario. **C s. m.** solo **sing.** ● Lingua parlata dai Traci.

trachèa [vc. dotta, lat. tardo *trachīa(m)*, dal gr. *trachêia* (*artēría*) '(l'arteria) aspra, ruvida', da *thrássein* 'imbrogliare, scompigliare', di orig. indeur.; 1474] **s. f. 1** (*anat.*) Organo canalicolare impari mediano annesso all'apparato respiratorio, che dalla laringe porta l'aria ai bronchi. ➡ **ILL.** p. 2125 ANATOMIA UMANA. **2** (*zool.*) Ciascuno dei tubicini comunicanti con l'esterno che si ramificano all'interno del corpo degli insetti, assicurando il trasporto dell'aria per la respirazione. **3** (*bot.*) Elemento conduttore dei vegetali formato di una serie di cellule sovrapposte, nelle quali le pareti di contatto trasversali sono scomparse, per cui si ha continuità nel passaggio dei liquidi. **SIN.** Vaso aperto.

tracheàle [1829] **agg.** ● Della trachea.

trachèide [comp. da *trache(a)* e *-ide*; 1961] **s. f.** ● (*bot.*) Elemento conduttore vegetale, formato da una serie di cellule allungate e sovrapposte, le cui pareti cellulari rimangono integre. **SIN.** Vaso chiuso.

tracheìte [comp. di *trache(a)* e *-ite* (*1*); 1840] **s. f.** ● (*med.*) Infiammazione della mucosa tracheale.

trachèo- [da *trachea*] primo elemento ● In parole composte della terminologia scientifica significa 'trachea': *tracheobronchite, tracheotomia*.

tracheobronchite [comp. di *tracheo-* e *bronchite*; 1930] **s. f.** ● (*med.*) Affezione, generalmente acuta, caratterizzata da una tracheite associata a una bronchite.

tracheoscopia [comp. di *tracheo-* e *-scopia*; 1961] **s. f.** ● (*med.*) Ispezione endoscopica della trachea.

tracheotomia [comp. di *tracheo-* e *-tomia*; 1840] **s. f.** ● (*chir.*) Incisione della trachea.

tracheotomizzàre [comp. di *tracheotom(ia)* e del suff. *-izzare*; 1902] **v. tr.** ● (*med.*) Praticare una incisione chirurgica nella trachea per consentire il passaggio dell'aria altrimenti impedito.

†**trachiàro** [comp. di *tra-* e *chiaro*] **agg.** ● Oltremodo chiaro.

Trachimedùse [comp. del gr. *trachýs* 'aspro, ruvido' e il pl. di *medusa*; 1961] **s. f. pl.** (**sing.** *-a*) ● Nella tassonomia animale, sottordine degli Idrozoi caratterizzato da un'ombrella con margine liscio e con un diametro compreso tra 0,1 e 10 cm (*Trachymedusae*).

Trachìnidi [comp. del lat. mediev. *trachīna(m)* 'tracina' e *-idi*; 1961] **s. m. pl.** (**sing.** *-e*) ● Nella tassonomia animale, famiglia dei Perciformi, comprendente forme piuttosto diffuse e dotate di spine velenifere nella porzione anteriore della pinna dorsale (*Trachinidae*).

trachino [dal gr. *trachýs* 'aspro', per le sue spine (?); 1821] **s. m.** ● (*zool.*) Pesciolino dei Perciformi con pinna dorsale e opercolo muniti di aculei collegati a ghiandole velenose, comune nelle sabbie presso le rive (*Trachinus draco*). **SIN.** Pesce ragno. ➡ **ILL. animali**/6.

trachite [comp. dal gr. *trachýs* 'aspro' e *-ite* (*2*); 1840] **s. f.** ● (*geol.*) Roccia vulcanica feldspatica con grossi cristalli di sanidino associati a biotite e anfibolo in una massa vetrosa di colore grigiastro più o meno scuro.

tràcico [vc. dotta, lat. tardo *Thrăcicu(m)*, da *Thrācia* 'Tracia', sull'es. del gr. *Thrēikékós*; 1961] **agg.** (**pl. m.** *-ci*) ● Della Tracia.

tracimàre [comp. di *tra-* e da *cima*, nel senso di 'orlo, limite'; 1840] **v. intr.** (aus. *avere*) ● Straripare, traboccare, detto di corsi d'acqua, di bacini e sim.

tracimazióne [1840] **s. f.** ● Il tracimare: *t. dell'acqua della diga*.

tràcina [vc. merid. dal gr. *drákaina* 'dragonessa', n. dato al pesce per la tossicità delle sue pinne; 1957] **s. f.** ● (*zool.*) Genere di pesci ossei della famiglia dei Trachinidi, caratterizzati da spine in grado di iniettare un veleno che causa un intenso dolore locale (*Trachynus*).

tràcio [vc. dotta, lat. *Thrăciu(m)*, dal gr. *Thráikios*, agg. di *Thrâix* 'trace'; 1481] **A agg.** (**pl. f.** *-cie*) ● Della Tracia, regione della penisola balcanica sudorientale | ***Il cantore t., il t. vate***, (*per anton.*) Orfeo. **B s. m.** (**f.** *-a*) ● (*lett.*) Abitante della Tracia.

trackball /ˈtrɛkbol, *ingl.* ˈtɹækˌbɔːɫ/ [vc. ingl., comp. di *to track* 'seguire le tracce' e *ball* 'palla'; 1990] **s. f. inv.** ● (*elab.*) Dispositivo per personal computer dotato di una sfera che, fatta ruotare su sé stessa con un dito, provoca lo spostamento del cursore sullo schermo. **CFR.** Mouse.

tracking (**1**) /ˈtrɛkkin(g), *ingl.* ˈtɹækɪŋ/ [vc. ingl., propr. part. pres. di *to track* 'puntare, inseguire'] **s. m. inv. 1** Pulsante o manopola del videoregistratore che consente di variare l'allineamento delle testine, eliminando eventuali disturbi di riproduzione dell'immagine. **2** (*aer.*) Localizzazione continua di bersagli per mezzo di radar o di mezzi ottici.

tracking (**2**) /ˈtrɛkkin(g), *ingl.* ˈtɹækɪŋ/ [vc. ingl., propr. 'inseguimento'] **s. m. inv. 1** Tracciato della traiettoria di un corpo in movimento sullo schermo di uno strumento di rilevamento, come un radar. **2** (*tecnol.*) Inseguimento. **3** (*cine*) Carrellata.

trackpad /*ingl.* ˈtɹækˌpæd/ **s. m. inv.** ● (*elab.*) Touchpad.

track-point /ˈtrɛkpoint, *ingl.* ˈtɹækˌpɔɪnt/ [comp. ingl. di *point* 'punto' e *track* 'traiettoria'; 1998] **s. m. inv.** ● (*elab.*) Dispositivo di puntamento costituito da un bottone inserito nella tastiera che, mosso con un dito, provoca lo spostamento del cursore sullo schermo. **CFR.** Mouse.

†**tracocènte** [comp. di *tra-* e *cocente*] **agg.** ● Più che cocente.

tracodónte [comp. del gr. *trachýs* 'ruvido, aspro' (da avvicinare a *thrássein* 'turbare, agitare', d'orig. oscura) e dell'it. *-odonte*; 1961] **s. m.** ● Dinosauro erbivoro presente nel periodo cretaceo, eretto sulle zampe posteriori (*Trachodon*). ➡ **ILL. paleontologia.**

†**tracolàre** [comp. di *tra-* e *colare*] **v. intr.** (*io tracòlo*) ● Colare attraverso qlco.

tracòlla [comp. di *tra-* e *collo* (*1*) (?); 1641] **s. f. 1** Larga striscia di cuoio o stoffa che da una spalla può scendere sul fianco opposto, per sostenere borsa, bisaccia, arma | ***Portare a t.***, per mezzo di tale striscia | ***Portare a t. il mantello***, avvolto e gettato sulla spalla a guisa di tracolla. **2** Borsa che si porta a tracolla: *acquistare una t.*

tracollaménto **s. m.** ● (*raro*) Il tracollare.

tracollàre [da *collo*(*1*) con *tra-*, che indica movimento; 1503] **v. intr.** (*io tracòllo*; aus. *essere*) **1** Perdere l'equilibrio così da cadere o pendere da un lato: *per il troppo peso, la bilancia tracollò*. **2** (*fig.*) Precipitare, cadere.

tracòllo [sec. XIV] **s. m. 1** (*raro*) Il tracollare. **2** (*fig.*) Caduta, crollo, rovina: *avere un t. finanziario*; *ha avuto un t. di salute* | (*raro*) Chi (o ciò che) causa il tracollo stesso.

†**tracolpire** [comp. di *tra-* e *colpire*] **v. tr. e rifl. rec.** ● Colpire bene.

tracòma [gr. *tráchōma* 'scabrosità' (qui: dell'occhio), da *trachýs* 'aspro'; 1598] **s. m.** (**pl.** *-i*) ● (*med.*) Infezione cronica e contagiosa della cornea e della congiuntiva causata dal batterio *Chlamidia trachomatis*, caratterizzata da granulazioni cicatriziali e da opacamento della cornea (panno corneale).

tracomatóso [1899] **A agg.** ● (*med.*) Di tracoma, relativo a tracoma. **B agg.**; anche **s. m.** (**f.** *-a*) ● Che (o Chi) è affetto da tracoma.

†**tracontènto** [comp. di *tra-* e *contento* (*1*)] **agg.** ● Oltremodo contento.

†**traconvenévole** [comp. di *tra-* e *convenevole*] **agg.** ● Molto convenevole.

tracotànte [1690] **A part. pres.** di †*tracotare*; anche **agg.** ● Che è insolente, arrogante, pieno di presunzione. ‖ **tracotanteménte**, **avv.** **B** anche **s. m. e f.**

tracotànza o †**stracotànza** [da *tracotare*; 1313] **s. f.** ● Insolenza, arroganza, presunzione: *rispondere, trattare con t.*

†**tracotàre** [comp. di *tra-* e *co(i)tare*] **v. intr.** (difett. usato solo al **part. pres.** e all'inf. **pres.**) ● Essere tracotante.

†**tracuràggine** ● V. *trascuraggine*.

†**tracurànza** ● V. *trascuranza*.

tracùro [comp. del gr. *trachýs* 'ruvido, aspro' e *ourá* 'coda', due vc. di orig. indeur.; 1728] **s. m.** ● Pesce dei Perciformi con spine sul dorso e ai lati del corpo che spesso vive da giovane presso le meduse (*Trachurus trachurus*).

†**tracutàto** e *deriv.* ● V. †*trascutato e deriv.*

trademark /treidˈmark, *ingl.* ˈtɹeɪdˌmɑːɹk/ [comp. ingl., propr. 'segno (*mark*, di orig. indeur.) di commercio (*trade*, di area germ.)'] **s. m. inv.** ● Marchio di fabbrica.

trade-off /*ingl.* ˈtɹeɪdˌɒːf/ [vc. ingl., propr. 'scambio'; 1986] **s. m. inv.** (**pl.** ingl. *trade-offs*) ●

(*econ.*) Contropartita, scambio: *trade-off tra inflazione e disoccupazione.*

†**tràdere** [vc. dotta, lat. *trādere*, comp. di *trāns* 'tra-', 'oltre', e *dăre*; av. 1348] v. tr. ● (*lett.*) Tradire.

tradescànzia [da J. *Tradescant*, giardiniere di Carlo I d'Inghilterra; 1802] s. f. ● (*bot.*) Miseria.

trade union /treiˈdjunjon, *ingl.* ˈtɹeɪd ˈjuːnjən/ [comp. ingl., propr. 'unione (*union*, latinismo passato attraverso il fr.) di commercio (*trade*, vc. germ.)'; 1870] loc. sost. f. inv. (pl. ingl. *trade unions*) ● Nel Regno Unito, organizzazione e movimento sindacale.

†**tradigióne** [lat. *traditiōne(m)*, da *trāditus* 'tradito'; sec. XIII] s. f. ● Tradimento | †*Prendere qlcu. in t.*, a tradimento.

tradiménto [sec. XIII] s. m. ● Violazione di un dovere o di un impegno, inganno della buona fede, dell'affetto e sim. di qlcu. | *A t.*, con l'inganno; (*est.*) all'improvviso, inaspettatamente: *fare una domanda a t.* | *Mangiare il pane a t.*, senza guadagnarselo | *Alto t.*, attentato contro la personalità dello Stato da parte di chi lo rappresenta, oppure, secondo il codice penale militare, da parte di un militare in una serie di casi.

trading /ˈtreidin(g), *ingl.* ˈtɹeɪdɪŋ/ [vc. ingl., dal v. *to trade* 'commerciare'; 1985] s. m. inv. ● Contrattazione | *T. company*, impresa commerciale che si occupa di importazione ed esportazione | *T. on line*, contrattazione di titoli finanziari tramite Internet.

♦**tradire** o †**traire** [lat. *trādere* 'consegnare' con mutamento di coniug. e divergenza di sign., determinata dal racconto evangelico, per cui la 'consegna' di Gesù compiuta da Giuda equivale a un tradimento; 1312] **A** v. tr. (*io tradisco, tu tradisci*) **1** Ingannare la buona fede di qlcu. venendo meno all'amicizia, all'affetto, mancando alla parola data o a un dovere: *t. la propria famiglia*; *t. i giovani con insegnamenti sbagliati*; *t. l'ospitalità di qlcu.*; *t. un ideale* | *T. una donna*, prometterle falsamente amore | *T. la moglie, il marito*, venir meno alla fedeltà coniugale | (*est.*) Deludere: *ha tradito le attese di tutti* | *T. la propria coscienza*, operare contro ciò che si rispetta o in cui si crede | *T. la verità*, occultarla o mentire | *T. un segreto*, divulgarlo, renderlo noto | Non corrispondere esattamente, non esprimere fedelmente: *la parola spesso tradisce il pensiero* | *T. un testo*, interpretarlo o tradurlo in modo inesatto o incompleto. **2** (*fig.*) Mancare, venir meno, ingannare: *se la memoria non mi tradisce.* **3** Rivelare, scoprire involontariamente, lasciare trasparire ciò che dovrebbe rimanere nascosto: *è un errore che tradisce la sua negligenza*; *con questa risposta tradisci il tuo pensiero*; *non tradiva il suo turbamento.* **4** †Consegnare per tradimento: *t. la città al nemico.* **B** v. rifl. ● Manifestare involontariamente pensieri, idee, sentimenti, propositi: *è riuscito a rispondere senza tradirsi.*

tradito (**1**) o †**traìto** [1312] part. pass. di *tradire*; anche agg. ● Nei sign. del v.: *marito t.*; *fiducia tradita.* || †**traditaménte**, avv. Con tradimento.

tràdito (**2**) [dal lat. *trāditu(m)*, da *trādere* 'consegnare, trasmettere'; sec. XIV] agg. ● (*raro*) Tramandato.

traditóre o †**traitóre** [vc. dotta, lat. *traditōre(m)*, da *trāditus* 'tradito (1)', ma col sign. assunto da *tradire*; sec. XIII] **A** s. m. (f. *-trice*, pop. disus. *-tora*) ● Chi tradisce: *un t. della patria.* || **traditoràccio**, pegg. | **traditorèllo**, dim. **B** agg. **1** Che tradisce: *donna traditrice* | *Occhi traditori*, seducenti | (*fam.*) *Vino t.*, che sembra leggero ma fa ubriacare | (*ellitt., disus.*) *Alla traditora*, a tradimento. **2** (*lett.*) Malvagio, ingannevole.

tradizionale [da *tradizione*, sul modello del corrispondente fr. *traditionnel*; 1832] agg. ● Proprio della tradizione, conforme alla tradizione: *costume t.*; *festa t.*; *folla de' rimatori, i quali continuavano il mondo t. de' sonetti* (DE SANCTIS) | Fondato sulla tradizione: *concezione t.* | Abituale: *la sua t. cortesia.* SIN. Usuale. || **tradizionalménte**, avv. In maniera tradizionale; secondo la tradizione.

tradizionalismo [da *tradizione*, sul modello del corrispondente fr. *traditionalisme*; 1905] s. m. **1** Ogni dottrina filosofica che considera la tradizione come fonte e criterio di verità. **2** Attaccamento alle forme, gli usi, le opinioni, i metodi tradizionali: *avversare il nuovo per t.* CONTR. Progressismo.

tradizionalista [da *tradizione*, sul modello del corrispondente fr. *traditionaliste*; 1887] **A** s. m. e f. (pl. m. *-i*) ● Chi, nel modo di pensare e di agire, segue la tradizione. CONTR. Progressista. **B** agg. ● Tradizionalistico.

tradizionalìstico [1933] agg. (pl. m. *-ci*) ● Del tradizionalismo, proprio dei tradizionalisti: *comportamento t.* || **tradizionalisticaménte**, avv.

♦**tradizióne** [vc. dotta, lat. *traditiōne(m)*, da *trāditus* 'tradito (2)'; 1338 ca.] s. f. **1** Trasmissione nel tempo di notizie, memorie, consuetudini da una generazione all'altra attraverso l'esempio o mediante informazioni, testimonianze e ammaestramenti orali o scritti: *sapere, conoscere per t.*; *la t. ininterrotta della musica popolare*; *è volgar t. che la prima forma di governo al mondo fosse ... stata monarchia* (VICO) | *T. orale*, complesso di testimonianze su fatti o costumi trasmesse oralmente da una generazione all'altra e utilizzate spec. nel corso di ricerche e studi etnologici | (*est.*) Opinione, usanza e sim. così tramandata: *sono cose attestate dalla t.*; *cerimonia regolata secondo una t. antichissima* | (*est.*) Uso, regola costituiti sulla tradizione stessa: *liberarsi dalla t.* **2** (*fam.*) Consuetudine: *per t. si vestono da anni dallo stesso sarto.* **3** Forma sotto la quale i documenti antichi e medievali sono giunti fino a noi e cioè in minuta, in originale o in copia | Complesso delle copie manoscritte derivate dall'originale di un autore. **4** (*dir.*) Consegna di una cosa da un soggetto a un altro che ne acquista il possesso: *t. consensuale, effettiva, simbolica.* **5** Uso o comportamento rituale non attestato nei libri sacri e trasmesso per costante adozione.

†**tradólce** [comp. di *tra-* e *dolce*] agg. ● Molto dolce. || †**tradolceménte**, avv. Dolcissimamente.

†**tradolciàto** [comp. di *tra-* e *dolciato*] agg. ● Dolcissimo.

tradótta [f. sost. del part. pass. di *tradurre* nel senso di 'trasportare'; 1918] s. f. ● Convoglio ferroviario adibito al trasporto di truppe in tempo di guerra.

tradótto [1483] part. pass. di *tradurre*; anche agg. ● Nei sign. del v.: *un testo t. in italiano*; *un investimento t. in cifre* | *T. in pratica*, attuato.

traducènte [1959] **A** part. pres. di *tradurre*; anche agg. ● Nei sign. del v. **B** s. m. ● Equivalente in un'altra lingua di una parola, una locuzione o un'espressione: *cercare sul dizionario il t. francese della parola casa.*

traducianèsimo o **traducianismo** [ingl. *traducianism*, da *traducian* 'traduciano'; 1961] s. m. ● Dottrina cristiana antica, non accolta dalla Chiesa, secondo la quale l'anima individuale non è creata di volta in volta da Dio, ma procede dai genitori ai figli, nell'atto generativo.

traduciàno [ingl. *traducian*, dal lat. *tradūcere* 'trasmettere' (V. *tradurre*) perché i traduciani ritenevano che l'anima si trasmettesse dai genitori ai figli; 1840] **A** agg. ● Che riguarda il traducianesimo. **B** s. m. (f. *-a*) ● Seguace del traducianesimo.

traducìbile [1729] agg. ● Che si può tradurre (*anche fig.*): *testo difficilmente t. in italiano*; *emozione non t. in parole.* CONTR. Intraducibile.

traducibilità [1933] s. f. ● Condizione di ciò che è traducibile.

tradunionismo [ingl. *trade-unionism*, da *trade union* (V.); 1942] s. m. ● Il movimento sindacale delle trade union.

tradunionista [1942] s. m. e f. (pl. m. *-i*) ● Chi segue o sostiene il tradunionismo.

tradunionìstico [da *tradunionismo*; 1961] agg. (pl. m. *-ci*) ● Che riguarda il movimento sindacale delle trade union.

♦**tradùrre** [vc. dotta, lat. *tradūcere* 'trasportare', comp. di *trāns* 'al di là' e *dūcere* 'condurre'; 1354] **A** v. tr. (pres. *io tradùco, tu tradùci*; imperf. *io traducévo*; pass. rem. *io tradùssi, tu traducésti*; congv. pres. *io tradùca*; congv. pass. *io traducéssi*; imperat. *tradùci, traducéte*; part. pres. *traducènte*; ger. *traducèndo*; part. pass. *tradótto*) **1** (qlcu. o qlco. + *da*, + *in*; qlcu. o qlco. + *da ... in*) Voltare, trasportare da una lingua in un'altra (*anche assol.*): *t. un discorso dal tedesco in italiano* | Dare l'equivalente di un testo, una locuzione, una parola: *t. una poesia in dialetto* | Trasportare nella propria lingua: *t. Cesare, Shakespeare*; *pochi sanno t. il sanscrito* | *T. alla lettera*, in modo ligio al testo | *T. all'impronta*, senza usare il vocabolario | *T. a senso*, con libertà | (*fig.*) *T. in parole povere, in volgare, in parole chiare*, spiegare semplicemente e chiaramente | (*fig.*) *T. un'idea*, realizzarla | (*fig.*) *T. un sentimento*, esprimerlo a parole o in altro modo | *T. in atto*, mettere in atto, eseguire, realizzare. **2** (*lett.*) Trasportare: *t. l'esercito di là dal fiume* | (*bur.*) Condurre, trasferire: *t. l'imputato in tribunale.* **3** (*lett.*) Trasmettere: *quale in un momento / da mosso speglio il suo chiaror traduce / riverberata luce* (PARINI). **B** v. intr. pron. (+ *in*) ● Risolversi, realizzarsi: *l'idea iniziale si è tradotta in un libro.*

traduttivo [1982] agg. ● Che riguarda la traduzione: *processi, metodi traduttivi.*

traduttologia [comp. della base *tradutt-*, di *traduttore, traduttivo* e sim., e *-logia*; 1981] s. f. ● Disciplina che si occupa dei problemi tecnici e metodologici connessi alla traduzione.

traduttóre [vc. dotta, lat. *traductōre(m)* 'chi fa passare o trasferisce', da *tradūctus* 'tradotto'; av. 1565] s. m. **1** (f. *-trice*) Chi traduce | Chi è autore di una traduzione: *il Monti ha fama di eccelso t.* | (*fig., est.*) *T. elettronico*, apparecchio tascabile che, mediante un microprocessore e una memoria, fornisce su un visore la traduzione in una o più lingue di un certo numero di parole o semplici frasi di uso frequente composte su una tastiera. **2** Libro di piccolo formato con la traduzione di opere di classici greci o latini: *molti studenti usano il t.* **3** (f. *-trice*) (*bur.*) Agente che scorta i detenuti durante i trasferimenti spec. da un carcere all'altro.

traduzióne [vc. dotta, lat. *traductiōne(m)*, da *tradūctus* 'tradotto'; av. 1557] s. f. **1** Attività, modalità del tradurre: *fare una buona t.*; *una t. libera, letterale* | *T. simultanea*, traduzione orale effettuata da un interprete nel momento stesso in cui un discorso viene pronunciato | *T. consecutiva*, traduzione orale effettuata quando l'oratore ha terminato di parlare | Versione scolastica: *gli alunni hanno eseguito una t. dal francese* | Il testo tradotto: *è l'ultima t. di Balzac.* **2** (*bur.*) Trasporto di detenuti. **3** (*chim., biol.*) Processo in cui le informazioni genetiche, presenti in una molecola di RNA messaggero, dirigono l'ordine degli specifici amminoacidi durante la sintesi proteica. || **traduzionàccia**, pegg. | **traduzioncèlla**, dim.

traèndo ● V. *trarre.*

traènte [av. 1320] **A** part. pres. di *trarre*; anche agg. ● Nei sign. del v. | Che è in grado di dare un impulso positivo, spec. all'economia: *la produzione dell'auto è ancora un settore t.* **B** s. m. e f. ● Chi, nella cambiale tratta, sottoscrive l'ordine di pagare una data somma.

traènza [1840] s. f. ● Condizione del traente.

†**tràere** ● V. *trarre.*

traésti ● V. *trarre.*

trafelaménto [sec. XIV] s. m. ● (*raro*) Condizione di chi è trafelato.

†**trafelàre** [comp. di *tra-* e *fiele*, propr. 'ansare'; av. 1342] v. intr. ● Venir meno, abbattersi, perdere il respiro per eccessiva fatica o stanchezza.

trafelàto [av. 1292] part. pass. di †*trafelare*; anche agg. ● Affannato, ansante e stanco: *giunsi alla fine, ma tanto t. che mi pareva esser un cane, di ritorno dall'aver inseguito una lepre* (NIEVO). || **trafelataménte**, avv.

†**traferire** [comp. di *tra-* e *ferire*] **A** v. tr. ● Percuotere, ferire. **B** v. rifl. rec. ● Ferirsi, colpirsi a vicenda.

†**trafèro** [comp. di *tra-* e *fero*] agg. ● Fierissimo.

trafèrro [comp. di *tra-* e *ferro*; 1961] s. m. ● Spazio fra la superficie del rotore e quella dello statore | Spazio che separa due elementi di circuito magnetico.

†**trafésso** [comp. di *tra-* e *fesso*] agg. ● Spaccato.

trafficàbile [1879] agg. ● (*raro*) Commerciabile, negoziabile: *merce t.*

trafficànte [part. pres. di *trafficare*; av. 1606] s. m. e f. ● (*disus.*) Chi commercia, mercante | (*spreg.*) Chi esercita un traffico illecito: *t. di droga* | (*spreg.*) Chi si dà da fare in modo poco chiaro o briga per interesse personale: *i trafficanti della politica*; *è un gran t.*

trafficàre [etim. discussa: dal lat. parl. **transfricāre*, attraverso il catalano *trafegar* 'mutare di posto una cosa, passare un liquido da un recipiente a un altro' (?); 1353] **A** v. intr. (*io tràffico, tu tràffichi*; aus. *avere*) **1** (+ *in*; + *con*) Commerciare: *t. in arti-*

trafficato

coli di plastica | (*spreg.*) Esercitare traffici illeciti: *t. con la droga* (o *in droga*); *t. con merce rubata* | *T. con qlcu.*, trattare o aver noie con qlcu. **2** Affaccendarsi, darsi da fare: *t. per casa per le pulizie.* **B** v. tr. **1** Vendere (*spec. spreg.*): *t. mercanzie, denaro; t. voti, appoggi elettorali.* **2** †Trattare: *t. faccende.* **3** †Maneggiare: *t. il fuso e la rocca.* **4** †Toccare, palpare, brancicare.

trafficàto [1961] *part. pass.* di *trafficare; anche agg.* **1** Nei sign. del v. **2** Detto di strada, piazza e sim. percorsa da intenso traffico | †*Denaro t.*, amministrato, maneggiato.

trafficatóre [av. 1557] *s. m.* (f. *-trice*) ● (*raro*) Chi traffica | Negoziante | (*est., raro*) Sensale | (*spreg.*) Trafficante.

traffichìno [da *trafficare*; 1876] *s. m.* (f. *-a*); *lett. anche agg.* ● (*fam.*) Chi (o Che) si dà da fare, anche con imbrogli, per ottenere incarichi, lavori, appoggi.

♦**tràffico** [da *trafficare*; av. 1348] *s. m.* (*pl. -ci*, †*-chi*) **1** Il trafficare | Commercio, spec. non lecito: *t. di drapperie*; *ostacolare il t. degli stupefacenti* | *Far t.*, commerciare; (*est.*) ridurre a cosa trafficabile, fare mercato | Movimento degli affari: *il t. della borsa è in espansione.* **2** Movimento di navi in un porto, lungo una linea marittima, in una regione e sim., di aeromobili in un aeroporto, lungo una linea aerea, in una regione e sim., di treni sulla rete ferroviaria, di autoveicoli e motoveicoli su una strada, sulla rete stradale e sim.: *t. marittimo, aereo, ferroviario, automobilistico.* **3** Movimento di persone, posta e merci mediante navi, aeromobili, treni, autoveicoli | Movimento di persone su una strada, una piazza e sim.: *t. pedonale* | *T. stradale*, l'insieme dei veicoli e delle persone che percorrono una strada | *Ingegneria del t.*, disciplina che studia le relazioni fra utenti della strada, veicoli con il loro carico, e la strada come luogo di movimento e sosta dei veicoli, allo scopo di aumentare il volume e la velocità del traffico in condizioni di sicurezza | *Regolazione del t.*, l'insieme dei provvedimenti, dei dispositivi e delle strutture atti ad assicurare la sicurezza del traffico e ad aumentarne la capacità. **4** Trasmissione di messaggi mediante la posta, il telegrafo, il telefono: *t. postale, telegrafico, telefonico, radiotelegrafico.* **5** †Luogo dove si traffica, mercato.

TRAFFICO
nomenclatura

traffico (cfr. strada, autostrada)

● *caratteristiche*: ordinato ⇔ disordinato = caotico = congestionato = convulso, intenso = grande ⇔ ridotto = moderato = scarso, interrotto; intasamento = imbottigliamento = congestione = ingorgo, confluenza, scorrimento; incidente, tamponamento; sorpasso, senso unico (alternato), itinerario (obbligato, preferenziale, riservato), velocità (forte, regolare, moderata, ridotta, spinta, folle); coppa giratoria, pedana, colonnina luminosa (a luce fissa ⇔ a luce lampeggiante), salvagente, banchina spartitraffico, aiuola; blocco del traffico, targhe alterne, soglia d'inquinamento, bollino blu, controllo gas di scarico, marmitta catalitica;

● *rete stradale*: a scacchiera, a schema triangolare, radiocentrica, a ventaglio, curvilinea, lineare; via, corso, viale = passeggiata = boulevard, lungofiume, lungolago, lungomare, vicolo, vicolo cieco, budello, calle, carruggio, rua, chiasso, centro, largo, piazza, piazzale, campo, ponte, cavalcavia, sottopassaggio, viadotto, bastioni, gradinata = scalinata, traversa, incrocio, biforcazione, attraversamento pedonale, semaforo, marciapiede, passo carrabile; circolazione, ingorgo, coda, colonna, distanza di sicurezza, limiti di velocità, Autovelox, sorpasso;

● *parcheggio*: pubblico ⇔ privato, libero ⇔ limitato (a pagamento, a orario, a tariffa differenziale), zona disco, zona blu;

● *servizi di sicurezza*: corpo di polizia stradale, agente della strada, vigile urbano = pizzardone = ghisa, guardia notturna; contravvenzione = multa; codice della strada, norma, osservanza, infrazione, pirata della strada, posto di blocco;

● *azioni*: perlustrare, vigilare, dirigere il traffico, fischiare, intimare l'alt, multare, deviare il traffico.

● *fognatura*: cloaca, botola = tombino = pozzetto di controllo, fogna, sifone, tubo di allacciamento, collettore, canali, tunnel, depuratore, sistema di scarico, acqua di scarico;

● *acquedotto*: serbatoio = vasca di raccolta, conduttura, pozzetto di carico;

● *illuminazione*: elettrica, fluorescente, ai vapori di sodio, di mercurio; palo, lampione = fanale, rete di distribuzione (elettrodotto, cavo, palo, traliccio, isolatori) tesatura, allacciamento; alta tensione, bassa tensione;
cavi telefonici; collegamenti radiotelevisivi; sede tranviaria.

tram = tranvia

● *parti*: motrice, rimorchio, carrello girevole, trolley = presa di corrente (a pantografo, ad archetto), targa della linea, quadro dei comandi, porta (di entrata ⇔ di uscita, ad apertura pneumatica, a libro), soffietto di collegamento, piattaforma, sedili, maniglia, corrimano; posto di manovra;

● *personale addetto*: tranviere, fattorino, controllore, bigliettaio, conduttore, manovratore; passeggero.

trafficóne [da *trafficare*; 1865] *s. m.* (f. *-a*) ● Chi briga per ottenere vantaggi personali. SIN. Mestatore.

trafière o †**trafièri** [cfr. *traferire*; 1342] *s. m.* ● Pugnale, misericordia.

trafiggènte *part. pres.* di *trafiggere; anche agg.* **1** (*raro*) Nei sign. del v. **2** (*est.*) †Pungente.

trafìggere [vc. dotta, lat. *transfīgere*, comp. di *trans* 'tra-' e *fìgere*, con adattamento su *figgere*; 1313] *v. tr.* (*coniug. come figgere*) **1** Passare da parte a parte: *t. con un pugnale, con un lungo chiodo* | (*est.*) Pungere, ferire (*anche fig.*). **2** (*fig.*) Pungere con parole | Addolorare, ferire: *sono pensieri che trafiggono il cuore.*

trafiggiménto [1677] *s. m.* ● (*raro*) Il trafiggere | Trafittura.

trafiggitóre [1745] *s. m.*; *anche agg.* (f. *-trice*) ● (*raro*) Chi (o Che) trafigge.

†**trafiggitùra** [*trafiggere*] *s. f.* ● Ferita.

trafìla [da *trafilare*; av. 1537] *s. f.* **1** Piastra di acciaio temperato con fori conici decrescenti per assottigliare fili o far tubi | Macchina per ridurre lo spessore dei fili o d'oro o d'argento azionata a mano o a motore. **2** (*fig.*) Complesso di prove, di difficoltà attraverso le quali si è costretti a passare per raggiungere un determinato fine: *superare la t. degli esami* | Serie ordinata di atti, di operazioni da seguire: *una lunga t. burocratica; la t. dei vari uffici.*

trafilàre [fr. *tréfiler* 'far passare attraverso (*tré-*) la filiera (*da fil* 'filo')'; 1865] *v. tr.* ● Passare alla trafila un materiale per ridurlo in fili.

trafilàto [1961] **A** *part. pass.* di *trafilare; anche agg.* ● Nel sign. del v. **B** *s. m.* ● Tubo, filo, barra, e sim. metallico ottenuto per trafilatura.

trafilatóre [1961] *s. m.* (f. *-trice*) ● Chi lavora alla trafila.

trafilatrìce [1961] *s. f.* ● Macchina per trafilare, usata nella lavorazione di materiali diversi, spec. metalli, materie plastiche e gomma.

trafilatùra [da *trafilare*; 1929] *s. f.* ● Lavorazione per deformazione plastica che consiste nel far passare il materiale sotto forma di vergelle, barre o tubi attraverso una filiera, per ridurne la sezione, mediante azione traente esercitata su di esso.

trafilerìa [adattamento del fr. *tréfilerie*, da *tréfiler* 'trafilare'; 1961] *s. f.* ● Officina o reparto di lavorazione in cui si eseguono operazioni di trafilatura.

trafilétto [adattamento del fr. (*en*)*trefilet*, perché originariamente compreso 'tra (*entre*) due trattini (*filets*)', che lo staccavano dagli altri articoli; 1895] *s. m.* ● Articoletto breve senza titolo.

†**trafìne** [comp. del lat. (*ĕx*)*tra* 'fuori' e *fĭnes* 'territorio', pl. di *fĭnis*, di etim. incerta] *s. m.* ● Bando, confino.

†**trafìsso** ● V. *trafitto.*

trafìtta [f. sost. del *part. pass.* di *trafiggere*; av. 1320] *s. f.* **1** Ferita causata da un'arma da punta. **2** Puntura, fitta, trafittura: *sentire una t. alla testa.* **3** (*raro, fig.*) Dolore, afflizione | Parola pungente, offensiva.

trafittìvo *agg.* ● (*raro*) Che trafigge (*anche fig.*).

trafìtto o †**trafìsso** [1313] *part. pass.* di *trafiggere; anche agg.* ● Nei sign. del v.

trafittùra [1353] *s. f.* ● (*raro*) Il trafiggere | (*raro*) Ferita causata da un'arma che trafigge | (*est., raro*) Ferita, puntura: *t. di vespa* | (*fig.*) Dolore acuto, fitta.

†**trafluènte** [comp. di *tra-* e *fluente*] *agg.* ● Che scorre in mezzo, detto spec. di fiume.

trafogliòso [comp. di *tra-* e *foglioso*] *agg.* ● Molto ricco di foglie.

traforaménto [sec. XVIII] *s. m.* ● (*raro*) Il traforare | Traforo.

traforàre [vc. dotta, lat. tardo *transforāre*, comp. di *trans* 'attraverso' e *forāre*; av. 1519] *v. tr.* (*io trafóro* o *trafòro*) **1** Passare da parte a parte: *t. un'asse di compensato; la pallottola ha traforato il polmone* | *T. la montagna*, aprire una galleria | *T. il terreno*, scavarvi un buco profondo, forandolo con la trivella. **2** †Passare facendo un foro: *t. la siepe.* **3** Lavorare di traforo su stoffa, cuoio, legno o metallo, anche prezioso.

traforàto [av. 1555] *part. pass.* di *traforare; anche agg.* ● Lavorato a fori: *tovaglia traforata.*

traforatóre [sec. XVIII] *s. m.*; *anche agg.* (f. *-trice*) ● (*raro*) Chi (o Che) trafora.

traforatrìce [1940] *s. f.* ● Macchina per traforare.

traforazióne [vc. dotta, lat. tardo *transforatiōne(m)*, da *transforāre* 'traforare'; 1692] *s. f.* ● Il traforare.

†**traforellerìa** ● V. *trafurellerìa.*

†**traforèllo** ● V. *trafurèllo.*

†**traforerìa** [adattamento del fr. *trufferie*, da *truffer* 'ingannare', con sovrapposizione d'altra parola (?)] *s. f.* ● Inganno, raggiro.

trafóro (o *-ò-*) [av. 1543] *s. m.* **1** Operazione del traforare | Apertura ottenuta traforando | Galleria scavata attraverso una montagna, o sim. per strade o ferrate: *i trafori del Sempione; i trafori degli Appennini.* **2** Lavoro consistente in un ricamo a intaglio o eseguito sulla sfilatura di una stoffa. **3** Intaglio eseguito su legno, marmo e altri materiali secondo un tracciato prestabilito, a scopo decorativo | Gioco di ragazzi per traforare il legno | Tutto l'occorrente per tale gioco: *regalare un t.* ‖ **traforétto**, *dim.* | **traforìno**, *dim. vezz.* | **traforóne**, *accr.* | **traforùccio**, *dim.*

trafòrte [comp. di *tra-* e *forte*] *agg.* ● Oltremodo forte.

trafréddo [comp. di *tra-* e *freddo*] *agg.* ● Assai freddo.

trafugaménto [av. 1642] *s. m.* ● Sottrazione furtiva: *t. di una salma.*

trafugàre [comp. di *tra-* e *fugare*; 1319] **A** v. tr. (*io trafùgo, tu trafùghi*) ● Portare via di soppiatto o furtivamente: *t. opere d'arte, oggetti preziosi.* **B** v. intr. pron. ● (*raro, lett.*) Fuggire, sottrarsi nascostamente.

trafugàto *part. pass.* di *trafugare; anche agg.* ● Nel sign. del v. ‖ †**trafugataménte**, *avv.* Di nascosto, furtivamente.

†**trafùggere** [vc. dotta, lat. *transfùgere*, comp. di *trans* 'al di là' e *fùgere* 'fuggire', con adatt. ai corrisp. elementi compositivi] **A** v. intr. ● Fuggire, disertare.

†**trafuggitóre** [da *trafuggire*] *s. m.* (f. *-trice*) ● Fuggiasco, transfuga.

trafùgo [da *trafugare*; 1879] *vc.* ● (*raro*) Solo nella loc. avv. *di t.*, di nascosto.

†**trafuràre** [comp. di *tra-* e †*furare*; av. 1673] *v. tr.* ● Rubare, asportare, trafugare.

†**trafurellerìa** o †**traforellerìa** [da †*trafurello*; av. 1543] *s. f.* ● Inganno, raggiro.

†**trafurèllo** o †**traforèllo** [ant. fr. *truferel*, dim. di *trufeur* 'truffatore, bugiardo'; 1526] *s. m.*; *anche agg.* (f. *-a*) ● Raggiratore, mariolo.

tragèda ● V. *tragedo.*

♦**tragèdia** o †**tragedìa** [vc. dotta, lat. *tragoedia(m)*, dal gr. *tragōidía*, da *trágos* 'capro', da *trógein* 'rodere', di orig. indeur., e da un deriv. da *ōidḗ* 'ode, canto'; 1308] *s. f.* **1** Genere fondamentale del teatro drammatico, caratterizzato dalla solenne narrazione di fatti gravi riguardanti personaggi importanti e dallo scioglimento luttuoso della trama: *è successa una t.; succedette l'anno medesimo alla t. cominciata innanzi a Ferrara, nuovo e grave* *accidente* (GUICCIARDINI) | (*fig.*) ***Fare una t.***, dare in escandescenze, minacciare o addolorarsi eccessivamente di fronte a piccole contrarietà. || **tragediàccia**, pegg. | **tragediùccia**, dim. pegg.

tragediàbile [av. 1803] agg. ● (*lett.*) Di soggetto adatto a fornire la trama di una tragedia: *quel tema per sé stesso infelice, e non t. da chi che si fosse* (ALFIERI).

tragediànte [1600] s. m. e f. *1* (*raro*) Compositore di tragedie (*spec. spreg.*) | (*raro*) Attore di tragedie. *2* (*fig., raro*) Chi reagisce in modo sproporzionato di fronte a contrarietà di poco valore.

tragediògrafo [vc. dotta, lat. tardo *tragoediŏgraphu(m)*, dal gr. *tragōidiográphos*, comp. di *tragōidía* 'tragedia' e di un deriv. da *gráphein* 'scrivere'; av. 1642] s. m. (f. *-a*) ● Autore di tragedie.

†**tragedizzàre** [comp. di *traged(ia)* e *-izzare*] v. intr. ● Comporre tragedie.

tragèdo o **tragèda** nel sign. A 1 [vc. dotta, lat. *tragoedu(m)*, dal gr. *tragōidós*, da *tragōidía* 'tragedia'; 1321] **A** s. m. (f. *-a*) *1* (*lett.*) Tragediografo. *2* (*raro*) Attore tragico. **B** agg. ● †Tragico: *chi riguarda lo stilo eroico d'Omero o di Virgilio, o il t. di Seneca poeta* (BOCCACCIO).

†**tragettàre** [comp. di *tra-* e *gettare*, come il lat. tardo *traiectāre*; av. 1350] v. tr. ● Tragittare.

†**tragètto** [da *tragettare*; 1313] s. m. ● Tragitto | Passaggio da un luogo all'altro.

†**tràggere** ● V. *trarre*.

tràggo ● V. *trarre*.

traghettaménto [da *traghettare*; 1970] s. m. ● Operazione di attraversamento di un corso d'acqua inguadabile mediante traghetti e natanti in genere.

traghettàre [parallelo veneto di *tragittare* con *gh* non spiegato; av. 1557] v. tr. (*io traghétto*) *1* Portare da una sponda all'altra cose o persone | (*raro*) Trasbordare | Passare in barca: *t. un canale.* *2* (*fig.*) Rendere possibile un cambiamento di stato, assetto, condizione: *t. il Paese verso la democrazia.*

traghettatóre [1717] s. m. (f. *-trice*) ● Chi traghetta.

†**traghettière** s. m. ● Traghettatore, battelliere.

traghétto [da *traghettare*; 1598] **A** s. m. *1* (*raro*) Il traghettare | Passaggio da una sponda all'altra | Posto, stazione in cui si compie il passaggio stesso: *i traghetti delle gondole a Venezia.* *2* Mezzo con cui si traghettano cose o persone | Nave traghetto: *prendere il t. per la Sardegna, per la Corsica.* *3* †Scorciatoia. **B** in funzione di agg. inv. ● (posposto al s.) Solo nella loc. ***nave t.***, nave attrezzata per il trasporto di passeggeri e veicoli | Ferry-boat. ➡ ILL. p. 2173 TRASPORTI.

tragicità [1832] s. f. ● Caratteristica, condizione di ciò che è tragico (*anche fig.*): *la t. di una scena; la t. di un avvenimento.*

♦**tràgico** [vc. dotta, lat. *trăgicu(m)*, dal gr. *tragikós*, da *trágos* (V. *tragedia*); 1516] **A** agg. (pl. m. *-ci*) *1* Di, della tragedia: *stile, attore t.*; *una quasi totale ignoranza delle regole dell'arte tragica* (ALFIERI) | Attinente alla tragedia | ***Poeta t.***, tragediografo | ***Azione tragica***, tragedia. *2* (*est., fig.*) Doloroso, luttuoso: *un fatto t.* | Cruento, mortale, violento: *fare una fine tragica* | ***Gesto t.***, esagerato, simile a quello di un attore tragico. || **tragicaménte**, avv. *1* (*raro*) Nel modo dello stile tragico. *2* (*est., fig.*) In modo luttuoso, doloroso; in modo violento, cruento: *morire tragicamente.* **B** s. m. *1* (f. *-a*) Tragediografo: *i tragici greci, francesi.* *2* (f. *-a*) (*raro*) Attore di tragedie | (*fig.*) ***Fare il t.***, esagerare la gravità di una situazione. *3* Tragicità: *il t. di un episodio.*

†**tragicomèdia** ● V. *tragicommedia*.

tragicòmico [comp. di una riduzione da *tragico* e di *comico*; 1766] **A** agg. (pl. m. *-ci*) *1* Di, proprio della tragicommedia. *2* (*fig.*) Che ha insieme elementi comici e tragici: *un caso t.* **B** s. m. ● (*raro*) Autore di tragicommedie.

tragicommèdia o †**tragicomèdia** [comp. di *tragi(co)* e *commedia*, come il lat. *tragicocomoedia*, dal gr. *tragikokōmōidía*; 1584] s. f. *1* Componimento drammatico in cui parti tragiche si alternano a situazioni comiche. *2* (*fig.*) Fatto, caso tragicomico.

†**tragiogàre** [comp. di *tra-* e *giogo*] v. intr. ● Tirare in direzioni contrarie, detto di animali che vanno insieme sotto il giogo.

†**tragiovànte** [comp. di *tra-* e *giovante*] agg. ● Oltremodo giovevole.

tragittàre [variante di *tragettare*; 1441] **A** v. tr. *1* (*disus.*) Trasportare in barca da una sponda all'altra cose o persone | (*raro*) Passare, traversare navigando: *t. un fiume, un braccio di mare.* *2* (*disus.*) Passare, attraversare in un viaggio di terra: *t. un paese* | †Valicare: *t. le Alpi.* **B** v. intr. pron. ● (*lett.*) Trasferirsi: *e quindi si tragitta / per mare alla cittade* (ARIOSTO).

♦**tragitto** [da *tragittare*; 1313] s. m. *1* Passaggio da un luogo a un altro | †***Far t.***, trasferirsi. *2* (*est.*) Cammino, percorso: *il t. per arrivare al mare è molto breve.* *3* †Traghetto. *4* †Traversa, scorciatoia | (*tosc.*) Sentiero poco praticabile.

tràglia ● V. *draglia*.

†**tragloriòso** [comp. di *tra-* e *glorioso*] agg. ● Oltremodo glorioso.

tràgo [vc. dotta, lat. *trăgo(n)*, dal gr. *trágos*, propr. 'capro(ne)', perché peloso come la barba di un capro; 1821] s. m. (pl. *-ghi*) ● (*anat.*) Piccola sporgenza cartilaginea del padiglione auricolare situata davanti al meato uditivo esterno. ➡ ILL. p. 2126 ANATOMIA UMANA.

tràgolo o **tràgulo** [dim. del gr. *trágos* 'capro', di orig. indeur.; 1936] s. m. ● Piccolissimo ruminante asiatico con canini sporgenti e pelame fulvo (*Tragulus kanchil*).

†**tragrànde** [comp. di *tra-* e *grande*] agg. ● Stragrande.

traguardàre [comp. di *tra-* e *guardare*; 1632] v. tr. *1* Osservare un oggetto attraverso un traguardo, per determinare una linea di mira o un piano verticale di mira passanti per quell'oggetto. *2* Guardare di sottecchi (*anche assol.*) | Spiare.

traguàrdo [da *traguardare*; 1578] s. m. *1* (*raro*) Il traguardare. *2* Punto opportunamente contrassegnato in cui si conclude una gara di corsa e la linea che lo indica: *arrivare primo al t.*; *tagliare vittorioso il t.* | ***T. volante***, in una corsa ciclistica, quello a premi posto lungo un percorso. *3* (*ottica*) Strumento destinato a individuare una linea di mira o un piano verticale di mira e costituito, nel primo caso, da due punti di riferimento e, nel secondo, da un punto e una retta verticale o da due rette verticali di riferimento: *livello a t.* | (*mar.*) ***Governare a t.***, dirigere la nave in modo da rilevare un dato riferimento sotto prua costante. *4* (*mil.*) Congegno di puntamento di un'arma da fuoco | (*est., aer., mil.*) ***T. di puntamento***, congegno montato su un aeromobile da bombardamento e destinato a determinare la direttrice di attacco a un dato bersaglio e il punto di sgancio delle bombe. *5* (*fig.*) Punto d'arrivo: *la laurea è il suo t.* | (*fig.*) Obiettivo: *t. formativo.*

tràgula [vc. dotta, lat. *trāgula(m)*, da *trăhere* 'tirare'; sec. XVII] s. f. ● Grosso giavellotto in uso in epoca romana.

tràgulo ● V. *tragolo*.

trài ● V. *trarre*.

†**traiettàre** [vc. dotta, lat. *traiectāre*, comp. di *trāns* 'al di là' e *iactāre*, freq. di *iăcere* 'gettare'; av. 1557] v. tr. ● Traghettare.

traiettòria [fr. *trajectoire*, dal lat. tardo *traiectōriu(m)*, da *traĭcere* 'gettare'; 1853] s. f. *1* Linea continua descritta nello spazio da un punto in moto. *2* Linea curva percorsa dal centro di gravità del proiettile, determinata da vari fattori tra cui la velocità iniziale, la forma e il peso del proiettile, la resistenza dell'aria, la forza di gravità, l'angolo di proiezione | ***T. tesa***, quella delle armi portatili e dei cannoni, contro bersagli verticali | ***T. curva***, quella degli obici e dei mortai, contro bersagli orizzontali. SIN. Parabola.

trailer /ˈtrɛiler, *ingl.* ˈtḥɹɛɪləɹ/ [vc. ingl., da *to trail* 'trascinare' (d'orig. incerta); 1942] s. m. inv. *1* Carrello da agganciare a un autoveicolo spec. per il trasporto di barche o moto | (*raro*) Roulotte. *2* (*cine, tv*) Annuncio pubblicitario di un film o di un programma televisivo di imminente programmazione, di cui vengono presentate alcune sequenze.

†**traiménto** [da †*traere*] s. m. ● Il trarre.

tràina o †**traìna** [f. sost. del part. pass. di *trainare*, col senso di 'traccia'; 1769] s. f. *1* Cavo per trainare | ***Pesca a, alla t.***, metodo di pesca consistente nel trainare, dietro a una barca in moto, una lenza con esca naturale o artificiale. *2* Andatura irregolare del cavallo che galoppa col bipede anteriore e trotta con il posteriore.

trainànte [1340] part. pres. di *trainare*; anche agg. ● Nei sign. del v. (*spec. in senso fig.*): *effetto, funzione t.* | (*econ.*) ***Settore t.***, che è in grado di influire positivamente su altri settori dell'economia.

trainàre o †**tranàre** [lat. parl. **tragināre*, da una forma parallela (**trāgere*) di *trăhere* 'tirare, trarre'; av. 1313] v. tr. (*io tràino* o †*traìno*) *1* Tirare, trascinare un veicolo, un carico: *t. un carro*; *t. l'artiglieria* | (*scherz.*) ***Farsi t.***, farsi scarrozzare, portare in automobile; (*fig.*) farsi guidare da qlcu. assumendo un atteggiamento passivo | Rimorchiare. *2* (*fig.*) Stimolare, spingere positivamente: *è il suo entusiasmo a t. tutti.*

trainer /ˈtrɛiner, *ingl.* ˈtḥɹɛɪnəɹ/ [vc. ingl., dal v. *to train* 'trascinare, allenare, addestrare', dal fr. ant. *trainer* 'trainare'; 1889] s. m. e f. inv. *1* Allenatore, spec. di una squadra di calcio, di cavalli da corsa e sim. *2* (*org. az.*) Istruttore di training.

training /ˈtrɛinin(g), *ingl.* ˈtḥɹɛɪnɪŋ/ [vc. ingl., da *to train* 'trainare, trascinare' (a sua volta dal fr. *trainer* 'trascinare'); 1962] s. m. inv. *1* (*org. az.*) Periodo di preparazione e addestramento a una determinata attività professionale: *l'azienda ha organizzato un t. intensivo per la preparazione commerciale dei suoi manager* | Allenamento sportivo. *2* (*psicol.*) ***T. autogeno***, insieme di tecniche psicoterapeutiche che consentono di distendersi mediante la concentrazione e che influiscono positivamente sul sistema neurovegetativo.

tràino o †**traìno** [da *trainare*; av. 1400] s. m. *1* Attività, operazione del trainare: *t. animale, meccanico.* *2* Veicolo, carico, peso che viene trainato o rimorchiato. *3* Specie di carro senza ruote, talvolta con pattini, per luoghi scoscesi. *4* (*tosc.*) Parte inferiore della carrozza, su cui poggia la cassa. *5* †Seguito, corteo di gente che accompagna qlcu. in un viaggio | (*fig.*) †Strascico. *6* †Andamento, tenore di vita: *regola el t. del vivere suo non in altro che in sulla speranza* (GUICCIARDINI). *7* Traina nel sign. 2. *8* †Fodero di legname. *9* (*fig.*) Impulso positivo, spec. di un settore economico su un altro | ***Fare da t.***, costituire un settore trainante. *10* (*fig., tv*) Programma che per la sua collocazione ha la funzione di mantenere vivo nei telespettatori l'interesse per le trasmissioni successive di quella stessa rete: *quel varietà è un t. del telegiornale.*

†**traìre** e *deriv.* ● V. *tradire* e *deriv.*

trait d'union /trɛduˈnjɔn, *fr.* ˌtʀɛdyˈnjõ/ [vc. fr., propr. 'tratto (*trait*, dal lat. *trāctus*, come in it.) di unione (*d'union*, da *unir* 'unire')'; 1881] loc. sost. m. inv. (pl. fr. *traits d'union*) *1* Trattino che si pone tra due parole con forte nesso logico che costituiscono un'unità semantica (es. *cavallo-vapore*). *2* (*fig.*) Vincolo, legame | Intermediario: *fare da trait d'union fra due persone.*

tralasciaménto [sec. XIII] s. m. ● (*raro*) Il tralasciare | †Cessazione.

tralasciàre [comp. di *tra-* e *lasciare*; 1338 ca.] v. tr. (*io tralàscio*; fut. *io tralascerò*) *1* Lasciare a mezzo, sospendere, interrompere: *t. una cura, gli studi* | Cessare di fare, lasciare da parte: *t. i rimproveri.* *2* Evitare di prendere in considerazione o di valutare (di proposito o per dimenticanza): *hanno tralasciato di leggere la parte più interessante.*

tralatìzio o **tralatìcio** [vc. dotta, lat. *tra(ns)latīciu(m)*, da *translātus*, part. pass. di *transfĕrre* 'trasferire'; av. 1580] agg. ● Tramandato, tradizionale | ***Formule tralatizie***, rimaste tradizionalmente invariate in leggi, atti notarili e sim. | ***Parte tralatizia in un testo***, non originale.

†**tralazióne** ● V. *traslazione*.

†**tralciàto** agg. ● Pieno di tralci | Impedito dai tralci, detto di strada.

tràlcio [dal lat. *trāduce(m)*, da *tradūcere* 'trasportare, trapiantare'; av. 1320] s. m. *1* Ramo giovane della vite o di piante rampicanti: *t. d'edera*; *tralci nuovi, dell'anno* | ***T. pampanuto***, coperto di pampini | ***T. guardiano***, dell'anno, che si taglia a due occhi e si utilizza in caso di necessità. *2* (*med.*) Piccola porzione di cordone ombelicale che rimane aderente all'addome del neonato.

†**tralciùto** agg. ● Pieno di tralci.

†**traleàle** [comp. di *tra-* e *leale*] agg. ● Oltremodo leale.

tralicciatùra [da *traliccio*; 1987] s. f. ● Struttura in legno o in metallo impiegata nella costruzione di ponti metallici, torri di sostegno di antenne radiotrasmittenti e sim.

traliccio [lat. parl. *trilīciu(m)*, per *trilīce(m)*, comp. di *trēs* 'tre', di orig. indeur., e di un deriv. di *līcium* 'liccio, filo', termine tecnico di etim. incerta, con sovrapposizione del frequente pref. *tra-*; 1385] **s. m.** *1* Tela robusta per foderare materassi e guanciali, fatta di lino, di canapa, talvolta misti con cotone. *2* Struttura costituita da incroci di aste o di travi in un piano, in uso spec. per sostenere cavi, fili ad alta tensione e sim.

tralice, (*evit.*) **tràlice** [lat. *trilīce(m)*, attributo di 'tessuto a tre fili' (V. *traliccio*), attraverso cui guardare; av. 1704] **vc.** ● Solo nelle loc. avv. ***in t.***, (*raro*) ***di t.***, obliquamente, di traverso: *andare in t.*; *tagliare una stoffa in t.* | (*fig.*) ***Guardare in t.***, di sottecchi.

tralignaménto [av. 1595] **s. m.** ● (*raro*) Degenerazione dalle tradizioni della propria stirpe | (*fig.*) Deviazione.

tralignàre [per *tralineare* 'andar oltre (*tra-*) la linea'; 1319] **v. intr.** (aus. *avere* e *essere*) ● Degenerare fisicamente o moralmente diventando dissimile dai genitori o dai propri avi | (*fig.*) Deviare, discostarsi: *t. dall'antica virtù* | (*raro*) Inselvatichire, detto di piante.

trallallà [vc. onomat., alludente alla melodia di un canto; 1884] **inter.** ● Si usa canticchiando senza riferimento ad alcun particolare ritmo o canzone in momenti di soddisfazione o di allegrezza: *trallallera, t.* | Esprime anche ostentata indifferenza per qlco. o qlcu. | V. anche *lallarallà, lallera, larà, trallallera, trallerallera.*

trallallèra o **trallallèro** [ripetizione onomat. di ritornello di canzone; 1891] **A inter.** ● Si usa canticchiando senza riferimento ad alcun particolare ritmo o canzone in momenti di soddisfazione o di allegrezza: *t., t., trallallà* | Esprime anche ostentata indifferenza per qlco. o qlcu. | V. anche *lallarallà, lallera, larà, trallerallera.* **B** in funzione di **s. m. inv.** ● Il movimento che si fa ballando.

trallerallà [1970] **inter.** ● Trallallà.

trallerallèra o **trallerallèro** [1891] **A inter.** ● Trallallera. **B** in funzione di **s. m. inv.** ● Cantilena | Recitazione monotona.

tralucènte [sec. XIII] **part. pres.** di *tralucere*; anche **agg.** *1* Nei sign. del v. *2* (*raro, poet.*) Splendente: *el grande amore / ch'i porto a' tuo' begli occhi tralucenti* (L. DE' MEDICI).

tralùcere [vc. dotta, lat. *translucēre*, comp. di *trāns* 'attraverso' e *lucēre* 'splendere' con adattamento ai corrispondenti componenti it.; 1319] **v. intr.** (*io tralùco, tu tralùci*; difett. del **part. pass.** e dei tempi composti) *1* (*lett.*) Risplendere attraverso corpi diafani, detto della luce: *raggio di sol traluce in vetro* (PETRARCA). *2* Trasparire (*anche fig.*): *un oggetto che traluce nell'acqua*; *la paura gli traluce nello sguardo*; *sentimenti ... che dai cuori ove nacquero traluceno già alla mente d'alcuni uomini* (NIEVO). *3* (*raro*) Lasciar passare la luce, mostrare la luce a chi vi guarda attraverso: *un tessuto che traluce.*

†**tralùcido** ● V. *traslucido.*

†**tralunàre** [comp. di *tra-* e del denominale di *luna*, comp. semanticamente non chiaro] **v. intr.** *1* Stralunare gli occhi. *2* Meravigliarsi. *3* Astrologare.

♦**tram** [dall'abbr. ingl. di *tram(way)*. V. *tranvai*; 1878] **s. m.** ● Veicolo a trazione elettrica per trasporto di passeggeri su di una rete di rotaie il cui percorso si svolge spec. sulla sede stradale ordinaria cittadina: *prendere il t.*; *salire, scendere dal t.* | ***Perdere il t.***, (*fig., fam.*) perdere un'occasione favorevole | ***Attaccati al t.!***, (*fig., fam.*) arrangiati!

tràma [vc. dotta, lat. *trāma(m)*, di etim. incerta; 1279] **s. f.** *1* Complesso dei fili che nel tessuto si dispongono normalmente all'ordito e che s'intrecciano con quello durante la tessitura, mediante il passaggio delle navette contenenti le spole. *2* (*fig.*) Maneggio, macchinazione, inganno: *ordire una t. a danno di qlcu.* *3* (*fig.*) Intreccio di un'opera narrativa, teatrale o cinematografica: *una commedia con una t. piena di colpi di scena.* *4* (*sport*) Insieme coordinato di azioni di gioco degli attaccanti di una squadra: *tessere una t.*; *interrompere le trame degli avversari.* *5* (*biol.*) Struttura risultante dall'intreccio di formazioni fibrillari o tubulari | ***T. vascolare***, rete di vasi sanguigni.

tramàglio o **tramàcchio**, **tremàcchio**, **tremàglio** [lat. tardo *tremăculu(m)* '(rete) a tre (*trēs*) ordini di maglie (*măculae*)'; sec. XIV] **s. m.** *1* Rete verticale da pesca, formata da tre teli addossati l'uno all'altro. ➡ **ILL. pesca.** *2* Grande rete verticale per catturare uccelli. **SIN.** Ragna.

tramagnino [dal n. dei fratelli *Tramagnino* fondatori di una società di mimi che eseguivano la loro parte da soli; 1883] **s. m.** ● Mimo che in una pantomima esegue parti da solo: *Incontrato un t. ... gli si avvicinò e gli confidò il suo segreto* (SAVINIO).

†**tramalvàgio** [comp. di *tra-* e *malvagio*] **agg.** ● Molto malvagio.

tramandaménto [av. 1704] **s. m.** ● (*raro*) Il tramandare.

tramandàre [comp. di *tra-* e *mandare*; 1598] **v. tr.** *1* Trasmettere nel tempo usi, memorie, fatti, credenze: *t. un ricordo di padre in figlio.* *2* †Trasportare, trasferire. *3* †Mandare, emanare un odore.

tramandàto **part. pass.** di *tramandare*; anche **agg.** ● Nei sign. del v.

tramandatóre **s. m.**; anche **agg.** (f. *-trice*) ● (*raro*) Chi (o Che) tramanda.

tramàre [da *trama*; 1441] **v. tr.** *1* Intrecciare la trama coi fili dell'ordito, nel tessere. *2* (*fig.*) Tessere, macchinare: *t. inganni, insidie, congiure* | Complottare (*anche assol.*): *t. la rovina di qlco.*; *t. di nascosto.* **SIN.** Ordire.

†**tramatóre** [1476] **s. m.**; anche **agg.** (f. *-trice*) ● Chi (o Che) trama.

†**tramazzàre** [comp. di *tra-* e del denominale di *mazza*] **v. intr.** ● Stramazzare.

†**tramàzzo** [da *tramazzare*; sec. XIII] **s. m.** *1* Tumulto, confusione, trambusto. *2* Trama.

†**trambasciaménto** [da *trambasciare*] **s. m.** ● Ambascia, angoscia.

trambasciàre o †**strambasciàre** [comp. di *tra-* e del denominale di *ambascia*; av. 1306] **v. intr.** (*io trambàscio*; fut. *io trambascerò*; aus. *essere*) ● (*raro, lett.*) Essere oppresso da ambascia.

†**trambedùe** [da *ambidue* con sovrapposizione di *entrambi*] **agg.** e **pron. num. inv.** ● (*raro, poet.*) Ambedue.

†**trànbi** ● V. *entrambi.*

†**trambustàre** [da *trambusto*; av. 1597] **A v. tr.** ● Confondere, disordinare | Agitare. **B v. intr. pron.** ● (*fig.*) Agitarsi, affannarsi, arrabattarsi.

trambustio [1840] **s. m.** ● (*raro*) Trambusto frequente e molesto.

trambùsto [ant. provz. *tabust* 'chiasso', da una base onomat. *talb-*, con sovrapposizione di altra parola con *tra-*; 1441] **s. m.** ● Confusione rumorosa, agitazione di cose o persone: *in casa c'è un gran t.* | Tumulto, disordine di folla: *per il t., molti non riuscirono a mettersi in salvo.* **CONTR.** Quiete.

tramenàre [comp. di *tra-* e *menare*; 1525] **v. tr.** (*io traméno*) *1* (*tosc., disus.*) Maneggiare, agitare oggetti mettendo disordine | †***T. un negozio***, trattare un affare | (*assol.*) Trafficare, rovistare, mettere sottosopra: *ha tramenato tutto il giorno nella sua stanza.* *2* †Mandar fuori, via.

†**tramendùe** o †**tramendùi** [comp. di *tra-* e (*a*)*mendue*; 1532] **agg.** e **pron. num. inv.** ● (*poet.*) Ambedue.

tramenio [1763] **s. m.** *1* (*tosc.* o *lett.*) Un tramenare continuato | Movimento di oggetti che vengono rimossi in modo disordinato | (*est.*) Affaccendamento, andirivieni di persone: *nella piazza del mercato c'è un gran t.* *2* Rumore causato da ciò che viene rimosso, spostato: *un t. di mobili.*

tramescolaménto [av. 1673] **s. m.** ● (*raro*) Il tramescolare.

tramescolàre [comp. di *tra-* e *mescolare*; sec. XIV] **A v. tr.** (*io tramèscolo* (o *-è-*)) ● (*raro*) Mescolare, rimescolare. **B v. intr. pron.** ● (*raro*) Mescolarsi confusamente.

†**tramessióne** [da *trametter*e] **s. f.** ● Intromissione | Intenzione.

tramésso [sec. XIII] **part. pass.** di *trametter*e ● Nei sign. del v.

tramestàre [comp. di *tra-* e *mestare*; 1340 ca.] **A v. tr.** (*io traméstо*) ● (*tosc.*) Rimestare | Rimescolare: *t. i colori* | Mettere sottosopra trafficando, frugando. **B v. intr.** (aus. *avere*) ● (*tosc.*) Rovistare, mettere a soqquadro | (*fig.*) Armeggiare.

tramestio [av. 1400] **s. m.** ● Movimento continuo e disordinato di persone o cose | Il tramestare continuo e il rumore che ne deriva.

tramèttere [comp. di *tra-* e *mettere*; sec. XIII] **A v. tr.** (coniug. come *mettere*) *1* †Frammettere, interporre. **CONTR.** Estromettere. *2* †Tralasciare. **B v. intr. pron.** ● (*raro*) Intromettersi, impacciarsi: *tramettersi nelle faccende altrui* | †Occuparsi di qlco.

tramèzza [da *tramezzare*; 1879] **s. f.** *1* Striscia di cuoio cucita o inchiodata tra la suola e la tomaia. *2* (*edil.*) Tramezzo.

tramezzàbile [av. 1673] **agg.** ● (*raro*) Che si può tramezzare.

†**tramezzàglia** **s. f.** ● Diaframma, tramezzo.

tramezzaménto [sec. XIII] **s. m.** ● (*raro*) Il tramezzare | (*fig.*) †***Senza t.***, ininterrottamente.

†**tramezzàno** [comp. di *tra-* e *mezzano*] **s. m.** ● Intermediario, mezzano: *tramezzani, che ricevono gli ordini de' superiori, e agl'inferiori ne commettono l'esecuzione* (BARTOLI).

tramezzàre [da *tramezzo* (*1*); 1342] **A v. tr.** (*io tramèzzo*) *1* Interporre, frammezzare, intramezzare: *t. strati di carne a fette di prosciutto*; *t. una pausa in un discorso* | ***T. i fogli di un libro con pagine bianche***, interfogliare | †Lasciare intervalli, interrompere: *t. una recita con brani musicali.* *2* Separare con un tramezzo: *t. una stanza con un muro.* *3* †Separare, mettendosi o stando in mezzo: *t. le schiere nemiche* | †Spartire: *t. i litiganti.* **B v. intr.** *1* †Stare in mezzo per separare. *2* †Entrare come mediatore. **C v. rifl.** ● †Mettersi, entrare in mezzo, interporsi spec. come mediatore.

tramezzatóre **s. m.**; anche **agg.** (f. *-trice*) *1* (*raro*) Chi (o Che) tramezza. *2* †Mediatore.

tramezzatùra [1961] **s. f.** ● Operazione e modalità del tramezzare | Quantità, complesso di tramezzi.

tramezzino [1935] **s. m.** *1* Dim. di *tramezzo* (*1*). *2* Coppia di fette di pane a cassetta tagliate diagonalmente e variamente farcite. *3* (*raro*) Uomo sandwich. *4* ***Pannello a t.***, in falegnameria, pannello tamburato.

tramèzzo (**1**) [comp. di *tra-* e *mezzo*; av. 1320] **A avv.** ● Frammezzo: *non metterti t.* **B** nella **loc. prep.** ***t. a***, in mezzo a, fra: *t. a voi non c'è nessuno che io conosca.* **C s. m.** *1* Diaframma, cosa interposta ad altre. *2* (*edil.*) Parete sottile di muro o di assito per dividere una stanza, o sim. *3* Guarnizione di merletto fra due pezzi di tessuto. *4* †Intervallo di tempo | †***Senza t.***, senza indugio | †***In quel t.***, in quel frattempo. || **tramezzétto**, **dim.** | **tramezzino**, **dim.** (V.).

†**tramèzzo** (**2**) [comp. di *tra-* e *mezzo*; sec. XVI] **agg.** ● Intermedio.

traminer /'tra'miner, *ted.* tra'mi:nʌ/ [vc. ted., propr. '(proveniente) da *Tramin*', n. locale del comune di Termeno; 1894] **s. m. inv.** ● Vitigno originario dell'Alto Adige, coltivato anche in Trentino e Friuli | Vino bianco di color giallo paglierino tendente al dorato carico, dal profumo molto fruttato e dal sapore aromatico leggermente amarognolo, prodotto dal vitigno omonimo (sia il vitigno che il vino, quando di qualità superiore, prendono la denominazione di *Traminer aromatico*, in ted. *Gewürztraminer*).

†**tramiràbile** [comp. di *tra-* e *mirabile*] **agg.** ● Oltremodo mirabile.

†**tramischiànza** [da †*tramischiare*] **s. f.** ● Mescolanza.

†**tramischiàre** [comp. di *tra-* e *mischiare*; 1659] **v. tr.** e **intr. pron.** ● Frammischiare, rimescolare.

†**tramiseràbile** [comp. di *tra-* e *miserabile*] **agg.** ● Assai miserabile.

†**tramissióne** [da *tramettere* per *trasmettere*; 1525] **s. f.** ● Trasmissione.

tràmite [vc. dotta, lat. *trāmite(m)* 'cammino di traverso', di formazione incerta, anche se connesso con *trāns* 'tra'; av. 1320] **A s. m.** *1* (*lett.*) Sentiero | Via di passaggio, passaggio: *il t. tra l'Europa e l'Asia.* *2* (*fig.*) Via, spec. quella da seguire per comunicazioni, atti ufficiali: *per il t. della presidenza* | ***Col t. di***, per mezzo di | ***Fare, agire da t.***, fungere da intermediario. || **tramitèllo**, **dim.** **B** in funzione di **prep.** ● Per mezzo di: *mandami la roba t. tuo fratello.*

tramòggia [lat. *trimŏdia(m)*, comp. di *trēs* 'tre' e di un deriv. di *mŏdius* 'modio, moggio', perché originariamente '(recipiente) di tre moggi'; av. 1400] **A s. f.** (pl. *-ge*) *1* Recipiente a forma di tronco di piramide o tronco di cono capovolti, aperto in alto e in basso, che viene riempito di materiale e che serve all'alimentazione di mulini, frantoi, forni e sim. | *T. lanciatorpedini*, dispositivo meccanico, posto a poppa di alcuni tipi di navi da guerra, che lascia cadere in mare le torpedini. ➡ ILL. p. 2114, 2115 AGRICOLTURA. **2** Cassetta dove si imbussolavano, nell'Accademia della Crusca, i componimenti da esaminare. **3** *Finestra a t.*, in conventi e carceri, dalla quale non è possibile guardar fuori. **B** in funzione di **agg. inv.** ● (posposto al s.) Solo nella loc. *carro t.*, carro per lo scarico diretto del carico.

tramoggiàio [av. 1722] **s. m.** (f. *-a*) ● Operaio addetto alla tramoggia.

†**tramontaménto** [av. 1406] **s. m.** ● Tramonto.

tramontàna [propr. (*vento ol*)*tramontano*; 1353] **s. f.** ● Vento freddo, generalmente secco e piuttosto forte, che soffia da nord | †La direzione nord | *Perdere la t.*, †(*mar.*) perdere l'orientamento; (*fig., fam.*) essere disorientato, confondersi, non saper più che fare o dire | (*fig.*) †Guida, direzione. || **tramontanàccia**, **pegg.** | **tramontanina**, **dim. vezz.**

tramontanàta [1840] **s. f.** ● (*raro*) Soffio di tramontana, spec. violento e continuato.

tramontàno [vc. dotta, lat. *transmontānu(m)*, comp. di *trāns* 'oltre, al di là' e *montānus* 'montano'; 1303] **A agg.** ● †Oltramontano: *gente tramontana* | (*raro*) Che abita oltre i monti del nord o viene dal settentrione: *i Galli tramontani*. **B s. m.** **1** (*raro*) Tramontana. **2** †Straniero del settentrione.

♦**tramontàre** [comp. di *tra-* e del denominale di *monte*, nel senso, quindi, di '(calare) al di là dei monti'; 1308] **A v. intr.** (*io tramónto*; aus. *essere*) **1** Sparire sotto la linea dell'orizzonte, detto del Sole e di altri corpi celesti. CONTR. Sorgere. **2** (*fig.*) Discendere, dal sommo di una immaginaria parabola, di forze, attività, favori, e sim.: *sono entusiasmi che tramonteranno presto* | ***La sua stella sta tramontando***, (*fig.*) non è più in auge o di moda, detto di persone o cose | Finire, aver fine: *è una vita che sta tramontando*. **B** in funzione di **s. m.** solo **sing.** ● Tramonto: *ci vedremo al t. del sole*.

♦**tramónto** [da *tramontare*; sec. XV] **s. m.** **1** Il tramontare del Sole o degli astri | ***Dall'alba al t.***, tutto il giorno. SIN. Occaso. **2** Fenomeno luminoso determinato dal tramonto: *ho visto un t. dorato*. **3** (*fig.*) Fine, termine: *giungere al t. della vita* | ***Essere al t.***, ***sul viale del t.***, detto di persona, essere giunto nell'estrema vecchiezza o, di artisti, aver esaurita la vena o aver perso la notorietà di una volta.

tramortiménto [av. 1320] **s. m.** ● (*raro*) Il tramortire, il venire tramortito | Il fatto di essere tramortito.

tramortìre o (*pop.*) †**stramortire**, †**trașmortire** [comp. di *tra-* e del denominale di *morto*; 1294] **A v. intr.** (*io tramortìsco, tu tramortìsci*; aus. *essere*) ● (*lett.*) Perdere i sensi e le forze, venir meno (*anche fig.*): *t. per un forte colpo*; *t. per lo spavento*. **B v. tr.** ● Far perdere i sensi: *lo tramortì a furia di botte*.

tramortito [1840] **part. pass.** di *tramortire*; anche **agg.** **1** Privo di sensi. **2** (*fig., lett.*) Che è venuto meno.

tramp /tremp, *ingl.* tɥæmp/ [vc. ingl., propr. 'vagabondo' (d'orig. germ.); 1932] **s. m. inv.** ● Nave da carico vario, non di linea, di portata limitata, che viaggia cercando i noli più convenienti.

†**trampalàre** ● V. *†trampolare*.

†**tràmpalo** ● V. *trampolo*.

†**tràmpano** ● V. *trampolo*.

†**trampolàre** o †**trampalàre** [medio alto ted. *trampeln* 'camminare a passi pesanti', di orig. imit. (?); av. 1571] **v. intr.** **1** Camminare sui trampoli. **2** (*est., fig.*) Vacillare, barcollare.

trampolière [da *trampolo*; 1891] **A s. m.** **1** Ogni uccello con gambe e collo molto lunghi, come i Ciconiformi e i Ralliformi, tipico delle zone paludose, che nella vecchia tassonomia apparteneva all'ordine dei Trampolieri. **2** (*est., scherz.*) Persona alta e magra, dalle gambe molto lunghe. **B** anche **agg. m.**

Trampolièri [dal pl. di *trampolo*; 1891] **s. m. pl.** (sing. *-e*) ● Nella vecchia tassonomia, ordine di Uccelli con gambe e collo molto lunghi, ora suddivisi in Ciconiformi e Ralliformi.

trampolino [1891] **s. m.** **1** Struttura usata per i tuffi o per il salto con gli sci | *T. elastico*, telo elastico, utilizzato da ginnasti e tuffatori | (*fig.*) ***Fare da t.***, ***da t. di lancio a qlcu.***, aprirgli, facilitargli la via al successo. ➡ ILL. p. 2149 SPORT. **2** Nel gioco del pallone a bracciale, pedana sulla quale si colloca il battitore | Nelle partite di tamburello, l'insieme dei giochi in cui una squadra sta alla battuta, dopo i quali avviene il cambiamento di campo.

tràmpolo o (*pop., tosc.*) †**tràmpalo**, †**tràmpano** [da *trampolare*; av. 1449] **s. m.** ● Ciascuno dei lunghi bastoni con una mensoletta piuttosto in alto per posarvi il piede, usati per camminare in luoghi acquitrinosi, dai pagliacci nei circhi o dalle maschere a carnevale | (*fig.*) ***Ragionamento che si regge sui trampoli***, campato in aria | (*fig., scherz., al pl.*) Gambe molto lunghe: *con quei trampoli puoi correre forte*.

tramùta [av. 1606] **s. f.** ● (*raro*) Tramutamento | Travaso.

tramutaménto [sec. XIV] **s. m.** ● (*raro*) Trasformazione | Trasferimento | Travaso: *il t. del vino*.

†**tramutànza** **s. f.** ● Tramutazione.

tramutàre [vc. dotta, per adattamento del lat. *tra(ns)mutāre*, comp. di *trāns* 'da un posto ad un altro' e *mutāre*; 1294] **A v. tr.** **1** (*lett.* o *raro*) Trasportare, trasferire, mutare di posto | Travasare: *t. il vino* | Trapiantare. **2** (*lett.*) Mutare, cambiare: *t. colore, aspetto*; *t. l'avversione in simpatia* | Far cambiare di natura, di condizione. **3** †Differire. **B v. rifl.** e **intr. pron.** ● Convertirsi, prendere l'aspetto di: *Giove si tramutò in toro*. **C v. intr. pron.** **1** †Mutare colore, sembianza. **2** †Cambiare sede, posto, giacitura.

tramutatóre **s. m.**; anche **agg.** (f. *-trice*) ● (*raro*) Chi (o Che) tramuta.

tramutazióne [vc. dotta, adattamento del lat. *transmutatiōne(m)*, comp. di *trāns* 'al di là' e *mutātio*, genit. *mutatiōnis* 'mutazione'; av. 1348] **s. f.** **1** Il tramutare | Mutamento, mutazione. **2** †Trasmigrazione.

†**tramutevolménte** [1525] **avv.** ● Mutevolmente.

tramutìo [da *tramutare*; 1879] **s. m.** ● (*raro*) Continuo tramutamento.

tramvài ● V. *tranvai*.

tramvia ● V. *tranvia*.

†**tranàre** ● V. *trainare*.

trance /trans, *ingl.* tɥæ'ns/ [vc. ingl., dall'ant. fr. *transe* 'trapasso', da *transir* 'morire', dal lat. *transīre* 'andare (*īre*) di là (*trāns*)', 'passare'; 1904] **s. f. inv.** **1** Nel linguaggio della parapsicologia, condizione spontanea o provocata di perdita parziale o totale del livello cosciente e sensorio, con conseguente accentuazione delle attitudini medianiche e paranormali | ***T. spiritica***, ***medianica***, quella tipica dei medium negli esperimenti spiritici. **2** (*fam.*) Estasi: *è una musica che lo fa cadere in t.*

tranceria [da *tranciare*; 1983] **s. f.** ● Officina nella quale si trancia.

tranchant /*fr.* tʀɑ̃'ʃɑ̃/ [vc. fr., propr. 'tagliente', part. pres. del v. *trancher* 'tagliare'; 1988] **agg. inv.** (f. fr. *trauchante*; **pl. m.** *trauchants*; **pl. f.** *trauchantes*) ● Deciso, tagliente, perentorio: *tono, risposta t.*

tranche /tranʃ, *fr.* tʀɑ̃ʃ/ [vc. fr., da *trancher* 'trinciare', (V. *trancia*); 1939] **s. f. inv.** **1** Fetta: *una t. di torta, di pesce*. **2** (*banca*) Quota | ***Emettere una t. d'obbligazioni***, emettere in più volte obbligazioni di uno stesso tipo da parte di un medesimo ente. **3** ***T. de vie***, nel linguaggio della critica, opera letteraria, teatrale o cinematografica che riproduce con realismo un'epoca, un ambiente o un intreccio di avvenimenti.

trancheur /*fr.* tʀɑ̃'ʃœ:ʀ/ [vc. fr., da *trancher* (V. *trancia*); 1983] **agg. inv.** ● Solo nella loc. ***chef t.***, capocuoco incaricato di tagliare a pezzi una vivanda.

trància [fr. *tranche*, da *trancher* 'trinciare', dal lat. *trinicāre* 'tagliare in tre (*trīni*)', sul modello di *duplicāre*; 1905] **s. f.** (pl. *-ce*) **1** Cesoia, taglierina. **2** Fetta: *una t. di pesce ai ferri*.

tranciàre [fr. *trancher* 'trinciare', dal lat. *trinicāre* 'tagliare in tre (*trīni*)', sul modello di *duplicāre*; 1942] **v. tr.** (*io tràncio*) **1** Tagliare con la trancia un elemento metallico o di altra natura. **2** Tagliare in modo netto e deciso.

tranciatóre [1961] **s. m.** (f. *-trice*) ● Operaio addetto alla trancia.

tranciatrice [1942] **s. f.** ● Trancia, nel sign. 1.

tranciatùra [da *tranciare*; 1961] **s. f.** ● Operazione di taglio netto di fili, lamiere, ferri tondi, profilati, senza asportazione di truciolo.

tràncio [1942] **s. m.** ● Trancia, fetta: *un t. di dolce* | ***Pizza al t.***, venduta a peso, in fette.

trancista [1965] **s. m. e f.** (pl. m. *-i*) ● Tranciatore.

†**tranellerìa** **s. f.** ● Tranello.

tranèllo [dim. di *trano* per *tra(i)no* '(brutto) tiro'; sec. XIII] **s. m.** ● Inganno, insidia preparata ai danni di qlcu.: *attirare, far cadere in un t.* | (*est.*) Difficoltà nascosta che può fare sbagliare: *nel compito di matematica c'era un grosso t.*

†**tranghiottiménto** **s. m.** ● Il tranghiottire.

tranghiottìre [vc. dotta, adattamento del lat. tardo *transglutīre*, comp. di *trāns* 'oltre' e *glutīre* 'inghiottire', di orig. onomat.; av. 1320] **v. tr.** (*io tranghiótto*) ● (*disus., raro*) Inghiottire avidamente | Divorare (*anche fig.*).

†**trangosciàre** [comp. di *tra-* e *angosciare*; av. 1250] **v. intr.** ● Soffrire fortemente, provare grande angoscia, spasimare.

†**trangoscióșo** [sec. XIV] **agg.** ● Angoscioso.

trangugiaménto [1865] **s. m.** ● (*raro*) Il trangugiare.

trangugiàre [comp. di *tra-* e del denominale di *gogio*, forma lucchese per 'gozzo'; 1313] **v. tr.** (*io trangùgio*) **1** Inghiottire ingordamente, ingozzare: *t. la cena* | Cacciar giù per la gola senza sentire il sapore, ingurgitare: *t. una medicina* | ***T. bocconi amari***, (*fig.*) soffrire dispiaceri, umiliazioni. **2** (*fig., disus.*) Dilapidare.

trangugiatóre [av. 1375] **s. m.** (f. *-trice*) ● Chi trangugia.

†**trangugiatòrio** **agg.** ● (*scherz.*) Atto o disposto a trangugiare.

tràni [dal vino di *Trani*, che ivi si vendeva; 1879] **s. m. inv.** ● (*sett.*) Osteria.

♦**trànne** [comp. di *tra'*, imperat. di *trarre*, e di *ne*, particella pron. enclitica: 'ne trai; ne togli'; 1313] **prep.** ● Eccetto, fuorché, all'infuori di: *sono stati tutti promossi t. due*; *non gli manca nulla, t. un po' di tranquillità*; *riceve tutti i giorni feriali t. il sabato* | Anche nella loc. prep. ***t. che***: *vado d'accordo con tutti t. che con te*.

trànne che /tranne'ke*, 'tranneke*/ o (*raro*) **tranneché** **loc. cong.** ● A meno che, salvo che (introduce una prop. eccettuativa con il v. al congv.): *non si fanno variazioni tranne che non vi sia una richiesta generale*.

†**tranòbile** [comp. di *tra-* e *nobile*] **agg.** ● Assai nobile.

†**tranquillaménto** [av. 1667] **s. m.** ● Il tranquillare.

tranquillànte [part. pres. di *tranquillare*; 1728] **A s. m.** ● Farmaco sedativo che agisce sul sistema nervoso centrale, usato nella terapia di malattie nervose o per moderare sintomi di eccitazione | ***Tranquillanti maggiori***, neurolettici usati nella cura delle psicosi | ***Tranquillanti minori***, ansiolitici usati nella cura delle nevrosi. **B** anche **agg.**: *farmaco t.*; *effetto t.*

tranquillàre [vc. dotta, lat. *tranquillāre*, da *tranquĭllus* 'tranquillo'; av. 1306] **A v. tr.** **1** (*lett.*) Rendere tranquillo: *t. l'animo, la coscienza* | (*lett.*) Calmare: *il sonno / venga pietoso a tranquillar suoi sdegni* (PARINI) | (*raro*) ***T. i creditori***, pagarli, tacitarli. SIN. Ammansire. CONTR. Inquietare. **2** †Tenere a bada. **B v. intr. pron.** ● (*lett.*) Mettersi tranquillo. **C v. intr.** e **intr. pron.** ● †Godere in riposo, svagarsi.

♦**tranquillità** o †**tranquillitàde**, †**tranquillitàte** [vc. dotta, lat. *tranquillitāte(m)*, da *tranquĭllus* 'tranquillo'; av. 1306] **s. f.** ● Stato, condizione di chi (o di ciò che) è tranquillo: *la t. dell'aria senza venti*; *la t. dello spirito* | ***La t. del mare***, bonaccia | Pace, quiete: *turbare la t. pubblica* | Calma, serenità: *ne parleremo con t.* CONTR. Irrequietezza, turbamento.

tranquillizzànte [sec. XVIII] **part. pres.** di *tranquillizzare*; anche **agg.** ● Nei sign. del v.: *una risposta t.*

tranquillizzàre [fr. *tranquilliser*, da *tranquille* 'tranquillo'; 1769] **A v. tr.** ● Rendere tranquillo, rassicurare: *t. gli animi*; *lo tranquillizzò sulla sua sorte*. CONTR. Angustiare. **B v. intr. pron.** ● Liberarsi da paure, preoccupazioni: *con la tua visita, si è tranquillizzato*. CONTR. Agitarsi.

♦**tranquillo** [vc. dotta, lat. *tranquĭllu(m)*, di etim. incerta; av. 1306] **A agg.** **1** Che è quieto, sereno: *la* *luna / lo suo splendor sereno / vibra nel mar t.* (MARINO) | Che gode di quiete e serenità: *uomo t.*; *animo t.* | Sereno, senza turbamenti: *sonno t.*; *notte tranquilla*; *sono ore tranquille* | ***Situazione tranquilla***, che non presenta rischi o incognite | ***Stia t.***, non abbia timori, preoccupazioni, stia sicuro. CONTR. Agitato. **2** Che è alieno da ira, impazienza o non prende parte a risse, tumulti, e sim.: *una persona tranquilla*; *un cittadino t.* | Pacifico: *è una nazione tranquilla* | Non disturbato: *cercare un angolo t. per riposare*. CONTR. Inquieto, turbolento. **3** (*enol.*) Detto di vino che non presenta effervescenza. CONTR. Vivace. || **tranquillaménte**, avv. **1** Con tranquillità, senza agitarsi: *vivere tranquillamente*; con calma e sicurezza: *rispose tranquillamente*. **2** Senza paura, senza troppo preoccuparsi: *gli disse tranquillamente il fatto suo*. **3** Senza rischi: *potete partire tranquillamente*. **B** s. m. ● (*raro*) Tranquillità, pace: *tenere in t.*

trans [1981] s. m. e f. inv. ● Accorc. di *transessuale*, spec. nel linguaggio giornalistico.

trans- [nelle vc. dotte, ripete la prep. lat., di orig. indeur., *trāns* 'attraverso'] pref. ● In parole dotte di derivazione latina o in termini dotti o scientifici formati modernamente in italiano, indica passaggio al di là, attraversamento, mutamento da una condizione a un'altra e sim. o significa 'al di là', 'attraverso': *transazione, transigere, transitivo, transito, transizione, transalpino, transcaucasico, transatlantico, transpolare*.

transahariàno /transaa'rjano/ o **transaariàno** [comp. di *tran(s)*- 'oltre' e *sahariano*; 1961] agg. ● Che si snoda attraverso il Sahara.

transalpìno [vc. dotta, lat. *transalpīnu(m)*, comp. di *trāns-* e *alpīnus* 'alpino, delle Alpi'; av. 1375] agg. **1** Che è posto al di là delle Alpi | (*per anton.*) Francese. **2** Che si snoda attraverso le Alpi.

transamazzònico (o -zz-) [comp. di *trans-* e *amazzonico*; 1985] agg. (pl. m. *-ci*) ● Che passa attraverso l'Amazzonia | ***Strada transamazzonica***, quella che attraversa il Brasile settentrionale.

transaminàsi o **transamminàsi** [comp. di *trans-* e *amin(a)* col suff. *-asi*; 1961] s. f. inv. ● (*biol.*) Gruppo di enzimi in grado di sintetizzare gli amminoacidi.

transandino [comp. di *trans-* e *andino*; 1929] agg. **1** Che è posto al di là delle Ande. **2** Che si snoda attraverso le Ande.

†**transanimazióne** [comp. di *trans-* e di un deriv. da *anima*, ripetendo la formazione del grecismo *metempsicosi*; sec. XVIII] s. f. ● Metempsicosi.

transappenninico [comp. di *trans-* e *appenninico*; 1961] agg. (pl. m. *-ci*) **1** Che è posto al di là degli Appennini. **2** Che si snoda attraverso gli Appennini.

transaràbico [comp. di *trans-* e *arabico*; 1961] agg. (pl. m. *-ci*) ● Che passa attraverso l'Arabia: *oleodotto t.*

transàre [da *transazione*; 1987] v. tr. **1** Forma errata per *transigere*. **2** (*assol.*) Nel linguaggio commerciale, fare una transazione: *piuttosto che andare in causa abbiamo preferito t.*

transatlàntico [comp. di *trans-* e (Oceano) *Atlantico*; 1819] **A** agg. (pl. m. *-ci*) ● Che è posto al di là dell'Atlantico | Che attraversa l'Atlantico | ***Viaggio t.***, dall'Europa in America o viceversa. **B** s. m. **1** Grande nave passeggeri adibita a percorsi oceanici. ➡ ILL. p. 2172 TRASPORTI. **2** (*est.*) Ampio corridoio del palazzo di Montecitorio a Roma, antistante all'aula sede della Camera, ove i deputati sostano a conversare.

transattìvo [1962] agg. ● (*dir.*) Relativo, conseguente a una transazione: *accordo, contratto t.*

transàtto [av. 1580] **A** part. pass. di *transigere*; anche agg. ● (*raro, dir.*) Accomodato, composto: *lite transatta*. **B** s. m. ● (*disus.*) Rinuncia a un possesso, transazione | †***Far t.***, far mercato | †***Lasciare in t.***, rinunciare a tutto.

transavanguàrdia [comp. di *trans-* e *avanguardia*; 1982] s. f. ● Tendenza pittorica nata negli anni 1975-80, caratterizzata dal recupero eclettico di varie esperienze figurative del XX sec.

transazionàle [da *transazione*, nel sign. 2 sul modello dell'ingl. *transactional*; 1986] agg. **1** Relativo a transazione. **2** (*psicol.*) ***Analisi t.***, metodo psicoterapeutico fondato da E. Berne (1910-1970), basato sull'analisi della comunicazione e cioè sugli stimoli e sulle risposte che intercorrono fra le persone.

transazionalìsmo [da *transazionale*; 1976] s. m. ● (*psicol.*) Teoria secondo la quale i fenomeni psichici sono prodotti dall'interazione dinamica fra il soggetto e gli eventi.

transazióne [vc. dotta, lat. tardo *transactiōne(m)*, da *transāctus* 'transatto'; 1615] s. f. **1** Il transigere | Accomodamento, soluzione di compromesso | ***Venire a una t. con la propria coscienza***, rinunciare alla propria dignità, venire a compromessi con la propria coscienza. **2** (*dir.*) Contratto col quale le parti, facendosi reciproche concessioni, pongono fine a una lite già cominciata o prevengono una lite che può sorgere fra loro: *accettare una t.*; *t. della lite*. **3** Operazione commerciale di compravendita.

transcaucàsico [comp. di *trans-* e *caucasico*; 1931] agg. (pl. m. *-ci*) **1** Che è situato al di là del Caucaso. **2** Che passa attraverso il Caucaso: *ferrovia transcaucasica*.

†**transcéndere** o **transcèndere** ● V. *trascendere*.

transcodìfica [comp. di *trans-* e *codifica*; 1983] s. f. ● Transcodificazione.

transcodificàre [comp. di *trans-* e *codificare*; 1983] v. tr. (*io transcodìfico, tu transcodìfichi*) ● (*elab., elettron.*) Effettuare una transcodificazione.

transcodificatóre [comp. di *trans-* e *codificatore*; 1983] s. m. ● (*elab., elettron.*) Dispositivo per effettuare una transcodificazione. SIN. Convertitore di codice.

transcodificazióne [comp. di *trans-* e *codificazione*; 1983] s. f. ● Conversione da un codice a un altro. SIN. Transcodifica | (*elab.*) Nella traduzione da un linguaggio di un elaboratore a un altro, conversione di un insieme di caratteri avente un determinato significato nel primo linguaggio in un altro insieme avente lo stesso significato nel secondo linguaggio. SIN. Conversione di codice | (*elettron.*) Nella televisione a colori, conversione dei segnali video codificati in base a un determinato sistema in altri equivalenti codificati in base a un altro sistema.

transcontainer /ingl. ˌtɹænskən'theɪnəɹ/ [comp. di *trans-* e *container*; 1987] s. m. inv. ● Container per trasporti internazionali.

transcontinentàle [comp. di *trans-* e *continentale*; 1955] agg. ● Che si snoda attraverso un continente: *linea ferroviaria t.*

†**transcórrere** ● V. *trascorrere*.

transcriptàsi o **transcrittàsi**, **trascrittàsi** [fr. *transcriptase*, da *transcript(ion)* 'trascrizione'; 1988] s. f. inv. ● (*biol.*) Enzima che catalizza la sintesi dell'RNA trascrivendo le informazioni del DNA corrispondente | ***T. inversa***, che catalizza la sintesi del DNA a partire dall'RNA corrispondente.

†**transcrìvere** ● V. *trascrivere*.

transculturazióne [da *trans-* sul modello di *acculturazione*; 1983] s. f. ● Passaggio da una cultura a un'altra, in modo spesso rapido e violento: *la t. del terzo mondo dopo la colonizzazione europea*.

transcutàneo [comp. di *trans-* e *cutaneo*; 1970] agg. ● Che avviene attraverso la cute: *assorbimento t.*

transdanubiàno [comp. di *trans-* e *danubiano*; 1879] agg. ● Che è posto al di là del Danubio.

transdèrmico [comp. di *trans-* e *dermico*; 1989] agg. (pl. m. *-ci*) ● Detto di medicamento che penetra nell'organismo attraverso la pelle: *terapia transdermica*; *cerotto t. ad assorbimento graduale*.

trànseat [propr. 'passi', congv. pres. di *transīre*; 1711] inter. ● Esprime concessione con il sign. di: 'sia pure!', 'lasciamo correre!' e sim.: *per questa volta t.!*

†**transégna** [per *(in)trasegna*; sec. XIII] s. f. ● Sopravveste.

transelevatóre [comp. di *trans-* ed *elevatore*; 1983] s. m. **1** Linea aerea per una catena di montaggio. **2** Impianto automatizzato per trasportare merci all'interno di un magazzino.

transènna [vc. dotta, lat. *transĕnna(m)* 'rete per uccelli' e, per la somiglianza, 'grata', da *trasēnna*, per etim. pop., prob. mutuato dall'etrusco; 1905] s. f. **1** (*arch.*) Lastra lavorata di marmo o di bronzo, usata come parapetto in gallerie, presbiteri e sim. o come chiusura di finestre. **2** Barriera smontabile appositamente costruita per regolare il traffico, sbarrare o regolare l'accesso degli spettatori a locali pubblici, manifestazioni sportive, e sim.

transennaménto [da *transennare*; 1983] s. m. ● Il transennare | Barriera di transenne: *rimuovere il t.*

transennàre [da *transenna*; 1963] v. tr. (*io transènno*) ● Chiudere, delimitare con transenne: *t. una via di accesso*; *t. un percorso*.

transennatùra [da *transennare*; 1981] s. f. ● Delimitazione di uno spazio con transenne: *la t. del centro storico* | Barriera di transenne: *spostare, rimuovere la t.*

transessuàle [comp. di *tran(s)-* e *sessuale*, sul modello dell'ingl. *transsexual*; 1972] **A** s. m. e f. ● Persona che non accetta il proprio sesso e si identifica in quello opposto cercando di assumerne gli atteggiamenti e l'aspetto esteriore | Chi, nato e registrato secondo un sesso, ha assunto, anche per mezzo di interventi chirurgici, le caratteristiche fisiologiche dell'altro sesso. **B** anche agg. CFR. Transgender.

transessualìsmo [da *transessuale*, sul modello del fr. *transsexualisme*; 1974] s. m. ● Transessualità.

transessualità [da *transessuale*; 1979] s. f. ● Condizione di chi è transessuale.

transètto o **transétto** [dall'ingl. *transept*, comp. del lat. *trāns-* 'oltre' e *sǣptum* 'chiusura, recinto'; 1927] s. m. ● Nella chiesa cristiana a pianta longitudinale, navata disposta trasversalmente all'asse principale della chiesa stessa. ➡ ILL. p. 2119 ARCHITETTURA.

transeùnte [vc. dotta, lat. *transeŭnte(m)*, part. pres. di *transīre*; 1499] agg. ● (*lett.*) Che passa, è transitorio. SIN. Caduco, effimero.

transèx [da *trans-* e *sex* 'sesso' per 'sessuale'; 1987] s. m. e f. ● Transessuale.

trànsfer /'transfer, *ingl.* 'tɹænsfəɹ/ [vc. ingl., V. *transfert*; 1967] **A** agg. inv. ● (*tecnol.*) Solo nella loc. ***macchina t.***, macchina a trasferta. **B** s. m. inv. (anche f. nel sign. 2) **1** Trasferimento, trasporto | Trasferimento di un turista da una stazione di arrivo all'albergo situato nel luogo del soggiorno e viceversa: *t. aeroportuale*; *t. diurno, notturno*. **2** (*tecnol.*) Macchina a trasferimento | ***Stampaggio (a) t.***, stampaggio a trasferimento | ***Linea di t.***, linea di trasferimento dei materiali fra i vari reparti di uno stabilimento. **3** Transfert nel sign. 2.

transferàsi [ingl. *transferase*, da *to transfer* 'trasferire' col suff. *-ase* '-asi'; 1987] s. f. inv. ● (*chim.*) Enzima che catalizza il trasferimento di un gruppo chimico da un opportuno donatore a un accettore.

†**transferìre** ● V. *trasferire*.

transferrìna [ingl. *transferrin*, comp. di *trans-* 'al di là', del lat. *fĕrru(m)* 'ferro' e del suff. *-in* '-ina'; 1961] s. f. ● (*chim.*) Proteina plasmatica con funzione di trasporto degli ioni ferrici.

trànsfert /'transfert, *fr.* tʀɑ̃s'fɛːʀ/ [vc. fr., propr. 'trasporto', dal lat. *transfĕrre* 'trasferire, trasportare', usato per tradurre il corrispondente ted. *Übertragung*; 1927] s. m. inv. **1** (*psicoan.*) Condizione emotiva che caratterizza il rapporto fra il paziente e l'analista; in particolare lo spostamento delle cariche affettive e dei conflitti vissuti nell'infanzia. **2** In psicopedagogia, fenomeno per cui i progressi ottenuti durante l'apprendimento di una determinata forma d'attività comportano un miglioramento nell'esercizio di una attività diversa ma più o meno affine. **3** (*banca, dir.*) Traslazione di un titolo di credito nominativo.

†**transfiguràre** e deriv. ● V. *trasfigurare* e deriv.

transfinìto [ted. *Transfinit* 'che trapassa (*trans-*) ogni numero finito (*finit*)'] agg. ● (*mat.*) Che ha cardinalità infinita | ***Numeri transfiniti***, numeri cardinali usati per mettere in relazione insiemi infiniti.

transfluènza [da *transfluire*, vc. dotta dal lat. *transflŭere* 'scorrere (*flŭere*) al di là, oltre (*trāns-*)'; 1961] s. f. ● (*geogr.*) Diramazione di lingua glaciale, attraverso una depressione, in una valle contigua.

transfluìre [vc. dotta, lat. *transflŭere* 'scorrere (*flŭere*) attraverso (*trāns-*)' con adattamento ad altra coniug., come per *fluire*; 1961] v. intr. (*io transfluìsco, tu transfluìsci*) ● Diramarsi per transfluenza.

†**transfóndere** e deriv. ● V. *trasfondere* e deriv.

†transformàre ● V. *trasformare*.

transfràstico [comp. di *trans-* e dell'agg. gr. *phrastikós* preso nel senso di 'relativo alla frase'] **agg.** (**pl. m.** *-ci*) ● (*ling.*) Che si riferisce a fenomeni linguistici che superano il confine di frase e riguardano più frasi o il testo intero: *nei dialoghi ci sono molte ellissi transfrastiche*.

transfrontalièro [comp. di *trans-* e *frontaliero*] **agg.** ● Che riguarda territori o popolazioni che appartengono a Stati confinanti: *commercio t.*

trànsfuga [vc. dotta, lat. *trānsfuga(m)*, da *transfŭgere* 'fuggire (*fŭgere*) via (*trāns*)', col senso originario di 'passare al nemico'; 1555] **s. m.** e **f.** (**pl. m.** *-ghi*) ● (*lett.*) Disertore, fuggitivo | (*est.*) Chi ha abbandonato il suo partito.

†transfuggire [vc. dotta, adattamento su *fuggire* del lat. *transfŭgere*, comp. di *trāns* 'al di là' e *fŭgere* 'fuggire'] **v. tr.** ● Disertare.

†transfuggitóre [da *transfuggire*] **s. m.** ● Transfuga.

transgender /tranz'dʒendər, *ingl.* trænsˈdʒendəɹ/ [vc. ingl., propr. 'al di là (*trans*) del genere sessuale (*gender*)'; 1995] **A s. m. inv.** ● Movimento culturale degli anni Novanta del XX sec. che accoglie tutte le forme di espressione della transessualità. **B s. m.** e **f. inv.** ● Persona che adotta indifferentemente atteggiamenti e comportamenti sessuali maschili o femminili. **C** anche **agg. inv.**: *movimento, identità t.* CFR. Bisessuale, transessuale.

transgènico [1987] **agg.** (**pl. m.** *-ci*) ● (*biol.*) Detto di organismo il cui genoma sia stato artificialmente alterato o di alimento ottenuto da esso: *prodotti transgenici*.

†transgressióne e *deriv.* ● V. *trasgressione* e *deriv.*

transiberiàno [comp. di *trans-* e *siberiano*; 1905] **agg.** ● Che si snoda attraverso la Siberia | ***Ferrovia transiberiana***, o (*ellitt.*) ***transiberiana***, ferrovia che, attraversando la Siberia, collega la regione degli Urali a Vladivostok.

transiènte [ingl. *transient*, dal lat. parl. **transiēntis*, per *transeŭntis*, genit. di *trānsiens*, part. pres. di *transīre* 'andare (*īre*) attraverso (*trāns-*)'; 1957] **agg.**; anche **s. m.** ● (*fis.*) Transitorio.

transigènte [1745] **part. pres.** di *transigere*; anche **agg.** ● (*raro*) Accomodante.

transigènza [1896] **s. f.** ● (*raro*) Caratteristica di chi è transigente.

transìgere, (*evit.*) **transàre** [vc. dotta, lat. *transīgere* 'spingere attraverso (per portare a termine)', comp. di *trāns-* 'attraverso' e *ăgere* 'spingere', di orig. indeur. solo nella radice del pres.; 1667] **A v. tr.** (**pres.** *io transìgo, tu transìgi*; **pass. rem.** *io transigéi*, o *transigètti* (o *-étti*), *tu transigésti*; **part. pass.** *transàtto*) ● (*dir.*) Terminare una controversia mediante una transazione: *t. una lite*. **B v. intr.** (aus. *avere*) ● Venire a patti, fare concessioni cedendo a certe esigenze: *t. con la propria coscienza*; *in fatto di moralità non transigo* | ***T. col dovere***, venir meno al dovere.

transilvànico [1931] **agg.** (**pl. m.** *-ci*) ● Della Transilvania.

†transire [vc. dotta, lat. *transīre*, comp. di *trāns* 'al di là' e *īre* 'andare'; av. 1306] **v. intr.** **1** Passare, penetrare, entrare. **2** (*eufem.*) Morire.

transistor /tran'sistor, *ingl.* trænˈsɪstəɹ/ [ingl., coniato con le sillabe *trans-* di *transfer* 'trasferire' e (*res*)*istor* 'dispositivo di resistenza', con riferimento alla 'trasmissione' di un segnale elettrico attraverso una 'resistenza'; 1948] **s. m. inv.** **1** Dispositivo a semiconduttore con tre elettrodi che amplifica correnti e tensioni elettriche | ***T. a effetto di campo***, quello in cui il flusso dei portatori maggioritari avviene lungo un canale di conduzione la cui resistenza viene modulata variando la sezione del canale o la concentrazione dei portatori. **2** (*fam.*) Radio a transistor: *ascolta sempre musica dal suo t.*

transistóre [1950] **s. m.** ● Adattamento di *transistor* (V.) usato spec. nel linguaggio scientifico e tecnico.

transistorizzàre [1961] **v. tr.** ● Realizzare apparecchiature, strumenti e sim. impiegando transistor.

transistorizzazióne [1961] **s. f.** ● Operazione del transistorizzare.

transitàbile [1942] **agg.** ● Detto di luogo o strada per cui si può transitare: *valico t.*

transitabilità [1935] **s. f.** ● Condizione di ciò che è transitabile: *la t. di una strada*.

transitàre [vc. dotta, lat. *transitāre*, da *trānsitus* 'transito'; 1619] **v. intr.** (*io trànsito*; aus. *essere*) ● Passare per un luogo, per una strada.

transitàrio [1961] **s. m.** (**f.** *-a*) ● Chi esercita commercio di transito.

transitività [1961] **s. f.** ● (*mat.*) Proprietà di ciò che è transitivo.

transitìvo [vc. dotta, lat. tardo *transitīvu(m)*, da *transīre* 'passare al di là'; 1655] **agg.** **1** (*ling.*) Detto di verbo la cui azione non rimane in sé ma ha bisogno dell'oggetto per compiersi. **2** (*mat.*) Detto d'un gruppo di biiezioni d'un insieme su sé stesso tale che, presi due elementi dell'insieme, esista sempre almeno una biiezione del gruppo che porta il primo nel secondo | Di gruppo di trasformazioni d'uno spazio su sé stesso per cui ciò accada per una generica coppia di punti corrispondenti | ***Proprietà transitiva***, caratteristica fondamentale di una relazione binaria, tale che se *a* è in relazione con *b* e *b* con *c*, allora *a* è in relazione con *c*. || **transitivaménte**, **avv.** In modo transitivo.

trànsito [vc. dotta, lat. *trānsitu(m)* 'passaggio', da *transīre* 'passare da un luogo ad un altro'; av. 1306] **s. m.** **1** †Movimento, spostamento da un luogo a un altro: *la fronda che flette la cima / nel t. del vento, e poi si leva* (DANTE *Par.* XXVI, 85-86) | ***†Per t.***, di passaggio. **2** Passaggio di persone, merci, autoveicoli, convogli ferroviari o marittimi per un luogo: *impedire il t. di una strada*; *valico aperto al t. di autocarri* | ***Divieto di t. per motocicli, per biciclette, per ogni categoria di veicoli***, segnalato da apposito cartello | ***Treno in t. da una stazione***, quando non ha fermata d'orario | ***Stazione di t., di passaggio***, quella di passaggio di merci e passeggeri | (*mar.*) ***Porto di t.***, quello dove approdano navi per sbarcarvi persone o merci che devono proseguire per altra destinazione con altri mezzi | ***Banchina di t.***, quella cui approdano le imbarcazioni per una sosta breve prima di partire | ***Uccelli di t.***, uccelli di passo. **3** (*elettr.*) Collegamento di due linee telefoniche o telegrafiche che fanno capo allo stesso posto di commutazione o alla stessa centrale. **4** (*astron., fis.*) Attraversamento del meridiano celeste da parte di un astro | Proiezione apparente di uno dei pianeti interni sul disco del Sole, o di un satellite sul proprio pianeta: *t. di Mercurio e Venere sul disco del Sole*; *t. di un satellite davanti al pianeta attorno a cui gravita*; *t. di una particella in un campo di forza*. SIN. Passaggio | ***Tempo di t.***, intervallo di tempo che una particella impiega per spostarsi fra due punti determinati. **5** (*dir.*) ***T. inoffensivo***, nel diritto internazionale, limite imposto alla sovranità di uno Stato sulle sue acque territoriali o sul suo spazio aereo, imponendogli di permettervi il transito di aeromobili o navi stranieri purché non danneggino lo Stato stesso. **6** (*lett.*) Morte | ***†Essere in t.***, essere in punto di morte.

transitorietà [1879] **s. f.** ● Caratteristica, condizione di ciò che è transitorio.

transitòrio [vc. dotta, lat. *transitōriu(m)* 'che passa, passeggero', da *trānsitus*, part. pass. di *transīre*; av. 1294] **A agg.** **1** Che passa, non dura: *gloria transitoria*; *l'ideale carducciano non è un ideale t. ma è quello che canta nel fondo di ogni animo forte* (CROCE) | (*est., lett.*) Caduco, labile, precario. **2** Provvisorio, temporaneo: *è un provvedimento t.* **3** (*fis.*) Detto di stato o regime di un sistema in cui i parametri passano bruscamente da determinati valori a valori diversi, come, per es., all'apertura o alla chiusura di un interruttore in un circuito elettrico. SIN. Transiente. **4** (*dir.*) Detto di legge, norma, ordinamento e sim. relativi a materia contingente: *diritto t.*; *disposizioni transitorie* | Detto di norma che disciplina il passaggio da un regolamento a un altro: *norme transitorie della costituzione*. || **transitoriaménte**, **avv.** **1** In modo non durevole. **2** Provvisoriamente. **B s. m.** ● (*fis.*) Impulso, oscillazione smorzata, o altro fenomeno temporaneo che ha luogo in un sistema prima che questo raggiunga una condizione stazionaria: *t. di corrente, di tensione*. SIN. Transiente.

transizióne [vc. dotta, lat. *transitiōne(m)*, da *trānsitus*, part. pass. di *transīre*; 1529] **s. f.** **1** Passaggio tra due condizioni, due epoche, due modi di vita, due situazioni: *vivere in un periodo di t.* **2** (*mus.*) Modulazione breve o mutamento improvviso di tonalità | Congiunzione di due frasi di una composizione | Nella forma sonata, passaggio. **3** (*fis.*) Passaggio, spontaneo o provocato, di un sistema da uno stato a un altro | ***T. elettronica***, passaggio di un elettrone da un orbitale a un altro avente energia più alta | (*fis.*) ***T. di fase***, trasformazione in cui cambiano lo stato, la struttura, la fase o il numero delle fasi di un sistema termodinamico | (*fis.*) ***T. ordine-disordine***, transizione di fase in cui un sistema termodinamico passa da una fase in cui l'ordine microscopico è elevato a un'altra in cui tale ordine è minore o assente. **4** ***Zona di t.***, in geofisica, zona dell'interno della Terra, compresa fra 410 e 1000 km di profondità, che separa la regione superiore del mantello dall'inferiore e che è caratterizzata da un rapido aumento della massa volumica, e quindi della velocità di propagazione, delle onde sismiche. **5** (*geol.*) ***Rocce di t.***, quelle che per la loro composizione non possono essere assegnate a tipi determinati e vengono perciò considerate forme di passaggio.

translagunàre [comp. di *trans-* e *laguna* con suff. agg.; 1983] **agg.** ● Che attraversa una laguna: *navigazione t.*; *ponte t.*

†translàto e *deriv.* ● V. *traslato* e *deriv.*

translitteràre e *deriv.* ● V. *traslitterare* e *deriv.*

translùcido e *deriv.* ● V. *traslucido* e *deriv.*

translunàre [comp. di *trans-* e *lunare*; 1970] **agg.** ● Che è posto oltre la Luna: *orbita, spazio t.*

†transmarino ● V. *†trasmarino*.

†transmutàre ● V. *trasmutare*.

†transmutazióne ● V. *trasmutazione*.

transnazionàle [comp. di *trans-* e *nazionale*; 1979] **agg.** ● Che oltrepassa i confini nazionali: *politica, prospettiva t.*

transoceànico [comp. di *trans-* e *oceanico*; 1858] **agg.** (**pl. m.** *-ci*) ● Che è o va oltre l'oceano: *volo t.*; *traffico t.*

transònico [comp. di *tran(s)-* e *sonico*; 1961] **agg.** (**pl. m.** *-ci*) ● (*aer.*) Di velocità prossima alla velocità del suono, cioè compresa fra circa 0,8 e 1,2 Mach e di ciò che a essa si riferisce.

†transonòro [comp. di *tran(s)-* e *sonoro*] **agg.** ● Più che sonoro.

transpadàno ● V. *traspadano*.

transpàllet /trans'pallet/ [comp. di *trans-* e *pallet* (V.)] **s. m. inv.** ● Carrello impiegato nei magazzini per movimentare i pallet.

transpartìtico [1986] **agg.** (**pl. m.** *-i*) ● (*polit.*) Che comprende o riguarda diversi partiti: *accordo t.* | ***Partito t.***, i cui aderenti possono anche essere membri di altri partiti.

transplacentàre [comp. di *trans-* e *placentare*] **agg.** ● (*med.*) Detto di sostanza, farmaco o microrganismo che attraversa la placenta, o di fenomeno che si verifica attraverso di essa.

transpolàre [comp. di *trans-* e *polare*; 1925] **agg.** ● Che passa attraverso il polo: *rotta aerea t.*

transponder /*ingl.* trænsˈpɒndəɹ/ [vc. ingl., comp. di *trans(mitter)* 'trasmettitore' e (*res*)*ponder* 'rispondìtore'; 1987] **s. m. inv.** ● (*elettron.*) Dispositivo ricetrasmittente in grado di emettere automaticamente un segnale su una frequenza predeterminata quando viene eccitato da un appropriato segnale esterno.

†transpórre ● V. *trasporre*.

†transportàre e *deriv.* ● V. *trasportare* e *deriv.*

transporter /*ingl.* trænsˈpɔːɹtəɹ/ [vc. ingl., propr. 'trasportatore', da *transport* 'trasporto'; 1989] **s. m. inv.** ● Autoveicolo, spec. di notevoli dimensioni, per trasportare merci varie.

transrazziàle [comp. di *trans-* e *razziale*; 1991] **agg.** ● Detto di carattere, evento, fenomeno e sim. che si manifesta o si svolge attraverso due o più razze.

†transricchìre ● V. *†trasricchire*.

transtiberino [vc. dotta, lat. *transtiberīnu(m)*, comp. di *trāns* 'al di là' e *Tiberīnu(m)* 'Tiberino, del Tevere (*Tiberis*)'; 1896] **agg.** ● (*lett.*) Che è posto al di là del Tevere.

transubstanziàrsi e *deriv.* ● V. *transustanziarsi* e *deriv.*

†transumanàre ● V. *trasumanare*.

transumànte **part. pres.** di *transumare*; anche **agg.** ● Nel sign. del verbo: *greggi transumanti*.

transumànza [fr. *transhumance*, da *transhumer* 'transumare'; 1900 ca.] **s. f.** ● Trasferimento del bestiame in estate ai pascoli della montagna e in autunno al piano.

transumàre [fr. *transhumer*, comp. di *trans-* e di un deriv. del lat. *hŭmus* 'terra', sul modello di *inhumer* 'inumare'; 1909] **v. intr.** (aus. *avere*) ● Detto di greggi, effettuare la transumanza.

†**transuntàre** **v. tr.** *1* (*dir.*) Fare il transunto di un contratto. *2* Sunteggiare.

transùnto [vc. dotta, lat. *transūmptu*, dal part. pass. di *transūmere*; 1509] **s. m.** *1* (*raro*) Estratto di un discorso, un atto, uno scritto. *2* (*raro*) Sunto.

†**transunzióne** [vc. dotta, lat. *transumptiōne(m)*, da *transūmptus* 'transunto', sull'esempio del corrispondente gr. *metálēpsis*] **s. f.** ● Metafora, spec. in riferimento alla teoria letteraria medievale.

transurànico [comp. di *trans-* e dell'agg. di *uranio*; 1950] **agg.** (**pl. m.** *-ci*) ● Di elemento chimico, radioattivo, artificiale, avente numero atomico superiore a quello dell'uranio.

transuretràle [comp. di *trans-* e *uretra* con suff. agg.; 1983] **agg.** ● (*anat.*) Che passa attraverso l'uretra.

transustanziàrsi o **transubstanziàrsi** [vc. dotta, lat. mediev. *transubstantiāre*, comp. di *trans-* e del denominale di *substāntia* 'sostanza'; 1336 ca.] **v. intr. pron.** (*io mi transustànzio*) ● Nella teologia cattolica, mutare di sostanza, riferito alla transustanziazione.

transustanziazióne o **transubstanziazióne** [vc. dotta, lat. med. *transubstantiatiōne(m)*, da *transubstantiātus* 'transustanziato'; 1619] **s. f.** ● Nella teologia cattolica, conversione della sostanza del pane e del vino in quella del corpo e del sangue di Gesù Cristo, in virtù della consacrazione nella Messa, restando immutate le specie formali o esterne della materia consacrata.

†**transvedére** ● V. *travedere*.

†**transvèrso** e *deriv.* ● V. *trasverso* e *deriv.*

tran tran /tran'tran/ o **trantràn** [reduplicazione di natura espressiva; 1905] **A loc. inter.** ● Riproduce il suono e il ritmo lento, uguale e monotono di un veicolo o di una macchina in genere in moto. **B loc. sost. m. inv.** ● Ritmo, andamento uniforme e monotono di un'attività o della vita di tutti i giorni: *è il solito tran tran*; *il tran tran di sempre*. **SIN.** Routine.

tranvài o **tramvài** [ingl. *tramway* 'veicolo (*tram*, di area germ. sett.) per la via (*way*, di orig. indeur.)'; 1856] **s. m. inv.** ● Tram.

tranvìa o **tramvìa** [adattamento, con trad. del secondo termine, secondo l'esempio di altre lingue eur., dell'ingl. *tramway*. V. *tranvai*; 1880] **s. f.** ● Impianto per il trasporto di persone in zona urbana o extraurbana, su rotaie.

tranviàrio (o -**vià**-) [1901] **agg.** ● Relativo ai tram ed alle tranvie | ***Azienda tranviaria***, che gestisce il servizio dei tram.

tranvière [da *tranvia*; 1902] **s. m.** (**f.** *-a*) ● Impiegato di un'azienda tranviaria, spec. se appartenente al personale viaggiante.

tràpa [da *(calci)trapa*, variante di *calcatrippa*, *calcatreppola*, comp. di incerta spiegazione; 1840] **s. f.** ● Pianta delle Enoteracee diffusa negli stagni eurasiatici, con frutto scuro, provvisto di aculei, commestibile (*Trapa natans*). **SIN.** Castagna d'acqua.

†**trapagàto** [comp. di *tra-* e *pagato*] **agg.** ● Strapagato.

trapanaménto [da *trapanare*; av. 1504] **s. m.** ● Trapanazione.

trapanàre [da *trapano*; 1536] **v. tr.** (*io tràpano*) ● Forare con il trapano, detto sia nel campo della lavorazione meccanica che in quello delle operazioni chirurgiche o in odontoiatria | (*est.*, *lett.*) Trafiggere con la spada o altro oggetto appuntito.

trapanatóre [da *trapanare*; 1865] **s. m.** (**f.** *-trice*) ● Operaio addetto a un trapano.

trapanatrice [1961] **s. f.** *1* (*tecnol.*) Macchina operatrice costituita da uno o più trapani ad azionamento indipendente, montati su un unico supporto, provvisti di mandrini variamente distanziabili e orientabili, comandati da dispositivi oleodinamici o elettronici programmabili, usata per compiere operazioni di foratura, alesatura e sim., specie nelle produzioni in serie. *2* (*tecnol.*) Trapano fisso. *3* (*min.*) Macchina destinata all'abbattimento del carbone, costituita da una testa di scavo che, azionata gener. da motori elettrici, ruota intorno a un asse asportando il carbone con un dente laterale su tutta l'altezza del banco | Macchina destinata all'abbattimento del carbone, costituita da una testa rotante provvista di lame che scava nel banco fori di diametro uguale all'altezza del banco stesso, estraendone il carbone.

trapanatùra [1692] **s. f.** ● Trapanazione.

trapanazióne [av. 1575] **s. f.** *1* Perforazione mediante il trapano. **SIN.** Trapanatura, trapanamento. *2* (*chir.*) Operazione consistente nel praticare un orifizio, gener. in un osso, per mezzo del trapano o di altro strumento | ***T. dentaria***, quella praticata nel trattamento della carie dentaria per eliminare la parte cariata del dente e approntare la cavità per la successiva otturazione | ***T. del cranio***, quella praticata sul cranio a scopo diagnostico, terapeutico, o, in passato, rituale | ***T. ossea***, quella praticata su un osso o sul cranio.

trapanése **A agg.** ● Di Trapani. **B s. m. e f.** ● Abitante, nativo di Trapani. **C s. m.** solo **sing.** ● Dialetto parlato a Trapani.

trapanio **s. m.** ● Un trapanare continuato.

trapanista [da *trapano*; 1957] **s. m. e f.** (**pl. m.** *-i*) ● Chi è addetto a un trapano, spec. meccanico.

tràpano o †**trapàno** [gr. *trýpanon*, da *trypân* 'forare', di orig. indeur., con sovrapposizione di *tra-*; sec. XIV] **s. m.** *1* Macchina utensile per forare legno o metallo mediante una punta d'acciaio variamente sagomata fatta girare rapidamente su sé stessa: *t. a mano*, *t. a motore*, *t. elettrico*, *t. pneumatico* | ***T. elettronico***, in cui la velocità di rotazione è regolabile tramite un circuito elettronico | ***T. a petto, da spalla***, in cui la pressione di avanzamento della punta è esercitata dal petto o dalla spalla dell'operatore | ***T. a corda***, trapano a mano con punta a lancia, usato spec. nella scultura in cui il moto rotatorio viene impresso da una cordicella che si avvolge su un rocchetto | ***T. a vite, a spirale, alternativo***, costituito da una vite a elica lungo la quale è fatto oscillare su e giù un bottone che imprime alla punta il moto rotatorio di taglio | ***T. a percussione***, in cui l'avanzamento della punta, spec. nella foratura di materiali quali la pietra e il calcestruzzo, è facilitato da un dispositivo che imprime colpi frequenti alla punta stessa | ***T. fisso***, costituito da un'incastellatura che reca il supporto del mandrino portapunta, la tavola portapezzo e il motore. **SIN.** Trapanatrice | ***T. sensitivo***, in cui il moto di avanzamento della punta viene impartito mediante una leva dall'operatore, che può così valutare la resistenza offerta all'avanzamento dal materiale | ***T. a colonna***, trapano sensitivo la cui base poggia sul suolo, e in cui una mensola portapezzo è spostabile verticalmente e girevole intorno a una colonna. *2* Strumento chirurgico rotante, a mano o elettrico, per praticare fori nella scatola cranica | Apparecchio impiegato in odontoiatria per modellare o perforare i denti: *t. Doriot* | ***T. a turbina, indolore***, trapano da dentista che riduce il dolore grazie all'altissima velocità di rotazione e al raffreddamento prodotto da un getto d'acqua. **SIN.** Turbotrapano. ➡ **ILL. medicina e chirurgia.**

trapassàbile [sec. XIV] **agg.** *1* Che si può trapassare. *2* †Labile, transitorio.

trapassaménto [av. 1294] **s. m.** *1* (*raro*) Il trapassare, il venire trapassato. *2* (*lett.*) †Morte, trapasso. *3* (*fig.*) †Trasgressione.

trapassàre [comp. di *tra-* e *passare*; av. 1294] **A v. tr.** *1* Passare da parte a parte, forare: *la lancia trapassò la corazza* | Trafiggere: *t. il petto con la spada* | ***T. il cuore***, (*fig.*) recare grande dolore | (*raro*) Perforare: *t. uno strato di rocce* | (*fig.*) †Penetrare il pensiero, l'intendimento di qlcu. *2* (*lett.*) Passare da una parte all'altra, valicare, attraversare | (*disus.*) Passare un limite, un confine, arrivare oltre (*anche fig.*): *sono cose che trapassano le nostre responsabilità* | (*fig.*) †Eccedere un numero, una misura, un modo. *3* (*lett.*) Trascorrere, consumare, detto del tempo: *canti, e così trapassi / dell'anno e di tua vita il più bel fiore* (LEOPARDI) | (*assol.*) †Passare il tempo. *4* (*lett.*) Superare, sorpassare. *5* (*raro, lett.*) Passare oltre in un discorso, trascurando, tralasciando, omettendo qlco. *6* (*raro, lett.*) Trasgredire. **B v. intr.** (aus. *essere*) *1* (*lett.*) Passare attraverso, penetrando: *come per acqua o per cristallo intiero / trapassa il raggio* (TASSO) | (*fig.*) Penetrare con la mente, intendere. *2* (*lett.*) Passare, andare oltre | Andare altrove, in altro luogo. *3* (*lett.*) Trascorrere, detto del tempo. *4* (*lett.*) Passare a un altro argomento. *5* (*raro*) Passare in eredità: *ogni cosa trapassò al marito*. *6* (*lett.*) Cessare, finire: *tutto trapassa* | Morire, spirare: *è trapassato all'alba*.

trapassàto [1353] **A part. pass.** di *trapassare*; anche **agg.** ● Nei sign. del v. **B s. m.** *1* (*spec. al pl.*, *lett.*) Morto, defunto: *ricordare i trapassati*. *2* (*gramm.*) Tempo della coniugazione del verbo, indicante un processo compiuto: *t. prossimo*; *t. remoto*.

trapassatóre **s. m.**; anche **agg.** (**f.** *-trice*) *1* (*raro*) Chi (o Che) trapassa. *2* (*fig.*) †Trasgressore.

†**trapassatòrio** [da *trapassare*] **agg.** ● Transitorio.

trapàsso (**1**) [da *trapassare*; 1321] **s. m.** *1* (*raro*) Passaggio | (*fig.*) Transizione: *il t. dalla guerra alla pace*; *anni, epoca di t.* | (*dir.*) ***T. di proprietà***, trasferimento di proprietà da una persona a un'altra. *2* (*raro*) Varco, valico, guado: *il t. di un fiume*. *3* (*lett.*) Morte, decesso: *accertare l'ora del t.* | †***Fare t.***, morire. *4* †Il passare oltre.

trapàsso (**2**) [comp. di *tra-* e *passo* (*2*); av. 1535] **s. m.** ● Andatura irregolare ed alterata del cavallo trottatore, che in genere è seguita dalla rottura.

trapelaménto **s. m.** ● (*raro*) Il fatto di trapelare (*anche fig.*): *il t. della luce da una fessura*; *il t. di una notizia segreta*.

trapelàre (**1**) [comp. di *tra-* e del deriv. di *pelo* in senso fig. ('incrinatura', 'sottile meato'); 1319] **A v. intr.** (*io trapélo*; aus. *essere*) *1* Infiltrarsi e stillare attraverso aperture, spaccature, fori, detto di un liquido: *l'acqua trapela dalle pareti del vaso* | Uscire da fessure molto piccole, detto della luce: *il sole trapelava da uno spiraglio*. **SIN.** Filtrare. *2* (*fig.*) Venir fuori di nascosto o a stento, venirsi a sapere: *qualche cosa è trapelato del suo piano*. **B v. tr.** ● (*raro*) Aver sentore, arrivare a sapere attraverso pochissimi indizi.

†**trapelàre** (**2**) [da *trapelo* (*1*)] **v. tr.** (*io trapélo*) ● Andare a trapelo, a rimorchio.

trapélo [lat. *protēlu(m)*, col senso originario di 'tirare (da inserire nella famiglia di *tĕndere*, *tenēre*) in avanti, di continuo (*pro-*)', con sovrapposizione in it. di *tra-* sulla variante metatetica **tropelo*; av. 1708] **s. m.** ● Cavallo o altra bestia da tiro che serve da rinforzo a una vettura in salita. **SIN.** Bilancino.

†**trapensàre** [comp. di *tra-* e *pensare*] **v. intr.** ● Esser preoccupato, pensieroso, turbato.

†**traperfètto** [comp. di *tra-* e *perfetto*] **agg.** ● Oltremodo perfetto.

trapestìo ● V. *trepestio*.

trapéto ● V. *trappeto*.

trapèzio [vc. dotta, lat. tardo *trapĕziu(m)*, dal gr. *trapézion*, dim. di *trápeza* 'tavola', propr. secondo la composizione della parola 'a quattro piedi'; sec. XIV] **A s. m.** *1* Quadrangolo con due lati paralleli. ➡ **ILL. geometria.** *2* Attrezzo per esercizi ginnici o acrobatici, formato da una sbarra orizzontale sorretta alle estremità da due funi appese a trave o sostegno solidamente fissato | ***T. fisso***, sbarra orizzontale infissa in due travi verticali a una certa altezza. *3* (*anat.*) Osso del carpo collocato fra lo scafoide e il secondo metacarpale | Muscolo della regione posteriore del tronco e del collo. ➡ **ILL.** p. 2122 ANATOMIA UMANA. **B agg.** ● (*raro*) Trapezoidale.

trapezista [1950] **s. m. e f.** (**pl. m.** *-i*) ● Ginnasta o acrobata specialista del trapezio.

trapezìta [vc. dotta, lat. *trapezīta(m)*, dal gr. *trapezítes*, da *trápeza* 'tavola, banco (del cambiavalute)'; 1840] **s. m.** (**pl.** *-i*) ● Nel mondo greco classico, banchiere.

trapezoèdro o **trapezoèdro** [comp. di *trapez(i)o* ed *-edro*; 1961] **s. m.** *1* (*mat.*) Poliedro le cui facce sono a forma di trapezio. *2* (*miner.*) Poliedro cristallino delimitato da 6 facce quadrangolari scalene.

trapezoidàle o **trapezoidàle** [da *trapezoide*; 1934] **agg.** ● Che ha forma analoga a quella d'un trapezio.

trapezòide o **trapezòide** [gr. *trapezoeidés* 'a forma di tavola', comp. di *trápeza* 'tavola' (V. *trapezio*) e *-oeidés* '-oide'; 1681] **A agg.** ● Trapezoidale. **B s. m.** *1* Figura geometrica, affine al trapezio, in cui almeno uno dei lati non paralleli non è rettilineo. *2* (*anat.*) Osso del carpo.

trapiantàbile agg. ● Che può essere trapiantato: *organo t.*

trapiantaménto [1803] s. m. ● (*raro*) Trapianto.

trapiantàre [adattamento del lat. tardo *transplantāre*, comp. di *trāns-* 'al di là' e *plantāre* 'piantare'; av. 1320] **A** v. tr. *1* Collocare a dimora le piante provenienti dal semenzaio o dal vivaio: *t. cavoli, pomodori, rose* | Spostare una pianta da un terreno o da un vaso a un altro. *2* (*fig.*) Trasferire, trasportare | *T. una moda, un'usanza*, farla conoscere, introdurla. *3* (*chir.*) Sottoporre a trapianto un tessuto o un organo. **B** v. intr. pron. ● (*fig.*) Andare a vivere, ad abitare in un altro luogo: *si sono trapiantati in città.*

trapiantàto A part. pass. di *trapiantare*; anche agg. ● Nei sign. del v.: *rose trapiantate; una famiglia siciliana trapiantata in Belgio.* **B** agg. e s. m. (f. *-a*) ● Che (o chi) ha subito un trapianto chirurgico.

trapiantatóio [da *trapiantare*; 1891] s. m. ● Attrezzo simile a una paletta per la messa a dimora delle piantine. ➡ ILL. **agricoltura e giardinaggio.**

trapiantatrice [da *trapiantare*; 1929] s. f. ● Macchina per il trapianto a dimora di piantine di riso, tabacco, barbabietola da seme, ortaggi, e sim.

trapiantazióne [av. 1563] s. f. ● (*raro*) Il trapiantare (*anche fig.*).

trapiantìsta [da *trapianto*; 1983] s. m. e f. (pl. m. *-i*); anche agg. ● Chirurgo che effettua trapianti.

trapiànto [1902] s. m. *1* Collocazione a dimora di piante cresciute in semenzaio o in vivaio: *il t. dei fiori* | Spostamento di una pianta da un terreno o da un vaso a un altro. *2* (*fig.*) Introduzione di mode, usanze e sim. *3* (*chir.*) Trasporto di un organo o di un tessuto da una parte all'altra del corpo, o da un corpo a un altro: *t. corneale, renale, cardiaco.* CFR. Espianto.

trapiantologìa [comp. di *trapianto* e *-logia*; 1983] s. f. ● Branca della chirurgia o della biologia che studia il trapianto di organi o tessuti nel corpo umano.

†**trapiccolo** [comp. di *tra-* e *piccolo*] agg. ● Assai piccolo.

†**trapórre** [comp. di *tra-* e *porre*; 1525] v. tr. *1* Interporre, frapporre: *traponendo tra il mangiare alcuna parola, la lieta cena al suo fine conducemmo* (TASSO). *2* Trasporre, trasportare, spostare. *3* (*raro*) Trapiantare.

†**traportaménto** [da †*traportare*] s. m. *1* Trasporto. *2* (*fig.*) Cessione di un diritto.

†**traportàre** [comp. di *tra-* e *portare*; sec. XIV] v. tr. *1* Trasportare. *2* Portare, per arrivare oltre. *3* Trascinare (*anche fig.*).

†**traportatóre** [da †*traportare*] s. m.; anche agg. (f. *-trice*) ● Chi (o Che) trasporta.

†**trapossènte** [comp. di *tra-* e *possente*] agg. ● Molto possente.

†**trapósto** [1584] part. pass. di *traporre*; anche agg. ● Nei sign. del v.

tràppa [fr. *trappe* 'trappola', di orig. germ.; 1891] s. f. ● Convento dei trappisti.

trapper /'trapper, *ingl.* 'tʰæpəɹ/ [vc. ingl., propr. 'chi tende trappole', da *trap* 'trappola' (vc. germ. forse da avvicinare all'it. *trappola*); 1954] s. m. e f. inv. ● Chi pratica un particolare tipo di escursionismo, provvisto di un'attrezzatura rudimentale, cercando di instaurare forme di sopravvivenza il più vicine possibile a quelle di una società non industriale.

trappéto o **trapéto** [lat. *trapētu(m)*, dal gr. **trápēton*, da *trapêin* 'pigiare l'uva', di orig. indeur. (?); 1740 ca.] s. m. ● (*region.*) Frantoio, oleificio.

trappista [fr. *trappiste*, dal n. dell'abbazia di *La Trappe*, fondata in località di caccia (dove erano poste le *trappes* 'trappole'); 1790] s. m. (f. inv. o *-ìna*; pl. m. *-i*) *1* Religioso dell'ordine cistercense riformato dall'abate Rancé nel XVII sec. *2* (*fig., scherz.*) Chi vive molto austeramente.

♦**tràppola** [dim. di una vc. *trappa*, di etim. discussa: di orig. onomat. (?); av. 1320] s. f. *1* Ogni congegno fabbricato per la cattura di animali spec. nocivi: *una t. per topi* | *T. esplosiva*, congegno antiuomo, funzionante con dispositivo particolarmente insidioso e dissimulato, così da agire di sorpresa in modo imprevedibile. *2* (*fig.*) Insidia, tranello: *tendere una t. a qlcu.; cadere nella t.* *3* (*fam.*) Frottola, fandonia: *credere alle trappole.* *4* (*fam.*) Dispositivo, attrezzo, veicolo dal cattivo funzionamento. *5* (*elettr.*) *T. ionica*, campo magnetico ausiliario applicato ai tubi a raggi catodici per impedire il verificarsi di macchie ioniche. || **trappolétta**, dim. | **trappolina**, dim. | **trappolóna**, accr. | **trappolóne**, accr. m. (V.).

trappolàre [da *trappola*; av. 1470] v. tr. (*io tràppolo*) *1* (*raro*) Intrappolare. *2* (*fig.*) Ingannare, truffare, raggirare.

trappolatóre [da *trappolare*; 1441] s. m. (f. *-trice*) *1* (*raro, fig.*) Truffatore. *2* (*raro*) Chi racconta fandonie.

trappolerìa [da *trappolare*; av. 1565] s. f. ● (*raro*) Frode, inganno, raggiro: *il perpetuo mercanteggiare, da lui spregiato come un'avara t.* (BACCHELLI).

†**trappolière** [da *trappolare*] s. m. ● Truffatore.

trappolóne [da *trappolare*; 1865] s. m. (f. *-a*) *1* Accr. di *trappola*. *2* Chi prepara, sistema trappole | (*fig., pop.*) Chi racconta frottole, fandonie | Imbroglione.

†**trappórre** [comp. di *tra-* e *porre*; 1550] v. tr. ● Frapporre.

†**trappósto** part. pass. di †*trapporre* ● Nei sign. del v.

traps /ingl. tʰæps/ [vc. ingl. 'trappole' con un passaggio di sign. avvenuto nello slang amer.] s. m. pl. ● (*mus.*) Denominazione di tutti gli oggetti usati in orchestra per effetti speciali (fruste, campanacci e sim.) | Nel jazz, sezione percussiva.

trapùngere [lat. tardo *transpŭngere*, comp. di *trans-* e *pŭngere*; av. 1543] v. tr. (coniug. come *pungere*) *1* (*lett.*) Trapuntare. *2* †Trapassare pungendo.

trapùnta [f. sost. del part. pass. *trapunto*; 1310] s. f. *1* Coperta imbottita e trapuntata. *2* (*st.*) Indumento trapuntato, reso soffice da uno strato di bambagia fra tessuto e fodera, indossato sotto la corazza.

trapuntàre [1516] v. tr. ● Lavorare di trapunto, trapassare con lunghi punti, impuntire | Ricamare.

trapuntatùra [1983] s. f. ● Operazione del trapuntare | Lavoro a trapunto.

trapùnto [1319] **A** part. pass. di *trapungere*; anche agg. *1* Nei sign. del v.: *tessuto t.* *2* (*fig.*) Ornato qua e là: *un cielo t. di stelle; nuvole colme trapunte di sole* (UNGARETTI). **B** s. m. ● Tipo di ricamo eseguito con due tessuti sovrapposti, seguendo il disegno a punto a filza e imbottendo con lana il motivo trapuntato.

trar ● V. *trarre*.

†**traricco** [comp. di *tra-* e *ricco*] agg. ● Straricco.

†**trarómpere** [comp. di *tra-* e *rompere*; sec. XIII] v. tr. *1* Interrompere. *2* (*fig.*) Sconfiggere.

†**trarótto** part. pass. di †*trarompere*; anche agg. *1* Nei sign. del v. *2* (*raro, lett.*) Sconvolto: *un uomo dalla vita trarotta, che serba in sé ... tempestosi e amarissimi ricordi* (PIRANDELLO).

†**traróżzo** [comp. di *tra-* e *rozzo*] agg. ● Assai rozzo.

♦**tràrre** o †**tràere**, †**tràggere** [lat. *trăhere*, di etim. incerta; av. 1250] **A** v. tr. (talora troncato in *trar*; pres. *io tràggo, tu trài*, †*tràggi, egli tràe*, †*trágge, noi traiàmo*, †*traggiàmo, voi traéte, essi tràggono*; imperf. *io traévo*; fut. *io trarrò*; pass. rem. *io tràssi, tu traésti*; congv. pres. *io tràgga, noi traiàmo*, †*traggiàmo, voi traiàte*, †*traggiàte*; *essi tràggano*; condiz. pres. *io trarrèi, tu trarrésti*; condiz. imperf. *io traéssi*; imperat. *trài*, †*tràggi, traéte*; ger. *traèndo*, †*traggèndo*; part. pres. *traènte*; part. pass. *tràtto*) *1* (*lett.*) Tirare muovendo o portando qlcu. o qlco. da un luogo all'altro: *di Cinzia il cocchio aurato / le cerve un dì traevano* (FOSCOLO) | *T. via*, tirare via | *T. a sé*, tirare a sé | *T. avanti*, (*fig.*) protrarre | *T. su*, elevare (*anche fig.*) | *T. la lana*, filarla | (*fig.*) †*T. a un altro significato*, trasportare. *2* Portare, condurre (*anche fig.*): *t. qlcu. al supplizio; t. in porto la barca; t. qlco. a buon fine* | *T. in inganno*, ingannare | *T. in errore*, fare sbagliare | (*fig.*) Portare da una condizione ad un'altra: *t. in salvo; fu tratto in servitù.* *3* (*lett.*) Trascinare | Passare, trascorrere, detto del tempo: *così quegl'ineffabili / giorni, o mio cor, traendo* (LEOPARDI). *4* (*lett.*) Lanciare, scagliare, scoccare | (*raro*) *T. i dadi*, gettarli. *5* Spingere a fare qlco.: *fu tratto a interessarsi a lui dalla compassione* | Allettare, attirare, attrarre: *t. l'anima di qlcu.; è tratto dalla passione per il teatro* | †Sedurre. *6* Prendere e portare via: *t. di mano qlco. a qlcu.* | (*fig.*) Liberare, levare da uno stato, una condizione: *t. qlcu. da un pericolo; t. qlcu. dalla servitù; t. qlcu. d'impaccio.* *7* Levare, tirare fuori: *t. vino da una botte* | (*fig.*) *T. un'idea dalla testa*, levarla, toglierla | *T. qlcu. di senno*, farlo impazzire | (*raro*) *T. un liquido*, aspirarlo, berlo | Estrarre: *t. a sorte; t. la spada dalla custodia* | (*fig.*) †*T. la fame, la sete*, sfamare, dissetare. *8* Emettere, fare uscire: *t. il fiato*, respirare. *9* Ottenere, ricavare, derivare (*anche fig.*): *t. guadagno, beneficio, utilità; t. un esempio significativo; t. una informazione utile* | Dedurre: *t. il senso di qlco.; traete voi le conseguenze* | *T. origine*, avere origine | *T. esempio*, prendere esempio | †Riscuotere. *10* (*raro*) Detrarre, defalcare | (*raro, lett.*) Eccettuare, escludere. CONTR. Immettere. *11* †Distrarre, distogliere. *12* †Levare di dosso. *13* †Tradurre. **B** v. intr. (aus. *avere*) *1* (*lett.*) Accorrere, muovere, recarsi in un luogo. *2* (*lett.*) Spirare, tirare, detto del vento. *3* †Stendersi, estendersi, detto di costruzioni, edifici, muri. *4* (*fig.*) †Mirare, tendere. *5* (*banca*) Spiccare una tratta, emettere un ordine di pagamento. **C** v. rifl. *1* (*raro*) Farsi, portarsi, condursi, muoversi verso qlcu. o qlco.: *trarsi vicino a qlcu.; trarsi avanti, in disparte, indietro.* *2* Levarsi, togliersi, tirarsi fuori: *trarsi da un imbroglio, un pasticcio, una difficoltà* | *Trarsi di mezzo*, togliersi di mezzo, farsi da parte. *3* (*raro, lett.*) Indursi a qlco., indirizzarsi verso qlco.

†**trarupàre** [da *rupe* con *tra-*; 1351] v. intr. ● Precipitare da una rupe | Cadere.

†**trarùpo** [da *trarupare*] s. m. ● Dirupo, burrone.

tras- [adattamento della prep. lat. *trāns* 'attraverso', di orig. indeur., con l'allargamento di sign. assunto da *tra-*] pref. ● In parole di origine latina o di moderna formazione, indica passaggio, movimento al di là, oltre qualche cosa, spostamento da un punto a un altro (*traslocare, trasferire, trasgredire, traslazione, trasmettere*); con valore fig., passaggio da una condizione a un'altra, cambiamento, mutamento (*trascrivere, trasfigurare, trasformare*), riferimento a passaggio attraverso un oggetto (*trasparente, traspirare*), o mancanza di cura (*trasandato, trascurare*).

trasaliménto (o -ṣ-) [1895] s. m. ● Il trasalire | Lieve sussulto provocato da un'emozione improvvisa.

trasalìre (o -ṣ-) [ant. fr. *tressaillir* 'saltare (*saillir*, dal lat. *salīre*) in mezzo (*tres-*, dal lat. *trāns*)'; 1823] v. intr. (*io trasalìsco* (o *-ṣ-*), *tu trasalìsci* (o *-ṣ-*); aus. *essere* e *avere*) ● Sussultare, scuotersi per una forte, improvvisa emozione: *t. per uno spavento.*

trasaltàre [comp. di *tra-* e *saltare*, sull'esempio del fr. *tressanter*; 1723] v. intr. (aus. *avere*) *1* (*raro*) Spostarsi a salti, a balzi. *2* †Sobbalzare, sussultare.

†**traṣamàre** [comp. di *tras-* e *amare*] v. intr. ● Amare intensamente.

traṣandàre [comp. di *tras-* e *andare* (*1*) e, quindi, 'lasciar perdere', 'trascurare'; 1353] **A** v. tr. (*io traṣàndo*) *1* (*raro*) Trascurare. *2* (*raro, lett.*) Passare sopra qlco. senza prenderla in considerazione, omettere. **B** v. intr. (coniug. come *andare*) ● †Andare oltre, molto avanti | (*fig.*) †Oltrepassare i limiti, eccedere, uscire dai termini.

traṣandatézza [da *trasandato*; 1858] s. f. ● Caratteristica di chi (o di ciò che) è trasandato. SIN. Sciatteria.

traṣandàto [1865] part. pass. di *trasandare*; anche agg. *1* (*raro*) Trascurato. *2* Sciatto: *vestito t.* | *Uomo t.*, che non ha cura di sé | (*fig.*) *Stile t.*, poco curato. || **traṣandataménte**, avv.

†**trasàvio** [comp. di *tra-* e *savio*] agg. ● Molto savio.

†**traṣbòno** [comp. di *tras-* e *bono*] agg. ● Assai buono.

traṣbordàre [adattamento del fr. *transborder* 'trasportare (*trans-*) dal bordo (*bord*) di una nave all'altra'; 1908] **A** v. tr. (*io traṣbórdo*) ● Far passare le persone o le merci da un mezzo di trasporto a un altro. **B** v. intr. (aus. *avere*) ● Passare da un mezzo di locomozione a un altro.

traṣbordatóre [da *trasbordare*, sull'esempio del corrispondente fr. *transbordeur*; 1889] **A** s. m. (f. *-trice*); anche agg. ● Chi (o Che) trasborda. **B** s. m. ● Ponte, chiatta o altro mezzo per eseguire il trasbordo.

traṣbórdo [1889] s. m. ● Trasferimento da un

mezzo di trasporto a un altro | ***Clausola di t.***, patto con cui il vettore marittimo si riserva il diritto di trasbordare le merci da una nave a un'altra.

trascègliere [comp. di *tra-* 'in mezzo (a più oggetti o argomenti)' e *scegliere*; av. 1294] **v. tr.** (coniug. come *scegliere*) ● (*raro*) Scegliere con diligente attenzione. **SIN.** Selezionare.

trasceglimènto [av. 1729] **s. m.** ● (*raro*) Il trascegliere.

†**trascèlta** [f. sost. del part. pass. di *trascegliere*; av. 1698] **s. f.** ● Trasceglimento, selezione.

trascendentàle [da *trascendente*; av. 1729] **agg.** *1* (*filos.*) Nella scolastica medievale, attributo di quelle nozioni che trascendono per universalità i generi aristotelici | Nella filosofia di Kant, si dice di ogni considerazione inerente alle condizioni di conoscibilità a priori di un oggetto. *2* (*est.*) Che è superiore alla norma o alla ragione umana | (*fam.*) ***Non è t.***, è semplice, facile. || **trascendentalménte**, **avv.**

trascendentalismo [da *trascendentale*; 1908] **s. m.** *1* Ogni dottrina filosofica secondo cui nella coscienza soggettiva esistono le condizioni di ogni realtà. *2* Movimento spirituale letterario americano dell'Ottocento, che fece capo a R. W. Emerson (1803-1882).

trascendentalità [1902] **s. f.** ● (*filos.*) Condizione di ciò che è trascendentale.

trascendènte [vc. dotta, lat. *transcendĕnte(m)*, part. pres. di *transcĕndere*; av. 1406] **A agg.** *1* Che è al di là dei limiti di ogni conoscenza possibile. **CONTR.** Immanente. *2* (*mat.*) Non algebrico, detto di numero, funzione, curva, superficie, e sim.: *equazione t.* **B s. m.** solo **sing.**: *credere nel t.*

trascendentismo [da *trascendente*; 1961] **s. m.** ● (*filos.*) Qualsiasi dottrina filosofica che ammetta la trascendenza divina.

trascendentìstico [1961] **agg.** (pl. m. *-ci*) ● Del, relativo al trascendentismo.

trascendènza [av. 1712] **s. f.** *1* La condizione o la proprietà di ciò che è trascendente. *2* †Eccedenza, eccesso.

trascèndere o †**transcèndere** [lat. *transcĕndere*, comp. di *trāns-* 'oltre' e *scăndere* 'salire'; av. 1294] **A v. tr.** (coniug. come *scendere*) *1* Oltrepassare, superare: *Colui lo cui saver tutto trascende* (DANTE *Inf.* VII, 73). *2* †Salire, passare. **B v. intr.** (aus. *avere* e *essere*) ● Passare i limiti, non contenersi, commettere eccessi: *ho trasceso nel bere*; *sono trascesi a vie di fatto.*

trascendiménto [av. 1375] **s. m.** ● (*raro*) Il trascendere.

trascéso part. pass. di *trascendere* ● Nei sign. del v.

trascinaménto [1879] **s. m.** ● Il trascinare, il venire trascinato | (*fig.*) Coinvolgimento.

trascinànte [1840] part. pres. di *trascinare*; anche **agg.** *1* Nei sign. del v. *2* (*fig.*) Avvincente, esaltante: *uno spettacolo t.*; *un ritmo t.*

♦**trascinàre** [lat. parl. **trāgināre*, variante durativa di *trăhere* 'tirare', con sovrapposizione di *tras-*; 1313] **A v. tr.** *1* Tirare facendo strisciare per terra: *t. uno straccio per la casa* | ***T. una gamba***, muoversi a fatica per ferita, malattia e sim. | (*fig.*) ***T. la vita***, stentare | (*est.*) Condurre a forza o con insistenza: *t. qlcu. in tribunale*; *lo trascinammo alla conferenza* | (*fig.*) Attirare con lusinghe: *t. qlcu. sulla via del male* | (*fig.*) ***T. la folla***, esaltarla | (*fig.*) Affascinare, avvincere, sedurre (*anche assol.*): *trascina tutti con la sua simpatia*; *una musica che trascina.* *2* (*elab.*) In un programma di elaborazione testi o di grafica, spostare un elemento visualizzato sullo schermo con un dispositivo di puntamento come un mouse. **B v. rifl.** ● Strisciare per terra: *trascinarsi nel fango*; *si trascinava faticosamente verso l'uscita.* **C v. intr. pron.** ● Prolungarsi, non accennare a finire: *è una controversia che si trascina da tempo.* **SIN.** Protrarsi.

trascinàto part. pass. di *trascinare*; anche **agg.** ● Nei sign. del v.: *Io solo, t. da un dolore impossibile e furioso* (MORANTE).

trascinatóre [1950] **A s. m.** (f. *-trice*) ● Chi trascina (*spec. fig.*): *un t. di folle.* **B agg.** ● (*fig.*) Che esalta, entusiasma: *discorso t.*

trascìnio [1879] **s. m.** ● Un continuo trascinare | Rumore prodotto da cose trascinate.

†**trascolàre** [comp. di *tras-* e *colare*] **v. intr.** ● Trapelare.

trascoloraménto [1879] **s. m.** ● (*raro*) Il trascolorare.

trascoloràre [comp. di *tras-* e del denominale di *colore*; av. 1231] **A v. intr.** e **intr. pron.** (*io trascolóro*; aus. *essere*) ● Cambiare colore | Accendersi in volto o impallidire: *t. per l'ira.* **B v. tr.** ● (*raro*) Far cambiare di colore.

trascorrènte part. pres. di *trascorrere*; anche **agg.** ● Nei sign. del v. || †**trascorrenteménte**, **avv.** Di passaggio.

♦**trascórrere** o †**transcórrere** [lat. *transcŭrrere*, comp. di *trāns* 'attraverso' e *cŭrrere* 'correre'; 1312] **A v. tr.** (coniug. come *correre*) *1* (*lett.*) Percorrere un luogo, uno spazio | (*raro*) Oltrepassare: *t. i confini.* *2* (*est.*, *lett.*) Scorrere con gli occhi spec. velocemente, percorrere con la mente | ***T. un libro***, leggerlo in fretta, dargli una prima lettura. *3* Passare un periodo di tempo: *abbiamo trascorso dei giorni lieti.* *4* (*fig.*) †Trattare, toccare un argomento. *5* †Tralasciare, omettere. **B v. intr.** (aus. *essere* nei sign. 1, 2, 3, *avere* nei sign. 4 e 5) *1* (*lett.*) Andare, correre oltre: *Io non so se più aisse o s'ei si tacque, / tant'era già di là da noi trascorso* (DANTE *Purg.* XVIII, 127-128) | †Trasferirsi altrove. *2* (*lett.*) Passare con la mente, spec. rapidamente: *la fantasia trascorre da un sogno all'altro* | Passare a un altro argomento. *3* Passare, detto del tempo: *gli anni della gioventù trascorrono veloci.* *4* (*fig.*, *lett.*) Andare troppo oltre passando i limiti della convenienza e del giusto: *abbiamo trascorso senza volerlo.* **SIN.** Trascendere. *5* †Discorrere, ragionare di un argomento.

trascorrévole [1325 ca.] **agg.** ● (*raro*) Che trascorre agevolmente e in fretta | (*raro*) Fugace. || **trascorrevolménte**, **avv.** (*raro*, *lett.*) In modo veloce, senza fermarsi e insistere.

trascorriménto [av. 1292] **s. m.** ● Il trascorrere (*anche fig.*) | †***Per t.***, di passaggio.

†**trascorritìvo** **agg.** ● Che serve a trascorrere.

†**trascorritóre** [da *trascorrere*] **s. m.**; anche **agg.** (f. *-trice*) ● (*fig.*) Chi (o Che) non si modera e trascende.

†**trascórsa** [f. sost. del part. pass. di *trascorrere*] **s. f.** *1* Il trascorrere | †Scorreria. *2* Scorsa | ***In t.***, di passaggio.

†**trascorsìvo** [da *trascorso*] **agg.** ● Che serve a trascorrere. || †**trascorsivaménte**, **avv.** Di corsa, senza fermarsi.

trascórso [sec. XIV] **A** part. pass. di *trascorrere*; anche **agg.** ● Passato: *un'epoca trascorsa*; *gli anni trascorsi all'estero.* **B s. m.** *1* Colpa, fallo: *i trascorsi di gioventù* | (*raro*) Lieve errore: *t. di penna.* *2* (*al pl.*) L'insieme delle vicende e dei comportamenti che costituiscono il passato di una persona: *il Giardino Pubblico, quella pietra miliare dei miei trascorsi* (SVEVO). *3* †Trascorrimento | †***In t.***, di sfuggita.

trascrittàsi ● V. *transcriptasi.*

trascrìtto part. pass. di *trascrivere*; anche **agg.** ● Nei sign. del v.

trascrittóre [1707] **s. m.** (f. *-trice*) ● Chi trascrive.

trascrìvere o †**transcrìvere** [vc. dotta, lat. *transcrībere*, comp. di *trāns* 'da una parte all'altra' e *scrībere* 'scrivere', con sovrapposizione di *scrivere*; 1441] **v. tr.** (coniug. come *scrivere*) *1* Scrivere qlco. traendola o derivandola da un testo, una stesura e sim. precedente: *t. una citazione*, *un brano* | Ricopiare: *t. una frase in bella copia.* *2* Eseguire la trascrizione di un atto giuridico: *t. la citazione*, *il sequestro immobiliare.* *3* Traslitterare: *t. un nome in cirillico.* *4* (*mus.*) Effettuare una trascrizione.

trascrizióne [vc. dotta, lat. tardo *transcriptiō-ne(m)*, da *transcrīptus*, part. pass. di *transcrībere* 'trascrivere'; 1554] **s. f.** *1* Il trascrivere un testo | Copia: *una t. inesatta* | ***T. diplomatica***, fedelissima, che conserva le parole come sono, i nessi, l'interpunzione, le abbreviazioni, gli errori, e sim. *2* Inserzione nei pubblici registri con funzioni di pubblicità di titoli relativi alla costituzione di diritti concernenti beni immobili o mobili registrati o di determinati atti processuali: *t. della citazione*, *della sentenza*; *t. del sequestro immobiliare* | ***Imposta di t.***, che si paga per le annotazioni nei registri ipotecari. *3* Scrittura ottenuta usando un sistema grafico differente: *t. di una parola in lettere greche* | ***T. fonetica***, rappresentazione grafica della reale pronuncia dei suoni. *4* (*mus.*) Riscrittura di una composizione per strumenti diversi da quelli originariamente previsti | Stesura in scrittura musicale moderna di testi scritti con notazioni antiche. *5* (*biol.*) Processo consistente nel trasferimento dell'informazione genetica in una molecola di RNA messaggero.

trascuràbile [1879] **agg.** ● Che si può o si deve trascurare | (*est.*) Minimo, irrilevante: *quantità*, *differenza t.* **CONTR.** Essenziale. || **trascurabilménte**, **avv.**

trascurabilità [1970] **s. f.** ● (*raro*) Condizione di ciò che è trascurabile.

trascuràggine o (*pop.*) †**straccuràggine**, †**tracuràggine** [da *trascurare*; 1353] **s. f.** ● (*raro*, *lett.*) Incuria, negligenza, sbadataggine.

trascurànza o (*pop.*) †**straccurànza**, †**tracurànza** [1364] **s. f.** ● (*lett.*) Il trascurare, spec. abitualmente: *... per l'imperfezione degli editti*, *per la t. nell'eseguirli* (MANZONI) | Trascuratezza nel vestire o nell'acconciarsi.

trascuràre o (*pop.*) †**straccuràre** [comp. di *tras-*, e quindi 'tralasciare', e del denominale di *cura*; sec. XIV] **A v. tr.** *1* Trattare con negligenza, non curare sufficientemente: *t. gli studi*, *gli affari* | Non circondare delle debite cure, non aiutare a sufficienza: *t. la famiglia*, *la moglie.* **CONTR.** Curare. *2* Omettere, tralasciare: *trascurò di metterlo in guardia*; *non trascuriamo di esaminare ogni indizio* | Non tenere in conto, non calcolare: *t. la differenza.* **B v. rifl.** ● Non avere abbastanza cura della propria salute o del proprio modo di vestire, di acconciarsi, e sim.: *fa una vita sregolata e si trascura.*

trascuratàggine o (*pop.*) †**straccuratàggine** [1550] **s. f.** ● Condizione di chi è trascurato | Atto da persona trascurata: *ha commesso una imperdonabile t.*

trascuratézza [1524] **s. f.** ● Caratteristica, atteggiamento di chi è trascurato: *tutti conoscono la sua t.* | Atto da persona trascurata.

trascuràto [av. 1342] **A** part. pass. di *trascurare*; anche **agg.** *1* Che agisce con poca cura, premura, sollecitudine: *è t. nei suoi doveri.* *2* Non benuto, detto di cose: *una casa molto trascurata* | Non curato adeguatamente: *un'influenza trascurata.* *3* Trattato con scarsa considerazione, con poco affetto: *si sente t. in famiglia.* || **trascurataménte**, **avv.** Con trascuratezza, negligenza. **B** anche **s. m.** (f. *-a*) ● Persona trascurata. || **trascuratàccio**, **pegg.** | **trascuratèllo**, **dim.** | **trascuratìno**, **dim.** | **trascuratóne**, **accr.**

†**trascuratóre** [1694] **s. m.**; anche **agg.** (f. *-trice*) ● Chi (o Che) trascura.

†**trascutàggine** o †**traccutàggine**, †**tracutàggine** [da *trascutato*; 1351] **s. f.** ● Noncuranza, indifferenza, leggerezza.

†**trascutàto** o †**traccutàto**, †**tracutàto** [per *trascurato* con sovrapposizione di *tracotato*; 1353] **agg.** ● Fatto senza cura o azzardato, detto di cosa | Negligente, sbadato, leggero, detto di persona.

trasdùrre [comp. di *tras-*, pref. sostituito a *con-* di (*con*)*durre*; 1961] **v. tr.** (coniug. come *condurre*) *1* (*fis.*) Trasformare una grandezza fisica in un'altra, come ad es. una forza in una tensione elettrica, o energia elettrica in energia sonora e sim. *2* (*fisiol.*) Trasformare uno stimolo fisico in segnale nervoso.

trasduttóre [comp. di *tras-*, pref. sostituito a *con-* di (*con*)*duttore*; 1949] **s. m.** *1* (*fis.*) Dispositivo che trasforma una grandezza fisica, ad es. acustica, in un'altra, ad es. elettrica, mantenendo inalterata la forma d'onda del segnale. *2* (*fisiol.*) Detto di dispositivo o di elemento cellulare sensoriale, in grado di reagire a uno stimolo e di trasmetterlo ai distretti nervosi centrali.

trasduzióne [1961] **s. f.** *1* (*fis.*) Trasformazione di una grandezza fisica in un'altra. *2* (*biol.*) Trasferimento di un carattere ereditario da una cellula batterica a un'altra senza contatto fra le due cellule. *3* (*fisiol.*) Trasformazione di un effetto fisico in un segnale nervoso a opera di recettori specializzati.

trasecolaménto [av. 1604] **s. m.** ● (*raro*) Il trasecolare.

trasecolàre o (*pop.*) **strasecolàre** [comp. di *tra-* '(uscire) al di là' e del denominale di *secolo* nel senso di '(questo) mondo'; av. 1449] **A v. intr.** (*io trasècolo*; aus. *essere* e *avere*) ● Meravigliarsi molto, restare stupefatto, come chi crede di non essere più in questo mondo (*anche scherz.*): *quello che mi racconti fa t.!* **B** v. tr. ● †Confondere, fare smarrire.

trasecolàto part. pass. di *trasecolare*; anche agg. ● Sbalordito, stupefatto.

traseminàre [comp. di *tra-* e *seminare*; 1970] v. tr. (*io trasémino*) ● Seminare una coltura tra un'altra già nata: *t. trifoglio fra il grano.*

trasentire [comp. di *tra-* e *sentire*; 1690] v. tr. (*io trasènto*) **1** (*raro*) Sentire vagamente, subodorare. **2** (*raro*) Sentire una cosa per un'altra (*anche assol.*) | (*est.*) Fraintendere.

trasferello® [da *trasferibile*; 1983] s. m. ● Piccolo disegno che può essere trasferito mediante pressione da un supporto di plastica a un altro supporto, gener. di carta, e che è usato gener. come gioco didattico o decorazione.

trasferibile [av. 1712] **A** agg. ● Che si può trasferire | (*banca*) ***Assegno non t.***, V. *assegno* | ***Carattere t.***, quello che può essere trasferito, mediante pressione, da un supporto di plastica a un altro supporto, gener. di carta, su cui aderisce. **B** s. m. ● Carattere trasferibile.

trasferibilità [1961] s. f. ● Condizione di chi (o di ciò che) è trasferibile.

trasferiménto [av. 1557] s. m. **1** Spostamento da un luogo all'altro: *ci vedremo dopo il nostro t. in campagna* | Cambiamento di sede: *il t. di un magistrato, di un impiegato statale*; *chiedere il t.* | (*sport*) Passaggio di un giocatore ad una nuova società. **2** (*dir.*) Passaggio di un diritto da uno ad altro titolare: *t. del marchio*; *t. del diritto di proprietà* | ***T. coattivo***, per atto non negoziale | ***T. costitutivo***, costituzione di un nuovo diritto derivante dal preesistente che presuppone e limita. **3** (*tecnol.*) ***Stampaggio a, per t.***, procedimento di stampaggio delle materie plastiche termoindurenti nel quale queste vengono prima portate allo stato plastico per riscaldamento e poi iniettate nello stampo. SIN. Stampaggio transfer, stampaggio a transfer. **4** (*tel.*) Funzione di una centrale telefonica che consente di deviare le chiamate in arrivo da un apparecchio a un altro.

♦**trasferire** o †**transferire** [vc. dotta, lat. *transfĕrre*, comp. di *trāns-* e *fĕrre* 'portare', di orig. indeur.; 1342] **A** v. tr. (*io trasferisco, tu trasferisci*) **1** Far cambiare luogo, sede, domicilio: *t. un impiegato*; *hanno trasferito la sede del comando*; *ha trasferito il proprio domicilio fiscale*; *t. un ufficio.* **2** (*fig., est.*) Trasmettere, cedere, passare ad altri o altrove: *t. un diritto, un'ipoteca*; *t. un processo al giudice competente*; *t. tutti i poteri all'autorità militare*; *t. un significato dal linguaggio specialistico alla lingua comune* | Riversare, far ricadere: *il nonno trasferì sul nipotino tutto il proprio affetto*; *in quel film Fellini ha trasferito la sua visione del mondo.* **3** †Far passare da uno all'altro, detto di un comando, un potere, un'autorità e sim. **4** †Tradurre in un'altra lingua. **B** v. intr. pron. ● Cambiare residenza, domicilio, sede, ubicazione: *ci trasferiremo all'estero*; *il falegname si è trasferito in un altro quartiere.*

trasfèrta [da *trasferire*; 1812] s. f. **1** Trasferimento temporaneo di un funzionario pubblico o privato fuori della propria residenza | Indennità o compenso pagato per questo servizio. **2** Nei campionati di calcio e sim., l'incontro disputato sul campo dell'avversario: *giocare in t.* **3** (*tecnol.*) ***Macchina a t.***, macchina automatizzata costituita da una serie di teste operatrici multiple, atte a eseguire operazioni diverse su un pezzo, disposte in linea e collegate da organi di trasferimento automatico del pezzo. SIN. Macchina transfer, transfer.

trasfertista [da *trasferta*; 1983] agg.; anche s. m. e f. (pl. m. *-i*) ● Tecnico che lavora soprattutto in trasferta, spec. per l'installazione, la manutenzione e la riparazione di grandi impianti industriali: *un montatore t.*; *hanno assunto un t. per il controllo di turbine e compressori.*

trasfiguraménto [1294] s. m. ● (*raro, lett.*) Trasfigurazione.

trasfiguràre o (*pop.*) †**strafiguràre**, †**transfiguràre** [vc. dotta, lat. *transfigurāre*, comp. di *trāns* '(andar) oltre', e del denominale di *figūra*; 1353] **A** v. tr. ● Far cambiare figura, trasformare l'aspetto | Far apparire diverso per un'emozione, detto spec. del volto: *un'infinita attonita dolcezza, / ..., il gracil riso / trasfigura* (SABA) | (*fig.*) ***T. un fatto***, interpretarlo diversamente, travisarlo. **B** v. intr. pron. ● Cambiare figura, aspetto.

trasfiguràto o (*pop.*) †**strafiguràto** [1840] part. pass. di *trasfigurare*; anche agg. ● Mutato d'aspetto: *volto t. dall'ira.*

trasfigurazióne o †**transfigurazióne** [vc. dotta, lat. *transfiguratiōne(m)*, da *transfigurātus* 'trasfigurato'; 1294] s. f. **1** Trasformazione, metamorfosi nell'aspetto o nella figura | Mutamento d'aspetto per viva commozione. **2** (*relig.*) Nella tradizione cristiana, l'apparizione di Gesù nella luce di gloria e con corpo diverso da quello fisico, insieme con Mosè e con Elia, sul monte Tabor, ai discepoli Pietro, Giacomo e Giovanni.

trasfigurire o (*pop.*) †**strafigurire** [1879] v. tr. (*io trasfigurisco, tu trasfigurisci*) ● (*raro*) Trasfigurare.

trasfocatóre [comp. di *tras-* e di un deriv. da *f(u)oco* in accezione tecnica; 1965] s. m. ● (*fot.*) Zoom.

trasfóndere o †**transfóndere** [vc. dotta, lat. *transfŭndere*, comp. di *trāns-* 'oltre' e *fŭndere* 'fondere', ma nel senso originario di 'versare'; sec. XIV] v. tr. (coniug. come *fondere*) **1** (*raro*) Travasare un liquido | Far passare in un altro corpo: *t. sangue.* **2** (*fig.*) Infondere idee, sentimenti e sim.: *gli ha trasfuso un grande entusiasmo.*

trasfondibile [1716] agg. ● (*raro*) Che si può trasfondere.

trasfondiménto s. m. ● (*raro*) Il trasfondere.

trasformàbile [av. 1704] agg. **1** Che si può trasformare: *divano t. in letto.* **2** Detto di automobile con tetto completamente apribile.

trasformabilità [1879] s. f. ● Condizione, caratteristica di ciò che è trasformabile.

†**trasformaménto** [1546] s. m. ● Il trasformare.

†**trasformànza** [av. 1306] s. f. ● Trasformazione.

♦**trasformàre** o (*pop.*) †**straformàre**, †**transformàre** [vc. dotta, lat. *transformāre*, comp. di *trāns-* 'al di là' e *formāre*, denom. di *fōrma*; av. 1306] **A** v. tr. (*io trasfórmo*) **1** Mutare di forma, di aspetto: *i restauri hanno completamente trasformato il monumento*; *questa pettinatura ti trasforma*; *Aretusa fu trasformata in fonte* | Cambiare il carattere, i sentimenti, le idee di qlcu.: *la solitudine lo ha trasformato.* **2** (*sport*) Nel calcio e sim., segnare mediante calcio piazzato: *t. un rigore, una meta.* **B** v. intr. pron. ● Diventare diverso nella forma, l'aspetto o il modo di pensare, l'indole, ecc.: *il bruco si trasforma in farfalla*; *davanti agli adulti, per timidezza, si trasforma.*

trasformativo [av. 1642] agg. ● (*raro*) Che serve a trasformare.

trasformàto [av. 1306] part. pass. di *trasformare*; anche agg. **1** Diventato diverso: *tornò dalla guerra molto t.* **2** †Deforme, sfigurato. **3** ***Meta trasformata***, nel rugby, tiro di trasformazione riuscito. || †**trasformataménte**, avv. †Fuori di modo, fuori di misura.

trasformatóre [1596] s. m.; anche agg. (f. *-trice*) **1** Chi (o Che) trasforma. **2** Macchina elettrica statica che trasforma la corrente alternata, diminuendone o aumentandone la tensione, ma lasciandone inalterata la frequenza e, a meno delle perdite, la potenza | ***T. in salita, elevatore***, quello che trasforma l'energia elettrica a bassa tensione in energia elettrica a tensione più alta | ***T. in discesa, abbassatore, riduttore***, quello che trasforma l'energia elettrica ad alta tensione in energia elettrica a tensione più bassa | ***T. a corrente costante***, quello che eroga potenza elettrica con corrente costante al variare dell'impedenza di carico | ***T. di misura***, trasformatore abbassatore destinato all'esecuzione di misurazioni voltmetriche o amperometriche | ***T. di tensione, voltmetrico***, trasformatore di misura in cui la tensione applicata agli strumenti di misurazione è proporzionale alla tensione da misurare | ***T. di corrente, amperometrico***, trasformatore di misura in cui la corrente circolante negli strumenti di misurazione è proporzionale alla corrente da misurare | ***T. di uscita***, quello che adatta un carico a un circuito elettronico (a tubi o a transistori) | ***T. di alimentazione***, quello destinato a fornire corrente elettrica ad alta o a bassa tensione a un qualsiasi dispositivo o apparecchio | ***T. di modulazione***, quello destinato ai circuiti di modulazione | ***T. di accoppiamento***, quello usato per accoppiare fra loro due o più circuiti elettrici | ***T. accordato***, quando il primario o il secondario o entrambi sono in risonanza alla frequenza di impiego. **3** (*tecnol.*) ***T. termico***, scambiatore di calore nel quale un fluido a temperatura maggiore cede calore a un fluido a temperatura minore.

trasformatòrico [da *trasformatore*; 1980] agg. (pl. m. *-ci*) ● (*elettr.*) Relativo al trasformatore e ai fenomeni che vi si svolgono: *effetto t.*; *forza elettromotrice trasformatorica.*

trasformazionàle [ingl. *transformational*, da *transformation* 'trasformazione'; 1966] agg. ● (*ling.*) Detto della grammatica generativa, in quanto comprende regole atte a trasformare strutture di frase generate dalla base sintattica in frasi ben formate grammaticalmente e realizzate foneticamente | ***Sottocomponente t.***, insieme di regole di una grammatica generativa che permette di proiettare le strutture profonde delle frasi nelle relative strutture superficiali realizzate foneticamente.

trasformazionaliṣmo [comp. di *trasformazional(e)* e *-ismo*; 1975] s. m. ● (*ling.*) Teoria della grammatica generativo-trasformazionale.

trasformazionalista [1970] s. m. e f. (pl. m. *-i*) ● Seguace della linguistica trasformazionale.

♦**trasformazióne** [vc. dotta, lat. tardo *transformatiōne(m)*, da *transformātus* 'trasformato'; av. 1306] s. f. **1** Mutamento di forma, di aspetto, di modo di pensare e sim.: *la t. di un insetto*; *la t. di un progetto*; *in lui si è verificata una vera t.* **2** (*mat.*) Applicazione, corrispondenza (solitamente fra spazi) | Relazione fra due spazi topologici tale che, presi due generici punti associati, si possa trovare un intorno di ciascuno di essi in modo che ad ogni punto del primo intorno sia associato un solo punto del secondo e viceversa | ***T. di coordinate***, formule che, note le coordinate d'un elemento in un sistema di riferimento, danno le sue coordinate in un altro sistema. **3** (*ling.*) Nella grammatica generativa, operazione formale che, secondo determinate regole di movimento, converte le strutture sintattiche generate dalla base in frasi ben formate e realizzate foneticamente. **4** Processo chimico per cui una sostanza si muta in un'altra: *t. dello zucchero in alcol.* **5** (*biol.*) Modificazione della costituzione genetica spec. di un batterio. **6** (*fis.*) Passaggio di un sistema termodinamico da uno stato iniziale, caratterizzato da determinati valori dei suoi parametri, a uno stato finale, caratterizzato da altri valori dei parametri, attraverso una successione continua di stati intermedi. **7** (*sport*) Nel rugby, tiro che si effettua dopo aver realizzato una meta, tentando di far passare il pallone tra i pali della porta al di sopra della sbarra che li unisce per conquistare altri punti.

trasfórme [vc. dotta, dall'ingl. amer. *transform* 'risultato di trasformazione'; 1983] agg. ● (*geol.*) ***Faglia t.***, faglia lungo la quale avviene una trasformazione di movimenti.

trasformiṣmo [adattamento del fr. *transformisme*, da *transformer* 'trasformare'; 1874] s. m. **1** Metodo di governo adottato spec. dallo statista A. Depretis alla fine dell'Ottocento, consistente nell'utilizzare spregiudicatamente persone e gruppi politici diversi, in modo da impedire che si formasse una vera opposizione | (*est., spreg.*) Prassi politica basata su opportunistici e disinvolti adattamenti alle convenienze | (*est., spreg.*) Frequente mutamento di opinione. **2** (*biol.*) Evoluzionismo.

trasformista [adattamento del fr. *transformiste*, da *transformisme* 'trasformismo'; 1882] s. m. e f. (pl. m. *-i*) **1** Chi pratica il trasformismo politico. **2** (*est.*) Chi cambia spesso e facilmente opinioni e atteggiamenti. **3** Artista capace di interpretare una serie continua di ruoli, spec. comici, mutando personaggio tramite velocissimi cambiamenti di abiti e trucco.

trasformistico [1923] agg. (pl. m. *-ci*) ● Concernente il trasformismo. || **trasformisticaménte**, avv.

trasfósso [vc. dotta, lat. *transfŏssu(m)*, part. pass. di *transfŏdere*, comp. di *trāns-* 'attraverso' e *fŏdere* 'scavare', di orig. indeur.; 1961] agg. ● (*med.*) Che passa da parte a parte: *ferita cranica, addominale trasfossa.*

†**trasfumàre** [vc. dotta, lat. tardo *transfumāre*, comp. di *trāns-* 'oltre' e *fumāre*] v. intr. ● Svaporare, sfumare.

trasfuṣionàle [1950] agg. ● (*med.*) Relativo alla trasfusione | ***Centro t.***, attrezzato per prelevare, conservare e distribuire, a seconda delle necessità, sangue per trasfusioni.

trasfusióne [vc. dotta, lat. *transfusiōne(m)*, da *transfūsus* 'trasfuso'; av. 1685] s. f. *1* (*raro*) Il trasfondere. *2* (*med.*) Traslazione di sangue o dei suoi derivati da un individuo all'altro | *T. autologa*, autotrasfusione.

trasfùso o †**transfùso** [1840] **A** part. pass. di *trasfondere*; anche agg. ● Nei sign. del v. **B** s. m. (f. *-a*); anche agg. ● Detto di chi è stato sottoposto a trasfusione di sangue. CFR. Politrasfuso.

traşgrediménto [av. 1533] s. m. ● (*raro*) Trasgressione.

traşgredire [lat. *trānsgredī*, comp. di *trāns-* 'al di là' e *grădī* 'passare', denominale di *grădus* 'passo', di etim. incerta; sec. XIV] v. tr. e intr. (*io traşgredìsco, tu traşgredìsci*; aus. *avere*) ● Eccedere i limiti posti da una norma, non attenersi a quanto disposto da leggi e sim.: *t. il comando di qlcu.*; *t. a un ordine* | *T. la legge*, violarla. CONTR. Osservare, rispettare.

traşgreditóre [1673] s. m. (f. *-trice*) ● (*raro*) Trasgressore.

traşgressióne o †**transgressióne** [vc. dotta, lat. *transgressiōne(m)*, da *transgrĕssus*, part. pass. di *trānsgredi* 'trasgredire'; 1308] s. f. *1* Violazione di un ordine, di una legge: *sarà punita ogni t.* | (*est.*) Deviazione dalle regole di comportamento prevalenti e comunemente accettate. *2* †Digressione. *3* (*geol.*) Avanzata del mare su un territorio precedente emerso, ed instaurazione del dominio marino. || **traşgressioncèlla**, dim.

traşgressività [da *trasgressivo*; 1985] s. f. ● Caratteristica di chi (o di ciò che) è trasgressivo: *la t. delle sue scelte.*

traşgressivo [da *trasgressione*; 1961] agg. *1* Che contiene o si manifesta con una trasgressione: *azione trasgressiva rispetto alla morale comune* | Che è incline alla trasgressione. *2* (*geol.*) Che riguarda la trasgressione: *sedimento t.*; *fase trasgressiva.*

traşgressóre o †**tranşgressóre** [vc. dotta, lat. tardo *transgressōre(m)*, da *transgrĕssus*, part. pass. di *trānsgredi* 'trasgredire'; av. 1342] s. m. (f. *traşgreditrice*, pop. *traşgressóra*); anche agg. ● Chi (o Che) trasgredisce.

trash /trɛʃ*, *ingl.* θræʃ/ [vc. ingl., propr. 'rifiuti', di orig. oscura, con qualche riscontro nelle lingue scandinave; 1985] **A** agg. inv. ● Di gusto deteriore, volgare: *letteratura, cinema, personaggio t.* **B** s. m. inv. ● Orientamento del gusto che predilige ed enfatizza ciò che è brutto, grottesco e volgare: *il t. contemporaneo*; *la sottocultura del t.* | (*est.*) Produzione artistica, letteraria, televisiva e sim. che riflette tale orientamento: *il t. delle riviste scandalistiche.* CFR. Spazzatura.

†**trasì** [comp. di *tra-* e *sì* 'così', come il corrispondente ant. fr. *tresci que* 'fin tanto che'] avv. ● (*raro*) Così, tanto.

traşlàre [v. rifatto su *traslato*; sec. XIV] **A** v. tr. *1* Trasportare, spostare, detto di salma: *hanno traslato i corpi dei caduti in un mausoleo.* *2* (*raro, lett.*) Portare in altro luogo, trasferire: *Pareagli esser traslato in un sereno / candido, e d'auree fiamme adorno e pieno* (TASSO). **B** v. intr. (aus. *avere*) ● Muoversi nello spazio con moto traslatorio.

traşlatàre o †**tranşlatàre** [da *traslato*; av. 1306] v. tr. *1* (*lett.*) Trasportare da un luogo all'altro | Trasferire. *2* †Tradurre: *i prosatori traslatavano dal latino gli scrittori classici* (DE SANCTIS). *3* †Tramutare, cambiare.

†**traşlatatóre** s. m.; anche agg. (f. *-trice*) ● Traslatore.

traşlativo o †**tranşlativo** [vc. dotta, lat. *translatīvu(m)*, da *translātus* 'traslato'; 1865] agg. *1* (*dir.*) Che determina il trasferimento di un rapporto giuridico da un soggetto a un altro: *effetto t.*; *contratti traslativi* | Di, relativo a traslazione. *2* (*aer.*) Attinente a volo con velocità considerevole e prevalentemente orizzontale. *3* †(*fis.*) Traslatorio. *4* (*ling.*) Detto di caso che esprime il passaggio da un luogo a un altro. || †**traşlativaménte**, avv. In modo traslato.

traşlàto o †**tranşlàto** [vc. dotta, lat. *translātu(m)*, part. pass. di *transfĕrre*, comp. di *trāns-* 'al di là' e *lātus* 'portato', di orig. indeur.; 1321] **A** agg. *1* (*lett.*) Trasferito, trasportato. *2* Metaforico: *significato t.* **B** s. m. ● Espressione figurata: *parlare per traslati* | *Per t.*, metaforicamente. SIN. Tropo.

traşlatóre o †**tranşlatóre** [vc. dotta, lat. *translatōre(m)*, da *translātus* 'traslato'; 1308] **A** s. m. *1* (f. *-trice*) (*raro*) Chi fa una traslazione. *2* (*elab.*) Dispositivo capace di convertire informazioni da una forma in un'altra. *3* (*tecnol.*) Apparecchio destinato a spostare merci in una o più direzioni parallelamente al suolo e usato gener. nei grandi magazzini | *T. elevatore*, apparecchio guidato da rotaie sul suolo o aereo e destinato a spostare e sollevare merci nei grandi magazzini. *4* *T. a navetta*, mezzo di trasporto che collega nei due sensi le stazioni delle metropolitane con i principali centri di traffico urbani su brevi percorsi. *5* (f. *-trice*) †Traduttore. **B** agg. ● Che trasla, che compie una traslazione | (*ottica*) *Tavolino t.*, nel microscopio ottico, piatto spostabile in due direzioni mutuamente ortogonali mediante movimenti micrometrici manuali.

traşlatòrio [dal lat. *translātor* nel senso proprio di 'trasferitore', dal part. pass. (*translātus*) di *transfĕrre* 'portare (*fĕrre*) al di là (*trāns-*)'; 1931] agg. ● (*fis.*) Proprio della traslazione, relativo alla traslazione: *moto t.*

traşlazióne o †**tralazióne**, †**tranşlazióne** [vc. dotta, lat. *translatiōne(m)*, da *translātus* 'traslato'; av. 1348] s. f. *1* Trasferimento, trasporto da un luogo a un altro: *la t. della salma*; *la t. della Santa Casa di Loreto* | (*relig.*) *T. delle reliquie*, trasporto delle reliquie di un santo dal sacello originario a un luogo di culto. *2* (*fig.*) Trasferimento, spostamento, passaggio | (*dir.*) Trasferimento del titolo di credito nominativo mediante annotazione dell'acquirente sul registro dell'emittente e sul titolo stesso | (*relig.*) *T. di una festa*, il suo spostamento a una data posteriore quando nella data appropriata non ne può avvenire la celebrazione | (*econ.*) *T. d'imposta*, trasferimento dell'onere economico di questa dal contribuente che per legge è tenuto a pagarla ad altri contribuenti: *una analisi della t. dell'imposta sugli interessi dei capitali* (EINAUDI). *3* (*mat.*) Biiezione di un piano o di uno spazio numerico in sé tale che la differenza fra le coordinate omologhe di due punti corrispondenti sia indipendente dai punti stessi. *4* (*fis.*) Moto di un corpo in modo tale che un qualsiasi segmento, congiungente due punti di esso, si sposti mantenendosi sempre parallelo a sé stesso: *moto di t. della Terra nel sistema solare.* *5* (*miner.*) Operazione di simmetria fondamentale dello stato solido, che consiste nella ripetizione periodica di atomi nelle tre direzioni da cui si genera il reticolo cristallino. *6* In ginnastica, traslocazione. *7* (*ling.*) Rapporto esistente fra due parole o sequenze di parole di diversa natura, aventi però la medesima funzione. *8* †Traduzione. *9* †Traslato, metafora. *10* (*psicoan.*) Transfert.

traşlitteràre o **tranşlitteràre** [adattamento dell'ingl. *to transliterate*. V. seguente; 1961] v. tr. (*io traşlìttero*) ● Scrivere sostituendo le lettere d'un alfabeto con quelle equivalenti di un altro: *t. un nome russo secondo l'alfabeto latino.*

traşlitterazióne o **tranşlitterazióne** [ingl. *transliteration*, dal v. *to transliterate* 'portare da una lettera (dal lat. *lĭttera*) ad un'altra (*trans-*)'; 1891] s. f. ● Trascrizione di un testo eseguita sostituendo le lettere di un alfabeto con quelle equivalenti di un altro.

traşlocaménto [1812] s. m. ● (*raro*) Trasloco.

♦**traşlocàre** [comp. di *tras-* '(passare) da una parte all'altra' e *locare*; 1812] **A** v. tr. (*io traşlòco, tu traşlòchi*) ● Trasferire di sede: *t. un magistrato, un impiegato in una sede più gradita.* **B** v. intr. e disus. v. intr. pron. (aus. intr. *avere*) ● Trasferirsi, cambiando sede o domicilio: *t. in una casa più grande*; *ho saputo che hai traslocato.*

traşlocatóre [1992] s. m. (f. *-trice*); anche agg. ● Chi per professione si occupa di traslochi.

traşlocazióne [da *traslocare*, nel sign. etim. di 'collocare (*locare*) da una parte all'altra (*tra(n)s-*)'; 1802] s. f. *1* Nella ginnastica, lo spostamento da una estremità all'altra di un attrezzo: *t. frontale.* SIN. Traslazione. *2* (*biol.*) Mutazione cromosomica consistente nel trasferimento di un segmento di un cromosoma dalla sua posizione normale in un'altra posizione nello stesso cromosoma o in un cromosoma omologo.

traşlòco [1865] s. m. (pl. *-chi*) ● Il traslocare | Trasporto di mobili, masserizie e loro sistemazione in una nuova casa o in un'altra sede: *è stato un t. faticoso* | Cambiamento di casa: *faremo t. in primavera.*

traşlucidità o (*lett.*) **tranşlucidità** [1940] s. f. ● Proprietà, caratteristica di ciò che è traslucido.

traşlùcido o †**tralùcido**, (*lett.*) **translùcido** [comp. di *tras-* e *lucido*; 1499] agg. *1* Di corpo che lascia passare parzialmente la luce ma non permette di distinguere i contorni dei corpi situati dietro di esso. SIN. Semitrasparente. *2* (*lett.*) Trasparente.

†**traşmarino** o †**transmarino** [comp. di *tras-* e *marino*; 1340 ca.] agg. ● (*raro, lett.*) Oltremarino.

traşmésso part. pass. di *trasmettere*; anche agg. ● Nei sign. del v.

♦**traşméttere** [vc. dotta, lat. *transmĭttere*, comp. di *trāns-* 'al di là' e *mĭttere* 'mandare'; av. 1320] **A** v. tr. (coniug. come *mettere*) *1* Far passare da una persona o da una cosa all'altra: *t. un'usanza, un diritto, una malattia.* *2* Far arrivare, mandare da un luogo all'altro: *t. una lettera da un ufficio all'altro*; *t. una notizia agli organi competenti.* SIN. Inviare. *3* Diffondere mediante i mezzi di comunicazione: *t. una notizia per via radio*; *la pubblicità trasmette messaggi visivi.* *4* †Dimettere, differire. **B** v. intr. pron. (+ *di*...*in*; + *da* ... *a*; + *per*; + *con*) ● Passare, trasferirsi da una persona o cosa ad un'altra: *usanze che si trasmettono di generazione in generazione*; *una tradizione che si trasmette di padre in figlio*; *caratteristiche che si trasmettono da una generazione all'altra* | Propagarsi, diffondersi: *una malattia infettiva che si trasmette per contagio*; *un virus che si trasmette per contatto.*

traşmettitóre [av. 1729] **A** s. m.; anche agg. (f. *-trice*) ● Chi (o Che) trasmette | (*med.*) *T. chimico*, sostanza chimica che nella trasmissione dell'impulso nervoso ha funzione eccitatoria o inibitoria. **B** s. m. ● Apparecchiatura destinata a convertire per modulazione i segnali audio, video o di codice in segnali a radiofrequenza contenenti la stessa informazione: *t. a modulazione di ampiezza, di frequenza, a impulsi.*

traşmigraménto [av. 1742] s. m. ● (*raro*) Trasmigrazione.

traşmigràre [vc. dotta, lat. *transmigrāre*, comp. di *trāns-* 'al di là' e *migrāre*; 1499] v. intr. (aus. *essere* e *avere* nel sign. 1, *essere* nel sign. 2) *1* Emigrare, passare da un luogo all'altro, cambiando sede, paese, detto di persone o animali: *uccelli che trasmigrano d'inverno.* *2* (*raro*) Trasmettersi da uno ad altro individuo: *sono trasmigrate in lui molte qualità dei genitori.* *3* Detto dell'anima, secondo la metempsicosi, passare, dopo la morte, in altro corpo per successive incarnazioni, fino alla liberazione finale.

traşmigrazióne [vc. dotta, lat. tardo *transmigratiōne(m)*, da *transmigrātus* 'transmigrato'; av. 1294] s. f. *1* Il fatto di trasmigrare: *le trasmigrazioni di popoli asiatici in Europa*; *questa trasmigrazione delle lettere è nota per mille esempi* (MURATORI). *2* *T. delle anime*, reincarnazione, metempsicosi.

traşmissìbile [dal lat. *tra(n)smissus* 'trasmesso'; 1768] agg. ● Che si può trasmettere.

traşmissibilità [1879] s. f. ● Condizione di ciò che è trasmissibile.

♦**traşmissióne** [vc. dotta, lat. *transmissiōne(m)*, da *transmĭssus* 'trasmesso'; 1619] s. f. *1* Trasferimento, passaggio da una persona o da una cosa all'altra: *la t. di un titolo* | Comunicazione: *la t. di una notizia, di un codice visivo.* *2* Passaggio dei caratteri ereditari o di malattie da un individuo ai discendenti. *3* (*fis.*) Propagazione | (*est.*) Programma della radio o della televisione: *ascoltare una t. di prosa.* *4* Comunicazione del movimento da un organo meccanico all'altro e congegno o insieme di congegni a ciò preposti: *t. a catena, a cinghia, a ingranaggio*; *albero di t.* *5* (*elab.*) *Trasmissione dati*, impiego dei vettori telegrafici, telefonici e sim. per la trasmissione, anziché della voce o di messaggi letterali, di dati, opportunamente codificati e organizzati, in vista di un loro trattamento automatico a distanza. *6* (*al pl.*) Insieme di tutte le varie specie di comunicazioni che servono per collegare tra loro comandi e reparti dell'esercito | Branca dell'arma del genio, ma con caratteristiche di arma vera e propria, autonoma, che provvede all'organizzazione e al funzionamento dei collegamenti a filo e radio dell'esercito.

trasmissivo [dal lat. *tra(n)smĭssus* 'trasmesso'; 1599] **agg.** ● Atto a trasmettere.

trasmittènte [vc. dotta, lat. *transmittĕnte(m)*, part. pres. di *transmĭttere* 'trasmettere'; 1940] **A agg.** ● Che trasmette | ***Centro t.***, complesso di apparecchiature atte a irradiare segnali radioelettrici per le trasmissioni radiofoniche e televisive. **B s. m.** ● (*dir.*) Persona chiamata a un'eredità che muore prima di avere esercitato il proprio diritto di accettazione o rinuncia allo stesso che perciò si trasmette ai propri eredi. **C s. f.** ● Correntemente, stazione radio o teletrasmittente.

trasmodaménto [av. 1642] **s. m.** ● (*raro*) Il trasmodare | Eccesso.

trasmodàre [comp. di *tras-* 'oltre' e del denominale di *modo* 'misura'; 1321] **A v. intr.** (*io trasmòdo*; aus. *avere*) ● Passare la misura: *non bisogna t. nel mangiare*. **SIN.** Eccedere. **B v. intr. pron.** ● †Crescere oltre misura.

trasmodàto [av. 1729] **part. pass.** di *trasmodare*; anche **agg.** ● Nel sign. del v. || **trasmodataménte**, **avv.** (*raro*) Smoderatamente.

†**trasmodatóre** **s. m.** (f. *-trice*) ● Chi trasmoda.

†**trasmontàre** [comp. di *tras-* e *montare* nel senso generico di 'passare, avanzare'] **v. intr.** ● Sopravanzare.

†**trasmortìre** ● V. *tramortire*.

trasmutàbile [av. 1320] **agg.** ● (*lett.*) Che si può trasmutare o è atto a essere trasmutato: *ingegno … t. in tutte guise, non secondo il suo umore, ma secondo la varia natura delle cose* (DE SANCTIS).

trasmutabilità [1967] **s. f.** ● (*raro*) Condizione di ciò che è trasmutabile.

†**trasmutaménto** [1257 ca.] **s. m.** ● Trasmutazione.

†**trasmutànza** [da *trasmutare*; 1308] **s. f.** ● Cambiamento, mutazione.

trasmutàre o †**transmutàre** [vc. dotta, lat. *transmutāre*, comp. di *trāns-* 'al di là' e *mutāre*; 1308] **A v. tr.** *1* (*lett.*) Trasformare, tramutare, trasfigurare. *2* (*raro*) Cambiare, detto di cose: *t. abito*. *3* †Trasferire di sede. *4* †Tradurre in un'altra lingua. *5* †Travasare. **B v. intr. pron.** *1* (*lett.*) Trasformarsi, cambiare nell'aspetto | Modificarsi nella forma. *2* (*lett.*) Trasferirsi, andare altrove.

trasmutatóre [1580] **s. m.**; anche **agg.** (f. *-trice*) ● (*raro*) Chi (o Che) trasmuta.

trasmutazióne o †**transmutazióne** [vc. dotta, lat. *transmutatiōne(m)*, comp. di *trāns* e *mutātio*, genit. *mutatiōnis* 'mutazione'; 1308] **s. f.** *1* (*lett.*) Mutamento, cambiamento, trasformazione. *2* (*fis.*) Trasformazione di un elemento in un altro sia naturalmente sia per bombardamento con corpuscoli ad alta energia. *3* †Traduzione.

trasmutévole [sec. XIV] **agg.** ● (*raro*) Trasmutabile.

†**trasnaturàre** [comp. di *tras-* '(andar) oltre' e del denominale di *natura*; av. 1348] **v. intr.** ● Degenerare, tralignare.

†**trasoàve** [comp. di *tra-* e *soave*] **agg.** ● Soavissimo.

trasognaménto (o -ṣ-) [av. 1294] **s. m.** ● (*raro*) Il trasognare.

trasognàre [comp. di *tra-* e *sognare*; 1344] **v. intr.** (*io trasógno*; aus. *avere*) ● (*raro*) Sognare a occhi aperti, fantasticare | Restare incerto o stupito di fronte a qlco.

trasognatézza (o -ṣ-) [da *trasognato*; 1952] **s. f.** ● Caratteristica, condizione di chi è trasognato.

trasognàto (o -ṣ-) [1353] **part. pass.** di *trasognare*; anche **agg.** ● Stordito, stupefatto | Di chi è sempre distratto o smemorato perché assorto in fantasticherie: *camminare tutto t.* || **trasognataménte**, **avv.**

†**trasordinaménto** [da †*trasordinare*] **s. m.** ● Disordine.

†**trasordinàre** [da †*trasordine*] **v. intr.** ● Uscire dall'ordine, dalla norma.

†**trasórdine** [comp. di *tras-* e *ordine*; 1858] **s. m.** ● Disordine, confusione.

†**trasorière** ● V. *tesoriere*.

traspadàno o **transpadàno** [vc. dotta, lat. *transpadānu(m)*, comp. di *trāns-* 'al di là' e *padānus* 'del Po (*Pādus*)'; 1478] **A agg.** *1* Che è posto al di là del Po, rispetto a Roma. **CONTR.** Cispadano. *2* Che abita oltre il Po, rispetto a Roma. **B s. m.** (f. *-a*) ● Abitante della regione traspadana.

♦**trasparènte** [vc. dotta, lat. mediev. *transparĕnte(m)*, comp. su *apparĕnte(m)* 'apparente' con sostituzione del pref. con *trāns-* 'attraverso'; 1308] **A agg.** *1* (*fis.*) Di corpo che lascia passare la luce | ***Cielo t.***, limpido, luminoso | ***Colore t.***, che non ha corpo o non è opaco, usato in pittura, per dipingere stoffe, vetri e sim. **CONTR.** Opaco. *2* (*est.*) Che lascia vedere o intravedere ciò che ricopre: *camicetta t.* | (*fig.*, *iron.*) Molto, troppo sottile: *una fetta di carne t.* *3* (*fig.*) Comprensibile, intuibile, interpretabile con facilità o immediatezza, anche se non esplicitamente: *allusione t.* | Chiaro, privo di lati oscuri o di ambiguità: *una politica t.*; *un bilancio aziendale t.* | ***Una prosa t.***, nitida | (*fig.*) Schietto, incapace o privo di finzioni e simulazioni, che lascia scorgere con facilità o immediatezza ciò che pensa o vuole: *un volto t.*; *animo t.* || **trasparenteménte**, **avv.** **B s. m.** *1* Intelaiatura di tela o carta, dipinta con figure, emblemi, iscrizioni, nelle luminarie o per pubblicità. *2* (*teat.*) Elemento di scena in garza o rete dipinta che, illuminato dal davanti, appare pieno e consistente, e, illuminato da dietro, scompare; usato per giochi di luce o mutamenti di scena a vista. *3* (*cine*, *tv*) Schermo trasparente sul quale si possono proiettare da dietro immagini cinematografiche, per dare l'illusione di uno sfondo in movimento. *4* Tessuto rigido e colorato posto sotto un merletto per farlo risaltar meglio. *5* Supporto traslucido usato nella lavagna luminosa.

trasparènza [av. 1320] **s. f.** ● Proprietà, caratteristica di ciò che è trasparente (*anche fig.*): *la t. di un cristallo*; *la t. di una domanda*; *la t. di un bilancio aziendale* | In politica, chiarezza, mancanza di ambiguità. **CFR.** Glasnost | ***In t.***, contro luce. **CONTR.** Opacità.

†**trasparére** [1321] **v. intr.** ● Trasparire.

trasparìre [da *trasparente*; 1313] **v. intr.** (**pres.** *io trasparisco* o *traspàio*, *tu trasparisci* o *traspàri*, *egli trasparisce* o *traspàre*, *noi traspariàmo*, *voi trasparite*, *essi traspariscono* o *traspàiono*; **pass. rem.** *io traspàrii* o raro *traspàrsi*, raro *traspàrvi*, *tu trasparisti*, *egli traspàrì* o raro *traspàrse*, raro *traspàrve*, *noi trasparìmmo*, *voi traspariste*, *essi traspàrirono* o raro *traspàrsero*, raro *traspàrvero*; **fut.** *io trasparirò* o lett. *trasparrò*; **congv. pres.** *io trasparìsca* o *traspàia*, …, *noi traspariàmo*, *voi traspariàte*, *essi trasparìscano* o *traspàiano*; **imperat.** *trasparìsci* o *traspàri*, *trasparite*; **ger.** *trasparèndo*; **part. pres.** *trasparènte*; **part. pass.** *trasparito* o raro *traspàrso*; aus. *essere*) *1* Apparire attraverso un corpo, detto della luce o di altri corpi: *il cristallo lascia t. la luce del sole*; *attraverso il vestito di pizzo traspare la sottoveste*. *2* (*fig.*) Palesarsi, rivelarsi attraverso indizi, manifestazioni esteriori, detto di pensieri, idee, sentimenti: *dal riso traspariva tutta la sua contentezza*; *non lascia t. nulla delle sue intenzioni*. *3* (*raro*) Lasciare passare la luce, essere trasparente: *la carta troppo sottile traspare*.

†**traspezióne** [vc. tratta dal lat. *transpĕctus*, part. pass. di *transpĭcere* 'guardare (**spĕcere*) attraverso (*trāns-*)'] **s. f.** ● Trasparenza.

†**traspiantàre** ● V. *strapiantare*.

traspiràbile [da *traspirare*; 1745] **agg.** ● (*raro*) Che può uscire con la traspirazione.

traspiràre [vc. dotta, lat. mediev. *transpirāre*, fatto su altri comp. di *spirāre* 'respirare' (*adspirāre*, *suspirāre*, *respirāre*) con il pref. *trāns-* 'attraverso'; 1623] **A v. intr.** (aus. *essere* nei sign. 1 e 3, *avere* e *essere* nel sign. 2) *1* Uscire attraverso i pori di un organismo animale o vegetale, sotto forma di vapore o di piccolissime gocce: *il sudore traspira dalla pelle*; *dalle foglie degli alberi traspira acqua*. *2* (*fig.*) Manifestarsi, palesarsi, trapelare, detto di qualità, sentimenti, intenzioni: *non traspira niente dei suoi progetti*. *3* (*raro*) Esalare, detto di odori. **B v. tr.** ● (*raro*) Fare, lasciare uscire (*anche fig.*): *le piante traspirano acqua*; *il paesaggio traspira una grande malinconia*; *tutto, dalle mura al paesaggio, traspirava un'aria inospitale e sinistra* (BUZZATI).

traspiratòrio [da *traspirare*; av. 1704] **agg.** ● Che riguarda la traspirazione.

traspirazióne [av. 1639] **s. f.** ● La funzione, il fenomeno, il fatto di traspirare | ***T. cutanea***, sudore | ***T. delle piante***, processo di eliminazione, sotto forma di vapore, dell'acqua assorbita.

trasponiménto [av. 1396] **s. m.** ● (*raro*) Trasposizione.

traspórre o †**transpórre** [vc. dotta, lat. *transpōnere* 'mettere (*pōnere*) da una parte all'altra (*trāns-*)' con adeguamento alla serie dei comp. con *porre*; av. 1320] **v. tr.** (coniug. come *porre*) *1* Porre altrove, mutare di posto collocando in un ordine diverso: *t. i libri di uno scaffale*; *t. le parole di uno scritto*. *2* (*mus.*) Trasportare. *3* †Trapiantare.

trasportàbile [av. 1729] **agg.** ● Che si può trasportare. **CONTR.** Intrasportabile.

trasportaménto [1554] **s. m.** ● (*raro*) Trasporto.

♦**trasportàre** o (*pop.*) **straportàre**, †**transportàre** [vc. dotta, lat. *transportāre*, comp. di *trāns-* 'da una parte all'altra' e *portāre*; 1308] **A v. tr.** (*io traspòrto*) *1* Portare da un luogo a un altro: *t. una merce con autocarri*; *t. un morto al cimitero*; *c'era un movimento straordinario, un correr di monatti, un trasportar di roba* (MANZONI) | (*raro*) Trasferire, cambiare di sede: *hanno trasportato la direzione a Milano* | Far passare oltre: *t. i soldati al di là del fiume*. *2* (*fig.*) Trasferire, portare con la fantasia, l'immaginazione (*anche assol.*): *è un libro che ci trasporta nel Medio Evo*; *è uno spettacolo che trasporta*. *3* Trascinare, spingere a forza: *t. un pesante baule*; *il ladruncolo fu trasportato di peso in questura*; *il vento trasportò la barca verso la costa* | (*fig.*) ***Lasciarsi t.***, abbandonarsi a un impulso, a un'emozione e sim. *4* (*est.*) Riprodurre, copiare: *t. un disegno su stoffa* | ***T. in piccolo***, ridurre. *5* (*mus.*) Copiare o eseguire un pezzo in altro tono o modo. *6* Nella tecnica del restauro, spec. di antichi codici o dipinti, trasferire materiale in via di deterioramento su di un supporto più solido dell'originario: *t. un dipinto su tavola, un affresco su tela*. *7* †Tradurre in un'altra lingua. *8* †Trascrivere una scrittura e sim. *9* †Cedere, trasmettere un diritto. **B v. intr. pron.** ● (*raro*) Trasferirsi (*anche fig.*): *trasportarsi a Napoli*; *trasportarsi col pensiero al passato*.

trasportàto [1300 ca.] **A part. pass.** di *trasportare*; anche **agg.** ● Nei sign. del v. **B s. m.** (f. *-a*) ● Chi è condotto da un luogo all'altro con un mezzo di trasporto: *assicurare i trasportati*.

trasportatóre [av. 1704] **A s. m.**; anche **agg.** (f. *-trice*) ● Chi (o Che) trasporta. **B s. m.** *1* Macchina che serve al trasporto di materiali, per percorsi relativamente brevi, in generale all'interno di uno stabilimento: *t. a nastro*. *2* Dispositivo della cucitrice che fa avanzare la stoffa sotto l'ago.

trasportazióne [vc. dotta, lat. *transportatiōne(m)*, da *transportātus* 'trasportato'; sec. XIV] **s. f.** ● (*raro*) Trasporto.

♦**traspòrto** o (*pop.*) **strapòrto**, †**transpòrto** [da *trasportare*; av. 1320] **s. m.** *1* Azione, operazione del trasportare: *organizzare il t. di merci con autocarri*; *t. marittimo, terrestre, aereo*; *società di trasporti* | ***Ministero dei Trasporti***, che controlla e assicura il funzionamento dei servizi di trasporto pubblico | ***T. funebre***, esequie, funerali | Spesa del trasporto: *è un t. molto caro*. *2* Contratto per cui il vettore si obbliga, verso corrispettivo, a trasferire persone o cose da un luogo a un altro: *t. marittimo, aereo, terrestre* | ***Lettera di t. aereo***, documento contenente gli elementi essenziali di un contratto di trasporto aereo avente efficacia probatoria e di titolo rappresentativo della merce trasportata. *3* Insieme di mezzi di trasporto | ***T. pubblico***, costituito dagli autobus, dai pullman di linea e da turismo ecc. | (*autom.*) ***T. pesante***, i camion, gli autotreni e gli autoarticolati | (*mar.*) Nave da trasporto, nave mercantile. *4* (*raro*) Trasferimento ad altra sede: *il t. di una capitale*. *5* (*mus.*) Trascrizione o esecuzione di un pezzo in altro tono e modo. *6* Nei restauri di materiale scrittorio o pittorico, trasferimento degli elementi in via di deterioramento su di un nuovo supporto. *7* Tipo di lavorazione usata in pellicceria per ottenere effetti di compattezza e omogeneità; consiste nel tagliare le pelli in sottili striscioline e nel ricucirle secondo schemi precisi: *visone lavorato a t.* *8* (*fig.*) Impeto, impulso: *un t. d'ira, di contentezza* | ***Con t.***, con entusiasmo o passione: *studiare con t.*; *lo baciò con t.* *9* †Cessione di beni, diritti.

TRASPORTI
nomenclatura

trasporti (cfr. strada, autostrada, traffico)
• *mezzi di trasporto*: veicolo (a due, a tre, a quattro ruote), mezzo, automezzo; treno (cfr.); metropolitana, autobus, pullman = autopullman, corriera = autocorriera, filobus, tram, omnibus; automobile, taxi, camper, autoambulanza, carro funebre, cellulare; carro, carrozza, furgone, camion, camioncino, pulmino, autotreno, autoarticolato, rimorchio, camper, roulotte, bicicletta, triciclo, motocicletta (cfr.), motocarrozzetta, scooter, motorino, ciclomotore, risciò; mezzi aerei (cfr. aeromobile), imbarcazioni (cfr. nave, vela); trasporto eccezionale; convoglio (militare, ferroviario); • *viabilità*: allagamento, buca, caduta massi, frana, cunetta, dosso, curva, curva pericolosa, tornante, centro abitato, deviazione, lavori in corso, strettoia, fondo stradale (bagnato, sconnesso, deformato), interruzione, passaggio a livello (custodito, incustodito, con barriere, senza barriere); posto di blocco, attraversamento (pedonale, scolari, bestiame, animali), raffiche di vento, nebbia; coda, ingorgo, densità di circolazione, rientro, ora di punta, imbottigliamento, intasamento, tamponamento (a catena), incidente, bollettino del tempo (cfr. meteorologia), bollettino del traffico, Onda verde, Isoradio, viaggiare informati, distanza di sicurezza, limite di velocità; soccorso stradale; biglietteria, agenzia di viaggi, biglietto, prenotazione, lista di attesa, ritardo, coincidenza, scalo, sciopero.

traspositóre [fr. *transpositeur*, da *transposer* 'portare (*poser*, dal lat. parl. *pausāre* 'cessare' col sign. del sostituito *pōnere* 'porre') al di là (*trans-*)'; 1961] **s. m.** (f. *-trice*) • Chi compie trasposizioni, spec. musicali.

trasposizióne [fr. *transposition*, della stessa orig. di *transpositeur* 'traspositore'; av. 1565] **s. f.** *1* Il trasporre | (*mus.*) Trasporto. *2* Spostamento delle parole nel periodo, rispetto all'ordine normale. *3* Alterazione nella normale posizione dei visceri. *4* Scambio di posizione in una molecola da parte di atomi o gruppi atomici, in conseguenza del quale si ottiene una sostanza di caratteristiche differenti. ‖ **trasposizioncèlla**, dim.

traspósto [1865] **part. pass.** di *trasporre*; anche **agg.** • Nei sign. del v.

†**trasricchire** o †**transricchire** [comp. di *tras-* e del denominale di *ricco*; 1353] **A v. intr.** • Arricchire smoderatamente. **B v. tr.** • Rendere straricco.

†**trassaltàrsi** [comp. di *tr(a)-* 'fra, gli uni con gli altri' e *assaltare*] **v. rifl. rec.** • Assalirsi l'un l'altro.

trassàto [da **trassare*, da *trassi*, sostantivazione della vc. verb. *trassi*, secondo l'accezione commerciale di *trarre* (un biglietto di cambio, moneta, merce, ecc. da un paese); 1931] **A agg.** • (*dir.*) Di soggetto che ha ricevuto l'ordine di pagare una cambiale tratta: *banca trassata*. **B s. m.** • Trattario.

tràssi • V. *trarre*.

†**trassinaménto s. m.** • Il trassinare.

†**trassinàre** [variante di *trascinare*; av. 1311] **v. tr.** *1* Strapazzare, maltrattare, spec. maneggiando: *t. un libro*. *2* †Trattare | ***T. l'usura***, praticarla.

trasteverino [lat. *transtiberīnu(m)*, comp. di *trāns-* 'al di là' e *Tiberīnus* 'del Tevere'; 1774] **A agg.** • Del quartiere romano di Trastevere. **B s. m.** (f. *-a*) • Abitante o nativo di Trastevere.

tràsto [lat. *trānstru(m)*, di etim. incerta; 1561] **s. m.** *1* Ciascuna delle stanghe con le quali si forma il piano inclinato per caricare sul veicolo marmi, botti o altro. *2* (*mar.*) Nelle imbarcazioni a vela, rotaia fissata alla coperta su cui scorre il carrello che porta il bozzello di rinvio di una scotta: *t. della randa* | Nelle imbarcazioni antiche, struttura di sostegno del banco dei rematori | (*est.*) Banco dei rematori.

†**trastùlla** [da *trastulla(re)*; 1364] **agg.** solo f. • Solo nella loc. ***erba t.***, (*fig.*) vane speranze, fandonie e bugie: *dare a qlcu. erba t.*; *pascersi d'erba t.*

trastullaménto [sec. XV] **s. m.** • (*raro*) Il trastullare, il trastullarsi.

trastullàre [da *trastullo*; 1319] **A v. tr.** *1* Fare divertire con giochi, trastulli: *t. un bambino*. SIN. Baloccare. *2* Illudere, lusingare: *t. qlcu. con vane parole*. *3* (*lett.*) †Rallegrare, dilettare. **B v. rifl.** *1* Divertirsi con giochi, passatempi: *i bambini si trastullano facilmente*; *è proprietà de' fanciulli di prender cose inanimate tra le mani ... trastullandosi* (VICO) | (*raro*) ***Trastullarsi di qlcu.***, prendersi gioco di qlcu. *2* (*est.*) Perdere tempo: *invece di studiare, si trastulla tutto il giorno*. SIN. Baloccarsi, gingillarsi. **C v. intr. pron.** • †Provare diletto spirituale.

trastullatóre [av. 1356] **s. m.**; anche **agg.** (f. *-trice*) • (*raro*) Chi (o Che) trastulla.

†**trastullévole** [sec. XIV] **agg.** • Che diverte, trastulla.

trastùllo [etim. incerta; 1319] **s. m.** *1* Il trastullare o il trastullarsi | Gioco, divertimento, svago, passatempo: *sopraggiungeva ... il fattore ad interrompere i nostri comuni trastulli* (NIEVO); *fare qlco. per t.* | ***Essere il t. della fortuna***, avere numerosi e continui rovesci di fortuna. *2* Giocattolo: *t. per bambini*. *3* †Diletto spirituale. *4* †Distrazione, conforto. ‖ **trastullétto**, dim. | **trastullìno**, dim.

trastullóne [da *trastullare*; 1940] **s. m.** (f. *-a*) • (*raro, fam.*) Chi si gingilla, perde tempo. SIN. Zuzzurullone.

trasudaménto [1659] **s. m.** • (*raro*) Il fatto di trasudare.

trasudàre [comp. di *tra-* e *sudare*; sec. XIV] **A v. intr.** (aus. *essere* nel sign. 1, *avere* nel sign. 2) *1* Filtrare, stillare lentamente: *l'acqua trasuda dal muro*; *il sudore gli trasuda dalla fronte*. SIN. Gocciolare, stillare. *2* Mandare fuori come sudore: *la latta trasuda*. **B v. tr.** • Lasciare passare, filtrare: *t. umidità* | (*fig.*) Fare trasparire, rivelare.

trasudativo [1961] **agg.** • Trasudatizio.

trasudatizio [1961] **agg.** • Di trasudato.

trasudàto [da *trasudare*; 1697] **A part. pass.** di *trasudare*; anche **agg.** • Nei sign. del v. **B s. m.** • (*med.*) Liquido che si accumula nei tessuti o nelle cavità del corpo per stasi circolatoria.

trasudazióne [1733] **s. f.** • Il trasudare | (*med.*) Processo di formazione del trasudato.

trasumanàre o (*raro, lett.*) †**transumanàre** [comp. di *tras-* e del denominale di *umano*; 1321] **v. intr.** e **intr. pron.** (aus. *essere*) • (*lett.*) Trascendere i limiti dell'umana natura: *trasumanate ... / ite al Signor che tutto sape e pote* (CAMPANELLA).

trasumanazióne [av. 1565] **s. f.** • (*lett.*) Il trasumanare.

trasvalutazióne [vc. dotta, comp. di *tras-* e *valutazione*; 1983] **s. f.** • (*filos.*) ***T. dei valori***, nella filosofia di F. Nietzsche, l'atto con cui si sostituiscono ai vecchi valori, fondati sulla rinuncia alla vita e sull'ascetismo, i nuovi valori che implicano l'accettazione della vita con un impulso dionisiaco.

†**trasvasàre** • V. *travasare*.

†**trasverberàto** [vc. dotta, lat. *transverberātu(m)*, part. pass. di *transverberāre*, comp. di *trāns-* 'oltre' e *verberāre* 'battere (con verghe: *verbera*)'] **agg.** • Riverberato.

trasversàle o †**transversàle** [da *trasverso*; av. 1320] **A agg.** *1* Che sta di traverso | Che attraversa: *via t.* *2* Intersecante | (*fis.*) ***Onde trasversali***, quelle per le quali le vibrazioni avvengono in direzione perpendicolare alla direzione di propagazione | ***Valle t.***, che corre in modo perpendicolare al senso della lunghezza di una catena montuosa (in contrapposizione a *valle longitudinale*). *3* (*fig., polit.*) Che attraversa i tradizionali schieramenti politici coinvolgendone le diverse componenti: *partito t.*; *accordi trasversali* | ***Vendetta t.***, che colpisce qlcu. in modo indiretto, attraverso persone (o interessi) a lui vicine. ‖ **trasversalménte**, avv. Obliquamente, in direzione trasversale: *tracciare una linea trasversalmente*. **B s. m.** • (*spec. al pl.*) †Parenti che non sono in una linea diretta di discendenza. **C s. f.** • Nella loc. ***t. semplice***, nel gioco della roulette, sestina.

trasversalìsmo [da *trasversale*; 1986] **s. m.** • Tendenza a superare schieramenti politici e posizioni ideologiche per formare correnti d'opinione su temi di interesse generale.

trasversalità [1937] **s. f.** *1* Condizione, caratteristica di ciò che è trasversale. *2* Condizione di una disciplina che, come la linguistica o la matematica, fornisce gli strumenti per la comprensione di altre discipline. *3* (*mat.*) Condizione di ortogonalità che deve essere soddisfatta dai dati iniziali di un problema differenziale.

trasvèrso o †**transvèrso** [lat. tardo *transvĕrsu(m)*, part. pass. di *transvĕrtere*, comp. di *trāns-* 'attraverso' e *vĕrtere* 'voltare'; sec. XIV] **A agg.** • (*raro*) Trasversale, obliquo | ***Muscolo t.***, che ha direzione trasversa rispetto all'asse maggiore del corpo: *t. dell'addome*, *della scapola*. **B s. m.** • Travetto che in un solaio, in un impalcato, collega le travi principali.

†**trasviàre** e *deriv.* • V. *traviare* e *deriv.*

trasvolàre o †**travolàre** [vc. dotta, lat. *transvolāre*, comp. di *trāns-* 'al di là, oltre' e *volāre*; 1308] **A v. tr.** (*io trasvólo*) • Superare, passare, traversare volando: *t. le Alpi*, *l'Oceano*. **B v. intr.** (aus. *essere* e *avere*) *1* †Volare oltre, lontano | †Passare rapidamente, come volando. *2* (*fig.*) Trattare di sfuggita, brevemente o passare oltre senza prendere in esame: *t. su un argomento*.

trasvolàta [f. sost. del part. pass. di *trasvolare*; 1930] **s. f.** • Volo di considerevole distanza e difficoltà, senza scalo, spec. su spazio geograficamente tormentato da mari, monti, deserti e sim.

trasvolatóre [1931] **s. m.** (f. *-trice*) • Chi trasvola | Chi compie o ha compiuto una trasvolata: *un t. del Polo Nord*.

†**trasvòlgere** • V. *travolgere*.

tra tra /tra(t)'tra*/ [reduplicazione onomat.] **inter.** • (*raro*) Riproduce il rumore aspro di una moto o di un ingranaggio che gira a fatica.

tràtta [f. sost. del part. pass. di *trarre*; av. 1406] **s. f.** *1* (*raro*) Atto del trarre | (*raro*) Tirata, strappo: *dare una t. alla rete*. *2* †Tratto (*anche fig.*): *una t. di fune*; *una t. di tempo*. *3* Percorso tra due stazioni di linee ferroviarie, di autobus e sim., o tra due scali di linee aeree. *4* †Schiera, fila: *dietro alla processione dei giovani segue una lunghissima t. di popolo in calca* (BARTOLI) | †***Far t.***, accorrere in folla. *5* †Facoltà di esportare merci e l'esportazione medesima: *la t. del grano*. *6* Mercato illegale di persone: *la t. dei negri*, *degli schiavi* | ***La t. delle bianche***, adescamento di donne che vengono avviate alla prostituzione in Paesi stranieri. *7* †Estrazione a sorte | †***Far t.***, eleggere tirando a sorte | †***Per t.***, per sorte. *8* Titolo di credito all'ordine ed esecutivo contenente l'ordine di pagare una somma a una data scadenza al legittimo portatore | ***T. di favore***, creata senza che esista un effettivo rapporto di credito fra traente e prenditore | ***T. documentata***, nella compravendita di merci viaggianti, quella presentata alla banca per lo sconto con annessi i documenti relativi alle merci.

trattàbile [vc. dotta, lat. *tractābile(m)*, da *tractāre* 'trattare'; av. 1320] **agg.** *1* Che si può trattare: *un argomento t.*; *un prezzo t.* CONTR. Arduo. *2* Che può essere lavorato: *metallo t.* | (*est.*) Pieghevole, molle: *t. come la cera*. *3* (*fig.*) Di persona affabile con cui si può trattare o conversare. CONTR. Intrattabile. ‖ †**trattabilménte**, avv.

trattabilità [vc. dotta, lat. *tractabilitāte(m)*, da *tractābilis* 'trattabile'; sec. XIV] **s. f.** • Condizione di ciò che è trattabile | (*fig.*) Arrendevolezza, affabilità. CONTR. Intrattabilità.

trattaménto [da *trattare*; 1353] **s. m.** *1* Modo di trattare: *un t. gentile*, *villano* | Maniera di accogliere qlcu.: *usare agli ospiti un t. di riguardo* | Modo con cui si soddisfano clienti di alberghi, ristoranti e sim.: *un t. signorile*, *familiare*. *2* Modo di sottoporre un materiale a determinati procedimenti perché acquisti particolari caratteristiche: *t. delle pelli*; *il t. termico di un metallo*. *3* Nell'elaborazione di un soggetto cinematografico, fase intermedia fra la scaletta e la sceneggiatura vera e propria. *4* (*med.*) Cura. *5* †Trattato, negoziamento. *6* Entità della retribuzione di un rapporto di lavoro: *migliorare il t. di una categoria* | (*dir.*) ***T. di fine rapporto***, quota di retribuzione accantonata nel corso del rapporto di lavoro e corrisposta al dipendente alla cessazione dello stesso; in sigla TFR. *7* †Trattazione, discorso. *8* †Macchinazione.

♦**trattàre** [lat. *tractāre*, intens. freq. di *trāhere* 'trarre'; av. 1292] **A v. tr.** *1* Discutere, esporre, sviluppare un tema, un argomento, a voce o per iscritto: *l'oratore ha trattato questioni attuali*; *fu antico costume delle Chiese orientali di trattare le cose de' concilii nell'adunanza pubblica di tutti* (SARPI). *2* Fare oggetto di un dato comportamento, modo di procedere e sim.: *t. male un seccatore*, *un dipendente*; *lo ha trattato come un figlio* | ***T. con*** *affabilità*, usando riguardi, gentilezze | *T. dall'alto in basso*, con superbia, arroganza | *T. coi guanti*, con riguardo | *T. gli avventori, i clienti*, avere a che fare con loro e cercare di soddisfare le loro richieste, detto di albergatori, commercianti | Accogliere, ospitare, provvedere al vitto e all'alloggio: *in quell'albergo trattano bene i turisti*. **3** Occuparsi di qlco., discutere per arrivare a un accordo, ottenere uno scopo e sim.: *t. un affare, una pratica* | *T. la pace*, cercare di ottenerla con negoziati | (*disus.*) *T. un negozio*, negoziare. **4** (*raro*) Praticare, frequentare: *t. ogni genere di persone*. **5** Lavorare, manipolare una sostanza, un materiale: *t. la lana*; *t. le conserve con coloranti chimici*; *t. con acido nitrico*. **6** (*lett.*) Toccare, maneggiare | (*poet.*) Accarezzare, palpare | Maneggiare per adoperare, usare in un lavoro, un mestiere, un'attività | *T. le armi, il pennello*, fare il militare, il pittore | (*fig.*) *T. cause*, fare l'avvocato | †*T. strumenti musicali*, suonarli | †Esercitare un ufficio | †Amministrare, curare affari. **7** (*med.*) Curare. **B** v. intr. (aus. *avere*) **1** (+ *di*) Discutere, discorrere: *non t. solo di ciò che ti preme* | Dissertare, ragionare: *t. della decadenza di Roma* | Avere per argomento: *il libro tratta delle vicende politiche del secondo dopoguerra*; *di che cosa tratta quel film?* | Usato impers. per puntualizzare l'essenza, la vera natura di qlco.: *dimmi di che cosa si tratta*; *penso che si tratti di uno scherzo* | *Si tratta di decidere immediatamente*, è fondamentale | *Si tratta del mio avvenire*, è in gioco. **2** (+ *con*) Avere a che fare, intrattenere relazione, frequentare: *t. con gente fidata* | *Con lui non si può t.*, ha un carattere difficile, intollerante. **3** †Cercare, tentare, procurare: *t. di partire*. **C** v. rifl. ● Governarsi, curarsi, vivere: *trattarsi bene nel mangiare, nel vestire*; *si tratta da principe*.

trattàrio [da *tratta*, nel sign. 7; 1818] s. m. ● Nella cambiale tratta, colui che riceve l'ordine di pagare. SIN. Trassato.

†**trattàta** [f. sost. del part. pass. di *trattare*] s. f. **1** Trattamento. **2** Macchinazione.

trattatìsta [1765] s. m. e f. (pl. m. *-i*) ● Chi si è occupato scientificamente di un dato argomento scrivendo un trattato o una serie di trattati: *è un t. che si occupa di botanica*; *i trattatisti del Seicento*.

trattatìstica [da *trattato* (*2*) nel sign. 1; 1974] s. f. ● L'insieme dei trattati che riguardano una disciplina o che appartengono a una determinata epoca: *la t. medica*; *la t. medievale*.

trattatìva [da *trattare*; 1799] s. f. **1** Pratica preliminare di colloqui e conversazioni per risolvere questioni importanti, affari e sim.: *aprire, interrompere, riprendere una t.*; *iniziare la t. per la pace*. **2** (*al pl.*) Negoziato: *si sono concluse le trattative fra i due Stati*.

trattativìṣmo [da *trattativa*; 1988] s. m. ● Tendenza a privilegiare la trattativa nella risoluzione di situazioni e problemi.

trattàto (**1**) part. pass. di *trattare*; anche agg. **1** Nei sign. del v. **2** Sottoposto a un particolare trattamento | (*est.*) Privo di anticrittogamici: *frutta non trattata*.

trattàto (**2**) [vc. dotta, lat. *tractātu(m)*, da *tractāre* 'trattare'; 1294] s. m. **1** Esposizione metodica di una dottrina o di una parte di essa: *t. di geometria, di logica, di grammatica*. **2** †Monografia | †Dissertazione. **3** Atto consensuale con cui più soggetti di diritto internazionale risolvono problemi o disciplinano materie di comune interesse: *firmare, ratificare un t.* | *T. aperto*, cui possono venire successivamente a far parte altri soggetti di diritto internazionale | *T. chiuso*, di cui possono fare parte solo i contraenti originari. SIN. Accordo, convenzione, patto. **4** †Congiura, macchinazione. || **trattatèllo**, dim. | †**trattatètto**, dim. | **trattatìno**, dim.

trattatóre [vc. dotta, lat. *tractatōre(m)*, da *tractātus* 'trattato'; 1338 ca.] s. m. (f. *-trice*) **1** (*raro*) Chi tratta un accordo, un affare | Negoziatore. **2** †Autore di un trattato o di una monografia. **3** †Macchinatore.

trattazióne [vc. dotta, lat. *tractatiōne(m)*, da *tractātus* 'trattato'; 1580] s. f. **1** Esposizione, svolgimento di un argomento: *una t. ampia, diligente* | Scritto in cui viene trattato qlco.: *una t. di fisica*. SIN. Dissertazione. **2** †Trattamento. **3** †Trattativa.

tratteggiaménto [1599] s. m. ● Il tratteggiare (*anche fig.*): *il t. di una situazione* | †*T. di penna*, ghirigoro.

tratteggiàre [da *tratto* (*2*) con suff. verb. iter.; 1550] **A** v. tr. (*io trattéggio*) **1** Tirare, tracciare linee brevi e molto vicine | Abbozzare: *t. un paesaggio* | *T. una linea*, segnarla con dei tratti. **2** (*fig.*) Descrivere, rappresentare a voce o per iscritto in modo vivo ed efficace: *t. una scena, la figura di un personaggio*. **3** †Motteggiare, colpire con frizzi. **B** v. intr. (aus. *avere*) ● (*raro*) Fare, tracciare dei tratti.

tratteggiàta [f. sost. del part. pass. di *tratteggiare*; 1965] s. f. ● Linea ottenuta col tratteggio.

tratteggiàto [1550] part. pass. di *tratteggiare*; anche agg. **1** Segnato con piccoli tratti: *una linea tratteggiata* | Disegnato con la tecnica del tratteggio: *una figura tratteggiata*. **2** (*fig.*) Delineato in modo rapido e sintetico: *un ambiente, un personaggio appena t.*

tratteggiatùra [av. 1775] s. f. ● (*raro*) Il tratteggiare | Tratteggio.

trattéggio [1598] s. m. ● Tecnica del tratteggiare usata per ottenere ombreggiature nei disegni | Linea a tratti: *ritagliare, piegare lungo il t.*

trattenèndo s. m. inv. ● (*mus.*) Ritenuto.

♦**trattenére** [comp. di *tra-* e *tenere*; 1312] **A** v. tr. (coniug. come *tenere*) **1** Far restare, non lasciare andare: *t. qlcu. a pranzo*; *ci hai trattenuti con una scusa* | (*est.*) Far perdere tempo: *t. qlcu. con chiacchiere, discorsi inutili*. **2** Intrattenere: *non sapere come t. gli ospiti*. **3** Tenere in un luogo, tenere a bada: *t. la palla*; *t. gli invasori*. **4** Tenere più a lungo presso di sé, astenersi dal consegnare: *t. lo stipendio, una lettera*; *t. un abito in riparazione* | *T. una comunicazione*, non spedirla, non farla arrivare | (*est., lett.*) Tenere. CONTR. Consegnare. **5** Sottrarre da una somma: *trattenete il venti per cento d'interesse*. **6** Impedire, distogliere qlcu. dal dire o fare qlco.: *mi hanno trattenuto, altrimenti l'avrei preso a schiaffi*; *non so che cosa mi trattenga dal dirgli il fatto suo* | Costringere, tenere con la forza, con l'autorità: *è stato trattenuto in questura*. **7** Sforzarsi di tenere dentro di sé: *t. il pianto, le lacrime* | *T. l'impeto*, attenuarlo. **8** (*mus.*) Ritenuto. **9** (*raro*) Tenere al proprio servizio, stipendiare. **B** v. rifl. ● Frenarsi, astenersi: *non seppe trattenersi dal ridere*. **C** v. intr. pron. ● Fermarsi per un tempo più o meno lungo (*anche fig.*): *ci tratterremo in campagna pochi giorni*; *trattenersi su un argomento* | Restare ancora, indugiare | †*Trattenersi con qlcu.*, dimorare con qlcu.

tratteniménto [1550] s. m. **1** (*raro*) Il trattenere o il trattenersi | Indugio. **2** Divertimento, passatempo con cui si intrattiene qlcu. | Festa: *t. musicale* | Ricevimento: *un t. con molti invitati*. **3** Mantenimento sotto le armi di personale di leva o di complemento, oltre la scadenza del servizio obbligatorio, per esigenze di mobilitazione o altri motivi contingenti. **4** †Provvisione, stipendio.

trattenitóre [1581] s. m. (f. *-trice*) **1** (*raro*) Chi trattiene. **2** (*raro*) Chi intrattiene, fa compagnia, accompagna un ospite.

trattenùta [f. sost. del part. pass. di *trattenere*; 1922] s. f. ● Parte della remunerazione di un lavoratore che non viene corrisposta, ma direttamente versata dal datore di lavoro a enti pubblici per il pagamento di imposte o di contributi.

trattenùto [1840] part. pass. di *trattenere*; anche agg. ● Nei sign. del v. | (*mus.*) Ritenuto.

†**trattévole** agg. ● Che si può trattare.

trattìno [1961] s. m. **1** Dim. di *tratto* (*2*). **2** Lineetta che divide o unisce una parola. Il *trattino* si usa per dividere le parti di una parola composta (specialmente quelle che sono collegate in maniera occasionale) o in alcune locuzioni usate soprattutto nel linguaggio giornalistico: *dizionario italiano-francese*; *tecnico-pratico*; *un processo di auto-adattamento*; *il rapporto maggioranza-opposizione*; *il divario Nord-Sud*. Le parole composte ormai consolidate nell'uso non richiedono il trattino: *autobiografia, extraconiugale*. Il trattino si usa anche per dividere una parola in fin di riga e per scandire la divisione di una parola in sillabe: *ru-mo-re*. Nel caso di parola composta contenente trattino da dividere in fin di riga, è meglio ripetere due volte il trattino, sia alla fine della riga che all'inizio della riga seguente, per conservare l'informazione relativa al trattino che altrimenti andrebbe perduta con la semplice indicazione del trattino indicante divisione di sillaba: perciò sarà bene dividere *full-time* in *full-|-time* (V. nota d'uso SILLABA). Un tratto più lungo, detto anche *lineetta*, serve a isolare un inciso all'interno di una frase o, analogamente alle virgolette, per aprire e chiudere un dialogo: – *Avanti, avanti – mi invitò* (V. nota d'uso PUNTEGGIATURA).

trattìvo [da *tratto* (*1*); 1584] agg. ● (*raro*) Che serve a trarre.

tràtto (**1**) [av. 1306] part. pass. di *trarre*; anche agg. **1** Nei sign. del v. **2** *A spada tratta*, con la spada sguainata e (*fig.*) in modo deciso, risoluto, battagliero.

♦**tràtto** (**2**) [lat. *trăctu(m)*, da *trăhere* 'trarre'; 1319] **A** s. m. **1** (*raro*) Il tirare | (*raro*) Tirata: *un t. di corda* | (*raro*) *Dare il t. alla bilancia*, fare in modo che tracolli e (*fig.*) indurre a risolvere, decidere una questione | (*raro*) *Dare gli ultimi tratti*, gli ultimi movimenti del corpo del moribondo | (*raro*) Tiro, colpo: *un t. d'arco*; *un t. di mano*; *essere condannati a cinque tratti di corda* | (*fig.*) †Tiro, trovata | †Frecciata, frizzo, arguzia. **2** Tocco di penna, matita, pennello, ecc.: *disegnare a tratti larghi* | *A grandi tratti*, (*fig.*) in modo rapido, essenziale | Segno, linea più o meno piccola: *un t. di penna sulla carta* | (*tipogr.*) Tipo di incisione zincografica a linea continua: *cliché al t.* **3** Modo di comportarsi: *avere un t. garbato*; *ha un t. simpatico nel conversare*; *l'amabilità del t.* | (*raro*) Gesto | (*fig.*) Moto, impulso: *un t. di bontà, di gentilezza*. **4** Parte, spazio, striscia, pezzo: *un t. di cielo, di mare*; *percorrere un t. di strada*; *un t. di tubo* | Distanza: *per lungo t.*; *un t. di due giorni di cammino* | Pezzo, brano di uno scritto: *rileggere un t. dal libro* | Spazio di tempo, momento, periodo: *per un certo t. furono amici* | *A tratti*, a intervalli | *A un t., d'un t., tutto a un t.*, in un momento, all'improvviso: *i carrozzoni della ferrovia sbucavano tutt'a un t. sul pendio del colle* (VERGA) | *Di t. in t.*, ogni tanto | (*raro*) *Al t., di primo t.*, subito | *Nel medesimo t.*, in quel momento, in una volta | †*Innanzi t.*, per prima cosa, prima di tutto | †*Prendere il t.*, prendere tempo | †Occasione, momento buono: *non perdere il t.*; *lasciare il t.* **5** Nella liturgia cattolica, canto di versetti, dopo l'epistola, in luogo dell'alleluia, dalla Settuagesima alla Pasqua. **6** (*spec. al pl.*) Lineamenti: *i tratti del volto* | (*fig.*) Caratteristiche, elementi distintivi: *i tratti di un periodo storico*; *i tratti distintivi di una lingua*. **7** (*miner.*) Aspetto generale di un cristallo dovuto alla simultanea presenza di certe forme. SIN. Combinazione. **B** avv. ● (*iter., lett.*) Di momento in momento, ogni tanto. || **trattìno**, dim. (V.) | **trattùzzo**, dim. pegg.

trattóre (**1**) [da *tratto* (*1*); av. 1712] s. m. (f. *-trice*) **1** Chi trae. **2** Operaio addetto alla trattura della seta. **3** †Tiratore: *t. d'arco*.

♦**trattóre** (**2**) [da *trarre*, sull'esempio del corrispondente fr. *tracteur*, dal lat. *trăctus*, part. pass. di *trăhere*; 1926] s. m. ● Veicolo munito di cingoli o di ruote con speciali pneumatici o alette per far presa sul terreno, mosso da motore a combustione interna e adibito al traino su strada o su terreno impervio di carichi pesanti o di attrezzi agricoli | *T. d'artiglieria*, per il traino meccanico dei pezzi. ➡ ILL. p. 2113 AGRICOLTURA. || **trattorìno**, dim.

trattóre (**3**) [adattamento del fr. *traiteur*, da *traiter* 'trattare, negoziare'; 1361] s. m. (f. *-trice*, pop. disus. *-tora*) ● Gestore di trattoria.

trattorìa (**1**) [da *trattore* (*1*); 1865] s. f. ● Filanda per la trattura della seta.

trattorìa (**2**) [da *trattore* (*3*); 1840] s. f. ● Ristorante di modeste pretese, dal servizio semplice, familiare: *una t. di campagna*.

trattorìsta [da *trattore* (*2*); 1950] s. m. e f. (pl. m. *-i*) ● Chi è esperto nell'uso dei trattori, spec. agricoli.

†**trattóṣo** [da *tratto* (*2*) nel senso di 'motto spiritoso'] agg. **1** Di bel tratto. **2** Arguto, spiritoso.

trattrìce (**1**) [variante f. (sottinteso *macchina*) di *trattore* (*2*); 1918] s. f. ● Trattore, spec. per usi agricoli | *T. stradale*, per il traino di rimorchi.

trattrìce (**2**) [da *trarre*, perché (curva) *tratta*; 1961] s. f. ● (*mat.*) Curva piana per la quale risulta costante il segmento di tangente compreso fra il punto di tangenza e una retta fissa.

trattùra [lat. tardo *tractūra(m)* 'azione di trarre, tirare (*trăhere*, part. pass. *trăctus*)'; av. 1774] s. f. ●

Operazione di dipanatura dei bozzoli del baco da seta che si fa nelle filande immergendo i bozzoli in acqua calda contenuta in apposite bacinelle.

trattùro [risposta dial. (merid.) del lat. *tractōrium*, da *trāctus*, part. pass. di *trāhere* 'trarre, tirare' con allusione discussa: sottinteso *īter* 'cammino (tracciato)' (?); sec. XVII] s. m. ● Sentiero naturale percorso dalle greggi.

†**trauccìdersi** [comp. di *tra-* e *uccidersi*] v. rifl. rec. ● Uccidersi gli uni con gli altri.

traudìre [comp. di *tra-* e *udire*; 1573] **A** v. intr. (coniug. come *udire*; aus. *avere*) ● †Udire una cosa per un'altra: *le maghe che incantando / fan travedere, e traudir ciascuno* (TASSO). **B** v. tr. ● (*lett.*) Udire a tratti.

tràuma [gr. *trâuma*, da *titrṓskein* 'offendere', di orig. indeur.; 1833] s. m. (pl. *-i*) **1** (*med.*) Lesione determinata da una causa violenta, anche nel campo psichico. **2** (*est.*) Forte emozione | Evento negativo che deprime, che abbatte gravemente: *il licenziamento è stato un vero t. per lui* | Brusco sconvolgimento: *un t. politico*.

traumàtico [gr. *traumatikós*, da *trâuma*; 1805] agg. (pl. m. *-ci*) ● Di trauma, relativo a trauma. || **traumaticamènte**, avv.

traumatìṣmo [comp. del gr. *trâuma*, genit. *tráumatos* 'ferita, trauma', e *-ismo*; 1942] s. m. ● (*med.*) Effetto di un trauma.

traumatiẓẓànte [1840] part. pres. di *traumatizzare*; anche agg. ● Nei sign. del v. (*anche fig.*): *la perdita del lavoro è stata per lui un'esperienza t.*

traumatiẓẓàre [gr. *traumatízein* 'procurare una ferita (*trâuma*, genit. *tráumatos*)'; 1961] v. tr. **1** (*med.*) Far subire trauma. **2** (*fig.*) Impressionare fortemente, sconvolgere.

traumatiẓẓàto [1937] **A** part. pass. di *traumatizzare*; anche agg. ● Nei sign. del v. (*anche fig.*). **B** s. m. (f. *-a*) ● Chi ha subito un trauma.

traumatologìa [comp. del gr. *trâuma*, genit. *tráumatos*, e *-logia*; 1850] s. f. ● (*med.*) Branca della medicina che studia gli effetti dei traumi e la loro cura.

traumatològico [1937] agg. (pl. m. *-ci*) ● (*med.*) Relativo a traumatologia: *centro t.*

traumatòlogo [1937] s. m. (f. *-a*; pl. m. *-gi*) ● (*med.*) Specialista in traumatologia.

†**travàglia** [da *travagliare*] s. f. ● Travaglio, tormento.

travagliamènto [sec. XIV] s. m. **1** (*raro*) Il travagliare, il travagliarsi | Lungo, continuo travaglio. **2** †Cambiamento.

travagliàre [fr. *travailler*, dal lat. **tripaliāre* 'tormentare col *tripālium*, strumento di tortura, formato da tre (*trēs*) pali (*pāli*)'; 1294] **A** v. tr. (*io travàglio*) **1** (*lett.*) Dare patimento fisico: *la malattia lo travaglia* | Recare molestia, sofferenza: *oimè, se quest'è amor, com'ei travaglia* (LEOPARDI) | Tormentare spiritualmente (*anche assol.*) | †Affaticare. **2** Scuotere in modo violento un'imbarcazione, detto del vento o della tempesta. **3** †Lavorare | †***T. la terra***, lavorarla. **4** †Trattare. **B** v. intr. (aus. *avere*) **1** (*lett.*) Affannarsi, affaticarsi | Affliggersi. **2** (*lett.*) Soffrire fisicamente, tribolare | (*lett.*) Tormentarsi: *l'autore … si travaglia con la più grande serietà* (DE SANCTIS). **C** v. intr. pron. **1** †Alterarsi, cambiarsi. **2** †Impicciarsi, intrigarsi dei fatti altrui.

†**travagliatìvo** [da *travagliare* nel sign. di 'lavorare'] agg. ● Operoso.

travagliàto [1313] part. pass. di *travagliare*; anche agg. **1** (*lett.*) Sofferente, affannato. **2** Tormentato: *avere l'animo t.* | Agitato: *un Paese t. da crisi sociali* | Difficile: *un periodo t.* || **travagliatamènte**, avv. (*lett.*) In modo travagliato: *vivere travagliatamente*.

travagliatóre [sec. XIII] s. m.; anche agg. (f. *-trice*) **1** (*raro*) Chi (o Che) travaglia. **2** †Giocoliere, giullare.

travàglio (1) [da *travagliare*; 1294] s. m. **1** (*lett.*) Lavoro duro, faticoso, penoso. **2** (*lett.*) Angoscia, dolore, pena: *il t. del dubbio*; *la fortuna già molt'anni m'ha sempre tenuto oppresso in … continui travagli* (CASTIGLIONE) | Tormento: *il t. della fame, della sete*. **3** (*raro*) Sofferenza fisica, male: *t. di stomaco* | ***T. di parto***, (*ellitt.*) ***travaglio***, complesso dei fenomeni dolorosi e di contrazioni uterine che precedono e accompagnano il parto.

†**travàglio** (2) [adattamento del fr. *travail*, da *travailler*, che ha assunto il senso di 'lavorare' dopo quello di '(af)faticare, *travagliare* (V.)'; 1858] s. m. ● Lavoro.

travàglio (3) [lat. tardo *trepāliu(m)* 'che è composto di tre (*trēs*) pali (*pāli*)', con sovrapposizione di *trave*] s. m. ● Attrezzatura costituita da materiali diversi per tener fermi gli animali durante gli interventi terapeutici, la monta o la ferratura.

travaglióṣo [da *travaglio* (*1*); 1476] agg. **1** (*raro*) Che causa pena, dolore, travaglio: *viaggio t.* | Angoscioso: *passione travagliosa*. **2** †Attivo, laborioso. || **travaglioṣamènte**, avv.

†**travalcàre** ● V. *travalicare*.

travalicamènto [av. 1363] s. m. ● (*raro*) Il travalicare.

travalicàre o †**travalcàre**, †**travarcàre** [lat. tardo *transvaricāre* 'divaricare le gambe camminando', comp. di *trāns-* raff. e *varicāre* 'valicare'; sec. XIII] **A** v. tr. e intr. (*io travàlico, tu travàlichi*; aus. *avere*) **1** (*lett.*) Valicare andando oltre: *t. monti, colli, valli*. **2** †Trasgredire: *t. un comando*. **B** v. intr. (aus. *avere*) ● Passare: *t. da un'idea all'altra* | (*spec. fig.*) Passare i limiti, esagerare: *badiamo a non t.*

travalicatóre [1336 ca.] s. m.; anche agg. (f. *-trice*) ● (*raro*) Chi (o Che) travalica (*spec. fig.*).

travamènto [da *trave*; 1340] s. m. ● (*raro*) Travatura.

†**travarcàre** ● V. *travalicare*.

travaṣàbile [1970] agg. ● Che si può o si deve travasare: *vino t.*

travaṣamènto [1600] s. m. ● (*raro*) Travaso: *t. del vino*; *t. di sangue*.

travaṣàre o †**trasvaṣàre** [comp. di *tra-* e del denominale di *vaso*; av. 1320] **A** v. tr. **1** Versare un liquido da uno ad altro recipiente, spec. per separarlo da fecce e altre eventuali parti solide: *t. il vino, l'olio*. **2** (*fig.*) Versare, trasferire, far passare: *ha travasato in quest'opera tutta la sua cultura*. **3** †Trasportare qlco. da un luogo ad un altro: *t. le masserizie*. **B** v. intr. pron. **1** Versarsi, uscire da ciò che lo contiene, detto di un liquido: *in questo modo l'olio trabocca e si travasa*. **2** (*fig., lett.*) Passare da un luogo a un altro, da una persona a un'altra.

travaṣatóre [1840] s. m.; anche agg. (f. *-trice*) ● Chi (o Che) travasa.

travaṣatrìce [1840] s. f. ● Pompa per travasare, spec. il vino.

travàṣo [da *travasare*; 1875] s. m. **1** Operazione del travasare: *il t. di un liquido*; *fare un t.* | (*fig.*) Trasferimento. **2** (*enol.*) Operazione con la quale il vino viene separato dal materiale solido che si deposita, nel corso della conservazione, sul fondo del recipiente (botte, tino o vasca). **3** In apicoltura, trasferimento completo di un'intera famiglia di api da un'arnia a un'altra. **4** (*med.*) Fuoriuscita: *t. di bile, di sangue*.

travàta [da *trave* con suff. collett.; 1550] s. f. **1** (*edil.*) In una costruzione, trave cui sia affidato l'ufficio statico principale | Travatura. **2** (*mil.*) Riparo, sostegno o puntellamento fatto con travi o blinde.

travàto [da *trave*, anche nel senso di 'pastoia (al piede del cavallo)'; 1865] agg. **1** Fatto, rinforzato o sostenuto con travi. **2** Detto di cavallo con balzana all'arto anteriore e posteriore dello stesso lato: *cavallo t.*; *balzano t.*

travatùra [da *trave*; 1550] s. f. **1** Operazione del sistemare le travi di una struttura: *procedere alla t. del soffitto*. **2** Ossatura in travi lignee o metalliche di un solaio, di un ponte e sim.

tràve o †**tràbe** [lat. *trābe(m)*, di etim. incerta; 1319] s. f. o dial. †m. **1** Grosso e lungo fusto d'albero o elemento costruttivo simile in metallo o cemento armato, impiegato come struttura portante nelle costruzioni edilizie: *le travi del tetto*; *puntellare con travi un muro pericolante*; *t. profilata a T, a U, a L*; *t. articolata o snodata* | ***T. armata***, rinforzata da intelaiature esterne o interne | ***T. di coda***, in aeronautica, struttura che, mancando la fusoliera, collega la velatura principale alla coda dell'aereo, sostenendovi generalmente gli organi di stabilità e di governo | (*fig.*) ***Fare d'ogni fuscello una t.***, ingigantire ogni piccola cosa | (*fig.*) ***Non vedere la t. nel proprio occhio***, non accorgersi dei propri difetti; CFR. Pagliuzza. **2** In ginnastica, attrezzo composto da una trave lunga cinque metri e larga dieci centimetri sostenuta da due basi regolabili | (*est.*) Specialità della ginnastica artistica. || **travètta**, dim. | **travètto**, dim. m. (V.) | **travicèlla**, dim. | **travicèllo**, dim. m. (V.) | **travóne**, accr. m.

travedére o †**traṇsvedére** [comp. di *tra-* e *vedere* (*1*); 1524] v. intr. (coniug. come *vedere*; aus. *avere*) **1** (*raro*) Vedere una cosa per un'altra, prendere un abbaglio: *t. per la stanchezza*. **2** (*fig.*) Essere indotto in errore da un sentimento, una passione e sim.: *t. per l'odio, l'amore, l'ira* | ***T. per qlcu.***, amarlo tanto da non vederne pecche, difetti e sim.: *che era anche suo tutore, e per lui travedeva* (ORTESE) **3** †Intravvedere.

†**travedimènto** s. m. ● Il travedere.

travéggole [da *traveggo* per *travedo*, vc. verb. sost.; 1354] s. f. pl. ● Solo nella loc. ***avere le t.***, vedere una cosa per l'altra, ingannarsi nel vedere; (*est., fig.*) ingannarsi, prendere un abbaglio.

tràveller's chèque /'traveller 'ʧɛk, *ingl.* 'tʰɹævələz,ʧɛk/ [vc. ingl., propr. 'assegno (*cheque*, di etim. incerta) del viaggiatore (*traveller's*, da *to travel* 'viaggiare', di orig. fr.)'; 1935] loc. sost. m. inv. (pl. ingl. *traveller's cheques*) ● Assegno turistico a circolazione internazionale, rilasciato dalle principali banche contro versamento dell'importo corrispondente, pagabile presso una filiale all'estero purché su di esso compaiano due firme della persona a favore della quale l'assegno viene emesso.

travèrsa [lat. *transvērsa(m)*, agg. dal part. pass. di *transvērtere* 'volgere (*vērtere*) attraverso (*trāns-*)' con vari s. f. sottintesi; av. 1348] s. f. **1** Nelle orditure orizzontali costituite da due ordini di travi disposte secondo due direzioni in genere ortogonali, ciascuna delle travi trasversali che di regola sorreggono quelle longitudinali. **2** Elemento orizzontale di legno variamente sagomato, intagliato, tornito, che congiunge e consolida i sostegni spec. di tavoli e sedili e le guide della spalliera di alcuni sedili a giorno: *le traverse del letto*; *la t. della sega* | ***T. della ringhiera***, lunga barra orizzontale nella quale sono infissi i ferri verticali. **3** (*ferr.*) Sbarra in legno, acciaio dolce o calcestruzzo armato, avente lo scopo di collegare trasversalmente le due file di rotaie assicurandone lo scartamento e di distribuire sul pietrisco lo sforzo trasmesso dalle rotaie. **4** Nel calcio, sbarra orizzontale che limita in alto la porta: *colpire la t.* **5** (*gener.*) Asse, sbarra, e sim. collocata trasversalmente rispetto a una via, un passaggio, una entrata e sim. per impedirvi l'accesso e il traffico: *chiudere una strada con traverse* | Sbarramento trasversale che in un torrente limita l'asportazione di materiale dal fondo. SIN. Briglia. **6** (*mil.*) Costruzione di muro e terra elevata sui vari terrapieni delle opere di fortificazione, principalmente a difesa dai tiri d'artiglieria d'infilata e di rovescio. ➡ ILL. p. 2120 ARCHITETTURA. **7** (*ellitt.*) Via traversa: *la prima, la seconda t. del viale*; *svoltare in una t.* | (*fig.*) †Mezzo indiretto, scorretto, sleale e sim. | †Via che attraversa una regione. **8** Telo o lenzuolo ripiegato posto di traverso nel letto di un bambino, di un ammalato, per maggior pulizia. **9** Profilato orizzontale, fisso o mobile, che si applica nei telai dei serramenti. **10** (*lett.*) †Manrovescio. || **traversétta**, dim. | **traversìna**, dim. (V.) | **traversóne**, accr. m. (V.).

traversàgno [da *traverso* con suff. agg.; 1961] s. m. ● Legno forato che forma l'ingegno per la pesca del corallo.

traversàle [da *traverso*; av. 1320] agg. ● (*raro*) Trasversale. || †**traversalménte**, avv. (*raro*) Trasversalmente.

traversamènto [da *traversare*] s. m. ● (*raro*) Attraversamento.

traversàre [vc. dotta, lat. *transversāre* 'volgere di qua e di là', comp. di *trāns-* 'attraverso' e *versāre*, intens. di *vērtere* 'volgere'; 1319] **A** v. tr. (*io travèrso*) **1** Attraversare (*anche fig.*): *t. un paese, un bosco, una regione*; *t. un fiume a nuoto*; *t. la strada, la via*; *t. un ponte*. SIN. Passare. **2** Mettere, stendere, tirare per traverso | ***T. una nave***, metterla con l'asse perpendicolare alla direzione da cui proviene il vento o le onde | ***T. l'ancora***, nelle operazioni di recupero della stessa, disporla orizzontalmente per collocarla sul ponte o nel suo alloggio | (*assol.*) ***T. al centro***, nel calcio, crossare. **3** In alpinismo, eseguire una traversata | ***T. alla corda***, spostarsi lateralmente lungo un tratto di roccia non percorribile in arrampicata. **B** v. intr. ●

(*poet.*) †Scorrere, passare di traverso: *a piè del Casentino / traversa un'acqua c'ha nome l'Archiano* (DANTE *Purg.* V, 94-95).

traversàta [da *traversare*; 1813] **s. f.** ***1*** Attraversamento di un luogo, uno spazio e sim.: *la t. di una città*; *la t. del Sahara* | Viaggio compiuto con mezzi marittimi o aerei seguendo un itinerario che colleghi direttamente il luogo di partenza a quello di arrivo: *la t. dell'Atlantico, della Manica, di uno stretto*; *con i moderni aerei la t. da Parigi a New York dura poche ore* | (*assol.*) Navigazione: *abbiamo avuto un'ottima t.*; *durante tutta la t. ho dormito*. ***2*** Competizione podistica o di nuoto: *t. di una città*; *t. della Manica* | (*raro*) ***T. podistica***, gara di corsa a piedi che si svolge attraverso alcuni quartieri di una città. ***3*** Nella ginnastica, passaggio da una fune o da una pertica a un'altra. ***4*** In alpinismo, spostamento laterale in parete con una particolare tecnica di arrampicata in cui si spostano prima le braccia e poi le gambe: *t. in parete* | ***T. pendolare***, quando il tratto da superare lateralmente non è percorribile in arrampicata ed occorre eseguire un pendolo | Ascensione in cui la salita avviene per un versante e la discesa per il versante opposto.

traversìa [sp. *trave(r)sía*, da *travieso* 'attraverso' e quindi 'contrario'; av. 1492] **s. f.** ***1*** (*mar.*) Vento che soffia perpendicolarmente alla costa | Vento, gener. perpendicolare alla direzione d'ingresso di un porto, che genera, se violento, difficoltà di manovra alle navi in transito | (*raro*) Vento che soffia perpendicolarmente alla rotta di una nave | ***Settore di t.***, settore circolare relativo a un punto, gener. un porto, che contiene tutte le direzioni di provenienza dei venti pericolosi alla navigazione. ***2*** (*spec. al pl., fig.*) Disavventura, disgrazia, contrarietà: *le traversie della vita*. **SIN.** Avversità, sventura.

traversìna [1846] **s. f.** ***1*** Dim. di *traversa*. ***2*** (*ferr.*) Traversa di binario.

traversìno [da *traverso*; 1853] **s. m.** ***1*** (*mar.*) Cima d'ormeggio posta quasi perpendicolarmente alla nave e alla banchina. ***2*** Capezzale | (*mil.*) Guanciale del posto letto dei soldati. ***3*** Nel gioco del biliardo, colpo col quale si fa percorrere due volte, alla palla, il piano sul lato corto: *fare un t.*

travèrso [lat. *transvĕrsu(m)*, propr. part. pass. di *transvĕrtere* 'volgere (*vĕrtere*) di qua e di là (*trāns*-)'; 1313] **A agg.** ***1*** Trasverso, trasversale, obliquo (*anche fig.*): *barra, linea traversa* | (*raro*) ***Colpo t.***, manrovescio | ***Flauto t.***, V. *flauto* | ***Via traversa***, via trasversale, strada secondaria che ne attraversa una principale o si dirama lateralmente da essa; (*est.*) scorciatoia; (*fig.*) modo coperto e non corretto, non leale e sim. di raggiungere un determinato scopo: *agire, procedere per vie traverse* | (*fig.*) †***Spese traverse***, accessorie. ***2*** (*raro*) Di ciò che è considerato nel senso della larghezza e non della lunghezza, spec. in misure e sim.: *nel bicchiere ci sono due dita traverse di vino* | (*fig.*) †Forte, robusto, quadrato. ***3*** (*raro, fig.*) Sgradevole, spiacente, sgradito: *parola traversa*. ***4*** (*raro, fig., lett.*) Avverso, nemico: *fato t.*; *caso t.* ***5*** †Perverso. || **traversaménte**, **avv.** (*raro*) Obliquamente. **B s. m.** ***1*** Estensione di un corpo considerato nella sua larghezza | ***A t.***, V. *attraverso* | ***Sul t.***, sulla parte larga di qlco. | ***Per il t.***, nel senso della larghezza | ***Di, per, a t.***, trasversalmente, obliquamente: *buttarsi di t. sul letto*; *piegare un foglio per t.*; *giunse a t. il colpo disperato, / e il scudo ... al mezzo taglie* (BOIARDO) | ***Andare di t.***, detto di cibo o bevanda, finire nella laringe provocando un senso di soffocamento più o meno lungo e grave; (*fig.*) detto di ciò che va male, a rovescio, in modo contrario a quello che si desiderava | ***Guardare qlcu., qlco. di t.***, con occhiate oblique; (*fig.*) con intenzioni o sentimenti malevoli | ***Prendere qlco. di t.***, (*fig.*) intenderla o interpretarla male. ***2*** (*mar.*) Fianco, lato: *presentare il t. alle onde* | ***Di t.***, di fianco: *prendere il vento di t.* | ***Mettersi al t.***, prendere il mare di fianco. ➡ **ILL.** p. 2155 SPORT. ***3*** (*mar.*) Andatura a vela con il vento a 90° rispetto all'asse longitudinale. ***4*** †Manrovescio.

traversóne [1908] **A s. m.** ***1*** Accr. di *traversa*. ***2*** (*raro*) Maestrale. ***3*** Nel calcio, lancio del pallone da un punto laterale del campo verso la linea mediana, generalmente presso la porta avversaria: *effettuare un t.* **SIN.** Cross | (*raro*) Nel pugilato, colpo portato dall'esterno verso l'interno. **B** in funzione di **avv.** ● †Di traverso.

travertìno [lat. *tiburtīnu(m)*, sottinteso *lăpis* '(pietra) di Tivoli (*Tibur*, genit. *Tiburis*)' con sovrapposizione di *trave*; 1460] **s. m.** ● (*geol.*) Calcare di deposito chimico a struttura concrezionata spugnosa.

travestì /fr. tʀavɛs'ti/ [vc. fr., propr. 'travestito', part. pass. di *transvestir* 'travestire'; 1962] **s. m. inv.** ● Attore travestito, di sesso diverso rispetto al personaggio | (*est.*) Parte teatrale sostenuta da tale attore | ***En t.***, da travestito: *ruolo en t.*

travestiménto o (*pop.*) †**stravestiménto** [1582] **s. m.** ***1*** Il travestire, il travestirsi | (*fig.*) Camuffamento. ***2*** Ciò con cui si traveste o ci si traveste.

♦**travestìre** o †**stravestire** [comp. di *tra*- e *vestire* (*1*); 1476] **A v. tr.** (*io travèsto*) ***1*** Vestire qlcu. in modo del tutto diverso dal solito, sì da renderlo irriconoscibile: *t. qlcu. da donna*. ***2*** (*fig.*) Cambiare, mutare, trasformare profondamente qlco.: *t. un tema musicale* | ***T. un poema***, farne la parodia. **B v. rifl.** ***1*** Indossare un abito di foggia assai diversa da quella usuale, in modo da non essere riconosciuto: *travestirsi per un ballo mascherato*. ***2*** (*fig.*) Nascondere la propria vera natura assumendo atteggiamenti o fingendo idee, sentimenti e sim. profondamente diversi dai propri: *è un lupo che si traveste da agnello*.

travestitìsmo [comp. di *travestit(o)* e *-ismo*; 1961] **s. m.** ● Tendenza, che può accompagnarsi all'omosessualità, a indossare abiti propri dell'altro sesso. **SIN.** Eonismo.

travestìto o (*pop.*) †**stravestito** [1353] **A part. pass.** di *travestire*; anche **agg.** ● Nei sign. del v. **B s. m.** (f. *-a*) ***1*** Chi manifesta tendenza al travestitismo o lo pratica. ***2*** Omosessuale maschile che si veste da donna e talvolta si prostituisce.

travestitóre **s. m.**; anche **agg.** (f. *-trice*) ● (*raro*) Chi (o Che) traveste.

travestitùra [1879] **s. f.** ● (*raro*) Travestimento.

travèt [dal n. del protagonista della commedia di V. Bersezio *Le miserie d' Monsù Travet*, trapasso del sign. proprio del piemontese *travet* 'travicello'; 1875] **s. m. inv.** ● Impiegato di rango modesto e mal retribuito.

travétto [1562] **s. m.** ***1*** Dim. di *trave*. ***2*** (*edil.*) Elemento in laterizio precompresso, per solai.

traviaménto o †**trasviaménto** [1659] **s. m.** ***1*** Allontanamento dalla retta via. **SIN.** Aberrazione, pervertimento. ***2*** †Digressione, episodio.

traviàre o †**trasviàre** [propr. 'andare oltre *tra*- la *via*'; sec. XIII] **A v. tr.** (*io travìo*, diffuso ma meno corretto *tràvio*) ***1*** (*raro, lett.*) Portare fuori strada, allontanare dalla via giusta. ***2*** (*fig.*) Trascinare al male, corrompere, pervertire: *t. i giovani*. **B v. intr.** (aus. *avere*) ● (*raro, lett.*) Deviare, uscire dal giusto cammino: *Chi su, chi giù, chi qua, chi là travia* (ARIOSTO). **C v. intr. pron.** ● Allontanarsi dalla retta via, dal bene, dall'onestà e sim.: *si è traviato per colpa delle cattive amicizie*.

traviàto o **-vià-** [1374] **part. pass.** di *traviare*; anche **agg.** e **s. m.** (f. *-a*) ● Che (o chi) si è allontanato dalla retta via: *un giovane t.*; *'La traviata' di G. Verdi*.

traviatóre [1618] **s. m.**; anche **agg.** (f. *-trice*) ● (*raro*) Chi (o Che) travia, corrompe.

travicèllo [1353] **s. m.** ***1*** Dim. di *trave*. ***2*** Trave secondaria, appoggiata alle principali e che sostiene a sua volta tavolato o altro: *i travicelli del soffitto* | ***Contare i travicelli***, (*fig., disus.*) stare a letto, o per malattia o per pigrizia | ***Fare il t., il re t.***, (*fig., disus.*) non riuscire a prendere decisioni o a imporsi agli altri. || **travicellétto**, **dim.** | **travicellìno**, **dim.** | **travicellóne**, **accr.**

travisaménto [1584] **s. m.** ***1*** Alterazione, distorsione spec. intenzionale: *t. delle parole altrui*. ***2*** (*dir.*) Aggravante del reato di furto consistente nel mutare il proprio aspetto al fine di non essere riconosciuto quale autore del detto reato.

travisàre o (*pop.*) **stravisàre** [comp. di *tra*- e da un deriv. di *viso*, propr. 'alterare l'aspetto'; sec. XIII] **A v. tr.** ***1*** (*raro*) Alterare il viso, l'aspetto di qlcu. ***2*** (*fig.*) Alterare, modificare, svisare qlco., spec. presentandola o interpretandola in modo inesatto, soggettivo e parziale: *t. i fatti, la storia, la realtà* | ***T. la verità***, falsarla. **SIN.** Distorcere, falsare. **B v. rifl.** ● Alterare intenzionalmente il proprio viso, il proprio aspetto, per rendersi irriconoscibile.

†**travolàre** ● V. *trasvolare*.

travolgènte o †**travolvènte** [sec. XIV] **part. pres.** di *travolgere*; anche **agg.** ***1*** Che travolge: *la furia t. del vento*. ***2*** (*fig.*) Che conquista e trascina irresistibilmente: *eloquenza t.*; *bellezza t.*; *fascino t.*

travòlgere o †**trasvòlgere**, †**travòlvere** [vc. dotta, lat. tardo *transvŏlvere*, comp. di *trāns*- 'al di là' e *vŏlvere* 'volgere', con adatt. alla serie di altri comp. di *volgere*; 1313] **A v. tr.** (coniug. come *volgere*) ***1*** (*raro, lett.*) Volgere qlco. per altro verso, allontanarla con forza dalla sua posizione normale | ***T. gli occhi***, storcerli | ***T. ad altro senso***, travisare forzandolo il significato di qlco. ***2*** (*est.*) Investire e trascinare con sé violentemente: *la valanga travolse alberi e case* | (*fig.*) Trascinare nella rovina: *la crisi economica ha travolto molte nazioni*. ***3*** (*est., fig.*) Sopraffare con impeto irresistibile: *l'attacco nemico travolse le ultime resistenze*; *lasciarsi t. dalla passione, dall'ira*. **B v. rifl.** ● (*lett.*) Contorcersi.

travolgiménto [1745] **s. m.** ***1*** Il travolgere. ***2*** (*raro*) Disordine, rivolgimento: *travolgimenti sociali*.

†**travoltàre** [da *travolto*; av. 1597] **v. tr.** e **rifl.** ● Travolgere.

travòlto [1313] **part. pass.** di *travolgere*; anche **agg.** ***1*** Investito, trascinato: *alpinisti travolti da una slavina*. ***2*** (*raro, lett.*) Contorto, storto. ***3*** (*raro, lett.*) Deformato, stravolto. || †**travoltaménte**, **avv.** Stortamente.

†**travòlvere** e *deriv.* ● V. *travolgere* e *deriv.*

trawl /ingl. tɹɔːl/ [vc. ingl., d'orig. sconosciuta; 1939] **s. m. inv.** ● Rete a strascico usata dai trawler.

trawler /ingl. 'tɹɔːləɹ/ [vc. ingl., da *trawl* 'strascico' (in senso marinaresco), d'orig. oscura; 1935] **s. m. inv.** ● Peschereccio con ottime qualità nautiche e una stazza lorda di oltre 500 tonnellate, che è usato nei mari settentrionali d'Europa e d'America per la pesca a strascico, spec. delle aringhe.

trawler-yacht /ingl. 'tɹɔːləɹ,jɒt/ [loc. ingl., comp. di *trawler* (V.) e *yacht* (V.); 1983] **s. m. inv.** (pl. ingl. *trawler-yachts*) ● Peschereccio da diporto.

traziòne [vc. dotta, lat. *tractiōne(m)*, da *tractus*, part. pass. di *trăhere* 'trarre'; 1853] **s. f.** ***1*** Il trarre, il trascinare; traino: *t. su strada, su binari*; *gancio di t.*; *mezzo di t.* ***2*** Forza esercitata da animali o mezzi meccanici su veicoli e sim., atta a determinarne il movimento: *t. animale, meccanica*; *la t. dell'elica* | ***T. elettrica***, quella che impiega motori elettrici | ***Sforzo di t.***, forza che il trattore può esercitare a una data velocità. ***3*** (*mecc.*) Sollecitazione esercitata su un corpo da due forze uguali e contrarie agenti nel senso della lunghezza ed applicate ai baricentri delle sezioni esterne | (*autom.*) ***Autoveicolo a t. anteriore, posteriore, integrale***, quello in cui il motore agisce, rispettivamente, sulle ruote anteriori, su quelle posteriori, su tutte contemporaneamente. ***4*** (*med.*) Applicazione di pesi adeguati a segmenti dell'apparato locomotore lesi per fratture ossee o per osteoartrite, così da realizzare allontanamento, stiramento o riallineamento del tratto interessato.

trazzèra [vc. siciliana e calabrese: dal dial. *trazza* 'traccia' (?); 1929] **s. f.** ● In Sicilia, viottolo che attraverso i campi consente il passaggio di greggi e armenti.

♦**tre** /tre*/ [lat. *trēs*, di orig. indeur.; 1211] **agg. num. card. inv.**; anche **s. m.** o **f. inv.** ● Numero naturale successivo di due, rappresentato da *3* nella numerazione araba, da *III* in quella romana. **I** Come agg. ricorre nei seguenti usi. ***1*** Rispondendo o sottintendendo la domanda 'quanti?', indica la quantità numerica di tre unità (spec. preposto a un s.): *il mio bambino ha tre anni*; *sono tre giorni che non lo vedo*; *le Parche, le Grazie, le Furie, sono tre*; *sono le ore dodici e tre minuti*; *i tre quarti del prodotto sono stati collocati*; *sono tre volte che ti chiamo*; *gioco tre numeri al lotto*. **CFR.** tri-. ***2*** (*est.*) Pochi (con valore indet.): *te lo dico in tre parole*; *non sa mettere insieme tre discorsi* | ***Ci penserò tre volte***, parecchie volte. ***3*** Rispondendo o sottintendendo la domanda 'quale?', identifica qlco. in una pluralità, in una successione, in una sequenza (spec. posposto a un s.): *leggete al paragrafo tre*; *abito in fondo alla strada al numero tre*; *le tre persone della SS. Trinità*. ***4*** In composizione con altri numeri semplici o composti forma i numeri superiori: *ventitré*; *trentatré*; *centotré*; *centoquarantatré*; *milleduecentotré*; *trecento*;

treagio 1924

tremila. **II** Come s. ricorre nei seguenti usi. *1* Il numero tre (per ellissi di un s.): *il tre per cento della popolazione si è astenuto*; *tre più tre fa sei*; *il tre nel nove sta tre volte*; *giocare il tre di picche, di fiori, di bastoni, di spade*; *oggi ne abbiamo tre*; *sono nato il tre settembre*; *entrate tre alla volta*; *mettetevi in fila per tre*; *andiamoci tutti e tre*; *dividiamo la torta in tre* | Nei dadi, la faccia segnata con tre punti: *ho tirato e ho fatto tre* | Nella valutazione scolastica, il voto inferiore di tre punti alla sufficienza: *ha un tre in matematica* | ***Le tre***, (*ellitt.*) le ore tre del mattino e (*fam.*) le ore quindici: *ho pranzato alle tre* | ***Non c'è due senza tre***, se una cosa è accaduta già due volte, può accadere la terza | ***Le disgrazie vengono sempre a tre per volta***, non vengono mai sole | ***Chi fa da sè fa per tre***, meglio fare da soli, con le proprie forze | ***'Perché? perché due non fa tre'***, risposta scherz. quando non si sa o non si vuole rispondere | ***E tre!***, escl. di impazienza | ***Ogni due per tre***, V. *due*. *2* Il segno che rappresenta il numero tre: *scrivo il tre e riporto il due* (V. nota d'uso ACCENTO).

†**treàgio** [da *duagio* con scherzosa sostituzione di *tre* al presunto *du(e)*; 1353] **s. m.** ● (*scherz.*) Ipotetico tessuto di lana, di eccezionale finezza.

treàlberi [comp. di *tre* e il pl. di *albero*; 1889] **s. m. inv.** ● (*mar.*) Veliero a tre alberi.

treatment /ingl. 'tɹiːtmənt/ [vc. ingl., propr. 'trattamento', da *to treat*, dello stesso sign. e orig. del corrispondente it. 'trattare'; 1938] **s. m. inv.** ● Seconda fase di elaborazione di un soggetto cinematografico, abbozzo del film redatto in forma narrativa e indicante la suddivisione delle scene, il loro significato nello svolgimento dell'azione, e le caratteristiche fondamentali della scenografia. **SIN.** Trattamento nel sign. 3.

trébbia (1) o (*pop., tosc.*) **tribbia** [da *trebbia(re)*; sec. XIV] **s. f.** *1* (*agr.*) Trebbiatrice | Battitura del grano, trebbiatura. *2* Antico strumento di tortura.

trébbia (2) [prob. dal ted. *Treber* 'vinacce'; 1961] **s. f.** ● (*spec. al pl.*) Residuo della lavorazione del malto per birra.

trebbiàno [dal lat. *Trebulānus* 'di *Trēbula*', n. di diverse città dell'Italia Meridionale; 1301] **s. m.** *1* Vitigno molto diffuso in Italia, che dà un'uva bianca di color giallo-verdastro, ed entra nella preparazione di numerosi vini, tra cui il Lugana e il Chianti. *2* Vino bianco di color giallo paglierino tendente al dorato, profumo delicato e sapore fresco, ottenuto dal vitigno omonimo in varie regioni italiane: *t. di Romagna*, *d'Abruzzo*.

trebbiàre o (*pop., tosc.*) **tribbiàre** [lat. *tribulāre*, da *trĭbulum* 'trebbio (1)'; 1308] **v. tr.** (*io trébbio*) ● (*agr.*) Liberare dalla pula i chicchi del grano o di altro cereale, sgranandolo con la trebbiatrice oppure, un tempo, battendolo sull'aia con appositi bastoni (il *correggiato*) o facendolo pestare sotto le zampe degli animali (*anche assol.*).

trebbiatóio [1831] **s. m.** ● Un tempo, attrezzo per trebbiare.

trebbiatóre [da *trebbiare*; 1879] **s. m.** (f. *-trice*) ● Operaio agricolo addetto alla trebbiatura | Contadino che trebbia.

trebbiatrice [da *trebbiare*; 1873] **s. f.** ● Macchina per separare le granelle dei cereali e di altri prodotti dagli involucri e dalle paglie | ***T. sgusciatrice***, per semi di leguminose da foraggio.

trebbiatùra o (*pop., tosc.*) **tribbiatùra** [av. 1580] **s. f.** ● Operazione del trebbiare | Tempo in cui si esegue tale operazione.

†**trébbio** (1) [lat. *trĭbulu(m)* 'strumento per battere (*tĕrere*) il grano'] **s. m.** ● Attrezzo per sminuzzare e spianare la terra arata.

†**trébbio** (2) [lat. *trĭviu(m)* 'crocicchio, incontro di tre (*trēs*) strade (*vĭae*)'; sec. XIV] **s. m.** *1* Punto d'incrocio di tre strade. *2* Brigata, crocchio, trattenimento d'amici | ***Far t.***, far crocchio.

trébbo [adattamento del romagn. *trébb*, dal lat. *trĭvium* 'trivio', ma anche 'luogo d'incontro, di riunione'; 1961] **s. m.** ● (*region.*) In Romagna, riunione serale d'amici: *andare a un t.*; *stare a t.* | ***T. poetico***, riunione, incontro organizzato in piazza o in luogo apposito, per ridestare e rinnovare con letture espressive il gusto e l'amore per la poesia.

trebisónda [dalla città turca di *Trebisonda*, con passaggio semantico non chiaro; 1967] **s. f.** ● Solo nella loc. ***perdere la t.***, smarrire la padronanza, il dominio di sé.

†**trebùto** ● V. *tributo* (*2*).

†**trécca** [da †*treccare*; av. 1348] **s. f.** ● (*tosc.*) Rivendugliola di frutta, legumi, erbe.

†**treccaiuòla** [da *trecca* 'rivendugliola (vociante e litigante)'] **s. f.** ● (*tosc.*) Femminuccia che sta sempre a litigare.

†**treccàre** [lat. tardo *trĭcāre* per *trĭcārī*, da *trĭcae* 'sciocchezze, intrighi', di etim. incerta; av. 1294] **v. intr.** *1* (*tosc.*) Fare il rivendugliolo. *2* (*tosc.*) Ingannare, imbrogliare.

†**treccherìa** o (*tosc.*) †**treccarìa** **s. f.** *1* (*tosc.*) Arte del treccone. *2* (*tosc.*) Inganno | (*tosc.*) Congiura.

tréccia (1) o †**trézza** [etim. incerta; av. 1250] **s. f.** (pl. *-ce*) *1* Composizione di tre lunghe ciocche di capelli accavallate alternativamente, tipica acconciatura di bambine e ragazze: *portare le trecce*; *farsi la t.*; *sciogliere le trecce*. *2* (*est.*) Composizione di fili, corde, cavi, nastri e sim., ottenuta accavallando i vari elementi a foggia di treccia: *t. di paglia*; *una t. di fili metallici* | Tipo di passamano ottenuto intrecciando tre o più fili | Nella fabbricazione dei cappelli di paglia, insieme di fili intrecciati, pronti per la confezione del cappello | Cordone elettrico, costituito da due o tre fili avvolti uno sull'altro. *3* In architettura, motivo ornamentale scolpito o dipinto che simula una treccia di nastri e sim. *4* Nella pallacanestro, esercizio preparatorio per la tecnica del passaggio eseguita da tre o più giocatori con spostamenti incrociati. *5* (*est.*) Pezzo di pane in forma di treccia | Pasta di mozzarella, composta a treccia. *6* (*est.*) Filza, resta di frutti secchi: *una t. di fichi*. || **treccétta**, **dim.** | **treccìna**, **dim.** | **treccìno**, **dim. m.** | **trecciolìna**, **dim.** | **trecciòna**, **accr.** | **treccióne**, **accr. m.** | **trecciuòla**, **dim.** | **trecciuòlo**, **dim. m.**

tréccia (2) [applicazione particolare di *treccia* (*1*)] **s. f.** (pl. *-ce*) ● Muta di cavalli o altre bestie che si facevano correre in tondo sull'aia per trebbiare i cereali.

trecciàio **s. m.** (f. *-a*) ● Trecciaiolo.

trecciaiòlo o (*lett.*) **trecciaiuòlo** [1865] **s. m.** (f. *-a*) ● Chi, spec. donna, fa trecce di paglia per cappelli: *sopra il velluto nero e le trecce di una trecciaiola* (CAMPANA).

†**trecciàre** [da *treccia* (*1*)] **v. tr.** ● (*raro*) Intrecciare.

trecciatùra [1961] **s. f.** *1* Confezione delle trecce di paglia per cappelli. *2* Nell'industria tessile, produzione dei passamani a treccia.

treccièra [av. 1348] **s. f.** ● Antico ornamento che s'inseriva nelle trecce femminili.

†**tréccolo** [da †*treccare*] **s. m.** (f. *-a*) ● (*tosc.*) Venditore al minuto di cose mangerecce. || **treccolàccio**, **pegg.**

†**treccóne** [lat. *trĭcōne(m)*, da *trĭcae* 'imbrogli', di etim. incerta; av. 1348] **s. m.** (f. *-a*) *1* (*tosc.*) Rivendugliolo spec. di generi alimentari (*anche spreg.*). *2* Venditore disonesto, imbroglione.

trecentésco [1941] **agg.** (pl. m. *-schi*) ● Del Trecento, del XIV sec.: *arte*, *cultura*, *pittura*, *poesia trecentesca*; *poeti trecenteschi*; *un bellissimo chiostro t.*

trecentèṣimo (o *-é-*) [vc. dotta, lat. *trecentēsimu(m)*, comp. di *trēs* 'tre' e *centēsimus* 'centesimo'; 1351] **A agg. num. ord.** ● Corrispondente al numero trecento in una sequenza, in una successione, in una classificazione, in una serie (rappresentato da *CCC* nella numerazione romana, da *300°* in quella araba): *al t. kilometro la strada è interrotta*; *la trecentesima parte di qlco.* **B s. m.** ● Ciascuna delle trecento parti uguali di una stessa quantità: *un t.*

trecentista [1752] **A s. m. e f.** (pl. m. *-i*) *1* Artista del Trecento: *trecentisti minori*. *2* Studioso del Trecento. **B agg.** ● Dei trecentisti: *poesia t.*

trecentìstico [1855] **agg.** (pl. m. *-ci*) ● (*raro*) Proprio del Trecento e dei suoi artisti, trecentesco: *stile t.*

trecènto [lat. *trecĕnto(s)*, comp. di *trēs* 'tre' e *cĕntum* 'cento', con inserimento nella serie delle centinaia (*-cento*); sec. XIII] **agg. num. card. inv.**; anche **s. m. inv.** ● Tre volte cento, tre centinaia, rappresentato da *300* nella numerazione araba, da *CCC* in quella romana. **I** Come agg. ricorre nei seguenti usi. *1* Rispondendo o sottintendendo la domanda 'quanti?', indica la quantità numerica di trecento unità (spec. preposto a un s.): *un viaggio di t. kilometri*; *non costa più di t. euro* | Con valore indet.: ***glie l'ho ripetuto t. volte***, moltissime volte. *2* Rispondendo o sottintendendo la domanda 'quale?', identifica qlco. in una pluralità, in una successione, in una sequenza (spec. posposto a un s.): *nell'anno t. d.C.*; *leggere a pagina t.* **II** Come s. ricorre nei seguenti usi. *1* Il numero trecento (per ellissi di un s.): *nel t. a.C.*; *i t. delle Termopili* | ***Il Trecento***, (*per anton.*) il secolo XIV: *la pittura del Trecento*; *manoscritto del Trecento*. *2* Il segno che rappresenta il numero trecento.

†**tredècimo** [vc. dotta, lat. *tredĕcimu(m)*, comp. di *trēs* 'tre' e *dĕcimus* 'decimo'; 1342] **agg. num. ord.**; anche **s. m.** ● (*lett.*) Tredicesimo: *la tredecima volta tornata, disse Mitridanes* (BOCCACCIO).

tredicènne [comp. di *tredic(i)* e *-enne*, ricavato da latinismi del tipo di *bienne*, *trienne*; 1879] **agg.**; anche **s. m. e f.** ● Che (o Chi) ha tredici anni d'età: *ragazzo t.*; *fanciulla t.*

tredicèṣima (o *-é-*) [1961] **s. f.** *1* Retribuzione aggiuntiva alle dodici mensilità, corrisposta ai lavoratori in prossimità delle feste natalizie. *2* Copia talvolta concessa gratuitamente dall'editore al libraio per ogni acquisto di dodici copie di un volume.

tredicèṣimo (o *-é-*) [da *tredici*; 1716] **A agg. num. ord.** ● Corrispondente al numero tredici in una sequenza, in una successione, in una classificazione, in una serie (rappresentato da *XIII* nella numerazione romana, da *13°* in quella araba): *il t. capitolo*; *è il t. arrivato in graduatoria*; *il t. canto del Paradiso*; *Luigi XIII*; *Benedetto XIII*; *la tredicesima parte di qlco.* | ***Due alla tredicesima***, (*ellitt.*) elevato alla tredicesima potenza | ***La tredicesima mensilità*** o (*ellitt.*) ***la tredicesima***, V. *tredicesima* | ***Tredicesima copia***, o (*ellitt.*) ***la tredicesima***, V. *tredicesima* | ***Il secolo t.***, gli anni dal 1201 al 1300. **SIN.** (*lett.*) Decimoterzo, (*lett.*) terzodecimo, †tredecimo. **B s. m.** ● Ciascuna delle tredici parti uguali di una stessa quantità: *un t. dei proventi*.

♦**trédici** [lat. *trēdecim*, comp. di *trēs* 'tre' e di un deriv. da *dĕcem* 'dieci'; 1211] **agg. num. card. inv.**; anche **s. m. inv.** ● Numero naturale successivo di dodici, rappresentato da *13* nella numerazione araba, da *XIII* in quella romana. **I** Come agg. ricorre nei seguenti usi. *1* Rispondendo o sottintendendo la domanda 'quanti?', indica la quantità numerica di tredici unità (spec. preposto a un s.): *una ragazzina di t. anni*; *l'altopiano dei t. Comuni nei monti Lessini*; *un'opera di t. volumi*; *sono le ore otto e t. minuti*; *un bambino di t. kili*. *2* Rispondendo o sottintendendo la domanda 'quale?', identifica qlco. in una pluralità, in una successione, in una sequenza (posposto a un s.): *oggi è il giorno t.*; *sono le ore t.*; *punta sul numero t.*; *il numero t. è ritenuto da alcuni nefasto, da altri invece un portafortuna* | (*lett.*) Tredicesimo: *Luigi t.* **II** Come s. ricorre nei seguenti usi. *1* Il numero tredici (per ellissi di un s.): *il t. è un numero primo*; *nella cabala il t. fa la morte*; *in molti alberghi il t. è abolito nella numerazione delle stanze*; *oggi è il t.* | ***Fare, totalizzare un t.***, nel gioco del totocalcio, realizzare la massima vincita, prevedendo esattamente i risultati di tredici partite di calcio, indicate nel pronostico | ***Le t.***, l'una del pomeriggio | ***Nel '13***, nell'anno 1913, o nel 1813, 1713 e sim. *2* Il segno che rappresenta il numero tredici: *cancella quel t.*

tredicina [dalle *tredici* unità componenti; 1879] **s. f.** ● Complesso, serie di tredici, o circa tredici, unità: *una t. di persone*.

tredicista [1955] **s. m. e f.** (pl. m. *-i*) ● Chi al totocalcio azzecca tutti i tredici risultati, ottenendo così la vincita massima.

†**trefòglio** ● V. *trifoglio*.

tréfolo [lat. *trĕfidu(m)*, comp. di *trēs* 'tre' e di un deriv. da *fĭndere* 'spartire', di orig. indeur.; sec. XIV] **s. m.** *1* Filo a torsione abbastanza elevata che, ritorto con altri simili, costituisce le funi | In un cavo di acciaio, ciascuna delle funi elementari costituite da più fili di acciaio avvolti insieme a spirale | ***Fune a trefoli***, formata da più trefoli avvolti insieme su un'anima centrale. *2* Filo di refe o altro avvolto senz'ordine. *3* (*tosc., fig.*) Ragazzo irrequieto.

trefóni [dal gr. *tréphein* 'nutrire' (d'orig. incerta)] **s. m. pl.** (sing. *-a*) ● (*biol.*) Sostanze ricavate dall'embrione, essenziali per la nutrizione di colture di tessuti in vitro.

tregènda [lat. parl. **transiĕnda(m)* 'passaggio', propr. part. fut. passivo di *transīre* 'andare (*īre*) attraverso (*trāns*)', 'passare'; 1354] **s. f.** **1** Secondo le antiche leggende nordiche, convegno notturno di demoni, streghe e sim., che si riuniscono per compiere i loro malefici | ***Notte di t.***, (*fig.*) cupa, terribile, tempestosa, densa di avvenimenti tragici e sim. (*anche iron.* o *scherz.*). **2** (*disus.*, *fig.*) Caos, confusione.

†treggèa [lat. *tragēma* (nt.), dal gr. *trágēma*, da *trṓgein* 'mangiare', di orig. indeur.; av. 1444] **s. f.** **1** Confetti, confetteria minuta. **2** Munizione minuta di piombo.

trèggia [lat. *trăhea(m)*, da *trăhere* 'trarre', con sovrapposizione d'altra vc. (*véggia*?); av. 1324] **s. f.** (**pl.** *-ge*) **1** Specie di slitta rudimentale, usata nella regione alpina per trasportare al piano legna e fieno. **2** (*est.*) Carro rustico senza ruote trainato da buoi. || **treggióne**, **accr. m.**

treggiàta [1840] **s. f.** ● (*raro*) Quantità di roba che una treggia può trasportare in una volta.

treggiatóre [1618] **s. m.** (**f.** *-trice*) ● (*raro*) Guidatore di treggia.

trègua o **trègua** o **†trièguа**, **†trièva** [francone *treuwa* 'contratto (per sicurezza)' sovrapposto alla risposta got. *triggwa*; sec. XI] **s. f.** **1** (*dir.*) Temporaneo arresto delle ostilità | ***T. di Dio***, sospensione delle ostilità tra belligeranti, contendenti e sim. imposta dalla Chiesa, in epoca medievale, spec. durante la quaresima e l'avvento | (*est.*) Armistizio locale e generale. **2** (*est.*) Sospensione o interruzione temporanea di lotte, contese, rivendicazioni e sim.: *t. politica*; *i due candidati hanno stabilito una t.* | ***T. salariale***, impegno dei lavoratori di non avanzare richieste di aumenti salariali, per un determinato periodo. **3** (*fig.*) Pausa, sosta, requie: *lavorare senza un attimo di t.*; *inseguire qlcu. senza dargli t.*; *tosse, malattia, dolore che non dà t.* **4** †Patto.

trèkker /ˈtrɛker, *ingl.* ˈtɹɛkəɹ/ [vc. ingl., dal v. *to trek*. V. *trekking*; 1990] **s. m. e f. inv.** ● Chi pratica il trekking.

trekking /ˈtrɛkkin(g), *ingl.* ˈtɹɛkɪŋ/ [vc. ingl., da *trek* 'tiro, traino', poi 'migrazione' d'orig. ol. poi diffuso nel Sudafrica; 1979] **A s. m. inv.** ● Escursione di lungo percorso compiuta a piedi e in più tappe, generalmente con pernottamenti e bivacchi allestiti al momento e con l'eventuale impiego di animali da soma o di automezzi per il trasporto delle vettovaglie: *hanno organizzato un t. di due settimane sulle Alpi*. **B** in funzione di **agg. inv.** ● (posposto al s.) Detto di luogo dove può svolgersi o si svolge un trekking: *zona t.*; *percorso t.*

trelingàggio ● V. *trilingaggio*.

tremàcchio ● V. *tramaglio*.

tremacuòre [comp. di *trema(re)* e *cuore*; av. 1708] **s. m.** ● (*raro*) Batticuore.

tremàglio ● V. *tramaglio*.

tremànte [1313] **part. pres.** di *tremare*; anche **agg.** **1** Che trema: *essere t. per il freddo, la paura*; *firmò con mano t.* **2** (*est.*) Tremolante: *scrittura t.* | (*fig.*) Trepidante, incerto: *voce t. per la commozione*.

♦**tremàre** [lat. *trĕmere*, di orig. indeur., con passaggio ad altra coniug.; 1294] **v. intr.** (*io trèmo* o poet. *†trièmo*; aus. *avere*) (assol.; + *di*, + *per*, + *da*; + *a*) **1** Essere scosso da una serie di contrazioni muscolari involontarie, dovute a cause fisiche o psichiche: *t. di freddo, per la rabbia*; *Era in maniche di camicia e tremava dal freddo* (COLLODI) | ***T. verga a verga, come una foglia***, essere scosso da tremiti violenti e continui: *Mi accostai, tremando verga a verga, ... e chiesi soccorso con un fil di voce* (ORTESE). **2** (*est.*) Essere scosso da oscillazioni più o meno rapide e violente, detto di cosa: *le canne tremano al vento*; *il terremoto ha fatto t. la città* | Tremolare, detto di cose tenere, molli: *gelatina che trema*. **3** (*fig.*) Essere in ansia, trepidare: *t. per l'avvenire di qlcu., per il destino di qlco.* | Aver paura: *tremo, se penso a quello che può succedere*; *Trema all'idea delle indigenze antiche* (METASTASIO) | ***Non t.***, essere coraggioso: *è uno che non trema certo davanti ai pericoli*. **4** (*fig.*) Essere mosso, detto dell'aria | (*poet.*) Vibrare, palpitare. **5** (*fig.*) Essere discontinuo, ineguale e sim., detto di suono, voce e sim. **6** Essere intermittente, detto di luce | Offuscarsi, confondersi a tratti, detto della vista.

tremarèlla o **†tremerèlla** [da *tremare*; av. 1735] **s. f.** ● (*fam.*) Tremito, spec. di paura | (*est.*, *fig.*) Agitazione, paura, timore: *avere la t.*; *questi racconti mi hanno messo addosso una gran tremarella*; *se ci penso mi viene la t.*

Trematòdi [gr. *trēmatṓdēs* 'provvisto (*-ṓdēs*, propr. 'che ha la stessa forma', in gr. *êidos*) di fori (*trêmata*, sing. *trêma*, di orig. indeur.), cioè di ventose'; 1840] **s. m. pl.** (**sing.** *-e*) ● Nella tassonomia animale, classe di Platelminti con corpo appiattito munito di organi adesivi, tutti parassiti (*Trematoda*).

tremebóndo [vc. dotta, lat. *tremebŭndu(m)*, da *trĕmere* 'tremare'; av. 1311] **agg.** ● (*lett.*) Che è tutto tremante e sbigottito (*anche fig.*).

†tremefàtto [vc. dotta, lat. *tremefăctu(m)*, comp. di *trĕme(re)* 'tremare' e *făctus* 'fatto'; av. 1342] **agg.** ● Spaventato, atterrito.

tremendìsmo [da *tremendo*; 1942] **s. m.** **1** (*raro*) Caratteristica di chi (o di ciò che) è tremendo. **2** (*letter.*) Sviluppo del naturalismo spagnolo nella produzione letteraria che riflette i tragici avvenimenti della guerra civile (1936-1939).

♦**tremèndo** [vc. dotta, lat. *tremĕndus*, part. agg. di *trĕmere* 'tremare'; 1483] **agg.** **1** (*lett.*) Che fa tremare di paura: *condanna, vendetta, ira tremenda*; *gli scagliò contro tremende maledizioni*. **2** (*est.*) Disastroso, spaventoso, terribile: *una guerra tremenda*; *un t. pericolo*. **3** (*est.*) Che è estremamente grave, duro, doloroso, difficile e sim.: *momento t.*; *situazione tremenda*; *subire un t. dolore*. **4** (*fam.*, *iperb.*) Di tutto ciò che eccede la normalità, la misura: *sentire un freddo, un caldo t.*; *avere una fame, una sete tremenda*; *è di una tremenda simpatia* | Di persona in cui determinate qualità o caratteristiche sono sviluppate all'eccesso: *un critico t.* | ***Bambino, ragazzo t.***, vivacissimo. || **tremendaménte**, **avv.** In modo tremendo (*spec. iperb.*): *una persona tremendamente simpatica*.

trementìna [lat. *terebĭnthina(m)*, agg. di *terebĭnthus* 'terebinto', sottinteso *resīna*, con sovrapposizione di *tremare*; av. 1320] **s. f.** ● Oleoresina ricavata da alcune conifere, che per distillazione in corrente di vapore fornisce essenza di trementina e colofonia | ***Essenza di t.***, acquaragia.

†tremerèlla ● V. *tremarella*.

trémila [comp. di *tre* e *mila*; 1481] **agg. num. card. inv.**; anche **s. m. inv.** ● Tre volte mille, tre migliaia, rappresentato da *3000* nella numerazione araba, da *MMM* in quella romana. **I** Come agg. ricorre nei seguenti usi. **1** Rispondendo o sottintendendo la domanda 'quanti?', indica la quantità numerica di tremila unità (spec. preposto a un s.): *non vorrei spendere più di t. euro*; *c'erano circa t. spettatori*; *lo scandaglio è arrivato a t. metri di profondità*. **2** Rispondendo o sottintendendo la domanda 'quale?', identifica qlco. in una pluralità, in una successione, in una sequenza (posposto a un s.): *l'abbonamento numero t.* **II** Come s. ricorre nei seguenti usi. **1** Il numero tremila (per ellissi di un s.) | ***I t.***, (*per anton.*) nel gergo degli alpinisti, i tremila metri d'altezza | ***T. siepi***, nell'atletica leggera, gara di corsa con ostacoli vari sulla distanza di tremila metri. **2** Il segno che rappresenta il numero tremila.

†tremìscere [vc. dotta, lat. *tremīscere*, incoativo di *trĕmere* 'tremare'; 1504] **v. intr.** ● (*raro*) Tremare: *o folgori, che fate il ciel t.* (SANNAZARO).

tremìsse [vc. dotta, lat. tardo *tremisse(m)* 'un terzo (*trēs* 'tre') dell'*āureus*', foggiato su *semīsse(m)* 'metà (di moneta)'; 1840] **s. m.** ● (*numism.*) Moneta d'oro bizantina pari a un terzo del solido, adottata poi nel Medioevo da Longobardi e Franchi come unità della monetazione aurea.

tremitìo [1891] **s. m.** ● (*raro*) Tremito continuo.

trèmito o **†trièmito** [dal lat. *trĕmere* 'tremare'; 1342] **s. m.** **1** Serie di piccole contrazioni muscolari, dovute all'azione del freddo, o ad altre cause: *t. convulso*; *un t. di paura*; *essere scosso da un t. d'ira repressa*; *Don Gesualdo ... andavasi calmando, col respiro più corto, preso da un t.* (VERGA). **2** (*est.*) Fremito, brivido. **3** (*fig.*, *poet.*) Intensa agitazione interiore.

†trèmo o **†trièmo** [1364 ca.] **s. m.** ● Tremore, tremito.

trèmola [da *tremolare*; 1671] **s. f.** **1** (*dial.*, *sett.*) Torpedine. **2** V. *tremula*.

tremolaménto [av. 1577] **s. m.** ● (*raro*) Il tremolare.

tremolàndo [da *tremolare* in senso mus.; 1983] **s. m. inv.** ● (*mus.*) Indicazione che richiede l'uso del tremulo.

tremolànte [av. 1363] **A part. pres.** di *tremolare*; anche **agg.** **1** Che trema leggermente: *foglie tremolanti* | (*fig.*) Esitante: *voce t.* **2** Molle, flaccido: *carni tremolanti*. **B s. m.** ● (*mus.*) Registro dell'organo che imita la voce umana.

tremolàre o **†tremulàre** [lat. tardo *tremulāre*, da *trĕmulus* 'tremulo'; 1319] **A v. intr.** (*io trèmolo*; aus. *avere*) **1** Oscillare lievemente e con frequenza: *l'erba, le foglie tremolano al vento*; *una sostanza molle e gelatinosa che tremola alla minima scossa* | Apparire come una cosa che tremola: *il sole tremolava fra gli alberi*. **2** (*est.*) Brillare con luminosità intermittente, ineguale: *in cielo tremolano le ultime stelle*. **3** (*est.*) Vibrare, mutando leggermente e frequentemente di tono, d'intensità, di volume, detto dei suoni, delle voci e sim.: *l'ultima nota tremola nell'aria*; *una voce timida e incerta, che di quando in quando tremola*. **4** (*lett.*) Tremare. **B v. tr.** ● (*mus.*) Eseguire col tremolo: *t. una nota, il suono, un passaggio*. **C** in funzione di **s. m.** solo **sing.** ● Tremolio: *di lontano / conobbi il tremolar de la marina* (DANTE *Purg.* I, 116-117).

†tremoleggiàre [comp. da *tremol(are)* e *-eggiare*] **v. intr.** ● Tremolare.

tremolìo [da *tremolare*; 1623] **s. m.** **1** Oscillazione, vibrazione, brillio di ciò che tremola: *il t. delle foglie, delle acque*; *si sente un lieve t. nella sua voce*; *il t. delle stelle*. **2** (*raro*) Tremito.

trèmolo ● V. *tremulo*.

tremóre [vc. dotta, lat. *tremōre(m)*, da *trĕmere* 'tremare'; 1294] **s. m.** **1** (*gener.*) Movimento caratteristico di ciò che trema: *il t. della terra*. **2** (*med.*) Oscillazione ritmica involontaria di un segmento del corpo per contrazione alterna di muscoli antagonisti: *t. delle membra, della mano*. **3** (*fig.*) Tremito, grave apprensione, agitazione e sim.: *il t. della paura*; *reagire senza alcun t.*; *io ho ... il t. de l'amore* (BRUNO). **SIN.** Ansia, inquietudine, trepidazione.

†tremoróso **agg.** ● (*raro*) Pieno di tremore, di paura. || **†tremorosaménte**, **avv.** Con tremore.

tremotìo [comp. da *tremoto* e *-io* (*1*); 1879] **s. m.** ● (*raro*, *tosc.*) Gran fracasso, spec. di oggetti pesanti che rotolano, traballano, sono trascinati e sim. o di persone che saltano.

tremòto o **†tremuòto** [da *terremoto* con sovrapposizione di *tremare*; 1294] **s. m.** ● (*pop.*, *tosc.*) Terremoto (*anche fig.*).

trèmula o **trèmola** [lat. *trĕmula(m)*, propr. 'che trema (al vento)'; 1826] **s. f.** ● Pioppo tremulo.

†tremulàre ● V. *tremolare*.

trèmulo o **trèmolo** spec. nel sign. B [vc. dotta, lat. *trĕmulu(m)*, da *trĕmere* 'tremare'; 1483] **A agg.** **1** Che tremola: *la luce tremula delle stelle*; *la fiamma tremula di un lucignolo*; *rispose di no con voce tremula* | Effetto simile ottenuto negli strumenti a percussione con battiti rapidissimi. **SIN.** Rullo. **2** (*bot.*) ***Pioppo t.***, pioppo con foglie leggere dai lunghi piccioli compressi lateralmente e quindi facilmente mobili (*Populus tremula*). **SIN.** Tremula. **B s. m.** **1** (*mus.*) Negli strumenti ad arco, rapida ripetizione della stessa nota | Effetto simile ottenuto negli strumenti a fiato e, su due note, negli strumenti a tastiera. **2** (*mus.*) Nell'organo e nell'armonium, registro e relativo meccanismo per ottenere il tremulo. **3** Pioppo tremulo. **4** (*fis.*) Flutter.

†tremuòto ● V. *tremoto*.

trenàggio [dal fr. *traînage*, dal v. *traîner* 'trascinare, tirare'; 1961] **s. m.** ● (*min.*) Sistema di trasporto su rotaia impiegato nelle miniere.

trench /*ingl.* tɹɛntʃ/ [vc. ingl., riduzione di *trench coat* 'impermeabile militare', propr. 'soprabito (*coat*, dall'ant. fr. *cotte* 'cotta') da trincea (*trench*, dall'ant. fr. *trenchier* 'tagliare', 'troncare')'; 1933] **s. m. inv.** ● Impermeabile sportivo con cintura, sul modello di quello dell'esercito inglese.

trend /*ingl.* tɹɛnd/ [vc. ingl., propr. 'inclinazione, tendenza', di orig. e area germ., da una base col sign. fondamentale di 'rotolare'; 1961] **s. m. inv.** ● (*econ.*) La tendenza alla stabilità, all'aumento o alla diminuzione, relativamente a un periodo di tempo, dell'attività di un determinato settore economico | (*est.*) Andamento generale, orientamento, tendenza.

trendy /*ingl.* ˈtɹɛndi/ [vc. ingl., propr. 'alla moda'

da *trend* 'tendenza, moda, voga'; 1986] **agg. inv.** ● Che segue una tendenza di moda o contribuisce a crearla: *rivista, discoteca t.*

trenètico [vc. dotta, gr. *thrēnetikós*, da *thrênos* 'treno (2)'] **agg.** (**pl. m.** *-ci*) ● (*letter.*) Che riguarda i canti funebri dell'antica poesia greca.

trenétta [vc. genov., dim. di *trena* 'stringa, cordoncino', equivalente a *trina* e diffusa nella penisola iberica e in Provenza; 1942] **s. f.** ● (*spec. al pl.*) Pasta alimentare lunga, sottile e schiacciata, usata soprattutto nella cucina ligure: *trenette col pesto.*

trenino [1922] **s. m.** *1* Dim. di *treno* (*1*). *2* Modellino di treno, usato come giocattolo per bambini: *t. elettrico; giocare col t.*

♦**trèno** (**1**) [fr. *train*, propr. 'traino', della medesima orig. della vc. it.; 1645] **s. m.** *1* (*ferr.*) Serie di veicoli ferroviari trainati da locomotive: *t. merci, viaggiatori; t. locale, diretto, espresso, intercity, eurocity; treni ordinari, straordinari, supplementari; viaggiare in t., prendere il t.* | ***Perdere il t.*** (*fig.*) perdere una buona occasione | ***Arrivare con l'ultimo t.***, (*fig.*) arrivare, capire in ritardo | ***Andare come un t.***, (*fig.*) con moto veloce e regolare | ***T. armato, blindato, corazzato***, costituito da carri ferroviari armati con pezzi d'artiglieria di vario calibro, per la difesa della costa durante le due guerre mondiali | ***T. ospedale***, attrezzato per il trasporto dei feriti e degli ammalati | ***T. navetta***, V. *navetta* | ***Treni derrata***, specializzati per il trasporto di derrate alimentari a carro completo | ***T. civetta***, unità militare che serve da esca o tranello | ***T. staffetta***, treno che precede un treno riservato, cui, per motivi di carattere eccezionale, viene applicato un regime particolare di sicurezza. ➡ **ILL.** p. 2168, 2169, 2170 TRASPORTI. *2* (*est.*) Qualsiasi mezzo di trazione, con o senza veicoli, che debba viaggiare da una località a un'altra | ***T. stradale***, autotreno | ***T. aereo***, formato da un aereo a motore rimorchiante uno o più alianti. *3* (*mil.*) Servizio di trasporto dei materiali dell'artiglieria e del genio, effettuato da appositi reparti di artiglieria o autonomi, in uso fino all'Ottocento | ***T. di provianda***, istituito nel vecchio esercito piemontese per il trasporto dei viveri e affidato a personale militarizzato al comando di ufficiali e sottufficiali dell'esercito. *4* †Equipaggio signorile con tutto l'occorrente per viaggio o gita, cioè carrozze, bagagli e seguito: *un t. sfarzoso, principesco; carrozza di t.* | (*est., lett.*) Scorta. *5* (*fig., disus.*) Modo di vivere: *avere un t. molto dispendioso* | ***T. di vita***, tenore di vita. *6* (*fig.*) Successione, serie | ***T. di onde***, successione di oscillazioni elettromagnetiche | ***T. di gomme***, l'insieme degli pneumatici di un autoveicolo | ***T. di ingranaggi***, complesso di ruote dentate che ingranano tra loro un movimento con un dato rapporto. **SIN.** Rotismo epicicloidale | ***T. di laminazione***, complesso di due o più laminatoi operanti in successione per la riduzione dei materiali alla forma e dimensioni desiderate. *7* Nelle loc. ***t. anteriore, t. posteriore***, che indicano rispettivamente la parte anteriore e quella posteriore di un veicolo o di un animale, spec. cane o cavallo. *8* Affusto di cannone. *9* (*fig.*) Fenomeno che, una volta avviato, procede regolare e continuo: *il t. della ripresa economica.* ‖ **trenino**, **dim.** (V.).

TRENO
nomenclatura

treno

● *caratteristiche*: merci, misto, locale = accelerato, diretto, espresso = direttissimo, rapido = intercity, eurocity, super rapido; internazionale, riservato, presidenziale;

● *vagone* = carrozza = vettura: di testa, di coda, di centro, letto, cuccette, bar, ristorante, belvedere; per viaggiatori, per fumatori ⇔ per non fumatori, riservata; cisterna, frigorifero, serbatoio, postale, per il bestiame; a scompartimenti separati, a piattaforma esterna;

● *locomotiva a vapore*: carro di rifornimento = tender, getto vapore, tiraggio forzato, pressione, combustione, vapore, acqua, ebollizione;

● *elettromotrice*: linea di contatto, asta di presa, archetto, pantografo, interruttore, isolatori, sezionatore;

● *carro merci*: pianale, silos, cisterna, serbatoio, a tramoggia, a scarico automatico, a scarico laterale, a due piani, a ripiani;

● *stazione ferroviaria*: di testa ⇔ di transito, principale ⇔ secondaria, periferica ⇔ centrale; biglietteria, marciapiede, binario, deposito bagagli, pensilina, polizia ferroviaria, capostazione, sala d'aspetto;

● *ferrovia* = strada ferrata: a binario semplice, a binario doppio, monorotaia, ad alta velocità, a scartamento normale, a scartamento ridotto, a scartamento maggiore, a ingranaggio, a cremagliera, ad aderenza normale, ad aderenza artificiale; aerea, soprelevata, sotterranea; a trazione elettrica, a trazione autonoma; rete ferroviaria, diramazione, tronco, nodo, tracciato, allacciamento; linea ferroviaria (costiera, interna, trasversale, meridiana, internazionale, in galleria); scambio; armamento, materiale rotabile, impianti di sicurezza; massicciata, rotaia, traversina; passaggio a livello (con barriere, con semibarriere, senza barriere; custodito ⇔ incustodito, aperto ⇔ chiuso; automatico);

● *personale addetto*: capotreno, macchinista, aiutomacchinista, manovratore, aiuto manovratore, scambista = deviatore; utente, viaggiatore, abbonato, pendolare;

● *azioni*: correre, fischiare, fermarsi, stazionare, partire, sferragliare, sbuffare, mettersi in moto, snodarsi, bloccarsi, deragliare; prendere il treno, perdere il treno, cambiare treno, dare il segnale di partenza, controllare, prenotare.

trèno (**2**) [vc. dotta, lat. tardo *thrēnu*(*m*), dal gr. *thrênos* 'lamento', di area indeur. e orig. imit.; av. 1649] **s. m.** ● Canto funebre, nell'antica poesia greca.

trenodìa [vc. dotta, gr. *thrēnōidía*, comp. di *thrênos* 'treno (2)' e di un deriv. di *ōidḗ* 'canto'; 1821] **s. f.** ● Canto funebre | Lamentazione.

♦**trénta** (o **-è-**) [lat. *trigĭnta*, comp. di *trēs* 'tre' e d'una seconda parte, di formazione incerta; 960] **agg. num. card. inv.**; anche **s. m. e f. inv.** (si elide davanti ad 'anni': *trent'anni*) ● Tre volte dieci, tre decine, rappresentato da *30* nella numerazione araba, da *XXX* in quella romana. **I** Come agg. ricorre nei seguenti usi. *1* Rispondendo o sottintendendo la domanda 'quanti?', indica la quantità numerica di trenta unità (spec. preposto a un s.): *una classe di t. alunni; i mesi di t. giorni sono quattro; Cristo fu venduto per t. denari; la guerra dei trent'anni; il governo dei t. Tiranni in Atene; sono le quattro e t. minuti.* *2* Rispondendo o sottintendendo la domanda 'quale?', identifica qlco. in una pluralità, in una successione, in una sequenza (posposto a un s.): *verrà il giorno t.; l'anno t. d.C.* | ***Gli anni T.***, (*per anton.*) gli anni compresi tra il 1930 e il 1939. *3* In composizione con altri numeri semplici o composti, forma i numerali superiori: *trentuno; trentadue; trentatré; trentamila; milleduecentotrenta.* **II** Come s. ricorre nei seguenti usi. *1* Il numero trenta (per ellissi di un s.): *il dieci nel t. sta tre volte; oggi ne abbiamo t.; sono le dieci e t.; ho perso il t. per cento del raccolto; è uscito il t.* | ***Nel '30***, nel 1930 o nel 1830, o nel 1730 e sim. | ***Chi ha fatto t. può fare trentuno***, (*fig.*) quando la maggior parte di un'opera è stata fatta, conviene finirla. *2* Il segno che rappresenta il numero trenta: *scrivere un t. chiaro.* *3* Massima votazione negli esami universitari: *avere la media del t.*

†**trentacànna** [comp. di *trenta* e *canna* con incerta allusione] **s. f.** ● Befana, trentavecchia.

trentaduèsimo (o **-é-**) [comp. da *trentadu*(*e*) e *-esimo* (*1*)] **A agg. num. ord.** ● Corrispondente al numero trentadue in una sequenza, in una successione, in una classificazione, in una serie (rappresentato da *XXXII* nella numerazione romana, da *32°* in quella araba): *la trentaduesima parte di qlco.; il t. classificato.* **B s. m.** ● Ciascuna delle trentadue parti uguali di una stessa quantità: *un t.; tre trentaduesimi* | ***In t.***, in tipografia, foglio su ognuna delle cui facce vengono stampate trentadue pagine; in legatoria, del tipo di formato ottenuto piegando tali fogli in modo da ottenerne 32: *volume in t.*

trentamila [comp. di *trenta* e *mila* (V. *tremila*); 1481] **agg. num. card. inv.**; anche **s. m. e f. inv.** ● Trenta volte mille, trenta migliaia, rappresentato da *30 000* nella numerazione araba, da *XXX* in quella romana. **I** Come agg. ricorre nei seguenti usi. *1* Rispondendo o sottintendendo la domanda 'quanti?', indica la quantità numerica di trentamila unità (spec. preposto a un s.): *ho versato un anticipo di t. euro per il nuovo appartamento; una cittadina con t. abitanti* | (*est.*) Un numero grande, innumerevole: *te l'ho ripetuto t. volte.* *2* Rispondendo o sottintendendo la domanda 'quale?', identifica qlco. in una pluralità, in una successione, in una sequenza (posposto a un s.): *il numero t.* **II** Come s. ricorre nei seguenti usi. *1* Il numero trentamila (per ellissi di un s.). *2* Il segno che rappresenta il numero trentamila. *3* †Tregenda.

†**trentaquìndici** [comp. di *trenta* e *quindici*] **agg. num. card. inv.**; anche **s. m. inv.** ● (*scherz.*) Quarantacinque.

trentatré [da *trenta* e *tre*] **A agg. num. card. inv.**; anche **s. m. e f. inv.** ● Tre volte dieci, o tre decine, più tre unità, rappresentato da *33* nella numerazione araba, da *XXXIII* in quella romana. **B s. m. inv.** ● (*med.*) Parola che si usa far ripetere durante l'auscultazione del torace per valutare i fenomeni vibratori interni: *dica t.*

†**trentavècchia** [comp. di *trenta* e *vecchia* con incerta allusione; av. 1535] **s. f.** ● (*scherz.*) Befana, babau.

trente-et-quarante /*fr.* ˌtrɑ̃teka'rɑ̃:t/ [vc. fr., propr. 'trenta e quaranta', perché le carte date non possono superare i quaranta punti e il colore più vicino i trentun punti; 1892] **s. m. inv.** ● Gioco d'azzardo di carte condotto da un banchiere contro un numero non limitato di avversari.

trentennàle [da *trentenne*; 1855] **A agg.** *1* Che dura trent'anni: *un accordo t.* *2* (*raro*) Che ha trent'anni, detto di cose: *una disputa t.* *3* Che ricorre ogni trent'anni: *celebrazione t.* **B s. m.** ● Ricorrenza del trentesimo anno da un avvenimento memorabile | (*est.*) La cerimonia che si celebra in tale occasione.

trentènne [comp. di *trenta* e di un deriv. dal lat. *ănnus* 'anno'; 1855] **agg.**; anche **s. m. e f.** ● Che (o Chi) ha trent'anni d'età.

trentènnio [comp. di *trenta* e di un deriv. dal lat. *ănnus* 'anno'; 1855] **s. m.** ● Periodo di tempo di trent'anni: *nel primo t. del secolo XIX.*

trentèsimo (o **-é-**) [comp. da *trenta* e *-esimo* (*1*); 1308] **A agg. num. ord.** *1* Corrispondente al numero trenta in una sequenza, in una successione, in una classificazione, in una serie (rappresentato da *XXX* nella numerazione romana, da *30°* in quella araba): *essere t. in una graduatoria; la trentesima parte di qlco.* | ***Due alla trentesima***, (*ellitt.*) elevato alla trentesima potenza. **SIN.** (*lett.*) Trigesimo. *2* In composizione con altri numerali, semplici o composti, forma gli ordinali superiori: *trentesimoprimo, centotrentesimo, millecentotrentesimo.* **B s. m.** ● Ciascuna delle trenta parti uguali di una stessa quantità: *un t. del totale; undici trentesimi.*

trentìna [dim. di *trenta*; 1598] **s. f.** *1* Complesso, serie di trenta o circa trenta unità: *una t. di chilometri più avanti troverete un distributore.* *2* I trent'anni nell'età dell'uomo: *si avvicina alla t.; ha già passato da un pezzo la t.*

trentìno (**1**) [da *trenta*] **s. m.** ● (*pop., tosc.*) Un tempo, moneta da trenta centesimi.

trentìno (**2**) [1313] **A agg.** *1* Della città di Trento. *2* Della Venezia tridentina. **B s. m.** (**f.** *-a*) ● Abitante, nativo di Trento o della Venezia tridentina.

trentòtto [comp. di *trent*(*a*) e *otto*] **agg. num. card. inv.**; anche **s. m. inv.** ● Tre volte dieci, o tre decine, più otto unità, rappresentato da *38* nella numerazione araba, da *XXXVIII* in quella romana. **I** Come agg. ricorre nei seguenti usi. *1* Rispondendo o sottintendendo la domanda 'quanti?', indica la quantità numerica di trentotto unità (spec. preposto a un s.): *sono le ore dieci e t. minuti; aveva t. anni quando è morto.* *2* Rispondendo o sottintendendo la domanda 'quale?', identifica qlco. in una pluralità, in una successione, in una sequenza (posposto a un s.): *abito al numero t.; porto la taglia t.* **II** Come s. ricorre nei seguenti usi. *1* Il numero trentotto (per ellissi di un s.): *sono le nove e t.; trentadue e sei fa t.* | ***Nel '38***, nel 1938, o nel 1838, o nel 1738, e sim. *2* Il segno che rappresenta il numero trentotto.

trentùno [comp. di *trent*(*a*) e *uno*] **agg. num. card. inv.**; anche **s. m. inv.** ● Tre volte dieci, o tre decine, più un'unità, rappresentato da *31* nella numerazione araba, da *XXXI* in quella romana. **I** Come agg. ricorre nei seguenti usi. ***1*** Rispondendo o sottintendendo la domanda 'quanti?', indica la quantità numerica di trentuno unità (spec. preposto a un s.): *sono le ore otto e trentun primi*; *fra due mesi compio trentun anni*; *non tutti i mesi hanno t. giorni*. ***2*** Rispondendo o sottintendendo la domanda 'quale?', identifica qlco. in una pluralità, in una successione, in una sequenza (posposto a un s.): *verrò il giorno t.*; *leggi a pagina t.*; *risolvi il problema numero t.*; *abito al numero t.*; *l'autobus numero t.* **III** Come s. ricorre nei seguenti usi. ***1*** Il numero trentuno (per ellissi di un s.): *sarò a Milano il trentun marzo*; *sono le nove e t.* | ***Chi ha fatto trenta può fare t.***, (*fig.*) ormai che il più è fatto conviene portare a termine l'opera | ***Nel '31***, nel 1931, o nel 1831, o nel 1731, e sim. | ***Battere il t.***, (*disus.*) andarsene | †***Far t. per forza***, (*fig.*) essere costretti a fare qlco. che non si vorrebbe fare | †***Sonata del t.***, (*fig.*) saltellante e leziosa. ***2*** Il segno che rappresenta il numero trentuno. ***3*** ***T. reale***, bazzica.

†**trèo** ● V. *trevo*.

treonina [prob. da (*acido*) *treon*(*ico*) col suff. *-ina*; 1948] **s. f.** ● (*chim.*) Amminoacido idrofilo presente nelle proteine, considerato essenziale per l'uomo e numerosi animali.

trepang /*malese* tre'paŋ/ [dal malese *trepiŋ*; 1929] **s. m. inv.** ● (*cuc.*) Specialità alimentare di origine malese, a base di oloturie cotte in acqua, essiccate e affumicate, utilizzata spec. nella cucina cinese per preparare minestre.

trepestìo o **trapestìo** [dall'ant. fr. *treper* '(cal)pestare, agitarsi', di orig. germ., con sovrapposizione di *calpestio*; 1842] **s. m.** ● (*tosc.*) Rumore confuso spec. di passi e sim.: *poi sentirà un t. di passi sopraggiungenti alle spalle* (BUZZATI).

trepidànte [1525] **part. pres.** di *trepidare*; anche **agg.** ● Pieno di ansia, di timore: *lo aspettava t.* || **trepidantemènte**, **avv.** (*raro*) Con trepidazione.

trepidànza [da *trepidante*; 1869] **s. f.** ● (*lett.*) Trepidazione.

trepidàre [vc. dotta, lat. *trepidāre*, da *trĕpidus* 'trepido'; 1336 ca.] **v. intr.** (*io trèpido*; aus. *avere*) ● Avere l'animo pieno di ansia, timore, affanno: *t. per qlcu.*; *t. nell'attesa*. **SIN.** Tremare.

trepidazióne [vc. dotta, lat. *trepidatiōne*(*m*), da *trepidātus*, part. pass. di *trepidāre*; av. 1540] **s. f.** ● Stato d'animo di chi trepida: *ascoltare qlcu. con t.*; *quella voce … accolta da noi con sempre rinnovata t. e gioia* (CROCE). **SIN.** Ansia, tremore.

trepidézza [da *trepido*; 1338 ca.] **s. f.** ● (*raro*, *lett.*) Trepidanza, trepidazione.

†**trepidità** [da *trepido*; av. 1380] **s. f.** ● Trepidazione.

trèpido [vc. dotta, lat. *trĕpidu*(*m*), di orig. indeur.; av. 1342] **agg.** ***1*** (*lett.*) Che trepida, che è pieno di timore, apprensione, inquietudine e sim.: *madre trepida*; *ascoltare qlcu., attendere qlco. con cuore t.* **SIN.** Tremante, trepidante. ***2*** (*est.*, *lett.*) Che mostra trepidazione: *occhio, sguardo t.* **SIN.** Trepidante. ***3*** (*lett.*) Che tremola, vibra, palpita: *trepida pianta*; *luci trepide*. || **trepidaménte**, **avv.** Con trepidazione.

treponèma [vc. dotta, comp. delle vc. gr. *trépein* 'volgere' e *nêma* 'filo'; 1919] **s. m.** (**pl.** *-i*) ● Organismo unicellulare compreso fra Batteri e Protozoi, con corpo lungo, sottile senza parete cellulare, a movimenti serpeggianti (*Treponema*) | ***T. pallido***, agente batterico della sifilide (*Treponema pallidum*). **SIN.** Spirocheta pallida.

trepónti /tre(p)'ponti/ ● V. *trepponti*.

treppicàre [germ. *trippōn* 'saltare', ampliato con l'infisso *-ic-*; 1865] **v. intr.** (*io tréppico*, *tu tréppichi*; aus. *avere*) ● (*pop.*, *tosc.*) Scalpicciare | (*est.*, *lett.*) Fare un rumore simile allo scalpiccio: *voli lo staccio e treppichi giocando* (PASCOLI).

†**treppiè** [1810] **s. m.** ● (*dial.*) Accorc. di *treppiede*.

treppiède o **treppièdi** [rifacimento del lat. *trĭpede*(*m*), comp. di *trēs* 'tre' e *pēs*, genit. *pĕdis* 'piede'; 1353] **s. m.** ***1*** Sostegno, mobile a tre piedi. ***2*** Sostegno da cucina consistente in un cerchietto o triangolo di ferro con tre sostegni o piedi: *mettere al fuoco una pentola sul t.* ***3*** Sostegno a tre gambe per apparecchi topografici, fotografici e sim., che vi aderiscono direttamente o a mezzo di viti.

treppónti o **trepónti** [comp. di *tre* e del pl. di *ponte*, in senso marinaresco; 1889] **s. m. inv.** ● (*mar.*; *disus.*) Gran vascello con tre batterie coperte in tre ponti sovrapposti.

trequàrti /tre(k)'kwarti/ o **tre quàrti** [adatt. del fr. *trocart*, *troquart*, originariamente (*lame à*) *trois carres* '(lama a) tre angoli', con sovrapposizione di *quart* 'quarto'; 1876] **A** **s. m. inv.** ***1*** Giaccone o soprabito che ricopre i tre quarti dell'abito. ***2*** Strumento chirurgico a punta triangolare per penetrare nelle cavità. ***3*** Nel rugby, linea di attacco e difesa costituita da due giocatori al centro, due all'ala, dal mediano di apertura e dall'estremo. **B** **s. f. inv.** ● (*sport*) Nel calcio e in altri sport, la zona del campo a ridosso delle due aree di rigore.

†**trerème** (o *-é-*) ● V. *trireme*

treruòte [comp. di *tre* e il pl. di *ruota*; 1983] **s. m. inv.** ● Motoveicolo con due ruote posteriori e una anteriore, fornito di grossi pneumatici, progettato spec. per terreni accidentati.

trésca [da *trescare*; 1243] **s. f.** ***1*** Antico ballo contadinesco molto movimentato. ***2*** (*fig.*) †Movimento continuo e rapido. ***3*** (*fig.*) Intrigo, imbroglio: *ordire, scoprire, smascherare una t.*; *le tresche di uomini politici disonesti*. ***4*** (*fig.*) Relazione illecita, intrigo amoroso, amorazzo: *avere una t.* ***5*** †Compagnia, brigata: *ritrovarsi in gozzoviglie e' in t.* (L. DE' MEDICI). || **trescàccia**, **pegg.** | **trescherèlla**, **dim.** | **trescóne**, **accr. m.** (V.).

trescàre [got. *thriskan* 'pestare', 'ballare sull'aia', ma propr. 'trebbiare'; av. 1171] **v. intr.** (*io trésco*, *tu tréschi*; aus. *avere*) ***1*** †Ballare la tresca o il trescone | (*est.*) Danzare seguendo un ritmo mosso, vivace. ***2*** (*fig.*) Ordire intrighi, imbrogli: *da tempo quei due trescano alle nostre spalle* | (*est.*) Intendersela, trafficare di nascosto e con intenti disonesti: *t. ai danni di qlcu.* | †Darsi da fare | †***Lasciar t.***, lasciar fare. ***3*** (*fig.*) Avere una tresca, un amorazzo: *t. con qlcu.* ***4*** †Stare insieme in una tresca o brigata | †Trascorrere il proprio tempo in orge e sim.

†**trescàta** [f. sost. del part. pass. di *trescare* nel senso di 'parlare'] **s. f.** ● (*raro*, *tosc.*) Cicalata, chiacchierata.

trescóne [av. 1665] **s. m.** ***1*** Accr. di *tresca*. ***2*** Ballo rustico assai vivace, a salti e piroette, in cui gli uomini si scambiano continuamente le dame | ***Ballare il t.***, (*fig.*) correre, saltare e sim.: *sospeso per il collo, ballava il t. alle ventate di tramontana* (COLLODI). || **tresconcino**, **dim.**

tresètte /tre(s)'sette/ ● V. *tressette*.

†**tréspide** ● V. *trespolo*.

trespino ● V. *crespino*.

tréspolo o †**tréspide** [lat. tardo *trĕspede*(*m*), per *trĭpede*(*m*) 'treppiede'; 1284] **s. m.** ***1*** Sostegno a tre o quattro elementi che reggono un piano o un altro supporto: *t. per vasi da fiori*; *collocare una cesta sul t.*; *il t. del pappagallo* | Tipo di sgabello con dorsale e tre gambe divaricate, molto diffuso nel XVI sec. | Nel Veneto, tavolinetto a sostegno centrale. ***2*** (*fig.*, *scherz.*) Caffettiera, catorcio, macinino: *quando lo butterai via quel t.?* || **trespolètto**, **dim.** | **trespolino**, **dim.**

tressètte o **tresètte** [comp. di *tre* e *sette*, perché in orig. la combinazione di tre sette valeva tre punti; av. 1735] **s. m. inv.** ● Gioco di carte italiano che si svolge tra due, tre o quattro persone e si gioca con un mazzo di quaranta carte.

†**trestìzia** ● V. *tristizia*.

trèto [vc. dotta, gr. *trētós* 'perforato', da *titrân*, da *téirein*, di orig. indeur.; 1903] **s. m.** ● (*bot.*) Frutto secco a forma di capsula deiscente mediante pori o per opercoli laterali.

trevière [da *trevo*; 1840] **s. m.** ● (*mar.*) Sui velieri, marinaio addetto alla manovra dei trevi.

trevigiàno o **trevisàno** [av. 1348] **A** **agg.** ● Di Treviso: *dialetto t.* | ***Radicchio t.***, V. *radicchio*. **B** **s. m.** (**f.** *-a*) ● Abitante o nativo di Treviso. **C** **s. m.** solo **sing.** ● Dialetto del gruppo veneto, parlato a Treviso.

trevira® o **trèvira** [fr. *trévire*, da *trévirer* 'far girare' (comp. di *tré*(*s*)*-*, dal lat. *trāns-* 'al di là', e *virer* 'virare'); 1983] **s. m.** ● (*chim.*) Polietilentereftalato usato come fibra tessile per tessuti, tappeti, corde e sim.

trevisàno ● V. *trevigiano*.

trèvo o †**trèo** [fr. *tref*, di orig. discussa: dal lat. *trăbs* 'trave', perché originariamente indicava la 'tenda posta sulla trave' (?); 1590] **s. m.** ● (*mar.*) Vela quadra più bassa e più grande, la prima delle tre spiegate sullo stesso albero.

†**trézza** ● V. *treccia* (*1*).

tri- [primo elemento anche di comp. lat. e gr., col valore di 'tre', di orig. indeur.] primo elemento ● In parole scientifiche, significa 'tre', 'formato da tre': *triciclo*, *triangolo*; in chimica, indica la presenza di 3 atomi o raggruppamenti atomici uguali: *tricloruro*.

tria (**1**) **s. f.** ● (*dial.*, *sett.*, *centr.*) Triglia.

tria (**2**) [vc. dotta, lat. *tria* (nt. pl.) 'tre (*trēs*) cose', cioè le pedine poste sulla stessa fila; 1942] **s. f.** ● Filetto (2).

trìaca o †**otrìaca**, †**terìaca**, †**tirìaca**, †**utrìaca** [vc. dotta, lat. *therĭaca*(*m*), dal gr. *thēriakḗ* (sottinteso *antídosis*) '(antidoto) animale', da *thēriakós* 'relativo ad animale selvaggio o velenoso (*thēríon*, di orig. indeur.)'; av. 1294] **s. f.** ***1*** Antica composizione medicinale di moltissimi ingredienti, che si usava quale antidoto contro il morso dei serpenti velenosi e come rimedio in moltissime malattie. ***2*** (*est.*) Medicina universale, panacea.

triacànto [comp. di *tri-* e di un deriv. dal gr. *ákantha* 'spino', di orig. indeur.; 1840] **s. m.** ● Albero americano delle Leguminose caratteristico per le lunghe spine rossastre trifide, coltivato per fare siepi (*Gleditschia triacanthos*). **SIN.** Gledissia, spino di Giuda.

triaccessoriàto [comp. di *tri-* e *accessoriato*] **agg.** ● Nel linguaggio degli annunci economici, detto di appartamento con tripli servizi.

triacilgliceròlo **s. m.** ● (*chim.*) Trigliceride.

trìade [vc. dotta, lat. tardo *trĭade*(*m*), nom. *trĭas*, dal gr. *triás*, deriv. da *trêis*, di orig. indeur.; 1598] **s. f.** ***1*** (*mus.*) Accordo di tre note, spec. di 3° e 5°. ***2*** Nella lirica greca, insieme ritmico formato da strofe, antistrofe, epodo. ***3*** (*relig.*) Gruppo di tre figure divine che, in molte religioni primitive e superiori, hanno caratteri analoghi o sono oggetto di culti e miti comuni. ***4*** (*est.*) Gruppo di tre persone: *costituire, formare una t.* | Denominazione di organizzazioni malavitose di origine cinese. ***5*** (*est.*) Insieme di tre cose, dati, elementi e sim. connessi tra loro | ***T. dialettica***, nella filosofia hegeliana, nesso dei tre elementi dialettici, cioè tesi, antitesi e sintesi.

triàdico [gr. *triadikós* 'pertinente alla triade (*triás*, genit. *triádos*)'; 1821] **A** **agg.** (**pl. m.** *-ci*) ● Di, relativo a, caratterizzato da una triade: *canto t.* | ***Processo, ritmo, nesso t.***, nella filosofia hegeliana, quello costituito dai tre momenti dialettici della tesi, antitesi e sintesi. **B** **s. m.** ● Inno della Chiesa greca in lode della Trinità.

trial /trial, *nell'ippica anche* 'trajal, *ingl.* tɹʌɪəɫ/ [vc. ingl., propr. 'prova, saggio', dal fr. ant. *trial*, deriv. di *trier* 'scegliere' (stessa orig. dell'it. *tritare*); 1978] **s. m. inv.** ***1*** (*sport*) Specialità del fuoristrada motociclistico consistente nel superare a bassa velocità, con una moto dotata di particolare leggerezza, ostacoli come pendenze al limite del ribaltamento o curve a raggio ridottissimo, senza mai mettere i piedi a terra. ***2*** (*est.*) La motocicletta usata per tale specialità. ***3*** (*sport*) Riunione di atletica, nuoto o altra disciplina individuale, che in alcuni Paesi funge da prova unica per la qualificazione diretta alle Olimpiadi.

triàle [da *tre*, sul modello di *duale* da *due*; 1840] **A** **s. m.** ***1*** Categoria del numero grammaticale usata in talune lingue, ad es. dell'Oceania. ***2*** †Numero di tre unità. **B** anche **agg.**: *numero t.*

trialìsmo [comp. da *triale* e *-ismo*; 1918] **s. m.** ● (*gener.*) Sistema risultante dalla aggregazione di tre elementi diversi: *t. etnico, politico*.

trialista [da *trial* (V.); 1982] **s. m.** e **f.** (**pl. m.** *-i*) ● Chi pratica il trial.

triàndria [comp. di *tri-* e del gr. *anḗr*, genit. *andrós* 'uomo', nel senso di 'stame', introdotto dai naturalisti; 1970] **s. f.** ● (*bot.*) Condizione del fiore con tre stami liberi.

triàndro [comp. di *tri-* e *-andro*; 1972] **agg.** ● (*bot.*) Detto di fiore con tre stami.

triangolàre (**1**) [vc. dotta, lat. tardo *triangulāre*(*m*), da *triăngulum* 'triangolo'; av. 1543] **A** **agg.** ***1*** Che ha tre angoli: *faccia, base, t.* | Che ha la forma di un triangolo: *figura t.* | Che ricorda, che è simile a un triangolo: *muscolo t.* ***2*** (*fig.*) Che avviene, si verifica fra tre parti, enti, nazioni e sim.: *accordo t.*; *cooperazione economica t.* | ***Incontro t.***, nel linguaggio politico, quello che avviene fra governo, lavoratori e imprenditori; nel linguaggio sportivo, quello cui prendono parte squadre rappresentative di tre nazioni o di tre società sportive. **B** s. m. ● Nel linguaggio sportivo, incontro triangolare: *un t. di nuoto, di atletica leggera.*

triangolàre (2) [da *triangolo*; 1955] v. tr. (*io triàngolo*) **1** In geodesia, misurare mediante triangolazione. **2** Nel gioco del calcio, passare il pallone mediante triangolazioni.

triangolarità [av. 1578] s. f. ● (*raro*) Forma, caratteristica, proprietà di ciò che è triangolare.

triangolazióne [vc. dotta, lat. tardo *triangulatiōne(m)*, da *triăngulum* 'triangolo'; 1841] s. f. **1** Operazione geodetica o topografica, mediante la quale, partendo da misure accuratissime di alcune lunghezze o basi e di alcuni angoli, si determina trigonometricamente una serie di triangoli con un lato in comune, costituenti una rete di appoggio per la formazione di carte geografiche o topografiche. **2** (*sport*) Nel calcio, serie di passaggi le cui traiettorie descrivono triangoli.

♦**triàngolo** [vc. dotta, lat. *triăngulu(m)*, comp. di *trēs* 'tre' e *ăngulus* 'angolo'; 1308] s. m. **1** (*mat.*) Poligono con tre vertici: *t. regolare, irregolare; t. equilatero, isoscele, scaleno; t. acutangolo, rettangolo, ottusangolo* | ***T. sferico***, insieme dei tre archi di cerchio massimo di una superficie sferica, aventi gli estremi a due a due comuni. ➡ ILL. **geometria**. **2** (*est.*) Oggetto, struttura, tracciato e sim. a forma di triangolo: *un t. di stoffa, di cuoio; t. di spugna per neonati* | ***A t.***, di ciò che ha la forma, più o meno esatta, di un triangolo | (*elettr.*) ***Collegamento a t.***, nei sistemi trifasi, quello che si ha quando ciascuna parte del carico o del generatore è inserita direttamente tra due fasi. **3** (*fig.*) Serie di tre elementi disposti in tre punti materialmente non allineati o comunque non collocabili sullo stesso piano, analogamente a quanto accade per i tre vertici di un triangolo | ***T. industriale***, territorio compreso fra Milano, Torino e Genova | ***Il t., il solito, il classico t.***, la triade di marito, moglie e amante nel teatro borghese e (*est.*) nella realtà. **4** Condizione in cui una persona intrattiene rapporti amorosi con altre due persone che possono essere (una o entrambe) non consapevoli della situazione: *il classico t. della commedia borghese: marito, moglie, amante.* CFR. Ménage. **5** (*mus.*) Strumento musicale consistente in una verga d'acciaio fatta a triangolo, che si percuote con una bacchetta d'acciaio. ➡ ILL. **musica**. **6** Treppiede con un triangolo di ferro anziché un cerchietto. **7** Lima che ha la sezione triangolare. **8** Segnale mobile di pericolo il cui uso è disciplinato dal codice stradale. || **triangolétto**, dim. | **triangolino**, dim.

triarchìa [gr. *triarchía*, comp. di *trêis* 'tre' e *archós* 'capo', dal v. di orig. incerta *árchein* 'essere il primo'; 1950] s. f. ● (*raro*) Governo di tre persone o di tre partiti.

†**triàre** [ant. fr. *trier*, dal lat. *tritāre*] v. tr. **1** Scegliere. **2** Tritare.

triàrio [vc. dotta, lat. *triāriu(m)*, da *trēs* 'tre'; 1520] s. m. ● Milite della terza ed ultima schiera della legione romana.

Trias [ted. *Trias*, dal lat. tardo *trĭas* 'triade' con riferimento alla triplice suddivisione di questo periodo; 1905] s. m. ● Primo e più antico periodo dell'era mesozoica.

triàssico o **triàsico** [adatt. del ted. *triassich*, da *Trias*; 1891] **A** agg. (pl. m. *-ci*) ● Del Trias. **B** s. m. ● Trias.

triathlon /'triatlon/ [comp. di *tri-* e del gr. *âthlon* 'lotta, gara', sul modello di *decathlon*; 1961] s. m. inv. ● (*sport*) Gara articolata su tre diverse prove (nuoto, ciclismo e corsa podistica) che l'atleta deve eseguire senza alcuna sosta.

triatlèta [1987] s. m. e f. (pl. m. *-i*) ● (*sport*) Chi pratica il triathlon.

triatòmico [comp. di *tri-* e *atomico*; 1948] agg. (pl. m. *-ci*) ● (*chim.*) Detto di molecola o di gruppo atomico costituito da 3 atomi.

tribade [lat. *trĭbade(m)*, nom. *trĭbas*, dal gr. *tribás*, da *tribein* 'sfregare, strofinare', di orig. indeur.; 1539] s. f. ● Lesbica.

tribadìsmo [da *tribade*; 1891] s. m. ● Forma di omosessualità femminile. SIN. Lesbismo.

tribaldàre ● V. †*trabaldare*.

tribàle [fr. *tribal*, agg. di *tribu* 'tribù'; 1950] agg. ● Della tribù, che si fonda sulla tribù: *struttura t. di una società; civiltà tribali.*

tribalìsmo [fr. *tribalisme*, da *tribal* 'tribale'; 1980] s. m. ● Politica che ha come scopo la difesa e la conservazione della civiltà tribale: *il t. di alcune popolazioni africane* | (*est.*) Particolarismo etnico o regionale.

tribàsico [comp. di *tri-* e *basico*; 1940] agg. (pl. m. *-ci*) ● (*chim.*) Detto di acido che ha tre atomi di idrogeno sostituibili con atomi di metalli.

tribbiàre e *deriv.* ● V. *trebbiare* e *deriv.*

†**tribo** ● V. *tribù*.

triboelettricità [comp. di un deriv. del gr. *tríbein* 'sfregare', di orig. indeur., e *elettricità*; 1961] s. f. ● Fenomeno di elettrizzazione per strofinio di due corpi di natura chimica differente, dei quali almeno uno deve essere isolante.

triboelèttrico [comp. di un deriv. dal gr. *tríbein* 'sfregare', di orig. indeur., e *elettrico*; 1961] agg. (pl. m. *-ci*) ● Relativo alla, o che presenta, triboelettricità.

tribolaménto o †**tribulaménto** [1879] s. m. ● (*raro*) Il tribolare. SIN. Sofferenza.

tribolàre o †**tribulàre** [lat. *tribulāre* 'tormentare (col *tribolo* (*1*))' col sign. assunto nel lat. della Chiesa; av. 1294] **A** v. tr. (*io tribolo*) ● (*disus.* o *lett.*) Tormentare, far soffrire: *meno mi veniva fatto che le altre cose non m'inquietassero e tribolassero* (LEOPARDI). SIN. Affliggere, angustiare. **B** v. intr. (aus. *avere*) ● Penare, patire, soffrire: *t. a letto per malattia; ha tribolato durante tutta la sua vita* | ***Finire di t.***, (*eufem., fam.*) morire, detto spec. di persona che ha molto sofferto. **C** v. intr. pron. ● †Preoccuparsi, tormentarsi.

tribolàto o †**tribulàto** [1342] **A** part. pass. di *tribolare*; anche agg. ● Nei sign. del v.: *vita tribolata.* || **tribolataménte**, avv. (*raro*) Con tribolazioni, sofferenze. **B** s. m. (f. *-a*) ● (*disus.* o *lett.*) Chi è tormentato, oppresso da dolori, angustie, povertà e sim.: *avere compassione dei tribolati.* SIN. Infelice, misero. || **tribolatàccio**, pegg.

tribolatóre o †**tribulatóre** [sec. XIV] s. m.; anche agg. (f. *-trice*) ● (*disus.*) Chi (o Che) tribola | Chi (o Che) procura agli altri tribolazioni.

tribolazióne o †**tribulazióne** [lat. tardo *tribulatiōne(m)*, da *tribulātus* 'tribolato'; 1224 ca.] s. f. **1** Il tribolare | Grave e continua sofferenza fisica o spirituale: *vivere nelle tribolazioni; et sostengo infirmitate et tribulatione* (FRANCESCO D'ASSISI). SIN. Patimento, tormento. **2** Cosa o persona che procura dolore, angoscia, preoccupazione e sim.: *le tribolazioni del mondo; quel figlio è la sua t.*

tribolo (1) o †**tribulo** [lat. *trĭbulu(m)*, dal gr. *tríbolos* 'spino', comp. di *trêis* 'tre' e *bolé*, da *bállein* 'lanciare', di orig. indeur.; av. 1294] s. m. **1** (*bot.*) Pianta cespugliosa spinosa | Leguminosa erbacea buona foraggera con fiori gialli in grappoli profumati (*Melilotus officinalis*) | (*lett.*) Rovo, cespuglio spinoso: *e dai tentati triboli / l'irto cinghiale uscir* (MANZONI). SIN. Vetturina. **2** (*mil., spec. al pl.*) †Strumenti di ferro a quattro punte divergenti che si seminavano in quantità sul terreno, per ostacolare soprattutto il transito della cavalleria nemica.

tribolo (2) [deriv. di *tribolare*; sec. XIV] s. m. ● Tribolazione, tormento, preoccupazione.

tribologìa [comp. di un deriv. del gr. *tríbein* 'sfregare', di orig. indeur. e *-logia*; 1970] s. f. ● (*tecnol.*) Disciplina che studia i fenomeni di interazione fra superfici, con particolare riguardo ai problemi di attrito e usura.

triboluminescènza [comp. di un deriv. del gr. *tríbein* 'sfregare', di orig. indeur., e *luminescenza*; 1957] s. f. ● Luminescenza generata per sfregamento.

tribórdo [fr. *(s)tribord*, che riproduce il neerlandese *stierboord* 'lato (*boord*) del timone (*stier*)', di area germ. e orig. incerta; 1813] s. m. ● Nel linguaggio letterario, lato destro della nave, guardando verso prua (il termine non è usato in marineria; V. *dritta*). CONTR. Babordo, sinistra.

tribraco [vc. dotta, lat. tardo *trĭbrachu(m)*, dal gr. *tríbrachys*, comp. di *trêis* 'tre' e *brachýs* 'breve', di orig. indeur.; av. 1729] s. m. (pl. *-chi*) ● (*ling.*) Piede metrico della poesia greca e latina formato da tre sillabe brevi.

♦**tribù** o †**tribo** [vc. dotta, lat. *trĭbu(m)*, da *trēs* 'tre' (ma l'originale riferimento è incerto), con l'accento finale del corrispondente fr. *tribu*; sec. XIV] s. f. **1** In etnologia, gruppo sociale che unisce più famiglie unite da vincoli linguistici, razziali e culturali, aventi un proprio ordinamento e un proprio capo. **2** Ciascuno dei 12 gruppi in cui era diviso l'antico popolo ebraico, in linea di discendenza dai 12 figli di Giacobbe. **3** (*fig., scherz.*) Gran numero, moltitudine di persone: *avere una t. di figli* | Gruppo familiare molto numeroso: *mettere a tavola l'intera t.* **4** Nell'antica Roma, ciascuna delle circoscrizioni in cui era diviso il territorio dello Stato romano: *t. rustiche, urbane.* **5** Gruppo sistematico di piante o di animali, di ordine inferiore alla famiglia.

tribuìre [vc. dotta, lat. *tribŭere* 'attribuire', originariamente 'alla tribù (*trĭbus*)'; av. 1332] v. tr. (*io tribuisco, tu tribuisci*) **1** (*raro*) Attribuire. **2** (*lett.*) Tributare.

†**tribulàre** e *deriv.* ● V. *tribolare* e *deriv.*

tribùna [lat. *tribūnal* 'tribunale', originariamente agg. '(palco) del *tribuno*'; 1476] s. f. **1** Piattaforma elevata da cui, nell'antica Roma, parlava il tribuno. **2** Nelle basiliche civili romane, parte absidale dove era collocato il seggio del giudice | (*est.*) Nelle basiliche cristiane, abside | (*est.*) Parte ampia e tondeggiante di un grande edificio. **3** Podio elevato per oratori, in assemblee e sim.: *parlare, tuonare dalla t.; salire sulla t.* | ***T. parlamentare***, aula parlamentare, in cui ciascuno può parlare anche dal proprio posto | Palco provvisorio in caso di manifestazioni o celebrazioni particolari: *la t. delle autorità.* **4** Spazio riservato agli uditori, o a particolari categorie di uditori, in aule e sim.: *la t. riservata al pubblico; t. diplomatica; la t. per la stampa* | Spazio riservato in un giornale alla discussione, al dibattito | ***T. politica, elettorale***, trasmissione radiofonica o televisiva durante la quale uomini politici espongono le loro idee e i loro programmi. **5** Struttura fissa, settore di posti a gradinata per gli spettatori in stadi, ippodromi e sim., da cui si gode una migliore visuale: *acquistare un biglietto per la t.* CFR. Gradinata. || **tribunétta**, dim.

♦**tribunàle** [vc. dotta, lat. *tribūnal*, genit. *tribunālis*, da *tribūnus* 'tribuno', che in quel luogo sedeva; 1353] s. m. **1** Organo che esercita la giurisdizione in materia civile e penale nei modi e casi stabiliti dalla legge: *presidente del t.; t. militare, amministrativo, delle acque pubbliche* | (*est.*) Correntemente, organo giudiziario | ***Chiamare in t.***, citare | ***Presentarsi in t.***, comparire | ***T. supremo***, Corte suprema | ***T. dei Ministri***, in ciascun capoluogo di distretto di Corte d'Appello, sezione del Tribunale competente a giudicare il Presidente del Consiglio dei Ministri e i Ministri per i reati commessi nell'esercizio delle loro funzioni | ***T. per i minorenni***, collegio giudiziario, competente a giudicare in primo grado dei reati commessi dai minori degli anni diciotto | ***T. internazionale***, organo internazionale che ha il compito di risolvere le controversie fra soggetti di diritto internazionale, con decisioni vincolanti per gli stessi | ***T. della Libertà***, organo dei tribunali penali dei capoluoghi di provincia, competente a pronunciarsi con decisioni rapide sulla legittimità e fondatezza dei provvedimenti restrittivi della libertà personale e dei provvedimenti di sequestro penale | ***T. del S. Uffizio***, antica denominazione dell'organo giudicante dell'Inquisizione, poi della Congregazione del S. Uffizio, ora Congregazione per la dottrina della Fede. **2** Luogo ove l'autorità giudiziaria esplica normalmente la propria funzione. **3** (*fig.*) Persona, ente, autorità e sim. cui si deve rendere conto delle proprie azioni, da cui si è giudicati sul piano morale: *sentirsi, essere colpevole dinanzi al t. della propria coscienza; il t. dell'opinione pubblica lo ha assolto* | ***Il t. di Dio***, il giudizio di Dio | ***Il t. della confessione***, il sacramento della confessione; (*est.*) il confessionale. **4** †Tribuna.

tribunalésco [av. 1749] agg. (pl. m. *-schi*) ● Da tribunale (*spec. spreg.*): *sussiego t.; artificio t.*

tribunàto [vc. dotta, lat. *tribunātu(m)*, da *tribūnus* 'tribuno'; av. 1365] s. m. ● Carica, ufficio e dignità di tribuno: *t. della plebe; t. militare* | Durata di tale carica.

tribunésco [sec. XIV] agg. (pl. m. *-schi*) ● Da tribuno (*spec. spreg.*): *tono, piglio t.; irruenza tribunesca; declamazioni tribunesche.*

tribunìzio [vc. dotta, lat. *tribunĭciu(m)*, da *tribūnus* 'tribuno'; 1521] agg. **1** Dei tribuni della plebe: *potestà tribunizia.* **2** (*spreg.*) Magniloquente, retorico: *esprimersi in forma tribunizia.*

tribùno [vc. dotta, lat. *tribūnu(m)*, da *trĭbus* 'tribù'; 1520] **s. m.** *1* Nell'antica Roma, qualifica attribuita ai funzionari più importanti dell'amministrazione civile o militare | ***Tribuni dell'erario***, in origine, magistrati incaricati del pagamento dello stipendio ai soldati; in seguito, cittadini appartenenti alle classi di censo più elevato | ***Tribuni militari***, ufficiali di grado più elevato nel comando di una legione | ***Tribuni della plebe***, funzionari della plebe, divenuti successivamente magistrati dello Stato con funzioni varie, tra cui quella di difesa degli interessi della plebe contro gli abusi dei magistrati patrizi. *2* (*est.*) In epoca medievale e moderna, membro di particolari e tipiche magistrature, di speciali assemblee e sim. *3* (*fig.*) Uomo politico di idee rivoluzionarie, dotato di un'oratoria particolarmente irruente ed efficace | (*fig.*, *spreg.*) Politicante demagogo che, sfruttando spec. la propria violenza oratoria, si atteggia a difensore del popolo servendo in realtà solo le proprie ambizioni.

tributàre [da *tributo* (*2*); 1500 ca.] **v. tr.** ● Dare, rendere qlco. a qlcu. come cosa dovuta, meritata: *t. onori*; *l'intera cittadinanza gli tributò omaggi e ringraziamenti.*

tributària [da (*polizia*) *tributaria*; 1967] **s. f.** ● Polizia tributaria: *controlli eseguiti dalla t.*

tributàrio [vc. dotta, lat. *tributāriu(m)*, da *tribūtum* 'tributo (2)'; av. 1348] **agg.** *1* Che è obbligato a pagare un tributo: *città tributaria di Roma.* *2* Relativo ai tributi: *accertamento*, *regime t.*; *elusione tributaria* | ***Diritto t.***, complesso degli atti normativi che disciplina l'imposizione e la riscossione dei tributi | ***Reato t.***, determinato dalla violazione delle leggi fiscali | ***Polizia tributaria***, o (*ellitt.*) ***tributaria*** (V.), quella che opera per prevenire la violazione delle leggi fiscali o scoprirne gli autori | ***Anagrafe tributaria***, struttura amministrativa preposta a raccogliere su scala nazionale, basandosi sul controllo incrociato, dati e notizie rilevanti ai fini tributari | ***Contenzioso t.***, l'insieme delle norme disciplinanti le controversie tra fisco e contribuenti e gli organi dello Stato preposti ad applicarle. *3* (*geogr.*) Detto di corso d'acqua che versa le proprie acque in un altro corso d'acqua o in un lago.

tributarìsta [1961] **s. m. e f.** (**pl. m.** *-i*) ● Studioso, esperto di diritto tributario | Chi si occupa di questioni tributarie.

tribùto (*1*) [vc. dotta, lat. *tribūtu(m)* 'disposto per tribù (*trĭbus*)'; av. 1580] **agg.** ● Delle tribù, nella loc. ***comizio t.***, comizio dell'antica Roma nel quale i cittadini votavano per tribù.

tribùto (*2*) o †**trebùto** [vc. dotta, lat. *tribūtu(m)*, da *tribŭere* 'attribuire'; sec. XIII] **s. m.** *1* Nell'antica Roma, prestazione che il cittadino doveva allo Stato secondo il proprio censo, e che lo Stato prelevava per tribù. *2* (*dir.*, *gener.*) Ciò che si deve allo Stato o ad altro ente pubblico a cagione della potestà di questi: *t. orario*; *imporre nuovi tributi*; *esentare da un t.*; *assoggettare i vinti a onerosi tributi* | ***T. speciale***, contributo. *3* (*fig.*) Ciò che si dà o si fa per adempiere a un dovere, a un obbligo, a un impegno morale, sociale e sim. o per riconoscere a qlcu. ciò che gli spetta: *t. di sangue*, *di vite umane*, *di lacrime*; *t. di lodi*, *omaggi*, *riconoscenza*; *pagare al progresso un oneroso t. di dolore* | ***Pagare il proprio t. alla natura***, (*eufem.*) morire. *4* (*fig.*, *poet.*) Quantità d'acqua che un fiume tributario versa in altro fiume, in un lago o nel mare.

tric o (*raro*) **tricche** [vc. onomat.; 1961] **inter.** ● Riproduce il rumore lieve di un oggetto che si incrina o che scricchiola | V. anche *t. trac.*

tricàmere [comp. di *tri-* e del pl. di *camera* (*1*); 1950] **agg. inv.**; anche **s. m. inv.** ● Che è costituito di tre camere, detto di appartamento e gener. abitazione.

tricca-ballacca /trikkabal'lakka, *nap.* ˌtrikkʌbbʌ'lakkʌ/ o **tricche-ballacche** /trikkebal'lakke, *nap.* ˌtrikkəbbʌ'lakkə/ [vc. merid. d'impronta onomat.] **s. m. inv.** ● (*mus.*) Strumento popolare napoletano, costituito da un martello di legno fisso percosso da altri mobili.

tricche tràcche ● V. *tric trac.*

-trice [lat. *-trīce(m)*, suff. f. corrispondente a *-tore(m)* '-tóre' e, come questo, di orig. indeur.] **suff.** derivativo ● Forma aggettivi e sostantivi femminili ricavati da verbi: *ingannatrice*, *trebbiatrice.*

tricèfalo [comp. di *tri-* e *-cefalo*; 1840] **agg.** ● Che ha tre teste: *mostro t.*; *divinità mitologica tricefala.* **CFR.** Tricipite.

triceràtopo [comp. di *tri-*, *cerato-* e del gr. *óps*, genit. *opós* 'sguardo, vista' (d'orig. indeur.); 1973] **s. m.** ● Rettile del Cretaceo, estinto, con testa molto lunga armata di due corna sopra le orbite e una sopranasale. ➡ **ILL. paleontologia.**

trichèco [comp. del gr. *thríx*, genit. *trichós* 'pelo', e di un deriv. da *échein* 'avere', per i *peli* (setole) *che ha* sul labbro superiore; 1839] **s. m.** (**f.** *-a*; **pl. m.** *-chi*) ● Grosso mammifero pinnipede artico, goffo e tozzo, pesante fino a 10 q, con pelle spessa, grosse setole sul labbro, canini di avorio molto sporgenti (*Odobenus rosmarus*). ➡ **ILL. animali**/14.

trichìaṣi [vc. dotta, lat. tardo *trichĭasi(m)*, dal gr. *trichíasis*, comp. di *thríx*, genit. *trichós* 'pelo' e del suff. *-iasis* '-iasi'; 1821] **s. f. inv.** ● (*med.*) Deviazione delle ciglia verso il bulbo oculare.

trichìna [dal gr. *tríchinos*, propr. 'peloso', 'capillare', da *thríx*, genit. *trichós* 'pelo'; 1861] **s. f.** ● Verme dei Nematodi che vive nell'intestino dei Mammiferi ove partorisce larve che vanno a incistarsi nei muscoli (*Trichinella spiralis*).

trichinòṣi [comp. di *trichin(a)* e *-osi*; 1866] **s. f. inv.** ● (*med.*) Malattia parassitaria causata nell'uomo dalle larve del nematode intestinale *Trichinella spiralis*, caratterizzata da nausea, diarrea, febbre, dolori muscolari.

trichomònas [comp. del gr. *thríx*, genit. *trichós* 'pelo' e *monás* 'monade', qui 'animale unicellulare'; 1961] **s. m.** ● (*biol.*) Genere di Flagellati ad ampia diffusione che nella specie umana è localizzato nel canale alimentare e nella vagina: *t. vaginalis.*

†**trich trach** /trik'trak/ ● V. *tric trac.*

tricìclo [comp. di *tri-* e *ciclo*, sull'es. del fr. *tricycle*; 1886] **s. m.** ● Velocipede a tre ruote: *t. per bambini.*

tricìpite [vc. dotta, lat. *tricĭpite(m)*, comp. di *trēs* 'tre' e di un deriv. da *căput* 'capo'; 1499] **A agg.** *1* (*lett.*) Che ha tre teste: *cerbero*, *mostro t.* *2* (*anat.*) Detto di muscolo che ha tre capi confluenti in una unica massa. **B s. m.** ● (*anat.*) Ogni muscolo che ha tre capi confluenti in una unica massa: *t. brachiale.* ➡ **ILL.** p. 2122 ANATOMIA UMANA.

tricliniàre [vc. dotta, lat. *triclin(i)āre(m)* 'proprio del triclinio (*triclīnium*)'; 1961] **agg.** ● Del, relativo al, triclinio.

triclìnio [vc. dotta, lat. *triclīniu(m)*, dal gr. *triklínion*, dim. di *tríklinos*, comp. di *trêis* 'tre' e di un deriv. da *klínē* 'letto', di orig. indeur.; av. 1320] **s. m.** ● Nell'antica Roma, complesso dei tre letti a tre posti, collocati lungo tre lati della tavola, sui quali si disponevano i commensali per mangiare | (*est.*) Sala da pranzo: *il t. di una casa pompeiana.*

triclìno [comp. di *tri-* e di un deriv. dal gr. *klínein* 'inclinare'; 1922] **A agg.** ● (*miner.*) Detto di sistema cristallino in cui gli assi sono tutti inegualmente inclinati e disuguali i parametri fondamentali. **B s. m.** ● (*miner.*) Sistema triclino.

tricloroetilène [ingl. *trichloroethylene*, comp. di *trichloro-*, a sua volta comp. di *tri-* 'tri-' e *chloro-* 'cloro-', e *ethylene* 'etilene'; 1961] **s. m.** ● (*chim.*) Composto organico derivato dall'etilene per sostituzione di tre atomi di idrogeno con altrettanti di cloro; usato come solvente e smacchiatore col marchio trielina.

triclorofenòlo [comp. di *tri-*, *cloro* e *fenolo*; 1961] **s. m.** ● Composto chimico con proprietà antisettiche e disinfettanti o fungicide.

triclorometàno [comp. di *tri-*, *cloro* e *metano*; 1961] **s. m.** ● Cloroformio.

triclorùro [comp. di *tri-* e *cloruro*; 1961] **s. m.** ● (*chim.*) Composto binario, contenente tre atomi di cloro.

trico-, **-trico** [dal gr. *thríx*, genit. *trichós* 'pelo'] primo o secondo elemento ● In parole scientifiche composte, significa 'pelo', 'capello' e sim.: *tricofobia*, *tricoptilosi*; *ulotrico*, *cimotrico*, *lissotrico.*

tricocèfalo [comp. di *trico-* e *cefalo* 'capo', per la sottilissima forma della loro parte superiore; 1821] **s. m.** ● Verme dei Nematodi, filiforme nella parte anteriore, talvolta parassita dell'intestino umano (*Trichocephalus dispar*).

tricòfilo [comp. di *trico-* e *-filo*] **agg.** ● (*zool.*) Detto di animale che predilige vivere tra i peli.

tricòfito [comp. di *trico-* e *-fito*: detto così perché si sviluppa sul cuoio capelluto o sui peli della barba; 1961] **s. m.** ● Genere di Funghi parassiti comprendente un gran numero di specie che sono causa di tricofizie.

tricofizìa [da *tricofito*; 1937] **s. f.** ● (*med.*) Nome di alcune malattie della cute e degli annessi cutanei come la tigna e l'erpete, causate da tricofiti.

tricofobìa [comp. di *trico-* e *fobia*; 1961] **s. f.** ● (*psicol.*) Paura morbosa dei peli, delle pellicce e della lanugine, anche vegetale.

tricògeno [comp. di *trico-* e *-geno*] **agg.** ● (*biol.*) Detto di cellula o di struttura produttrici di peli | ***Bulbo t.***, bulbo pilifero.

tricoglòsso [comp. del gr. *thríx*, genit. *trichós* 'pelo' e di un deriv. da *glôssa* 'lingua'; 1891] **s. m.** ● Pappagallo con lingua munita all'apice di spicole per asportare il nettare, gregario, vivacemente colorato (*Trichoglossus*).

tricologìa [comp. di *trico-* e *-logia*; 1900 ca.] **s. f.** ● Scienza che studia la struttura e le funzioni dei peli e dei capelli e le affezioni del cuoio capelluto.

tricològico [da *tricologia*; 1983] **agg.** (**pl. m.** *-ci*) ● Che riguarda la tricologia | ***Prodotti tricologici***, prodotti curativi per peli o capelli.

tricòlogo [comp. di *trico-* e *-logo*; 1973] **s. m.** (**f.** *-a*; **pl. m.** *-gi*) ● Studioso, esperto di tricologia.

tricolòma [comp. di *trico-* e *loma* 'bordo (di veste), lembo', di etim. incerta; 1821] **s. m.** (**pl.** *-i*) ● Genere di Funghi delle Agaricacee con varie specie sia commestibili che velenose (*Tricholoma*) | ***T. georgii***, prugnolo (2).

tricoloràto [da *tricolore*] **agg.** ● (*lett.*) Che ha tre colori: *tricolorata bandiera* (FOSCOLO).

tricolóre [comp. di *tri-* e *colore*, sull'es. del fr. *tricolor*, che seguiva il modello del lat. tardo *tricolōre(m)*; 1499] **A agg.** ● Di tre colori: *bandiera t.* | ***Maglia t.***, nel ciclismo, quella indossata dal vincitore di un campionato italiano e (*est.*) il titolo stesso di campione d'Italia: *vincere la maglia t.* | ***Campione t.***, corridore ciclista campione d'Italia. **B s. m.** *1* Bandiera tricolore: *il t. di Francia* | (*per anton.*) La bandiera italiana, bianca rossa e verde: *issare*, *piantare il t.*; *sulla vetta conquistata sventola il t.* *2* (*sport*) Nel ciclismo, maglia tricolore: *indossare il t.* | Campione tricolore. *3* (*polit.*) Governo di coalizione costituito da rappresentanti di tre partiti.

tricòma [gr. *tríchōma*, da *thríx*, genit. *trichós* 'pelo' e *-coma* (V. *-oma*); 1821] **s. m.** (**pl.** *-i*) *1* Aggrovigliamento dei capelli da seborrea o da sporcizia. *2* (*zool.*) Pelo, setola o ciuffo di peli. *3* (*bot.*) Pelo.

tricomonìaṣi [vc. dotta, dal lat. scient. *trichomonas*, comp. di *tricho-* 'trico-' e *-monas* 'monade' e il suff. *-iasi*] **s. f. inv.** ● (*med.*) Qualsiasi infezione causata da Protozoi del genere *Trichomonas* | ***T. genito-urinaria***, infezione venerea causata da *Trichomonas vaginalis* che nelle donne si manifesta con vaginiti e leucorrea, mentre nei maschi causa uretrite o prostatite.

triconsonàntico [comp. di *tri-* e *consonantico*; 1961] **agg.** (**pl. m.** *-ci*) ● (*ling.*) Costituito da tre consonanti: *nesso t.* | Detto di sistema linguistico, proprio delle lingue semitiche, in cui un nesso triconsonantico rappresenta il concetto generico, precisabile con l'aggiunta di vocali o suffissi.

tricoptilòṣi [comp. di *trico-* e del gr. *ptílōsis* 'malattia provocata da un insetto (*ptílon*, da *pétesthai* 'volare', con suff. ipocoristico *-ilo-*)'; 1940] **s. f. inv.** ● (*med.*) Malattia dei peli e dei capelli per cui l'estremità si biforca.

tricòrdo o (*lett.*) **tricòrde** [gr. *tríchordon*, sost. dell'agg. *tríchordos* 'a tre (*tri-*) corde (*chordái*)'; 1321] **A agg.** ● (*lett.*) Che ha tre corde: *arco t.* **B s. m.** ● (*mus.*) Pandura.

tricòrne [vc. dotta, lat. *trĭcorne(m)*, comp. di *tri-* '(a) tre' e di un deriv. da *cŏrnu* 'corno'; sec. XV] **agg.** ● (*lett.*) Che ha tre corna.

tricòrno [fr. *tricorne* 'che ha tre corna' (V. *tricorne*); 1885] **s. m.** ● Cappello con ala rialzata e piegata a formare tre punte, di moda nel Settecento | Berretto a tre spicchi con pompon di seta al centro, tipico dei sacerdoti.

tricorpòreo [adatt. con *corporeo* del lat. *tricŏrporе(m)*, comp. di *tri-* '(a) tre' e di un deriv. da *cŏrpus*, genit. *cŏrporis* 'corpo'; 1584] **agg.** ● (*raro*, *lett.*) Che ha tre corpi: *mostro t.*

tricòṣi [comp. di *tric(o)-* e *-osi*, secondo il modello del gr. *trichōsis*, che però significava semplicemente 'crescita di capelli'; 1821] **s. f. inv.** ● (*med.*) Anomalia o malattia dei capelli o dei peli.

tricot /*fr.* tri'ko/ [vc. fr., da *tricoter*, a sua volta da *tricot* 'corto bastone (*trique*, di orig. neerlandese)'; 1905] **s. m. inv.** ● (*gener.*) Maglia, indumento o tessuto, a mano o a macchina, lavorato a maglia.

tricoteuses /*fr.* triko'tøz/ [vc. fr., propr. 'chi lavora a maglia (*tricot* 'bastoncino', da *trique* 'bastone')', di provenienza germ.] **s. f. pl.** (**sing. f. fr.** *tricoteuse*, **m.** *tricoteur*) ● (*st.*) *Les t.*, durante la Rivoluzione francese, donne delle classi popolari che assistevano sferruzzando alle riunioni della Convenzione e alle esecuzioni sotto il palco della ghigliottina.

tricotomia (**1**) [comp. di *trico-* e *-tomia*; 1957] **s. f.** ● Rasatura dei peli o dei capelli, in preparazione di un intervento chirurgico o nelle affezioni dei peli.

tricotomia (**2**) [comp. del gr. *tricha* 'in tre (*trêis*) parti' e di un deriv. dal v. *témnein* 'tagliare, dividere'; 1829] **s. f.** ● Tripartizione.

Tricòtteri [per le loro ali (gr. *pterón*) ricoperte di pelo (gr. *thrix*, genit. *trichós*); 1940] **s. m. pl.** (**sing.** *-o*) ● Nella tassonomia animale, ordine di Insetti simili a piccole farfalle dalle tinte scialbe, con ali coperte di peli e larve acquatiche che si costruiscono astucci protettivi (*Trichoptera*).

tricròico [vc. dotta, dal gr. *tríchroos* 'tricolore, di tre (*tri-*) colori (*chróos*)' col suff. *-ico*] **agg.** (**pl. m.** *-ci*) ● (*miner.*) Detto di minerale che mostra tre diversi colori nelle tre direzioni ortogonali.

tricromìa [comp. del gr. *trêis* 'tre' e di un deriv. da *chrôma* 'colore'; 1932] **s. f.** ● (*tipogr.*) Procedimento di stampa in cui si riproducono immagini a colori, mediante la sovrapposizione dei tre colori fondamentali giallo, magenta e ciano | (*est.*) La riproduzione a stampa così ottenuta.

tric trac o **tricche tràcche**, spec. nei sign. A e B 1, **tric-trac**, †**trich trach** [reduplicazione onomat. a vocale alternata; av. 1578] **A loc. inter.** ● Riproduce un rumore secco che avviene in due tempi: *tric trac tric trac facevano i dadi agitati nel bussolotto* | Riproduce il rumore picchiettante di martelli che battono o di zoccoli sull'acciottolato. **B loc. sost. m. 1** Il rumore stesso: *il tric trac degli zoccoli sulle piastrelle*. **2** Tavola reale. **3** (*dial.*) Fuoco d'artificio, mortaretto. **SIN.** Tracco.

tricuspidàle [da *tricuspide*; 1805] **agg. 1** (*arch.*) Che ha tre cuspidi o punte: *facciata t.* **2** (*anat.*) Della valvola tricuspide.

tricuspidàto [da *tricuspide*; 1840] **agg.** ● Fatto a tre punte: *organo t.*

tricùspide [vc. dotta, lat. *tricŭspide(m)*, comp. di *tri-* '(a) tre' e *cŭspis*, genit. *cŭspidis* 'punta, cuspide'; 1684] **agg.** ● Che termina con tre cuspidi, punte, vertici: *organo t.* | (*anat.*) ***Valvola t.***, valvola cardiaca posta tra l'atrio e il ventricolo destro. ➡ **ILL.** p. 2123 ANATOMIA UMANA.

tridàcna [vc. dotta, lat. *trĭdacna* (nt. pl.), dal gr. *trídaknos*, comp. di *tri-* e di un deriv. da *dáknein* 'mordere', di orig. indeur.; 1829] **s. f.** ● Gigantesco mollusco bivalve con conchiglia a ventaglio, dell'Oceano Indiano, che può superare i due quintali (*Tridacna gigas*). ➡ **ILL. animali**/4.

tridàttilo [gr. *tridáktylos*, comp. di *tri-* '(con) tre' e *dáktylos* 'dito'; 1821] **agg.** ● (*zool.*) Che è fornito di tre dita: *uccello t.*

tridentàto [1561] **agg. 1** (*lett.*) Che è armato di tridente: *Nettuno t.* **2** Che ha tre denti o punte.

tridènte [vc. dotta, lat. *tridĕnte(m)*, comp. di *tri-* '(con) tre' e *dēns*, genit. *dĕntis* 'dente'; 1342] **s. m. 1** Forcone con tre denti o rebbi. ➡ **ILL. agricoltura e giardinaggio. 2** Attributo del dio Posidone o Nettuno. **3** Zappa a tre rebbi. **4** (*sport*) Nel calcio, schieramento d'attacco costituito da tre punte.

†**tridentière** o †**tridentièro agg.** ● Tridentato: *Nettuno t.*

tridentino [vc. dotta, lat. *Tridentīnu(m)*, da *Tridĕntum* 'Trento', di etim. incerta; av. 1566] **agg.** ● Trentino, solo in alcune loc. storiche e geografiche | ***Concilio t.***, il Concilio di Trento (1545-1563) | ***Decreti tridentini***, del concilio di Trento | ***Catechismo t.***, quello che si attiene alle direttive e ai decreti del Concilio di Trento | ***Legione tridentina***, formazione di volontari che combatté durante la prima guerra d'indipendenza | (*disus.*) ***Venezia tridentina***, la regione Trentino-Alto Adige.

tridimensionàle [comp. di *tri-* e dell'agg. di *dimensione*, secondo il modello ingl. *tridimensionale*; 1950] **agg.** ● Che ha, presenta e sim. tre dimensioni: *immagine t.* **CFR.** stereo-. || **tridimensionalménte**, **avv.**

tridimensionalità [1955] **s. f.** ● Proprietà, caratteristica di ciò che è tridimensionale.

triduàno [vc. dotta, lat. tardo *triduānu(m)*, da *trīduum* 'triduo'; av. 1698] **agg.** ● (*raro*) Di tre giorni.

triduàrio [1965] **agg.** ● Relativo a triduo.

trìduo [vc. dotta, lat. *trīduu(m)* 'che dura tre (*tri-*) giorni (*dĭes*)'; 1694] **s. m.** ● Pratica devota cattolica, pubblica o privata, comprendente preghiere e riti religiosi per la durata di tre giorni, a scopo di ringraziamento o di propiziazione.

trièdrico [1826] **agg.** (**pl. m.** *-ci*) ● Di, relativo a, triedro | Che ha la forma di un triedro.

trièdro [comp. di *tri-* e di un deriv. dal gr. *hédra* 'base, sede'; 1779] **s. m.** ● (*mat.*) Intersezione di tre semispazi | ***T. polare d'un t. dato***, triedro individuato dai piani passanti per il vertice del triedro dato e perpendicolari ai suoi piani.

†**triègua** ● V. *tregua*.

trielina® [comp. di *tri(cloro)e(ti)l(ene)* e *-ina*; 1935] **s. f.** ● Tricloroetilene, liquido incolore usato spec. come solvente ininfiammabile di corpi grassi e per sintesi organiche.

†**trièmito** ● V. *tremito*.

†**trièmo** ● V. †*tremo*.

triennàle [vc. dotta, lat. *triennāle(m)*, comp., come *triēnnis* 'trienne', da *tri-* '(di) tre' e di un deriv. da *ănnus* 'anno'; av. 1566] **A agg. 1** Che dura tre anni: *corso di studi t.* **2** Che ricorre ogni tre anni: *celebrazione t.*; *esposizione t. di pittura*. || **triennalménte**, **avv.** Ogni tre anni. **B s. f.** ● Manifestazione che ricorre ogni tre anni: *la Triennale di Milano ebbe inizio nel 1923.*

triennalità [da *triennale*] **s. f.** ● Scadenza triennale: *la t. di una celebrazione.*

triènne [vc. dotta, lat. tardo *triĕnne(m)*, comp. di *tri-* '(di) tre' e di un deriv. da *ănnus* 'anno'; 1598] **agg. 1** Che ha tre anni, detto di cose e di persone. **2** (*lett.*) Che dura da tre anni. **3** (*raro, lett.*) Che ricorre ogni tre anni.

triènnio [vc. dotta, lat. *triĕnniu(m)*, comp., come *triēnnis* 'trienne', da *tri-* '(di) tre' e di un deriv. da *ănnus* 'anno'; av. 1566] **s. m.** ● Periodo di tempo di tre anni: *un t. di studio.*

trièra ● V. *triere*.

trieràrca o **trieràrco** [vc. dotta, lat. *trierărchu(m)*, dal gr. *triērarchos*, comp. di *triērēs* 'trireme' e *archós* 'comandante'; av. 1580] **s. m.** (**pl.** *-chi*) ● Nell'antica Atene, cittadino gravato dall'imposizione della trierarchia.

trierarchìa [gr. *triērarchía*, da *triērarchos* 'trierarca'; 1940] **s. f.** ● Nell'antica Atene, obbligo a carico di uno o più cittadini ricchi, di fornire allo Stato una nave da guerra e di assumerne il comando.

trieràrco ● V. *trierarca*.

trière o (*raro*) **trièra** [vc. dotta, lat. tardo *triēre(m)*, dal gr. *triērēs*, comp. di *tri-* '(con) tre' e della stessa radice, di orig. indeur., che si trova in *erétēs* 'rematore'; sec. XIV] **s. f.** ● (*raro, lett.*) Trireme: *la t. / che recava da Ceo l'ode novella* (D'ANNUNZIO).

triestinità [da *triestino*] **s. f.** ● Condizione, caratteristica di chi (o di ciò che) è triestino, spec. in riferimento alle molteplici componenti storico-culturali: *la t. di alcuni scrittori del primo Novecento.*

triestino [av. 1547] **A agg.** ● Di Trieste: *sobborghi triestini.* **B s. m.** (**f.** *-a*) ● Abitante o nativo di Trieste. **C s. m. solo sing.** ● Dialetto del gruppo veneto parlato a Trieste.

trietèrico [vc. dotta, lat. *trietēricu(m)*, dal gr. *trietērikós* 'che ricorre ogni tre (*tri-*) anni (*éta*, pl. di *étos*, di orig. indeur.)'; 1499] **agg.** (**pl. m.** *-ci*) ● Detto di celebrazione che nel calendario religioso greco cadeva ogni tre anni, spec. delle feste in onore di Dioniso.

†**trièva** ● V. *tregua*.

trifàse [comp. di *tri-* e *fase*; 1905] **agg.** (**pl.** *-i* o **inv.**) ● (*elettr.*) Che ha tre fasi | Detto di un sistema di tre correnti alternate delle quali la seconda è sfasata dalla prima, e la terza dalla seconda, di un terzo di periodo.

trifàsico [comp. di *tri-* e di un deriv. di *fase*; 1905] **agg.** (**pl. m.** *-ci*) **1** Che avviene in tre fasi | (*med.*) ***Pillola trifasica***, antifecondativo a dosaggio regolato sulle tre fasi del ciclo mestruale. **2** (*elettr.*) Che riguarda il sistema trifase.

trifàuce [vc. dotta, lat. *trifăuce(m)* 'da tre (*tri-*) fauci (*fāuces*)'; 1499] **agg.** ● (*lett.*) Che ha tre fauci, detto spec. di Cerbero: *Ercole che legava il t. Cerbero* (CELLINI).

trifenilmetàno [comp. di *tri-*, *fenil(e)* e *metano*; 1961] **s. m.** ● (*chim.*) Idrocarburo che si presenta sotto forma di cristalli insolubili in acqua e da cui deriva una classe di coloranti: *coloranti del t.*

trìfido [vc. dotta, lat. *trĭfidu(m)*, comp. di *tri-* '(con) tre' e *-fidu(m)*, da *findere* 'fendere'; 1681] **agg.** ● Che finisce in tre punte: *foglia trifida.*

trifogliàio [1940] **s. m.** ● Prato di trifoglio.

trifogliàto [da *trifoglio*; 1684] **agg. 1** Trilobato: *croce trifogliata.* **2** (*bot.*) Detto di foglia composta che ha tre foglioline. **3** (*raro*) Che è mescolato con trifoglio: *fieno t.*

trifoglìna [da *trifoglio*; 1970] **s. f.** ● (*bot.*) Piccola pianta erbacea perenne delle Papilionacee, con foglie composte imparipennate, fiori con corolla gialla soffusa di rosso (*Lotus corniculatus*). **SIN.** Ginestrino, loto sottile.

trifòglio o †**trefòglio** [lat. *trifōliu(m)*, comp. di *tri* '(a) tre' e *fŏlium* 'foglia'; av. 1320] **s. m.** ● Leguminosa erbacea con foglie composte di tre foglioline, cespugliosa, ottima foraggera, con fiori rossi in glomeruli (*Trifolium pratense*) | ***T. nero***, a fusti ramificati e fiori rosei (*Trifolium hybridum*) | ***T. bianco***, ***t. ladino***, a fusti striscianti con fiori bianchi o rosei, spontaneo e coltivato con numerose varietà nelle marcite (*Trifolium repens*) | ***T. fibrino***, pianta palustre delle Meniantacee con rizomi e foglie lungamente picciolate a lamina divisa in tre parti di forma ellittica (*Menyanthes trifoliata*) | ***T. acetoso***, acetosella. ➡ **ILL. piante**/6. || **trifoglino**, **dim.** | **trifogliόne**, **accr.**

trìfola [vc. piemontese, dalla variante dial. *tūfera* del lat. *tūbera* (pl.) 'tuberi' con sovrapposizione di altra vc. con *tr-*; 1857] **s. f.** ● (*dial., sett.*) Tartufo: *t. nera.*

trifolàre [da *trifola*; 1908] **v. tr.** (*io trìfolo*) **1** Cucinare con olio, aglio e prezzemolo una vivanda precedentemente tagliata a fettine sottili. **2** Condire una vivanda col tartufo.

trifolàto [da *trifola*; 1908] **part. pass.** di *trifolare*; anche **agg.** ● Nei sign. del v.: *rognone t.*; *patate trifolate.*

trìfora [comp. di *tri-* e del lat. *fŏris* 'porta', di orig. indeur.; 1891] **A s. f.** ● Finestra il cui vano è diviso, da colonnine e sim., in tre luci minori. **B** anche **agg.** solo **f.**

triforcàre [da *biforcare* con sostituzione di *tri-* 'a tre' a *bi-* 'a due'; 1940] **A v. tr.** (*io trifórco, tu trifórchi*) ● (*raro*) Dividere in tre parti, tre punte, e sim.: *t. un'asta.* **B v. intr. pron.** ● Diramarsi, dividersi in tre parti: *la strada si triforca presso il fiume.*

triforcazióne [da *triforcare*; 1961] **s. f.** ● (*raro*) Il triforcare, il triforcarsi | Punto in cui qlco. si triforca.

triforcùto [da *biforcuto* con sostituzione del primo elemento (*tri-* 'con tre' a *bi-* 'con due'); 1340 ca.] **agg.** ● Che ha tre punte, tre rebbi.

trifòrio [da *trifora*; 1940] **s. m.** ● Nelle cattedrali spec. gotiche, galleria soprastante le navate laterali, aperte spec. mediante trifore sulla navata centrale.

trifórme [vc. dotta, lat. *trifōrme(m)* 'che ha una triplice (*tri-*) *forma*', sul modello di *bifora*; 1319] **agg.** ● (*lett.*) Che ha tre forme, che si presenta in tre aspetti, modi e sim. diversi (*anche fig.*).

†**trìga** [vc. dotta, lat. *trīga(m)*: tarda formazione da *bīga* e *quadrīga*, perché tirata da tre (*tri-*) cavalli (?); av. 1375] **s. f.** ● Cocchio a tre cavalli.

trigamìa [vc. dotta, lat. tardo *trigămia(m)*, dal gr. *trigamía*, da *trígamos* 'trigamo'; 1821] **s. f.** ● Stato di chi è trigamo.

trìgamo [vc. dotta, lat. tardo *trĭgamu(m)* dal gr. *trígamos* 'tre volte (*tri-*) sposato (*gámos* 'matrimonio')'; 1840] **agg.**; anche **s. m.** ● Che (o Chi) ha contemporaneamente tre mogli | (*raro*) Che (o Chi) ha avuto successivamente tre mogli.

trigèmino [vc. dotta, lat. *trigĕminu(m)* 'tre volte (*tri-*) gemello (*gĕminus*)'; 1829] **A agg. 1** Detto di gravidanza e parto plurigemellare, in cui si formano e vengono alla luce tre figli | (*est.*) Detto di ciascuno dei nati da un parto trigemino. *2* (*anat.*) Detto del quinto paio di nervi cranici diviso in tre branche che presiedono quasi totalmente alla innervazione sensitiva della faccia e alla innervazione motoria di alcuni muscoli masticatori: *nervo t.* **B** s. m. ● (*anat.*) Nervo trigemino: *nevralgia del t.*

†**trigenàrio** [adattamento del lat. *tricenāriu(m)* 'di trenta per ciascuno (*tricēni*)'] agg.; anche s. m. (f. *-a*) ● Trentenne.

trigèṣimo (o *-é-*) [vc. dotta, lat. *trigēsimu(m)*, da *trigīnta* 'trenta'; sec. XIV] **A** agg. num. ord.; anche s. m. ● (*lett.*) Trentesimo. **B** s. m. *1* Trentesimo giorno dopo la morte di qlcu. *2* (*relig.*) Nella liturgia cattolica, messa e altri riti di suffragio celebrati nel trentesimo giorno dalla morte di un fedele.

triglia [lat. parl. **trīglia(m)*, dal gr. *trīglē*, di etim. discussa: da *trízein* 'emettere un leggero rumore' (?); 1481] s. f. ● Pesce marino dei Perciformi con due barbigli, prima pinna dorsale a raggi spinosi, livrea splendente (*Mullus*) | *T. di scoglio*, rosso carminio, a strie gialle, pregiata per le carni | ***T. di fango***, rosea, meno ricercata | ***T. volante***, pesce rondine | (*fig.*) ***Fare l'occhio di t. a qlcu.***, guardarlo con occhio languido, dolce, innamorato. ‖ **trigliàccia**, pegg. | **trigliètta**, dim. | **trigliettina**, dim. | **triglina**, **trigliolina**, dim. | **triglióna**, accr. | **triglìuccia**, pegg.

trigliceride [comp. di *tri-* e *gliceride*; 1961] s. m. ● (*chim.*) Gliceride in cui tutti e tre i gruppi alcolici della glicerina sono esterificati da acidi grassi. SIN. Triacilglicerolo.

Triglidi [comp. del gr. *trīglē* 'triglia', dal v. *trízein* 'gridare, soffiare' per quella specie di brontolio emesso dal pesce, quando è tratto dall'acqua, e del suff. *-idi*; 1961] s. m. pl. (sing. *-e*) ● Nella tassonomia animale, famiglia degli Scorpeniformi, con rappresentanti diffusi nei mari caldi e in quelli temperati; sono caratterizzati da un cranio robusto, da una duplice pinna dorsale e da ampie pinne pettorali (*Triglidae*).

triglifo [vc. dotta, lat. *trīglyphu(m)*, dal gr. *trígyphos* 'a triplice (*tri-*) intaglio (*glyphḗ*)'; 1450 ca.] s. m. ● (*arch.*) Decorazione del fregio, nell'ordine dorico, posta tra metopa e metopa, costituita da tre scanalature verticali dette glifi, separate da superfici piane dette femori.

trigonàle [vc. dotta, lat. *trigonāle(m)* 'triangolare', da *trigōnum* 'trigono, triangolo'; 1499] agg. *1* Che ha la forma di una piramide triangolare. *2* (*miner.*) ***Sistema t.***, sistema cristallino che presenta tre assi cristallografici formanti tra loro angoli uguali ma non retti e ha inoltre tre parametri uguali tra loro; la diagonale di questi assi è un asse di rotazione ternaria. SIN. Romboedrico.

trigonèlla [dal gr. *trígōnos* 'trigono' per la forma delle sue foglie; 1891] s. f. ● (*bot.*) Fieno greco.

trigono [gr. *trígōnos* 'triangolo, che ha od è posto in tre (*tri-*) angoli (*gōníai*)', ripreso anche in alcune accezioni dal lat. *trīgonus*; 1499] **A** agg. ● Triangolare. **B** s. m. *1* (*anat.*) Spazio triangolare della parte inferiore della vescica limitato posteriormente dai due sbocchi ureterali, anteriormente dall'orifizio dell'uretra. *2* (*astrol.*) Posizione di due pianeti distanti tra loro 120 gradi. *3* (*mus.*) Specie di antica arpa, di forma triangolare.

trigonometrìa [comp. del gr. *trígōnos* 'triangolo' e *-metria*; 1640] s. f. ● (*mat.*) Studio delle proprietà delle funzioni trigonometriche e delle relazioni fra i lati e gli angoli d'un triangolo | ***T. piana***, dei triangoli piani | ***T. sferica***, dei triangoli sferici.

trigonomètrico [1684] agg. (pl. m. *-ci*) ● (*mat.*) Relativo alla trigonometria | ***Funzione trigonometrica***, ciascuna delle funzioni, quali seno, coseno, tangente e altre, che si possono considerare oltre che funzioni di un angolo anche funzioni dell'arco di cerchio che sottende l'angolo. SIN. Funzione circolare | ***Equazione trigonometrica***, nella quale le incognite compaiono attraverso funzioni trigonometriche | Ottenuto con i mezzi della trigonometria: *misurazione trigonometrica.* ‖ **trigonometricaménte**, avv. Secondo la trigonometria.

trigràmma [da *tri-* sul modello di *digramma*; 1931] s. m. (pl. *-i*) ● (*ling.*) Successione di tre lettere indicanti un unico suono.

trilateràle [comp. di *tri-* e un deriv. del lat. *lătus*, genit. *lăteris* 'lato'; 1879] agg. *1* (*raro*) Trilatero. *2* (*fig.*) Che ha triplice aspetto o che concerne tre contraenti: *patto t.*; *alleanza t.*

trilàtero [vc. dotta, lat. tardo *trilăteru(m)* 'che ha tre (*tri-*) lati (*lătera*)'; 1561] **A** agg. ● Che ha tre lati: *figura trilatera* | ***Vela trilatera***, triangolare, latina. **B** s. m. ● (*mat.*) Multilatero con tre lati.

trilèmma [da *tri-* sul modello di *dilemma*; 1931] s. m. (pl. *-i*) ● Nella logica, ragionamento che prende in considerazione un'alternativa composta di tre membri.

trilèttere ● V. *trilittero.*

trilineàre [comp. di *tri-* e *lineare*; 1692] agg. *1* Che è formato di tre linee. *2* (*mat.*) Detto di polinomio in tre variabili che sia di primo grado in ciascuna di esse separatamente.

†**trilineo** [comp. di *tri-* e del *-lineo* di altri comp. di orig. lat. (*curvilineo*, *longilineo*, *rettilineo*)] agg. ● Trilineare.

trilingàggio o **trelingàggio** [fr. *trélingage*, di etim. incerta; 1814] s. m. ● (*mar.*; *disus.*) Legatura molto solida delle sartie maggiori condotta a tre o più giri sotto agli incappellaggi.

trilingue [vc. dotta, lat. *trilingue(m)* 'che ha o parla tre (*tri-*) lingue (*linguae*)'; 1598] agg. (pl. *-i* o inv.) *1* Che è scritto in tre lingue: *vocabolario t.* *2* Di persona che è in grado di usare correttamente tre lingue: *scrittore*, *interprete t.* *3* Di luogo, spec. Stato o regione, abitato da persone appartenenti a tre diversi gruppi linguistici.

trilinguìṣmo [comp. di *trilingu(e)* e *-ismo*; 1961] s. m. ● Condizione, o caratteristica di chi (o di ciò che) è trilingue.

triliòne [da (*mi*)*lione* con sostituzione della prima parte (*tri-*), come in (*bi*)*lione*; 1805] s. m. *1* Mille miliardi, secondo l'uso contemporaneo italiano, francese e statunitense. *2* Un miliardo di miliardi, secondo l'uso italiano antico e quello contemporaneo tedesco e inglese.

trilionèṣimo (o *-é-*) [da *trilione*] **A** agg. num. ord. ● Corrispondente al numero un trilione in una successione, in una classificazione, in una serie: *la trilionesima parte.* **B** s. m. ● Ciascuna del trilione di parti uguali in cui può essere divisa una quantità: *un t. di secondo.*

trilìte [comp. di *tri-* e del gr. *líthos* 'pietra'; 1961] s. m. *1* Elemento fondamentale di architettura primitiva, composto da due ritti verticali monolitici e un'architrave in pietra da essi sorretto. *2* Struttura base, analoga alla precedente, di moderne costruzioni architettoniche.

trilìttera s. f. ● (*ling.*) Trilittero.

trilìttero o **trilèttere** nel sign. A [fr. *trilittère*, comp. di *tri-* e del lat. *līttera* 'lettera'; 1832] **A** agg. ● Che è costituito di tre lettere: *parola trilittera.* **B** s. m. ● (*ling.*) Nelle lingue semitiche, sequenza di tre consonanti a cui si può ridurre la radice.

trillàre [da *trillo*; 1612] **A** v. intr. (aus. *avere*) *1* (*mus.*) Fare il trillo: *t. su una nota.* *2* Emettere trilli: *il campanello trilla*; *le allodole ... trillavano in alto, al caldo, nell'azzurro* (VERGA). **B** v. tr. *1* †Cantare col trillo. *2* †Far vibrare.

trilleggiàre [comp. da *trill(are)* e *-eggiare*; av. 1647] v. intr. (*io trillèggio*; aus. *avere*) ● (*raro*, *lett.*) Cantare con frequenti trilli.

trillo [di orig. onomat.; 1601] s. m. *1* (*mus.*) Abbellimento consistente nell'alternanza rapidissima e ripetuta della nota essenziale e di una immediatamente superiore, più raramente inferiore: *fare*, *eseguire un t.*; *i trilli del violino* | ***Catena di trilli***, serie di più trilli, per gradi | ***T. calato***, serie di trilli discendenti. *2* (*est.*) Canto o suono vibrato o vibrante, simile al trillo: *i trilli degli usignoli*; *il t. di un campanello, della sveglia.*

trilobàto [comp. di *tri-* e *lobato*; 1829] agg. ● Che ha tre lobi: *croce*, *foglia trilobata*; *abside t.* SIN. Trifogliato.

trilobite [dal gr. *trílobos* 'che ha tre (*tri-*) lobi (*lobói*)'; 1829] s. f. ● Crostaceo marino estinto del Paleozoico, con corpo tripartito sia trasversalmente che longitudinalmente. ➡ ILL. **paleontologia.**

trilobo [vc. dotta, dal gr. *trílobos* 'che ha tre (*tri-*) lobi (*lobós*)'; 1805] agg. *1* (*biol.*) Che ha tre lobi: *organo t.* *2* (*arch.*) Detto di arco che ha all'interno tre archetti minori. SIN. Trilobato.

triloculàre [comp. di *tri-* e dell'agg. di *loculo* nel senso di 'lobo'; 1961] agg. ● (*bot.*) Che è diviso in tre cavità: *frutto*, *ovario t.*

trilogìa [gr. *trilogía*, comp. di *tri-* 'tre' e di un deriv. da *lógos* 'discorso'; 1821] s. f. *1* Nell'antica letteratura greca, insieme di tre tragedie di argomento affine: *la t. di Eschilo.* *2* (*est.*) Triade d'opere letterarie, musicali o figurative che costituiscono un'unità: *la t. dantesca* | (*est.*) Opera letteraria, musicale o figurativa che si compone di tre parti. *3* (*est.*) Serie di tre elementi | (*med.*) ***T. di Fallot***, cardiopatia congenita, caratterizzata da stenosi dell'arteria polmonare, comunicazione interatriale e ipertrofia del ventricolo destro.

†**trilùstre** [vc. dotta, dal lat. tardo *trilūstrum* 'spazio di *tre lustri*'; av. 1374] agg. *1* (*lett.*) Che ha tre lustri, cioè quindici anni d'età, detto di cosa o di persona. *2* (*raro*, *lett.*) Che dura da tre lustri.

trim /trim, *ingl.* tɹɪm/ [vc. ingl., da *to trim* 'rinsaldare, rinforzare' (d'orig. oscura); 1937] s. m. inv. *1* (*mar.*) In un sottomarino, ciascuna delle due casse d'acqua, a prua e a poppa, destinate al controllo dell'assetto orizzontale. SIN. Cassa d'assetto. *2* (*mar.*) Dispositivo per la regolazione dell'assetto orizzontale dell'asse dell'elica nei fuoribordo e negli entrofuoribordo. *3* In aeronautica, dispositivo, manovrabile dal pilota, costituito da alette compensatrici. *4* (*gener.*) Ogni tipo di ginnastica occasionale (ad es. il fare le scale a piedi).

trimalciònico [da *Trimalcione*, personaggio del *Satyricon* di Petronio, che imbandisce un grandioso banchetto; 1789] agg. (pl. m. *-ci*) ● (*lett.*) Sontuoso, abbondante, spettacolare, riferito spec. a pranzi, banchetti e sim.: *un ricevimento t.*

trimaràno [comp. di *tri-* e (*cata*)*marano*; 1967] s. m. ● Imbarcazione da diporto o da competizione, a vela, a motore o a propulsione mista, basata su di uno scafo principale e su due laterali, paralleli e minori, con funzione stabilizzatrice.

trimegisto ● V. *trismegisto.*

trimèmbre o (*raro*) **trimèmbro** [vc. dotta, lat. tardo *trimĕmbre(m)* 'a tre (*tri-*) membri (*mĕmbra*)'; 1550] agg. ● (*lett.*) Che ha triplici membra.

trimestràle [1804] **A** agg. *1* Di un trimestre, che dura tre mesi: *periodo t.* *2* Che ricorre ogni tre mesi: *scadenza*, *pubblicazione t.* ‖ **trimestralménte**, avv. Per ciascun trimestre; ogni tre mesi: *rivista pubblicata trimestralmente.* **B** s. m. ● Periodico che esce ogni tre mesi.

trimestralìsta [da *trimestral(e)* con il suff. *-ista*] s. m. e f. (pl. m. *-i*) ● Lavoratore assunto con un contratto trimestrale.

trimestralizzàre [da *trimestrale*; 1983] v. tr. ● Rendere trimestrale una scadenza: *t. il pagamento della scala mobile per tutti i lavoratori.*

trimestralizzazióne [da *trimestralizzare*; 1979] s. f. ● Fissazione di una scadenza trimestrale.

trimèstre [vc. dotta, lat. *trimēstre(m)*, comp. di *tri-* e **mēnstris*, agg. di *mēns(is)* 'mese'; 1673] **A** s. m. *1* Periodo di tempo di tre mesi. *2* Ciascuno dei tre periodi in cui può essere suddiviso, in Italia, l'anno scolastico: *i voti del primo*, *del secondo t.* *3* Somma da pagare, o da riscuotere, ogni tre mesi: *incassare*, *versare il t.* **B** agg. ● (*raro*) Trimestrale: *rata t.*

trimètrico [comp. di *tri-* e *metrico*; 1940] agg. (pl. m. *-ci*) ● (*miner.*) Detto di gruppo cristallino in cui i parametri fondamentali sono tutti diseguali tra loro.

trimetro [vc. dotta, lat. *trĭmetru(m)*, dal gr. *trímetros* 'di tre (*tri-*) misure (*métra*)'; av. 1565] s. m. ● Serie di tre metri nella poesia classica: *t. giambico*, *trocaico.*

trimorfiṣmo [comp. di *tri-* '(con) tre', del gr. *morphḗ* 'forma', come il corrisp. gr. *trímorphos*, e *-ismo*; 1865] s. m. ● (*miner.*) Cristallizzazione in tre diverse forme.

trimotóre [comp. di *tri-* e *motore*; 1929] **A** agg. ● Che ha tre motori: *aereo*, *apparato*, *impianto t.*; *velivoli trimotori.* **B** s. m. ● Aereo trimotore.

trimpellàre [di orig. onomat., da una base *t(r)emp-*; 1618] v. intr. (*io trimpèllo*; aus. *avere*) *1* (*pop.*, *tosc.*) Tentennare, vacillare: *t. sulle gambe* | (*est.*) Zoppicare, detto di oggetti: *tavolino*, *seggiola che trimpella.* *2* (*pop.*, *tosc.*, *fig.*) Indugiare, esitare | ***T. nel manico***, ciurlare. *3* †Strimpellare.

trimpellino [da *trimpellare*; 1957] s. m. (f. *-a*) ● (*pop.*, *tosc.*) Persona che trimpella, esita, è indecisa.

trimpellìo [av. 1708] s. m. ● (*tosc.*) Il trimpellare continuato.

trimùrti [sanscrito *trimūrtih*, comp. di *tri-* 'tre' e *mūrtih* 'corpi solidi', dal v. *mūrchati* 'diventare solido', di orig. indeur.; 1895] s. f. inv. ● Nelle religioni dell'India, associazione, nel culto e nella dottrina, delle tre figure divine, Brahma, Siva e Visnù, come forme di unica teofania.

trina [lat. *trīna(m)*, da *trīnus* 'di tre', sottinteso 'fili'; 1482] **s. f.** ● Pizzo, merletto: *l'aria è crivellata / come una t. / dalle schioppettate* (UNGARETTI) | ***T. di punto***, eseguita con l'ago e un solo filo su un fondo di pergamena o carta che fa da modello | ***T. ricamata***, ricamo traforato eseguito su fondo di tessuto che, nell'aspetto, ricorda la trina di punto | ***Parere, sembrare una t.***, si dice di lavoro eseguito traforando con estrema precisione e minuzia un materiale solido e pesante ottenendo effetti di estrema lievità; (*est.*) di concrezione, cristallizzazione e sim. che per la forma è simile a un pizzo. || **trinétta**, **dim.** | **trinettina**, **dim.**

trinàcrio [vc. dotta, lat. *Trinăcriu(m)*, dal gr. *Trinákrios* 'proprio della Sicilia (*Trinakría*), l'isola a tre (*trêis*) punte (*ákrai*)'; 1584] **agg.** ● (*lett.*) Della Trinacria, della Sicilia.

trinàia [da *trina*; 1865] **s. f.** ● (*raro*) Merlettaia.

trinàre [da *trina*; av. 1613] **v. tr.** ● (*raro*) Guarnire di trine: *t. una camicetta.*

trinariciùto [comp. di *tri-*, *narici* e *-uto* (2)] **s. m.** (f. *-a*) ● (*spreg.*) Militante di partito ottuso e fanatico (con riferimento all'appellativo coniato nel secondo dopoguerra dallo scrittore Giovanni Guareschi (1908-1968) per mettere in ridicolo i militanti del Partito Comunista Italiano).

trinàto (1) [dal part. pass. di *trinare*; av. 1620] **agg.** ● Lavorato, guarnito di trine.

trinàto (2) [da *trino*; 1961] **agg.** ● Ordinato per tre | ***File, righe trinate***, tre file parallele: *semina a righe trinate* | ***Torre trinata***, in marina, impianto di tre cannoni su un'unica torre.

trinca (1) [da *trincare* (1); 1614] **s. f.** ● (*mar.*) Legatura a molte passate fitte, parallele e sovrapposte, spec. per unire due aste: *t. del bompresso* | ***Nuovo di t.***, appena legato; (*fig.*) nuovissimo | (*raro*) ***Di t.***, di netto; (*fig.*) di botto: *tagliare qlco. di t.*; *lasciare qlcu. di t.*

†**trinca** (2) [da *trincare* (2)] **s. m. inv.** ● Beone, bevitore.

trincàre (1) [etim. incerta; 1877] **v. tr.** (*io trìnco, tu trìnchi*) ● (*mar.*) Legare fortemente con una trinca.

trincàre (2) [ted. *trinken* 'bere', di area germ. e d'orig. incerta; 1483] **v. tr.** (*io trìnco, tu trìnchi*) ● (*fam.*) Bere avidamente e smodatamente, spec. alcoolici (*anche assol.*): *t. vino, birra, grappa*; *gli piace t.*

trincarìno [da *trincare* (1); 1607] **s. m.** ● (*mar.*) Robusto pezzo longitudinale in legno o metallo fissato all'estremità superiore delle costole nel quale sono incastrate le parti terminali dei bagli, che circonda tutta la nave correndo sopra tutta la testa dei bagli d'ogni ponte.

†**trincàta** (1) [da *trincare* (1); 1889] **s. f.** ● Il trincare (1).

trincàta (2) [da *trincare* (2); 1879] **s. f.** ● (*pop.*) Gagliarda bevuta, spec. di vino e sim.

†**trincàto** [da *trincare* (2); av. 1527] **agg.** ● Furbo, scaltro.

trincatóre [av. 1735] **s. m.**; anche **agg.** (f. *-trice*) ● (*pop.*) Chi (o Che) trinca spesso e volentieri. **SIN.** Beone.

trincatùra [da *trincare* (1); 1847] **s. f.** ● (*mar.*) Legatura molto robusta, fatta con più passate di cavo o catena.

trincèa o †**trincèra**, †**trincièra** [fr. *tranchée*, da *trancher* 'tagliare', per il precedente *trencher*, donde anche *trinciare* (V.); av. 1540] **s. f.** **1** (*mil.*) Opera di fortificazione campale composta da un fosso, con parapetto rivolto verso il nemico, usata in antico principalmente nella guerra d'assedio a protezione delle truppe d'attacco; nei tempi moderni per proteggersi nella guerra di posizione o a difesa delle linee occupate: *assalto, conquista d'una t.* | †***Aprir la t.***, incominciare il lavoro di scavo | †***Bocca, testa, coda della t.***, in relazione allo sviluppo verso il nemico | ***Guerra di t.***, di posizione, di stabilizzazione | ***T. d'approccio***, nella guerra d'assedio, quella vicinissima alla posizione da espugnare. **2** Scavo di terra, generalmente a sezione rettangolare, per gettare fondamenta, costruire una strada o per difesa al di sopra del livello del terreno. **3** Deposito orizzontale a forma di trincea, fuori o dentro terra, per la conservazione di foraggio verde tagliato finemente e costipato. || **trinceróne**, **accr. m.** (V.).

trinceramènto [1617] **s. m.** **1** Il trincerare, il trincerarsi | Luogo trincerato | Insieme di più trincee. **2** (*mil.*) Opera di difesa interna delle fortezze in caso di occupazione delle difese perimetrali da parte del nemico.

trinceràre o †**trincieràre** [da †*trincera*; 1598] **A** **v. tr.** (*io trincèro*) ● Munire di trincee: *t. il campo.* **B** **v. intr. pron.** **1** Proteggersi con trincee, attestarsi in un luogo munendolo di trincee: *le truppe si trincerarono a ridosso del bosco.* **2** (*fig.*) Farsi scudo di ciò che può costituire un solido strumento di difesa: *trincerarsi dietro il segreto professionale*; *pareva che istintivamente si trincerasse nella sua ignoranza* (VERGA).

trinceràto [1583] **A** **part. pass.** di *trincerare*; anche **agg.** ● Nei sign. del v. **B** **s. m.** ● †Luogo trincerato.

trincerista [da *trincera*; 1918] **s. m.** (pl. *-i*) ● Militare che combatte o ha combattuto in trincea.

trinceróne [1959] **s. m.** **1** Accr. di *trincea.* **2** Larga e lunga trincea, munita di parapetto e fossato.

trincettàta [1879] **s. f.** ● Colpo di trincetto.

trincétto [da *trinciare*, con suff. dim.; av. 1722] **s. m.** ● Coltello a lama ricurva e appuntita, proprio del calzolaio, per tagliare il cuoio.

trinchettina [da *trinchetto*; 1840] **s. f.** ● (*mar.*) Fiocco interno e più piccolo, inferito allo stralletto nelle attrezzature veliche con due fiocchi e talvolta dotato di boma | Nell'attrezzatura tradizionale, fiocco inferito allo strallo di parrocchetto e murato in coperta alla base del bompresso. ➡ **ILL.** p. 2173 TRASPORTI.

trinchétto [etim. discussa: ant. fr. *triquet*, dim. di *trique* 'bastone', di orig. neerlandese, con sovrapposizione di *trinca* (1) (?); 1481] **s. m.** ● (*mar.*) Albero a pruavia dell'albero maestro | Nell'attrezzatura a brigantino, albero verticale prodiero che porta di solito cinque pennoni con le rispettive vele quadre | (*est.*) Il pennone più basso del trinchetto | Vela quadra che si inserisce in tale pennone: *senza timon, senza vele e t.* (STAMPA). ➡ **ILL.** p. 2172, 2173 TRASPORTI.

trinciafóglia [comp. di *trincia(re)* e *foglia*; 1961] **s. f. inv.** ● Macchina per sminuzzare le foglie per i bachi da seta.

trinciaforàggi [comp. di *trincia(re)* e il pl. di *foraggio*; 1901] **s. m. inv.** ● Macchina per tagliare erbe, fieno e paglia in piccoli pezzi: *t. a lame elicoidali, a coltelli radiali.*

trinciamènto [1879] **s. m.** ● (*raro*) Trinciatura.

trinciànte (1) [av. 1294] **A** **part. pres.** di *trinciare*; anche **agg.** ● Nei sign. del v. **B** **s. m.** **1** Grosso coltello affilato, per tagliare le carni in tavola. **2** †Scalco nel sign. 1. **3** (*fig.*) †Smargiasso.

†**trinciànte** (2) [etim. incerta; sec. XVI] **s. m.** ● Scialletto di finissimo panno, che le donne usavano portare in capo o attorno al collo.

trinciapàglia [comp. di *trincia(re)* e *paglia*; 1905] **s. m. inv.** ● Organo delle trebbiatrici per trinciare la paglia.

trinciapóllo o **trinciapólli** [comp. di *trincia(re)* e *pollo*; 1961] **s. m.** (pl. inv. o *-i*) ● Forbici da cucina a lama arcuata e con molla a pressione, per tagliare a pezzi pollame e selvaggina.

trinciàre [ant. fr. *trenchier* 'tagliare', dal lat. parl. **trinicāre* 'tagliare a tre a tre (*trīni*)'; 1527] **A** **v. tr.** (*io trìncio*) ● Tagliare in striscioline, in pezzetti e sim.: *t. il tabacco, il foraggio, la carne, il pollo* | (*est., gener.*) Tagliare (*anche fig.*): *t. qlco. col coltello* | (*fig.*) ***T. l'aria coi gesti***; ***t. gesti nell'aria***, tagliare l'aria con le braccia, facendo vistosi movimenti | (*fig.*) ***T., giudizi***, sputare sentenze, dare giudizi affrettati | Tagliuzzare: *t. una stoffa* | ***T. i panni addosso a qlcu.***, (*fig.*) sparlarne o giudicarne le azioni con malanimo | †***T. la palla***, nel gioco della pallacorda, colpirla di taglio. **B** **v. intr. pron.** ● Recidersi in striscioline, tagliarsi spec. lungo le pieghe e la cucitura, detto di tessuti: *la seta si trincia con facilità.*

trinciàta [av. 1742] **s. f.** ● Il trinciare una volta e in fretta: *dare una t. alla lattuga, alle cipolle.*

trinciàto [av. 1535] **A** **part. pass.** di *trinciare*; anche **agg.** **1** Tagliato, tagliuzzato. **2** (*bot., raro*) Detto di foglia seghettata. **3** (*arald.*) Detto di scudo o figura divisi in due parti uguali per mezzo di una linea diagonale dall'angolo superiore destro all'angolo inferiore sinistro. **B** **s. m.** **1** Tabacco tagliato in sottili striscioline: *t. forte, dolce*; *t. per pipa, per sigarette.* **2** (*arald.*) Scudo trinciato.

trinciatóio [da *trinciare*; 1957] **s. m.** ● Macchina che trita e alza dal terreno rami tagliati.

trinciatóre [1765] **A** **agg.** (f. *-trice*) ● Che trincia: *macchina trinciatrice.* **B** **s. m.** **1** (f. *-trice*) Operaio che trincia il tabacco. **2** (*lett.*) †Scalco. **3** (*fig.*) †Persona maldicente, pettegola e sim.

trinciatrice [1940] **s. f.** ● Macchina per trinciare materiali vari: *t. per barbabietole.*

trinciatùberi [comp. di *trincia(re)* e il pl. di *tubero*; 1957] **s. m.** o **f. inv.** ● Apparecchio per ridurre in fette o in pasta tuberi e radici per il bestiame.

trinciatùra [av. 1644] **s. f.** **1** Operazione del trinciare: *la t. del tabacco.* **2** Frammenti di materiale trinciato: *t. di cuoio.*

†**trincièra** e *deriv.* ● V. *trincea* e *deriv.*

trincio [da *trinciare*; av. 1566] **s. m.** ● (*raro*) Taglio: *seta piena di trinci.*

trincóne [accr. di *trinc(are)* (2); av. 1665] **s. m.** (f. *-a*) ● (*pop.*) Beone, ubriacone. || **trinconàccio**, **pegg.**

trinèlla [dim. di *trina*; 1607] **s. f.** ● (*mar.*) Funicella di tre o più fili per legature volanti o leggere.

trinellàre [da *trina*; 1961] **v. tr.** (*io trinèllo*) ● Ornare con applicazioni di trine: *t. un tessuto.*

trinellatóre [1940] **s. m.** ● Nella macchina da cucire, accessorio atto a fissare trine o guarnizioni sulla stoffa, secondo un determinato disegno.

trinidégno (o *-é-*) [1997] **A** **agg.** ● Di Trinidad, isola dello Stato sudamericano di Trinidad e Tobago. **B** **s. m.** (f. *-a*) ● Abitante, nativo di Trinidad.

Trinità o †**Trinitàde**, †**Trinitàte** [vc. dotta, lat. *trinitāte(m)*, nom. *trīnitas*, da *trīnus* 'trino'; 1308] **s. f.** ● Nella teologia cristiana, l'unione delle tre persone divine, Padre, Figlio e Spirito Santo, in una sola sostanza | In alcune religioni politeistiche, ad es. l'Induismo, il manifestarsi della divinità in tre forme.

trinitàrio [1891] **A** **agg.** **1** Della, relativo alla, Trinità: *dogma t.*; *eresia trinitaria.* **2** Appartenente a un ordine religioso istituito nel XII sec. per la redenzione dei prigionieri cristiani nelle mani degli infedeli: *monaco t.*; *suora trinitaria*; *ordine t.* **B** **s. m.** **1** Eretico che, nei primi secoli della storia del dogma cristiano, accoglieva la dottrina delle tre differenti nature, persone e sostanze nella Trinità. **2** Monaco trinitario.

trinitarìsmo [da *trinitar(io)* col suff. *-ismo*; 1961] **s. m.** ● (*relig.*) Triteismo.

†**Trinitàte** ● V. *Trinità.*

trinitrìna [sta per *trinitr(oglicer)ina*, comp. di *tri-* (*nitro*)- 'a tre gruppi nitrici' e *glicerina*; 1961] **s. f.** ● Nitroglicerina.

trinitrofenòlo [comp. di *tri-*, *nitro-* e *fenolo*; 1927] **s. m.** ● (*chim.*) Composto che si presenta sotto forma di cristalli gialli, solubili in acqua, dotati di proprietà esplosive.

trinitroglicerìna [comp. di *tri-*, *nitro-* e *glicerina*; 1934] **s. f.** ● (*chim.*) Nitroglicerina.

trinitrotoluène [comp. di *tri-*, *nitro-* e *toluene*; 1940] **s. m.** ● (*chim.*) Derivato del toluene, contenente tre gruppi nitrici, esistente in diverse forme isomere la più importante delle quali è il tritolo | Correntemente, tritolo.

trinitrotoluòlo [comp. di *tri-*, *nitro(gruppo)* e *toluolo*; 1915] **s. m.** ● (*chim.*) Trinitrotoluene.

trino [vc. dotta, lat. *trīnu(m)*, distributivo da *trēs* 'tre'; 1321] **A** **agg.** **1** (*raro, lett.*) Triplice, composto di tre elementi: *dimensione trina*; *aspetto t.* **2** Secondo la teologia cristiana, attributo proprio di Dio nella Trinità: *Dio uno e t.* **B** **s. m.** ● †Terno, triade.

trinòmio [da *(bi)nomio*, con sostituzione di *tri-* 'tre (termini)' a *bi-* 'due (termini)'; 1543] **s. m.** **1** (*mat.*) Polinomio costituito da tre monomi. **2** (*fig.*) Espressione, formula e sim. costituita da tre elementi in intima connessione tra loro: *il t. Dio, patria, famiglia*; *un t. di attori famosi.*

trinùndino [vc. dotta, lat. *trinūndinu(m)* 'intervallo di tre (*trīnus*) giorni di mercato (*nūndinae*)', propr. '(vacanza) del nono giorno'; 1559] **s. m.** ● Nell'antica Roma, periodo di ventiquattro giorni che doveva intercorrere, secondo la legge, tra l'emanazione di un determinato atto, provvedimento, decisione e sim. e la sua esecutorietà, entrata in vigore, applicabilità e sim.

†**trinùzia** [propr. 'dalle tre (*tri-*) nozze (lat. *nūptiae*)'; 1826] **s. f.** ● Donna tre volte sposa.

trio [da *tri-* sul modello di *duo*; av. 1647] **s. m.** **1** (*mus.*) In epoca barocca, sonata a tre parti con tre o più esecutori, poi usata nelle suites come episodio autonomo fra una danza e l'altra, divenuto infine nelle forme classico-romantiche sezione centrale di minuetto, scherzo, marcia | Dal XVIII sec., composizione destinata a tre solisti: *t. d'archi, t. con pianoforte, i trii di Beethoven* | Complesso degli esecutori di tale genere di composizione | (*est.*) Complesso di tre musicisti o cantanti di musica leggera. CFR. Terzetto. *2* (*est.*) Complesso dei tre strumenti o dei tre esecutori di un trio musicale: *t. d'archi*; *t. vocale e strumentale* | (*est.*) Complesso di tre musicisti o cantanti di musica leggera. *3* (*fig.*) Gruppo di tre persone che esercitano insieme una determinata attività, che insieme partecipano a qlco. o che, comunque, costituiscono un complesso dotato di particolari caratteristiche (*anche scherz.*): *un t. di comici famosi*; *un bel t. di furfanti.*

†**triòcco** [etim. incerta] **s. m.** ● (*tosc.*) Bisboccia.

triodo, (*evit.*) **triòdo** [comp. di *tri-* e della finale di (*elettr*)*odo*; 1949] **s. m.** ● Tubo elettronico, a effetto termoionico, che oltre al filamento, che costituisce il catodo ed emette elettroni, e alla placca, che costituisce l'anodo, ha una griglia, che ne regola l'afflusso col variare del suo potenziale.

trionfàle o †**triunfàle** [vc. dotta, lat. *triumphāle*(*m*), da *triŭmphus* 'trionfo'; 1319] **agg.** *1* Di trionfo: *arco, carro, ingresso t.*; *marcia, entrata t.*; *fasti trionfali* | ***Carmi trionfali***, cantati dai soldati romani nei trionfi. *2* (*est.*) Grandioso, splendido, superbo: *accoglienze trionfali*; *successo t.*; *tributare a qlcu. onori trionfali.* || **trionfalménte**, **avv.** In modo trionfale: *entrare trionfalmente in città*; *accogliere trionfalmente qlcu.*

trionfalismo [fr. *triomphalisme*, da *triomphal* 'trionfale'; 1974] **s. m.** *1* Atteggiamento di chi, specie in politica, esalta con eccessiva soddisfazione e ottimismo un avvenimento, un risultato conseguito o una iniziativa ancora da attuare: *il governo ha valutato senza t. il successo della sua azione.* *2* Tendenza della Chiesa cattolica ad esaltare la sua potenza.

trionfalista [fr. *triomphaliste*, da *triomphalisme* 'trionfalismo'; 1977] **s. m. e f.** (**pl. m.** *-i*) ● Chi assume un atteggiamento trionfalistico.

trionfalistico [da *trionfalista*; 1970] **agg.** (**pl. m.** *-ci*) ● Che dimostra o è pieno di trionfalismo: *discorso t.* || **trionfalisticaménte**, **avv.**

trionfànte o †**triunfànte** [1321] **A part. pres.** di *trionfare*; anche **agg.** *1* Nei sign. del v. *2* ***Chiesa t.***, costituita dai beati che sono in cielo. *3* Che è pieno di grande gioia, entusiasmo, esultanza: *aveva negli occhi uno sguardo t.*; *mi si parò dinanzi glorioso e t.* **B s. m.** ● †Beato.

trionfàre o †**triunfàre** [vc. dotta, lat. *triumphāre*, da *triŭmphus* 'trionfo'; 1313] **A v. intr.** (*io trïónfo*; aus. *avere*) (assol.; + *su*; lett. raro + *di*) *1* (*st.*) Ottenere, celebrare, godere gli onori del trionfo, detto dei condottieri nell'antica Roma: *Cesare trionfò sui Galli*; *al grande Augusto che di verde lauro / tre volte trionfando ornò la chioma* (PETRARCA); *Ah, non trionfi / Del germano il germano!* (METASTASIO). *2* (*est.*) Ottenere una grande vittoria: *t. sui nemici, sugli avversari*; *Napoleone trionfò a Jena* | (*est., fig.*) Prevalere, dimostrarsi più forte, avere la meglio: *t. sui propri oppositori*; *t. sulle avversità*; *una vettura che ha trionfato in ogni competizione*; *noi vorremmo che il bene e la giustizia trionfassero sempre* | (*fig.*) Ottenere grande successo, plauso e sim.: *una commedia che ha trionfato in tutti i teatri d'Europa*; *in generale trionfano gli audaci e i furbi.* *3* (*fig., lett.*) Ottenere il Paradiso, raggiungere la beatitudine celeste. *4* (*raro*) Esultare di gioia. *5* †Godersela, a tavola e sim. *6* (*raro, lett.*) Risaltare, fare spicco, detto di colori. *7* †Prosperare, essere rigoglioso, detto di campi e sim. | †Essere venduto a prezzo molto alto, detto di cose in commercio. **B v. tr.** *1* (*raro, lett.*) Signoreggiare, dominare | Vincere, superare: *così il tempo trionfa i nomi e il mondo* (PETRARCA). *2* †Onorare del trionfo.

trionfàto o †**triunfàto** [sec. XIII] **part. pass.** di *trionfare*; anche **agg.** ● (*poet.*) Vinto, sconfitto, soggiogato.

trionfatóre o †**triunfatóre** [vc. dotta, lat. *triumphatōre*(*m*), da *triumphātus* 'trionfato'; sec. XIV] **s. m.**; anche **agg.** (**f.** *-trice*) ● Chi (o Che) trionfa.

†**trionfévole agg.** ● Trionfale.

♦**triónfo** o †**triúnfo** [vc. dotta, lat. *triŭmp*(*h*)*u*(*m*), dal gr. *thríambos* 'festa in onore di Bacco', di prob. orig. straniera; 1321] **s. m.** *1* (*st.*) Nell'antica Roma, massimo onore che il Senato concedeva al generale vittorioso o all'imperatore stesso: *ottenere, celebrare il t.* *2* (*est.*) Vittoria, militare o sportiva, piena e splendida: *riportare sui nemici un vero t.*; *ottenere un grande t.*; *festeggiare il t. di una squadra, di un atleta* | (*est.*) Esito finale positivo, vittoria totale: *il t. del bene sul male*; *lottare per il t. di una nobile causa* | (*fig.*) Grande e splendido successo: *la recita, la proiezione è stata un t.*; *passare di t. in t.* | ***Portare qlcu. in t.***, alzarlo da terra e portarlo a spalla, in segno di grande gioia e onore | ***Essere ricevuto, accolto in t.***, con grandi onori, feste e sim. *3* (*fig.*) Glorificazione celeste: *il t. del martirio*; *il t. dei santi.* *4* Centro ornamentale da tavola composto da una ricca varietà di elementi architettonici e ornamentali, spesso appoggiati su una base di specchio | Alzata a più ripiani in metallo pregiato, ceramica, cristallo | (*fig.*) Sovrabbondanza, ridondanza: *un vestito che è un t. di merletti.* *5* (*spec. al pl.*) Spettacolo allegorico, anche in forma di corteo, in uso in Italia, durante il Rinascimento, in occasione di particolari solennità. *6* Ciascuna delle 22 carte figurate del gioco dei tarocchi. SIN. Tarocco | In alcuni giochi a carte, il seme nominato o scoperto | Gioco di carte, di derivazione inglese, che si svolge tra due o quattro persone a coppie e si gioca con un mazzo di 52 carte da cui sono state scartate le carte dal 2 al 6.

trióni [vc. dotta, lat. *triōne*(*m*) (e *triōne*(*s*) al pl.), propr. 'bue da lavoro', rimasto col suo senso fig. in *settentrione* 'i sette trioni o buoi': legato con *tĕrere* 'tritare, trebbiare' (?); 1562] **s. m. pl.** *1* I due simboli celesti dell'Orsa maggiore e della minore. *2* (*lett.*) Le sette stelle dell'Orsa minore | (*est., lett.*) Nord, settentrione.

triònice [gr. *triónychos*, propr. 'che ha tre (*tri-*) unghie (*ónyches*, nom. sing. *ónyx*, di ambito indeur.)'; 1891] **s. f.** ● Piccola tartaruga acquatica con piastrone posteriormente allargato in espansioni cutanee e muso allungato a proboscide (*Tryonyx punctatus*).

triòssido [comp. di *tri-* e *ossido*; 1949] **s. m.** ● (*chim.*) Composto binario contenente tre atomi di ossigeno.

triòtto [etim. incerta; 1933] **s. m.** ● (*zool.*) Piccolo ciprinide commestibile azzurro, verde e giallo, di acque dolci e ricche di vegetali (*Leuciscus aula*).

trip /trip, *ingl.* θrɪp/ [vc. ingl., propr. 'viaggio', da *to trip* 'camminare svelti' (d'orig. oscura); 1966] **s. m. inv.** *1* Nel gergo dei tossicodipendenti, effetto causato dall'assunzione di sostanze stupefacenti, spec. allucinogene. *2* (*fig., gerg.*) Mania, pensiero ricorrente o ossessivo.

tripanosòma [comp. del gr. *trýpanon* 'trapano' e *sôma* 'corpo', per la loro forma; 1909] **s. m.** (**pl.** *-i*) ● Protozoo flagellato con corpo allungato a foglia e membrana ondulante che si origina dal flagello, parassita dei liquidi organici dei Vertebrati cui sono trasmessi da artropodi (*Trypanosoma*). ➡ **ILL. animali**/1.

tripanosomìasi [comp. di *tripanosomi* e *-iasi*; 1907] **s. f. inv.** ● (*med.*) Qualsiasi malattia infettiva dell'uomo e degli animali causata da tripanosomi | ***T. africana***, causata da *Trypanosoma gambiense* o *Trypanosoma rhodesiense.* SIN. Malattia del sonno.

tripartìre [vc. dotta, lat. tardo *tripartīre*, comp. di *tri-* '(in) tre' e *partīre*, da *pārs*, genit. *pārtis* 'parte'; 1598] **v. tr.** (*io tripartìsco, tu tripartìsci*) ● Dividere in tre parti.

tripartìtico [comp. di *tri-* e *partitico*; 1961] **agg.** (**pl. m.** *-ci*) ● Costituito o attuato da tre partiti politici: *sistema t.*

tripartitìsmo [comp. di *tripartit*(*o*) (2) e *-ismo*; 1965] **s. m.** ● (*raro*) Sistema tripartitico. CFR. Tripolarismo.

tripartìto (1) [1319] **part. pass.** di *tripartire*; anche **agg.** *1* Nel sign. del v. *2* ***Patto, accordo***, e sim., ***t.***, sottoscritto da tre parti. || **tripartitaménte**, **avv.** (*raro*) Con tripartizione.

tripartìto (2) [comp. di *tri-* e *partito*; 1942] **A agg.** ● Pertinente a tre partiti o parti politiche: *patto, governo t.* **B s. m.** ● Governo, alleanza di tre partiti o parti politiche.

tripartizióne [vc. dotta, lat. tardo *tripartitiōne*(*m*), da *tripartītus*, part. pass. di *tripartīre*; 1749] **s. f.** ● Divisione in tre parti.

tripètalo [comp. di *tri-* e *petalo*; av. 1729] **agg.** ● (*bot.*) Che ha tre petali: *fiore t.*

trìpla [da *triplo*; 1970] **s. f.** *1* Combinazione esauriente le tre probabilità, nei giochi basati su pronostici. *2* (*mus.*) Misura a tre tempi.

triplàno [comp. di *tri-* e *-plano* di (*aero*)*plano*, che entra in analoghi comp. (*monoplano*, *biplano*, ...); 1917] **agg.** ● (*aer.*) Che ha tre piani aerodinamici: *velivolo t.*; *struttura triplana.*

†**triplàre** [vc. dotta, lat. tardo *triplāre*, da *trĭplus* 'triplo'] **v. tr.** ● Triplicare.

triple-sec® /*fr.* ˌtʀiplə'sɛk/ [vc. ingl., propr. 'triplo (*triple*) secco, detto di vino (*sec*)'; 1931] **s. m. inv.** ● Liquore simile al curaçao.

triplétta [ingl. *triplet* 'serie di tre cose', da *triple* 'triplo'; 1940] **s. f.** *1* Fucile a tre canne. *2* In vari giochi, gare, sport, insieme di tre colpi riusciti, di tre punti ottenuti e sim. (*anche est.*): *sparare una t.*; *una t. di gol.* *3* Bicicletta a tre posti. *4* (*biol.*) Codone (2). || **triplettina**, **dim.**

triplicàre [vc. dotta, lat. tardo *triplicāre*, da *trĭplex* 'triplice'; 1499] **A v. tr.** (*io trìplico, tu trìplichi*) *1* Moltiplicare per tre: *t. un numero, una somma.* *2* (*est.*) Accrescere notevolmente: *t. i colpi, gli attacchi.* SIN. Aumentare. **B v. intr. pron.** ● Accrescersi di tre volte: *le spese si sono triplicate.*

triplicàto [1528] **part. pass.** di *triplicare*; anche **agg.** ● Nei sign. del v. || **triplicataménte**, **avv.** (*raro*) Per tre volte.

triplicatóre [av. 1803] **s. m.**; anche **agg.** (**f.** *-trice*) ● Chi (o Che) triplica.

triplicazióne [vc. dotta, lat. tardo *triplicatiōne*(*m*), da *triplicātus* 'triplicato'; 1765] **s. f.** ● Il triplicare, il triplicarsi, il venire triplicato.

triplice [vc. dotta, lat *trĭplice*(*m*), nom. *trĭplex*, comp. di *tri-* e *-plex*, dalla radice indeur. **plek* 'piegare'; 1308] **A agg.** *1* Che si compone di tre parti, anche diverse fra loro: *il t. aspetto di una questione*; *tendere a un t. scopo.* *2* Che avviene fra tre parti: *una t. intesa*; *la Triplice Alleanza fu stretta nel 1882 fra Italia, Austria e Germania.* || **tripliceménte**, **avv.** (*raro*) In modo triplice. **B s. f.** ● Nell'equitazione, ostacolo largo composto da tre piani verticali, i cui elementi superiori risultano di altezza progressiva | (*sci*) Nelle gare di slalom speciale, serie di tre paletti posti in linea a distanza ravvicinata.

triplicità o †**triplicitàde**, †**triplicitàte** [1336 ca.] **s. f.** ● (*raro*) Caratteristica di ciò che è triplice.

triplìsta [1963] **s. m. e f.** (**pl. m.** *-i*) ● Atleta specialista del salto triplo.

triplo [vc. dotta, lat. *trĭplu*(*m*), comp. con *tri-* e *-plus*, dalla radice indeur. **plek* 'piegare'; av. 1519] **A agg.** *1* Che è tre volte maggiore, relativamente ad altra cosa analoga: *una spesa tripla.* *2* Triplice: *filo t.* | ***Stella tripla***, complesso di tre stelle che orbitano attorno al comune baricentro | (*chim.*) ***Punto t.***, quello che in un diagramma rappresenta l'insieme di condizioni sotto le quali le fasi gassosa, liquida e solida di una sostanza sono in equilibrio tra loro. *3* Che si ripete tre volte: *t. salto mortale* | ***Salto t.***, o (*ellitt.*) ***triplo***, nell'atletica leggera, successione di tre salti in lungo con stacchi su un piede e atterraggio finale su entrambi. **B s. m.** *1* Quantità, misura tre volte maggiore: *lavorare, guadagnare il t.* *2* Salto triplo.

triplòmetro [comp. di *triplo* e *metro*; 1961] **s. m.** ● In topografia, strumento per la misurazione diretta delle distanze, costituito da un'asta rigida, scomponibile in più parti, lunga tre metri e graduata in centimetri e decimetri.

tripode [vc. dotta, lat. tardo *trĭpode*(*m*), nom. *trĭpus*, dal gr. *trípous* 'che ha tre (*tri-*) piedi (*póus*, genit. *podós*)'; 1499] **s. m.** *1* Sgabello di bronzo a tre piedi, proprio della Sibilla delfica che su di esso sedeva durante l'invasamento mentre pronunciava gli oracoli. *2* Base di sostegno a tre piedi diffusa sin dall'antichità per oggetti d'uso e d'ornamento e anche per mobili | Sedile, tavolo a tre gambe | Supporto per bracieri o bacini. *3* (*mar.*; *disus.*) Albero metallico che poggia su tre piedi.

tripodìa [dal gr. *tripodía*, comp. come *tripode*, col suff. *-ia*; 1891] **s. f.** ● Nella metrica classica, serie di tre piedi metrici uguali: *t. dattilica, trocaica.*

†**tripòdico** (1) **agg.** (**pl. m.** *-ci*) ● Del tripode.

tripòdico (2) **agg.** (**pl. m.** *-ci*) ● Di, relativo a, tripodia: *verso t.*

tripolàre [comp. di *tri-* e *polare*; 1961] **agg.** *1* (*elettr.*) Che ha tre poli o morsetti. *2* (*fig.*) ***Politica t.***, basata su tre poli d'influenza (spec., negli anni 1970-80, USA, URSS e Cina) | ***Sistema t.***, basato sull'esistenza di tre poli politici.

tripolarişmo [da *tripolare*; 1983] **s. m.** ● Nell'ambito internazionale, caratteristica di un sistema di relazioni tripolare | Caratteristica di un sistema politico basato su tre poli; CFR. Tripartitismo.

tripoli [vc. dotta, lat. *Trĭpoli(m)*, dal gr. *Trípolis* 'le tre (*tri-*) città (*pólis*)', che un tempo forniva la farina fossile omonima; av. 1571] **s. m. inv.** ● Roccia silicea friabile, finemente stratificata, biancastra, che trae origine dall'accumulo di gusci di microorganismi marini.

tripolino [1718] **A agg.** ● Di Tripoli, città della Libia. **B s. m.** (f. *-a*) ● Abitante o nativo di Tripoli.

tripolitàno [vc. dotta, lat. *Tripolitānu(m)*, da *Trĭpolis* 'Tripoli' col suff. etnico *-itānus*; 1718] **A agg.** ● Della Tripolitania, regione della Libia. **B s. m.** (f. *-a*) ● Abitante o nativo della Tripolitania.

tripósto [comp. di *tri-* e *posto*; 1961] **agg. inv.** ● Con tre posti: *aereo t.*; *cabina, vettura t.*

trippa [etim. discussa: ar. *ṯarb* 'omento', di orig. persiana (?); 1481] **s. f.** *1* Stomaco dei bovini macellati che, ben pulito e tagliato in listerelle, viene variamente cucinato: *t. alla fiorentina, alla parmigiana*; *t. con fagioli*. *2* (*est.*, *fam.*, *scherz.*) Pancia, ventre: *empire la t.* | ***Mettere su t.***, ***la t.***, ingrassare. ‖ **trippàccia**, **pegg.** | **trippétta**, **dim.** | **trippettina**, **dim.** | **trippettino**, **dim. m.** | **trippino**, **dim. m.** | **trippóne**, **accr. m.** (V.).

trippàio o (*dial.*) **trippàro** [1865] **s. m.** (f. *-a*) ● Chi vende trippa.

trippàto [1879] **agg.** ● Detto di pietanza cotta e condita come la trippa: *frittata trippata*.

tripperìa [1891] **s. f.** *1* Reparto del mattatoio in cui si preparano trippe, testine, piedi degli animali macellati. *2* (*raro*) Bottega del trippaio.

trippóne [1598] **s. m.** (f. *-a*) *1* Accr. di *trippa*, nel sign. 2. *2* (*est.*) Persona molto panciuta | (*raro*) Mangione.

tripsina [ted. *Trypsin*, dal gr. *trýein* '(s)fregare, strofinare' (perché ottenuta sfregando il pancreas con la glicerina) con la terminazione di (*pe*)*psina*; 1903] **s. f.** ● Fermento digestivo prodotto dal pancreas, che agisce sulle proteine.

triptofàno [perché si mostra (dal gr. *pháinein*, di orig. indeur.) tra i prodotti della digestione *triptica*; 1929] **s. m.** ● (*chim.*) Amminoacido aromatico, presente in prevalenza nelle proteine animali, ritenuto essenziale per l'uomo e numerosi animali.

triptòto [vc. dotta, lat. tardo *triptōtu(m)*, dal gr. *tríptōtos* 'che ha tre (*tri-*) casi (*ptōtói*, dal v. *píptein* 'cadere', perché intesi come 'caduta' dalla forma del nom.)'; 1970] **s. m.** ● (*ling.*) Sostantivo la cui declinazione ha solo tre casi.

tripudiàre [vc. dotta, lat. *tripudiāre*, da *tripŭdium* 'tripudio'; av. 1406] **v. intr.** (*io tripùdio*; aus. *avere*) ● Saltare per la gioia, fare grande festa. SIN. Esultare.

tripùdio [vc. dotta, lat. *tripŭdiu(m)*, originariamente 'danza (a tre tempi)', da *tripodāre* 'danzare a tre (*tri-*) misure di tempo (in gr. *póus*, genit. *podós*, propr. 'piede')'; 1321] **s. m.** *1* (*st.*) Danza ritmica ternaria dei sacerdoti Salii, in Roma antica. *2* (*est.*, *fig.*) Festa grande, rumorosa manifestazione di gioia: *il t. della folla*. SIN. Esultanza. *3* (*fig.*) Insieme di esuberanti manifestazioni di vita, felicità e sim.: *la campagna era tutto un t. di colori*; *la città riviveva in quel t. di luci*.

†**triquadruplicàto** [comp. di *tri-* e *quadruplicato*] **agg.** ● Che è quadruplicato tre volte.

triquetra [vc. dotta, lat. *trīquetra(m)* 'triangolare', sost. di agg., usata per tradurre il corrispondente gr. *triskelès*; 1936] **s. f.** ● Figura formata da tre gambe rincorrentisi intorno a un volto umano dal quale si dipartono (fu simbolo della Sicilia).

†**triquetro** [vc. dotta, lat. *triquĕtru(m)*, comp. di *tri-* 'tre' e di un altro elemento con riscontri germ., ma di orig. incerta] **agg.** ● Triangolare.

trireattóre [comp. di *tri-* e *reattore*; 1966] **A agg.** ● (*aer.*) Detto di aviogetto dotato di tre propulsori a reazione diretta. **B s. m.** ● (*aer.*) Aviogetto trireattore.

trirégno [comp. di *tri-* e *regno* nel senso di 'corona'; 1673] **s. m.** ● Tiara papale.

trirème (o *-é-*) o †**trerème** (o *-é-*) [vc. dotta, lat. *trirēme(m)*, comp. di *tri-* 'tre' e di un deriv. da *rēmus* 'remo'; av. 1292] **s. f.** ● (*mar.*) Antica nave romana a tre ordini di remi sovrapposti.

trirettàngolo [comp. di *tri-* e *rettangolo*; 1961] **agg.** ● Dotato di tre angoli retti.

tris [da *tri-*, adeguato nella finale a *bis*; 1942] **A s. m.** ● Nel poker e in altri giochi, serie di tre carte dello stesso valore: *t. d'assi, di re*. **B** in funzione di **agg. inv.** ● (*ippica*) ***Corsa t.***, gara di cavalli su cui si può scommettere al totalizzatore, pronosticando i primi tre classificati.

trişàgio [gr. *triságios*, propr. 'tre volte (*trís*) santo (*hágios*)'; av. 1667] **s. m.** ● Inno delle liturgie cristiane occidentali e orientali, nel quale si glorifica Dio come tre volte santo | Formula di triplice glorificazione di Dio contenuta nella Messa.

†**trişarcàvolo** [comp. di *tri-* e *arcavolo*, sulla scia di *bisarcavolo*; 1858] **s. m.** (f. *-a*) ● (*raro*) Padre del bisarcavolo.

trişàvo [1983] **s. m.** (f. *-a*) ● Trisavolo.

trişàvolo [comp. di *tri-* e *avolo*, sul modello di *bisavolo*; av. 1348] **s. m.** (f. *-a*) ● Padre del bisavolo. SIN. Trisnonno.

trisciò [dall'ingl. *trishaw*, comp. di *tri-* 'tre' e (*ricks*)*shaw* 'risciò'; 1983] **s. m.** ● In alcuni Paesi dell'Asia orientale, tipo di risciò trainato da una bicicletta o da una motocicletta.

trişdrùcciolo [comp. di *tri-* e *sdrucciolo* (*1*); 1842] **agg.** ● Detto di parola che ha l'accento tonico sulla quintultima sillaba (ad es. *órdinaglielo*).

trisecàre [comp. di *tri-* e *secare*; 1961] **v. tr.** (*io trìseco, tu trìsechi*) ● (*mat.*) Eseguire una trisezione.

trisezióne [comp. di *tri-* e *sezione*; 1733] **s. f.** ● (*mat.*) Divisione in tre parti uguali | ***T. d'un angolo***, celebre problema dell'antichità, risolubile con riga e compasso solo per angoli particolari.

trisillàbico [da *trisillabo* con desinenza più appropriata al sistema agg. it.; av. 1565] **agg.** (pl. m. *-ci*) ● Detto di parola costituita da tre sillabe.

trisillabişmo [da *trisillab(ico)* con il suff. *-ismo*; 1929] **s. m.** ● (*ling.*) Nel greco e nel latino, legge per la quale l'accento tonico della parola non cade mai più indietro della terzultima sillaba.

trisìllabo [vc. dotta, lat. *trisўllabu(m)*, dal gr. *trisýllabos* 'composto di tre (*tri-*) sillabe (*syllabái*)'; 1598] **A s. m.** *1* Parola formata da tre sillabe. *2* Nella metrica italiana, verso la cui ultima sillaba accentata è la seconda; è composto di tre sillabe se termina con parola piana: *o Ermione* (D'ANNUNZIO) (V. nota d'uso ACCENTO). SIN. Ternario. **B agg.** *1* Detto di tale verso. *2* Trisillabico.

trişma o **trişmo** [gr. *trismós* 'piccolo grido acuto, stridore', da *trízein* 'stridere', di prob. orig. imit.; 1819] **s. m.** (pl. *-i*) ● (*med.*) Chiusura serrata della mandibola per spasmo dei muscoli masticatori.

trişmegisto o **trimegisto** [vc. dotta, lat. *Trismegĭstu(m)*, dal gr. *trismégistos*, propr. 'tre volte (*trís*) grandissimo (*mégistos*, superl. di *mégas* 'grande')'; 1581] **agg.** ● Appellativo del dio greco Ermete, corrispondente all'egiziano Thot, nelle dottrine e nelle speculazioni dell'ermetismo ellenistico.

trişmo ● V. *trisma*.

trişnònno **s. m.** (f. *-a*) ● Trisavolo.

trisomìa [comp. di *tri-* e *-somia*; 1969] **s. f.** ● (*med.*) Anomalia cromosomica consistente nella presenza in una cellula diploide (o in un organismo) di un cromosoma soprannumerario, omologo di una delle coppie normalmente presenti, che compare quindi tre volte nel genoma | ***T. 21***, sindrome di Down.

trisòmico **agg.** (pl. m. *-ci*) ● (*med.*) Pertinente a trisomia.

trissottino [dal n. di un personaggio delle 'Femmes savantes' di Molière, *Trissotin*; 1868] **s. m.** (f. *-a*) ● (*raro*) Poetucolo sciocco e ambizioso.

†**trista** [f. di *tristo*; 1308] **s. f.** ● Prostituta, meretrice.

†**tristàggine** [da *tristo*] **s. f.** ● Sciaguratezza, ribalderia.

†**tristànza** [ant. fr. *tristance* 'tristezza', da *trist* 'triste'; av. 1306] **s. f.** ● Tristezza, malinconia.

tristanzuòlo [da †*tristanza*; 1353] **agg.** *1* (*lett.*) Piuttosto cattivo, meschino e sim. *2* †Sparuto, malsano: *tisicuzzo e tristanzuol mi parete* (BOCCACCIO).

†**tristàre** [da *triste*; av. 1306] **A v. tr.** ● Rattristare, intristire. **B v. intr. pron.** ● Avvilirsi, contristarsi.

tristarèllo o **tristerèllo** [dim. di *tristo*; 1529] **agg.**; anche **s. m.** (f. *-a*) *1* (*lett.*) Che (o Chi) è un po' triste, malinconico: *l'altro vedea egli tutto quieto starsi, muto e tristerello* (ALBERTI). *2* (*lett.*) Sciagurato, malvagio (con tono attenuato): *E tu, tristarella che sei, abbandonasti questo povero vecchio padre* (GOLDONI).

♦**triste** [lat. *trīste(m)*, di etim. incerta; av. 1547] **agg.** *1* Che è afflitto e malinconico: *persona t.* | Che esprime afflizione e malinconia: *occhi tristi*; *aveva una cert'aria triste*. SIN. Addolorato, affranto, infelice, mesto. CONTR. Allegro. *2* Che è privo di gioia, serenità, piacere e sim.: *casa, vita t.*; *i giorni miei / sono tristi* (SABA) | Che è fonte di tristezza: *uno spettacolo t.*; *un paesaggio t.* *3* (*est.*) Negativo, spiacevole, amaro: *una t. esperienza da non ripetere*; *è veramente t. che tutto sia finito così*. *4* (*raro*) Malvagio. ‖ **tristeménte**, **avv.**

♦**tristézza** [lat. *tristĭtia(m)*, da *trīstis* 'triste'; sec. XIII] **s. f.** *1* Stato d'animo di chi è triste: *il suo viso esprimeva una profonda t.*; *sorriso velato di t.*; *tacito orror di solitaria selva / di sì dolce t. il cor mi bea* (ALFIERI). SIN. Dolore, infelicità. CONTR. Allegria. *2* Condizione, caratteristica di ciò che è triste: *la t. di una casa*. *3* Ciò che rende tristi, situazione, avvenimento e sim., amaro, doloroso: *ognuno ha la sua t.*; *diman t. e noia / recheran l'ore* (LEOPARDI). *4* †Malizia, furberia, tristizia.

†**tristìa** **s. f.** ● Tristizia.

tristico [gr. *trístichos* 'a triplice (*tri-*) verso (*stíchos*)'; 1932] **agg.** (pl. m. *-ci*) ● Detto di strofa di tre versi.

†**tristificàrsi** [dal lat. *tristĭficus* 'che rende (da *fàcere*) triste'] **v. intr. pron.** ● Divenire triste.

tristìzia o †**trestìzia** [vc. dotta, lat. *tristĭtia(m)*, da *trīstis* 'triste'; 1294] **s. f.** *1* (*lett.*) Tristezza: *la t. e 'l pianto della sua donna* (BOCCACCIO). *2* (*lett.*) Malvagità.

tristo [vc. dotta, lat. *trīstu(m)*, variante di *trīstis* 'triste', foggiata per analogia con *lāetus* 'lieto', *maestus* 'mèsto'; av. 1250] **A agg.** *1* (*raro*, *lett.*) Malinconico, afflitto: *t. e dolente si pose a stare* (BOCCACCIO). *2* (*lett.*) Sventurato, sciagurato, infelice: *t. è il pagano che nel campo me aspetta!* (BOIARDO). *3* Di persona malvagia, cattiva: *gente trista*; *è proprio un t. individuo* | Che rivela malvagità: *mente trista*. SIN. Losco, infido. *4* (*est.*) Di ciò che è fatto o detto con malvagità: *una trista azione* | Che esprime malvagità: *aveva sul viso una smorfia trista* | †***Alla trista***, (*ellitt.*) di malavoglia. SIN. Infame, malvagio. *5* Stentato, malandato, misero: *pianta, vegetazione trista*; *avere un aspetto t.* | Meschino, povero, scadente: *fare una trista figura*; *oggetti di qualità piuttosto trista*. *6* †Sgradevole: *un t. odore*. ‖ **tristaménte**, **avv.** (*raro*) In modo tristo. **B s. m.** (f. †*-a* (V.)) *1* (*raro*) Ribaldo, briccone: *ora l'à dimenticate, el t., ma io non l'ò dimenticate* (MICHELANGELO). *2* †Cattiveria, ribalderia. **C** in funzione di **avv.** ● Nella loc. inter. ***trist'a***, guai a, sventura a: *trist'a chi tocca*. ‖ **tristàccio**, **pegg.** | **tristarèllo**, **tristerèllo**, **dim.** (V.) | **tristùccio**, **tristùzzo**, **pegg.**

†**tristóre** [da *triste*; av. 1306] **s. m.** ● Mestizia, malinconia.

†**tristóso** **agg.** ● Tristo, cattivo.

trisùlco [vc. dotta, lat. *trisŭlcu(m)* 'a triplice (*tri-*) solco (*sŭlcus*)'; 1342] **agg.** (pl. m. *-chi*) ● (*lett.*) Che ha tre solchi, e quindi tre punte.

tritàbile [av. 1642] **agg.** ● Che si può tritare.

tritacàrne [comp. di *trita(re)* e *carne*; 1918] **s. m. inv.** ● Apparecchio per tritare le carni alimentari costituito da un contenitore cilindrico in cui una vite elicoidale spinge la carne contro un coltello rotante e la fa passare poi attraverso un disco forato: *t. a mano*; *t. elettrico*.

tritaghiàccio [comp. di *trita(re)* e *ghiaccio*; 1961] **s. m. inv.** ● Apparecchio per tritare il ghiaccio e farne granite per sim.: *t. elettrico*.

tritagonista [gr. *tritagōnistḗs* 'terzo (*trítos*) attore (*agōnistḗs*)'; 1930] **s. m.** (pl. *-i*) ● Nell'antico teatro greco, attore che ha il terzo ruolo.

tritaimballàggi [comp. di *trita(re)* e il pl. di *imballaggio*; 1983] **s. m. inv.** ● (*tecnol.*) Apparecchio destinato a sminuzzare gli imballaggi, spec. di legno e cartone, delle merci e a produrre trucioli da usare come materiale di riempimento per altri imballaggi.

tritàme [comp. di *trit(o)* e *-ame*; av. 1597] **s. m.** ● Tritume.

tritaménto [av. 1320] s. m. ● (*raro*) Il tritare, il venire tritato.

tritanopìa [dal ted. *Tritanopie*, comp. di *trit-*, dal gr. *trítos* 'terzo', *an-* negativo 'a- (1)' e *-opie* '-opia', perché viene terzo dopo il primo termine della serie (*protanopia*, che riguarda il difetto di visione del rosso) e il secondo (*deuteranopia*, difetto della percezione visiva del verde)] s. f. ● (*med.*) Anomalia congenita della visione caratterizzata da incapacità a percepire il colore blu. CFR. Deuteranopia, protanopia, dicromatismo.

tritaòssa [comp. di *trita(re)* e il pl. di *osso*; 1980] s. m. inv. ● (*zoot.*) Macchina ad azionamento manuale destinata a tritare le ossa per l'alimentazione del pollame.

tritaprezzémolo [comp. di *trita(re)* e *prezzemolo*] s. m. inv. ● Utensile da cucina per tritare il prezzemolo, a mano o elettricamente.

tritàre [lat. parl. **tritāre*, freq. di *tĕrere*, di orig. indeur., che aveva il medesimo sign.; av. 1306] v. tr. **1** Tagliare, pestare o schiacciare qlco. fino a ridurla in minuti pezzetti: *t. la carne, il pane, la verdura*; *t. l'aglio, la cipolla con la mezzaluna*; *t. il pepe nel mortaio*; *t. il gesso, i colori* | (*fig.*) †***T. la via, la rena*** e sim., camminarvi sopra, calcarla | (*est., raro*) Sminuzzare, frangere finemente: *t. le zolle*. **2** (*dial.*) †Trebbiare. **3** (*fig.*) †Trattare, analizzare, esaminare qlco. con estrema minuzia: *t. un concetto, un argomento*. **4** (*fig.*) †Mortificare, affliggere.

tritarifiùti [comp. di *trita(re)* e il pl. di *rifiuto* nel sign. A 5; 1983] s. m. inv. ● Piccolo elettrodomestico che trita i rifiuti solidi all'interno del tubo di scarico di un lavello da cucina.

tritàto [1354] part. pass. di *tritare*; anche agg. ● Nei sign. del v.

tritatùra [1865] s. f. **1** Operazione del tritare. **2** Insieme dei pezzetti di una sostanza tritata.

tritatùtto [comp. di *trita(re)* e *tutto*; 1940] s. m. inv. ● Utensile da cucina simile al tritacarne, per sminuzzare anche ortaggi, pane, e altro: *t. a mano*; *t. elettrico*.

†**tritavo** [vc. dotta, lat. *trĭtavu(m)*, comp. di *tri-* 'tre (volte)' e *(a)tăvus* 'atavo'] s. m. (f. *-a*) ● Tritavolo.

†**tritàvolo** [da †*tritavo* per corrispondenza con i paralleli *avo* e *avolo*; 1550] s. m. (f. *-a*) ● Padre del bisavolo.

triteìsmo [comp. di *tri-* e *teismo*, deriv. dal gr. *theós* 'dio'; 1821] s. m. ● Dottrina dei trinitari. SIN. Trinitarismo.

triteìsta [1821] **A** s. m. e f. (pl. m. *-i*) ● Seguace del triteismo, eretico trinitario. **B** agg. ● Del, relativo al, triteismo: *eresia t.*

tritèllo [da *trito*; 1691] s. m. **1** Prodotto derivante dalla macinazione del grano, analogo alla crusca, ma formato da particelle più fini. SIN. Cruschello. **2** †Tritume.

tritemìmera [comp. delle vc. gr. *trítos* 'terzo', *hēmi-* 'mezza' e *méros* 'parte'; 1961] agg. solo f. ● Nella metrica greca e latina, detto di cesura che si trova dopo un piede e mezzo. SIN. Semiternaria.

†**tritìceo** [vc. dotta, lat. *tritĭceu(m)* 'relativo al tritico (*trĭticum*)'] agg. ● Di grano.

trìtico [vc. dotta, lat. *trĭticu(m)*, da *trītus*, part. pass. di *tĕrere* 'tritare'] s. m. (pl. *-ci*) ● Frumento: *gli uccelli e le formiche si ricolgono / dei nostri campi il desiato t.* (SANNAZARO).

tritìno s. m. **1** Dim. di *trito*. **2** (f. *-a*) (*tosc.*) Persona con abito logoro, ma pulito e decente.

trìtio ● V. *trizio*.

tritiònico [da *tritio*; 1879] agg. (pl. m. *-ci*) ● Detto di acido tionico contenente tre atomi di zolfo.

trìto [lat. *trītu(m)*, propr. part. pass. di *tĕrere* 'tritare, sfregare', di orig. indeur.; 1321] **A** agg. **1** Tritato, sminuzzato: *paglia trita*; *cipolla trita*; *diremo in che modo i colori ben triti s'adoperino* (ALBERTI) | †***Terra trita***, polvere | (*fig.*) †***Passo t.***, piccolo e frequente | (*fig.*) †***Notizia trita***, minuta, spicciola | (*fig.*) †***Maniera trita***, in pittura, quella che cura troppo i particolari o eccede nell'ornamentazione, spezzando l'unità dell'opera. **2** †Trebbiato. **3** †Battuto, calpestato, detto di terreno, strada e sim. | ***Via trita***, molto frequentata. **4** (*raro*) Consunto, logoro, detto spec. di abiti e sim. | (*est., lett.*) Di persona miseramente vestita, di misero aspetto. **5** (*fig.*) Abusato, risaputo: *argomento t.*; *concetti triti e ritriti*. SIN. Banale, frusto, ovvio. CONTR. Originale. || **tritaménte**, avv. **1** (*lett.*) Minutamente. **2** (*fig., lett.*) Minuziosamente: *esaminare tritamente*; con dovizia di particolari: *narrare tritamente*. **B** s. m. ● In gastronomia, composto tritato solitamente a base di verdure aromatiche e prosciutto o lardo. SIN. Battuto. || **tritino**, dim. | **tritùccio**, pegg.

†**tritolàme** [comp. da *tritol(are)* e *-ame*] s. m. ● Tritume.

tritolàre [da *trìtolo*; av. 1503] v. tr. (*io trìtolo*) ● (*raro*) Ridurre in tritoli, stritolare.

trìtolo (1) [dim. di *trito*; 1547] s. m. ● (*pop., tosc.*) Minuzzolo | (*fig.*) ***Non saper t.***, non saper nulla.

tritòlo (2) o (*raro*) **trotile** [1942] s. m. ● (*chim.*) Trinitrotoluene con i gruppi nitrici in posizione 2, 4, 6 rispetto al metile, impiegato come esplosivo e per preparare miscele esplosive.

tritóne (1) [vc. dotta, lat. *Tritōne(m)*, nom. *Trīton*, dal gr. *Tritōn*, di orig. indeur. con riferimento generale al 'mare'; 1540] s. m. ● Creatura fantastica della mitologia greco-romana, raffigurata con corpo umano terminante in due appendici pisciformi, dotato di pinne e di squame, spesso presente come ornamento figurativo in mobili, ceramiche e oggetti vari.

tritóne (2) [da *tritone* (1), secondo una comune attribuzione di nomi mitologici ad animali; 1829] s. m. **1** (*zool.*) Anfibio degli Urodeli a vita acquatica, noto in numerose specie di cui alcune con caratteristiche livree nuziali (*Triturus*). SIN. Salamandra acquaiola. ➡ ILL. **animali**/4. **2** Mollusco gasteropode marino carnivoro, a conchiglia massiccia e di notevoli dimensioni (*Triton*).

tritóne (3) [da *trit(io)*, col suff. *-on(e)* delle particelle elementari; 1956] s. m. ● (*fis.*) Nucleo dell'atomo di tritio, costituito da un protone e due neutroni.

trìtono [gr. *trítonos* 'di tre (*tri-*) toni (*tónoi*)'; 1561] s. m. ● (*mus.*) Intervallo di tre toni o quarta aumentata.

trìttico [gr. *triptykós*, propr. 'che si piega (da una base *ptych-*, di orig. incerta, che si ritrova in *ptychḗ* 'piega') in tre (*tri-*)'; 1879] s. m. (pl. *-ci*) **1** Paliotto d'altare composto di tre scomparti, i due laterali coordinati a quello centrale più grande, destinato a fungere da contraltare o da dossale d'altare: *il T. dei Frari del Giambellino*. **2** (*est.*) Opera letteraria, teatrale o musicale in tre parti, o complesso di tre opere compiute e autonome ma collegate l'una all'altra da nessi d'ordine logico, temporale, ambientale o d'altro genere: *il T. di Puccini*. **3** (*est., gener.*) Complesso costituito da tre elementi uguali | ***T. di calze***, tre calze spec. da donna, vendute assieme per averne una di scorta dello stesso tipo e colore. **4** In filatelia, francobollo composto di tre parti unite tra loro. **5** Documento costituito da un foglio suddiviso in tre parti staccabili, richiesto un tempo da alcuni Paesi per consentire l'ingresso di un veicolo.

trittòngo (o *-ó-*) [gr. *trípththongos* 'a tre (*tri-*) suoni (*phthóngos*)', sul modello di *dittongo*; 1529] s. m. (pl. *-ghi*) ● (*ling.*) Unione di tre elementi vocalici in una stessa sillaba (ad es. *-iuo-* in *aiuola*) (V. nota d'uso SILLABA).

tritùme [comp. da *trit(o)* e *-ume*; sec. XIV] s. m. **1** Quantità di sostanza o materiale trito: *t. di paglia, di legno*. **2** (*fig., spreg.*) Insieme di elementi o dati di secondaria importanza. **3** (*fig., spreg.*) Insieme di cose trite, risapute, prive di originalità: *un insopportabile t. d'idee vecchie e banali*.

†**tritùra** [vc. dotta, lat. *tritūra(m)*, dal part. pass. (*trītus*) di *tĕrere* 'tritare'; sec. XIV] s. f. **1** Tritatura. **2** Trebbiatura. **3** (*fig.*) Afflizione, angustia.

trituràbile [1865] agg. ● Che si può triturare.

trituraménto [1750] s. m. ● Triturazione.

trituràre [dal lat. tardo *triturāre* 'trebbiare', freq. di *tĕrere* 'sfregare, tritare', di orig. indeur.; av. 1537] v. tr. ● Tritare in minutissimi frammenti: *t. pietre, ossa, minerali*; *la macina tritura il grano*; *i denti triturano il cibo*.

trituratóre [1948] **A** agg. (f. *-trice*) ● Che tritura o è atto a triturare | ***Denti trituratori***, denti molari. **B** s. m. **1** Piccolo frantoio a mano per granaglie | Apparecchio per sminuzzare residui di potatura, piccoli tronchi, fascine o sterpaglie. **2** Macchina usata nell'industria per triturare imballi o scarti di lavorazione, come trucioli metallici o di legno, sfridi di plastica e sim., anche allo scopo di recuperare materie prime.

triturazióne [dal lat. tardo *triturātiōne(m)* 'trebbiatura', da *triturātus* 'triturato'; 1713] s. f. ● Operazione del triturare: *la t. del cibo, dei minerali*.

triturràre [1894] v. tr. ● Triturare, sminuzzare, sbriciolare.

triumviràle o **triunviràle** [vc. dotta, lat. *triumvirāle(m)* 'proprio dei triumviri'] agg. ● Che riguarda il o i triumviri: *magistratura t.*

triumviràto o **triunviràto** [vc. dotta, lat. *triumvirātu(m)*, da *triumvir* 'triumviro' e *-ātus* '-ato'; 1353] s. m. **1** Nella Roma antica, magistratura collegiale costituita da tre persone: *il t. di Cesare, Pompeo e Crasso*. **2** Analogo organo di governo riapparso in epoca recente per vari fini politici: *il t. della Repubblica romana del 1849*. **3** (*est.*) Gruppo di tre persone di pari grado e dignità, con funzioni direttive nell'ambito di una qualsiasi organizzazione.

triùmviro o **triùnviro** [vc. dotta, lat. *triŭmviru(m)*, dal pl. *trĭum vĭri* 'di tre (*trēs*) uomini (*vĭr*)', che completava *sententia* 'per parere'; av. 1375] s. m. **1** Nell'antica Roma, magistrato membro di un triumvirato. **2** (*est.*) Ciascun componente di un triumvirato.

†**triùnfo** e *deriv.* ● V. *trionfo* e *deriv.*

triùnviro /tri'unviro/ e *deriv.* ● V. *triumviro* e *deriv.*

trivalènte [comp. di *tri-* e *valente* in senso chim.; 1875] agg. **1** (*chim.*) Detto di atomo o raggruppamento atomico che può combinarsi con tre atomi d'idrogeno | Detto di sostanza che presenta nella sua molecola tre identici gruppi funzionali. **2** Detto di apparecchio o elettrodomestico che prevede tre diversi tipi di alimentazione: *frigorifero t.*

trivalènza [comp. di *tri-* 'tre' e *valenza* in senso chim.; 1940] s. f. ● (*chim.*) Proprietà di ciò che è trivalente.

trivèlla [lat. parl. **terebĕlla(m)*, dim. di *tĕrebra* 'succhiello' (da *tĕrere* 'tritare', di orig. indeur.); av. 1557] s. f. **1** Asta d'acciaio con testa a vite o a scalpello per praticare fori nel terreno | Sonda per pozzi petroliferi. **2** Attrezzo di ferro con punta a spirale, per praticare fori nel legno | Succhiello. **3** Utensile usato nei caseifici per saggiare le forme di formaggio (spec. parmigiano reggiano), allo scopo di controllarne la giusta maturazione.

trivellaménto [av. 1519] s. m. ● (*raro*) Trivellazione.

trivellàre [da *trivella*; av. 1537] **A** v. tr. (*io trivèllo*) **1** (*tecnol.*) Bucare, perforare con una trivella: *t. il legno, una roccia, il terreno*. **2** (*est., lett.*) Bucare, forare con un'arma appuntita. **3** (*fig., poet.*) Agire in un fluido come la trivella in un corpo solido: *l'astro mordace dell'elica trivellava l'aria infaticabilmente* (D'ANNUNZIO). **4** (*fig., raro*) Assillare, tormentare: *un dubbio atroce mi trivella la mente*. **B** v. intr. ● †Mulinare, girare vorticosamente, detto delle acque.

trivellatóre [av. 1729] s. m. **1** (f. *-trice*) Chi trivella, spec. il terreno. **2** Trivella per forare, sondare il terreno.

trivellatùra [1540] s. f. **1** Trivellazione. **2** Insieme di frammenti che si staccano o estraggono trivellando qlco.

trivellazióne [1839] s. f. ● Operazione del trivellare spec. il terreno per trovare acqua, petrolio e sim., per indagini geologiche o per preparare le fondazioni su pali per costruzioni | ***Torre di t.***, per lo più metallica e alta alcune decine di metri, usata nelle trivellazioni profonde per ricerca di petrolio, acque, gas naturali, per sorreggere e manovrare la batteria di perforazione. SIN. Derrick.

trivèllo [lat. tardo *terebĕllu(m)*, dim. di *tĕrebra* 'succhiello' (da *tĕrere* 'tritare', di orig. indeur.); av. 1537] s. m. ● Trivella, nel sign. 2 | ***A t.***, (*raro*) attorcigliato. || **trivellino**, dim.

trivèneto [comp. di *tri-* e *veneto*; 1939] agg. ● (*disus.* o *raro*) Delle, relativo alle Tre Venezie: *le sezioni trivenete del partito, di un'associazione*.

trìvia [vc. dotta, lat. *Trĭvia(m)*, da *trĭvium* 'trivio' con un'allusione di incerto sign.; 1321] agg.; anche s. f. ● Epiteto della dea Diana o Artemide, nelle sue tre forme sotterranea, terrestre, celeste.

triviàle [vc. dotta, lat. *triviāle(m)*, da *trĭvium*, cioè 'che si trova nei crocicchi' e, quindi, 'comune, volgare'; sec. XVI] agg. **1** Da trivio; estremamente volgare, scurrile, sguaiato: *donna, uomo t.*; *espressioni triviali*; *usare modi triviali*. **2** (*raro, lett.*) Ovvio, evidente, banale: *risposta, soluzione t.* || **trivialàccio**, pegg. | **trivialétto**, dim. | **trivialóne**, accr. (V.) | **trivialùccio**, dim. || **trivialménte**, avv. In modo triviale, con grande volgarità: *esprimersi trivialmente.*

trivialità [1598] s. f. *1* Caratteristica, condizione di chi (o di ciò che) è triviale: *non sopporto la vostra t.*; *usa parole d'una incredibile t.* *2* Azione o espressione triviale: *fare, dire una t.*; *basta con queste t.*

trivializzazione [da *triviale*; 1974] s. f. ● Banalizzazione | Nella critica testuale, sostituzione da parte del copista di un termine colto o raro con uno ovvio o comune.

trivialóne agg.; anche s. m. (f. *-a*) *1* Accr. di *triviale*. *2* Che (o Chi) è molto triviale nelle espressioni o nei modi: *non fare il t.*

trivio [vc. dotta, lat. *trĭviu(m)*, comp. di *tri-* 'tre' e di un deriv. da *vĭa*; 1308] s. m. *1* Punto in cui si incontrano o si incrociano tre vie: *giunti al t. piegarono a sinistra*; *ogni strada, ogni borgo, ogni t. si vede seminato di verdi mirti* (SANNAZARO) | (*fig.*) ***Da t.***, di estrema volgarità: *modi, gesti, parole da t.* | (*disus.*) ***Donna da t.***, prostituta. *2* In epoca medievale, l'insieme delle tre arti liberali, cioè grammatica, dialettica e retorica, il loro studio e il loro insegnamento: *le arti, le scienze del t.* CFR. Quadrivio.

trivoltino [comp. di *tri-* e *voltin(ismo)*; 1961] agg. ● (*zool.*) Detto di insetto, spec. baco da seta, che ha tre generazioni in un anno.

trizio o **tritio** [dal gr. *trítos* 'terzo', perché con atomi di massa *tre* volte più grandi degli atomi d'idrogeno ordinario; 1956] s. m. ● (*chim.*) Isotopo radioattivo dell'idrogeno, presente in piccolissime quantità in natura, e preparato artificialmente mediante reazioni nucleari.

trobadòrico ● V. *trovadorico.*

trobar clus /*provz.* tro'bar klus/ [loc. provz., propr. 'poetare oscuro'; 1952] s. m. inv. ● (*letter.*) Tendenza stilistica originaria della poesia provenzale del Medioevo, caratterizzata dall'uso di un linguaggio difficile, fonicamente aspro, ottenuto con un'accentuata elaborazione retorica e l'uso ripetuto di parole ricercate, spec. in rima; fu ripresa nella nostra letteratura da Dante, Petrarca e altri. CONTR. Trobar leu.

trobar leu /*provz.* tro'bar leu/ [loc. provz., propr. 'poetare leggero'; 1952] s. m. inv. ● (*letter.*) Tendenza stilistica originaria della poesia provenzale del Medioevo, caratterizzata dall'uso di un linguaggio piano, leggero, privo di asprezze foniche e di complicazioni retoriche. CONTR. Trobar clus.

trocàico [vc. dotta, lat. *trochăicu(m)*, dal gr. *trochaïkós* 'proprio del *trocheo*'; av. 1729] agg. (pl. m. *-ci*) ● Che è costituito di trochei: *metro, verso t.*

trocantère [gr. *trochantḗr*, genit. *trochantêros* (propr. 'organo per correre'), da *trochós* 'ruota' con un riferimento incerto; av. 1673] s. m. ● (*anat.*) Prominenza ossea dell'estremità superiore del femore: *grande e piccolo t.* ➡ ILL. p. 2122 ANATOMIA UMANA.

trocheifórme [comp. del gr. *trochós* 'ruota, trottola' e *-forme* per il suo aspetto; 1826] agg. ● (*zool.*) Che è fatto a forma di chiocciola.

trochèo [vc. dotta, lat. *trochăeu(m)*, dal gr. *trochâios*, propr. 'proprio alla corsa (*tróchos*)', sottinteso *póus* 'piede'; av. 1565] s. m. *1* (*ling.*) Piede metrico della poesia greca e latina formato da una sillaba lunga e da una breve. SIN. Coreo. *2* (*mus.*) Semiminima seguita da croma.

trochilia [dal lat. *trŏchilus* 'trochilo, n. di un uccellino' (?), così detto per le sue giravolte intorno ai fiori; 1965] s. f. ● (*zool.*) Sesia.

Trochilidi [vc. dotta, comp. da *trochil(ia)* e *-idi*; 1931] s. m. pl. (sing. *-e*) ● Nella tassonomia animale, famiglia di Uccelli comprendente i colibrì o uccelli mosca con lungo becco tubulare e lingua protrattile (*Trochilidae*).

tròchilo [vc. dotta, lat. *trŏchilu(m)*, dal gr. *trochílos*, da *tréchein* 'correre'; 1499] s. m. ● (*arch.*) Scozia.

tròclea [vc. dotta, lat. *trŏc(h)lea(m)*, dal gr. *trochalía*, propr. 'macchina rotonda, a ruota (*trochós*)'; av. 1292] s. f. ● (*anat.*) Tipo di articolazione mobile in cui i capi articolari sono simili a una puleggia.

trocleàre [1821] agg. ● (*anat.*) Di troclea: *nervo t.*

tròco [vc. dotta, lat. *trŏchu(m)*, dal gr. *trochós* 'ruota' e 'trottola', per la forma; av. 1698] s. m. (pl. *-chi*) ● Mollusco gasteropode del Mediterraneo con bella conchiglia a cono dalla base piatta ed a vertice appuntito (*Trochus granulatus*).

†**trofealménte** [sec. XVI] avv. ● A guisa di chi porta trofeo.

trofèo [vc. dotta, lat. *trop(h)ăeu(m)*, dal gr. *trópaion*, propr. 'monumento per la sconfitta (*tropḗ*, propr. 'rivolgimento') del nemico'; 1340] s. m. *1* Armi e spoglie dei vinti che il vincitore ammucchiava o appendeva ad un albero, sul campo di battaglia | Colonna o monumento eretti per celebrare una vittoria e recanti scolpiti dei trofei d'armi. *2* (*est.*) Composizione dei simboli e degli attributi della guerra, dell'amore, delle scienze, delle arti, della caccia, della pesca, dell'agricoltura, spesso usata nella decorazione delle pareti e dei mobili di vari stili, nelle bordure di arazzi, su oggetti in metallo lavorato e in ceramica | ***A trofei***, detto di decorazione spesso usata nella maiolica rinascimentale italiana, composta di simboli guerrieri e musicali. *3* (*est.*) Insieme di oggetti, quali coppe, targhe e sim., che testimoniano successi e vittorie spec. sportive, conservate ed esposte a ricordo delle stesse | Premio in palio in una gara; (*est.*) la gara stessa: *il t. Baracchi* | ***T. di caccia***, preparazione naturalistica di teste di animali uccisi, spec. di quelli forniti di corna eccezionali. *4* Distintivo metallico che i militari portano sul berretto o sull'elmo. *5* (*fig.*) Segno, ricordo (*anche scherz.*): *le molte cicatrici erano i suoi trofei di guerra*; *quelle lettere sono i suoi trofei amorosi.* *6* (*fig.*, *lett.*) Vittoria: *Ilio ... risorto / ... / per far più bello l'ultimo t. / ai fatati Pelidi* (FOSCOLO).

†**trofeóso** agg. ● Di trofeo.

†**troferia** s. f. ● Ornamento di trofei.

-trofia [gr. *-trophía*, da *trophḗ* 'nutrimento', connesso col v. *tréphein*, di orig. indeur.] secondo elemento ● In parole composte, significa 'nutrizione', 'stato di nutrizione': *atrofia, distrofia, ipertrofia.*

tròfico [gr. *trophikós* 'relativo alla nutrizione (*trophḗ*)'; 1937] agg. (pl. m. *-ci*) *1* (*biol.*) Che riguarda la nutrizione dei tessuti. *2* (*med.*) Del, relativo al trofismo: *disturbi trofici.*

-tròfico [da *-trofia*] secondo elemento ● Forma aggettivi composti, per lo più connessi con sostantivi in *-trofia*: *distrofico, ipertrofico, neurotrofico.*

tròfie [vc. ligure, di orig. incerta; 1851] s. f. pl. (sing. *-a*) ● (*cuc.*) Pasta a forma di bastoncino leggermente attorcigliato, condita spec. con il pesto; specialità ligure.

trofismo [comp. del gr. *trophḗ* 'alimentazione, nutrizione', di orig. indeur., e *-ismo*; 1937] s. m. *1* (*biol.*) Nutrizione dei tessuti. *2* (*med.*) Stato generale di nutrizione di un tessuto o dell'organismo.

tròfo-, -trofo [gr. *trophos-*, *-trophos*, collegati col v. *tréphein* 'nutrire', di orig. indeur.] primo o secondo elemento ● In parole composte, per lo più della terminologia biologica, indica relazione con le funzioni nutritive o significa 'che nutre', 'che si nutre': *trofoblasto*; *monotrofo.*

trofoblàsto [comp. di *trofo-* e del gr. *blastós* 'germe'; 1929] s. m. ● (*biol.*) Strato di epitelio embrionale che nei Mammiferi placentati riveste l'uovo fecondato ed essendo in rapporto con la mucosa uterina permette la nutrizione dell'embrione.

trofologia [comp. di *trofo-* e *-logia*; 1821] s. f. ● Scienza dell'alimentazione.

trofoneuròsi [comp. di *trofo-* e *neurosi*; 1964] s. f. inv. ● (*med.*) Nome di affezioni caratterizzate da alterazioni del trofismo di porzioni corporee, organi o tessuti, in conseguenza di lesioni nervose.

trofoneuròtico [1934] agg. (pl. m. *-ci*) ● (*med.*) Relativo alla trofoneurosi.

trofoterapia [comp. di *trofo-* e *terapia*; 1961] s. f. ● (*med.*) Terapia dietetica.

trofozoite [comp. di *trofo-*, *zo(o)-* e del suff. *-ite* (*3*)] s. m. ● (*biol.*) Nel ciclo vitale degli Sporozoi, cellula corrispondente allo stadio caratterizzato da attivi movimenti e da processi di alimentazione.

†**trogiolatùra** ● V. *truciolatura.*

†**trogliàre** [da †*troglio*; av. 1565] v. tr. e intr. *1* Balbettare. *2* Cinguettare, squittire, detto di uccelli.

†**tròglio** [gr. *traulós* 'balbuziente', di etim. incerta; av. 1400] agg. ● Balbuziente: *era piccolissimo giudice ... ed era t., o vero balbo* (SACCHETTI).

troglodita [vc. dotta, lat. *troglŏdyta(s)* (pl.), dal gr. *trōglodýtēs* 'chi è solito entrare (*dýein*) in caverne (*trṓglai*)', propr. 'fori scavati da animali roditori', da *trṓgein* 'mangiare'; av. 1367] A s. m. e f. (pl. m. *-i*) *1* (*gener.*) Uomo preistorico o primitivo, che abita le caverne | †Aborigeno africano, che viveva nelle caverne. *2* (*est.*) Essere umano in condizioni sociali, culturali e sim. molto arretrate e primitive. *3* (*fig.*) Persona incolta, incivile, rozza: *abitudini da t.* B s. m. ● (*zool.*, *raro*) Scricciolo.

troglodìtico [vc. dotta, lat. *troglodȳticu(m)*, dal gr. *troglodytikós* 'relativo ai trogloditi'; sec. XVII] agg. (pl. m. *-ci*) *1* Dei, relativo ai trogloditi: *caverne, abitazioni troglodìtiche.* *2* (*est.*) Rozzo, primitivo, incivile: *abitudini troglodìtiche.*

trogloditismo [comp. da *troglodit(a)* e *-ismo*; 1929] s. m. *1* Modo di vivere dei trogloditi. *2* (*fig.*) Modo di vivere rozzo, primitivo, incivile.

trògolo o †**truògo**, (*lett.*) **truògolo** [longob. *trog*, da una base germ. *troga-*; sec. XIV] s. m. *1* Vasca quadrangolare in muratura, costruita all'aperto, usata per farvi il bucato, risciacquarvi ortaggi o altro. *2* Cassetta, conca o tronco d'albero scavato ove si mette il mangiare per i maiali. *3* In varie lavorazioni artigianali, recipiente in muratura, cemento, legno o altri materiali, a forma di vasca, cassetta e sim., adibito ad usi particolari | ***T. dei muratori***, vasca in cui essi spengono la calce viva | ***T. dei conciatori***, calcinaio | ***T. dell'arrotino***, cassetta in cui l'arrotino fa cadere i residui dei ferri che affila. *4* Dispositivo atto a incubare le uova dei pesci, negli allevamenti ittici: *t. d'incubazione.* *5* (*geogr.*) ***T. glaciale***, valle modellata a forma di doccia o a U da un ghiacciaio. SIN. Valle glaciale. || **trogolètto**, dim. | **trogolino**, dim. | **trogolóne**, accr.

trogóne [dal gr. *trṓgōn*, part. pres. di *trṓgein* 'rosicchiare', di orig. indeur.; 1961] s. m. ● (*zool.*) ***T. di Cuba***, uccello americano dei Trogoniformi, con becco largo e grosso, lunga coda allargata all'estremità, bellissimo piumaggio (*Priotelus temnurus*).

Trogonifórmi [comp. del pl. di *trogone* e del pl. di *-forme*; 1965] s. m. pl. (sing. *-e*) ● Nella tassonomia animale, ordine di Uccelli arboricoli delle foreste tropicali, cattivi volatori con bellissimi colori (*Trogoniformes*).

tròia [lat. tardo *trŏia(m)*: da un piatto di maiale ripieno (*pŏrcus Troiānus*) alla maniera del cavallo di *Troia* (?); av. 1320] s. f. (m. dial. *-o*) *1* (*pop.*) Femmina del maiale, spec. quella destinata alla riproduzione. SIN. Scrofa. *2* (*fig.*, *volg.*) Puttana. || **troiàccia**, pegg. | **troiètta**, dim. | **troióna**, accr. | **troióne**, accr. m. | **troioncèlla**, dim.

troiàio [da *troia*; 1891] s. m. *1* (*volg.*) Porcile. *2* (*est.*, *volg.*) Luogo pieno di sudiciume | Ammasso di sporcizia. *3* (*fig.*, *volg.*) Luogo in cui si trovano molte prostitute o, gener., molte persone disoneste, depravate e sim. | Luogo in cui si fanno troiate, porcherie. *4* (*volg.*, *tosc.*) Porcata, porcheria.

troiàno (1) [vc. dotta, lat. *Troiānu(m)*, da *Troia*, città cui diede n. il mitico re *Trōs*, genit. *Trōis*, nipote del fondatore; 1313] A agg. ● Che si riferisce all'antica città di Troia: *guerra troiana.* B s. m. (f. *-a*) ● Abitante o nativo dell'antica città di Troia.

troiàno (2) A agg. ● Che si riferisce all'attuale Troia, cittadina pugliese. B s. m. (f. *-a*) ● Abitante o nativo di Troia, cittadina pugliese.

†**troiànte** [per *truante* con sovrapposizione di *troia* col richiamo al 'sudicio', che comporta] s. m. e f.; anche agg. ● Chi (o Che) è capace di azioni vili, sporche | (*est.*, *spreg.*) Accattone, paltoniere.

troiàta [da *troia*; 1353] s. f. *1* (*volg.*) Cosa o atto sudicio, sozzo, disonesto. *2* (*volg.*) Lavoro mal fatto. SIN. Porcheria. *3* (*fig.*, *spreg.*) †Compagnia di ribaldi al seguito di signore di contado.

tròica o **tròika** [vc. russa, da *troe*, forma parallela di *tri* 'tre', perché tirata da *tre* cavalli; 1905] s. f. *1* In Russia, tiro di tre cavalli, di cui uno è posto tra le stanghe e gli altri ai due lati. *2* Slitta o carrozza mossa da tale tiro. *3* (*fig.*) Triunvirato, nel sign. 3.

troieria s. f. ● (*raro*) Troiata.

tròika ● V. *troica.*

troiùme [comp. di *troi(a)* in senso traslato e *-ume*] s. m. ● (*raro*) Sudiciume, sozzura (*anche fig.*).

troll /*ted.* tʀɔl/ [vc. dell'ant. nordico di area germ.; 1934] s. m. inv. (pl. ted. *Trolle*) ● Nella mitologia nordica, demone maligno abitatore di boschi, montagne, caverne.

tròllei s. m. inv. ● Adattamento di *trolley* (V.).

trolley /'trɔllei, ingl. 'trʊli/ [vc. ingl., da *to troll* 'rotolare, girare', di area germ. (?); 1894] s. m. inv. **1** Organo di presa di corrente delle motrici tranviarie e dei filobus costituito da un'asta con rotella. **2** Valigia con ruote e manico estraibile.

trolleybus /ingl. 'trɔli,bʌs/ [comp. ingl. di *trolley* e della seconda parte di (*auto*)*bus*; 1935] s. m. inv. (pl. ingl. *trolleybuses* o *trolleybusses*) ● Filobus.

tròllio [dal ted. *Trollenblume*, comp. di *Troll* 'folletto' e *Blume* 'fiore'; 1839] s. m. ● (*bot.*) Pianta erbacea delle Ranuncolacee con fiori gialli (*Trollius europaeus*).

◆**trómba** (1) [vc. onomat.; 1313] s. f. **1** Strumento musicale a fiato, di lamina d'ottone ridotta a un tubo conico, il cui corpo, con l'intera canna dell'aria, va gradatamente ingrossandosi, dal bocchino, fino a terminare in un'ampia campana; può essere diritta e lunga o a ritorte: *suonare la t.*; *suonatore di t.*; *gli squilli della t.* | **T. a squillo**, con una o due ritorte fisse, a lati paralleli, dà solo alcuni suoni delle scale | **T. a chiavi**, con più ritorte e fori da aprirsi e chiudersi con altrettante chiavi | **T. cromatica**, a pistoni, con tasti | **T. a cilindri**, **a macchina**, in cui l'allungamento o l'accorciamento della canna dell'aria è prodotto da interposte rotelle, mosse da tasti | **T. marina**, antico strumento popolare, a cassa trapezoidale, inizialmente a una corda, poi a due o più corde, con un ponticello che, vibrando, percuote la tavola con un suono paragonabile a quello di una tromba | *Le trombe del giudizio*, **le angeliche trombe**, quelle che gli angeli suoneranno per annunciare il giudizio universale | *Suonare la t.*, (*fig.*, *poet.*) annunciare qlco. con solennità | *Dar fiato alle trombe*, (*fig.*) annunciare qlco. a tutti, con gran clamore | (*fig.*, *fam.*) **Partire in t.**, iniziare qlco. con grande slancio ed entusiasmo, senza frapporre indugi | *Venire, tornare, andarsene con le trombe nel sacco*, (*fig.*) scornato e deluso, con le pive nel sacco | (*est.*) †*Rimanere nella t.*, far fiasco, non riuscire | (*est.*) Registro dell'organo a linguette che imita il suono della tromba. ➡ ILL. **musica**. **2** (*fig.*) Suonatore di tromba: *le trombe dell'orchestra, delle bande* | (*mil.*, *gerg.*) Trombettiere. **3** (*fig.*) †Asta pubblica: *vendere alla t.* **4** (*fig.*, *lett.*) Chi diffonde e divulga nuovi principi, ideologie e sim. | (*fig.*, *spreg.*, *disus.*) Persona pettegola, ciarlona, maldicente: *è la t. del quartiere*; *confidatevi alla t. della comunità* (GOLDONI) | (*fig.*, *gerg.*) Spia. **5** (*raro*, *fig.*) Voce, girdio divulgatore. **6** (*fis.*) In acustica, organo che aumenta l'efficienza sonora di un generatore: *grammofono a t.* | (*disus.*) **T. elettrica**, negli autoveicoli, avvisatore acustico, clacson | **T. esponenziale**, altoparlante speciale di grande potenza, avente forma di tromba | **A t.**, in elettrologia, detto di un particolare tipo di antenna per microonde | In idraulica, pompa: *t. premente, aspirante; t. idraulica* | **T. ad acqua**, antico tipo di pompa che utilizza la caduta dell'acqua da un serbatoio superiore per ottenere l'aria sotto pressione necessaria ad alimentare una soffieria. **7** Oggetto, struttura e sim. o parte di oggetto, struttura e sim., che per la forma ricorda una tromba | †**T. acustica**, cornetto acustico | **T. dello stivale**, parte dello stivale che fascia la gamba | **T. d'aria**, in marina, manica a vento | **T. da vino**, tubo di gomma o di latta arcuato, che si usa per travasare vino o altri liquidi da un recipiente a un altro | Nelle antiche bombarde, la parte in cui si introduceva la palla di pietra da sparare. **8** Condotto, passaggio, apertura e sim. che si allarga mano a mano che ci si allontana dalla base | **T. di gettito**, nella terminologia mineraria, fornello di gettito | **T. delle scale**, nell'architettura, spazio vuoto che resta al centro della rampa | †**Canna fumaria** | †*Apertura esterna della cannoniera*. **9** (*zool.*) Nelle farfalle, l'apparato boccale succhiatore che, in riposo, è avvolto a spirale. SIN. Spirotromba. | (*pop.*) Proboscide: *la t. dell'elefante*. **10** (*meteor.*) Turbine di vento ad asse verticale o cilindrico, il cui filone d'aria, che nasce sotto una nube temporalesca e si manifesta come cono rovesciato, simile a proboscide, costituito da goccioline d'acqua sollevate dal suolo: *t. terrestre*; *t. marina*. **11** (*anat.*) **T. uterina**, **di Falloppio**, tuba uterina | **T. uditiva, di Eustachio**, condotto che mette in comunicazione l'orecchio medio con la faringe. SIN. Tuba uditiva. ‖ **trom-bàccia**, pegg. | **trombétta**, dim. (V.) | **trombìna**, dim. | **trombóne**, accr. m. (V.).

†**trómba** (2) [da *tromba* (1); 1791] s. m. inv. ● Banditore.

trombadóre ● V. †*trombatore*.

trombàio [da *tromba* (idraulica); 1782] s. m. (f. -*a*) **1** (*tosc.*) Chi fabbrica o installa docce o grondaie. **2** (*tosc.*) Chi fa o ripara tubi per l'acqua. SIN. Idraulico, docciaio.

trombàre [da *tromba* (1); 1340] **A** v. tr. (*io trómbo*) **1** (*tosc.*) †Pompare | **T. vino**, travasarlo. **2** †Vendere all'asta. **3** (*fig.*, *volg.*) Possedere sessualmente una donna. **4** (*fig.*, *scherz.*) Bocciare un candidato agli esami, alle elezioni, a un concorso e sim. **B** v. intr. (*aus. avere*) **1** †Suonare la tromba. **2** (*volg.*) Avere un rapporto sessuale.

trombàta [1965] s. f. **1** †Il trombare. **2** †Quantità d'acqua sollevata da una tromba. **3** (*fig.*, *scherz.*) Bocciatura | Fallimento, fiasco, scacco. **4** (*fig.*, *volg.*) Rapporto sessuale.

†**trombatóre** o †**trombadóre** [da *trombare*; 1308] s. m. **1** Trombettiere: *i trombadori e banditori del Comune* (VILLANI). **2** (*fig.*, *spreg.*) Ciarlatano.

trombatùra [1879] s. f. **1** (*raro*) Operazione del trombare, spec. il vino. **2** (*raro*, *fig.*) Trombata, bocciatura, insuccesso.

†**trombeggiàre** [da *tromba* (1); sec. XVI] v. intr. ● (*raro*) Risuonare a guisa di tromba.

trombétta (1) [1313] **A** s. f. **1** Dim. di *tromba* (1). **2** Giocattolo per bambini, costituito da una piccola tromba. **3 T. dei morti**, fungo dei Basidiomiceti a forma di imbuto, grigio nerastro, che cresce sul terreno dei boschi (*Craterellus cornucupioides*). **4 Svincolo a t.**, quello di accesso alle autostrade o di uscita da queste, che consente con un solo sovrappasso di servire, senza incroci, tutte le direzioni di marcia. **B** in funzione di agg. inv. ● (posposto al s.) Nella loc. **pesce** t., V. *pesce*. ‖ **trombettìna**, dim. | †**trombettìno**, dim. m. (V.).

trombétta (2) o †**trombétto** [da *trombetta* (1); 1520] s. m. (pl. -*i*) ● Trombettiere, nelle antiche milizie impiegato anche per parlamentare in taluni casi col nemico: *mandò un trombetto nel campo italiano* (GUICCIARDINI).

†**trombettàre** [da *trombetta* (1); 1476] v. tr. e intr. ● Strombettare.

†**trombettàta** [f. sost. del part. pass. di †*trombettare*] s. f. ● Strombettata, strombazzata.

†**trombettàto** part. pass. di †*trombettare*; anche agg. **1** Nei sign. del v. **2** Venduto alla tromba, all'asta.

†**trombettatóre** [da †*trombettare*] s. m. ● Trombettiere.

trombettière [tanto in senso proprio ('suonatore'), come in senso fig. ('uccello', così denominato per il timbro del suo grido), da *trombetta* (1); 1782] s. m. **1** Soldato suonatore di tromba per la trasmissione di segnali e di ordini. **2** (*zool.*) Passeraceo africano e asiatico con becco rosso corallo, grigio e roseo con canto caratteristico (*Bucanetes githagineus*). **3** (*zool.*) Agami.

†**trombettìno** s. m. **1** Dim. di *trombetta* (1). **2** Trombettiere.

trombettìsta [da *trombetta* (1); 1961] s. m. e f. (pl. m. -*i*) ● Chi suona la tromba in una orchestra spec. di musica jazz.

†**trombétto** ● V. *trombetta* (2).

trombìna [comp. di *tromb*(*o*) (per il suo potere coagulante) e -*ina*; 1940] s. f. ● (*med.*) Enzima che interviene durante la coagulazione del sangue.

trombìno [dim. di *tromba* (1); 1889] s. m. **1** †Tromboncino, piccolo trombone. **2** (*mar.*) Sulle navi a vapore, sottile tubo verticale per lo scarico del vapore emesso dalla valvola di sicurezza, posto accanto al fumaiolo.

trombizzàre [da *trombo*; 1983] v. tr. ● (*med.*) Provocare una trombosi.

trómbo [gr. *thrómbos* 'grumo', di orig. indeur.; 1754] s. m. ● (*med.*) Formazione solida all'interno dei vasi sanguigni nelle cavità cardiache, costituita da fibrina, globuli rossi e globuli bianchi.

tromboangioìte [comp. di *trombo*, *angio*- e del suff. -*ite*; 1961] s. f. ● (*med.*) Associazione di un processo infiammatorio di un vaso ematico e di una trombosi | **T. obliterante**, morbo di Burger.

trombocìta o **trombocìto** [comp. di *trombo* e -*cita*; 1961] s. m. (pl. -*i*) ● (*biol.*) Piastrina.

tromboembolìa [comp. di *trombo* ed *embolia*; s. f. ● (*med.*) Ostruzione di un vaso sanguigno da parte di emboli provenienti da un altro distretto.

tromboflebìte [comp. di *trombo* e *flebite*; 1935] s. f. ● (*med.*) Processo infiammatorio della vena accompagnato da trombosi.

trombonàta [1797] s. f. **1** Sparo di trombone. **2** (*fig.*) Fanfaronata, smargiassata.

tromboncìno [1940] s. m. **1** Dim. di *trombone*. **2** (*bot.*) Trombone. **3** (*mil.*) Tubo di lancio applicato alla volata della canna dei fucili e usato in passato dalla fanteria per lanciare bombe a una distanza superiore a quella delle bombe a mano e attualmente dalla polizia per lanciare bombe lacrimogene | Ingrossamento della volata, o dispositivo applicato alla volata della canna di un fucile da fanteria, per renderlo atto a lanciare granate.

trombóne [da *tromba* (1), esteso per analogia di forma e suono ad altri oggetti; forse av. 1400] s. m. **1** Accr. di *tromba* (1). **2** Strumento musicale a fiato simile alla tromba ma più grande quanto a dimensioni e di registro più grave, nel quale i suoni sono variati spec. mediante l'opportuno maneggio di tubi mobili: *t. a tiro*; *t. a pistoni*; *suonare il t.*; *accompagnamento di t.* | *Parere, sembrare un t.*, (*fig.*, *scherz.*) si dice di chi si soffia il naso molto rumorosamente | (*est.*) Registro dell'organo che produce un suono simile a quello del trombone. ➡ ILL. **musica**. **3** (*fig.*) Suonatore di trombone: *essere primo, secondo t. in un'orchestra*. **4** (*fig.*, *spreg.*) Persona che si esprime in modo enfatico, pomposo: *un vecchio t.*; *quello scrittore è un t.* | **T. sfiatato**, attore che non ha più presa sul pubblico, che è ormai privo d'ogni capacità espressiva | (*sett.*) Fanfarone. **5** Antica arma da fuoco portatile di grosso calibro con canna corta e svasata. **6** (*bot.*) Amarillidacea con grosso bulbo scuro, foglie glauche, grande fiore giallo inclinato da un lato, coltivato nelle forme doppie (*Narcissus pseudonarcissus*). **7** Altri stivalone, svasato nella parte superiore, un tempo usato da postiglioni, corrieri e sim. ‖ **tromboncìno**, dim. (V.).

trombonìsta [1961] s. m. e f. (pl. m. -*i*) ● Chi suona il trombone spec. in un'orchestra di musica jazz.

trombòsi [gr. *thrómbosis* 'coagulazione', da *thrómbos* 'grumo', di orig. indeur.; 1859] s. f. inv. ● (*med.*) Formazione di trombi nelle cavità cardiache o nei vasi sanguigni.

trombòtico [da *trombosi*; 1961] agg. (pl. m. -*ci*) ● (*med.*) Del trombo; *materiale t.* | Che causa, o che si manifesta con, una trombosi: *episodio t.*

†**troménto** ● V. *tormento*.

trompe-l'œil /fr. trɔp'lœjə/ [loc. fr., propr. 'inganna l'occhio' da *tromper*, in orig. 'suonare la tromba' (*trompe*)' l'occhio (*œil*, di orig. lat.)'; 1905] s. m. inv. (pl. fr. inv.) ● Genere di pittura eseguita secondo precise regole della prospettiva lineare che, con un'accorta disposizione di luci ed ombre, rende al massimo il senso del rilievo, così da dare allo spettatore un'illusione di realtà.

tron /tron, trɔn/ [dal n. del doge Niccolò *Tron*, che fece coniare con la sua immagine; 1907] agg. ● Solo nella loc. **lira t.**, moneta d'argento veneziana coniata nel XV sec. CFR. *Trono* (3).

†**tronàre** [da *tuonare*, con r del lat. *tōnitrus* 'tuono'; av. 1292] v. intr. ● Tuonare.

tronàta [da †*tronare*] s. f. **1** (*pop.*, *tosc.*) Sparo, scoppio, detonazione fragorosi. **2** (*raro*, *fig.*, *tosc.*) Fanfaronata, spacconata.

troncàbile [1586] agg. ● Che si può troncare (anche fig.): *ramo t.*; *situazione t.*; *parola t.*

troncaménto [av. 1320] s. m. **1** Rottura, taglio netto | (*fig.*) Brusca cessazione: *il t. d'un'amicizia*. **2** (*ling.*) Apocope | Nota d'uso ELISIONE e TRONCAMENTO. **3** (*est.*) Sistema di abbreviazione delle parole, consistente nell'indicazione delle sole prime lettere che le compongono: *apr.* è *il t. di aprile*.

troncàre o †**truncàre** [lat. *truncāre*, da *truncātus* 'tronc(ato)'; av. 1294] **A** v. tr. (*io trónco, tu trónchi*) **1** Rompere qlco. con un colpo secco e violento, tagliare o recidere di netto: *t. un ramo, un arbusto con le mani, con le cesoie*; *la lama gli troncò una gamba*; *con un colpo d'ascia troncò la fune* | **T. il capo**, decapitare. SIN. Mozzare, spezzare. **2** Privare qlco. d'una sua parte, renderlo tronco, mutilo: *t. una pianta dalla cima, della radice*; *t. un brano, un passo d'autore*. SIN. Mutilare. **3** (*fig.*) †Uccidere. **4** (*ling.*) Sottoporre a troncamento: *t. una* *parola.* **5** (*fig.*) Stancare gravemente, stroncare: *una salita ripidissima, che tronca le gambe*; *la delusione ha troncato in lui ogni energia.* **6** (*fig.*) Interrompere in modo brusco e risoluto: *t. un'amicizia, una relazione sentimentale, un rapporto d'affari*; *t. una discussione*; *t. a mezzo una disputa*; *un grave scandalo troncò la sua carriera* | ***Troncare la parola in bocca a qlcu.***, interrompere malamente il suo discorso, non consentirgli di proseguire. **B** v. rifl. e rifl. rec. ● (*lett., poet.*) Lacerarsi, strapparsi.

troncàto [av. 1406] **A** part. pass. di *troncare*; anche agg. **1** Nei sign. del v. **2** (*raro*) Tronco: *parola troncata.* **3** (*fig.*) †Imperfetto, non finito. **4** (*arald.*) Detto di scudo o di figura divisi orizzontalmente a metà. || †**troncataménte**, avv. In modo tronco, mutilo. **B** s. m. ● (*arald.*) Scudo troncato.

troncatóre [1575] s. m.; anche agg. (f. *-trice*) ● (*raro, lett.*) Chi (o Che) tronca.

troncatrice [f. sost. di *troncatore*; 1973] s. f. ● Macchina a lama o a disco abrasivo per tagliare trafilati.

troncatùra [av. 1729] s. f. **1** Il troncare, il venire troncato. **2** (*est.*) Punto in cui una cosa è stata troncata.

tronchéṣe [fr. *tricoises* (da un precedente *turquoises* 'tenaglie di tipo turco' con sovrapposizione di *traire* 'tirare' (?)) accostata a *troncare*; 1937] s. m. o f. ● Utensile, costituito da due leve in serie, che serve per tagliare fili metallici anche di 6 o 7 mm di diametro. || **troncheṣino**, dim. m. | **tronchesina**, dim. f. (V.)

troncheṣina [dim. di *tronchese*; 1970] s. f. **1** Piccolo tronchese da orafi, usato per tagliare fili, nastrini e sim. **2** Strumento da manicure, per tagliare le unghie.

tronchétto (1) [da *troncare*; av. 1886] s. m. **1** Tronchese. **2** (*spec. al pl.*) Mezzi stivali.

tronchétto (2) [1985] s. m. **1** Dim. di *tronco.* **2** (*bot.*) ***T. della felicità***, comunemente, una porzione di fusto usata come talea di alcune varietà di una dracena ornamentale (*Dracaena fragrans*).

†**tronchévole** agg. ● Che può subire il troncamento: *nome t.*

†**tróncico** s. m. ● Tronco (2). || †**troncicóne**, accr.

♦**trónco (1)** [lat. *trŭncu(m)*, di orig. incerta; 1313] **A** agg. (pl. m. *-chi*) **1** Troncato, mozzo: *piramide tronca.* **2** (*ling.*) Detto di parola che ha subìto troncamento | Detto di parola accentata sull'ultima sillaba (V. nota d'uso ACCENTO). **3** (*fig.*) Interrotto, incompleto, lasciato a metà: *discorso t.*; *notizie tronche* | (*est.*) Spezzato da angoscia, ira, emozione e sim.: *la sua voce tronca tradiva il timore*; *riferì l'accaduto con parole tronche.* **4** (*raro, fig.*) Rotto di stanchezza: *avere, sentirsi, le braccia, le gambe tronche.* **5** (*fig.*) †Impedito, tolto. || **troncaménte**, avv. (*raro*) In modo tronco: *rispondere troncamente.* **B** s. m. ● Nella loc. avv. ***in t.***, riferita a ciò che rimane incompiuto, incompleto, a metà o a ciò che si verifica in modo brusco, inatteso e senza preavviso: *lavori rimasti in t.*; *rompere in t. una relazione*; *licenziamento in t.*; *licenziare in t. un dipendente* | ***Lasciare in t. un lavoro***, interromperlo bruscamente, lasciarlo a metà | ***Lasciare qlcu. in t.***, piantarlo in asso, congedarlo bruscamente e sim. || **tronchettino**, dim. | **tronchétto**, dim.

♦**trónco (2)** o †**trùnco** [lat. *trŭncu(m)*, prob. forma sostantivata di *trŭncus* 'tronco (1)'; av. 1320] s. m. (pl. *-chi*) **1** (*bot.*) Fusto eretto e legnoso delle piante arboree: *il t. dei pini, dei pioppi* | (*fig.*) Ceppo: *sul vecchio t. romano si innestarono nuove istituzioni*; *dal t. latino germogliarono le lingue romanze.* **2** In architettura, fusto: *il t. di una colonna.* **3** (*anat.*) Parte del corpo comprendente il torace e l'addome | Tratto, segmento o importante diramazione di vaso o nervo, che dopo si suddivide ulteriormente: *t. celiaco, encefalico.* **4** (*est.*) Pezzo più grande, parte maggiore di un oggetto lungo spezzato: *il t. di una lancia.* **5** (*mat.*) ***T. di cono, di piramide***, solido ottenuto togliendo a un cono o a una piramide la parte compresa fra il vertice e un piano che passa fra questo e la base. **6** (*fig.*) Tratto più o meno lungo di una strada, una linea di comunicazione, di distribuzione d'energia e sim., definito in base a criteri convenzionali di suddivisione: *stanno completando l'ultimo t. dell'autostrada, della galleria, del nuovo canale navigabile*; *le linee elettriche e telefoniche sono suddivise in tronchi* | ***T. ferroviario***, tratto di linea delimitato da due stazioni capo-tronco. **7** (*mar.*) Nell'attrezzatura tradizionale, la prima e principale sezione di ogni albero, poggiata in coperta. **8** (*raro, fig., tosc.*) Uomo rozzo e stupido. || **tronchétto**, dim. (V.) | **troncóne**, accr. (V.).

troncocònico [da *tronco* (2) *di cono*; 1957] agg. (pl. m. *-ci*) ● Che presenta la forma di un tronco di cono.

troncóne [1313] s. m. **1** Accr. di *tronco* (2). **2** Parte del tronco d'un albero spezzato o tagliato fino alla base che resta infissa nel terreno: *t. di faggio, di pioppo* | (*poet.*) L'intero tronco: *stanco mi appoggio or al troncon d'un pino* (FOSCOLO) | (*poet.*) †Asta, lancia da combattimento: *prese … un gran t., / e la cingia disciolse presto presto, / e pose il legno sotto dell'arcione* (BOIARDO). **3** (*est.*) Moncone, moncherino. **4** (*poet.*) †Corpo mozzo del capo. **5** Ognuno dei pezzi risultanti dalla rottura di un oggetto lungo: *i tronconi di un'asta*; *il palo si è spezzato in più tronconi.* **6** Nel linguaggio dei cacciatori, fringuello da richiamo che tronca a mezzo il suo verso primaverile. || **tronconcèllo**, dim.

troneggiàre [da *trono* (2); 1874] v. intr. (*io tronéggio*; aus. *avere*) **1** Sedere maestosamente come un monarca sul trono: *t. in un'ampia poltrona, in un palco, a capotavola.* **2** (*est., scherz.*) Imporsi all'attenzione, spiccare fra tutti per l'aspetto imponente, l'atteggiamento maestoso, il tono sussiegoso, pieno di sé e sim. (*anche iron.*): *la vecchia dama troneggiava nel bel mezzo della sala* | (*est.*) Far bella mostra di sé, detto di cose: *al centro della vetrina troneggia un grosso brillante*; *un gigantesco tacchino troneggiava sulla tavola.* **3** (*raro*) Dominare, sovrastare in altezza: *t. su tutti con la persona.*

tronfiàre [etim. discussa: da *gonfiare* con sovrapposizione di *trionfare* (?); 1536] v. intr. (*io trónfio*; aus. *avere*) **1** Camminare tronfio e pettoruto, detto di animali e persone (*anche iron.*): *un gallo tronfia nel cortile.* **2** (*raro*) Sbuffare, stronfiare.

tronfièzza [1585] s. f. ● (*raro*) Caratteristica di chi (o di ciò che) è tronfio.

trónfio [da *tronfiare*; 1353] agg. **1** Che è borioso, gonfio di superbia, pieno di sé e sim.: *aria tronfia*; *camminava tutto t. e pettoruto.* **2** (*est.*) Di ciò che è troppo ampolloso, ridondante e sim.: *stile t.*; *parole tronfie.* **3** †Grasso, ben nutrito: *piccioni, galli tronfi.* || **tronfiaménte**, avv. || **tronfióne**, accr. (V.).

tronfióne [accr. di *tronfio*; av. 1742] s. m. (f. *-a*) ● (*spreg.*) Persona grassa e tronfia.

tronièra [da †*trono* (1); 1570] s. f. ● Feritoia delle mura antiche e medievali che serviva per le macchine neurobalistiche e per le prime artiglierie.

†**tròno (1)** o †**truòno** [da †*tronare*] s. m. ● (*dial.*) Tuono.

♦**tròno (2)** [vc. dotta, lat. *thrŏnu(m)*, dal gr. *thrónos*, di formazione non chiara da una base indeur. ampiamente diffusa; av. 1292] s. m. **1** Seggio per sovrani, principi, pontefici e sim. in funzioni solenni, collocato sopra uno o più ordini di scalini, di forma varia a seconda dei tempi e degli stili, spesso con braccioli e spalliera e coperto da un baldacchino o padiglione: *sedere in, sul t.*; *la sala del t.* | Seggio su cui si immagina, e spesso si raffigura, seduta la divinità, in legno di maestà e potenza: *il t. di Giove, di Dio, della Vergine* | ***Fino al t. di Dio***, fino a Dio | (*lett.*) Seggio dei beati in Paradiso | (*est.*) Podio, coperto da baldacchino, per la statua dei santi | (*fam., scherz.*) Sedile del water closet. **2** (*fig.*) Regno, corona, autorità e dignità di sovrano: *aspirare al t.*; *essere l'erede al t.*; *i nemici del t.* | ***Ascendere, salire al t.***, divenire re, imperatore, Papa | ***Il t. e l'altare***, l'autorità del re e della Chiesa. **3** (*relig., al pl.*) Settimo ordine angelico.

tropèa [lat. *tropăea(m)*, dal gr. *tropáia* '(venti) che si voltano (dal mare verso la terra)', dal v. *trépein* 'voltare', di orig. indeur.; 1908] s. f. ● (*merid.*) Tempesta, temporale.

Tropeolàcee [comp. di *tropeolo* e *-acee*; 1935] s. f. pl. (sing. *-a*) ● Nella tassonomia vegetale, famiglia di piante erbacee con fiori vistosi, calice a cinque sepali, di cui il posteriore trasformato in sperone, corolla a cinque petali e frutto ad achenio (*Tropaeolaceae*).

tropèolo [comp. del lat. *tropăeu(m)* 'trofeo' e *-olo* (3); 1840] s. m. ● (*bot.*) Cappuccina, nasturzio indiano.

-tropìa [gr. *-tropía*, da *trépein* 'volgere, (ri)voltare', di orig. indeur.] secondo elemento ● In parole scientifiche composte, significa 'movimento', tendenza a muoversi in certe direzioni, 'trasformazione': *esotropia, entropia, allotropia, isotropia.*

tropicàle [1858] agg. **1** Dei, relativo ai, proprio dei tropici e delle zone tra essi comprese: *fascia t.*; *vento, clima t.*; *fauna, flora t.*; *regioni, piante, malattie tropicali.* **2** (*est.*) Torrido, caldissimo: *calura t.*; *clima t.*

tropicalizzàre [fr. *tropicaliser*, da *tropical* 'tropicale'; 1961] v. tr. ● Rendere adatto un materiale, uno strumento o un'apparecchiatura a funzionare in climi tropicali: *t. un calcolatore elettronico.*

tropicalizzazióne [fr. *tropicalisation*, da *tropical* 'tropicale'; 1961] s. f. ● Adattamento di un materiale e sim. a un clima tropicale.

tròpico [vc. dotta, lat. tardo *trŏpicu(m)*, sottinteso *cĭrculu(m)*, propr. '(circolo di) rivolgimento (del sole)', dal corrispondente gr. *tropikós* (*kýklos*); av. 1406] **A** s. m. (pl. *-ci*) **1** (*astron.*) Ciascuno dei due paralleli celesti descritti dal Sole nei giorni del solstizio | ***T. del Cancro, t. del Capricorno***, tropici celesti che prendono il nome dalle costellazioni in cui oltre due millenni addietro cadevano rispettivamente il solstizio d'estate e quello d'inverno; per effetto della precessione oggi essi si sono spostati nelle contigue costellazioni dei Gemelli e del Sagittario. **2** (*geogr.*) Ciascuno dei due paralleli a 23° e 27′ di latitudine a nord e a sud dell'equatore. **3** (*al pl.*) Correntemente, zone, paesi tropicali: *vivere ai tropici*; *regioni, mari dei tropici.* **B** agg. ● Solo nella loc. ***anno t.***, intervallo di tempo tra due consecutivi passaggi del Sole all'equinozio di primavera pari a 365^d 5^h 48^m $45{,}98^s$, su cui è regolato il calendario civile.

-tròpico [da *-tropia*] secondo elemento ● Forma aggettivi composti della terminologia scientifica derivati per lo più da sostantivi in *-tropia* e *-tropo*: *entropico.*

tropina [da (*a*)*tropina*; 1983] s. f. ● (*chim.*) Molecola eterociclica costituita da otto atomi di carbonio, uno di azoto e da un residuo alcolico, da cui derivano alcaloidi di interesse farmacologico come l'atropina e la cocaina.

tropiṣmo [gr. *trópos* 'direzione' (dal v. di orig. indeur. *trépein* 'rivolgere') col suff. *-ismo*, tratto da composizioni più determinate, come (*elio*)*tropismo*, (*geo*)*tropismo*, e simili; 1905] s. m. **1** (*biol.*) Reazione a uno stimolo di una cellula o di un organismo, che avviene in una determinata direzione: *il t. delle piante, degli insetti* | ***T. positivo***, quando la reazione è diretta verso lo stimolo | ***T. negativo***, quando la reazione è diretta in direzione opposta allo stimolo. **2** In batteriologia e farmacologia, tendenza verso un determinato luogo o ambiente: *il t. intestinale dei bacilli del tifo.*

tròpo [vc. dotta, lat. *trŏpu(m)*, dal gr. *trópos* 'volgimento (verso altra via)', da *trépein* 'voltare', di orig. indeur.; av. 1375] s. m. **1** (*ling.*) Ogni figura retorica che consiste nell'estendere o mutare il significato di una parola o di un'espressione. SIN. Traslato. **2** (*filos.*) Secondo gli scettici, ciascuno dei modi attraverso cui si perviene alla sospensione del giudizio. **3** (*mus.*) Nella musica greca e medievale, tono, modo | Nella liturgia, testo nuovo inserito nei canti, nella messa e nel breviario.

tropo-, -tropo [gr. *tropo-, -tropos*, connesso col v. *trépein* '(ri)voltare', di orig. indeur.] primo o secondo elemento ● In parole scientifiche composte, indica tendenza a svolgersi in determinati modi o ad assumere determinate direzioni o caratteristiche: *troposfera*; *isotropo.*

tropologìa [vc. dotta, lat. tardo *tropolŏgia*(*m*), dal gr. *tropología*, comp. di *trópo*(*s*) 'tropo, traslato' e *-logía*; 1343 ca.] s. f. ● Discorso allegorico, linguaggio figurato: *t. biblica.*

tropològico [vc. dotta, lat. tardo *tropolŏgicu*(*m*), da *tropolŏgia*; sec. XIV] agg. (pl. m. *-ci*) ● (*lett.*) Allegorico, figurato: *linguaggio t.* | ***Senso t.***, nella Bibbia, il significato morale che si esprime attraverso figure o avvenimenti di valore allegorico, simbolico. || **tropologicaménte**, avv. In modo tropologico, secondo il senso tropologico.

tropopàușa [fr. *tropopause*, comp. di *tropo-* 'giro, direzione' e *pause* 'pausa', per la mancanza di forti mutamenti di temperatura; 1934] **s. f.** ● Strato atmosferico dello spessore di qualche centinaio di metri che limita superiormente la troposfera e al di sopra del quale inizia la stratosfera.

troposfèra [fr. *troposphère*, comp. di *tropo-* 'giro, direzione' e *sphère* 'sfera', cioè la parte dell'atmosfera dove avvengono forti mutamenti; 1923] **s. f.** ● Regione inferiore dell'atmosfera, ove hanno sede i fenomeni meteorologici, che si estende dal suolo sino a 7-8 km circa al polo e 16-18 km circa all'equatore, caratterizzata da una diminuzione abbastanza regolare della temperatura con la quota. ➡ ILL. p. 2129 SCIENZE DELLA TERRA ED ENERGIA.

troposfèrico [1961] **agg.** (pl. m. *-ci*) ● Della, relativo alla troposfera.

♦**tròppo** [francone *throp* 'mucchio, branco' (forma metatetica di *thorp*, di orig. indeur.); 1240] **A agg. indef.** **1** Che è in misura, quantità, grado superiore al bisogno, al giusto, al conveniente o all'opportuno: *c'è troppa gente*; *fai troppi errori*; *fa t. caldo*; *in questo cassetto c'è troppa roba*; *tu agisci con troppa precipitazione*; *ho troppe cose da fare*; *le difficoltà sono troppe*; *non vorrei recarvi t. disturbo*; *non devi mettere troppa carne al fuoco* | ***Troppa grazia!***, sottolineando l'abbondanza di qlco. (*anche iron.*). **2** (*poet.*) Molto, numeroso, grande: *Qui vid'i' gente più ch'altrove troppa* (DANTE *Inf.* VII, 25); *nella prona terra / t. è il mistero* (PASCOLI). **B pron. indef.** **1** (*al pl.*) Persone che sono in numero eccessivo: *troppi ormai lo sanno*; *troppi la pensano così*; *siamo in troppi qui*; *siete troppi e non posso portarvi tutti con me.* **2** Quantità esagerata: *io ho preso poca roba, ma tu ne hai presa forse troppa*; *non comprare altri vestiti, ne hai fin troppi*; *non darmi più della carne, ne ho già troppa*; *versami ancora un po' di tè, ma che non sia t.* | Con valore neutro: *ho t. da fare*; *hai detto anche t.* **C avv.** **1** In misura eccessiva, più del giusto o del conveniente: *tu spendi t.*; *mangia e beve t.*; *parlate t.*; *credo di lavorare t.*; *non avertene t. a male se te lo dico*; *non fidarti t. di lui*; *ti lasci ingannare t. facilmente*; *non tornare t. tardi*; *questa carne è t. cruda*; *è t. bello per essere vero*; *non devi essere t. buono con lui*; *poiché una speme è lunga a venir t.* (PETRARCA); *a voli t. alti e repentini / sogliono i precipizi esser vicini* (TASSO) | ***T. poco***, pochissimo: *mangi t. poco* | ***T. buono!***, ***t. gentile!***, formule di cortesia con cui ci si schermisce da una lode, un invito e sim. o con cui si ringrazia accettando o opponendo un cortese rifiuto | Con valore raff. preceduto da 'anche' 'fino': *lo conosco anche t. bene*; *lo so bene, anche t.!*; *a dire la verità è fin t. sveglio* | ***Di t.***, in più, più del dovuto: *sono forse di t. qui?*; *ho bevuto un bicchiere di t.*; *ho detto forse qualche parola di t.* | (*pop.*) †Concordato nel genere e nel numero con il termine a cui si riferisce: *con troppi maggiori colpi che 'n prima* (BOCCACCIO). **2** Molto: *non ci sarebbe t. da stupirsi se decidesse in questo senso* | (*enfat.*) Assai: *quel ragazzo è t. simpatico!*; *t. bello, quel film!*; *te ne vai? t. giusto!* | ***Non t.***, poco, pochissimo: *non ne sarei t. sicuro*; *lo faccio ma non t. volentieri*; *mi sento non t. bene.* **D s. m.** ● Ciò che è in eccesso. || **PROV.** Il troppo stroppia; l'assai basta e il troppo guasta.

troppopièno [da *troppo pieno*: calco sul fr. *trop-plein*; 1911] **s. m. inv.** **1** Apertura praticata nella parete di serbatoi, vasche e sim. per impedire al liquido di superare un certo livello. **2** (*econ.*) Detto di mercato sul quale gli operatori economici hanno effettuato acquisti eccedenti le loro reali possibilità.

†**tròscia** [etim. discussa: longob. *trausjan* 'cadere' (?); sec. XIII] **s. f.** (pl. *-sce*) **1** Pozzanghera. **2** Buca quadra scavata in terra, nella quale si mettono a bagno le pelli da concia.

tròta [lat. tardo *trŭcta(m)*, di etim. incerta; av. 1320] **s. f.** ● Pesce dei Clupeiformi, della famiglia dei Salmonidi, con livrea dai colori variabili, che vive nelle acque limpide e fredde dei fiumi, dei torrenti, dei laghi e che, per la bontà delle sue carni, è oggetto di intenso allevamento a scopo alimentare (*Salmo trutta*) | ***T. fario***, trota di montagna (*Salmo trutta fario*) | ***T. marmorata***, caratteristica dell'Italia settentrionale (*Salmo trutta marmoratus*) | ***T. di mare***, specie che compie migrazioni tra l'acqua dolce e il mare (*Salmo trutta marinus*) | ***T. iridea o arcobaleno***, originaria dell'America, è quella che meglio si presta all'allevamento (*Salmo irideus*) | ***T. di lago***, lunga fino a 1 m (*Salmo trutta lacustris*) | ***T. salmonata***, dalle carni particolarmente pregiate, rosate a causa dell'alimentazione a base di piccoli crostacei. ➡ ILL. animali/6.

troticoltóre [da *trota*, sul modello di *agricoltore*; 1961] **s. m.** (f. *-trice*) ● Chi si occupa di troticoltura.

troticoltùra [da *trota*, sul modello di *agricoltura*; 1961] **s. f.** ● Allevamento artificiale delle trote, a scopo alimentare o di ripopolamento.

trotile ● V. *tritolo* (2).

trotinatùra [da *trotino*; 1961] **s. f.** ● Macchiettatura caratteristica del mantello trotino.

trotìno [dalla livrea maculata della *trota*; 1879] **agg.** ● Dicesi di mantello equino che presenta peli rossi riuniti in piccoli fiocchi, varietà dei mantelli ubero, roano e grigio.

trottàbile [da *trottare*; 1879] **agg.** ● (*disus.*) Di strada, dove i cavalli possono andare al trotto.

trottapiàno [comp. di *trotta(re)* e *piano* (*1*) nel sign. B; 1876] **s. m.** e **f. inv.** ● (*raro, scherz.*) Persona che cammina, si muove o agisce con lentezza.

trottàre [ant. alto ted. **trottôn* 'correre', iter. di *treten* 'andare, camminare', di orig. e area solamente germ.; 1319] **A v. intr.** (*io tròtto*; aus. *avere* nel sign. 1, *essere* nel sign. 2) **1** Andare di trotto, detto del cavallo e (*est.*) di chi lo cavalca | ***Far t. il cavallo***, mandarlo di trotto. **2** (*est.*) Camminare con piccoli passi veloci e saltellanti, detto di animali e persone: *il piccolo, il cucciolo trottava dietro sua madre* | (*est.*) Camminare rapidamente: *se non vuoi arrivare in ritardo, devi t.* | (*fig.*) Lavorare, agire o darsi da fare con impegno: *il marito è in ospedale e a lei tocca t.*; *è da stamattina che trotto da un ufficio all'altro.* **B v. tr.** ● †Far trottare.

trottàta [f. sostantivato del part. pass. di *trottare*; 1808] **s. f.** **1** Corsa del cavallo al trotto | (*est.*) Passeggiata o cavalcata fatta con un cavallo che va di trotto: *una t. in calesse*; *una t. per i campi*; *ogni mattina faccio una bella t.* **2** (*est.*) Camminata veloce, affrettata, senza soste: *ho fatto una vera t. a piedi.* || **trottatina**, dim.

trottatóia [1881] **s. f.** ● Trottatoio, nel sign. 2.

trottatóio [da *trottare*; 1942] **s. m.** **1** Pista su cui si allenano i cavalli per le corse al trotto. **2** Ciascuna delle due strisce di granito che un tempo si usava inserire nella strada acciottolata per facilitare il passaggio dei veicoli.

trottatóre [da *trottare*; 1691] **A agg.** (f. *-trice*) ● Detto di cavallo che va di trotto, che è valente nel trotto. **B s. m.** ● Cavallo selezionato e addestrato per le corse al trotto.

trotter /*ingl.* 'tɹɔtəɹ/ [vc. ingl., dal v. *to trot*, che ha lo stesso sign. e la stessa orig. di 'trottare'; 1895] **s. m. inv.** ● Ippodromo in cui si disputano le corse al trotto.

trotterellàre [da *trottare*, con suff. verb. freq.; 1881] **v. intr.** (*io trotterèllo*; aus. *avere* nel sign. 1, *essere* nel sign. 2) **1** Andare al piccolo trotto, detto del cavallo e (*est.*) di chi lo cavalca. **2** (*fig.*) Camminare in fretta, quasi correndo, con piccoli passi saltellanti, detto spec. di bambini, piccoli animali e sim.

trottìstico [da *trotto*; 1941] **agg.** (pl. m. *-ci*) ● Che riguarda le corse del trotto: *concorso t.*; *stagione trottistica.*

tròtto [da *trottare*; 1353] **s. m.** **1** Andatura naturale del cavallo tra passo e galoppo, in cui l'appoggio dell'anteriore destro avviene contemporaneamente all'appoggio del posteriore sinistro e viceversa: *andare al t., di t.*; *mettere il cavallo al t.*, *fargli prendere il t.* | ***Piccolo t.***, con passi meno lunghi e meno rapidi | ***T. serrato, chiuso***, a passi piccoli e raccolti | ***T. all'inglese***, quando il cavaliere si solleva e si abbassa sulla sella seguendo il movimento del cavallo | ***Rompere il t.***, prendere un'andatura intermedia tra il trotto e il galoppo | ***Corse al t.***, gare di cavalli che si disputano su pista di sabbia con guidatore montato sul sulky. ➡ ILL. p. 2153 SPORT. **2** (*fig.*) Passo veloce, sostenuto, di persona: *andare di t.*; *camminare di buon t.* || **trotterèllo**, dim. | **trotterellino**, dim. | **trottóne**, accr.

tròttola [da *trottolare*; sec. XIV] **s. f.** **1** Giocattolo di legno o altro materiale, simile a un cono rovesciato, che si lancia in terra tirando a sé di colpo lo spago avvolto strettamente su apposite scanalature, in modo da farlo girare rapidamente su sé stesso | Analogo giocattolo gener. in metallo, cui il moto rotatorio viene impresso da un'asta elicoidale centrale che si preme a stantuffo | ***Frullare, girare come una t.***, ruotare velocemente (*spec. fig.*); di persona che non sta mai ferma, lavora sempre, si dà continuamente da fare | ***La testa mi gira come una t.***, di chi ha il capogiro e sim. | ***A t.***, si dice di un particolare motivo di tornitura usato nei sostegni di tavoli e sedili. **2** Figura libera del pattinaggio a rotelle e su ghiaccio, consistente in una serie di veloci rotazioni che il pattinatore compie su sé stesso sul medesimo asse: *t. sulle punte, sui talloni, su un piede*; *t. ad angelo.* **3** (*zool.*) Troco. || **trottolino**, dim. m. (V.) | **trottolóne**, accr. m.

trottolàre [etim. discussa: da *trott(are)* con suff. iter. *-olare* (?); av. 1704] **v. intr.** (*io tròttolo*; aus. *avere*) **1** Ruotare velocemente su sé stesso, come una trottola. **2** (*fig.*) Muoversi di continuo, non stare mai tranquillo, detto spec. di bambino.

trottolino [1830] **s. m.** (f. *-a*) **1** Dim. di *trottola*. **2** (*fig., fam.*) Bambino vivacissimo.

trotzkișmo /trots'kizmo/ o **trozkișmo** [1950] **s. m.** ● Dottrina comunista di L. D. Trotzkij (1879-1940), fondata sul concetto di rivoluzione permanente e di lotta alla burocrazia.

trotzkista /trots'kista/ o **trozkista** [1933] **s. m.** e **f.** (pl. m. *-i*) ● Chi ispira la propria azione politica al trotzkismo.

troupe /*fr.* trup/ [vc. fr., equivalente a *truppa* (V.); 1902] **s. f. inv.** ● Gruppo organico di artisti, tecnici, operai e amministrativi, impegnati in una rappresentazione teatrale, nella lavorazione di un film e sim.: *t. cinematografica, televisiva.*

trousse /*fr.* trus/ [vc. fr., da *trousser*, propr. 'caricare una bestia da soma (legando il carico con corde: in lat. *torquēre* 'torcere', dal quale è derivato il lat. parl. **torsāre*, che sta all'orig. del v. fr.)'; 1905] **s. f. inv.** **1** Astuccio o fodero per utensili vari destinati a un dato scopo: *la t. della manicure.* **2** Borsetta da sera per signore, di tipo rigido, ad astuccio, in tartaruga, oro, argento e sim.

trouvaille /*fr.* tru'vaj(ə)/ [vc. fr., da *trouver* 'trovare'; 1955] **s. f. inv.** ● Idea originale o utilizzazione di dati storici prima ignorati o trascurati spec. in opere a carattere letterario, teatrale o cinematografico: *il soggetto del film è fondato su recenti t. di una ricercatrice.*

trovàbile [av. 1729] **agg.** ● (*raro*) Che si può trovare.

trovadóre ● V. *trovatore* (2).

trovadòrico o **trobadòrico** [1891] **agg.** (pl. m. *-ci*) ● Dei trovadori: *poesia trovadorica.*

trovaménto [av. 1294] **s. m.** **1** (*raro*) Il trovare | Reperimento. **2** †Invenzione.

trovànte [1891] **s. m.** ● (*geogr.*) Masso erratico che si trova in terreni lontani e spesso diversi dalle rocce dalle quali proviene.

♦**trovàre** (1) [etim. discussa: lat. parl. **tropāre*, da *trŏpus* 'tropo', cioè 'esprimersi a mezzo di tropi' (?); av. 1250] **A v. tr.** (*io tròvo*, †*truòvo*) **1** Individuare, riuscire a vedere, conoscere, cogliere, scoprire, incontrare e sim. la cosa o la persona che si cercava: *t. i guanti, gli occhiali*; *non trovo più la borsetta, il portafogli*; *t. casa, marito, lavoro*; *t. la verità, la ricchezza*; *t. qlco. per terra*; *t. qlcu. a casa, al bar*; *t. un amico*; *in questo viaggio il Vergerio trovò Lutero a Vittenberg* (SARPI); *l'ho trovato che dormiva*; *gli ho telefonato ma non l'ho trovato*; *t. l'area del triangolo, il volume della sfera*; *se tardiamo non troveremo più da mangiare*; *dove la trovi un'altra automobile così economica?*; *l'ho trovato a buon mercato, in un negozietto di periferia* | ***T. la Mecca, l'America***, (*fig.*) l'abbondanza, la ricchezza | ***Andare a t. qlcu.***, andare a fargli visita. **2** Riuscire ad avere, ottenere ciò che si desidera, cui si anela, di cui si ha spiritualmente bisogno e sim.: *t. un po' di pace, di riposo, di serenità*; *in famiglia speravo di t. affetto e comprensione*; *non t. né il perdono né la pietà dei propri simili*; *t. conforto nella preghiera*; *solo presso di voi ho trovato qualche aiuto* | ***Non t. posa***, di persona irrequieta, agitata, ansiosa e sim. | Trarre, ricavare da qlcu. o da qlco.: *t. il suo utile, il suo tornaconto*; *se lo fa, puoi essere sicuro che vi trova un qualche vantaggio*; *in questa cura ho trovato notevoli benefici, un concreto giovamento*

| Conquistarsi: *t. la fama, la gloria, il successo.* **3** Avere: *quanto ti trovi in tasca?; trovarsi addosso solo qualche spicciolo.* **4** (*est.*) Ricevere: *t. una buona accoglienza; t. la morte sul campo, in battaglia.* **5** Scoprire: *hanno trovato il ladro, il colpevole; si era nascosto, ma l'hanno trovato ugualmente* | Escogitare, inventare: *bisogna assolutamente t. un rimedio; non riesco a t. una soluzione migliore di questa; non sa far altro che t. sempre nuove scuse e pretesti; devi t. qualcosa di nuovo se vuoi che il pubblico si diverta.* SIN. Escogitare, scoprire. **6** Sorprendere, cogliere, pescare: *t. qlcu. sul fatto, in colpa, in fallo, in errore; li hanno trovati in amoroso colloquio; lo trovò che, mentre rubava; l'alba lo trovò addormentato; tutto ciò ci trova assolutamente impreparati* | ***T. qlcu. con le mani nel sacco***, (*fig.*) coglierlo in flagrante. **7** Vedersi dinanzi qlcu. o qlco. senza averne fatto ricerca, per lo più in modo inaspettato e fortuito: *t. un oggetto smarrito; t. in solaio un quadro d'autore; t. per caso un vecchio amico; t. uno sconosciuto in casa propria; t. una scritta sul muro; trovarsi qlcu. fra i piedi; me lo trovo davanti quando meno lo desidero; trovarsi in tasca pochi soldi; t. sul proprio cammino difficoltà d'ogni sorta; indovina un po' cosa ho trovato?; arrivo e chi ti trovo?* **8** Riconoscere, riscontrare, apprendere mediante l'esame o l'osservazione diretta: *il medico lo trova deperito; in ospedale gli hanno trovato la polmonite; non trovo in lui nessun miglioramento; spero di trovarvi bene, in buone condizioni di salute; ti trovo un po' giù; come mi trovi?; li ho trovati un po' invecchiati* | Sperimentare, conoscere per: *t. il cibo buono, saporito, eccellente; t. uno spettacolo brutto, noioso, avvincente; mi hanno detto che era scortese, ma io l'ho trovato gentile ed educato.* **9** Giudicare, ritenere, pensare: *trovo che hai fatto bene, male; non trovi che sarebbe meglio partire domani?; come la trovi, questa cosa?* | (*fam.*) ***Trovi?***, ti sembra? **10** Accorgersi, vedere: *t. di aver vinto, perso; trovo che qui sta andando tutto in malora.* **11** †Colpire: *t. la palla dell'avversario; t. qlcu. con un bastone; t. qlcu. sullo scudo.* **12** †Istituire: *t. il battesimo.* **B** v. rifl. rec. ● Incontrarsi: *quando ci troviamo?; di solito si trovano in piazza; allora d'accordo, ci troviamo domani alle tre, a casa tua.* SIN. Vedersi | (*fig.*) Raggiungere un accordo: *non ci siamo trovati sul prezzo* | ***Trovarsi d'accordo***, concordare. **C** v. intr. pron. **1** Essere, stare: *trovarsi bene, male, in difetto, in pericolo; da tempo si trova a letto malato; mi trovo bene con lui; attualmente dovrebbe trovarsi all'estero; si può sapere dove mi trovo?* **2** Arrivare, capitare: *ci trovammo improvvisamente su un colle; ci siamo trovati a Napoli quasi senza accorgercene.* **3** Essere posto, collocato, situato: *il villaggio si trova al di là del fiume; la Gioconda si trova al Louvre; i quartieri residenziali si trovano nella parte nord della città.*

†**trovàre** (**2**) [ant. provz. *trobar* 'rinvenire i tropi', secondo la presunta, ma corrente etim. di *trovare* (*1*); sec. XIII] v. tr. ● Poetare, comporre (*anche assol.*).

trovarobàto [da *trovarobe*; 1962] s. m. ● Insieme dei piccoli oggetti che completano l'arredamento teatrale e cinematografico.

trovaròbe [comp. di *trova(re)* (*1*) e il pl. del generico *roba*; 1775] s. m. e f. inv. ● Collaboratore del direttore di scena, addetto al reperimento e alla manutenzione di tutti gli oggetti che completano l'arredamento e il fabbisogno di una scena teatrale o televisiva.

trovàta [f. sost. del part. pass. di *trovare* (*1*); 1865] s. f. **1** Espediente escogitato per uscire da una situazione difficile, incresciosa, imbarazzante e sim.: *una bella t.; una t. veramente originale; una t. infelice, piuttosto fiacca* | Idea felice, buona idea: *questa sì che è una t.!* | (*est.*) Battuta: *t. degna d'un grande comico.* SIN. Pensata. **2** †Scoperta di un delitto.

trovatèllo [dim. sost. di (bambino) *trovato*; 1598] s. m. (f. *-a*) ● Bambino che è stato iscritto allo stato civile come figlio di ignoti, o che è stato abbandonato o lasciato in un istituto di pubblica assistenza senza essere stato denunciato allo stato civile.

trovàto [av. 1250] **A** part. pass. di *trovare* (*1*); anche agg. **1** Nei sign. del v. | Ideato, immaginato: *una scusa ben trovata.* **2** ***Ben t.***, come formula di saluto rivolta a chi si incontra. **B** s. m. **1** (*raro, lett.*) Ciò che è stato trovato. **2** †Invenzione, pretesto | Finzione, inganno.

†**trovatóre** (**1**) [1353] agg.; anche s. m. (f. *-trice*) ● Che (o Chi) trova | †***T. di guerra***, suscitatore di guerre | †***T. di calunnie***, macchinatore.

trovatóre (**2**) o **trovadóre** [provz. *trobador*, al nom. *trobaire*, da *trobar* 'trovare' nel senso di inventare proprio della poetica mediev.; av. 1294] s. m. (f. *-tora*) ● Poeta rimatore e musico della Provenza, nei secc. XII e XIII, che spesso cantava anche le sue poesie | ***La poesia dei trovatori***, canzoni, serventesi, tenzoni, pastorelle, albe e sim., generi e atteggiamenti stilistici e spirituali diffusi in tutta l'Europa occidentale | Giullare che componeva poesie e musica.

trovièro o **trovèro** [fr. *trouvère*, parallelo del provz. *trobaire*, donde *trovatore* (*2*); 1819] s. m. ● Poeta, rimatore della lingua francese antica, autore e recitatore di componimenti di vario genere, corrispondente al trovatore della poesia provenzale.

trozkìsmo /trots'kizmo/ e *deriv.* ● V. *trotzkismo* e *deriv.*

tròzza [ant. fr. *troche* per *torche* '(cosa) attorta', donde anche *torcia* (V.); 1607] s. f. ● (*mar.*) Collare di ferro o stroppo di cavo o catena che serve a sistemare un pennone o la gola di un picco all'albero: *t. ad anello, in cavo, a catena.*

†**tròzzo** [sp. *trozo* 'pezzo' e 'parte (di un reggimento)', di etim. incerta] s. m. ● Quantità, moltitudine di gente armata.

†**truànte** [ant. fr. *truand*, di prob. orig. gallica] agg.; anche s. m. ● Ribaldo, mascalzone.

trùca o **trùka** [ingl. *truck* 'carro, carrello', dal lat. *tróchlea(m)* 'carrucola', dal gr. *trochília* (da *trochós* 'ruota', della stessa famiglia di *tréchein* 'correre', forse d'orig. indeur.); 1963] s. f. ● (*cine*) Stampatrice ottica per pellicole cinematografiche che permette di riprodurre un film su un'altra pellicola consentendo inoltre di ottenere vari effetti, come accelerazioni o rallentamenti, ingrandimenti o riduzioni.

truccàbile [da *truccare* (*2*); 1970] agg. ● Che si può truccare.

truccàre (**1**) o †**trucchiàre**, †**trucciàre** [ant. provz. *trucar* 'urtare', di etim. discussa: dal lat. parl. **trudicāre*, iter. di *trūdere* '(so)spingere' (?); 1865] v. intr. (*io trùcco, tu trùcchi*; aus. *avere*) ● Spostare con la propria la palla dell'avversario giocando a bocce, a pallamaglio, al biliardo.

♦**truccàre** (**2**) [fr. *truquer*, da *truc* 'abilità, inganno, artificio' (dal provz. ant. *truc* 'colpo, urto', deriv. di *trucar*: V. *truccare* (*1*)); 1905] **A** v. tr. (*io trùcco, tu trùcchi*) **1** Intervenire su qlco. modificandola o alterandola nell'aspetto, nei particolari, nello svolgimento, nel funzionamento e sim., spec. per trarre in inganno gli altri: *t. un mobile per farlo credere antico; t. i risultati di un'inchiesta, di una statistica; t. una partita di calcio, un incontro di pugilato* | ***T. le carte, i dadi***, per barare | ***T. un motore***, elaborarlo in modo da consentire al veicolo su cui è montato prestazioni superiori a quelle originarie. **2** Modificare temporaneamente, spec. per esigenze teatrali o cinematografiche, l'aspetto fisico di una persona, anche facendole assumere le sembianze di un'altra, con l'uso di molteplici artifici: *t. un attore da vecchio, da gobbo, da storpio; lo stanno truccando nel suo camerino* | (*est.*) Travestire: *t. qlcu. da cinese, da antico romano.* **3** (*est.*) Modificare temporaneamente l'aspetto spec. del viso o di una sua parte mediante l'uso di cosmetici o ricorrendo ad altri espedienti: *t. le labbra col rossetto; truccarsi con cura il viso; di solito si trucca solo gli occhi.* **B** v. rifl. (assol.; + *da*) **1** Modificare il proprio aspetto fisico con l'uso di molteplici artifici, spec. per esigenze teatrali o cinematografiche: *è un attore che di solito si trucca pesantemente; truccarsi da Rigoletto* | (*est.*) Travestirsi: *truccarsi da antico romano.* **2** (*est.*) Modificare l'aspetto del proprio viso, per migliorarlo, mediante l'uso di cosmetici o ricorrendo ad altri espedienti: *truccarsi bene, male; non sa truccarsi; raramente si trucca.*

truccàto [av. 1742] part. pass. di *truccare* (*2*); anche agg. ● Nei sign. del v.: *occhi truccati, una partita truccata.*

truccatóre [1939] s. m. (f. *-trice*) ● Persona specializzata nel trucco degli attori di un film, di un'opera teatrale o di una produzione televisiva.

truccatùra [1905] s. f. **1** Operazione, modalità del truccare o del truccarsi. **2** Ciò che serve per questa operazione | Abbigliamento d'attore adatto alla parte da recitare.

†**trucchiàre** ● V. *truccare* (*1*).

†**trùcci** [vc. espressiva] inter. ● (*raro, pop., tosc.*) Si usa per incitare il cavallo: *t. là!; t. t. cavallino!*

†**trucciaménto** [da †*trucciare* 'sfregare'] s. m. ● Sfregamento.

†**trucciàre** ● V. *truccare* (*1*).

trùcco (**1**) [da *truccare* (*1*); av. 1698] s. m. (pl. *-chi*) ● Antico gioco in voga nelle corti del Rinascimento, simile per regole alle bocce ma praticato con palline d'avorio o bosso sopra una tavola coperta di panno e con sponde | ***T. a terra***, pallamaglio.

♦**trùcco** (**2**) [da *truccare* (*2*), su modello del fr. *truc*; 1905] s. m. (pl. *-chi*) **1** Artificio con cui si nasconde, si maschera o si falsa la realtà, per trarre gli altri in inganno: *un t. abilissimo; i trucchi dei maghi; conosce ogni specie di trucchi; il t. c'è ma non si vede; un miracolo, anzi, un t. su quel palcoscenico rappresentato realisticamente* (PIRANDELLO) | ***È tutto un t.***, di cosa che si ritiene assolutamente falsa, ingannevole e sim. | ***T. fotografico, scenico, cinematografico*** e sim., ogni artificio atto a creare determinate illusioni visive, ad ottenere particolari effetti ottici, sonori e sim. **2** (*est.*) Abile espediente, frode, raggiro: *un t. astutissimo; con un t. diabolico è riuscito a convincerlo.* SIN. Imbroglio. **3** Tecnica atta a trasformare il viso di un attore perché assuma sembianze somiglianti il più possibile a quelle del personaggio interpretato. **4** (*est.*) Insieme di operazioni mediante le quali si cerca di migliorare, di abbellire il viso, facendone risaltare i pregi e mascherandone i difetti: *uno specialista del t.* | Risultato di tali operazioni: *un t. perfetto, naturale, pesante; t. da giorno, da sera* | Insieme di cosmetici per il trucco: *togliersi il t. dal viso; valigetta per il t.* SIN. Maquillage. || **trucchétto**, dim.

truccóne [sovrapposizione di †*treccone* a *truccare* (*2*); 1879] s. m. (f. *-a*) **1** (*raro*) Imbroglione. **2** †Mezzano di matrimoni.

trùce [vc. dotta, lat. *trūce(m)*, di etim. incerta; sec. XIV] agg. ● Torvo e minaccioso: *sguardo, viso t.; espressione t. e malvagia; guardare qlcu. con occhi truci* | Crudele, feroce: *un t. tiranno; un t. delitto.* || **truceménte**, avv.

trùcia [etim. discussa: ant. fr. **truche*, da *trucher* 'vagabondare' (?); 1879] s. f. solo sing. ● (*tosc.*) Miseria che appare spec. dagli abiti logori e laceri.

trucidaménto s. m. ● (*raro*) Il trucidare.

trucidàre [vc. dotta, lat. *trucidāre*, da **tru(ci)cīda*, comp. di *trūx*, genit. *trūcis* 'uomo truce' e della seconda parte di (*homi*)*cīda* e di altrettanti comp.; 1598] v. tr. (*io trùcido* o †*trucìdo*) ● Uccidere con particolare crudeltà ed efferatezza: *t. i prigionieri; gli ostaggi furono tutti trucidati.* SIN. Massacrare.

trucidatóre [vc. dotta, lat. tardo *trucidatōre(m)*, da *trucidātus* 'trucidato'; av. 1698] s. m.; anche agg. (f. *-trice*) ● (*raro*) Chi (o Che) trucida.

trùcido [forse da *truce*; 1972] **A** agg. ● (*region.*) Truce. **B** agg.; anche s. m. (f. *-a*) ● (*region.*) Che (o Chi) è rozzo, volgare e trasandato.

trùcio [variante di *trucia* attraverso il suo accr. *trucio(ne)*; 1891] agg. (pl. f. *-cie* o *-ce*) ● (*tosc.*) Misero, logoro.

truciolàre (**1**) o †**trugiolàre** [lat. parl. **tortiolāre*, iter. di **tortiāre*, intens. di *torquēre* 'torcere' (?); 1405 ca.] v. tr. (*io trùciolo*) ● (*raro*) Ridurre in trucioli.

truciolàre (**2**) [da *truciolare* (*1*); 1983] **A** agg. ● Formato con trucioli | ***Pannello t.***, elemento costruttivo piano, costituito da particelle legnose agglomerate mediante un collante a base di resine sintetiche e successivamente pressate. **B** s. m. ● Pannello truciolare. SIN. Truciolato.

truciolàto [1983] s. m. ● Pannello truciolare.

truciolatóre [1983] s. m. (f. *-trice* (V.)) ● (*tecnol.*) Macchina destinata alla produzione di particelle lignee per la fabbricazione dei pannelli truciolari.

truciolatrice [1957] s. f. **1** Piallatrice per ridurre in trucioli sapone o altra sostanza tenera. **2** (*tecnol.*) Sminuzzatrice.

truciolatùra o †**trogiolatùra** [1983] s. f. ● Operazione del truciolare.

trùciolo [da *truciolare* (*1*); av. 1597] s. m. *1* Sottile e lunga falda simile a nastro che la pialla asporta dal legno ad ogni colpo | *T. metallico*, tratto più o meno lungo di sovrametallo che l'utensile porta via dal pezzo durante la lavorazione alla macchina utensile. *2* (*est.*) Striscia sottile e arricciata di materiali diversi, variamente usata: *trucioli di plastica, di sapone*; *imballare oggetti fragili proteggendoli con trucioli di carta, di paglia.* *3* (*est.*) Strisciolina di legno tenera per intrecciare ceste e cappelli. || **truciolètto**, dim. | **truciolino**, dim.

truck /trak, *ingl.* tɹʌk/ [vc. ingl., prob. dal lat. *trŏchus* 'cerchio di ferro, trottola', dal gr. *trochós* 'ruota' (della stessa famiglia di *tréchein* 'correre', d'orig. incerta); 1908] s. m. inv. *1* Carretto o carrello per vari impieghi. *2* (*autom.*) Autocarro. *3* (*cine*) Apparecchio di registrazione sonora montato su veicolo mobile.

truculènto o †**trucolènte**, †**trucolènto** [vc. dotta, lat. *truculĕntu(m)*, da *trŭx*, genit. *trŭcis* 'truce'; av. 1484] agg. *1* Truce, torvo, terribile (*anche scherz.*): *aspetto t.*; *espressione truculenta*; *uomo corpulento e t. e zazzeruto, come a un baritono s'addice* (D'ANNUNZIO) | (*lett.*) ***Mare t.***, burrascoso, tempestoso. *2* (*est.*) Di ciò che appare violento, sanguinoso, terrificante e sim., in modo volutamente eccessivo: *scena truculenta*; *film, personaggio t.*

truculènza [vc. dotta, lat. *truculĕntia(m)*, da *truculĕntus* 'truculento'; 1744] s. f. ● Caratteristica di chi (o di ciò che) è truculento: *l'eccessiva t. del suo racconto colpì gli ascoltatori.*

trudgen /*ingl.* 'tɹʌdʒən/ [vc. ingl., dal n. del capitano J. *Trudgen*, che rese nota tale tecnica verso il 1873; 1935] s. m. inv. ● Stile di nuoto con movimento delle braccia analogo a quello del crawl e battuta delle gambe a rana, o a forbice.

trùffa [ant. provz. *trufa*, dal lat. tardo *tūfera* 'tartufo' e, fig., poi 'inganno' (?); av. 1342] **A** s. f. *1* (*dir.*) Reato di chi con artifizi o raggiri, inducendo taluno in errore, procura a sé o ad altri un ingiusto profitto con altrui danno. *2* (*gener.*) Frode, raggiro, imbroglio: *esser vittima di una t.*; *t. all'americana.* SIN. Inganno, trappola. *3* †Chiacchiera, fandonia. **B** in funzione di agg. inv. ● (posposto al s.) Che contiene un inganno: *legge t.* | ***Prezzo t.***, artificiosamente rialzato.

truffaldino [dal n. di un personaggio da commedia non alieno dal *truffare*; 1892] **A** s. m. (f. *-a*) ● Imbroglione. **B** agg. ● Di truffa, da truffatore: *arte, impresa truffaldina.*

†**truffàrdo** [comp. di *truffa(re)* e *-ardo*] s. m.; anche agg. ● Truffatore.

truffàre [sec. XIV] **A** v. tr. ● Rendere qlcu. vittima di una truffa: *t. un amico, un turista* | Sottrarre con truffa, inganno, raggiro: *gli hanno truffato una somma considerevole.* SIN. Imbrogliare, ingannare, raggirare. **B** v. intr. pron. ● †Farsi beffe: *truffarsi di uno.*

truffàto A part. pass. di *truffare*; anche agg. ● Nei sign. del v. **B** s. m. (f. *-a*) ● Chi è rimasto vittima di una truffa.

truffatóre [av. 1342] s. m. (f. *-trice*) ● Chi truffa.

truffé /*fr.* tʀy'fe/ [vc. fr., propr. 'tartufato', da *truffe* 'tartufo', di cui ha la stessa orig.; 1905] agg. inv. *1* Tartufato: *risotto t.* *2* Detto di un esemplare di libro con carattere di unicità per annotazioni, autografi e sim.

trufferìa [da *truffare*; 1483] s. f. ● (*raro*) Azione truffaldina | Frode, truffa.

†**truffière** s. m. ● Truffatore.

truffóne s. m. (f. *-a*) ● (*raro*) Truffatore.

trufolàre [variante di *grufolare*, di orig. espressiva (?); 1879] **A** v. intr. (*io trùfolo*; aus. *avere*) ● (*raro*) Rimestare, frugare: *t. in un cassetto, nel fango.* **B** v. rifl. ● Avvoltolarsi, sguazzare: *trufolarsi nella mota.*

†**trugiolàre** ● V. *truciolare* (*1*).

trùglio [da (*in*)*truglio* nel senso di 'imbroglio, inganno'; av. 1388] s. m. ● Procedimento straordinario anticamente in uso nel napoletano, spec. nei momenti in cui il numero dei detenuti in attesa di giudizio era molto elevato, in base al quale si giungeva a un accordo tra accusatore e imputato sull'entità della pena da infliggere a quest'ultimo senza processo e senza prove, unicamente in base agli indizi causa dell'imputazione stessa.

truìsmo [ingl. *truism*, da *true* 'vero', di area e orig. germ.; 1914] s. m. ● (*lett.*) Verità ovvia, lapalissiana.

trùka ● V. *truca.*

trullàggine [da *trullo* (*1*); av. 1850] s. f. ● (*pop., tosc.*) Grullaggine, sciocchezza.

†**trullàre** [da *trullo* (*3*); 1313] v. intr. ● Scoreggiare: *rotto dal mento in fin dove si trulla* (DANTE *Inf.* XXVIII, 24).

trullerìa [av. 1850] s. f. ● Trullaggine.

trùllo (**1**) [per (*ci*)*trullo*; 1865] agg.; anche s. m. (f. *-a*) ● (*tosc.*) Grullo, citrullo.

trùllo (**2**) [biz. *trôullos*, dal lat. *trŭlla* 'cazzuola', per la forma emisferica della volta; 1922] s. m. ● Abitazione in pietra di forma tonda e tetto conico, tipica delle Puglie, particolarmente del triangolo Bari, Brindisi, Taranto: *i trulli di Alberobello.*

†**trùllo** (**3**) [di orig. onomat.; av. 1400] s. m. ● Peto, scoreggia.

trumeau /*fr.* tʀy'mo/ [vc. fr., per passaggio metaforico dal senso orig. di '(polpaccio della) gamba', di provenienza germ.; 1751] s. m. inv. (pl. fr. *trumeaux*) *1* (*arch.*) Muro tra due porte, due finestre | Pilastro al centro di un portale. *2* Pannello ornamentale o specchiera collocati fra due vani, quali porte, finestre e sim.; spesso la specchiera è accompagnata da una console assortita. *3* Correntemente, mobile a doppio corpo, composto da un cassettone a ribalta, che spesso funge da scrivania, e da un'alzata a una o due ante, apparso nella seconda metà del XVII sec. e diffusissimo nel XVIII.

trumò [1841] s. m. ● Adattamento di *trumeau* nel sign. 3 (V.).

†**truncàre** ● V. *troncare.*

†**trùnco** ● V. *tronco* (*2*).

†**truògo** ● V. *trogolo.*

truògolo ● V. *trogolo.*

†**truòno** ● V. †*trono* (*1*).

♦**trùppa** [fr. *troupe*, dal francone *throp* 'mucchio, branco'; 1568] s. f. *1* Qualsiasi complesso organico di forza militare: *truppa scelta, mercenaria, volontaria*; *truppa di rinforzo, di riserva, di rincalzo*; *le truppe nemiche, alleate*; *lanciare all'attacco le truppe.* *2* (*est.*) Il complesso dei soldati semplici: *uomini, militari di t.* | ***Graduati di t.***, caporale e caporal maggiore | †Schiera di soldati a cavallo, nelle ordinanze del sec. XVII. *3* (*fig.*) Frotta, gruppo nutrito (*spec. scherz.* o *spreg.*): *avere una t. di figli*; *c'era in piazza una t. di scalmanati* | ***In, a t.***, a frotte, detto anche di animali: *i lupi … / a ber venuti a t. in sulla sera* (MONTI).

†**truppèllo** [ant. provz. *tropel*, propr. dim. di *trop* 'truppa, branco'; sec. XIV] s. m. ● Drappello.

truschino [fr. *trusquin*, dal medio neerlandese *crucekijn*, propr. 'piccola (*-kijn*) croce (*cruce*)', con sovrapposizione di *trousser*; 1942] s. m. ● (*tecnol.*) Attrezzo fondamentale della tracciatura, formato da un basamento, un'asta e una punta per tracciare fissabile a un incastro scorrevole sull'asta: *t. semplice* | ***T. universale***, con asta inclinabile rispetto al basamento mediante cerniera. SIN. Segnatoio.

trusciàre [vc. merid., forse forma corrispondente di *strusciare*] v. tr. (*io trùscio*; fut. *io trușcerò*) ● (*merid.*) Rubare con mano lesta e leggera.

trust /trast, *ingl.* tɹʌst/ [vc. ingl., propr. 'credito (che si dà al consorzio degli associati)', di area e orig. germ.; 1902] s. m. inv. *1* (*econ.*) Gruppo di imprese, soggette a unità di direzione, che esercita un potere monopolistico eliminando o limitando la concorrenza e controllando in tutto o in parte rilevante il mercato: *il t. del cemento, il t. dell'automobile*; *i grandi t. internazionali* | L'accordo con cui tale gruppo viene costituito: *legge anti-trust.* *2* (*est.*) Gruppo di persone che controlla in maniera esclusiva o preponderante lo svolgimento di un'attività: *il t. della prostituzione*; *un t. di galleristi e mercanti d'arte* | (*fig., est.*) ***T. dei cervelli***, gruppo di esperti, tecnici, scienziati e gener. consulenti, costituito, spec. in un'azienda, per discutere e aiutare a risolvere problemi di particolare complessità e rilievo. SIN. Brain trust. *3* Rapporto giuridico nel quale una persona amministra dei beni, sui quali ha il controllo, nell'interesse di terzi, che ne sono beneficiari.

truth /trut, *ingl.* tɹuθ/ [vc. ingl., propr. 'verità', nome scelto arbitrariamente; 1989] s. m. inv. ● (*fis.*) Top.

†**trutilàre** [vc. dotta, lat. *trucilāre*, di orig. onomat., malamente letto (per scambio di *c* con *t*)] v. intr. ● Zirlare, detto dei tordi.

†**trùtina** [vc. dotta, lat. *trŭtina(m)* '(ago della) bilancia', dal gr. *trytánē*, collegato ad altre vc. di orig. indeur., che si riferiscono all'apertura, dov'era alloggiato l'ago; 1499] s. f. ● Staffa in cui alloggia l'ago della bilancia.

tsantsa /*'tsantsa/ [vc. di una lingua d'un popolo dell'Amazzonia; 1987] s. f. ● (*antrop.*) Testa del nemico ucciso e custodita come un trofeo, dopo essere stata privata delle ossa e mummificata.

tsar /*tsar, *dzar/ e *deriv.* ● V. *zar* e *deriv.*

tse-tse /*tsets'tse*/ o **tze-tze** [fr. *tsétsé*, da una vc. indigena dell'Africa merid.; 1905] agg. inv. ● Nella loc. ***mosca tse-tse***, grossa mosca grigiastra dell'Africa tropico-equatoriale, che trasmette all'uomo e ai Mammiferi il tripanosoma della malattia del sonno (*Glossina palpalis*).

TSH /'ti esse'akka/ [sigla dell'ingl. *Thyroid Stimulating Hormone* 'ormone stimolante la tiroide'] s. m. inv. ● (*biol.*) Tireotropina.

T-shirt /tiʃ'ʃɛrt, *ingl.* 'tʰiːˌʃɜːɹt/ o **tee-shirt** [vc. ingl., comp. della lettera *t* e *shirt* 'camicia' (d'orig. germ.): detta così perché l'insieme delle maniche e del corpo ricordano la lettera *T*; 1971] s. f. inv. (pl. ingl. *T-shirts*) ● Maglietta di cotone girocollo a maniche corte, usata prima come indumento maschile da indossare sotto la camicia e diventata poi capo unisex da portare anche senza nulla sopra.

tsunami /*giapp.* ˌtsu'nami/ [vc. giapp., propr. 'onda (*nami*) sul porto (*tsu*)'; 1961] s. m. inv. ● Onda di maremoto frequente sulle coste del Giappone e delle altre regioni dell'Oceano Pacifico.

-ttero o **-ptero** [gr. *pterón* 'ala', da una base indeur. col senso generale di 'volare'] secondo elemento ● In parole composte dotte e scientifiche, significa 'ala', con riferimento a insetti o ad aeromobili: *coleottero, elicottero.*

♦**tu** /tu*/ [lat. *tū*, di ampia attestazione indeur.; av. 1250] **A** pron. pers. m. e f. di seconda pers. sing. (pop. tosc. si elide davanti a parola che comincia per vocale: *t'avevi una bella possibilità.* Posposto al v. si fonde con questo nel linguaggio arcaico: *vedestù la scritta morta* (DANTE *Inf.* VIII, 127)) *1* Indica la persona a cui si parla e si usa (solo come sogg.) rivolgendosi a persona con cui si è in familiarità: *tu sai quanto ho sofferto*; *tu ormai non puoi più dire nulla* | Generalmente omesso quando la persona è chiaramente indicata dal verbo, si esprime invece quando il v. è al congv., per evitare ambiguità, quando i soggetti sono più di uno, nelle contrapposizioni, con 'stesso', 'medesimo', 'anche', 'pure', 'nemmeno', 'proprio', 'appunto', e sim. e, in genere, quando si vuole dare al sogg. particolare evidenza: *desidero che tu la conosca*; *se tu l'avessi visto!*; *tu ed io potremo andare proprio d'accordo*; *tu e tuo fratello siete invitati*; *né tu né io lo sapevamo*; *tu puoi permetterti la macchina, noi no*; *tu stesso l'hai affermato*; *anche tu lo conosci*; *sì, proprio tu eri presente al fatto*; *nemmeno tu potevi immaginare una catastrofe simile.* *2* In principio di frase, assume particolare rilievo ed ha valore enfat.: *tu devi dirglielo!*; *tu puoi farlo!*; *tu parlare così!*; *tu rinfacciarmi queste cose?*; *tu paziente?*; *tu fortunato!* | ***Io sono io e tu sei tu***, volendo stabilire o sottolineare una distinzione, una differenza. *3* (*intens.*) Posposto al verbo o in fine di frase, evidenzia un fatto, o esprime vaga minaccia, desiderio e sim.: *ci andrai tu se vuoi*; *sei tu che devi pensarci*; *vieni qua tu a dirglielo!*; *sei tu quello che ha avuto i danni*; *possa tu un giorno avere questa fortuna!* | (*enfat.*) ***Ricco tu?***; ***in collera tu?***; ***e allora tu?***; ***non tu!*** | ***Non sei più tu***, con riferimento a mutamenti spec. psicologici o come espressione di incredulità, stupore e sim. *4* (*enfat., iter.*) Rafforza un'affermazione: *tu, tu devi andarci!*; *tu gli parlerai, proprio tu!* *5* Con valore impers.: *tu non pensi a certe cose perché non ti capitano*; *quando tu pensi che uno come mio fratello abbia tanto coraggio!* **B** in funzione di s. m. ● Il pronome 'tu' | ***Dare del tu a qlcu.***, rivolgersi a qlcu. usando il pron. 'tu' e (*est.*) avere familiarità e confidenza: *possiamo darci del tu*; *come si permette di darmi del tu?*; *io gli do del tu* | (*est. fig.*) ***Dare del tu a qlco.***, usare qlco. con grande disinvoltura: *dare del tu al pianoforte, al pallone* | ***Essere, trovarsi, parlare, stare a tu per***

tu con qlcu.* o (*fig.*) *qlco., di fronte, a diretto confronto: *stare a tu per tu con il principale*; *essere a tu per tu con la morte* | ***Parlare a tu per tu con qlcu.***, direttamente: *prova a parlargli a tu per tu.*

tu' /tu/ o (*dial.*) †**to'** (2) /to/ agg. poss. di seconda pers. sing. ● (*pop., tosc.*) Forma tronca di 'tuo', 'tua', 'tuoi', 'tue', in posizione proclitica.

tuàreg o **tuàregh** [pl. del n. ar. (*targi*, spreg.); 1931] **A** s. m. e f. inv. ● Ogni appartenente a una popolazione seminomade di ceppo berbero, stanziata nel Sahara centrale, dotata di caratteristiche fisiche, sociali e culturali sue proprie. **B** agg. inv. ● Di, relativo a tale popolazione: *accampamento t.*; *donne t.*; *scrittura t.*

tùba [vc. dotta, lat. *tŭba(m)*, di etim. incerta; 1319] s. f. **1** Nel mondo greco-romano, tromba bronzea di guerra o per cerimonie religiose e sim., di forma molto allungata e senza ritorte. ➡ ILL. **musica.** **2** (*est., lett.*) Tromba di guerra: *a suon di t. / animoso caval s'infiamma all'armi* (POLIZIANO) | (*gener.*) Tromba: *la t. degli angeli*; *quando il suono della t. annuncerà il giudizio universale.* **3** (*fig., lett.*) Canto epico, voce poetica, poesia: *la t. di Omero, di Virgilio.* **4** (*mus.*) Strumento a fiato di ottone, capostipite della famiglia dei flicorni di cui costituisce il settore grave | ***T. bassa, t. di basso***, bassotuba. **5** (*anat.*) ***T. uterina***, condotto tubolare dell'apparato genitale interno femminile che va dall'ovaia all'utero. SIN. Salpinge uterina | ***T. uditiva, di Eustachio***, tromba di Eustachio. ➡ ILL. p. 2124, 2126, 2127 ANATOMIA UMANA. **6** Cappello a cilindro | ***Mezza t.***, tubino. **7** (*mil., gerg., disus.*) Recluta. || **tubino**, dim. m. (V.).

tubàggio [fr. *tubage*, da *tuber*, da *tube* 'tubo, condotto'; 1970] s. m. **1** (*raro*) Il rivestire con tubi un foro di sondaggio. **2** (*med.*) Intubazione.

tubàre (1) [lat. tardo *(tu)tubāre*, di orig. onomat.; 1499] v. intr. (aus. *avere*) **1** Emettere il caratteristico grido gutturale, spec. durante il periodo dell'accoppiamento, detto di colombi, tortore e sim. **2** (*fig., scherz.*) Amoreggiare teneramente, scambiandosi a mezza voce frasi o parole affettuose: *tubano come due colombi!*

tubàre (2) [da *tubo*; 1989] v. tr. ● Munire di tubi, spec. in miniere.

tubàrico [1934] agg. (pl. m. *-ci*) ● (*anat.*) Della tuba o salpinge.

tubatùra [da *tubo* 'condotto'; 1901] s. f. ● Sistema di tubi che consentono la distribuzione o la raccolta di fluidi in impianti di limitate dimensioni, di tipo domestico o industriale: *le tubature dell'acqua, del gas*; *c'è un guasto nelle tubature* | (*est.*) Tubo, conduttura: *s'è rotta la t. del lavandino.*

tubazióne [1929] s. f. ● Insieme di tubi collegati fra loro per il trasporto di fluidi anche a distanze elevate.

tubeless /*ingl.* 'tʰjuːbləs/ [vc. ingl., comp. di *tube* 'tubo, camera d'aria' e *less* 'minore' (d'orig. germ.); 1966] agg. inv. ● Pneumatico senza camera d'aria, nel quale la tenuta d'aria è assicurata da uno strato di gomma applicato direttamente all'interno della copertura e dal forzamento dei talloni sulla base del cerchio.

†**tùbera** s. f. ● Tubero.

Tuberàcee [comp. di *tubero* e *-acee*; 1937] s. f. pl. (sing. *-a*) ● Nella tassonomia vegetale, famiglia di Funghi con corpo fruttifero generalmente sotterraneo, attraversato da cavità o gallerie rivestite dall'imenio (*Tuberaceae*).

tubercolàre [da *tubercolo*; 1865] agg. **1** Di, relativo a tubercolo: *struttura t.* **2** Di, relativo a tubercolosi: *affezione t.*

tubercolàto [1840] agg. ● (*bot.*) Detto di organo che presenti tubercoli.

tubercolìna [comp. di *tubercol(o)* e *-ina*; 1895] s. f. ● (*med.*) Derivato proteico purificato di una coltura di bacilli della tubercolosi, impiegato nei test cutanei per la diagnosi di infezione tubercolare.

tubercolizzazióne s. f. **1** (*bot.*) Formazione dei tubercoli radicali. **2** (*med., raro*) Trasmissione del contagio della tubercolosi, spec. in via sperimentale, per motivi di studio.

tubèrcolo [vc. dotta, lat. *tubĕrculu(m)*, dim. di *tūber* 'tubero' e poi ogni 'escrescenza'; 1544] s. m. **1** (*anat.*) Formazione ossea o cartilaginosa a guisa di nodulo. **2** (*med.*) Nodulo granulomatoso caratteristico della infezione tubercolare. **3** (*bot.*) Ingrossamento sulle radici di molte leguminose, dovuto a un bacillo capace di fissare azoto atmosferico: *t. radicale.* || **tubercolétto**, dim.

tubercolòma [comp. di *tubercol(o)* e *-oma*; 1967] s. m. (pl. *-i*) ● (*med.*) Voluminosa lesione causata dal bacillo della tubercolosi.

tubercolosàrio [da *tubercolosi*; 1927] s. m. ● Nosocomio per tubercolotici. SIN. Sanatorio.

tubercolòsi [comp. di *tubercol(o)* e *-osi*; 1894] s. f. inv. **1** (*med.*) Infezione da *Mycrobacterium tubercolosis* che colpisce molteplici organi fra cui frequentemente il polmone e che si manifesta principalmente con la formazione di particolari tubercoli: *t. ossea* | ***T. miliare***, forma diffusa di tubercolosi polmonare. **2** (*bot.*) Malattia che colpisce alcune piante che si ricoprono di piccoli tumori causati da funghi o batteri | ***T. dell'ulivo***, rogna dell'ulivo.

tubercolóso [da *tubercolo*; 1865] **A** agg. ● Pieno, ricco di tubercoli. **B** agg.; anche s. m. (f. *-a*) ● Che (o Chi) è affetto da tubercolosi.

tubercolòtico [da *tubercolosi*; 1906] **A** agg. (pl. m. *-ci*) ● Relativo alla tubercolosi. **B** agg.; anche s. m. (f. *-a*) ● Che (o Chi) è affetto da tubercolosi.

tubercolùto [da *tubercolo*; 1745] agg. ● (*raro*) Che è sparso di tubercoli.

tuberìa [1961] s. f. ● Tubatura, tubazione spec. in motori e sim.

tùbero [vc. dotta, lat. *tūber* (neutro) 'protuberanza, bozza', di orig. vicina a quella di *tumēre* 'essere gonfio'; 1340 ca.] s. m. ● (*bot.*) Porzione di fusto sotterraneo, ingrossata per accumulo di materiale di riserva, più o meno globosa e priva o quasi di foglie. ➡ ILL. **botanica generale.** || **tuberétto**, dim.

tuberósa [agg. sost., dal lat. *tūber* 'tubero'; 1803] s. f. ● Pianta ornamentale delle Amarillidacee, dell'America centrale, con bei fiori in lunghe spighe bianche e odorosissime (*Polyanthes tuberosa*). ➡ ILL. **piante**/11.

tuberosità o †**tuberositàde**, †**tuberositàte** [av. 1320] s. f. **1** (*raro*) Condizione, aspetto di ciò che è tuberoso: *la t. di una radice.* **2** (*est.*) Tubero, protuberanza: *organo ricco di t.*

tuberóso [vc. dotta, lat. *tuberōsu(m)*, da *tūber* 'tubero'; 1865] agg. ● Che ha la forma di un tubero, che è ricco di tuberi | ***Radice tuberosa***, breve e ingrossata per accumulo di materiali di riserva | ***Rizoma t.***, con tratti ingrossati.

tubettificio [comp. di *tubetto* e *-ficio*; 1950] s. m. ● Fabbrica di tubetti.

tubétto [1860] s. m. **1** Dim. di *tubo.* **2** Piccolo recipiente a tubo, deformabile se compresso e con tappo a vite, per pomate, paste, colori: *schiacciare il t. del dentifricio.* **3** Astuccio rigido o deformabile, di piccole dimensioni e di forma cilindrica, generalmente realizzato in alluminio o in plastica per il confezionamento di prodotti farmaceutici, cosmetici e alimentari. **4** (*tess.*) Cilindretto leggermente conico che forma l'anima della spola. || **tubettino**, dim.

tubièra [1940] s. f. ● (*mecc.*) Piastra tubiera.

tubièro [1961] agg. ● Relativo a tubi, a fasci di tubi | ***Fascio t.***, fascio di tubi attraversati dall'acqua, dal vapore o dai fumi | ***Piastra tubiera***, piastra alla quale sono assicurati i tubi negli scambiatori di calore.

Tubifloràli [comp. di *tubo* e un deriv. del lat. *flōs*, genit. *flōris* 'fiore'; 1973] s. f. pl. (sing. *-e*) ● (*bot.*) Nella tassonomia vegetale, ordine di piante delle Dicotiledoni con fiori con calice a sepali saldati e corolla a petali uniti in modo da sembrare trombe più o meno regolari. ➡ ILL. **piante**/8.

tubifórme [comp. di *tubo* e *-forme*] agg. ● Che ha forma di tubo.

tubing /*ingl.* 'tʰjuːbɪŋ/ [vc. ingl., propr. 'serie di tubi', da *tube* 'tubo'; 1983] s. m. inv. ● (*min.*) In un pozzo petrolifero, il tubo collocato all'interno della colonna di rivestimento e destinato a portare in superficie il fluido.

tubinghése o (*lett.*) **tubingènse** [da *Tubinga*] **A** agg. ● Di Tubinga, città della Germania sudoccidentale: *la scuola teologica t.* **B** s. m. e f. ● Abitante o nativo di Tubinga.

tubino (1) [da *tuba*; 1891] s. m. **1** Dim. di *tuba.* **2** Cappello duro da uomo, con cupola tonda. SIN. Bombetta, mezza tuba.

tubino (2) [1935] s. m. **1** Dim. di *tubo.* **2** Abito femminile di linea semplice e diritta: *un t. in lamé.*

tubista [1942] **A** s. m. e f. (pl. m. *-i*) **1** Operaio addetto alla fabbricazione di tubi di metallo, argilla, gomma. **2** Operaio addetto alla manutenzione delle condotte per la distribuzione di acqua o di gas di città. **3** (*edil.*) Installatore di impianti idraulici. **4** (*mar., mil.*) Fochista specializzato nella riparazione di tubi, spec. dei generatori di vapore. **B** anche agg.: *operaio t.*

♦**tùbo** [vc. dotta, lat. *tŭbu(m)*, di orig. incerta; 1504] s. m. **1** Corpo cilindrico o prismatico cavo, a sezione gener. circolare, di lunghezza variabile, costruito con materiali e procedimenti vari secondo la destinazione, usato gener. per il trasporto di fluidi, ma anche per costruzioni civili e meccaniche, impalcature, strutture: *t. d'acciaio, di ghisa, di piombo, di rame, di cemento, di cemento armato, di cemento-amianto, di terracotta, di gres, di gomma, di materie plastiche, di vetro*; *t. rigido, flessibile*; *t. per condutture dell'acqua, del gas* | ***T. senza saldatura***, tubo di acciaio ottenuto mediante laminazione o pressatura a caldo e usato per condotte di fluidi e scarichi e per generatori di vapore | ***T. saldato***, tubo di acciaio ottenuto mediante saldatura di un nastro a cui è stata conferita la forma voluta per mezzo di rulli formatori e usato per condotte di fluidi e scarichi | ***T. gas***, tubo di acciaio, saldato o senza saldatura, con le estremità filettate per poter essere unito mediante raccordi ad altri tubi simili e costituire così condutture per fluidi | ***T. alettato***, tubo metallico provvisto di alettatura per facilitare gli scambi di calore tra fluidi | ***T. di scarico, di scappamento***, tubo destinato ad allontanare i gas di scarico di un motore a combustione interna da dove è installato, essendo nocivi e caldissimi | (*mil.*) ***T. anima***, in talune bocche da fuoco, l'elemento interno in cui è ricavata la rigatura e che in alcuni casi può essere sfilato e sostituito quando è logorato; in altre bocche da fuoco, la canna amovibile dal blocco di culatta e sostituibile rapidamente quando è logorata | (*mar.*) ***T. di lancio, lanciasiluri***, lanciasiluri | (*mar.*) ***T. di cubia***, parte della cubia destinata ad accogliere il fusto dell'ancora | (*mar.*) ***T. di fumo, di fiamma***, quello percorso dai prodotti della combustione nella caldaia | (*mar.*) ***T. d'acqua***, quello percorso dall'acqua che si riscalda nella caldaia | (*mil.*) ***T. esplosivo***, spezzone. **2** Dispositivo o apparecchio di vario genere che, per lo scopo a cui è destinato, le funzioni che svolge o i fenomeni che in esso avvengono, le condizioni fisiche che vi si realizzano, e sim., può essere paragonato a un tubo | (*elettron.*) ***T. elettronico***, dispositivo che è costituito da un'ampolla di vetro o metallo in cui un flusso di elettroni generato fra un catodo e un anodo viene controllato mediante uno o più elettrodi di comando e che è usato, per es., per amplificare o generare segnali elettrici, generare raggi X, visualizzare grandezze elettriche variabili rapidamente, riprendere e riprodurre immagini | (*elettron.*) ***T. a vuoto***, tubo elettronico nella cui ampolla è praticato un vuoto spinto | (*elettron.*) ***T. a gas, a riempimento gassoso, ionico***, tubo elettronico in cui è racchiuso un gas o un vapore e la corrente di elettroni è accompagnata da una corrente di ioni dovuta alla ionizzazione delle molecole gassose per opera degli elettroni | (*elettron.*) ***T. termoelettronico, a catodo caldo***, tubo elettronico in cui gli elettroni vengono emessi dal catodo per effetto termoelettronico | (*elettron.*) ***T. termoionico***, tubo termoelettronico a gas | (*elettron.*) ***T. a raggi catodici***, tubo elettronico in cui un fascetto di elettroni, deviato da campi elettrici e magnetici, disegna su uno schermo fluorescente una traccia luminosa che permette di visualizzare una grandezza fisica variabile rapidamente o di riprodurre un'immagine | (*elettron.*) ***T. da ripresa televisiva***, tubo a raggi catodici usato per riprendere le immagini da trasmettere per televisione | (*elettron.*) ***T. da riproduzione televisiva***, cinescopio | (*elettron.*) ***T. oscillografico***, tubo a raggi catodici usato negli oscillografi e negli oscilloscopi | (*elettron.*) ***T. convertitore d'immagine***, tubo elettronico destinato a convertire in immagini visibili le immagini di oggetti illuminati da radiazioni invisibili, spec. infrarosse, e usato spec. nei visori per infrarosso per impieghi militari e di ricerca | (*elettron.*) ***T. indicatore***, numeratore elettronico | (*fis.*) ***T. di***

Coolidge, *Röntgen*, *per raggi Röntgen*, tubo termoionico a vuoto per generare raggi X, nel quale un fascio di elettroni emessi dal catodo viene accelerato da un'alta tensione e colpisce l'anodo, dove viene frenato determinando l'emissione di raggi X | (*fis.*) ***T. a scarica***, ampolla contenente un gas rarefatto in cui viene generata una scarica elettrica per ottenere una sorgente di luce o a scopo di studio | (*fis.*) ***T. di Geissler***, ***di Plücker***, tubo a scarica usato spec. come sorgente di luce | (*fis.*) ***T. di Crookes***, tubo a scarica usato per generare raggi catodici per scopi didattici | (*ottica*) ***T. fluorescente***, lampada fluorescente tubolare | (*idraul.*) ***T. di Pitot-Prandtl***, ***di Pitot***, pitometro | (*idraul.*) ***T. di Venturi***, dispositivo usato per misurare le portate di correnti fluide in tubi chiusi in pressione | (*idraul.*) ***T. piezometrico***, dispositivo usato per misurare la pressione statica di un liquido in un condotto | (*tecnol.*) ***T. rotante***, trasportatore costituito da un tubo fatto ruotare da ingranaggi e recante al suo interno un'elica che fa avanzare il materiale da un'estremità all'altra | (*fis.*) ***T. di flusso***, in un campo vettoriale, l'insieme delle linee di flusso passanti per i punti di una linea chiusa immersa nel campo e non costituente una linea di flusso | (*fis.*) ***T. di forza***, tubo di flusso in un campo vettoriale il cui vettore del campo è una forza | (*chim.*) ***T. di saggio***, provetta | (*ottica*) ***T. polarimetrico***, tubo gener. di vetro, a facce terminali piane e parallele, in cui si racchiude una soluzione di cui si vuole determinare il potere rotatorio in un polarimetro. ***3*** (*anat.*, *zool.*) Organo o struttura di forma cilindrica, cava, allungata | ***T. digerente***, ***alimentare***, canale continuo, estendentesi dalla bocca all'ano, destinato all'ingestione e alla digestione dell'alimento e all'assorbimento dei prodotti della digestione | ***T. neurale***, ***midollare***, struttura tubolare situata lungo la linea assiale dell'embrione dei Vertebrati, dalla quale si originano l'encefalo e il midollo spinale. **CFR.** sifono-, soleno-. ***4*** (*bot.*) Organo tubolare o canalicolare, vaso | In alcuni fiori, parte inferiore tubolare del calice, della corolla o del perigonio. ***5*** (*fig.*, *eufem.*, *pop.*) Niente, con valore raff., nelle loc. negative: ***non capire***, ***non dire***, ***non fare***, ***non importare***, ***non sapere***, ***non sentire***, ***non valere***, ***non vedere un t.*** e sim. || **tubétto**, **dim.** (V.) | **tubicino**, **dim.** | **tubino**, **dim.** (V.).

tubolàre o **tubulàre**, nel sign. A [da *tubolo*; 1599] **A agg.** ***1*** Che ha la forma di un tubo o è simile a un tubo: *lampada t.*; *maglia t.*; *ghiandole tubulari.* ***2*** Che è costituito da, o provvisto di, tubi: *impalcatura t.*; *ponteggio t.* **B s. m.** ***1*** Tipo di pneumatico privo di camera d'aria per le biciclette da corsa. ***2*** (*mil.*, *spec. al pl.*) Manicotti di tessuto, portanti i distintivi di grado o di specialità, che si sovrappongono alle controspalline dell'uniforme estiva.

tubolàto o **tubulàto** [vc. dotta, lat. *tubulātu(m)*, da *tŭbulus* 'piccolo tubo, tubolo'; 1726] **agg.** ● (*raro*) Che è composto da, o fornito di, tubuli.

tubolatùra o **tubulatùra** [da *tubolato*; 1853] **s. f.** ● Tubazione, spec. di caldaia.

tùbolo ● V. *tubulo.*

tubolóso o **tubulóso** [da *tubo*, per la forma; av. 1725] **agg.** ● (*bot.*) Detto di organo a forma di tubo.

tubulàre ● V. *tubolare.*

tubulàto ● V. *tubolato.*

tubulatùra ● V. *tubolatura.*

Tubulidentàti [comp. del lat. *tŭbulus* 'piccolo tubo (*tūbus*)' e *dēns*, genit. *dĕntis* 'dente', per la forma dei loro premolari e molari; 1957] **s. m. pl.** (**sing.** *-o*) ● Nella tassonomia animale, ordine di Mammiferi rivestiti di scarso pelo, muso allungato, lunghe orecchie, unghie simili a zoccoli, che si nutrono di formiche (*Tubulidentata*).

tùbulo o (*raro*) **tùbolo** [vc. dotta, lat. *tŭbulu(m)*, dim. di *tŭbus* 'tubo'; 1499] **s. m.** ***1*** Tubo sottile, tubicino. ***2*** (*anat.*) Piccolo canale: *tubuli renali.* ***3*** (*bot.*) Nei Funghi, formazione tubulare internamente rivestita dall'imenio.

tubulóso ● V. *tuboloso.*

tucàno [port. *tucano*, di orig. tupi-guaranì; 1865] **s. m.** ● Correntemente, ogni uccello della famiglia dei Ranfastidi, caratteristici per il gigantesco becco compresso ai lati, ricurvo all'apice e vivacemente colorato. ➡ **ILL. animali**/9.

tucididèo [1957] **agg.** ● Che è proprio dell'antico storico greco Tucidide (460 ca.-400 ca. a.C.), delle sue opere, del suo stile.

tucul /tu'kul/ [vc. indigena di orig. incerta; 1879] **s. m. inv.** ***1*** Abitazione africana con pianta circolare, pareti cilindriche e tetto conico di paglia. ***2*** (*est.*) In campeggi o villaggi turistici, piccola costruzione per turisti, a forma di capanna.

tùdero [piemontese *tùder*, che, come il parallelo lomb. *tóder*, sta per *tudesch*, *tódesch* con sostituzione del suff. (*-er* è proprio di etnici ted.); 1970] **s. m.** (**f.** *-a*) ● (*dial.*, *sett.*, *spreg.*) Tedesco.

tudertino [dal lat. *Tudertinus*, deriv. di *Tuder*, genit. *Tudertis* 'Todi'; 1954] **agg.**; anche **s. m.** (**f.** *-a*) ● (*lett.*) Todino.

tuèllo [lat. parl. **tubĕllu(m)* 'piccola escrescenza', dim. di *tūber* 'tubero' e qualsivoglia 'protuberanza'; av. 1320] **s. m.** ● Tutto ciò che, nel piede degli equini, è contenuto dentro lo zoccolo.

tufàceo [vc. dotta, lat. *tofāceu(m)*, da *tōfus*, adattato al corrispondente più diffuso *tufo*; 1745] **agg.** ● Che è proprio del tufo: *aspetto t.* | Che è simile al tufo: *pietra tufacea* | Che è costituito da, o è ricco di, tufo: *terreno t.*

†**tufàre** [da *tufo* nel senso abbastanza diffuso nei dialetti di 'caldo (soffocante)'; 1879] **A v. intr.** ● Essere caldo e fumigante. **B v. intr. pron.** ● Starsene al caldo nel letto.

tufàto **part. pass.** di †*tufare*; anche **agg.** ***1*** †Nei sign. del v. ***2*** (*disus.*, *region.*) Basso, caldo e fumoso: *aria tufata*; *camera tufata.*

tufèllo [da *tufo* con suff. dim.; 1961] **s. m.** ● (*edil.*) Blocco regolare di tufo, gener. di piccole dimensioni, impiegato per la costruzione di murature a vista.

tuff /tuf/ o **tùffete** nel sign. 1 [vc. onomat.; 1534] **inter.** ***1*** Riproduce il rumore di un corpo che cade, spec. nell'acqua o in altro liquido. ***2*** (*iter.*) Riproduce il rumore prodotto da una locomotiva a vapore.

tuffaménto [1726] **s. m.** ● (*raro*) Tuffo.

♦**tuffàre** [etim. discussa: long. *tauff(j)an* 'immergere' (?); 1336 ca.] **A v. tr.** ***1*** Immergere qlco. rapidamente in un liquido: *t. il capo*, *le braccia nell'acqua*; *t. la penna nell'inchiostro.* ***2*** (*fig.*, *poet.*) Sprofondare: *t. nel sonno*, *nell'oblio.* **B v. rifl.** ***1*** Immergersi con un balzo in un liquido: *tuffarsi in mare*, *nel fiume*; *le rane si tuffano nello stagno*; *il cane si tuffò in acqua per salvarlo*; *si tuffò dalla nave e prese a nuotare velocemente verso di noi.* ***2*** (*est.*) Gettarsi verso il basso, scendendo velocemente: *tuffarsi nel vuoto*; *dai tetti le rondini si tuffano verso terra* | Scendere in picchiata, detto di aerei. ***3*** (*fig.*) Immergersi di scatto in qlco., scomparendo alla vista: *tuffarsi nel fumo*, *nella nebbia*, *tra le fiamme*; *l'aereo si tuffò tra le nubi* | (*est.*) Tramontare: *il sole si tuffa dietro l'orizzonte.* ***4*** (*fig.*) Lanciarsi, precipitarsi, scagliarsi: *tuffarsi nella mischia.* ***5*** (*fig.*) Dedicare a qlco. tutta la propria energia, il proprio tempo, la propria attività e sim.: *tuffarsi nel vizio*, *nei piaceri*, *nella vita mondana*; *tuffarsi a capofitto nello studio*, *in una ricerca.*

tuffàta [f. sost. del part. pass. di *tuffare*; 1879] **s. f.** ***1*** Breve tuffo. ***2*** (*spec. al pl.*, *mus.*) Nota del corno ottenuta aggiungendo l'introduzione della mano nel padiglione allo scopo di rallentare il moto vibratorio dell'aria. || **tuffatina**, **dim.**

tuffatóre [1942] **s. m.** ***1*** (**f.** *-trice*) (*sport*) Atleta specialista delle gare di tuffi. ***2*** (*zool.*) Tuffetto. ***3*** Durante la seconda guerra mondiale, aereo per attaccare obiettivi al suolo, lanciandovi bombe, proiettili, razzi, in picchiate molto ripide e veloci | (*est.*) Pilota o membro dell'equipaggio di tale aereo.

tuffatùra [1879] **s. f.** ● (*raro*) Tuffamento.

tùffete ● V. *tuff.*

tuffétto [1857] **s. m.** ***1*** Dim. di *tuffo.* ***2*** Piccolo uccello dei Colimbiformi, bruno, con collo e petto rossi, buon nuotatore e tuffatore (*Colymbus ruficollis*). **SIN.** Tuffatore, tuffolino.

tuffìsmo [da *tuffo*; 1955] **s. m.** ● Tuffistica.

tuffista [da *tuffismo*; 1955] **s. m. e f.** (**pl. m.** *-i*) ● (*sport*, *raro*) Tuffatore.

tuffistica [da *tuffismo*; 1961] **s. f.** ● Attività sportiva comprendente le varie specialità di tuffi.

♦**tùffo** [da *tuffare*; av. 1367] **s. m.** ***1*** Rapida immersione in un liquido, spec. acqua: *un t. nell'acqua*, *in mare*, *nel fiume*; *i tuffi delle rane*, *delle foche*, *dei delfini* | ***Fare un t.***, (*fam.*) un breve bagno in mare, piscina e sim.: *faccio solo un t.*, *tanto per rinfrescarmi* | ***Uccelli di t.***, palmipedi che amano tuffarsi in acque profonde | (*fig.*) Improvvisa immersione in un ambiente o sim.: *un t. nel passato.* ***2*** (*sport*) Specialità sportiva consistente nel gettarsi in acqua da un luogo appositamente scelto o predisposto, da diverse altezze e secondo tecniche e stili vari: *t. in avanti*, *indietro*, *dal trampolino*, *dalla piattaforma* | ***T. carpiato***, con il corpo in posizione di carpio | ***T. avvitato***, eseguito imprimendo al corpo un avvitamento. ➡ **ILL.** p. 2149 SPORT. ***3*** (*est.*) Caduta verso il basso: *un t. nel vuoto*; *il t. di un paracadutista*; *è stato un bel t.!* | ***Venir giù a t.***, di uccelli che si gettano in picchiata verso terra | Picchiata ripidissima, ma piuttosto limitata, di un aereo. ***4*** (*fig.*) Salto, slancio: *con un t. si precipitò su di noi* | ***A t.***, di slancio, con avidità, senza frapporre indugi e sim.: *buttarsi*, *gettarsi a t. sulla minestra*, *su una occasione* | Nel calcio, l'atto del portiere che si lancia per parare il pallone: *parare in t.*; *allungarsi in t. sul pallone.* ***5*** (*fig.*) Violento e improvviso aumento dei battiti del cuore, dovuto a emozioni repentine: *per la paura provai un t. al cuore*; *il sangue mi fece*, *mi diede un t.*; *le sue grida mi diedero un t. al sangue.* ***6*** (*raro*, *fig.*) Tonfo, caduta rovinosa, fiasco e sim.: *fare un t.* | ***Fare un gran t.***, un gran fiasco | †***Dare un t.***, sbagliare | †***Dare un t. nello scimunito***, mostrarsi scimunito. || **tuffétto**, **dim.** (V.).

tuffolino **s. m.** ***1*** Dim. di *tuffolo.* ***2*** (*zool.*) Tuffetto.

tùffolo [dal *tuffarsi* sott'acqua; av. 1698] **s. m.** ● (*zool.*) Svasso piccolo. || **tuffolino**, **dim.** (V.).

tufite [comp. di *tuf(o)* e *-ite* (*2*)] **s. f.** ● (*geol.*) Deposito misto di elementi piroclastici mescolati ad elementi epiclastici trasportati dalle acque.

tùfo [lat. tardo *tūfu(m)*, per *tōfu(m)*, di provenienza dial. e etim. incerta; av. 1320] **s. m.** ● (*geol.*) Roccia derivante dalla cementazione di frammenti di origine vulcanica.

†**tufóso** [vc. dotta, lat. tardo *tufōsu(m)*, da *tōfus*, adattato a *tufo*; av. 1597] **agg.** ● (*raro*) Tufaceo.

tùga [etim. incerta; 1805] **s. f.** ● (*mar.*) Parte rialzata della coperta che copre la cabina, spesso dotata di oblò | (*raro*) Piccolo vano ricavato all'estremità della poppa o della prua | Copertura leggera o piccolo spazio coperto ricavati sul ponte scoperto di una nave. || **tughétta**, **dim.**

tùghrik /'tugrik, *mongolo* 'toɣrik/ [n. mongolico (*tögrög*, *tögrig*), propr. 'cerchio, oggetto rotondo'; 1987] **s. m. inv.** ● Unità monetaria circolante in Mongolia.

tugùrio o †**tigùrio** [vc. dotta, lat. *tugŭriu(m)*, collegato con la radice di *tĕgere* '(ri)coprire', come in *tēctus* 'tetto' (?); av. 1342] **s. m.** ● Abituro, stamberga, topaia: *un misero t.* || **tuguriétto**, **dim.** | **tuguriùccio**, **dim.**

tùia [vc. dotta, lat. *thўia(m)* 'propria dell'albero chiamato *thўa*', di orig. gr. (*thyía*, da *thýein* 'bruciare (a scopo sacrificale)'); 1542] **s. f.** ● Pianta cespugliosa o arborescente delle Cupressacee, con piccole foglie embricate, di odore resinoso, sempreverdi (*Thuja occidentalis*). ➡ **ILL. piante**/1.

tularemia [dal distretto di *Tulare* in California, ove fu descritta per la prima volta, col suff. *-emia*; 1950] **s. f.** ● Malattia infettiva causata da un batterio che colpisce la lepre, il coniglio selvatico e altri roditori, talvolta le pecore, i bovini, il cane e gli uccelli, e che, trasmessa all'uomo, si manifesta con febbre, sensazione di freddo, debolezza.

tùlio [dal n. della mitica regione di *Tule*; 1930] **s. m.** ● Elemento chimico, metallo del gruppo delle terre rare. **SIMB.** Tm.

♦**tulipàno** [fr. *tulipan*, dal turco *tülbent* 'turbante', per la forma del fiore; 1643] **s. m.** ***1*** Pianta delle Liliacee con bulbo ovoide, foglie glauche e fiore campanulato, eretto, coltivato in molte varietà (*Tulipa gesneriana*) | (*fig.*) Spec. nel gergo calcistico, olandese: *la vittoria dei tulipani.* ➡ **ILL. piante**/11. ***2*** Ornamento che, nelle antiche artiglierie, si trovava all'estremità anteriore della volata.

tulipìfera [comp. di *tulipa*, variante di *tulipano*, e del f. di *-fero*; 1970] **s. f.** ● (*bot.*) Liriodendro.

tulipìfero **s. m.** ● (*bot.*) Tulipifera.

tùlle [dal n. della città fr. di *Tulle*, dov'era originariamente fabbricato; 1841] **s. m. inv.** ● Tessuto finissimo a velo, i cui fili sottili di cotone, seta o nailon formano una rete di maglie poligonali.

tulliàno [vc. dotta, lat. *Tulliānu(m)* 'proprio di Marco *Tullio* (Cicerone) (106-43 a.C.)'; sec. XIV] **A** agg. ● Che è proprio di M. Tullio Cicerone, della sua opera, del suo stile: *eloquenza tulliana*. **B** s. m. ● Imitatore o seguace di M. Tullio Cicerone.

†**tullulù** ● V. *turlulù*.

†**tumàrca** ● V. *turmarca*.

tumbler /ingl. 'tʌmblə/ [vc. ingl., da *(to) tumble* 'ruzzolare'; 1983] s. m. inv. ● Bicchiere largo senza piede.

tumefàre [adattamento del lat. *tumefăcere*, comp. di *făcere* 'fare' con un deriv. della stessa radice di *tumēre* 'esser gonfio'; av. 1575] v. tr. e intr. pron. (*io tumefàccio* o *tumefò, tu tumefài, egli tumefà*; nelle altre forme coniug. come *fare*) ● Produrre o subire tumefazione.

tumefàtto [1342] part. pass. di *tumefare*; anche agg. ● Che presenta tumefazione: *volto t.*

tumefazióne [da *tumefare*; 1674] s. f. ● (*med.*) Aumento patologico del volume di un organo o di una sua parte.

tumescènte [vc. dotta, lat. *tumescĕnte(m)*, part. pres. di *tumēscere* 'cominciare a gonfiare (*tumēre*)'; 1961] agg. ● (*raro*) Turgido, tumefatto.

tumescènza [da *tumescente*; 1961] s. f. ● Condizione, caratteristica di ciò che è tumescente.

†**tumideggiàre** [da *tumido* con suff. attenuativo] v. intr. ● Dare nel gonfio, nell'ampolloso.

tumidézza [av. 1698] s. f. ● Condizione, caratteristica di ciò che è tumido.

tumidità [vc. dotta, lat. tardo *tumiditāte(m)*, da *tumidātus*, part. pass. di *tumidāre* 'far diventare gonfio'; av. 1758] s. f. ● (*raro*) Tumidezza.

tùmido [vc. dotta, lat. *tŭmidu(m)*, da *tumēre* 'esser gonfio'; 1478] agg. **1** (*lett.*) Gonfio, grosso: *ventre t.*; *mani tumide*; *torrente t. per la piena*. **2** Spesso, turgido, carnoso: *labbra tumide*. **3** (*fig., lett.*) Ampolloso, ridondante: *stile t.* **4** (*raro, fig., lett.*) Altero, superbo: *non siate però tumide e fastose / donne* (ARIOSTO). || **tumidétto**, dim. || **tumidaménte**, avv. In modo tumido, gonfio, ampolloso.

tummistùfi o **tumistùfi** [da separare in *tu mi stufi*; 1891] s. m. e f. inv. ● (*scherz.*) Persona noiosa, seccante e sim.: *arriva la signorina t.*

tumolàre ● V. *tumulare* (*1*).

tùmolo ● V. *tumulo*.

tumoràle [1931] agg. ● (*med.*) Che è proprio o caratteristico dei tumori: *cellule tumorali*.

tumóre [vc. dotta, lat. *tumōre(m)*, da *tumēre* 'esser gonfio'; 1319] s. m. **1** (*disus.*) Gonfiore, gonfiezza | (*raro, fig.*) †Alterigia, superbia. **2** (*med.*) In senso lato, qualsiasi tumefazione | ***T. da parto***, tumefazione che si manifesta durante il parto nella parte fetale che esce per prima. **3** (*med.*) Ogni massa anormale che deriva da una eccessiva proliferazione cellulare progressiva e apparentemente incontrollata | ***T. cistico***, caratterizzato dalla presenza di cavità colme di liquido | ***T. benigno***, che rimane localizzato nel distretto di origine | ***T. maligno***, che invade i tessuti circostanti e produce metastasi per via linfatica o ematica. SIN. Neoplasma. CFR. Cancro, neoplasia, carcino-, onco-. || **tumoràccio**, pegg. | **tumorétto**, dim. | **tumorino**, dim.

†**tumorosità** [da *tumoroso*; 1336 ca.] s. f. ● Tumidezza, turgidezza.

†**tumoróso** [vc. dotta, lat. tardo *tumorōsu(m)*, che ha il senso fig. ('gonfio di orgoglio') del sost. (*tūmor* 'tumore', in vari sensi) da cui deriva; 1342] agg. ● Gonfio, tumido.

tumulàre (**1**) o (*raro*) **tumolàre** [vc. dotta, lat. *tumulāre*, da *tŭmulus* 'tumulo'; av. 1306] v. tr. (*io tùmulo*) ● Seppellire, spec. in loculi, nicchie o sim. in muratura, pietra o marmo: *è stato tumulato nella tomba di famiglia*. CFR. Inumare.

tumulàre (**2**) [da *tumulo*; 1879] agg. ● (*raro*) Di, relativo a tumulo: *pietra t.*

tumulazióne [1773] s. f. **1** (*gener.*) Sepoltura: *partecipare la morte di qlcu. a t. avvenuta*. **2** Seppellimento di un cadavere in nicchia o loculi scavati nella roccia o costruiti in muratura.

tumulèto [dal lat. *tŭmulus* 'tombolo' (V. *tombolo (3)*)] s. m. ● (*geogr.*) Tombolo (3).

tùmulo o (*raro*) **tùmolo** [vc. dotta, lat. *tŭmulu(m)*, legato a *tumēre* 'esse gonfio'; av. 1472] s. m. **1** (*gener., raro*) Accumulo di terra, sabbia, detriti e sim. che si eleva dalla superficie del terreno: *sto / addossato a un t. / di fieno* (UNGARETTI). **2** (*archeol.*) Presso alcuni popoli antichi, monticello di terra che si elevava sulla tomba: *i tumuli etruschi, frigi*. **3** (*est., lett.*) Tomba, sepoltura.

tumùlto [vc. dotta, lat. *tumŭltu(m)*, da *tumēre* 'essere gonfio,' e, fig., 'agitato, sovreccitato,' di etim. incerta; 1308] s. m. **1** Intenso rumore prodotto da più persone che gridano e si agitano disordinatamente: *il t. della folla* | Fracasso, frastuono, di cose: *le acque cadevano dall'alto con gran t.* **2** (*est.*) Agitazione, sommossa, rivolta: *il t. dei Ciompi*; *t. popolare*; *erano anni di gravi e continui tumulti*; *la piazza è in t.* SIN. Ribellione, sollevazione. **3** (*fig.*) Violento conflitto di più elementi diversi: *un t. di pensieri, aspirazioni e desideri contrastanti* | (*est.*) Intima agitazione, turbamento interiore dovuto a tale conflitto: *avere il cuore, l'animo in t.*; *nel primo giovanil t. / di contenti, d'angosce e di desio* (LEOPARDI).

tumultuànte [1342] **A** part. pres. di *tumultuare*; anche agg. ● Nei sign. del v. **B** s. m. e f. ● Chi partecipa a una sommossa, a un tumulto. SIN. Rivoltoso.

tumultuàre [vc. dotta, lat. *tumultuāre*, da *tumŭltus* 'tumulto'; 1441] v. intr. (*io tumùltuo*; aus. *avere*) ● Fare tumulto (*anche fig.*): *la folla tumultuava*; *molti diversi pensieri tumultuavano nella sua mente*.

tumultuàrio [vc. dotta, lat. *tumultuāriu(m)*; sec. XIV] agg. **1** (*raro*) Di ciò che è fatto in fretta, che è improvviso e confuso: *assalto t.*; *decisioni tumultuarie* | Disordinato, pieno di tumulti: *molti ... dicono Roma essere stata una repubblica tumultuaria* (MACHIAVELLI). **2** (*raro*) Di esercito raccolto in fretta e non bene addestrato. **3** (*raro*) Tumultuoso: *seduta tumultuaria*. || **tumultuariaménte**, avv. Confusamente, in fretta e in disordine.

†**tumultuàto** [vc. dotta, lat. *tumultuātu(m)*, part. pass. di *tumultuāre*; 1581] agg. ● Tumultuoso. || †**tumultuataménte**, avv. Tumultuosamente.

†**tumultuazióne** [vc. dotta, lat. *tumultuatiōne(m)*, da *tumultuātus* 'tumultuato'; 1540] s. f. ● Tumulto.

tumultuosità [1879] s. f. ● Caratteristica di ciò che è tumultuoso: *la t. della vita moderna*.

tumultuóso [vc. dotta, lat. *tumultuōsu(m)*, da *tumŭltus* 'tumulto'; 1336 ca.] agg. **1** Che fa tumulto, si agita, si ribella e sim.: *popolo t.*; *scolaresca tumultuosa*. SIN. Agitato, inquieto. **2** Che è caratterizzato da intensa agitazione, rumore e disordine: *seduta, assemblea, manifestazione tumultuosa*; *grida tumultuose*. **3** Che sgorga o scorre con particolare impeto e violenza: *una tumultuosa sorgente*; *fiume t.*; *le acque tumultuose in un torrente in piena*. **4** (*fig.*) Che è contraddittorio, agitato e confuso: *desideri, sentimenti tumultuosi*. || **tumultuosaménte**, avv.

tùndra [fr. *toundra*, dal russo *tùndra*, di orig. lappone; 1895] s. f. ● Formazione vegetale caratteristica delle regioni glaciali, costituita in prevalenza di muschi e licheni.

tuner /'tjuner, *ingl.* 'tjuːnə/ [vc. ingl., da *to tune* 'accordare', da *tune* 'tono'; 1983] s. m. inv. ● Sintonizzatore.

tùnfete ● V. *tonfete*.

tungstèno /tun(g)s'tɛno/ o (*raro*) **tunstèno** [sved. *tungsten* 'pietra (*sten*) pesante (*tung*)', comp. di due vc. di orig. indeur.; 1795] s. m. ● Elemento chimico polverulento, ottenibile allo stato compatto per sinterizzazione, usato per filamenti di lampade e per la preparazione di acciai rapidi, di leghe resistenti ad altissime temperature, di leghe durissime per utensili vari spec. per la lavorazione meccanica del vetro. SIMB. W. SIN. Wolframio.

tungùso [denominazione straniera degli Evenki; 1840] **A** s. m. (f. *-a*) ● Ogni appartenente a una popolazione di razza mongolica che occupa un ampio territorio dell'Asia settentrionale, la Siberia, fino all'Oceano Pacifico. **B** agg. ● Dei, relativo ai, Tungusi. **C** s. m. solo sing. ● Gruppo di lingue appartenenti alla famiglia altaica, parlate nella Siberia orientale.

tùnica [vc. dotta, lat. *tŭnica(m)*, di orig. semitica; 1308] s. f. **1** Presso gli antichi, indumento maschile e femminile, in lino, di linea diritta, trattenuto sotto il petto da una cintura, che si indossava a diretto contatto con la pelle | Più tardi, ampio indumento di foggia classica | Oggi, veste femminile lunga e stretta. **2** Dopo la riforma liturgica del Concilio Vaticano II, abito bianco, a forma di camice, che, nella liturgia, indossano i laici nella funzione di lettori o ministranti. **3** †Giubba a mezza gamba in uso nel vecchio esercito piemontese. **4** (*biol.*) Membrana che riveste organi vegetali o animali. || **tunicèlla**, dim. (V.) | **tunichétta**, dim. | **tunichina**, dim.

Tunicàti [vc. dotta, lat. *tunicātu(m)* 'tunicato' per il loro rivestimento (*tūnica*); 1940] s. m. pl. (sing. *-o*) ● Nella tassonomia animale, sottotipo di Cordati privi di scheletro e con la corda dorsale limitata alla regione caudale e per lo più transitoria (*Tunicata*). SIN. Urocordati.

tunicàto [vc. dotta, lat. *tunicātu(m)*, propr. 'vestito di tunica (*tūnica*, anche con il senso traslato di 'scorza' e 'rivestimento' in genere)'; 1723] agg. **1** (*lett.*) Vestito di tunica. **2** (*bot.*) Di bulbo rivestito di tuniche.

tunicèlla s. f. **1** Dim. di *tunica*. **2** Paramento del suddiacono, oggi scomparsa con la soppressione del suddiaconato (V.).

tuniṣino [1476] **A** agg. ● Della Tunisia o di Tunisi: *donna tunisina*; *costumi tunisini* | Di Tunisi: *casa tunisina*. **B** s. m. (f. *-a*) ● Abitante, nativo della Tunisia o di Tunisi.

♦**tùnnel** /'tunnel, *ingl.* 'tʌnl/ [vc. ingl.: dall'ant. fr. *tonnel*, dim. di *tonne* 'bótte'; 1839] **A** s. m. inv. **1** Galleria, traforo: *il t. del Sempione*; *passare sotto un t.* | ***T. aerodinamico***, galleria aerodinamica | ***T. della trasmissione***, canale ove passa l'albero di trasmissione ricavato nel pavimento dell'automobile | ***T. di lavaggio***, apparecchiatura per l'automatizzazione di alcune fasi del lavaggio di un autoveicolo | Serra a forma di tunnel costituita da un'intelaiatura metallica ricoperta da un telo continuo di plastica trasparente | ***Fare il t.***, (*fig.*) nel calcio, far passare il pallone tra le gambe dell'avversario. ➡ ILL. **agricoltura e giardinaggio**. **2** (*fig.*) Situazione difficile che dura ormai da tempo, periodo critico: *il Paese sta uscendo dal t. della crisi* | Condizione che appare senza via d'uscita: *il t. della malattia*; *il t. della droga*. **3** (*econ.*) Fascia di oscillazione, rispetto al dollaro, delle monete dei Paesi che fanno parte del Fondo monetario internazionale. **B** in funzione di agg. inv. ● (posposto al s.) Nelle loc. ***effetto t.***, fenomeno per cui le cariche elettriche elementari riescono a passare nei materiali semiconduttori attraverso una barriera di potenziale senza aver bisogno di energia | ***Diodo t.***, diodo che sfrutta l'effetto tunnel.

tunstèno ● V. *tungsteno*.

♦**tùo** [lat. *tŭu(m)*, di orig. indeur.; av. 1250] **A** agg. poss. di seconda pers. sing. (f. *tua*; pl. m. *tuoi*, centr. †*tua*, dial. †*tui*; pl. f. *tue*, centr. †*tua*; pop. tosc. troncato in *tu'*, in posizione procl. per tutti i generi e i numeri: *il tu' babbo*; *le tu' sorelle*; *i tu' figlioli*; *la tu' mamma*) **1** Che appartiene a te (indica proprietà, possesso, anche relativi): *ho voglia di vedere la tua casa*; *come è la tua nuova automobile?*; *prestami qualcuno dei tuoi libri*; *il tuo vestito è pronto* | Con valore enfat. e raff., posposto a un s.: *questa non è casa tua!*; *sono figli tuoi!*; *riprenditi i libri tuoi*. **2** Che ti è peculiare (indica appartenenza, con riferimento al tuo essere fisico o spirituale, o a tue facoltà, espressioni, manifestazioni e sim.): *riconosco la tua voce*; *la tua anima*; *cura il tuo corpo*; *la tua volontà è ammirevole*; *conosco i tuoi pensieri*; *so le tue preoccupazioni*; *parlami del tuo lavoro* | (*est.*) Con riferimento a parole, atti e sim. che provengono da te: *il tuo compito è sbagliato*; *il tuo ultimo saggio sarà presto pubblicato*; *il tuo discorso è stato chiaro*; *la tua amicizia mi onora*; *attendiamo con impazienza il tuo arrivo*; *il tuo affetto ci consola*. **3** Di te (indica relazione di parentela, di amicizia, di conoscenza, di dipendenza e sim., nel caso in cui indichi relazione di parentela respinge l'art. quando il s. che segue l'agg. poss. sia sing., non alterato e non accompagnato da attributi o apposizioni; fanno eccezione i s. 'mamma', 'babbo', 'papà', 'nonno', 'nonna', 'figliolo', 'figliola', che possono anche essere preceduti dall'art. det.): *tuo padre*; *la tua mamma*; *tua nipote*; *i tuoi parenti*; *la tua zietta*; *il tuo buon zio*; *la tua patria*; *il tuo paese d'origine*; *i tuoi amici*; *i tuoi colleghi*; *il tuo padre spirituale*; *il tuo parroco*; *il tuo capoufficio*; *il tuo maestro*; *i tuoi dipendenti* | Nella chiusa delle lettere, nelle dediche e sim., precede la firma ed esprime devozione e dedizione: *il tuo amico Mario*; *la tua affezionatissima figliola*; *con simpatia, i tuoi amici*; *tuo devotissimo Marco*. *4* Che ti è abituale, consueto: *ora ti prendi il tuo caffè e vai a riposare*; *oggi non hai fatto la tua solita passeggiata*. **B pron. poss.** di seconda pers. sing. *1* Quello che ti appartiene, che ti è proprio o peculiare o che comunque a te si riferisce (sempre preceduto dall'art. det.): *la mia volontà è meno forte della tua*; *i suoi sacrifici, come i tuoi, sono ammirevoli*. *2* (*assol.*) Ricorre, con ellissi del s., in alcune espressioni e locuzioni particolari, proprie del linguaggio fam.: ***non vorrai rimetterci del tuo***, ciò che ti appartiene | ***Eccoti il tuo***, ciò che ti spetta | ***Accontentati del tuo***, di ciò che hai | ***I tuoi***, i tuoi familiari, parenti, amici, compagni, apprendisti e sim.: *abiti con i tuoi?*; *quel ragazzo è dei tuoi?* | ***È giusto che anche tu dica la tua***, la tua opinione | ***Tiene, sta dalla tua***, dalla tua parte, a tuo favore | ***Hai passato anche tu le tue***, le tue disavventure, amarezze e sim. | ***Ne hai combinata una delle tue***, delle tue solite malefatte | ***L'ultima tua***, l'ultima tua lettera.

tuonàre o **tonàre** [vc. dotta, lat. *tonāre*, di orig. indeur.; av. 1294] **A v. intr.** (*io tuòno*, pop. *tòno*; in tutta la coniug. di *tonare* la *-o-* dittonga in *-uo-* soprattutto se accentata; sono in uso le forme *tonavo*, *tonerò*, *tonassi* oltre alle più comuni *tuonavo*, *tuonerò*, *tuonassi*; aus. *avere*) *1* (*lett.*) Provocare il tuono: *quando il gran Giove tona* (PETRARCA) | Rumoreggiare, rimbombare, del tuono | (*est.*) Rimbombare producendo strepito, fragore: *l'artiglieria tuonava in lontananza*. *2* (+ *da*; + *contro*) (*fig.*) Parlare a gran voce, con forza: *t. dalla cattedra, dal pulpito* | (*est.*) Inveire: *t. contro gli imbroglioni*. **B v. intr. impers.** (aus. *essere* e *avere*) ● Prodursi il rumore del tuono: *ha tuonato tutta la mattina*. || **PROV.** Tanto tuonò che piovve!

†**tuòno** (1) ● V. *tono* (*1*).

♦**tuòno** (2) o (*pop.*) **tòno** (2) [lat. parl. **tŏnu(m)*, da *tonāre*; sec. XIII] **s. m.** *1* Manifestazione sonora, consistente in un suono secco e potente o in un brontolio sordo, che accompagna la scarica elettrica atmosferica: *il lampo e il t.* | (*fig.*) ***Avere una voce di t.***, fortissima | ***Tuoni e fulmini!***, escl. che esprime disappunto e ira. **CFR.** bronto-. *2* (*est.*) Strepito, fragore: *il t. dei cannoni, delle artiglierie*. **SIN.** Frastuono, rombo, rimbombo. *3* †Fulmine.

tuòrlo o (*pop.*) **tòrlo** [lat. *tŏrulu(m)*, propr. dim. di *tŏrus* nel senso di 'rigonfiamento'; av. 1294] **s. m.** *1* (*biol.*) Deutoplasma, vitello. *2* (*fam.*) Rosso dell'uovo, spec. di gallina: *mescolare due tuorli e una chiara*.

tupàia [vc. di orig. malese (*tupai* 'scoiattolo'); 1937] **s. f.** ● (*zool.*) Genere di proscimmie dei Lemuridi, di piccole dimensioni, con fisionomia simile allo scoiattolo e artigli alle dita degli arti posteriori (*Tupaia*).

tupamaro /sp. tupa'maro/ [vc. sp., da *Tupac Amaru*, n. che un capo indigeno peruviano ribellatosi agli spagnoli assunse in ricordo dell'ultimo re del Perù; 1971] **s. m. inv.** (pl. sp. *tupamaros*) *1* Membro di una organizzazione guerrigliera uruguaiana di estrema sinistra, sorta nel 1963 e sciolta nel 1984, che compì azioni terroristiche nelle città. *2* (*est.*) Chi pratica la guerriglia urbana.

tupè ● V. *tuppè*.

tùpi o **tupì** [da *tapuya*, n. della lingua parlata dai *Tapuya*, genericamente 'indigeno del Brasile' (ma propr. 'barbaro, nemico') (?); 1955] **A agg. inv.** ● Che si riferisce a una popolazione amazzonica di cultura agrario-matriarcale, la cui lingua è parlata da molte tribù del Brasile centro-meridionale: *cultura t.*; *le tribù t.* **B s. m. e f. inv.** ● Ogni appartenente all'omonima popolazione. **C s. m.** solo sing. ● Lingua indigena dell'America meridionale.

tùpla [adattamento dell'ingl. (*quin*)*tuple* 'quintuplo'] **s. f.** ● (*mat.*) Ogni elemento di uno spazio costituito da più domini composto da tanti valori quanti sono i domini.

tùppe o **tùppete** [vc. onomat.; 1840] **inter.** ● Riproduce il rumore di colpi battuti o di qlco. o qlcu. che cade (*spec. iter.*).

tuppè o **tupè** [1879] **s. m.** ● Adattamento di *toupet* (V.).

tuppertù [da *a tu per tu*; 1942] **vc.** ● Solo nella loc. avv. ***a t.***, direttamente, di fronte, a faccia a faccia: *è meglio che s'incontrino a t.*; *gli stava proprio a t.*; *ci trovammo a t. con il pericolo*.

tùppete ● V. *tuppe*.

tùra [da *turare*; av. 1774] **s. f.** *1* In idraulica, struttura per chiudere o impedire l'afflusso dell'acqua: *t. in terra, legno, calcestruzzo*; *t. metallica con palancole*. *2* (*tosc.*) Chiusa, arginello di assi, fascine e sim. *3* (*mar.*) Cassone stagno usato un tempo per riparare gli scafi delle navi senza tirarle in secco.

-tùra o, quando il tema del verbo termina in *d*, **-sura** [lat. *-tūra(m)*, doppio suff. (*-tu-* e *-rā-* f.) di orig. indeur.] **suff.** derivativo ● Forma sostantivi ricavati da verbi: *muratura*, *arsura*.

turabottìglie [comp. di *tura(re)* e il pl. di *bottiglia*; 1961] **s. m. inv.** ● Macchina per chiudere con tappo o turacciolo le bottiglie.

turabùchi [comp. di *tura(re)* e il pl. di *buco*; 1682] **s. m. e f. inv.** ● Tappabuchi (*anche fig.*).

turacciolàio [1961] **s. m.** (f. *-a*) ● Fabbricante di turaccioli.

turàcciolo [da *turo*, con suff. dim.; sec. XIV] **s. m.** ● Tappo realizzato in sughero o in plastica, destinato alla chiusura di bottiglie di vetro. || **turacciolètto**, dim. | **turacciolino**, dim.

turafàlle [comp. di *tura(re)* e il pl. di *falla*; 1937] **s. m. inv.** ● (*mar.*) Dispositivo per otturare eventuali falle.

†**turàglio** [da *tura(re)*] **s. m.** ● Chiusura di fori, falle e sim.

†**turàme s. m.** ● Ciò che è atto o serve a turare.

turamènto [av. 1320] **s. m.** ● (*raro*) Il turare, il venire turato.

♦**turàre** [lat. parl. **turāre*, noto solo come secondo componente di v. comp. (*obturāre* 'otturare', *returāre*, ...) e di etim. incerta; sec. XIII] **A v. tr.** ● Chiudere la bocca di un recipiente o qualunque altra apertura inserendovi qlco.: *t. il fiasco, la bottiglia*; *t. un buco, una fessura con calcina, gesso, cera, terra, stoppa*; *t. una falla* | ***T. un buco***, (*fig.*) pagare un debito; occupare in qualche modo una parte del proprio tempo; sostituire momentaneamente o temporaneamente qlcu. | ***T. una falla***, (*fig.*) pagare un debito o risolvere una situazione che procura danni o perdite continue e sempre più gravi | ***T. la bocca a qlcu.***, (*fig.*) impedirgli di parlare, o con violenza o corrompendolo | ***Turarsi gli occhi, la bocca, il naso, le orecchie***, chiuderli con le mani per non vedere, non parlare, non percepire odori sgradevoli, non udire qlco. | †***Turarsi il viso***, coprirselo. **SIN.** Tappare. **B v. intr. pron.** ● Chiudersi, occludersi, intasarsi: *si è turato il tubo di scarico*.

turàta s. f. *1* (*raro*) Il turare rapidamente, in una sola volta. *2* †Parata di tavole, stuoie, tele o altro per non essere visti o per impedire che entri l'acqua, l'aria, la luce.

turàto [1340 ca.] **part. pass.** di *turare*; anche **agg.** *1* Nei sign. del v. *2* †Ben coperto. *3* †Riservato, cauto.

tùrba (1) [vc. dotta, lat. *tŭrba(m)*, di orig. gr. (?); 1313] **s. f.** *1* Gruppo di molte persone accozzate insieme (*anche spreg.*): *una t. di affamati, scioperati, straccioni, monelli* | (*est.*) Volgo, marmaglia: *perdersi, confondersi nella t.*; *la t. degli ignoranti* | (*poet.*) Moltitudine: *t. d'aure vezzosa e lusinghiera / ti corteggia d'intorno e ti seconda* (MARINO). *2* (*spec. al pl.*) Folla: *Gesù parlava alle turbe*; *le turbe lo amano e lo seguono*. || **turbàccia**, pegg.

tùrba (2) [da *turbare*, come il corrispondente fr. *trouble* da *troubler*; 1918] **s. f.** ● (*med.*) Alterazione funzionale e organica: *turbe nervose, intestinali*.

turbàbile [sec. XIV] **agg.** ● (*raro*) Che si può turbare facilmente.

turbabilità [1961] **s. f.** ● (*raro*) Caratteristica di chi (o di ciò che) è turbabile.

turbamènto [vc. dotta, lat. *turbamĕntu(m)*, da *turbāre*; av. 1294] **s. m.** *1* Disturbo, sovvertimento dell'ordine, della normalità di qlco.: *t. della pace, dell'ordine pubblico*. **SIN.** Rivolgimento. *2* Agitazione, sconvolgimento della serenità, del normale equilibrio psichico: *provare, sentire t.*; *essere in preda a un profondo t.*; *i primi turbamenti amorosi*. **SIN.** Ansia, inquietudine, smarrimento.

turbànte (1) **part. pres.** di *turbare*; anche **agg.** ● (*raro*) Che turba.

turbànte (2) [turco *tulbend*, di orig. persiana (*dulband*, comp. di *band* 'benda, legame' e d'altra vc. di provenienza straniera); sec. XV] **s. m.** *1* Copricapo orientale formato da una sciarpa lunghissima di seta, avvolta armoniosamente attorno alla testa | Cappello da donna che ripete con molte variazioni questa foggia. *2* (*bot.*) ***T. di turco***, martagone, giglio gentile. || **turbantino**, dim.

†**turbànza** [av. 1306] **s. f.** ● Turbamento.

♦**turbàre** [vc. dotta, lat. *turbāre*, da *tŭrba* 'turba (1)'; av. 1250] **A v. tr.** *1* (*lett.*) Agitare qlco. privandola della sua chiarezza, limpidezza, serenità, tranquillità e sim.: *t. il mare, le acque* | Mettere in disordine: *lieve solca i capegli, indi li turba / col pettine e scompiglia* (PARINI). *2* (*raro*) Mandare a monte: *t. una impresa*; *t. i piani di qlcu.* *3* Molestare, disturbare, impedire: *t. una funzione, una cerimonia*; *t. il regolare svolgimento di un processo*; *t. il sonno di qlcu.* | (*dir.*) ***T. il possesso***, far sì che il possessore di un bene non possa pienamente e tranquillamente goderne. *4* Sovvertire: *t. l'ordine pubblico, la quiete cittadina, la pace* | (*est.*) Alterare, sconvolgere: *t. la pace familiare, l'amicizia, il buon accordo*; *un incidente che ha profondamente turbato i nostri rapporti*. **SIN.** Scombussolare. *5* Rendere inquieto, agitato, confuso, preoccupato, insoddisfatto, ansioso e sim.: *t. l'animo, la mente di qlcu.*; *quello sguardo mi turbò profondamente*; *quest'incertezza mi turba*; *è un'esperienza che può turbare gravemente chi non vi è preparato*. **SIN.** Sconcertare. **B v. intr. pron.** *1* (*lett.*) Guastarsi, detto del tempo | †Cominciare ad agitarsi, detto del mare. *2* Perdere la serenità, divenire agitato, inquieto, ansioso e sim.: *l'animo mio si turba per la perdita de' tanti amici* (CASTIGLIONE) | Manifestare, assumendo una particolare espressione, l'agitazione interiore, l'inquietudine, l'ansia: *vidi che il suo viso, i suoi occhi si turbavano*. **SIN.** Agitarsi. *3* (*lett.*) Rimanere confuso, stupito, ammirato e sim. *4* †Adirarsi, inquietarsi.

turbativa [da *turbare* (il possesso), in senso giuridico; 1728] **s. f.** ● (*dir.*) Molestia arrecata da altri al titolare di un diritto o al possessore di una cosa impedendogliene il godimento: *t. della proprietà, del possesso* | (*gener.*) Motivo di intralcio, di impedimento al regolare andamento di qlco.: *turbative del mercato dei cambi*.

turbativo [1499] **agg.** ● Che è atto a turbare.

turbàto [1313] **part. pass.** di *turbare*; anche **agg.** *1* (*lett.*) Agitato, sconvolto: *acque turbate*. *2* Che è in uno stato di turbamento: *apparire t.* | Che rivela turbamento: *avere il volto t.* || **turbatètto**, dim. || **turbataménte**, avv. (*raro*) Con turbamento.

turbatóre [vc. dotta, lat. *turbatōre(m)*, da *turbātus* 'turbato'; 1364] **s. m.**; anche **agg.** (f. *-trice*) ● (*raro*) Chi (o Che) turba.

turbazióne [vc. dotta, lat. *turbatiōne(m)*, da *turbātus* 'turbato'; 1305] **s. f.** *1* (*raro*) Turbamento, spec. spirituale. *2* †Confusione, agitazione, scompiglio. *3* (*med.*) raro Turba. || **turbazioncèlla**, dim.

Turbellàri [dal lat. *turbĕlla(s)* (pl.) 'movimenti disordinati' (dal sign. proprio di *tŭrba*, donde deriva) per i vortici che determinano nell'acqua col loro incessante movimento ciliare; 1935] **s. m. pl.** (sing. *-rio*) ● Nella tassonomia animale, classe di piccoli Platelminti a corpo depresso e ciliato, acquatici o parassiti (*Turbellaria*).

†**tùrbico** [da *turbine* con diverso suff.] **s. m.** ● Turbine: *un t. con un vento impetuoso* (VILLANI).

†**turbidézza** ● V. *torbidezza*.

turbidimetrìa o **torbidimetrìa** [comp. del lat. *tŭrbidus* 'torbido' e *-metria*; 1948] **s. f.** ● Metodo di analisi chimico-fisica attuato misurando la riduzione di intensità di un fascio luminoso attraverso una sospensione.

turbidimètrico o **torbidomètrico** [1983] **agg.** (pl. m. *-ci*) ● Relativo alla turbidimetria: *misurazione turbidimetrica* | ***Analisi turbidimetrica***, turbidimetria.

turbidìmetro o **torbidìmetro** [comp. del lat. *tŭrbidus* 'torbido' e *-metro*; 1953] **s. m.** ● Apparecchio per turbidimetria: *t. a cella fotoelettrica, a visione diretta*.

†**tùrbido** ● V. *torbido*.

turbina [fr. *turbine*, dal lat. *tŭrbine(m)* 'che si muove in giro, vorticosamente, turbine'; 1891] **s. f.** *1* Turbomacchina motrice costituita da una parte fissa, detta distributore, e da una parte mobile solidale con l'albero e dotata di pale periferiche, detta girante, la quale trasmette all'albero l'energia ricevuta da un fluido che le viene inviato dal distributore, la percorre e viene raccolto da un diffusore | *T. idraulica*, quella che utilizza come fluido attivo l'acqua | *T. a vapore*, quella che utilizza come fluido attivo il vapore acqueo saturo surriscaldato o i vapori di liquidi organici | *T. a gas*, quella che utilizza come fluido attivo un gas, per es. il gas di scarico di motori volumetrici, di forni industriali e sim., l'aria riscaldata, o i prodotti di un'apposita combustione | *T. assiale*, *radiale*, *mista*, quella in cui la velocità del fluido nella girante ha, rispettivamente, solo componenti assiali, solo componenti radiali, sia componenti assiali sia componenti radiali | *T. a reazione*, *ad azione*, quella in cui la pressione a monte della girante è, rispettivamente, uguale a o maggiore della pressione a valle della girante | *T. monocellulare o monostadio o a un elemento*, *pluricellulare o polistadio o a più elementi*, quella costituita, rispettivamente, da uno o da più complessi distributore-girante | *T. Pelton*, turbina idraulica mista ad azione, per alta caduta e piccola portata dell'acqua di alimentazione | *T. Francis*, turbina idraulica radiale-mista a reazione, per caduta e portata medio-alte | *T. Kaplan*, turbina idraulica a reazione, con distributore radiale e girante assiale, a pale orientabili, per bassa caduta e grande portata | *T. reversibile*, turbina idraulica la cui girante può funzionare sia come motrice sia come operatrice. ➡ ILL. p. 2141 SCIENZE DELLA TERRA ED ENERGIA. **2** (*impropr.*) Turbomacchina operatrice. **3** (*est.*) Qualsiasi macchina dotata di girante. **4** Nell'industria saccarifera, centrifuga, separatore centrifugo. SIN. Turbomotrice, turbomotore.

turbinàggio [da *turbina*, sul modello di *pompaggio*; 1980] **s. m.** ● Funzionamento di una turbina reversibile come turbomotore.

turbinàre [1687] **v. intr.** (*io tùrbino*; aus. *avere*) ● Girare vorticosamente, come una turbina (*anche fig.*): *un fitto nevischio turbinava nell'aria*; *il vento turbina sollevando polvere e foglie*; *la folla turbinava attorno a lui*; *mille pensieri mi turbinano nel capo, nella mente.*

turbinàto [vc. dotta, lat. *turbinātu(m)* 'a forma di cono, di trottola (*tŭrbo*, genit. *tŭrbinis*, propr. 'movimento vorticoso, turbine')'; 1499] **A agg.** ● (*bot.*) Detto di organo a forma di trottola. **B s. m.** ● (*anat.*) Osso della cavità nasale, applicato sulla parete laterale. SIN. Cornetto. ➡ ILL. p. 2127 ANATOMIA UMANA.

†**turbinazióne** **s. f.** ● (*raro*) Il turbinare.

tùrbine [vc. dotta, lat. *tŭrbine(m)*, da *tŭrba* 'agitazione, movimento (rapido e circolare)'; 1351] **s. m.** **1** Movimento vorticoso dell'aria di limitata estensione tale da sollevare dal suolo polvere, sabbia o detriti a forma di colonna quasi verticale | *T. di vento*, colonna d'aria ad asse quasi verticale in rapida rotazione | (*est.*) Insieme di cose che, trascinate dal vento, si muovono vorticosamente: *t. di neve, di sabbia* | (*fig., spec. scherz.*) *Il t. della danza*, il veloce movimento della danza: *slanciarsi nel t. della danza.* **2** (*fig.*) Quantità, moltitudine di essere animati e inanimati in movimento rapido e impetuoso: *il t. degli invasori, dei barbari*; *vide sul vallo / fra un t. di dardi Aiace solo* (FOSCOLO). **3** (*fig.*) Grande quantità di pensieri, idee e sim. che si agitano, si sovrappongono e sim.: *un t. di pensieri, di ricordi, di fantasie.* || **turbinétto**, **dim.**

turbinìo [1300 ca.] **s. m.** **1** Un turbinare continuo: *t. del vento, della bufera*; *avanzava fra un t. di neve.* **2** (*fig.*) Movimento continuo, rapido e incalzante: *il t. degli affari*; *il t. dei pensieri* | Confusione: *un gran t. di gente, di macchine.*

turbinista [da *turbina*; 1983] **s. m. e f.** (**pl. m.** *-i*) ● Chi è addetto al funzionamento di una turbina.

turbinóso [da *turbine*; sec. XIV] **agg.** ● Vorticoso (*anche fig.*): *movimento t.*; *danza turbinosa*; *il t. accavallarsi di pensieri e ricordi.* || **turbinosaménte**, **avv.**

turbitto o (*raro*) **turbito** [dal n. ar. (*túrbid*) dell'ombrellifera; av. 1350] **s. m.** **1** (*bot.*) Tapsia. **2** (*chim.*) †*T. minerale*, solfato basico di mercurio.

†**tùrbo** (**1**) [vc. dotta, lat. tardo *tŭrbu(m)* per *tŭrbidu(m)* 'torbido'; sec. XIV] **A agg.** ● Torbido. **B s. m.** ● Torbidezza | Turbamento.

tùrbo (**2**) [vc. dotta, lat. *tŭrbo* (nom.) 'turbine'; 1313] **s. m.** ● (*lett.*) Turbine.

tùrbo (**3**) [da *turbo(compressore)*; 1983] **A s. m. inv.** **1** (*tecnol.*) Accorc. di turbocompressore. **2** (*tecnol.*) Motore turbocompresso. **B s. m. e f. inv.** ● (*tecnol.*) Autoveicolo dotato di motore turbocompresso. **C agg. inv.** ● Turbocompresso: *motore t.*

tùrbo- [da *turbina*] primo elemento ● In parole composte della terminologia tecnica, significa 'turbina': *turbogetto, turbonave.*

turboalternatóre [comp. di *turbo-* e *alternatore*; 1905] **s. m.** ● (*elettr.*) Alternatore di rotazione azionato da una turbina a vapore o a gas.

turbocistèrna [comp. di *turbo-* e *cisterna*; 1955] **s. f.** ● (*mar.*) Nave cisterna mossa da turbine a vapore.

turbocomprèsso [comp. di *turbo-* e *compresso*; 1985] **agg.** ● (*autom.*) Detto di motore a combustione dotato di turbocompressore.

turbocompressóre [comp. di *turbo-* e *compressore*; 1941] **s. m.** ● (*tecnol.*) Macchina in grado di trasformare energia meccanica in energia di pressione di un gas: *t. assiale, centrifugo* | Complesso formato da un compressore e dalla turbina che lo comanda.

turbodiesel /turbo'dizel/ [comp. di *turbo-* e *diesel*; 1985] **A agg. inv.** ● (*autom.*) Detto di motore diesel sovralimentato mediante turbocompressore. **B s. m. inv.** **1** Motore turbodiesel | *T. con intercooler*, in cui il turbocompressore è a due corpi, con refrigerazione del gas tra i due. **2** (*autom.*) Autoveicolo su cui è montato un motore turbodiesel.

turbodinamo [comp. di *turbo-* e *dinamo*; 1987] **s. f. inv.** ● Dinamo azionata da una turbina a vapore o a gas.

turboèlica [comp. di *turbo-* e *elica*; 1949] **A s. f.** ● (*aer.*) Elica azionata da una o più turbine: *aereo a turboeliche.* **B s. m. inv.** ● Aereo a turboelica.

turbogàs [comp. di *turbo-* e *gas*; 1983] **s. m. inv.** ● Gas di alimentazione di una turbina a gas | *Centrale, impianto a t.*, centrale termoelettrica il cui motore è una turbina a gas.

turbogètto [comp. di *turbo-* e (aereo a) *getto*, come il corrispondente ingl. *turbojet*; 1949] **s. m.** ● (*aer.*) Turboreattore.

turboirroratrice [comp. di *turbo-* e *irroratrice*; 1980] **s. f.** ● (*agr.*) Irroratrice destinata a irrorare le colture con pesticidi dispersi nella corrente d'aria prodotta da un ventilatore.

turbolènto o (*lett.*) **turbulènto** [vc. dotta, lat. *turbulĕntu(m)*, da *tŭrba*; sec. XIV] **A agg.** **1** (*raro*) Torbido: *acqua turbolenta*; *l'artissimo carcere de l'aria t.* (BRUNO) | Fumoso: *aria turbolenta.* **2** Di persona pronta ad agitarsi, a suscitare sommosse, disordini e sim.: *è un uomo t.*; *gli elementi più turbolenti del gruppo* | Indisciplinato, ribelle: *ragazzo t.*; *scolari turbolenti.* **3** Che è caratterizzato da continui disordini, agitazioni, sommosse e sim.: *anni, tempi turbolenti.* SIN. Burrascoso. **4** (*fis.*) Della, relativo alla, turbolenza. **5** (*meteor.*) Che è caratterizzato da turbolenza. || **turbolenteménte**, †**turbolentaménte**, **avv.** **B s. m.** (f. *-a*) ● Persona turbolenta.

turbolènza o (*lett.*) **turbulènza** [vc. dotta, lat. tardo *turbulĕntia(m)*, da *turbulĕntus* 'turbolento'; av. 1406] **s. f.** **1** Caratteristica di chi (o di ciò che) è turbolento: *la t. dell'aria*; *lo tengono sotto controllo per la sua t.* | Stato di ciò che è turbolento: *la t. dei tempi.* **2** (*raro*) Disordine, sommossa, tumulto: *la città era afflitta da gravi turbolenze.* **3** (*fis.*) Moto irregolare che si produce generalmente nei fluidi. **4** (*meteor.*) Insieme di movimenti irregolari dell'aria che si manifestano sotto forma di vortici, rapide variazioni dell'intensità del vento e vuoti d'aria.

turbolocomotiva [comp. di *turbo-* e *locomotiva*; 1957] **s. f.** ● Locomotiva azionata da turbina.

turbomàcchina [comp. di *turbo-* e *macchina*; 1961] **s. f.** ● Macchina a fluido in cui una parte rotante solidale con l'albero e provvista di pale periferiche, detta girante, trasmette all'albero l'energia ricevuta da un fluido oppure trasmette a un fluido l'energia ricevuta da un motore agente sull'albero: *t. motrice, operatrice.*

turbomòto [comp. di *turbo-* e *moto* (*3*)] **s. f. inv.** ● Motocicletta azionata da un motore turbocompresso.

turbomotóre [comp. di *turbo-* e *motore*; 1905] **s. m.** **1** Turbina. **2** Turbina a gas | Turboelica.

turbomotrice [comp. di *turbo-* e *motrice*; 1957] **s. f.** ● Turbomacchina motrice, o turbina, idraulica, a vapore o a gas.

turbonàve [comp. di *turbo-* e *nave*; 1941] **s. f.** ● (*mar.*) Nave con apparato motore a turbine a vapore o a gas.

turboperforatrice [comp. di *turbo-* e *perforatrice*; 1980] **s. f.** ● (*min.*) Perforatrice azionata da una turbina pluristadio ad alta velocità e atta a eseguire fori di grande diametro.

turbopómpa [comp. di *turbo-* e *pompa*; 1961] **s. f.** **1** Pompa centrifuga. **2** (*impropr.*) Pompa idraulica azionata da una turbina. **3** (*impropr.*) Turbocompressore.

turbopropulsóre [comp. di *turbo-* e *propulsore*; 1957] **s. m.** **1** Propulsore a turbina a gas. **2** (*aer.*, *impropr.*) Turboelica.

turboràzzo (o *-zz-*) [comp. di *turbo-* e *razzo* (*2*); 1983] **s. m.** ● (*aer.*) Motore usato per la propulsione di veicoli spaziali o di missili intercettori.

turboreattóre [comp. di *turbo-* e *reattore*; 1949] **s. m.** ● Esoreattore che utilizza un compressore azionato da una turbina a gas per comprimere l'aria esterna. ➡ ILL. p. 2175 TRASPORTI.

turbosónda [comp. di *turbo-* e *sonda*; 1980] **s. f.** ● (*min.*) Sonda per perforazioni profonde il cui scalpello è azionato da una turbina idraulica assiale che scende insieme a esso e che utilizza come fluido attivo quello di spurgo dei detriti.

turbotràpano [comp. di *turbo-* e *trapano*; 1983] **s. m.** ● (*chir.*) Trapano a turbina, trapano indolore.

turbotrèno [comp. di *turbo-* e *treno* (*1*); 1980] **s. m.** ● Treno azionato da turbine e in grado di raggiungere velocità molto elevate.

turboventilatóre [comp. di *turbo-* e *ventilatore*; 1957] **s. m.** ● (*mecc.*) Ventilatore azionato da una turbina.

turbulènto e *deriv.* ● V. *turbolento* e *deriv.*

tùrca [av. 1502] **s. f.** **1** Divano alla turca. SIN. Ottomana, sultana. **2** Lunga veste orientale.

turcàsso [gr. mediev. *tarkásion*, di orig. ar.-persiana (*tarkaš*), con sovrapposizione di *tur(co)* e del suff. *-asso*; 1334] **s. m.** **1** Astuccio per le frecce dell'arco o della cerbottana. SIN. Faretra. **2** †Astuccio per pinze o altri arnesi. || **turcassétto**, **dim.**

turcheggiàre [1879] **v. intr.** (*io turchéggio*; aus. *avere*) **1** (*raro*) Imitare i modi e gli usi turchi. **2** (*raro*) Essere politicamente favorevole alla, parteggiare per la Turchia.

†**turchésa** ● V. *turchese.*

turchésco [1400 ca.] **agg.**; anche **s. m.** (**pl. m.** *-schi*) ● (*raro*) Turco (*oggi spreg.* o *scherz.*) | *Alla turchesca*, (*ellitt.*) alla turca. || **turchescaménte**, **avv.** Alla maniera dei turchi.

turchése o †**turchésa**, †**turchesia**, †**turchéssa** [ant. fr. *turqueise*, propr. '(pietra) turca'; sec. XIV] **A s. f.** ● (*miner.*) Fosfato idrato di rame e alluminio, di un bel colore azzurro pallido, usato come pietra semipreziosa. **B** in funzione di **agg.** ● Che ha il colore azzurro pallido caratteristico della pietra omonima: *un vestito t.* **C s. m.** ● Il colore azzurro pallido caratteristico della pietra omonima: *il t. ti fa risaltare gli occhi.*

turchétto [1826] **s. m.** **1** Dim. di *turco.* **2** (*zool.*) Varietà di piccione. **3** (*centr.*) Dolcetto ovale da intingere nel vino.

turchina [1527] **s. f.** ● Turchese.

†**turchineggiàre** [1879] **v. intr.** ● Tendere al colore turchino.

turchinétto [1846] **A agg.**; anche **s. m.** **1** Dim. di *turchino.* **2** Turchiniccio. **B s. m.** ● Materia colorante azzurra che talora si unisce in piccola quantità all'amido o all'acqua da bucato per dare alla biancheria una leggerissima tinta azzurrognola.

turchiniccio [av. 1698] **agg.**; anche **s. m.** (**pl. f.** *-ce*) ● Turchino pallido, sbiadito: *cielo t.*; *l'aria era d'un t. grigiastro.* SIN. Azzurrognolo.

turchino [da *turco* '(di colore) scuro'; 1536] **A agg.** ● Di colore azzurro cupo: *cielo t.*; *abito t.* **B s. m.** **1** Il colore turchino: *tinta sfumata dal t. al viola.* **2** (*med.*) †Caustico meno forte del nitrato d'argento. || **turchinétto**, **dim.** (V.).

†**tùrchio** ● V. *turco.*

turchìsmo [da *turco*; 1983] **s. m.** ● Voce passata dalla lingua turca in quella italiana.

tùrcico [dalla forma che ricorda quella delle selle dei *turchi*; 1961] **agg.** (**pl. m.** *-ci*) ● (*anat.*) Detto della fossetta del corpo dello sfenoide, dove è accolta l'ipofisi: *sella turcica*.

turcimànno o †**turcomànno** (1) [ar. *turğumān* 'interprete' (da *tarğam* 'tradurre'), con sovrapposizione di *turco*; sec. XIV] **s. m.** *1* Dragomanno. *2* (*lett.*, *scherz.*) Interprete | (*raro*, *scherz.*) Mezzano.

tùrco o †**tùrchio** [dal turco *türk*, propr. 'forza'; 1313] **A agg.** (**pl. m.** *-chi*) *1* Dei Turchi, antichi e moderni: *lingua, letteratura turca*; *Stato, parlamento, esercito t.* | ***Bagno t.***, forma di terapia fisica in ambiente caldo-umido, che provoca abbondante sudorazione; (*fig.*, *scherz.*) gran sudata: *fare un bagno t.* | ***Ferro t.***, tipo di ferro per cavalli a forma di semiluna | ***Alla turca***, (*ellitt.*) alla maniera dei Turchi: *calzoni alla turca* | ***Sedersi, sedere alla t.***, a gambe incrociate | ***Divano alla turca***, ottomana, sultana | ***Gabinetto alla turca***, quello costituito da un vaso a pavimento su cui si accoscia chi lo usa e in cui l'eliminazione dei rifiuti organici umani avviene mediante sistemi ad acqua | ***Caffè alla turca***, denso e in sospensione perché macinato finissimo e non filtrato. *2* Della Turchia: *città, montagne turche* | ***Grano t.***, V. granturco. *3* Nel linguaggio dei cacciatori, detto di uccelli rari che vengono da lontano e che sono poco conosciuti da noi: *pollo t.*; *fischione t.* **B s. m.** (**f.** *-a*) *1* Ogni appartenente a un grande complesso di popoli affini, ma non uguali, stanziati fin da tempi antichissimi nell'Asia centrale e orientale e da qui discesi, con flusso ininterrotto, verso occidente: *le invasioni dei Turchi*. *2* Abitante o nativo della Turchia: *la lingua, i costumi, le abitudini dei Turchi* | ***Il Gran t.***, un tempo, il sultano dei Turchi | ***Giovani turchi***, nella Turchia del primo Novecento, partito politico progressista e nazionalista che giunse al potere; (*fig.*) gruppo estremista di un partito | ***Testa di t.***, (*fig.*) bersaglio, vittima, capro espiatorio. *3* (*fig.*) Persona empia: *bestemmiare come un t.* | ***Fumare come un t.***, (*fig.*, *iperb.*) moltissimo, troppo. **C s. m. solo sing.** ● Lingua della famiglia altaica parlata in Turchia | ***Parlare t., in t.***, (*fig.*) parlare in modo incomprensibile, non esprimersi chiaramente. ‖ **turchétto**, **dim.** (V.).

tùrco- [da *turco*] primo elemento ● In parole composte, fa riferimento alla Turchia o ai Turchi: *turcologia*, *turcociprioti*.

turcologìa [comp. di *turco-* e *-logia*; 1957] **s. f.** ● Scienza che studia lingua, storia, cultura e religioni delle genti turche.

turcòlogo [comp. di *turco-* e *-logo*; 1957] **s. m.** (**f.** *a*; **pl. m.** *-gi*) ● Studioso, esperto di turcologia.

†**turcomànno** (1) ● V. *turcimanno*.

turcomànno (2) ● V. *turkmeno*.

turf /*ingl.* tɜːf/ [vc. ingl., che propr. vale 'zolla erbosa, prato', della stessa orig. germ. di *torba*; 1887] **s. m. inv.** ● Terreno erboso su cui si disputano le gare dei cavalli | (*est.*) Tutto ciò che riguarda nel suo complesso le corse di cavalli, lo sport ippico.

†**tùrfa** [ingl. *turf*, della stessa orig. della corrispondente *torba*] **s. f.** ● Terreno bituminoso di palude.

tùrgere [vc. dotta, lat. *turgēre*, di etim. incerta, con passaggio ad altra coniug.; 1321] **v. intr.** (*io tùrgo, tu tùrgi*; difett. del **pass. rem.**, del **part. pass.** e dei tempi composti) ● (*poet.*) Essere pieno, turgido (*anche fig.*): *alto in un velo / australe l'Arno turge* (LUZI).

turgescènte [vc. dotta, lat. *turgescĕnte(m)*, propr. part. pres. di *turgēscere*, incoativo di *turgēre*; 1499] **agg.** ● Che è o diviene gonfio, turgido.

turgescènza [da *turgescente*; 1935] **s. f.** ● (*bot.*, *med.*) Turgore.

turgidézza [1765] **s. f.** ● Condizione, caratteristica di ciò che è turgido (*anche fig.*).

turgidità [1875] **s. f.** ● Turgidezza.

tùrgido [vc. dotta, lat. *tŭrgidu(m)*, da *turgēre*; 1319] **agg.** *1* Gonfio: *ventre t.*; *vena turgida di sangue*; *occhi turgidi di lacrime*. *2* Detto di organo o tessuto, animale o vegetale, in stato di turgore: *seno t. di latte*; *germogli turgidi*. *3* (*fig.*) Ampolloso: *stile t.* ‖ **turgidétto**, **dim.** ‖ **turgidaménte**, **avv.** (*raro*) In modo turgido, gonfio, ampolloso.

turgóre [vc. dotta, lat. tardo *turgōre(m)*, da *turgēre*; 1875] **s. m.** *1* Gonfiore, gonfiezza. *2* Stato di rigonfiamento di una cellula, di un organo o di un tessuto, animale o vegetale, per ricchezza di liquidi.

turìbolo o †**torrìbolo**, †**turìbile**, †**turrìbolo** [vc. dotta, lat. *turĭbulu(m)*, da *tūs*, genit. *tūris* 'incenso', di orig. gr. (*thýos*, dal v. *thýein* 'bruciare nei sacrifici'); sec. XIII] **s. m.** ● Recipiente liturgico, sospeso a tre catenelle, nel quale si pone l'incenso, facendolo bruciare su un piccolo braciere, contenuto all'interno. **SIN.** Incensiere.

turiferàrio [dal lat. *turĭferu(m)*, comp. di *tūs*, genit. *tūris* 'incenso' e *-feru(m)* '-fero'; 1771] **s. m.** (**f.** *-a*) *1* Chi, nelle funzioni sacre cattoliche, porta il turibolo. *2* (*fig.*, *lett.*) Incensatore, adulatore.

turificàto [vc. dotta, lat. eccl. *turificatu(m)*, dal part. pass. di *turificāre* 'offrire incenso (*tūs*, genit. *tūris*)'; 1840] **agg.** ● Detto dei cristiani che, durante le persecuzioni, dissimulavano la loro fede dando incenso agli dei pagani.

turingiàno [1957] **A agg.** ● Della Turingia, regione della Germania centrale. **B s. m.** (**f.** *-a*) ● Abitante o nativo della Turingia.

turióne [vc. dotta, lat. *turiōne(m)*, di orig. incerta; 1879] **s. m.** ● (*bot.*) Gemma cilindrica, carnosa, emessa dalla radice di piante erbacee o da tuberi o da rizomi | Parte commestibile dell'asparago.

turiṣmàtica [comp. di *turis(mo)* e *(infor)matica*; 1984] **s. f.** ● Organizzazione delle attività e dei servizi dell'industria turistica con l'ausilio delle tecnologie informatiche.

♦**turiṣmo** [fr. *tourisme*, dall'ingl. *tourism*, da *tourist* 'turista'; 1905] **s. m.** *1* Attività consistente nel fare gite, escursioni, viaggi, per svago o a scopo istruttivo: *aereo, imbarcazione, vettura da t.* *2* (*est.*) Complesso delle strutture e dei servizi connessi con tale attività: *Ministero del t. e dello spettacolo*.

♦**turista** [fr. *touriste*, dall'ingl. *tourist*, da *to tour* 'viaggiare', di orig. fr. (*tour* 'giro'); 1837] **s. m. e f.** (**pl. m.** *-i*) ● Chi fa del turismo.

turisticiẓẓàre [da *turistico*; 1983] **v. tr.** ● Fornire una zona delle infrastrutture e dei servizi adatti ad accogliere turisti.

turisticiẓẓazióne [da *turisticizzare*; 1983] **s. f.** ● Il turisticizzare, il venire turisticizzato (*anche spreg.*): *quella bellissima costa è stata oggetto di una troppo veloce t.*

turìstico [fr. *touristique*, da *touriste* 'turista'; 1904] **agg.** (**pl. m.** *-ci*) ● Del, relativo al, turismo e ai turisti: *ufficio, movimento, sviluppo t.*; *gita, zona turistica* | ***Classe turistica***, su navi e aerei, quella più economica | ***Agenzia turistica***, agenzia che vende biglietti per mezzi di trasporto pubblici e privati, organizza viaggi e gite, fornisce ai turisti servizi bancari, assicurativi, di informazione e assistenza | ***Assegno t.***, a circolazione internazionale, rilasciato dalle principali banche contro versamento dell'importo corrispondente, pagabile presso una filiale all'estero purché su di esso compaiano due firme della persona a favore della quale l'assegno viene emesso. **SIN.** Traveller's chèque | ***Accompagnatore t.***, tour leader | ***Operatore t.***, tour operator. ‖ **turisticaménte**, **avv.** Secondo le esigenze del turismo, dall'angolo visuale del turismo: *zona turisticamente attrezzata*; *turisticamente parlando è un paese che non offre grandi prospettive*.

turkmèno o **turcomànno** [dal persiano *Turkmān* 'simile (*-mān*, da *mānad*) a Turco (*Turk*, di orig. ar.)'; av. 1557] **A agg.** *1* Del Turkmenistan, Stato dell'Asia centrale. *2* Relativo ai Turkmeni o al loro dialetto. **B s. m.** (**f.** *-a*) *1* Ogni appartenente a un gruppo di tribù turco-iraniche oggi stanziate prevalentemente a sud-est del mar Caspio. *2* (*est.*) Abitante, nativo del Turkmenistan. **C s. m. solo sing.** ● Dialetto turco parlato dai Turkmeni.

turlulù o †**tullulù** [di orig. espressiva] **s. m. e f.** ● (*raro*, *dial.*) Chi è sciocco, babbeo.

turlupinàre [fr. *turlupiner*, da *Turlupin*, soprannome di un comico del Seicento; 1816] **v. tr.** (*io turlupino* o, più diffuso ma meno corretto, *io turlùpino*) ● Ingannare qlcu. beffandolo, prendendolo in giro, rendendolo ridicolo.

turlupinatóre [1922] **s. m.** (**f.** *-trice*) ● (*raro*) Chi turlupina.

turlupinatùra [1901] **s. f.** ● Inganno, beffa, raggiro.

†**tùrma** (1) ● V. *torma*.

tùrma (2) [biz. *tôurma*, dal lat. *tŭrma* nel suo proprio sign. militare] **s. f.** ● Nell'ordinamento militare e amministrativo dell'impero bizantino, suddivisione del tema (nel sign. di *tema* (*3*)).

†**turmàrca** o †**tumàrca** [biz. *tourmárchēs* 'comandante (da *árchein* 'essere a capo') di una turma'] **s. m.** (**pl.** *-chi*) ● Nell'impero bizantino, comandante di una turma.

turnàre [denom. di *turno*; 1985] **v. intr.** (aus. *avere*) ● Avvicendarsi rispettando turni prestabiliti: *t. in un lavoro, in un ciclo produttivo*.

turnaround /*ingl.* 'tɜːnə,raʊnd/ [vc. ingl., propr. 'giravolta, inversione'; 1994] **s. m. inv.** ● (*org. az.*) Ristrutturazione aziendale.

turnazióne [da *turno*; 1983] **s. f.** ● L'alternanza dei turni nell'organizzazione di un lavoro o di un ciclo di lavorazione.

turnista [1963] **s. m. e f.** (**pl. m.** *-i*); anche **agg.** ● Chi (o Che) lavora a turno con altri.

♦**tùrno** [dal fr. *tourner*, passato dal sign. orig. di 'girare (al tornio)', a quello di 'girare ora qua, ora là', cioè 'alternare'; 1853] **s. m.** *1* Periodica rotazione di persone che si danno il cambio nello svolgimento di una determinata attività: *lavorare a t.* | Avvicendamento di prestazioni, servizi e sim.: *distribuire, erogare qlco. a t.* *2* Ciascuno dei periodi in cui viene suddiviso il tempo necessario allo svolgimento di una determinata attività, in base a criteri di rotazione periodica: *t. di lavoro*; *turni di irrigazione*; *t. di giorno, di notte* | ***T. eliminatorio***, nel linguaggio dello sport, ciascun confronto di una gara a eliminazione: *superare, passare il t.* | ***Essere di t.***, essere nel periodo previsto per fare qlco.; (*est.*, *fam.*) essere la volta di: *oggi sono di t. i miei fratelli* | ***È il mio t.***, è la mia volta, tocca a me | ***Fare a t.***, un po' per uno | ***Farmacia di t.***, aperta nei giorni festivi o in orari particolari. *3* (*mil.*) Periodo prestabilito di avvicendamento nei servizi d'ogni genere svolti dai militari d'ogni grado: *t. di guardia* | ***T. di trincea***, nella prima guerra mondiale per l'avvicendamento dei reparti in linea.

turnover /tur'nɔver, *ingl.* 'tɜːn,əʊvə/ [vc. ingl., comp. di *turn* 'rotazione' (cfr. *turno*) e *over* 'in eccesso' (d'orig. germ.); 1933] **s. m. inv.** *1* Avvicendamento della manodopera addetta a un ciclo produttivo | (*gener.*) Avvicendamento: *il t. dei giocatori di una squadra*. *2* Sostituzione, mediante nuove assunzioni, del personale che ha cessato il rapporto di lavoro: *l'azienda ha bloccato il t.* *3* Nel linguaggio commerciale, giro di affari di un'azienda.

tùro [da *turare*; 1536] **s. m.** ● (*tosc.*) Turacciolo, tappo. ‖ **turàccio**, **pegg.**

tùrpe o †**tùrpo** [vc. dotta, lat. *tŭrpe(m)*, di etim. incerta; 1321] **agg.** *1* (*lett.*) Brutto, deforme. *2* Disonesto, vergognoso: *accusa t.*; *tradimento t.* | Osceno, ributtante: *atti turpi*; *parole, proposte, immagini turpi*; *un t. individuo*. **SIN.** Infame, ignobile. ‖ **turpeménte**, **avv.**

turpézza [1308] **s. f.** ● (*raro*) Caratteristica o condizione di chi (o di ciò che) è turpe.

turpilòquio [vc. dotta, lat. tardo *turpilŏquiu(m)*, comp. di *tŭrpis* 'turpe' e *-lŏquiu(m)*, da *lŏqui* 'parlare, esprimersi'; av. 1342] **s. m.** *1* Modo di parlare turpe, laido, osceno o, più semplicemente, sboccato e volgare: *darsi al t.*; *evitare il t.* *2* (*dir.*) Reato consistente nell'usare un linguaggio contrario alla pubblica decenza in un luogo pubblico o aperto al pubblico.

turpità o †**turpitàde**, †**turpitàte** [sec. XIV] **s. f.** ● Turpezza.

turpitùdine [vc. dotta, lat. *turpitūdine(m)*, da *tŭrpis* 'turpe'; 1353] **s. f.** *1* †Bruttezza, deformità. *2* Azione o parola turpe, vergognosa, oscena: *commettere, dire turpitudini*.

†**tùrpo** ● V. *turpe*.

†**turrìbolo** ● V. *turibolo*.

turricolàto [dal lat. *turrĭcula* 'piccola torre (*tŭrris*)'; 1961] **agg.** ● Che è fatto come una piccola torre.

turritàno [comp. del n. lat. della città di *Tūrris* 'Torres' e del suff. proprio di etnico *-itānus*; 1619] **A agg.** *1* Di Porto Torres, città della Sardegna. *2* Del, relativo all'antico giudicato di Torres. **B s. m.** (**f.** *-a*) ● Abitante o nativo di Porto Torres.

turrìto o (*raro*) **torrìto** [vc. dotta, lat. *turrītu(m)*, da *tŭrris* 'torre'; 1614] **agg.** ● Cinto, munito di torri: *castello t.*; *mura turrite* | ***La Turrita***, (*ellitt.*, *per anton.*) Bologna, ricca di molte torri | ***Corona***

turtureo 1948

turrita, in araldica, corona ornata di torri.

†turtùreo [dal lat. *tŭrtur*, genit. *tŭrturis* 'tortora'] **agg.** ● Di tortora.

Tus [1986] **s. m. inv.** ● (*econ.*) Tasso ufficiale di sconto.

tuscànico o **toscànico** [vc. dotta, lat. *Tuscānicu(m)* 'proprio degli Etruschi (*Tūsci*)'; av. 1452] **agg.** (**pl. m.** *-ci*) ● Detto di un ordine architettonico classico di derivazione etrusca, tipico dell'ambiente italico, con colonne prive di scanalature nel fusto, poggianti su una base e coronate da un capitello simile a quello dorico.

tùsco [vc. dotta, lat. *Tūsciu(m)* 'dell'Etruria, terra dei *Tusci*, al sing. *Tūscu(m)*'; av. 1445] **s. m.** (**f.** *-a*; **pl. m.** *-sci*) ● (*raro*, *lett.*) Etrusco.

tussah /*ingl.* 'tʌsʌ/ [variante ingl. di *tussor*; 1961] **A s. f. inv.** ● Seta ricavata in Oriente da bozzoli di bachi selvatici. **B** anche **agg. inv.**: *seta t.*

tussilàgine [vc. dotta, lat. *tussilāgine(m)*, da *tŭssis* 'tosse' per le sue proprietà bechiche, secondo il modello del corrispondente gr. *bēchion* (da *bḗx*, genit. *bēchós* 'tosse'); 1866] **s. f.** ● (*bot.*) Farfaro.

tussilàgo [dal lat. *tŭssis* 'tosse'] **s. f. inv.** ● (*bot.*) Farfaro.

tùssor [fr. *tussor(e)*, da una vc. ingl. presa dall'indostano *tasar*, di orig. ant. indiana (*tásaram*, da *tamsayati* 'tirare di qua e di là'); 1961] **s. m. inv.** ● Organzino di seta del tipo tussah | Attualmente, anche tessuto di fibre artificiali o sintetiche.

tut /tut/ [sigla di *t(ariffa) u(rbana a) t(empo)*; 1985] **s. f. inv.** ● Tariffa telefonica urbana commisurata alla durata della conversazione e alla fascia oraria nella quale si svolge conteggiata in scatti, oggi sostituita dalla tat.

♦**tùta** [etim. discussa: forse da *tutta* (*tutta* d'un pezzo, che veste *tutta* la persona), senza una *t*, che si ritrova nella forma a *T* dell'abito; 1920] **s. f.** ● Indumento costituito da pantaloni e casacca gener. uniti in un solo pezzo, spesso chiuso con cerniera lampo, indossato da operai o persone che svolgono particolari attività, nel qual caso assume forma e caratteristiche specifiche: *la t. del meccanico*; *t. in tela, gomma, amianto*; *t. impermeabile*; *t. di volo*; *t. spaziale, antigravità, mimetica, da lavoro* | ***T. da ginnastica, sportiva***, composta da casacca e pantaloni di tessuto morbido tale da consentire ampia libertà di movimento | ***T. subacquea***, muta | ***T. blu***, operaio. || **tutìna**, **dim.** (V.).

tutània [etim. incerta] **s. f.** ● (*chim.*) Lega bianca, a base di stagno, antimonio, rame, piombo, zinco, bismuto, adoperata per fabbricare posate.

†tutàre [vc. dotta, lat. *tutāri*, raff. di *tuēri* 'osservare, aver cura, proteggere'] **v. tr.** ● Difendere, proteggere, assicurare.

tutèla [vc. dotta, lat. *tutēla(m)*, da *tūtus* 'sicuro' (V. *†tuto*); av. 1348] **s. f.** *1* (*dir.*) Potestà esercitata per legge o per provvedimento del giudice nell'interesse e in rappresentanza delle persone legalmente incapaci: *t. di un minore, di un interdetto* | (*fig.*, *fam.*, *scherz.*) ***Essere sotto la t. di qlcu.***, essere privo di autonomia, impossibilitato a decidere da solo e sim. *2* (*dir.*) Protezione che la legge riconosce e che viene ottenuta con provvedimenti giurisdizionali: *t. giuridica*; *t. del nome, dell'immagine* | ***T. giurisdizionale***, protezione assicurata da provvedimenti giurisdizionali | ***T. amministrativa***, vigilanza e controllo esercitati dalla Pubblica Amministrazione su dati enti pubblici. *3* (*gener.*) Protezione, difesa, salvaguardia: *la t. della pace, dell'ordine pubblico*; *faccio questo a t. dei miei interessi, del mio onore* | Patrocinio: *porsi sotto la t. di un Santo, della Vergine.*

tutelàre (1) [da *tutela*; 1598] **A v. tr.** (*io tutèlo*) ● Difendere, salvaguardare: *t. i propri interessi*; *t. i diritti dei più deboli*; *t. il proprio onore.* **B v. rifl.** ● Prendere precauzioni, premunirsi: *tutelarsi contro i furti.*

tutelàre (2) [vc. dotta, lat. tardo *tutelāre(m)*, da *tutēla*; 1566] **agg.** *1* (*dir.*) Di, relativo a, tutela | ***Giudice t.***, che sovraintende alle tutele e alle curatele. *2* Che tutela, che sta a difesa, a salvaguardia di qlcu. o di qlco.: *genio, nume t.*; *l'angelo t. della casa*; *divinità tutelari.*

tutelàto **part. pass.** di *tutelare* (*1*); anche **agg.** *1* Sottoposto a tutela. *2* (*est.*) Protetto, difeso: *i lavoratori meno tutelati.*

†tuteria o **†tutoria** [da *†tuto*] **s. f.** ● Tutela.

tutìna [1978] **s. f.** *1* Dim. di *tuta*. *2* Indumento, spec. femminile, costituito da una guaina aderente e sgambata, usata per ballare o fare ginnastica. *3* Indumento per bambini non ancora in grado di camminare, in un unico pezzo, dai piedi al collo, spec. in tessuto elasticizzato per facilitare i movimenti.

†tùto [vc. dotta, lat. *tūtu(m)*, part. pass. di *tuēri* 'guardare, proteggere', di etim. incerta; 1319] **agg.** ● Sicuro.

tùtolo [vc. dotta, lat. *tūtulu(m)* 'cocuzzolo' (?); 1846] **s. m.** ● Asse dell'infruttescenza del granturco a cui sono attaccate le cariossidi.

tutor /'tutor, *ingl.* 'tjuːtə/ [vc. ingl., propr. 'istitutore, precettore'; 1986] **s. m. e f. inv.** ● Chi assiste e guida uno studente durante un corso di studi o un lavoratore nella fase di formazione.

tutoràggio [dall'ingl. *tutorage* 'funzione (*-age*) di tutore (*tutor*)'] **s. m.** ● Tutorato.

tutoràto [da *tutor* con il suff. *-ato*; 1990] **s. m.** ● Funzione, incarico di tutor | Durata di tale incarico.

tutóre [vc. dotta, lat. *tutōre(m)*, da *tūtus*, part. pass. di *tuēri* 'proteggere, custodire'; av. 1250] **s. m.** (**f.** *-trice*, pop. disus. *-tora*, nei sign. 1 e 2) *1* Persona incaricata dell'esercizio della tutela: *t. legittimo, dativo.* *2* (*est.*) Protettore, difensore: *farsi t. di qlcu., di qlco.*; *essere il t. dell'unità familiare*; *essere buon t. dei propri diritti* | ***I tutori dell'ordine pubblico***, le forze che svolgono compiti di polizia. *3* (*agr.*) Sostegno per piante rampicanti o giovani e deboli | ***Tutore vivo***, costituito da un albero | ***Tutore morto***, palo di legno, ferro, pietra, cemento armato, canne, fili di ferro e sim. *4* (*med.*) ***T. ortopedico***, apparecchiatura meccanica di sostegno, correttiva, o sostitutiva di segmenti corporei insufficienti alla funzione. || **tutoràccio**, **pegg.**

†tutoria ● V. *†tuteria.*

tutòrio [vc. dotta, lat. tardo *tutōriu(m)* 'proprio del tutore (*tūtor*, genit. *tutōris*)'; 1812] **agg.** *1* Relativo alla tutela giuridica: *potestà tutoria* | ***Autorità tutorie***, organi della Pubblica Amministrazione esplicanti funzioni di vigilanza e controllo su enti pubblici inferiori. *2* (*raro*) Proprio del tutore: *funzione tutoria.*

tùtsi /'tutstsi, *ingl.* 'tʊtsi/ [dal n. in uso nel Ruanda e nel Burundi (*umu-*)*tutsi* al sing. e (*aba-*)*tutsi* al pl.; 1961] **s. m. e f. inv.**; anche **agg. inv.** ● (*antrop.*) Appartenente alla popolazione di pastori di lingua bantu stanziata a sud e ovest del lago Vittoria, caratterizzata da un'alta statura. **SIN.** Watusso.

†tuttafiàta o **†tùtta fiàta** [comp. di *tutta* e *fiata*; 1353] **avv.** ● Continuamente, tuttavia: *non cessando, ma crescendo tutta fiata* (BOCCACCIO).

tuttàla [comp. del f. di *tutto* e *ala*; 1961] **s. m. inv.** ● (*aer.*) Aeromobile sperimentale senza impennaggio e fusoliera, con gli organi di controllo e i congegni di pilotaggio situati nell'ala stessa.

tutt'al più o (*raro*) **tuttalpiù** [1635] **loc. avv.** ● Al massimo, nel peggiore dei casi o delle ipotesi: *tutt'al più potrà costare dieci euro*; *tutt'al più dovremo ricominciare da capo.*

Tuttasànta [comp. del f. di *tutto* e di *santo*, per rendere il corrispondente gr. *panagía*] **agg. f. sing.**; anche **s. f.** solo **sing.** ● Santissima, epiteto di Maria Vergine.

♦**tuttavìa** [comp. di *tutta* e *via*; av. 1250] **A cong.** ● Pure, nondimeno, con tutto ciò (con valore avversativo): *era una prova difficile, t. l'ho superata*; *è un apparecchio vecchio, t. funziona ancora bene* | Con valore raff. ***pur t.***: *non ero sicuro, pur t. azzardai una risposta.* **B avv.** ● (*lett.*) †Sempre, di continuo: *essendo il freddo grande e nevicando t. forte* (BOCCACCIO) | ***†Oggi e t.***, oggi e sempre | ***†T. che***, ogni volta che.

†tuttavòlta o **†tùtta vòlta** [comp. di *tutta* e *volta*; av. 1320] **A avv.** ● Sempre, senza interruzione: *Marfisa t. combattendo / spesso ai compagni gli occhi rivoltava* (ARIOSTO) | ***T. che***, ogni volta che, qualora. **SIN.** Tuttavia. **B cong.** ● Tuttavia, nondimeno (con valore avversativo).

tuttesàlle [da intendersi 'tutte le sa'; 1481] **s. m. e f. inv.** ● (*tosc.*) Saccente.

♦**tùtto** [lat. parl. **tūttu(m)* per *tōtu(m)*, variante espressiva di *tōtu(m)*; 1080] **A agg. indef.** *1* Intero, completo (riferito a un s. sing. indica la totalità, la pienezza, la compiutezza di qlco.): *t. l'universo*; *tutta la terra*; *ho tutta la sua fiducia*; *abbiamo tutta la casa in disordine*; *starò via t. l'anno*; *studio t. il giorno*; *lotta con tutta la sua volontà* | ***T. il resto***, l'insieme di ciò che resta da elencare, vedere, sapere, ecc. | ***T. il tempo***, sempre | ***Tutta la città, t. il paese***, tutti gli abitanti della città, del paese | ***In tutta Milano, in tutta Europa***, nell'intera città di Milano, nell'intera Europa | ***Leggere, studiare t. Virgilio***, l'intera opera di Virgilio | Premesso a un pron. dimostr.: *t. questo è vero*; *ascoltate t. ciò che dice*; *t. quello el quale i tuoi figlioli non sapranno maneggiare e governare, t. quello sarà loro superfluo* (ALBERTI) | Con valore intens.: *lo amo con t. il cuore*; *te lo dico con tutta la simpatia*; *va a tutta velocità*; *corre a t. spiano*; *è di una onestà a tutta prova*; *piove a tutt'andare* | Con valore raff. seguito da 'quanto', 'intero' o iter.: *devi dire tutta quanta la verità*; *vorrei dirlo a t. il mondo intero*; *non puoi fare t. quanto da solo* | Con valore concess. o avvers., preceduto da 'con' e col sign. di 'nonostante': *con tutta la sua disponibilità non potrà aiutarti*; *con tutta la sua ricchezza, non riesce a farsi stimare* | Compreso, incluso: *studiare a memoria a t. il verso 64*; *siamo al completo a t. il 30 giugno* | ***A tutt'oggi, a t. domani***, fino a oggi, fino a domani inclusi | ***T. a un tratto***, improvvisamente: *t. a un tratto è sparito* | ***Essere, fare tutt'uno***, essere la medesima cosa, non fare alcuna differenza: *per me sapere o non sapere è tutt'uno, è un tutt'uno.* **CFR.** olo-, pan-, panto-. *2* Riferito a un s. pl. o collettivo, indica la totalità di cose, persone o animali considerati nel loro insieme, senza esclusioni: *tutti gli animali sono utili a qlco.*; *tutte le piante respirano*; *ho venduto t. il bestiame*; *verrò con tutti i miei amici*; *ripone in lui tutte le sue speranze*; *ha lottato con tutte le sue energie*; *tutti i stolti non possono servire per un savio* (BRUNO) | Premesso a un agg. dimostr.: *non so chi ti ha raccontato tutte queste cose* | (*fam.*) Con valore intens.: *è caduto in acqua con tutti i vestiti*; *l'auto procedeva con tutte le luci spente* | Con valore conc. o avvers.: *con tutti i pensieri che ha, trova il tempo di dedicarsi al giardino* | Con valore raff. seguito da 'quanto' o iter.: *tutti quanti i presenti applaudirono*; *voglio vederlo a tutte tutte le ore* | Seguito da un numerale indica che quel numero è considerato proprio nella sua interezza: *c'erano tutti e due*; *li ho conosciuti tutti e cinque*; *bisogna considerare tutt'e tre le possibilità* | ***Una volta per tutte***, (*ellitt.*) una volta per sempre: *voglio sapere la verità una volta per tutte* | ***Pensarle, inventarle, trovarle tutte***, (*ellitt.*) pensare, inventare, trovare ogni possibile astuzia, stratagemma e sim.: *le inventa tutte per non studiare* | (*mus.*, *al pl.*) ***Tutti***, prescrizione per l'intervento contemporaneo di tutti gli esecutori; registro dell'organo che mette in funzione tutti i registri contemporaneamente. *3* Ogni, qualsiasi: *telefona a tutte le ore*; *dobbiamo riuscire a tutti i costi*; *è una commedia adatta a tutti gli spettatori*; *devi prendere la medicina tutte le mattine* | ***In tutti i modi***, a qualsiasi costo, comunque: *dobbiamo rispettare l'impegno in tutti i modi*; *speriamo di rivederci, in tutti i modi l'appuntamento resta fissato per domani* | ***In tutti i casi***, in ogni caso, comunque, qualunque sia la situazione: *penso di essere puntuale, in tutti i casi, avviserò se dovessi ritardare*; *ti darò mie notizie in tutti i casi* | ***Sotto tutti gli aspetti***, da qualsiasi punto di vista | ***Tutte le volte che***, ogni volta che: *vieni tutte le volte che lo desideri* | V. anche *dappertutto*. **CFR.** onni-. *4* In ogni parte (con valore intens.): *la casa è tutta sua*; *ardeva t. dal desiderio di tornare*; *se ne stette t. silenzioso*; *singhiozzava t. senza riuscire a frenarsi*; *è t. il ritratto di sua madre* | Soltanto, esclusivamente, totalmente: *è tutta un'invenzione*; *t. merito suo* | ***È tutta una scusa***, è proprio una scusa | Seguito da un agg. gli dà valore superl.: *era t. pensieroso*; *si presentò con un abito t. pulito*; *la trovai tutta preoccupata*; *erano tutti contenti*; *ora sei t. lavato* | ***Essere t. di un pezzo***, avere un carattere fermo, rigido e deciso | (*eufem.*) ***Essere t. naso, bocca, occhi, gambe e sim.***, avere il naso, la bocca, gli occhi, le gambe che acquistano grande spicco su tutta la persona | ***Essere t. lingua***, (*fig.*) parlare moltissimo e con grande disinvoltura | ***Essere, stare tutt'occhi, tutt'orecchi***, guardare o ascoltare con grande attenzione e interesse | ***Essere t. casa, t. famiglia, t. studio, t. lavoro e sim.***, mostrare una totale dedizione alla casa, alla famiglia, allo studio, al lavoro e sim. **B** pron. indef. *1* Ogni cosa (con valore neutro e indeterminato): *t. è in ordine; ci si abitua a t.; il tempo cancella t.; decide sempre t. lui; è capace di t.; t. bene?* | L'insieme delle cose delle quali si parla, si discute o si è a conoscenza: *ci ha raccontato t.; t. è andato per il meglio; provvederò io a t.; gli hanno sequestrato t.; di questa questione ignoro t.* | **Questo è t., ecco t.**, non c'è altro, non ho altro da dire | *E non è t.*, e non basta, c'è dell'altro: *ci ha ingannati, e non è t.! ci ha anche offesi* | **Essere capace di t.**, di commettere qualunque azione malvagia, avventata, ecc. | **Mangiare di t.**, apprezzare qualsiasi cibo | **Fare di t., un po' di t.**, essere disposto o capace di svolgere ogni tipo di lavoro | **Fare di t. per**, fare ogni sforzo, usare qualsiasi mezzo per raggiungere uno scopo | **T. sta nel, a, se, che**, ogni cosa dipende da, l'importante, l'essenziale è: *t. sta nel capirsi; t. sta che non ce lo impedisca* | **Prima di t., innanzi t.**, prima di fare, esaminare, considerare altro, in primo luogo | **In t.**, complessivamente, in totale, nell'assieme: *in t. fa dieci euro; i manifestanti saranno duemila in t.* | **In t. e per t.**, completamente, senza alcuna riserva, in ogni cosa che si considera: *dipende in t. e per t. dal padre; sono in t. e per t. d'accordo con te* | **Con t. che**, nonostante: *con t. che l'avessi scongiurato di non farlo, è uscito lo stesso* | **T. compreso**, senza aggiunte di prezzo, detto spec. di somme da corrispondere per servizi di varia natura: *il viaggio costerà duemila euro t. compreso* | **Per t. dire**, in poche parole, in somma | **T. sommato**, considerata ogni cosa | V. anche *tuttofare* | V. anche *tuttotondo*. *2* (*al pl.*) L'insieme, la totalità delle persone: *erano tutti presenti; verremo tutti quanti; guardate tutti; le bambine sono state tutte accontentate; messomi mano alla mia borsa, tutti pagai e tutti contenai* (CELLINI) | Con valore indeterminato: *tutti desiderano la pace; tutti devono lavorare*. **C** avv. *1* Completamente, interamente, in modo assoluto: *è proprio t. l'opposto di quello che pensi* | **T. il contrario**, in modo completamente diverso: *fa t. il contrario di quello che gli dico* | **Tutt'intorno, tutt'in giro**, per lo spazio che ci circonda, lungo l'intero perimetro o circonferenza | **Del t.**, (*lett.*) **al t.**, totalmente, interamente: *non sono del t. sicuro di ciò che dite; è del t. incredibile* | **Tutt'al più**, come ipotesi ultima, al massimo: *tutt'al più partiremo con l'aereo* | **Tutt'altro**, decisamente no, per nulla: *sei convinto? Tutt'altro* | **Di t. punto**, in modo perfetto, completo: *si è presentato vestito di t. punto*. **D** in funzione di **s. m. inv.** *1* Il complesso, l'insieme degli elementi che sono stati appena indicati o dei quali si parla: *vide alberi, case, campi e osservò il t.; ho esaminato la merce: comprerò il t.; riceverete il t. per raccomandata* | **Rischiare, tentare il t. per t.**, rischiare il massimo per ottenere qlco. *2* L'intero o una unità costituita da elementi diversi: *scambiare una parte per il t.*; *formare un t.*; *un t. indivisibile*. *3* (*raro*) L'elemento più importante, la condizione essenziale: *il t. è far valere le nostre ragioni*.

†**tuttoché** o †**tutto che** [comp. di *tutto* e *che* (2); sec. XIII] **A** cong. ● (*lett.*) Benché, quantunque (introduce una prop. concessiva con il v. al congv. o, raro, all'indic.). **B** avv. ● (*raro*) Quasi: *così dicendo, fu tutto t. che tornato a casa* (BOCCACCIO).

†**tuttodì** o †**tutto dì** [da dividere in *tutto* (il) *dì*; 1305] avv. ● (*lett.*) Continuamente, sempre.

tuttofàre o **tùtto fàre** [perché si presta a *fare tutto*; 1938] **A agg. inv.** ● Detto di domestico capace di svolgere tutti i lavori di casa senza essere specializzato in nessuno di essi: *uomo, donna t.* | (*est.*) Detto di chi, in un'azienda e sim., fa o all'occorrenza è disposto a fare qualsiasi lavoro: *segretario, impiegato t.* | (*est.*) Di oggetto o strumento che può servire a molti usi: *un coltello t.* **B s. m. e f. inv.** ● Persona, spec. domestico, tuttofare: *t. referenziata cercasi; è il t. del magazzino*.

tuttologìa [comp. di *tutto* e *-logia*; 1979] **s. f.** ● (*iron.*) Atteggiamento di chi crede di sapere tutto.

tuttòlogo [1976] **s. m.** (f. *-a*; pl. m. *-gi*, pop. *-ghi*) ● (*iron.*) Chi presume di sapere tutto.

tuttopónte [comp. di *tutto* e *ponte*; 1983] **agg. inv.** ● (*mar., mil.*) Detto di nave militare dotata di un ponte di volo continuo come quello di una portaerei.

◆**tuttóra** o (*raro*) **tutt'óra** [comp. di *tutt*(*a*) e *ora*; av. 1250] avv. *1* Ancora, ancora adesso: *è t. valido; non si è t. ripreso dal danno subito; sono t. disposto a trattare l'affare*. *2* †Continuamente.

tuttotóndo o **tùtto tóndo** [perché scultura che può essere vista da *tutti* i lati, come una sfera (*tondo*); 1961] **s. m. inv.** ● In scultura, tipo di esecuzione in cui il soggetto è rappresentato liberamente nello spazio e può quindi essere guardato da tutti i lati: *scultura a t.* | **Effetto di t.**, quello di una scultura che, pur avendo una parete di appoggio, ne emerge con la pienezza dei suoi volumi: *bassorilievo con effetti di t.* | Nella loc. avv. **a tutto tondo**, (*fig.*) in modo completo, esauriente; con grande rilievo ed efficacia: *analizzare a tutto tondo un periodo storico; interpretare un personaggio a tutto tondo* | Nella loc. agg. inv. **a tutto tondo**, (*fig.*) completo: *il magistrato ha ricevuto delle informazioni a tutto tondo*.

tutù [fr. *tutu*, vc. infant. ('sederino') in applicazione scherz.; 1942] **s. m. inv.** ● Tipico costume delle ballerine di danza classica, costituito da un gonnellino di tulle a più strati con corpino di raso attillato e scollato.

†**tuttùtto** [per *tu*(*tto*) *tutto*; 1334] **agg. indef.** ● (*raro, intens.*) Tutto quanto, tutto interamente.

tuyau [fr. tɥɪˈjo, tyˈjo; vc. fr., da intendere nel senso di 'informazione confidenziale (all'orecchio)', derivato da quello di 'condotto (che è anche il sign. proprio di orig. germ.) auricolare'] **s. m. inv.** (pl. fr. *tuyaux*) ● Nel linguaggio degli ippodromi, cavallo che particolari informazioni danno come probabile vincitore, indipendentemente dalla sua valutazione tecnica.

tùzia [ar. *tūtiyā* 'solfato di rame'; sec. XIV] **s. f.** ● Polvere bianchiccia presente nei forni in cui si fonde lo zinco, composta spec. dagli ossidi di zinco e di cadmio.

tuziorìsmo [dal lat. *tūtior*, genit. *tutiōris*, compar. di *tūtus* 'tuto, sicuro'; 1745] **s. m.** *1* Nella teologia morale cattolica, tendenza a obbligare alla osservanza più rigoristica e sicura, quando la norma sia dubbia o vi sia possibilità di più interpretazioni. *2* (*est.*, *raro*) Ricerca della massima sicurezza possibile: *fare qlco. per t., per puro t.*

tuziorìsta [1937] **A s. m. e f.** (pl. m. *-i*) ● Seguace del tuziorismo. **B agg.** ● Tuzioristico.

tuzioristico [1961] **agg.** (**pl. m.** *-ci*) ● Del, relativo al tuziorismo e ai tuzioristi.

◆**tv** /tivˈvu*/ [1961] **A s. f. inv.** (anche **m.** nel sign. 2) *1* (*fam.*) Accorc. di *televisione*. *2* (*fam.*) Televisore. **B** in funzione di **agg. inv.** ● (posposto al s.) Televisivo: *la programmazione, il canone tv*. **C s. m. inv.** ● **Tv color**, televisore a colori.

tv-movie /ˌingl. ˈθɹɪviˌmuːvi/ [loc. ingl., 'film (*movie*) per la televisione (*tv*)'; 1985] **s. m. inv.** ● Film realizzato per essere mandato in onda da una rete televisiva.

tweed /twid, ingl. θwiːd/ [vc. ingl., dallo scozzese *tweel* 'twill' (V.) con sovrapposizione di *Tweed*, n. di un fiume scozzese che scorre nella regione dove il tessuto è lavorato; 1878] **s. m. inv.** ● Tessuto sportivo in lana a grossa trama, solitamente a due colori, fabbricato in Scozia.

tweeter /ˈtwiter, ingl. ˈθwiːtəɹ/ [vc. ingl., propr. 'che emette suoni acuti' (d'orig. onomat.); 1983] **s. m. inv.** ● In un impianto di riproduzione del suono ad alta fedeltà, altoparlante per alte frequenze sonore.

twill /ingl. θwɪl/ [vc. ingl., ant. *twilic*, corrispondente al lat. *bilix*, cioè 'a due (*twi-*) licci (*lic*)'; 1935] **s. m. inv.** ● Stoffa diagonale, spigata.

twin-set /ingl. ˈθwɪnˌsɛt/ [vc. ingl., propr. 'completo, insieme (*set*, della stessa orig. dell'it. *setta*, ma col senso di 'sequenza' e sovrapposizione del v. *to set* 'porre') gemello (*twin*, d'area germ. e orig. indeur.)'; 1965] **s. m. inv.** (pl. ingl. *twin-sets*) ● Capo di abbigliamento femminile costituito da due golf, uno chiuso e a maniche corte, l'altro aperto e a maniche lunghe.

twirling /ingl. ˈθwɜːɹlɪŋ/ [vc. ingl., part. pres. di *to twirl* 'piroettare, roteare'; 1982] **s. m. inv.** *1* Specie di danza ritmica eseguita a suono di musica, facendo volteggiare con destrezza un leggero bastoncino. *2* (*est.*) Tecnica di esibizione spettacolare, tipica delle majorette, consistente nello sfilare in costume roteando un leggero bastone a ritmo di musica.

twist /ingl. θwɪst/ [vc. ingl., propr. '(con)torsione', di orig. incerta con probabile sovrapposizione di basi diverse; 1961] **s. m. inv.** ● Ballo d'origine nordamericana, a tempo veloce, popolare negli anni 1960-70, basato sul movimento delle anche.

twistòre /twisˈtore/ [dall'ingl. *twistor*, deriv. del v. *to twist* 'attorcigliare'; 1966] **s. m. inv.** ● (*mat.*) Ente geometrico introdotto per estendere gli strumenti offerti dalla geometria tridimensionale agli spazi quadridimensionali e descrivere entità proprie della meccanica relativistica.

two-beat /ingl. ˈθuːˌbiːt/ [loc. ingl., propr. 'due (*two*) colpi (*beat*)'] **s. m. inv.** ● (*mus.*) Nel jazz, accentuazione dei tempi forti da parte della sezione ritmica, caratteristica del dixieland.

two-step /tusˈtep, ingl. ˈθuːˌstep/ [vc. ingl., propr. 'due (*two*, di orig. indeur.) passi (*step*, di area germ. e orig. incerta)', per il tempo della danza (6/8-2/4)] **s. m. inv.** ● Danza simile alla polca, d'origine americana.

tycoon /taɪˈkun, ingl. taeˈkʰuːn/ [ingl. *tycoon*, var. di *taikun* (V. *taicun*); 1975] **s. m. inv.** ● Magnate, grande imprenditore commerciale: *i t. del petrolio*.

typophone /ingl. ˈθaepəˌfoʊn/ **s. m.** ● Tipofono.

tze-tze /*tsetsˈtsɛ*/ ● V. *tse-tse*.

tzigàno /*tsiˈgano*/ ● V. *zigano*.

u, U

La lettera *U* può avere in italiano due valori: quello di vocale, che è di gran lunga il più frequente, e quello di consonante. La vocale rappresentata dalla lettera *U* è la più chiusa delle vocali posteriori o velari /u/, può essere accentata (es. *crùdo* /'krudo/, *crùsca* /'kruska/) oppure non-accentata (es. *ulìvo* /u'livo/, *òvulo* /'ɔvulo/). Finale di parola, in voci schiettamente italiane, non è mai non-accentata. Quando la vocale è accentata, la lettera può portare un accento scritto, che è obbligatorio per le vocali accentate finali di determinati monosillabi e di tutte le parole polisillabe (es. *giù* /dʒu*/, *tribù* /tri'bu*/), raro e facoltativo negli altri casi (es. *sùbito* /'subito/, volendo distinguere da *subìto* /su'bito/). L'accento scritto più frequente è grave, ma andrebbe evitato per rispettare la fonetica, mettendolo quindi acuto (sull'*u* e sull'*i*, oltre che sull'*o* e sull'*e* di timbro chiuso). Il secondo suono rappresentato dalla lettera *U* è quello dell'approssimante posteriore o velolabiale /w/, che si può avere solo davanti a vocale diversa da *u*, giacché un'*u* seguita da una consonante o da un'altra *u* non può essere che vocale. Più in particolare, la lettera *U* ha il valore consonantico quando è preceduta da C, G, Q, cioè da consonante velare (es. **àcqua** /'akkwa/, **guàrdia** /'gwardja/, **scuòla** /'skwɔla/), con alcune eccezioni solo per C e G (es. *arguìre* /argu'ire/, *circuìre* /tʃirku'ire/), e così pure quando è seguita da O (es. *fuòco* /'fwɔko/, *nuotàre* /nwo'tare/), anche qui con alcune eccezioni (es. *fluòro* /flu'ɔro/). Nell'ortografia più antica dell'italiano come pure delle altre lingue che usano l'alfabeto latino, la lettera *U* rappresentava anche un terzo suono, quello consonantico della costrittiva, o fricativa, labiodentale sonora /v/. Non esisteva infatti una distinta lettera alfabetica V: si scriveva sempre *u* V in maiuscola, sempre *u* la minuscola (oppure *v* in principio di parola, *u* in mezzo e in fine), qualunque ne fosse il valore fonetico; nell'ordinamento alfabetico delle parole i due suoni apparivano mescolati, conforme alla grafia, e c'era bisogno d'indicare ciascuno di essi con un proprio nome si parlava di '*U* vocale' (in cui si faceva rientrare anche l'approssimante) e di '*U* consonante'. La distinzione grafica tra *U* e V secondo il valore fonetico fu proposta ai primi del Cinquecento e divenne d'uso comune sul finire del Seicento; per certi effetti (denominazione delle due lettere, ordinamento alfabetico delle parole) è divenuta definitiva solo nell'Ottocento, mentre non si può ancora dire generale nell'uso epigrafico, dove la maiuscola V invece di *U* ha sempre conservato un certo prestigio.

u, (*maiusc*.) **U** /u*/ [av. 1312] **s. f.** o **m.** ● Ventunesima lettera dell'alfabeto italiano: *u minuscola, U maiuscola* | Nella compitazione spec. telefonica it. *u come Udine;* in quella internazionale *u come uniform* | **A** *U*, detto di linea, oggetto o movimento che, ad un certo punto, piega in una direzione opposta, ma parallela alla precedente: *curva a U; tubo a U; scollatura a U* | *Inversione a U*, quella compiuta da un veicolo per invertire il senso di marcia su una strada | **Forma a U**, semplice o doppia, ottenuta in arboricoltura con potature che permettono, su un fusto molto corto, la crescita di branche prima orizzontali e poi verticali, formanti la lettera U | *Valle a U*, valle glaciale.

†u' /u/ [riduzione del lat. *ùbi* 'dove', di orig. indoeur.] **avv.** ● (*poet.*) Forma tronca di 'ubi'.

uà /waa/ ● V. **uè**.

uadi /'wadi, *ar*. 'wæːdi/ [*ar.* wādin 'valle, letto di fiume'; 1908] **s. m. inv.** (pl. *ar.* widyān) ● In Africa, letto pietroso di fiume sempre asciutto, tranne che nella stagione delle piogge | Il fiume stesso.

-uàle ● V. **-ale** (1).

ubbìa [etim. incerta; av. 1400] **s. f.** ● Pregiudizio superstizioso che causa timore, avversione e sim. nei confronti di qlcu. o di qlco.: *Questi villani, che son pieni d'ubbie* (MANZONI) | Scrupolo o timore vano, infondato, ingiustificato: *avere la testa piena di ubbie.* **SIN.** Fisima. || **ubbiàccia**, pegg.

†ubbidènte ● V. **ubbidiente**.

†ubbidènzia ● V. **ubbidienza**.

◆ubbidiènte o **obbediènte**, **†obbidiènte**, **†obediènte**, **†ubbidènte**, **†ubidiènte** [sec. XIII] part. pres. di *ubbidire*; anche **agg. 1** Che ubbidisce: *essere u. alle leggi.* **2** Che abitualmente ubbidisce, esegue in ogni caso, docilmente, i comandi impartiti: *bambino buono e u.; scolaro u. e disciplinato; cavallo u. alla briglia, al morso* | (*fig.*) Cedevole, docile, che non oppone resistenza: *carattere u.; isola a' venti e all'acqua obbediente* (FOSCOLO). || **ubbidientemènte**, avv. Con ubbidienza.

ubbidiènza o **obbediènza** nel sign. 1, **†obedienza**, **†ubbidienzia**, **†ubidiènzia**, **†ubidiènzia** [lat. *oboedientia(m)* 'obbedienza'; av. 1303] **s. f. 1** Atto dell'ubbidire: *essere tenuti, obbligati all'u.; si deve u. ai superiori, ai genitori, alle leggi* | *U. cieca, passiva, pronta, assoluta*, di chi non valuta la natura e la qualità del comando e le conseguenze dannose che possono derivarne. **CONTR.** Disubbidienza. **2** Caratteristica o comportamento abituale di chi ubbidisce: *la sua u. è encomiabile; sei un presuntuoso e ignori cosa sia l'u.* | (*est.*) Docilità. **3** (*lett.*) Sottomissione: *fare atto d'u. al sovrano; negare, giurare, dare, promettere u.* | *Ridurre qlcu. all'u.*, domarlo, sottometterlo | *Stare all'u.*, restare sottomesso. **4** *V.* **obbedienza**.

†ubbidienziàrio s. m. ● (*raro*) Chi deve ubbidire.

◆ubbidìre o **obbedìre**, **†obedìre**, **†ubidìre** [lat. *oboedīre* 'obbedire', comp. di *ōb-* 'di fronte, opposto', di orig. indoeur. e *audīre* 'udire'; av. 1250] **A v. intr.** e raro **tr.** (*io ubbidìsco, tu ubbidìsci;* aus. *avere*) (assol.: + *a*) **1** Fare ciò che altri vuole, eseguire gli ordini, i consigli, i suggerimenti di qlcu.: *u. spontaneamente; essere costretto a u.; devi imparare a u.; u. alle leggi, ai genitori, ai superiori; ché d'u. Iddio nel cor tutto ardo* (PULCI) | (*disus.*) *Per ubbidirla!*, escl. di cortesia, per sottolineare la propria adesione a un ordine, a un desiderio e sim. **CONTR.** Disubbidire. **2** (*est., fig.*) Fare ciò che un impulso, un istinto, un moto dell'anima e sim. comandano: *u. alle leggi della natura; u. alla voce della coscienza.* **B v. intr.** (aus. *avere*) **1** Essere docile, detto di animali: *cavallo che ubbidisce al morso; il cane ubbidisce al fischio del padrone.* **2** (*est., fig.*) Corrispondere in modo adeguato a manovre, sollecitazioni e sim., detto di macchine, veicoli, strumenti o altro: *la nave ubbidì docilmente al timoniere; un motore che ubbidisce al minimo colpo di pedale; l'aereo non ubbidisce più ai comandi.* **3** (*fig.*) Assecondare o piegarsi all'ispirazione, all'opera, alla fatica di qlcu.: *la materia ubbidisce all'artista; la realtà ubbidisce al volere dell'uomo.* **4** (*fig.*) Rassegnarsi a determinate situazioni di fatto, anche se controvoglia, adeguando se stessi e il proprio comportamento: *u. alla necessità, al bisogno, alle esigenze familiari.* **5** (*lett.*) Essere suddito, soggetto a una potestà: *i popoli che ubbidivano all'Austria, alle potenze coloniali.*

†ubbiditóre [lat. tardo *oboeditōre(m)*, da *oboedītus*, part. pass. di *oboedīre* 'ubbidire'] **s. m.**; anche **agg.** (f. **-trice**) ● (*raro*) Chi (o Che) ubbidisce.

ubbiòso o **†obbiòso** [av. 1363] **agg. 1** (*raro*) Pieno di ubbie, di timori, sospetti e sim.: *carattere u.; essere u. di qlco.* **2** (*lett.*) Che provoca ubbie, preoccupazioni, timori e sim. | Che costituisce un'ubbia: *l'u. pensier vedrai fuggirsi / lunge da te per l'aere* (PARINI).

†ubbliàre ● V. **obliare**.

†ubbligàre ● V. **obligare**.

ubbrìaco e deriv. ● V. **ubriaco** e deriv.

über alles /'yberˌales, *ted.* 'yːbɐʁˌaləs/ [loc. ted., propr. 'sopra tutto', dal verso iniziale dell'inno nazionale tedesco; 1989] loc. avv. ● Al di sopra di tutto: *il Borussia über alles.*

ùbere [vc. dotta, lat. *ūbere(m)*, di orig. indoeur.; 1890] **agg.** (*superl.* **ubèrrimo**) ● (*poet.*) Fertile, ubertoso: *l'u. convalle* (CARDUCCI). **CONTR.** Sterile.

ùbero (1) o **†ùvero** [vc. dotta, lat. *ūber* (nt.), genit. *ūberis*, di orig. indoeur.; 1504] **s. m.** ● (*lett.*) Poppa, mammella: *il gregge m'insegnava di conducere, / e di tonsar le lane e munger gli uberi* (SANNAZARO).

ùbero (2) o **ubiero** [ant. sp. *hobero*, dall'ar. *ḥubārā* 'ottarda', che ha un manto così] **agg.** ● Detto di colore del mantello equino formato da peli bianchi e rossi mescolati assieme.

ubertà [vc. dotta, lat. *ubertāte(m)*, da *ūber* 'ubero' (1)'; 1321] **s. f. 1** (*lett.*) Fertilità, fecondità: *lodare l'u. dei propri campi.* **CONTR.** Sterilità. **2** (*fig.*) †Abbondanza, copiosità.

ubertosità [1875] **s. f.** ● (*lett.*) Condizione di ciò che è ubertoso: *l'u. della nostra pianura.*

ubertóso o **†ubertuóso** [dal lat. tardo *ubertātu(m)*, da *ūbertas* 'ubertà'; av. 1348] **agg. 1** (*lett.*) Fertile, grasso, fecondo: *paese u.; campagne ubertose.* **CONTR.** Sterile. **2** †Copioso, ricco, abbondante.

†ùbi [vc. lat. (*ūbi*), di orig. indoeur.; 1321] **A** avv. (in posizione proclitica, troncato in *u*') ● (*lett.*) Dove: *la parte h a la prim'ombra oppose il santo monte* (DANTE *Purg.* XXVIII, 11-12). **B** in funzione di **s. m. inv.** ● (*raro, poet.*) Luogo, punto dello spazio: *là 've s'appunta ogne ubi e ogne quando* (DANTE *Par.* XXIX, 12).

ubicàre [dal lat. *ūbi*, avv. di stato in luogo ('dove'); 1848] **v. tr.** (*io ubìco, tu ubìchi*) ● Disporre, situare, collocare, detto di fondi agricoli o di costruzioni urbane: *la vigna è ubicata a mezzogiorno.*

ubicàto [1848] part. pass. di *ubicare;* anche **agg.** ● (*bur.*) Situato, sito.

ubicazióne [1812] **s. f.** ● (*bur.*) Posizione topografica di un edificio, un fondo e sim.: *accertarsi dell'u. di una vigna.*

ùbi consìstam [loc. lat., propr. 'dove (*ūbi*, di orig. indoeur.) mi sostenga e trovi fermo appoggio (*consìstam*, congv. pres. di *consistere*, un comp. di *stāre*); 1905] **loc. sost. m. inv.** ● Punto d'appoggio, di partenza e sim., da cui un'azione può prendere le mosse: *trovare, cercare l'ubi consistam* | (*est., fig.*) Struttura essenziale, fondamento: *l'economia è l'ubi consistam del paese.*

†ubidìre e deriv. ● V. **ubbidire** e deriv.

†ubièro ● V. **ubero** (2).

-ùbile [lat. -(ū)*bile*, suff. di orig. indoeur.] **suff.** ● Forma aggettivi che esprimono qualità, possibilità e simili: *indissolubile, solubile, volubile.*

†ubìno [ant. fr. *hobin*, dall'ingl. *hobby* 'cavallino', vc. affettiva] s. m. *1* Cavallino di razza irlandese: *mansueto u., che sul dosso / avea la figlia del re* (ARIOSTO). *2* (*antifr.*) Rozza cavalcatura.

ubiquista [dal lat. *ubīque* 'in ogni luogo' (da *ŭbi* 'dove'); 1961] **A** s. m. e f. (pl. m. *-i*) ● (*relig.*) Ubiquitario. **B** agg. ● (*ecol.*) Che è diffuso dappertutto, perché si è adattato ad ambienti diversi, detto di appartenente a specie animale o vegetale: *la mosca domestica è un insetto u.*

ubiquità [dal lat. *ubīque* 'in ogni dove'; 1647] s. f. *1* Facoltà di essere presente in più luoghi nello stesso tempo, attribuita a Dio nelle religioni superiori | ***Avere il dono dell'u.***, poter essere in più luoghi nello stesso momento, detto con riferimento ad alcuni Santi che da Dio ebbero tale facoltà | ***Non avere il dono dell'u.***, (*fig., scherz.*) non poter essere in più luoghi contemporaneamente. SIN. Onnipresenza. *2* (*relig.*) Eresia degli ubiquitari. *3* (*ecol.*) Caratteristica degli animali e delle piante ubiquisti.

ubiquitàrio [da *ubiquità*; 1840] **A** s. m. (f. *-a*) ● (*relig.*) Ogni appartenente a una setta luterana che sosteneva essere il Cristo presente nell'Eucaristia, grazie alla sua ubiquità. **B** agg. *1* (*relig.*) Degli ubiquitari, che si riferisce agli: *eresia ubiquitaria*. *2* Che si riferisce all'ubiquità: *sotto l'ubiquitaria umidità palermitana la roba ingiallìva* (TOMASI DI LAMPEDUSA) | (*fig., scherz.*) Che è, si espande o si manifesta ovunque | (*est.*) Che ormai è presente dovunque: *malattia ubiquitaria*; *i mezzi ubiquitari dell'informazione*. *3* (*ecol.*) Ubiquista.

ubiquo [da *ubiquità*; 1946] agg. ● (*raro*) Che ha la facoltà o il dono dell'ubiquità.

†ubòe ● V. *oboe*.

ubriacaménto o (*raro*) **ubbriacaménto** [1552] s. m. ● (*raro*) Ubriacatura.

ubriacàre o (*raro*) **ubbriacàre** [da *ubriaco*; 1750] **A** v. tr. (*io ubrìaco, tu ubrìachi*) *1* Rendere ubriaco, indurre in stato di ubriachezza (*anche assol.*): *u. qlcu. col vino, di liquori*; *le bevande alcoliche ubriacano*. *2* (*fig.*) Ridurre qlcu. in condizioni di intontimento, stordimento, malessere: *il movimento dell'automobile, della giostra lo ubriaca*; *u. qlcu. di chiacchiere, di promesse*; *come ubriacato dall'umido della fabbrica fresca* (PIRANDELLO) | (*fig.*) Eccitare fino a offuscare la lucidità mentale: *la passione, l'odio, la gelosia lo ubriacano*. **B** v. intr. pron. *1* (assol.; + *di*; + *con*) Diventare ubriaco, cadere in stato di ubriachezza: *non regge l'alcol e si ubriaca con niente* | Bere tanto da diventare ubriaco: *ogni sera fa il giro delle osterie e si ubriaca*; *ha il vizio di ubriacarsi di superalcolici*. SIN. Sborniarsi. *2* (assol.; + *di*) (*fig.*) Cadere in preda a grande eccitazione, esaltazione, ebbrezza: *ubriacarsi di una donna, di musica, di piacere* | ***Ubriacarsi di sangue***, compiere un eccidio, un massacro. **C** v. rifl. ● Inebriarsi, esaltarsi: *si ubriacava con la sua parola*.

ubriacatézza s. f. ● (*raro*) Ubriacatura.

ubriacatóre s. m.; anche agg. (f. *-trice*) ● Chi (o Che) ubriaca (*spec. fig.*).

ubriacatùra o (*raro*) **ubbriacatùra** [1879] s. f. *1* L'ubriacarsi: *una solenne u.* SIN. Sbornia. *2* (*fig.*) Esaltazione, infatuazione: *una u. violenta ma passeggera*.

ubriachésco o (*raro, lett.*) **ubbriachésco** agg. (pl. m. *-schi*) ● (*raro*) Di, da ubriaco.

ubriachézza o (*pop., tosc.*) **briachézza**, **†ebbriachézza**, **†ebriachézza**, (*raro*) **ubbriachézza** [av. 1557] s. f. ● Stato o condizione di chi è ubriaco.

♦**ubriàco** o (*pop., tosc.*) **briàco**, **†ebbriàco**, **†ebriàco**, (*raro*) **ubbriàco** [lat. tardo *ebriācu(m)*, per *ēbriu(m)* 'ebbro'; 1353] **A** agg. (pl. m. *-chi*) (assol.; + *di*) *1* Detto di chi si trova in condizioni di intossicazione alcolica acuta, con accessi di ebbrezza a insorgenza improvvisa cui consegue sonno profondo, come conseguenza diretta e immediata dell'ingestione in un'unica volta di una forte quantità di alcol: *essere u.*; *un vecchio u.* | ***Essere u. duro, marcio*** e sim., essere completamente ubriaco | ***Sei u.?***, si dice a chi si comporta, parla o agisce in modo assolutamente anormale. SIN. Ebbro. *2* (*fig.*) Detto di chi si trova in uno stato di esaltazione, eccitazione, euforia e sim., per lo più tanto intensa da offuscare la sua capacità di giudizio: *essere u. d'amore, di passione, d'odio, di gioia*; *è ormai u. di tutte queste lodi*. *3* (*est., fig.*) Stordito, frastornato, rintronato: *essere u. di rumore, di luci*; *sono u. per la troppa confusione* | ***Essere u. di sonno, di stanchezza***, non tenersi in piedi per il sonno, per la stanchezza. *4* ***Maiale u.***, braciola di maiale preparata con aglio, prezzemolo e vino rosso, piatto tipico della cucina toscana. **B** s. m. (f. *-a*) ● Chi è ubriaco. || **ubriachèllo**, dim. | **ubriacóne**, accr. (V.).

ubriacóne o (*pop., tosc.*) **briacóne**, (*raro*) **ubbriacóne** [accr. di *ubriaco*; 1546] s. m. (f. *-a*) ● Chi ha il vizio di ubriacarsi. SIN. Beone.

ucàse ● V. *ukase*.

uccellàbile [1539] agg. *1* (*raro*) Che si può uccellare: *volatili uccellabili solo nei mesi estivi*. *2* (*lett., fig.*) Che si può burlare, gabbare.

uccellàccio [sec. XVI] s. m. *1* Pegg. di *uccello* (*anche fig.*): *u. del malaugurio!* *2* (*fig., raro*) Balordo, sciocco ne.

uccellagióne [da *uccellare* (*2*); av. 1350] s. f. *1* Arte e pratica di cacciare e catturare vivi gli uccelli con trappole, reti, panie e sim. o mediante l'utilizzazione di rapaci debitamente addestrati: *u. alle starne*; *u. di tordi*. SIN. Aucupio. *2* (*raro*) Tempo e luogo in cui tale pratica è ammessa. *3* Quantità di volatili catturati uccellando.

uccellàia [av. 1470] s. f. *1* Grande quantità di uccelli. *2* Uccellanda. *3* †Confuso cicaleccio di più persone. *4* (*fig.*) †Tresca amorosa | †Raggiro, inganno.

uccellàio [1921] s. m. (f. *-a*) ● Chi alleva e vende uccelli, da canto e da richiamo.

uccellàme [av. 1565] s. m. ● Quantità di uccelli catturati spec. da un cacciatore.

uccellaménto [sec. XIV] s. m. *1* (*raro*) L'uccellare. *2* (*raro, fig.*) Burla, beffa.

uccellànda [da *uccellare* (*2*); 1879] s. f. ● Ogni appostamento fisso destinato all'uccellagione.

†uccellàre (1) [da *uccello*] s. m. ● Uccellanda: *allettamenti coi quali sono tratti alle reti e alle panie, negli uccellari e paretai* (LEOPARDI).

uccellàre (2) [da *uccello*; sec. XIII] **A** v. intr. (*io uccèllo*; aus. *avere*) *1* Cacciare mediante uccellagione: *u. a tordi, a fringuelli*; *u. col falcone* | ***†U. alle cime***, tirare appena si vede sporgere la testa di un nemico da una trincea e sim. *2* (*fig.*) †Andare a caccia di qlco., con ogni mezzo: *u. alle cariche, agli onori*. **B** v. tr. ● (*fig., lett.*) Cercare di ingannare qlcu. con raggiri, insidie e sim. | Beffare, canzonare, prendere in giro.

uccellàto (1) part. pass. di *uccellare* (*2*); anche agg. ● Nei sign. del v.

†uccellàto (2) s. m. ● Tessuto di lino operato con disegni d'uccelli.

uccellatóio [da *uccellato* (*1*); 1525] s. m. ● Uccellanda | ***†Mandare qlcu. all'u.***, beffarlo.

uccellatóre [av. 1294] s. m.; anche agg. (f. *-trice*) *1* Chi (o Che) si dedica all'uccellagione. *2* (*fig., lett.*) Chi (o Che) persegue con ogni mezzo o stratagemma, cariche, onori, benefici e sim. *3* (*fig.*) †Chi (o Che) beffa, schernisce.

uccellatùra [1666] s. f. *1* Uccellagione, nel sign. 1. *2* (*raro, fig.*) Beffa, inganno, raggiro.

uccellétto [av. 1294] s. m. *1* Dim. di *uccello*. *2* (*spec. al pl.*) Cacciagione: *uccelletti allo spiedo* | ***Fagioli all'u.***, lessati, soffritti con olio, pepe, sale, foglie di salvia e sugo di pomodoro, specialità fiorentina. || **uccellettino**, dim.

Uccèlli [sec. XVIII] s. m. pl. (sing. *-o*) ● Nella tassonomia animale, classe di Vertebrati omeotermi, con corpo coperto di penne e piume, becco corneo, riproduzione ovipara (*Aves*). ➡ ILL. **animali**/7-10.

uccellièra [1550] s. f. *1* Luogo, stanza in cui si tengono gli uccelli. *2* Gabbia di paglia, vimini, filo metallico, talvolta dipinta o dorata e artisticamente lavorata, contenente uccelli vivi, impagliati o anche meccanici. SIN. Voliera. *3* Uccellanda.

uccellìna [da *uccello*; 1889] s. f. ● (*mar.*) Vela di strallo bordata tra la maestra e il trinchetto sopra la coffa | (*gener.*) †Vela volante, gabbiola.

uccellinàio s. m. ● Uccellatore che caccia e cattura vivi uccelli di piccola mole.

uccellinàre [1961] v. tr. ● Catturare vivi uccelli di piccola mole.

uccellìno [1319] s. m. *1* Dim. di *uccello*. *2* Uccello appena nato: *nido pieno di uccellini*. *3* (*spec. al pl.*) Uccelletto: *uccellini allo spiedo, al tegame*.

♦**uccèllo** [lat. tardo *aucĕllu(m)*, accanto a *aucĕlla(m)* per *avicĕlla(m)*, dim. di *ăvis*, di orig. indeur.; 1294] s. m. (f. *†-a*) *1* Correntemente, ciascuno degli appartenenti alla classe degli Uccelli: *u. acquatico, terragnolo, stanziale, di transito*; *le ali, il volo, le migrazioni degli uccelli* | ***U. combattente***, gambetta | ***U. del paradiso***, paradisea | ***U. del sole, dell'oceano***, fetonte | ***U. di S. Maria***, martin pescatore | ***U. lira***, uccello australiano dei Passeriformi, dalle dimensioni di un gallo, il maschio con la coda dalla caratteristica forma di lira (*Menura superba*) | ***U. mosca***, colibrì | ***U. sarto***, ortotomo | ***U. topo***, uccello dei Coliformi, africano, che si arrampica sugli alberi per cercare insetti e frutta | ***Uccelli di rapina***, rapaci | ***Uccelli pelagici***, che vivono in alto mare e raramente si accostano alla terra | ***Uccelli inanellati***, cui è stato applicato un anello alle zampe per studiarne le migrazioni | (*lett.*) ***U. di Giove***, l'aquila | ***U. di Giunone***, il pavone | (*fig., lett.*) ***U. divino***, angelo | ***Uccel di bosco***, (*fig.*) fuggiasco, fuggitivo, persona che si è data alla macchia: *essere, diventare uccel di bosco* | ***U. di, del malaugurio***, (*pop.*) la civetta; (*fig.*) persona che prevede continuamente disgrazie, malanni e sim. | ***A volo d'u.***, dall'alto e (*fig.*) in modo globale, generale e rapido | CFR. avi-, ornito-. ➡ ILL. **zoologia generale**. *2* (*pop., volg.*) Membro virile. *3* (*fig.*) †Sciocco, minchione, zimbello. || **uccellàccio**, pegg. (V.) | **uccellétto**, dim. (V.) | **uccellino**, dim. (V.) | **uccellóne**, accr. (V.) | **uccellòtto**, accr. | **uccellùccio**, pegg.

uccellóne [1353] s. m. *1* Accr. di *uccello*. *2* (*raro, fig.*) Babbeo.

-ucchiàre [suff. verb. attenuativo, corrispondente all'*-ucchio* (dal lat. *-ŭculus*) dei sost.] suff. derivativo ● Forma verbi, tratti da sostantivi, che indicano attenuazione o una certa continuità nell'azione: *baciucchiare, sbaciucchiare*; *bevucchiare, mangiucchiare*.

♦**uccìdere** o **†accìdere**, **†occìdere** [lat. *occīdere* 'tagliare (*caēdere*) ostilmente (*ŏb-*)' con lo stesso mutamento della vocale iniziale, che s'incontra in *ubbidire* e altre vc.; 1294] **A** v. tr. (pass. rem. *io uccìsi, tu uccidésti*; part. pass. *uccìso*) *1* Far morire, privare della vita: *u. un uomo con la spada, il pugnale, il veleno*; *u. qlcu. in duello, in battaglia*; *lo hanno ucciso a tradimento*; *quando va a caccia uccide sempre qlco.*; *u. una lepre, una starna*. SIN. Ammazzare. *2* (*est.*) Condurre più o meno rapidamente alla morte (*anche assol.*): *la polmonite lo uccise in pochi giorni*; *il cancro ne uccide molti*; *la fatica e la continua sofferenza lo uccideranno*; *è un morbo terribile, che uccide*. *3* (*est., iperb.*) Condurre a uno stato di grave prostrazione fisica, o psichica, privare di forza, energia, iniziativa, vitalità e sim. (*anche assol.*): *questo calore soffocante mi uccide*; *afa, angoscia, noia che uccide*. *4* (*est.*) Distruggere, mandare in rovina: *questa improvvisa gelata ucciderà il raccolto*; *erbacce che uccidono le piante coltivate*. *5* (*fig.*) Abolire, eliminare: *u. il vizio perché trionfi la virtù*; *dittatura ferrea che uccide ogni libertà*. **B** v. rifl. ● Togliersi la vita: *si è ucciso col veleno, con un colpo di pistola*; *ha tentato di uccidersi*. SIN. Suicidarsi. **C** v. rifl. rec. ● Togliersi l'un l'altro la vita: *uccidersi in guerra, in battaglia*. **D** v. intr. pron. ● Perdere la vita: *si è ucciso in un incidente stradale*; *batté malamente il capo e si uccise*. SIN. Morire.

uccidiménto [sec. XIV] s. m. ● (*raro*) Uccisione.

ucciditóre (*poet.*) o **†occiditóre** [1336 ca.] s. m.; anche agg. (f. *-trice*) ● (*raro, lett.*) Uccisore.

ùccio [dal suff. alterativo *-uccio* con valore di ripresa o ripetizione espressiva; 1879] in funzione di agg. (pl. f. *-ce*) ● (*tosc., fam.*) Detto di cosa o persona, già espressa in forma spregiativa, di cui si vuol sottolineare ancor più il carattere misero, meschino, scadente: *gentuccia uccia uccia*; *un vestituccio molto u.*

-ùccio o **-uzzo** [lat. *-ūceu(m)*, raro suff. agg., comp. di due ant. basi, *-k-* e *-eo-*] suff. alterativo ● Conferisce ad aggettivi e sostantivi valore diminutivo e tono vezzeggiativo o spregiativo: *affaruccio, avvocatuccio, boccuccia, calduccio, casuccia, deboluccio, lavoruccio, tesoruccio*.

uccisióne o (*poet.*) **†occisióne** [lat. *occisiōne(m)*, da *occīsus* 'ucciso'; sec. XIII] s. f. *1* L'uccidere, il venire ucciso: *l'u. del nemico, di un capo*; *un'u. crudelissima, efferata*. CFR. -cidio. *2* †Strage, massacro | ***†Mettere a u.***, passare a fil di spada.

ucciso o †**acciso** (**1**), (*poet.*) †**occiso** [sec. XIII] **A** part. pass. di *uccidere*; anche **agg.** ● Nei sign. del v. **B** s. m. (f. *-a*) ● Chi è stato vittima di una uccisione: *le spoglie, il cadavere dell'u.*; *il pianto dei parenti dell'u.*

uccisore o (*poet.*) †**occisore** [lat. *occisōre(m)*, da *occīsus* 'ucciso'; 1476] s. m. (f. raro *-sora*) ● Chi uccide qlcu.: *l'u. del ragazzo è stato catturato.* CFR. -cida.

-ùcolo [parallelo di *-ucchio*, maggiormente legato all'orig. lat. (*-ŭculus*) (?)] suff. alterativo ● Conferisce a sostantivi valore spregiativo: *maestrucolo, paesucolo, poetucolo.*

ucraino o **ucràino** [1860] **A** agg. ● Dell'Ucraina, fino al 1991, repubblica dell'URSS; oggi, Stato dell'Europa orientale: *territorio, grano u.*; *coltivazioni ucraine.* **B** s. m. (f. *-a*) ● Abitante, nativo dell'Ucraina. **C** s. m. solo sing. ● Lingua del gruppo slavo, parlata in Ucraina.

ucronia [vc. dotta, dal fr. *uchronie*, a sua volta dal gr. *chrónos* 'tempo' e dal pref. neg. *au*, sul modello di *utopie* 'utopia'; 1903] s. f. ● (*raro, lett.*) Ricostruzione logica della storia di un periodo o di un evento sulla base di dati ipotetici o fittizi.

ucrònico [comp. di *u-* di *utopico* e *cronico*: 'di nessun tempo'; 1957] agg. (pl. m. *-ci*) ● (*lett.*) Che si basa su dati ipotetici o fantastici: *ricostruzione storica ucronica, romanzo u.*

udènte o †**udiènte** [1840] part. pres. di *udire*; anche **agg.** ● (*raro*) Che ha il senso dell'udito. CFR. Non udente.

†**udévole** agg. ● Udibile.

udìbile [lat. tardo *audībile(m)*, da *audīre* 'udire'; av. 1406] agg. ● Che si può udire: *brusio appena u.*; *scoppio u. a grande distanza.*

udibilità [1961] s. f. **1** Caratteristica di ciò che è udibile. **2** (*fis., fisiol.*) Proprietà di un fenomeno ondulatorio, propagantesi in un mezzo, di essere percepito dall'apparato acustico dell'uomo o di un altro animale | ***Campo di u.***, l'intervallo di frequenze acustiche, compreso fra i due limiti di 15 e 20 000 Hz, variabili da un soggetto all'altro e con l'età, entro il quale, per essere udibile, può mutare la frequenza del suono, che è legata al livello di pressione sonora | ***Soglia di u.***, il minimo livello di pressione sonora che un suono deve esercitare sull'apparato acustico per essere udibile e che varia con la frequenza del suono e da un soggetto all'altro | ***Soglia di u. massima***, il minimo livello di pressione sonora che determina una sensazione di dolore localizzata nell'apparato acustico.

udiènte ● V. *udente.*

udiènza o †**audiènza**, †**udiènzia** [vc. dotta, lat. *audiēntia(m)*, da *āudiens*, genit. *audiēntis* 'udente'; per calco sull'ingl. *audience* 'pubblico', nel sign. 5; 1312] s. f. **1** (*raro*) Il fatto di udire, di prestare orecchio, attenzione e sim.: *con grata u.* | ***Dare, prestare u.***, ascoltare chi parla, spec. con attenzione (*anche scherz.*) | ***Trovare u. presso qlcu.***, essere ascoltato | ***Non dare u.***, non ascoltare | †***In u.***, alla presenza di uno che ascolta. **2** Permesso di essere ricevuto e ascoltato da un'autorità una personalità e sim., e l'incontro che ne deriva: *chiedere un'u.*; *accordare, concedere un'u.*; *fissare la data dell'u.*; *ottenere un'u. dal re, dal prefetto, dal ministro*; *u. papale pubblica, privata*; *l'u. durò a lungo*; *le udienze sono state sospese.* **3** Durata dell'amministrazione della giustizia in un singolo giorno: *u. civile, penale*; *u. d'istruzione*; *reati commessi in u.* | ***U. pubblica***, al cui svolgimento il pubblico può assistere | ***U. a porte chiuse***, a cui non è ammessa la presenza del pubblico | †Attività giurisdizionale | †Magistratura, tribunale. **4** †Insieme di persone che ascoltano, uditorio: *licenziare l'u.* **5** (*raro*) Audience: *l'u. televisiva, cinematografica.* **6** †Ciò che si è udito dire | †***Per u.***, per sentito dire.

†**udiménto** s. m. ● Ascolto.

udinese [1765] **A** agg. ● Di Udine. **B** s. m. e f. ● Abitante, nativo di Udine.

♦**udire** o †**audire**, (*poet.*) †**odire** [lat. *audīre*, di formazione piuttosto recente e oscura; 1294] **A** v. tr. (pres. *io òdo, tu òdi, egli òde, noi udiàmo, voi udìte, essi òdono*; fut. *io udirò* o *udrò, tu udirài* o *udrài*; condiz. pres. *io udirèi* o *udrèi, tu udirésti* o *udrésti*; part. pres. *udènte* o †*udiènte*; in tutta la coniug. la *u-* diventa *o-* se tonica) **1** Percepire con l'orecchio suoni, voci, rumori: *u. una melodia, un grido, un colpo, uno schianto*; *non odo nulla*; *nel silenzio della notte mi parve di u. un lieve brusio*; *l'abbiamo udito più volte piangere e lamentarsi.* SIN. Avvertire, sentire. CFR. Ascoltare. **2** (*est.*) Venire a sapere, giungere a conoscenza: *avete udito la notizia, le novità?* | Sentir dire, apprendere da voci, chiacchiere e sim.: *chissà se è vero quel che abbiamo udito.* **3** (*lett.*) Ascoltare: *u. messa*; *u. i piagnistei di qlcu.*; *u. da qlcu. una sequela di improperi* | ***U. le parti, i testimoni, l'imputato***, accoglierne le deposizioni | ***Odi!***, ascolta! | †***U. uno, u. da uno***, assistere alle sue lezioni come scolaro | (*poet.*) Stare in ascolto, tendere l'orecchio: *stupefatto / perde le reti il pescatore, ed ode* (FOSCOLO) **4** (*lett.*) Dare ascolto a preghiere, comandi e sim.: *Dio ode le invocazioni dei poveri, dei deboli*; *i soldati … non udivano l'imperio de' capitani* (GUICCIARDINI) | (*est.*) Mettere in pratica, seguire: *u. il consiglio, il parere di qlcu.* **5** Comprendere, capire: *se ho ben udito, non hai intenzione di andartene.* **B** v. tr. e intr. ● †Ascoltare le lezioni come scolaro: *essendo con certi scolari che udiamo da messer Agnolo* (SACCHETTI).

udita [1306] s. f. **1** (*raro*) Il fatto di udire | ***Per u.***, per sentito dire | ***Testimone d'u.***, che riferisce non ciò che ha visto, ma ciò che ha udito. **2** †Facoltà dell'udire: *u. chiara, sottile.*

uditivo o **auditivo** [av. 1498] agg. ● Dell'udito: *organo u.*; *facoltà, potenza uditiva* | ***Campo u.***, campo di udibilità.

udito o (*poet.*) †**odito** [1294] **A** part. pass. di *udire*; anche **agg.** ● Nei sign. del v. **B** s. m. **1** Senso che permette di percepire le onde sonore di determinata lunghezza: *disturbi dell'u.* CFR. audio-. ➡ ILL. p. 2126 ANATOMIA UMANA. **2** Facoltà di percepire le onde sonore di determinata lunghezza, tramite l'apposito organo di senso: *u. fine, acuto, sensibilissimo*; *l'u. è uno dei cinque sensi*; *perdere l'u.* | ***Esser duro d'u.***, essere sordo o quasi.

UDITO
nomenclatura

udito (cfr. orecchio, rumore, suono, voce)
● *caratteristiche*: fine = sensibile = buono = eccellente ⇔ duro = ottuso;
● *azioni*: udire = sentire, ascoltare, auscultare, avvertire, percepire, intercettare, captare, intendere, cogliere, capire; chiudere = turare = tappare l'orecchio, aprire = tendere = porgere = prestare l'orecchio, orecchiare, origliare; sottotitolare;
● *anomalie*: acusma, acufene, disacusia, paracusia, diploacusia, iperacusia ⇔ ipoacusia, presbiacusia, cofosi = sordità;
● *misurazione dell'udito*: audiologia, audiometria, audiometro, audiogramma, acumetria, fonometro, fonometria; fonendoscopio, decibel, soglia di udibilità ⇔ soglia dolorosa; udente ⇔ non udente = sordo, audioleso, audioprotesi, alfabeto muto, labiolettura.

uditoràto [1666] s. m. ● (*raro*) Titolo e grado di uditore.

uditóre o **auditóre** [vc. dotta, lat. *auditōre(m)*, da *audītus* 'udito'; 1308] **A** agg. ● Che ode. **B** s. m. (f. *-trice*) **1** (*raro, lett.*) Chi ode. **2** (*spec. al pl.*) Chi ascolta: *fare una domanda agli uditori.* **3** Qualifica di taluni magistrati | ***U. giudiziario***, magistrato di prima nomina | ***U. di Rota***, prelato che ha funzioni di giudice presso il Tribunale della Sacra Romana Rota | ***U. militare***, magistrato degli antichi Stati italiani, che partecipava all'amministrazione della giustizia militare con compiti vari a seconda degli Stati. **4** Chi frequenta una scuola, ascoltando semplicemente le lezioni senza esservi regolarmente iscritto | †Discepolo, scolaro. **5** †Persona incaricata da un principe di conferire con gli ambasciatori e di riferire poi a lui l'argomento e l'andamento dei colloqui.

uditòrio (**1**) o †**auditòrio** (**1**) [vc. dotta, lat. tardo *auditōriu(m)*, agg. da *audītus* 'udito nel sign. B'; 1499] agg. **1** (*raro*) Uditivo. **2** (*raro*) Che si riferisce all'uditore.

uditòrio (**2**) [vc. dotta, lat. *auditōriu(m)*, da *audītus*, part. pass. di *audīre* 'udire'; 1653] s. m. ● Complesso di persone che ascoltano: *u. attento, scelto, eletto, scarso, piccolo, non qualificato*; *rivolgersi all'u. con precise domande.*

†**udizióne** ● V. *audizione.*

udometria [comp. del lat. *ūdu(m)* 'umidità' e *-metria*; 1961] s. f. ● Pluviometria.

udomètrico [1930] agg. (pl. m. *-ci*) ● Pluviometrico.

udòmetro [comp. del lat. *ūdu(m)* 'umidità', neutro sost. di *ūdus* (per *ūvidus*) 'umido, bagnato' e *-metro*; 1840] s. m. ● Pluviometro.

uè /wɛɛ/ o **oè**, **uà** /waa/ [vc. onomat.; 1961] inter. ● Riproduce il pianto di un neonato (*spec. iter.*).

ué /we, we*/ inter. ● (*region.*) Espressione di meraviglia o richiamo: *ué, che sorpresa!*; *ué, dico a te!*

uff /ʔuf, ʔuф/ o **aùf**, **aùff**, **aùffa**, (*raro*) **aùffete**, **uf**, **ùffa**, (*raro*) **ùffete** [vc. espressiva; 1582] inter. ● Esprime fastidio, impazienza, stizza, noia e sim.: *uff! che caldo!*; *uffa!, come sei noioso!*; *uff! ma non stai mai fermo!*

♦**ufficiàle** (**1**) o †**uffiziàle**, †**uficiàle**, †**ufiziàle** [vc. dotta, lat. tardo *officiāle(m)*, da *offíciu(m)* 'ufficio'; 1812] agg. **1** Di documento, deliberazione o notizia autentica in quanto proveniente con caratteri formali dall'autorità competente: *bollettino u.*; *Gazzetta Ufficiale* | (*est.*) Che è autorizzato dalla pubblica autorità: *manifestazione u.* **2** (*est.*) Che è manifestato, disposto o realizzato da un ente pubblico, o da un suo rappresentante in quanto tale, secondo precise norme e formalità protocollari: *discorso, invito, ricevimento u.*; *riunione, cerimonia u.*; *visita u. di un capo di Stato* | (*est.*) Che è detto o fatto pubblicamente, da privati cittadini, spesso seguendo formalità tradizionali: *ingresso u. in società*; *fidanzamento u.* | (*est.*) Che è o deve essere noto a tutti, di pubblico dominio: *notizia u.*; CFR. Ufficioso | Ignoranza u. del giudice, dovere del giudice di ritenere veri i fatti della causa solo se provati concretamente tali a opera delle parti. **3** Nello sport, detto di gara, incontro e sim. valido ai fini di una classifica, di un campionato e sim. CONTR. Amichevole. **4** Che è proprio di atti, cerimonie e sim., ufficiali: *forma u.*; *carattere u.* || **ufficialménte**, avv. In modo ufficiale, secondo forme ufficiali: *comunicare, stabilire ufficialmente qlco.*; *fidanzarsi ufficialmente.*

♦**ufficiàle** (**2**) o †**uffiziàle**, †**uficiàle**, †**ufiziàle** [lat. tardo *officiāle(m)*, uso sost. dell'agg. *officiālis* 'pertinente all'ufficio (*officium*)'; 1275] s. m. (anche f. nei sign. 1 e 2; f. anche *-éssa* (V.)) **1** Persona incaricata di un pubblico ufficio: *u. sanitario* | ***U. di gara***, chi controlla il regolare svolgimento di una competizione sportiva | ***Pubblico u.***, chi esplica una pubblica funzione legislativa, giudiziaria o amministrativa, anche senza essere inquadrato nella Pubblica Amministrazione | ***U. giudiziario***, pubblico ufficiale che svolge attività autonome o ausiliarie rispetto a quelle proprie dell'autorità giudicante | ***U. di stato civile***, chi in ogni comune ha il compito di ricevere gli atti concernenti lo stato civile, custodirne i rispettivi registri, rilasciarne estratti e sim. **2** (*mil.*) Ogni graduato appartenente ai quadri preposti all'inquadramento e all'impiego delle varie unità, nonché al funzionamento dei comandi e dei servizi: *u. in servizio permanente, di complemento, a riposo* | ***Ufficiali subalterni***, tenenti e sottotenenti | ***Ufficiali inferiori***, da sottotenente a capitano | ***Ufficiali superiori***, da maggiore a colonnello | ***Ufficiali generali***, di brigata, di divisione, di corpo d'armata, designato d'armata; per i servizi: maggior generale, tenente generale | ***Ufficiali di collegamento***, tra comandi di grandi unità e comunità dipendenti | ***U. pagatore***, addetto alla cassa di corpo | ***U. addetto agli automezzi, ai servizi***, di un corpo | ***U. osservatore***, d'artiglieria, per l'osservazione del tiro | (*mar., aer.*) ***U. di rotta***, incaricato di calcolare la rotta e sorvegliare che sia seguita. **3** In molti ordini cavallereschi, classe o grado superiore a quello iniziale. || **ufficialétto**, dim. (V.) | **ufficialino**, dim. | **ufficialùccio**, pegg.

ufficialéssa [1898] s. f. **1** Donna incaricata di un pubblico ufficio. **2** (*mil., raro*) Ufficiale di sesso femminile. **3** (*scherz.*) Moglie di un ufficiale dell'esercito.

ufficialétto [1957] s. m. **1** Dim. di *ufficiale* (*2*). **2** Giovane ufficiale, fresco di promozione.

ufficialità (**1**) [da *ufficiale* (*1*); 1851] s. f. ● Condizione, caratteristica di ciò che è ufficiale: *l'u. di una carica, di una notizia, di una comunicazione.*

ufficialità (**2**) [da *ufficiale* (*2*), nel sign. 2; 1819] s. f. ● (*mil.*) Insieme degli ufficiali di un corpo, di un presidio, o dell'intero esercito.

ufficializzàre [da *ufficiale* (*1*); 1968] v. tr. ● Rendere noto qlco. precedentemente decisa o attuata, palesandone i caratteri di autenticità e conformità a determinate norme, spec. nel linguaggio burocratico: *u. una promozione, una nomina*; *è meglio non u. soluzioni improvvisate*.

ufficializzazióne [1961] s. f. ● L'ufficializzare, il venire ufficializzato: *l'u. di una decisione, di un provvedimento*.

ufficiànte o †**uffiziànte**, †**ufiziànte** part. pres. di *ufficiare*; anche agg. e s. m. ● Officiante.

ufficiàre o †**uffiziàre**, †**ufiziàre** [da *ufficio*; sec. XIV] **A** v. tr. e intr. (*io ufficio*; aus. *avere*) ● (*relig.*) Officiare. **B** v. tr. ● (*bur.*) Invitare, sollecitare con ossequio.

ufficiatóre o **uffiziatóre**, †**uficiatóre**, †**ufiziatóre** [sec. XIV] agg.; anche s. m. (f. *-trice*) ● Che (o Chi) ufficia.

ufficiatùra o **uffiziatùra**, †**uficiatùra**, †**ufiziatùra** [da *ufficiare*; av. 1600] s. f. ● Celebrazione degli uffici religiosi.

♦**ufficio** o (*pop.*) **officio** spec. nel sign. 2, †**offizio**, †**oficio**, †**ofizio**, (*lett.*) **uffizio** spec. nel sign. 9, †**uficio**, (*raro*) **ufizio** [vc. dotta, lat. *officiu(m)*, che sta per *opificiu(m)*, da *ŏpifex*, comp. di *ŏpus* 'lavoro' e della radice di *făcere* 'fare, compiere'; 1306] s. m. **1** (*disus.*) Ciò che ciascuno deve fare secondo il luogo, il tempo, la condizione, l'attitudine, la preparazione specifica e sim.: *mancare al proprio u.*; *a lui spetta l'u. di assistere, di curare*; *adempiere a un pietoso u. verso i defunti*; *u. di madre, di tutore, d'insegnante*. SIN. Dovere, obbligo. **2** (*est., lett.*) Beneficio, favore, servigio: *u. verso il prossimo, verso sé stesso*. **3** (*est.*) Intervento, raccomandazione, sollecitazione: *ciò che abbiamo ottenuto lo dobbiamo ai vostri buoni uffici*; *ha interposto i suoi buoni uffici presso il ministro* | ***Buoni uffici***, nel diritto internazionale, mediazione: *richiedere i buoni uffici di un Paese neutrale*. **4** (*est.*) Incarico, incombenza: *accettare, rifiutare un u.*; *u. spinoso, delicato*; *u. di padrino, arbitro, paciere*. **5** (*dir.*) Insieme di funzioni di cui è investito un funzionario: *doveri e oneri dell'u.* | ***U. privato***, esplicazione in nome proprio di un'attività nell'interesse di altri, in ottemperanza di un comando legale | ***D'u.***, per autonoma iniziativa di un funzionario, di un'autorità e sim., senza una previa istanza: *dimissioni d'u.*; *reato perseguibile d'u.* | ***Atto d'u.***, emanato da un funzionario o da un'autorità nell'esercizio delle sue funzioni | ***Difensore d'u.***, designato dal giudice e assegnato alla parte che non può procurarsene uno di fiducia | ***Difesa d'u.***, quella fatta da un difensore d'ufficio; (*est., fig.*) argomentazione di cui non si è intimamente convinti, che si deve addurre perché obbligati da altri o dalle circostanze | (*est.*) Carica: *conferire l'u. di Ministro* | (*est.*) Luogo in cui un funzionario esercita le funzioni che gli competono: *recarsi nell'u. del giudice, del ministro*. **6** (*org. az.*) Compito che una persona svolge o deve svolgere nell'ambito dell'organizzazione di un'azienda: *trascurare l'u.*; *un u. pieno di responsabilità* | (*est.*) Posto di lavoro di un impiegato o di un dirigente: *recarsi in u.*; *andare, essere in u.* **7** (*dir.*) Organo: *u. di collocamento, d'informazioni* | ***U. giudicante***, autorità giudiziaria esplicante la funzione di giudicare | ***U. di presidenza***, complesso del presidente e del vicepresidente di un organo collegiale | La sede in cui lo stesso esplica le proprie funzioni | ***U. elettorale***, nel quale si svolgono le operazioni di voto o di spoglio delle schede o di calcolo dei risultati di un'elezione. **8** In un'azienda pubblica o privata, complesso di funzioni aziendali omogenee, per lo più raggruppate in un unico settore della stessa, e sede in cui sono svolte: *u. vendite*; *u. spedizioni*; *u. personale*; *u. stampa*; *u. propaganda*; *u. studi* | (*est.*) Complesso di impiegati che svolgono una determinata attività nell'ambito dell'azienda, e sede in cui lavorano: *u. cassa*; *uffici amministrativi*; *essere nominato capo u.*; *recarsi all'u. postale, telegrafico*. **9** Preghiera, cerimonia, funzione religiosa: *u. funebre* | ***U. divino***, liturgia con la quale la Chiesa cattolica santifica le diverse ore del giorno, celebrata in coro da alcune comunità religiose o singolarmente dai preti secolari: *recitare, dire l'u.*; *cantare l'u.* | (*est.*) Breviario, libro o manuale che contiene i testi liturgici da recitarsi nelle varie ore dell'ufficio divino. || **ufficétto**, dim. | **ufficiòlo**, dim. (V.).

ufficiòlo o (*pop., tosc.*) **uffiziòlo**, (*raro*) **ufiziòlo** s. m. **1** Dim. di *ufficio* nel sign. 9. **2** (*raro*) Mattutino, e altre preghiere, in onore della Vergine | Libro che contiene tali preghiere.

ufficiosità [vc. dotta, lat. tardo *officiositāte(m)*, da *officiōsus* 'ufficioso'; 1885] s. f. ● Condizione, caratteristica di ciò che è ufficioso.

ufficióso o (*raro*) **uffizióso**, †**uficióso**, †**ufizióso** [vc. dotta, lat. *officiōsu(m)*, da *officium* 'ufficio, servizio'; sec. XIV] agg. **1** (*raro, lett.*) Che è molto gentile, cortese, premuroso: *uomo, servitore u.* | ***Bugia ufficiosa***, detta senza malizia o cattive intenzioni, solo per evitare danni, dolori e sim. **2** Che, pur essendo attendibile, non ha un carattere ufficiale: *notizia, comunicazione ufficiosa*; *l'informazione proviene da fonti ufficiose*; *in via ufficiosa posso confermarvi le prossime dimissioni del ministro*. **3** †Occupato: *ozioso o u. ch'io sia mi troverete sempre prontissimo per soddisfarvi* (TASSO). || **ufficiosaménte**, avv. In modo ufficioso, per via ufficiosa: *dare ufficiosamente una notizia*.

uffizio e deriv. [1524] s. m. **1** (*lett.*) V. *ufficio* e *deriv.* **2** ***Sant'Uffizio***, denominazione della sacra congregazione fondata da Paolo III nel 1542 per combattere le eresie; più volte riformata nel corso dei secoli successivi, è stata sostituita nel 1965 dalla Congregazione per la dottrina della Fede.

†**uficio** e *deriv.* ● V. *ufficio* e *deriv.*

†**ufició̀so** ● V. *ufficioso*.

ufizio e *deriv.* ● V. *ufficio* e *deriv.*

ùfo (**1**) [etim. incerta; av. 1676] vc. ● Solo nella loc. avv. ***a ufo***, senza pagare, a spese altrui: *mangiare a ufo* | ***Vivere a ufo***, senza lavorare, ottenendo quello che è necessario a spese degli altri.

ÙFO (**2**) o **Ùfo** [sigla dell'ingl. *U(nidentified) F(lying) O(bject)* 'oggetto volante non identificato'; 1963] s. m. inv. ● Oggetto volante non identificato osservato visivamente o strumentalmente, di natura imprecisata al momento dell'osservazione: *avvistare, fotografare un UFO*; *alcuni asseriscono che gli UFO provengano da altri pianeti*.

ufologia [comp. di *ufo* (*2*) e *-logia*; 1968] s. f. **1** Studio del fenomeno degli oggetti volanti non identificati. **2** Letteratura o pubblicistica che riguarda i dischi volanti: *racconti di u.*

ufològico [da *ufologia*; 1972] agg. (pl. m. *-ci*) ● Che riguarda gli ufo e l'ufologia.

ufòlogo [comp. di *ufo* (*2*) e *-logo*; 1967] s. m. (f. *-a*; pl. m. *-gi*) **1** Studioso degli ufo. **2** Autore di pubblicazioni sugli ufo.

ugandése [1965] **A** agg. ● Dell'Uganda, Stato dell'Africa centro-orientale: *territorio u.*; *popolazione u.* **B** s. m. e f. ● Abitante, nativo dell'Uganda.

ugèllo [etim. incerta; 1798] s. m. ● (*mecc.*) Condotto studiato e conformato per l'efflusso di un fluido: *u. del carburatore, dell'iniettore, del mantice, del reattore*.

ùggia [etim. incerta; av. 1320] s. f. (pl. *-ge*) **1** (*raro*) Ombra degli alberi che danneggia le piante sottostanti: *lo zafferano cresce anche all'u.* | (*est., raro*) Ombra: *u. grata nei calori estivi*. **2** (*fig.*) Noia, tedio: *stagione piovosa che dà u.*; *cose che fanno u.* | Fastidio, molestia: *che u.!* | ***Avere qlcu., qlco. in u.***, trovarlo antipatico, molesto e sim. | ***Venire in u. a qlcu.***, diventare molesto, antipatico, insopportabile | (*est.*) Cosa o persona molesta. || **uggerèlla**, dim. | **uggiolina**, dim. (V.).

†**uggiàre** [da *uggia*; 1879] v. tr. ● Aduggiare.

uggiolaménto [1879] s. m. ● L'uggiolare.

uggiolàre [lat. *eiulāre* 'lamentarsi ad alta voce' (dall'escl. di dolore *ēi*) con sovrapposizione di *ululāre* (?); 1612] v. intr. (*io ùggiolo*; aus. *avere*) ● Detto del cane, lamentarsi con insistenti mugolii, per fame, dolore o altro.

uggiolina [1883] s. f. **1** Dim. di *uggia*. **2** Vaga sensazione di fame, languorino: *sentire una certa u. allo stomaco*.

uggiolio [1863] s. m. ● L'uggiolare frequente e continuato del cane: *l'u. di un cucciolo affamato*.

uggiosità [1879] s. f. ● Caratteristica, condizione di chi (o di ciò che) è uggioso.

uggióso [da *uggia*; av. 1311] **A** agg. **1** (*raro, lett.*) Ombroso e umido: *il castello dell'innominato era a cavaliere a una valle angusta e uggiosa* (MANZONI). **2** (*fig.*) Che dà uggia: *tempo u.*; *discorsi stupidi e uggiosi*; *stagione grigia e uggiosa*; *persona uggiosa*. SIN. Fastidioso, molesto, noioso. **3** (*raro*) Inquieto, infastidito: *umore u.* || **uggiosaménte**, avv. In modo uggioso, noioso. **B** s. m. (f. *-a*) ● Chi è uggioso: *è il solito u.* || **uggiosàccio**, pegg. | **uggiosétto**, dim. | **uggiosino**, dim.

uggire [da *uggia*; 1840] **A** v. tr. (*io uggisco, tu uggisci*) **1** (*raro, lett.*) Rendere uggioso, ombroso. **2** (*raro, fig.*) Annoiare, tediare, infastidire. **B** v. intr. pron. ● (*raro*) Annoiarsi | Infastidirsi.

-ùglio [lat. *-ūliu(m)*, ricavato dagli agg. in *-ūlis*, di orig. indeur.] suff. ● Forma sostantivi che hanno valore collettivo: *cespuglio, miscuglio, rimasuglio*.

ùgna e *deriv.* ● V. *unghia* e *deriv.*

†**ugnàre** [da *ugna*; 1840] v. tr. ● (*raro*) Augnare, nel sign. 2.

†**ugnatùra** ● V. *unghiatura*.

ugnèlla ● V. *unghiella*.

†**ùgnere** e *deriv.* ● V. *ungere* e *deriv.*

ugnétto [dim. di *ugna* 'unghia'; 1681] s. m. **1** Bulino. **2** (*raro*) Utensile elementare da tornio, da limatrice o da piallatrice.

ùgola o †**ùvola**, (*raro, lett.*) **ùvula** [vc. dotta, lat. tardo *ūvula(m)*, dim. di *ūva(m)* 'uva' e 'ugola' per la forma a chicco d'*uva* di quest'ultima; sec. XIV] s. f. **1** (*anat.*) Piccola appendice che si distacca dal margine libero del palato molle. ➡ ILL. p. 2127 ANATOMIA UMANA. **2** (*est., scherz.*) Gola | ***Bagnarsi l'u.***, bagnarsi la gola, bere | ***U. d'oro***, (*fig., scherz.*) si dice di persona che canta molto bene | (*raro, fig.*) ***Perder l'u.***, sfiatarsi.

ugonòtto [fr. *huguenot*, dal ted. *Eidgenassen*, propr. 'confederati' con sovrapposizione del n. pr., portato da uno dei capi ribelli, *Hugues* 'Ugo'; av. 1566] agg.; anche s. m. (f. *-a*) ● Che (o Chi) aderì al movimento riformato cristiano sviluppatosi, fra il XVI e il XVII sec., in Francia.

ùgrico [V. *ugro-finnico*; 1937] agg.; anche s. m. (f. *-a*; pl. m. *-ci*) ● Che (o Chi) appartiene a un sottogruppo della famiglia linguistica ugro-finnica.

ùgro-finnico o **ugrofinnico** [comp. di *ugr(ic)o*, dal n. degli *Ugri* (in russo *Ugrin* 'ungherese'), e *finnico*; 1929] **A** agg.; anche s. m. (f. *-a*; pl. m. *-ci*) ● Che (o Chi) appartiene a un gruppo di popoli originario della Russia del Nord, dispersosi in seguito parte verso l'Est e parte verso la Finlandia: *stirpi ugro-finniche*; *lingue ugro-finniche*. **B** s. m.; anche agg. ● Gruppo di lingue appartenenti alla famiglia uralica e comprendente l'ungherese, il finnico, l'estone e il lappone.

uguagliaménto o †**eguagliaménto** [1840] s. m. ● (*raro*) L'uguagliare, il venire uguagliato.

♦**uguagliànza** o **eguagliànza**, †**iguagliànza** [da *uguagliare*; sec. XIV] s. f. **1** Caratteristica, condizione o proprietà di chi (o di ciò che) è uguale a qlcu. o a qlco.: *u. totale, parziale*; *u. di forme, elementi, colori, dimensioni, peso*; *la perfetta u. di due oggetti*; *tra noi esiste una completa u. di vedute*. SIN. Identità. CONTR. Ineguaglianza. **2** (*est.*) Parità, equilibrio, corrispondenza: *trovarsi in condizioni di u.*; *u. di forze, di valori*. **3** Principio per cui tutti gli uomini sono considerati davanti alla legge senza distinzione e privilegi | Principio per cui a tutti gli uomini deve essere assicurata la libertà dal bisogno, mettendoli così in una condizione di uguaglianza reale e non solo formale. **4** (*mat.*) Relazione, legame esprimibile scrivendo che due enti sono uguali | Isometria fra piani o fra spazi | ***U. diretta***, in un piano o spazio, uguaglianza nella quale figure corrispondenti siano sovrapponibili, nel caso si tratti del piano senza uscire da questo | ***U. inversa***, in un piano e spazio, uguaglianza che non sia diretta. **5** (*raro*) Condizione, caratteristica di ciò che è liscio, piano, scorrevole, privo di asperità, irregolarità, scabrosità e sim. (*anche fig.*): *u. di un terreno, di una superficie*; *u. di stile*.

uguagliàre o **eguagliàre** [lat. parl. *aequaliāre, da *aequālis* 'uguale'; sec. XIII] **A** v. tr. (*io uguàglio*) **1** Rendere uguale: *u. il peso, la forma, le dimensioni di due o più oggetti*; *u. gli uomini di fronte alla legge*. CONTR. Disuguagliare. **2** Rendere uniforme, liscio, omogeneo, privo di asperità, irregolarità e sim.: *u. il prato, la siepe*; *u. il colore, la vernice*; *u. il terreno prima della semina*; *u. lo stile*. **3** (*fig.*) Essere uguale a qlcu. o a qlco. per caratteristiche, virtù, doti e sim., raggiungere qlcu. o qlco. sullo stesso piano: *u. qlcu. in potenza, in astuzia, in abilità*; *nessuna può uguagliarla in bellezza*; *nei suoi quadri ha uguagliato la perfezione dei grandi maestri*; *in lui la bontà uguaglia l'intelligenza*. **4** Nello sport, raggiungere, conseguire un risultato uguale a quello ottenuto da altri: *u. un record, un primato.* **5** (*lett.*) Considerare uguale, simile, di pari dignità, valore, importanza e sim.: *non puoi uguagliarlo al suo maestro*; *non è possibile u. le due città.* **B** v. intr. ● †Essere in perfetta proporzione di peso, parti e forma, detto di cose della stessa natura. **C** v. rifl. (+ *a*) ● Mettersi sullo stesso piano, considerarsi alla pari: *Nessuno oserebbe uguagliarsi a Dante nell'altezza della mente* (NIEVO). **D** v. intr. pron. ● Essere o divenire uguale: *in questo caso i vari criteri si uguagliano*; *presto le forze dei contendenti si uguaglieranno.*

uguagliàto o **eguagliàto** part. pass. di *uguagliare*; anche agg. ● Nei sign. del v.

uguagliatóre o †**eguagliatóre** [1865] agg.; anche s. m. (f. *-trice*) ● Che (o Chi) uguaglia.

♦**uguàle** o **eguàle**, †**equàle**, †**guàle**, †**iguàle** [lat. *aequāle(m)*, da *ăequus* 'equo'; 1282] **A** agg. (assol.; + *a*) **1** Detto di cosa, persona o animale che per natura, forma, dimensioni, qualità, quantità o valore, non differisce sostanzialmente da altro o da altri: *sostanze uguali*; *colori uguali*; *le nostre idee sono uguali sotto ogni punto di vista*; *quei due gemelli sono veramente uguali*; *abbiamo tutti uguali diritti e uguali doveri*; *gli uomini devono essere tutti uguali di fronte alla legge*; *piccoli, cresciuti o grandi, giovani, anziani o vecchi, al buio si è tutti uguali* (MORANTE); (con connotazione negativa) *questi ragazzi son tutti uguali!* | ***Essere u. di*** (o ***per***) ***età, forza, altezza, peso*** ecc., avere la stessa età, forza ecc. | ***Quasi u.***, molto simile | ***Esattamente, perfettamente, assolutamente u.***, identico | ***Essere uguali come due gocce d'acqua***, (*fig.*) essere identici. CFR. equi-, iso-, omo-, omeo-. CONTR. Diseguale, ineguale. **2** Che conserva la stessa natura, lo stesso valore, le medesime caratteristiche fondamentali, e quindi non muta col variare delle condizioni o situazioni particolari e contingenti: *la legge è u. per tutti*; *il problema è u. per entrambi* | ***Essere sempre u. a sé stesso***, essere coerente, conseguente col proprio abituale modo di pensare e procedere | ***Essere u. a***, in matematica, equivalere a: *due più due è u. a quattro* | ***Per me è u.***, fa lo stesso, è indifferente: *andare al cinema o in discoteca, per me è u.* **3** Piano, liscio, privo di asperità, scabrosità, fenditure, dislivelli e sim.: *superficie u.*; *terreno u.*; *prato folto e u.* **4** (*fig.*) Omogeneo, uniforme: *andatura, moto u.*; *parlare con tono, con voce sempre u.* | Equilibrato, coerente: *stile u.* || **ugualménte**, avv. **1** In modo uguale, in ugual misura: *vi ringrazio ugualmente entrambi.* **2** Malgrado tutto, ciononostante, lo stesso e sim.: *vi ringrazio ugualmente*; *te ne sono ugualmente grato*; *penso che riuscirete ugualmente a farcela.* **3** (*raro*) In modo uniforme: *stendere ugualmente il colore, la vernice.* **B** in funzione di avv. ● Allo stesso modo: *sono alti u.*; *costano u.* **C** s. m. e f. **1** (*spec. al pl.*) Chi appartiene allo stesso grado, ceto o classe sociale di uno o più altri: *trattare solo coi propri uguali*; *tra uguali ci si intende meglio.* **2** Chi (o Ciò che) ha lo stesso valore, lo stesso grado di cultura, la medesima preparazione, abilità, perizia e sim.: *una associazione di uguali* | ***Non avere l'u., non trovare uguali*** e sim., essere incomparabile, inarrivabile e sim. **D** s. m. ● (*mus.*) Composizione per voci e strumenti dello stesso timbro | Contrappunto nota contro nota | Indicazione sia dinamica che agogica che richiede un'esecuzione scrupolosamente fedele a quanto scritto.

ugualità o **egualità**, †**egualitàde**, †**egualitàte**, †**egualtà**, †**equalità**, †**equalitàde**, †**equalitàte**, †**igualità**, †**ugualitàde**, †**ugualitàte** [da *uguale*; 1499] s. f. ● (*raro, lett.*) Uguaglianza: *da una u. di cittadini in una disagguaglianza grandissima quella città condussono* (MACHIAVELLI).

ugualitàrio [da *ugualità*, sul modello del corrispondente fr. *égalitaire*] agg.; anche s. m. (f. *-a*) ● (*raro*) Egualitario.

ugualitarìṣmo [da *ugualitario*, come il corrispondente fr. *égalitarisme* da *égalitaire*] s. m. ● (*raro*) Egualitarismo.

†**ugualitàte** ● V. *ugualità.*

ugualiẓẓànte [da *ugualizzare*, per *uguagliare*, parallelo di *equalizzare*; 1985] **A** agg. ● (*tess.*) Detto di prodotto impiegato nei bagni di tintura per filati e tessuti per uniformare il tono del colore. **B** anche s. m.

†**uguànno** ● V. *†uquanno.*

♦**uh** /uh, uʔ, ʔuh/ [vc. onomat.; av. 1492] inter. ● Esprime, a seconda del tono con cui viene pronunciata, dolore acuto, fastidio, meraviglia, sorpresa, disapprovazione, disgusto o anche desiderio: *uh! che male!*; *uh! quanta roba*; *uh! che cattivo odore*; *uh! quanti dolci!* | (*scherz.*) Si usa per fare paura a qlcu. giungendogli d'improvviso alle spalle.

uhèi /u'ɛi, ʔu-/ [vc. onomat.] **A** inter. ● Esprime forte e intenso dolore o grande meraviglia. **B** in funzione di s. m. inv. ● †Lamento.

ùhi /ui, ʔui/ o **ùhia** [vc. onomat.; 1319] inter. ● Esprime forte dolore, contrarietà o rammarico: *Alto sospir, che duolo strinse in 'uhi!', / mise* (DANTE *Purg.* XVI, 64-65).

♦**uhm** /m̩, hm̩, ʔm̩, ʌ'hm̩, ə-, m̩'ʔm̩, ʌ-, ə-/ [vc. espressiva; 1858] inter. ● Esprime incertezza, diffidenza, dubbio, incredulità e sim.: *uhm!, sarà, ma mi sembra una cosa difficile*; *uhm! credo non lo convincerai!*; *uhm! uhm! io non me ne voglio occupare!*

uistitì [fr. *ouistiti*, di orig. onomat.; 1839] s. m. inv. ● Piccola scimmia platirrina americana lunga solo venti o trenta centimetri, diurna, arboricola (*Callithrix*). SIN. Micco.

ukàṣe o **ucàṣe** [vc. russa (*ukáz*), propr. 'editto imperiale', dal v. *ukazát* 'indicare'; 1785] s. m. inv. **1** Nell'antica Russia, fino al XIX sec., editto o decreto imperiale, tipica espressione e strumento del dispotismo zarista. **2** (*est., fig.*) Decisione, ordine e sim. imposto d'autorità, indiscutibile e inappellabile.

ukulèle [vc. indigena delle Hawaii, dove *ukulele* significa 'pulce', cui viene assomigliato il rapido movimento delle dita del suonatore; 1930] s. f. o m. inv. ● Piccola chitarra hawaiana a quattro corde. ➡ ILL. **musica.**

ùlama ● V. *ulema.*

ulàno [ted. *Ulan*, vc. di orig. turca (turco *oğlan* 'fante, ragazzo'), presa attraverso il polacco; av. 1764] s. m. ● Soldato del corpo di cavalleria leggera di origine tartara, adottato poi dai polacchi e via via dagli eserciti d'Austria, Germania e Russia che lo mantennero in vita fino alla prima guerra mondiale, armato di lancia, sciabola e carabina, dotato di speciale copricapo e uniforme caratteristici.

ùlcera o †**ùlcere** [vc. dotta, lat. *ŭlcera*, nt. pl. di *ŭlcus*, genit. *ŭlceris*, di orig. indeur.; 1474] s. f. **1** (*med.*) Lesione di continuo della cute o delle mucose, con scarsa tendenza alla cicatrizzazione spontanea: *u. gastrica, duodenale*; *u. varicosa* | (*per anton.*) Correntemente, ulcera gastrica o duodenale: *soffrire di u.* **2** (*fig.*) †Intima pena che rode. || **ulcerétta**, dim. | **ulcerìna**, dim.

†**ulceragióne** ● V. *ulcerazione.*

ulceraménto [av. 1698] s. m. ● (*raro*) Ulcerazione.

ulceránte agg. ● (*med.*) Detto di condizione o sostanza che può provocare una lesione ulcerosa.

ulceràre [vc. lat. *ulcerāre*, da *ŭlcus*, genit. *ŭlceris* 'ulcera'; 1568] **A** v. tr. (*io ùlcero*) ● (*med.*) Ledere con un'ulcera: *u. la pelle, una mucosa.* **B** v. intr. (aus. *essere*) ● (*med.*) Degenerare in ulcera: *affezione che tende a u.* **C** v. intr. pron. ● Essere o divenire affetto da ulcera: *pelle che si ulcera.*

ulcerativo [1842] agg. ● Di, relativo a ulcera o ulcerazione: *fenomeno, processo u.* | Atto a provocare ulcere o ulcerazioni: *sostanze ulcerative.*

ulceràto [av. 1320] part. pass. di *ulcerare*; anche agg. **1** Leso da ulcera, da ulcerazione. **2** (*raro, fig., lett.*) Esulcerato: *animo u.*

ulcerazióne o †**ulceragióne** [vc. dotta, lat. *ulceratiōne(m)*, da *ulcerātus* 'ulcerato'; av. 1320] s. f. **1** Formazione di un'ulcera | Ulcera. **2** In dermatologia, lesione superficiale con caratteri simili all'ulcera. || **ulcerazioncèlla**, dim.

†**ùlcere** ● V. *ulcera.*

†**ùlcero** s. m. ● (*raro*) Ulcera.

ulceròġeno [vc. dotta, comp. di *ulcer(a)* e *-geno*; 1980] agg. ● (*farm., med.*) Detto di condizione o farmaco che favorisce l'insorgenza o la recidiva di un'ulcera gastrica o duodenale.

ulceróṣo [vc. dotta, lat. *ulcerōsu(m)*; av. 1320] **A** agg. ● Di, relativo a, caratterizzato da, ulcera: *lesione ulcerosa* | (*med.*) ***Malattia ulcerosa***, l'ulcera gastrica e l'ulcera duodenale considerate nella loro comune eziologia. **B** agg.; anche s. m. (f. *-a*) ● Che (o Chi) è affetto da ulcera gastrica o duodenale: *malato u.*; *un u. cronico.*

ùlema o **ùlama**, **ulèma** [ar. *'ulamā'*, propr. 'i saggi, i dotti', pl. di *'ālim* 'sapiente' (da *'alima* 'sapere'); 1840] s. m. inv. ● Maestro che si dedica alla teologia musulmana, all'origine esperto nella scienza coranica e delle tradizioni.

uligàno o **huligàno** [1960] s. m. (f. *-a*) ● Adattamento di *hooligan* (V.).

ulìgine [vc. dotta, lat. *ulīgine(m)*, connesso con *ū(vi)dus* 'umido'; av. 1320] s. f. ● (*raro, lett.*) Umidità naturale della terra.

uliginóṣo [vc. dotta, lat. *uliginōsu(m)*, da *ulīgo*, genit. *ulīginis* 'uligine'; 1598] agg. ● (*raro*) Umidiccio, che manda umidità: *terreno u.* | (*raro*) ***Piante uliginose***, che vivono in luoghi umidi, melmosi, paludosi.

†**uliménto** ● V. *†aulimento.*

†**ulimìre** [da *†ulimento*; av. 1406] v. intr. ● (*raro*) Essere odorifero, profumato.

†**ulimóṣo** [da *†ulimire*; 1305] agg. ● Odorifero, profumato.

†**ulìre** ● V. *aulire.*

ulìsside o (*lett.*) **ulìsside** [da *Ulisse*, n. del protagonista dell'*Odissea* di Omero; 1910] s. m. e f. ● (*lett.*) Chi, per brama di conoscenza, è sempre disponibile a nuove esperienze o ad avventurose esplorazioni.

ulìte [comp. del gr. *óulon* 'gengiva' e *-ite* (*1*); 1829] s. f. ● (*med.*) Infiammazione delle gengive.

ulìva e deriv. ● V. *oliva* e *deriv.*

ulivèlla [dim. di *uliva*, in senso proprio e fig.] s. f. **1** V. *olivella* (*1*). **2** (*tecnol.*) Attrezzo costituito da due cunei e altri pezzi resi solidali tra loro mediante un bullone e che serve a praticare in un blocco di pietra una piccola cavità, nella quale possono essere attaccati un gancio o un anello che permettano il sollevamento del blocco stesso.

ulivìsta [da *ulivo* nel sign. 2; 1996] agg. (pl. m. *-i*) ● (*polit.*) Relativo alla coalizione di partiti dell'Ulivo: *politica u.*; *candidato u.*

ulìvo o **olìvo** [da *oliva*; 1257] s. m. **1** Albero sempreverde delle Oleacee con foglie coriacee, piccoli fiori biancastri e frutti a drupa (*Olea europaea*) | ***Ramoscello d'u.***, simbolo della pace | ***Offrire un ramoscello d'u.***, (*fig.*) avanzare proposte o dimostrare propositi di pace | ***Domenica degli ulivi***, domenica delle Palme. ➡ ILL. **piante**/8. **2** (*polit.*) ***L'U.***, simbolo dell'associazione 'L'Italia che vogliamo'; coalizione di partiti di centro e di sinistra.

Ulmàcee o **Olmàcee** [vc. dotta, comp. del lat. *ŭlmus* 'olmo' e *-acee*; 1891] s. f. pl. (sing. *-a*) ● Nella tassonomia vegetale, famiglia di Dicotiledoni arboree o arbustive con fiori ermafroditi (*Ulmaceae*). ➡ ILL. **piante**/2.

ulmària o **olmària** [dal lat. *ŭlmus* 'olmo'; 1813] s. f. ● Erba perenne delle Rosacee con radice cespitosa, foglie opposte e composte di cinque o sette foglioline, frutti a follicoli (*Filipendula ulmaria*). SIN. Pepina.

ùlmico ● V. *umico.*

ùlna [ingl. *au(l)ne*, dal lat. *ulna* nel senso di 'braccio', come misura; 1598] s. f. ● (*anat.*) Osso lungo dell'avambraccio, parallelo al radio, dalla parte del mignolo. ➡ ILL. p. 2122 ANATOMIA UMANA.

ulnàre [1922] agg. ● (*anat.*) Dell'ulna: *regione u.*; *vena, arteria u.*

†**ulolàre** ● V. *ululare.*

ulòtrico [gr. *oulóthrix* 'dai capelli ricciuti', comp. di *óulos* 'crespo' (da *éilein* 'girare, arrotolare', prob. d'orig. indeur.) e *thríx*, genit. *trichós* 'pelo'; 1961] agg. (pl. m. *-chi*) ● Detto di tipo di capelli crespi, molto fini, a sezione ellittica, caratteristici di molte razze di tipo negroide. CFR. Cimotrico, lissotrico.

ùlster /'ulster, 'a-, *ingl.* 'ʌlstəɹ/ [vc. ingl., per *Ulster Overcoat*, propr. 'soprabito secondo la moda della provincia irlandese dell'*Ulster*'; 1879] s. m. inv. ● Lungo mantello da viaggio con cintura e mantellina, in voga alla fine del XIX sec. e agli inizi del XX.

ulterióre [vc. dotta, lat. *ulteriōre(m)*, comparativo di *ŭlter* '(che si trova) al di là', di orig. indeur.; av. 1540] agg. **1** Che si trova al di là di una linea determinata, rispetto a un punto di riferimento convenzionalmente stabilito: *Gallia, Spagna u.*; *Calabria u.* CONTR. Citeriore. **2** Che è nuovo, successivo e si aggiunge a quanto già detto, fatto, accertato, verificato, spec. nel linguaggio bur.: *ricerche, indagini, notizie ulteriori*; *per ulteriori informazioni rivolgersi alla segreteria*; *tenetemi al* *corrente circa gli ulteriori sviluppi della situazione.* || **ulteriorménte**, avv. *1* Ancor più: *è sconsigliabile avanzare ulteriormente in territorio nemico.* *2* Più avanti, in seguito: *ulteriormente vi forniremo notizie più precise.*

ùltima [da *ultimo* (V.) per ellissi di un s. di genere f.] s. f. ● (*fam.*) In una serie o sequenza di cose assunte secondo un criterio cronologico, indica quella più recente in ordine di tempo e, comunque, quella che conclude o deve concludere la serie: *avete saputo l'u.* (*notizia*)?; *se state zitti vi racconto l'u.* (*barzelletta, indiscrezione, chiacchiera e sim.*); *questa è l'u.* (*birichinata, malefatta e sim.*) *che mi fai*; *giochiamo, facciamo l'u.* (*partita*) *e poi andiamocene a casa.* || **ultimissima**, superl. (V.).

ultimàbile agg. ● Che può essere ultimato, concluso.

ùltima ràtio /lat. 'ultima 'ratstsjo/ ● V. *ratio* (2).

ultimàre [vc. dotta, lat. tardo *ultimāre* 'avvicinarsi all'*ultimo* (momento)'; sec. XIV] **A** v. tr. (*io ùltimo*) ● Condurre a fine, a termine: *u. l'opera iniziata, l'impresa* | Concludere: *u. un trattato.* **B** v. intr. ● †Finire, arrivare al termine.

ultimatìvo [da *ultimatum*; 1938] agg. ● Che ha il carattere o il tono di un ultimatum: *ordine u.* SIN. Perentorio. || **ultimativaménte**, avv.

ultimàto [1476] part. pass. di *ultimare*; anche agg. ● Nei sign. del v. || †**ultimataménte**, avv. Ultimamente.

ultimàtum [vc. lat. di creazione moderna, da *ŭltimus* 'estremo, finale, ultimo'; 1674] s. m. inv. *1* Nel diritto internazionale, proposta definitiva, ultime condizioni di un accordo, respinte le quali si minaccia di rompere i negoziati o di ricorrere alla forza: *mandare un u.* *2* (*est., fig.*) Richiesta, ingiunzione e sim. oltremodo perentoria, che non ammette obiezioni, ripensamenti o rifiuti se non a prezzo di gravi conseguenze: *dare l'u.*; *a qualunque costo respingerò questo u.*

ultimazióne [av. 1642] s. f. ● (*raro*) Compimento, conclusione.

ultimìssima [1955] s. f. *1* Sup. di *ultima*: *ti racconto l'u.* *2* Notizia nuovissima o edizione di giornale più recente, alla quale non seguiranno altre fino al giorno successivo: *l'u. di cronaca nera*; *le ultimissime dall'Italia*; *è uscita nelle edicole l'u. della notte.*

ultimìssimo agg.; anche s. m. *1* Sup. di *ultimo*: *l'u. concorrente*; *l'u. della serie.* *2* Il più recente di tutti (*spec. ellitt.* e *enfat.*): *abbiamo appena sentito l'u. risultato.*

ultimìzia [da *ultimo* sul modello di *primizia*] s. f. ● (*scherz.*) Foglia, fiore, frutto tardivo e di breve durata: *Siamo a fin d'agosto … la foglia nuova è primizia all'aspetto, u. di fatto* (BACCHELLI).

♦**ùltimo** o †**ùtimo** [vc. dotta, lat. *ŭltimu(m)*, da *ŭlter* '(posto) al di là (completamente)', di orig. indeur.; 1294] **A** agg. *1* Corrispondente all'elemento finale o conclusivo, sia in senso spaziale che temporale, in una successione, in una classificazione, in una serie e sim.: *l'u. nome di un elenco*; *l'ultima parola di un dizionario*; *l'ultima lettera dell'alfabeto*; *l'u. giorno del mese, dell'anno, della settimana*; *le ultime ore di vita*; *gli ultimi addii prima della partenza*; *cogliere, offrire l'ultima possibilità*; *prendere, perdere l'u. treno*; *perdere tutto fino all'u. soldo*; *riservare due posti nell'ultima fila di poltrone*; *dare l'ultima mano di colore, di vernice*; *te lo ripeto per l'ultima volta*; *lo so a memoria dalla prima all'ultima pagina*; *noi siamo gli ultimi cinque della graduatoria*; *questo è il mio u. figlio*; *l'u. nato* | ***L'ultima parola***, (*fig.*) quella decisiva | ***Avere, dire, volere sempre l'ultima parola***, in una discussione e sim., rispondere sempre, non arrendersi mai, non tacere | ***Non è ancor detta l'ultima parola***, (*fig.*) le cose possono ancora cambiare | ***Dalla prima all'ultima parola***, dal principio alla fine | ***Le ultime parole famose***, (*fam., scherz.*) quelle che si dicono in determinati momenti, con tono deciso e convinto, in piena buona fede e sim., e che vengono poi totalmente smentite dai fatti | ***Ultima istanza***, V. *istanza* | ***Termine u.***, momento entro cui si esaurisce un effetto giuridico | ***In ultima analisi***, in conclusione | ***Essere u., arrivare u.*** o ***buon u., classificarsi per u.***, e sim., essere, arrivare, classificarsi dopo tutti gli altri | ***Esalare, rendere l'u. respiro***, morire | ***Esprimere le ultime volontà***, fare testamento | ***Essere all'ultima ora***, stare per morire | ***Gli eroi dell'ultima ora***, (*iron., spreg.*) coloro che non combattono, si nascondono e, passati i momenti difficili, riappaiono per gloriarsi dei successi altrui e goderne i vantaggi | ***All'u. momento, all'ultima ora*** e sim., sul finire del tempo utile o stabilito | (*tel.*) ***U. kilometro*** o ***u. miglio***, la porzione di linea telefonica che collega l'utente alla centrale più vicina. *2* (con valore est. e raff., preceduto dall'art. indeter.) Ulteriore e definitivo: *dare un'ultima occhiata*; *fare un u. sforzo*; *vi concedo un'ultima possibilità*; *ci resta ancora un'ultima speranza.* *3* Che è il più prossimo al tempo o al momento presente, che risale a poco o pochissimo tempo fa: *l'ultima guerra*; *gli ultimi tempi*; *l'ultima ora*; *le ultime notizie*; *hai saputo l'ultima novità?*; *non conosco ancora i canoni dell'ultima moda* | ***All'ultima moda***, modernissimo | ***Dell'ultima ora***, recentissimo: *notizia dell'ultima ora* | ***L'u. grido della moda***, foggia recentissima ed elegante di abito e sim. | ***U. scorso***, spec. nel linguaggio burocratico e commerciale, si dice di giorno della settimana o di mese che precedono, rispettando il normale ordine di sequenza, quello in corso: *sabato u. scorso vi abbiamo spedito la merce*; *rispondiamo alla vostra del 15 aprile u. scorso*; *nel maggio u. scorso.* *4* Che è molto lontano dal tempo presente in quanto risale a un remoto passato o si proietta in un remoto futuro: *le ultime origini della nostra civiltà*; *la sua fama durerà fino agli ultimi secoli, fino alle ultime generazioni.* *5* (*lett.*) Che è molto lontano nello spazio, spec. in relazione a un osservatore o a un determinato punto di riferimento: *questa siepe che da tanta parte / dell'u. orizzonte il guardo esclude* (LEOPARDI). *6* Che costituisce la parte o zona finale di qlco.: *l'u. lembo di spiaggia, di terra*; *le ultime propaggini della penisola.* *7* (*fig.*) Di chi (o di ciò che) per importanza, pregio, merito, capacità, valore e sim. è inferiore ad altri e quindi è, o può essere, ad essi posposto o subordinato: *è l'u. scrittore che leggerei*; *è proprio l'u. film che desidero vedere*; *ti assicuro che la ricchezza è la mia ultima preoccupazione*; *sei l'ultima persona cui avrei pensato per una cosa simile* | ***L'u. arrivato, l'u. venuto***, (*fig.*) la persona meno importante, capace, meritevole e sim.: *non sono, non credo di essere l'u. arrivato* | ***L'ultima ruota del carro***, (*fig.*) la persona più irrilevante, trascurabile e sim. | ***Non u.***, di chi è apprezzabile, meritevole e sim. | (*est.*) Peggiore, pessimo, infimo: *di ultima qualità*; *d'u. ordine.* *8* (*fig.*) Massimo, sommo: *l'u. piacere*; *le ultime possibilità dell'arte*; *le ultime vette dell'ingegno, della poesia* | ***All'u. grado***, al massimo grado | (*est.*) Che raggiunge il limite, il grado estremo: *portare qlco. alla sua ultima conseguenza.* *9* (*fig., lett.*) Principale, fondamentale: *Dio è l'ultima causa del mondo*; *ecco la ragione ultima delle mie decisioni.* || **ultimaménte**, avv. *1* Di recente: *ultimamente non l'ho visto.* *2* †Alla fine. **B** in funzione di avv. ● †In ultimo. **C** s. m. *1* (f. *-a*) Chi viene dopo tutti gli altri, chi è ultimo nel tempo, nello spazio o per importanza, pregio, meriti, e sim.: *l'u. della serie, della lista, dell'elenco, della classifica*; *l'u. di noi, fra noi*; *essere uno degli ultimi*; *essere, stare, trovarsi, rimanere tra gli ultimi* | ***L'u. della classe***, il più ignorante, quello che ottiene i peggiori risultati scolastici | ***L'u. degli ultimi***, il peggiore in senso assoluto | ***Gli ultimi saranno i primi***, secondo quanto sta scritto nel Vangelo, i più diseredati saranno coloro cui spetterà in cielo la maggiore ricompensa. *2* (*fam.*) Ciò che chiude una successione, una classificazione, una serie e sim. (per ellissi di un s.): *l'u.* (*giorno*) *del mese, dell'anno*; *l'ultima* (*donna*) *della famiglia*; *questa è l'ultima* (*birichinata*) *che mi fai* | ***Quest'u., quest'ultima***, si dice riferendosi a persona o cosa appena nominata. *3* (*fig.*) Momento finale, conclusivo | ***All'u.***, alla fine: *arrivare all'u.*; *all'u. ho deciso di restare* | ***Essere all'u., agli ultimi***, in punto di morte | ***Da u.***, infine: *da u. si seppe che le cose stavano diversamente* | ***In u.***, alla fine: *in u. vedremo il da farsi*; (*fam.*) in fondo, in coda: *essere, rimanere in u.* | (*lett.*) ***Nell'u.***, alla fine | ***Sull'u.***, infine | ***Fino all'u.***, fino alla fine: *resistere, lottare fino all'u.* || **ultimìssimo**, superl. (V.).

ultimogènito [comp. di *ultimo* (contrapposto a *primo*) e *genito*; 1584] agg.; anche s. m. (f. *-a*) ● Che (o Chi) è nato per ultimo, in una famiglia: *figlio u.*; *le presento la mia ultimogenita.* CONTR. Primogenito.

ùlto [vc. dotta, lat. *ŭltu(m)*, part. pass. di *ulcīsci* 'vendicare', di etim. incerta; 1499] agg. ● (*poet.*) Vendicato: *ne' campi memori / de la clade che ancora ulta non fu* (CARDUCCI).

ultóre [vc. dotta, lat. *ultōre(m)*, da *ŭltus* 'ulto'; av. 1508] agg.; anche s. m. (f. *-trice*) ● (*poet.*) Che (o Chi) punisce e vendica: *con questa / ultrice mano* (TASSO) | Nell'antichità classica, appellativo o epiteto di divinità: *Giove u.*; *il tempio di Marte u.*

ùltra (1) [vc. dotta, lat. *ŭltra*, avv. di *ŭlter* '(che va o si trova) al di là'] avv. ● Nelle loc. avv. ***e, et u.***, e più: *finché sarò vivo et u.*

ultra (2) /ul'tra*, fr. yl'tʀa/ [vc. fr., che sta per *ultra-royaliste* 'ultra-realista'; 1818] s. m. inv. *1* In Francia, durante la Restaurazione, sostenitore intransigente della monarchia assoluta. *2* In epoca più recente, reazionario, sostenitore della destra francese nazionalista: *gli u. di Algeria.*

ultrà o **ùltra** [adattamento it. del fr. *ultra*] agg.; anche s. m. e f. (usato spec. al pl. fr. *ultras*) *1* Appartenente a gruppi politici estremistici: *un esponente u.*; *la destra, la sinistra u.*; *un corteo di u.* *2* Tifoso fanatico di una squadra sportiva, spesso inserito in un gruppo: *gli u. della curva.*

ultra- [dal lat. *ŭltra* (V. *ultra* (1))] primo elemento ● In parole composte, significa 'al di là da', 'più che', o fa riferimento a una qualità o condizione che supera o eccede la norma: *ultracentenario, ultrameraviglioso, ultramoderno, ultrasensibile, ultrasuono, ultraterreno, ultravioletto.* CFR. oltre- (2).

ultracellulàre [comp. di *ultra-* e *cellulare*; 1948] agg. ● (*biol.*) Detto di struttura facente parte della cellula e avente dimensioni submicroscopiche.

ultracentenàrio [comp. di *ultra-* e *centenario*; 1921] agg.; anche s. m. (f. *-a*) ● Che (o Chi) ha più di cento anni: *un vecchietto u.*; *un u. quanto mai arzillo.*

ultracentrifuga [comp. di *ultra-* e *centrifuga*; 1948] s. f. ● (*fis.*) Centrifuga ad altissima velocità, capace di produrre accelerazioni centrifughe dell'ordine di un milione di volte l'accelerazione di gravità e destinata, per es., a frazionare i costituenti cellulari. SIN. Supercentrifuga.

ultracentrifugàre [da *ultracentrifuga*; 1987] v. tr. (*io ultracentrifugo, tu ultrecentrifughi*) ● (*fis.*) Sottoporre a separazione mediante l'ultracentrifuga.

ultracentrifugazióne [da *ultracentrifuga*; 1957] s. f. ● (*fis.*) Operazione di separazione effettuata mediante l'ultracentrifuga.

ultracompàtto [comp. di *ultra-* e *compatto*] agg. ● Che ha subìto una notevole riduzione d'ingombro: *apparecchio fotografico u.* | Miniaturizzato: *impianto stereo u.*

ultracondensatóre [comp. di *ultra-* e *condensatore*; 1940] s. m. ● (*ottica*) Condensatore destinato a illuminare il preparato nell'ultramicroscopio.

ultracòrto [comp. di *ultra-* e *corto*; 1950] agg. *1* Cortissimo. *2* Detto di onde hertziane aventi una lunghezza d'onda compresa fra 10 m e 1 m e una frequenza compresa fra 30 MHz e 300 MHz, corrispondenti alle onde metriche.

ultracùstica [comp. di *ultra-* e *acustica*; 1961] s. f. ● (*fis.*) Studio dei fenomeni ultrasonori prodotti dalle onde elastiche sonore aventi una frequenza superiore a 16 000 Hz.

ultracùstico [comp. di *ultr(a)-* e *acustico*; 1961] agg. (pl. m. *-ci*) ● (*fis.*) Relativo all'ultracustica.

ultradèstra [comp. di *ultra-* e *destra*] s. f. ● Insieme di partiti o gruppi politici che operano nell'area dell'estrema destra: *l'u. extraparlamentare, istituzionale.*

ultrafiltrànte [comp. di *ultra-* e *filtrante*; 1987] agg. ● (*chim.*) Atto a compiere un'ultrafiltrazione: *membrana u.*

ultrafiltrazióne [comp. di *ultra-* e *filtrazione*; 1961] s. f. ● (*chim.*) Separazione da una sospensione di particelle di dimensioni microscopiche o ultramicroscopiche, mediante un ultrafiltro.

ultrafiltro [comp. di *ultra-* e *filtro*; 1957] s. m. ● Membrana di collodio, opportunamente preparata, per eseguire ultrafiltrazioni.

ultraforming /ingl. 'ʌltɹə,fɔːɹmiŋ/ [vc. ingl., comp. del lat. *ŭltra* e (*re*)*-forming* (V.); 1990] s. m. inv. ● (*chim.*) Processo di reforming catalizzato da platino con riciclo di idrogeno, che consente di migliorare il numero di ottano di benzine pesanti.

ultraleggèro [comp. di *ultra-* e *leggero*, calco sull'ingl. *ultralight*; 1981] **A** agg. ● Che ha pochissimo peso. **B** s. m. ● Apparecchio per il volo sportivo o da diporto, gener. monoposto, dotato di motore di bassa potenza e con caratteristiche tali da non farlo rientrare nella categoria degli aeromobili.

ultramarino ● V. *oltremarino*.

ultramicrofotografia [comp. di *ultra-* e *microfotografia*; 1987] s. f. ● Tecnica dell'impiego di particolari microscopi a forte ingrandimento, modificati in modo da poter eseguire le fotografie del preparato in osservazione.

ultramicròmetro [comp. di *ultra-* e *micrometro*; 1961] s. m. ● (*fis.*) Strumento che consente di ridurre preparati di tessuti adeguatamente allestiti in sezioni, di spessore inferiore a 0,1 mm, adatte per l'osservazione con il microscopio elettronico a elettroni trasmessi.

ultramicroscopia [comp. di *ultra-* e *microscopia*; 1913] s. f. ● (*ottica*) Insieme delle tecniche e dei metodi di impiego dell'ultramicroscopio.

ultramicroscòpico [comp. di *ultra-* e *microscopico*; 1948] agg. (pl. m. *-ci*) *1* (*ottica*) Relativo all'ultramicroscopio, effettuato mediante l'ultramicroscopio: *osservazione ultramicroscopica*. *2* (*ottica*) Osservabile solo con l'ultramicroscopio: *particelle, dimensioni ultramicroscopiche*. *3* (*ottica*) Relativo all'ultrastruttura, submicroscopico.

ultramicroscòpio [comp. di *ultra-* e *microscopio*; 1923] s. m. ● (*ottica*) Strumento destinato all'osservazione di corpuscoli minutissimi, spec. molto trasparenti, costituito da un microscopio ottico dotato di un fascio luminoso che colpisce i corpuscoli lateralmente e obliquamente e li fa apparire, grazie alla luce che diffondono, come puntini brillanti nel campo di osservazione oscuro.

ultramicròtomo [comp. di *ultra-* e *microtomo*; 1965] s. m. ● Strumento che serve a tagliare corpi in fette di spessore molto piccolo, inferiore a 0,1 mm, come per i preparati a microscopio.

ultramodèrno [comp. di *ultra-* e *moderno*; 1955] agg. ● Che costituisce o rappresenta quanto di più moderno vi è, per impostazione, ideazione, realizzazione, stile e sim.: *romanzo, edificio u.*; *tecniche ultramoderne*.

ultramondàno ● V. *oltremondano*.

ultramontanismo o **ultramontanesimo** [comp. di *ultra-* e di un deriv. da *montano*, sull'es. del fr. *ultramontanisme* da *ultramontain*; 1861] s. m. ● Movimento che in Francia prese posizione contro il gallicanesimo e il nazionalismo ecclesiastico e difese i diritti della Sede Romana | (*est.*) Ogni movimento che si oppose, anche fuori della Francia, alle tendenze autonomistiche delle Chiese nazionali, affermando la cattolicità come dipendenza da Roma.

ultramontàno (1) ● V. *oltramontano*.

ultramontàno (2) [fr. *ultramontain* 'favorevole a chi sta al di là (*ultra*) dei monti (dal lat. *mōntes*)', opposto a *gallican* 'fautore dell'autonomia della Chiesa *gallicana*'; sec. XIV] s. m. (f. *-a*) ● Seguace dell'ultramontanismo.

ultrapastorizzazióne [comp. di *ultra-* e *pastorizzazione*; 1974] s. f. ● Trattamento, spec. del latte, alla temperatura di 145 °C per due secondi in modo da distruggere totalmente la carica batterica e ottenere un prodotto a lunga conservazione; in sigla UHT.

ultrapiàtto [comp. di *ultra-* e *piatto*; 1983] agg. ● Che ha una forma molto appiattita e schiacciata | ***Orologio u.***, da polso o da tasca con la cassa dallo spessore di pochi millimetri.

ultrapotènte [comp. di *ultra-* e *potente*; 1941] agg. ● Che dispone di enorme potenza.

ultrarallentatóre [comp. di *ultra-* e *rallentatore*; 1961] s. m. ● (*cine*) Rallentatore usato nella cinematografia scientifica, didattica o sportiva per analizzare movimenti molto rapidi con frequenze di ripresa fino a 5 000 fotogrammi al secondo.

ultraràpido [comp. di *ultra-* e *rapido*; 1936] agg. ● Che è estremamente rapido | (*fot.*, *cine*) ***Pellicola ultrarapida***, pellicola a elevatissima sensibilità.

ultraridótto [comp. di *ultra-* e *ridotto*; 1991] agg. ● Ridotto a dimensioni minime: *meccanismo, formato u.*

ultraròsso [comp. di *ultra* e *rosso*; 1911] agg.; anche s. m. ● Infrarosso: *raggi ultrarossi*.

ultrasensìbile [comp. di *ultra-* e *sensibile*; 1854] agg. ● Che è dotato di estrema sensibilità.

ultrasinistra [comp. di *ultra-* e *sinistra*; 1973] s. f. ● Movimento o insieme di gruppi politici che, con svariate posizioni, si organizzano e operano nell'area della sinistra extraparlamentare o alla sinistra di quella istituzionale: *un corteo dell'u. è sfilato per le vie del centro*; *convegno dell'u. europea*.

ultrasònico [comp. di *ultra-* e dell'agg. di *s(u)ono*; 1947] agg. (pl. m. *-ci*) *1* Pertinente ad ultrasuoni: *onde ultrasoniche*. *2* Supersonico: *velocità ultrasonica*.

ultrasonografia [comp. di *ultras(u)ono* e *-grafia*] s. f. ● (*med.*) Ecografia.

ultrasonòro [comp. di *ultra-* e *sonoro*; 1937] agg. ● Ultrasonico: *onde ultrasonore*; *velocità ultrasonora*.

ultrasottile [comp. di *ultra-* e *sottile*; 1989] agg. ● Che ha subìto una notevole riduzione di spessore: *lenti a contatto ultrasottili*.

ultrastruttùra [comp. di *ultra-* e *struttura*; 1961] s. f. ● (*biol.*, *fis.*) Struttura biologica o cristallina avente dimensioni inferiori a 0,2 μm e quindi non risolubile mediante un ordinario microscopio ottico e osservabile solo con un ultramicroscopio o un microscopio elettronico.

ultrastrutturàle [1987] agg. ● (*biol.*, *fis.*) Relativo o pertinente alle ultrastrutture.

ultrastrutturìstica [da *ultrastruttura*; 1991] s. f. ● (*biol.*, *fis.*) Disciplina che studia caratteristiche e proprietà delle ultrastrutture.

ultrasuòno [comp. di *ultra-* e *suono*; 1931] s. m. ● Suono di frequenza superiore al limite di udibilità umana.

ultrasuonoterapia [comp. di *ultrasuono* e *terapia*; 1961] s. f. ● (*med.*) Terapia mediante ultrasuoni.

ultratecnològico [comp. di *ultra-* e *tecnologico*] agg. (pl. m. *-ci*) ● Che è frutto di una tecnologia avanzata: *un videoregistratore u.*

ultraterrèno [comp. di *ultra-* e di *terreno*; 1903] agg. ● Che è o va al di là delle cose della terra: *mondo u.*; *felicità ultraterrena* | ***Vita ultraterrena***, sopravvivenza dopo la morte.

♦**ultraviolétto** [comp. di *ultra-* e *violetto*; 1935] **A** s. m. ● (*fis.*) Radiazione elettromagnetica, situata oltre l'estremo violetto dello spettro visibile, avente lunghezza d'onda compresa fra 400 nm e 4 nm | ***U. prossimo***, ***vicino***, quello compreso fra 400 e 300 nm | ***U. lontano***, quello compreso fra 300 e 200 nm | ***U. estremo***, quello compreso fra 200 e 4 nm | ***Fotografia all'u.***, ripresa fotografica di oggetti illuminati con raggi ultravioletti o emettenti raggi ultravioletti, effettuata mediante emulsioni sensibili a lunghezza d'onda fra 200 nm e 400 nm. **B** agg. ● Dell'ultravioletto | ***Raggi ultravioletti***, le radiazioni elettromagnetiche che costituiscono l'ultravioletto.

ultravirus [comp. di *ultra-* e *virus*; 1937] s. m. inv. ● (*biol.*) Virus nel sign. 2.

ultravuòto [comp. di *ultra-* e *vuoto*; 1983] s. m. ● (*fis.*) Ambiente in cui gli aeriformi hanno una pressione inferiore a un milionesimo di millimetro di mercurio.

ultròneo [vc. dotta, lat. tardo *ultrōneu(m)*, da *ŭlter* '(situato) al di là', quindi dal senso facilmente deriv. di 'gratuito' a quello di 'da sé, di propria volontà'; 1499] agg. *1* (*raro, lett.*) Spontaneo. *2* (*dir.*) Eccessivo.

ùlula [vc. dotta, lat. *ŭlula(m)*, di orig. onomat.; sec. XIV] s. f. ● Uccello degli Strigiformi, bruno a macchie bianche, attivo anche di giorno (*Surnia ulula*).

♦**ululàre** o †**ulolàre** [vc. dotta, lat. *ululāre*, di orig. onomat.; sec. XIV] v. intr. (*io ùlulo*; aus. *avere*) *1* Emettere ululati, detto del cane e del lupo: *u. nella notte*; *un cane ululava alla luna*. *2* (*est.*, *lett.*) Emettere prolungati e cupi lamenti, detto di persone. *3* (*fig.*) Produrre suoni simili a ululati: *il vento ululava nella valle*; *la bufera, l'uragano ulula nella selva*.

ululàto [vc. dotta, lat. *ululātu(m)*, part. pass. di *ululāre*; sec. XIV] s. m. *1* Urlo cupo e prolungato del lupo o del cane e (*est.*) di altri animali: *l'u. delle fiere*; *il buio era punteggiato da lontani ululati di cani* (LEVI). *2* (*est.*, *lett.*) Lungo grido lamentoso. *3* (*fig.*) Suono lungo e cupo simile a un ululato: *gli ululati del vento*.

ùlulo [da *ululare*; 1516] s. m. ● Ululato, urlo.

ululóne [da *ululare* per il suo insistente grido notturno; 1875] s. m. ● Anfibio anuro simile a un piccolo rospo, la cui pelle ha verruche porose sul dorso ed è di color giallo vivo e liscia sul ventre (*Bombina variegata*). ➡ ILL. **animali**/4.

ùlva [vc. dotta, lat. *ŭlva(m)*, di etim. incerta; av. 1375] s. f. ● Alga marina della famiglia delle Ulvacee, grande e comune, che forma larghe fronde ondulate verdi (*Ulva lactuca*). SIN. Lattuga di mare.

Ulvàcee [vc. dotta, comp. del lat. *ŭlva* 'ulva, alga' e *-acee*; 1879] s. f. pl. (sing. *-a*) ● Nella tassonomia vegetale, famiglia di alghe con tallo pluricellulare, delle quali la specie più nota è la lattuga di mare (*Ulvaceae*).

ulvite [dalle isole *Ulvö* (Svezia) ove si trova] s. f. ● Minerale del gruppo degli spinelli, costituito da ossido di ferro bivalente e da titanio tetravalente.

umanàre [vc. dotta, lat. eccl. *humanāre*, da *humānus* 'umano'; sec. XIV] **A** v. tr. ● (*raro*) Umanizzare. **B** v. rifl. ● Assumere condizione umana, detto del Cristo che si fa uomo.

umanàto [av. 1306] part. pass. di *umanare*; anche agg. ● (*raro*) Nei sign. del v.

umanazióne [vc. dotta, lat. eccl. *humanatiōne(m)*, da *humanātus* 'umanato'; av. 1375] s. f. ● Nella teologia cattolica, assunzione di condizione umana da parte di Dio, nel Cristo.

umanèsimo [da *umanista*; 1891] s. m. *1* Movimento culturale sorto in Italia alla fine del XIV sec. e diffusosi in tutta Europa fino al sec. XVI, caratterizzato dal rifiorire degli studi classici e dall'affermarsi di una concezione della vita basata sulla riscoperta di autonomi valori umani e storici. *2* (*est.*) Qualsiasi concezione della vita, o corrente spirituale, fondata su valori analoghi. *3* (*est.*) Correntemente, interesse per gli studi filologici o classici.

umanista [dal lat. tardo-mediev. *humanista* 'insegnante di lettere classiche (*humanae litterae*)'; av. 1484] **A** s. m. e f. (pl. m. *-i*) *1* Seguace dell'umanesimo. *2* (*est.*) Correntemente, cultore degli studi classici. *3* Alunno delle antiche scuole di umanità | Insegnante o professore di lingua e letterature classiche. **B** agg. ● (*raro*) Umanistico.

umanistica [f. sost. di *umanistico*; 1932] s. f. ● Tipo di scrittura piuttosto piccola, chiara ed elegante, usata nei manoscritti del sec. XV dagli umanisti italiani su imitazione della minuscola carolina.

umanìstico [1585] agg. (pl. m. *-ci*) *1* Che si riferisce all'umanesimo e agli umanisti: *filologia umanistica* | ***Scrittura umanistica***, o (*ellitt.*) ***umanistica***, scrittura elaborata in Italia nel sec. XV sul modello della carolina e caratterizzata dalla finezza dei tratti, dall'eleganza delle proporzioni tra corpo e aste delle lettere. *2* (*est.*) Che si riferisce alla lingua e alla letteratura classiche: *studi umanistici* | (*est.*) Correntemente, letterario: *facoltà umanistiche*. ‖ **umanisticaménte**, avv.

♦**umanità** o †**umanitàde**, †**umanitàte** [vc. dotta, lat. *humanitāte(m)* 'qualità propria dell'uomo (*hŏmo*, genit. *hŏminis*)'; av. 1306] s. f. *1* Natura umana: *la nostra u.*; *l'u. e la divinità del Cristo*. *2* (*est.*) Complesso di elementi spirituali quali la benevolenza, la comprensione, la generosità e sim. verso gli altri, che sono o si ritengono propri dell'uomo in quanto essere sociale e civile: *trattare, giudicare un colpevole con u.*; *avere un profondo senso di u.*; *è un uomo crudele e totalmente privo di u.*; *ogni sua decisione rispecchia sentimenti di u.* | (*est.*) Dolcezza, gentilezza, affabilità: *occhi pieni di u.*; *dovresti avere un po' più di u.* *3* †Atto improntato a umanità. *4* (*lett.*) Moltitudine di uomini: *un'u. sofferente, disperata* | Il genere umano, il complesso degli uomini che popolano il mondo: *è stato un benefattore dell'u.*; *conoscere la storia dell'u.* *5* (*disus.*) Il complesso degli studi letterari | (*est.*) Erudizione, cultura, spec. di tipo umanistico: *scritti, saggi di varia u.* *6* Denominazione di un corso di insegnamento letterario, corrispondente grossomodo all'attuale livello ginnasiale inferiore, nell'antico ordinamento scolastico italiano.

umanitàrio [fr. *humanitaire*, da *humanité* 'umanità'; 1838] **A** agg. *1* Che pensa e opera secondo principi di generosità, comprensione, carità, amore verso il prossimo e sim., prefiggendosi come scopo il miglioramento costante delle condizioni morali e materiali dell'uomo: *filosofo, medico u.*;

è uno spirito u. SIN. Filantropico. *2* (*est.*) Che è proprio di una persona umanitaria: *principi, scopi umanitari; opera, iniziativa umanitaria; ideali umanitari.* || **umanitariaménte**, avv. **B** s. m. (f. *-a*) ● Persona umanitaria: *società di umanitari.* SIN. Filantropo.

umanitarismo [da *umanitario*, come il corrispondente fr. *humanitarisme* da *humanitaire*; 1848] s. m. *1* Insieme dei principi ideali e delle attività concrete proprie degli umanitari. *2* (*raro*) Cosmopolitismo.

umanitaristico [1933] agg. (pl. m. *-ci*) ● Del, relativo all'umanitarismo.

†**umanitàte** ● V. *umanità*.

umanizzàre [fr. *humaniser*, da *humain* 'umano'; 1706] **A** v. tr. *1* Rendere umano, civile: *u. un popolo primitivo, una tribù selvaggia.* *2 U. il latte*, rendere il latte vaccino simile al latte di donna privandolo di una parte dei suoi grassi. **B** v. rifl. ● (*raro*) Umanarsi. **C** v. intr. pron. ● Divenire colto, civile, umano: *popoli arretrati che si umanizzano con l'istruzione.*

umanizzazióne [fr. *humanisation*, da *humaniser* 'umanizzare'; 1916] s. f. *1* L'umanizzare, l'umanizzarsi | Procedimento di umanizzare il latte. *2* Assunzione della natura e della condizione umana, spec. con riferimento a Gesù Cristo.

♦**umàno** [vc. dotta, lat. *humānu(m)*, da *hŏmo* 'uomo'; 1294] **A** agg. *1* Di uomo, proprio dell'uomo: *corpo, organismo, sguardo, grido, destino u.; natura, vita, carne, voce, anima, condizione umana; la dignità, i diritti della persona umana; i misteri, le profondità del cuore, dell'animo umano; la giustizia umana e la divina; non avere più sembiante umano; questo supera ogni esigenza umana; le passioni umane senza veli e senza trasfigurazioni fantastiche* (CROCE) | ***Rispetto u.***, eccessivo timore delle opinioni, del giudizio e sim. degli altri | ***Miseria umana!***, escl. di compatimento e disprezzo per qlco. di moralmente gretto, meschino e sim. | Che ha le caratteristiche proprie dell'uomo: *creatura umana; gli esseri umani; con lei va gentilezza in vista umana* (POLIZIANO) | ***Bestia umana***, uomo di scatenata ferocia, efferata crudeltà e sim. | (*est.*) Che è formato, costituito da uomini: *specie umana; consorzio u.; genere u.; le razze umane; gruppi umani* | Che concerne l'uomo: *anatomia, fisiologia umana* | ***†Umane lettere***, belle lettere | ***Scienze umane***, il gruppo delle discipline comprendenti la sociologia, l'antropologia, la psicologia, la pedagogia e sim., contrapposto al gruppo umanistico, nel senso ristretto di letterario. *2* Detto di persona in cui si realizza pienamente la natura umana: *un eroe u.; un personaggio u. e credibile* | Che è proprio della natura umana in quanto imperfetta, limitata, contraddittoria e sim.: *l'umana debolezza; errare è u.; è u. cedere alla violenza* | ***È u., è molto u.***, e sim., è comprensibile e perdonabile in un uomo. CONTR. Disumano. *3* Pieno di umanità: *padrone, carceriere severo ma u.; parole umane e consolatrici; cerca di essere più u.* *4* (*fig.*) Intensamente espressivo, che sembra manifesti sentimenti umani: *il cane mi guardava con uno sguardo u. e triste.* || **umanaménte**, avv. *1* Dal punto di vista dell'uomo, stando alle caratteristiche positive e negative dell'uomo: *cosa umanamente impossibile; questo non è umanamente possibile.* *2* Con umanità: *trattare qlcu. umanamente.* *3* (*raro*) A modo d'uomo: *divinità che parla umanamente.* **B** s. m. *1* (*solo sing.*) Ciò che è proprio dell'uomo: *l'u. e il divino* | ***Non aver più nulla d'u.***, trasformarsi o deformarsi totalmente: *il suo viso, la sua voce non aveva più nulla d'u.* | Dimensione umana: *riportiamo il problema all'u.* *2* (*spec. al pl., lett.*) Essere umano, uomo: *il pianto degli umani.*

umanòide [da *umano*, col suff. *-oide*; 1964] agg.; anche s. m. e f. ● Che (o Chi) è fornito di caratteri simili o tendenti all'umano: *scimmia u.* | Nella fantascienza, individuo extraterrestre con aspetto simile all'uomo.

†**umàto** (1) [vc. dotta, lat. *humātu(m)*, part. pass. di *humāre*, da *hŭmus* 'terra'] agg. ● Seppellito, inumato.

umàto (2) [da (acido) *um(ico)* con sostituzione di suff. (*-ato* di sale al posto di *-ico* di acido)] s. m. ● Sale dell'acido umico.

†**umazióne** [vc. dotta, lat. *humatiōne(m)*, da *humāre* 'inumare'; 1375] s. f. ● Seppellimento.

†**umbè** ● V. *tombè*.

umbèlla ● V. *ombrella*.

umbellàto [da *umbella*; 1840] agg. ● (*bot.*) Con fiori disposti a ombrella.

Umbellìfere ● V. *Ombrellifere*.

umbèrta [da *Umberto I* di Savoia, che portava i capelli tagliati in questo modo; 1950] vc. ● Solo nella loc. ***all'u.***, detto di capelli tagliati corti e della stessa misura.

umbertìno [1931] agg. ● Di, relativo a, Umberto I d'Italia (1844-1900) e all'epoca del suo regno: *politica, società umbertina; l'Italia umbertina* | ***Stile u.***, quello tipico di tale epoca, caratterizzato da una grande varietà di influenze stilistiche diverse, riflesse in mobili e arredi che sono spesso imitazioni o interpretazioni di stili precedenti o esotici.

umbìlico e *deriv.* ● V. *ombelico* e *deriv.*

umbonàto o (*raro*) **ombonàto** [1891] agg. ● Che è provvisto di umbone: *scudo u.; valva umbonata.*

umbóne o (*raro*) **ombóne** [vc. dotta, lat. *umbō-ne(m)*, di orig. indeur.; 1840] s. m. *1* Parte centrale dello scudo circolare convesso, rilevata come una borchia, spesso con una punta piramidale o conica detta brocco. *2* (*zool.*) Zona rilevata da cui iniziano gli anelli concentrici che ornano la superficie esterna delle valve dei Lamellibranchi. *3* (*bot.*) Prominenza mammellare centrale di taluni organi vegetali, quale il cappello di alcuni Funghi delle Agaricacee.

†**umbràcolo** ● V. †*ombracolo*.

umbràtico [vc. dotta, lat. *umbratĭcu(m)*, da *ŭmbra* 'ombra'; 1873] agg. (pl. m. *-ci*) ● (*bot., zool.*) Detto di specie animale o vegetale, o di un raggruppamento di specie, che vivono in biotopi ombreggiati.

umbràtile o **ombràtile** [vc. dotta, lat. *umbrāti-le(m)*, da *ŭmbra* 'ombra'; av. 1375] agg. *1* (*lett.*) Che è in ombra, che è pieno d'ombra: *giardino u.; il grande atrio u.* (PASCOLI). CONTR. Solatio. *2* (*fig.*) Che ama l'ombra, il silenzio, la riservatezza e sim.: *uomo, carattere u.* SIN. Introverso, timido. *3* (*raro, fig.*) Che nasce dal dubbio, dalla ambiguità, che è privo di chiarezza e sim.: *moti umbratili dell'animo.*

umbrèlla ● V. *ombrella*.

umbrìfero ● V. *ombrifero*.

ùmbro [vc. dotta, lat. *Ŭmbru(m)*, da *Ŭmbria*: 'regione piena d'ombra (*ŭmbra*)'; 1516] **A** agg. ● Che si riferisce agli antichi Umbri o all'attuale Umbria: *lingua umbra; paesaggio u.; città umbre.* **B** s. m. (f. *-a*) *1* Ogni appartenente a un'antica popolazione preromana stanziata nell'Italia centrale: *gli Umbri e i Sabelli.* *2* Abitante o nativo dell'attuale Umbria. **C** s. m. solo sing. *1* Antica lingua del gruppo italico, parlata dagli Umbri. *2* Dialetto italiano dell'area centro-meridionale, parlato in Umbria.

ùmbro- primo elemento ● In parole composte, fa riferimento all'Umbria o ai suoi abitanti: *umbro-marchigiano.*

-ùme [suff. lat. (*-ūmen*) a valore collettivo, di orig. indeur. (*-men-*)] suff. derivativo ● Conferisce senso spregiativo a sostantivi tratti per lo più da aggettivi: *acidume, bastardume, fradiciume, luridume.*

umeràle ● V. *omerale*.

†**ùmero** ● V. *omero*.

umettàbile [1726] agg. ● (*raro*) Che si può umettare.

umettaménto [1639] s. m. ● (*raro*) Umettazione.

umettàre [vc. dotta, lat. *umectāre*, da *umēctus* 'umido, bagnato'; av. 1320] v. tr. (*io umétto*) *1* Umidificare in superficie: *umettarsi le labbra.* *2* (*raro*) Inumidire, bagnare un poco: *u. di vapori, di rugiada; u. un tessuto prima di stirarlo.*

umettatìvo [av. 1320] agg. ● (*raro, lett.*) Che serve a umettare.

umettazióne [vc. dotta, lat. tardo *umectatiō-ne(m)*, da *umectātus* 'umettato'; av. 1698] s. f. ● L'umettare, il venire umettato.

†**umétto** [vc. dotta, lat. *umēctu(m)*, da *umēre* 'essere umido', di orig. incerta] agg. ● Umido.

†**umettóso** [da †*umetto*] agg. ● Umido.

†**umicidiàle** ● V. *micidiale*.

ùmico o **ùlmico**, **hùmico** [da *humus* 'terreno'; 1879] agg. (pl. m. *-ci*) *1* Che si riferisce all'humus: *sostanze umiche del terreno.* *2* (*chim.*) ***Corpi umici***, sostanze brune che si ottengono sottoponendo le proteine a idrolisi con acidi forti.

umìcolo [vc. dotta, dal lat. *humŭs*, col suff. *-colo*; 1961] agg. ● (*bot., zool.*) Detto di organismo animale o vegetale che vive di preferenza nell'humus.

umidézza [av. 1311] s. f. ● Condizione o stato di ciò che è umido: *l'u. del suolo, di una regione.*

umidìccio [av. 1584] agg. (pl. f. *-ce*) *1* Che è piuttosto umido: *terreno u.* *2* Che è sgradevolmente umido: *clima u.; casa umidiccia; mani flosce e umidicce.*

umidificàre [comp. di *umido* e *-ficare*; 1961] v. tr. (*io umidìfico, tu umidìfichi*) ● Rendere umido | ***U. l'aria***, aumentarne l'umidità relativa nebulizzando acqua o immettendovi vapore acqueo.

umidificatóre [da *umidificare*; 1961] s. m. ● Apparecchio che conferisce l'umidità voluta all'aria di una stanza.

umidificazióne [1961] s. f. ● L'umidificare, il venire umidificato.

umidìre [av. 1294] v. tr. (*io umidìsco, tu umidìsci*) ● (*raro*) Rendere umido, inumidire.

♦**umidità** o †**umiditàde**, †**umiditàte** [vc. dotta, lat. tardo *umiditāte(m)*, da *ūmidus* 'umido'; av. 1306] s. f. *1* Caratteristica o condizione di ciò che è umido: *l'u. di un muro, di un terreno, dell'erba.* CFR. igro-. CONTR. Aridità, asciutezza. *2* Presenza di vapore acqueo nell'atmosfera: *proteggersi, ripararsi dall'u.; l'u. della notte* | ***U. atmosferica***, contenuto di vapore acqueo dell'atmosfera | ***U. atmosferica assoluta***, o ***u. assoluta***, massa di vapor d'acqua esistente nella unità di volume di aria atmosferica | ***U. atmosferica relativa***, o ***u. relativa***, rapporto, espresso in percentuale, tra la quantità di vapor d'acqua contenuto in un dato volume d'aria e la quantità necessaria per saturarlo. *3* (*gener.*) Quantità d'acqua o di vapore acqueo contenuta in una sostanza, in un corpo e sim.: *calcolare, valutare il grado di u. di un composto; misurare l'u. del terreno; proteggere un prodotto dall'u.*

♦**ùmido** [vc. dotta, lat. *ūmidu(m)*, da *umēre* 'essere umido', di etim. incerta; 1308] **A** agg. *1* Che è più o meno impregnato o bagnato d'acqua o d'altro liquido: *terreno u.; panni umidi; essere u. di sudore; occhi umidi di lacrime; erba umida di pioggia* | Che non si è ancora completamente asciugato: *bucato u.; biancheria umida; fai attenzione, l'inchiostro è ancora u.* *2* Detto dell'atmosfera, e dei fenomeni che la riguardano, quando l'umidità relativa supera il sessanta per cento: *aria umida; vento u.; clima u. e afoso.* *3* Detto di procedimenti o fenomeni che avvengono mediante, o in presenza di liquidi o che si accompagnano a produzione di materiali più o meno fluidi | ***Per via umida***, detto dell'analisi chimica quantitativa eseguita utilizzando determinate reazioni di identificazione che si svolgono prevalentemente in soluzione acquosa | ***Bolla a u.***, che utilizza inchiostro per la stampigliatura | ***Tosse umida***, con secreti molto fluidi. *4* (*lett., poet.*) Liquido o semiliquido: *l'u. miele* | ***L'umide strade***, le vie del mare. **B** s. m. *1* Umidità: *temere l'u.; l'u. è nocivo; stare all'u.* *2* Sugo di pomodoro, verdure varie, olio, in cui si mette a cuocere una vivanda: *spezzatini di vitello in u.* | La vivanda così cucinata: *preferire l'u. all'arrosto, al fritto e al lesso* | ***U. incassato***, pasticcio di rigaglie, tartufi, funghi. || **umidàccio**, pegg. | **umidétto**, dim. | **umidìno**, dim. | **umidòtto**, accr. | **umidùccio**, dim.

umidóre [av. 1294] s. m. ● (*lett.*) Umidità.

†**umidóso** agg. ● (*lett.*) Umido.

umìfero [comp. di *humus* e *-fero*; 1908] agg. ● Detto di terreno grasso, fertile, ricco di sostanza organica, di humus.

umificazióne [comp. di *humus* 'terreno' e di un deriv. da *-ficare* 'produrre'; 1929] s. f. ● Trasformazione in humus, a opera di microrganismi, delle sostanze organiche presenti nel terreno.

♦**ùmile** o (*poet.*) **umìle** [vc. dotta, lat. *hŭmile(m)*, propr. 'basso', da *hŭmus* 'terra, suolo'; 1224 ca.] **A** agg. (superl. *umilìssimo*, poet. *umìllimo* (V.)) *1* (*raro, lett.*) Che è poco elevato da terra: *pianta, capanna u.; umili arbusti.* *2* (*est.*) Poco elevato, quanto a grado sociale: *u. condizione; umili origini; famiglia u. ma onesta; qui egli ebbe umili natali* | (*est.*) Di tono poco elevato, di estrema semplicità: *stile u.* *3* (*est.*) Povero, modesto, dimesso: *un'u. casetta; indossare un'u. veste; disporre di un u. impiego* | (*est.*) Meschino, misero, vile: *a lui spettano i lavori più umili; compiere* *con pazienza umili servizi* | (*est.*, *lett.*) Sventurato, infelice. *4* Che è pienamente consapevole dei propri limiti e non si inorgoglisce per le proprie qualità, virtù o meriti personali o per i successi che consegue, né tanto meno ricerca la fama, la gloria, la ricchezza e sim.: *una persona u.*; *un eroe u.*; *essere u. di cuore*; *cerca di diventare un po' più u.*; *siamo più modesti, se non più umili* (VERGA). CONTR. Arrogante, superbo. *5* Che riconosce e accetta l'autorità o la supremazia altrui e si comporta con rispettosa sottomissione: *essere u. coi superiori*; *essere u. con tutti*; *ecco l'u. servo di Dio* | (*est.*, *spreg.*) Che si abbassa, si umilia per paura, per muovere gli altri a pietà e sim.: *farsi tutto u.* *6* Che è proprio delle persone umili, che mostra umiltà, che è improntato a umiltà: *atteggiamento, contegno, portamento, tono u.*; *parlare con voce u.*; *mi guardò con quel suo sguardo u.*; *vi rivolgo, o Signore, un'u. preghiera.* || **umilissimo**, superl. (V.). || **umilménte**, †**umileménte**, avv. *1* Con umiltà: *vi chiedo umilmente perdono.* *2* In modo umile, modesto: *vivere umilmente.* *3* †In basso. *4* †A bassa voce. **B** s. m., raro f. *1* (*spec. al pl.*) Chi è di umili origini. *2* Chi possiede e pratica la virtù dell'umiltà.

umiliaménto [sec. XIV] s. m. ● (*raro*) Umiliazione.

umiliànte [sec. XIV] part. pres. di *umiliare*; anche agg. ● Che umilia: *un compromesso, una proposta u.*

†**umiliànza** [da *umiliante*; av. 1250] s. f. ● Bassezza di condizione.

♦**umiliàre** [vc. dotta, lat. tardo *humiliāre*, da *hŭmilis* 'umile'; av. 1237] **A** v. tr. (*io umìlio*) *1* (*lett.*) Abbassare, chinare: *u. la fronte, il capo davanti a qlcu.* | †***U. la bandiera***, in segno di riverenza. *2* (*est.*, *lett.*) Sottomettere, reprimere: *u. la superbia, l'alterigia di qlcu.*; *u. il proprio orgoglio* | ***U. la carne ribelle***, reprimere, frenare i desideri dei sensi. *3* Indurre qlcu. in uno stato di profondo avvilimento, vergogna, imbarazzo e sim., con offese o altro e spec. mettendo in risalto la sua inferiorità, i suoi errori, difetti, mancanze e sim.: *u. qlcu. con aspre parole, con duri rimproveri*; *non umiliate così quel povero vecchio*; *l'ha voluto u. in pubblico, di fronte a tutti*; *la povertà mi umilia*; *questo continuo dover chiedere ci umilia.* *4* (*raro*) Porgere, presentare con estrema umiltà, spec. in formule di cortesia: *u. una supplica*; *le umilio la mia più devota riconoscenza.* *5* †Mitigare, addolcire chi è corrucciato, adirato, severo. **B** v. rifl. *1* Riconoscere apertamente la propria imperfezione, inferiorità, pochezza e sim.: *chi si umilia sarà esaltato* | (*est.*) Considerarsi da meno di quello che si è: *non umiliarti così.* *2* Prostrarsi, abbassarsi, fare atto di sottomissione: *umiliarsi ai piedi dell'altare, davanti a Dio*; *non dovevi umiliarti a chiedergli scusa.* CONTR. Insuperbirsi. *3* †Placarsi.

umiliàta s. f. ● Religiosa della congregazione femminile degli Umiliati, ora soppressa.

umiliativo [1639] agg. ● (*raro*) Che è atto a umiliare.

umiliàto [1639] **A** part. pass. di *umiliare*; anche agg. ● Pieno di umiliazione: *apparire u. e pentito*; *sentirsi u. e offeso.* || †**umiliataménte**, avv. A modo di chi è umiliato. **B** s. m. (f. *-a* (V.)) ● Aderente a un movimento evangelico penitenziale fondato nel sec. XII nel Milanese | Religioso di un ordine soppresso nel XVI sec., ispirato alla regola benedettina e originato da tale movimento.

umiliatóre [1891] s. m.; anche agg. (f. *-trice*) ● Chi (o Che) umilia.

umiliazióne [vc. dotta, lat. tardo *humiliatiōne(m)*, da *humiliātus* 'umiliato'; 1354] s. f. *1* Avvilente mortificazione: *l'u. dei superbi.* *2* Ciò che avvilisce, mortifica, umilia: *imporre una grave u. ai vinti*; *subire, accettare una bruciante u.*; *non posso sopportare altre umiliazioni.* *3* (*raro*) Sottomissione: *fare atto di u.*

†**umilièvole** [da *umiliare*] agg. ● Placabile.

umilissimo agg. *1* Sup. di *umile*. *2* ***U. servitore***, formula di cortesia epistolare, oggi di uso scherz.

†**umilità** ● V. *umiltà*.

†**umilitàde** ● V. *umiltà*.

†**umilitàte** ● V. *umiltà*.

umillimo [vc. dotta, lat. *humĭllimu(m)*, superl. di *hŭmilis* 'umile'; 1342] agg. ● (*poet.*) Umilissimo: *vergognoso, con atti umillimi … cercava perdono* (BOCCACCIO).

umiltà o †**umilità**, †**umilitàde**, †**umilitàte**, †**umiltàde**, †**umiltàte** [vc. dotta, lat. *humilitā-te(m)*, da *hŭmilis* 'umile'; 1294] s. f. *1* (*lett.*) Caratteristica, condizione di chi (o di ciò che) è umile: *casa, cibo di grande u.*; *servizio di estrema u.*; *u. di natali*; *accettare l'u. del proprio grado, della propria condizione sociale.* *2* Consapevolezza dei propri limiti: *l'u. è una virtù cristiana*; *la vostra è falsa u.*; *confessare con u. i propri peccati*; *affrontò l'argomento della sua ricerca con molta u.* CONTR. Orgoglio, superbia. *3* Estrema deferenza, reverenza, sottomissione e sim.: *presentarsi a qlcu. con grande u.*, *in atteggiamento di profonda u.* *4* (*lett.*) Modestia e riservatezza dei modi, del contegno e sim.: *ella si va, sentendosi laudare / benignamente d'u. vestuta* (DANTE).

Umlaut /'umlaut, *ted.* 'ʔumˌlaot/ [vc. ted., comp. di *um* che indica cambiamento e *Laut* 'suono'; 1934] s. m. inv. (pl. ted. *Umlaute*) *1* (*ling.*) Nella grammatica tedesca, modificazione di timbro che una vocale subisce per influsso di una vocale vicina. SIN. Metafonesi, metafonia. *2* Segno che si usa in tedesco per indicare la palatalizzazione delle vocali a, o, u (che diventano *ä*, *ö*, *ü*).

ùmma s. f. inv. ● Termine del Corano che designa la comunità dei credenti musulmani.

ùmo [1879] s. m. ● Adattamento di *humus* (V.).

umoràle [da *umore* (*1*); av. 1698] **A** agg. *1* Che si riferisce agli umori | ***Dottrina u.***, quella, risalente a Ippocrate e alla sua scuola, secondo la quale alla base dell'organismo umano stavano quattro umori fondamentali. *2* Detto di chi cambia umore facilmente: *un tipo u.* SIN. Lunatico | Che è basato sull'umore momentaneo: *comportamento u.* **B** s. m. e f. ● Persona umorale.

♦**umóre** (*1*) o †**omóre** [vc. dotta, lat. *umōre(m)*, da *umēre* 'essere umido', di orig. incerta; av. 1306] s. m. *1* (*lett.*) Sostanza liquida o quasi liquida, spec. che stilla, gocciola e sim.: *u. rugiadoso*; *dalle pareti colava un u. vischioso.* *2* Liquido biologico di un organismo animale o vegetale: *dal ramo spezzato colava un u. lattiginoso, acre, dolce* | ***U. acqueo***, liquido contenuto nella camera anteriore dell'occhio | ***U. vitreo***, liquido denso contenuto nella camera posteriore dell'occhio | †***I quattro umori***, i quattro liquidi biologici considerati fondamentali per il corpo umano, secondo Ippocrate e la sua scuola, cioè sangue, flemma, bile gialla e bile nera. ➡ ILL. p. 2127 ANATOMIA UMANA. *3* (*psicol.*) Disposizione interna per un certo tipo di risposta emotiva, come l'allegria, la tristezza, l'eccitazione, la depressione e sim. | Correntemente, indole, carattere: *un vecchietto d'u. bilioso, irascibile*; *essere di u. bizzarro, bisbetico, gaio, tetro* | ***U. faceto***, particolare inclinazione allo scherzo, al riso e sim. | (*disus.*) ***Bell'u.***, persona faceta e bizzarra: *sei veramente un bell'u.* *4* (*est.*) Disposizione dell'animo: *essere di cattivo, di pessimo u.*; *è sempre di umor nero*; *una notizia che mi ha messo di ottimo u.* | ***Buon u.***, V. anche *buonumore* | ***Mal u.***, V. anche *malumore* | (*spec. al pl.*) Tendenze o gusti: *gli umori dell'elettorato*; *adeguarsi agli umori del pubblico.* *5* †Voglia, fantasia, capriccio | †***Dar nell'u. a qlcu.***, essere conforme ai suoi gusti o desideri, andargli a genio | ***U. corrente***, andazzo, moda. *6* (*spec. al pl.*) †Animosità, passioni accese: *umori accesi, torbidi.* || **umoràccio**, †**umoràzzo**, pegg.

umóre (*2*) [da *umore* (*1*) con sovrapposizione del particolare sign. del corrispondente ingl. *humour*; 1940] s. m. ● (*raro*) Umorismo.

umorésca [f. sost. di *umoresco*; 1965] s. f. ● (*mus.*) Pezzo strumentale di carattere capriccioso e umoristico.

umorésco [da *umore* (*2*), come parallelo semanticamente autonomo di *umoristico*; 1925] agg. (pl. m. *-schi*) ● (*raro*, *lett.*) Che è ricco di humour, di umorismo.

umorismo (*1*) [comp. di *umore* (*1*) e *-ismo*] s. m. ● (*med.*) Antico indirizzo medico che attribuiva le malattie all'alterazione degli umori.

umorismo (*2*) [fr. *humorisme*, di orig. ingl., dove *humour* aveva assunto, dal primitivo sign. di 'umore', preso dal fr., quello di 'brio'; 1858] s. m. ● Modo intelligente, sottile e ingegnoso di vedere, interpretare e presentare la realtà, ponendone in risalto gli aspetti o lati insoliti, bizzarri e divertenti: *avere, non avere il senso dell'u.*; *mancare di u.*; *opera ricca di u.* SIN. Arguzia, spirito.

umorista (*1*) [da *umorismo* (*1*)] s. m. e f. (pl. m. *-i*) ● (*med.*) Seguace dell'umorismo.

umorista (*2*) [fr. *humoriste*, da *humorisme* 'umorismo (2)'; 1585] **A** s. m. e f. (pl. m. *-i*) *1* Persona dotata di umorismo. *2* Autore di opere (testi, disegni, ecc.) umoristiche | Chi scrive opere umoristiche | Chi fa dell'umorismo. **B** agg. ● Umoristico.

umoristico [fr. *humoristique*, da *humoriste* 'umorista (2)'; 1830 ca.] agg. (pl. m. *-ci*) *1* Che è proprio dell'umorismo o dell'umorista: *spirito, senso u.*; *vena umoristica.* *2* Che è detto o fatto con umorismo: *frase, battuta umoristica* | Che è pieno, ricco di umorismo: *tono, racconto, disegno u.* SIN. Arguto, faceto | ***Giornale u.***, che contiene racconti e disegni umoristici, che commenta con umorismo i fatti di cronaca e sim. *3* (*spreg.*) Che non viene preso o non è da prendere sul serio: *abbiamo conosciuto un personaggio u.* || **umoristicaménte**, avv. In modo umoristico, con umorismo.

†**umorosità** [av. 1320] s. f. ● (*raro*) Caratteristica di chi (o di ciò che) è umoroso.

†**umoróso** [vc. dotta, lat. *umorōsu(m)*, da *ūmor*, genit. *umōris* 'umore (1)'; av. 1320] agg. ● Detto di chi (o di ciò che) è ricco di umori: *uomo u.*; *pianta, sostanza umorosa.*

umpappà [sequela sillabica onomat.] inter. ● Riproduce il suono ritmato e monotono di un contrabbasso (*spec. iter.*).

umts /u,emmetti'esse/ [sigla ingl. di *U(niversal) M(obile) T(elecommunications) S(ystem)* 'sistema universale mobile per telecomunicazione'; 1999] s. m. inv. ● (*tel.*) Sistema di telefonia mobile universale, che consente un'elevata velocità di trasmissione per voce, dati, immagini.

ùmus ● V. *humus*.

un A agg. num. card.; anche pron. indef. ● Forma tronca di 'uno'. **B** anche art. indet.: *un tale.*

†**ùna** [vc. dotta, lat. *ūna*, da *ūnus* 'uno', con valore avv.] avv. ● Solo nella loc. prep. ***una con***, insieme con: *una con il popolo.*

unànime [vc. dotta, lat. *unănimu(m)*, comp. di *ūnus* 'un solo' e *ănimus* 'animo'; 1441] agg. *1* Detto di una pluralità di persone che abbiano e manifestino una totale concordanza di idee, opinioni, aspirazioni, desideri e sim.: *il popolo u. lo vuole*; *fummo unanimi nel condannare il misfatto.* *2* Detto di ciò che è pienamente condiviso da tutti i membri di un gruppo: *cordoglio, consenso, rimpianto u.* | Detto di ciò che esprime il pieno accordo, l'unanimità: *voto u.*; *per u. approvazione dei partecipanti.* || **unanimeménte**, †**unanimaménte**, avv. In modo unanime: *condannare unanimemente qlco., qlcu.*

unanimismo [da *unanime*; 1914] s. m. *1* (*raro*) Unanimità. *2* Tendenza a raggiungere posizioni di unanimità formale, rinunciando a chiarire sostanziali diversità o divergenze, spec. nel linguaggio politico: *il congresso si è chiuso all'insegna dell'u.*

unanimìstico [1983] agg. (pl. m. *-ci*) ● Che è unanime nella forma, ma non nella sostanza: *documento u.*; *decisione unanimistica.* || **unanimisticaménte**, avv.

unanimità [vc. dotta, lat. *unanimitāte(m)*, da *unănimus* 'unanime'; 1598] s. f. ● Totale concordanza di idee, opinioni, aspirazioni, desideri e sim., tra più persone: *cercare, ottenere, raggiungere l'u.*; *in questo caso è necessaria l'u. dei voti* | ***All'u.***, col pieno consenso di tutti: *la proposta fu accettata, approvata all'u.*; *hanno respinto l'istanza all'u.*

unanimitàrio agg. ● (*raro*) Raggiunto all'unanimità, che esprime unanimità.

ùna tàntum [loc. lat., propr. 'una volta (*ūna*, da *ūnus* in uso avv.) soltanto (*tāntum*, impiego avv. di *tāntus* 'tanto')'; 1942] **A** loc. agg. inv. ● Detto di retribuzione, premio o, in genere, concessione aventi carattere straordinario. **B** loc. sost. f. inv. *1* Compenso, gratifica a carattere non continuativo: *riscuotere l'una tantum*; *aver diritto all'una tantum.* *2* Forma straordinaria di imposizione fiscale, spec. in conseguenza di eventi che si verificano raramente: *pagare l'una tantum a favore dei paesi terremotati.*

†**ùncia** ● V. *oncia*.

†**unciàle** ● V. *onciale*.

†**uncicchiàto** [dal lat. *uncīnus* 'uncino' con sovrapposizione di *articulātus* 'provvisto di articolazione' (?)] agg. ● (*raro*) Unghiato, adunco.

†**ùncico** [variante di *uncino*; av. 1400] s. m. ● Rampino, artiglio | ***Dar d'u.***, artigliare, stringere con le

unghie.

†**uncinàle** agg. ● Di uncino | ***Professione u.***, (*iron.*) del ladro.

uncinàre [da *uncino*; 1313] **A** v. tr. *1* Modellare, foggiare a uncino: *u. una punta, l'estremità di un utensile.* *2* Afferrare, ghermire con un uncino: *u. la preda*; *u. il bordo della nave nemica* | ***U. una gomena***, ripescarla afferrandola con un uncino. *3* (*raro, lett., fig.*) Carpire con la frode, con l'inganno. *4* (*fig.*) ***U. il pallone***, nel gioco del calcio, arrestarlo al volo, col piede. **B** v. intr. pron. ● (*raro*) Assumere la forma di un uncino. **C** v. rifl. rec. ● (*raro, fig.*) Afferrarsi a vicenda.

uncinàto o †**oncinàto** [sec. XIV] part. pass. di *uncinare*; anche agg. *1* Nei sign. del v. *2* ***Amo u.***, fornito di artiglio, unghione | ***Croce uncinata***, croce semipotenziata o svastica | ***Osso u.***, in anatomia, quarto osso della seconda fila del carpo | ***Parentesi uncinata***, che ha questa forma: < >.

uncinèllo [av. 1492] s. m. *1* Dim. di *uncino*. *2* Piccolo gancio metallico per allacciatura di abiti e sim.

uncinétto o †**oncinétto** [1589] s. m. *1* Dim. di *uncino*. *2* Specie di grosso ago con una estremità uncinata usato per fare lavori a maglia o a rete: *lavorare all'u.*; *abito, lavoro fatto all'u.*

uncino o †**oncino** [vc. dotta, lat. tardo *uncīnu(m)*, da *ŭncus*, di orig. indeur.; 1313] s. m. *1* Strumento spec. metallico, aguzzo e adunco, atto ad afferrare o appendere qlco.: *ripescare qlco. con un u.*; *catena, canapo, pertica terminante con un u.* | ***A u.***, uncinato, adunco. SIN. Gancio, rampino. *2* (*fig., scherz.*) Ghirigoro, scarabocchio, grafia illeggibile. *3* (*fig., disus.*) Scusa, pretesto, cavillo: *attaccarsi a tutti gli uncini*. *4* (*bot.*) Organo con cui una pianta si attacca a sostegni. *5* (*sport*) Nel pugilato, gancio | ***Tiro a u.***, nella pallacanestro, tiro a parabola corta e arcuata, effettuato con una sola mano con il fianco rivolto al canestro. *6* (*zool.*) Ciascuno dei processi microscopici di cui sono provviste le barbule delle penne degli uccelli e che servono ad agganciare le barbe fra loro per rendere coerente ed elastico il vessillo. ‖ **uncinèllo**, dim. (V.) | **uncinétto**, dim. (V.).

uncinùto o †**oncinùto** [av. 1292] agg. ● (*raro*) Uncinato.

-ùncolo suff. alterativo ● In parole composte, indica che il nome di base è stato alterato in senso diminutivo e, talvolta, anche spregiativo: *peduncolo, omuncolo, ladruncolo*.

†**undànte** [vc. dotta, lat. *undānte(m)*, part. pres. di *undāre*, da *ŭnda* 'onda'; 1499] agg. ● Ondoso.

undazióne [vc. dotta, lat. *undatiōne(m)*, da *undātus*, part. pass. di *undāre*, da *ŭnda* 'onda'; 1840] s. f. *1* †Ondeggiamento. *2* (*geol.*) In tettonica, sollevamento e abbassamento del mantello superiore e della crosta profonda.

†**ùnde** ● V. *onde*.

undecennàle [da *undici* sul modello di *decennale*; 1961] **A** agg. *1* Che ha la durata di undici anni: *ciclo u.* *2* Che ricorre ogni undici anni: *anniversario u.*; *festà u.* **B** s. m. ● (*raro*) L'undicesimo anniversario.

†**ùndeci** ● V. *undici*.

undècimo [vc. dotta, lat. *undĕcimu(m)*, comp. di *ūnus* 'uno' e *dĕcimus* 'decimo'; 1308] agg. num. ord.; anche s. m. ● (*lett.*) Undicesimo: *Pio u.*; *il secolo u.* SIN. (*lett.*) Decimoprimo.

under /'ander, *ingl.* 'ʌndəɹ/ [ingl., propr. 'sotto' (vc. germ. d'orig. indeur.); 1959] **A** agg. inv. ● Detto di squadra o formazione sportiva nelle quali gli atleti non possono superare un determinato limite di età: *l'Italia u. 21.* **B** agg.; anche s. m. e f. inv. ● Che (o Chi) appartiene a tali squadre: *un calciatore u. 21*; *gli u. 18 giocheranno domani.* **C** s. f. inv. ● Squadra con atleti al di sotto di un certo limite di età: *l'u. 17 di rugby.*

undercut /*ingl.* 'ʌndəɹˌkʌt/ [vc. ingl., propr. 'colpo (*cut*, propr. 'taglio', di area scandinava e orig. incerta) di sotto (*under*, di area germ. e orig. indeur.)'; 1935] s. m. inv. ● (*raro*) Nel pugilato, colpo alle costole o ai fianchi portato nel corpo a corpo, in genere in serie, per indebolire la resistenza dell'avversario.

underground /ander'graund, *ingl.* 'ʌndəɹˌɡɹaʊnd/ [vc. ingl., propr. 'sotterraneo', comp. di *under* 'sotto' (V. *under*) e *ground* 'fondo' (vc. d'orig. germ.); 1970] **A** agg. inv. *1* (*raro*) Segreto, clandestino: *giornale u.* *2* Diffuso attraverso canali inconsueti, per sfuggire alla commercializzazione o alla produzione su scala industriale, detto spec. di opere artistiche o letterarie: *film, commedia u.* *3* (*est.*) Del tutto nuovo, opposto alla tradizione, contestatario: *cultura, arte u.* | ***Teatro u.***, locale dove si sperimentano nuove tecniche di recitazione, messa in scena, ecc. **B** s. m. inv. ● Cultura alternativa, controcultura: *saggio sull'u. americano* | L'insieme dei creatori o dei prodotti di questa nuova sensibilità sociale e culturale: *l'u. londinese ha pubblicato molte riviste*; *l'u. musicale dell'ultimo decennio.*

understatement /anders'teitment, *ingl.* ˌʌndəɹ'steɪtmənt/ [vc. ingl., deriv. di *to understate* 'attenuare, minimizzare', comp. di *under* 'sotto' (V. *under*) e *to state* 'dichiarare, affermare' (da *state* 'stato, condizione'); 1950] s. m. inv. ● Dichiarazione incompleta o mirante ad attenuare la sostanza di ciò che viene affermato.

undicènne [da *undici* con la seconda parte (*-enne*) di analoghi comp.; 1879] agg.; anche s. m. e f. ● Che (o Chi) ha undici anni di età: *ragazzo, ragazza u.*; *un gruppetto di undicenni.*

undicèṣima (o -é-) [da *undicesimo*] s. f. ● (*mus.*) Accordo di sei suoni costituito dalla sovrapposizione di cinque terze.

undicèṣimo (o -é-) [da *undi(ci)* col suff. proprio degli ord. *-esimo*; av. 1698] **A** agg. num. ord. ● Corrispondente al numero undici in una sequenza, in una successione, in una classificazione, in una serie (rappresentato da *XI* nella numerazione romana, da *11°* in quella araba): *mi tocca l'undicesima parte di tutta la somma*; *l'u. secolo d.C.*; *Pio XI*; *Luigi XI* | ***Due all'undicesima***, (*ellitt.*) elevato all'undicesima potenza | ***Il secolo XI***, gli anni dal 1001 al 1100. SIN. (*lett.*) Decimoprimo, (*lett.*) undecimo. **B** s. m. ● Ciascuna delle undici parti uguali di una stessa quantità: *tre undicesimi*; *un u. dei proventi.*

♦**ùndici** o †**ùndeci** [lat. *ŭndecim*, comp. di *ūnus* 'uno' e *dĕcem* 'dieci'; 1211] agg. num. card. inv.; anche s. m. e f. inv. ● (*mat.*) Numero naturale successivo di dieci, rappresentato da *11* nella numerazione araba, da *XI* in quella romana. **I** Come agg. ricorre nei seguenti usi. *1* Rispondendo o sottintendendo la domanda 'quanti?', indica la quantità numerica di undici unità (spec. preposto a un s.): *una bambina di u. anni*; *un'opera in u. volumi*; *sono le otto e u. primi*; *pesa u. kili*; *dista u. kilometri*; *l'endecasillabo è un verso di u. sillabe.* *2* Rispondendo o sottintendendo la domanda 'quale?', identifica qlco. in una pluralità, in una successione, in una sequenza (spec. posposto a un s.): *oggi è il giorno u.*; *sono le ore u.*; *punto tutto sul numero u.*; *abito al numero u.* | (*lett.*) Undicesimo: *Luigi u.* **II** Come s. ricorre nei seguenti usi: *1* Il numero undici (per ellissi di un s.): *l'u. è un numero primo*; *oggi è l'u.*; *il Collegio degli Undici fu creato in Atene ai tempi di Solone* | ***Le u.***, le ore undici e (*fam.*) le ore ventitré | ***Nell'11***, nell'anno 1911, o nel 1811 e sim. *2* Il segno che rappresenta il numero undici. *3* Squadra di calcio, in quanto formata da undici giocatori: *l'u. milanista* | ***L'u. azzurro***, la squadra nazionale italiana.

†**undùnque** [vc. dotta, lat. *ŭnde* 'onde' con la terminazione di simili comp. avv.] avv. ● (*raro*) Ovunque.

ungarettiàno **A** agg. ● Che riguarda il poeta e traduttore G. Ungaretti (1888-1970) o è relativo alla sua opera: *l'ermetismo u.* **B** s. m. (f. *-a*) ● Seguace, imitatore o appassionato di Ungaretti.

ungàrico [da *ungaro*; 1828] agg. (pl. m. *-ci*) ● (*lett.*) Ungherese.

ùngaro o †**òngaro**, **ùnghero** nel sign. B [vc. dotta, lat. mediev. *Hunŭguro(s)*, *Ŭngaro(s)*, dal bulgaro-turco *on ogur*, propr. 'dieci (*on*) tribù di valorosi (*ogur*)'; av. 1400] **A** agg. ● (*raro*) Ungherese. **B** s. m. *1* (f. *-a*) Ogni appartenente alla popolazione di stirpe prevalentemente ugro-finnica, stanziatasi fin dal sec. XI nel territorio corrispondente all'attuale Ungheria: *le incursioni degli Ungari.* *2* Antica moneta d'oro ungherese con il tipo di un guerriero, imitata in molti stati italiani.

ùngere o (*pop., tosc.*) †**ùgnere** [lat. *ŭngere*, fatto da *unguĕre* attraverso *ūnxi*, come *iŭngere* da *iŭnxi*, di sola area lat. e indiana; av. 1320] **A** v. tr. (pres. *io ùngo, tu ùngi*; pass. rem. *io ùnsi, tu ungésti*; part. pass. *ùnto*) *1* Spalmare, cospargere di olio o altre sostanze grasse (*anche assol.*): *u. qlco. di sego, sugna, strutto*; *u. il tegame di burro*; *u. il pane con sugo d'arrosto*; *u. il corpo con pomate, creme, balsami, unguenti* | (*est.*) Macchiare, insudiciare d'unto: *ungersi il vestito, le mani.* *2* (*est.*) Ingrassare, lubrificare: *u. una ruota, un ingranaggio* | ***U. le ruote, a qlcu.***, (*fig.*) adularlo, lusingarlo, offrirgli denari, regali e sim. per ottenere favori | (*fig.*) ***U. il dente***, mangiare, spec. a spese altrui | (*fig.*) †***Non aver che u.***, non aver nulla da mangiare. *3* (*relig.*) Segnare con olio consacrato o con altra materia consacrante, versare olio consacrato sulla testa di persona eletta a particolare funzione religiosa o sociale | Nel cattolicesimo, amministrare sacramenti che comportano l'unzione. *4* (*fig.*) Blandire, lisciare (*anche assol.*): *ungi, ungi, ma non riuscirai a comprarmi, a convincermi.* *5* (*raro, lett.*) Medicare: *u. le ferite.* **B** v. rifl. (+ *con*, + *di*) ● Spalmarsi di sostanze grasse: *ungersi con la crema abbronzante*; *un tempo gli atleti si ungevano d'olio.* **C** v. intr. pron. ● Macchiarsi, sporcarsi d'unto, sugo e sim.: *ungersi mangiando*; *guarda come ti sei unto!*

ungherése o †**ongarése** [1771] **A** agg. ● Dell'Ungheria: *popolazione u.*; *lingua u.* | ***All'u.***, (*ellitt.*) alla maniera degli ungheresi | (*disus.*) ***Tiro all'u.***, nel calcio, colpo dato alla palla con l'esterno del piede. **B** s. m. e f. ● Abitante o nativo dell'Ungheria. **C** s. m. solo sing. ● Lingua del gruppo ugro-finnico, parlata in Ungheria.

ùnghero ● V. *ungaro*.

♦**ùnghia** o (*raro, dial.*) **ógna**, (*raro, lett.*) **ùgna**, †**ùngola**, (*raro*) **ùngula** [lat. *ŭngula*, in orig. dim. di *ŭnguis* 'unghia', di orig. indeur.; 1308] s. f. *1* (*anat.*) Produzione cornea lamellare, caratteristica dei Vertebrati terrestri, che riveste l'estremità distale del dito e ha compiti di protezione, appoggio, difesa od offesa, a seconda della specie animale che si considera: *le unghie dell'uomo, degli animali*; *le unghie del gatto, del cavallo, del leone*; *le unghie delle mani, dei piedi*; *tagliarsi, limarsi, pulirsi le unghie*; *mangiarsi, mordicchiarsi le unghie*; *avere le unghie lunghe, corte* | ***U. a zoccolo***, grossa, robusta e che riveste l'ultima falange, propria di alcuni Ungulati | ***U. ad artiglio***, adunca e appuntita | ***U. incarnita***, o ***incarnata***, unghia affondata con i suoi bordi laterali nei tessuti molli vicini dove determina ulcerazioni e infezioni | ***U. ippocratica***, unghia allargata e abnormemente convessa | ***Avere le unghie lunghe***, (*fig.*) essere propenso al furto | ***Metter fuori le unghie***, (*fig.*) mostrare chiaramente la propria ostilità, capacità offensiva e sim. | ***Difendersi coi denti e con le unghie***, (*fig.*) difendersi con ogni mezzo e con disperato accanimento | (*fam.*) ***Sull'u.***, subito, detto spec. di pagamenti immediati e in contanti | CFR. onico-. ➡ ILL. p. 2126 ANATOMIA UMANA. *2* (*al pl., fig.*) Grinfie, mani: *cadere tra le unghie di uno strozzino*; *mettere le unghie addosso a qlcu.*; *se mi capita sotto le unghie, lo concio per le feste* | ***Avere, tenere qlcu. tra, sotto le unghie***, in proprio potere | ***Uscire di sotto le unghie a qlcu.***, sfuggirgli. *3* (*fig.*) Distanza, dimensione, o quantità minima: *c'è mancata un'u.*; *ce ne vuole un'u. in più*; *bisogna restringerlo di un'u.* *4* Taglio obliquo all'estremità di un attrezzo: *l'u. dello scalpello* | (*est.*) Attrezzo con tale taglio | (*gener.*) Attrezzo, o parte di esso, fatto a uncino, artiglio e sim.: *l'u. dell'ancora.* *5* Intaccatura sul dorso della lama di un coltello a serramanico, destinata a facilitare l'estrazione della lama stessa. *6* (*bot.*) Porzione ristretta e spesso decolorata del petalo, nella zona di inserzione sul talamo | ***U. cavallina***, fungo delle Poliporacee, a forma di zoccolo di cavallo, di colore grigio cenere e brunastro, che cresce sulle piante latifoglie (*Ungulina fomentaria*). *7* (*arch.*) Ciascuna delle quattro superfici ottenute dall'intersezione di due volte a botte di ugual monta, perpendicolari tra loro e con ugual piano tangente in chiave. *8* In legatoria, unghiatura. *9* (*mar.*) Patta (3). ‖ **unghiàccia**, pegg. | **unghièlla**, dim. (V.) | **unghièllo**, dim. m. (V.) | **unghiètta**, dim. | **unghiètto**, dim. m. | **unghìna**, dim. | **unghiòlo**, dim. m. (V.) | **unghióna**, accr. | **unghióne**, accr. m. (V.).

unghiàta o (*pop., tosc.*) †**ugnàta** [1863] s. f. ● Colpo inferto con le unghie | Ferita provocata da tale colpo. SIN. Graffio. ‖ **unghiatina**, dim.

unghiàto o (*lett., tosc.*) **ugnàto** [1313] agg. ● (*lett.*) Che è armato di unghie: *zampe unghiate*; *aquila unghiata.*

unghiatùra o †**ugnatùra** nel sign. 2 [da *unghia*;

1568] s. f. *1* Linguetta sporgente posta sul davanti del coperchio delle scatole portacipria e sim. per agevolare l'apertura | Piccolo scavo laterale nelle casse da orologi per poterle aprire facendo leva con l'unghia del pollice. *2* (*arch.*) Augnatura. *3* Nei volumi rilegati, la sporgenza della copertina rispetto al corpo del volume. *4* In medicina legale, lesione superficiale escoriativa prodotta da un colpo d'unghia.

unghiélla o **ugnèlla** [av. 1696] s. f. *1* Dim. di *unghia*. *2* Tipo di cesello con la cima a forma di sezione di unghia.

unghièllo o **ugnèllo** [av. 1735] s. m. *1* Dim. di *unghia*. *2* Artiglio, unghiolo: *gli unghielli del gatto*. *3* Ciascuna delle due formazioni cornee che si trovano alla faccia volare del nodello degli animali ad unghia fessa e che corrispondono agli speroni degli equini.

unghiòlo o (*pop., tosc.*) †**ugnòlo** [1879] s. m. *1* Dim. di *unghia*. *2* (*zool.*) Unghia stretta e acuta del gatto e di alcuni uccelli, quali i gallinacei.

unghióne o (*pop., tosc.*) †**ugnóne** [1313] s. m. *1* Accr. di *unghia*. *2* (*pop.*) Zoccolo. *3* Artiglio.

†**unghióso** [da *unghia*] agg. ● (*raro, lett.*) Scaglioso.

unghiùto [da *unghia*; 1342] agg. ● Munito di artigli.

ungiménto o †**ugniménto** [av. 1320] s. m. *1* (*raro*) L'ungere. *2* †Unguento.

ungitóre o †**ugnitóre** [1865] s. m.; anche agg. (f. *-trice*) ● (*raro*) Chi (o Che) unge (*anche fig.*).

ungitùra o †**ugnitùra** [1879] s. f. ● (*raro*) Applicazione di sostanze grasse, lubrificanti.

†**ùngola** ● V. *unghia*.

†**ùngue** [vc. dotta, lat. *ŭngue(m)*, di orig. indeur.] s. f. ● (*raro*) Unghia.

ungueàle [da †*ungue*; 1839] agg. ● (*anat.*) Dell'unghia: *lamina, lunula u.*

†**unguentàio** ● V. *unguentario*.

†**unguentàre** [vc. dotta, lat. tardo *unguentāre*, da *unguĕntum* 'unguento'; av. 1604] v. tr. e rifl. ● Ungere, ungersi con unguenti, balsami, profumi e sim.

unguentàrio o †**unguentàio** nel sign. B [vc. dotta, lat. *unguentāriu(m)*, da *unguĕntum* 'unguento'; 1353] **A** agg. ● (*raro*) Atto a contenere o a fornire unguento: *vaso u.*; *ghianda unguentaria*. **B** s. m. (f. *-a*) ● †Profumiere.

†**unguentière** [sec. XIV] s. m. ● Unguentario.

†**unguentìfero** [comp. di *unguento* e *-fero*; av. 1729] agg. ● (*raro*) Che porta unguenti.

unguènto [vc. dotta, lat. *unguĕntu(m)*, da *ŭnguere*, variante di *ŭngere*; av. 1320] s. m. *1* Medicamento molle preparato con eccipienti grassi: *cura a base di impacchi e unguenti* | (*fig., raro*) Conforto, rimedio | †***Aver u. per ogni piaga***, (*fig.*) trovare un rimedio per ogni inconveniente | †***U. da cancheri***, detto di chi vuole avere ciò che appartiene ad altri | (*fig.*) †***U. di zecca***, denaro | (*fig.*) †***U. di maggio***, aria primaverile che risana | †***Dar dell'u.***, ungere (*spec. fig.*). *2* Impasto molle di sostanze odorose, usato un tempo come profumo: *spalmare il corpo, le membra di preziosi unguenti*. SIN. Balsamo.

ùnguibus et ròstris [loc. lat., propr. 'per mezzo delle unghie (*ŭnguibus*, abl. pl. di *ŭnguis*) e del becco (*rŏstris*, abl. pl. di *rŏstrum*)'] loc. avv. ● Con tutte le forze, le armi, i mezzi di cui si dispone.

unguìcola [vc. dotta, dal lat. *ŭnguis* 'unghia', con suff. dim.; 1961] s. f. ● (*zool.*) Unghia più o meno piatta o incurvata solo trasversalmente, con estremità libera arrotondata e sporgente sul polpastrello, tipica delle proscimmie, delle scimmie antropomorfe e dell'uomo.

Unguicolàti [da *unguicola*; 1937] s. m. pl. (sing. *-o*) ● (*zool.*) Nella tassonomia animale, gruppo di Mammiferi provvisti di unghie e artigli invece che di zoccoli (*Unguiculata*).

unguicolàto [1961] agg. *1* (*zool.*) Detto del becco di alcuni uccelli, come quello delle anitre, quando reca all'apice una specie di unghia rivolta verso il basso. *2* (*bot.*) Detto di petalo, come quello del garofano, quando reca alla base un prolungamento a forma di unghia, che lo inserisce nel ricettacolo.

ùngula [vc. dotta, lat. *ŭngula(m)*, dim. di *ŭnguis* 'unghia'; 1961] s. f. *1* V. *unghia*. *2* (*zool.*) Zoccolo.

Ungulàti [vc. dotta, lat. *ungulātu(m)* 'provvisto di zoccolo (*ŭngula*)'; 1839] s. m. pl. (sing. *-o*) ● Nella tassonomia animale, gruppo di Mammiferi con unghia a zoccolo (*Ungulata*). ➡ ILL. animali/12-13.

ungulatùra [dal lat. *ŭngula* 'unghia' (V. *ungula*); 1961] s. f. ● Solco, incisione sulla lama di coltelli, armi, strumenti da taglio.

unguligrado [comp. del lat. *ŭngula* 'unghia' e di un deriv. da *grădi* 'procedere, camminare'; 1839] **A** agg. ● Detto di animale che camminando poggia al suolo soltanto l'unghia. **B** anche s. m.

ùni- [lat. *uni-*, da *ūnus* 'uno (solo)'] primo elemento ● In parole composte significa 'uno', 'uno solo', o fa riferimento a una sola unità: *unicamerale*, *unifamiliare* | In taluni casi si alterna nell'uso con *mono-*: *unigeneo*.

uniàsse [comp. di *uni-* e *asse*; 1961] agg. inv. ● (*bot.*) Detto di pianta il cui asse primario termina con un fiore.

uniàssico [da *uniasse*; 1930] agg. (pl. m. *-ci*) ● (*miner.*) Detto di un cristallo birifrangente che ha un solo asse ottico.

uniàte [russo *unijat*, da *unija* 'unione (delle Chiese)'; 1935] agg.; anche s. m. ● Detto delle Chiese orientali o dei singoli fedeli che, distaccatisi dalla comunione con la Chiesa Cattolica Romana in conseguenza dello scisma d'Oriente, si sono poi ad essa riuniti, conservando organizzazione autonoma.

unìbile [1499] agg. ● Che si può unire.

unibilità [da *unibile*; 1745] s. f. ● Condizione di ciò che è unibile.

unicameràle [comp. di *uni-* e *camerale*, secondo il modello ingl. *unicameral*; 1950] agg. ● Monocamerale. CONTR. Bicamerale.

unicameralìsmo [comp. da *unicamerale* e *-ismo*; 1950] s. m. ● Monocameralismo. CONTR. Bicameralismo.

unicellulàre [comp. di *uni-* e *cellulare*; 1932] agg. ● (*biol.*) Detto di organismo formato da una sola cellula.

unicellulàto [1983] **A** agg. ● (*biol.*) Unicellulare. **B** anche s. m.

unicità [av. 1565] s. f. ● Condizione, caratteristica di chi (o di ciò che) è unico. CONTR. Molteplicità.

♦**ùnico** (1) [vc. dotta, lat. *ūnicu(m)*, da *ūnus* 'uno solo'; av. 1306] **A** agg. (pl. m. *-ci*) *1* Che non è preceduto, accompagnato o seguito da nessun altro elemento uguale, che è il solo esistente del suo tipo o specie: *volume, esemplare u.*; *figlio u.*; *modello u.*; *pezzo u., da collezione*; *regime politico a partito u.*; *collegio u. nazionale*; *è un caso più u. che raro*; *è stata la sola e unica volta che ho acconsentito*; *è l'u. abito che ho*; *è l'unica soluzione che ci resta*; *io, unico fra tutti, ho detto chiaramente di no* | ***Atto u.***, opera teatrale in un solo atto | ***Strada a senso u.***, nella quale il transito è consentito in una sola direzione | (*fig.*) ***Informazione, critica a senso u.***, faziosa, unilaterale | ***Numero u.***, di giornale o pubblicazione non periodica, che esce saltuariamente | ***Giudice u.***, organo giudiziario costituito da una sola persona | ***Testo u.***, raccolta di tutte le norme legislative riguardanti una data materia | ***L'unica***, (*ellitt.*) via, soluzione, possibilità e sim. senza valide alternative: *questa è l'unica che puoi fare*; *per il momento l'unica è tacere*. *2* Che non ha uguali quanto a valore, virtù, importanza, pregio, prestigio e sim.: *poeta, pittore u.*; *amico u.*; *prodotto u.*; *quadro di bellezza unica*; *oggi sei di un'eleganza unica!* SIN. Inarrivabile, incomparabile, ineguagliabile. || **unicaménte**, avv. *1* Come unica cosa, solamente, soltanto: *desidero unicamente una risposta*. *2* (*lett.*) In modo unico, ineguagliabile. **B** s. m. (f. *-a*) *1* Chi è solo a fare, dire, pensare e sim., qlco.: *sei l'u. a crederlo*; *non saremo gli unici a dire di no*; *fosti tu l'u. che si oppose*. *2* Oggetto o animale unico: *ha altri abiti da mostrarmi? No, questo è l'u.*; *questo cucciolo è l'u. di colore nero*.

Ùnico (2) [sigla di *Uni*(*ficato*) *Co*(*mpensativo*); 1998] agg.; s. m. ● Detto di modello unificato per la dichiarazione dei redditi soggetti a Irpef e per la dichiarazione Iva e Irap.

unicolóre [vc. dotta, lat. *unicolōre(m)*, comp. di *ūnus* 'uno solo' e *cŏlor*, genit. *colōris* 'colore'; 1868] agg. ● Monocolore, monocromo. CONTR. Policromo.

uniconcettuàle [comp. di *uni-* e *concettuale*] agg. ● (*raro*) Che contiene o sviluppa un unico concetto: *libro u.*; *film u.*

unicòrde [comp. di *uni-* e *corda* sul modello del grecismo *monocorde*] agg. ● (*raro, lett.*) Monocorde.

unicòrno [vc. dotta, lat. tardo *unicŏrnu(m)* 'di un solo (*ūnus*) corno (*cŏrnus*)'; sec. XIII] **A** agg. ● (*zool.*) Detto di animale con un corno solo. **B** s. m. *1* Nelle mitologie antiche e nelle credenze medievali, animale fiabesco, con un solo corno che, ridotto in polvere, si riteneva avesse virtù curative. SIN. †Liocorno. *2* (*zool.*) Narvalo.

ùnicum [vc. lat., propr. '(oggetto) unico'; 1931] s. m. inv. (pl. lat. *unica*) ● Nel linguaggio di bibliografi, filatelici, numismatici e sim., esemplare unico | (*est.*) Caso unico.

unidimensionàle [comp. di *uni-* e di un deriv. di *dimensione*; 1939] agg. *1* (*mat.*) Detto di ente geometrico a una sola dimensione, quale una curva. *2* (*fis.*) Detto di problema risolvibile mediante un'equazione a una sola variabile.

unidirezionàle [comp. di *uni-* e *direzionale*; 1961] agg. *1* (*elettr.*) Detto di corrente elettrica continua o di una corrente che non inverte mai il verso di circolazione. *2* (*tecnol.*) Detto di dispositivo atto al passaggio di un fluido, della corrente elettrica o altro, in una sola direzione: *microfono u.* *3* In un sistema di circolazione stradale, detto di corrente di marcia in cui sono eliminati gli incroci a livello fra correnti di traffico con direzioni diverse. || **unidirezionalménte**, avv.

unidòse [comp. di *uni-* e *dose*; 1983] agg. inv. ● (*farm.*) Detto di confezione contenente una sola dose di preparato.

unifamiliàre [comp. di *uni-* e *familiare*; 1942] agg. ● Detto di casa progettata e costruita per servire da abitazione a una sola famiglia: *villetta u.* SIN. Monofamiliare.

unìfero [comp. di *uni-* e *-fero*; 1963] agg. ● (*bot.*) Detto di pianta che fiorisce e fruttifica una sola volta all'anno.

unificàbile [1879] agg. ● Che si può unificare: *principi, criteri unificabili*.

unificabilità [1965] s. f. ● Condizione, proprietà di ciò che è unificabile.

unificànte part. pres. di *unificare*; anche agg. *1* Nei sign. del v. *2* Che unifica, determina una fusione o un'aggregazione: *agente, elemento u.*; *la musica rock come fattore u. nel mondo giovanile*.

unificàre [comp. di *uni-* e *-ficare*; av. 1729] **A** v. tr. (*io unìfico, tu unìfichi*) *1* Ridurre a unità, fondere due o più elementi in un solo organico insieme: *u. l'Italia, l'Europa*; *u. le leggi, i codici*; *u. varie correnti di pensiero*. CONTR. Dividere, separare, suddividere. *2* Standardizzare un prodotto industriale, ridurlo a un unico tipo. **B** v. rifl. rec. ● Ridursi a unità, convergere o confluire in un solo organico insieme: *partiti politici che devono unificarsi*.

unificatìvo [av. 1639] agg. ● (*raro*) Che è atto a unificare.

unificàto [av. 1729] part. pass. di *unificare*; anche agg. ● Nei sign. del v.: *progetti di legge unificati*; *apparecchio telefonico u.*

unificatóre [1870] agg.; anche s. m. (f. *-trice*) ● Che (o Chi) unifica: *criterio, principio u.*; *azione unificatrice*; *gli unificatori dell'Italia*.

unificazióne [1855] s. f. *1* Riunione di due o più elementi in un solo, organico insieme: *u. politica, amministrativa dello Stato*. *2* (*tecnol.*) Tendenza a conseguire accordi nel campo tecnico e industriale in modo da evitare difformità di simboli, di caratteristiche, di procedimenti e sim. *3* Standardizzazione, riduzione a un unico tipo, spec. di un prodotto industriale.

unifilàre [comp. di *uni-* e di un deriv. di *filo*; 1961] agg. ● (*elettr.*) Detto di collegamento fra componenti elettrici realizzato con un unico conduttore: *linea elettrica u.* | Detto di schema elettrico in cui i conduttori a due o più fili sono indicati con un'unica linea. SIN. Monofilare.

uniflòro [comp. di *uni-* e del lat. *flōs*, genit. *flōris*; 1826] agg. ● (*bot.*) Detto di pianta, fusto o peduncolo che porta un solo fiore.

unifogliàto [comp. di *uni-* e di un deriv. di *foglia*] agg. ● (*bot.*) Detto di picciolo avente un solo lembo, foglia o fogliolina | Detto di foglia originariamente composta le cui foglioline, per anomalia o riduzione filogenetica, si sono ridotte a una sola.

uniformàre [da *uniforme* (*1*); 1700] **A** v. tr. (*io unifórmo*) *1* Rendere uniforme: *u. una superficie irregolare*; *u. il terreno prima della semina*.

CONTR. Differenziare. **2** Rendere adatto, adeguato, confacente: *u. la moda ai propri gusti.* **B** v. rifl. ● Adeguarsi, conformarsi, sottomettersi: *uniformarsi alla situazione presente*; *uniformarsi alla volontà della maggioranza.* CONTR. Differenziarsi. **C** v. intr. pron. ● (*raro*) Divenire uniforme: *il vento si è uniformato.*

uniformazióne [1879] s. f. **1** Livellamento (*anche fig.*). **2** Adattamento, adeguamento.

unifórme (1) [vc. dotta, lat. tardo *unifōrme(m)* 'ad una sola (*ūna*) forma'; 1321] agg. **1** Che è uguale in ogni sua parte, che è privo di variazioni, difformità, discontinuità e sim.: *superficie piatta e u.*; *colore steso in modo u.*; *idee uniformi, nate tra popoli sconosciuti tra loro, debbon avere un principio comune di vero* (VICO). **2** (*fis.*) ***Campo u.***, campo vettoriale in cui il vettore del campo è indipendente dal tempo e/o dal posto | ***Moto u.***, moto di un punto su una traiettoria qualsiasi, la cui velocità rimane costante in grandezza nel tempo, pur potendo variare in orientamento: *moto circolare u.* | ***Corrente fluida u.***, in cui la velocità delle particelle è indipendente dal tempo e dal posto occupato. **3** (*mat.*) Detto di fenomeno che si presenta con gli stessi caratteri nei punti dove avviene: *continuità u.*; *convergenza u.* | ***Funzione u.***, funzione univoca. **4** (*fig.*) Monotono: *suono, ritmo u.*; *paesaggio u.*; *giornate uniformi*; *vita u.* CONTR. Variato. || **uniformeménte**, avv. **1** In modo uniforme, con uniformità: *colore uniformemente distribuito.* **2** (*disus.*) In modo conforme: *curarsi uniformemente alle prescrizioni mediche.*

unifórme (2) [fr. (*habit*) *uniforme* '(vestito) uniforme'; 1714] s. f. **1** Abito uguale per tutti gli appartenenti a una stessa forza armata e, nell'interno di questa, per tutti gli appartenenti alla stessa arma, corpo, specialità, categoria gerarchica, relativamente ai vari contrassegni distintivi: *u. di fatica, da campagna, da combattimento*; *u. ordinaria per la truppa*; *u. ordinaria per gli ufficiali* | ***Alta u.***, ***grande u.***, prescritta per le occasioni solenni | ***Indossare l'u.***, (*fig.*) fare il servizio militare, intraprendere la carriera militare. **2** (*est.*) Abito uguale prescritto per tutti gli appartenenti a un determinato ordine, istituto, servizio e sim.: *l'u. dei cavalieri dell'ordine di Malta*; *l'u. dei ferrovieri, dei tranvieri, dei collegiali.* SIN. Divisa, tenuta.

uniformità [vc. dotta, lat. tardo *uniformitāte(m)*, da *unifōrmis* 'uniforme (1)'; av. 1375] s. f. **1** Condizione di ciò che è uniforme: *l'u. di una superficie, del colore, del suono*; *l'u. del moto* | ***Fattore di u.***, in ottica, rapporto fra l'illuminamento nel punto più scuro e quello nel punto più chiaro o nel punto medio. CONTR. Difformità, varietà. **2** Conformità, concordanza, accordo: *u. di vedute, di opinioni, di scelte*; *riscontrare una notevole, una totale u. di punti di vista* | ***In u.***, ***in piena u. con***, conformemente a. CONTR. Discordanza.

uniformologìa [comp. di *uniforme* (*2*) e *-logia*; 1980] s. f. ● Ricerca e raccolta delle uniformi militari, e studio della loro storia.

†**unigèneo** [sul modello di *omogeneo* con sostituzione della prima parte con *uni-*] agg. ● Della stessa natura.

unigènere [comp. di *uni-* e *genere*; 1891] agg. ● (*raro*) Di un solo genere.

unigènito [vc. dotta, lat. *unigĕnitu(m)*, comp. di *ūnus* 'unico' e *gĕnitus* 'genito, nato'; 1336 ca.] **A** agg. ● Detto del Cristo, unico figlio di Dio, fatto uomo: *Gesù, figlio u. del Padre*; *l'umanità glorificata de l'u. mio Figliuolo* (CATERINA DA SIENA). **B** anche s. m.: *l'Unigenito.*

†**unigeno** [vc. dotta, lat. *unĭgena(m)* 'di un solo (*ūnus*) parto (da *gĭgnere* 'generare')', m. e f., adattato alla più frequente desinenza m. in *-o*; av. 1588] agg. ● Unico generato | ***La dea unigena***, Minerva, unica nata dal cervello di Giove.

unilabiàto [comp. di *uni-* e di *labiato* (dal lat. *lābium* 'labbro'); 1840] agg. ● (*bot.*) Detto di calice o corolla gamopetala irregolare con un solo labbro ben evidente.

unilateràle [fr. *unilatéral*, comp. di *uni-* e *latéral* 'laterale'; 1806] agg. **1** Che riguarda un solo lato: *affezione, infiammazione u. della pleura.* **2** (*dir.*) Che riguarda o prende in considerazione una sola delle parti: *promessa u.* | ***Negozio giuridico u.***, in cui la manifestazione di volontà è una sola. **3** (*fig.*) Che prende in considerazione un solo lato o aspetto della cosa: *visione u. di un problema* | (*est.*) Eccessivamente personale, soggettivo: *concetto u.*; *ha un modo troppo u. di vedere le cose* | (*est.*) Arbitrario, spec. in quanto non tiene conto della complessità dei dati, degli elementi, della realtà: *spiegazione u.*; *giudizio u.*; *interpretazione u. dei fatti.* || **unilateralménte**, avv.

unilateralìsmo [da *unilaterale*; 1898] s. m. ● Tendenza a prendere in considerazione un unico punto di vista, una sola realtà.

unilateralità [1883] s. f. ● Caratteristica di chi (o di ciò che) è unilaterale (*spec. fig.*).

unilàtero [1957] agg. **1** (*raro*) Che ha un solo lato. **2** (*mat.*) Detto di una superficie a una sola faccia.

unilineàre [comp. di *uni-* e *lineare*] agg. ● Che risale a uno solo degli ascendenti: *filiazione, discendenza u.*

unimandatàrio [comp. di *uni-* e *mandatario*; 1983] s. m. (f. *-a*) ● (*comm.*) Monomandatario.

uniménto [da *unire*; 1308] s. m. ● (*raro*) Unione.

unimodàle [comp. di *uni-* e *modale*; 1957] agg. ● (*stat.*) Detto di una distribuzione di frequenza caratterizzata da un unico valore modale.

uninèrvio [comp. di *uni-* e di un deriv. dal lat. *nĕrvus* 'nervo'; 1940] agg. ● (*bot.*) Detto di foglia con una sola nervatura.

uninominàle [comp. di *uni-* e *nominale* sul modello del fr. *uninominal*; 1886] agg. ● (*dir.*) ***Sistema u.***, o (*ellitt.*) ***l'uninominale***, sistema elettorale nel quale ogni lista presenta, in ogni collegio, un solo candidato: (*sistema*) *u. a un turno* (detto anche *u. secco*); (*sistema*) *u. a doppio turno* (che prevede un ballottaggio nel secondo turno). CONTR. Plurinominale. CFR. Maggioritario. || **uninominalménte**, avv. In base al sistema uninominale.

♦**unióne** [vc. dotta, lat. *uniōne(m)*, da *ūnus* 'uno solo', ma tardo nel senso attuale; av. 1306] s. f. **1** Congiungimento, fusione in un tutto unico: *u. ipostatica*; *l'u. di due o più pezzi meccanici*; *l'u. dell'anima col corpo*; *l'u. delle forze* | Relazione, legame tra persone: *u. matrimoniale*; *tra i due fratelli l'u. è molto stretta* | (*est.*) Matrimonio: *è un'u. senza figli* | ***U. di fatto***, ***d'affetto***, relazione affettiva stabile tra due persone conviventi. CFR. zigo-. CONTR. Separazione. **2** Ciò che risulta dall'unione di due o più elementi, spec. associazione di persone munite o meno di personalità giuridica: *u. sindacale* | (*dir.*) ***U. di cause***, trattazione di più cause in uno stesso processo. **3** (*fig.*) Armonica intesa, accordo, concordia: *l'u. degli animi, dei propositi*; *l'u. fraterna di tutto il popolo* | Continuità, coesione: *manca l'u. fra i vari elementi dell'opera.* **4** (*dir.*) Forma di cooperazione fra più soggetti di diritto internazionale per fini di comune interesse e a carattere continuativo che può o meno determinare il sorgere di un nuovo organismo internazionale: *u. doganale, monetaria*; *u. europea occidentale* | ***U. europea***, organizzazione internazionale istituita dal trattato di Maastricht del 1992, nata dalla fusione delle Comunità europee (C.E.C.A., C.E., C.E.E.A.), fondata sulla politica estera comune e sulla cooperazione nei settori della giustizia e degli affari interni | ***U. reale***, fra due o più Stati aventi in comune il monarca | ***U. personale***, tra più Stati aventi in comune il sovrano, senza che tuttavia si venga a creare fra essi un'attività unitaria o un apparato istituzionale. **5** (*dir.*) Mescolanza inseparabile di cose mobili appartenenti a diversi proprietari che diviene proprietà comune a tutti. **6** (*mat.*) ***U. di più insiemi***, insieme costituito dagli elementi che appartengono ad almeno uno degli insiemi | Nell'insieme delle parti d'un insieme, l'operazione che a due sottoinsiemi associa la loro unione. || PROV. L'unione fa la forza.

unionìsmo [da *unione*, sul modello dell'ingl. *unionism*; 1891] s. m. **1** Movimento che tende a raggiungere o a mantenere l'unità all'interno di organismi politici, economici, religiosi, ecc. **2** (*econ.*) Il sistema tradunionistico.

unionista [da *unione*, sul modello dell'ingl. *unionist*; 1860] s. m. e f.; anche agg. (pl. m. *-i*) ● Chi (o Che) è fautore o sostenitore dell'unione di due o più organismi politici, economici, religiosi e sim. CONTR. Separatista.

uniovulàre [comp. di *uni-* e *ovulo*, con suff. aggettivale; 1932] agg. ● (*biol.*) Monovulare.

uniparo [comp. di *uni-* e di un deriv. dal lat. *părere* 'partorire'; av. 1565] agg. **1** Detto di animale che mette al mondo un solo figlio ad ogni parto. **2** (*bot.*) Detto di cima costituita da un solo ramo.

unipolàre [comp. di *uni-* 'da un solo' e dell'agg. di *polo*; 1891] agg. **1** (*elettr.*) Che presenta una sola specie di polarità | ***Cavo u.***, a un solo conduttore. SIN. Omopolare, monopolare. **2** (*elettron.*) ***Transistor u.***, transistor, per es. quello a effetto di campo, che utilizza portatori di carica di un solo tipo, quelli di maggioranza | ***Interruttore u.***, atto a interrompere la corrente elettrica su un solo filo.

♦**unire** [vc. dotta, lat. *unīre*, da *ūnus* 'uno solo'; sec. XIII] **A** v. tr. (*io unisco, tu unisci*) **1** Accostare o mescolare due o più cose o parti tra loro, così che diventino una cosa sola: *u. due assi con la colla, coi chiodi*; *uniamo i due banchi e ne otterremo uno più grande*; *unite i vari ingredienti in una teglia e cuocete a fuoco moderato*; *bisogna u. le varie tinte nella giusta proporzione* | (*est.*) Armonizzare, fondere in un unico complesso: *u. le voci, i suoni*; *u. i colori.* CONTR. Disunire, separare. **2** (*est.*) Fondere, collegare strettamente, associare: *se uniremo le nostre iniziative saremo i più forti*; *hanno deciso di u. i loro beni*; *u. più parole per formare una frase* | ***U. l'utile al dilettevole***, fare qlco. di piacevole, traendone anche concreti benefici | (*est.*) Possedere contemporaneamente: *u. al merito la virtù*; *un dramma che unisce il magico al reale*; *non ho trovato una donna che sappia u., come questa, la gentilezza e il decoro* (GOLDONI) | (*est.*) Avere in comune: *l'intelligenza li unisce.* **3** (*est.*) Portare o indurre a un comune consenso, impegno, determinazione e sim. (*anche assol.*): *la loro comune matrice culturale li unisce*; *spesso il dolore e la sofferenza uniscono gli uomini*; *l'indignazione unì gli animi e i voleri dei cittadini, incitandoli alla rivolta*; *idee, principi, esigenze che uniscono* | (*est.*) Legare, allacciare con vincoli di natura morale o giuridica: *un fatto, una promessa li unisce*; *u. i giovani in una lega, una associazione* | ***U. in matrimonio***, accogliere la manifestazione di volontà dei nubendi e dichiararli sposi: *il sacerdote li unì in matrimonio* | (*est.*) Legare con vincoli di natura politica, economica e sim.: *un accordo, un'alleanza li unisce.* **4** Mettere in comunicazione, collegare: *u. paesi, villaggi, centri abitati con strade, ferrovie, telegrafo, telefono*; *presto un nuovo traforo unirà i nostri paesi.* **B** v. rifl. e rifl. rec. (assol.; + *in*; + *a*, + *con*, qlco. o qlcu.; + *per*, + *contro*, qlco. o qlcu.) **1** Mettersi insieme, formare una unione: *unirsi in matrimonio*; *unirsi in società, in associazioni.* **2** Accostarsi, mescolarsi, legarsi in modo da formare un tutto, un insieme: *in questo punto le acque dei due fiumi si uniscono*; *i vari elementi devono unirsi secondo lo schema prestabilito.* **3** (*est.*) Fare causa comune, organizzarsi e agire per uno scopo comune: *per indurre i fiorentini a unirsi con gli altri confederati* (GUICCIARDINI); *unirsi contro l'invasore, la repressione*; *proletari di tutto il mondo, unitevi!* **4** Associarsi politicamente, economicamente e sim.: *le grandi imprese si unirono per conquistare nuovi mercati*; *queste potenze si unirono allora nella triplice alleanza.* **5** Accompagnarsi, mettersi con qlcu.: *si unirono al gruppo, alla comitiva*; *per* (o *in*) *questo viaggio mi unisco a voi.* **C** v. intr. pron. (+ *a*; + *con*) **1** Accordarsi, armonizzarsi: *suoni, colori, idee che si uniscono perfettamente.* **2** (*est.*) Coesistere, associarsi: *in lui l'astuzia si unisce all'intelligenza.*

unisessuàle [comp. di *uni-* e *sessuale*; 1804] agg. ● (*biol.*, *zool.*) Detto di pianta o animale portatore degli organi sessuali di un solo sesso. SIN. Unisessuato.

unisessualità [da *unisessuale*; 1983] s. f. ● (*biol.*) Caratteristica, proprietà di un organismo unisessuale.

unisessuàto [comp. di *uni-* e *sessuato*; 1973] agg. ● (*biol.*) Unisessuale.

unisex o **ùnisex** [comp. di *uni-* e dell'ingl. *sex* 'sesso', prob. sul modello del fr. *unisexe*; 1969] **A** agg. inv. ● Che si adatta, può essere usato o si rivolge a entrambi i sessi, detto spec. di indumenti: *pantaloni u.*; *scarpe u.*; *bicicletta u.*; *moda, rivista u.* **B** s. m. inv. **1** Insieme di prodotti di abbigliamento che possono servire all'uno e all'altro sesso: *l'u. invernale*; *il mercato dell'u. è in espansione.* **2** Modo di vestire, di comportarsi, di manifestarsi attraverso i quali non si distingue l'uomo dalla donna: *molti hanno adottato l'u.*

unisillabo [vc. dotta, lat. tardo *unisўllabu(m)* 'di una sola (*ūna*) sillaba (*sўllaba*)'; 1639] **agg.**; anche **s. m.** ● Monosillabo.

unisonànza [da *unisono*; av. 1647] **s. f.** ● (*raro*) Caratteristica di suoni unisoni | †Concerto prodotto da suoni unisoni.

†**unisonàre** **v. tr.** ● Rendere unisono.

unìsono [vc. dotta, lat. tardo *unīsonu(m)* 'di un solo (*ūnus*) suono (*sŏnus*)'; 1561] **A** **agg.** *1* (*mus.*) Detto di un suono o di una serie di suoni che vengono prodotti simultaneamente a suoni o serie di suoni uguali o distanti di un'ottava | ***Violini unisoni***, che eseguono la stessa parte. **CONTR.** Dissonante. *2* (*ling.*) Omofono. *3* (*fig.*, *lett.*) Che è in pieno accordo, conformità e sim.: *opinioni, risposte unisone*. *4* (*raro, lett.*) Monotono. **B** **s. m.** *1* (*mus.*) Intervallo di prima ed esecuzione dello stesso suono o serie di suoni da parte di più voci o strumenti; spec. nella loc. avv. ***all'u.*** | Particolare registro organistico. *2* (*fig.*) Totale concordanza e contemporaneità, spec. nella loc. avv. ***al-l'u.***: *agire, pensare, operare all'u.*

♦**unità** o †**unitàde**, †**unitàte** [vc. dotta, lat. *unitāte(m)*, da *ūnus* 'uno (soltanto)'; av. 1306] **s. f.** *1* Condizione, proprietà di ciò che è uno, indivisibile e, come tale, compiuto in sé stesso: *u. e molteplicità*; *u. e pluralità*; *l'u. dello spirito, della coscienza* | Nella teologia cristiana, attributo di Dio, come unica sostanza in tre persone. *2* Condizione, caratteristica di ciò che è o deve essere unico | ***U. della giurisdizione***, principio per cui la giurisdizione civile, salvo speciali disposizioni di legge, è esercitata soltanto dai giudici ordinari secondo le norme del codice di procedura civile | ***U. di tempo, di luogo e di azione***, secondo i classicisti, spec. del teatro italiano e francese, condizione per cui la tragedia deve svolgersi tutta in un solo giorno, nello stesso luogo e senza digressioni. *3* Condizione, caratteristica di ciò che è costituito di molte parti strettamente unite l'una all'altra, o connesse tra loro in modo organico e omogeneo: *l'u. della famiglia, di una lingua* | (*est.*) Unione politica: *spezzare l'u. nazionale*; *gli uomini del risorgimento lottarono per l'u. d'Italia.* *4* Convergenza, concordia, identità: *lavorare, agire con u. di metodi e d'intenti*; *esiste tra noi una vera u. di vedute e di propositi* | ***U. dei cristiani***, riconoscimento della comune fede di tutte le Chiese cristiane nel Cristo redentore, come condizione di fatto già esistente, nella prospettiva di superamento delle diversità confessionali | ***Segretariato per l'u. dei Cristiani***, organo postconciliare della Chiesa per la realizzazione dell'unificazione delle confessioni cristiane. *5* In un'opera d'arte, organicità e continuità dell'ispirazione e della realizzazione: *l'u. di stile di un romanzo, di un poema*; *tutto il ciclo di pitture è caratterizzato da una sostanziale u.* | ***U. di composizione***, relativamente ad opere riconducibili a un solo autore: *l'u. di composizione dei poemi omerici.* *6* Elemento, oggetto, individuo o gruppo singolo, considerato in quanto tale o in quanto costitutivo di un complesso, di una serie, di un insieme: *la frase è un'u. sintattica*; *il gene è un'u. ereditaria*; *il comune è l'u. amministrativa fondamentale* | (*dir.*) ***Minima u. colturale o produttiva***, estensione di terreno sufficiente e necessaria per poter essere convenientemente coltivata | ***U. lavoratrice***, capacità di lavoro di un uomo o di una famiglia in agricoltura | ***U. didattica***, lezione, ciclo di lezioni o sussidi didattici attraverso i quali è possibile sviluppare ed esaurire, nel rispetto di particolari scelte metodologiche, la trattazione di un argomento programmato. *7* (*mat.*) Il numero uno | Elemento neutro d'una legge di composizione, spec. se questa è detta prodotto | In relazione alla rappresentazione in base dieci o decimale d'un numero naturale, il numero che uguaglia l'ultima cifra a destra. *8* (*fis.*) ***U. di misura***, grandezza di paragone, il cui valore viene posto uguale a uno e rispetto alla quale vengono misurate le altre grandezze con essa omogenee | (*fis.*) ***U. fondamentale***, ciascuna delle unità di misura delle grandezze fisiche indipendenti assunte come fondamentali in un sistema di unità di misura | (*fis.*) ***U. derivata***, ciascuna delle unità di misura delle grandezze fisiche derivate da quelle assunte come fondamentali in un sistema di unità di misura | (*astron.*) ***U. astronomica***, unità fondamentale per la misura delle distanze in astronomia, corrispondente alla distanza media Terra-Sole, pari a 149 670 000 kilometri | (*fis.*) ***U. di massa atomica***, unità di misura della massa definita come 1/12 della massa del carbonio 12; una unità di massa atomica è pari a 1,66057 · 10^{-27} kg. **SIMB.** UA. ➡ **TAV.** ***unità di misura***. *9* (*agr.*) ***U. foraggera***, unità di misura atta a determinare il valore energetico degli alimenti destinati al bestiame, corrispondente al valore nutritivo di 1 kg di orzo. *10* (*farm.*) ***U. biologica***, misura internazionale adottata per il dosaggio biologico di certi farmaci e per la valutazione del potere e dell'effetto medicamentosi: *u. di penicillina, di vitamine, di insulina.* *11* (*chim.*) ***U. strutturale***, raggruppamento di atomi che si ripete regolarmente nella macromolecola di un polimero. *12* (*econ.*) ***U. di prezzo***, prezzo dell'unità di misura del bene considerato, prezzo unitario | ***U. di consumo***, individuo, famiglia, ente o un loro raggruppamento, considerati in quanto acquirenti di beni di consumo | ***U. monetaria***, moneta scelta quale base del sistema monetario di un Paese: *il dollaro è l'u. monetaria degli Stati Uniti.* *13* (*stat.*) ***U. statistica***, il singolo caso fatto oggetto di osservazione in una determinata rilevazione. *14* (*urban.*) ***U. d'abitazione***, gruppo di abitazioni dotato dei servizi di prima necessità e facente parte di un complesso residenziale più vasto. *15* (*mil.*) Complesso organico delle varie armi e servizi, agli ordini di un comandante: *u. elementare, complessa*; *u. paracadutista* | ***Grande u.***, Brigata, Divisione, Corpo d'Armata, Armata, Gruppo d'Armate | ***U. aerotrasportabile***, equipaggiata e addestrata per essere trasportata con aerei per un aviosbarco | ***U. corazzata***, costituita da unità carri e unità meccanizzate, con prevalenza delle prime | ***U. meccanizzata***, composta da unità carri e unità meccanizzate, con prevalenza di queste | ***U. motorizzata***, dotata degli autoveicoli necessari per il trasporto integrale del personale e dei materiali in organico | ***U. di marcia***, frazione di uno scaglione di marcia di un'autocolonna. *16* ***U. di crisi***, organo collegiale costituito presso vari ministeri e autorità civili e militari per fronteggiare situazioni di crisi di particolare gravità. *17* (*med.*) Insieme coordinato e organico di servizi o terapie mediche di tipo preventivo, curativo o riabilitativo, praticate da personale specializzato, all'interno di ospedali, case di cura e sim. | ***U. coronarica***, reparto ospedaliero, composto in genere di non più di otto letti, attrezzato con un sistema elettronico per la registrazione continua dell'elettrocardiogramma e la somministrazione di terapie intensive cardiologiche | ***U. neonatale***, reparto attrezzato, spec. con macchinari elettronici, per l'assistenza ai neonati nel periodo immediatamente dopo il parto | ***Unità Sanitaria Locale***, complesso integrato di servizi per l'assistenza sanitaria ai cittadini presenti in un determinato territorio. *18* (*mar.*, *aer.*) Ogni singola nave o aereo di un determinato tipo: *u. pesante, leggera*; *u. da ricognizione, da caccia*; *formazione composta di numerose u.* *19* (*elab.*) ***U. centrale***, la sezione di un elaboratore elettronico che esegue la vera e propria elaborazione dei dati e che presiede al governo di tutto il sistema | ***U. periferiche***, quelle destinate all'introduzione o all'estrazione dei dati o che hanno la funzione di memoria ausiliaria.

†**unita** [f. sost. del part. pass. di *unire*; sec. XIV] **s. f.** ● Unione, unimento.

†**unitàde** ● V. *unità*.

unitarianìsmo [da *unitariano*, come l'ingl. *unitarianism* da *unitarian*; 1957] **s. m.** ● (*relig.*) Unitarismo.

unitariàno [ingl. *unitarian*, dal lat. *unītus* 'unito'; 1957] **A** **s. m.**; anche **agg.** (f. *-a*) ● (*relig.*) Chi (o Che) è seguace dell'unitarismo. **B** **agg.** ● Che è proprio degli unitariani e dell'unitarismo: *dottrine unitariane.*

unitarietà [av. 1937] **s. f.** ● Condizione, caratteristica di ciò che è unitario.

unitàrio [da *unità*; 1819] **A** **agg.** *1* Che costituisce un'unità: *elemento, organo, complesso u.* | ***Casa unitaria***, composta da un solo vano | ***Stato u.***, non decentrato istituzionalmente a mezzo di enti autarchici e autonomi | ***Stato u. con autonomia regionale***, Stato regionale. *2* Che si riferisce a un'unità, a un singolo elemento: *prezzo, costo u.* *3* Che ha nell'unità il suo presupposto o il suo scopo: *ideale u.*; *politica unitaria*; *sforzi unitari* | Che mira all'accordo, alla conciliazione e sim.: *discutere con un nuovo spirito u.* *4* Organico, armonico, continuo: *stile, poema u.*; *metodo u.*; *opera di concezione unitaria*; *inquadrare un problema in modo u.* | ***Soluzione unitaria***, soluzione unica, globale, per una serie di problemi o per i vari aspetti di un problema. **CONTR.** Disorganico. *5* (*fis.*) Che ha valore di uno, che è pari all'unità di misura: *lunghezza unitaria*; *velocità, accelerazione unitaria.* || **unitariamènte**, **avv.** **B** **s. m.** (f. *-a*) *1* Sostenitore, fautore dell'unità politica, religiosa, amministrativa e sim. | (*est.*) Chi sostiene o propugna soluzioni unitarie. *2* (*relig.*) Seguace delle dottrine dell'unitarismo.

unitarìsmo [comp. da *unitar(io)* e *-ismo*; 1848] **s. m.** *1* Inclinazione o propensione a impostare e risolvere in modo unitario problemi, questioni, controversie e sim. *2* (*relig.*) Tendenza teologica riformata e protestante, diffusasi a partire dal sec. XVI, che respinge il dogma trinitario e dichiara l'unità di Dio.

unitarista [da *unitario*; 1882] **s. m.** e **f.** (pl. m. *-i*) ● Nell'età alessandrina, filologo o critico sostenitore dell'unità di composizione dei poemi omerici.

†**unitàte** ● V. *unità*.

unitézza [1875] **s. f.** *1* Condizione, caratteristica di ciò che è unito: *l'u. di una tinta.* *2* Caratteristica di ciò che è compatto, fitto: *l'u. di un tessuto, di una maglia.*

unitìvo [av. 1342] **agg.** ● (*raro*) Che serve a unire: *virtù unitiva* | ***Congiunzione unitiva***, copulativa.

unitizzazióne [da *unità*] **s. f.** ● Suddivisione e accorpamento di merci in blocchi trasportabili con sistemi standardizzati.

♦**unìto** [sec. XIII] **A** **part. pass.** di *unire*; anche **agg.** *1* Congiunto o collegato (*anche fig.*): *tre tavoli uniti*; *due coniugi molto uniti.* *2* Compatto, fitto: *tessuto u.*; *maglia unita.* *3* Che è animato da un forte spirito di solidarietà: *gruppo u.*; *famiglia molto unita.* *4* Uniforme, uguale, privo di disegni e sim.: *colore u.*; *tinta unita.* *5* (*mat.*) Corrispondente a sé stesso in un'applicazione | Fisso. *6* Denominazioni di unioni o confederazioni di Stati, di organismi internazionali e sim.: *Regno u. di Gran Bretagna e Irlanda del Nord*; *Stati Uniti d'America*; *Organizzazione delle Nazioni Unite.* || **unitaménte**, **avv.** *1* (*raro*) In modo compatto, uniforme: *stendere unitamente il colore.* *2* D'accordo: *agire, operare unitamente.* *3* Insieme: *lavorare unitamente con gli amici*; *unitamente all'avviso ti ho spedito i documenti*; nella loc. prep. ***unitamente a***, con, insieme con. **B** **s. m.** ● (*relig.*) Uniate.

unitóre [av. 1446] **s. m.**; anche **agg.** (f. *-trice*) ● (*raro*) Chi (o Che) unisce.

unitùra [sec. XV] **s. f.** ● (*raro*) Punto di unione, giunzione, sutura.

univalènte [comp. di *uni-* e *valente*; 1983] **agg.** ● (*chim.*) Monovalente.

univàlve [comp. di *uni-* e di un deriv. agg. di *valva*; 1561] **agg.** *1* (*zool.*) Detto di mollusco con una sola valva. *2* (*bot.*) Detto di organo che dopo l'apertura consta di un solo pezzo.

universàle [vc. dotta, lat. *universāle(m)*, da *univĕrsus* 'universo'; 1308] **A** **agg.** *1* Dell'universo, nel suo significato tecnico fondamentale: *attrazione u.*; *gravitazione u.* *2* Che si riferisce a tutte le cose inanimate o a tutti gli esseri viventi: *principio fisico u.*; *le leggi universali della natura*; *è la voluttà dello sparire individuale nella vita u.* (DE SANCTIS). *3* (*filos.*) Detto di tutto ciò che può essere predicato di tutti gli individui di una stessa classe: *attributi, concetti, giudizi universali.* *4* Che riguarda il mondo intero e l'intera umanità: *pace, storia u.*; *diluvio u.* | ***Giudizio u.***, quello nel quale Dio pronuncerà la definitiva sentenza sulla sorte delle anime umane, alla fine del mondo | ***Lingua u.***, lingua artificiale creata per le comunicazioni internazionali | (*est.*) Di vastissima portata, d'importanza mondiale: *questioni universali*; *problemi di portata u.* *5* Che si riferisce a una totalità di individui, che riguarda tutti gli uomini di un determinato paese, ambiente, ceto, categoria e sim.: *cordoglio, plauso, consenso u.*; *essere oggetto di u. ammirazione*; *godere di una stima u.*; *è fatto segno all'u. rispetto* | ***Suffragio u.***, diritto di voto esteso a tutti i cittadini di uno Stato che abbiano compiuto una certa età. **SIN.** Generale, totale. *6* Che riguarda una totalità di cose, beni e sim. | ***Erede u.*** o ***a titolo u.***, di tutti i beni, dell'intero patrimonio. *7* Che è versato in ogni campo dello scibile: *mente u.*; *il genio u. di Leonardo* | (*raro*) ***Uomo u.***, enciclopedico | ***Biblioteca u.***, raccolta o collana che comprende opere dei più svariati argomenti. ***8*** In varie tecnologie, detto di apparecchio, dispositivo e sim. atto a essere usato in diverse condizioni, in quanto adattabile alle stesse | ***Anello u.***, in fotografia, dispositivo portaobiettivi a diametro regolabile | ***A tensione u.***, si dice di apparecchio elettrico che può funzionare con le diverse tensioni in uso sulle reti di distribuzione. ***9*** (*med.*) ***Donatore u.***, il cui sangue può essere trasfuso a chiunque | ***Recettore u.***, che può ricevere sangue trasfuso da chiunque | ***Gruppo sanguigno u.***, che può essere trasfuso a chiunque. ***10*** †Affabile, alla mano con tutti. || **universalménte**, avv. ***1*** Generalmente, da tutti: *universalmente conosciuto*; *universalmente accettato*. ***2*** (*lett.*) Interamente, completamente, del tutto. ***3*** †Nella loro totalità. **B** s. m. ***1*** (*filos.*) Ciò che può essere predicato di tutti gli individui di una stessa classe: *procedere dall'u. al particolare*; *le posizioni nominalistiche e realistiche sugli universali*. ***2*** (*lett.*) La totalità, l'intero numero: *l'u. dei viventi* | (*raro*) ***In u., nell'u.***, generalmente, complessivamente | (*est.*) Tutti gli uomini | (*ling.*) ***Universali linguistici***, concetti, elementi strutturali o tratti comuni a tutte le lingue naturali del mondo. ***3*** Strumento usato in geodesia e in astronomia geodetica per misurare angoli orizzontali e verticali, costituito fondamentalmente da un cannocchiale girevole sia intorno a un asse orizzontale che a uno verticale e a cui sono solidali, rispettivamente, un cerchio graduato orizzontale e uno verticale. SIN. Altazimut, altazimutale. ***4*** †Regola universale. **C** in funzione di avv. ● †In generale.

†universaleggiàre v. tr. ● Universalizzare.

universalìsmo [comp. da *universal(e)* e *-ismo*; 1885] s. m. ***1*** (*filos.*) Ogni dottrina etica che teorizza la subordinazione assoluta dell'individuo alla comunità. ***2*** Tendenza di un movimento politico o religioso a considerarsi valido per tutta l'umanità: *l'u. della Chiesa*.

universalista [1775] s. m. e f. (pl. m. *-i*) ● Seguace o fautore dell'universalismo.

universalìstico [1911] agg. (pl. m. *-ci*) ● Che è proprio dell'universalismo e degli universalisti. || **universalisticaménte**, avv.

universalità o **†universalitàde**, **†universalitàte** [vc. dotta, lat. *universalitāte(m)*, da *universālis* 'universale'; av. 1320] s. f. ***1*** Condizione di ciò che è universale. ***2*** Totalità: *l'u. dei cittadini*; *l'u. delle creature che popolano la Terra*. ***3*** (*dir.*) Pluralità | ***U. di mobili***, o ***u. di fatto***, pluralità di cose, appartenenti al medesimo proprietario e aventi la medesima destinazione economica | ***U. di diritto***, pluralità di rapporti giuridici considerati unitariamente dalla legge. ***4*** †Cognizione enciclopedica.

universalizzàre [comp. di *universal(e)* e *-izzare*; av. 1729] **A** v. tr. ***1*** Rendere universale | (*filos.*) Trasferire dal particolare all'universale. ***2*** (*est.*) Diffondere al massimo, generalizzare: *u. un sistema, un linguaggio*; *u. la cultura*. **B** v. intr. pron. ● Estendersi a un numero sempre maggiore di persone: *un'abitudine che si sta universalizzando* | (*filos.*) Diventare universale.

universalizzazióne [1761] s. f. ● L'universalizzare, l'universalizzarsi.

universiade [da *univers(ità)* con la terminazione di (*olimp*)*iade*; 1959] s. f. ● (*spec. al pl.*) Gare mondiali fra atleti universitari.

♦**università** o **†universitàde**, **†universitàte** [vc. dotta, lat. *universitāte(m)*, propr. 'totalità', da *universus* 'universo', sottintendendo i soggetti (scolari, mercanti, ... oppure studi, discipline, ...); av. 1320] s. f. ***1*** †Universalità, totalità, intero numero: *l'u. del popolo, degli abitanti, dei cittadini, dei medici* | †Tutta l'umana società. ***2*** (*st.*) In epoca medievale, corporazione o associazione di arti o mestieri: *l'u. dei mercanti, dei librai, dei tintori* | ***U. agraria***, forma associativa per il promiscuo godimento di terre. ***3*** Istituto di studi superiori, sorto in epoca medievale come corporazione di maestri e studenti, diviso in varie facoltà a seconda delle specializzazioni, che ha il potere di conferire un titolo legale a chi abbia completato il previsto corso di studi: *l'u. di Oxford*; *le u. di Bari, Bologna, Pavia*; *frequentare l'u.*; *studiare all'u.* | ***U. popolare***, istituto sorto per diffondere tra i ceti meno abbienti della popolazione una cultura di livello universitario | (*est.*) Sede dell'università.

universitàrio [1859] **A** agg. ● Della, relativo alla, università: *insegnamento u.*; *studente, professore u.*; *cattedra universitaria* | ***Collegio u.***, per studenti universitari. **B** s. m. (f. *-a*) ***1*** Chi studia all'università: *un gruppo di universitari iscritti al terzo anno di medicina*. ***2*** Chi insegna all'università: *concorso per universitari*.

†universitàte ● V. *università*.

univèrso (**1**) [vc. dotta, lat. *univĕrsu(m)*, propr. 'volto (*vĕrsus*, part. pass. di *vĕrtere* 'volgere') ad una unità (da *ūnus* 'uno solo')'; 1504] agg. ***1*** (*lett.*) Tutto intero, considerato nella totalità dei suoi componenti: *l'u. mondo*; *l'universa terra*; *l'u. popolo romano*. ***2*** †Universale, generale, generico | †***In u.***, in generale. || **universaménte**, avv. Universalmente.

♦**univèrso** (**2**) [vc. dotta, lat. *univĕrsu(m)*, dall'agg. *univĕrsus* 'universo (1)' in uso sost.; 1308] s. m. ***1*** L'insieme della materia distribuita nello spazio e nel tempo: *la struttura dell'u.*; *il concetto scientifico dell'u.*; *la moderna teoria sull'origine dell'u.* SIN. Cosmo | (*astron.*) ***U. sidereo, metagalattico***, l'insieme dei corpi celesti e dello spazio in cui risiedono | (*astron.*) ***U. galattico***, il sistema di stelle di cui fa parte il Sole. CFR. cosmo-, -cosmo. ***2*** (*est.*) L'insieme di tutto ciò che esiste: *la bellezza, l'immensità, i misteri dell'u.*; *le leggi che reggono l'u.*; *il gran libro dell'u.* SIN. Natura, creato. ***3*** Il globo terrestre e coloro che lo abitano: *inquiete / tenebre e lunghe all'u. meni* (FOSCOLO) | (*fam., scherz.*) ***Credersi, essere il padrone dell'u.***, pretendere di comandare su tutto e su tutti | (*fam.*) ***Pare che cada, crolli, venga giù l'u.***, si dice di piogge particolarmente violente e scroscianti, bufere, rumori assordanti, gravi calamità naturali e sim. | (*est.*) Tutta l'umanità: *l'u. intero condanna il tuo misfatto*. ***4*** (*stat.*) Massa finita o infinita dei casi singoli che compongono il fenomeno collettivo oggetto di studio. ***5*** (*fig.*) Ambiente reale o ideale, tipico di un individuo o di una categoria di individui: *l'u. dell'infanzia*; *vive in un suo u. fantastico e irreale* | (*ling.*) ***U. del discorso***, l'insieme minimo dei dati ideologici che emergono dal contesto e che permettono di produrre un enunciato.

univocazióne [vc. dotta, lat. tardo *univocatiōne(m)*, da *univocus* 'univoco'; 1584] s. f. ● (*raro*) Univocità.

univocità [1954] s. f. ● Caratteristica di ciò che è univoco.

unìvoco [vc. dotta, lat. tardo *univocu(m)* 'che ha una sola (*ūna*) voce (*vōx*, genit. *vōcis*)'; 1498] agg. (pl. m. *-ci*) ***1*** Detto di ciò che si può definire con un solo nome o termine, o che ha una sola definizione, e della definizione stessa. ***2*** Che ha un unico significato, che è suscettibile di una sola interpretazione: *concetto, discorso u.* | ***In modo u.***, senza alternative, dubbi e sim., in un solo modo: *affermazione che va intesa in modo u.* ***3*** (*mat.*) ***Funzione univoca***, funzione che assume un solo valore in corrispondenza di ogni scelta della o delle variabili indipendenti nel proprio campo di definizione | ***Corrispondenza univoca***, corrispondenza esistente fra due insiemi di oggetti quando uno stesso elemento dell'uno può essere il corrispondente di più elementi distinti dell'altro | ***Risultato u.***, risultato di un problema che ammette una sola soluzione, risultato unico. || **univocaménte**, avv.

univoltinìsmo [1961] s. m. ● (*biol.*) Proprietà di ciò che è univoltino. SIN. Monovoltinismo.

univoltino [comp. parasintetico di *volta*, col pref. *uni-*; 1929] agg. ● (*biol.*) Detto di insetto a una sola generazione annuale. SIN. Monovoltino.

†unizióne [da *uno*] s. f. ● Unione.

†unizzàre [comp. da *uno* e *-izzare*] v. tr. ● (*raro*) Unificare.

ùnnico [av. 1764] agg. (pl. m. *-ci*) ● (*raro*) Di, da unno.

ùnno [dal n. della tribù mongola dei *Hiung-nu*; 1481] **A** s. m. (f. *-a*) ***1*** Ogni appartenente a un'antica popolazione asiatica nomade che nei secc. IV e V d.C. invase gran parte dell'Europa orientale, tentò inutilmente di conquistare la Gallia e l'Italia e, sconfitta, si stanziò nei territori posti a nord del Mar Nero e del Caucaso: *Attila, re degli Unni*. ***2*** (*fig.*) Uomo di estrema barbarie e crudeltà. **B** agg. ● Degli Unni: *invasioni unne*.

♦**ùno** [lat. *ūnu(m)*, inizialmente col solo valore numerale, poi anche di art.; sec. XII] **A** agg. num. card.; anche s. m. (f. *una*) La forma maschile *uno* si tronca in *un* davanti ai nomi che cominciano per consonante o per vocale: *un cane, un dito, un ragazzo, un albero, un ente, un uomo*; rimane però *uno* davanti ai nomi che cominciano con *s impura, z, x, gn, pn, ps, i semiconsonante* (cioè che precede una vocale), *y* e *j*: *uno zaino, uno pseudonimo, uno iato, uno stupido* (nell'uso la forma tronca *un* si affianca a *uno* in diversi casi: *un pneumatico, un jumbo*). La forma *uno* si usa anche davanti a parole che cominciano con gruppi consonantici rari come *cn-, ct-, ft-, mn-, pt-*: *uno ftalato, uno pterigio*. La forma femminile *una* si usa sempre davanti a consonante, *i semiconsonante, y* e *j*: *una donna, una farmacia, una iattura, una psicanalista*. Davanti a vocale tonica generalmente si elide: *un'isola, un'ancora, un'ugola*; di fronte a vocale atona si può elidere o meno: *un'assemblea* o *una assemblea, un'uscita* o *una uscita*. ATTENZIONE: in certi casi la presenza o meno dell'apostrofo è – a parte il contesto – l'unico segno che può rivelare il genere maschile o femminile. Ad es. *un'insegnante* o *un'assistente* sono donne, mentre *un insegnante* o *un assistente* sono uomini. Come *uno* si comportano gli aggettivi indefiniti *alcuno, ciascuno, nessuno* e *veruno*. ● Numero naturale successivo dello zero o, se invece non si pone lo zero fra i numeri naturali, primo numero naturale, rappresentato da *1* nella numerazione araba, da *I* in quella romana. **I** Come agg. ricorre nei seguenti usi. ***1*** Rispondendo o sottintendendo la domanda 'quanti?', indica la quantità numerica di una unità (spec. preposto a un s.): *ho perso un dito sul lavoro*; *i monoteisti adorano un dio*; *mi sono rotto un'unghia*; *comperа un fiasco*; *ti do un'ora di tempo*; *è accaduto solo un anno fa*; *la società ha un presidente e due vicepresidenti*; *la raccolta di novelle 'Le mille e una notte'*; *verrò con una ragazza o due*; *sono le ore otto e un minuto*; *ha un bambino di un anno*; *un kilogrammo di pane*; *lo fece tacere soltanto con una parola* | (*enfat.*, posposto al s. nelle enumerazioni, nei conteggi e sim.): *pasta, kilogrammi uno*; *zucchero, kilogrammi uno e mezzo*; *biscotti, pacchetti uno*; *caramelle, scatole una* | ***In, fra un minuto, un attimo, un baleno***, (*fig.*) prestissimo: *sarò da te fra un minuto*; *in un attimo sono pronto*. ***2*** (*est.*) Uno unico, uno solo (spec. in espressioni negative o rafforzato da 'solo', 'soltanto', 'unico' e sim.): *non fa un passo se non è accompagnato*; *non ho un soldo in tasca*; *non ho capito una parola di ciò che hai detto*; *non ho che un desiderio*; *non possiede che un vestito*; *Amor condusse noi ad una morte* (DANTE *Inf.* V, 106); *faremo di due una sola famiglia*; *ho un'unica speranza ancora*; *ci resta una possibilità soltanto!* | ***A un tempo***, contemporaneamente: *è intelligente e astuto a un tempo* | ***A un modo, d'un modo***, allo stesso modo: *sono simpatici entrambi a un modo* | ***A una voce***, parlando, gridando tutti insieme, concordemente | ***Fare, essere un tutt'uno***, una sola cosa e, detto di pers., amicissimi: *quei due ragazzi fanno un tutt'uno*. CFR. mono-. ***3*** (*est., lett.*) Unito, compatto, non diviso, spec. perché stretto da legami morali, politici o religiosi o da una storia comune: *nazione una, libera e indipendente*; *la Repubblica, una e indivisibile*; *uni nella fede*; *liberi non sarem se non siam uni* (MANZONI). ***4*** Rispondendo o sottintendendo la domanda 'quale?', identifica qlco. in una pluralità, in una successione, in una sequenza (posposto a un s.): *il numero uno è dispari e primo*; *oggi è il giorno uno* | ***Numero uno***, (*fig.*) primo fra tutti, eccellente: *un medico numero uno*; *un farabutto numero uno* | (*fig.*) ***Essere un numero uno***, essere una personalità: *nel mondo dello spettacolo è un numero uno* | ***Nemico pubblico numero uno***, il più importante e pericoloso. ***5*** In composizione con altri numeri, semplici o composti, forma i numeri superiori: *ventuno*; *trentuno*; *milleuno*; *millenovecentouno*. **II** Come s. ricorre nei seguenti usi. ***1*** Il numero uno (per ellissi di un s.): *solo l'uno per cento della popolazione*; *uno più uno fa due*; *uno per uno, uno*; *contare da uno a dieci*; *l'uno è il primo dei numeri*; *oggi ne abbiamo uno*; *uno alla volta, per carità!* | ***Mettersi, marciare, in fila per uno***, in fila indiana | ***Uno, due, tre e sim. per uno***, uno, due, tre e sim. a testa | Nel pugilato, ***uno due***, V. *uno-due* | ***Stare, andare, essere per uno***, (*fam.*) al gioco della tombola, attendere l'uscita di un solo numero per vincere; in altri giochi, mancare di un solo punto per vincere | ***A uno a***

UNITÀ DI MISURA
SISTEMA INTERNAZIONALE DI UNITÀ DI MISURA (SI)

Unità	Grandezza	Simbolo	Definizione
UNITÀ FONDAMENTALI			
metro	lunghezza	m	Distanza percorsa nel vuoto dalla luce nell'intervallo di tempo di (1/299792458) s
kilogrammo	massa	kg	Massa pari alla massa campione di platino-iridio conservata a Sèvres (Francia)
secondo	tempo	s	Periodo pari a 9192631770 oscillazioni corrispondenti alla transizione iperfina tra i livelli $F=4$, $M=0$ e $F=3$, $M=0$ dello stato fondamentale del cesio 133
ampere	corrente elettrica	A	Corrente che, percorrendo due conduttori paralleli, di lunghezza infinita e diametro infinitesimo, posti alla distanza di un metro nel vuoto, produce fra i due conduttori una forza di $2 \cdot 10^{-7}$ N/m
kelvin	temperatura	K	Fissato stabilendo che, nella scala delle temperature assolute, il punto triplo dell'acqua corrisponda a 273,16 K
candela	intensità luminosa	cd	Intensità luminosa, di una sorgente che emette una radiazione monocromatica di frequenza $540 \cdot 10^{12}$ Hz e la cui intensità energetica è pari a (1/683) W/sr
mole	quantità di sostanza	mol	Quantità di sostanza che contiene lo stesso numero di entità elementari (atomi, molecole, ...) presente in 0,012 kg dell'isotopo ^{12}C.
UNITÀ SUPPLEMENTARI			
radiante	angolo piano	rad	Angolo piano che, su una circonferenza avente centro nel vertice dell'angolo e giacente sul piano dell'angolo, intercetta un arco di lunghezza uguale al raggio della circonferenza stessa
steradiante	angolo solido	sr	Angolo solido che, su una sfera avente centro nel vertice dell'angolo, intercetta una calotta di area uguale a quella di un quadrato avente lato uguale al raggio della sfera stessa.

UNITÀ DERIVATE

Unità	Grandezza	Simbolo	Equivalenza in altre unità
metro quadrato	area		m^2
metro cubo	volume, capacità volumica		m^3
kilogrammo al metro cubo	massa volumica		kg/m^3
hertz	frequenza	Hz	s^{-1}
metro al secondo	velocità		m/s
radiante al secondo	velocità angolare		rad/s
metro al secondo quadrato	accelerazione		m/s^2
radiante al secondo quadrato	accelerazione angolare		rad/s^2
newton	forza	N	$kg \cdot m/s^2$
newton al metro	tensione superficiale		N/m
pascal	pressione	Pa	N/m^2
joule	lavoro; energia	J	$N \cdot m$
watt	potenza	W	J/s
newton metro	momento		$N \cdot m$
newton secondo al metro quadrato	viscosità (dinamica)		$Pa \cdot s$; $N \cdot s/m^2$
metro quadrato al secondo	viscosità cinematica		m^2/s
grado Celsius	temperatura	°C	$T(°C)=T(K)-273,15$
coulomb	carica elettrica	C	$A \cdot s$
volt	potenziale elettrico; forza elettromotrice	V	W/A; J/C
volt al metro	campo elettrico		V/m
ohm	resistenza elettrica	Ω	V/A
siemens; mho	conduttanza elettrica	S	$Ω^{-1}$
farad	capacità elettrica	F	C/V
henry	induttanza	H	Wb/A
ampere al metro	campo magnetico		A/m
weber	flusso magnetico	Wb	$V \cdot s$
tesla	induzione magnetica	T	Wb/m^2
lumen	flusso luminoso	lm	$cd \cdot sr$
lux	illuminazione	lx	$cd \cdot sr/m^2$
becquerel	attività nucleare	Bq	s^{-1}
gray	dose assorbita	Gy	J/kg
sievert	equivalente di dose	Sv	J/kg

ALTRE UNITÀ DI MISURA

Unità	Grandezza	Simbolo	Equivalente SI
fermi	lunghezza	fm	$= 10^{-15}$ m
ångström	»	Å	$= 10^{-10}$ m
micron	»	µm	$= 10^{-6}$ m
unità astronomica	»	UA; AU	$= 1,49599 \cdot 10^{11}$ m
annoluce	»		$= 9,461 \cdot 10^{15}$ m
parsec	»		$= 3,08572 \cdot 10^{16}$ m
pollice (*ingl.* inch)	»	in	$= 0,0254$ m
piede (*ingl.* foot)	»	ft	$= 12$ in $= 0,3048$ m
iarda (*ingl.* yard)	»	yd	$= 36$ in $= 0,9144$ m
miglio terrestre	»	mi	$= 1760$ yd $= 1609,344$ m
miglio marino (internazionale)	»		$= 1852$ m
ara	area	a	$= 100$ m^2
ettaro	»	ha	$= 10\,000$ m^2
barn	»	b	$= 10^{-28}$ m^2
litro	volume	l	$= 10^{-3}$ m^3
gallone [USA]	»	gal	$= 3,785412 \cdot 10^{-3}$ m^3
gallone [GB]	»	gal	$= 4,54609 \cdot 10^{-3}$ m^3
grado (sessagesimale)	angolo piano	°	$= (\pi/180)$ rad
minuto [di angolo]	»	′	$= (\pi/10\,800)$ rad
secondo [di angolo]	»	″	$= (\pi/648\,000)$ rad
minuto (primo) [di tempo]	tempo	min; m	$= 60$ s
ora	»	h	$= 3600$ s
giorno	»	d	$= 86\,400$ s
anno (solare)	»	a	$= 365,24220$ d
kilometro orario	velocità	km/h	$= 0,2777...$ m/s
gal	accelerazione	Gal	$= 0,01$ m/s^2
grammo	massa	g	$= 0,001$ kg
quintale (metrico)	»	q	$= 100$ kg
tonnellata (metrica)	»	t	$= 1000$ kg
oncia (*ingl.* ounce avoirdupois)	»	oz	$= 0,0283495$ kg
libbra (*ingl.* pound avoirdupois)	»	lb	$= 16$ oz $= 0,45359237$ kg
unità (di massa) atomica	»	u	$= 1,66057 \cdot 10^{-27}$ kg
dina	forza		$= 10^{-5}$ N
kilogrammo-forza	»	kgf	$= 9,80665$ N
(piccola) caloria	energia; lavoro	cal	$= 4,1868$ J
kilocaloria (*evit.* grande caloria)	»	kcal (*evit.* Cal)	$= 4186,8$ J
erg	»		$= 10^{-7}$ J
elettronvolt	»	eV	$= 1,602 \cdot 10^{-19}$ J
kilowattora	»	kWh	$= 3,6 \cdot 10^6$ J
British thermal unit	»	Btu	$= 1055,056$ J
quad	»		$= 10^{15}$ Btu $= 1,055056 \cdot 10^{18}$ J
horse power	potenza	hp	$= 745,7$ W
cavallo-vapore	»	CV	$= 735,4$ W
bar	pressione		$= 10^5$ Pa
baria	»		$= 0,1$ Pa
atmosfera (standard)	»	atm	$= 1,01325 \cdot 10^5$ Pa
millimetro di mercurio; torr	»		$= (101\,325/760)$ Pa
poise	viscosità (dinamica)	P	$= 0,1$ Pa·s
stokes	viscosità cinematica	St	$= 10^{-4}$ m^2/s
grado Fahrenheit	temperatura	°F	$T(°F) = (9/5) \cdot T(°C) + 32$
franklin	carica elettrica		$= 3,3356 \cdot 10^{-10}$ C
biot	corrente elettrica	Bi	$= 10$ A
gilbert	forza magnetomotrice	Gb	$= 10/(4\pi)$ A
oersted	campo magnetico	Oe	$= 1000/(4\pi)$ A/m
gauss	induzione magnetica		$= 10^{-4}$ T
maxwell	flusso magnetico	Mx	$= 10^{-8}$ Wb
curie	attività nucleare	Ci	$= 3,7 \cdot 10^{10}$ Bq
rad	dose assorbita	rad; rd	$= 10^{-2}$ J/kg
röntgen	esposizione a radiazioni	R	$= 2,58 \cdot 10^{-4}$ C/kg
nit	brillanza; luminanza	nt	$= 1$ cd/m^2
stilb	brillanza; luminanza	sb	$= 10^4$ cd/m^2
phot	illuminazione	ph	$= 10^4$ lx
lambert	brillanza; luminanza	L	$= 10^4/\pi$ cd/m^2
diottria	potenza (di una lente)	D	$= 1$ m^{-1}

uno, uno alla volta | ***Uno che sia uno, uno che non è uno***, (*enfat.*) nemmeno uno: *non ne ho visto uno che sia uno* | ***Contare per uno***, per una sola o intera persona: *il bambino conta per uno* | ***E uno!***, (*enfat.*) all'inizio di una numerazione o sottolineando qlco. che accade per la prima volta ma che si prevede si ripeta presto | ***Essere tutt'uno***, di due azioni, essere simultanea o quasi: *vederlo e mettersi a gridare, fu tutt'uno* | ***Essere uno dei tanti***, (*fig.*) di persona che non si distingue, che non eccelle in modo particolare | ***Uno per tutti e tutti per uno***, esprimendo solidarietà di una persona verso un gruppo e del gruppo verso una persona | Nei dadi, la faccia segnata con un punto | Nella valutazione scolastica, il voto inferiore di cinque punti alla sufficienza: *ho un uno in latino* | ***L'una, le una***, (*ellitt.*) le ore una di notte e (*fam.*) le ore tredici del pomeriggio | (*lett.*) †***In uno, a uno, in una***, insieme: *diversi aspetti in un confusi e misti* (TASSO) | †***A una***, a una voce, tutti insieme: *ove quell'anime ad una / gridaro a noi* (DANTE *Purg.* IV, 17-18). **2** Il segno che rappresenta il numero uno: *scrivo l'uno e riporto il tre*; *centoundici si scrive con tre uno* | (*sport*) Nel pronostico sulla schedina del totocalcio indica la vittoria della squadra che gioca in casa; (*est.*) la vittoria stessa | (*sport*) Nel totip indica che un cavallo appartenente al gruppo uno è arrivato primo o secondo. **B** art. indet. m. solo sing. (f. *una*) **1** Indica, con valore indeterminato, persona o cosa generica o qualsiasi fra le tante della stessa specie: *un muro cinge il giardino*; *ci sedemmo sotto un albero, in un prato*; *un uomo mi ha fermato per la strada*; *si udì uno sparo*; *prestami un libro*; *comprami una cravatta*; *un giorno gli ho telefonato*; *un tempo, una volta i vecchi erano rispettati*; *versami un po' di vino*. **2** Seguito da un agg. o da un s. con funzione predicativa indica persona o cosa che, come le tante della stessa specie o natura, è dotata di quella particolare qualità e caratteristica: *mi sembra che questa sia un'infamia*; *sei una brava ragazza*; *mi sembri un buon giovane*; *credo sia un poco di buono*; *sei una piccola bugiarda*; *tentate una seconda volta*; *in un primo tempo ero incredulo* | Anche seguito da un s. accompagnato da un agg. o da una prop. consec.: *c'era un sole bellissimo*; *è stata una giornata splendida*; *soffia un vento gelido*; *sorse una luna pallida e velata*; *sotto un cielo tempestoso e livido*; *ho un sonno tale che non ti dico*; *ha avuto uno scatto che li ha bruciati tutti* | (*enfat.*) In espressioni esclamative, anche ellittiche: *ho una paura!*; *ha una villa!*; *hai un bel coraggio!*; *è un bugiardo ...!*; *avete una faccia tosta!*; *torno adesso da fuori*: *un freddo!*; *ha una bambina*: *una bellezza!*; *hanno dato una festa*: *una noia!* **3** Indica parità, somiglianza: *quel ragazzo è un Ercole*; *una casa che è una stalla*; *ma questo è un porcile!* **4** (*enfat.*) Indica ciascuno degli appartenenti a una determinata categoria, classe e sim.: *un giovane deve avere coraggio*; *avrà anche lui un cuore*; *tutti abbiamo una famiglia*; *ma è un bambino!*; *un ragazzo deve saper arrangiarsi da sé*; *un galantuomo non si comporta così!* **5** (soltanto nella forma tronca *un*) (*fam.*) Circa, pressappoco: *costerà un cinquanta euro*; *starò fuori un dieci minuti*; *disterà un trenta kilometri*. **C** pron. indef. (f. *una*; pl. m. *uni*; pl. f. *une*. La forma tronca '*un*' è propria dell'uso lett. o tosc. e delle loc. *l'un l'altro, l'un con l'altro*). **1** Un tale, una certa persona, qualcuno: *ho incontrato uno che ti conosce*; *là incontrerai uno che ti aiuterà*; *stava parlando con uno*; *c'era una al telefono che ti cercava*; *stanno parlando di uno che non conosci*; *è uno che la sa lunga*; *è uno che non è mai contento*; *è una del mio paese*; *è uno dei miei figli*; *uno dei presenti ha fatto una buona proposta*. **2** Una persona, qualcuno (in costrutto impersonale): *se uno vuole può benissimo entrare*; *se uno ha i soldi può permettersi tutto*. **3** Una persona (correl. con 'altro'): *l'uno o l'altro non fa differenza*; *caddero l'uno sull'altro*; *entravano l'uno dopo l'altro*; *ha fatto tacere gli uni e gli altri*; *le une e le altre erano d'accordo nel negare*; *non confondere gli uni con gli altri*; *sparlano le une delle altre* | ***L'un l'altro***, vicendevolmente: *si amano l'un l'altro*; *si aiutano l'un l'altro*. **4** Uno qualunque, qualsivoglia (per ellissi di un s., riferito a cosa, spec. seguito da un compl. partitivo o preceduto dalla particella 'ne'): *ci sono dei giornali sul tavolo, passamene uno*; *questo prodotto è uno dei più recenti*; *uno di questi giorni verrò a trovarti*; *per una di queste stradicciole, tornava bel bello ... don Abbondio, curato d'una delle terre accennate di sopra* (MANZONI) | ***Ad uno ad uno***, uno per volta | (con valore correl.) Questo, quello: *sono le voci della camerata / mia*: *le conosco tutte all'improvviso, / una dolce, una acuta, una velata* (PASCOLI) | ***Sentirne, raccontarne una***, (*ellitt.*) una storiella, una notizia strabiliante | ***Combinarne una***, (*ellitt.*) un disastro, una marachella, uno scherzo e sim. | ***Capitarne una***, (*ellitt.*) un'avventura o una disavventura. **D** agg. indef. ● Solo nella loc. ***l'uno e l'altro*** (seguito da un s.), entrambi: *ho visitato l'una e l'altra città*; *l'uno e l'altro lavoro mi interessano*.

†**unòculo** [vc. dotta, lat. tardo *unŏculu(m)* 'che ha un solo (*ūnus*) occhio (*ŏculus*)'] agg. ● (*lett.*) Monocolo.

uno-dùe s. m. inv. ● (*sport*) Nel pugilato, serie di due colpi portati in rapida successione prima con un pugno e poi con l'altro.

unòppi [comp. di *uno* e di un secondo elemento onomat. alternante] inter. ● (*gerg.*) Si usa per scandire e battere il tempo di marcia (*spec. iter.*).

unplugged /an'plagəd, *ingl.* ʌn'pʰlʌgəd/ [vc. ingl., propr. 'staccato', dal v. *to unplug* 'togliere la spina'; 1991] agg. inv. ● Detto di brano musicale interpretato con strumenti acustici invece che elettrici: *versione u.*

†**ùnqua** o †**ùnque** [lat. *ŭmquam*, comp. di *cŭm* 'con' e *-quam*, particella indef., con caduta dell'iniziale per evitare la ripetizione dello stesso suono; av. 1250] avv. ● (*poet.*) Mai.

†**unquànco** o †**unquànche** [comp. di *unqu(a)* e *anco*; av. 1294] avv. ● (*poet.*) Giammai, mai fino ad ora | ***Non u.***, non ancora: *Branca d'Oria non morì unquanche* (DANTE *Inf.* XXXIII, 140).

†**unquànno** ● V. †*uquanno*.

†**ùnque** ● V. †*unqua*.

-ùnque [lat. *unquam* 'mai', usato anche in giustapposizione] suff. ● Entra nella formazione di aggettivi, pronomi e avverbi indefiniti con valore generico di 'qualsiasi': *chiunque, comunque, dovunque, qualunque*.

†**unquemài** [comp. di *unqu(a)*, e *mai* raff. del sign. del primo componente; sec. XIV] avv. ● (*poet.*) Giammai.

ùnsi ● V. *ungere*.

untàre [da *unto*; av. 1519] v. tr. ● (*dial.*) Ungere (*anche fig.*).

untàta [1696] s. f. ● (*dial.*) Atto dell'ungere in una sola volta e in fretta: *dare un'u. alle ruote*. || **untatina**, dim.

†**untatóre** [da *untare*] s. m.; anche agg. (f. *-trice*) ● (*dial.*) Chi (o Che) unge.

untatùra [av. 1712] s. f. ● (*dial.*) L'untare.

†**untazióne** [da *untare*] s. f. ● Unzione.

unticcio [av. 1571] **A** agg. (pl. f. *-ce*) ● Che è alquanto e sgradevolmente unto: *mani unticce*. **B** s. m. ● Unto, untume.

ùnto (**1**) [1313] **A** part. pass. di *ungere*; anche agg. **1** Nei sign. del v.: *un meccanico con le mani unte*. **2** ***U. e bisunto***, (*raff.*) estremamente sudicio di grasso: *abito u. e bisunto*; *mani unte e bisunte*. **B** s. m. ● (*relig.*) ***L'u. del Signore***, (*ellitt.*) ***l'unto***, nella tradizione biblica, chi, in virtù della cerimonia dell'unzione, è stato eletto a speciale missione da Dio presso il popolo di Israele o presso le Nazioni; (*est., per anton.*) il Messia, che sarà unto come nuovo re della casa di Davide | Nel cristianesimo, chi è stato consacrato re o sacerdote in nome di Dio; (*per anton.*) il Cristo.

ùnto (**2**) [lat. *ŭnctu(m)*, dal part. pass. e agg. *ŭnctus* 'unto (1)' in uso sost.; sec. XIV] s. m. **1** Sostanza grassa, che unge: *una macchia di u.* **2** Sugo o grasso che condisce le vivande, che cola dalla carne stessa mentre cuoce. **3** †Cibo grasso | Il mangiare di grasso.

untóre [vc. dotta, lat. *unctōre(m)*, da *ŭnctus*, part. pass. di *ŭngere*; 1823] s. m. (f. *-trice*) ● Chi unge | (*per anton.*) Chi, durante la peste che infierì a Milano nel XVII sec., si credeva ungesse con sostanze infette case, porte e sim. per propagare il contagio: *dagli all'u.!* (MANZONI) | ***Dagli all'u.!***, (*antifr., fig.*) si dice per ironizzare su atteggiamenti persecutori verso chi è considerato, senza un reale fondamento, responsabile della diffusione di qualche fenomeno negativo. || **untorèllo**, dim. (V.).

untorèllo [1823] s. m. **1** Dim. di *untore*. **2** (f. *-a*) (*fig.*) Persona da poco, incapace di provocare gravi danni: *"Va, va, povero untorello"* (MANZONI).

untòrio [vc. dotta, lat. *unctōriu(m)* 'sala untoria', da *ŭnctus*, part. pass. di *ŭngere*; sec. XIV] **A** s. m. **1** Untuario. **2** †Unguento. **B** agg. ● Di, dell'untuario: *sala untoria*.

untosità ● V. *untuosità*.

†**untositàde** ● V. *untuosità*.

untóso ● V. *untuoso*.

untuàrio [dal lat. *ŭnctus* 'unto', sul modello di *calidario* e sim.; 1865] s. m. ● Luogo, nelle antiche terme greche e romane, in cui i bagnanti si profumavano.

untùme [da *unto* (*2*); 1353] s. m. **1** Quantità di sostanza grassa, che unge | †Unguento, pomata. **2** (*est.*) Sudiciume grasso: *l'u. della lana grezza*; *l'u. dei fornelli*. **3** †Olio | †Bitume.

untuosità o (*raro*) **untosità**, †**untositàde**, †**untuositàde** [sec. XIV] s. f. **1** Caratteristica di ciò che è untuoso. **2** Materia grassa che unge, insudicia. **3** (*chim.*) Capacità di un olio lubrificante di aderire alle superfici dei materiali metallici che scorrono l'una sull'altra, impedendo il loro contatto diretto e riducendo così l'attrito nei casi in cui è impossibile realizzare la lubrificazione normale. **4** (*fig.*) Maniera melliflua di comportarsi, parlare e sim., assumendo atteggiamenti e toni di urtante e ipocrita cortesia o servilismo: *salutare, inchinarsi, esprimersi con u.*

untuóso o (*raro*) **untóso** [da *unto*; av. 1320] agg. **1** Che è impregnato d'unto, che unge: *lana grezza e untuosa* | (*est.*) Detto di cibo condito con troppo olio: *insalata untuosa*; *sugo u.* **2** (*fig.*) Che è caratterizzato da atteggiamenti ipocriti, melliflui, subdolamente lusinghieri, di eccessiva e urtante cortesia o servilismo: *un individuo u. e spregevole*; *quando parla ha sempre un tono e un modo untuosi e insopportabili*. SIN. Infido, subdolo. **3** (*fig.*) †Abbondante, lauto. || **untuosaménte**, avv. (*fig.*) In modo untuoso, con untuosità: *ringraziare, inchinarsi untuosamente*.

†**unzionàrio** [da *unzione*] s. m. ● Infermiere che eseguiva medicazioni spec. con unguenti, impiastri e sim.

unzióne [vc. dotta, lat. *unctiōne(m)*, da *ŭnctus*, part. pass. di *ŭngere*; 1353] s. f. **1** (*raro*) L'ungere | Applicazione di unguenti, pomate e sim. sul corpo umano o una parte di esso | (*raro*) Unguento, pomata. **2** Nella tradizione biblica, il versamento sulla testa di un eletto da Dio dell'olio consacrato contenuto in un corno | Nella liturgia cattolica e delle Chiese orientali, l'ungere la fronte e altre parti del corpo con olio santo in alcuni sacramenti | ***U. degli Infermi, dei Morenti***, uno dei sette sacramenti della Chiesa, consistente nell'ungere con olio santo le diverse parti del corpo che sono sedi dei sensi e nell'invocare sopra di esse la benedizione di Dio, denominato Sacramento degli Infermi dopo il Concilio Ecumenico Vaticano Secondo | ***Estrema U.***, antica denominazione del Sacramento dell'Unzione degli Infermi o dei Morenti | In molte religioni, superiori e primitive, il segnare, con materia grassa, liquida o semiliquida, parti del corpo a scopo di cura magica o di trasmissione magica di forze. **3** (*fig.*) Ipocrisia, farisaismo. || **unzioncèlla**, dim.

♦**uòmo** o (*pop.*) **òmo** (**1**) [lat. *hŏmine(m)*, nom. *hŏmo*, legato a *hŭmus* 'terra', col senso, quindi, di 'terrestre' opposto a 'celeste, divino'; av. 1250] s. m. (pl. *uòmini*) **I** Ogni essere appartenente alla specie vivente più evoluta del nostro pianeta. Nell'ambito di tale ampia definizione, si distinguono i seguenti significati. **1** Mammifero degli Ominidi, unico rappresentante vivente del suo genere, a stazione eretta, con differenziazione funzionale delle mani e dei piedi, pollice della mano opponibile, braccia più corte delle gambe, mento prominente, grande sviluppo del sistema nervoso e della massa cerebrale, dotato di forte intelligenza caratterizzata dalla facoltà di astrazione e di generalizzazione, e capace di linguaggio articolato (*Homo sapiens*): *l'u. preistorico*; *l'u. moderno*; *il corpo, lo scheletro, i muscoli dell'u.*; *lo studio anatomico, fisiologico dell'u.*; *la nascita, la vita, la morte dell'u.* | ***U. di Neandertal***, specie umana fossile vissuta nel Pleistocene superiore, totalmente estintasi nell'ultima delle quattro fasi glaciali dell'era neozoica (*Homo neanderthalensis*) | ***U. di Cro-magnon***, in paleoantropologia, ogni membro della più antica popolazione di *Homo sa-*

piens attualmente identificata | ***L'u. delle caverne***, (*gener.*) l'uomo preistorico. CFR. antropo-, -antropo. ➡ ILL. **animali**/14. **2** (*est.*) La specie umana in quanto tale, considerata nel complesso e nella totalità delle sue caratteristiche peculiari: *l'u. è apparso sulla Terra agli inizi del Quaternario*; *l'origine, l'evoluzione dell'u.*; *le diverse razze dell'u.*; *alcuni affermano che l'u. discende dalla scimmia*. **3** Ciascun essere umano in quanto dotato di ragione, sensibilità e ogni altra facoltà di natura non strettamente materiale: *la natura, l'essenza, la psiche, l'anima, la coscienza dell'u.*; *le esigenze morali, sociali, affettive, intellettuali dell'u.*; *la volontà, l'intelligenza, la fantasia, l'immaginazione, la memoria dell'u.*; *l'u. cerca la verità, aspira alla felicità*; *virtù e difetti dell'u.*; *l'orgoglio, la malvagità, la malizia, l'egoismo, la stupidità degli uomini*; *l'u. ha creato e distrutto grandi civiltà* | ***A memoria d'u.***, (*fig.*) da moltissimo tempo: *a memoria d'u. non si ricorda una simile nevicata*. **4** Ciascun essere umano in quanto inserito in una particolare realtà sociale, storica, culturale, politica e sim.: *l'u. preistorico, antico*; *l'u. del Medioevo, del Rinascimento*; *l'u. comune, qualunque*; *l'u. massa*; *i problemi, le angosce dell'u. moderno*; *la scienza, i miti dell'u. contemporaneo*; *lo sfruttamento dell'u. sull'u.*; *l'u. è figlio della sua epoca*; *i diritti e i doveri dell'u.*; *la dichiarazione dei diritti dell'u.*; *predicare l'uguaglianza tra gli uomini* | ***Gli uomini***, l'intera umanità. **5** (*relig.*) Secondo il Cristianesimo, essere ragionevole che Dio ha creato con anima immortale e corpo mortale, decaduto dalla condizione di felicità per il peccato originale e destinato, per l'incarnazione del Cristo, a essere redento in virtù della grazia e a conquistare, nella libera scelta fra il bene e il male, la gloria eterna: *i rapporti fra Dio e l'u.*; *gli uomini sono figli di Dio* | ***L'u. dei dolori***, il Cristo crocifisso | ***U. Dio***, Dio che assume in Gesù la condizione dell'uomo | ***Figlio, figliolo dell'u.***, epiteto biblico del Messia; come figlio di Dio che in alcune profezie appare con volto di uomo; epiteto di Gesù Cristo. **6** (*lett.*) Corpo umano vivente: *Rispuosemi: 'non omo, omo già fui...'* (DANTE *Inf.* I, 67). **II** Individuo di sesso maschile, appartenente alla specie umana. Nell'ambito di tale definizione si distinguono i segg. significati. **1** Maschio fisicamente adulto della specie umana: *caratteri biologici, fisiologici, sessuali dell'u.*; *un u. grande, grosso, alto, robusto, atletico, erculeo, ben fatto*; *un u. brutto, piccolo*; *un bell'u.* | ***Da u.***, proprio dell'uomo o adatto a lui: *voce da u.*; *abito, cappello da u.* | ***Vestirsi, agire, comportarsi e sim. da u.***, come un uomo: *è solo un ragazzo, ma agisce, si comporta da u.* | ***Mezzo u.***, piccolo di statura | (*fig.*) ***Come un sol u.***, tutti insieme, con perfetta coordinazione dello sforzo e sim. | (*fig.*) ***A tutt'u.***, a tutta forza | ***Uomini blu***, i Tuareg, per il colore dell'ampio telo fortemente impregnato di indaco che usano gli uomini per coprirsi il capo e il volto, e anche per le striature bluastre che rimangono loro impresse sulla pelle. CFR. andro-, -andro. **2** (*gener.*) Individuo indeterminato di sesso maschile: *un u. giovane, vecchio, anziano, attempato, maturo*; *a prima vista pare un u. d'una certa età, un u. fatto*; *l'u. avanzava lentamente*; *c'è un gruppo d'uomini in fondo alla strada*; *ti ha cercato, ti ha telefonato un u.* **3** Essere umano di sesso maschile, considerato rispetto alle sue qualità, attributi, caratteristiche e sim. intellettuali o morali, positive o negative: *u. intelligente, ragionevole, equilibrato, buono, bravo, onesto*; *un u. gentile, galante*; *un u. malvagio, crudele, brutale, corrotto, perverso, ipocrita* | ***Buon u.***, V. *buonuomo* | ***Brav'u.***, onesto, lavoratore e sim., ma di limitate capacità intellettuali | ***Onest'u.***, uomo onesto ma di limitate capacità, spec. intellettuali | ***Galant'u.***, V. *galantuomo* | ***Gentil u.***, V. *gentiluomo* | ***Sant'u.***, estremamente buono, onesto, paziente, generoso | ***Grand'u.***, dotato di eccezionali capacità, qualità, virtù e sim.; (*iron.*, *antifr.*) che dimostra di non valere nulla: *ecco cosa ha combinato il tuo grand'u.!* | ***Credersi un grand'u.***, presumere, a torto, di sé | (*fig.*) ***U. di cuore, di gran cuore***, generoso, molto generoso | ***U. di parola***, che mantiene ciò che promette | ***U. di poche parole***, taciturno, che preferisce l'azione ai discorsi | ***U. d'onore***, onorato e rispettabile | (*fig.*) ***Un u. d'oro, una perla d'u.*** e sim., un uomo ricco d'ogni qualità e virtù | ***U. d'azione***, che non perde tempo in chiacchiere | (*eufem.*) ***U. forte***, chi usa o propugna metodi autoritari, spec. nella gestione di un potere politico o economico | ***U. di merito***, ricco di meriti | ***U. di fiducia***, del quale ci si può interamente fidare | ***U. di Dio***, ispirato da Dio; (*est.*) uomo pio, religioso | ***U. di talento, di genio*** e sim., ricco di talento, geniale e sim. | ***U. di spirito***, che sa scherzare, che è dotato di senso dell'umorismo | ***U. di gusto, di buon gusto***, che sa scegliere, che ha e dimostra buon gusto | ***U. di classe***, elegante, colto, raffinato | ***U. di poca fede***, la cui fede è superficiale e vacillante, con riferimento alla nota esclamazione di Gesù, riportata nel Vangelo; (*est.*, *scherz.*) uomo incredulo, scettico e sim. | ***Gli uomini di buona volontà***, coloro che perseverano nella ricerca del bene, qualunque sia la loro origine, la loro fede o la loro ideologia | ***U. da poco, da nulla*** e sim., che vale poco o nulla | ***U. per bene***, onesto, rispettabile | ***Essere, non essere u. da***, essere, non essere capace di: *non è u. da fare simili cose* | ***Da u. a u.***, in tutta franchezza. **4** Essere umano adulto di sesso maschile, considerato in relazione alle caratteristiche proprie della sua natura, e spesso contrapposto al bambino, alla donna o a creature prive di ragione: *il coraggio, l'audacia, la combattività dell'u.*; *la psicologia dell'u. è diversa da quella della donna*; *un u. e un bambino ragionano diversamente*; *ha solo quindici anni ma è già un u.*; *non è da uomini disperarsi così*; *non piangere e sii u.* | Nella loc. ***per soli uomini***, detto spec. di pubblicazioni o di spettacoli che, per il carattere spinto delle descrizioni o delle immagini di contenuto pornografico, si indirizzano agli adulti di sesso maschile. **5** Essere umano di sesso maschile, considerato in relazione allo specifico contesto sociale, economico, politico, storico e sim. nel quale vive, alla posizione che in esso occupa, alla funzione che svolge e sim.: *un u. povero, ricco, abbiente, di condizione elevata, di umili origini*; *è un u. all'antica*; *mi sembra un u. aggiornato, al passo coi tempi*; *un u. comune, qualunque*; *un u. navigato, molto esperto* | ***U. di corte***, cortigiano | ***U. di mondo***, che ha grande esperienza della vita o che conduce una vita di intense relazioni sociali | ***L'u. della strada***, il cittadino comune, medio; (*est.*) l'opinione pubblica | ***U. politico***, che si dedica all'attività politica | ***U. di Stato***, statista | ***U. di legge***, giurista, avvocato e sim. | ***U. d'affari***, che si dedica ad attività economiche e spec. al commercio | ***U. di chiesa***, ecclesiastico; (*est.*, *pop.*) uomo molto religioso | ***U. d'arma, di spada, di guerra***, combattente, spadaccino, soldato | ***U. di mare***, marinaio | ***U. di lettere***, letterato | ***U. di teatro***, drammaturgo, commediografo e sim. | ***U. di scienza***, scienziato; (*est.*) sapiente | (*fig.*) ***U. di paglia***, nel linguaggio commerciale, prestanome; (*est.*) uomo vano, superficiale, cui non si può accordare fiducia, al quale non si può credere e sim. | (*eufem.*) ***U. d'onore, di rispetto***, chi è diventato potente in una organizzazione mafiosa o ne osserva le leggi | (*dial.*) ***U. di panza***, elemento importante o capo di una cosca mafiosa | ***L'u. del giorno, del momento*** e sim., quello di cui si parla molto, che occupa una posizione di particolare rilievo e sim. **6** (spec. preceduto da un possessivo) Individuo particolare, del quale si parla, al quale si è in qualche modo legati, che si ritiene adatto a particolari compiti e sim.: *ecco il nostro u.!*; *conosco bene il mio u. e so come reagirà*; *è proprio il vostro u.*; *il partito ha trovato il suo u.* | ***Il mio u., il tuo, il suo u.***, (*fam.*) marito, compagno, amante | ***L'u.***, quel determinato uomo al quale si intende fare riferimento: *furbo l'u.!*; *hai visto cosa ha fatto, l'u.?* | ***L'u. Dante, l'u. Leopardi*** e sim., Dante, Leopardi e sim. considerati non come poeti, ma come singoli individui biograficamente e umanamente inconfondibili. **7** Operaio, dipendente: *l'u. delle pulizie*; *hai già pagato gli uomini?* | ***L'u. del gas, della luce, del telefono***, (*fam.*) l'addetto alla lettura dei contatori, alla riscossione a domicilio dei canoni, ad eventuali riparazioni e sim. | ***U. di fatica***, addetto ai lavori pesanti | ***L'u. del pane, del latte***, il fornaio, il lattaio spec. se consegna la sua merce a domicilio | ***U. di fiducia***, dipendente cui si affidano incarichi di particolare importanza, responsabilità e sim. | †***U. nero***, servitore o cortigiano vestito di nero per comparsa in ricevimenti signorili o in funerali. **8** †Vassallo, suddito. **9** (*sport*) Componente di una squadra sportiva maschile: *gli uomini della nazionale di calcio* | ***Marcare a u.***, V. *marcare* | ***Allenamento sull'u.***, nel pugilato, quello con uno sparring partner opportunamente scelto | ***U. gol, u. partita***, giocatore su cui una squadra di calcio conta per segnare, per vincere | ***Quarto u.***, nel calcio, collaboratore dell'arbitro che segnala i cambi dei giocatori e i tempi di recupero. **10** (*mil.*) Soldato, uomo armato: *una squadra di sette uomini* | ***U. di guerra***, provato nelle armi, veterano | ***U. d'arme***, nel sec. XV, soldato a cavallo armato di tutto punto; nel XVI sec. in Francia e in Italia, cavaliere di milizia scelta, non sottoposto ad altri che al proprio principe. **11** (*mar.*) Marinaio: *avere un u. a riva*; *mandare gli uomini sottocoperta* | ***U. di mare***, abile navigatore e manovratore esperto | ***U. a mare, in mare!***, voce d'allarme che si dà quando una persona cade in mare da bordo. **12** Uno (anticamente con valore di pronome indefinito; oggi con significato particolarmente generico): *quando l'u. perde la testa, ne combina di tutti i colori*; *come può un u. nascere così sfortunato?* | †***Ogni u.***, ognuno: *Pampinea ... comandò che ogni uom tacesse* (BOCCACCIO). **13** Seguito da un s. che ne indica, spec. metaforicamente, i compiti, l'attività e sim.: *u. rana*, sommozzatore | ***U. ragno***, nel linguaggio del circo, contorsionista | ***U. sandwich***, che gira per le strade con due cartelli pubblicitari addosso, uno davanti e uno dietro | ***U. siluro, torpedine***, siluro umano | (*aer.*) ***U. radar***, controllore di volo, controllore radar. **III** Con valore analogico o figurato, ricorre in alcune loc. **1** ***U. nero***, gioco di carte tra un numero qualunque di giocatori, con un mazzo privato dei fanti tranne quello di picche o bastoni | Fante di picche o bastoni nel gioco omonimo. **2** †(*mar.*) Palo piantato in costa per l'ormeggio di un natante; (*ferr.*) vigilante (1) nel sign. B2. || **omàccio**, pegg. (V.) | **omarino**, dim. (V.) | †**omazzello**, dim. | **ométto**, dim. (V.) | **omicciòlo**, **omicciuòlo**, pegg. | **omiciàttolo**, pegg. (V.) | **omicino**, dim. | **omino**, dim. (V.) | **omóne**, accr. (V.) | **omùccio**, pegg. | **omùncolo**, spreg. (V.).

uòpo o †**vuòpo** [lat. *ŏpus*, nt., 'opera, lavoro', che nel costrutto *ŏpus ĕst* (propr. 'c'è un lavoro da fare') viene a specializzarsi nel senso 'è necessario'; 1319] **s. m.** solo sing. **1** (*lett.*) Bisogno, necessità | ***All'u.***, al bisogno: *fare all'u.* | ***Esser d'u., far d'u., far u.***, essere necessario. **2** †Pro, utile: *venire, riuscire a u.* | ***A mal u. di qlcu.***, a danno di qlcu.

uòsa [lat. tardo *hăsa(m)*, di orig. germ.; 1353] **s. f.** **1** (*spec. al pl.*) Ghette | ***Uose alla valdostana***, specie di ghette di grossa tela, allacciate lateralmente, usate dalle truppe alpine. **2** (*spec. al pl.*) Tipo di stivali, in uso nel Medioevo. **3** (*spec. al pl.*) Nelle antiche armature, sorta di calzare militare con soletta di acciaio e ricoperto di lame snodate, collegato alla gambiera.

♦**uòvo** o (*sett.*, *centr.*) **òvo**, †**vuòvo** [lat. parl. *ŏvu(m)*, variante del lat. classico *ōvum*, prob. dalla radice indeur. **awi-* 'uccello'; V. *avi-*, *oca*; 1287] **A s. m.** (pl. *uòva* f., tosc. *òva*, f., sett., centr. *òvi*, m.) **1** (*biol.*) Gamete femminile degli animali a riproduzione sessuata, ricco di sostanze nutritizie, di forma sferica, ellissoidale o cilindrica e di dimensioni e struttura diverse a seconda delle varie specie animali. CFR. ovo-, oo-. **2** Correntemente, l'uovo degli animali ovipari: *le uova dei pesci, degli uccelli, degli insetti*; *uova di gallina, di struzzo, d'anatra*; *uova di storione*; *le uova delle formiche* | (*zool.*) ***Uova di mare***, quelle di seppia, deposte a gruppi. **3** (*per anton.*) Uovo di gallina: *bere un u.*; *il guscio dell'u.*; *uova fresche di giornata* | ***Bianco, chiara d'u.***, l'albume | ***Rosso d'u.***, il tuorlo | ***U. à la coque***, scaldato col guscio in acqua bollente per un paio di minuti | ***U. bazzotto***, cotto più a lungo, da 4 a 5 minuti, ma col rosso ancora tenero | ***U. sodo***, lasciato nell'acqua bollente 8-9 minuti, quindi interamente rappreso | ***U. affogato, in camicia***, cotto senza guscio in acqua sobbollente | ***U. sbattuto***, frullato, gonfiato, montato con la frusta o frullino | ***U. all'ostrica***, il solo tuorlo crudo, con sale e limone | ***U. al tegame, all'occhio di bue***, fritto con burro od olio, senza rompere il tuorlo | ***U. strapazzato***, fritto al tegame col bianco e il rosso mescolati | ***U. benedetto***, che si fa benedire dal sacerdote e si mangia, per tradizione, il giorno di Pasqua | ***Pasta all'u.***, pasta alimentare con aggiunta di uova | ***Pelle d'u.***, la sottile pellicola bianca che sta tra il guscio e l'albume; (*fig.*) tela finissima da biancheria | ***L'u. di Colombo***, (*fig.*) espediente facilissimo cui però nessuno aveva pensato prima (come la leggera ammaccatura sul fondo di un uovo che, secondo la tradizione, Cristoforo Colombo escogitò per farlo stare ritto su un tavolo) | ***È come bere un u.***, (*fig.*) si dice di cosa estremamente facile, agevole e sim. | ***Guastare, rompere le uova nel paniere a qlcu.***, (*fig.*) compromettere o fare fallire ciò che altri ha pazientemente preparato, progettato e sim. | ***Essere pieno come un u.***, (*fig.*) avere mangiato moltissimo | (*fig.*) ***Cercare il pelo nell'u.***, essere estremamente minuzioso, rilevare ogni minimo difetto | ***La gallina dalle uova d'oro***, (*fig.*) fonte di facili e ripetuti guadagni | (*fig.*, *iron.* o *spreg.*) ***Testa d'u.***, intellettuale | †***Fare uova***, (*fig.*) ingannare. ***4*** (*est.*) Oggetto che ha la forma di un uovo di gallina | ***U. pasquale, di cioccolato, di Pasqua***, dolce di cioccolato a forma d'uovo, di dimensione varia e cavo all'interno, sovente con una sorpresa, tradizionalmente regalato per Pasqua | ***U. di neve***, dolce vanigliato a base di latte, uova, zucchero | ***U. da tè***, piccolo recipiente bucherellato che riempito di foglioline di tè s'immerge nell'acqua bollente | †***Uova di Norimberga***, i primi orologi da tasca | (*sport*) ***Posizione a u.***, quella, molto ripiegata, assunta nello sci dai discesisti. ***5*** (*biol.*) ***U. di mare***, ognuna delle specie commestibili del genere degli Ascidiacei (*Microcosmus*). SIN. Carnume. **B** in funzione di agg. inv. ● (posposto al s.) Nella loc. ***cellula u.***, uovo nel sign. 1. || PROV. La prima gallina che canta ha fatto l'uovo. || **ovétto**, dim. | **ovicino**, dim. | **ovino**, dim. | **ovóne**, accr. | **ovùccio**, dim.

†**uòvolo** ● V. *ovolo*.

up /ap, *ingl.* ʌp/ [vc. ingl., propr. 'sopra'] s. m. inv. ● (*fis.*) Numero quantico corrispondente al secondo tipo (o sapore) di quark.

upànisad /u'paniʃʃad, *sanscrito* ʊ'pʌnɪʃʌd, -ʂʌd/ [vc. sanscrita (*upaniṣad*) che significa 'dottrina segreta', ma propr. 'posto (*-sad* dal v. *sīdati*) verso (*úpa*) il basso, sotto (*ní*)'] s. m. inv. ● Ciascuno dei libri sacri del movimento filosofico e ascetico sviluppatosi in India tra l'800 e il 500 a.C.

ùpas [vc. malese, (*pohon*) *upas* '(albero del) veleno'; 1896] s. m. ***1*** Albero delle Moracee, presente nelle isole della Sonda, contenente un latice molto tossico (*Antiaris toxicaria*). ***2*** Sostanza molto velenosa che gli indigeni delle isole della Sonda estraggono dalla pianta omonima per avvelenare le frecce.

uperizzàre [1970] v. tr. ● Sottoporre a uperizzazione.

uperizzatóre [1983] agg. (f. *-trice*) ● Relativo all'uperizzazione: *impianto u.*

uperizzazióne [etim. incerta; 1970] s. f. ● Procedimento adottato per la sterilizzazione del latte, consistente nel sottoporlo a temperature molto elevate per consentirne una più lunga conservazione.

upgrade /ap'greid, *ingl.* ʌp'gɹeɪd/ [vc. ingl., dal v. *to upgrade* 'far salire (*up* 'sopra') di grado (*grade*)'; 1991] s. m. inv. ● (*elab.*) Aggiornamento, spec. di programmi e dispositivi.

upload /ap'loud, *ingl.* 'ʌp,ləʊd/ [vc. ingl., propr. 'caricamento' dal v. *to upload* 'caricare'; 1992] s. m. inv. ● (*elab.*) Trasferimento di dati tra sistemi collegati in rete (spec. Internet), in particolare da un sistema locale a un sistema remoto. CFR. Download.

uppercut /'apperkat, *ingl.* 'ʌpə,kʌt/ [vc. ingl., propr. 'colpo (*cut*, propr. 'taglio', di area scandinava e orig. incerta) più alto (*upper*, da *up* 'sopra' col suff. compar. *-er*)'; 1910] s. m. inv. ● Nel pugilato, montante.

up-to-date /aptu'deit, *ingl.* 'ʌp tə'deɪt/ [vc. ingl., propr. 'fino alla (*up to*, prep. e art.) data (*date*, di orig. fr.)'; 1927] agg. inv. ● Che è estremamente aggiornato, informato, moderno e sim.: *persona up-to-date*; *pubblicazioni up-to-date*; *abito up-to-date*.

ùpupa o †**pùppa**, †**pùppola** (2) [vc. dotta, lat. *ŭpupa*(*m*), di orig. espressiva; av. 1294] s. f. ● Uccello diurno dei Coraciformi dal lungo becco curvo a sciabola, ciuffo erettile sul capo, piumaggio delicato a colori contrastanti e voce monotona (*Upupa epops*). ➡ ILL. **animali**/9.

upwelling /*ingl.* ʌp'welɪŋ/ [vc. ingl., comp. di *up* 'sopra' e *to well* 'zampillare' (d'orig. germ.); 1991] s. m. inv. ● Risalita alla superficie delle acque fredde oceaniche di profondità, provocata dall'azione congiunta dei venti soffianti verso l'Equatore e dalla rotazione della Terra.

†**uquànno** o †**uguànno**, †**unquànno** [lat. *hoc ănno* 'quest'anno'. Cfr. ant. fr. *ouan*; 1283] avv. ● Quest'anno: *io non avrò unquanno pace con lei* (BOCCACCIO).

-ùra [lat. *-ūra*(*m*)] suff. derivativo ● Conferisce valore collettivo a sostantivi: *capigliatura*, *dentatura*.

uracìle [comp. di *ur*(*o*-), *ac*(*etico*) e *-ile*; 1929] s. m. ● (*chim.*) Base organica costituita da quattro atomi di carbonio e due di azoto, ottenibile dagli acidi nucleici mediante loro idrolisi chimica; è una delle basi pirimidiniche che costituiscono gli acidi ribonucleici.

ùraco [vc. dotta, gr. *ourachós* 'organo vicino alla vescica nel feto', comp. di *ourá* 'coda' e dello stesso suff. familiare di *stómachos* 'stomaco'; 1606] s. m. (pl. *-ci* o *-chi*) ● (*anat.*, *zool.*) Residuo dell'allantoide che nei Placentati si riduce a un cordone fibroso teso dall'apice della vescica urinaria all'ombelico.

uragàno o †**uracàno**, †**uragàna** [sp. *huracán*, dalla vc. delle Antille *hurakán*, di orig. incerta; 1687] s. m. ***1*** (*meteor.*) Ciclone tropicale del mare delle Antille | (*est.*) Ogni ciclone tropicale di estrema violenza | ***Vento da u.***, che superi i 117 km all'ora. ***2*** Correntemente, tempesta di estrema violenza: *un u. ha interrotto le comunicazioni telefoniche*. ***3*** (*fig.*) Grande e rumorosa quantità: *un u. di applausi, di evviva, di abbasso*.

†**uraganóso** [1879] agg. ● Di uragano.

uràlico [1957] **A** agg. (pl. m. *-ci*) ● Degli Urali, catena montuosa che segna il confine tra l'Europa e l'Asia: *popolazioni uraliche* | ***Lingue uraliche***, famiglia di lingue comprendente i due grandi gruppi dell'ugro-finnico e del samoiedo | ***Corrugamento u.***, in geologia, quello che alla fine del Permiano originò la catena montuosa degli Urali. **B** s. m. ***1*** (f. *-a*) Ogni appartenente a una popolazione di ceppo pre-europide che un tempo occupava la catena degli Urali. ***2*** La famiglia delle lingue uraliche.

uràlo-altàico [1932] agg. (pl. m. *-ci*) ***1*** Detto di una famiglia di lingue comprendente il gruppo uralico e il gruppo altaico. ***2*** Detto di un gruppo di popoli, di varia origine e cultura, che parlano lingue del ceppo uralo-altaico.

uràngo ● V. *orango*.

urània [vc. dotta, lat. *Urānia*(*m*), dal gr. *Ourania*, f. di *ouránios* 'proprio del cielo (*ouranós*)'; 1840] s. f. ● Farfalla tropicale notturna che raggiunge anche notevoli dimensioni, dai colori assai vistosi e lucenti così da essere scambiata per diurna (*Urania*).

uraniàno [1961] **A** agg. ● (*astron.*) Del pianeta Urano | (*astrol.*) ***Temperamento u.***, in cui prevalgono gli influssi di Urano. **B** s. m. (f. *-a*) ● Ipotetico abitante o nativo del pianeta Urano.

urànico (1) [da *uranio*] agg. (pl. m. *-ci*) ● Detto dei composti dell'uranio esavalente | ***Acido u.***, corrispondente all'ossido dell'uranio esavalente.

urànico (2) [da *Urano*; 1960] agg. (pl. m. *-ci*) ***1*** (*lett.*) Celeste, del cielo. ***2*** Nella mitologia greco-romana, ma con estensione anche ad altre mitologie, detto degli dèi che dimorano nel cielo e di tutto ciò che ad essi si riferisce.

urànide [da *uranio*] **A** agg. ● (*chim.*) Detto di ciascuno degli elementi transuranici, quali il nettunio, il plutonio e l'americio, che presentano varie valenze. **B** s. m. ● Elemento uranide.

uranìfero [comp. di *urani*(*o*) e *-fero* 'portatore di'; 1948] agg. ● Che contiene uranio: *rocce uranifere*.

uranìle [da *uranio*; 1961] s. m. ● (*chim.*) Radicale bivalente composto di uranio e ossigeno che reagisce facilmente con gli acidi per formare sali.

uraninìte [dal n. ted. (*Uranin*, da *uranium* 'urano') col suff. *-ite* (2); 1942] s. f. ● (*miner.*) Ossido di uranio di colore nero pece e dalla lucentezza resinosa. SIN. Pechblenda.

♦**urànio** [dal n. del pianeta *Urano*, da poco scoperto quando fu individuato il nuovo elemento; 1821] s. m. ● Elemento chimico, metallo radioattivo, il più pesante degli elementi naturali, dalla cui disintegrazione si ottiene tutta una serie di elementi radioattivi fra cui il radio, utilizzato come combustibile nucleare. SIMB. U | ***U. arricchito***, quello in cui la concentrazione dell'isotopo 235 è presente in misura superiore a quella contenuta nell'uranio naturale (0,7%) | ***U. esaurito, impoverito, spento***, quello in cui la concentrazione dell'isotopo 235 è presente in misura inferiore a quella contenuta nell'uranio naturale.

uranìsmo [ted. *Uranismus* per il presunto comportamento del dio Urano (*Uran*) dopo la mutilazione dei genitali; 1905] s. m. ● (*raro*) Omosessualità maschile passiva.

uranìsta [da *uranismo*; 1905] s. m. (pl. *-i*) ● (*raro*) Omosessuale passivo.

Uràno [vc. dotta, lat. *Urănīu*(*m*), dal gr. *Ouranós* 'dio del cielo (*ouranós*, di orig. incerta)'; 1819] s. m. ● (*astron.*) Settimo pianeta in ordine di distanza dal Sole, dal quale in media dista 2870 milioni di kilometri, la cui massa è 14,58 volte quella della Terra, del quale si conoscono cinque satelliti | (*astrol.*) Pianeta che domina il segno zodiacale dell'Acquario. ➡ ILL. p. 2143 SISTEMA SOLARE; **zodiaco**.

uràno- [dal gr. *ouranós* 'cielo'] primo elemento ● In parole composte dotte o scientifiche, significa 'cielo': *uranografia*, *uranoscopia*.

uranografìa [comp. di *urano-* e *-grafia*; 1815] s. f. ● (*astron.*) Descrizione delle costellazioni e, più in generale, della sfera celeste.

uranogràfico [1812] agg. (pl. m. *-ci*) ● Della, relativo alla, uranografia.

uranògrafo [comp. di *urano-* e *-grafo*; 1840] s. m. (f. *-a*) ● Studioso, esperto di uranografia.

uranòlite o **uranòlito** [comp. di *urano-* e *-lite*; 1865] s. m. ● Bolide, meteorite.

uranometrìa [comp. di *urano-* e *-metria*; 1840] s. f. ● (*astron.*) Uranografia | In passato, misurazione dello splendore apparente degli astri | Attualmente, misurazione di grandezze stellari.

uranomètrico [1961] agg. (pl. m. *-ci*) ● Relativo all'uranometria.

uranoscopìa [comp. di *urano-* e *-scopia*; 1840] s. f. ● (*astron.*) Osservazione delle costellazioni.

uranòscopo [comp. di *urano-* e *-scopo*; perché il pesce ha gli occhi rivolti verso l'alto; 1610] s. m. ● (*zool.*) Pesce lucerna.

uràto [da (acido) *ur*(*ico*) col suff. chim. di sale *-ato*; 1840] s. m. ● Sale o estere dell'acido urico.

urbanésimo o (*raro*) **urbanìsmo** spec. nel sign. 2 [comp. di *urbano* ed *-esimo*; 1910] s. m. ***1*** Fenomeno per cui si verifica una concentrazione crescente della popolazione nelle città, a causa dell'immigrazione dalla campagna di persone che lasciano l'agricoltura per lavorare nell'industria o nei servizi. ***2*** (*raro*) Forma linguistica propria della città.

urbanìsta [1931] s. m. e f. (pl. m. *-i*) ● Studioso, esperto di urbanistica.

urbanìstica [da *urbano* 'proprio della città (*urbe*)'; 1930] s. f. ● (*arch.*) Disciplina che si occupa di disporre e organizzare razionalmente ed esteticamente gli aggregati urbani, utilizzando ed equilibrando ad un tempo cognizioni e norme scientifiche, artistiche e sociali.

urbanìstico [da *urbanista*; 1929] agg. (pl. m. *-ci*) ● Che si riferisce all'urbanistica e agli urbanisti: *patrimonio u.*; *complesso u.*; *trasformazioni urbanistiche di un territorio*. || **urbanisticaménte**, avv. Da un punto di vista urbanistico.

urbanità o †**urbanitàde**, †**urbanitàte** [vc. dotta, lat. *urbanitāte*(*m*), da *urbānus* 'urbano, conforme all'uso della città'; sec. XIV] s. f. ● Caratteristica di chi (o di ciò che) è urbano, educato, civile: *u. di modi, di espressione*; *persona di grande u.* | ***Con u.***, in modo urbano: *trattare qlcu. con u.*; *rispondere con u.* SIN. Compitezza, cortesia. CONTR. Inurbanità.

urbanizzàre [da *urbano* sull'es. del fr. *urbaniser*; 1942] **A** v. tr. ***1*** Rendere urbano, educato, civile: *u. le proprie abitudini, il linguaggio*. ***2*** Conferire a un centro abitato le caratteristiche proprie di una città, favorendone lo sviluppo razionale mediante le necessarie sistemazioni urbanistiche: *u. la periferia di una metropoli*. **B** v. rifl. ● Diventare educato, civile. **C** v. intr. pron. ● Assumere le caratteristiche proprie di una città, di un territorio urbano.

urbanizzatìvo [da *urbanizzare*] agg. ● Relativo all'urbanizzazione: *intervento, vincolo u.*

urbanizzazióne [1955] s. f. ● Costruzione di infrastrutture urbanistiche: *interventi di u.* | Sistemazione urbanistica | Urbanesimo.

♦**urbàno** [vc. dotta, lat. *urbānu*(*m*), da *ŭrbs*, genit.

ūrbis 'città, urbe'; 1342] **agg.** ***1*** Della, relativo alla, città: *guardia, milizia, polizia urbana; edifici urbani; strade, piazze urbane; vigili urbani* | ***Rete urbana***, rete telefonica che interessa una stessa città | ***Collegamento u.***, entro la stessa rete urbana; **CFR.** Interurbano | ***Conversazione urbana***, conversazione telefonica svolta nell'ambito della stessa rete urbana | ***Nettezza urbana***, pubblico servizio che provvede alla pulizia della città | ***Agglomerato u., centro u.***, centro abitato, fornito della struttura e dei servizi fondamentali propri di una città; **CONTR.** Rurale. ***2*** (*st., dir.*) Della città di Roma | ***Pretore u.***, nel diritto romano, quello che amministrava la giustizia in Roma, tra cittadini romani. ***3*** (*fig.*) Civile, cortese, educato: *modi urbani; usare un linguaggio u.; tenere un comportamento u. e irreprensibile.* **CONTR.** Villano. || **urbanaménte**, **avv.** Civilmente, cortesemente, educatamente.

ùrbe [vc. dotta, lat. *ūrbe(m)*, di orig. straniera; 1420] **s. f.** solo **sing.** ● (*lett.*) Città | ***L'Urbe***, (*per anton.*) Roma: *i monumenti dell'Urbe.*

ùrbico [vc. dotta, lat. *ūrbicu(m)*, da *ūrbs*, genit. *ūrbis* 'città'; 1961] **agg.** (**pl. m.** *-ci*) ● (*raro*) Urbano, cittadino: *porte urbiche; fortificazioni urbiche* | ***Fauna urbica***, l'insieme degli animali che vivono all'interno di una città o nelle sue immediate vicinanze, a contatto più o meno diretto con l'uomo.

ùrbi et òrbi [loc. lat., propr. 'alla città (*ūrbi*, dativo di *ūrbs* 'urbe, città') e al mondo (*ōrbi*, dativo di *ōrbis* 'Terra')'; 1891] **loc. agg.** e **avv.** ● Forma e formula di indirizzo dei decreti della Santa Sede e della benedizione papale solenne: *impartire la benedizione urbi et orbi* | (*fig., scherz.*) A tutti, dappertutto: *lo ha detto urbi et orbi; sono cose ormai note urbi et orbi.*

urbinàte [vc. dotta, lat. *Urbīnāte(m)*, da *Urbīnum* 'Urbino'; 1527] **A agg.** ● Di Urbino. **B s. m. e f.** ● Abitante o nativo di Urbino | ***L'Urbinate***, (*per anton.*) Raffaello Sanzio (1483-1520).

ùrca [deform. eufemistica di *(p)orca* (*miseria*); 1967] **inter.** ● (*dial.*) Esprime grande meraviglia mista ad ammirazione.

urceolàto o †**orceolàto** [dalla sua forma di 'piccolo orcio' (lat. *urcĕolus*, dim. di *ŭrceus* 'orcio'); 1840] **agg.** ● (*bot.*) Detto di calice gonfio nel mezzo e alla base e più stretto all'imboccatura | Detto di corolla con tubo rigonfio a metà e ristretto alla gola, e con lembo ridottissimo.

ùrdu o **urdù** [indostano *urdū* (*-zabān*) '(la lingua del) campo militare' (V. *orda*); 1933] **A s. m.** ● Varietà linguistica del gruppo neo-indiano. **B** anche **agg.**: *lingua u.*

urèa o **ùrea** [dal gr. *ôuron* 'urina', da *ourêin*, di orig. indeur., come il suo parallelo lat. *urīna*; 1829] **s. f.** ● Sostanza organica azotata presente nell'urina umana, preparata per sintesi da ammoniaca e anidride carbonica, usata come fertilizzante, per la fabbricazione di farmaceutici e materie plastiche. **SIN.** Carbammide.

ureàsi [comp. di *ure(a)* e del suff. *-asi*; 1970] **s. f. inv.** ● (*chim.*) Enzima presente in piante e microrganismi che catalizza la rottura delle molecole di urea.

†**urécchio** ● V. *orecchio.*

Uredinàli [da *uredine* 'bruciatura', per la *ruggine* che provocano nelle piante; 1930] **s. f. pl.** (**sing.** *-e*) ● Nella tassonomia vegetale, ordine di Funghi dei Basidiomiceti parassiti di piante superiori su cui producono le ruggini (*Uredinales*).

urèdine [vc. dotta, lat. *urēdine(m)*, da *ūrere* 'bruciare', di orig. indeur.; 1499] **s. f.** ● (*raro*) Fungo parassita che invade le Graminacee producendo la malattia chiamata ruggine.

Uredinee **s. f. pl.** ● Uredinali.

uredospòra [comp. di *ured(inee)* e *spora*; 1931] **s. f.** ● Spora delle Uredinali unicellulare e peduncolata, di colore rugginoso, che appare sulle foglie di Graminacee, spec. del frumento attaccato dalla ruggine.

urèico [1942] **agg.** (**pl. m.** *-ci*) ● Della, relativo all'urea | ***Resina ureica***, resina ottenuta per polimerizzazione di urea con formaldeide, utilizzata per produrre materiali plastici termoindurenti.

uremìa [comp. del gr. *ôuron* 'urina' e di un deriv. da *hâimo* 'sangue'; 1862] **s. f.** ● (*med.*) Aumento dei composti azotati nel sangue, e in particolare dell'urea, per insufficiente secrezione renale.

urèmico [1889] **A agg.** (**pl. m.** *-ci*) ● Della, relativo all'uremia: *coma u.* **B agg.**; anche **s. m.** (**f.** *-a*) ● Che (o Chi) presenta uremia.

urènte [vc. dotta, lat. *urĕnte(m)*, part. pres. di *ūrere* 'bruciare', di orig. indeur.; av. 1342] **A agg.** ● (*lett.*) Bruciante: *febbre u.; dolore u.* **B s. m.** ● (*bot., spec. al pl.*) Peli rigidi che producono sostanze ad azione caustica, come ad es. quelli delle ortiche.

urèo [gr. *ouráios*, adattamento del n. egiz. del 'cobra' (*i'rt*), attributo di divinità, specie se serpentiformi; 1957] **s. m.** ● Nell'antico Egitto, il serpente sacro che, come simbolo del supremo potere, era spesso effigiato sul copricapo dei faraoni e di alcune divinità.

ureotèlico [comp. di *urea* e del gr. *télos* 'termine, fine' col suff. *-ico*] **agg.** (**pl. m.** *-ci*) ● (*biol.*) Caratterizzato da ureotelismo.

ureotelismo [da *urotel(ico)* col suff. *-ismo*] **s. m.** ● (*biol.*) Metabolismo dei composti azotati caratteristico di alcuni gruppi animali che porta all'eliminazione di scorie in forma di urea.

uretàno [comp. di *ur(o)-* (*1*) 'urina' e *et(ere)* col suff. di comp. carbonico *-ano* sul modello del corrispondente fr. *uréthane*; 1949] **A s. m.** ● (*chim.*) Carbammato. **B** anche **agg.**: *gruppo u.*

ureteràle [1961] **agg.** ● (*med.*) Relativo all'uretere: *cateterismo u.; calcolosi u.* | ***Meato u.***, l'orifizio con cui l'uretere sbocca nella vescica. **SIN.** Ureterico.

urètere [gr. *ourētḗr*, genit. *ourēteros*, da *ourêin* 'urinare', di orig. indeur.; av. 1698] **s. m.** ● (*anat.*) Condotto fine, allungato, che porta l'urina dal rene alla vescica. ➡ **ILL.** p. 2125 ANATOMIA UMANA.

uretèrico [1937] **agg.** (**pl. m.** *-ci*) ● (*med.*) Ureterale.

ureterite [comp. di *ureter(e)* e *-ite* (*1*); 1840] **s. f.** ● (*med.*) Infiammazione dell'uretere.

urètra, (*evit.*) **ùretra** [vc. dotta, lat. tardo *urēthra(m)*, dal gr. *ourēthra*, da *ourêin* 'urinare', di orig. indeur.; av. 1735] **s. f.** ● (*anat.*) Condotto che va dalla vescica all'esterno. ➡ **ILL.** p. 2124, 2125 ANATOMIA UMANA.

uretràle [av. 1758] **agg.** ● (*anat.*) Dell'uretra: *canale u.*

uretrite [comp. di *uretra* e *-ite* (*1*); 1865] **s. f.** ● (*med.*) Infiammazione dell'uretra.

♦**urgènte** [av. 1540] **part. pres.** di *urgere*; anche **agg.** ***1*** (*lett.*) Che incalza, che preme. ***2*** Che non consente o non ammette dilazioni o ritardi, che deve essere esaminato, soddisfatto, risolto e sim. immediatamente, senza frapporre indugi: *bisogno u.; necessità u.; questioni urgenti; è senz'altro il caso più u.* | ***Lettera u.***, da recapitare nel minor tempo possibile o da leggere prima d'ogni altra | ***Pacco u., telegramma u., chiamata telefonica u.***, e sim., che, dietro pagamento di una tariffa speciale, acquista diritto di precedenza su altri. || **urgenteménte**, **avv.** D'urgenza, al più presto, subito: *vi prego, intervenite urgentemente.*

urgènza [vc. dotta, lat. tardo *urgĕntia(m)*, da *ŭrgens*, genit. *urgĕntis* 'urgente'; av. 1565] **s. f.** ***1*** Condizione di ciò che è urgente, impellente, indilazionabile: *è inutile che io insista sull'u. del caso.* ***2*** Situazione di estrema gravità, che esige interventi, decisioni, soluzioni e sim. immediati e improcrastinabili: *in caso d'u., avvertitemi subito* | (*dir.*) ***Provvedimento d'u.***, emesso dal giudice durante una causa, per assicurare la protezione immediata da un pregiudizio imminente e irreparabile | ***Chirurgia d'u.***, quella che richiede un pronto intervento, non procrastinabile nel tempo. ***3*** Estrema rapidità, sollecitudine e sim.: *bisogna intervenire con u.; c'è una chiamata d'u.* | ***Fare u. a qlcu.***, sollecitarlo insistentemente.

urgenzàre [1935] **v. tr. e intr.** (*io urgènzo*; aus. *avere*) ● (*bur.*) Fare urgenza, sollecitare.

ùrgere [lat. *urgēre*, di etim. incerta, con passaggio ad altro tipo di coniug.; 1321] **A v. tr.** (*io ùrgo, tu ùrgi*; difett. del **pass. rem.**, dell'imperat., del **part. pass.** e dei tempi composti; si usa quasi esclusivamente nelle terze persone **sing.** e **pl.**) ***1*** (*lett.*) Spingere, incalzare. ***2*** (*lett., est., assol.*) Esercitare una pressione: *i nemici urgevano alla porta, sui fianchi dello schieramento difensivo.* ***3*** (*lett., fig.*) Incitare, spronare, sollecitare: *un desiderio che non ha parole / v'urge* (PASCOLI). **B v. intr.** ***1*** Essere necessario al più presto: *urge il vostro immediato intervento; urgono radicali riforme; urge condurlo all'ospedale.* ***2*** Essere incalzante, pressante, stringente, esigere soluzioni immediate, decisioni sollecite e sim.: *bisogni, necessità che urgono; la situazione si aggrava ogni giorno e urge.*

-urgìa [gr. *-ourgía*, da *érgon* 'opera, lavoro', di orig. indeur.] secondo elemento ● In parole composte, significa 'opera', 'lavoro', 'lavorazione' e sim.: *chirurgia, liturgia, metallurgia.*

-ùrgico secondo elemento ● Forma gli aggettivi corrispondenti ai sostantivi in *-urgia*: *chirurgico, siderurgico.*

-ùrgo secondo elemento ● Forma sostantivi connessi con termini in *-urgia*: *chirurgo, demiurgo.*

ùri o **urì** [persiano *hūri*, dall'ar. *ḥur* 'dagli occhi neri'; 1840] **s. f. inv.** ● Creatura femminile di natura angelica che, secondo la tradizione, allieta il paradiso musulmano.

†**ùria** (**1**) [gr. *ouría*, n. di un uccello acquatico, legato alla stessa radice (col sign. di 'acqua') del lat. *urīna*; 1839] **s. f.** ● Augurio.

ùria (**2**) **s. f.** ● Uccello dei Caradriformi simile alle alche, con coda cortissima, lungo becco diritto, tuffatore e nuotatore, che vive in mare aperto nelle zone artiche (*Uria aalge*).

-ùria o **-urìa** [gr. *-ouría*, da *ôuron* 'urina', di etim. incerta] secondo elemento ● In parole composte della medicina, fa riferimento a condizioni patologiche dell'urina (*albuminuria, ematuria*) o della minzione (*poliuria*).

uricemìa [comp. di (*acido*) *uric(o)* e di un deriv. del gr. *hâima* 'sangue'; 1901] **s. f.** ● (*med.*) Quantità di acido urico o di urati nel sangue. Impropriamente, iperuricemia.

uricèmico [1912] **A agg.** (**pl. m.** *-ci*) ● Della, relativo alla, uricemia: *tasso u.* **B agg.**; anche **s. m.** (**f.** *-a*) ● Che (o Chi) è affetto da uricemia.

ùrico [da *urea*; 1829] **agg.** (**pl. m.** *-ci*) ● (*chim.*) Detto di acido organico, azotato, derivato dalla purina, presente in piccole quantità nell'urina umana e in forti quantità negli escrementi di serpenti e uccelli | (*med.*) ***Diatesi urica***, diatesi caratterizzata da alterazioni del metabolismo dell'acido urico, con tendenza al suo accumulo nel sangue o alla sua precipitazione nei tessuti e negli organi.

uricosùria o **uricosurìa** [comp. di *urico* e *-uria*] **s. f.** ● (*med.*) Eliminazione di acido urico o di urati con le urine.

uricotèlico [comp. di (*acido*) *urico* e del gr. *télos* 'fine, termine' col suff. *-ico*] **agg.** (**pl. m.** *-ci*) ● (*biol.*) Caratterizzato da uricotelismo.

uricotelismo [da *uricotel(ico)* con il suff. *-ismo*] **s. m.** ● (*biol.*) Processo metabolico caratteristico di alcuni gruppi animali che porta all'eliminazione di scorie azotate in forma di acido urico.

urina od **orina** [lat. *urīna(m)*, di etim. incerta; av. 1292] **s. f.** ● (*fisiol.*) Prodotto dell'attività dell'emuntorio renale costituito da un liquido giallo citrino, di odore caratteristico, contenente numerose sostanze organiche (urea, acido urico, creatinina, urobilina) e inorganiche (sodio, potassio, magnesio, calcio, ammonio). **CFR.** uro- (1).

urinàle ● V. *orinale.*

urinàre ● V. *orinare.*

urinàrio o (*raro*) **orinàrio** [1583] **agg.** ● Che si riferisce all'urina: *apparato u.; vie urinarie.*

urinàta ● V. *orinata.*

†**urinativo** ● V. *orinativo.*

urinazióne ● V. *orinazione.*

urinifero [comp. di *urin(a)* e *-fero*] **agg.** ● (*biol.*) Contenente urina.

urinocoltùra [comp. di *urin(a)* e *-coltura*] **s. f.** ● (*med.*) Esame diagnostico per malattie infettive eseguito mediante coltura batteriologica dell'urina, al fine di isolare e identificare i microrganismi responsabili.

urinóso [1959] **agg.** ***1*** V. †*orinoso.* ***2*** (*med.*) Relativo all'urina, che ha le proprietà dell'urina | ***Odore u.***, quello di liquidi o essudati contenenti urina o suoi elementi costitutivi | ***Febbre urinosa***, quella dovuta a infezioni delle vie urinarie.

URL /'url, u'erre 'elle, *ingl.* 'juːɑː 'ɛl/ [sigla ingl. di *U(niform) R(esource) L(ocator)* 'identificatore standard di risorse'; 1995] **s. m. inv.** ● (*elab.*) Indirizzo univoco di un sito web espresso in una forma utilizzabile dal browser, che inizia gener. con la stringa "http://".

urlaménto [1344] **s. m.** ● (*raro*) L'urlare continuo.

urlànte **part. pres.** di *urlare*; anche **agg.** ● Nei sign. del v.: *cani urlanti; folla u.*

♦**urlàre** [lat. parl. **urulāre*, forma dissimilata di *ululāre*; 1313] **A v. intr.** (aus. *avere*) ***1*** Emettere urli, ululati e sim., detto dei lupi, dei cani e di altri animali. SIN. Ululare. **2** (*est.*) Emettere urla, grida, detto dell'uomo: *u. di dolore, spavento, terrore, raccapriccio*; *u. come un dannato, un disperato, un ossesso*; *u. a squarciagola, a perdifiato*. **3** (*est.*) Alzare la voce spec. accalorandosi in rimproveri, discussioni, polemiche e sim.: *non c'è bisogno di u. così*; *se urlate in questo modo io me ne vado*; *"basta, basta," urlò "via quel bicchiere"* (SVEVO) | (*est.*) Parlare a voce troppo alta: *le persone educate non urlano*; *smetti di u., che non sono sordo!* SIN. Sbraitare. **B** v. tr. **1** Dire a voce molto alta: *u. insulti, parolacce*; *non capisco cosa stiano urlando*. **2** Cantare a piena voce: *u. un motivo, una canzone*.

urlàta [1879] s. f. **1** Serie di urli, di grida, spec. in segno di disapprovazione. **2** Sfuriata, sfogo di collera.

urlàto part. pass. di *urlare*; anche agg. **1** Nei sign. del v. **2** (*est.*) Che ricorre a toni enfatici, allo sfogo o all'invettiva: *giornalismo televisivo u.*

urlatóre [sec. XIV] agg.; anche s. m. (f. *-trice*) ● Che (o Chi) urla, spec. per abitudine: *scimmia urlatrice* | ***Cantanti urlatori***, o (*ellitt.*) ***urlatori***, negli anni '60 del Novecento, in Italia, cantanti di musica leggera che si ispiravano al rock and roll.

urlìo [1799] s. m. ● Un urlare frequente e continuato spec. di più persone insieme.

♦**ùrlo** [da *urlare*; 1313] s. m. (pl. *ùrli*, m. nei sign. 1, 4, 5, *ùrla*, f. nei sign. 2, 3, 5) **1** Grido forte, cupo e prolungato, di animale: *l'u. del lupo*; *gli urli delle belve*; *la foresta risuonava di urli e di strida*. **2** (*est.*) Strepito, fragore: *l'u. del vento, dell'uragano, del mare in burrasca*. **3** Acuto grido umano, per lo più forte e prolungato: *un u. di spavento, terrore, gioia, entusiasmo*; *fare, lanciare, cacciare un u.*; *da ogni parte si udivano urla e imprecazioni* | (*fig., gerg.*) ***Da u.***, esaltante, entusiasmante: *un concerto da u.* **4** (*est.*) Ogni esclamazione, parola, frase o discorso pronunciato con voce troppo alta, con tono violento o scomposto e sim.: *cosa sono tutti questi urli?*; *quando discutono si sentono gli urli fin da basso*; *con risa e bestemmie e urli di scherno fecero impeto, e … passarono tutti* (PIRANDELLO). **5** (*est., fam.*) Forte sgridata: *ora sentirai gli urli di tuo padre!* || **urlàccio**, pegg. | **urlétto**, dim. | **urlino**, dim.

urlóne [da *urlo*; 1842] s. m. **1** (f. *-a*) Chi, nel parlare, è solito alzare molto la voce. **2** Scimmia urlatrice. || **urlonàccio**, pegg.

ùrna [vc. dotta, lat. *ŭrna(m)*, della stessa famiglia di *ŭrceus* 'orcio', e quindi vc. d'importazione; 1340] s. f. **1** Recipiente d'origine e d'uso antichissimi, di forma, materiale, dimensioni e utilizzazione molto vari: *urna in terracotta, in bronzo, in marmo*; *u. per liquidi*; *u. granaria*; *estrarre dall'u. i numeri del lotto*; *conservare in un'u. le reliquie di un santo* | ***U. cineraria***, in cui fin dai tempi preistorici si conservavano le ceneri dei defunti | ***U. elettorale***, specie di cassetta dotata di un'apertura nella parte superiore, atta ad accogliere e contenere le palline o le schede delle votazioni. **2** (*assol.*) Urna cineraria: *le urne delle necropoli etrusche*. **3** (*spec. al pl., est., lett.*) Tomba, sepoltura, sepolcro: *a egregie cose il forte animo accendono / l'urne de' forti* (FOSCOLO). **4** (*assol.*) Urna elettorale: *suggellare, sigillare le urne*; *aprire l'u.* | ***Spezzare le urne***, per rendere nulla la votazione | (*est., spec. al pl.*) Votazione, consultazione elettorale: *attendere l'esito, il responso delle urne* | ***Andare alle urne***, a votare | ***Disertare le urne***, astenersi dal votare | ***Ricorrere alle urne***, alle elezioni | ***Uscire vittorioso dalle urne***, essere eletto | ***Accorrere alle urne***, alle sedi in cui si vota. **5** (*bot.*) Nei muschi, l'organo che porta le spore, sorretto da un filamento, chiuso da un opercolo e coperto dalla cuffia. || **urnétta**, dim. | **urnettina**, dim.

ùro [vc. dotta, lat. *ūru(m)*, di orig. germ.; av. 1557] s. m. ● Mammifero ruminante selvatico considerato progenitore del bue, vissuto in Europa, Asia e Nord Africa, estinto dal XVII sec. (*Bos primigenius*).

ùro- (**1**) [dal gr. *ôuron* 'urina'] primo elemento ● In parole composte mediche o scientifiche, significa 'urina', 'minzione', o 'acido urico', 'urea': *urobilina, urocromo, urologia*.

ùro- (**2**) [dal gr. *urá* 'coda'] primo elemento ● In parole composte scientifiche, significa 'coda': *urogallo, uropigio*.

-ùro (**1**) [adattamento del fr. *-ure*, di etim. incerta] suff. ● In chimica, indica un composto binario fra un metallo e un non metallo (*cloruro, solfuro, idruro*).

-ùro (**2**) [dal gr. *urá* 'coda'] secondo elemento ● In parole composte spec. della zoologia, significa 'coda': *ossiuro, paguro*.

urobilìna [comp. di *uro-* (*1*) e di un deriv. da *bile*; 1940] s. f. ● (*biol.*) Pigmento biliare di colore giallo arancio che si forma durante il catabolismo dell'emoglobina; normalmente presente nell'urina del cui colore è in parte responsabile.

urobilinùria o **urobilinuria** [comp. di *urobilin(a)* e *-uria*; 1961] s. f. ● (*med.*) Presenza nelle urine di urobilina che aumenta in patologie epatiche ed emolitiche.

urocèle [comp. di *uro-* (*1*) e *-cele*; 1934] s. m. ● (*zool.*) Elemento dell'apparato escretore dei Molluschi, costituito da una cavità tappezzata da epitelio ghiandolare e comunicante con il celoma.

urochinàṣi [comp. di *uro-* (*1*) e dell'ingl. *kinase*, dal gr. *kinéō* 'io muovo' (un gruppo fosforico)] s. f. inv. ● (*biol.*) Enzima proteolitico presente nel siero, la cui azione determina la lisi dei coaguli sanguigni; può essere isolato dall'urina.

Urocordàti [comp. di *uro-* (*2*) e di un deriv. dal gr. *chordḗ* 'corda' (qui 'corda dorsale'); 1957] s. m. pl. (sing. *-o*) ● (*zool.*) Tunicati.

urocròmo [comp. di *uro-* (*1*) e di un deriv. dal gr. *chrôma* 'colore'; 1937] s. m. ● (*fisiol.*) Pigmento che dà la normale colorazione gialla alle urine.

Urodèli [comp. di *uro-* (*2*) e del gr. *dêlos* 'appar(isc)ente, manifesto'; 1840] s. m. pl. (sing. *-o*) ● Nella tassonomia animale, ordine di Anfibi con corpo lacertiforme, due paia di arti, coda lunga e ben sviluppata, pelle non ricoperta da scaglie, le cui larve sono acquatiche (*Urodela*). SIN. Caudati.

urodinìa [vc. dotta, comp. di *ur(o)-* (*1*) e del suff. *-odinia*] s. f. ● (*med.*) Sensazione dolorosa che insorge durante la minzione.

uròfiṣi [comp. di *uro-* (*2*) e del gr. *phýsis* 'natura'] s. f. inv. ● (*biol.*) Peculiare organo endocrino presente nella porzione caudale del midollo spinale degli Osteitti e dei Condroitti.

urogàllo [comp. di *uro-* (*2*) e *gallo*, secondo il modello compositivo del corrispondente ted. *Auerhahn*; 1805] s. m. ● (*zool.*) Grosso galliforme selvatico delle regioni montuose, dal piumaggio nerastro, commestibile (*Tetrao urogallus*). SIN. Gallo cedrone.

urogèneṣi [comp. di *uro-* (*1*) e *genesi*; 1983] s. f. inv. ● (*chim., biol.*) Uropoiesi.

urogenitàle [comp. di *uro-* (*1*) e *genitale*; 1961] agg. ● (*anat.*) Che concerne l'apparato urinario e genitale.

urografìa [comp. di *uro-* (*1*) e *-grafia*; 1937] s. f. ● (*med.*) Tecnica radiologica di visualizzazione delle vie urinarie mediante somministrazione di sostanze radiopache.

urogràmma [comp. di *uro-* (*1*) e *-gramma*; 1961] s. m. (pl. *-i*) ● (*med.*) Immagine radiografica dell'apparato urinario.

urolitìaṣi [comp. di *urolit(o)* e *-iasi*; 1840] s. f. inv. ● (*med.*) Calcolosi delle vie urinarie.

uròlito [comp. di *uro-* (*1*) e del gr. *líthos* 'pietra'; 1829] s. m. ● (*med.*) Calcolo delle vie urinarie.

urologìa [comp. di *uro-* (*1*) e *-logia*; 1887] s. f. ● (*med.*) Scienza medica che studia le affezioni dell'apparato urinario e la loro terapia.

urològico [1940] agg. (pl. m. *-ci*) ● Che si riferisce all'urologia.

uròlogo [comp. di *uro-* (*1*) e *-logo*; 1927] s. m. (f. *-a*; pl. m. *-gi*) ● (*med.*) Specialista, studioso di urologia.

uromàstice [comp. di *uro-* (*2*) e del gr. *mástix* 'frusta' (d'orig. incerta): detto così dalla grossa coda; 1961] s. m. ● (*zool.*) Genere di rettili dei Lacertidi con coda grossa e breve ricoperta di squame spinose che vive in ambiente desertico (*Uromastix*).

uronìano ● V. *huroniano*.

urònico [vc. dotta, dal gr. *ôuron* 'urina' col suff. *-ico*] agg. (pl. m. *-ci*) ● Detto di alcuni acidi carbossilici derivati dagli aldosi, diffusi in natura nel mondo animale e vegetale.

uropigèo agg. ● (*zool.*) Relativo all'uropigio | ***Ghiandola uropigea***, uropigio.

uropìgio [comp. di *uro-* (*2*) e del gr. *pygḗ* 'deretano', di etim. incerta; av. 1704] s. m. ● (*zool.*) Ghiandola cutanea sebacea che è posta sulla parte dorsale del codrione degli Uccelli e secerne un liquido oleoso che, spalmato sulle penne, le impermeabilizza all'acqua.

uropoièṣi [comp. di *uro-* (*1*) e *-poiesi*; 1961] s. f. inv. ● (*fisiol.*) Il processo di produzione dell'urina per opera dei reni. SIN. Urogenesi.

uropoiètico [1929] agg. (pl. m. *-ci*) ● (*fisiol.*) Relativo all'uropoiesi | ***Organo u.***, il rene.

uroscopìa [comp. di *uro-* (*1*) e *-scopia*; 1821] s. f. ● (*med.*) Termine desueto per indicare l'esame dell'urina.

uròstilo [comp. di *uro-* (*2*) e *stilo*; 1961] s. m. ● (*zool.*) Caratteristico coccige allungato degli Anuri, derivato dalla fusione delle vertebre caudali.

urotropìna® [comp. di *-uro* (*1*) e di un deriv. dal gr. *trópos* 'volgere', col suff. di prodotto chim. *-ina*; 1900] s. f. ● Prodotto di condensazione dell'aldeide formica con ammoniaca, impiegato in farmacologia per la sua azione disinfettante e diuretica e nell'industria nella produzione di materie plastiche, gomma, esplosivi.

urrà o **hurrà**, (*raro*) **hurràh** [fr. *hourra*, vc. onomat.; 1822] inter. ● Si usa come escl. gioiosa di plauso, d'esultanza, d'incitamento e di augurio: *u., abbiamo vinto!* | ***'Hip hip, hip' 'u.!'***, plauso collettivo, sollecitato da qlcu. che incita i presenti con il triplice grido, specificando prima a chi è rivolto l'augurio.

Ùrsidi [dal lat. *ŭrsus* 'orso' col suff. di famiglia zool. *-idi*; 1970] s. m. pl. (sing. *-e*) ● Nella tassonomia animale, famiglia di Carnivori di dimensioni notevoli con grosse zampe plantigrade, folto pelame, alimentazione onnivora (*Ursidae*).

ursigràmma [comp. di *URSI*, sigla it. dell'*U(nione) R(adiofonica) S(cientifica) I(nternazionale)*, e *-gramma*; 1961] s. m. (pl. *-i*) ● Notiziario scientifico rapido, generalmente teletrasmesso, che fornisce informazioni sull'attività solare.

ursóne [fr. *ourson* 'piccolo orso (*ours*)'; 1930] s. m. ● Roditore arboricolo nord-americano a muso tronco all'estremità, arti brevi, mantello dorsalmente misto di peli lanosi, setole e brevi aculei (*Erethizon dorsatum*). SIN. Porcospino americano.

ùrta [da *urtare*; 1532] s. f. ● (*disus. o region.*) Antipatia, avversione, rancore, nella loc. ***prendere, avere qlcu. in u.***; ***aversi in u.*** | Contrasto, dissenso, nella loc. ***essere, mettersi in u. con qlcu.***

urtacchiàre [da *urtare*; 1827] v. tr. (*io urtàcchio*) ● (*raro*) Battere, spingere, investire con numerosi piccoli urti.

urtaménto [av. 1698] s. m. ● (*raro*) L'urtare | Urto.

urtànte [1342] **A** part. pres. di *urtare*; anche agg. **1** (*raro*) Che urta. **2** (*fig.*) Antipatico, spiacevole, irritante: *modo, comportamento u.*; *persona u.*; *carattere u.* **B** s. m. **1** (*mar.*) Congegno che sporge da mine subacquee e ne produce l'esplosione se urtato da una nave. **2** (*mar.*) Trave che collega i due vasi dell'invasatura per irrigidirla.

urtàre [ant. provz. *urtar*, dal francone **hûrt* 'ariete'; 1313] **A** v. tr. **1** Dar contro, colpire col proprio corpo, col proprio mezzo di locomozione e sim., o con una loro parte: *u. qlcu. violentemente, leggermente, casualmente*; *u. qlco. con un braccio, un piede, una mano*; *correva senza curarsi di non u. i passanti*; *scusa se inavvertitamente ti ho urtato*; *l'abbiamo urtato di striscio col parafango* | Sbattere per caso: *u. la testa in uno spigolo* | (*raro, lett.*) Spingere: *gli urta il cavallo addosso* (TASSO). **2** (*fig.*) Indisporre, irritare, indispettire (*anche assol.*): *ci sono in voi molte cose che mi urtano*; *ha un modo di fare che urta*; *le tue frasi indelicate l'hanno profondamente urtato* | ***U. i nervi***, dare molto fastidio, riuscire oltremodo sgradito, innervosire: *tutto questo rumore mi urta i nervi*. **B** v. intr. (aus. *avere*) (+ *contro*; + *in*) **1** Cozzare, andare addosso, andare a sbattere: *u. contro un muro, un albero, un paracarro*; *u. in un ostacolo improvviso*. **2** (*fig.*) Imbattersi, incappare: *u. contro difficoltà insormontabili, contro un muro d'incomprensione*; *u. in ostacoli d'ogni sorta*. **C** v. rifl. rec. **1** Scontrarsi, spingersi, investirsi reciprocamente: *i due automezzi si sono urtati frontalmente*. **2** (*fig.*) Essere o venire a contrasto, in attrito e sim.: *si sono urtati per una vecchia questione familiare*; *nel suo animo si urtavano opposti sentimenti*; *sono principi che si urtano l'un l'altro*. **D** v. intr. pron. ● Irritarsi, seccarsi, indispettirsi: *si urta per un nonnulla*.

urtàta [f. sost. del part. pass. di *urtare*; sec. XIV] s. f. ● Urto, spinta: *dare un'u.* || **urtatina**, dim.

urtàto [1336 ca.] part. pass. di *urtare*; anche agg. *1* Colpito, investito. *2* (*fig.*) Irritato, seccato: *l'ho visto un po' u.*

urtatóre [1723] agg.; anche s. m. (f. *-trice*) ● (*raro, lett.*) Che (o Chi) urta.

urtatùra [1619] s. f. ● (*raro*) Urto | (*fig.*) Irritazione: *un'u. di nervi.*

urtica ● V. *ortica.*

Urticàcee o (*raro*) **Orticàcee** [comp. del lat. *urtīca* 'ortica' e *-acee*; 1891] s. f. pl. (sing. *-a*) ● Nella tassonomia vegetale, famiglia di piante dicotiledoni erbacee a foglie alterne, ovario con un solo ovulo, frutto ad achenio (*Urticaceae*). ➡ ILL. piante/2.

urticàio ● V. *orticaio.*

urticànte o (*raro*) **orticànte** [dal lat. *urtīca* 'ortica'; 1905] agg. *1* Detto di organo vegetale o animale che al contatto emette sostanze che producono irritazione sulla pelle. *2* (*est.*) Detto di sostanza che provoca irritazione cutanea.

urticària ● V. *orticaria.*

urticchiàre [1879] v. tr. e intr. (*io urticchio*; aus. *avere*) ● (*raro*) Urtare leggermente e ripetutamente.

†**ùrto** (*1*) agg. ● Urtato, spinto.

ùrto (*2*) [da *urtare*; av. 1484] **A** s. m. *1* (*gener.*) Colpo secco e improvviso, perlopiù involontario, dato o ricevuto da qlcu. o qlco.: *un u. leggero, violento, casuale, intenzionale, inavvertito; dare, ricevere un u.; con un u. lo fece cadere; malgrado l'u. il vetro non si è rotto.* SIN. Spinta. *2* (*fis.*) Interazione fra due o più corpi in moto relativo, con o senza contatto materiale, la quale determina una modificazione delle velocità dei corpi stessi | ***Linea d'u.***, la normale comune alle superfici dei due corpi interagenti nel punto di contatto | ***U. elastico***, quello fra due corpi perfettamente elastici, nel quale si conserva l'energia cinetica dei corpi | ***U. anelastico***, quello fra due corpi perfettamente anelastici, nel quale non si conserva l'energia cinetica dei corpi stessi | ***U. fisico***, quello fra due corpi reali, né perfettamente elastici né perfettamente anelastici | ***Sezione d'u.***, grandezza fisica che esprime la probabilità con cui può avvenire un urto fra particelle subatomiche. SIN. Collisione. *3* (*idraul.*) ***U. idraulico***, colpo d'ariete. *4* Scontro, collisione: *l'u. di due autotreni; u. tra navi, tra aeromobili; fu un u. frontale con disastrose conseguenze* | Impatto: *l'u. del vento contro un natante; l'u. dell'aereo contro il suolo fu violentissimo* | ***Mina a u.***, torpedine sferica munita di appendici facilmente deformabili che scoppia al minimo urto contro uno scafo. *5* Assalto violento, scontro di schiere armate: *u. feroce, poderoso, irresistibile; l'u. immane dei due eserciti.* *6* (*fig.*) Contrasto, conflitto, radicale dissenso: *l'u. tra padre e figlio era ormai inevitabile; assistere all'u. di due opposte concezioni politiche; le vostre teorie sono chiaramente in u.* | ***Essere, entrare, mettersi in u. con qlcu.***, contrastarlo apertamente, spezzando eventuali vincoli di amicizia e sim. | ***Prendere qlcu. a, in u.***, prenderlo in antipatia, a malvolere. **B** in funzione di agg. inv. ● Spec. nella loc. ***dose u.***, dose di medicinale superiore a quella tipica, con effetto farmacologico più rapido e violento. || **urtóne**, accr.

urtoterapìa [comp. di (dose d')*urto* e *terapia*; 1950] s. f. ● (*med.*) Terapia con dosi massive di farmaci, il cui effetto differisce da quello tipico del farmaco stesso.

urubù [sp. *urubú*, di orig. tupi; 1931] s. m. ● Piccolo avvoltoio americano con apertura alare di poco più di un metro, tutto nero con la pelle del capo nuda e rossa (*Coragyps atratus*).

uruguàgio [adattamento dello sp. *uruguayo*; 1973] agg.; anche s. m. (pl. f. *-ge*) ● (*raro*) Uruguaiano.

uruguaiàno o **uruguayàno** /urugwa'jano/ [1937] **A** agg. ● Dell'Uruguay. **B** s. m. (f. *-a*) ● Abitante, nativo dell'Uruguay.

†**ùsa** [da *usare*] s. f. ● Usanza, uso.

usàbile [av. 1729] agg. ● Che si può usare: *questa macchina non è più u.; termini rari ma usabili ancor oggi.*

usabilità [1819] s. f. ● Caratteristica di ciò che può essere usato | (*est.*) Facilità d'uso.

ùsa e gètta [comp. degli imperat. di *usare* e *gettare*; 1985] loc. agg. inv. ● Che si può usare una sola volta: *piatto, bicchiere, siringa usa e getta.* SIN. Monouso | (*fig.*) Che si impone con immediatezza, ma non è destinato a durare: *moda, fenomeno culturale usa e gètta.*

†**usàggio** [av. 1250] s. m. ● Uso, consuetudine.

†**usaménto** [da *usare*; av. 1306] s. m. ● Pratica sessuale.

usànte [av. 1306] **A** part. pres. di *usare*; anche agg. *1* Nei sign. del v. *2* †Detto di chi ama la compagnia, la conversazione e sim. **B** s. m. e f. ● †Chi usa qlco.

usànza [da *usare*; av. 1250] s. f. *1* Ciò che si usa fare tradizionalmente in un determinato luogo, tempo e ambiente: *un'antica u. meridionale; usanze moderne, introdotte da poco; le usanze della campagna, della città; l'u. delle uova pasquali, dell'albero di Natale, dei biglietti d'auguri.* SIN. Consuetudine. *2* Modo usuale di vivere, agire, fare, comportarsi e sim.: *abbiamo deciso secondo l'u.; seguiamo le usanze del paese; attenersi alle usanze degli antichi* | ***All'u., all'u. di***, secondo il modo, il gusto, il costume, l'abitudine di: *cucinare all'u. araba, indiana, cinese.* SIN. Costume, maniera. *3* (*est.*) Moda, voga: *l'u. del cappello, della gonna corta, dei tacchi a spillo.* *4* (*raro*) Abitudine: *avere l'u. di leggere a letto* | ***Prendere l'u. di***, l'abitudine di. *5* (*raro, lett.*) Cosa solita, abituale, che si ripete normalmente: *non suole essere u. che andando verso la state, le notti si vadan infrescando* (BOCCACCIO). *6* †Pratica e familiarità: *u. di persone oneste.* *7* †Uso. || PROV. Paese che vai usanza che trovi. || **usanzàccia**, pegg.

♦**usàre** [lat. parl. **usāre*, iter. di *ūti* 'far uso, adoperare', di etim. incerta; av. 1250] **A** v. tr. *1* Servirsi di un mezzo, uno strumento, una fonte di guadagno, di energia o di utilità, fare ricorso a una facoltà dell'animo, della mente e sim.: *u. la macchina, la nave, la bicicletta; u. il cacciavite, il martello, le forbici, il coltello; u. un'arma per difendersi; u. i capitali, il denaro, gli appoggi di qlcu.; u. l'elettricità per il riscaldamento; saper u. la propria intelligenza; devi u. il buon senso; se avessi usato un po' di astuzia non ti saresti lasciato ingannare; tentò sedurla, usò minacce e preghi, / e perfin l'oro offrille* (ALFIERI) | ***U. un abito, un indumento***, indossarlo | ***Siringa usa e getta***, V. *usa e getta* | ***U. la testa***, ragionare | ***U. gli occhi, u. bene gli occhi***, guardare con attenzione, saper vedere la realtà e sim. | ***U. le orecchie***, ascoltare con attenzione | ***U. le mani***, picchiare, menar botte | ***U. volentieri le mani***, essere manesco | (*est.*) Servirsi, parlando o scrivendo: *u. termini tecnici, correnti, letterari; u. scorrettamente un verbo, una parola* | (*est., raro*) Servirsi di una persona: *se non si può fare altrimenti, useremo il fattorino anche per questa commissione* | (*est.*) Strumentalizzare: *ti ha usato per i suoi interessi.* *2* Mettere in atto, recare ad effetto, esercitare: *u. un diritto; ha usato legittimamente il suo potere; userò tutte le mie forze pur di riuscire; u. le buone, le cattive maniere* | †***U. un ufficio, una professione, un'arte***, esercitarla | †***U. pace***, goderla. *3* Applicare, far valere, agire con: *u. l'astuzia, la frode, l'inganno; u. la carità, la misericordia, la severità, il rigore; quando si giudica bisogna u. la comprensione; u. lealtà verso qlcu.; dovete u. la massima cura; mi raccomando, usate molta attenzione; cerca di u. un po' di tatto, di delicatezza* | ***U. violenza a qlcu.***, costringerlo a fare qlco. con la forza | ***U. violenza a una donna***, violentarla. *4* Fare, spec. in espressioni di cortesia: *usatemi la carità di lasciarmi solo; usami questo favore se mi sei amico; mi avete usato una cortesia così grande che non so come ringraziarvi* | †***U. peccati***, commetterli | †***U. suo diletto***, fare il proprio comodo. *5* Giovarsi abitualmente di qlco.: *d'inverno uso la pelliccia; in questa stagione non è il caso di u. gli abiti pesanti* | ***Saper u. qlco.***, essere molto abile nell'uso di qlco.: *saper u. il coltello, il fucile.* *6* (+ inf.) Avere l'abitudine, essere solito: *noi usiamo passeggiare a piedi; in questi casi mio padre usa dire così; la nostra ditta usa concedere ai dipendenti un pomeriggio libero alla settimana* | (*impers.*) ***Si usa***, è abitudine, è costume: *in Cina si usa festeggiare il Capodanno lunare; a casa nostra si usa rispondere agli auguri.* **B** v. intr. (aus. *avere*) *1* (+ *di*) Servirsi, valersi di qlco. o di qlcu.: *u. dei propri diritti; u. bene, male della propria ricchezza; non sa u. della propria capacità; vorrei u. dei tuoi appunti, se me lo consenti; userò di voi come di un'esca.* SIN. Usufruire. *2* (+ *di*) (*lett.*) Operare, agire, comportarsi con: *usate di una certa comprensione nei suoi confronti* | ***U. della ragione***, ragionare, pensare a quello che si fa, si dice e sim. *3* (*assol.*) Essere di moda: *attualmente i tacchi usano meno alti e meno sottili; sono abitudini che non usano più; un abito classico che userà sempre.* *4* (*raro, lett.*) Recarsi di frequente: *u. in una famiglia; u. in chiesa; u. nei caffè; u. a scuola* | ***U. con qlcu.***, incontrarsi, vedersi spesso con qlcu. | †***U. con donna***, avere rapporti sessuali con essa. *5* †Avvenire, accadere. **C** v. intr. impers. (aus. *essere*) *1* Essere solito, normale, corrente, rientrare nell'abitudine dei più: *in questi luoghi usa così.* *2* Accadere di solito. **D** v. rifl. ● (*lett.*) Assuefarsi, esercitarsi, abituarsi: *usarsi a qlco.*

†**usàta** [f. sost. del part. pass. di *usare*] s. f. ● Usanza.

†**usatìvo** agg. ● Che si può usare.

♦**usàto** [av. 1250] **A** part. pass. di *usare*; anche agg. *1* Detto di ciò di cui ci si serve: *parole poco usate* | (*est.*) Strumentalizzato: *in quella circostanza mi sono sentito u.* *2* Detto di tutto ciò che non è più nuovo: *abito u.; roba usata; macchina usata; libri usati* | In filatelia, si dice di francobollo annullato. *3* (*lett.*) Avvezzo, abituato, assuefatto: *u. alle armi.* *4* (*lett.*) Consueto, solito: *il lavoro u.; le usate carte; al travaglio u. / ciascuno in suo pensier farà ritorno* (LEOPARDI) | ***Essere u. a***, essere solito, avvezzo a | †***Essere u. con qlcu.***, essere solito a trovarsi insieme con lui. *5* (*lett.*) Frequentato, battuto: *via usata; cammino poco usato.* *6* †Sperimentato, provetto. || **usataménte**, avv. (*raro*) Comunemente, di solito. **B** s. m. *1* Modo solito, consueto: *secondo l'u.; oltre l'u.* *2* In contrapposizione al nuovo, l'insieme dei prodotti industriali o artigianali che vengono rimessi in vendita dal primo o dai successivi acquirenti: *i prezzi, il mercato dell'u.; da qualche tempo si veste con l'u.* *3* †Uso, consuetudine, usanza.

†**usatóre** agg.; anche s. m. (f. *-trice*) ● (*raro*) Che (o Chi) usa | Frequentatore.

usàtto [da *u(o)sa*; av. 1348] s. m. *1* Tipo di stivale in uso nel Medioevo. *2* †Tasca di cuoio. || **usattìno**, dim.

usbèco o (*raro*) **usbècco**, **usbèko**, **uzbèco** [russo *uzbéki*, dal turco *özbäk* 'popolo turco-tartaro', dal n. del capo dell'Orda d'Oro *Özbek* Chan; av. 1652] **A** s. m. (f. *-a*; pl. m. *-chi*) ● Appartenente a una popolazione turco-mongola insediata nell'Asia centro-occidentale in particolare nell'Uzbechistan. **B** agg. ● Degli usbechi e dell'Uzbechistan: *città usbeche; costumi usbechi.*

usbèrgo o †**asbèrgo**, †**osbèrgo**, †**sbèrgo** [ant. provz. *ausberc*, dal francone *halsberg* '(armatura) per proteggere (*berg*) il collo (*hals*)'; 1313] s. m. (pl. *-ghi*) *1* Armatura del busto usata nel Medioevo, a foggia di camice, fatta di maglia di ferro o d'altro metallo, o anche di piastrine o scaglie variamente unite. *2* (*est., lett.*) Corazza, armatura: *son mille e mille, e hanno osbergo e scudo* (PASCOLI). *3* (*fig., lett.*) Difesa, protezione.

uscènte [av. 1320] part. pres. di *uscire*; anche agg. *1* (*raro*) Che esce | Che ha una data terminazione: *un nome maschile u. in -a.* *2* Che è ancora in corso, ma sta per finire: *anno, mese u.; settimana u.* *3* Detto di chi è in procinto di lasciare il proprio ufficio o carica: *presidente, consigliere u.; consiglio direttivo u.* *4* (*arald.*) Detto di figura che sembra uscire da una partizione o da una pezza.

uscère ● V. *usciere* (*1*).

†**usciàia** s. f. ● (*raro*) Porta, uscio.

usciàle [da *uscio*; 1619] s. m. *1* Grande porta per lo più a vetri, per stanze interne o anche a capo delle scale. *2* †Apertura nel lato della fornace opposto alla bocca. *3* †Uscio, porta | †Portiera.

usciàta [1865] s. f. ● Colpo di uscio sbattuto, chiuso con forza.

uscière (*1*) o (*raro*) **uscère** [da *uscio*; sec. XIII] s. m. (f. *-a*) *1* Negli uffici, impiegato d'ordine cui spetta il compito di fornire al pubblico determinate informazioni e di indirizzare, accompagnare e annunciare i visitatori ai singoli funzionari: *rivolgersi all'u.; gli uscieri del ministero, di una banca* | ***U. elettronico***, dispositivo collegato a un elaboratore e posto all'ingresso di una fiera, una mostra e sim. capace di fornire informazioni variamente visualizzate ai visitatori che lo interrogano

usciere 1972

mediante una tastiera. *2* (*raro*) Nel linguaggio forense, ufficiale giudiziario. *3* (*raro*) Portiere, portinaio.

uscière (2) [dalla loro caratteristica porta (*uscio*), donde uscivano i cavalli, sul modello del fr. *huissier* da *huis*; av. 1348] **s. m.** ● (*mar.*) Nave medievale da carico, spec. per trasporto di cavalli, munita di un uscio che veniva calafatato dopo l'imbarco del carico.

†usciménto o **†esciménto** [av. 1320] **s. m.** ● Uscita.

ùscio [lat. tardo *ūstiu(m)*, variante dial. di *ōstium* 'entrata, apertura', da *ōs* 'bocca, imboccatura (di un fiume)'; sec. XIII] **s. m.** (pl. *ùsci*, m., *†ùscia*, f., *†ùsce*, f.) *1* (*spec. tosc.*) Porta, spec. di fattura e dimensioni modeste: *l'u. di casa*; *l'u. della cucina, della stanza da letto, della cantina, del solaio*; *i battenti, la soglia, la chiave, il saliscendi dell'u.*; *aprire, chiudere, socchiudere, accostare, sprangare l'u.*; *sbattere, sbatacchiare, sfondare l'u.* | ***U. a muro***, senza telaio | ***L'u. di strada***, per il quale dalla strada si entra in casa, e viceversa | ***Farsi sull'u.***, affacciarsi ad esso | (*disus.*) ***Infilare, prendere l'u.***, andarsene, battersela, filarsela | (*disus.*) ***Mettere qlcu. all'u.***, metterlo alla porta, scacciarlo | ***A u. e bottega***, (*fig.*, *disus.*) molto vicino | ***Tra l'u. e il muro***, (*fig.*, *disus.*) alla stretta | ***Avere il malanno e l'u. addosso***, (*fig.*, *disus.*) subire una serie di successive sventure; avere il danno e le beffe | ***Il peggio passo è quello dell'u.***, (*fig.*, *disus.*) il momento più doloroso è quello del distacco; il momento più difficile è quello in cui si deve scegliere, decidere e sim. | ***Non trovarsene a ogni u.***, (*fig.*, *disus.*) si dice di cosa particolarmente rara, di grande valore e sim. | (*fig.*) ***†Attaccare i pensieri, le voglie alla campanella dell'u.***, mettere da parte pensieri, desideri e sim., e spassarsela allegramente. *2* (*fig.*, *poet.*) Passaggio, varco d'entrata o d'uscita: *gli occhi … / che di lacrime son fatti u. e varco* (PETRARCA) | ***L'u. dei morti***, il limbo. || **usciàccio**, **pegg.** | **uscettìno**, **dim.** | **uscétto**, **dim.** | **uscino**, **dim.** | **usciòlo**, **dim.** (V.).

usciolàre o **†usolàre** [da *usciolo*; av. 1698] **v. intr.** (*io usciòlo*; aus. *avere*) ● (*raro*) Origliare, spiare nascostamente dietro un uscio, da una fessura e sim.

usciòlo o (*lett.*) **usciuòlo** [av. 1320] **s. m.** *1* Dim. di *uscio*. *2* Sportellino, spec. di gabbia. || **usciolétto**, **dim.** | **usciolino**, **dim.**

♦**uscire** o (*tosc.*) **†escire**, **†scire** (**2**) [lat. *exīre* 'andare (*īre*) fuori (*ĕx*)', con sovrapposizione di *uscio*; 1294] **A v. intr.** (**pres.** *io èsco, tu èsci, egli èsce, noi usciàmo*, tosc. *†esciàmo, voi uscìte*, tosc. *†escìte, essi èscono*; **congv. pres.** *io èsca, noi usciàmo*, tosc. *†esciàmo, voi usciàte*, tosc. *†esciàte, essi èscano*; **imperat.** *èsci, uscìte*; in tutta la coniug. il tema è *esc-* se tonico, *usc-* se atono; aus. *essere*) *1* Andare o venire fuori da un luogo chiuso, delimitato o circoscritto, detto di esseri animati: *u. da casa, dal caffè, dal cinema, dal bagno, dal letto*; *u. dall'acqua, dal bosco, dal giardino, dalla città*; *Come le pecorelle escon dal chiuso / a una, a due, a tre* (DANTE *Purg.* III, 79-80); *u. dalla porta principale, secondaria*; *u. di casa in fretta e furia*; *uscite subito di lì*; *u. per la porta, per la finestra*; *u. in piazza, in strada, in cortile*; *u. sul terrazzo*; *uscirono sul tetto attraverso un abbaino* | ***U. al largo, in mare***, dirigersi verso il mare aperto | ***U. dall'auto, dal treno*** e sim., discenderne | ***U. al mondo***, (*poet.*) nascere | ***U. in campo, a battaglia***, schierarsi per la battaglia | ***U. in pubblico***, mostrarsi al pubblico | (*est.*) Andare via da casa o da un luogo determinato (sottintendendo l'indicazione del luogo stesso): *u. in fretta*; *u. a piedi*; *u. in automobile, in bicicletta*; *u. con qlcu.*; *esco a, per comperare le sigarette*; *usciamo a fare due passi?*; *gli intimarono di u. a mani alzate, con le mani in alto*; *uscì tra due ali di folla plaudente*; *è uscito da poco, da una mezz'ora*; *sono usciti un momento, e non tarderanno molto* | ***U. alle sei, alle sette***, e sim., lasciare il lavoro, lo studio e sim. all'ora indicata | (con valore raff.) ***U. fuori***, venire fuori: *esci fuori se ne hai il coraggio* | ***†Uscirsi***, andarsene | (*est.*) Andarsene: *u. discretamente, in silenzio, senza farsi notare, senza dare nell'occhio* | ***U. di scena***, di attore che nel corso di una rappresentazione lascia momentaneamente o definitivamente la scena, secondo le esigenze del copione; (*fig.*) di persona o cosa che perde la posizione preminente che prima occupava | ***Uscirsene***, andarsene, allontanarsi definitivamente: *se ne uscì brontolando*. **CONTR.** Entrare. *2* (*est.*) Andare fuori a spasso, a passeggio o per qualsiasi altro motivo di svago, divertimento e sim.: *gli piace molto u.*; *se dipendesse da me, uscirei ogni sera*; *no, grazie, ma non posso u.*; *chi ha voglia di u., col freddo che fa?* *3* (*est.*) Allontanarsi, distaccarsi, separarsi da un gruppo definito di persone: *u. dalle file, dalle schiere, dal gruppo*; *uscì dalla folla e si diresse verso di noi* | ***U. dal plotone***, nel ciclismo, sganciarsi da esso, sopravanzandolo. *4* (*est.*) Venir fuori da qlco., detto di oggetti o sostanze che si muovono, scorrono, aleggiano e sim.: *da questa catena di montaggio escono cinquecento macchine al giorno*; *un getto d'acqua esce dal rubinetto*; *il gas usciva sibilando dal tubo*; *da questa pentola esce un profumino delizioso* | ***Uscire di bocca, dalla bocca***, (*fig.*) essere pronunciato, proferito: *non mi uscirà di bocca una sola parola*; *dalla sua bocca uscivano parole irripetibili*. *5* (*est.*) Saltar fuori, detto di persona o cosa che appare fisicamente o comunque manifesta la propria presenza in modo brusco, rapido, inaspettato, stupefacente e sim.: *u. dall'acqua, dall'ombra, dall'oscurità*; *e quel bel tomo, da dove esce?*; *da dove ti escono certe idee io proprio non lo so* | ***U. sulla scena***, entrare in scena (*anche fig.*): *un nuovo Stato che esce di prepotenza sulla scena politica mondiale* | (*est.*) Apparire, mostrarsi all'esterno di qlco.: *i primi germogli escono dalla terra*; *le sue braccia uscivano dai drappeggi del mantello* | (*est.*, *fig.*) Differenziarsi, distinguersi: *u. dal numero dei più* | ***U. nel finale di una gara***, rivelarsi o manifestare la propria superiorità nella fase conclusiva della competizione. *6* (*fig.*) Sbottare, esclamare, dare in: *u. a dire*; *u. in imprecazioni, improperi, insulti* | ***Uscirsene***, dire all'improvviso, con forza o tono particolare, ottenendo particolari effetti e sim.: *se ne uscì con una battuta inimitabile*. *7* (*est.*) Andare fuori di un preciso spazio, ambito, livello, limite e sim., con riferimento a cose che invece devono o dovrebbero esservi perfettamente contenute o mantenute (*anche fig.*): *l'olio esce dalla bottiglia*; *l'acqua esce dalla vasca*; *il fiume è uscito dal suo letto*; *il treno è uscito dai binari*; *l'auto uscì di strada a una curva* | (*elettr.*) ***U. di passo***, detto di una macchina sincrona quando il rotore, in seguito a uno sfasamento transitorio, non riesce a riportarsi alla velocità sincrona cosicché determina l'arresto della macchina stessa | ***U. con la punta***, nella scherma, andare fuori bersaglio senza toccare il corpo dell'avversario | ***U. dai binari***, (*fig.*) deviare da una determinata linea di condotta | ***U. di strada, di carreggiata***, (*fig.*) deviare dal cammino prefissato, dalla via intrapresa, dal programma stabilito e sim. | ***U. dal seminato***, (*fig.*) discostarsi dall'argomento trattato | ***U. dai gangheri***, (*fig.*) infuriarsi | ***U. di bocca***, (*fig.*) sfuggire inavvertitamente, di cosa che non si doveva o voleva dire | ***U. dagli occhi***, (*fig.*) di ciò che ha completamente stancato, che non si sopporta più e sim. | ***U. di mano***, (*fig.*) sfuggire al controllo | (*fig.*) ***Di qui non s'esce***, non esistono altre vie d'uscita | (*est.*) Venir meno, mancare, non esserci più: *u. dalla vista, dalla visuale, dal campo visivo* | ***U. dalla memoria, di mente, di testa***, di cosa che si dimentica | ***U. di moda***, passare di moda | (*lett.*, *eufem.*) ***U. dalla vita, dal mondo***, morire | (*fig.*) ***Entrare da un orecchio e u. dall'altro***, di cosa che si dimentica appena la si è udita e (*est.*) cui non si dà alcuna importanza | (*fig.*) ***U. di sé, di senno***, impazzire | (*fig.*) ***U. di sentimento***, impazzire o svenire. *8* (*est.*) Sporgere da una superficie, in maggiore o minore misura: *il chiodo esce di qualche centimetro dal muro*; *gli scogli escono aguzzi dal mare* | (*est.*) Risaltare, detto di colori: *il bianco esce bene su questo sfondo*. *9* (*est.*) Essere sorteggiato: *il tuo nome è uscito per primo*; *il quindici è uscito sulla ruota di Bari*; *questo numero non usciva da molte settimane*. *10* (*est.*) Nel calcio, effettuare un'uscita da parte del portiere: *u. di piede, di pugno*. *11* (*fig.*) Cessare di trovarsi in un dato stato, condizione, situazione, occupazione e sim., per passare ad un altro: *u. dall'infanzia, dall'adolescenza, dall'età matura*; *u. dall'incertezza, dalla pena, dal timore*; *u. dalla primavera*; *stiamo ormai per u. dall'autunno*; *u. dai guai, dai pasticci*; *u. di pena, di sospetto*; *u. dal riserbo, dalla neutralità, dalla guerra*; *u. da un partito, dall'esercito* | ***U. dal convento***, sfratarsi | ***U. dall'ospedale***, esserne dimesso perché guarito | ***U. dal carcere, di prigione***, essere rimesso in libertà | ***U. di carica***, lasciarla | ***U. di minorità***, diventare maggiorenne | ***U. dalla mischia***, ritirarsi dalla lotta (*anche fig.*) | ***U. indenne, illeso, sano e salvo da qlco.***, non subire alcun danno in situazioni, eventi e sim., di particolare rischio o pericolo | ***Uscirne***, cavarsela: *uscirne con molto danno, con poca spesa* | ***Uscirne con la testa rotta***, (*fig.*) a prezzo di gravi danni, sacrifici e sim. | ***Uscirne per il rotto della cuffia***, riuscire in qlco. con molta fatica, farcela a malapena | (*est.*) Abbandonare un atteggiamento, un comportamento abituale, caratteristico e sim.: *u. dalla propria freddezza*; *per una volta è uscito dal suo tradizionale riserbo*. *12* (*fig.*) Liberarsi, disimpacciarsi, svincolarsi: *u. dalle mani, dalle grinfie di qlcu.* | ***Non potere u. da***, essere costretti a rimanere in un determinato ambito, doversi attenere a qlco., dovere necessariamente far capo a qlcu. e sim. *13* (*fig.*) Superare un determinato limite, andare al di là di qlco.: *u. dalla legalità*; *le sue aspirazioni sono mediocri e da queste non esce* | (*est.*) Esulare, eccedere: *ciò esce dalla mia competenza* | (*est.*) Elevarsi: *u. dal volgo, dalla massa, dalla mediocrità* | ***U. dall'ordinario***, di cosa o persona decisamente fuori del comune per rarità, qualità, pregi e sim. *14* (*fig.*) Avere origine, provenire: *u. da una famiglia umile, da una nobile stirpe*; *u. dall'aristocrazia, dalla borghesia, dal proletariato*; *molti grandi uomini sono usciti dal popolo* | ***U. dal cuore***, (*fig.*) di ciò che è profondamente sincero e sentito: *parole che escono dal cuore* | (*est.*) Essere stato educato, istruito, formato e sim.: *esce dalle migliori scuole del paese*. *15* (*fig.*) Risultare: *cosa uscirà da questo imbroglio?* | (*est.*) Riuscire: *u. male, bene*; *u. vincitore*; *ogni sforzo uscì vano* | (*merid.*) *U. pazzo*, impazzire. *16* (*fig.*) Ricavarsi: *da quattro litri escono cinque bottiglie*; *da questo scampolo non esce un vestito*. *17* (*fig.*) Essere stato fatto, fabbricato e sim.: *tutti questi prodotti escono dalla nostra industria*; *modelli che escono dalle mani di un sarto famoso* | ***U. di mano, dalle mani di***, essere fatto, compiuto, finito: *quando il lavoro esce dalle sue mani è sempre perfetto* | (*est.*) Essere offerto al pubblico, essere messo in commercio: *un nuovo prodotto, appena uscito* | Essere pubblicato o presentato al pubblico: *il mio nuovo libro uscirà domani*; *il suo ultimo film uscirà tra una settimana*. *18* Nel linguaggio alpinistico, portare a compimento una scalata o superarne una particolare fase: *u. in vetta*; *u. da una parete*. *19* (*raro*) Finire. *20* (*fig.*) Avere desinenza, terminazione: *u. in vocale, in consonante*. *21* (*fig.*) Avere inizio, detto spec. della Messa. **B v. tr.** ● †Fare uscire, mandar fuori.

♦**uscita** o **†escita** [f. sost. del part. pass. di *uscire*; sec. XIII] **s. f.** *1* Atto, circostanza dell'uscire: *u. rapida, veloce*; *l'u. degli operai dalla fabbrica, dei ragazzi da scuola*; *l'ora dell'u.*; *controllare l'u. di un liquido, di un gas dalle condutture* | ***All'u.***, quando si esce, nell'atto o nel momento di uscire: *incontrarsi, salutarsi all'u.* | ***U. di allenamento***, quella effettuata su strada, dai corridori ciclisti | ***Libera u.***, periodo di libertà regolarmente concesso a militari, collegiali e sim. | ***Via d'u.***, che consente di uscire da un luogo; (*fig.*) via di scampo, di salvezza, possibilità di soluzione e sim.: *non ci resta alcuna via d'u.*; *la situazione è ormai senza vie d'u.* | (*est.*) Distribuzione, presentazione, pubblicazione: *l'u. di un nuovo prodotto, di una rivista, di un film, di un disco*. **CONTR.** Entrata. *2* (*mil.*) Sortita: *l'u. notturna degli assediati*. *3* In teatro, entrata in scena: *gli spettatori applaudirono il tenore alla sua prima u.* *4* (*sport*) Nel gioco del calcio, l'azione del portiere che lascia la linea di porta per intercettare il pallone: *parata in u.*; *u. in tuffo* | ***U. a valanga***, V. *valanga* | Nella scherma, azione di offesa in contrapposizione a quella dell'avversario: *u. in tempo* | Nella ginnastica, conclusione di un esercizio agli attrezzi, portandosi nella posizione finale di attenti. *5* Apertura, passaggio, varco da cui si esce o si può uscire: *l'u. di un sotterraneo, di un cunicolo, di una miniera*; *pareva che la grotta non avesse altra uscita*; *chiudere, sbarrare, impedire tutte le uscite*; *controllare i biglietti all'u.* | ***Vicolo senza u.***, senza sbocco, vicolo cieco | ***L'u. di una stazio-***

ne, di un cinema, di un teatro, parte del fabbricato dalla quale i viaggiatori o gli spettatori escono | *U. di sicurezza*, in cinematografi, teatri, stadi e sim., passaggio che viene aperto solo in caso di pericolo per consentire un rapido deflusso del pubblico | (*est.*) Nel linguaggio alpinistico, parte conclusiva di una via o di un suo tratto particolare: *l'u. di un camino*. **6** (*fig.*) Possibilità, soluzione, via di salvezza e sim.: *m'hanno chiuso tutte le uscite; questa è l'unica u. ragionevole; ogni u. ci è ormai preclusa*. **7** (*elab.*) **Unità, organi d'u.**, dispositivi destinati all'emissione dei risultati di un'elaborazione elettronica. **8** (*ling.*) Desinenza, terminazione: *l'u. del genitivo, dell'accusativo; u. in vocale, in consonante*. **9** Spesa, passivo, somma erogata: *segnare all'u.; le uscite superano le entrate* | **Buona u.**, V. *buonuscita*. **10** (*fig.*) Parola o frase scherzosa, spiritosa, faceta, mordace, bizzarra e sim.: *la sua u. destò grande ilarità fra i presenti; spesso fa delle uscite assolutamente imprevedibili*. SIN. Battuta. **11** (*raro, fig.*) Parola, frase, proposta strana, scorretta, scortese e sim.: *che razza di uscite son queste?* **12** (*elettr., elettron.*) La coppia di morsetti o terminali di un apparecchio o dispositivo, per es. di un amplificatore o di un filtro, da cui viene prelevata la tensione o la corrente che è stata amplificata o filtrata | **Potenza d'u.**, quella erogata ai morsetti di un apparecchio o dispositivo: *amplificatore con una potenza d'u. di 10 W* | **Grandezza d'u.**, la grandezza, quale una tensione o una corrente, che è presente ai morsetti d'uscita di un apparecchio o di un dispositivo e che gener. è diversa dalla grandezza d'entrata. **13** †Fine, termine. ‖ **uscitàccia**, pegg.

†usciticcio [da *uscito* (dal campo)] s. m. ● Disertore, transfuga.

uscito o †**escito** [1312] **A** part. pass. di *uscire*; anche agg. ● Andato o venuto fuori (*anche in senso fig.*). **B** s. m. **1** †Sbandito, fuoriuscito, esule. **2** †Escrementi, sterco.

†uscitùra s. f. ● Uscita.

usciuòlo ● V. *usciolo*.

uscòcco [serbocroato *uskok* 'fuggiasco, profugo', dal v. *uskočiti* 'saltar via', 'passare (al nemico), disertare'; 1547] s. m. (pl. *-chi*) ● (*spec. al pl.*) Nel XVI sec., guerriglieri balcanici e ungheresi che dopo la sottomissione dell'Ungheria alla Turchia continuarono la lotta contro i turchi, spec. con azioni piratesche.

†ușèvole [lat. tardo *usĭbile(m)*, per *utĭbile(m)* 'che si può usare (*ūti*)'] agg. ● Solito, consueto.

ușignòlo o (*raro, poet.*) **lușignòlo**, **†lușignuòlo**, (*lett.*) **ușignuòlo** [lat. parl. **lusciniŏlu(m)*, dim. di *luscĭniu(m)*, di etim. incerta, con sottrazione dell'iniziale, ritenuta art. det.; av. 1294] s. m. (f. *†-a*) ● Uccelletto dei Passeriformi, slanciato, bruno rossiccio, vivace, con dolcissimo canto, spec. notturno (*Luscinia megarhyncha*). CFR. Gorgheggiare, trillare. ➡ ILL. **animali**/10 | **U. di palude**, passeriforme con piumaggio rossiccio e coda più corta dell'usignolo (*Cettia cetti*). ‖ **ușignolètto**, dim.

ușitàto [vc. dotta, lat. *usitātu(m)*, part. pass. di *usitāri*, intens. di *ūti* 'usare'; 1338 ca.] **A** agg. ● (*lett.*) Usato molto, con frequenza: *vocaboli usitati* | †**Via usitata**, molto frequentata | Solito, consueto, abituale: *vezzo, vizio u.; agire, procedere nel modo u.* ‖ **ușitatamènte**, avv. **B** s. m. ● †Ciò che è usitato.

ùșo (**1**) [da *usare*; av. 1306] agg. (*+a; +di*) ● (*lett.*) Abituato, avvezzo, solito: *non è uso a fare simili cose; essere uso ai pericoli, ai sacrifici; quando le città sono use a vivere sotto uno principe* (MACHIAVELLI); *che egli ... ogni settimana almeno tre dì fosse uso di digiunare* (BOCCACCIO) | †**Uso con qlcu.**, amico, familiare.

♦**ùșo** (**2**) [lat. *ūsu(m)*, propr. part. pass. di *ūti* 'usare'; sec. XIII] s. m. **1** Impiego di qlco. per un fine determinato: *l'uso dell'automobile, della bicicletta; l'uso legittimo delle armi; intervenire con l'uso di mezzi appropriati; comprare qlco. per uso personale, per proprio uso; si tratta di oggetti d'uso militare; utensile che può servire a molti usi, per usi diversi; il prodotto è tossico ed è bene farne modico uso; medicina per uso interno, esterno* | **D'uso**, correntemente usato, applicato, rispettato e sim.: *monete d'uso nel secolo scorso; norme d'uso; prassi d'uso* | **Effetti d'uso**, abiti, masserizie e sim. | **Lingua d'uso**, quella correntemente adoperata dalle comunità dei parlanti | **A uso di**, destinato a, fatto per: *testo ad uso dei licei*; (*lett.*) con lo scopo di: *s'immaginavano che le stelle e i pianeti fossero ... piantati lassù ... all'uso di far lume* (LEOPARDI) | **Fare uso di**, servirsi di: *fare uso delle armi, della forza* | **Fare buono, cattivo uso di qlco.**, servirsene bene, male | **Istruzioni per l'uso**, normalmente allegate ai più svariati prodotti per insegnare il più corretto uso degli stessi | **Fuori uso, fuori d'uso**, inservibile, detto di cose; (*fig.*) inabile, detto di persona | **Non uso**, nella terminologia giuridica, mancato esercizio di un diritto reale, che ne determina l'estinzione | **Uso tessera**, (*ellitt.*) da usare per tessera: *fotografia uso tessera*. **2** Capacità, facoltà, possibilità di usare qlco.: *perdere l'uso della ragione; riacquistare l'uso delle braccia, delle gambe; avere, non avere l'uso della vista, dell'udito, della parola; camera ammobiliata con uso di cucina*. **3** Diritto di servirsi di una cosa altrui e, se fruttifera, di raccoglierne i frutti limitatamente ai bisogni propri e della propria famiglia | **Usi civici**, diritti di godimento che i membri di una collettività hanno su terre di altrui proprietà, pubblica o privata. **4** Esercizio continuo, pratica costante di un'arte, tecnica, scienza, disciplina e sim.: *acquistare abilità con l'uso; perfezionarsi in qlco. con l'uso; solo l'uso può darti la necessaria preparazione* | (*raro*) **Far l'uso a qlco.**, assuefarvisi. **5** Abitudine, consuetudine, usanza, costume: *è nostro uso restituire le visite di cortesia; rispettare gli usi nazionali, locali, familiari; seguire l'uso degli antichi; gli usi della campagna, della città, delle popolazioni primitive; introdurre nuovi usi* | **Per uso**, abitualmente | Cerimonia, rituale: *la celebrazione si svolse secondo un antichissimo uso del sud* | (*est.*) Voga, moda: *essere, venire in uso; tutto ciò non è più in uso* | **All'uso di**, secondo la moda, il sistema, le abitudini, i gusti di: *cucina all'uso francese* | **Uso pelle, uso seta**, e sim., (*ellitt.*) si dice di materiale che imita la pelle, la seta e sim. **6** (*spec. al pl.*) Comportamenti ripetuti costantemente da una collettività con il convincimento che essi siano imposti dalla legge: *usi locali; usi generali, del commercio; usi normativi* | **Usi negoziali**, pratica d'affari seguita da una data cerchia di contraenti | **Usi e costumi**, complesso di tutte le manifestazioni private e pubbliche della vita di un popolo. **7** Maniera consueta di parlare o di scrivere, linguaggio o parlata tipica di una persona, collettività, epoca, ambiente e sim.: *l'uso locale di una lingua; l'uso fiorentino, toscano, dantesco, trecentesco; uso letterario, popolare, tecnico, moderno, antico; regole che si fondano sull'uso* | (*est.*) Senso, significato: *l'uso figurato, traslato, estensivo di un termine*. **8** †Familiarità | †Congiungimento sessuale. **9** †Usura. **10** †Astio, ruggine.

†ușolàre ● V. *usciolare*.

†ușolière [forse dal fr. ant. *oiselier* 'che riguarda gli uccelli', se significava anche 'lacciuolo per uccelli'; av. 1375] s. m. ● Stringa, legaccio: *gli usolieri delle brache che di qua e di là pendevano* (BOCCACCIO).

ușòmetro [comp. di *uso* e *-metro*; 1961] s. m. ● (*tess.*) Apparecchio per la misurazione della resistenza di un tessuto all'usura.

ùssaro o **ùssero** [ted. *Husar*, dall'ungh. *huszar* 'scorridore, esploratore': vc. legata alla stessa base di *corsaro* (?); 1559] s. m. ● Soldato di cavalleria leggera, in alcuni antichi eserciti europei, armato di carabina, pistola e sciabola, e indossante un'uniforme caratterizzata dal colbacco e dal corto giubbetto: *gli ussari di Napoleone; reggimento degli ussari della guardia*.

ussita o **hussita** [dal n. dell'eretico boemo J. *Hus* (1370 ca.-1415), nato a *Husinec*; 1619] **A** agg. (pl. m. *-i*) ● Che si riferisce a J. Hus, alle sue teorie e al suo movimento. **B** s. m. e f. ● Sostenitore, seguace dell'ussitismo.

ussitìșmo o **hussitìșmo** [comp. di *ussita* e *-ismo*; 1935] s. m. ● Movimento cristiano riformato derivato dal teologo boemo J. Hus, condannato al rogo nel 1415.

†ùsso [dal n. dell'eretico Jan *Hus*, nato in Boemia, per l'identificazione di 'boemo' con 'zingaro' (?); 1481] s. m. ● (*raro*) Zingaro.

ussoricida ● V. *uxoricida*.

ussoricidio ● V. *uxoricidio*.

ùsta [vc. di provenienza dial. e orig. discussa: da *ustolare*, perché originariamente riferito al puzzo di bruciato (?); 1805] s. f. ● (*caccia*) Passata o emanazione lasciata da un selvatico e seguita dai cani.

ùstascia o **ustàscia** [serbocroato *ustaša* 'insorto, ribelle', da *ustati* 'alzarsi, levarsi in piedi'; 1948] **A** s. m. e f. inv. ● Guerrigliero appartenente a bande attive nei Balcani, impegnate contro la dominazione ottomana | In Iugoslavia, militante nazionalista croato | Attualmente, militante di gruppi combattenti nazionalisti croati. **B** anche agg. inv.

Ustilaginàli [comp. di *ustilagine* e *-ali*; 1930] s. f. pl. (sing. *-e*) ● Nella tassonomia vegetale, ordine di Funghi dei Basidiomiceti, parassiti di vegetali, che a maturità producono ammassi polverulenti bruni e determinano le malattie dette carboni e carie (*Ustilaginales*).

ustilàgine [vc. dotta, lat. tardo *ustilāgine(m)*, da *ūstus*, part. pass. di *ūrere* 'bruciare'; 1891] s. f. ● Fungo delle Ustilaginali che provoca il carbone del grano, dell'avena, del mais (*Ustilago*).

ustionàre [1905] **A** v. tr. (*io ustióno*) ● Sottoporre ad ustione: *ustionarsi le mani*. **B** v. rifl. e intr. pron. ● Cagionarsi, prodursi un'ustione: *si è gravemente ustionato*.

ustionàto [1937] **A** part. pass. di *ustionare*; anche agg. ● Nei sign. del v. **B** s. m. (f. *-a*) ● Chi ha subìto ustioni | **Centro ustionati**, reparto ospedaliero particolarmente attrezzato per la cura delle ustioni | **Grande u.**, chi ha subìto ustioni di terzo grado diffuse su più del 50% della superficie corporea.

ustióne [vc. dotta, lat. *ustiōne(m)*, da *ūstus* 'usto (1)'; 1865] s. f. ● (*med.*) Lesione dei tessuti per effetto del calore eccessivo: *u. di 1°, 2°, 3° grado*.

ùsto (**1**) [vc. dotta, lat. *ūstu(m)*, part. pass. di *ūrere* 'bruciare'; av. 1367] agg. **1** (*poet., raro*) Bruciato. **2** (*chim.*) Calcinato: *magnesia usta; biacca usta*.

†ùsto (**2**) [vc. di orig. discussa: catalano *osta*, dal lat. *obstāre* 'opporsi, ritenere' per la funzione di questi cavi di tenere le antenne nella loro posizione *contro* l'impeto del vento (?); 1459] s. m. ● Nella marina velica, prima dell'adozione delle catene per le ancore, la maggiore gomena di bordo, lunga circa 250 m, usata per ormeggiare la seconda ancora | Ormeggio usato anticamente in acque molto profonde e costituito da due o tre lunghe gomene impiombate fra loro.

ustolàre o (*raro*) **ostolàre** [lat. *ustulāre* 'bruciare (*ūrere* e nel part. pass. *ūstus*) leggermente'; 1612] v. intr. (*io ùstolo*; aus. *avere*) **1** (*pop., tosc.*) Esprimere con gli occhi e con la voce il desiderio del cibo, detto di animali e persone | (*est.*) Struggersi di desiderio innanzi alle vivande. **2** (*est.*) Uggiolare, guaire, mugolare, detto di animali. **3** (*est., fig.*) Guardare con bramosia.

ustolóne s. m. (f. *-a*) ● (*pop., tosc.*) Chi è solito ustolare.

ustòrio [deriv. dal lat. *ūstus*, part. pass. di *ūrere* 'bruciare', col suff. *-orio*; av. 1729] agg. ● Che brucia o è atto a far bruciare: *lenti ustorie* | **Specchio u.**, specchio concavo che fa convergere i raggi solari su un oggetto, bruciandolo.

†ustóso [da *usta* 'fiuto, sentore della selvaggina'] agg. ● Che aspetta il cibo con avidità.

ustrina [1499] s. f. ● Ustrino.

ustrino [vc. dotta, lat. tardo *ustrīnu(m)*, collegata col v. *ūrere* 'bruciare', 'cremare'; 1934] s. m. ● Nell'antica Roma, luogo in cui si cremavano i cadaveri.

ușuàle [vc. dotta, lat. tardo *usuāle(m)*, da *ūsus* 'uso'; 1696] **A** agg. **1** Che è dell'uso comune, che si usa di frequente: *mezzi usuali di trasporto; frase, esclamazione u.* **2** (*est.*) Solito, comune, corrente: *pasto u.; roba u.; avvenimenti, fatti usuali* | **Lingua, parlata u.**, non scelta, non letteraria | **Scrittura u.**, o (*ellitt.*) **usuale**, scrittura propria di un determinato tempo e ambiente, caratterizzata da un complesso di elementi comuni. **3** †Agevole, facile ad usarsi. ‖ **ușualménte**, avv. Di solito, ordinariamente. **B** s. m. solo sing. ● Ciò che è usuale | **Per l'u.**, di solito, usualmente.

ușualità [av. 1704] s. f. ● Caratteristica di ciò che è usuale.

ușuàrio [vc. dotta, lat. tardo *usuāriu(m)*, da *ūsus* 'uso'; 1619] s. m. (f. *-a*) ● (*dir.*) Chi è titolare di un diritto d'uso.

ușucapióne [vc. dotta, lat. *usucapiōne(m)*, da *usucăpere* 'usucapire'; 1559] s. f. ● (*dir.*) Modo di acquisto della proprietà o degli altri diritti reali per effetto del possesso protrattosi per un certo tempo. SIN. Prescrizione acquisitiva.

usucapire [vc. dotta, lat. *usucăpere* 'prendere (*căpere*) mediante l'uso (*ūsu*, abl. di *ūsus*)' con passaggio di coniug.; av. 1565] **v. tr.** (*io usucapìsco, tu usucapìsci*; **part. pass.** *usucapito*, †*usucàtto*) ● Acquistare per usucapione.

†**usucàtto** **part. pass.** di *usucapire*; anche **agg.** ● Nel sign. del v.

usufruìbile [1890] **agg.** ● Detto di ciò di cui è possibile usufruire.

♦**usufruìre** [vc. dotta, lat. *ūsu frŭi* 'godere (*frŭi* 'fruire') dell'uso (*ūsu*, abl. di *ūsus*)'; 1848] **v. intr.** (*io usufruìsco, tu usufruìsci*; aus. *avere*) **1** (*dir.*) Godere l'usufrutto di qlco. **2** (*est.*) Giovarsi, avvantaggiarsi, approfittare: *u. di un ribasso dei prezzi*; *u. di un privilegio, di una licenza.*

†**usufruttàre** o †**usufruttuàre** [av. 1400] **v. tr.** **1** Avere in usufrutto. **2** (*est.*) Sfruttare: *u. un terreno, una pianta.* **3** (*raro*) Possedere, godere carnalmente.

usufrùtto [comp. del lat. *ūsus* 'uso' e *frūctus* 'frutto'; av. 1348] **s. m.** ● Diritto di usare e godere la cosa altrui facendone propri i frutti, ma rispettandone la destinazione economica: *diritto di u.*; *cessione dell'u.* | ***U. legale***, spettante per legge ai genitori che esercitano la potestà sul figlio.

†**usufruttuàre** ● V. *usufruttare.*

usufruttuàrio [vc. dotta, lat. tardo *usufructuā-riu(m)* 'che gode l'uso (*ūsus*) e il frutto (*frūctus*)'; av. 1540] **s. m.** (f. *-a*) ● Colui che è titolare del diritto di usufrutto.

usum Delphini, ad ● V. *ad usum Delphini.*

usùra (**1**) o †**osùra** [vc. dotta, lat. *usūra(m)* 'godimento dell'uso (*ūsus*), spec. di un capitale'; 1240] **s. f.** **1** Eccessivo interesse richiesto per una somma data in prestito: *dare, prendere denaro a u.* | ***A u.***, (*fig.*) con un margine molto elevato di utilità, in ricca misura: *ricompensare qlcu. a u.* **2** Correntemente, l'attività di chi presta denaro a interesse eccessivo: *arricchirsi con l'u.* **3** (*dir.*) Reato di chi, abusando dello stato di bisogno di taluno, si fa dare o promettere in corrispettivo di una prestazione vantaggi manifestamente sproporzionati.

usùra (**2**) [fr. *usure*, da *user* 'usare (fino a consumare)'; 1908] **s. f.** **1** Degradazione funzionale di oggetti, utensili o parti meccaniche conseguente ad uso o funzionamento prolungato: *l'u. di un meccanismo*; *l'u. di una bocca da fuoco* | ***Prova di u.***, prova condotta su un materiale, possibilmente nelle condizioni di esercizio, per valutare la sua resistenza all'usura. SIN. Logoramento. **2** (*fig.*) Logorio: *guerra di u.*; *un lavoro che sottopone il corpo, la mente a eccessiva u.*

usuràbile [1983] **agg.** ● Che si può usurare | Facile a usurarsi.

usurabilità [1983] **s. f.** ● Condizione di ciò che è usurabile | (*tecnol.*) Il grado di mancanza di resistenza all'usura di un materiale.

usuràio [vc. dotta, lat. *usurāriu(m)*, da *usūra* 'usura (1)', in tardo uso sost.; 1306] **A s. m.** (f. *-a*) **1** Chi dà denaro a usura | Chi esercita l'usura. SIN. Strozzino. **2** (*est.*) Persona estremamente avida e avara. **B agg.** ● V. *usurario.* || **usuraiàccio**, pegg. | **usuraiètto**, dim.

usurànte **part. pres.** di *usurare*; anche **agg.** ● Che usura, che logora (*spec. fig.*): *un'attività logorativa u.*

usuràre [da *usura* (*2*); 1942] **A v. tr.** ● Sottoporre a usura. **B v. intr. pron.** ● Subire l'usura.

usuràrio o (*raro*) **usuràio** [vc. dotta, lat. *usurā-riu(m)*, agg. da *usūra* 'usura (1)'; av. 1342] **agg.** ● Relativo all'usura | ***Interessi usurari***, che eccedono notevolmente la misura legale senza adeguato corrispettivo | ***Negozio giuridico u.***, immorale in quanto vi vengono pattuiti interessi sproporzionati.

usuràto (**1**) [da *usura* (*1*)] **agg.**; anche **s. m.** ● (*dir.*) Che (o Chi) subisce il reato di usura.

usuràto (**2**) **part. pass.** di *usurare*; anche **agg.** ● Nei sign. del v.

†**usureggiaménto** **s. m.** ● L'usureggiare.

†**usureggiàre** [da *usura* (*1*); sec. XIV] **v. intr.** ● Fare l'usuraio.

†**usuriàre** [da *usura* (*1*)] **v. tr.** ● Dare a usura.

†**usurière** o †**usurièri**, †**usurièro** [ant. fr. *usurier*, della medesima orig. di 'usuraio'; 1313] **s. m.** (f. *-a*) ● Usuraio.

usurpaménto [av. 1470] **s. m.** **1** (*raro*) Usurpazione. **2** †Uso, applicazione.

usurpàre [vc. dotta, lat. *usurpāre* 'prendere possesso (in orig. col rapimento: lat. *răpere* 'rapire') mediante l'uso (*ūsu*, abl. di *ūsus*)'; 1306] **v. tr.** **1** Fare indebitamente proprio, spec. con la violenza o con l'inganno, un bene, un titolo o un ufficio legittimamente spettante ad altri o legittimamente ricoperto da altri: *u. un immobile, un diritto, il trono, il regno.* **2** (*est.*) Godere, usare od occupare senza merito o indegnamente: *u. la fama, la gloria*; *voi usurpate la carica che vi fu concessa.* **3** †Usare impropriamente, detto spec. di vocaboli.

usurpatìvo [vc. dotta, lat. tardo *usurpatīvu(m)*, da *usurpātus* 'usurpato'; 1584] **agg.** ● Di, relativo a, usurpazione. || **usurpativaménte**, avv. Con usurpazione.

usurpàto **part. pass.** di *usurpare*; anche **agg.** **1** Fatto proprio con la violenza o l'inganno. **2** (*est.*) Immeritato, ingiustamente ottenuto: *fama, gloria usurpata.*

usurpatóre [vc. dotta, lat. tardo *usurpatōre(m)*, da *usurpātus* 'usurpato'; 1336 ca.] **s. m.**; anche **agg.** (f. *-trice*) ● Chi (o Che) usurpa | (*per anton.*) Chi (o Che) usurpa un trono: *l'u. imprigionò e uccise tutti i membri della famiglia reale.*

usurpatòrio [vc. dotta, lat. tardo *usurpatōriu(m)*, da *usurpātus* 'usurpato'; 1874] **agg.** ● (*raro*) Usurpativo.

usurpazióne [vc. dotta, lat. *usurpatiōne(m)*, da *usurpātus* 'usurpato'; sec. XIV] **s. f.** ● L'usurpare | Appropriazione illeggittima di ciò che spetta ad altri: *u. del potere* | ***U. di immobili***, reato di chi, per appropriarsi dell'altrui cosa immobile, ne altera o rimuove i termini | ***U. di funzioni pubbliche***, reato di chi, senza legittimo titolo, assume le attribuzioni inerenti a un pubblico impiego o a una pubblica funzione. || **usurpazioncìna**, dim. | **usurpazioncèlla**, dim.

ùsus scribèndi [loc. lat., propr. 'il modo (*ūsus*) di scrivere (*scribĕndi*)'; 1934] **loc. sost. m. inv.** (pl. lat. inv.) ● Spec. in filologia, l'insieme delle caratteristiche lessicali e stilistiche che contraddistinguono uno scrittore.

ut [lettere iniziali del primo verso (*Ut queant laxis*) dell'inno a S. Giovanni, scelto da Guido d'Arezzo a fondamento della scala musicale; 1513] **s. m. inv.** ● (*mus.*) In Italia fino al XVII sec., e in altri Paesi anche attualmente, prima nota della scala musicale. SIN. Do.

†**utèllo** [etim. discussa: lat. parl. **utĕllu(m)*, dim. di *ŭter* 'otre' (?); 1353] **s. m.** ● Vasetto di terracotta invetriata per tenervi l'olio.

utensìle spec. come sost., **utènsile** spec. come agg. [vc. dotta, lat. *utēnsile(m)*, di valore analogo e della stessa orig. di *ūtilis* 'utile'; nei sign. B, cfr. lat. *utensīlia* (neutro pl.) 'cose da usare (*ūti*) per necessità'; av. 1557] **A agg.** ● Che serve, che è utile | ***Macchine utensili***, macchine operatrici che lavorano per asportazione di truciolo, quali il tornio, la fresa, il trapano, la limatrice e la piallatrice. **B s. m.** **1** Ogni attrezzo per lavorare legno, pietre, materiali, spec. quelli che servono ad asportare i trucioli nelle lavorazioni fatte a mano o con le macchine utensili. **2** (*gener.*) Strumento d'uso domestico: *utensili di cucina.*

utensilerìa [1955] **s. f.** **1** Reparto di una officina dove si provvede alla preparazione, la messa a punto e la manutenzione degli utensili occorrenti a una determinata lavorazione. **2** Negozio o impresa commerciale dove si vendono utensili: *una importante u. cerca un magazziniere.* **3** Complesso degli utensili necessari per una data lavorazione: *u. meccanica.*

utensilìsta [1961] **s. m. e f.** (pl. m. *-i*) ● Chi, nell'industria meccanica, è addetto alla lavorazione degli utensili.

utènte [vc. dotta, lat. *utĕnte(m)*, part. pres. di *ūti* 'usare', cioè 'che usa, che si serve'; 1811] **s. m. e f.** **1** Chi usa un bene o un servizio spec. pubblico: *gli utenti della strada, del telefono, della televisione* | ***U. di pubblicità***, destinatario di un messaggio pubblicitario o chi vi presta particolare attenzione. **2** (*est.*) Chi usa un comune patrimonio culturale, sociale o spirituale: *gli utenti della lingua italiana.*

utènza [1891] **s. f.** **1** Stato o condizione dell'utente | Uso di un bene o di un servizio spec. pubblico: *u. stradale.* **2** Insieme degli utenti.

uterìno [vc. dotta, lat. tardo *uterīnu(m)*, da *ŭterus* 'utero'; av. 1368] **agg.** **1** Dell'utero: *malattia uterina* | ***Corpo u.***, parte superiore dell'utero | (*spec. spreg.*) Detto di atteggiamento, o sim., dettato da emotività, da impulsività, e perciò incontrollato, irrazionale: *reazione uterina.* **2** (*dir.*) Detto di discendente dalla stessa madre, ma da padre diverso: *fratello u.*; *sorella uterina.* || **uterinaménte**, avv.

ùtero [vc. dotta, lat. *ŭteru(m)*: di orig. indeur. (?); 1516] **s. m.** **1** (*anat.*) Organo cavo mediano dell'apparato genitale femminile, posto nel piccolo bacino, destinato ad accogliere l'uovo fecondato e a sostenere lo sviluppo del germe | ***U. in affitto***, nel linguaggio giornalistico, quello di una donna che accetta di accogliere un embrione prelevato dalla madre naturale non in grado di portare a termine la gravidanza. CFR. istero-, metro- (1). ➡ ILL. p. 2124 ANATOMIA UMANA. **2** (*est., poet.*) Ventre materno. **3** (*zool.*) Porzione specializzata dell'ovidotto in grado di accogliere l'embrione nei casi di ovoviviparismo e di viviparismo.

uticènse [vc. dotta, lat. *Uticēnse(m)*, da *Ŭtica(m)* 'Utica'; 1342] **A agg.** ● Di Utica, antica città punica. **B s. m. e f.** ● Abitante, nativo di Utica | ***L'Uticense***, (*per anton.*) Marco Porcio Catone il minore (95-46 a.C.), partigiano di Pompeo, morto suicida a Utica.

♦**ùtile** [vc. dotta, lat. *ūtile(m)*; 1294] **A agg.** (assol.; + *a*, + *per*) **1** Detto di tutto ciò che soddisfa un bisogno, che serve o può servire a uno scopo: *libro, manuale, oggetto, regalo, strumento u.*; *un'opera tanto u. a me e ad Augusta* (SVEVO); *la sua presenza era u. per uno sciame di nipoti* (NIEVO) | ***Tempo, giorno u.***, entro cui si può validamente compiere un dato atto: *tempo u. per l'iscrizione* | ***Stanze utili***, abitabili | ***Carico u.***, quantità, in peso, di merci o persone, che un mezzo di trasporto può portare. CONTR. Inutile | (*est.*) Che è efficace, vantaggioso, in determinati casi o situazioni: *prodotto u. contro i parassiti*; *medicina u. agli ipertesi*; *cure termali molto utili in caso di bronchite.* **2** (anche + inf.; + *che* seguito da congv.) Che è d'aiuto, che procura vantaggi, benefici, facilitazioni e sim.: *consigli utili e disinteressati*; *ci è stato molto u. conoscere la vostra opinione*; *mi sarebbe u. un vostro intervento*; *ciò non può tornarci u. in alcun modo*; *per me è senz'altro una cosa u.*; *Certamente è u. che abbiate fatto un corso di infermiera* (SVEVO) | ***Lavoro u.***, proficuo | ***Vento u.***, favorevole | ***Partita, risultato u.***, nel linguaggio sportivo, la vittoria o il pareggio: *la Roma è alla quinta partita u. consecutiva* | (*dir.*) ***Dominio u.***, potere di godimento, spettante all'enfiteuta sul fondo. **3** Detto di persona che contribuisce efficacemente a qlco. spec. collaborando con altri: *è l'elemento più u. dell'ufficio*; *tuo figlio mi è stato molto u. in questo caso*; *io era felice di trovar finalmente una creatura cui potere credermi u.* (NIEVO) | ***Rendersi u.***, darsi da fare, collaborare attivamente, aiutare: *un giovane che sa rendersi u. in ogni frangente* | ***Se posso essere u. in qlco.***, formula di cortesia con cui si offre il proprio aiuto, i propri servigi e sim. || **utilménte**, †**utileménte**, avv. In modo utile: *impiegare utilmente il proprio tempo.* **B s. m.** **1** Ciò che è utile, che serve: *unire l'u. e il dilettevole.* **2** Vantaggio, utilità materiale o morale: *mirare, badare, tendere solo all'u.*; *dai miei consigli non hai saputo trarre alcun u.*; *procurare l'u. della famiglia, della società.* **3** Guadagno, profitto realizzato mediante l'esercizio di un'attività economica: *u. netto*; *u. lordo*; *partecipazione agli utili dell'impresa*; *divisione degli utili fra i soci* | Interesse: *prestare denaro con un u. del 18%.*

utilìsta [1948] **s. m. e f.** (pl. m. *-i*) ● (*dir.*) Enfiteuta.

♦**utilità** o †**utilitàde**, †**utilitàte** [vc. dotta, lat. *utilitāte(m)*; 1219] **s. f.** **1** Caratteristica, condizione di chi (o di ciò che) è utile: *l'u. dell'istruzione, educazione, scienza*; *l'u. di una medicina*; *oggetti privi di ogni u.*; *persona di grande u.*; *elemento di nessuna u.* | ***Cane di u.***, addestrato per fini utili all'uomo, quali la guardia, la difesa, l'accompagnamento dei ciechi e sim. CONTR. Inutilità. **2** (*econ.*) Capacità di un bene o di un servizio di soddisfare un bisogno umano | ***Modello di u.***, invenzione atta a conferire a macchine o parti di esse od oggetti particolari efficacia o comodità di applicazione o di impiego: *brevetto per modelli di utilità.* **3** Vantaggio materiale o morale: *non ne ho tratto grande u.*; *la tua esperienza mi è stata di estrema*

u. **4** †Interesse, frutto del denaro.
utilitària [f. sost. (sottinteso *automobile*) dell'agg. *utilitario*; 1938] **s. f.** ● Piccola automobile di basso costo d'acquisto e di esercizio.
utilitàrio [da *utilità*, secondo l'es. del fr. *utilitaire*; 1857] **A agg. 1** Che considera, o si prefigge, solo ciò che è materialmente utile: *morale utilitaria*; *sistema u.* **2** Che ha requisiti di praticità e buon prezzo: *vettura utilitaria.* **B s. m.** (f. *-a*) ● Chi si prefigge l'utile materiale come scopo unico o prioritario.
utilitarismo [comp. di *utilitar(io)* e *-ismo*, sul modello del fr. *utilitarisme*; 1869] **s. m.** ● Dottrina etico-politica, sviluppatasi in Inghilterra nei secoli XVIII e XIX, secondo cui il fine di ogni attività morale consiste nel conseguire la maggiore felicità possibile per il maggior numero di persone possibili.
utilitarista [da *utilitarismo*, come il fr. *utilitariste*, 1877] **A s. m. e f.** (pl. m. *-i*) **1** Fautore dell'utilitarismo. **2** (*est.*) Chi tende soltanto al proprio utile. **B agg.** ● Utilitaristico.
utilitarìstico [da *utilitarista*; 1935] **agg.** (pl. m. *-ci*) **1** (*filos.*) Che si riferisce all'utilitarismo e ai suoi fautori. **2** (*est.*) Di, da utilitarista. || **utilitaristicaménte**, avv.
†**utilitàte** ● V. *utilità*.
utility /ju'tiliti, *ingl.* ju'tIlətɪ/ [vc. ingl., propr. 'utilità, vantaggio', riduzione del precedente *utility program* 'programma di utilità'; 1985] **s. f. inv.** (pl. ingl. *utilities*) ● (*elab.*) Programma che svolge una funzione sussidiaria al sistema operativo o a un programma applicativo.
utilizzàbile [da *utilizzare*, come il fr. *utilisable*; 1866] **agg.** ● Che si può utilizzare.
utilizzabilità [1961] **s. f.** ● Condizione di chi (o di ciò che) è utilizzabile.
◆**utilizzàre** [da *utile*, sull'es. del fr. *utiliser*; 1802] **v. tr. 1** Rendere utile, mettere a profitto, sfruttare: *u. un vestito usato, gli avanzi, gli scarti*; *saper u. le proprie capacità al momento giusto.* **2** †Apportare utile, vantaggio.
utilizzatóre [1970] **s. m.** (f. *-trice*) **1** (*raro*) Chi utilizza, sfrutta qlco. **2** Apparecchio che utilizza energia elettrica.
utilizzazióne [da *utilizzare*, secondo il fr. *utilisation*; 1830] **s. f.** ● L'utilizzare, il venire utilizzato: *l'u. delle cascate per la produzione di energia elettrica.*
utilìzzo [da *utilizzare*; 1939] **s. m.** ● Nel linguaggio burocratico, spec. bancario, utilizzazione: *u. di somme erogate*; *u. di un fondo, di un fido*.
†**ùtimo** ● V. *ultimo*.
-ùto (**1**) [lat. *-ūtu(m)*, suff. di orig. indeur. (*-to-*) proprio dei part. pass.] **suff.** ● Forma i participi passati dei verbi in *-ere*: *creduto, veduto*.
-ùto (**2**) [lat. *-ūtu(m)*, di orig. indeur. (*-to-*), applicato alla formazione di agg. denom.] **suff.** ● Forma aggettivi che indicano ciò di cui qualcuno è fornito, o abbondanza, pienezza di qualcosa (*biforcuto, barbuto*) o particolare caratteristica (*gozzuto, linguacciuto, paffuto, panciuto, pennuto, ricciuto.*)
†**utónno** ● V. *autunno*.
utopìa [dal n. del paese immaginato da Tommaso Moro, che pensò a 'nessun luogo', usando le parole gr. *ou tópos*, propr. 'nonluogo'; 1821] **s. f. 1** Modello immaginario di un governo o di una società ideali. **2** (*est.*) Concezione, idea, progetto, aspirazione e sim. vanamente proposti in quanto fantastici e irrealizzabili: *ciò che dici è molto nobile, ma è solo un'u.* SIN. Illusione.
utòpico [1897] **agg.** (pl. m. *-ci*) ● Che ha le caratteristiche dell'utopia: *piano, progetto, ideale u.* || **utopicaménte**, avv.
utopìsta [da *utopia*, sull'es. del fr. *utopiste*; 1823] **s. m. e f.** (pl. m. *-i*) ● Chi coltiva e persegue ideali utopici.
utopìstico [1838] **agg.** (pl. m. *-ci*) ● Che è proprio dell'utopista o dell'utopia: *progetti, ideali utopistici.* SIN. Chimerico, illusorio. || **utopisticaménte**, avv.
utraquìsmo [dal lat. eccl. *sub utrāque specie* 'sotto entrambe le specie'; 1961] **s. m.** ● (*relig.*) Dottrina nata attorno al 1400 a sostegno del diritto dei laici a comunicarsi con le due specie del pane e del vino.
utraquìsta [1930] **s. m. e f.** (pl. m. *-i*) ● Seguace dell'utraquismo.
utraquìstico [1987] **agg.** (pl. m. *-ci*) ● Relativo all'utraquismo.
†**ùtre** ● V. *otre*.
†**utrìaca** ● V. *triaca*.
utrìcolo e *deriv.* ● V. *otricolo* e *deriv.*
utriculària [dal lat. *utrĭculu(m)* 'piccolo otre (*ūter*, genit. *ūtris*)', per la forma a vescica dei loro ascidi] **s. f.** ● (*bot.*) Genere di piante erbacee acquatiche delle Lentibulariacee con foglie parzialmente modificate in vescicole che catturano e digeriscono piccoli animali acquatici (*Utricularia*). SIN. Erba vescica.
◆**ùva** [lat. *ūva(m)* 'grappolo d'uva', prob. da una vc. non indeur.; av. 1306] **s. f. 1** Infruttescenza a grappolo della vite, formata da singoli frutti o bacche detti anche acini o chicchi | *Uva da tavola, da mensa*, per consumo allo stato fresco | *Uva da vino*, per la vinificazione | *Uva secca, passa, appassita* | *Uva sultanina*, V. *sultanina* | *Uva corniola*, pizzutello | *Uva infavata*, parassitata dalla *Botris cinerea* | *Uva moscata*, uva da tavola, senza semi a maturazione tardiva | (*bot.*) *Uva americana*, pianta delle Vitacee appartenente a specie diverse da quelle del gruppo eurasiatico occidentale, originaria del Nord America e diffusa in Italia spec. nelle varietà *Isabella* e *Clinton* (*Vitis labrusca*) | *Uva fragola*, qualità di uva americana ottenuta dal vitigno *Isabella*, caratterizzata da sapore e profumo piuttosto intensi e che richiamano il frutto della fragola | *Uva puttanella*, V. *puttanella.* **2** (*est.*) Pianta con frutto simile all'uva | *Uva di mare*, sargasso o uova di seppia | *Uva di monte*, arbusto delle Ericacee che cresce in montagna, con fiori rosa ricchi di nettare e frutti rossi commestibili (*Vaccinium vitis-idaea*) | *Uva di volpe*, pianta erbacea che cresce spontanea nel sottobosco, con rizoma strisciante, fusto eretto terminante con quattro grandi foglie, i cui frutti sono bacche velenose (*Paris quadrifolia*). SIN. Erba paris | *Uva marina*, pianta cespugliosa delle Gnetali, con rami articolati, verdi, a foglie ridotte, spontanea sulle sabbie mediterranee (*Ephedra equisetiformis*) | *Uva spina*, frutice delle Sassifragacee a rami lisci con spine a tre punte e bacche tonde, giallicce, commestibili (*Ribes grossularia*) | *Uva turca*, fitolacca, uvina | *Uva ursina*, arbusto delle Ericacee a fusti sdraiati, foglie coriacee, frutti globosi, aspri, commestibili (*Arctostaphylos uva-ursi*).
➠ ILL. **piante/6.** || **uvàccia**, pegg. | **uvétta**, dim. (V.) | **uvìna**, dim. (V.)
uvàceo o †**uveàceo** [1499] **agg. 1** (*raro*) Di uva. **2** Che ha il colore dell'uva | Che è simile all'uva.
uvàggio [1905] **s. m.** ● (*enol.*) Mescolanza di più uve da vino, usata per la vinificazione.
uvàla [vc. croata di etim. incerta; 1961] **s. f.** ● (*geogr.*) Conca di origine carsica costituita da un gruppo di doline.
ùvea [da *uva*, secondo un es. ted., ripreso da altre lingue; sec. XIV] **s. f.** ● (*anat.*) Una delle tuniche dell'occhio, pigmentata in blu scuro che costituisce la membrana vascolare e nutritizia dell'occhio.
†**uveàceo** ● V. *uvaceo*.
uveàle [da *uvea*; 1931] **agg.** ● (*anat.*) Relativo all'uvea, costituente l'uvea: *infiammazione u.*; *membrane uveali*.
uveìte [comp. di *uvea* e *-ite* (*1*); 1961] **s. f.** ● (*med.*) Infiammazione dell'uvea.
uvèo [da *uva*; 1840] **agg.** ● (*lett.*) Uvaceo.
†**ùvero** ● V. *ubero* (*1*).
uvétta [1865] **s. f. 1** Dim. di *uva.* **2** Uva passa assai dolce, con acini senza semi, usata spec. in pasticceria.
uvìfero [comp. di *uva* e *-fero*; 1598] **agg.** ● (*lett.*) Che produce uva.
uvìna [1987] **s. f. 1** Dim. di *uva.* **2** Uva turca.
†**ùvola** ● V. *ugola*.
uvóso [1633] **agg.** ● (*lett., raro*) Riccamente uvifero.
ùvula ● V. *ugola*.
uvulàre [da *uvula*; 1957] **agg. 1** (*ling.*) Detto di suono articolato nella parte più bassa del palato molle: *la r u. della lingua francese.* **2** (*med.*) Che riguarda l'ugola: *infezione u.*
uvulìte [da *uvula*; 1961] **s. f.** ● (*med.*) Infiammazione dell'ugola.
uxóri [dal lat. *ūxor*, genit. *ūxōris* 'moglie' (V. *uxorio*); av. 1540] **agg.** ● Che ha preso moglie, detto soprattutto di sacerdoti che hanno lasciato la veste per sposarsi | *Sacerdozio u.*, stato del sacerdote sposato.
uxoricìda o (*raro*) **ussoricìda** [comp. del lat. *ūxor*, genit. *ūxōris* 'moglie' e *-cida*; av. 1620] **s. m. e f.**; anche **agg.** (pl. m. *-i*) ● Chi (o Che) commette uxoricidio.
uxoricìdio o **ussoricìdio** [da *uxoricida*; 1874] **s. m.** ● (*dir.*) Omicidio aggravato in quanto commesso contro il coniuge.
uxorilocàle [comp. del lat. *ūxor*, genit. *ūxōris* 'moglie' e dell'it. *locale*; 1983] **agg.** ● (*antrop.*) Di, relativo a uxorilocalità.
uxorilocalità [da *uxorilocale*; 1983] **s. f.** ● (*antrop.*) Norma per la quale una coppia sposata vive con il gruppo della sposa.
uxòrio [vc. dotta, lat. *ūxŏriu(m)* 'relativo alla moglie' (*ūxor*, genit. *ūxōris*), ant. comp. di orig. indeur. di **uk* col senso di 'spruzzare' e *-sor* 'femmina'; 1592] **agg.** ● (*dir.*) Delle mogli: *diritti uxori* | *Convivenza more u.*, come quella fra coniugi, ma in assenza di matrimonio e quindi senza le conseguenze giuridiche che esso comporta.
uzbèco /uz'bɛko/ ● V. *usbeco*.
ùzza [etim. incerta; 1863] **s. f.** ● (*pop., tosc.*) Aria pungente, con venticello leggero ma freddo, della sera o del primo mattino: *ei sente nella faccia* / *pungere l'u. mattutina* (D'ANNUNZIO).
uzzàto [da *uzzo*; 1840] **agg.** ● (*pop., tosc.*) Molto panciuto: *botte uzzata*.
ùzzo [etim. incerta; 1840] **s. m.** ● (*pop., tosc.*) Pancia, di botte | *Dare l'u.*, incurvare le doghe.
-ùzzo ● V. *-uccio*.
uzzolìre [da *uzzolo*; 1891] **v. tr. e intr.** (*io uzzolisco, tu uzzolisci*; aus. intr. *essere*) ● (*pop., tosc.*) Inuzzolire.
ùzzolo [etim. incerta; 1612] **s. m.** ● (*tosc.*) Desiderio intenso e capriccioso: *mi è venuto l'u. di partire, e partirò* | *Mettere qlcu. all'u., nell'u. di*, fargli venire voglia di | *Levar l'u.*, togliere i capricci.

V, v

Il suono rappresentato in italiano dalla lettera V è quello della consonante costrittiva, o fricativa, labiodentale sonora /v/. Questa consonante può essere, secondo i casi, semplice (es. *evènto* /e'vento/, *càvia* /'kavja/, *lo vuòi* /lo'vwɔi/; *invéce* /in'vetʃe/, *vuòi* /'vwɔi/, *quàl vuòi* /kwal'vwɔi/) oppure geminata (es. *avvènto* /av'vento/, *òvvio* /'ɔvvjo/, *tu vuòi* /tuv'vwɔi/).

v, (maiusc.) **V** [1525] **s. f.** o **m.** ● Ventiduesima lettera dell'alfabeto italiano (nome per esteso *vu*, raro *vi*): *v minuscola, V maiuscolo* | Nella compitazione spec. telefonica it. *v come Venezia*; in quella internazionale *v come Victor* | **V doppia** (o *doppio*), **doppia** (o *doppio*) *v*, la lettera *w* | *a V*, detto di due linee o elementi che, partendo da un vertice inferiore, divergono aprendosi verso l'alto: *scollatura a V*; *antenna a V* | *Valle a V*, valle fluviale.

va' (**1**) /va, va*/ o (*raro*) **vah** [da *varda*, forma sett. di 'guarda', imperat. di *guardare*; 1891] **inter.** ● Esprime meraviglia, stupore e sim.: *va' chi si rivede!*; *ma va' cosa mi tocca di fare!*

va' (**2**) o **va** ● V. *andare* (*1*).

vacàbile [da *vacare*; av. 1686] **agg.** ● Che può essere o rendersi vacante | *Uffici vacabili*, anticamente, nello Stato Pontificio, uffici che si alienavano per determinate somme, con divieto per l'acquirente di trasmetterli ad altri, sia per atto tra vivi che per testamento, e il cui incarico era vitalizio.

vacànte [1312] **part. pres.** di *vacare*; anche **agg. 1** Privo del titolare: *cattedra v.* | *Sede v.*, governo della Chiesa o di un vescovato fra la morte del titolare e l'elezione o nomina del nuovo occupante. **2** (*mar.*) *Nave v.*, che non ha carico di merci e naviga in zavorra.

†**vacantería** [da *vacante*; 1585] **s. f.** ● Vanità, vuotaggine.

♦**vacànza** o †**vacànzia** [da *vacante*; 1525] **s. f. 1** Stato o condizione di ciò che è vacante, privo di titolare: *v. di un beneficio, dell'impero, della sede pontificia* | Periodo in cui dura tale condizione: *la lunga v. di una cattedra universitaria.* **2** Periodo di interruzione delle normali attività lavorative di enti, aziende, assemblee, privati cittadini, per motivi generali o particolari: *essere in v.*; *andare in v.*; *il Parlamento si è preso una v. straordinaria* | *chiedere, concedere una v. per motivi di salute* | *Far v.*, non lavorare, non studiare e sim. | *Aver bisogno di una v.*, di un periodo di riposo | (*fig.*) *Avere, mandare il cervello in v.*, non pensare, non utilizzare le proprie facoltà intellettive. **3** (*spec. al pl.*) Periodo in cui restano chiuse le scuole: *vacanze natalizie, pasquali, estive* | (*per anton.*) Vacanze estive: *passare le vacanze al mare, in montagna*; *penso che farò un viaggio durante le vacanze.* **CFR.** Ferie. **4** (*fis.*) Difetto di un reticolo cristallino consistente nell'assenza di un atomo.

vacanzière [fr. *vacancier*, da *vacances* 'vacanze'; 1978] **s. m.** (f. *-a*) ● Chi trascorre le vacanze fuori della propria residenza abituale: *migliaia di vacanzieri si sono riversati sulle coste meridionali* | (*scherz.*) Chi ama far vacanza o andare in vacanza.

vacanzièro [fr. *vacancier*, da *vacances* 'vacanze'; 1983] **agg.** ● Che va in vacanza: *una folla vacanziera ha lasciato la città.*

vacàre [vc. dotta, lat. *vacāre* 'esser vuoto, libero, non occupato', di orig. indeur.; av. 1306] **v. intr.** (*io vàco, tu vàchi*; aus. *essere* nei sign. 1, 2, 3, 4, *avere* nei sign. 5 e 6) **1** (*raro*) Essere o rimanere vuoto, privo del titolare, detto di benefici, cariche, uffici e sim.: *vacava l'impero, il papato*; *vacava la carica di presidente*; *la cattedra di filosofia vaca del titolare.* **2** †Essere libero, detto del tempo. **3** †Essere privo | †Non vigere più, detto di norme giuridiche | †Essere vano, inutile, detto di parola. **4** †Mancare, finire: *E poiché gli vacava essa pure, pensò, invece della villa, di affittare la portineria* (GADDA). **5** (*raro*) Riposarsi, cessare da un lavoro, da una fatica, tralasciare o essere libero da un impegno: *v. dall'ufficio, dal pregare.* **6** †Occuparsi, aver cura di qlco.: *oppresso da lunga e grave infermità non vacava più ai negozii ...* (GUICCIARDINI).

vacàtio lègis /lat. va'katsjo 'lɛdʒis/ [loc. del lat. giuridico *vacatio* 'vacanza della legge' (V. *vacazione*)] **loc. sost. f. inv.** (pl. lat. *vacationes legis*) ● (*dir.*) Vacazione della legge.

vacazióne [vc. dotta, lat. *vacatiōne(m)*, da *vacātum*, supino di *vacāre*; 1312] **s. f. 1** †Condizione di vacante: *tutto quello che aveva occupato nella v. della Chiesa* (GUICCIARDINI). **2** (*dir.*) Periodo che intercorre fra la pubblicazione di una legge e il momento in cui essa entra in vigore. **3** Periodo lavorativo durante il quale un perito presta la sua opera su richiesta dell'autorità giudiziaria, convenzionalmente fissato e utilizzato come unità di misura per il computo della retribuzione: *la v. del consulente è di due ore*; *stabiliremo la cifra da pagare per ogni v.* | (*est.*) L'attività del perito e la sua retribuzione. **4** †Vacanza, riposo.

vàcca [lat. *văcca*(*m*), di orig. indeur.; sec. X] **s. f. 1** Femmina adulta dei Bovini: *mungitura delle vacche*; *latte di v.* | *Le sette vacche grasse e le sette vacche magre*, quelle che, secondo la narrazione biblica, il faraone sognò e Giuseppe interpretò come profezia dei sette anni di abbondanza e dei successivi sette anni di carestia | (*fig.*) *Essere in tempo di vacche grasse, magre*, in epoca prospera o di miseria | *Essere, stare in un ventre di v.*, (*fig.*) vivere nella sicurezza, nel benessere. **SIN.** Mucca, vaccina. **2** (*raro*) Carne dell'animale macellato, usata come alimento. **3** (*fig.*, *spreg.*) Sgualdrina, donnaccia. **4** *Lingua di v.*, piccola incudine da stringersi in morsa usata da argentieri e ramai. **5** (*spec. al pl.*) Bachi da seta che si gonfiano e non finiscono il bozzolo perché ammalati di giallume. **SIN.** Frati | *Andare in v.*, detto del baco da seta, invacchire; (*fig.*) guastarsi, annuvolarsi, detto del tempo; (*fig.*) diventare pigro, ozioso, svogliato | (*fig.*) *Andare, finire in v.*, risolversi negativamente, fallire. **6** (*est.*, *spreg.*) Persona eccessivamente grassa e sformata. **SIN.** Vaccona, pegg. **vaccarèlla, vaccherèlla**, dim. | **vacchètta**, dim. (V.) | **vacchina**, dim. | **vaccóna**, accr. | **vaccùccia**, dim.

vaccàio o **vaccàro** [1485 ca.] **s. m.** (f. *-a*) **1** Guardiano di vacche: *suo padre faceva il vaccaro a Ragoleti* (VERGA). **SIN.** Bovaro. **2** Capovaccaio.

vaccàta [1905] **s. f. 1** (*sett., volg.*) Porcheria, cosa di pessima qualità o riuscita: *fare una v.*; *questo libro è un'autentica v.* **2** Sciocchezza, errore grossolano: *non dire vaccate.*

vacchería [1905] **s. f.** ● Stalla di vacche, talora con lattería annessa.

vacchètta [1356] **s. f. 1** Dim. di *vacca.* **2** Pellame utilizzato spec. per la confezione di calzature militari e di cuoio a lavoro e per valigeria, ottenuto con la concia al tannino pelli bovine esotiche. **3** †Libro o registro di forma oblunga rilegato in vacchetta (oggi *dial.*).

vaccino [1932] **A s. m.** ● Formaggio di latte di vacca. **B agg.** ● (*raro*) Vaccino nel sign. A.

vàcci ● V. *andare* (*1*).

vaccina [f. sost. di *vaccino* agg.; sec. XIV] **s. f. 1** Bovina, vacca, mucca. **2** Carne di vacca o di manzo. **3** Sterco di vacca o di bovini in genere. **4** †Vaccino nel sign. B.

vaccinàbile [1879] **agg.** ● Che si può vaccinare.

♦**vaccinàre** [fr. *vacciner*, da *vaccin* 'vaccino'; 1801] **A v. tr.** ● Sottoporre a vaccinazione: *v. un bambino contro il vaiolo, la poliomielite*; *v. il bestiame.* **B v. rifl.** ● (*fig.*) Premunirsi, difendersi da qlco. di sgradevole o doloroso spec. in seguito a esperienze negative: *vaccinarsi contro le delusioni.*

vaccinàro [dal lat. *vaccīna* (*cǎro*) 'carne di vacca', f. di *vaccīnus* 'vaccino'] **A s. m. 1** (*rom.*) Conciapelli. **2** †Macellaio. **B agg.** ● Nella loc. *coda alla vaccinara*, (*ellitt.*) coda di manzo in umido con guancia di maiale, piatto tipico della cucina romana.

vaccinàto [1840] **part. pass.** di *vaccinare*; anche **agg.** ● Nei sign. del v. | (*fig.*) Immune: *sono v. contro le delusioni amorose* | (*fam.*) *Essere maggiorenne e v.*, essere adulto, responsabile.

vaccinatóre [1809] **s. m.**; anche **agg.** (f. *-trice*) ● (*raro*) Chi (o Che) esegue la vaccinazione.

vaccinazióne [fr. *vaccination*, da *vacciner* 'vaccinare'; 1801] **s. f.** ● Introduzione di vaccino | Pratica profilattica intesa a provocare nell'organismo una immunità attiva specifica contro determinate malattie infettive, mediante inoculazione di germi o tossine attenuate: *v. antivaiolosa.*

vaccìnico [1872] **agg.** (pl. m. *-ci*) ● Del, relativo al, vaccino: *innesto v.*; *pustole vacciniche.*

♦**vaccino** [vc. dotta, lat. *vaccīnu*(*m*), da *vǎcca*; av. 1557] **A agg. 1** Di vacca: *latte v.* | Bovino: *bestiame v.*; *carne vaccina.* **2** (*veter.*) Detto di piede o arto equino che sia ruotato in fuori e che pertanto assuma una direzione simile a quella naturale dei bovini. **B s. m.** ● Prodotto batterico o virale che introdotto nell'organismo conferisce uno stato di immunità provocando un processo morboso attenuato, usato per la profilassi delle malattie infettive: *v. anticolerico, antidifterico, antitifico, antivaioloso.*

vaccinoprofilàssi [comp. di *vaccino* e *profilassi*; 1961] **s. f. inv.** ● (*med.*) Profilassi con vaccini.

vaccinostìlo [comp. di *vaccino* e *stilo*; 1961] **s. m.** ● (*med.*) Lancetta usata per la vaccinazione antivaiolosa e per scarificazioni cutanee a scopo diagnostico o terapeutico.

vaccinoterapìa [comp. di *vaccino* e *-terapia*; 1937] **s. f.** ● (*med.*) Terapia con vaccini.

vacillaménto o †**vagillaménto** [av. 1459] **s. m.** ● Il vacillare (*anche fig.*).

vacillànte [av. 1363] **part. pres.** di *vacillare*; anche **agg.** ● Che vacilla: *andatura v.* | (*fig.*) *Incerto*: *fede v.* | (*fig.*) *Traballante, in crisi*: *regime v.*

†**vacillànza** **s. f.** ● Vacillamento.

vacillàre o †**vagellare**, †**vagillàre** [vc. dotta, lat. *vacillāre*, di etim. incerta; 1336 ca.] **v. intr.** (aus. *avere*) **1** Accennare a cadere, inclinando ora da una parte ora dall'altra, detto di persone o cose: *v. camminando*; *v. per la stanchezza, per l'ubriachezza*; *il dente vacilla, il piè vacilla* | *freddo sudor mi bagna il volto* (METASTASIO). **SIN.** Barcollare, pencolare, traballare. **2** Oscillare, ondeggiare: *la fiamma vacilla al vento.* **3** (*fig.*) Minacciare di cadere, essere in crisi, in grave pericolo e sim.: *il trono, l'impero, la monarchia, il governo vacilla*; *vecchi istituti sociali che ormai vacillano.* **4** (*fig.*) Essere incerto o malsicuro, essere in procinto di esaurirsi, di spegnersi e sim.: *la luce vacillò, si affievolì e si spense*; *volontà ferrea, che non vacilla*; *la memoria, il coraggio, la fede vacilla* | ***V. con la ragione, con la mente***, essere in procinto, o minacciare di, perdere la ragione. **5** V. *vagellare.*

vacillazióne o †**vagillazióne** [vc. dotta, lat. *vacillatiōne(m)*, da *vacillāre*; sec. XIV] **s. f.** ● (*raro*) Vacillamento | (*fig.*) Perplessità, irresolutezza.

†**vacillità** o †**vacillitàde**, †**vacillitàte** [da *vacillare*] **s. f.** ● Incostanza, debolezza.

†**vacillo agg.** ● Vacillante, instabile.

†**vacuàre** [vc. dotta, lat. *vacuāre*, da *văcuus* 'vacuo'; av. 1527] **v. tr. e intr.** ● Vuotare | Evacuare.

†**vacuàto** [1499] **part. pass.** di †*vacuare*; anche **agg.** **1** Nei sign. del v. **2** Privo, privato.

vacuazióne [aferesi di *evacuazione*; sec. XIV] **s. f.** **1** †Evacuazione. **2** Particolare sistema di pastorizzazione del latte e della crema di latte, che impiega il calore sotto un vuoto parziale.

vacuìsta [dal lat. *văcuus* 'vuoto' (V. *vacuo*), col suff. *-ista*; 1745] **s. m. e f.** (**pl. m.** *-i*) ● Nella storia della filosofia, chi sosteneva l'esistenza del vuoto.

vacuità o †**vacuitàde**, †**vacuitàte** [vc. dotta, lat. *vacuitāte(m)*, da *văcuus* 'vacuo'; sec. XIV] **s. f.** ● Caratteristica di chi (o di ciò che) è vacuo (*spec. fig.*): *la v. di una persona*; *criticare la v. di un libro, di un discorso, di un programma*; *silenzio arcano che riempiva la sterminata v.* (PIRANDELLO). **SIN.** Vuotaggine.

vàcuo [vc. dotta, lat. *văcuu(m)*, da *vacāre*; 1342] **A agg.** **1** (*raro, lett.*) Vuoto: *niuno luogo era di combattitori v., eccetto l'ultima fila* (MACHIAVELLI). **2** (*fig.*) Che è privo o povero di sentimenti, idee, principi, significato e sim.: *mente, persona vacua*; *discorsi vacui*; *vita vacua e frivola* | ***Occhi vacui***, atoni, senza espressione | ***Vacue promesse***, vane, inutili, che non saranno mantenute. **B s. m.** **1** (*raro*) Spazio vuoto: *non vi resti alcun v., il quale farebbe venir l'opera scorretta* (CELLINI). **2** (*raro, scient.*) Il vuoto: *il v. della macchina pneumatica.* || **vacuétto, dim.**

vacuolàre [1961] **agg.** **1** Di, relativo a vacuoli. **2** Che presenta, o che è formato da, vacuoli.

vacuolizzàto [1961] **agg.** ● Che presenta vacuoli fra le cellule o all'interno delle cellule stesse: *tessuto v.*

vacuolizzazióne [da *vacuolo*] **s. f.** **1** (*biol.*) Comparsa di vacuoli in una cellula. **2** (*biol.*) Degenerazione cellulare caratterizzata dalla comparsa di cavità citoplasmatiche.

vacùolo [dim. latinizzante di *vacuo*; 1895] **s. m.** **1** Ciascuna delle minute cavità presenti in una sostanza spugnosa o porosa: *i vacuoli di una spugna, della gomma espansa* | (*geol.*) Ciascuna delle cavità presenti in alcune rocce eruttive, a cui conferiscono tessitura vacuolare. **2** (*biol.*) Ognuna delle cavità delimitate da membrana, presenti con vari contenuti nelle cellule vegetali e in alcuni Protozoi, impegnate nella digestione cellulare o nel mantenimento dell'equilibrio idrico-salino.

vacuòma [da *vacuo(lo)* col suff. *-oma*] **s. m.** (**pl.** *-i*) ● (*biol.*) Complesso dei vacuoli di una cellula.

vacuòmetro [comp. di *vacuo* e *-metro*; 1961] **s. m.** ● (*fis.*) Manometro usato per la misura di pressioni inferiori a quella atmosferica normale.

vacuoscòpio [comp. di *vacuo* e *-scopio*; 1961] **s. m.** ● (*fis.*) Indicatore dell'ordine di grandezza di pressioni molto minori di quella atmosferica normale.

vacuostàto [comp. di *vacuo* e *stato* (*2*); 1961] **s. m.** ● (*tecnol.*) Dispositivo usato per comandare una pompa a vuoto, in modo da mantenere costante a un valore prestabilito la pressione nel recipiente a cui è collegata la pompa.

vacuumterapìa [comp. del lat. *văcuum*, nt. di *văcuus* 'vuoto' (V. *vacuo*) e *terapia*; 1961] **s. f.** ● (*med.*) Terapia fisica consistente nel sottoporre parti del corpo, gener. un arto, a una pressione inferiore a quella atmosferica e successivamente a una compressione, per agevolare la circolazione sanguigna e linfatica.

†**vadàre** [vc. dotta, lat. tardo *vadāre*, da *vădum* 'vado'] **v. tr.** ● Passare a guado.

vademècum [vc. lat., propr. 'vieni con me', attraverso il fr. *vademecum*; 1828] **A s. m. inv.** ● Manualetto tascabile con le indicazioni di più frequente necessità relative a una particolare scienza, arte, professione e sim.: *il v. del costruttore.* **SIN.** Prontuario. **B** in funzione di **agg. inv.** ● (posposto al s.) Nella loc. ***assegno v.***, assegno a copertura garantita.

vàde rètro Sàtana [lat. tardo 'vai indietro Satana'; 1905] **loc. inter.** ● (*spec. scherz.*) Si usa per respingere o allontanare qlcu. che fa proposte allettanti ma inaccettabili.

vadimònio [vc. dotta, lat. *vadimōniu(m)*, da *văs*, genit. *vădis* 'mallevadore', di orig. indeur.; 1499] **s. m.** ● In diritto romano, promessa solenne con cui il convenuto di un processo privato si impegnava a presentarsi in un certo giorno davanti al magistrato.

†**vàdo** (**1**) [lat. *vădu(m)*; av. 1306] **s. m.** ● Guado, passaggio.

vàdo (**2**) ● V. *andare* (*1*).

vadóso [vc. dotta, lat. *vadōsu(m)*, da *vădum* 'guado'. V. *vado*; sec. XIV] **agg.** **1** †Guadabile. **2** (*geol.*) Detto dell'acqua di origine meteorica, che penetra e circola nel sottosuolo: *acqua vadosa.*

vae victis /lat. veˈviktis/ [lat., 'guai ai vinti!'; 1917] **loc. inter.** ● Si dice spec. per sottolineare, spesso con tono di riprovazione, che il vinto è comunque, sempre, alla mercé del vincitore.

va e vièni o **va' e vièni** [comp. dell'imperat. di *andare* (*1*) e *venire* (*1*); av. 1742] **loc. sost. m. inv.** **1** Andirivieni, viavai: *il va e vieni della folla, del pubblico, degli spettatori*; *in questa casa c'è un ininterrotto va e vieni di gente.* **2** Sistema attraverso il quale una nave può essere collegata alla riva per mezzo di un'imbarcazione di piccole dimensioni, che si muove lungo un cavo fisso, teso fra la nave e la terra | Teleferica in funzione tra due navi o tra una nave e la terra, usata per trasportare cose o persone.

vàfer ● V. *wafer.*

vaffancùlo [imperat. di *andare* (*1*) *a fare in culo*; 1953] **A inter.** ● (*volg.*) Esprime risentita avversione, totale disapprovazione o irosa insofferenza per qlcu. o qlco. **B** anche **s. m. inv.**: *gli rispose con un v.*

†**vàfro** [vc. dotta, lat. *văfru(m)*, di etim. incerta; sec. XIV] **agg.** ● Astuto, furbo, accorto.

†**vagàbile** [da *vagare*] **agg.** ● Errante, errabondo.

vagabondàggine [1891] **s. f.** ● Stato o condizione di vagabondo | Vita da vagabondo.

vagabondàggio [1810] **s. m.** **1** Vita, condizione di vagabondo: *il v. degli esuli*; *darsi al v.* **2** L'insieme dei vagabondi, e il fenomeno della loro esistenza, considerato come piaga sociale: *estirpare il v.*; *combattere contro il v.* **3** Serie di spostamenti, di visite e sim., senza itinerari fissi o prestabiliti: *compiere un breve v. turistico nelle regioni del sud.*

vagabondàre [1822] **v. intr.** (*io vagabóndo*; aus. *avere*) **1** Fare il vagabondo, vivere da vagabondo: *v. rubacchiando qua e là.* **2** (*est.*) Andar vagando da un luogo all'altro, senza meta precisa, senza intinerari fissi o prestabiliti, per distrazione, divertimento e sim.: *ho passato l'estate vagabondando per l'Italia*; *vagabondava pensoso per la città, per la campagna*; *v. con la mente, con la fantasia.*

vagabondeggiàre [intens. di *vagabondare*; 1863] **v. intr.** (*io vagabondéggio*; aus. *avere*) ● (*raro*) Fare il vagabondo, lo scioperato.

vagabonderìa s. f. ● (*raro*) Vagabondaggine.

vagabóndo o †**vagabùndo** [vc. dotta, lat. tardo *vagabŭndu(m)*, da *vagāri* 'vagare', sul modello di *moribŭndus* 'moribondo'; 1321] **A agg.** **1** Che non ha sede stabile e vive spostandosi qua e là: *gente vagabonda*; *animali vagabondi* | ***Vita vagabonda***, tipica di chi vive spostandosi da un luogo all'altro. **2** (*est.*) Che si muove, si sposta continuamente: *nuvola vagabonda*; *un turbine vasto, incalzante, v.* (MANZONI). **3** (*est.*, *fig.*) Che vaga da un'idea all'altra, che non resta a lungo sullo stesso pensiero, soggetto, argomento e sim.: *pensieri vagabondi*; *mente vagabonda*; *lettore v.*; *affetti, amori vagabondi.* **4** (*fig.*, *raro*) Fannullone. **B s. m.** (**f.** *-a*) **1** Persona per lo più senza fissa dimora che si sposta frequentemente da un luogo all'altro, spec. vivendo di espedienti e senza dedicarsi ad alcun lavoro: *la polizia ha fermato alcuni vagabondi.* **2** (*est.*, *fig.*) Chi non ha voglia di lavorare, chi fa vita oziosa e scioperata: *devi trovarti un'occupazione e smettere di fare il v.* **3** (*scherz.*) Chi, per lavoro o per divertimento, si sposta spesso da un luogo all'altro: *poverino, fa la vita del v.* || **vagabondàccio, pegg.**

vagàle [1961] **agg.** ● (*anat.*) Del nervo vago.

†**vagaménto** [sec. XIV] **s. m.** ● (*raro*) Il vagare.

vagànte [1319] **part. pres.** di *vagare*; anche **agg.** **1** Nei sign. del v. **2** ***Dolore v.***, reuma | ***Caccia v.***, esercitata senza appostamenti e anche senza cane | ***Reti vaganti***, tese senza appostamento fisso | ***Mina v.***, lasciata in mare alla deriva sulle rotte percorse dal nemico; (*fig.*) questione non risolta che, alla lunga, può dar luogo a conseguenze pericolose | ***Tese vaganti***, capanni o appostamenti di fortuna che si possono spostare qua e là.

vagàre [vc. dotta, lat. *vagāre* (più comunemente *vagāri*), da *văgus* 'vago'; 1336 ca.] **A v. intr.** (*io vàgo, tu vàghi*; aus. *avere* nei sign. 1, 2, *essere* nel sign. 3) **1** Andare da luogo a luogo, qua e là, senza direzione certa, senza itinerari o piani prestabiliti e sim. (*anche fig.*): *andar vagando per il mondo*; *v. senza meta per la città, nei campi, fra la gente*; *vagò a lungo in preda all'angoscia*; *le nubi vagano, sospinte dal vento*; *v. con la mente, il pensiero, la fantasia*; *il suo discorso vagava da un argomento all'altro*; *l'uomo vaga d'affetto in affetto, d'illusione in illusione.* **SIN.** Divagare, girovagare. **CONTR.** Soffermarsi. **2** Spostarsi, muoversi da un luogo all'altro, solo apparentemente senza meta, in realtà cercando qualcosa di ben definito: *le api vagano di fiore in fiore per raccogliere il polline*; *il lupo vagava per la foresta, in cerca di preda.* **CONTR.** Sostare. **3** †Uscire dal tema, divagare. **B v. tr.** ● †Percorrere vagando.

†**vagazióne** [vc. dotta, lat. *vagatiōne(m)*, da *vagātus*, part. pass. di *vagāri* 'vagare'] **s. f.** ● (*raro*) Il vagare | (*fig.*) Distrazione, svago.

†**vagellàio** o †**vagellàro** [da *vagello*] **s. m.** **1** Tintore di indaco e guado: *quando io v'era su, mi parea esser la secchia de' vagellai* (SACCHETTI). **2** (*raro*) Vasellaio.

†**vagellàme** [comp. di *vagello* e *-ame*] **s. m.** ● Vasellame.

vagellaménto [1879] **s. m.** ● (*raro, tosc.*) Il vagellare. **SIN.** Vaneggiamento.

vagellàre [lat. *vacillāre*, attraverso i dial. sett.; sec. XIV] **v. intr.** (*io vagèllo*; aus. *avere*) **1** †V. *vacillare.* **2** (*raro, tosc.*) Sragionare, farneticare, delirare, per febbre, demenza o altro: *Con la testa vagellante … Alberto si sentiva avvolto da una vampa* (CAPUANA) | Far proposte strane, parlare da demente. **SIN.** Vaneggiare.

†**vagellàro** ● V. †*vagellaio.*

†**vagèllo** [lat. *vascĕllu(m)*, propr. 'vasetto' (V. *vasello*); 1300 ca.] **s. m.** **1** Caldaia da tintori, nella quale si preparava il bagno di tintura con indaco o con guado. **2** Miscuglio di indaco e guado, con eventuale aggiunta di altre sostanze, usato in tintoria. **3** Urna, vaso, recipiente | †Arnia. || **vagellìno, dim.** | **vagellóne, accr.**

†**vagheggerìa s. f.** ● Vagheggiamento.

vagheggiaménto [av. 1342] **s. m.** ● Il vagheggiare.

vagheggiàre [da *vago*; 1319] **A v. tr.** (*io vaghéggio*) **1** (*lett.*) Guardare con diletto e compiacimento, vagando a lungo con gli occhi su ciò che ha attratto lo sguardo: *v. le fonti e i fiori di un giardino*; *v. il firmamento, gli astri, le bellezze del creato* | Guardare a lungo, intensamente, con amore, desiderio, ammirazione e sim.: *v. il volto e le chiome dell'amata*; *la madre vagheggiava il fanciullo*; *v. allo specchio la propria persona* | (*est., lett.*) Corteggiare. **SIN.** Contemplare. **2** (*lett.*, *fig.*) Immaginare con amore, desiderio, rimpianto e sim.: *v. la patria lontana, le gioie della famiglia*; *v. la fama, la gloria, il successo.* **3** (*raro, lett.*) Guardare, dominare, detto di costruzione posta in luogo elevato: *v. il piano, la valle, la città.* **B v. rifl.** ● (*lett.*) Compiacersi della propria bellezza, avvenenza e sim.: *fuggirai le fonti, ove ora / spesso ti specchi, e forse ti vagheggi* (TASSO).

vagheggiàto [1583] **part. pass.** di *vagheggiare*; anche **agg.** ● Nei sign. del v.

vagheggiatóre [1353] **s. m.** (**f.** *-trice*) ● Chi vagheggia | Corteggiatore: *de' vagheggiatori ella s'involva / a le lodi, a gli sguardi* (TASSO).

vagheggìno [da *vagheggiare*; av. 1543] **s. m.** ● (*disus.*) Giovane galante, fatuo e leggero, che corteggia tutte le donne: *fare il v.* **SIN.** Damerino, zerbinotto.

†**vagherìa** [da *vago*] **s. f.** ● Seduzione, vagheggia-

mento.

vaghézza [1308] s. f. *1* Caratteristica, condizione di ciò che è vago, indeterminato, impreciso: *parlare con v. di qlco.*; *linee, tratti di eccessiva v.* *2* (*lett.*) Bellezza, grazia, attrattiva: *la v. del viso, della persona*; *lineamenti di rara v.*; *la v. degli ornamenti, onde le chiocciole son sì belle* (BARTOLI) | (*lett.*) Cosa vaga, bella, che accende d'ammirazione e sim.: *giardino adorno d'ogni v.* *3* (*lett.*) Piacere, diletto: *trarre v. da qlco.*; *avere, provar v.* *4* (*lett.*) Desiderio, voglia (*anche scherz.*): *come fanciulla m'andavo soletta / per gran v. d'una grillandetta* (PULCI).

vàgile [da *vago*, sul modello di *sessile*; 1974] agg. ● (*biol.*) Detto di organismo non fissato a un substrato, capace di muoversi liberamente, di migrare: *animali acquatici vagili.*

†**vagillàre** e *deriv.* ● V. *vacillare* e *deriv.*

vagìna [vc. dotta, lat. *vagīna(m)* 'guaina, fodero, involucro', di etim. incerta; 1321] s. f. *1* (*lett.*) Guaina, fodero: *corse la mano / sovra la spada, e dalla gran v. / traendo e' la venia* (MONTI). *2* (*anat.*) Canale muscolomembranoso dell'apparato genitale femminile che va dall'esterno fino al collo dell'utero. CFR. colpo-. ➡ ILL. p. 2124 ANATOMIA UMANA. || **vaginétta**, dim.

vaginàle [av. 1758] agg. ● Della vagina: *cavità v.* | *Tunica v.*, rivestimento sieroso del testicolo.

vaginalìte [comp. di (*tunica*) *vaginal(e)* e *-ite* (*1*); 1961] s. f. ● (*med.*) Infiammazione della tunica vaginale del testicolo.

vaginìsmo [comp. di *vagin(a)* e *-ismo*; 1961] s. m. ● (*med.*) Contrazione spastica e dolorosa della vagina che impedisce il coito.

vaginìte [comp. di *vagin(a)* e *-ite* (*1*); 1911] s. f. ● (*med.*) Infiammazione della vagina. SIN. Colpite.

vagìre [vc. dotta, lat. *vagīre*, di orig. onomat.; 1598] v. intr. (*io vagisco, tu vagisci*; aus. *avere*) ● Emettere vagiti, detto di bambini lattanti: *il piccolo vagisce nella culla.* SIN. Frignare | *V. nella culla*, (*fig.*) essere appena agli inizi, ai primordi, detto di un'arte, una civiltà e sim.

vagìto [vc. dotta, lat. *vagītu(m)*, da *vagīre*; av. 1566] s. m. *1* Pianto dei bambini lattanti: *i primi vagiti* | (*raro, est.*) Primi gridi di un animale neonato: *i vagiti di un agnellino.* *2* (*fig.*) Prima espressione, manifestazione e sim., di ciò che è ancora agli inizi: *i primi vagiti di una nuova arte, di una civiltà.*

vàglia (**1**) [da *valere*, formato secondo la prima pers. sing. indic. pres. (ant. *io vàglio*); av. 1306] s. f. solo sing. *1* †Valore: *preghiere che non hanno v.* *2* Pregio, merito, qualità, spec. con riferimento a doti morali, intellettuali, artistiche e sim., nelle loc. *di v.*, *di gran v.*: *pittore, scrittore di gran v.*; *è un uomo di v., vedete, il padre Zaccaria* (MANZONI) | †*Di v.*, gagliardamente.

vàglia (**2**) [ant. forma della terza pers. sing. congv. pres. di *valere*; 1796] s. m. inv. ● (*gener.*) Titolo di credito | *V. cambiario*, pagherò | *V. postale*, modulo spedito per dar diritto al destinatario di ritirare presso un ufficio postale una somma di denaro precedentemente depositata presso un altro ufficio | (*per anton.*) Vaglia postale: *spedire, ricevere, incassare un v.*

vagliàre [lat. parl. **valliāre*, da *vāllus*, dim. di *vānnus* 'vaglio, setaccio', di etim. incerta; av. 1400] **A** v. tr. (*io vàglio*) *1* Passare al vaglio, per separare dal materiale estraneo: *v. il grano.* SIN. Cernere, mondare. *2* (*fig.*) Considerare bene, esaminare a fondo, appurando e soppesando gli elementi positivi e quelli negativi: *v. le ragioni, gli argomenti dell'avversario*; *bisogna vagliare il problema, prima di decidere*; *una dottrina che deve essere vagliata con grande attenzione.* SIN. Sceverare. *3* (*fig.*) †Rifiutare. **B** v. rifl. ● †Scuotersi, dimenarsi.

vagliàta [1879] s. f. ● Il vagliare una volta, alla svelta. || **vagliatìna**, dim.

vagliàto part. pass. di *vagliare*; anche agg. ● Passato al vaglio | (*fig.*) Valutato.

vagliatóre [av. 1400] s. m.; anche agg. (f. *-trice*) ● Chi (o Che) vaglia (*anche fig.*): *un v. severo, attento*; *operaio v.*; *macchina vagliatrice.*

vagliatrìce [da *vagliare*; 1959] s. f. ● Macchina per vagliare cereali, sabbia, ghiaia o altri materiali incoerenti.

vagliatùra [av. 1400] s. f. *1* Operazione del vagliare: *v. della ghiaia, del carbone*; *v. del grano.* *2* Scarto, mondiglia che resta nel vaglio. *3* (*raro, fig.*) Esame attento, critica vigorosa.

♦**vàglio** [da *vagliare*; 1321] s. m. *1* In varie tecnologie, dispositivo costituito essenzialmente da una superficie provvista di fori o da una rete di fili intrecciati, usato per separare materiali fini da altri più grossolani: *v. a mano, meccanico*; *v. per il grano, la ghiaia*; *lavava il grano … immergendolo entro un v. nell'acqua d'un paiuolo* (DELEDDA). SIN. Crivello | *V. ventilatore*, apparecchio per la pulitura del seme in corrente d'aria | *V. classificatore rotativo*, che, oltre alla pulizia del seme, provvede a selezionarlo secondo la grossezza | *Passare al v.*, vagliare (*anche fig.*). *2* (*fig.*) Esame diligente e minuzioso, critica rigorosa e attenta: *teoria che non regge al v.*; *passare, sottoporre al v. ogni parola, una proposta* | *Fare un v.*, una scelta accurata. || **vagliettìno**, dim. | **vagliétto**, dim.

♦**vàgo** (**1**) [vc. dotta, lat. *văgu(m)* 'vagante, instabile, indeterminato', di etim. incerta; av. 1250] **A** agg. (pl. m. *-ghi*) *1* (*lett.*) Che vaga, che è mobile o instabile e si muove liberamente qua e là: *fiume v.*; *animale v. e randagio*; *vaghe aurette*; *fama, fortuna vaga* | *Fiore v.*, in botanica, quello che può nascere in punti diversi del caule o dei rami. *2* (*est.*) Che è privo di certezza, determinatezza, chiarezza e sim.: *notizie, sensazioni vaghe*; *fare un v. accenno a qlco.*; *discorsi, indizi, sospetti, presentimenti vaghi e indefinibili*; *perdere ogni più vaga speranza*; *ho il v. sentore che le cose non vadano come dovrebbero*; *sono desideri e progetti molto vaghi*; *c'è una vaga somiglianza fra voi due.* SIN. Incerto, indefinito. *3* (*lett.*) Voglioso, desideroso: *chi de la gloria è v. / sol di virtù sia pago* (PARINI); *esser v. dei fiori, di ragionare, di parlare* | (*raro*) *Far qlcu. v. di qlco.*, investirlo di qlco. *4* (*fig., lett.*) Che è amabile, bello, grazioso: *le vaghe membra*; *viso, volto v.*; *odori, colori vaghi e dolcissimi* | (*lett.*) Che desta desiderio, rimpianto e sim., che è dolce da trascorrere, da vivere, da ricordare: *la vaga giovinezza*; *vaghe memorie*; *vaghi sogni di fanciulla.* *5* (*anat.*) *Nervo v.*, vago. || **vagaménte**, avv. In modo vago, indeterminato: *gli ho accennato alle tue richieste, per ora solo vagamente.* **B** s. m. *1* (*solo sing.*) Ciò che è privo di determinatezza, certezza, chiarezza e sim.: *cadere nel v.*; *quando parla si tiene nel v. e nel generico*; *quella sfera del v. e del misterioso, dove regna la poesia* (DE SANCTIS). *2* (*raro, lett.*) Vaghezza, bellezza: *il v. dei begli occhi.* *3* (f. *-a*) (*raro, lett.*) Amato, innamorato. *4* (*anat.*) Decimo paio di nervi cranici che si distribuiscono, con funzioni motrici e sensitive, a numerosi organi del corpo. || **vaghétto**, dim. | **vagùccio**, dim.

vàgo (**2**) [dal lat. *băca(m)* 'piccolo frutto tondo'; 1840] s. m. (pl. *-ghi*) ● (*region.*) Chicco, grano di collana.

vagolàre [intens. di *vagare*; av. 1566] v. intr. (*io vàgolo*; aus. *avere*) ● Vagare di continuo, andare attorno senza scopo.

vagolìtico [comp. di *vago* e *-litico* (*2*)] agg. (pl. m. *-ci*) ● (*farm.*) Detto di un agente che inibisce la stimolazione vagale.

†**vàgolo** [vc. dotta, lat. tardo *văgulu(m)*, propr. dim. di *văgus* 'vago'] agg.; anche s. m. ● Che (o Chi) vaga senza meta.

vagomimètico [comp. di *vago* nel sign. B4 e *mimetico*] agg. (pl. m. *-ci*); anche s. m. ● (*farm.*) Parasimpaticomimetico.

vagonàta [fr. *wagonnée*, da *wagon* 'vagone'] s. f. ● Carico che può essere trasportato da un vagone | (*est., fam.*) Grande quantità.

vagoncìno [1922] s. m. *1* Dim. di *vagone.* *2* Carrello per trasporto di materiali su decauville. *3* Veicolo di una teleferica o di una funivia usato per il trasporto di materiali o persone.

♦**vagóne** [fr. *wagon*, dall'ingl. *wagon* 'carro', dall'ol. *wagen*, vc. germ. di orig. indeur.; 1838] s. m. *1* Veicolo ferroviario: *v. merci* | *V. letto*, con scompartimenti provvisti di letti | *V. ristorante*, quello attrezzato per servire i pasti ai passeggeri | *Vagoni piombati*, carri merci (che venivano bloccati dall'esterno) adibiti al trasporto di prigionieri spec. nei campi di concentramento tedeschi nel periodo della seconda guerra mondiale. *2* *V. volante*, specie di aereo militare per il trasporto di merci e di truppe paracadutate. *3* (*pop.*) Persona estremamente grassa: *in pochi anni è diventata un v.* || **vagoncìno**, dim. (V.) | **vagonétto**, dim. (V.).

vagonétto [1957] s. m. *1* Dim. di *vagone.* *2* Carrello a cassa ribaltabile per il trasporto su rotaie di materiali vari nelle miniere.

vagonìsta [comp. di *vagon(e)* e *-ista*; 1961] s. m. e f. (pl. m. *-i*) ● Operaio edile o di miniera addetto ai vagoncini.

vagotomìa [comp. di *vago* e *-tomia*; 1961] s. f. ● (*chir.*) Interruzione del nervo vago eseguita con intervento chirurgico o farmacologico.

vagotonìa [comp. di *vago*, nel sign. B4, e *-tonia*; 1961] s. f. ● (*med.*) Condizione caratterizzata da ipereccitabilità del nervo vago con prevalenza del sistema nervoso parasimpatico.

vagotònico [1935] **A** agg. (pl. m. *-ci*) ● (*med.*) Relativo a vagotonia. **B** s. m. (f. *-a*) ● Chi presenta vagotonia.

vah /va, va*/ ● V. *va'*.

vài ● V. *andare* (*1*).

†**vaiàio** [av. 1388] s. m. ● Conciatore e venditore di pelli di vaio.

vaiàto (**1**) [1340 ca.] agg. ● Di color vaio, nereggiante o screziato: *occhi vaiati* | *Pelle vaiata*, bianca e nera.

vaiàto (**2**) [1940] agg. ● (*arald.*) Detto del campo di uno scudo costituito da vaio di smalti diversi dall'argento e dall'azzurro.

vaieggiàre v. intr. (*io vaiéggio*; aus. *essere* e *avere*) ● (*raro, lett.*) Cominciare a nereggiare, a diventar vaio.

†**vaiézza** s. f. ● Caratteristica di ciò che è vaio.

vainìglia e *deriv.* ● V. *vaniglia* e *deriv.*

vainiglìna ● V. *vanillina.*

vàio (**1**) [lat. *văriu(m)* 'vario, variegato, screziato, variopinto', di etim. incerta; av. 1320] agg. ● (*lett.*) Di colore tendente al nero, detto spec. di frutti prossimi alla maturazione: *uva vaia*; *olive vaie* | Grigio scuro: *legno v.*; *occhi vai* | Di colore bianco macchiato di nero: *mantello v.*; *schiene / vaie così come la biscia d'acqua* (PASCOLI).

vàio (**2**) [da *vaio* (*1*); sec. XIII] s. m. *1* Pelliccia grigia tratta dal mantello invernale dello scoiattolo siberiano, usata un tempo per abiti di magistrati, dignitari, cavalieri: *manto foderato di v.* *2* †Abito, mantello e sim., confezionato con tale pelliccia | †*Allacciarsi il v.*, (*fig.*) accingersi a fare qlco. con grande impegno ed energia. *3* (*arald.*) Pelliccia composta di pezzi azzurri e d'argento alternati e contrapposti punta a punta e base a base. || **vaiétto**, dim.

vaiolàre [da *vaiolo*; 1840] v. intr. e intr. pron. (*io vaiòlo*; aus. *essere*) ● Invaiolare, invaiolarsi.

vaiolàto [1858] part. pass. di *vaiolare*; anche agg. *1* Nel sign. del v. *2* Che ha macchie o protuberanze di tinta diversa: *pietre vaiolate.*

vaiolatùra [da *vaiolare*; 1961] s. f. *1* (*bot.*) Malattia fungina che attacca le foglie di alcune piante, quali trifoglio, erba medica, fragola, barbabietola, fico. *2* Formazione di macchie e crateri di corrosione sulla superficie di oggetti metallici esposti a processi corrosivi.

vaiolizzazióne s. f. ● Procedimento antivaioloso, oggi superato, consistente nell'iniettare pus proveniente direttamente da un malato.

vaiòlo o †**vaiuòla**, (*raro, lett.*) **vaiuòlo** [lat. parl. **variŏlu(m)*, da *vărius* 'vario, variegato'; av. 1348] s. m. *1* (*med.*) Malattia infettiva acuta, contagiosa, di origine virale, caratterizzata dalla comparsa di vescicole e pustole cutanee e da notevole compromissione dello stato generale. *2* (*bot.*) Malattia dei vegetali prodotta dal fungo exoasco.

vaiolòide [comp. di *vaiol(o)* e *-oide*; 1879] s. f. ● Forma attenuata di vaiolo.

vaiolóso [1766] **A** agg. ● Del vaiolo: *pustola vaiolosa.* **B** agg.; anche s. m. (f. *-a*) ● Che (o Chi) è affetto da vaiolo.

vairóne [accr. con metatesi di *vario* 'variegato'; 1934] s. m. ● (*zool.*) Piccolo pesce d'acqua dolce dei Ciprinidi di colore verdastro al dorso e argenteo al ventre (*Leuciscus souffia*).

†**vaiuòla** ● V. *vaiolo.*

vaiuòlo ● V. *vaiolo.*

†**vaivòda** ● V. *voivoda.*

val s. f. ● Forma tronca di 'valle'.

valàcco [dall'ant. slavo *Vlachu* preso dall'etnico alto ted. *Walh*; 1483] **A** agg. (pl. m. *-chi*) ● Della Valacchia, regione geografica della Romania. **B** s. m. (f. *-a*) ● Nativo della Valacchia.

Valàlla s. m. inv. ● Adattamento di *Walhalla* (V.).

♦**valànga** [vc. di orig. preindeur.; 1803] **A** s. f. *1* Massa di neve o ghiaccio che si distacca dalla sommità di un monte e precipita a valle slittando sui pendii, accrescendosi di volume durante la caduta: *la v. ha travolto ogni cosa*; *restare sepolti sotto una v.* **2** (*fig.*) Enorme quantità: *una v. di lettere, di spropositi, di domande, di obiezioni*; *restare travolto da una v. di critiche* | ***A v.***, con estrema irruenza: *si precipitò a v. verso di noi* | ***Uscita a v.***, nel calcio, uscita del portiere che si getta sui piedi dell'avversario lanciato verso rete, per impossessarsi del pallone | ***V. azzurra, rosa***, nel linguaggio giornalistico, la squadra maschile o femminile italiana di sci alpino nei momenti di grande successo. **3** ***V. elettronica***, intensa scarica di elettroni dovuta a ionizzazione cumulativa. **B** in funzione di **agg. inv.** ● (posposto al s.) Nella loc. ***effetto v.***, in elettricità, processo che vede moltiplicare in determinate condizioni il numero delle cariche elementari nei gas e nei semiconduttori.

†**valcàre** e *deriv.* ● V. *valicare* (*1*) e *deriv.*

valchìria o **valkiria**, **walchiria**, **walkiria** [ted. *Walküre*, dall'ant. nordico *valkyrja*, propr. 'colei che sceglie gli uccisi', comp. di *valr* 'l'ucciso' (di orig. germ.) e *-kyrja* 'colei che sceglie' (vc. germ. di orig. indeur.); 1842] **s. f.** **1** Ciascuna delle figure mitologiche femminili che, nella religione degli antichi Germani, accompagnavano gli eroi morti nel Valalla. **2** (*est.*, *scherz.*) Ragazza, spec. dei Paesi nordici, alta, bionda e vigorosa.

valdése (**1**) [da Pietro *Valdo*, mercante lionese del XII sec., fondatore della setta; 1619] **A s. m.** e **f.** ● Aderente al movimento religioso che risale alla predicazione di povertà evangelica del lionese Pietro Valdo, del XII sec., ma che posteriormente aderì alla Riforma. **B agg.** ● Dei Valdesi, che si riferisce ai Valdesi: *Chiesa evangelica v.*; *movimento v.* | ***Tavola v.***, organo collegiale avente funzioni di coordinamento e direzione.

valdése (**2**) [fr. *vaudois*, da *Vaud*] **A agg.** ● Del cantone di Vaud, in Svizzera. **B s. m.** e **f.** ● Chi è nativo o abitante del cantone di Vaud.

valdìsmo o (*raro*) **valdesìsmo** [comp. di *Valdo* (V. *valdese*) e *-ismo*; 1961] **s. m.** ● Movimento, confessione religiosa, dottrina e organizzazione ecclesiastica dei Valdesi.

valdostàno [1860] **A agg.** ● Della Valle d'Aosta: *paesaggi valdostani*; *cucina valdostana*. **B s. m.** (f. *-a*) ● Nativo o abitante della Valle d'Aosta. **C s. m.** solo **sing.** ● Dialetto franco-provenzale parlato nella Valle d'Aosta.

vàle [vc. lat., propr. 'stai bene', seconda pers. imperat. pres. di *valēre* 'star bene' (V. *valere*); av. 1306] **A inter.** ● Si usava, presso gli antichi Romani, come formula di saluto augurale, accomiatandosi (*oggi scherz.*). **B s. m. inv.** ● (*lett.*) Addio, estremo saluto: *l'estremo v.*

†**valéggio** [lat. *valĭdius*, compar. nt. di *vălidus* 'forte, valido'] **s. m.** ● Potere, forza.

valenciennes /fr. valɑ̃'sjɛn/ [vc. fr., dalla località omonima; 1839] **A s. m. inv.** ● Finissimo merletto a fuselli, in filato di lino con fondo a rete e motivi ricchi e vari, di gran moda nel Settecento, eseguito in origine nella omonima città francese. **B** anche **agg. inv.**: *pizzo v.*

valènte o †**valènto** [av. 1250] **part. pres.** di *valere*; anche **agg.** (assol.; lett. + *a* seguito da inf.; + *in*) **1** (*ant.*, *lett.*) Che vale molto, che è fornito di molti pregi, doti, capacità e sim.: *donna v.*; *poco v. a sostenere le fatiche* (ALBERTI) | ***Valent'uomo***, V. *valentuomo*. **2** Che è molto abile nella propria arte, professione e sim.: *medico, professore, agricoltore, operaio v.*; *un v. capitano*; *un giovane v. nelle armi, nello studio*. SIN. Eccellente, provetto. **3** (*disus.*) Efficace, valido, detto spec. di rimedio. || **valenteménte**, **avv.** Valorosamente, gagliardamente: *combattere valentemente*.

†**valenterìa** [da *valente*; 1536] **s. f.** ● Bravura, prodezza.

†**valentézza** **s. f.** ● Valentia.

valentìa [sec. XIII] **s. f.** **1** Bravura, capacità in una professione o in un'attività. SIN. Valore. **2** †Atto di valore.

†**valentìgia** o †**valentìcia** [ant. fr. *vaillantise*, da *vaillant* 'valente', part. pres. di *valoir* 'valere'; 1536] **s. f.** ● Prodezza.

†**valènto** ● V. *valente*.

valentuòmo o **valent'uòmo** [da *valent(e) uomo*; 1353] **s. m.** (pl. *valentuòmini*) ● Uomo di grandi meriti e pregi: *nelle repubbliche è questo disordine, di far poca stima de' valentuomini ne' tempi quieti* (MACHIAVELLI); (*anche antifr.*, *scherz.*) *quel v. me l'ha fatta grossa*.

valènza o †**valènzia** [lat. *valĕntia(m)* 'forza', da *vălens*, genit. *valĕntis* 'valente'; 1342] **s. f.** **1** (*raro*, *lett.*) Virtù, valore, valentia: *Or dove n'andò vostra v.?* (D'ANNUNZIO) | (*est.*, *com.*) Significato, valore, rispondenza ai princìpi, alle norme, all'essenza di qlco.: *questo discorso ha una v. politica*; *la v. estetica, letteraria, saggistica di un testo*. **2** †Valuta, prezzo. **3** (*chim.*) Capacità di saturazione degli atomi, gli uni con gli altri | ***V. di un elemento***, numero di atomi d'idrogeno che possono combinarsi con un atomo dell'elemento stesso | ***V. di un acido***, numero degli atomi d'idrogeno sostituibili con gli atomi di un metallo | ***V. di una base***, numero degli ossidrili sostituibili con anioni | ***V. di un composto organico***, numero di gruppi funzionali uguali presenti nella molecola di detto composto.

♦**valére** [lat. *valēre* 'esser valido, star bene', di orig. indeur.; av. 1250] **A v. intr.** (**pres.** *io vàlgo*, poet. †*vàglio*, *tu vàli*, *egli vàle*, *noi valiàmo*, poet. †*vagliàmo*, †*valghiàmo*, *voi valéte*, *essi vàlgono*, poet. †*vàgliono*; **fut.** *io varrò*, †*valerò*, *tu varrài*; **pass. rem.** *io vàlsi*, *tu valésti*; **congv. pres.** *io vàlga*, poet. †*vàglia*, *... noi valiàmo*, *voi valiàte*, †*valghiàte*, *essi vàlgano*, poet. †*vàgliano*; **condiz. pres.** *io varrèi*, †*valerèi*, *tu varrésti*, †*valerésti*; **part. pass.** *vàlso*, raro *valùto*, pop. †*valsùto*; aus. *essere*) **1** Avere forza, potenza, autorità: *Donna, se' tanto grande e tanto vali* (DANTE *Par.* XXXIII, 13); *titolo, carica che vale*; *in quell'ambiente lui vale molto*; *una sua parola può v. moltissimo*; *il suo intervento vale più di tutto* | ***Far v. le proprie ragioni***, sostenerle energicamente, far sì che esse vengano accettate, ascoltate, riconosciute e sim. | ***Far v. in giudizio***, sostenere, chiedere in giudizio: *far v. in giudizio un diritto* | ***Farsi v.***, far rispettare, con energia e decisione, la propria autorità, il proprio prestigio e sim. | (*raro*) Essere valoroso. **2** Avere mezzi, facoltà, qualità, essere abile, capace e sim.: *un uomo, un letterato, un docente che vale molto, poco, abbastanza*; *come poeta non vale niente*; *in matematica vale parecchio*; *nella sua professione vale, non c'è che dire*; *vale più lui da solo che tutti voi messi insieme* | (*fam.*, *eufem.*) ***V. per tre, per dieci***, e sim., assommare in sé le capacità di tre, di dieci persone, essere abilissimo | ***Farsi v.***, mettere in risalto le proprie doti: *ha saputo farsi v. sul lavoro in breve tempo*. **3** Avere pregio, peso, rilevanza e sim., detto di cose, spec. in relazione alla loro natura, destinazione o utilizzazione: *dipinto, poesia che vale*; *un libro che vale decisamente poco*; *la carrozzeria è bella, ma il motore non vale niente* | ***V. di più, di meno***, rispetto a cose uguali o simili: *in questo gioco le carte che valgono di più sono l'asso e il tre*. SIN. Contare. **4** Avere vigore, autorità, efficacia, essere giuridicamente o logicamente valido, accettabile e sim.: *questa legge non vale più*; *l'atto non vale in quanto è viziato*; *questi sono ragionamenti che non valgono*; *e che questo esempio valga per tutti* | ***Valga il vero***, formula con cui si introduce, nel discorso, un argomento, un elemento nuovo, una prova e sim. | (*est.*) Avere effetto, essere regolare, legittimo e sim.: *la dichiarazione non vale se è fatta in ritardo*; *il documento vale solo se è presentato in tempo utile*; *hai barato, quindi la partita non vale*. **5** (*est.*) Essere vero: *è una critica fondata, che vale in ogni caso*; *affermazioni, obiezioni che valgono comunque*; *questo vale anche per noi* | (*est.*) Essere giusto | (*fam.*) ***Non vale!***, non è valido, non è leale: *non vale, io non gioco più!* | ***Vale!***, scommettiamo, accetto la scommessa, e sim. **6** Essere utile, giovare, servire: *rimedi che non valgono*; *in certi casi anche i fatti valgono poco*; *credo che valga meglio tacere*; *val più una sua parola che cento preghiere nostre*; *a che vale piangere?*; *non valsero implorazioni, egli fu irremovibile*; *a che ti vale tanta ricchezza?* | (*est.*) Essere sufficiente, bastare. **7** Avere un senso | ***Tanto vale***, ha lo stesso valore, è quasi meglio: *tanto vale andare a piedi*; *tanto valeva restarsene a casa* | ***Che vale?***, che importa?: *che vale recriminare?* **B v. intr.** e **tr.** (aus. intr. *essere*) **1** Avere un determinato prezzo o valore: *questa casa vale duecentomila euro*; *la moneta vale secondo le condizioni del mercato*; *un oggettino che vale sì e no cinque euro*; *tessuto che vale il suo prezzo*; *non vale certamente quel che l'hai pagato* | ***Roba che vale molto, poco***, che costa molto, poco | ***V. un occhio, un occhio della testa, un mondo, un tesoro, un Perù, un mucchio di soldi***, e sim., (*fig.*) valere moltissimo | ***Non v. un fico, un fico secco, un soldo, un cavolo, un lupino, un accidente, una cicca***, e sim., (*fig.*) essere privo d'ogni valore | ***Vale tant'oro quanto pesa***, (*fig.*) di persona di grandi qualità, di cosa molto pregiata | (*fig.*) ***Te lo do per quel che vale***, detto di notizia e sim. che si riferisce come la si è udita, senza nulla togliere o aggiungere e senza controllarne l'attendibilità. **2** Essere uguale, analogo o comparabile a qlcu. o a qlco. per valore, pregio, utilità, importanza e sim.: *in questo lavoro nessuno ti vale*; *un uomo vale l'altro*; *una parola vale l'altra*; *una semibreve vale due minime*; *Parigi val bene una messa* | ***V., non v. la pena, la spesa, la posta, la fatica e sim.***, (*fig.*) detto di cosa il cui valore intrinseco è minimo se comparato al sacrificio necessario per ottenerla. **3** Equivalere, corrispondere, significare: *Ellade vale Grecia*; *a seconda dell'interpretazione, questa frase può valere un rimprovero, una critica o un complimento* | ***Vale a dire***, ciò significa che: *partiremo domani, vale a dire che domani sera non saremo qui*. **4** Fruttare, rendere: *podere, capitale che può v. cinquecento euro mensili* | (*fig.*) ***Valga***, si consideri a favore, si faccia fruttare come merita: *valga il servizio reso in guerra* | (*fig.*) ***Valga quel che può***, se ne faccia il conto che si voglia: *abbiamo presentato una protesta, e valga quel che può*. **C v. tr.** **1** Far avere, procurare, cagionare: *la distrazione mi valse duri rimproveri*; *l'eccesso di fatica gli ha valso un grave esaurimento*. **2** †Meritare. **D v. intr. pron.** ● Mettere a profitto, servirsi: *valersi dei suggerimenti di qlcu.*; *non sa valersi delle sue capacità*; *penso di valermi senz'altro della sua opera*. || PROV. Di Carnevale ogni scherzo vale.

valeriàna [da *Valeria*, antica provincia della Pannonia, da cui la pianta deriva; 1563] **s. f.** **1** Pianta erbacea delle Valerianacee con fusto cavo, alto fino a due metri, foglie pennate con molti lobi (*Valeriana officinalis*) | ***V. rossa***, centranto. ➡ ILL. **piante**/9. **2** La radice della pianta omonima usata, sotto varie forme, come antispasmodico e sedativo.

Valerianàcee [da *valeriana*; 1875] **s. f. pl.** (**sing.** *-a*) ● Nella tassonomia vegetale, famiglia di piante erbacee dicotiledoni con radice molto odorosa e frutto secco indeiscente (*Valerianaceae*). ➡ ILL. **piante**/9.

valerianàto [da *valerianico*; 1856] **s. m.** ● Sale o estere dell'acido valerianico | ***V. di chinina***, calmante, antinevralgico.

valerianèlla [da *valeriana*; 1726 ca.] **s. f.** ● Piantina delle Valerianacee con infiorescenze di piccoli fiori azzurro cenere (*Valerianella olitoria*). SIN. Dolcetta. ➡ ILL. **piante**/9.

valeriànico [detto così perché si estrae dalla *valeriana*; 1879] **agg.** (pl. m. *-ci*) ● Detto di acidi estratti, almeno originariamente, dalla valeriana, e di composti derivati o a essi relativi: *aldeide valerianica* | ***Acido v.***, acido organico saturo monovalente a cinque atomi di carbonio, presente spec. nelle radici di valeriana, usato spec. per salificare o esterificare prodotti di particolari e diverse azioni farmacoterapiche.

valète [vc. lat., propr. 'state bene', seconda pers. pl. imperat. pres. di *valēre* 'star bene' (V. *valere*)] **inter.** ● Si usava, presso gli antichi Romani, come formula di saluto augurale accomiatandosi da più persone (*oggi scherz.*).

valetudinàrio [vc. dotta, lat. *valetudinārĭu(m)*, da *valetūdo*, genit. *valetūdinis* 'valetudine'; 1550] **A agg.** ● (*lett.*) Che è molto cagionevole di salute: *vecchio v.* SIN. Infermiccio, malaticcio. **B s. m.** (f. *-a*) ● †Chi per ogni lieve cagione teme di ammalarsi.

†**valetùdine** o †**valitùdine** [vc. dotta, lat. *valetūdine(m)*, da *valēre* 'star bene' (V. *valere*); 1308] **s. f.** ● Sanità, salute.

valévole o †**valévile** [da *valere*; 1310] **agg.** **1** Utile, valido, efficace: *partita v. ai fini della classifica*; *biglietto v. per il ritorno*; *preghiera, raccomandazione v.*; *mezzi valevoli* | ***V. a qlco.***, sufficiente per qlco. **2** †Che ha forza, vigore. || **valevolménte**, **avv.** Validamente, efficacemente.

†**valézzo** [V. *valeggio*] **s. m.** ● Vigore, maestria.

valgìsmo [comp. di *valgo* (*1*) e *-ismo*; 1961] **s. m.** ● (*med.*) Deformità di un segmento di un arto, quando il suo asse devia in fuori rispetto alla linea normale. CONTR. Varismo.

valgo 1980

vàlgo (**1**) [vc. dotta, lat. *vălgu(m)*, di etim. incerta; 1929] **agg.** (**pl. m.** *-ghi*) ● Caratterizzato da valgismo: *ginocchio v.* CONTR. Varo.

vàlgo (**2**) ● V. *valere.*

valì [fr. *vali*, dall'ar. *wālī* 'governatore', da *walā* 'governare, amministrare'; 1905] **s. m.** ● Nell'impero ottomano, governatore di una provincia | Nella Turchia attuale, prefetto.

†**valìbile** **agg.** ● Valevole.

valicàbile [sec. XIV] **agg.** ● Che si può valicare: *passo v.*; *montagna v.* CONTR. Invalicabile.

valicabilità [1961] **s. f.** ● Stato o condizione di ciò che è valicabile.

valicàre (**1**) o †**valcàre**, †**varicàre** [stessa etim. di *varcare*; 1336 ca.] **v. tr.** (*io vàlico, tu vàlichi*) **1** (*raro*) Passare da una parte all'altra: *v. un fiume* | Superare una catena montuosa: *v. un passo dolomitico*; *v. le Alpi.* SIN. Attraversare. **2** †Passar oltre, passar via | *V. sotto silenzio*, passare sotto silenzio. **3** †Superare, sorpassare: *v. qlcu. in pregio, in valore.* **4** †Trasgredire un ordine, un comando e sim.

†**valicàre** (**2**) [da *valico* (*2*); 1891] **v. tr.** ● Filare o torcere la seta al valico.

valicàto (**1**) [1342] **part. pass.** di *valicare* (*1*); anche **agg.** ● Nei sign. del v.

†**valicàto** (**2**) **part. pass.** di *valicare* (*2*); anche **agg.** ● Nel sign. del v.

valicatóio [da *valicato* (*1*); 1879] **s. m.** ● (*tosc.*) Passatoio, palancola.

valicatóre [da *valicato* (*1*); sec. XIV] **agg.**; anche **s. m.** (**f.** *-trice*) **1** Che (o Chi) valica. **2** (*fig.*) †Trasgressore.

†**valìce** ● V. *valigia.*

vàlico (**1**) o †**vàlco** [da *valicare* (*1*); av. 1348] **s. m.** (**pl.** *-chi*) **1** Attraversamento, passaggio da una parte all'altra: *il v. di un fiume, di un monte*; *il v. è impossibile in questa stagione.* **2** Luogo per dove si passa, spec. la depressione presente in un punto di un contrafforte montuoso che consente il passaggio con minore difficoltà: *valichi alpini*; *il v. del Gran San Bernardo.* SIN. Varco, passo. **3** Nel linguaggio dei cacciatori, luogo in cui transita sia la selvaggina di passo che quella inseguita, e in cui il cacciatore si apposta per sparare: *attendere la lepre, i colombacci al v.* **4** †Estensione del passo.

†**vàlico** (**2**) [dal precedente (?); 1840] **s. m.** ● Macchina costituita da gigantesco arcolaio per filare e torcere la seta.

validàre [fr. *valider*, da *valide* 'valido'; 1826] **v. tr.** ● Verificare la validità | (*psicol.*) *V. un test*, verificare il coefficiente di validità dei risultati, spec. attraverso l'impiego di altri criteri di giudizio.

validàto [da *valido*] **agg.** ● (*raro*) Convalidato.

validatrìce [comp. di *valida(re)* e *-trice*; 1985] **s. f.** ● Terminale utilizzato nelle ricevitorie per convalidare le schede di gioco nei concorsi a pronostico.

validazióne [fr. *validation*, da *valider* 'rinforzare, render forte', dal lat. tardo *validāre*, da *vălidus* 'valido'; 1965] **s. f.** ● Convalida | Prova, dimostrazione.

validità [vc. dotta, lat. tardo *validitāte(m)*, da *vălidus* 'valido'; 1540] **s. f.** **1** Caratteristica o condizione di ciò che è valido, spec. in relazione alla sua efficacia logica, giuridica, burocratica, ecc.: *la v. di una tessera, di un biglietto*; *discutere la v. di un'asserzione, di una tesi*; *impugnare la v. di un atto, delle nozze, di una sentenza* | (*disus.*) V. delle membra, forza, gagliardia. **2** Durata di tale condizione: *v. annua, semestrale, trimestrale.*

vàlido [vc. dotta, lat. *vălidu(m)*, da *valēre*; 1342] **agg.** **1** (assol.; + *a*) Forte, vigoroso, resistente: *intelligenza valida*; *essere v. alla fatica*; *essere v. di corpo, di mente*; *richiamare alle armi tutti gli uomini validi* | ***Essere v. a qlco.***, essere capace, atto a qlco. CONTR. Debole, inefficace. **2** (*dir.*) Che è stato posto in essere con piena osservanza delle norme che lo disciplinano: *atto processuale v.*; *elezione valida.* CONTR. Nullo | Vigente: *una norma non più valida* | Valevole: *un biglietto ancora v.*; *partita valida per il campionato.* CONTR. Scaduto. **3** (*sport*) ***Tiro, colpo v.***, quello conforme alle norme regolamentari. **4** Efficace: *dare, offrire un v. aiuto*; *si richiede un v. contributo di uomini e mezzi*; *opporre una valida resistenza*; *il principio è v. per tutti.* **5** Che vale, che ottiene o merita approvazione, consensi e sim.: *opera, prova valida*; *è una delle più valide voci della nostra letteratura.* SIN. Pregevole. CONTR. Mediocre. || **validamènte**, **avv.** In modo valido: *lottare validamente*; *contribuire validamente a qlco.*

†**validóre** ● V. †*valitore.*

†**valìge** ● V. *valigia.*

valigerìa [1879] **s. f.** **1** Fabbrica o negozio di valigie, borse e sim. **2** Assortimento di valigie e sim.

♦**valìgia** o †**valìce**, †**valìge** [etim. discussa: ar. *walīha* 'sacco di grano' (?); 1353] **s. f.** (**pl.** *-gie* o *-ge*) **1** Contenitore, gener. a forma di cassetta, in pelle, stoffa o altro materiale provvisto di maniglia e, a volte di cinghie per stringerlo, in cui si ripongono abiti e oggetti vari da portare in viaggio: *v. a soffietto*; *fare, disfare la v.*; *depositare la v. alla stazione* | ***Far le valigie***, prepararsi a partire; (*fig.*) allontanarsi, andarsene | ***V. di tela***, per il bagaglio personale del soldato in tempo di pace | †***Mettere qlcu. in v.***, (*fig.*) mettere nel sacco, confondere, schernire | ***V. postale***, borsa o sacco in cui, al tempo delle diligenze, era contenuta la posta | ***V. delle Indie***, un tempo, il servizio postale e passeggeri tra la Gran Bretagna e le Indie orientali e il treno settimanale che effettuava tale servizio, parte per via terra e parte per via mare. **2** †Borsa. **3** ***V. diplomatica***, un tempo, plico contenente la corrispondenza; oggi, collo sigillato contenente corrispondenza o cose mobili, inviato al proprio governo da una missione diplomatica all'estero, esente da ogni tipo di controllo doganale o di polizia | (*est.*) La corrispondenza stessa. **4** (*fig., raro*) Gobba | Pancia. || **valigétta**, **dim.** | **valigìna**, **dim.** | **valigìno**, **dim. m.** | **valigióna**, **accr.** | **valigióne**, **accr. m.** | **valigiòtta**, **accr.** | **valigiòtto**, **accr. m.**

valigiàio [av. 1625] **s. m.** (**f.** *-a*) ● Fabbricante o venditore di valigie, bauli, borse e sim.

†**valiménto** [da *valere*; av. 1250] **s. m.** **1** Valore, virtù: *se tu mi abbatti per tuo v., / ogni cosa fia tuo ch'hai acquistato* (PULCI). **2** Valuta, prezzo.

valìna [da (*acido iso*)*val*(*erico*) col suff. *-ina*] **s. f.** ● (*chim.*) Amminoacido idrofobo presente nelle proteine, considerato essenziale per l'uomo e numerosi animali.

†**valitóre** o †**validóre** [da *valere*] **s. m.** (**f.** *-trice*) ● Chi aiuta, soccorre.

†**valitùdine** ● V. †*valetudine.*

Vàlium® [prob. comp. da *val(eo)*, 'sto bene' e dal suff. *-ium* caratteristico di precedenti prodotti a base di benzodiazepine; 1963] **s. m.** ● Nome commerciale di un tranquillante usato spec. negli stati d'ansia o di agitazione.

valkìria ● V. *valchiria.*

†**vallàme** [comp. di *valle* e *-ame*] **s. m.** ● Avvallamento.

vallànte [1961] **s. m. e f.** ● Chi è addetto alle lavorazioni tipiche delle valli da pesca, spec. alla semina degli avannotti e alle operazioni di pesca.

vallàre (**1**) [vc. dotta, lat. *vallāre*, da *văllum* 'vallo'; 1313] **v. tr. e rifl.** ● Cingere, cingersi con un vallo, con fossati, mura, trincee e sim.

vallàre (**2**) [vc. dotta, lat. *vallāre(m)*, agg. di *văllum* 'vallo'; sec. XIV] **agg.** ● Attinente a vallo | ***Corona v.***, che anticamente si concedeva a chi per primo penetrava nel vallo nemico.

vallàta [da *valle*; av. 1535] **s. f.** ● Valle, considerata in tutta la sua ampiezza ed estensione: *le verdi vallate alpine*; *avea il tempo di veder le nuvole accavallarsi a poco a poco, e figurar monti e vallate* (VERGA). || **vallatèlla**, **dim.**

♦**vàlle** [lat. *vălle(m)*, da avvicinare a *vŏlvere* 'volgere'; sec. XIII] **s. f.** (troncato in *val* in molti toponimi: *val Tiberina*; *val di Sole*; *val d'Aosta*) **1** (*geogr.*) Forma concava di terreno racchiusa fra montagne e delimitata da due versanti: *entrata, sbocco della v.*; *v. bassa, profonda, stretta*; *uscire dalla v.*; *pareti, fianchi della v.* | ***V. fluviale***, dalla caratteristica forma a V, dovuta all'erosione di un fiume | ***V. glaciale***, dalla caratteristica forma a U, modellata dall'erosione glaciale. SIN. Trogolo glaciale | ***Giglio delle valli***, mughetto | ***A v.***, verso il basso: *qual masso che dal vertice / di lunga erta montana … / precipitando a v. / batte sul fondo e sta* (MANZONI) | ***A v.***, (*fig.*) nella parte finale o immediatamente successiva rispetto a un determinato fatto, discorso, ragionamento o a una determinata situazione: *soltanto a v. abbiamo colto le connessioni fra gli ultimi avvenimenti politici*; *le conseguenze le vedremo a v.* | ***A v. di***, nella parte più prossima alla foce, rispetto a un determinato punto di riferimento, detto di fiumi o di zone e località geografiche considerate in relazione a un fiume | ***Per monti e per valli***, (*fig.*) per ogni dove, dappertutto. ➡ ILL. p. 2132 SCIENZE DELLA TERRA ED ENERGIA. **2** (*fig., lett.*) Il mondo, in quanto pieno di dolore: *questa v. di lacrime*; *In questa v. / non è vicenda di buio e di luce* (MONTALE) | (*est., fig.*) Il mondo, la vita terrena: *finché saremo in questa v.* **3** (*geogr.*) Zona di laguna morta con aree depresse e stagni costieri nell'Adriatico settentrionale: *le valli di Comacchio* | Specchio d'acqua lagunare per l'allevamento dei pesci, la caccia e sim.: *le valli venete* | ***V. aperta***, quando è in diretta comunicazione col mare | ***V. semiarginata***, quando è in parte chiusa e in parte in diretta comunicazione col mare | ***V. chiusa***, quando è arginata e l'acqua giunge attraverso canali | ***Caccia di v.***, ogni genere di caccia palustre su acque aperte. **4** †Bacino. || **vallècola**, **dim.** (V.) | **vallétta**, **dim.** | **vallettìna**, **dim.** | **vallicèlla**, **dim.** | **vallicèllo**, **dim. m.** | **vallóne**, **accr. m.** (V.).

VALLE
nomenclatura

valle

● *caratteristiche*: glaciale, d'erosione, sospesa = pensile, tettonica, carsica, d'accumulazione; anticlinale ⇔ sinclinale, longitudinale ⇔ trasversale, simmetrica ⇔ asimmetrica, aperta ⇔ chiusa, larga ⇔ stretta; testata, fondovalle, vallone, truogolo glaciale, spalla, rilievo intravallivo, versante, pendio, fianco = parete, filone di valle, gola, stretta, chiusa, forra, cornice, terrazzo alluvionale, sbocco = termine; vallivo, intravallivo, valligiano;

● *azioni*: scendere a valle, precipitare a valle, uscire dalla valle; scavare la valle.

vallèa [fr. *vallée*, da *val* 'valle'; 1313] **s. f.** ● (*poet.*) Valle, vallata.

vallècola [adattamento del lat. *vallĕcula(m)* 'piccola valle'] **s. f.** **1** Dim. di *valle.* **2** (*anat.*) Piccola depressione, solco o cavità presente sulla superficie di un organo o di una sua parte: *v. del cervelletto.*

vallétta [f. di *valletto* (*1*); 1961] **s. f.** ● Giovane donna che aiuta il presentatore di uno spettacolo televisivo.

vallétto (**1**) [fr. *valet*, da una forma **vassalet*, dim. di *vassal* 'vassallo'; sec. XIII] **s. m.** (**f.** *-a* (V.) nel sign. 3) **1** In epoca medievale e moderna, sino alla Rivoluzione francese, paggio, donzello, garzone, staffiere | Servente municipale che segue in livrea la bandiera del Comune in cortei solenni, o fa ala nei ricevimenti. **2** Domestico che nella milizia dei secoli XVI e XVII seguiva l'uomo d'arme per fare le fatiche del campo, andare a foraggi, governare i cavalli. **3** Giovane aiutante del presentatore di uno spettacolo televisivo.

vallétto (**2**) [av. 1912] **s. m.** **1** Dim. di *vallo* (*2*). **2** (*poet.*) Castello.

vallicoltùra o **vallicultùra** [da *valle*, sul modello di *piscicoltura*; 1937] **s. f.** ● Piscicoltura in valli lagunari.

†**vallicóso** [da *valle*, sul modello di aggettivi come *bellicoso*, *febbricoso* e *tenebricoso*] **agg.** ● Che è situato in zona valliva.

vallicultùra ● V. *vallicoltura.*

valligiàno [da *valle*, sul modello di *alpigiano*; 1525] **A agg.** ● Delle valli montane. **B s. m.** (**f.** *-a*) ● Abitante, nativo di una valle, di una vallata.

vallişnèria [dal n. del naturalista A. *Vallisneri* (1661-1730); 1957] **s. f.** ● Pianta acquatica delle Idrocaritacee, con foglie sottili e nastriformi a rosetta e fiori piccolissimi (*Vallisneria spiralis*).

vallìvo [1767] **agg.** **1** Di, relativo a valle fluviale | ***Terreno v.***, detto del terreno poco saldo e spesso paludoso posto nella parte più bassa d'una valle fluviale. **2** Di, relativo a una valle lagunare: *pesca, caccia valliva.*

vàllo (**1**) [vc. dotta, lat. *văllu(m)*, di orig. indeur.; sec. XIII] **s. m.** **1** (*mil.*) Il parapetto alzato di qua del fosso intorno al campo dei Romani e munito di palizzata per impedire l'accesso al nemico: *i Romani facevano forte il luogo co' fossi, col v. e con gli argini* (MACHIAVELLI) | Campo cinto di vallo | Recinto primario di ogni fortezza | Opera continua di difesa e fortificazione costruita spec. prima e durante la seconda guerra mondiale: *il v. atlantico.* **2** (*poet.*) Baluardo, trincea. **3** (*anat.*)

Solco | *V. ungueale*, leggera incavatura della cute che copre i lati e la base dell'unghia. **4** *V. morenico*, accumulo deposto alla fronte di un ghiacciaio vallivo. SIN. Cerchia morenica.

vàllo (**2**) [lat. *vāllu(m)*, dim. di *vānnus* 'vaglio'. V. *vagliare*; 1909] s. m. ● (*dial.*) Vaglio, crivello. || **vallétto**, dim. (V.).

vàllo (**3**) [var. di *valle*] s. m. ● (*merid.*) Valle | (*est.*) Provincia | Territorio: *v. di Diano*.

vàllo (**4**) ● V. *andare*.

vallombrosàno [da *Vallombrosa*, sul Pratomagno dove l'ordine fu istituito; 1840] **A** s. m. ● Religioso della congregazione benedettina riformata istituita da S. Giovanni Gualberto, nel sec. XI, nel convento di Vallombrosa, in Toscana. **B** anche agg.: *monaco v.*

vallonàta [da *vallone* (*1*)] s. f. ● (*raro*) Spazio, ampiezza d'un vallone.

vallóne (**1**) [1313] s. m. **1** Accr. di *valle*. **2** Valle stretta e profonda | Burrone. **3** Canale marino più o meno ramificato e profondo, che si addentra nella costa, tipico della Dalmazia e dell'Istria. || **vallonàccio**, pegg. | **valloncèllo**, dim.

vallóne (**2**) [fr. *wallon*, di orig. germ.; 1630] **A** agg. (f. *vallóna* o *vallóne*) ● Del Belgio di lingua francese. **B** s. m. e f. ● Abitante, nativo del Belgio sud-orientale, in cui si parla la lingua francese: *i valloni e i fiamminghi*. **C** s. m. ● (*al pl.*) (*st.*) Soldati del Brabante, che militavano in Spagna.

vallonèa o (*raro*) **gallonèa** [dal gr. *bálanos* 'ghianda' (V. *balanite*); 1813] s. f. ● Albero delle Fagacee dell'Asia Minore e della Grecia, dalle cui cupole si estrae tannino (*Quercus vallonea*).

†**vallóso** agg. ● Ricco di valli.

†**valoraménto** s. m. ● (*raro*) Avvaloramento.

†**valoràre** [da *valore*] v. tr. ● (*raro*) Avvalorare.

♦**valóre** [vc. dotta, lat. tardo *valōre(m)*, da *valēre*; av. 1250] **A** s. m. **1** Complesso delle qualità positive in campo morale, intellettuale, professionale per le quali una persona è degna di stima: *avere coscienza del proprio v.* | Usato spec. nella loc. agg. *di v.*: *medico, artista, giornalista di v., di alto v.*; *un uomo di v.* **2** †Virtù, bontà di indole, natura, costumi: *In sul paese ch'Adice e Po riga, / solea v. e cortesia trovarsi* (DANTE *Purg.* XVI, 115-116) | (*lett.*) Capacità: *O buono Appollo, all'ultimo lavoro / fammi del tuo valor sì fatto vaso* (DANTE *Par.* I, 13-14). **3** Coraggio, ardimento, eroismo dimostrati nell'affrontare il nemico e nel sostenere le dure prove della guerra: *combattere, resistere, difendersi con v., con grande v.*; *dar prova di indomito v.*; *gli atti di v. di tutto il nostro esercito*; *medaglia, croce al v. militare* | *V. civile*, coraggio, sprezzo del pericolo dimostrati in qualità di semplice cittadino nel soccorrere chi si trova in una situazione pericolosa: *medaglia, decorazione, ricompensa al v. civile*. **4** Prezzo, costo: *il v. di un terreno*; *il v. della merce*; *oggetto di grande v., di scarso v., privo di v.*; *anelletti contraffatti di niun v.* (BOCCACCIO); *aumentare, crescere, diminuire di v.* | *Il v. del vino, del ferro*, quanto è stimato sul mercato | *V. del soprassuolo*, prezzo di stima delle coltivazioni arboree | *Campione senza v.*, merce spedita in pacco postale di modeste dimensioni, come campione e quindi con tariffa ridotta | *Mettere un bene, un capitale in v.*, valorizzarlo, farlo fruttare; in senso più astratto, *mettere in v.*, far giustamente apprezzare: *un incarico che ha messo in v. le sue capacità organizzative*. **5** Peso, purezza, taglio, intensità del colore di una pietra preziosa. **6** (*econ.*) *V. attuale*, valore odierno di una somma di denaro disponibile in data futura | *V. d'uso*, l'utilità che un dato bene ha per chi lo possiede | *V. di scambio*, quantità di un bene o di moneta che si dà in cambio di un altro bene o servizio di cui si abbisogna o che si desidera | *V. aggiunto*, incremento del valore di un bene per effetto di un processo produttivo operato su di esso; differenza tra il valore dei beni o dei servizi prodotti da un'impresa e quello degli acquisti di beni e servizi da terzi; (*est.*) ciò che accresce l'importanza, la consistenza, le potenzialità di un'organizzazione, un movimento e sim. | *V. nominale, facciale*, quello riportato sul titolo, che nelle azioni indica la frazione di capitale sociale che ciascuna di esse rappresenta e nelle obbligazioni la somma per la quale l'ente emittente si riconosce debitore | *V. intrinseco di una moneta*, quello che la moneta metallica assume in virtù dell'oro o dell'argento puro che essa contiene | *V. estrinseco di una moneta*, quello che ogni moneta metallica porta impresso | *V. commerciale di una moneta*, quello che la moneta assume via via nel tempo | (*dir.*) *Competenza per v.*, quella di un organo giudicante stabilita in base alla importanza economica delle pretese che si fanno valere in giudizio | (*dir.*) *Debito di v.*, che ha per oggetto una somma di denaro non come bene a sé, ma come valore di un altro bene. **7** (*al pl.*) Gioielli e oggetti preziosi: *prima di partire ha depositato in banca i valori*. **8** (*al pl.*) Tutto ciò che può essere comprato e venduto in Borsa, come monete estere, azioni, obbligazioni, titoli di Stato e sim. | *Valori mobiliari*, i titoli azionari e obbligazionari che, emessi da enti pubblici e privati, sono quotati e scambiati in Borsa | *Carta valori*, carta moneta emessa dallo Stato e titoli di credito emessi dalle banche autorizzate come vaglia bancari, assegni circolari e sim. | *Valori di bollo, valori bollati*, marche da bollo, francobolli, carte bollate. **9** Pregio: *quadro, statua, ceramica di grande v.*; *un'opera di nessun v. artistico*. **10** Importanza che ha qlco., sia oggettivamente in sé stessa, sia soggettivamente nel giudizio dei singoli: *è ancora troppo giovane per comprendere interamente il v. della vita*; *per te l'amicizia non ha alcun v.*; *non puoi capire quale v. abbia per me questa fotografia*; *è una scoperta che ha un v. immenso* | Efficacia: *il v. di un metodo* | Validità: *il documento non ha v. se non è legalizzato*; *questa legge non ha più v.* **11** Ciò che è vero, bello, buono secondo un giudizio personale più o meno in accordo con quello della società dell'epoca e il giudizio stesso: *valori morali, sociali, estetici*; *rovesciamento dei valori*; *capovolgimento di tutti i valori* | *I valori umani*, gli ideali a cui aspira l'uomo nella sua vita | *Scala di valori*, gerarchia dei valori, che serve di riferimento nei giudizi, nella condotta. **12** (*mat.*) Elemento associato a un elemento dato in un'applicazione: *applicazione a valori in ...* | *V. di verità*, in logica, per un enunciato, uno dei due attributi 'vero' o 'falso', di solito indicati con 1 o 0 rispettivamente | Elemento particolare con il quale si identifica, o si può identificare una variabile: *il v. di una grandezza*; *v. assoluto* | (*stat.*) *V. mediano*, mediana. **13** (*mus.*) Durata della nota o della pausa corrispondente: *una semiminima ha il v. di due crome*. **14** *Con v. di, avere v. di*, loc. che esprimono equivalenza fra due fatti, rispetto soprattutto agli effetti, all'importanza, alla funzione: *participio con v. di aggettivo*; *l'aggettivo ha qui v. di avverbio*; *il tuo silenzio ha il v. di una rinuncia*. **15** Significato: *il v. di un vocabolo, di una locuzione*; *solo nel contesto è possibile determinare il v. di questa espressione*; *non ho ben capito il v. della tua risposta*. **16** (*al pl.*) Nel linguaggio della critica d'arte, gli elementi stilistici particolari di un'espressione artistica: *valori spaziali, tonali, luministici, plastici*. **B** in funzione di agg. inv. ● (posposto al s.) Nella loc. *clausola v.*, quella inserita in un contratto per garantirsi che la somma dovuta in esecuzione dello stesso sia commisurata al potere d'acquisto della moneta legale.

valorem, ad ● V. *ad valorem*.

†**valorìa** [da *valore*] s. f. ● Prodezza, bravura.

valorizzàre [da *valore*; 1922] **A** v. tr. **1** Mettere in valore, far aumentare di valore: *v. un terreno, un immobile*. CONTR. Deprezzare, svalutare. **2** (*fig.*) Mettere in condizione una persona di esprimere completamente le proprie qualità, capacità e sim.: *v. un tecnico*; *è un lavoro molto impegnativo ma valorizzerà il suo ingegno*. **B** v. intr. pron. ● Crescere di valore, acquistare pregio: *una zona turistica che ha saputo valorizzarsi*.

valorizzatóre [da *valorizzare*; 1983] s. m.; anche agg. (f. *-trice*) ● Chi (o Che) valorizza (*anche fig.*).

valorizzazióne [1919] s. f. ● Il valorizzare, il venire valorizzato: *la v. di un centro storico*. CONTR. Deprezzamento, svalutazione.

†**valorosità** [av. 1431] s. f. ● Valore, bravura.

valoróso [da *valore*; 1312] **A** agg. **1** Coraggioso, animoso, prode: *soldato v.*; *un popolo v.*; *i valorosi combattenti* | Che dimostra valore, ardimento e sim.: *azione valorosa*; *gesta valorose*. CONTR. Pauroso, vigliacco, vile. **2** (*raro*) Valente, abile, capace: *artista v.*; *un v. professionista* | (*sport*) Detto di atleta che dimostra grande impegno agonistico. **3** (*lett.*) Di grande pregio morale, nobiltà d'animo e sim.: *un signor v. accorto e saggio* (PETRARCA) | Pregevole, valido, positivo: *opera valorosa*. **4** †Caro, costoso. **5** †Efficace, detto di medicamenti. || **valorosaménte**, avv. Con valore: *resistere, combattere valorosamente*. **B** s. m. (f. *-a*) ● Chi ha e dimostra valore, ardimento e sim.: *onore ai valorosi*; *agire, combattere, morire da v.*

valpolicèlla [dalla *Valpolicella* (prov. di Verona), ove viene prodotto; 1865] s. m. inv. ● Vino di color rosso rubino, profumo caratteristico e gradevole, sapore asciutto, vellutato, prodotto nel veronese con uve locali | V. anche *amarone, recioto*.

valsènte [da *valso*, part. pass. di *valere*; av. 1294] s. m. **1** (*raro*) Valore in denaro, prezzo di qlco.: *usurpandosi senza compenso un v. di cento milioni in apparati di guerra* (CATTANEO) **2** †Capitale, ricchezze, averi.

valsesiàno **A** agg. ● Della Valsesia. **B** s. m. (f. *-a*) ● Abitante, nativo della Valsesia.

vàlso part. pass. di *valere* ● Nei sign. del v.

valsuganòtto **A** agg. ● Della Valsugana. **B** s. m. (f. *-a*) ● Abitante, nativo della Valsugana.

†**valsùto** part. pass. di *valere* ● (*raro, pop.*) Nei sign. del v.

valtellinése **A** agg. ● Della Valtellina, regione della Lombardia. **B** s. m. e f. ● Abitante, nativo della Valtellina.

vàltzer /ˈvaltser/ ● V. *valzer*.

†**valùra** [av. 1306] s. f. ● Valore.

valùta [f. di *valuto*, part. pass. di *valere*; sec. XIII] s. f. **1** (*banca*) Moneta circolante in un Paese: *v. nazionale, estera* | *V. debole*, il cui valore è in diminuzione nei cambi internazionali | *V. forte*, il cui valore è stabile o in aumento nei cambi internazionali | *V. pregiata, di riserva*, l'insieme delle valute estere che con l'oro concorrono, presso le Banche centrali, a formare la riserva con cui si fronteggiano eventuali deficit nel commercio internazionale | *V. convertibile*, liberamente convertibile in qualsiasi altra divisa di conto valutario. **2** (*banca*) Tempo cui si riferisce una partita a debito o credito in un conto corrente per la decorrenza degli interessi | *Perdita di v.*, perdita di alcuni giorni per il calcolo degli interessi in caso di mancato preavviso per i prelevamenti nei depositi bancari | *V. per incasso*, clausola che apposta alla girata dei titoli di credito impedisce l'ulteriore girata degli stessi. **3** (*raro, lett.*) Costo, prezzo: *gemma di gran v.* **4** (*fig.*) †Valore, pregio.

valutàbile [av. 1731] agg. ● Che si può valutare. SIN. Calcolabile.

valutàre [da *valuta*; av. 1557] v. tr. (*io valùto* o, più diffuso ma meno corretto, *vàluto*) **1** Determinare il prezzo, il valore di un bene economico: *v. una casa, un gioiello*; *il podere è valutato centomila euro* | *V. i danni*, determinarne l'ammontare. SIN. Stimare. **2** (*fig.*) Tenere in considerazione, stimare: *non ti valutano secondo le tue reali capacità*; *il suo ingegno non è valutato quanto meriterebbe*. SIN. Apprezzare. **3** Considerare, tener presente, calcolare: *v. tutte le entrate di qlcu.*; *non ho esattamente valutato le spese*. **4** Stabilire in misura approssimativa: *v. la distanza, il peso di qlco.*; *v. all'incirca, grosso modo, il costo di un oggetto* | (*fig.*) *V. a occhio e croce*, con larga approssimazione. **5** (*fig.*) Vagliare, considerare con attenzione: *v. bene la portata di un discorso*; *non hai saputo v. le conseguenze del tuo gesto*; *sto valutando ogni indizio*; *v. il pro e il contro*. **6** (*pedag.*) Dare, effettuare una valutazione.

valutàrio [1942] agg. ● Della, relativo alla, valuta: *sistema v. internazionale*. SIN. Monetario.

valutativo [1903] agg. ● Atto a valutare: *criterio v.* SIN. Estimativo.

valutazióne [1635] s. f. **1** Determinazione del valore di un bene economico: *la v. del capitale di un'azienda*; *v. dei titoli*; *una v. generica, approssimativa* | Previsione, calcolo sommario: *stando alle prime valutazioni, i danni paiono molto gravi* | (*org. az.*) *V. del lavoro*, procedimento con cui il valore di un singolo lavoro, in un'azienda, viene valutato in relazione agli altri lavori dell'azienda stessa | (*dir.*) *V. delle prove*, apprezzamento che l'organo giudiziario fa dei mezzi probatori acquisiti al processo. **2** (*pedag.*) Acquisizione di dati e informazioni che permettono di verificare l'efficacia di un intervento educativo e il profitto di un allievo | *Modello, scheda di v.*, nella scuola dell'obbligo, strumento fornito ai docenti per esprimere i loro giudizi su ciascun allievo.

†**valùto** [av. 1557] part. pass. di *valere* ● (*raro*) Nei

sign. del v.

valva [vc. dotta, lat. tardo *vălva(m)* (nel lat. classico è adoperato solo al pl.) 'battente della porta': da avvicinare a *vŏlvere* 'volgere' (?); 1499] **s. f.** *1* (*bot.*) Ciascuno dei pezzi che formano il pericarpo dei frutti quando a maturità si aprono | Brattea delle glume delle Graminacee | Guscio siliceo delle Diatomee. *2* (*zool.*) Ciascuno dei due pezzi che formano la conchiglia dei Molluschi dei Lamellibranchi. *3* †Battente di porta.

valvàre [1961] **agg.** ● Che si riferisce alla valva.

valvassino o †**varvassino** [propr. dim. di *valvass(ore)*; 1916] **s. m.** (**f.** *-a*) ● Vassallo di un valvassore.

valvassóre o †**varvassóre** [provz. *valvassor*, dal lat. mediev. *văssu(m) vassŏru(m)* 'vassallo dei vassalli'; sec. XIII] **s. m.** *1* Vassallo dipendente da un vassallo maggiore. *2* †Barbassoro.

vàlvola o †**vàlvula** [vc. dotta, lat. *vălvulae*, nom. pl., 'guscio, baccello', propr. dim. di *vălvae* (V. *valva*); 1637] **s. f.** *1* (*mecc.*) Organo che serve a stabilire, interrompere o più generalmente a regolare il flusso dei fluidi nelle condotte, nelle pompe, nei motori: *v. a stelo, a saracinesca, a cerniera, a cassetto, a sfera, a disco, a fungo, a farfalla*; *v. di aspirazione, di scarico* | ***V. di sicurezza***, che si apre automaticamente quando la pressione del fluido raggiunge valori pericolosi. ➡ **ILL.** p. 2161 TRASPORTI. *2* (*est., fig.*) Ciò che serve da sfogo di tendenze, istinti, tensioni e sim.: *la sua v. di sicurezza è l'ascolto della musica*; *lo sport è una v. di sfogo per molti giovani*. *3* (*elettr.*) Dispositivo atto a interrompere il flusso della corrente elettrica in caso di cortocircuito. *4* Dispositivo in cui la corrente elettrica fluisce, nel vuoto o in un gas, all'interno di un contenitore gener. di vetro | ***V. elettronica, termoionica***, tubo a vuoto contenente da 2 a 9 elettrodi, di cui uno, riscaldato, emette elettroni, usata nella tecnica elettronica come amplificatrice, raddrizzatrice e sim., sostituita in molte applicazioni dal transistore. *5* (*anat.*) Apparato che consente la progressione del contenuto di un organo cavo in una sola direzione: *v. cardiaca*; *v. ilocecale* | ***V. mitrale, bicuspide, bicuspidale***, formazione valvolare a due lembi, fra atrio e ventricolo sinistro del cuore, che permette il passaggio del sangue solo da uno all'altro. ➡ **ILL.** p. 2123 ANATOMIA UMANA. || **valvolétta**, **dim.** | **valvolina**, **dim.**

valvolàme [1981] **s. m.** ● (*tecnol.*) Insieme di valvole, spec. quelle che fanno parte di un impianto | Assortimento di valvole.

valvolàre [1903] **agg.** ● Di, relativo a valvola.

†**vàlvula** ● V. *valvola*.

valvulite [comp. di *valvul(a)* e del suff. *-ite*] **s. f.** ● (*med.*) Processo infiammatorio di una valvola, spec. cardiaca.

valvuloplàstica [comp. di *valvul(a)* e *plastica*] **s. f.** ● (*chir.*) Intervento di chirurgia plastica eseguito su valvole cardiache o venose.

vàlzer, (*evit.*) **vàltzer**, **wàlzer** [ted. *Walzer*, da *walzen* 'spianare, ballare', vc. germ. di orig. indeur.; 1826] **s. m. inv.** ● Danza a coppie di origine tedesca, in tre tempi a movimento allegro o moderato | Composizione musicale che ha il ritmo di tale danza: *i v. di Strauss*; *un v. di Chopin* | ***Fare un giro di v.***, (*fig.*) detto di Stato che dimostri inattesa amicizia verso un altro Stato, non alleato; (*est.*) attuare un inatteso mutamento di alleanze. || **valzerino**, **dim.**

vamp /ingl. væmp/ [vc. ingl. d'America *vamp*, abbr. di *vampire* 'vampiro'; 1930] **s. f. inv.** ● Donna, spec. attrice, dal fascino sensuale e aggressivo.

vàmpa [f. di *vampo*; 1321] **s. f.** *1* Fiammata particolarmente forte e intensa: *le vampe di un incendio* | Flusso, ondata di intenso calore: *la v. del sole d'agosto*; *le vampe della fornace* | Folata di vento caldo. *2* (*mil.*) ***V. di bocca***, alone luminoso che si produce alla volata di una bocca da fuoco dopo lo sparo | ***Riduttore di v.***, dispositivo atto a ridurre la vampa di bocca per rendere più difficile l'individuazione della bocca da fuoco da parte del nemico. *3* (*fig.*) Senso di calore in viso per febbre, ira, vergogna o altro, e il rossore che spesso ne consegue. *4* (*fig., lett.*) Impeto di intensi desideri, sentimenti e sim. *5* (*fig.*) †Estrema miseria. || **vampàccia**, **pegg.**

vampagiòlo [sovrapp. paretimologica di *vampa* al lat. tardo *lampadiōne(m)* (d'orig. sconosciuta)] **s. m.** ● (*dial.*) Bulbo commestibile del cipollaccio col fiocco.

vampànte [1889] **part. pres.** di *vampare*; anche **agg.** ● (*lett.*) Nei sign. del v.

†**vampàre** [1871] **v. intr.** ● Mandar vampe | Avvampare.

vampàta [da *vampare*; 1858] **s. f.** *1* Vampa forte, violenta (*anche fig.*): *una v. di calore, di rossore*; *le vampate dello scirocco*; *una v. di gelosia*; *la v. del cannone*. *2* (*fig.*) Manifestazione improvvisa e intensa di un fenomeno: *una nuova v. di violenza ha sconvolto la città*. || **vampatina**, **dim.**

vampeggiàre [1640] **v. intr.** (*io vampéggio*; aus. *avere*) ● (*raro*) Emettere, mandare vampe.

vampirésco [1975] **agg.** (**pl. m.** *-schi*) ● Di, da vampiro (*spec. fig.*): *racconto v.*; *prestare denaro con tassi vampireschi*. || **vampirescaménte**, **avv.**

vampirismo [fr. *vampirisme*, da *vampire* 'vampiro'; 1756] **s. m.** *1* Nelle credenze popolari, l'assumere forma di vampiro | Complesso dei fenomeni che, nella stregoneria, sono connessi al comportamento di vampiro. *2* Forma di necrofilia in cui la vittima viene violata dopo essere stata uccisa.

vampirizzàre [da *vampiro*; 1986] **v. tr.** *1* Dissanguare, esaurire (*spec. fig.*). *2* (*fig.*) Monopolizzare l'attenzione dello spettatore di uno spot pubblicitario, distogliendola dal prodotto reclamizzato | (*fig.*) Far proprio, fagocitare: *v. i concetti di una cultura diversa*; **SIN.** Incorporare.

vampiro [fr. *vampire*, dal ted. *Vampir*, a sua volta dal serbocroato *vampir*; 1749] **s. m.** *1* Nelle credenze popolari, spettro che abbandona di notte la tomba e assale i viventi, per succhiarne il sangue. *2* (*zool.*) Genere di Chirotteri che si nutrono di insetti e frutta oppure che provocano leggere ferite ad altri animali e ne lambiscono il sangue. ➡ **ILL.** **animali**/11. *3* (**f.** *-a*) (*fig.*) Dissanguatore, strozzino, sfruttatore. *4* (*scherz.*) ***Donna v.***, vamp.

vàmpo [sovrapposizione di *lampo* a *vapore*; av. 1388] **s. m.** *1* (*raro, lett.*) Vampa, intensa e rapida | Calore ardente | ***Menar v.***, (*fig.*) adirarsi, insuperbire. *2* †Baleno: *sopra loro apparse / un v., che parea di fuoco fosse* (PULCI).

†**vampóre** [sovrapposizione di *lampo* a *vapore*] **s. m.** ● (*raro*) Ardore di fuoco, di fiamma.

van /ingl. væn/ [vc. ingl., 'furgone', da *(cara)van* (V.); 1981] **s. m. inv.** *1* Speciale autofurgone per il trasporto dei cavalli da corsa. *2* Rimorchio per il trasporto di merci e animali, quali bovini e cavalli trainato da un autoveicolo.

vanadàto [da *vanadio*; 1875] **s. m.** ● (*chim.*) Sale dell'acido vanadico.

vanàdico [1957] **agg.** (**pl. m.** *-ci*) ● (*chim.*) Detto dell'ossiacido del vanadio pentavalente.

vanàdio [da *Vanadis*, n. di una divinità scandinava; 1879] **s. m.** ● Elemento chimico, presente in minerali di ferro, nelle ceneri di certe piante, in alcuni petroli e bitumi, usato per acciai speciali e, nei vari suoi composti, come catalizzatore. **SIMB.** V.

vanaglòria o †**vanagròlia** [comp. del f. di *vano* e *gloria*; calco sul gr. *kenodoxía*; 1308] **s. f.** (**pl.** *vanaglòrie*) ● Eccessiva stima di sé stesso che determina un fatuo e smoderato desiderio di lodi per azioni, meriti, pregi e sim., vantati ma inesistenti. **SIN.** Albagia, megalomania. || **vanagloriùccia**, **dim.**

vanagloriàre [da *vanagloria*; sec. XIII] **v. intr. pron.** e †**intr.** (*io mi vanaglòrio*) ● Vantarsi, essere pieno di sé, insuperbire.

vanaglorióso o †**vanagrolióso** [av. 1306] **agg.** ● Pieno di vanagloria: *soldato v.*; *parole vanagloriose*. **SIN.** Megalomane, presuntuoso. || **vanagloriosaménte**, **avv.** Con vanagloria.

†**vanagròlia** ● V. *vanagloria*.

†**vanagrolióso** ● V. *vanaglorioso*.

†**vanàre** [lat. *vanāri*, da *vānus* 'vano, menzognero'; 1319] **v. intr.** ● Vaneggiare: *stava com'om che sonnolento vana* (DANTE *Purg.* XVIII, 87).

vandàlico [av. 1555] **agg.** (**pl. m.** *-ci*) *1* Dei Vandali. *2* (*fig.*) Degno, proprio di un vandalo: *furia, barbarie vandalica*; *vandaliche distruzioni*; *atti vandalici*. || **vandalicaménte**, **avv.**

vandalismo [fr. *vandalisme*, da *vandale* 'vandalo', col suff. *-isme* '-ismo'; 1797] **s. m.** ● Tendenza a devastare o distruggere, per puro gusto della violenza, ogni cosa, spec. se bella o utile: *atti di v.* | Atto, comportamento da vandalo.

vàndalo [lat. tardo *Văndali*, nom. pl., n. germ. da avvicinare al ted. *wandeln* 'vagare, peregrinare'; 1342] **A** **s. m.** (**f.** *-a*) *1* Appartenente a un'antica popolazione germanica, che a più riprese invase i territori dell'Impero Romano d'Occidente e nel V sec. assalì e saccheggiò Roma. *2* (*fig.*) Chi, per ignoranza, inciviltà o puro gusto della violenza, distrugge o manomette senza motivo spec. beni appartenenti al patrimonio artistico o culturale: *un v. ha mandato in frantumi una preziosa statua*; *alcuni vandali hanno devastato un parco pubblico*. **B** **agg.** ● Vandalico.

vandeàno [fr. *vendéen*, da *Vendée* 'Vandea', regione francese che insorse contro i rivoluzionari; 1930] **A** **agg.** ● Della Vandea, dipartimento della Francia occidentale. **B** **s. m.** (**f.** *-a*) *1* Abitante, nativo della Vandea. *2* (*est., fig.*) Reazionario accanito.

†**vaneàre** ● V. *vaneggiare*.

vaneggiaménto [1505] **s. m.** ● Il vaneggiare | Discorso senza senso, assurdo, incredibile. **SIN.** Vaniloquio.

vaneggiàre o †**vaneàre**, †**vaniàre** [da *vano* agg.; 1294] **A** **v. intr.** (*io vanéggio*; aus. *avere*) *1* Pensare e parlare in modo sconnesso, dire cose senza senso: *il malato vaneggiava in preda alla febbre*; *v. nel delirio* | (*est.*) Dire, pensare, credere cose assurde, incredibili, fantastiche: *tu stai vaneggiando!* **SIN.** Delirare, farneticare. *2* (*lett.*) Fantasticare. *3* (*lett.*) Perdersi dietro alla vanità: *le nate a vaneggiar menti mortali* (FOSCOLO). *4* †Riuscire vano, inefficace. *5* †Esser vano, vuoto: *Nel dritto mezzo del campo maligno / vaneggia un pozzo* (DANTE *Inf.* XVIII, 4-5). *6* †Muoversi inutilmente, vagare a vuoto. **B** **v. rifl.** ● †Vanagloriarsi, vantarsi.

vaneggiatóre [1619] **s. m.**; anche **agg.** (**f.** *-trice*) ● (*raro*) Chi (o Che) vaneggia.

vanescènte [vc. dotta, lat. *vanescĕnte(m)*, part. pres. di *vanēscere* 'svanire', da *vānus* 'vano'; 1957] **agg.** ● (*lett.*) Evanescente.

vanesiàta [1891] **s. f.** ● (*raro*) Azione o discorso da vanesio.

vanèsio [da *Vanesio*, n. del protagonista della commedia *Ciò che pare non è ovvero Il cicisbeo sconsolato* di G. B. Fagiuoli: il n. è tratto da *vano*; 1835] **agg.**; anche **s. m.** (**f.** *-a*) ● Che (o Chi) è fatuo e vanitoso o si compiace di qualità che non possiede: *sguardo, sorriso v.*; *fare il v.* **SIN.** Frivolo, spocchioso.

vanèssa [dal n. di un personaggio di J. Swift; 1839] **s. f.** ● Nome comune di alcune farfalle diurne con livrea molto appariscente che, allo stato di bruco, vivono su varie piante, danneggiandole (*Vanessa*). ➡ **ILL.** **animali**/2.

†**vanézza** [av. 1306] **s. f.** ● Vanità.

vang /ingl. væŋ/ [vc. ingl., alterato di *fang* 'dente, punta'] **s. m. inv.** ● (*mar.*) Dispositivo, costituito da un paranco o da un sistema a vite o idraulico, che impedisce al boma di sollevarsi nelle andature di poppa.

vànga [lat. tardo *vănga(m)*, di orig. germ.; av. 1320] **s. f.** ● Attrezzo a mano per lavorare il terreno, formato da una robusta lama di ferro di forma e dimensioni diverse, con manico di legno e in basso una staffa o staffale: *rompere la terra con la v.* | (*raro*) ***Seminare sulla v.***, sul terreno appena vangato | (*fig.*) †***Andare a v.***, con facilità | ***V. per insilati***, per il taglio manuale, con lama triangolare e corto manico. ➡ **ILL.** **agricoltura e giardinaggio**. || **vangàccia**, **pegg.** | **vanghèlla**, **dim.** | **vanghétta**, **dim.** (V.) | **vanghétto**, **dim. m.** (V.).

vangaiòla o (*lett.*) †**vangaiuòla** [etim. incerta; 1353] **s. f.** ● Rete quadra, larga circa m 3,50, con ai lati due canne lunghe circa la metà della rete, che si tengono in mano per trainarla durante la pesca.

vangàre [av. 1320] **v. tr.** (*io vàngo, tu vànghi*) ● Tagliare e rivoltare la terra con la vanga (*anche assol.*): *v. il campo, un podere, l'orto*; *andiamo a v.*

vangàta [av. 1597] **s. f.** *1* Atto del vangare, piantando la vanga nella terra e rivoltando le zolle: *una v. possente*. *2* Vangatura rapida: *il terreno ha bisogno d'una v.* | (*tosc.*) ***Fare la v.***, detto di più persone che vangano insieme rapidamente, quasi in gara. *3* Quanta terra si afferra e si rivolta con un colpo di vanga. *4* Colpo dato con una vanga. || **vangatina**, **dim.**

vangatóre [1612] **s. m.**; anche **agg.** (**f.** *-trice*, pop. disus. *-tora*) ● Chi (o Che) vanga.

vangatrice [da *vangare*; 1985] **s. f.** ● Macchina agricola collegata a un trattore per vangare meccanicamente il terreno.

vangatùra [1300] **s. f.** ● Lavoro compiuto con la vanga | ***V. a una fitta***, se praticata ad una profondità pari alla lunghezza della lama.

†**vangèle** **s. f. pl.** ● (*lett.*) Vangelo, nella loc. ***giurare alle sante v., alle sante die v.***, giurare sul santo Vangelo, sul santo Vangelo di Dio.

†**vangèlico** ● V. *evangelico*.

†**Vangèlio** ● V. *Vangelo*.

†**vangelista** ● V. *evangelista*.

†**vangelizzàre** ● V. *evangelizzare*.

Vangèlo o (*lett.*) **Evangèlio**, (*raro*) **Evangèlo**, †**Vangèlio** [lat. *Euangĕliu(m)*, dal gr. *euangélion* 'buona novella', comp. di *éu*, nt. di *ĕus* 'buono' e un deriv. di *ángelos* 'messaggero, notizia' (V. *angelo*); av. 1294] **s. m.** (*vangelo* nei sign. 4 e 5) **1** La buona notizia, il lieto annunzio, consistente nella predicazione del regno di Dio e della redenzione del genere umano a opera del Cristo | Ciascuno dei libri contenenti la narrazione della vita di Gesù Cristo e il messaggio della redenzione | ***Vangeli canonici***, i quattro vangeli di S. Matteo, S. Marco, S. Luca e S. Giovanni, inclusi nel canone della Bibbia e accettati come autentici da tutte le Chiese cristiane | ***Vangeli apocrifi***, scritti di varie epoche, in varie lingue, che narrano fatti della vita del Cristo o riferiscono suoi insegnamenti e non sono accettati come autentici dalla Chiesa cristiana | ***Vangeli sinottici***, quelli di S. Marco, S. Matteo e S. Luca, che presentano passi paralleli che narrano, in forma analoga o con leggere variazioni, gli stessi fatti e riferiscono le stesse parole di Gesù. **2** (*est.*) Libro contenente il Vangelo | ***Giurare qlco. sul V.***, garantirne al massimo la veridicità, l'autenticità e sim.: *te lo giuro sul V.* **3** Parte della Messa in cui il celebrante legge un brano tratto dal Vangelo | (*est.*) Omelia o discorso fatto dal celebrante durante la Messa, per spiegare ai fedeli il brano evangelico letto. **4** (*fig.*) Ciò che costituisce il fondamento ideologico di un partito, un movimento, un gruppo e sim.: *il v. rivoluzionario* | (*est.*) Ciò che costituisce la base ideologica di un singolo, il principio cui possono essere ricondotte le sue scelte, le sue azioni e sim.: *quel libro è il suo v.* **5** (*fig.*) Verità sacrosanta, indiscutibile, incontrovertibile: *quello che dirà lui, per me è v.*; *in quell'ambiente la sua parola è v.*

vanghéggia [1879] **s. f.** (pl. *-ge*) ● Tipo di vanga con pala a due o più denti per terreni pietrosi.

vangheggiàre [da *vangheggia*; 1983] **v. tr.** (*io vanghéggio*) ● Lavorare il terreno con la vangheggia.

vanghéggiola **s. f.** ● Vangheggia.

vanghétta [1967] **s. f.** **1** Dim. di *vanga*. **2** Attrezzo leggero in dotazione individuale al soldato per i piccoli lavori di sterro e di scavo a riparo della persona sul campo di battaglia.

vanghettàre [1788] **v. tr.** (*io vanghétto*) ● Lavorare la terra col vanghetto, spec. per piantarvi fiori e ortaggi.

vanghétto [av. 1762] **s. m.** **1** Dim. di *vanga*. **2** Vanga a manico corto per trapianti o lavori superficiali.

vangile o †**vanghile** [da *vanga*, sul modello di *badile*; av. 1597] **s. m.** ● (*agr.*) Staffale.

†**vanguàrdia** ● V. *avanguardia*.

vàni [ant. nordico *vanir*, di etim. incerta] **s. m. pl.** ● Nella mitologia nordica, divinità pacifiche e benefiche, apportatrici di fecondità e ricchezza.

†**vania** ● V. †*avania*.

†**vaniàre** ● V. *vaneggiare*.

vanificàre [comp. di *vano* e *-ficare*; 1939] **v. tr.** (*io vanìfico, tu vanìfichi*) ● Rendere vano, inutile, inefficace: *v. gli sforzi, i tentativi*. **SIN.** Frustrare.

vanificazióne [da *vanificare*; 1913] **s. f.** ● Il vanificare.

vaniglia o **vainiglia** [sp. *vainilla*, dim. di *vaina*, propr. 'vagina, guaina', dalla forma di lunga guaina del frutto; 1698] **s. f.** **1** Orchidea messicana coltivata ai tropici di cui si usano i frutti come condimento e in profumeria (*Vanilla planifolia*) | ***V. dei giardini***, pianta delle Borraginacee, ornamentale, coltivata in aiuole per i fiorellini lilla profumati di vaniglia (*Heliotropium peruvianum*). ➡ **ILL. piante**/10. **2** Frutto della pianta omonima, che trova impiego in pasticceria, liquoreria, profumeria | Essenza ricavata da tale frutto: *dategli l'odore della vainiglia* (ARTUSI) | Zucchero vanigliato.

vanigliàto [1910] **agg.** ● Profumato alla vaniglia: *zucchero v.*

vanillina o **vainiglina**, **vaniglina** [da *vanilla*, n. lat. scient. di *vaniglia*; 1952] **s. f.** ● Aldeide aromatica, presente nella vaniglia, ottenuta per sintesi spec. da eugenolo, usata sia come correttivo dell'odore e del sapore in prodotti farmaceutici e alimentari, sia in campo industriale come antischiuma negli oli lubrificanti e nella sintesi di alcuni prodotti.

vanilòquio [vc. dotta, lat. tardo *vanilŏquiu(m)*, comp. di *vānus* 'vano' e un deriv. di *lŏqui* 'parlare' (V. *loquela*); sec. XIV] **s. m.** ● Discorso vano, sconclusionato | Discorso privo di contenuti, futile, sciocco, inutile.

vanìre [da *vano*; 1321] **v. intr.** (*io vanìsco, tu vanìsci*; aus. *essere*) ● (*poet.*) Svanire, sparire, dileguarsi: *cantando vanio / come per acqua cupa cosa grave* (DANTE *Par.* III, 122-123).

vanità o †**vanitàde**, †**vanitàte** [vc. dotta, lat. *vanitāte(m)*, da *vānus* 'vano'; 1294] **s. f.** **1** Caratteristica di chi prova e ostenta un alto concetto di sé stesso, ricercando e apprezzando, nel contempo, tutto ciò che può far risaltare le sue qualità personali vere o presunte: *la proverbiale v. femminile*; *ogni sua azione è dettata dalla v.*; *lusingare, solleticare la v. di qlcu.* **SIN.** Fatuità | Debolezza: *è una delle sue piccole v.* **2** Condizione di ciò che è vano, inutile, inconsistente e sim.: *la v. di uno sforzo, di una promessa.* **3** Caratteristica di ciò che è futile, falso, caduco e sim., spec. in relazione a valori, ideali o modelli ritenuti perfetti, stabili, eterni e sim.: *la v. della bellezza, della vita umana*; *la v. dei beni terreni*; *l'infinita v. del tutto* (LEOPARDI). **4** (*est.*) Cosa futile, falsa, caduca e sim., spec. in relazione a beni considerati eternamente e assolutamente validi: *la bellezza è solo v.*; *tutto nel mondo è v.*; *correre dietro alle v.* **5** (*lett.*) Il fatto di essere materialmente vano, inconsistente: *la v. delle ombre*. **SIN.** Incorporeità.

vanitóso [sec. XIV] **A** **agg.** **1** Pieno di vanità: *ragazza frivola e vanitosa.* **2** Che dimostra vanità: *discorsi, atteggiamenti vanitosi.* || **vanitosaménte**, **avv.** Con vanità. **B** **s. m.** (f. *-a*) ● Chi è vanitoso o fatuo.

vànni [lat. *vānnu(m)* 'crivello' (di etim. incerta), perché il battere delle ali ricorderebbe il movimento del crivello (?); av. 1374] **s. m. pl.** ● (*poet.*) Ali: *i v. dell'aquila*; *stendere, battere i v.*

vannino [stessa etim. di *uguanno*, con suff. dim.; 1961] **s. m.** (f. *-a*) ● (*centr.*) Puledro nel primo anno di età.

♦**vàno** [lat. *vānu(m)*, di orig. indeur.; 1294] **A** **agg.** **1** (*lett.*) Che all'interno è vuoto: *guscio v.*; *là dove il monte era forato e v.* (ARIOSTO) | (*est., lett.*) Privo di ospiti, abitanti e sim.: *convento v.*; *città, regione vana* | (*raro, lett.*) ***Chiostro v.***, (*fig.*) quello di un convento che non dà più buoni frutti nella pratica religiosa. **2** (*lett.*) Incorporeo: *la vana ombra dei trapassati*; *una vana immagine* | (*raro*) ***Nome v.***, che non corrisponde a un essere o a una cosa reale, che si riferisce a qlco. di inesistente. **3** (*fig.*) Privo di reale consistenza, fondamento, contenuto e sim.: *promesse vane*; *vane speranze* | (*lett.*) Futile, caduco: *le vane lacrime del mondo*; *rincorrere le vane ricchezze*; *come sono vani e fallaci i pensieri degli uomini!* (GUICCIARDINI). **SIN.** Inane. **4** (*fig.*) Inutile, inefficace: *fatiche, proteste, preghiere, minacce vane*; *dopo molti vani tentativi* | ***Riuscire v.***, non sortire alcun effetto: *ogni ricerca, ogni indagine riuscì vana.* **5** (*fig., raro*) Vanitoso, frivolo: *v. e fatuo come una donnetta*; *gente vana e superba*; *vana ostentazione di ricchezze.* || **vanaménte**, **avv.** **1** (*raro*) Con vanità: *parlare vanamente di sé.* **2** (*raro*) Senza ragione, senza fondamento: *parlare vanamente.* **3** Inutilmente: *sperare vanamente.* **B** **s. m.** **1** Spazio vuoto: *il v. del pozzo, di una nicchia, delle scale.* **2** Apertura praticata in una struttura muraria: *il v. della porta, della finestra*; *hanno aperto un v. nel muro.* **3** Ambiente, stanza: *villa di dodici vani*; *appartamentino di quattro vani*; *in quel v. minuscolo … si sentiva meglio protetta contro la solitudine* (MORANTE). **4** (*est.*) Spazio o cavità delimitata, destinata a vari usi: *v. portabagagli.* **5** (*fig., lett.*) Ciò che è inutile | V. anche *invano*. || **vanerèllo**, **dim.** nel sign. A5.

†**vantadóre** ● V. *vantatore*.

vantaggiàre [da *vantaggio*, sul modello del fr. *avantager*; av. 1294] **A** **v. tr.** (*io vantàggio*) **1** (*raro*) Superare, sopravanzare. **2** (*tosc.*) Far risparmiare. **B** **v. rifl.** ● (*raro*) Acquistare vantaggio, superiorità e sim.

vantaggiàto **part. pass.** di *vantaggiare*; anche **agg.** **1** (*raro*) Avvantaggiato. **2** (*raro*) Abbondante. **3** †Superiore, eccellente di qualità. || **vantaggiataménte**, **avv.** **1** (*raro, tosc.*) Vantaggiosamente. **2** (*raro*) Con abbondanza.

♦**vantàggio** [fr. *avantage*, in orig. 'ciò che è posto avanti', da *avant* 'avanti'; sec. XIII] **s. m.** **1** Ciò che mette qlcu. o qlco. in condizione più favorevole rispetto ad altri: *il v. della statura, del numero, della posizione*; *avere il v. del sole, del vento*; *disporre del v. della luce, delle tenebre* | (*raro*) ***Prendere il v.***, il sopravvento. **CONTR.** Svantaggio. **2** Profitto, utile, guadagno: *ricavare da qlco. un v.*; *trarre v. da qlco.* | (*raro*) Sconto: *pagando in contanti si ottiene un notevole v.* | ***A v.***, a profitto, a favore di qlcu.: *ciò torna a tuo v.* | †***A v.***, a cavaliere. **CONTR.** Perdita. **3** Beneficio, miglioramento: *da questa medicina non ho avuto nessun v.* **4** (*tosc.*) Giunta, sovrappiù: *avere, dare un v. sul peso.* **5** Privilegio, prerogativa: *il v. della ragione*; *il v. che l'uomo ha sugli altri esseri.* **6** (*sport*) Distacco conquistato sull'avversario: *due minuti, tre punti, cinquecento metri, due gol di v.*; *portarsi in v.* | ***Corse a vantaggi***, con abbuoni | ***Regola del v.***, nel calcio e sim., norma che consente all'arbitro di non rilevare un fallo quando la squadra il cui giocatore l'ha subito riesce a proseguire l'azione | ***V. alla battuta, v. alla rimessa***, (*ellitt.*) ***vantaggio***, nel tennis, punto rispettivamente ottenuto da chi effettua il servizio o la rimessa, dopo che è stato realizzato un 40 pari | ***V. pari***, nel tennis, situazione di parità dopo il 40 pari. **7** (*disus.*) Lode, favore: *parlare di qlcu., di qlco. con molto v.* **8** †Soperchieria | ***Giocatore di v.***, che vuol vincere in tutti i modi. **9** (*al pl.*) †Patti di consegna e offerta di polli, uova e sim. al padrone. **10** (*spec. al pl.*) †Affari, interessi. **11** Nella tipografia a caratteri mobili tavoletta su cui si posano le linee di caratteri man mano che vengono composte. || **vantaggiùzzo**, **dim.**

vantaggióso [da *vantaggio*, sul modello del fr. *avantageux*; 1540] **agg.** **1** Che dà, procura vantaggio: *posizione vantaggiosa*; *patti vantaggiosi.* **CONTR.** Svantaggioso. **2** †Che cerca il suo utile. || **vantaggiosétto**, **dim.** || **vantaggiosaménte**, **avv.** Con vantaggio.

†**vantagióne** ● V. *vantazione*.

vantaménto [av. 1294] **s. m.** ● (*raro*) Il vantare, il vantarsi.

†**vantànza** [da *vantare*, sul modello dell'ant. fr. *vantance*] **s. f.** ● Iattanza.

♦**vantàre** [lat. tardo *vanitāre*, da *vānus* 'vano'; av. 1294] **A** **v. tr.** **1** Lodare con ostentazione, esaltare come ottimo, insigne, superiore e sim.: *v. un'azione, un'opera, una persona*; *v. i meriti di qlco., i propri meriti*; *v. i pregi di qlco.* **SIN.** Decantare, magnificare. **2** Andar fiero, superbo, orgoglioso: *v. una gloria imperitura*; *la nostra patria può v. molte glorie*; *v. un successo*; *v. più successi che sconfitte*; *v. secoli di nobiltà*; *v. amicizie altolocate.* **B** **v. rifl.** (assol.; + *di*; lett. + *che* seguito da congv. o indic.) **1** Millantare le proprie doti, capacità, virtù e sim.: *è un presuntuoso e non fa che vantarsi* | ***Non faccio per vantarmi***, non lo dico per attribuirmene il vanto. **2** Attribuirsi a merito, vanto, gloria, onore e sim.: *si vanta delle sue origini modeste*; *mai non poté vantarsi che io il guatassi pure una volta* (BOCCACCIO); *I parenti del morto potevan poi anche … vantarsi che s'era fatto frate per disperazione* (MANZONI) | ***Di che ti vanti?***, detto con tono spec. ironico a chi non ha alcun motivo per essere fiero delle proprie azioni. **3** Mostrar fiducia di poter compiere qlco. di straordinario: *vantarsi di scalare una montagna*; *si vanta di saper far tutto.* **4** In epoca medievale, fare il vanto.

vantatóre o †**vantadóre** [av. 1294] **s. m.**; anche **agg.** (f. *-trice*) ● (*raro*) Chi (o Che) vanta o si vanta.

vantazióne o †**vantagióne** [av. 1698] **s. f.** ● (*raro*) Il vantarsi | (*tosc.*) ***Non lo faccio, non lo dico per v.***, non faccio per vantarmi.

†**vanteggiàre** [intens. di *vantare*] **v. intr.** ● (*raro*) Menar vanto, andar vantandosi.

vanteria [da *vanto*, sul modello del fr. *vanterie*; av. 1729] **s. f.** ● Lode eccessiva di sé, esagerata ostentazione di meriti o qualità reali o, più spesso, soltanto immaginari: *le assurde vanterie di uno spaccone.* **SIN.** Millanteria, ostentazione.

†**vantévole** **agg.** ● Di vanto.

vànto [da *vantare*; 1313] s. m. *1* (*raro*) Il vantare, il vantarsi | ***Menar v.***, vantarsi, gloriarsi. *2* Ciò che costituisce motivo di lode, pregio, merito e sim., per qlcu. o per qlco.: *ha il v. della costanza; riportare il v. della vittoria; abbiamo il v. di essere accorsi per primi in vostro aiuto* | Gloria, merito: *a lui solo spettano il v. e la lode; dobbiamo dire ciò apertamente, a vostro onore e v.* | ***Non cedere il v.***, volerlo per sé, esigerlo con pieno diritto. *3* In epoca medievale, specie di gioco in uso tra i cavalieri, in base al quale essi dovevano, a turno e a gara, narrare l'impresa più gloriosa, l'azione più nobile e sim. o impegnarsi a compiere qlco. di straordinario.

vanùme [da *vano*; 1838] s. m. *1* (*raro*) Grano o altri cereali che in parte seccano senza venire a maturazione. *2* †Insieme di cose vane, frivole.

†**vanùra** s. f. ● Vanità, fatuità.

vànvera [dall'ant. *fanfera*, di orig. espressiva; av. 1565] s. f. ● Solo nella loc. avv. ***a v.***, a casaccio, senza fondamento, senza senso: *parlare a v.; fare le cose a v.*

vàpiti [1931] s. m. inv. ● Adattamento di *wapiti* (V.).

vapofórno [comp. di *vapo(re)* e *forno*; 1941] s. m. ● Forno a vapore usato per la cottura del pane.

†**vàpolo** [ricavato dal lat. *vapulāre* 'essere bastonato', di etim. incerta] agg. ● (*raro*) Che mena le mani. SIN. Manesco.

vaporàbile [1308] agg. ● (*raro*) Che può vaporare.

vaporabilità s. f. ● (*raro*) Caratteristica di ciò che è vaporabile.

†**vaporàle** [vc. dotta, lat. tardo *vaporāle(m)*, da *văpor*, genit. *vapōris* 'vapore'] agg. ● Vaporoso.

vaporàre [vc. dotta, lat. *vaporāre* 'esalare vapori, riempire di vapori', da *văpor*, genit. *vapōris* 'vapore'; 1308] **A** v. tr. (*io vapóro*) *1* (*lett.*) Empire di vapori. *2* (*fig., lett.*) Velare, annebbiare. **B** v. intr. (aus. *avere* e *essere*) ● (*lett.*) Evaporare, svaporare | Diffondersi sotto forma di vapore: *tra le tamerici, / fuma il letame e grave oggi vapora* (PASCOLI).

†**vaporatìvo** [da *vaporato*; sec. XIV] agg. ● (*raro*) Vaporabile.

vaporàto part. pass. di *vaporare*; anche agg. ● (*raro*) Nei sign. del v.

†**vaporatóio** [da *vaporato*] s. m. ● Suffumigio.

†**vaporatóre** agg. (f. *-trice*) ● Che vapora.

vaporazióne [vc. dotta, lat. *vaporatiōne(m)*, da *vaporātus* 'vaporato'; sec. XIV] s. f. *1* (*raro*) Evaporazione. *2* (*raro*) Suffumigio.

♦**vapóre** [lat. *vapōre(m)*, di orig. indeur.; nel sign. 3, fr. *vapeur*, da (*bateau à*) *vapeur*, propr. 'battello a vapore', calco sull'ingl. *steamboat*; 1308] **A** s. m. *1* (*fis.*) Aeriforme a temperatura inferiore a quella critica che si sviluppa da un liquido, per evaporazione o ebollizione, o da un solido per sublimazione: *vapori di iodio, di mercurio* | ***V. acqueo***, che si sviluppa dall'acqua in ebollizione | ***V. saturo***, aeriforme in equilibrio con il liquido o con il solido che lo emette. *2* (*per anton.*) Vapore acqueo: *stanza piena di v.* | ***A v.***, detto di macchine o dispositivi che producono vapore o che funzionano sfruttando l'energia termica del vapore: *caldaia a v.; locomotiva a v.; turbina a v.* | ***A tutto v.***, (*fig.*) a gran velocità | ***Bagno a v.***, consistente nell'esporre il corpo, per determinati periodi di tempo, all'azione termica del vapore | ***Cuocere al v.***, cucinare cibi esponendoli in uno speciale recipiente al solo vapore dell'acqua bollente. *3* (*disus.*) Nave a vapore: *il v. partì carico di emigranti* | ***Il padrone del v.***, (*fig., scherz.*) il capo o il proprietario di un'azienda. *4* (*solo al pl.*) Fumo, nebbia o qualunque altra esalazione percepibile con i sensi: *vapori d'incenso; gli umidi vapori del mattino; i vapori malsani, mefitici, maleolenti delle paludi.* SIN. Effluvio | ***I vapori del vino, dell'alcol***, i fumi del vino, dell'alcol. *5* (*spec. al pl.*) †Vampa di calore al capo. *6* (*poet.*) Stella cadente | (*poet.*) Fiamma. *7* †Drappo di velo sottilissimo, trasparente. **B** in funzione di agg. ● (posposto al s.) ***Cavallo v.***, unità di misura dinamica, equivalente alla potenza necessaria per sollevare 75 kilogrammi all'altezza di un metro in un secondo, pari a 735,499 watt. SIMB. CV. ‖ **vaporàccio**, pegg. | **vaporétto**, dim. (V.) | **vaporino**, dim. | **vaporùccio**, dim.

vaporétto [1879] s. m. *1* Dim. di *vapore*. *2* (*disus.*) Battello a vapore di ridotte dimensioni | Motonave di piccole dimensioni usata spec. come mezzo pubblico di trasporto su lagune e sim. o comunque su brevi tragitti: *da Venezia al Lido si va in v.*

†**vaporévole** [da *vaporare*] agg. ● Svaporabile.

vaporièra [av. 1858] s. f. ● (*disus.*) Locomotiva a vapore: *il fischio della v.* | ***Fumare come una v.***, (*fig.*) di cosa che emette grande quantità di fumo; di persona che fuma molto.

vaporimetro [comp. di *vapore* e *-metro*; 1965] s. m. ● (*fis.*) Apparecchio per la misurazione del vapore.

vaporissàggio [fr. *vaporisage*, da *vaporiser* 'vaporizzare'; 1970] s. m. ● Vaporizzazione, vaporizzatura.

vaporizzàbile [1970] agg. ● Che si può vaporizzare.

vaporizzàre [fr. *vaporiser*, dal lat. *văpor*, genit. *vapōris* 'vapore'; 1853] **A** v. tr. *1* Portare allo stato di vapore, far evaporare. *2* Sottoporre le stoffe tinte all'azione del vapore acqueo, che fa svolgere meglio certi colori e li fissa. *3* In cosmesi, far dilatare i pori col vapore caldo, per pulire a fondo la pelle. **B** v. intr. e intr. pron. (aus. *essere*) ● Evaporare.

vaporizzàto part. pass. di *vaporizzare*; anche agg. ● Nei sign. del v.

vaporizzatóre [fr. *vaporisateur*, da *vaporiser* 'vaporizzare'; 1916] **A** s. m. *1* (f. *-trice*) (*raro*) Chi vaporizza. *2* Evaporatore. *3* (*impropr.*) In varie tecnologie, apparecchio per la riduzione di soluzioni acquose in finissime gocce: *v. per aerosol.* SIN. Nebulizzatore, polverizzatore. **B** agg. ● Che vaporizza | ***Tubi vaporizzatori***, in cui avviene l'evaporazione nelle caldaie a tubi d'acqua.

vaporizzatùra [da *vaporizzato*; 1933] s. f. ● In filatura, fissione mediante vapore caldo della torsione del filo di lana, eseguita normalmente con moderata pressione, in autoclave.

vaporizzazióne [fr. *vaporisation*, da *vaporiser* 'vaporizzare'; 1840] s. f. *1* Evaporazione. *2* Riduzione, mediante apposito apparecchio, di soluzioni acquose in finissime gocce. *3* Vaporizzatura.

vaporosità [av. 1320] s. f. ● Caratteristica di ciò che è vaporoso (*anche fig.*): *la v. di un tessuto; la v. di una descrizione.*

vaporóso [vc. dotta, lat. *vaporōsu(m)*, da *văpor*, genit. *vapōris* 'vapore'; av. 1320] agg. *1* (*raro*) Pieno di vapori | †***Bagno v.***, di vapore. *2* (*fig.*) Estremamente sottile e leggero: *velo v.* | ***Abito v.***, in tessuto molto leggero, di foggia ampia, con motivi di drappeggio e pieghe. *3* (*fig.*) Soffice: *capelli vaporosi.* *4* (*fig., raro*) Vago o indeterminato: *concetti vaporosi.* ‖ **vaporosaménte**, avv. In modo soffice, leggero, morbido.

†**vàppa** [vc. dotta, lat. *văppa(m)*, da avvicinare a *văpor* 'vapore'; 1879] s. f. *1* Vino svanito. *2* (*fig.*) Cosa insulsa.

†**vapulazióne** [ricavato dal lat. *vapulāre* 'essere bastonato', di etim. incerta] s. f. ● (*raro*) Battitura, castigo.

vaquero /va'kɛro, *sp.* ˈba'kero/ [vc. sp., da *vaca* 'vacca'; 1890] s. m. (pl. sp. *vaqueros*) ● Custode di tori pronti per le corride.

var [sigla di *v(olt-) a(mpere) r(eattivo)*; 1938] s. m. inv. ● Unità di misura della potenza elettrica reattiva, pari a 1 voltampere. SIMB. var.

varaménto [da *varare*; 1813] s. m. *1* (*raro*) Varo. *2* Nella moderna tecnica costruttiva, manovra di scorrimento per sistemare nella loro sede elementi metallici o in cemento armato prefabbricato.

Varànidi [comp. da *varano* e *-idi*; 1932] s. m. pl. (sing. *-e*) ● Nella tassonomia animale, famiglia di grandi Sauri africani ed asiatici diurni, carnivori (*Varanidae*).

varàno [ar. *waran*; 1875] s. m. ● Rettile dei Varanidi, lungo da due a quattro metri, con forma di insieme che ricorda la lucertola, agilissimo e predatore, cacciato per la pelle (*Varanus*). ➡ ILL. **animali**/5.

varàre [lat. parl. **varāre*, da *vāra* 'forcella, stanga'; av. 1406] **A** v. tr. *1* (*mar.*) Far scendere per la prima volta in acqua la nave o l'imbarcazione dal cantiere dove è stata costruita: *v. un transatlantico* | Mettere in acqua un'imbarcazione di nuova costruzione | †Mandare a terra il palischermo di bordo. *2* (*fig.*) Portare a compimento e presentare al pubblico: *v. una commedia, un volume, un provvedimento* | ***V. una legge***, approvarla definitivamente e sottoporla alla procedura della firma e della pubblicazione. *3* (*fig.*) Nel linguaggio sportivo, scegliere gli atleti che comporranno una squadra e deciderne il ruolo: *v. una squadra, una formazione; la nuova nazionale sarà varata domani.* **B** v. intr. pron. ● Arenarsi, incagliarsi, nelle loc. ***vararsi in costa, in secca.***

varàta [da *varare*; 1915] s. f. *1* Grande mina destinata ad abbattere un grande volume di roccia in grossi blocchi. *2* Abbattimento di rocce mediante mine sistemate in gallerie di miniera | Distacco e discesa a valle di una falda di marmo.

varatóio [da *varare*; 1744] s. m. ● (*mar.*) Attrezzatura che, in un cantiere navale, imprime la spinta iniziale alla nave da varare.

varcàbile [1879] agg. ● Che si può varcare. CONTR. Insuperabile.

varcàre [lat. *varicāre* 'allargare le gambe', da *vārus* 'che ha le gambe storte in fuori'; 1313] **A** v. tr. (*io vàrco, tu vàrchi*) *1* Oltrepassare qlco. attraversandola: *v. una gola, un burrone, una strada; varcò il mare a bordo d'un veliero; ho appena varcato la soglia di casa* | (*raro, lett.*) Oltrepassare una persona. *2* (*fig.*) Superare: *ha ormai varcato la sessantina* | ***V. i confini, i limiti***, eccedere in qlco. *3* (*raro, lett.*) Traghettare. **B** v. intr. (aus. *essere*) ● (*poet.*) Trascorrere, detto del tempo.

vàrco [da *varcare*; sec. XIII] s. m. (pl. *-chi*) *1* Passaggio difficoltoso | ***Aprirsi un v.***, procurarsi lo spazio necessario per passare: *aprirsi un v. nella boscaglia, tra la folla.* *2* (*mil.*) Soluzione di continuità in un ostacolo artificiale, per il passaggio di automezzi o di cingolati | ***Aspettare qlcu. al v.***, per coglierlo senza che abbia alcuna possibilità di scampo; (*fig.*) aspettare il momento favorevole per vendicarsi, provocarlo o metterlo alla prova | ***Cogliere, prendere al v.***, sorprendere al passaggio e (*fig.*) all'occasione favorevole. *3* (*raro*) Valico montano, passo: *certo costoro scendono sì furiosi per prenderci al v. della montagna* (BOCCACCIO).

varèa [etim. incerta; 1826] s. f. ● (*mar.*) Estremità di qualsiasi asta o verga non verticale.

varèch o **varècchi** /va'rɛk/ [fr. *varech*, propr. 'relitto, avanzo di naufragio', dall'ant. ingl. *wraec*, di orig. scandinava; 1970] s. m. inv. ● (*bot.*) Insieme di alghe brune secche, spec. fuchi e laminarie, usato un tempo nei Paesi europei dell'Atlantico come fertilizzante o per ricavare iodio, soda e sali di potassio | Le ceneri di tali alghe.

varechina o **varecchina**, (*region.*) **varichina** [detta così perché si estrae dai *varecchi*; 1923] s. f. ● Candeggina.

varesino [da *Varese*; av. 1861] **A** agg. ● Di Varese. **B** s. m. (f. *-a*) ● Abitante, nativo di Varese.

varesòtto [da *Varese*; 1858] s. m. solo sing. ● Territorio della provincia di Varese, compreso tra il lago Maggiore, la zona di Como e il confine svizzero.

vària (1) [lat., nt. pl. sost. di *vārius* 'vario'; 1927] s. f. pl. ● Cose varie, argomenti vari, spec. in titoli, intestazioni e sim.

vària (2) [da *vario*; 1987] s. f. ● Classificazione merceologica dell'industria libraria, comprendente libri di narrativa e saggistica: *il mercato della v.*

variàbile [vc. dotta, lat. tardo *variābile(m)*, da *variāre*; sec. XIV] **A** agg. *1* Che varia, cambia: *tempo v.; clima v.; costo v.* | ***Foglie variabili***, che mutano di forma nella stessa specie vegetale | ***Stella v.***, che mostra variazioni della sua luminosità. CONTR. Invariabile. *2* (*ling.*) Detto di parola che muta la sua forma secondo il genere, il numero, il tempo, il modo, la persona: *parti variabili del discorso.* *3* (*mat.*) Non costante. ‖ **variabilménte**, avv. **B** s. f. *1* (*mat.*) Ente non determinato, ma in grado d'identificarsi con ciascuno degli enti d'un determinato insieme | (*fis.*) ***V. di stato***, grandezza fisica che è necessario specificare per definire lo stato di un sistema, come la temperatura o la pressione | (*mat.*) ***V. indipendente***, il cui valore può essere fissato arbitrariamente | (*mat.*) ***V. dipendente***, il cui valore è determinato dal valore di una o più altre variabili. *2* (*fig.*) Elemento che interviene a modificare una situazione: *una v. improvvisa ha mutato il quadro politico.*

variabilità [1640] s. f. *1* Condizione di ciò che è variabile: *v. di umore, della stagione.* CONTR. Invariabilità. *2* (*biol.*) Caratteristica di tutti gli organismi viventi per cui individui della stessa specie non sono mai perfettamente uguali. *3* (*stat.*) Attitudine di un fenomeno ad assumere modalità diverse | ***Indice di v.***, che misura la diseguaglianza di un gruppo di valori osservati.

variaménto [1364] s. m. • (*disus.*) Variazione.

variànte [1339 ca.] **A** part. pres. di *variare*; anche agg. *1* Nei sign. del v. *2* ***Lezione v.***, in filologia, parola o frase che due testi di una stessa opera riportano in modo diverso. || **varianteménte**, avv. In modo diverso. **B** s. f. *1* Modificazione rispetto a una tipologia primaria o che si considera fondamentale: *v. di un piano regolatore, di un progetto edilizio; abbiamo sperimentato alcune varianti della ricetta.* *2* In filologia, lezione variante: *le varianti dei canti leopardiani* | ***Varianti di tradizione***, quelle imputabili a interventi sul testo da parte di amanuensi o stampatori | ***Varianti d'autore***, quelle imputabili all'autore che interviene sul testo durante la stesura dell'opera o in un secondo tempo riscrivendola. *3* (*ling.*) Ognuna delle diverse forme in cui si può presentare un elemento linguistico: *v. grafica, morfologica; 'leticare' è la v. toscana di 'litigare'* | ***V. fonematica***, ogni realizzazione dello stesso fonema; SIN. Allofono. *4* (*sport*) Tratto di percorso diverso da quello originario di una data via alpinistica, di un circuito e sim. | (*est.*) Modificazione di un percorso o di un progetto: *hanno apportato alcune varianti al programma di viaggio.*

variantìstica [da *variante* nel sign. B 2; 1983] s. f. • In filologia, esame, studio e confronto delle varianti.

varianza [vc. dotta, lat. *variāntia(m)*, da *vărians*, genit. *variāntis* 'variante'; av. 1729] s. f. *1* †Diversità. *2* (*fis.*) Numero di fattori che bisogna fissare per stabilire lo stato di equilibrio di un sistema. *3* (*stat.*) Quadrato dello scarto quadratico medio. SIN. Indice di variabilità.

♦**variàre** [vc. dotta, lat. *variāre*, da *vărius* 'vario'; 1308] **A** v. tr. (*io vàrio*) *1* Mutare, cambiare: *v. la disposizione dei mobili, l'orario di apertura di un negozio* | (*assol.*) ***Tanto per v.***, (*scherz.*) di chi torna a fare la stessa cosa: *tanto per v., ho perso il treno.* *2* Rendere vario, diversificare: *v. suoni, colori, forme; v. l'alimentazione, le proprie letture; v. la pena secondo il delitto* | (*est.*) Abbellire con la varietà per togliere monotonia, uniformità e sim. | ***V. un motivo musicale***, senza alterarne l'andamento o il pensiero principale. **B** v. intr. (aus. *avere* con sogg. di pers., *essere* con sogg. di cosa) *1* (assol.; + *di*) Cambiare, subire variazioni, mutamenti e sim.: *v. di idee, di colore; in primavera il tempo varia spesso; la moda varia da un anno all'altro* | ***†V. da qlco.***, allontanarsi, differire: *v. da un consiglio.* *2* Essere diverso: *le idee, le convinzioni variano da persona a persona; il prezzo varia a seconda della domanda.*

variàto [av. 1348] part. pass. di *variare*; anche agg. *1* (*raro*) Cambiato: *un orario v. da poco.* *2* Vario, diverso, spec. per soddisfare esigenze di alternanza tra vari elementi o di graduale passaggio di intensità: *suoni, colori variati; alimentazione variata* | ***Terreno v.***, ineguale, accidentato. *3* †Instabile, incostante. || **variataménte**, avv.

variatóre [da *variato*; 1937] s. m. • In varie tecnologie, organo o dispositivo che consente variazioni, regolazioni, controlli e sim.: *v. di velocità; v. di fase; v. di tensione.*

variazionàle [da *variazione*; 1961] agg. • (*mat.*) Relativo a equazioni o principi che devono essere soddisfatti affinché le variazioni di determinate grandezze assumano i valori desiderati | ***Calcolo v.***, calcolo delle variazioni.

variazióne [vc. dotta, lat. *variatiōne(m)*, da *variātus* 'variato'; 1308] s. f. *1* Modificazione: *v. di prezzi* | Cambiamento, mutamento: *v. di toni, linee, colori; v. di stagione; annotare le variazioni del vento; spaventavanlo le variazioni e il modo di procedere del Duca di Urbino* (GUICCIARDINI) | ***Variazioni individuali***, in biologia, differenze che rendono distinguibili fra loro individui della stessa specie | ***Campo di v.***, in statistica, indice di variabilità definito dalla differenza fra l'intensità massima e l'intensità minima di un fenomeno. *2* (*mat.*) Estremo superiore delle oscillazioni di una funzione reale, su tutte le suddivisioni di un intervallo dato | In una sequenza o in una successione di numeri reali, presenza di due numeri consecutivi di segno opposto | ***Calcolo delle variazioni***: branca dell'analisi matematica che studia i metodi per determinare i valori massimi e minimi di quantità dipendenti da una o più funzioni.. *3* (*mus.*) Modificazione melodica, armonica, timbrica, espressiva cui è sottoposto un tema, anche di altro autore: *33 variazioni sopra un valzer di Diabelli, di Beethoven* | (*est., fig.*) ***V. sul tema***, sviluppo, variante di qlco. *4* †Varietà.

†**varicàre** • V. *valicare (1)*.

varice [vc. dotta, lat. *vărice(m)*, di etim. incerta; l'accento sulla penultima in it. è dovuto all'analogia con *radice*; sec. XIV] s. f. • (*med.*) Dilatazione abnorme e tortuosa di vasi linfatici o ematici, spec. di vene.

varicèlla [fr. *varicelle*, deformazione di *variole* 'vaiolo'; 1829] s. f. • (*med.*) Malattia infettiva acuta, contagiosa, di natura virale che si manifesta con la comparsa sulla cute di un particolare esantema caratterizzato da papule e vescicole.

varichina • V. *varechina*.

varicocèle [comp. di *varice* e *-cele*; 1806] s. m. • (*med.*) Dilatazione varicosa delle vene testicolari lungo il cordone spermatico.

varicóso [vc. dotta, lat. *varicōsu(m)*, da *vărix*, genit. *vāricis* 'varice'; 1499] agg. • Di varice | Che è affetto da varice: *vena varicosa.*

variegàto [vc. dotta, lat. *variegātu(m)*, part. pass. di *variegāre* 'dar varietà, dipingere', comp. di *vărius* 'vario' e un deriv. di *ăgere* 'condurre, fare' (V. *agenda*); 1499] agg. • Di colori vari, disposti a striature irregolari: *penna, camelia variegata; marmo v. di grigio, di rosa; tessuto bianco v. di rosso* | (*fig.*) Composito, vario: *la variegata realtà sociale di una periferia metropolitana.* CFR. pecilo-. SIN. Screziato. || **variegataménte**, avv.

variegatùra [da *variegato*; 1949] s. f. • Insieme delle striature irregolari, di colore diverso da quello di fondo, che conferiscono a qlco. l'aspetto variegato: *la v. di un fiore, di un marmo.*

†**varieggiàre** v. intr. • Variare notevolmente e spesso.

♦**varietà** (1) o †**varietàde**, †**varietàte** [vc. dotta, lat. *varietāte(m)*, da *vărius* 'vario'; 1351] s. f. *1* Condizione, caratteristica di ciò che è vario, ricco, molteplice: *la v. dei colori, dei suoni, delle forme, delle idee, dei gusti; v. di stile; l'infinita v. della natura* | Molteplicità di elementi diversi, vari: *v. di delitti, di pene; tavola imbandita con una grande v. di cibi e di bevande* | ***Amare la v.***, (*iron.*) essere incostante. CONTR. Monotonia, uniformità. *2* Differenza, diversità: *la v. esistente tra una cosa e l'altra.* *3* Elemento che, pur rientrando in un genere, in una serie o categoria e sim., si differenzia da altri analoghi per caratteristiche sue proprie: *una rara v. di marmo rosa; una pregiata v. di giada* | (*miner.*) Sottoinsieme della specie che si distingue per un suo carattere particolare, es. colore, forma. *4* (*biol.*) Gruppo tassonomico in cui si raccolgono organismi della stessa specie che si distinguono per caratteri particolari: *v. di piante, di animali* | ***V. sintetica***, prodotta mediante la fecondazione libera di più linee o piante selezionate e autofecondate. *5* (*mat.*) Genericamente, insieme di enti matematici dotati di proprietà comuni | ***V. algebrica***, l'insieme dei punti di uno spazio vettoriale le cui coordinate soddisfano un numero definito di equazioni algebriche. *6* †Mutazione, cambiamento.

varietà (2) [da *varietà (1)*: calco sul fr. *variété*; 1935] s. m. *1* Spettacolo leggero composto di canzoni, dialoghi, danze e numeri di attrazione: *numero di v.* *2* Teatro nel quale vengono rappresentati spettacoli di varietà: *andare al v.*

varietàle agg. • (*agr.*) Che riguarda una o più varietà: *reazione, riconversione v.* | (*enol.*) Detto di vino ottenuto da un'unica varietà di uva.

variété /fr. varje'te/ [1931] s. m. inv. • Varietà (2).

varifocàle [comp. di *vario* e un deriv. di *fuoco*; 1965] agg. • (*fot.*) Detto di obiettivo mediante il quale si possono realizzare distanze focali differenti.

†**varifórme** [comp. di *vario* e *-forme*; calco sul gr. *poikilómorphos*; 1499] agg. • Di varia forma o figura.

♦**vàrio** o †**vàro** (3) [vc. dotta, lat. *vāriu(m)*. V. *vaio (1)*; 1310] **A** agg. *1* Che è costituito da elementi disuguali ma non contrapposti o discordanti, anzi armonicamente coordinati: *paesaggio v. e piacevole; stile, ritmo v. e vivace; vegetazione varia e lussureggiante.* CONTR. Monotono, uniforme. *2* Di forma, modi, qualità, origini e sim. differenti e molteplici: *piante varie; oggetti vari; negozio di generi vari; oggetti di varia grandezza; abiti di varie misure; fiori di v. colore; mobili di varie epoche; avere varie possibilità; le varie componenti culturali di un'epoca* | (*fis.*) ***Moto v.***, moto di un punto su una traiettoria qualsiasi con accelerazione tangenziale non nulla | (*fis.*) ***Moto uniformemente v.***, moto vario di un punto su una traiettoria qualsiasi, nel quale l'accelerazione tangenziale rimane costante nel tempo mentre quella normale può variare. *3* (*al pl.*) Numerosi: *vari clienti richiedono questo articolo; da vari anni lo attendiamo; ho varie cose da fare; ultimamente l'ho visto varie volte.* *4* Instabile, mutevole, incostante: *tempo v.; essere di umore v.* *5* †Diverso, differente: *opinioni varie da tutte le altre; convien che varie cose al mondo sia, / come son varii volti e v. ingegno* (PULCI). *6* †Multicolore. || **variaménte**, avv. In modo vario: *abito, tessuto variamente colorato.* **B** s. m. *1* (*raro*) Varietà: *amare, prediligere il v., il molteplice.* *2* (*raro*) Varia (2). **C** in funzione di agg. indef. solo pl. • Disparati, parecchi: *vari autori ne parlano; ho ascoltato i pareri di varie persone; commercio in generi vari; ho provato vari prodotti.* **D** al pl. in funzione di pron. indef. • Parecchie e disparate persone: *ho scritto a vari e nessuno ha risposto; vari dicono che la colpa sia sua* | ***Varie***, nel titolo di libri, scritti, miscellanee, rubriche, indica un contenuto disparato, la varietà degli argomenti trattati | ***Varie ed eventuali***, formula conclusiva (*fig.*), spec. di ordini del giorno prestabiliti. || PROV. Il mondo è bello perché è vario.

variolàto [vc. dotta, lat. tardo *variolātu(m)*. V. *vaiolato*; 1879] agg. • Cosparso di piccole macchie rotonde, simili per la forma alle pustole del vaiolo: *pietre variolate.*

variòmetro [comp. di *vario* e *-metro*; 1934] s. m. *1* Strumento per la determinazione di variazioni di una grandezza fisica | ***V. gravitazionale***, strumento per la determinazione di variazioni della forza di gravità | ***V. magnetico***, strumento per la registrazione di variazioni delle componenti del campo magnetico terrestre. *2* (*aer.*) Strumento che indica le variazioni di quota, e che, opportunamente tarato, misura la velocità verticale di salita e di discesa. ➡ ILL. p. 2157 SPORT. *3* In elettrotecnica, induttore variabile costituito da due bobine mobili, collegate in serie, mutuamente accoppiate.

♦**variopinto** [comp. di *vario* e *pinto*, part. pass. di *pingere* (2); av. 1796] agg. • Di colori vari e piuttosto vivaci: *farfalle variopinte; arazzi variopinti.* CFR. pecilo-. CONTR. Monocolore.

variscico [da *Variscia*, n. latinizzato del distretto di *Voigtland* (Germania)] agg. (pl. m. *-ci*) • (*geol.*) Ercinico.

varismo [comp. di *varo (2)* e *-ismo*; 1929] s. m. • (*med.*) Condizione patologica in cui l'asse di un segmento di arto devia in dentro rispetto alla posizione normale.

varistóre [ingl. *varistor*, comp. di *vari(able)* e (*resi*)*stor*] s. m. • (*elettr.*) Resistenza che presenta una relazione non lineare fra tensione e corrente.

vàrmetro [comp. di *var* e *-metro*; 1957] s. m. • Strumento che misura in var una potenza reattiva.

vàro (1) [1879] s. m. *1* (*mar.*) Operazione del varare una nave | Messa in acqua di un'imbarcazione che è stata per un periodo di tempo in secco | (*est.*) Tecnica di costruzione nella quale grandi strutture prefabbricate in acciaio o cemento armato vengono fatte scivolare nella sede definitiva mediante un'apposita macchina di sollevamento e trasporto, detto carro di varo. *2* (*fig.*) Definitiva approvazione, attuazione: *il v. di una legge, di un provvedimento.* *3* Nel linguaggio sportivo, nuova formazione di una squadra e il suo esordio ufficiale.

vàro (2) [vc. dotta, lat. *vāru(m)* 'che ha le gambe storte in fuori', di etim. incerta; 1905] agg. • (*med.*) Caratterizzato da varismo.

†**vàro** (3) • V. *vario*.

varóra [comp. di *VAR* o *VAr*, sigla di *v(olt)a(mpere) r(eattivo)* e *ora*] s. m. inv. • (*elettr.*) Unità di misura dell'energia reattiva; 1 varora è pari a 1 volt · ampere · ora, o anche a 1 watt · ora. SIMB. var.

varrò • V. *valere*.

varròcchio o **verròcchio** [etim. incerta; sec. XIV] s. m. • (*mil.*) Antica macchina da guerra per scalzare e abbattere mura, costituita da una specie di argano azionato da quattro uomini.

varroniàno [vc. dotta, lat. *varroniānu(m)*, agg. di *Vārro*, genit. *Varrōnis* 'Varrone'; 1840] **agg.** ● Che riguarda il filologo latino M. T. Varrone (116-27 a.C.): *le etimologie varroniane.*

vàrva [sved. *varv* 'giro, deposito', vc. germ. di orig. indeur.; 1965] **s. f.** ● (*geol.*) Sedimento clastico a straterelli chiari e scuri alternati, deposti nelle diverse stagioni, tipico dei laghi vicini ai ghiacci.

†**varvassino** ● V. *valvassino.*

†**varvassóre** ● V. *valvassore.*

Vas [sigla di *v(edetta) a(nti)-s(ommergibile)*; 1961] **s. m.** ● Vedetta antisommergibili usata nella seconda guerra mondiale: *essere imbarcato su un Vas.*

vaṣàio o (*dial.*) **vaṣàro** [sec. XIV] **s. m.** (f. *-a*) **1** Artigiano che fabbrica vasi di terracotta, ceramica e sim.: *la ruota del v.* **2** Chi vende vasi di terracotta.

vaṣàle [1936] **agg.** ● (*anat.*) Relativo a vaso sanguigno o linfatico: *labilità v.*

†**vaṣàme** [comp. di *vaso* e *-ame*; 1612] **s. m.** ● Vasellame.

vaṣàro ● V. *vasaio.*

♦**vàsca** [ricavato dal lat. *vāscula*, pl. di *vāsculum*, dim. di *vās* 'vaso'; av. 1556] **s. f.** **1** Costruzione in muratura, cemento, lamiera o altro, incassata nel suolo o da esso sporgente, destinata a contenere acqua o altri liquidi, per uso domestico o industriale: *v. da bagno*; *la v. del bucato*; *al centro del cortile sta una v. che raccoglie l'acqua piovana*; *la v. dei pesci* | (*enol.*) Contenitore in muratura, cemento (anche vetrificato) o acciaio inossidabile, destinato a ricevere l'uva della vendemmia, il mosto in fermentazione o il vino già fatto. CFR. Tino | *V. elettrolitica*, contenente un liquido elettrolita di debole conduttività ed elettrodi che creano un campo elettrico, usata per applicazioni varie | *V. di tintoria*, tino | *V. di chiarificazione, di sedimentazione, di deposito*, in varie tecnologie, quella in cui viene fatto passare il liquido a velocità molto ridotta, per far depositare le sostanze da esso trasportate | *V. navale*, nei cantieri navali, bacino in cui si compiono esperimenti con modelli di natanti. **2** Tazza o bacino di fontana: *giardino con v.* **3** Piscina | *Fare una v.*, nel linguaggio dei nuotatori, percorrere in un senso la lunghezza della piscina, per allenamento: *fare sei vasche nuotando sul dorso*; (*fig.*) fare la passeggiata lungo la via principale di paesi o città di provincia. ‖ **vaschétta**, **dim.** (V.) | **vaschina**, **dim.** | **vascóna**, **accr.** | **vascóne**, **accr. m.**

vascellino [1957] **agg.** **1** Dim. di *vascello.* **2** Botticella in legno di ginepro, per la stagionatura dell'aceto balsamico.

vascèllo o †**vassèllo** [lat. tardo *vascĕllu(m)* 'vasetto', dim. di *vāsculum*, a sua volta dim. di *vās* 'vaso'; av. 1306] **s. m.** **1** (*mar.*) Nave | Grande nave da guerra a tre ponti, tre alberi altissimi, 80 e più pezzi di artiglieria e moltissime vele, in uso dalla fine del XVI sec. fino alla prima metà del XIX sec.: *v. di linea* | *Sottotenente, tenente, capitano di v.*, nella marina militare, gradi corrispondenti rispettivamente a tenente, capitano e colonnello dell'esercito | *Ufficiali di v.*, nella marina militare, tutti gli ufficiali del corpo di stato maggiore. **2** (*dial.*) Tino, botte a doghe. ‖ **vascellétto**, **dim.** | **vascellino**, **dim.** (V.).

vaschétta [1531] **s. f.** **1** Dim. di *vasca.* **2** Contenitore a forma di parallelepipedo, usato spec. per la vendita di prodotti alimentari: *una v. di gelato.* ‖ **vaschettina**, **dim.**

vascolàre o †**vasculàre** [dal lat. *vāsculum.* V. *vascolo*; 1750] **agg.** **1** (*anat.*) Vasale | *Sistema v.*, complesso dei vasi sanguigni. **2** (*bot.*) *Tessuto v.*, tessuto vegetale costituito da cellule morte che formano un sistema di tubi per il trasporto dell'acqua e delle soluzioni dalle radici alle foglie. **3** Che si riferisce ai vasi di terracotta: *arte v.*; *pitture vascolari etrusche.*

vascolarizzàto [da *vascolare*; 1891] **agg.** ● Ricco di vasi sanguigni: *tessuto v.*

vascolarizzazióne [da *vascolare*; 1875] **s. f.** ● (*anat.*) Distribuzione dei vasi sanguiferi in un tessuto | Irrorazione sanguigna dello stesso.

vàscolo [vc. dotta, lat. *vāsculu(m)*, dim. di *vās* 'vaso'; 1504] **s. m.** ● Recipiente metallico usato dai botanici per la raccolta delle erbe.

vascolopatia [comp. del lat. *vāsculum*, dim. di *vās* 'vaso' e *-patia*; 1961] **s. f.** ● (*med.*) Qualsiasi malattia dei vasi sanguigni.

vascolóṣo [dal lat. *vāsculum.* V. *vascolo*; 1826] **agg.** ● (*anat.*) Munito di vasi.

†**vasculàre** ● V. *vascolare.*

vasculite [comp. del lat. *vāsculum* (V. *vascolo*) e del suff. *-ite*] **s. f.** ● (*med.*) Infiammazione dei vasi sanguigni.

†**vaṣe** ● V. *vaso.*

vaṣectomia [comp. di *vaso* ed *-ectomia*; 1977] **s. f.** ● (*chir.*) Taglio e legatura dei dotti deferenti, a scopo di sterilizzazione maschile. SIN. Vasoresezione.

vaṣectomizzàre [da *vasectomia*; 1983] **v. tr.** ● Sottoporre a vasectomia.

vaṣectomizzàto **part. pass.** di *vasectomizzare*; anche **agg.** e **s. m.** ● Che (o chi) è stato sottoposto a vasectomia.

vaṣelina o (*pop.*) **vaṣellina** [fr. *vaseline*, dall'anglo-amer. *vaseline*, comp. del ted. *Wasser* 'acqua' (vc. germ. di orig. indeur.) e del gr. *élaion* 'olio d'oliva' (V. *olio*), col suff. *-ine* '-ina', caratteristico dei medicinali; 1891] **s. f.** ● Sostanza semisolida, filante, di consistenza d'unguento, ottenuta dai residui della distillazione del petrolio, usata in profumeria e in farmacia come eccipiente per pomate e unguenti, e nell'industria come lubrificante.

†**vaṣellàggio** [da *vasello*] **s. m.** ● Vasellame.

†**vaṣellàio** o †**vaṣellàro** [da *vasello*; sec. XIV] **s. m.** ● Vasaio.

vaṣellàme [comp. di *vasello* e *-ame*; 1354] **s. m.** ● Insieme di piatti, vassoi, tazze e sim. per la mensa, spec. se di valore: *v. d'argento.*

†**vaṣellaménto** [1336 ca.] **s. m.** ● Vasellame.

†**vaṣellàro** ● V. †*vasellaio.*

†**vaṣellière** [da *vasello*] **s. m.** ● Vasaio.

vaṣellina ● V. *vaselina.*

vaṣèllo [dim. di *vaso*; sec. XIII] **s. m.** (poet. troncato in †*vasèl* nel sign. 3) **1** Vasetto metallico contenente l'acqua con la quale il sacerdote cattolico, durante la liturgia della messa, si purifica le dita prima di toccare le specie eucaristiche. **2** (*lett.*) †Vaso, spec. per la mensa | (*fig.*) Persona, in quanto colma di particolari vizi o virtù | (*fig.*) †*Natural v.*, utero. **3** (*lett.*) †Vascello. ‖ **vaṣellétto**, **dim.** | **vaṣellino**, **dim.** | **vaṣellùzzo**, **dim.**

vaṣeria [da *vaso*; 1865] **s. f.** ● (*raro*) Assortimento di vasi, spec. da giardino.

vasistas /va'zistas, *fr.* vazis'tas/ [vc. fr., dall'espressione ted. *Was ist das?* 'che cosa è ciò?', n. scherzoso dato a questo tipo di apertura, attraverso la quale ci si può rivolgere a qualcuno; 1918] **s. m. inv.** ● Battente, girevole intorno al suo lato inferiore, posto nella parte alta di alcune finestre per consentire la ventilazione.

♦**vàṣo** o †**vàṣe** [lat. *vāsu(m)* (più comunemente *vās*), di etim. incerta; av. 1294] **s. m.** (**pl.** *vasi*, **m.**, †*vasa*, **f.**) **1** Recipiente di terracotta, vetro, metallo o altro materiale, di forma tondeggiante e varia, gener. più alto che largo: *v. di rame, di porcellana*; *v. con due anse*; *vasi greci, corinzi, etruschi*; *antichi vasi decorati* | *Portar vasi a Samo*, (*fig.*) fare qlco. di totalmente inutile | *Vasi vinari*, tini, botti, barili | *V. da notte*, orinale, pitale | *V. da fiori*, in terracotta, ricolmo di terra e forato alla base, per coltivarvi piante, oppure in cristallo o altro per collocarvi fiori recisi | *V. di coccio*, (*fig.*) detto di persona debole nei confronti di persone potenti (da una favola di Esopo; in un fiume un vaso di coccio badava a stare distante dai vasi di ferro) | *V. di Pandora*, (*fig.*) ricettacolo di tutti i mali o combinazione nefasta di guai, calamità e sim., dal mitico recipiente che Pandora ebbe in dono da Zeus | *Vasi sacri*, calice, pisside, ostensorio, ciborio | (*fig.*) *V. d'elezione*, *v. dello Spirito Santo*, (*per anton.*) San Paolo, su cui Dio pose la sua scelta per la propagazione della fede | *A v.*, a forma di vaso | *Potatura a v.*, forma libera di allevamento di alberi da frutta, quali pesco, mandorlo, pero, melo. CFR. scifo-. **2** Contenitore cilindrico, normalmente di vetro, a larga imboccatura, per prodotti alimentari, chimici, farmaceutici: *un v. per marmellata, per ciliegie sottospirito, per sottaceti.* SIN. Barattolo | (*fis.*) *V. di Dewar*, recipiente di vetro a doppia parete, con intercapedine isolante, usato per conservare l'aria liquida o altri gas liquefatti. **3** (*est.*) Quantità di sostanza contenuta in un vaso: *un v. d'acqua, di terra.* **4** Parte della latrina che accoglie i rifiuti, provvista in genere di sifone | *V. all'inglese*, con sedile costituito da una tavoletta di legno o plastica. **5** (*anat.*) Condotto tubulare attraversato da sangue o linfa: *vasi sanguigni, linfatici* | (*bot.*) Canale atto alla circolazione dei liquidi di un vegetale: *vasi laticiferi* | (*bot.*) *V. aperto*, trachea | (*bot.*) *V. chiuso*, tracheide. CFR. angio-. **6** (*arch.*) *V. di capitello*, parte del capitello foggiata a vaso, come quella a foglie d'acanto nei capitelli corinzi. **7** (*mar.*) Invasatura. **8** (*fis.*) *V. comunicante*, recipiente in comunicazione con un altro | *Principio dei vasi comunicanti*, quello secondo il quale uno stesso liquido raggiunge al loro interno un medesimo livello di equilibrio. ‖ **vaṣèllo**, **dim.** (V.) | **vaṣétto**, **dim.** | **vaṣino**, **dim.** | **vaṣóne**, **accr.** | **vaṣòtto**, **accr.**

vaṣocostrittóre [comp. di *vaso* e *costrittore*; 1936] **A** **agg.** (f. *-trice*) ● Detto di farmaco che agisce diminuendo il calibro dei vasi. **B** **s. m.** ● Farmaco o sostanza che provocano vasocostrizione.

vaṣocostrizióne [comp. di *vaso* e *costrizione*; 1961] **s. f.** ● (*med.*) Riduzione di calibro dei vasi sanguigni.

vaṣodilatatóre [comp. di *vaso* e *dilatatore*; 1936] **A** **agg.** (f. *-trice*) ● Detto di farmaco che agisce dilatando i vasi sanguigni. **B** **s. m.** ● Farmaco o sostanza che provocano vasodilatazione.

vaṣodilatazióne [comp. di *vaso* e *dilatazione*; 1955] **s. f.** ● (*med.*) Aumento di calibro dei vasi sanguigni.

vaṣomotilità [comp. di *vaso* e *motilità*; *motilità* è un adattamento dell'ingl. *motility* 'capacità di movimento', da *motile* 'capace di movimento', deriv. dal lat. *mōtus*, part. pass. di *mōvere* 'muovere'; 1961] **s. f.** ● (*anat.*) Capacità dei vasi di contrarsi o dilatarsi.

vaṣomotóre [comp. di *vaso* e *motore*; 1875] **agg.** ● Che presiede alla contrazione o dilatazione dei vasi: *nervo, farmaco v.*

vaṣomotòrio [comp. di *vaso* e *motorio*; 1905] **agg.** ● Della, relativo alla vasomotilità.

vaṣomotricità [comp. di *vaso* e un deriv. di *motrice*; 1965] **s. f.** ● (*raro*) Vasomotilità.

vaṣopressina [comp. di *vaso(costrizione)* e *press(ione sanguigna)*; 1961] **s. f.** ● Ormone del lobo posteriore dell'ipofisi avente azione vasocostrittrice-ipertensiva e antidiuretica. SIN. Pitressina.

vaṣoresezióne [comp. di *vaso* e *resezione*; 1983] **s. f.** ● Vasectomia.

vaṣospàṣmo [comp. di *vaso* e *spasmo*; 1961] **s. m.** ● (*med.*) Angiospasmo.

vaṣotonina [comp. di *vaso*, del gr. *tónos* 'tensione' e del suff. *-ina*; 1965] **s. f.** ● (*med.*) Sostanza che aumenta il tono vasale provocando contrazione o spasmo.

vassallàggio [da *vassallo*, sul modello del fr. *vasselage*; 1321] **s. m.** **1** Nella società feudale, contratto in base al quale un uomo libero si assoggettava a un signore il quale si impegnava a proteggerlo. **2** (*fig.*) Condizione di asservimento, soggezione e sim. SIN. Sudditanza. **3** †Servizio | *Fare v.*, prestare servizio. **4** (*raro, lett.*) Moltitudine di vassalli: *tutto il v. era colà riunito.* **5** (*fig.*) †Valore.

vassallàtico o (*raro*) **vassallitico** [1387] **agg.** (**pl. m.** *-ci*) ● Di, relativo a vassallo o a vassallaggio: *feudi vassallatici.*

vassallésco [1827] **agg.** (**pl. m.** *-schi*) ● Da vassallo: *omaggio v.*

vassallitico ● V. *vassallatico.*

vassàllo [lat. mediev. *vassāllu(m)*, da *văssus* 'servo', vc. di orig. celtica; 1303] **A** **s. m.** (f. *-a*) **1** Nella società feudale, uomo libero che si assoggettava a un signore mediante vassallaggio. **2** (*est.*) Suddito, sottoposto (*anche fig.*): *radunare i propri vassalli*; *li tratta come tanti vassalli.* **3** (*raro, lett.*) Servo, sguattero. **B** in funzione di **agg.** ● Che dipende da, che è soggetto a qlcu.: *nazione vassalla di una grande potenza*; *sfruttare i paesi vassalli.*

†**vassèllo** ● V. *vascello.*

vassoiàta [1879] **s. f.** **1** Quantità di oggetti che sono o possono essere contenuti da un vassoio: *una v. di confetti.* **2** (*raro*) Colpo di vassoio.

♦**vassóio** [etim. discussa: da *vassoio* 'vaglio', dal lat. parl. **versōriu(m)*, da *vĕrsus*, part. pass. di *vĕrrere* 'spazzare' (in questo caso 'ammassare il grano'), di orig. indeur. (?); av. 1400] **s. m.** **1** Grande piatto in vario materiale (argento, porcellana, legno, plastica ecc.), con bordo rilevato, generalmente di forma ovale o tonda, usato per trasportare piatti e bicchieri, servire vivande o rinfreschi, contenere servizi da tè o caffè, lettere, dolciumi o altro | (*est.*) Il contenuto del vassoio: *ci siamo mangiati un v. di paste.* *2* Sparviero (1), nel sign. 2. || **vassoiétto**, **dim.** | **vassoino**, **dim.**

†**vastàre** [vc. dotta, lat. *vastāre* 'render vuoto', da *vāstus* 'vuoto, spopolato', poi 'vasto'; av. 1557] **v. tr.** ● Devastare, distruggere.

vastasàta [dalla vc. dial. *vastaso* 'facchino'. V. *bastagio*; 1950] **s. f.** ● Farsa popolare siciliana del XVIII sec.

vastàso ● V. *bastagio.*

†**vastatóre** [vc. dotta, lat. *vastatōre(m)*, da *vastātus*, part. pass. di *vastāre*; 1584] **s. m.**; anche **agg.** (**f.** *-trice*) ● Devastatore.

†**vastazióne** [vc. dotta, lat. *vastatiōne(m)*, da *vastātus*, part. pass. di *vastāre*] **s. f.** ● Devastazione.

vastézza [sec. XVIII] **s. f.** ● (*raro*) Vastità.

vastità [vc. dotta, lat. *vastitāte(m)*, da *vāstus* 'vasto'; 1483] **s. f.** ● Condizione, caratteristica di ciò che è vasto: *la v. del mare, del cielo*; *la v. dello scibile*; *ammiro la v. del vostro ingegno*; *la v. dell'argomento da trattare non ci consente di essere brevi.* **SIN.** Ampiezza.

♦**vàsto** [vc. dotta, lat. *vāstu(m)* 'vuoto, spopolato', poi 'vasto', di orig. indeur.; av. 1320] **A agg.** *1* Di grande estensione: *oceano, cielo, deserto v.*; *un v. territorio*; *sala vasta e luminosa*; *un v. orizzonte si apriva dinanzi ai suoi occhi.* **SIN.** Ampio, spazioso. *2* (*fig.*) Di grande entità, rilevanza, importanza e sim.: *il v. silenzio della notte*; *di lontano per lo v. buio / i cani rispondevano ululando* (PARINI) | ***Di vasta cultura***, molto colto: *uomo di vasta cultura* | ***Di vaste vedute***, aperto, privo di pregiudizi e sim. | ***Di vaste proporzioni***, detto di cosa molto estesa, molto grave, molto importante e sim.: *incendio, rivolta, sommossa, riforma di vaste proporzioni* | ***Di vasta portata***, molto importante, gravido di conseguenze e sim.: *fenomeno di vasta portata* | ***Su vasta scala***, in grandi proporzioni: *commercio effettuato su vasta scala.* || **vastaménte**, **avv.** In modo vasto, con vastità. **B s. m.** ● (*anat.*) Voluminosa formazione muscolare degli arti | ***V. mediale, laterale***, nel braccio, porzione del muscolo tricipite; nella coscia, porzione del muscolo quadricipite. ➡ **ILL.** p. 2122 ANATOMIA UMANA.

vàte [vc. dotta, lat. *vāte(m)*, di orig. indeur.; 1342] **s. m.** *1* (*lett.*) Indovino | Poeta che pare animato da spirito profetico. *2* (*lett.*) Poeta di alta ispirazione: *io, / v. d'Italia a la stagion più bella, / in grigie chiome / oggi ti canto* (CARDUCCI) | ***Il sommo v.***, (*per anton.*) Dante.

vatèria [da A. *Vater*, botanico ted. del XVII sec.; 1829] **s. f.** ● Albero tropicale di una famiglia affine alle Guttifere dal cui seme si ricava un grasso chiamato 'sego del Malabar' (*Vateria*).

vaticanista [comp. di *Vatican(o)* e *-ista*; 1886] **s. m. e f.** (**pl. m.** *-i*) *1* Giornalista, studioso, esperto dell'attività religiosa e politica e dell'organizzazione del Vaticano. *2* Sostenitore della politica del Vaticano.

vaticàno [vc. dotta, lat. *Vaticānu(m) mōntem*, vc. di orig. etrusca; 1525] **A agg.** *1* Della città del Vaticano e dello Stato omonimo: *territorio v.*; *palazzi vaticani.* *2* Della Santa Sede: *il governo v.* **B s. m.** ● ***Il Vaticano***, governo temporale della Chiesa Cattolica: *la politica del V.*

vaticinàre [vc. dotta, lat. *vaticināri*, da *vātes* 'vate'; 1342] **v. tr.** (*io vaticino* o *vaticino*) ● (*lett.*) Predire, indovinare, profetizzare: *v. una guerra, la vittoria, una sventura.*

vaticinatóre [vc. dotta, lat. *vaticinatōre(m)*, da *vaticinātus*, part. pass. di *vaticināri* 'vaticinare'; 1840] **s. m.**; anche **agg.** (**f.** *-trice*) ● (*lett.*) Chi (o Che) vaticina. **SIN.** Indovino, profeta.

vaticinazióne [vc. dotta, lat. *vaticinatiōne(m)*, da *vaticinātus*, part. pass. di *vaticināri* 'vaticinare'; 1690] **s. f.** ● (*raro*) Il vaticinare | Vaticinio. **SIN.** Profezia, predizione.

vaticinio [vc. dotta, lat. *vaticīniu(m)* (nel lat. classico normalmente adoperato al pl.), in rapporto a *vaticināri*, come *lenocīnium* a *lenocināri*, *patrocīnium* a *patrocināri*, ecc.; 1441] **s. m.** ● (*lett.*) Il vaticinare | profezia, predizione solenne: *il v. s'è avverato.* **SIN.** Divinazione.

†**vatìcino** [vc. dotta, lat. *vatĭcinu(m)*, da *vaticināri* 'vaticinare'; sec. XVI] **s. m.** ● Indovino.

vattelappésca o (*raro*) **vàttel a pésca**, (*raro*) **vàttel'a pésca**, (*evit.*) **vattelapésca** /vattela(p)'peska/ [da una forma dial. *vattelo a pesca* 'vattelo a pescare'; av. 1850] **avv.** ● (*fam.*) Vallo a indovinare, va' tu a saperlo, chissà (esprime incertezza, dubbio, ignoranza assoluta e sim.): *v. come si chiama*; *v. dove sarà!*

vàttene ● V. *andare* (*1*).

vàtti ● V. *andare* (*1*).

vauchèria /voʃ'ʃɛrja, vau'kɛrja/ [chiamata così in onore del botanico ginevrino J. P. *Vaucher* (1763-1841); 1957] **s. f.** ● Alga filamentosa delle Sifonali, che vive in acqua dolce e sul terreno umido ove forma praterie di colore verde scuro (*Vaucheria*).

vàuda [dal longob. *wald* 'bosco'. V. *gualdo*; 1957] **s. f.** ● (*dial., sett.*) Baraggia.

vaudeville /*fr.* vod'vil/ [vc. fr., di etim. discussa: deformazione di un precedente *vaudevire*, da *Vau de Vire*, n. di una regione del Calvados in cui le canzoni ebbero successo nel XV sec. (?); 1758] **s. m. inv.** *1* Canzone moralistico-satirica in forma condensata ed epigrammatica. *2* Genere teatrale leggero, misto di parti recitate e cantate, sorto in Francia nei primi decenni del sec. XIX e continuato fino agli inizi del XX. *3* Tipo di teatro di varietà in voga negli Stati Uniti fra la fine del XIX sec. e gli inizi del XX.

vaurien /*fr.* vo'rjɛ̃/ [vc. fr., propr. 'brigante', comp. di *vaut* 'vale' e *rien* 'niente'] **s. m. inv.** ● (*mar.*) Deriva con carena a spigolo, dotata di randa e fiocco, con un equipaggio di due persone.

vavórna [forma pop. di *viburno*] **s. f.** ● (*bot.*) Lantana.

♦**ve** /ve/ [V. *vi* (*1*); sec. XIII] **A pron. pers.** atono di seconda **pers. m.** e **f. pl.** (forma che il **pron.** e **avv.** *vi* assume davanti ai **pron.** atoni *la, le, li, lo* e alla particella *ne*) *1* A voi (come compl. di termine in posizione sia encl. sia procl.): *ve ne parlerò*; *cosa ve ne importa?*; *non ve lo posso dare*; *ve li spedirò al più presto*; *verrò io stesso a portarveli*; *desidero parlarvene.* *2* Voi (come compl. ogg. in posizione sia encl. sia procl.): *vorrei farvene convinti* | Nella coniug. dei v. intr. pron.: *ve ne pentirete.* *3* (*pleon.*) Con valore raff. e intens.: *vedetevela da soli*; *ve lo immaginate che risate?*; *potete andarvene*; *cercate di ricordarvelo.* **B avv.** ● Là, lì, nel luogo di cui si parla: *prese uno sgabello e ve li appoggiò*; *non ve n'è più nemmeno uno* | †Anche encl.: *sonvene molti.*

ve' /ve, ve*/ o **veh** [da *ve(di)*; sec. XIV] **inter.** *1* Si usa, con il sign. di 'bada', per rafforzare un avvertimento, una raccomandazione, un ammonimento, una minaccia e sim.: *attento, ve', che cadi!*; *studia, ve'!*; *non provarti a disubbidirmi, veh!* *2* Si usa per rafforzare un'affermazione o una negazione: *sì, ve', è proprio vero*; *no, ve', che non lo farò!*; *è buono ve' questo vino.* *3* Esprime meraviglia, stupore, ammirazione e sim.: *Veh!, che bello!*; *com'è grande, ve'!*; *ve' che non par che luca / lo raggio da sinistra a quel di sotto* (DANTE *Purg.* V, 4-5).

've /ve*, ve/ ● V. *ove.*

vècchia [f. di *vecchio*; 1918] **s. f.** ● Donna molto avanzata in età: *una v. brutta e grinzosa* | (*per anton.*) La Befana | ***V. carampana***, (*sett.*) meretrice; (*pop.*) vecchia brutta e sfatta. || **vecchiàccia**, **pegg.**

♦**vecchiàia** [da *vecchio*; 1476] **s. f.** *1* L'età avanzata della vita, caratterizzata da decadimento delle funzioni organiche e atrofia di organi e tessuti: *tarda v.*; *i malanni, gli acciacchi, gli incomodi della v.*; *v. precoce* | ***Pensare alla v.***, fare economia per disporre di mezzi economici quando non si potrà più guadagnare | ***Bastone della v.***, (*fig.*) persona che è di aiuto e sostegno materiale o morale a una persona anziana | ***Indice di v.***, rapporto fra l'ammontare della popolazione in età senile e l'ammontare della popolazione in età infantile e giovanile. **CONTR.** Giovinezza. *2* (*raro*) Persone vecchie, intese in quanto gruppo, categoria e sim.: *rispettare la v.* *3* †Vecchiume.

vecchiàrdo [da *vecchio*, sul modello di *vegliardo*; 1323] **s. m.** (**f.** *-a*) *1* (*lett.*) Persona vecchia: *un canuto v.* *2* (*lett.*) Vecchio malizioso: *Susanna e i vecchiardi.*

†**vecchiàre** [da *vecchio*] **v. intr.** ● (*raro*) Invecchiare.

vecchiarèllo ● V. *vecchierello.*

vecchiàta [da *vecchio*; 1847] **s. f.** *1* (*raro, disus.*) Scappatella di persona vecchia: *fare una v.* *2* †Usanza antica, vecchia.

†**vecchìccio** [sec. XV] **agg.** ● Che ha del vecchio.

†**vecchierèccio** o †**vecchiericcio** **agg.** ● Piuttosto vecchio.

vecchierèllo o **vecchiarèllo** [1353] **s. m.** (**f.** *-a*) *1* Dim. di *vecchio.* *2* Vecchietto debole, quieto, buono: *muovesi il vecchierel canuto e bianco* (PETRARCA). || **vecchierellino**, **dim.**

†**vecchierìccio** ● V. †*vecchiereccio.*

vecchiétto [av. 1400] **s. m.** (**f.** *-a*) *1* Dim. di *vecchio.* *2* Anziano arguto, simpatico: *un arzillo v.* || **vecchiettino**, **dim.**

vecchiézza [sec. XIII] **s. f.** *1* (*raro*) Condizione di chi è vecchio: *v. sana, prospera, fiorente, valida*; *una triste v.* | Vecchiaia: *vivere fino all'estrema v.*; *di v. / la detestata soglia / evitar non impetro* (LEOPARDI). *2* (*raro*) Condizione di ciò che è vecchio (*anche fig.*): *mobile di grande v.*; *sono pagine che rivelano la loro v.*

vecchìle **agg.** ● (*raro, lett.*) Di vecchio.

♦**vècchio** (**1**) [lat. tardo *vĕclu(m)*, da un precedente **vĕtlu(m)*, per il classico *vĕtulu(m)*, dim. di *vĕtus* 'vecchio'; 1211] **A agg.** *1* Di persona che ha molti anni di vita, che è nel periodo della vecchiaia: *essere v.*; *un gruppo di vecchie comari* | ***Essere più v. di Noè, di Matusalemme***, (*fig.*) essere vecchissimo | ***Essere più, meno v. di qlcu.***, essere maggiore, minore di età | (*est.*) Che ha i caratteri propri della vecchiaia, che è privo di freschezza, prestanza, innocenza e, più gener. delle doti fisiche e spirituali proprie della giovinezza: *viso v.*; *sentirsi v.*; *è giovane di età ma v. di spirito.* **CFR.** gero-, geronto-. **SIN.** Anziano. **CONTR.** Giovane. *2* Più anziano, nato prima, quando si vogliono distinguere due personaggi dello stesso nome e di diversa età: *Plinio il v.*; *Palma il v.* *3* Che ha molti anni, detto di animali o piante: *un v. cane*; *una vecchia quercia* | ***Vigna vecchia***, piantata da almeno trent'anni | ***Luna vecchia***, nell'ultimo quarto | ***Rami vecchi***, inariditi | (*est.*) Detto di prodotto maturo, stagionato: *formaggio, vino, legno v.* | (*est.*) Detto di prodotto agricolo o alimentare che risale all'anno precedente: *salame, grano v.* *4* (*est.*) Di un tempo, d'altri tempi, di un periodo precedente o di molti anni prima, spec. in contrapposizione a nuovo: *una vecchia chiesa*; *il v. sindaco* | ***Una vecchia notizia***, saputa da tempo | Antico: *una città molto vecchia*; *le vecchie mura*; *il V. Testamento* | ***Vecchio stile***, detto di ciò che è un po' fuori dal suo tempo: *un signore v. stile*; *abito v. stile* | ***Vecchio stampo***, (*fig.*) che corrisponde a uno stile, a un modello d'altri tempi: *un gentiluomo v. stampo.* *5* (*est., fig.*) Che risale a molti anni addietro, che dura da molto tempo, inveterato: *una vecchia abitudine*; *un v. vizio*; *una vecchia malattia* | ***Vecchia storia***, (*fig.*) cosa che si sente, si ripete e sim. da anni | (*est.*) D'antica data: *una vecchia amicizia*; *una vecchia offesa non vendicata*; *l'ultimo esponente della vecchia nobiltà cittadina* | ***La vecchia guardia***, i fedeli della prima ora (dalla loc. fr. 'vieille garde', denominazione della Guardia imperiale creata da Napoleone nel 1804): *la vecchia guardia muore ma non si arrende* | ***Una vecchia conoscenza***, persona che si conosce da tempo | ***Una vecchia conoscenza della polizia***, (*scherz.*) un malfattore ben noto. **CFR.** vetero-. *6* (*fig.*) Trito, vieto, superato: *leggi, usanze vecchie*; *vecchi principi.* *7* (*fig.*) Usato, portato da tempo e ormai logoro per l'uso: *abito v.*; *scarpa vecchia* | ***Roba vecchia***, oggetti, suppellettili e sim. usati. **SIN.** Frusto, logoro. *8* (*fig.*) Esperto: *è v. del mestiere* | ***Vecchia volpe***, (*fig.*) persona scaltrita dall'esperienza, astutissima | (*fig.*) Provetto in un'arte, professione, mestiere e sim.: *un v. maestro.* *9* (*scherz.*) †Grande: *so ch'egli ebbe di vecchie paure* (PULCI). || **vecchiaménte**, **avv.** **B s. m.** *1* (**f.** *-a* (V.)) Persona vecchia: *i vecchi e i giovani*; *un v., bianco per antico pelo* (DANTE *Inf.* III, 83); *la sapienza, la prudenza dei vecchi*; *ospizio dei vecchi*; *un v. cadente, decrepito* | (*fam.*) ***I miei vecchi***, (*fam.*) i miei genitori | (*al pl.*) Gli antichi, i predecessori, gli antenati o, gener., gli uomini delle generazioni precedenti: *i nostri vecchi avevano ragione*; *i vecchi lo dicevano.* *2* (*solo sing.*) Ciò che è stantio: *questo burro sa di v.* | (*fig.*) Ciò che è trito, vieto, superato e sim.: *abolire il v.*; *sostituire il v. col nuovo.* || **vecchiàccio**, **pegg.** | **vecchicciuòlo**, **dim.** | **vecchiarèllo**, **vecchierèllo**, **dim.** (V.) | **vecchiétto**, **dim.** (V.) | **vecchino**, **dim.** | **vecchióne**, **accr.** (V.) | **vecchiùccio**, **vecchiùzzo**, **dim.**

†**vècchio** (**2**) [lat. *vĭtulu(m marīnum)* 'vitello mari-

no'. V. *vitello*; av. 1484] **s. m.** ● (*lett.*) Foca, solo nella loc. ***v. marino***.

vecchióne [i 'marroni' sono detti così perché hanno la pelle grinzosa come i *vecchi*; 1481] **s. m.** ***1*** (**f.** *-a*) Accr. di *vecchio*. ***2*** (*spec. al pl., fig.*) Marroni secchi e cotti nel vino col guscio | (*tosc.*) Marroni lasciati seccare col guscio, senza essere cotti nel vino.

vecchiòtto [1619] **A agg.** ● Alquanto vecchio: *essere v.*; *una casa vecchiotta* | (*fig.*) Antiquato, disusato: *son cose piuttosto vecchiotte*. **B s. m.** (**f.** *-a*) ● (*raro*) Uomo vecchio ma prestante: *un bel v.*

†**vecchitùdine** [da *vecchio*, sul modello di s. come *beatitudine*] **s. f.** ● Vecchiezza.

vecchiùme [da *vecchio*; sec. XV] **s. m.** ***1*** (*spreg.*) Insieme di cose vecchie: *liberatemi da tutto questo v.* **SIN.** Ciarpame. ***2*** (*fig., spreg.*) Insieme di idee, principi, usanze e sim., viete, trite, superate.

véccia [lat. *vĭcia(m)*, di etim. incerta; av. 1320] **s. f.** (**pl.** *-ce*) ● Pianta erbacea delle Leguminose, buona foraggera, con foglie pennate terminate da un cirro e fiori ascellari (*Vicia sativa*). ➡ **ILL. piante**/7.

vecciarino [da *veccia*; 1891] **s. m.** ● Piccola leguminosa erbacea, comune nei luoghi selvatici, con fiori variopinti (*Coronilla varia*). **SIN.** Erba ginestrina.

vecciàto [sec. XIV] **agg.** ● Mescolato con veccia | ***Pane v.***, di farina di grano e veccia.

vecciòla [1891] **s. f.** ● (*bot.*) Veccia selvatica.

veccióne [da *veccia*; 1813] **s. m.** ● (*bot.*) Nome comune di un latiro perenne, con fusto alato e un solo paio di foglioline lanceolate, spontaneo nei prati aridi e ai margini dei boschi dell'Europa e dell'Asia (*Lathyrus sylvestris*). **SIN.** Cicerchione.

veccióso [1588] **agg.** ● Che contiene molta veccia: *grano v.* | Vecciato.

vecciùle [da *veccia*, sul modello di *favule*; av. 1597] **s. m.** ● (*lett.*) Gambo della veccia segata.

véce o †**vice** (**2**) [lat. *vĭce(m)*, di orig. indeur.; 1308] **s. f.** ***1*** (*lett.*) Vicenda, mutamento: *quando con v. assidua / cadde risorse e giacque* (MANZONI). ***2*** (*spec. al pl.*) Funzione, mansione, ufficio, spec. nella loc.: ***fare le veci di qlcu.***, esercitarne le funzioni, sostituirlo in un ufficio: *fare le veci del sindaco, del preside*; *firma del padre o di chi ne fa le veci*. **CFR.** vice-. ***3*** Nella loc. prep.: ***in v. di***, al posto di | ***In v. mia, tua, sua***, o ***in mia, tua, sua v.***, al posto mio, tuo, suo | †***In v. di***, in forme, in sembianze di: *si presentò in v. di ortolano* | ***In quella v.***, in cambio | V. anche *invece*.

†**vececónte** ● V. †*viceconte*.

†**veceré** ● V. *viceré*.

†**vecòrde** [vc. dotta, lat. *vecŏrde(m)*, comp. della particella peggiorativa *ve-* e *cŏr*, genit. *cŏrdis* 'cuore'; 1499] **agg.** ● Dappoco, vile.

Vèda /'veda, *sanscrito* 'veːdʌ/ [sanscrito *veda*, sost. di *veda* 'io so', di orig. indeur.; 1819] **s. m. inv.** ● (*relig.*) Ciascuna delle quattro raccolte di testi religiosi e poetici, che costituiscono i primi documenti letterari dell'India, scritti in sanscrito arcaico.

vedènte [1321] **A part. pres.** di *vedere*; anche **agg.** ***1*** Nei sign. del v. ***2*** (*raro*) ***Lui v.***, in sua presenza. **B s. m. e f.** ● Chi vede, chi ha la sensazione visiva | ***Non v.***, (*eufem.*) cieco: *assistenza ai non vedenti*.

♦**vedére** (**1**) [lat. *vidēre*, di orig. indeur.; av. 1250] **A v. tr.** (**pres.** *io védo*, **lett.** *véggo*, **poet.** †*véggio*, *tu védi*, †*véi*, †*ve'*, *egli véde*, *noi vediàmo*, **poet.** †*veggiàmo*, **dial.** †*vedémo*, *voi vedéte*, *essi védono*, **lett.** *véggono*, **poet.** †*véggiono*; **imperf.** *io vedévo*, **poet.** *vedéva*, †*vedìa*; **fut.** *io vedrò*, **poet.** †*vederò*, *tu vedrài*, **poet.** †*vederài*; **pass. rem.** *io vìdi*, **poet.** †*vedètti* (o †*-étti*), **poet.** †*vedéi*, †*véddi*, †*viddi*, *tu vedésti*, *egli vide*, †*vedètte* (o †*-étte*), *noi vedémmo*, †*vìddimo*, *voi vedéste*, *essi vìdero*, **poet.** †*vedèttero* (o †*-éttero*), †*vedérono*, †*vìdono*; **congv. pres.** *io véda*, **poet.** *végga*, **poet.** †*véggia...*, *noi vediàmo*, **poet.** †*veggiàmo*, *voi vediàte*, **poet.** †*veggiàte*, *essi védano*, **poet.** *véggano*, **poet.** †*véggiano*; **condiz. pres.** *io vedrèi*, †*vederèi*, *tu vedrésti*, †*vederésti*; **imperat. pres.** *védi*, †*ve'*, *vedéte*; **ger.** *vedèndo*, **poet.** †*veggèndo*; **part. pres.** *vedènte*, o *veggènte*; **part. pass.** *visto* o *vedùto*, †*vìso*) ***1*** Percepire con gli occhi la realtà concreta (*anche assol.*): *v. il sole, la luna, le stelle*; *v. chiaramente gli oggetti*; *v. in modo confuso*; *v. un viso amico*; *non ho visto in tempo l'ostacolo*; *li ho visti cadere ad uno ad uno*; *lo abbiamo visto così malandato che ci ha fatto veramente pena*; *di qui si vede un panorama stupendo*; *non riesco a v. nulla per colpa della nebbia* | ***V. coi propri occhi***, assistere direttamente a qlco. | ***L'ho visto io***, ***l'ho visto con questi occhi***, per confermare e garantire la veridicità di quanto si asserisce | ***L'ho visto nascere***, (*fig.*) l'ho accudito fin dal primo giorno di vita | (*fig.*) ***La casa, la terra*** e sim. ***che lo ha visto nascere***, dove è nato | ***V. la luce***, nascere, detto di persona; (*fig.*) giungere a compimento, detto di cosa | (*fig.*) ***Non v. l'ora***, ***il momento*** e sim., essere estremamente impaziente, desideroso e sim.: *non vedo l'ora di finire, di arrivare, di conoscerlo* | (*assol.*) ***V., vederci***, avere il senso della vista | ***Non v., non vederci***, essere in parte o totalmente privo della vista | ***V., vederci poco, male***, o ***poco e male***, non distinguere bene | (*assol.*) ***Qui non ci si vede***, c'è troppo buio | (*assol., fig.*) ***Non vederci per la fame***, essere affamato oltre ogni dire | (*assol.*) ***V., vederci da un occhio, da un solo occhio***, disporre di un solo organo visivo | (*assol.*) ***Vederci doppio***, percepire le immagini sdoppiate per stanchezza, ubriachezza e sim.; (*fig.*) essere stanchissimo, ebbro e sim. | ***V. per credere***, appurare direttamente qlco. per convincersene (*anche assol.*): *voglio v., per credere* | (*assol.*) ***Avere gli occhi per v.***, (*fig.*) potere o sapere appurare qlco. da solo | (*assol.*) ***Quattro occhi vedono meglio di due***, (*fig.*) se ci si aiuta si ottengono migliori risultati | ***Farsi v.***, mostrarsi: *farsi v. diversi da come si è veramente* | ***Stare a v.***, assistere a qlco. senza prendervi parte, non immischiarsi | (*assol.*) ***Staremo a v.!***, (*fig.*) aspettiamo, per vedere quello che accadrà, come andrà a finire e sim. | (*assol.*) ***Vedremo!***, escl. di riserva, prudenza e sim., con cui si rimanda ad epoca futura l'accertamento di qlco.: *dite che ha torto? Vedremo!* | ***La vedremo!***, escl. di minaccia | ***Vorrei vederlo***, in escl. di desiderio e sim.: *vorrei vederlo ricco, povero, misero, morto* | ***Vorrei v. te al posto mio***, per stroncare critiche che si ritengono infondate, ingiustificate e sim. | ***Far v.***, mostrare | (*fig.*) ***Farne v. a qlcu. di tutti i colori, di cotte e di crude, di belle e di brutte***, fargli subire o sopportare dolori, delusioni, disagi d'ogni sorta | (*fam.*) ***Te lo farò, te lo faccio v. io***, escl. di minaccia (*anche scherz.*) | (*fig.*) ***V. qlcu. o qlco. di buon occhio***, considerare con favore, con simpatia | ***Non poter v. qlcu.***, (*fig.*) non sopportarlo, averlo in antipatia e sim. | ***Non farsi v.***, agire di nascosto | ***V. qlcu. bene in viso***, (*fig.*) affrontarlo apertamente | (*assol.*) ***Vedo!***, nel gioco del poker, formula usata per accettare la giocata dell'avversario e farsi mostrare le carte. ***2*** Esaminare, leggere: *vorrei v. un testo di psicologia*; *ho appena visto il suo ultimo libro* | ***V. i conti***, controllarli | ***Vedi***, abbreviato in ***V.***, seguito dalla indicazione della pagina, del paragrafo e sim., serve per rinviare il lettore di un testo ad altro luogo dello stesso o ad un'opera in esso citata. ***3*** Avere innanzi a sé, trovarsi presente in un determinato luogo, essere testimone di un particolare avvenimento: *v. un saggio ginnico, un incontro di boxe, una partita di calcio*; *andare a v. un film, una rivista* | Visitare: *v. un museo, una fiera, un'esposizione*; *non hai visto la mostra del Guercino?* ***4*** Incontrare, detto di persona: *lo sai chi ho visto oggi?*; *non lo vedevo da molto tempo*; *sono felicissimo di vederti* | (*fam.*) ***Guarda chi si vede!***, esprime lieta sorpresa per un incontro inatteso | ***Fatevi v.***, ***si faccia v. presto*** e sim., formula spec. fam. con cui si invita qlcu. a farci visita | ***Non farsi v.***, ***non farsi più v.***, evitare incontri, visite e sim.: *ha detto che sarebbe venuto ma non si è più fatto v.* | ***Non essersi visto***, detto di chi non è ancora arrivato: *ancora non si è visto* | ***Chi si è visto si è visto***, ***chi si è visto s'è visto***, formula usata per manifestare indifferenza o disinteresse per le conseguenze che potranno derivare da un dato comportamento: *ho detto che partirò, e chi s'è visto s'è visto*; *io vado fino in fondo alla questione, e chi s'è visto s'è visto* | ***Non mi vedrete più***, me ne vado per sempre | ***Non voler v. qlcu.***, sfuggirlo, evitarlo | ***Farsi v. dal medico***, farsi visitare. ***5*** (*fig.*) Contemplare con gli occhi della mente, della fede e sim.: *v. Dio, il Paradiso* | Sognare, raffigurarsi nel pensiero, nella fantasia, nella memoria e sim.: *v. qlcu. in sogno*; *vedo i bei tempi della mia fanciullezza*; *v. immagini irreali, mostri fantastici* | Prevedere, vaticinare: *vedo prospettive poco piacevoli* | ***V. rosa***, ***v. nero***, fare previsioni ottimistiche, pessimistiche; anche, essere ottimista, pessimista. ***6*** (*fig.*) Sentire: *vedrai cosa ti risponderà*; *l'ho fatto solo per v. cosa avrebbero detto*; *hai visto cosa sono capaci di dire i maligni?* ***7*** Accorgersi di qlco., notare qlco.: *non vedi come soffre?*; *vide che gli mancava una valigia*; *si vede la bontà sul suo viso*; *gli si vede la gioia negli occhi*; *vedo che è tardi, che è ora di partire*; *ho visto troppo tardi che era un disonesto*. ***8*** (*fig.*) Intendere, conoscere, capire: *v. il vero*; *dai fatti si vede il valore di un uomo*; *non vedi come è facile?*; *solo ora vedo che mi sono sbagliato*; *non vedo la ragione di agire diversamente*; *non vedo perché dovrei ubbidirti*; *si vede subito che è matto*; *non riesco a v. bene, chiaramente le sue intenzioni*; *non vedo cosa vogliate da me* | ***Vedo!***, capisco | ***Veda!***, ***Vedete!*** e sim., invito a ben considerare qlco. | ***Si vede che***, è evidente che, è logico supporre che: *si vede che non lo sapeva* | ***Dare a v.***, far capire | ***Non dare a v.***, nascondere, non lasciar capire | ***Far v.***, ***farsi v.***, dimostrare, dimostrarsi | ***V., vederci chiaro***, capire bene | ***Non vederci chiaro***, detto spec. a proposito di situazioni particolarmente confuse, complesse, problematiche e sim.: *sarà come dite voi, ma io non ci vedo chiaro*. ***9*** (*fig.*) Considerare, giudicare: *lasciami v. bene tutta la faccenda*; *la situazione? non la vedo troppo bene*; *nei pericoli si vede l'uomo* | Verificare: *voglio proprio v. se hai tanto coraggio, se ne sei capace* | ***Vedrò***, ***vedremo***, e sim., formula con cui si cerca di prendere tempo, per non dare un giudizio o una risposta immediata | ***A mio modo di v.***, secondo il mio giudizio, la mia opinione, e sim. ***10*** Tentare, provare: *vediamo se il gioco riesce* | ***Vediamo***, ***vediamo un po'***, e sim., formula con cui si è soliti introdurre un tentativo, una prova e sim.: *e adesso, vediamo un po' se funziona* | ***V. di***, cercare: *vedremo di accontentarvi*; *vedi di trovarmi questo libro* | ***V. il modo***, ***la maniera***, ***la via***, cercare di trovare il modo, la maniera, la via per raggiungere un dato risultato. ***11*** Registrare: *l'ultimo trimestre ha visto un aumento di consumi*. ***12*** Spec. nella loc. ***avere a che v. con qlco., con qlcu.***, riferirsi, essere in rapporto, in relazione e sim.: *è un ragionamento che non ha nulla a che v. coi fatti*; *con quell'individuo io non ho nulla a che v.* **B v. rifl.** ***1*** Percepire la propria immagine: *vedersi nello specchio*. ***2*** (*fig.*) Credersi, ritenersi, sentirsi: *vedersi salvo, perduto, sconfitto*; *mi vedo obbligato a risponderti*; *si vide costretto a reagire*. ***3*** (*fig.*) Riconoscersi: *in lui mi vedo bambino*. **C v. rifl. rec.** ● Incontrarsi: *vedersi a scuola, al cinema, per strada, in treno, sull'autobus*; *ci vediamo domani alle sette*; *non ci vedremo più* | ***Vedersi da qlcu.***, a casa sua, presso di lui: *ci vediamo domani da tua zia*.

♦**vedére** (**2**) [da *vedere* (*1*); av. 1250] **s. m.** solo **sing.** ***1*** Il vedere | ***Al v.***, vedendo: *al v. un simile spettacolo rimase di stucco* | †***Al v.***, da quel che si vede, a quanto pare. ***2*** (*raro*) Vista: *perdere il v.* ***3*** Veduta | ***Bel v.***, V. anche *belvedere*. ***4*** Apparenza, spec. nella loc. ***fare un bel***, ***un brutto v.***, apparire bene, male. ***5*** Sapere, opinione, giudizio, spec. nella loc. ***a mio, tuo, suo, nostro v.***, secondo la mia, tua, sua, nostra opinione.

vedétta (**1**) [da *veletta* (*2*), deformata paretimologicamente per accostamento a *vedere*; 1483] **s. f.** ***1*** (*mil.*) Luogo elevato sulle mura di una fortezza da dove si vigila intorno e lontano | ***Essere, stare di v., alla vedetta***, stare di guardia in tale luogo o comunque in un punto adatto all'osservazione; (*fig., disus.*) stare sul chi vive, all'erta e sim. ➡ **ILL.** p. 2120 ARCHITETTURA. ***2*** (*est.*) Guardia alla vedetta | Sentinella posta in prossimità del nemico, nella trincea più avanzata, in collegamento col posto da cui era distaccata | Marinaio posto in un punto elevato di una nave o sull'albero prodiero, per osservare e riferire ogni elemento rilevante ai fini della navigazione. ***3*** (*mar.*) Nave militare piccola, velocissima, per la caccia ai sommergibili e la vigilanza costiera. ***4*** (*spec. al pl.*) †Finestrini, nella fornace del vasaio.

vedétta (**2**) [1933] **s. f.** ● Adattamento di *vedette* (V.).

vedette /*fr.* və'dɛt/ [vc. fr., dall'it. *vedetta* (*1*); 1923] **s. f. inv.** ***1*** Attore o attrice di gran fama. ***2*** (*est.*) Persona nota o di spicco nel suo campo d'attività.

†**vedévole** **agg.** ● Vedibile, visibile.

vedìbile [da *vedere* (*1*); 1588] agg. ● (*raro*) Visibile.

vèdico [1871] **A** agg. (pl. m. *-ci*) ● Relativo ai Veda: *inni vedici.* **B** s. m. ● Antica lingua indiana, usata nei Veda.

†**vediménto** [da *vedere* (*1*)] s. m. *1* Vista, occhi. *2* Apparenza | Visione.

vedìsmo [comp. di *ved(a)* e *-ismo*; 1937] s. m. ● Complesso delle credenze religiose, dei comportamenti culturali e degli indirizzi di pensiero che, nell'India antica, derivano dai Veda.

†**veditóre** [1342] s. m. (f. *-trice*) *1* Chi vede. SIN. Spettatore. *2* Sentinella | Ispettore.

♦**védova** [lat. *vĭdua(m)*, di orig. indeur., propr. 'colei che è priva'; 1294] s. f. *1* Donna cui è morto il marito: *rimanere v.*; *v. con figli* | (*disus., fig.*) V. bianca, moglie di un emigrato | (*bot.*) ***Fior della v.***, scabiosa. *2* Passeraceo africano il cui maschio, in abito nuziale, ha lunghissime penne timoniere (*Steganura paradisea*). *3* ***V. nera***, piccolo ragno delle zone aride americane che ha veleno pericoloso anche per l'uomo e divora il maschio dopo l'accoppiamento (*Latrodectus mactans*). || **vedovàccia**, pegg. | **vedovèlla**, dim. (V.) | **vedovétta**, dim. | **vedovìna**, dim. (V.).

†**vedovàggio** [da *vedovo*; 1308] s. m. ● Stato vedovile. SIN. Vedovanza.

†**vedovàle** o †**veduàle**, †**viduàle** [da *vedovo*, sul modello del lat. tardo *viduālis*] agg. ● Vedovile.

vedovànza [av. 1306] s. f. ● Condizione di chi è vedovo | ***La v. d'una chiesa***, (*fig.*) condizione di una chiesa priva del suo parroco.

vedovàre [da *vedovo*, sul modello del lat. *viduāre*; 1308] **A** v. tr. (*io védovo*) *1* (*lett.*) Rendere vedovo. *2* (*fig., lett.*) Rendere privo di qlco. **B** v. intr. ● †Vivere da vedovo, in condizione di vedovanza. **C** v. intr. pron. ● †Spogliarsi, rimanere privo di qlco.

†**vedovarìa** s. f. ● Vedovanza.

†**vedovàtico** [1342] s. m. *1* Stato vedovile. *2* Abito da lutto.

vedovèlla [av. 1532] s. f. *1* Dim. di *vedova* | Vedova giovane e graziosa (*spec. iron.*). *2* (*bot.*) Scabiosa. *3* (*zool.*) Piccola scimmia dei Cebidi, delle foreste brasiliane, nera a muso bianco (*Callicebus torquatus*).

†**vedovézza** [av. 1306] s. f. ● Vedovanza: *Non è chi cure en mia v.* (JACOPONE DA TODI).

vedovile o †**vidovile**, †**viduile** [1353] **A** agg. *1* Di vedovo o vedova: *condizione v.*; *abito, stato v.*; *lutto v.*; *una povera donna in gramaglie vedovili* (PIRANDELLO). *2* Che spetta a chi è vedovo: *pensione v.* | ***Terzo, quarto v.***, (*ellitt.*) quota ereditaria spettante al vedovo o alla vedova. **B** s. m. *1* (*disus.*) Periodo del lutto vedovile. *2* Quota ereditaria spettante al vedovo o alla vedova.

vedovìna [av. 1742] s. f. *1* Dim. di *vedova*. *2* (*bot.*) Scabiosa.

†**vedovità** o †**vedovitàde**, †**vedovitàte**, †**veduità**, †**vidovità**, †**viduità** [da *vedovo*, sul modello del lat. *vidŭitas*, genit. *viduitātis*; 1525] s. f. ● Stato vedovile.

♦**védovo** [lat. *vĭduu(m)*, m. di *vĭdua* 'vedova' (V.); 1294] **A** agg. *1* Detto di persona cui è morto il coniuge: *padre v.*; *madre vedova.* *2* (*fig., lett.*) Privo, privato, orbato: *d'ogni dolcezza v. … / ma placido il mio stato* (LEOPARDI) | ***Regno v.***, rimasto senza il re | ***Altare v.***, privo delle sacre specie per la commemorazione della Passione | ***Pianta vedova***, sfrondata. *3* †Vedovile. **B** s. m. (f. *-a* (V.)) ● Uomo cui è morta la moglie.

vedrétta [etim. discussa: risale al lat. *vĕtus* 'vecchio' (V. *vieto*), in quanto la vedretta sarebbe un ammasso di neve vecchia (?); 1869] s. f. ● Tipo di ghiacciaio minore circoscritto entro la conca di un circo o costituito da una falda ghiacciata posta su un ripido pendio. ➡ ILL. p. 2132 SCIENZE DELLA TERRA ED ENERGIA.

†**veduàle** ● V. †*vedovale.*

†**veduità** ● V. †*vedovità.*

vedùta [f. sost. di *veduto*; av. 1294] s. f. *1* (*lett.*) Atto e facoltà del vedere: *impedire la v.* | ***Testimone di v.***, oculare. *2* Panorama: *di quassù si gode una splendida v.*; *la veranda offre una v. completa del golfo* | Campo visivo: *poi volò fuor de la v. mia / si ch'a mirarlo indarno m'affatico* (PETRARCA) | Possibilità di vedere un certo panorama: *questo terrazzo ha una v. unica sul lago, sul mare.* *3* (*dir.*) Apertura nel proprio edificio che, oltre a dare passaggio alla luce e all'aria, permette di affacciarsi sul fondo del vicino: *distanza per l'apertura di vedute.* *4* Rappresentazione grafica o figurativa, spec. pittorica o fotografica, di un paesaggio o di un ambiente in cui esso predomina: *v. panoramica*; *una v. di Napoli, di Roma*; *è un pittore di vedute*; *una v. di un paesaggista del Settecento* | ***V. a volo d'uccello***, fotografia panoramica scattata da un aereo in volo | ***V. prospettica***, in architettura, rappresentazione di un edificio in prospettiva. *5* (*fig., lett.*) Capacità di comprendere, intendere, interpretare e sim.: *la sua v. non arriva a tanto.* *6* (*al pl., fig.*) Complesso di idee, convinzioni, principi e sim. che caratterizzano la mentalità di un singolo o di un gruppo: *persona di vedute meschine* | ***Avere vedute larghe, ampie, essere di larghe, di ampie vedute***, avere una mentalità aperta, priva di pregiudizi e sim. | ***Avere vedute strette, ristrette, grette, essere di vedute ristrette***, avere una mentalità chiusa, conservatrice, piena di pregiudizi e sim. SIN. Opinione. || **vedutìna**, dim.

vedutìsmo [comp. di *veduta* e *-ismo*; 1961] s. m. ● Genere di pittura caratterizzato dalla rappresentazione di vedute di edifici o paesaggi: *il v. veneto del Settecento.*

vedutìsta [1942] s. m. e f. (pl. m. *-i*) ● Pittore di vedute.

vedùto [av. 1250] part. pass. di *vedere*; anche agg. *1* Visto. *2* Nella loc. avv. ***a ragion veduta***, dopo aver esaminato ogni elemento di una data questione e considerata ogni possibile conseguenza, complicazione e sim.: *decidere a ragion veduta.* || †**vedutaménte**, avv. Visibilmente.

veejay /vi'dʒei, *ingl.* 'vii,dʒeɪ/ [vc. ingl., trascrizione delle due lettere di cui è formata la sigla *V. J.* di *video jockey*; 1983] s. m. e f. inv. ● Video jockey.

veeménte o †**veménte** [vc. dotta, lat. *vehemēnte(m)*, di etim. incerta; 1441] agg. ● Impetuoso, intenso, violento: *vento, urto, assalto v.*; *febbre, passione v.*; *desideri, impulsi veementi*; *esprimersi con v. eloquenza*; *le risposte … furono … veementi e concitate* (SARPI). CONTR. Calmo, pacato. || **veementeménte**, avv. Con veemenza.

veemènza o †**veemènzia**, †**vemènza** [vc. dotta, lat. *vehemĕntia(m)*, da *vĕhemens*, genit. *vehemĕntis* 'veemente'; 1509] s. f. ● Caratteristica di chi (o di ciò che) è veemente: *v. di una persona, del carattere, del discorso*; *la v. del mare, del vento, del fuoco*; *alle quali accusazioni con non minore v. rispose Francesco Soderini* (GUICCIARDINI). CONTR. Calma, pacatezza.

vègan /'vegan, *ingl.* 'viigən/ [vc. ingl., riduzione di *veg(etable)* 'vegetale' col suff. *-an* '-ano (1)'; 1996] s. m. e f. inv.; anche agg. ● Vegaliano.

vegàno [1996] s. m. (f. *-a*); anche agg. ● Adattamento di *vegan* (V.).

vegetàbile [vc. dotta, lat. tardo *vegetābile(m)* 'vivificante, eccitante', da *vegetāre* 'animare, eccitare' (V. *vegetare*); av. 1320] **A** agg. ● (*raro*) Che può vegetare, che è atto a vegetare. **B** agg.; anche s. m. ● †Vegetale: *materia v.*; *la vita dei vegetabili.*

vegetabilità [av. 1673] s. f. ● (*raro*) Condizione di ciò che è vegetabile.

♦**vegetàle** [da *vegetare*; 1584] **A** agg. *1* Che riguarda le piante: *vita v.*; *regno v.* *2* Che si ricava o si ottiene dalle piante: *sostanza, materia v.*; *prodotti vegetali* | ***Alimento v.***, costituito da cereali, legumi, verdure e frutta | ***Brodo v.***, di verdure | ***Carbone v.***, di legna | ***Olio v.***, ottenuto dai semi o dalla polpa dei frutti di molte piante, e in generale costituito da un gliceride di un acido grasso. **B** s. m. ● Organismo vivente che appartiene al regno vegetale | Pianta.

vegetaliàno [da *vegetale*; 1986] **A** agg. ● Costituito unicamente da cibi di origine vegetale, con esclusione anche di uova e latte: *dieta vegetaliana.* **B** agg.; anche s. m. (f. *-a*) ● Che (o Chi) segue il vegetalismo. SIN. Vegano.

vegetalìsmo [da *vegetale* con il suff. *-ismo*] s. m. ● Tipo di alimentazione che, a differenza del vegetarianismo, vieta tutti i prodotti di origine animale (cioè anche le uova, il latte e i suoi derivati).

vegetalìsta [da *vegetalismo*] agg.; anche s. m. e f. (pl. m. *-i*) ● Vegetaliano.

vegetànte part. pres. di *vegetare*; anche agg. ● Nei sign. del v.

vegetàre [vc. dotta, lat. *vegetāre* 'animare, eccitare', da *vĕgetus* 'vegeto'; 1308] v. intr. (*io vègeto* (o *-é-*); aus. *avere*) *1* Vivere e crescere, detto delle piante. CONTR. Appassire. *2* (*est.*) Vivere una vita vegetativa: *è in coma e vegeta in un letto* | (*fig.*) Condurre un'esistenza inattiva, piatta e insignificante: *v. nell'ozio, nell'indolenza*; *qui non si vive, si vegeta!*

vegetarianìsmo o **vegetarìsmo** [ingl. *vegetarianism*, da *vegetarian* 'vegetariano', col suff. *-ism* '-ismo'; 1902] s. m. ● Tipo di alimentazione che prescrive una dieta vegetariana.

vegetariàno [ingl. *vegetarian*, da *vegetable* 'vegetale' (stessa etim. dell'it. *vegetabile*), con deformazione e suff. aggettivale; 1860] **A** agg. ● Che è costituito unicamente da cibi di origine vegetale, con possibile aggiunta di uova e latte: *alimentazione, dieta vegetariana.* **B** agg.; anche s. m. (f. *-a*) ● Che (o Chi) si nutre di soli cibi vegetali e non fa uso di carne, ammettendo tutt'al più l'uso di alimenti di derivazione animale, quali le uova e il latte.

vegetarìsmo ● V. *vegetarianismo.*

vegetatìvo [da *vegetato*, part. pass. di *vegetare*; 1308] agg. *1* Proprio dei vegetali | ***Riproduzione vegetativa***, nelle piante, quella che avviene senza il concorso di organi sessuali | ***Vita vegetativa***, negli animali e nell'uomo, l'insieme delle funzioni che riguardano la sola vita organica (respirazione, circolazione e sim.) e non la vita di relazione; (*fig.*) nell'uomo, la vita di chi è scarsamente attivo e privo di interessi. *2* (*filos.*) ***Anima vegetativa***, nella psicologia di Aristotele, una delle determinazioni fondamentali dell'anima che presiede alle funzioni nutritive e riproduttive di tutti i viventi, a cominciare dalle piante. *3* (*anat.*) ***Sistema nervoso v.***, V. *nervoso.* || **vegetativaménte**, avv.

♦**vegetazióne** [vc. dotta, lat. *vegetatiōne(m)*, propr. 'movimento, moto', da *vegetātus*, part. pass. di *vegetāre* (V.); av. 1320] s. f. *1* Nascita, crescita, sviluppo di vegetali. *2* L'insieme dei vegetali di una data regione. *3* (*med.*) Formazione in accrescimento esuberante: *v. cutanea* | ***V. adenoide***, ipertrofia della tonsilla faringea.

†**vegetévole** agg. ● Vegetabile.

vègeto (o *-é-*) [vc. dotta, lat. *vĕgetu(m)*, da *vegēre* 'esser vivo', da avvicinare a *vigēre* 'esser in vigore' (V. *vigere*); 1694] agg. *1* Che vegeta, che cresce bene, detto di piante: *frutteto v.* *2* (*est.*) Sano, vigoroso, gagliardo: *un vecchietto ancor v.* | ***Vivo e v.***, di chi è in ottima salute, malgrado ogni contraria convinzione o aspettativa: *si ripresentò vivo e v. a chi ormai lo piangeva come morto.* CONTR. Debole, fiacco.

vegetominerale o **vegeto-minerale** [comp. di *veget(ale)* e *minerale*; 1828] agg. ● Solo nella loc. ***acqua v.***, soluzione di acqua e acetato basico di piombo, utilizzata nella cura delle distorsioni, contusioni e sim.

veggènte [1353] **A** part. pres. di *vedere*; anche agg. *1* †Nei sign. del v. *2* †***A occhi veggenti***, alla presenza, sotto gli occhi di qlcu. || †**veggenteménte**, avv. **B** s. m. e f. *1* (*disus.*) Chi vede: *i ciechi e i veggenti.* *2* (*lett.*) Profeta: *di chi parli, o v. di Giuda?* (MANZONI). *3* Mago, indovino: *il misterioso responso di un v.*; *interrogare una v.*

veggènza [da *veggente*; 1879] s. f. ● (*raro*) Chiaroveggenza.

†**vègghia** e *deriv.* ● V. *veglia* e *deriv.*

†**véggia** [lat. tardo *vēia(m)*, dall'osco *veia* 'carro'; sec. XIV] s. f. *1* Botte. *2* Quantità di liquido che sta in una botte. *3* Traino, treggia.

†**veggiàre** ● V. *vegliare.*

véggio [aferesi di *laveggio*; 1840] s. m. ● (*tosc.*) Vaso di terracotta o maiolica con manico fermato a due punti opposti della bocca contenente brace accesa coperta di cenere, per scaldare le mani o il letto. SIN. Caldanino, scaldino. || **veggìno**, dim. | **veggióne**, accr.

véglia o †**vègghia**, †**vìlia** [da *vegliare*; sec. XIV] s. f. *1* Attività compiuta vegliando: *v. d'armi* | ***Fare la v. a un malato, a un morto***, stare alzati di notte per assistere un malato o per pregare accanto a un morto. *2* Stato di chi è desto | ***Tra la v. e il sonno***, in stato di dormiveglia. *3* Periodo di tempo, normalmente destinato al sonno, che si trascorre senza dormire per insonnia, lavoro, studio o altro: *v. notturna*; *v. di preghiere*; *la v. si concluse all'alba*; *veglie interminabili sui libri* | Manifestazione pubblica che si svolge e si protrae nelle ore notturne: *alcuni partiti hanno organizzato una v. per la pace* | (*tosc.*) ***Stare a v. fino a tarda notte***, prolungare lo studio o il lavoro durante la notte | (*tosc.*) ***Essere, andare a v.***, un tempo, nelle campagne, passare le serate invernali conversando, raccontando favole o leggendo riuniti nelle stalle | ***V. funebre***, trascorsa spec. pregando accanto a un defunto | ***V. pasquale***, celebrazione notturna fra il Sabato Santo e la Domenica di Resurrezione. ***4*** Festicciola tra amici o trattenimento che dalla sera si prolunga fino a tarda notte: *andare a una v. danzante*; *vedi … le donne alle veglie lucenti / de' monili far pompa e de' cinti* (MANZONI). ***5*** (*fig.*) †Cosa lunga e noiosa. ***6*** (*mar.*) †Prima guardia notturna, in navigazione. || **veglióne**, **accr. m.** (V.) | **vegliùccia**, **dim.**

vegliàrdo [da *veglio* (*1*), sul modello del fr. *vieillard*, da *vieil* 'vecchio' (stessa etim. dell'it. *vecchio*); 1353] **s. m.** (**f.** *-a*) ● Vecchio autorevole, di aspetto venerando.

vegliàre o †**vegghiàre**, †**veggiàre** [lat. *vigilāre*, da *vĭgil* 'vigile, sveglio'; 1308] **A v. intr.** (*io véglio*; aus. *avere*) ***1*** Stare desto, non dormire, spec. durante i periodi di tempo normalmente destinati al sonno: *v. fino a tarda notte, fino all'alba*; *v. sui libri, in preghiera, al capezzale di un malato*; *v. in attesa di qlcu.*; *v. pregando, piangendo, lavorando*. ***2*** (*lett.* o *raro*) Stare vigile, attento: *mentre noi dormiamo, altri vegliano per noi* | Prendersi cura, proteggere: *v. sulle sorti della patria, sulla gioventù abbandonata*; *qualcuno dal cielo veglia su di noi*. ***3*** †Essere in vigore: *la tregua intra le parti vegghiava* (MACHIAVELLI). **B v. tr.** ● Curare, assistere amorevolmente, spec. durante le ore notturne: *v. un malato* | ***V. un morto***, fare la veglia funebre.

†**vegliatóre** [sec. XIV] **s. m.**; anche **agg.** (**f.** *-trice*) ***1*** Chi (o Che) veglia, vigila. ***2*** Frequentatore di veglie.

†**vegliévole** **agg.** ● Desto, vigile, vigilante. || †**veglievolménte**, **avv.** Con vigilanza.

véglio (**1**) o **vèglio** [fr. *vieil*. V. *vegliardo*; 1313] **A s. m.** (**f.** *-a*, raro) ● (*lett.*) Vegliardo: *il santo v.* **B agg.** ● †Vecchio: *li molti esempi che già letto / de' capitani avea del tempo v.* (ARIOSTO).

†**véglio** (**2**) [lat. parl. **vĕlleu(m)*, agg. di *vĕllus* 'vello'] **s. m.** ● Vello.

veglióne [1799] **s. m.** ***1*** Accr. di *veglia*. ***2*** Gran veglia da ballo, per lo più con maschere, che si prolunga per tutta la notte: *il v. di carnevale*. || **veglioncino**, **dim.** | **veglionissimo**, **superl.** (V.).

veglionissimo [1908] **s. m.** ***1*** Sup. di *veglione*. ***2*** (*per anton.*) Veglione di S. Silvestro.

†**vegnènte** ● V. *veniente*.

†**vegnènza** [da *vegnente*] **s. f.** ***1*** Venuta, arrivo. ***2*** Cedevolezza, morbidezza. ***3*** Bisogno, occorrenza.

veh /ve, vɛ, -h, -ʔ/ ● V. *ve'*.

veicolàre (**1**) [1942] **agg.** ● Di, relativo a veicolo: *traffico, transito, circolazione v.* | (*fig.*) ***Lingua v.***, quella che funge da mezzo di comunicazione anche tra parlanti per i quali non è la lingua madre.

veicolàre (**2**) [fr. *véhiculer*, da *véhicule* 'veicolo'; 1963] **v. tr.** (*io veicolo*) ● (*scient.*) Trasportare, essendo nello stesso tempo veicolo di diffusione: *i topi veicolano alcune malattie*; *l'aria inquinata veicola gas tossici e impurità* | (*est., fig.*) Diffondere, fare circolare: *v. idee, informazioni*.

veicolazióne [da *veicolare*] **s. f.** ● Trasporto, trasmissione (*fig.*) Diffusione di notizie, dati, informazioni e sim.: *la televisione è un potente mezzo per la v. delle mode*.

♦**veìcolo** o †**veìculo** [vc. dotta, lat. *vehĭculu(m)*, da *vĕhere* 'portare, trasportare', di orig. indeur.; 1319] **s. m.** ***1*** Qualsiasi mezzo di trasporto, per persone o cose, spec. meccanico e guidato dall'uomo: *v. stradale, ferroviario*; *v. a motore*; *transito vietato ai veicoli* | ***V. a cuscino d'aria***, veicolo che, leggermente sollevato dalla superficie del terreno o dell'acqua da potenti getti d'aria, viene mosso da eliche e timoni aerei o da getti d'aria direzionali | ***V. spaziale, cosmico, extratmosferico***, mezzo artificiale destinato a trasportare nello spazio extratmosferico un carico di cose o persone, percorrendo una traiettoria che lo immette in orbita attorno alla Terra o è diretta verso un altro corpo celeste: *le capsule spaziali, le astronavi, le sonde spaziali, i satelliti artificiali e le navette spaziali sono veicoli spaziali*. ***2*** Qualunque mezzo atto a propagare o diffondere qlco. (*anche fig.*): *si serve … del fiato per v. del suono* (GALILEI); *questo giornale è un v. di nuove idee* | ***V. pubblicitario***, mezzo pubblicitario | In epidemiologia, tutto ciò che può trasmettere il contagio trasportando microrganismi patogeni: *le mosche possono essere v. di pericolose malattie, di infezioni*; *l'anofele è il v. della malaria*. ***3*** (*chim.*) Sostanza inattiva usata per presentare nel modo più opportuno sostanze attive a essa miscelate | Nella tecnica farmaceutica, eccipiente. || **veicolétto**, **dim.**

veilleuse /fr. vɛˈjøːz/ [vc. fr., da *veiller* 'vegliare'; 1850] **s. f. inv.** ***1*** Divano a braccioli d'altezza ineguale uniti da una spalliera. ***2*** Piccolo lume, lampada a tenue illuminazione, tenuti accesi durante la notte. ***3*** Bricco o tazza di ceramica, sorretti da un corpo cilindrico bucherellato contenente un lumino a olio o a cera, nel quale un tempo si mantenevano calde per la notte bevande come infusi, tisane e sim. ***4*** Tipo di pendola con suoneria.

†**vel** /lat. vɛl/ [lat. 'o', della stessa famiglia di *vĕlle* 'volere'. V. *velle*; 1319] **cong.** ● (*raro*) O, oppure | ***Vel circa, a un vel circa***, pressappoco, o quasi.

♦**véla** [lat. *vēla*, pl. di *vēlum* 'vela', da una radice indeur. che significa 'trasportare' (da cui anche *vĕhere*. V. *veicolo*); sec. XIII] **s. f.** ***1*** (*mar.*) Superficie portante sostenuta dall'alberatura che imprime moto all'imbarcazione: *vele cucite, ralingate, inferite*; *v. maestra, di trinchetto, di gabbia*; *vele alte, basse*; *attrezzare, collare, calare, issare, aprire, sciogliere, spiegare, raccogliere, tesare la v.*; *nave, barca a v.* | ***V. di taglio***, triangolare e inferita lungo il bordo verticale prodiero | ***V. quadra***, rettangolare o trapezoidale, inferita al pennone lungo il bordo superiore | ***V. aurica***, trapezoidale | ***V. latina***, triangolare | ***V. Marconi***, triangolare | ***Far v.***, partire, salpare (*anche fig.*): *fecero v. per le Americhe* | ***Dare, spiegare le vele al vento***, navigare | ***Mettere una nave alla v.***, prepararsi a navigare | ***Sotto v.***, in navigazione | ***Alzare la v., le vele***, (*fig.*) intraprendere qlco. | †***A v. piena, a piene vele***, a tutto vento, a gonfie vele | ***A gonfie vele***, sfruttando appieno la forza del vento; (*fig.*) benissimo, con eccellenti risultati, col vento in poppa | ***Avere poca v.***, di imbarcazione, essere provvista di scarsa velatura; (*fig.*) mostrare incapacità, lacune, insufficienze in qlco. | ***Raccogliere le vele***, (*fig.*) concludere | ***Calare, ammainare le vele***, (*fig.*) cedere, arrendersi, desistere da un'impresa | ***Volo a v.***, con alianti, cioè senza motore, spec. in contrapposizione al volo a motore | ***Sport della v.***, complesso delle competizioni tra imbarcazioni a vela, da regata. ➡ ILL. p. 2173 TRASPORTI. ***2*** (*est., lett.*) Nave, barca a vela, veliero: *una armata di duecento vele*. ***3*** Sport della vela: *gara di v.*; *campione di v.* ➡ ILL. p. 2155 SPORT. ***4*** (*arch.*) Ogni spicchio della volta a crociera, nell'architettura gotica | ***Volta a v.***, porzione di volta a bacino, in cui le linee di imposta sono rappresentate dalle curve di intersezione del bacino con i piani di prolungamento dei muri di sostegno | ***Muro a v.***, muro isolato che sporge, al di sopra di una costruzione, come una facciata o un timpano | ***Campanile a v.***, costituito da un muro isolato, con luci in cui sono collocate le campane. ***5*** †Sipario, tenda. ***6*** (*al pl., lett.*) †Le ali spiegate degli uccelli. || **velàccia**, **pegg.** | **velina**, **dim.** | **velóne**, **accr. m.** | **velùzza**, **dim.**

VELA
nomenclatura

vela

● *tipi di barche a vela*: soling, ketch, yawl, sloop, sloop Marconi, star, tornado, flying dutchman, laser, 470, 420 finn, beccaccino, cutter, dinghy, dragone, flying junior; motorsailer; tavola a vela = windsurf,

● *scafo*: a spigolo, tondo, deriva (fissa, mobile, a bulbo), cassa della deriva, chiglia, pagliolo, pozzetto, coperta, battagliola, draglie, candelieri, mastra, scassa dell'albero, timone (pala, lama, testa, barra, stick);

● *alberatura*: albero di maestra, albero di mezzana, canaletta, crocetta, boma, tangone; *manovre*: manovre fisse = dormienti (strallo, stralletto, sartia fissa, paterazzo), manovre mobili = correnti (amantiglio, drizza, sartia volante, scotta della randa, del fiocco, braccio dello spinnaker, vang, cunningham o caricabbasso);

● *velatura*: vela triangolare = vela latina = fiocco, vela bermudiana, genoa, trinchettina = tormentina, yankee, randa, spinnaker, gennaker, vela quadra, velaccio, velaccino, coltellaccio, coltellaccino, vela di taglio, vela aurica, scopamare;

● *parti della velatura*: testiera, base, bordame = cazzame, filo della vela, caduta prodiera, balumina = caduta poppiera, antennale, angolo di drizza, penna = tavoletta, balestrone, livarda = struzza, ferzo, tasca, stecca, ralinga = gratile, bugna, matafione, imbroglio;

● *attrezzatura*: arridatoio, landa, trozza, bitta, galloccia, passascotta, strozzascotta, bozzello, winch, coffee-grinder, rinvio, rotaia, carrello di scotta, canestrelli, garroccio, grillo, trapezio, bansigo, segnavento, avvolgifiocco, avvolgiranda, borosa, mura, varea;

● *andature*: bolina (stretta, larga), traverso, lasco, gran lasco, vento in poppa = in fil di ruota = al giardinetto, farfalla;

● *azioni*: ammainare, ancorare, andar di bolina, approdare, attraccare, bordeggiare, bordare, disincagliare, disormeggiare, filare, virare, orzare ⇔ poggiare, strambare, sciorinare, prendere il largo, sbandare, spiegare, veleggiare, vogare, alzare le vele, doppiare, costeggiare, stringere il vento, dare volta = strozzare, agguantare, allascare, alare, murare, mollare, tesare (a disteso, a rovescio), cazzare, lascare, sciogliere, ghindare, bracciare, inferire, attrezzare, invelare, issare, calare, calumare, serrare, imbrogliare, forzare, accollare, collare, raligare, terzarolare, prendere, dare, togliere una o più mani di terzaroli, arridare, addugliare, cogliere, abbisciare, trincare, incordonare = impiombare, fileggiare, essere a segno, far pancia;

● *persone*: skipper, velista, regatante, diportista, timoniere, prodiere, marinaio, velaio.

velàbile [1690] **agg.** ● Che si può velare.

velaccière [da *velaccio*; 1889] **s. m.** ● (*mar.*; *disus.*) Veliero che porta soltanto rande e velacci.

velaccìno [1891] **s. m.** ● (*mar.*) Pappafico. ➡ ILL. p. 2172, 2173 TRASPORTI.

velàccio [sp. *velacho*, da *vela*; 1700] **A s. m.** ● (*mar.*) Vela quadra dell'albero di maestra | ***V. fisso***, terz'ultima vela dall'alto | ***V. mobile***, seconda vela dall'alto, subito sotto al controvelaccio. ➡ ILL. p. 2173 TRASPORTI. || **velaccióne**, **accr. B** al **pl.** ● (*mar.*) Le vele quadre più alte e i rispettivi pennoni di un veliero.

velàda [vc. sett., di etim. incerta; 1685] **s. f.** ***1*** Lunga e attillata giacca del costume settecentesco maschile, ornata di ricami e aperta su un lungo gilet anch'esso ricamato. ***2*** (*dial., sett.*) Abito maschile da cerimonia. **SIN.** Dorsay, tight.

velàio [1813] **s. m.** (**f.** *-a*) ● (*mar.*) Artigiano specializzato nel tagliare e cucire vele.

velàme (**1**) o †**velàmine** [vc. dotta, lat. *velāmen*, da *velāre*; 1313] **s. m.** ***1*** †Quantità di veli. ***2*** (*fig., lett.*) Ciò che vela, nasconde, impedisce la vista: *i velami del futuro*. ***3*** (*fig., lett.*) Apparenza, figura, immagine e sim., sotto cui se ne cela un'altra: *la dottrina che s'asconde / sotto 'l velame de li versi strani* (DANTE *Inf.* IX, 62-63).

velàme (**2**) [comp. di *vela* e *-ame*; 1598] **s. m.** ● (*mar.*) Complesso delle vele, velatura.

velaménto (**1**) **s. m.** ● (*raro*) Il velare, nel sign. di *velare* (*1*).

velaménto (**2**) [vc. dotta, lat. *velamĕntu(m)*; 1308] **s. m.** ***1*** (*raro, lett.*) Velo. ***2*** (*raro, lett., fig.*) Velame, nel sign. di *velame* (*1*).

†**velàmine** ● V. *velame* (*1*).

velàre (**1**) [lat. *velāre*, da *vēlum* 'velo'; 1308] **A v. tr.** (*io vélo*) ***1*** Coprire con un velo per nascondere, ornare, proteggere, schermare e sim.: *v. le immagini, una statua*; *velarsi il capo, gli occhi, il viso*; *v. una luce, una lampada*. ***2*** (*est.*) Coprire con uno strato sottile come un velo (*anche fig.*): *nubi, nebbia, foschia che velano il cielo*; *le lacrime gli velarono gli occhi* | ***V. un colore***, coprire una superficie colorata con una mano di tinta leggera, per attenuarla. ***3*** (*fig.*) Appannare, offuscare: *densi vapori velano le luci dell'alba*; *il pianto gli velò lo sguardo* | Rendere spento, privo di vivacità, sonorità, espressione e sim.: *l'emozione gli velava la voce*; *il suo sorriso era velato di dolore*. ***4*** (*fig.*) Nascondere, attenuare: *v. la verità, la realtà*; *v. i propri difetti*. **CONTR.** Svelare. ***5*** †Ornare. **B v. intr. pron.** ***1*** Coprirsi di uno strato sottile come un velo: *l'acqua cominciava a velarsi di ghiaccio*; *gli occhi gli si velarono di lacrime*. ***2*** Offuscarsi, appannarsi: *ogni luce si velava tra i vapo-*

ri; *lo sguardo gli si velò per la debolezza* | Diventare spento, privo di vivacità, sonorità, espressione e sim. **C** v. rifl. *1* Coprirsi con un velo: *si velò per non essere riconosciuta*. *2* Prendere il velo. SIN. Monacarsi.

velàre (2) [da *vela*; 1889] **A** v. tr. (*io vélo*) ● (*mar., raro*) Fornire di vela. **B** v. intr. ● †Veleggiare.

velàre (3) [da *velo* (*pendulo*); 1897] **A** agg. *1* Del velo palatino. *2* In fonetica, detto di suono nella cui articolazione il dorso della lingua batte contro il velo pendulo o palato molle (ad es. la C dura e la G dura di *cane* e *gatto*). SIN. Gutturale. **B** s. f. ● (*ling.*) Suono velare.

velàrio [vc. dotta, lat. *velāriu(m)*, da *velāre*. V. *velare* (*1*); av. 1796] s. m. *1* Ampia tenda che copriva gli antichi teatri e anfiteatri romani per ripararе dal sole e dalla pioggia gli spettatori. *2* Correntemente, tendaggio, sipario.

velarizzàto [1957] agg. ● (*ling.*) Detto di suono trasformato per velarizzazione.

velarizzazióne [da *velare* (*3*); 1957] s. f. ● (*ling.*) Trasformazione per la quale un suono diventa velare.

†velàta [da *vela*] s. f. ● (*mar.*) Tratto di navigazione a vele spiegate.

velatìno [da *velato* (*1*); 1948] s. m. *1* Tessuto rado e gommato, usato per modelli di abiti. *2* (*cine*) Schermo di garza atto a diffondere o colorare la luce di un proiettore di scena.

velàto (1) [av. 1306] part. pass. di *velare* (*1*); anche agg. *1* Coperto da un velo: *volto v.* | (*est.*) Ricoperto da uno strato sottile: *cielo v.*; *occhi velati di lacrime*. *2* Molto trasparente, tenue come un velo: *calze velate*. *3* (*fig.*) Che non è chiaro, aperto, esplicito: *accenno v.*; *allusioni velate*. *4* (*fig.*) Offuscato, attenuato: *sguardo v.*; *tono di voce v.* *5* (*enol.*) Detto di vino caratterizzato da una diffusa velatura. CONTR. Limpido. || **velataménte**, avv. In modo non esplicito: *accennare velatamente a un problema*.

velàto (2) [1840] part. pass. di *velare* (*2*); anche agg. ● (*lett.*) Fornito di vele.

velatùra (1) [da *velato* (*1*); 1499] s. f. *1* Il fatto di velare, di velarsi. *2* Strato sottilissimo steso su una superficie: *una v. di cipria, di zucchero vanigliato*. *3* (*fig.*) Offuscamento, appannatura. *4* (*fot.*) Tonalità grigia uniforme più o meno densa di un'immagine fotografica negativa, provocata da varie cause. *5* Opacità del vino. *6* †Velame, velo.

velatùra (2) [da *vela*; 1813] s. f. *1* (*mar.*) Complesso di tutte le vele di un veliero. *2* (*aer.*) In un'aerodina, complesso di tutte le superfici aerodinamiche per la sostentazione, la stabilità e il governo | *V. battente*, delle ali battenti | *V. fissa*, delle ali e piani fissi | *V. mobile*, dei piani mobili | *V. rotante*, degli aerogiri | *V. principale*, quella per la sostentazione.

vèlcro® [dalle iniziali delle due parole fr. *ve(l)(ours)* 'velluto' e *cro(chet)* 'uncino'; 1983] s. m. inv. ● Dispositivo per l'unione rapida di lembi di tessuto, costituito da due strisce che si uniscono fra loro con una semplice pressione, usato in sostituzione di bottoni, automatici, cerniere lampo e sim.

veleggiaménto [1738] s. m. ● Il veleggiare | Volo a vela.

veleggiàre [da *vela*; av. 1557] **A** v. intr. (*io veléggio*; aus. *avere*) *1* (*mar.*) Navigare a vela: *v. sull'oceano, per il mare* | *V. alla latina*, con vele triangolari. *2* (*aer.*) Volare senza motore, o senza pratico impiego del motore, sfruttando ascendenze, detto di alianti e spec. di veleggiatori. *3* (*lett.*) Volare ad ali aperte, librarsi in volo. **B** v. tr. ● (*lett.*) Percorrere uno specchio d'acqua navigando a vela: *v. il mare*.

veleggiàta [da *veleggiare*; 1586] s. f. ● Corsa di piacere compiuta con una imbarcazione da diporto, a vela.

veleggiàto [1970] part. pass. di *veleggiare*; anche agg. *1* Nei sign. del v. *2* *Volo v.*, quello effettuato con alianti.

veleggiatóre [1822] **A** agg. (f. *-trice*) ● Che veleggia. **B** s. m. *1* (*raro*) Imbarcazione a vela. *2* (*aer.*) Aliante, gener. monoposto, capace di compiere anche il volo librato ascendente, sfruttando le correnti aeree, usato spec. per gare sportive di distanza, quota e tempo di volo. *3* (f. *-trice*) Pilota di tale aliante.

velèggio [1340] s. m. ● (*raro*) Veleggiamento.

†velenàre o **†venenàre** [lat. *venenāre*, da *venēnum* 'veleno'; 1483] v. tr. ● Avvelenare.

†velenàto o **†venenàto** [1336 ca.] part. pass. di *†velenare*; anche agg. *1* Nei sign. del v. *2* Velenoso.

velenìfero o **†venenìfero** [lat. *venenĭferu(m)*, comp. di *venēnum* 'veleno' e *-fer* '-fero'; 1353] agg. ● Che porta, produce, contiene veleno: *i denti veleniferi dei serpenti*.

♦**veléno** o **†venéno** [lat. *venēnu(m)* (con dissimilazione), da avvicinare a *Vĕnus* 'Venere', poi 'amore', il primo sign. di *venēnum* sarebbe quello di 'filtro amatorio'; sec. XIII] s. m. *1* Sostanza tossica che, se penetra in un organismo e ne viene assorbita anche in piccola quantità, produce effetti gravissimi, anche letali: *il v. della vipera, del cobra*; *la cicuta contiene v.*; *sterminare gli insetti, i topi col v.*; *suicidarsi col v.*; *v. a effetto lento, ritardato, rapido*; *un v. che non perdona*; *iniettare, somministrare, propinare un v.* | **Amaro come il v.**, di cosa estremamente amara, come si suppone debba essere il veleno. SIN. Tossico. *2* (*est.*) Sostanza dannosa, nociva: *l'aria della città è ormai satura di veleni*; *l'alcol e il fumo sono veleni per lui* | (*fig., lett.*) **Andare in v.**, detto di cibo, risultare sgradevole e indigesto. *3* (*est.*) Sostanza di sapore disgustoso, pessimo e sim.: *questo non è caffè ma v.*; *cos'è questo v. che mi propini?* *4* (*est., raro*) Fetore che ammorba: *il v. delle paludi* | **†Salso v.**, salsedine. SIN. Miasma. *5* (*fig.*) Sentimento distruttivo più per chi lo prova che non per chi ne è causa od oggetto: *il v. dell'invidia, della gelosia*; *al cor scendea / quella dolcezza mista / d'un secreto v.* (TASSO). *6* (*fig.*) Astio, rancore, odio: *parole piene di v.*; *covare il v. in cuore*; *spargere, spandere il v. attorno a sé*; *avere del v. contro qlcu.* | **Masticare, mangiare v.**, essere costretto a tacere, a inghiottire il proprio rancore | **Mangiar pane e v.**, rodersi quotidianamente senza possibilità di sfogo | **Schizzare v., schizzare v. da tutti i pori**, mostrare un odio intenso, irriducibile | **Sputare v.**, parlare mostrando il proprio rancore | **Avere il miele sulla bocca e il v. nel cuore**, dire parole dolci, affettuose e sim., mascherando con esse il proprio odio | **Avere il v. in corpo**, essere pieno d'odio | **Penna intinta nel v.**, di scrittore pieno di livore, astio e sim. *7* (*fig.*) Allusione insidiosa, maligna e sim., più o meno nascosta in frasi, versi e sim.: *il v. di una satira, di un epigramma*; *scritti impastati di v.*; *ben conobbi il velen de l'argomento* (DANTE *Purg.* XXXI, 75). || **velenùccio**, **velenùzzo**, dim.

velenosità o **†venenosità** [1563] s. f. *1* Caratteristica di ciò che è velenoso. SIN. Tossicità. *2* (*fig.*) Malvagità, perfidia, odio: *la v. delle tue parole mi ferisce* | Contenuto astioso e malevolo: *nessuno ha colto la v. delle sue insinuazioni*.

♦**velenóso** o **†venenóso** [lat. tardo *venenōsu(m)*, da *venēnum* 'veleno'; 1308] agg. *1* Che costituisce un veleno: *sostanza velenosa*; *liquido v.* | Che contiene, produce, o emette veleno: *pianta velenosa*; *animale v.* SIN. Tossico. *2* (*fig., raro*) Moralmente nocivo: *idee, dottrine velenose*. *3* (*fig.*) Pieno di astio, malevolenza, rancore, odio e sim.: *invidia velenosa*; *allusioni, insinuazioni velenose*; *La buona donna ... fece vista di non s'avvedere delle velenose parole* (SACCHETTI) | (*fig.*) **Lingua, serpe velenosa**, persona malevola, maligna, perfida, sotto apparenze di gentilezza. || **velenosétto**, dim. || **velenosaménte**, avv.

veleria [da *vela*, sul modello del fr. *voilerie*; 1769] s. f. *1* (*mar.*) Laboratorio in cui si approntano vele, tende, bandiere | Deposito di vele. *2* (*raro*) Insieme di vele.

veléta (1) [da *velo*, sul modello del fr. *voilette*; 1752] s. f. ● Velo leggero o trina trasparente, con applicazione di pallini di ciniglia, che un tempo si usava appuntare al cappello in modo che ricadesse parzialmente sul viso. || **velettina**, dim.

velétta (2) [port. *veleta*, dim. di *vela* 'sentinella', dallo sp. *vela* 'veglia, scolta', da *velar* 'vegliare' (stessa etim. dell'it. *vegliare*); 1481] s. f. ● (*lett.*) Vedetta | **Essere, stare alla v., alle velette**, di vedetta.

†velettàio [da *veletta* (*1*); sec. XVII] s. m. ● Tessitore di veli e stoffe trasparenti.

†velettàre [da *veletta* (*2*); 1520] v. tr. ● Osservare, spiare.

vèlia (1) ● V. *averla*.

vèlia (2) [etim. incerta; 1831] s. f. ● Insetto eterottero con addome sottile e lunghe zampe, che vive in gruppi, scivolando rapido sulle acque di stagni e paludi (*Velia rivulorum*).

vèlico [da *vela*, sul modello del fr. *vélique*; 1889] agg. (pl. m. *-ci*) ● Della, relativo alla, vela: *sport v.*; *gare, regate veliche* | **Piano v.**, progetto che descrive forma, dimensione e disposizione delle vele di un'imbarcazione | **Sistema v.**, l'insieme delle vele di un'imbarcazione: *sistema v. prodiero, poppiero*.

†velièra s. f. ● (*raro*) Ornamento femminile prezioso, per il capo, cui si adattavano i veli.

velièro o **†velière** [1896] **A** agg. ● (*raro*) Provvisto di vele: *nave veliera* | (*raro*) Veloce: *sport v.* **B** s. m. ● Nave, imbarcazione a vela: *i velieri spagnoli*; *un antico v. corsaro*; *v. con motore ausiliario*. ➡ ILL. p. 2172 TRASPORTI.

†velificàre [vc. dotta, lat. *velificāre*, comp. di *vēlum* 'vela' e *-ficāre*] v. intr. ● Veleggiare.

velifìcio [comp. di *vela* e *-ficio*; 1877] s. m. ● Fabbrica di vele.

velìna [f. sost. di *velino*; 1938] **A** agg. solo f. ● Nella loc. **carta velina**, detto di un tipo di carta molto sottile, senza colla, in varie grammature, usata sia per imballare oggetti delicati o fragili, sia per copie di dattiloscritti; detto di un tipo di carta a mano, liscia, candida e molto resistente, usata un tempo nell'arte libraria per edizioni di lusso. **B** s. f. *1* Carta velina | Foglio di carta velina: *un pacco di veline*. *2* Copia ottenuta con carta carbone su carta velina. *3* In tipografia, prova su materiale trasparente di una composizione da riprodurre in offset o rotocalco. *4* (*fig.*) Circolare diramata ai giornali dal governo, da un partito o da enti o uffici pubblici con l'intento di ottenere un atteggiamento conformistico.

velinàre [da *velina*; 1983] v. tr. *1* (*raro*) Nel linguaggio giornalistico, diffondere una notizia fornendo una versione conforme a direttive ufficiali. *2* (*tipogr.*) Riprodurre su velina.

velinàro [da *velina* 'circolare' col suff. *-aro* (V. *-aio* (*2*)); 1983] **A** s. m. (f. *-a*) ● (*spreg.*) Giornalista che si attiene acriticamente a veline o direttive diramate da autorità o centri di potere. **B** agg. ● Conformistico, non vagliato criticamente: *informazione, stampa velinara*.

velìno [fr. *vélin* 'pelle di vitello nato morto, più fine della normale pergamena', propr. 'di vitello', da *vel*, ant. forma per 'vitello' (stessa etim. dell'it. *vitello*); 1806] s. m. ● Tipo di pergamena più bianca e delicata della pergamena normale, ottenuta dalla pelle di vitelli da latte o nati morti.

velìsmo [comp. di *vel(a)* e *-ismo*; 1950] s. m. ● Sport della vela e le tecniche ad esso relative.

velìsta [1963] s. m. e f. (pl. m. *-i*) ● Chi pratica lo sport della vela.

velìstico agg. (pl. m. *-ci*) ● Che si riferisce allo sport della vela.

vèlite [vc. dotta, lat. *vēlite(m)* (comunemente usato al pl.), di etim. incerta; sec. XIV] s. m. ● (*spec. al pl.*) Soldati romani armati alla leggera, sparsi sul fronte o tenuti negli intervalli fra le coorti o le centurie, che impegnavano per primi il combattimento, spesso portati avanti in groppa dai cavalieri | Soldati napoleonici con compiti di fanteria leggera.

velìvolo [vc. dotta, lat. *velĭvolu(m)* 'che corre con le vele', comp. di *vēlum* 'vela' e *-volus*, da *volāre*; av. 1764] **A** agg. ● (*poet., raro*) Che corre veloce con le vele: *navi velivole* | Che è solcato da veloci velieri: *in cospetto ... al v. Adriatico* (CARDUCCI). **B** s. m. *1* (*aer.*) Aeromobile che trae la propria sostentazione principalmente da ali fisse, costituito essenzialmente da ali e da organi di stabilità e governo, variamente disposti e collegati fra loro: *gli alianti sono velivoli senza motore* | **V. aerospaziale**, veicolo atto sia al volo atmosferico sia alla traiettoria extraatmosferica e al rientro nell'atmosfera: *la navetta spaziale è un v. aerospaziale*. *2* Aeroplano.

†vèlle [vc. dotta, lat. *vĕlle* 'volere', di orig. indeur.; 1321] s. m. inv. ● Volere, volontà: *il mio disiro e il v.* (DANTE *Par.* XXXIII, 143).

velleità [fr. *velléité*, dal lat. *vĕlle* 'volere'. V. precedente; 1640] s. f. ● Volontà, desiderio, aspirazione, progetto e sim. irrealizzabile perché sproporzionato alle reali capacità del soggetto: *v. artistiche, politiche, sociali*; *v. senili, giovanili, fanciullesche*; *avere delle v.*; *mostrare qualche v.*

velleitàrio [1934] **A** agg. *1* Detto di persona che

ha delle velleità: *riformatore v.* *2* Detto di tutto ciò che è caratterizzato da una evidente sproporzione tra l'ampiezza e l'importanza degli scopi che si intendono raggiungere e la concreta possibilità di realizzarli: *politica velleitaria; proteste velleitarie.* || **velleitariaménte**, avv. **B** s. m. (f. *-a*) ● Chi ha o mostra delle velleità.

velleitarismo [1961] s. m. ● Atteggiamento tipico dei velleitari.

†**vèllere** [vc. dotta, lat. *vĕllere* 'strappare, svellere', di orig. indeur.; sec. XIV] v. tr. ● (*lett.*) Svellere, divellere.

vellicaménto [av. 1698] s. m. ● Lieve, ripetuto solleticamento (*anche in senso fig.*).

vellicàre [vc. dotta, lat. *vellicāre* 'pizzicare', intens. di *vĕllere*. V. *vellere*; av. 1698] v. tr. (*io vèllico, tu vèllichi*) *1* Solleticare in modo leggero: *v. qlcu. su una guancia; un filo d'erba gli vellicava il collo.* SIN. Titillare. *2* (*fig.*) Stimolare: *v. la fantasia.*

vellicazióne [vc. dotta, lat. *vellicatiōne(m)*, da *vellicātus*, part. pass. di *vellicāre*; 1745] s. f. ● (*raro*) Vellicamento, titillamento.

vellichìo [1961] s. m. *1* Il vellicare con insistenza. *2* Prolungata sensazione di solletico, pizzicore, formicolio e sim.: *questo v. fastidioso che si spargeva in ogni direzione* (CALVINO).

vèllo (1) [lat. *vĕllus*, da avvicinare a *vĕllere* 'strappare'. V. *vellere*; 1313] s. m. *1* Manto di lana che copre la pecora, il montone, la capra | Lana tosata. *2* (*est.*) Pelame degli animali da pelliccia o di ogni altro animale: *il v. della volpe; il v. fulvo del leone.* *3* (*lett.*) Ciuffo, ciocca, bioccolo di lana o pelo. *4* (*poet.*) Chioma umana | Ciocca, ciuffo di capelli.

vèllo (2) [da *vedilo!*] inter. ● (*dial.*) Eccolo, guardalo.

vellóso ● V. *villoso.*

vellutàre [1884] v. tr. *1* Nell'industria tessile, dare a una stoffa l'aspetto del velluto. *2* Smerigliare il lato carne delle pelli, per renderne pelosa e morbida la superficie.

vellutàta [da *vellutato*] s. f. ● Passato di verdura molto cremoso, legato con tuorli d'uovo: *vellutata di piselli, di asparagi.*

vellutàto [1444] **A** part. pass. di *vellutare*; anche agg. *1* Nel sign. 2 del v. *2* Detto di tessuto che, pur non essendo lavorato a velluto, ha una superficie morbida e pastosa. *3* Detto di tutto ciò che, spec. al tatto, è simile al velluto: *carta vellutata; fiore dai petali vellutati* | ***Pelle vellutata***, morbida e liscia come velluto. *4* (*cuc.*) ***Salsa vellutata***, tipo di besciamella preparata con brodo anziché latte. *5* (*enol.*) Di vino che presenta al palato una piacevole sensazione, analoga alla sensazione tattile di chi carezzi il velluto. CFR. Ruvido. *6* (*fig.*) Detto di colore intenso, caldo e omogeneo: *verde, rosso, nero v.* *7* (*fig.*) Detto di suono armonioso e dolce, di tonalità morbida: *voce vellutata.* SIN. Flautato. || **vellutataménte**, avv. **B** s. m. ● †Tessuto, spec. damaschino, vellutato.

vellutatrice [1965] s. f. ● Macchina tessile per vellutare.

vellutatùra [1865] s. f. *1* Operazione che dà a un tessuto, a una carta o ad altro, aspetto di velluto. *2* Aspetto vellutato di una superficie.

†**vellutière** [1940] s. m. ● Tessitore di velluto.

vellutìno [1640] s. m. *1* Dim. di *velluto.* *2* Velluto leggero | Nastrino di velluto, per guarnizione di vesti femminili. *3* (*bot.*) Aristolochia.

♦**vellùto** [lat. tardo *villūtu(m)*, da *villus* 'pelo'. V. *villo*; 1312] **A** agg. *1* (*lett.*) Peloso, villoso. *2* †Di tessuto a pelo morbido e sollevato: *i ricchi sciamiti velluti* (PASCOLI). *3* (*bot.*) Nella loc. ***fior v.***, amaranto. **B** s. m. *1* Tessuto di seta, cotone, lana o fibre sintetiche, che presenta su una delle facce una superficie pelosa, formata dai fili dell'ordito o della trama rasati più o meno alti: *v. d'ordito; v. di trama; un v. rosso, verde, liscio, lavorato; giacca, gonna di v.* | ***V. riccio***, il cui pelo è inanellato mediante una particolare lavorazione | ***V. soprarizzo***, con i motivi in rilievo su fondo liscio | ***V. tagliato***, più o meno lavorato, come il precedente | ***V. a coste, alla cacciatora***, lavorato a righe in rilievo, più o meno larghe | (*fig.*) ***Andare, camminare sul v.***, non incontrare ostacoli in un'azione, un'impresa e sim. | ***Giocare sul v.***, coi denari vinti in precedenza; (*fig.*) non correre rischi | ***Zampe di v.***, (*per anton.*) quelle del gatto, morbide e silenziose | ***Avere, nascondere un pugno di ferro nel guanto di velluto***, (*fig.*) si dice di chi nasconde sotto un'apparenza mite una volontà ferrea | ***Di v.***, (*fig.*) vellutato: *viso, mani di v.*; †di cosa fatta con grande maestria. *2* (*est.*) Indumento maschile o femminile di velluto. *3* (*bot.*) ***V. d'acqua***, borraccina. *4* (*fig.*) Superficie morbida, liscia e compatta: *il v. delle guance.* || **vellutìno**, dim. (V.).

vèlma [dissimilato di *melma*, di orig. veneta; av. 1567] s. f. ● Area lagunare paludosa, che resta scoperta durante la bassa marea.

♦**vélo** [lat. *vēlu(m)*, da avvicinare a *vĕstis* 'veste'; 1294] s. m. **I** In senso proprio *1* Tessuto finissimo e trasparente, di cotone, seta o altra fibra: *v. ricamato, crespo, fitto, rado; abito di v.* | (*est.*) Pezzo di tale tessuto, usato per scopi particolari nell'abbigliamento femminile: *coprirsi il capo con un velo; un pesante v. le nascondeva il volto; sovra candido vel cinta d'uliva / donna m'apparve* (DANTE *Purg.* XXX, 31-32) | ***V. bianco***, che copre il capo e le spalle, usato dalle bambine alla prima comunione, in processioni e sim. | ***V. nuziale, da sposa***, generalmente bianco e lungo, che scende a guisa di manto sulle spalle | ***V. da lutto***, nero e molto fitto, che ricade dal cappello sul volto e sul capo, oggi poco usato | (*est.*) Striscia di tale tessuto, adibita a usi vari: *abbrunare le bandiere con un v. nero* | ***V. omerale***, nella liturgia cattolica, striscia di tessuto simile a un manto rettangolare con cui il sacerdote copre il petto e le mani nel portare l'ostensorio o la pisside | ***V. del calice***, manto dello stesso colore della pianeta che, nella liturgia cattolica, ricopre il calice. *2* Tenda, cortina e sim. che ricopre o cela qlco. | ***V. della tenda, dell'Arca del tempio, del santo***, presso gli antichi ebrei, la cortina che separava l'Arca dalla parte del luogo santo in cui era consentito l'accesso. *3* Drappo che le donne cattoliche pongono sulla testa, nell'entrare in chiesa e nell'assistere alle sacre funzioni, per indicare la loro sottomissione, e che le monache portano permanentemente, assumendolo in apposita cerimonia | ***Prendere il v.***, monacarsi | ***Deporre, lasciare il v.***, abbandonare lo stato monacale. *4* Tessuto di crine dello staccio, del buratto. *5* †Vela. **II** In senso figurato *1* (*est.*) Strato leggerissimo che si stende su qlco.: *un v. di nebbia, di fumo; un v. di zucchero; un v. di tristezza, di lacrime; v. di tinta, di colore; un v. di cipria, di rossetto; sulla strada si era formato un v. di ghiaccio* | ***V. dicroico***, velatura chimica di un'emulsione sensibile con macchie regolari e riflessi metallici | ***Zucchero a v.***, finissimo, per spolverare dolci, torte e sim. *2* (*fig.*) Ciò che copre, maschera o nasconde qlco.: *avere sugli occhi il v. dell'ignoranza; la passione fa v. alla mente; gli fa v. la gelosia* | ***Stendere un v. pietoso***, (*fig.*) non riportare tutti i particolari di un fatto o una situazione troppo scabrosi o dolorosi | ***Mettersi il v. dinanzi agli occhi***, non aver più riguardi, agire sconsideratamente | ***Cadere il v. dagli occhi***, perdere ogni illusione | ***Tirarsi i v. sugli occhi***, non voler vedere | ***Senza veli***, nell'autentica realtà: *questa è la situazione, senza veli.* *3* (*lett.*) Apparenza ingannevole: *nascondere il malanimo sotto un v. di cortesia.* *4* (*poet.*) Corpo umano: *il mortal v.* *5* Sottile involucro membranoso che avvolge qlco.: *il v. della cipolla* | (*bot.*) Membrana che spesso avvolge i giovani funghi e si riduce poi alla volva | ***V. parziale***, membrana che nei funghi collega il margine del cappello al gambo, attorno al quale a maturità rimane a formare un anello. *6* (*anat.*) Organo o formazione membranosa | ***V. del palato, v. palatino***, palato molle. SIN. Velopendulo | ***V. virginale***, o (*assol., pop.*) **velo**, imene. *7* Nella pallacanestro, nel rugby e sim., azione tattica di un giocatore che ostacola i movimenti di un difensore avversario, soprattutto in appoggio a un proprio compagno in possesso del pallone | Nella pallavolo, disposizione assunta dai giocatori della prima linea, mentre il compagno esegue la battuta, onde impedire agli avversari di vedere in anticipo la traiettoria della palla | ***Far v.***, nel calcio, ingannare gli avversari simulando un intervento sulla palla, che viene poi lasciata a un compagno in grado di portare a termine l'azione. *8* (*raro*) Superficie dell'acqua.

♦**velóce** (o *-ó-*) [vc. dotta, lat. *velōce(m)*, di etim. incerta; 1308] **A** agg. (assol.; + *a*, o + *in*, anche seguiti da inf.) *1* Che percorre o consente di percorrere un notevole spazio in poco tempo: *nave v.; un v. destriero; moto v.; lo raggiunse con una v. corsa; un animale v. nel correre* | ***Essere v. come il, più del pensiero, del lampo, del vento, della folgore*** e sim., essere estremamente veloce. CFR. tachi-. SIN. Celere, ratto. CONTR. Lento. *2* Che compie una numerosa serie di movimenti, operazioni e sim. in poco tempo o che opera, lavora, agisce con rapidità, senza frapporre indugi e sim.: *mano v.; operaio v.; calcolatore v.; essere v. nelle decisioni, nell'azione; e 'l crudo mio signor incolpo, sì v. a cangiar pensier e loco* (STAMPA) | (*fig.*) Dotato di prontezza: *ingegno, mente v.* *3* Che giunge presto al termine: *anni veloci; il v. trascorrere del tempo; gli anni fuggono veloci* *4* (*mus.*) Indicazione agogica prescrivente un'esecuzione rapida. *5* Che è stato eseguito a grande velocità: *l'auto ha compiuto alcuni veloci giri di pista.* **B** in funzione di avv. ● Velocemente: *v. se ne va il tempo.* || **veloceménte**, avv. In modo veloce: *correre, parlare, fuggire velocemente.*

velocìfero [comp. di *veloce* e *-fero*, sul modello del fr. *vélocifère*; 1847] s. m. ● Nel XIX sec., diligenza rapida, che faceva meno fermate e cambiava più sovente i cavalli: *un po' di v. e di battello a vapore due o tre volte all'anno* (CATTANEO).

velocìmetro [dall'ingl. *velocimeter*, vc. coniata da H. Spencer, nel 1842, con il lat. *velōc(em)* 'veloce' e *-meter* '-metro'; 1955] s. m. ● Strumento per misurare a distanza la velocità di un mezzo in movimento | In balistica, apparecchio per misurare la velocità iniziale di proiettili sparati da un'arma da fuoco in libero rinculo.

velocipedàstro [da *velocipede*; 1927] s. m. (f. *-a*) ● (*disus., spreg.*) Velocipedista inesperto, poco abile.

velocìpede [fr. *vélocipède*, comp. dal lat. *vēlox*, genit. *velōcis* 'veloce' e *pēs*, genit. *pĕdis* 'piede'; 1818] **A** s. m. ● Antico modello di bicicletta con una grande ruota anteriore e quella posteriore molto più piccola | (*scherz.*) Bicicletta: *inforcò il v. e partì.* **B** agg. ● (*lett.*) †Dal piede veloce, rapido nella corsa.

velocipedìsta [fr. *vélocipédiste*, da *vélocipède* 'velocipede'; 1875] s. m. e f. (pl. m. *-i*) ● (*disus.* o *scherz.*) Ciclista.

velocipedìstico [da *velocipedista*; 1884] agg. (pl. m. *-ci*) ● (*raro*) Relativo allo sport del ciclismo, ciclistico: *Unione Velocipedistica Italiana* (*UVI*).

velocìsta [comp. di *veloc(e)* e *-ista*; 1939] s. m. e f. (pl. m. *-i*) ● In atletica, specialista nelle corse di velocità | Corridore ciclista specialista delle gare di velocità in pista | Corridore ciclista che eccelle nelle volate.

♦**velocità** o †**velocitàde**, †**velocitàte** [vc. dotta, lat. *velocitāte(m)*, da *vēlox*, genit. *velōcis* 'veloce'; 1308] s. f. *1* Caratteristica di chi (o di ciò che) è veloce: *la v. di un cavallo, di un aereo; treno ad alta v.; la v. di pensiero, di azione; decidere con v.* CONTR. Lentezza | ***V. di crociera***, quella a cui può viaggiare costantemente un mezzo di trasporto con sicurezza ed economia | ***Prendere v.***, accelerare | ***A grande v.***, molto velocemente | (*ferr.*) ***Grande, piccola v.***, modo di trasporto più o meno celere delle merci | ***Gara di v. su pista***, nel ciclismo, gara che si disputa su una distanza di settecentocinquanta o mille metri e in cui viene cronometrato il tempo impiegato negli ultimi duecento metri | ***Corse di v.***, nell'atletica, quelle che si svolgono su distanze fino a duecento metri | (*ferr.*) ***Alta v.***, sistema ferroviario che consente a treni speciali di viaggiare a velocità elevate. *2* (*fis.*) Rapporto fra lo spazio percorso e il tempo impiegato a percorrerlo: *la v. del suono, della luce; calcolare la v. di un proiettile* | ***V. iniziale***, quella posseduta dal mobile quando si comincia a osservare il fenomeno | ***V. media***, quella relativa a un certo intervallo di tempo | ***V. istantanea***, limite al quale tende la velocità media quando il tempo tende a zero | ***V. periferica***, nel moto rotatorio, rapporto fra la lunghezza dell'arco e tempo impiegato a percorrerlo | ***V. angolare***, rapporto fra ampiezza dell'angolo e tempo impiegato a percorrerla | ***V. di fuga***, quella minima necessaria a un corpo che parte da un pianeta o da una stella, affinché possa allontanarsene indefinitamente | ***V. di un fenomeno fisico***, rapporto tra una variazione elementare della grandezza fisica e il tempo durante il quale essa ha luogo | ***V. di marcia***, velocità di una formazione in movimento, calcolata comprendendo anche il tempo delle fermate. **3** *V. commerciale*, rapporto tra la lunghezza di un tratto percorso da un mezzo di trasporto e il tempo impiegato a percorrerlo, ivi compreso quello delle fermate intermedie. **4** Negli autoveicoli, marcia: *ingranare la prima, la quinta v.*; *cambio di v.*

†**velocitàre** [da *velocità*; av. 1642] **A** v. tr. ● Dare, accrescere velocità. **B** v. intr. pron. ● Diventare veloce.

†**velocitàte** ● V. *velocità*.

†**velocitazióne** [da †*velocitare*; 1840] s. f. ● Accelerazione, aumento di velocità.

velocizzàre [1916] **A** v. tr. ● Rendere più veloce, accelerare, snellire: *v. una procedura burocratica*. **B** v. intr. pron. ● Diventare più veloce, sveltirsi: *nel secondo tempo la partita si è velocizzata*.

velocizzazióne [da *velocizzare*; av. 1944] s. f. ● Accelerazione | Snellimento.

velocréspo [comp. di *velo* e *crespo*; 1942] s. m. ● Chiffon.

velocròss /velo'krɔs/ [comp. di *velo(cipede)* e dell'ingl. *to cross* 'attraversare', da *cross* 'croce' (stessa etim. dell'it. *croce*); 1961] s. m. ● (*raro*) Corsa ciclocampestre, ciclocross.

velòdromo, (*evit.*) **velodròmo** [fr. *vélodrome*, da *vélo(cipède)* 'velocipede', sul modello di *hippodrome* 'ippodromo'; 1900] s. m. ● Impianto sportivo con pista a tracciato ellittico in cemento, asfalto o legno a curve rialzate, per la disputa di gare ciclistiche.

velopèndulo o **vélo pèndulo** [da *velo pendulo*; 1866] s. m. ● (*anat.*) Palato molle.

velours /*fr.* və'lu:ʀ/ [vc. fr., dal provz. *velos*, dal lat. *villōsu(m)* 'villoso'; 1936] s. m. inv. ● Stoffa pelosa di lana, simile al velluto, ma la cui superficie pelosa è stata prodotta mediante garzatura.

†**vèltra** o **véltra** s. f. ● Femmina del veltro: *una v. nera come carbone* (BOCCACCIO).

vèltro o **véltro** [provz. *veltre*, dal lat. *vĕrtragu(m)*, di orig. celtica; 1308] s. m. (f. †-*a* (V.)) ● (*lett.*) Cane forte e veloce, da inseguimento e da presa, simile agli attuali levrieri.

†**vemènte** ● V. *veemente*.

†**vemènza** ● V. *veemenza*.

†**véna** (**1**) [aferesi di *avena*; sec. XIV] s. f. ● Avena.

véna (**2**) [lat. *vēna(m)*, di etim. incerta; 1312] s. f. (pl. †-*i*) **1** (*anat.*) Vaso sanguigno a pareti sottili che conduce il sangue verso il cuore: *v. cefalica, basilica, femorale, cava, porta, renale*; *le vene e le arterie* | Correntemente, vaso sanguigno in genere | *Tagliare, recidere le vene*, uccidere per dissanguamento: *recidersi le vene dei polsi* | (*fig.*) *Gli bolle il sangue nelle vene*, di persona facilmente eccitabile, irascibile e sim. | (*fig.*) *Sentirsi bollire, ribollire il sangue nelle vene*, essere oltremodo irato | (*fig.*) *Non avere sangue nelle vene*, essere fiacco, smidollato, privo di nerbo e sim. | (*fig.*) *Non avere più, non rimanere più sangue nelle vene*, essere spaventatissimo, molto emozionato e sim. | CFR. flebo-. ➡ ILL. p. 2123, 2125 ANATOMIA UMANA. **2** (*raro, lett.*) Sangue: *sentirsi agghiacciar le vene*; *suggere, succhiare le vene*. **3** (*est.*) Venatura: *le vene del legno*; *marmo con vene rosa*. **4** (*fig.*) Traccia, indizio, segno: *sentire, percepire una v. di malinconia nelle parole di qlcu.* **5** (*geogr.*) Meato naturale nelle rocce, entro cui scorre acqua: *v. sotterranea, superficiale*; *una v. d'acqua sorgiva*. **6** (*geol.*) Riempimento mineralizzato di una frattura più o meno larga e irregolare: *v. aurifera, argentifera*; *v. di piombo, di zolfo* | *Trovare una v. d'oro*, (*fig.*) una ricca e facile fonte di guadagno. **7** (*fig.*) Estro, fantasia, creatività: *v. poetica, musicale*; *v. copiosa, abbondante, ricca*; *la sua v. si è ormai disseccata*. **8** Disposizione d'animo, umore: *oggi non sono in v. di scherzi* | *Fare qlco. di v., di buona v.*, con impegno, entusiasmo e sim. (frase derivata dal linguaggio dei medici, che un tempo dicevano che il malato era in buona o cattiva vena a seconda di come il sangue pulsava nei polsi) | *Essere, sentirsi in v.*, essere in forma. **9** (*enol.*) Tendenza di un vino verso un determinato sapore (anche come qualità positiva): *questo vino ha una leggera v. acidula* | Nella loc. *sulla v.*, detto di vino in cui si avverte il gusto dolce (a volte come caratteristica negativa). || **venìna**, dim. | **venolìna**, dim. | **venóna**, accr. | **venùzza**, dim.

†**venàbulo** [vc. dotta, lat. *venābulu(m)*, da *venāri* 'cacciare, andare a caccia', di orig. indeur.; 1907] s. m. ● Spiedo lungo e acuminato usato dai cacciatori.

venàccio [lat. *vināceu(m)* 'vinacciolo' (V.)] s. m. ● (*raro*) Vinacciolo.

†**venagióne** ● V. †*venazione*.

venàle [vc. dotta, lat. *venāle(m)* 'da vendere', da *vēnum* 'vendita', di orig. indeur.; av. 1363] agg. **1** Che si vende e si compra, da vendersi: *portare al mercato le cose venali* | Di, relativo a vendita: *valore v.* | *Prezzo v.*, quello corrente, di mercato. **2** (*fig., spreg.*) Di ciò che, contrariamente alla propria natura o destinazione, è o diviene oggetto di lucro: *amore v.*; *arte v.* SIN. Mercenario. **3** (*fig.*) Che agisce od opera solo per avidità di denaro: *animo v.*; *ingegno v.*; *donna v.*; *funzionario v. e corrotto*. CONTR. Incorruttibile. || **venalménte**, avv.

venalità [vc. dotta, lat. tardo *venalitāte(m)*, da *venālis* 'venale'; 1745] s. f. ● Caratteristica di chi (o di ciò che) è venale.

†**venaménto** [da *venare*; 1667] s. m. ● (*raro*) Venatura.

†**venardì** ● V. *venerdì*.

venàre [da *vena*; 1910] **A** v. tr. (*raro*) ● Coprire di venature. **B** v. intr. pron. ● Coprirsi di venature | (*fig.*) Colorirsi di particolari sfumature: *la sua voce si venò di tristezza*.

venàto [propr. part. pass. di *venare*; 1499] agg. **1** Percorso di vene, strisce, venature: *legno chiaro v. di scuro*; *minerale v. di sfumature verdi*. **2** (*fig.*) Che reca il segno, la traccia di qlco., che è in parte improntato a qlco.: *noia venata di tristezza*; *poesia venata di dolore*. SIN. Pervaso. **3** †Orlato, listato, detto spec. di vesti.

†**venatóre** [vc. dotta, lat. *venatōre(m)*, da *venātus*, part. pass. di *venāri* 'cacciare', di orig. indeur.; 1499] s. m. (f. -*trice*) ● Cacciatore.

venatòrio [vc. dotta, lat. *venatōriu(m)*, da *venātor*, genit. *venatōris* 'cacciatore' (V. *venatore*); 1499] agg. ● Che si riferisce alla caccia | *Arte venatoria*, la caccia.

venatùra [da *venato*; 1754] s. f. **1** Segno, riga, naturale o artificiale d'altro colore, che serpeggia nei legni e nelle pietre. **2** (*fig.*) Vena, nel sign. 4: *una v. di tristezza, di nostalgia*. **3** (*bot.*) Nervatura foglia re. **4** (*zool.*) Nervatura alare degli Insetti. **5** †Lista, nastro per ornamento di vesti, cappelli e sim.

†**venazióne** o †**venagióne** [vc. dotta, lat. *venatiōne(m)*, da *venātus*, part. pass. di *venāri* 'cacciare', di orig. indeur.; 1308] s. f. ● Caccia: *l'arte della venagione* (DANTE) | Cacciagione: *laghi e luoghi pieni di venagione* (MACHIAVELLI).

♦**vendémmia** o †**vendèmia**, †**vindèmia** [lat. *vindēmia(m)*, comp. di *vīnum* 'vino' e un deriv. di *dēmere* 'togliere', comp. di *dē* 'da' ed *ĕmere* 'prendere', di orig. indeur.; av. 1320] s. f. **1** Operazione del raccogliere l'uva | Tempo della raccolta | Quantità di uva raccolta e (*poet.*) il vino che se ne ottiene. **2** †Raccolta, spec. di miele. **3** (*poet.*) Uva, vite. **4** (*fig.*) Messe: *una abbondante v. di cariche, di onori* | Guadagno realizzato alle spalle di qlcu., approfittando della situazione, dell'occasione favorevole, e sim.: *vedrai che riuscirà a fare un'ottima v.* || **vendemmiùccia**, dim.

vendemmiàbile [1723] agg. ● Che si può vendemmiare: *uva v.*

vendemmiàio [da *vendemmia*: calco sul fr. *vendémiaire*; 1891] s. m. ● Primo mese del calendario rivoluzionario francese, il cui inizio corrispondeva al 22 settembre e il termine al 21 ottobre.

vendemmiàle [lat. tardo *vindemiāle(m)*, da *vindēmia* 'vendemmia'; 1388] **A** agg. ● (*raro*) Della vendemmia: *mese v.* **B** s. m. ● (*raro*) Vendemmiaio.

vendemmiàre [lat. *vindemiāre*, da *vindēmia* 'vendemmia'; 1313] **A** v. tr. (*io vendémmio*) **1** Raccogliere l'uva: *v. le uve, la vigna*. **2** (*fig., raro*) Spogliare, depredare, portar via. **3** †Raccogliere il miele. **B** v. intr. (aus. *avere*) **1** Fare la vendemmia: *è tempo di v.* **2** (*fig., raro*) Fare lauti guadagni: *ha trovato da v.*

vendemmiatóre [lat. *vindemiatōre(m)*, da *vindemiāre* 'vendemmiare'; av. 1320] s. m. (f. -*trice*) ● Chi è addetto alla vendemmia.

vendemmiatrice [1983] s. f. ● Macchina trainata da una trattrice, costituita da un pianale con un nastro trasportatore al centro, e ai lati due ali regolabili dove cadono i grappoli d'uva dai tralci colpiti da due percussori a movimento verticale.

♦**véndere** [lat. *vĕndere*, da *vēnum dāre* 'dare in vendita'. Per *vēnum* V. *venale*; 1279] **A** v. tr. (pass. rem. *io vendéi* o *vendètti* (o -*étti*), *tu vendésti*; part. pass. *vendùto*) **1** Concludere una vendita (*anche assol.*): *v. un bene mobile, immobile*; *v. all'asta, al miglior offerente, a buon mercato, a prezzo di costo*; *v. a peso, a misura, a pezzo, a taglio* | *V. caro, a caro prezzo*, esigendo un prezzo elevato | *V. cara la pelle*, (*fig.*) difendersi strenuamente, fino all'ultimo | *Averne da v.*, (*fig.*) in grande quantità, oltre la normale misura: *avere salute, ragione da v.* SIN. Alienare. **2** (*est.*) Offrire, mettere in vendita (*anche assol.*): *penso di v. tutto al più presto*; *vendo il bestiame e il raccolto per un prezzo globale*; *abbiamo deciso di v.* | *Si vende*, si offre in vendita | *Saper v. la propria merce*, (*fig.*) saper mettere in luce i propri meriti, qualità e sim. | *V. anche la camicia*, (*fig.*) ridursi in completa miseria, sperperare tutti i propri beni | *Te la vendo come l'ho comprata*, di notizia e sim. che si riferisce senza garantirne l'autenticità o la veridicità | *V. la pelle dell'orso prima di averlo ucciso*, (*fig.*) confidare con leggerezza nel successo o fare assegnamento su qlco. di aleatorio, incerto e sim. **3** Commerciare (*anche assol.*): *v. pellami, tessuti, gioielli, pane e pasta, frutta e verdura*; *nel suo negozio vende di tutto*; *v. all'ingrosso, al dettaglio, al minuto*; *v. a credito, per contanti*. **4** Concedere, dare per lucro o utilità, riferito anche a cose astratte o comunque non commerciabili: *v. la propria opera, il proprio lavoro*; *v. favori, raccomandazioni* | (*fig.*) *V. l'anima al diavolo*, essere disposto a qualunque infamia pur di ottenerne un utile | (*fig.*) *Venderebbe anche l'anima, anche sua madre*, di persona che per avidità è capace di tutto | Tradire spec. per denaro: *v. la patria, i compagni, un segreto* | Prostituire: *v. il proprio corpo, il proprio ingegno*; *v. la coscienza, l'onore*. **5** Nel linguaggio calcistico, cedere un giocatore, da parte di una società a un'altra: *v. il portiere*. **6** (*fig.*) Spacciare: *v. frottole, lucciole, ciance* | *V. parole*, largheggiare in discorsi, promesse e sim., ma non realizzarli, non mantenerli e sim. | *Questa non me la vendi*, non me la dai a intendere, non mi imbrogli e sim. | *V. fumo*, dare a intendere cose non vere, vantarsi di meriti, qualità, possibilità e sim., che non si hanno | *V. per buono*, spacciare per vero, autentico e sim. ciò che non lo è. **B** v. intr. (aus. *avere*) ● (con valore passivo) Essere venduto, trovare acquirenti: *è un libro che vende bene*. **C** v. rifl. **1** Lasciarsi corrompere: *vendersi al nemico* | Prostituirsi: *si vende per poco*. **2** Farsi credere, spacciarsi: *si vende per quel che non è*.

venderéccio [da *vendere*; sec. XIV] agg. (pl. f. -*ce*) **1** Destinato alla vendita: *pane v.* | (*raro*) Che si vende bene, che incontra le richieste dei consumatori: *merci vendereccе*; *La piazza di Navona quando è folta di ronzini vendereccі* (ARETINO). **2** (*fig., raro*) Che si può corrompere con relativa facilità: *gente vendereccia*.

†**venderìa** [da *vendere*] s. f. ● Traffico, mercato.

véndesi [da *si vende*; 1985] s. m. inv. ● Cartello o annuncio con cui si dichiara la messa in vendita di un locale, di un terreno o di una abitazione.

♦**vendétta** [lat. *vindĭcta(m)* 'verga con cui si toccava lo schiavo che doveva essere posto in libertà', poi 'rivendicazione, liberazione', quindi 'vendetta, punizione', da *vindicāre* 'pretendere, rivendicare', poi 'vendicare'; sec. XIII] s. f. **1** Offesa, danno più o meno grave inflitto a qlcu. per fargli scontare un torto o un'ingiustizia da lui provocati: *v. privata*; *giurare v.*; *una catena di vendette*; *v., v., tremenda v.*; *vuole che la v. sia grande* (COMPAGNI) | *V. trasversale*, che non colpisce direttamente chi ha arrecato un danno ma un suo congiunto o suoi interessi | *Far v. di*, vendicare | *Prendere v.*, vendicarsi | *Ricevere v.*, ottenere, essere vendicato | *Far la v. di un altro*, vendicare un oltraggio in vece sua | *Consegnare, esporre e sim. alla v. di qlcu.*, mettere qlcu. nelle mani o alla mercé di chi vuole vendicarsi. SIN. Rivalsa. **2** Castigo: *la giusta v. del cielo*; *la v. degli dei* | *Il giorno della v.*, del giudizio universale | *Gridare v.*, invocare a gran voce la giusta punizione; (*est.*) si dice di colpe totalmente imperdonabili (*anche scherz.*): *un misfatto che grida v.*; *infamie che gridano v. al cospetto di Dio*; *ha cantato con una voce che gridava v.* || **vendettàccia**, pegg. | **vendettùccia**, dim.

vendeuse /*fr.* vɑ̃'dø:z/ [vc. fr., 'venditrice', da *vendre* 'vendere'; 1939] s. f. inv. ● Commessa di boutique.

†**vendévole** [sec. XIV] agg. ● Vendibile | Facile a vendersi.

vendìbile [vc. dotta, lat. *vendĭbile(m)*, da *vēndere*; 1540] agg. ● Che si può vendere | Facile a vendersi. CONTR. Invendibile.

vendibùbbole [comp. di *vendere* e il pl. di *bubbola*] s. m. e f. inv. ● (*tosc.*) Chi dà ad intendere bubbole, ciance.

vendicàbile [1865] agg. ● Che si può o si deve vendicare. || †**vendicabilménte**, avv. Con vendetta.

†**vendicaménto** s. m. ● Il vendicare.

†**vendicànza** [da *vendicare*] s. f. ● Vendetta.

♦**vendicàre** [lat. *vindicāre* 'pretendere, rivendicare', poi 'vendicare', da *vĭndex*, genit. *vĭndicis* 'vindice'; sec. XIII] **A** v. tr. (pres. *io véndico* (o -è-), *tu véndichi* (o -è-)) **1** Fare scontare un torto, un'ingiustizia, un delitto e sim., arrecando volontariamente un danno più o meno grave, materiale o morale, alla persona, alla famiglia o ai beni dell'offensore: *v. un insulto, un oltraggio, un'ingiustizia*; *Achille vendicò su Ettore la morte di Patroclo*; *vendicheremo nel sangue questo tradimento*; *da tempo attendeva l'opportunità di v. il fratello ucciso* | ***V. l'onore***, riscattarlo, compiendo la vendetta richiesta dalle tradizioni, dalle convenzioni sociali e sim. CONTR. Perdonare. **2** †Scontare una colpa con pena adeguata. **B** v. rifl. **1** (+*di*; +*su*; +*con*) Compiere la propria vendetta: *vendicarsi dell'offesa, di un tradimento*; *vendicarsi su qlcu., coi nemici*; *sarebbe bella, che ora Fabrizio si vendicasse di me* (GOLDONI); *il Papa, per vendicarsi con i Romani, tolse a quelli la autorità di creare lo imperadore* (MACHIAVELLI). **2** †Riscattare, rivendicare, recuperare | (*letter.*) ***Vendicarsi in libertà***, riottenere la libertà.

vendicatività [1961] s. f. ● Tendenza ad essere vendicativo.

vendicativo [da *vendicato*; av. 1363] agg.; anche s. m. (f. *-a*) ● Che (o Chi) non dimentica, non perdona ed è pronto a vendicarsi: *carattere v.*; *persona vendicativa*; *offendere un v.* || **vendicativaménte**, avv.

vendicàto part. pass. di *vendicare*; anche agg. ● Nei sign. del v.

vendicatóre [lat. tardo *vindicatōre(m)*, da *vindicātus* 'vendicato'; sec. XIII] s. m.; anche agg. (f. *-trice*) ● (*lett.*) Chi (o Che) vendica: *il v. dei deboli, degli oppressi*; *furia vendicatrice*.

†**vendicazióne** [lat. *vindicatiōne(m)*, da *vindicātus* 'vendicato'] s. f. ● (*raro*) Vendetta.

vendicchiàre [da *vendere* col suff. *-icchiare*; 1891] v. tr. e intr. (*io vendicchio*; aus. *avere*) ● Vendere poco, far magri affari.

†**vendichévole** [da *vendicare*] agg. ● Che consente la vendetta.

†**véndico** [part. contratto di *vendicare*] agg. ● Vendicato.

vendifròttole [comp. di *vendere* e il pl. di *frottola*; 1761] s. m. e f. inv. ● (*fam.*, *raro*) Chi spaccia frottole, panzane, bugie.

vendifùmo [comp. di *vendere* e *fumo*; av. 1635] s. m. e f. inv. ● Chi, a scopo di imbroglio, vanta capacità che non possiede o presenta come reale o possibile una situazione che non lo è.

†**vendigióne** ● V. †*vendizione*.

†**vendiménto** s. m. ● (*raro*) Atto del vendere.

†**vendispàghi** [comp. di *vendere* e il pl. di *spago*] s. m. inv. ● Canapaio.

♦**véndita** [da *vendere*, sul modello del lat. *vĕnditus*, part. pass. di *vĕndere*; 1353] s. f. **1** (*dir.*) Contratto che ha per oggetto il trasferimento della proprietà di una cosa, o il trasferimento di un altro diritto, verso il corrispettivo di un prezzo: *v. di cose future*; *v. su campione, a corpo, su documenti*. SIN. Alienazione, compravendita | ***V. giudiziale***, disposta dall'autorità giurisdizionale nel corso di un processo esecutivo: *v. giudiziale con incanto, senza incanto* | ***V. a premio***, tipo di vendita al dettaglio effettuata con sorteggi periodici di premi fra gli acquirenti | ***V. per corrispondenza***, tipo di vendita al dettaglio in cui il ricevimento degli ordini e la consegna della merce si effettuano tramite il servizio postale | ***V. all'ingrosso***, di grandi quantitativi di merce | ***V. al minuto, al dettaglio***, effettuata direttamente ai consumatori | ***V. fallimentare***, che ha per oggetto i beni del fallimento; (*est.*) liquidazione, svendita a prezzi molto convenienti | ***V. all'asta***, al miglior offerente, secondo particolari formalità di legge | ***V. porta a porta***, tipo di vendita al dettaglio in cui la contrattazione, con metodica azione distributiva, viene offerto direttamente al domicilio di ogni eventuale acquirente | (*est.*, *spreg.*) Commercio di beni non venali, cariche e sim.: *v. delle indulgenze*; *v. di cariche pubbliche*. **2** Nel linguaggio calcistico, cessione di un giocatore da parte di una società a un'altra. **3** Smercio: *avere una buona v. di prodotti*; *la v. procede a stento*. **4** Negozio dove si vende: *v. di generi alimentari, di sale e tabacchi*; *aprire una v.* SIN. Spaccio. **5** (*st.*) Luogo di riunione dei carbonari.

♦**venditóre** [lat. *venditōre(m)*, da *vĕnditus*, part. pass. di *vĕndere*; 1272] **A** agg. (f. *-trice*) ● Che vende: *ente v.*; *ditta, società venditrice*. **B** s. m. ● Chi vende o è addetto alla vendita, per conto proprio o altrui: *il v. e il compratore*; *v. di carne, di pesce*; *v. ambulante* | ***V. di fumo***, (*fig.*) fanfarone, imbroglione | (*eufem.*) ***Venditrice d'amore***, prostituta | CFR. -vendolo.

†**venditùra** s. f. ● Vendita.

†**vendizióne** o †**vendigióne** [vc. dotta, lat. *venditiōne(m)*, da *vĕnditus*, part. pass. di *vĕndere*; av. 1557] s. f. ● Vendita.

-véndolo secondo elemento ● In parole composte indica chi esercita come attività economica la vendita di un determinato prodotto: *erbivendolo*, *fruttivendolo*, *straccivendolo*.

vendùto [1319] **A** part. pass. di *vendere*; anche agg. ● Nei sign. del v. **B** s. m. ● Merce venduta: *resa salvo il v.* **C** agg. e s. m. (f. *-a*) ● (*fig.*, *spreg.*) Che (o chi) si è fatto corrompere: *un funzionario v.*; *arbitro v.*; *quello è un v.*

venefìcio [vc. dotta, lat. *venefĭciu(m)*, da *venēficus* 'venefico'; sec. XIV] s. m. ● Avvelenamento criminoso di una o più persone: *essere imputato di, condannato per, v.*

venèfico [vc. dotta, lat. *venēficu(m)*, comp. di *venēnum* 'veleno' e *-ficus* '-fico'; 1499] **A** agg. (pl. m. *-ci*) **1** Tossico, velenoso (*anche fig.*): *sostanza venefica*; *sono idee venefiche* | (*est.*) Molto nocivo: *aria venefica*. SIN. Insalubre. **2** (*fig.*, *raro*) Pernicioso, perfido: *insinuazioni venefiche*. || **veneficaménte**, avv. **B** s. m. (f. *-a*) ● †Avvelenatore, stregone.

†**venèno** e *deriv.* ● V. *veleno* e *deriv.*

venènte ● V. *veniente*.

veneràbile [vc. dotta, lat. *venerābile(m)*, da *venerāri* 'venerare'; 1321] **A** agg. **1** Degno di essere venerato. **2** Titolo di persona morta in concetto di santità e per la quale è stata promossa la causa di beatificazione | Titolo di persona, istituzione ed edificio sacro, degni di venerazione: *la v. confraternita*. || **venerabilménte**, avv. Con venerazione. **B** s. m. **1** Persona morta in concetto di santità ma non beatificata: *i santi, i beati e i venerabili*. **2** (*raro, per anton.*) Il Santissimo Sacramento: *esposizione del Venerabile*. **3** Capo di una loggia massonica.

venerabilità [vc. dotta, lat. *venerabilitāte(m)*, da *venerābilis* 'venerabile'; 1694] s. f. ● Condizione di chi (o di ciò che) è venerabile.

†**veneragióne** ● V. *venerazione*.

veneràndo [vc. dotta, lat. *venerāndu(m)*, gerundivo di *venerāri* 'venerare'; 1340] agg. ● Degno di venerazione: *vecchio v.*; *canizie veneranda*; *onoriamo la sua veneranda memoria* | ***Aspetto v., età veneranda***, di persona molto vecchia.

†**venerànza** [da *venerante*] s. f. ● Venerazione.

veneràre (1) [vc. dotta, lat. *venerāre* (più comunemente *venerāri*) 'adorare gli dei', da *Vĕnus*, genit. *Vĕneris* 'Venere'; av. 1294] v. tr. (*io vènero*) ● Avere in grande reverenza, fare oggetto di venerazione: *v. la vecchiaia, i genitori, la memoria di qlcu.*; *v. i santi, i beati*.

†**veneràre (2)** [da *Venere*] v. tr. ● (*poet.*) Accendere d'amore.

veneràto part. pass. di *venerare (1)*; anche agg. ● Nel sign. del v.

veneratóre [vc. dotta, lat. *veneratōre(m)*, da *venerātus* 'venerato'; sec. XIV] s. m.; anche agg. (f. *-trice*) ● (*raro*) Chi (o Che) venera.

venerazióne o †**veneragióne** [vc. dotta, lat. *veneratiōne(m)*, da *venerātus* 'venerato'; sec. XIV] s. f. **1** Sentimento di grande reverenza, rispetto, stima e sim.: *provare una grande v. per qlcu.*; *trattare con v.* **2** Pietà religiosa | Particolare rispetto dovuto ai Santi, ai Beati, ai Servi di Dio e ai Venerabili | (*est.*) Adorazione, manifestazione di culto dovuto a Dio.

♦**venerdì** o †**venardì**, †**vernadì** [lat. tardo *Vĕneris dĭe(m)* 'giorno di Venere'. V. *venere* e *dì*; av. 1348] s. m. ● Quinto giorno della settimana civile, sesto della liturgica | ***V. Santo***, quinto giorno della Settimana Santa, nel quale si commemora la passione e morte del Cristo | (*fig.*) ***Gli manca un v., qualche v.***, si dice di persona piuttosto stramba | (*disus.*) ***Osservare il v.***, astenersi dal mangiar carne in tale giorno, secondo un precetto della Chiesa cattolica.

vènere [vc. dotta, lat. *Vĕnere(m)*, dea dell'amore, da una radice indeur. che significa 'desiderare'; 1319] s. f. (*Venere* nel sign. 5) **1** Donna eccezionalmente bella: *essere, credersi una v.* | (*eufem.*, *per litote*) ***Non è una v.***, di donna non bella, anzi alquanto brutta | (*anat.*) ***Monte di Venere***, prominenza adiposa coperta di peli, sopra la vulva. **2** (*spec. al pl.*, *fig.*, *lett.*) Grazia, bellezza, leggiadria: *le veneri dello stile*. **3** (*fig.*) Sensualità, amore sensuale, e sim.: *i piaceri di v.*; *essere dedito a v.* | ***V. solitaria***, la masturbazione | Prostituta, spec. nelle loc. ***v. da marciapiede***, ***v. vagante***, ***v. pandemia***. **4** (*pop.*) Venerdì. **5** (*astron.*) Il secondo pianeta in ordine di distanza dal Sole, dal quale in media dista 108 milioni di kilometri, la cui massa è 0,817 volte quella della Terra, e del quale non si conoscono satelliti | (*astrol.*) Pianeta che domina i segni zodiacali del Toro e della Bilancia. ➡ ILL. p. 2142 SISTEMA SOLARE; **zodiaco**. **6** Lamellibranchio marino a conchiglia elegante, ovoide, lungo sifone e carni apprezzate (*Venus*). SIN. (*pop.*) Vongola. || PROV. Né di Venere né di Marte ci si sposa oppur si parte. || **venerina**, dim.

venèreo [vc. dotta, lat. *Venĕriu(m)*, agg. di *Vĕnus*, genit. *Vĕneris* 'Venere'; 1308] agg. **1** (*lett.*) Di Venere: *grazie veneree* | Sensuale, lascivo: *amore v.*; *fuoco v.* **2** Che riguarda o è proprio dei rapporti sessuali: *atto v.* | Detto di malattia che si trasmette spec. con i rapporti sessuali.

venereologia ● V. *venerologia*.

†**venerévole** ● (*raro*) Venerabile. || †**venerevolménte**, avv. Con venerazione.

veneriàno agg.; anche s. m. (f. *-a*) ● (*raro*) Venusiano.

venerologia o **venereologia** [comp. di *vene-r(e)o* e *-logia*; 1961] s. f. ● Ramo della medicina che studia e cura le malattie trasmesse mediante contagio sessuale.

venètico [vc. dotta, lat. *venĕticu(m)*, agg. di *Vĕnetus* 'Veneto'; 1957] **A** agg. (pl. m. *-ci*) ● Relativo agli antichi veneti: *iscrizioni venetiche*. **B** s. m. ● Lingua indoeuropea parlata dagli antichi veneti.

vèneto [lat. *Vĕnetu(m)* 'abitatore del Veneto'; av. 1476] **A** agg. **1** (*disus.*) Delle Tre Venezie | Del Veneto: *città venete*; *Regno Lombardo-V.* | ***Dialetti veneti***, gruppo di dialetti italiani dell'area settentrionale. **2** Della città di Venezia: *la repubblica veneta*. **3** Venetico: *necropoli venete*. **B** s. m. **1** (f. *-a*) (*disus.*) Abitante, nativo delle Tre Venezie | Abitante, nativo del Veneto. **2** (f. *-a*) Ogni appartenente a un'antica popolazione indoeuropea stanziata nella pianura veneta. **3** (*gener.*) Ogni dialetto parlato nelle Tre Venezie.

veneziàna [1810] s. f. **1** Donna di Venezia. **2** (*sett.*) Specie di brioche emisferica cosparsa di chicchi di zucchero | (*merid.*) Caffè con cioccolata. **3** Tenda a stecche di legno o a lamine di plastica, inclinabili a piacere. **4** (*mus.*) Composizione polifonica del secolo XVI a due o tre voci, che veniva però eseguita da una voce accompagnata da strumenti.

veneziàno o †**viniziàno** [1263] **A** agg. ● Della città di Venezia: *calli, gondole veneziane* | ***Caratteri veneziani***, caratteri tipografici usati a Venezia nel XV sec., caratterizzati da lettere larghe, tratti con angolo d'incidenza maggiore di 90° e grazie raccordate sovente spesse e piatte | ***Alla veneziana***, (*ellitt.*) alla maniera dei veneziani | ***Fegato alla veneziana***, cucinato a fettine con olio e cipolla | ***Lampioncini alla veneziana***, di carta colorata per illuminazioni festose | ***Pavimento alla veneziana***, pavimento a seminato. **B** s. m. (f. *-a*) ● Abitante, nativo di Venezia. **C** s. m. solo sing. ● Dialetto del gruppo veneto, parlato a Venezia.

venezuelàno o **venezuelàno**, **venezolàno**, **venezolàno** [1860] **A** agg. ● Del Venezuela. **B** s. m. (f. *-a*) ● Abitante, nativo del Venezuela.

vènga ● V. *venire (1)*.

†**vengiaménto** [ant. fr. *vengement*, da *venger* 'vendicare'. V. *vengiare*; av. 1250] s. m. ● Il vendicare, il vendicarsi.

†**vengiànza** [fr. *vengeance*, da *venger* 'vendicare'. V. †*vengiare*; sec. XIII] **s. f.** ● Vendetta.

†**vengiàre** [fr. *venger*, stessa etim. dell'it. *vendicare*; av. 1294] **v. tr. e rifl.** ● Vendicare: *se in loro ... potessi le mie ire v., il farei senza fallo* (BOCCACCIO).

†**vengiatóre** [fr. *vengeur*, da *venger* 'vendicare'. V. *vengiare*] **s. m.**; anche **agg.** (**f.** *-trice*) ● Vendicatore.

vèngo ● V. *venire* (*1*).

vènia [vc. dotta, lat. *vĕnia(m)* 'compiacenza, benevolenza, perdono', da avvicinare a *Vĕnus* 'Venere'; sec. XIV] **s. f.** *1* (*lett.*) Grazia, indulgenza, perdono: *vi chiedo v.*; *ottenere v.* *2* †Supplicazione.

veniàle [vc. dotta, lat. tardo *veniāle(m)*, da *vĕnia*; av. 1306] **agg.** *1* Nella morale cattolica, detto di peccato non grave e non producente la perdita della grazia. CONTR. Mortale. *2* (*est.*) Meritevole d'indulgenza, perdono e sim.: *errore v.*; *mancanza, colpa v.* CONTR. Imperdonabile. || **venialménte**, **avv.** In modo veniale, perdonabile.

venialità [1879] **s. f.** ● Condizione di ciò che è veniale.

veniènte o †**vegnènte**, (*raro*) **venènte** [1342] **A** **part. pres.** di *venire*; anche **agg.** ● (*lett.*) Che viene | Seguente: *nel dì v.* **B** **s. m. e f.** ● (*lett.*) Chi viene.

†**veniménto** [da *venire* (*1*)] **s. m.** *1* Venuta. *2* Avvenimento.

♦**venire** (**1**) [lat. *venīre*, di orig. indeur.; av. 1250] **A** **v. intr.** (**pres.** *io vèngo*, poet. †*vègno*, *tu vièni*, *egli viène*, †*vène*, *noi veniàmo*, poet. †*vegnàmo*, †*venghiàmo*, *voi venìte*, *essi vèngono*, poet. †*vègnono*; **imperf.** *io venivo*, †*venìa*, †*venìva*; **fut.** *io verrò*, †*venirò*, *tu verrài*, †*venirài*; **pass. rem.** *io vénni*, *tu venìsti*, *egli vénne*, *noi venìmmo*, poet. †*vegnémmo*, *voi venìste*, *essi vénnero*, poet. †*venìrono*, †*venìro*; **congv. pres.** *io vènga*, poet. †*vègna*, *tu vènga*, †*vègne*, †*vènghi*, *egli vènga*, *noi veniàmo*, poet. †*vegnàmo*, †*venghiàmo*, *voi veniàte*, poet. †*vegnàte*, †*venghiàte*, *essi vèngano*, poet. †*vègnano*; **condiz. pres.** *io verrèi*, poet. †*verrìa*, †*venirèi*, *tu verrésti*; **imperat.** *vièni*, †*viènne*, *venìte*; **part. pres.** *veniènte*, poet. †*vegnènte*; **part. pass.** *venùto*, poet. †*vegnùto*; aus. *essere*) La forma *vièni* dell'imperat. può assumere, in unione con particelle pron. o avv., le forme *vièmmi* (per *vièmimi*), *vièmci* (per *vièmici*), *vièntene* (per *vièntene*) e sim., con apocope di 'i'. *Viemmi* presenta anche assimilazione di *n* a *m* e anticipazione (o 'risalita') della particella enclitica: *viemmi a prendere* per *vieni a prendermi*. *Vièntene* è l'imperat. della forma intensiva *venirsene*: *vientene via con me!* *1* Recarsi nel luogo dove è, va o sarà la persona alla quale si parla, o la persona stessa che parla: *verrò questa sera a casa tua*; *perché mi hai fatto venire qui?*; *verremo a salutarvi prima di partire*; ***vengo!***, come risposta a chi ci chiama; *venite pure da me quando volete*; *sei venuto per lavorare o per perdere tempo?*; *come siete venuti?*; *v. in aereo, in treno, in macchina, a piedi*; *v. di corsa, pian piano, lemme lemme* | ***Venir vicino***, ***accanto***, accostarsi | ***Venir dentro***, entrare | ***Venir fuori***, di libro o periodico, uscire, essere pubblicato | ***Venir fuori con*** ..., dire cose inaspettate, singolari | Con valore intensivo: ***ma che mi vieni a raccontare?***, ma che mi racconti | ***V. incontro a qlcu.***, (*fig.*) cercare di soddisfare qualche sua esigenza: *vedrò di venirle incontro sul prezzo*. *2* Giungere, arrivare (con rif. al luogo dove si colloca idealmente la persona che parla): *il mio amico non è ancora venuto*; *eccolo che viene!*; *attenzione, che viene il treno!* | ***M'è venuto agli orecchi***, ho saputo | ***V. a pennello***, ***a proposito***, giungere o presentarsi al momento opportuno | (*fig.*) Pervenire: *v. a un accomodamento, a una transazione* | ***V. a patti***, rinunciare alla lotta, accordarsi | ***V. ai ferri corti***, mettere da parte, in un contrasto o contesa, ogni riguardo | ***V. alle mani***, ***alle prese***, azzuffarsi dopo aver conteso a parole | ***V. alla luce***, nascere; di scavi o opere dimenticate, ricomparire; di fatti, circostanze e sim., emergere | ***V. a morte***, morire | ***V. a capo di qlco.***, riuscire, giungere a un esito, a una conclusione | ***V. a sapere qlco.***, ***v. a conoscenza di qlco.***, esserne informato | ***V. in chiaro di qlco.***, appurarne la verità | ***V. al dunque***, ***al nocciolo***, ***al fatto***, arrivare al punto essenziale di una questione | ***V. alla conclusione***, ***alle strette***, concludere | ***V. in possesso di qlco.***, ottenere la disponibilità materiale, la proprietà e sim.; (*est.*, *fig.*) venire a sapere, a conoscere: *v. in possesso di una informazione, una notizia* | (*lett.*) ***V. in fama***, diventare famoso | ***V. in odio***, ***in antipatia***, diventare odioso, antipatico | ***V. a noia***, cominciare ad annoiare, a tediare. *3* Provenire (*anche fig.*): *viene da Firenze*; *le rondini vengono dai paesi caldi*; *le nuvole vengono dall'est*; *viene un buon profumino dalla cucina*; *una moda che viene d'oltralpe*; *il dono mi è più gradito perché viene da te*; *proprio da te mi viene il rimprovero!* | ***Farsi v. qlco.***, disporre che qualcosa venga inviata, spedita: *s'è fatto venire un vestito da Parigi* | ***Far v. qlcu.***, mandarlo a chiamare: *ho fatto v. il tecnico per riparare il televisore* | Derivare, avere origine: *viene da un'ottima famiglia*; *molti termini scientifici vengono dal greco*; *da che ti viene tanta sicurezza?* | ***V. dalla gavetta***, detto di ufficiali, avere cominciato la propria carriera come soldato semplice; (*est.*) detto di persona che ha iniziato da umili occupazioni e piano piano si è fatta una posizione | ***V. dal niente***, essersi fatta una fortuna, aver raggiunto il successo, pur avendo incominciato dal niente. *4* Sopraggiungere, presentarsi, manifestarsi, accadere, capitare, anche di avvenimenti e personaggi storici: *venne il temporale, la grandine, il gelo*; *ora viene il bello!*; *i guai vengono quando uno meno se li aspetta*; *venne la guerra*; *mi è venuta un'idea!*; *mi è venuto un dubbio, un sospetto*; *ma che ti viene in mente?*; *gli vennero le lacrime agli occhi*; *gli è venuta la febbre, la tosse*; *ti venga un accidente!*, (*spesso ellitt.*) *ti venga! ... gli venga! ..., vi venisse! ...* | ***Non mi viene***, (*fam.*) non mi torna alla mente, non riesco a ricordare | ***Far v. qlco.***, provocarne la comparsa: *le fragole mi hanno fatto venire l'orticaria* | ***Venir da*** ..., sentire l'impulso di ...; usato nella forma impers.: *mi viene da piangere, da ridere* | ***Venir fatto***, ***venir detto***, usato sempre nella forma impers., fare o dire per caso, accadere che si faccia o si dica inavvertitamente: *gli venne fatto di trovare una moneta antica*; *gli venne detto che non voleva più vederli*. *5* Dell'uomo o di animali, nascere, spec. nella loc. ***v. al mondo***: *quando vengono i figli, cominciano le preoccupazioni*; *è venuto al mondo un bel vitellino* | ***Venir su***, crescere, svilupparsi: *questo ragazzo è venuto su molto robusto* | Delle piante, attecchire: *è un clima in cui il grano non viene*; *questa pianta viene su stentata*. *6* Riuscire: *come è venuta la fotografia?*; *ti piace come è venuto il vestito?*; *il problema non mi viene*; *v. bene, male, lungo, corto, largo, stretto* | ***Come viene***, come capita, alla meno peggio | ***Come viene***, ***viene***, qualunque sia l'esito, il risultato, detto di cose non importanti o che, comunque, non si considerano tali | ***Venire fatto di*** ..., riuscire a ..., usato nella forma impers.: *se mi vien fatto di convincerlo, sono a posto* | Ottenere come risultato, risultare: *ho fatto la divisione e mi viene 540*; *quanto ti viene come somma totale?* | Costare: *viene cinque euro la bottiglia*; *quanto viene?*; *se paga in contanti, le viene* (*o viene a costare*) *molto meno*. *7* Di numero, esser sorteggiato al lotto o alla tombola, uscire alla roulette: *è venuto il 23*. *8* Giungere, arrivare, con riferimento al procedere del tempo o nel tempo: *è venuto il momento di agire*; *non è ancora venuto il tuo turno*; *quando viene il caldo la città si spopola* | ***Appena viene l'occasione***, appena si presenta | Di festa, anniversari e sim., ricorrere: *quest'anno il Natale viene di giovedì* | ***V. prima***, precedere | ***V. dopo***, seguire nel tempo | ***Che viene***, prossimo, seguente: *il mese che viene, la settimana che viene* | ***A v.***, futuro: *nei secoli a v.* | ***Di là da v.***, lontanissimo nel tempo: *cose di là da v.* *9* (*fam.*) Raggiungere l'orgasmo. *10* (*fam.*) Trovarsi a essere: *lui viene a essere suo cognato* | (*fam.*) Esser dovuto, toccare, spettare: *ti vengono ancora due euro*. *11* Cedere a una trazione, staccarsi: *questo chiodo non viene, non viene via* | ***Venir giù***, cadere: *veniva giù una pioggerellina sottile* | ***Venir meno***, di persona, svenire; di cosa, mancare: *gli vennero meno le forze*. *12* †Essere necessario. *13* Seguito da un gerundio, indica l'azione nel suo svolgimento, nella sua attuazione: *venir dicendo, esponendo, facendo*; *mi vengo sempre più persuadendo che hai proprio ragione tu*; *e novellando vien del suo buon tempo* (LEOPARDI). *14* Seguito da un participio passato, sostituisce *essere* nella coniugazione passiva dei verbi, ma limitatamente ai tempi semplici: *viene, veniva, verrà lodato da tutti*. **B** **v. intr. pron.** ● Con la particella pronominale *ne*, procedere, camminare: *se ne veniva piano piano, lemme lemme* | Venir via: *non avevamo nulla da fare lì, e così ce ne venimmo quasi subito*. **C** **v. rifl. rec.** ● Nella loc. ***venirsi incontro***, (*fig.*) cercare un compromesso soddisfacente mediante concessioni da ambo le parti.

venire (**2**) [da *venire* (*1*); av. 1306] **s. m.** solo **sing.** ● Lo spostarsi, il dirigersi in una data direzione, spec. nella loc. ***andare e v.***, movimento continuo e alternato: *un andare e v. di gente, di folla, di pubblico*; *l'andare e v. del pendolo*.

†**venitìccio** [da *venire* (*1*)] **agg.** ● Avventizio, straniero.

venoṣino [lat. *Venusīnu(m)*, etnico di *Venŭsia* 'Venosa'; av. 1613] **A** **agg.** ● Di Venosa, città della Basilicata. **B** **s. m.** (**f.** *-a*) ● Abitante, nativo di Venosa | ***Il v.***, (*per anton.*) il poeta romano Orazio.

†**venoṣità** [1957] **s. f.** ● Caratteristica di ciò che è venoso.

venóṣo [vc. dotta, lat. tardo *venōsu(m)*, da *vēna*; 1659] **agg.** *1* Di vena | ***Sangue v.***, contenuto nelle vene. *2* †Ricco di venature.

ventàccio [pegg. di *vento*; 1883] **s. m.** ● Vento molto forte e molesto: *un v. freddo e strapazzone ... faceva stridere e cigolare tutti gli alberi della campagna* (COLLODI).

ventàglia [provz. *ventalha*, da *ven* 'vento'; sec. XIII] **s. f.** ● Nelle antiche armature, parte inferiore della visiera della celata chiusa, che proteggeva il mento e la bocca ed era forata da intagli per consentire la respirazione.

ventagliàio o (*dial.*) **ventagliàro** [av. 1696] **s. m.** (**f.** *-a*) ● Fabbricante e decoratore di ventagli | Commercianti di ventagli.

ventagliàrsi [sec. XVII] **v. rifl.** (*io mi ventàglio*) ● (*raro*) Farsi vento col ventaglio.

ventàglio [fr. *éventail*, da *vent* 'vento'; 1506] **s. m.** *1* Oggetto per farsi vento, formato di stecche di legno, di avorio o altri materiali, riunite insieme a un'estremità da un perno, che sorreggono una striscia di stoffa o di carta, e che si apre a raggiera: *v. giapponese, di piume, dipinto a mano*; *agitare il v.* | ***A v.***, detto di tutto ciò che per la sua forma ricorda un ventaglio aperto: *potare la vite, un pesco a v.*; *la coda del pavone si apre a v.*; *la squadra navale si dispose a v.* | ***Correre***, ***spiegarsi a v.***, nel ciclismo, assumere da parte del gruppo una disposizione scalare per ridurre l'effetto del vento contrario. *2* (*econ.*) ***V. dei prezzi***, diverso grado di aumento subìto in un determinato momento dai prezzi delle varie merci in conseguenza dell'inflazione. *3* (*fig.*) Serie, gamma di possibili alternative: *abbiamo esaminato un v. di richieste*. *4* (*zool.*) Pettine. || **ventagliàccio**, **pegg.** | **ventagliétto**, **dim.** | **ventaglino**, **dim.** | **ventaglióne**, **accr.** | **ventagliùccio**, **pegg.**

†**ventaménto** **s. m.** ● Il fatto di ventare.

†**ventàre** [da *vento*; 1310] **A** **v. intr.** *1* (*poet.*) Tirare vento. *2* (*raro*, *poet.*) Sventolare. **B** **v. intr. impers.** ● Soffiare, detto del vento. **C** **v. tr.** ● Scuotere qlco., detto del vento.

ventaròla [da *vento*; 1624] **s. f.** *1* (*region.*) Ventola. SIN. Rosta. *2* (*region.*) Banderuola che indica la direzione del vento. *3* (*fig.*, *region.*) Persona volubile, leggera.

ventàta [1842] **s. f.** *1* Violenta folata di vento. *2* (*fig.*) Moto improvviso e violento di sentimenti, impulsi, idee e sim.: *una v. di patriottismo, di ribellione*; *v. rivoluzionaria*; *una v. di follia*.

ventatùra [da *vento* nello specifico sign. di 'tirante'; 1961] **s. f.** ● (*aer.*, *edil.*, *mar.*) Struttura di irrigidimento realizzata con tiranti.

†**ventàvolo** [lat. parl. *vĕntu(m)* *°āquilu(m)* 'vento aquilone' (?)] **s. m.** ● Tramontana, aquilone.

†**venteggiàre** [intens. di *ventare*] **v. intr.** ● Spirare vento.

ventennàle [da *ventennio*; 1903] **A** **agg.** *1* Che dura vent'anni: *dittatura v.* *2* (*raro*) Che ha vent'anni, detto di cosa. *3* Che ricorre ogni vent'anni: *celebrazione v.* SIN. (*lett.*) Vicennale. **B** **s. m.** ● Ricorrenza del ventesimo anno da un avvenimento memorabile: *il v. della Resistenza* | (*est.*) La cerimonia che si celebra in tale occasione.

ventènne [comp. di *venti* ed *-enne*; 1879] **A** **agg.** *1* Che ha vent'anni, detto di persona e di cosa. *2* (*raro*) Che dura vent'anni. **B** **s. m. e f.** ● Chi ha vent'anni d'età: *una graziosa v.*

ventènnio [comp. di *venti* ed *-ennio*; 1879] **s. m.** *1* Spazio di tempo di vent'anni: *nel primo v. del secolo scorso* | (*per anton.*) ***Il Ventennio***, il periodo del regime fascista in Italia. SIN. (*lett.*) Vicennio. *2* (*raro*) Il ventesimo anniversario: *celebrare il v. di sacerdozio.*

ventèṣimo (o -é-) [1313] **A** agg. num. ord. *1* Corrispondente al numero venti in una sequenza, in una successione, in una classificazione, in una serie (rappresentato da *XX* nella numerazione romana, da *20°* in quella araba): *raggiungere il v. anno di età*; *il v. canto del Purgatorio*; *il v. giorno* | ***Due alla ventesima***, (*ellitt.*) elevato alla ventesima potenza | ***Il v. secolo***, gli anni dal 1901 al 2000: *le scoperte del v. secolo.* SIN. (*lett.*) Vigesimo. *2* In composizione con altri numerali, semplici o composti, forma gli ordinali superiori: *ventesimoprimo*; *centoventesimo*; *milletrecentoventesimo.* **B** s. m. ● Ciascuna delle venti parti uguali di una stessa quantità: *cinque è un v. di cento.*

♦**vénti** [lat. *vigĭnti*, di orig. indeur.; sec. XIV] agg. num. card. inv.; anche s. m. (si elide davanti ad 'anni': *vent'anni*) ● (*mat.*) Due volte dieci, due decine, rappresentato da *20* nella numerazione araba, da *XX* in quella romana. **I** Come agg. ricorre nei seguenti usi. *1* Rispondendo o sottintendendo la domanda 'quanti?', indica la quantità numerica di venti unità (spec. preposto a un s.): *una vacanza di v. giorni*; *una pezza di v. metri*; *un peso di v. kilogrammi*; *una classe di v. alunni*; *sono le quattro e v. minuti* | ***Gliel'ho detto v. volte***, (*est.*) parecchie volte | ***Avrà detto v. parole in tutto***, (*fig.*) ha parlato pochissimo. *2* Rispondendo o sottintendendo la domanda 'quale'?, identifica qlco. in una pluralità, in una successione, in una sequenza (spec. posposto a un s.): *oggi è il giorno v.*; *sono le ore v.*; *gioco sul numero v.*; *abita al numero v.* **III** Come s. ricorre nei seguenti usi. *1* Il numero venti (per ellissi di un s.): *il v. è pari e divisibile per due e per cinque*; *oggi è il v. del mese*; *è uscito il v.*; *abito al v. di via Roma* | ***Le v.***, le otto di sera | ***Nel v.***, nel 1920 o nel 1820, o nel 1720 e sim. | ***Gli anni V.***, (*per anton.*) gli anni compresi tra il 1920 e il 1929: *la moda degli anni v.* | †***Dare il v.***, (*fig.*) ardere | †***Reggere, tenere il v.***, (*fig.*) fare da ruffiano in vicende amorose. *2* Il segno che rappresenta il numero venti: *scrivere un v.* *3* In composizione con altri numeri, semplici o composti, forma i numerali superiori: *ventuno*; *ventidue*; *ventitrè*; *centoventi*; *milleduecentoventi*; *ventimila.* *4* Fucile da caccia di calibro venti: *sparare col v.*

venticìnque [comp. di *venti* e *cinque*] agg. num. card. inv.; anche s. m. e f. inv. ● (*mat.*) Due volte dieci, o due decine, più cinque unità, rappresentato da *25* nella numerazione araba, da *XXV* in quella romana. **I** Come agg. ricorre nei seguenti usi. *1* Rispondendo o sottintendendo la domanda 'quanti?', indica la quantità numerica di venticinque unità (spec. preposto a un s.): *sono le ore dieci e v. minuti*; *credo che abbia v. anni*; *un'opera in v. volumi* | (*lett., est.*) Pochi: *pensino ora i miei v. lettori* (MANZONI). *2* Rispondendo o sottintendendo la domanda 'quale'?, identifica qlco. in una pluralità, in una successione, in una sequenza (spec. posposto a un s.): *abito al numero v.*; *oggi è il giorno v.* **III** Come s. ricorre nei seguenti usi. *1* Il numero venticinque (per ellissi di un s.): *sono le otto e v.*; *ventuno e quattro fa v.*; *oggi è il v.* | ***Nel '25***, nell'anno 1925, o nel 1825, o nel 1725 e sim. *2* Il segno che rappresenta il numero venticinque.

venticinquennàle [1961] **A** agg. *1* Che dura venticinque anni: *patto, prestito v.* *2* Che ha venticinque anni: *esperienza v.* *3* Che ricorre ogni venticinque anni: *celebrazione v.* **B** s. m. ● Ricorrenza del venticinquesimo anno da un avvenimento memorabile | (*est.*) La cerimonia che si celebra in tale occasione.

venticinquènne [comp. di *venticinqu(e)* ed *-enne*; 1884] agg.; anche s. m. e f. ● Che (o Chi) ha venticinque anni d'età.

venticinquènnio [comp. di *venticinqu(e)* ed *-ennio*; 1891] s. m. ● Spazio di tempo di venticinque anni.

venticinquèṣimo (o -é-) [da *venticinque*] **A** agg. num. ord. ● Corrispondente al numero venticinque in una sequenza, in una successione, in una classificazione, in una serie (rappresentato da *XXV* nella numerazione romana, da *25°* in quella araba): *il v. capitolo*; *il v. anno d'età*; *la venticinquesima parte di un intero*; *il v. canto del Paradiso*; *il v. anniversario di un matrimonio, di sacerdozio* | ***Due alla venticinquesima***, (*ellitt.*) elevato alla venticinquesima potenza. **B** s. m. *1* Ciascuna delle venticinque parti uguali di una stessa quantità: *un v. di cento.* *2* Il venticinquesimo anniversario: *festeggiare il v. di matrimonio*; *oggi ricorre il v. di sacerdozio del nostro parroco.*

venticinquìna [da *venticinque*, sul modello di *decina, dozzina*; sec. XVII] s. f. ● (*raro*) Complesso, serie di venticinque o circa venticinque unità.

†**ventidótto** [da *vento*, sul modello di *acquedotto*] s. m. ● Opera murata per condurre il vento da luogo a luogo.

ventidùe [comp. di *venti* e *due*] agg. num. card. inv.; anche s. m. inv. ● (*mat.*) Due volte dieci, o due decine, più due unità, rappresentato da *22* nella numerazione araba, da *XXII* in quella romana. **I** Come agg. ricorre nei seguenti usi. *1* Rispondendo o sottintendendo la domanda 'quanti?', indica la quantità numerica di ventidue unità (spec. preposto a un s.): *ha v. anni*; *sono le dieci e v. minuti*; *starò assente v. giorni.* *2* Rispondendo o sottintendendo la domanda 'quale?', identifica qlco. in una pluralità, in una successione, in una sequenza (spec. posposto a un s.): *è il giorno v.*; *abito al numero v.*; *sono le ore v.* **III** Come s. ricorre nei seguenti usi. *1* Il numero ventidue (per ellissi di un s.): *sono le otto e v.*; *oggi è il v.* | ***Le v.***, le dieci di sera | ***Nel '22***, nel 1922, o nel 1822, o nel 1722 e sim. *2* Il segno che rappresenta il numero ventidue.

ventiduènne [comp. di *ventidue* ed *-enne*] agg.; anche s. m. e f. ● Che (o Chi) ha ventidue anni d'età.

ventiduèṣimo (o -é-) **A** agg. num. ord. ● Corrispondente al numero ventidue in una sequenza, in una successione, in una classificazione, in una serie (rappresentato da *XXII* nella numerazione romana, da *22°* in quella araba): *il v. canto dell'Inferno dantesco*; *il v. anno d'età*; *papa Giovanni XXII* | ***Due alla ventiduesima***, (*ellitt.*) elevato alla ventiduesima potenza. **B** s. m. ● Ciascuna delle ventidue parti uguali di una stessa quantità: *un v. di cento.*

†**ventièra** [fr. *ventier*, da *vent* 'vento'; sec. XIV] s. f. *1* Torricella fabbricata sui tetti delle case orientali per fornire a queste una buona ventilazione. *2* (*mil.*) Riparo dei difensori, costituito da un tavolone imperniato orizzontalmente tra due merli delle mura o nel vano di una cannoniera e che si alzava e si abbassava secondo il bisogno.

ventilàbro [vc. dotta, lat. *ventilābru(m)*, da *ventilāre*; sec. XIV] s. m. *1* Larga pala di legno usata sull'aia per separare dal grano la pula spargendola al vento. *2* (*mus.*) Nell'organo, valvola che si apre mediante la pressione del tasto corrispondente, per lasciar passare il vento nel canale e farlo entrare nelle canne.

ventilaménto [1673] s. m. ● (*raro*) Il ventilare.

ventilàre o (*lett.*) †**ventolàre** [vc. dotta, lat. *ventilāre*, da *vĕntus* 'vento'; 1319] **A** v. tr. (*io vèntilo*) *1* (*agr.*) Lanciare in aria contro vento i cereali con una pala o lasciarli cadere in una corrente d'aria generata da un ventilatore per liberarli dalle scorie leggere. *2* (*fig.*) Esporre ad altre persone ciò che si pensa, spec. per vagliarne o accertarne l'esattezza, l'opportunità e sim.: *v. un'idea, una proposta, un progetto*; *si era ventilata l'ipotesi dell'intervento, ma non se ne è fatto nulla.* SIN. Avanzare, proporre | Prospettare in modo indiretto: *è stata ventilata la possibilità delle dimissioni del ministro.* *3* Consentire un regolare ricambio dell'aria in ambienti chiusi, sia attraverso porte, finestre e sim., sia con ventilatori o altri mezzi meccanici: *v. una stanza, la casa* | ***V. i polmoni***, introdurvi aria od ossigeno. *4* (*med.*) Effettuare la ventilazione assistita o quella controllata. *5* (*est.*) Rinfrescare facendo vento: *v. il viso.* *6* (*poet.*) Spiegare al vento: *v. le ali* | (*poet.*) Agitare al vento. **B** v. intr. (aus. *avere*) ● (*lett.*) Sventolare.

ventilàto o (*lett.*) †**ventolàto** [1319] part. pass. di *ventilare*; anche agg. *1* Nei sign. del v. *2* Reso fresco dal vento che spira, dal continuo movimento dell'aria: *zona aperta e ventilata.* SIN. Arieggiato. *3* (*fig.*) †Guasto, distrutto.

ventilatóre [da *ventilato*, sul modello dell'ingl. *ventilator*; 1758] **A** agg. (f. *-trice*) ● Che produce ventilazione. **B** s. m. *1* (*tecnol.*) Apparecchio destinato a imprimere il moto all'aria o a un altro gas, costituito essenzialmente da una girante (*ventola*) fornita di pale: *v. centrifugo, assiale*; *v. fisso, oscillante.* *2* (*agr.*) Macchina agricola destinata alla ripulitura dei grani mediante un getto d'aria. ➡ ILL. p. 2115 AGRICOLTURA. *3* (*edil.*) Apertura in una parete, per il ricambio dell'aria. *4* (*med.*) Apparecchio per ventilazione.

ventilatorista [1961] s. m. e f. (pl. m. *-i*) ● (*tecnol.*) Addetto al funzionamento di un impianto di ventilazione.

ventilazióne [vc. dotta, lat. *ventilatiōne(m)*, da *ventilātus* 'ventilato'; 1804] s. f. *1* (*agr., raro*) Operazione del ventilare i cereali. *2* (*tecnol.*) Ricambio dell'aria negli ambienti di abitazione o di lavoro, effettuata con mezzi naturali o artificiali: *v. naturale, artificiale, meccanica, termica.* SIN. Aerazione. *3* (*edil.*) Collegamento dei sifoni di un impianto igienico-sanitario con l'aria esterna mediante tubi verticali allo scopo di evitare squilibri di pressione con conseguenti fenomeni di sifonaggio: *rete, colonna di v.* *4* (*fisiol.*) ***V. polmonare***, ricambio dell'aria nell'apparato respiratorio, compresi gli spazi morti, effettuato mediante gli atti respiratori | ***V. alveolare***, ricambio dell'aria nei soli alveoli polmonari. *5* (*med.*) ***V. assistita***, insufflazione di aria nell'apparato respiratorio di un paziente, in sincronia con le piccole inspirazioni, effettuata per amplificare gli atti respiratori spontanei quando siano diventati insufficienti | ***V. controllata***, insufflazione di aria nell'apparato respiratorio di un paziente secondo modalità dipendenti dalle sue caratteristiche e dalla sua patologia, per sostituire completamente l'attività respiratoria. *6* Movimento dell'aria dovuto al vento: *una giornata caldissima, senz'ombra di v.*

ventimìla [comp. di *venti* e *-mila*; av. 1400] agg. num. card. inv.; anche s. m. e f. inv. ● (*mat.*) Venti volte mille, venti migliaia, rappresentato da *20 000* nella numerazione araba, da $\overline{XX}$ in quella romana. **I** Come agg. ricorre nei seguenti usi. *1* Rispondendo o sottintendendo la domanda 'quanti?', indica la quantità numerica di ventimila unità (spec. preposto a un s.): *costa v. euro*; *una cittadina con v. abitanti*; *'V. leghe sotto i mari' è un famoso romanzo di G. Verne.* *2* Rispondendo o sottintendendo la domanda 'quale?', identifica qlco. in una pluralità, in una successione, in una sequenza (spec. posposto a un s.): *il numero v.* **III** Come s. ricorre nei seguenti usi: *1* Il numero ventimila (per ellissi di un s.). *2* Il segno che rappresenta il numero ventimila.

ventìna [da *venti*, sul modello di *decina, dozzina*; 1444] s. f. *1* Complesso, serie di venti o circa venti unità: *una v. di kilometri.* *2* I vent'anni nell'età dell'uomo: *avvicinarsi alla v.*; *passare la v.* | ***Essere sulla v.***, avere circa vent'anni.

ventìno [dim. di *venti* (*centesimi*); 1863] s. m. ● (*disus.*) Moneta da venti centesimi | (*est.*) Monetina da poco.

ventinòve [comp. di *venti* e *nove*] agg. num. card. inv.; anche s. m. inv. ● (*mat.*) Due volte dieci, o due decine, più nove unità, rappresentato da *29* nella numerazione araba, da *XXIX* in quella romana. **I** Come agg. ricorre nei seguenti usi. *1* Rispondendo o sottintendendo la domanda 'quanti?', indica la quantità numerica di ventinove unità (spec. preposto a un s.): *ha v. anni*; *un'assenza di v. giorni*; *ha compiuto la discesa in due primi e v. secondi.* *2* Rispondendo o sottintendendo la domanda 'quale?', identifica qlco. in una pluralità, in una successione, in una sequenza (spec. posposto a un s.): *abito al numero v.*; *calzo il numero v.*; *verrò il giorno v.* **III** Come s. ricorre nei seguenti usi. *1* Il numero ventinove (per ellissi di un s.): *oggi è il v.*; *ho preso v. nell'esame di latino*; *sono le otto e v.* | ***Nel '29***, nell'anno 1929, o nel 1829, o nel 1729 e sim.: *nel '29 gli Stati Uniti furono colpiti da una grave crisi economica.* *2* Il segno che rappresenta il numero ventinove.

ventinovennàle [da *ventinove*, sul modello di *decennale, biennale*] **A** agg. *1* Che dura ventinove anni: *affitto v.* *2* Che ricorre ogni ventinove anni. **B** anche s. m.

ventinovènne [comp. di *ventinove* ed *-enne*] agg.; anche s. m. e f. ● Che (o Chi) ha ventinove anni d'età.

ventinovèṣimo (o -é-) **A** agg. num. ord. ● Corrispondente al numero ventinove in una sequenza, in una successione, in una classificazione, in una serie (rappresentato da *XXIX* nella numerazione romana, da *29°* in quella araba): *il v. canto del*

Purgatorio dantesco; *nel v. anno d'età*; *arrivare al v. posto* | ***Due alla ventinovesima***, (*ellitt.*) elevato alla ventinovesima potenza. **B** **s. m.** ● Ciascuna delle ventinove parti uguali di una stessa quantità: *un v. del totale*.

†**ventipiòvolo** [comp. di *vento* e un deriv. di *piova* 'pioggia'] **s. m.** *1* Pioggia dirotta accompagnata da vento. *2* (*tosc.*) Vento che porta pioggia.

ventiquattrènne [comp. di *ventiquattro* ed *-enne*; 1965] **agg.**; anche **s. m. e f.** ● Che (o Chi) ha ventiquattro anni d'età.

ventiquattrèsimo (o -é-) **A** **agg. num. ord.** ● Corrispondente al numero ventiquattro in una sequenza, in una successione, in una classificazione, in una serie (rappresentato da *XXIV* nella numerazione romana, da *24°* in quella araba): *il v. canto del Paradiso dantesco*; *il capitolo v.*; *la ventiquattresima ora del giorno* | ***Due alla ventiquattresima***, (*ellitt.*) elevato alla ventiquattresima potenza. **B** **s. m.** ● Ciascuna delle ventiquattro parti uguali di una stessa quantità: *un v. di trenta*; *tre ventiquattresimi* | ***In v.***, in legatoria e stampa, formato che si ottiene piegando un foglio di carta in ventiquattro parti: *volume in v.*

ventiquàttro [comp. di *venti* e *quattro*] **agg. num. card. inv.**; anche **s. m. e f. inv.** ● (*mat.*) Due volte dieci, o due decine, più quattro unità, rappresentato da *24* nella numerazione araba, da *XXIV* in quella romana. **I** Come agg. ricorre nei seguenti usi. *1* Rispondendo o sottintendendo la domanda 'quanti?', indica la quantità numerica di ventiquattro unità (spec. preposto a un s.): *compiere v. anni*; *le v. ore del giorno* | ***Entro, tra ventiquattr'ore***, nello spazio di un giorno. *2* Rispondendo o sottintendendo la domanda 'quale?', identifica qlco. in una pluralità, in una successione, in una sequenza (spec. posposto a un s.): *sono le ore v.*; *verrò il giorno v.*; *abito al numero v.*; *punto tutto sul numero v.* **III** Come s. ricorre nei seguenti usi. *1* Il numero ventiquattro (per ellissi di un s.): *sono le nove e v.*; *oggi ne abbiamo v.*; *il v. è stato il primo estratto sulla ruota di Napoli* | ***Le v.***, la mezzanotte | (*tosc.*) ***Portare il cappello sulle v.***, sulle ventitré | †***Son suonate le v.***, (*fig.*) è finita | ***Nel '24***, nel 1924, o nel 1824, o nel 1724 e sim. *2* Il segno che rappresenta il numero ventiquattro.

ventiquattróre o **ventiquattr'óre** nei sign. B [comp. di *ventiquattr(o)* e il pl. di *ora*; 1735] **A** **s. f. pl.** ● Periodo di tempo di ventiquattro ore, corrispondente a un giorno: *nelle prossime ventiquattrore si vedranno i primi risultati*. **B** **s. f. inv.** *1* Caratteristica valigetta da viaggio. *2* Gara, spec. automobilistica, che ha la durata di ventiquattrore: *la ventiquattr'ore di Le Mans*.

ventiseènne ● V. *ventiseienne*.

ventiseèsimo (o -é-) ● V. *ventiseiesimo*.

ventisèi [comp. di *venti* e *sei* (*1*)] **agg. num. card. inv.**; anche **s. m. inv.** ● (*mat.*) Due volte dieci, o due decine, più sei unità, rappresentato da *26* nella numerazione araba, da *XXVI* in quella romana. **I** Come agg. ricorre nei seguenti usi. *1* Rispondendo o sottintendendo la domanda 'quanti?', indica la quantità di ventisei unità (spec. preposto a un s.): *ha v. anni*; *una classe di v. alunni*; *ho già scritto v. pagine*; *sono le otto e v. minuti*; *è distante v. kilometri*. *2* Rispondendo o sottintendendo la domanda 'quale?', identifica qlco. in una pluralità, in una successione, in una sequenza (spec. posposto a un s.): *abito al numero v.*; *oggi è il giorno v.*; *gioco sul numero v.* **III** Come s. ricorre nei seguenti usi. *1* Il numero ventisei (per ellissi di un s.): *punto sul v.*; *il v. è il primo estratto sulla ruota di Firenze*; *ho preso v. nel colloquio di fisica*; *sono le nove e v.*; *ventidue e quattro fa v.* | ***Nel '26***, nel 1926, o nel 1826, o nel 1726 e sim. *2* Il segno che rappresenta il numero ventisei.

ventiseiènne o **ventiseènne** [comp. di *ventisei* ed *-enne*] **agg.**; anche **s. m. e f.** ● Che (o Chi) ha ventisei anni d'età.

ventiseièsimo (o -é-) o **ventiseèsimo** (o -é-) **A** **agg. num. ord.** ● Corrispondente al numero ventisei in una sequenza, in una successione, in una classificazione, in una serie (rappresentato da *XXVI* nella numerazione romana, da *26°* in quella araba): *il v. capitolo*; *il canto v. del Purgatorio dantesco*; *volume v.* | ***Due alla ventiseiesima***, (*ellitt.*) elevato alla ventiseiesima potenza. **B** **s. m.** ● Ciascuna delle ventisei parti uguali di una stessa quantità: *un v. del totale*.

ventisettàna [detta così perché stampata nel (*milleottocento*)*ventisette*; 1963] **s. f.** ● Edizione dei Promessi Sposi del 1827.

ventisètte [comp. di *venti* e *sette*] **agg. num. card. inv.**; anche **s. m. e f. inv.** ● (*mat.*) Due volte dieci, o due decine, più sette unità, rappresentato da *27* nella numerazione araba, da *XXVII* in quella romana. **I** Come agg. ricorre nei seguenti usi. *1* Rispondendo o sottintendendo la domanda 'quanti?', indica la quantità numerica di ventisette unità (spec. preposto a un s.): *compiere i v. anni*; *ho impiegato tre primi e v. secondi*; *una classe di v. alunni*; *una distanza di v. kilometri*. *2* Rispondendo o sottintendendo la domanda 'quale?', identifica qlco. in una pluralità, in una successione, in una sequenza (spec. posposto a un s.): *la statale è interrotta al kilometro v.*; *oggi è il giorno v.*; *punto sul numero v.* **III** Come s. ricorre nei seguenti usi. *1* Il numero ventisette (per ellissi di un s.): *sono le otto e v.*; *è uscito il v. sulla ruota di Bari* | ***Il v. del mese***, il giorno ventisette, in cui veniva generalmente pagato lo stipendio ai dipendenti pubblici e di molte ditte private | ***Nel '27***, nel 1927, o nel 1827, o nel 1727 e sim. *2* Il segno che rappresenta il numero ventisette.

ventisettènne [comp. di *ventisette* ed *-enne*] **agg.**; anche **s. m. e f.** ● Che (o Chi) ha ventisette anni d'età.

ventisettèsimo (o -é-) **A** **agg. num. ord.** ● Corrispondente al numero ventisette in una sequenza, in una successione, in una classificazione, in una serie (rappresentato da *XXVII* nella numerazione romana, da *27°* in quella araba): *capitolo v.*; *essere al v. posto in graduatoria*; *il v. giorno del mese* | ***Due alla ventisettesima***, (*ellitt.*) elevato alla ventisettesima potenza. **B** **s. m.** ● Ciascuna delle ventisette parti uguali di una stessa quantità: *un v. di sessanta*; *tre ventisettesimi*.

ventitré [comp. di *venti* e *tre*] **agg. num. card. inv.**; anche **s. m. inv.** ● (*mat.*) Due volte dieci, o due decine, più tre unità, rappresentato da *23* nella numerazione araba, da *XXIII* in quella romana. **I** Come agg. ricorre nei seguenti usi. *1* Rispondendo o sottintendendo la domanda 'quanti?', indica la quantità numerica di ventitré unità (spec. preposto a un s.): *sono le dieci e v. primi*; *compiere v. anni*; *dista v. kilometri*. *2* Rispondendo o sottintendendo la domanda 'quale?', identifica qlco. in una pluralità, in una successione, in una sequenza (spec. posposto a un s.): *abito al numero v.*; *oggi è il giorno v.*; *sono le ore v.* **III** Come s. ricorre nei seguenti usi. *1* Il numero ventitré (per ellissi di un s.): *il v. è un numero primo*; *ventidue e uno, v.*; *è uscito il v. sulla ruota di Cagliari*; *sono le otto e v.* | ***Le v.***, le undici di sera, la penultima ora del giorno; †l'ora prima dell'Avemaria serale | ***Portare il cappello sulle v.***, ***sulle v. e tre quarti***, portarlo inclinato da una parte | †***Essere alle v. e tre quarti***, (*fig.*) stare per morire, essere prossimo alla fine | ***Nel '23***, nel 1923, o nel 1823, o nel 1723 e sim. *2* Il segno che rappresenta il numero ventitré (V. nota d'uso ACCENTO).

ventitreènne [comp. di *ventitré* ed *-enne*] **agg.**; anche **s. m. e f.** ● Che (o Chi) ha ventitré anni d'età.

ventitreèsimo (o -é-) **A** **agg. num. ord.** ● Corrispondente al numero ventitré in una sequenza, in una successione, in una serie (rappresentato da *XXIII* nella numerazione romana, da *23°* in quella araba): *il v. capitolo*; *il v. canto del Purgatorio dantesco*; *essere il v. classificato*; *nel v. anno di regno*; *papa Giovanni XXIII* | ***Due alla ventitreesima***, (*ellitt.*) alla ventitreesima potenza. **B** **s. m.** ● Ciascuna delle ventitré parti uguali di una stessa quantità: *un v. del totale*; *due ventitreesimi*.

♦**vènto** [lat. *vĕntu(m)*, di orig. indeur.; av. 1250] **s. m.** *1* Movimento di masse d'aria causato da una differenza di pressione: *v. di tramontana*, *di levante*, *di ponente*; *la rosa dei venti*; *velocità*, *forza*, *direzione*, *linea*, *pressione del v.*; *v. fresco*, *caldo*, *umido*, *secco*, *disteso*, *violento*, *gagliardo*; *tirava un forte v.*; *spira un leggero v. dal mare*; *si sta alzando il v.*; *il v. è caduto e l'afa s'è fatta irrespirabile* | ***V. anabatico***, che sale lungo il fianco di una montagna nelle ore diurne, per il riscaldamento dell'aria sul pendio | ***V. catabatico***, che discende lungo il fianco di una montagna nelle ore della notte, per il raffreddamento dell'aria sul pendio | ***V. costante***, che spira sempre nella medesima direzione e con la stessa intensità | ***V. periodico***, che spira alternativamente, in determinati periodi, in opposte direzioni | ***V. variabile***, la cui direzione e intensità non sono costanti | ***V. favorevole***, ***sfavorevole***, che favorisce od ostacola la navigazione (oppure atleti, ciclisti e sim.) | ***V. maneggevole***, che consente a un veliero di compiere ogni manovra e di utilizzare tutte le vele | ***Forza del v.***, ***velocità del v.***, espressa in numeri della scala internazionale di Beaufort, in nodi o in kilometri orari | ***V. moderato***, ***v. teso***, ***v. fresco***, ***v. forte***, che soffiano rispettivamente con forza 4, 5, 6 e 7 della scala del vento Beaufort | ***Galleria del v.***, galleria aerodinamica | ***Sopra v.***, V. *sopravvento* | ***Sotto v.***, V. *sottovento* | ***Navigare col v. in poppa***, detto di veliero, procedere nella stessa direzione del vento; (*fig.*) di cosa che procede benissimo, di persona che ottiene risultati lusinghieri | ***V. di prua***, che spira in direzione opposta a quella della nave, e quindi la colpisce di prua | ***Prendere il v.***, detto di uccelli e (*fig.*) di oggetti che volano, risalire il vento di punta, per esserne sostenuti: *ecco pencola*, *urta*, *sbalza*, *risale*, / *prende il v.* (PASCOLI) | ***Qual buon v. ti mena***, ***ti porta?***, (*fig.*, *fam.*) per quale favorevole occasione sei qui? | (*fig.*) ***Parlare***, ***gridare al v.***, invano, senza ottenere alcun risultato | (*fig.*) ***Dire***, ***gridare***, ***spargere qlco. ai quattro venti***, far sapere qlco. a tutti, renderla di pubblico dominio | ***Buttare al v.***, (*fig.*) sprecare, sciupare: *fatica buttata al v.* | ***Voltarsi a tutti i venti***, (*fig.*) essere volubile e incostante, come una banderuola | ***Secondo che spira il v.***, *secondo il v. che tira*, (*fig.*) secondo le circostanze, la situazione e sim. | ***Motore a v.***, motore destinato a utilizzare l'energia del vento per azionare una macchina come un generatore elettrico | ***Mulino a v.***, azionato da un motore a vento | ***Torcia a v.***, che non si spegne neppure se soffia il vento | ***Giacca a v.***, impermeabile ed ermeticamente chiusa, tipica di sciatori e alpinisti | ***Il regno dei venti***, (*fig.*, *poet.*) il mare | ***Il re dei venti***, nella mitologia classica, Eolo. **CFR.** anemo-. ➡ **TAV.** **vento (scala del)**. *2* (*est.*) Aria, corrente d'aria, alito, fiato: *dar v. alle trombe*; *qui c'è troppo v.* | ***Fare***, ***farsi v.***, muovere l'aria con un ventaglio, un ventilatore e sim. | (*fig.*) Preannuncio, segnale: *venti di guerra*; *v. di scioperi* | ***V. di fronda***, (*fig.*) preannuncio di ribellione, di opposizione | ***Essere gonfio***, ***pieno di v.***, (*fig.*) di persona tronfia e boriosa che non vale nulla | (*fig.*, *disus.*) ***Pascersi di v.***, di chiacchiere vuote e inutili. *3* Nell'industria siderurgica, aria calda soffiata nell'altoforno per attivare la combustione del carbone. *4* (*eufem.*) Emissione di gas dagli intestini. **SIN.** Peto. *5* (*elettr.*) ***V. elettrico***, corrente di ioni respinti da una punta elettrizzata. *6* (*astron.*) ***V. solare***, sciame di particelle elettricamente cariche che il Sole lancia negli spazi interplanetari, spec. in concomitanza di eruzioni. *7* (*dir.*) ***Protesto al v.***, quando le indicazioni relative al debitore, sulla cambiale da protestare, non sono chiare a sufficienza. *8* (*mecc.*) Fune tenditrice che vincola una struttura in un determinato verso. *9* (*mar.*) Manovra fissa o corrente atta a mantenere nella posizione voluta qualunque struttura sporgente, mobile o fissa: *v. del bompresso*, *del fumaiolo*. *10* Nelle antiche artiglierie ad avancarica, differenza di diametro fra anima della bocca da fuoco e proietto, per consentire la facile introduzione della palla nell'interno della bocca da fuoco all'atto del caricamento. || **ventàccio**, **pegg.** (V.) | **ventarèllo**, **venterèllo**, **dim.** | **venticciuòlo**, **dim.** | **venticèllo**, **dim.** | **ventolino**, **dim.**

VENTO

nomenclatura

vento

● *tipi di vento*: - costanti: alisei, contralisei; - periodici: (monsoni estivi ⇔ monsoni invernali), brezza (di mare ⇔ di terra, di valle = anabatica ⇔ di monte = catabatica); - variabili: bora (scura ⇔ chiara), maestrale, tramontana, libeccio, desertico (simun, shamsin, ghibli, scirocco), favonio = föhn; ciclone (tropicale, extratropicale; uragano, tifone, tornado, tromba marina o d'aria); corrente a getto = jet-stream; calma di vento = bonaccia;

● *caratteristiche*: fresco, disteso, lieve, leggero ⇔ forte, gagliardo, impetuoso; umido ⇔ secco, caldo ⇔ freddo; favorevole, sfavorevole; alito, bava, refolo, rezzo o orezzo, spiffero, spiraglio,

ventola

fiato, filo, groppo, salto, colpo, raffica, folata, ventata, vampa, corrente, fronte d'aria, mulinello, turbine, vortice, tornado, tromba d'aria, marina, ciclone, uragano, tifone; bufera, burrasca = fortunale;

• *azioni*: spirare = alitare, aleggiare, soffiare, sibilare = fischiare, tirare, alzarsi, levarsi, mulinare, cambiare, cessare, calare, cadere, rinfrescare, infuriare, ululare, stormire, scatenarsi, spazzar via;

• *direzione del vento* = rosa dei venti: tramontana, greco, levante, scirocco, mezzogiorno, libeccio (libecciata), ponente = ponentino, maestro (maestrale); inversione del vento, mulinello, colpo di vento; vento di prua, vento di poppa; mulino a vento; scala di Beaufort; galleria del vento, energia eolica;

• *strumenti*: anemometro, anemografo, anemoscopio, radiovento, anemometria, girandola, banderuola = ventarola; aeroturbina, segnavento.

vèntola [da *ventolare*; av. 1400] s. f. 1 Specie di rustico ventaglio per ravvivare il fuoco | Tipo di ventaglio rigido, non a stecche che, aperto, ha forma circolare: *La padrona piccola e rotonda menava la v. davanti ai fornelli* (MORAVIA). 2 Supporto per candele e sim., da appendere al muro. 3 In idraulica, elemento di chiusura di alcune dighe mobili | In meccanica, organo rotondo munito di pale che trasmette energia a un fluido | Organo mobile, a pale, del ventilatore e sim. | (*edil.*) *Muro a v.*, muro di tramezzo, divisorio.

†**ventolàio** [da *ventolare*] s. m. • Ventilabro.
ventolàna [*tosc.*] *V. ventilàgo*, da *ventilāre* (?); 1834] s. f. • Pianta delle Graminacee di luoghi erbosi, con pannocchia composta di rami gracili portanti spighette di 5-10 fiori (*Bromus arvensis*).

†**ventolàre** • V. *ventilare*.
†**ventolàto** • V. *ventilato*.
†**ventolatòio** [da *ventolato*] s. m. • Ventilabro.
ventolatùra [da *ventolato*; 1957] s. f. • †Ventilazione | (*tosc.*) *V. delle castagne*, operazione consistente nell'agitare le castagne secche in uno speciale vassoio, dopo averle battute nei sacchi, per liberarle definitivamente dalla scorza.
ventósa [vc. dotta, lat. tardo *ventōsa(m cucŭrbi-*

tam) '(zucca) piena di vento', f. sost. di *ventōsus* 'ventoso'; sec. XIV] s. f. 1 (*med.*) Coppetta per il salasso. 2 Organo adesivo di svariati animali costituito da una formazione a coppa all'interno della quale si verifica una rarefazione dell'aria che ne aumenta la pressione e l'aderenza: *le ventose del polpo, della sanguisughe*. 3 (*gener.*) Coppetta in materiale più o meno elastico che, applicata mediante pressione a una superficie liscia, vi aderisce.

†**ventosàre** v. tr. • Attaccare le ventose.
ventosità o †**ventositàde**, †**ventositàte** [vc. dotta, lat. tardo *ventositāte(m)*, da *ventōsus* 'ventoso'; av. 1320] s. f. 1 Caratteristica di ciò che è ventoso (*anche fig.*). 2 Accumulo di gas nello stomaco o negli intestini. SIN. Flatulenza. 3 †Vento.
ventóso (1) [vc. dotta, lat. *ventōsu(m)*, da *ventus* 'vento'; av. 1311] agg. 1 Del vento, dei venti: *moto v. in aumento* | Pieno di vento: *giornata, regione ventosa*; *mese v.* 2 Che non è riparato dai venti, che è battuto dal vento: *pianura, gola, regione ventosa*. 3 (*est.*; *raro*) Che produce ventosità, flatulenza, detto di cibo. 4 (*lett.*, *fig.*) Ampolloso e vuoto: *discorsi ventosi* | (*fig.*) Borioso, vanitoso, tronfio. 5 (*lett.*) †Veloce come il vento.
‖ **ventosaménte**, avv. In modo vano, vacuo.
ventóso (2) [calco sul fr. *ventôse*; 1802] s. m. • Sesto mese del calendario rivoluzionario francese, il cui inizio corrispondeva al 19 febbraio e il termine al 20 marzo.
ventottènne [comp. di *ventotto* ed *-enne*] agg.; *anche* s. m. e f. • Che (o Chi) ha ventotto anni d'età.
ventottèsimo (o *-é-*) A agg. num. ord. • Corrispondente al numero ventotto in una sequenza, in una successione, in una classificazione, in una serie (rappresentato da *XXVIII* nella numerazione romana, da *28°* in quella araba): *il v. capitolo*; *il v. canto del Purgatorio dantesco*; *raggiungere il v. anno d'età*; *classificarsi al v. posto* | **Due alla ventottèsima**, (*ellitt.*) elevato alla ventottèsima potenza. B s. m. • Ciascuna delle ventotto parti uguali di una stessa quantità: *tre ventottèsimi di trenta*.
ventòtto [comp. di *venti* e *otto*] agg. num. card. inv.; *anche* s. m. inv. • (*mat.*) Due volte dieci, o due decine, più otto unità, rappresentato da *28°* nella nu-

merazione araba, da *XXVIII* in quella romana. ‖ Come agg. ricorre nei seguenti usi. 1 Rispondendo o sottintendendo la domanda 'quanti?', indica la quantità numerica di ventotto unità (spec. preposto a un s.): *sono le ore nove e v. minuti; avere v. anni; dista v. kilometri; i v. trentesimi di un numero*. 2 Rispondendo o sottintendendo la domanda 'quale?', identifica qlco. in una pluralità, in una successione, in una sequenza (spec. posposto a un s.): *abito al numero v.*; *oggi è il giorno v.*; *leggi al capitolo v.* ‖ Come s. ricorre nei seguenti usi. 1 Il numero ventotto (per ellissi di un s.): *ventisei e due fa v.*; *punto tutto sul v.*; *uscirà il v.*; *oggi è il v.*; *sono le quattro e v.* | *Di v. ce n'è uno, tutti gli altri ne han trentuno*, alludendo al fatto che è il solo mese di ventotto giorni | *Nel '28*, nel 1928, o nel 1828, o nel 1728 e sim. 2 (*raro, fig.*) †Cornuto | †Matto. 3 Il segno che rappresenta il numero ventotto.
ventràia [1312] s. f. 1 (*raro, lett.*) Grosso ventre. 2 (*raro*) Stomaco e intestini dei ruminanti macellati.
†**ventraiuòla** [da *ventre*; 1353] s. f. • Trippaia.
ventràle [vc. dotta, lat. tardo *ventrāle(m)*, da *vēnter*, genit. *vēntris* 'ventre'; 1839] agg. 1 Relativo al ventre, situato nel ventre: *zona v.*; *pinne ventrali*. CONTR. Dorsale. 2 (*est.*) Inferiore, rivolto verso terra: *parte v.*; *faccia v.* | (*sport*) *Salto v.*, salto in alto che l'atleta effettua superando l'asticella con il ventre rivolto verso terra. ‖ **ventralménte**, avv. Nella o dalla parte del ventre.
ventralista [da (*tecnica*) *ventrale*; 1983] s. m. e f. (pl. m. *-i*) • (*sport*) Atleta che usa la tecnica del salto ventrale.
ventràta [sec. XIV] s. f. 1 (*raro*) Colpo dato col ventre o ricevuto sul ventre. 2 (*raro*) Scorpacciata.
vèntre [lat. *vēntre(m)*, di orig. indeur.; av. 1292] s. m. 1 (*anat.*) Cavità addominale del corpo dell'uomo e di animali, che contiene i visceri: *v. globoso, a barca*. CFR. laparo- | *Correre v. a terra*, detto spec. di cavallo che corre velocissimo; (*fig.*) detto di chi corre a ritmo sostenutissimo. 2 Corrente, cavità del corpo contenente lo stomaco, gli intestini e altri organi: *squarciare il v.* | *Basso v.*, V. *bassoventre*; (*eufem.*) gli organi ge-

SCALA DEL VENTO (secondo Beaufort)

velocità	forza	nome	Effetti sulla terra	Effetti sul mare al largo
<1	0	calma	stato di quiete; il fumo sale verticale	il mare è come uno specchio (mare d'olio)
1-5 km/h	1	bava di vento	il fumo si orienta ed indica la direzione del vento; banderuole ancora ferme	piccole increspature a scaglia di pesce, senza creste di spuma
6-11 km/h	2	brezze: leggera	il vento si avverte al volto; tremolio di foglie e banderuole che si orientano;	ondicine ancora corte ma più evidenti: le loro creste hanno apparenza vitrea ma non si rompono (cioè non sono spumose)
12-19 km/h	3	tesa	foglie mosse, bandiera dispiegata	
20-28 km/h	4	vento moderato	le fronde si agitano; solleva polvere e pezzi di carta	le onde si distinguono e si allungano; qualche frangente con spuma di apparenza vitrea. Sparse creste biancheggianti
29-38 km/h	5	vento teso	ritmiche e forti oscillazioni dei fili elettrici; le tende sussultano e le fronde ondeggiano	onde ben definite con creste soffiate; schiuma diffusa e formazione delle «pecorelle»
39-49 km/h	6	vento fresco	il vento sibila tra i fili elettrici; i grossi rami vengono agitati	onde crescenti in altezza (cavalloni), chiazze di schiuma, possibili spruzzi
50-61 km/h	7	vento forte	difficoltà di deambulazione controvento; alberi fortemente scossi	onde ingrossate e strisce di schiuma; acqua polverizzata asportata dal vento
62-74 km/h	8	burrasca	grossi rami e tabelloni che si schiantano; risulta quasi impossibile camminare controvento	creste delle onde che si rompono in spruzzi risucchiati dal vento; lunghe strisce di schiuma secondo la direzione del vento e parzialmente sollevate in pulviscolo. La visibilità è ridotta per gli spruzzi
75-88 km/h	9	burrasca forte	leggeri danni ai fabbricati; tegole e comignoli asportati dai tetti	
89-102 km/h	10	tempesta	notevoli danni ai fabbricati; alberi e pali telegrafici sradicati ed abbattuti	onde immense (marosi); schiuma bianco-grigiastra, visibilità ulteriormente ridotta dal crescente pulviscolo acqueo
103-117 km/h	11	tempesta violenta	danni gravissimi ai fabbricati, abbattimento di ogni ostacolo; ondate enormi nei fiumi alla foce; devastazioni notevoli	la forza del mare è al suo culmine; dappertutto schiuma a banchi compatti e visibilità ridottissima per gli spruzzi
>117 km/h	12	uragano		

nitali | *V. molle*, (*fig.*) parte più debole e più vulnerabile: *questa zona è il v. molle del Mediterraneo* | (*est.*) Il complesso formato dallo stomaco e dagli intestini: *dolori di v.* | ***V. mio, fatti capanna!***, escl. scherz. di chi si prepara a consumare un pasto lauto e invitante | ***Scaricare il v., deporre il peso del v.***, andare di corpo. SIN. Pancia. **3** (*est., lett.*) Utero: *essere ancora nel v. materno*; *benedetto sia il frutto del v. tuo.* **4** (*fig.*) Grembo, viscere: *scavare il v. della terra*; *nel v. della montagna.* **5** (*bot.*) Parte più larga dell'archegonio ove si trova l'oosfera. **6** (*est.*) Parte rigonfia di qlco.: *il v. di un vaso, della colonna*; *v. dell'altoforno* | Parte cava, interna di qlco.: *il v. di un'onda* | ***Il v. della nave***, la stiva | ***Il v. del fiume***, parte rigonfia, spec. per ostacoli o strozzature che impediscono il normale deflusso delle acque. **7** Lato inferiore di un profilo aerodinamico, di un'ala e sim. SIN. Intradosso | Parte inferiore, mediana di un aereo: *atterrare sul v.* **8** (*fis.*) Punto dello spazio in un sistema di onde stazionarie in cui la vibrazione del mezzo è massima. **9** (*anat.*) Parte carnosa di alcuni muscoli. || PROV. Ventre digiuno, non ode nessuno. || **ventràccio**, pegg. | **ventricèllo**, dim. | **ventricino**, dim. | **ventrino**, dim. | **ventróne**, accr. (V.) | **ventrùccio**, dim.

ventrésca [da *ventre*; av. 1535] s. f. **1** Ventre di tonno sott'olio. **2** (*tosc.*) Pancetta di maiale | †Ventre di maiale ripieno di carne, uova, cacio, erbe battute. **3** (*scherz.*) Pancia.

†ventricchio [lat. *ventrĭculu(m)*, dim. di *vĕnter* 'ventre'; 1546] s. m. ● (*raro*) Ventriglio.

ventricina [vc. di orig. dial., abruzzese *vëndrëcinë*, da *vëndrë* 'ventre, trippa'] s. f. ● Salume tipico dell'Abruzzo e del Molise, fatto con spalla, lonza, lombo, coscia e pancetta, profumato con peperoncino, semi di finocchio e scorza di agrumi, insaccato nella vescica del maiale.

ventricolàre [1750] agg. ● Del ventricolo.

ventrìcolo [vc. dotta, lat. *ventrĭculu(m)*, dim. di *vĕnter* 'ventre'; sec. XIV] s. m. **1** (*raro*) Stomaco. **2** (*anat.*) *V. cardiaco*, cavità del cuore, al di sotto dell'atrio | *V. cerebrale*, dilatazione del canale midollare contenente liquido cefalorachidiano. ➡ ILL. p. 2123 ANATOMIA UMANA.

†ventricóso [da *ventre*] agg. ● (*raro*) Concavo nel mezzo.

ventrièra [da *ventre*, sul modello del fr. *ventrière*; 1839] s. f. **1** Panciera. **2** Borsa di pelle o fustagno cinta in vita, usata un tempo dagli artigiani per mettervi piccoli attrezzi, da fattori e mercanti per il denaro, da cacciatori per le munizioni.

ventrìglio [provz. *ventrihl*: stessa etim. dell'it. *ventricchio*; 1340 ca.] s. m. **1** Parte dello stomaco degli uccelli che ha la parete formata da robusta tonaca muscolare ed internamente è rivestita da uno strato corneo. **2** †Ventricolo del cuore | †***Aver l'asso nel v.***, detto di chi ha il vizio del gioco e non riesce a liberarsene.

ventrilòquia [1930] s. f. ● Ventriloquio.

ventrilòquio [da *ventriloquo*, sul modello di *turpiloquio, vaniloquio* ecc.; 1875] s. m. ● Arte di parlare senza muover le labbra e i muscoli del viso, modificando la voce in modo che essa sembri provenire dal ventre o da altra persona.

ventrìloquo [vc. dotta, lat. tardo *ventrĭloquu(m)*, comp. di *vĕnter*, genit. *vĕntris* 'ventre' e *-loquus*, da *lŏqui* 'parlare' (V. *loquela*); 1677] s. m.; anche agg. (f. *-a*) ● Chi (o Che) sa praticare il ventriloquio.

ventrino [dim. di *ventre*; 1879] s. m. **1** (*mar.*) Dispositivo che serve a sostenere e a stringere contro il pennone la parte centrale della vela serrata. **2** (*mar.*; *disus.*; *al pl.*) Fasce che, passando sotto una lancia sospesa alle gru, ne impediscono le oscillazioni.

ventróne s. m. **1** Accr. di *ventre*. **2** (*raro*) Persona grossa e panciuta. **3** (*raro*) Mangione. || **ventronàccio**, pegg.

†ventróso [vc. dotta, lat. tardo *ventrōsu(m)*, da *vĕnter*, genit. *vĕntris* 'ventre'; 1592] agg. ● Che ha grosso ventre.

ventunènne [comp. di *ventuno* ed *-enne*] agg.; anche s. m. e f. ● Che (o Chi) ha ventun'anni d'età.

ventunèsimo (o -é-) **A** agg. num. ord. ● Corrispondente al numero ventuno in una sequenza, in una successione, in una classificazione, in una serie (rappresentato da *XXI* nella numerazione romana, da *21°* in quella araba): *il capitolo v.*; *arrivare al v. posto in classifica*; *raggiungere il v. anno di età* | ***Due alla ventunesima***, (*ellitt.*) elevato alla ventunesima potenza | ***Il XXI secolo***, gli anni dal 2001 al 2100. **B** s. m. ● Ciascuna delle ventun parti uguali di una stessa quantità: *un v.*; *tre ventunesimi*.

ventùno [comp. di *venti* e *uno*] agg. num. card. inv.; anche s. m. inv. ● (*mat.*) Due volte dieci, o due decine, più un'unità, rappresentato da *21* nella numerazione araba, da *XXI* in quella romana. **I** Come agg. ricorre nei seguenti usi. **1** Rispondendo o sottintendendo la domanda 'quanti?', indica la quantità numerica di ventuno unità (spec. preposto a un s.): *in segno di saluto ai capi di Stato, e a alte personalità si sparano v. colpi di cannone*; *avere, raggiungere i ventun anni*; *sono stato assente ventun giorni*; *sono le otto, trenta primi e v. secondi.* **2** Rispondendo o sottintendendo la domanda 'quale?', identifica qlco. in una pluralità, in una successione in una sequenza (spec. posposto a un s.): *il giorno v. del mese*; *il capitolo v.*; *sono le ore v.*; *il numero v. è uscito sulla ruota di Firenze.* **3** Gioco di carte simile al sette e mezzo. **II** Come s. ricorre nei seguenti usi. **1** Il numero ventuno (per ellissi di un s.): *abitiamo al v. di questa strada*; *sono le otto e v.*; *diciotto e tre fa v.* | ***Le v.***, le nove di sera | ***Nel '21***, nel 1921, o nel 1821, o nel 1721 e sim.: *i Carbonari, i moti del v.* | †***Dare in un v.***, (*fig.*) avere una grave disgrazia. **2** Il segno che rappresenta il numero ventuno.

ventùra [lat. *ventūra*, propr. 'le cose che verranno', part. fut. nt. pl. di *venīre*; av. 1250] s. f. **1** (*lett.*) Destino, sorte: *predire, indovinare la v.*; *nel mondo / sua v. ha ciascun dal dì che nasce* (PETRARCA) | ***Buona, cattiva v.***, buona, mala sorte | ***Andare alla v. di Dio***, affidarsi alla provvidenza. **2** (*lett.*) Buona sorte, buona fortuna: *andare in cerca di v.* | (*raro*) ***Mettersi alla v.***, andare in cerca di fortuna. **3** (*lett.*) Caso: *non so io stesso ove io mi vado / o dove ancor mi guidi la v.* (PULCI) | †***Gioco di v.***, d'azzardo | ***Andare alla v.***, affidarsi al caso | (*lett.*) ***Mettersi alla v.***, rischiare, buttarsi allo sbaraglio | †***Per v.***, per, a caso | †***Medico, chirurgo di v.***, che esercita la libera professione, che non ha condotta. **4** (*st.*) ***Compagnia di v.***, schiera di mercenari guidata da un condottiero, tipica dei secc. dal XIV al XVI | ***Soldato di v.***, che militava in una di tali compagnie | ***Capitano di v.***, condottiero che guidava tali schiere.

†venturànza [da *ventura*] s. f. ● Ventura.

venture capital /ingl. 'vɛntʃə 'kʰæpɪtl/ [loc. ingl., propr. 'capitale (investito) a rischio'; 1986] loc. sost. m. inv. ● (*econ.*) Capitale investito in società con buone prospettive di sviluppo, anche se ad alto rischio.

†venturièro o **†venturière** [fr. *avventurier*. V. *avventuriere*; sec. XVI] **A** agg. **1** Che non ha occupazione o impiego stabile, che esercita liberamente la propria attività professionale: *commerciante, cuoco v.*; *medico v.* **2** (*lett.*) Da avventuriero. **B** s. m. ● Avventuriero.

venturìmetro [comp. di G. B. *Venturi* (n. del fisico che lo inventò) e *-metro*; 1920] s. m. ● (*fis.*) Dispositivo atto a misurare la portata di una corrente fluida in pressione. SIN. Tubo di Venturi.

venturina ● V. *avventurina*.

ventùro [vc. dotta, lat. *ventūru(m)*, part. fut. di *venīre*; 1321] agg. **1** (*lett.*) Che verrà, che deve o sta per venire. **2** Prossimo: *il mese, l'anno v.*; *ci vedremo la settimama ventura.*

venturóne [etim. incerta; 1886] s. m. ● (*zool.*) Uccello dei Passeriformi che vive nei boschi di conifere, i cui maschi hanno piumaggio dai bei colori giallo, oliva, azzurro (*Carduelis citrinella*).

venturóso [da *ventura*, sul modello di *avventuroso*; av. 1320] agg. ● (*poet.*) Beato, fortunato, felice: *o venturose e care e benedette / l'antiche età* (LEOPARDI). || **venturosaménte**, avv.

vènula [vc. dotta, lat. *vēnula(m)*, dim. di *vēna*; 1963] s. f. **1** (*anat.*) Piccola vena. **2** (*med.*) Apparecchio usato per prelevare il sangue consistente in un ago cavo collegato e comunicante con una provetta.

venusiàno [fr. *vénusien*, da *Vénus* 'Venere'; 1959] **A** agg. ● Del pianeta Venere. **B** s. m. (f. *-a*) ● Ipotetico abitante o nativo del pianeta Venere.

venustà [vc. dotta, lat. *venustāte(m)*, da *venŭstus* 'venusto'; 1441] s. f. ● (*lett.*) Condizione di chi (o di ciò che) è venusto: *la v. non è il medesimo che la bellezza, ma è un fiore che da essa spunta* (TASSO). SIN. Grazia.

†venustàre [vc. dotta, lat. *venustāre*, da *venŭstus* 'venusto'] v. tr. ● Rendere venusto.

venùsto [vc. dotta, lat. *venŭstu(m)*, da *Vĕnus*, genit. *Vĕneris* 'Venere, bellezza'; 1321] agg. ● Che è di una bellezza ideale, sia per la perfezione delle forme sia per la grazia e l'armonia dei movimenti: *donna venusta*; *forme venuste* | ***Stile v.***, pieno di dignità, decoro ed eleganza insieme, di una bellezza severa e dignitosa. || **venustaménte**, avv.

venùta [f. sost. di *venuto*; 1294] s. f. **1** Il venire in un luogo, arrivo: *aspettare la v. di qlcu.*; *siamo in attesa della vostra v.*; *Rinaldo come udì la sua v., / le venne incontra* (ARIOSTO) | ***Prima, dopo la v. di Cristo***, in epoca anteriore o posteriore alla sua incarnazione. **2** (*mil.*) †Strada di accesso a una fortezza, a un quartiere, a un luogo fortificato.

venùto [av. 1250] **A** part. pass. di *venire*; anche agg. **1** Nei sign. del v. **2** *Ben v.*, V. anche *benvenuto*. **B** s. m. (f. *-a*) ● Chi è venuto, giunto, arrivato: *i primi venuti*; *un nuovo v.* | ***Primo v.***, (*fig.*) persona sconosciuta o della quale si ignora quasi tutto e che quindi non ha, o non deve avere, importanza: *fidarsi del primo v.* | ***Non essere il primo v.***, (*fig.*) essere ben conosciuto o essere una persona abbastanza importante, e quindi meritare stima, rispetto, considerazione e sim.: *bada come parli, perché io non sono il primo v.*

vepràio [1694] s. m. ● (*lett.*) Luogo pieno di vepri.

vèpre [vc. dotta, lat. *vĕpre(m)*, di etim. incerta; 1342] s. m. **1** (*lett.*) Pruno, sterpo, arbusto spinoso: *su da' palpitanti / vepri un lieve pel cielo frullar d'ale* (PASCOLI). **2** (*arald.*) Arbusto selvatico stilizzato, formato di sette rami e sradicato.

vèr o **vèr'** [av. 1294] prep. ● (*poet.*) Forma tronca di 'verso': *la nova gente alzò la fronte / ver noi* (DANTE *Purg.* II, 58-59).

vèra o **véra** [vc. sett., lat. tardo *vĭria(m)* (normalmente usata al pl.) 'bracciale', vc. di orig. gallica; 1814] s. f. **1** (*sett.*) Anello matrimoniale. SIN. Fede. **2** Parapetto attorno alla bocca del pozzo. SIN. Ghiera, puteale.

veràce [vc. dotta, lat. *verāce(m)*, da *vērus* 'vero'; av. 1250] agg. **1** (*lett.*) Che è vero, che non ha in sé alcuna falsità: *Dio v.*; *religione v.* **2** Che è sincero, che non dissimula e non nasconde nulla: *testimone, scrittore, narratore v.* CONTR. Mendace. **3** (*est., region.*) Autentico, genuino, spec. nella loc. ***napoletano v.***, detto di abitante e nativo di Napoli che riunisca in sé le caratteristiche comunemente attribuite ai napoletani | ***Vongola v.***, V. *vongola*. || **veraceménte**, avv.

veracità [1540] s. f. ● Caratteristica di chi (o di ciò che) è verace. CONTR. Mendacità.

verànda [port. *varanda* 'balcone', di etim. incerta; 1891] s. f. **1** Galleria leggera costruita su tutta la lunghezza dell'abitazione, tipica delle costruzioni orientali. **2** Terrazzo coperto e a volte chiuso lateralmente con vetrate. || **verandina**, dim.

veratrina [da *veratro*; 1825] s. f. ● Sostanza che si ottiene dai rizomi del veratro e viene usata, in medicina, come ipotensivo.

veràtro [vc. dotta, lat. *verātru(m)*, di orig. preindeur.; sec. XIV] s. m. ● Pianta erbacea perenne delle Liliacee, velenosa, con foglie inferiormente tomentose, fiori a pannocchia, rizoma acre, amaro, irritante (*Veratrum album*). ➡ ILL. **piante**/11.

verbàle [vc. dotta, lat. tardo *verbāle(m)*, da *vĕrbum* 'parola' (V. *verbo*); come s. m., calco sul fr. *verbal*, da (*procès*) *verbal* 'processo verbale'; av. 1556] **A** agg. **1** Costituito da parole, che si manifesta con parole: *offese verbali*; *una violenta reazione v.*; *eccessi verbali* | (*raro*) ***Traduzione v.***, letterale | ***Nota v.***, comunicazione diplomatica non firmata, su argomento non urgente ma da tenersi in considerazione | (*est.*) Orale: *ordine v.*; *prova, risposta v.* | (*dir.*) ***Processo v.***, verbale: *redigere, stendere, firmare il processo v.* **2** Che consta soltanto di parole ed è privo di sostanza, vuoto di significato e sim.: *legame, affetto puramente v.* **3** Del verbo: *forma v.* | Che appartiene alla categoria del verbo: *aggettivi, sostantivi verbali.* || **verbalménte**, avv. A voce, a parole. **B** s. m. ● Documento in cui sono descritte attività e riportate dichiarazioni, così attestate con presunzione di veridicità: *il v. di un'adunanza, di un'assemblea, di un interrogatorio*; *redigere, stendere, firmare il* *v.* | ***Mettere a v.***, registrare in tale documento | ***V. di gara***, nello sport, documento redatto alla fine di ogni competizione e relativo alla stessa.

verbalismo [fr. *verbalisme*, da *verbal* 'verbale (1)', col suff. *-isme* '-ismo'; 1896] s. m. *1* Modo di esporre verboso e vacuo, che cura le parole e la forma trascurando i concetti, i contenuti e sim.: *peccare di v.* *2* (*pedag.*) Insegnamento che si fonda solo sulle parole e la trasmissione meccanica di informazioni, senza preoccuparsi di sviluppare negli allievi lo spirito critico e prescindendo da ogni applicazione delle discipline impartite.

verbalistico [av. 1937] agg. (pl. m. *-ci*) ● Proprio, caratteristico del verbalismo.

verbalizzante A part. pres. di *verbalizzare*; anche agg. ● Nei sign. del v.: *l'ufficiale v.* B s. m. e f. ● Chi compila un verbale: *convalidare la versione del v.*

verbalizzare [fr. *verbaliser*, da *verbal* 'verbale'; 1877] A v. tr. ● Mettere a verbale: *v. il compimento di un atto.* B v. intr. (aus. *avere*) ● Redigere il verbale.

verbalizzazione [1970] s. f. ● Il fatto di mettere a verbale | Stesura, redazione del verbale.

verbanese A agg. ● Di Verbania, città del Piemonte. B s. m. e f. ● Abitante, nativo di Verbania.

verbasco [vc. dotta, lat. *verbăscu(m)*, di orig. preindeur.; av. 1557] s. m. (pl. *-schi*) ● (*bot.*) Tassobarbasso.

verbàtim [dall'avv. lat. mediev. *verbātim*, deriv. di *vĕrbu(m)* 'parola'] avv. ● Parola per parola, con totale fedeltà rispetto al testo citato o riportato.

verbèna o **vermèna** [vc. dotta, lat. *verbēna(m)*, della stessa famiglia di *verberāre* (V.), perché era la pianta con i cui rami si colpivano i trattati e il re toccava il *pāter patrātus*; sec. XIV] s. f. ● Erba moltoramosa delle Verbenacee, perenne, con piccoli fiori a spiga, coltivata con molte varietà (*Verbena officinalis*) | ***V. odorosa***, cedrina. ➡ ILL. **piante**/8.

Verbenàcee [da *verbena*; 1937] s. f. pl. (sing. *-a*) ● Nella tassonomia vegetale, famiglia di piante dicotiledoni con fusto quadrangolare e foglie opposte (*Verbenaceae*). ➡ ILL. **piante**/8.

†**verberàre** [vc. dotta, lat. *verberāre*, da *vĕrbera*, nom. pl., 'colpi, percosse', di orig. indeur.; sec. XIV] v. tr. ● Percuotere, battere.

†**verbicàusa** [sec. XVI] avv. ● (*raro, lett.*) Per esempio.

verbigerazióne [ingl. *verbigeration*, dal lat. *verbigerāre* 'discorrere, chiacchierare', comp. di *vĕrbum* 'parola' (V. *verbo*) e un deriv. di *gĕrere* 'portare' (V. *gestione*); 1937] s. f. ● (*med.*) Disturbo della comunicazione orale, tipico di alcune psicopatie, che si manifesta con discorsi particolarmente animati, di tono acceso e caratterizzati da una ripetizione stereotipata e incoerente di parole o frasi.

verbigràzia o (*raro*) **verbigràtia** /verbi'gratstsja/, †**verbi gratia** /'verbi 'gratstsja/ [vc. dotta, lat. *vĕrbi grātia* 'in grazia di una parola, per una parola'. V. *verbo* e *grazia*; av. 1342] avv. ● (*lett.* o *scherz.*) Per esempio: *dite, v. come fareste voi; chi siete voi, v.?* | Anche nella loc. avv. †*per v.*

♦**vèrbo** [vc. dotta, lat. *vĕrbu(m)* 'parola', poi 'verbo', di orig. indeur.; av. 1306] s. m. (pl. †*verba*, f.) *1* (*lett.* o *raro*) Parola: *non volere intender v.; ascoltare, predicare il v. divino, di Dio*; *senza poter replicar v., / volta il destrier con cólera e con stizza* (ARIOSTO) | ***V. a v.***, parola per parola | ***Non dire, non aggiungere, non proferire v.***, tacere. *2* †Pensiero, idea, concetto espresso. *3* Nella teologia cristiana, la seconda persona della Trinità, Gesù Cristo, il quale, nella terminologia usata dal Vangelo di S. Giovanni, è il Logos, o Verbo, o Ragione eterna o Sapienza del Padre incarnata. *4* Parte variabile del discorso che indica un'azione o un modo di essere di persona o di cosa: *v. attivo, passivo, transitivo, intransitivo*; *la forma, la coniugazione del v.* || **verbàccio**, pegg.

verbosità [vc. dotta, lat. tardo *verbositāte(m)*, da *verbōsus* 'verboso'; sec. XIV] s. f. ● Caratteristica di chi (o di ciò che) è verboso. SIN. Loquacità.

verbóso [vc. dotta, lat. *verbōsu(m)*, da *vĕrbum* 'parola' (V. *verbo*); sec. XIV] agg. ● Che parla o scrive con sovrabbondanza di parole: *oratore, scrittore v.* | Che è pieno di lunghi e inutili giri di parole: *prosa verbosa*; *discorso v.* SIN. Enfatico, prolisso. || **verbosaménte**, avv.

vercellése [1481] A agg. ● Di Vercelli, città del Piemonte. B s. m. e f. ● Abitante, nativo di Vercelli.

†**verdàcchio** [da *verde*; 1536] agg. ● Verdognolo | ***Susina verdacchia***, tipo di susina.

verdàccio [1826] s. m. *1* Pegg. di *verde*. *2* Colore composto di ocra, nero e terra verde o di ocra, nero, cinabro e un particolare tipo di bianco.

†**verdadèro** [sp. *verdadero*, da *verdad* 'verità'] agg. ● Veritiero, verace.

†**verdànte** [lat. *viridānte(m)*, part. pres. di *viridāre* 'esser verde', da *vĭridis* 'verde'] agg. ● Di colore verde.

verdàstro [da *verde*, sul modello del fr. *verdâtre*; 1684] A agg. *1* Di un verde brutto, sporco, impuro: *liquido v.*; *acqua putrida e verdastra.* *2* Che tende al verde: *giallo v.*; *azzurro v.* B s. m. ● Il colore verdastro.

verdazzùrro o **verdeazzùrro** [comp. di *verde* e *azzurro*; 1659] A agg. (pl. m. *-i*) ● Che ha un colore intermedio tra il verde e l'azzurro: *acque verdazzurre.* B s. m. ● Il colore verdazzurro: *il v. del mare.*

♦**vérde** [lat. *vĭride(m)*, da avvicinare a *virēre* 'esser verde', di etim. incerta; sec. XIII] A agg. *1* Di colore che sta tra il giallo e il blu, tipico dell'erba vegetante: *foglie verdi*; *un prato v.*; *il divino del pian silenzio v.* (CARDUCCI); *la bandiera italiana è bianca, rossa e v.* | ***Essere v. come un ramarro***, di un verde intenso e brillante | ***Zona v.***, in urbanistica, insieme di parchi, giardini e sim. compresi in una città, oppure zona del centro storico a traffico limitato | ***Tappeto v.***, il panno che copre i tavoli da gioco. *2* (*est.*) Di territorio, zona, paese e sim. ricco di vegetazione: *la v. Irlanda*; *l'Umbria v.* | (*est.*) Di un pallore livido: *essere, diventare, farsi v. per la rabbia, la paura, l'invidia*; *avere la faccia v.*; *Gesualdo per finirla saltò di nuovo sulla mula, v. dalla bile* (VERGA). *3* (*est.*) Acerbo, immaturo: *frutta v.* *4* (*est.*) Fresco: *legumi verdi*; *fieno verde* | Ancora vegetante, appena tagliato: *legna v.*; *rami verdi.* CONTR. Secco. *5* (*fig.*) Giovane, giovanile: *anni verdi*; *la v. età.* *6* (*fig., lett.*) Vegeto, vigoroso: *vecchiezza v.* | ***Vivo e v.***, vivo e vegeto | (*est.*) Vivace, intenso: *uomini d'una tempra più salda e d'un coraggio più v.* (MANZONI). *7* Che riguarda l'agricoltura o gli agricoltori: *piano v.*; *Europa v.* | (*econ.*) ***Lira v.***, V. *lira*. *8* Ecologico: *un'autovettura in versione v.* | ***Benzina v.***, senza additivi a base di piombo, adatta a veicoli con marmitta catalitica. *9* (*banca*) ***Clausola v.***, condizione di utilizzazione di crediti contro presentazione di documenti comprovanti l'immagazzinamento, anche parziale, delle merci in attesa di spedizione. *10* ***Numero v.***, V. *numero* | ***Carta v.***, documento attestante l'esistenza della copertura assicurativa per i danni a terzi, obbligatorio per la circolazione di un'autovettura in alcuni Paesi esteri. B s. m. *1* Il colore verde nelle sue varie sfumature: *il v. dei prati*; *il v. è il colore della speranza*; *tingere qlco. in, di v.* | ***V. bandiera, bottiglia, acqua, oliva, pisello, pistacchio, smeraldo*** e sim., varie tonalità del verde. *2* Parte verde di qlco.: *il v. del cocomero, del melone* | †***Essere al v.***, detto della candela usata nei pubblici incanti, stare per spegnersi, essere prossimo all'esaurimento, in quanto l'ultima parte di essa era colorata di verde | (*fig.*) ***Essere, trovarsi, ridursi al v.***, in assoluta miseria, senza il becco d'un quattrino, senza un soldo in tasca. *3* (*est.*) Vegetazione: *campagna ricca di v.*; *quartieri poveri di v.*; *cercare un po' di v. e d'aria pura*; *patrimonio v.* | Area, zona e sim. ricca di prati, alberi e vegetazione in genere: *la tutela, la difesa del v.*; *lo sviluppo incontrollato dell'edilizia ha distrutto il v.* | ***V. pubblico***, in una città, l'insieme delle aree destinate a parco o giardino dal piano regolatore | ***V. attrezzato***, nei giardini e nei parchi pubblici, area fornita di attrezzature fisse per attività sportive e ricreative, spec. di bambini. *4* (*fig.*) Vigore, rigoglio: *essere, trovarsi nel v. degli anni.* *5* Luce verde del semaforo stradale o ferroviario che indica via libera: *passare col v.*; *aspettare il v.* *6* (*chim.*) Composto o sostanza di colore verde | ***V. rame***, V. anche *verderame*. *7* (*geol.*) Nome generico per indicare una roccia di color verde, atta ad essere lavorata e utilizzata variamente in costruzioni, ornamentazioni e sim.: *v. di Susa, di Varallo.* C s. m. e f.; anche agg. ● (*polit.*) Chi appartiene a un movimento politico che attua iniziative alternative alle istituzioni e ai partiti tradizionali, spec. su temi ecologici e antimilitaristici. || PROV. Chi di verde si veste, troppo di sua beltà si fida. || **verdàccio**, pegg. (V.) | **verdétto**, dim. (V.) | **verdino**, dim. (V.) | **verdolino**, dim. (V.) | **verdóne**, accr. (V.).

verdèa o **verdèca** [da *verde*; av. 1320] s. f. ● Vitigno coltivato spec. in Puglia che produce uva bianca da tavola e da vino a polpa consistente | Vino bianco ottenuto da tale uva.

verdeazzùrro ● V. *verdazzurro*.

verdebiòndo [comp. di *verde* e *biondo*; 1910] agg. ● (*lett.*) Di color verde sfumato o inframmezzato di giallo.

verdebrùno o **vérde brùno** [comp. di *verde* e *bruno*; av. 1400] A agg. (pl. m. *verdebrùni*, raro *verdibrùni* o *vérdi brùni*) ● (*lett.*) Di colore tra il verde e il bruno: *veste verdebruna.* B s. m. ● Il colore verdebruno.

verdèca ● V. *verdea*.

verdechiàro o **vérde chiàro** [comp. di *verde* e *chiaro*; 1885] agg. (pl. m. *verdechiàri*, raro *verdichiàri* o *vérdi chiàri*) ● Di color verde pallido, tendente al bianco.

verdecùpo o **vérde cùpo** [comp. di *verde* e *cupo*; 1842] A agg. (pl. m. *verdecùpi*, raro *verdicùpi* o *vérdi cùpi*) ● Di colore verde intenso e cupo: *cipressi verdecupi.* B s. m. ● Il colore verdecupo.

†**verdegàio** [comp. di *verde* e *gaio*] agg. ● Di colore verde chiaro e vivace.

†**verdeggévole** agg. ● Verdeggiante.

verdeggiaménto [sec. XIV] s. m. ● (*raro*) Il verdeggiare.

verdeggiànte [1336 ca.] part. pres. di *verdeggiare*; anche agg. ● Nei sign. del v.: *campi verdeggianti.*

verdeggiàre [1342] A v. intr. (*io verdéggio*; aus. *avere*) *1* Essere e apparire verde: *una distesa di boschi verdeggiava sotto di noi*; *alta in sul lido elce verdeggia* (MARINO). *2* Diventare verde coprendosi di vegetazione: *i rami cominciano appena a v.*; *la campagna verdeggia in primavera.* *3* (*raro*) Tendere al color verde: *v. alla luce.* *4* †Essere vigoroso. B v. tr. ● †Fare o apparire verde.

verdegiàllo [comp. di *verde* e *giallo*; 1355] A agg. (pl. m. *verdegiàlli*, raro *verdigiàlli*) ● (*lett.*) Di color verde tendente al giallo. B s. m. ● Il colore verdegiallo.

verdegrìgio [comp. di *verde* e *grigio*; 1892] agg.; anche s. m. (pl. f. *-gie* o *-ge*) ● (*lett.*) Grigioverde.

verdèllo [da *verde*, per il colore; 1831] s. m. *1* (*zool.*) Verdone. *2* Limone che matura da giugno ad agosto.

verdemàre o **vérde màre** [comp. di *verde* e *mare*; 1811] A agg. inv. ● Di colore verde sfumato d'azzurro, caratteristico delle acque del mare: *cielo v.*; *tessuto v.* B s. m. inv. ● Il colore verdemare.

†**verdemèzzo** [comp. di *verde* e *mezzo*; 1481] agg. *1* Di grano, frutta, cacio, tra fresco e secco. *2* Di carne tra cotta e cruda: *arrosto così v. che sanguini un po'* (MACHIAVELLI).

†**verderàggine** s. f. ● Verdezza.

verderàme [comp. di *verde* e *rame*; av. 1320] A s. m. inv. *1* Patina verdastra che con l'umidità e il tempo si forma sugli oggetti di rame in seguito all'esposizione all'aria. *2* Acetato basico di rame, un tempo usato per colori a olio, ora impiegato per bagni galvanici e in veterinaria | ***V. cristallizzato***, (*ellitt.*) ***verderame***, acetato neutro di rame, usato in tintoria e come anticrittogamico. B agg. inv. ● Che ha il colore del verderame.

verdésca [da *verde*, per il colore; 1957] s. f. ● Squalo lungo fino a 6 m, verdeazzurro con robusti denti triangolari seghettati, voracissimo, che vive anche nel Mediterraneo (*Prionace glauca*). SIN. Verdone, squalo azzurro, canesca.

verdescùro o **vérde scùro** [comp. di *verde* e *scuro*; 1623] A agg. (pl. m. *verdescùri*, raro *verdiscùri* o *vérdi scùri*) ● Di colore verde, molto intenso e spento. B s. m. ● Il colore verdescuro.

†**verdesécco** agg. ● Che è mezzo verde e mezzo secco, che è quasi appassito.

verdétto (1) [dim. di *verde*; 1584] agg.; anche s. m. *1* (*raro*) Verdolino. *2* †Sostanza minerale usata come colorante verde dai pittori.

verdétto (2) [ingl. *verdict*, dal lat. *vēre dĭctu(m)* 'detto secondo verità'; 1667] s. m. *1* (*dir.*) Nel processo penale, decisione della giuria sulle questioni di fatto deferite al suo giudizio. **2** Nello sport, decisione finale di un arbitro, dei giudici di gara o di una giuria che determina il risultato di una competizione: *v. di parità*. **3** (*fig.*) Giudizio, sentenza: *un arduo v.*; *attendere il v. della storia*.

verdézza [da *verde*, con suff. *-ezza*; 1351] **s. f. 1** Colore o caratteristica di ciò che è verde | (*est.*) L'aspetto verdeggiante della vegetazione: *Il lauro … mai egli non perde né v. né fronda* (BOCCACCIO). **SIN.** †Verdore. **2** Verzura.

verdiàno [av. 1909] **A** *agg.* ● Che si riferisce al compositore italiano G. Verdi: *opere verdiane*; *musica verdiana*; *celebrazioni verdiane*. **B** *s. m.* (f. *-a*) ● Ammiratore, seguace di G. Verdi (1813-1901): *alla fine dell'Ottocento divampò la polemica fra verdiani e wagneriani*.

†**verdicàre** [sec. XIV] **v. intr.** ● Verdeggiare.

verdìcchio [da *verde*; 1896] **s. m. 1** Vitigno assai diffuso nelle Marche, dai grappoli di un color verde giallognolo. **2** Vino di color giallo paglierino, brillante, secco, sapido e armonico, prodotto dal vitigno omonimo (anche in versione spumante): *v. di Matelica*; *v. dei Castelli di Jesi*.

verdìccio [da *verde*; 1550] **A** *agg.* (pl. f. *-ce*) ● Che tende al verde: *colore v.*; *giallo v.* **B** *s. m.* ● Colore tendente al verde.

†**verdicènte** o †**verodicènte** [ant. fr. *voirdisant*, comp. di *voir* 'vero' e *disant* 'dicente'] *agg.*; anche **s. m. e f.** ● Che (o Chi) dice il vero.

verdìgno [av. 1400] *agg.* ● (*raro*) Verdognolo, verdiccio.

verdìno [dim. di *verde*; av. 1729] *agg.*; anche **s. m. 1** Verdolino. **2** *Fico v.*, (*ellitt.*) *verdino*, varietà di fico tardivo, piccolo, a buccia verde.

†**verdìre** [da *verde*; sec. XIV] **v. intr.** ● Verdeggiare.

verdognòlo (o **-ò-**) [da *verde*; av. 1571] *agg.* **1** Che sfuma nel verde: *colore v.*; *giallo v.*; *azzurro v.* **2** Verdastro, livido, pallido: *viso v.*; *cera verdognola*.

verdolìno [dim. di *verde*; av. 1400] **A** *agg.* ● Che è leggermente verde: *giallo v.*; *azzurro v.* | Verde pallido: *tessuto v.*; *sfumature verdoline*. **B** *s. m.* **1** Il colore verdolino. **2** Varietà di fico piccolo, con buccia verde e polpa biancastra. **3** (*zool.*) Verzellino.

verdóne [av. 1712] **A** *agg.* **1** Accr. di *verde*. **2** Di un colore verde intenso ma non cupo. **B** *s. m.* **1** Il colore verde intenso: *tinta intermedia fra il v. e il blu*. **2** Passeraceo a codina forcuta, becco breve e conico, colore verde dorato sul dorso e giallastro ventralmente (*Chloris chloris*). ➡ ILL. animali/9. **3** (*zool.*) Verdesca. **4** (*gerg.*) Un dollaro americano | (*est.*) Banconota americana.

†**verdóre** [provz. *verdor*, da *vert* 'verde'; sec. XIV] **s. m.** ● Colore, caratteristica di ciò che è verde | (*est.*) L'aspetto verdeggiante della vegetazione.

verdùco [sp. *verdugo*, propr. 'virgulto', da *verde* 'verde'; av. 1535] **s. m.** (pl. *-chi*) **1** †Stecco quadrangolare. **2** Stilo del bastone animato.

verdugàle [fr. *verdugale*, dallo sp. *verdugado*, da *verdugo*. V. *verduco*; 1736] **s. f.** ● Gonna montata con stecche usata un tempo per tenere bene allargata la sottana. || **verdugolìno**, *dim.*

verdùme [da *verde*; av. 1320] **s. m. 1** (*raro*) Parte verde di un vegetale. **2** (*spreg.*) Quantità di cose verdi. **3** (*raro*) Eccessiva abbondanza di colore verde.

◆ **verdùra** [da *verde*; 1313] **s. f. 1** (*disus.* o *lett.*) Il verde dei campi, delle piante, della vegetazione in genere | La vegetazione stessa. **2** (*spec. al pl.*) Alimenti vegetali costituiti da foglie, fiori e radici, per lo più coltivati negli orti: *minestra di v.*; *contorno di verdure al burro*; *v. in insalata*; *verdure crude, cotte*; *cibarsi di verdure* | *Verdure a foglie*, cavoli, lattuga, spinaci, cicoria e sim. **SIN.** Ortaggio. ➡ ILL. **verdura**.

VERDURE
nomenclatura

verdura = ortaggi = erbaggi
● *varietà di verdura*: lattuga, indivia, cicoria, agretto = crescione, rucola = ruchetta, barba di cappuccino = barbatella = mescolanza; spinaci; cavolo, cavolfiore, broccolo, cavolino di Bruxelles, rapa, broccoletto = cima di rapa; ravanello; bieta, barbabietola; asparago; carciofo, cardo = cardone; finocchio; carota; patata; pomodoro, peperone, melanzana; zucca, zucchina, fiore di zucca, cetriolo; odori = erbe aromatiche = mazzetto guarnito; rafano, ramolaccio, raperonzolo, sedano-rapa, scorzonera, cipolla, cipollina, aglio, porro, scalogno, insalata, radicchio, valerianella, sedano, verza;
● *legumi*: pisello, fagiolo (fagiolino), taccola, fava, cece, lente = lenticchia, soia; lupino;
● *funghi*: porcino = boleto, prataiolo, ovolo, chiodino = famigliola, spugnola, gallinaccio, gelone; boleto, lattario, chiodetto, trombetta dei morti, ditola = clavaria, vescia, prugnolo, elvella, piopparello, poliporo, lingua di bue, steccherino, tartufo bianco (nero, giallo), d'America = topinambur.

---

verduràio [da *verdura*; av. 1910] **s. m.** (f. *-a*) ● (*region.*) Erbivendolo, fruttivendolo.

verdùzzo [da *verdo*; 1961] **s. m. 1** Antico vitigno originario del Friuli e coltivato anche nel Veneto, che dà un'uva di color giallo verdastro e polpa succosa. **2** Vino di color giallo dorato, profumo vinoso, sapore secco gradevole, prodotto dal vitigno omonimo: *v. dei Colli Orientali del Friuli* | *V. di Ramandolo*, vino bianco da dessert, ottenuto da uve leggermente appassite.

†**vère** [lat. *vēre*, abl. di *vēr* 'primavera'. V. *primavera*] **s. m.** ● (*poet.*) Primavera.

verecóndia o †**verecùndia** [vc. dotta, lat. *verecūndia(m)*, da *verecūndus* 'verecondo'; 1306] **s. f.** ● Caratteristica, condizione di chi (o di ciò che) è verecondo. **SIN.** Pudore.

verecóndo [vc. dotta, lat. *verecūndu(m)*, da *verēri* 'aver timore, rispetto', di orig. indeur.; av. 1406] *agg.* **1** (*disus.* o *lett.*) Che ha timore e vergogna di ciò che è sconveniente e se ne astiene: *fanciulla verecónda* | Che esprime verecondia (anche fig.): *placida notte, e v. raggio / della cadente luna* (LEOPARDI). **2** (*est.*) Che è proprio di una persona verecónda: *gesto v.*; *parole verecónde*. **SIN.** Pudico. **3** (*poet.*) Timido, modesto: *fama verecónda*. || **verecondaménte**, *avv.*

†**verecùndia** V. **verecondia**.

vèrga o †**virga** [lat. *vĭrga(m)*, di etim. incerta; 1308] **s. f. 1** (*raro*) Ramoscello | (*fig.*, *disus.*) *Tremare come una v., tremare v. a v.*, essere scosso da un forte tremito in tutto il corpo per freddo, paura, febbre o altro. **2** Bacchetta, bastoncello, spesso flessibile: *punire, castigare a colpi di v.*; *io fuggo lor come fanciulla v.* (PETRARCA) | *V. del pendolo*, asta | (*mar.*; *disus.*) Penna, antenna, picco, randa e sim. | *V. secca*, pennone più basso dell'albero di mezzana, generalmente senza vela. **3** (*lett.*) Bastone del pastore. **4** (*lett.*) Scettro o altro simbolo del potere: *v. reale, consolare*; *la v. di Mosè, di Aronne*; *la v. del rabdomante, dell'indovino, del mago* | *V. di Mercurio*, caduceo | *Fascio di verghe*, fascio littorio. **5** Specie di lingotto di metallo prezioso: *verghe d'oro, d'argento* | Barra metallica allungata a sezione anche non circolare: *una v. di ferro*. **6** (*zool.*) *V. d'oro*, piccola farfalla dei Licenidi a livrea generalmente dorata (*Polyommatus virgaurea*). **7** (*bot.*) *V. d'oro*, composita comune, perenne, con capolini gialli disposti a grappolo e frammisti a foglie (*Solidago virga-aurea*). **8** Pene. **9** In oreficeria, serie di pietre preziose allineate che si applicano a un anello per ornamento. **10** †Strale, dardo. **11** †Tratto o raggio di vivida luce. || **vergàccio**, pegg. m. | **verghétta**, dim. | **verghettina**, dim. | **vergolìna**, dim. | **vergóne**, accr. m. (V.) | **vergùccia**, dim.

†**vergadòro** [dalla *verga d'oro* che portava; calco sul gr. *chrysórrapis*] **s. m.** ● Portatore di un caduceo d'oro, detto del dio Mercurio.

vergàio o **vergàro** [etim. discussa: lat. parl. *vervecāriu(m)*, da *vervex* 'castrato', di etim. incerta; sec. XV] **s. m.** (f. *-a*) ● (*centr.*) Capo mandriano di un gregge | Chi conduce a svernare pecore di più padroni.

vergàre [1319] **v. tr.** (*io vérgo, tu vérghi*) **1** (*raro*) Percuotere, battere con una verga. **2** Listare o rigare tessuti o carte con linee o righe parallele. **3** (*lett.*) Scrivere di proprio pugno: *v. fogli, carte*; *v. una lettera*.

vergàio V. *vergaio*.

vergàta [1879] **s. f.** ● Colpo di verga.

vergatìna [dim. del f. del part. pass. *vergato*; 1961] **A s. f.** ● Carta sottile che in trasparenza rivela una sottile rigatura, usata spec. per copie di carta carbone da dattiloscritti. **B** anche agg. solo f.: *carta v.*

vergatìno [dim. di *vergato*; 1879] **s. m.** ● Tessuto a righe sottili e di colore diverso. **SIN.** Bordatino, rigatino.

vergàto [sec. XIII] **A** *part. pass.* di *vergare*; anche *agg.* **1** Nei sign. del v.: *tessuto v.*; (*lett.*) *carte vergate*. **2** *Carta vergata*, tipo di carta che in trasparenza rivela una sottile rigatura; usata per copie dattiloscritte o ciclostilate, per buste e sim. **B s. m.** **1** †Tessuto a righe, vergatino. **2** †Unione di più parti.

vergatùra [1961] **s. f. 1** Operazione del vergare: *la v. di una stoffa, di una carta*. **2** Rigatura su un tessuto | Insieme di linee visibili in trasparenza in alcuni tipi di carta.

vergèlla [lat. parl. *virgĕlla(m)*, dim. di *vĭrgula*, a sua volta dim. di *vĭrga* 'verga'; sec. XIV] **s. f. 1** (*raro, lett.*) Piccola verga. **2** Semilavorato di acciaio dolce, a sezione circolare, laminato a caldo. **3** (*spec. al pl.*) Ciascuno dei sottili fili di ottone disposti parallelamente da un capo all'altro della forma usata per la fabbricazione della carta a mano. **4** (*lett.*) Qualità di carta da scrivere.

†**vergellàre** [da *vergella*] **v. tr. e intr.** ● Vergheggiare.

vergèllo o **vergìllo** [V. *vergella*; sec. XV] **s. m.** ● Mazza con tacche, in cui gli uccellatori infilano le paniuzze.

vergènza [da *vergere*; 1970] **s. f. 1** (*geol.*) Direzione verso cui una piega tende a coricarsi, o verso cui una coltre avanza. **2** (*ottica*) Convergenza di un sistema ottico centrato, espressa come inverso della distanza in metri tra il centro del fascio luminoso e la sezione considerata e misurata in diottrie.

vèrgere [vc. dotta, lat. *vĕrgere* 'inclinare, piegarsi', di orig. indeur.; av. 1799] **v. intr.** (*io vèrgo, tu vèrgi*) **pass. rem.** *io vergéi, tu vergésti*. difett. del *part. pass.* e dei tempi composti) **1** (*lett.*) Volgere, tendere, piegare verso qlco.: *v. al tramonto*; *v. a oriente*. **CONTR.** Divergere. **2** (*raro, fig.*) Convergere.

vergheggiàre [sec. XIV] **v. tr.** (*io verghéggio*) **1** Percuotere con verga. **2** Scamatare, battere la lana dei materassi.

vergheggiatóre [da *vergheggiare*; 1840] **s. m.** (f. *-trice*) ● Chi scamatava la lana | Materassaio.

verghiàno *agg.* ● Che riguarda lo scrittore G. Verga (1840-1922) o è proprio della sua produzione: *il verismo v.*

vergìllo V. *vergello*.

verginàle o **virginàle** (**1**) [lat. *virgināle(m)*, da *vĭrgo*, genit. *vĭrginis* 'vergine'; sec. XIV] *agg.* **1** Proprio di una vergine: *stato v.*; *innocenza v.*; *onestà, purità v.* **2** (*est.*) Monacale: *benda v.* **3** (*fig., lett.*) Di assoluta purezza: *mattino v.* || **verginalménte**, *avv.*

vèrgine (**1**) o †**vìrgine**, †**vìrgo** nei sign. A 1, 3, 6 [lat. *vĭrgine(m)*, di etim. incerta; av. 1294] **A s. f. 1** Donna in condizione di verginità | *La Vergine*, (*per anton.*) la Madonna: *raccomandarsi alla Vergine*; *invocare, pregare la Vergine*. **2** (*poet.*) Dea pagana, definita tale dalla mitologia, spec. Diana e Minerva. **3** (*est.*, *lett.*) Fanciulla, ragazza, donna non sposata: *le vergini savie della parabola*; *un corteo di vergini*. **4** (*spec. al pl.*) Monaca, in quanto ha pronunciato il voto perpetuo di castità. **5** (*spec. al pl., poet.*) Le Vestali. **6** (*zool.*) *V. di Numidia*, piccola gru cinerina con collo e petto neri e due ciuffi di piume riunite sotto ciascun occhio (*Anthropoides virgo*). **SIN.** Damigella di Numidia. **7** (*mar.*; *disus.*) Paranco costituito da due bozzelli uniti fra loro a una delle basi. **8** *V. di Norimberga*, strumento di tortura in uso fino al sec. XVI in Germania e in Spagna, costituito da una statua di donna in ferro apribile e provvista internamente di punte acuminate, che trafiggevano il condannato che vi veniva rinchiuso. **B s. m.** ● Uomo in condizione di verginità: *i vergini e i martiri*. **C** *agg.* **1** Di persona che è in stato di verginità: *donna, fanciulla v.*; *uomo v.* | Di femmina di animale in analoga condizione: *v. cuccia de le Grazie alunna* (PARINI). **2** (*est.*, *lett.*) Giovane, innocente: *le vergini spose*. **3** (*fig., spec. lett.*) Integro, casto, puro: *animo, cuore v.*; *mani vergini* | Alieno; immune: *vergin di servo encomio / e codardo oltraggio* (MANZONI). **4** (*fig.*) Che è naturale, che non ha subìto manipolazioni, lavorazioni, trasformazioni e sim.: *foresta v.*; *lana v.* | *Cera v., miele v.*, non raffinati | *Vinaccia v.*, non

fermentata | ***Olio extra v. di oliva***, olio ottenuto per spremitura meccanica (e non chimica) delle olive, che abbia un tasso di acidità non superiore all'1% | ***Olio sopraffino v. di oliva***, olio ottenuto come il precedente, che abbia un tasso di acidità compresa fra l'1,1 e 1,5% | ***Olio fino v. di oliva***, ottenuto come il precedente e con acidità non superiore al 3% | ***Olio v. di oliva***, ottenuto come il precedente e con acidità compresa fra il 3 e il 4% | ***Campo, terreno v.***, non lavorato, non coltivato; (*fig.*) zona, ambito, settore e sim. passibile di sfruttamento e non ancora sfruttato | ***Caso v.***, non ancora trattato, discusso e sim. | (*fis.*) ***Sostanza magneticamente v.***, che non ha subito magnetizzazione | (*fis.*) ***Nastro v.***, detto di nastro magnetico che non reca una registrazione | (*ottica*) ***Pellicola v.***, detto di pellicola fotocinematografica non ancora impressionata. || **verginèlla**, **dim.** (V.) | **verginètta**, **dim.** | **verginìna**, **dim.** | **verginóna**, **accr.**

Vèrgine (2) **A** **s. f.** ***1*** (*astron.*) Costellazione dello zodiaco che si trova fra quella della Bilancia e quella del Leone. ***2*** (*astrol.*) Sesto segno dello zodiaco, compreso tra i centocinquanta e i centottanta gradi dell'anello zodiacale, che domina il periodo compreso fra il 24 agosto e il 23 settembre. ➡ **ILL. zodiaco.** **B** **s. m. e f. inv.** ● Persona nata sotto il segno della Vergine.

verginèlla o †**virginèlla** [1525] **s. f.** ***1*** Dim. di *vergine*. ***2*** (*iron.*) Ragazza che si finge ingenua, priva di malizia e sim.

vergìneo ● V. *virgineo*.

verginità o †**verginitàde**, †**verginitàte**, †**virginità**, †**virginitàde**, †**virginitàte** [lat. *virginitā̆te(m)*, da *vĭrgo*, genit. *vĭrginis* 'vergine'; av. 1306] **s. f.** ***1*** Condizione di chi non ha avuto rapporti sessuali completi | Correntemente, integrità dell'imene nella donna | ***Voto di v.***, quello proprio delle monache. ***2*** (*fig.*) Integrità morale, rettitudine, buona reputazione | ***Rifare, rifarsi una v.***, riacquistare la stima, la credibilità o il buon nome perduti.

♦**vergógna** [lat. *verecŭndia(m)*. V. *verecondia*; av. 1250] **s. f.** ***1*** Turbamento e mortificazione che si provano per azioni, pensieri o parole che sono o si ritengono sconvenienti, indecenti, indecorose e sim. e che sono o possono essere causa di disonore o rimprovero: *provare, sentire v. di un peccato, di una colpa, per l'errore commesso*; *piangere, nascondersi per la v.* | ***Aver v. di qlco., di qlcu.***, vergognarsene | ***Non avere, non sentire v., non conoscere la v.***, essere spudorato. ***2*** (*est.*) Senso di soggezione, timore e sim. dovuto spec. a timidezza: *sentire, provare v. davanti a qlcu.*; *tacere per la v.*; *vincere la v.*; *ho v. di parlare, di intervenire.* **SIN.** Impaccio, turbamento. ***3*** (*raro*) Modestia, pudore: *v. verginale.* ***4*** Rossore del viso, provocato da vergogna: *avvampare di v.*; *di trista v. si dipinse* (DANTE *Inf.* XXIV, 132). ***5*** Onta, disonore, disdoro: *coprirsi di v.*; *morire con v.*; *uscirne con v.* | ***Far v., tornare a v.***, essere causa di disonore | †***Dire v.***, offendere, oltraggiare. ***6*** (*est.*) Cosa o persona riprovevole, che è motivo di vergogna, di disonore e sim.: *quello che hai fatto è una v.*; *tacere in questi casi è una v.*; *sarebbe una v. se non intervenissero*; *è la v. della casa, della famiglia, della patria* | ***V.!***, escl. di rimprovero, riprovazione e sim. ***7*** (*al pl.*, *disus.*) Organi genitali: *coprire le vergogne.* || **vergognàccia**, **pegg.** | **vergognùccia**, **dim.**

♦**vergognàre** [da *vergogna*; av. 1250] **A** **v. tr.** (*io vergógno*) ● †Svergognare, coprire di vergogna. **B** **v. intr. pron.** e (*lett.*) **intr.** (+ *di*, + *a*, anche seguiti da inf.; + *per* qlcu. o qlco.) ***1*** Sentire vergogna: *vergognarsi di qlco., di qlcu.*; *mi vergogno di dire, ripetere, ascoltare simili menzogne*; *si vergognò all'udire simili cose*; *e tendeva quasi vergognando la mano* (NIEVO) | ***Vergognarsi per qlcu., vergognarsene***, provar vergogna in vece di qlcu. per ciò che egli ha fatto: *mi vergogno, me ne vergogno per lui* | ***Non vergognarsi di***, avere la spudoratezza di | ***Vergognati!***, escl. di riprovazione, rimprovero e sim. ***2*** (*est.*) Avere soggezione, timore e sim.: *vergognarsi del pubblico*; *mi vergogno a parlare in pubblico* | ***Non vergognarsi di nulla e di nessuno***, essere sfacciato, spudorato, impudente | ***Vergognarsi di tutto***, essere molto timido. ***3*** (*poet.*) †Maturare, detto delle ciliegie.

†**vergognévole** **agg.** ● Vergognoso. || †**vergognevolménte**, **avv.** Vergognosamente.

♦**vergognóso** [av. 1250] **agg.** ***1*** (*raro*) Che sente e mostra vergogna: *peccatore pentito e v.* ***2*** Schivo, riservato, verecondo: *parlò con tono timido e v.*; *mi guardò arrossendo, con occhi vergognosi.* **CONTR.** Spudorato. ***3*** Che causa o dovrebbe causare vergogna, in quanto degno di biasimo, riprovazione e sim.: *azioni vergognose*; *pena vergognosa*; *un v. silenzio* | (*disus.*) Parti vergognose, organi genitali. || **vergognosétto**, **dim.** || **vergognosaménte**, **avv.** In maniera vergognosa.

vèrgola [lat. *vĭrgula(m)*, dim. di *vĭrga* 'verga'; 1504] **s. f.** ● Filo di seta addoppiato e torto, usato per gli occhielli | Lista sottile di seta o di oro tessuta nei drappi. || **vergolìna**, **dim.**

†**vergolaménto** [da *vergolare*] **s. m.** ● Serie di striature, strisce e sim.

†**vergolàre** [dal lat. *vĭrgula*, dim. di *vĭrga* 'verga'; 1879] **v. tr.** ***1*** Virgolare. ***2*** Battere con verghe. ***3*** Lineare, sottolineare.

vergolàto [1810] **part. pass.** di †*vergolare*; anche **agg.** ***1*** Nei sign. del v. ***2*** Di drappo ornato con vergole intessute. ***3*** (*raro*) Venato, striato: *marmo v.*; *agata vergolata.*

vergóne [1879] **s. m.** ***1*** Accr. di *verga*. ***2*** Verga dritta di legno, impaniata, per catturare uccelli | Verga in cui si infilano le paniuzze.

†**vericìda** [comp. di *vero-* e *-cida*] **s. m.** ● (*raro*) Bugiardo, menzognero.

veridicità o †**veridicitàde**, †**veridicitàte** [1585] **s. f.** ● Caratteristica, condizione di chi (o di ciò che) è veridico: *garantisco la v. del racconto.*

verìdico [vc. dotta, lat. *verĭdicu(m)*, da *vērus* 'vero' e un deriv. di *dīcere* 'dire'; 1336 ca.] **agg.** (**pl. m.** *-ci*) ● Che dice il vero: *testimone v.*; *testimonianza veridica.* || **veridicaménte**, **avv.**

veridizióne [dal fr. *veridicité*, da *veridique* 'veridico'] **s. f.** ● (*ling.*) L'insieme delle procedure discorsive che, rispetto ai contenuti che vengono enunciati, segnalano il tipo e il grado di verità o costruiscono un effetto di verità (ad es. *ti assicuro che…*, in cui il parlante garantisce la verità dell'enunciato; *non c'è bisogno di dire che…*, in cui la verità dell'enunciato è considerata del tutto evidente).

♦**verìfica** [1812] **s. f.** ***1*** Accertamento, controllo, mediante apposite prove, dell'esattezza, validità o autenticità di qlco.: *v. dei conti, di cassa.* ***2*** (*dir.*) ***V. dei poteri***, nel diritto costituzionale, controllo dell'esistenza dei prescritti requisiti personali dei parlamentari eletti e della validità delle operazioni elettorali relative; nel diritto internazionale, esame della validità dei documenti da cui risulta la rappresentanza internazionale. ***3*** (*polit.*) Incontro fra rappresentanti dei partiti di coalizione governativa per accertare se esiste ancora la volontà di proseguire la collaborazione. ***4*** (*ferr.*) Controllo dei veicoli ferroviari eseguito al fine di accertare che i medesimi siano in condizioni di garantire la regolarità della circolazione. ***5*** (*fis.*) Determinazione sperimentale degli errori di uno strumento di misura tarato. **SIN.** Controllo.

verificàbile [1673] **agg.** ● Che si può verificare: *dato v.* **SIN.** Controllabile.

verificabilità [1950] **s. f.** ● Caratteristica di ciò che è verificabile | ***Principio di v.***, in filosofia, procedimento o serie di procedimenti in base ai quali è possibile provare la verità di un enunciato o di una proposizione.

♦**verificàre** [vc. dotta, lat. tardo *verificāre*, comp. di *vērus* 'vero' e *-ficāre*; 1351] **A** **v. tr.** (*io verìfico, tu verìfichi*) ***1*** Accertare l'esistenza, l'esattezza, la verità, la validità o l'autenticità di qlco., mediante opportune prove: *v. la stabilità di un edificio*; *v. un conto, un elenco*; *v. una scrittura privata, una firma.* **SIN.** Provare. ***2*** Confermare un'ipotesi, una teoria e sim., fornendone la necessaria prova sperimentale: *v. un postulato della geometria, una legge chimica.* **B** **v. intr. pron.** ***1*** Dimostrarsi vero: *l'esattezza della profezia si è da tempo verificata*; *oggi può facilmente verificarsi questa ipotesi.* ***2*** Accadere, avvenire, succedere: *se si verificassero nuovi incidenti, avvertitemi*; *si è verificato un fatto nuovo.*

verificàto **part. pass.** di *verificare*; anche **agg.** ● Nei sign. del v.

verificatóre [1780] **s. m.**; anche **agg.** (**f.** *-trice*, pop. disus. *-tora*) ● Chi (o Che) verifica: *v. dei treni*; *v. postale*; *operaio v.*; *dispositivo v.*

verificazióne [av. 1557] **s. f.** ● (*raro*) Verifica | ***V. della scrittura privata***, procedimento tendente a dimostrare che la scrittura prodotta in giudizio proviene da chi l'ha disconosciuta | ***V. dello stato passivo***, fase di accertamento del passivo fallimentare | ***Bilancio di v.***, elenco di tutti i conti con l'indicazione dei totali dei valori dare, avere e saldi.

†**verilòquio** [vc. dotta, lat. *verilŏquiu(m)*, comp. di *vērus* 'vero' e un deriv. di *lŏqui* 'parlare' (V. *loquela*): calco sul gr. *etymología*. V. *etimologia*] **s. m.** ● (*raro*) Narrazione del vero.

verìna [da *vera* (?); 1889] **s. f.** ● (*mar.*; *disus.*) Cavo munito di gancio, usato spec. per manovrare la catena dell'ancora.

verisìmile e *deriv.* ● V. *verosimile* e *deriv.*

†**verisimilitùdine** [vc. dotta, lat. *verisimilitūdine(m)*, comp. di *vērus* 'vero' e *similitūdo*, genit. *similitūdinis* 'similitudine'; 1518] **s. f.** ● Verosimiglianza, probabilità.

verìsmo [fr. *vérisme*, dal lat. *vērus* 'vero', col suff. *-isme* '-ismo'; 1871] **s. m.** ***1*** Corrente estetica affermatasi in Italia alla fine del XIX sec., che propugnava, in consonanza col naturalismo francese, una rappresentazione obiettiva di tutta la realtà, anche nei suoi aspetti più umili, prescindendo da ogni elemento idealizzante o metafisico: *il v. di Verga e Capuana* | Nelle arti figurative, movimento sviluppatosi in Italia nella seconda metà dell'Ottocento che, in opposizione ai grandi temi del Romanticismo, prediligeva la rappresentazione di soggetti tratti dalla vita reale, spesso con esiti di pitture e sculture aneddotiche o bozzettistiche: *il v. dei macchiaioli toscani* | In musica, genere di opera lirica, spec. francese e italiana, che tra la fine del '700 e l'inizio dell'800, usa temi d'attualità per un pubblico popolare e si caratterizza stilisticamente per una struttura più libera di quella tradizionale e per l'utilizzazione di una vocalità spiegata. ***2*** (*est.*, *fig.*) Crudo realismo: *una scena cinematografica di v. discutibile*; *esprimersi con eccessivo v.*

verìsta [fr. *vériste*, dal lat. *vērus* 'vero', col suff. *-iste* '-ista'; 1872] **A** **s. m. e f.** (**pl. m.** *-i*) ● Esponente, sostenitore del verismo. **B** **agg.** ● Veristico.

verìstico [1895] **agg.** (**pl. m.** *-ci*) ● Che si riferisce al verismo o ai veristi. || **veristicaménte**, **avv.**

♦**verità** o †**veritàde**, †**veritàte**, †**vertà**, †**vertàde** [lat. *veritāte(m)*, da *vērus* 'vero'; av. 1294] **s. f.** ***1*** Condizione di ciò che è vero: *la v. di una notizia, di un'informazione, di un'ipotesi.* **CONTR.** Falsità. ***2*** Ciò che corrisponde esattamente a una determinata realtà: *dire la v.*, *tutta la v.*, *nient'altro che la v.*; *sapere, conoscere, cercare, scoprire la v.*; *ammettere, negare la v.*; *modificare, svisare, travisare, deformare la v.*; *questa è la pura, la schietta v.*; *questa è la pura e santa v.*, *la v. sacrosanta* | ***Esposizione della v. dei fatti***, ad opera delle parti del processo o dei testimoni | ***La bocca della v.***, (*fig.*) persona che non mente | ***Siero della v.***, farmaco ad azione nervosa centrale, spec. barbiturico, che rimuove le inibizioni nel soggetto, favorendo la disponibilità al dialogo, usato per ottenere da qlcu. informazioni altrimenti tenute nascoste | ***Di' la v.***, invito a parlare sinceramente | ***Per dire la v.***, per essere sincero. ***3*** Ciò che corrisponde esattamente a una rappresentazione astratta del vero e che viene considerato certo, assoluto o inconfutabile: *le verità scientifiche*; *una grande, una profonda v.*; *v. indiscutibili, incontrovertibili, ovvie, evidenti* | ***V. rivelata***, che è stata manifestata agli uomini da Dio nella rivelazione | ***V. di fede***, che, essendo rivelata, deve essere accettata per fede, senza necessaria dimostrazione della ragione. ***4*** Ciò che è vero in senso assoluto: *cercare la v.*; *io sono la via, la v., la vita* | ***In v., in v. vi dico***, formula con cui nei Vangeli sono introdotte le più solenni affermazioni del Cristo | ***In v., per v., per la v.***, veramente: *in v. io non ho visto nulla.* ***5*** Sincerità, buonafede: *parlare con accento di v.* ***6*** (*raro*) Realtà: *rappresentare la v.* || **PROV.** La verità vien sempre a galla.

†**veritàbile** [fr. *véritable*, da *vérité* 'verità'] **agg.** ● Veritiero.

†**veritàde** ● V. *verità.*

†**veritàte** ● V. *verità.*

†**veritévole** [da *veritabile*, con cambio di suff.; cfr. *abominabile-abominevole*, *ammirabile-ammirevole*, *trasmutabile-trasmutevole* ecc.; av. 1557] **agg.** ●

Veritiero: *non crediate … ai sogni, che non sono veritevoli* (CASTIGLIONE). || †**veritevolménte**, avv. Veramente.

veritièro o †**veritière**, †**veritièri** [da *verità*; av. 1294] agg. **1** Che dice il vero: *storico v.* **2** Che corrisponde a verità: *notizia veritiera.* CONTR. Falso, mendace. || †**veritieraménte**, avv. Veramente.

vèrla ● V. *averla.*

♦**vèrme** o †**vèrmo** [lat. *vĕrme(m)*, di orig. indeur.; sec. XIII] s. m. **1** Correntemente, animale invertebrato a corpo molle, allungato, privo di zampe: *essere nudo, molle, strisciante come un v.* | ***Essere nudo come un v.***, (*fig.*) essere completamente nudo | ***V. dei bambini***, ascaride | ***V. di terra***, lombrico | (*pop.*) ***V. solitario***, tenia | (*fam.*) ***Fare i vermi***, andare in putrefazione: *la carne ha fatto i vermi* | ***V. della farina***, tenebrione | ***V. dei pavimenti***, mosca dell'Africa tropicale le cui larve vermiformi, bianchicce, di notte pungono l'uomo per nutrirsi di sangue (*Auchmeromya luteola*). CFR. elminto-, -elminto. **2** (*al pl., pop.*) Qualunque parassita intestinale: *avere i vermi.* **3** (*fam.*) Bruco, larva: *il v. della seta.* **4** (*fig.*) Essere vilissimo, abbietto, assolutamente spregevole: *sei un v.*; *ti sei comportato, hai agito da v.* | (*scherz.*) Persona che non vale nulla: *di fronte a voi mi sento un v.*; *non son altro che vermi, che non san far cosa di buono* (BRUNO). **5** (*disus., fig.*) Ciò che rode o tormenta l'animo, la coscienza e sim.: *il v. dell'invidia.* **6** †Filetto di vite. **7** (*al pl.*) Anelli della chiocciola o femmina della vite. **8** (*veter.*) ***Mal del v.***, farcino. **9** (*anat.*) Porzione più antica del cervelletto dei Mammiferi, localizzata tra i due emisferi cerebellari. || **vermettèllo**, dim. | **vermettino**, dim. | **vermétto**, dim. | **vermicciuòlo**, dim. | **vermicciolùzzo**, dim. | **vermicèllo**, dim. (V.) | **vermiciàttolo**, pegg.

vermeil /fr. vɛʀ'mɛjə/ [vc. fr., propr. 'vermiglio (V.)'; 1905] s. m. inv. ● Argento dorato, usato per medaglie e stoviglie.

verména [da *verbena*, l'assim. della *-b-* in *-m-* è stata facilitata dall'accostamento paretimologico a *verme*; 1313] s. f. **1** V. *verbena.* **2** (*lett.*) Sottile e giovane ramoscello. || **vermenèlla**, dim.

vermentino [etim. ignota; 1907] s. m. ● Vitigno coltivato in Liguria e Sardegna, da cui si ricava il vino bianco secco omonimo: *v. di Gallura, di Imperia.*

vermèto [da *verme*; 1965] s. m. ● (*gener.*) Mollusco gasteropode marino con conchiglia a tubo, calcarea e irregolarmente attorta, da cui sporgono quattro tentacoli (*Vermetus*).

vermicàio [da *verme*, sul modello di *formicaio*; 1891] s. m. ● (*raro*) Luogo o cosa brulicante di vermi | Brulichio di vermi.

vermicèllo [lat. parl. **vermicĕllu(m)*, dim. del lat. *vermĭculus*, dim. di *vĕrmis* 'verme'; 1516] s. m. **1** Dim. di *verme.* **2** (*spec. al pl.*) Pasta lunga da minestra, più sottile degli spaghetti: *vermicelli al sugo, in brodo.* || **vermicellétto**, dim. | **vermicellino**, dim. | **vermicellóne**, accr.

vermicìda [comp. di *verme* e *-cida*] **A** s. m. (pl. *-i*) ● Medicamento capace di uccidere i vermi, in particolare quelli parassiti intestinali. CFR. Antielmintico, vermifugo. **B** anche agg.: *sostanza v.*

vermicolàre [dal lat. *vermĭculus*, dim. di *vĕrmis* 'verme'; 1563] agg. **1** Di ciò che per la forma è simile a verme | (*anat.*) ***Appendice v.***, in anatomia, appendice ileocecale | (*miner.*) ***Aggregato v.***, aggregato cristallino in cui i singoli individui sono disposti in modo da simulare la forma di un verme. **2** (*geol.*) Detto di ogni tessitura meandrica, intricata | ***Solco v.***, sottile incisione a forma di verme prodotta sulle rocce desertiche per azione abrasiva della sabbia trasportata dal vento. **3** (*med.*) ***Contrazione v.***, contrazione peristaltica | ***Polso v.***, frequente e piccolo, che si avverte come brulichio di vermi.

vermicolazióne [1961] s. f. ● (*geol.*) Nella loc. ***v. desertica***, formazione di solchi vermicolari.

†**vermicolóso** [vc. dotta, lat. *vermiculōsu(m)*, da *vermĭculus*, dim. di *vĕrmis* 'verme'] agg. **1** Pieno di vermi. **2** Bacato, di frutta, carne e sim.

vermiculite [ingl.-amer. *vermiculite*, deriv. dal lat. *vermĭculus* 'vermicello' (V. *vermiglio*), per la forma che assume, col suff. *-ite*; 1948] s. f. ● (*miner.*) Gruppo di silicati idrati di magnesio e alluminio, del tipo a strati, che, calcinati, perdono tumultuosamente l'acqua rigonfiandosi e trasformandosi in un aggregato vermicolare leggero soffice e refrattario, usato in edilizia come termoisolante e fonoassorbente.

vermifórme [comp. di *verme* e *-forme*; 1749] agg. ● Che ha forma di verme | (*anat.*) ***Appendice v.***, appendice ileocecale | (*miner.*) ***Aggregato v.***, aggregato vermicolare.

vermìfugo, (*evit.*) **vermifùgo** [comp. di *verme* e *-fugo*; 1805] **A** s. m. (pl. *-ghi*) ● Medicamento per espellere i vermi parassiti intestinali. CFR. Antielmintico, vermicida. **B** anche agg.: *sostanza vermifuga.*

†**vermigliàre** v. tr. ● Colorire di vermiglio.

†**vermigliézza** s. f. ● (*raro*) Colore vermiglio.

vermiglio [provz. *vermelh*, fr. *vermeil*, dal lat. *vermĭculu(m)* 'vermiciattolo', poi 'cocciniglia', dim. di *vĕrmis* 'verme'; sec. XIII] **A** agg. ● Che ha un colore rosso intenso e acceso: *rosso v.*; *rubino v.*; *tessuto v.*; *quando brillava il vespero v.* (PASCOLI) | ***Gote vermiglie***, molto rosse. **B** s. m. **1** Il colore vermiglio: *gli vide nel petto una gran macchia di v.* (BOCCACCIO). **2** Cocciniglia. || **vermigliétto**, dim. | **vermigliòtto**, accr. | **vermigliùzzo**, dim.

vermiglióne [fr. *vermillon*, da *vermeil* 'vermiglio'; av. 1320] s. m. ● (*miner.*) Varietà di cinabro polverulento.

†**verminàra** [nap. *lacerta vermenara*: da avvicinare all'it. *verme*, *vermine*; sec. XIV] agg. solo f. ● Nella loc. (*lett.*) ***lucertola v.***, detto di lucertola dalla pelle screziata e (*fig.*) di persona sciupata, brutta e sim.

†**verminàre** [vc. dotta, lat. *vermināre*, da **vĕrmen*, genit. **vĕrminis* 'verme' (V. *vermine*); 1353] v. intr. ● Far vermi.

verminazióne [vc. dotta, lat. *verminatiōne(m)*, da *vermināre*; 1839] s. f. ● (*med.*) Riproduzione di vermi nell'intestino.

†**vèrmine** [lat. *vĕrmine*, abl. di *vĕrmen*, var. di *vĕrmis* 'verme'; sec. XIII] s. m. **1** Verme (*anche fig.*). **2** Baco da seta. || **verminétto**, dim. | **verminùzzo**, dim.

verminòsi [vc. dotta, comp. di *vermin(e)* e *-osi*; 1957] s. f. inv. ● (*veter.*) Infezione causata da vermi parassiti, localizzata spec. nell'intestino.

verminóso [vc. dotta, lat. *verminōsu(m)*, da **vĕrmen*, genit. **vĕrminis* 'verme' (V. *vermine*); av. 1320] agg. **1** Pieno, brulicante di vermi: *carogna verminosa.* **2** (*raro*) Provocato da vermi, spec. da parassiti intestinali: *febbre verminosa.*

†**vèrmo** ● V. *verme.*

vermocàne [comp. di *vermo*, var. di *verme*, e *cane*; av. 1400] s. m. ● (*zool., raro*) Capostorno | (*raro, pop.*) ***Che ti venga il v.!***, escl. d'ira, imprecazione e sim.

vèrmouth /fr. vɛʀ'mut/ [1883] s. m. inv. ● Vermut.

vèrmut o †**vermùt**, (*pop.*) **vèrmutte**, †**vermùtte** [fr. *vermouth*, dal ted. *Wermut* 'assenzio', di orig. germ.; 1773] s. m. **1** Vino bianco o rosso di elevata alcolicità, aromatizzato con spezie ed erbe, che si prende gener. come aperitivo: *v. chinato*; *prendere un v. al seltz.* **2** (*est., disus.*) Breve ricevimento, rinfresco. || **vermuttino**, dim.

†**vèrna** [vc. dotta, lat. *vĕrna(m)*. V. *pernacchia*; sec. XIV] s. m. ● Servo nato in casa.

vernacchiàia [deriv. dal lat. *hibernăculum* 'appartamento d'inverno', da *hibĕrnus* 'invernale' (V. *inverno*); 1879] s. f. ● Vivaio di piante da pali.

vernàccia [da *Vernaccia*, forma ant. di *Vernazza* (la Spezia), da dove proviene; 1319] s. f. (pl. *-ce*) **1** Vitigno coltivato in Toscana e in Sardegna, che dà un'uva di color verde giallastro tendente al dorato, da cui si ricavano sia vini bianchi secchi (spec. in Toscana) sia vini ambrati secchi, dolci o liquorosi (spec. in Sardegna). **2** Vino di color giallo paglierino, profumo intenso ed elegante, sapore secco e vellutato ottenuto dal vitigno omonimo: *v. di S. Gimignano*; *due fette di pane arrosto e un gran bicchiere di v. da Corniglia* (BOCCACCIO) | Vino di color giallo ambrato e di profumo e aroma fragranti e armonici, nel tipo secco (13°-15°) o nel tipo dolce e liquoroso da dessert, simile allo sherry (16°-17°): *v. di Oristano.*

vernacolàre [1961] agg. **1** Che è in vernacolo: *poesia v.* **2** Che appartiene, è proprio del vernacolo: *modo v.*; *tradizione v.*

vernàcolo [vc. dotta, lat. *vernăculu(m)* 'relativo agli schiavi nati in casa', poi 'paesano, domestico', da *vĕrna* 'schiavo nato in casa'. V. *pernacchia*; 1499] **A** agg. ● (*raro*) Proprio del luogo in cui si è nati o si vive. SIN. Nativo, paesano | Di linguaggio o espressione che rispecchiano fortemente il luogo e l'ambiente nei quali si sono formati: *locuzione vernacola.* **B** s. m. ● Parlata caratteristica di un'area geografica, affidata quasi esclusivamente alla tradizione orale e che ha assunto, nell'uso popolare, connotazioni di maggiore vivacità e spontaneità rispetto al dialetto e alla lingua letteraria: *i vernacoli toscani, laziali*; *poesia in v.*

†**vernadì** ● V. *venerdì.*

†**vernàle** (**1**) [vc. dotta, lat. *vernāle(m)*, da *vēr*, genit. *vēris* 'primavera' (V.); av. 1348] agg. ● Di primavera, primaverile | ***Punto v.***, in cui si trova il Sole all'equinozio di primavera.

†**vernàle** (**2**) [aferesi di *invernale*; av. 1348] agg. ● Invernale.

vernalizzàre [1961] v. tr. ● (*bot.*) Sottoporre i semi a vernalizzazione.

vernalizzazióne [da *vernale* (*1*), sul modello del fr. *vernalisation*; 1961] s. f. ● (*bot.*) Pratica consistente nel sottoporre semi inumiditi a temperature basse per tempi prolungati, onde provocare la nascita di individui che fioriscono e fruttificano in tempo più breve. SIN. Iarovizzazione.

†**vernàre** (**1**) [lat. *hibernāre* 'passare l'inverno', da *hibĕrnus* 'invernale' (V. *inverno*); 1319] v. intr. **1** Svernare: *li augei che vernan lungo 'l Nilo* (DANTE *Purg.* XXIV, 64). **2** Patire il freddo. **3** Far tempesta.

†**vernàre** (**2**) [vc. dotta, lat. *vernāre*, da *vēr*, genit. *vēris* 'primavera' (V.); av. 1296] v. intr. **1** Fare primavera. **2** Degli uccelli, cantare in primavera.

†**vernarèccio** ● V. †*vernereccio.*

†**vernarìccio** ● V. †*vernereccio.*

†**vernàta** [da *vernare* (*1*); av. 1348] s. f. ● Stagione, durata e qualità dell'inverno: *i Romani … fuggivano non altrimenti le vernate, che l'alpi aspre* (MACHIAVELLI).

†**vernàto** s. m. ● Vernata.

vernazióne [ingl. *vernation*, dal lat. *vernāre* 'rinascere a primavera'. V. *vernare* (*2*); 1931] s. f. ● (*bot.*) Prefogliazione.

vernéngo o **vernèngo** [lombardo *vernengh*, var. di *invernengh* 'che si fabbrica d'inverno', da *inverna* 'inverno'; 1961] agg. (pl. m. *-ghi*); anche s. m. ● (*dial., sett.*) Detto di formaggio grana che si produce da ottobre ad aprile dell'anno successivo.

†**vernerèccio** o †**vernarèccio**, †**vernarìccio**, †**vernerìccio** [da *verno* (*2*); av. 1320] agg. **1** Invernale. **2** Burrascoso, piovoso.

†**vernicàre** ● V. *verniciare.*

†**vernicàto** ● V. *verniciato.*

♦**vernìce** (**1**) [deform. di *Berenice*, città della Cirenaica, da cui questa sostanza sarebbe stata importata (?); av. 1294] s. f. **1** Sostanza costituita da una soluzione o sospensione di uno o più leganti in un solvente, con l'eventuale aggiunta di diluenti, siccativi, plastificanti, addensanti e sim., capace di lasciare, essiccando, una pellicola dura e resistente, incolore o colorata, protettiva o decorativa, sulla superficie su cui è stata stesa in strato sottile: *passare la v.*; *dare una mano di v.* | ***V. grassa, magra***, rispettivamente, quella contenente o no oli siccativi | ***V. all'alcol, a spirito***, soluzione di una resina, quale la gommalacca, in alcol etilico, usata a scopo decorativo in ebanisteria e falegnameria | ***V. antiruggine***, usata per proteggere dalla corrosione i materiali ferrosi | ***V. sottomarina***, atta a proteggere le carene delle navi dagli organismi incrostanti | ***V. cellulosica***, soluzione di nitrocellulosa o acetilcellulosa in un solvente volatile, usata per la verniciatura di legno, metalli, cuoio e sim. | ***V. pelabile***, quella atta a lasciare una pellicola facilmente asportabile e usata per la protezione temporanea di oggetti vari, spec. nei magazzini | ***V. sintetica***, soluzione di resine sintetiche in solventi vari. **2** Pellame lucidissimo rifinito con vernice a caldo a base di olio di lino o vernice a freddo a base di poliuretani | ***Scarpe di v.***, scarpe di copale. **3** (*disus., scherz.*) Belletto. **4** Patina, rivestimento sottile | (*geol.*) ***V. del deserto***, levigatura delle rocce per azione abrasiva dei granuli trasportati dal vento | (*biol.*) ***V. caseosa***, sostanza untuosa, costituita da sebo e cellule epiteliali desquamate, che ricopre la cute del feto. **5** (*fig., raro*) Apparenza superficiale: *una v. di buona creanza, di cultura*; *un rimescolio di sentimenti … che si agita sotto la v. uniforme della moderna* *società* (NIEVO). **6** (*pitt.*) *V. molle*, varietà di acquaforte, usata gener. come preparazione dell'acquatinta, in cui è impiegata la vernice nera ordinaria rammollita con l'aggiunta di sebo.

vernice (2) [1931] s. f. ● Vernissage.

verniceria [1970] s. f. ● Reparto, officina dove si dà la vernice.

verniciàre o †**vernicàre** [1550] **A** v. tr. (*io vernìcio*) ● Coprire di vernice. **B** v. rifl. ● (*scherz., disus.*) Imbellettarsi.

verniciàta [1961] s. f. ● Verniciatura frettolosa, con una sola mano di vernice: *dare una v. al cancello.* || **verniciatina**, dim.

verniciàto o †**vernicàto** [sec. XVII] part. pass. di *verniciare*; anche agg. ● Nei sign. del v.

verniciatóre [1848] s. m. (f. *-trice*) **1** (f. *-a*) Operaio addetto alla verniciatura: *v. di mobili.* **2** Dispositivo per verniciare | *V. a spruzzo*, ad aria compressa. SIN. Aerografo.

verniciatùra [1858] s. f. **1** Operazione, modalità del verniciare: *v. a spruzzo.* **2** Strato di vernice: *la v. si sta scrostando.* **3** (*fig.*) Vernice, apparenza: *una v. di civiltà.*

vernièro o †**vernière** [fr. *vernier*, dal n. dell'inventore P. *Vernier* (1580 ca.-1637); 1879] s. m. **1** (*raro*) Nonio. **2** (*aer., elettr., tecnol.*) Dispositivo di regolazione che viene usato in parallelo a un altro simile per consentire una più precisa regolazione di una grandezza caratteristica del complesso costituito dai due dispositivi | (*elettr., elettron.*) ***Condensatore v.***, condensatore variabile di piccola capacità che viene collegato in parallelo ad altro di capacità maggiore per attuare una regolazione, il più possibile precisa, della capacità complessiva | (*aer.*) ***Razzo v.***, razzo ausiliario gener. usato in coppia con uno o più altri per controllare con precisione la velocità di fine combustione o per correggere l'assetto di volo di razzi vettori e veicoli spaziali.

†**vernile** [da *verno* (2)] agg. ● Invernale.

vernìno [da *verno* (2); 1313] agg. ● D'inverno, invernale | Di frutti, che conservati maturano nell'inverno | ***Piante vernine***, che si coltivano e crescono d'inverno.

vernissage /fr. vɛrni'saːʒ/ [vc. fr., da *vernisser* 'verniciare', da *vernis* 'vernice'; 1895] s. m. inv. ● Inaugurazione ufficiale di una esposizione artistica.

†**vèrno** (1) [vc. dotta, lat. *vĕrnu(m)* 'di primavera', da *vēr*, genit. *vēris* 'primavera'] agg. ● (*raro*) Primaverile.

vèrno (2) [aferesi di *inverno*; 1308] s. m. **1** (*poet.*) Inverno | (*fig.*) La vecchiaia. **2** †Freddo e cattivo tempo invernale. **3** †Turbine, tempesta, burrasca.

♦**véro** [lat. *vēru(m)*, di orig. indeur.; av. 1250] **A** agg. **1** Che possiede in misura totale e in modo incontestabile le caratteristiche proprie del suo essere, della sua natura e sim.: *V. Dio e v. uomo*; *quello è il mio v. padre*; *il v. colpevole sono io*; *il v. padrone non è qui*; *i nostri veri eredi sono lontani.* **2** Effettivo, reale: *il v. motivo di qlco.*; *la vera causa della guerra*; *la vera ragione del suo operato non è conosciuta*; *fu vera gloria?* (MANZONI). **3** Giusto, esatto, proprio: *qui sta il v. problema*; *il v. vocabolo è questo* | ***Chiamare le cose col loro v. nome***, (*fig.*) dire le cose come stanno, senza mezzi termini. **4** Che è pienamente conforme alla realtà oggettiva, che si è effettivamente verificato e sim.: *storia, notizia, informazione vera*; *un fatto v.*; *è incredibile ma v.*; *vorrei proprio sapere se è v. oppure no* | ***È v.?***; ***Non è v.?***; *V.*; ***È v. o non è v.?***, chiedendo una ulteriore conferma a quanto si ascolta o si asserisce | ***Come è v. che siamo qui***, ***com'è v. che c'è Dio***, ***com'è v. Dio***, ***il sole*** e sim., escl. asseverativa per confermare, rafforzandola, la verità o la sincerità delle proprie asserzioni | ***Sembrare, parere v.***, di cosa artificiale che imita perfettamente la realtà | ***Fosse v.!***, di cosa che si desidera ardentemente | ***Non mi par v.***, di cosa lungamente e intensamente desiderata e che, infine, si verifica, si ottiene e sim. | ***Non sarà mai v. che***, non accadrà mai, non permetterò mai che | ***Tant'è v. che***, si dice per introdurre nel discorso nuove prove e sim.: *io non ne sapevo niente, tant'è v. che non gli ho neppure telefonato.* **5** (*raro*) Veritiero: *testimone v.*; *testimonianza vera.* CONTR. Falso. **6** Genuino, autentico: *v. oro*; *vere perle orientali*; *vera stoffa scozzese*; *la vera cucina casalinga*; *questo è v. marsala siciliano.* **7** (*fig.*) Intenso, sincero e profondo: *v. amore*; *vera amicizia*; *vera passione artistica* | (*fig.*) ***Di v. cuore***, con tutto il cuore, con la massima sincerità. **8** (*fig.*) Preposto o, più raramente, posposto a un sostantivo, e spesso in unione con *proprio*, accentua enfaticamente il significato delle parole, precisa l'ambito del concetto espresso o aggrava la portata dell'affermazione: *vera sapienza, bellezza, giustizia*; *questa è vera arte!*; *sarebbe un v. misfatto*; *è stata una vera e propria infamia, un'infamia vera e propria.* **9** Riferito a persona, spec. preposto al sostantivo, accentua enfaticamente la quantità positiva o negativa propria della persona stessa o a lei attribuita: *un v. amico*; *un v. artista*; *un v., grande poeta*; *l'unico v. pittore del Novecento*; *è un v. delinquente, un v. e proprio criminale*; *solo un v. egoista può pensare certe cose.* || **veraménte**, avv. **1** Realmente, davvero: *ha veramente deciso di tornare*; *sono veramente contento di vederti*; *truccata così sembri veramente un'orientale*; *è veramente una persona simpatica*; *è stato un film veramente bello*; *se tu fossi veramente contento me lo dimostreresti.* **2** In frasi interrogative, esprime dubbio, meraviglia, incredulità e sim. (*anche iron.* o *scherz.*): *ti hanno veramente promosso?*; *lo hanno eletto deputato? veramente?* **3** A dire il vero, però (in funzione limitativa, attenuativa, avversativa): *io, veramente, non avrei agito così*; *in questo caso, io veramente devo intervenire*; *mi hanno invitato, ma veramente non potrei andare*; *veramente, noi eravamo all'oscuro di tutto.* **B** avv. ● †Veramente. **C** s. m. solo sing. **1** Verità: *ricercare il v.*; *la luce, la potenza del v.*; *per onore del, in omaggio al v.*; *dire, riferire, testimoniare, giurare il v.*; *discernere, distinguere il v. dal falso* | ***Il Sommo Vero***, (*per anton.*) Dio | ***Essere nel v.***, non sbagliare | ***Non esserci nulla di v.***, essere completamente falso: *non c'è nulla di v. in quello che ha raccontato* | ***Dire il v.***, (*fig.*) riferito ai sensi, dare un'esatta percezione della realtà: *se gli occhi mi dicono il vero*; (*fig.*) riferito a facoltà mentali, non ingannare: *se la memoria mi dice il v.*; (*fig.*) riferito a fenomeni, trovare corrispondenza nella realtà: *spesso i sogni dicono il v.* | ***A onor del v.***, in verità | ***Salvo il v.***, sempre che non vi siano errori | ***A, per dire il v.***, ***a voler dire il v.***, e sim., per essere sincero, preciso e sim.: *a dire il v., le cose non stanno così* | ***E valga il v.***, formula con cui si introduce una nuova prova, un nuovo argomento e sim. **2** Natura, realtà: *ritratto, disegno preso, copiato dal v.*; *studiare il v.*

†**verodicènte** ● V. †*verdicente.*

†**veròla** [etim. discussa: vc. di orig. germ. (?)] s. f. ● Befana, strega, versiera.

veronàl® [marchio registrato; 1899] s. m. ● Acido dietilbarbiturico, usato in farmacia come ipnotico e sedativo.

veronalìsmo [1987] s. m. ● Avvelenamento da veronal, dovuto all'uso ripetuto.

veróne [da avvicinare a *vera* (da *pozzo*) (?); 1353] s. m. ● (*lett.*) Terrazzo scoperto, loggia, balcone | (*tosc.*) Terrazzino o pianerottolo con parapetto o ringhiera in capo a una scala esterna parallela al muro. || **veroncèllo**, dim. | **veroncino**, dim.

veronése [av. 1374] **A** agg. ● Della città di Verona: *strade veronesi.* **B** s. m. e f. ● Abitante, nativo di Verona. **C** s. m. solo sing. ● Dialetto del gruppo veneto, parlato a Verona.

verónica (1) [gr. tardo *berenikíon*, n. di una pianta (chiamata così dal n. della regina *Bereníkē* 'Berenice'), accostato paretimologicamente al n. proprio *Veronica* (?); 1563] s. f. ● Pianta erbacea perenne delle Scrofulariacee, con fusti gracili e fiori bianchi venati di viola, che cresce presso laghi e paludi (*Veronica scutellata*) | ***V. maggiore***, con foglie pelose e a cuore e fiori azzurri (*Veronica chamaedrys*) | ***V. querciola***, comunissima, molto piccola, con fiorellini azzurri ascellari (*Veronica persica*). ➡ ILL. **piante**/8.

Verònica (2) [dal n. della donna che asciugò il volto di Cristo con un panno su cui rimase impressa l'immagine; 1321] s. f. ● Immagine di Gesù Cristo impressa sul sudario | Lo stesso sudario portante l'immagine.

verònica (3) o **verónica** /ve'rɔnika, sp. °be'ronika/ [vc. sp., da *verónica* 'veronica (2)', perché la cappa che il torero tende davanti a sé ricorda il sudario di Cristo; 1950] s. f. **1** Nelle corride, figura in cui il torero, ritto di fronte al toro, ne attende la carica, tenendo la cappa protesa in avanti e aperta con tutt'e due le mani. **2** Nel tennis, volée alta di rovescio eseguita voltando le spalle alla rete.

verosimigliànte o (*lett.*) **verisimigliànte** [da *somigliante*, sul modello di *verosimile*; av. 1294] agg. ● (*raro*) Verosimile.

verosimigliànza o (*lett.*) **verisimigliànza** [da *verosimigliante*; 1579] s. f. ● Condizione, caratteristica di ciò che è verosimigliante: *Era un falso magistrale, di perfetta v.* (SCIASCIA). CONTR. Improbabilità.

†**verosimigliévole** o †**verisimigliévole** [da *verosimigliante*] agg. ● Verosimile.

verosìmile o (*lett.*) **verisìmile** [vc. dotta, lat. *verisĭmile(m)*, comp. di *vērus* 'vero' e *sĭmĭlis* 'simile'; 1336 ca.] agg. ● Che sembra vero e che quindi è credibile: *racconto v.* CONTR. Inverosimile. || **verosimilménte**, †**verosimileménte**, (*lett.*) **verisimilménte** avv. In modo che par vero, credibilmente; probabilmente.

†**vèrre** ● V. *verro.*

verrèi ● V. *venire* (*1*).

verrétta [dal lat. *vĕru* 'spiedo, giavellotto'. V. *verruto*; 1342] s. f. ● Antica arma costituita da un'asta metallica da lanciare a mano o con la balestra. || **verrettóna**, accr.

verrettàta s. f. ● Colpo di verretta.

verrettóne [accr. di *verretta*; av. 1348] s. m. ● Grossa verretta da balestra, per battaglia e per caccia.

verricellìsta [da *verricello*; 1961] s. m. e f. (pl. m. *-i*) ● Arganista.

verricèllo [etim. discussa: lat. parl. **verricĕllu(m)*, dim. del lat. tardo *verrĭculum* 'rete a strascico', da *vĕrrere* 'trascinare', di orig. indeur.; 1619] s. m. ● Argano minore con asse orizzontale e trazione verticale.

verrìna [da *verro*, per l'uso di indicare col n. di animali maschili certi pezzi che si introducono in altri; sec. XVI] s. f. ● Trivella per forare il legname, in modo da aprire il passaggio a un chiodo, a una vite, a un perno.

verrinàre [1684] v. tr. ● (*raro*) Forare il legno con la verrina.

vèrro o †**vèrre** [lat. *vĕrre(m)*, di orig. indeur.; av. 1320] s. m. ● Maiale maschio atto alla riproduzione.

verrò ● V. *venire* (*1*).

verròcchio [1840] s. m. **1** V. *varrocchio.* **2** Frantoio.

verrùca [lat. *verrūca(m)* 'escrescenza, rialzo', di orig. indeur.; av. 1320] s. f. **1** (*med.*) Proliferazione benigna dell'epidermide, tondeggiante, ben circoscritta, spec. di origine virale | ***V. volgare***, ***v. comune***, di origine virale, di aspetto calloso, contagiosa, si forma prevalentemente sulla pianta del piede e sulle mani. SIN. Porro. **2** (*bot.*) Escrescenza su fusti o foglie.

verrucària [vc. dotta, lat. (*hĕrbam*) *verrucāria(m)*, detta così perché era utilizzata per curare le verruche (lat. *verrūca*); 1826] s. f. ● Lichene comune sulle pietre, con tallo tenue e sdraiato e piccoli periteci nelle fossette della pietra (*Verrucaria rupestris*).

verrucóso [vc. dotta, lat. *verrucōsu(m)*, da *verrūca*; 1640] agg. **1** (*med.*) Che ha i caratteri della verruca: *tumore v.* **2** Cosparso di verruche.

†**verrùto** o †**verùto** [vc. dotta, lat. *verrūtu(m)*, var. di *verūtu(m)*, da *vĕru* 'spiedo', di orig. indeur.] s. m. ● Verrettone.

versàccio [sec. XV] s. m. **1** Pegg. di *verso* (*3*). **2** Grido scomposto e sguaiato, spec. di scherno: *fare i versacci a qlcu.* **3** (*est.*) Gesto villano | Smorfia di scherno.

versaiòlo o (*raro, lett.*) **versaiuòlo** [da *verso* (3); 1858] **A** s. m. (f. *-a*) ● (*spreg., raro*) Poetastro. **B** anche agg.

versaménto [av. 1712] s. m. **1** (*raro*) Il versare | Fuoriuscita di un liquido da un recipiente, un tubo, una conduttura e sim. **2** (*med.*) Fuoriuscita di liquidi organici dai vasi nelle cavità del corpo: *v. ematico, sieroso*; *v. pleurico.* **3** Deposito di una somma in banca: *effettuare un v.* | ***Distinta di v.***, modulo mediante il quale si effettua un deposito bancario, specificandovi il numero e il taglio delle banconote e l'importo degli assegni | *Lettera di v.*, disposizione data da una banca a una sua filiale o corrispondente, di pagare una determinata somma a favore di un terzo | (*est.*) Conferimento, pagamento e sim., in denaro | *V. dei soci*, nelle società, conferimento delle singole quote.

versànte (*1*) [1961] **A** part. pres. di *versare* (*1*); anche agg. ● Nei sign. del v. **B** s. m. e f. ● Chi effettua un deposito, un pagamento.

versànte (*2*) [fr. *versant*, propr. part. pres. di *verser* 'versare'; 1839] s. m. ● (*geogr.*) Declivio di uno dei lati di una catena di monti o di un singolo monte: *il v. orientale, occidentale, meridionale*; *il v. francese del Monte Bianco* | *Sul v. di*, (*fig.*) per quanto attiene, riguarda: *sul v. della crisi politica non ci sono novità*. ➡ ILL. p. 2132 SCIENZE DELLA TERRA ED ENERGIA.

♦**versàre** (*1*) [lat. *versāre*, intens. di *vĕrtere* 'volgere, girare'. V. *vertere*; sec. XIII] **A** v. tr. (*io vèrso*) **1** Far sgorgare un liquido, rivoltando o inclinando il recipiente in cui è contenuto: *v. il vino dalla bottiglia*; *v. l'acqua nei bicchieri*; *v. l'olio, l'aceto sull'insalata*; *v. da bere ai commensali*; *versami per favore un po' di brodo*. SIN. Mescere | (*est.*) Far uscire un solido di consistenza granulosa o polverulenta dal recipiente che lo contiene: *v. la farina sul tagliere* | (*assol.*) Lasciar uscire il proprio contenuto, attraverso aperture, fessure e sim., detto di recipienti: *la botte versa*. **2** (*est.*) Fare uscire, spargere: *la ferita versa sangue*; *v. lacrime per la morte di qlcu.* | *V. il proprio sangue*, morire spec. combattendo: *v. il proprio sangue per la patria, per un nobile ideale* | (*fig.*) *V. fiumi d'inchiostro*, scrivere moltissimo. **3** (*est.*) Rovesciare: *v. il brodo per terra, il sale sulla tovaglia*; *v. olio bollente dalle mura sugli assalitori*; *gli hanno versato addosso un secchio d'acqua gelata*. **4** (*est.*) Far confluire, immettere: *il Po versa le proprie acque nell'Adriatico*. **5** (*fig., lett.*) Confidare, rivelare: *v. pene, dolori, amarezze, in seno a qlcu.* **6** Depositare una somma: *v. in banca il ricavato di una vendita*; *l'importo sarà interamente versato al Comune, nelle casse dello Stato* | Pagare: *v. una rata, il prezzo, l'anticipo* | †*V. un patrimonio*, dissiparlo, scialacquarlo. **7** †Volgere: *Fortuna avversa / che sempre la sua ruota in giro versa* (ARIOSTO) | (*est.*) †Cambiare, mutare. **B** v. intr. pron. **1** Uscir fuori da qlco. e spargersi (*anche fig.*): *dalla botte spaccata il vino si versava nella cantina*; *una folla immensa si versò nella piazza*. **2** Sboccare, confluire: *i fiumi che si versano nel Po*. **3** †Cambiarsi, rivoltarsi.

versàre (*2*) [lat. *versāri*, forma media di *versāre* (*1*); 1842] **A** v. intr. (*io vèrso*; aus. *avere*) ● Essere, trovarsi in una determinata condizione gener. negativa: *v. in pericolo di vita, in pessime condizioni di salute*; *v. nell'indigenza*; *v. in cattive acque*; *versa da tempo in gravi difficoltà finanziarie*. **B** v. intr. e intr. pron. **1** (*raro* o *lett.*) Avere per argomento, vertere: *la discussione versa sull'educazione dei figli*; *La conversazione si versava sul tempo, su le notizie politiche* (D'ANNUNZIO). **2** (*lett.*) †Consistere. **3** †Darsi, abbandonarsi totalmente a qlco. | †*Versarsi in qlcu.*, affidarsi completamente a lui.

†**versàre** (*3*) v. intr. ● Scrivere versi.

versàtile [vc. dotta, lat. *versātile(m)* 'che gira, mobile', da *versātus*, part. pass. di *versāre* (*1*); sec. XIV] agg. **1** (*disus., lett.*) Che può volgersi con facilità da una parte e dall'altra. SIN. Girevole. **2** (*fig.*) Che è atto a studi diversi, che sa occuparsi, con abilità e competenza, di cose diverse: *ingegno v.*; *impiegato v.* **3** (*raro, fig.*) Incostante, mutevole: *la folla v.*; *gente v.*

versatilità [av. 1729] s. f. ● Caratteristica di chi (o di ciò che) è versatile.

versàto (*1*) [av. 1344] part. pass. di *versare* (*1*); anche agg. **1** Nei sign. del v. **2** *Piangere sul latte v.*, (*fig.*) disperarsi per una un danno ormai irrimediabile: *è inutile piangere sul latte v.* **3** (*poet.*) †Mescolato.

versàto (*2*) [1631] part. pass. di *versare* (*2*); anche agg. **1** Nei sign. del v. **2** Che è portato, che ha una speciale attitudine per qlco.: *è molto v. in questo genere di ricerche, nelle matematiche, nelle lettere*.

versatóre [da *versato* (*1*); 1826] **A** agg. (f. *-trice*) ● (*raro*) Che versa. **B** s. m. **1** (*raro*) Chi versa. **2** Brocca in ceramica o in altro materiale per mescere acqua, soprattutto durante i pasti, per lavarsi le mani.

verseggiàbile [da *verseggiare*; 1871] agg. ● (*raro*) Che si può mettere in versi.

†**verseggiaménto** [1764] s. m. ● Il verseggiare | Tecnica del verso.

verseggiàre [da *verso* (*3*); 1505] **A** v. intr. (*io verséggio*; aus. *avere*) ● Scrivere in versi, in rima. SIN. Rimare. **B** v. tr. ● Mettere in versi.

verseggiatóre [da *verseggiare*; 1639] s. m. (f. *-trice*) **1** (*raro*) Chi scrive versi. **2** (*spreg.*) Chi sa scrivere in versi, ma è privo di un'autentica ispirazione poetica. SIN. Rimatore.

verseggiatùra [av. 1704] s. f. ● Modo e tecnica del verseggiare.

versétto [av. 1342] s. m. **1** Dim. di *verso* (*3*). **2** Ciascuna delle suddivisioni in frasi, anche di significato non completo, dei capitoli della Bibbia | (*est.*) Suddivisione analoga delle parti di altri libri sacri: *un v. del Corano*.

versìcolo o †**versìculo** [vc. dotta, lat. *versĭculu(m)*, dim. di *vĕrsus* 'verso (3)'; sec. XIV] s. m. **1** (*lett.*) Breve verso poetico. **2** (*raro*) Versetto, nel sign. 2.

†**versicolóre** [vc. dotta, lat. *versicolōre(m)* 'che muta colore', quindi 'di vari colori', comp. di *vĕrsus*, part. pass. di *vĕrtere*, e *cŏlor*, genit. *colōris* 'colore'; sec. XIV] agg. ● Di colore vario.

†**versìculo** ● V. *versicolo*.

versièra o †**aversièra**, †**avversièra** [ant. fr. *aversier* 'avversario', quindi 'il diavolo'; 1481] s. f. **1** (*lett.*) Demonio di sesso femminile, diavolessa | (*raro, fig.*) *Fare il diavolo e la v.*, mettere tutto sottosopra. **2** (*fig., tosc.*) Donna malvagia o di una bruttezza ripugnante. SIN. Strega. **3** †Diavoleria, malanno.

versificàre [vc. dotta, lat. *versificāre*, comp. di *vĕrsus* 'verso (3)' e *-ficāre*; av. 1348] v. tr. e intr. (*io versìfico, tu versìfichi*; aus. *avere*) ● Verseggiare.

versificatóre [vc. dotta, lat. *versificatōre(m)*, da *versificāre*; sec. XIII] s. m. (f. *-trice*) ● Verseggiatore. SIN. Rimatore. || **versificatorèllo**, dim.

versificatòrio [av. 1642] agg. ● Della, relativo alla, versificazione: *arte versificatoria*. || †**versificatoriaménte**, avv. In versi.

versificazióne [vc. dotta, lat. *versificatiōne(m)*, da *versificāre*; 1745] s. f. ● Il versificare | Tecnica del comporre versi: *trattato, regole, precetti di v.*

versiliberìsta [calco sul fr. *verslibriste*, da *vers libres* 'versi liberi', col suff. *-iste* '-ista'; 1918] **A** s. m. e f. (pl. m. *-i*) ● (*lett.*) Chi compone poesie in versi liberi. **B** agg. ● Relativo ai versi liberi e a chi li compone: *tendenza v.*; *poeta v.*

versiliése **A** agg. ● Della Versilia. **B** s. m. (f. *-a*) ● Abitante, nativo della Versilia.

versióne [lat. mediev. *versiōne(m)*, da *vĕrsus*, part. pass. di *vĕrtere* 'volgere, girare'. V. *vertere*; 1584] s. f. **1** Traduzione in altra lingua: *v. libera, letterale*; *esercizio scolastico di v. dal greco, dal latino, in tedesco, in francese* | (*est.*) Trasposizione, adattamento: *la v. cinematografica di un racconto*; *v. in prosa di una poesia*. **2** (*est.*) Modo soggettivo di interpretare e riferire un fatto, un avvenimento e sim.: *la sua v. dell'incidente è diversa dalla vostra*; *questa v. differisce alquanto dalla precedente*. **3** Realizzazione di un medesimo film con varianti, per la destinazione a mercati o pubblici diversi, che possono interessare la colonna sonora, o anche parte delle scene, o anche il cast degli attori. **4** Complesso di variazioni e modifiche apportate a un prodotto industriale di serie | Il prodotto stesso: *la v. lusso di un nuovo frigorifero, di un'automobile*; *di questo abito esiste una v. da pomeriggio e una da gran sera*. **5** (*astron.*) †Rivoluzione.

versipèlle [vc. dotta, lat. *versipĕlle(m)*, propr. 'che muta pelle', comp. di *vĕrsus*, part. pass. di *vĕrtere* 'volgere, girare' (V. *vertere*) e *pĕllis* 'pelle'; 1499] agg.; anche s. m. e f. ● (*lett.*) Astuto simulatore.

versisciolàio [av. 1764] s. m.; anche agg. ● (*lett., spreg.*) Scrittore di versi sciolti.

vèrso (*1*) [vc. dotta, lat. *vĕrsu(m)*, part. pass. di *vĕrtere* 'volgere, girare'. V. *vertere*; sec. XIV] agg. ● (*raro, lett.*) Voltato | *Pollice v.*, col pollice volto in basso, in segno di condanna.

vèrso (*2*) [lat. (*fŏlio*) *vĕrso* 'sulla parte rovescia del foglio'. V. *verso* (*1*) e cfr. *recto*; 1905] s. m. ● Faccia posteriore di un foglio di carta | (*est.*) Rovescio di monete, medaglie e sim.

♦**vèrso** (*3*) [lat. *vĕrsu(m)* 'fila, riga, verso', da *vĕrsus*, part. pass. di *vĕrtere* 'volgere, girare'. V. *vertere*; 1294] s. m. **1** †Riga di scrittura. **2** Porzione definita di testo poetico che può essere assunta a unità di misura: *v. piano, tronco, sdrucciolo*; *versi rimati, sciolti, ottonari, novenari, endecasillabi, alessandrini*; *stanza, strofa di quattro, cinque versi*; *scrivere in prosa e in versi* | *V. libero*, quello che non è vincolato a regole fisse ritmiche e metriche | (*est.*) Tipo di struttura dei versi di un dato poeta: *il v. di Dante* | (*lett.*) Poesia: *l'inclito v. di colui che l'acque / cantò fatali* (FOSCOLO) | †Stanza di canzone. CFR. stico-, -stico. **3** (*al pl.*) Composizione poetica, poesia: *leggere alcuni versi di Ungaretti, di Montale*. **4** Versetto, nel sign. 2. **5** (*mus.*) Tra il XVI e il XVIII sec., interludio organistico eseguito al posto di un salmo o altro canto liturgico. **6** Grido caratteristico degli uccelli: *il v. della tortora, della pernice*; *v. di allarme, di richiamo* | (*est.*) Voce caratteristica degli altri animali: *il v. del cane, del gatto*; *il v. dell'elefante è il barrito*. **7** (*disus.*) Grido particolare di alcune categorie di venditori ambulanti: *il v. del pescivendolo, dell'acquaiolo* | (*raro*) Grido inarticolato, violenta esclamazione e sim.: *un v. di rabbia, di dolore*; *smetti di fare tanti versi*. **8** (*raro*) Modo abituale di parlare, muoversi, camminare e sim.: *un v. personalissimo*; *imitare il v. di qlcu.* | *Fare, rifare il v. a qlcu.*, imitarlo, spec. per prenderlo in giro. **9** (*mat.*) Ognuno dei due sensi in cui può essere percorsa una linea: *v. di una retta, di un vettore* | (*fis.*) *V. positivo della corrente*, quello che per la carica positiva va dal polo positivo al negativo. **10** Orientamento di peli o fibre: *il v. della pelliccia, della stoffa, del legno*. **11** Senso, volta, direzione: *prendere il v. giusto, sbagliato*; *andare per un v. piuttosto che per un altro* | *Cambiare, mutare v.*, cambiare direzione (*anche fig.*) | *Per un v.*, da una parte: *per un v. ha ragione, per l'altro no* | *Per ogni v., per tutti i versi*, da ogni lato, da ogni parte | *Procedere per il suo v., per il giusto v.*, procedere bene | *Intendere, capire per il suo v., nel giusto v.*, interpretare bene qlco. | *Pigliarla per un altro v.*, in un altro senso; (*fig.*) fraintendere | *Prendere qlcu. per il suo v., per il v. giusto*, saperlo trattare | *Prendere qlco. per il suo v., per il v. giusto*, accettarla di buon grado | *Cose senza v.*, senza capo né coda. **12** (*fig.*) Modo, maniera: *non c'è v. di convincerlo, di persuaderlo, di farlo tacere*; *trovare il v. per intendersi* | *Andare a v., ai versi*, corrispondere al modo particolare di sentire, di pensare, andare a genio | *Fare a suo v.*, a suo modo | *A v.*, a modo, come si deve: *fare le cose a v.*; *una persona a v.* || **versàccio**, pegg. (V.) | **versétto**, dim. (V.) | **versicciuòlo**, dim. | **versolino**, dim. | **versóne**, accr. | **versucciàccio**, pegg. | **versùccio**, dim. | **versùcolo**, pegg. | **versùzzo**, pegg.

♦**vèrso** (*4*) [lat. *vĕrsu(m)*, da *vĕrsus*, part. pass. di *vĕrtere* 'volgere, girare'. V. *vertere*; av. 1294] prep. (poet. troncato in *ver* o *ver'*) **1** Alla volta di, in direzione di (con v. di moto nel compl. di moto a luogo): *incamminiamoci v. casa*; *si diressero v. il fiume*; *sono fuggiti v. la campagna*; *mentre viaggiavano v. Bologna*; *si volse v. destra*; *v. dove siete diretti?*; *volgete gli occhi v. il cielo*; *guardate v. l'esterno*; *la mamma si chinò v. il suo bambino con fare amorevole* | Contro: *marciare v. il nemico* | Anche nella loc. prep. *v. di* (seguito da un pron. pers. e (*poet.*) da un pron. dimostr.): *correvo v. di lui*; *venivano v. di noi*. **2** Dalle parti di, nelle vicinanze di (con v. di stato nel compl. di stato in luogo): *abita v. Napoli*; *sta v. il centro*. **3** Circa a, poco prima o poco dopo (nel compl. di tempo determinato): *verrò v. mezzogiorno*; *lo incontrerò v. sera*; *v. l'alba cominciò a piovere*; *v. la fine della settimana ti telefonerò*; *la guerra scoppiò v. la fine dell'anno*. **4** Prossimo a, vicino a (nel compl. d'età): *è v. i sessant'anni*; *pubblicò i primi scritti v. i vent'anni*. **5** Nei riguardi di, nei confronti di: *i figli devono nutrire amore e rispetto v. i genitori*; *esercita la bontà v. i bisognosi*; *non devi nutrire odio v. nessuno*; *cerca di avere pietà v. chi soffre* | Anche nella loc. prep. *v. di* (seguita da un pron. pers.): *ti sei comportato male v. di lei*. **6** (*lett.*) A paragone di, in confronto a: *non è niente ora v. quello che è stato*; *A quel dinanzi il mordere era nulla / v. 'l graffiar* (DANTE *Inf.*

XXXIV, 58-59). *7* Contro, dietro (nel linguaggio commerciale): *spedizione v. corrispettivo pagamento; consegna v. pagamento immediato.* *8* †Nella loc. *v. di sé*, nel suo genere.

versòio [vc. ricavata dai dial. sett., dal lat. parl. **versōriu(m)*, da *vĕrsus*, part. pass. di *vĕrtere* (V.); sec. IX] **s. m.** ● Organo dell'aratro che compie il rovesciamento della fetta di terreno staccata dal coltro e dal vomere. SIN. Orecchio. ➡ ILL. p. 2113 AGRICOLTURA.

versóre [dal lat. *vĕrsum* 'in direzione di, verso'; 1932] **s. m.** ● (*fis.*) Vettore unitario, di direzione e verso dati.

†**versòrio** **agg.** ● Che si volge per ogni verso.

vèrsta /'versta, *russo* vjirs'tuɑ/ [vc. russa, di orig. slava; av. 1557] **s. f.** (**pl.** russo *versty*) ● Antica misura itineraria russa, corrispondente a m 1066,79.

versùra [vc. dotta, lat. *versūra(m)*, da *vĕrsus*, part. pass. di *vĕrtere* 'volgere, girare'. V. *vertere*; 1942] **s. f.** ● Misura agraria di superficie, di valore variabile, usata in alcune zone dell'Italia meridionale.

vèrsus [vc. ingl. che riprende il lat. *vĕrsus* (V. *verso* (4)); 1968] **prep.** ● (*lett.*) Contro, in opposizione (anche abbr. in *vs*): *lingua v. stile; vocalico v. consonantico.*

†**versùto** [vc. dotta, lat. *versūtu(m)* 'che sa destreggiarsi, muoversi', da *vĕrsus*, part. pass. di *versāri*. V. *versare (2)*; sec. XIV] **agg.** *1* Astuto, malizioso. *2* Arguto, sottile.

†**versùzia** [vc. dotta, lat. *versūtia(m)*, da *versūtus* 'versuto'; 1584] **s. f.** ● Astuzia.

vèrta [lat. tardo *avĕrta(m)* 'sacco da viaggio': di orig. macedone (?); av. 1400] **s. f.** ● Parte inferiore del giacchio o del bertuello, dove restano presi i pesci.

†**vertà** ● V. *verità*.

†**vertàde** ● V. *verità*.

vèrtebra [vc. dotta, lat. *vĕrtebra(m)* 'articolazione, giuntura', da *vĕrtere* 'volgere, girare'. V. *vertere*; 1499] **s. f.** ● (*anat.*) Elemento osseo costitutivo della colonna vertebrale. ➡ ILL. p. 2122 ANATOMIA UMANA. || **vertebrétta**, **dim.**

vertebràle [1745] **agg.** ● Di, relativo a, vertebra: *arteria v.*

Vertebràti [1854] **s. m. pl.** (**sing.** *-o*) ● Nella tassonomia animale, sottotipo di Cordati con scheletro cartilagineo od osseo, il cui asse è formato dalla colonna vertebrale. ➡ ILL. **animali**/4-14.

vertebràto [vc. dotta, lat. *vertebrātu(m)*, da *vĕrtebra*; 1865] **agg.** ● Di animale che possiede la colonna vertebrale. CONTR. Invertebrato.

†**vertèmpo** [comp. del lat. *vēr* 'primavera' (V.) e *tĕmpus* 'tempo'] **s. m.** ● Primavera.

vertènte [av. 1294] **part. pres.** di *vertere*; anche **agg.** *1* (*raro*) Che verte. *2* (*dir.*) Detto di lite non ancora decisa e di cui si tratta.

vertènza [da *vertente*; 1797] **s. f.** ● Lite, controversia, questione ancora pendente: *risolvere una annosa v.*; *v. sindacale, internazionale*; *si riapre la v. pensioni.*

vertenziàle [1985] **agg.** ● Nel linguaggio sindacale, che riguarda una vertenza o un complesso di vertenze: *la situazione v. sta per essere risolta.*

vertenzialità [da *vertenziale*; 1986] **s. f.** ● Complesso di vertenze: *la v. sarà gestita dal sindacato* | Stato, situazione determinata da una o più vertenze: *la v. non ha rallentato la produzione.*

vèrtere [vc. dotta, lat. *vĕrtere* 'volgere, girare', di orig. indeur.; 1499] **v. intr.** (*io vèrto*; difett. del part. pass. e dei tempi composti) *1* (*raro*) Essere in corso, in fase di esame, discussione o trattazione, detto di controversia e sim.: *tra i due verte un'annosa disputa.* *2* (+ *su*) Avere per argomento, svolgersi o svilupparsi su qlco.: *la controversia verte su due punti fondamentali; l'indagine verteva sull'attendibilità di alcune prove: Su che cosa vertesse la discussione non so* (SVEVO).

♦**verticàle** [vc. dotta, lat. *verticāle(m)*, da *vĕrtex*, genit. *vĕrticis* 'vertice'; 1584] **A** **agg.** *1* Detto di retta o di piano perpendicolare ad un piano orizzontale. *2* Correntemente, detto di tutto ciò che è collocato o si sviluppa perpendicolarmente al piano di chi osserva o a un piano orizzontale convenzionalmente determinato: *posizione v.; salita, discesa v.* | *Volo v.*, lunga traiettoria verticale rispetto all'aria | *Circolo v.*, circolo massimo della sfera celeste passante per lo zenit ed il nadir | *Primo v.*, quello che passa anche per i punti di Est ed Ovest | *Sistema v.*, procedimento di rappresentazione grafica di una genealogia, nel quale il capostipite si trova al vertice e i discendenti si dispongono via via verso il basso | *Pianoforte v.*, con cassa verticale a tastiera sporgente. *3* (*econ.*) *Concentrazione v.*, quella attuata tra imprese che si trovano ai successivi stadi produttivi, cioè che portano dalle materie prime ai prodotti finiti. *4* (*fig.*) Detto delle associazioni sindacali articolate per settori industriali (e non per strutture territoriali): *i sindacati dei tessili sono un'associazione v.* *5* (*raro*) Che passa per il vertice. || **verticalménte**, **avv.** In linea verticale: *salire, scendere verticalmente.* **B** **s. f.** *1* *V. di un punto*, o (*assol.*) *verticale*, perpendicolare alla superficie di livello della gravità passante per quel punto: *il filo a piombo indica la v.* *2* Posizione del ginnasta in appoggio sulle mani con il corpo teso perpendicolare al suolo. *3* Nel gioco delle parole incrociate, ogni parola che va scritta nelle caselle dall'alto in basso: *le verticali e le orizzontali.* *4* (*sport*) Nei concorsi ippici, dritto.

verticalìsmo [comp. da *verticale* e *-ismo*; 1942] **s. m.** ● Caratteristica delle strutture architettoniche in cui gli elementi verticali prevalgono sugli altri | Tendenza a ricercare e ad ottenere uno sviluppo prevalentemente verticale della composizione architettonica.

verticalità [1745] **s. f.** ● Caratteristica, posizione di ciò che è verticale.

verticalizzàre [da *verticale*; 1963] **v. tr.** *1* Disporre, organizzare secondo un sistema verticale. *2* (*econ.*) Organizzare le diverse fasi di un ciclo di produzione integrandole tra loro. *3* (*sport*) *V. il gioco*, nel calcio, rendere più incisiva e rapida la manovra di attacco.

verticalizzazióne [da *verticalizzare*; 1963] **s. f.** ● Il verticalizzare.

vèrtice [vc. dotta, lat. *vĕrtice(m)*, da *vĕrtere* 'volgere (verso l'alto)'. V. *vertere*; 1485 ca.] **s. m.** *1* (*raro*) Cima, sommità: *il v. di una montagna.* *2* Punto più alto (*anche fig.*): *il v. di una scala, di una struttura; essere, trovarsi al v. della scala sociale, di una gerarchia; raggiungere il v. della fama, della gloria; essere al, raggiungere il v. della carriera* | (*est.*) Complesso dei dirigenti di un partito o delle massime autorità di un governo | *Al v.*, a livello delle massime autorità: *riunione al v.* | *Incontro, conferenza al v.*, fra le più alte autorità di diversi Stati o fra i capi di diversi partiti politici | (*est.*) Riunione di dirigenti ad alto livello: *v. politico.* *3* (*mat.*) *V. d'un angolo*, intersezione dei lati dell'angolo | *V. d'un angoloide*, intersezione dei piani che delimitano l'angoloide | *V. d'un multilatero*, punto comune a due lati consecutivi | *V. d'un poliedro*, uno dei punti di intersezione di tre facce | *V. d'un poligono*, uno dei punti che lo individuano | *V. d'un angolo, d'un triedro*, punto comune alle origini dei semipiani o dei semispazi che lo individuano | *V. d'una conica*, intersezione della conica con un asse | *V. d'una curva*, punto in cui la curvatura è massima o minima | *V. d'un grafo*, uno degli elementi del grafo che si rappresentano solitamente con dei punti | *V. d'un cono*, punto per cui passano le generatrici del cono | (*est., gener.*) Punto: *la semiretta ha origine da un v.* ➡ ILL. **geometria**.

verticillàto [1805] **agg.** ● Detto di organo vegetale disposto a verticillo: *fiori verticillati; foglie verticillate.*

verticìllo [vc. dotta, lat. *verticĭllu(m)* 'fusaiolo', dim. di *vĕrtex*, genit. *vĕrticis* 'vertice'; 1805] **s. m.** ● (*bot.*) Insieme di più organi che si dipartono da un medesimo livello, intorno ad un asse comune.

verticìsmo [comp. di *vertic(e)* e *-ismo*; 1968] **s. m.** ● Tendenza, nell'ambito di un'organizzazione politica o sindacale, a delegare il potere decisionale a poche persone spec. lasciando estranea la base.

verticìsta [da *vertice*; 1972] **s. m. e f.**; anche **agg.** (**pl. m.** *-i*) ● Chi (o Che) ha una concezione verticistica della gestione del potere politico o sindacale.

verticìstico [da *verticista*; 1968] **agg.** (**pl. m.** *-ci*) ● Ispirato a, caratterizzato da verticismo: *tendenza verticistica; la base contesta l'organizzazione rigida e verticistica del partito.* || **verticisticaménte**, **avv.**

vertìgine [vc. dotta, lat. *vertīgine(m)*, da *vĕrtere* 'volgere, girare'. V. *vertere*; av. 1320] **s. f.** *1* (*med.*) Turbamento della sensibilità spaziale, con sensazione di spostamento dell'ambiente circostante o del corpo: *soffrire di vertigini* | (*comunemente, spec. al pl.*) Capogiro: *a guardare dall'alto vengono le vertigini* | (*fig.*) *Cosa, cifra, ricchezza da far venire le vertigini*, eccessive, sbalorditive, da far girare la testa | *Avere le vertigini*, (*fig.*) stravedere, avere le traveggole e sim. *2* (*fig.*) Perdita momentanea dell'equilibrio psichico, sentimentale e sim. | Intenso turbamento dell'animo: *una improvvisa v. lo travolse.* *3* (*veter.*) Capostorno. *4* †Rivolgimento, rivoluzione, detto spec. di corpi celesti.

vertiginóso o †**vortiginóso** [vc. dotta, lat. *vertiginōsu(m)*, da *vertīgo*, genit. *vertīginis* 'vertigine'; 1499] **agg.** *1* (*med.*) Di vertigine: *crisi vertiginosa.* *2* Che provoca o può provocare vertigine: *altezza vertiginosa; il moto circolare è v.* *3* (*fig.*) Esagerato, estremo, eccessivo, incredibile: *cifre, ricchezze, altezze vertiginose; correre, andare a vertiginosa velocità* | Frenetico, rapidissimo, che frastorna: *ritmo v.*; *danza vertiginosa; il v. ritmo della vita moderna.* *4* †Che soffre di vertigini. || **vertiginosaménte**, **avv.**

†**vertóso** [da †*vertà*] **agg.** ● Veritiero, verace.

†**vertù** ● V. *virtù*.

†**vertùde** ● V. *virtù*.

†**vertudióso** ● V. *virtuoso*.

†**vertùte** ● V. *virtù*.

verùno [lat. *vēre ūnu(m)* 'veramente uno'; sec. XIII] **agg.** e **pron. indef.** (V. nota d'uso UNO). *1* (*lett.*) Alcuno, nessuno (spec. preceduto da negazione): *è stato accusato senza colpa veruna; v. gli ha porto aiuto.* *2* (*raro*) Qualche, qualcuno: *richiesta di veruna cosa.*

†**verùto** ● V. †*verruto*.

verve /*fr.* 'vɛʀvə/ [vc. fr., dal lat. parl. **vĕrva*, per il classico *vĕrba*, pl. di *vĕrbum* 'parola'. V. *verbo*; 1855] **s. f. inv.** ● Brio, vivacità, spigliatezza: *essere pieno, ricco di v.*; *avere molta v.*

vérza (1) [lat. parl. **vĭrdia*, per il classico *virĭdia*, nt. pl. di *vĭridis* 'verde'; 1487] **s. f.** ● Tipo di cavolo, a foglie commestibili e bollose.

†**vérza** (2) o **vèrza** [1551] **s. f.** ● Sverza.

verzellìno [da *verza* (1), per il colore; 1831] **s. m.** ● Piccolo passeraceo, unica specie di canarino selvatico vivente in Italia, di colore verde olivastro, rapido e vivace volatore, piacevole cantore (*Serinus canarius serinus*). ➡ ILL. **animali**/9.

verzicànte [1840] **part. pres.** di *verzicare*; anche **agg.** ● (*lett.*) Verdeggiante.

verzicàre [da *verdicare*, rifatto su *verza* (1); av. 1320] **A** **v. intr.** (*io vèrzico, tu vèrzichi*; aus. *avere*) *1* (*poet.*) Cominciare a verdeggiare, detto spec. di piante e prati in primavera. *2* (*fig.*) †Prender vigore, crescere. **B** **v. tr.** ● †Far rinverdire.

verzière [ant. fr. *verger*, dal lat. *viridāriu(m)*. V. *viridario*; av. 1320] **s. m.** *1* (*lett.*) Giardino, orto. *2* †A Milano, mercato di frutta e verdura.

verzìno [dall'ar. *wars*; 1481] **s. m.** ● Legno rosso fornito da varie specie di alberi brasiliani | Colore rosso tratto da tale legno.

†**verzìre** [da *verdire*, rifatto su *verza* (1)] **v. intr.** ● Verzicare.

verzòtto [da *verza* (1); av. 1557] **agg.** ● *Cavolo v.*, verza.

†**verzùme** [da *verza* (1), rifatto su *verdume*] **s. m.** ● Verdume.

verzùra [da *verdura*, modificato secondo *verza* (1); sec. XIV] **s. f.** *1* (*lett.*) Insieme di piante verdi, erbe, germogli e sim. SIN. Vegetazione. *2* †Color verde. *3* (*fig.*) †Verdezza, vitalità.

VES /vɛs/ [sigla di *Velocità di EritroSedimentazione*; 1987] **s. f. inv.** ● (*med.*) Velocità di eritrosedimentazione.

vesània [vc. dotta, lat. *vesānia(m)*, da *vesānus* 'pazzo', comp. della particella negativa *vē-* e *sānus* 'sano'; 1840] **s. f.** ● (*lett.*) Pazzia, follia.

†**vèschio** ● V. *vischio*.

vèscia (1) [dal lat. tardo *vissīre* 'far peti', di orig. onomat.] **s. f.** (**pl.** *-sce*) *1* Loffa. *2* (*fig.*) †Chiacchiera, pettegolezzo: *saper tutte le vesce.* || **vescióna**, **accr.** (V.) | **vesciùzza**, **pegg.**

vèscia (2) [da *vescia* (1), perché quando matura lascia uscire silenziosamente le spore dalla sommità; 1536] **s. f.** (**pl.** *-sce*) ● Fungo dei Gasteromiceti, di forma globosa e privo di gambo, bianco e commestibile da giovane, ripieno di spore che formano ammasso pulverulento a maturità (*Lycoperdon*). ➡ ILL. **fungo**.

†**vesciàia** [da *vescia* (*1*)] **s. f.** ● Donna pettegola, che ridice tutto quel che sente dire.

vescica o †**vessica** [lat. *vesīca(m)*, da avvicinare a *venter* 'ventre'; av. 1305] **s. f.** *1* (*anat.*) Organo cavo del corpo umano o animale, destinato alla raccolta di liquidi: *v. biliare* | *V. urinaria*, (*ellitt.*) *vescica*, sacco muscolomembranoso situato nella parte anteriore della cavità pelvica, che serve come serbatoio dell'urina | *V. natatoria*, organo sacciforme caratteristico di molti pesci ossei, ripieno di gas, situato nella parte dorsale della cavità viscerale, comunicante o no con l'esofago. CFR. fiso-, cisto-. ➡ ILL. p. 2124, 2125 ANATOMIA UMANA. *2* Vescica urinaria del maiale, ripulita, seccata e gonfiata, per conservarvi lo strutto | †*Vender vesciche*, (*fig.*), dare a intendere chiacchiere, fandonie | †*Far v.*, far cilecca. *3* (*fig., disus.*) Persona vana, boriosa: *essere una v. piena di vento.* SIN. Fanfarone. *4* †Palloncino colorato. *5* (*raro*) Vaso per distillare a figura di vescica. *6* (*med.*) Lesione cutanea caratterizzata da scollamento dei piani superficiali e raccolta di liquido. *7* (*est., pop.*) Rigonfiamento su un organo vegetale. *8* (*est.*) Pulica | Bolla tra due piastre o lamiere per difetto di saldatura. ‖ **vescichétta**, **dim.** (V.) | **vescicóna**, **accr.** | **vescicóne**, **accr. m.** (V.).

vescicàle [1949] **agg.** ● Di vescica, spec. riferito a quella urinaria.

vescicànte o †**vessicànte** [propr. part. pres. di *vescicare*; 1766] **A agg.** ● Detto di sostanza fortemente revulsiva, che determina la formazione di vesciche sulla pelle | *Gas v.*, aggressivo chimico che produce vesciche e piaghe dolorose, difficili a guarire: *l'iprite è un gas v.* **B s. m.** ● Farmaco revulsivo che dà origine a vesciche: *applicare un v.*

†**vescicàre** o †**vessicàre** [lat. tardo *vesicāre* 'fare delle vescichette', da *vesīca* 'vescica'] **v. intr.** ● Produrre vesciche.

vescicària [vc. dotta, lat. *vesicāria(m)*, da *vesīca* 'vescica', per la forma dei frutti; 1908] **s. f.** ● Frutice delle Leguminose a foglie imparipennate, glauche inferiormente, purgative, e legume gonfio come una vescica che scoppia quando è compresso (*Colutea arborescens*).

vescicatòrio o †**vessicatòrio** [da *vescicare*; 1696] **agg.**; anche **s. m.** ● Vescicante.

vescicazióne [da *vescicare*; 1940] **s. f.** *1* Formazione di vesciche. *2* (*med.*) Applicazione di vescicanti.

vescichétta [1664] **s. f.** ● Dim. di *vescica* | (*anat.*) *V. biliare*, cistifellea.

vescicola o †**vessicola** [vc. dotta, lat. *vesīcula(m)*, dim. di *vesīca* 'vescica'; 1750] **s. f.** *1* (*anat.*) Piccola vescica | *V. seminale*, piccola ghiandola annessa all'apparato genitale maschile in prossimità della prostata. *2* (*med.*) Lesione cutanea in forma di piccola vescica. *3* (*biol.*) Minuta struttura endocellulare delimitata da membrana e coinvolta nell'assunzione di sostanze dall'ambiente o nell'emissione di prodotti.

vescicolàre o †**vessicolàre** [1750] **agg.** *1* Di, relativo a vescica o vescicola. *2* Che è simile, per forma, a una vescica: *cavità v.* *3* Che è costituito di vescicole: *tessuto v.*

vescicóne [1826] **s. m.** *1* Accr. di *vescica*. *2* (*veter.*) Abnorme raccolta di liquido nelle sinoviali articolari o tendinee del cavallo.

vescicóso [1696] **agg.** ● Pieno di vesciche | Di forma simile a vescica.

vescióna **s. f.** *1* Accr. di *vescia* (*1*). *2* †Vesciaia.

†**vésco** ● V. *vischio*.

†**vescóso** ● V. *viscoso*.

vescovàdo o **vescovàto** [lat. tardo *episcopātu(m)*, da *epĭscopus* 'vescovo'; 1150] **s. m.** *1* Dignità, ufficio, governo del vescovo. *2* Territorio o diocesi su cui il vescovo esercita la sua giurisdizione. *3* Palazzo che è sede del vescovo. SIN. Episcopio.

†**vescovàle** [lat. tardo *episcopāle(m)*, da *epĭscopus* 'vescovo'. V. *episcopale*; av. 1557] **agg.** ● Vescovile.

vescovàto ● V. *vescovado*.

vescovile [sec. XIV] **agg.** ● Di, relativo a, vescovo: *curia v.*; *dignità v.*; *abito, anello v.* ‖ **vescovilménte**, **avv.** (*raro*) Con le insegne vescovili.

véscovo o †**piscopo** [lat. tardo *epĭscopu(m)*, nom. *epĭscopus*, dal gr. *episkopos* 'ispettore, sorvegliante', da *episkopêin* 'osservare, sorvegliare', comp. di *epí* 'sopra' (V. *epagoge*) e *skopêin* 'guardare' (V. *-scopio*). V. *episcopo*; 1150] **A s. m.** *1* Ministro sacro che, nella Chiesa Cattolica, ha la piena potestà del ministero apostolico, nella predicazione della fede, nell'ordinamento e svolgimento del culto e nel governo della comunità ecclesiale | *V. titolare*, investito di un titolo episcopale, senza giurisdizione | *V. castrense*, ordinario militare | *V. in partibus infedelium*, un tempo, vescovo titolare di una sede dove non poteva risiedere perché in territorio non cristiano | *V. di Roma*, il Papa | *V. conte*, feudatario ecclesiastico investito di una contea dall'imperatore | *V. diocesano*, che è preposto al governo di una diocesi. *2* (**f.** *-a*) Nelle Chiese riformate, l'ecclesiastico che il sinodo o l'organo che regge la comunità designa a funzioni di controllo. *3* †Capo dei leviti. *4* †Sacerdote pagano. *5* †Vigilante, sorvegliante. **B** in funzione di **agg.** ● (posposto al s.) Nella loc. *principe v.*, in epoca medievale, vescovo che alla carica e dignità vescovile univa il titolo e il potere feudale del principe | *Rosso v.*, detto del colore rosso violaceo proprio dell'abito vescovile.

♦**vèspa** (**1**) o (*dial.*) †**vèspe** [lat. *vĕspa(m)*, di orig. indeur.; av. 1306] **s. f.** *1* Insetto dei Vespidi con corpo fortemente assottigliato fra torace e addome, non peloso, a livrea nera e gialla, la cui femmina è dotata di pungiglione velenifero (*Vespa*). CFR. Ronzare. ➡ ILL. **animali**/2 | *V. cartonaia*, che costruisce nidi di cartone grigiastri (*Polistes gallicus*) | (*fig.*) *Vita, vitino di v.*, estremamente sottile | (*fig.*) *Essere noioso come una v.*, essere molto noioso, fastidiosissimo | (*fig.*) *Pungere come una v.*, dire parole o frasi, fare allusioni e sim., molto pungenti. *2* (*zool.*) *V. della sabbia*, ammofila | *V. d'oro*, stilbo. ‖ **vespina**, **dim.** | **vespino**, **dim. m.** (V.) | **vespóne**, **accr. m.**

Vèspa® (**2**) [marchio registrato; 1942] **s. f.** ● Tipo di motorscooter con carrozzeria a scocca portante in lamiera d'acciaio e motore di cilindrata fra i 50 e i 200 c³. ‖ **Vespóne**, **accr. m.**

vespàio [da *vespa* (*1*); 1550] **s. m.** *1* Nido di vespe | *Dar fuoco al v.*, per farne uscire le vespe | *Suscitare, stuzzicare un v.*, (*fig.*) provocare vivaci proteste, critiche, complicazioni e sim. *2* (*med.*) Favo. *3* Camera d'aria sottostante al pavimento, composta di strati di ciottoli o altro materiale, per isolare questo dal terreno, proteggerlo dall'umidità e dalle basse temperature.

†**vespaióso** **agg.** ● (*raro*) Spugnoso, sforacchiato come un vespaio.

vespasiàno [calco sul fr. *vespasienne*, dal n. dell'imperatore romano Vespasiano, che impose una tassa sulla raccolta dell'urina effettuata per ricavarne ammoniaca, utile per sgrassare; 1890] **s. m.** ● Orinatoio pubblico in forma di edicola o di torretta.

†**vèspe** ● V. *vespa* (*1*).

vesperàle [vc. dotta, lat. tardo *vesperāle(m)*, da *vĕsper* 'vespero'; 1894] **agg.** ● (*lett.*) Vespertino.

†**vesperàre** [vc. dotta, lat. tardo *vesperāri*, da *vĕsper* 'vespero'] **v. intr.** *1* Farsi sera. *2* (*poet.*) Essere alla fine della vita.

vèspero [vc. dotta, lat. *vĕsperu(m)*, di orig. indeur.; 1306] **s. m.** *1* V. *vespro*. *2* (*lett.*) Il pianeta Venere quando è visibile di sera. ‖ **vesperóne**, **accr.** (V.).

vesperóne [accr. di *vespero* 'vespro'; 1959] **s. m.** ● (*spec. al pl., pop.*) Vespro solenne.

vespertilio o †**vespertillo** [vc. dotta, lat. *vespertīlio*, nom. sing. V. *pipistrello*; 1517] **s. m.** ● (*zool.*) Vespertilione.

vespertilióne [vc. dotta, lat. *vespertiliōne(m)*. V. *vespertilio*; av. 1557] **s. m.** ● Pipistrello con orecchie brevi, insettivoro, cosmopolita (*Vespertilio*).

Vespertiliònidi [da *vespertilione*; 1937] **s. m. pl.** (**sing.** *-e*) ● Nella tassonomia animale, famiglia di Mammiferi dei Microchirotteri ricca di generi e comprendente la maggior parte dei pipistrelli (*Vespertilionidae*).

†**vespertillo** ● V. *vespertilio*.

vespertino [vc. dotta, lat. *vespertīnu(m)*, da *vĕsper* 'sera'. V. *vespero*; av. 1306] **agg.** ● (*lett.*) Del vespro, della sera: *ore vespertine*; *una passeggiata vespertina* | *Messa vespertina*, celebrata nel pomeriggio | *Stella vespertina*, il pianeta Venere. SIN. Serale.

vespéto [da *vespa* (*1*); av. 1698] **s. m.** ● (*raro*) Vespaio.

Vèspidi [da *vespa* (*1*); 1933] **s. m. pl.** (**sing.** *-e*) ● Nella tassonomia animale, famiglia di Insetti aculeati degli Imenotteri alcuni dei quali sono solitari mentre altri formano società annuali o perenni (*Vespidae*).

vespière [detto così perché si nutre di *vespe*; 1910] **s. m.** ● (*zool., pop.*) Gruccione.

vespigno [da *vespa* (*1*); 1961] **agg.** ● (*lett., fig.*) Pungente.

vespillóne [vc. dotta, lat. *vespillōne(m)*, di etim. incerta; 1923] **s. m.** ● (*dial., centr.*) Becchino.

vespino **s. m.** *1* Dim. di *vespa* (*2*). *2* Motorscooter con caratteristiche tali da farlo rientrare fra i ciclomotori.

vespista [da *Vespa* (*2*); 1950] **s. m. e f.** (**pl. m.** *-i*) ● Chi fa uso della Vespa: *raduno di vespisti*.

vespistico **agg.** (**pl. m.** *-ci*) ● Che riguarda la Vespa e chi la usa: *raduno v.*

†**vespistrèllo** ● V. *pipistrello*.

†**vespritèllo** ● V. *pipistrello*.

vèspro o (*pop.*) **vèspero** [lat. *vĕsperu(m)*. V. *vespero*; 1312] **s. m.** *1* (*lett.*) Ora del giorno in cui il sole va declinando, tardo pomeriggio. *2* Nella liturgia cattolica, ora canonica, penultima fra nona e compieta, corrispondente alle diciotto | Ufficio recitato in tale ora: *dire, recitare, cantare il v.* | (*fig., disus.*) *Cantare il v. a qlcu., cantare a qlcu. il v. e la compieta*, dirgli apertamente e senza mezzi termini quello che si pensa, cantargliela chiara | Suono delle campane che chiama i religiosi a tale ufficio | *Vespri siciliani*, moto popolare scoppiato a Palermo nel marzo 1282 contro la dominazione angioina. *3* (*fig.*) †Tramonto della vita | †Fine del mondo. *4* †Occidente.

vessàre [vc. dotta, lat. *vexāre* 'smuovere con violenza, scuotere', poi 'maltrattare, vessare', di orig. indeur.; 1476] **v. tr.** (*io vèsso*) ● Sottoporre qlcu. a continui abusi, arbitri, maltrattamenti e sim.: *v. un popolo, i sudditi, i dipendenti* | Sottoporre a un eccessivo carico di tasse e imposte: *un sistema fiscale iniquo che serve solo a v. i cittadini*. SIN. Angariare, tartassare.

vessatóre [vc. dotta, lat. *vexatōre(m)*, da *vexātus* 'vessato'; 1761] **s. m.**; anche **agg.** (**f.** *-trice*) ● Chi (o Che) vessa.

vessatòrio [da *vessatore*; av. 1831] **agg.** ● Che impone o realizza continue vessazioni: *comportamento, governo v.*; *sistema fiscale v.* SIN. Oppressivo. ‖ **vessatoriaménte**, **avv.**

vessazióne [vc. dotta, lat. *vexatiōne(m)*, da *vexātus* 'vessato'; av. 1306] **s. f.** ● Maltrattamento di qlcu. mediante angherie, soprusi e sim.: *subire, sopportare pesanti vessazioni*; *essere sottoposto a continue vessazioni*; *ribellarsi alle vessazioni*; *vessazioni politiche, fiscali*.

vessel /ingl. 'vesl/ [vc. ingl., propr. 'vaso, recipiente'; 1980] **s. m. inv.** ● (*fis.*) Contenitore di sicurezza di un reattore nucleare, a tenuta stagna e capace di sostenere alte pressioni.

†**vessica** e *deriv.* ● V. *vescica* e *deriv.*

vessillàrio [vc. dotta, lat. *vexillāriu(m)*, da *vexĭllum* 'vessillo'; av. 1580] **s. m.** *1* Negli antichi eserciti romani, chi portava il vessillo. *2* (*mil.*) Legionario romano che combatteva in una formazione dotata di vessillo proprio.

vessillazióne [vc. dotta, lat. *vexillatiōne(m)*, da *vexĭllum* 'vessillo'; 1840] **s. f.** ● Ala di cavalleria, nell'antica legione romana.

vessillifero [vc. dotta, lat. tardo *vexillĭferu(m)*, comp. di *vexĭllum* 'vessillo' e *-fer* '-fero'; 1521] **s. m.** (**f.** *-a*) *1* Chi porta il vessillo, la bandiera, l'insegna di un corpo, un esercito e sim. *2* (*fig.*) Alfiere, antesignano: *il v. di nuove idee politiche*.

vessillo [vc. dotta, lat. *vexĭllu(m)*, propr. dim. di *vēlum* 'vela'; av. 1306] **s. m.** *1* Nell'antico esercito romano, riquadro di stoffa rossa, attaccato alla sommità di un'asta, subito sotto la punta, mediante una sbarra trasversale. *2* (*est.*) Bandiera, insegna (*anche fig.*): *v. militare*; *il v. tricolore*; *un bianco v. di pace*; *il v. della rivoluzione* | *Tenere alto il v. di qlcu., di qlco.*, (*fig.*) fare onore a qlcu., a qlco. | *Innalzare il v. della rivolta, della libertà* e sim., scatenare la rivolta, far trionfare la libertà e sim. *3* (*bot.*) Stendardo. *4* (*zool.*) Nella penna l'insieme delle barbe e delle rispettive barbule.

vessillologia [fr. *vexillologie*, comp. di *vexille* 'vessillo' e *-logie* '-logia'; 1971] **s. f.** ● Studio e col-

lezionismo delle bandiere.
vessillòlogo [fr. *vexillologue*, comp. di *vexille* 'vessillo' e *-logue* '-logo'; 1971] s. m. (f. *-a*; pl. m. *-gi*) ● Chi si occupa di vessillologia.
†**vésta** ● V. *veste*.
vestàglia [da *veste*; 1858] s. f. ● Ampia veste lunga o corta da camera. SIN. Veste da camera. || **vestagliétta**, dim. (V.) | **vestaglina**, dim. | **vestaglióna**, accr.
vestagliétta [1961] s. f. *1* Dim. di *vestaglia*. *2* Vestito femminile da casa o da spiaggia, corto e scollato, con o senza maniche a seconda dell'uso, aperto sul davanti.
vestàle [vc. dotta, lat. *Vestāle(m)*, da *Vĕsta*; 1342] s. f. *1* Sacerdotessa che, nel culto romano del tempio di Vesta e del fuoco pubblico, era tenuta a mantenere acceso il fuoco sacro e a conservare la verginità per i trent'anni che prestava servizio nel tempio. *2* (*fig.*) Donna di vita austera e di costumi irreprensibili | (*est.*) Persona che fa proprio, e custodisce e difende con assoluta intransigenza, un ideale, un principio e sim.: *una v. della famiglia, della patria*.
♦**vèste** o †**vèsta** [lat. *vĕste(m)*, di orig. indeur.; 1319] s. f. (pl. †*vesta*) *1* (*gener.*) Abito, vestito: *v. lunga, corta*; *v. da sposa, da lutto, da sera*; *una v. di seta ricamata* | *V. talare*, sottana nera portata dal sacerdote cattolico | *V. da camera*, vestaglia. *2* (*spec. al pl.*) Il complesso degli indumenti che coprono il corpo, spesso diverso e caratteristico a seconda degli usi, delle funzioni, delle cariche e sim. della persona: *vesti maschili, femminili*; *vesti tradizionali, ecclesiastiche, liturgiche*; *vesti ricche, misere, lacere, discinte*; *strapparsi le vesti di dosso*. *3* (*est., raro*) Rivestimento, copertura: *la v. in paglia di un fiasco*; *una v. di intonaco*; *hanno rinforzato il contenitore con una v. metallica* | (*lett.*) *La v. degli alberi, dei campi* e sim., la vegetazione che li ricopre | *V. editoriale, tipografica*, il risultato finale di tutte le operazioni grafiche necessarie alla realizzazione di un libro e, quindi, l'aspetto definitivo dello stesso: *una elegante v. editoriale con splendide illustrazioni*. *4* (*poet.*) Il corpo umano, rispetto all'anima. *5* (*fig.*) Forma, aspetto esteriore, apparenza: *una v. ingannevole di pudicizia, di onestà, di simpatia*; *una certa dottrina in v. poetica* (DE SANCTIS) | *In v. di*, sotto l'apparenza di: *si è presentato in v. di pellegrino, di postulante, di persona onesta*. *6* (*fig.*) Autorità e diritto inerente a una carica, un ufficio e sim.: *con la v. di sindaco, di ispettore*; *non ha v. per entrare in questa faccenda* | Qualità, funzione: *parlare, decidere, intervenire in v. di ministro, di pubblico accusatore*; *solo lui, nella sua v. di capo dello Stato, poteva concederlo*. *7* (*fig.*) Forma di espressione: *dare una v. nobile, poetica, eroica alle proprie idee*. || **vestàccia**, pegg. | **vestarèlla**, pegg. | **vestétta**, dim. | **vesticciòla**, **vesticciuòla**, dim. | **vesticina**, dim. | **vestina**, dim. (V.) | **vestóna**, accr. | **vestóne**, accr. m.
†**vestiària** [vc. dotta, lat. *vestiāria(m)*, da *vĕstis* 'veste'] s. f. ● Guardarobiera di monasteri.
vestiàrio [vc. dotta, lat. *vestiāriu(m)* 'armadio per abiti, guardaroba, insieme degli abiti', da *vĕstis* 'veste'; 1714] s. m. *1* Insieme dei capi di abbigliamento | *Rinnovare il v.*, acquistare nuovi capi per la stagione. *2* Guardaroba di scena di attori e cantanti | (*gerg.*) *Basso v.*, scarpe, calze, guanti e accessori minuti dell'abbigliamento teatrale. *3* Assortimento di abiti, di indumenti: *articoli di v.* *4* †Stanza o mobile in cui si conservano gli abiti.
vestiarista [da *vestiario*; 1863] s. m. e f. (pl. m. *-i*) ● Chi confeziona i costumi di scena per attori, cantanti, ballerini, o li dà a nolo agli impresari.
vestibilità [comp. di *vest(e)* e *-ibile*; 1971] s. f. ● Caratteristica di un capo di vestiario che si adatta bene alla persona: *una giacca con un'ottima v.*
vestibolàre [1959] agg. ● (*anat.*) Del vestibolo: *nervo v.*; *apparato v.*
vestìbolo o †**vestìbulo** [vc. dotta, lat. *vestĭbulu(m)*, di etim. incerta; 1499] s. m. *1* Vano che serve di entrata a un edificio o a una grande sala: *il v. di un'antica casa romana*; *il v. di un teatro*. *2* (*anat.*) Spazio cavo in comunicazione con un'altra cavità | *V. auricolare*, apparato di registrazione della posizione e dei movimenti del corpo situato nell'orecchio interno | *V. vaginale*, primo tratto del canale vaginale. ➡ ILL. p. 2126 ANATOMIA UMANA.
†**vestìgia** s. f. (pl. *-gie*) ● (*raro*) Vestigio.
vestigiàle [da *vestigia* nel senso di 'traccia' col suff. *-ale* (*1*), sul modello dell'ingl. *vestigial*; 1989] agg. ● (*anat.*) Riferito a struttura rudimentale, presente in un embrione o in un organismo adulto come traccia di un organo ancestrale.
vestìgio [vc. dotta, lat. *vestīgiu(m)*, da *vestigāre* 'seguire le tracce di qualcuno'. V. *investigare*; av. 1306] s. m. (pl. *vestìgi*, m., o *vestìgia*, f., †*vestìgie*, f., †*vestìge*, f.) *1* (*disus., lett.*) Impronta del piede, orma, pedata (*anche fig.*): *vestigia umane*; *seguendo le vestigia impresse, / rivolse il corso a la selva vicina* (TASSO) | *Seguire le vestigia di qlcu.*, (*fig.*) seguirne l'esempio | (*est.*) Piede: *ove v. uman la rena stampi* (PETRARCA). *2* (*lett.*) Traccia, indizio, segno che permette di ritrovare, riconoscere e ricordare qlcu. o qlco.: *le vestigia di un'antica civiltà, di un popolo scomparso*; *gli ultimi vestigi dell'antica fama, gloria, grandezza*. *3* (*spec. al pl.*) Ruderi, rovine: *le vestigia di Roma, di Persepoli*. *4* (*spec. al pl.*) †Veste, abito, insegna.
vestiménto [vc. dotta, lat. *vestimĕntu(m)*, da *vestīre*; sec. XIII] s. m. (pl. †*vestiménta*, f.) *1* †Il vestire, il vestirsi. *2* (*lett.*) Abito, veste, indumento: *eran vestite d'un v. di lino sottilissimo e bianco come neve* (BOCCACCIO). *3* †Vestizione.
vestina [1879] s. f. *1* Dim. di *veste*. *2* Abito infantile.
♦**vestire** (**1**) [lat. *vestīre*, da *vĕstis* 'veste'; av. 1294] **A** v. tr. (*io vèsto*) *1* Coprire con gli indumenti: *v. un bambino, un malato*; *v. la bambola*; *bisogna vestirlo perché non prenda freddo*. *2* Fornire degli indumenti necessari: *v. i propri figli*; *v. i poveri, i derelitti* | *V. gli ignudi*, una delle sette opere di misericordia corporale | (*est.*) Fornire qlcu. di abiti, lavorandoli o vendendoli già confezionati, detto di sarto o di negozio d'abbigliamento: *sarto, sartoria, boutique che veste le signore più eleganti, una ricca clientela*. *3* Indossare: *v. un abito, un mantello*; *e mangia e bee e dorme e veste panni* (DANTE *Inf.* XXXIII, 141) | (*est.*) Indossare un particolare abito, indicativo di uno stato, di una professione e sim., assumendo le funzioni e gli obblighi propri di tale stato o professione: *v. il saio, la tonaca, l'abito talare*; *v. la toga, le armi, la corazza, la porpora*. *4* Adattarsi alla persona, alla figura, stare bene indosso, cadere bene, detto di abito (*anche assol.*): *quel cappotto ti veste perfettamente*; *guarda come veste questa giacca*. *5* (*fig., raro*) Fornire di un rivestimento: *v. i fiaschi, la damigiana*. *6* (*fig., lett.*) Ricoprire, ammantare: *la primavera ha vestito di verde la campagna*; *l'ultimo sole vestiva d'oro il fiume*. *7* (*fig., lett.*) Ornare, addobbare: *v. l'altare, la chiesa per una funzione solenne*. *8* (*fig., lett.*) Dare, conferire, attribuire una forma, un aspetto o una caratteristica particolari: *tu che ardisci / vestir d'eterna giovinezza il marmo* (FOSCOLO). *9* (*raro*) Assumere: *v. spoglie umane* | *V. l'umana carne*, incarnarsi, detto del Cristo. **B** v. intr. (aus. *avere*) ● Usare, indossare, portare un abito: *v. di bianco, di blu, di grigio*; *v. di gala, di corto, di lungo*; *v. alla moda, alla marinara, a lutto*; *essere vestito da casa, da lavoro, da passeggio*; *mi vestirò in maschera, da Arlecchino, da moschettiere* | *Saper v.*, avere buon gusto nello scegliere i propri abiti e saperli indossare con garbo, grazia, eleganza | *Sapere di che panni veste qlcu.*, (*fig., disus.*) sapere chi è, cosa fa, quel che pensa e sim. **C** v. rifl. *1* Indossare gli indumenti: *vestirsi appena alzati*; *vestiti perché fa freddo*; *mi vesto e sono da voi* | (*est.*) Abbigliarsi, indossare un abito appropriato: *vestirsi per uscire, per la cena, per un ballo*. *2* Fornirsi di abiti: *si veste dal migliore sarto della città*; *si è sempre vestita nei negozi più eleganti* | *Sa vestirsi*, sa scegliere e indossare gli abiti che più gli si confanno. *3* Indossare l'abito proprio di un particolare stato, ufficio o professione, assumendo con ciò le funzioni e gli obblighi a questi connessi: *vestirsi della toga, delle armi, della divisa*; *vestirsi della porpora imperiale*. *4* (*fig., lett.*) Ammantarsi, ornarsi, ricoprirsi: *il bosco si veste di foglie, di fiori*; *la campagna si veste di verde, di colori smaglianti*; *il cielo si vestì di porpora e d'oro*; *l'alba si vestiva di luce* | (*lett.*) *Vestirsi di carne*, incarnarsi, detto del Cristo.
vestire (**2**) [da *vestire* (*1*); av. 1306] s. m. (pl. †*-i*) *1* Abito, abbigliamento, vestiario: *bisogna pensare alla casa, al mangiare, al v.* | Modo di vestirsi: *un v. elegante, raffinato*. *2* (*al pl.*) †Indumenti.
†**vestita** [da *vestito* (*1*); 1294] s. f. ● Solo nella loc. *dare, avere la ben v.*, dare o ricevere una veste, in premio di giochi fatti in conviti, secondo l'uso degli antichi signori.
♦**vestito** (**1**) o †**vestùto** [1294] part. pass. di *vestire*; anche agg. *1* Che ha indosso gli indumenti: *si gettò sul letto tutto v.* | Che indossa determinati abiti: *è sempre ben v.* | (*fig., lett.*) Rivestito: *cime vestite di bianco* | (*fig., disus.*) *Nascere v.*, con la camicia | *Calzato e v.*, (*fig.*) completo, integrale: *asino, somaro, calzato e v.* | †*Canzone vestita*, ballata con più stanze. *2* Detto di organo o apparato vegetale coperto da, o racchiuso entro, un involucro: *seme v.* | *Riso v.*, messo in commercio con la glume ancora attaccata ai chicchi, risone.
♦**vestito** (**2**) [lat. *vestītu(m)*, da *vestītus*, part. pass. di *vestīre*; av. 1348] s. m. *1* Abito: *v. da uomo, da donna*; *v. da inverno, da mezza stagione*; *v. di gala*; *comperare un v.* *2* (*disus.*) Vestiario: *offrono una cifra mensile più vitto e v.* || **vestitàccio**, pegg. | **vestitèllo**, dim. | **vestitino**, dim. | **vestitóne**, accr. | **vestitùccio**, **vestitùzzo**, pegg.
vestitùra [vc. dotta, lat. tardo *vestitūra(m)*, da *vestītus* 'vestito (1)'; sec. XIV] s. f. *1* (*raro*) Il vestire, il vestirsi | (*est.*) Abito, vestito. *2* (*raro*) Rivestimento di fiaschi e sim.
vestizióne [da *vestito* (*1*); 1805] s. f. *1* (*raro, lett.*) Vestitura. *2* Cerimonia del vestire l'abito di un ordine religioso o cavalleresco.
†**vestùra** [ant. fr. *vesteure*, da *vestir* 'vestire'] s. f. ● Vestitura.
†**vestùto** ● V. *vestito* (*1*).
veṣuviàna, (*evit.*) **veṣuvianite** [f. sost. di *vesuviano*, perché si trova nei materiali eruttivi del *Vesuvio*; 1817] s. f. ● (*miner.*) Silicato complesso di calcio, alluminio e magnesio, frequente nei blocchi di calcare eruttati dal Vesuvio sotto forma di cristalli bruni tozzi.
veṣuviàno [1797] agg. ● Del Vesuvio.
veṣuviatùra [da *Vesuvio*, perché proietta l'olio con la forza simile a quella di un vulcano; 1963] s. f. ● (*autom.*) Trattamento anticorrosivo delle balestre, consistente nel proiettare su di esse, mediante un getto di aria compressa, un olio lubrificante che, suddividendosi finemente nel processo, può raggiungere le parti altrimenti inaccessibili.
veteràno [vc. dotta, lat. *veterānu(m)* 'vecchio, anziano', da *vĕtus*, genit. *vĕteris* 'vecchio', di orig. indeur.; sec. XIV] **A** s. m. *1* Soldato romano che, avendo prestato il servizio militare per un determinato numero di anni, veniva onorevolmente congedato: *assegnazione di terra ai veterani*. *2* Correntemente, chi ha prestato per molti anni servizio militare: *i veterani delle campagne napoleoniche*. *3* (f. *-a*; *est., fig.*) Chi per molto tempo ha svolto un'attività, esercitato un mestiere o una professione, frequentato un luogo e sim., e quindi ha una particolare abilità o esperienza in merito (*anche iron.* o *scherz.*): *un v. della caccia, dell'insegnamento, del foro, dello sport*; *i veterani delle patrie galere*. *4* Nel ciclismo, corridore che ha compiuto il quarantesimo anno di età e che, inquadrato in una speciale categoria, può gareggiare nelle competizioni a essa riservate. **B** agg. ● Vecchio, anziano, esperto.
veterinària [vc. dotta, lat. tardo (*ārtem*) *veterināria(m)*, f. sost. di *veterinārius* 'veterinario'; 1585] s. f. ● Scienza che studia i problemi inerenti all'allevamento e alla patologia degli animali | Corso di studi e attività professionale relativi a tali scienza.
♦**veterinàrio** [vc. dotta, lat. *veterināriu(m)*, da *veterīnae* 'bestie da soma' (cioè 'bestie vecchie, non più adatte alla corsa'), da *vĕtus*, genit. *vĕteris* 'vecchio'. V. *veterano*; 1585] **A** agg. ● Che si riferisce alla cura degli animali domestici: *medico v.*; *medicina veterinaria*. **B** s. m. (f. *-a* raro; V. nota d'uso FEMMINILE) ● Chi, dotato di laurea specifica, esercita la veterinaria.
†**veterino** [vc. dotta, lat. *veterīnu(m)*, agg., 'di bestia da soma', da *vĕtus*, genit. *vĕteris* 'vecchio'. V. *veterano*] agg. ● (*raro*) Di animale da soma.
vètero- [dal lat. *vĕtus*, genit. *vĕteris* 'vecchio' (V. *veterano*)] primo elemento ● In parole composte spec. del linguaggio politico o religioso, significa 'vecchio', 'antico', o anche 'sorpassato': *veterotestamentario*; *veterocomunista*.

veterocattolicèṣimo [comp. di *vetero-* e *cattolicesimo*] s. m. solo sing. ● (*relig.*) Movimento religioso cristiano nato in Germania che, in opposizione al dogma dell'infallibilità papale, nel 1871 si distaccò dalla Chiesa cattolica romana.

veterocomuniṣmo [comp. di *vetero-* e *comunismo*; 1986] s. m. ● (*spreg.*) Ideologia, modo di pensare di chi è veterocomunista.

veterocomunista [comp. di *vetero-* e *comunista*; 1985] agg.; anche s. m. e f. (pl. m. *-i*) ● (*spreg.*) Che (o Chi) aderisce o si ispira a modelli superati di comunismo.

veterotestamentàrio [da *vetero-* e *testamentario*, sul modello di *neotestamentario*; 1961] agg. ● Che riguarda il Vecchio Testamento: *testo, stile v.*

vetivèr [vc. di orig. tamil; 1884] s. m. inv. ● ***Olio essenziale di v.***, essenza ricavata dalle radici della vetiveria, dall'odore intenso, usata in profumeria.

vetivèria [vc. di orig. tamil; 1957] s. f. ● Pianta delle Graminacee originaria dell'India coltivata per estrarre dalle sue radici una essenza caratteristica, usata in profumeria (*Andropogon muricatus*).

vèto [vc. dotta, lat. *vĕto*, prima pers. indic. pres. di *vetāre* 'vietare'; 1791] s. m. **1** (*dir.*) Nel diritto romano, formula del divieto che i tribuni ponevano all'applicazione di leggi e decreti del Senato | ***V. sospensivo***, nell'attuale ordinamento italiano, potere del capo dello Stato di far sospendere il procedimento formativo di una legge | ***Diritto di v.***, potere del membro di un consiglio o altro organo deliberante di bloccare una decisione dello stesso. **2** (*est.*) Proibizione, rifiuto, divieto: *porre, opporre il proprio v. a qlco., a qlcu.*

†vetràia s. f. ● Vetriera.

vetràio [lat. *vitrāriu(m)*, da *vĭtrum* 'vetro'; sec. XIV] s. m. (f. *-a*) **1** Operaio addetto alle varie lavorazioni del vetro. **2** Chi vende, taglia e applica lastre di vetro.

vetràme [da *vetro*, col suff. collett. *-ame*; 1780] s. m. ● Assortimento di oggetti e lastre di vetro.

vetràrio [lat. *vitrāriu(m)*, agg. di *vĭtrum* 'vetro'; 1612] agg. ● Concernente il vetro: *arte, industria vetraria; commercio v.* | ***Pittura vetraria***, eseguita su vetro.

vetràta [da *vetro*; 1761] s. f. **1** Grande intelaiatura di legno o metallo, con vetri per lo più fissi, per illuminare l'interno di un locale | Chiusura a vetri per mobili | Finestra o altro tipo di chiusura nelle quali le decorazioni e le figure formate da frammenti vitrei variamente colorati, inseriti in un'intelaiatura di metallo, producono effetti artistici e ornamentali: *le vetrate del Duomo di Milano; una v. gotica, rinascimentale, liberty.* **2** (*aer.*) Tettuccio trasparente. **3** (*al pl., scherz.*) Occhiali. ‖ **vetratina**, dim.

vetràto [1908] **A** agg. **1** Fornito di vetro: *porta vetrata.* **2** Coperto di vetro | ***Carta vetrata***, con una faccia sparsa di polvere di vetro, per levigare legno o altro. **B** s. m. ● Patina di ghiaccio vetroso che si forma sulle rocce bagnate per un forte abbassamento della temperatura | (*est.*) Sottile strato di ghiaccio che si forma sul manto stradale o su qualsiasi altra superficie umida o bagnata esposta a basse temperature.

vetreria [1844] s. f. **1** Fabbrica per la produzione del vetro o di oggetti di vetro | Negozio per la vendita di oggetti di vetro o per la lavorazione e l'installazione di vetri per finestre, specchi e sim. **2** (*al pl.*) Insieme di oggetti di vetro.

vetriàta [da *vetriato*; 1612] s. f. ● (*raro*) Vetrata, invetriata.

vetriàto [dal lat. *vĭtreus* 'vitreo'; av. 1557] agg. **1** Vetrato: *finestra vetriata.* **2** Smaltato: *vaso v.; pentola vetriata.*

vètrice [lat. *vītice(m)*, dal lat. *viēre* 'intrecciare, piegare', di orig. indeur.; sec. XIV] s. m. o f. ● Salice da vimini. ‖ **vetricióne**, **†vetricóne**, accr.

vetriciàia [da *vetrice*; 1879] s. f. ● Luogo umido, saliceto.

vetriciàio [1370] s. m. ● Vetriciaia.

vetrièra [da *vetro*; sec. XIV] s. f. **1** (*raro*) Vetrata. **2** (*region.*) Mobile a vetri, cristalliera, vetrina.

vetrificàbile [1840] agg. ● Che si può vetrificare | ***Composizione v.***, miscela delle diverse materie prime, che per fusione daranno il vetro.

vetrificànte [1970] **A** part. pres. di *vetrificare*; anche agg. ● Nei sign. del v. **B** s. m. ● Ogni sostanza che, sotto l'azione del calore, ha la proprietà di passare dalla forma cristallina a quella amorfa, che conserva, con opportuno raffreddamento, fino alla solidificazione.

vetrificàre o **†vitrificàre** [comp. di *vetro* e *-ficare*; 1612] **A** v. tr. (*io vetrìfico, tu vetrìfichi*) ● Ridurre in vetro o simile a vetro: *il fuoco vetrifica e calcina.* **B** v. intr. e intr. pron. (aus. *essere*) ● Diventare vetro | Assumere aspetto o consistenza vitrea.

vetrificazióne o **†vitrificazióne** [1612] s. f. ● Il vetrificare, il vetrificarsi.

vetrigno [da *vetro*; 1534] **A** agg. ● (*raro*) Che per aspetto o qualità è simile al vetro: *pietra vetrigna.* **B** s. m. ● Mattone con tracce di vetrificazione, perché cotto a temperatura assai elevata.

vetrina (1) [da *vetrino*; 1754] s. f. ● Sostanza o miscela di sostanze diverse, portate allo stato vetroso con cottura, usate per impermeabilizzare e decorare i prodotti ceramici.

♦**vetrina (2)** [fr. *vitrine*, da *vitre* 'vetro'; 1836] s. f. **1** Parte esterna del negozio nella quale vengono esposte al pubblico le merci: *guardare, ammirare le vetrine; dare un'occhiata alle vetrine* | (*fig.*) ***Mettersi in v.***, mettersi in mostra, vantarsi, pavoneggiarsi e sim. | Località o istituzione che per le sue caratteristiche positive assume una funzione rappresentativa o di modello: *la nostra città è diventata la v. della regione; il festival della canzone di San Remo è la v. dell'industria discografica italiana.* **2** Armadio, armadietto, alzata a ripiani con sportelli a vetri per conservare ed esporre libri e oggetti pregiati, da collezione | ***V. pensile***, mobiletto a scaffali, chiuso da vetri, che si appende al muro per esporre porcellane e oggetti preziosi. **3** (*dial.*) Credenza a vetri: *la v. del tinello.* **4** (*fig., al pl., scherz.*) Occhiali. ‖ **vetrinétta**, dim.

vetrinàre [da *vetrina* (*1*); 1983] v. tr. ● Nell'industria ceramica, rivestire di vetrina.

vetrinatùra [da *vetrinare*; 1983] s. f. ● Nell'industria ceramica, operazione del vetrinare.

vetrinista [1939] s. m. e f. (pl. m. *-i*) ● Chi allestisce le vetrine, curando la miglior valorizzazione delle merci esposte.

vetrinistica [1955] s. f. ● Arte di addobbare le vetrine dei negozi, di esporvi con buon gusto le merci.

vetrino (1) [1934] s. m. **1** Dim. di *vetro*. **2** Ciascuna delle due lastrine di vetro entro le quali si colloca e si conserva un preparato da sottoporre ad esame microscopico.

vetrino (2) [da *vetro*; 1805] agg. ● (*raro*) Che è simile al vetro spec. per la fragilità: *unghie vetrine* | ***Ferro v.***, crudo, che facilmente si rompe.

vetrịola o **†vetriuòla** [lat. parl. **vitriŏla(m)*, f. sost. di *vitrĕolus* (V. *vetriolo*), perché serviva a pulire bicchieri e bottiglie di vetro; sec. XIV] **A** s. f. ● (*bot.*) Muraiola. **B** anche agg. solo f.: *erba v.*

vetrioleggiàre [da *vetriolo*; 1905] v. tr. (*io vetrioléggio*) ● (*raro*) Deturpare qlcu. gettandogli addosso, spec. sul viso, il vetriolo, o acido solforico.

vetrịòlo o **vetriuòlo**, **†vitriòlo**, **†vitriuòlo** [lat. parl. **vitriŏlu(m)*, nt. sost. di **vitriŏlus*, da *vĭtreus* 'vitreo'; sec. XIV] **A** s. m. **1** Solfato di metalli pesanti | ***V. azzurro***, solfato di rame | ***V. bianco***, solfato di zinco | ***V. rosa***, solfato di manganese | ***V. verde***, solfato ferroso. **2** (*pop., per anton.*) ***V. fumante, olio di v.*** o (*ellitt.*) ***vetriolo***, acido solforico | (*fig.*) ***Una critica al v.***, molto dura, acida, corrosiva. **3** (*zool.*) Martin pescatore. **4** (*bot.*) Afaca. **B** agg. ● †Che ha natura di vetro o è simile al vetro.

†vetrịuòla ● V. *vetriola.*

vetrịuòlo ● V. *vetriolo.*

♦**vétro** [lat. *vĭtru(m)*, di etim. incerta; av. 1250] s. m. **1** Materiale costituito essenzialmente da silicati, ottenuto per fusione di sabbia silicea con ossidi e carbonati, largamente usato, sia per la proprietà di essere facilmente modellato nelle forme più varie, sia per la trasparenza. CFR. ialo- | ***V. comune***, formato di silicato di calcio e di sodio, usato per lastre, bicchieri e sim. | ***V. da bottiglie***, contenente un maggior tenore di ossido di ferro che gli conferisce il caratteristico colore verde | ***V. di Boemia***, formato da silicato di calcio e di potassio, fabbricato con materie prime assai pure, trasparente, rifrangente simile al cristallo | ***V. soffiato***, quello lavorato a caldo mediante soffiatura e destinato alla fabbricazione di vetreria artistica o di laboratorio | ***V. d'ottica***, vetro che deve rispondere a numerosi requisiti, quali omogeneità, trasparenza, isotropia, inalterabilità, usato per lenti, prismi, specchi e sim. | ***V. solubile***, costituito da silicato di sodio o potassio, solubile in acqua e usato, per es., per ignifugare legno, carta, stoffe e sim. | ***V. di Wood***, vetro ricco di silice, di colore nero per la presenza di ossido di nichel, opaco alle radiazioni visibili e trasparente a quelle ultraviolette | ***V. di Jena***, varietà di vetro per apparecchi da laboratorio, per ottica e sim. | ***V. opalino, latte***, costituito da una sospensione di minutissime particelle in una matrice vetrosa e usato per i bulbi delle lampade a incandescenza | ***V. smerigliato***, vetro reso traslucido mediante smerigliatura meccanica o chimica, usato per bulbi di lampade a incandescenza, pannelli di porte e sim. | ***V. di sicurezza, infrangibile***, vetro che, rompendosi per urto violento, s'incrina senza proiettare pericolose schegge | ***V. temperato***, quello che, mediante tempera fatta in condizioni speciali, assume particolare resistenza agli urti e alle brusche variazioni di temperatura. SIN. Vetro infrangibile | ***V. retinato, armato***, ottenuto ponendo una rete o griglia di ferro tra due strati di vetro laminati simultaneamente | ***V. blindato***, costituito da una spessa lastra che, riscaldato a una temperatura lievemente inferiore a quella di rammollimento e raffreddato bruscamente, acquista una notevole resistenza alla flessione e alla rottura per urto | ***Lana, fibra, di v.***, V. *lana, fibra* | ***Essere di v.***, (*fig.*) essere estremamente delicato, fragile e sim. | (*fig.*) ***Avere la schiena di v.***, essere pigro, temere la fatica, non aver voglia di lavorare | ***Palazzo di v.***, costruzione abitativa o adibita ad altro scopo sulla cui superficie esterna si aprono ampie vetrate; (*per anton.*) la sede dell'Organizzazione delle Nazioni Unite. **2** Ogni prodotto dell'industria o dell'artigianato vetrario | ***V. artistico***, vaso, coppa, bicchiere, vetrata, figura e sim., realizzati lavorando il vetro caldo a mano e a soffio secondo modelli e disegni di particolare dignità artistica | ***V. incamiciato***, oggetto di vetro le cui pareti sono costituite da due o più strati di vetri colorati diversamente. **3** Pezzo, frammento di vetro: *tagliarsi con un v.* **4** Correntemente, lastra di vetro per finestre, porte e sim.: *rompere un v.; i vetri della macchina.* **5** (*raro*) Bicchiere. **6** Lente: *i vetri degli occhiali, del cannocchiale.* **7** Copertura del quadrante dell'orologio. **8** (*geol.*) ***V. vulcanico***, ossidiana. **9** (*fis.*) ***V. di spin***, sistema magnetico contraddistinto da una dinamica estremamente complessa, in cui ogni spin può interagire con tutti gli altri, e che si mantiene sempre in uno stato disordinato. ‖ **vetràccio**, pegg. | **vetrino**, dim. (V.) | **vetróne**, accr. (V.) | **vetrùccio**, dim.

vetrocàmera [comp. di *vetro* e *camera* (*d'aria*); 1987] s. f. ● (*edil.*) Elemento strutturale di serramento costituito da due lastre di vetro parallele sigillate lungo il perimetro così da costituire una camera d'aria, gener. disidratata o riempita di gas inerte. SIN. Doppiovetro.

vetroceménto [comp. di *vetro* e *cemento*; 1950] s. m. ● (*edil.*) Struttura mista, costituita di mattonelle quadrangolari di vetro trasparente, inserite in un getto di cemento armato, usata per coperture o pareti allo scopo di lasciare passare la luce negli interni.

vetroceràmica [comp. di *vetro* e *ceramica*; 1974] s. f. ● (*tecnol.*) Materiale che combina le proprietà del vetro con quelle della ceramica e che, per la sua notevole resistenza al fuoco, viene usato per la fabbricazione di stoviglie da forno, di piani di cottura di cucine a gas e nell'industria elettronica e spaziale.

vetrocromia [comp. di *vetro* e *-cromia*; 1905] s. f. ● Pittura eseguita su vetro.

vetrofania [fr. *vitrauphanie*, comp. di *vitrail* 'vetrata' (da *vitre* 'vetro') e *-phanie*, dal gr. *pháinein* 'apparire' (V. *epifania*); 1908] s. f. ● Pellicola adesiva con disegni a colori, che si applica a vetri di finestre e sim. a scopo decorativo o pubblicitario.

vetroflèx® [da *vetro*, sul modello di analoghe denominazioni commerciali; 1938] s. m. inv. ● (*tecnol.*) Materiale termoisolante costituito da fibre di vetro ottenute da coke e silicati.

vetróne [1961] s. m. **1** Accr. di *vetro*. **2** Vetrato.

vetrorèṣina o **vetroreṣina** [comp. di *vetro* e *re-*

sina; 1976] **s. f.** ● Materia plastica, costituita gener. da una resina poliestere o epossidica, rinforzata con fibre di vetro per abbinare a una notevole leggerezza un'altissima resistenza meccanica.

vetróso [sec. XVIII] **agg.** *1* Che ha l'aspetto, la qualità o le proprietà del vetro: *sostanza, massa vetrosa* | ***Lucentezza, consistenza vetrosa***, simile a quella del vetro | (*elettr.*) ***Elettricità vetrosa***, elettricità positiva che si produce strofinando una sostanza vetrosa | (*geol.*) In petrografia, detto di roccia o di struttura priva o quasi di componenti cristalline. *2* (*raro*) Che contiene vetro: *composto v.*

♦**vétta** [lat. *vĭtta(m)* 'benda intorno al capo', da avvicinare a *viēre* 'intrecciare, piegare', di orig. indeur.; 1319] **s. f.** *1* Cima, punta, sommità: *la v. del campanile, del colle, di un monte*; *la vetta degli alberi.* **CFR.** acro- | ***In v.***, sopra, in cima, alla sommità: *giungere in v.*; *collocarono la bandiera in v. al monumento* | Nell'alpinismo, sommità di un monte e (*est.*) il monte stesso: *scalare una v.* | ***Libro di v.***, registro posto talvolta sulla vetta di un monte per raccogliere le firme di chi ne ha compiuto l'ascensione. *2* (*fig.*) Primo posto, posizione di predominio, di comando e sim.: *la v. della classifica, di una graduatoria* | ***Raggiungere la v.***, (*fig.*) ottenere una posizione di grande prestigio. *3* (*spec. al pl., fig.*) Apice, culmine, grado sommo: *raggiungere le più alte vette della fama, della gloria*; *attingere le vette del sublime*; *le inarrivabili vette della poesia.* *4* Estremità di un ramo | †***Cercar dei fichi in v.***, (*fig.*) mettersi in pericolo | Rametto sottile | ***Tremare come una v.***, (*disus.*) tremare violentemente per freddo, paura e sim. | ***Acqua di v.***, ottenuta per distillazione dei giovani germogli di una pianta. *5* Bastone del correggiato, antico strumento per la battitura dei cereali. **SIN.** Calocchia. *6* †Scamato. *7* (*mar.*) Tirante, parte del cavo sulla quale si ala. *8* †V. *vitta.* || **vettarèlla**, **dim.** | **vetticciuòla**, **dim.** | **vetticìna**, **dim.** | **vettolìna**, **dim.** | **vettóne**, **accr. m.** | **vettùccia**, **dim.**

vettaiòlo o (*lett.*) **vettaiuòlo** [1625] **agg.** *1* Detto di frutto che nasce in vetta: *fichi vettaioli.* *2* (*raro, lett., fig.*) Debole, stentato: *poeta v.*

†**vettigàle** [vc. dotta, lat. *vectīgāle(m)*, di etim. incerta] **A s. m.** ● Dazio, tributo. **B agg.** ● Tributario.

†**vettina** [etim. incerta; 1537] **s. f.** ● Orcio da olio o da vino (*oggi dial.*). || **vettinèlla**, **dim.**

vettònica ● V. *bettonica.*

vettoràle ● V. *vetturale.*

vettóre [vc. dotta, lat. *vectōre(m)*, propr. 'portatore', da *vĕctus*, part. pass. di *vĕhere* 'portare' (V. *veicolo*); 1900] **A s. m.** *1* (*mat.*) Ente matematico individuato da una grandezza, da una direzione e da un verso | ***V. applicato***, in uno spazio numerico, la coppia costituita da un vettore o da un punto di applicazione | ***V. libero***, in uno spazio numerico, classe di tutti i vettori applicati che si possono portare l'uno nell'altro mediante una traslazione | (*fis.*) ***V. simbolico, rotante***, vettore la cui origine giace in quella di un sistema di assi cartesiani, il cui modulo è pari a quello della grandezza vettoriale variabile sinusoidalmente che esso rappresenta, e il cui angolo con l'asse delle ascisse rappresenta in qualsiasi istante la fase della grandezza. **SIN.** Fasore. *2* Grandezza vettoriale. *3* (*mil.*) ***V. spaziale***, missile in grado di mettere in orbita terrestre veicoli spaziali. **SIN.** Lanciatore. *4* (*dir.*) Nel contratto di trasporto, colui che si obbliga a eseguire il trasporto: *responsabilità del v.*; *v. di emigranti.* *5* (*med.*) Artropode in grado di trasmettere malattie infettive. **B agg.** (f. *-trice*) ● Che porta, conduce, guida | ***Insetto v.***, che trasmette determinate malattie infettive con la sua puntura | ***Razzo, missile v.***, quello che porta nello spazio veicoli spaziali | ***Raggio v.***, distanza di un punto da un punto fisso | ***Onda vettrice***, nelle telecomunicazioni, onda portante.

†**vettoreggiàre** ● V. †*vettureggiare.*

vettoriàle [1912] **agg.** ● (*mat.*) Di, relativo a vettore | ***Grandezza v.***, grandezza, quale la velocità, l'accelerazione e la forza, che è identificata, oltre che da un valore numerico associato alla sua unità di misura, da una direzione e da un verso, ossia da un orientamento. **SIN.** Vettore | ***Calcolo v.***, definizione delle operazioni sui vettori e studio delle proprietà di essi | ***Funzione v.***, ogni funzione il cui valore in ciascun punto è un vettore | ***Proprietà v.***, quella della materia rappresentabile con un vettore | ***Spazio v.***, struttura algebrica costituita da un insieme di vettori e da un campo di scalari, dotata di un'operazione di addizione tra i vettori e di un'operazione di moltiplicazione tra vettori e scalari. **SIN.** Spazio lineare. || **vettorialménte**, **avv.**

vettovàglia o †**vettuàglia**, †**vettuvàglia**, †**vittovàglia**, †**vittuàglia**, †**vittuària** [lat. tardo *victuālia*, nt. sost. di *victuālis* 'alimentare', agg. di *vĭctus* 'vitto'; av. 1348] **s. f.** ● (*spec. al pl.*) Tutti i generi che servono per il sostentamento di una pluralità di persone e spec. di un esercito: *la città assediata era ormai priva di vettovaglie.*

vettovagliaménto [1879] **s. m.** *1* Approvvigionamento di vettovaglie. *2* (*mil.*) Servizio della sussistenza.

vettovagliàre o †**vittovagliàre** [av. 1542] **A v. tr.** (*io vettovàglio*) ● Rifornire di vettovaglie: *faceva istanza il senato, perché pensassero alla maniera di v. la città* (MANZONI). **SIN.** Approvvigionare. **B v. rifl.** ● Provvedersi di vettovaglie.

†**vettuàglia** ● V. *vettovaglia.*

vettùra [vc. dotta, lat. *vectūra(m)*, da *vĕctus*, part. pass. di *vĕhere* 'portare' (V. *veicolo*); av. 1320] **s. f.** *1* †Trasporto di merci o di persone con animali da soma o da tiro: *pagare la v.* | ***Andare a v.***, effettuare un trasporto per altri con i propri animali. *2* ***Lettera di v.***, nel contratto di trasporto, titolo di credito causale rilasciato dal vettore che dà diritto, a chi vi è indicato o al portatore, alla riconsegna delle merci trasportate. *3* Carrozza a cavalli per servizio pubblico: *v. di piazza* | ***Arrivare con la v. di Negri***, (*fig., disus.*) molto tardi, come la vettura che un tempo faceva servizio tra Milano e Saronno. *4* Autovettura: *una v. sportiva.* *5* Carrozza ferroviaria | ***In v.!***, si dice per invitare i viaggiatori a salire sul treno in partenza | ***V. letto***, ***v. ristorante***, vagone letto, vagone ristorante. || **vetturàccia**, **pegg.** | **vetturétta**, **dim.** (V.) | **vetturìna**, **dim.**

vetturàle o †**vettoràle** [da *vettura*; 1264] **s. m.** ● Chi guidava cavalli o muli per trasportare merci o persone.

vetturalésco [av. 1722] **agg.** (pl. m. *-schi*) ● (*raro*) Di, da vetturale.

†**vettureggiàre** o †**vettoreggiàre** [av. 1320] **v. tr.** e **intr.** ● Trasportare merci o persone a vettura.

vetturétta [1923] **s. f.** *1* Dim. di *vettura.* *2* Utilitaria: *una v. di piccola cilindrata.*

vetturina [etim. incerta; 1879] **A s. f.** ● (*bot.*) Tribolo. **B** anche **agg.** solo f.: *erba v.*

vetturino [da *vettura*; 1525] **A s. m.** *1* Cocchiere di piazza | ***Avere modi da v.***, (*fig., est.*) estremamente volgari. *2* †Chi dava bestie e veicoli, dietro pagamento, per il trasporto di persone o cose. **B agg.** ● †Di vettura: *cavallo v.*

†**vettuvàglia** ● V. *vettovaglia.*

vetustà o †**vetustàde**, †**vetustàte** [vc. dotta, lat. *vetustāte(m)*, da *vetŭstus* 'vetusto'; sec. XIV] **s. f.** ● (*lett.*) Condizione di chi (o di ciò che) è vetusto.

vetùsto [vc. dotta, lat. *vetŭstu(m)*, da *vĕtus* 'vecchio'. V. *veterano*; 1321] **agg.** *1* (*lett.*) Che è molto antico, e ispira sentimenti di stima, venerazione, rispetto: *templi vetusti*; *vetuste memorie*; *le nostre vetuste tradizioni.* *2* (*lett.*) Che è molto vecchio, detto di persona: *indi partissi povero e v.* (DANTE *Par.* VI, 139). || **vetustaménte**, **avv.**

vexata quaestio /lat. vek'sata 'kwestjo/ [loc. lat., propr. 'problema dibattuto'] **loc. sost. f. inv.** (pl. lat. *vexatae quaestiones*) ● Questione lungamente dibattuta e controversa.

†**vezzàto** [provz. *vezat*, da *vezar* 'avvezzare'; av. 1306] **agg.** ● Accorto, scaltro. || †**vezzataménte**, **avv.**

vezzeggiaménto [av. 1712] **s. m.** ● Il vezzeggiare, il venire vezzeggiato.

vezzeggiàre [da *vezzo*; 1513] **A v. tr.** (*io vezzéggio*) ● Usare verso qlcu. modi affettuosi e amorevoli, farlo oggetto di attenzioni, complimenti, carezze: *v. un bambino, un cagnolino*; *v. troppo i figli* | (*raro*) Adulare, colmare di favori: *si ha a notare che li uomini si debbono o v. o spegnere* (MACHIAVELLI). **SIN.** Blandire | (*fig.*) ***V. la pianta***, coltivarla con grande cura e amore. **B v. intr.** (aus. *avere*) ● (*lett.*) Fare il vezzoso o la vezzosa. **C v. rifl.** ● Aver cura di sé, usarsi molti riguardi, prendersi molte comodità.

vezzeggiativo [da *vezzeggiato*; 1612] **A agg.** *1* Che è fatto o detto con intenzione amorevole, per dimostrare affetto, simpatia e sim. *2* Che designa un oggetto considerato con simpatia: *nome, aggettivo v.*; *suffisso v.* || **vezzeggiativaménte**, **avv.** *1* (*raro*) In modo vezzeggiativo. *2* (*gramm.*) Come vezzeggiativo: *un aggettivo usato vezzeggiativamente.* **B s. m.** ● Forma alterata del nome o dell'aggettivo usata per esprimere affetto, simpatia, predilezione o benevolenza, in associazione con l'idea di piccolezza: *-uccio e -ino sono suffissi usati nei vezzeggiativi.*

vezzeggiàto [1481] **part. pass.** di *vezzeggiare*; anche **agg.** ● Nei sign. del v.

vézzo [lat. *vĭtiu(m)* 'difetto'. V. *vizio*; 1353] **s. m.** *1* Modo abituale e caratteristico di parlare, muoversi e sim.: *fare qlco. per v.*; *è un suo v.* | Abitudine, vizio: *un v. innocuo ma abbastanza ridicolo*; *ha il v. di arricciarsi i baffi mentre ascolta*; *vero è 'l proverbio, ch'altri cangia il pelo / anzi che 'l v.* (PETRARCA). *2* (*raro*) Atto, gesto o parola che dimostra affetto, amore, tenerezza: *fare un v. a qlcu.* *3* (*al pl.*) Lezi, moine, smancerie: *basta con questi vezzi*; *non sopporto più i suoi stupidi vezzi.* *4* (*al pl.*) Atti, parole o gesti pieni di fascino, brio, grazia e sim.: *i vezzi di una fanciulla*; *coi suoi vezzi conquisterebbe chiunque* | Dote, attrattiva, bellezza: *una donna ricca di vezzi naturali.* *5* (*disus.*) Collana: *un v. di corallo, di perle.* *6* Antico ballo in tondo. || **vezzolino**, **dim.**

vezzosità [1961] **s. f.** ● Caratteristica di chi (o di ciò che) è vezzoso.

vezzóso [da *vezzo*; 1338 ca.] **A agg.** *1* Che è dotato di bellezza e leggiadria: *fanciulla vezzosa* | Di ciò che piace per la sua grazia, la sua delicatezza e sim.: *immagine vezzosa*; *parole vezzose*; *un gesto pudico e v.* **SIN.** Grazioso, leggiadro. **CONTR.** Grossolano. *2* Lezioso: *modi, discorsi vezzosi*; *non gli si addicono questi gesti vezzosi!* *3* †Viziato. *4* †Trattato con troppa cura e delicatezza. || **vezzosaménte**, **avv.** In modo vezzoso: *intorno ti vedrai vezzosamente / scherzar i figli pargoletti* (TASSO). **B s. m.** (f. *-a*) ● Chi assume atteggiamenti leziosi, affettati: *quando comincia a fare la vezzosa, cade nel ridicolo.* || **vezzosèllo**, **dim.** | **vezzosétto**, **dim.**

♦**vi** (**1**) /vi/ [da *ivi* (*2*): l'espressione *vi scrivo* doveva significare in orig. 'io scrivo costì'; 1294] **A pron. pers.** atono di seconda **pers. m.** e **f. pl.** (formando gruppo con altri **pron.** atoni e **avv.**, si premette a *ci*, *si*: *non vi ci vedo*; *non vi si capisce nulla.* Assume la forma *ve* (V.) davanti ai **pron.** atoni *la*, *le*, *li*, *lo* e alla particella *ne.* Si può elidere solo davanti a parola che cominci per vocale: *come v'è parso?*) *1* Voi (come compl. ogg. encl. e procl.): *vi hanno visti*; *vi sento benissimo*; *vi vedrò domani*; *non voglio disturbarvi* | Si usa, encl. e procl., nella coniug. dei v. rifl., rifl. rec. e intr. pron.: *vestitevi in fretta*; *sono contento che vi vogliate bene*; *vi pentirete di questo*; *divertitevi.* *2* A voi (come compl. di termine encl. e procl.): *vi pagherò da bere*; *non posso darvi altro*; *devo darvi ragione*; *vi do atto della vostra gentilezza*; *vi presterò i miei libri.* *3* Esprime (come 'dativo etico') partecipazione affettiva, interesse, adesione psicologica del sogg.: *vi siete mangiato tutto!*; *godetevi il meritato riposo*; *vi prenderete un malanno.* *4* (*pop., pleon.*) Con valore intens.: *voi vi credevate di farla franca, vero?*; *chi vi credete d'essere?*; *a voi vi ci vuole la frusta.* **B** in funzione di **pron. dimostr.** ● A ciò, in ciò: *non vi trovo differenza*; *sono passato senza farvi caso*; *quando vi si applica riesce bene* | Anche pleon.: *non vi capisco nulla in queste faccende.* **C avv.** *1* Qui, in questo luogo, là, in quel luogo (con v. di stato e di moto, anche pleon.): *Napoli è bella, vi sono restato tre anni*; *vi trovò molte persone*; *vi si possono ammirare molti celebri quadri*; *vi andrò appena possibile* | Con valore locativo seguito dal verbo 'essere': *vi sono molte specie di animali*; *spero che vi sia abbastanza pane*; *v'è modo e modo di ragionare* | (*lett.*) †Anche pleon.: *Andovvi poi lo Vas d'elezione* (DANTE *Inf.* II, 28). *2* Per questo, per quel luogo (con v. di moto, anche pleon.): *non vi passa quasi nessuno*; *su quel ponte vi passava quasi tutti i giorni* (V. nota d'uso ACCENTO).

vi (**2**) /vi*/ ● V. *vu.*

♦**via** (**1**) [lat. *vĭa(m)*, dalla stessa radice di *vĕhere.* V. *veicolo*; 1294] **s. f.** *1* Strada: *via comunale, provinciale, nazionale, statale*; *via asfaltata, lastri-*

cata, diritta, larga, tortuosa, pericolosa, piana, erta, ripida; scegliere la via più breve | ***Via battuta***, molto frequentata, piena di traffico | ***Essere, trovarsi, incontrarsi per via***, in strada | ***A mezza via***, a mezza strada | Strada urbana lungo la quale si svolge il traffico di pedoni e di veicoli: *via consorziale, privata; via senza uscita; via Roma, via Marconi; adesso abitiamo in via Dante* | ***Via senza uscita***, (*fig.*) situazione complessa e pericolosa, dalla quale non si può uscire senza danni | ***Per via ordinaria***, nel linguaggio militare, detto di movimenti o trasporti effettuati su strada. **2** (*est.*) Pista, sentiero, varco, passaggio: *via armentaria; una via tra i campi; aprirsi una via nella foresta, tra la folla, a viva forza, a gomitate* | ***Via libera***, passaggio aperto, percorribile | ***Segnare, segnalare, indicare via libera***, indicare che il transito è possibile | ***Dare via libera***, lasciare libero il passo; (*fig.*) non opporsi, non sollevare obiezioni e sim. | ***Via d'acqua***, idrovia; nel linguaggio dei marinai, falla | ***Via coperta***, nel linguaggio militare, ogni trincea, camminamento e sim., in prossimità del nemico, tale da dare protezione ai soldati che vi lavorano o vi passano | ***Via tattica***, nel linguaggio militare, quella che, in relazione alle caratteristiche del terreno, consente lo sviluppo dell'attacco a un obiettivo tattico | In alcune loc., seguito da un nome comune o proprio, indica attraversamento, passaggio: *viaggiare via terra; via mare; prendere il rapido Milano-Roma, via Bologna*; oppure, col sign. di 'tramite', per indicare il mezzo di trasmissione: *via filo; via cavo; via telex; via satellite; trasmettere via radio.* **3** (*astron.*) ***Via Lattea***, addensamento di stelle attorno all'equatore galattico, dovuto a un fenomeno prospettico determinato da una maggiore profondità del sistema stellare nella direzione del piano galattico. **4** (*anat.*) Canale, transito, passaggio: *via respiratoria, digerente, biliare* | Modalità di somministrazione dei medicamenti: *via locale, orale, parenterale.* **5** (*est.*) Percorso, itinerario: *seguire la solita via; tracciare una via sulla carta; insegnare a qlcu. la via* | ***Fare, tenere una via***, seguire un determinato percorso | ***Mettere qlcu. in via***, indicargli il percorso, indirizzarlo e sim. (*anche fig.*) | ***Via della seta***, itinerario fisso seguito un tempo dalle carovane di mercanti che trasportavano la seta dall'Oriente in Occidente | ***Via dell'oppio, della droga, del tabacco***, l'itinerario di rifornimento normalmente seguito dai trafficanti d'oppio o d'altre droghe o dai contrabbandieri di tabacco | (*mar.*) Rotta: *fare via per le Antille* | ***Alla via!***, comando che si dà al timoniere, perché continui nella direzione in cui sta andando | ***Fanali di via***, quelli che si accendono di notte in navigazione. **6** Nell'alpinismo, itinerario seguito nel corso di una scalata per raggiungere una vetta: *aprire una via, ripetere una via* | ***Alta via***, itinerario escursionistico in più tappe ad alta quota | ***Via ferrata***, percorso alpinistico attrezzato con corde metalliche fisse, scalette, gradini tagliati nella roccia e sim. per rendere più facili i passaggi di maggiore difficoltà. **7** (*est., lett.*) Spazio percorribile: *le vie del cielo, del firmamento; prendere la via del mare.* **8** (*est.*) Cammino, viaggio: *essere, mettersi in via; Andiam, che la via lunga ne sospigne* (DANTE *Inf.* IV, 22) | ***In, per via***, cammin facendo; (*fig.*) in corso di compimento | (*fig.*) ***In via di***, in fase di: *il malato è in via di guarigione* | ***Essere sulla via di***, (*fig.*) in procinto di: *essere sulla via della conversione, del pentimento* | (*lett.*) ***Tra via***, cammin facendo | (*disus., lett.*) ***Dar la via***, dare la possibilità di andarsene liberamente e (*est.*) liberarsi di qlcu.: *dar la via a un animale prigioniero; dar la via a un seccatore.* **9** (*fig.*) Carriera: *la via degli affari, del sacerdozio; le conoscenze gli hanno facilitato la via; una laurea che apre molte vie.* **10** (*fig.*) Parte, lato: *sono parenti per via di madre* | ***Da questa via***, di qui | (*raro*) Volta, direzione: *imbarcarsi alla via di Napoli.* **11** (*fig.*) Mezzo, possibilità: *l'unica via d'uscita, di scampo, di salvezza; è l'ultima via che ci resta; credimi, non avevo altra via; non avere né via né verso di, per fare qlco.* | ***Via aerea***, posta aerea | ***Vie brevi***, nel linguaggio commerciale, comunicazioni effettuate con mezzi rapidi, quali telefono, telegrafo e sim. **12** (*fig.*) Modo di vivere, indirizzo morale: *scegliere una brutta via; essere, mettersi sulla buona via; uscire dalla, tornare sulla retta via.* **13** (*fig.*) Modo o maniera di giungere a qlco., di ottenere ciò che si desidera, di realizzare quanto ci si prefigge e sim.: *cercare, trovare la via; è senz'altro la via migliore; tendere al proprio scopo per mille vie; le vie del Signore, della Provvidenza sono infinite; le vie nazionali al socialismo* | (*lett.*) ***Trovare, sapere la via del cuore***, riuscire a commuovere: *quegli occhi più non sanno / la via di questo cor* (METASTASIO) | (*est.*) Accorgimento: *non vedo altra via per superare l'intoppo; è una via sottile, ma efficace* | ***Via di mezzo***, soluzione intermedia, compromesso e sim.: *scegliere la via di mezzo* | ***Vie traverse***, (*fig.*) stratagemmi, accorgimenti e sim. di dubbia onestà o liceità | ***In via privata, confidenziale*** e sim., privatamente, confidenzialmente e sim. **14** Ragionamento: *siamo arrivati a conclusioni identiche seguendo vie diverse; il principio è dimostrabile anche per altra via* | Nel linguaggio filosofico, argomento, prova. **15** Causa, spec. nella loc. ***per via di***, o (*pop.*) ***per via che***: *per via di Giulia non sono potuto venire; è per via dell'esame che devo studiare tanto; non si sono mossi da casa, per via che non sapevano niente.* **16** Procedimento: *adire le vie legali; agire per via diplomatica; ricorrere per via gerarchica* | ***In via provvisoria***, provvisoriamente | ***Vie di fatto***, violenze fisiche: *passare a vie di fatto.* || **viàccia**, pegg. | **vièlla**, dim. | **viètta**, dim. | **viùzza**, dim. (V.).

♦**via** (**2**) [(avv.) da *via* (*1*); 1313] **A** avv. **1** Esprime allontanamento in modo generico (spec. con v. di moto): *è andato via proprio adesso; è scappato via di casa; se n'è volato via; lo ha cacciato via in malo modo; vattene via!* | ***Andar via***, andarsene: *andate via!; va via, non voglio più vederti!* | ***La febbre è andata via***, è scomparsa | ***Macchie che non vanno via***, che non si riesce ad eliminare | ***Ogni giorno vanno via un mucchio di soldi***, si spendono | ***Buttare, gettare via qlco.***, disfarsene | ***Buttare, gettare via tempo, denaro, fiato***, sprecarli, spenderli senza risultato | ***Dare via qlco.***, cederla, regalarla o venderla: *ho dato via tutti i mobili che avevo* | ***Levare via qlco.***, toglierla, rimuoverla: *leva via quei libri dal tavolo* | ***Mandar via qlcu.***, cacciarlo, licenziarlo: *ha mandato via la vecchia domestica* | ***Andar via***, detto di cosa, vendersi con facilità: *merce, prodotto che va via* | ***Portare via qlco.***, prenderla con sé; (*est.*) rubarla: *s'è portato via tutta la sua roba; i ladri hanno portato via gioielli e pellicce* | (*fig.*) ***Un lavoro che porterà via un anno***, che occuperà, impegnerà per un anno | ***Tirar via***, affrettarsi, fare qlco. in fretta e male: *non c'è più tempo, devi tirar via; è un lavoro tirato via* | (*fam.*) ***Essere via***, essere fuori casa, fuori città: *il dottore è via per le visite; la mamma è via da Roma* | (*disus.*) ***Essere di fuori via***, forestiero, straniero: *usanze di fuori via; viene da fuori via.* **2** (*assol.*) Esprime la rapidità con cui avviene un'azione (per ellissi del v. 'andare'): *si alzò di scatto e via di corsa!; balzò in piedi e via come un fulmine; ha preso la sua roba e via, col primo treno* | ***Via di lì!, via di qui!***, scacciando qlcu. **3** Eccetera, e così di seguito: *abbiamo parlato di arte, di letteratura e così via; ha comprato la macchina, l'appartamento, la villa al mare e via discorrendo; discussero di cinema, di sport e via dicendo; spende in viaggi, in vestiti e via di questo passo.* **4** (*iter.*) Di volta in volta, a mano a mano (con valore distributivo): *ti passerò le notizie via via che mi arrivano; via via che il tempo passa, i ricordi si fanno più sbiaditi; scrivi a fianco i risultati via via che te li detterò* | †Subito, tra un momento: *verranno via via* | †Anche nella loc. avv. ***via via.*** **5** †Moltiplicato: *quattro via quattro fa sedici* | ***Zero via zero fa zero***, (*fig.*) col niente non si fa niente. **B** inter. **1** Si usa per cacciare, mandare via qlcu. che infastidisce: *via! via! voglio starmene in pace!; via! via! ho detto!; via! fuori di qui!* **2** Si usa per dare il segnale di partenza in una gara, in un gioco e sim.: *pronti ... via!; uno, due, tre, via!* **3** Esprime incoraggiamento, incitamento, esortazione: *via, fatevi coraggio!; animo, via!; ma via, non è il caso di abbattersi!; via, raccontami quello che è accaduto; via, via! non prendertela così; via! se le cose stanno così, non c'è motivo di prendersela* | Concludendo un discorso: *via, non parliamone più!; via, asciugati le lacrime!* **4** Esprime incredulità, disapprovazione, impazienza e sim.: *via, smettila di comportarti così!; via, non è possibile!; oh via! finitela!; eh via! ti sembra il caso di dire certe cose?; via! non ti credo!* **C** s. m. inv. ● Segnale di partenza di una gara di corsa: *scattare al via* | ***Dare il via***, dare il segnale di partenza, abbassando l'apposita bandierina o in altro modo; (*est., fig.*) dare inizio: *dare il via a una nuova attività, ai lavori.*

viàbile [vc. dotta, lat. tardo *viābile(m)* 'che offre un facile passaggio, praticabile', da *vĭa*; 1499] agg. ● (*raro*) Transitabile, percorribile: *strada v.* | (*bur.*) Relativo alle vie, alla rete stradale: *piano v.*

viabilìsta [1961] agg. (pl. m. *-i*) ● Che si occupa della viabilità: *tecnico v.*

viabilìstico [1953] agg. (pl. m. *-ci*) ● Che si riferisce alla viabilità: *organizzazione viabilistica.*

viabilità [dal lat. tardo *viābilis* 'che offre un facile passaggio, praticabile', da *vĭa*; 1858] s. f. **1** Condizione, caratteristica di ciò che è viabile | Percorribilità, praticabilità: *garantire la v. delle strade statali; la v. è interrotta per la neve.* **2** Insieme delle strade di una data zona, regione e sim., considerate nelle loro caratteristiche fisiche e in ragione dei veicoli da usare: *v. ottima, pessima* | ***V. di tipo orografico***, che segue la superficie montuosa | ***V. di tipo idrografico***, che segue le linee fluviali. **3** Insieme delle norme e delle attività relative alla costruzione e alla manutenzione delle strade e alla regolamentazione del traffico che su di esse si svolge: *i problemi della v. urbana.*

Viacàrd® [comp. di *via* (*1*) e dell'ingl. *card* 'tessera'; 1985] s. f. inv. ● Tessera magnetica per il pagamento del pedaggio autostradale.

via crùcis [lat., propr. 'via della croce'; 1863] loc. sost. f. (pl. lat. *viae crucis*) **1** Pratica pia cattolica, consistente in meditazioni e preghiere penitenziali fatte dinanzi ad immagini delle varie fasi della passione di Gesù, all'interno della chiesa o all'aperto, rinnovando l'itinerario o via della passione medesima | Le 14 immagini che rappresentano i diversi momenti della passione, in tale pratica. **2** (*fig.*) Lunga serie di esperienze dolorose, sofferenze, amarezze, delusioni e sim.: *quando mai finirà questa via crucis?*

viadàna [dalla cittadina di *Viadana*, in provincia di Mantova, ove veniva fabbricata; 1910] s. f. ● Tessuto pregiato di cotonina usato un tempo per confezionare vele.

viado /port. 'vjaðu, -du/ [vc. del port. brasiliano, forse lo stesso di *veado* 'cervo', 'cerbiatto'; 1980] s. m. inv. (pl. port. *viados*) ● Travestito o transessuale di origine brasiliana che si prostituisce.

viadótto [ingl. *viaduct*, dal lat. *vĭa*, sul modello di *aqueduct* 'acquedotto'; 1837] s. m. ● Ponte a più luci che permette a una strada o a una ferrovia di superare centri abitati, valli o depressioni.

viaggiànte [1891] part. pres. di *viaggiare*; anche agg. ● Che viaggia, che si sposta | ***Personale v.***, che svolge il suo lavoro sui mezzi di trasporto.

♦**viaggiàre** [da *viaggio*; 1619] **A** v. intr. (*io viàggio*; aus. *avere*) **1** Fare uno o più viaggi: *v. per diporto, affari, istruzione; v. molto all'estero; v. per mare, per terra, in macchina, in treno, in aereo; v. spesso, raramente; gli piace molto v.; v. in incognito, sotto falso nome.* **2** Fare il commesso viaggiatore: *v. per, per conto di una ditta, un'impresa; v. in pellami, elettrodomestici, medicinali.* **3** Muoversi, spostarsi lungo un determinato percorso, detto di mezzi di trasporto: *l'auto viaggiava a grande velocità; il treno viaggia con venti minuti di ritardo.* **4** Essere trasportato, detto di merci: *la merce viaggia a rischio del destinatario.* **B** v. tr. ● Attraversare, percorrere, visitare nel corso di uno o più viaggi: *ha viaggiato mezzo mondo, tutta l'Europa.*

♦**viaggiatóre** [1619] **A** agg. (f. *-trice*) ● Che viaggia | ***Piccione*** o ***colombo v.***, colombo domestico dotato di particolare senso dell'orientamento, capace di ritornare al luogo da cui è partito e per questo usato talvolta per trasporto di messaggi | ***Commesso v.***, chi viaggia, per conto di una ditta, per visitare la clientela e procurare ordini. **B** s. m. (f. *-trice*) **1** Chi viaggia, spec. con un mezzo di trasporto pubblico: *grande affluenza di viaggiatori; viaggiatori di prima, di seconda classe; chiedere il biglietto, il passaporto, i documenti ai viaggiatori* | ***Assegno per viaggiatori***, assegno turistico. **2** (*raro*) Chi fa viaggi di esplorazione e sim., in paesi poco noti: *i viaggiatori nell'interno dell'A-*

frica; gli audaci viaggiatori del Medio Evo. *3* Commesso viaggiatore: *la ditta ricerca nuovi viaggiatori.*

♦**viàggio** [provz. *viatge*, dal lat. *viăticu(m)*. V. *viatico*; 1221] **s. m.** *1* Trasferimento da un luogo a un altro, gener. con un mezzo di trasporto: *essere, mettersi in v.; un v. breve, lungo, di poche ore, di tre giorni; la nave ha dovuto interrompere il v. per avaria al motore; l'aereo proseguì il v. dopo una breve sosta; v. di andata, di ritorno; preparare la provvista per il v.; abito, borsa, oggetti da v.; le fatiche, i disagi del v.; compiere il v. a piedi, a cavallo, in carrozza, in treno, in automobile, in aereo, con la nave; dopo tre giorni di v. arrivarono a casa; tosto a quel picciol suon drizza il v.* (TASSO) | ***Cestino da v.***, contenente cibi da consumare in treno, venduto nelle stazioni | ***Buon v., felice v.***, escl. di augurio a chi parte | ***L'ultimo v., l'estremo v., il v. senza ritorno***, la morte. **CONTR.** Permanenza, sosta. *2* Giro più o meno lungo, attraverso luoghi o paesi diversi dal proprio, sia a scopo turistico che per altri motivi: *v. di esplorazione, d'istruzione, di studio, d'affari; v. di piacere; fare un v. in America, in Oriente; viaggi spaziali, interplanetari; libro di viaggi.* *3* Pellegrinaggio: *un v. in Terra Santa, alla Mecca.* *4* (*fig.*) Itinerario ideale, immaginario o mitico: *un v. attraverso i tempi, le antiche civiltà; un v. nella preistoria, nel futuro; un v. a ritroso nel tempo; i viaggi di Gulliver; il v. di Enea nell'Oltretomba; il v. della vita.* *5* (*fam.*) Trasporto di merci, suppellettili e sim.: *con tre viaggi esauriremo la merce* | ***Fare un v. a vuoto***, senza trasportare nulla; (*fig.*) andare in un luogo senza concludere nulla | ***Fare un v. e due servizi***, (*fig., disus.*) ottenere due risultati con un unico sforzo, prendere due piccioni con una fava. **SIN.** Tragitto. *6* (*raro, lett.*) Il corso apparente d'un astro nel cielo. *7* Nel gergo dei tossicodipendenti, effetto causato dall'assunzione di sostanze stupefacenti, spec. di allucinogeni. **SIN.** Trip. *8* †Via, sentiero. || **viaggettino**, **dim.** | **viaggetto**, **dim.** | **viaggiàccio**, **pegg.** | **viaggióne**, **accr.**

Viagra® [marchio registrato; 1997] **s. m. inv.** ● Nome commerciale di un farmaco che trova impiego nell'uomo per il trattamento della disfunzione erettiva.

♦**viale** [vc. dotta, lat. *viāle(m)*, agg. di *vĭa*; 1598] **s. m.** ● Via cittadina ampia e per lo più alberata: *i viali della periferia; passeggiare lungo i viali* | ***V. del tramonto***, (*fig.*) declino fisico e intellettuale, spec. dopo la conclusione di una carriera artistica: *un attore sul v. del tramonto* | Strada che, in parchi, giardini e sim., si svolge fra aiuole, prati e piante. || **vialétto**, **dim.** | **vialino**, **dim.** | **vialóne**, **accr.** | **vialùccio**, **dim.**

†**vianda** [fr. *viande*. V. *vivanda*; 1582] **s. f.** ● (*raro*) Vivanda.

viandànte [comp. di *vi(a)* e *andante*, part. pres. di *andare* (*1*); sec. XIII] **s. m. e f.** ● (*lett.*) Chi compie lunghi viaggi e peregrinazioni a piedi: *un povero v.; dare asilo a uno stanco v.* **SIN.** Pellegrino.

†**viànte** o †**biànte** [vc. dotta, lat. *viānte(m)*, part. pres. di *viāre* 'andare, viaggiare', da *vĭa*; av. 1665] **agg.**; anche **s. m. e f.** ● Viandante.

†**via più** ● V. *viepiù.*

†**viarèccio** o †**vierèccio** [da *via*] **agg.** ● Da portare per via o viaggiando.

viareggino A agg. ● Di Viareggio: *entroterra v.* **B s. m.** (f. *-a*) ● Abitante, nativo di Viareggio.

viària [da *via*, sul modello di *diaria*; 1858] **s. f.** ● (*raro, lett.*) Indennità per spese di viaggio.

viàrio [vc. dotta, lat. *viāriu(m)*, da *vĭa*; 1950] **agg.** ● Della, relativo alla, via: *rete viaria.* **SIN.** Stradale.

†**viatànto** [comp. di *via* e *tanto*] **cong.** ● (*raro*) Tuttavia, nondimeno.

viàtico [vc. dotta, lat. *viăticu(m)* 'provvista per il viaggio', da *vĭa*; av. 1306] **s. m.** (pl. *-ci*) *1* Nell'antica Roma, insieme di oggetti e provviste per un viaggio. *2* (*est., fig., lett.*) Ciò che serve a confortare, rincuorare, sostenere in una impresa, chi inizia, intraprende un'opera, e sim.: *ti siano di v. le nostre preghiere; il giovane vendicatore uscì di casa col v. delle ultime raccomandazioni materne* (SCIASCIA). *3* (*relig.*) Comunione amministrata a chi sta per morire: *ricevere il v.* *4* †Viaggio.

†**viatóre** [vc. dotta, lat. *viatōre(m)*, da *viāre*. V. *viante*; sec. XIV] **s. m.** (f. *-trice*) ● Viandante, pellegrino.

viatòrio [vc. dotta, lat. *viatōriu(m)*, da *viātor*, genit. *viatōris* 'viatore'; 1840] **agg.** *1* (*raro, lett.*) Da viaggio, relativo al viaggio. *2* †Transitorio.

viavài [comp. di *via* e *vai*, seconda pers. imperat. pres. di *andare* (*1*); av. 1850] **s. m. inv.** *1* Movimento animato di persone o cose che vanno e vengono: *un continuo v. di gente; il v. ininterrotto dei treni.* **SIN.** Andirivieni. *2* (*est.*) Movimento alternato di organi o parti scorrevoli: *il v. dello stantuffo.*

vibice [vc. dotta, lat. *vĭbice(m)*, di etim. incerta; 1499] **s. m.** ● (*med.*) Ecchimosi cutanea lineare.

vibonése [dal lat. *Vibonēase(m)* '(abitante) di Vibo'] **A agg.** ● Di Vibo Valentia, città della Calabria. **B s. m. e f.** ● Abitante, nativo di Vibo Valentia.

vibrafonista [1965] **s. m. e f.** (pl. m. *-i*) ● Chi suona il vibrafono.

vibràfono [comp. di *vibra(re)* e *-fono*; 1940] **s. m.** ● (*mus.*) Strumento musicale che viene suonato per mezzo di due bacchette, costituito da una serie di lamine di acciaio intonate cromaticamente, sotto ciascuna delle quali è collocato un tubo risuonatore con una elica azionata da un motorino elettrico. ➡ **ILL. musica.**

vibram® [dal n. dello scalatore a cui si deve l'invenzione *Vi(tale) Bram(ani)*; 1940] **s. f. inv.** ● Tipo di suola di gomma, usata spec. per scarponi da montagna, con profonde scanalature che ne aumentano l'aderenza.

vibraménto [da *vibrare*; 1879] **s. m.** ● (*raro*) Vibrazione.

vibrànte [1805] **A part. pres.** di *vibrare*; anche **agg.** *1* Che vibra. *2* (*ling.*) Detto di consonante la cui articolazione comporta l'entrata in vibrazione di un articolatore durante il passaggio dell'aria. *3* (*fig.*) Che ha un suono alto o un timbro energico: *voce v.* | (*fig.*) Fremente, appassionato: *parole vibranti di entusiasmo.* **B s. f.** ● (*ling.*) Consonante vibrante: *la r è una v.*

vibràre [vc. dotta, lat. *vibrāre*, di orig. indeur.; 1319] **A v. tr.** *1* (*lett.*) Agitare o scuotere con forza un'arma, prima di lanciarla: *v. l'asta, la lancia* | (*est.*) Lanciare con forza, scagliare (*anche fig.*): *v. una freccia, il dardo; le schiere a ferir prese, vibrando / le mortifere punte* (MONTI); *v. l'anatema, la scomunica contro qlcu.* *2* Assestare con forza: *v. un pugno, uno schiaffo, un colpo di pugnale.* **SIN.** Appioppare. *3* (*lett.*) Mettere qlco. in vibrazione. *4* Sottoporre a vibrazione: *v. il calcestruzzo dei getti, per costiparlo.* **B v. intr.** (aus. *avere*) *1* (*fis.*) Essere in vibrazione. *2* (*est., fig.*) Fremere, essere pervaso da, avere accenti o toni di: *v. di passione, d'odio, d'ira; le sue parole vibravano di commozione, di entusiasmo.* *3* (*fig.*) Risuonare: *un'ultima nota vibrò nell'aria; la sua voce vibrava nel silenzio.* **C v. intr. pron.** ● (*lett.*) Scuotersi, agitarsi.

vibratézza [da *vibrato*; av. 1764] **s. f.** ● (*raro, lett.*) Vibrazione, detto spec. delle parole e dello stile.

vibràtile [da *vibrare*; 1916] **agg.** ● Che compie movimenti ondulatori, di vibrazione: *ciglia vibratili* | ***Epitelio v.***, costituito da cellule che ad un'estremità sono fornite di ciglia capaci di movimenti ondulatori.

vibràto [1336 ca.] **A part. pass.** di *vibrare*; anche **agg.** *1* Nei sign. del v. *2* ***Palla vibrata***, gioco simile alla palla a sfratto, in cui si usa una palla con maniglia che viene fatta ruotare prima di essere lanciata | ***Calcestruzzo v.***, che, subito dopo il getto, è stato sottoposto a vibrazioni per assestarlo nei casseri e aumentarne compattezza e resistenza. *3* (*fig.*) Vigoroso, energico: *vibrate proteste.* || **vibrataménte**, **avv.** (*fig.*) In modo energico, vigoroso. **B s. m.** ● (*mus.*) Effetto sonoro, proprio degli strumenti ad arco, che si ottiene facendo oscillare la mano sinistra mentre il dito è appoggiato sulla corda | Analogo effetto negli strumenti a fiato, spec. negli ottoni, ottenuto sia con le labbra che con i pistoni.

vibratóre [da *vibrato*; 1810] **A s. m.** *1* Piccolo apparecchio che trasforma in alternata una corrente elettrica continua. *2* (*tecnol.*) Dispositivo meccanico, idraulico, pneumatico o elettrico che produce vibrazioni della struttura sulla quale è applicato, per es. per studiarne il comportamento. **SIN.** Eccitatore. *3* In edilizia e nelle costruzioni stradali, dispositivo o macchina usato per costipare il calcestruzzo nelle casseforme dopo che vi è stato versato. *4* Apparecchio generatore di vibrazioni, usato per massaggi terapeutici, pratiche cosmetiche o stimolazioni sessuali. **B agg.** (f. *-trice*) ● Che vibra | ***Cuscinetto v.***, per massaggi dimagranti.

vibratòrio [da *vibratore*; 1765] **agg.** ● Di vibrazione: *movimento v.* | Che produce vibrazione.

vibratùra [da *vibrare*; 1976] **s. f.** *1* (*raro*) Vibrazione. *2* Operazione consistente nell'imprimere vibrazioni di alta frequenza: *la v. del calcestruzzo nelle casseforme.*

vibrazionàle [da *vibrazione*; 1983] **agg.** ● (*fis.*) Relativo a uno stato di vibrazione od oscillazione: *livello, riga, banda, numero quantico v.*

vibrazióne [vc. dotta, lat. tardo *vibratiōne(m)*, da *vibrātus* 'vibrato'; 1632] **s. f.** *1* (*fis.*) Oscillazione di piccola ampiezza e di grande frequenza, propria dei corpi elastici: *la v. di un'onda sismica, elettromagnetica, sonora; ciaschedun pendolo ha il tempo delle sue vibrazioni … limitato e prefisso* (GALILEI) | (*est.*) Variazione periodica di un fenomeno fisico | ***V. acustica***, quella dell'aria e dei corpi che trasmettono il suono. *2* (*est., fig.*) Tremolio: *le vibrazioni della voce, delle stelle.* *3* (*fig.*) Fremito: *nelle sue parole c'era una v. d'orgoglio* | (*fig.*) Risonanza, eco interiore: *il ricordo suscitava in lui delle vibrazioni commosse.* *4* Massaggio eseguito manualmente o con apparecchi elettrici che agiscono sulla zona interessata, con una serie di scosse di intensità e frequenza variabili. || **vibrazioncèlla**, **dim.**

vibrióne [deriv. dal lat. *vibrāre*; 1892] **s. m.** ● Batterio delle Spirillacee a forma di virgola | ***V. del colera***, molto sottile, con un ciglio flessuoso a una estremità, agente patogeno del colera (*Vibrio cholerae*).

vibrìssa [vc. dotta, lat. tardo *vibrĭssa(m)* (di incerta attestazione), da *vibrāre*; 1598] **s. f.** ● (*zool.*) Pelo o setola in rapporto con terminazioni nervose, con funzione quasi sempre sensoriale, tipica della maggior parte dei Mammiferi | (*anat.*) Nell'uomo, pelo situato nel vestibolo delle fosse nasali.

vibro- [da *vibrare*] primo elemento ● In parole composte della terminologia scientifica e tecnica, fa riferimento a operazioni o strumenti che hanno una relazione con le vibrazioni: *vibrometria, vibroterapia, vibrografo, vibrometro.*

vibrocoltivatóre [da *vibro-* e *coltivatore*; 1984] **s. m.** ● (*agr.*) Macchina agricola per la lavorazione superficiale del terreno che impiega lame vibranti per frantumare le zolle.

vibrofinitrice [comp. di *vibro-* e *finitrice*; 1983] **s. f.** ● Macchina dotata di una lama vibrante, usata per la finitura superficiale di pavimentazioni in conglomerato bituminoso o in calcestruzzo, in modo che non presentino irregolarità.

vibroformatrice [comp. di *vibro-* e *formatrice*; 1983] **s. f.** ● (*tecnol.*) Macchina destinata alla fabbricazione di manufatti in calcestruzzo vibrato, per es. di blocchi forati per strutture murarie.

vibrògrafo [comp. di *vibro-* e *-grafo*; 1936] **s. m.** ● (*fis.*) Strumento destinato alla misurazione diretta degli spostamenti assoluti di un corpo vibrante, alla loro trasformazione in segnali elettrici e all'amplificazione e registrazione di tali segnali per dare un vibrogramma.

vibrogràmma [comp. di *vibro-* e *-gramma*; 1961] **s. m.** (pl. *-i*) ● (*fis.*) Diagramma che è fornito da un vibrografo e che rappresenta l'ampiezza delle vibrazioni di un corpo vibrante.

vibromassaggiatóre [comp. di *vibro-* e *massaggiatore*; 1971] **s. m.** ● Piccolo apparecchio per massaggi, la cui superficie è costituita spec. da strisce di gomma di spessore e forma diversa che vengono fatte vibrare elettricamente.

vibromassàggio [comp. di *vibro-* e *massaggio*; 1983] **s. m.** ● Massaggio eseguito con un vibromassaggiatore.

vibrometria [da *vibrometro*; 1983] **s. f.** ● (*fis., tecnol.*) Rilevazione, misurazione e registrazione delle grandezze caratteristiche delle vibrazioni.

vibròmetro [comp. di *vibro-* e *-metro*; 1983] **s. m.** ● (*fis., tecnol.*) Strumento meccanico, elettrico od ottico destinato alla misurazione delle ampiezze o delle velocità delle vibrazioni di strutture od organi meccanici, spec. per segnalare quando tendono a superare valori limite considerati normali.

vibroscòpio [comp. di *vibro-* e *-scopio*; 1957] s. m. ● Strumento usato nella tecnica per la registrazione di vibrazioni meccaniche nelle strutture.

vibroterapia [comp. di *vibro-* e *terapia*; 1983] s. f. ● (*med.*) Applicazione terapeutica del massaggio vibratorio.

vibùrno [vc. dotta, lat. *vibŭrnu(m)*, di orig. preindeur.; 1668] s. m. ● (*bot.*) Lantana | Pallone di maggio, palle di neve.

vicaria (1) o †**vicheria** nel sign. 3 [da *vicario*; sec. XIV] s. f. *1* Ufficio e giurisdizione che sostituisce quelli del titolare, in molte funzioni di diritto canonico. *2* Circoscrizione territoriale su cui, nel Medioevo, aveva giurisdizione un vicario. *3* (*st.*) In epoca medievale, milizia operante nelle suddette circoscrizioni territoriali: *mandate per le vicherie, e domattina all'alba pugnate contro a' vostri adversari* (COMPAGNI).

vicària (2) [sec. XIV] s. f. *1* Moglie del vicario. *2* Monaca che sostituisce la superiora di un convento.

vicariàle [1879] agg. ● Di vicario: *autorità v.*

vicariànte [propr. part. pres. di *vicariare*; 1942] agg. ● (*biol.*, *med.*) Che sostituisce, supplisce o compensa: *la funzione v. di un organo*; *specie v.*

vicariànza [da *vicariare*; 1987] s. f. ● Processo per cui un atomo viene sostituito da un altro di tipo diverso in un reticolo cristallino senza che questo si modifichi, in modo che ne derivino variazioni nella composizione chimica. SIN. Sostituzione.

vicariàre [da *vicario*; 1957] v. tr. (*io vicàrio*) ● (*biol.*, *med.*, *raro*) Sostituire, supplire, compensare, detto spec. di organi anatomici, funzioni cliniche e sim.: *un polmone sano può vicariarne uno malato.*

vicariàto [1444] s. m. *1* Ufficio e giurisdizione dei vari vicari di diritto canonico | Durata di tale ufficio. *2* Circoscrizione territoriale retta da un vicario.

vicàrio [vc. dotta, lat. *vicāriu(m)*, da *vĭcis* 'vece'; av. 1294] **A** s. m. (f. *-a* (V.)) ● Chi fa le veci di un'autorità in sua assenza o impossibilità di esercitare direttamente il potere: *v. imperiale* | ***V. di Dio, di Pietro, di Gesù, di Cristo***, il Papa | ***V. vescovile, del vescovo***, che coopera con il vescovo e può sostituirlo nella sua giurisdizione | ***V. parrocchiale, del parroco***, che ha funzioni vicarie nel governo di una parrocchia, accanto al parroco titolare | ***V. apostolico***, che, con speciali facoltà, regge i territori non eretti in diocesi, soprattutto in terre di missioni | ***V. capitolare***, ecclesiastico che, in alcuni casi di sede vacante vescovile, è designato dal capitolo a reggere il vescovato | ***V. foraneo***, ecclesiastico che è nominato dal vescovo a reggere un distretto parrocchiale della diocesi. **B** agg. *1* Che sostituisce, fa le veci di qlcu. o di qlco.: *verbo v.*; *autorità vicaria*; *funzioni vicarie* | ***Cardinal v.***, che sostituisce il Papa nella giurisdizione di vescovo di Roma | ***Padre v.***, ***madre vicaria***, religioso o religiosa che fa le veci del superiore o della superiora. *2* (*biol.*, *med.*) Vicariante.

vice (1) [per sostantivazione del precedente; 1803] s. m. e f. inv. ● Chi sostituisce il titolare di un ufficio, di una carica e sim., in caso di sua assenza o impedimento: *è il v. del direttore, del presidente*; *è diventato v.*

†**vice** (2) ● V. *vece.*

vice- [vc. dotta, lat. *vĭce*, abl. di *vĭcis* 'vece': propr. 'in vece di'] primo elemento ● In parole composte che fanno riferimento a carica, ufficio, significa 'che fa le veci di', 'che svolge, o può svolgere, le funzioni di': *vicedirettore, vicepreside, vicesegretario, vicesindaco, viceré.*

viceammiràglio [comp. di *vice-* e *ammiraglio*; av. 1557] s. m. ● (*mar.*) Un tempo, ufficiale di grado immediatamente inferiore al contrammiraglio.

vicebrigadière [comp. di *vice-* e *brigadiere*; 1910] s. m. ● Nelle armi dei carabinieri, della guardia di finanza, delle guardie carcerarie e forestali, quarto grado della gerarchia | Nel soppresso ordinamento delle guardie di pubblica sicurezza, grado sostituito dalla nuova qualifica di sovrintendente.

vicecomitàle [lat. mediev. *vicecomitāle(m)*, da *vicĕcomes*, genit. *vicecŏmitis* 'visconte'; 1961] agg. ● (*lett.*) Di visconte: *dignità, titolo v.*

vicecommissàrio [comp. di *vice-* e *commissario*; 1631] s. m. (f. *-a*) ● Funzionario di grado immediatamente inferiore al commissario.

vicecònsole o †**vicecònsolo** [comp. di *vice-* e *console*; 1740 ca.] s. m. e f. ● Funzionario di grado immediatamente inferiore a quello di console.

†**viceconte** o †**vececonte** [comp. di *vice-* e *conte* sul modello di *visconte*; sec. XVII] s. m. ● Visconte.

vicedecàno [comp. di *vice-* e *decano*] s. m.; anche agg. ● (*raro*) Chi (o Che) fa le veci del decano. SIN. Prodecano.

vicedirettóre [comp. di *vice-* e *direttore*; 1819] s. m. (f. *-trice*) ● Funzionario di grado immediatamente inferiore a quello di direttore, che può coadiuvarlo e sostituirlo.

†**vicedòmino** [vc. dotta, lat. tardo *vicedŏminu(m)*, comp. di *vĭce* 'in luogo di' (V. *vice-*) e *dŏminus* 'signore' (V. *domino* (*1*)); av. 1547] s. m. ● Maggiordomo, camerlengo.

vicedùca [comp. di *vice-* e *duca*; 1619] s. m. (pl. *-chi*) ● (*raro*) Governatore in vece del duca.

vicegovernatóre [comp. di *vice-* e *governatore*; 1957] s. m. (f. *-trice*) ● Chi fa le veci del governatore.

vicemàdre [comp. di *vice-* e *madre*; av. 1566] s. f. ● (*disus.*) Donna che fa da madre a chi ne è rimasto privo.

♦**vicènda** [lat. parl. **vicĕnda*, nt. pl., da *vĭcis* 'vece'; 1308] s. f. *1* (*lett.* o *disus.*) Serie di cose, fatti, avvenimenti, situazioni e sim. che si succedono alternandosi: *la v. degli anni, delle stagioni*; *una continua v. di delusioni e speranze* | ***L'umana v.***, la vita, l'esistenza. *2* (*agr.*) Avvicendamento delle colture, rotazione | ***Prato da v.***, artificiale, rinnovato periodicamente. *3* Caso, fatto, evento: *una triste v.*; *le vicende della vita*; *conoscere le vicende personali di qlcu.*; *narrare le proprie vicende* | ***Con alterne vicende***, con un alternarsi di eventi favorevoli e sfavorevoli. *4* (*raro*, *lett.*) Turno, volta, giro | ***A v.***, a turno, l'un l'altro: *vegliare a v.*; *amarsi, complimentarsi a v.* *5* †Contraccambio, ricompensa | †***In v.***, invece. *6* †Faccenda, bisogna: *io vo infino a città per alcuna mia v.* (BOCCACCIO).

vicendévole [da *vicenda*; 1342] agg. ● Scambievole, reciproco: *amore v.* ‖ **vicendevolménte**, †**vicendevoleménte**, avv. In modo vicendevole, scambievolmente.

vicendevolézza [av. 1673] s. f. ● (*raro*) Caratteristica di ciò che è vicendevole.

vicennàle [vc. dotta, lat. tardo *vicennāle(m)*, da *vicēnniu(m)* 'vicennio'; 1745] agg. ● (*lett.*) Ventennale.

vicènnio [vc. dotta, lat. tardo *vicēnniu(m)*, da *vĭcies* 'venti volte' (della stessa radice di *vigĭnti* 'venti'), sul modello di *biēnnium* 'biennio' e *decēnnium* 'decennio'; 1891] s. m. ● (*raro*, *lett.*) Ventennio.

vicentino [da *Vicentia*, n. lat. mediev. di *Vicenza*; 1483] **A** agg. ● Di Vicenza | ***Alla vicentina***, (*ellitt.*) alla maniera dei vicentini, detto spec. di preparazioni gastronomiche: *baccalà alla vicentina.* **B** s. m. (f. *-a*) ● Abitante, nativo di Vicenza. **C** s. m. solo sing. ● Dialetto del gruppo veneto, parlato a Vicenza.

vicepàdre [comp. di *vice-* e *padre*; av. 1685] s. m. ● (*disus.*) Uomo che fa da padre a chi ne è rimasto privo.

viceparroco [comp. di *vice-* e *parroco*; 1957] s. m. (pl. *-ci*) ● Vicario del parroco.

viceprefètto [comp. di *vice-* e *prefetto*; 1802] s. m. (f. *-a*, *-éssa*; V. nota d'uso FEMMINILE) *1* Nel governo della provincia, funzionario di grado immediatamente inferiore a quello del prefetto. *2* In collegi e sim., chi coadiuva o sostituisce il prefetto.

vicepréside (o **-ṣ-**) [comp. di *vice-* e *preside*; 1961] s. m. e f. ● Insegnante che fa le veci del preside.

vicepresidènte (o **-ṣ-**) [comp. di *vice-* e *presidente*; 1677] s. m. e f. (f. anche *-éssa*) ● Chi è tenuto a fare le veci del presidente: *il v. di una società, del consiglio dei ministri.*

vicepresidènza (o **-ṣ-**) [comp. di *vice-* e *presidenza*; 1970] s. f. ● Ufficio, titolo e dignità di vicepresidente | Durata di tale ufficio | Sede del vicepresidente.

vicepretóre [comp. di *vice-* e *pretore*; 1865] s. m. (f. raro *-a*) (V. nota d'uso FEMMINILE) ● Un tempo, giudice onorario destinato alla pretura.

vicepretùra [comp. di *vice-* e *pretura*; 1965] s. f. ● Titolo, dignità e ufficio di vicepretore | Durata di tale ufficio.

†**viceprovincia** [comp. di *vice-* e *provincia*] s. f. ● Parte di territorio considerato come provincia: *gli riuscì smembrar la Cina dal Giappone, e formarla tutta da sé v.* (BARTOLI).

vicequestóre [vc. dotta, lat. tardo *vicequaestōre(m)*, comp. di *vĭce* 'in luogo di' (V. *vice-*) e *quaēstor*, genit. *quaestōris* 'questore'; 1957] s. m. (f. raro *-a*) (V. nota d'uso FEMMINILE) ● Nel soppresso ordinamento delle guardie di pubblica sicurezza, grado sostituito nella nuova polizia di Stato dalla qualifica di primo dirigente | La persona avente tale grado.

viceré o †**veceré** [comp. di *vice-* e *re*; 1483] s. m. ● Chi è demandato a governare, in nome del re, una parte, spec. lontana dal territorio metropolitano, del regno: *il v. delle Indie.*

vicereàle o (*raro*) **viceregàle** [1653] agg. ● Di viceré: *carica, dignità v.*

viceréame [da *viceré*, sul modello di *reame*; 1950] s. m. *1* (*raro*) Ufficio, titolo e dignità di viceré | Durata di tale ufficio. *2* Territorio governato da un viceré.

viceregàle ● V. *vicereale.*

†**viceregina** [da *viceré*, sul modello di *regina*; 1829] s. f. *1* Moglie del viceré. *2* Donna che ha l'ufficio, la carica e la dignità del viceré.

vicerettóre [comp. di *vice-* e *rettore*] s. m. (f. *-trice*) ● Chi fa le veci del rettore.

vicesegretàrio [comp. di *vice-* e *segretario*; 1875] s. m. (f. *-a*) ● Impiegato o funzionario di grado immediatamente inferiore a quello di segretario.

vicesìndaco [comp. di *vice-* e *sindaco*; 1957] s. m. (f. *-a*, scherz. *-éssa*; pl. m. *-ci*; V. nota d'uso FEMMINILE) ● Assessore comunale che, su delega del sindaco, ne esercita le funzioni in caso di sua assenza o indisponibilità: *il v. di Bologna.*

†**vicessitùdine** ● V. *vicissitudine.*

♦**vicevèrsa** [lat. *vĭce vĕrsa* 'mutata la vicenda': *vĭce* è abl. di *vĭcis* 'vece', *vĕrsa* è abl. f. del part. pass. di *vĕrtere* (V.); av. 1673] **A** avv. ● In direzione contraria, all'inverso, anche rec.: *viaggio da Bologna a Firenze e v.* | (*fig.*) All'opposto, al contrario: *prima di agire bisogna riflettere e non fare v.*; *così dovevi procedere, non v.*; *i giovani devono onorare gli anziani e non v.* **B** in funzione di cong. ● (*fam.*) E invece, ma al contrario (con valore avversativo): *avevano promesso di fare il lavoro, v. non hanno ancora incominciato*; *avevi detto che avresti telefonato tu, v. non l'hai fatto.*

†**vicheria** ● V. *vicaria* (*1*).

vichianèṣimo [da *vichiano*, agg. di G. B. *Vico*; 1961] s. m. ● (*filos.*) Corrente di pensiero filosofico, storiografico ed estetico che si ispira alle dottrine elaborate da G. B. Vico.

vichiàno [1870] **A** agg. ● Che si riferisce a G. B. Vico (1668-1744) e alla sua filosofia. **B** agg.; anche s. m. (f. *-a*) ● Che (o Chi) è seguace o fautore del Vico.

vichìngo [ant. scandinavo *vīkingr*, da *vīk* 'baia' (di orig. germ.), propr. 'uno che frequenta baie', con allusione alla preferenza che i pirati davano alle coste con insenature; 1895] **A** agg. (pl. m. *-ghi*) *1* Che si riferisce alle popolazioni di stirpe germanica, stanziate fin dall'alto Medioevo nelle regioni dell'Europa settentrionale corrispondenti alle odierne Norvegia, Svezia e Danimarca: *guerrieri vichinghi*; *navi vichinghe.* *2* (*est.*, *scherz.*) Dell'odierna Scandinavia. **B** s. m. (f. *-a*) *1* Ogni appartenente alle popolazioni vichinghe: *gli antichi vichinghi.* *2* (*scherz.*) Scandinavo: *un biondo v.*; *una bella vichinga.*

vicinàle [vc. dotta, lat. *vicināle(m)*, da *vicīnus* 'vicino'; 1827] agg. *1* (*dir.*) Detto di strada privata esterna all'abitato e aperta al transito pubblico. *2* Detto di linee tranviarie e ferroviarie che mettono in comunicazione grandi centri con luoghi vicini.

vicinàme [da *vicino*, col suff. *-ame* dei collettivi; 1846] s. m. ● (*spreg.*) Gente del vicinato: *i commenti, i pettegolezzi, le malignità del v.*

†**vicinànte** [1840] **A** part. pres. di †*vicinare*; anche agg. ● Nei sign. del v. **B** s. m. e f. ● Vicino di casa.

♦**vicinànza** [da *vicinante*; av. 1292] s. f. *1* Stato, condizione o posizione di chi (o di ciò che) è vicino nello spazio o di ciò che è vicino nel tempo: *la v. delle case, di un centro abitato, del mare*; *l'umidità è dovuta alla v. del fiume*; *l'ambiente è caldo per la v. della cucina*; *abbiamo scelto questa* *casa per la sua v. con la spiaggia*; *la v. delle ferie, delle vacanze, degli esami* | ***In v. di***, nei pressi di: *in v. del porto, della stazione*. SIN. Adiacenza, prossimità. CONTR. Lontananza. **2** (*fig.*) Affinità, somiglianza: *v. di idee, di opinioni*. **3** (*al pl.*) Luoghi vicini, zone circostanti: *abitano qui, nelle vicinanze*; *in queste vicinanze deve esserci una farmacia*; *abbiamo cercato nelle vicinanze*. **4** (*disus.*) Vicinato: *la v. ha male interpretato il tuo gesto*; *io vorrei volentieri che tutta la v. ci fosse* (SACCHETTI). **5** (*raro*) Vicinia.

†**vicinàre** [vc. dotta, lat. tardo *vicināri*.; av. 1294] v. intr. e intr. pron. ● Essere, farsi vicino.

†**vicinàta** [1499] s. f. ● Vicinato.

vicinàto [da *vicino*; 1483] s. m. **1** Insieme di persone che abitano una stessa casa, rione o quartiere e la zona stessa in cui esse abitano: *il v. commenta, protesta*; *rispettare il vicinato*; *essere in buoni, in cattivi rapporti con il v.*; *la gente del v.* **2** Insieme di rapporti intercorrenti fra vicini | (*est.*) Insieme di rapporti che intercorrono fra Stati confinanti: *relazioni di buon v.*

†**vicinatóre** [da *vicinare*] s. m.; anche agg. (f. *-trice*) ● Chi (o Che) avvicina.

†**vicinazióne** [da *vicinare*] s. f. ● Avvicinamento.

vicinìa [da *vicino*; 1572] s. f. **1** In epoca medievale, comunità urbana e rurale di vicini, con proprie terre o assemblee, e investita di rilevanti funzioni pubbliche. **2** Comunità agraria di alcune zone alpine e prealpine che gestisce e amministra con proprie assemblee terreni e boschi di sua proprietà.

viciniòre o **viciniòre** [vc. dotta, lat. *viciniōre(m)*, compar. di *vicīnus* 'vicino'; 1812] agg. ● Nel linguaggio burocratico, più vicino, limitrofo: *zone viciniori*.

vicinità [vc. dotta, lat. *vicinitāte(m)*, da *vicīnus* 'vicino'; 1336 ca.] s. f. **1** (*lett.*) Vicinanza, prossimità. **2** †Affinità, somiglianza.

♦**vicino** [lat. *vicīnu(m)*, propr. 'che abita nello stesso vico', da *vīcus* 'vico'; av. 1294] **A** agg. **1** Che si trova a una distanza relativamente piccola, rispetto al punto cui si fa riferimento: *la strada è vicina*; *il traguardo è ormai v.*; *la mia stanza è vicina alla tua*; *i paesi vicini*; *il v. oriente* | (*fig.*) Partecipe dei sentimenti di qlcu.: *ci sentiamo molto vicini a voi tutti in questa triste circostanza* | (*fig.*) Stretto: *parente v.* | Di cose o persone che si trovano a breve distanza l'una dall'altra: *due case vicine*; *quei due quadri sono troppo vicini* | Confinante, detto di paesi: *Stati vicini*; *nazioni vicine*. CFR. para-. SIN. Attiguo, adiacente. CONTR. Lontano. **2** Che è imminente, che sta per giungere, accadere, verificarsi e sim.: *la partenza è vicina*; *la stagione invernale è ormai vicina*; *questo è un chiaro segno di tempesta vicina* | ***Essere v. a***, stare per: *essere v. a partire, a finire, a morire* | ***Essere v. ai quaranta, ai cinquanta*** e sim., di persona che ha quasi quaranta o cinquant'anni | Che si è appena verificato, concluso e sim.: *eventi storici ancora troppo vicini a noi*. **3** (*fig.*) Simile, somigliante: *un colore v. al verde*; *sono idee molto vicine alle nostre*; *le tue affermazioni sono molto vicine al vero*. **B** s. m. (f. *-a*) **1** Ogni abitante di una casa, di una via, di un rione e sim., rispetto a tutti gli altri: *rispettare i vicini*; *essere in buoni, in cattivi rapporti con i propri vicini*; *cerca di non disturbare i tuoi vicini di casa*; *siede con le vicine / su la scala a filar la vecchierella* (LEOPARDI) | Chi si trova accanto ad altri: *la mia vicina di banco*. **2** †Concittadino. **3** (*al pl.*) Nel gioco della roulette, combinazione costituita dal numero prescelto insieme con i quattro che lo precedono e lo seguono sulla ruota della roulette. **C** avv. ● Non lontano, accanto: *vieni qui v.*; *abitiamo v.*; *sta v.* | ***Farsi v.***, avvicinarsi: *fatevi più v.* | ***Da v.***, da poca distanza e (*est.*, *fig.*) bene, minutamente, in tutti i particolari: *osserva da v.*; *vedo meglio da v. che da lontano*; *esamina i fatti da v.*; *io la conosco da v.* (V. anche *davvicino*). **D** nelle loc. prep. ***vicino a***, †***vicino di*** **1** Accanto a: *non venirmi v.*; *stai v. a tuo padre* | ***Ci sono andato v.***, (*fig.*) c'è mancato poco, quasi lo indovinavo, lo prendevo e sim.: *non ho fatto centro, ma ci sono andato v.* | †Circa (in espressioni temporali): *infino v. della mezzanotte* (BOCCACCIO). **2** Nei pressi di: *abito v. a Napoli*; *ha una villa v. a Milano*.

vicissitùdine o †**vicessitùdine** [vc. dotta, lat. *vicissitūdine(m)*, da *vĭcis* 'vece'; sec. XIV] s. f. **1** †Vicenda, alternanza, mutazione: *v. di casi*; *v. del tempo*. **2** (*al pl.*) Vicenda triste, eventi sfavorevoli: *le vicissitudini della vita*; *passare attraverso mille vicissitudini*. SIN. Traversie.

†**vicissitudinevolménte** avv. ● Vicendevolmente, scambievolmente.

†**vicitaménto** ● V. *visitamento*.

†**vicitàre** ● V. *visitare*.

†**vicitatóre** ● V. *visitatore*.

†**vicitazióne** ● V. *visitazione*.

vico [lat. *vīcu(m)*, di orig. indeur.; 1308] s. m. (pl. *-chi*) **1** (*raro*, *lett.*) Borgo, villaggio. **2** (*dial.*, *merid.*) Vicolo. **3** †Rione dell'antico comune.

♦**vicolo** [vc. dotta, lat. *vīculu(m)*, dim. di *vīcus* 'vico'; 1619] s. m. ● Via urbana di dimensioni modeste: *i vicoli della città vecchia* | ***V. cieco***, senza sbocco; (*fig.*) situazione difficile, senza soluzione: *cacciarsi in un v. cieco*. SIN. Chiasso (2). || **vicolàccio**, pegg. | **vicolétto**, dim. | **vicolino**, dim. | **vicolóne**, accr.

victòria /vik'tɔrja, *ingl.* vɪk'tɔ:riʌ/ [dal n. della regina *Victoria* (1819-1901) (forma ingl. di *Vittoria*) d'Inghilterra; 1878] s. f. inv. ● Carrozza scoperta a due posti, con quattro ruote, serpa e mantice. ➡ ILL. **carro e carrozza**.

victòria règia [dal n. della regina *Victoria* (forma ingl. di *Vittoria*) d'Inghilterra; 1929] loc. sost. f. inv. (pl. lat. inv.) ● Gigantesca ninfacea sudamericana con foglie di 2 m di diametro e grandi fiori (*Victoria regia*). ➡ ILL. **piante**/3.

videàta [da *video*; 1985] s. f. ● (*elab.*) L'insieme dei caratteri e delle immagini visualizzati contemporaneamente sullo schermo di un videoterminale.

♦**video** [sostantivazione del prefissoide ingl. *video-*; 1953] **A** s. m. inv. **1** (*tv*) Tutto ciò che è relativo alla ripresa, alla trasmissione e alla ricezione delle immagini televisive | L'immagine stessa. **2** (*elab.*) Videoterminale. **3** Accorc. di *videoclip*. **B** agg. inv. **1** Relativo alla ripresa, alla trasmissione e alla ricezione delle immagini televisive | ***Segnale v.***, videosegnale. **2** (*elab.*) Relativo alla visualizzazione su schermo fluorescente dei risultati di un'elaborazione elettronica o dei dati contenuti nelle memorie di un elaboratore | ***Terminale v.***, videoterminale.

video- [dal tema *vide-* deriv. dal v. lat. *vidēre* 'vedere' con la vocale di congiunzione *o*, ci è giunto prob. dall'ingl.] primo elemento ● In parole composte del linguaggio scientifico e tecnico, indica apparecchiature, immagini o grandezze usate nei sistemi televisivi di trasmissione (*videocassetta*, *videocitofono*, *videofrequenza*) ovvero indica relazione con la vista (*videoleso*).

videoamatóre [comp. di *video(camera)* e *amatore*] s. m. (f. *-trice*) ● Chi, a livello amatoriale, gira film con la videocamera.

videoamplificatóre [comp. di *video-* e *amplificatore*; 1961] s. m. ● (*elettron.*) Amplificatore di segnali video.

video art /'video 'art, *ingl.* 'vɪdɪəʊ,ɑ:ɹt/ [loc. ingl., propr. 'arte (*art*) che si avvale del *video*'; 1981] loc. sost. f. inv. (pl. ingl. *video arts*) ● Tecnica artistica contemporanea consistente in una realizzazione televisiva, in diretta o registrata, spesso integrata in un'installazione o in una scultura.

videocàmera [comp. di *video-* e *camera* (2); 1983] s. f. **1** Telecamera. **2** (*tv*) Sistema costituito da una telecamera e un videoregistratore portatili.

videocassétta [comp. di *video-* e *cassetta*; 1970] s. f. ● (*tv*) Caricatore, di forma e dimensioni standardizzate, destinato ad essere usato in un videoregistratore: *v. vergine, preregistrata*. SIN. Videotape.

videocitofònico agg. (pl. m. *-ci*) ● Di, relativo a videocitofono.

videocitòfono [comp. di *video-* e *citofono*; 1971] s. m. ● Citofono collegato a un impianto televisivo a circuito chiuso, fornito di schermo video su cui è visibile la persona che ha premuto il pulsante di chiamata all'ingresso dell'abitazione. SIN. Intervideo.

videoclip /video'klip, *ingl.* 'vɪdɪəʊ,klɪp/ o **video-clip** [vc. ingl., comp. di *video* e *clip*; 1985] s. m. inv. ● (*mus.*) Breve filmato che, spesso arricchito di immagini suggestive, accompagna l'esecuzione di un brano musicale, spec. a scopo promozionale.

videoconferènza [comp. di *video-* e *conferenza*; 1983] s. f. ● Sistema basato su computer, videocamere e rete telefonica, che consente a più utenti dislocati in luoghi diversi di entrare contemporaneamente in comunicazione vocale e visiva.

videocontròllo [comp. di *video-* e *controllo*; 1983] s. m. ● Controllo, mediante un impianto televisivo a circuito chiuso, di determinate zone o locali, quali gli accessi a una banca o a una scuola, una corsia di ospedale, il traffico in una strada, un impianto industriale destinato a operazioni pericolose.

videocrazìa [comp. di *video-* e *-crazia*; 1990] s. f. ● Potere rappresentato dal mezzo televisivo per la sua capacità di condizionare le opinioni degli spettatori. SIN. Telecrazia.

videodipendènte [comp. di *video-* e *-dipendente*; 1982] agg.; anche s. m. e f. ● Che (o Chi) non riesce a rinunciare alla televisione e si lascia condizionare dai suoi messaggi: *cultura, stampa v.*; *quel bambino è diventato un v.* SIN. Teledipendente.

videodipendènza [comp. di *video-* e *dipendenza*; 1983] s. f. ● Stato, condizione di chi è videodipendente. SIN. Teledipendenza.

videodisco [comp. di *video-* e *disco*; 1970] s. m. (pl. *-schi*) ● Tipo di compact disc, in genere di grande formato, che contiene filmati.

videofilm [comp. di *video(cassetta)* e *film*; 1985] s. m. inv. ● Film videoregistrato e destinato a circolare in videocassetta.

videofòno [comp. di *video-* e *-fono*; 1964] s. m. **1** (*raro*) Videocitofono. **2** (*raro*) Videotelefono.

videofrequènza [comp. di *video-* e *frequenza*, sul modello dell'ingl. *videofrequency*; 1961] s. f. ● Frequenza del segnale video in televisione.

videogame /video'geim, *ingl.* 'vɪdɪəʊ,geɪm/ [vc. ingl., comp. di *video-* 'video-' e *game* 'gioco' (vc. d'orig. germ.); 1982] s. m. inv. ● Videogioco.

videogiòco [comp. di *video-* e *gioco*; 1980] s. m. (pl. *-chi*) ● (*tv*) Apparecchio elettronico che permette a uno o più giocatori di simulare, mediante vari tipi di comandi, sullo schermo di un televisore ordinario a cui viene collegato o su quello di un monitor che ne fa parte integrante, vari giochi, gener. sportivi, o ideati appositamente | Il gioco stesso. SIN. Videogame.

videografìa [comp. di *video-* e *-grafia*; 1987] s. f. ● Lista dei video realizzati da un autore | Lista di video riguardanti un determinato argomento: *la v. sulla didattica della storia*.

videogràfica [da *videografico*, sostantivato al f.; 1985] s. f. ● Tecnica che permette di produrre immagini con il computer.

videogràfico [1985] agg. (pl. m. *-ci*) ● Che riguarda la videografica.

videoimpaginatóre [comp. di *video-* e *impaginatore*; 1983] s. m. (f. *-trice*) ● (*tipogr.*) Nella preparazione di testi a stampa, spec. di giornali quotidiani, videoterminale atto a impaginare la composizione secondo criteri prestabiliti.

videoimpaginazióne [comp. di *video-* e *impaginazione*; 1983] s. f. ● (*tipogr.*) Montaggio di testo e immagini eseguito mediante appositi programmi su elaboratore elettronico.

video jockey /'video 'dʒɔkei, *ingl.* 'vɪdɪəʊ,dʒɒki/ [da *disc jockey* con sostituzione di *video* a *disc*; 1994] s. m. e f. inv. (pl. ingl. *video jockeys*) ● Conduttore televisivo che seleziona e presenta brani musicali con un breve commento critico.

videolènto® [comp. di *video-* e *lento*; 1982] s. m. ● Sistema di trasmissione di immagini attraverso la linea telefonica. ➡ ILL. **telematica**.

videolèso [comp. di *video-* e *leso*; 1983] agg.; anche s. m. (f. *-a*) ● (*med.*) Che (o Chi) è leso negli occhi, nella vista.

videolettóre [comp. di *video(cassetta)* e *lettore*; 1985] s. m. ● Apparecchio che permette la visualizzazione di videocassette.

videolibro [comp. di *video(disco)* e *libro*; 1990] s. m. ● Libro registrato su videodisco, da leggere o consultare elettronicamente su uno schermo televisivo.

videomagnètico [comp. di *video-* e *magnetico*; 1970] agg. (pl. m. *-ci*) ● Relativo alla registrazione su nastro magnetico dei segnali video e audio facenti parte di un programma televisivo.

videomusic /video'mjuzik, *ingl.* 'vɪdɪəʊ-

,mjuuzɪk/ [vc. ingl., comp. di *video-* 'video' e *music* 'musica'; 1984] **s. f. inv.** ● Ogni forma di musica diffusa attraverso il sistema dei videoclip.

videomùsica [1983] **s. f.** ● Adattamento di *videomusic*.

videomusicàle [da *videomusica*; 1985] **agg.** ● Che riguarda la videomusica.

videonàstro [comp. di *video-* e *nastro*; 1971] **s. m.** ● Videotape.

videonoléggio [comp. di *video(cassette)* e *noleggio*; 1988] **s. m.** ● Esercizio commerciale specializzato nel noleggio di videocassette | Il settore e l'attività dei negozi che noleggiano videocassette.

videopòker [comp. di *video-* e *poker*; 1985] **s. m. inv.** ● Apparecchio automatico a gettone o a moneta, installato in locali pubblici, che riproduce un gioco simile al poker tra il giocatore e la macchina | Il gioco stesso.

videoproiettóre [comp. di *video-* e *proiettore*; 1982] **s. m.** ● Dispositivo, gener. collegato a un sintonizzatore, a un videoregistratore o a un computer, per proiettare immagini televisive a distanza su uno schermo di grandi dimensioni.

videoregistràre [da *videoregistratore*; 1985] **v. tr.** ● Registrare con un videoregistratore.

videoregistratóre [comp. di *video-* e *registratore*; 1970] **s. m.** ● Apparecchio atto a registrare su una videocassetta programmi televisivi e a riprodurli (o a riprodurre programmi contenuti in una videocassetta preregistrata o immagini riprese con una telecamera) su uno schermo televisivo.

videoregistrazióne [comp. di *video-* e *registrazione*; 1970] **s. f.** ***1*** Registrazione di immagini e programmi televisivi mediante un videoregistratore. ***2*** L'insieme delle immagini o il programma televisivo registrati mediante un videoregistratore.

videoriprésa [comp. di *video-* e *ripresa*; 1983] **s. f.** ● Ripresa di immagini e programmi televisivi mediante una telecamera.

videoriproduttóre [comp. di *video-* e *riproduttore*; 1983] **s. m.** (f. *-trice*) ● Apparecchio per la riproduzione di videocassette.

videoriproduzióne [comp. di *video-* e *riproduzione*; 1983] **s. f.** ● Riproduzione su uno schermo televisivo delle immagini contenute in una videocassetta.

videoschérmo [comp. di *video-* e *schermo*; 1986] **s. m.** ● Schermo di un videoterminale.

videoscrittùra [comp. di *video-* e *scrittura*; 1983] **s. f.** ● (*elab.*) Sistema di word processing in cui le operazioni di creazione, manipolazione e memorizzazione dei testi vengono compiute con l'ausilio di uno schermo video sul cui possono essere visualizzate intere pagine di testo o parti di esse.

videosegnàle [comp. di *video-* e *segnale*; 1961] **s. m.** ● In un sistema televisivo, il segnale elettrico, con caratteristiche dipendenti dal particolare standard, che è usato per trasmettere le informazioni contenute nelle immagini. **SIN.** Segnale video.

videosistèma [comp. di *video-* e *sistema*; 1983] **s. m.** (pl. *-i*) ***1*** Sistema di ripresa, registrazione e riproduzione di immagini e programmi televisivi, ed eventualmente dei suoni corrispondenti, comprendente gener. una telecamera, un videoregistratore, un sintonizzatore e un monitor o un televisore. ***2*** (*elab.*) Sistema di word processing che utilizza uno schermo video: *v. di scrittura.*

videotape /video'teɪp, *ingl.* 'vɪdɪou,teɪp/ [vc. ingl., comp. di *video-* 'video' e *tape* 'nastro' (vc. d'orig. non accertata); 1972] **s. m. inv.** ● Videocassetta.

videotèca [comp. di *video-* e *-teca*; 1966] **s. f.** ***1*** Raccolta di videoregistrazioni, gener. su videocassette. ***2*** Luogo dove viene conservata una raccolta di videoregistrazioni.

Videotèl® [comp. di *video-* 'video-' e *tel(efono)*; 1982] **s. m. inv.** ● Sistema di videotex usato in Italia. ➡ **ILL. telematica.**

videotelefonìa [comp. di *video-* e *telefonia*; 1974] **s. f.** ● Sistema di comunicazioni televisive mediante cavo telefonico.

videotelefònico [1972] **agg.** (pl. m. *-ci*) ● Relativo alla videotelefonia, al videotelefono.

videotelèfono [comp. di *video-* e *telefono*; 1948] **s. m.** ● Apparecchio telefonico dotato di una telecamera e di uno schermo che consente di accompagnare la comunicazione con l'immagine dell'interlocutore. ➡ **ILL. telefonia.**

videoterminàle [comp. di *video-* e *terminale*; 1981] **s. m.** ● (*elab.*) Terminale dotato di monitor.

Videotèx® [vc. ingl., riduzione più rapida del sin. *videotext* 'testo su video'; 1982] **s. m. inv.** ● Servizio telematico pubblico basato sulla rete telefonica, che consente di collegarsi mediante un terminale a banche dati, a fornitori di servizi e a utenti privati per effettuare interrogazioni, operazioni bancarie, prenotazioni, acquisti o semplicemente per scambiare messaggi; in Italia è denominato Videotel.

videotrasméttere [da *videotrasmissione*; 1986] **v. tr.** (coniug. come *mettere*) ● Realizzare una videotrasmissione | Teletrasmettere.

videotrasmissióne [comp. di *video-* e *trasmissione*; 1980] **s. f.** ● Teletrasmissione di immagini.

vidi ● V. *vedere* (*1*).

vidicon /'vidikon, *ingl.* 'vɪdɪkən/ [1961] **s. m. inv.** ● Accorc. di *vidiconoscopio*.

vidiconoscòpio [comp. di *vid(eo)-* e *iconoscopio*; 1961] **s. m.** ● Tubo termoelettronico di ripresa televisiva, usato spec. nelle telecamere industriali.

vidimàre [fr. *vidimer*, dal lat. *vīdimus* 'abbiamo visto' (prima pers. pl. perfetto indic. di *vidēre* 'vedere'), formula cancelleresca con cui si approvava un atto; 1699] **v. tr.** (*io vìdimo*) ● Apporre il visto, autenticare un documento.

vidimatóre [1961] **A s. m.** (f. *-trice*) ● (*bur.*) Chi è incaricato di effettuare vidimazioni. **B** anche **agg.**: *macchina vidimatrice.*

vidimazióne [1802] **s. f.** ● Autenticazione, convalida: *v. dei libri sociali.*

†**vidovile** ● V. *vedovile*.

†**vidovità** ● V. †*vedovità*.

†**viduàle** ● V. †*vedovale*.

†**viduìle** ● V. *vedovile*.

†**viduìtà** ● V. †*vedovità*.

†**vie** [da *via e*; av. 1292] **avv.** ***1*** Ancora, assai (con valore raff. premesso a un compar.): *e dicoti più che noi facciamo vie miglior lavoro* (BOCCACCIO) | V. anche *viemeglio, viepiù*. ***2*** Oltre, ancora oltre | (*raro*) ***Essere un via là, vie loro***, uno sconclusionato. ***3*** Nelle loc. avv. ***via vie, vie via***, a mano a mano | (*raro*) Subito, tra un momento.

vièlla [fr. *vielle*, da una base onomat.; 1933] **s. f.** ● (*mus.*) Antico strumento ad arco a fondo piatto, usato dai trovieri e poi gradualmente modificato sino a prendere le forme della moderna viola. ➡ **ILL. musica.**

viemèglio o **vie mèglio**, (*raro*) **viemmèglio** [comp. di *vie* e *meglio*; 1818] **avv.** ● (*raro, lett.*) Ancor più, a maggior ragione.

viémmi ● V. *venire* (*1*).

viénci ● V. *venire* (*1*).

viéni ● V. *venire* (*1*).

viennése [1740 ca.] **A agg.** ● Di Vienna: *valzer v.* | ***Alla v.***, (*ellitt.*) alla maniera dei viennesi, detto spec. di preparazioni gastronomiche: *cotoletta alla v.* | ***Pane v.***, pane al latte a crosta croccante. **B s. m. e f.** ● Abitante, nativo di Vienna.

viéntene ● V. *venire* (*1*).

viepiù o †**via più**, (*lett.*) **vie più**, **viepiù** [comp. di *vie* e *più*; sec. XIII] **avv.** ● (*lett.*) Sempre più, assai più.

†**vièra** ● V. *ghiera* (*1*).

†**vieréccio** ● V. †*viareccio*.

vièro [vc. venez., dal lat. *vivāriu(m)* 'vivaio'; 1961] **s. m.** ● Burga nel sign. 2.

vietàbile [av. 1729] **agg.** ● Che si può vietare.

vietabilità **s. f.** ● (*raro*) Condizione di ciò che è vietabile.

†**vietaménto** [da *vietare*; av. 1347] **s. m.** ● Divieto.

♦**vietàre** [lat. *vetāre*, di etim. incerta; 1313] **v. tr.** (*io vièto*) ***1*** Ordinare d'autorità che una cosa non si faccia: *v. l'ingresso, il passaggio, il transito, la sosta, l'uscita; v. qlco. per legge; v. l'uso di qlco.; il medico gli ha vietato di fumare, di mangiare cibi piccanti* | ***Nulla vieta che***, è possibile, fattibile, lecito che: *nulla vieta che io parta, che tu ti opponga* | (*lett.*) ***V. a qlcu. il luogo, la strada e sim.***, non permettergli di andarvi. **SIN.** Impedire. **CONTR.** Permettere. ***2*** †Rifiutare. ***3*** †Tenere lontano: *avversi … / i venti sempre la natal mia terra / parean vietarmi* (ALFIERI).

vietativo [lat. tardo *vetatīvu(m)*, da *vetāre* 'vietare'; 1300 ca.] **agg.** ● (*raro*) Che serve a vietare.

vietàto [av. 1294] **part. pass.** di *vietare*; anche **agg.** ***1*** Proibito | Usato in espressioni quali: *sosta vietata, transito v., v. fumare, v. sporgersi, v. l'ingresso ai non addetti ai lavori; film v. ai minori di anni 18* e sim., esprime pubblico divieto o proibizione. ***2*** (*lett.*) Difeso: *le mal vietate Alpi* (FOSCOLO).

vietatóre [1840] **s. m.**; anche **agg.** (f. *-trice*) ● (*raro*) Chi (o Che) vieta.

vietcòng [abbr. di *Viet(-nam)* e *cong(san)* 'rosso'; 1973] **agg. inv.**; anche **s. m. e f. inv.** ● Militante o appartenente al Fronte di Liberazione Nazionale del Vietnam meridionale, in lotta dal 1957 al 1975 contro le forze governative sudvietnamite e l'esercito inviato dagli Stati Uniti | Il Fronte di Liberazione medesimo: *la politica, i guerriglieri del v.*

vietnamita [1947] **A agg.** ● Del Vietnam: *popolo v.; lingua v.* **B s. m. e f.** ● Nativo o abitante del Vietnam. **C s. m.** solo **sing.** ● Lingua della famiglia austro-asiatica parlata nel Vietnam.

viéto [lat. *vĕtus*, nom. 'vecchio'. V. *veterano*; 1313] **A agg.** ***1*** (*spreg.*) Che è ormai privo di validità, interesse, attrattiva e sim.: *forme, parole, idee, dottrine viete; argomenti vieti; consuetudini ormai viete.* **SIN.** Inattuale, trito. **CONTR.** Attuale, recente. ***2*** (*tosc.*) Che ha perduto la freschezza e il sapore: *cibi vieti; frutta vieta.* ***3*** (*raro, lett., fig.*) Floscio, appassito, malaticcio: *viso, aspetto v.* ***4*** †Molto vecchio. **B s. m.** ● †Sapore stantio: *saper di v.*

vietùme [da *vieto*; 1618] **s. m.** ● (*raro, spreg.*) Insieme di cose viete, risapute e sim.

†**vigècuplo** [av. 1642] **agg.**; anche **s. m.** ● Che, ciò che è venti volte maggiore, relativamente ad altra cosa analoga: *cadere a basso con decupla o vigecupla velocità* (GALILEI).

vigènte [1798] **part. pres.** di *vigere*; anche **agg.** ● Che è in vigore: *norme, leggi vigenti; secondo il v. regolamento.*

vigènza [1965] **s. f.** ● Condizione di ciò che è vigente | ***V. della legge***, obbligatorietà, vigore del diritto.

vìgere [vc. dotta, lat. *vigēre*, da avvicinare a *vĕgetus* 'vegeto'; av. 1306] **v. intr.** (difett. usato solo nelle terze pers. sing. e pl. del **pres.** *vìge, vìgono*, dell'imperf. *vigéva, vigévano*, del **congv. pres.** *vìga, vìgano*, del **congv. imperf.** *vigésse, vigéssero*, nel gerundio *vigèndo* e nel **part. pres.** *vigènte*) ***1*** Essere in vigore, avere forza e autorità, detto di usi, norme, principi e sim.: *vige il principio della irretroattività della legge; usanze che vigono ancora presso di noi.* ***2*** (*raro, lett.*) Essere vivo, vitale: *O donna in cui la mia speranza vige* (DANTE *Par.* XXXI, 79).

vigèsima (o *-é-*) [vc. dotta, lat. *vigēsima(m pārtem)* 'ventesima parte', f. sost. di *vigēsimus* 'ventesimo' (V. *vigesimo*); 1460] **s. f.** ***1*** (*raro, lett.*) Ventesima parte. ***2*** (*dir.*) Imposta di varia misura gravante, nell'età imperiale romana, su eredità o legati e in materia di affrancazione.

vigesimàle [da *vigesimo*; 1957] **agg.** ● Detto del sistema di numerazione che ha per base il numero venti.

vigèsimo (o *-é-*) [vc. dotta, lat. *vigēsimu(m)*, var. di *vicēsimus* 'ventesimo', da *vigĭnti* 'venti'; 1304] **agg. num. ord.** ● (*lett.*) Ventesimo: *papa Giovanni v.; vigesimoprimo; vigesimo secondo; vigesimoterzo.*

vigesimonòno [comp. di *vigesimo* e *nono*] **agg. num. ord.**; anche **s. m.** ***1*** (*lett.*) Ventinovesimo. ***2*** (*mus.*) Registro di ripieno nell'organo, che suona l'ottava quadruplicata del principale.

vigesimosèsto [comp. di *vigesimo* e *sesto*] **agg. num. ord.**; anche **s. m.** ***1*** (*lett.*) Ventiseiesimo. ***2*** (*mus.*) Registro di ripieno nell'organo, che suona la tripla ottava del principale.

vigilànte (1) [1342] **A part. pres.** di *vigilare* (*1*); anche **agg.** ● (*raro*) Sollecito, attento. ‖ **vigilanteménte**, avv. (*raro*) Con cura, assiduità e attenzione. **B s. m. e f.** ***1*** Persona addetta alla vigilanza di qlco. **SIN.** Sorvegliante. ***2*** (*ferr.*) Dispositivo di sicurezza in un mezzo di trazione, che interviene automaticamente provocando la frenatura del mezzo stesso, quando il macchinista ometta di manovrare determinati congegni o apparecchi. **SIN.** Uomo morto.

vigilante (2) /vidʒi'lante, *sp.* °bixi'lante/ [vc. sp. 'guardia, guardiano', usata nell'ingl. amer. per designare, negli U.S.A. merid. e occidentali, l'appartenente a gruppi volontari di cittadini organizzatisi per mantenere l'ordine pubblico, in assenza o insufficienza delle forze di polizia regolari; 1977] **s. m.** (pl. *vigilantes*). ● Appartenente a corpi privati di sorveglianti o guardie che prestano servizio di protezione a favore di enti o istituti privati o di cittadini che temono per la loro incolumità.

vigilantismo [da *vigilante*, 1981] **s. m.** ● Impiego preferenziale di agenti privati nel controllo dell'ordine pubblico.

vigilanza [vc. dotta, lat. *vigilãntia(m)*, da *vigilans*, genit. *vigilãntis* 'vigilante'; sec. XIV] **s. f. 1** Attenta sorveglianza a scopo di controllo: *squadre di v.; sottrarsi alla v. di qlcu.; il lavoro si svolge sotto la continua v. dei dirigenti* | **V. speciale**, misura di prevenzione applicabile alla persona pericolosa: **SIN.** Sorveglianza speciale. **2** Cura sollecita, accorta attenzione: *è necessaria la massima v.* **SIN.** Controllo, custodia. **CONTR.** Negligenza.

vigilare (1) [vc. dotta, lat. *vigilãre*, da *vigil*, genit. *vigilis* 'vigile, sveglio'; 1319] **A v. tr.** (*io vìgilo*) ● Sottoporre qlcu. o qlco. ad accurati controlli, ad attenta sorveglianza e sim.: *v. i lavori; v. gli studenti, gli operai; v. le persone sospette.* **SIN.** Controllare, sorvegliare. **CONTR.** Trascurare. **B v. intr.** (aus. *avere*) **1** (*lett.*) Vegliare, star desto. **2** Badare attentamente, provvedere con diligenza e cura: *v. che tutto si svolga nel modo dovuto.*

vigilare (2) [da *vigilia*] **agg.** ● (*relig.*) Nella liturgia cattolica, detto di rito celebrato la vigilia di una festività, in preparazione di questa, spec. nelle ore serali.

vigilato [av. 1405] **A** part. pass. di *vigilare* (1); anche **agg. 1** Nei sign. del v. **2 Libertà vigilata**, misura di sicurezza restrittiva della libertà personale. **B s. m.** (f. *-a*) ● Persona sottoposta a libertà vigilata: *carta precettiva per il v.*

vigilatore [1879] **agg.**; anche **s. m.** (f. *-trice* (V.)) ● Che (o Chi) vigila o svolge specifici compiti di sorveglianza e controllo.

vigilatrice [f. di *vigilatore*, 1922] **s. f.** ● Donna che svolge specifici compiti di sorveglianza e controllo | **V. scolastica**, assistente sanitaria nella scuola dell'obbligo | **V. d'infanzia**, diplomata che svolge il suo compito nelle strutture ospedaliere, nelle case di cura e nei servizi sociosanitari per l'infanzia.

†**vigilazione** [vc. dotta, lat. *vigilatiõne(m)*, da *vigilãtus* 'vigilato'] **s. f.** ● (*raro*) Vigilanza, controllo.

◆**vigile** [vc. dotta, lat. *vìgile(m)*, da *vigère* (V. *vigere*); sec. XIV] **A agg.** ● Che vigila, che osserva e segue con particolare accortezza e attenzione: *l'occhio, lo sguardo v. della madre, del maestro; imparare, sotto la v. guida dell'insegnante; bisogna essere, mantenersi vigili in ogni momento, per ogni necessità.* **SIN.** Attento, desto. **CONTR.** Sbadato. **B s. m. 1** Nell'antica Roma, guardia istituita da Augusto per la sicurezza della città nella notte e contro gli incendi | †Guardia d'onore. **2** (f. *vigile*, raro o scherz. *-éssa*; V. nota d'uso FEMMINILE) Chi appartiene a specifici corpi di guardia | **V. urbano**, agente di pubblica sicurezza e di polizia giudiziaria cui è affidata l'esecuzione e la vigilanza nell'applicazione dei regolamenti di polizia urbana | **V. del fuoco**, cui spetta il compito di tutelare l'incolumità delle persone e la salvezza delle cose, prevenendo ed estinguendo gli incendi o fornendo altri soccorsi tecnici. **SIN.** Pompiere.
➔ **ILL. vigili del fuoco**.

◆**vigilia** [vc. dotta, lat. *vigília(m)* 'veglia', poi 'tempo della veglia per la guardia notturna', quindi anche 'guardia, sentinella', da *vìgil* 'vigile, sveglio'; 1313] **s. f. 1** Notte trascorsa senza dormire, veglia: *lunghe, assidue vigilie di studio; protrarre le vigilie; il vigore del quale ... né i digiuni né le vigilie potevano macerare* (BOCCACCIO) | **V. dei sensi**, (*lett., fig.*) la vita, in quanto precede il sonno della morte | **V. d'armi**, veglia d'armi | †Veglia funebre. **2** Nella liturgia precedente il Concilio Vaticano II, giorno che precede una solennità religiosa, con obbligo di digiuno e di astinenza | Attualmente, giorno di preparazione spirituale e liturgica a una grande festa, senza obbligo di digiuno e astinenza | (*est.*) Digiuno, astinenza: *osservare, rompere la v.; far v.* **3** (*est.*) Giorno che precede un fatto di qualche rilievo: *la v. dell'esame*,

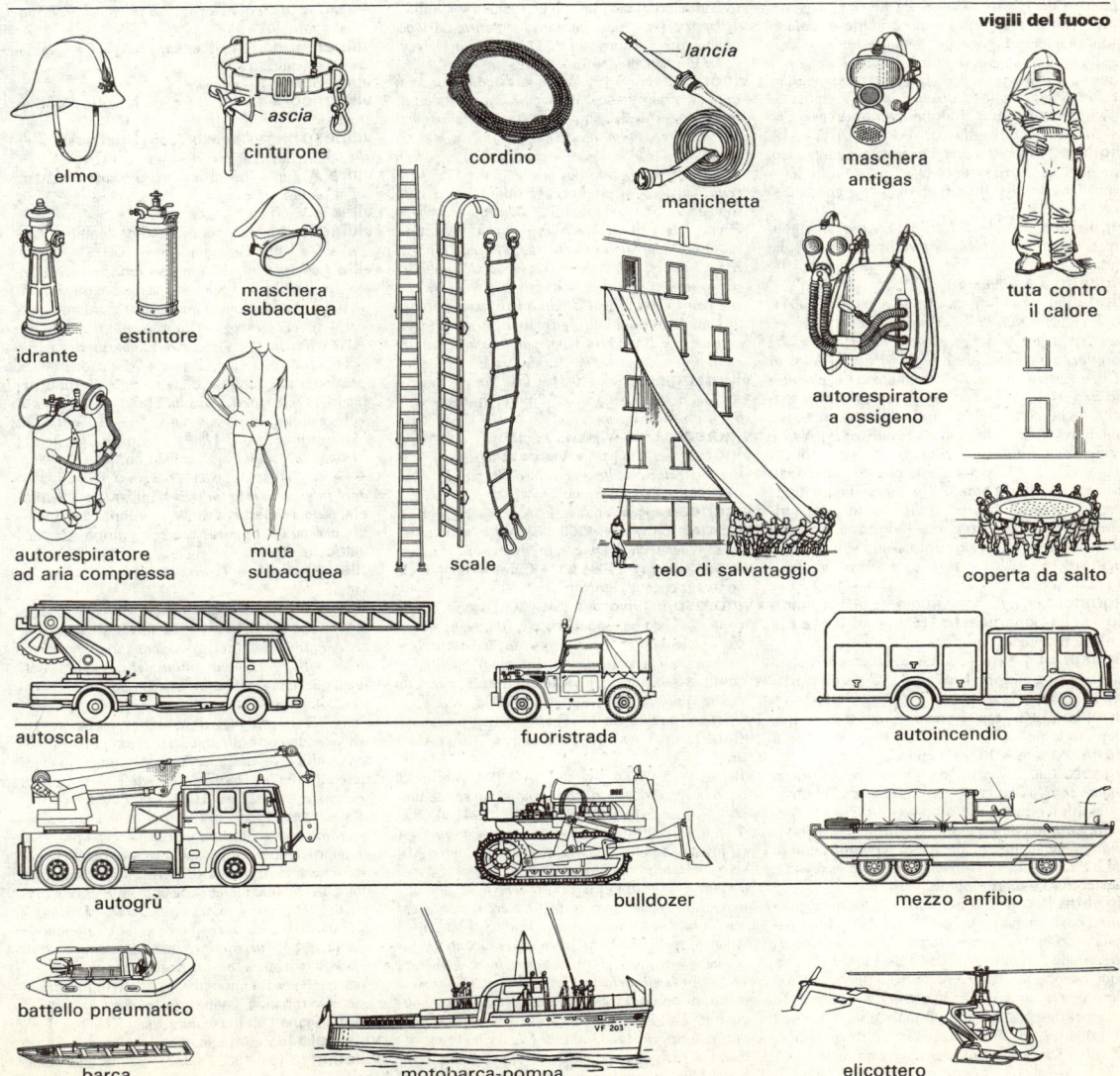

vigili del fuoco

elmo — cinturone — *ascia* — cordino — *lancia* — manichetta — maschera antigas

idrante — estintore — maschera subacquea — tuta contro il calore

autorespiratore ad aria compressa — muta subacquea — scale — autorespiratore a ossigeno — telo di salvataggio — coperta da salto

autoscala — fuoristrada — autoincendio

autogrù — bulldozer — mezzo anfibio

battello pneumatico — barca — motobarca-pompa — elicottero

del matrimonio, della partenza; i preparativi, le ansie della v.; essere alla v. di qlco. | Periodo di tempo più o meno lungo che precede un evento o una serie di eventi di particolare rilievo, di vasta risonanza e sim.: *si era ormai alla v. della guerra, della crisi economica.* **4** (*st.*) Turno di guardia delle sentinelle romane | ***Le quattro vigilie***, di tre ore ciascuna, che coprivano la notte | †Sentinella di guardia.

†**vigilio** [vc. dotta, lat. *vigĭliu(m)*, da *vĭgil* 'sveglio, vigile'; 1336 ca.] **s. m.** ● Vigilia, veglia.

vigintiviràto [vc. dotta, lat. *vigintivirātu(m)*, da *vigintvĭri* 'venti uomini'] **s. m.** ● Magistratura romana che doveva essere rivestita da chi aspirava alla questura e quindi alla vita politica.

vigliaccàta [1963] **s. f.** ● (*spreg.*) Azione da vigliacco.

vigliaccherìa [1542] **s. f.** **1** Caratteristica di chi è vigliacco: *dar prova di v.* **SIN.** Codardia, pusillanimità. **CONTR.** Ardimento. **2** Azione da vigliacco: *commettere una v.*

vigliàccio [da *vigliare*; 1840] **s. m.** ● Spiga o parte di spiga sfuggita alla trebbiatura.

♦**vigliàcco** [sp. *bellaco* 'briccone, malvagio' (di etim. incerta), accostato paretimologicamente a *vile*; 1524] **A agg.**; anche **s. m.** (f. *-a*; pl. m. *-chi*) **1** Che (o Chi) fugge davanti al pericolo o accetta, senza ribellarsi o reagire, ingiustizie, umiliazioni, soperchierie e sim., imposte a lui stesso o ad altri: *gente vigliacca; siete un branco di vigliacchi; ti stai comportando da v.* **SIN.** Codardo, pusillanime. **CONTR.** Coraggioso, risoluto. **2** Che (o Chi) si impone con la prepotenza a chi è indifeso, compie sopraffazioni, ingiustizie e sim.: *un individuo spregevole e v.; non voglio aver nulla a che fare con un v. della tua specie.* **B agg.** ● Di, da vigliacco: *comportamento v.; azione subdola e vigliacca.* || **vigliaccóne**, accr. || **vigliaccaménte**, avv. Con vigliaccheria, da vigliacco.

vigliàre [da *viglia*, perché con essa si fanno scope per l'aia; 1319] **v. tr.** (*io viglio*) **1** (*raro*) Separare dal grano i vigliacci. **2** (*fig.*) †Scegliere, cernere.

vigliatùra [1573] **s. f.** **1** (*raro*) Lavoro del vigliare. **2** (*raro*) Complesso di vigliacci separati dal grano.

†**vigliétto** ● V. *biglietto.*

♦**vigna** [lat. *vīnea(m)*, da *vīnum* 'vino'; av. 1306] **s. f.** **1** Vigneto: *una bella v.; colline ricoperte di vigne; coltivare, piantare un terreno a v.* | ***La v. del Signore***, (*fig.*) la Chiesa | (*fig., scherz.*) ***La v. di Cristo***, attività e sim. molto redditizia | ***V. che non fa uva***, (*fig., disus.*) persona di scarsissime capacità e che non combina nulla di buono; attività, iniziativa e sim. che non dà buoni frutti | ***Non è terreno da piantar v.***, (*fig., disus.*) si dice di chi (o di ciò che) vale poco, che non dà garanzie di serietà, capacità e sim. **2** (*fig., lett.*) Fonte di lucro. **3** †Vite. **4** V. *vinea.* || **vignàccia**, pegg. | **vignétta**, dim. | **vignóna**, accr. | **vignóne**, accr. m. | **vignùccia**, pegg. | †**vignuòla**, dim. (V.).

vignàio [av. 1320] **s. m.** (f. *-a*) **1** (*raro*) Vignaiolo. **2** †Vigneto.

vignaiòlo o (*lett.*) **vignaiuòlo**, (*raro*) **vignaròlo**, (*raro*) **vignaruòlo** [av. 1536] **s. m.** (f. *-a*) ● Chi coltiva una vigna.

†**vignàta** **s. f.** **1** Vigneto. **2** Giardino con pergolato dove si va a giocare, bere, e sim. **3** Scampagnata tra le vigne.

vignàto [1840] **agg.** ● (*raro*) Coltivato a vigna, detto di terreno.

†**vignàzzo** **s. m.** ● Vigna, vigneto.

vignéto [lat. *vinētu(m)*, da *vīnum* 'vino', rifatto su *vigna*; sec. XIV] **s. m.** ● (*agr.*) Superficie piuttosto estesa di terreno piantato a vite. **CFR.** Cru | ***V. specializzato***, in coltura pura | ***V. consociato***, con viti alternate ad altre piante | ***V. di tendone***, detto di un particolare tipo di allevamento della vite. ➡ **ILL. agricoltura e giardinaggio.**

vignétta [fr. *vignette*, propr. dim. di *vigne* 'vigna': detta così perché un tempo l'inizio della prima pagina di un libro (o anche di ogni capitolo di un libro) era ornato con tralci e viticci; 1598] **s. f.** **1** Piccola illustrazione, scontornata e sfumata fino a confondersi con la carta bianca, in uso nell'Ottocento | In origine, fregio a forma di foglia o tralcio di vite | In seguito, qualunque genere d'illustrazione. **2** (*est.*) Disegno, spec. satirico o umoristico, con o senza parole. **3** La parte a stampa del francobollo. **4** (*elvet.*) Contrassegno, bollo: *v. autostradale.*

vignettatùra [da *vignetta*; 1961] **s. f.** **1** (*ottica*) Diminuzione dell'illuminamento ai bordi dell'immagine formata sul materiale sensibile da un obiettivo, particolarmente notevole nel caso degli obiettivi grandangolari. **2** (*fot.*) Operazione eseguita nella stampa mediante una mascherina di cartoncino tenuta sopra la carta fotografica e avente lo scopo di isolare il soggetto dall'ambiente circostante rendendo quest'ultimo evanescente.

vignettìsta [1950] **s. m. e f.** (pl. m. *-i*) ● Chi disegna vignette satiriche, umoristiche e sim.

vignettìstica [da *vignettistico* sostantivato al f.; 1987] **s. f.** ● Arte e tecnica che riguarda l'elaborazione e la produzione di vignette satiriche, umoristiche e sim. | Il complesso delle vignette di un autore, di un'epoca o riguardante un argomento: *la v. di Forattini; la v. politica.*

†**vignuòla** [lat. parl. **vineŏla(m)*, per il tardo *vineŏla(m)*, dim. di *vīnea* 'vigna'; nel sign. 2, dal precedente perché la *vigna* è una buona fonte di reddito] **s. f.** **1** Dim. di *vigna.* **2** Passatempo, comodo | ***Essere, diventare v. di qlco.***, soggetto da sfruttare.

†**vignuòlo** [da *vigna*; 1308] **s. m.** ● Viticcio.

vigógna [sp. *vicuña*, vc. di orig. *quechua*; 1671] **s. f.** **1** Piccolo camelide americano dei Lama, con lana finissima e pregiata, giallo rossiccio sul dorso e bianco ventralmente (*Lama vicugna*). ➡ **ILL. animali**/12. **2** Stoffa soffice e calda, tessuta con la morbidissima lana dell'animale omonimo | Tessuto compatto di lana rasata, per tappeti e simili.

†**vigoràre** [vc. dotta, lat. tardo *vigorāre*, da *vĭgor*, genit. *vigōris* 'vigore'; av. 1557] **A v. tr.** ● Dare vigore. **B v. intr. pron.** ● Invigorire.

vigóre o †**vivóre** [vc. dotta, lat. *vigōre(m)*, da *vigēre* (V. *vigere*); sec. XIII] **s. m.** **1** Forza vitale propria di ogni organismo vivente: *il v. della giovinezza; uomo, animale, pianta piena di v., nel suo pieno v.; perdere v.; acquistare nuovo v.; essere nella fase, nel periodo di massimo v.* | ***V. del terreno***, capacità di produrre, fertilità | ***V. del vino***, robustezza. **SIN.** Gagliardia. **CONTR.** Fiacchezza. **2** (*est., fig.*) Energia, nerbo, potenza, vivacità: *il v. dell'ingegno, della mente, della fantasia; parlare, esprimersi con v.; il v. dello stile, di una musica; lottare con tutto il v. di cui si dispone, di cui si è capaci.* **SIN.** Foga. **3** (*dir.*) Efficacia, obbligatorietà, detto di un atto normativo: *v. della legge; entrare in v. l'anno prossimo; andare in v. dal primo del mese; essere, non essere, in v.*

vigoreggiàre [sec. XIV] **v. intr.** (*io vigoréggio*; aus. *avere*) ● (*lett.*) Aver vigore, fiorire (*spec. fig.*): *gli studi vigoreggiano.*

†**vigorézza** **s. f.** ● Vigoria, forza.

vigorìa [sec. XIV] **s. f.** ● Vigore (*anche fig.*): *v. fisica, morale; v. delle membra, della parola, dello stile.* **CONTR.** Estenuazione.

†**vigorióso** **agg.** ● Vigoroso.

†**vigorìre** [da *vigore*; 1300 ca.] **A v. tr.** ● Invigorire. **B v. intr. pron.** ● Diventare vigoroso.

vigorosità [av. 1406] **s. f.** ● Caratteristica di chi (o di ciò che) è vigoroso.

♦**vigoróso** o †**vivoróso** [av. 1306] **agg.** ● Di chi (o di ciò che) è pieno di vigore (*anche fig.*): *uomo v.; ingegno v.; mente vigorosa; membra vigorose; azione vigorosa.* **SIN.** Energico, gagliardo. **CONTR.** Bolso, fiacco. || **vigorosaménte**, avv. Con vigore: *opporsi vigorosamente a qlcu., a qlco.*

†**vilànza** [da *vile*; av. 1306] **s. f.** ● Viltà, pochezza.

†**vilàre** [da *vile*; av. 1306] **v. tr. e intr.** ● (*raro*) Avvilire.

vile o (*tosc.*) **vilio**, nel sign. A 1 [lat. *vīle(m)* 'di poco prezzo', quindi 'di poco valore' (in senso proprio e figurato), di etim. incerta; 1294] **A agg.** **1** (*lett.*) Che costa e vale poco: *merce, roba v.* | ***A vil prezzo***, a prezzo bassissimo. **2** (*est., lett.*) Misero, meschino: *riguardo il viver mio sì v. / e sì dolente* (LEOPARDI) | ***Avere, tenere a v.***, non stimare, non considerare e sim. | ***Essere a v.***, non essere stimato, considerato e sim. **3** (*est., fig.*) Abietto, spregevole: *vili parole; sentimenti vili; v. adulazione;* (*lett.*) *il v. denaro; la v. moneta* | (*scherz.*) ***Il vil metallo***, l'oro. **4** (*lett.*) Di poveri natali, di oscure origini, di misera condizione sociale e sim.: *gente v.; essere di v. schiatta; uomo di v. condizione.* **SIN.** Umile. **5** (*fig.*) Che fugge dinanzi al pericolo, che ha paura e, per paura, cede e consente a tutto: *uomo, soldato, popolo v.* | (*est.*) Di ciò che è dettato dalla paura, che è proprio o caratteristico delle persone vili: *azione v.; v. cedimento; animo v.; ogni tuo atto è v. e degno di disprezzo.* **SIN.** Codardo. **6** (*raro*) Timido, timoroso: *il pudor mi fa v. / e prode l'ira* (FOSCOLO). || **vilménte**, †**vileménte**, avv. In modo vile: *fuggire vilmente.* **B s. m. e f.** ● Persona vile: *disprezzare, fuggire i vili; è da v. comportarsi così.*

†**vilésco** [da *vile*] **agg.** ● Di poco pregio.

†**vilézza** [da *vile*; av. 1306] **s. f.** ● Viltà.

†**vilia** ● V. *veglia.*

vilificàre [vc. dotta, lat. tardo *vilificāre*, comp. di *vīlis* 'vile' e *-ficāre*; av. 1342] **A v. tr.** (*io vilìfico, tu vilìfichi*) ● (*lett.*) Avvilire, disprezzare, schernire. **B v. rifl.** ● (*raro, lett.*) Umiliarsi.

†**vilificatóre** **s. m.**; anche **agg.** (f. *-trice*) ● (*raro*) Chi (o Che) vilifica.

vilio ● V. *vile.*

†**vilipendènza** [da *vilipendere*] **s. f.** ● Disprezzo.

vilipèndere [vc. dotta, lat. *vilipĕndere*, propr. 'stimare di poco valore', comp. di *vīlis* 'di poco valore' (V. *vile*) e *pĕndere* 'pesare' (V. *pendere* (2)); 1338 ca.] **v. tr.** (pass. rem. *io vilipési, tu vilipendésti*; part. pass. *vilipéso*, †*vilipènso*) ● Offendere, trattare con palese disprezzo: *v. lo Stato, le istituzioni pubbliche.* **SIN.** Conculcare, ingiuriare.

vilipèndio [da *vilipendere*, sul modello di *dispendio*; av. 1470] **s. m.** ● (*raro*) Disprezzo palese e offensivo | (*dir.*) Reato consistente nel mostrare disprezzo per iscritto od oralmente o mediante altri atti materiali verso particolari beni giuridici: *v. di cadavere, delle tombe; v. alla bandiera, alla nazione italiana.*

†**vilipensióne** [da *vilipenso*; 1308] **s. f.** ● Umiliazione, disprezzo.

†**vilipènso** ● V. *vilipeso.*

†**vilipensóre** [av. 1375] **s. m.** ● (*raro*) Chi vilipende.

vilipéso o †**vilipènso** [1484] **part. pass.** di *vilipendere*; anche **agg.** ● Nei sign. del v.

†**vilìre** **A v. tr.** ● Tenere a vile. **B v. intr.** ● Perdere ogni pregio.

†**vilità** ● V. *viltà.*

†**vilitànza** [da *viltà*, sul modello dell'ant. fr. *viltance*] **s. f.** ● Viltà, codardia.

♦**villa** [lat. *vīlla(m)*, dalla stessa radice di *vīcus* 'vico'; sec. XIII] **s. f.** **1** Spec. in passato, casa signorile fuori città, circondata da ampio giardino o parco: *v. settecentesca; le ville romane; trascorrere i mesi caldi in v.* | (*region.*) ***V. comunale***, parco pubblico di una città. **2** (*est.*) Abitazione gener. per una o due famiglie, con giardino, costruita nei quartieri residenziali di una città o in località di villeggiatura: *farsi la v. al mare, in montagna; abitare in una v.* **3** (*lett.*) Campagna, contado | †***Uomo di, della v.***, contadino. **CFR.** Villano. **4** (*poet.*) Villaggio, paese, borgo. **5** †Città | †***Andare in v. colla brigata***, (*fig.*) impazzare. || **villàccia**, pegg. | **villétta**, dim. (V.) | **villìna**, dim. | **villìno**, dim. m. (V.) | **villóna**, accr. | **villóne**, accr. m. | **villùccia**, dim.

†**villàggine** **s. f.** ● (*raro*) Amore dello stare in villa.

♦**villàggio** [ant. fr. *village*, dal lat. *villāticu(m)*, agg. di *vĭlla*; av. 1348] **s. m.** **1** Piccolo centro abitato: *v. di campagna; villaggi alpini; campagne sparse di ameni villaggi* | ***Scemo, idiota del v.***, persona beffeggiata, fatta oggetto di scherno collettivo per il suo comportamento ritenuto strano o ridicolo | (*sociol.*) ***V. globale***, il mondo contemporaneo, considerato come un unico villaggio grazie al potere unificante dei mezzi di comunicazione di massa (dalla loc. ingl. *global village*, coniata dal sociologo canadese H.M. McLuhan (1911-1980)). **SIN.** Borgo. **2** (*est.*) Complesso edilizio più o meno organico e dotato dei servizi propri di un quartiere urbano, costruito su aree cittadine periferiche o nella fascia di territorio che circonda immediatamente una grande città: *v. popolare, residenziale; v. universitario; v. satellite* | ***V. olimpico***, quello destinato a ospitare gli atleti durante le olimpiadi | ***V. turistico, v. vacanze***, complesso di villette, bungalow e sim. fornito di attrezzature sportive e per il tempo libero situato in località di interesse turistico. || **villaggétto**, dim.

†**villàio** **agg.** ● Di villa, campagna.

†**villaiuòlo** [da *villa*] **s. m.** ● Villeggiante.

†**villanànza** [av. 1306] **s. f.** **1** Villania, malcreanza. **2** Rozzezza, rusticità.

villanàta [1879] *s. f.* ● Atto, gesto, discorso e sim. da villano: *non sopporterò oltre le vostre villanate.*

villancìco /*sp.* °biʎanˈθiko, -janˈsi-/ [vc. sp., da *villano* 'villano' (stessa etim. dell'it. *villano*). Cfr. *villotta*; 1940] *s. m. inv.* (**pl. sp.** *villancicos*) ● (*mus.*) Composizione poetica popolare spagnola, di stanze con ritornello, per coro e orchestra, di tema religioso spec. natalizio.

†**villaneggiaménto** *s. m.* ● Il villaneggiare | Comportamento insultante.

villaneggiàre [da *villano*; av. 1342] **A** *v. tr.* (*io villanéggio*) ● Insultare, trattare villanamente. **B** *v. intr.* (aus. *avere*) ● (*raro*) Fare cose da villano.

†**villaneggiatóre** *s. m.*; anche agg. (f. *-trice*) ● Chi (o Che) oltraggia, insulta.

villanèlla [da *villano* 'contadino'. Cfr. *villotta*; sec. XIII] *s. f.* **1** (*lett.*) Contadinella. **2** (*letter.*) Canzonetta villereccia, simile allo strambotto, di origine napoletana e diffusa soprattutto nel sec. XVI. **3** (*mus.*) Forma vocale rinascimentale di ritmo semplice, in armonia omofona in contrapposizione al contemporaneo madrigale polifonico.

villanèllo [dim. di *villano*; 1313 ca.] *s. m.* (f. *-a*) ● (*lett.*) Contadinello.

villanésca [da *villanesco*; 1961] *s. f.* ● (*letter., mus.*) Villanella.

villanésco [da *villano* 'contadino'; av. 1294] **agg.** (pl. m. *-schi*) **1** (*lett.*) Contadinesco, rustico: *abiti villaneschi, antiche nenie villanesche.* **2** (*spreg.*) Rozzo, maleducato: *modi villaneschi.* || **villanescaménte**, *avv.* Rozzamente.

villanìa [da *villano* 'contadino'; av. 1250] *s. f.* **1** Caratteristica di chi (o di ciò che) è villano: *persona, discorso di insopportabile v.* **2** Atto, gesto, parola o sim. offensiva o ingiuriosa: *subire, sopportare le villanie di qlcu.; dire, fare una gran v.* **SIN.** Sgarbo | (*raro*) Villanata. **3** †Torto, ingiustizia | †*Far v. a una donna*, recare offesa al suo pudore, violarla. || **villaniùccia**, *dim.*

villàno [lat. tardo *villānu(m)*, da *vīlla*; av. 1250] **A** *s. m.* (f. *-a*) **1** (*disus. o lett.*) Abitante della campagna, contadino: *il buon villan sorge dal caro / letto* (PARINI) | (*spreg.*) **V.** *rifatto, rincivilito, rivestito, riunito*, contadino o (*est.*) persona di umili origini, che ha raggiunto una buona posizione economica, ma ha conservato modi rozzi e incivili. **2** (*est., spreg.*) Persona rozza e incivile, priva di educazione, tatto, gusto, cortesia e sim.: *sei un v., ti stai comportando da perfetto v., da v. nato e calzato* | *Passare da, per v.*, essere considerato tale. **SIN.** Buzzurro, zotico. **B** *agg.* **1** Di chi (o di ciò che) è villano, privo di garbo, di buona creanza e sim.: *gente villana; modi villani; è piuttosto v.* | Ingiurioso, offensivo: *rispondere con parole villane, con tono v.* **2** †Brutale, crudele. **3** †Brutto, sozzo. **PROV.** *Carta canta e villan dorme*; *gioco di mano, gioco di villano.* || **villanàccio**, pegg. | **villanèllo**, dim. (V.) | **villanóne**, accr. | **villanòtto**, accr. | **villanaménte**, *avv.* In modo villano: *agire, rispondere villanamente.*

villanoviàno [dalla località di *Villanova* (Bologna); 1931] **A** *agg.* ● Detto di una civiltà preistorica risalente alla prima età del ferro, diffusa nell'Italia centro-settentrionale, e di tutto ciò che ad essa si riferisce: *periodo, sepolcreto v.; reperti archeologici villanoviani.* **B** *s. m.* ● Periodo in cui si sviluppò la civiltà villanoviana.

villanzóne [1500] *s. m.* (f. *-a*) ● Chi è oltremodo villano.

†**villanzuòlo** [1659] *s. m.* (f. *-a*) ● Villanello.

villaréccio ● V. *villereccio.*

†**villàta** [da *villa*, sul modello di *borgata*; av. 1348] *s. f.* ● Villaggio | Contado | Contrada.

villàtico [vc. dotta, lat. *villātìcu(m)*, da *vīlla*] **agg.** ● Di villa, campagna.

†**villeggiaménto** *s. m.* ● Villeggiatura.

villeggiànte [part. pres. di *villeggiare*; av. 1712] *s. m.* e f. ● Chi è o va in villeggiatura: *l'arrivo, la partenza, il ritorno dei villeggianti.*

villeggiàre [da *villa*; av. 1566] *v. intr.* (*io villéggio*; aus. *avere*) ● Trascorrere un periodo di riposo e svago, spec. durante la stagione estiva, in località adatta: *v. al mare, in montagna, in campagna, sui laghi.*

◆**villeggiatùra** [1718] *s. f.* ● Permanenza a scopo di riposo e svago in località adatta: *andare, stare in v.; fare una v. sulle Alpi* | Tempo in cui si villeggia: *trascorrere una piacevole v.; un breve periodo di v.* | Luogo in cui si villeggia: *scegliere per tempo la v.*

villeréccio o (*raro*) **villaréccio** [da *villa*; av. 1320] **agg.** (pl. f. *-ce*) ● (*lett.*) Campestre: *quiete villereccia* | Campagnolo: *gente villereccia.* **SIN.** Rurale.

†**villésco** [da *villa*; 1342] **agg.** ● Campagnolo, rustico.

villétta [1353] *s. f.* **1** Dim. di *villa.* **2** Piccola casa con giardino: *una v. in periferia; villette prefabbricate, unifamiliari; avere una v. al mare, in montagna* | *Villette a schiera*, di identica tipologia e accostate l'una all'altra. || **villettìna**, *dim.*

villìco [vc. dotta, lat. *vīl(l)icu(m)*, da *vīlla*; sec. XIV] *s. m.* (f. *-a*; pl. m. *-ci*) **1** (*lett. o scherz.*) Abitante del contado: *uno di quei villici si accostò attraverso il campo alla strada* (BACCHELLI). **SIN.** Contadino. **2** †Castaldo, fattore.

villìno [dim. di *villa*; 1871] *s. m.* ● Villetta.

villo [vc. dotta, lat. *vīllu*m) 'pelo': var. pop. di *vèllus* 'vello' (?); sec. XV] *s. m.* **1** (*anat.*) Formazione allungata, prominente | **V.** *intestinale*, prominenza della parete epiteliale dell'intestino con funzioni di assorbimento | **V.** *coriale*, ognuna delle estroflessioni del corion di un embrione degli Euteri che concorre all'annidamento dell'embrione stesso nella parete uterina. **2** (*bot.*) Pelo lungo e morbido di alcuni vegetali.

villocèntesi o **villocentèsi** [comp. di *villo* e del gr. *kéntēsis* 'puntura'. (V. *paracentesi*); 1995] *s. f. inv.* ● (*med.*) Tecnica di prelievo dei villi coriali che consente di individuare l'eventuale presenza di alterazioni cromosomiche del feto.

villosità [1879] *s. f.* **1** Caratteristica, condizione di chi (o di ciò che) è villoso. **2** Insieme di villi.

villóso o (*raro, lett.*) **vellóso** [vc. dotta, lat. *villōsu(m)*, da *vīllus* 'villo'; 1342] **agg.** **1** (*anat., bot.*) Detto di organo munito di villi. **2** (*zool.*) Coperto di fitto vello. **3** Peloso, riferito all'uomo: *torace v.*

villòtta [da *villa*, perché canto contadinesco; 1514] *s. f.* **1** (*mus.*) Canzone a ballo, su parole dell'omonimo componimento poetico, corale, di carattere popolare, facile, affine alla villanella. **2** Canzone popolare friulana.

†**vilpistrèllo** ● V. *pipistrello.*

viltà o **vilità**, †**viltàde**, †**viltàte** [vc. dotta, lat. *lītāte(m)*, da *vīlis* 'vile'; 1294] *s. f.* **1** Caratteristica di chi (o di ciò che) è vile: *dar prova di v.; uomo di estrema v.; parole dettate dalla v.* **SIN.** Codardia, pusillanimità. **CONTR.** Coraggio. **2** Azione, discorso, comportamento da vile: *fuggire in quel momento fu una v.; commettere una v.* **3** (*raro, lett.*) Bassezza d'animo, abiezione. **4** †Umiltà d'origine, di natali, di condizione sociale. **5** †Bassezza di prezzo.

vilùcchio [lat. parl. *volūculu(m)*, da *vòlvere* 'volgere, avvolgere', deform. secondo *viluppo*; av. 1492] *s. m.* ● Convolvulacea dei campi, a sottile rizoma strisciante e fusto rampicante, con fiori solitari, campanulati, rosei (*Convolvulus arvensis*) | **V.** *delle siepi*, vilucchione. ➡ **ILL.** *piante/8.* || **vilucchióne**, accr. (V.)

vilucchióne [accr. di *vilucchio*; 1979] *s. m.* ● Convolvulacea frequente nelle siepi, simile al vilucchio con fiori grandi bianchi (*Convolvulus sepium*). **SIN.** Vilucchio delle siepi.

†**vilùme** (**1**) ● V. *volume.*

†**vilùme** (**2**) [da *vile*; av. 1665] *s. m.* ● (*raro*) Viltà di condizione.

vilùppo [vc. d'orig. sconosciuta: forse di avvicinare a *faloppa*; 1312] *s. m.* **1** Intreccio disordinato di cose unite, capelli o cose sottili in genere, ripetutamente avvolte su sé stesse e l'una all'altra: *un v. inestricabile di cordami* | (*est., fig.*) Ammasso di cose disordinatamente sovrapposte, mischiate in modo innaturale e sim.: *un v. di membra.* **SIN.** Groviglio. **2** (*fig.*) Imbroglio, intrico: *un v. di complicazioni*, *un oscuro v. di parole, di concetti; dove affonda un morto / v. di memorie* (MONTALE). **3** †Involto. || **viluppétto**, *dim.* | **viluppóne**, accr.

†**vimàre** [da *vime*] *v. tr.* ● (*raro*) Collegare, unire.

†**vime** o **vimo** [dal lat. *vīmen*; V. *vimine*; 1321] *s. m.* **1** Vimine. **2** (*fig., lett.*) Vincolo, legame.

viminàta [1819] *s. f.* ● (*raro*) Lavoro di vimini intrecciati.

vìmine o †**vime** [vc. dotta, lat. *vīmine*, abl. di *vīmen*, da *viēre* 'legare, intrecciare' (V. *vetrice*); av. 1320] *s. m.* ● (*spec. al pl.*) Ramo flessibile di salice che, opportunamente trattato, serve per far ceste, sedie e altri oggetti di produzione prevalentemente artigianale: *mobili di vimini; culla, sedia di vimini.* **SIN.** Vinco. || **viminétto**, *dim.*

vimìneo [vc. dotta, lat. *vīmǐneu(m)*, da *vīmen*, genit. *vīminis* 'vimine'; 1728] **agg.** ● (*lett.*) Di vimini.

vìmo ● V. *vime.*

vìna [sanscrito *vīnāḥ*; 1933] *s. f.* ● Antico strumento indiano a corde pizzicate, tuttora in uso, formato da una canna di bambù sulla quale sono tenute tese le corde, in genere sette, mentre, sotto di esse, due zucche vuote fanno da casse di risonanza.

vinàccia [lat. *vinācea(m)*, f. sost. dal nt. pl. di *vināceus* 'vinaccioli', da *vīnum* 'vino'; av. 1320] **A** *s. f.* (pl. *-ce*) ● Insieme delle parti solide dell'uva costituito da bucce, vinaccioli e graspi, che residuano dalla torchiatura. **B** in funzione di **agg.** *inv.* ● Di colore rosso scuro tendente al viola.

vinaccièra [da *vino*; 1961] *s. f.* ● Nave opportunamente attrezzata per il trasporto del vino.

vinacciòlo o (*lett.*) **vinacciuòlo** [dim. di *vināceus* 'vinacciolo' (V. *vinaccia*); 1600] *s. m.* ● Ciascuno dei semi contenuti in un chicco d'uva. **SIN.** Fiocine.

vinaigrette /fr. vinɛˈgrɛt/ [vc. fr., deriv. di *vinaigre* 'aceto', propr. 'vino agro'] *s. f. inv.* ● Condimento per insalate ottenuto sciogliendo il sale nell'aceto ed emulsionando il tutto con olio.

vinàio [vc. dotta, lat. *vinārǐu(m)*, da *vīnum* 'vino'; 1551] **A** *s. m.* (f. *-a*) **1** Venditore, fornitore di vino. **2** Oste. **B** *agg.* ● Che produce vino, solo nella loc. (*tosc.*) *novembre v.* || **vinaiùccio**, *pegg.*

†**vinaiuòlo** *s. m.* ● Vinaio.

†**vinàle** [vc. dotta, lat. tardo *vināle(m)*, da *vīnum* 'vino'] **agg.** ● Di vino.

vinàrio [vc. dotta, lat. *vinārǐu(m)*, da *vīnum* 'vino'; sec. XIII] **agg.** ● Di, relativo a vino: *produzione vinaria* | *Recipienti, vasi vinari*, destinati a contenere il vino | *Cella vinaria*, locale dell'antica casa romana in cui si serbavano le anfore del vino.

vinàto [1684] **agg.** ● (*raro*) Che ha il colore del vino rosso.

†**vinattière** o †**vinattièri** [da *vino*; av. 1348] *s. m.* ● (*lett.*) Chi vende o commercia vino.

vinattingitóre [comp. di *vino* e *attingitore*] *s. m.* (f. *-trice*) ● (*raro*) Cantiniere.

Vinavil® [marchio registrato; 1961] *s. m.* ● Colla sintetica ad alto potere adesivo, a base di acetato di polivinile.

vìnca [vc. dotta, lat. *vǐnca(m)*, di etim. incerta; 1879] *s. f.* ● (*bot.*) Pervinca.

†**vincàia** [1612] *s. f.* ● Vincheto.

vincapervìnca [vc. dotta, lat. *vǐnca(m) pervǐnca(m)*, di etim. incerta; 1499] *s. f.* ● Pianta simile alla pervinca, con fiori più grandi (*Vinca maior*).

†**vincàstra** *s. f.* ● Vincastro.

vincàstro [da *vinco*; 1313] *s. m.* **1** (*lett.*) Bacchetta di vimini. **2** †Flagello, frusta.

vincènte [1308] **A** *part. pres.* di *vincere*; anche **agg.** **1** Che vince: *la squadra v.* | *Mentalità v.*, mentalità di chi si pone sempre l'obiettivo di vincere. **2** *Numero v.*, sorteggiato in una lotteria, al lotto, a tombola | *Biglietto v.*, sorteggiato in una lotteria. **B** *s. m.* e *f.* **1** Chi vince, vincitore. **2** Chi è abituato a vincere, ad avere successo: *quello è un v.*

vincenzìna [da *S. Vincenzo de' Paoli* (1581-1660); 1892] *s. f.* ● Religiosa di congregazione istituita da G. B. Cottolengo, secondo le sue regole ispirate a quelle di S. Vincenzo de' Paoli, per l'assistenza ai malati e agli orfani.

◆**vìncere** [lat. *vǐncere*, di orig. indeur.; av. 1250] **A** *v. tr.* (**pres.** *io vìnco, tu vìnci*; **pass. rem.** *io vìnsi, tu vincésti*; **part. pass.** *vìnto*, †*vìtto*) **1** Superare, battere l'avversario in uno scontro armato, una contesa verbale o una competizione pacifica: *v. qlcu.; v. qlcu. in battaglia, in duello; v. qlcu. al gioco, nel salto, nella corsa; v. gli oppositori.* **CONTR.** Perdere. **2** Concludere con esito favorevole, positivo, portare a termine con successo: *v. la guerra, la battaglia, il duello; v. le elezioni, v. una gara, una corsa, una campagna, un incontro; v. una partita a carte, a scacchi, al biliardo; v. un concorso, il campionato* | **V.** *una causa*, vedere accolte dal giudice le ragioni e le richieste avanzate a proprio favore in un processo; correntemente, si dice anche di legale che ha difeso vittoriosamente il proprio cliente in un processo | ***V. la prova***, (*fig.*) riuscire nel proprio intento. ***3*** Ottenere, aggiudicarsi qlco. come premio o segno tangibile di vittoria, conseguire ciò per cui si è lottato, gareggiato, giocato e sim.: *v. un posto, una cattedra, una coppa, una medaglia*; *v. il premio Nobel, la maglia iridata, il titolo di campione olimpico* | Guadagnare al gioco (*anche assol.*): *v. una forte somma al poker, alla roulette, al totocalcio, al lotto* | ***V. un terno al lotto***, (*fig.*) ottenere qlco. che si desiderava moltissimo, ma che si considerava o si temeva irraggiungibile | †***V. la legge***, riuscire a farla approvare. ***4*** (*fig.*) Domare, fiaccare, piegare, soggiogare: *v. la resistenza, l'opposizione, l'ostinazione di qlcu.*; *v. la malattia, la violenza dell'infezione*; *v. la paura del buio*; *v. la passione, gli istinti, l'ira*; *v. la propria timidezza*; *la pietà lo vinse*; *lasciarsi v. dall'ira* | ***V. sé stesso***, dominarsi. ***5*** (*fig.*) Persuadere, convincere: *la sua eloquenza ci ha vinto*. ***6*** (*fig.*) Superare: *v. qlcu. in bellezza, abilità, capacità*; *v. ogni ostacolo, ogni difficoltà*; *un'opera che vince qualsiasi confronto*. **B** v. intr. (aus. *avere*) ***1*** Riportare la vittoria su qlcu.: *lottare per v.*; *vinca il migliore!*; *con lui non si può giocare perché vince sempre*; *v. da dominatore, da campione, da fuoriclasse*; *la nazionale ha vinto*; *le presenti guerre impoveriscono così quelli che vincono come quelli che perdono* (MACHIAVELLI) | ***V. sulla carta***, (*fig.*) godere dei favori del pronostico, essere dato come vincitore alla vigilia di una gara. CONTR. Capitolare, soccombere. ***2*** Prevalere: *v. in sede parlamentare, nell'ambito di una commissione*; *la maggioranza vince*. **C** v. rifl. ● Contrastare o sopraffare i propri desideri e impulsi, le proprie passioni e sim.: *devi imparare a vincerti*. SIN. Dominarsi. || PROV. L'importuno vince l'avaro; chi la dura la vince.

vincetòssico [comp. di *vincere* e *tossico* (*1*); 1826] s. m. (pl. *-ci*) ● Asclepiadacea medicinale perenne delle zone montuose, con radice di gradevole odore e fiori in corimbi ascellari (*Cynanchum vincetoxicum*). SIN. Erba seta.

†**vincévole** [da *vincibile*, con cambio di suff.] agg. ● Vincibile.

vinchéto [da *vinco*; av. 1320] s. m. ● Luogo umido dove crescono spontanei o piantati i vinchi.

vinchio ● V. *vinco*.

vinci [ingl. *winch*, vc. germ. di orig. indeur.; 1937] s. m. inv. ● (*mar.*; *disus.*) Verricello.

vinciano [1961] **A** agg. ***1*** Di Vinci, cittadina toscana. ***2*** Che si riferisce a Leonardo da Vinci (1452-1519). **B** s. m. (f. *-a*) ● Abitante, nativo di Vinci.

vincibile [vc. dotta, lat. *vincĭbile(m)*, da *vĭncere*; sec. XIV] agg. ● Che si può vincere. CONTR. Invincibile.

vincibòsco [comp. del lat. *vincīre* 'legare' (V. *vincire*) e *bosco*; 1826] s. m. (pl. *vincibòschi*, raro *vincibòschi*) ● (*bot.*) Caprifoglio.

vincido [lat. parl. **vĭncidu(m)*, da *vincīre* 'legare'. V. *vincire*; av. 1320] agg. ***1*** (*raro*) Flessibile, pieghevole. CONTR. Rigido. ***2*** (*raro*) Mencio, floscio, vizzo.

†**vinciglia** s. f. ● Vinciglio.

vinciglio [lat. parl. **vincĭlia*, da *vincīre* 'legare'. V. *vincire*; 1353] s. m. ***1*** Vinco. ***2*** Legame di vinchi. ***3*** (*est.*, *lett.*) Laccio, stretto legame.

†**vinciménto** [av. 1557] s. m. ● (*raro*) Il vincere.

vincipèrdi [comp. di *vincere* e *perdere*; 1840] s. m. inv. ● Modo di giocare, per cui vince chi fa meno punti, chi arriva ultimo: *giocare, fare a v.*

†**vincire** [vc. dotta, lat. *vincīre*, di orig. indeur.; 1313] v. tr. ● Legare, circondare, avvincere.

vinciṣgràssi [vc. marchigiana, dal cognome del principe stiriano *Windischgrätz*, alla cui mensa un cuoco marchigiano ha presentato il piatto verso la metà del Settecento; 1961] s. m. pl. ● Pasticcio di lasagne con fegatini, animelle e besciamella, cotto al forno, specialità della cucina marchigiana.

vincita [da *vincere*; sec. XIV] s. f. ***1*** Vittoria conseguita al gioco, in scommesse e sim.: *una v. al poker, al lotto*; *la v. di una cinquina a tombola*; *la v. del primo premio*; *festeggiare la v.* CONTR. Perdita. ***2*** Ciò che si vince, spec. in denaro: *fare una grossa v. alla roulette, al totocalcio*. ***3*** †Vittoria di guerra.

♦**vincitóre** [da *vincita*; 1312] s. m.; anche agg. (f. *-trice*) ● Chi (o Che) vince: *i vincitori della guerra*; *subire le imposizioni del v.*; *il v. di un concorso, di un incontro*; *presto lo festeggeremo v.*; *il campione v. stasera è tra noi* | ***V. assoluto***, chi risulta in testa alla graduatoria generale, dopo quelle parziali o quando vengono stabilite anche classifiche per categoria.

vinco o (*dial.*) **vinchio** [lat. parl. **vĭncu(m)*, da *vĭnculum* 'vincolo'; av. 1320] s. m. (pl. *-chi*, poet. *-ci*) ***1*** Ramo flessibile di salice o altra pianta, per legature, panieri e sim. SIN. Vimine, vermena. ***2*** †Legame.

vincolànte [1769] **A** part. pres. di *vincolare* (*2*); anche agg. ● Che comporta un impegno, un obbligo: *promessa v.*; *il parere della commissione è v.* **B** s. m. e f. ● (*dir.*) Chi assoggetta un bene a un vincolo giuridico.

vincolàre (**1**) [1931] agg. ● (*mecc.*) Dovuto a vincoli: *reazione v.*; *sollecitazione v.*

vincolàre (**2**) [vc. dotta, lat. tardo *vinculāre*, denom. da *vĭnculum* 'vincolo'; 1805] v. tr. (*io vìncolo*) ***1*** (*lett.*) Stringere, legare | (*est.*) Impedire o limitare la libertà di movimento di qlcu. o di qlco.: *v. le braccia, le gambe* | (*mecc.*) Assoggettare a un vincolo: *v. un pezzo meccanico, un sistema, una struttura*. CONTR. Liberare. ***2*** (*est.*) Assoggettare a vincoli di tempo: *v. una somma in banca*. CONTR. Svincolare. ***3*** (*fig.*) Condizione con obblighi: *la legge vincola i propri destinatari*; *mi sono vincolato con una solenne promessa*.

vincolatàrio [da *vincolare*] s. m. (f. *-a*) ● Chi concede l'imposizione di un vincolo su un proprio bene.

vincolatività [da *vincolativo*; 1950] s. f. ● Obbligatorietà: *v. della legge, del diritto*.

vincolativo [da *vincolato*; 1950] agg. ● Che è atto a vincolare, che obbliga, impegna: *promessa, norma vincolativa*. || **vincolativaménte**, avv.

vincolàto o †**vinculàto** [1738] part. pass. di *vincolare* (*2*); anche agg. ***1*** Nei sign. del v.: *sentirsi v. da una promessa*. ***2*** Sottoposto a determinati vincoli o limitazioni: *area vincolata* | ***Deposito v.***, deposito bancario che il depositante può ritirare solo dopo lo scadere di un termine prefissato.

vincoliṣmo [da *vincolo*; 1892] s. m. ● Tendenza a emanare norme giuridiche vincolistiche per disciplinare, limitare o tutelare l'attività di alcuni settori: *aumenta il v. nel campo dei beni culturali*.

vincolìstico [da *vincolo*; 1929] agg. (pl. m. *-ci*) ● Nella loc. ***regime v.***, complesso di norme giuridiche che disciplinano un settore, antecedentemente lasciato alla libera iniziativa privata, ponendo una serie di limiti: *regime v. dei contratti agrari*.

vìncolo o †**vìnculo** [vc. dotta, lat. *vĭnculu(m)*, da *vincīre* 'legare'. V. *vincire*; 1313] s. m. ***1*** (*raro*, *lett.*) Laccio, legame, catena. ***2*** (*mecc.*) Legame che limita la mobilità dei punti di un corpo solido | ***Reazione del v.***, forza fittizia che, sostituita al vincolo, ne ha gli stessi effetti nell'equilibrio del solido. ***3*** (*dir.*) Soggezione del soggetto passivo di un rapporto obbligatorio nei confronti del soggetto attivo dello stesso rapporto | Particolare limitazione del diritto di proprietà su un bene: *v. forestale*; *v. idrogeologico*; *vincoli urbanistici, ambientali, archeologici* | ***V. ipotecario***, ipoteca. ***4*** (*fig.*) Obbligo di natura morale o giuridica: *sottostare ai vincoli della legge divina, della legge umana*; *è un v. che nasce da una solenne promessa* | ***V. del giuramento***, quello, assunto col giuramento, di comportarsi in un dato modo. ***5*** (*fig.*) Relazione o rapporto di natura morale, affettiva, sociale e sim. che lega reciprocamente due o più persone: *un v. d'amore, d'affetto, d'amicizia*; *i vincoli del sangue, del matrimonio*; *spezzare, infrangere ogni v.* SIN. Legame.

†**vinculàto** ● V. *vincolato*.

†**vìnculo** ● V. *vincolo*.

†**vindèmia** ● V. *vendemmia*.

vìndice [vc. dotta, lat. *vĭndice(m)*, di etim. incerta; 1499] agg.; anche s. m. e f. ● (*lett.*) Che (o Chi) vendica, rivendica o riscatta (*spec. fig.*): *la v. spada*; *essere, farsi v. di un'offesa, del proprio onore*; *essere il v. degli oppressi*.

vìnea o (*raro*) **vigna** [lat. *vīnea(m)* 'vigna'; 1520] s. f. ● Antica macchina da guerra a forma di galleria coperta di graticci e cuoio, montata su ruote nella quale gli assediati si avvicinavano alle mura.

vinèllo [av. 1587] s. m. ***1*** Dim. di *vino* | Vino leggero ma gradevole | Vino di scarsa qualità. ***2*** Prodotto ottenuto dalla fermentazione delle vinacce vergini di uva fresca macerate in acqua o dall'esaurimento con acqua delle vinacce fermentate. SIN. Acquerello, mezzo vino, vino secondo.

†**vinètico** [da *vino* (?)] agg. ● Vinato.

vinìcolo [da *vino*, sul modello di *agricolo*; 1842] agg. ● Che riguarda la produzione e conservazione del vino: *stabilimento v.*; *industria vinicola*; *lavorazioni vinicole*.

vinìfero [vc. dotta, lat. tardo *vinĭferu(m)*, comp. di *vīnum* 'vino' e *-fer* '-fero'; 1499] agg. ● Che produce vino: *regione vinifera*.

vinificàre [comp. di *vino* e *-ficare*; 1930] **A** v. intr. (*io vinìfico, tu vinìfichi*; aus. *avere*) ● Fare il vino. **B** v. tr. ● Trasformare in vino.

vinificatóre [da *vinificato*, part. pass. di *vinificare*; 1828] s. m. (f. *-trice*) ● Chi lavora l'uva per farne vino, provvede alla stagionatura o si occupa della produzione di vini tipici.

vinificazióne [comp. di *vino* e *-ficazione*; 1821] s. f. ***1*** Trasformazione del mosto in vino. ***2*** Complesso di operazioni con le quali si ricava il vino dall'uva | ***V. in rosso***, sistema di vinificazione dei vini rossi consistente nel lasciare le vinacce nel mosto in fermentazione | ***V. in bianco***, sistema di vinificazione di vini bianchi o spumanti in assenza di vinacce (di uve bianche o nere).

vinilacetilène [comp. di *vinil(e)* e *acetilene*; 1961] s. m. ● (*chim.*) Idrocarburo insaturo derivato dall'acetilene, impiegato per la preparazione del neoprene.

vinilcloruro [comp. di *vinil(e)* e *cloruro*; 1961] s. m. ● (*chim.*) Gas infiammabile ed esplosivo, costituente un importante monomero per la preparazione del cloruro di polivinile e dei suoi copolimeri, usato nelle sintesi organiche e nella produzione di adesivi. SIN. Cloruro di vinile.

vinile [da *vino*, col suff. *-ile*; 1938] s. m. ● (*chim.*) Radicale monovalente di formula $CH_2{=}CH{-}$ derivante dall'etilene per perdita di un atomo d'idrogeno, presente in moltissimi composti | ***Cloruro di v.***, vinilcloruro | Comunemente resina vinilica, spec. impiegata per dischi fonografici; (*est.*) il disco stesso.

vinilico [1938] agg. (pl. m. *-ci*) ● Di, relativo a vinile | ***Radicale v.***, vinile | ***Resina vinilica***, materia plastica ottenuta per polimerizzazione di composti contenenti gruppi vinilici.

vinilite® [da *vinil(ico)*; 1957] s. f. ● (*chim.*) Resina ottenuta per polimerizzazione di sostanze viniliche.

vinilo [vc. di orig. longob., da avvicinare all'ant. alto ted. *winnan* 'combattere'; 1872] s. m.; anche agg. ● (*raro*, *poet.*) Longobardo.

vinilpèlle® [marchio registrato; 1961] s. f. ● Tipo di finta pelle a base di resine poliviniliche.

†**viniziàno** ● V. *veneziano*.

vìnnola [vc. dotta, lat. *vĭnnulu(m)* 'dolce, gradito, soave', di etim. incerta] s. f. ● (*mus.*) Ornamento del canto liturgico cristiano.

♦**vino** [lat. *vīnu(m)*, di orig. preindeur.; 1158] **A** s. m. ***1*** Bevanda alcolica ottenuta dalla fermentazione del mosto d'uva, per lo più in presenza di vinacce: *v. rosso, bianco, rosé*; *v. da taglio, da pasto, da dessert*; *v. secco, asciutto, austero, dolce, abboccato, amabile*; *travasare, imbottare, imbottigliare il v.*; *bere un bicchiere di v.* | ***Strada del v.***, percorso segnalato tra vigneti pregiati e cantine vinicole, che ha anche lo scopo di valorizzare le altre risorse del territorio (parchi naturali, artigianato, gastronomia, musei, ecc.) | ***V. nuovo***, dell'anno | ***V. novello***, V. *novello* | ***V. vecchio***, di almeno due anni | ***V. d'annata***, quello che è stato imbottigliato in un anno nel quale la produzione è stata particolarmente ricca o pregiata | ***Vini tipici***, quelli che conservano requisiti e caratteristiche codificati e la cui origine si riferisce ad una zona precisa | ***V. a denominazione d'origine controllata***, quello che viene imbottigliato nella zona d'origine e fabbricato secondo precise norme che riguardano la zona di produzione, i vitigni, la gradazione alcolica e i sistemi di vinificazione (V. anche *denominazione*, *doc*) | ***Strada del v.***, itinerario segnalato lungo il quale si trovano vigneti pregiati e cantine vinicole e che valorizza le risorse del territorio (parchi naturali, musei, artigianato, gastronomia e sim.) | ***V. fiore***, liquido che la massa fermentata cede spontaneamente sotto l'azione della gravità | *V. torchiato*, vino ottenuto dalle vinacce per torchiatura | *V. gasato o gassato*, spumante artificiale | *V. secondo, mezzo*, vinello | *V. dei castelli*, prodotto nella zona dei castelli romani | *V. di bosco*, prodotto nella zona di Comacchio | *V. di uva spina*, fatto con uva spina, molto dolce, di 11°-12° | *V. drogato*, aromatizzato | *V. chinato*, con aggiunta di estratto di china | *V. alla soda*, amaro frizzante, usato come aperitivo | *V. passito*, fatto con uva passa | *V. amarascato*, ottenuto fermentando il mosto con foglie e frutta di marasca e con aggiunta di alcol | *V. cotto*, denso e liquoroso, di colore mattone, ottenuto con successive concentrazioni, su fuoco vivo, del mosto, fatto poi fermentare | *Vin* o *vino brûlé*, vino solitamente rosso, bollito con spezie e zucchero, che si beve caldo | *V. artefatto*, ottenuto con materie diverse dall'uva, come pere, mele, ciliegie, fichi e sim. | (*fig., scherz.*) *V. battezzato*, allungato con acqua | (*fig.*) *Dire pane al pane e v. al v.*, parlare senza mezzi termini, dire apertamente quello che si pensa | †*V. d'onore*, bicchierata | V. anche *vinsanto* CFR. eno-. ➡ ILL. vino. 2 Bevanda alcolica ottenuta per fermentazione di frutti diversi dall'uva o di liquidi tratti da particolari piante: *v. di pera, di palma, di agave, di sambuco* | *V. di mele*, sidro | *V. di riso*, sakè. 3 (*fig.*) Ubriachezza: *i fumi del v.*; *smaltire il v.* | *Reggere il v.*, poterne bere senza ubriacarsi | †*Uscire il v. dal capo*, passare l'ubriachezza. B in funzione di agg. inv. ● (posposto al s.) Nella loc. *rosso v.*, detto di una particolare gradazione del rosso, cupa e intensa, tendente al viola. || PROV. Il buon vino fa buon sangue. || **vinàccio**, pegg. | **vinarèllo, vinerèllo**, dim. | **vinèllo**, dim. (V.) | **vinétto**, dim. | **vinóne**, accr. | **vinùccio**, dim. | **vinùcolo**, pegg. | †**vinùgiolo**, dim.

VINO
nomenclatura

vino
● *caratteristiche*: colore, profumo = bouquet, trasparenza = limpidezza, vigore = robustezza, ar-

produzione e conservazione artigianali del vino

monicità, gradazione (alcolica, zuccherina), acidità, afrosità;

● *tipi di vino*: bianco, rosso, rosato, chiaretto; novello, fermo, frizzante, spumante; sapido, austero, nervoso; denso, corposo, robusto; tagliato; aromatizzato; abboccato ⇔ asciutto, amabile = pastoso = sulla vena ⇔ secco, dolce ⇔ aspro = asprigno = agretto = acerbo, acescente, inacidito; delicato ⇔ gagliardo, leggero ⇔ generoso = alcolico; ruvido ⇔ morbido; nuovo ⇔ vecchio, giovane ⇔ stagionato = invecchiato = stravecchio; trasparente ⇔ torbido; genuino = sincero ⇔ adulterato, alterato, sofisticato, artefatto, artificiato, fatturato, allungato, annacquato; da tavola, da pasto; passante, gentile, gradevole, velato, vellutato; schietto, pretto, forte, potente; molle, amaro, volpino, arzillo, limpido, non fermentato, vergine, d'annata, di pronta beva, classico, riserva, superiore; neutro, oleoso, tannico, gasato, resinato, amarascato, cotto, brûlé;

● *vinificazione*: travasare, imbottigliare, imbottare, infiascare; spillare, mescere; filtrare, pastorizzare, etichettare; tagliare, sofisticare, adulterare; gorgogliare, ribollire, grillare, spumeggiare, inacidire; vendemmia, arboricoltura, solforazione, viticoltura; ammostamento, gessatura, cernita, lavatura, diraspatura, follatura, pigiatura, torchiatura, fermentazione del mosto, rimontaggio, svinatura, colmatura, travaso, sgrondatura, filtrazione, taglio, concia, chiarificazione; solfitazione, decantazione, carbonicazione = gassificazione, invecchiamento, soleggiamento, tappatura, etichettatura;

● *cantina*: ventilata = aerata, buia, sotterranea; fresca = refrigerata ⇔ calda = afosa, umida ⇔ asciutta = secca, vuota ⇔ zeppa = stipata = fornita;

● *botte*: aggrumata, avvinata, corpacciuta, sdogata, uzzata, ricerchiata, muta; napoletana, bordolese;

● *parti della botte*: doghe, cerchi, cocchiume, fondi; sedile; capruggine, pettine, foro di spina, zolfanello, zipolo;

● *altri recipienti*: tino, tinozza, bigoncia, barile, barilotto, caratello, bozzello; orcio, giara, doglio, fusto; damigiana, bottiglione, fiasco, bottiglia (renana, bordolese, sciampagnotta, borgognona), cartone, boccale; palmento, navassa, bottiglia (toscanella, pulcianella), magnum;

● *altri strumenti*: torchio (madrevite, leva, piastra, incastellatura), imbottigliatrice, imbuto = pevera = imbottavino, scaffali; solfatura; filtro, filtro-pressa, ultrafiltro, riempitore, tromba da vino, mostimetro = glucometro, afrometro; cavatappi, saggiavino, taste-vin.

vinolènto [vc. dotta, lat. *vinolĕntu(m)*, da *vīnum* 'vino'; sec. XIV] **agg.** ● (*lett.*) Che è dedito al vino | Che è ubriaco.

vinolènza [vc. dotta, lat. *vinolĕntia(m)*, da *vinolĕntus* 'vinolento'; sec. XIV] **s. f.** ● (*lett.*) Intemperanza nel bere | Ubriachezza.

vinomèle [da *vino*, sul modello di *idromele*: calco sul gr. *oinómeli*; 1826] **s. m.** ● Nel mondo greco-romano, bevanda costituita da vino in cui è stato sciolto del miele.

vinosità [vc. dotta, lat. tardo *vinositāte(m)*, da *vinōsus* 'vinoso'; av. 1642] **s. f.** ● Caratteristica di ciò che è vinoso.

vinóso [vc. dotta, lat. tardo *vinōsu(m)*, da *vīnum* 'vino'; av. 1320] **agg.** *1* Che concerne il vino: *fermentazione vinosa* | ***Uve vinose***, molto ricche di mosto. *2* Di qualità simile a quella del vino: *sapore, colore v.* *3* Che sa di vino: *fiato v.* *4* Detto di vino sano e genuino, in cui si avverte il profumo del mosto. *5* Detto di mantello equino grigio o bianco che presenta anche peli rossi, in quantità però insufficiente a dargli la tonalità del roano o dell'ubero.

vinsànto o **vin sànto** [da *vino santo*: detto così perché in alcune regioni serve per la messa; 1773] **s. m.** ● Vino bianco da dessert, aromatico, prodotto in numerose regioni italiane con uve appassite e diraspate di vitigni locali: *v. toscano, trentino.*

vinsi ● V. *vincere.*

†**vinta** [f. sost. di *vinto*] **s. f.** ● Vittoria.

vintage /'vintədʒ, *ingl.* 'vɪntɪdʒ/ [vc. ingl., propr. 'd'annata', detto del vino pregiato, dal fr. ant. *vendenge* 'vendemmia'; 1992] **A s. m. inv.** *1* (*enol.*) Denominazione di vini d'annata di particolare pregio. *2* (*est.*) Nell'abbigliamento, denominazione di vecchi capi di vestiario, che testimoniano lo stile di un'epoca o di un creatore di moda. **B** anche **agg. inv.**: *abito, capo v.*

vinto o †**vitto** (2) [av. 1250] **A part. pass.** di *vincere*; anche **agg.** *1* Nei sign. del v. *2* ***Darla vinta a qlcu.***, accontentarlo, cedere o acconsentire alla sua richiesta | ***Darle tutte vinte a qlcu.***, accontentarlo sempre, non negargli mai nulla; detto di bambino, viziarlo | ***Darsi per v.***, arrendersi, non fare più resistenza; (*fig.*) cedere | ***Non darsi per v.***, (*fig.*) continuare a sostenere una causa, una lotta, le proprie idee e sim. | ***Volerla vinta***, voler ottenere ciò che si desidera: *è un caratterino, la vuol sempre vinta lei!* | ***Averla vinta***, riuscire a ottenere ciò che si desidera; spuntarla: *a forza di insistere, l'ha avuta vinta.* **B s. m.** (f. *-a*, raro) ● Chi è stato vinto: *imporre ai vinti la resa*; *non vi furono né vinti né vincitori*; *guai ai vinti!*

†**vintóre** [da *vincere, vinto*] **s. m.** ● Vincitore.

†**vinzàglio** ● V. *guinzaglio.*

♦**vìola** (1) [lat. parl. **viŏla(m)*, per il classico *vĭola(m)*, di orig. preindeur.; 1319] **A s. f.** *1* Pianta erbacea delle Violacee con fiori variamente colorati e frutto a capsula (*Viola*) | ***V. a ciocche***, violacciocca | ***V. del pensiero***, con radice fusiforme coltivata per i fiori violetti, gialli e bianchi, molto grandi (*Viola tricolor*) | ***V. mammola***, a rizoma obliquo, foglie cuoriformi crenate e fiori sterili odorosi, violetti (*Viola odorata*). ➡ **ILL. piante**/3. *2* Fiore di tale pianta: *raccogliere le viole*; *un mazzo di viole* | (*raro, lett.*) Garofano: *belle, fresche e purpuree viole* (L. DE' MEDICI). *3* (*al pl., fig.*) †Ciancia, frottola. **B** in funzione di **agg. inv.** *1* Che ha un colore intermedio fra il turchino e il rosso, caratteristico dei fiori della viola mammola: *abito, tessuto v.*; *sfumatura rosa e v.* *2* Che gioca nella squadra di calcio della Fiorentina o ne è sostenitore. **C s. m. inv.** (anche **f.** nel sign. 2) *1* Il colore viola: *prediligere il v.*; *vestirsi di v.* *2* Chi gioca nella squadra di calcio della Fiorentina o ne è sostenitore. ‖ **violètta**, **dim.** (V.) | **violina**, **dim.** (V.).

♦**vìola** (2) o †**viuòla**, †**vivola**, †**vivuòla** [provz. *viola*, di etim. incerta; av. 1320] **s. f.** *1* Strumento musicale cordofono ad arco, capostipite degli altri della famiglia, modernamente a quattro corde intonate per quinte, più grande e grave del violino, più piccolo e acuto del violoncello e del contrabbasso: *presa una sua viuola di maraviglioso suono* (BEMBO) | ***V. bastarda***, simile alla viola da gamba, ma con corde di risonanza poste sotto la tastiera come nella viola d'amore, tipica del XVII sec. | ***V. da braccio***, che si suona tenendola col braccio in posizione orizzontale ed è antenata della viola moderna | ***V. da gamba***, a sei corde, che si suonava appoggiandola a terra, analogamente al violoncello, molto in voga nei secoli XVII e XVIII | ***V. d'amore***, con sette corde melodiche e, sotto la tastiera, sette corde di risonanza | ***V. da orbi***, ghironda, perché suonata di solito da ciechi girovaghi | ***V. pomposa***, a cinque corde, la cui invenzione è erroneamente attribuita a G. S. Bach. ➡ **ILL. musica**. *2* (*est.*) Chi suona la viola. ‖ **violètta**, **dim.** (V.) | **violóne**, **accr. m.** (V.).

violàbile [vc. dotta, lat. *violābile(m)*, da *violāre*; av. 1588] **agg.** ● Che si può violare. CONTR. Inviolabile.

violacciòcca o **violaciòcca** [da *viola a ciocca*; 1804] **s. f.** ● Pianta erbacea delle Crocifere, spontanea e anche coltivata a scopo ornamentale per i fiori purpurei o violacei in grappoli, assai profumati (*Matthiola incana*) | ***V. gialla***, delle Crocifere, con fiori odorosi giallo-dorati in grappoli (*Cheiranthus cheiri*). ➡ **ILL. piante**/4.

violacciòcco [1840] **s. m.** (pl. *-chi*) ● (*tosc.*) Violacciocca.

Violàcee [da *viola* (*1*); 1891] **s. f. pl.** (sing. *-a*) ● Nella tassonomia vegetale, famiglia di piante dicotiledoni con fiori a cinque sepali ineguali e cinque petali uno dei quali speronato (*Violaceae*). ➡ **ILL. piante**/3.

violàceo [vc. dotta, lat. *violāceu(m)*, da *vĭola* 'viola'; 1499] **A agg.** ● Che è di colore viola o tendente al viola: *tessuto v.*; *luce violacea*; *rosa, azzurro v.* | ***Paramenti violacei***, nella liturgia cattolica, si usano nelle celebrazioni penitenziali, quali avvento, quaresima e sim. e, attualmente, possono essere usati per le liturgie funebri. **B s. m.** ● Il colore violaceo.

violaciòcca /viola(tʃ)'tʃɔkka/ ● V. *violacciocca.*

†**violàio** [vc. dotta, lat. *violāriu(m)*, da *vĭola* 'viola'] **s. m.** ● Terreno piantato a viole.

violaménto [da *violare*] **s. m.** ● (*raro*) Violazione.

violàre [vc. dotta, lat. *violāre*, da *vīs* 'forza', di orig. indeur.; 1342] **v. tr.** (*io viòlo*) *1* Non osservare o non rispettare il disposto di una qualunque fonte di obblighi giuridici, morali, sociali, consuetudinari e sim., contravvenendo al o agli specifici obblighi che ne derivano, mediante il compimento di azioni illecite le più varie: *v. la legge, i precetti divini, le consuetudini locali, le norme di buona creanza*; *v. un patto, un accordo, un giuramento, un voto, una promessa* | ***V. il domicilio***, entrare in casa d'altri, a forza o di nascosto, senza esservi autorizzati | ***V. il segreto epistolare***, aprire e leggere la corrispondenza diretta ad altri | ***V. un sepolcro, una chiesa***, profanarli | ***V. una donna***, imporle un accoppiamento sessuale con la violenza | ***V. l'onore di qlcu.***, oltraggiarlo. CONTR. Rispettare. *2* Costringere altri a subire la propria forza, iniziativa, supremazia e sim., senza però commettere alcun atto illecito | ***V. il blocco***, forzarlo | ***V. il campo, il terreno avversario***, nel linguaggio sportivo, vincere sul campo di gioco dell'avversario | ***V. la rete avversaria***, nel linguaggio del calcio, segnare un gol.

violàto (1) [1336 ca.] **part. pass.** di *violare*; anche **agg.** ● Nei sign. del v.

violàto (2) [da *viola* (*1*); 1336 ca.] **agg.** *1* (*disus.*) Profumato con essenza di viola: *zucchero, vino v.* *2* †Viola, violaceo: *scegliendo i fiori bianchi dai sanguigni, e i persi dai violati* (SANNAZARO).

violatóre (1) [vc. dotta, lat. *violatōre(m)*, da *violātus* 'violato (1)'; sec. XIV] **s. m.**; anche **agg.** (f. *-trice*) ● Chi (o Che) viola.

†**violatóre** (2) [da *viola* (*2*)] **s. m.** ● Suonatore di viola.

violazióne [vc. dotta, lat. *violatiōne(m)*, da *violātus* 'violato (1)'; 1342] **s. f.** ● Inosservanza di una norma, un obbligo, un impegno e sim.: *v. della legge, dei patti*; *v. degli obblighi di assistenza familiare* | (*per anton.*) La specifica azione illecita: *v. nella custodia di cose pignorate*; *v. di sigilli* | ***V. di domicilio***, reato di chi si introduce in un luogo di privata dimora clandestinamente, o con inganno, o contro la volontà espressa o tacita di chi ha il diritto di escluderlo | ***V. di corrispondenza***, reato di chi prende cognizione del contenuto di una corrispondenza chiusa a lui non diretta.

violentaménto [sec. XV] **s. m.** ● (*raro*) Il violentare.

violentàre [da *violento*; sec. XIV] **v. tr.** (*io violènto*) ● Costringere con la violenza: *v. una persona*; *v. la coscienza, la volontà di qlcu.* |Imporre un accoppiamento sessuale con la violenza: *v. una donna.*

violentatóre [sec. XIV] **s. m.**; anche **agg.** (f. *-trice*) ● Chi (o Che) violenta.

violentazióne [1914] **s. f.** ● (*raro*) Il fatto di violentare, di venire violentato.

♦**violènto** o †**violènte** [vc. dotta, lat. *violĕntu(m)*, da *vīs* 'forza', di orig. indeur.; 1308] **A agg.** *1* Detto di chi è solito abusare della propria forza fisica spec. in modo incontrollato e impulsivo: *uomo v.*; *gente violenta e prepotente.* SIN. Aggressivo. *2* Detto di ciò che è proprio o caratteristico delle persone violente: *indole, natura violenta*; *carattere v. e impulsivo*; *modi violenti.* SIN. Brutale. *3* Di ciò che, nella teoria o nella pratica, si fonda sull'uso sistematico della forza fisica e delle armi: *azione, politica, ideologia violenta*; *mezzi violenti.* *4* Che si verifica, si manifesta o si svolge con impeto furioso, con indomabile forza, con energia incontrollata e distruttrice: *attacco improvviso e v.*; *una violenta rivolta popolare*; *incendio, uragano v.*; *bufera, tempesta violenta*; *violente ondate scuotevano la nave* | ***Febbre violenta***, molto alta | ***Morte violenta***, provocata da atti di violenza o da incidenti | ***Veleno v.***, che uccide con rapidità | ***Rimedio v.***, drastico. *5* Estremamente energico, irruente, aggressivo: *tono v.*; *articolo, discorso v.*; *una violenta presa di posizione.* *6* (*fig.*) Detto di tutto ciò che è particolarmente forte, carico, intenso e sim.: *urto, impatto, scossone v.*; *calore v.*;

suono, sibilo, rumore v.; *gusto, sapore, aroma v.*; *colore v.*; *tinta violenta.* ‖ **violentemente**, avv. **B** s. m. (f. *-a*) ● Chi è solito abusare della propria forza fisica, spec. in modo incontrollato e impulsivo: *la discussione è degenerata perché è un v.*

♦**violènza** [vc. dotta, lat. *violĕntia(m)*, da *vĭolens*, genit. *violĕntis* 'violente'; av. 1306] s. f. **1** Caratteristica di chi (o di ciò che) è violento: *la v. di una persona, di un discorso, del carattere*; *la v. delle onde, dell'uragano*; *resistere alla v. dell'urto*. SIN. Brutalità. **2** Azione violenta: *far uso della v.*; *ricorrere alla v.*; *alla v. risponderemo con le armi*; *non intendiamo subire altre violenze*; *le violenze della guerra* | (*antifr.*) ***Dolce, amorevole v.***, insistenza gentile, che però non dà scampo e costringe ad accettare o fare qlco. | ***Non v.***, V. *nonviolenza*. **3** (*dir.*) Coazione fisica o morale esercitata da un soggetto su un altro così da indurlo a compiere atti che altrimenti non avrebbe compiuto | ***V. carnale***, reato di chi impone ad altri un accoppiamento sessuale con la violenza | ***Fare, usare v.***, sottoporre a violenza carnale | ***V. privata***, reato di chi costringe altri a fare, tollerare od omettere qlco. **4** †Violazione.

♦**violétta** (**1**) [1374] s. f. **1** Dim. di *viola* (*1*). **2** (*per anton.*) Viola mammola | ***V. di Parma***, viola mammola. **3** Profumo ricavato dalla viola mammola. **4** Varietà selvatica di viola (*Viola hirta*). **5** ***V. africana***, piccola pianta erbacea ornamentale, originaria dell'Africa orientale, coltivata in serra, con fiori di intenso colore viola o rosa (*Saintpaulia jonantha*). SIN. Saintpaulia, Violetta di Usambara.

violétta (**2**) [1879] s. f. **1** Dim. di *viola* (*2*). **2** Nei secc. XVI e XVII, violino piccolo a tre corde.

♦**violétto** [da *viola* (*1*); sec. XV] **A** s. m. **1** Colore intermedio fra il turchino e il rosso, caratteristico dei fiori della viola mammola, ultimo dei sette colori dell'iride: *tingere qlco. di v.* **2** Sostanza colorante che tinge di violetto: *v. di metile.* **B** agg. ● Che è di color viola, violaceo: *cielo v.*; *nube violetta*; *luci violette*; *ha violetti / gli occhi come il fiore di glicine* (D'ANNUNZIO).

violina s. f. **1** Dim. di *viola* (*1*). **2** ***V. selvatica***, varietà selvatica di viola (*Viola hirta*).

violinàio [1879] s. m. (f. *-a*) ● Chi fabbrica o vende violini. SIN. Liutaio.

violinàre ● V. *sviolinare*.

violinàta ● V. *sviolinata*.

violinista [av. 1712] s. m. e f. (pl. m. *-i*) ● Suonatore di violino.

violinìstico [1796] agg. (pl. m. *-ci*) ● (*mus.*) Che si riferisce al violino, alla musica per violino o ai violinisti.

♦**violino** (**1**) [da *viola* (*2*); av. 1565] **A** s. m. **1** (*mus.*) Strumento cordofono ad arco, il più piccolo e acuto della famiglia, dotato di quattro corde a distanza di quinta: *corpo, fianchi, fondo, fascia, coperchio del v.*; *suonare il v.*; *concerto per v. e orchestra*; *un assolo di v.*; *un v. Stradivari*; *il v. di Paganini* | ***Chiave di v.***, chiave di sol | ***A v.***, detto di cosa la cui forma ricorda quella del violino. ➡ ILL. **musica.** **2** (*mus.*) Chi, in un'orchestra e sim., suona il violino | ***Primo v.***, il più importante, quello cui spettano gli assolo | ***Secondo v.***, che segue immediatamente il primo, in ordine di importanza | ***V. di spalla***, il primo violino; (*fig.*, *scherz.*) collaboratore, aiutante e sim. fedelissimo | ***V. di fila***, che segue immediatamente il primo e il secondo in ordine d'importanza. **3** (*fig.*, *region.*, *scherz.*) Prosciutto. **B** in funzione di agg. inv. ● (posposto al s.) Nella loc. ***pesce v.***, V. *pesce*. ‖ **violinàccio**, pegg. | **violinùccio**, pegg.

†**violino** (**2**) [da *viola* (*1*)] agg.; anche s. m. ● (*raro*) Violetto.

violista [1879] s. m. e f. (pl. m. *-i*) ● Suonatore di viola.

violìstico agg. (pl. m. *-ci*) ● (*mus.*) Che si riferisce alla viola, alla musica per viola o ai violisti.

violle /fr. vjɔl/ [dal n. del fisico fr. J. *Violle* (1841-1923); 1905] s. f. inv. ● Unità di intensità luminosa, definita come la quantità di luce emessa, in direzione normale, da 1 cm^2 di superficie di un bagno di platino fuso, alla temperatura di solidificazione.

viòlo [da *viola* (*1*); av. 1712] s. m. ● (*dial.*) Pianta di viola.

violoncellista [1840] s. m. e f. (pl. m. *-i*) ● Suonatore di violoncello.

violoncellìstico agg. (pl. m. *-ci*) ● (*mus.*) Che si riferisce al violoncello, alla musica per violoncello o ai violoncellisti.

violoncèllo [da *violone*; av. 1400] s. m. **1** Strumento musicale appartenente alla famiglia delle viole, con estensione fonica intermedia fra quella della viola e del contrabbasso. ➡ ILL. **musica.** **2** Violoncellista: *primo v.*

violóne [av. 1565] s. m. **1** Accr. di *viola* (*2*). **2** Contrabbasso di viola a sei corde e dal fondo piatto, usato nei secoli XVI e XVII.

viòttola [da *via*; sec. XIV] s. f. ● Viottolo: *errano dietro un velo / di polvere le vespe, i cani ansanti / e le viottole* (LUZI). ‖ **viottolina**, dim.

viòttolo [av. 1311] s. m. ● Via stretta di campagna | Sentiero fra i campi: *Il v. … suonava gelato sotto lo zoccolo dei cavalli* (VERGA) | ***Essere fuori del v.***, (*fig.*) essere fuori strada. ‖ **viottolino**, dim. | **viottolóne**, accr.

vip [vc. ingl., da *v(ery) i(mportant) p(erson)* 'personaggio proprio importante'; 1949] s. m. e f. inv. ● Persona che gode di notorietà e prestigio spec. in campo politico, economico, artistico o sportivo.

vipera o †**vipra** [lat. *vīpera(m)*, da un precedente **vivīpara(m)*, propr. 'che partorisce prole viva', comp. di *vīvus* 'vivo' e *-para* da *părere* 'partorire' (V. *parto*); av. 1250] s. f. **1** Serpente velenoso dei Viperidi con pupilla ellittica e verticale (*Vipera*) | ***V. acquaiola***, natrice | ***V. comune***, con l'apice del muso leggermente rivolto verso l'alto e ricoperto di squame (*Vipera aspis*) | ***V. cornuta, della sabbia***, ceraste | ***V. dal corno***, con un cornetto molle all'apice del muso (*Vipera ammodytes*) | ***V. del deserto***, con corpo tozzo, testa larga e grandi macchie nere romboidali allineate sul dorso, diffusa in Africa e in Arabia (*Bitis arietans*) | ***V. della morte***, acantofide | ***V. soffiante***, vipera africana, con testa molto larga e ghiandole del veleno molto sviluppate; aggressiva, soffia se irritata (*Bitis lachesis*). ➡ ILL. **animali**/5. **2** (*fig.*) Persona velenosa, che coglie ogni occasione per danneggiare, offendere, umiliare e sim. o che reagisce con rabbia e malvagità alla benché minima provocazione: *avere una lingua di v.*; *essere una lingua di v.*; *essere una v.*; *tacete, razza di vipere!* **3** Imbarcazione a remi, lunga e sottile, in uso nella laguna veneta. ‖ **viperèlla**, dim. | **viperèllo**, dim. m. | **viperètta**, dim. | **viperina**, dim. | **viperino**, dim. m. (V.).

viperàio [1664] s. m. **1** Cacciatore di vipere. **2** Luogo pieno di vipere.

†**viperàto** [1499] agg. **1** Che è nutrito con carne di vipera. **2** Detto di bevanda, usata nell'antica medicina, in cui sia stata infusa carne di vipera: *vino v.*

vipèreo [vc. dotta, lat. *vipĕreu(m)*, da *vīpera*; 1342] agg. ● (*lett.*) Di, da vipera (*anche fig.*).

Vipèridi [da *vipera*; 1961] s. m. pl. (sing. *-e*) ● Nella tassonomia animale, famiglia di Rettili degli Ofidi, ovovipari o vivipari, con denti del veleno ricurvi e provvisti di piccoli canali e veleno che agisce sul sangue (*Viperidae*).

viperina [f. sost. di *viperino* (*1*). V. *echio*; 1840] s. f. ● (*bot.*) Pianta erbacea delle Borraginacee, biennne o perenne, con fusto ramoso, foglie lanceolate e fiori in pannocchie di colore azzurro (*Echium vulgare*).

viperino (**1**) [vc. dotta, lat. *viperīnu(m)*, da *vīpera*; 1598] agg. **1** Di, relativo a vipera. **2** (*fig.*) Malvagio, iroso e velenoso come una vipera: *un individuo v.*; *lingua viperina.* **3** †Viperato: *vino v.*

viperino (**2**) [sec. XVII] s. m. **1** Dim. di *vipera*. **2** Il nato della vipera.

†**vipistrèllo** ● V. *pipistrello*.

vipla® [marchio registrato; 1950] s. f. ● Materia plastica polivinilica, usata per rivestimenti, tendaggi, pavimentazioni o per la fabbricazione di oggetti vari.

†**vipra** ● V. *vipera*.

viradóre o **viratóre** [sp. *virador*, da *virar* 'virare'; 1814] s. m. **1** (*mar.*; *raro*) Canapo perpetuo, piano, flessibile, che si legava alla gomena e si tirava con l'argano per salpare l'ancora. **2** (*mecc.*) Nei grandi motori a combustione interna, meccanismo che consente la manovra manuale del volano al fine di controllare il funzionamento e la messa in fase degli organi di distribuzione.

viràggio [fr. *virage*, da *virer* 'virare'; 1892] s. m. **1** (*mar.*; *raro*) Viramento | (*aer.*) Virata. **2** (*chim.*) Mutamento di colore che si verifica in alcune reazioni chimiche, spec. di sostanze in soluzione | ***V. di una tinta***, nell'industria tessile, variazione di tono di una tintura in seguito a qualche azione chimica. **3** (*fot.*) Procedimento applicato a stampe in bianco e nero per variare i grigi, trasformandoli in tonalità di altro colore: *v. seppia, rosso, azzurro, verde.*

viràgo o (*lett.*) **viràgine** [vc. dotta, lat. *virāgo*, da *vĭr* 'uomo'; av. 1566] s. f. (pl. inv. o lett. *viràgini*) **1** (*lett.*) Donna d'animo e aspetto virile. **2** (*est.*, *scherz.* o *spreg.*) Donna dalle caratteristiche mascoline.

viràle [da *virus*; 1961] agg. ● (*med.*) Che concerne il virus | Che è causato da un virus: *polmonite, epatite v.*

viraménto [1866] s. m. ● (*mar.*, *raro*) Virata.

viràre [fr. *virer*, dal lat. parl. **virāre*, per il classico *vibrāre*; 1781] **A** v. tr. ● (*mar.*) Far ruotare, girare: *v. l'argano.* **B** v. intr. (aus. *avere*) **1** (*mar.*) Nella navigazione a vela, modificare direzione e mura con il vento in prua | ***V. di poppa***, modificare direzione e mura con il vento in poppa. SIN. Strambare. **2** (*aer.*, *est.*) Percorrere una curva verso destra o verso sinistra, rispetto al pilota, detto di aerei. **3** (*est.*) Nel nuoto, effettuare la virata | (*scherz.*) Voltare le spalle allontanandosi all'improvviso, detto di persona. **4** (*chim.*) Passare da un colore a un altro per effetto di reazioni chimiche, detto spec. di sostanze in soluzione. **5** (*fot.*) Subire il viraggio.

viràta [1889] s. f. **1** (*mar.*) Cambiamento di direzione e mura | ***V. di prua***, o (*ellitt.*) ***virata***, in cui si gira dalla parte da cui spira il vento | ***V. di poppa***, in cui si gira dalla parte opposta | (*aer.*) Mutamento di direzione: *v. a destra, a sinistra* | ***V. corretta***, quando la verticale apparente è nel piano di simmetria dell'aereo | ***V. imperiale***, figura acrobatica, ripresa del volo orizzontale a quota superiore e in senso opposto a quello di partenza | ***V. piatta***, mantenendo l'aereo pressoché orizzontale, cioè senza sbandamento | ***V. stretta***, con raggio di virata piccolo rispetto alla velocità | (*est.*, *fig.*) Cambiamento, inversione di tendenza o di orientamento: *la v. del governo nella politica economica.* **2** (*sport*) Nel nuoto, inversione di direzione effettuata dal nuotatore al termine della vasca.

viratóre ● V. *viradore*.

†**virazióne** [da *virare*] s. f. ● (*raro*) Rivolgimento d'aria.

virelai /fr. viʀˈlɛ/ [fr. 'aria di danza', che risale al lat. *vibrāre*; 1930] s. m. inv. ● (*mus.*) Tipo di canzone francese medievale a strofe con refrain.

viremìa [comp. di *vir(us)* ed *-emia*; 1961] s. f. ● (*med.*) Presenza di virus nel sangue.

virènte [vc. dotta, lat. *virĕnte(m)*, part. pres. di *virēre* 'verdeggiare' (V. *verde*); av. 1315] agg. ● (*poet.*) Verdeggiante: *nel dolce tempo che cantan gli augelli / istanti all'ombra di un v. alloro* (BOCCACCIO).

virescènte [vc. dotta, lat. *virescĕnte(m)*, part. pres. di *virēscere* 'diventar verde', incoativo di *virēre* 'verdeggiare' (V. *verde*); 1961] agg. ● (*bot.*) Che presenta virescenza.

virescènza [da *virescente*; 1940] s. f. ● (*bot.*) Trasformazione patologica dei pezzi fiorali in appendici verdi che conservano però la forma originale.

virga [vc. dotta, lat. *vĭrga(m)* 'verga'; 1961] s. f. **1** Nel canto gregoriano, neuma semplice derivante dall'accento acuto latino. **2** †V. *verga*. **3** (*meteor.*) Strie di precipitazioni che cadono dalla base di una nube ma non raggiungono il suolo.

virgiliàno [vc. dotta, lat. *Vergiliānu(m)*, da *Vergĭlius* 'Virgilio'; 1499] agg. ● Che si riferisce al poeta latino P. Virgilio Marone (70-19 a.C.) e alla sua poesia: *stile v.* ‖ **virgilianaménte**, avv. Secondo la concezione o la poetica di Virgilio: *una natura virgilianamente intesa.*

virginàle (**1**) ● V. *verginale*.

virginàle (**2**) [ingl. *virginal*, da *virginal* 'virginale (1)', perché strumento adoperato dalle ragazze di buona famiglia; 1910] s. m. ● (*mus.*) Spinetta di forma quadrata molto in uso in Inghilterra durante il regno di Elisabetta I. ➡ ILL. **musica.**

virginalista [1931] s. m. e f. (pl. m. *-i*) ● (*mus.*) Compositore o esecutore di musica per virginale: *i virginalisti inglesi.*

†virgine ● V. *vergine.*

†virginèlla ● V. *verginella.*

virgineo o (*lett.*) **vergineo** [vc. dotta, lat. *virgĭneu(m)*, da *vĭrgo*, genit. *vĭrginis* 'vergine'; av. 1306] **agg.** ● (*lett.*) Verginale: *candore v.* ‖ **virgineaménte**, avv.

Virginia [dal n. di uno stato degli U.S.A., chiamato così in onore della regina Elisabetta I, detta 'la regina vergine', perché non si era mai voluta sposare; 1788] **A s. m. inv.** *1* Tipo di tabacco originario della Virginia. *2* Sigaro con pagliuzza nell'interno, in origine confezionato con tabacco della Virginia. **B** anche **agg. inv.**: *tabacco V.*; *sigari V.* **C s. f. inv.** ● Sigarette confezionate con tabacco Virginia: *un pacchetto di V.*

virginio [dal nome di uno stato degli U.S.A. (V. *Virginia*); 1840] **s. m.** ● (*chim.*) Francio.

†virginità ● V. *verginità.*

†virginitàde ● V. *verginità.*

†virginitàte ● V. *verginità.*

virgin naphtha /*ingl.* 'vɜːdʒɪn 'næfθʌ/ [loc. ingl., comp. di *virgin* 'vergine' e *naphtha* 'nafta'] **s. f. inv.** ● Insieme delle frazioni petrolifere ottenute per distillazione semplice primaria dell'olio minerale grezzo. SIN. Nafta vergine.

†virgo ● V. *vergine.*

♦**virgola** o †**virgula** [vc. dotta, lat. *vĭrgula(m)* 'bastoncino', propr. dim. di *vĭrga* 'verga'; 1598] **A s. f.** *1* Segno grafico della più breve pausa | ***Non cancellare, non modificare, non togliere neanche una v.***, lasciare intatto uno scritto; (*fig.*) non cambiare nulla, riportare fedelmente un discorso e sim. | ***Doppia v., doppie virgole***, virgolette. *La virgola* indica la più breve delle pause. In linea di massima *non* si deve mai porre la virgola tra il soggetto e il predicato o tra il predicato e l'oggetto. Gli impieghi della virgola sono numerosi e complessi e spesso dipendono da una scelta soggettiva di chi scrive. Di regola la virgola è usata: per separare i singoli termini di un elenco: *ho comperato pane, latte, uova e burro.* ATTENZIONE: se gli elementi che compongono l'elenco sono lunghi o contengono altre virgole al loro interno, sarà meglio usare il punto e virgola (V. nota d'uso PUNTO): *Ecco la mia giornata: mi alzo verso le sette; alle otto, se tutto va bene, sono al lavoro; all'una mangio qualcosa*; ecc.; per separare varie proposizioni fra loro, specialmente in una struttura di una certa complessità: *la giornata si presentava fredda e piovosa, pertanto fummo costretti a cambiare i nostri programmi*; nelle frasi incidentali: *Chi è arrivato in ritardo, se non mi sbaglio, è stato lui.* In questo caso la virgola si presenta in coppia, all'inizio e alla fine dell'inciso. Fra i molti altri, ricordiamo l'uso della virgola per isolare un'apposizione (*la capitale della Romania, Bucarest*), per evidenziare una frase secondaria o una locuzione all'inizio di un periodo (*In ultima analisi, è lei ad aver ragione*), per isolare un vocativo, un'esclamazione e sim. (*Ma Carlo, come ti permetti?*; *Ah, che spettacolo!*). (V. nota d'uso PUNTEGGIATURA) *2* (*mat.*) Segno che separa la parte intera da quella decimale, in un numero decimale | ***V. mobile***, metodo di rappresentazione dei numeri reali come prodotto di un fattore, minore di 1 in valore assoluto, e una potenza intera della base del sistema di numerazione in cui si opera (10 per esempio, nel sistema decimale). *3* (*disus.*) Ciocca di capelli acconciata a virgola: *una pettinatura con virgole sulle guance.* **B** in funzione di **agg. inv.** ● (posposto al s.) Nella loc. **bacillo v.**, vibrione del colera. ‖ **virgolétta**, dim. (V.) | **virgolina**, dim.

virgolàre [1879] **v. tr.** (*io vìrgolo*) *1* (*raro*) Mettere la virgola: *v. uno scritto.* *2* (*raro*) Virgolettare.

virgolàto [1840] **part. pass.** di *virgolare*; anche **agg.** ● Nei sign. del v.

virgolatùra [1891] **s. f.** *1* Il virgolare. *2* Brano, citazione, inciso e sim. chiuso tra virgolette. SIN. Virgolettato.

virgoleggiàre [intens. di *virgolare*; 1793] **v. tr.** (*io virgoléggio*) ● (*raro*) Virgolare.

virgolétta [1879] **s. f.** *1* Dim. di *virgola.* *2* (*al pl.*) Segno ortografico che si usa, di solito in coppia, prima e dopo un passo, una frase, una parola, per distinguere il discorso diretto, riportare una citazione, dare rilievo a un vocabolo: *aprire, chiudere le virgolette* | ***Virgolette inglesi***, costituite da uno o due segni simili alla virgola (' ') (" ") | ***Virgolette a sergente, a caporale***, costituite da due linette che convergono a formare un angolo acuto, come i gradi del sergente o del caporale («») | ***Tra virgolette***, chiuso tra virgolette, detto di citazione, discorso diretto, termine straniero, ecc.; (*fig.*) riportato esattamente, messo in evidenza, usato in un particolare significato. Le *virgolette* servono a delimitare un discorso diretto o una citazione: *Esclamò: "Vattene!"*; *Come dice l'art. 39 della Costituzione: "L'organizzazione sindacale è libera".* Le virgolette sono spesso usate per evidenziare il significato di una parola, soprattutto se inserita in un contesto diverso dal solito, o per indicare espressioni figurate e gergali o anche per marcare una connotazione ironica: *aspro confronto tra "falchi" e "colombe"*; *la scelta di un determinato "registro" linguistico*; *una prosa alquanto "anemica"*; *il "pranzo" consisteva in un piatto di patate.* (V. nota d'uso PUNTEGGIATURA).

virgolettàre [1879] **v. tr.** (*io virgolétto*) ● Chiudere tra virgolette: *v. una citazione, un passo*; *v. il discorso diretto* | (*fig.*) Rendere evidente, porre in rilievo; attribuire a una parola o a una frase un significato particolare.

virgolettàto [1983] **A part. pass.** di *virgolettare*; anche **agg.** ● Nei sign. del v. (*anche fig.*) | (*est.*) Riportato fedelmente, testuale: *dichiarazione virgolettata.* **B s. m.** ● Parte di un testo chiusa tra virgolette. SIN. Virgolatura, virgolettatura.

virgolettatùra [1942] **s. f.** ● Il virgolettare | Testo chiuso tra virgolette; SIN. Virgolettato.

†virgula ● V. *virgola.*

virgùlto [vc. dotta, lat. *virgŭltu(m)* 'cespuglio' (nel lat. classico usato normalmente al pl.), da *vĭrgula* 'ramoscello', dim. di *vĭrga* 'verga'; av. 1320] **s. m.** *1* Germoglio, pollone di piante: *giovani, teneri virgulti*; *i primi virgulti della primavera* | Pianta giovane. *2* (*fig., lett.*) Giovane rampollo di una famiglia.

viriàle [dal ted. *virial*, tratto dal lat. *vir-*, radicale di *vīs* 'forza' col suff. *-ial*] **s. m.** ● (*fis.*) Quantità introdotta da R.E. Clausius (1822-1888) per descrivere statisticamente un sistema composto da più punti materiali; è pari alla sommatoria su tutti i punti dei prodotti scalari tra il raggio vettore che congiunge il punto a un'origine e la forza applicata al punto.

viridàrio [vc. dotta, lat. *viridāriu(m)*, da *vĭridis* 'verde'; 1499] **s. m.** *1* Nella Roma antica, giardino della casa patrizia posto al centro del peristilio o nel cavedio. *2* (*raro, lett.*) Giardino.

†viride [vc. dotta, lat. *vĭride(m)* 'verde'; sec. XIV] **agg.** ● Verde, verdeggiante.

†viridità [vc. dotta, lat. *viriditāte(m)*, da *vĭridis* 'verde'; 1351] **s. f.** ● Verdezza.

virile [vc. dotta, lat. *virīle(m)*, da *vĭr*, genit. *vĭri* 'uomo' (V. *viro*); 1308] **agg.** *1* Che è proprio dell'uomo, in quanto maschio: *sesso, aspetto v.*; *bellezza v.*; *natura v.* | ***Membro v.***, pene | (*est.*) Da uomo, da maschio: *assumere atteggiamenti virili* | ***Protesta v.***, in psicologia, il desiderio di una donna di essere maschio o di godere dei privilegi maschili o, anche, il desiderio di un maschio di evitare la femminilità. CONTR. Femminile. *2* Che è proprio dell'uomo adulto, fisicamente e psichicamente maturo: *forza, voce, età, energia v.*; *saggezza v.*; *coraggio v.* | ***Toga v.***, quella che i giovanetti dell'antica Roma indossavano quando arrivavano ai sedici anni. *3* (*est., fig.*) Che è proprio della o si addice alla persona forte, equilibrata e sicura di sé, consapevole del proprio ruolo e dei propri doveri, conscia delle proprie responsabilità e sim.: *contegno, comportamento dignitoso e v.*; *sopportare la sorte avversa con animo v.*; *agire con fermezza v., con v. costanza* | ***Stile, linguaggio v.***, lontano da effeminatezze e sdolcinature. SIN. Energico. ‖ **virilménte**, †**virileménte**, avv. Con virilità.

virilìsmo [da *virile*, col suff. *-ismo*; 1935] **s. m.** ● (*med.*) Comparsa nella donna di alcuni caratteri morfologici e funzionali propri del maschio.

virilità [vc. dotta, lat. *virilitāte(m)*, da *virīlis* 'virile'; 1441] **s. f.** *1* Epoca della vita dell'individuo di sesso maschile nella quale viene raggiunta la piena maturità fisica e la completezza dello sviluppo psichico | (*est.*) Potenza, efficienza fisica, spec. con riferimento alla sfera sessuale: *un uomo dalla v. prorompente*; *dar prova di v.* *2* Caratteristica di chi (o di ciò che) è virile (*spec. fig.*): *v. dell'animo, dei propositi.*

virilizzàre [da *virile*; 1916] **A v. tr.** ● Rendere virile (*spec. fig.*). **B v. intr. pron.** ● Assumere caratteri, spec. fisici, propri del maschio.

virilizzazióne [1961] **s. f.** ● Il virilizzare, il fatto di virilizzarsi.

virilocàle [ricavato da *virilocalità*; 1961] **agg.** ● (*antrop.*) Patrilocale.

virilocalità [comp. del lat. *vĭr*, genit. *vĭri* 'uomo' (V. *viro*) e *località*; 1961] **s. f.** ● (*antrop.*) Patrilocalità.

viriòide [da *virile*, col suff. *-oide*; 1961] **agg.** ● Detto di donna con tendenza al virilismo.

virióne [da *vir(us)*, col suff. della biologia *-one*; 1983] **s. m.** ● (*biol.*) Particella virale, unità minima capace di infettare una cellula.

†viro [vc. dotta, lat. *vĭru(m)*, acc. di *vĭr*, di orig. indeur.; 1313] **s. m.** *1* (*poet.*) Uomo. *2* Uomo grande per virtù d'animo e scienza.

virogènesi [comp. di *vir(us)* e *genesi*; 1961] **s. f. inv.** ● (*biol.*) Processo di moltiplicazione dei virus.

viròide [comp. di *vir(us)* e di *-oide* sul modello dell'ingl. *viroid*; 1987] **s. m.**; anche **agg.** ● (*biol.*) Particella infettante simile a virus costituita dal solo acido ribonucleico; può parassitare i vegetali causando gravi danni alle colture agricole.

viròla [fr. *virole*, dal lat. parl. **viriŏla(m)* (tardo *viriolam*); nel lat. classico è usato al pl. 'braccialetto', dim. di *vĭria* (V. *vera*); 1840] **s. f.** ● Elemento maschio di un collegamento filettato, come nell'attacco a vite delle lampade elettriche.

virologia [comp. di *vir(us)* e *-logia*; 1961] **s. f.** ● Branca della biologia e della medicina che studia i virus, le malattie da essi provocate e i mezzi per combatterle.

virològico [1963] **agg.** (pl. m. *-ci*) ● Di, relativo a, virologia.

viròlogo [1961] **s. m.** (f. *-a*; pl. m. *-gi*) ● Studioso, esperto di virologia.

viròsi [da *vir(us)*, col suff. *-osi*; 1950] **s. f. inv.** ● Malattia da virus: *v. dell'uomo, degli animali, delle piante.*

virtù o †**vertù**, †**vertùde**, †**vertùte**, †**virtùde**, †**virtùte** [vc. dotta, lat. *virtūte(m)*, 'forza, valore', da *vĭr*, genit. *vĭri* 'uomo' (V. *viro*); sec. XIII] **s. f.** *1* Disposizione morale che induce l'uomo a perseguire il bene e a praticarlo costantemente, tanto nell'ambito della sua vita privata che di quella pubblica: *insegnare la v.*; *v. civile*; *dimostrare la propria v.*; *qui la v. è bandita, perseguitata.* *2* Nella teologia cattolica: *v. naturale* o *v. morale*, costante disposizione dell'anima a fare il bene, che si acquista per la sola forza dell'uomo | ***V. soprannaturale*** o ***teologale***, disposizione infusa da Dio che ordina l'uomo alla felicità soprannaturale e che si riceve, insieme con la grazia santificante per mezzo dei sacramenti o per amore della carità | ***V. cardinali***, le quattro principali virtù naturali, cioè prudenza, giustizia, fortezza e temperanza | ***Virtù teologali***, fede, speranza e carità | ***V. eroica***, ogni virtù teologale o cardinale che, praticata secondo perfezione o eroicità, attribuisce la santità. *3* (*lett.*) Persona virtuosa: *v. viva spezziam, lodiamo estinta* (LEOPARDI). *4* (*est.*) Qualità positiva, pregio, dote: *possedere molte v.*; *è la sua unica v.*; *essere un modello d'ogni v.*; *avere la v. della discrezione, della riservatezza*; *e scrivo ne scrivo e ho molte altre v.* (CARDUCCI) | ***Fare di necessità v.***, adattarsi alle circostanze | (*lett.*) Abilità, preziosità, virtuosità: *v. di artefice, di scrittore.* CONTR. Vizio. *5* (*assol., disus.*) Castità, fedeltà femminile: *insidiare la v. di una donna.* *6* (*est., lett.*) Forza d'animo, energia morale, decisione coraggiosa e cosciente per cui l'uomo persegue lo scopo che si è proposto, superando ogni difficoltà: *quelli che per propria v. e non per fortuna sono divenuti principi* (MACHIAVELLI) | Valore militare: *le v. dei nostri soldati*; *combattere con grande v.* | †***Morire di v.***, da valoroso | †Esercito. *7* (*lett.*) Facoltà, potenza: *Molto è licito là, che qui non lece / a' le nostre v.* (DANTE *Par.* I, 55-56); *v. apprensiva, razionale, sensitiva, visiva, immaginativa*; *la v. del libero arbitrio*; *v. stanca, vinta, umiliata* | †***In v.***, in potenza. *8* Potere, efficacia, capacità di produrre un determinato effetto: *la v. di una preghiera, di un'iniziativa, di una protesta*;

le v. terapeutiche di un'acqua minerale; *le v. medicinali di una pianta, di un decotto*; *le v. magiche di una formula misteriosa* | ***In, per v. di***, in forza di, grazie a e sim.: *in v. della legge, di un contratto*; *per v. delle sue preghiere* | ***Per opera e v. dello Spirito Santo***, (*fig.*) in modo inconoscibile e misterioso | Influsso: *la v. degli astri, delle stelle.* ***9*** (*raro, lett.*) Volontà divina | ***La divina v.***, Dio. ***10*** †Miracolo. ***11*** (*spec. al pl.*) Quinto coro degli angeli, e ciascuno degli angeli che lo formano. ***12*** (*al pl., raro, lett.*) Arti belle o liberali: *amante, protettore delle v.*

virtuàle [da *virtù*, nel senso di 'forza'; 1319] **agg.** ***1*** (*filos.*) Che esiste solo in potenza e non è ancora in atto. ***2*** (*est.*) Potenziale, possibile, quasi effettivo: *un v. stato di guerra*; *è lui il v. vincitore* | (*est.*) Solo teorico, ipotetico: *il suo potere è solo v.* | Simulato: *incontri virtuali su Internet.* **CONTR.** Reale | (*elab.*) ***Realtà v.***, V. *realtà.* ***3*** (*fis.*) Detto di spostamento o lavoro possibile, cioè compatibile con i vincoli, immaginato ma non effettuato | Detto di punto o immagine nel quale non convergono, ma dal quale sembrano provenire i raggi luminosi. ***4*** †Di, relativo a, virtù. || **virtualménte**, **avv.**

virtualità [1640] **s. f.** ● Condizione di ciò che è virtuale. **CONTR.** Realtà.

†virtuànza [da *virtù*] **s. f.** ● Virtù.

†virtùde ● V. *virtù.*

†virtudióso ● V. *virtuoso.*

virtuosìsmo [da *virtuoso*, col suff. *-ismo*; 1910] **s. m.** ***1*** Perfezione tecnica di un artista, spec. musicista o cantante, che gli consente di superare brillantemente difficoltà d'esecuzione d'ogni ordine e grado: *dar prova di v.*; *i virtuosismi di Paganini.* ***2*** (*est., spec. spreg.*) Esibizione della propria abilità tecnica, sfoggiata da artisti o atleti per ottenere applausi, consensi e sim.: *virtuosismi inutili, sterili*; *una squadra che si perde in virtuosismi* | (*fig.*) Estrema abilità nel superare difficoltà: *v. politico.*

virtuosìstico [1936] **agg.** (**pl. m.** *-ci*) ***1*** Che è fatto con virtuosismo. ***2*** Che realizza un virtuosismo. || **virtuosisticaménte**, **avv.**

virtuosità [1868] **s. f.** ***1*** (*raro*) Caratteristica di chi (o di ciò che) è virtuoso. ***2*** (*raro*) Virtuosismo.

virtuóso o **†vertudióso**, **†virtudióso** [vc. dotta, lat. tardo *virtuōsu(m)*, da *vĭrtus*, genit. *virtūtis* 'virtù'; 1294] **A agg.** ***1*** Che pratica il bene, la virtù: *uomo v.*; *fanciulla onesta e virtuosa.* ***2*** Che si fonda sulla, o procede dalla, virtù, che è conforme alla virtù: *azione, vita virtuosa* | (*raro*) Che incita alla virtù: *opere, parole virtuose.* **CONTR.** Vizioso. ***3*** (*raro*) Che rivela grande abilità. ***4*** †Valoroso in guerra. ***5*** †Efficace, spec. di medicamento. ***6*** †Miracoloso. || **virtuosaménte**, **avv.** ***1*** In modo virtuoso ***2*** †Valorosamente. ***3*** Con virtuosismo. **B s. m.** (**f.** *-a*) ***1*** Chi pratica il bene, la virtù: *essere un v.*; *atteggiarsi a v.* ***2*** Chi conosce perfettamente un'arte, una scienza e sim., ed è in grado di usare con assoluta padronanza e impareggiabile abilità tutti i mezzi tecnici inerenti all'esercizio della stessa: *un v. del violino, del pennello, del bel canto, della penna*; *un v. del pallone, del volante.* || **virtuosóne**, **accr.**

†virtùte ● V. *virtù.*

virulènto [vc. dotta, lat. *virulĕntu(m)* 'velenoso' (in senso figurato già nel lat. tardo), da *vīrus* 'veleno' (V. *virus*); 1765] **agg.** ***1*** Dotato di virulenza: *microrganismo v.*; *infezione virulenta.* ***2*** (*fig.*) Che è pieno di violenza, rabbia, rancore e sim.: *attacchi, libelli virulenti.* || **virulenteménte**, **avv.**

virulènza [vc. dotta, lat. tardo *virulĕntia(m)* 'puzza', da *virulĕntus* 'virulento'; 1858] **s. f.** ***1*** (*biol.*) Capacità di un germe di impiantarsi in un organismo e di riprodursi, provocando uno stato di malattia. ***2*** (*fig.*) Caratteristica di ciò che è aspro, virulento: *v. del linguaggio.*

vìrus [lat., 'umore viscoso, veleno', di orig. indeur.; 1853] **s. m. inv.** ***1*** (*biol., med.*) In passato, ogni agente infettivo microbico o di origine microbica. ***2*** (*biol., med.*) ***V. filtrabile***, ***v. filtrante***, ***v. ultramicroscopico***, o (*ellitt.*) ***virus***, agente infettivo, di forma sferoidale o poliedrica avente un diametro fra i 15 e i 300 nm, non osservabile coi microscopi ottici, filtrabile attraverso le membrane impermeabili ai comuni batteri, e che vive e si riproduce all'interno di cellule viventi. ***3*** (*est., elab.*) Programma, creato a scopi di sabotaggio o vandalismo, che si trasmette tramite dischetti o reti telematiche e danneggia o blocca il funzionamento di un computer o ne distrugge i dati memorizzati.

visàccio **s. m.** ***1*** Pegg. di *viso* (*2*). ***2*** Viso contratto in una smorfia brutta, minacciosa e sim. || **visaccióne**, **accr.**

†visàggio [fr. *visage*, dall'ant. fr. *vis* 'viso (1)'; av. 1250] **s. m.** ● Volto, faccia.

visagìsmo [fr. *visagisme*, da *visagiste* 'visagista'; 1950] **s. m.** ● (*raro*) L'arte, la professione del visagista.

visagìsta [fr. *visagiste*, da *visage* 'viso' (V. *visaggio*); 1950] **s. m. e f.** (**pl. m.** *-i*) ● Estetista specializzato nelle cure di bellezza e nel trucco del viso.

†visàglia [aferesi di *avvisaglia*] **s. f.** ● Avvisaglia.

†visàre [lat. parl. **visāre*, per il classico *vīsere*, intens. di *vidēre* 'vedere'; av. 1250] **v. tr.** ● (*raro*) Vedere.

vis-à-vis /fr. ˌviza'vi/ [fr., propr. 'faccia a faccia' ('viso a viso'. V. *visaggio*); 1799] **A avv.** ● Faccia a faccia, di fronte, di rimpetto: *star seduti vis-à-vis.* **B s. m. inv.** (**pl. fr. inv.**) ***1*** (*raro*) La persona che sta di fronte a un'altra, rispetto alla stessa. ***2*** Carrozza a quattro ruote, con sedili che si fronteggiano. ***3*** Amorino, divano a due posti in forma di S | Armadio con gli sportelli coperti di specchi che riflettono l'intera persona.

viscàccia [sp. *vizcacha*, dal quechua *wiskáĉa*; 1931] **s. f.** (**pl.** *-ce*) ● Grosso roditore sudamericano, massiccio, con denso mantello grigio e con interessante vita sociale (*Lagostomus maximus*).

visceràle [vc. dotta, lat. tardo *viscerāle(m)*, da *vīscera* 'visceri'; 1745] **agg.** ***1*** Dei visceri: *dolori viscerali.* ***2*** (*fig.*) Profondamente radicato, ma non razionalmente motivato: *amore v.*; *passione v.*; *odio v.* || **visceralménte**, **avv.**

visceralità [da *viscerale*; 1985] **s. f.** ● Caratteristica di ciò che è viscerale (*spec. fig.*): *la v. di una passione.*

†visceràre ● V. *sviscerare.*

vìscere [lat. *vīscera*, nom. pl., di etim. incerta; 1499] **s. m.** (**pl.** *vìsceri* **m.**, nei sign. 1 e 2, **pl.** *vìscere*, **f.**, †*vìsceri*, **f.** nei sign. 3, 4, 5, 6) ***1*** (*gener.*) Ogni organo interno racchiuso spec. nella cavità toracica e addominale del corpo dell'uomo e dei Vertebrati. ***2*** (*al pl.*) Interiora di un animale ucciso: *i visceri fumanti delle vittime.* ***3*** (*al pl., est., lett.*) Utero, grembo: *le viscere materne* | ***Viscere mie!***, (*raro, enfat.*) figlio mio! ***4*** (*al pl., raro, fig.*) Cuore, sentimento, sensibilità: *amare qlcu. con viscere di madre.* ***5*** (*al pl., fig.*) Parte più interna o più profonda di qlco.: *le viscere della terra, delle montagne*; *il vulcano vomita fuoco dalle sue viscere.* ***6*** (*al pl., fig., disus.*) Nodo, nocciolo.

vìschio o **†vèschio**, **vìsco** [lat. parl. **vīsculu(m)*, dim. di *vīscum* 'vischio', di orig. preindeur.; sec. XIII] **s. m.** ***1*** Lorantacea sempreverde parassita di diversi alberi, con foglie coriacee e frutti a bacca bianchi, globosi e appiccicaticci (*Viscum album*) | ***V. quercino***, parassita delle querce, si usa per preparare la pania (*Loranthus europaeus*). ➡ **ILL. piante**/3. ***2*** Sostanza vischiosa e attaccaticcia, ricavata dalle bacche di vischio quercino o prodotta artificialmente, usata per catturare uccelli. **SIN.** Pania. ***3*** (*fig., lett.*) Ciò che lega, trattiene, impedisce e sim., spec. sentimento amoroso che lega l'uomo alla donna: *Rinaldo vide Ulivier preso al v. / un'altra volta e già tutto impaniato* (PULCI). ***4*** (*fig., lett.*) Inganno, insidia, lusinga.

vischiosità [1566] **s. f.** ***1*** Caratteristica di ciò che è vischioso. ***2*** (*fis.*) Viscosità. ***3*** (*econ.*) Resistenza dei prezzi a variare, nonostante la modificazione di alcuni elementi del mercato. ***4*** (*est.*) Tendenza a non modificare le proprie abitudini.

vischióso [da *vischio*, sul modello di *viscoso*; av. 1294] **agg.** ***1*** Che è tenace e attaccaticcio come il vischio: *liquido v.*; *sostanza vischiosa.* **SIN.** Colloso. ***2*** (*fis.*) Viscoso. ***3*** (*econ.*) Detto di fenomeno economico il cui equilibrio non risente di tendenze modificatrici derivanti da diversi fattori. || **vischiosétto**, **dim.** || **vischiosaménte**, **avv.**

viscidità [av. 1698] **s. f.** ● Caratteristica, condizione di chi (o di ciò che) è viscido (*anche in senso fig.*).

vìscido [vc. dotta, lat. tardo *vīscidu(m)*, da *vīscum* 'vischio'; 1499] **A agg.** ***1*** Che è denso, gelatinoso e scivoloso: *umore v.*; *sostanza viscida.* **SIN.** Mucillaginoso. ***2*** Che, al tatto, è sgradevolmente molle e scivoloso, perché ricoperto di umori o sostanze viscide: *verme, serpe v.*; *una viscida lumaca*; *pelle viscida.* ***3*** (*fig.*) Che sfugge o si insinua in modo subdolo ed equivoco: *individuo v.*; *è più v. di un'anguilla.* || **viscidaménte**, **avv.** In modo viscido (*spec. fig.*). **B s. m.** ● (*solo sing.*) Ciò che è viscido: *provare una sensazione di v.*

viscidùme [da *viscido*; av. 1730] **s. m.** ● (*spreg.*) Insieme di cose o sostanze viscide.

vìsciola o **†bìsciola** [longob. *wīhsila*; av. 1557] **s. f.** ● (*bot.*) Piccola ciliegia acidula, di colore rosso scuro, frutto del visciolo. **SIN.** Agriotta. || **visciolìna**, **dim.** | **visciolóna**, **accr.**

visciolàta [1940] **s. f.** ● Conserva o sciroppo di visciole.

visciolàto [av. 1597] **s. m.** ● Liquore fatto con le visciole.

vìsciolo [1597] **s. m.** ● Alberello delle Rosacee, forse originario dell'Asia minore, coltivato e naturalizzato, il cui frutto è la ciliegia detta visciola (*Prunus cerasus*). **SIN.** Agriotto.

vìsco ● V. *vischio.*

viscoelasticità [comp. di *visco(sità)* ed *elasticità*; 1981] **s. f.** ● (*fis.*) Proprietà di materiali che, pur essendo viscosi, possiedono anche proprietà elastiche.

vis còmica [lat., 'forza, efficacia comica'; 1781] **loc. sost. f. inv.** (**pl. lat.** *vires comicae*) ● Comicità particolarmente arguta ed efficace.

viscontàdo [av. 1348] **s. m.** ***1*** Titolo, grado e dignità di visconte. ***2*** Viscontea.

viscónte [provz. *vescomte*, comp. di *ves-* 'vice-' e *comte* 'conte'; av. 1348] **s. m.** (**f.** *-éssa* (V.)) ***1*** Vicario di un conte negli antichi Stati feudali. ***2*** Titolo nobiliare immediatamente inferiore al conte | (*est.*) La persona insignita di tale titolo. || **viscontìno**, **dim.** (V.).

viscontèa [av. 1540] **s. f.** ***1*** Giurisdizione del visconte. ***2*** Territorio sottoposto a tale giurisdizione.

viscontèo (**1**) [1532] **agg.** ● Di, relativo a visconte: *titolo v.*

viscontèo (**2**) [1828] **agg.** ● Dei Visconti, signori di Milano dal XIII al XV sec.: *stemma v.*

†viscontèria **s. f.** ● Viscontea, viscontado.

viscontéssa [1805] **s. f.** ***1*** Moglie del visconte. ***2*** Signora di una viscontea.

viscontìno [1961] **s. m.** ***1*** Dim. di *visconte.* ***2*** Figlio del visconte.

viscósa [f. sost. di *viscoso*; 1927] **s. f.** ● Sostanza ottenuta per soluzione di cellulosa in solfuro di carbonio e soda caustica, utilizzata nella produzione di fibre artificiali | La fibra tessile stessa | ***Processo alla v.***, metodo di fabbricazione del raion.

viscosimetrìa [comp. di *viscosi(tà)* e *-metria*; 1973] **s. f.** ● (*fis.*) Insieme delle tecniche impiegate per la misura della viscosità dei corpi fluidi.

viscosìmetro [comp. di *viscoso* e *-metro*; 1911] **s. m.** ● Strumento di misura della viscosità di un liquido, in base al suo moto in un capillare.

viscosità o **†viscositàde** [da *viscoso*; av. 1320] **s. f.** ***1*** (*lett.*) Caratteristica di ciò che è viscoso. ***2*** (*fis.*) Attrito tra le diverse molecole dei gas o dei liquidi che ne limita la mobilità e la fluidità. **CONTR.** Fluidità | ***V. cinematica***, rapporto fra viscosità e densità. ***3*** (*psicol.*) Stato caratterizzato da rallentamento dei meccanismi che regolano i processi psichici e intellettuali e da fissità comportamentale. ***4*** (*fig.*) Tendenza di un fenomeno, un problema, una situazione a trascinarsi per inerzia: *la v. dell'attuale momento politico.*

viscóso o **†vescóso** [vc. dotta, lat. tardo *viscōsu(m)*, da *vīscum* 'vischio'; av. 1294] **agg.** ***1*** (*lett.*) Tenace, attaccaticcio. ***2*** (*fis.*) Detto di liquido o gas con notevole viscosità. **CONTR.** Fluido. || **viscosétto**, **dim.** || **viscosaménte**, **avv.**

visétto [1541] **s. m.** ***1*** Dim. di *viso* (*2*). ***2*** Viso grazioso, gentile e ridente: *un rosso v. di fanciulla.*

♦**visìbile** [vc. dotta, lat. *visĭbile(m)*, da *vīsus*, part. pass. di *vidēre* 'vedere'; av. 1294] **A agg.** ***1*** Che si può vedere, percepire con la vista: *realtà v.*; *effetti, oggetti visibili* | ***Radiazione v.***, radiazione con lunghezza d'onda compresa fra 0,4 e 0,8 µm | ***V. a occhio nudo***, detto di ciò che può essere visto da un occhio normale, senza uso di particolari strumenti ottici: *stelle visibili a occhio nudo.*

CONTR. Invisibile. **2** (*est.*) Chiaro, palese, manifesto: *era in preda a una v. angoscia.* **3** Che è a disposizione del pubblico o comunque aperto al pubblico: *il museo è v. dalle tre alle sette pomeridiane.* **4** Che è lecito vedere, spec. in quanto non vietato da motivi di ordine morale: *spettacolo v. al pubblico*; *film v. ai soli adulti.* || **visibilménte**, †**visibileménte**, avv. In modo visibile: *era visibilmente commosso.* **B** s. m. solo sing. ● Ciò che si può percepire con la vista: *il v. e l'invisibile.*

visibìlio [dalle parole del credo: *Visibilium omnium et invisibilium* 'delle cose visibili e invisibili'; 1842] s. m. solo sing. **1** (*raro*) Gran numero di persone, gran quantità di cose: *un v. di gente.* **2** Nella loc. ***andare in v.***, entusiasmarsi, andare in estasi, sentire grande ammirazione e piacere.

visibilità [vc. dotta, lat. tardo *visibilitāte(m)*, da *visĭbilis* 'visibile'; sec. XIV] s. f. **1** (*fis.*) Proprietà delle radiazioni luminose di lunghezza d'onda compresa fra 0,4 e 0,8 μm di essere rivelate dall'occhio | Proprietà fisica degli oggetti di riflettere o assorbire la luce, rendendo possibile la visione | (*est.*) Caratteristica di ciò che è palese, appariscente: *la nostra iniziativa non ha abbastanza v.* **2** Possibilità di vedere, distinguere, riconoscere gli oggetti in relazione alle condizioni di luce e di trasparenza dell'atmosfera: *la v. è scarsa a causa della nebbia* | ***V. orizzontale***, nella pratica meteorologica, la massima distanza alla quale un osservatore può identificare, distinguere nettamente ad occhio nudo i contorni degli oggetti.

visièra [fr. *visière*, dall'ant. fr. *vis* 'viso' (?); av. 1295] s. f. **1** Nelle antiche armature, parte dell'elmo che copriva il viso: *alzare, abbassare la v.* | †***Abbassare la v.***, (*fig.*) non avere più riguardi | †***Porre un colpo alla v.***, ferire alla visiera. **2** Buffa o cappuccio della cappa di confraternite e sim. **3** (*raro*) Maschera dello schermidore. **4** Breve tesa a mezzaluna nei berretti militari, sportivi, o di altre uniformi. **5** Larga tesa di gomma che, posta attorno alla testa, protegge il viso dall'acqua durante il lavaggio dei capelli. **6** (*disus.*) ***V. parasole***, aletta parasole (V. *parasole*).

visigòtico [da *visigoto*; 1930] agg. (pl. m. *-ci*) ● Dei Visigoti | ***Scrittura visigotica***, (*ellitt.*) ***visigotica***, scrittura caratteristica della penisola iberica, in uso dal VI al XII sec., caratterizzata da tratti duri, da aste alte e pesanti con generale inclinazione a sinistra.

visigòto [lat. tardo *Visĭgothae*, nom. pl., propr. 'goti dell'ovest', vc. germ., il cui primo elemento va avvicinato a *westan* 'dall'ovest' e il secondo è *goth* 'goto'; 1525] **A** s. m. (f. *-a*) ● Ogni appartenente alla popolazione dei Goti occidentali. **B** agg. ● Dei Visigoti: *re v.*; *invasioni visigote.*

visionàre [da *visione*; 1908] v. tr. (*io visióno*) **1** Vedere un film in visione riservata da parte di persone specializzate. **2** (*est.*) Esaminare con attenzione: *v. un piano*; *v. una serie di candidati.*

visionàrio [fr. *visionnaire*, da *vision* 'visione'; av. 1676] **A** s. m.; anche agg. (f. *-a*) **1** Chi (o Che), nell'esperienza religiosa, ha visioni. **2** (*psicol.*) Chi (o Che) ha allucinazioni visive. **3** (*fig.*) Chi (o Che) segue le visioni della propria fantasia o interpreta in modo personale e fantastico la realtà, elaborando con la mente piani, progetti, soluzioni e sim. totalmente irrealizzabili: *un pericoloso v.*; *un gruppo di riformatori visionari.* SIN. Utopista. **B** agg. ● Da visionario: *politica visionaria.* || **visionariaménte**, avv.

visióne [vc. dotta, lat. *visiōne(m)*, da *vīsus*, part. pass. di *vidēre* 'vedere'; 1294] s. f. **1** (*fisiol.*) Processo percettivo per mezzo del quale si ha la conoscenza del mondo esterno: *la v. degli occhi*; *v. diretta, indiretta.* CFR. -opsia. **2** Correntemente, atto del vedere, vista, esame | ***Prendere v. di qlco.***, esaminarla | ***Dare, porgere v. di qlco.***, presentarla a qlcu. perché la veda, la esamini, detto spec. di lettera, documenti e sim. | ***Prima, seconda v.***, prima o seconda presentazione al pubblico di un film | ***Cinema di prima, seconda v.***, (*est.*) sala cinematografica in cui si proiettano film di prima o seconda visione | ***V. contemporanea***, proiezione contemporanea di un film in più sale cinematografiche. **3** (*est.*) Idea, concetto, quadro: *avere una v. esatta, parziale, errata della realtà*; *farsi una chiara v. degli avvenimenti*; *richiamarsi a una v. ormai superata dei problemi sociali.* **4** (*est.*) Scena, spettacolo e sim. che colpisce in modo particolare: *una v. orrenda, terribile, allucinante, raccapricciante*; *una v. dolcissima, commovente, entusiasmante.* **5** Nell'esperienza religiosa, il percepire visivamente realtà soprannaturali | L'oggetto e la rivelazione stessi in tale percezione: *v. di S. Paolo, di Maometto*; *v. sciamanica* | Apparizione di persona, di immagine o di realtà che appartiene al mondo divino: *v. della Madonna* | Nella mistica cristiana e musulmana, stadio estremo della contemplazione, in cui al praticante si manifesta l'essenza stessa di Dio. **6** (*letter.*) Rivelazione delle condizioni dell'altra vita, e descrizione delle cose vedute, sia essa in sogno, sia sensibilmente: *la v. dantesca.* **7** (*est.*) Percezione visiva di eventi, immagini e sim. che, pur non essendo in sé reali, traggono origine dalla realtà, sono attinenti ad essa e possono divenire reali: *v. ideale*; *v. profetica*; *le visioni di Cassandra*; *avere una v.* **8** (*est.*) Allucinazione, sogno, fantasia: *avere delle visioni*; *visioni notturne* | (*est.*) Idea, pensiero, piano e sim., totalmente fantastico e irrealizzabile: *sarebbe bello, ma è solo una v.*

visir o (*raro*) **visirre** [fr. *vizir*, vc. turco, dal persiano *vizir*; 1538] s. m. inv. ● Nell'impero ottomano, dapprima rappresentante del governo e, in seguito, ministro | ***Gran v.***, primo ministro.

visiràto [fr. *vizirat*, da *vizir* 'visir'; 1745] s. m. ● Titolo, ufficio e dignità di visir | Durata di tale ufficio.

visirre ● V. *visir.*

♦**vìsita** [da *visitare*; av. 1535] s. f. **1** Atto o circostanza del recarsi e trattenersi presso qlcu. o in un luogo, per vari motivi: *v. breve, lunga, piacevole, noiosa*; *v. di omaggio, di dovere, di ringraziamento*; *fare una v. a qlcu.*; *far v. a un amico, a un malato*; *essere, andare in v. da qlcu.*; *il capo dello Stato è in v. ufficiale in Inghilterra*; *il sovrano è attualmente in Italia in v. privata*; *fare un giro di v. nei principali musei* | ***Fare una v. in chiesa***, per pregare | ***Far v. ai sepolcri***, per devozione, durante la settimana santa | ***V. pastorale***, della diocesi, obbligo canonico cui sono tenuti i vescovi, di visitare, nel giro massimo di cinque anni, tutte le parrocchie della loro diocesi, per controllarne l'attività | ***V. ai limini***, quella alle soglie del sepolcro dei Santi Pietro e Paolo in Roma, cioè al Papa e alla curia romana, che i vescovi cattolici devono compiere, per obbligo canonico, ogni cinque anni, presentando al pontefice una relazione sullo stato della loro diocesi | ***Abito da v.***, da pomeriggio elegante | ***Biglietto da, di v.***, cartoncino a stampa contenente il nome e il cognome di qlcu. e talvolta il suo indirizzo, i titoli professionali e sim. **2** (*med.*) Esame medico dei vari organi e apparati: *v. medica*; *v. specialistica*; *v. ambulatoriale, domiciliare*; *aver bisogno di una v. generale* | ***V. di controllo***, fatta per controllare lo stato generale dell'organismo | ***Passare la v.***, sottoporsi a visita medica | ***V. fiscale***, quella richiesta dai competenti organi di un ente, azienda e sim., per accertare l'effettivo stato di malattia di un dipendente | ***V. sanitaria***, controllo effettuato in luoghi, ambienti e sim., per stabilire le esatte condizioni sanitarie | ***Marcar v.***, nel gergo militare, chiedere visita medica dichiarandosi ammalato. **3** Ispezione: *v. alle carceri, alla scuola, a una caserma* | ***V. doganale***, per accertare la presenza o meno di merci sottoposte a dogana | Perquisizione: *v. delle navi mercantili.* || **visitìna**, dim. | **visitóna**, accr. | **visitùccia**, pegg.

visitaménto o †**vicitaménto** s. m. ● (*raro*) Visita.

visitandìna [fr. *visitandine*, da *visiter* 'visitare'; 1817] s. f. ● Religiosa dell'ordine della Visitazione.

visitànte **A** part. pres. di *visitare*; anche agg. ● Nei sign. del v. **B** s. m. e f. ● (*raro*) Visitatore.

♦**visitàre** o †**vicitàre** [vc. dotta, lat. *visitāre*, intens. di *vīsere* 'andare a vedere', a sua volta intens. di *vidēre* 'vedere'; 1308] v. tr. (*io vìsito*) **1** Andare presso qlcu. e intrattenersi, più o meno a lungo, con lui per amicizia, cortesia, dovere e sim.: *v. un amico, un conoscente, un superiore*; *v. qlcu. per congratularsi, condolersi, chiedere un favore* | ***V. gli infermi, v. i carcerati***, due delle sette opere di misericordia corporali | ***Il Signore vi ha visitato***, (*lett., fig.*) si dice a chi subisce sventure e sim., considerandole come prove volute da Dio. **2** Sottoporre a esame medico: *v. un malato*; *devi farti v. da un oculista* | (*assol.*) Fare visite mediche: *oggi il dottore non visita.* **3** Andare in un luogo e trattenervisi più o meno a lungo, per motivi di svago, lavoro, studio, preghiera e sim.: *v. una città, un paese*; *v. una fabbrica, un'azienda agricola, un museo, una galleria, una chiesa, un cimitero.* **4** (*raro*) Controllare, ispezionare: *v. una caserma, una scuola, un ospedale*; *v. il deposito bagagli, un baule.* **5** †Frequentare.

visitatóre o †**vicitatóre** [vc. dotta, lat. tardo *visitatōre(m)*, da *visitātus* 'visitato'; 1342] s. m. (f. *-trice* (V.)) **1** Chi si reca in visita presso qlcu.: *accogliere, ricevere i visitatori*; *un assiduo v. dei carcerati, degli infermi*; *sei il nostro v. più gradito.* **2** Chi visita musei, gallerie, monumenti, esposizioni e sim.: *la pinacoteca è piena di visitatori*; *l'affluenza dei visitatori è stata superiore a ogni aspettativa.* **3** ***V. apostolico***, ecclesiastico che, in casi eccezionali e per incarico diretto della S. Sede, visita e ispeziona istituti religiosi, seminari e diocesi. **4** †Ispettore.

visitatrìce [f. di *visitatore*; 1913] s. f. ● Donna che, per incarico di enti di assistenza e beneficenza, visita le famiglie più bisognose di un quartiere, zona e sim. per accertare la loro reale situazione.

visitazióne o †**vicitazióne** [vc. dotta, lat. tardo *visitatiōne(m)*, da *visitātus* 'visitato'; 1353] s. f. **1** †Visita. **2** Visita fatta da Maria Vergine a Elisabetta | Festa commemorativa di tale visita. **3** Congregazione femminile istituita in Francia, nel XVII sec. da S. Francesco di Sales e da S. Giovanna Frémiot de Chantal.

visiting professor /ˈvizitim proˈfɛssor, *ingl.* ˈvɪzɪtɪŋ prəˈfesə/ [loc. ingl., propr. 'professore (*professor*) in visita (da *to visit* 'visitare')'; 1988] loc. sost. m. e f. inv. (pl. ingl. *visiting professors*) ● Docente universitario che, per un periodo definito, assume un incarico di insegnamento in una università straniera.

visìvo [vc. dotta, lat. tardo *visīvu(m)*, da *vīsus* 'vista'. V. *viso* (*1*); 1294] agg. **1** Che appartiene o è relativo alla vista: *organi visivi*; *facoltà visiva*; *acuità visiva* | ***Campo v.***, tratto di orizzonte abbracciato dall'occhio immobile | ***Memoria visiva***, che trattiene soprattutto le immagini di ciò che si è visto | ***Poesia visiva***, corrente artistica contemporanea che tende a liberare le parole dalla loro strutturazione tipografica, cercando di realizzare la fusione tra parole stesse e immagine | †***Spiriti visivi***, senso della vista. **2** (*mus.*) ***Musica visiva***, insieme di artifici grafici per dare, nella scrittura musicale, una forma figurata a idee contenute nel testo, tipica del madrigalismo e riscontrabili in certe forme dell'avanguardia contemporanea. **3** †Visibile. || **visivaménte**, avv. Con la vista, per mezzo della vista: *percepire visivamente.*

Visnuìsmo [da *Visnù*, col suff. *-ismo*; 1957] s. m. ● Religione dell'India che considera il dio Visnù suprema manifestazione del divino.

visnuìta [da *visnuismo*; 1961] s. m. e f. (pl. m. *-i*) ● Fedele di Visnù, seguace del Visnuismo.

visnuìtico [da *visnuita*; 1961] agg. (pl. m. *-ci*) ● Relativo a Visnuismo, al culto e alla mitologia di Visnù.

†**viso** (**1**) part. pass. di *vedere*; anche agg. ● Nei sign. del v.

♦**viso** (**2**) [lat. *vīsu(m)* 'vista, sguardo', poi 'aspetto', da *vidēre* 'vedere'; av. 1250] s. m. **1** Parte anteriore della testa dell'uomo, in cui hanno sede gli organi della vista, dell'olfatto e della parola: *v. bello, delicato, magro, ossuto, paffuto*; *v. sporco, tinto, dipinto, imbellettato, roseo, pallido, cereo*; *pulirsi, lavarsi, asciugarsi il v.*; *coprirsi il v. con le mani*; *essere, diventare rosso in v. per la vergogna*; *avere il v. bagnato di lacrime.* SIN. Faccia, volto | ***V. pallido***, ogni uomo di pelle bianca, secondo una espressione usata dagli indiani d'America; (*fig., scherz.*) chi, per scarsa esposizione al sole, è privo di abbronzatura | ***Il v. gli si è allungato***, di persona che è dimagrita parecchio in breve tempo | ***Guardarsi in v.***, fissarsi l'un l'altro | ***V. a v., a v. a v.***, a faccia a faccia | ***Poter mostrare il v.***, (*fig.*) non aver motivo per vergognarsi | ***Non aver mai visto qlcu. in v.***, non conoscerlo | (*fig.*) ***Dire, spiattellare qlco. sul v. a qlcu.***, dirgliela senza alcun riguardo, delicatezza e sim. | ***A v. coperto***, con il volto coperto, mascherato | ***A v. aperto***, con franchezza e coraggio | ***Gettare qlco. sul v.***

a qlcu., (*fig.*) rinfacciargli qlco. | †*Mutar v.*, cambiare di umore, turbarsi. *2* (*est.*) Espressione del volto: *v. allegro, sorridente, serio, corrucciato, imbronciato*; *gli si legge in v. la gioia, il dolore, la commozione, la disperazione* | †*Con v. fermo, senza mutar v.*, con espressione impassibile, senza scomporsi e sim. | *V. dell'armi*, (*lett.*) *dell'arme*, espressione minacciosa, feroce e sim., come quella di chi si lancia contro l'avversario con le armi in pugno | (*fig.*) *Fare il v. duro*, mostrare la massima severità, intransigenza e sim. | *Fare, mostrare buon v. a qlcu.*, accoglierlo con manifestazioni di contentezza, dimostrare di gradirne l'arrivo, la presenza e sim. | (*fig.*) *Fare buon v. a cattivo gioco*, adattarsi con serenità a situazioni, condizioni o realtà sgradite, spiacevoli | †*Mal v.*, che esprime scontento, fastidio e sim. | (*fig., raro*) *Aver v. di*, aver il coraggio, l'ardire di. *3* (*est.*) Fisionomia particolare, aspetto inconfondibile di una persona: *quel v. non mi è nuovo*; *è un v. noto a tutte le polizie d'Europa*. *4* †Occhio, sguardo, vista: *Tu hai l'udir mortal sì come il v.* (DANTE *Par.* XXI, 61). *5* (*fig.*) †Intelletto. || **visàccio**, pegg. (V.) | **visétto**, dim. (V.) | **visino**, dim. | **visòccio**, accr. | **visóne**, accr. | **visùccio**, **visùzzo**, vezz. o pegg.

visóne [fr. *vison*, dal ted. *Wiesel* 'donnola', di orig. germ.; 1781] **s. m.** *1* Mammifero carnivoro dei Mustelidi, molto amante dell'acqua, con pelliccia assai pregiata (*Mustela vison*). ➡ ILL. **animali**/13. *2* La pregiata pelliccia dell'animale omonimo: *una stola di v.* | (*est.*) Capo di pellicceria, spec. mantello o cappotto, confezionato con tale pelliccia: *acquistare, indossare un v.* || **visoncino**, dim.

visonétto [1965] **s. m.** ● Pelliccia che imita il visone.

visóre [dal lat. *vīsus*, part. pass. di *vidēre* 'vedere'; 1963] **s. m.** *1* (*fot.*) Dispositivo con lente di ingrandimento per osservare in trasparenza le negative e le diapositive. *2* Mirino, spec. di telecamera. *3* Microlettore. *4* Schermo, gener. a cristalli liquidi, presente in vari dispositivi (stampanti, fotocopiatrici, telefoni, ecc.). SIN. Display.

vispézza [1668] **s. f.** ● (*raro*) Caratteristica di chi (o di ciò che) è vispo.

vispistrèllo ● V. *pipistrello*.

♦**vispo** [vc. di orig. espressiva; 1612] **agg.** ● Che è pronto, svelto, brioso e vivace sia nel fisico che nei modi: *bambino, ragazzetto v.*; *un v. passerotto*; *un vecchietto v.* SIN. Arzillo. || **vispino**, dim. || **vispaménte**, avv.

vissàno [1961] **agg.** ● Di Visso, paese delle Marche | *Razza vissana*, razza ovina indigena della zona di Visso | *Lana vissana*, prodotta dalle pecore di razza vissana, ricercata per cardati, pettinati e filati da aguglieria.

vissi ● V. *vivere* (*1*).

†**visso** [1524] **part. pass.** di *vivere*; anche **agg.** ● Nei sign. del v.

vissùto [av. 1400] **A part. pass.** di *vivere*; anche **agg.** *1* Nei sign. del v. *2* Che è ricco di esperienze sia positive che negative: *uomo v.* **B s. m.** ● (*psicol.*) Tutto ciò che la coscienza individuale vive nell'immediato | (*est.*) Tutto ciò che ancora non è stato sottoposto al filtro dell'introspezione | (*est.*) Tutto ciò che, anche se appartiene a un'esperienza precedente, è presente in modo vivo nella coscienza individuale o collettiva: *il nostro v. familiare, politico, sociale*; *il v. delle nuove generazioni giovanili*.

♦**vista** [da *visto* (*1*); 1294] **s. f.** *1* Senso che permette di percepire gli stimoli luminosi e quindi i colori, le forme, le dimensioni, le distanze, i movimenti: *organi della v.*; *la v. è uno dei cinque sensi*. CFR. opto-, video-, -opia, -opsia. ➡ ILL. p. 2127 ANATOMIA UMANA | Capacità visiva dell'occhio: *avere una v. perfetta, debole, difettosa*; *misurare la v.* | *Occhiali da v.*, per chi non vede perfettamente | *Avere la v. corta*, vederci poco (*anche fig.*) | *Avere la v. lunga*, vedere bene e lontano (*anche fig.*) | *Perdere la v.*, diventare cieco | *A v. d'occhio*, (*raro*) a perdita d'occhio; (*fig.*) molto rapidamente: *la marea cresceva a v. d'occhio* | *Sottrarsi alla v. di qlcu.*, nascondersi, non farsi vedere | *Essere fuori di v.*, si dice di ciò che è troppo lontano per essere visto a occhio nudo | *A prima v.*, alla prima occhiata, al primo esame: *così, a prima v., mi sembra un compito facile*; *tradurre a prima v.*; *il loro è stato un amore a prima v.* | *Di vista*, superficialmente: *conoscere qlcu. di v.* | *Perdere di v. qlcu.*, non vederlo più; (*est.*) ignorare dove sia, cosa faccia e sim.: *l'ho perduto di v. tra la folla*; *ci siamo persi di v. da molto tempo* | *Perdere di v. qlco.*, non occuparsene come si dovrebbe, dimenticarla, trascurarla, disinteressarsene: *perdere di v. il proprio scopo, la meta finale*; *si dilunga in discorsi inutili perdendo di v. l'argomento principale* | *In v.*, si dice di cosa esposta alla vista di tutti; (*est.*) si dice di persone, ambienti e sim. che godono di grande notorietà: *oggetto in v.*; *mettere, porre, collocare qlco. in v.*, *bene in v.*; *una personalità molto in v.* | *Essere in v.*, essere ben visibile; (*fig.*) essere molto noto; (*fig.*) essere tanto vicino, nello spazio, da poter essere visto; (*fig.*) essere imminente: *l'anello era in v. sulla vetrina*; *la città ormai è in v.*; *chi è molto in v. ha anche molte seccature*; *sono in v. gravi scioperi* | *Terra in v.!*, grido con cui sulle navi si annunciava che la terraferma era ormai visibile | *In v. di*, vicino, nei pressi di; (*fig.*) in considerazione di: *si fermarono in v. della città*; *in v. di ciò, rimandiamo ogni decisione* | *Mettere in buona, in cattiva v.*, far apparire bene, male, mettere in buona, in cattiva luce | *Guardare a v.*, tenere continuamente d'occhio | *Sparare a v.*, senza preavviso | *A v.*, nel linguaggio commerciale e bancario, alla presentazione: *titolo di credito pagabile a v.* | (*banca*) *A certo tempo v.*, dopo che è trascorso il periodo di tempo indicato, a decorrere dalla presentazione: *titolo di credito pagabile a certo tempo v.* | *Volo, navigazione a v.*, quelli condotti in base a riferimenti visibili e quindi in buone condizioni di visibilità diurna o notturna, spec. in contrapposizione a volo e navigazione strumentale | *Navigare a v.*, (*fig.*) in una situazione difficile, procedere alla giornata, senza riferimenti od obiettivi a medio o lungo termine | *Punto di v.*, (*fig.*) opinione, particolare modo di vedere o interpretare le cose | †*Dar di v.*, badare | *Avere in v. qlco.*, (*fig.*) prevedere di procurarsene, di ottenerla, di raggiungerla e sim.: *avere in v. una buona sistemazione*. *2* Possibilità di vedere e ambito materiale entro cui l'occhio può percepire la realtà: *togliere, impedire, limitare la v. di qlco.*; *uscire dalla v., di v.* | (*raro*) Luce, finestra, apertura che consente di vedere. *3* Panorama, scena, spettacolo e sim. che si vede: *una v. bella, piacevole*; *dalla finestra si gode una splendida v.*; *una v. raccapricciante apparve ai loro occhi* | *È una brutta v.*, di cosa sgradevole o spiacevole a vedersi. *4* Aspetto, apparenza | *Far bella v.*, apparire bene, essere bello, piacevole e sim. a vedersi | (*lett.*) *In v.*, all'apparenza, all'aspetto | (*raro, lett.*) *Dar v.*, avere apparenza | *Far v. di, far le viste di*, fingere: *far v. di piangere*; *far le viste d'inquietarsi* | (*raro*) Ostentazione, mostra: *fare gran v. di sé, di qlco.* *5* (*lett.*) Sembianze umane: *... questa donna ... si facea d'una v. pietosa e d'un colore pallido* (DANTE). *6* Nelle antiche armature, fessura praticata nella celata per permettere di vedere. *7* †Segno, indizio | †*Far v. di*, lasciare intendere qlco. per indizi: *ed ella non mi fa vist'amorosa* (GUINIZZELLI).

VISTA
nomenclatura

vista (cfr. occhio, colore)

● *caratteristiche*: buona ⇔ cattiva; acuta = da aquila = da falco = di lince ⇔ debole = da talpa; lunga ⇔ corta; chiara = limpida ⇔ torbida = offuscata = incerta;

● *azioni*: guardare, vedere, intravedere, osservare; contemplare = rimirare, scrutare = fissare, aguzzare, individuare, avvistare, distinguere, discernere, scorgere, scoprire, sbirciare, spiare; adocchiare = occhieggiare; abbracciare, spaziare; visualizzare; confondere, annebbiare = offuscare = oscurare, abbagliare = abbarbagliare = abbacinare, accecare, rischiarare; perdere; restituire = ridonare, riacquistare; misurare, sanare, correggere, migliorare; aumentare, accrescere; sottrarre, nascondere, togliere; apparire, scomparire;

● *difetti visivi*: emmetropia; monocromatismo, daltonismo, discromatopsia, acromatopsia = acromatismo, allocromasia, xantopsia; astenopia, meropia, ambliopia, disopia, miopia = ipometropia, ipermetropia, presbiopia = presbitismo, astigmatismo, poliopia = poliopsia strabismo; lossopsia, emeralopia ⇔ nictalopia, diplopia, macropsia ⇔ micropsia; traveggole, allucinazioni, fosfeni, scotoma, emianopsia = emiopia; amaurosi;

● *misurazione della vista* (cfr. occhio): visus, optometria, optometro, oftalmometria, oftalmometro, decimo, diottria, tavola ottotipica; astigmometro, tachistoscopio.

vistàre [1848] **v. tr.** ● Apporre il visto, munire di visto: *v. il passaporto, una domanda*. SIN. Vidimare.

vistavisión /vista'viʒon, -zjon, *ingl.* ˌvɪstə-'vɪʒn/ [vc. ingl., comp. di *vista* 'prospettiva, scorcio' (V. *vista*) e *vision* 'visione'; 1972] **s. m. inv.** ● (*cine*) Procedimento secondo il quale in una macchina da presa la pellicola scorre in senso orizzontale anziché verticale, consentendo un'immagine di dimensioni maggiori di quella normale.

†**vistézza** [ant. fr. *vistesse* (mod. *vitesse*), da *vite* 'svelto' (V. *visto* (*1*))] **s. f.** ● Agilità, destrezza.

visto (**1**) [lat. parl. **vīsitu(m)*, part. pass. di *vidēre* 'vedere', sul modello di *pŏsitus* 'posito'; av. 1363] **A part. pass.** di *vedere*; anche **agg.** *1* Nei sign. del v. *2* Nella loc. cong. *v. che*, atteso, considerato che, poiché. *3* †Veggente. *4* *Ben v.*, *mal v.*, V. *benvisto* e *malvisto*. *5* *Mai v.*, nuovo, eccezionale, straordinario: *uno spettacolo mai v.*; *un'intelligenza mai vista*. **B s. m.** *1* Atto con cui un'autorità amministrativa superiore esplica un'attività di controllo di mera legittimità su un altro atto di altra autorità amministrativa inferiore: *apporre il v.* SIN. Vidimazione. *2* Correntemente, firma di approvazione o presa visione di un'autorità competente: *manca solo il v. del presidente* | *V. si stampi*, formula, seguita dalla firma, con la quale un autore o un editore dà l'autorizzazione alla tipografia di stampare le ultime bozze | *V. consolare* o (*ellitt.*) *visto*, quello mediante il quale il console di uno Stato attribuisce al passaporto di uno straniero una determinata validità rispetto al proprio Stato: *v. d'entrata, d'uscita* | *V. pesante*, attestazione di regolarità apposta da dottori commercialisti, ragionieri, periti contabili o consulenti del lavoro in calce a dichiarazione dei redditi.

†**visto** (**2**) [ant. fr. *viste* (mod. *vite*) 'svelto': di orig. espressiva (?)] **agg.** ● Guizzante, agile: *un lioncello presto e v.* (BOCCACCIO). || †**vistaménte**, avv. Velocemente, subito.

vistosità [1690] **s. f.** *1* Caratteristica di chi (o di ciò che) è vistoso. *2* (*raro*) Sfarzo, sfoggio, ostentazione.

vistóso [da *vista*; sec. XIV] **agg.** *1* Che dà nell'occhio, che è molto appariscente: *abito, colore v.*; *donna vistosa*. SIN. Appariscente, chiassoso. *2* (*fig.*) Notevole, considerevole, ingente: *somma, vincita vistosa*. || **vistosétto**, dim. || **vistosaménte**, avv. In modo vistoso (*anche fig.*).

visuàle [vc. dotta, lat. tardo *visuāle(m)*, da *vīsus* 'vista' (V. *viso* (*1*)); 1336 ca.] **A agg.** ● Della vista | *Angolo v.*, formato nell'occhio dai raggi che partono dalle estremità di un oggetto; (*fig.*) punto di vista, prospettiva. || **visualménte**, avv. Con la vista. **B s. f.** *1* Veduta, panorama: *una bella v.*; *coprire la v.* | (*fig.*) Prospettiva, punto di vista. *2* (*ottica*) Linea retta che idealmente congiunge l'occhio dell'osservatore con l'oggetto osservato.

visualità [da *visuale*; 1983] **s. f.** ● (*raro*) Caratteristica di ciò che è percepibile con la vista | (*est.*) Caratteristica di ciò che viene rappresentato attraverso l'immagine, con particolare riferimento ai risultati della moderna ricerca grafica ed espressiva, spec. nel campo della fotografia, del design, della pubblicità e delle arti figurative in genere.

visualizer /*ingl.* ˌvɪʒwə'laezəɹ/ [vc. ingl., da *to visualize* 'visualizzare'; 1983] **s. m. e f. inv.** ● Chi, nel campo della pubblicità, visualizza l'idea o il contenuto di una campagna nell'abbozzo di un cartellone, un annuncio, un filmato, un fotomontaggio e sim.

visualizzàbile **agg.** ● Che può essere visualizzato: *la mappa delle isobare è v. sullo schermo*.

visualizzàre [da *visuale*, sul modello dell'ingl. (*to*) *visualize*; 1942] **v. tr.** *1* Rendere visibile qlco. che per sua natura non lo è | *V. un flusso aerodinamico*, mediante fumo, rifrazione e sim. | *V. un organo*, in radiologia, farlo apparire con evidenza, impiegando un mezzo di contrasto. *2* Dare forma visibile, rappresentare con immagini: *v. una statistica, un fenomeno con grafici, un'idea pubblicitaria.*

visualizzatóre [da *visualizzare*; 1983] **s. m.** ● (*elab.*) Dispositivo di uscita di un elaboratore elettronico, su cui i risultati di un'elaborazione vengono presentati in forma labile, ma con tempi di attesa nulli o trascurabili | *V. alfanumerico*, su cui vengono presentati solo caratteri alfabetici, numerici e segni speciali | *V. grafico*, su cui possono essere rappresentati anche diagrammi e figure | *V. ottico interattivo*, visualizzatore grafico provvisto di penna luminosa e usato come dispositivo di ingresso di un elaboratore elettronico per consentire l'interazione diretta fra l'uomo e l'elaboratore.

visualizzazióne [1942] **s. f.** ● Il visualizzare, il fatto di venire visualizzato.

visùra [dal lat. *vīsus*, part. pass. di *vidēre* 'vedere'; 1839] **s. f.** ● Verifica catastale e ipotecaria tendente ad accertare sia la condizione giuridica che il valore economico di un immobile | (*est.*) Esame, controllo, spec. ai fini di accertamenti tecnici, legali o burocratici.

visus [vc. lat., 'vista'. V. *viso* (*1*); 1935] **s. m. inv.** *1* (*fisiol.*) Capacità visiva dell'occhio. *2* Misura dell'acuità visiva, basata sulle dimensioni dei più piccoli caratteri ottotipici che l'occhio riesce a leggere, espressa generalmente in decimi.

♦**vita** (**1**) [lat. *vīta(m)*, dalla stessa radice di *vīvere*; av. 1250] **s. f.** *1* (*biol.*) Complesso delle proprietà, quali la nutrizione, la respirazione, l'irritabilità e la riproduzione, che caratterizzano la materia vivente e la distinguono dalla materia non vivente: *v. animale, vegetale; v. vegetativa, sensitiva; avere v.; essere in v.* **CFR.** bio-, -bio, abio- | (*gener.*) Condizione, stato di ciò che vive, il fatto di vivere: *finché mi resterà un fil di v., non cesserò di lottare; il poveretto non dava più segno di v.* | *Venire alla v.*, nascere | *Dare la v. a qlcu.*, procrearlo | *Ridar la v. a qlcu.*, (*fig.*) aiutarlo a superare un momento difficile, restituirgli fiducia, coraggio | *Dar v. a qlco.*, esserne il creatore | *Restare, rimanere in v.*, sopravvivere | *Rendere, restituire alla v.*, risuscitare o strappare alla morte | *Esser in fin di v.*, sul punto di morire | *Perdere la v.*, morire | *Privar della v.*, uccidere | *Togliersi la v.*, suicidarsi | *Essere uniti per la v. e per la morte*, per sempre, nelle vicende liete o tristi | *Questione di v. o di morte*, di capitale importanza | *Passare da morte a v.*, (*fig.*) da una condizione insopportabile a una migliore | *Mettere a rischio, a repentaglio la v.*, correre il rischio di morire | *Dare la v. per qlco.*, dedicarvi tutte le proprie energie; anche, accettare di morire per essa | *Vender cara la v.*, battersi impavidamente e accanitamente prima di soccombere | *Salvar la v. a qlcu.*, scamparlo da morte | *Dover la v. a qlcu.*, essere sfuggito alla morte per merito suo | *Ne va della v.*, è in gioco la vita | *Se vi è cara la v.*, se non volete morire | *O la borsa o la v.*, intimazione di rapinatori | *Pena la v.*, sotto pena di morte | *Far grazia della v.*, graziare un condannato a morte | *Render la v. difficile a qlcu.*, ostacolarlo in ogni modo e continuamente. *2* Spazio di tempo compreso tra la nascita e la morte; (*est.*) tempo che resta da vivere: *il corso della v.; le diverse età della v. nell'uomo; la v. di alcune specie animali è molto breve; ti giuro che me ne ricorderò per tutta la v.* | *A v.*, per tutta la durata della vita: *è stato eletto senatore a v.* | *V. natural durante*, per tutta la vita (*anche scherz.*) | (*iperb.*) Tempo molto lungo: *è una v. che non lo sento; non ci vediamo da una v.* | (*spesso raff.* ed *enfat.*) *In v. mia, in v. sua*,: *non ho mai visto niente di simile in v. mia* | *L'altra v.*, la vita eterna | *Passare a miglior v.*, morire | (*stat.*) *V. media*, data un'età x, il numero medio di anni che potrebbe attendersi di vivere ogni individuo di tale età, espresso dal rapporto fra il numero totale di anni vissuti dopo l'età x e il numero di coloro che sopravvivono a tale età. *3* Modo di vivere: *v. associata, civile, primitiva, selvaggia, ritirata, solitaria; v. sana, attiva, all'aperto; v. onesta, virtuosa, intemerata, oziosa, viziosa, scioperata; avere, godere una v. serena, tranquilla; fare, menare una v. agitata, travagliata, grama, di stenti, da cani; la v. del medico, del minatore, dello studioso; questa è la v. del convento* | *V. di relazione*, quella dell'uomo in quanto si svolge in una società | *V. pubblica*, l'ambito delle attività politiche, amministrative, sociali e sim. di un individuo | *V. privata*, l'insieme dei rapporti familiari e personali di un individuo | *Che v.!*, per indicare un modo di vivere particolarmente disagiato o faticoso | *Fare una bella v.*, vivere comodamente, senza preoccupazioni o fatica | *Fare la bella v.*, si dice di chi è dedito ai piaceri mondani | *Fare la v.*, (*eufem.*) esercitare la prostituzione | *Ragazza di v.*, prostituta | *Ragazzo di v.*, giovane malvivente o vizioso, proveniente spec. da un ambiente sociale degradato dalla miseria e dalla violenza | *Avere una doppia v.*, nascondere dietro una faccia di irreprensibilità azioni e comportamenti viziosi, disonesti, oltremodo riprovevoli | *La dolce v.*, vita che trascorre nell'ozio e nel divertimento (dal n. del film di F. Fellini *La dolce vita*, 1959) | *Cambiar v.*, mutare la propria condotta, spec. dal male al bene: *ha deciso di cambiar v.* *4* Parte dell'attività intellettiva, o fisica, o morale: *v. psichica, spirituale, sensitiva, affettiva, intellettuale, culturale.* *5* Complesso delle attività di un organismo operante: *la v. di una società, di un partito.* *6* (*fig.*) Durata: *questa moda avrà v. breve; la v. di una dottrina, di una stella, di una macchina* | *La v. di un libro*, tutto il tempo in cui è letto e richiesto. *7* Vigore, vitalità: *è un giovane pieno di v.* | Forza operante, animatrice: *il sole è fonte di v.; Te beata, gridai, per le felici / aure pregne di v.* (FOSCOLO). *8* (*fig.*) Animazione, fermento, movimento vivace: *una strada piena di v.; è una città di provincia, che non ha v. notturna* | Di opera d'arte, vivacità espressiva: *descrizione piena di v.; quadro, statua senza v.* *9* Ciò che garantisce l'esistenza, le dà valore, significato: *la luce è la v. delle piante; l'aria è v.; il lavoro è v. per lui* | *V. mia!*, espressione che si rivolge a persona amata. *10* Essere vivente, persona: *giovani vite spente dall'odio, dalla violenza; nell'incidente non si sono lamentate perdite di vite umane* | *Non c'è traccia di v.*, di luogo in cui non si vedono uomini, animali, piante | (*lett.*) Anima: *E già la v. di quel lume santo / rivolta s'era al Sol* (DANTE *Par.* IX, 7-8). *11* Ciò che è necessario per vivere, con particolare riguardo al vitto: *lavorare sodo per guadagnarsi la v.; la v. diventa sempre più cara; e se 'l mondo sapesse il cor ch'elli ebbe / mendicando sua v. a frusto a frusto, / assai lo loda, e più lo loderebbe* (DANTE *Par.* VI, 140-142) | *Il costo della v.*, le spese necessarie per il proprio mantenimento. *12* (*lett.*) Fama, nome: *aver v. fra i posteri; E tu ne' carmi avrai perenne v., / sponda che Arno saluta in suo cammino* (FOSCOLO). *13* Biografia: *ha scritto una v. di Dante; una v. romanzata.* *14* Il mondo umano, il corso delle cose umane, la partecipazione al mondo reale: *conoscere la v.; è ancora troppo giovane, non ha alcuna esperienza della v.; bisogna guardare la v. in faccia; che volete? è la v.!* || **vitàccia**, **pegg.** (V.).

♦**vita** (**2**) [da *vita* (*1*), perché ivi si trovano gli organi vitali; 1668] **s. f.** *1* Parte del corpo umano sopra i fianchi in corrispondenza della cintura: *afferrare qualcuno per la v.; avere una v. sottile, una v. di vespa* | Parte del vestito sopra i fianchi: *giacca troppo stretta di v.; il vestito va bene, ma bisognerebbe stringerlo un po' in v.* | *Punto di v.*, segnato dall'incavo sopra i fianchi | *Marcato in v.*, di abito molto aderente nel punto di vita | (*disus.*) *Andare, stare in v., in bella v.*, senza cappotto, anche quando fa freddo. *2* (*est.*) Parte del corpo umano compresa tra i fianchi e le spalle: *esser lungo, corto di v.; su con la v.!*, per esortare qualcuno a tener diritte le spalle, (*fig.*) a non avvilirsi. **SIN.** Busto. *3* †Corpo umano nel suo aspetto esteriore. || **vitìna**, **dim.** (V.) | **vitìno**, **dim. m.** (V.) | **vitóna**, **accr.** | **vitóne**, **accr. m.**

vitàccia [1826] **s. f.** (**pl. -ce**) *1* Pegg. di *vita* (*1*). *2* Vita dura, difficile, grama: *che v.!; fare una v. d'inferno, da cani.*

Vitàcee [da *vite*; 1937] **s. f. pl.** (**sing. -a**) ● Nella tassonomia vegetale, famiglia di arbusti rampicanti delle Dicotiledoni, a foglie profondamente palmato-lobate e frutto a bacca (*Vitaceae*). ➡ **ILL. piante**/5.

vitaiòlo o †**vitaiuòlo** [da *vita*, sul modello di *donnaiolo* e *festaiolo*: calco sul fr. *viveur* (V.); 1918] **s. m.** (**f. -a**) ● Viveur.

vitàlba [lat. *vīte(m) ălba(m)* 'vite bianca'; sec. XIII] **s. f.** ● Arbusto rampicante delle Ranuncolacee con foglie opposte, picciolate e fiori bianchi riuniti in pannocchie (*Clematis vitalba*). || **vitalbìno**, **dim. m.** (V.).

vitalbàio **s. m.** ● (*raro*) Luogo pieno di vitalbe | †*Mettersi in un v.*, (*fig.*) cacciarsi in un ginepraio, in una situazione intricata.

vitalbìno **s. m.** *1* Dim. di *vitalba*. *2* Pianta erbacea delle Ranuncolacee a fusti eretti, non rampicanti e fiori bianchi (*Clematis recta*).

vitàle [vc. dotta, lat. *vitāle(m)*, da *vīta*; av. 1294] **A agg.** *1* Della, relativo alla, vita: *forza v.; fenomeni vitali; esigenze, necessità vitali* | *Spazio v.*, quello che è, o si ritiene, necessario alla vita e allo sviluppo di un popolo, di una nazione e sim. *2* Che dà e mantiene la vita: *soffio v.; elementi vitali; la linfa v. delle piante* | *Linfa v.*, (*fig.*) ciò che vivifica qlco., che è fonte di energia per qlco.: *idee che sono la linfa v. della società* | (*lett.*) *Aura vitale*, l'aria, in quanto consente la vita. *3* (*fig.*) Fondamentale, essenziale, imprescindibile: *principio v.; gli interessi vitali della nazione; è una questione di v. importanza.* **CONTR.** Trascurabile. *4* Che ha vitalità: *feto vivo e v.; un essere v.* *5* (*fig.*) Che è adatto e produttivo rispetto agli scopi e alle realizzazioni che si propone: *organismo politico v.; è l'unico organo v. della nostra società.* || **vitalménte**, **avv.** **B s. m.** ● †Vigore di vita.

vitalìsmo [da *vitale*, col suff. *-ismo*; 1908] **s. m.** *1* (*biol.*) Teoria secondo cui le funzioni dell'organismo vivente sono dovute a un ignoto principio vitale, insito nella materia organizzata e distinto da tutte le forze chimiche e fisiche. *2* (*est.*) Attività intensa, esuberante, spesso fine a sé stessa.

vitalìsta [1935] **s. m. e f.** (**pl. m. -i**) ● Chi sostiene il vitalismo.

vitalìstico [da *vitalismo*; 1912] **agg.** (**pl. m. -ci**) ● Ispirato o relativo al vitalismo: *pensiero v.; trattato v.* || **vitalisticaménte**, **avv.**

vitalità [vc. dotta, lat. *vitalitāte(m)*, da *vitālis* 'vitale'; 1598] **s. f.** *1* (*fisiol.*) Capacità di vita, di sopravvivenza: *la v. di un neonato.* *2* Condizione, caratteristica di chi (o di ciò che) è vitale (*anche fig.*): *istituzione ormai priva di v.*

vitaliziànte **A** **part. pres.** di *vitaliziare*; anche **agg.** ● Nei sign. del v. **B s. m. e f.** ● Chi concede una rendita vitalizia.

vitaliziàre [1848] **v. tr.** (*io vitalìzio*) ● Costituire in vitalizio: *v. una rendita.*

vitaliziàto **A** **part. pass.** di *vitaliziare*; anche **agg.** ● Nei sign. del v. **B s. m.** (**f. -a**) ● Chi beneficia di una rendita vitalizia.

vitalìzio [da *vitale*; 1692] **A agg.** ● Che ha la durata della vita di un uomo: *incarico v.* | *Contratto v., rendita vitalizia*, quelli che prevedono una rendita costituita per la durata della vita del soggetto che fruisce della rendita medesima o di altra persona | *Assegno v.*, spettante sulla successione del genitore ai figli naturali non riconoscibili nelle ipotesi determinate dalla legge. **B s. m.** *1* Rendita vitalizia. *2* Assegno vitalizio | *V. Bacchelli*, vitalizio erogato in base alla legge Bacchelli (V. *legge*).

vitalizzàre [fr. *vitaliser*, da *vital* 'vitale'; 1957] **v. tr.** ● (*lett.*) Rendere vivo, vitale (*spec. fig.*): *v. una descrizione.*

vitàme [1738] **s. m.** ● Assortimento di viti | Quantità di viti.

♦**vitamìna** [ted. *Vitamin*, comp. del lat. *vīta* e ted. *Amin* 'ammina': chiamata così da C. Funk (che la scoprì nel 1913), perché riteneva che fosse un'*ammina*; 1915] **s. f.** ● Sostanza indispensabile alla vita che l'organismo non è capace di produrre e che pertanto deve essere assunta con gli alimenti | *V. A*, regola la normale funzionalità e l'integrità di tutti i tessuti epiteliali, favorendo l'accrescimento corporeo negli organismi in via di sviluppo | *Vitamine del gruppo B*, raggruppamento che comprende le vitamine B_1, B_2, B_5, B_6, B_{12} | *V. B_1*, usata in terapia nelle nevriti, nelle forme psicoasteniche e in varie malattie gastrointestinali. **SIN.** Tiamina | *V. B_2*, dotata di funzione protettiva sugli epiteli e atta a favorire la crescita. **SIN.** Riboflavina | *V. B_5*, usata nella cura di disturbi neuromotori e cardiovascolari | *V. B_6*, dotata di funzione epitelioprotettiva. **SIN.** Adermina | *V. B_{12}*, necessaria per la crescita, la nutrizione e la funzionalità dei tessuti a elevato potere di moltiplicazione, come il midollo osseo, usata spec. in terapia nella cura delle anemie. SIN. Cianocobalamina | *V. C*, usata in terapia nella cura dello scorbuto, delle astenie, degli stati emorragici e come coadiuvante della cura di molte malattie infettive | *V. D_2 e D_3*, usata per la cura e la prevenzione del rachitismo e delle distrofie ossee | *V. E*, usata nella cura della sterilità e anche dell'arteriosclerosi | *V. F*, ha la funzione di mantenere elastica e morbida la pelle, ed è usata quando questa diventa rugosa e si squama per malattia o per dieta troppo severa | *V. H*, usata per la cura di numerose affezioni cutanee | *V. K*, trova utile impiego in tutte le affezioni in cui è diminuita la coagulabilità del sangue e si ha tendenza alle emorragie | *V. M*, usata nella cura di anemie | *V. P*, atta ad aumentare la resistenza dei vasi sanguigni alla rottura | *V. PP*, usata nella cura della pellagra, in alcune dermatosi e nelle affezioni epatiche. ➡ TAV. **vitamine**.

vitaminico [1937] agg. (pl. m. *-ci*) ● Delle, relativo alle vitamine | Che è ricco di vitamine: *alimento v.*

vitaminizzàre [da *vitamina*; 1942] v. tr. ● Aggiungere ad un alimento una o più vitamine diverse per potenziare i suoi principi nutritivi.

vitaminizzàto [1987] part. pass. di *vitaminizzare*; anche agg. ● Nel sign. del v.

vitaminizzazióne [fr. *vitaminisation*, da *vitamine* 'vitamina'; 1983] s. f. ● Procedimento utilizzato per addizionare una o più vitamine ad altre sostanze, spec. alimentari.

vitaminologìa [comp. di *vitamina* e *-logia*; 1942] s. f. ● Ramo della biologia che studia in particolare le vitamine.

vitàndo [vc. dotta, lat. *vitàndu(m)*, gerundivo di *vitàre*; 1936] agg. ● Da evitarsi, detto spec. in diritto canonico, dello scomunicato che deve essere evitato dagli altri fedeli.

†**vitàre** [vc. dotta, lat. *vitàre*, di etim. incerta; 1499] v. tr. ● Evitare, schivare.

vitàto [1499] agg. ● Piantato a vite, vignato: *terreno v.* | (*raro*) Detto di albero cui si marita la vite.

♦**vite** (1) [lat. *vĭte(m)*, da avvicinare a *viēre* 'curvare, intrecciare', di orig. indoeur.; av. 1306] s. f. *1* Arbusto delle Vitacee con rami rampicanti, viticciati ai nodi, foglie palmate, fiori verdi in grappoli e frutto a bacca succosa (*Vitis vinifera*): *pampini, tralci, grappoli, viticci, occhi della v.; v. ad albe-*

rello, a cordone, a pergola, a tendone, a festoni, a raggi; maritare la v. all'olmo; la v. si dondolava adagio adagio sulla finestra (VERGA) | (*fig.*) *Piangere come una v. tagliata*, irrefrenabilmente, a dirotto | *V. bianca*, brionia | *V. selvatica, v. americana*, abrostine. CFR. ampelo-. ➡ ILL. **piante**/5. *2 V. d'orso*, frutice delle Ericacee con foglie persistenti arrotolate al margine e frutto a bacca rossa, commestibile (*Vaccinium vitis idaea*) | *V. nera*, erba perenne delle Monocotiledoni con fiori verdognoli, campanulati e frutto a bacca (*Tamus communis*). SIN. Tamaro | *V. vergine*, o *v. del Canada*, delle Vitacee, coltivata per ricoprire i muri (*Parthenocissus quinquifolia*).

♦**vite** (2) [da *vite* (1), per la sua forma a spirale; 1308] s. f. *1* Cilindretto metallico con un rilievo elicoidale, per fermare, stringere, collegare: *la testa, il gambo, il filetto o verme della v.* | *V. maschio*, la vite propriamente detta, che si avvita nella madrevite | *V. femmina*, madrevite | *V. di collegamento*, per effettuare collegamento di pezzi, è costituita da testa e gambo filettato | *V. prigioniera*, con gambo cilindrico filettato alle due estremità, una delle quali viene inserita saldamente in un foro non passante praticato in uno dei due pezzi da collegare mentre l'altra reca il dado di collegamento | *V. autofilettante*, che nell'avvitamento genera la filettatura del foro liscio | *V. senza testa*, quella il cui gambo ha diametro costante e in cui i mezzi che ne consentono l'avvitamento sono ricavati direttamente in esso | *V. da legno*, quella con la parte filettata conica, con filetto triangolare, da inserire in un foro iniziato col succhiello | *V. di manovra, di traslazione*, quella che, fatta ruotare nella madrevite solidale con un organo di traslazione, ne determina lo spostamento, utilizzata per es. nelle macchine utensili per lo spostamento di carrelli e sim. | *V. senza fine, perpetua*, a uno o più filetti, trasmette il movimento a una ruota elicoidale, che si muoverà lentamente, spostandosi di uno, due o tre denti a ogni giro della vite, a seconda che questa sia a uno, a due, a tre pezzi | *V. micrometrica*, di precisione, usata in strumenti di misura per valutare lo spostamento compreso in un certo numero di giri o frazioni di giro da valutare su apposito tamburo | *V. di Archimede*, strumento, usato spec. per il sollevamento dell'acqua, costituito da un tubo all'interno del quale ruota una vite senza fine | *V. madre*, organo

del tornio che, muovendosi entro la sua chiocciola, permette di ottenere avanzamenti precisi per l'utensile, necessari per eseguire filettature | *A v.*, spiralato come una vite; chiuso con viti | *Giro di v.*, (*fig.*) inasprimento di una disciplina o sim. *2* (*aer.*) Discesa di un velivolo lungo una traiettoria a spirale verticale di piccolo raggio, con notevole velocità angolare, compiuta involontariamente per effetto di una manovra errata o di una forte raffica, o volontariamente allo scopo di compiere una manovra acrobatica: *caduta a, in v.* | *V. piatta*, col velivolo in assetto pressoché orizzontale. *3* (*sport*) Tuffo dal trampolino o dalla piattaforma nel quale il corpo, all'apice della traiettoria, deve compiere una rotazione attorno al proprio asse. *4* (*spec. al pl., tosc., raro*) Candelieri lunghi che i chierici portano sulle braccia in alcune cerimonie. || **viterèlla**, dim. | **viterellìna**, dim. | **vitìna**, dim. | **vitóna**, accr. | **vitóne**, accr. m. (V.).

vite-chiòdo [comp. di *vite* e *chiodo*] s. m. ● Vite con il gambo autofilettante, a passo molto grande, destinata a essere piantata con il martello o la pressa in pezzi massicci.

vitèlla [1478] s. f. *1* Vitello femmina, giovenca: *v. da latte*. *2* Carne dell'animale macellato, usata come cibo: *fettine di v.; v. arrosto, in guazzetto*. || **vitellìna**, dim.

vitellàio [1803] s. m. (f. *-a*) *1* Chi lavora pelli di vitello. *2* Chi commercia in vitelli.

vitellìno (1) [sec. XV] agg. ● (*raro*) Di vitello: *cuoio v.; pelle vitellina*.

vitellìno (2) [1961] agg. ● Che si riferisce al tuorlo dell'uovo: *sacco v.; membrana vitellina*.

vitèllium [vc. ingl. d'orig. sconosciuta; 1983] s. m. inv. ● Lega inerte di cromo, molibdeno e cobalto, usata in medicina per costruire protesi.

♦**vitèllo** (1) [lat. *vitèllu(m)*, dim. di *vītulus* 'vitello (al di sotto di un anno)', di orig. indeur.; 1310] s. m. (f. *-a* (V.).) *1* Il nato della vacca, di età inferiore all'anno | *V. della coscia*, bovino con forte sviluppo delle regioni della groppa e della natica | *V. d'oro*, idolo fabbricato dagli ebrei nel deserto, durante l'attesa del ritorno di Mosè dal Monte Sinai | *Adorare il v. d'oro*, (*fig.*) essere schiavi del denaro, cercare ad ogni costo la ricchezza. *2* Carne di vitello macellato: *v. al forno; cotoletta di v.* *3* Pelle di vitello, sia grezza che conciata | Cuoio di vitello: *scarpa, valigia di v.* *4* *V. marino*, foca. || **vitellétto**, dim. | **vitellìno**, dim. | **vitellóne**, accr. (V.).

VITAMINE

Denominazionze	Fonti principali	Effetti da carenza
A - retinolo	tuorlo d'uovo, fegato, oli di pesce, latte, burro, formaggi, verdura e frutta	cecità notturna, affezioni cutanee, deficiente accrescimento corporeo
B_1 - tiamina	cervello, fegato, rene, cuore, cereali integrali, lievito, germe di grano	beri-beri, nevriti, insufficienza cardiaca, disturbi mentali, crampi muscolari
B_2 - riboflavina	latte, uova, fegato, cereali integrali, lievito	fotofobia, affezioni cutanee
B_5* - acido pantotenico	fegato, rene, tuorlo d'uovo, lievito, vegetali, cereali	affaticamento, disturbi neuromotori
B_6 - piridossina	cereali integrali, fegato, tuorlo d'uovo, lievito, salmone, banane	dermatite, disturbi nervosi, anemia
B_{12} - cobalamina	fegato, rene, cervello, lievito, uova, pesci, molluschi; sintetizzata dalla flora batterica intestinale	anemia perniciosa, neuropatie
C - acido ascorbico	peperoni, cavoli, prezzemolo, agrumi, pomodori	scorbuto, fragilità capillare
D - calciferolo	oli di pesce, fegato, tuorlo d'uovo, salmone	rachitismo, fragilità ossea
E - tocoferolo	oli vegetali, tuorlo d'uovo, germe di grano, fegato, vegetali a foglia verde	globuli rossi fragili, sterilità
F** - acidi grassi essenziali	oli vegetali, oli di pesce, latte	affezioni cutanee
H - biotina	fegato, rene, tuorlo d'uovo; sintetizzata dalla flora batterica intestinale	dermatite, dolori muscolari, depressione
K - fillochinone	vegetali a foglia verde, fegato; sintetizzata dalla flora batterica intestinale	disturbi della coagulazione
M, B_c* - acido folico	spinaci, fegato, germe di grano, lievito	globuli rossi immaturi, anemia, disturbi gastrointestinali
P - citrina	agrumi	fragilità capillare, emorragie
PP - niacina	cereali integrali, fegato, lievito	pellagra, affezioni cutanee

* denominazione in disuso   ** denominazione impropria

vitèllo (2) [vc. dotta, lat. *vitĕllu(m)*, di etim. incerta; sec. XV] **s. m.** ● (*biol.*) Deutoplasma. **SIN.** Tuorlo.

vitellóne [1959] **s. m.** *1* Accr. di *vitello* (*1*). *2* Bovino adulto di età compresa fra i 12 e i 18 mesi, ingrassato per il macello | Carne del vitellone macellato, usata come alimento: *arrosto di v.* *3* (*fig.*) Giovane di provincia che trascorre il tempo oziando o in modo vacuo e frivolo (dal titolo del film di F. Fellini *I vitelloni*, 1953).

viterbése [1364] **A agg.** ● Di Viterbo. **B s. m. e f.** ● Abitante, nativo di Viterbo.

viterìa [da *vite* (*2*); 1961] **s. f.** ● (*spec. al pl.*) Insieme di viti, di qualità e tipo diverso, per collegamenti meccanici.

†**vitévole agg.** ● (*raro*) Che conserva o ristora la vita.

vitìcchio [lat. parl. **vitĭculu(m)*, da *vitĭcula* 'piccola vite, viticchio', dim. di *vītis* 'vite (1)'; av. 1406] **s. m.** ● (*dial.*, *centr.*, *merid.*) Nome regionale di alcune piante volubili, come il vilucchio e la vitalba.

vitìccio [da *vite* (*1*); av. 1320] **s. m.** *1* (*bot.*) Appendice filamentosa a volte ramificata derivata da foglie o da rami che si attorciglia ad altri corpi per sostenere le piante rampicanti. **SIN.** Cirro. *2* Motivo ornamentale ispirato alla forma del viticcio, molto diffuso anche nella ornamentazione dei mobili | Candelabro o portalampade da tavolo o da parete in metallo, a uno o più bracci ricurvi | Braccio di tale candelabro. || **viticcióne**, **accr.**

vitìcolo [da *vite* (*1*), sul modello di *agricolo*; 1862] **agg.** ● Concernente la vite e la coltura della vite | ***Regione viticola***, in cui si coltiva prevalentemente la vite: *v. nostrano*; *v. di origine francese*.

viticoltóre o **viticultóre** [comp. di *vite* (*1*) e *cultore*; 1879] **s. m.** (**f.** *-trice*) ● Chi si occupa della coltivazione della vite con metodo razionale.

viticoltùra o **viticultùra** [comp. di *vite* (*1*) e *coltura*; 1865] **s. f.** *1* Coltivazione razionale della vite: *manuale di v.* *2* Scienza che studia le tecniche e i sistemi di coltivazione della vite. **SIN.** Ampelotecnia.

viticultóre ● V. *viticoltore*.

viticultùra ● V. *viticoltura*.

vitìfero [vc. dotta, lat. *vitĭferu(m)*, comp. di *vītis* 'vite (1)' e *-fer* '-fero'; av. 1320] **agg.** *1* (*lett.*) Di terreno piantato a viti o adatto alla coltura della vite: *colline vitifere*. *2* (*raro*) Viticolo.

vitìgno [lat. tardo *vitīneu(m)*, agg. di *vītis* 'vite'; av. 1400] **s. m.** ● Ogni varietà coltivata di vite: *v. nostrano*; *v. di origine francese*.

vitilìgine [vc. dotta, lat. *vitilīgine(m)*, da ricollegare a *vĭtium* 'difetto fisico' (V. *vizio*); 1598] **s. f.** ● (*med.*) Affezione cutanea dovuta a disturbi neurotrofici, che si manifesta con chiazze biancastre, prive di pigmento.

vitìna [av. 1620] **s. f.** *1* Dim. di *vita* (*2*). *2* Copribusto.

vitìneo [vc. dotta, lat. tardo *vitīneu(m)*, da *vītis* 'vite (1)'; 1961] **agg.** ● (*arch.*) Detto di colonna con tralci di vite attorti.

vitìno [1879] **s. m.** *1* Dim. di *vita* (*2*). *2* Giro di vita molto snello e sottile: *nel Settecento era di moda il v. di vespa*.

†**vitiperàre** e *deriv.* ● V. *vituperare* e *deriv.*

vitivinìcolo [comp. di *viti*(*colo*) e *vinicolo*; 1942] **agg.** ● Che concerne la coltivazione della vite e la produzione del vino: *azienda vitivinicola*.

vitivinicoltóre [1941] **s. m.** (**f.** *-trice*) ● Chi si occupa della coltivazione della vite e della produzione del vino.

vitivinicoltùra o **vitivinicultùra** [da *vitivinicolo*; 1955] **s. f.** ● Attività vitivinicola.

Viton® /ˈviton, *ingl.* ˈvaetn̩/ [marchio registrato della E.I. DuPont de Nemour & Company Inc.] **s. m. inv.** ● (*chim.*) Elastomero ottenuto per copolimerizzazione di monomeri fluorurati, caratterizzato da elevata resistenza chimica.

vitóne s. m. *1* Accr. di *vite* (*2*). *2* Fondello, tappo avvitato o chiusura della culatta delle armi da fuoco ad avancarica | ***Otturatore a v.***, tipo di otturatore la cui chiusura avviene per avvitamento, generalmente usato nei pezzi di artiglieria di grosso calibro. *3* (*spec. al pl.*) Lunghissime chiavarde a guisa di cavaturaccioli, con cui si fermano le botti da caccia, nei laghi, avvitandole sul fondo.

†**vitoperàre** e *deriv.* ● V. *vituperare* e *deriv.*

vìtreo [vc. dotta, lat. *vĭtreu(m)*, agg. di *vĭtrum* 'vetro'; sec. XIV] **A agg.** *1* Di vetro: *pasta, boccia vitrea*. **SIN.** Vetroso. *2* Che è simile al vetro per trasparenza, lucentezza, fragilità e sim.: *materiale v.*; *sostanza vitrea* | ***Occhio, sguardo v.***, (*fig.*) fisso, immobile e inespressivo | (*anat.*) ***Corpo v.***, formazione trasparente dell'occhio, posteriormente al cristallino | ***Umor v.***, contenuto nel corpo vitreo. **B s. m.** ● (*anat.*) Corpo vitreo.

†**vitrificàre** ● V. *vetrificare*.

†**vitrificazióne** ● V. *vetrificazione*.

†**vitriòlo** ● V. *vetriolo*.

vitrìte [dal lat. *vĭtrum* 'vetro', col suff. *-ite*; 1929] **s. f.** ● (*geol.*) Costituente brillante, a frattura concoide, del carbone fossile.

†**vitriuòlo** ● V. *vetriolo*.

vitro, in ● V. *in vitro*.

vitta o †**vétta** nel sign. 1 [vc. dotta, lat. *vĭtta(m)*. V. *vetta* (*1*); av. 1698] **s. f.** *1* Nel mondo romano, fascia di varia foggia con cui le matrone e le vestali ornavano il capo e sostenevano l'acconciatura | Benda sacrificale usata dai sacerdoti dell'antica Roma come parte dell'abbigliamento, e per ornare gli oggetti sacrificali o le vittime. *2* (*bot.*) Ognuno dei canali secretori che si trovano nella parete del frutto delle Ombrellifere.

♦**vìttima** [vc. dotta, lat. *vĭctima(m)*, di etim. incerta; 1319] **s. f.** *1* Nel rito sacrificale, animale o essere umano offerto, per uccisione, alla divinità: *immolare una v.*, *cento vittime*; *condurre la v. all'altare* | †***Far v. di qlcu.***, sacrificarlo come vittima | ***La Vittima, la Divina Vittima***, e sim. (*per anton.*) il Cristo. **SIN.** Olocausto. *2* †Sacrificio. *3* (*fig.*) Chi perde la vita o subisce gravi danni personali o patrimoniali, in seguito a calamità, sventure, disastri, incidenti e sim.: *le vittime del terremoto, della guerra, della fame, della carestia*; *una v. innocente*; *l'alluvione ha fatto molte vittime* | ***Le vittime della strada, della montagna*** e sim., che muoiono in incidenti stradali, di montagna e sim. | ***Le vittime del progresso***, che perdono la vita in seguito a esperimenti e sim. | ***Essere v. di***, perire a causa di o essere coinvolto in: *essere v. del lavoro, del dovere*; *essere v. di un'epidemia*. *4* (*fig.*) Chi soggiace ad azioni ingiuste, a prepotenze, violenze, soperchierie, sopraffazioni e sim.: *le vittime della tirannide, dell'intolleranza religiosa, delle persecuzioni razziali*; *è la v. del padrone, del capufficio*; *in famiglia la v. è sempre lui*. *5* (*fig.*) Chi subisce, anche senza averne piena coscienza, le conseguenze negative di errori, vizi, difetti e sim. propri o altrui: *una v. dell'ambizione, dell'egoismo umano*; *è la v. inconsapevole del sistema* | ***Fare la v.***, atteggiarsi a persona trascurata, perseguitata, infelice e sim. | ***Povera v.!***, (*iron.*) di chi si atteggia a vittima, avendo invece numerosi motivi di soddisfazione.

†**vittimàre** [vc. dotta, lat. tardo *victimāre*, da *vĭctima* 'vittima'] **v. intr.** ● Offrire vittime in sacrificio.

vittimàrio [vc. dotta, lat. *victimāriu(m)*, da *vĭctima* 'vittima'; 1740 ca.] **s. m.** ● Nel rito sacrificale romano antico, l'assistente del sacerdote sacrificatore, il quale legava la vittima e preparava l'immolazione.

vittimìsmo [da *vittima*, col suff. *-ismo*; 1942] **s. m.** ● Tendenza a considerarsi o ad atteggiarsi di continuo a vittima, lamentandosi degli altri o delle circostanze.

vittimìsta [1942] **s. m. e f.** (**pl. m.** *-i*) ● Chi ama atteggiarsi a vittima.

vittimìstico [1932] **agg.** (**pl. m.** *-ci*) ● Che si riferisce al vittimismo e ai vittimisti. || **vittimisticaménte**, **avv.**

vittimizzàre [da *vittima*; 1938] **v. tr.** ● Rendere vittima o fare sentire vittima.

vittimizzazióne [da *vittimizzare*; 1983] **s. f.** ● Il vittimizzare, il fatto di venire o di sentirsi vittimizzato.

vitto (1) [vc. dotta, lat. *vĭctu(m)*, da *vīvere*; 1532] **s. m.** ● Insieme di alimenti e bevande necessarie per vivere: *v. sano, nutriente, scarso, abbondante*; *pensione con v. e alloggio* | ***V. animale***, di carne, uova e latte | ***V. vegetale***, di cereali, legumi, ortaggi | (*disus.*) ***Mezzo v.***, scarso, dato a un malato, quando non sia in grado di consumare il pasto normale. **SIN.** Cibo, nutrimento.

†**vitto** (2) ● V. *vinto*.

vittóre [vc. dotta, lat. *victōre(m)*, da *vĭctus* (V. *vittoria*); av. 1306] **s. m.**; anche **agg.** (**f.** *-trice*) ● (*raro, lett.*) Vincitore.

♦**vittòria** [vc. dotta, lat. *victōria(m)*, da *vĭctus*, part. pass. di *vĭncere*; sec. XIII] **s. f.** ● Successo ottenuto in uno scontro armato, una contesa, una competizione, un confronto: *v. militare*; *le vittorie di Cesare, di Alessandro Magno*; *v. terrestre, marittima, aerea*; *lottare, combattere, gareggiare per la v. finale*; *la v. arrise ai nostri soldati, alla nostra squadra, ai colori avversari*; *conquistare una grande, una strepitosa v.*; *le innumerevoli vittorie della scienza, della medicina*; *ottenere la v. in una causa, in un processo* | ***Riportare v. su qlco., su qlcu.***, vincerlo, spuntarla, essere più forti | ***V.!***, grido di gioia dei vincitori | (*fig.*) ***Avere la v. in mano, in pugno***, essere ormai sicuro di vincere | ***Cantar v.***, (*fig.*) rallegrarsi oltremodo, spec. anzitempo, pensando di aver vinto | ***V. morale***, quella di chi, pur essendo materialmente sconfitto, ha buoni motivi d'ordine morale o psicologico per ritenersi il vero vincitore | ***La palma, la corona della v.***, segni tangibili, simboli di vittoria consegnati un tempo al vincitore; (*fig.*) ogni premio conferito a un vincitore | ***V. di Pirro***, (*fig.*) quella che, ottenuta a prezzo di danni e perdite disastrosi, mette praticamente il vincitore nella stessa condizione del vinto (come accadde a Pirro, re dell'Epiro, che, pur avendo sconfitto nel 280 e nel 279 a.C. i Romani, subì gravissime perdite).

†**vittoriàle** [vc. dotta, lat. tardo *victoriāle(m)*, da *victōria* 'vittoria'; 1336 ca.] **agg.** ● Di vittoria.

vittoriàno [dalla regina *Vittoria* d'Inghilterra (1819-1901); 1924] **agg.** ● Dell'età in cui regnò in Gran Bretagna la regina Vittoria: *scrittori vittoriani*; *Inghilterra vittoriana* | ***Stile v.***, stile eclettico affermatosi in Inghilterra nella seconda metà del XIX sec., costituito da un miscuglio di stili precedenti variamente imitati e combinati.

†**vittoriàre** [da *vittoria*; 1624] **v. intr.** ● Vincere, trionfare.

vittoriàto [vc. dotta, dal lat. *victoriātu(m)*, dalla *victōria(m)* impressavi; 1952] **s. m.** ● (*numism.*) Moneta d'argento romana dell'età repubblicana, del valore di tre quarti del denaro, recante sul dritto la testa di Giove cinta di alloro e sul rovescio l'immagine della vittoria che incorona un trofeo d'armi.

vittorióso [vc. dotta, lat. *victoriōsu(m)*, da *victōria* 'vittoria'; 1308] **agg.** *1* Di vittoria: *esito v.*; *grida vittoriose*; *sorriso v.*; *espressione vittoriosa*. *2* Che ha vinto: *esercito, soldato, atleta v.* *3* Di chi ha vinto: *ritorno v.*; *vessillo v.*; *bandiera vittoriosa*. **SIN.** Trionfante. || **vittoriosaménte**, **avv.** Con esito favorevole: *combattere vittoriosamente*.

†**vittovàglia** ● V. *vettovaglia*.

†**vittovagliàre** ● V. *vettovagliare*.

†**vittuàglia** ● V. *vettovaglia*.

†**vittuària** ● V. *vettovaglia*.

vitulìno [dal lat. *vĭtulus* 'vitello (1)'; 1885] **agg.** ● (*raro*) Di vitello | ***Foca vitulina***, foca comune.

vituperàbile [vc. dotta, lat. *vituperābile(m)*, da *vituperāre*; av. 1348] **agg.** ● Che può essere vituperato o è degno di vituperio. || **vituperabilménte**, **avv.**

vituperàndo [vc. dotta, lat. *vituperăndu(m)*, gerundivo di *vituperāre*; av. 1475] **agg.** ● (*lett.*) Che è degno di vituperio, d'infamia.

vituperàre o †**vitiperàre**, †**vitoperàre** [vc. dotta, lat. *vituperāre*: la prima parte del v. va ricollegata a *vĭtium* (V. *vizio*); sec. XIII] **A v. tr.** (*io vitùpero*) *1* (*lett.*) Offendere gravemente qlcu. o qlco. con ingiurie o epiteti infamanti, disonorevoli e sim.: *non lasciarsi v. da nessuno*; *lo hanno vituperato in presenza di noi tutti*. **SIN.** Disonorare. *2* (*disus.*, *lett.*) Coprire d'infamia, disonore, vergogna: *v. la famiglia, la patria, il proprio nome* | ***V. l'arte***, far disonore a quelli che la esercitano. *3* †Riprendere, rimproverare. *4* †Insudiciare, imbrattare. **B v. rifl.** ● †Sporcarsi, deturparsi.

vituperatìvo [vc. dotta, lat. tardo *vituperatīvu(m)*, da *vituperātus* 'vituperato'; av. 1406] **agg.** ● (*raro*) Che serve a vituperare: *parole vituperative*.

vituperàto o †**vitiperàto** [sec. XIV] **part. pass.** di *vituperare*; anche **agg.** *1* Nei sign. del v. *2* †Abominevole, disonorevole, infame.

vituperatóre [vc. dotta, lat. *vituperatōre(m)*, da *vituperātus* 'vituperato'; sec. XIV] **s. m.**; anche **agg.** (**f.** *-trice*) ● (*raro*) Chi (o Che) vitupera.

vituperazióne [vc. dotta, lat. *vituperatiōne(m)*,

da *vituperātus* 'vituperato'; 1300 ca.] **s. f.** ● (*raro*) Il vituperare | Vituperio.

vituperévole o †**vitiperévole**, †**vituperévile** [da *vituperabile*, con cambio di suff.; av. 1294] **agg.** ● (*lett.*) Vituperabile, spregevole, abietto. || **vituperevolménte**, **avv.**

vitupèrio o †**vitipèrio**, †**vitopèrio**, †**vitopèro** [vc. dotta, lat. tardo *vitupĕriu(m)*, da *vituperāre*; 1306] **s. m.** (pl. †*vitupèria*, **f.**) **1** (*raro* o *lett.*) Espressione ingiuriosa con cui si vitupera, si offende: *lanciare, scagliare vituperi contro qlcu.*; *coprire qlcu. di vituperi* | †***Levarsi di v.***, vendicare l'offesa ricevuta. **SIN.** Ingiuria. **2** (*disus.*, *lett.*) Grave onta, disonore, vergogna: *esser causa di v. per qlcu.*; *fare, recare v. a qlcu.*; *patire, sostenere, ricevere v.* | †Grave biasimo: *vostra sarà la lode o il v.* **3** (*raro*) Chi è causa di vituperio, disonore, vergogna: *suo figlio è l'unico v. della casa.* **4** (*raro* o *lett.*) Ciò che è causa di vituperio (*anche scherz.*): *le vostre azioni sono il v. del paese*; *Ahi Pisa, v. de le genti* (DANTE *Inf.* XXXIII, 79); *quel quadro è un v.!*

vituperóso [da *vitupero*, var. di *vituperio*; av. 1294] **agg.** **1** (*raro*) Di vituperio, offensivo: *parole vituperose*; *epiteti vituperosi.* **SIN.** Ingiurioso. **2** (*raro*) Infame, disonorevole, abietto: *fama, azione vituperosa*; *mestiere v.*; *morte vituperosa*; *uomo v.* || **vituperosaménte**, **avv.** Con vituperio.

†**viuòla** ● V. *viola* (*2*).

viùzza [av. 1566] **s. f.** **1** Dim. di *via*. **2** Via angusta, stretta, spec. tortuosa: *le viuzze della città vecchia, del porto*; *un dedalo di viuzze.* || **viuzzòla**, **dim.** | **viuzzolina**, **dim.**

♦**viva** [terza pers. sing. congv. pres. di *vivere* (*1*); av. 1348] **A** **inter.** ● Esprime approvazione incondizionata, plauso, augurio e sim. verso qlco. o qlcu. (nelle scritte murali espresso generalmente con una W): *v. l'Italia!*; *v. l'Inter!*; (*scherz.*) *v. noi e chi ci vuol bene!*; *v. me!*; *v. tutti!* | (*fam.*) ***V. la faccia di chi parla chiaro!***, ***v. la faccia della sincerità!***, ***v. la sincerità***, esprime divertita sorpresa per una frase inaspettatamente franca | ***V. il Cielo!***, (*disus.*) esprime sollievo, ed energica affermazione | V. anche *vivaddio*. **CONTR.** Abbasso. **B** in funzione di **s. m. inv.** ● Plauso, esclamazione di approvazione: *un v. forte e chiaro proruppe dai presenti.*

vivacchiàre [intens. di *vivere* (*1*); 1524] **v. intr.** (*io vivàcchio*; aus. *avere*) ● Vivere più o meno stentatamente, tirando avanti alla meno peggio: *'Come va?' 'Si vivacchia'.*

♦**vivàce** [vc. dotta, lat. *vivāce(m)*, da *vīvere*; 1308] **agg.** **1** (*lett.*) Che è pieno di vita, rigoglioso, vitale | (*est.*, *lett.*) Che vive a lungo: *le arboree corna del v. cervo* (SANNAZARO) | (*lett.*) ***Fonte v.***, durevole e abbondante. **2** (*lett.*) Che dà vita: *aere v.* | †Fertile, fecondo: *terra v.* **3** (*bot.*) Detto di vegetale che vive molti anni producendo annualmente foglie e fiori. **SIN.** Perenne. **4** Che è dotato di grande vitalità fisica ed è sempre in attività, in movimento e sim.: *persona v. e allegra*; *bambino molto v. e irrequieto.* **SIN.** Esuberante. **5** Che brilla di vita, che è sveglio, attento, pronto: *mente v.*; *ingegno v.*; *essere dotato di una v. intelligenza*; *guardare qlcu. con occhio v.* | (*est.*) Brioso, animato, brillante: *conversazione v.*; *pagine vivaci*; *stile, scrittore v.* | (*mus.*) Indicazione di movimento intermedio fra allegro e presto, spesso usata come specificazione di altre: *allegro v.* **6** (*fig.*) Pieno di animosità, eccitazione, risentimento e sim.: *gesto v.*; *risposta v.*; *la discussione si fa troppo v.* | ***Espressione forse troppo v.***, un po' eccessiva che bisognava moderare | Focoso: *ha un caratterino piuttosto v.* **7** (*fig.*) Intenso, brillante: *colore v.*; *luce v.*; *fuoco v.* **CONTR.** Smorto. **8** (*enol.*) Detto di vino giovane che presenta un sapore fresco, leggermente asprigno | Detto di vino leggermente effervescente. **CONTR.** Tranquillo. **9** †Vivo, vivente. || **vivaceménte**, **avv.** **1** Con vivacità. **2** †Acutamente.

†**vivacézza** **s. f.** ● Vivacità.

vivacità o †**vivacitàde** [vc. dotta, lat. *vivacitāte(m)*, da *vīvax*, genit. *vivācis* 'vivace'; av. 1406] **s. f.** ● Caratteristica di chi (o di ciò che) è vivace (*anche fig.*): *la v. di un bambino*; *la v. dei movimenti*; *è dotato di una grande v. d'ingegno, di mente*; *ha una notevole v. d'espressione, di stile.* **SIN.** Brio, vitalità. **CONTR.** Indolenza.

vivacizzàre [da *vivace*; 1960] **v. tr.** ● Rendere vivace: *v. il racconto, l'esposizione dei fatti, l'espressione, lo stile* | Nel gergo giornalistico, rendere vivace una pagina mediante una originale composizione tipografica.

vivaddìo o (*raro*) **viva Dio** [da *viva Dio*; av. 1704] **inter.** ● (*lett.*, *eufem.*) Si usa per rafforzare un'affermazione: *v. ci riuscirò!*; *v. che non la passerà liscia.*

vivàgno [da *vivo*, propr. 'vicino al vivo della stoffa'; 1313] **s. m.** **1** Cimosa, lisiera. **2** (*est.*, *lett.*) Orlo, lembo. **3** (*est.*, *lett.*) Riva, sponda.

vivàio [lat. *vivāriu(m)*, da *vīvus* 'vivo'; 1353] **s. m.** **1** (*pesca*) Impianto fisso in cui si allevano, o semplicemente si mantengono vivi, i pesci: *trota di v.*; *un v. per anguille* | (*est.*) Nassa | (*est.*) Cestino metallico nel quale, durante la pesca, si conserva vivo il pesce catturato. **2** (*agr.*) Complesso degli impianti occorrenti alla produzione di piante da trapiantare | ***V. di piante madri***, destinato alla coltivazione delle piante scelte per la produzione delle talee. **3** (*fig.*) Luogo, ambiente, scuola in cui ci si forma fisicamente o intellettualmente, acquisendo una particolare istruzione, preparazione e sim.: *un v. di atleti, di campioni*; *un v. di artisti, di scienziati* | (*fig.*) Nel linguaggio sportivo, i giovani atleti che giocano e si allenano nelle squadre minori. || **vivaiétto**, **dim.**

vivaìsmo [1950] **s. m.** **1** Produzione di piante da trapiantare. **2** Attività del vivaista.

vivaìsta [1942] **s. m. e f.** (pl. m. *-i*) ● (*pesca*, *agr.*) Chi è addetto a, o dirige un vivaio.

vivaìstico [1961] **agg.** (pl. m. *-ci*) ● (*pesca*, *agr.*) Di, relativo a vivaio.

vivaldiàno **agg.** ● Che riguarda il musicista A. Vivaldi (1678-1741), il suo stile e la sua produzione artistica: *i concerti vivaldiani.*

vivànda [rifacimento, secondo *vivere*, del fr. *viande*, dal lat. parl. **vivānda*, nt. pl., propr. 'cose necessarie a vivere', da *vīvere*; av. 1294] **s. f.** **1** Cibo preparato per il pasto: *buona vivanda e buoni vini*; *vivande squisite, saporite, genuine*; *portare in tavola le vivande* | ***La mistica v.***, l'ostia consacrata. **2** †Portata: *le prime, le seconde vivande.* **3** †Viveri, vettovaglie. || **vivandàccia**, **pegg.** | **vivandétta**, **dim.** | **vivanduccia**, **vivandùzza**, **pegg.**

†**vivandàre** [sec. XVIII] **v. intr.** ● Prendere le vivande, consumare il pasto.

vivandétta **s. f.** **1** Dim. di *vivanda*. **2** (*raro*, *lett.*) Manicaretto.

vivandière [fr. *vivandier*, deriv. dal lat. parl. **vivānda* (V. *vivanda*); av. 1557] **s. m.** (f. *-a*) ● Chi, un tempo, vendeva le vivande ai soldati.

vivavóce o **viva vóce** [comp. di *viva* (f. di *vivo*) e *voce*; 1989] **A** **s. m. inv.** ● Congegno, interno o esterno a un apparecchio telefonico, che amplifica il segnale in entrata e in uscita, consentendo così di conversare senza dover tenere in mano il microtelefono. **B** anche **agg. inv.** ● Che è provvisto di tale congegno: *telefono v.*

♦**vivènte** [av. 1250] **A** **part. pres.** di *vivere*; anche **agg.** **1** Nei sign. del v. **2** ***Anima v.***, essere umano in vita | ***Essere v.***, pianta, animale o, spec., uomo, che è in vita | ***Non vedere, non incontrare*** e sim., ***essere v.***, non vedere, non incontrare nessuno. **B** **s. m. e f.** **1** Essere vivente: *ogni v.*; *tutti i viventi* | ***Mal v.***, V. *malvivente*. **2** †Vita, esistenza | †***Al suo v.***, per tutta la sua vita | †***In suo v.***, in vita sua. **3** (*raro*) Beato, in quanto gode della vita eterna: *il libro dei viventi.*

vivènza [da *vivente*; 1942] **s. f.** ● (*dir.*) Condizione di chi vive, spec. nella loc. ***v. a carico***, in cui talune persone sono mantenute dal lavoratore e che dà diritto al lavoratore stesso all'attribuzione di alcune provvidenze integrative.

♦**vivere** (**1**) [lat. *vīvere*, di orig. indeur.; av. 1250] **A** **v. intr.** (fut. *io vivrò*, poet. †*viverò*, *tu vivrài*, poet. †*viverài*; **pass. rem.** *io vissi*, †*vivéi*, †*vivètti* (o †*-étti*), *tu vivésti*; **part. pass.** *vissùto*, poet. †*visso*, †*vivùto*; aus. *essere*, o *avere* spec. nei sign. 2 e 5) **1** Essere in vita, esistere, detto di uomini, animali, piante: *il poveretto viveva ancora questa mattina*; *un animale che non vive bene nel nostro clima*; *le specie che vivono nelle profondità marine*; *una pianta che vive nell'acqua, sui ruderi* | ***Cessare di v.***, morire. **2** Trascorrere l'esistenza, in relazione al tempo, al luogo, al modo, ai mezzi e alle condizioni della stessa: *v. a lungo, molto, poco*; *visse cent'anni*; *un poeta vissuto nella seconda metà dell'Ottocento*; *Dante visse dal 1265 al 1321*; *viviamo in una triste epoca*; *v. in città, in campagna*; *v. all'estero, in esilio, in carcere*; *v. in albergo, in pensione, in convento*; *vive in America da molto tempo*; *vive ancora nella casa in cui è nato*; *v. tranquillo, in pace, senza pensieri, nell'ansia, nel timore*; *v. onestamente, rettamente, da galantuomo, da buon cristiano*; *v. da parassita*; *v. di caccia, di pesca*; *v. con poco, di poco*; *v. di rendita, del proprio lavoro, di espedienti, d'accatto, di elemosine*; *v. lautamente, da gran signore, agiatamente, miseramente, nell'indigenza* | ***V. alla giornata***, giorno per giorno, senza un piano prestabilito, senza mezzi che assicurino la continuità del vivere | (*fig.*) ***V. d'arte, d'amore, d'odio, di speranza***, trovare in essi un alimento alla vita morale, intellettuale | ***V. per qlcu.***, farne il centro della propria esistenza | ***V. per qlco.***, dedicarvi tutte le proprie energie, le proprie cure | ***V. sicuro, tranquillo*** e sim., stare tranquillo, sicuro: *puoi v. sicuro che ti restituirò i tuoi soldi.* **3** Realizzare il minimo delle condizioni necessarie alla vita: *hanno appena di che v.*; *come stai? Si vive* | ***Non lasciar v. una persona***, importunarla continuamente, non darle requie | ***V. e lasciar v.***, vivere a modo proprio essendo tolleranti verso i modi di vita altrui. **4** Comportarsi come richiedono le convenzioni sociali: *è una persona che non sa v.* | ***Imparare a v.***, come comportarsi, come agire. **5** Realizzare tutte le possibilità della vita, godere la vita: *vivi oggi, non rimandare a domani* | ***Un uomo che ha vissuto, che ha molto vissuto***, che ha avuto una vita piena, ricca di esperienze. **6** (*fig.*) Durare: *la sua fama vivrà eternamente*; *è una tradizione che vive ancora* | ***V. nel ricordo, nella memoria, nel cuore***, non essere dimenticato | Vigere, aver forza e vigore: *che 'l desir vive e la speranza è morta* (PETRARCA). **7** (*tipogr.*) ***Vive***, formula con cui si annulla una correzione errata e si ripristina il testo precedente. **B** **v. tr.** **1** Con il compl. dell'oggetto interno, trascorrere: *v. una lunga vita, una vita serena, tranquilla* | ***V. la propria vita***, trascorrerla secondo i propri desideri, dedicandosi alle attività preferite, senza dipendere o lasciarsi determinare dagli altri. **2** Passare: *ho vissuto un brutto momento*; *hanno vissuto traversie inenarrabili*, *avventure* | ***V. un dramma***, essere travolto in vicende dolorose, drammatiche. **3** Provare: *v. attimi di angoscia, di felicità, di ansia.* **4** Sentire intimamente qlco., partecipandovi appieno: *v. le pene, le gioie di qlcu.* | ***V. la fede***, sentirla e praticarla | ***V. una parte, la propria parte***, detto di attore che si immedesima completamente nel personaggio, facendone una cosa viva. || **PROV.** Chi muore giace e chi vive si dà pace.

♦**vivere** (**2**) [da *vivere* (*1*); av. 1306] **s. m.** solo **sing.** **1** Il fatto di vivere, vita: *se del mio viver Atropo / presso è a troncar lo stame* (PARINI); *sento gli avversi Numi, e le secrete cure che al viver tuo furon tempesta* (FOSCOLO) | Modo di condurre l'esistenza: *il v. degli antichi, dei moderni*; *amare il quieto v.*; *il v. in città logora i nervi*; *non è certo un bel v. il mio!*; *ove dorme il furor d'inclite geste / e sien ministri al v. civile / l'opulenza e il tremore* (FOSCOLO). **2** (*raro*) Ciò che è necessario per mantenersi in vita: *il v. costa sempre più caro.*

♦**vìveri** [sost. pl. del v. *vivere*; 1520] **s. m. pl.** ● Vettovaglie, derrate alimentari: *viveri di prima necessità*; *viveri di riserva*; *i viveri cominciavano a scarseggiare*; *razionamento, tesseramento dei viveri* | ***Tagliare i viveri a una città assediata***, impedirle di rifornirsene dall'esterno | ***Tagliare i viveri a qlcu.***, privarlo dei mezzi di sussistenza.

vivèrra [vc. dotta, lat. *vivĕrra(m)* 'furetto', vc. indeur. di orig. onomat.; 1598] **s. f.** ● Carnivoro dei Viverridi, asiatico, a corpo snello, con ghiandole anali che forniscono lo zibetto (*Viverra*).

Vivèrridi [da *viverra*; 1961] **s. m. pl.** (sing. *-e*) ● Nella tassonomia animale, famiglia di Carnivori asiatici e africani, agili, con arti brevi e coda lunga (*Viverridae*).

viveur /vi'vɛr, *fr.* vi'vœːʀ/ [vc. fr., da *vivre* 'vivere'. V. *vitaiolo*; 1858] **s. m. inv.** ● Uomo che conduce vita mondana dando un'importanza prevalente ai piaceri e ai divertimenti.

†**vivévole** [da *vivere* (*1*)] **agg.** ● (*raro*) Vivace, acuto, penetrante.

vivézza [da *vivo*; 1524] **s. f.** **1** (*raro*) Caratteristica, condizione di chi (o di ciò che) è vivo. **2** Caratteristica di ciò che sembra vivo, che rappresenta o riproduce con esattezza di modi e sfumature le forme o gli aspetti della vita: *ritratto di grande v.*; *quadro, bozzetto di eccezionale v.* **3** (*fig.*) Vivacità: *v. d'ingegno, di stile*; *la v. di un colore*; *ho apprezzato la v. dell'espressione, delle immagini.*

vivìbile [da *vivere* (*1*); 1979] **agg.** **1** Che può essere vissuto. **2** (*est.*) Che è facile o piacevole da vivere: *creare le condizioni per un'esistenza più v.* | ***Un ambiente v.***, nel quale è gradevole stare. ‖ **vivibilménte**, **avv.**

vivibilità [1983] **s. f.** ● Condizione di ciò che è vivibile, detto di un luogo o un ambiente: *l'inquinamento acustico dà scarsa v. al centro cittadino.*

vividézza [da *vivido*; 1955] **s. f.** ● Caratteristica di ciò che si presenta particolarmente intenso, chiaro e brillante alla vista (*anche fig.*): *la v. di un'immagine*; *i ricordi del passato affiorano con grande v.*

vìvido [vc. dotta, lat. *vīvidu(m)*, da *vīvere*; 1483] **agg.** **1** (*lett.*) Che è pieno di vita: *pianta vivida* | (*poet.*) Che dà vita: *ebbra spirò le vivide / aure del franco lido* (MANZONI). **2** Che è particolarmente intenso e brillante: *colori vividi*; *una vivida luce.* CONTR. Appannato, fioco. **3** (*fig.*) Che ha grande vigore, acutezza, penetrazione e sim.: *uomo di v. ingegno*; *ne' fanciulli è … vivida all'eccesso la fantasia* (VICO). ‖ **vividaménte**, **avv.**

vivificaménto [av. 1694] **s. m.** ● (*raro*) Vivificazione.

vivificànte [1840] **part. pres.** di *vivificare*; anche **agg.** ● Nei sign. del v.: *aria v.*

vivificàre [vc. dotta, lat. tardo *vivificāre*, comp. di *vīvus* 'vivo' e *-ficāre*; av. 1294] **v. tr.** (*io vivìfico, tu vivìfichi*) **1** (*raro*) Rendere vivo, costituire il principio vitale di qlco. (*anche fig.*): *v. la materia*; *è l'anima che vivifica il corpo*; *un principio ideale che vivifica l'azione.* SIN. Animare. **2** (*est.*) Ridare forza e vitalità, rendere vigoroso (*anche assol.*): *la pioggia vivifica la pianta*; *aria, sole, brezza che vivifica.* SIN. Rinvigorire. **3** (*fig.*) Rendere vivace, piacevole, interessante e sim.: *v. con un'intelligente esposizione un'arida materia di studio.*

vivificatìvo [da *vivificato*, part. pass. di *vivificare*; sec. XIV] **agg.** ● (*lett.*) Che serve a vivificare.

vivificatóre [vc. dotta, lat. tardo *vivificatōre(m)*, da *vivificātus*, part. pass. di *vivificāre*; av. 1342] **agg.**; anche **s. m.** (f. *-trice*) ● Che (o Chi) vivifica: *spirito, impulso v.*; *virtù vivificatrice.*

vivificazióne [vc. dotta, lat. tardo *vivificatiōne(m)*, da *vivificātus*, part. pass. di *vivificāre*; sec. XIV] **s. f.** ● (*lett.*) Il vivificare.

vivìfico [vc. dotta, lat. tardo *vivĭficu(m)*, comp. di *vīvus* 'vivo' e *-ficus* '-fico'; av. 1320] **agg.** (pl. m. *-ci*) ● (*lett.*) Che dà vita: *spirito v.*

†**viviménto** [da *vivere* (*1*)] **s. m.** ● (*raro*) Vitto.

vivinatalità [comp. di *vivo* e *nato*, sul modello di *natalità*; 1942] **s. f.** ● (*stat.*) In rilevazioni statistiche, percentuale dei nati vivi in riferimento al totale dei nati in un certo periodo di tempo.

viviparìsmo [da *viviparo*] **s. m.** ● (*zool.*) Tipo di riproduzione caratterizzato dallo sviluppo della prole in porzioni specializzate degli ovidotti, solitamente grazie a meccanismi di placentazione.

viviparità [da *viviparo*; 1957] **s. f.** ● (*zool.*) Condizione degli animali vivipari.

vivìparo [vc. dotta, lat. *vivĭparu(m)*, comp. di *vīvus* 'vivo' e *-parus*, da *pārere* 'partorire' (V. *parto*); 1582] **A** **s. m.** **1** (*zool.*) Organismo animale che si riproduce per viviparismo. CFR. Oviparo, ovoviviparo. **2** (*bot.*) Vegetale provvisto di bulbilli. **B** anche **agg.**: *animale v.*

†**vivìscere** [vc. dotta, lat. *vivīscere*, var. di *vivēscere* 'prendere vita, cominciare a vivere', incoativo di *vīvere*] **v. intr.** ● Rivivere, rinascere.

vivisettòrio [1937] **agg.** ● Di, relativo a, vivisezione.

vivisezionàre [1933] **v. tr.** (*io vivisezióno*) ● Sottoporre a vivisezione (*anche fig.*): *v. una cavia, un ratto*; *v. uno scritto, una questione.*

vivisezióne [comp. di *vivo* e (*dis*)*sezione*; 1839] **s. f.** **1** Dissezione anatomica degli animali vivi. **2** (*fig.*) Esame, indagine, analisi e sim., estremamente accurata, rigorosa e severa: *la v. di un testo poetico.*

♦**vìvo** [lat. *vīvu(m)*, di orig. indeur.; 1294] **A** **agg.** **1** Che vive, che è in vita: *bisogna prenderlo v. o morto*; *gli eretici venivano arsi vivi*; *i pesci ancora vivi guizzavano nella cesta* | ***Pianta viva***, rigogliosa, fiorente, verdeggiante | ***V. e vegeto***, si dice di persona anziana ancora sana e piena di vita; anche di chi si credeva che fosse morto o malato, e invece sta molto bene | ***Mangiarsi uno v.***, (*fig.*) sopraffarlo con rimproveri violenti o sim. | ***Farsi v.***, dar notizie di sé, farsi vedere | ***Essere più morto che v.***, stordito, confuso per la paura, malconcio | ***Sepolto v.***, (*fig.*) detto di chi vive in clausura, senza alcun contatto cogli altri | ***Non c'era anima viva***, non c'era nessuno | ***Siepe viva***, di piante vive, radicate nel terreno | ***A viva voce***, parlando direttamente con una persona. SIN. Oralmente | ***Carne viva***, non coperta da tegumenti e quindi molto sensibile. **2** (*solo sing.*) (*est.*) Che permane, che è in uso: *una tradizione, una consuetudine ancora v.* | ***Lingua viva***, quella dell'uso contemporaneo | ***Uso v. della lingua***, l'uso attuale in opposizione a quello antico o letterario | Non dimenticato: *a lungo parlò di cose vive a noi soli* (SABA); *un fatto ancora v. nella nostra memoria.* **3** Vivace: *persona v.*; *occhi vivi* | ***Ingegno v.***, acuto, versatile | ***Discussione viva***, molto vivace, accanita | ***Descrizione viva***, efficacemente espressiva, piena di vita | Attivo, operoso, animato: *il commercio è v. in questo paese*; *una città viva* | ***Le forze vive della nazione***, (*fig.*) le persone o le categorie operanti, capaci di promuovere lo sviluppo della nazione. **4** (*est.*) Intenso: *il v. splendore del suo sguardo*; *la luce troppo viva dà fastidio agli occhi*; *ad un tratto il rumore si fece più v.* | ***Colore v.***, brillante, luminoso | ***Cuocere a fuoco v.***, a fiamma alta | Di sentimento, forte, particolarmente intenso, profondo: *viva compassione*; *v. sdegno*; *viva emozione, sensazione*; *sentire v. bisogno, viva necessità di qlco.*; *ascoltai le sue parole con v. interesse* | ***Vivi ringraziamenti***, sentiti | ***Di v. cuore***, per indicare la spontaneità, la schiettezza del sentimento. **5** (*fig.*) Si dice di ciò che per le sue caratteristiche concrete o astratte ricorda la mobilità, la spontaneità, la sensibilità, la produttività di ciò che vive | ***Aria viva***, fresca, pura: *È una sua idea, che bisogna far la ginnastica all'aria viva* (DE AMICIS) | ***Acqua viva***, corrente | ***Argento v.***, il mercurio, per la sua caratteristica mobilità; (*est.*) irrequietezza | ***Calce viva***, calce caustica, di recente cottura, che si spegne nell'acqua con produzione di calore | ***Forza viva***, in fisica, l'energia cinetica | ***A viva forza***, con la violenza | ***Palla viva***, nel baseball, la palla quando è in gioco | ***Roccia viva***, nuda, non ricoperta da terriccio | ***Angolo, canto, spigolo v.***, non smussato | ***Taglio v.***, affilato | ***Opera viva***, in una nave, la carena | ***Spese vive***, l'insieme delle somme spese per produrre un bene o servizio, senza tener conto dell'opera e dei capitali propri impiegati nella produzione stessa e di eventuali apporti di terzi che non siano stati compensati in denaro; nell'amministrazione della famiglia, denaro quotidianamente speso per il mantenimento e il funzionamento della casa. ‖ **vivaménte**, **avv.** In modo vivace, intenso, caloroso: *ringraziare vivamente qlcu.* **B** **s. m.** **1** (*spec. al pl.*) Persona vivente: *pregare per i vivi e per i morti*; *sono cose che capitano ai vivi*; *toglieano i vivi / all'etere maligno ed alle fere / i miserandi avanzi* (FOSCOLO) | ***Non essere più tra i vivi***, essere morto. **2** Parte viva, particolarmente sensibile, profonda di un organismo: *la punta del ferro penetrò nel v. della carne* | ***Toccare, ferire, pungere nel, sul v.***, (*fig.*) cogliere nella parte più sensibile, suscettibile dell'animo | ***Nel v. del cuore***, nell'intimo del cuore | Parte essenziale, sostanziale: *entrare nel v. di una questione, di un argomento.* **3** ***Dare il v.***, in falconeria, nutrire un falcone con preda viva. **4** (*edil.*) Filo | Muro con gli elementi lasciati in vista. **5** (*mil.*) ***V. di volata, di culatta***, facce piane che limitano rispettivamente la parte anteriore e la parte posteriore della bocca da fuoco. **6** Nella loc. ***al v.***, con notevole aderenza al vero e con vivacità espressiva: *descrivere, ritrarre, raffigurare al v.*; nella tecnica tipografica, all'inizio della pagina, senza lasciare spazio o margine | ***Dal v.***, detto di programma radiofonico o televisivo non registrato antecedentemente, ma trasmesso direttamente. ‖ **vivétto**, **dim.**

vivo, in ● V. *in vivo.*

†**vìvola** ● V. *viola* (*2*).

†**vivóre** e *deriv.* ● V. *vigore* e *deriv.*

vivucchiàre [var. di *vivacchiare*; 1902] **v. intr.** (*io vivùcchio*; aus. *avere*) ● Vivere stentatamente.

†**vivuòla** ● V. *viola* (*2*).

†**vivùto** [sec. XIII] **part. pass.** di *vivere*; anche **agg.** ● Nei sign. del v.

viziàre [vc. dotta, lat. *vitiāre*, da *vĭtium* 'vizio, difetto'; av. 1306] **A** **v. tr.** (*io vìzio*) **1** Causare un vizio, un'imperfezione, un difetto: *v. un arto, un animale*; *v. un prodotto industriale*; *v. il sangue*; *v. un atto, un contratto, un documento v. un ambiente, un giovane*; *molti errori viziano il tuo ragionamento* | (*assol.*) ***Non vizia***, non guasta, non disturba e sim. | (*dir.*) Rendere nullo, invalidare. **2** (*est.*) Correntemente, abituare male, educare con eccessiva condiscendenza o debolezza: *lo hanno viziato fin da piccolo*; *non devi v. così quel bambino.* SIN. Diseducare. **3** (*disus.*) Corrompere: *v. il candore.* **4** †Deflorare. **B** **v. intr. pron.** **1** Contrarre vizi, cattive abitudini, anomalie e sim.: *viziarsi frequentando cattive compagnie*; *il cane si è viziato per l'inesperienza dell'istruttore.* **2** (*raro*) Deteriorasi, detto di cose: *l'aria della stanza si è viziata.*

viziàto [av. 1306] **part. pass.** di *viziare*; anche **agg.** **1** Che ha contratto cattive abitudini in seguito a un'educazione eccessivamente indulgente: *un bambino v.* | (*fig.*) Reso imperfetto: *un ragionamento v. da una premessa errata.* **2** (*dir.*) Invalido, irregolare: *atto processuale v.* **3** Inquinato: *acqua viziata* | Pesante, irrespirabile: *aria viziata.* **4** †Vizioso. **5** †Astuto, sagace, scaltro. ‖ **viziatèllo**, **dim.** | **viziatino**, **dim.** ‖ **viziataménte**, **avv.** (*raro*) In modo viziato.

†**viziatóre** [vc. dotta, lat. *vitiatōre(m)*, da *vitiātus*, part. pass. di *vitiāre*. V. *viziare*] **s. m.**; anche **agg.** (f. *-trice*) ● Chi (o Che) vizia.

viziatùra [1879] **s. f.** **1** (*raro*) Il viziare, il venir viziato. **2** (*med.*) Alterazione di forma, congenita o acquisita, di una parte del corpo, di un organo e sim.: *la v. di un'arteria*; *v. pelvica.*

viziétto [1741] **s. m.** ● Dim. di *vizio* | Vizio particolare: *il v. del gioco*; *se non avesse avuto un v. … – Eh, come si fa? Le belle donnine …* (PIRANDELLO).

♦**vìzio** [vc. dotta, lat. *vĭtiu(m)* 'difetto', di etim. incerta; 1294] **A** **s. m.** **1** Abitudine inveterata e pratica costante di ciò che è male: *il v. della lussuria, dell'ira, della pigrizia*; *il v. di mentire, di bestemmiare*; *i sette vizi capitali*; *contrarre, perdere un v.*; *emendarsi da un v.*; *mettersi, incamminarsi sulla strada del v.*; *essere rotto a ogni v.*; *essere carico di vizi* | ***Essere un cumulo, un impasto di vizi***, (*fig., enfat.*) si dice di persona carica di vizi. CONTR. Virtù. **2** (*est.*) Abitudine inveterata che provoca il desiderio e la ricerca costante di ciò che è o può essere fisicamente o moralmente dannoso: *il v. del fumo, dell'alcol, della droga*; *avere il v. del gioco*; *non riesce a togliersi quel maledetto v.* **3** (*est.*) Cattiva abitudine: *ha il v. di parlare troppo, di raccontar bugie, di vantarsi, di esagerare*; *devi perdere il brutto v. di mangiarti le unghie*; *bisogna togliere al bambino il v. di succhiarsi il pollice* | (*est.*) Ogni elemento negativo del carattere, dovuto spec. a un'educazione sbagliata: *un bambino pieno di vizi* | ***Dar vizi a qlcu.***, viziarlo, accontentarlo in tutto, dandogliele tutte vinte. **4** †Voglia strana, capriccio. **5** (*anat.*) Alterazione morfologica e funzionale di una parte del corpo, di un organo e sim. | ***V. cardiaco***, alterazione valvolare del cuore, congenita o acquisita. **6** (*veter.*) Imperfezione, difetto nella struttura fisica di un animale: *avere un v. a una gamba*; *vizi di andatura* | Carattere psichico di un animale dipendente da cattiva indole o da errata educazione: *un cavallo che ha il v. di mordere, di tirar calci.* **7** (*dir.*) Difetto della cosa oggetto di contratto, tale da renderla inidonea all'uso cui è destinata o da diminuirne il valore in modo apprezzabile o da recare danno a chi se ne serve: *v. della cosa venduta, locata, data in comodato* | ***Vizi redibitori***, nella vendita, tali da dar luogo ad azione redibitoria | Correntemente, grave difetto di un oggetto inanimato, che ne impedisce il buon funzionamento, l'appropriata utilizzazione e sim., e quindi ne diminuisce l'utilità, il pregio o il valore: *v. di fabbricazione di un pezzo meccanico*; *il tessuto ha qualche v. di lavorazione*; *un orologio che ha il v. di correre troppo.* **8** (*dir.*) Irregolarità, non conformità al disposto della legge: *v. di un atto processuale, amministrativo*; *v. di forma, di legittimità, di merito* | ***V. della volontà, del consenso***, difetto inficiante della volontà negoziale di un soggetto | *V. di mente*, nel diritto penale, stato mentale derivante da malattia che, escludendo o diminuendo grandemente la capacità d'intendere e di volere, comporta, rispettivamente, il proscioglimento dell'imputato o una diminuzione della pena. *9* (*raro*) Errore, scorrettezza: *v. di ortografia, di sintassi, di traduzione* | (*est.*) Aspetto o elemento negativo: *un v. dello stile*; *l'affettazione è l'unico grave v. della sua prosa.* **B** in funzione di **agg. inv.** ● (posposto al s.) Nella loc. (*dir.*) ***errore v.***, errore motivo. || **viziàccio**, **pegg.** | **viziarèllo**, **vizierèllo**, **dim.** | **viziétto**, **dim.** (V.) | **viziùccio**, **dim.**

viziosità o †**viziositàde**, †**viziositàte** [vc. dotta, lat. *vitiositāte(m)*, da *vitiōsus* 'difettoso, vizioso'; sec. XIV] **s. f.** ● Caratteristica, condizione di chi (o di ciò che) è vizioso (*anche est.*): *la v. di un individuo*; *contestare la v. di un'argomentazione.*

vizióso [vc. dotta, lat. *vitiōsu(m)*, da *vĭtium* 'difetto, vizio'; 1294] **A agg.** *1* Che è pieno di vizi: *uomo v.*; *vita viziosa.* **CONTR.** Virtuoso. *2* Che mostra corruzione, depravazione e sim.: *atti viziosi.* **SIN.** Dissoluto. *3* (*est.*) Difettoso, anomalo: *posizione viziosa del piede*; *andatura viziosa* | Che ha un difetto nella forma o nella sostanza: *discorso v.* *4* (*raro*) Inesatto, scorretto: *pronuncia, ortografia, traduzione viziosa* | ***Circolo v.***, tipo di ragionamento scorretto in cui si dà come prova ciò che invece è ancora da provare o da dimostrare; (*fig.*) problema, situazione e sim. che è o pare senza soluzione o senza via d'uscita giacché, per quanti sforzi o tentativi si facciano, ci si ritrova sempre al punto di partenza. *5* (*raro, lett.*) Malsano. || **viziosaménte**, **avv.** *1* In modo vizioso: *vivere viziosamente.* *2* (*raro*) Con frode. *3* (*raro*) Erroneamente. **B s. m.** (**f.** *-a*) ● Chi è vizioso, corrotto, depravato. || **viziosàccio**, **pegg.** | **viziosétto**, **dim.** | **viziosùccio**, **dim.**

†**vizzàto** [dal lat. *vĭtis* 'vite (1)'; av. 1604] **s. m.** ● Vitigno, magliuolo.

vìzzo o †**guizzo** (2) [lat. *viĕtius*, compar. nt. di *viĕtus* 'troppo maturo, vizzo', da *viēscere* 'appassire, avvizzire', incoativo di *viēre* 'piegarsi' (in orig. 'ammollirsi sullo stelo'), di orig. indeur.; 1319] **agg.** ● Che non è più fresco e sodo: *fiore v.*; *foglia, pianta vizza* | ***Guance, carni vizze***, flosce, cascanti. **SIN.** Flaccido, mencio.

vladika /*serbocroato* 'vladika/ [vc. serbocroata, dal paleoslavo *vladyka*, deriv. di *vladěti* 'dominare, regnare'; 1934] **s. m. inv.** ● Nella Chiesa cristiana ortodossa, vescovo.

vlan [vc. fr. d'orig. onomat.] **inter.** ● (*anche iter.*) Riproduce il rumore di uno schiaffo o di altro colpo dato con la mano.

vocabolarièsco [da *vocabolario*; 1983] **agg.** (**pl. m.** *-schi*) ● (*raro*) Che è proprio o appartiene a un vocabolario (*spec. spreg.*): *definizione vocabolariesca*; *linguaggio, stile v.*

♦**vocabolàrio** [da *vocabolo*; 1536] **s. m.** *1* Raccolta ordinata dei vocaboli di una lingua, corredati da definizioni, spiegazioni, applicazioni, traslati, usi fraseologici e sim., e talora dalla traduzione in altra lingua: *v. monolingue, bilingue*; *v. scolastico, tascabile, illustrato*; *consultare il v.*; *tradurre con, senza v.*; *v. latino, greco, francese, tedesco* | ***V. della Crusca***, compilato a cura dell'Accademia della Crusca. **SIN.** Dizionario. *2* Insieme dei vocaboli propri di una lingua, di un autore, di un singolo individuo, di un gruppo, di una scuola, di un'epoca e sim.: *le lingue neolatine hanno un v. molto ricco*; *v. dantesco, leopardiano*; *avere, usare un v. ricco, povero, limitato, scorretto, dialettale*; *il v. dei chimici, dei matematici, dei biologi*; *sono parole ignorate nel v. dei neoclassici*; *usa un v. proprio del primo Novecento* | ***È una parola che non esiste nel mio v.***, (*fig.*) è una cosa che non conosco, non faccio, non pratico e sim.: *la generosità è una parola che non esiste nel suo v.* **SIN.** Lessico. || **vocabolariétto**, **dim.** | **vocabolarino**, **dim.** | **vocabolarióne**, **accr.** | **vocabolariùccio**, **vocabolariùzzo**, **pegg.**

vocabolarista [da *vocabolario*; 1745] **s. m. e f.** (**pl. m.** *-i*) ● (*raro*) Lessicografo.

vocabolarizzàre [da *vocabolario*; 1983] **v. tr.** ● Inserire in un vocabolario: *accezione non ancora vocabolarizzata.* **SIN.** Lemmatizzare.

vocabolarizzazióne [da *vocabolarizzare*; 1983] **s. f.** ● Inserimento in un vocabolario di un lemma, un'accezione, una locuzione, ecc.

vocabolièra [da *vocabolo*] **s. f.** ● (*raro, lett., scherz.*) Donna che conosce tutti i vocaboli: *ragnar, cos'è, monna v.?* (ALFIERI).

†**vocabolista** o †**vocabulista** [da *vocabolo*; av. 1565] **s. m.** *1* Vocabolario. *2* Lessicografo: *Isidoro di Siviglia è un antico v.*

†**vocabolistàrio** [da *vocabolista*] **s. m.** ● Lessicografo, vocabolista.

♦**vocàbolo** o †**vocàbulo** [vc. dotta, lat. *vocābulu(m)*, da *vocāre* 'chiamare, denominare'. V. *vocare*; 1308] **s. m.** *1* (*ling.*) Parola, singolo elemento lessicale di una lingua o di un dialetto, dotato di uno o più significati e di una particolare forma grafica: *il significato di un v.*; *v. moderno, antiquato, arcaico, raro, disusato, letterario, tecnico*; *v. corretto, proprio, impròprio*; *v. popolare, straniero.* *2* (*lett.*) Nome proprio: *il v. di un fiume, di una stella, di una località* | †Appellativo: *rifiutare il v. di sapiente.* *3* (*centr.*) Minima unità toponomastica, più piccola della frazione: *v. Olmo*; *v. Marmora* | Località di campagna, contrada: *un frutteto sito in v. Quarto.* || **vocabolétto**, **dim.** | **vocabolóne**, **accr.** | **vocabolùccio**, **pegg.**

†**vocabulista** ● V. *vocabolista.*

†**vocàbulo** ● V. *vocabolo.*

vocàle (1) [vc. dotta, lat. *vocāle(m)*, da *vōx*, genit. *vōcis* 'voce'; av. 1306] **A agg.** *1* (*anat.*) Della voce: *organo, apparato v.*; *corde vocali.* *2* (*mus.*) Di canto: *accademia v.*; *concerto v. e strumentale* | ***Musica v.***, per canto. *3* (*poet.*) Sonoro, canoro: *e non udiva il suo v. Xantho / parlar com'uomo* (PASCOLI). || **vocalménte**, †**vocaleménte**, **avv.** A voce; oralmente. **B agg.**; anche **s. m.** ● In alcuni ordini religiosi, che (o chi) ha diritto di voto, cioè voce in capitolo: *canonico v.*; *un v. dell'ordine.*

vocàle (2) [vc. dotta, lat. (*lĭtteram*) *vocāle(m)* 'lettera vocale'. V. precedente; 1308] **A s. f.** *1* (*ling.*) Suono nella cui articolazione l'aria espirata in vibrazioni periodiche non incontra ostacoli nel canale orale: *v. aperta, larga, stretta, chiusa*; *vocali lunghe, brevi*; *le vocali e le consonanti.* *2* Il segno grafico corrispondente a suono vocalico. **B** anche **agg.** ● (*disus.*) Nella loc. ***lettera v.***, vocale.

vocalèse /voka'leze, *ingl.* voka'li:z/ [vc. ingl., dall'agg. *vocal* 'vocale'; 1985] **s. m.** (**pl.** *-i* o ingl. *vocaleses*) ● (*mus.*) Nel jazz, uso virtuosistico della voce umana che imita gli strumenti musicali.

vocàlico [da *vocale* (2); 1947] **agg.** (**pl. m.** *-ci*) ● Della vocale: *suono v.*

vocalismo [comp. da *vocale* (2) e *-ismo*; 1885] **s. m.** ● (*ling.*) Sistema vocalico di una lingua.

vocalist /'voukalist, *ingl.* 'voukəlist/ [vc. ingl., da *vocal* 'vocale (1)'; 1965] **s. m. e f. inv.** ● (*mus.*) Cantante che esegue parti di sfondo spec. in gruppi jazz e pop.

vocalista **s. m. e f.** (**pl. m.** *-i*) ● Adattamento di *vocalist.*

vocalità [da *vocale* (*1*); 1870] **s. f.** ● (*mus.*) Qualità del canto e maniera di trattare la voce umana sia nella composizione sia nell'esecuzione.

vocalizzàre [da *vocale* (*2*); 1816] **A v. intr.** (aus. *avere*) ● (*mus.*) Cantare sulle vocali, senza usare parole o nominare le note. **B v. tr.** ● (*ling.*) Sottoporre a vocalizzazione. **C v. intr. pron.** ● (*ling.*) Subire il fenomeno della vocalizzazione.

vocalizzàto **part. pass.** di *vocalizzare*; anche **agg.** ● Nei sign. del v.

vocalizzazióne [da *vocalizzato*; 1839] **s. f.** *1* (*mus.*) Vocalizzo. *2* (*ling.*) Passaggio da un elemento consonantico a una vocale.

vocalizzo [da *vocalizzare*; 1826] **s. m.** ● (*mus.*) Modo di lettura nel quale si sostituiva alla nomenclatura delle note, nel sistema delle mutazioni, una vocale, spec. la *a* o la *e*; usato anche oggi nella tecnica del canto per sviluppare la voce e renderla morbida e pieghevole.

†**vocàre** [vc. dotta, lat. *vocāre*, da *vōx*, genit. *vōcis* 'voce'; sec. XIII] **A v. tr.** *1* (*poet.*) Chiamare, nominare. *2* Invocare. **B v. intr. pron.** ● (*raro*) Chiamarsi: *si vocavano e voleansi tenere Guelfi* (VILLANI).

vocativo [vc. dotta, lat. tardo *vocatīvu(m)*, da *vocātus*, part. pass. di *vocāre*; 1582] **A s. m.** ● Caso della declinazione indoeuropea indicante la persona o la cosa a cui è rivolto il discorso. **B** anche **agg.**: *caso v.* || **vocativaménte**, **avv.**

vocazionàle [1965] **agg.** ● (*raro*) Di, relativo a, vocazione.

vocazióne [vc. dotta, lat. *vocatiōne(m)* 'invito', da *vocātus*, part. pass. di *vocāre*; av. 1342] **s. f.** *1* (*raro*) Chiamata | ***Complemento di v.***, indica la persona o la cosa personificata a cui si rivolge il discorso. *2* Chiamata direttamente rivolta dalla divinità a un uomo, perché elegga la vita religiosa o compia opere volute da Dio; *v. di Abramo, v. di Maometto* | Nella teologia cattolica, impulso interiore della grazia che spinge la creatura alla elezione della stato sacerdotale, di vita monastica o di pratica virtuosa eccezionale: *v. sacerdotale*; *v. alla santità.* *3* (*fig.*) Inclinazione innata verso un'arte, una disciplina, una professione e sim.: *v. per la musica, la pittura, le matematiche*; *sentire, avere una profonda v. per la medicina*; *seguire la propria v.*; *non avere alcuna v.* **SIN.** Attitudine. *4* (*dir.*) ***V. ereditaria***, indicazione di colui che è chiamato a succedere. **SIN.** Delazione dell'eredità.

♦**vóce** o (*dial.*) †**bóce** [lat. *vōce(m)*, di orig. indeur.; av. 1294] **s. f.** *1* Suono prodotto dalla laringe e articolato per mezzo delle corde vocali, nel parlare e nel cantare: *tono, timbro di v.*; *v. forte, sommessa, roca, suadente*; *articolare, alzare la v.*; *a bassa, ad alta v.* **CFR.** fono-, -fono, -fonia | †***Muover la v.***, cominciare a parlare | ***Parlare a mezza v.***, con voce né troppo alta né troppo bassa | ***Fare la v. grossa***, assumere un tono autoritario, minacciare | ***Sotto v.***, con voce molto bassa; V. anche *sottovoce* | ***Gridare con quanta v. si ha in corpo***, con tutte le proprie forze | ***Perdere la v.***, diventare afono o muto | ***Essere senza v.***, essere afono | ***Mutar v.***, degli adolescenti, acquistare il timbro di voce da adulto | ***A v.***, ***a viva v.***, parlando, spec. in opposizione a quanto si può dire per iscritto. **SIN.** Oralmente | ***A gran v.***, gridando, con clamore detto spec. di molte persone insieme | ***A una v.***, simultaneamente; (*fig.*) concordemente, unanimemente | ***Un fil di v.***, una voce esile e sottile | ***V.!***, esclamazione con cui si invita un oratore ad alzare la voce | ***Rifar la v. a qlcu.***, imitarne il modo di parlare | ***Dar sulla v. a qlcu.***, contraddirlo, zittirlo | ***Coprire la v. di qlcu.***, parlare così forte che non si riesca a sentire la voce dell'altro | ***Dare una v. a qlcu.***, chiamarlo | ***Dar v. a un sentimento***, esprimerlo | ***Saluto alla v.***, quello dell'equipaggio di una nave che, schierato in parata sull'alberatura e sui ponti, ripete all'unisono, tre volte, il grido di *urrà!* | ***Alla v.!***, comando col quale, in marina, si annulla un ordine precedentemente dato. *2* (*est.*) Suono prodotto dagli organi vocali di animali: *la v. dell'usignolo, del cane, del leone*; *li augelletti dipinti intra le foglie / fanno l'aere addolcir con nuove rime / e fra più voci un'armonia s'accoglie* (POLIZIANO). *3* (*est.*) Suono di uno strumento musicale: *la v. dell'arpa, del violino*; *è un pianoforte che ha bella v.* | (*est.*) Suono prodotto da una cosa, rumore, fragore: *la v. del mare, del vento, del tuono.* *4* Persona che parla: *'Fuoco!' disse una voce'*; *si udì una v. in lontananza*; *nessuna v. si alzò a difenderlo* | (*fig.*) ***V. nuova***, una personalità autorevole e innovatrice: *una v. nuova nella narrativa.* *5* (*gener.*) Parola | ***Darsi la v.***, ***una v.***, far correre una parola d'intesa. *6* (*fig.*) Richiamo, suggerimento, impulso interno dell'animo: *la v. della ragione*; *la v. della coscienza, del dovere* | ***La v. del sangue***, l'istinto che fa riconoscere e amare i propri parenti | ***La v. del cuore***, i sentimenti, gli impulsi dettati da legami affettivi. *7* (*al pl.*) Sensazioni o allucinazioni auditive di mistici o visionari: *sentire le voci.* *8* †Voto, diritto di voto | ***Aver v. in capitolo***, detto di religiosi, aver diritto di voto nel capitolo; (*fig.*) godere di una certa autorità, essere ascoltato. *9* Opinione: *la v. pubblica lo accusa*; *v. di popolo, v. di Dio* | (*lett.*) †Fama: *aveva v. d'essere il più valente spadaccino della sua età.* *10* Notizia generica, informazione non precisa: *corre v. che ci sarà un nuovo inasprimento fiscale*; *una ridda di voci*; *sono voci che circolano con una certa insistenza*; *si tratta di voci non controllate*; *sono soltanto voci, voci infondate* | ***Voci di corridoio***, indiscrezioni, pettegolezzi, spec. sull'attività politica | ***Spargere la v.***, diffondere una notizia | †***Dar v.***, spargere, far correre la voce | (*disus.*) ***Dar buona, cattiva v.***, lodare, biasimare. *11* (*gramm.*) Forma: *'siamo' è v. del verbo essere* | ***Le voci verbali***: attiva, media, passiva, deponente, secondo la diatesi del verbo. *12* Vocabolo, termine: *è v. antiquata*; *v. dell'uso*; *una v. dialettale* | ***V. nuova***, neologismo | Nell'uso lessicografico, trattazione relativa a un singolo vocabolo: *compilare una v. per un dizionario*; *la v. è riuscita piuttosto lunga.* SIN. Articolo | Lemma, singola parola spiegata e che si stampa in grassetto: *questa locuzione è spiegata sotto la v. x*; *vedi alla v. y.* SIN. Esponente. **13** Ciascun elemento di una lista di oggetti, argomenti, dati e sim.: *le varie voci del catalogo, di una tariffa, delle spese* | **V. di bilancio**, entrata o uscita. **14** (*mus.*) Forma della voce, quanto alla sua altezza, intensità: *v. di soprano, mezzosoprano, contralto* (*femminili*); *v. di tenore, baritono, basso* (*maschili*); *v. stonata*; *perdere la v.* | **Essere in v.**, star bene di voce | **V. fresca**, non affaticata | **V. di testa, di petto**, secondo il punto in cui sembra principalmente risuonare | **V. bianca**, di fanciullo o giovinetta, o di cantore evirato | (*est.*) Cantante: *concorso per voci nuove.* **15** (*mus.*) Intervallo di un tono: *crescere, abbassare di una v.* | **Portar la v.**, passare da un'intonazione all'altra | Nel contrappunto, parte. **16** (*caccia, spec. al pl.*) Nella battuta al cinghiale, uomini messi ai lati per spaventare il selvatico con le grida e non lasciarlo passare. **17** (*dial.*) Passatella. || **vocerèlla**, dim. | **vocerellina**, dim. | **vocétta**, dim. | **vociàccia**, pegg. | **vocina**, dim. | **vocino**, dim. m. | **vociolina**, dim. | **vocióna**, accr. | **vocionàccio**, pegg. m. | **vocióne**, accr. m. (V.) | **vociùccia**, pegg. | **vociùcola**, pegg.

VOCE
nomenclatura

voce (cfr. udito, suono, rumore)
● *caratteristiche*: altezza, volume, timbro, intonazione, inflessione, registro, estensione, ampiezza, intensità, sonorità; foniatria, emifonia, rinofonia, ortoepia, ortofonia, logopedia;
● *tipi di voce*: nasale, gutturale, estesa, chioccia, fessa, sforzata, infantile; chiara = limpida = argentina = squillante ⇔ velata ⇔ roca = cupa = cavernosa = sorda; soave = armoniosa = melodiosa = pastosa = carezzevole = morbida = vellutata = suadente ⇔ secca = aspra = stizzosa = stridula = vibrante; debole = fioca = flebile = esile = tenue = sottile ⇔ forte = stentorea, = robusta = grossa = tonante = imperiosa = autoritaria; acuta = alta ⇔ bassa = profonda; spiegata = piena ⇔ soffocata = sommessa = contenuta; naturale = fresca ⇔ artefatta, in falsetto, bianca; ferma ⇔ incerta = tremante, implorante = lamentosa = querula; commossa = rotta, ironica = beffarda = sarcastica, espressiva ⇔ inespressiva; di petto ⇔ di gola, maschile = virile.
● *azioni*: articolare, posare, abbassare ⇔ alzare, appoggiare, modulare, addolcire, spiegare, contenere, contraffare; parlare, rispondere, chiamare, gridare = urlare, cantare (cfr. musica);
● *persone*: ventriloquo; foniatra, ortoepista, logopedista, ortofonista; muto;
● *produzione della voce*: apparato fonatorio, corde vocali, laringe, lingua, ugola, glottide, palato; afonia; fono, fonema, allofono, fonologia, fonetica, trascrizione; alfabeto fonetico, consonanti (bilabiali, labiodentali, dentali = alveolari, palato-alveolari, palatali, velari, uvulari, glottidali, occlusive, nasali, laterali, vibranti, fricative) vocali (chiuse, semichiuse, semiaperte, aperte) semivocali; articolazione, (localizzazione, catastasi = impostazione, metastasi, implosione ⇔ esplosione, tenuta), aspirazione, prosodia, enclisi ⇔ proclisi, iato, elisione, troncamento, aferesi ⇔ apocope, sincope.

vócero [vc. corsa che risale al lat. *vōx*, genit. *vōcis* 'voce'; 1873] s. m. ● Lamento funebre cantato in onore del morto da donne appositamente pagate.

vocianésimo [1942] s. m. ● Movimento culturale del primo Novecento, sviluppatosi nell'ambito della rivista La Voce che propugnò un rinnovamento della cultura italiana in prospettiva europea.

vociàno [dalla rivista *La Voce*; 1912] **A** agg. ● Della rivista culturale e letteraria La Voce fondata a Firenze da G. Prezzolini (1882-1982) nel 1908 e pubblicata fino al 1916: *autore, poeta v.*; *estetica vociana.* **B** s. m. (f. *-a*) ● Collaboratore di tale rivista, seguace della tendenza di questa: *i vociani fiorentini.*

vociàre o (*tosc.*) †**bociàre** [da *voce*; sec. XIII] **A** v. intr. (*io vócio*; aus. *avere*) **1** Parlare a voce troppo alta: *non v. così*; *smetti di v.* SIN. Sbraitare. **2** (*raro* o *disus.*) Far commenti, chiacchiere, pettegolezzi: *v. su qlcu., su qlco.* **B** v. tr. ● (*raro*) Gridare ad alta voce. **C** in funzione di s. m. **1** Rumore prodotto da molte persone che parlano insieme e a voce alta: *il v. della folla*; *un v. continuo e sgradevole.* **2** (*raro* o *disus.*) Insieme di chiacchiere, dicerie, pettegolezzi.

vociatóre [av. 1294] s. m.; anche agg. (f. *-trice*) ● (*raro*) Chi (o Che) è solito vociare, berciare, sbraitare.

vociferàre [vc. dotta, lat. *vociferāri*, comp. di *vōx*, genit. *vōcis* 'voce' e un deriv. di *-fer* '-fero'; sec. XIV] **A** v. intr. (*io vocìfero*; aus. *avere*) **1** (*raro*) Parlare a voce alta e a lungo: *una donna giovane ..., danzando e vociferando, faceva segno di grandissima allegrezza* (LEOPARDI). **2** †Stridere, schiamazzare, detto degli uccelli. **B** v. tr. ● Dire, parlare, insinuare con particolare insistenza (usato spec. nella forma impers.): *si vocifera che tornerà presto*; *si vociferava da tempo di sue dimissioni*; *si cominciava a v. della persona di Cesare* (GUICCIARDINI).

vociferatóre [vc. dotta, lat. tardo *vociferatōre(m)*, da *vociferātus*, part. pass. di *vociferāri* 'vociferare'; 1875] s. m.; anche agg. (f. *-trice*) ● Chi (o Che) vocifera, ciarla, grida.

vociferazióne [vc. dotta, lat. *vociferatiōne(m)*, da *vociferātus*, part. pass. di *vociferāri* 'vociferare'; av. 1540] s. f. **1** Il vociferare | Voce infondata, pettegolezzo. **2** †Notizia di cui si ignora la fondatezza ma di cui si parla un po' dovunque.

vócio o (*tosc.*) †**bócio** [da *vociare*; 1879] s. m. ● Un vociare continuato: *questo v. mi disturba*; *un v. crescente saliva dalla folla.* SIN. Parlottio.

vocióne o (*tosc.*) †**bocióne** [sec. XVII] s. m. **1** Accr. di *voce.* **2** (f. *-a*) (*raro*) Persona che vocia molto.

†**vocitàre** [vc. dotta, lat. *vocitāre*, intens. di *vocāre*] v. intr. **1** Nominare. **2** Schiamazzare: *un mio rosignuol che stride e vocita* (SANNAZARO).

†**vocìvo** [da *voce*] agg. ● Attinente a voce.

vocoder /ingl. vəʊ'kəʊdə/ [vc. ingl., da *vo(ice)* 'voce' e *coder* 'codificatore'; 1987] s. m. inv. ● (*elettron.*) Dispositivo per la sintesi vocale basato sull'esame della voce umana.

vocòide [ingl. *vocoid*, comp. di *voc(al)* 'vocale' e *-oid* '-oide'; 1979] s. m. ● (*ling.*) In fonetica, suono nella produzione del quale l'aria emessa dai polmoni non incontra alcun ostacolo dopo le corde vocali. CONTR. Contoide.

vòdka /'vɔdka, *russo* 'vutka/ [vc. russa, da *vodá* 'acqua', di orig. indeur.; 1908] s. f. inv. (pl. russo *vodki*) ● Acquavite ottenuta dalla fermentazione e distillazione di cereali vari e altri prodotti vegetali come patate, mele e sim., diffusa soprattutto in Russia.

vodù e *deriv.* ● V. *vudù* e *deriv.*

vóga (o -ò-) [V. *vogare*; nel sign. 4, calco del fr. *vogue*; 1598] s. f. **1** (*mar.*) Azione, tecnica del vogare, spinta data col remo per far procedere la barca | **A v.**, a spinta di remi | **V. di punta**, con un solo rematore per banco, e ciascuno con un solo remo, quelli di destra sui banchi dispari, quelli di sinistra sui banchi pari | **V. arrancata**, molto veloce | **V. corta**, a palate brevi e veloci | **V. lunga**, a palate lunghe e relativamente lente | **V. di coppia**, con due remi per banco, azionati da un solo vogatore nelle imbarcazioni piccole e da due vogatori nelle grandi | **V. reale**, in cui i vogatori si sollevano dai banchi e si piegano verso prua, facendo forza sui remi con tutto il peso del corpo | **V. alla pescatora**, effettuata in piedi con la faccia a prua, al centro della barca | **V. alla veneziana**, eseguita da un solo vogatore che sta in piedi a poppa dell'imbarcazione e aziona un solo remo con cui spinge e dirige contemporaneamente il natante. SIN. Remata. **2** (*est.*) Sulle grandi imbarcazioni a remi dei secoli passati, l'insieme dei vogatori | Nel linguaggio sportivo, vogatore | **Capo v., prima v.**, chi rema al primo carrello dando il ritmo della vogata a tutto l'equipaggio. **3** (*fig.*) Impeto, slancio, entusiasmo: *studiare con v.*; *mettersi con v. al lavoro.* **4** (*fig.*) Grande diffusione di ciò che gode di favore, successo, popolarità presso il pubblico: *essere, non essere in v.*; *venire in v.*; *un tipo di giornale, di musica molto in v.*; *è il disco più in v. del momento*; *un cantante molto in v.* | Moda: *la v. delle gonne corte, delle parrucche.*

†**vogadóre** ● V. *vogatore.*

vogànte [1723] **A** part. pres. di *vogare*; anche agg. ● Nei sign. del v. **B** s. m. e f. ● (*raro, lett.*) Vogatore.

vogàre [lat. *vocāre* 'chiamare (i rematori)' (V. *vocare*) (?); sec. XIII] **A** v. intr. (*io vógo* (o -ò-), *tu vóghi* (o -ò-); aus. *avere*) **1** (*mar.*) Remare: *v. di buona lena, con energia*; *v. in piedi, alla veneziana* | **V. a larga e tira**, indugiando tra l'una e l'altra palata | **Voga!**, comando di spingere i remi. **2** (*raro, fig., lett.*) Muoversi nell'aria o nell'acqua, utilizzando come remi le ali o le zampe, detto di volatili. **B** v. tr. ● (*raro*) Far muovere a forza di remi: *v. la barca* | Muovere vogando: *v. il remo.* **C** v. intr. pron. ● †Avventarsi.

vogàta [sec. XIV] s. f. **1** Attività del vogare: *una v. lunga, breve, faticosa*; *farsi una bella v. al largo*; *dopo una v. di più ore li abbiamo raggiunti.* **2** Serie di movimenti compiuti ogni volta dal vogatore per manovrare opportunamente il remo e imprimere alla barca il movimento voluto: *v. corta, lunga*; *v. di punta, di coppia*; *v. reale.*

vogatóre o †**vogadóre** nei sign. A 1 e B [1323] **A** s. m. **1** (f. *-trice*) Chi voga. SIN. Rematore. **2** Attrezzo ginnico col quale si effettua un movimento analogo a quello del rematore, per esercizio fisico o per allenamento. ➡ ILL. p. 2145 SPORT. **3** (*disus.*) Canottiera. **B** agg. ● †Che voga.

vogatùra [1614] s. f. ● (*raro*) Vogata | Modo di vogare.

vogavànti [comp. di *vogar(e)* e *avanti*; 1607] s. m. inv. ● (*mar.*) Sulle antiche navi a remi, dove più rematori stavano allo stesso remo, ciascuno dei rematori più vicini alla corsia, che maneggiavano l'estremità del remo dando il ritmo agli altri | **V. spalliere di dritta, di sinistra**, ciascuno dei due vogatori che remavano in piedi, governando la manovra di tutti gli altri.

†**vòggolo** ● V. *volgolo.*

vogli ● V. *volere* (*1*).

♦**vòglia** [da *volere* (*1*), secondo la prima pers. indic. pres. (*io voglio*); sec. XIII] s. f. **1** Stato d'animo di chi è intenzionato, disposto o propenso a fare qlco.: *avere v. di studiare*; *ha solo v. di divertirsi*; *non ha v. di far niente* | **Contro v., di mala v.**, malvolentieri | **Di buona v.**, volentieri | **Stare di buona, di mala v.**, stare di buon animo o no; V. anche *buonavoglia* | (*raro, lett.*) Volontà, volere: *le iniuste voglie in Italia più poterono che le buone leggie* (ALBERTI). **2** Intenso desiderio: *aver v. di correre, di saltare, di cantare*; *avrei v. di andare al cinema*; *non ho nessuna v. di uscire con voi*; *mi vien v. di ridere, di piangere*; *mi verrebbe quasi v. di prenderti a schiaffi* | **Morire dalla v. di**, avere intensissimo desiderio di | **Cavarsi, levarsi la v. di qlco.**, soddisfare pienamente un desiderio | **Hai v.!**, ma certamente! | **Hai v.** (**di**), è inutile (insistere a fare qlco.): *hai v. di telefonare, è sempre occupato!* | **Patir la v. di**, soffrire la mancanza di qlco. che si desidera, di cui si sente il bisogno e sim. | **Restare con la v. in corpo**, col desiderio insoddisfatto. CONTR. Ripugnanza. **3** (*eufem.*) Desiderio sessuale: *soddisfare le proprie voglie*; *indurre, costringere, piegare qlco. alle proprie voglie*; *I' fui colui che la Ghisola bella / condussi a far la v. del marchese* (DANTE *Inf.* XVIII, 55-56). SIN. Brama. **4** Capriccio, desiderio bizzarro: *v. improvvisa*; *ha sempre nuove voglie.* **5** (*fam.*) Desiderio improvviso di cibi o bevande particolari, tipico delle gestanti | (*est., fam.*) Macchia di vario colore e natura sulla pelle del bambino che, secondo la credenza popolare, è dovuta a una voglia non soddisfatta della madre durante la gravidanza: *una v. di vino, di fragola, di latte, di caffellatte.* || **vogliàccia**, pegg. | **voglierèlla**, dim. | **vogliétta**, dim. | **vogliolina**, dim. | **vogliùzza**, pegg.

†**vogliènte** ● V. *volente.*

†**vogliènza** [da *vogliente*; av. 1294] s. f. ● Volontà, volere.

†**vogliévole** agg. **1** Pieno di voglia, di desiderio. **2** Che piace, invita, appetisce.

voglioloso [da un dim. di *voglia*; 1551] agg. ● (*raro*) Che è pieno di piccole voglie, di capricci: *bambino v.* || †**vogliolosamente**, avv. Volentieri.

vogliosità [1879] s. f. ● Caratteristica di chi è voglioso.

vogliòso [da *voglia*; sec. XIII] **A** agg. **1** Detto di chi è incline a desiderare tutto ciò che non possiede: *ragazza frivola e vogliosa*; *è sempre v. di tutto*. SIN. Ingordo. **2** Che mostra o esprime voglia, brama, desiderio: *sguardo v.*; *guardava con occhi vogliosi le vetrine*; *aveva sul viso un'espressione vogliosa*. **3** (*lett.*) Bramoso, desideroso. **4** (*lett.*) Volenteroso. || **vogliosaménte**, avv. Con voglia; volentieri. **B** s. m. (f. *-a*) ● Persona vogliosa. || **vogliosètto**, dim. | **vogliosino**, dim.

♦**vói** o (*poet.*) †**vùi** [lat. *vōs*, di orig. indeur.; 1294] **A** pron. pers. m. e f. di seconda pers. pl. (pop. tosc. si elide in *vo'*) **1** Indica le persone a cui si parla e si usa, come sogg., riferito a più persone; nel linguaggio arcaico, regionale (centro-meridionale) o commerciale, si usa anche rivolgendosi a una singola persona in segno di deferenza oppure sottolineando il distacco di grado sociale o di rango: *voi non volete ascoltarmi*; *voi avete già detto la vostra opinione*; *voi vi siete mostrato molto generoso con la mia famiglia*; *Siete voi qui, ser Brunetto?* (DANTE *Inf.* XV, 30) | Generalmente omesso quando il sogg. è chiaramente indicato dal verbo, si esprime invece quando i soggetti sono più d'uno, nelle contrapposizioni, nelle esclamazioni, nei vocativi, in unione con 'stesso', 'medesimo', 'anche', 'pure', 'nemmeno', 'proprio', 'appunto' e sim. e, in genere, quando si vuole dare al sogg. particolare rilievo: *desidero che voi lo conosciate*; *voi ed io potremo andare d'accordo*; *beati voi!*, *poveri voi!*; *voi stessi dovete provvedere*; *proprio voi dovevate insistere*; *anche voi c'eravate*; *nemmeno voi avete rifiutato*; *voi siete i colpevoli*; *siete stati voi a insistere*; *voi milanesi siete fatti così*; *voi francesi siete gente allegra* | Si usa nelle comparazioni dopo 'come' e 'quanto': *ne so quanto voi*; *io non sono come voi* | Si usa, con funzione predicativa dopo i verbi copulativi 'essere', 'sembrare', 'parere': *non sembrate più voi*; *non sarete voi a dovermi rimproverare*. **2** Si usa (come compl. ogg. e come compl. di termine preceduto dalla prep. 'a', *lett.* o †anche senza la prep. 'a') invece delle forme 'vi' e 've' quando gli si vuol dare particolare rilievo: *cercavo voi*; *hanno chiamato proprio voi due*; *preferisce voi a noi*; *dobbiamo ringraziare voi se abbiamo potuto risolvere la questione*; *a voi non posso nascondere la verità*; *proprio a voi volevo parlare*; *non è l'affezion mia tanto profonda, / che basti a render voi grazia per grazia* (DANTE *Par.* IV, 121-122) | **A voi!**, escl. di esortazione a muoversi, ad agire, a dar prova della propria abilità | **Eccomi a voi**, a vostra disposizione | **Torniamo a voi**, al vostro problema. **3** Si usa, preceduto dalle prep., nei vari complementi: *desidero venire con voi*; *fra voi e me c'è una grande differenza*; *si è parlato a lungo di voi*; *se permettete, decideremo anche per voi*; *desidero sapere tutto su di voi* | **Arrangiatevi, fate da voi**, da soli, senza l'aiuto di nessuno | **Da voi**, a casa vostra, nella vostra famiglia, nel vostro paese o nel luogo in cui risiedete: *sarò da voi domani*; *da voi il clima è ottimo*; *da voi, in Francia, non è come da noi*. **4** Si usa (come sogg.) riferito a un s. sing. collettivo: *voi, gente di campagna, siete semplici*; *voi, razza d'invidiosi, non sarete mai felici*. **5** Si usa (come sogg.) con valore impers.: *quando voi pensate a tanta povera gente affamata*; *quando voi considerate la gravità del fatto, si è portati a pensare che al mondo si sia perso ogni ritegno*. **B** in funzione di s. m. inv. ● Il pronome 'voi' | **Dare del voi a qlcu.**, spec. in passato, rivolgersi a qlcu. usando il pron. 'voi' in segno di rispetto o in segno di distacco | **Passare dal voi al tu**, (*est.*) spec. in passato, entrare in confidenza con qlcu.

voiàltri o **vói àltri** [comp. di *voi* e il pl. di *altro*; 1321] pron. pers. m. di seconda pers. pl. (f. *voialtre*) ● (con valore raff.) Voi (indica contrapposizione): *mentre noi siamo qui a lavorare v. andate a spasso, vero?*; *v. avvocati siete tutti uguali*; *proprio da voialtri dobbiamo farci rimproverare!*

voilà /*fr.* vwa'la/ [vc. fr., comp. di *voi(s)* 'vedi' e *là* 'là'; 1904] inter. ● Ecco qua, ecco fatto: *e v. siamo già pronti per uscire*.

voile /*fr.* vwal/ [vc. fr., 'vela': stessa etim. dell'it. *vela*; 1905] s. m. inv. ● Tessuto trasparente, molto leggero, per tende, filtri, vesti femminili.

voivòda o †**vaivòda** [vc. slava, propr. 'capo, condottiero', da *vodit* 'guidare'; 1463] s. m. (f. *voivòdina*; pl. m. *voivòdi*) ● Nel mondo slavo, dall'epoca medievale sino al XX sec., titolo solitamente attribuito a capi o governatori di territori o province | In Romania e Bulgaria, principe ereditario.

voivodàto [1961] s. m. **1** Titolo, ufficio e dignità di voivoda. **2** Provincia retta da un voivoda.

†**volàgio** [fr. *volage* 'volubile', dal lat. *volàticu(m)* 'che vola, alato', da *volāre*] agg. ● Volubile, incostante.

†**volaménto** s. m. ● Il volare.

volàn s. m. ● (*raro*) Adattamento di *volant* (V.).

volànda [da *volare* (*1*); av. 1642] s. f. **1** Spolvero che si produce durante la macinazione del grano. **2** Parte girevole della ruota del mulino.

volandièro [etim. incerta; 1965] agg. ● Detto di trasporto espressamente predisposto tra vettore ed emittente e di tutto ciò che ad esso si riferisce: *traffico v.*; *nave volandiera*.

volàndola s. f. **1** (*raro*) Volanda. **2** Cascame di lana, che si forma in pettinatura, formato da fibre cortissime che si accumulano sopra le carde.

volàno o †**volànte** (**2**), nei sign. A 1 e 2 [fr. *volant* (secondo la pronuncia fr.), propr. part. pres. di *voler* 'volare'; 1802] **A** s. m. **1** Mezza sfera di sughero o di gomma, leggerissima, recante infisse alcune penne, che si lancia, giocando, con una racchetta: *Scendete in giardino: andate a giocare al v.* (GOZZANO). **2** (*mecc.*) Organo rotante costituito da una ruota di notevole massa avente lo scopo di accumulare energia e attenuare le variazioni di velocità che si manifestano nelle macchine alternative. **3** (*est., fig.*) Margine, riserva: *fare da v.* **4** (*fig.*) Elemento che dà impulso allo sviluppo di un territorio o di un settore produttivo: *il turismo può essere un v. per l'intera economia del Meridione*. **B** in funzione di agg. inv. ● (posposto al s., *elettron.*) Nella loc. ***circuito v.***, circuito oscillatorio, comprendente una bobina in parallelo a un condensatore e avente fattore di merito sufficientemente alto, che costituisce il carico di alcuni tipi di amplificatori elettronici selettivi.

volant /vo'lan, *fr.* vɔ'lɑ̃/ [vc. fr., part. pres. di *voler* 'volare'; 1839] s. m. inv. ● Striscia di tessuto increspato e fissato ad altro tessuto lungo l'increspatura: *abito a v.*; *un v. pieghettato*. || **volantino**, dim.

♦**volànte** (**1**) [1321] **A** part. pres. di *volare* (*1*); anche agg. **1** Nei sign. del v. **2** ***Macchina v.***, aeromobile | ***Disco v.***, veicolo aereo o spaziale, apparentemente discoide, talora luminoso, di incerta natura e provenienza, di cui sono stati avvistati moltissimi esemplari in cielo e anche al suolo, ma mai identificati | ***Cervo v.***, aquilone | ***Otto v.***, nei luna park, gioco costituito da un'incastellatura a forma di otto orizzontale, con forti dislivelli, dotata di binari su cui corrono dei vagoncini. SIN. Montagne russe | ***Foglio v.***, foglio di carta che non fa parte di un fascicolo rilegato, di un quaderno e sim.; in bibliografia, foglio stampato singolo, spec. di piccole dimensioni e arricchito da decorazioni varie | ***Indossatrice v.***, non legata a una particolare sartoria ma libera di presentare collezioni di varie case | ***Venditore v.***, che non è vincolato a un contratto esclusivo con una sola ditta | ***Maglia v.***, la maglia a catenella che inizia ogni lavoro all'uncinetto | ***Traguardo v.***, V. *traguardo*. **3** (*zool.*) Nella loc. ***pesce v.***, V. *pesce*. **4** (*fig.*) Celere, veloce, atto a impieghi che richiedono rapidi spostamenti: *colonna v.*; *compagnia v.*; *squadra v. della polizia*. **5** (*fig.*) †Instabile, volubile. **B** s. m. ● (*spec. al pl., raro*) Volatili. **C** s. f. **1** Squadra di polizia celere: *chiamare la v.* | (*est.*) La vettura in dotazione a tale squadra di polizia: *sul luogo dell'incidente sono arrivate due volanti*. **2** Indossatrice volante. **3** (*raro, lett.*) La morte: *da lungi il rombo de la v. s'ode* (CARDUCCI). || **volantino**, dim. (V.).

♦**volànte** (**2**) [fr. *volant*, propr. part. pres. di *voler* 'volare'; 1609] s. m. **1** †V. *volano*. **2** (*mecc.*) Organo di forma circolare, fornito di razze per il comando di valvole e altri congegni; in particolare, quello fissato al piantone dello sterzo per la guida degli autoveicoli: *tenere il v.*; *mettersi al v.* | ***Stare al v.***, guidare un autoveicolo | ***Sport del v.***, automobilismo | ***Asso del v.***, campione di automobilismo. ➡ ILL. p. 2166 TRASPORTI. || **volantino**, dim. (V.).

volànte (**3**) s. m. ● (*raro*) Adattamento di *volant* (V.).

volantinàggio [da *volantino* (*2*); 1972] s. m. ● Distribuzione di volantini in luogo pubblico.

volantinàre [da *volantino* (*2*); 1977] v. tr. ● Diffondere, propagandare attraverso volantini: *v. un programma politico*; *v. un'azione di protesta* | (*assol.*) Effettuare una distribuzione di volantini: *v. davanti a una fabbrica*.

volantino (**1**) [1908] s. m. **1** Dim. di *volante* (*2*). **2** Piccola ruota che serve per guidare organi meccanici, per regolare valvole e sim. | ***V. d'elevazione, di direzione***, organo di manovra dei rispettivi congegni che in un pezzo d'artiglieria muovono la bocca da fuoco nel piano verticale e in quello orizzontale per effettuarne il puntamento sull'obiettivo.

volantino (**2**) [dim. di *volante* (*1*); 1923] s. m. **1** Foglietto volante distribuito al pubblico, contenente informazioni di vario genere, propaganda, pubblicità e sim.: *lancio di volantini da una macchina, da un aereo*. **2** (*caccia*) Piccione domestico da richiamo, che si lancia verso i colombacci, per farli piegare verso la tesa.

volapié /*sp.* °bola'pje/ [vc. sp., comp. di *volar* 'volare' e *pié* 'piede'; 1954] s. m. inv. ● Fase della corrida in cui il torero, in corsa, colpisce con mossa rapida, frontalmente, il toro che sta immobile.

volapük /vola'pyk/ [propr. 'lingua del mondo', composto con le parole della lingua volapük *vol* 'mondo' (dall'ingl. *world*, di orig. germ.), *-a* desinenza del genitivo e *pük* 'lingua' (dall'ingl. *speech*, vc. germ. di orig. indeur.); 1887] s. m. inv. ● Lingua universale formata in massima parte di parole inglesi abbreviate, che conobbe una certa voga sul finire del XIX sec.

♦**volàre** (**1**) [lat. *volāre*, di orig. indeur.; 1294] **A** v. intr. (*io vólo*; aus. *avere* quando si considera l'azione in sé, *essere* quando si considera lo svolgimento dell'azione) **1** Sostenersi e spostarsi liberamente nell'aria per mezzo delle ali, detto propriamente degli uccelli e di ogni animale alato: *v. alto, basso, rasoterra, a pelo d'acqua*; *v. in fila, in gruppo, in formazione, a schiera larga*; *nel cielo volano le rondini*; *i gabbiani volavano per l'aria scura*; *gli insetti volano ronzando tra i fiori*; *un'ape volava di corolla in corolla*; *le farfalle volano attorno al lume* | ***V. via***, allontanarsi volando, fuggire: *v. via dal ramo, dalla gabbia* | ***Non si sente v. una mosca, si sentirebbe v. una mosca***, (*fig.*) si dice per indicare che il silenzio è totale | ***Crederebbe che un asino voli***, (*fig.*) detto di persona ingenua e credula fino all'assurdo | ***V. senz'ali***, (*fig.*) fare una cosa impossibile | ***Volere o v.***, per amore o per forza, detto di cosa inevitabile | (*est.*) Muoversi nell'aria in virtù delle ali, detto di esseri fantastici, mitologici e sim.: *il quadro rappresenta Pegaso che vola*; *l'Ippogrifo volava portando Astolfo*; *un gruppo d'angeli che volano ad ali distese*. SIN. Aleggiare, aliare. **2** (*est.*) Percorrere lo spazio atmosferico o extraatmosferico, detto di aeromobili o di veicoli spaziali: *v. ad alta, a bassa quota*; *l'aereo vola velocissimo*; *una formazione di bombardieri volava sulla città*; *v. dalla terra alla luna e viceversa*. **3** (*est.*) Trovarsi, essere, viaggiare su un aeromobile o su un veicolo spaziale: *voliamo ormai da molte ore*; *sono stanco di v.* | (*est.*) Far parte del personale viaggiante: *presto smetteremo di v.*; *da oggi non volo più* | (*est.*) Essere trasportato per via aerea, detto di oggetti, merci e sim. **4** (*est.*) Essere proiettato nell'aria, attraversare uno spazio aereo, grazie a una forte spinta: *la freccia, il proiettile volò verso il bersaglio*; *il pallone è volato fuori campo* | ***V. in pezzi, in minute schegge, in briciole e sim.***, detto di ciò che si spezza con violenza o comunque in modo tale da far schizzare frammenti in ogni direzione | (*est.*) Buttarsi, slanciarsi, gettarsi d'impeto: *è letteralmente volato sulla preda* | ***V. da un palo all'altro***, nel gergo calcistico, detto del portiere che si tuffa da una parte all'altra della porta | (*est., fig.*) Essere scagliato, avventato, inferto e sim. con particolare violenza, impeto e sim.: *gli schiaffi volano*; *fra poco qui voleranno i pugni*; *gli ha fatto v. dietro una sedia, un piatto*; *tra loro volarono gravi insulti*. **5** (*est.*) Restar sospeso nell'aria per qualche tempo, scendendo poi lentamente verso terra, detto di corpi molto leggeri: *la polvere, il pulviscolo, le piume volano*; *cominciano a v. i primi fiocchi di neve*; *il vento fa v. le foglie*. **6** (*est.*) Precipitare verso il basso: *v. dalla finestra, dal quinto piano*; *volar giù da grande altezza* | ***Volar giù***, (*fam.*) cadere dall'alto: *non sporgerti perché rischi di volar giù*.

7 (*est.*) Sollevarsi, innalzarsi, salire a grandi altezze (*anche fig.*): *v. in, verso il cielo*; *il palloncino volò su su, e scomparve tra le nubi*; *v. verso le vette del sublime* | ***V. in, al Cielo, in Paradiso, alla gloria dei beati*** e sim., (*eufem.*) morire. *8* (*agr.*) ***Semina alla v.***, semina a spaglio. *9* (*fig.*) Correre, muoversi, dirigersi a grande velocità: *l'auto volava sull'autostrada*; *inforcò il cavallo e volò verso la città*; *gli volò incontro gridando di gioia*; *appena lo vide scendere dal treno gli volò tra le braccia* | ***Andare, venire volando***, con la massima rapidità possibile, in gran fretta e sim. | (*fig.*) Essere in rapida espansione, riscuotere un grande successo: *le esportazioni volano*; *lo Zingarelli vola*. *10* (*fig.*) Espandersi, propagarsi, diffondersi nell'aria, detto di suoni, odori e sim.: *e luglio ferve e il canto d'amor vola / nel pian laborïoso* (CARDUCCI) | Diffondersi ovunque e in breve tempo: *la fama vola*; *le cattive notizie volano* | ***V. per tutte le bocche***, essere risaputo, ripetuto, commentato da tutti. *11* (*fig.*) Andare lontano, nello spazio o nel tempo: *v. sulle ali del sogno, della fantasia, del desiderio*; *il suo pensiero volava verso la, alla casa paterna* | Riandare: *volò con la memoria a quei giorni lontani*. *12* (*fig.*) Trascorrere in fretta, dileguarsi, sfuggire rapidamente: *il tempo vola*; *le vacanze sono letteralmente volate*; *la gioventù passa volando*; *come è volata l'estate!*; *sono ormai volati via i giorni felici* | ***V. via in un attimo, in un minuto, in un soffio*** e sim., passare con indicibile celerità. *13* Nel gergo dei tossicodipendenti, provare un effetto di allucinazione causato dall'assunzione di sostanze stupefacenti. **B** v. tr. *1* (*caccia*) Lanciare un richiamo vivo, per far sì che il branco dei selvatici pieghi verso la tesa. *2* ***V. una carta***, nel tressette, giocarla alzandola in un piccolo volo, per render noto al compagno che di quel colore o seme non se ne hanno più.

volàre (2) [dal lat. *vŏla* 'cavità della pianta del piede' (nel lat. tardo anche 'palma della mano'), d'orig. sconosciuta; 1961] agg. ● (*anat.*) Palmare, plantare.

volàta (1) [sec. XV] s. f. *1* Il volare per un tratto, volo: *l'uccellino è alla sua prima volata*; *abbiamo fatto una breve v. su un aliante*; *dopo una perfetta v., la freccia colse il bersaglio*; *ha fatto una v. fuori dell'uscio, dalla finestra*; *una paurosa volata giù dai tetti*. *2* (*est.*) Insieme, gruppo di animali che volano | ***V. di uccelli***, stormo in volo. *3* (*est.*) Movimento o spostamento veloce, rapida corsa: *fare una v. in macchina, in bicicletta, a cavallo*; *è stata una v. entusiasmante*; *faccio una v. in stazione e torno subito* | ***Di v.***, di corsa; (*est.*) in gran fretta, in un attimo: *scendere le scale di v.*; *preparare di v. il pranzo*; *le vacanze sono passate di v.* | (*sport*) Nel ciclismo, accelerazione in prossimità del traguardo tra due o più corridori: *v. a due, a tre*; *battere qlcu. in v.*; *vincere in v.* | ***Tirare la v. a qlcu.***, (*fig.*) favorirlo, aiutarlo, preparare le condizioni del suo successo | ***Prendere una v.***, (*fig., raro*) adirarsi. *4* (*fig.*) Slancio poetico, fantastico e sim.: *v. lirica*. *5* (*mil.*) Parte anteriore della bocca da fuoco di un pezzo d'artiglieria | ***Tiro di v.***, eseguito con grande elevazione della bocca da fuoco. ➡ ILL. p. 2121 ARCHITETTURA. *6* (*mus.*) Progressione veloce di note, cantando. *7* Gruppo di mine che vengono fatte esplodere simultaneamente od in successione per abbattere la roccia. *8* Raggio di manovra del braccio di una gru. || **volatina**, dim. (V.) | **volatóna**, accr. (V.) | **volatóne**, accr. m. (V.).

volàta (2) [calco sul fr. *volée*; 1937] s. f. ● (*raro*) Nel tennis, volée.

†**volatévole** [da *volato*] agg. ● Volatile.

volàtica [da *volatico*; 1612] s. f. ● (*pop.*) Eritema cutaneo a decorso rapido e benigno.

†**volàtico** [vc. dotta, lat. *volătĭcu(m)*, da *volāre*; 1499] agg. ● Che vola.

volàtile [vc. dotta, lat. *volātĭle(m)*, da *volāre*; av. 1320] **A** agg. *1* (*raro*) Che è atto a volare: *animali volatili* | (*poet.*) Alato. *2* (*chim.*) Detto di sostanza che passa facilmente allo stato gassoso. *3* (*fig., lett.*) Labile: *scienza v.* *4* (*elab.*) Detto di memoria di elaboratore elettronico nella quale i dati non risiedono indefinitamente ma vengono perduti allo spegnimento del sistema. *5* (*fig.*) †Volubile, incostante. **B** s. m. ● (*gener.*) Uccello: *una gabbia piena di strani volatili*.

volatilità [1677] s. f. *1* (*chim.*) Caratteristica di ciò che è volatile, proprietà di trasformarsi rapidamente in gas. *2* (*econ.*) Indice statistico che misura il grado di variabilità del cambio di un'unità monetaria, del prezzo di un titolo o del livello dei tassi di interesse in un dato periodo.

volatilizzàre [fr. *volatiliser*, da *volatil* 'volatile'; 1679] **A** v. tr. ● (*chim.*) Ridurre una sostanza volatile allo stato aeriforme. **B** v. intr. e intr. pron. (aus. *essere*) ● (*chim.*) Passare allo stato aeriforme. SIN. Evaporare. **C** v. intr. pron. ● (*fig.*) Dileguarsi, scomparire, rendersi irreperibile: *sembra che si sia volatilizzato*.

volatilizzazióne [1684] s. f. ● (*chim.*) Rapido passaggio allo stato aeriforme. SIN. Evaporazione.

volatina [1826] s. f. *1* Dim. di *volata*. *2* (*mus.*) Passaggio grazioso, sciolto | ***V. semplice***, se non passa i limiti dell'ottava.

†**volativo** o †**volatio** [da *volato*; 1931] **A** agg. *1* Di volo | Che vola. *2* Che si volatilizza. **B** s. m. ● Uccello, volatile.

†**volatizzàre** [da *volato*] v. tr., intr. e intr. pron. ● Volatilizzare.

†**volatizzazióne** s. f. ● Volatilizzazione.

volàto [sec. XIV] **A** part. pass. di *volare*; anche agg. ● Nei sign. del v. **B** s. m. ● †Volo.

volatóna [1965] s. f. *1* Accr. di *volata*. *2* Nelle corse ciclistiche, volata conclusiva disputata da un folto gruppo di concorrenti.

volatóne [1970] s. m. *1* Accr. di *volata*. *2* Nel ciclismo, volatona.

volatóre [1516] agg.; anche s. m. (f. *-trice*) ● (*raro*) Che (o Chi) vola.

vol-au-vent /fr. ˌvɔloˈvɑ̃/ [vc. fr., da *vol(e) au vent* 'vola al vento', per indicare la leggerezza della pasta; 1855] s. m. inv. (pl. fr. inv.) ● (*cuc.*) Involucro di pasta sfoglia salata, di forma tondeggiante e di diversa misura, che si può riempire di varie vivande.

†**volàzzo** ● V. *svolazzo*.

volée /fr. vɔˈle/ [vc. fr., part. pass. f. di *voler* 'volare'; 1953] s. f. inv. ● Nel tennis, colpo al volo: *v. di dritto, di rovescio*.

volemia [comp. di *vol(ume)* e *-emia*; 1981] s. f. ● (*biol.*) Volume totale del sangue presente nell'organismo, comprendente quello circolante e quello immobilizzato in alcuni organi quali il fegato e la milza.

volémose bène /rom. voˈlemoseb ˈbɛne/ [in romanesco 'vogliamoci bene'] loc. sost. m. inv. ● (*rom., fam.*) Invito a una conciliazione solo formale ed esteriore: *il volemose bene alla fine del suo discorso non ci ha convinti*. CFR. Embrassons nous.

volènte o †**vogliènte** [sec. XIV] **A** part. pres. di *volere*; anche agg. *1* Nei sign. del v. *2* Nella loc. ***v. o nolente***, che si voglia o no, per forza: *v. o nolente, devi obbedire*. **B** s. m. ● (*raro, lett., spec. al pl.*) Chi vuole fortemente qlco.

†**volenterévole** agg. ● Volonteroso.

volenteróso o †**volonteróso**, **volonteróso**, †**voluntaróso** [da *volontà*; 1336 ca.] agg. *1* Di buona volontà: *atteggiamento cosciente, responsabile e v.* *2* Che è pieno di buona volontà: *scolaro, studente v.* SIN. Alacre. *3* †Voglioso. || **volenterosaménte**, avv. In modo volenteroso; volentieri.

♦**volentièri** o (*raro*) **volontièri** [ant. fr. *volentiers*, dal lat. tardo *voluntārie*, avv. di *voluntārius* 'volontario'; av. 1250] avv. *1* Di buona voglia, di buon grado, con piacere: *lavora v.*; *ci ha rivisto v.*; *si sacrifica v. per gli altri*; *sto v. con gli amici*; *vado v. a teatro*; *perdono molto v.* | ***Spesso e v.***, molto di frequente: *sta fuori casa spesso e v.*; *spesso e v. si perde in fantasticherie*. *2* Certamente sì, con grande piacere (come risposta cortesemente affermativa): *'puoi aiutarmi?' 'v.'*; *'verresti con noi?' 'v.!, grazie!'* | (con valore raff.) ***Ben v.***: *'mi fai un favore?' 'ben v.!, se posso!'*. || †**volentierménte**, avv. Volentieri.

†**volentieróso** ● V. *volenteroso*.

†**volènza** [lat. *volĕntia(m)*, da *vŏlens*, genit. *volĕntis* 'volente'] s. f. ● Volontà, volere.

♦**volére** (1) [lat. parl. **volēre* (classico *vĕlle*), rifatto sul pres. *vŏlo* e il perfetto *vŏlui*; av. 1250] **A** v. tr. (pres. *io vòglio*, tosc. procl. *vo'* /vɔ*/, *tu vuòi*, poet. procl. *vuo'* /vwɔ/, *egli vuòle*, poet. pop. *vòle*, *noi vogliàmo*, †*volémo*, *voi voléte*, *essi vògliono*, †*vònno*; fut. *io vorrò*, *tu vorrài*; pass. rem. *io vòlli*, †*vòlsi*, *tu volésti*, *egli vòlle*, †*vòlse*, *noi volémmo*, *voi voléste*, *essi vòllero*, †*vòlsero*, †*vòllono*, †*vòlsono*; congv. pres. *io vòglia*, *tu vòglia*, †*vògli*, †*vuògli*; condiz. pres. *io vorrèi*, poet. †*vorrìa*, *tu vorrésti*; imperat. *vògli*, *vogliàte*; ger. *volèndo*, †*voglièndo*; part. pres. *volènte*, †*vogliènte*; part. pass. *volùto*, †*volsùto*; aus. *avere* se usato assol.; come v. servile ha l'ausiliare richiesto dal v. a cui si accompagna: *ho voluto vederlo*; *sei voluto andare a ogni costo*) *1* Tendere con decisione ferma, o anche col solo desiderio, al conseguimento o alla realizzazione di qlco.: *vuole il successo*; *quel ragazzo vuole essere indipendente*; *voglio cambiare vita*; *perché vuoi sempre fare di testa tua?* | ***Non v.***, avere la volontà, l'intenzione, il desiderio di non fare qlco.: *non voglio lavorare in queste condizioni* | ***La poveretta non voleva rassegnarsi***, non si rassegnava | (*pleon.*) ***Voglio credere, voglio sperare*** e sim., credo, spero: *voglio sperare che sarai puntuale* | ***Vuoi sapere una cosa?***, modo fam. di introdurre un discorso | ***Qui ti voglio, qui ti vorrò vedere!***, aspettando come uno si comporterà alla prova dei fatti | ***Vuoi vedere che è stato lui?***, accennando a una supposizione | ***Voglio vedere se è capace di sostenere una cosa simile!***, lo ritengo improbabile | ***Senza v., non volendo***, involontariamente | ***A v. che***, se proprio si vuole, affinché: *a v. che la medicina faccia effetto, bisogna attenersi alle prescrizioni del medico* | ***Neanche a v.***, per indicare che una cosa è impossibile in ogni modo: *se segui scrupolosamente le istruzioni, non puoi sbagliare neanche a v.* | ***V. o no, v. o volare***, (*fam.*) che si voglia o no, per amore o per forza. *2* Esigere, pretendere che altri faccia o non faccia qlco.: *voglio che facciate silenzio*; *il direttore vuole che tutti siano puntuali*; *volle sapere la verità*; *volle essere pagato fino all'ultimo centesimo*; *voglio fatti, non chiacchiere!*; *non voglio che vi comportiate così*. *3* (*assol.*) Esser dotato di ferma e decisa volontà, dar prova di volontà: *a chi vuole nulla è impossibile*; *ha una qualità straordinaria, quella di v.* | ***Capacità di intendere e di v.***, di capire e di esercitare, ordinare, controllare la propria volontà. *4* Comandare, stabilire, spec. non in relazione alla volontà dell'uomo ma alla determinazione di una potenza superiore: *Iddio lo vuole!*; *il destino ha voluto così* | Ordinare, disporre, esigere, indicare come doveroso ed opportuno, in relazione a cose personificate, sentite come dotate di particolare autorità: *il Vangelo, la legge, la buona educazione vuole così*. *5* Desiderare intensamente, cercando di fare o ottenere ciò che si desidera: *è un bambino capriccioso e vuole tutto ciò che vede*; *vuole l'impossibile*; *vogliono la mia rovina*; *se vuoi restar solo, me ne vado*; *vuoi uscire?*; *il cane abbaia perché vuole uscire*; *nessuno lo vuole per amico*; *vuole altro?*; *se lo vuole, il prezzo è questo*; *suo padre lo vuole medico* | ***Non sa neanche lui quello che vuole***, di persona indecisa e scontenta | ***Ce n'è quanto ne vuoi, quanto ne volete***, in grande quantità, in abbondanza | ***Come vuoi, come volete, quando vorrete***, formule con cui ci si rimette alla volontà e alle decisioni di altri | ***V. piuttosto***, preferire | ***V. una persona***, cercare di lei per vederla o parlarle: *ti vuole tuo padre*; *ti vogliono al telefono* | Usato al condizionale indica attenuazione del desiderio: *vorrei un po' di tranquillità*; *se non ti dispiace, vorrei restar solo*; *noi tutti vorremmo sentire il tuo parere in proposito*; *mi vorrebbero con loro per qualche giorno* | ***Non vorrei sbagliarmi, ma …***, spero di non sbagliarmi, ma … | (con valore raff.) ***Vorrei morire se non è così***, possa io morire se le cose stanno diversamente | ***Vorrei morire piuttosto!***, insistendo su un rifiuto | Desiderare amorosamente: *segue chi fugge, a chi la vuol s'asconde* (POLIZIANO). *6* Disporre: *volle che il suo patrimonio fosse devoluto in opere di beneficenza* | Decidere di, aver deliberato di …, spec. in espressioni fam. con riferimento a chi si espone a rischi di vario genere: *quello vuole morire, ammazzarsi, suicidarsi* | ***Non vorrai per caso andar di sotto?***, a chi si sporge pericolosamente | ***Voglio rovinarmi***, (*scherz.*) si dice quando ci si accinge a una spesa o liberalità eccezionale, o che si finge tale | ***L'ha voluto lui***, (*fam.*) ***se l'è voluta lui***, si dice di chi o a chi per propria colpa si è messo nei guai o si è meritatamente attirata una punizione. *7* Permettere, consentire: *se la mamma vuole, esco anch'io con te*; *mio padre non vuole* *che frequenti certi ambienti*; *vuol attendermi un minuto?*; *vuole accomodarsi?* | ***Dio voglia che ...***, ***Dio volesse che ...***, ***Dio voglia!***, ***Dio volesse!***, ***volesse il cielo*** e sim., espressioni di augurio e di desiderio | ***Dio l'avesse voluto!***, espressione di rimpianto rassegnato | ***Dio non voglia***, inciso di scongiuro | ***Se Dio vuole***, per esprimere speranza e ringraziamento e soddisfazione: *forse tutto si aggiusterà, se Dio vuole*; *ce l'ho fatta, se Dio vuole!* | ***Come Dio volle***, alla fine, finalmente | ***Come Dio vuole, quando Dio vorrà*** e sim., per esprimere rassegnata sottomissione | Accettare, gradire: *vuol favorire?*; *vuole ancora un po' di dolce?*; *grazie, non ne voglio più*. ***8*** Richiedere, esigere indebitamente o inopportunamente qlco. da qlcu.: *insomma, cosa volete ancora da me?*; *vuole troppo da quel ragazzo!* | ***Come vuoi, come volete che ...***, formule con cui si vuol mostrare la difficoltà, l'impossibilità di qlco.: *come volete che studi se non mi lasciate tranquillo?* | ***Che (diavolo) vuoi?***, che cosa vuoi? (con tono seccato) | ***Che vuoi, che vuole, che volete***, per introdurre una giustificazione, una scusa, per significare che era impossibile fare diversamente, per invocare indulgenza o rassegnazione e sim.: *che vuole, avevo bisogno di quel lavoro e non ho potuto rifiutare*; *che volete, non sempre si riesce a dominare i propri nervi* | ***Che vuole che le dica?***, per esimersi dal dire o spiegare di più. ***9*** Chiedere un determinato prezzo o compenso: *quanto vuole di*, o *per, questa borsa?*; *per ripararmi l'orologio ha voluto una bella cifra*. ***10*** (*lett.*) Credere, ritenere, esprimere un'opinione, dire (con sogg. indeter.): *vogliono che stia per verificarsi una nuova crisi di governo*; *c'è chi vuole che sia tutta una messinscena*; *si vuole che anche lui sia coinvolto nello scandalo* | ***Ognuno la vuole a suo modo, chi la vuol cruda e chi la vuol cotta***, per indicare diversità di opinioni, di esigenze, di gusti | Tramandare, asserire: *vuole un'antichissima tradizione che ...*; *come vuole un'antica leggenda*; *così vuole uno storico dell'epoca*. ***11*** (*disus.*) Ammettere, concedere: *voglio che sia freddo, ma tu esageri*. ***12*** Risolversi, decidersi a, spec. in frasi negative per indicare un'ostinata fermezza, anche in cose o animali, quasi si trattasse di volontà contraria: *questa pianta non vuol fiorire*; *il cane non voleva tacere*; *oggi il motore non vuol funzionare*; *quest'anno la primavera non vuol arrivare*. ***13*** Necessitare, avere bisogno, non poter fare a meno: *un malato che vuole continua assistenza*; *animale delicato che vuole molte cure*; *lavoro che vorrebbe una lunga preparazione* | ***Anche l'occhio vuole la sua parte***, anche l'aspetto esteriore ha la sua importanza | ***Volerci, volercene, non volerci, non volercene***, essere o no necessario, occorrere o no: *ci vuole un bel coraggio a dire cose simili*; *mi ci vorrebbe proprio una bella vacanza*; *non c'è voluto molto denaro per comprarlo*; *non credo che ci voglia ancora molto tempo*; *ce ne vorrebbe di tempo!*; *ce ne vorrebbero di soldi, caro mio!* | ***Volerci molto, poco*** (sottinteso tempo, fatica, denaro e sim.), essere poco, molto rapido, agevole, costoso e sim.: *ci vorrà molto per finire?*; *non ci vuol molto a capire*; *credo che ci voglia molto per comprarlo*; *ci vuol poco per arrivare*; *c'è voluto poco a capire* | ***Quello che ci vuole, ci vuole***; ***quando ci vuole, ci vuole***, per affermare la necessità di ricorrere a mezzi energici o per dire che quando una cosa è necessaria deve essere fatta | ***Che ci vuole?***, per indicare la semplicità o la facilità di un'operazione e sim. | ***Ci vuol altro che ...*** o (*assol.*) ***ci vuol altro***, per indicare che una persona o una cosa è inadatta, insufficiente e sim.: *ci vuol altro che un novellino per questo lavoro!*; *ci vuole altro che la dolcezza, con lui!*; *che, ci vuol altro!* | ***Quanto ce ne vuole***, secondo la quantità necessaria, secondo il fabbisogno: *mettici tanto sale quanto ce ne vuole* | ***Ce n'è voluto***, è stato difficile, faticoso: *alla fine l'ho convinto, ma ce n'è voluto!* ***14*** Comportare, richiedere, reggere: *verbi che vogliono il dativo, l'accusativo*; *questo costrutto vuole il congiuntivo imperfetto*. ***15*** Essere imminente, probabile: *vuol piovere*; *si direbbe che il tempo voglia rimettersi*; *vuol essere una crisi lunga e complessa* | †***Voler fare qlco.***, detto di persona, essere sul punto di farla: *Pietro, veggendosi quella via impedita ..., volle morir di dolore* (BOCCACCIO). ***16*** Nella loc. ***v. bene, male a qlcu.***, desiderare, augurare il suo bene, essergli affezionato, avere affetto, amore per lui o, al contrario, desiderare il suo male, nutrire antipatia, odio nei suoi confronti, accanirsi contro di lui: *v. bene a un amico*; *gli vuole bene come a un fratello*; *qui c'è qlcu. che mi vuol male* | ***V. molto bene, un gran bene, un bene dell'anima***, e sim., amare molto, oltre ogni dire | ***Volerne a qlcu.***, avercela con lui, serbargli rancore e sim.: *non volermene, non è stata colpa mia!* ***17*** Intendere, avere intenzione, nella loc. ***voler dire*** (quando ciascuno dei verbi conserva il suo valore autonomo): *vuoi dire che non c'è più speranza?*; *volete dire che avete ragione voi?* | ***Ti volevo dire che ...***, modo fam. d'introdurre un discorso che si aveva intenzione di fare o che venga in mente lì per lì | ***Voglio dire, volevo dire***, modi di correggersi e di precisare l'espressione: *quel bambino, voglio dire quel ragazzo, è molto intelligente*; *la situazione è disastrosa, voglio dire che non c'è più nulla da fare* | ***Volevo ben dire!***, per significare che una cosa era stata prevista e non poteva non accadere: *è di nuovo nei guai, volevo ben dire!* | Significare (quando i due verbi costituiscono un gruppo inscindibile): *che vuol dire questo vocabolo?*; *che cosa vuol dire in italiano l'inglese 'egg'?*; *che vuol dire questo silenzio?* | ***Che vuol dire che non mi rivolgi più la parola?***, come mai, perché mai? | ***Questo vuol dire che non possiamo più contare su di lui***, dimostra, porta di conseguenza che ... | ***Voler dire molto, poco*** (per lo più con costrutto impers.), importare, contare molto, poco; aver molto, poco peso: *vuol dire molto se accetta o non accetta l'incarico*; *questo, in fondo, vorrebbe dir poco* | ***Non vuol dire***, non ha importanza: *Non mi aiuti? Non vuol dire, farò da solo*. ***18*** (*lett.*) Si deve, bisogna, è necessario, spec. nella costruzione impers. *si vuole*: *a questo punto, si vuol procedere con molta cautela*. ***19*** (*correl.*) Nella loc. cong. ***vuoi ... vuoi***, V. *vuoi*. **B** v. rifl. rec. ● Nella loc. ***volersi bene***, (*raro*) ***volersi male***, provare un reciproco sentimento di affetto, di amore o di odio | ***Volersi molto bene, un gran bene, un bene dell'anima*** e sim., amarsi molto, oltre ogni dire | ***Non volersi bene, non volersi più bene***, non amarsi, non amarsi più. || PROV. Chi troppo vuole nulla stringe.

♦**volére** (**2**) [da *volere* (*1*); av. 1250] s. m. ***1*** Volontà: *essere osservante al v. di qlcu.*; *ha seguito il v. dei suoi genitori*; *sia fatto il v. di Dio* | ***A mio, a tuo v.***, a mio, a tuo piacimento | ***Di mio, di tuo v.***, di mia, di tua spontanea volontà | ***Il buon v.***, la buona volontà, la buona disposizione: *fare qlco. di buon v.*, *con tutto il buon v.* ***2*** (*al pl.*, *raro*) Intenti, determinazioni: *concordia di voleri*.

†**volévole** agg. ● (*raro*) Atto a volare.

volfràmio ● V. *wolframio*.

♦**volgàre** (**1**) o †**vulgàre** [vc. dotta, lat. *vulgāre(m)* 'comune a tutti, ordinario', da *vŭlgus* 'volgo'; 1294] **A** agg. ***1*** (*raro*) Del volgo, detto spec. di forme linguistiche in uso presso gli strati meno colti di un popolo: *pregiudizio v.*; *superstizioni volgari*; *lingua, parlata volgari* | ***Latino v.***, quello parlato dal popolo, spec. in contrapposizione alla lingua letteraria degli scrittori | ***Nome v.***, popolare, corrente: *conosco solo il nome v. di questo fiore*. ***2*** (*fig.*, *spreg.*) Che è comune, corrente, privo di ogni qualità o caratteristica atta a distinguerlo dalla massa: *una v. imitazione dell'antico*; *sei un v. bugiardo*; *è un v. mascalzone*. ***3*** (*fig.*, *spreg.*) Che è assolutamente privo di finezza, distinzione, signorilità, garbo e sim.: *bellezza v.*; *donna vistosa e v.*; *parole, espressioni volgari*; *gesto, atteggiamento v.* SIN. Triviale. CONTR. Fine. ***4*** †Che è noto a tutti. || **volgarménte**, †**volgareménte**, avv. ***1*** Comunemente: *l'adianto si chiama volgarmente capelvenere*. ***2*** (*raro*) Proverbialmente: *come volgarmente si dice, chi sta bene non si muove*. ***3*** In modo volgare: *parlare, esprimersi volgarmente*. **B** s. m. ***1*** Lingua parlata dal popolo, spec. con riferimento al periodo in cui ebbero origine le lingue neolatine, in contrapposizione al latino considerato come la lingua colta e letteraria per eccellenza: *il v. italiano*; *i volgari francesi* | ***Dire una cosa in buon v.***, (*fig.*) parlando chiaramente, senza mezzi termini. ***2*** †Parola, discorso | †Proverbio. ***3*** (*spec. al pl.*) †Gente del volgo, del popolo. ***4*** †Testo italiano da tradurre in latino. ***5*** †Fama, voce. || **volgaróne**, accr. | **volgarótto**, accr., spreg. | **volgarùccio**, dim., spreg.

†**volgàre** (**2**) [vc. dotta, lat. *vulgāre*, da *vŭlgus* 'volgo'] v. tr. ● Divulgare, diffondere.

volgarìsmo o †**volgarèsimo** [comp. di *volgar(e)* (*1*) e *-ismo*; 1822] s. m. ● (*ling.*) Parola o locuzione propria della lingua volgare (spec. entrata nel latino del tardo Medioevo).

volgarità o †**vulgarità** [vc. dotta, lat. tardo *vulgaritāte(m)* 'l'essere comune, ordinario, volgare', da *vulgāris* 'volgare (1)' agg.; av. 1565] s. f. ***1*** Caratteristica, condizione di chi (o di ciò che) è volgare: *non sopporto la sua v.*; *usa sempre frasi di incredibile v.* SIN. Trivialità. CONTR. Finezza. ***2*** (*est.*) Termine, locuzione, espressione volgare: *basta con queste v.*

volgarizzaménto [1584] s. m. ***1*** Traduzione in volgare: *il v. della Bibbia, di Tito Livio*. ***2*** (*est.*) Testo tradotto in volgare.

volgarizzàre o †**vulgarizzàre** [da *volgare* (*1*); sec. XIII] v. tr. ***1*** Tradurre dal latino o dal greco in un volgare neolatino: *v. Cicerone* | (*est.*) Tradurre in volgare italiano: *v. un poema epico scritto in lingua d'oïl*. ***2*** (*est.*) Rendere accessibile a tutti una scienza, una disciplina e sim.: *v. il diritto, la chimica, la filosofia*. SIN. Divulgare.

volgarizzatóre [1354] s. m. (f. *-trice*) ***1*** Chi volgarizza una scienza, una disciplina e sim. ***2*** Chi un tempo traduceva in volgare i testi spec. degli autori classici greci e latini.

volgarizzazióne [av. 1694] s. f. ***1*** Volgarizzamento. ***2*** Divulgazione di una scienza, una disciplina e sim.

volgàta ● V. *vulgata*.

volgàto ● V. *vulgato*.

volgènte o †**volvènte** [1879] part. pres. di *volgere*; anche agg. ● Nei sign. del v.

♦**vòlgere** o †**vòllere**, †**vòlvere** [lat. *vŏlvere*, di orig. indeur.; 1294] **A** v. tr. (pres. *io vòlgo, tu vòlgi*; pass. rem. *io vòlsi, tu volgésti*; part. pass. *vòlto*) ***1*** Dirigere verso un luogo o un punto determinato (*anche fig.*): *v. gli occhi, lo sguardo, il viso verso qlcu. o qlco.*; *v. il passo, i passi, il cammino verso un luogo*; *v. la prua verso la riva*; *v. le armi contro qlcu.*; *v. il pensiero, l'animo, la mente, le proprie cure a qlco.*; *v. l'ira, l'odio contro qlcu.* | ***V. le spalle***, di chi, stando fermo, le mostra ad altra persona, o di chi si allontana con movimento brusco; (*fig.*) trascurare, ignorare una persona, un'occasione favorevole: *v. le spalle alla fortuna* | ***V. in fuga il nemico***, farlo fuggire. ***2*** (*fig.*) Mutare da uno ad altro tono, significato, condizione e sim.: *v. le cose in burla, in scherzo*; *v. il pianto in riso* | ***V. ad altro uso***, destinare | ***V. in dubbio***, mettere in dubbio | (*disus.*) Tradurre: *v. un brano in italiano*. ***3*** (*lett.*) Girare, rigirare: *v. la chiave nella toppa*; *Io son colui che tenni ambo le chiavi / del cor di Federigo, e che le volsi, / serrando e diserrando* (DANTE *Inf.* XIII, 58-60) | ***V. nella mente***, meditare, pensare con insistenza: *v. nella mente un nuovo disegno*. ***4*** †Avvolgere, circondare, attorniare: *la cerchia che d'intorno il volge* (DANTE *Inf.* XVIII, 3) | Distogliere. **B** v. intr. e intr. pron. (aus. intr. *avere*, raro *essere* spec. nel sign. 2) ***1*** Piegare verso una parte, in una direzione: *la strada volge a destra, a sinistra*; *quel ramo del lago di Como che volge a mezzogiorno* (MANZONI) | ***V. in fuga***, cominciare a fuggire: *i nemici volsero in fuga*. ***2*** Avvicinarsi, approssimarsi: *il sole volge al tramonto*; *la gara volge al termine* | Di colore, tendere: *un rosso che volge al viola* | Esser sul punto di evolversi in un dato modo: *il tempo volge al brutto*; *la situazione volge al peggio*. ***3*** (*lett.*) Trascorrere, essere in corso, detto del tempo: *già sei lustri / volgon da poi che il bel tenor di vita / giovinetto intraprese* (PARINI). **C** v. rifl. ***1*** Rivolgersi verso qlcu. o qlco., dirigersi verso un luogo: *si volse verso di lui e gli sussurrò alcune parole*; *il girasole si volge sempre ai raggi del sole*; *volgersi a destra, a sinistra, da una parte, indietro* | ***Volgersi attorno***, girare intorno lo sguardo. ***2*** (*fig.*) Rivolgere le proprie cure, la propria attività, dedicarsi a qlco.: *volgersi agli studi filosofici*; *volgersi ad opere filantropiche*. **D** v. intr. pron. ***1*** Sfogarsi, riversarsi: *la sua ira si volse contro di noi*. ***2*** (*raro*) Fuggire, nella loc. ***volgersi in fuga***. ***3*** (*raro, lett.*) Trascorrere: *Elena vedi, per cui tanto reo / tempo si volse* (DANTE *Inf.* V, 64-65). **E** in funzione di s. m. solo sing.: *con il v. degli anni, del tempo*.

†**volgévole** o †**volvévole** [da *volgere*] **agg.** ● Che si volge, gira, rotola.

volgìbile o †**volgìbole** [1292] **agg.** *1* (*raro*) Che si può volgere, mutare. *2* †Volubile, mutevole.

volgiménto o †**volviménto** [1342] **s. m.** ● (*lett.*) Il volgere, il volgersi.

†**volgitóio A** **s. m.** ● Qualsiasi cosa atta ad avvolgere. **B agg.** ● Che serve ad avvolgere.

volgitóre **s. m.**; anche **agg.** (**f.** *-trice*) ● (*raro, lett.*) Che (o Chi) volge, muta.

vólgo o †**vùlgo** [vc. dotta, lat. *vŭlgu(s)*, nt., di etim. incerta; 1308] **s. m.** (**pl.** *-ghi*) *1* (*disus., spreg.*) Classe sociale economicamente più povera e culturalmente più arretrata: *la gente del v.*; *i pregiudizi del v.*; *agli occhi del v. queste sono cose senza importanza.* *2* (*est., lett., spreg.*) Moltitudine indistinta, turba, massa: *il v. dei letterati, degli artisti*; *un v. disperso che nome non ha* (MANZONI) | (*lett.*) ***Il patrizio v.***, i patrizi ignoranti | ***Uscire dal v.***, uscire dalla mediocrità, dalla massa.

vòlgolo o †**vòggolo** [da *volgere*; 1691] **s. m.** ● (*tosc.*) Involto, rotolo: *un v. di panno, di carta, di capelli.*

volicchiàre [da *volare* col suff. *-icchiare*; 1879] **v. intr.** (*io volìcchio*; aus. *essere* e *avere*) ● (*raro*) Volare debolmente, compiendo ogni volta brevi tragitti, detto spec. di piccoli uccelli.

volièra [fr. *volière*, da *voler* 'volare'; 1623] **s. f.** ● Uccelliera.

volitàre [vc. dotta, lat. *volitāre*, intens. di *volāre*; 1321] **v. intr.** (*io vòlito*; aus. *avere*) *1* (*lett.*) Volare continuamente qua e là: *dentro ai lumi sante creature / volitando cantavano* (DANTE *Par.* XVIII, 76-77). *2* Svolazzare, detto spec. di farfalle e pipistrelli.

volitività [1924] **s. f.** ● (*raro*) Caratteristica di chi (o di ciò che) è volitivo.

volitìvo [da *volere* (*1*); sec. XIV] **A agg.** *1* Della, relativo alla, volontà: *atto v.*; *virtù, facoltà, attività volitiva.* *2* Che è dotato di una volontà forte e inflessibile: *carattere v.*; *persona volitiva* | Che rivela tale volontà: *sguardo v.*; *viso maschio e v.* *3* (*ling.*) Detto di forma verbale che esprime una volontà. || **volitivaménte**, **avv.** **B s. m.** (**f.** *-a*) ● Persona volitiva.

†**vòlito** [da *volitare*] **s. m.** ● (*raro*) Volo.

†**volitóre** **s. m.**; anche **agg.** (**f.** *-trice*) ● Chi (o Che) vuole.

volizióne [da *volere* (*1*); av. 1712] **s. f.** ● (*filos.*) Atto e manifestazione della volontà.

volleìsta o **vollìsta** [da *volley(ball)*; 1979] **s. m.** e **f.** (**pl. m.** *-i*) ● (*raro*) Pallavolista.

†**vòllere** ● V. *volgere.*

volley /ˈvɔllei, *ingl.* ˈvɒli/ [1940] **s. m. inv.** ● Acc*orc.* di *volleyball.*

volleyball /ˈvɔlleibol, *ingl.* ˈvɒliˌbɔːl/ [vc. ingl., comp. di *volley* 'volata' (dal fr. ant. *volée* 'volata') e *ball* 'palla'; 1964] **s. m. inv.** ● (*sport*) Pallavolo.

vollìsta ● V. *volleista.*

♦**vólo** [da *volare*; 1313] **s. m.** *1* (*zool.*) Facoltà e attività del volare, libero movimento nell'aria per mezzo delle ali, tipico di Uccelli, Insetti e dei Mammiferi dei Chirotteri: *il v. dell'aquila, dell'ape, del pipistrello*; *pigliare, spiccare il v.*; *levarsi, alzarsi a, in v.* | ***V. a vela***, passivo, tipico di alcuni uccelli che sfruttano l'azione del vento | ***V. battente***, dovuto al movimento più o meno rapido e frequente di innalzamento e abbassamento delle ali | ***V. planato***, in discesa, con ali aperte e ferme | ***V. radente***, a bassissima quota | ***A v. d'uccello***, dall'alto; (*fig.*) in modo globale, generale e rapido: *panorama, paesaggio visto a v. d'uccello*; *ho dato al libro solo una scorsa, un'occhiata a v. d'uccello* | ***In v.***, mentre l'animale vola: *colpire una pernice in v.* | ***Al v.***, mentre l'animale vola; (*fig.*) subito, all'istante: *colpire al v.*; *capire, intendere qlcu., qlco. al v.* | ***Tiro a, al v.***, sport che consiste nello sparare con fucile da caccia a bersagli mobili nell'aria, un tempo anche piccioni, oggi piattelli | ***Prendere il v.***, alzarsi in volo e (*fig.*) fuggire, sparire, dileguarsi: *l'uccellino ha preso il v.*; *l'imputato ha preso il v.*; *la refurtiva ha preso il v.* | ***Dare il v.***, lasciar libero (*anche fig.*) | (*est.*) Movimento nell'aria di qualunque essere fantastico, mitologico e sim. dotato di ali: *il v. di Pegaso, dell'Ippogrifo.* *2* (*aer.*) Movimento di aeromobili o veicoli spaziali nello spazio atmosferico o extraatmosferico: *v. ad alta, a bassa quota*; *v. in avanti, in derapata, in formazione, a spirale*; *v. libero, orizzontale, verticale, laterale, rettilineo, radente, diritto, rovescio* | ***V. librato, planante, planato***, senza l'ausilio del motore, con traiettoria obliqua verso il basso | ***V. a coltello***, di velivolo che procede col piano alare verticale, sostentandosi su un fianco della fusoliera | ***V. a motore***, degli aerei con motore | ***V. a vela, veleggiato***, di alianti, deltaplani e sim. | ***V. autorotativo***, di aerogiri | ***V. a ritroso***, di aerostati, elicotteri e sim. | ***V. propulso***, a motore | ***V. a vista***, in condizioni di visibilità | ***V. cieco, strumentale***, senza visibilità | ***V. spaziale***, di veicolo spaziale che viaggia al di fuori dell'atmosfera terrestre | ***V. umano muscolare***, che utilizza la forza muscolare dell'uomo | ***V. di Icaro***, (*fig.*) impresa ambiziosa che ha esito infelice | (*est.*) Viaggio compiuto a bordo di un aeromobile o di un veicolo spaziale: *questo è il mio primo v.*; *un v. dalla terra alla luna*; *v. d'addestramento, ambientamento, prova, collaudo, controllo*; *v. d'istruzione, di trasferimento.* *3* (*est.*) Stormo: *un v. d'uccelli*; *un v. d'aerei.* *4* (*caccia*) Richiamo vivo che, dal capanno, si getta a volo, per far piegare i selvatici verso la tesa: *dare un v.*; *lanciare un v.* *5* (*est.*) Traiettoria aerea compiuta da un corpo o da un oggetto pesante, grazie a un forte slancio iniziale: *il v. di un proiettile, di una freccia*; *lanciò la pietra con forza, facendole fare un lungo v.* | ***Al v.***, mentre l'oggetto è ancora a mezz'aria; (*fig.*) immediatamente: *acchiappare qlco. al v.*; *cogliere al v. l'occasione propizia* | ***Far fare un v. a qlco.***, (*fam.*) lanciarla | ***Far fare un v. a qlcu.***, (*fig., fam.*) scacciarlo con violenza: *gli ha fatto fare un v. fuori dalla porta* | ***Colpire, ribattere, respingere al v. la palla***, in vari sport, raggiungerla nella sua traiettoria a una certa altezza da terra; nel calcio, colpire il pallone prima che tocchi terra | ***Calcio al v.***, nel rugby, tiro effettuato da un giocatore, che lascia cadere il pallone dalle mani e lo colpisce prima che abbia toccato il terreno | ***V. all'incrocio dei pali***, nel calcio, intervento del portiere che si slancia in direzione del sette per intercettare il pallone | Nello sci, una delle fasi del salto dal trampolino. *6* (*est.*) Salto, caduta violenta, spec. da notevole altezze: *fare un v. dal tetto, dalla finestra*; *dopo un v. pauroso si rialzò incolume.* *7* (*est.*) Rapida corsa, volata: *faccio un v. all'edicola e torno* | ***In un v.***, subito. *8* (*fig.*) Slancio, divagazione dell'immaginazione: *v. poetico, lirico*; *i voli della fantasia* | ***V. pindarico***, trapasso da un argomento all'altro con analogie improvvise, alla maniera di Pindaro. *9* (*fig., lett.*) Diffusione, espansione: *e presta a' miei sospir sì largo v.* (PETRARCA). *10* (*arald.*) Figura costituita da due ali di uccello congiunte insieme per i dorsi. || **volettìno**, **dim.** | **volétto**, **dim.**

♦**volontà** o †**volontàde**, †**volontàte**, †**voluntà**, †**voluntàde**, †**voluntàte** [lat. *voluntāte(m)*, da *vŏlo* 'io voglio' (V. *volere* (*1*)); 1294] **s. f.** (assol.; + *di*) *1* Facoltà del volere, capacità di volgere le proprie energie al perseguimento di uno scopo: *esser dotato di una v. ferma, energica, ferrea, inflessibile, indomabile, incerta, debole, fiacca*; *avere, non avere forza di v.*; *è un uomo privo di v.*; *il principio di ogni azione risiede nella v. di un essere libero* | ***V. di potenza***, nella filosofia di Nietzsche, quella necessaria per elevarsi al di sopra della morale comune. *2* Atto del volere: *l'ho fatto di mia spontanea v., con v. deliberata*; *non intendo forzare la sua v.* | ***A mia, tua, sua v.***, secondo il volere mio, tuo, suo | ***A v.***, come, quando, quanto si vuole; senza limite: *mangiare, bere a v.* | Ciò che si vuole: *fare la v. di Dio*; *è molto prepotente e pretende sempre di imporre la sua v.* | ***Esprimere, scrivere, dettare le ultime volontà***, le disposizioni testamentarie. *3* Disposizione, buona o cattiva, a fare qlco.: *quel ragazzo non ha v. di studiare* | ***Buona v.***, disposizione a far bene, impegno | ***Cattiva v.***, disposizione a sottrarsi a un ordine, a un dovere, o a eseguire un ordine malvolentieri | ***V. politica***, disponibilità concreta a realizzare progetti e programmi superando ostacoli burocratici, organizzativi e sim. *4* (*raro, disus.*) Voglia: *non ho v. di scherzare.* *5* (*gramm.*) ***Verbi di v.***, quelli che esprimono l'azione del volere, un desiderio, una preferenza e sim. *6* †Passione, concupiscenza: *mentre egli da troppa v. trasportato, men cautamente con lei scherzava* (BOCCACCIO). *7* (*dir.*) Movimento psicologico che determina all'azione: *coscienza e v.*; *vizio di v.* | ***V. colpevole***, colpevolezza.

volontariàto [da *volontario*, sul modello del fr. *volontariat*; 1858] **s. m.** *1* Servizio militare prestato volontariamente oltre il periodo di leva obbligatorio o indipendentemente da esso. *2* Prestazione gratuita o semigratuita della propria opera presso enti pubblici o privati, per acquisire la necessaria esperienza o per conseguire un determinato titolo, spec. un tempo con riferimento agli assistenti volontari delle università o degli istituti ospedalieri | Durata di tale prestazione. *3* Attività volontaria e gratuita svolta a favore della collettività (spec. nel campo dell'assistenza a indigenti, anziani, handicappati, tossicodipendenti, ecc.) da parte di cittadini spesso organizzati in apposite associazioni | L'insieme di tali attività o di tali associazioni.

volontarietà [1950] **s. f.** ● Condizione di ciò che è volontario: *la v. di un atto.*

volontàrio o †**voluntàrio** [vc. dotta, lat. *voluntāriu(m)*, da *volŭntas*, genit. *voluntātis* 'volontà'; 1308] **A agg.** *1* (*fisiol.*) Che è sotto il dominio della volontà: *movimento v.* | ***Muscolo v.***, V. *muscolo.* *2* Che nasce da un atto di volontà, che è liberamente e consapevolmente scelto, deciso, realizzato: *esilio v.*; *domicilio v.*; *azione, rinuncia volontaria* | ***Omicidio v.***, intenzionale | ***Morte volontaria***, suicidio | ***Giurisdizione volontaria***, funzione non giurisdizionale dell'autorità giudiziaria consistente nell'integrare, assistere e controllare preventivamente certi atti di persone fisiche o giuridiche nell'interesse sia delle stesse sia pubblico. *3* Spontaneo: *dono v.*; *offerta volontaria.* *4* †Volenteroso. || **volontariaménte**, **avv.** Di propria spontanea volontà: *assumere volontariamente un obbligo, un impegno.* **B agg.**; anche **s. m.** (**f.** *-a*) *1* Che (o Chi), di propria spontanea volontà, sceglie, accetta o decide di fare qlco.: *donatore v.*; *i volontari della morte* | ***V. del sangue***, donatore di sangue. *2* Che (o Chi) presta la propria opera in regime di volontariato: *assistente universitario v.*; *assistente v. ospedaliero*; *soldato v.*; *questo spetta ai volontari*; *l'arruolamento dei volontari* | ***V. in servizio civile***, cittadino italiano, di età superiore ai venti anni, che assume un impegno di lavoro senza fini di lucro o carriera in Paesi in via di sviluppo per un periodo di almeno due anni ai fini di realizzare programmi di cooperazione tecnica | Aderente a un'associazione di volontariato: *i volontari dell'AVIS.*

†**volontarióso** [da *volontario*] **agg.** ● Volenteroso, desideroso, bramoso. || **volontariosaménte**, **avv.** Volenterosamente.

volontarìsmo [comp. da *volontario* e *-ismo*; 1903] **s. m.** *1* (*filos.*) Ogni dottrina etica secondo cui la volontà sovrasta l'intelletto | Ogni dottrina filosofica che scorge nella volontà la sola sostanza del mondo | (*est.*) Atteggiamento di chi presume di perseguire i propri scopi basandosi solo sulla volontà. *2* Movimento politico che sostiene la tesi dell'arruolamento volontario, secondo le necessità di ciascuna nazione. *3* Fenomeno del servizio militare prestato volontariamente, sotto la spinta di un ideale, particolarmente verificatosi in alcuni periodi storici: *il v. risorgimentale*; *il v. durante la Resistenza* | Insieme di formazioni militari composte di volontari: *il contributo del v.* *4* Volontariato nel sign. 3.

volontarìstico [1921] **agg.** (**pl. m.** *-ci*) ● Del, relativo al volontarismo | Che rivela volontarismo. || **volontaristicaménte**, **avv.**

†**volontàte** ● V. *volontà.*

volonteróso ● V. *volenteroso.*

volontièri ● V. *volentieri.*

†**volontièro** o †**voluntièro** [da *volontà*] **agg.** ● Volontario.

†**volontóso** **agg.** ● (*raro*) Pronto, volenteroso.

volovelìsmo [comp. da *volo* (*a*) *vela* e *-ismo*; 1955] **s. m.** ● Tecnica e attività che riguardano il volo a vela.

volovelista [da *volovelismo*; 1942] **s. m.** e **f.** (**pl. m.** *-i*) ● Chi pratica il volo a vela.

volovelìstico [da *volovelista*; 1961] **agg.** (**pl. m.** *-ci*) ● Del, relativo al, volo a vela: *gara, manifestazione volovelistica.*

volpacchiòtto [1961] **s. m.** (**f.** *-a*) *1* Dim. di *volpe* (*1*). *2* Giovane volpe. *3* (*fig.*) Persona astuta e subdola.

volpàccia s. f. (pl. *-ce*) *1* Pegg. di *volpe* (*1*). *2* (*fig.*) Volpone.

volpàia [1558] s. f. *1* (*raro*) Tana di volpe. *2* (*raro, fig.*) Luogo squallido e selvaggio.

volpàra [etim. incerta; 1889] s. f. ● Opera in terra usata per tappare le falle negli argini dei fiumi | †Argine.

volpàre [da *volpe* (*2*); 1961] v. intr. (*io vólpo*; aus. *essere* e *avere*) ● Prendere la malattia chiamata *volpe* (o *golpe*), detto del grano.

♦**vólpe** (**1**) o (*tosc.*) †**gólpe** (**1**) [lat. *vŭlpe(m)*, di orig. indeur.; sec. XIII] s. f. *1* Canide di medie dimensioni, con muso allungato e denti taglienti, tronco snellissimo con brevi robuste zampe e pelliccia pregiata (*Vulpes*). CFR. Abbaiare, guaire. ➡ ILL. animali/13 | *V. rossa*, notturna, con bella pelliccia dorsalmente color ruggine (*Vulpes vulpes*) | *V. argentata*, varietà allevata della volpe americana, a pelliccia nera con spruzzatura bianca (*Vulpes fulva*) | *V. della sabbia, del deserto*, fennec | *V. di mare*, squalo carnivoro, con coda molto sviluppata, che spesso penetra nelle reti rovinandole (*Alopias vulpinus*) | *Far come la v. con l'uva*, (*fig.*) fingere disprezzo per ciò che non si ha o non si può avere, come appunto la volpe della nota favola esopiana. *2* Pregiata pelliccia dell'animale omonimo: *un collo di v. argentata.* *3* (*fig.*) Persona molto astuta: *è una vecchia v.* *4* (*med.*) Alopecia. *5* (*mar.*) Puntello inclinato di sostegno a un alberto verticale. || PROV. Con la volpe convien volpeggiare. || **volpacchiòtto**, dim. m. (V.) | **volpàccia**, pegg. (V.) | **volpellino**, dim. m. | **volpétta**, dim. | **volpicina**, dim. | **volpicino**, dim. m. (V.) | **volpina**, dim. | **volpino**, dim. m. | **volpóne**, accr. m. (V.).

vólpe (**2**) ● V. *golpe* (*2*).

volpeggiàre o (*tosc.*) †**golpeggiàre** [da *volpe* (*1*); 1853] v. intr. (*io volpéggio*; aus. *avere*) ● (*raro*) Agire con astuzia, usare l'astuzia, come fa la volpe.

volpicèlla [dim. del lat. *vulpēcula*, dim. di *vŭlpes* 'volpe'] s. f. ● Piccola volpe.

volpicino [sec. XIV] s. m. (f. *-a*) *1* Dim. di *volpe* (*1*). *2* Il piccolo della volpe.

volpigno [av. 1405] agg. ● (*raro*) Di, da volpe.

volpina [da *volpe*, per la forma del muso; 1957] s. f. ● (*dial., sett.*) Piccolo muggine.

volpino [vc. dotta, lat. *vulpīnu(m)*, da *vŭlpes* 'volpe'; sec. XIV] **A** agg. *1* Di, da volpe: *pelo v.*; *coda volpina*; *astuzia volpina.* *2* Che è simile a una volpe | *Cane v.*, volpino. *3* (*enol.*) Detto di vino con sapore e aroma di fragola (sgradevoli se molto accentuati). || **volpinaménte**, avv. (*raro*) Con astuzia volpina. **B** s. m. ● Cane da compagnia, piccolo, intelligente, agile e vivace, con muso allungato, coda arrotolata, pelame lungo e fitto: *v. italiano*; *v. di Pomerania.*

†**vólpo** [da *volpe* (*1*)] agg. ● Volpino.

volpòca [comp. di *volpe* e *oca*. V. *chenalopece*; 1805] s. f. ● Uccello della famiglia degli Anatidi, snello ed elegante, nero a riflessi verdi, petto bianco e tronco con fascia ocracea, gregario, vive lungo le sponde marine sabbiose (*Tadorna tadorna*).

volpóne o (*tosc.*) †**golpóne** [av. 1405] s. m. (f. *-a*) *1* Accr. di *volpe* (*1*). *2* (*fig.*) Persona di grande esperienza e furberia: *un vecchio v.* || **volponàccio**, pegg.

vòlsco [vc. dotta, lat. *Vŏlscu(m)*, n. di un antico popolo dell'Italia; 1441] **A** agg. (pl. m. *-sci*) ● Che si riferisce a un'antica popolazione italica di stirpe osco-umbra, stanziata nell'Italia centromeridionale. **B** s. m. (f. *-a*) ● Ogni appartenente all'antica popolazione volsca.

vòlsi ● V. *volgere.*

volt /vɔlt/ o **vòlta** (**3**) [fr. *volt*, dal n. di A. *Volta* (1745-1827); 1895] s. m. inv. ● (*fis.*) Unità di misura di differenza di potenziale elettrico (o forza elettromotrice, o tensione elettrica) nel Sistema Internazionale, definita come la differenza di potenziale esistente tra due punti di un conduttore che, percorso dalla corrente di un ampere, dissipa per effetto Joule la potenza di un watt. SIMB. V.

♦**vòlta** (**1**) [lat. parl. **vŏlvita(m)*, da **volvitāre*, intens. di *vŏlvere* 'volgere'; 1308] s. f. *1* (*lett.* o *raro*) Atto del voltare o del voltarsi | Svolta: *la strada fa una v.* | Giro: *le volte della chiave* | *A v. di corriere*, (*disus.*) subito, a stretto giro di posta | *Far le volte di un leone*, andar su e giù come un leone in gabbia | (*disus.*) *Mettere, mettersi in v.*, mettere, mettersi in fuga | *Dar v., dar la v., dar di v. il cervello*, uscir di senno, impazzire | *Dar la v.*, del vino, guastarsi, inacidire | *Dar v.*, (*lett.*) voltarsi e rivoltarsi, mutar direzione, anche di cose; rivolgersi in una determinata direzione, tornare indietro, prendere la via del ritorno; del Sole e di altri astri, volgere al tramonto; della Luna, entrare nella fase calante. *2* (*mar.*) Attorcigliamento d'un cavo | *Togliere le volte a un cavo*, stenderlo | *Dar v.*, fissare un cavo intorno a una bitta, a una galloccia, a una caviglia in modo che non possa scorrere. *3* (*aer.*) *Gran v.*, figura acrobatica per cui un aereo descrive una traiettoria pressoché circolare in un piano verticale. SIN. Cerchio della morte, looping | *Gran v. d'ala*, figura acrobatica per cui l'aereo, dopo una salita di abbrivo fino alla verticale, vira nel piano verticale, picchia e riprende una traiettoria parallela alla precedente ma in senso contrario. *4* (*sport*) Figura obbligatoria del pattinaggio artistico su ghiaccio o a rotelle, che si esegue sulla base del cambiamento di filo e del cerchio | *Gran v.*, nella ginnastica, esercizio spettacolare eseguito alla sbarra, che l'atleta usa per ruotarle intorno impugnandola | *V. quadra*, nell'equitazione, figura delle arie basse, che prende il nome dal disegno tracciato dalle zampe del cavallo, che segue una pista a forma di quadrato con gli angoli smussati | *Mezza v.*, aria bassa in cui il cavallo percorre una linea retta, eseguendo quindi un cambiamento di mano con una curva stretta. *5* (*tipogr.*) Facciata del foglio o del nastro stampata per seconda, ovvero quella in cui non compare la prima pagina della segnatura. *6* †Tratto, tiro di dadi: *Quando si parte il gioco de la zara, / colui che perde si riman dolente, / ripetendo le volte, e tristo impara* (DANTE *Purg.* V, 1-3). *7* Vivace danza settecentesca che deve il nome al giro in aria che il cavaliere faceva descrivere alla dama. *8* (*ling.*) In metrica, ciascuno dei due periodi uguali che costituiscono la seconda parte della stanza della canzone, quando non è indivisa. *9* Direzione, spec. nella loc. prep. *alla v. di*, in direzione di, verso: *partimmo alla v. di Firenze*; *i due venivano alla nostra v.* *10* (*fig.*) Turno, momento opportuno: *è molto impaziente, ma non è ancora la sua v.*; *si alzò e parlò a sua v.* | *Ogni cosa a sua v.*, al suo momento | (*A*) *v. a v.*, a turno, secondo un dato avvicendamento | *Per v., alla v.*, con valore distributivo: *venite due, tre per v.*, *non tutti insieme* | *Una v., due volte all'anno, al mese* e sim., per indicare la frequenza di un fatto, all'interno di una data unità di tempo | *V. per v.*, al presentarsi di ogni singolo caso | *Tutto in una v.*, in un sol tratto, tutto insieme. *11* Circostanza in cui un fatto si verifica o momento di tempo in cui un avvenimento considerato come identico ad altri avvenimenti si produce: *l'ho conosciuto quella v. che mi trovavo a casa tua*; *per questa v. sarò indulgente e ti perdonerò*; *riprenderemo la discussione la prossima v. che ci vedremo*; *questa v. non mi lascerò ingannare*; *voglio provare ancora una v., un'altra v.*; *pensa a tutte le volte che hai mentito* | *Una v., una buona v.*, con rifer. a cosa che si attende, si desidera con impazienza, alla fine, finalmente: *smettila una buona v.!* | *Una v. tanto*, ogni tanto, non sempre, eccezionalmente | *Una v. per tutte*, in maniera definitiva | *Una v. o l'altra*, prima o poi | *Un'altra v.*, in altra circostanza, in altro momento. *12* Con un numerale o altra determinazione quantitativa indica il ripetersi di un fatto, il moltiplicarsi o il dividersi di una quantità, e sim.: *debbo sempre ripeterti le stesse cose due, tre volte*; *è già la terza v. che ti rivolgo la stessa domanda*; *è la prima e l'ultima v. che tollero una cosa simile*; (*iperb.*) *te l'ho detto cento, mille volte, infinite volte, tante di quelle volte*; *quantità due volte, tre volte più grande, più piccola di un'altra*; *tre volte quattro fa dodici*; *una quercia tre volte centenaria* | *Molte, tante volte*, spesso | *Poche, rare volte*, raramente | *Certe volte, delle volte, alle volte*, non di rado, in certi momenti, in certi casi | *A volte*, di quando in quando, talvolta | *Di v. in v.*, ogni volta, a seconda delle circostanze o delle necessità: *di v. in v. mi darai la risposta più appropriata* | *Tu sei tre volte buono*, sei buonissimo, troppo buono | *Una v.*, nel tempo passato, anni fa: *una v. si faceva, si diceva così*; *una v. la vita era più tranquilla*; *queste cose si apprezzavano una v.* | *C'era una v.*, classico inizio di fiabe per bambini | *Una v. che*, dal momento che, giacché: *una v. che hai promesso di aiutarlo, non puoi più tirarti indietro* | *Una v.* (*che*), quando (anche in frasi implicite): *una v. che sarai arrivato, telefona*; *una v. arrivato, telefona.* || **volticèlla**, dim.

♦**vòlta** (**2**) [dalla vc. precedente; sec. XIII] s. f. *1* (*arch.*) Copertura costituita da una superficie a semplice o a doppia curvatura: *soffitto a v.* | *V. a cupola*, avente forma di una superficie di rotazione o a spicchi | *V. a vela*, simile alla volta a cupola, è però tagliata lateralmente dai muri | *V. a crociera*, generata dalla intersezione di due volte a botte perpendicolari | *V. a padiglione*, che su base quadrata o rettangolare dà origine a spicchi e fusi che si incontrano su un punto o una linea di sommo | *V. a botte*, volta semicilindrica che scarica direttamente il suo peso su due muri paralleli | (*est.*) Superficie interna di una volta o soffitto di gallerie e di cavità naturali o artificiali: *gli affreschi della v. della Cappella Sistina*; *la v. di un antro, di una caverna* | *A v.*, detto di costruzione a forma di volta: *copertura a v.*; *tomba a v.* ➡ ILL. p. 2118 ARCHITETTURA; **ponte.** *2* (*est., gener.*) Struttura che è, o pare di forma arcuata: *la v. celeste*; *la v. stellata del firmamento*; *la v. di un forno.* *3* (*anat.*) Parete superiore arcuata: *v. del palato*; *v. cranica.* *4* Curva centrale del ferro di cavallo. *5* †Cantina: *con pozzi d'acque freschissime e con volte piene di preziosi vini* (BOCCACCIO) | Magazzino di merci. || **voltarèlla**, dim. | **volticciuola**, dim. | **volticèlla**, dim. | **volticina**, dim. | **voltina**, dim. | **voltóne**, accr. m.

vòlta (**3**) ● V. *volt.*

voltàbile [1336 ca.] agg. *1* (*raro*) Che si può voltare | (*est., raro*) Girevole: *ruota v.* *2* †Volubile, incostante.

voltafàccia [comp. di *voltare* e *faccia*; 1598] s. m. inv. *1* (*raro*) Il fatto di voltarsi con movimento brusco e repentino: *il v. di un cavallo, della nave*; *dopo un brusco v. si allontanò.* *2* (*fig.*) Improvviso cambiamento di idee e opinioni: *v. politico*; *un v. apparentemente inspiegabile* | (*fig.*) Sleale e imprevedibile venir meno alla parola data, a precisi impegni: *non mi aspettavo un simile v. da voi*; *è stato un ignobile v. che lo ha messo in gravi difficoltà economiche.* SIN. Tradimento.

voltafièno [comp. di *voltare* e *fieno*; 1929] s. m. inv. ● Macchina per rivoltare il fieno sparso sui campi dopo la falciatura | Spandifieno.

voltagabbàna [comp. di *voltare* e *gabbana*; 1918] s. m. e f. inv. ● Chi, per utilità personale, muta facilmente opinione, partito e sim. SIN. Banderuola, girella.

voltàggio [fr. *voltage*, da *volt*; 1905] s. m. ● Correntemente, tensione elettrica o differenza di potenziale elettrico | Correntemente, forza elettromotrice.

voltàico (**1**) [1819] agg. (pl. m. *-ci*) ● Che si riferisce al fisico italiano A. Volta (1745-1827) | *Arco v.*, arco elettrico | Che si riferisce alla generazione di correnti elettriche basata su effetti elettrochimici: *pila voltaica* | *Elemento v.*, elemento di pila voltaica, costituito da una catena di conduttori comprendente un metallo, un elettrolita, un altro metallo diverso dal primo | *Coppia voltaica*, correntemente, elemento voltaico.

voltàico (**2**) [dal n. del fiume africano *Volta*; 1987] agg. (pl. m. *-ci*) ● Detto di lingue sudanesi parlate nell'area del fiume Volta.

voltaire /fr. vɔl'tɛʀ/ [vc. fr., detta così perché si trovava in una statua di *Voltaire* (scolpita da Houdon, 1781); av. 1828] **A** s. f. inv. ● Grande poltrona bassa con alta spalliera per appoggiare il capo. **B** s. m. inv. ● †Merletto che copriva le spalliere delle poltrone.

voltaìsmo [da A. *Volta*; 1816] s. m. ● Elettricità generata dall'azione chimica di un liquido su metalli diversi.

voltamàschio [comp. di *voltare* e *maschio*, desueto per *vite*; 1957] s. m. ● Robusta chiave registrabile a vite, atta ad afferrare tubi e altri corpi cilindrici di dimensioni anche notevoli, come una vite per svitarla dalla madrevite in cui sia rimasta bloccata.

voltaménto [sec. XIV] s. m. ● (*raro*) Il voltare, il voltarsi.

voltàmetro [comp. del n. di A. *Volta* e *-metro*; 1875] s. m. ● Strumento che, per mezzo dell'elettrolisi, serve a misurare la quantità di elettricità trasportata in un certo tempo dalla corrente che lo attraversa | Cella voltaica.

voltampere /voltam'pɛr/ [comp. di *volt* (V.) e *ampere* (V.); 1957] s. m. inv. ● Unità di misura della potenza elettrica apparente. SIMB. VA.

voltamperomètrico agg. (pl. m. *-ci*) ● (*elettr.*) Detto di misurazione in cui sono usati simultaneamente un voltmetro per misurare una tensione e un amperometro per misurare un'intensità di corrente: *misurazione voltamperometrica della potenza elettrica*.

voltamperòmetro [comp. di *voltampere* e *-metro*; 1957] s. m. ● (*elettr.*) Multimetro.

voltamperóra [comp. di *voltampere* e *ora*; 1983] s. m. inv. ● Unità di misura dell'energia elettrica pari a 3600 joule. SIMB. VAh.

voltamperoràmetro [1965] s. m. ● Strumento per la misurazione del voltamperora.

voltapiètre [comp. di *voltare* e il pl. di *pietra*: detto così perché cerca il suo cibo sotto i sassi; 1929] s. m. inv. ● Agilissimo uccelletto dei Caradriformi, bianco e nerastro, cosmopolita lungo le coste, che cattura prede sotto i sassi (*Arenaria interpres*). ➡ ILL. animali/8.

♦**voltàre** [lat. parl. **volutāre*, intens. di *vŏlvere* 'volgere'; av. 1306] **A** v. tr. (pres. *io vòlto*) **1** Piegare il corpo o parte di esso in una determinata direzione: *v. gli occhi, il viso, la testa* | ***V. le spalle a qlcu.***, mostrargliele; (*fig.*) togliergli l'aiuto, l'appoggio, il favore; abbandonarlo a sé stesso | ***V. le spalle al nemico***, fuggire | ***V. le spalle alla fortuna***, (*fig.*) ignorare, trascurare un'occasione favorevole | Dirigere un animale, un veicolo e sim.: *v. il cavallo a destra, a sinistra*; *v. la prua verso la riva* | ***V. le armi contro qlcu.***, rivoltarsi contro qlcu. | ***V. le acque***, deviarle | ***V. sottosopra***, rivoltare, rovesciare. **2** Mettere all'inverso, girare qlco. in modo che presenti il lato contrario, l'altra faccia: *v. una medaglia, una moneta*; *v. le frittelle nella padella*; *v. le pagine di un libro* | ***V. il foglio***, per leggere o scrivere sul verso | ***Volta pagina!***, (*fam.*) invito a cambiare discorso | ***V. casacca, gabbana, mantello***, (*fig.*) mutar d'opinione, di partito, per opportunismo. **3** †Spingere facendo girare: *voltando pesi per forza di poppa* (DANTE *Inf.* VII, 27). **4** (*raro*) Mutare il senso, il fine e sim. di qlco.: *v. qlco. in burla* | ***V. una frase in cattivo senso***, interpretarla male | (*lett.*) Tradurre: *v. un testo in latino, in italiano*. **5** Girare, oltrepassare: *appena voltato l'angolo, troverai la fermata dell'autobus* | †Doppiare: *volta Sicilia e per lo mar Tirreno / costeggia de l'Italia il lito ameno* (ARIOSTO). **6** †Trasferire beni o partite, passare un credito da una persona a un'altra. **B** v. intr. (aus. *avere*) ● Cambiar direzione: *all'incrocio volti a destra, poi subito a sinistra*; *la strada volta a destra, a sinistra*. **C** v. intr. pron. ● Mutare, o tendere a mutare: *il tempo si è voltato al brutto*; *il vento si è voltato a tramontana*. **D** v. rifl. ● Girarsi, volgersi: *si voltava e rivoltava nel letto, senza riuscire a prendere sonno*; *appena lo chiamai, si voltò*; *voltarsi in qua, in là*; *voltarsi dall'altra parte*; *voltarsi indietro* | ***Voltarsi contro qlcu.***, ribellarglisi | ***Non saper dove voltarsi, da che parte voltarsi***, che cosa fare, a chi chiedere aiuto e sim.

voltarişo [comp. di *voltare* e *riso* (2); 1940] s. m. inv. ● Attrezzo per rivoltare sull'aia, al fine di favorirne l'essiccazione, modeste quantità di riso.

voltastòmaco [comp. di *voltare* e *stomaco*; 1891] s. m. (pl. *-chi*) **1** Nausea, vomito: *avere il v.*; *se ci penso mi viene il v.*; *una sporcizia tale da dare il v.* | (*fig.*) Disgusto, ribrezzo, schifo: *una scena che dava il v.* **2** Cosa disgustosa, nauseante: *che v. questa brodaglia!*

voltàta [av. 1642] s. f. **1** Atto del voltare: *una v. di spalle, d'occhi*; *dai una v. all'arrosto, per favore*; *fare una brutta v. in bicicletta*. SIN. Girata. **2** Svolta di strada: *subito dopo il ponte c'è una v. a destra*; *è una v. molto pericolosa*. **3** †Apostrofe. || **voltatàccia**, pegg. | **voltatina**, dim.

voltàto (1) part. pass. di *voltare*; anche agg. ● Nei sign. del v.

voltàto (2) [av. 1555] agg. ● (*raro, lett.*) Arcuato, fatto a volta.

†**voltatóio** [da *voltato* (1)] s. m. ● Brago, voltabro.

volteggiaménto [av. 1557] s. m. ● (*raro*) Movimento compiuto volteggiando.

volteggiàre [da *volta* (1) 'giro'; av. 1400] **A** v. intr. (*io voltéggio*; aus. *avere*) **1** Volare girando sempre nello stesso spazio aereo, sulla stessa zona e sim.: *il falco volteggia sulla preda*; *l'aereo volteggiò a lungo sull'obiettivo*; *uno stormo di rondini volteggia attorno al campanile*. **2** (*est., raro* o *lett.*) Muoversi cambiando continuamente direzione, eseguendo giravolte, rapidi spostamenti e sim.: *v. sulla pista da ballo*; *e l'uno e l'altro / nel pugnar volteggiando è dotto e scaltro* (TASSO). **3** In vari sport, eseguire uno o più volteggi: *v. al cavallo*; *v. in corsa, da fermo*. **B** v. tr. ● Far girare attorno un cavallo, fargli compiere giravolte, voltate e sim.: *v. il cavallo*.

volteggiatóre [av. 1557] s. m. **1** (f. *-trice*) Chi volteggia, chi esegue volteggi: *abile, elegante v.* **2** (*spec. al pl.*) Fanti di piccola statura, istituiti da Napoleone I per l'impiego come fanteria leggera, che in battaglia erano schierati sulla sinistra del battaglione.

voltéggio [1891] s. m. **1** Volo compiuto girando sulla stessa zona: *i volteggi di un rapace in aria, sulla preda* | Evoluzione acrobatica: *gli arditi volteggi di un aereo*. **2** Esercizio del ginnasta che, dopo una rincorsa, supera il cavallo e sim. con appoggio delle mani | (*est.*) La specialità della ginnastica artistica | In equitazione, passaggio da una posizione a un'altra, mentre si è in groppa al cavallo in movimento.

voltelettróne [comp. di *volt(a)* (3) ed *elettrone*; 1937] s. m. ● Elettronvolt.

†**voltèr** s. m. inv. ● Adattamento di *voltaire* B (V.).

volteriàno ● V. *volterriano*.

volterràna [dalla città di *Volterra*; 1789] s. f. **1** (*edil.*) Volta lavorata a gesso, con mattoni messi per piano. **2** (*edil.*) Blocco laterizio forato di svariate misure che serve a costruire solai di cotto e cemento.

volterriàno o **volteriàno** [1772] **A** agg. **1** Che si riferisce allo scrittore francese F.-M. Arouet (1694-1778) detto Voltaire, alle sue idee, al suo stile, alle sue opere: *critica volterriana*. **2** Che ha le caratteristiche proprie del pensiero o dello stile di Voltaire: *scetticismo v.*; *ironia volterriana* | (*fig.*) Scettico, ironico, irreligioso: *spirito v.* || **volterrianaménte**, avv. **B** s. m. (f. *-a*) ● Seguace, continuatore di Voltaire.

voltiàno [1816] agg. ● Del fisico italiano A. Volta (1745-1827): *scoperte voltiane*; *museo v.*

voltigliòle [adattamento del veneto *voltizole*, da *voltar* 'voltare'] s. f. pl. ● (*mar.*) Rilievi ornamentali a forma di volute ondeggianti scolpiti sulle travi che univano il rostro alle fiancate delle antiche navi.

voltimetrìa [comp. di *volta* (2) e *-metria*; 1957] s. f. ● (*arch.*) Misurazione della volta, che viene eseguita sulla superficie interna o intradosso.

voltìmetro ● V. *voltmetro*.

voltinişmo [da *volta* (1)] s. m. ● (*zool.*) Frequenza con cui un animale, spec. un insetto, si riproduce annualmente, determinata da fattori costituzionali e ambientali.

voltmètrico [1987] agg. (pl. m. *-ci*) ● (*elettr., elettron.*) Relativo al voltmetro, alla misurazione delle tensioni elettriche in volt: *circuito v.*

vòltmetro o **voltìmetro**, **voltòmetro** [comp. di *volt* e *-metro*; 1905] s. m. ● (*elettr., elettron.*) Strumento indicatore usato per misurare tensioni elettriche, gener. in volt, che fornisce il dato richiesto mediante un indice su una scala tarata o con un indicatore numerico | ***V. elettronico***, voltmetro che utilizza un amplificatore elettronico a tubi termoelettronici o a transistori per amplificare la tensione, consentendo così di misurare tensioni alternate ad alta frequenza.

vòlto (1) [1294] part. pass. di *volgere*; anche agg. ● Nei sign. del v.

†**vòlto** (2) [sost. del precedente; 1313] s. m. ● (*region.*) Volta (2) | Arco.

♦**vólto** (3) [lat. *vŭltu(m)*, di orig. indeur.; av. 1306] s. m. **1** Viso, faccia: *un v. bello, angelico, delicato, espressivo*; *v. ilare, lieto, triste, rasserenato*; *un v. dall'espressione malvagia*; *avere il v. inondato di lacrime* | ***Cambiare in v.***, mutare l'espressione del viso, trascolorare, impallidire, arrossire e sim. | (*fig., lett.*) ***Il v. della terra***, la superficie terrestre. **2** (*fig.*) Aspetto esteriore, modo di apparire, mostrarsi, manifestarsi: *i mille volti della natura, della vita, della realtà*. **3** (*fig.*) Carattere, essenza, natura: *conoscere il vero v. di qlcu., di qlco.*; *finalmente ha mostrato il suo vero v.*; *questo è il duro v. della lotta, il v. crudele della realtà*. **4** †Sguardo. || **voltino**, dim.

voltóio [da *vòlto* (1); 1891] s. m. ● Parte della briglia cui si attaccano le redini e le campanelle.

voltolaménto [av. 1400] s. m. ● (*raro*) Il voltolare, il voltolarsi.

voltolàre [intens. di *voltare*; 1342] **A** v. tr. (*io vòltolo*) ● Far girare più volte su sé stesso, rotolare: *v. un sasso, una botte*. SIN. Rivoltare. **B** v. rifl. ● Rotolarsi, girarsi: *voltolarsi per terra, nella sabbia, sull'erba*; *voltolarsi nel letto senza poter dormire*.

voltolino [detto così perché *voltola* i sassi per cercarvi il cibo: cfr. *voltapietre*; 1935] s. m. ● Uccelletto di palude dei Ralliformi, brunastro, notturno e timorosissimo (*Porzana porzana*).

voltolóni o (*raro*) **voltolóne** [da *voltolare*; 1473] avv. ● Voltandosi, rigirando più volte su sé stesso.

voltòmetro ● V. *voltmetro*.

voltùra [da *voltare*; 1694] s. f. **1** (*dir.*) Trascrizione nei registri catastali del trasferimento da una persona a un'altra di un diritto su un bene immobile o mobile registrato: *v. catastale*. **2** Nei contratti per le forniture al pubblico di determinati beni o servizi, cambiamento del nominativo dell'utente al quale è intestato il contratto stesso: *la v. del gas, della luce, del telefono*. **3** In contabilità, operazione di trasferimento di una partita o di un saldo da un conto a un altro. **4** †Atto del volgere o del volgersi. **5** †Traduzione. **6** †Rivoluzione.

volturàre [1855] v. tr. ● Sottoporre a voltura: *v. un bene immobile*; *v. il contratto per l'erogazione dell'energia elettrica*.

vòltzia /'vɔltsja/ [dal n. dell'ingegnere minerario fr. Ph.-L. *Voltz* (1785-1840)] s. f. ● Tipo di conifera fossile del mesozoico, con foglie piccole falciformi e foglie più grandi e allungate.

volùbile [vc. dotta, lat. *volūbile(m)*, da *vŏlvere* 'volgere'; 1308] agg. **1** (*lett.*) Girevole: *ruota v.*; *asse v.*; *un'asta assai gagliarda … v. sopra un perno* (GALILEI). **2** (*bot.*) Detto di fusto lungo e debole che si avvolge a un sostegno | ***Pianta v.***, che si avvolge a spirale attorno a un sostegno. **3** (*lett.*) Che si muove, si sposta, si avvolge e sim. di continuo: *l'onda v.* | Che scorre rapido, detto del tempo | Che fluisce con abbondanza e facilità, detto di parole, suoni e sim. | ***Voce v.***, flessibile, morbida, pieghevole. **4** (*fig.*) Instabile, mutevole, incostante: *tempo v.*; *la v. fortuna*; *persona v.*; *carattere v.* CONTR. Costante, fermo. || **volubilménte**, avv. Con volubilità.

volubilità o †**volubilitàde**, †**volubilitàte** [vc. dotta, lat. *volubilitāte(m)*, da *volūbilis* 'volubile'; 1336 ca.] s. f. **1** Caratteristica, condizione di chi (o di ciò che) è volubile: *la v. del tempo, della stagione, del carattere, di un sentimento, di una persona*; *stimeremo noi suggetto alla v. … della fortuna quel che gli uomini … a sé prescrivono?* (ALBERTI). CONTR. Costanza, fermezza. **2** †Rapidità di parole.

volucèlla [dim. del lat. *volŭcra*, n. di un lepidottero, da *vŏlvere* 'volgere', perché si arrotola nelle foglie della vite] s. f. ● Insetto dei Ditteri, giallo e nero, peloso, con ali trasparenti che vibrano a velocità grandissima (*Volucella bombylans*).

♦**volùme** o †**vilùme** (1), †**volùmine** [vc. dotta, lat. *volūmen* 'giro, curvatura, rotolo di pergamena da scrivere', da *volūtus*, part. pass. di *vŏlvere* 'volgere'; 1308] s. m. **1** Estensione di un corpo nelle tre dimensioni: altezza, larghezza, lunghezza | Spazio limitato da una superficie chiusa. **2** Misura di tale spazio rispetto a una determinata unità di misura: *il v. di un cubo, di una piramide, di un solido, di un liquido, di un aeriforme* | ***Autovettura a due, a tre volumi***, a seconda che il bagagliaio faccia parte dello spazio riservato ai passeggeri, da cui è separato soltanto dal sedile posteriore, oppure costituisca uno spazio del tutto a sé stante (il primo volume è costituito dal vano motore). CFR. Monovolume | (*fis.*) ***V. massico, specifico***, rapporto fra il volume occupato da una massa e la massa stessa, uguale all'inverso della massa specifica | ***V. molecolare***, volume di una grammo-molecola di una sostanza | ***V. atomico***, volume di un grammo-atomo di un elemento nello stato solido. *3* (*est., gener.*) Mole, massa: *una cassa di gran v.*; *involto di poco v.*; *la paglia fa molto v.* | *V. di capelli*, capigliatura folta, acconciatura gonfia | (*fig.*) Quantità globale: *il v. degli affari*; *il v. degli investimenti*; *il v. della produzione*; *il v. degli scambi con l'estero* | ***V. di traffico***, numero di veicoli o di pedoni che transitano in un dato punto di una strada in un dato intervallo di tempo | ***V. di gioco***, nel linguaggio sportivo, quantità di azioni offensive svolte da una squadra, spec. di calcio, durante una partita. *4* Nel linguaggio della critica d'arte, pienezza della forma in una costruzione architettonica o in un'opera di scultura, o realizzata in una pittura dalla prospettiva e dal chiaroscuro. *5* Intensità sonora o energetica di un suono o un rumore qualsiasi: *ridurre il v. della radio*; *tenere l'altoparlante a pieno v.* | ***V. della voce***, estensione, ampiezza della voce. *6* (*lett.*) Spira, voluta: *Stendean Reno e Panàr le indomit'onde / con immensi volumi alla pianura* (MONTI). *7* †Ciascuno dei cieli nella loro rotazione, secondo antiche concezioni astronomiche o teologiche | Rivoluzione di un astro: *quattromila trecento e due volumi / di sol* (DANTE *Par.* XXVI, 119-120). *8* (*fig.*) †Intrigo, confusione. *9* †Rotolo di fogli di papiro. *10* Libro a sé stante, anche se costituisce parte di un'opera: *un v. di 1000 pagine*; *un v. in brossura, rilegato*; *una biblioteca di 15 000 volumi*; *un'opera in 4, in 12 volumi* | Opera, testo: *ha scritto molti volumi*; *un v. molto interessante*. *11* Elemento archivistico costituito da documenti rilegati insieme. || **volumétto**, dim. | **volumóne**, accr.

volumenòmetro [comp. del lat. *volūmen*, genit. *volūminis* (V. *volume*) e *-metro*; 1940] s. m. ● (*fis.*) Apparecchio per la determinazione del volume di un solido che, essendo poroso o polverulento, non è adatto ad essere immerso in un liquido.

volumetrìa [comp. di *volume* e *-metria*; 1957] s. f. *1* Misurazione del volume, spec. di un edificio | Distribuzione sul terreno dei volumi dei diversi elementi di un edificio o di un complesso architettonico. *2* (*chim.*) Analisi volumetrica.

volumètrico [da *volumetria*; 1949] agg. (pl. m. *-ci*) *1* Che riguarda la misura del volume | ***Analisi volumetrica***, determinazione quantitativa di una sostanza contenuta in una soluzione, mediante titolazione di quest'ultima. *2* Che si riferisce al volume o ai volumi: *proporzione volumetrica di una scultura*.

volùmico [fr. *volumique*, da *volume* 'volume'; 1987] agg. (pl. m. *-ci*) ● (*fis.*) Riferito al volume, detto di grandezza fisica | ***Massa volumica***, rapporto fra la massa e il volume da essa occupato, uguale all'inverso del volume massico.

†**volùmine** ● V. *volume*.

voluminizzàre [dal lat. *volūmen*, genit. *volūminis* 'volume'; 1983] v. tr. ● (*tecnol.*) Sottoporre a voluminizzazione.

voluminizzàto part. pass. di *voluminizzare*; anche agg. ● Nei sign. del v.: *alpaca voluminizzata*.

voluminizzazióne [da *voluminizzare*; 1983] s. f. ● (*tecnol.*) Procedimento di testurizzazione destinato a conferire scarsa elasticità ma grande voluminosità a un filo o a un filato.

voluminosità [1527] s. f. ● Caratteristica di chi (o di ciò che) è voluminoso: *la v. di una persona, di un corpo*.

voluminóso [vc. dotta, lat. tardo *volumīnōsu(m)* (che aveva però il sign. di 'ritorto a spire'), da *volūmen*, genit. *volūminis* 'volume'; av. 1704] agg. *1* Che ha grande volume e quindi occupa molto spazio: *pacco, oggetto, mobile v.*; *libro v. e poco maneggevole*; *indumento v. e pesante*. SIN. Ingombrante. *2* (*est.*) Grasso, grosso: *donna voluminosa*; *pacco v.* || **voluminosaménte**, avv.

†**voluntà** ● V. *volontà*.

†**voluntàde** ● V. *volontà*.

†**voluntàrio** ● V. *volontario*.

†**voluntaróso** ● V. *volenteroso*.

†**voluntàte** ● V. *volontà*.

†**voluntièro** ● V. †*volontiero*.

volùta [vc. dotta, lat. *volūta(m)*, da *volūtus*, part. pass. di *vŏlvere* 'volgere'; av. 1452] s. f. *1* Spira, spirale: *le volute del guscio della chiocciola, di una conchiglia*; *volute di fumo*. *2* (*arch.*) Ornamento architettonico a forma di spirale, che fa parte del capitello ionico. ➡ ILL. p. 2117 ARCHITETTURA. *3* Motivo decorativo a spirale molto diffuso anche nella ornamentazione dei mobili. SIN. Riccio. *4* †Giro, voltata. *5* (*fig.*) †Roteamento. || **volutìna**, dim.

volutàbro o **voluttàbro** [vc. dotta, lat. *volutābru(m)*, da *volutāre* 'voltolare', intens. di *vŏlvere* 'volgere'; sec. XIII] s. m. ● (*raro, lett.*) Pozzanghera, mota in cui si rotolano i porci.

volùto (*1*) [av. 1566] part. pass. di *volere*; anche agg. *1* Che corrisponde a una consapevole intenzione: *ottenere l'effetto v.* *2* (*fig.*) Artificioso, ricercato: *tono v.* *3* ***Ben v.***, V. *benvoluto*. || **volutaménte**, avv. Intenzionalmente: *discorso volutamente allusivo*.

†**volùto** (*2*) s. m. ● Voluta.

voluttà [vc. dotta, lat. *voluptāte(m)*: da avvicinare a *vŏlo* 'io voglio' (V. *volere* (*1*)); 1308] s. f. *1* Intenso godimento fisico o spirituale: *assaporare con v. un cibo squisito*; *gustare con v. una musica*; *provare v. nel consumare la vendetta*. SIN. Ebbrezza. *2* Piacere sensuale: *conoscere, cercare la v.*; *abbandonarsi alla v.*

voluttàbro ● V. *volutabro*.

voluttuàrio o †**voluttàrio** [vc. dotta, lat. tardo *voluptuāriu(m)*, per il classico *voluptāriu(m)* 'voluttario'; 1550] agg. *1* Superfluo, di lusso: *spesa voluttuaria*. CONTR. Indispensabile. *2* †Che è dedito alla voluttà, alla ricerca del piacere, spec. fisico: *vita voluttuaria*. || **voluttuariaménte**, avv.

voluttuosità [1740] s. f. ● Caratteristica di chi (o di ciò che) è voluttuoso.

voluttuóso [vc. dotta, lat. *voluptuōsu(m)*, da *volŭptas*, genit. *voluptātis* 'voluttà'; 1441] agg. *1* Di voluttà: *vita voluttuosa*; *desideri voluttuosi* | Che è pieno di voluttà: *sorriso, sguardo v.*; *pensieri voluttuosi* | Che dà, promette, esprime o rivela voluttà: *musica, immagine voluttuosa*; *corpo v.*; *labbra voluttuose*. SIN. Sensuale. *2* Detto di persona, che ama e ricerca il piacere dei sensi. || **voluttuosaménte**, avv. Con voluttà: *fumare voluttuosamente*; in modo voluttuoso: *muoversi voluttuosamente*.

vòlva [vc. dotta, lat. *vŏlva(m)* 'vulva, involucro in certi funghi', di etim. incerta; 1805] s. f. ● (*bot.*) Involucro che si trova alla base del gambo di alcuni funghi e rappresenta il residuo del velo.

volvària [dal lat. *vŏlva*. V. *volva*; 1961] s. f. ● Fungo delle Agaricacee con cappello carnoso, a campana e gambo privo di anello (*Volvaria*).

volvènte [1940] part. pres. di *volgere*; anche agg. *1* †V. *volgente*. *2* (*fis.*) ***Attrito v.***, resistenza che incontra un corpo nel suo moto di rotolamento su di un altro.

†**vòlvere** ● V. *volgere*.

†**volvévole** ● V. †*volgevole*.

†**volviménto** ● V. *volgimento*.

Volvocàli [da *vol voce*; 1932] s. f. pl. (sing. *-e*) ● (*bot.*) Nella tassonomia vegetale, ordine di alghe verdi per lo più di acqua dolce, con cellule vegetative che si muovono per mezzo di flagelli (*Volvocales*).

volvòce [dal lat. *vŏlvere* 'volgere, rivolgere'; 1965] s. m. ● Alga verde unicellulare delle Volvocali che forma colonie sferiche ciliate in superficie (*Volvox*).

vòlvolo o †**vòlvulo** [dal lat. *vŏlvere* 'volgere'; av. 1712] s. m. ● (*med.*) Rotazione di un'ansa intestinale sul suo peduncolo mesenterico.

vombàto [ingl. *wombat*, dal n. indigeno australiano *womback, wombar*, 1864] s. m. ● Mammifero dei Marsupiali, simile a un orsacchiotto con pelliccia ispida e incisivi robusti (*Vombatus*). ➡ ILL. **animali**/10.

vomeràia [da *vomere* (*1*); 1891] s. f. ● Nell'aratro, parte anteriore del ceppo che riceve il collo del vomere. SIN. Dentale.

†**vomeràle** [1726] s. m. ● Vomere.

vòmere (*1*) o †**bòmbero**, (*dial., lett.*) **vòmero** [lat. *vōmere(m)*, di orig. indeur.; av. 1320] s. m. *1* (*agr.*) Lama dell'aratro che taglia in senso orizzontale la fetta di terra da rovesciare. ➡ ILL. p. 2113 AGRICOLTURA. *2* (*mil.*) Piastra metallica appuntita, applicata alla coda o alle code dell'affusto di un pezzo d'artiglieria e che, piantandosi nel terreno alla partenza del primo colpo, per effetto del rinculo, impedisce l'ulteriore arretramento del pezzo durante il tiro. *3* (*ferr.*) Cuneo montato sulla parte anteriore della locomotiva ad uso spartineve. *4* (*anat.*) Piccolo osso del setto nasale.

†**vòmere** (*2*) [vc. dotta, lat. *vŏmere*, di orig. indeur.] v. tr. ● Vomitare, rigettare.

vòmica [vc. dotta, lat. *vŏmica(m)*, da *vŏmere* 'vomitare' (V. *vomere* (*2*)); 1839] s. f. ● (*med.*) Emissione dalla bocca di una raccolta purulenta apertasi bruscamente nelle vie respiratorie.

†**vomicàre** o (*tosc.*) †**bomicàre** [lat. parl. **vomicāre*, da *vŏmicus* 'vomico'; 1300 ca.] v. tr. e intr. ● Vomitare, recere.

†**vomicatóre** [da *vomicare*] s. m.; anche agg. (f. *-trice*) ● Chi (o Che) vomita.

†**vomicazióne** [da *vomicare*] s. f. ● Vomito.

†**vomichévole** [da *vomicare*; av. 1320] agg. ● Che provoca il vomito.

vòmico [vc. dotta, lat. *vŏmicu(m)*, da *vŏmere* 'vomitare' (V. *vomere* (*2*)); 1347] **A** agg. (pl. m. *-ci*) ● Che provoca il vomito | ***Noce vomica***, V. *noce*. **B** s. m. ● †Vomito.

vomìre o †**bomìre**, †**gomìre** [V. *vomere* (*2*); 1313] v. tr. e intr. (*io vomisco, tu vomìsci*; aus. *avere*) ● (*raro, lett.*) Vomitare.

vomitaménto [1673] s. m. ● (*raro*) Il vomitare.

vomitàre [vc. dotta, lat. *vomitāre*, intens. di *vŏmere* (*2*); av. 1320] **A** v. tr. e intr. (*io vòmito*; aus. *avere*) ● Espellere attraverso la bocca il contenuto gastrico: *v. il pasto*; *v. sangue, muco*; *aver bisogno di v.*; *v. per il mal di mare, per l'ubriachezza*; *il mal d'auto fa v.* | (*fig.*) ***V. l'anima***, svuotarsi completamente lo stomaco, con violenti conati | ***Far v., venir da v.***, e sim., (*fig.*) si dice a proposito di cose o persone che ispirano o provocano profondo disgusto, ripugnanza, ribrezzo: *un sudiciume da far v.*; *un libro tanto osceno che fa v.*; *solo a vederlo, a sentirlo, mi vien da v.* **B** v. tr. *1* (*est.*) Emettere, lanciar fuori con violenza: *v. fuoco, fiamme, bombe, granate*; *la mitraglia vomitava piombo*; *il vulcano vomitò lava, cenere e lapilli*. *2* (*fig.*) Dire rabbiosamente, con violenza e in grande quantità: *v. ingiurie, insulti, imprecazioni, bestemmie*; *v. una sequela di improperi all'indirizzo di qlcu.*; *gli vomitò sul viso una serie di epiteti irripetibili*.

vomitaticcio [1961] s. m. ● Sostanza vomitata.

vomitatìvo [av. 1613] agg. ● Vomitatorio.

vomitatóre [1745] s. m.; anche agg. (f. *-trice*) ● Chi (o Che) vomita (*anche fig.*).

vomitatòrio [av. 1698] agg. ● Che provoca vomito. SIN. Vomico.

vomitévole [da *vomitare*; 1983] agg. ● Che provoca vomito | (*est., fig.*) Repellente, sgradevole, inaccettabile: *uno spettacolo v.*; *comportamento v.*

vomitìvo [av. 1320] agg. ● Vomitatorio.

vòmito [vc. dotta, lat. *vŏmitu(m)*, da *vŏmere* 'vomitare'; av. 1320] s. m. *1* (*med.*) Espulsione episodica del contenuto gastrico attraverso la bocca, per contrazione antiperistaltica dello stomaco: *conati di v.*; *provocare, eccitare, muovere il v.* | †***Far v.***, (*fig.*) stomacare, nauseare | ***V. nero***, febbre gialla. *2* (*est.*) Materia vomitata | †***Tornare al v.***, (*fig.*) ripetere gli antichi errori.

vomitòrio (*1*) [vc. dotta, lat. *vomitōriu(m)*, da *vŏmitus*, part. pass. di *vŏmere* 'vomitare' (V. *vomere* (*2*)); 1584] agg. ● (*raro*) Vomitivo, vomitatorio.

vomitòrio (*2*) [vc. dotta, lat. tardo *vomitōria*, nt. pl. sost. di *vomitōrius* 'vomitorio (1)'; 1879] s. m. ● Nei teatri e anfiteatri del mondo classico, accesso che permetteva al pubblico di giungere, dai portici e dalle scale interne, ai sedili.

†**vomiturazióne** [ingl. *vomiturition*, dal lat. *vŏmitus* 'vomito', sul modello del lat. *esurītio* 'fame'] s. f. ● Conato di vomito.

vomizióne [vc. dotta, lat. *vomitiōne(m)*, da *vŏmere* (*2*); av. 1729] s. f. ● Il vomitare.

vóngola [vc. nap., dal lat. *cŏnchula(m)*, dim. di *cŏncha* 'conchiglia' (V. *conca*); 1878] s. f. ● Mollusco dei Lamellibranchi dei generi *Tapes* e *Venus*, che vive sui fondali sabbiosi e fangosi ed ha carni apprezzate: *zuppa di vongole*; *vermicelli, spaghetti con le vongole* | ***V. verace***, nome campano un tempo riferito al *Tapes decussatus* e attualmente esteso ad altre specie importate dai mari asiatici; ha conchiglia caratterizzata da un reticolo di sottili striature e carni particolarmente apprezzate. ➡ ILL. **animali**/4.

vongolàio o (*dial.*) **vongolàro** s. m. (f. *-a*) ● Chi raccoglie vongole.

vongolàra [da *vongola*] s. f. ● Attrezzo a forma di rastrello o di draga, installato a bordo di apposita imbarcazione adibita alla pesca delle vongole.

vongolàro ● V. *vongolaio*.

Vopo /*ted.* 'fo:po/ [vc. ted., da *Vo*(*lks*)*po*(*lizei*) 'polizia popolare'] **s. m. inv.** (**pl.** ted. *Vopos*) ● Fino al 1990, membro della polizia popolare della Repubblica Democratica Tedesca.

voràce [vc. dotta, lat. *vorāce*(*m*), da *vorāre*; av. 1320] **agg.** *1* Che ha bisogno di molto cibo per saziarsi e ne divora grandi quantità: *animale v.*; *belva v.*; *la locusta è un insetto v.* **SIN.** Edace. *2* (*est.*) Che mangia molto o troppo, con particolare avidità, golosità o ingordigia: *un bambino v.*; *bocca v.* **SIN.** Ingordo. *3* (*fig., lett.*) Che ingoia, inghiotte ogni cosa e la distrugge, la fa sparire e sim.: *fiamma v.*; *incendio v.*; *onda v.*; *gorgo v.* || **voracemènte**, **avv.** Con voracità, avidità, ingordigia: *mangiare voracemente.*

voracità o †**voracitàde** [vc. dotta, lat. *voracitā̆te*(*m*), da *vŏrax*, genit. *vorācis* 'vorace'; 1336 ca.] **s. f.** *1* Caratteristica di chi (o di ciò che) è vorace: *la v. dello squalo*; *la v. di un incendio.* **SIN.** Insaziabilità. *2* (*fig.*) Avidità insaziabile: *la v. degli usurai.* **SIN.** Ingordigia.

voràgine o †**voràggine**, (*lett.*) **voràgo** [vc. dotta, lat. *vorāgine*(*m*), da *vorāre* 'inghiottire, divorare'. V. *vorare*; 1364] **s. f.** *1* Profonda apertura o spaccatura del terreno: *formare una v.*; *aprire una v.*; *cadere, sprofondare in una v.* **SIN.** Abisso, baratro. *2* (*est.*) Gorgo: *la nave scomparve, inghiottita dalla v.* *3* In speleologia, ampia caverna a pareti scoscese, nella quale precipitano acque torrentizie di superficie. *4* (*fig., raro*) Ciò che assorbe continuamente ingenti somme di denaro. || **voraginètta**, **dim.**

voraginóso [vc. dotta, lat. *voraginōsu*(*m*), da *vorāgo*, genit. *vorāginis* 'voragine'; 1584] **agg.** ● (*lett.*) Che forma voragini.

voràgo ● V. *voragine.*

†**voràre** [vc. dotta, lat. *vorāre*, di orig. indeur.; av. 1306] **v. tr.** ● Divorare.

†**voratóre** [vc. dotta, lat. tardo *voratōre*(*m*), da *vorātus*, part. pass. di *vorāre*; 1499] **s. m.**; anche **agg.** (**f.** *-trice*) ● Divoratore.

†**voratùra** [dal lat. *vorātus*, part. pass. di *vorāre*; av. 1306] **s. f.** ● Atto del divorare.

-voro secondo elemento ● In parole composte significa 'che mangia', 'che si nutre di', o 'che consuma', 'che assorbe', 'che asporta': *carnivoro, erbivoro, frugivoro, insettivoro, onnivoro, idrovoro.*

vorrò ● V. *volere* (*1*).

vorticàle [da *vortice*, sul modello dell'ingl. *vortical*; 1957] **A agg.** ● Rotazionale: *moto v.* **B s. m.** ● (*fis.*) Ogni linea di flusso del campo vettoriale chiamato vortice.

vorticàre [da *vortice*; 1890] **v. intr.** (*io vòrtico, tu vòrtichi*; aus. *avere*) ● (*raro*) Girare con movimento vorticoso.

vòrtice [vc. dotta, lat. *vŏrtice*(*m*), da *vŏrtere*, var. di *vĕrtere*; 1499] **s. m.** *1* Rapido movimento girante di liquido e sim. intorno a sé stesso | (*est.*) Massa liquida o fluida che gira velocemente su sé stessa, trascinando con sé tutto ciò che incontra: *vortici di polvere, di sabbia* | ***V. d'acqua***, gorgo | ***V. d'aria***, turbine, mulinello. *2* (*fis.*) In fluidodinamica, vettore che rappresenta la velocità angolare posseduta in un generico istante, da una generica particella di fluido | Campo vettoriale individuato dal suddetto vettore. *3* (*fig.*) Veloce movimento rotatorio: *il v. della danza.* *4* (*fig.*) Rapido susseguirsi di eventi, fenomeni, problemi e sim.: *il v. della vita moderna*; *lasciarsi prendere dal v. degli affari.* *5* (*fig.*) Forza, impeto, richiamo irrefrenabile che sconvolge e trascina: *il v. della passione.* *6* (*zool.*) Vorticella. || **vorticétto**, **dim.**

vorticèlla [dal lat. *vŏrtex*, genit. *vŏrticis* 'vortice'; 1839] **s. f.** ● Protozoo di acqua dolce a forma di coppa con il margine ciliato e sostenuta da un peduncolo che si fissa al substrato (*Vorticella*).

vorticìsmo [ingl. *vorticism*, da *vortex* 'vortice'; 1961] **s. m.** ● Corrente artistica delle arti figurative, sorta in Inghilterra agli inizi del XX sec., che si proponeva di fondere il futurismo e il cubismo.

vorticóso [vc. dotta, lat. *vorticōsu*(*m*), da *vŏrtex*, genit. *vŏrticis* 'vortice'; av. 1547] **agg.** *1* Che è pieno di vortici, che scorre o si muove formando vortici: *fiume v.*; *acque vorticose*; *vento v. che preannuncia la tempesta*; *il foco scoppiettava fumigante e s'ergeva a spire vorticose* (NIEVO). *2* (*fig.*) Che segue, compie o fa compiere veloci movimenti rotatori: *danza vorticosa.* *3* (*fig.*) Che è caratterizzato da un rapidissimo, incalzante e spesso incontrollabile susseguirsi o ripetersi di eventi, fenomeni, problemi e sim.: *la vorticosa vita moderna*; *un v. giro di cambiali, d'affari, di amicizie.* || **vorticosaménte**, **avv.** In modo vorticoso: *girare, ruotare, scorrere vorticosamente.*

†**vortiginóso** ● V. *vertiginoso.*

voscènza [sp. *vuecencia*, contraz. di *vuestra excelencia* 'vostra eccellenza'; 1894] in funzione di **pron. pers. m.** e **f.** di seconda pers. pl. ● (*merid.*) Vostra eccellenza (rivolgendosi a una singola persona in segno di deferenza): *v. mi perdoni.*

vòsco o **vósco** [lat. parl. **vōbiscu*(*m*), per il classico *vobīscu*(*m*), comp. di *vōbis*, abl. di *vōs* 'voi' e *cŭm* 'con'; 1319] forma **pron.** ● (*poet.*) Con voi: *con voi nasceva e s'ascondeva v. / quelli ch'è padre d'ogne mortal vita* (DANTE *Par.* XXII, 115-116).

vossignorìa o (*raro*) **vosignorìa**, **vossìa** [da *vos*(*tra*) *signoria*; 1602] in funzione di **pron. pers. m.** e **f.** di seconda pers. pl. ● (*disus.* o *merid.*) Signoria vostra (rivolgendosi a una singola pers. in segno di deferenza): *la sottoscritta fa domanda a v.*; *scusate, v.!*

♦**vòstro** [lat. volg. *vŏstru*(*m*), comp. di *vōs* 'voi' e il suff. *-ter*, che indica opposizione fra due; 1186] **A agg. poss.** di seconda pers. pl. (**f.** *vostra*; **pl. m.** *vostri*; **pl. f.** *vostre*; si può elidere solo davanti a parola che comincia per vocale: *il vostr'amore*) *1* Che appartiene a voi (indica proprietà, possesso, anche relativi): *la vostra casa è davvero bella*; *prestatemi qualcuno dei vostri dischi*; *i vostri vestiti sono lì sul letto*; *dove avete messo la vostra roba?* | Con valore enfat. e raff. posposto a un s.: *qui non siete a casa vostra!*; *sono soldi vostri!* *2* Che vi è peculiare (indica appartenenza con riferimento al vostro essere fisico o spirituale, o a sue facoltà, espressioni, manifestazioni e sim.): *ammiro il v. coraggio*; *la vostra forza d'animo è straordinaria*; *approvo in questo caso la vostra volontà*; *conosco ogni v. pensiero*; *non mi avete ancora spiegato in cosa consiste il v. lavoro*; *ho sentito la vostra voce e sono accorso* | (*est.*) Con riferimento a parole, atti e sim. che procedono da voi: *i vostri compiti sono stati disastrosi*; *i vostri discorsi mi hanno impressionato*; *la vostra fiducia mi onora*; *il v. affetto ci aiuta a vivere*; *attendiamo il v. arrivo* | ***Ai vostri tempi***, quando eravate giovani voi | ***La vostra lingua***, quella che parlate voi. *3* Di voi (indica relazione di parentela, di amicizia, di conoscenza, di dipendenza e sim.; nel caso in cui indichi relazione di parentela, respinge l'art. quando il s. che segue l'agg. poss. sia sing., non alterato e non accompagnato da attributi o apposizioni; fanno eccezione i s. 'mamma', 'babbo', 'papà', 'nonno', 'nonna', 'figliolo', 'figliola' che possono anche essere preceduti dall'art. det.): *v. padre*; *la vostra mamma*; *vostro nipote*; *i vostri parenti*; *la vostra zietta*; *il v. buon amico*; *la vostra patria*; *il v. paese d'origine*; *i vostri amici e colleghi*; *il v. capoufficio*; *il v. parroco*; *la vostra maestra* | Nella chiusa delle lettere, nelle dediche e sim. precede la firma ed esprime devozione e dedizione dello scrivente verso un gruppo di persone o (*disus.* o *region.*) verso una singola persona per la quale si nutre deferente rispetto: *il v. obbligatissimo nipote*; *la vostra devotissima Maria Rossi*; *i vostri affezionatissimi figli.* *4* Come plurale maiestatico in faccende di riguardo, deferenza, rispetto rivolgendosi a personalità o a qlcu. di grado sociale o rango superiore (preposto o posposto al titolo): *la Maestà Vostra*; *Vostra Santità*; *Vostra Eccellenza*; *l'Eminenza Vostra*; *Vostra Signoria*; *l'Eccellenza Vostra*; *Vostra Altezza*; *Vostra Beatitudine* | ***Vostra giustizia***, ***Vostro Onore***, rivolgendosi a un presidente di tribunale. *5* Che vi è abituale, consueto: *ora andate a farvi il v. sonnellino pomeridiano.* **B pron. poss.** di seconda pers. pl. *1* Quello che vi appartiene, che vi è peculiare o che comunque a voi si riferisce (sempre preceduto dall'art. det.): *la mia volontà è più forte della vostra*; *le nostre condizioni sono molto diverse dalle vostre*; *nostro figlio è più vivace del v.* *2* (*assol.*) Ricorre, con ellissi del s., in alcune espressioni e locuzioni particolari del linguaggio fam.: *non vorrete rimetterci del v.*, ciò che vi appartiene | ***Eccovi il v.***, ciò che vi spetta | ***Accontentatevi del v.***, di ciò che avete | ***In questo lavoro non c'è nulla di v.***, di personale o che comunque indichi la vostra partecipazione | ***I vostri***, i vostri familiari, parenti, amici, compagni, apprendisti, alunni, e sim.: *abitate con i vostri?*; *questi ragazzi sono dei vostri?*; *voglio essere uno dei vostri* | ***Dite pure la vostra***, la vostra opinione | ***Tiene, sta dalla vostra***, dalla vostra parte, in vostro favore | ***Avete passato anche voi le vostre***, le vostre disavventure, amarezze e sim. | ***Ne avete fatta una delle vostre***, una delle vostre malefatte, marachelle | ***L'ultima vostra***, ***in riferimento alla vostra del*** ..., la vostra lettera.

†**votabórse** [comp. di *v*(*u*)*ota*(*re*) e il pl. di *borsa*] **A agg. inv.** ● Che comporta gravi spese, che esige molto denaro. **B s. m.** e **f. inv.** ● Persona esosa o spendacciona.

†**votacàse** [comp. di *votare* (*2*) e il pl. di *casa*] **agg. inv.**; anche **s. m.** e **f. inv.** ● Che (o Chi) consuma e fa consumare ogni cosa.

votacèssi ● V. *vuotacessi.*

votamèle ● V. *vuotamele.*

votànte [sec. XIV] **A part. pres.** di *votare* (*1*); anche **agg.** ● Nei sign. del v. **B s. m.** e **f.** *1* Chi deve votare: *lista, elenco dei votanti* | Chi effettivamente vota: *il numero, la percentuale dei votanti è particolarmente elevata.* *2* (*relig., raro*) Chi fa un voto.

votapózzi ● V. *vuotapozzi.*

♦**votàre** (**1**) o †**botàre** nei sign. A2 e C [lat. parl. **votare*, intens. di *vovēre* 'far voto', di orig. indeur.; 1336 ca.] **A v. tr.** (*io vóto*) *1* Sottoporre a votazione: *è stata votata una nuova legge* | Approvare, deliberare dando il proprio voto: *v. una proposta, un referendum.* *2* (*relig.*) Offrire in voto: *v. le armi al tempio*; *v. a Dio la propria vita.* **B v. intr.** (aus. *avere*) ● Dare il proprio voto: *v. per alzata e seduta, con appello nominale, a scrutinio segreto, col sistema proporzionale, a collegio uninominale*; *v. per un partito di destra, di sinistra*; *v. contro, a favore di qlcu. o qlco.* **C v. rifl.** *1* Obbligarsi con un voto: *votarsi alla verginità, alla vita monacale, al celibato.* *2* Darsi, offrirsi totalmente: *votarsi a Dio*; *votarsi al sacrificio* | Consacrarsi, dedicarsi: *votarsi allo studio, alla musica* | ***Votarsi alla morte***, affrontare coscientemente un grave rischio di morte.

votàre (**2**) e *deriv.* ● V. *vuotare* e *deriv.*

votàto [1965] **part. pass.** di *votare* (*1*); anche **agg.** ● Nei sign. del v.

†**votatóre** [sec. XIV] **s. m.**; anche **agg.** (**f.** *-trice*) ● Chi (o Che) fa un voto.

votazióne [1802] **s. f.** *1* Espressione della propria volontà attraverso il voto | (*dir.*) Procedimento di elezione o di deliberazione attuato mediante voti: *v. segreta*; *ripetere le votazioni*; *v. a scrutinio segreto* | Il risultato dello stesso: *v. favorevole, contraria.* *2* Insieme dei voti conseguiti da uno studente, nel corso dell'anno scolastico, come esito di un esame e sim., o da chi partecipa a concorsi e sim.: *v. finale.*

votazucchine (o **-z-**) ● V. *vuotazucchine.*

votàzza [sovrapp. di *v*(*u*)*otare* e *gottazza*; 1798] **s. f.** *1* (*mar.*; *disus.*) Gottazza. *2* Mestola dei conciatori, per svuotare e ripulire le trosce.

†**votìre** [da *voto* (*1*)] **A v. intr.** ● Far voto, obbligarsi con un voto. **B v. rifl.** ● Votarsi.

votìvo [vc. dotta, lat. *votīvu*(*m*), da *vōtum* 'voto'; 1321] **agg.** ● (*relig.*) Di, relativo a, voto: *offerta votiva* | ***Iscrizione votiva***, che ricorda un voto o che spiega l'origine di un voto | Che è offerto in voto o è oggetto di voto: *dono v.*; *lampada votiva* | ***Messa votiva***, celebrata per devozione particolare e non corrispondente alla liturgia del giorno | ***Altare v.***, dedicato a una divinità in adempimento di un voto. || **votivaménte**, **avv.**

♦**vóto** (**1**) o †**bóto** (**1**), nei sign. 1 e 2 [lat. *vōtu*(*m*) 'voto, preghiera, desiderio', da *vovēre* 'far voto' (V. *votare* (*1*)); sec. XIII] **s. m.** *1* (*relig., ant.*) Offerta di qlco. a una divinità per esprimere gratitudine per un bene ricevuto o per impegnare la divinità medesima a concedere qlco. | Nel cattolicesimo, promessa fatta a Dio, alla Vergine o a un Santo, di azione o di scelta di vita loro gradita, di impegno a evitare il peccato, di rinuncia a quanto può essere gradito o utile al votante: *fare un v.*; *mantenere un v.*; *mancare a un v.*; *far v. di non fumare più, di non andare al cinema, di recarsi in pellegrinaggio a Lourdes*; *sciogliere qlcu. da un v.* | ***V. religioso***, ciascuna delle obbligazioni di castità, povertà e obbedienza, che assume chi entra nello stato religioso | ***Voti semplici***, che sono temporanei e possono essere rinnovati | ***Voti solenni***, perpetui | ***Prendere, pronunciare i voti***, entrare in un ordine religioso. ***2*** (*est.*) Chi (o ciò che) è oggetto di voto | Oggetto offerto in conseguenza d'un voto: *appendere un v. all'altare di un santo*; *cappella piena di voti*. SIN. Ex voto. ***3*** (*spec. al pl., fig., lett.*) Volontà, desiderio: *ciò era nei nostri voti, nei voti di tutti* | Augurio, auspicio: *formulare voti di vittoria*; *far voti per il successo*, *l'esito favorevole di qlco.* ***4*** (*dir.*) Dichiarazione della propria volontà in un procedimento di elezione o di deliberazione: *diritto di v.*; *v. plurimo, uguale, personale*; *azione a v. limitato* | (*est.*) Votazione: *v. segreto, palese, per appello nominale, per alzata e seduta* | ***V. deliberativo***, che ha per oggetto la deliberazione | ***V. consultivo***, con cui si esprime un semplice parere | ***V. di fiducia***, al governo, da parte delle Assemblee legislative | ***V. determinante***, quando è essenziale alla formazione di una maggioranza parlamentare | ***V. di preferenza***, quello dato a uno o più candidati della lista prescelta | ***V. di lista***, quello dato a una lista senza esprimere alcuna preferenza per singoli candidati della lista stessa | ***V. tecnico***, (*polit.*) voto favorevole, che tuttavia non implica un appoggio politico alla maggioranza, ma è dettato dalla preoccupazione di superare intoppi procedurali o particolari scadenze: *v. tecnico sul bilancio* | ***V. di scambio***, fenomeno consistente nel chiedere voti in cambio di favori o vantaggi più o meno leciti | ***V. utile***, in un sistema elettorale maggioritario, il voto dato al candidato preferito fra quelli che si ritiene possano vincere invece che al candidato più gradito. ***5*** (*est.*) Scheda o altro oggetto che rechi o indichi il voto: *deporre il proprio v. nell'urna*. ***6*** Giudizio di merito, espresso spec. con numeri, relativo al grado di preparazione dimostrato da uno studente o da chi partecipa a un concorso: *voti bassi, mediocri, alti*; *diplomarsi, laurearsi col massimo dei voti*; *una pagella zeppa di brutti voti*; *ottenere un buon v. in una prova scritta, orale* | ***A pieni voti***, col massimo dei voti: *essere promosso a pieni voti*. || **votàccio**, pegg.

†**vóto** (**2**) agg. ● Votato.

vòto (**3**) e *deriv.* ● V. *vuoto e deriv.*

voucher /'vautʃer, *ingl.* 'vautʃə/ [vc. ingl., 'buono, tagliando', da *to vouch* 'garantire, attestare' che risale, attrav. il fr. ant., al lat. *vocāre* 'chiamare (a testimonio)'; 1978] s. m. inv. ● Buono rilasciato a titolo di prenotazione o di ricevuta di pagamento da un'agenzia di viaggi a un turista e destinato a fornitori di servizi turistici, quali alberghi, ristoranti, aziende di trasporto e sim., con cui durante il viaggio il turista beneficiario è legittimato a pretendere, dai fornitori destinatari, la prestazione dei servizi descritta nel buono stesso. SIN. Coupon.

vox pòpuli [loc. lat., propr. 'voce del popolo'] loc. sost. f. inv. (pl. lat. *voces populi*) ● Notizia, opinione diffusa e ritenuta veritiera: *le sue prossime dimissioni sono ormai vox populi*.

voyeur /*fr.* vwa'jœʀ/ [vc. fr., da *voir* 'vedere'; 1911] s. m. inv. (f. fr. *voyeuse*) ● Chi pratica il voyeurismo. SIN. Guardone.

voyeurìsmo /voje'rizmo, vwaje-/ [fr. *voyeurisme*, da *voyeur* (V.), col suff. *-isme* '-ismo'; 1966] s. m. ***1*** Forma di deviazione sessuale di chi, per morbosa curiosità, spia le nudità o gli atti sessuali altrui. ***2*** (*est.*) Curiosità eccessiva per fatti che normalmente sono privati e personali.

voyeurìstico /voje'ristiko, vwaje-/ agg. (pl. m. *-ci*) ● Che è proprio del voyeurismo: *situazione, curiosità voyeuristica*.

vrièsia [dal n. del botanico olandese W.H. de *Vries* (1807-1862)] s. f. ● Pianta ornamentale delle Bromeliacee con foglie ricurve, di color verdegrigio con macchie rossicce inferiormente, infiorescenza a pannocchia di color giallo (*Vriesia splendens*).

vroom /vrum, *ingl.* vɹu(u)m/ [vc. onomat.; 1983] inter. ● Riproduce il rumore, il rombo del motore di un autoveicolo o di un motoveicolo, quando viene accelerato.

vu /vu*/ o **vi** /vi*/ [av. 1321] s. f. o m. inv. ● Nome della lettera italiana *v*.

vu cumprà o **vucumprà** [dalla domanda frequentemente rivolta in incerto italiano: 'vuoi comprare?'; 1986] loc. sost. m. e f. inv. ● Venditore ambulante abusivo, nordafricano o di colore, che offre sulle spiagge o per le strade merce di varia natura.

vudù o **vùdu**, **vodù** [vc. dell'Africa occidentale, attraverso l'ingl. *voodoo* e il fr. *vaudou*; 1965] **A** s. m. inv. ***1*** Culto animista diffuso fra i neri delle Antille e di Haiti, fondato sulla commistione fra pratiche magiche originarie dell'Africa ed elementi rituali cristiani. ***2*** (*est.*) Ciascuna delle divinità adorate in tale culto. **B** anche agg. inv.: *riti v.*

Vuduìsmo o **Voduìsmo** [da una vc. africana che significa 'spirito', col suff. *-ismo*; 1965] s. m. ● Insieme delle pratiche vudù.

vuduìsta o **voduìsta** [1970] s. m. e f. (pl. m. *-i*) ● Fedele del Vuduismo.

vuelta /*sp.* °'bwelta/ [vc. sp., da *volver* 'volgere, girare'; 1962] s. f. inv. (pl. sp. *vueltas*) ● (*sport, anton.*) Giro ciclistico di Spagna: *vincere la v.*

†**vùi** ● V. *voi*.

Vulcanàle (**1**) [vc. dotta, lat. *Vulcanālia*, nt. pl. sost. di *Vulcanālis* 'Vulcanale (1)'; sec. XVII] s. m. ● Nella Roma antica, festa in onore del dio Vulcano.

†**vulcanàle** (**2**) [vc. dotta, lat. *Vulcanāle(m)*, da *Vulcānus* 'Vulcano'; av. 1638] agg. ● (*poet.*) Da Vulcano, infuocato.

vulcanèsimo ● V. *vulcanismo*.

vulcànico [1754] agg. (pl. m. *-ci*) ***1*** Di, relativo a, vulcano e vulcanismo: *eruzione vulcanica*; *fenomeni vulcanici*; *laghi di origine vulcanica* | ***Roccia vulcanica***, eruttiva | ***Condotto v.***, passaggio attraverso il quale il magma risale dal focolaio alla superficie. SIN. Camino | ***Edificio v.***, insieme dei materiali accumulati attorno al condotto vulcanico. ***2*** (*fig.*) Detto di ciò che per impetuosità, incontenibilità, ardore, ricchezza di energia, abbondanza di idee, iniziative e sim., ricorda un vulcano in piena attività: *ingegno, cervello, amore v.*; *mente, fantasia vulcanica*; *avere una testa vulcanica* | Detto di persona che presenta tali caratteristiche: *un tipo v., che non sta mai fermo ed escogita sempre qualcosa di nuovo*. || **vulcanicaménte**, avv. ***1*** Da un punto di vista vulcanico, relativamente ai vulcani. ***2*** (*fig.*) In modo vulcanico.

vulcànio [vc. dotta, lat. *Vulcāniu(m)*, da *Vulcānus* 'Vulcano'; av. 1704] agg. ● (*lett.*) Di Vulcano, dio del fuoco secondo la mitologia classica.

vulcanìsmo o **vulcanèsimo** [da *vulcano*, col suff. *-ismo*; 1885] s. m. ● (*geol.*) Insieme di processi dovuti alla risalita del magma alla superficie terrestre, che portano alla formazione di vulcani, a espandimenti lavici, ad emanazioni di gas, a fenomeni premonitori e postvulcanici di ogni tipo.

vulcanite [da *Vulcano*; 1929] s. f. ● (*geol.*) Roccia effusiva.

vulcanizzàbile [1970] agg. ● Che si può vulcanizzare.

vulcanizzànte [1933] **A** part. pres. di *vulcanizzare*; anche agg. ● Nel sign. del v. **B** s. m. ● Sostanza atta a favorire la vulcanizzazione.

vulcanizzàre [fr. *vulcaniser*, dall'ingl. (*to*) *vulcanize*, dal lat. *Vulcānus* 'Vulcano'; 1875] v. tr. ● Sottoporre a vulcanizzazione: *v. il caucciù*; *v. le gomme di automobile*.

vulcanizzàto [1898] part. pass. di *vulcanizzare*; anche agg. ● Sottoposto a vulcanizzazione.

vulcanizzatóre [1961] s. m. ***1*** (f. *-trice*) Operaio addetto alla vulcanizzazione. ***2*** Apparecchio in cui si effettua la vulcanizzazione.

vulcanizzazióne [fr. *vulcanisation*, dall'ingl. *vulcanization*, da (*to*) *vulcanize* 'vulcanizzare'; 1875] s. f. ***1*** (*chim.*) Trattamento con zolfo, composti solforati o altre sostanze di basso peso molecolare, cui vengono sottoposti materiali polimerici, tra cui gomme naturali e sintetiche, per eliminarne la plasticità e renderli elastici. ***2*** Insieme delle operazioni atte a ripristinare pneumatici deteriorati.

♦**vulcàno** [vc. dotta, lat. *Vulcānu(m)*, n. del dio del fuoco, di orig. etrusca; 1555] s. m. ● Fenditura della crosta terrestre dalla quale possono uscire lave, gas, vapori e prodotti piroclastici: *l'eruzione di un v.* | ***V. spento***, che ha cessato ogni attività per svuotamento o per raffreddamento e consolidamento del focolaio | ***V. di fango***, pozza di fango spesso solforoso, ribollente per esalazioni gassose di origine vulcanica | ***Vulcani lunari***, tipici rilievi della superficie lunare che ricordano i vulcani spenti terrestri | ***Camminare, star seduti su un v.***, (*fig.*) essere in una situazione molto pericolosa, in un periodo di gravi agitazioni palesi o latenti, e sim. | ***Avere la testa come un v.***, ribollente di idee, progetti e sim., o dotata di fantasia accesa e sbrigliata | ***Essere un v.***, (*fig.*) di persona piena d'ardore, entusiasmo, e sim. ➡ ILL. p. 2130, 2131 SCIENZE DELLA TERRA ED ENERGIA. || **vulcanétto**, dim.

vulcanologìa [comp. di *vulcano* e *-logia*; 1868] s. f. ● Scienza che studia i fenomeni vulcanici, nonché l'origine, il meccanismo di eruzione e la distribuzione dei vulcani.

vulcanològico [1957] agg. (pl. m. *-ci*) ● Di, relativo a, vulcanologia.

vulcanòlogo [1923] s. m. (f. *-a*; pl. m. *-gi*) ● Studioso, esperto di vulcanologia.

vulgàre ● V. *volgare* (*1*).

†**vulgarità** ● V. *volgarità*.

†**vulgarizzàre** ● V. *volgarizzare*.

vulgàta o **volgàta**, **Vulgàta**, **Volgàta** [vc. dotta, lat. eccl. (*editiōnem*) *vulgātam* 'edizione divulgata, diffusa', part. pass. f. sost. di *vulgāre* 'divulgare' (V. *volgare* (*2*)); 1657] s. f. ***1*** Versione latina della Bibbia, fatta da S. Girolamo (347-420 ca.) e adottata come testo ufficiale e liturgico dalla Chiesa Cattolica Romana. ***2*** (*est.*) In filologia, il testo di un'opera nella versione più conosciuta e tramandata dalla tradizione: *la v. dantesca* | (*est.*) Insieme di testi a carattere divulgativo appartenenti a una scuola di pensiero: *la v. marxista*.

vulgàto o **volgàto** [lat. *vulgātu(m)*, da *vulgāre* 'divulgare' (V.); 1441] agg. ● (*lett.*) Divulgato, diffuso.

†**vùlgo** (**1**) ● V. *volgo*.

vùlgo (**2**) [vc. lat., propr. 'per il popolo'; abl. di *vulgus* 'volgo' (V. *volgo*)] avv. ● Comunemente: *'Colchicum autumnale', vulgo 'freddolina'* | ***Antonio Rossi, vulgo Tonino***, comunemente conosciuto col nome di Tonino.

vulneràbile [vc. dotta, lat. tardo *vulnerābile(m)*, da *vulnerāre*; 1584] agg. ***1*** Che si può vulnerare, ferire (*anche fig.*): *sono v. come qualunque essere umano*; *animo delicato e facilmente v.*; *il sistema immunitario umano è v. da molti fattori ambientali*. CONTR. Invulnerabile. ***2*** (*est.*) Che si può ledere, danneggiare, infrangere e sim.: *linea di fortificazione v. in più punti*; *costruzione v.* ***3*** (*fig.*) Che si può facilmente criticare, controbattere, smentire e sim.: *posizione ideologica v.*; *questione v. sotto diversi aspetti*; *questo è il lato più v. delle tue affermazioni*; *ecco il punto v. della teoria*.

vulnerabilità [1922] s. f. ● Condizione di chi (o di ciò che) è vulnerabile. CONTR. Invulnerabilità.

vulnerànte [1965] part. pres. di *vulnerare*; anche agg. ● (*zool.*) ***Apparato v.***, insieme degli organi offensivi degli animali velenosi.

vulneràre [vc. dotta, lat. *vulnerāre* 'ferire', da *vŭlnus*, genit. *vŭlneris* 'ferita', di orig. indeur.; av. 1306] v. tr. (*io vùlnero*) ***1*** (*lett.*) Ferire. ***2*** (*fig., raro*) Offendere, ledere: *v. un principio, un diritto*; *v. la legge*.

vulnerària [f. sost. di *vulnerario*: si credeva servisse a guarire le ferite; 1805] s. f. ● Pianta erbacea delle Leguminose con grandi fiori gialli in glomeruli, buona foraggera ricca di tannini (*Anthyllis vulneraria*). ➡ ILL. **piante**/7.

vulneràrio [vc. dotta, lat. *vulnerāriu(m)*, da *vŭlnus*, genit. *vŭlneris* 'ferita' (V. *vulnerare*); 1697] agg. ● (*lett.*) Detto di sostanza atta a cicatrizzare piaghe e ferite: *balsamo vulnerario*.

vùlnus [vc. lat., propr. 'ferita' (V. *vulnerare*); 1986] s. m. inv. (pl. lat. *vulnera*) ● (*dir.*) Lesione, offesa di un diritto.

†**vulsèlla** [vc. dotta, lat. *vulsĕlla(m)*, da *vŭlsus*, part. pass. di *vĕllere* (V. *vellere*)] s. f. ● Molletta, pinzetta.

vùlture o †**vùltore**, †**vùlturo** [vc. dotta, lat. *vŭlture(m)* 'avvoltoio' (V.); sec. XIV] s. m. ● (*lett.*) Avvoltoio.

vùlva [lat. *vŭlva(m)*, *vŏlva(m)*. V. *volva*; av. 1320] s. f. ● (*anat.*) Insieme degli organi genitali esterni femminili, situati nella parte anteriore del perineo.

vulvàre [1957] agg. ● (*anat.*) Della vulva.

vulvària [da *vulva*, perché era usata come antispasmodico nell'isterismo; av. 1704] s. f. ● Erba delle Chenopodiacee a foglie ovali e fiori in infiorescenze di sgradevole odore (*Chenopodium vulvaria*).

vulvìte [da *vulva*, col suff. *-ite*; 1957] s. f. ● (*med.*) Infiammazione della vulva.

vulvovaginàle [comp. di *vulva* e *vagina*, con

vulvovaginite suff. agg.; 1961] agg. ● (*anat.*) Che si riferisce alla vulva e alla vagina.

vulvovaginite [comp. di *vulva*, *vagina* e *-ite* (*1*); 1961] s. f. ● (*med.*) Infiammazione della vulva e della vagina.

vuoi [da *volere* (*1*)] cong. ● Sia (introduce proposizioni o elementi di proposizioni correlati e non in opposizione fra loro): *v. per lavoro*, *v. per i troppi impegni è introvabile.*

vuòle ● V. *volere* (*1*).

†**vuòpo** ● V. *uopo.*

vuotacèssi o (*tosc.*) **votacèssi** [comp. di *vuota(re)* e il pl. di *cesso*; av. 1449] s. m. e f. inv. ● anche agg. inv. ● (*disus.*) Addetto allo svuotamento dei pozzi neri. SIN. Bottinaio.

vuotàggine o (*tosc.*) **votàggine** [1900] s. f. 1 (*raro*) Condizione di chi è vuoto, privo di contenuto, interesse e sim. SIN. Vacuità. 2 Cosa insulsa, vuota, stupida.

vuotamèle o (*raro*) **votamèle** [comp. di *vuota(re)* e il pl. di *mela*; 1961] s. m. inv. ● Utensile da cucina consistente in un tubetto metallico che, spinto all'interno di mele, pere e sim., ne fa venir fuori il torsolo.

vuotaménto o (*raro*) **votaménto** [1505] s. m. ● (*raro*) Il vuotare.

vuotapózzi o (*raro*) **votapózzi** [comp. di *vuota(re)* e il pl. di *pozzo*; 1826] s. m. e f. inv. ● Chi fa il mestiere di svuotare i pozzi per ripulirli.

◆**vuotàre** o **votàre** (*2*) [da *vuoto*; 1351] A v. tr. (*io vuòto*, pop. *vòto*; in tutta la coniug. di *votare* o dittonga di solito in *uo* anche se atona, per evitare ambiguità con il v. *votare* (*1*)] ● Rendere vuoto, privare qlco. del suo contenuto: *v. un cassetto*, *un baule*, *un armadio*; *v. la valigia*, *un recipiente* | *V. il bicchiere*, *la bottiglia*, berne l'intero contenuto: *vuotò il bicchiere d'un fiato* | *V. il piatto*, mangiare tutto il cibo in esso contenuto: *ha vuotato il piatto in un baleno* | (*fam.*) Svaligiare, derubare: *v. un negozio*, *un magazzino*; *gli hanno vuotato la casa* | *V. le tasche*, *la borsa*, *il portafogli*, spendere tutto il denaro di cui si dispone o farlo spendere ad altri: *è un ristorante di lusso dove ti vuotano letteralmente le tasche* | *V. il sacco*, dire, riferire, confessare tutto ciò che si sa | *V. la sala*, abbandonare in massa la sala: *alla fine dello spettacolo il pubblico vuotò lentamente la sala* | †*V. la sella*, *l'arcione*, cadere da cavallo. CONTR. Riempire. B v. intr. pron. ● Diventare vuoto: *vuotarsi in fretta*, *lentamente*, *poco a poco*; *la città si è ormai vuotata.*

vuotàta o (*raro*) **votàta** [1961] s. f. ● Atto del vuotare in una volta e rapidamente: *dare una v. al pozzo.* || **vuotatìna**, dim.

vuotàto o (*raro*) **votàto** part. pass. di *vuotare*; anche agg. ● Nei sign. del v.

vuotatóre o (*raro*) **votatóre** [1826] s. m.; anche agg. (f. *-trice*) ● Chi (o Che) vuota.

vuotatùra o (*raro*) **votatùra** [1879] s. f. ● Il vuotare, il vuotarsi, il venire vuotato: *la v. di un pozzo*, *di una botte.*

vuotazucchìne (o -z-) o (*raro*) **votazucchìne** (o -z-) [comp. di *vuotare* e il pl. di *zucchina*; 1961] s. m. inv. ● Coltello da cucina a lama incavata, con cui si toglie la polpa interna delle zucchine.

vuotézza o (*raro*) **votézza** [1832] s. f. ● (*raro*) Stato o condizione di chi è o si sente vuoto d'idee, sentimenti, passioni e sim.: *non v'annoiate in quella cavernosa v.?* (CARDUCCI). CONTR. Pienezza.

◆**vuòto** o **vòto** (*3*) [lat. parl. **vŏcitu(m)*, var. di **văcitu(m)*, part. pass. di *văcēre 'esser vuoto', dalla stessa radice di *vacāre* 'esser vuoto'. V. *vacare*; av. 1294] A agg. 1 Che è totalmente privo di contenuto in tutta la sua capacità o dimensione: *un bicchiere*, *un fiasco v.*; *una bottiglia*, *una botte vuota*; *una scatola vuota*; *un cassetto*, *un armadio v.* CFR. ceno- (*2*) | Che è privo del contenuto che dovrebbe o potrebbe contenere: *una spiga vuota*; *in agosto la città era vuota* | *Mandorla vuota*, priva del seme | *Camion v.*, senza il carico | *Rimanere con le tasche vuote*, senza soldi | *Teatro v.*, *mezzo v.*, *quasi v.*, con pochi spettatori | *Vagone v.*, *scompartimento v.*, con molti posti liberi | *Sedia vuota*, libera, non occupata | *Casa vuota*, sfornita di mobili, o disabitata, sfitta | *A stomaco v.*, senza aver mangiato | *A mani vuote*, senza portar nulla, senza aver nulla ottenuto: *presentarsi*, *andare*, *venire a mani vuote* | *A scena vuota*, quando nessun attore è sulla scena | *Sentirsi la testa vuota*, esser quasi incapace di ricordare o di pensare, per debolezza o stanchezza | *Testa vuota*, persona leggera, priva di idee e sim. | *Sentirsi v.*, senza sentimenti, senza desideri. 2 (*fig.*) Privo: *parole vuote di senso*; *un'indagine terribilmente vuota di elementi concreti*, *di indizi*, *di semplici sospetti*; *vota d'affannii visse* / *l'umana stirpe* (LEOPARDI) | (*fig.*) Che manca di interesse, di sostanza: *versi scorrevoli*, *ma vuoti* | *Stile v.*, sonante, ampolloso, ma poco espressivo | *Discorso v.*, senza sostanza, inconcludente | *Vita vuota*, futile, insignificante, priva di interessi | *Giornata vuota*, durante la quale non si è fatto niente di importante, di interessante. 3 (*fig.*, *lett.*) Che non ha compimento, vano: *Ahi, vòta speme!* (FOSCOLO) | *Andare a v.*, non avere effetto. 4 (*arald.*) Detto di pezza o figura rappresentata con la sola linea di contorno più o meno spessa. 5 (*mat.*) Detto del sottoinsieme di d'un insieme che non contiene alcun elemento, che cioè è costituito dagli elementi che soddisfano ad una proprietà contraddittoria. 6 (*mus.*) *Corda vuota*, nella tecnica degli strumenti ad arco, indicazione di non premere la corda con le dita, ma di sfregarla solo con l'archetto | *Battuta vuota*, in cui non vi sono note ma una pausa pari alla durata della battuta. || **vuotaménte**, avv. B s. m. 1 Spazio completamente privo di materia | Condizione, più o meno spinta, di rarefazione della materia contenuta in un recipiente, in una valvola e sim. | *Sotto v. spinto*, detto di prodotti, spec. farmaceutici o alimentari, ottenuti o confezionati in ambiente privato, quasi completamente, di aria o gas | Grado di rarefazione della materia: *un v. di 2 mm di mercurio*. 2 *V. d'aria*, rapida variazione d'intensità o improvvisa cessazione di una corrente ascendente, che provoca bruschi sobbalzi e talora pericolose discese agli aeromobili in volo. 3 Spazio libero, non occupato da corpi solidi: *cadere*, *precipitare nel v.*; *teneva le gambe a penzoloni nel v.*; *i suoi occhi fissavano il v.* | *Cadere nel v.*, (*fig.*) di parole, proposte e sim., rimanere inascoltate, non essere accolte | *Fare il v. intorno a sé*, (*fig.*) comportarsi in modo da allontanare da sé gli altri; anche, riuscire a superare tutti gli avversari, in virtù delle proprie capacità e della propria abilità. 4 Spazio vuoto, cavità vuota: *un v. nel muro*; *si vedono molti vuoti tra le file*; *ha fatto passare il filo nel v. di una canna.* 5 Recipiente vuoto: *la restituzione dei vuoti dà diritto al rimborso del deposito* | *V. a rendere*, *a perdere*, di cui è prevista, o meno, la restituzione al venditore. 6 (*fig.*) Mancanza, carenza: *colmare un v.* | *V. di memoria*, assenza improvvisa e provvisoria delle facoltà mnemoniche. SIN. Blackout | *Ha lasciato un gran v.*, la sua assenza è sentita come una grave mancanza | *V. di potere*, mancanza di direzione politica o amministrativa | *V. di cassa*, ammanco di cassa, sottrazione di denaro dalla cassa | (*fig.*) Vuotezza, vuotaggine: *in quel libro c'è molto v.* 7 Ciò che è inutile, vano, inesistente e sim., nella loc. avv. *a v.* | *Parlare a v.*, invano, inutilmente, senza effetto | *Andare a v.*, riuscire senza effetto, fallire | *Polemizzare*, *battersi*, *combattere a v.*, senza avversario o su questione inesistente | *Scrivere a v.*, senza aver niente da dire; senza ottenere risposta | *Suonare a v.*, senza premere le corde, colle dita della sinistra per accorciarle e ottenere così i suoni della scala | *Viaggiare a v.*, di mezzo di trasporto, senza carico o passeggeri | *Girare a v.*, girare in folle, di ruote, ingranaggi e sim. | *Funzionamento a v.*, detto di una macchina quando non è collegata a un carico | *Tensione a v.*, esistente tra i morsetti di un quadripolo quando non sono collegati ad un carico | *Assegno a v.*, quello emesso da chi non ha fondi sufficienti per la copertura della somma presso la banca.

vuotòmetro [comp. di *vuoto* e *-metro*; 1961] s. m. ● (*fis.*) Vacuometro.

†**vuòvo** ● V. *uovo.*

†**vuòvolo** ● V. *ovolo.*

w, W

In italiano si può incontrare la lettera *W* solo in forestierismi, dove di regola ha lo stesso valore della *V* (es. *wàfer* /'vafer/). Delle parole che contengono una *w*, alcune hanno una variante grafica più italiana con una *v* (es. *kiwi* o *kiwi* /'kivi, 'kiwi/). In forestierismi non adattati, spec. voci inglesi, la lettera *W* può rappresentare l'approssimante posteriore velolabiale /w/.

w, (*maiusc.*) **W** [1840] **s. f.** o **m.** ● Lettera dell'alfabeto germanico e inglese e di altri alfabeti moderni; è la ventitreesima lettera dell'alfabeto italiano (nome per esteso *vu* (raro *vi*) *dóppio* o *dóppia*; *dóppio* o *dóppia vu* (raro *vi*)): *w* minuscola, *W* maiuscolo | Nella compitazione spec. telefonica it. *w come Washington*; in quella internazionale *w come whisky*.

wad /ingl. wɒd/ [etim. incerta; 1961] **s. m. inv.** ● Diossido di manganese terroso e leggero contenente variabili quantità d'acqua.

wàfer /'vafer, ingl. 'weɪfə/ o **vàfer** [vc. ingl., propr. 'cialda', di area e orig. germ.; 1905] **s. m. inv.** **1** Biscotto formato da due cialde friabili spalmate all'interno di crema o cioccolato. **2** (*elettr.*) Piastrina di materiale semiconduttore costituente l'elemento di partenza per la realizzazione di un diodo o di un transistore.

wagneriàno /vagne'rjano/ [1873] **A agg.** ● Che si riferisce al musicista tedesco R. W. Wagner (1813-1883) e alla sua musica. **B s. m.** (f. *-a*) ● Seguace, ammiratore di Wagner e della sua musica.

wagon-lit /fr. va,gõ'li/ [vc. fr., calco sull'ingl. *sleeping car*, comp. di *wagon* 'vettura ferroviaria' (di orig. ingl.) e *lit* 'letto' (di orig. lat.); 1901] **s. m. inv.** (pl. fr. *wagons-lits*) ● Veicolo ferroviario attrezzato con piccole cabine a uno, due o tre letti e acqua corrente, per l'alloggio dei passeggeri durante la notte in viaggi a lungo percorso.

wagon-restaurant /fr. va,gõrɛstɔ'rɑ̃/ [vc. fr., calco dell'ingl. *restaurant-car*, comp. di *wagon* 'vettura ferroviaria' (di orig. ingl.) e *restaurant* 'ristorante', da *restaurer* 'confortare, ristorare'; 1928] **s. m. inv.** (pl. fr. *wagons-restaurants*) ● Veicolo ferroviario attrezzato per servire i pasti ai passeggeri.

wahabismo /vaa'bizmo/ [dal n. del fondatore del movimento Muḥammad ibn 'Abd al-*Wahhāb* (1703-1793); 1983] **s. m.** ● Movimento musulmano, dogmatico e conservatore, sorto nel sec. XVIII allo scopo di purificare la religione da tutte le innovazioni successive ai primi insegnamenti dell'islamismo quali il culto dei santi, compreso quello di Maometto, l'uso del tabacco e della musica, l'abitudine di radersi e sim.

wahabita /vaa'bita/ [da *wahabismo*; 1961] **A agg.** ● Che si riferisce al wahabismo. **B s. m.** e **f.** (pl. m. *-i*) ● Seguace del wahabismo.

waiting list /'weitiŋ list, ingl. 'weɪtɪŋˌlɪst/ [loc. ingl., propr. 'lista di attesa'; 1989] **loc. sost. f. inv.** (pl. ingl. *waiting lists*) ● Lista d'attesa, spec. per un imbarco aereo.

walchiria /val'kirja/ ● V. *valchiria*.

Walhalla /ted. 'val,hala/ o **Walhall** /ted. 'val,hal/ [vc. ted. (*Walhalla*), dall'ant. nordico *Valhǫll*, propr. 'sala (*hǫll*) degli uccisi (*valr* 'caduto in battaglia')', comp. di due elementi di area germ.; 1914] **s. m. inv.** solo sing. ● Nella mitologia nordica, luogo in cui dimorano gli eroi morti in battaglia insieme con il loro padre Odino.

walkie-cup /ingl. 'wɔːkiˌkʌp/ [vc. ingl., propr. 'tazza (*cup*) da passeggio (dal v. *to walk* 'passeggiare')'; 1987] **s. m. inv.** (pl. ingl. *walkie-cups*) ● Bicchiere di cartone cerato con coperchio e cannuccia, usato per bere passeggiando.

walkie-talkie /ingl. 'wɔːki 'tɔːki/ [vc. espressiva ingl., che vale '(apparecchio) parlatore (da *to talk* 'parlare, discorrere') da passeggio (da *to walk* 'camminare, passeggiare')', comp. di due elementi d'area germ.; 1946] **s. m. inv.** (pl. ingl. *walkie-talkies*) ● Dispositivo ricetrasmettitore a onde radio che può essere trasportato da una persona e funzionare mentre questa cammina.

walkiria /val'kirja/ ● V. *valchiria*.

Walkman® /ingl. 'wɔːkmən, -ˌmæn/ [etim. incerta, forse comp. di *walk* 'passeggio' e *man* 'uomo'; 1981] **s. m. inv.** ● Riproduttore stereofonico di cassette portatile, con ascolto mediante cuffia.

walk-over /ingl. 'wɔːkˌəʊvə/ o **walkover** [vc. ingl., dal v. *to walk over*, propr. 'passeggiare (*to walk*) al di sopra, oltre (*over*)'; 1905] **s. m. inv.** ● (*sport*) Gara in cui un corridore o atleta si afferma facilmente per l'inferiorità degli avversari | Nell'ippica, cavallo vincitore di una corsa per il ritiro di tutti gli altri concorrenti.

Wall Street /'wɔlstrit, wɔːlˌstriːt/ [dall'omonima Borsa valori di New York; 1987] **loc. sost. f. inv.** ● (*per anton.*) La Borsa di New York: *Wall Street corre*; *il crollo di Wall Street*; *rimbalzo di Wall Street*.

wàlser /'valzer/ [ted. *Walliser* 'vallese'; 1961] **A s. m.** e **f. inv** ● Membro della comunità di lingua alemanna proveniente dal Vallese e insediatasi nel Medioevo in alcune valli del versante meridionale delle Alpi (valle del Lys, val Formazza, Valsesia, val Anzasca), mantenendo inalterati nel tempo tradizioni e lingua. **B agg. inv.** ● Che si riferisce ai walser: *parlate w.*

wàlzer /'valtser, ted. 'valtsʌ/ ● V. *valzer*.

wampum /wam'pum, ingl. 'wɒmpəm/ [vc. dell'ingl. d'America, abbr. dell'algonchino *wampumpeag* (sentito come due parole), comp. di *wampan* 'bianco' e *api* 'striscia, filza' col suff. di pl. *-ag*; 1934] **s. m. inv.** (pl. ingl. inv.) ● Ornamento in uso presso molte tribù di indiani d'America, ricavato da pezzi di conchiglia, e usato oltre che come monile personale, come mezzo di scambio e pegno di conclusione di un trattato.

wàpiti /'vapiti, ingl. 'wɒpɪti/ [vc. dell'ingl. d'America, di orig. algonchina (*wap* 'bianco'); 1875] **s. m.** (pl. ingl. *wapiti* o *wapitis*) ● Grande cervo dell'America del nord con pelame di color bruno più chiaro sul dorso e corna assai sviluppate (*Cervus canadensis*). ➡ ILL. **animali**/12.

war game /wɔr'geim, ingl. 'wɔːˌgeɪm/ o **war-game** [loc. ingl., comp. di *war* 'guerra' (da una vc. germ., da cui anche l'it. *guerra*) e *game* 'gioco' (d'orig. germ.); 1979] **loc. sost. m. inv.** (pl. ingl. *war games*) **1** (*mil.*) Esercitazione tattica per l'addestramento nelle accademie militari, utilizzando mappe o mezzi informatici. **2** Gioco consistente nel simulare battaglie, spec. del passato, manovrando su un tabellone, che riproduce un terreno di guerra, pedine o figurine che rappresentano simbolicamente un esercito e il relativo equipaggiamento.

warrant /ingl. 'wɒrənt/ [vc. ingl., dall'ant. fr. *warant*, della stessa orig. del corrispondente it. *guarentigia*; 1862] **s. m. inv. 1** Nota di pegno. **2** (*banca*) Certificato che dà diritto alla sottoscrizione, ad un prezzo prefissato, di titoli azionari in un momento successivo.

wash-and-wear /wɒʃfen'wɛ(a)r, ingl. 'wɒʃən'weə/ [vc. ingl., propr. 'lavare (*to wash*, di orig. germ., come *water* 'acqua') e (*and*) indossare (*to wear*, di orig. indeur.)'; 1966] **agg. inv.** ● Detto di tessuto di fibre sintetiche che, dopo lavato e asciugato, non richiede di essere stirato prima dell'impiego: *abiti wash-and-wear*.

wash-board /wɒʃˈbɔrd, ingl. 'wɒʃˌbɔːd/ [vc. ingl., propr. 'asse, tavola (*to board*, di orig. indeur.) per lavare (*to wash*, della stessa orig. germ. di *water* 'acqua'); 1964] **s. m. inv.** (pl. ingl. *wash-boards*) ● (*mus.*) Asse comune da bucato, che variamente sfregata, fu usata come strumento ritmico nel primo jazz.

wasp /ingl. wɒsp/ [sigla ingl. di *w(hite) a(nglo-)s(axon) p(rotestant)* 'protestante anglosassone bianco'; 1964] **s. m. e f. inv.** ● Negli Stati Uniti, cittadino di razza bianca, di religione protestante, appartenente alla classe egemone o a nuclei sociali privilegiati.

Wassermann /'vasserman, ted. 'vasʌˌman/ [da A. von *Wassermann* (1866-1925), che la ideò; 1961] **agg. e s. f. inv.** (*med.*) *Reazione W.*, (*ellitt.*) *Wassermann*, esame per la diagnosi della sifilide effettuato per mezzo di un test sierologico che rivela la presenza di anticorpi specifici o antigeni.

wàter /'vater, ingl. 'wɔːtə/ [1965] **s. m. inv.** ● *Water closet* | Vaso di maiolica del gabinetto all'inglese.

water closet /vater'klɔzet, ingl. 'wɔːtəˌklɒzɪt/ [comp. ingl., propr. 'camerino (*closet*, vc. ant. fr., dim. di *clos* '(luogo) chiuso') ad acqua (*water*, di orig. indeur.)'; 1905] **loc. sost. m. inv.** (pl. ingl. *water closets*) ● Latrina o gabinetto con vaso di maiolica e sciacquone.

Waterloo /'vaterlo, ol. 'vaːtʳlo, fr. vatɛʁˈlo, ingl. ˌwɔːtəˈluː, wɒ-/ [dal n. della località belga, dove avvenne la 'disfatta' napoleonica; 1970] **s. f. inv.** ● (*per anton.*) Sconfitta definitiva: *le ultime elezioni sono state la sua W.*

waterpolista /vaterpo'lista, woter-/ [1953] **s. m. e f.** (pl. m. *-i*) ● (*raro*) Pallanuotista.

water polo /ingl. 'wɔːtəˌpəʊləʊ/ [comp. ingl., propr. '*polo* sull'acqua (*water*, di orig. indeur.)'; 1915] **loc. sost. m. inv.** ● Pallanuoto.

waterproof /ingl. 'wɔːtəˌpruːf/ [comp. ingl., propr. 'a prova (*proof*, di orig. fr.) d'acqua (*water*, di orig. indeur.)'; 1868] **agg. inv.** ● Detto di tessuto impermeabile.

watt /vat, ingl. wɒt/ [dal n. dell'inventore scozzese J. *Watt* (1736-1819); 1895] **s. m. inv.** ● (*fis.*) Unità di misura della potenza equivalente al lavoro di 1 joule in 1 secondo. SIMB. W.

wàttmetro /'vatmetro/ o **wattòmetro** /vatˈtometro/ [comp. di *watt* e *-metro*; 1961] **s. m.** ● Strumento usato per misurare la potenza attiva di una corrente elettrica.

wattòra /vat'tora/ [comp. di *watt* e *ora*; 1940] **s. m. inv.** ● (*fis.*) Unità di energia corrispondente all'energia che un watt determina durante un'ora. SIMB. W·h.

wattoràmetro /vatto'rametro/ [comp. di *wattora* e *-metro*; 1961] **s. m.** ● Apparecchio misuratore dell'energia elettrica.

wattsecóndo /vatse'kondo/ [comp. di *watt* e *secondo*; 1970] **s. m.** ● (*fis.*) Unità di energia corrispondente all'energia che 1 watt determina durante 1 secondo. SIMB. W·s. SIN. Joule.

watùsso /va'tusso/ o **watùtso** /va'tutso/ [in swahili *wa-tusi*, pl. di *m-tusi*, che rende il n. orig. in

Ruanda e Burundi *aba-tutsi*; 1970] **s. m.**; anche **agg.** (**f.** *-a*) **1** (*antrop.*) Tutsi. **2** (*est.*, *fig.*) Molto alto e slanciato.

wa wa /wa'wa*/ [prob. vc. del Ghana; 1961] **s. m. inv.** ● Essenza di legno semiduro usata in falegnameria per rivestimenti e cornici, derivata da una pianta delle Sterculiacee originaria dell'Africa occidentale tropicale (*Triplochiton scleroxilon*).

wàwa /'wawa, *ingl.* 'wɑːwɑː, 'wɔːwɔː/ [vc. onomat.; 1961] **s. f. inv.** ● Nel jazz, sordina applicata nella campana della tromba o della cornetta, costruita in modo da ottenere un particolare suono.

way of life /wejov'laif, *ingl.* 'weɪ əv'laef/ [loc. ingl., propr. 'condotta di vita'; 1986] **loc. sost. f. inv.** (**pl.** ingl. *ways of life*) ● Modo, stile di vita.

wc /vutʃ'tʃi/ [1927] **s. m. inv.** ● Sigla di *water closet.*

web /*ingl.* wɛb/ [vc. ingl., propr. 'ragnatela'; 1995] **s. m. inv.**; anche **agg. inv.** ● (*elab.*) L'insieme dei siti raggiungibili mediante Internet: *pagina web*; *sito web*.

webcam /web'kam, *ingl.* 'wɛb,kæm/ [comp. ingl. di *web* 'web' e *cam*, abbr. di 'macchina da presa'; 1997] **s. f. inv.** ● (*elab.*) Telecamera digitale collegata a un elaboratore le cui riprese possono essere condivise via Internet.

wèber /'veber, *ted.* 've:bʌ/ [dal n. del fisico ted. W. E. *Weber* (1804-1891); 1934] **s. m. inv.** ● (*fis.*) Unità di misura del flusso magnetico nel Sistema Internazionale pari a 1 volt · secondo. **SIMB.** Wb.

webmaster /web'master, *ingl.* 'wɛb,mæːstəɹ/ [vc. ingl. 'responsabile, capo (*master*) di un sito (*web*)'; 1994] **s. m.** e **f. inv.** ● (*elab.*) Chi gestisce un sito Internet.

web tv /web tiv'vu*, *ingl.* wɛb ,tiː'viː/ [loc. ingl., propr. 'tv ragnatela' comp. di *web* 'web' e *tv*; 1996] **loc. sost. f. inv.** ● Sistema di diffusione di immagini televisive sul web.

weekend /wi'kend, *ingl.* 'wiːk,ɛnd/ o **week-end** [comp. ingl. di *week* 'settimana', di lontana orig. indeur., e *end* 'fine', parimenti di orig. indeur.; 1905] **s. m. inv.** ● Fine settimana | Vacanza di fine settimana da dedicare al riposo e allo svago, che si usa prendere nei giorni di sabato e domenica: *partire per il w.*; *la mania del w.*

Wehrmacht /*ted.* 've:ʌ,maxt/ [vc. ted., propr. 'forza (*Macht*) di difesa (*Wehr*)'] **s. f.** solo **sing.** ● Denominazione delle forze armate tedesche dal 1935 al 1945.

welfare /*ingl.* 'wɛl,fɛəɹ/ [1951] **s. m. inv. 1** Accorc. di *welfare state*. **2** Benessere.

welfare state /*ingl.* 'wɛlfɛəɹ,steɪt/ [loc. ingl., propr. 'Stato (*state*) del benessere (*welfare*)'; 1951] **loc. sost. m. inv.** ● (*econ.*) Stato sociale.

welfarişmo /welfe'rizmo/ [da *welfare*; 1968] **s. m.** ● Assistenzialismo caratteristico dello Stato sociale.

wellerişmo /velle'rizmo/ [ingl. *wellerism*, dal n. di un personaggio di Ch. Dickens (1812-1870), il sentenzioso Sam *Weller*; 1935] **s. m.** ● Sentenza o proverbio che, in tono scherzoso o asseverativo, vengono attribuiti a persona reale o immaginaria.

wellingtònia /wellin(g)'tɔnja, v-/ [dal n. di A. Wellesley (1769-1852), duca di *Wellington*; 1877] **s. f.** ● (*bot.*) Sequoia.

wellness /*ingl.* 'wɛlnəs/ [vc. ingl., comp. di *well* 'bene' e del suff. di stato o condizione *-ness*; 1990] **s. m.** o **f. inv.** ● Benessere, salute fisica.

Weltanschauung /*ted.* 'vɛlt,ʔanʃaoʊŋ/ [vc. ted., comp. di *Welt* 'mondo', di area germ., e *Anschauung* 'vista, visione', di orig. indeur.; 1896] **s. f. inv.** (**pl.** ted. *Weltanschauungen*) ● Modo di concepire il mondo e la vita proprio di un individuo o di un gruppo.

wèlter /'velter, *ingl.* 'wɛlṭəɹ/ [vc. ingl. di orig. incerta; 1935] **A** in funzione di **agg. inv.** ● (posposto al s.) Nella loc. *peso w.*, nel pugilato, categoria di peso compresa tra quelle dei pesi superleggeri e dei pesi superwelter. **B s. m. inv.** ● Nel pugilato, atleta appartenente alla categoria dei pesi welter.

wertherişmo /verte'rizmo/ [comp. dal n. del protagonista del romanzo di Goethe 'I dolori del giovane *Werther*', e *-ismo*; 1910] **s. m.** ● (*lett.*) Sensibilità dolorosa, caratteristica del sentimentalismo romantico.

wesleyàno /wezle'jano, v-/ [ingl. *Wesleyan*, dal n. del fondatore del metodismo, J. *Wesley* (1703-1791); 1961] **s. m.** (**f.** *-a*); anche **agg.** ● (*relig.*) Metodista.

west /*ingl.* wɛst/ [vc. ingl. 'ovest', da avvicinare al gr. *hésperos* (V. *espero*); 1844] **s. m. inv.** ● Le regioni occidentali degli Stati Uniti e del Canada.

West Coast /wes'kɔst, *ingl.* 'wɛst,koʊst/ [loc. ingl. propr. 'costa occidentale', perché lo stile musicale così chiamato è sorto a Los Angeles negli anni Cinquanta] **loc. sost. m. inv.** ● (*mus.*) Denominazione di diversi generi musicali nati in California, quali il jazz bianco degli anni 1950-1960, derivato dal cool jazz, e la musica country e rock degli anni 1960-70.

wèstern /'western, *ingl.* -əɹn/ [vc. ingl., propr. 'occidentale', da *West* 'l'Occidente (degli Stati Uniti)', dove si ambientano i film di questo tipo; 1940] **A agg. inv.** ● Detto di film americano, ambientato nell'ovest degli Stati Uniti della seconda metà del sec. XIX, i cui temi fondamentali sono la migrazione verso l'ovest, la lotta contro gli Indiani, la corsa all'oro, lo sviluppo e la repressione del banditismo. **B s. m. inv.** ● Film western | Nella loc.: *w. all'italiana*, genere cinematografico che tratta, talvolta in chiave ironica, i temi, i personaggi e le vicende dei film western americani, con spunti e accorgimenti spettacolari di grande effetto.

whig /wig, *ingl.* wḥɪg/ [vc. ingl., abbr. di *whig-* (*gamore*), di orig. oscura, denominazione dei membri di una banda di scozzesi ribelli che marciò nel 1648 su Edimburgo, contro il re Carlo I; 1718] **s. m.**; anche **agg. inv.** ● Chi (o Che) appartiene al partito politico inglese che, dalla fine del XVII all'inizio del XIX sec., era fautore delle libertà parlamentari, della tolleranza religiosa e degli interessi commerciali. **CFR.** Tory.

whisky /'wiski, *ingl.* 'wḥɪski/ o **whiskey** [vc. ingl., dall'irlandese e gael. *uisce* 'acqua', per abbr. di *uisce-beathad* 'acqua (*uisce*) di vita' (*beathad*, dall'ant. irlandese *bethad*, genit. di *bethu* 'vita'); 1823] **s. m. inv.** (**pl.** ingl. *whiskies*) ● Acquavite di cereali, di origine anglosassone.

whisky-à-gogo /'wiski ago'go*, *fr.* wis,kiago'go/ [vc. espressiva fr., comp. di *whisky* e della loc. fam. *à gogo* 'a iosa, a bizzeffe'; 1964] **s. m. inv.** ● Spec. negli anni 1950-60, discoteca situata per lo più in un seminterrato.

whist /*ingl.* wḥɪst/ [vc. ingl., di orig. discussa: da un precedente *whisk* 'scopino' con allusione allo spazzar via le carte dal tavolo, cui si è sovrapposto poi *whist*, escl. per imporre il 'silenzio'; 1768] **s. m. inv.** ● Gioco di carte simile al bridge, d'origine inglese.

widia /'vidja, *ted.* 'viː-/ [vc. ted., tratta da *wie Dia*(*mant*) '(duro) come diamante'; 1937] **s. m. inv.** ● Sostanza durissima a base di carburo di tungsteno, spec. usata per utensili da perforazione.

wigwam /*ingl.* 'wɪg,wæm, -,wɑːm/ [vc. dell'ingl. d'America, di orig. algonchina, col sign. propr. di 'la loro casa'; 1829] **s. m. inv.** ● Nome dato alla tenda a cupola dagli Algonchini, amerindi degli USA e del Canada.

wild card /*ingl.* 'waeɫd,kɑːɹd/ [loc. ingl., propr. 'carta (*card*) selvaggia (*wild*)'] **loc. sost. f. inv.** (**pl.** ingl. *wild cards*) ● (*sport*) Speciale invito a disposizione degli organizzatori di tornei, spec. di tennis, per consentire la partecipazione a un atleta di particolare richiamo che non si sia iscritto in tempo o che non abbia una posizione in classifica atta a qualificarlo di diritto.

wilderness /*ingl.* 'wɪldəɹnəs/ [vc. ingl., propr. 'luogo selvatico, incolto'; 1986] **s. f. inv.** ● La natura allo stato selvaggio, non coltivata e non alterata dall'intervento dell'uomo.

willemite /ville'mite/ [ted. *Willemit*, comp. dal n. del re d'Olanda Guglielmo (*Willem*) I e *-ite* (*2*); 1961] **s. f.** ● (*miner.*) Silicato di zinco in cristalli limpidi molto brillanti, tipici per la loro fortissima luminescenza sul verde ai raggi ultravioletti.

winch /*ingl.* wɪntʃ/ [vc. ingl. (d'orig. germ.); 1961] **s. m. inv.** (**pl.** ingl. *winches*) ● (*mar.*) Piccolo argano, verricello usato per tesare le scotte.

winchester /win'tʃester, *ingl.* 'wɪntʃəstəɹ, -,tʃes-/ [dal n. del suo costruttore, l'americano O. F. *Winchester* (1810-1880); 1942] **s. m. inv. 1** (*armi*) Carabina a ripetizione dal tiro molto potente e preciso. **2** (*armi*) Cartuccia calibro 7,62 adottata come standard negli armamenti dei Paesi aderenti alla NATO.

wind shear /'windʃiər, *ingl.* 'wɪnd,ʃiəɹ/ [loc. ingl., propr. 'scorrimento (*shear*) del vento (*wind*)'; 1991] **loc. sost. m. inv.** (**pl.** ingl. *wind shears*) ● Forte corrente discensionale potenzialmente pericolosa per la navigazione aerea.

windsurf /win(d)'serf, *ingl.* 'wɪnd,sɜːɹf/ [vc. ingl., comp. di *wind* 'vento' (vc. germ. d'orig. indeur.) e *surf* 'frangente, cresta dell'onda' (d'orig. non chiara); 1979] **s. m. inv.** ● (*sport*) Imbarcazione a vela costituita da una sottile tavola galleggiante in materiale plastico, su cui è montata una deriva mobile, una pinna direzionale fissa e un albero, snodato alla base e munito di un caratteristico boma che consente di dirigere l'imbarcazione, stando in piedi su di essa. **SIN.** Surf nel sign. 3, tavola a vela | Lo sport praticato con tale imbarcazione. ➡ **ILL.** p. 2155 SPORT.

windsurfer /*ingl.* 'wɪnd,sɜːɹfəɹ/ [1987] **s. m.** e **f. inv.** ● Windsurfista.

windsurfing /*ingl.* 'wɪnd,sɜːɹfɪŋ/ [1977] **s. m. inv.** ● Sport praticato col windsurf.

windsurfista /win(d)sur'fista/ [1987] **s. m.** e **f.** (**pl. m.** *-i*) ● Chi pratica il windsurf.

wine cooler /*ingl.* 'waen,kuːləɹ/ [loc. ingl., propr. 'refrigeratore (*cooler*) per il vino (*wine*)' e non 'vino refrigerato'] **loc. sost. m. inv.** (**pl.** ingl. *wine coolers*) **1** Bevanda rinfrescante a basso tenore alcolico costituita da una miscela di vino bianco, succo di frutta e zucchero. **2** Contenitore da tavola per tenere in fresco bottiglie di vino.

wireless /'wairələs, *ingl.* 'waɪɹələs/ [vc. ingl., propr. 'privo di (*-less*) di cavo, filo (*wire*)'; 1993] **agg. inv.** ● Senza fili, detto spec. di dispositivo collegato ad altri mediante onde elettromagnetiche.

wit /*ingl.* wɪt/ [vc. ingl., propr. e in orig. 'brio'; 1973] **s. m. inv.** ● Arguzia, umorismo | Detto arguto, storiella spiritosa.

wok /wɔk, *cin.* wɒk/ [n. cinese del recipiente] **s. f. inv.** ● Padella a bordi alti di forma semisferica, tipica della tradizione cinese, usata spec. per friggere.

wolframàto /volfra'mato/ [da *wolframio*; 1961] **s. m.** ● (*chim.*) Sale dell'acido wolframico.

wolfràmico /vol'framiko/ [1961] **agg.** (**pl. m.** *-ci*) ● (*chim.*) Di, che contiene wolframio.

wolfràmio /vol'framjo/ o **volfràmio** [ted. *Wolfram*, propr. 'sporcizia di lupo', dal medio alto-ted. *Wolf* 'lupo' e *rām* 'sporcizia', così chiamato spreg., perché considerato inferiore allo stagno (?); 1771] **s. m.** ● (*chim.*) Tungsteno.

wolframite /volfra'mite/ [ted. *Wolframit*, da *Wolfram* 'wolframio' col suff. di minerale *-it* '-ite (2)'; 1923] **s. f.** ● (*miner.*) Nome del gergo minerario indicante una miscela di wolframato di ferro e di wolframato di manganese in cristalli tabulari neri, duri e pesanti.

won /*coreano* wɔn/ [etim. incerta; 1961] **s. m. inv.** ● Unità monetaria circolante in Corea del Nord e in Corea del Sud.

woofer /'vufer, *ingl.* 'woufəɹ/ [vc. ingl., da *woof* 'suono basso', d'orig. onomat.; 1966] **s. m. inv.** ● In un impianto per la riproduzione del suono ad alta fedeltà, altoparlante per basse frequenze sonore.

word processing /*ingl.* 'wɜːɹd,pɹoʊsɛsɪŋ/ [loc. ingl., comp. di *word* 'parola' (vc. germ.) e *processing* (V. *teleprocessing*); 1979] **loc. sost. m. inv.** ● (*elab.*) Insieme delle operazioni che consentono di registrare, memorizzare, correggere e stampare un testo scritto e che vengono compiute mediante un'apparecchiatura costituita gener. da un microelaboratore, una tastiera, uno schermo video, una memoria magnetica e una stampante.

word processor /*ingl.* 'wɜːɹd,pɹoʊsɛsəɹ/ [loc. ingl., comp. di *word* 'parola' (V. *word processing*) e *processor* (V. *processore*); 1984] **loc. sost. m. inv.** (**pl.** ingl. *word processors*) ● (*elab.*) Apparecchiatura per word processing, spesso dotata di schermo video per la visualizzazione di intere pagine di testo o di parti di esse.

work in progress /work in'progres, *ingl.* 'wɜːɹkɪm 'pḥɹɑʊ,gɹes/ [loc. ingl., propr. 'opera, lavoro (*work*) in (*in*) corso (*progress*)'; 1991] **loc. sost. m. inv.** (**pl.** ingl. *works in progress*) ● Lavoro aperto a continui arricchimenti, sviluppi, revisioni: *questo vocabolario è un work in progress.*

workshop /*ingl.* 'wɜːɹk,ʃɒp/ [vc. ingl., comp. di *work* 'lavoro' e *shop* 'negozio, bottega', poi anche 'laboratorio' (entrambi d'orig. germ.); 1957] **s. m. inv.** ● Riunione di più persone per lo studio collettivo di uno specifico argomento. **SIN.** Convegno, seminario.

work-song /ingl. ˈwɜːkˌsɒŋ/ [vc. ingl., comp. di *work* 'lavoro' e *song* 'canto, canzone'; 1989] **s. m. inv.** (pl. ingl. *work-songs*) ● (*mus.*) Canto intonato dai neri d'America durante il lavoro e poi divenuto uno dei fondamenti del jazz.

workstation /work ˈsteʃʃon, *ingl.* ˈwɜːkˌsteɪʃn/ [vc. ingl., comp. di *work* 'lavoro, meccanismo' (V. *workshop*) e *station* 'posto, stazione'; 1985] **loc. sost. f. inv.** (pl. ingl. *work stations*) ● (*elab.*) Stazione di lavoro.

wormiàno /vorˈmjano/ [dal n. dell'anatomista danese O. *Worm* (1588-1654)] **agg.** ● (*anat.*) Detto di ogni osso soprannumerario che si sviluppa in una sutura cranica.

wow (1) /*ingl.* waʊ/ [vc. ingl., d'orig. onomat.; 1980] **s. m. inv.** ● (*fis.*) Fluttuazione di frequenza del suono inciso o registrato su un supporto mobile, quale un disco musicale, un nastro magnetico o una pellicola cinematografica, dovuta a fluttuazioni lente della velocità di rotazione o di scorrimento del supporto.

wow (2) /*ingl.* waʊ/ [vc. espressiva ingl.; 1979] **inter.** ● Esprime entusiasmo, soddisfazione, divertito stupore.

wrestling /*ingl.* ˈrɛslɪŋ/ [vc. ingl., propr. 'lotta, combattimento', deriv. da *to wrest* 'torcere, stirare', per la violenza che caratterizza la forma agonistica di questa disciplina; 1985] **s. m. inv.** ● (*sport*) Tipo di lotta libera molto diffusa negli Stati Uniti, praticata più a scopo spettacolare che agonistico, nella quale i due o più avversari possono usare ogni tipo di espediente per avere la meglio sui contendenti.

writer /ˈvraitər, *ingl.* ˈraetəɪ/ [vc. ingl., propr. 'che scrive, scrittore'; 1993] **s. m. e f. inv.** ● Graffitista nei sign. 1 e 2.

würstel /ˈvyrstel, *ted.* ˈvʏʌstl/ [vc. ted., dim. di *Wurst* 'salsiccia', vc. isolata di etim. incerta; 1905] **s. m. inv.** (pl. ted. inv.) ● Salsiccia tipica della Germania e dell'Austria, di carne bovina e suina tritata finemente, talvolta affumicata.

X, X

In italiano si può incontrare la lettera X solo in latinismi (es. u*x*oricida /uksori'tʃida/), in grecismi (es. *xantofilla* /ksanto'filla/), in forestierismi d'altra origine (es. *texàno* /tek'sano/), in rari cognomi e nomi di luogo (es. *Bìxio* /'biksjo/, *Xànto* /k'santo/). Generalmente il suono rappresentato dalla lettera *X* è quello d'una sequenza consonantica non-sonora /ks/, che soprattutto nel parlare rapido, e tanto più nelle parole d'uso meno raro, tende a ridursi al solo elemento 'sibilante' /s/, doppio se compreso in mezzo a due vocali nell'interno della parola (es. *sassòfono* /sas'sɔfono/ accanto a *saxòfono* /sak'sɔfono/), altrimenti scempio (es. *silògrafo* /si'lɔgrafo/ accanto a *xilògrafo* /ksi'lɔgrafo/). In una serie di vocaboli, per lo più latinismi o grecismi comincianti per *ex-*, alla lettera *X* si suol dare, oltre e più spesso che il suono della sequenza consonantica non-sonora /ks/, quello della sonora correlativa /gz/, es. *exegètico* /egze'dzɛtiko/, a cui fa riscontro una semplice *s* sonora /z/ in altre forme dello stesso vocabolo o in altre voci della stessa famiglia più compiutamente italianizzate (es. *eṣegètico* /eze'dzɛtiko/).

x, (*maiusc.*) **X** [1516] **A** s. f. o m. ● Lettera dell'alfabeto greco e latino e di alcuni alfabeti moderni; è la ventiquattresima lettera dell'alfabeto italiano (nome per esteso *ics*) : *x minuscola, X maiuscola* | Nella compitazione spec. telefonica it. *x come xeres*; in quella internazionale *x come x-ray* | *Avere le gambe a x*, avere il ginocchio valgo | (*biol.*) Lettera con cui si indica, nel cariotipo, uno dei due cromosomi (l'altro si indica con *y*) che portano i geni per la determinazione del sesso; nel cariotipo umano due cromosomi *x* determinano il sesso femminile | (*mat.*) Simbolo letterale per indicare un'incognita di un'equazione o la variabile di una funzione; in un sistema di coordinate cartesiane, indica gener. i punti sull'ascissa | (*sport*) Nel pronostico sulla schedina del totocalcio indica la parità fra le due squadre; (*est.*) il pareggio stesso | (*sport*) Nel totip indica che un cavallo appartenente al gruppo x è arrivato primo o secondo. **B** in funzione di **agg.** ● (posposto al s.) Detto di cosa o persona indeterminata, sconosciuta, di cui non si sa nulla: *il signor x* | Detto di evento cruciale o determinante: *scocca l'ora x*.

xantàto [da (acido) *xantico* con sostituzione del suff. di acido (*-ico*) con suff. di sale (*-ato*); 1961] **s. m.** ● (*chim.*) Xantogenato.

xantelàṣma [comp. di *xant(o)-* e del gr. *elasmós* 'piastra'; 1961] **s. m.** ● (*med.*) Affezione cutanea caratterizzata dalla comparsa di macchie giallastre, spesso simmetriche, agli angoli interni superiori delle palpebre.

xantène [dal gr. *xanthós* 'giallo', di orig. incerta, col suff. *-ene*; 1961] **s. m.** ● (*chim.*) Composto organico ossigenato a tredici atomi di carbonio, in forma di cristalli gialli con fluorescenza verde, molto solubili in acido solforico; è il capostipite della famiglia dei coloranti xantenici.

xantènico [1961] **agg.** (pl. m. *-ci*) ● (*chim.*) Detto di composto contenente xantene | **Coloranti xantenici**, sostanze coloranti impiegate nella tintura di diversi materiali.

xàntico [comp. di *xant(o)-* e *-ico*; 1961] **agg.** (pl. m. *-ci*) ● Nella loc. **acido x.**, acido xantogenico.

xantìna [comp. di *xant(o)-* e *-ina*; 1961] **s. f.** ● (*chim.*) Base purinica diffusa nel regno animale e vegetale che rappresenta un intermedio della degradazione cellulare delle basi puriniche presenti negli acidi nucleici.

xanto- [dal gr. *xanthós* 'giallo', di orig. incerta] primo elemento ● In parole composte della terminologia scientifica, significa 'giallo': *xantofilla*.

Xantofìcee [comp. di *xanto-* e del gr. *phŷkos* 'alga', di orig. semitica; 1961] **s. f. pl.** (sing. *-a*) ● (*bot.*) Nella tassonomia vegetale, classe di organismi unicellulari o filamentosi plurinucleati, di colore giallo-bruno, che vivono in acque dolci o salmastre e in ambienti molto umidi (*Xanthophyceae*). **SIN.** Alghe gialle.

xantofìlla o (*raro*) **santofìlla** [comp. di *xanto-* e del gr. *phýllon* 'foglia', di orig. indeur.; 1940] **s. f.** ● (*chim.*) Pigmento giallo affine al carotene presente nei cloroplasti e in alcuni cromoplasti.

xantogenàto [da (acido) *xantogenico* con sostituzione del suff. di acido (*-ico*) con suff. di sale (*-ato*); 1961] **s. m.** ● Composto organico ottenuto in presenza di alcali da solfuro di carbonio e sostanze contenenti ossidrili. **SIN.** Xantato | **X. di cellulosa**, viscosa.

xantogènico [comp. di *xanto-* e *-genico*; 1961] **agg.** (pl. m. *-ci*) ● Nella loc. **acido x.**, acido poco stabile ottenuto dai sali per azione di acidi minerali forti. **SIN.** Xantico.

xantòma [comp. di *xant(o)-* e *-oma*; 1918] **s. m.** (pl. *-i*) ● (*med.*) Lesione cutanea pianeggiante o rilevata, di color giallastro, per lo più dovuta a infiltrazione di colesterolo.

xantomatóṣo [1961] **agg.** ● (*med.*) Di xantoma.

xantóne [dal gr. *xanthós* 'giallo' col suff. *-one* (2); 1987] **s. m.** ● (*chim.*) Composto organico eterociclico presente nei coloranti sintetici e in alcuni prodotti naturali, impiegato nella preparazione di insetticidi.

xantopsìa o **santopia**, **santopsìa** [comp. di *xant(o)-* e *opsìa*; 1940] **s. f.** ● (*med.*) Disturbo della visione, causato dall'ittero, per cui tutti gli oggetti sembrano gialli.

Xenàrtri [comp. del gr. *xénos* 'strano', di orig. incerta, e *árthron* 'articolazione', di orig. indeur.; 1957] **s. m. pl.** (sing. *-o*) ● Nella tassonomia animale, ordine di Mammiferi con dentatura ridotta e incompleta (*Xenarthra*).

xenia [gr. *xenía* 'ospitalità', da *xénos* 'straniero' e 'ospite', di orig. incerta, per allusione alla diretta influenza di un polline su altro seme; 1906] **s. f.** ● (*bot.*) Particolare caso di ibridazione fra due razze che provoca in una pianta alcuni frutti con i caratteri di un genitore e altri con quelli dell'altro.

xèno [dal gr. *xénos*, propr. 'straniero, estraneo', di orig. incerta, così chiamato per la sua rarità; 1961] **s. m.** ● Elemento chimico appartenente al gruppo dei gas nobili, usato per riempire lampade impiegate in fotografia e lampade ad arco. **SIMB.** Xe.

xeno- o **ṣèno-** [dal gr. *xénos* 'straniero'] primo elemento ● In parole composte dotte o scientifiche, significa 'straniero', 'estraneo' o 'ospite': *xenofobia, xenoglossia*.

xenòbio [comp. di *xeno-* e *-bio*; 1961] **agg.** ● (*zool.*) Detto di organismo che pratica la xenobiosi.

xenobiónte [comp. di *xeno-* e del gr. *bíōn*, genit. *bíōntos* 'vivente'; 1961] **s. m.** ● (*zool.*) Organismo che pratica la xenobiosi.

xenobiòṣi [comp. di *xeno-* e del gr. *bíōsis* 'condotta di vita'; 1961] **s. f.** ● (*zool.*) Fenomeno per cui nell'organismo animale risulta adattato a vivere nel rifugio o nel nido di un altro organismo di regola sistematicamente affine.

xenobiòtico [comp. di *xeno-* e del gr. *biotikós* 'vitale, della vita'; 1987] **agg.** (pl. m. *-ci*) ● Che non ha valore nutritivo: *sostanza xenobiotica*.

xenodòchio o **senodòchio**, †**ẓenodòchio** [gr. *xenodokêion*, da *xenodókos*, *xenodóchos* 'luogo per accogliere (*déchesthai*) gli ospiti (*xénoi*)'; 1961] **s. m.** ● Nel Medioevo, ospizio gratuito per forestieri.

xenoecologìa [comp. di *xeno-* ed *ecologia*; 1974] **s. f.** ● Ramo dell'ecologia che studia le condizioni ambientali dello spazio extraterrestre.

xenofilìa [comp. di *xeno-* e *-filia*; 1956] **s. f. 1** Tendenza a preferire tutto ciò che è straniero. **SIN.** Esterofilia. **2** (*zool.*) Tendenza di un organismo a praticare la xenobiosi.

xenòfilo [comp. di *xeno-* e *-filo*; 1967] **A agg.** ● anche **s. m.** ● Che (o Chi) preferisce tutto ciò che è straniero. **B agg. 1** Caratterizzato da xenofilia: *atteggiamento x*. **2** (*zool.*) Detto di organismo caratterizzato da xenofilia.

xenofobìa o (*raro*) **senofobia** [comp. di *xeno-* e *-fobia*; 1915] **s. f.** ● Odio, avversione per tutto ciò che è straniero.

xenofòbico [1985] **agg.** (pl. m. *-ci*) ● Che è ispirato a xenofobia: *scritto x.* | Da xenofobo: *gesto x.*

xenòfobo o (*raro*) **senòfobo** [comp. di *xeno-* e *-fobo*; 1908] **A agg.** ● anche **s. m.** (f. *-a*) ● Che (o Chi) sente odio per tutto ciò che è straniero. **B agg.** ● Improntato a xenofobia: *atteggiamento x.*

xenogamìa [comp. di *xeno-* e *-gamia*; 1961] **s. f.** ● (*bot.*) Impollinazione tra individui diversi della stessa specie.

xenogèneṣi [comp. di *xeno-* e *genesi*] **s. f.** ● (*biol.*) Generazione di prole con caratteri diversi rispetto ai genitori.

xenoglossìa o **senoglossìa** [comp. di *xeno-* e *-glossia*; 1950] **s. f.** ● Fenomeno di natura medianica per cui il soggetto, posto in determinate condizioni, parla una o più lingue a lui del tutto sconosciute.

xenologìa [comp. di *xeno-* e *-logia*] **s. f.** ● (*biol.*) Studio delle relazioni tra parassiti e organismi ospiti.

xenoparassìta [comp. di *xeno-* e *parassita*] **A s. m.** (pl. *-i*) ● (*biol.*) Microrganismo isolato da un organismo che non rappresenta il suo ospite abituale. **B** anche **agg.**

xenòpo [lat. scient. *xenopus*, comp. del gr. *xénos* 'strano, insolito' (V. *xeno*) e *pûs* 'piede' (V. *-podo*): detto così prob. dalle zampe largamente palmate; 1983] **s. m.** ● (*zool.*) Genere di anfibio degli Anuri che vive nelle acque interne delle regioni africane (*Xenopus*) | **X. liscio**, xenopo usato nei test di gravidanza (*Xenopus laevis*).

xenotrapiànto [comp. di *xeno-* e *trapianto*; 1991] **s. m.** ● (*chir.*) Eterotrapianto.

xères [ant. grafia del n. della città andalusa *Jerez* (de la Frontera); 1852] **s. m. inv.** ● Vino bianco spagnolo, dal colore ambrato e dal sapore secco e asciutto, con gradazione alcolica di circa 18°.

xèro- o **ṣèro-** [dal gr. *xerós* 'secco'] primo elemento ● In parole composte scientifiche, significa 'secco', 'arido': *xerobio, xerografia*.

xeròbio [comp. di *xero-* e del gr. *bíos* 'vita' ('essere vivente'); 1865] **agg.** ● (*zool.*) Detto di organismo animale o vegetale che può vivere in ambiente arido.

xerocòpia [comp. di *xero-* e *copia* (2); 1970] **s. f.** ● Copia di documenti ottenuta per mezzo di riproduttori xerografici.

xerocopiàre [1970] v. tr. (*io xerocòpio*) ● Fare xerocopia (di documenti, disegni, ecc.).

xerocopiatrice [comp. di *xero-* e *copiatrice*; 1987] s. f. ● Macchina che esegue xerocopie.

xerodèrma [comp. di *xero-* e *derma*; 1961] s. m. (pl. *-i*) ● (*med.*) Affezione cutanea con lesioni varie della pelle a carattere congenito sensibile alle radiazioni ultraviolette: *x. pigmentoso*.

xerodermìa [comp. di *xero-* e *-dermia*; 1970] s. f. ● (*med.*) Alterazione della cute, che diventa secca, dura, spec. per deficienza di vitamina A.

xeròfilo [comp. di *xero-* e *-filo*; 1947] **A** agg. ● Detto di organismo animale o vegetale che predilige i climi aridi. **B** s. m. (f. *-a*) ● Organismo animale o vegetale xerofilo.

xeròfito [comp. di *xero-* e *-fito*; 1865] **A** agg. ● Detto di organismo vegetale, spec. pianta, che vive in ambienti aridi. **B** s. m. (f. *-a*) ● Organismo vegetale xerofito.

xeroftalmìa [comp. di *xero-* e di un deriv. dal gr. *ophthalmós* 'occhio'; 1937] s. f. ● (*med.*) Affezione della cornea e della congiuntiva per deficit di vitamina A.

xeroftàlmico [1961] agg. (pl. m. *-ci*) ● Di xeroftalmia.

xeroftàlmo [1961] s. m. ● (*med.*) Xeroftalmia.

xerografìa [comp. di *xero-* e *-grafia*; 1950] s. f. ● Procedimento di stampa a secco impiegato nella riproduzione di documenti e basato sui principi dell'elettrostatica.

xerogràfico [1970] agg. (pl. m. *-ci*) ● Che si riferisce alla xerografia: *riproduttore xerografico*.

xeroradiografìa [comp. di *xero-* e *radiografia*; 1983] s. f. ● (*med.*) Metodo radiografico, impiegato spec. nella diagnosi precoce di tumori alla mammella, nel quale il radiogramma è ottenuto con procedimento xerografico su carta speciale.

xeroradiogràmma [comp. di *xero-* e *radiogramma*; 1983] s. m. (pl. *-i*) ● (*med.*) Radiogramma ottenuto mediante la xeroradiografia.

xerosfèra [comp. di *xero-* e *-sfera*; 1942] s. f. ● Ambiente climatico tipico dei deserti.

xeròsi [comp. del gr. *xerós* 'secco', di etim. incerta e *-osi*; 1961] s. f. ● (*med.*) Lesione degenerativa della congiuntiva.

xerostomìa [comp. di *xero-* e *-stomia*] s. f. ● (*med.*) Secchezza della mucosa orale per arresto di secrezione salivare.

xerotèrme s. f. pl. ● (*bot.*) Piante xeroterme.

xerotèrmo [comp. del gr. *xerós* 'secco', di etim. incerta e *thermós* 'caldo', di orig. indeur.; 1937] agg. ● Detto di organismo vegetale, spec. pianta, tipico delle regioni povere di precipitazioni e con ampia escursione termica.

xi /ksi*/ o **csi** s. m. o f. inv. ● (*ling.*) Nome della quattordicesima lettera dell'alfabeto greco.

xifòforo [comp. del gr. *xíphos* 'spada' (V. *xifoide*), qui nel senso di 'appendice puntata', e *-foro*; 1983] s. m. ● Genere di Pesci ossei dei Pecilidi, diffusi nell'America centrale e nel Messico, con specie pregiate per acquari (*Xiphophorus*).

xifòide [gr. *xiphoeidés* 'della forma (*êidos*) di spada (*xiphos*, di orig. incerta)'; 1905] **A** agg. ● Nella loc. (*anat.*) *apofisi x.*, parte inferiore dello sterno. **B** anche s. m. o f.

xifoidèo [1940] agg. ● (*anat.*) Dello xifoide.

Xifosùri [comp. del gr. *xíphos* 'spada' e di un deriv. da *ourá* 'coda'; 1961] s. m. pl. (sing. *-o*) ● Nella tassonomia animale, sottoclasse di Merostomi marini a forma discoidale, appiattiti, con corazza dura e appendice appuntita (*Xiphosura*).

xilàno [da *xilosio*; 1961] s. m. ● (*chim.*) Polisaccaride formato dall'associazione di molecole di xilosio; si trova spesso nelle piante insieme alla cellulosa.

xilèma o (*raro*) **silèma** [ted. *Xylem*, dal gr. *xýlon* 'legno', d'incerta orig.; 1931] s. m. (pl. *-i*) ● (*bot.*) Tessuto legnoso dei vegetali. SIN. Adroma.

xilemàtico o (*raro*) **silemàtico** [1961] agg. (pl. m. *-ci*) ● (*bot.*) Relativo allo xilema.

xilène [dal gr. *xýlon* 'legno' col suff. chim. *-ene*; 1961] s. m. ● Idrocarburo aromatico ottenuto da alcune frazioni del petrolio, la cui miscela è usata come solvente e come materia prima per la fabbricazione di materie coloranti, resine, poliesteri, e sim.

xilo- ● V. *silo-*.

xilòfago o **silòfago** [comp. di *xilo-* e *-fago*; 1927] agg. (pl. m. *-gi*) ● Detto di animale che si nutre di legno.

xilofonìsta o **silofonista** [1940] s. m. e f. (pl. m. *-i*) ● Suonatore di xilofono.

xilòfono o **silòfono** [comp. di *xilo-* e *-fono*; 1895] s. m. ● Strumento musicale costituito da una serie di cilindri (o lamine) spec. di legno o bambù, graduati, infilati su cordoni e separati tra loro con isolatori, che si suona con piccoli martelli di legno. ➡ ILL. **musica**.

xilografìa o **silografia** [comp. di *xilo-* e *-grafia*; 1841] s. f. ● Tecnica d'incisione rilievografica in cui si asportano dalla parte superiore d'una tavoletta di legno le parti non costituenti il disegno | Stampa così ottenuta.

xilogràfico o **silogràfico** [1940] agg. (pl. m. *-ci*) ● Che si riferisce alla xilografia.

xilògrafo o **silògrafo** [comp. di *xilo-* e *-grafo*; 1940] s. m. (f. *-a*) ● Chi esegue incisioni xilografiche.

xilolite [comp. del gr. *xýlon* 'legno', di etim. incerta, e *líthos* 'pietra', di orig. sconosciuta; 1940] s. f. ● Tipo di pavimentazione artificiale in un solo pezzo.

xilòlo [comp. del gr. *xýlon* 'legno' e del suff. chim. *-olo* (2); 1961] s. m. ● (*chim.*) Xilene.

xilologìa e deriv. ● V. *silologia* e deriv.

xilòsio [da *xilo-* col suff. *-osio*; 1961] s. m. ● Zucchero destrogiro, bianco e cristallino, estratto dal legno per idrolisi, è impiegato in tintoria e negli alimenti per diabetici. SIN. Zucchero di legno.

xilotèca ● V. *siloteca*.

xòanon /gr. 'ksoanon/ [vc. gr. (*xóanon*) col sign. proprio di 'immagine ricavata dal legno', dal v. *xêin* 'scolpire'; 1841] s. m. inv. (pl. gr. *xoana*) ● Statuetta, originariamente lignea e poi anche di altro materiale, rappresentante una divinità, nell'antica Grecia.

xografìa [comp. di un deriv. del gr. *xêin* 'scolpire' e *-grafia*; 1985] s. f. ● Sistema di stampa che permette di ottenere da due fotografie stereoscopiche dello stesso soggetto una sola immagine tridimensionale.

y, Y

In italiano si può incontrare la lettera Y solo in pochi forestierismi, dove ha, secondo i casi, l'uno o l'altro dei due principali valori dell'*I*, quello vocalico (es. *iprite* o *yprite* /i'prite/) e quello consonantico (es. *iùcca* o *yùcca* /'jukka/).

y, (*maiusc.*) **Y** [sec. XIV] **s. f. o m.** ● Lettera dell'alfabeto greco e latino e di alcuni alfabeti moderni; è la venticinquesima lettera dell'alfabeto italiano (nome per esteso *ìpsilon*, *i greca*, raro *ỳpsilon*): *y minuscola*, *Y maiuscolo* | Nella compitazione spec. telefonica it. *y come yacht*; in quella internazionale *y come yankee* | (*biol.*) Lettera con cui si indica, nel cariotipo, uno dei due cromosomi (l'altro si indica con *x*) che portano i geni per la determinazione del sesso; nel cariotipo umano, *y* è presente solo nel sesso maschile (*mat.*) Simbolo letterale per indicare un'incognita di un'equazione o la variabile di una funzione; in un sistema di coordinate cartesiane, indica gener. i punti sull'ordinata.

yacht /*ingl.* jɔt/ [vc. ingl., dal neerlandese *jacht*, per *jacht(schiff)* 'battello (*schiff*) da caccia (*jacht*)'; 1802] **s. m. inv.** ● Imbarcazione o nave da diporto, a vela o a motore.

yacht broker /*ingl.* 'jɔt,brəʊkəʒ/ [loc. ingl., comp. di *yacht* (V.) e *broker* 'mediatore' (d'orig. incerta)] **loc. sost. m. inv.** (**pl. ingl.** *yacht brokers*) ● Mediatore in compravendita, noleggio e sim. di yacht.

yachting /*ingl.* 'jɔtɪŋ/ [vc. verb. ingl. sost., da *yacht*; 1905] **s. m. inv.** ● Sport o pratica della navigazione da diporto.

yachtsman /*ingl.* 'jɔtsmən/ [vc. ingl., propr. 'uomo (*man*, di orig. e area germ.) dello *yacht*', con *s* genitivale; 1905] **s. m. inv.** (**f.** ingl. *yachtswoman*, **pl. m.** *yachtsmen*, **pl. f.** *yachtswomen*) ● Chi pratica lo yachting.

yak /*ingl.* jæk/ [vc. di orig. tibetana; 1891] **s. m. inv.** ● Imponente bovide delle alte montagne asiatiche, con mantello lanoso di peli ondulati, addomesticabile (*Bos grunniensis*). ➡ ILL. **animali**/13.

yakùsa o **yakuza** /ja'kuza, *giapp.* ˈjaˌku̥ˌza/ [vc. giapp.; 1985] **s. f. inv.** ● Mafia giapponese.

yamatologìa /jamatolo'dʒia/ e *deriv.* ● V. *iamatologia* e *deriv.*

yang /*ingl.* jaŋ/ [vc. cin., propr. 'brillante, luminoso'; 1899] **s. m. solo sing.** ● Nella filosofia cinese, e spec. nel taoismo, una delle due energie primarie che polarizzano l'intera realtà; rappresenta il principio maschile e positivo, complementare e opposto allo *yin*.

yankee (1) /*ingl.* 'jɛŋki, *ingl.* 'jæŋki/ [etim. discussa; dal n. neerlandese *Janke* (dim. di *Jan* 'Giovanni'), con cui i coloni d'origine olandese chiamavano quelli d'origine inglese del Connecticut (?); 1825] **A s. m. e f. inv.** ● Soprannome con il quale i soldati inglesi chiamavano gli Americani durante la rivoluzione | Soprannome con cui i sudisti chiamavano i nordisti durante la guerra di secessione | Ogni cittadino americano di origine anglosassone. **B agg. inv.** ● Degli yankee | (*est.*) Che è tipicamente americano | (*spec.* spreg. o *scherz.*): *usanza y.*

yankee (2) /*ingl.* 'jɛŋki, *ingl.* 'jæŋki/ [vc. ingl. attribuita a vari oggetti di orig. americana, come *Yankee topsail* '(vela) americana'] **s. m. inv.** (*mar.*) Vela inferita allo strallo prodiero nell'attrezzatura con due fiocchi, caratterizzata dalla bugna molto alta sulla coperta.

yard /*ingl.* jɑːd/ [vc. ingl., dall'ant. ingl. *gierd*, *ge(a)rd* 'misura', 'pertica', di orig. indeur.; 1765] **s. f. inv.** ● Misura di lunghezza inglese, pari a metri 0,914. SIMB. *yd*.

yatagàn /jata'gan/ o **iatagàn** [vc. turca (*yatagan*); 1905] **s. f. inv.** ● Sciabola ricurva portata dai giannizzeri turchi | Scimitarra malese e indiana.

yawl /*ingl.* jɔːl/ [vc. ingl., var. di *yowl* 'iole'; 1905] **s. m. inv.** ● Imbarcazione a vela a due alberi, con l'albero di mezzana molto più piccolo e situato a poppavia dell'asse del timone. CFR. *Ketch*.

yearling /*ingl.* 'jəːlɪŋ/ [vc. ingl., propr. 'di un anno' (*year*, orig. indeur.)'; 1927] **s. m. inv.** ● Puledro purosangue inglese o americano da corsa, di un anno di età.

yemenita /jeme'nita/ [1937] **A agg. (pl. m. -i)** ● Dello Yemen. **B s. m. e f.** ● Abitante, nativo dello Yemen.

yen /jɛn, *giapp.* ɛ̃/ [dal cin. *yüan*, *üen* 'cerchio, oggetto rotondo', da cui il giapp. *en*; 1905] **s. m. inv.** ● Unità monetaria circolante in Giappone. SIMB. ¥.

yes man /'jezmæn, *ingl.* 'jesmæn/ [vc. ingl., comp. di *yes* 'sì' (d'orig. incerta) e *man* 'uomo' (V. *salesman*); 1963] **loc. sost. m. inv.** (**f.** ingl. *yes woman* /jes'wɔmən, *ingl.* 'jes,wʊmən/; **pl. m.** ingl. *yes men*; **pl. f.** ingl. *yes women* /jes'wɪmən, *ingl.* 'jes,wɪmɪn/) ● Persona servile e accondiscendente, spec. nei confronti di un suo superiore.

yèti /'jeti/ [vc. di orig. tibetana; 1963] **s. m. inv.** ● Essere misterioso all'uomo, ma di costituzione gigantesca, che, secondo una leggenda, vivrebbe fra le nevi dell'Himalaya.

yé-yé /fr. je'je/ [vc. fr., raddoppiamento dell'anglo-americano *yeah*, *yah* (deformazione pop. di *yes* 'sì': V. *yes man*); 1971] **A s. m. inv.** ● Genere di musica leggera molto ritmata con caratteristici accompagnamenti vocali, di moda spec. nei primi anni '60 del Novecento | Tipo di ballo assai animato al ritmo di questa musica | (*est.*) Moda, atteggiamenti, gusti caratteristici di una certa gioventù di quel tempo. **B agg. inv.** ● Che si ispira a tale modo e atteggiamenti: *vestito, ragazza yé-yé*.

yiddish /*ingl.* 'jɪdɪʃ/ o **jiddisch** [corrispondente ingl. del vocabolo in lingua yiddish *yidish* (*daytsh*) '(tedesco) ebraico'; 1931] **A s. m. solo sing.** ● Lingua del gruppo germanico, formata all'origine su un dialetto francone e parlata dalle comunità ebraiche della Germania, dell'Europa orientale e ora anche negli U.S.A., gener. scritta in caratteri ebraici, che comprende vocaboli spec. tedeschi con aggiunta di parole di origine ebraica, aramaica e slava. **B anche agg. inv.**: *letteratura y.*

yin /*ingl.* jɪn/ [vc. cin., propr. 'oscuro'; 1899] **s. m. solo sing.** ● Nella filosofia cinese, e spec. nel taoismo, una delle due energie primarie che polarizzano l'intera realtà; rappresenta il principio femminile e negativo, complementare e opposto allo *yang*.

ylang-ylàng /ilaŋɡiˈlaŋɡ/ [vc. di una lingua delle Filippine] **s. m. inv.** ● Albero delle Anonacee, originario dell'Asia, dai cui fiori si ricava un'essenza caratteristica usata in profumeria (*Cananga odorata*).

yocto- /'jɔkto-/ [dal convenzionale *octo* 'otto', riferito all'ottava potenza di 10⁻³, col mutamento di *o-* in *yo-*, per evitare di confonderlo con lo zero] primo elemento ● Anteposto a un'unità di misura la moltiplica per 10^{-24} cioè per un milionesimo di miliardesimo di miliardesimo. SIMB. *y*.

yòga /'jɔɡa, *sanscrito* 'joːɡʌ/ [vc. sanscrita, propr. 'unione', dal v. *yunákti* 'congiunge', di orig. indeur., come il lat. *iùngere* 'porre al giogo'; 1907] **A s. m. inv. 1** Sistema filosofico-religioso dell'India antica, che aspira alla mistica unione della propria essenza con l'Essere Supremo attraverso una tecnica propedeutica di dominio del corpo e dei sensi, con acquisizione di facoltà eccezionali e con potenziamento dei poteri paranormali. **2** Tecnica orientale di ginnastica della respirazione e dei movimenti. **B agg. inv.** ● Dello yoga, nel sign. 2: *posizione y.*

yòghin /*sanscrito* 'joːɡɪn/ ● V. *yogin*.

yògico /'jɔdʒiko/ [1910] **agg. (pl. m. -ci)** ● Relativo allo yoga.

yògin /*sanscrito* 'joːɡɪn/ o **yòghin** [1942] **s. m. e f. inv.** ● Chi pratica lo yoga.

yògurt /'jɔɡurt/ o **yòghurt**, **iògurt** [turco *yoğurt*, di etim. incerta; 1918] **s. m. inv.** ● Latte coagulato per effetto di uno speciale fermento, originario della Bulgaria, spesso zuccherato e aromatizzato con frutta, cioccolato e sim.

yogurtièra /joɡurt'tjɛra/ o **iogurtièra** [da *yogurt*; 1983] **s. f.** ● Apparecchio elettrodomestico per la preparazione dello yogurt.

yòle /'jɔle/ ● V. *iole*.

Yom Kippùr /*ebr.* jom kip'pur/ [loc. ebr., propr. 'giorno (*yōm*) del *Kippur* (V.)] **loc. sost. m. inv.** ● Festa ebraica che cade il 10 del mese di *tishrì* (settembre-ottobre) dedicata al digiuno e alla preghiera.

yorkshire /'jɔrkʃair, *ingl.* 'jɔːkʃə/ [dalla regione di provenienza, la contea di *Yorkshire*; 1930] **s. m. inv. 1** Razza suina molto pregiata, originaria dell'Inghilterra. **2** Accorc. di *Yorkshire terrier*.

Yorkshire terrier /*ingl.* 'jɔːkʃə ˈtɛrɪə/ [comp. dal n. della regione inglese d'origine e *terrier* (V.); 1930] **loc. sost. m. inv.** (**pl.** ingl. *Yorkshire terriers*) ● Piccolo cane inglese di lusso, dal caratteristico pelo fluente, con mantello gener. a due colori, molto vivace ed elegante.

yotta- /'jɔtta-/ [dal convenzionale *octo* 'otto', riferito all'ottava potenza di 10^3, col mutamento di *o-* in *yo-* per evitare di confonderlo con lo zero] primo elemento ● Anteposto a un'unità di misura la moltiplica per 10^{24} cioè per un milione di miliardi di miliardi.

yo-yo® /'jo:jɔ*, *ingl.* 'jəʊjəʊ/ [marchio registrato; 1938] **s. m. inv.** ● Giocattolo d'origine cinese, costituito da una rotella scanalata sulla quale è avvolto uno spago, legato per un'estremità al dito del giocatore; lasciando cadere la rotella, questa risale da sola | (*fig.*) **Effetto yo-yo**, nel linguaggio giornalistico, rapido dimagrimento conseguente a una dieta, seguito da un ritorno al peso precedente dopo l'interruzione della dieta stessa.

yprite /i'prite/ ● V. *iprite*.

ypsilon /'ipsilon/ ● V. *ipsilon*.

yttrio /'ittrio/ ● V. *ittrio*.

yuan /*cin.* 'ɥɛn/ [vc. cin., propr. 'rotondo, circolare'; 1942] **s. m. inv.** ● Unità monetaria della Repubblica Popolare Cinese, denominata ufficialmente *renminbi*. SIMB. ¥.

yùcca /'jukka/ o **iùcca** [vc. sp., di provenienza messicana e orig. incerta; av. 1557] **s. f.** ● Liliacea americana cespitosa e arborea con fusto rivestito da foglie lineari, spinose all'apice, fiori bianchi penduli in pannocchie, coltivata in molte varietà (*Yucca*). ➡ ILL. **piante**/11.

yuppie /'juppi, *ingl.* 'jʌpi/ o **yuppy** [vc. ingl., deriv. da *yup* (*young urban professional* 'giovane professionista cittadino'); 1984] **s. m. e f. inv.** ● (*iron.* o *spreg.*) Giovane impiegato o professionista ambizioso che mira essenzialmente a fare una rapida carriera, attento alle relazioni sociali e alla cura della propria immagine. CFR. *Rampante*.

yuppismo /jup'pizmo/ [1986] **s. m.** ● Comportamento, modo di pensare e di agire da yuppie.

yuppy /'juppi/ ● V. *yuppie*.

yùrta /'jurta/ ● V. *iurta*.

yuyù /ju'ju*/ [vc. di orig. orient.: da un dial. cin. (?); 1970] **s. m. inv.** ● Piccola barca a un remo, fissato a poppa.

z, Z

I suoni rappresentati in italiano dalla lettera Z sono quelli delle due consonanti semiocclusive, o affricate, dentali: la Z non-sonora o 'aspra' /ts/ e la Z sonora o 'dolce' /dz/. In tutte le posizioni in cui la lettera Z si può trovare, si danno casi di pronuncia non-sonora e casi di pronuncia sonora. Così in principio di parola (es. *zio* /*tsio/ contro *zòo* /*dzɔo/); così dopo consonante (es. *lónza* /'lontsa/ contro *rónza* /'rondza/); così in mezzo a due vocali (es. *pàzza* /'patstsa/ contro *bàzza* /'baddza/); così tra una vocale e un'approssimante (es. *azióne* /ats'tsjone/ contro *aziènda* /adz'dzjɛnda/). Si può dire solo, in generale, che la Z sonora è assai meno frequente di quella non-sonora e è poi particolarmente rara, sempre in confronto a quella non-sonora, se preceduta da *L* oppure se seguita da *I* accentato o non-accentato, seguito a sua volta da altra vocale. Non-sonora o sonora, la Z è semplice (es. *màrzo* /'martso/, *gàrza* /'gardza/, *con zùcchero* /kon'tsukkero/, *per zèro* /per'dzero/), o, tra due vocali o tra vocale e approssimante, geminata (es. *màzzo* /'matstso/, *gàzza* /'gaddza/, *pòco zùcchero* /pɔkots'tsukkero/, *sótto zèro* /sottodz'dzero/). Del tutto eccezionali sono i casi di Z seguita da consonante e di Z finale di parola. La Z è sempre scritta scempia nelle posizioni corrispondenti al grado semplice. Al grado geminato corrisponde di regola una grafia doppia, all'interno di parola (con alquante eccezioni, soprattutto in grecismi e altri forestierismi: es. *azalèa* /adzdza'lea/, *rizòma* /ridz'dzɔma/, *nazista* /nats'tsista/, da confrontare con *azzàrdo* /adz'dzardo/, *ruzzàre* /rudz'dzare/, *razzìsta* /rats'tsista/); si ha però di solito grafia scempia davanti a un'*I* accentata o non-accentata, seguita a sua volta da un'altra vocale (con eccezioni in parole derivate da altre con Z doppia: es. *pazzìa* /pats'tsia/, *mazzière* /mats'tsjɛre/, da confrontare con *abbazìa* /abbats'tsia/, *dazière* /dats'tsjɛre/).

z, (maiusc.) **Z** [1516] s. f. o m. ● Ventiseiesima lettera dell'alfabeto italiano [nome per esteso *zèta*): *z minuscola*, *Z maiuscolo* | **Dall'a alla z**, (*fig., est.*) dal principio alla fine | Nella compitazione spec. telefonica it. *z come Zara*; in quella internazionale *z come zulu* [*mat.*) Simbolo letterale per indicare un'incognita di un'equazione o la variabile di una funzione; in un sistema di coordinate nello spazio, individua i punti su uno dei tre assi.

za [vc. onomat.] inter. ● Riproduce il rumore di un colpo che scende fendendo l'aria: *prese una riga e za! sulle mani*.

zabaióne o **zabaglióne** [etim. discussa: collegata con il lat. tardo *sabāia* 'specie di bevanda (d'orzo) ordinaria' (?); sec. XV] **s. m. 1** Crema spumosa che si ottiene sbattendo tuorli d'uovo con zucchero, aggiungendovi marsala o altro vino liquoroso, e cuocendo il tutto a bagnomaria: *fare, bersi uno z.* **2** (*est.*) Liquore a base di zabaione. **3** (*fig., raro*) Mescolanza, confusione spec. di idee, frasi, espressioni. || **zabaioncìno**, dim.

†**zabattièro** [deriv. dal sett. *zavata* con sovrapposizione del corrisp. *ciabatta*] s. m. ● Ciabattino.
†**zabibo** ● V. *zibibbo*.

zàbro [gr. *zabrós* 'che mangia molto', di forma e orig. incerte; 1891] **s. m.** ● Coleottero con testa e robuste mandibole che rode culmi e spighe del frumento e, come larve, radici (*Zabrus tenebrioides*).

zac o **zàcchete** [vc. onomat.; av. 1910] inter. ● Riproduce il rumore di un colpo, di un taglio secco, rapido, netto e improvviso: *tutt'a un tratto zac! gli lasciò andare un ceffone*; *perse la pazienza e zac zac zac, con le forbici gli tagliò i capelli* | **Zic zac**, riproduce il susseguirsi di due tagli o strappi rapidi, netti o il movimento rapido e secco di qlco.

†**zaccaràle** (o **z-**) [etim. incerta] **s. m.** ● Strettoio, colatoio.
†**zàccaro** (o **z-**) [av. 1530] **s. m.** ● Zacchera.
zàcchera (o **z-**) [longob. *zahhar* 'lacrima, goccia (che cade)', di orig. onomat.; 1481] **s. f. 1** Schizzo di mota, di fango che resta attaccato al fondo degli abiti o alle scarpe. **2** (*fig., disus.*) Bagattella, bazzecola, piccolezza. **3** *Caccola sulla lana di capre o pecore. || **zaccherèlla** (o **z-**), dim. | **zaccherétta** (o **z-**), dim. | **zaccheruzza** (o **z-**), dim. pegg.
zaccheróne (o **z-**) [1891] **s. m.** (f. *-a*) **1** (*fam.*) Chi si inzacchera molto o abitualmente. **2** (*fig., raro*) Persona dall'aspetto sciatto, sudicio.
zaccheróso (o **z-**) [1353] agg. ● Schizzato di fango: *scarpe zaccherose*.
zàcchete ● V. *zac*.
†**zacconàto** (o **z-**) [etim. incerta] vc. ● Solo nella loc. *andare z.*, andare a zonzo.
zaf ● V. *zaff*.
†**zafardàta** (o **z-**) [etim. incerta; av. 1712] **s. f.** ● (*raro*) Colpo dato con una cosa imbrattata.
†**zafardóso** (o **z-**) [V. *zafardata*] agg. ● Imbrattato, sporco.
zaff o **zaf**, **zàffe**, **zàffete** [vc. onomat.; 1883] inter. **1** Riproduce il rumore di un colpo, di uno strappo, di un taglio secco, deciso, improvviso *e z. gli tagliò la testa* | **Ziff z.**, riproduce il rapido susseguirsi di due strappi o tagli su un materiale leggero. **2** (*scherz., fig.*) Si usa per indicare l'azione del ghermire, dello strappare qlco. a qlcu. improvvisamente e con rapidità: *il gatto saltò sul tavolo e z.! via con la carne!*
zafframénto (o **z-**) **s. m.** ● (*raro*) Lo zaffare (1).
zaffàre ● V. *zaffare*.
zaffàre (1) (o **z-**) [da *zaffo* (1); av. 1698] v. tr. **1** (*med.*) Tamponare con lo zaffo: *z. una ferita*. **2** (*enol.*) Turare, tappare con lo zaffo: *z. un tino*.
†**zaffàre** (2) (o **z-**) [vc. di provenienza venez. (ant. *zafàr* 'acciuffare') e di orig. imit.; av. 1589] v. tr. ● Pigliare, trattenere qlcu. con la violenza | Arrestare.
zaffàta (1) (o **z-**) [da *zaffare* (1); av. 1400] **s. f. 1** Tanfo improvviso che impedisce il respiro. **2** Getto di liquido o di gas che all'improvviso raggiunge la faccia o colpisce addosso. **SIN.** Spruzzo. || **zaffatàccia** (o **z-**), pegg. | **zaffatìna** (o **z-**), dim.
†**zaffàta** (2) (o **z-**) [da *zaffare* (2); av. 1400] **s. f.** ● (*raro*) Biasimo, rimprovero; *il Piovano ... mi dava alquante zaffate per gli sconci che vedeva nel muro* (NIEVO) | Scherno.
zaffatùra (o **z-**) [da *zaffare* (1); av. 1698] **s. f. 1** Zaffamento | Chiusura ottenuta mediante zaffo. **2** (*enol., raro*) Zaffo.
zaffe ● V. *zaff*.
zàffera o **zàffara** [gr. *sáppheiros*, che designava propr. il 'lapislazzuli'; 1612] **s. f.** ● Mistura vitrea a base di cobalto, azzurra, turchina o violetta, per la tintura dei vetri e delle maioliche.
zafferanàto [1879] agg. **1** Condito con zafferano: *riso z.* **2** Del colore dello zafferano.
zafferàno [dall'ar. *za'farān* 'croco'; av. 1350] **A** s. m. **1** Erba delle Iridacee con foglie lineari verdi e due fiori utili per estrarre la droga omonima (*Crocus sativus*) | (*pop.*) **Z. bastardo**, colchico | (*pop.*) **Z. falso**, cartamo. ➡ **ILL. piante**/11; **spezie. 2** Droga giallo-rossa che si ottiene dagli stigmi polverizzati della pianta omonima e si usa spec. in cucina o in farmacia: *risotto allo z.* | **Giallo come lo z.**, giallo intenso. **B** in funzione di agg. inv. ● (posposto al s.) Detto di colore giallo intenso: *vestito z.* | **Gabbiano z.**, piccolo gabbiano dal vivace e intenso colore giallo che vive a gruppi sulle coste nord-europee (*Larus fuscus*).
zafferanóne [1840] **s. m.** ● (*bot.*) Cartamo.
zaffirino [lat. *sapphirīnu(m)*, da *sapphīrus* 'zaffiro'; sec. XVI] agg. **1** Di zaffiro: *gemme zaffirine*. **2** Simile allo zaffiro, spec. nel colore: *cielo z.*
zaffiro o, più diffuso ma meno corretto, **zàffiro**, †**saffiro**, †**zafiro** [lat. *sapphīru(m)*, dal gr. *sáppheiros*, propr. 'lapislazzuli', di orig. semitica; sec. XIII] **s. m.** ● (*miner.*) Varietà azzurra di corindone, usata come gemma | Qualsiasi altra varietà limpida di corindone usata come gemma, indipendentemente dal colore: *z. giallo, z. rosa, z. verde, z. viola, z. incolore* | (*fig.*) **Cielo di z.**, azzurro e trasparente. || **zaffirétto**, dim. | **zaffirìno**, dim.
zàffo (1) (o **z-**) [longob. *zapfo*, parallelo di *tappo*, dal germ. *tappôn* 'tappare'; av. 1470] **s. m. 1** (*enol.*) Tappo di legno ricoperto di stoppa per chiudere il foro delle botti o dei tini | Zipolo. **2** (*med.*) Tratto di benda, per lo più arrotolata, per medicazione, tamponamento o drenaggio. **SIN.** Stuello, tampone. **3** Borra, stoppaccio. **4** (*mar.*) Tappo dell'alleggio.
†**zàffo** (2) (o **z-**) [da †*zaffàre* (2); sec. XIV] **s. m.** ● Sbirro.
†**zafiro** ● V. *zaffiro*.
zàfra [vc. sp., dal port. *safra* 'raccolta, mietitura', d'orig. incerta (forse ar.)] **s. f.** ● Raccolta e lavorazione della canna da zucchero, a Cuba.
zagàglia [berbero *zagāja* 'giavellotto', passato all'ar. dall'Africa sett., nei cui dialetti tuttora vive; 1358] **s. f. 1** Lunga arma su asta, in uso sino al sec. XVI. **2** Tipica arma sudafricana in forma di corto giavellotto dalla punta di ferro e dal legno leggero e molto resistente. || **zagaglièlla**, dim.
zagagliàta [av. 1565] **s. f.** ● Colpo dato con la zagaglia.
†**zaganèlla** o †**zagonèlla** [etim. discussa: assieme a *zaganello* vc. merid., da ammettere alla famiglia di *sagola* (?); 1606] **s. f. 1** Tipo di fune. **2** Orlatura listata con fili d'argento e d'oro. **3** Beffa, scherno | **Attaccare le zaganelle**, deridere, beffare.
zàgara [ar. *zahar*, da *zahr* 'fiore'; 1682] **s. f.** ● Fiore d'arancio: *Che lunga notte e luna rossa e verde / al tuo grido tra zagare* (QUASIMODO).
zagarèlla [var. di *zaganella*; 1961] **s. f.** ● Striscia scura lungo il dorso del manto degli Equidi.
zaglòsso [comp. del pref. intens. gr. *za-* e del gr. *glōssa* 'lingua' (V. *glossa* (1)): detto così per il rostro particolarmente prolungato; 1961] **s. m.** ● Genere di Mammiferi monotremi viventi nella Nuova Guinea, caratterizzati da arti e cranio allungati, rostro più lungo di quello delle echidne, aculei lunghi ma non fitti (*Zaglossus*) | Ogni animale appartenente a tale genere.
†**zagonèlla** ● V. †*zaganella*.
zaidìta [dal n. del fondatore della setta, Zaid (*Ibn 'Alī*); 1933] **s. m. e f.** (pl. m. *-i*) ● Seguace di una setta musulmana sciita, caratterizzata dalla moderatezza delle opinioni religiose e politiche.
†**zàina** (o **z-**) ● V. *zana*.

zainètto [1826] s. m. *1* Dim. di *zaino* (*2*). *2* Zaino di dimensioni ridotte, usato spec. dai giovani per il trasporto di libri, attrezzature sportive, effetti personali.

♦**zàino** (1) o †**zàno** [longob. *zaina* 'corbello, cesto'; 1516] s. m. ● Sacco di tela o altro materiale impermeabile e resistente che, munito di cinghie per essere caricato e trasportato sulle spalle, contiene il corredo personale e oggetti vari di militari, alpinisti, gitanti e sim.: *z. in spalla!*; *z. a terra!* | (*mil.*) ***Affardellare lo z.***, disporvi dentro, con ordine le cose di cui va riempito | ***A z.***, detto di oggetto che si porta appeso alle spalle: *irroratrice a z.* ➡ ILL. p. 2160 SPORT; **campeggiatore.** || **zainètto**, dim. (V.).

zàino (2) [etim. discussa: applicazione particolare di *zaino* (*1*) (?)] agg. ● Detto di colore di mantello equino scuro, senza nessun pelo bianco.

zaire /*'dza'ire, *fr.* za'i:ʀ/ [dal n. dello Stato (*Zaire*), che è la forma portoghese di *Nzari*, ant. n. locale del fiume Congo] s. m. inv. ● Unità monetaria circolante nella Repubblica democratica del Congo, Stato dell'Africa equatoriale.

zairése [1983] agg.; anche s. m. e f. ● Zairiano.

zairiàno [1973] **A** agg. ● Dello Zaire, ora Repubblica democratica del Congo. **B** s. m. ● Nativo, abitante della Repubblica democratica del Congo.

zairòta agg.; anche s. m. e f. (pl. m. *-i*) ● (*raro*) Zairiano.

zalòfo [lat. sc. *zalōphus*, vc. d'orig. non accertata] s. m. ● Genere di Mammiferi carnivori pinnipedi caratterizzati da corpo slanciato con capo sottile e appuntito, mantello di colore bruno privo di criniera e voce simile a un latrato (*Zalophus*) | Ogni animale appartenente a tale genere.

zàma [prob. dalle iniziali dei suoi componenti: *z*(*inco*), *a*(*lluminio*), *m*(*agnesio*) e la finale di (*leg*)*a*; 1939] s. f. ● (*metall.*) Lega di zinco con alluminio, magnesio e rame in varie percentuali, usata spec. per pressofusioni di particolari di forma molto complicata.

†**zamàrra** ● V. *zimarra*.

zamberlùcco [dal turco *yağmurluq* 'mantello per la pioggia (*yağmur*)'; av. 1698] s. m. (pl. *-chi*) *1* Lunga sopravveste con ampio cappuccio usata un tempo da alcuni popoli orientali. *2* (*scherz.*, *disus.*) Palandrana, ampia e lunga veste.

zambiàno [1973] **A** agg. ● Dello Zambia, repubblica dell'Africa australe corrispondente all'ex Rhodesia del Nord. **B** s. m. ● Nativo, abitante dello Zambia.

zambo /*sp.* 'θambo, 'sa-/ [vc. sp., propr. 'testardo', di etim. incerta (forse stessa orig. dell'it. *strambo*)] s. m. inv. (pl. sp. *zambos*) ● Meticcio dell'America latina, nato dall'unione di un genitore indio e di un genitore nero di origine africana.

†**zàmbra** (o z-) o †**sàmbra** [ant. fr. *chambre*, dal lat. *cămara* 'camera'; av. 1306] s. f. *1* Camera, stanza. *2* Ritirata, gabinetto.

†**zambràcca** (o z-) [da †*zambra* col suff. di (*baldr*)*acca* e d'altri spreg.; av. 1492] s. f. *1* Cameriera, spec. sudicia e sciatta. *2* Meretrice, baldracca. || †**zambraccàccia** (o z-), pegg.

†**zambràccola** (o z-) s. f. ● Zambracca.

†**zambùco** ● V. *sambuco* (*2*).

♦**zàmpa** (o z-) [etim. incerta: forse sovrapp. di *zanca* a *gamba*; av. 1400] s. f. *1* (*zool.*) Ciascuno degli arti degli animali: *le zampe di un elefante*, *di un cavallo*, *di un daino* | (*pop.*) Parte terminale dell'arto di alcuni animali, anche nel loro eventuale uso di cucina: *al mio cane si è confitta una spina nella z.*; *le zampe del pollo*; *una z. di vitella* | ***Falsa z.***, pseudozampa | ***Zampe di gallina***, ***di mosca***, (*fig.*, *scherz.*) calligrafia illeggibile per la sua irregolarità | ***Zampe di gallina***, (*fig.*) grinze intorno agli occhi, spec. nelle persone anziane. ➡ ILL. **zoologia generale.** *2* (*fig.*, *spec. al pl.*, *spreg.*) Gamba dell'uomo | ***A quattro zampe***, carponi | (*fig.*, *scherz.*) Mano dell'uomo: *qua la z.!*; *giù le zampe!* *3* (*raro*, *est.*) Gamba o piede di un mobile: *le zampe del tavolo*, *dell'armadio*. *4* (*est.*, *aer.*) Sostegno telescopico di modulo o altro veicolo lunare, usato per l'atterraggio. *5* (*est.*) Compare anche in numerose locuzioni col sign. di elemento, organo, dispositivo, struttura, sistema e sim. che per la forma o la funzione ricorda la zampa di un animale | (*min.*) ***Z. di bove***, attrezzo costituito da una forcella sorretta da snodo girevole, usato per sorreggere la batteria di perforazione della sonda durante le manovre | (*ferr.*) ***Z. di lepre***, rotaie di risvolta, facenti parte del crociamento del deviatoio in corrispondenza dell'intersezione di due rotaie | (*tecnol.*) ***Zampe di gallo***, treppiede per poggiarvi le ceramiche da cuocere nella fornace | (*tecnol. mecc.*) ***Z. di ragno***, ciascuna delle scanalature praticate nella superficie interna di un cuscinetto a strisciamento per facilitare la distribuzione del lubrificante | ***Z. d'oca***, (*mil.*) nelle fortificazioni antiche, struttura muraria rotonda od ovale, munita di parapetto, costruita gener. nel fosso a difesa di altre strutture; (*edil.*) gradino con pedata trapezoidale posto nei tratti in curva di una rampa di scale; (*mar.*) patta d'oca; (*anat.*) espansione del tendine in corrispondenza della tuberosità interna della tibia; (*aer.*) piè d'oca | ***Pantaloni a z. d'elefante***, a campana, che si allargano verso il basso. *6* (*est.*, *abbigl.*) In pellicceria, pelliccia confezionata con la pelle della zampa di un animale. || **zampàccia** (o z-), pegg. | **zampétta** (o z-), dim. | **zampétto** (o z-), dim. m. (V.) | **zampina** (o z-), dim. (V.) | **zampino** (o z-), dim. m. (V.) | **zampóna** (o z-), accr. | **zampóne** (o z-), accr. m. (V.).

zampàre (o z-) [da *zampa*; 1696] **A** v. intr. (aus. *avere*) *1* Percuotere il suolo con le zampe anteriori stando fermo, detto spec. di cavalli. SIN. Scalpitare. *2* (*raro*, *est.*) Battere i piedi in terra facendo strepito, detto di persona. **B** v. tr. ● (*raro*) Percuotere con la zampa.

zampàta (o z-) [av. 1535] s. f. *1* Colpo di zampa. *2* (*est.*) Calcio dato da una persona | ***Dare una z. a qlcu.***, (*fig.*) fargli uno sgarbo. *3* Impronta della zampa di un animale: *le zampate del cavallo sul terreno* | (*fig.*) Impronta geniale, segno caratteristico: *nel film si nota la z. del grande regista*. || **zampatàccia** (o z-), pegg. | **zampatina** (o z-), dim.

zampeggiàre (o z-) [comp. da *zampa* e *-eggiare*; 1879] v. intr. (*io zampéggio* (o *z-*); aus. *avere*) *1* Battere, percuotere il terreno con le zampe. SIN. Scalpitare. *2* (*tosc.*) Agitare le zampe, detto dei buoi.

zampettàre (o z-) [da *zampetta*, dim. di *zampa*; 1598] v. intr. (*io zampétto* (o *z-*); aus. *avere*) *1* Muoversi velocemente, detto di animali con zampe piccole o minute. *2* (*est.*, *scherz.*) Sgambettare: *la bimba zampetta nel bosco*.

zampétto (o z-) [av. 1698] s. m. *1* Dim. di *zampa*. *2* (*cuc.*) Zampa lessa di vitello, agnello, maiale.

zampicàre (o z-) [da *zampa*; av. 1645] v. intr. (*io zàmpico* (o *z-*), *tu zàmpichi* (o *z-*); aus. *avere*) ● (*region.*, *raro*) Inciampare.

zampillaménto (o z-) [1745] s. m. ● (*raro*) Lo zampillare.

zampillànte (o z-) [sec. XIV] part. pres. di *zampillare*; anche agg. ● Nei sign. del v.

zampillàre (o z-) [vc. onomat.; av. 1400] **A** v. intr. (aus. *essere* e *avere*) ● Sgorgare con impeto verso l'alto formando uno zampillo: *l'acqua da viva pomice zampilla* (POLIZIANO); *un getto di sangue zampilla dalla ferita*. SIN. Sprizzare. **B** v. tr. ● (*raro*) Fare zampillare: *la fontana zampilla un getto d'acqua*.

zampillìo (o z-) [sec. XIV] s. m. *1* Lo zampillare intermittente ma continuato. *2* Insieme di zampilli.

zampillo (o z-) [da *zampillare*; av. 1348] s. m. ● Sottile getto d'acqua o altro liquido che sgorga con impeto verso l'alto e ricade in basso: *gli zampilli di una fontana*. || **zampillétto** (o z-), dim.

zampina (o z-) [1879] s. f. *1* Dim. di *zampa*. *2* Sostegno di ferro scalettato dello spiedo.

zampino (o z-) [av. 1566] s. m. *1* Dim. di *zampa* | ***Mettere lo z. in qlco.***, (*fig.*) immischiarsi, intromettersi più o meno apertamente, per influire sull'esito di qlco., spec. a proprio favore: *ci ha messo uno z. quel frate in quest'affare* (MANZONI) | ***Lo z. del diavolo***, (*fig.*) causa imprevista che fa fallire un'impresa destinata altrimenti al successo. *2* (*est.*, *iron.*) Grinfia, artiglio. *3* (*cuc.*) Zampetto. || PROV. Tanto va la gatta al lardo che ci lascia lo zampino.

zampiróne (o z-) [dal n. dell'inventore e produttore, *Zampironi*; 1927] s. m. *1* Piccola spirale o stecca di apposite sostanze compresse che, bruciando lentamente, scaccia zanzare o insetti molesti. *2* (*est.*, *scherz.*) Sigaretta di qualità scadente.

zampógna (o z-) o (*raro*, *lett.*) **sampógna** [lat. parl. *sumpōnia*(*m*) per *symphōnia*(*m*), dal gr. *symphonía* 'sinfonia, concerto'; av. 1320] s. f. *1* Strumento musicale ad ancia, simile alla cornamusa, tipico dei pastori dell'Italia centro-meridionale, costituito da una sacca di pelle, con funzioni di mantice, dove l'aria viene immessa mediante un'apposita canna e in cui sono innestate una canna ad ancia, per eseguire la melodia, e una o più altre con funzione di bordone. ➡ ILL. **musica.** *2* (*raro*, *lett.*, *mus.*) Siringa. *3* (*raro*, *region.*) Piffero, zufolo di contadini. *4* Nella caccia, richiamo a fiato con cui si imita il verso della folaga. || **zampognétta** (o z-), dim. | **zampognino** (o z-), dim. m.

zampognàre (o z-) [av. 1311] v. intr. (*io zampógno* (o *z-*); aus. *avere*) ● (*raro*) Suonare la zampogna.

zampognàro (o z-) [1598] s. m. (f. *-a*) ● Suonatore di zampogna.

zampóne (o z-) [1742] s. m. *1* Accr. di *zampa*. *2* Zampa anteriore di maiale svuotata e riempita di carne tritata, salata e drogata, da lessare: *lo z. di Modena*.

zàna (o z-) o †**zàina** (o z-) [longob. *zaina* 'cesta', spesso usata anche come 'culla'; 1483] s. f. *1* (*tosc.*) Cesta ovale, intessuta di sottili strisce di legno | Quantità di roba contenibile in tale cesta. *2* (*tosc.*) In passato, culla a forma di cesta ovale, fermata su due legni convessi che fungono da arcioni. *3* (*fig.*) †Inganno. || **zanèlla** (o z-), dim. (V.).

zanàio (o z-) o (*dial.*), **zanàro** [1891] s. m. (f. *-a*) ● (*tosc.*) Fabbricante di zane.

†**zanaiòlo** (o z-) [av. 1338] s. m. ● Facchino che portava merci a domicilio con la zana.

zanàro (o z-) ● V. *zanaio*.

zanàta (o z-) s. f. ● (*tosc.*) Quantità di roba contenibile in una zana.

zànca (o z-) [etim. discussa: lat. tardo *zănca*(*m*), *tzănga*(*m*) 'tipo di calzatura', di orig. persiana (*zanga* 'gamba') (?); 1313] s. f. *1* Pezzo di ferro, di svariate forme, per collegare fra loro conci in lavori di muratura, parti di costruzioni, legnami e sim. SIN. Grappa (1). *2* †Gamba. *3* (*al pl.*) †Trampoli.

†**zancàto** (o z-) [da *zanca*; sec. XVI] agg. ● Ripiegato da un capo, detto di leve, aste e sim.: *io stesso tentai con una semplice e poco pesante leva zancata di alzare il peso* (GALILEI).

zanèlla (1) (o z-) [av. 1645] s. f. *1* Dim. di *zana*. *2* (*tosc.*) Cunetta, spec. di strada di campagna | Fossetta di scolo, nelle stalle: *le bestie*, *spaventate dalla z. gonfia*, *s'inalberavano e rinculavano* (GIACOSA).

zanèlla (2) [etim. incerta; 1961] s. f. ● Tessuto di cotone per fodere, simile al satin.

†**zanfrino** (o z-) [etim. incerta] s. m. ● Testiera, di ferro o di cuoio, parte della barda del cavallo a difesa della testa.

zàngola (o z-) [dim. di **zanga*, da *zana* (?); av. 1548] s. f. *1* Apparecchio, solitamente in forma di botticella, per fare il burro agitando e sbattendo la panna del latte. *2* Catino di legno ove i salumai mettono a mollo il baccalà e sim.

zangolatóre (o z-) [1961] s. m. (f. *-trice*) ● Operaio di burrificio addetto alla zangola.

zangolatùra (o z-) [da *zangola*; 1970] s. f. ● Sbattimento della crema per fare il burro.

zangóne [accr. del venez. *zanca* nel senso di '(oggetto, cosa) storta'; 1814] s. m. ● (*mar.*; *disus.*) Forcaccio.

zànna (o z-) o †**sànna** [longob. *zann* 'dente', di orig. indeur.; 1313] s. f. *1* Ciascuno dei robusti e sviluppatissimi denti sporgenti dalla mascella di alcuni Mammiferi: *le zanne dell'elefante*, *del cinghiale*. *2* Ciascuno dei denti ben sviluppati di animali spec. carnivori | Ciascuno dei denti veleniferi dei serpenti. *3* (*est.*, *spreg.* o *scherz.*) Dente umano grande o lungo | (*spec. al pl.*, *fig.*) Dente di persona ingorda o minacciosa spec. in alcune loc.: *dar di zanne*, *affondare le zanne*, addentare voracemente; *mostrare le zanne a qlcu.*, (*fig.*) minacciarlo. *4* (*disus.*) Dentaruolo. *5* Strumento d'osso per lisciare o lustrare, usato spec. un tempo in oreficeria e legatoria. || **zannina** (o z-), dim.

zannàre (o z-) [da *zanna*; 1676] v. tr. *1* (*raro*) Azzannare. *2* (*disus.*) Lustrare, brunire con la zanna: *z. l'oro*, *l'argento* | Lisciare, appianare con la zanna: *z. la pergamena*.

zannàta (1) (o z-) [1879] s. f. *1* Colpo di zanna | (*est.*) Morso. *2* Segno lasciato da tale colpo.

zannàta (2) [1585] s. f. ● (*raro*) Atto, frase, comportamento da zanni | (*est.*) Buffonata, pagliacciata | (*est.*) Balordaggine.

zanneria [da *zanni*] s. f. ● (*raro*) Buffoneria.

zannésco [1600] agg. (pl. m. *-schi*) ● (*raro*) Di, da zanni: *discorso z.* | (*est.*) Buffonesco.

zànni [dal soprannome venez. dei servi bergamaschi *Zan(i)* 'Giovanni' usato in teatro; 1559] s. m. inv. *1* Tipo del servo semplice e goffo nella commedia dell'arte. *2* (*est.*) Persona goffa e ridicola: *fare lo z.* SIN. Buffone, pagliaccio.

zannichèllia [dal n. del naturalista it. G. G. *Zannichelli*; 1840] s. f. ● Pianta della famiglia delle Potamogetonacee, comune nelle acque dolci come erba sommersa (*Zannichellia palustris*).

zannùto (o **z-**) o †**sannùto** [1313] agg. *1* Provvisto di zanne: *cinghiale z.* *2* (*est.*, *spreg.*) Che ha denti grandi o lunghi, detto di persona.

†**zàno** ● V. *zaino* (*1*).

zanzàra o †**zanzàla**, †**zanzàna**, †**zenzàra** [lat. tardo *zinzāla(m)*, di orig. onomat.; 1313] s. f. *1* Famiglia di piccoli Insetti dei Ditteri, sviluppantisi sempre nell'acqua, con corpo snello, arti e antenne lunghi e filiformi, due ali, e apparato boccale sporgente che nella femmina serve a pungere e succhiare il sangue dell'uomo e di altri animali (*Culicidae*). CFR. Ronzare. ➡ ILL. **animali**/2 | Ogni individuo di tale famiglia | ***Z. anofele***, quella che trasmette il plasmodio della malaria (*Anopheles maculipennis*) | ***Z. tigre***, caratterizzata da un'alternanza di bande bianche e nere sull'addome e sugli arti; provoca fastidiose reazioni locali con le proprie punture e può trasmettere virus e filarie (*Aedes albopictus*). *2* (*fig.*) Persona noiosa, fastidiosa, molesta spec. per la sua insistenza | (*fig.*) ***Vocino di z.***, voce acuta e sottile come il ronzio dell'insetto omonimo. || **zanzarétta**, dim. | **zanzarìna**, dim. | **zanzarìno**, dim. m. | **zanzaróne**, accr. m. (V.).

zanzaricida [comp. di *zanzara* e *-cida*; 1985] **A** s. m. (pl. *-i*) ● Prodotto insetticida specifico per le zanzare. **B** anche agg.: *sostanza z.*

zanzarièra [1839] s. f. ● Velo a rete di maglie finissime posto intorno e sopra al letto per proteggere dalle zanzare | Schermo di fitta rete metallica posta a porte e finestre per impedire l'entrata delle zanzare.

zanzarière [av. 1484] s. m. ● (*raro*) Zanzariera.

zanzarìfugo [comp. di *zanzara* e *-fugo*; 1985] **A** s. m. (pl. *-ghi*) ● Prodotto di varia consistenza da applicare sulla pelle per tenere lontane le zanzare. **B** anche agg.: *uno stick z.*

zanzaróne [1961] s. m. *1* Accr. di *zanzara*. *2* (*zool.*, *pop.*) ***Z. dei boschi***, (*ellitt.*) ***zanzarone***, tipula.

zanzàta [etim. sconosciuta; 1993] s. f. ● (*sett.*, *gerg.*) Truffa, imbroglio, raggiro.

†**zanzeràre** [1879] **A** v. intr. ● Ronzare, detto delle zanzare. **B** v. tr. ● (*fig.*) Recitare a voce bassissima.

†**zànzero** [etim. incerta; 1353] s. m. ● Compagno di bagordi.

zapateado /*sp.* θapate'aðo, sa-/ [vc. sp., che allude al battere dei piedi (*zapatear*, da *zapato* 'scarpa (bassa)', della stessa orig. dell'it. *ciabatta*), caratteristico di questo ballo; 1937] s. m. inv. ● Vivace danza popolare spagnola, a solo, in cui il tempo vien scandito battendo ritmicamente i talloni sul pavimento.

zapatista /*sp.* θapa'tista, sa-/ [1994] s. m. e f. (pl. m. *-i*) ● Seguace di E. Zapata (1879-1919), il più celebre tra i capi della rivoluzione messicana del 1910-'20; nome ripreso dalla rivolta contadina del Chiapas iniziata nel 1994.

zapotèco [dallo sp. *zapoteca*, da *tzapoteca*, pl. in lingua locale di *tzapotlan* 'abitante del paese della sapotilla (*tzapotl*)'; av. 1557] agg. (pl. m. *-chi*); anche s. m. (f. *-a*) ● Appartenente a una popolazione amerindia del Messico meridionale la cui civiltà è documentata nello stato di Oaxaca dal 200 a.C.

♦**zàppa** (o **z-**) [lat. tardo *sāppa(m)* 'specie di zappone': dall'illirico *zapp-* 'capro' per i due denti, richiamanti le corna dell'animale (?); av. 1294] s. f. *1* Attrezzo manuale per lavorare il terreno, formato da una lama di ferro di forma e dimensioni diverse, fissata ad angolo ad un manico di legno: *z. rettangolare, trapezoidale, a cuore, quadra* | ***Z. a dente appuntito***, piccone | ***Z. a due denti***, ***a due rebbi***, bidente | ***Z. a tre denti***, ***a tre rebbi***, tridente | ***Z. composta***, con due utensili di diversa foggia opposti | ***Z. meccanica***, zappatrice | ***Darsi la zappa sui piedi***, (*fig.*) dire o fare qlco. che torna a proprio danno: *cercava di giustificarsi, dandosi però la z. sui piedi.* ➡ ILL. **agricoltura e giardinaggio.** *2* (*mil.*) Strumento simile alla zappa usato un tempo dagli zappatori e guastatori per lavori di sterro e scasso. *3* (*mil.*) Fosso, più stretto della trincea propriamente detta, scavato dagli zappatori in vicinanza delle opere fortificate del nemico durante le operazioni di assedio, fino al XIX sec. | ***Lavori di z.***, di fortificazione campale. *4* (*sett.*) Rete per la pesca delle lamprede. *5* (*raro*, *pop.*) Segno del numero sette, fatto a zappa | †***Essere alle due zappe***, avere settantasette anni. || **zappétta** (o **z-**), dim. (V.) | **zappettina** (o **z-**), dim. | **zappétto** (o **z-**), dim. m. | **zappina** (o **z-**), dim. | **zappóna** (o **z-**), accr. | **zappóne** (o **z-**), accr. m. (V.).

zappacavàllo (o **z-**) [comp. di *zappa(trice)* e *cavallo*; 1961] s. f. (pl. *zappecavàllo*) ● Macchina zappatrice a trazione animale.

†**zappadóre** (o **z-**) ● V. *zappatore*.

zappaménto (o **z-**) [1879] s. m. ● (*raro*) Modo, atto dello zappare.

zappàre (o **z-**) [1308] v. tr. *1* Lavorare con la zappa (*anche assol.*): *z. la vigna*; *mettersi a z.* | ***Z. la terra***, (*fig.*) fare il contadino e (*est.*) vivere in campagna | ***Star coi frati e zappar l'orto***, (*fig.*) fingere di ignorare | (*spreg.*) ***Z. l'organo***, ***il piano***, suonarli male | ***Z. i denari***, ***i quattrini***, estrarli come dalla terra, averne molti | (*raro*) ***Z. nella rena***, ***nell'acqua***, (*fig.*) fare un lavoro inutile. *2* Scavare fossi, buche, trincee e gener. opere di fortificazione. *3* (*fig.*) †Scalpitare, detto di cavalli e sim.

zappàta (o **z-**) [1592] s. f. *1* Colpo di zappa. *2* Lavoro fatto con la zappa | Lo zappare alla svelta: *dare una z. all'orto.* || **zappatina** (o **z-**), dim.

zappatèrra (o **z-**) [comp. di *zappa(re)* e *terra*; 1615] s. m. e f. inv. *1* (*spreg.*) Chi lavora la terra con la zappa | (*est.*) Contadino. *2* (*fig.*) Persona rozza, incolta e volgare.

zappàto (o **z-**) part. pass. di *zappare*; anche agg. ● Nei sign. del v.

zappatóre (o **z-**) o (*poet.*) †**zappadóre** (o **z-**) [av. 1374] **A** s. m. *1* (f. *-trice*) Chi per mestiere zappa la terra | (*est.*) Contadino: *l'avaro zappador l'arme riprende* (PETRARCA). *2* (*mil.*) Soldato addetto spec. un tempo ai lavori di zappa, nei reparti di fanteria | Soldato del genio, fino al secondo conflitto mondiale. || **zappatorèllo** (o **z-**), dim. **B** agg. ● Che zappa.

zappatrice (o **z-**) [da *zappare*; 1961] s. f. ● Macchina agricola per lavorare il terreno, munita di utensili rotanti per lo più a forma di zappette | Sarchiatrice. SIN. Zappa meccanica.

zappatùra (o **z-**) [1805] s. f. *1* Atto, effetto dello zappare. *2* Terra sminuzzata e smossa dalla zappa. *3* (*raro*) Tempo in cui si zappa.

zappétta (o **z-**) [sec. XIV] s. f. *1* Dim. di *zappa*. *2* Zappa di piccola lama o piccoli rebbi e corto manico, con cui si compiono spec. lavori di giardinaggio | Zappa composta, con lama e due rebbi opposti. ➡ ILL. **agricoltura e giardinaggio.** || **zappettina** (o **z-**), dim.

zappettàre (o **z-**) [av. 1320] v. tr. (*io zappétto* (o *z-*)) *1* Lavorare con la zappetta. *2* Zappare un poco, solo in superficie: *z. il giardino.*

zappettatùra (o **z-**) [1891] s. f. ● Atto, effetto dello zappettare.

†**zappicàre** (o **z-**) v. tr. ● (*raro*) Calpestare come zappando.

zapping /*'dzeppin(g), *ingl.* 'zæpɪŋ/ [dal v. onomat. ingl. *to zap* 'andare velocemente'; 1988] s. m. inv. ● Passaggio frequente e spesso casuale da un canale televisivo all'altro mediante il telecomando: *fare lo z. per evitare le interruzioni pubblicitarie.*

zapponàre (o **z-**) [av. 1742] v. tr. (*io zappóno* (o *z-*)) ● Lavorare la terra con lo zappone.

zapponatùra (o **z-**) [1940] s. f. ● Atto, effetto dello zapponare.

zappóne (o **z-**) [av. 1786] s. m. *1* Accr. di *zappa*. *2* Grossa zappa a lama stretta, lunga e robusta, a manico corto, per rompere il terreno sodo e sassoso e fare sterri.

zaptiè [turco *zaptiye* 'gendarmeria' da *zapt* 'l'azione di conservare, mantenere (l'ordine)', di orig. ar.; 1905] s. m. inv. ● Indigeno arruolato nell'esercito italiano nel periodo della dominazione italiana in Libia.

zar o **zar**, **csar**, **czar**, **tsar** [russo *tsar'*, dall'ant. *tsĕsar'* 'imperatore', propr. titolo di orig. lat. (*Caesar* 'Cesare'); av. 1557] s. m. ● Titolo imperiale in uso in Russia fino al 1917 e in Bulgaria fino al 1947.

zàra [ar. *zahr* 'dado'; 1319] s. f. *1* Gioco d'azzardo con tre dadi, praticato in Italia in epoca medievale: *Quando si parte il gioco de la z.* (DANTE *Purg.* VI, 1). *2* †Ciascuno dei punti in tale gioco: *far z.* *3* (*est.*) †Rischio: *mettersi a z.* | ***Z. chi tocca***, guai a chi tocca, suo danno a chi tocca.

zaratino [1780] **A** agg. ● Di Zara, città della Dalmazia. **B** s. m. (f. *-a*) ● Abitante, nativo di Zara.

zarèvic /*tsa'rɛvitʃ, *russo* tsa'rjevjitʃj/ (o **z-**) o **csarèvic**, **czarèvic**, **tsarèvic** [russo *tsarévič*, propr. 'figlio (*-evič*) dello zar (*tsar*)'; 1895] s. m. (pl. russo *zarevici*) ● Principe ereditario nella Russia prima della rivoluzione del 1917.

zarina (o **z-**) o **csarina**, **czarina**, **tsarina** [russo *tsarina*, f. di *tsar'* 'zar'; 1777] s. f. ● Donna insignita del titolo imperiale russo, prima della rivoluzione del 1917 | Moglie dello zar.

zarismo (o **z-**) [1896] s. m. ● Sistema politico con a capo uno zar.

zarista (o **z-**) o **csarista**, **czarista**, **tsarista** [1919] **A** agg. (pl. m. *-i*) ● Concernente lo zar | Del tempo degli zar. **B** agg.; anche s. m. e f. ● Sostenitore dello zar.

†**zàro** [1483] s. m. ● Zara.

†**zaróso** (o **z-**) [da *zara* nel senso successivo di 'rischio'] agg. ● Aleatorio, rischioso.

zarzuela /*dzardzu'ɛla, *sp.* θar'θwela, sar'swe-/ [sp. (*fiesta de*) *zarzuela*, da *zarza* 'rovo', dal n. di una piazza madrilena con la 'casa de recreo' (*Real Sitio de la Zarzuela*) dell'infante Don Fernando, adibita a spettacoli teatrali fin dal XVII sec.; 1905] s. f. (pl. sp. *zarzuelas*) ● (*teat.*) Operetta spagnola seria o giocosa, mista di musica, prosa e danza.

zàtta (*1*) (o **z-**) [vc. d'orig. sconosciuta; 1625] s. f. ● (*region.*) Melone cantalupo.

†**zàtta** (*2*) (o **z-**) [orig. incerta; 1271] s. f. ● (*lett.*) Zattera.

zàttera (o **z-**) o †**zàttara** (o †**z-**) [ampliamento col suff. *-era* di †*zatta*; av. 1449] s. f. *1* Galleggiante costruito con tronchi legati insieme e variamente mosso a remi o pertica o vela, usato presso i popoli allo stato primitivo o come mezzo di fortuna spec. dai naufraghi | (*mar.*) ***Z. di salvataggio***, battello, rigido o pneumatico, per il salvataggio dei naufraghi. *2* (*mar.*) Barcone di fondo piatto per lavori idraulici, traghetti o depositi di merci. *3* (*edil.*) Zatterone. || **zatterèlla** (o **z-**), **zatterina** (o **z-**), dim. | **zatterino** (o **z-**), dim. m. (V.) | **zatteróna** (o **z-**), accr. | **zatteróne** (o **z-**), accr. m. (V.).

zatteràggio (o **z-**) [1973] s. m. ● (*mar.*, *econ.*) Insieme delle spese incontrate per lo scarico della merce da navi su chiatte e da queste a terra.

zatterànte (o **z-**) [da *zattera*; 1961] s. m. e f. ● Operaio addetto a lavori di scavo su zattera, nelle valli da pesca.

zatterière (o **z-**) [1961] s. m. ● Conduttore di zattere di legname.

zatterino (o **z-**) [1892] s. m. *1* Dim. di *zattera*. *2* Piccola zattera da cui si compiono lavori di pulizia sullo scafo delle navi.

zatteróne (o **z-**) [1973] s. m. *1* Accr. di *zattera*. *2* (*mar.*) Grosso galleggiante in ferro per operazioni da sbarco, in uso fino alla prima guerra mondiale. *3* (*edil.*, *est.*) Graticcio di tavoloni o soletta di calcestruzzo che, in una struttura di fondazione, collega le teste dei pali. *4* (*est.*) Sandalo femminile estivo con suola e tacco molto alti, generalmente di sughero | Scarpa di foggia sportiva, chiusa e con suola molto alta.

zavòrra o †**sabórra**, †**sabùrra**, (*sett.*) †**savòrna**, †**savòrra** [lat. *sabŭrra(m)*, vc. tecnica importata; 1313] s. f. *1* Massa pesante, solida o liquida, che si mette nel fondo della nave per assicurarne la stabilità o migliorarne l'assetto. *2* Negli aerostati, sacchetti di sabbia sganciabili per alleggerire il peso del carico e guadagnare quota al bisogno. *3* (*fig.*, *spreg.*) Cosa ingombrante, di poco o nessun valore: *questa stanza è piena di z.* *4* (*fig.*, *spreg.*) Persona di scarsa levatura morale o intellettuale: *nella sua compagnia c'è molta z.*

zavorraménto [1937] s. m. ● Operazione di zavorrare una nave, un aerostato e sim.

zavorràre o †**saborràre**, †**savorràre** [1598] v.

tr. (*io zavòrro*) ● Caricare di zavorra.

zavorratóre [1961] s. m. (f. *-trice*) ● Operaio o marinaio addetto al trasporto o alla sistemazione della zavorra.

zavorratùra [1970] s. f. ● Zavorramento.

†**zazzeàre** (o **zazze-**) [vc. espressiva: connessa col dial. *za* 'qua' (?); 1527] v. intr. ● Andare a zonzo.

†**zazzeàto** (o **zazze-**) part. pass. di †*zazzeare*. ● (*raro*) Solo nella loc. ***andar z.***, andare a spasso, a zonzo.

zàzzera (o **zàzze-**) [ampl. col suff. *-era* del longob. *zazza* 'ciocca di capelli'; av. 1348] s. f. *1* Capigliatura, spec. maschile, lasciata crescere dietro e ricadente quasi sulle spalle. *2* (*est.*, *spreg.* o *scherz.*) Capelli lasciati lunghi e incolti per incuria: *tagliati quella z.!* *3* (*disus.*) Barba nel sign. 9. ‖ **zazzeràccia** (o **zazze-**), pegg. | **zazzerétta** (o **zazze-**), dim. | **zazzerina** (o **zazze-**), dim. (V.) | **zazzerino** (o **zazze-**), dim. m. (V.) | **zazzeróne** (o **zazze-**), accr. m. (V.) | **zazzeròtto** (o **zazze-**), accr. m.

zazzeràto (o **zazze-**) agg.; anche s. m. ● (*raro*) Zazzeruto.

zazzerina (o **zazze-**) [1353] s. f. *1* Dim. di *zazzera*. *2* Capigliatura femminile o infantile tagliata corta e scompigliata a bella posta.

zazzerino (o **zazze-**) [av. 1566] s. m. *1* Dim. di *zazzera*. *2* (*est.*) Chi porta la zazzera | (*fig.*, *raro*) Bellimbusto.

zazzeróne (o **zazze-**) [1555] s. m. (f. *-a*) *1* Accr. di *zazzera*: *un z. tutto scarruffato, e niente artro* (GADDA). *2* Chi porta la zazzera | (*fig.*) †Uomo all'antica. *3* (*spreg.*) Chi ha i capelli lunghi per incuria.

zazzerùto (o **zazze-**) [1598] agg. *1* Che ha la zazzera | (*est. fig.*) ***Piante zazzerute***, fronzute. *2* (*est.*, *spreg.* o *scherz.*) Che ha capelli lunghi e incolti | (*raro*) Capellone.

zdanovismo /zdanoˈvizmo/ [dal n. di A. *Ždanov* (1896-1948), uomo politico sovietico, intransigente assertore e controllore della dottrina del partito comunista dell'U.R.S.S. in ogni settore culturale negli anni intorno al 1940; 1983] s. m. ● (*polit.*) Teoria e pratica di stretto controllo dell'attività di scrittori e gener. intellettuali, esercitato da uno Stato o da un partito di ispirazione comunista, per renderla conforme alle proprie direttive ideologiche e politiche.

†**zèba** [etim. discussa: di orig. prelatina (?); 1313] s. f. ● Capra: *mei foste state qui pecore o zebe!* (DANTE *Inf.* XXXII, 15).

zebedèi [deviazione espressiva del n. biblico (dei due figli) di *Zebedeo*; 1879] s. m. pl. ● (*pop.*, *eufem.*) Testicoli, spec. nella loc.: ***rompere gli z.***, seccare, annoiare.

†**zebellàre** [da *zeba* (?)] v. intr. ● Saltare, saltellare.

♦**zèbra** [vc. iberica, col sign. di 'onagro' (di orig. incerta), passata poi, per tramite port., nel Congo a designare l'animale esotico; 1591] s. f. *1* Mammifero africano appartenente alla famiglia degli Equidi, ungulato, d'aspetto intermedio fra quello del cavallo e quello dell'asino, con mantello a fondo bianco o giallastro o rossastro striato trasversalmente di nero o di bruno (*Hippotigris*) | ***Z. di Grevy***, ***z. reale***, di mole notevole ma di forme aggraziate, con strisce fitte, viventi in alcune regioni etiopiche e somale (*Dolichohippus Grevyi*). ➡ ILL. **animali**/12. *2* (*est.*, *pop.*, *al pl.*) Passaggio pedonale delimitato da strisce bianche su fondo scuro.

zebràto [da *zebra*, per la striatura del mantello; 1879] agg. ● Segnato da strisce trasversali bianche e nere o chiare e scure.

zebratùra [da *zebrato*; 1955] s. f. *1* (*zool.*) Disegno a strisce bianche e nere del mantello delle zebre. *2* (*est.*) Disegno a strisce bianche e nere, o chiare e scure | ***Z. stradale***, quella che sul fondo stradale delimita il passaggio pedonale.

zebù [fr. *zébu*, di orig. incerta; 1773] s. m. ● Mammifero dei Bovidi, diffuso allo stato domestico in Africa e nell'America merid., caratterizzato dalle grosse corna e dalla gobba adiposa nella regione toracica e cervicale (*Bos indicus*). ➡ ILL. **animali**/13.

zécca (*1*) (o **z-**) [longob. *zëkka*; sec. XV] s. f. ● (*pop.*) Ciascuno degli appartenenti a varie specie di piccoli acari, parassiti di uomini e animali, di cui succhiano il sangue trasmettendo spesso malattie | ***Zecche di mare***, (*pop.*) isopodi marini, parassiti dei pesci. ➡ ILL. **animali**/3.

zécca (*2*) (o **z-**) [ar. *sikka* 'moneta, conio' (dalla radice *sakk* 'scavare'), come riduzione di *dār as-sikka* 'casa della moneta'; av. 1348] s. f. ● Officina dove si coniano le monete: *la prima z. di Roma antica fu sul Campidoglio* | ***Nuovo di z.***, detto di moneta appena uscita dalla zecca; (*fig.*) detto di ciò che è nuovo fiammante, mai adoperato, mai visto o sentito, del tutto inedito e sim.

zeccàre (o **z-**) [da *zecca* (*2*); 1550] v. tr. (*io zécco, tu zécchi*) ● Coniare monete | †***Z. oro***, (*fig.*) guadagnare molto.

†**zecchière** (o **z-**) o †**zecchièro** (o **z-**) [av. 1566] s. m. ● Chi dirige una zecca | Operaio di una zecca.

zecchinétta (o **z-**) [da una deformazione di (*lan*)*zichenecchi* (V.) che lo giocavano; 1772] s. f. ● Gioco d'azzardo a carte, simile alla toppa, fatto con più carte, in cui, dopo che il banchiere ha annunziato la somma che intende rischiare e i singoli giocatori hanno dichiarato se la scommettono in tutto o in parte, si scoprono via via le carte fino a quando non se ne scopre una uguale a quella del banchiere o a quella di un giocatore.

zecchinétto (o **z-**) [1876] s. m. ● Zecchinetta.

zecchino (o **z-**) [ar. *sikkī*, da *sikka* 'moneta, conio; zecca (2)'; 1524] s. m. ● Ducato d'oro veneziano, coniato a Venezia nel XVI sec. | (*est.*) Qualunque moneta d'oro puro | (*est.*) ***Oro di z.***, ***oro z.***, oro purissimo. ➡ ILL. **moneta**.

zéccola (o **z-**) [da *zecca* (*1*), per la forma; 1879] s. f. *1* (*raro*) Lappola (1) | (*est.*) Qualunque impurità che si attacca al vello degli animali, spec. delle pecore. *2* (*fig.*, *raro*) Bazzecola, cosa di nessun conto.

†**zéccolo** (o **z-**) [da *zecca* (*1*), per la forma] s. m. *1* (*raro*) Zeccola. *2* (*est.*, *spec. al pl.*) Fiocco di lana non bene scardassata o pettinata.

†**zediglia** (o **z-**) ● V. *cediglia*.

zèffiro ● V. *zefiro*.

zefir o **zéphyr** [var., più prossima all'orig. (fr. *zéphyr*), di *zeffiro* per la leggerezza del tessuto; 1895] s. m. inv. ● Filato o tessuto di cotone particolarmente leggero e delicato.

zèfiro o **zèffiro** [vc. dotta, lat. *zĕphyru*(*m*), dal gr. *zéphiros*: da *zóphos* 'oscuro, occidentale' (?) di orig. incerta; av. 1292] s. m. *1* (*lett.*) Vento di ponente, spec. primaverile: *z. torna, e 'l bel tempo rimena* (PETRARCA). *2* (*est.*, *lett.*) Vento mite e leggero: *se il notturno z. / blando sui flutti spira* (FOSCOLO) | (*raro*, *fig.*) ***Prospero z.***, vento favorevole, buona sorte. SIN. Brezza. *3* Personificazione del vento Zefiro, nelle raffigurazioni mitologiche e letterarie. ‖ **zefirétto**, dim.

Zeifórmi [comp. del lat. *z*(*ā*)*eus*, dal gr. *záios* 'nome di pesce', di etim. incerta, e del pl. di *-forme*; 1961] s. m. pl. (sing. *-e*) ● Nella tassonomia animale, ordine di Pesci dei Teleostei con corpo alto e compresso ai lati, grossa testa, pinna dorsale anteriore e anale a raggi spinosi (*Zeiformes*).

zeismo [comp. di *zea* 'mais' (dal lat. *zēa* 'specie di grano', dal gr. *ze*(*i*)*á*, di orig. indeur.) e *-ismo*; 1957] s. m. ● (*med.*, *raro*) Pellagra.

Zeitgeist /ted. ˈtsaɪtˌgaɪst/ [vc. ted., propr. 'spirito (*Geist*) del tempo (*Zeit*)'; 1973] s. m. inv. (pl. ted. inv.) ● Lo spirito culturale tipico di un'epoca.

zelànte [vc. dotta, lat. eccl. *zelānte*(*m*), part. pres. di *zelāre*; av. 1342] **A** agg. *1* Che è pieno di zelo: *z. dell'onore, del dovere*. SIN. Coscienzioso, diligente. CONTR. Indolente. *2* Che lavora con zelo: *un impiegato z.* | (*iron.* o *spreg.*) Che dimostra eccessivo zelo. ‖ **zelanteménte**, avv. In modo zelante, con zelo: *adempiere zelantemente un ufficio*. **B** s. m. e f. ● Chi si dà da fare dimostrando un eccesso di zelo: *fa lo z. per mettersi in luce*.

zelanterìa [da *zelante*; 1905] s. f. ● (*raro*) Ostentazione di zelo eccessivo.

zelàre [vc. dotta, lat. tardo *zelāre* 'essere geloso di, essere zelante', da *zēlus* (V. *zelo*); sec. XIV] **A** v. intr. (*io zèlo*; aus. *avere*) ● (*raro*) Avere un grande zelo, spec. religioso. **B** v. tr. ● (*raro*) Favorire, secondare una causa o la riuscita di qlco. che si sostiene con zelo.

zelatóre [vc. dotta, lat. eccl. *zelatōre*(*m*), da *zelātus* 'zelato'; sec. XIV] s. m. (f. *-trice*) *1* (*raro*) Chi si adopera per la realizzazione di qlco. per cui nutre grande zelo: *uno z. del pubblico bene*. *2* Chi sostiene, con aiuti materiali e morali, una chiesa, un ordine religioso, un'iniziativa pastorale e sim. SIN. Protettore, sostenitore.

zèlo [vc. dotta, lat. *zēlu*(*m*) 'emulazione, gelosia, rivalità', dal gr. *zēlos* 'entusiasmo, emulazione'; av. 1306] s. m. *1* Fervore, ardore che spinge ad adoperarsi per il conseguimento di un fine o la diffusione di un ideale: *z. patriottico*; *avere z. del proprio dovere*; *è pieno di z. per la causa degli oppressi* | (*relig.*, *est.*) Impegno del cattolico militante nella sempre maggiore glorificazione di Dio, realizzantesi con la preghiera, l'apostolato e l'azione di salvezza delle anime. *2* Diligenza, impegno nell'agire, nello svolgere le proprie mansioni: *ha portato a termine il suo difficile incarico col massimo z.* | (*est.*) Sollecitudine, premura (*anche pegg.*): *sono accorsi con z. ammirevole*; *prodigarsi con grande z.*; *mostrare un falso z.*; *troppo z.!* CONTR. Indolenza, pigrizia. *3* (*raro*, *poet.*) Passione amorosa: *Amor che 'ncende il cor d'ardente z.* (PETRARCA).

†**zelóso** (o **z-**) [vc. dotta, lat. eccl. *zelōsu*(*m*), da *zēlus* 'zelo'; av. 1348] agg. ● Zelante, diligente. ‖ †**zelosaménte** (o **z-**), avv. Con zelo.

zelòta [dal gr. *zēlōtḗs*, da *zēlos* 'zelo'; 1961] s. m. e f. (pl. m. *-i*) ● Seguace dello zelotismo.

zelotismo [da *zelota*; 1970] s. m. ● Movimento ebraico estremista, derivato dal Fariseismo nel I sec. a.C., che predicava la rigida osservanza della legge, la separazione dagli stranieri, il nazionalismo ebraico e la ribellione, anche armata, contro l'autorità romana.

zèmbro ● V. *cembro*.

zen /ˈdzɛn/ [vc. giapp. di lontana orig. indiana (ant. indiano *dhyānam* 'meditazione', di ambito ristretto, attraverso il pali *jhāna* 'contemplazione'); 1929] **A** s. m. inv. ● Setta religiosa buddistica, di origine cinese, poi diffusa in Giappone, la quale rinuncia ad ogni speculazione intellettuale e ad ogni approfondimento conoscitivo e ritiene possibile l'illuminazione e la salvezza in condizioni eccezionali, provocate anche da stimoli fisici improvvisi e violenti. **B** agg. inv. ● Proprio dello, relativo allo zen: *culto zen*, *arte zen*.

zenàna [ingl. *zenana*, dall'hindi *zenāna*, a sua volta dal persiano *zanāna*, deriv. di *zan* 'donna'; 1819] s. f. *1* Gineceo delle donne musulmane nelle case nobili, in India. *2* Tipo di tessuto impresso a rilievi, di seta o cotone, usato spec. per arredamento di interni.

zendàdo [etim. incerta; 1245 ca.] s. m. *1* (*poet.*) Velo finissimo di seta: *trovarono, in un gran viluppo di z. fasciata, una piccola cassettina* (BOCCACCIO). *2* (*ant.*) Scialle ampio e nero, frangiato, usato dalle popolane veneziane: *L'oscuro z. ti togli da testa* (BOITO).

zendàle [1842] s. m. ● Zendado.

zèndo [dall'espressivo pahlavi *Avistāk va Zand* 'la Legge ed il Commento', ma il secondo termine, che indicava la parafrasi del testo, oramai incomprensibile, dell'Avesta, è stato erroneamente preso come sin. di *avestico*; av. 1796] s. m. ● (*raro*) Lingua avestica.

zenismo [comp. di *zen* e *-ismo*; 1961] s. m. ● Ogni corrente culturale o artistica basata sulla dottrina dello zen.

zenista [1961] s. m. e f.; anche agg. (pl. m. *-i*) ● Chi (o Che) appartiene allo zenismo | Chi (o Che) si ispira allo zen.

zènit o (*raro*) **zenit** [ar. *samt* 'via, direzione' (con lettura erronea *sanit*) per riduzione dell'espressione *samt-ar-rā's* 'direzione sopra la testa'; 1321] s. m. *1* (*astron.*) Il punto in cui la verticale passante per un dato punto d'osservazione situato sulla superficie terrestre incontra la sfera celeste: *il Sole è allo z.* *2* (*lett.*, *est.*) Il grado più elevato di qlco.: *è allo z. della sua gloria*.

zenitàle [1930] agg. ● (*astron.*) Attinente allo zenit | ***Distanza z.***, l'angolo fra la direzione di un astro e quella dello zenit | ***Telescopio z.***, strumento atto a misurare le distanze zenitali degli astri.

†**zenodòchio** ● V. *xenodochio*.

†**zenzàra** ● V. *zanzara*.

zènzero (o **-è-**) [lat. *zingiber* (nt.), dal gr. *zingíberi*, di orig. indiana; av. 1557] s. m. *1* Pianta delle Zinziberacee dell'Asia tropicale il cui rizoma è usato come eupeptico e aromatico in farmacia, cucina e liquoreria (*Zingiber officinale*). ➡ ILL. **spezie**; **piante**/10. *2* (*est.*) La droga ricavata da tale pianta. *3* (*pop.*, *tosc.*) Peperoncino rosso piccante.

zenzìglio [etim. incerta; 1961] s. m. ● Tipo di tabacco da naso del monopolio italiano.

zeolite [comp. del gr. *zêin* 'ribollire' e *líthos* 'pietra', perché quando riscaldata rigonfia e spumeggia; 1771] **s. f.** *1* (*miner.*) Ogni appartenente a una famiglia di minerali corrispondenti a silicati idrati che cristallizzano gener. nei sistemi monoclino e ortorombico, dotati della proprietà di fondere rigonfiandosi e disidratandosi reversibilmente e di scambiare ioni. *2* (*agr.*) *Z. del terreno*, prodotto colloidale derivante dall'alterazione di minerali e capace di scambiare con le soluzioni alcuni elementi, spec. microelementi essenziali alle piante, e di trattenerli.

zeolitico [1961] **agg.** (pl. m. *-ci*) ● (*miner.*) Relativo alle zeoliti, costituito da zeoliti, contenente zeoliti: *materiale z., roccia zeolitica* | ***Acqua zeolitica***, quella eliminata dalle zeoliti per riscaldamento e successivamente riassorbita in modo reversibile.

zeotròpico [1983] **agg.** (pl. m. *-ci*) ● (*chim.*) Nella loc.: ***miscela zeotropica***, miscela di due o più liquidi, miscibili o no in qualsiasi proporzione, che può essere separata per distillazione. **SIN.** Zeotropo.

zeòtropo [comp. del gr. *zêin* 'ribollire' (d'orig. indeur.) e *-tropo*; 1983] **agg.**; anche **s. m.** ● (*chim.*) Miscela zeotropica.

zéphyr /*fr.* ze'fiːʀ/ ● V. *zefir.*

zéppa (o *ẓ-*) [longob. *zeppa* 'bietta, cuneo'; 1354] **s. f.** *1* Pezzetto di legno per rincalzare mobili traballanti o chiudere qualche fessura: *mettere una z. alla gamba di un tavolo.* *2* (*est.*) Rialzo o alta suola in sughero o legno, di sandali o zoccoli. *3* (*est.*) Nella tipografia a caratteri mobili, listello di piombo utilizzato per riempire gli spazi lasciati liberi dalla composizione. *4* (*fig.*) Rimedio, espediente per correggere una cosa mal detta o mal fatta: *è un bel pasticcio: provate a metterci una z.* | †***Mettere delle zeppe fra due persone***, cagionare dissensi. *5* (*est., fig.*) Frase o parola che funge da riempitivo insignificante: *trovare una z. per la rima* | Notizia o articolo che serve da riempitivo. *6* Gioco enigmistico consistente nel trovare, in base alle indicazioni date, due parole di cui la seconda è ottenuta inserendo in un'altra una lettera o una sillaba (p.es. moto, moSto; veto, veLAto). **CFR.** Scarto. ‖ **zeppétta** (o *ẓ-*), **dim.** | **zeppettìna** (o *ẓ-*), **dim.** | **zéppola** (o *ẓ-*), **dim.** (V.).

zeppaménto (o *ẓ-*) [da *zeppare* (*1*); 1840] **s. m.** ● (*raro*) Lo zeppare.

zeppàre (*1*) (o *ẓ-*) [da *zeppa*] **v. tr.** (*io zéppo* (o *ẓ-*)) ● Turare, fissare con una o più zeppe.

zeppàre (*2*) (o *ẓ-*) [da (*in*)*zeppare* (*1*); 1840] **v. tr. e rifl.** (*io zéppo*) ● (*raro*) Riempire qlcu., riempirsi di cibo.

zeppatùra (o *ẓ-*) **s. f.** ● (*raro*) Zeppamento | La zeppa o le zeppe inserite.

Zeppelin /*'dzɛppelin, *ted.* 'tsɛpəliːn/ [dal n. del suo costruttore, il conte F. von *Zeppelin* (1838-1917); 1918] **s. m. inv.** (pl. ted. *Zeppeline*) ● Dirigibile rigido di grande portata, impiegato nella prima guerra mondiale spec. per azioni di bombardamento, e in seguito adibito a trasporti commerciali transoceanici.

zéppo (*1*) (o *ẓ-*) [per *zepp(at)o*, part. pass. di *zeppare* (*2*); 1536] **agg.** ● Estremamente pieno, stivato, gremito (*anche fig.*): *teatro z. di spettatori; compito z. di errori* | ***Pieno z.***, pienissimo.

zéppo (*2*) (o *ẓ-*) [forma m. di *zeppa*; 1942] **s. m.** ● (*centr.*) Rametto, bastoncino sottile | Zipolo.

zéppola (*1*) (o *ẓ-*) [av. 1912] **s. f.** *1* Dim. di *zeppa*. *2* Cuneo, bietta, zeppa.

zéppola (*2*) (o *ẓ-*) [lat. tardo *zīppula(s)*, pl., di etim. incerta; 1923] **s. f.** ● (*spec. al pl.*) Ciambelle o frittelle dolci che si preparano soprattutto per carnevale, o per S. Giuseppe, a Napoli, in Calabria e in altre regioni meridionali.

ẓèpto- [dal convenzionale *septo* 'sette', riferito alla settima potenza di 10^{-3}, col mutamento di *s-* in *z-*, perché il simbolo *s* è usato per indicare il 'secondo'] primo elemento ● Anteposto a un'unità di misura la moltiplica per 10^{-21} cioè per un millesimo di miliardesimo di miliardesimo. **SIMB.** z.

ẓerbinerìa [da *zerbino* (*2*); 1760] **s. f.** *1* (*raro*) Atto, contegno, eleganza da zerbinotto. *2* (*raro*) Moltitudine, insieme di zerbinotti (*anche spreg.*).

ẓerbinésco [da *zerbino* (*2*); 1765] **agg.** (pl. m. *-schi*) ● (*raro*) Di, da zerbinotto. ‖ **ẓerbinescaménte**, **avv.** (*raro*) Alla maniera di uno zerbinotto.

ẓerbìno (*1*) [ar. *zirbī*; 1891] **s. m.** ● Piccolo tappeto posto dinanzi alle porte d'ingresso degli appartamenti per pulirsi i piedi. **SIN.** Nettapiedi, stoino.

ẓerbìno (*2*) [dal n. di un giovane elegante personaggio dell'*Orlando Furioso*, formalmente var. sett. di *Gerbino*, orig. etnico 'dell'isola di *Gerba*'; 1612] **s. m.** ● (*raro*) Zerbinotto. ‖ **ẓerbinèllo**, **dim.** | **ẓerbinétto**, **dim.**

ẓerbinòtto [da *zerbino* (*2*); 1675] **s. m.** ● (*iron.* o *spreg.*) Giovane galante e di un'eleganza ostentata: *zerbinotti che passeggiano sotto le finestre, colle scarpe inverniciate* (VERGA). **SIN.** Damerino.

†**ẓèrbo** [etim. incerta] **vc.** ● (*raro*) Solo nella loc. *far z.*, combattersi.

ẓerèṣimo (o *-é-*) [da *zer(o)* col suff. *-esimo*, che distingue alcuni numerali ordinali, sul modello di *ennesimo*] **agg.** ● (*raro*) Corrispondente al numero zero in una serie, in una successione, in un elenco: *il principio z. della termodinamica.*

ẓerìba [ar. *zarība*, da *zāraba* 'chiudere in un recinto'; 1888] **s. f.** *1* (*antrop.*) Recinto, variamente costituito da pali, canne intrecciate, siepi o piante spinose, che circonda un villaggio o uno spiazzo per il bestiame, in alcune regioni dell'Africa mediterranea e orientale | (*est.*) Raggruppamento di capanne chiuse da un recinto. *2* (*est., disus., sport*) Nel ciclismo, quartiere corridori.

♦**ẓèro** [ar. *ṣifr* 'vuoto', di orig. indiana, adattato nel lat. mediev. con *zĕphyrum*, secondo la pronuncia dell'ar. parl. *ṣéfer*; av. 1449] **agg. num. card.**; anche **s. m.** (pl. m. *zeri*) ● (*mat.*) Numero, rappresentato da 0 nella numerazione araba, indicante la mancanza di ogni valore e che, posto a destra di qualsiasi numero, ne indica la moltiplicazione per dieci, e posto a sinistra, la divisione per dieci. **I** Come agg. ricorre nei seguenti usi. *1* Rispondendo o sottintendendo la domanda 'quanti?', indica una quantità numerica nulla (spec. preposto a un s.): *il termometro segna z. gradi; ho fatto z. punti.* *2* Rispondendo o sottintendendo la domanda 'quale?', identifica qlco. in una pluralità, in una successione, in una sequenza: *il numero z.; grado z.* | ***L'ora z.***, la mezzanotte, oppure, nel conteggio alla rovescia, l'ora d'inizio di un'operazione spec. militare, e gener. di una nuova attività o situazione: *sta per scoccare l'ora z.* *3* (*mil.*) ***Punto z.***, proiezione verticale sulla superficie del punto di scoppio di un ordigno nucleare | (*econ.*) ***Sviluppo, crescita z.***, la condizione in cui un fenomeno, quale la popolazione o il reddito di uno stato, ha avuto durante un certo periodo, di solito annuale, un tasso di crescita nullo, ha cessato di crescere | (*ling.*) ***Tratto z.***, assenza di un tratto considerato come tratto distintivo all'interno di un paradigma | (*ling.*) ***Grado z. del morfema, morfema z.***, condizione in cui il morfema non ha una forma fonica ma è rilevabile dall'opposizione con altri morfemi | (*edit.*) ***Numero z.***, l'esemplare di un nuovo quotidiano o di una nuova rivista, approntato in limitato numero di copie non destinato alla pubblicazione, bensì a fungere da prova tecnica | ***Gruppo z., gruppo 0***, gruppo sanguigno universale. **II** Come s. ricorre nei seguenti usi. *1* Il numero zero (per ellissi di un s.): *sei meno sei fa z.; ieri sera alla roulette è uscito spesso lo z.* | (*fig.*) ***Spaccare lo z.***, fare i conti con estrema esattezza | ***Segnare, totalizzare z.***, non fare nessun punto, in un gioco | (*mil.*) ***Alzo a z., alzo z.***, nelle artiglierie e gener. armi da fuoco, completamente abbattuto, per tiro diretto e ravvicinato | (*mil.*) ***Sparare a z.***, con alzo a zero, tenendo l'arma orizzontale; (*fig., est.*) attaccare, contestare duramente qlcu. in una discussione e sim. facendolo oggetto di violenta polemica personale. *2* Punto iniziale di una scala graduata in uno strumento di misura | ***Ridurre a z. uno strumento***, riportare a zero il suo indice | (*fig., est.*) ***Essere a z., avere il morale a z.***, essere molto depresso | Momento terminale di un conteggio alla rovescia. *3* (*fis.*) Grado di temperatura corrispondente a quella del ghiaccio fondente nelle scale Celsius e Réaumur | ***Essere sotto z.***, V. *sottozero* | (*fis.*) ***Z. assoluto***, la più bassa temperatura esistente in cui le molecole hanno energia cinetica nulla, corrispondente a 273,15 gradi Celsius sotto zero | (*meteor.*) ***Quota dello z. termico***, o (*ellitt.*) ***zero termico***, la quota al di sopra della quale, nell'arco di una giornata, la temperatura non supera mai lo zero. *4* (*est.*) Assenza, mancanza di quantità, valore, merito: *non vale uno z.; tu per me conti z.; in famiglia contava meno di z.; in questo campo tu ne sai z.; in quanto a dormire, z.* | Con valore raff.: *z. via z.*, assolutamente nulla | ***Ridursi a z.***, (*fig.*) perdere tutto, cadere in miseria | (*fig., est.*) ***Ridurre a z. le speranze di qlcu.***, distruggergliele completamente | ***Ricominciare, ripartire da z.***, riprendere dall'inizio, dal nulla, spec. dopo momenti molto negativi | (*fig., est.*) ***Tagliare a z. i capelli***, rasarli del tutto. *5* (*fig., est.*) Persona le cui capacità sono nulle: *in azienda è uno z.; sarà un buon naturalista ma in biologia molecolare è z.* **SIN.** Nullità. *6* Il segno che rappresenta il numero zero: *scrivi uno z. a destra della cifra* | Minimo voto scolastico: *ti meriteresti uno z.; Maddalena, z. in condotta* | ***Z. spaccato***, nelle votazioni scolastiche di un tempo, zero tagliato, segnato da un tratto di penna trasversale perché non potesse essere corretto in sei né vi si potesse aggiungere altra cifra.

zero coupon /*'dzɛro ku'pɔn, *ingl.* 'zɪərəʊ 'kuːpɒn, kou'pɒn/ [loc. ingl., propr. 'cedola nulla'] **loc. agg. inv.** ● (*banca*) Di titolo che non prevede stacco di cedole: *certificati zero coupon.*

ẓerovòltmetro [comp. di *zero* e *voltmetro*; 1965] **s. m.** ● (*elettr.*) Voltmetro usato per misure di azzeramento.

ẓèro ẓèro sètte o **007** [dal numero di riconoscimento del protagonista di una serie di romanzi di spionaggio di I. Fleming (1909-1964) che era agente del servizio segreto britannico (in cui *zero zero* significava 'licenza di uccidere'); 1965] **loc. sost. m. e f. inv.** *1* Agente di un servizio segreto, di spionaggio o controspionaggio, incaricato di missioni particolarmente delicate, difficili e pericolose. *2* (*est., scherz.*) Chi ha compiti investigativi o ispettivi, spec. in qualche branca dell'Amministrazione Pubblica: *gli zero zero sette del fisco.*

ẓervaniṣmo ● V. *zurvanismo.*

ẓèta [vc. dotta, lat. *zēta* (nt.), dal gr. *zêta*, di orig. semitica; av. 1388] **s. f.** o **m.** (pl. *zète* f., *zèta* m. o f.) ● Nome della lettera *z* | ***Dall'a alla z.***, (*fig., est.*) dal principio alla fine, da capo a fondo.

ẓetaciṣmo [da *zeta* sul modello di *iotacismo*; 1934] **s. m.** *1* (*ling.*) Passaggio di una consonante o gruppo di consonanti al suono affricato z. *2* (*med.*) Difettosa pronuncia dei suoni della z.

ẓetètica [gr. *zētētikḗ* (*agōgḗ*), propr. 'metodo (da *ágein* 'condurre') di ricerca (V. *zetetico*)'; 1891] **s. f.** *1* (*filos.*) Secondo gli scettici greci, la ricerca, l'indagine del vero il cui fine ultimo non può mai essere raggiunto. *2* (*filos., est., raro*) Ogni metodo filosofico o scientifico basato sulla ricerca.

ẓetètico [gr. *zētētikós*, da *zētêin* '(ri)cercare', di orig. indeur.; 1821] **A agg.** (pl. m. *-ci*) ● Concernente la zetetica. **B s. m.** (pl. *-ci*) ● Filosofo dell'antica Grecia, appartenente a una corrente di pensiero scettico.

ẓètta- [dal convenzionale *septo* 'sette', riferito alla settima potenza di 10^3, col mutamento di *s-* in *z-*, perché il simbolo *s* è usato per indicare il 'secondo'] primo elemento ● Anteposto a un'unità di misura la moltiplica per 10^{21} cioè per mille miliardi di miliardi. **SIMB.** Z.

ẓettatùra [etim. incerta; 1961] **s. f.** ● (*tess.*) Avvolgimento a linee ondulate del filo su bobine, rocchetti e matasse.

ẓeugìta [gr. *zeugítēs*, propr. 'possessore di un paio di buoi al giogo (*zêugos*)'; 1769] **s. m.** (pl. *-i*) ● Nell'antica Atene, dopo la riforma di Solone, appartenente alla terza delle classi sociali, formata da piccoli e medi proprietari terrieri.

ẓèugma [vc. dotta, lat. *zēugma* (nt.) dal gr. *zêugma*, propr. 'aggiogamento', da *zeugnýnai* 'porre al giogo (*zêugos*)', di orig. indeur.; av. 1406] **s. m.** (pl. *-i*) ● (*ling.*) Figura retorica per la quale si collegano due o più termini ad un predicato che è appropriato per uno solo di essi: *parlare e lagrimar vedrai insieme* (DANTE *Inf.* XXXIII, 9).

ẓeugmàtico [1961] **agg.** (pl. m. *-ci*) ● Che contiene uno zeugma: *costrutto z.*

†**ẓèzzolo** [da (*cap*)*ezzolo* con sovrapposizione di *z*(*izza*)] **s. m.** ● Capezzolo della mammella.

†**ẓi** /*tsi*/ [vc. onomat.] **inter.** *1* Si usa per intimare silenzio, per zittire qlcu. *2* Si usa per richiamare qlcu. (*spec. iter.*).

zi' /*tsi, *dzi/ **s. m. e f.** ● (*dial., fam.*) Forma tronca di 'zio' e 'zia'.

♦**zìa** (o *ẓ-*) [gr. *theîa*, f. di *thêios* 'zio'; av. 1348] **s. f.** (dial. fam. troncato in *zi'*) ● Sorella del padre o della madre rispetto ai nipoti: *zia paterna, materna* |

(*est.*) Moglie dello zio | (*fam.*, *region.*) ***Zia cugina***, la cugina del padre o della madre. || **ziétta** (o **z-**), dim. | **ziùccia** (o **z-**), vezz.
†**ziàno** (o **z-**) [da *zio*; 1336 ca.] s. m. ● Zio.
zibaldóne [etim. incerta; 1565] s. m. **1** †Vivanda di ingredienti disparati | (*est.*, *lett.*) Mescolanza confusa di cose o persone diverse. **2** Quaderno, scartafaccio con una miscellanea di memorie, riflessioni, appunti, notizie, abbozzi: *lo Zibaldone del Leopardi*. **3** (*est.*, *spreg.*) Serie disordinata e incoerente di pensieri, motivi, idee, immagini: *questa sinfonia è uno z. di temi classici*. || **zibaldonàccio**, pegg. | **zibaldoncèllo**, dim.
zibellina [da *zibellino*, di cui ricorda la soffice pelliccia; 1965] s. f. ● Tipo di tessuto pregiato di lana cardata.
zibellino [adattamento del fr. *zibeline*, dal russo *sóbol'*, in lontana connessione con l'ant. indiano *cabalas*, *cabáras* 'variopinto, pezzato'; 1481] s. m. **1** Piccolo animale carnivoro siberiano dei Mustelidi, snello, con arti corti e mantello scuro (*Martes zibellina*). ➡ ILL. **animali**/13. **2** Pelliccia pregiata dell'animale omonimo, morbida e fulva.
zibettàto [1562] agg. ● Profumato di zibetto.
zibètto [ar. *zabād*, da *zabad* 'schiuma', e *qaṭṭ azzabād* 'l'animale che dà lo zibetto'; 1481] s. m. **1** Mammifero africano dei Carnivori, con muso aguzzo, mantello grigio a macchie scure, con una criniera che si può drizzare sul dorso e caratteristiche ghiandole perineali che secernono una sostanza di odore fortissimo (*Civettictis civetta*). ➡ ILL. **animali**/13. **2** Sostanza butirrosa secreta da una ghiandola della viverra d'Africa, impiegata in profumeria per il suo odore di muschio.
zibibbo o †**zabibo**, †**zibibo** [ar. *zabīb* (*zibīb*) 'uva passa', 'frutti secchi'; sec. XIV] s. m. ● Varietà di uva bianca da tavola coltivata in Sicilia, dolce, ad acini grossi, lunghi e croccanti, consumata anche appassita o per produrre vino da dessert | Vino bianco di color giallo dorato tendente all'ambrato, dal profumo intensamente aromatico e dal sapore dolce, prodotto da tale vitigno (anche in versione secca): *z. di Pantelleria*.
zic /*dzik/ o **zicchete** [vc. onomat.] inter. ● Riproduce il rumore di un piccolo colpo, strappo o taglio: *zic e il vestito si strappò* | ***Zicchete zacchete***, ***zic zac***, riproduce il susseguirsi di due tagli o strappi rapidi, netti o il movimento rapido e secco di qlco.: *zic zac e il foglio strappato in quattro cadde ai suoi piedi*.
zif ● V. *ziff*.
†**zifera** (o **z-**) ● V. *cifra*.
ziff /*dzif/ o **zif**, **ziffe**, **ziffete** [vc. imit.; av. 1735] inter. ● Riproduce il rumore di un taglio o di uno strappo fatto con improvvisa rapidità e decisione spec. su carta, corda, stoffa e sim.: *prese un coltello e z.!*, *tagliò la fune* | ***Z. zaf***, riproduce il rapido susseguirsi di due strappi o di due tagli, su un materiale leggero: *z. zaf! due colpi di forbici e ritagliò nella carta un pupazzo colorato*.
†**zifra** ● V. *cifra*.
zigàno (o **z-**) o **tzigàno** [fr. *tzigane*, dal n. ungh. (*cigany*) degli 'zingari'; 1940] **A** s. m. (f. *-a*) **1** Zingaro, spec. d'Ungheria. **2** (*est.*) Suonatore ambulante spec. di violino. **B** agg. ● Proprio degli, relativo agli zingari ungheresi: *violino z.*; *musica zigana*.
zigàre (o **z-**) [vc. imit.; 1891] v. intr. (*io zigo* (o *z-*), *tu zighi* (o *z-*); aus. *avere*) **1** (*raro*) Emettere un caratteristico suono stridulo e acuto, detto del coniglio. **2** (*sett.*) Gridare, piangere, detto di persona.
zigèna o **zighèna** [gr. *zýgaina* 'pesce martello', da *zygón* 'giogo', per un accostamento non chiaro; 1961] s. f. ● Piccola farfalla diurna con ali di colore verde-azzurro dai riflessi metallici, con macchie rosse o arancioni (*Zygaena filipendula*).
ziggurat o **ziqqurat** [vc. assira *zik*(*k*)*urr-atu*, dalla radice **zkr* 'rendere alto', 'innalzare'; 1898] s. m. o f. inv. ● (*archeol.*, *relig.*) Tempio di grande mole, proprio della civiltà mesopotamica, avente forma di alta torre a gradoni. ➡ ILL. **archeologia**.
zighèna ● V. *zigena*.
zigo- [dal gr. *zygón* 'giogo'] primo elemento ● In parole composte della botanica e della zoologia, significa 'coppia', 'accoppiamento', 'unione': *zigomiceti*, *zigomorfo*.
zigodàttilo [per le 'dita (gr. *dáktyloi*, di orig. indeur.) a coppia (gr. *zygón* 'giogo', di orig. indeur.)'; 1839] agg. ● (*zool.*) Detto del piede di alcuni Uccelli con due dita rivolte costantemente in avanti e due indietro.
Zigofillàcee [comp. del gr. *zygón* 'coppia' e *phýllos* 'foglia', ambedue di orig. indeur., col suff. *-acee*; 1957] s. f. pl. (sing. *-a*) ● Nella tassonomia vegetale, famiglia di piante dicotiledoni xerofile e alofile dei deserti salati e delle steppe (*Zygophyllaceae*).
zigolo [vc. imit.; 1481] s. m. ● Uccelletto dei Passeriformi con coda forcuta e becco conico con margini ripiegati in dentro (*Emberiza*). ➡ ILL. **animali**/10.
zigoma ● V. *zigomo*.
zigomàtico [1681] agg. (pl. m. *-ci*) ● Dello zigomo. ➡ ILL. p. 2122 ANATOMIA UMANA.
Zigomicèti [perché 'funghi (gr. *mýkēs*, genit. *mýkētos*, di orig. indeur.)', che si riproducono con *zigospore*; 1932] s. m. pl. (sing. *-e*) ● Nella tassonomia vegetale, sottoclasse di Funghi dei Ficomiceti a micelio molto ramificato, comprendente le più note muffe (*Zygomycetes*).
zigomo o (*raro*) **zigoma** [gr. *zýgōma*, da *zygôun* '(col)legare', 'porre al giogo (*zygón*)', di orig. indeur., per la forma ad arco; 1583] s. m. ● (*anat.*) Ciascuna delle due sporgenze ossee situate simmetricamente ai lati della faccia sotto le orbite.
zigomorfia [comp. di *zigo-* e *-morfia*] s. f. ● (*bot.*) Condizione di ciò che è zigomorfo.
zigomòrfo [propr. 'che ha forma (gr. *morphḗ*, di orig. indeur.) simmetrica (gr. *zygón* 'giogo' e 'coppia', pure di orig. indeur.)'; 1957] agg. ● (*bot.*) Detto di fiore non raggiato nel quale la divisione in due metà specularmente uguali è possibile con un solo piano di simmetria.
zigòsi [gr. *zýgōsis* 'accoppiamento', da *zygón* 'giogo' e 'coppia', di orig. indeur.; 1932] s. f. ● (*biol.*) Unione di due gameti con formazione dello zigote.
zigospòra [propr. '*spora* formata da una coppia (gr. *zygón*, di orig. indeur.) di gameti'] s. f. ● (*bot.*) Oospora originata dalla fusione di due elementi uguali o poco diversi fra loro, con funzione di spora durevole.
zigòte o **zigòto** [gr. *zygōtós*, propr. 'aggiogato', secondo il sign. scient. convenzionale assunto dal gr. *zygón* 'coppia' (oltre che 'giogo'); 1931] s. m. ● (*biol.*) Cellula risultante dalla fusione dei gameti maschile e femminile.
zigòtico [1970] agg. (pl. m. *-ci*) ● (*biol.*) Concernente lo zigote.
zigòto ● V. *zigote*.
zigrinàre [1942] v. tr. **1** Conciare una pelle o trattare una tela in modo da conferire l'aspetto dello zigrino. **2** Imprimere o stampare una fitta serie di piccole righe parallele sull'orlo di monete, lembi di sigarette, assegni e sim. **3** Incidere su legno, metallo e sim. dei solchi profondi incrociati per ottenere superfici ruvide.
zigrinàto [1922] part. pass. di *zigrinare*; anche agg. ● Che ha un aspetto ruvido, granuloso: *pelle zigrinata* | Che è stato sottoposto a zigrinatura: *pulsante z.*; *il bordo z. di una moneta*.
zigrinatùra [1950] s. f. ● Operazione, procedimento dello zigrinare | Superficie o parte zigrinata.
zigrino o †**sigrino** [turco *sağri* '(pelle della) groppa di animale', attraverso il venez.; 1685] s. m. **1** Pelle ruvida di alcuni pesci dei Selaci, come lo squalo o la razza, usata per levigare legni duri, avorio, metallo, grazie ai dentelli cutanei di cui è coperta. **2** Pelle di cavallo, asino, cammello, cui un'opportuna concia ha conferito la granulosità della pelle dei selaci: *portafoglio*, *borsetta di z.* **3** Ferro da cesello con la cima lavorata a solchi incrociati. **4** (*zool.*) Sagrì.
zigzag o **zig zag** [reduplicazione a vocale alternata di sillaba imit., diffusa in varie lingue eur.; 1765] s. m. inv. **1** Serie di linee formanti tra loro angoli alternativamente sporgenti e rientranti: *il sentiero fa uno stretto z.*; *disegno a z.* **2** (*est.*) Moto di un corpo secondo una linea a zigzag: *gli z. di una lepre* | ***A z.***, procedendo con una serie di secchi cambiamenti di direzione: *l'ubriaco cammina a z.*
zigzagamènto [1942] s. m. ● Movimento, andatura, svolgimento a zigzag.
zigzagàre o (*raro*) **zizzagàre** [1880] v. intr. (*io zigzàgo*, *tu zigzàghi*; aus. *avere*) **1** Andare avanti, camminare a zigzag: *l'ubriaco zigzagava sul marciapiede*. **2** Svolgersi a zigzag | Fare degli zigzag.
zillàre (o **z-**) [av. 1912] v. intr. (aus. *avere*) **1** (*raro*) Mandare uno o più zilli, detto di alcuni insetti. **2** (*raro*) Zirlare, detto del tordo.
zillo (o **z-**) [di orig. imit.; 1827] s. m. **1** (*raro*) Verso acuto e sottile di alcuni insetti: *lo z. delle cavallette*. **2** (*raro*) Zirlo del tordo.
†**zimàr** [vc. ar. *zinǧār*] s. m. ● Verderame.
zimàrra o †**zamàrra** [sp. *zamarra*, dal basco *zamar* 'pellicciotto da pastore' (e, con l'art. *a* normalmente posposto, *zamarrā*), di ant. orig. iberica; av. 1584] s. f. **1** Lunga veste usata un tempo come cappotto. **2** (*scherz.*, *disus.*) Cappotto, soprabito troppo lungo. || **zimarràccia**, pegg. | **zimarrètta**, dim. | **zimarrina**, dim. | **zimarrino**, dim. m. | **zimarróne**, accr. m. | **zimarrùccia**, dim.
zimàsi [comp. del gr. *zýmē* 'fermento', di orig. indeur., e del suff. *-asi*; 1929] s. f. ● (*biol.*, *chim.*) Insieme degli enzimi che intervengono nella fermentazione alcolica.
zìmbalon (o **z-**) [vc. ungh. (*cimbalon*), dal lat. *cȳmbalum* 'cembalo'; 1940] s. m. inv. ● (*mus.*) Salterio ungherese a corde percosse, oggi caratteristico dell'orchestra zigana.
zimbellàre (o **z-**) [ant. provz. *cembelar*, da *cembel* 'zimbello'; av. 1276] v. tr. (*io zimbèllo*, *zimbèllo*) **1** Adescare gli uccelli con lo zimbello. **2** (*fig.*) Allettare, adescare con la civetteria o con lusinghe: *quella ragazza si diverte a z. i coetanei*.
zimbellatóre (o **z-**) [da *zimbellare*; av. 1698] s. m. (f. *-trice*, pop. disus. *-tora*, nel sign. 2) **1** (*caccia*) Chi fa agire gli zimbelli. **2** (*fig.*) Chi attira, alletta, lusinga: *gli sciocchi credono agli zimbellatori*.
zimbellatùra (o **z-**) [av. 1698] s. f. ● Lo zimbellare, il fatto di venire zimbellato (*spec. fig.*).
zimbellièra (o **z-**) [da *zimbello* col suff. *-iera*; 1891] s. f. ● Attrezzo al quale viene legato lo zimbello per il richiamo degli uccelli liberi.
zimbèllo (o **z-**) [ant. provz. *cembel*, propr. 'piffero, fischio' e quindi 'richiamo (per adescamento di uccelli)' e poi lo stesso 'uccello catturato', dal lat. parl. **cymbĕllum*, dim. di *cȳmbalum* 'cembalo'; 1340] s. m. **1** Uccello vivo, legato a un palo con un lungo filo perché, svolazzando, funga da richiamo ad altri uccelli, nell'uccellagione | (*est.*) Ogni uccello da richiamo, a caccia | (*est.*) Tonno lasciato nella tonnara per attirare altri tonni. **2** (*fig.*, *raro*) Richiamo, lusinga, allettamento | ***Per z.***, allo scopo di invogliare, allettare. **3** (*fig.*) Oggetto di burle, spasso e risa: *per la sua goffaggine è lo z. di tutti*.
zimino [etim. discussa: variante di *cimino* (*1*) (?); 1891] s. m. ● (*cuc.*, *tosc.*) Salsa per piatti di pesce, a base di verdure, come bietole e spinaci, aglio, cipolla, pomodoro, vino bianco ed erbe aromatiche | Pietanza condita con tale salsa, spec. il baccalà.
zimo- [dal gr. *zýmē* 'lievito, fermento' (d'orig. indeur.)] primo elemento ● In parole composte della terminologia scientifica e tecnica significa 'fermento' o fa riferimento ai fermenti: *zimologia*.
zimògeno [comp. di *zimo-* e *-geno*; 1957] **A** s. m. ● (*chim.*, *biol.*) Precursore naturale di un enzima cataliticamente inattivo. **B** agg. ● (*chim.*, *biol.*) ***Potere z.***, capacità di alcune cellule di fabbricare i propri enzimi ovvero di alcune ghiandole specializzate di produrre gli enzimi necessari all'organismo.
zimologìa [comp. di *zimo-* e *-logia*; 1821] s. f. ● Scienza che studia l'azione e la composizione degli enzimi.
zimoterapìa [comp. di *zimo-* e *terapia*; 1940] s. f. ● (*med.*) Terapia con fermenti.
zimòtico [da *zimo-* sul modello di *osmotico*; 1957] agg. (pl. m. *-ci*) ● (*chim.*, *biol.*) Relativo ai fermenti o agli enzimi.
zinàle (o **z-**) o (*raro*) **zinnàle** (o **z-**) [da *seno* con sovrapposizione di *zinna* 'mammella'; av. 1646] s. m. **1** (*region.*) Ampio e lungo grembiule di tessuto rustico, indossato dalla massaia e dall'artigiano. **2** (*teat.*) Striscia di tela dipinta con cui si celano all'occhio dello spettatore spazi vuoti sulla scena.
zincàggio (o **z-**) [1970] s. m. ● Procedimento per l'estrazione dell'argento dalle galene argentifere mediante l'aggiunta di zincoferro.
zincànte (o **z-**) [1970] **A** part. pres. di *zincare* ● Nel sign. del v. **B** s. m. e f. ● Operaio addetto alla lavorazione dello zinco.
zincàre (o **z-**) [1879] v. tr. (*io zinco* (o *z-*), *tu zìnchi* (o *z-*)) ● Ricoprire una superficie con uno strato di zinco per immersione o elettrodeposizione al

zincàto (o z-) [1879] **A** part. pass. di *zincare*; anche agg. ● Nel sign. del v. **B** s. m. ● Composto ottenuto trattando l'ossido di zinco con un alcali: *z. di potassio*.

zincatóre (o z-) [1961] s. m. (f. *-trice*) ● Operaio incaricato della zincatura.

zincatùra (o z-) [1879] s. f. **1** Operazione dello zincare. **2** Strato di zinco che riveste la superficie metallica che è stata zincata.

zincherìa (o z-) [1983] s. f. ● Fabbrica di zinco.

zìnco (o z-) [ted. *Zink*, di orig. incerta; 1795] s. m. (pl. *-chi*) ● Elemento chimico, metallo di colore grigio, presente in natura nei suoi minerali dai quali si ottiene per arrostimento, usato come strato protettivo su altri metalli, per lamiere, per la preparazione dell'ottone, per la zincotipia e come agente riducente nelle preparazioni chimiche. SIMB. Zn | *Ossido di z.*, usato come pigmento colorante, in medicina per la cura di alcune forme di dermatosi, per speciali cementi usati in odontoiatria, nell'industria dei cosmetici.

zincografìa (o z-) [comp. di *zinco* e *-grafia*; 1875] s. f. **1** Procedimento di incisione in rilievo su lastre di zinco. SIN. Autotipia, zincotipia. **2** Laboratorio zincografico.

zincogràfico (o z-) [1940] agg. (pl. m. *-ci*) ● Di, relativo a zincografia, ottenuto per mezzo di zincografia: *processo z.; riproduzione zincografica*.

zincògrafo (o z-) [comp. di *zinco* e *-grafo*; 1915] s. m. (f. *-a*) ● Chi effettua zincografia.

zincóne (o z-) o **zingóne** (o z-) [accr. del longob. *zinka*, da un precedente *zinna* di orig. e area germ., col sign. generale di 'punta'; 1778] s. m. ● (*tosc*.) Mozzicone d'un ramo tagliato. ‖ **zinconcèllo** (o z-), dim. | **zinconcìno** (o z-), dim.

zincotipìa (o z-) [1884] s. f. **1** Zincografia. **2** Laboratorio in cui vengono preparate fotoincisioni su zinco. **3** Copia stampata che si ottiene dalla lastra di zinco dopo l'inchiostratura.

zincotipìsta (o z-) [1940] s. m. e f. (pl. m. *-i*) ● Zincografo.

zìngana (o z-) [1965] s. f. ● (*letter.*) Zingaresca nel sign. 1. ‖ **zinganètta** (o z-), dim.

zinganésco (o z-) agg. ● V. *zingaresco*.

zìngano (o z-) ● V. *zingaro*.

zingarata (o z-) [da *zingaro*: 'azione da zingaro'; 1985] s. f. ● Beffa, burla, bravata.

zingarésca (o z-) [da *zingaresco*; 1690] s. f. **1** Poesia lirica o di contrasto fiorita nel XVII sec. in Toscana e ancora viva in forme popolari. **2** Composizione musicale, spec. per violino solo, su rapsodie zigane, affine alla czarda.

zingarésco (o z-) o (*pop.*) **zinganésco** (o z-) [1612] **A** agg. (pl. m. *-schi*) ● Di, da zingaro | *Vita zingaresca*, (fig.) irrequieta, erraborda ‖ **zingarescaménte** (o z-), avv. **B** s. m. ● (*ling*.) Zingarico.

zingàrico (o z-) **A** agg. (pl. m. *-ci*) ● (*ling*.) Detto dell'uso linguistico degli zingari. **B** s. m. solo sing. ● (*ling*.) Lingua indoeuropea derivata da un dialetto neo-indiano del gruppo nord-occidentale, parlata, ancora oggi, dagli zingari.

♦**zìngaro** (o z-) o (*pop.*) **zìngano** (o z-) o †**zìnghero** (o z-) [gr. *Atsíganoi*, n. di una tribù dell'Asia Minore, di etim. incerta; av. 1470] **A** s. m. (f. *-a*) **1** Ogni appartenente a una popolazione originaria dell'India, diffusasi in Europa dal XII sec., caratterizzata da nomadismo, attività lavorative saltuarie o più di rado specializzate, come lavorazione del rame e allevamento dei cavalli, e ricche tradizioni etniche, tra cui spec. la danza, la musica e la predizione dell'avvenire: *una tribù di zingari; i carri, le roulotte degli zingari; una zingara m'ha letto la mano*. CFR. Nomade, rom (1) | *Astuto come uno z.*, furbissimo | *Fare vita da z.*, (fig.) spostarsi continuamente da un luogo all'altro. **2** (fig., *est*., *spreg*.) Persona dall'aspetto sciatto e trasandato (V. nota d'uso STEREOTIPO). ‖ **zingaràccio** (o z-), pegg. | **zingarèllo** (o z-), dim. **B** agg. ● (*raro*) Zingaresco: *musica zingara; lingua zingara*.

Zingiberàcee [vc. dotta, comp. del lat. *zīngiber* 'zenzero' e *-acee*; 1891] **s. f. pl.** (sing. *-a*) ● Nella tassonomia vegetale, famiglia di piante monocotiledoni tropicali e australiane delle Scitaminee.

zingóne ● V. *zincone*.

zìnia ● V. *zinnia*.

zìnna (o z-) [etim. discussa: longob. *zinna* 'sporgenza' (?); av. 1470] s. f. ● (*centr*.) Mammella. ‖ **zinnàccia** (o z-), pegg.

zinnàle (o z-) ● V. *zinale*.

†**zinnàre** (o z-) [da *zinna*; av. 1543] v. tr. e intr. ● Poppare.

zìnnia o **zìnia** [dal n. del botanico ted. J. G. *Zinn* (1727-1759); 1840] s. f. ● Pianta delle Composite originaria del Messico, coltivata nei giardini in molte varietà, con lungo peduncolo e fiori uniti in capolini di vario colore (*Zinnia*).

†**zinzània** ● V. *zizzania*.

†**zinzilulàre** [vc. dotta, lat. *zinzilulāre* 'cinguettare', di orig. imit.] v. intr. ● Fare il verso delle rondini.

†**zinzinàre** o **zinzinàre**, †**zinzinnàre** o **zinzinnàre** [av. 1646] v. intr. ● Centellinare.

†**zinzinatóre** o **zinzinatóre** s. m.; anche agg. (f. *-trice*) ● Chi (o Che) zinzina.

†**zinzinnàre** o **zinzinnàre** ● V. *zinzinare*.

zinzìno o **zinzino** [vc. espressiva; 1855] s. m. ● (*region*.) Pezzettino, sorsettino, piccolissima porzione: *uno z. di pane, di vino, di formaggio* | *Bere a zinzini*, centellinare | (*fig.*) Piccola quantità: *ci vuole uno z. di tempo*.

zinzolìno o **zinzolino** [1879] s. m. ● (*tosc*.) Zinzino.

♦**zìo** (o z-) [gr. *thêios*, da una radice (**thē-*) propria del linguaggio infant. con allargamento suffissale; sec. XIII] s. m. (dial. fam. troncato in *zi'*) **1** Fratello del padre o della madre, rispetto ai nipoti: *zio paterno; zio materno* | (*est*.) Marito della zia | †*Zio grande*, il fratello del nonno o della nonna, prozio | (*fam., region*.) *Zio cugino*, il cugino del padre o della madre | (*scherz*.) *Zio d'America*, quello emigrato in America che lascia o può lasciare una cospicua eredità; (*est*.) zio o parente ricco che fornisce spesso aiuti in denaro. **2** (*al pl*.) Lo zio e la zia, rispetto ai nipoti. **3** (*merid., fam*.) Titolo di rispetto che si dà a persone anziane, anche sconosciute, o sacerdoti: *zi' Luigi, zi' Saverio; lo zi' prete* | (*scherz*.) *Zio Sam*, gli Stati Uniti | (*pop., tosc*.) *Zi' Beppe*, deretano | (*pop., centr., merid*.) *Zi' Peppe*, vaso da notte. **4** (*eufem*.) *Zio per zio!* ‖ **ziètto** (o z-), dim. | **zìino** (o z-), dim. | **zióne** (o z-), accr. | **zìuccio** (o z-), dim.

-zióne suff. derivativo ● Forma sostantivi, generalmente astratti, indicanti azione, effetto, risultato, derivati da verbi: *aberrazione, creazione, guarnizione*.

zip [vc. ingl., di orig. oncmat.; 1935] s. f. o m. inv. ● Chiusura lampo.

zipolàre (o z-) [sec. XVI] v. tr. (*io zìpolo*) ● Chiudere, zaffare con lo zipolo.

zìpolo (o z-) [longob. *zippil* 'punta, estremità', di orig. e area germ. (*tappōn, donde anche *tappo* e *zaffo*; av. 1449] s. m. ● (*enol*.) Oggetto di legno o di vetro col quale si tura il buco o spillo fatto nella botte o sim. SIN. Zaffo.

zippàre [dall'ingl. *to zip*, 'rendere celere, affrettare'] v. tr. ● (*elab*.) Ridurre le dimensioni di un file mediante apposito programma.

ziqqurat ● V. *ziggurat*.

ziràia s. f. ● (*dial*.) Luogo ove si conservano gli ziri, nelle case coloniche.

zìrbo [ar. *tarb* 'intestini', 'peritoneo', attraverso la latinizzazione dei medici mediev. *zirbus*; 1664] s. m. **1** (*raro*) Omento, peritoneo. **2** (*est*.) Pancia, ventre.

zirconàto [da *zircone*, col suff. chim. *-ato*; 1940] s. m. ● Sale ottenuto fondendo l'ossido di zirconio con alcali.

zircóne [fr. *zircon*, variante di *jargunce* 'zircone', dal gr. *hyákinthos* 'giacinto' e 'pietra preziosa', attraverso il siriaco dei mercanti *jaqunta*; 1828] s. m. **1** (*miner*.) Silicato di zirconio in cristalli prismatici dalla lucentezza adamantina, di vario colore, spesso usato come gemma. **2** (*est*.) La gemma ricavata da tale minerale.

zircònico [1891] agg. (pl. m. *-ci*) ● Di composto dello zirconio.

zircònio [dal fr. *zircon* 'zircone', dove si trova; 1817] s. m. ● Elemento chimico, metallo di aspetto simile all'acciaio, usato allo stato metallico in apparecchiature chimiche e nei reattori nucleari come materiale per contenitori, in altre forme di composti come refrattario e nell'industria ceramica. SIMB. Zr.

zirlàre (o z-) [lat. *zinzilulāre*, di orig. imit.; av. 1566] v. intr. (aus. *avere*) ● Emettere uno o più zirli, detto del tordo | Mandare un sibilo simile a quello del tordo, detto di topi o pulcini, o anche di cacciatori che ne imitano il verso per richiamo.

zìrlo (o z-) [vc. onomat.; av. 1566] s. m. **1** Verso breve e acuto del tordo, diverso dal canto che esegue in primavera. **2** (*raro*) Tordo che si tiene in gabbia per zirlare.

zìro [ar. *zīr* 'grande orcio'; 1554] s. m. ● (*region*.) Orcio di terracotta, verniciato all'interno, in cui si conservano olio, vino, o cereali.

zìta (o z-) [vc. merid. V. *zitella*; av. 1306] s. f. ● (spec. al pl.) Tipo di pasta alimentare lunga, di diametro molto maggiore dello spaghetto, forata all'interno: *un piatto di zite al forno*.

zitèlla (o z-) o (*raro*) **zittèlla** (o z-) [dim. di *zita*, f. di *zito* (2); 1612] s. f. **1** Donna nubile | (*scherz*. o *spreg*.) Donna nubile e non più giovane | *Vecchia z.*, (*est., spreg*.) donna di carattere acido, bisbetico (V. nota d'uso STEREOTIPO). **2** †Vergine, giovinetta. ‖ **zitellàccia** (o z-), pegg. | **zitellìna** (o z-), dim. | **zitellóna** (o z-), accr.

zitellàggio (o z-) [da *zitella*; 1943] s. m. ● Stato, condizione di chi è zitella.

zitellésco (o z-) [1985] agg. (pl. m. *-schi*) ● Da zitella | (*spreg*. o *scherz*.) Acido, bisbetico.

zitellìsmo (o z-) [1938] s. m. ● (*spreg*.) Modo di agire, parlare, comportarsi da vecchia zitella.

zitèllo (o z-) o **zittèllo** (o z-) [dim. di *zito* (2); av. 1250] s. m. **1** †Fanciullo: *cresciuti in corte ed allevati / si son da noi di teneri zitelli* (ARIOSTO). **2** (*raro o scherz*.) Uomo scapolo, celibe. ‖ **zitellóne** (o z-), accr. (V.).

zitellóne (o z-) [1879] s. m. **1** Accr. di *zitello*. **2** (*scherz*.) Uomo scapolo un po' attempato.

Zither /ted. ˈtsɪtʰɪʌ/ [vc. f. ted., dal lat. *cĭthara* 'cetra' (V.); 1961] s. m. inv. (pl. ted. *Zithern*) ● (*mus*.) Strumento a corde pizzicate, simile alla cetra, tipico della Germania meridionale, dell'Austria e della Svizzera.

zìto (1) (o z-) [1918] s. m. ● (*spec. al pl*.) Zita.

zìto (2) (o z-) [variante di *cit(t)o* tosc. 'fanciullo'; av. 1306] **A** s. m. (f. *-a*) **1** †Fanciullo. **2** (*merid*.) †Fanciullo, celibe. **3** (*merid*.) Fidanzato, sposo novello. **B** agg. ● †Puro, vergine.

†**zittàre** (o z-) [1879] v. intr. e tr. ● (*tosc*.) Zittire.

zittèlla (o z-) ● V. *zitella*.

zittèllo (o z-) ● V. *zitello*.

zittìo (o z-) [1942] s. m. ● Atto, effetto dello zittire.

zittìre (o z-) [da *zitto*; 1670] **A** v. intr. (*io zittìsco* (o z-), *tu zittisci* (o z-); aus. *avere*) ● Tacere, far silenzio: *al mio cenno, tutti zittirono di colpo* | Fare con la bocca un leggero suono, come un sommesso sibilo, per interrompere oratori, attori o cantanti poco graditi: *una parte del pubblico zittiva verso quelli che applaudivano*. **B** v. tr. ● Indurre a far silenzio: *la zittì con un'occhiataccia* | Far tacere qlcu.: *con un sibilo sordo e tagliente, a un tratto, a una conferenza, e sim*.: *tutti zittivano la cantante stonata*. **C** v. intr. pron. ● (*raro*) Smettere di parlare, fare silenzio.

♦**zìtto** (o z-) [vc. onomat.; 1353] **A** agg. ● Che non parla: *stare z. e quieto; z. come un olio* | *Sta z.!*, taci!, sta attento! | *Rimanere z.*, stare senza parlare, in assoluto silenzio | *Z. z.*, in gran silenzio, spec. perché impaurito e pensieroso, alla chetichella: *presero per i campi, zitti zitti, pensando ognuno a casi suoi* (MANZONI); *se l'è svignata z.* *z.* | *Fare stare z.*, costringere qlcu. a tacere, obbligandolo al silenzio anche nei confronti di cose che richiederebbero reazioni, proteste e sim. | (*est*.) Che non si fa sentire, non ha valere le sue ragioni, e tacendo pare che acconsente: *di fronte a un torto così grande non devi stare z.* | (*est*.) Che non riferisce ciò che sa o ha sentito: *è uno che sta z.* ‖ **zìttóne** (o z-), dim. **B** inter. ● Si usa per intimare il silenzio o per minacciare qlcu.: *sento dei passi!, z.! se mi fai arrabbiare vedrai!* **C** s. m. ● (*raro, lett*.) Leggero sibilo, sussurro: *senza far motto o z. ad alcuno* (BOCCACCIO) | (*est*.) †*Non far z.*, tacere.

zizzània [stessa etim. di *zizzania* (V.)] s. f. ● Pianta acquatica delle Graminacee, diffusa nelle paludi e sugli stagni degli Stati Uniti orientali, con fusto alto sino a 3 m, foglie larghe e pannocchie che cui cariossidi costituiscono un cibo per gli indiani d'America. SIN. Riso d'acqua, riso d'America, riso indiano o degli Indiani.

zìzza o **zìzza** [longob. *zizza*, vc. espressiva; 1342] s. f. ● (*dial*.) Mammella.

zizzagare ● V. zigzagare.

†zizzàglia s. f. ● Zizzania.

zizzània o **†zinzània** [vc. dotta, lat. eccl. *zizānia*, nt. pl. di *zizānium(m)*, dal gr. *zixánion*, di orig. straniera; av. 1320] s. f. **1** (*bot.*, *raro*) Loglio. **2** (*fig.*) Discordia, grave contrasto, dissenso (dalla parabola evangelica del seminatore): *seminare, spargere, mettere z.*; *ha portato la z. nella sua famiglia*. **3** (*est.*, *raro*) Chi suscita discordia: *non voglio più vedere quella z.*

†zizzaniòso agg. ● Che mette zizzania.

zìzzola [da *zizzolo*; 1760] s. f. **1** (*raro*, *tosc.*) Giuggiola. **2** (*fig.*, *est.*) Inezia, bazzecola (*antifr.*, *iron.*) Fatto spiacevole, evento avverso: *tremila euro di multa: una bella z.!* **3** (*dial.*) Vento forte e freddo.

zìzzolo [lat. *zīzyphu(m)*, dal gr. *zízyphon*, di orig. e etim. incerte; 1803] s. m. ● (*bot.*, *dial.*) Giuggiolo.

złoty /polacco ˈzwɔti/ [vc. polacca, propr. 'd'oro' (*złoto*, di ampia area slava, connesso con una radice indeur. che allude al colore 'giallo'); 1931] s. m. inv. ● Unità monetaria circolante in Polonia. SIMB. Zl.

Zoantàri [lat. scient. *Zoantharia*, comp. di *zoo-* e del gr. *ánthos* 'fiore'; 1957] s. m. pl. (sing. *-io*) ● Nella tassonomia animale, ordine di Antozoi coloniali con sei o più tentacoli (mai otto) non pennati. SIN. Esacoralli.

zoàrco [gr. zōárchos, propr. 'conducente (archós, dal v. árchein 'condurre', di orig. indeur.) di animale (zōion 'essere vivente', egualmente di orig. indeur.)'] s. m. (pl. *-chi*) ● Conducente di elefanti nelle antiche ordinanze greche.

†zòcco [gr. lat. *sŏccu(m)* 'specie di pantofola in uso sulla scena', 'socco'; av. 1557] s. m. ● Zoccolo.

zòccola (o z-) [da *zoccolo* in spreg. uso fig.; 1953] s. f. **1** (*region.*) Topo di fogna. **2** (*fig.*, *volg.*) Prostituta dei bassifondi.

zoccolàio (o z-) o (*raro*, *dial.*) **zoccolàro** (o z-) [av. 1348] s. m. (f. *-a*) **1** Chi fa o vende zoccoli. **2** (*fig.*, *disus.*) Zotico, villano.

zoccolànte (o z-) [1598] **A** agg. ● Che porta gli zoccoli. **B** s. m. ● Frate minore osservante, che porta gli zoccoli.

zoccolàre (o z-) [av. 1749] v. intr. (*io zòccolo* o z-); aus. *avere*) ● (*pop.*) Far fracasso con gli zoccoli, camminando: *i bambini zoccolavano per le scale*.

zoccolàro (o z-) ● V. zoccolaio.

zoccolàta (o z-) [av. 1646] s. f. ● Colpo di zoccolo.

zoccolatùra (o z-) [da *zoccolo* nel sign. 6; 1961] s. f. ● Motivo architettonico applicato, spec. a scopo protettivo, lungo la parte inferiore di una parete.

zoccolìo (o z-) [1950] s. m. ● Uno zoccolare continuo o frettoloso.

♦zòccolo (o z-) [lat. parl. *sŏccolu(m)*, dim. di *sŏccus* 'socco' (V.); 1353] s. m. **1** Calzatura con la suola di legno e tomaia per lo più a strisce, usata tradizionalmente in abiti di ordini religiosi, in costumi popolari e nelle campagne, per ragioni funzionali in certi lavori o come calzatura estiva: *calzare, portare gli zoccoli*; *le olandesine sono gli zoccoli* | (*est.*, *cuc.*) **Frittata con gli zoccoli**, farcita di carne o salumi a tocchetti. **2** (f. *-a*) (*fig.*, *raro*) Persona villana, rozza, ignorante | (*fig.*) Persona buona a nulla o che non vale nulla | (*pop.*) **†Zoccoli!**, capita! **3** (*zool.*) L'unghia del terzo dito degli Equidi, o l'insieme delle unghie del terzo e del quarto dito degli Artiodattili, in cui lo strato corneo esterno riveste l'ultima falange ed è ispessito inferiormente a formare la suola. CFR. podo-. **4** (*est.*) Strato di fango che rimane attaccato alla suola delle calzature | Strato di neve che rimane attaccato alla suola degli scarponi, sotto gli sci o fra le punte dei ramponi da ghiaccio | (*agr.*) Zolla di terra lasciata attorno alle radici di una pianta da trapiantare. **5** Ogni basamento, di vario materiale, in varie strutture: *uno z. di legno, di pietra, di marmo*; *lo z. di una colonna, di un monumento, dell'arpa* | (*est.*) Parte inferiore, limitata in altezza, di un edificio | (*est.*) Piede prominente delle mura, nelle fortificazioni antiche | (*est.*) Fascia inferiore della parete di un vano interno di un edificio, tinta in colore più scuro o rivestita di materiale vario a scopo decorativo o protettivo (*fig.*) **Z. duro**, il settore più stabile e fedele di un'organizzazione, spec. di un partito politico; il valore più costante in un fenomeno soggetto a variazioni. **6** (*geol.*) In tettonica, la parte inferiore e rigida di una regione in cui i terreni sovrastanti sono deformati plasticamente dalle spinte tettoniche | **Z. continentale**, **z. sottomarino**, il blocco di sial che forma la base di un continente, comprendente la scarpata continentale e la piattaforma continentale. **7** (*elettr.*) Parte dell'attacco unita alla lampada, che si inserisce a vite o a baionetta nel portalampada realizzando il collegamento elettrico e meccanico di quella con questo. **8** (*edit.*) In tipografia, blocco di sostegno, ligneo o metallico, per cliché o stereotipia. **9** Nelle armi da fuoco, parte dell'alzo fissata alla canna su cui si muove il ritto d'alzo. || **zoccolétto** (o z-), dim. | **zoccolìno** (o z-), dim. | **zoccolóne** (o z-), accr. (V.) | **zoccolòtto** (o z-), accr.

zoccolóne (o z-) s. m. **1** Accr. di *zoccolo*. **2** (f. *-a*) (*fig.*, *spreg.*) Persona molto rozza. SIN. Zoticone.

zodiacàle [1745] agg. ● (*astron.*, *astrol.*) Proprio dello, relativo allo zodiaco: *costellazioni, segni zodiacali* | (*astron.*) **Luce z.**, luminescenza biancastra che si scorge in cielo, sul piano dell'eclittica, prima dell'alba o dopo il tramonto, avente la forma di un ventaglio simmetrico rispetto al Sole.

zodìaco [vc. dotta, lat. *zodīacu(m)*, dal gr. *zōidiakós* 'proprio (del circolo) delle figure d'animali (*zōidia*, dim. pl. di *zōion* 'essere vivente', 'immagine celeste')'; 1319] s. m. (pl. *-ci*, raro) **1** (*astron.*, *astrol.*) Zona ideale della sfera celeste entro cui si trovano i percorsi apparenti del Sole, dei pianeti e della Luna, delimitata da due linee parallele all'eclittica a 8° di distanza angolare dai due lati di questa, contenente le dodici costellazioni di Ariete, Toro, Gemelli, Cancro, Leone, Vergine, Bilancia, Scorpione, Sagittario, Capricorno, Acquario, Pesci | (*astrol.*) **Segni dello z.**, le dodici parti uguali in cui questo è convenzionalmente diviso, ciascuna delle quali prende il nome da una costellazione. **2** (*est.*, *astrol.*) Disegno, di solito circolare, che rappresenta la fascia dello zodiaco e i simboli di ciascuno dei suoi dodici segni. ➡ ILL. **zodiaco**.

zoèa [dal gr. *zōé* 'vita', di orig. indeur.; 1840] s. f. ● (*zool.*) Forma larvale propria dei crostacei decapodi.

zoèpica [propr. '*epica* degli animali (gr. *zōia*, di orig. indeur.)'; 1884] s. f. ● (*letter.*) Epopea i cui

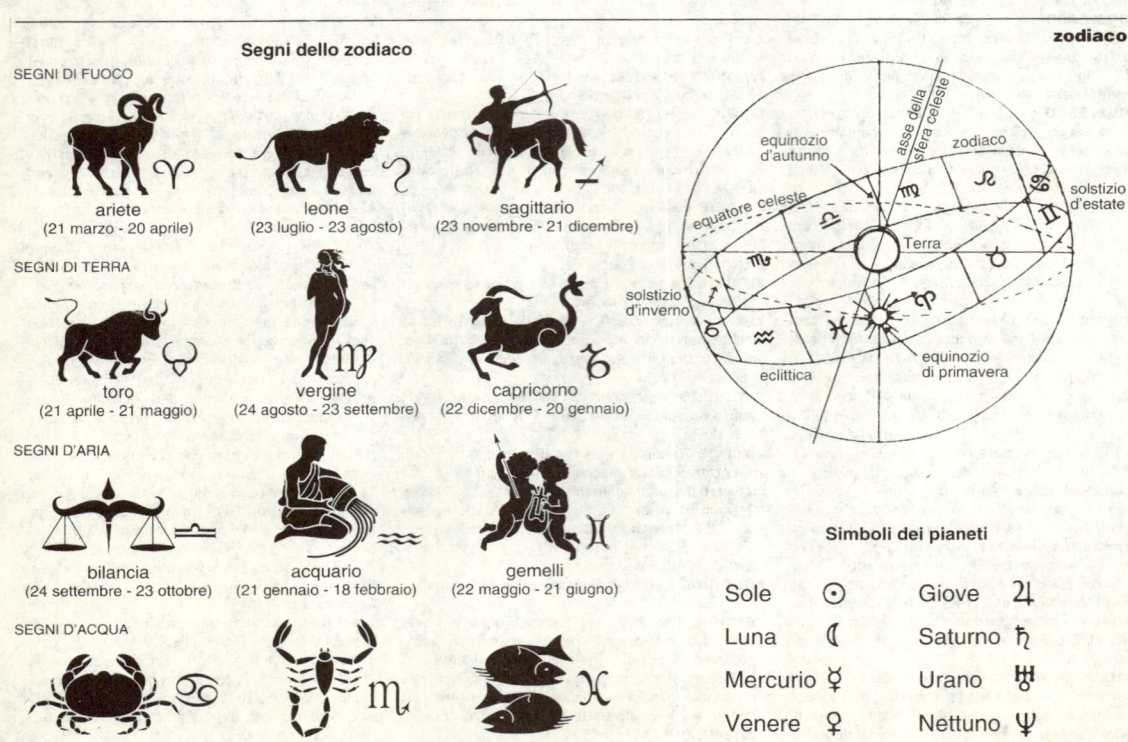

Segni dello zodiaco — zodiaco

SEGNI DI FUOCO: ariete (21 marzo - 20 aprile); leone (23 luglio - 23 agosto); sagittario (23 novembre - 21 dicembre)

SEGNI DI TERRA: toro (21 aprile - 21 maggio); vergine (24 agosto - 23 settembre); capricorno (22 dicembre - 20 gennaio)

SEGNI D'ARIA: bilancia (24 settembre - 23 ottobre); acquario (21 gennaio - 18 febbraio); gemelli (22 maggio - 21 giugno)

SEGNI D'ACQUA: cancro (22 giugno - 22 luglio); scorpione (24 ottobre - 22 novembre); pesci (19 febbraio - 20 marzo)

Simboli dei pianeti: Sole, Luna, Mercurio, Venere, Marte, Giove, Saturno, Urano, Nettuno, Plutone

personaggi sono animali.

-zòico [dal gr. *zōikós* 'di animale', da *zôion* 'essere vivente'] secondo elemento ● In aggettivi composti, indica relazione con animali o con l'apparire della vita nelle diverse ere geologiche: *cenozoico, mesozoico.*

zoidiofilìa [comp. del gr. *zōídion*, dim. di *zôion* 'animale', e *-filia*; 1961] s. f. ● (*bot.*) Impollinazione operata da animali. SIN. Zoofilia, zoogamia.

zoidiòfilo [comp. del gr. *zōídion*, dim. di *zôion* 'animale', e *-filo*; 1906] agg. ● (*bot.*) Detto di pianta la cui impollinazione è operata da animali. SIN. Zoofilo, zoogamo.

zòilo [gr. *Zôilos*, n. del feroce critico di Omero, da collegarsi con *zōḗ* 'vita', di orig. incerta; av. 1613] s. m. ● (*raro, lett.*) Critico severo e pedante.

zoisite [comp. dal n. dello studioso slov. S. *Zois* (1747-1819) che per primo lo osservò e *-ite* (*2*); 1840] s. f. ● (*miner.*) Epidoto in cristalli ortorombici, spesso fibrosi, di color grigio o giallastro.

zòlfa (o z-) ● V. *solfa.*

zolfàio (o z-) [1840] s. m. ● (*raro*) Operaio addetto all'estrazione e alla lavorazione dello zolfo.

zolfanèllo (o z-) o (*raro*) **solfanèllo** [dallo *zolfo*, che lo impregna, con doppio suff.; 1481] s. m. *1* Fiammifero di legno con capocchia di zolfo o fosforo, da sfregare | ***Accendersi come uno z.***, (*fig.*) essere molto irascibile. *2* Stoppino impregnato di zolfo fuso, per disinfettare le botti.

zolfàra (o z-) ● V. *solfara.*

zolfàre (o z-) ● V. *solfare.*

zolfatàra (o z-) ● V. *solfatara.*

zolfatàro (o z-) ● V. *solfataro.*

zolfìfero (o z-) [comp. di *zolfo* e *-fero*; 1913] agg. ● Che contiene zolfo.

zolfìgno (o z-) [1940] agg. ● (*raro*) Zolfino.

zolfìno (o z-) o (*raro*) **solfìno** [1779] **A** agg. ● (*raro*) Che è simile allo zolfo, per aspetto, colore e odore. **B** s. m. ● Zolfanello.

zòlfo (o z-) o (*raro, lett.*) **sòlfo**, †**zòlfore** (o †z-) [lat. *sŭlphur*, per *sŭlpur* (nt.), di orig. straniera; 1321] s. m. ● Elemento chimico, non metallo giallo diffusissimo in natura sia nei suoi composti, sia allo stato elementare, ottenuto dai suoi giacimenti o per ossidazione dell'acido solfidrico proveniente da gas illuminante o da frazioni del petrolio, noto in varie forme allotropiche, usato per produrre acido solforico, come additivo di fertilizzanti, come correttivo di terreni, per la vulcanizzazione della gomma, per coloranti allo zolfo, in medicina per malattie della pelle, e nell'industria dei fiammiferi. SIMB. S. CFR. tio- | ***C'è odore di z.***, (*scherz., fig.*) c'è del diabolico.

zoliàno [1886] agg. ● Concernente lo scrittore francese E. Zola (1840-1902): *realismo z.*

zòlla (o z-) [etim. discussa: medio alto ted. *zol(les)* 'massa compatta', di orig. indeur.; av. 1320] s. f. *1* Pezzo di terra compatta sollevata dall'aratro o dalla zappa durante la lavorazione del terreno | ***Z. erbosa, verde z.***, superficie erbosa del terreno: *tacito, seduto in verde z., / delle sere io solea passar gran parte / mirando il cielo* (LEOPARDI). *2* (*spec. al pl.*) Campo lavorato, terreno: *avere, possedere delle zolle* | ***Avere quattro zolle, poche zolle***, possedere una piccola proprietà. *3* (*raro*) Tocco, pezzo di diverse materie: *una z. di pane.* *4* (*geol.*) Ciascuna delle grandi porzioni di litosfera, di spessore uguale a 100 km e di superficie paragonabile a quella di un continente o di un oceano, separata dalle altre da profonde discontinuità. || **zollétta** (o z-), dim. (V.) | **zollóna** (o z-), accr.

zollàre (o z-) [1935] v. tr. (*io zòllo* (o *z-*)) ● (*raro*) Ricoprire con zolle.

zollétta (o z-) [1698] s. f. *1* Dim. di *zolla*. *2* Pezzetto, spec. di zucchero. || **zollettìna** (o z-), dim.

zollosità (o z-) [1961] s. f. ● (*raro*) Condizione, caratteristica di ciò che è zolloso: *la z. di un terreno.*

zollóso (o z-) [1525] agg. ● (*raro*) Pieno di zolle: *campi zollosi* | Coperto di zolle.

†**zollùto** (o z-) agg. ● Zolloso.

Zollverein /ted. 'tsɔlfɛrˌʔaen/ [comp. ted., propr. 'unione (*Verein*, da *ein* 'uno' col pref. di orig. indeur. *ver-*) della dogana (*Zoll*, dal tardo lat. *tolonēum* 'telonio', V.)'] s. m. inv. (pl. ted. *Zollvereine*) ● Nel linguaggio economico tedesco, unione doganale.

zombàre [vc. onomat.; av. 1400] v. tr. (*io zómbo*) ● (*pop., tosc.*) Percuotere, picchiare con forza.

zombàta [1879] s. f. ● (*pop., tosc.*) Percossa data con forza.

zombatùra s. f. ● (*pop., tosc.*) Lo zombare | Serie di percosse.

zòmbie /*'dzombi, *ingl.* 'zɒmbi/ o **zòmbi** [vc. creola d'orig. sconosciuta; 1978] s. m. e f. inv. *1* (*relig.*) Nelle credenze popolari delle Antille, spirito soprannaturale che, evocato da riti magici, ridà vita a un cadavere | Il cadavere così rianimato. *2* (*est., fig.*) Persona che è o appare apatica, abulica, priva del tutto di carattere e volontà propri.

zompàre (o z-) [vc. centr., merid., di origine onomat.; 1905] v. intr. (*io zómpo* (o *z-*); aus. *essere* e *avere*) ● (*fam.*) Saltare | ***Z. addosso a qlcu.***, (*fig.*) avvicinarsi a qlcu. tentando un approccio sessuale.

zompàta (o z-) s. f. ● (*centr.*) Zompo.

zómpo (o z-) [da *zompare*; 1866] s. m. ● (*centr.*) Salto.

♦**zòna** (**1**) [vc. dotta, lat. *zōna(m)*, dal gr. *zṓnē*, propr. 'cintura', poi 'cintura di terra o di cielo'; av. 1306] s. f. *1* Fascia, striscia: *in cielo si vedono ampie zone grigie e zone più chiare* | (*est.*) Superficie, spazio delimitato: *nella stanza c'è una z. d'ombra*; *una parete a zone chiare e scure* | (*biol.*) ***Z. morfogenetica***, ciascuna delle aree del citoplasma dell'uovo fecondato dalle quali, attraverso i processi morfogenetici, si sviluppano i vari organi in posizioni definite | (*fis.*) ***Z. di silenzio***, quella in cui, a causa delle anomalie della propagazione delle onde sonore, non viene udito il suono emesso da un velivolo o prodotto al suolo | (*mat.*) ***Z. sferica***, parte di superficie sferica compresa fra due piani secanti paralleli | (*mat.*) ***Z. di una superficie di rotazione***, parte di superficie di rotazione compresa fra due piani perpendicolari all'asse di rotazione | (*tecnol.*) ***Fusione per zone***, metodi di purificazione di materiali metallici, usato per preparare metalli purissimi destinati a impieghi nucleari, semiconduttori e sim. e consistente nel determinare la fusione incipiente di un'estremità di una sbarretta del materiale da purificare e nel far scorrere la zona fusa verso l'altra estremità, dove si concentrano le impurità presenti nel materiale. *2* (*geogr.*) Ciascuna delle cinque fasce parallele che, per convenzione, suddividono la superficie della Terra e prendono il nome dai climi che vi dominano: due glaciali o polari, artica e antartica; due temperate, boreale e australe; una torrida, o equatoriale, fra i due tropici | ***Z. climatica***, zona della superficie terrestre determinata in base alla particolare distribuzione di uno o più elementi climatici | ***Z. umida***, ambiente costituito da terreni capaci di assorbire e trattenere grandi quantità d'acqua, come acquitrini, paludi, torbiere, stagni, lagune. *3* (*geol.*) Regione della crosta terrestre in cui le rocce sono sottoposte a metamorfismo più o meno intenso secondo la profondità | ***Z. sismica***, regione della Terra che è epicentro di frequenti terremoti. *4* (*est.*) Territorio, regione, ben delimitato o che presenta caratteri distintivi: *sulla carta si distingue una z. collinosa*; *la z. orientale della pianura non è coltivata* | ***In z.***, nei dintorni, nelle vicinanze: *ero in z. così sono passato a trovarti* | ***Fuori z.***, lontano, fuori dai giri abituali: *non conosco quel negozio perché per me è fuori z.* | ***Z. agraria***, area più o meno estesa dove prosperano in prevalenza determinate colture | ***Z. di ripopolamento e cattura***, territorio in cui è vietata temporaneamente la caccia per favorire il ripopolamento della selvaggina, che vi può essere catturata soltanto per ripopolare altri territori che ne sono carenti | ***Z. di vendita***, area geografica assegnata a un venditore o a un agente per svolgervi il proprio lavoro presso i clienti che vi risiedono | ***Z. depressa***, caratterizzata da una situazione economica e sociale di persistente povertà, sottosviluppo e sim. | ***Z. controllata***, quella in cui è presente una sorgente di radiazioni ionizzanti e le persone, esposte professionalmente a una dose annua di radiazione, che può superare un valore prestabilito, vengono sottoposte a sorveglianza sanitaria | ***Z. franca***, parte del territorio nazionale considerata fuori della linea doganale | (*dir.*) ***Z. di frontiera***, quella a cavallo della frontiera fra due Stati, nella quale essi, grazie ad accordi speciali, stabiliscono reciproche facilitazioni riguardanti la circolazione di abitanti e merci e i servizi idrici e sanitari | ***Z. d'influenza***, territorio sul quale si riconosce che uno Stato eserciti la propria predominante influenza politica, economica e militare; (*fig.*) limite entro il quale si esercita l'influenza o il potere di una persona, un partito, un ente e sim. | ***Z. del libero scambio***, quella dove vige un accordo economico internazionale attuato da un gruppo di Stati all'interno di un territorio e in cui le merci prodotte da ciascuno di essi possono circolare liberamente, non gravate da dazio | (*dir.*) ***Z. di vigilanza***, striscia, braccio di mare in prossimità della costa in cui lo Stato può intervenire in caso di contrabbando | ***Z. calda***, dove incombe un pericolo di conflitto armato | ***Z. denuclearizzata***, dove è bandito l'uso delle armi termonucleari | ***Z. militare***, parte di territorio nazionale in cui, in tempo di pace, la proprietà è soggetta a particolari obblighi e la libertà personale viene limitata allo scopo di evitare eventuali danni da attività militari | (*dir.*) ***Z. di guerra***, parte del territorio nazionale, definita dalla suprema autorità politica dello Stato, nella quale vige la legge di guerra | (*dir.*) ***Z. smilitarizzata***, quella in cui uno Stato, per prevenire incidenti di frontiera e sim., si assume l'obbligo internazionale di non stabilirvi installazioni e guarnigioni militari | (*mil.*) ***Z. delle operazioni***, parte della zona di guerra, definita dalla suprema autorità militare, nella quale i poteri civili sono assunti per legge dall'autorità militare stessa | (*mil.*) ***Z. di combattimento***, parte del territorio nella quale vengono condotte le principali operazioni aero-terrestri | (*mil.*) ***Z. tattica***, area in cui le truppe effettuano manovre tattiche di difesa e di offesa | (*mil.*) ***Z. territoriale***, circoscrizione militare amministrativa del territorio nazionale, comprendente gener. più province e soggetta all'autorità di un generale di brigata; in periodo bellico, parte del territorio nazionale, retrostante la zona di combattimento, nella quale viene condotta la difesa interna del territorio | (*mil.*) ***Z. delle comunicazioni***, parte della zona territoriale compresa fra i limiti posteriori della zona di combattimento e del teatro di operazioni. *5* Parte di territorio comunale e, gener., di un agglomerato urbano destinato, nel piano regolatore, a una determinata funzione: *z. residenziale*; *z. industriale* | ***Z. verde***, insieme di parchi, giardini e sim. compresi in una città | ***Z. blu, z. verde***, parte del centro storico delle città in cui il traffico è variamente limitato | ***Z. di rispetto***, area nella quale non è permesso costruire o nella quale la costruzione sia sottoposta a vincoli ben precisi | ***Z. del silenzio***, ove vige per gli autoveicoli il divieto di usare i segnali acustici | ***Z. disco***, in cui le automobili possono sostare per un tempo limitato esponendo il disco orario | ***Consiglio di z.***, V. *consiglio*, sign. 5. *6* Nei telegrafi, nelle telescriventi e sim., sottile striscia di carta su cui viene registrato il testo del messaggio telegrafico. *7* (*med.*) Herpes zoster. *8* In vari giochi di palla, spec. nel basket e nel calcio, impostazione tattica basata sulla copertura, da parte dei giocatori, di una determinata area del campo (contrapposta al cosiddetto *gioco a uomo*): *gioco, difesa a z.*; *nel gioco a z. sono spesso attuati il pressing e la tattica del fuorigioco* | ***Marcare a z.***, V. *marcare* | ***Segnare, vincere in z. Cesarini***, nel calcio, realizzare una rete decisiva agli effetti del risultato nello scorcio finale di un incontro, come riuscì più volte al giocatore juventino R. Cesarini (1906-1969); (*fig.*) ottenere un successo all'ultimo momento. *9* Fascia, cintura che cinge la vita in certi abiti, spec. antichi.

†**zòna** (**2**) [di orig. onomat. (?)] vc. ● (*tosc.*) Solo nella loc. *dare di z.*, fare qlco. con impeto, di buona lena.

zonàle [vc. dotta, lat. tardo *zonāle(m)*, da *zōna*; 1940] agg. *1* Attinente a una zona, di una zona: *comando z.* *2* (*biol.*) Detto di distribuzione di animali e piante in zone.

†**zonàre** [da *zona* (*1*); av. 1306] v. tr. ● Cingere, fasciare.

zonàto [1940] agg. ● Costituito da zone, parti, strati e sim. diversi: *cristallo z.* | Dipinto a zone: *pareti zonate.*

zonatùra [1961] s. f. *1* Divisione in zone: *la z. di una regione.* *2* Nei minerali, nelle rocce, nei cristalli e sim., l'alternarsi di strati di composizione chimica diversa e che possono presentare colori diversi.

zonazióne [da *zona* (*1*), sul modello dell'ingl. *zoning* (V.); 1961] s. f. ● (*gener.*) Zonizzazione |

(*geol.*) ***Carte di z. sismica***, quelle in cui, sulla base di dati geologici e sismologici, si individuano, su grande o piccola scala, le zone di territorio in cui si sono verificati, o si prevede che si verificheranno, terremoti di varia intensità | (*ecol.*) Distribuzione, per zone geografiche, di organismi animali o vegetali: *z. verticale, orizzontale*.

zoning /*ingl.* 'zəuniŋ/ [vc. ingl., da *to zone* 'dividere in zone', da *zone* 'zona'; 1931] **s. m. inv.** ● (*urban.*) Zonizzazione.

zonizzàre [da *zona* (*1*), sul modello dell'ingl. *to zone* (V. *zoning*); 1983] **v. tr.** ***1*** (*urban.*) Suddividere un'area urbana o una città in diverse zone destinandole a usi e funzioni specifiche, come residenza, industria e sim. ***2*** (*est., gener.*) Suddividere in zone.

zonizzazióne [da *zonizzare*; 1935] **s. f.** ● Suddivisione in zone | (*urban.*) Suddivisione di un'area urbana o di una città in diverse zone destinate a usi e funzioni specifiche.

zònula [vc. dotta, lat. *zonula*, dim. di *zōna* 'fascia, cintura'; 1961] **s. f.** ● (*anat.*) Nella loc. *z.* ***di Zinn***, parte membranosa del corpo ciliare a forma di anello disposta attorno al cristallino, avente la funzione di mantenerlo teso.

zonulàre [1983] **agg.** ● (*anat.*) Della, relativo alla zonula.

zonùro [propr. 'dalla coda (gr. *ourá*, di orig. indeur.) con scaglie a cerchi (gr. *zōnai*, propr. 'cinture')'] **s. m.** ● Sauro africano con robuste zampe a cinque dita, una corona di spine posteriormente al capo e coda spinosa (*Cordylus giganteus*).

zónzo [vc. onomat.; av. 1449] **vc.** ● Solo nella loc. avv. ***a z.***, a spasso, qua e là senza una meta, oziando: *andare a z.* | (*fig.*) †***Mandare il cervello a z.***, impazzire.

♦**zòo** [da (*giardino*) *zoo*(*logico*), secondo il modello ingl. *zoo*(*logical garden*); 1931] **s. m. inv.** ● Giardino zoologico: *portare i bambini allo zoo* | (*est.*) Reparto di un circo equestre ove sono custoditi gli animali esotici.

zòo-, -zòo [dal gr. *zôion* 'essere vivente', di orig. indeur.] primo o secondo elemento ● In parole composte significa 'animale' o indica in modo generico relazione con la vita animale: *zoofilo, zoologia, zootecnica; dermatozoi, protozoi*.

zoocenòsi [comp. di *zoo-* e *cenosi*; 1961] **s. f.** ● (*zool.*) Complesso degli organismi animali che compongono una biocenosi.

zoocenòtico [da *zoocenosi*] **agg.** (**pl. m.** *-ci*) ● (*zool.*) Relativo a zoocenosi.

zoochìmica [comp. di *zoo-* e *chimica*; 1940] **s. f.** ● Studio chimico dei principi presenti negli organismi animali.

zoocìda [comp. di *zoo-* e *-cida*; 1961] **A s. m.** (**pl.** *-i*) ● Sostanza tossica per i parassiti delle piante. **B** anche **agg.**: *preparato z.*

zoocoltùra o **zooculture** [comp. di *zoo-* e *coltura*; 1941] **s. f.** ● Allevamento di animali utili all'uomo, spec. di piccole dimensioni.

zooconìdio [comp. di *zoo-* e *conidio*; 1961] **s. m.** ● (*bot.*) Conidio mobile mediante ciglia. **SIN.** Planoconidio.

zoocorìa [comp. di *zoo-* e di un deriv. dal gr. *chōrêin* 'spostarsi, diffondersi', di orig. indeur.; 1961] **s. f.** ● (*bot.*) Disseminazione di talune piante per mezzo di animali, che ne trasportano i semi sul o nel proprio corpo.

zoocòro [comp. di *zoo-* 'animale' e di un deriv. dal gr. *chōrêin* 'spostarsi, diffondersi', di orig. indeur.; 1957] **agg.** ● (*bot.*) Detto di pianta la cui disseminazione avviene per opera di animali | Relativo alla zoocoria: *disseminazione zoocora*.

zoocultùra ● V. *zoocoltura*.

zoofagìa [comp. di *zoo-* e *-fagia*; 1961] **s. f.** ● Condizione degli organismi zoofagi.

zoòfago [comp. di *zoo-* e *-fago*; 1803] **agg.** (**pl. m.** *-gi*) ● Detto di animale o pianta che si nutre di animali.

zoofilìa [comp. di *zoo-* e *-filia*; 1961] **s. f.** ***1*** Amore, affetto per gli animali, spec. domestici | Atteggiamento, comportamento da zoofilo. ***2*** (*psicol.*) Perversa attrazione sessuale per gli animali. ***3*** (*bot.*) Zoidiofilia. ***4*** (*zool.*) Fenomeno per cui un insetto si nutre di preferenza a spese di altri animali piuttosto che dell'uomo.

zoòfilo [comp. di *zoo-* e *-filo*; 1803] **A agg.** ***1*** Che ama e protegge gli animali: *società zoofila*. ***2*** (*bot.*) Zoidiofilo | Zoocoro. ***3*** (*zool.*) Detto di insetto che presenta zoofilia. **B s. m.** ● Persona che ama gli animali e li protegge: *lega di zoofili*.

zoòfito [comp. di *zoo-* e *-fito*; 1970] **s. m.** ● Organismo considerato un tempo come una forma intermedia fra animali e vegetali, quali i Celenterati e gli Echinodermi.

Zooflagellàti [comp. di *zoo-* e *Flagellati*; 1961] **s. m. pl.** (**sing.** *-o*) ● Nella tassonomia animale, gruppo eterogeneo di Flagellati che comprende organismi incapaci di operare la fotosintesi.

zoofobìa [comp. di *zoo-* e *fobia*; 1905] **s. f.** ● (*psicol.*) Timore morboso di tutti gli animali, o di alcuni determinati fra essi.

zoòfobo [comp. di *zoo-* e *-fobo*; 1961] **agg.**; anche **s. m.** (**f.** *-a*) ***1*** (*raro*) Che (o Chi) è affetto da zoofobia. ***2*** (*bot.*) Detto di pianta dotata di caratteristiche che la preservano dagli animali erbivori.

zoòforo [gr. *zōophóros*, comp. di *zôion* 'animale' e di un deriv. di *phérein* 'portare', perché accoglieva spesso raffigurazioni di animali; 1521] **A s. m.** ● (*arch.*) Fregio architettonico, recante figure spec. animali, collocato fra l'architrave e la cornice degli antichi edifici ionici. **B agg.** ● (*arch.*) Che sostiene, che sorregge una raffigurazione spec. animale: *colonna zoofora*.

zoogamète [comp. di *zoo-* e di *gamete*; 1961] **s. m.** ● (*biol.*) Gamete provvisto di organi di moto, quali i flagelli.

zoogamìa [comp. di *zoo-* e *-gamia*; 1961] **s. f.** ● (*bot.*) Zoidiofilia.

zoògamo [1961] **agg.** ● (*bot.*) Zoidiofilo.

zoogènico [comp. di *zoo-* e *-genico*; 1957] **agg.** (**pl. m.** *-ci*) ● (*geol.*) Detto di roccia organogena formata da resti animali.

zoogeografìa [comp. di *zoo-* e *geografia*; 1952] **s. f.** ● Scienza che studia la distribuzione delle specie animali sulla superficie terrestre e le cause che la influenzano.

zooglèa [comp. di *zoo-* e del gr. *gloía* 'materia collosa', di diffusione indeur.; 1930] **s. f.** ● (*biol.*) Massa di batteri agglutinati da una sostanza vischiosa, avente spesso l'apparenza di una pellicola iridescente.

zoognòstica [comp. di *zoo-* e della seconda parte di (*dia*)*gnostica*; 1965] **s. f.** ● Studio dell'esteriore conformazione dell'animale.

zooiàtra [comp. di *zoo-* e *-iatra*; 1819] **s. m. e f.** (**pl. m.** *-i*) ● (*raro*) Veterinario.

zooiatrìa [comp. di *zoo-* e *-iatria*; 1819] **s. f.** ● (*raro*) Veterinaria.

zooiàtrico [1827] **agg.** (**pl. m.** *-ci*) ● (*raro*) Di, della zooiatria: *dizionario z.*

zoolàtro **s. m.** ● (*raro*) Zooiatra.

zoolàtra [da *zoolatria*; 1970] **s. m. e f.** (**pl. m.** *-i*) ● Chi fa degli animali oggetto di adorazione e di culto.

zoolatrìa [comp. di *zoo-* e *latria*; 1771] **s. f.** ● Adorazione e culto rivolti agli animali, considerati divini o manifestazioni del divino.

zoolàtrico [1913] **agg.** (**pl. m.** *-ci*) ● Relativo alla zoolatria e agli zoolatri.

zoòlico [dal fr. *zoolique* sul modello di *eolico*] **agg.** (**pl. m.** *-ci*) ● Mosso, spinto, azionato da una forza o energia animale: *macchina zoolica*.

zoolìto [comp. di *zoo-* e *-lito* (*1*); 1771] **s. m.** ● (*raro*) Animale o parte di animale fossilizzato, spec. pietrificato.

zoologìa [comp. di *zoo-* e *-logia*; av. 1698] **s. f.** ● Scienza che studia gli animali e la loro vita in tutti i suoi aspetti. ➡ **ILL. zoologia generale.**

zoològico [1816] **agg.** (**pl. m.** *-ci*) ● Che riguarda la zoologia | ***Giardino z.***, specie di parco opportunamente attrezzato dove, all'aperto o al chiuso, in gabbie e recinti, vivono e sono esposti al pubblico animali esotici | ***Museo z.***, che raccoglie e classifica animali imbalsamati o loro parti anatomiche conservate.

zoologìsta [da (*giardino*) *zoologico*; 1938] **s. m. e f.** (**pl. m.** *-i*) ● Chi commercia o caccia animali per i giardini zoologici.

zoòlogo [comp. di *zoo-* e *-logo*; 1816] **s. m.** (**f.** *-a*; **pl. m.** *-gi*) ● Studioso, esperto di zoologia.

zoom /*'dzum, *ingl.* zuːm/ [dal n. dell'obiettivo a focale variabile *Zoomak*, costruito nel 1948 dalla ditta *Zoomar*, derivante a sua volta da (*to*) *zoom*, usato prima come v. onomat. con il sign. di 'ronzare' e poi, in aeronautica militare, con il sign. di 'impennarsi in volo'; 1963] **s. m. inv.** ● Obiettivo la cui distanza focale può essere variata con continuità entro limiti piuttosto ampi, per poter variare il campo inquadrato senza variare la messa a fuoco; usato per riprese fotografiche e, spec., cinematografiche e televisive.

zoomàre /*dzu'mare/ e *deriv.* ● V. *zumare* e *deriv.*

zoometrìa [comp. di *zoo-* e *-metria*; 1912] **s. f.** ● Studio delle dimensioni degli animali.

zoomorfìsmo [comp. di *zoo-* e *-morfismo*; 1905] **s. m.** ● Metamorfosi in animale: *credere allo z.*

zoomòrfo [comp. di *zoo-* e *-morfo*; 1976] **agg.** ● Che rappresenta un animale: *figura zoomorfa*.

zoomorfòsi [comp. di *zoo-* e *morfosi*; 1930] **s. f.** ● (*biol.*) Variazione anomala, non ereditaria, della forma di una pianta, dovuta all'azione di un animale.

zoònimo [comp. di *zoo-* e *-onimo*; 1950] **s. m.** ● (*ling.*) Nome di animale.

zoònomo [comp. di *zoo-* e *-nomo*; 1950] **s. m.** (**f.** *-a*) ● Chi ha conseguito una laurea in scienze della produzione animale e può operare in vari settori della zootecnia.

zoonòsi [comp. di *zoo-* e del gr. *nósos* 'malattia', di orig. incerta; 1890] **s. f.** ● Ogni malattia infettiva degli animali | Ogni malattia propagabile dagli animali all'uomo, e viceversa.

zoopaleontologìa [comp. di *zoo-* e *paleontologia*; 1961] **s. f.** ● Branca della paleontologia che studia gli animali fossili.

zooparassìta [comp. di *zoo-* e *parassita*; 1987] **s. m.**; anche **agg.** (**pl. m.** *-i*) ***1*** (*biol.*) Parassita od organismo parassita degli animali. ***2*** (*biol.*) Parassita od organismo parassita appartenente al regno animale.

zoopatologìa [comp. di *zoo-* e *patologia*] **s. f.** ● Branca della veterinaria che si occupa dello studio delle patologie.

zooplàncton [comp. di *zoo-* e *plancton*; 1933] **s. m.** ● (*biol.*) Insieme degli organismi animali che fanno parte del plancton.

zooplanctònico [1983] **agg.** (**pl. m.** *-ci*) ● Dello, relativo allo zooplancton.

zooprofilàssi [comp. di *zoo-* e *profilassi*; 1950] **s. f.** ● Branca della veterinaria che si occupa della profilassi.

zooprofilàttico [comp. di *zoo-* e *profilattico*; 1961] **agg.** (**pl. m.** *-ci*) ● Attinente alla profilassi delle malattie del bestiame.

zoopsìa [comp. di *zoo-* e di un deriv. dal gr. *ópsis* 'vista', di orig. indeur.; 1961] **s. f.** ● (*psicol.*) Visione allucinatoria di animali che incutono paura o disgusto.

zoosafàri [comp. di *zoo-* e *safari*; 1972] **s. m. inv.** ● Vasto comprensorio di ambiente naturale, diviso in campi recintati al cui interno vivono, relativamente libere, singole specie di animali esotici, percorribile in automobile dai visitatori.

zoosemiòtica [comp. di *zoo-* e *semiotica*; 1973] **s. f.** ● Disciplina che studia i sistemi di comunicazione fra gli animali, spec. su basi comparate.

zoospèrmio [comp. di *zoo-* e *spermio*; 1961] **s. m.** ● (*biol., raro*) Spermatozoo.

zoospòra [comp. di *zoo-* e *spora*; 1891] **s. f.** ***1*** (*bot.*) Spora mobile grazie a ciglia o flagelli. ***2*** (*zool.*) Cellula mobile, flagellata o ameboide, prodotta per sporulazione in numerosi protozoi.

zootecnìa [comp. di *zoo-* e *-tecnia*; 1862] **s. f.** ● Scienza che studia l'allevamento degli animali utili all'uomo, occupandosi della loro riproduzione, del loro miglioramento genetico, del loro più razionale sfruttamento.

zootècnico [1863] **A agg.** (**pl. m.** *-ci*) ● Che riguarda la zootecnia | ***Patrimonio z.***, l'insieme degli animali d'allevamento di uno Stato. **B s. m.** (**f.** *-a*) ● Studioso, esperto di zootecnia.

zoòtoca [comp. di *zoo-* e di un deriv. dal gr. *tókos* 'parto', di orig. indeur.] **s. f.** ● Lucertola delle zone umide e fresche, con pelle granulosa, che depone uova contenenti piccoli già del tutto formati (*Lacerta zootoca vivipara*).

†**zootomìa** [comp. di *zoo-* e *-tomia*; 1684] **s. f.** ● (*raro*) Dissezione degli animali | (*raro*) Anatomia animale.

†**zootòmico** [1780] **agg.** (**pl. m.** *-ci*) ● Che riguarda la zootomia.

zootomìsta [1891] **s. m. e f.** (**pl. m.** *-i*) ● (*raro*) Studioso di zootomia.

zootossìna [comp. di *zoo-* e *tossina*; 1930] **s. f.** ● (*biol.*) Ogni tossina di origine animale, quale quella proveniente da serpenti, ragni, insetti.

Zooxantèlle [comp. di *zoo-* e di un deriv. di *xanto-* con suff. dim.; 1961] **s. f. pl.** ● Alghe unicellulari flagellate, con pigmento giallo, che vivono in simbiosi con alcuni animali marini (*Zooxantellae*).

zòpolo (o ẓ-) [vc. venez., da una forma preindeur. *zaupo 'tronco'; 1840] s. m. ● (*mar.*) Piccola imbarcazione a remi e vela, costituita da un tronco d'albero scavato come la piroga.

zoppàggine (o ẓ-) [av. 1574] s. f. ● (*raro*) Zoppia.

zoppàre (o ẓ-) [1745] v. intr. (*io zòppo* (o *ẓ-*); aus. *essere*) ● (*tosc.*) Azzoppare.

zoppeggiàre (o ẓ-) [sec. XIV] v. intr. (*io zoppéggio* (o *ẓ-*); aus. *avere*) ● (*raro*) Zoppicare (*anche fig.*).

zoppétto (o ẓ-) s. m.; anche agg. (f. *-a*) **1** Dim. di *zoppo*. **2** Che (o Chi) è zoppo e di piccola statura. || **zoppettino** (o ẓ-), dim.

zoppìa (o ẓ-) [1963] s. f. ● (*veter.*) Infermità, condizione di un animale zoppo | (*med.*) Claudicazione, condizione di una persona zoppa.

zoppicaménto (o ẓ-) [1598] s. m. ● (*raro*) Andatura di chi zoppica | (*raro, fig.*) Difetto, irregolarità; incertezza, lacuna.

zoppicànte (o ẓ-) [sec. XIV] part. pres. di *zoppicare*; anche agg. **1** Nei sign. del v.: *un vecchio z.*; *un tavolino z.* **2** *Verso z.*, che presenta irregolarità metriche.

zoppicàre (o ẓ-) [da *zoppo*; sec. XIV] v. intr. (*io zòppico* (o *ẓ-*), *tu zòppichi* (o *ẓ-*); aus. *avere*) **1** Camminare, andare zoppo: *z. con il piede destro*; *il cavallo zoppica leggermente*. SIN. Claudicare. **2** (*est.*) Non essere ben fermo sui propri sostegni, poggiare in modo difettoso, traballare, detto spec. di mobili: *questa sedia zoppica* | (*raro, est.*) Procedere a stento: *il veicolo in salita zoppicava*. **3** (*fig., raro*) Essere moralmente debole: *da quando ha conosciuto quelle persone ha cominciato a z.* | (*fig.*) Ottenere scarsi risultati in un'attività o nello studio: *zoppica un po' in italiano* | ***Zoppica da quel piede***, (*fig.*) è debole in quel campo, in quell'attività, quella materia | (*fig.*) Non reggere, mancare di rigore, detto di argomenti, ragionamenti e sim.

zoppicatùra (o ẓ-) [1788] s. f. **1** (*raro*) Lo zoppicare | (*fig.*) Imperfezione, irregolarità, difetto: *nel suo discorso c'è qualche z.* **2** Lesione a una gamba, che fa zoppicare.

zoppicóni (o ẓ-) o (*raro*) **zoppicóne** (o ẓ-) [da *zoppicare* col suff. *-oni* proprio di questo tipo di avv.; sec. XIV] avv. ● Zoppicando: *camminare, andare z.*

zoppìna (o ẓ-) [da *zoppo* perché malattia che colpisce le unghie degli animali e li fa zoppicare; 1840] s. f. ● (*veter.*) Nome di alcune malattie dei bovini e degli ovini che ne provocano la zoppia | (*pop.*) Afta epizootica.

zòppo (o ẓ-) [lat. tardo *clŏppu(m)*, di prob. orig. onomat., attraverso una forma dial. (sett.) *ciòppo*, adattata alle condizioni tosc.; 1353] **A** agg. **1** Che ha un'imperfezione, una malattia o una lesione alle gambe o ai piedi e non può camminare con l'andatura naturale: *dopo la caduta, è rimasto z.*; *essere z. e sciancato*; *è z. da una gamba* | ***Piede z.***, che fa zoppicare perché difettoso o malato | ***Andare a piè z.***, saltellando su una gamba; (*fig.*) andare a rilento in qlco. | (*lett., est.*) Fiacco, lento: *ella li seguia con passo lento e z.* (ARIOSTO). **2** (*est.*) Che non si regge diritto, traballante, detto di mobile: *sedia zoppa*; *tavolo z.* **3** (*fig.*) Difettoso, debole in qualche parte, incompleto: *discorso z.*; *ragionamento z.*; *rima zoppa*. **B** s. m. (f. *-a*) ● Chi va zoppicando spec. in modo permanente: *uno z. dalla nascita*. || PROV. Chi va con lo zoppo impara a zoppicare. || **zoppàccio** (o ẓ-), pegg. | **zoppétto** (o ẓ-), dim. (V.) | **zoppino** (o ẓ-), dim.

Ẓoràtteri [vc. dotta, comp. del gr. *pterón* 'ala', di orig. indeur., e di una prima parte, in cui si ravvisa il gr. *zōrós* 'puro, non mescolato', di etim. incerta; 1957] s. m. pl. (sing. *-o*) ● Nella tassonomia animale, ordine di Insetti terrestri degli Pterigoti con capo voluminoso, piccole antenne, torace con il primo segmento più sviluppato degli altri due, tipici delle regioni calde (*Zoraptera*).

ẓorìlla [dallo sp. *zorrillo*, dim. di *zorro* 'volpe', attraverso la forma ingl. *zoril*; 1891] s. f. ● Genere di Mammiferi africani e asiatici dei Mustelidi, simili alla moffetta, piccoli, carnivori, con pelliccia scura e pelame lungo, striato e macchiato di bianco (*Zorilla*).

ẓoroastriàno [1959] **A** agg. ● Di, relativo a Zoroastro. **B** s. m. ● Seguace di Zoroastro e del zoroastrismo. SIN. Mazdeo.

ẓoroàstrico [1958] agg. (pl. m. *-ci*) ● Relativo a Zoroastro e allo zoroastrismo. SIN. Mazdaico.

ẓoroastrìṣmo [comp. da *Zoroastro* (forma gr. *Zōroástrēs*, del n. avestico *Zarathushtra*) e *-ismo*; 1961] s. m. ● Religione divulgata verso il VI sec. a.C. dal persiano Zoroastro, o Zarathustra, basata sull'opposizione tra uno spirito del bene e uno del male che lottano per la conquista dell'universo. SIN. Mazdaismo.

ẓòster [vc. dotta, lat. *zōstere(m)*, nom. *zōster*, dal gr. *zōstḗr* 'zona, fascia (di eruzione intorno al corpo)', da *zōnnýnai* 'cingere', di orig. indeur.; 1908] agg. inv. ● (*med.*) Nella loc. ***herpes z.***, caratterizzato da vescicole che danno una dolorosa sensazione di bruciore cutaneo, lungo il decorso dei nervi.

ẓostèra [vc. dotta, lat. *zostēre(m)*, dal gr. *zōstḗr* (V.) 'cintura', per il suo aspetto nastriforme; 1821] s. f. ● Pianta oceanica delle Potamogetonacee le cui foglie nastriformi si raccolgono sulle spiagge per farne materiale da imballaggio (*Zostera marina*).

ẓoticàggine [av. 1698] s. f. ● (*spreg.*) Condizione di chi è zotico o si comporta abitualmente da zotico.

ẓotichézza [av. 1676] s. f. ● Zoticaggine | Atteggiamento, comportamento da zotico: *alla sua falsità preferisco la vostra z.*

ẓòtico [lat. *idiōticu(m)*, dal gr. *idiōtikós* 'proprio del privato cittadino (*ídios*, di orig. indeur.)'; 1353] **A** agg. (pl. m. *-ci*, †*-chi*) **1** Incolto, incivile: *intra una gente zotica, vil* (LEOPARDI) | Rozzo, grossolano: *un uomo z.*; *maniere zotiche*. CONTR. Civile, cortese, educato. **2** (*disus., est.*) Ruvido, poco fine, detto di panno: *tela zotica*. || **ẓoticaménte**, avv. (*raro*) Con zotichezza, rozzamente. **B** s. m. (f. *-a*) ● Persona zotica. || **ẓoticàccio**, pegg. | **ẓotichétto**, dim. | **ẓoticóne**, accr. (V.).

ẓoticóne [accr. di *zotico*; 1534] s. m. (f. *-a*); anche agg. ● Chi (o Che) è particolarmente rozzo, grossolano, incivile: *Brutta zoticona, venuta su dalla campagna che pareva un tronco d'albero* (PIRANDELLO).

ẓòẓẓa [etim. discussa: di orig. espressiva (?); 1863] s. f. **1** (*pop., tosc.*) Intruglio alcolico di qualità scadente. **2** (*fig.*) Gente vile, triviale. SIN. Gentaglia. **3** (*fig.*) Rabbuffo minaccioso.

zòzzo e *deriv.* ● V. *sozzo* e *deriv.*

zszszs /*dzz/ ● V. *zzz*.

ẓuàvo [fr. *zouave*, dal n. della cabila berbera (*Zwāwa*), che diede i primi uomini di queste truppe algerine; 1873] **A** s. m. ● Soldato di un corpo di fanteria coloniale dell'esercito francese, creato in Algeria nel 1831 | (*est.*) Militare appartenente a corpi speciali di fanteria di altri eserciti, equipaggiato alla maniera degli zuavi francesi: *zuavi pontifici*; *zuavi di Garibaldi*. **B** in funzione di agg. ● Nella loc. ***alla zuava***, (*ellitt.*) alla maniera degli zuavi | ***Pantaloni alla zuava***, corti, larghi, serrati sotto il ginocchio | ***Giacca alla zuava***, corto bolero con lembi arrotondati.

♦**zùcca** (o ẓ-) [etim. discussa: da *(co)zucca per *cocuzza* (?); 1287] s. f. **1** Pianta erbacea annuale, coltivata, delle Cucurbitacee, con fusto strisciante, foglie pelose, grande frutto di forma variabile (*Cucurbita maxima*) | Frutto della pianta omonima | ***Z. da vino***, lagenaria | ***Z. selvatica***, ***z. marina***, brionia | (*cuc.*) ***Fiori di z.***, vivanda costituita dai fiori della zucca o della zucchina, passati in una pastella di farina, acqua e uova e fritti | ***Semi di z.***, brustolini. ➡ ILL. **piante**/10. **2** (*scherz.*) Testa umana: *grattarsi la z.*; *è caduto battendo la z.* | ***Z. pelata***, testa rapata, con i capelli tagliati a zero | †***Uomo di z. vuota***, senza senno | ***Essere senza sale in z.***, ***essere una z.***, non avere giudizio, essere sciocco, scervellato. || **zuccàccia** (o ẓ-), pegg. | **zucchétta** (o ẓ-), dim. (V.) | **zucchétto** (o ẓ-), dim. m. (V.) | **zucchìna** (o ẓ-), dim. (V.) | **zucchìno** (o ẓ-), dim. m. (V.) | **zuccóna** (o ẓ-), accr. | **zuccóne** (o ẓ-), accr. m. (V.).

zùcca barùcca (o ẓ-) [comp. di *zucca* (V.) e *barucca*, veneto *baruca*, dal lat. *verrūca* 'verruca' per l'aspetto bitorzoluto del frutto; 1942] loc. sost. f. (pl. *zùcche barùcche*) ● Zucca gialla bitorzoluta che lungo il litorale veneto e ferrarese si vende per le strade cotta al forno e a fette.

zuccàia (o ẓ-) [1940] s. f. ● Terreno coltivato a zucche.

zuccaiòla (o ẓ-) o †**zuccaiuòla** (o ẓ-) [da *zucca*, alle cui piante reca grave danno, guastandone le radici; 1684] s. f. ● (*zool.*) Grillotalpa.

†**zùccaro** (o ẓ-) ● V. *zucchero*.

zuccàta (o ẓ-) [il sign. 1 da *zucca*, nel sign. 2; il sign. 2 da *zucca* nel sign. 1; 1860] s. f. **1** (*scherz.*) Colpo dato con la testa: *battere una z. contro il muro*. **2** Zucca candita, tipica dell'arte dolciaria siciliana.

zuccheràggio (o ẓ-) [1891] s. m. ● (*enol.*) Aggiunta di zucchero ai mosti poveri di glucosio per aumentarne la gradazione.

zuccheràre (o ẓ-) [1598] v. tr. (*io zùcchero* (o *ẓ-*)) ● Rendere dolce con lo zucchero: *z. una bevanda*.

zuccheràto (o ẓ-) [sec. XIV] part. pass. di *zuccherare*; anche agg. **1** Nei sign. del v. **2** Mellifluo, insinuante: *maniere zuccherate*.

†**zuccherèllo** (o ẓ-) [da *zucchero*] s. m. ● Persona estremamente buona, dolce, arrendevole.

zuccherièra (o ẓ-) [1789] s. f. **1** Recipiente di porcellana, metallo e sim. per custodire o presentare lo zucchero. **2** (*raro*) Quanto zucchero sta nella zuccheriera.

zuccherière (o ẓ-) [1911] s. m. (f. *-a*) ● Industriale che produce zucchero | Operaio di zuccherificio.

zuccherièro (o ẓ-) [1912] agg. ● Concernente lo zucchero, la sua produzione: *industria zuccheriera*.

zuccherìfero (o ẓ-) [comp. di *zucchero* e *-fero*; 1879] agg. ● Saccarifero.

zuccherifìcio (o ẓ-) [comp. di *zucchero* e *-ficio*; 1901] s. m. ● Stabilimento in cui si ricava saccarosio da barbabietole e da canne da zucchero.

zuccherìno (o ẓ-) [da *zucchero*; sec. XV] **A** agg. **1** Che contiene zucchero: *sciroppo z.* **2** Dolce come lo zucchero: *frutta zuccherina*. **B** s. m. **1** Pezzetto, dolcino di zucchero. **2** (*fig.*) Piccolo favore per fare accettare qlco. di spiacevole: *per rendergli meno gravoso l'incarico, gli hanno dato lo z. di una gratifica*. SIN. Contentino. **3** (*fig.*) Situazione fastidiosa, molesta, gravosa che appare quasi sopportabile se paragonata ad altre ancora meno piacevoli: *nell'abisso in cui Gertrude era caduta, ..., la condizione di monaca festeggiata, ossequiata, ubbidita, le pareva uno z.* (MANZONI) | ***Non è uno z.***, (*fig.*) non è cosa piacevole, facile, gradita.

♦**zùcchero** (o ẓ-) o †**zùccaro** (o ẓ-) [ar. *súkkar*, di orig. indiana; 1286] s. m. **1** (*chim.*) Composto della classe dei carboidrati. CFR. Saccaro- | ***Zuccheri semplici***, monosaccaridi: *il fruttosio e il glucosio sono zuccheri semplici*; *i polisaccaridi sono formati da due o più molecole di zuccheri semplici* | ***Z. invertito***, miscela con egual numero di molecole di glucosio e fruttosio | ***Z. di latte***, lattosio | ***Z. d'uva***, glucosio | ***Z. di frutta***, fruttosio | ***Z. di malto***, maltosio | ***Z. di legno***, xilosio | (*fisiol., med.*) ***Caduta degli zuccheri***, diminuzione della glicemia sotto i valori normali | (*pop.*) ***Avere gli zuccheri nelle urine***, soffrire di diabete. **2** Correntemente, saccarosio ricavato dalla canna da zucchero o dalla barbabietola, sostanza bianca, dolce, cristallina dopo la raffinazione, usata nell'alimentazione: *canna da z.*, *z. di canna*; *barbabietola da z.*, *z. di barbabietola*; *produzione, industria dello z.*; *z. in polvere, a quadretti*; *aggiungi tre cucchiai di z.* | ***Z. greggio***, non raffinato | ***Z. raffinato***, bianco, cristallino, ottenuto sottoponendo quello greggio a raffinazione | ***Z. a velo***, ***z. velo***, finissimo, usato in pasticceria per spolverizzare torte e sim. | ***Z. vanigliato***, zucchero a velo con aroma di vaniglia | ***Z. filato***, cotto e ridotto in fili sottilissimi | ***Z. caramellato***, ***z. bruciato***, ***colore di z.***, caramello | ***Z. d'orzo***, cubetto a base di zucchero fuso (un tempo lo zucchero prima della cottura veniva sciolto in un infuso di orzo tostato) | ***Carta da z.***, quella spessa e dal caratteristico colore azzurro cupo, usata un tempo per incartare zucchero, paste alimentari e sim.; (*est.*) il colore stesso: *un vestito blu carta da z.*, *un cappotto carta da z.* **3** (*est.*) Cibo, bevanda dolce o troppo dolce: *quest'uva è uno z.* | ***Dolce come lo z.***, dolcissimo | ***Avere il cuore nello z.***, (*fig.*) essere pieno di contentezza. **4** (*fig.*) Persona buona, mite, affabile: *quel ragazzo è uno z.* | Persona falsamente amabile, melliflua: *per convincerlo è diventato uno z.*

zuccheróṣo (o ẓ-) [av. 1566] agg. **1** Ricco di

zucchétta

zucchero | Che è molto dolce. **2** (*fig.*) Ipocritamente lusinghiero, insinuante: *parole zuccherose*. **3** (*fig.*) Sdolcinato, stucchevole: *una commedia zuccherosa*.

zucchétta (o ẓ-) [1684] s. f. **1** Dim. di *zucca*. **2** (*region.*) Zucchina.

zucchétto (o ẓ-) [1585] s. m. **1** Dim. di *zucca*. **2** (*region.*) Zucchina. **3** (*est.*) Copricapo a forma di piccola calotta emisferica, portato spec. dagli ecclesiastici | (*relig.*) **Ricevere lo z. rosso**, essere nominato cardinale. || **zucchettino** (o ẓ-), **dim.** | **zucchettóne**, **accr.**

zucchìna (o ẓ-) [1879] s. f. **1** Dim. di *zucca*. **2** Pianta erbacea annuale, coltivata, delle Cucurbitacee, con fusto strisciante, foglie pelose cuoriformi palmate, frutto oblungo da consumarsi non maturo (*Cucurbita pepo*) | Frutto verde screziato della pianta omonima. SIN. Zucchetta, zucchetto, zucchino. ➡ ILL. piante/10.

zucchìno (o ẓ-) [1875] s. m. **1** Dim. di *zucca*. **2** Zucchina.

†**zùccolo** (o ẓ-) [da *zucca*, come parallelo di *cocuzzolo* da *cocuzza*] s. m. ● Cocuzzolo.

zucconàggine (o ẓ-) [1879] s. f. ● Caratteristica, condizione di chi è zuccone. SIN. Caparbietà, testardaggine.

zucconaménto (o ẓ-) s. m. ● (*raro*) Lo zucconare.

zuccónàre (o ẓ-) [da *zuccone*; 1553] v. tr. (*io zuccóno* (o ẓ-)) **1** Tosare, rapare. **2** Capitozzare.

zuccóne (o ẓ-) [1538] **A** s. m. **1** Accr. di *zucca*. **2** (*pop.*) Testa grande e grossa | (*est.*) Persona con la testa grossa | †Testa tutta calva. **3** (*f. -a*) (*fig.*, *pegg.*) Persona dura di testa, ottusa: *a scuola si è rivelato uno z.* | (*raro*, *fig.*) Persona caparbia, testarda: *quello z. non ascolta i consigli di nessuno*. || **zucconàccio** (o ẓ-), **pegg. B** agg. ● Di poca intelligenza: *uno scolaro z.* | (*raro*) Testardo, caparbio.

zuccòtto (o ẓ-) [prob. da *zucca* nel sign. di 'testa', per la forma; 1960] s. m. **1** Dolce semifreddo a forma di calotta, con pandispagna, panna, cioccolato e canditi. **2** (*tosc.*) Zucchetto nel sign. 3.

zùffa (1) (o ẓ-) [etim. discussa: dalla stessa orig. di *ciuffo*, in impiego simile ad *acciuffar*(*si*) (?); sec. XIII] s. f. **1** Combattimento non lungo ma accanito | Mischia, battaglia: *gettarsi nella z.*; *entrare nella z.*; *codardo, il capitan tuo vedi in l z. co' nemici e solo il lassi?* (TASSO) | †**Z. campale**, battaglia campale: *zuffe campali, chiamate nei nostri tempi, con vocabolo francese, giornate* (MACHIAVELLI). **2** Rissa, baruffa, litigio: *la z. ebbe inizio da un banale diverbio*; *una z. fra cani*. **3** (*fig.*) Violenta polemica, contesa su argomenti letterari, scientifici, ecc.: *fra i sostenitori dei due artisti si è accesa una z.* || **zuffétta** (o ẓ-), **dim.** | **zuffettina** (o ẓ-), **dim.**

†**zùffa** (2) (o ẓ-) [longob. *supfa* 'brodo, zuppa'] s. f. ● Polenta.

†**zùffolo** (o ẓ-) ● V. *zufolo*.

zufolaménto (o ẓ-) [1551] s. m. **1** Lo zufolare. **2** (*raro*) Zufolio. **3** †Ronzio agli orecchi.

zufolàre (o ẓ-) o †**sufolare** [lat. parl. *sufolāre*, variante dial. di *sibilāre*; av. 1342] **A** v. intr. (*io zùfolo* (o ẓ-); aus. *avere*) **1** Suonare lo zufolo | Emettere suoni simili a quelli dello zufolo, detto anche di animali: *zufolò per avvertirci*; *una zanzara sufolava intorno l per quella dolce riva* (TASSO). **2** (*raro*) Ronzare, detto degli orecchi. **B** v. tr. ● Fischiettare: *z. un'aria, un motivo musicale* | (*fig.*) Dire, riferire qlco. o qlcu., spec. malignamente.

zufolàta (o ẓ-) [1961] s. f. ● Lo zufolare una volta sola e brevemente. || **zufolatina** (o ẓ-), **dim.**

zufolatóre (o ẓ-) [1646] s. m.; anche agg. (f. *-trice*) ● (*raro*) Chi (o Che) zufola, anche abitualmente.

zufolìo (o ẓ-) [1940] s. m. ● Uno zufolare prolungato, continuo, insistente.

zùfolo (o ẓ-) o †**sùfolo**, †**zùffolo** (o ẓ-) [da *zufolare*; av. 1470] s. m. **1** (*mus.*) Strumento a fiato costituito da un cilindro cavo di bosso con alcuni fori per modulare il suono e un taglio trasversale all'imboccatura. **2** †Fischio, zufolamento. **3** †Spia, delatore. **4** (*raro*, *fig.*) Balordo, minchione, sciocco. || **zufolétto** (o ẓ-), **dim.** | **zufolino** (o ẓ-), **dim.** | **zufolóne** (o ẓ-), **accr.**

zùgo [etim. incerta; av. 1484] s. m. **1** (*tosc.*) Specie di frittella con miele. **2** (*tosc.*) Persona semplice, sciocca: *e ora m'hanno qui posto, come un z. a piuolo* (MACHIAVELLI). || **zugolino**, **dim.**

zuinglismo e deriv. ● V. *zwinglismo* e *deriv*.

zulù o **zulù** [fr. *zoulou*, dal n. di una popolazione bantu dell'Africa merid.; 1890] **A** s. m. e f. **1** Ogni membro della tribù di lingua bantu appartenente a un più vasto gruppo di popolazioni negre stanziate nel Natal (Repubblica Sudafricana). **2** (*fig.*, *spreg.*) Persona incivile, incolta: *gli abitanti di quel villaggio sono dei veri z.* (V. nota d'uso STEREOTIPO). **B** anche agg.: *popolazioni z.*

zum [vc. onomat.; 1883] inter. ● Riproduce il suono della grancassa, di grossi strumenti musicali a corda come il contrabbasso, e anche dei piatti e in genere di ogni strumento musicale a percussione: *zum zum, tarà zum*.

zumàre o **zoomàre** [adattamento dell'ingl. *zoom* (V.); 1963] **A** v. intr. (aus. *avere*) ● (*cine*, *tv*) Avvicinare rapidamente la macchina cinematografica al soggetto e poi allontanarla. **B** v. tr. ● (*cine*, *tv*) Variare la scala di riproduzione e la distanza apparente del soggetto, senza spostare la macchina cinematografica o la telecamera, variando la distanza focale di uno zoom.

zumàta o **zoomàta** [1963] s. f. ● Inquadratura, ripresa effettuata con lo zoom.

zump /*dzump, *tsump/ o **zùmpete** (o ẓ-) [vc.

---

zoologia generale

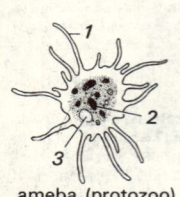
ameba (protozoo)

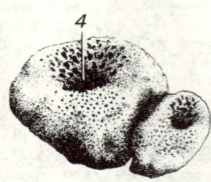
spugna

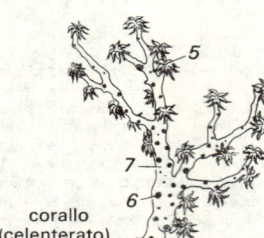
corallo (celenterato)

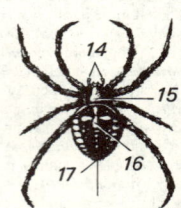
arenicola (anellide)

1 pseudopodio 2 vacuolo digestivo 3 vacuolo pulsante 4 osculo 5 polipo espanso 6 polipo retratto 7 scheletro 8 parapodi 9 metameri cefalici 10 metamero

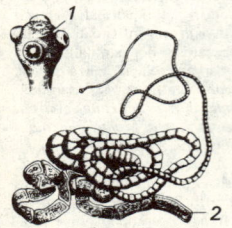
tenia (platelminta)

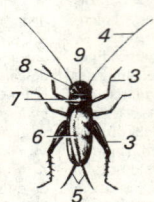
grillo (insetto)

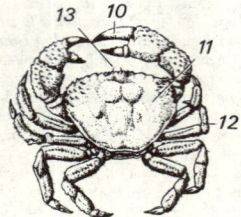
granchio (crostaceo)

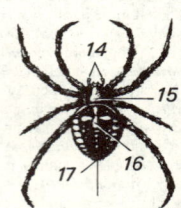
ragno (aracnide)

1 scolice 2 proglottide 3 zampa 4 antenna 5 cerci 6 elitra 7 protorace 8 occhio 9 capo 10 chela 11 carapace 12 arto 13 antenna 14 cheliceri 15 capotorace 16 addome 17 filiere

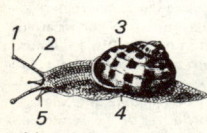
chiocciola (mollusco)

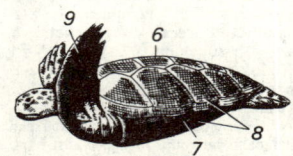
testuggine (rettile)

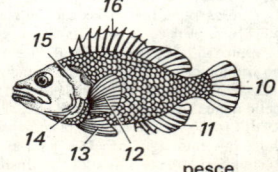
pesce

1 occhio 2 tentacolo oculare 3 conchiglia 4 piede 5 tentacolo 6 scudo 7 piastrone 8 carapace 9 zampa natatoria 10 pinna caudale 11 pinna anale 12 pinna pettorale 13 pinna pelvica 14 apertura branchiale 15 opercolo 16 pinna dorsale

zoologia generale

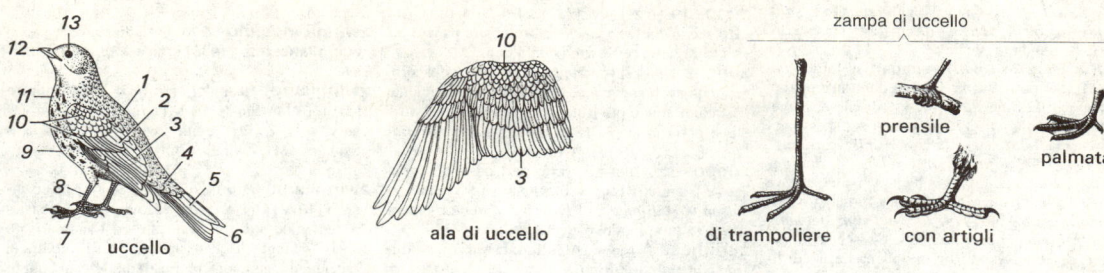

1 dorso 2 ala 3 penne remiganti 4 codrione 5 penne timoniere 6 coda 7 zampa 8 tarso 9 ventre 10 penne copritrici 11 petto 12 becco 13 occhio

1 barbe 2 rachide 3 calamo 4 vessillo

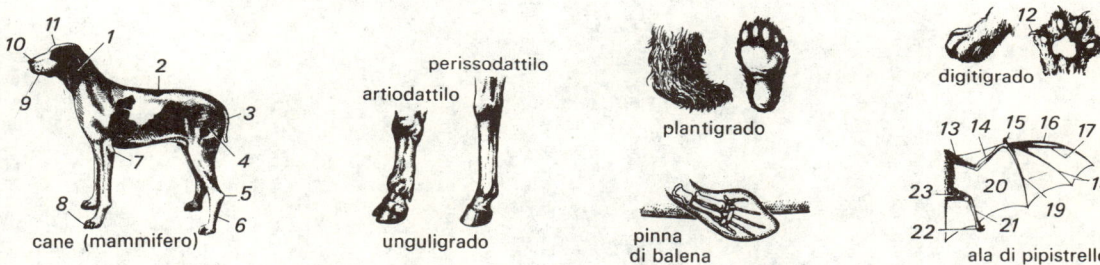

1 orecchio 2 dorso 3 coda 4 coscia 5 punta del garretto 6 calcagno 7 gomito 8 zampa 9 muso 10 tartufo 11 fronte 12 artiglio 13 braccio 14 avambraccio 15 pollice 16 2° dito 17 3° dito 18 4° dito 19 5° dito 20 patagio 21 gamba 22 piede 23 coscia

1 strato corneo 2 strato granuloso 3 muscolo del pelo 4 derma 5 papilla 6 ghiandola 7 ipoderma 8 capillari sanguigni 9 bulbo 10 ghiandola sebacea 11 strato basale 12 strato lucido 13 pelo 14 criniera 15 vibrissa 16 corona 17 colletto 18 radice 19 smalto 20 avorio 21 polpa 22 alveolo 23 zanna 24 proboscide

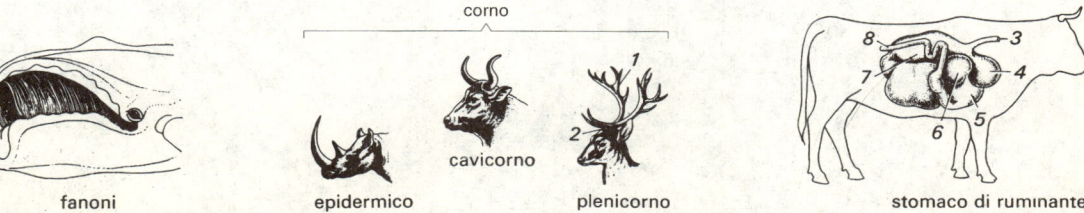

1 palco 2 rosa 3 esofago 4 reticolo 5 abomaso 6 omaso 7 rumine 8 intestino

zunnene

onomat.] inter. ● (*scherz.*) Riproduce il rumore e l'atto stesso di un salto compiuto verso il basso da media altezza: *vista la mala parata, z., giù dal muretto!*

†**zùnnene** [vc. onomat. (da *zun zun* imit. di suono)] s. m. **1** (*fam.*) Grancassa | *Suonar lo z. sulle spalle a qlcu.*, (*fig.*) picchiarlo, bastonarlo. **2** (*est.*) Banda musicale.

♦**zùppa** (o z̠-) o (*dial.*) †**sùppa** [lat. tardo sŭppa(m), dal got. *suppa 'fetta di pane inzuppata'; 1438] s. f. **1** Minestra in brodo (di carne, pesce, legumi o verdure) senza pasta né riso, spesso accompagnata da pane affettato: *z. alla marinara, con le cipolle, di fagioli, di vongole* | *Z. alla pavese*, costituita da brodo bollente versato su uova crude, fette di pane gener. tostate e formaggio parmigiano grattugiato | *Fare la z. nel vino, nel marsala, nel latte*, ammollarvi pane o biscotti | *Z. inglese*, dolce a base di pan di Spagna intriso di liquore e farcito con crema e cioccolato | *È tutt'una z.*, (*fig.*) è sempre la stessa cosa | *Se non è z. è pan bagnato*, fra le due cose non c'è differenza sostanziale. **2** (*fig.*) Confusione, mescolanza di cose eterogenee: *in quella musica c'è una z. di temi* | Imbroglio, pasticcio: *cosa ci capite in questa z.?* | Noiosa lungaggine: *questa conferenza è una z.* **3** (*biol.*) *Z. primordiale*, brodo primordiale. ‖ **zuppétta** (o z̠-), dim. (V.) | **zuppettìna** (o z̠-), dim. | **zuppìna** (o z̠-), dim. | **zuppóna** (o z̠-), accr. | **zuppóne** (o z̠-), accr. m.

zuppàre (o z̠-) [da *zuppa*; 1879] v. tr. ● (*raro*) Rendere zuppo, pregno di liquido | Tuffare inavvertitamente: *z. i piedi nell'acqua.*

zuppàta (o z̠-) [da *zuppare*; 1891] s. f. ● (*raro*) L'inzuppare una volta e alla svelta.

zuppétta (o z̠-) [av. 1730] s. f. **1** Dim. di *zuppa*. **2** Spec. nella loc.: *fare la z.*, intingere pane o biscotti in latte, caffè, vino e sim.

zuppièra (o z̠-) [da *zuppa*, sul modello del corrispondente fr. *soupière*; 1829] s. f. ● Recipiente panciuto, tondo od ovale, con coperchio, nel quale si porta in tavola la minestra: *una z. di maiolica.*

zùppo (o z̠-) [per *zupp(at)o*, part. pass. di *zuppare* (V.); sec. XIV] agg. ● Inzuppato, intriso: *impermeabile z. di pioggia* | *Essere z. d'acqua*, essere *tutto z.*, tutto molle, bagnato fradicio.

zurighése A agg. ● Di Zurigo. **B** s. m. e f. ● Abitante, nativo di Zurigo.

†**zurlàre** [da †*zurlo*] v. intr. ● (*tosc.*) Ruzzare.

†**zùrlo** [variante di *ciurlo*; 1536] s. m. ● (*tosc.*) Ruzzo.

†**zùrro** [da †*zurlo* per assimilazione; 1481] s. m. ● (*tosc.*) Allegria, brama vivace.

zurvanìṣmo o **zervanìṣmo** [dal medio persiano *zurvān* 'tempo, momento'; 1932] s. m. ● (*filos., relig.*) Corrente di pensiero religioso iranico, variamente connessa allo zoroastrismo, che teorizza l'idea del tempo riportandola all'unione contrapposta di due mitici gemelli antagonisti.

zuzzurullóne o **zuzzerellóne**, **zuzzurullóne**, **zuzzerullóne** [forma onomat.; av. 1873] s. m. (f. *-a*) ● (*fam., tosc.*) Ragazzo o persona adulta che, come un bambino, pensa sempre al gioco e allo scherzo.

zwinglianéṣimo /*dzuiŋglja'nezimo, tsvi-/ o **zuinglianéṣimo** [1983] s. m. ● (*relig.*) Zwinglismo.

zwingliàno /*dzuiŋ'gljano, tsvi-/ o **zuingliàno** [av. 1557] **A** agg. (f. *-a*) ● (*relig.*) Proprio di, relativo a H. Zwingli e allo zwinglismo. **B** s. m. ● Seguace di H. Zwingli (1484-1531) e dello zwinglismo.

zwinglìṣmo /*dzuiŋ'glizmo, *tsvi-/ o **zuinglìṣmo** [1970] s. m. ● (*relig.*) Movimento di pensiero teologico e di rinnovamento cristiano derivato da H. Zwingli, il quale, nel sec. XVI, modificò, accentuandone i contenuti estremi, le posizioni di Lutero e fondò in Svizzera la Chiesa Riformata.

zwinglìsta /*dzuiŋ'glista, *tsvi-/ o **zuinglìsta** [1970] s. m. e f. (pl. m. *-i*); anche agg. ● (*relig.*) Zwingliano.

zzz /*dzz/ o **zszszs** [vc. onomat.; 1970] inter. **1** Riproduce il ronzio di un insetto, quale una zanzara, un'ape, un moscone, una mosca e sim. **2** Riproduce il rumore sibilante di chi russa piano piano. **3** Riproduce il rumore di una sega mentre viene usata.

APPENDICI

SIGLE, ABBREVIAZIONI, SIMBOLI

Le abbreviazioni scientifiche si scrivono col punto finale, i simboli scientifici senza. Le sigle di enti, associazioni e sim. si scrivono talora con punti intermedi fra una lettera e l'altra quando ciascuna di queste è l'iniziale di altrettante parole scritte in forma intera (per es. **C.G.I.L.**, Confederazione Generale Italiana del Lavoro); i punti non si interpongono quando non ricorre tale stretta corrispondenza (per es., **CONFINDUSTRIA**, Confederazione Generale dell'Industria Italiana). Tuttavia, man mano che una sigla diventa di uso corrente, si tende, soprattutto nella scrittura giornalistica, a omettere i punti. Di alcune sigle, oltre alla versione in italiano, si fornisce anche quella in altre lingue indicandone la corrispondenza col segno =. Nella sequenza alfabetica le lettere maiuscole precedono le minuscole.

A *1* (*mat.*) altezza | area *2* (*fis.*) ampere | atomica (detto di bomba) *3* amplificazione *4* Autore *5* Austria *6* nell'alpinismo, seguita da un numero, indica il grado di difficoltà della scalata artificiale *7* ingl. Ace (Asso, nelle carte da poker e da ramino) *8* (*posta*) Assicurata *9* (*biol.*) Adenina, base purinica del DNA e RNA *10* Autostrada
a *1* anno *2* ara *3* atto- *4* anodo *5* accelerazione
@ a commerciale; chiocciola; *ingl.* at
A0 formato carta standard 841 × 1189 mm
A1 *1* autostrada Milano-Roma *2* formato carta standard 594 × 841 mm
A1/2 autostrada Fiano-San Cesareo
A2 *1* autostrada Roma-Napoli *2* formato carta standard 420 × 594 mm
A3 *1* autostrada Napoli-Reggio Calabria *2* formato carta standard 297 × 420 mm
A4 *1* autostrada Torino-Milano-Trieste *2* formato carta standard 210 × 297 mm
A4/5 autostrada Ivrea-Santhià
A5 *1* autostrada Torino-Aosta *2* formato carta standard 148 × 210 mm
A6 *1* autostrada Savona-Torino *2* formato carta standard 105 × 148 mm
A7 *1* autostrada Milano-Genova *2* formato carta standard 74 × 105 mm
A8 *1* autostrada Milano-Varese-Sesto Calende *2* formato carta standard 52 × 74 mm
A8-A9 autostrada Milano-Laghi-Chiasso
A9 *1* autostrada Lainate-Chiasso *2* formato carta standard 37 × 52 mm
A10 *1* autostrada Genova-Ventimiglia *2* formato carta standard 26 × 37 mm
A11 autostrada Firenze-Pisa nord
A11/12 autostrada Viareggio-Lucca
A12 autostrada Genova-Roma
A13 autostrada Bologna-Padova
A14 autostrada Bologna-Canosa-Bari-Taranto-Sibari
A15 autostrada Parma-La Spezia
A16 autostrada Napoli-Canosa
A18 autostrada Messina-Catania-Siracusa-Gela
A19 autostrada Palermo-Catania
A20 autostrada Messina-Buonfornello-Palermo
A21 autostrada Torino-Piacenza-Brescia
A22 autostrada Modena-Brennero
A23 autostrada Palmanova-Udine-Carnia-Tarvisio
A24 autostrada Roma-L'Aquila-Teramo-Alba A.
A25 autostrada Torano-Pescara
A26 autostrada Genova-Voltri-Gravellona Toce
A27 autostrada Venezia Mestre-Vittorio Veneto-Pian di Vedoia
A28 autostrada Portogruaro-Pordenone
A29 autostrada Palermo-Punta Raisi-Mazara del Vallo-Trapani
A30 autostrada Caserta Sud-Nola-Salerno
A31 autostrada Trento-Rovigo
A32 autostrada Torino-Bardonecchia
AA *1* Alto Adige *2* Codice compagnia aerea americana (American Airlines) *3* Accademia Aeronautica *4* ingl. Alcoholics Anonymous (alcolisti anonimi, associazione per la disintossicazione dall'alcol)
AAA ingl. American Automobile Association (Automobile club d'America)
AAM *1* ingl. Air-to-Air Missile (missile aria-aria) *2* Azienda Acquedotto Municipale
AAMS Azienda Autonoma dei Monopoli di Stato = MS
AAPI Ass. Aziende Pubblicitarie Italiane
AAS *1* lat. Acta Apostolicae Sedis (atti della Sede Apostolica, Santa Sede) *2* Azienda Autonoma di Soggiorno
AAST Azienda Autonoma di cura, Soggiorno e Turismo
AA.VV. Autori Vari (in bibliografia)
AB *1* (*aer.*) ingl. AirBus (bus dell'aria, aereo commerciale) *2* Assegno Bancario
A/B sved. Aktiebolaget (società per azioni)
ABA Ass. per la cura di Anoressia e Bulimia
abb. abbonamento, abbonato
abbr. abbreviato, abbreviazione
ABC *1* ingl. American Broadcasting Company (Compagnia americana di radiodiffusione) *2* (*mil.*) Atomico Biologico Chimico (conflitto) *3* ingl. Arab Banking Corporation (società delle banche arabe)
ABCD Ass. Biologia Cellulare e del Differenziamento
ABI *1* Ass. Bancaria Ital. *2* Aziende Bioagricole Ital.
ab init. lat. ab initio (dal principio)
ABM (*aer.*) ingl. Anti Ballistic Missile (missile anti balistico, cioè missile anti missile)
ABS *1* (*autom.*) ted. Anti-Blockier System (sistema frenante antiblocco) *2* (*chim.*) Acrilonitrile Butadiene Stirene (materia plastica)
AC *1* Azione Cattolica *2* Assegno Circolare *3* (*posta*) Assicurata Convenzionale *4* (*nautica*) ingl. America's Cup (coppa America di vela)
Ac *1* (*chim.*) attinio *2* (*meteor.*) lat. Altocumulus (altocumulo, tipo di nuvola)
a.C. avanti Cristo
a.c. (*elettr.*) ingl. alternating current (corrente alternata) = c.a.
ACC *1* banda d'ACCiaio trattata (su contenitori di alimenti) *2* Alta Corte Costituzionale
A.C. di G. Alta Corte di Giustizia
ACEA Azienda Comunale Energia e Ambiente (Roma)
ACF fr. Automobile Club de France (Automobile club di Francia)
ACh (*biol.*) ingl. Acetylcholine (acetilcolina)
ACI *1* Automobile Club d'Italia *2* Azione Cattolica Italiana *3* Ass. Cartografica Internazionale *4* Aero Club d'Italia = AeCI *5* Ass. Culturale Italiana
ACIF Ass. Culturale Italo-Francese
ACIS Alto Commissariato per l'Igiene e la Sanità
ACLI Ass. Cristiane dei Lavoratori Italiani
ACMONITAL ACciaio MONetario ITALiano
ACN fr. Agence Chine Nouvelle (agenzia d'informazioni Nuova Cina)
ACNO fr. Association des Comités Nationaux Olympiques (Ass. dei comitati naz. olimpici)
ACNUR Alto Commissariato delle Nazioni Unite per i Rifugiati = UNHCR
ACPOL Ass. di Cultura POLitica
ACRI *1* Ass. fra le Casse di Risparmio Italiane *2* Ass. Criogenica Italiana
ACS *1* fr. Automobile Club de Suisse (Automobile club della Svizzera) *2* (*mil.*) Allievi Comandanti di Squadra
ACT Azienda Consorziale Trasporti
ACTH (*med.*) ingl. Adreno Cortico Trophic Hormone (ormone adrenocorticotropo)
ACU Ass. Consumatori Utenti
AD *1* lat. Anno Domini (nell'Anno del Signore) *2* (*polit.*) Alleanza Democratica *3* Abbastanza Difficile (scala difficoltà alpinistica) *4* ingl. Art Director (scenografo, responsabile artistico)
ADAC ted. Allgemeiner Deutscher Automobil-Club (Automobile club della Germania)
ADACI Ass. Degli Approvvigionatori e Compratori Italiani
ADC (*elab.*) ingl. Analog to Digital Conversion (conversione analogico-digitale)
ADCI Art Director Club Italiano
ADESSPI Ass. Difesa E Sviluppo della Scuola Pubblica Italiana
ADI *1* Ass. Detectives Italiani *2* (*bioch.*) ingl. Acceptable Daily Intake (dose giornaliera ammissibile = DGA)
ADICONSUM Ass. italiana DIfesa CONSUMatori e ambiente
ADICOR Ass. Difesa Consumatori e Risparmiatori
ad init. lat. ad initium (all'inizio)
ad lib. lat. ad libitum (a volontà)
ADMO Ass. Donatori di Midollo Osseo
ADN *1* (*biol.*) Acido DesossiriboNucleico = DNA *2* ted. Allgemeiner Deutscher Nachrichtendienst (servizio generale d'informazioni tedesco)
ADOC Ass. Difesa Orientamento Consumatori
ADP *1* (*chim.*) ingl. Adenosine Diphosphate (adenosin difosfato) *2* (*elab.*) ingl. Automatic Data Processing (elaborazione autom. dei dati)
ADR fr. Accord européen relatif au transport international des marchandises Dangereuses par Route (Accordo europeo relativo al trasporto di merci pericolose per strada)
a.d.r. a domanda risponde
ADS Accertamenti Diffusione Stampa
ADSI Ass. Dimore Storiche Italiane
ADSL (*tel.*) ingl. Asymmetric Digital Subscriber Line (linea di utente digitale asimmetrica)
ADUC Ass. per i Diritti degli Utenti e Consumatori
ADUSBEF Ass. Difesa Utenti Servizi Bancari E Finanziari
AEA *1* ingl. American Economic Association (Ass. economica americana) *2* ingl. Atomic Energy Authority (Ente di controllo americano dell'energia atomica)
AEC ingl. Atomic Energy Commission (Commissione per l'energia atomica, USA)
AeCI Aero Club Italiano
A.-E.F. (*st.*) fr. Afrique-Equatoriale Française (Africa equatoriale francese)
AEG ted. Allgemeine Elektrizitäts-Gesellschaft (Compagnia generale di elettricità = CGE)
AEI Ass. Elettrotecnica ed elettronica Ital.
AEIOU *1* lat. Austriae Est Imperare Orbi Universo (spetta all'Austria comandare sull'universo intero: monogramma di Carlo V) *2* lat. Austria Erit In Orbe Ultima (l'Austria sarà l'ultima nel mondo a scomparire: monogramma degli Asburgo)
AEM Azienda Elettrica Municipalizzata | Azienda Energetica Municipale
aeq. (*farm.*) lat. aequalis (eguali)
AEROFLOT Compagnia aerea russa
AF *1* (*elettr.*) Alta Frequenza *2* Assegni Familiari *3* Codice compagnia aerea francese (Air France) *4* Agricoltura e Foreste *5* (*fot.*) Auto-Focus *6* Altre Fibre (oltre alle principali, indicate nelle etichette di tessuti e abiti confezionati)
AFCENT ingl. Allied Forces Central Europe (Forze alleate dell'Europa centrale, della Nato)
aff.mo affezionatissimo (in corrispondenza)
AFG Afghanistan
AFI *1* Ass. Filatelica Ital. *2* Ass. Felina Ital. *3* Ass. Fonografici Ital. *4* Alfabeto Fonetico Internaz. *4* ingl. Air Force of Italy (Aviazione USA in Italia)

AFL-CIO

Sigle, abbreviazioni, simboli

AFL-CIO *ingl.* American Federation of Labour - Congress of Industrial Organization (Feder. amer. del lavoro - Ass. delle organizzazioni industriali)
AFM Azienda Farmaceutica Municipalizzata
a.f.m. a fine mese
AFNOR *fr.* Association Française de Normalisation (Ass. francese di normalizzazione, di misure, strumenti e sim.)
AFP *fr.* Agence France-Presse (agenzia d'informazioni francese) = FP
afr. africano
AFRODITE (*meteor.*) *ingl.* Automated Forecasting Refined Outputs for Decision Inputs and Technical Evaluations (previsioni meteorologiche oggettive per finalità decisionali e valutazioni tecniche)
AFV Azienda Faunistico Venatoria
AG 1 Agrigento **2** *ted.* Aktiengesellschaft (società per azioni) **3** Autorità Giudiziaria
Ag (*chim.*) argento
Ag. 1 Agosto **2** Agenzia **3** Agente
AGA Agenzia Giornali Associati (agenzia d'informazioni)
AGAI Ass. Guide Alpine Italiane
AGAT Ass. Genitori Aiuto Tossicodipendenti
AGBD Ass. Genitori Bambini Down
AGC Agenzia Giornalistica CONI
AGCI Ass. Generale Cooperative Italiane
A.G.D.G.A.D.U. A Gloria Del Grande Architetto Dell'Universo (nella Massoneria)
AGE Ass. Giornalisti Europei (sezione Italia)
A.Ge. Ass. Genitori
AGEDO Ass. GEnitori Di Omosessuali
AGERPRES *rum.* Agentia Romana de Presa (agenzia d'informazioni della Romania)
AGESCI Ass. Guide e Scouts Cattolici Ital.
AGFA *ted.* Aktiengesellschaft für Anilinfabrikation (società per azioni per la fabbricazione dell'anilina)
AGI 1 Ass. Guide Italiane **2** Ass. Golfistica Italiana **3** Agenzia Giornalistica Italia (agenzia d'informazioni) **4** *fr.* Alliance Graphique Internationale (Unione grafica internazionale) **5** Ass. Geofisica Italiana | Ass. Geotecnica Italiana
AGINT AGenzia quotidiana INTernazionale di informazione
AGIP Azienda Generale Italiana Petroli
AGIS Ass. Generale Ital. dello Spettacolo
AGIT-PROP AGITatore-PROPagandista (del ex-PCI)
AGL Agenzia Giornali Locali (agenzia d'informazioni)
agr. agricolo | agricoltura
AH 1 Codice compagnia aerea algerina (Air Algérie) **2** *lat.* Anno Hegirae (nell'anno dell'Egira, 622 d.C., inizio del calendario mussulmano)
AHO Alghero (codice IATA)
AI 1 Aeronautica Italiana **2** *ingl.* Air Interception (intercettamento aereo) **3** Codice compagnia aerea indiana (Air India) **4** (*med.*) *ingl.* Artificial Insemination (inseminazione artificiale) **5** *ingl.* Amnesty International (amnistia internazionale, associazione per il rispetto dei diritti dell'uomo)
AIA 1 Ass. Ital. Allevatori **2** Ass. Ital. Arbitri
AIAB Ass. Italiana Agricoltura Biologica
AIAC 1 Ass. Italiana Agenti di Cambio **2** Ass. Italiana Autoveicoli Classici
AIAF Ass. Italiana Analisti Finanziari
AIAS Ass. Italiana Assistenza Spastici
AIB Ass. Italiana Biblioteche
AIBA 1 Ass. Ital. Brokers di Assicurazione **2** *fr.* Association Internationale de Boxe Amateur (Ass. internaz. di pugilato dilettanti)
AIBS *ingl.* American Institute of Biological Sciences (Istituto amer. delle scienze biologiche)
AIC 1 Ass. Italiana Calciatori **2** Ass. Italiana Cineoperatori **3** Ass. Italiana di Cartografia **4** (*farm.*) Autorizzazione di Immissione in Commercio (di un farmaco)
a.i.c. (*mil.*) addestramento individuale al combattimento
AICA 1 Alleanza Italiana delle Cooperative Agricole **2** Ass. Italiana per l'informatica e il Calcolo Automatico
AICC Alleanza Italiana Cooperative di Consumo
AICRET Ass. Ital. Critici Radio e Televisione
AID 1 *ingl.* Agency for International Development (Agenzia per lo sviluppo internazionale, USA) **2** Ass. Italiana Diabetici
AIDDA Ass. Imprenditrici Donne Dirigenti d'Azienda
AIDO Ass. Italiana Donatori di Organi
AIDRO Ass. Italiana per i Diritti di Riproduzione delle Opere dell'ingegno
AIDS (*med.*) *ingl.* Acquired Immune Deficiency Syndrome (sindrome da immunodeficienza acquisita) = SIDA
AIE 1 Ass. Italiana degli Editori **2** Ass. Internazionale degli Economisti **3** Agenzia Internazionale per l'Energia
AIEA Agenzia Internazionale per l'Energia Atomica = IAEA
AIED Ass. Italiana Educazione Demografica
AIGR Ass. Italiana di Genio Rurale
AIL 1 (*st.*) Armata Italiana della Libertà **2** Ass. Italiana contro le Leucemie
AIM Ass. Italiana di Metallurgia
AIMA 1 Azienda statale per gli Interventi sul Mercato Agricolo (*oggi* EIMA) **2** Ass. Italiana Malattia d'Alzheimer
AIO *fr.* Académie Internationale Olympique (Accademia internazionale olimpica)
AIP 1 Ass. Italiana Pellicceria **2** Ass. Italiana Politrasfusi **3** Ass. Italiana Parkinsoniani **4** Alleanza Italiana Pensionati
AIPA Autorità per l'Informatica nella Pubblica Amministrazione
AIPI 1 Ass. Italiana Protezione Infanzia **2** Ass. Italiana Progettisti in architettura d'Interni
AIPS *fr.* Association Internationale de la Presse Sportive (Ass. internaz. della stampa sportiva)
AIRC Ass. Italiana per la Ricerca sul Cancro
AIRE Anagrafe degli Italiani Residenti all'Estero
AIRF Ass. Italiana Reporters Fotografici
AIS 1 Ass. Internaz. per lo Sviluppo **2** Ass. Internaz. di Sociologia **3** *fr.* Armée Islamique de Salut (Esercito islamico di salvezza, formazione politico-militare algerina) **4** Ass. Ital. Sommellier
AISCAT Ass. Italiana Società Concessionarie Autostrade e Trafori a pedaggio
AISE 1 Agenzia delle Informazioni per la Sicurezza Esterna (sostituirà il SISMI) **2** *fr.* Association Internationale des Sciences Economiques (Ass. internaz. di scienze econ.)
AISI Agenzia delle Informazioni per la Sicurezza Interna (sostituirà il SISDE)
AISM Ass. Italiana Sclerosi Multipla
AIT Alleanza Internazionale del Turismo
AIV Ass. Internazionale di Vulcanologia
AK Alaska (codice postale)
AL 1 Albania **2** Alessandria **3** Codice compagnia aerea (Alicapitol) **4** Alabama (codice postale) **5** ALluminio (su contenitori per alimenti)
Al (*chim.*) alluminio
a.l. anno luce
Ala. Alabama
Alas. Alaska
ALFA (Romeo) Anonima Lombarda Fabbrica Automobili (Romeo)
ALGOL (*elab.*) *ingl.* Algorithmic Oriented Language (linguaggio algoritmico)
ALI 1 Ass. Librai Italiani **2** Atlante Linguistico Italiano **3** *fr.* Association Littéraire Internationale (Ass. letteraria internazionale)
Alisarda Linee aeree della Sardegna
ALITALIA Aerolinee Italiane Internazionali
all., alleg. allegato
ALNICO ALluminio NIchel CObalto (lega per la costruzione di magneti permanenti)
ALOS Ass. ital. per la Lotta all'OSteoporosi
ALP (*polit.*) *ingl.* Australian Labor Party (partito laburista australiano)
Alt *ingl.* Alternate (tasto di computer)
Alt. Altopiano (nelle carte geografiche)
alt. hor. (*farm.*) *lat.* alternis horis (a ore alterne)
AM 1 Codice compagnia aerea messicana (Aeromexico) **2** Aeronautica Militare (anche targa autom.) **3** *ingl.* Amplitude Modulation (modulazione d'ampiezza)
Am (*chim.*) americio
a.M. (*ted.*) am Mein (sul Meno, può seguire il nome di località che si affacciano su tale fiume)
AMA 1 *ingl.* American Medical Association (Ass. medica americana) **2** Azienda Municipale Autobus

AMAG Azienda Municipalizzata Acqua Gas
a.m., am *lat.* ante meridiem (prima di mezzogiorno: per indicare le ore da mezzanotte nell'uso anglosassone)
AMAT Azienda Municipalizzata AutoTrasporti
AMDG *lat.* Ad Maiorem Dei Gloriam (a maggior gloria di Dio, motto gesuita)
AMDI Ass. Medici Dentisti Italiani
AME 1 Accordo Monetario Europeo **2** Arnoldo Mondadori Editore
amer. americano
AMEX *ingl.* AMerican stock EXchange (borsa valori americana) = ASE
AmEx *ingl.* American Express (carta di credito)
AMG *ingl.* Allied Military Government (Governo militare alleato)
AMGA Azienda Municipale Gas Acquedotto
AMIA Azienda Municipale di Igiene Ambientale
AMIU Azienda Municipalizzata Igiene Urbana
AMMA Ass. Metallurgici Meccanici Affini
Amm.ne Amministrazione
Amm.re Amministratore
AMNU Azienda Municipalizzata di Nettezza Urbana
AMOCO *ingl.* AMerican Oil COmpany (compagnia petrolifera americana)
AMP (*chim.*) *ingl.* Adenosine Monophosphate (adenosin monofosfato)
AMS Azienda Municipalizzata Servizi
AMSA Azienda Municipale Servizi Ambientali
AMT Azienda Municipale Trasporti
AMTU Azienda Municipalizzata Trasporti Urbani
AMZ *fr.* Association Mondiale de Zootechnie (Ass. mondiale di zootecnia)
AN 1 Ancona **2** (*polit.*) Alleanza Nazionale
ANA 1 Ass. Nazionale Alpini **2** *ingl.* All Nippon Airways (Linee aeree giapponesi)
ANAA Ass. Nazionale Arma Aeronautica
ANAAI Ass. Nazionale Atleti Azzurri d'Italia
ANAAO Ass. Nazionale Aiuti e Assistenti Ospedalieri
ANAC Ass. Naz. Autoservizi in Concessione
ANAI 1 Ass. Nazionale Artiglieri d'Italia **2** Ass. Nazionale Autieri d'Italia
ANAS Azienda Nazionale Autonoma delle Strade
ANAV Azienda Nazionale di Assistenza al Volo (*oggi* ENAV)
ANB 1 Ass. Nazionale Bersaglieri **2** Ass. Nazionale Bieticoltori
ANC *ingl.* African National Congress (partito dei neri sudafricani) **2** Alleanza Nazionale dei Contadini
ANCA Ass. Nazionale Cooperative Agricole
ANCC 1 Ass. Nazionale Carabinieri **2** Ass. Nazionale Cooperative di Consumo **3** Ass. Nazionale per il Controllo della Combustione
ANCE 1 Ass. Nazionale Costruttori Edili **2** Ass. Nazionale Commercio Estero
ANCI 1 Ass. Nazionale dei Comuni Italiani **2** Ass. Nazionale Calzaturifici Italiani
ANCR Ass. Nazionale Combattenti e Reduci
ANDI Ass. Nazionale medici Dentisti Italiani
ANEC Ass. Nazionale Esercenti Cinema
ANED Ass. Nazionale EmoDializzati
ANEI Ass. Nazionale Ex-Internati (in campi di concentramento)
ANFAA Ass. Nazionale Famiglie Adottive e Affidatarie
ANFFAS Ass. Nazionale Famiglie di Fanciulli e Adulti Subnormali
ANFI (*polit.*) Ass. Naz. (club) Forza Italia
ANFIA Ass. Naz. Fra Industrie Automobilistiche
ANGEAT Associazione Nazionale Giornalisti di Enogastronomia e AgriTurismo
ANGET Ass. Genieri e Trasmettitori d'Italia
ANIA Ass. Nazionale Imprese Assicuratrici
ANIAI Ass. Naz. Ingegneri e Architetti Italiani
ANIC 1 Ass. Naz. dell'Industria Chimica **2** Azienda Naz. Idrogenazione Carburanti
ANICA Ass. Nazionale Industrie Cinematografiche e Audiovisive **2** Ass. Nazionale fra gli Istituti di Credito Agrario
ANIDA Ass. Nazionale Italiana gestori Distributori Automatici
ANIDEL Ass. Nazionale Imprese produttrici di Energia Elettrica
ANIE Ass. Nazionale Industrie Elettrotecniche ed

ANIEP Ass. Nazionale Invalidi Esiti Poliomielite e altri invalidi civili
ANIM Ass. Nazionale Ingegneri Minerari
ANITA Ass. Naturista ITAliana
ANLA Ass. Naz. Lavoratori Anziani d'azienda
ANLAIDS Ass. Naz. Lotta contro l'AIDS
ANM Ass. Nazionale dei Magistrati
ANMCD Ass. Nazionale Mezzadri e Coltivatori Diretti
ANMI Ass. Nazionale Marinai d'Italia
ANMIC Ass. Naz. Mutilati e Invalidi Civili
ANMIG Ass. Naz. Mutilati e Invalidi di Guerra
ANMIL Ass. Naz. Mutilati e Invalidi del Lavoro
ANP Autorità Nazionale Palestinese
ANPAC Ass. Naz. Piloti Aviazione Civile
ANPAS Ass. Naz. Pubbliche Assistenze
ANPAV Ass. Nazionale Professionale Assistenti di Volo
ANPDI Ass. Naz. Paracadutisti D'Italia
ANPI Ass. Nazionale Partigiani d'Italia
ANPIC Ass. Nazionale Prevenzione Informazione Cancro
ANPO Ass. Naz. Primari Ospedalieri
ANSA Agenzia Nazionale Stampa Associata (agenzia italiana d'informazioni)
ANSI *ingl.* American National Standard Institute (Ufficio nazionale americano per la normazione)
ANT Ass. Nazionale per la cura e lo studio dei Tumori solidi
ANTE Ass. Nazionale Turismo Equestre
ANUA Ass. Naz. Ufficiali dell'Aeronautica
ANVA Ass. Nazionale Venditori Ambulanti
ANVEC Ass. Nazionale fra aziende di VEndita per Corrispondenza
ANVG Ass. Nazionale Volontari di Guerra
AO 1 Aosta 2 (*polit.*) Avanguardia Operaia
AOC (*enol.*) *fr.* Appellation d'Origine Contrôlée (denominazione d'origine controllata) = DOC
A.-O.F. (*st.*) *fr.* Afrique-Occidentale Française (Africa occidentale francese)
AOI 1 Ancona (codice IATA) 2 (*st.*) Africa Orientale Italiana
AONI Accademia Olimpica Nazionale Italiana
AOP (*agr.*) *fr.* Appellation d'Origine Protégée (denominazione d'origine protetta) = DOP
AP 1 Ascoli Piceno 2 *ingl.* Associated Press (Stampa associata, agenzia amer. d'informazioni)
APA 1 Ass. Provinciale dell'Artigianato 2 *ted.* Austria Presse-Agentur (Austria Agenzia di Stampa, agenzia d'informazioni)
a.p.c. a pronta cassa
APE Ass. della Proprietà Edilizia
APEC 1 *ingl.* Asia-Pacific Economic Cooperation (cooperazione economica asiatico-pacifica) 2 Asia-Pacific Economic Council (Consiglio economico asiatico-pacifico)
APEX *ingl.* Advance Purchase EXcursion (tariffa aerea scontata: biglietto a/r con data prefissata, prenotato e pagato almeno 14 giorni prima della partenza)
API 1 Anonima Petroli Italiana 2 Ass. Piccole e Medie Industrie 3 *ingl.* American Petroleum Institute (ente americano per il petrolio) 4 Ass. Pionieri Italiani
APIMO Ass. Professionale Ital. Medici Oculisti
APL 1 (*elab.*) *ingl.* A Programming Language (un linguaggio per la programmazione) 2 Ass. Piloti di Linea
APN *russo* Agentsvo Pechati Novosti (agenzia d'informazioni Novosti)
App. Appennino
app. appendice
Apr. Aprile
APSA Amministrazione del Patrimonio della Sede Apostolica
APT Azienda di Promozione Turistica
AQ Aquila
AR 1 Codice compagnia aerea argentina (Aerolineas Argentinas) 2 *lat.* Anno Regni (anno del regno) 3 Arezzo 4 (*posta*) Avviso di Ricevimento o di Riscossione (*correntemente* ricevuta di ritorno) 5 Additionale Regionale 6 Arkansas (codice postale)
Ar (*chim.*) argo
ARA 1 Austral argentino (moneta, simbolo bancario) 2 AutoRespiratore ad Aria = SCUBA

arab. arabico
ARAN Agenzia per la RAppresentanza Negoziale della pubblica amministrazione
A/R, a/r andata e ritorno
ARC (*med.*) *ingl.* Aids Related Complex (complesso di sintomi correlati all'AIDS)
arc (*mat.*) arco
ARCE Ass. per le Relazioni Culturali con l'Estero
Arch. Architetto
ARCI Ass. Ricreativa Culturale Italiana
Arcip. Arcipelago (nelle carte geografiche)
ARCO Ass. Ricerche e Cure Oncologiche
arg (*mat.*) argomento
ARI 1 Ass. Radiotecnici Italiani 2 Ass. Radioamatori Italiani 3 Ass. Rebussisti Italiani
ARIET Addizionale Regionale dell'Imposta Erariale di Trascrizione
Ariz. Arizona
Ark. Arkansas
ARMIR ARMata Italiana in Russia (durante la seconda guerra mondiale)
ARO AutoRespiratore a Ossigeno
arr. *ingl.* arrival (arrivo, spec. in orari aerei)
ARS Assemblea Regionale Siciliana
ARST Azienda Regionale Sarda Trasporti
art. 1 (*gramm.*) articolo 2 (*comm.*) articolo, voce (di un catalogo)
ARVA Apparecchio di Ricerca in VAlanga (trasmittente individuale per la ricerca di persona travolta da valanga)
AS Allievo Sottufficiale
As 1 (*chim.*) Arsenico 2 (*meteor.*) *lat.* Altostratus (altostrato, tipo di nuvola)
ASA 1 *ingl.* American Standards Association (Ass. americana per la normalizzazione: misure, strumenti, materiali e sim.) 2 *ingl.* Association of South-East Asia (Ass. dell'Asia sud orientale) 3 Ass. italiana per le Scienze Astronautiche 4 Assistenza Servizi Aerei 5 Agenzia Stampa Autonoma (agenzia d'informazioni) 6 (*anche* **asa**) (*farm.*) *ingl.* AcetylSalicylic Acid (acido acetilsalicilico)
ASAM Azienda Servizi Annonari Municipali
ASC *ingl.* American Society of Cinematographers (Ass. americana dei cineoperatori)
ASCA Agenzia Stampa Cattolica Associata
ASCHIMICI Ass. Naz. Industrie Chimiche
ASCI Ass. Scoutistica Cattolica Italiana
ASCII (*elab.*) *ingl.* American Standard Code for Information Interchange (codifica standard americana per lo scambio di informazioni)
ASCOM ASsociazione COMmercianti
ASD (*autom.*) *ted.* automatisches Sperrdifferential (differenziale a bloccaggio automatico)
ASDIC *ingl.* Allied Submarine Detection Investigation Committee (Comitato alleato di ricerche per l'individuazione dei sommergibili)
ASE 1 *ingl.* American Stock Exchange (borsa valori americana) = AMEX 2 Ass. Spaziale Europea 3 Ass. Stampa Europea
ASEAN *ingl.* Association of South-East Asian Nations (Ass. Stati sud est asiatico)
ASI Agenzia Spaziale Italiana
ASL Azienda Sanitaria Locale (*già* USL, *anche* AUSL)
ASM 1 Ass. per lo Studio delle Malformazioni 2 Azienda Servizi Municipalizzati
ASMI Ass. Stampa Medica Italiana
ASP (*elab.*) *ingl.* Application Service Provider (fornitore applicazioni software)
Asp (*fis.*) amperspira
ASPEI ASsociazione PEdagogica Italiana
ASPO ASsociazione Prevenzione Osteoporosi
ASPPI Ass. Sindacale Piccoli Proprietari Immobiliari
ASR (*autom.*) *ted.* Antriebsschlupfregelung (sistema antislittamento)
Ass. 1 Associazione 2 Assicurazione 3 Assistenza
ass. assegno
ASSAP ASSociazione italiana Agenzie Pubblicità a servizio completo
ASSICREDITO ASsociazione SIndacale fra le aziende del CREDITO
ASSIDER ASs. industrie SIDERurgiche ital.
ASSIREVI ASS. Ital. REVIsori contabili
ASSIRM ASSociazione tra Istituti di Ricerche di Mercato e sondaggi d'opinione
ASSITALIA ASSicurazioni d'ITALIA
ASSOBANCARIA ASSOciazione BANCARIA italiana
ASSOCARNI ASSOciazione nazionale industrie e commercio CARNI e bestiame
ASSOGRAFICI ASSOciazione nazionale italiana industrie GRAFIChe cartotecniche e trasformatrici
ASSOLOMBARDA ASSOciazione industriale LOMBARDA
ASSONIME ASSOciazione fra le società (anoNIME) italiane per azioni
ASSOSCUOLA ASSOciazione italiana della SCUOLA libera
ASST Azienda di Stato per i Servizi Telefonici (*oggi* Telecom)
AST 1 (*med.*) *ingl.* aspartate transaminasi (aspartico transaminasi) 2 Azienda Siciliana Trasporti
Ast. (*med.*) astigmatismo
AT 1 Asti 2 Codice compagnia aerea marocchina (Royal Air Maroc) 3 Antico Testamento = VT 4 (*fis.*) Alta Tensione
At (*chim.*) astato
at (*fis.*) atmosfera tecnica
ATA 1 Ass. Turistica Albergatori 2 Ass. Trasporto Aereo 3 Ass. Tecnica dell'Automobile
ATAC Azienda Tramvie e Autobus del Comune (Roma)
ATAF 1 *ingl.* Allied Tactical Air Force (Forza aerea tattica alleata) 2 Azienda Trasporti Area Fiorentina
ATAN Azienda Tranvie Autofilovie di Napoli
ATB *ingl.* All Terrain Bike (mountain bike)
ATC 1 *ingl.* Air Traffic Control (controllo traffico aereo) 2 Azienda Trasporti Consorziali 3 Ambiti Territoriali di Caccia
AT & T *ingl.* American Telephone And Telegraph (Compagnia americana telefoni e telegrafi)
ATI 1 Aero Trasporti Italiani 2 Ass. Tabacchi Italiani 3 Ass. Termotecnica Italiana
ATIC Ass. Tecnica Ital. per la Cinematografia
ATM 1 Azienda Trasporti Municipali | Azienda Tranvie Municipali 2 (*tel.*) *ingl.* Asynchronous Transfer Mode (modalità asincrona di trasmissione)
atm (*fis.*) atmosfera
ATP (*chim.*) *ingl.* Adenosine Triphosphate (adenosin trifosfato)
ATR Aereo da Trasporto Regionale
ATS Scellino austriaco (moneta, simbolo bancario)
ATV (*azienda*) Agri-Turistico Venatoria
ATZ ad Alto Tenore di Zolfo (gasolio)
AU Allievo Ufficiale
Au (*chim.*) oro
AUC 1 Allievo Ufficiale di Complemento 2 *lat.* ab urbe condita (dalla fondazione di Roma)
AUDITEL Società per la raccolta e trasmissione via telefono dei dati di AUDIence TELevisiva
AUS Australia
AU$ Dollaro australiano (moneta, simbolo bancario)
AUSL Azienda Unità Sanitaria Locale (*già* USL, *anche* ASL)
AUT.MIN.CONC. AUTorizzazione MINisteriale CONCessa
AUT.MIN.RIC. AUTorizzazione MINisteriale RIChiesta
autom. 1 automobile | automobilistico 2 automatico | automatizzato
AV Avellino
a/v a vista
AVE *sp.* Alta Velocidad Española (Treno sp. ad alta velocità) = HST, ICE, TAV, TGV
AVEDISCO Ass. nazionale VEndite DIrette Servizio COnsumatori
AVIS Ass. Volontari Italiani del Sangue
AVML Alta Via dei Monti Liguri
AVS *ted.* Alpenverein Südtirol (Club alpino sudtirolese)
AVSI Ass. Volontari per il Servizio Internazionale
Avv. Avvocato
AWACS *ingl.* Airborne Warning and Control System (radar e posto comando aeroportato)
AWD *ingl.* All-Wheel Drive (trazione integrale,

Sigle, abbreviazioni, simboli

AY negli autoveicoli)
AY Codice compagnia aerea (Finnair)
AZ 1 Codice compagnia aerea italiana (Alitalia) **2** Arizona (codice postale)
AZT *ingl.* Azidothymidine (azidotimidina, farmaco usato nel trattamento dell'AIDS)
B 1 (*chim.*) boro **2** (*fis.*) suscettanza **3** (*fis.*) induzione magnetica **4** (*fis.*) bel **5** (*elab.*) byte (nell'uso corrente) **6** Belgio **7** Beato **8** banda di frequenze **9** Berlino **10** *ingl.* Bath (camera con bagno, nelle prenotazioni alberghiere) **11** Bianco (nel gioco degli scacchi)
°B (*fis.*) grado Baumé
B. Baia (nelle carte geografiche)
b 1 larghezza **2** (*elab.*) bit (nell'uso corrente)
B2B (*comm.*) *ingl.* Business to Business (da azienda a azienda)
B2C (*comm.*) *ingl.* Business to Consumer (dall'azienda al consumatore)
BA 1 Bari **2** Codice compagnia aerea britannica (British Airways) **3** Belle Arti
Ba (*chim.*) bario
BAI Banca d'America e d'Italia
BAM Banca Agricola Milanese | Banca Agricola Mantovana
BANEUR Banca Euromobiliare
Bankitalia Banca d'Italia
BAR Battaglione Addestramento Reclute
barr. barriera (nelle carte nautiche)
BAS 1 *ted.* Befreiungsausschuss Südtirol (Comitato di liberazione per il Sud-Tirolo) **2** Banca Africana di Sviluppo
BASF *ted.* Badische Anilin- & Soda-Fabrik (fabbrica di anilina e soda del Baden--Württemberg)
BASIC (*elab.*) *ingl.* Beginner's All Purpose Symbolic Instruction Code (codice simbolico di istruzioni per principianti d'impiego universale)
BAV Biblioteca Apostolica Vaticana
BB 1 *ted.* Bundesbahn (Ferrovie federali tedesche) **2** Brigitte Bardot
BBC *ingl.* British Broadcasting Corporation (ente britannico di radiodiffusione)
Bbk o **BBk** *ted.* Deutsche Bundesbank (banca federale tedesca) = BUBA
BBS (*elab.*) *ingl.* Bulletin Board Service (servizio bacheca informatica)
b.c. (*mus.*) basso continuo
BCD (*elab.*) *ingl.* Binary Coded Decimal (notazione decimale codificata in binario)
BCE Banca Centrale Europea
BCG (*med.*) *fr.* Bacille de Calmette et Guérin (bacillo di C. e G., vaccino antitubercolare, dal nome dei preparatori)
BCI Banca Commerciale Italiana = COMIT
BD *fr.* Bande dessinée (fumetto)
BDF *fr.* Banque de France (banca di Francia)
BDI *ted.* Bundesverband der Deutschen Industrie (Confederazione dell'industria tedesca)
BDS 1 Barbados **2** Brindisi (codice IATA)
BdS Banco di Sicilia
Be (*chim.*) berillio
BEA *ingl.* British East Africa (Africa orientale inglese)
b & b, B and B *ingl.* Bed And Breakfast (letto e prima colazione)
BEF Franco belga (moneta, simbolo bancario)
BEI *fr.* Banque Européenne d'Investissement (Banca europea per gli investimenti)
BENELUX *fr.* Belgique-Nederland-Luxembourg (unione economica e doganale fra Belgio-Olanda-Lussemburgo)
BERS Banca Europea per la Ricostruzione e lo Sviluppo
BEUC *fr.* Bureau Européen des Unions de Consu-mateurs (Ufficio europeo delle unioni di consu-matori)
BeV (*fis.*) *ingl.* Billion electron Volts (unità di misura di energia di particelle, pari a un miliardo di eV) = GeV
BG 1 Bergamo **2** Bulgaria
BGL Lev bulgaro (moneta, simbolo bancario)
BGY Bergamo (codice IATA)
BI 1 Banca d'Italia **2** Biella
Bi (*chim.*) bismuto
BIC (*tel.*) Blocco Identificazione del Chiamante

bid (*farm.*) *lat.* bis in die (due volte al giorno, nelle prescrizioni)
BIF *ingl.* British Industries Fair (Fiera industriale britannica)
BIGE (*ferr.*) *fr.* Billet Individuel Groupe Étudiant (biglietto individuale gruppo studenti)
BIH Bosnia-Erzegovina
BIJ (*ferr.*) *fr.* Billet International pour Jeunes (biglietto internazionale per giovani)
BIMU Biennale della Macchina Utensile (fiera)
BIN Banca di Interesse Nazionale
BIOS (*elab.*) *ingl.* Basic Input Output System (sistema operativo di base di entrata e uscita)
BIPM *fr.* Bureau International des Poids et Mesures (Ufficio internaz. dei pesi e misure)
BIRS Banca Internazionale per la Ricostruzione e lo Sviluppo
BIT 1 *fr.* Bureau International du Travail (Ufficio internazionale del lavoro) = ILO, OIL **2** Borsa Internazionale del Turismo
bit *ingl.* Binary Digit (cifra binaria, nel tratta-mento automatico delle informazioni)
BK Bacillo di Koch (tubercolosi)
Bk (*chim.*) berchelio
BL 1 Belluno **2** Brithish Library (Biblioteca nazionale inglese) **3** *ingl.* British Leyland (fabbrica d'automobili)
B/L (*comm.*) *ingl.* Bill of Lading (polizza di carico)
BLQ Bologna (codice IATA)
BLS *lat.* **1** Benevoleti Lectori Salutem (salute al benevolo lettore) **2** (*med.*) *ingl.* Basic Life Support (supporto di base delle funzioni vitali)
Blvd. *fr.* Boulevard (viale)
BM 1 Banca Mondiale **2** Codice compagnia aerea italiana (ATI) **3** *ingl.* British Museum (il 'British Museum' di Londra)
BMC *ingl.* British Motor Corporation (Società inglese motori, fabbrica automobilistica)
BMEWS *ingl.* Ballistic Missile Early Warning System (sistema di avvistamento lontano di missile balistico)
BMT Bollettino Meteo Telefonico
BMW *ted.* Bayerische Motoren Werke (Fabbrica bavarese motori)
BMX *ingl.* Bike Mountain Cross (mountain bike per cross)
BN 1 Benevento **2** *fr.* Bibliothèque Nationale (biblioteca nazionale)
b/n bianco e nero
BNA Banca Nazionale dell'Agricoltura
BNC Banca Nazionale delle Comunicazioni
BNCF Biblioteca Nazionale Centrale Firenze
BND *ted.* Bundesnachrichtendienst (servizio federale d'informazioni, servizio segreto tedesco)
BNL Banca Nazionale del Lavoro
BNP *fr.* Banque Nationale de Paris (banca nazionale di Parigi)
BO 1 Bologna **2** *ingl.* Box Office (botteghino di cinema, teatro)
BOB Boliviano (moneta, simbolo bancario)
BOC Buono Ordinario del Comune
BOD (*biol.*) *ingl.* Biological (o Biochemical) Oxygen Demand (richiesta biologica o biochimica di ossigeno)
BOFA *ingl.* Bank OF America (banca d'America)
bol. (*farm.*) *lat.* bolus (bolo, grossa pillola)
BOLMARE Bollettino del Mare
BOR Buono Ordinario Regionale
BOT, bot Buono Ordinario del Tesoro
BP 1 *ingl.* British Petroleum co. ltd. (Compagnia britannica del petrolio) **2** *ted.* Deutsche Bundes-spost (Posta tedesca)
BPD Bombrini Parodi Delfino
BPI (*elab.*) *ingl.* Bit per inch (bit per pollice)
BPL Buono Per Lire (nelle cambiali)
BPO *ted.* Berliner Philharmonisches Orchester (orchestra filarmonica di Berlino)
bps (*elab.*) *ingl.* Bytes Per Second (byte al secondo)
Bq becquerel
BR 1 Brindisi **2** Brasile **3** Banco di Roma **4** Brigate Rosse (gruppo terroristico) **5** *ingl.* British Railways (Ferrovie inglesi)
Br (*chim.*) bromo
BRC Cruzeiro brasiliano (moneta, simbolo

bancario)
BRD *ted.* Bundesrepublik Deutschland (Repub-blica federale tedesca) = RFT
BRI 1 Bari (codice IATA) **2** Banca dei Regola-menti Internazionali
BRM *ingl.* British Racing Motors (motori da corsa britannici, fabbrica di automobili)
Bros. *ingl.* Brothers (Fratelli, spec. nelle ragioni sociali)
bross. in brossura
BS 1 Brescia **2** per buoni sciatori (scala difficoltà scialpinistiche)
BSCS *ingl.* Biological Sciences Curriculum Study (programma di studio per le scienze biolo-giche)
BSE (*veter.*) *ingl.* Bovine Spongiform Encephalopathy (encefalopatia spongiforme bovina)
BSGSP Banco di S. Gimignano e S. Prospero
BT 1 (*fis.*) Bassa Tensione **2** Buono del Tesoro **3** *ingl.* British Telecom (Società britannica di telecomunicazioni)
BTE Buono del Tesoro in Euroscudi
btg battaglione
BTN Buono del Tesoro Novennale
BTO Buono del Tesoro Ordinario
BTP Buono del Tesoro Poliennale
BTQ Buono del Tesoro Quadriennale
Btu (*fis.*) *ingl.* British thermal unit (unità termica britannica: unità di misura delle quantità di calore, nel sistema non decimale britannico)
BTZ a Basso Tenore di Zolfo (gasolio)
B.U. Bollettino Ufficiale
BuBa 1 *ted. pop.* Deutsche Bundesbank (Banca federale tedesca) = Bbk **2** Bundesbahn (Ferrovie federali tedesche)
BUR Biblioteca Universale Rizzoli
BUS, bus autobus, filobus e sim. (nelle segnala-zioni stradali)
BV 1 Beata Vergine **2** la Biennale di Venezia
BVM Beata Vergine Maria
BW *ingl.* Bird Watching (osservazione degli uccelli, in ambiente naturale)
B/W *ingl.* Black and White (bianco e nero, cinema, tv) = b/n
BWV *ted.* Bachwerkeverzeichnis (catalogo delle opere di J.S.Bach, precede il numero di catalogo)
byte (*elab.*) *ingl.* BinarY octetTE (otto bit.)
BZ Bolzano

C 1 (*fis.*) capacità elettrica | coulomb **2** (*chim.*) carbonio **3** centrale **4** codice **5** 100 (numero romano) **6** corrosivo, su confezione di prodotti di uso domestico **7** (*biol.*) Citosina, base pirimi-dinica del DNA e RNA
°C (*fis.*) grado Celsius
C. Capo (nelle carte geografiche)
c 1 circa **2** comune **3** città **4** (*fis.*) velocità della luce | ciclo | cielo **5** centesimo **6** centi- **7** conto **8** (*filol.*) carta (nei codici) **9** capitale
© *ingl.* Copyright
CA 1 Cagliari **2** Carta o Cartoncino Accoppiato (su contenitori di alimenti) **3** Codice compagnia aerea (Air China) **4** California (codice postale) **5** Contr'Ammiraglio **6** Consorzio Agrario **7** Cemento Armato
Ca (*chim.*) calcio
ca cemento armato **2** circa
c.a. 1 corrente alternata = d.c. **2** corrente anno
CAAF Centro Autorizzato di Assistenza Fiscale
CAB Codice di Avviamento Bancario
cab. cablogramma
CAC (*borsa*) *fr.* Compagnie des Agents de Change (compagnia degli agenti di cambio francesi) | Cotation Assistée en Continu (indice di borsa sempre aggiornato su 40 titoli)
CAD 1 *ingl.* Computer Aided Design (progetta-zione con l'ausilio dell'elaboratore) **2** (*comm.*) *ingl.* Cash Against Documents (pagamento contro documenti)
cad. cadauno
CAE *ingl.* Computer Aided Engineering (ingegneria assistita da calcolatore)
CAF 1 Commissione d'Appello Federale (gioco del calcio) **2** (*comm.*) *fr.* Coût, Assurance, Frêt (costo, assicurazione, spesa) = CIF, CAN **3** (*chim.*) Cloranfenicolo **4** Craxi Andreotti Forlani (alleanza politica tra DC e PSI della fine

degli anni '80) **5** *fr.* Club Alpin Français (Club alpino francese)

Caf o **C&F** *(comm.) ingl.* Cost and Freight (costo e nolo, compreso nel prezzo) = CF

CAG 1 Cagliari (codice IATA) **2** *ingl.* Computer Aided Graphics (composizione con elaboratore) **3** Centro Addestramento Guastatori

CAI 1 Club Alpino Italiano **2** *ingl.* Computer Assisted Instruction (istruzione assistita dall'elaboratore) **3** *(assicurazioni)* Constatazione Amichevole d'Incidente

CAI-post o **CAI POST** Corriere (postale) Accelerato Internazionale

Cal *(fis.)* grande caloria *o* kcal

Cal. o **Calif.** California

cal *(fis.)* piccola caloria *o* caloria

CAM *ingl.* Computer Aided Manufacturing (produzione con l'ausilio dell'elaboratore)

Cambital Ufficio Italiano dei Cambi

CAMST Coop. Albergo Mensa Spettacolo e Turismo

CAN 1 Comm. Arbitri Naz. **2** *(comm.)* Costo, Assicurazione e Nolo = CIF, CAF

Can. 1 Canale (nelle carte geografiche) **2** Canada

Canc Cancella (tasto del computer)

CANTUS CAssa Naz. per il TUrismo Sociale

CAP 1 Codice di Avviamento POstale **2** Consorzio Autonomo del Porto **3** Centro di Addestramento Professionale **4** Carri e Automezzi Pesanti **5** Consorzio Agrario Provinciale

Cap. 1 Capitano **2** Capitolo

CAR 1 Centro Addestramento Reclute **2** *ingl.* Central African Republic (Repubblica centrafricana)

Card. *(relig.)* Cardinale

CAREMAR CAmpania REgionale MARittima (società di navigazione)

CARIGE CAssa di RIsparmio di GEnova e Imperia

CARIMONTE CAssa di RIsparmio di Modena e banca del MONTE di Bologna e Ravenna

CARIPLO CAssa di RIsparmio delle Provincie LOmbarde

CARISBO CAssa di RISparmio di BOlogna

CARITRO CAssa di RIsparmio di Trento e ROvereto

CARIVE CAssa di RIsparmio di VEnezia

CAS 1 Club Alpino Svizzero **2** Centro di Avviamento allo Sport (del CONI)

CA$ Dollaro canadese (moneta, simbolo bancario)

CASAGIT CAssa Autonoma di previdenza integrativa sanitaria per i Giornalisti ITaliani

Casc. Cascata (nelle carte geografiche)

CASM Centro Alti Studi Militari

Casmez CAssa per il MEZzogiorno *(oggi* Agenzia per la Promozione dello Sviluppo del Mezzogiorno*)*

Cast. Castello (nelle carte geografiche)

Cat. 1 Categoria **2** Catalogo

CATV *ingl.* CAble TeleVision (televisione via cavo) | *ingl.* Community Antenna TeleVision (televisione ad antenna centralizzata)

Cav. Cavaliere

Cav. di Gr. Cr. Cavaliere di Gran Croce

CB 1 Campobasso **2** *(rad.) ingl.* Citizen's Band (banda cittadina)

Cb *(meteor.) lat.* Cumulonimbus (cumulonembo, tipo di nuvola)

CBD *(comm.) ingl.* Cash Before Delivery (pagamento prima della consegna)

CBS *ingl.* Columbia Broadcasting System (Rete radiotelevisiva di Columbia)

CC 1 Carabinieri **2** Corpo Consolare (targa autom.)

Cc *(meteor.) lat.* Cirrocumulus (cirrocumulo, tipo di nuvola)

C.C. 1 Comitato Centrale **2** Codice Civile | Corte Costituzionale | Corte di Cassazione | Corte dei Conti

c.c. o **cc 1** *(fis.)* corrente continua = d.c. **2** conto corrente **3** *ingl.* Carbon Copy (copia per conoscenza)

c/c 1 conto corrente **2** *(comm.) ingl.* Clean Credit Cash-credit (credito netto, credito di cassa)

ccb conto corrente bancario

CCC 1 *(st. polit.)* Commissione Centrale di Controllo **2** Centro Cinematografico Cattolico

CCD *(polit.)* Centro Cristiano Democratico

CCG *ingl.* Cooperation Council of Gulf (Consiglio di cooperazione del Golfo)

CCI 1 Camera di Commercio Internaz. **2** Confed. Cooperativa Ital. **3** Casellario Centrale Infortuni

CCIAA Camera di Commercio Industria, Artigianato e Agricoltura

CCISS Centro Coordinamento Informazioni Sicurezza Stradale

CCNL Contratto Collettivo Nazionale di Lavoro

CCNN *(st.)* Camicie Nere

CCOOPP Consorzio di Credito per le Opere Pubbliche

C.c.P. Commissione centrale Prezzi

ccp conto corrente postale

CCSB Centro Compartimentale Servizi Bancoposta

CCT 1 Certificato di Credito del Tesoro **2** Consorzio Comunale Trasporti

CCTV *ingl.* Closed Circuit TeleVision (televisione a circuito chiuso)

CD 1 Corpo Diplomatico (targa autom.) **2** Commissione Disciplinare **3** *ingl.* Compact Disc

Cd 1 *(chim.)* cadmio **2** Certificato di deposito bancario

cd 1 *(fis.)* candela **2** compact disc

cd. cosiddetto

C.d.A. 1 Corte d'Appello | Corte d'Assise **2** Corpo d'Armata **3** Consiglio d'Amministrazione **4** Consiglio d'Azienda

CDC Cooperativa Doppiatori Cinematografici

C.d.C. *(scol.)* Consiglio di Circolo

c.d.d. come dovevasi dimostrare

C.d.F. Consiglio di Fabbrica

CDG Parigi-aeroporto C. DeGaulle (codice IATA)

C.d.G. Compagnia di Gesù = SJ

CDI Compact Disc Interattivo

C.d.I. *(scol.)* Consiglio d'Istituto

C.d.L. Camera del Lavoro

C.d.M. Cassa del Mezzogiorno

CDN Canada

CDP Cassa Depositi e Prestiti

CDR *(polit.)* Cristiano Democratici per la Repubblica

C.d.R. 1 Cassa di Risparmio **2** Comitato di Redazione

cd-rom *ingl.* Compact Disc-Read Only Memory (memoria a sola lettura su compact disc)

C.d.S. 1 Circolo della Stampa **2** Codice della Strada **3** Consiglio di Sicurezza **4** Consiglio di Stato

CDU 1 Classificazione Decimale Universale = UDC **2** *(polit.) ted.* Christlich-Demokratische Union (Unione cristiano-democratica) **3** Comitato Docenti Universitari **4** *(polit.)* Cristiano Democratici Uniti

CDV Compact Disc Video

CE 1 Comitato Esecutivo **2** Consiglio d'Europa **3** Comunità Europea *oggi* UE / *spesso usato per* Comunità Economica Europea = CEE **4** Caserta **5** Cavo Elettrico

Ce *(chim.)* cerio

CEA 1 Commissione per l'Energia Atomica / Commissariato per l'Energia Atomica **2** Confed. Europea per l'Agricoltura **3** Comitato Europeo per le Assicurazioni **4** Casa Editrice Ambrosiana

CEAT Cavi Elettrici e Affini - Torino

C&C *(comm.) ingl.* Cash And Carry (paga e porta via, tipo di grande magazzino all'ingrosso per dettaglianti)

CECA Comunità Eur. del Carbone e dell'Acciaio

CED 1 Comunità Europea di Difesa **2** Centro Elaborazione Dati **3** *ingl.* Capacitance Electronic Disk (videodisco)

CEDAM Casa Editrice Dott. Antonio Milani

CEDE Centro Europeo Dell'Educazione

CEDEX *fr.* Courrier d'Entreprise à Distribution Exceptionnelle (corrispondenza d'impresa con distribuzione speciale)

CEE Comunità Economica Europea *(oggi* UE*)*

CEEA Comunità Europea dell'Energia Atomica = EURATOM

CEI 1 Comitato Elettrotecnico Ital. **2** Compagnia Elettrotecnica d'Italia **3** *fr.* Confédération Internationale des Etudiants (Confed. internaz. degli studenti) **4** Conferenza Episcopale Italiana

CEJ *fr.* Communauté Européenne des Journalistes (Comunità europea dei giornalisti)

CEKA *russo* Crezvyciajnaja Komissija (Commissione straordinaria, polizia segreta di Stato russa, in epoca rivoluzionaria)

CELAM Conferenza Episcopale Latino AMericana

CELI Chiesa Evangelica Luterana in Italia

CEMM Corpo Equipaggi Militari Marittimi

CEN Comitato Europeo di Normazione

CENASAC CEntro NAz. per lo Sviluppo dell'Associazionismo e Cooperazione in agricoltura

CENSIS CENtro Studi Investimenti Sociali

cent. centesimo

CENTO *ingl.* Central Treaty Organization (organizzazione del trattato centrale)

CEO *ingl.* Chief Executive Officer (direttore generale)

CEP *(nucl.) fr.* Centre d'Expérimentation du Pacifique (Centro di sperimentazione nucleare del Pacifico)

CER Centro Europa Ricerche

CERES CEntro Ricerche Economiche e Sociali

CERN *fr.* Conseil Européen pour la Recherche Nucléaire (Consiglio eur. per la ricerca nucleare)

CESA Centro Europeo di Studi Aziendali

CESDI CEntro Studi e Documentazione sull'Informazione

CESES CEntro Studi e ricerche su problemi Economici e Sociali

CESIS Comitato Esecutivo per i Servizi di Informazione e di Sicurezza (coordina SISMI e SISDE, sarà sostituito dal DGS)

CESPE CEntro Studi di Politica Economica

C&W *ingl.* Country And Western (musica popolare americana)

CF 1 *(comm.) ingl.* Cost and Freight (costo e nolo, nel prezzo) = C&F **2** Codice Fiscale

Cf *(chim.)* californio

CFA 1 *fr.* Communauté Financière Africaine (Comunità finanziaria africana) **2** *fr.* Colonies Françaises d'Afrique (colonie francesi d'Africa)

CFC *(chim.)* clorofluoro carburi

CFF/SBB/FFS *fr.* Chemins de Fer Fédéraux Suisses | *ted.* Schweizerische Bundesbahnen | *it.* Ferrovie Federali Svizzere (Ferrovie federali svizzere)

CFL Contratto di Formazione e Lavoro

CFP 1 Certificato di Formazione Professionale **2** *fr.* Communauté Financière du Pacifique (Comunità finanziaria del Pacifico) **3** *fr.* Colonies Françaises du Pacifique (colonie francesi del Pacifico)

Cfr. *lat.* Confer (confronta)

CFRB *(st.)* Corpo Forze Repressive Banditismo

CFS 1 Corpo Forestale dello Stato **2** *ingl.* Chronic Fatigue Syndrome (sindrome da fatica cronica)

CGA *(elab.) ingl.* Color Graphics Adapter (scheda grafica a colori)

CGC Cecchi Gori Communications

CGD Compagnia Generale del Disco

CGE Compagnia Generale di Elettricità

CGIL Confed. Generale Italiana del Lavoro

CGO Congo

CGPM *fr.* Conférence Générale des Poids et Mesures (conferenza generale dei pesi e misure)

cgs *(fis.)* centimetro-grammo-secondo

CGT *fr.* Confédération Générale du Travail (Confederazione generale del lavoro)

CH 1 Chieti **2** Svizzera (dal *lat.* Confoederatio Helvetica, Confed. elvetica)

CHF Franco svizzero (moneta, simbolo bancario)

CI Carta d'identità

Ci 1 *(meteor.) lat.* Cirrus (cirro, tipo di nuvola) **2** *(chim.)* curie

CIA 1 *ingl.* Central Intelligence Agency (Ufficio centrale d'informazione, servizio di controspionaggio, USA) **2** Confed. Italiana Agricoltori **3** Roma - aeroporto di Ciampino (codice IATA)

C.ia compagnia

CIBA *ted.* Chemische Industrie Basel Aktiengesellschaft (società industriale chimico-farmaceutica di Basilea)

CIC *ingl.* Cinema International Corporation (Compagnia internaz. cinematografica) **2** *fr.*

CICAP

CICAP Crédit Industriel et Commercial (credito industriale e commerciale) **3** *ingl.* COunter-INtelligence Corps (corpi di controspionaggio, USA)
CICAP Comitato Italiano per il Controllo delle Affermazioni sul Paranormale *v. anche* CSICOP
CICR 1 Comitato Interministeriale per il Credito e il Risparmio **2** *fr.* Comité International de la Croix Rouge (Comitato internaz. della Croce Rossa)
CID 1 Cooperativa Italiana Doppiatori **2** Convenzione di Indennizzo Diretto (nelle assicurazioni automobilistiche)
CIDA Confed. Italiana Dirigenti d'Azienda
CIDI Centro di Iniziativa Democratica degli Insegnanti
CIF 1 (*comm.*) *ingl.* Cost Insurance and Freight (Costo, Assicurazione e Nolo, compresi nel prezzo) = CAF,CAN **2** Consorzio Industria Fiammiferi **3** Centro Italiano Femminile
CIG 1 Comitato Internaz. di Geofisica **2** Cassa Integrazione Guadagni **3** Comitato Ital. Gas
CIGA Compagnia Italiana dei Grandi Alberghi
CIIS Comitato Interparlamentare per l'Informazione e la Sicurezza | Comitato Interministeriale per l'Informazione e la Sicurezza
CIL (*st.*) Corpo Italiano di Liberazione
CIM 1 Centro Ital. della Moda **2** Commissione Ital. di Metrologia **3** Centro di Igiene Mentale
CIMO Confed. Italiana Medici Ospedalieri
CINECA Consorzio Interuniversitario del Nord-Est per il Calcolo Automatico
CINIT CINeforum ITaliano
CIO 1 *fr.* Comité International Olimpique (Comitato internaz. olimpico) **2** *ingl.* Congress of Industrial Organizations (Ass. delle organizzazioni industriali)
CIOS Consorzio Italiano Oleifici Sociali
CIP 1 Comitato Interministeriale per il coordinamento e la disciplina dei Prezzi **2** *ingl.* Carriage and Insurance Paid to …(trasporto e assicurazione pagati fino a …)
CIPAA Comitato Interministeriale per la Politica Agricola e Alimentare
CIPE 1 Comitato Interministeriale per la Programmazione Economica **2** Confed. Italiana della Proprietà Edilizia = CONFEDILIZIA
CIPEA Comitato Interministeriale per la Politica Economica Agricola
CIPES Comitato Interministeriale per la Politica economica EStera
CIPI Comitato Interministeriale di coordinamento per la Politica Industriale
CIPM *fr.* Comité International des Poids et Mesures (Comitato internaz. dei pesi e misure)
CIPSI Coordinamento nazionale Iniziative Popolari di Solidarietà Internazionale
CIR 1 Comitato Internaz. per la Ricostruzione **2** Confed. Italiana della Ricerca **3** Compagnie Industriali Riunite (*già* Concerie Ital. Riunite)
CIRA Centro Ital. di Ricerche Aerospaziali (Capua)
circ. circolare
CIRM 1 Centro Internazionale Radio Medico **2** Centro Internazionale Ricerche di Mercato
CIS 1 Comitato Internazionale degli Scambi **2** *ingl.* Commonwealth of Independent States (Comunità di stati indipendenti = CSI) = SNG **3** treno "Pendolino-ETR 470" della società CISalpino **4** Centro Investigativo Scientifico (Carabinieri) **5** Centro Investigazioni Sociali
CISA 1 Centro Italiano di Studi Aziendali **2** Centro Italiano di Studi Americani **3** Centro Informazione Sterilizzazione e Aborto
CISAL Confederazione Italiana Sindacati Autonomi dei Lavoratori
CISAM Confederazione Italiana dei Sindacati degli Artisti e dei Musicisti
CISC Confed. Internazionale Sindacati Cristiani
CISE Centro Informazioni Studi Esperienze
CISERS Centro Italiano Studi Economici e Ricerche Sociali
CISES Centro Ital. di Sviluppo Econ. e Sociale
CISL Confederazione Ital. Sindacati Lavoratori
CISNAL Confederazione Italiana Sindacati Nazionali dei Lavoratori
CISP 1 Comitato Internazionale per lo Sviluppo dei Popoli **2** Centro Internazionale Studi Politici
CISV 1 Comunità Impegno Servizio Volontario **2** *ingl.* Children's International Summer Villages (villaggi internazionali estivi di fanciulli)
CIT Compagnia Italiana Turismo
cit. citato
CIWLT (*ferr.*) *fr.* Compagnie Internationale des Wagons-Lits et du Tourisme (Compagnia internazionale delle carrozze-letti e del turismo)
CJD (*veter.*) *ingl.* Creutzfeldt-Jakob Disease (malattia di Creutzfeldt-Jakob)
CL 1 Caltanissetta **2** (*polit., relig.*) Comunione e Liberazione **3** *fr.* Crédit Lyonnais (credito di Lione) **4** Credito Lombardo **5** (*cine.*) Campo Lungo **6** (*mil.*) Carro Leggero
Cl (*chim.*) cloro
CLI (*tel.*) *ingl.* Calling Line Identification (identificazione della linea chiamante)
CLN (*st.*) Comitato di Liberazione Nazionale
CLNAI (*st.*) Comitato di Liberazione dell'Alta Italia
CLUP 1 Cooperativa Libraria Universitaria del Politecnico (di Milano) **2** (*econ.*) Costo del Lavoro per Unità del Prodotto
CM 1 (*cine.*) Campo Medio **2** (*mil.*) Carro Medio **3** Circolare Ministeriale
Cm (*chim.*) curio
cm centimetro; **cm²** centimetro quadrato; **cm³** centimetro cubo
c.m. corrente mese
CMA Consiglio Mondiale dell'Alimentazione (ONU)
CMC Coop. Muratori Cementisti (Ravenna)
CME *ingl.* Chicago Mercantile Exchange (Borsa mercantile di Chicago)
CMP (*posta*) Centro di Meccanizzazione Primario
CMSB *fr.* Confédération Mondiale du Sport de Boules (Confederazione mondiale dello sport delle bocce)
CN 1 Cuneo **2** Controllo Numerico
C.N. 1 Capitale Netto **2** Codice della Navigazione
c/n. conto nuovo
CNA Confederazione Nazionale dell'Artigianato | Centro Nazionale dell'Artigianato
CNAC *fr.* Centre National d'Art et de Culture G. Pompidou (Centro nazionale d'arte e cultura G. Pompidou, detto Beaubourg, Parigi)
CNAM Cassa Naz. di Assistenza ai Musicisti
CNB 1 Consorzio Nazionale Bieticultori **2** Comitato Nazionale di Bioetica
CNC *ingl.* Computer Numerical Control (controllo numerico mediante computer)
CNCA Coordinamento Nazionale delle Comunità di Accoglienza
CNEL Consiglio Naz. dell'Economia e del Lavoro
CNEN Comitato Naz. per l'Energia Nucleare
CNGEI Corpo Naz. Giovani Esploratori Italiani
CNI 1 Consiglio Nazionale degli Ingegneri **2** *lat.* Corpus Nummorum Italicorum (raccolta delle monete italiche)
CNLA Commissione Naz. per la Lotta all'AIDS
CNN *ingl.* Cable News Network (rete televisiva americana di informazione via cavo)
CNO Comitato Nazionale Olimpico
CNOE Comitati Nazionali Olimpici Europei
CNR 1 Consiglio Naz. delle Ricerche **2** Cantieri Navali Riuniti **3** *ingl.* Channel News Radio (canale radiofonico d'informazione italiano)
CNRN Comitato Nazionale Ricerche Nucleari
CNS 1 Consiglio Nazionale per la Sicurezza della Repubblica (preseduto da un ministro senza portafoglio che si assumerà la responsabilità dell'operato dei servizi informativi) **2** Centro Nazionale Sportivo
CNSA Corpo Nazionale Soccorso Alpino
CNUCE Centro Nazionale Universitario di Calcolo Elettronico
C.N.VV.F. Corpo Nazionale Vigili del Fuoco
CO 1 Como **2** Colombia **3** Colorado (codice postale) **4** Cotone (nelle etichette di tessuti e abiti confezionati)
Co (*chim.*) cobalto
Co. *ingl.* Company (compagnia commerciale)
c/o Care of (presso)
COA Centro Operativo AIDS (*presso l*'ISS)
COBAR (*mil.*) COnsiglio di BAse di Rappresentanza
COBAS COmitato di BASe (organismo sindacale)
COBOL (*elab.*) *ingl.* COmmon Business Oriented Language (linguaggio orientato alle procedure amministrative correnti)
COBRA COpenhagen, BRuxelles, Amsterdam (movimento artistico)
COCER (*mil.*) COnsiglio CEntrale di Rappresentanza
COCONA COnsiglio di COoperazione Nord-Atlantico (tra paesi Nato e paesi ex-patto di Varsavia)
COD (*comm.*) *ingl.* Cash On Delivery (pagamento alla consegna)
cod. codice
CODACONS COordinamento Delle Associazioni CONSumatori
coeff. coefficiente
COFINA COmpagnia FINanziaria investimenti Azionari
COI Centro Orientamento Immigrati
COIR (*mil.*) COnsiglio Intermedio di Rappresentanza
Col. Colonnello
COLDIRETTI confederazione nazionale COLtivatori DIRETTI
COLF COLlaboratrice Familiare
Colo. Colorado
com. 1 comunale **2** comitato
COMECON *ingl.* COuncil for Mutual ECONomic assistance (Consiglio di mutua assistenza economica, dal 1949 fra i paesi dell'ex-Europa orientale comunista)
COMES COMunità Europea degli Scrittori
COMEX *ingl.* COMmodity EXchange (Borsa merci di New York)
COMILITER COmando MILItare TERritoriale
COMINFORM *v.* KOMINFORM
COMINTERN *v.* KOMINTERN
COMIT banca COMmerciale ITaliana
Comm. 1 Commendatore **2** Commissione
COMSAT *ingl.* COMmunications SATellite (comunicazioni via satellite)
CONAD COnsorzio NAzionale Dettaglianti
CONAI COnsorzio NAzionale Imballaggi
CONFAGRICOLTURA CONFederazione generale dell'AGRICOLTURA italiana
CONFAPI Confed. delle Associazioni della Piccola e media Industria (*correntemente* Confed. italiana della piccola e media industria)
CONFCOMMERCIO CONFederazione generale del COMMERCIO
CONFCOOPERATIVE CONFederazione generale delle COOPERATIVE
Confed. Confederazione
CONFEDERTERRA CONFEDERazione nazionale dei lavoratori della TERRA
CONFEDILIZIA CONFederazione italiana della proprietà EDILIZIA = CIPE
CONFESERCENTI CONFederazione degli ESERCENTI attività commerciali e turistiche
CONFINDUSTRIA CONFederazione generale dell'INDUSTRIA italiana
CONFSAL CONFederazione Sindacati Autonomi Lavoratori
CONI Comitato Olimpico Nazionale Italiano
Conn. Connecticut
Cons. Consiglio | Consigliere
CONSOB COmmissione Nazionale per le SOcietà e la Borsa
COOP COOPerativa di consumo Italia
Coop. Cooperativa
COP 1 Peso colombiano (moneta, simbolo bancario) **2** (*agr.*) (coltura costituita da) Cereali Oleaginose Proteaginose
COPACO COmitato PArlamentare di COntrollo
CORA COordinamento Radicale Antiproibizionisti
CORECO COmitato REgionale di COntrollo
Corp. *ingl.* Corporation (corporazione, impresa di grandi dimensioni)
cos (*mat.*) coseno
cos φ (*fis.*) fattore di potenza
cosec (*mat.*) cosecante
COSPAR *ingl.* COmmittee on SPAce Research (Comitato di ricerca spaziale)
Cost. Costituzione
cot (*mat.*) cotangente
CP 1 Codice compagnia aerea canadese

(Canadian Airlines International) **2** Cattolici Popolari
C.P. 1 Codice Penale **2** Cartolina Postale **3** Casella Postale **4** Consiglio Provinciale **5** Capitaneria di Porto
C.P.C. Codice di Procedura Civile
C.P.M. 1 Codice Procedura Militare | Codice Penale Militare **2** (*elab.*) Confronto Per Maggiore
CPO Centro Postale Operativo
C.P.P. 1 Codice di Procedura Penale **2** Comitato Provinciale Prezzi
CPR (*mil.*) Camera di Punizione di Rigore
C.p.r. Con preghiera di restituzione
CPS 1 Comitato Parlamentare per la Sicurezza (risponde a Camera e Senato dell'operato di AISE e AISI) **2** (*mil.*) Camera di Punizione Semplice
CPT (*comm.*) *ingl.* Carriage Paid To ... (trasporto pagato fino a ...)
CPU 1 (*elab.*) Confronto Per Uguale **2** (*elab.*) *ingl.* Central Processing Unit (unità centrale di elaborazione)
cpv. capoverso
CR 1 Cremona **2** Costa Rica **3** Credito Romagnolo
Cr (*chim.*) cromo
CRAI Commissionaria Riunita Alimentaristi Italiani (catena di supermercati)
CRAL Circolo Ricreativo Assistenziale Lavoratori
CREDIOP (consorzio di) CREDito per le Imprese e le Opere Pubbliche
CREDIT Credito Italiano
CRI Croce Rossa Italiana
CRIMINALPOL POLizia CRIMINALe
CRM CaRiMonte (*v.*)
CRPE Comitato Regionale per la Programmazione Economica
CRS *fr.* Compagnies Républicaines de Sécurité (Compagnie repubblicane di sicurezza, per il mantenimento dell'ordine pubblico)
CRT (*tv.*) *ingl.* Cathode Ray Tube (tubo a raggi catodici)
CRT Banca Banca Cassa di Risparmio di Torino
CS 1 (*mil.*) Comando Supremo **2** Controllo Statistico di qualità **3** Cosenza
Cs 1 (*chim.*) cesio **2** (*meteor.*) *lat.* Cirrostratus (cirrostrato, tipo di nuvola)
c.s. come sopra
c/s 1 (*fis.*) ciclo al secondo **2** con spese **3** corsa semplice
CSAR (*st.*) *fr.* Comité Secret d'Action Revolutionnaire (Comitato segreto d'azione rivoluzionaria, d'estrema destra, detto anche La Cagoule)
CSATA Centro di Studi e di Applicazione nelle Tecnologie Avanzate
CSC Centro Sperimentale di Cinematografia
CSCE Conferenza sulla Sicurezza e la Cooperazione in Europa (dal 1994 OSCE)
CSD (*mil.*) Commissione Suprema di Difesa
C.S.d.P.I. Consiglio Superiore della Pubblica Istruzione
CSI 1 Comunità di Stati Indipendenti = SNG **2** Centro Sportivo Italiano
CSICOP *ingl.* Committee for the Scientific Investigation of Claims of the Paranormal (Comitato per l'indagine scientifica sulle asserzioni sul paranormale *v. anche* CICAP)
CSM 1 Consiglio Superiore della Magistratura **2** Centro Salute Mentale
CSN Consiglio Sanitario Nazionale
C.so Corso
CSS Consiglio Superiore di Sanità
CSSN Contributo al Servizio Sanitario Nazionale
CSSR (*relig.*) *lat.* Congregatio Sanctissimi Redemptoris (Congregazione del Santissimo Redentore, Redentoristi)
CSU (*polit.*) *ted.* Christlich-Soziale Union (Unione cristiano sociale)
CT 1 Catania **2** Connecticut (codice postale) **3** Commissario Tecnico **4** *fr.* Collectivité Territoriale (collettività territoriale, dipartimento, regione, comune francese)
CTA Catania (codice IATA)
CTBT *ingl.* Comprehensive Test Ban Treaty (Trattato per la messa al bando totale delle prove nucleari)

CTE Certificato del Tesoro in Euroscudi
CTF 1 Chimica e Tecnologia Farmaceutiche (laurea) **2** (*tip.*) *ingl.* Computer To Film (dal computer alla pellicola)
ctg (*mat.*) cotangente
ctg. categoria
CTI Consociazione Turistica Italiana (dal 1937 al 1945, *successivamente* TCI)
CTMS (*banca*) Commissione Trimestrale Massimo Scoperto
CTO Certificato del Tesoro con Opzione
CTP 1 Certificato del Tesoro Poliennale **2** Consorzio Trasporti Pubblici **3** Commissario Tecnico di Parte **4** (*tip.*) *ingl.* Computer To Plate (dal computer alla lastra)
Ctrl *ingl.* Control (controllo, tasto di computer)
CTS 1 Comitato Tecnico Scientifico (della programmazione economica) **2** Centro Turistico Studentesco e giovanile **3** Certificati di credito del Tesoro a Sconto
CTZ Certificato del Tesoro Zero coupon (senza cedole)
CU Commissariato Unico
Cu 1 (*chim.*) rame **2** (*meteor.*) *lat.* Cumulus (cumulo, tipo di nuvola)
CUB Comitato Unitario di Base
CUD Certificazione Unica dei redditi di lavoro Dipendente
CUF Commissione Unica per il Farmaco
CUN 1 Consiglio Universitario Nazionale **2** Centro Ufologico Nazionale
CUNA Commissione Tecnica di Unificazione dell'Automobile
curl (*mat.*, *fis.*) rotore, rotazionale = rot
CUS Centro Universitario Sportivo
CUT Centro Universitario Teatrale
CV (*fis.*) Cavallo Vapore
c.v.d. come volevasi dimostrare
CVL (*st.*) Corpo dei Volontari della Libertà
c.vo corsivo
CVS (*banca*) Comunicazione Valutaria Statistica
CW (*rad.*) *ingl.* Continuous Wave (onda persistente, sigla usata per indicare anche il codice Morse: *trasmettere in CW*)
CX Codice compagnia aerea filippina (Cathay Pacific Airways)
Cx (*fis.*) coeff. di penetrazione aerodinamica
CY Cipro
CZ 1 Catanzaro **2** Repubblica Ceca

D 1 treno Diretto **2** Germania **3** (*mus.*) dominante **4** (*fis.*) induzione elettrica **5** *lat.* Decimus, Deus, Divus, Dominus (decimo, Dio, Divo, Signore, in iscrizioni latine) **6** (*dir.*) Decreto | Digesto **7** Deuteronomista **8** (*farm.*) *lat.* Doses (dose) **9** Donna (negli scacchi) **10** (*mat.*) Divisore fisso **11** deci- **12** Domenica **13** Difficile (scala difficoltà alpinistiche) **4** 500 (numero romano)
d 1 (*fis.*) deci- **2** *lat.* dies (giorno solare medio) **3** *lat.* dabam e dies (scrissi... nel giorno..., nelle corrispondenze epistolari latine) **4** denaro **5** diametro **6** (*derrate*) deperibili (sui veicoli che le trasportano)
D/A Documento contro Accettazione
da (*fis.*) deca-
DAB *ingl.* Digital Audio Broadcasting (radiodiffusione digitale)
DAF *ol.* Van Doorne's Automobielfabrieken (Fabbrica automobilistica olandese)
DAMS Discipline delle Arti, della Musica e dello Spettacolo (corso di laurea della facoltà di lettere)
DAP 1 (*psicol.*) Disturbo da Attacchi di Panico **2** (*st.*) *ted.* Deutsche Arbeiterpartei (Partito tedesco dei lavoratori) **3** Dipartimento Amministrazione Penitenziaria
Dat *ingl.* Digital Audio Tape (audiocassetta digitale)
DAV *ted.* Deutscher Alpenverein (Club alpino tedesco)
DAX *ted.* Deutscher Aktienindex (indice della borsa tedesca)
DB 1 *ted.* Deutsche Bundesbahn (Ferrovie federali tedesche) **2** *ingl.* Data Base (banca dati) **3** *ted.* Daimler-Benz (marca automobilistica) **4** *ted.* Deutsche Bank (Banca nazionale tedesca)
dB (*fis.*) decibel
DBA (*elab.*) *ingl.* Data Base Administration (banca dati amministrativi)

dbl *ingl.* double (camera doppia, nelle prenotazioni alberghiere)
DBP Telekom *ted.* Deutsche Bundes-post Telekom (Poste e telecomunicazioni nazionali tedesche)
DC 1 (*st.*) Democrazia Cristiana **2** (*mus.*) da capo **3** District of Columbia (codice postale)
d.C. dopo Cristo
d.c. 1 (*fis.*) *ingl.* direct current (corrente continua) c.c. **2** (*mus.*) daccapo
DCC *ingl.* Digital Compact Cassette (cassetta compatta digitale)
DCF (*econ.*) *ingl.* Discounted Cash Flow (flusso dei fondi col tasso di sconto già calcolato)
D.C.G. Decreto del Capo del Governo
DCPP Direzione Centrale Polizia di Prevenzione (ex-ufficio affari riservati della Polizia)
DCS (*tel.*) *ingl.* Digital Communication Service (servizio di comunicazione cellulare)
D.C.S. Decreto del Capo dello Stato
DCSA Direzione Centrale dei Servizi Antidroga (Carabinieri, Polizia, Guardia di Finanza)
DDA Direzione Distrettuale Antimafia
DDK Corona danese (moneta, simbolo bancario)
D.D.L. Disegno Di Legge
d.d.p. (*fis.*) differenza di potenziale
DDR (*st.*) *ted.* Deutsche Demokratische Republik (Repubblica democratica tedesca = RDT)
DDT dicloro-difenil-tricloroetano (insetticida)
DE Delaware (codice postale)
DEA 1 *ingl.* Drug Enforcement Agency (Ufficio di repressione della droga, USA) **2** Dipartimento Emergenza e Accettazione (già Pronto Soccorso)
decl. declinazione (nelle carte topografiche)
DECT (*tel.*) *ingl.* Digital Extended Cordless Telephone (telefono digitale senza cavo con raggio d'azione esteso)
D & G Dolce & Gabbana (nota casa di moda)
DEI 1 Dizionario Enciclopedico Italiano **2** Dizionario Etimologico Italiano
Del *ingl.* Delete (cancella, tasto del computer)
Del. Delaware
DELI Dizionario Etimologico della Lingua Italiana
DEM Marco tedesco (moneta, simbolo bancario)
den. (*tess.*) denaro
Dev.mo Devotissimo (nella corrispondenza)
DFF *ted.* Deutscher Fernsehfunk (televisione dell'ex-DDR)
DG 1 Direzione Generale **2** *lat.* Deo gratias (rendiamo grazie a Dio)
dg decigrammo
DGA (*bioch.*) *ingl.* Dose Giornaliera Ammissibile (di sostanza a rischio tossicologico, usata anche in prodotti alimentari) = ADI
DGS Dipartimento Governativo per la Sicurezza (sostituisce il CESIS e controlla AISE e AISI)
DGSE *fr.* Direction Générale de la Sécurité Extérieure (Direzione generale della sicurezza esterna, spionaggio) = SDECE
DGSN *fr.* Direction Générale de la Sûreté Nationale (Direzione generale della Sicurezza Nazionale)
DHEA (*biol.*) *ingl.* DeHydroEpiAndrosterone (deidroepiandrosterone, ormone prodotto dalle ghiandole surrenali)
DIA Direzione Investigativa Antimafia
Dic. Dicembre
DIGOS Divisione Investigazioni Generali e Operazioni Speciali (Polizia)
DIN *ted.* Deutsche Industrie-Norm(en) (norma industriale tedesca)
dipl. diploma
DIRSTAT associazione nazionale funzionari DIRettivi dell'amministrazione dello STATo
Dist. Distinto (nella corrispondenza)
DIT *ingl.* Dual Income Tax (doppio sistema di tassazione dei redditi da impresa)
div (*fis.*) divergenza
DJ 1 *ingl.* Disk Jockey **2** *v.* DJIA
DJIA *ingl.* Dow-Jones Industrial Average (indice della quotazione media dei principali titoli industriali della borsa americana, dal cognome degli economisti americani Dow e Jones)
DK Danimarca
DKW *ted.* Dampfkraftwagen (fabbrica tedesca di veicoli a motore)

Sigle, abbreviazioni, simboli

D.L. Decreto Legge
DLF DopoLavoro Ferroviario
D.M. 1 Decreto Ministeriale **2** *ted.* Deutsche Mark (marco tedesco)
dm decimetro; **dm²** decimetro quadrato; **dm³** decimetro cubo
DNA 1 (*biol.*) *ingl.* DeoxyriboNucleic Acid (acido desossiribonucleico = ADN) **2** Direzione Nazionale Antimafia
DNC *ingl.* Direct Numerical Control (controllo numerico diretto)
DO Distribuzione Organizzata
DOC 1 (*enol.*) Denominazione di Origine Controllata = AOC **2** (*psicol.*) Disturbo Ossessivo Compulsivo
doc. documento
DOCG (*enol.*) Denominazione di Origine Controllata e Garantita
DOM 1 *lat.* Deo Optimo Maximo (a Dio Ottimo Massimo) **2** *fr.* Département d'Outre-Mer (dipartimento francese d'oltremare)
Dom. Domenica
DOP 1 Dizionario di Ortografia e Pronunzia **2** (*agr.*) Denominazione di Origine Protetta = AOP
DOS (*elab.*) *ingl.* Disk Operating System (sistema operativo su disco)
Dott. Dottore
Dott.ssa Dottoressa
DP 1 *ingl.* Displaced Person (persona che si è dovuta allontanare dalla propria residenza per motivi bellici o politici senza potervi tornare) **2** (*polit.*) Democrazia Proletaria
Dp *ingl.* Data processing (elaborazione dei dati)
D.P. Decreto Presidenziale | Disposizione sulla legge in generale
D/P documenti contro pagamento
dpa *ted.* Deutsche Presse-Agentur (agenzia d'informazioni tedesca)
D.P.C.M. Decreto del Presidente del Consiglio dei Ministri
DPEF Documento di Programmazione Economica e Finanziaria
DPI Dispositivo di Protezione Individuale
dpi *ingl.* dots per inch (punti per pollice)
D.P.R. Decreto del Presidente della Repubblica
Dr. Dottore, Dottoressa
DRG (*med.*) *ingl.* Diagnosis-Related Group (pazienti dimessi da ospedali e classificati secondo la diagnosi)
DS (*polit.*) Democratici di Sinistra
DSB *ingl.* Double-SideBand (doppia banda laterale)
DSE Dipartimento Scienza ed Educazione
DSM *ingl.* Diagnostic and Statistical Manual of mental disorders (manuale diagnostico statistico dei disturbi mentali)
DSP Diritti Speciali di Prelievo
DT 1 Direttore Tecnico **2** vaccino combinato antiDifterico e antiTetanico
DTP (*elab.*) *ingl.* Desk-Top Publishing (programma specifico per l'elaborazione e la stampa di un testo)
DU Diploma Universitario (diploma di laurea breve = SDAFS)
DV *lat.* Deo Volente (a Dio piacendo)
DVD (*elab.*) Digital Video Disc (disco video digitale)
DVI (*elab.*) *ingl.* Digital Video Interactive (sistema di grande capacità per registrare su CD immagini video)
Dx destro, destra
Dy (*chim.*) disprosio
DYP (*polit.*) *turco* Dogru Yol Partisi (Partito della giusta via)
DZ Algeria
DZD Dinaro algerino (moneta, simbolo bancario)

E 1 Est **2** (*fis.*) campo elettrico **3** Spagna **4** Itinerario europeo (nella segnaletica stradale) **5** exa- **6** Escursionistico (scala difficoltà escursionistiche) **7** treno Espresso
e 1 (*fis.*) carica elettrica dell'elettrone **2** (*mat.*) numero irrazionale equivalente a 2,7182818 **3** Marchio attestante la rispondenza di peso o volume di un prodotto a norma CEE
& e commerciale
€ Euro

E 100 (*chim.*) Curcumina
E 101 (*chim.*) Lattoflavina
E 102 (*chim.*) Tartrazina
E 104 (*chim.*) Giallo di chinolina
E 110 (*chim.*) Giallo arancio S
E 120 (*chim.*) Cocciniglia
E 122 (*chim.*) Azorubina
E 123 (*chim.*) Amaranto
E 124 (*chim.*) Rosso cocciniglia A
E 127 (*chim.*) Eritrosina
E 131 (*chim.*) Blu patent V
E 132 (*chim.*) Indigotina
E 140 (*chim.*) Clorofille A e B
E 141 (*chim.*) Complessi rameici delle clorofille e clorofilline
E 142 (*chim.*) Verde acido brillante BS
E 150 (*chim.*) Caramello
E 151 (*chim.*) Nero brillante PN
E 160 (*chim.*) Carotenoidi
E 161 (*chim.*) Xantofille
E 162 (*chim.*) Rosso barbabietola
E 163 (*chim.*) Antociani
EA Ente Autonomo
EAD Elaborazione Automatica dei Dati = ADP
EAEC *ingl.* East Asia Economic Caucus (Gruppo economico dell'Asia orientale)
EAGAT Ente Autonomo Gestione Aziende Termali
EAK Kenya
EAM 1 Ente Autotrasporti Merci **2** (*st.*) *gr.* Etnikòn Apeleuterotikòn Métopon (Fronte nazionale di liberazione)
EAN *ingl.* European Article Number (codifica, a barre, europea dei prodotti)
EAT Tanzania
EAU Uganda
EB (*mar.*) Entrobordo (motore)
EBU *ingl.* European Boxing Club (Unione pugilistica europea)
EC 1 *ingl.* EuroCity (treno rapido in servizio internazionale) **2** EuroChèque
E/C Estratto Conto
ECA 1 Ente Comunale di Assistenza **2** *ingl.* Economic Cooperation Administration (Ente per la cooperazione economica) **3** *ingl.* Economic Commission for Africa (Commissione economica per l'Africa dell'ONU)
Ecc. Eccellenza
ecc. eccetera
ECDL *ingl.* European Computer Driving Licence (patente informatica europea)
ECG (*med.*) ElettroCardioGramma
ECM (*aer.*) *ingl.* Electronic Counter-Measures (contro misure elettroniche)
econ. economia, economico
ECOSOC *ingl.* Economical and Social Council (Consiglio economico e sociale dell'ONU)
ECR (*comm.*) *ingl.* Efficient Consumer Response (risposta efficiente al consumatore)
ECU *ingl.* European Currency Unit (unità monetaria europea)
ED Estremamente Difficile (scala difficoltà alpinistiche)
Ed. Editore
ed. edizione
EDAGRICOLE EDizioni AGRICOLE
EDI EDitrice Industriale
EDP (*elab.*) *ingl.* Electronic Data Processing (elaborazione elettronica dei dati)
EE 1 Escursionisti Esteri (targa di auto immatricolata provvisoriamente in Italia) **2** per Escursionisti Esperti (scala difficoltà escursionistiche)
EEA per Escursionisti Esperti con Attrezzature (scala difficoltà escursionistiche)
EEB *ingl.* European Environmental Bureau (Ufficio europeo dell'ambiente)
EEG ElettroEncefaloGramma
EFB (*mar.*) EntroFuoriBordo (motore)
EFI Ente Finanziamenti Industriali
EFIBANCA Ente FInanziario interBANCArio
EFIM Ente partecipazioni e Finanziamento Industria Manifatturiera
EFTA *ingl.* European Free Trade Association (Ass. europea di libero scambio)
e.g. *lat.* exempli gratia (per esempio = es., p. es.)
EGA (*elab.*) *ingl.* Enhanced Graphics Adapter (scheda grafica avanzata)
EGAM Ente autonomo di Gestione per le Aziende Minerarie
egiz. egiziano
EGP Lira egiziana (moneta, simbolo bancario)
Egr. Egregio
EHF (*fis.*) *ingl.* Extremely High Frequency (frequenza estremamente elevata)
EI 1 Esercito Italiano (targa autom.) **2** Codice compagnia aerea irlandese (Air Lingus)
E.I. Esercito Italiano
EIAR (*st.*) Ente Italiano Audizioni Radiofoniche (dal 1928 al 1944)
EICMA Esposizione Internazionale Ciclo Motociclo e Accessori
EIMA Ente per gli Interventi sul Mercato Agricolo (già AIMA)
EL AL *ingl.* Israel Airlines Ltd (linee aeree israeliane)
ELAS (*st.*) *gr.* Ellenikon Laikos Apeleuterotikós Stratós (Corpo popolare greco di liberazione)
ELISA *ingl.* Enzyme Linked ImmunoSorbent Assay (prova di immunoassorbimento legata all'enzima)
Elivie Società Italiana Esercizio Elicotteri
e.m. elettromagnetico
E-mail *ingl.* Electronic-mail (posta elettronica)
EMES Edizioni Mediche E Scientifiche
EMI *ingl.* Electric and Music Industries (Edizioni Musicali Italiane)
EMU *ingl.* Economic and Monetary Union (Unione economica e monetaria) = UEM
EN 1 Enna **2** Codice compagnia aerea italiana (Air Dolomiti) **3** *ingl.* EuroNight (treno rapido notturno in servizio internaz.) **4** *ted.* Europäische Norm (norma eur.) | *ingl.* European Norm = NE
ENA *fr.* École Nationale d'Administration (Scuola nazionale di amministrazione)
ENAL Ente Nazionale Assistenza Lavoratori
ENALC Ente Nazionale Addestramento Lavoratori del Commercio
ENALOTTO concorso pronostici, organizzato dall'ENAL, abbinato alle estrazioni del LOTTO
ENAM 1 Ente Nazionale Assistenza Magistrale **2** Ente Nazionale di Assistenza alla gente di Mare
ENAOLI Ente Nazionale per l'Assistenza agli Orfani dei Lavoratori Italiani
ENAPI Ente Nazionale dell'Artigianato e delle Piccole Industrie
ENASARCO Ente Nazionale di ASsistenza per gli Agenti e Rappresentanti di COmmercio
ENAV Ente Naz. Assistenza al Volo (già ANAV)
ENBPS Ente Nazionale Biblioteche Popolari e Scolastiche
ENCC Ente Nazionale Cellulosa e Carta
ENCI 1 Ente Nazionale Cinofilia Italiana **2** Ente Nazionale Cavallo Italiano
ENDAS Ente Naz. Democratico di Azione Sociale
ENE Est-Nord-Est
ENEA 1 Ente per le Nuove tecnologie, l'Energia e l'Ambiente **2** *ingl.* European Nuclear Energy Agency (Ente eur. per l'energia nucleare)
ENEL Ente Nazionale per l'Energia Elettrica
ENFAP Ente Nazionale Formazione Addestramento Professionale
ENI Ente Nazionale Idrocarburi
ENIC Ente Nazionale Industrie Cinematografiche
ENIMONT Ente Naz. Idrocarburi MONTedison
ENIT Ente Nazionale Italiano per il Turismo
ENM Ente Nazionale della Moda
ENPA Ente Nazionale Protezione Animali
ENPAIA Ente Nazionale Previdenza Assistenza Impiegati Agricoltura
ENPALS Ente Nazionale Previdenza Assistenza Lavoratori Spettacolo
ENPAM Ente Naz. Previdenza Assistenza Medici
ENPAS Ente Nazionale Previdenza Assistenza dipendenti Statali
ENS Ente Nazionale Sordomuti
EO Estremo Oriente
EOKA *gr.* Etniki Organòsis Kyprìon Agonistòn (Organizzazione nazionale combattenti cipriòti)
EONIA *ingl.* Euro OverNight Index Average (indice medio overnight dell'euro)
EP *ingl.* Extended Playing (esecuzione estesa, nei dischi microsolco)

EPA *ingl.* Environmental Protection Agency (Agenzia di protezione ambientale, USA)
EPIRB (*mar., aer.*) *ingl.* Emergency Position Indicating Radio Beacon (radio boa che segnala la posizione in condizioni di emergenza)
EPROM (*elettron.*) *ingl.* Erasable Programmable Read-Only Memory (memoria di sola lettura cancellabile e programmabile)
EPS (*chim.*) *ingl.* Expanded PolyStyrene (polistirene espanso)
EPT Ente Provinciale per il Turismo
EPU *ingl.* European Payments Union (Unione europea dei pagamenti)
ER 1 (*med.*) *ingl.* Emergency Room (Pronto Soccorso) **2** Eritrea
Er (*chim.*) erbio
ERAS Ente Riforma Agraria della Sicilia
ERASMUS *ingl.* EuRopean (Community) Action Scheme for the Mobility of University Students (Progetto di un impegno comunitario a favore della mobilità degli studenti universitari)
ERI Edizioni Radiotelevisione Italiana
ERIT Ente Riscossione Imposte e Tasse
ERP (*st.*) *ingl.* European Recovery Program (Piano di ricostruzione europea, *più noto come* piano Marshall)
ERSA Ente Regionale di Sviluppo Agricolo
ERSO Ente per la Ricerca e la Sperimentazione in Ortofrutticoltura
ERW *ingl.* Enhanced Radiation Weapon (ordigno, nucleare, a radiazione intensificata, *più noto come* bomba al neutrone)
ES* (*ferr.*) treno EuroStar Italia
ES (*med.*) Elettroshock
Es (*chim.*) einsteinio
es. esempio
ESA 1 Ente di Sviluppo Agricolo **2** *ingl.* European Space Agency (Ente spaziale europeo)
ESAC Edizioni Scientifiche Anna Cremonese
Esc *ingl.* Escape (uscita, tasto di computer)
ESCOPOST Esclusiva Postale
ESCP *ingl.* Earth Science Curriculum Project (Progetto per un programma di scienza della terra)
ESDAC *ingl.* European Space Data Centre (Centro eur. per il trattamento dei dati spaziali)
ESE Est-Sud-Est
ESIT Ente Sardo Industrie Turistiche
ESLAB *ingl.* European Space research LABoratory (Laboratorio eur. di ricerche spaziali)
ESO (*astron.*) *ingl.* European Southern Observatory (Osservatorio dell'Europa meridionale)
ESOP *ingl.* Employee Stock Ownership Plan (piano di proprietà azionaria di dipendenti)
ESP 1 Peseta spagnola (moneta, simbolo bancario) **2** *ingl.* Extra Sensorial Perception (percezione extrasensoriale)
ESPI Ente Siciliano Per l'Industrializzazione
ESPRIT *ingl.* European Strategic Program for Research and development in Information Technologies (programma strategico europeo di ricerca e sviluppo nelle tecnologie dell'informazione)
ESRTC *ingl.* European Space Research and Technology Centre (Centro europeo di ricerche e tecnologia spaziale)
EST 1 Enciclopedia della Scienza e della Tecnica **2** Estonia
ET 1 Egitto **2** Extra Terrestre
ETA *basco* Euzkadi Ta Azkatasuna (patria basca e libertà, organizzazione clandestina)
ETACS *ingl.* Extended Total Access Communication System (sistema di comunicazione con accesso totale esteso, rete analogica per telefonia mobile 'affari')
et al. *lat.* et alii, et alia (e altri, e altre cose)
etc. *lat.* et cetera (eccetera)
ETD *ingl.* Estimated Time of Departure (orario prevedibile di partenza, negli aeroporti quando si verificano ritardi)
ETI Ente Teatrale Italiano
ETR ElettroTReno
Ets. *fr.* Établissement (stabilimento, fabbrica)
et seq. *lat.* et sequentes (e seguenti)
ETSI *ingl.* European Telecommunication Standard Institute (Istituto europeo per gli standard nelle telecomunicazioni)

EU Europa
Eu (*chim.*) europio
EUR 1 Esposizione Universale di Roma (1942) **2** oggi il quartiere residenziale sorto in quella zona **3** Euro
eur. europeo
EURATOM *v.* CEEA
EURIBOR *ingl.* EUro InterBank Offered Rate (tasso d'interesse interbancario in offerta per l'euro)
EURISPES Istituto EURopeo di Studi Politici Economici e Sociali
EUROCONTROL *fr.* Organisation européenne pour la sécurité du trafic aérien (Organizzazione europea per la sicurezza del traffico aereo)
EUTELSAT organizzazione EUropea di TELecomunicazioni per mezzo di SATelliti
EV Eccellenza Vostra
EV EliVie
eV (*fis.*) elettronvolt
EW Estonia
EX 1 treno Espresso (ufficialmente è adottata la sigla E) **2** Eccezionalmente Difficile (scala difficoltà alpinistiche)
EXIMBANK *ingl.* EXport-IMport BANK (Banca per l'esportazione e l'importazione)
exp *ingl.* exponential (esponenziale)

F 1 Francia **2** (*chim.*) fluoro **3** (*fis.*) farad, faraday | forza | *ingl.* Frequency (frequenza) | tensione magnetica **4** Femmina **5** Facile (scala difficoltà alpinistiche) **6** Infiammabile (su confezione di prodotti di uso domestico) **7** (*sport*) Formula
°F (*fis.*) grado Fahrenheit
F. Fiume (nelle carte geografiche)
f 1 (*fis.*) femto- **2** (*fis.*) frequenza | lunghezza focale **3** (*filol.*) foglio, nei codici **4** (*mus.*) forte
FAA (*comm.*) *ingl.* Free of All Average (franco avaria)
FAC 1 comitato nazionale per la diffusione del Film d'Arte e di Cultura **2** *fr.* Fonds d'Aide et de Coopération (fondi di aiuto e di cooperazione)
FACE associazione FAmiglie CErebrolesi
FAD (*chim.*) Flavin Adenin Dinucleotide
FAI 1 Fondo Aiuti Ital. **2** Fondo Ambiente Ital. **3** Feder. Anarchica Ital. **4** *fr.* Fédération Aéronautique Internationale (Feder. aeronautica internazionale) **5** Feder. Apicoltori Ital. **6** Ferrovie Alta Italia **7** Federazione Atletica Ital.
FAIAT Federazione Ass. Italiana Alberghi e Turismo
FAIP Federazione Associazioni Ital. Paraplegici
FAL 1 Foglio degli Annunzi Legali **2** Fucile Automatico Leggero
FAO *ingl.* Food and Agriculture Organization (Organizzazione per l'alimentazione e l'agricoltura, ONU)
FAP Fondo Adeguamento Pensioni
FAPAV Federazione AntiPirateria AudioVisiva
FAQ *ingl.* Frequently Asked Questions (domande più frequenti)
FAR (*st.*) Fasci d'Azione Rivoluzionaria
FAS (*comm.*) *ingl.* Free Alongside Ship (franco banchina nave)
fasc. fascicolo
FASDAI Fondo Assistenza Sanitaria Dirigenti Aziende Industriali
FASI 1 Fondo Assistenza Sanitaria Integrativa **2** Federazione Arrampicata Sportiva Italiana
FASIB Feder. Autonoma Sindacati Ital. Bancari
Fatt. fattura
FAZ *ted.* Frankfurter Allgemeine Zeitung (quotidiano d'informazione generale di Francoforte)
FB (*mar.*) Fuoribordo (motore)
FBI *ingl.* Federal Bureau of Investigation (Ufficio federale investigativo, USA)
FC 1 fuori corso (detto di studenti universitari) **2** Forlì-Cesena
F.ce. Ferrovia circumetnea
FCI Federazione Ciclistica Italiana
FCO Roma - aeroporto Leonardo da Vinci di Fiumicino (codice IATA)
f.co (*comm.*) franco
FD 1 filodiffusione **2** (*mar.*) *ingl.* Flying Dutchman (olandese volante)
FDA *ingl.* Food and Drug Administration (Agenzia di controllo cibi e farmaci, USA)

F.d.G. Fronte della Gioventù
F.d.L. Fiera del Levante
FDM (*elettron.*) *ingl.* Frequency Division Multiplexing (multiplex a divisione di frequenza)
FDP (*polit.*) *ted.* Freie Demokratische Partei (Deutschlands) (Partito liberaldemocratico)
F.d.S. (*polit.*) Federazione dei Socialisti
FDT *v.* FEDERTERRA
FE Ferrara
Fe (*chim.*) ferro
Feb., Febb. Febbraio
FED *fr.* Fonds Européens de Développement (Fondi europei di sviluppo, UE)
FED(the) (*banca*) *ingl.* FEderal reserve (riserva federale americana)
Feder. Federazione
FEDERCACCIA FEDERazione italiana della CACCIA
FEDERCALCIO *v.* FIGC
FEDERCOLORI FEDERazione commercianti di COLORI e vernici & affini italiani
FEDERCONSORZI FEDERazione sindacale dei CONSORZI agrari
FEDERMECCANICA FEDERazione sindacale industria MetalMECCANICA Italiana
FEDERPRO FEDERazione PROfessionale della Pubblicità
FEDERSTAMPA FEDERazione nazionale della STAMPA italiana
FEDERTERRA FEDERazione dei lavoratori della TERRA
FEDIC FEDerazione Italiana Cineclub
FEI *fr.* Fédération Équestre Internationale (Federazione equestre internazionale)
FEL *ingl.* Free Electron Laser (laser a elettroni liberi)
FEM, fem. (*fis.*) forza elettromotrice
FENAPRO FEderazione NAzionale PROfumieri
FENIT FEerazione Nazionale Imprese Trasporti
FEOGA Fondo Europeo di Orientamento e Garanzia Agricola
Ferr. ferrovia, ferroviario
FERROTRANVIERI federazione naz. lavoratori autoFERROTRANVIERI e internavigatori
FERT *lat.* Fortitudo Eius Rhodum Tenuit (il suo coraggio difese Rodi, motto di casa Savoia)
FES Fondo Europeo di Sviluppo
FESR Fondo Europeo di Sviluppo Regionale
FET 1 (*polit.*) *sp.* Falange Española Tradicionalista (Falange tradizionalista sp.) **2** *ingl.* Field Effect Transistor (transistor a effetto di campo)
FF *ingl.* Fast Forward (avanti veloce, spec. in registratori)
ff 1 (*mus.*) fortissimo **2** facente funzioni **3** fogli
FF.AA. Forze Armate
fff (*mus.*) più che fortissimo
FFSS Ferrovie dello Stato (*oggi* FS)
FG 1 Foggia **2** Ferrovie del Gargano
fg (*fis.*) frigoria
FGCI (*st.*) Federazione Giovanile Comunista Italiana (*oggi* Sinistra Giovanile del PDS)
FGdI Federazione Ginnastica d'Italia
FI 1 Firenze **2** (*polit.*) Forza Italia **3** (*fis.*) Frequenza Intermedia
FIA 1 *fr.* Fédération Internationale de l'Automobile (Federazione internaz. dell'automobile) **2** *fr.* Fédération Internationale des Acteurs (Federazione internaz. degli attori) **3** (*fis.*) Frequenza Intermedia Audio **4** Federazione Internaz. dell'Artigianato **5** *fr.* Fédération Internationale d'Astronautique (Federazione internaz. di astronautica)
FIACF Federazione Italiana Amatori Cultura Fisica = IFBB
FIAF Federazione Italiana American Football
FIAP Feder. Ital. Associazioni Partigiane
FIAS Federazione Italiana Attività Subacquee
FIAT Fabbrica Italiana Automobili Torino
FIAVET Federazione Italiana delle Associazioni delle imprese di Viaggi E Turismo
FIB 1 Feder. Ital. Bancari **2** Feder. Ital. Bridge **3** Feder. Ital. Bocce **4** Feder. Ital. Biliardo
FIBA *ingl.* Federation International Basketball Association (Federazione internaz. di basket)
FIBS Federazione Italiana Baseball Softball
FIC 1 Federazione Ital. Canottaggio **2** Federa-

Sigle, abbreviazioni, simboli

Sigle, abbreviazioni, simboli

FICC zione Ital. del Campeggio e del caravanning **3** *ingl.* Flight Information Center (Centro di informazioni per il volo) **4** *fr.* Fédération Internationale de Canoë (Feder. internaz. di canoismo)
FICC Federazione Internazionale Circoli Cinema
FICE Federazione Italiana Cinema d'Essai
FICK Federazione Italiana Canoa e Kayak
FICr Federazione Italiana Cronometristi
FICT Federazione Ital. Comunità Terapeutiche
FID 1 *fr.* Fédération Internationale de Documentation (Feder. internaz. di documentazione) **2** Feder. Ital. Dama **3** Feder. Ital. Diabete
FIDA Feder. Ital. Dettaglianti dell'Alimentazione
FIDAC Feder. Ital. Dipendenti da Aziende di Credito
FIDAL Federazione Italiana Di Atletica Leggera
FIdC Federazione Italiana della Caccia
FIE *fr.* Fédération Internationale d'Escrime (Federazione internazionale di scherma)
FIEFS Feder. Ital. Educatori Fisici e Sportivi
FIEG Federazione Italiana Editori Giornali
FIEL Federazione Italiana delle Emittenti Locali
FIEP *fr.* Fédération Internationale d'Education Physique (Feder. internaz. d'educazione fisica)
FIFA *fr.* Fédération Internationale des Football Associations (Feder. internaz. del calcio)
FIG 1 Federazione Italiana del Golf **2** *fr.* Fédération Internationale de Gymnastique (Federazione internazionale di ginnastica)
fig. figura
FIGB Federazione Italiana Gioco Bridge
FIGC Federazione Italiana Gioco Calcio (= FEDERCALCIO)
FIGE Federazione Italiana Guide Esploratrici
figg. figure
FIGH Federazione Italiana Gioco Handball
FIGH Federazione Italiana Gioco Handball
FIGISC Federazione Italiana Gestori Impianti Stradali Carburanti
FIGS Federazione Italiana Gioco Squash
FIH Federazione Internazionale di Hockey | Federazione Italiana Hockey
FIHP Federazione Italiana Hockey e Pattinaggio
FIK Federazione Italiana Kendo
FILA Fabbrica Italiana Lapis e Affini
FILC Federazione Italiana Lavoratori Chimici
FILCA Federazione Italiana Lavoratori Costruzioni e Affini
FILDIR Federazione Internazionale Libera dei Deportati e Internati della Resistenza
FILIS Federazione Italiana Lavoratori Informazione e Spettacolo
FILM Federazione Italiana Lavoratori Marittimi
FILPJ Federazione Italiana Lotta Pesi e Judo
FILPT Federazione Italiana Lavoratori Poste e Telecomunicazioni
FILT Federazione Italiana Lavoratori Trasporti
FIM 1 Federazione Italiana Motonautica **2** Federazione Internazionale Metalmeccanici | Federazione Italiana Metalmeccanici
FIMA Federazione Italiana Mercanti d'Arte
FIMMG Feder. Ital. Medici Medicina Generale
FIMP Federazione Italiana Medici Pediatri
FIMS Federazione Internazionale dei Medici Sportivi | *fr.* Fédération Internationale de Médecine Sportive (Federazione internazionale di medicina sportiva)
FIN 1 Federazione Italiana Nuoto **2** Finlandia
FINCANTIERI FINanziaria CANTIERI navali
FININVEST società FINanziaria d'INVESTimento
FINMARE società FINanziaria MARittima
FINMECCANICA società FINanziaria MECCANICA
FINSIDER società FINanziaria SIDERurgica
FINSIEL FINanziaria per i Sistemi Informativi Elettronici
FIO 1 Fondo Investimenti e Occupazione **2** (*comm.*) *ingl.* Free in, free out (da bordo a bordo)
FIOM Feder. Impiegati e Operai Metallurgici
FIOT Federazione Italiana Operai Tessili
FIP 1 *fr.* Fédération Internationale Pharmaceutique (Feder. internaz. farmaceutica) **2** *fr.* Fédération Internationale de Philatélie (Feder. internaz. filatelica) **3** Federazione Italiana Pallacanestro **4** Federazione Italiana Postelegrafonici **5** Federazione Italiana della Pubblicità
FIPAV Federazione Italiana PAllaVolo
FIPE 1 Federazione Italiana Pubblici Esercizi **2** Federazione Italiana Pallone Elastico
FI-PI-LI (**SGC**) FIrenze-PIsa-LIvorno (Strada di Grande Comunicazione)
FIPM Federazione Italiana Pentathlon Moderno
FIPP *fr.* Fédération Internationale de la Presse Périodique (Feder. internaz. della stampa periodica)
FIPS Federazione Italiana della Pesca Sportiva e attività subacquee
FIPT Federazione Italiana Palla Tamburello
FIR 1 Feder. Internaz. della Resistenza **2** Feder. Ital. Rugby **3** Feder. Ital. Ricetrasmissioni **4** (*mil.*) Forza d'Intervento Rapido
FIRE *ingl.* Fully Integrated Robotized Engine (motore robotizzato totalmente integrato)
FIRS *fr.* Fédération Internationale de RollerSkating (Feder. internaz. di pattini a rotelle)
FIS 1 Federazione Italiana della Scuola **2** Federazione Italiana Scherma **3** *fr.* Fédération internationale de Ski (federazione internazionale di sci) **4** *fr.* Front Islamique de Salut (fronte islamico di salvezza, formazione politica algerina)
FISAC Fabbriche Italiane Seterie e Affini Como
FISAFS Federazione Italiana Sindacati Autonomi Ferrovie dello Stato
FISAP Federazione Italiana Sindacati Artisti e Professionisti
FISB Federazione Italiana Sport Bowling
FISD Federazione Italiana Sport Disabili
FISE Federazione Italiana Sport Equestri
FISG Federazione Italiana Sport del Ghiaccio
FISI Federazione Italiana Sport Invernali
FISN Federazione Italiana Sci Nautico
FISO Federazione Italiana Sport Orientamento
FIT 1 Federazione Italiana Tabaccai **2** Federazione Italiana Tennis
FITAK Federazione Italiana TAekwondo e Karate
FITARCO Federazione Italiana Tiro con l'ARCO
FITAV Federazione Italiana Tiro A Volo
FITE Federazione Italiana Trampolino Elastico
FITeL Federazione Italiana Tempo Libero
FITeT Federazione Italiana Tennis Tavolo
FITr Federazione Italiana Triathlon
FIV (*fis.*) **1** frequenza intermedia video **2** Federazione Ital. Vela **3** Fabbrica Ital. Velocipedi
FIVA Federazione Italiana Venditori Ambulanti
FIVB *fr.* Fédération Internationale de Volley-Ball (Federazione internazionale di pallavolo)
Fivet (*med.*) Fertilizzazione in vitro e trasferimento dell'embrione
FIVL 1 Federazione Italiana Volontari della Libertà **2** Federazione Italiana Volo Libero
FIVU Federazione Italiana Volo Ultraleggero
Fj. Fiordo (nelle carte geografiche)
FKK *ted.* Freikörperkultur (cultura del corpo libero, nudismo, naturismo)
FL 1 (Fürstentum, Principato di) Liechtenstein **2** Florida (codice postale)
Fla. Florida (= Flor.)
f.l.a. *lat.* fiat lege artis (sia fatto a regola d'arte)
flbfs *ingl.* foot, pound-force, second (piede, libbra-forza, secondo: sistema britannico di unità di misura)
FLD (*polit.*) Federalista LiberalDemocratico (gruppo)
F.lli Fratelli
FLM Federazione Lavoratori Metalmeccanici
FLN (*st.*) *fr.* Front de Libération Nationale (Fronte di liberazione nazionale, Algeria)
FLNC *fr.* Front de Libération Nationale de la Corse (fronte di liberazione naz. della Corsica)
Flor. Florida (= Fla.)
Fl. oz. (*fis.*) *ingl.* fluid ounce (oncia fluida)
FLR Firenze (codice IATA)
FM (*fis.*) *ingl.* Frequency Modulation (modulazione di frequenza)
Fm (*chim.*) fermio
f.m. fine mese
FMI 1 Fondo Monetario Internazionale **2** Federazione Motociclistica Italiana
FMM (*fis.*) forza magneto-motrice
FMN *ingl.* Mondiale di Neurologia **2** *ingl.* Flavin mononucleotide (flavin mononucleotide)
FMPA Federazione Mondiale per la Protezione degli Animali
FMR Franco Maria Ricci (editore)
FMSI Federazione Medico Sportiva Italiana
FN (*polit.*) *fr.* Front National (Fronte nazionale)
Fn *ingl.* Function (funzione, tasto di computer)
FNA Federazione Nazionale Assicuratori
FNB *ingl.* Federal Narcotics Bureau (Ufficio federale per i narcotici, USA)
FNCA Feder. Naz. della Cooperazione Agricola
FNCO Feder. Naz. dei Collegi delle Ostetriche
FNDAI Feder. Naz. Dirigenti Aziende Industriali
FNL *fr.* Front National de Libération (Fronte nazionale di liberazione sudvietnamita, vietcong)
FNLA *port.* Frente Nacional de Libertação de Angola (Fronte naz. di liberazione dell'Angola)
FNM Ferrovie Nord Milano
FNOM Federazione Nazionale Ordini Medici
FNSA Federazione Nazionale Stampa Associata
FNSI Feder. Naz. della Stampa Italiana
FO Forlì (fino al 1995)
FOB (*comm.*) *ingl.* Free On Board (franco a bordo; negli USA, franco vagone partenza)
FOBS *ingl.* Fractional Orbital Bombardment System (sistema di bombardamento orbitale frazionario)
FOCA (*sport*) *ingl.* Formula One Constructors Association (Ass. costruttori formula uno)
FOFI Federazione nazionale degli Ordini dei Farmacisti Italiani
FORMEZ centro di FORmazione e studi del MEZzogiorno
FORTRAN (*elab.*) *ingl.* FORmula TRANslation (linguaggio per la traduzione di formule)
FOT (*comm.*) *ingl.* Free On Truck (franco vagone partenza)
4WD v. FWD (2)
FP *fr.* France-Presse (stampa francese) = AFP
fp (*mus.*) fortepiano
FPA (*comm.*) *ingl.* Free of Particular Average (franco avaria particolare)
FPI 1 Federazione Pugilistica Italiana **2** Fondo Previdenza Impiegati
FPL (*st.*) Fronte Popolare di Liberazione
FPS (*autom.*) *ingl.* Fire Prevention System (sistema di prevenzione del fuoco)
fps *ingl.* foot, pound, second (piede, libbra, secondo: sistema britannico di unità di misura)
FR Frosinone
Fr (*chim.*) francio
fr. 1 franco **2** francese
FRA Francoforte (codice IATA)
FRELIMO *port.* FREnte de LIbertação de MOçambique (Fronte di liberazione del Mozambico)
FRF Franco francese (moneta, simbolo bancario)
FRL Forlì (codice IATA)
FS 1 Ferrovie dello Stato, Società di trasporti e servizi per azioni **2** (*comm.*) *fr.* Faire Suivre (far proseguire)
FSC Fratelli Scuole Cristiane
FSE Fondo Sociale Europeo
FSH (*biol.*) *ingl.* Follicle Stimulation Hormone (ormone follicolostimolante)
FSI 1 Federazione Spiritista Internazionale **2** Federazione Scacchistica Italiana
FSM Federazione Sindacale Mondiale
FSN Federazione Sportiva Nazionale
FT 1 *ingl.* the Financial Times (principale quotidiano finanziario inglese) **2** France Telecom (Società francese di telecomunicazioni)
ft *ingl.* foot (piede)
f.t. fuori testo
F.te Forte (nelle carte geografiche)
f.to firmato
FTP (*elab.*) *ingl.* File Transfer Protocol (protocollo per il trasferimento di file in Internet)
FTSE 100 (**Index**) *ingl.* Financial Times Stock Exchange 100 Index (indice di borsa fornito dal Financial Times su una media di 100 titoli)
FU 1 Farmacopea Ufficiale **2** Codice compagnia aerea (Air Littoral)
FUAN Fronte Universitario di Azione Nazionale
FUCI Federazione Universitaria Cattolica Italiana
FULAT Federazione Unitaria dei Lavoratori degli AeroTrasporti
FULS Feder. Unitaria Lavoratori dello Spettacolo

FULTA Federazione Unitaria Lavoratori Tessili e dell'Abbigliamento
FUORI Fronte Unitario Omosessuale Rivoluzionario Italiano
FWD *(autom.) ingl.* **1** Front-Wheel Drive (trazione anteriore) **2** Four-Wheel Drive (trazione integrale, *v. anche* 4WD e 4x4)
G 1 gal **2** giga- **3** grado centesimale **4** conduttanza elettrica **5** Giovedì **6** *(biol.)* Guanina, base purinica del DNA e RNA **7** Gruppo (di Paesi: G3, G5, G7, G8)
G. Golfo (nelle carte geografiche)
g 1 grammo **2** giorno **3** accelerazione di gravità
GA 1 Codice compagnia aerea (Garuda) **2** Georgia (codice postale)
Ga *(chim.)* gallio
Ga. Georgia
gA grammo atomo
gal *ingl.* gallon (gallone)
GAP *(st.)* Gruppo di Azione Patriottica | Gruppo di Azione Partigiana
GATT *ingl.* General Agreement on Tariffs and Trade (Accordo generale sulle tariffe e sul commercio)
GAV Giubbetto ad Assetto Variabile (per immersioni subacquee)
GAZ *russo* Gorkovskij Avtomobilnij Zavod (Fabbrica di automobili Gorki)
Gazz. Uff. Gazzetta Ufficiale
GB 1 Regno Unito di Gran Bretagna e Irlanda del Nord **2** *(elab.)* gigabyte
Gb *(fis.)* gilbert (forza magnetomotrice)
GBA Isola Alderney
GBG Isola Guernsey
GBJ Isola di Jersey
GB£ Lira sterlina del Regno Unito (moneta, simbolo bancario)
GBM Isola di Man
GBZ Gibilterra
GC 1 Gesù Cristo **2** Gran Croce, ordine cavalleresco **3** Genio Civile **4** *ingl.* Green Card (carta verde, documento che consente agli stranieri di risiedere e lavorare negli USA)
GCA *(aer.) ingl.* Ground Controlled Approach (avvicinamento controllato da terra)
GCI *(aer.) ingl.* Ground Control Interception (intercettazione controllata da terra)
GD Grande Distribuzione
Gd *(chim.)* gadolinio
GDF *fr.* Gaz De France (Gas di Francia)
G.d.F. Guardia di Finanza
GDO Grande Distribuzione Organizzata
GE 1 Genova **2** *ingl.* General Electric (Società generale elettrica) **3** Georgia (codice postale) **4** Giudice dell'Esecuzione
Ge *(chim.)* germanio
GEA Grande Escursione Appenninica
GEC Grafica, Editoriale e Cartaria (mostra internazionale)
GEI Giovani Esploratori Italiani
GEIE *fr.* Groupement Européen d'Intérêt Économique (Gruppo europeo d'interesse economico)
Gen. Generale
Genn. Gennaio
Gent. Gentile (nella corrispondenza)
Gent.mo/a Gentilissimo, Gentilissima (nella corrispondenza)
Geom. Geometra
GEPI 1 Gestione Editoriale Periodici Italiani **2** Gestione Esercizio Partecipazioni Industriali
GESCAL GEStione CAse per Lavoratori
GESTAPO *ted.* Geheime Staatspolizei (Polizia segreta di stato nella Germania nazista)
GeV *(fis.)* gigaelettronvolt = BeV
GFT Gruppo Finanziario Tessile
gg. giorni
GHEPEU *v.* GPU
GI 1 *ingl.* Government Issue (oggetto di equipaggiamento fornito dal governo degli USA ai militari: per antonomasia, ogni appartenente alle forze armate statunitensi) **2** Giudice Istruttore
GIA *fr.* Groupe Islamique Armé (gruppo islamico armato algerino)
GIAC Gioventù Italiana di Azione Cattolica
giapp. giapponese
GICO Gruppo Investigativo Criminalità Organizzata (della Guardia di Finanza)
GIF *(elab.) ingl.* Graphic Interchange Format (formato di scambio grafico)
GIFT *(med.) ingl.* Gamete Intra Fallopium Transfert (trasferimento del gamete nelle tube di Falloppio)
GIGN *fr.* Groupe d'Intervention de la Gendarmerie Nationale (gruppo d'intervento della Gendarmeria nazionale)
GIL *(st.)* Gioventù Italiana del Littorio
GIM Generale Industrie Metallurgiche
Giov. Giovedì
GIP 1 Gruppi di Impegno Politico **2** Giudice per le Indagini Preliminari
GIS Gruppo Intervento Speciale (Carabinieri)
Giu. Giugno
GL 1 *(st.)* Giustizia e Libertà (movimento politico nella Resistenza italiana) **2** GigaLire (miliardo di lire)
GM *ingl.* General Motors (Società generale per i motori, fabbrica autom.) **2** Guida Monaci
G-man *ingl.* Government Man (uomo del governo: appartenente al FBI, negli USA)
GmbH *ted.* Gesellschaft mit beschränkter Haftung (società a responsabilità limitata)
GMO *(biol.) ingl.* Genetically Modified Organism (organismo modificato geneticamente = OMG)
GMT *ingl.* Greenwich Mean Time (tempo medio di Greenwich = TMG)
GN Gas Naturale
GNAM Galleria Nazionale d'Arte Moderna
GNL Gas Naturale Liquefatto = LNG
GNR *(st.)* Guardia Nazionale Repubblicana (nella Repubblica Sociale Italiana)
GO Gorizia
GOA 1 Genova (codice IATA) **2** Gruppo Operativo Antidroga (Guardia di finanza)
GOG Giovane Orchestra Genovese
GOI Grande Oriente d'Italia (Loggia massonica centrale)
GOP *ingl.* Great Old Party (il gran vecchio partito, il Partito repubblicano, USA)
GOT *(biol.) ingl.* glutamic oxalacetic transaminasi (glutamico ossalacetico transaminasi)
GP 1 *(sport)* Gran Premio **2** Giunta Provinciale **3** Gratuito Patrocinio **4** *ingl.* General Purpose (veicolo per ogni uso) *v.* Jeep **5** *lat.* Gloria Patri (sia gloria a Dio Padre)
GPA Giunta Provinciale Amministrativa
GPI *(aer.) ingl.* Ground Position Indicator (indicatore di posizione, rispetto a terra)
GPL 1 Gas di Petrolio Liquefatto = LPG **2** Gas Propano Liquido
GPM *(banca)* Gestione Patrimonio Mobiliare
GPRS *(tel.) ingl.* General Packet Radio Service (servizio globale di radiotrasmissione a pacchetto)
GPS *ingl.* Global Positioning System (sistema di posizionamento mondiale)
GPT *(biol.) ingl.* glutamic pyruvic transaminasi (glutamico piruvico transaminasi)
GPU *russo* Gosudarstvennoe Politiĉeskoe Upravlenie (Amministrazione politica dello Stato dell'Unione, polizia politica nell'ex-URSS = GHEPEU)
GR 1 Grosseto **2** Grecia **3** Giornale Radio **4** *fr.* (sentiers de) Grande Randonnée (sentieri organizzati di grandi escursioni a piedi in Francia)
gr 1 grado centesimale **2** grano (unità di misura di peso)
GRA 1 Grande Raccordo Anulare (Roma) **2** *fr.* Grande Randonnée des Alpes (grande traversata delle Alpi = GTA)
grad *(fis.)* gradiente
Gr.Cr. Gran Croce
GRD Dracma greca (moneta, simbolo bancario)
GRO *ingl.* Gamma Ray Observatory (satellite per l'osservazione dei raggi gamma)
GRU *russo* Glavnoe Razvedyvatelnoye Upravlenie (Servizio centrale d'informazione, servizio di spionaggio dell'Armata Rossa)
Gr.Uff. Grand'Ufficiale
gr.wt. *ingl.* gross weight (peso lordo)
GS 1 Gruppo Sportivo **2** società Generale Supermercati
Gs *(fis.)* gauss
GSM *ingl.* Global System for Mobile communication (sistema mondiale per la comunicazione con telefonia mobile su 900 MHz)
GT 1 Giudice Tutelare **2** *(autom.) ingl.* Gran Turismo **3** *(aer.) ingl.* Gate (porta d'imbarco, in aeroporto) **4** Garfagnana Trekking
GTA 1 Grande Traversata delle Alpi **2** Gruppo Tirrena Assicurazioni
GTI *(autom.) ingl.* Gran Turismo Internazionale
GTP Gruppo Tonino Perna
G.U. 1 Gazzetta Ufficiale **2** *(mil.)* Grande Unità
GUF *(st.)* Gruppi Universitari Fascisti
GUI *(elab.) ingl.* Graphics User's Interface (interfaccia utente grafico)
GULAG *russo* Glavnoe Upravlenie Isprovitel'no-trudovych Lagerei (Amministrazione generale dei campi di lavoro correzionale)
GUM *russo* Gosudarstvenni Universalni Magazin (magazzino universale statale)
GUP Giudice dell'Udienza Preliminare
GUS Gruppo nazionale giornalisti Uffici Stampa
GV Grande Velocità
Gy *(fis.)* gray (dose assorbita di radiazione ionizzante)
H 1 *ingl.* Hospital (ospedale) **2** *(fis.)* henry | campo magnetico | entalpia **3** *(chim.)* idrogeno **4** Ungheria
h 1 ora **2** etto- **3** altezza
HA *(med.) ingl.* Hepatitis A (epatite A)
Ha *(chim.)* hahnio
ha ettaro = hm²
HAG *ted.* coffee Handels ActienGesellschaft (Società per azioni Handels)
HAV *(med.) ingl.* Hepatitis A Virus (virus dell'epatite A)
HB 1 *ingl.* Hard Black (durezza media di matite) **2** *(med.) ingl.* Hepatitis B (epatite B)
HBV *(med.) ingl.* Hepatitis B Virus (virus dell'epatite B)
HC 1 *ingl.* Host Computer (elaboratore principale) **2** *(elab.) ingl.* Hard Core (memoria rigida) **3** *(med.) ingl.* Hepatitis C (epatite C)
HCT *(med.) ingl.* hematocrit (ematocrito)
HCV *(med.) ingl.* Hepatitis C Virus (virus dell'epatite C)
HD Harley Davidson (marca amer. di motociclette)
HDL *(med.) ingl.* High Density Lipoproteins (lipoproteine ad alta densità)
HDPE *(chim.) ingl.* High Density PolyEthylene (polietilene ad alta densità)
HDTV *ingl.* High Definition TeleVision (televisione ad alta definizione)
He *(chim.)* elio
HEC *fr.* école des Hautes Études Commerciales (Istituto superiore di studi commerciali)
HF *ingl.* High Frequency (alta frequenza)
Hf *(chim.)* afnio
Hg *(chim.)* mercurio
HGB *(med.) ingl.* hemoglobin (emoglobina)
HH *ingl.* Double Hard (durezza doppia di matite)
HHH *ingl.* Triple Hard (durezza tripla di matite)
HI Hawaii (stato USA, codice postale)
Hi.Fi., hi fi, hi-fi *ingl.* High Fidelity (alta fedeltà)
HIV *ingl.* Human Immunodeficiency Virus (virus dell'immunodeficienza umana)
HJ *(st.) ted.* Hitlerjugend (gioventù hitleriana, durante il nazismo)
HK Hong Kong
HK$ Dollaro di Hong Kong (moneta, simbolo bancario)
HLA *(biol.) ingl.* Human Lymphocystic Antigens (antigeni linfocitari umani)
HLM *fr.* Habitation à Loyer Modéré (abitazione a canone d'affitto moderato)
hm ettometro
HMC Hyundai Motor Company
H.M., HM *ingl.* His, Her Majesty (Sua Maestà)
HMS *ingl.* His, Her Majesty Service (al servizio di Sua Maestà) | His, Her Majesty Ship (nave da guerra di Sua Maestà)
Ho *(chim.)* olmio
HP Hewlett Packard
hp *(fis.) ingl.* horse power (cavallo vapore)
HPC *(elab.) ingl.* Handheld Personal Computer

Sigle, abbreviazioni, simboli

HR

(personal computer che si può tenere in mano)
HR 1 *ingl.* Human Relations (relazioni umane = RU) **2** Croazia
HST (*ferr.*) *ingl.* High-Speed Train (treno ad alta velocità) = AVE, ICE, TAV, TGV
HT *ingl.* High Temperature (alta temperatura)
HTLV (*biol.*) *ingl.* Human T-cell Lymphotropic Virus (virus linfotropo delle cellule umane T)
HTML (*elab.*) *ingl.* HyperText Markup Language (linguaggio standard per la codifica di ipertesti)
HTST *ingl.* High Temperature Short Time (alta temperatura per breve tempo, tipo di sterilizzazione alimentare)
HTTP (*elab.*) *ingl.* HyperText Transfer Protocol (applicazione per il trasferimento di ipertesti)
HUD *ingl.* Head Up Display (collimatore di volo e di tiro per aerei)
HUF Fiorino ungherese (moneta, simbolo bancario)
HW (*elab.*) Hardware
Hz (*fis.*) hertz

I 1 Italia **2** (*fis.*) intensità di corrente elettrica **3** momento d'inerzia **4** interesse **5** (*chim.*) iodio **6** 1 (numero romano)
I. Isola (nelle carte geografiche)
i (*mat.*) L'unità immaginaria, convenzionalmente definita come radice quadrata di -1
IA 1 Iowa (codice postale) **2** Impatto Ambientale
Ia. Iowa
IAAF *ingl.* International Amateur Athletic Federation (Feder. internaz. di atletica dilettanti)
IACP Istituto Autonomo per le Case Popolari
IAD Istituto Accertamento Diffusione
IAEA *ingl.* International Atomic Energy Agency (Agenzia internaz. per l'energia atomica = AIEA)
IAF *ingl.* International Astronautical Federation (Federazione internazionale astronautica)
IAL Istituto Addestramento Lavoratori
IAP 1 Istituto per l'Autodisciplina Pubblicitaria **2** *ingl.* Islamic Association for Palestine (Ass. islamica per la Palestina)
IARC *ingl.* International Agency for Research on Cancer (Uff. internaz. per la ricerca sul cancro)
IAT ufficio di Informazione e di Accoglienza Turistica
IATA *ingl.* International Air Transport Association (Ass. internaz. per il trasporto aereo)
IAU *ingl.* International Astronomical Union (Unione astronomica internazionale)
IB Codice compagnia aerea spagnola (Iberia)
IBACN Istituto Beni Artistici Culturali e Naturali
IBAN (*banca*) *ingl.* International Bank Account Number (Numero internazionale di conto corrente)
ibid. *lat.* ibidem (nello stesso passo di un testo)
IBM *ingl.* International Business Machines (Società internazionale macchine per uffici)
IBP Industrie Buitoni Perugina
IC 1 Imposta Complementare **2** (*elettron.*) *ingl.* Integrated Circuit (circuito integrato) **3** Imposta di Consumo **4** *ingl.* Inter City (treno rapido in servizio interno tra città principali)
ICANN (*elab.*) *ingl.* Internet Corporation for Assigned Names and Numbers (azienda Internet per l'assegnazione di nomi e numeri)
ICAO *ingl.* International Civil Aviation Organization (Organizzazione internaz. dell'aviazione civile)
ICBM *ingl.* Intercontinental Ballistic Missile (missile balistico intercontinentale)
ICC *ingl.* International Chamber of Commerce (Camera di commercio internazionale)
ICCREA Istituto di Credito delle Casse Rurali E Artigiane
ICCRI Istituto di Credito delle Casse di Risparmio Italiane = ITALCASSE
ICCU Istituto Centrale per il Catalogo Unico
ICE 1 Istituto naz. per il Commercio Estero **2** (*ferr.*) *ingl.* InterCity Express (treno rapido tedesco ad alta velocità) = AVE, HST, TAV, TGV
ICEPS Istituto per la Cooperazione Economica con i Paesi in via di Sviluppo
ICI 1 Imposta Comunale sugli Immobili **2** *ingl.* Imperial Chemical Industries (industrie chimiche imperiali)
ICIAP Imposta Comunale per l'esercizio di Imprese, Arti e Professioni = TASCAP
ICIPU Istituto di Credito per le Imprese di Pubblica Utilità
ICJ *ingl.* International Commission of Jurists (Comm. internaz. di magistrati) **2** *ingl.* International Court of Justice (Corte internaz. di Giustizia)
ICPO *ingl.* International Criminal Police Organisation (Organizzazione internazionale di polizia criminale) = INTERPOL, OIPC
ICS 1 Istituto per il Credito Sportivo **2** Istituto Centrale di Statistica
ICSC 1 *ingl.* International Committee Satellite Communications (Comitato internazionale per le comunicazioni via satellite) **2** Istituto Centrale per il Sostentamento del Clero
ICTP *ingl.* International Center of Theoretical Physics (Centro internaz. di fisica teorica, Trieste)
ID Idaho (codice postale)
Id. o **Ida.** Idaho
id. idem
IDA *ingl.* International Development Association (Ass. internaz. per lo sviluppo, ONU)
IDE Imprenditori Dirigenti Europei
IDI 1 Istituto del Dramma Italiano **2** Istituto Dirigenti Italiani
IDP *ingl.* Integrated Data Processing (elaborazione integrata dei dati)
IDSC Istituto Diocesano per il Sostentamento del Clero
ie 1 *lat.* id est (cioè) **2** (*autom.*) iniezione elettronica
IE£ Lira irlandese (moneta, simbolo bancario)
IENGF Istituto Elettrotecnico Nazionale G. Ferraris
IEO Istituto Europeo di Oncologia
IET Imposta Erariale di Trascrizione
IF (*fis.*) *ingl.* Intermediate Frequency (frequenza intermedia)
IFAD *ingl.* International Fund for Agricultural Development (Fondo internazionale per lo sviluppo agricolo)
IFALPA *ingl.* International Federation of Air Line Pilots Associations (Federazione internazionale delle associazioni di piloti di linee aeree)
IFAP 1 *ingl.* International Federation of Agricultural Producers (Federazione internazionale dei produttori agricoli) **2** Istituto Formazione dell'Addestramento Professionale
IFAT *ingl.* International Federation of Alternative Trade (Feder. internaz. di commercio alternativo)
IFBB *ingl.* International Federation of Body Builders (Feder. internaz. di body building)
IFC *ingl.* International Finance Corporation (Società finanziaria internazionale)
IFF (*mil.*) *ingl.* Identification of Friend or Foe (identificazione di amico o nemico, mediante radar, su aerei, carri armati e sim.)
IFI Istituto Finanziario Italiano
IFOR (*mil.*) *ingl.* Implementation FORce (Forza di attuazione, inviata dalla NATO in Bosnia per l'esecuzione del trattato di pace)
IFRRO *ingl.* International Federation of Reproduction Rights Organizations (Federazione delle organizzazioni per i diritti di riproduzione)
IFSA *ingl.* International Federation of Sports Acrobatics (Feder. internaz. sport acrobatici)
IFTS Istruzione e Formazione Tecnica Superiore
IG Codice compagnia aerea italiana (Meridiana)
IGC *ingl.* International Geophysical Committee (Comitato geofisico internazionale)
IGE (*st.*) Imposta Generale sull'Entrata
IGM 1 Istituto Geografico Militare **2** Ispettorato Generale della Motorizzazione = IMCTC
IGNF *fr.* Institut Géographique National de France (Istituto geografico francese)
IGP (*alimentazione*) Indicazione Geografica Protetta (per prodotti tipici)
IGT (*enol.*) Indicazione Geografica Tipica
IGU *ingl.* International Geographical Union (Unione geografica internazionale)
IHS *lat.* Jesus Hominum Salvator (Gesù redentore dell'umanità)
IHT *ingl.* International Herald Tribune (edizione internazionale del giornale americano Herald Tribune)
IIB Istituto Internazionale dei Brevetti
IICE *fr.* Institut International des Caisses d'Epargne (Istituto internazionale delle casse di risparmio)
IIGB Istituto Internaz.e di Genetica e Biofisica
IIHF *ingl.* International Ice Hockey Federation (Federazione internazionale hockey su ghiaccio)
IIP 1 *fr.* Institut International de la Presse (Istituto internazionale della stampa) **2** Istituto Italiano dei materiali Plastici
IISA Istituto Internazionale delle Scienze Amministrative
IJF *ingl.* International Judo Federation (Federazione internazionale di judo)
IL 1 Israele **2** Illinois (codice postale)
Ill. 1 Illinois **2** Illustre (in dediche)
ill. illustrazione, illustrato
Ill.mo Illustrissimo (in dediche)
ILO *ingl.* International Labour Organization (Org. internaz. del lavoro) = OIL,BIT
ILOR Imposta Locale sui Redditi
ILS (*aer.*) *ingl.* Instrument Landing System (sistema di atterraggio strumentale)
ILTE Industria Libraria Tipografica Editrice
ILTF *ingl.* International Lawn Tennis Federation (Federazione internazionale del tennis)
IM Imperia
Im (*mat.*) parte immaginaria
IMAO (*farm.*) Inibitore della MonoAmminaOssidasi = MAOI
IMC Istituto di Metrologia G. Colonnetti
IMCTC Ispettorato generale della Motorizzazione Civile e dei Trasporti in Concessione = IGM
IMI 1 Istituto Militare Ital. **2** Istituto Mobiliare Ital.
IMO 1 *ingl.* International Meteorology Organization (Organizzazione meteorologica internaz.) = WMO **2** *ingl.* International Maritime Organization (Organizzazione marittima internaz.)
imp., impr. *lat.* imprimatur (si stampi)
IMQ Istituto italiano del Marchio di Qualità
IMU *ingl.* International Mathematical Union (Unione matematica internazionale)
IN Indiana (codice postale)
In (*chim.*) indio
in *ingl.* inch (pollice)
INA 1 Istituto Naz. delle Assicurazioni **2** *fr.* Institut National de l'Audiovisuel (Istituto naz. dell'audiovisivo)
INADEL Istituto Nazionale per l'Assistenza dei Dipendenti degli Enti Locali
INAIL Istituto Nazionale per l'Assicurazione contro gli Infortuni sul Lavoro
INAM Istituto Nazionale per l'Assicurazione contro le Malattie
INAPLI Istituto Nazionale per l'Addestramento e il Perfezionamento dei Lavoratori dell'Industria
INBS Istituto Naz. per la Biologia della Selvaggina
Inc., inc 1 *ingl.* incorporated (registrato, posposto al nome di una società americana ne indica la legale costituzione) **2** *lat.* incidit (incise, nelle stampe lito-calcografiche precede il nome dell'incisore)
INCIS Istituto Nazionale per le Case degli Impiegati dello Stato
INCOM INdustria COrtoMetraggi
IND 1 India **2** *lat.* In Nomine Domini (in nome del Signore)
Ind. Indiana
INDA Istituto Nazionale del Dramma Antico
INDICOD Istituto Nazionale per la DIffusione della CODodifica dei Prodotti
INEA Istituto Nazionale di Economia Agraria
inf. inferiore
INFN Istituto Nazionale di Fisica Nucleare
INFS Istituto Nazionale per la Fauna Selvatica
ING *ol.* Internationale Nederlander Group (società finanziaria)
Ing. Ingegnere
ingl. inglese
INN Istituto Nazionale della Nutrizione
INO Istituto Nazionale di Ottica
INPDAI Istituto Nazionale di Previdenza dei Dirigenti di Aziende Industriali
INPDAP Istituto Nazionale di Previdenza Dipendenti Aziende Pubbliche
INPGI Istituto Nazionale di Previdenza dei

Giornalisti Italiani
INPS Istituto Nazionale Previdenza Sociale
INR Rupia indiana (moneta, simbolo bancario)
INRI *lat.* Jesus Nazarenus Rex Judeorum (Gesù nazareno re dei Giudei)
INST *lat.* In Nomine Sanctae Trinitatis (in nome della Santa Trinità)
INT Istituto Nazionale Trasporti
INTEGRAL *ingl.* INTErnational Gamma Ray Astrophysic Laboratory (satellite laboratorio astrofisico internaz. dei raggi gamma)
INTEL mostra INTernazionale ELettrotecnica ed elettronica
INTELSAT *ingl.* International TELecommunications SATellite consortium (Consorzio internazionale per le telecomunicazioni via satellite)
INTERFLORA associazione INTERnazionale di trasmissioni FLOReAli
internaz. internazionale
INTERNET (*elab.*) *ingl.* INTER NET(works) (interconnessione tra reti)
INTERPOL *ingl.* INTERnational criminal POLice organization (Organizzazione di polizia criminale internazionale) = ICPO, OIPC
INTERSIND Sindacato delle Aziende a Partecipazione Statale
INU Istituto Nazionale di Urbanistica
inv. *lat.* invenit (ideò, nelle arti figurative precede il nome dell'ideatore)
INVEST Sviluppo e gestione INVESTimenti mobiliari
INVIM imposta comunale sull'INcremento di Valore degli IMmobili
I/O (*elab.*) *ingl.* Input/Output (ingresso/uscita)
IOCS (*elab.*) *ingl.* Input Output Control System (sistema di controllo di entrata e uscita dei dati)
IOF *ingl.* International Orienteering Federation (Federazione internazionale d'orientamento)
IOM *lat.* Iovi Optimo Maximo (a Giove ottimo massimo, nelle iscrizioni)
IOR Istituto Opere di Religione
IP **1** Italiana Petroli S.p.A. **2** (*elab.*) *ingl.* Internet Protocol (protocollo di Internet)
IPA **1** *ingl.* International Phonetic Association (Ass. fonetica internaz.) **2** *ingl.* International Pediatric Association (Ass. internaz. di pediatria) **3** Istituto di Previdenza e Assistenza **4** Imposta Provinciale Addizionale **5** (*chim.*) Idrocarburo Policiclico Aromatico
IPAB Istituzioni Pubbliche di Assistenza e Beneficenza
IPAS Ist. Professionale di Stato per l'Agricoltura
IPC Istituto Professionale per il Commercio
IPCC *ingl.* Intergovernmental Panel on Climate Change (Commissione intergovernativa sui cambiamenti del clima, costituita dall'ONU)
IPET Istituto per la Pianificazione Economica Territoriale
IPI **1** *ingl.* International Press Institute (Istituto internaz. per la stampa) **2** Istituto Propaganda Internaz. **3** (*banca*) *ingl.* International Payment Instruction (ordine di pagamento internazionale)
IPO (*econ.*) *ingl.* Initial Public Offer (offerta iniziale di azioni al pubblico)
IPS Inter Press Service (agenzia d'informazioni)
IPSA Ist. Professionale di Stato per l'Agricoltura
IPSIA Istituto Professionale di Stato per l'Industria e l'Artigianato
IPSOA Istituto Postuniversitario per lo Studio dell'Organizzazione Aziendale
IPT Imposta Provinciale di Trascrizione
IPTS (*fis.*) *ingl.* International Practical Temperature Scale (scala pratica internaz. delle temperature)
IPU *ingl.* InterParliamentary Union (Unione Interparlamentare)
IPZS Istituto Poligrafico e Zecca dello Stato
IQ (*psicol.*) *ingl.* Intelligence Quotient (quoziente d'intelligenza = QI)
IR **1** InfraRosso **2** treno InterRegionale **3** Iran
Ir (*chim.*) iridio
IRA *ingl.* Irish Republican Army (esercito della repubblica irlandese, organizzazione clandestina)
IRAP Imposta Regionale sulle Attività Produttive
IRBM *ingl.* Intermediate Range Ballistic Missile (missile balistico di media portata)
IRC (*elab.*) *ingl.* Internet Relay Chat (connessione Internet per conversazioni)

IRCAM *fr.* Institut de Recherche et Coordination Acoustique-Musique (Istituto di ricerca e coordinazione acustico musicale, presso il centro Pompidou, Parigi)
IRCE Ist. per le Relazioni Culturali con l'Estero
IRE Istituzioni Ricovero ed Educazione (Venezia)
IRI Istituto per la Ricostruzione Industriale
IRITECNA Società per l'impiantistica industriale e l'assetto del territorio
IRITEL TELecomunicazioni del gruppo IRI (società che fornisce servizi telefonici in teleselezione con l'Europa e il Nord Africa, oggi gruppo TELECOM)
IRL Irlanda
IRO *ingl.* International Refugee Organization (Organizzazione internazionale per i rifugiati)
IRPEF Imposta sul Reddito delle PErsone Fisiche
IRPEG Imposta sul Reddito delle PErsone Giuridiche
IRPI Ist. di Ricerca per la Protezione Idrogeologica
IRQ Iraq
IRRSAE Istituto Regionale per la Ricerca, la Sperimentazione e l'Aggiornamento Educativo
IRS Istituto di Ricerca Sociale (Milano)
IS 1 Isernia **2** Islanda
Is. Isola (nelle carte geografiche)
ISA Intesa Sindacati Autonomi
ISAE Istituto di Studi e Analisi Economica
ISBN (*edit.*) *ingl.* International Standard Book Number (codifica standard internaz. per libri)
ISCO Ist. naz. per lo Studio della COngiuntura
ISCOM 1 IStituto per lo studio e la formazione professionale per il COmmercio e il turismo **2** Imposta sui Servizi COMunali
ISDN (*elab.*) *ingl.* Integrated Services Digital Network (rete digitale integrata nei servizi)
ISE 1 Istituto per gli Studi di Economia **2** Indicatore Situazione Economica
ISEDI IStituto EDitoriale Internazionale
ISEF Istituto Superiore di Educazione Fisica
ISES Indicatore della Situazione Economica per le prestazioni Sanitarie
ISF 1 *ingl.* International Shipping Federation Ltd (Federazione internazionale degli armatori) **2** Informatore Scientifico del Farmaco
ISFOL IStituto per la FOrmazione professionale dei Lavoratori
ISI Imposta Straordinaria sugli Immobili
ISIC *ingl.* International Student Identity Card (carta internazionale di identità di studente)
ISMEO Istituto per gli Studi sul Medio ed Estremo Oriente
ISMETRAF Istituto di Medicina del Traffico
ISO *ingl.* International Organization for Standardization (Organizzazione internazionale per la standardizzazione)
ISOD *ingl.* International Sports Organization for the Disabled (Organizzazione internazionale degli sport per handicappati)
ISP (*elab.*) *ingl.* Internet Service Provider (fornitore di accesso a Internet)
ISPE Ist. di Studi per Programmazione Economica
ISPES Ist. di Studi Politici Economici e Sociali
ISPESL Istituto Superiore per la Prevenzione E la Sicurezza del Lavoro
ISPT Ist. Sup. delle Poste e Telecomunicazioni
ISS Istituto Superiore di Sanità
ISSN *ingl.* International Standard Serial Number (numero internazionale codificato, attribuito a pubblicazioni periodiche)
Ist. Istituto
ISTAT Istituto Centrale di STAtistica
ISTBANK Istituto centrale di banche e banchieri
ISTH *fr.* Institut des Sciences et Techniques Humaines (Istituto di scienze e tecniche umane)
ISTIM Ist. Sup. di Tecnologia Industriale e Meccanica
ISTRA Istituto Superiore TRAsporti
ISU *ingl.* International Skating Union (Unione internazionale pattinaggio)
ISVAP IStituto per la Vigilanza sulle Assicurazioni Private e di interesse collettivo
ISVEIMER Istituto per lo SViluppo Economico dell'Italia MERidionale
ISVET Istituto per gli studi sullo SViluppo

Economico e per il progresso Tecnico
ISVIM Isolato San Vincenzo Immobiliare Mobiliare
IT *ingl.* Inclusive Tour (viaggio 'tutto compreso')
ital. italiano
ITALCABLE *ingl.* ITALian CABLE company (società italiana per le comunicazioni via cavo)
ITALCASSE *v.* ICCRI
ITALCEMENTI Fabbriche Riunite Cementi
ITALGAS Società ITALiana per il GAS
ITALMA ITaliano ALluminio MAgnesio (lega da conio della Zecca)
ITALPI ITALiana Partecipazioni Industriali
ITALSIDER società ITALiana SIDERurgica
ITALTEL società ITALiana TELecomunicazioni
ITAR-TASS *russo* Informatsionnoye Telegrafnoye Agentstvo Rossii-Telegrafnoye Agentstvo Suverennykh Stran (agenzia telegrafica d'informazione della Russia-agenzia telegrafica degli Stati sovrani, agenzia d'informazioni russa)
ITAV Ispettorato delle Telecomunicazioni ed Assistenza al Volo
ITAVIA Linee Aeree Interne Italiane
ITC 1 Ist. Tecnico Commerciale **2** *ingl.* International Trade Centre (Centro internaz. del commercio)
ITCG Istituto Tecnico Commerciale e Geometri
ITE Istituto Tipografico Editoriale
ITF *ingl.* International Tennis Federation (Federazione internazionale di tennis)
ITI Istituto Internazionale del Teatro
ITIS Istituto Tecnico Industriale Statale
ITO *ingl.* International Trade Organization (Organizzazione internaz. per il commercio)
ITSOS Istituto Tecnico Statale a Ordinamento Speciale
ITST Istituto Tecnico di Stato per il Turismo
ITT *ingl.* International Telephone and Telegraph (Corporation) (Soc. internaz. telefoni e telegrafi)
ITTF *ingl.* International Table Tennis Federation (Federazione internazionale tennis da tavolo)
ITU 1 *ingl.* International Telecommunication Union (Unione internazionale delle telecomunicazioni) **2** *ingl.* International Triathlon Union (Unione internazionale triathlon)
ITV *ingl.* Independent TeleVision (Televisione indipendente, canale televisivo privato inglese)
I.U. (*bioch.*) *ingl.* International Unit (unità internazionale, quantità standard di sostanza biologicamente attiva, quale vitamina, enzima, antibiotico, ecc.) = U.I.
IUC *ingl.* International Union of Cristallography (Unione internazionale di cristallografia)
IUD 1 *ingl.* IntraUterine Device (dispositivo anticoncezionale intrauterino)
IUE Istituto Universitario Europeo
IUGG *ingl.* International Union of Geodesy and Geophysics (Unione internaz. di geodesia e geofisica)
IULM Istituto Universitario di Lingue Moderne
IUN Istituto Universitario Navale (Napoli)
IUO Istituto Universitario Orientale (Napoli)
IUTAM *ingl.* International Union of Theoretical and Applied Mechanics (Unione internazionale di meccanica teorica e applicata)
IVA (*econ.*) Imposta sul Valore Aggiunto | *sp.* Impuesta al Valor Agregado (imposta sul valore aggiunto) = MWSt., TVA, VAT
IVECO *ingl.* Industrial Vehicles Corporation (Società veicoli industriali)
IVG *fr.* Interruption Volontaire de Grossesse (interruzione volontaria di gravidanza)
IWF *ingl.* International Weightlifting Federation (Federazione internazionale sollevamento pesi)
IWS *ingl.* International Wool Secretariat (Segretariato internazionale della lana)
IYHF *ingl.* International Youth Hotels Federation (Feder. internaz. degli alberghi per la gioventù)
IYRU *ingl.* International Yacht Racing Union (Unione internazionale delle gare di yacht)

J 1 (*fis.*) joule | momento d'inerzia **2** *ingl.* Jack (fante, nelle carte da poker e da ramino) **3** *fr.* Jour (giorno) **4** Giappone
j (*mat.*) unità immaginaria
JAL *ingl.* Japan Air Lines (linee aeree giapp.)
J.C. *lat.* Jesus Christus (Gesù Cristo)

JD

Sigle, abbreviazioni, simboli

JD Jack Daniels (nota marca di whisky americano).

J&B Justerini and Brooks (nota marca di whisky scozzese)

Jeep *ingl. parlato per* GP, General Purpose (veicolo per ogni uso)

JFK John Fitzgerald Kennedy (35°presidente USA) | New York-aeroporto internazionale (codice IATA)

JL Codice compagnia aerea giapp. (Japan Air Lines)

JO (*o* JORF) *fr.* Journal Officiel de la République Française (Gazzetta Ufficiale della Repubblica Francese)

JPEG (*elab.*) *ingl.* Joint Photographic Experts Group (gruppo congiunto di esperti di fotografia)

JPL *ingl.* Jet Propulsion Laboratory (laboratorio di ricerca sulla propulsione a getto)

JPY Yen giapponese (moneta, simbolo bancario)

jr junior

JUD *lat.* Juris Utriusque Doctor (dottore dell'uno e dell'altro diritto: civile e canonico)

K *1* (*chim.*) potassio *2* (*fis.*) campo elettrico *3* *ingl.* King (re, nelle carte da poker e da ramino) *4* (*fis.*) kelvin *5* *lat.* Kalendae (calende, nelle iscrizioni latine) *6* nel titolo delle composizioni di Mozart, iniziale del cognome del riordinatore, L. von Kokel | nel titolo delle composizioni di D.Scarlatti, iniziale del cognome del catalogatore, R.Kirkpatrick *7* Cambogia

k kilo-

Kal. *lat.* Kalendae (calende, nelle iscrizioni latine)

Kan. Kansas

KAS Kazakistan

kB (*elab.*) kilobyte (1000 byte)

kb (*elab.*) kilobit (1000 bit)

kbps (*elab.*) *ingl.* KiloBytes Per Second (kilobyte al secondo)

kcal (*fis.*) *v.* Cal

kd (*sport*) knock-down

Ken. Kentuky (= Ky.)

kg kilogrammo

KGB *russo* Komitét Gosudárstvennoj Bezopásnosti (Comitato per la sicurezza dello stato, servizio di spionaggio)

KGZ Kirghizistan

K.K. *ted.* Kaiserlich-Königlich (imperial-regio)

KKK *amer.* Ku Klux Klan (Circolo di tribù, setta politica razzista negli USA)

KL *1* Codice compagnia aerea olandese (KLM) *2* Kilometro Lanciato (specialità sciistica)

KLM *ol.* Koninklijke Luchtvaart Maatschappij (reale compagnia olandese di navigazione aerea)

km kilometro; **km²** kilometro quadrato; **km³** kilometro cubo

LNVM Linguaggi Non Verbali e Multimediali

KO, k.o. (*sport*) *ingl.* Knock-Out (fuori combattimento, nel pugilato)

KOMINFORM Ufficio d'informazione dei partiti comunisti europei = COMINFORM

KOMINTERN *russo* Kommunisticeskij Internacional (Internazionale comunista, la terza = COMINTERN)

KOMSOMOL *russo* Kommunisticeskij Sovieticeskij Molodiesh (Gioventù comunista sovietica = COMSOMOL)

KR Crotone

Kr (*chim.*) cripto

KS Kansas (codice postale)

KY Kentucky (codice postale)

Ky. Kentucky (= Ken.)

KZ *ted.* Konzentrationslager (campo di concentramento)

L *1* lira *2* (*fis.*) coefficiente di autoinduzione *3* *lat.* Lucius (Lucio, nelle iscrizioni latine) | 50 (numero romano) *4* Lago (nelle carte geografiche) *5* Lussemburgo *6* legge *7* litro *8* treno Locale *9* *ingl.* Large (taglia grande) *10* Lunedì

l *1* lira *2* litro *3* (*fis.*) lunghezza *4* *lat.* lex (legge) *5* linea, legge (in bibliografia) *6* libro

£ Sterlina

λ *1* (*fis.*) lunghezza d'onda *2* (*fis.*) milionesima parte del litro

LA Louisiana (codice postale)

La (*chim.*) lantanio

La. Louisiana

LAC *1* (*scol.*) Libere Attività Complementari *2* Lega Abolizione Caccia

Lag. Laguna (nelle carte geografiche)

LAN *1* Lega Antivivisezionista Naz. *2* (*elab.*) *ingl.* Local Area Network (rete in area locale)

LAR Libia

LARN Livelli di Assunzione giornalieri Raccomandati di energia e di Nutrienti per la popolazione italiana

LASER *ingl.* Light Amplification by Stimulated Emission of Radiation (amplificazione della luce per mezzo di emissione stimolata di radiazione)

lat latitudine

LAV *1* (*med.*) *ingl.* Lymphadenopathy-Associated Virus (virus associato a linfoadenopatia) *2* Lega Anti Vivisezione

lb.a.d.p. *fr.* Libbra avoir du poids (unità inglese di massa)

lb, lb. pound (libbra, unità inglese di massa)

LC *1* Lecco *2* (*polit.*) Lotta Continua

L-C (*fis.*) Induttanza e capacità

LCD (*elettron.*) *ingl.* Liquid Crystal Display (visualizzatore a cristalli liquidi)

LDH (*med.*) *ingl.* lactate dehydrogenase (lattato deidrogenasi)

LDL (*bioch.*) *ingl.* Low Density Lipoproteins (lipoproteine a bassa densità)

LE Lecce

LED *ingl.* Light Emitting Diode (diodo a emissione luminosa)

Legambiente Lega per l'ambiente

LEICA *ted.* LEItz-CAmera (macchina fotografica Leitz)

LEM *ingl.* Lunar Excursion Module (modulo per l'escursione lunare)

LEND Lingua E Nuova Didattica

LEP (*fis.*) *ingl.* Large Electron-Positron collider (grande collisore tra elettroni e positroni)

LF *1* Legge sul Fallimento *2* (*fis.*) *ingl.* Low Frequency (bassa frequenza)

lfc lampada fluorescente compatta

lg (*mat.*) logaritmo decimale

LH *1* *ingl.* Luteinizing Hormone (ormone luteinizzante) *2* Cod. compagnia aerea tedesca (Lufthansa)

LHC (*fis.*) *ingl.* Large Hadron Collider (grande collisore di adroni)

LHR Londra-aeroporto di Heathrow (cod. IATA)

LI Livorno

Li (*chim.*) litio

L.I. Long Island

LIBOR *ingl.* London InterBank Offered Rate (tasso d'interesse internazionale per eurodollari quotato a Londra)

LID Lega Italiana per il Divorzio

LIDAR *ingl.* LIight Detector And Ranging (rilevazione e localizzazione tramite luce, radar ottico)

LIF (*polit.*) Lega Italiana Federalista

LIFFE (*banca*) *ingl.* London International Financial Futures Exchange (borsa internazionale finanziaria di Londra dei futures)

LILA Lega Italiana Lotta all'AIDS

LIN *1* Milano-aeroporto di Linate (codice IATA) *2* Lega Italiana Naturisti

LIONS *ingl.* Liberty, Intelligence, Our Nation's Safety (libertà, intelligenza, sicurezza del nostro Paese, motto dell'associazione)

LIP Laboratorio d'Igiene e Profilassi

LIPU Lega Italiana Protezione Uccelli

LIS Lingua Italiana dei Segni (spec. per sordomuti)

LISIPO LIbero SIndacato di POlizia

LISP (*elab.*) *ingl.* LISt Processing (elaborazione a liste, linguaggio di programmazione)

LIT Lira italiana (moneta, simbolo bancario)

LIUC Libero Istituto Universitario (Carlo) Cattaneo (Castellanza, VA)

LIZ Letteratura Italiana Zanichelli

ll. *1* linee *2* leggi

LL.AA. Loro Altezze

LL.PP. Lavori pubblici

lm (*fis.*) lumen

LME (*borsa*) *ingl.* London Metal Exchange (borsa dei metalli di Londra)

LMP Lampedusa (codice IATA)

LN Luna Nuova

ln (*mat.*) logaritmo naturale, neperiano

LNCM Lega Nazionale Cooperative e Mutue

LNG *ingl.* Liquefied Natural Gas = GNL

LNI Lega Navale Italiana

LO Lodi

LOC Lega Obiettori di Coscienza

loc.cit. *lat.* loco citato (passo citato)

log (*mat.*) logaritmo decimale

log₁₀ (*mat.*) logaritmo decimale

logₑ (*mat.*) logaritmo naturale, neperiano

LOI Libro Origini Italiano

LON Londra (codice IATA)

long longitudine

LORAN *ingl.* LOng-RANnge aid to navigation (assistenza a vasto raggio alla navigazione: sistema di radionavigazione)

LOT *pol.* Polskie Linie Lotnicze (linee aeree polacche)

LP *1* (*mus.*) *ingl.* Long Playing (lunga esecuzione, nei microsolchi) *2* Luna Piena (plenilunio)

LPG *ingl.* Liquefied Petroleum Gas (gas di petrolio liquefatto = GPL)

LS Lesotho

LSC Legge sullo Stato Civile

LSD (*chim.*) *ingl.* Lysergic Acid Diethylamide (dietilammide dell'acido lisergico)

LSI (*elettron.*) *ingl.* Large Scale Integration (integrazione su vasta scala)

LT *1* Latina *2* Lituania

Ltd *ingl.* Limited (soc. a responsabilità limitata)

LTH *ingl.* LuteoTrophic Hormone (ormone luteotrofico)

LU Lucca

Lu (*chim.*) lutezio

L.U. leggi usuali

LUCE L'Unione Cinematografica Educativa (istituto cinematografico)

Lug. Luglio

LUI Lessico Universale Italiano

LUISS Libera Università Internazionale degli Studi Sociali (Roma)

LUMSA Libera Università Maria Ss. Assunta (Roma)

Lun. Lunedì

LV *1* Lettera di Vettura (nei trasporti ferroviari) *2* Lettonia

LVMH *fr.* Louis Vuitton Moët-Hennessy (gruppo industriale finanziario francese)

LW (*rad.*) *ingl.* Long Wave (onde lunghe = OL)

Lw (*chim.*) laurenzio

lx (*fis.*) lux

LY Codice compagnia aerea israeliana (El Al)

LZ Codice compagnia aerea bulgara (Balkan)

M *1* mega- *2* (*mus.*) manuale, nelle partiture d'organo *3* mano *4* mezzo *5* coefficiente di mutua induzione *6* montante *7* miglio (nelle carte nautiche) *8* morte, abbasso *9* Malta *10* *ingl.* Medium (taglia media) *11* Maschio *12* Numero di Mach *13* Megabyte *14* Martedì *o* Mercoledì *15* Metropolitana *16* 1000 (numero romano) *17* *fr.* Monsieur (signore) *18* treno Metropolitano

M' *lat.* Manius (Manio, nelle iscrizioni latine)

M. Mare o Monte (nelle carte geografiche)

3M *ingl.* Minnesota Mining Manufacturing Co. (Industria estrattiva manifatturiera Minnesota)

m *1* (*fis.*) metro; **m²** metro quadrato; **m³** metro cubo *2* milli-

μ *1* (*mat.*) micro- | micron *2* (*fis.*) Permeabilità magnetica

m. *1* mese *2* miglio *3* morto

MA *1* Marocco *2* Codice compagnia aerea ungherese (Malev) *3* Massachusetts (codice postale)

ma miria-

MAB (*mil.*) Moschetto Automatico Beretta

MAC *1* Movimento per l'Arte Concreta *2* (*fis.*) *ingl.* Maximum Allowable Concentration (massima concentrazione ammessa)

MACEF Mostra di Articoli Casalinghi E Ferramenta (*oggi* Mostra Internazionale articoli per la tavola, casalinghi e da regalo, argenteria, oreficeria, orologeria)

MAD Dirham marocchino (moneta, simbolo

bancario)
MAE Ministero degli Affari Esteri
MAF Ministero Agricoltura e Foreste (oggi MIRAAF)
Mag. Maggio
MAO (*biol.*) MonoAmminaOssidasi
MAOI (*farm.*) *ingl.* MonoAmine Oxidase Inhibitor (inibitore della monoamminaossidasi = IMAO)
Mar. Marzo
Mart. Martedì
MAS Motobarca Armata SVAN secondo l'originaria classificazione successivamente modificata in Motobarca Anti-Sommergibili e, da ultimo, in Motoscafo Anti-Sommergibili (SVAN, a sua volta, è sigla di Società Veneziana Automobili Nautiche; sulla sigla D'Annunzio modellò il motto di combattimento degli equipaggi: *Memento Audere Semper*, Ricordati di Osare Sempre
MASER *ingl.* Microwave Amplification by Stimulated Emission of Radiation (amplificazione di microonde mediante emissione stimolata di radiazione)
Mass. Massachusetts
MATIF (*borsa*) *fr.* MArché à Terme des Instruments Financiers (mercato finanziario di prestiti a breve o lungo termine)
MAV Magistrato alle Acque di Venezia
max massimo, massima
MB 1 *ingl.* Mountain Bike (bicicletta da montagna) **2** (*elab.*) megabyte
MBA *ingl.* Master in Business Administration (diploma di economia aziendale)
MbdK *ted.* Museum der bildenen Künste (Museo delle arti figurative, Lipsia)
MC 1 Macerata **2** Monaco, principato di **3** *ingl.* Machining Center (centro di lavorazione, con più macchine utensili) **4** Musicassetta
M/C Motocannoniera
M/c Motocisterna
m/c. mio conto
MCCA *sp.* Mercado Común Centro Americano (Mercato comune centroamericano)
MCD (*mat.*) Massimo Comun Divisore
MCH (*med.*) *ingl.* Mean Corpuscolar Hemoglobin (emoglobina corpuscolare media)
MCHC (*med.*) *ingl.* Mean Corpuscolar Hemoglobin Concentration (concentrazione corpuscolare media di emoglobina)
MCL Movimento Cristiano dei Lavoratori
MCM Manifatture Cotoniere Meridionali
mcm (*mat.*) minimo comune multiplo
MCV (*med.*) *ingl.* mean cell volume (volume corpuscolare medio)
MD 1 Magistratura Democratica **2** Maryland (codice postale)
Md (*chim.*) mendelevio
Md. Maryland
m.d. mano destra
MDT (*st.*) Milizia Difesa Territoriale
ME 1 Messina **2** Codice compagnia aerea libanese (MEA) **3** Maine (codice postale) **4** Movimento Europeo
Me. Maine
M & A *ingl.* Merger & Acquisition (fusioni e acquisizioni)
MEC Mercato Europeo Comune (*nell'uso* Mercato Comune Europeo)
MECU Milione di ECU
MEDIOBANCA Banca di Credito Finanziario
Merc. Mercoledì
MERCOSUR *sp.* MERcado COmun SUR (mercato comune del cono sud, tra Argentina, Brasile, Paraguay e Uruguay)
mer., merid. meridionale
Met 1 *ingl.* Metropolitan Opera House (teatro ed ente lirico di New York) **2** *ingl.* Metropolitan Museum of Art (di New York)
METEOSAT SATellite METEOrologico
METIM MErcato Telematico IMprese (non quotate in Borsa)
MEX Messico
MF 1 (*fis.*) *ingl.* Medium Frequency (media frequenza) **2** Milano Finanza (quotidiano finanziario)
mf (*mus.*) mezzoforte
MFD (*polit.*) Movimento Federativo Democratico

MFE (*polit.*) Movimento Federalista Europeo
MG *ingl.* Morris Garage (garage Morris, dal luogo ove si approntò la prima vettura di tale marca)
Mg (*chim.*) magnesio
mg milligrammo
MGM (*cine.*) *ingl.* Metro Goldwyn Mayer
MI 1 Milano **2** Magistratura Indipendente **3** Michigan (codice postale)
MI5 *ingl.* Military Intelligence section Five (Servizio segreto di informazioni e controspionaggio militare inglese)
MI6 *ingl.* Military Intelligence section Six (Servizio segreto di informazioni e spionaggio militare inglese)
MIB Milano Indice Borsa
MIB 30 Milano Indice Borsa (dei trenta principali titoli azionari quotati)
MIBTEL Milano Indice Borsa TELematico
MIC o **mic** Microfono
Mich. Michigan
MIF (*borsa*) Mercato Italiano Futures
MIFED Mercato Internazionale del Film E del Documentario
MIG *russo* MIkoijan e Gurevich (aereo militare russo, dal nome dei progettisti)
Min. Ministro, Ministero
min 1 minuto **2** minimo, minima
MINCOMES MINistero del COmmercio con l'EStero
MINCULPOP (*st.*) MINistero della CULtura POPolare (nell'Italia fascista)
Minn. Minnesota
MIPEL Mercato Italiano della PELletteria
MIPS (*elab.*) *ingl.* Mega Instructions Per Second (milioni d'istruzioni per secondo)
MIRAAF MInistero delle Risorse Agricole, Alimentari e Forestali
Miss. Mississippi
MIT *ingl.* Massachusetts Institute of Technology (Istituto di tecnologia del Massachusetts) **2** Movimento Italiano Transessuali
MITAM Mercato Internazionale del Tessile per l'Abbigliamento e l'Arredamento
mksA (*fis.*) metro-kilogrammo-secondo-ampere (sistema di unità di misura)
mksC (*fis.*) metro-kilogrammo-secondo-coulomb (sistema di unità di misura)
mksΩ (*fis.*) metro-kilogrammo-secondo-ohm (sistema di unità di misura)
ML MiLione/i di Lire
ml 1 *ingl.* mile (miglio) **2** millilitro
MLD 1 Movimento per la Liberazione della Donna **2** MiLiarDo/i di Lire
MLS 1 Movimento dei Lavoratori per il Socialismo **2** *ingl.* Microwave Landing System (sistema di atterraggio a microonde)
MM 1 Marina Militare (targa autom.) **2** Metropolitana Milanese **3** *fr.* Messieurs (signori)
M.M. Marina Militare
mm millimetro; **mm²** millimetro quadrato; **mm³** millimetro cubo
m.m. *lat.* mutatis mutandis (con i dovuti cambiamenti)
Mme *fr.* Madame (signora)
MM.GG. Magazzini Generali
MN 1 Mantova **2** Minnesota (codice postale)
Mn (*chim.*) manganese
M/N, m/n Motonave
MO 1 Modena **2** Missouri (codice postale) **3** Medio Oriente **4** Massima Occupazione
Mo (*chim.*) molibdeno
Mo. Missouri
m/o (*comm.*) mio ordine
MOC 1 Mozambico **2** (*med.*) Mineralometria Ossea Computerizzata
MOCA *ingl.* Museum Of Contemporary Art (Museo d'arte contemporanea, Los Angeles)
mod. 1 (*mat.*) modulo **2** modello | modulo **3** (*mus.*) moderato
MODEM (*elettron.*) *ingl.* Modulator Demodulator (modulatore demodulatore)
MODIT MOda ITaliana (presentazione internazionale collezioni donna e accessorio moda)
MOICA MOvimento Italiano CAsalinghe
MOL 1 (*elab.*) Moltiplicazione **2** (*econ.*) Margine Operativo Lordo

mol (*chim.*) mole
MOMA *ingl.* Museum Of Modern Art (museo d'arte moderna, New York)
Mont. Montana
MONTEDISON MONTecatini-EDISON
MOS *ingl.* Metal Oxide Semiconductor (semiconduttore a ossido metallico)
MOSE MOdulo Sperimentale Elettromeccanico (paratia per controllare il livello delle acque nella Laguna veneta)
MP 1 *lat.* manu propria (di proprio pugno) **2** *ingl.* Military Police (polizia militare) **3** Movimento Popolare
MP3 (*elab.*) *ingl.* Moving Picture experts group - layer 3 (livello 3 del formato del gruppo di esperti di immagini in movimento)
MPEG (*elab.*) *ingl.* Motion Picture Experts Group (gruppo di esperti di immagini in movimento)
mpg *ingl.* miles per gallon (miglia per gallone)
mph *ingl.* miles per hour (miglia all'ora)
MPI 1 Medie e Piccole Imprese **2** Manufatto Plastico Igienico (marchio di garanzia)
MPLA *port.* Movimento Popular Libertação Angola (Movimento popolare di liberazione dell'Angola)
MPS Monte dei Paschi di Siena
MPV (*autom.*) *ingl.* MultiPurpose Vehicle (autoveicolo multiuso)
MR 1 Molto Reverendo **2** Magnifico Rettore
Mr *ingl.* Mister (signore)
MRBM *ingl.* Medium Range Ballistic Missile (missile balistico a media gittata)
MRCA *ingl.* Multi-Role Combat Aircraft (aereo da combattimento a impiego plurimo)
mRNA (*biol.*) RNA messaggero
MRP *fr.* Mouvement Républicain Populaire (Movimento repubblicano popolare)
Mrs *ingl.* Mistress (signora, cioè donna sposata)
MS 1 Massa-Carrara **2** Codice compagnia aerea egiziana (Egyptair) **3** *ingl.* MicroSoft (Microsoft, società di software americana) **4** per medi sciatori (scala difficoltà scialpinistiche) **5** Mississippi (codice postale) **6** Movimento Studentesco **7** Monopoli di Stato = AAMS
Ms *ingl.*, abbreviazione usata nell'indirizzare a una donna, prescindendo dal suo stato civile di coniugata o nubile
m.s. mano sinistra
MSBS *fr.* Mer-Sol Balistique Stratégique (mare-terra balistico-strategico, missile)
MS-DOS (*elab.*) *ingl.* Microsoft-Disk Operating System (sistema operativo su disco della Microsoft)
MSF *fr.* Médecins Sans Frontières (medici senza frontiere, associazione filantropica)
MSI-DN (*polit. st.*) Movimento Sociale Italiano - Destra Nazionale
M/S, m/s 1 (*mar.*) Motosilurante **2** *ingl.* Motor Ship (nave a motore)
ms., MS. manoscritto
MST Malattia Sessualmente Trasmissibile
MT 1 Matera **2** (*fis.*) media tensione **3** (*fis.*) megaton **4** Montana (codice postale)
Mt. Monte (nelle carte geografiche)
MTB MounTain Bike (bici da montagna)
MTBF (*elettron.*) *ingl.* Mean Time Between Failures (tempo medio fra due guasti, misura di affidabilità)
MTC Medicina Tradizionale Cinese
MTI 1 *ungh.* Magyar Tàvirati Iroda (Agenzia telegrafica ungherese, agenzia d'informazioni) **2** *ingl.* Moving Target Indicator (radar indicatore di bersagli mobili)
M.ti Monti (nelle carte geografiche)
MTM (*org. az.*) *ingl.* Methods Time Measurement (misura metodi e tempi)
MTU (*elab.*) *ingl.* Magnetic Tape Unit (unità a nastro magnetico)
MTV *ingl.* Music TeleVision (televisione e musica, programma americano via cavo)
MURST Ministero dell'Università e della Ricerca Scientifica e Tecnologica
MV Meccanica Verghera Agusta
M/v (*mar.*) Motoveliero
MVSN (*st.*) Milizia Volontaria per la Sicurezza Nazionale
MW (*rad.*) *ingl.* Medium Waves (onde medie =

Sigle, abbreviazioni, simboli

MWSt. OM)
MWSt. *(econ.) ted.* Mehrwertsteuer (imposta sul valore aggiunto = IVA) = TVA, VAT
MX Cod. compagnia aerea (Compañia Mexicana)
Mx *(fis.)* maxwell (flusso di induzione magnetica)
MXP 1 Milano-aeroporto di Malpensa (cod. IATA) **2** Peso messicano (moneta, simbolo bancario)
Mz *(mar.)* Motozattera

N 1 Nord **2** *(fis.)* newton **3** *(chim.)* azoto **4** Nero, nel gioco degli scacchi **5** Norvegia
n nano-
v *(fis.)* Frequenza
(**n.**) nota di richiamo
n. 1 nato **2** numero **3** nome
N/1 *(farm.)* soluzione normale
N/2 *(farm.)* soluzione normale mezza
N/10 *(farm.)* soluzione decinormale
NA Napoli
Na *(chim.)* sodio
NABISCO *ingl.* NAtional BIScuit COmpany (Compagnia nazionale biscotti, USA)
NAD 1 *(chim.) ingl.* Nicotinamide Adenin Dinucleotide (nicotinamide adenin dinucleotide) **2** Nucleo Anti-Droga
NADAS *(st.)* Nuclei Aziendali D'Azione Sindacale (nell'Italia fascista)
NADGE *ingl.* NATO Air Defense Ground Environment (difesa aerea dei territori Nato)
NAFTA 1 *ingl.* North American Free Trade Agreement (Accordo di libero scambio nell'America settentrionale) **2** *ingl.* North Atlantic Free Trade Area (Area di libero scambio dell'Atlantico settentrionale) **3** *ingl.* New Zealand Australia Free Trade Agreement (Accordo di libero scambio tra Nuova Zelanda e Australia)
NAI Navigazione Alta Italia
NAM Namibia
NAP 1 Napoli (codice IATA) **2** *(st.)* Nuclei Armati Proletari (di estrema sinistra)
NAPALM *(ingl.)* NAphthene PALMitate (naftene e palmitato, gelatina altamente infiammabile, usata in bombe incendiarie)
NAR *(st.)* Nuclei d'Azione Rivoluzionaria o Nuclei Armati Rivoluzionari (di estrema destra)
NAS 1 Nucleo Antisofisticazioni Sanità (dei Carabinieri) **2** Nucleo Aziendale Socialista
NASA *ingl.* National Aeronautics and Space Administration (Ente nazionale aeronautico e spaziale, USA)
NASDAQ *(borsa) ingl.* National Association of Securities Dealers Automated Quotations (quotazioni automatizzate dell'associazione nazionale degli operatori di titoli, USA)
NATO *ingl.* North Atlantic Treaty Organization (Organizzazione del trattato nord atlantico)
naz. nazionale
nazi nazista (nazionalsocialista, aderente al o simpatizzante con il NSDAP)
NB Nebraska (codice postale)
NB o **n.b.** *lat.* nota bene
Nb 1 *(chim.)* niobio **2** *(meteor.) lat.* Nimbostratus (nimbostrato, tipo di nuvola)
NBA *ingl.* National Basketball Association (Ass. nazionale di basket)
NBC 1 *ingl.* National Broadcasting Company (Compagnia naz. di radiodiffusione, USA) **2** *(mil.)* (guerra) Nucleare, Batteriologica, Chimica
NBS *ingl.* National Bureau of Standards (Ufficio nazionale delle unità di misura, USA)
NC 1 North Carolina (codice postale) **2** *ingl.* No Charge (senza spese)
NCC Noleggio Con Conducente
NCEU Nuovo Catasto Edilizio Urbano
N.C., **N.Car.** North Carolina
NCT Nuovo Catasto Territoriale
ND *lat.* Nobilis Domina (nobildonna) **2** North Dakota (codice postale)
Nd *(chim.)* neodimio
N.d.A. Nota dell'Autore
N.Dak. North Dakota
ndd 1 natura da determinare (in indagini) **2** *(med.)* non definita diagnosi
N.d.E. Nota dell'Editore
N.d.R. Nota della Redazione, del Redattore

N.d.T. Nota del Traduttore
NE 1 New England **2** Nord-Est **3** *fr.* Norme Européenne (norma europea) = EN
Ne *(chim.)* neo, neon
Neb. o **Nebr.** Nebraska
NEP *(st.) russo* Nowaja Ekonomiceskaja Politika (nuova politica economica)
NETTUNO NETwork Teledidattico per l'UNiversità Ovunque
Nev. Nevada
NGA *ingl.* National Gallery of Art (Galleria nazionale d'arte, Washington, D.C.)
NGF *ingl.* Nerve Growth Factor (fattore di crescita delle cellule nervose)
NGI *(mar.)* Navigazione Generale Italiana
NGS *ingl.* National Geographic Society (Società geografica nazionale, USA)
NH 1 *lat.* Nobilis Homo (nobil uomo) **2** New Hampshire (codice postale)
Ni *(chim.)* nichel
NIAF *ingl.* the National Italian American Foundation (Fondazione naz. italo-americana)
NIC *ingl.* Newly Industrialized Countries (paesi di nuova industrializzazione)
NJ New Jersey (codice postale)
NKVD *(st.) russo* Narodnyi Komissariat Vnutrennich Del (Commissariato del popolo agli affari interni)
NL Paesi Bassi
NLG Fiorino olandese (moneta, simbolo bancario)
NM 1 Nave a motore **2** New Mexico (codice postale)
Nm numero metrico (titolo metrico dei filati)
NMD *(mil.)* Nuovo Modello di Difesa
NN 1 *lat.* Nescio Nomen (di padre ignoto) **2** *lat.* nihil novi (nessuna novità, niente di nuovo)
nn numeri
n.n. non numerate (pagine)
NNE Nord-Nord-Est
NNO Nord-Nord-Ovest
NNW *ingl.* NorthNorth-West (Nord-Nord-Ovest = NNO)
NO 1 Novara **2** Nord-Ovest = NW **3** *(chim.)* Numero di Ottano
No *(chim.)* nobelio
No. numero
NOAA *ingl.* National Oceanic and Atmospheric Administration (Ente nazionale per gli oceani e l'atmosfera, USA)
NOCS Nucleo Operativo Centrale di Sicurezza (Polizia)
NOE Nucleo Operativo Ecologico (Carabinieri)
NOK Corona norvegese (moneta, simbolo bancario)
NORAD *ingl.* North American Aerospace Defense Command (comando di difesa aerospaziale del Nord America)
norv. norvegese
Nov. Novembre
Np 1 *(fis.)* neper **2** *(chim.)* nettunio
NPA Nave PortAerei
NPD *ted.* Nationaldemokratische Partei Deutschlands (Partito nazionaldemocratico della Germania)
NREM *ingl.* No Rapid Eye Movements (senza movimenti rapidi degli occhi, fase del sonno)
NRF *fr.* Nouvelle Revue Française (Nuova rivista francese)
NS 1 Nostro Signore o Nostra Signora **2** *(st.) ted.* Nationalsozialismus (Nazionalsocialismo, nazismo) *v. anche* NSDAP
ns. nostro
NSC *ingl.* National Security Council (Consiglio per sicurezza Nazionale, USA)
NSDAP *(st.) ted.* Nationalsozialistische Deutsche Arbeiter-partei (Partito nazional-socialista tedesco dei lavoratori, nazismo) *v.anche* NS
NSGC Nostro Signore Gesù Cristo
NSU *ted.* Neckarsulm (marca d'automobili tedesca, dalla sigla della targa automobilistica della città ove fu fondata)
NT 1 Nuovo Testamento **2** non trasferibile
nt *(fis.)* nit
n.t. note tipografiche
Nta acido Nitrilotriacetico
NTSC *ingl.* National Television System Committee (Comitato nazionale per la televisione a colori, USA)
NTT *ingl.* Nippon Telegraph and Telephone (Telegrafi e telefoni giapponese, compagnia nazionale di telecomunicazioni giapponese)
nt.wt. *ingl.* net weigth (peso netto)
NU 1 Nuoro **2** Nazioni Unite = ONU, UNO **3** Nettezza Urbana **4** Nobil Uomo
NUMTEL *(borsa)* NUovo Mercato TELematico
NV Nevada (codice postale)
NW 1 *ingl.* North-West (Nord-Ovest = NO) **2** Codice compagnia aerea (Northwest Airlines)
NY New York (codice postale)
NYC *ingl.* New York City (città di New York, costituita dai distretti di Manhattan, Bronx, Queens, Brooklin e Richmond)
NYSE *ingl.* New York Stock Exchange (borsa valori di New York)
NYT *ingl.* the New York Times (giornale)
NZ Nuova Zelanda

O 1 Ovest **2** *(chim.)* ossigeno **3** *(mar.) ingl.* Outboard (motore fuoribordo)
O. Ohio
Ω *(fis.)* ohm
ω *(fis.)* velocità angolare, pulsazione
OA 1 Codice compagnia aerea greca (Olympic Airways) **2** *ingl.* Overeaters Anonymous (mangiatori eccessivi anonimi, associazione contro gli abusi alimentari)
OACI *fr.* Organisation de l'Aviation Civile Internationale (Organizzazione dell'aviazione civile internazionale = ICAO)
OAEC *ingl.* Organization of Asian Economic Co-operation (Organizzazione per la collaborazione economica asiatica)
ÖAMTC *ted.* Österreichischer Automobil-, Motorrad- und Touring Club (Automobile club austriaco)
OAPEC *ingl.* Organization of Arab Petroleum Exporting Countries (Organizzazione dei paesi arabi esportatori di petrolio)
OAS 1 *(st.) fr.* Organisation Armée Secrète (Organizzazione dell'esercito segreto, organizzazione di estrema destra) **2** *ingl.* Organization of the American States (Organizzazione degli Stati amer.)
ÖAV *ted.* Österreichischer Alpenverein (Club alpino austriaco)
ob. *lat.* obiit (è morto, morì)
ÖBB *ted.* Österreichische Bundesbahnen (Ferrovie federali austriache)
Obbl. obbligazione
obb.mo obbligatissimo (nella corrispondenza)
OC *(rad.)* onde corte = SW
o/c *ingl.* overcharge (sovrapprezzo)
occ. occidentale
OCE Organizzazione di Cooperazione Economica
OCI Organizzazione della Conferenza Islamica
OCIC *fr.* Office Catholique International du Cinéma (Ufficio cattolico internaz. del cinema)
OCM Organizzazione Comune di Mercato (nell'ambito della politica agricola comunitaria)
OCR *(elab.) ingl.* Optical Character Recognition (lettura ottica di caratteri)
OCSE Organizzazione per la Cooperazione e lo Sviluppo Economico (dal 1960)
OD *(org. az.) ingl.* Organization Development (sviluppo organizzativo)
ODA Opera Diocesana di Assistenza
ODESSA *ted.* Organisation der SS-Angehörigen (organizzazione delle SS)
O.d.G. Ordine del Giorno
OE *(ferr.)* Orient Express
Oe *(fis.)* oersted
OECE Organizzazione Europea per la Cooperazione Economica (dal 1948 al 1961, *oggi* OCSE)
OED *ingl.* Oxford English Dictionary
OFM Ordine dei Frati Minori
OFM Cap. Ordine dei Frati Minori Cappuccini
OFM Conv. Ordine dei Frati Minori Conventuali
OGM Organismo Geneticamente Modificato
OH Ohio (codice postale)
OHMS *ingl.* On His(Her) Majesty's Service (al servizio di sua Maestà)
OIE *fr.* Organisation Internationale des Employeurs (Organizzazione internaz. degli imprenditori)

OIJ *fr.* Organisation Internationale des Journalistes (Organizzazione internaz. dei giornalisti)
OIL Organizzazione Internazionale del Lavoro = ILO, BIT
OIM Organizzazione Internaz. delle Migrazioni
OIPC *fr.* Organisation Internationale de Police Criminelle (Organizzazione internazionale di polizia criminale) = ICPO, INTERPOL
OIRT *fr.* Organisation Internationale de Radiodiffusion et Télévision (Organizzazione internazionale di radiodiffusione e televisione)
OK 1 Codice compagnia aerea ceca (CSA) **2** Oklahoma (codice postale) **3** *ingl.* sigla americana che significa 'tutto bene, d'accordo' derivata o dalla compitazione fonetica di *all correct* in *Oll Korrect* oppure da *Old Kinderhook club*, comitato democratico, che ha preso nome dal luogo di nascita del presidente Van Buren, ove si sarebbe iniziato a siglare così documenti o accordi che si approvavano
Okla. Oklahoma
OKW *ted.* Oberkommando der Wehrmacht (comando supremo della Wehrmacht)
OL (*rad.*) onde lunghe = LW
OLB Olbia (codice IATA)
OLP Organizzazione per la Liberazione della Palestina = PLO
OM 1 (*rad.*) onde medie = MW **2** Officine Meccaniche **3** Ospedale Militare **4** (*org. az.*) Organizzazione e Metodi
OMCT Organizzazione Mondiale contro la Tortura
OMG (*biol.*) Organismo Modificato Geneticamente = GMO
OMM Organizzazione Meteorologica Mondiale = WMO
OMPI Organizzazione Mondiale della Proprietà Intellettuale
OMR Ordine al Merito della Repubblica
OMS Organizzazione Mondiale della Sanità = WHO
OMT Organizzazione Mondiale del Turismo
On. Onorevole
ONARMO Opera Nazionale Assistenza Religiosa Morale Operai
ONAS Ordine Nazionale Autori e Scrittori
ONB (*st.*) Opera Nazionale Balilla (nell'Italia fascista)
ONC Opera Nazionale Combattenti
OND Organizzazione Nazionale Dopolavoro (nell'Italia fascista)
ONG 1 Ordine Nazionale dei Giornalisti **2** Organizzazione Non Governativa
ONIG Opera Nazionale per gli Invalidi di Guerra
ONIL Opera Nazionale Inabili al Lavoro
ONLUS Organizzazione Non Lucrativa di Utilità Sociale
ONMI Opera Nazionale Maternità e Infanzia
ONMIC Opera Nazionale Mutilati e Invalidi Civili
ONO Ovest-Nord-Ovest = WNW
ONPI Opera Nazionale per i Pensionati d'Italia
Ont. Ontario
ONU Organizzazione delle Nazioni Unite = UNO
OO.MM. Opere Marittime
OO.PP. Opere Pubbliche
OO.RR. Ospedali Riuniti
OO.SS. Organizzazioni Sindacali
OP Ordine dei Frati Predicatori (Domenicani)
Op. 1 Opera (in bibliografia) **2** (*mus.*) Opera (con riferimento al catalogo delle composizioni)
OPA (*borsa*) Offerta Pubblica di Acquisto
OPAS (*borsa*) Offerta Pubblica di Acquisto e Scambio
op. cit. 1 *lat.* opere citato (nell'opera citata)
OPEC *ingl.* Organization of Petroleum Exporting Countries (Organizzazione dei paesi esportatori di petrolio)
OPS 1 (*borsa*) Offerta Pubblica di Scambio **2** (*banca*) Offerta Pubblica di Sottoscrizione
OPV (*borsa*) Offerta Pubblica di Vendita
OR 1 Oristano **2** Oregon (codice postale) **3** *ingl.* Operational Research (ricerca operativa = RO)
Or. Oregon (= Ore.)
or. orientale
Ore. Oregon (= Or.)
ORF Österreichischer Rundfunk (radiotelevisione austriaca)

ORL (*med.*) OtoRinoLaringoiatria
ORP Opera Romana Pellegrinaggi
ORT ORchestra della Toscana
ORTF *fr.* Office de Radiodiffusion Télévision Française (Ente radiotelevisivo francese, fino al 1975, v. anche TDF)
OS 1 (*elab.*) *ingl.* Operating System (sistema operativo) **2** Codice compagnia aerea austriaca (Austrian Airlines) **3** per ottimi sciatori (scala difficoltà scialpinistiche)
Os (*chim.*) osmio
OSA Organizzazione degli Stati Americani
OSB *lat.* Ordo Sancti Benedicti (Ordine dei Benedettini Confederati)
OSCA Officine Specializzate Costruzioni Automobili
OSCE Organizzazione per lo Sviluppo e la Cooperazione in Europa
OSO Ovest-Sud-Ovest = WSW
OSS 1 Operatore SocioSanitario **2** *ingl.* Office of Strategic Services (Ufficio per le attività strategiche, servizio americano d'informazioni e spionaggio, durante la Seconda Guerra mondiale)
OTC 1 *ingl.* Organization for Trade Cooperation (Organizzazione per la cooperazione commerciale) **2** *ingl.* Over The Counter (sopra al banco, di farmaco acquistabile senza ricetta medica)
Ott. Ottobre
OVNI Oggetti volanti non identificati = UFO
OVRA Opera Vigilanza Repressione Antifascismo (nell'Italia fascista)
oz *ingl.* ounce (oncia)

P 1 Papa **2** (*fis.*) potenza | piano | permeanza | poise | peso **3** (*chim.*) fosforo **4** postegggio **5** Portogallo **6** peta- **7** (*mar.*) canotto Pneumatico (in motonautica) **8** Privatista (contrassegno per autoveicoli usati per esercizio di guida)
P. 1 (*geogr.*) Punta *o* Passo (nelle carte geografiche) **2** (*relig.*) Padre
p (*fis.*) **1** pico- | Quantità di moto **2** (*chim.*) piro- **3** (*mus.*) piano
p. pagina
P2 Propaganda 2 (loggia massonica)
P2P (*elab.*) *ingl.* Peer to Peer (da pari a pari)
P 38 (*mil.*) *ted.* Pistole 1938 (pistola 1938, adottata come pistola d'ordinanza dall'esercito tedesco nel 1938; *est.* pistola di grosso calibro)
PA 1 Palermo **2** (*chim.*) Poliammide **3** Pennsylvania (codice postale) **4** Pubblica Amministrazione **5** (*cine.*) piano americano **6** Patto Atlantico
Pa 1 (*chim.*) protoattinio **2** (*fis.*) pascal
Pa. Pennsylvania (= Penn., Penna.)
P/A polizza avaria
pA peso atomico
p.a. per auguri
PAC 1 (*banca*) Piano di Accumulo del Capitale **2** Politica Agricola Comune **3** Padiglione d'Arte Contemporanea (Milano)
PACLE Periti Aziendali Corrispondenti in Lingua Estera
PAI 1 (*st.*) Polizia Africa Italiana **2** *ingl.* Personal Accident Insurance (assicurazione per danni personali al guidatore e trasportati in caso di incidente nel noleggio di veicoli)
PAL (*tv.*) *ingl.* Phase ALternation *o* ALternating Line (alternazione di fase da riga a riga)
PAM 1 Più A Meno (catena di supermercati) **2** Programma Alimentare Mondiale (FAO/ONU) = WFP **3** Piano d'Azione del Mediterraneo
PAN Pattuglia Acrobatica Nazionale (italiana)
PAN AM *ingl.* PAN AMmerican world airways (Linee aeree americane per tutti i continenti)
PAP *pol.* Polska Agencja Prasowa (agenzia d'informazione polacca)
par. paragrafo
PASOK (*polit.*) *gr.* PAnellinion SOcialisticon Kinema (Movimento socialista panellenico)
Pass. passaporto
p/ass. (*comm.*) porto assegnato
PAT Pio Albergo Trivulzio (Milano)
pat. *ingl.* patent (brevetto) | patented (brevettato)
pax *ingl.* passenger(s) (passeggeri, persone, nelle prenotazioni aeree, navali e alberghiere)
Pb (*chim.*) piombo
PBX *ingl.* Private Branch eXchange (centralino telefonico privato)
PC 1 Piacenza **2** Personal Computer **3** (*chim.*)

Policarbonato **4** (*comm.*) polizza di carico **5** *ingl.* Politically Correct (corretto sotto il profilo politico) **6** Poliacrilico (nelle etichette di tessuti e abiti confezionati)
pc (*fis.*) parsec
p.c. per congedo | per condoglianze | per conoscenza
p/c per conto
pcb (*chim.*) policloruro bifenile
p.c.c. per copia conforme
PCF *fr.* Parti Communiste Français (Partito comunista francese)
PCI 1 (*polit. st.*) Partito Comunista Italiano **2** (*elab.*) *ingl.* Peripheral Component Interconnect (componente periferico collegato)
PCM (*elettron.*) *ingl.* Pulse Code Modulation (modulazione a impulsi codificati)
PCMCIA (*elab.*) *ingl.* Personal Computer Memory Card International Association (ass. internaz. schede memoria per personal computer)
PCN (*tel.*) *ingl.* Personal Communication Network (rete di comunicazione personale, nuova telefonia cellulare europea, *v. anche* DCS)
P.co (*geogr.*) Picco (nelle carte geografiche)
PCP (*chim.*) *ingl.* PentaChloroPhenol (pentaclorofenolo)
PCR (*biol.*) *ingl.* Polymerase Chain Reaction (reazione a catena dell'enzima polimerasi)
PCT (*banca*) Pronti Contro Termine = P/T
PCUS (*st.*) Partito Comunista dell'Unione Sovietica
PCV (*tel.*) *fr.* Paiement Contre Vérification *oppure* à PerCeVoir (pagamento contro verifica *oppure* previa accettazione che il costo della telefonata sarà a carico del destinatario)
PCWA *ingl.* Professional Chess World Association (ass. mondiale del gioco degli scacchi professionale)
PD 1 Padova **2** Poco Difficile (scala difficoltà alpinistiche) **3** (*rag.*) partita doppia
Pd (*chim.*) palladio
PDA (*elab.*) *ingl.* Personal Digital Assistant (assistente informatico personale)
P d'A (*polit. st.*) Partito d'Azione
PDCI Partito Dei Comunisti Italiani
PDF (*elab.*) *ingl.* Portable Document Format (formato per documenti esportabili)
PDIUM (*polit. st.*) Partito Democratico Italiano di Unità Monarchica
PDS 1 (*polit.*) Partito Democratico della Sinistra **2** (*polit.*) *ted.* Partei des Demokratischen Sozialismus (Partito del socialismo democratico, erede del SED della RDT)
PdUP (*polit. st.*) Partito di Unità Proletaria per il comunismo
PE 1 Pescara **2** Parlamento Europeo **3** PoliEtilene (su contenitori di alimenti) **4** Perù
PEC Progetto Educativo Congiunto
PECO Paesi dell'Europa Centro Orientale
PEE Progetto Educativo Europeo
PEEP Piano Edilizia Economica Popolare
PEG Perugia (codice IATA)
PEI (*scol.*) Piano Educativo Individualizzato (per alunni con handicap)
PEN 1 *ingl.* Poets, playwrights editors, Editors, essaysts and Novelists (poeti, commediografi, editori, saggisti e romanzieri, associazione internazionale) **2** Piano Energetico Nazionale
Pen. Penisola (nelle carte geografiche)
Penn., Penna. Pennsylvania (= Pa.)
per o/ e c/ (*comm.*) per ordine e conto
PERT (*org. az.*) *ingl.* Program Evaluation and Review Technique (tecnica di valutazione e revisione dei programmi)
p.es. per esempio
PET 1 (*med.*) *ingl.* Positron Emission Tomography (tomografia a emissione di positroni = TEP) **2** PoliEtilenTereftalato (su contenitori di alimenti)
PEX *ingl.* Purchase EXcursion (tariffa aerea scontata: biglietto a/r con date prefissate, acquistato alla prenotazione)
PF 1 (*comm.*) Prossimo Futuro **2** Per Favore **3** Punto Franco
p/fo piroscafo
PFR (*st.*) Partito Fascista Repubblicano
PG 1 Perugia **2** Procuratore Generale | Procura Generale **3** Prigioniero di Guerra **4** Polizia Giudi-

Sigle, abbreviazioni, simboli

PGR ziaria)
PGR per grazia ricevuta
PGU (*biol.*) Progetto Genoma Umano
pH (*chim.*) *ted.* Potenz Hydrogen (potenziale idrogeno, indice dell'acidità o alcalinità di una soluzione acquosa)
ph (*fis.*) phon | phot
PhD *lat.* Philosophiae Doctor (dottore di filosofia, titolo di specializzazione successivo alla laurea nel sistema anglosassone)
PI 1 Pisa **2** Poliaccoppiato (su contenitori di alimenti) **3** Pubblica Istruzione **4** Pubblico Impiego **5** Partita IVA
p.i. perito industriale
PIL Prodotto Interno Lordo
PIM Programma Integrato Mediterraneo (per aiutare i paesi e zone mediterranei, UE)
PIME Pontificio Istituto Missioni Estere
PIN 1 Prodotto Interno Netto **2** (*mar.*) Preminente Interesse Nazionale (linee di navigazione di) **3** *ingl.* Personal Identification Number (numero di codice di identificazione personale)
pinx. *lat.* pinxit (dipinse, nelle arti figurative può seguire il nome del pittore)
PIP (*tv*) *ingl.* Picture In Picture (immagine nell'immagine, dispositivo per vedere contemporaneamente più programmi televisivi)
P.I.post servizio di Postacelere Interna
pk peck (misura inglese di capacità)
PKK (*polit.*) curdo Partiya Karkeren Kurdistan (Partito dei lavoratori del Kurdistan)
PL 1 (*econ.*) Prodotto Lordo **2** Prima Linea (organizzazione terroristica) **3** Polonia **4** Poliestere (nelle etichette di tessuti e abiti confezionati)
P/L o **P.L.** (*ferr.*) Passaggio a Livello
pl *ingl.* pole (pertica, misura di lunghezza)
PL/1 (*elab.*) *ingl.* Programming Language One (linguaggio di programmazione uno)
PLI (*st.*) Partito Liberale Italiano
PLO *ingl.* Palestine Liberation Organization (Organizzazione per la liberazione della Palestina = OLP)
PLV (*agr.*) Produzione Lorda Vendibile
PLZ Zloty polacco (moneta, simbolo bancario)
PM 1 Posta Militare **2** Polizia Militare **3** (*cine.*) piano medio **4** (*fis.*) *ingl.* Phase Modulation (modulazione di fase) **5** *ingl.* Product Manager (responsabile marketing) **6** (*rad.*) *ingl.* Pulse Modulation (modulazione a impulsi) **7** Pubblico Ministero **8** *lat.* Pontifex Maximus (Pontefice Massimo) **9** *lat.* Piae Memoriae (di santa memoria)
Pm (*chim.*) prometeo
pM peso molecolare
p.m. 1 *lat.* post meridiem (dopo mezzogiorno, per indicare le ore fino a mezzanotte nell'uso anglosassone) **2** *lat.* post mortem (dopo la morte)
PMI Piccola e Media Industria (o impresa)
PMMA (*chim.*) Polimetilmetacrilato
PMN (*econ.*) Prodotto Materiale Netto
PMO Palermo (codice IATA)
PMP 1 (*st.*) Partito Monarchico Popolare **2** Presidio Multizonale di Prevenzione
PN Pordenone
PNF (*st.*) Partito Nazionale Fascista
PNGP Parco Nazionale del Gran Paradiso
PNL 1 Pantelleria (codice IATA) **2** Prodotto Nazionale Lordo
PNM (*st.*) Partito Nazionale Monarchico
PNN Prodotto Nazionale Netto
PNR Programma Nazionale di Ricerca
PO 1 Posta Ordinaria **2** (*sport*) pre-olimpionico **3** *ingl.* Postal Order (vaglia postale) **4** Potere Operaio **5** Prato
Po (*chim.*) polonio **2** (*fis.*) poise
POA Pontificia Opera d'Assistenza
POF Piano di Offerta Formativa
Pokemon *ingl.* POcKEt MONster (pupazzo mostruoso tascabile)
POLARIA POLizia dell'ARIA (servizio di Polizia aerea, addetta agli scali aerei)
POLFEM POLizia FEMminile
POLFER POLizia FERroviaria
POLISARIO (**Front**) *fr.* front POpulaire pour la LIbération de SAguia el-Hamra et RIO de oro (Fronte popolare per la liberazione del Sahara occidentale)
POLITBJURO *russo* POLITiceskoe BJURO (ufficio politico, del comitato centrale del partito comunista dell'ex-Unione Sovietica)
POLITE Pari Opportunità nei LIbri di TEsto
POLMARE POLizia del MARE (servizio di Polizia marittima, addetta agli scali marittimi)
POLPOST POLizia POSTale
POLSTATO POLizia di STATO
POLSTRADA POLizia STRADAle
POP (*elab.*) *ingl.* Point Of Presence (Punto di accesso)
port. portoghese
POS *ingl.* Point Of Sale (punto di vendita)
Postel servizio pubblico di POSTa ELettronica
POTOP POTere OPeraio
PP PoliproPilene (su contenitori di alimenti)
PP. 1 (*eccl.*) *lat.* Patres (Padri) **2** *lat.* posuerunt (posero, nelle iscrizioni latine)
P.P. 1 (*cine.*) primo piano **2** (*fis.*) *ingl.* push-pull (controfase) **3** profitti e perdite **4** (*eccl.*) Papa (posposto al nome latino assunto e preposto al numero): *Ioannes Paulus P.P. II* | *lat.* Pater Patrum (Padre dei Padri)/ Pastor Pastorum (Pastore dei Pastori)/ Pastor Primarius (Primo Pastore) **5** *lat.* Pater Patriae (Padre della Patria) **6** *lat.* Praemissis Praemittendis (premesso ciò che si deve premettere)
pp. 1 pagine **2** (*mus.*) pianissimo
p.p. 1 pacco postale **2** per procura
PPI 1 (*polit.*) Partito Popolare Italiano **2** *ingl.* Plan Position Indicator (indicatore panoramico, sistema radar)
ppm parti per milione
pp.nn. pagine non numerate
PPP (*cine.*) primissimo piano
ppp (*mus.*) più che pianissimo
PP.SS. Partecipazioni Statali
PPT 1 Presidio Psichiatrico Territoriale **2** Progetto Pilota Transnazionale
PP.TT. Poste e Telecomunicazioni (Ministero delle)
PQ Primo Quarto (di luna)
p.q.m. (*dir.*) per questi motivi
PR 1 Partito Radicale **2** *ingl.* Public Relations (pubbliche relazioni) **3** Procuratore della Repubblica **4** Piano Regolatore **5** Per Ringraziamento **6** Parma **7** Puerto Rico (codice postale) **8** Polizia Regionale
Pr 1 (*chim.*) praseodimio **2** (*fis.*) priestley
pr. (*borsa*) privilegiato
PRA Pubblico Registro Automobilistico
PRC 1 *ingl.* People's Republic of China (Republica popolare cinese) **2** Partito della Rifondazione Comunista = RC
pref. (*borsa*) preferenziale
Preg. Pregiato (nella corrispondenza)
Preg.mo Pregiatissimo (nella corrispondenza)
PRG Piano Regolatore Generale
PRI (*polit.*) Partito Repubblicano Italiano
PRM *ingl.* Public Relations Man (addetto alle pubbliche relazioni)
Proc. Gen. Procuratore Generale | Procura Generale = PG
Prof. Professore
Prof.ssa Professoressa
prog. programma
PRO.LOG. (*elab.*) *ingl.* PROgramming in LOGic (programmazione in logica, linguaggio)
Prov. Provincia (nelle carte geografiche)
PRS (*autom.*) *ingl.* Progressive Restraint System (sistema di ritenuta progressiva delle cinture di sicurezza)
PS 1 Pesaro **2** Polistirene *o* Polistirolo (su contenitori per alimenti) **3** Pubblica Sicurezza, Polizia di Stato **4** postscriptum **5** partita semplice **6** prodotto sociale **7** (*fis.*) protosincrotrone **8** Pronto Soccorso
PSA 1 Pisa (codice IATA) **2** *fr.* Peugeot Société Anonyme (Società anonima Peugeot, fabbrica di automobili) **3** *ingl.* (*med.*) Prostatic Specific Antigen (test) (antigene prostatico specifico, test per l'individuazione di tumore prostatico)
PSd'A (*polit.*) Partito Sardo d'Azione
PSDI (*polit. st.*) Partito Socialista Democratico Italiano
PSG (*econ.*) Prodotto Sociale Globale
PSI (*polit.*) Partito Socialista Italiano
PSIUP (*polit. st.*) Partito Socialista Italiano di Unità Proletaria
PSOE (*polit.*) *sp.* Partido Socialista Obrero Español (Partito socialista spagnolo)
PSR Pescara (codice IATA)
PSSC *ingl.* Physical Science Study Committee (Comitato per lo studio della scienza fisica)
PSU (*polit. st.*) Partito Socialista Unificato | Partito Socialista Unitario
PT 1 Pistoia **2** Poliestruso (su contenitori per alimenti) **3** Posta e Telegrafi, *oggi* Poste e Telecomunicazioni **4** Polizia Tributaria **5** Piccolo Teatro
Pt (*chim.*) platino
P/T *v.* PCT
pt *ingl.* pint (pinta)
P.ta Punta (nelle carte geografiche)
PTE Escudo portoghese (moneta, simbolo bancario)
PTFE (*chim.*) Politetrafluoroetilene
PTM Paese Terzo Mediterraneo (rispetto alla UE)
PTN Malaysia
PTP Posto Telefonico Pubblico
PTPR Piano Territoriale Paesistico Regionale
PTS Particelle Totali Sospese (nei rilevamenti dello stato dell'aria urbana)
PTT *fr.* Postes, Télécommunications et Télédiffusion (poste, telecomunicazioni e telediffusione)
Pu (*chim.*) plutonio
PUF *fr.* Presses Universitaire de France (Stampa universitaria francese)
PULSAR (*astron.*) *ingl.* Pulsating Star (stella pulsante)
PUT Piano Urbano del Traffico
PV 1 Pavia **2** (*ferr.*) Piccola Velocità
PVC polivinilcloruro (su contenitori per alimenti)
p.v., p/v prossimo venturo
Pvr *ingl.* Personal Video Recorder (videoregistratore personale)
PVS Paese in Via di Sviluppo
PY Paraguay
PYG Guarani paraguaiano (moneta, simbolo bancario)
PZ Potenza
P.zo Pizzo (nelle carte geografiche)

Q 1 (*fis.*) quantità di calore | fattore di merito **2** *ingl.* Queen (Regina, nelle carte da poker e da ramino) **3** Qatar
q 1 quintale **2** (*fis.*) quantità di elettricità **3** *lat.* que (che, in paleografia)
q. 1 quota **2** qualcuno
Q8 Kuwait Petroleum (Q8 e Kuwait hanno uguale pronunzia inglese)
QANTAS *ingl.* Queensland And Northern Territory Aerial Services (Linee aeree australiane)
q.b. (*farm.*) quanto basta
QBFFFS *lat.* Quod bonum faustum felix fortunatumque sit (perché sia buono fausto felice e fortunato, nelle iscrizioni latine)
QC Qualità Controllata | *ingl.* Quality Control (controllo di qualità)
qc. qualcuno
q.c. qualcosa
QE Quoziente Energetico (apporto calorico del cibo/peso corporeo)
qed *lat.* quod erat demonstrandum (ciò che era da dimostrare)
QF Codice compagnia aerea australiana (Qantas Airways)
QG Quartier Generale
QI (*psicol.*) Quoziente d'intelligenza = IQ
QR (*med.*) Quoziente Respiratorio
qs (*farm.*) *lat.* quantum satis (quanto sufficiente)
qt *ingl.* quart (quarto di gallone)
quasar (*astron.*) *ingl.* QUAsi StellAR object (oggetto quasi stellare)
4 × 4 (*autom.*) quattro ruote motrici
q.v. *lat.* quod vide (vedi, nei rimandi)

R 1 Romania **2** (*fis.*) resistenza elettrica **3** (*mar.*) *ingl.* Racer (motore entrobordo da corsa) **4** treno Regionale **5** (*ferr.*) *fr.* Réservation (prenotazione facoltativa) **6** Re (scacchi)
R̄ (*ferr.*) *fr.* Réservation (prenotazione obbligatoria)

°R (*fis.*) grado Rankine
R. 1 regio | reale **2** raccomandata
r 1 recto **2** (*mat.*) raggio
ρ (*fis.*) resistività elettrica
°r (*fis.*) grado Réaumur
® marchio Registrato
RA 1 Ravenna **2** Argentina | *sp.*República Argentina **3** Ritenuta d'Acconto **4** *ingl.*Royal Academy (Accademia reale)
Ra (*chim.*) radio
r.a. ricerca automatica (di linea, in centralini telefonici)
racc. (*posta*) raccomandata
rad (*mat.*) radiante
RADAR *ingl.* Radio Detecting and Ranging (radiorivelatore e misuratore di distanza)
RAF 1 *ingl.* Royal Air Force (reale aviazione militare) **2** (*fis.*) regolazione autom. di frequenza **3** *ted.* Rote-Armee-Fraktion (frazione dell'Armata Rossa, organizzazione terroristica)
Rag. Ragioniere
RAI 1 Radio Audizioni Italia, oggi RAI-TV **2** Registro Aeronautico Italiano
RAI-TV Radio televisione italiana
RAM 1 (*elab.*) *ingl.* Random Access Memory (memoria ad accesso casuale) **2** Ridotte Attitudini Militari
RAS 1 Riunione Adriatica di Sicurtà **2** Rappresentanze Aziendali Sindacali
RATP *fr.* Régie Autonome des Transports Parisiens (gestione autonoma dei trasporti parigini)
RAU Repubblica Araba Unita
RB Botswana
Rb (*chim.*) rubidio
RBC (*med.*) *ingl.* red blood cell (globulo rosso, eritrocita)
Rbds *ingl.* Radio broadcast data system (sistema di radiotrasmissione di dati)
RC 1 (*fis.*) resistenza-capacità **2** Reggio Calabria **3** Taiwan **4** Responsabilità Civile **5** Rifondazione Comunista = PRC
RCA 1 Responsabilità civile autoveicoli **2** *ingl.* Radio Corporation of America (Società americana per la radio-diffusione) **3** Repubblica Centrafricana
RCB Congo
RCCI Radio Club Ciechi d'Italia
RCH Cile
RCS Rizzoli Corriere della Sera
RD Codice compagnia aerea italiana (Avianova)
R.D. Regio Decreto
RDA *ingl.* Recommended Dietary Allowances (razioni giornaliere raccomandate)
RDL Regio decreto legge *o* legislativo
RDS *ingl.* Radio Data System (sistema di radio-trasmissione di dati)
RDT (*st.*) Repubblica Democratica Tedesca = DDR
RE Reggio Emilia
Re 1 (*chim.*) renio **2** (*mat.*) parte reale
R/E (*banca*) ricavo effetti
R & B (*mus.*) *ingl.* Rhythm and Blues
REG Reggio Calabria (codice IATA)
Reg. regolamento
REM *ingl.* Rapid Eye Movements (movimenti rapidi degli occhi, fase del sonno)
RENAMO *fr.* RÉsistence NAtionale du MOçambique (resistenza nazionale del Mozambico)
RER *fr.* Réseau Express Régional (rete ferroviaria espressa regionale, nell'area parigina)
RES *ingl.* Rail Europe Senior (ferrovia Europa per anziani, tariffa scontata)
R&S Ricerca e Sviluppo
Rev. Reverendo
REW *ingl.* Rewind (riavvolgimento veloce, in registratori e sim.)
RF 1 *fr.*République Française (Repubblica francese) **2** (*fis.*) radio frequenza
RFT Repubblica Federale Tedesca = BRD
RG 1 Ragusa **2** Codice compagnia aerea brasiliana (VARIG) **3** Guinea
RH Haiti (targa autom.)
Rh 1 (*chim.*) rodio **2** (*biol.*, *fisiol.*) deriv. da Macacus *Rhesus*, fattore antigene del sangue umano
Rh.B. *ted.* Rhätische Bahn (Ferrovia retica)
RI 1 Repubblica Italiana **2** Rendita Ital. **3** Rotary International **4** Rhode Island (codice postale) **5** (*mar.*) Registro Italiano **6** Rieti **7** Indonesia
RiBa Ricevuta Bancaria
RIBOR *ingl.* Rome InterBank Offered Rate (tasso interbancario di offerta sulla piazza di Roma)
RID Rapporto Interbancario Diretto (operazione tra banche diverse per ordine del cliente)
RIM Mauritania
RINa Registro Italiano Navale
RIP *lat.* Requiescat o Requiescant in pace (riposi o riposino in pace)
risp. risparmio, risparmiatore
rist. (*edit.*) ristampa
RIV Regolamento Internazionale Veicoli
RIV-SKF Roberto Incerti Villar(Perosa)-Svenska KullagerFabriken
RK Codice compagnia aerea (Air Afrique)
RKO (*cine.*) *ingl.* Radio Keith Orpheum corp.
RL Libano
R-L (*fis.*) resistenza e induttanza
R-L-C (*fis.*) resistenza, induttanza e capacità
RLS (*agr.*) Reddito Lordo Standard
RM 1 Roma **2** Ricchezza Mobile **3** Madagascar
RMI 1 (*fis.*) *ingl.* Radio Magnetic Indicator (indicatore radiomagnetico) **2** Rimini (codice IATA)
RMN (*fis.*) Risonanza Magnetica Nucleare
RN 1 Rimini **2** Niger
Rn (*chim.*) radon
RNA 1 (*biol.*) *ingl.* Ribonucleic Acid (acido ribonucleico)
RO 1 Rovigo **2** Romania **3** ricerca operativa **4** Codice compagnia aerea romena (TAROM)
ROC Registratore Obbligatorio di Cassa
ROE (*econ.*) *ingl.* Return On Equitiy (redditività del capitale)
ROF Ricevuta Obbligatoria Fiscale
ROI (*econ.*) *ingl.* Return Of Investment (redditività dell'investimento)
ROK Corea del Sud
ROL Leu romeno (moneta, simbolo bancario)
ROLO Banca 1497 (dalla fusione di Credito ROmagnoLO con Carimonte)
ROM (*elab.*) *ingl.* Read Only Memory (memoria a sola lettura)
ROMPRES *ingl.* Romanian Press (agenzia d'informazioni romena)
RORC *ingl.* Royal Ocean Racing Club (club reale di gare nautiche oceaniche)
ROS 1 Raggruppamento Operativo Speciale (Carabinieri) **2** (*econ.*) *ingl.* Return On Sales (redditività delle vendite)
rot (*fis.*) curl
ROU Uruguay
RP 1 Relazioni Pubbliche **2** (*chim.*) Reagente Puro **3** Riservata Personale **4** Filippine **5** (*polit.*) turco Refah Partisi (Partito della prosperità, islamico)
RPF (*polit. st.*) *fr.* Rassemblement du Peuple Français (Unione del popolo francese)
RPR (*polit.*) *fr.* Rassemblement Pour la République (Unione per la repubblica)
RPV (*aer.*) *ingl.* Remotely Piloted Vehicle (veicolo pilotato a distanza)
RS (*polit.*) Rinascita Socialistica
RSA 1 Rappresentanza Sindacale Aziendale **2** Residenza Sanitaria Assistenziale
RSI (*st.*) Repubblica Sociale Italiana
RSL (*agr.*) Reddito Standard Lordo
RSM San Marino
RST Ricerca e Sviluppo Tecnologico (prog. UE)
RSU 1 Rappresentanze Sindacali Unitarie **2** Rifiuti Solidi Urbani
RSVP *fr.* Répondez S'il Vous Plaît (si prega di rispondere, spec. nei biglietti d'invito)
R/T radiotelegrafia
RTF *fr.* Radiodiffusion Télévision Française (Radiodiffusione televisione francese fino al 1975, oggi TDF)
RTI Reti Televisive Italiane Spa
RTMS *ingl.* Radio Telephone Mobile System (sistema di radiocomunicazioni per telefonia mobile, rete analogica per telefonia mobile)
RU 1 Regno Unito **2** Relazioni Umane = HR **3** (*tel.*) Rete Urbana **4** Burundi
Ru (*chim.*) rutenio
RU 486 *fr.* Roussel Uclaf 486 (farmaco dalla Roussel Uclaf, che interrompe la gravidanza)
RUC (*dir.*) Revisore Ufficiale dei Conti
RUS Russia
RVM (*tv.*) Registrazione Video-Magnetica
RW Reazione di Wassermann (per la diagnosi della sifilide)
RWA Ruanda
RX Raggi X
S 1 Sud **2** (*chim.*) zolfo **3** (*fis.*) siemens | entropia **4** (*mat.*) superficie **5** Svezia **6** (*mus.*) solo **7** *ingl.* Small (taglia piccola) **8** Sabato
S. 1 Sierra (nelle carte geografiche) **2** Santo
$ Dollaro
s (*fis.*) secondo
s. 1 seguente **2** singolare **3** sostantivo
SA 1 Salerno **2** Arabia Saudita **3** Codice compagnia aerea sudafricana (SAA) **4** Sud Africa | Sud America **5** Società Anonima **6** *ted.* Sturmabteilungen (nella Germania nazista, formazioni d'assalto) **7** *ingl.* Salvation Army (Esercito della salvezza) **8** Sua Altezza **9** (*mil.*) *ingl.* Surface to Air missile (missile terra-aria)
S.a Signora, Signorina
s.a. *lat.* sine anno (senza anno, detto delle opere in cui non è indicato l'anno di stampa)
SAA *ingl.* South African Airways (linee aeree sudafricane)
SAAB *sved.* Svenska Aeroplan Aktie-Bolaget (Società svedese per la costruzione di aeroplani e automobili)
Sab. Sabato
SABENA *fr.* Société Anonyme Belge d'Exploitation de la Navigation Aérienne (Società anonima belga per la navigazione aerea)
SAC 1 *ingl.* Strategic Air Command (comando strategico aereo, USA) **2** *ted.* Schweizer Alpen-Club (Club alpino svizzero)
S.acc. Società in accomandita
S.acc.p.a. Società in accomandita per azioni
SACE Sezione speciale per l'Assicurazione del Credito all'Esportazione
SADE Società Adriatica Di Elettricità
SAF *ingl.* Strategic Air Force (forza aerea strategica, USA)
SAFFA Società Anonima Fabbriche Fiammiferi e Affini
SAI 1 Società Assicuratrice Industriale **2** Società Attori Italiani **3** Società Astronomica Italiana **4** Società Aeronautica Italiana
SAIE SAlone internazionale dell'Industrializzazione Edilizia
SAIPEM Società Anonima Italiana Perforazioni E Montaggi (del gruppo ENI)
SAIT Salone Abbigliamento ITaliano
SALT 1 *ingl.* Strategic Arms Limitation Talks *o* Treaty (trattative per la limitazione di armi strategiche) **2** Società Autostrada Ligure Toscana
SAM 1 Società Aerea Mediterranea **2** Squadre d'Azione Mussolini **3** *ingl.* Surface-to-Air Missile (missile terra-aria) **4** (*chim.*) Adenosilmetionina
SAMA (*aer.*) Sistema Antincendio Modulare Aviotrasportato
SAMIA SAlone Mercato Internazionale dell'Abbigliamento
SAMOTER SAlone MOvimento TERra
SAN (*med.*) Sindrome di Astinenza Neonatale
SAP 1 Squadra d'Azione Patriottica **2** Sindacato Autonomo di Polizia
SAR 1 Sua Altezza Reale **2** Società Aeroporti di Roma **3** Ryal saudiano (moneta, simbolo bancario)
SARI (*posta*) Sistema Automatico di Riconoscimento Indirizzi
SAROM Società Azionaria Raffinazione Olii Minerali
SAS 1 Servizio Assistenza Stradale **2** *ingl.* Scandinavian Airlines System (Compagnia aerea scandinava) **3** *ingl.* Special Air Service (forza aerea speciale, marines inglesi aerotrasportati)
S.a.s. Società in accomandita semplice
SASMI Sindacato Autonomo Scuola Media Italiana
SAT 1 Società Alpinisti Tridentini **2** Servizio Assistenza Tossicodipendenti **3** Siero AntiTetanico
SAU (*agr.*) Superficie Agricola Utilizzata

SAUB

SAUB Struttura Amministrativa Unificata di Base (del servizio sanitario nazionale)
SAUI Struttura Amministrativa Unificata Intermedia
SAUR Struttura Amministrativa Unificata Regionale
SB Servizio Bancoposta
Sb (*chim.*) antimonio
sb (*fis.*) stilb
SBE Silvio Berlusconi Editore
sbf salvo buon fine
SBG *ted.* Schweizerische Bankgesellschaft (Unione delle banche svizzere = UBS)
SBI Società Botanica Italiana
SC **1** Sacro Collegio **2** Sacro Cuore **3** Sacra Congregazione **4** Scuole Cristiane **5** Stato Civile **6** Suprema Corte (di Cassazione) **7** South Carolina (codice postale) **8** *ingl.* Security Council (Consiglio di Sicurezza,ONU) **9** *lat.* Senatus Consultu (secondo parere espresso dal Senato) **10** *ingl.* SuperCity (treno rapido austriaco ad alta velocità)
Sc **1** (*chim.*) scandio **2** Sconto commerciale **3** (*meteor.*) *lat.* Stratocumulus (stratocumulo, tipo di nuvola)
S.C. o **S.Car.** South Carolina
sc. scena
scart (*elettron.*) *fr.* Syndicat des Constructeurs des Appareils Radiorécepteurs et Téléviseurs (Associazione dei costruttori di radioricevitori e televisori)
SCAU Servizio Contributi Agricoli Unificati
SCI Servizio Civile Internazionale
SCICO Servizio Centrale di Investigazione sulla Criminalità Organizzata (Guardia di Finanza; da questo servizio dipendono i GICO)
SCO Servizio Centrale Operativo (Polizia)
SCR (*elettron.*) *ingl.* Silicon Controlled Rectifier (raddrizzatore controllato al silicio, tiristore) = SCS
SCS **1** (*elettron.*) *ingl.* Silicon Controlled Switch (interruttore controllato al silicio, tiristore) = SCR **2** *ingl.* Stop Control System (sistema di controllo dell'arresto)
SCSI *ingl.* Small Computer System Interface (interfaccia per sistemi di piccoli elaboratori)
SCUBA *ingl.* Self-Contained Underwater Breathing Apparatus (apparato autonomo di respirazione subacquea) = ARA
SCV Stato della Città del Vaticano (targa autom.)
SD **1** Swaziland **2** *ted.* Sicherheitsdienst (Servizio di sicurezza nazista) **3** South Dakota (codice postale)
S.D. o **S.Dak.** South Dakota
s.d. **1** senza data **2** *lat.* sine die (senza un giorno fissato)
SDA **1** *ted.* Schweizeische Depeschenagentur (Agenzia telegrafica svizzera, agenzia d'informazioni) **2** Scuola di Direzione Aziendale
SDAFS Scuola Diretta A Fini Speciali (la cosiddetta scuola breve, che rilascia diploma universitario e non diploma di laurea= DU)
SDECE *fr.* Service de Documentation Extérieure et de Contre-Espionnage (Servizio di documentazione estera e controspionaggio, fino al 1982) = DGSE
S.d.f. Società di fatto
SDI (*polit.*) Socialisti Democratici Italiani
SDN Società delle Nazioni
SDP (*st.*) *ted.* Sozial Demokratische Partei (Partito socialdemocratico della ex-RDT)
SDR *ingl.* Special Drawing Rights (diritti speciali di prelievo)
SDT (*aer.*) *ingl.* Scheduled Departure Time (orario programmato di partenza di aereo, in un aeroporto)
SE **1** Sua Eccellenza **2** Sua Eminenza **3** Sud-Est
Se (*chim.*) selenio
s.e. senza editore
SEA Società Esercizi Aeroportuali
SEAL *ingl.* SEa Air Land (mare aria terra, corpo speciale antiterrorismo dei Marines americani)
SEAT **1** Società Elenchi Ufficiali degli Abbonati al Telefono **2** *sp.* Sociedad Española de Automoviles de Turismo (fabbrica spagnola di auto)
SEATO *ingl.* South East Asia Treaty Organization (Organizzazione del trattato del Sud-est asiatico)
sec **1** (*mat.*) secante **2** secolo **3** secondo

SECAM (*tv.*) *fr.* Séquentiel Couleur à Memoire (sequenziale colore a memoria)
SECIT Servizio Centrale Ispettori Tributari
SED (*st.*) *ted.* Sozialistische Einheitspartei Deutschlands (Partito unitario socialista della Germania, della ex-RDT)
SEDI Società Editrice dei Documentari Italiani
SEE Spazio Economico Europeo
S.E.eO. o **SE&O** salvo errori e omissioni, nelle fatture
seg. seguente
SEI Società Editrice Internazionale
SEK Corona svedese (moneta, simbolo bancario)
SEM *ingl.* Scanning Electron Microscope (microscopio elettronico a scansione)
S.Em. Sua Eminenza
sen (*mat.*) seno
SERT SERvizio Tossicodipendenze
SET Società Esercizi Telefonici
SETAF *ingl.* Southern European Task American Force (Unità operativa amer. del Sud Europa)
Sett. Settembre
sett. settentrionale
Sez. Sezione
SF Finlandia
sf (*mus.*) sforzando
SFI *fr.* Société Financière Internationale (società finanziaria internazionale, ONU)
SFIO *fr.* Section Française de l'Internationale Ouvrière (Sezione francese dell'Internazionale operaia, poi Partito socialista francese)
SFM Servizio Ferroviario Metropolitano
SFR Servizio Ferroviario Regionale
S.G. Sua Grazia
sg. seguente
SGC Strada di Grande Comunicazione
SGES Società Generale Esercizi Siciliani
SGI Società Geologica Italiana
sgl *ingl.* single (camera singola, nelle prenotazioni alberghiere)
SGM Sue Gentili (o Graziose) Mani
SGML (*elab.*) *ingl.* Standard General Markup Language (linguaggio standard generale di codifica)
SGOT (*med.*) *ingl.* Serum Glutamic Oxaloacetic Transaminase (transaminasi glutammico-ossalacetica)
SGP Singapore
SGS Società Generale Semiconduttori
sh. *ingl.* shilling (scellino)
SHAPE *ingl.* Supreme Headquarters Allied Powers in Europe (Supremo quartier generale delle Potenze alleate in Europa)
SHF (*fis.*) *ingl.* Super High Frequency (frequenza superelevata)
SHIK *albanese* SHerbimi Informativ Kombetar (Servizio nazionale di informazione, con funzioni di polizia segreta durante il regime comunista)
SHP (*polit.*) *turco* Sosyaldemokrat Halkçi Parti (Partito socialdemocratico popolare)
SHW/WC *ingl.* shower/water closet (camera con doccia e gabinetto, nelle prenotazioni alberghiere)
SI **1** Siena **2** Sistema Internazionale (di unità di misura) **3** (*polit.*) Socialisti Italiani **4** Servizi Interbancari **5** Stazza Internazionale
Si (*chim.*) silicio
SIA **1** Sindacato Ital. Artisti **2** Salone Internaz. dell'Alimentazione **3** Società Ital. di Agronomia
SIAE **1** Società Italiana Autori ed Editori **2** Società Italiana di Antropologia ed Etnologia
SIAS Sindacato Italiano Autori e Scrittori
SIB Società Italiana di Biochimica
SICAV (*banca*) Società di Investimento a CApitale Variabile
SICOF Salone Internazionale Cine Ottica Foto e audiovisivi
SID Servizio Informazioni Difesa (1966-1977)
SIDA **1** Sindacato Italiano Dottori Agrari **2** Sindacato Italiano Lavoratori dell'Automobile **3** (*med.*) *fr.* Syndrome d'ImmunoDépression Acquise (sindrome d'immunodeficienza acquisita) = AIDS
SIDARMA Società Italiana D'ARMAmento
SIDIS SIstema DIScount (catena di supermercati)
SIDRIA Studi Italiani sui Disturbi Respiratori e l'Ambiente

SIECA Sindacato Ital. Editori Compositori Autori
SIEDS Società Italiana di Economia Demografia e Statistica
SIFAR Servizio Informazioni Forze ARmate (1949-1966)
Sig. Signore
Sigg. Signori
Sig.na Signorina
Sig.ra Signora
SILB Sindacato Italiano Locali da Ballo
SILCEA Sindacato Italiano Lavoratori del Credito ed Enti Assimilati
SILP Sindacato Ital. Lavoratori Postelegrafonici
SIM **1** Società Internazionale di Musicologia **2** Servizio Informazioni Militari (1927-1949) **3** Società d'Intermediazione Mobiliare **4** (*tel.*) *ingl.* Subscriber Identity Module (scheda d'identità dell'abbonato alla telefonia mobile GSM) **5** Società Italiana di Malacologia
SIMAP Servizio di Igiene Mentale e Assistenza Psichiatrica
SIMCA *fr.* Société Industrielle de Mécanique et Construction Automobiles (Società industriale di meccanica e costruzioni d'automobili)
SIMG Società Italiana di Medicina Generale
SIMP Società Italiana di Mineralogia e Petrologia
sin (*mat.*) seno
sin. sinistro/a
SINU Società Italiana di Nutrizione Umana
SIO v. SIOSSIGENO
SIOA Salone dell'Informatica, della telematica e della Organizzazione Aziendale
SIOS Servizio Informazioni Operative e Sicurezza (dipende dal ministero della Difesa per le tre Armi)
SIOSSIGENO Società per l'Industria dell'OSSIGENO e altri gas = SIO
SIP **1** Società Italiana per l'Esercizio delle Telecomunicazioni p.a. (già Società Idroelettrica Piemonte, oggi TELECOM ITALIA S.p.A.) **2** Sindacato Italiano Periti **3** Società Italiana di Parapsicologia **4** Società Italiana di Pediatria
SIPAC Sindacato Italiana Piloti Aviazione Civile
SIPE Società Italiana Prodotti Esplosivi
SIPRA Società Italiana Pubblicità per Azioni (già Società Italiana Pubblicità RAdiofonica)
SIR **1** Società Italiana Resine **2** Salone Internazionale del Regalo **3** Servizio d'Informazione Religiosa (della CEI)
SIRDS *ingl.* Single Image Random Dots Stereogram (stereogramma a punti casuali in singola immagine)
SIREMAR SIcilia REgionale MARittima (società di navigazione)
SIRM Società Italiana Radio Marittima
SIRTI Società Ital. Reti Telefoniche Interurbane
SIS **1** Servizio Ispettivo di Sicurezza **2** Società Italiana di Statistica **3** Servizio Informazioni Sicurezza **4** *ingl.* Schengen Information System (sistema d'informazioni, connesso al trattato di Schengen, UE, in cui sono confluiti i dati segnaletici di ricercati dalle polizie dei paesi aderenti)
SISA **1** Società Italiana Supermercati Associati **2** Società Italiana di Scienza dell'Alimentazione
SISAL Sport Italia Società A responsabilità Limitata
SISDE Servizio per l'Informazione e la Sicurezza DEmocratica (dal 1978)
SISMI Servizio per l'Informazione e la Sicurezza MIlitari (dal 1978)
SISSA Scuola Internazionale Superiore di Studi Avanzati
SIT Servizio Ispettivo Tributario
SITAM Società Italiana Trasporti Aerei Merci
SIULP SIndacato Unitario dei Lavoratori di Polizia
SJ *lat.* Societas Jesus (Compagnia di Gesù = CdG)
SK **1** Codice compagnia aerea scandinava (SAS) **2** Slovacchia
Sk (*fis.*) stoke
s.l. **1** (*sport*) stile libero **2** senza luogo (in bibliografia)
SLC Sindacato Lavoratori della Comunicazione
SLI Società di Linguistica Italiana
s.l.m. sul livello del mare
s.l.n.d. senza luogo né data (in bibliografia)

SLO Slovenia
SM *1* Stato Maggiore *2* Sua Maestà *3* Sue Mani
Sm (*chim.*) samario
SMA *1* Scuola Militare Alpina *2* SuperMercati Alimentari
SMAL Servizio Medicina Ambiente Lavoro
SMAU Salone internazionale sistemi per l'informatica Macchine Arredamento Ufficio
SMC *1* Servizio Militare Compiuto *2* (*st.*) Sua Maestà Cattolica
SME *1* Società Meridionale Finanziaria (già Società Meridionale di Elettricità) *2* Stato Maggiore Esercito *3* Sistema Monetario Europeo *4* (*eccl.*) *lat.* Sancta Mater Ecclesia (Santa Madre Chiesa)
SMG Stato Maggiore Generale
SMI *1* Società Metallurgica Italiana *2* Sua Maestà Imperiale
SMK *ingl.* SuperMarKet (supermercato)
SMOM Sovrano Militare Ordine di Malta
SMS (*tel.*) *ingl.* Short Message System (sistema per invio di brevi messaggi)
SN *1* Senegal *2* Codice compagnia aerea belga (SABENA)
Sn (*chim.*) stagno
S/N (*fis.*) *ingl.* Signal Noise (segnale / rumore)
s.n. senza numero (di pagina, in bibliografia)
SNALS Sindacato Nazionale Autonomo Lavoratori della Scuola
SNAM Società NAzionale Metanodotti
SNASIC Sindacato NAz. Stampa Informazione e Comunicazione tecnico-scientifica e locale
SNAV Società di Navigazione ad Alta Velocità
s.n.c. società in nome collettivo
SNCCI Sindacato Nazionale Critici Cinematografici Italiani
SNCF *fr.* Société Nationale des Chemins de Fer Français (Società naz. delle ferrovie francesi)
SNG *russo* Sodrujestvo Niezavisimic Gosudarst (Comunità stati indipendenti, parte dell'ex-URSS = CSI)
SNIA *1* Società di Navigazione Italo-Americana *2* (**Viscosa**) Società Nazionale Industria Applicazioni (Viscosa)
s.n.t. senza note tipografiche (in bibliografia)
SO *1* Sondrio *2* Sud-Ovest = SW
Soa Società Organismo di Attestazione
Soc. Società
SOCOF SOvrimposta COmunale (sul reddito) dei Fabbricati
SOGEME SOcietà GEstione MEnse
SOHO *ingl.* SOuth of HOuston street (zona di Manhattan, New York, abitata da artisti con negozi e locali alternativi)
SOI *1* Società Oleodotti Italiani *2* Società Ornitologica Italiana
SONAR *ingl.* Sound Navigation and Ranging (navigazione e misurazione per mezzo del suono)
sopr. (*filat.*) soprastampa
soprast. (*filat.*) soprastampato
SOS *1* segnale internazionale di pericolo variamente interpretato: *ingl.* Save our Souls (salvate le nostre anime); *ingl.* Save our Ship (salvate la nostra nave); *ingl.* Save our Sailors (salvate i nostri marinai); *ingl.* Stop other Signals (sospendete altri segnali). In realtà il segnale consiste in un gruppo di tre lettere dell'alfabeto Morse ripetute senza riferimento a particolari significati, bensì scelte per semplicità e chiarezza di trasmissione *2* Scuola Orientata allo Studente
sost (*mus.*) sostenuto
SOWETO *ingl.* SOuthWEstern TOwnship (insediamento urbano pianificato di neri africani, Johannesburg, Sudafrica)
SP *1* La Spezia *2* Somalia
S.P. *1* Santo Padre *2* Strada Provinciale *3* (*mil.*) Servizio Permanente
sp. spagnolo
S.p.A. Società per Azioni
Spaid Sottosistema Periferico per l'Acquisizione delle Impronte Digitali
SPAL Società Polisportiva Ars et Labor (società calcistica di Ferrara)
SPD (*polit.*) *ted.* Sozialdemokratische Partei Deutschlands (Partito socialdemocratico tedesco)
SPE *1* (*mil.*) Servizio Permanente Effettivo *2* Società Pubblicità Editoriale
spec. specialmente

SPES Servizio Propaganda E Stampa (della ex-Democrazia Cristiana)
Spett. Spettabile
SPGM Sue Proprie Gentili Mani
SPI *1* Società per la Pubblicità in Italia *2* Società Psicoanalitica Italiana
SPM Sue Proprie Mani
SPORTASS cassa di previdenza per l'ASSicurazione degli SPORTivi
SPPR Sindacato Presidi e Professori di Ruolo
SPQR *lat.* Senatus Populusque Romanus (Il senato e il popolo di Roma)
SQ Codice compagnia aerea (Singapore Airlines)
sq *ingl.* square (quadrato)
SQL (*elab.*) *ingl.* Structured Query Language (linguaggio strutturato per interrogazioni di un database)
SR *1* Siracusa *2* Codice compagnia aerea svizzera (Swissair)
Sr *1* (*chim.*) stronzio *2* sconto razionale
sr *1* senior *1* (*mat.*) steradiante
S.ra Sierra (nelle carte geografiche)
SRAM *ingl.* Short Range Attack Missile (missile d'attacco a gittata corta)
SRB Stazione Radio Base (di telefonia mobile)
SRC Santa Romana Chiesa
SRF Servizio Repressione Frodi (alimentari)
SRI Sacro Romano Impero
s.r.l. Società a responsabilità limitata
SRM Sue Riverite Mani
SS *1* Sassari *2* *ted.* Schutzstaffeln (squadre di sicurezza naziste)
SS. Santi | Santissimo
S.S. *1* Sua Santità | Santa Sede *2* Strada Statale
ss. seguenti (in bibliografia)
SSB *ingl.* Single-SideBand (banda laterale unica)
SSBS *fr.* Sol-Sol Balistique Stratégique (missile terra-terra balistico strategico)
SSE Sud-Sud-Est
SSI *1* Società Speleologica Italiana *2* *ingl.* Scuba Schools International (scuole internaz. di immersione subacquea con autorespiratore ad aria)
SSK *ingl.* Submarine Submarine Killer (sommergibile distruttore di sommergibili)
SSLP *fr.* Sol-Sol Longue Portée (missile terra-terra di lunga distanza)
SSN Servizio Sanitario Nazionale
SSO Sud-Sud-Ovest = SSW
SSPA Scuola Superiore della Pubblica Amministrazione
SSR *ingl.* Secondary Surveillance Radar (radar secondario)
SS.RR. Sezioni Riunite (della Corte di Cassazione)
SSSR *russo* Sojuz Sovetskich Socialističeskich Respublik *v.* URSS
S/S, **s/s** *ingl.* SteamShip (nave a vapore)
SSV Strada a Scorrimento Veloce
SSW *ingl.* South South-West (Sud-Sud-Ovest = SSO)
St (*meteor.*) *lat.* Stratus (strato, tipo di nuvola)
St. *ingl.* Saint (Santo)
STALAG *ted.* STAmmLAGer (campo di prigionia tedesco nella Seconda Guerra mondiale)
STANDA Società Tutti Articoli Necessari Dell'Abbigliamento (arredamento) (catena di grandi magazzini)
START *ingl.* Strategic Arms Reduction Talks (Trattative per riduzione di armi strategiche)
STASI *ted.* Staatssicherheitsdienst (Servizio per la sicurezza dello Stato, servizio segreto dell'ex-RDT)
STC Segreteria Telefonica Centralizzata (per abbonati alla telefonia mobile)
st. civ. stato civile
STET Società Torinese Esercizi Telefonici (*poi* Soc. Finanziaria Telefonica per azioni, *oggi*, incorporata nella Telecom Italia, ne assumerà il nome)
Stim. Stimato
Stim.mo/a Stimatissimo/a (nella corrispondenza)
STIPEL Società Telefonica Interregionale Piemontese E Lombarda
Stm *ingl.* Sgs Thompson Microelectronics (microelettronica Thompson SGS)

STOL (*aer.*) *ingl.* Short Take Off and Landing (decollo e atterraggio corti)
Str. Stretto (nelle carte geografiche)
str (*mat.*) sterangolo, steradiante
SU Codice compagnia aerea russa (AEROFLOT)
SUA Stati Uniti d'America = USA
SUF Lamezia Terme (codice IATA)
SUNIA Sindacato Unitario Nazionale Inquilini e Assegnatari
sup. superiore
SUPERAL SUPERiorità ALimentare (catena di supermercati)
suppl. supplemento (in bibliografia)
SUR Rublo russo (moneta, simbolo bancario)
SUV (*autom.*) *ingl.* Sport Utility Vehicle (autoveicolo per lo sport e il lavoro)
SV *1* Savona *2* Codice compagnia aerea saudita (SAUDIA) *3* Signoria Vostra
Sv (*fis.*) sievert
sv *1* (*mus.*) sottovoce *2* *lat.* sub voce (sotto la voce, in rinvii)
sved. svedese
SVI *1* Signoria Vostra Illustrissima *2* Servizio Italiano Valanghe
SVIMEZ Ass. per lo Sviluppo dell'Industria nel Mezzogiorno
SVP *1* (*polit.*) *ted.* Südtiroler Volkspartei (Partito popolare sud tirolese) *2* *fr.* S'il Vous Plaît (per favore)
SW *1* *ingl.* South West (Sud-Ovest = SO) *2* (*rad.*) *ingl.* Short Waves (onde corte = OC) *3* (*elab.*) *ingl.* Software *4* (*autom.*) *ingl.* Station Wagon
SWAPO *ingl.* South-West Africa People's Organization (Organizzazione del popolo dell'Africa del Sud-Ovest, partito della Namibia)
SWIFT (*banca*) *ingl.* Society for Worldwide Interbank Financial Telecommunication (Società di telecomunicazioni finanziarie interbancarie mondiali)
SWISSAIR SWISS AIR system
Sx sinistro, sinistra
SYR Siria
SZ *ted.* Süddeutsche Zeitung (quotidiano d'informazione di Monaco di Baviera)

T *1* Tabaccheria, Tabacchi (nelle insegne) *2* (*fis.*) periodo | tesla | energia cinetica | temperatura termodinamica *3* tera- *4* (*mus.*) tutti *5* Terra (pianeta) *6* Thailandia *7* (*chim.*) tritio *8* Turistico (scala difficoltà escursionistiche) *9* Tossico (su confezione di prodotti di uso domestico) *10* (*biol.*) Timina (base pirimidinica del DNA) *11* Torre (scacchi) *12* Traforo *o* tunnel
T. *o* **Torr.** Torrente (nelle carte geografiche)
t *1* tonnellata *2* (*fis.*) tempo *3* termine *4* tara *5* tomo
T1 traforo del Monte Bianco
T2 *1* traforo del Gran San Bernardo *2* (*ferr.*) Turistico due (vettura-letti con compartimenti a due letti e, comunemente, un posto in tale vettura)
T3 *1* (*bioch.*) Triiodotironina *2* (*ferr.*) Turistico tre (vettura-letti con compartimenti a tre letti e, comunemente, un posto in tale vettura)
T4 *1* traforo del Fréjus *2* Trimetilentrinitroammina (esplosivo) *3* (*med.*) Tetraiodotironina
T9 (*tel.*) *ingl.* Text input 9 (sistema per la scrittura rapida di testi basato sui soli 9 tasti alfabetici dei telefoni)
TA Taranto
Ta (*chim.*) tantalio
TAB vaccino contro Tifo e paratifo A e B
tab. tabella
TAC (*med.*) Tomografia Assiale Computerizzata
TACS (*tel.*) *ingl.* Total Access Communication System (sistema di comunicazione ad accesso totale su 900 MHz, nella telefonia mobile)
TAEG (*banca*) Tasso Annuo Effettivo Globale
TAF Treno ad Alta Frequentazione
TAN (*banca*) Tasso Annuale Nominale
tan (*mat.*) tangente
TAP *port.* Transportes Aéreos Portugueses (Linee aeree portoghesi)
TAR Tribunale Amministrativo Regionale
TAROM *rum.* Transporturile Aeriene Romane (Trasporto aereo romeno)

Sigle, abbreviazioni, simboli

TARSU TAssa Rifiuti Solidi Urbani
TAS Tribunale Arbitrale dello Sport
TASCAP TASsa Comunale per Arti e Professioni = ICIAP
TASCO TASsa COMunale
TASS *russo* Telegrafnoe Agentstvo Sovetskogo Sojuzsa (Agenzia telegrafica dell'Unione Sovietica, agenzia d'informazioni)
TAT **1** (*psic.*) Test di Appercezione Tematica **2** (*tel.*) Tariffa A Tempo
TATE (*tel.*) Tariffa A Tempo Esatto
TAV Treno ad Alta Velocità = AVE, HST, ICE, TGV
Tb (*chim.*) terbio
TBC, tbc (*med.*) tubercolosi
TBZ (*chim.*) TiaBendaZolo (conservante alimentare, E233)
Tc (*chim.*) tecnezio
t/c turbocisterna
TCDD (*chim.*) tetracloro-dibenzo-paradiossina
TCH Ciad
TCI Touring Club Italiano (dal 1945)
TD Molto difficile (scala difficoltà alpinistiche)
T.d. Turbodiesel
TDF *fr.* Télédiffusion De France (Telediffusione di Francia, dal 1975)
TDW (*mar.*) *ingl.* Ton Dead Weight (tonnellata portata lorda = TPL)
TE 1 Teramo **2** (*ferr.*) trazione elettrica
Te (*chim.*) tellurio
TEC Tonnellata Equivalente di Carbone
ted. tedesco
TEE (*ferr.*) treno Trans Europe Express
TEEM (*ferr.*) *ingl.* Trans Europe Express Merchandises (treno TEE per trasporto merci)
TELECOM ITALIA S.P.A. Società Italiana di Telecomunicazioni
TELESPAZIO Società Italiana per le Comunicazioni via Satellite
TELEX *ingl.* TELeprinter EXchange (trasmissione per telescrivente)
TELVE (società) TELefonica delle VEnezie
TEN (*ferr.*) treno Trans Euro Notte
Ten. Tenente
ten. (*mus.*) tenuto
Tenn. Tennessee
TEP Tonnellata Equivalente di Petrolio
TESOL (*ingl.*) Teaching of English to Speakers of Other Languages (insegnamento dell'inglese ai parlanti altre lingue)
TETI (società) TElefonica TIrrena
TEU (*trasporti*) *ingl.* Twenty-foot Equivalent Unit (unità di volume corrispondente ad un container standard di 20 piedi)
Tex. Texas
TFI (*mat.*) *ingl.* Transfer Function Interpreter (interprete di funzioni di trasferimento)
TFR Trattamento di Fine Rapporto (lavorativo)
TG 1 Telegiornale **2** Codice compagnia aerea thailandese (Thai International)
tg (*mat.*) tangente
TGR Tele Giornale Regionale (RAI-TV)
TGS Tele Giornale testata Sportiva (RAI-TV)
TGSC Territorio Gestione Sociale Caccia
TGV *fr.* Train Grande Vitesse (treno a gran velocità) *v.* AVE, HST, ICE, TAV
Th (*chim.*) torio
th (*fis.*) termia
THY *turco* Turk Hava Yollari (Compagnia aerea turca)
TI (*autom.*) Turismo Internazionale
Ti (*chim.*) titanio
Ti. *lat.* Tiberius (Tiberio, imperatore romano)
TIC Tecnologia dell'Informazione e della Comunicazione
TIF *fr.* Transports Internationaux Ferroviaires (Trasporti internazionali ferroviari)
TIFF (*elab.*) *ingl.* Tagged Image File Format (formato per file di immagini con etichetta)
TIM Telecom Italia Mobile
TIMO Telefoni Italia Medio-Orientale
TIR *fr.* Transports Internationaux Routiers (Trasporti internazionali su strada) **2** Testata per l'Informazione Regionale (RAI-TV)
tit. 1 titolo, in bibliografia **2** titolare
TK Codice compagnia aerea turca (Turkish Airlines-THY)
TI (*chim.*) tallio
Tlc Telecomunicazioni
TLP TeLePass
TM *ingl.* TradeMark (marchio registrato)
Tm (*chim.*) tulio
t.m. (*org. az.*) tempi e metodi
TMC TeleMonteCarlo (canale TV)
TMEC Tempo Medio dell'Europa Centrale
TMG Tempo Medio di Greenwich = GMT
TMP Tassa Monopolio Postale
TN 1 Trento **2** Tunisia **3** Tennessee (codice postale)
TND Dinaro tunisino (moneta, simbolo bancario)
TNP *fr.* Théâtre National Populaire (Teatro nazionale popolare)
TNT (*chim.*) Trinitrotuluolo (tritolo)
T/N, t/n turbonave
TO 1 Torino **2** Tonga **3** *ingl.* Tour Operator (Operatore turistico)
TOM *fr.* Territoire d'Outre-Mer (territorio d'oltremare)
TOREMAR TOscana REgionale MARittima (società di navigazione)
Torr. Torrente (nelle carte geografiche)
TOSAP Tassa sull'Occupazione di Spazi ed Aree Pubblici
tosc. toscano
TOTIP TOTalizzatore IPpico
TOTOCALCIO TOTalizzatore CALCIstico
TOTOGOL TOTalizzatore dei GOL
TP 1 Trapani **2** (*elab.*) *ingl.* Teleprocessing (connessione operativa di computer lontani tra loro) **3** Codice compagnia aerea (TAP-Air Portugal) **4** ass. ital. Tecnici-Pubblicitari
TPA (*nucleo*) Tutela Patrimonio Artistico (Carabinieri)
TPI Tribunale Penale Internazionale
TPL Tonnellata Portata Lorda = TDW
TPN *ingl.* Triphosphopyridine nucleotide (trifosfopiridin nucleotide)
TPS Trapani (codice IATA)
TQ Teatro Quartiere
TR 1 Terni **2** Turchia **3** Tempo Reale
Tr 1 *lat.* tribunus (tribuno, nelle iscrizioni latine) **2** (*comm.*) tratta
tr. (*mus.*) trillo
trad. traduzione/traduttore
trim. trimestre | trimestrale
TR£ Lira turca (moneta, simbolo bancario)
TRN Torino (codice IATA)
tRNA (*biol.*) RNA trasportatore
TRS Trieste (codice IATA)
TS Trieste
TSF 1 telegrafo senza fili **2** telefono senza fili
TSH (*med.*) *ingl.* Thyroid Stimulating Hormone (ormone tireotropo)
TSL (*mar.*) tonnellate stazza lorda
TSN (*mar.*) tonnellate stazza netta
TSO Trattamento Sanitario Obbligatorio
TSP Tribuna Speciale Politica (programma RAI-TV di argomento politico)
TT (*comm.*) *ingl.* Telegraph Transfert (trasferimento o bonifico telegrafico)
TU 1 (*fis.*) tempo universale **2** (*dir.*) Testo Unico **3** *ingl.* Trade Unions (Sindacati inglesi)
TUC Tempo Universale Coordinato
TUIR Testo Unico delle Imposte sui Redditi
TURISANDA società italiana per il TURISmo e la PropagANDA
TUS Tasso Ufficiale di Sconto
TUT (*tel.*) Tariffa Urbana a Tempo
TÜV *ted.* Technischer Überwachungs-Verein (ufficio di controllo tecnico)
TV 1 Treviso **2** TeleVisione
TVA 1 *fr.* Taxe à la Valeur Ajoutée (imposta sul valore aggiunto = IVA, MWSt., VAT) **2** *ingl.* Tennessee Valley Authority (Ente per la valle del Tennessee)
TVB (*anche* TVTB) (*scherz.*) Ti Voglio Bene (Ti Voglio Tanto Bene)
TVC TeleVisione a Colori
TVE *sp.* TeleVisión Española (Televisione spagnola)
TW Codice compagnia aerea americana (TWA)
TWA *ingl.* Trans World Airlines (Linee aeree intercontinentali)
twn *ingl.* twin (camera doppia con letti gemelli, cioè separati, nelle prenotazioni alberghiere)
TW$ Dollaro Taiwan (moneta, simbolo bancario)
TX Texas (codice postale)

U 1 (*fis.*) energia potenziale **2** (*chim.*) uranio **3** Uruguay **4** (*biol.*) Uracile, base pirimidinica dell'RNA **5** *ingl.* Underground (sotterranea, metropolitana londinese)
U. Uadi (nelle carte geografiche)
u 1 (*numism.*) *lat.* unicum (pezzo unico) **2** unità di massa atomica **3** *ted.* und (e)
UA 1 Codice compagnia aerea americana (United Airlines) **2** Unità Astronomica **3** Ucraina (targa autom.)
u.a. unità antigene
UAAR Unione degli Atei e degli Agnostici Razionalisti
UACV Unità di Analisi dei Crimini Violenti (Polizia)
UAE Emirati Arabi Uniti
UAI 1 Unione Astronomica Internazionale **2** Unione Astrofili Italiani
UAR Ufficio Affari Riservati
UAV *ingl.* Unmanned Aerial Vehicle (veicolo aereo senza equipaggio)
U-Bahn *ted.* Untergrundbahn (ferrovia sotterranea, metropolitana)
UBI 1 Unione Bibliografica Italiana **2** Unione Bocciofila Italiana
U-boot (*mil.*) *ted.* Unterseeboot (sommergibile)
UBS Unione di Banche Svizzere
UCAI Unione Cattolica Artisti Italiani
UCD Ufficio Catechistico Diocesano
UCE Unità di Conto Europea
UCEBI Unione Cristiana Evangelica Battista d'Italia
UCEI Ufficio Centrale per l'Emigrazione Italiana
UCI 1 *fr.* Union Cycliste Internationale (Unione ciclistica internazionale) **2** Ufficio Centrale Italiano (gestisce in Italia il certificato internazionale di assicurazione, la "carta verde")
UCID Unione Cristiana Imprenditori Dirigenti
UCIGOS Ufficio Centrale per le Investigazioni Generali e le Operazioni Speciali (Polizia)
UCII Unione delle Comunità Israelitiche Italiane
UCIMU Unione Costruttori Italiani Macchine Utensili
UCIP *fr.* Union Catholique Internationale de la Presse (Unione cattolica internaz. della stampa)
UCK albanese Ushtria Çlirimtare e Kosovës (esercito di liberazione del Kosovo)
UCLA *ingl.* University of California Los Angeles
UCSI Unione Cattolica della Stampa Italiana
UCT Ufficio Controllo Territorio (Polizia)
UD Udine
UDC *ingl.* Universal Decimal Classification (classificazione decimale universale = CDU)
U.d.C. (*polit.*) Unione di Centro
UDDA Unione Democratica Dirigenti d'Azienda
UDE (*agr.*) Unità di Dimensione Economica
UDeuR (*polit.*) Unione dei Democratici per l'Europa
UDF (*polit.*) *fr.* Union pour la Démocratie Française (Unione per la democrazia francese)
UDI Unione Donne Italiane
UDR (*polit.*) Unione dei Democratici per la Repubblica
UE 1 Unione Europea **2** (*farm.*) uso esterno
UECA Unione Europea Commercianti Ambulanti
UEFA *ingl.* Union European Football Associations (Unione europea delle federazioni di calcio)
UEM Unione Economica e Monetaria = EMU
UEO Unione dell'Europa Occidentale
UEP Unione Europea dei Pagamenti
UER Unione Europea di Radiodiffusione
UFA (*cine.*) *ted.* Universum Film Aktiengesellschaft (Società per azioni Universum Film)
Uff. 1 Ufficiale **2** Ufficio
UFO *ingl.* Unidentified Flying Object (oggetto volante non identificato = OVNI)
UGAI Unione Giornalisti Aerospaziali Italiani
UGC Unione Generale Coltivatori
UGI Unione Goliardica Italiana
UGIS Unione Giornalisti Italiani Scientifici
UHF (*fis.*) *ingl.* Ultra High Frequency (frequenza

ultra-alta)
UHT *ingl.* Ultra High Temperature (temperatura ultra-alta, tipo di sterilizzazione alimentare)
U.I. 1 (*farm.*) uso interno **2** unità immunizzanti **3** (*bioch.*) Unità Internazionale = I.U. **4** Unione Industriali
UIA Unione Italiana Autotrasportatori
UIAA Unione Internazionale delle Associazioni di Alpinismo
UIC 1 Ufficio Italiano dei Cambi **2** Ufficio Internazionale dei Cambi **3** *fr.* Union Internationale des Chemins de fer (Unione ferroviaria internazionale) **4** Unione Italiana Ciechi
UICC Unione Italiana Circoli del Cinema
UICPA Unione Internaz. di Chimica Pura e Applicata
UID Unità Immobiliare a Disposizione
UIE *fr.* Union Internationale des Étudiants (Unione internazionale degli studenti)
UIGOS Ufficio Investigazioni Generali e Operazioni Speciali (Polizia)
UIL Unione Italiana del Lavoro
UILDM Unione Italiana Lotta alla Distrofia Muscolare
UILM Unione Italiana Lavoratori Metallurgici
UIMEC Unione Ital. Mezzadri E Coltivatori diretti
UIPMB *fr.* Union Internationale de Pentathlon Moderne et Biathlon (Unione internazionale di pentathlon moderno e biathlon)
UISB Unione Internaz. delle Scienze Biologiche
UISN Unione Italiana Sci Nautico
UISP Unione Italiana SPort per tutti (*già* Unione Italiana Sport Popolare)
UIT 1 *fr.* Union Internationale des Télécommunications (Unione internazionale per le telecomunicazioni) **2** *fr.* Union Internationale de Tir (Unione internazionale di tiro, di armi da fuoco)
UITP Unione Internaz. dei Trasporti Pubblici
UITS Unione Italiana di Tiro a Segno
Uiu unità immobiliare urbana
UK *ingl.* United Kingdom (Regno unito, di Gran Bretagna e Irlanda del Nord = RU)
UL (*agr.*) Unità Lavorativa
ULM (*aer.*) aereo UltraLeggero a Motore
ULU (*agr.*) Unità di Lavoro Umano
UMA 1 Utenti Motori Agricoli **2** *fr.* Union du Maghreb Arabe (unione del Maghreb arabo)
UMC Ufficio Metrico Centrale
UME Unione Monetaria Europea
UMI 1 Unione Matematica Italiana **2** Unione Monarchica Italiana **3** Unione Magistrati Italiani **4** Unione Micologica Italiana
UMTS (*tel.*) *ingl.* Universal Mobile Telecommunications System (sistema universale per telecomunicazioni)
UN *v.* UNO, ONU
UNACOMA Unione NAzionale COstruttori Macchine Agricole
UNATRAS Unione NAzionale TRASportatori
UNAVI Unione Nazionale delle Associazioni Venatorie Italiane
UNCEM Unione Nazionale dei Comuni e degli Enti Montani
UNCI 1 Unione Nazionale Cooperative Italiane **2** Unione Nazionale Cronisti Italiani
UNCTAD *ingl.* United Nations Conference on Trade And Development (conferenza delle Nazioni Unite sul commercio e lo sviluppo)
UNDEL Unione Nazionale Dipendenti Enti Locali
UNDP *ingl.* United Nations Development Programme (programma delle Nazioni Unite per lo sviluppo)
UNEF *ingl.* United Nations Emergency Forces (forze di emergenza delle Nazioni Unite)
UNEMI Unione Naz. Editori di Musica Italiana
UNEP *ingl.* United Nations Environment Program (programma delle Nazioni Unite per l'ambiente)
UNESCO *ingl.* United Nations Educational, Scientific and Cultural Organization (Organizzazione delle Nazioni Unite per l'educazione, la scienza, la cultura)
UNFDAC *ingl.* United Nations Fund for Drug Abuse Control (Fondo delle Nazioni Unite per la lotta contro l'abuso di stupefacenti)
UNHCR *ingl.* United Nations High Commissioner for Refugees (alto commissariato delle Nazioni Unite per i rifugiati) = ACNUR

UNI 1 ente naz. italiano di UNIficazione (*già* Ente naz. per l'unificazione nell'industria) **2** Unione Naturalisti Ital. **3** Unione Naturisti Ital.
UNIA Unione Nazionale Inquilini e Assegnatari
UNICEF *ingl.* United Nations International Children's Emergency Fund (Fondo internaz. di emergenza per l'infanzia delle Nazioni Unite)
UNICOST UNItà per la COSTituzione (corrente della magistratura)
UNIDO *ingl.* United Nations Industrial Development Organization (organizzazione delle Nazioni Unite per lo sviluppo industriale)
UNIEF Unione Nazionale Insegnanti di Educazione Fisica
UNIMA Unione Nazionale delle Imprese di Meccanizzazione Agricola
UNIONCAMERE UNIONe italiana delle CAMERE di commercio
UNIPRO Unione Nazionale Industria PROfumeria
UNIRE Unione Nazionale per l'Incremento delle Razze Equine
UNITA *port.* União Nacional para a Indipendencia Total de Angola (unione nazionale per l'indipendenza totale dell'Angola)
UNITALSI Unione Nazionale Italiana Trasporto Ammalati a Lourdes e Santuari Italiani
UNIVAC *ingl.* Universal Automatic Computer (calcolatore universale automatico)
UNO *ingl.* United Nations Organization (Organizzazione delle Nazioni Unite = ONU)
UNPROFOR *ingl.* United Nations PROtection FORces (forze di protezione dell'ONU)
UNR *fr.* Union pour la Nouvelle République (Unione per la nuova Repubblica)
UNRAE UNione Rappresentanti case Automobilistiche Estere
UNRRA *ingl.* United Nations Relief Rehabilitation Administration (Amministrazione delle Nazioni Unite per la riabilitazione e il soccorso dei paesi liberati)
UNU *ingl.* United Nations University (università delle Nazioni Unite)
UNUCI Unione Naz. Ufficiali in Congedo d'Italia
UNURI Unione Nazionale Universitaria Rappresentativa Italiana
UO Unità Operativa
UP 1 *ingl.* United Press (Stampa unita, agenzia d'informazioni americana) **2** *ingl.* University Press (Stampa universitaria, in indicazioni bibliografiche) **3** Unione Petrolifera
UPA 1 *sp.* Unión PanAmericana (Unione panamericana) **2** Utenti Pubblicità Associati
UPC *ingl.* Universal Product Coding (codifica universale a barre del prodotto, USA)
UPI 1 *ingl.* United Press International (Stampa unita internazionale) **2** Unione Provincia d'Italia
UPIM Unico Prezzo Italiano di Milano (catena di grandi magazzini)
UPLMO Ufficio Provinciale del Lavoro e della Massima Occupazione (*detto* Ufficio di collocamento)
UPPI Unione Piccoli Proprietari Immobiliari
UPS 1 *ingl.* United Parcel Service (servizio consegna pacchi) **2** (*elettron.*) *ingl.* Uninterruptible Power Supply (alimentatore non soggetto a interruzioni = gruppo di continuità)
UPT Ufficio Provinciale del Tesoro
UPU *fr.* Union Postale Universelle (Unione postale universale)
UQ Ultimo Quarto (di luna)
URAR-tv Ufficio Registro Abbonamenti Radio e Televisione
URI (*st.*) Unione Radiofonica Italiana (dal 1924 al 1928, *dopo* EIAR)
URL *ingl.* (*elab.*) Uniform Resource Locator (identificatore standard di risorse, cioè file, directory, disco, server)
URP Ufficio per Relazioni con il Pubblico
URSS (*st.*) Unione delle Repubbliche Socialiste Sovietiche = SSSR
US 1 Ufficio Stampa **2** *ingl.* United States (Stati Uniti) **3** Unione Sportiva **4** Codice compagnia aerea (US Air) **5** Uscita di Sicurezza
u.s. ultimo scorso
USA *o* **U.S.A.** *ingl.* United States of America (Stati Uniti d'America)
USAF *ingl.* United States Air Force (Aviazione militare degli Stati Uniti)

USB (*elab.*) *ingl.* Universal Serial Bus (connessione seriale universale)
USD Unione Socialista Democratica
USES Utet Sansoni Edizioni Scientifiche
USI Unione Socialista Indipendente
USIGRAI Unione Sindacale Giornalisti RAI
USIS *ingl.* United States Information Service (Centro statunitense d'informazioni, culturali)
USL Unità Sanitaria Locale (*oggi* ASL *o* AUSL)
USMC *ingl.* United States Marine Corps (Corpo dei marines)
USN *ingl.* United States Navy (Marina militare degli Stati Uniti)
USPI Unione della Stampa Periodica Italiana
US$ Dollaro Stati Uniti (moneta, simbolo bancario)
USSI Unione Stampa Sportiva Italiana
USTI Unione Stampa Turistica Italiana
USVI Unione Società Veliche Italiane
UT Utah (codice postale)
Ut. Utah
UTA *fr.* Union des Transporteurs Aériens (Unione trasporti aerei)
UTC *ingl.* Universal Time Coordinated (tempo universale coordinato, cioè diviso in fusi orari)
UTE Ufficio Tecnico Erariale
UTET Unione Tipografica Editrice Torinese
UTF Ufficio Tecnico di Finanza (*già* UTIF)
UTIC (*med.*) Unità di Terapia Intensiva Coronarica
UTIF Ufficio Tecnico delle Imposte di Fabbricazione (*oggi* UTF)
UTIN (*med.*) Unità di Terapia INtensiva
UTIS Unione Totoricevitori Italiani Sportivi
UV *fr.* Union Valdôtaine (unione valdostana, partito politico della Valle d'Aosta)
UVA, **UvA** (*fis.*) Ultravioletto prossimo (3000-4000 Å)
UVB, **UvB** (*fis.*) Ultravioletto lontano (2000-3000 Å)
UVC, **UvC** (*fis.*) Ultravioletto estremo (40-2000 Å)
UVI Unione Velocipedistica Italiana
UV, **Uv** (*fis.*) Ultravioletto
UX (*fis.*) Unità X (unità di misura di lunghezza d'onda in spettroscopia)
UYP Peso uruguaiano (moneta, simbolo bancario)

V 1 (*fis.*) potenziale elettrico | volt **2** (*chim.*) vanadio **3** (*relig.*) Vergine **4** Volume **5** Città del Vaticano **6** *lat.* visus (acuità visiva) **7** Venerdì **8** 5 in numero romano)
V.1 Vulcano (nelle carte geografiche) **2** Valle (nelle carte geografiche) **3** Vedi (rinvio)
v. 1 (*filol.*) verso, versetto **2** vedi (rinvio) **3** visto **4** via **5** *lat.* versus (contro) = vs. **6** *ted.* von (di, nei cognomi di origine nobiliare)
V1, V2 *ted.* Vergeltungswaffe (arma della rappresaglia)
V2 *v.* V1
VA 1 Varese **2** Codice compagnia aerea venezuelana (VIASA) **3** Vostra Altezza **4** velocità accelerata **5** (*elettr.*) Voltampere **6** Virginia (codice postale) **7** Vicario Apostolico **8** Vice-Ammiraglio
Va. Virginia
VAB Vigilanza Antincendi Boschivi
val. (*comm.*) valuta
VAM Vigilanza Aerea Militare
VAR (*fis.*) voltampere reattivo
Var 1 variante **2** (*biol.*) varietà
VARIG *port.* Empresa de Viação Aérea Rio Grandense (Linee aeree brasiliane)
VAS vedetta anti sommergibili
VAT (*econ.*) *ingl.* Value Added Tax (imposta sul valore aggiunto) = IVA, MWSt., TVA
VB Verbano-Cusio-Ossola
VC 1 Vercelli **2** Valor Civile
Vc. valore capitale
VCE Venezia (codice IATA)
VCL (*chim.*) vinilcloruro
VCR *ingl.* Video Cassette Recorder (videoregistratore a cassette)
VDQS *fr.* Vin Délimité de Qualité Supérieure (vino delimitato di qualità superiore)

vdt videoterminale
VE 1 Venezia **2** Vostra Eccellenza
VEB Bolivar venezuelano (moneta, simbolo bancario)
VELCRO *fr.* VELours CROchet (velluto uncino)
Ven. Venerdì
ven. 1 venerabile **2** veneto
vers. 1 (*filol.*) *lat.* versiculus (versetto) **2** (*mat.*) versore **3** versamento
VES (*med.*) Velocità di EritroSedimentazione
VF 1 Vigili del Fuoco (targa autom.) **2** (*fis.*) videofrequenza
VFQPRD Vini Frizzanti di Qualità Prodotti in Regioni Determinate
V.G. Vostra Grazia
v.g. *lat.* verbi gratia (verbigrazia, per esempio)
VGA (*elab.*) *ingl.* Video Graphics Array (matrice grafica per video)
VHF (*fis.*) *ingl.* Very High Frequency (altissima frequenza)
VHS *ingl.* Video Home System (sistema video da casa, registrazione su speciali videocassette)
VI 1 Vicenza **2** Viscosa (nelle etichette di tessuti e abiti confezionati)
VIA Valutazione d'Impatto Ambientale
VIASA *sp.* Venezolana Internacional de Aviación S.A. (Compagnia internaz. di volo venezuelana)
vig. vigente
VIP *ingl.* Very Important Person (persona molto importante, personalità di primo piano)
viv. (*mus.*) vivace
(Viva) VERDI (Viva) Vittorio Emanuele Re D'Italia (in epoca risorgimentale)
VJ Video Jockey
VL (*ferr.*) Vettura Letti
v.l. (*filol.*) *lat.* varia lectio (varia lezione)
VLDL (*bioch.*) *ingl.* Very Low-Density Lipoprotein (lipoproteina a bassissima densità)
VLF (*fis.*) *ingl.* Very Low Frequency (bassissima frequenza)
VLQPRD Vini Liquorosi di Qualità Prodotti in Regioni Determinate
VM VideoMusic (canale TV)
V.M. 1 Vostra Maestà **2** Valor Militare
VN Vietnam
Vn. valore nominale
VO 1 (*enol.*) *ingl.* Very Old (molto vecchio, detto di Cognac che abbia fino a 12 anni di invecchiamento) **2** (*ferr.*) Velocità Ordinaria
VOA *ingl.* Voice of America (La Voce dell'America)
VOcoder *ingl.* VOice coder (codificatore della voce)
VOD *ingl.* Video On Demand (televisione su richiesta)
vol. volume
VOPO (*pop.*) *ted.* Volkspolizei (Polizia del popolo, della ex-RDT)
VOR (*aer.*) *ingl.* Very-high-frequency Omnidirectional Radio Range (apparecchiatura che capta le emissioni del radiofaro dell'aeroporto)
VP 1 Vicepresidente **2** Vostra Paternità **3** Vaglia Postale
VQPRD Vini di Qualità Prodotti in Regioni Determinate
VR Verona
v.r. vedi retro
VRC Cina
VRN Verona (codice IATA)
V.S. 1 Vostra Santità **2** Vostra Signoria
vs *lat.* versus (contro) = v.
vs. vostro
v.s. vedi sopra
VSO *ingl.* Very Superior Old (stravecchio superiore, detto di Cognac che abbia da 12 a 17 anni di invecchiamento)
VSOP *ingl.* Very Superior Old Pale (stravecchio superiore paglierino, detto di Cognac che abbia da 18 a 25 anni di invecchiamento)
VSQPRD Vini Spumanti di Qualità Prodotti in Regioni Determinate
v.st. vecchio stile (per indicare date di calendari non conformi al romano)

VT 1 Viterbo **2** Vermont (codice postale) **3** Vecchio Testamento = AT
Vt. Vermont
VTO (*aer.*) *ingl.* Vertical Take Off (decollo verticale)
VTOL (*aer.*) *ingl.* Vertical Take Off and Landing (decollo e atterraggio verticali)
VTR (*elettron.*) *ingl.* Video Tape Recorder (videoregistratore a nastro)
VU Vigile Urbano
Vu Vulcano (nelle carte geografiche)
VV Vibo Valentia
vv (*filol.*) versi, versetti
v.v. viceversa
VVSOP *ingl.* Very Very Superior Old Pale (super stravecchio superiore paglierino, detto di Cognac che abbia da 25 a 40 anni di invecchiamento)
VW *ted.* Volkswagen (vettura del popolo, industria tedesca fondata nel 1937 per la produzione di un'automobile utilitaria)
W 1 (*chim.*) wolframio, tungsteno **2** (*fis.*) watt | energia, lavoro, peso, potenza **3** *ingl.* West (Ovest = O) **4** viva, evviva
W3C (*elab.*) *ingl.* World Wide Web Consortium (consorzio del WWW)
WA 1 Washington (stato USA, codice postale) **2** *ingl.* With Average (a tutte le condizioni di polizza, compresa avaria)
WAN Nigeria
WAP (*tel.*) *ingl.* Wireless Application Protocol (protocollo per applicazioni senza filo)
Wash. Washington (stato di)
WASP *ingl.* White Anglo-Saxon Protestant (bianco anglo-sassone protestante, gruppo etnico-religioso negli USA)
Wb (*fis.*) weber
WBA *ingl.* World Boxing Association (Ass. pugilistica mondiale)
WBC 1 (*med.*) *ingl.* white blood cell (globulo bianco, leucocita) **2** *ingl.* World Boxing Council (Unione pugilistica mondiale)
WCBS *ingl.* World Confederation of Billiard Sport (Confederazione mondiale del biliardo sportivo)
WCC *ingl.* World Council of Churches (Consiglio ecumenico delle Chiese)
WC, wc *ingl.* Water closet (gabinetto di decenza)
4WD v. FWD (2)
W&S *ingl.* Whisky And Soda (whisky allungato con acqua gassata, bevanda tipica)
WEU *ingl.* Western European Union (Unione europea occidentale)
WFP *ingl.* World Food Programme (programma alimentare mondiale, FAO/ONU) = PAM.
WFTU *ingl.* World Federation of Trade Unions (Federazione sindacale mondiale)
WG *ingl.* WinGs (codice congiunto delle compagnie aeree Alitalia e KLM)
WHO *ingl.* World Health Organization (Organizzazione mondiale della sanità = OMS)
WI Wisconsin (codice postale)
WIMP *ingl.* Windows Icons Mouse Pointers (finestre, icone, mouse puntatori, sistema semplificato d'accesso alle informazioni di un computer) **2** *ingl.* Weakly Interacting Massive Particle (particella dotata di massa soggetta a interazione debole)
WIPO *ingl.* World Intellectual Property Organization (Organizzazione mondiale per la proprietà intellettuale = WIPO)
Wis., Wisc. Wisconsin
WJC *ingl.* World Jewish Congress (Congresso israelitico mondiale)
WL 1 Saint Lucia (Piccole Antille) **2** *fr.* Wagon-Lits (vettura letti = VL)
WMA *ingl.* World Medical Association (Ass. medica mondiale)
WMO *ingl.* World Meteorological Organization (Organizzazione meteorologica mondiale = OMM) = IMO
WNW *ingl.* West North-West (Ovest-Nord-Ovest = ONO)
WP (*elab.*) *ingl.* Word Processing (trattamento della parola, elaborazione di testi)

WPO *ted.* Wiener Philharmonic Orchester (orchestra filarmonica di Vienna)
WS (*elab.*) *ingl.* Working Storage (memoria di lavoro)
WSW *ingl.* West South-West (Ovest-Sud-Ovest = OSO)
wt. *ingl.* weight (peso)
WTF *ingl.* the World Taekwondo Federation (Federazione internazionale di taekwondo)
WTO *ingl.* World Trade Organization (organizzazione mondiale del commercio)
WV West Virginia (codice postale)
W.Va. West Virginia
WWF *ingl.* World Wildlife Fund (Fondo mondiale per la natura)
WWI 1 *ingl.* Weight Watchers International (controllori del peso corporeo, associazione internazionale) **2** *ingl.* World Watch Institute (Istituto internazionale per la sorveglianza dello stato fisico della Terra)
WWW (*elab.*) *ingl.* World Wide Web (ragnatela mondiale, protocollo di ricerca in Internet)
WY Wyoming (codice postale)
Wyo. Wyoming
WZO *ingl.* World Zionist Organization (Organizzazione sionista mondiale)
X 1 (*fis.*) Reattanza **2** 10 (numero romano) **3** Nocivo e irritante (su confezione di prodotti di uso domestico) **4** (*biol.*) Cromosoma sessuale **5** Denominazione attribuita a quanto è o si vuol mantenere sconosciuto al momento attuale: *raggi X, ora X, mister X*
x 1 (*mat.*) Simbolo d'incognita o di variabile indipendente **2** Ascissa, in un sistema di coordinate cartesiane **3** Simbolo di pareggio nel Totocalcio **4** Indicazione di preferenza su schede elettorali o indicazione di scelta su caselle in moduli prestampati, questionari e sim.
Xe (*chim.*) xeno
XL *ingl.* eXtra Large (taglia extra grande)
Xmas *ingl.* Christmas (Natale)
XML (*elab.*) *ingl.* eXtensible Markup Language (linguaggio estensibile di codifica)
XS *ingl.* eXtra Small (taglia extra piccola)
XXL *ingl.* eXtra eXtra Large (taglia extra grande)
Y 1 (*chim.*) ittrio **2** (*fis.*) ammettenza **3** (*biol.*) Cromosoma sessuale
¥ Yen
y 1 (*mat.*) Simbolo d'incognita o di variabile dipendente **2** Ordinata, in un sistema di coordinate cartesiane
Yb (*chim.*) itterbio
YCI Yacht Club d'Italia
Yd yarda, unità di misura inglese
YMCA *ingl.* Young Men's Christian Association (Ass. cristiana dei giovani)
YSL Yves Saint Laurent (casa di moda francese)
YU Jugoslavia (ex-Federazione iugoslava)
YV Venezuela
YWCA *ingl.* Young Women's Christian Association (Ass. cristiana delle giovani)
Z 1 Zambia **2** (*fis.*) impedenza
z (*mat.*) variabile | incognita
ZA Repubblica Sudafricana
ZAR Rand sudafricano (moneta, simbolo bancario)
ZAT (*aer.*) Zona Aerea Territoriale
ZdG (*mil.*) Zona di Guerra
ZEE Zona Economica Esclusiva (zona di mare su cui gli Stati rivieraschi possono vantare diritti economici)
ZIPcode *ingl.* Zone Improvement Plan code (piano di miglioramento per zone, codice di avviamento postale USA)
Zn (*chim.*) zinco
Zr (*chim.*) zirconio
ZRE Zaire
ZTL Zona a Traffico Limitato
Zut. *ted.* Zutaten (ingredienti di prodotti alimentari e sim.)
ZW Zimbabwe

NOMI DI PERSONA

L'asterisco (*) segnala che la forma è linguisticamente ricostruita o supposta, ma non attestata da documenti scritti. Il segno (˘) indica che la vocale è breve, il segno (¯) che la vocale è lunga.
La data dopo i nomi indica il giorno in cui viene comunemente festeggiato l'onomastico.

Abbóndio, 31 agosto ● Nome cristiano, *Abŭndiu(m)*, derivato dall'aggettivo del latino tardo *abŭndu(m)* parallelo, anche nel significato, ad *abundănte(m)* 'abbondante' e, semanticamente, *copiōsu(m)* 'copioso', che ha dato pure il nome proprio latino *Copiōsu(m)*.

Achille ● Il nome latino *Achĭlle(m)* ripeteva quello dell'eroe omerico *Achil(l)éus*, che, non trovando sufficiente spiegazione nell'ambito della tradizione indeuropea, si pensa possa essere di origine pregreca.

Àda, 4 dicembre ● Nel nome *Ada* possono confluire due tradizioni: una proveniente dalla Francia, dove *Ade* può rappresentare una riduzione di *Adele*, se non ci è giunta direttamente dal nome germanico, da cui deriva il nome francese; l'altra legata all'ebraico *Adāh* 'ornamento', connessa con la radice *'ah* '(ad)-ornare'.

Adalgìsa, 20 aprile ● Nome germanico, *Adalgisa* o *Adelgisa*, in longobardo *Adelchisa*, composto di *adel* 'nobile' e *gisil* 'dardo, freccia'.

Adelàide, 19 dicembre ● Nome di origine germanica, composto di *adal* 'stirpe nobile, nobiltà' e del suffisso, spesso impiegato per caratterizzare gli astratti, *-haidi* 'di nobile aspetto'.

Adèle, 24 dicembre ● Nome di origine germanica, probabile abbreviazione di un nome composto con *adal-* 'nobiltà'.

Adeodàto v. *Donato*.

Adòlfo, 17 giugno ● Nome di origine germanica, da *Athawulf* 'lupo (*wulf*) nobile (*athal, adal*)'.

Adriàno, 5 marzo, **Adriàna** ● Nome latino, *Hadriānu(m)*, derivato dal nome della città di *Hădria(m)*, di probabile origine illirica, sia che si tratti dell'*Adria* veneta, sia dell'*Atri* (ma anticamente *Hădria*) picena.

Àgata, 5 febbraio ● Nome cristiano, in latino *Ăgatha(m)*, che riproduce il greco *Agathe*, propriamente femminile dell'aggettivo *agathós* 'buono' di antica origine indeuropea.

Agnése, Agnèse, 21 gennaio, **Ìnes** ● Il nome, molto raro presso i Latini, è di chiara origine greca, dove *Hagnē* non era altro che l'aggettivo femminile *hagnḗ* 'pura, casta'. Nel latino dei primi Cristiani si diffuse con la pronuncia ossitona dei Greci e si ebbe, quindi, *Agnès*, da cui il nostro *Agnese*, lo spagnolo *Inés*, passato poi in Italia con sbagliata, ma ormai stabilizzata, accentazione, e l'ingl. *Agnes* con le sue antiche varianti *Annis*, *Annys* e forse anche *Nancy*.

Agostino v. *Augusto*.

Albèrto, 15 novembre, **Albertìna** ● Nome di origine germanica sia quando è riduzione di *Adalberto* 'di chiara (*berht*) nobiltà (*adal*)', sia quando ripete il nome germanico *Alberht* 'tutto (*ala*) chiaro (*berht*)'. *Albertina* è il corrispondente femminile di forma diminutiva, più diffuso di *Alberta*.

Albino, 1° marzo ● Soprannome latino *Albinus*, derivato da *albus* 'bianco', con riferimento a 'persona dai capelli bianchi o dalla carnagione chiara'.

Àldo, 10 gennaio, **Àlda**, 18 ottobre ● Il nome è attestato in Italia a partire dall'epoca della dominazione longobarda, per cui è facile vedervi l'aggettivo longobardo *ald* 'vecchio'. Se fosse, invece, come in qualche caso potrebbe essere, abbreviazione di qualche altro nome in *-aldo* (Romualdo, Reginaldo), allora bisogna riconoscere in questo secondo elemento compositivo il germanico *-wald*, da *waldan* 'comandare'.

Alessàndro, 26 agosto, **Alessàndra**, 20 marzo, **Sàndro, Sàndra** ● Il nome latino *Alexăndru(m)* deriva dal greco *Aléxandros*, che, come *Aléxios*, è collegato col verbo *aléxein* 'proteggere' e significa 'protettore di uomini (*ándres*)'.

Alèssio, 17 luglio ● Il latino cristiano *Alĕxiu(m)* trascrive, adattandolo, il greco *Aléxios*, che viene solitamente connesso col verbo *aléxein* 'difendere, proteggere respingendo (un danno, un nemico, ecc.)', di origine indeuropea.

Alfónso, 30 ottobre, **Alfonsìna** ● Il nome proviene dalla penisola iberica, dove l'introdusse probabilmente in Visigoti. Secondo l'antica variante *Adelfonsus* si potrebbe interpretare il nome come un composto gotico significante 'valoroso, pronto (*funs*) nella battaglia (*hildi*)', anche se altre varianti suggerirebbero di leggere nella prima parte ora 'nobile, nobiltà (*athal*)', ora 'tutto (*ala*)' superlativo. Il femminile è usato piuttosto nel diminutivo.

Alfrédo, 14 agosto, **Alfrèda** ● Nome di origine anglosassone, venutoci dall'Inghilterra attraverso la Francia: *Aelfrǣd* era nome composto, significante 'consiglio (*rǣd*) degli spiriti, noti nella mitologia nordica come Elfi (*aelf*)'.

Alìce, 27 giugno ● Antico nome francese (*Aalis*, poi *Alis*) di origine germanica (*Adalhaid*, donde il nostro *Adelaide*), passato in Inghilterra con la forma grafica posteriore *Alice* e di qui, o direttamente dalla Francia, in Italia.

Amàlia, 10 luglio ● Accorciamento di *Amalberga*, antico nome germanico, composto di **amals* 'valoroso, laborioso' e di un derivato dal verbo gotico *bairgan* 'proteggere', con particolare riferimento alla stirpe gotica degli Amali, dal nome di un loro eroe.

Ambrògio, 7 dicembre ● Il nome latino *Ambrŏsiu(m)* è stato ripreso in epoca cristiana dal greco *Ambrósios*, che etimologicamente significa 'che non (*a-*) è mortale (*brotós*, di origine indeuropea)', 'immortale'.

Amedèo, 30 marzo ● Anche se non si trova, come ci si aspetterebbe, il corrispondente latino **Ămadĕu(m)*, con il quale si sarebbe potuto rendere il composto greco *Theóphilos* 'Teofilo', cioè 'colui che ama Dio' (o, con l'imperativo, 'ama Dio'), il nome italiano ha questa origine, presto obliata, come dimostra la formazione del femminile corrispondente *Amedea*.

Amèlia, 5 gennaio ● Nome femminile corrispondente al nome maschile latino *Amēliu(m)* diminutivo di *Ămiu(m)* di probabile origine etrusca, anche se si pensa che sulla sua sopravvivenza o riviviscenza possa aver influito il nome di provenienza germanica *Amalia*.

Amerigo, 13 luglio, **Arrìgo, Enrìco**, 13 luglio, **Enrìca** ● L'antico nome germanico *Haimirich* veniva spiegato come 'signore (*rik* 'ricco, potente') in patria (*haimi* 'casa, patria') ed è stato adattato, in italiano, prima con la forma *Amerigo*, poi con quelle, perfettamente equivalenti, di *Arrigo* ed *Enrico*.

Andrèa, 30 novembre, **Andreìna** ● Nome latino, *Andrĕam*, che i Romani presero dal diffuso greco *Andréas*, legato all'elemento *andr-*, sia riferito ad *anḗr*, accusativo *andrós*, 'uomo', sia al derivato *andréia* 'virilità, coraggio'. Il femminile italiano è reso necessariamente (per la finale in *-a* del maschile) con un diminutivo.

Àngelo, Àngela, 27 gennaio ● Nomi già in uso presso i primi Cristiani, *Ăngelu(m)* e *Ăngela(m)*, che, secondo il significato originario del corrispondente nome comune *ăngelu(m)*, di provenienza greca, volevano dire 'messaggeri (di Dio)'.

Anna, 26 luglio ● Nome trasmesso dai Libri Sacri: l'ebraico *Hannah* si sentiva direttamente connesso con la radice *hanan* 'aver misericordia, favorire, concedere grazia'.

Annìbale, 1 giugno ● Nome latino, *Hannĭbale(m)*, la cui forma punica: in fenicio *Hann-ī-Bá'al* significa 'grazia (*hann*) del (*-i-*) dio *Baal*'.

Annunziàta, 25 marzo ● Forma ridotta, come in altri casi simili (*Addolorata, Assunta, Concetta*), di *Maria Annunziata* (della prossima maternità di Gesù).

Ansèlmo, 21 aprile ● Nome di origine germanica, *Anselmo* è adattamento di *Ans(e)helm*, composto di *ansi* 'Dio' e *hélma* 'elmo'. Il nome significherebbe, quindi, 'elmo di Dio'.

Antònio, 13 giugno, **Antonìno, Antònia**, 17 maggio ● Antico nome latino, *Antōniu(m)*, derivato, pare, da un precedente prenome *Ănto* di probabile origine etrusca e di significato sconosciuto. Non vi può essere, comunque, nessuna connessione col greco *ánthos* 'fiore', anche se, per esempio, in inglese alternano *Antony* e, per quell'errato accostamento, *Anthony*. I derivati *Antonino* e *Antonia* erano già in uso a Roma: *Antonīnu(m)* col suffisso proprio dei derivati da gentilizi, e *Antōnia(m)*, femminile.

Apollònia, 9 febbraio ● Dal latino *Apollōnia(m)*, femminile di *Apollōniu(m)*, collegato sì con il culto del dio greco *Apóllōn* e, quindi, con i nomi propri da questo derivati *Apollōnios* e, al femminile, *Apollōnia*, ma originariamente antico nome latino, *Ap(o)lōniu(m)*, dipendente dal gentilizio etrusco *Apluni*.

Armàndo, 6 febbraio ● Nome di origine germanica *Hermann*, formato con gli antichi vocaboli *harja* 'esercito' e *mann* 'uomo'. In Italia è pervenuto attraverso il francese *Armand*.

Arrìgo v. *Amerigo*.

Artùro, 8 agosto ● Nome diffuso in Francia (e di qui in Italia) con la popolarità dell'epopea cavalleresca e del suo eroe bretone, il Re Artù, anche se il nome di questo leggendario re sfugge a una spiegazione convincente. Di probabile origine celtica, potrebbe, tuttavia, essere connesso con l'irlandese *art* 'orso' e allora la contaminazione medievale del nome proprio con il nome greco della stella *Arktouros*, letteralmente 'il custode (*ouros*) dell'Orsa (*árktos*)', avrebbe una lontana giustificazione nella medesima base indeuropea indicante l''orso'.

Assùnta, 15 agosto ● Forma ridotta del nome, completo, suona *Maria Assunta* (al cielo), con uso assoluto del participio femminile (*assŭmpta(m)*) del verbo latino *adsūmĕre* 'prendere su di sé'.

Atanàsio, 2 maggio ● Nome latino assunto dai primi Cristiani *Athanăsiu(m)*, riproduceva il corrispondente greco *Athanásios*, che è, chiaramente spiegabile: 'colui che non (*a-* negativo) conosce la morte (*thánatos*)', 'l'immortale (*athánatos*)'.

Attìlio, 28 giugno ● Nome di origine latina: molto frequente a Roma, il gentilizio *A(t)tīliu(m)*, che, pare connesso con la voce bambinesca *ătta* 'papà', è piuttosto da considerarsi di origine etrusca e di significato oscuro. Il nome si è affermato, in italiano, in epoca rinascimentale e non è, quindi, di derivazione diretta e continua dal latino.

Augùsto, 7 ottobre, **Augùsta, Agostino**, 28 agosto ● Il nome proprio latino *Augŭstu(m)*, non è altro che il nome comune *augŭstu(m)*, cioè 'consacrato dagli àuguri' e, poi, riferito inizialmente a Ottaviano, 'venerabile'. Col suffisso di relazione *-īnu(m)* (e non in funzione diminutiva, come in altri casi) già questi Romani formarono e usarono *Augustīnu(m)*, da cui il nostro *Agostino*.

Aurèlio, 20 luglio, **Aurèlia**, 25 settembre, **Aureliàno**, 16 giugno ● Il nome latino *Aurēliu(m)*, come anche il suo derivato *Aurēliānu(m)*, è quasi certamente di origine sabina e legato, attraverso una forma **ansel-*, col nome sabino del 'sole', inteso come 'divinità solare'.

Avito, 5 febbraio ● Deriva dal latino *avitus* che significa 'ereditato'.

Bàbila, 24 gennaio ● Raro nome latino, *Băbyla(m)*, attribuito solo a stranieri, che trascriveva il greco *Babylas* d'incerta origine, probabile diminutivo (*-as*) di un nome orientale, forse collegato con *Babele* e *Babilonia* (e allora significherebbe 'il piccolo Babilonese').

Bàrbara, 4 dicembre ● Sia il nome latino *Bărbara(m)*, sia il suo modello, il greco *Barbára*, si riferivano all'origine non tanto al primitivo significato di 'balbuziente', quanto a quello derivato di 'straniera'.

Bàrnaba, 11 giugno • Nome del Nuovo Testamento, *Bărnaba(m)* in latino, *Barnabas* in greco, derivante senza dubbio dall'aramaico, ma mentre nella prima parte si legge chiaramente la voce *bar* 'figlio', che appare in molti analoghi composti, la seconda è stata oggetto di diverse identificazioni: *nehāmāh* 'consolazione' o *nābhī* 'profeta' o, infine e più facilmente, *Nebō*, nome di un Dio babilonese.

Bartolomèo, 24 agosto • Come altri nomi del Nuovo Testamento, tanto il latino *Bartholomǣu(m)*, quanto il greco *Bartholomaios*, sono adattamenti del nome aramaico *Bartalmay* 'il figlio (*bar*) di *Talmay* (nome biblico di incerto significato)'.

Basilio, 2 gennaio • Nome latino, *Basīliu(m)*, di origine greca: il greco *Basíleios* è propriamente l'aggettivo di *basiléus* 're' e significa, quindi, 're(g)ale'.

Battista, 24 giugno • In latino *baptīsta(m)* è il corrispondente del greco *baptistḗs*, col significato 'che battezza', attributo di S. Giovanni, che battezzò Gesù.

Beatrice, 18 gennaio, **Bice** • Nome dei primi Cristiani, *Beatrīce(m)* corrisponde ad un aggettivo *beatrīce(m)* ricavato da *beātu(m)* ('felice') col suffisso dei nomi d'agente ('che rende') *-trīce(m)*. Non è infrequente la forma accorciata *Bice*.

Benedétto, 21 marzo fino al 1969, poi 11 luglio, **Benedétta** • Come il nome latino *Benedīctu(m)*, anche il significato del nome italiano è immediatamente comprensibile, pensando al participio di *benedire* (*benedīcere* in latino). Vi corrisponde lo spagnolo *Benito*, accolto anche in italiano.

Beniamino, 31 marzo • Latino (*Beniāmīn*) e greco (*Beniamín*) risalgono all'ebraico *Binyāmīn*, tradizionalmente spiegato come 'figlio (*bēn*) della parte destra (*yāmīn*)', cioè della parte della fortuna.

Benigno, 20 novembre • Il latino *Benīgnu(m)*, identico all'aggettivo *benīgnu(m)* significa etimologicamente colui che genera (*-gno-* del verbo *gīgnere* 'produrre', di origine indeuropea) il *bene* (egualmente di origine indeuropea).

Bèppe v. *Giuseppe*.

Berenice v. *Veronica*.

Bernàrdo, 20 agosto, **Bernardino**, 20 maggio • Il nome germanico *Ber(i)nhard* è composto di *hardu* 'ardito, forte' e di un primo elemento, in cui comunemente si ravvisa il germanico *bera* 'orso': l'intero nome varrebbe allora, 'orso forte' oppure 'forte come un orso'.

Bèrta, 24 marzo • Il nome *Berta* era molto diffuso nel Medioevo e può essere considerato o raccorciamento di nome più lungo, come *Alberta* o *Roberta*, oppure come secondo componente di uno dei numerosi composti germanici con *-berta*: in quest'ultimo caso *-berth(h)a* avrebbe il significato di 'chiaro, famoso'.

Biàgio, 3 febbraio • Nome di origine latina, *Blāsiu(m)*, equivale a *blǣsu(m)* 'balbuziente', voce importata a Roma dal greco dell'Italia Meridionale *blaisós* 'storto, sbilenco'.

Biànca, 2 dicembre • Nome medievale, che può sì provenire, come l'aggettivo comune *bianco*, dal germanico (com'è avvenuto per *Bruno*), ma che può essere stato da quello tratto indipendentemente per l'usanza di attribuire a persone nomi di colori.

Bice v. *Beatrice*.

Bonifàcio, 5 giugno • Nome latino tardo, *Bonifātiu(m)*, che significa 'fortunato', come appare chiaro analizzando il composto: 'che ha un buon (*bŏnu(m)*) fato (*fātu(m)*)'.

Brìgida, 23 luglio • Antico nome medievale di origine celtica, in antico irlandese *Brigit*, variante locale del nome della dea *Brigantia*, che forse significava 'la alta', come confermerebbero alcuni nomi di luogo gallici, in cui è conservato l'elemento *-briga* col senso di 'colle, altura'.

Brùno, 6 ottobre, **Brùna** • Nome di origine germanica, che significa '(di colore) bruno (*brūn*)', ma ricostruito da *Brunōne(m)*, ritenuto un accrescitivo.

Càio, 22 aprile • Il nome latino *Cāiu(m)*, anteriormente *Gāiu(m)*, corrispondeva al nome comune *gāiu(m)*, *gāia(m)* 'ghiandaia, gazza' ma resta sempre aperta la questione, se il nome proprio provenga da quello dell'uccello o viceversa o anche se si tratta di una casuale identità.

Callisto, 14 ottobre • Il nome latino *Callīstu(m)* è la pura riproduzione con un semplice adattamento formale del greco *Kállistos*, propriamente superlativo di *kalós* 'bello': *Kállistos*, allora, significa 'bellissimo'.

Camillo, 14 luglio, **Camilla** • *Camīllu(m)* e *Camīlla(m)*, sono due nomi latini, provenienti probabilmente dalla terminologia sacra ('fanciulli nobili che servivano nei sacrifici') e passati dall'Oriente a Roma per il tramite degli Etruschi, presso i quali *Camillus* o, alla greca, *Kadmilos* era il nome che designava il Mercurio romano.

Càndido, 2 febbraio, **Càndida** • I nomi latini *Căndidu(m)* e *Căndida(m)* riflettono chiaramente l'aggettivo *căndidu(m)*, *-a(m)*, cioè 'candido, puro'.

Càrlo, 4 novembre, **Càrla**, **Carolina**, 18 novembre, **Carlòtta** • Il nome medievale *Carolu(m)* rappresenta la latinizzazione del nome germanico *Karl*, originalmente, presso i Franchi, nome comune, che dal primitivo senso di 'uomo' (con connessioni indeuropee: **ger-* 'vecchio') era passato a indicare, come in antico nordico, anche l''uomo libero' per divenire, infine, un titolo presso la corte franca. Tra le corrispondenze femminili, *Carla*, *Carolina* e, attraverso il francese, *Carlotta*.

Carmèlo, 16 luglio, **Càrmine**, **Carmèla** • Benché noto al latino ecclesiastico il nome *Carmelo* ci è probabilmente giunto dalla Spagna, dove il culto di *Maria del Carmelo* (cioè del monte palestinese, che diede ospitalità e nome all'ordine dei Carmelitani), è molto diffuso. Dal maschile si è formato il corrispondente femminile *Carmela* e, dalla forma parallela spagnola, *Carmen* '(ordine del) Carmelo', *Carmine*.

Carolina v. *Carlo*.

Casimiro • Nome di origine polacca: in polacco, infatti, *Kazimierz* aveva un significato molto chiaro, 'che predica (dal verbo *kazać* 'predicare, proclamare') la pace (*-mier*, solo in composizione)', modificato poi in *Kazimir*, popolarmente inteso come 'distruttore (dal verbo *kazić*) della pace'.

Caterina, 29 aprile • Il nome latino cristiano *Catharīna(m)*, pur essendo riconosciuto di origine greca, è stato avvicinato a *katharós* 'puro', anziché al nome *Aikaterínē*, variante del più antico *Ekaterínē*, collegabile sia con *Hékatos*, epiteto di Apollo, in cui si riconosce la riduzione dell'aggettivo *hekatēbólos*, chiaro solo nella seconda parte (*bállein* 'lanciare, saettare'), sia con *Hekátē*, corrispondente femminile, attributo della dea degli Inferi.

Cecilia, 22 novembre • Come il corrispondente maschile *Caecīliu(m)*, il nome *Caecīlia(m)* fu molto diffuso presso i Romani, che lo connettevano, direttamente o indirettamente, con *cāecu(m)* 'cieco': anche se oggi si pensa a una sua origine etrusca per il confronto con altri nomi propri, come *Caecina(m)*, per lungo tempo il nome fu accostato a *cieco*.

Celestino, 6 aprile • Nome latino cristiano, *Caelestīnum* è diminutivo di *Caelēste(m)* corrispondente al nome comune *caelēste(m)* 'appartenente al *cielo*'.

Cesare, **Cèsare**, **Cesàrio**, 27 agosto, **Cesarina** • Notissima è la spiegazione che i Latini davano del nome *Cāesare(m)*: 'nato dal ventre tagliato (*cāesu(m)*) della madre'. Ma non è spiegazione comunemente accettata, anche se è difficile decidersi nella scelta di altre proposte, come quella, pure antica, che collega il nome con *caesărie(m)* 'capigliatura', o l'altra, che vede nel celebre nome la continuazione di un nome etrusco. Da *Cāesare(m)* proviene il tardo *Caesāriu(m)*, da *Cesare* il diminutivo femminile *Cesarina*.

Chiàra v. *Clara*.

Ciriaco, 17 febbraio • Il raro nome latino *Cyrĭacu(m)* è semplice trascrizione e adattamento del greco *Kyriakós*, aggettivo di *kýrios* 'padrone' e anche 'Signore', per cui, in senso cristiano, *Kyriakós*, più ancora di *Kýrillos* 'Cirillo', corrispondeva esattamente al latino *Domĭnicu(m)* 'Domenico' (e di qui la scarsa esigenza di assumere il nome greco).

Cirillo, 27 giugno • Il latino *Cyrīllu(m)*, diffuso in epoca cristiana, corrisponde al greco *Kýrillos*, un derivato di *kýrios* 'Signore', tanto nel senso di 'padrone', quanto in quello di 'Dio': *Cirillo* corrisponde, così, in ultima analisi, a *Domenico*.

Clàra, **Chiàra**, 11 agosto • Prima che il femminile *Clāra(m)*, il latino usava il maschile *Clāru(m)*, legato direttamente all'aggettivo *clāru(m)* 'chiaro', sia in senso fisico, sia in senso morale ('illustre, famoso'). In italiano è sopravvissuto il corrispondente femminile *Chiara*, ma anticamente era abbastanza frequente anche il maschile *Chiaro*.

Clàudio, 7 luglio, **Clàudia**, 20 marzo • Nome prettamente latino, *Clāudiu(m)* era forma aggettivale dell'originario soprannome *Clādu(m)*, molto chiaro per i Romani, corrispondendo all'agg. comune *clāudu(m)*, cioè 'zoppo'.

Clèlia, 13 luglio • Il nome latino *Cloēlia(m)* ha avuto un certo successo in epoca rinascimentale con la moda di assumere nomi romani. In origine era probabilmente sentito il collegamento del nome, molto diffuso in ambiente italico, col verbo *clŭēre* (poi *clūere*) 'chiamarsi' e anche 'essere famoso'.

Clemènte, 23 novembre • Nome latino, *Clemĕnte(m)*, che apparteneva alla non esigua serie di nomi, richiamanti una qualità di carattere (in questo caso la 'clemenza'), che si desiderava nel figlio, tanto è vero che ebbe la sua maggior fortuna nel periodo cristiano.

Clotilde, 3 giugno • Nome di origine germanica, reso nelle fonti latine medievali come *Chlotichilda*, che ci spiega meglio la composizione: *hlod* 'famoso, rinomato' e *hildi* 'combattimento'. Clotilde significherebbe, allora, 'celebre in battaglia'.

Concètta, 8 dicembre, **Concètto** • Il nome si richiama all'attributo della Madonna, 'concepita', in latino *concĕpta(m)*, senza peccato; e se il femminile è un'abbreviazione di *Maria Concetta*, come in (*Maria*) *Addolorata*, il corrispondente maschile è una forma derivata dal femminile.

Cornèlio, 16 settembre • Nome latino, *Cornēliu(m)*, composto del latino *cŏrnu* 'corno' (con tutte le simboliche allusioni alla prosperità e alla difesa dai mali) e del suffisso *-ēliu(m)*, caratteristico nella derivazione dei nomi propri.

Corràdo, 26 novembre • Nome germanico, *Ch(u)onrad*, composto dell'aggettivo *kuon* 'coraggioso, ardito' e dal sostantivo *rāt* 'consiglio', per cui l'intero nome sarebbe da interpretare 'audace nel consiglio' con la stessa ambiguità dell'italiano, potendo *rāt* significare tanto 'giudizio', quanto 'assemblea'.

Còsma, 26 settembre, **Còsimo** • Nel latino ecclesiastico *Cŏsmas* si riconosce il greco *Kosmas*, direttamente collegato col verbo di incerta origine *kosmein* 'ordinare, disporre in ordine', per cui significherebbe '(bene) ordinato'. Per rompere il raro nesso *-sm-* si è più tardi introdotta una *-i-*, che ha dato origine al nome parallelo *Cosimo*.

Costantino, 11 marzo, **Costànzo**, 29 gennaio • Nome di origine latina, dove *Costăntiu(m)* era chiaramente connesso col nome *Constănte(m)*, ch'è tutt'uno con l'aggettivo *constănte(m)*, cioè 'fermo, costante'. Da esso proviene (ma a Roma piuttosto tardi) anche col suffisso proprio dei derivati da gentilizi, *Costantīnu(m)* 'Costantino'.

Crispino, 25 ottobre • Antico nome latino, *Crispīnu(m)*, derivato con suffisso usuale, da *Crīspu(m)*, che, a sua volta, non era altro che l'attributo *crīspu(m)* 'crespo (di capelli)'.

Cristina, 24 luglio • Nome latino rivelatosi in epoca tarda, quando la libertà di culto permise la divulgazione del nome *Christīna(m)*, che, come il maschile *Christīnu(m)*, è un evidente derivato di *Chrīstu(m)* 'Cristo', parallelo all'altro aggettivo, molto diffuso, *Christiāna(m)* (e *Christiāinu(m)*).

Cristòforo, 25 luglio • Nome prettamente cristiano, il latino *Cristŏphoru(m)* trascrive il greco *Christophóros*, un composto chiaramente analizzato come 'il portatore (dal verbo *phérein* 'portare', di origine indeuropea) di Cristo (*Christós*)'. Anche se originariamente aveva un significato mistico e allegorico, successivamente intorno al nome, e per meglio spiegarlo, sorse la leggenda del gigante pagano 'portatore di Cristo' bambino attraverso un fiume.

Dalmàzio, 5 dicembre • Il nome latino *Dalmătiu(m)* era evidentemente, all'origine, un aggettivo etnico e si riferiva al 'proveniente dalla Dalmazia (*Dalmătia(m)*, di probabile provenienza illirica col significato di 'paese delle pecore')'.

Dàmaso, 11 dicembre • In latino *Dămasu(m)* era nome di origine greca e in greco *Damasos* è molto antico, collegato col tema di origine indeuropea *dma-* 'domare'.

Danièle, 10 ottobre, **Danièla** • La Bibbia ha diffuso il nome greco *Daniḗl* e latino *Danīēle(m)*, riproducenti l'ebraico *Dānī'ēl*, nel quale si riconoscono tanto la componente *-Ēl* 'Dio', quanto un primo elemento connesso con il sostantivo *dayān* 'giudice' o col perfetto *dān* 'ha giudicato': il nome può valere, dunque, 'Dio è (mio) giudice' oppure 'Dio ha giudicato'.

Dànte, 11 febbraio • Antico accorciamento toscano di *Durante*, dal latino tardo *Durănte(m)*, tratto dal participio presente del verbo *durăre* col significato 'che dura, che sopporta', il quale ha dato anche il nome latino *Dūru(m)* 'forte, solido'.

Dàrio, 19 dicembre, **Dària**, 25 ottobre • Nome latino *Dăriu(m)* o *Dariūm*, secondo la pronuncia classica più aderente all'originale greco (*Dareios*), che ripeteva l'antico persiano *Dārayaì-va(h)ush* 'che possiede (dal verbo *dārayāmiy* 'possedere, mantenere') il bene o i beni (*-vahu-*)'.

Dàvide, 29 dicembre • Nome passato dalla tradizione biblica al greco, *Dauéid*, e al latino, *Dăvid*, di origine ebraica: in ebraico, infatti, *Dāwīdh* è spiegato come 'l'amato', di probabile formazione fanciullesca.

Deṣidèrio, 23 maggio • Nome latino, *Desidĕriu(m)*, che i primi Cristiani assunsero volentieri, sia che, come *Desiderato*, esprimesse la gioia compiuta dei genitori, sia che si ispirasse al 'desiderio' della salvezza eterna.

Diàna, 10 giugno • Il latino *Diāna(m)*, nome della dea della caccia, si connette con il latino *dīus* 'divino' e anche 'luminoso', spiegandosi l'accostamento con il culto della luna, personificata appunto nella dea. In Italia è stato ripreso, dopo l'oblio dell'epoca cristiana, in età medievale.

Diègo, 13 novembre • Nome di origine spagnola entrato tardivamente in Italia, derivato, come chiariscono le più antiche forme iberiche *Diaco* e *Diago*, da *Didacus*, *Didagus* del latino medievale, finora ribelle ad ogni spiegazione convincente.

Dìno, 20 maggio, **Dìna**, 30 gennaio • Non di origine germanica, come da qualcuno è stato sostenuto, ma semplicemente con funzione vezzeggiativa o diminutiva dei maschili in *-dino*, come i medievali *Aldobrandino*, *Bernardino*, *Ubaldino*, ecc.

Dionìgi, 9 ottobre • Nome pervenutoci, attraverso il latino *Dionȳsiu(m)*, dal greco *Dionýsios*, originariamente un aggettivo di incerta spiegazione: '(proprio) di *Dioniso*'. La desinenza ci rivela un posteriore adattamento al corrispondente nome francese, molto diffuso in Francia, che in *S. Dionigi*, venera il primo vescovo di Parigi.

Dolòres, 15 settembre • Nome spagnolo (letteralmente 'dolori'), abbreviazione di *María de los Dolores* 'Maria dei Dolori, Addolorata'.

Doménico, 8 agosto, **Doménica** • I nomi latini *Domĭnicu(m)* e *Domĭnica(m)*, in uso presso i Cristiani, potevano riferirsi, sì, ai figli 'nati di domenica (*dīe(m)*) *domĭnica(m)*', ma, rifacendosi direttamente a *Dŏminu(m)* 'Signore', significavano altresì 'proprio del Signore'.

Donàto, 17 febbraio, **Adeodàto**, 17 febbraio, **Donàta**, 8 novembre, **Donatèlla**, 30 luglio • Il latino *Donātu(m)*, in uso nei primi secoli dell'era cristiana, non è altro che il participio passato *donātu(m)* 'donato', sottinteso 'da Dio', come conferma l'altro nome *Adeodātum* 'dato (*dātu(m)*) da (*ă*) Dio (*Dĕo*)'. Il corrispondente femminile *Donata* col suo più frequente *Donatella* erano egualmente in uso presso i Cristiani: *Donāta(m)* e *Donatĕllam*, col parallelo *Donatīlla(m)*.

Dorotèo, **Dorotèa** v. *Teodoro*.

Edgàrdo • Nome inglese, in anglosassone *Ēadgar*, che si analizza 'dardo (*gār*) della prosperità (*ēad*)'.

Edmóndo, 20 novembre • Nome di origine francese (*Edmond*), venuto in Francia dall'Inghilterra, dove *Edmond*, *Edmund* continua l'anglosassone *Ēadmund* 'protezione (*mund*) della ricchezza (*ēad*)'.

Edoàrdo, 13 ottobre, **Odoàrdo**, **Edoàrda** • Nome di origine inglese: in inglese *Edward* continua l'anglosassone *Ēadweard* 'guardiano (*weard*) di beni (*ēad* 'ricchezza, possesso, prosperità')', cui corrisponde la parallela forma germanica *Adoward*, che ha dato l'italiano *Odoardo*.

Edvìge, 16 ottobre • Nome di origine germanica, *Hathuwic*, propriamente 'santa (*wic* 'santo, sacro') battaglia (*hathu*)', più tardi attratto nella serie dei nomi in *-wiq* 'lotta, battaglia', dando origine piuttosto recentemente al tedesco *Headwig*, che, analizzato, dovrebbe, quindi, significare 'battaglia battaglia!'.

Egìdio, 1 settembre • Nome attestato nel latino tardo *Aegīdiu(m)* di origine greca, anche se un greco **Aigídios*, dal nome comune *aigídion* 'capretto', diminutivo (*-ion*) di capra (*áix*, genitivo *aigós*), non è attestato.

Èlda, 18 agosto, **Ìlda** • Nome di origine germanica, parallelo di *Ilda* e derivato dal germanico *Hilda*, forma ridotta dei tanti nomi (*Ildegarda*, *Ildebrando*, ecc.) che hanno come loro primo elemento di composizione *hilt(j)a* 'battaglia' (che riappare in altri nomi, come *Clotilde*).

Èlena, 18 agosto • Il latino *Hĕlena(m)* proviene dal greco *Helénē*, nome dapprima diffuso col ciclo epico troiano e della sua bella figura centrale, la moglie di Menelao, probabilmente collegata alla radice *vel-*, da cui anche il greco *hélios* 'sole': *Elena* sarebbe stata, dunque, originariamente una divinità solare. Tuttavia, pur riconoscendone l'origine divina, altri pensano alla stessa origine di *Venere*, altri a nomi di piante (culti di vegetazione).

Eleonòra, 27 maggio • Il nome, che nella forma più antica (*Alienor*) è attestato in Provenza e Portogallo, è da considerarsi, con qualche riserva, di origine germanica, un composto, cioè, di *Ali-*, connesso col gotico *alan* 'crescere' e del nome di origine oscura *Aenor*.

Elìgio, 1° dicembre • Il tardo nome latino *Elīgiu(m)* non è di sicura interpretazione, ma è abbastanza probabile che si possa connettere col verbo *elĭgere* 'scegliere' ed 'elegante', per cui il nome significherebbe 'scelto, eletto' (sottinteso 'da Dio').

Elìṣa, 19 novembre • Adattamento del francese *Elise*, popolarmente ritenuto un diminutivo di *Elisabeth* 'Elisabetta', ma da considerarsi, piuttosto, come il femminile di *Elisée* 'Eliseo'.

Eliṣabètta, **Eliṣabétta**, 4 luglio • Il latino *Elīsabeth*, come il greco *Elisàbet*, si rifanno al nome biblico *Elīsheba'*, composto di una prima parte chiara e ricorrente (*Ēl* 'Dio') è di un'altra variamente interpretata (*shb'* 'giurare', quindi 'Dio è (il mio) giuramento', o *sheba'* 'sette', numero perfetto, e allora 'Dio è perfezione').

Eliṣèo, 14 giugno • Il latino della Chiesa *Elisēu(m)* e il greco *Elisaios* si rifanno entrambi al nome biblico *Elīshā'*, composto di *Ēl*, abbreviazione del nome inesprimibile di 'Dio' e, probabilmente, della radice *īsh'* 'aiutare, salvare', per cui *Eliseo* significherebbe 'Dio è salvezza' o qualcosa di simile.

Elvìra, 27 gennaio • Nome spagnolo, che i Visigoti portarono nella penisola Iberica, dove anticamente si trova scritto *Gel(o)vira*: ma se nella seconda parte del composto si può riconoscere il gotico *wers* 'amichevole', la prima parte è soggetta a interpretazioni diverse: dal gotico **gails* 'lancia' o da **gail* 'allegro'.

Emanuèle, 26 marzo, **Emanuèla** • Nome che dall'Antico Testamento è passato in greco (*Emmanouḗl*) e nel latino ecclesiastico (*Emmănuel*): il nome ebraico *'Immanu'ēl* significa letteralmente 'con noi (*'immānū*) Dio (*Ēl*)'.

Emìlio, 28 maggio, **Emìlia**, 24 agosto • Il latino *Aemĭliu(m)*, da cui poi anche il corrispondente femminile *Aemĭlia(m)*, non è sicuramente spiegato: attraverso la sua forma più antica *Aimĭlios* possiamo collegarlo al nome proprio etrusco *Aimos*, di cui, tuttavia, ignoriamo il significato (ma gli antichi lo sentivano vicino, invece, ad *āemulus* 'emulo', a sua volta di non certa origine).

Èmma, 19 aprile • Il nome *Imma*, *Emma* è certamente di origine germanica, ma nell'ambito di questa famiglia linguistica non è stata ancora trovata un base soddisfacente: assieme al maschile *Immo* rappresenterebbe, come ritengono alcuni, una forma vezzeggiativa ridotta di nomi germanici composti (*Immo*, *Emmo* sarebbero, per esempio, equivalenti a *Irminio*, *Erminio*).

Enrìco v. *Amerigo*.

Ènzo v. *Lorenzo*.

Eràṣmo, 2 giugno • I latini presero il nome *Erăsmu(m)* dai Greci, presso i quali *Èrasmos* era nome di significato trasparente, perché direttamente connesso con l'aggettivo *erásmios* 'desiderato, amabile' (dal verbo *eran* 'desiderare, amare'), che, del resto, era già passato in latino come nome proprio, *Erăsmiu(m)*.

Èrcole, 12 agosto • Il nome latino *Hĕrcule(m)* è di origine greca: il greco *Herakles* si spiega, infatti, come 'gloria (da *kléos* 'fama' di origine indeuropea) della dèa (*Hēra* 'la protettrice', della stessa famiglia di *hḗros* 'eroe').

Ermànno, 7 aprile • Presso i Germani *Hariman* era nome composto di *harja* (sostantivo) 'esercito, popolo' e (aggettivo) 'guerresco' e *man(n)* 'uomo' con il senso, quindi, complessivo di 'uomo d'arme, guerriero'.

Ermìnia, 26 agosto • Nome latino *Hermĭnia(m)*, corrispondente al maschile *Hermīnu(m)*, di origine etrusca e significato sconosciuto, anche se non si può escludere che allo stesso risultato italiano possano essere giunti altri nomi, di origine germanica, questi, legati al nome del semidio *Ermin*, *Irmin* 'forte, potente'.

Ernèsto, 7 novembre, **Ernestìna** • Nome di origine germanica, *Ernust*, tramutazione a nome proprio del nome comune *ernust* 'battaglia' e poi 'forza, vigore'. *Ernestina* è il diffuso diminutivo del suo corrispondente femminile *Ernesta*.

Ersìlia • Nome latino, *Hersĭlia(m)*, corrispondente femminile di *Hersĭliu(m)* di probabile origine etrusca, anche se non conosciamo il significato delle voci etrusche *(h)ersina*, *hersu*, alle quali si collegherebbe.

Èttore, 20 giugno • Il latino *Hĕctorem* è ripreso dal nome greco, reso famoso dall'eroe omerico, cui era attribuito, *Héktōr*, spiegato col verbo *échein* '(trat)tenere, reggere' (ed *éche-* *-tōr* sarebbe il 'reggitore del popolo'), anche se qualche perplessità può suscitare l'assegnazione di un nome greco a un principe troiano, a meno che non si pensi a una probabile traduzione del corrispondente nome indigeno, a noi rimasto sconosciuto.

Eugènio, 10 dicembre, **Eugènia** • In età cristiana si diffuse il nome latino *Eugĕniu(m)*, dal greco *Eugénios*, tratto, a sua volta, dall'aggettivo *eugenḗs* 'bennato' (composto di *eu* 'bene' e *gen-* 'nascere'). Anche il femminile latino *Eugĕnia(m)* ha il suo corrispondente greco *Eugenía*, che può, tuttavia, anziché rappresentare il femminile di *Eugénios*, riprodurre direttamente il sostantivo *eugéneia*, *eugenía* 'nobiltà (di natali)'.

Eulàlia, 12 febbraio • Nome cristiano, *Eulălia(m)*, di origine greca, come il documentato maschile *Euláliōs*, che propriamente significa 'eloquente', cioè 'colui che parla (dal verbo *lalein* 'parlare') bene (*eu*)'.

Euṣèbio, 2 agosto • Il latino d'epoca cristiana *Eusēbiu(m)* riproduce il greco *Eusébios*, derivato dall'aggettivo *eusebḗs* 'religioso, pio' (un composto di *eu* 'bene' e dalla stessa radice del verbo *sébesthai* 'venerare, onorare', cui è legato anche il nome *Sebastiano*).

Èva, si festeggia la domenica precedente il Natale • Nome diffuso, dal racconto biblico sia in greco, *Éua*, quanto in latino, *Hēva(m)*: l'origine ebraica *Hannāh* è tradizionalmente spiegata con il verbo *hāyāh* 'vivere' (per cui *Eva* significherebbe 'madre dei viventi'), ma l'interpretazione non è generalmente accettata, pur non avendone altre valide da proporre. Interessante l'ipotesi che collegherebbe il nome ebraico con un nome semitico del 'serpente' (in arabo, a esempio, *hayya*).

Evarìsto, 26 ottobre • Il latino cristiano col nome *Euarĭstu(m)* rendeva il greco *Euárestos*, letteralmente 'il ben (*eu*) piacente (*arestós*, dal verbo di origine molto incerta *aréskein* 'piacere, recare soddisfazione').

Evàṣio, 1° dicembre • Trascrive il raro nome latino *Euăsiu(m)*, ritenuto di origine etrusca.

Èzio, 6 marzo • I Romani conoscevano il gentilizio *Āetiu(m)*, di significato oscuro, pare di origine etrusca, ma avevano anche preso dai Greci il loro *Aétios* (legato al nome dell''aquila', *a(i)etós*), adattato in *Aĕtiu(m)*, per cui nel nostro *Ezio* possono confluire le due tradizioni.

Fàbio, 11 maggio • Antico nome romano, *Făbiu(m)* era già stato connesso dai Latini con il nome della 'fava', *făba(m)*. Sarebbe, quindi, uno dei non pochi nomi tratti da nomi di piante.

Fabrìzio, 21 agosto, **Fabrìzia** • Nome gentilizio latino, *Fabrĭciu(m)*, ora sentito come legato a *fābru(m)* 'fabbro' (nel senso di 'artefice'), ma in origine di probabile discendenza etrusca.

Fàusto, 19 novembre, **Fàusta**, 20 settembre, **Faustino**, 15 febbraio ● Il nome latino *Fāustu(m)* era, per i Romani, molto chiaro, com'è l'italiano *Fausto*, se si considera l'immediato collegamento, rispettivamente, col nome comune (interpretato in chiave augurale) *fāustu(m)* e *fausto* 'felice, prospero'.

Fedèle, 24 aprile ● Il nome latino *Fidēle(m)* aveva lo stesso significato trasparente, che ha il suo derivato italiano *Fedele*, trasmesso soprattutto attraverso il culto cristiano con riferimento alla 'fiducia di Dio', e anzi, ricalcando il latino l'altro significato assunto dal greco *pistós*, a 'colui che crede in Dio'.

Federico, 18 luglio, **Federica** ● Nome germanico, *Frithurik* nelle più antiche attestazioni, composto di *frithu* 'pace' e *rikja* 'ricchezza'. Potrebbe, quindi, tradursi con 'dominatore con la pace'.

Felice, 14 gennaio, **Felicita** ● I Romani trassero il nome *Felīce(m)* dall'aggettivo *felīce(m)* 'contento, favorito dagli dèi'. Al corrispondente astratto, *felicitāte(m)*, nominativo *felĭcitas*, risale *Felicita*, cioè 'felicità'.

Ferdinàndo, 30 maggio, **Fernàndo**, **Ferdinànda** ● Il nome è di origine germanica, ma è passato a noi dalla Spagna, dove si trova attestato tanto *Fredenandus*, che si può far risalire a un composto gotico con **frithu* 'pace' e **nanth* 'audace' (e il significato completo sarà allora 'ardito nella pace'), quanto *Fre(d)nando*, da cui, per metatesi, si ebbe poi *Fernando*.

Fèrmo, 9 agosto ● Equivale al nome lat. *Fĭrmu(m)*, esattamente corrispondente all'aggettivo *fīrmu(m)* 'solido, stabile' con chiaro riferimento, per i primi Cristiani, all'incrollabilità nella fede.

Fernàndo v. *Ferdinando*.

Ferrùccio, 27 ottobre ● Nome medievale italiano, certamente collegato con *ferro*, sia che si consideri il diminutivo di un documentato soprannome *Ferro*, sia che si pensi a una riduzione, con successiva notazione vezzeggiativa, di un composto, di cui *Ferro-* sia il primo elemento, come nel caso molto noto di *Ferroacuto* (donde *Ferraguto* e anche *Ferraù*), anche se frutto di un adattamento del nome epico *Fernagu*.

Filippo, 26 maggio, **Pippo** ● Nome latino, *Philippu(m)*, riproducente il greco *Phílippos*, l''amatore (*philos*) di cavalli (*íppoi*)'.

Fiorènzo, 27 ottobre ● Il nome latino *Florēntiu(m)* dipende dal precedente *Florēnte(m)*, connesso col verbo *florēre* 'fiorire', di cui costituisce originariamente il participio presente. Ebbe una reviviscenza d'uso in periodo cristiano per il suo sottinteso significato augurale.

Flàvio, **Flàvia**, 7 maggio ● Antico nome romano, il latino *Flāviu(m)* proviene da un precedente *Flāvu(m)*, identico al nome comune *flāvu(m)* 'biondo': quindi dovette essere all'inizio attribuito, come soprannome, a persona 'dai capelli biondi'.

Flòra, 24 novembre ● Il latino *Flōra(m)* era il nome della 'dea dei fiori (*flōres*)', il cui culto, assieme al nome, era molto diffuso presso gli Italici e connesso con i riti primaverili.

Fósca, 13 febbraio ● Dal nome latino *Fŭsca(m)*, corrispondente all'aggettivo femminile *fŭsca(m)* 'scura, nera'.

Francésco, 4 ottobre, **Francésca**, 9 marzo ● Originariamente aggettivo etnico di provenienza germanica: *Francĭscu(m)*, da **frankisk*, valeva, appunto, nel latino tardo 'Franco, proprio dei Franchi' e più tardi 'francese'.

Frànco, 4 ottobre, **Frànca**, 25 aprile ● Presso i Franchi lo stesso loro etnico (di origine discussa, forse legato al nome della lancia) fu adoperato anche come nome di persona (*Francko*, *Franc(h)o*; più tardi pure *Francka*), anche senza il suffisso *-isk*, che ha dato poi origine a *Francesco*, di cui *Franco* (e, rispettivamente, *Francesca* da *Franca*) potrebbe costituire anche una riduzione.

Fùlvio, 16 agosto, **Fùlvia** ● Nomi latini, *Fŭlviu(m)* e *Fŭlvia(m)*, ritornati di moda durante il Rinascimento italiano, quando s'intese rettamente la diretta connessione con l'aggettivo *fŭlvu(m)* 'biondo, rossiccio (specie dei capelli)'.

Gabrièle, 27 febbraio, **Gabrièlla** ● Tanto il latino *Gabriēle(m)*, quanto il greco *Gabriḗl*, riproducono l'ebraico *Gabri'ēl*, nome dell'arcangelo inviato da Dio a Maria, che porta in sé il pregnante significato 'Dio (*-Ēl*) è forte (dal verbo *gābhár*)' o, secondo altri, pensando alla sua apparizione 'l'uomo (*gébher*) di Dio (*Ēl*)'.

Gaetàno, 7 agosto ● Il latino *Caietānu(m)* era, originariamente, un etnico e indicava il 'proveniente da *Caiēta(m)* (Gaeta)', passato a soprannome e poi a nome.

Gàspare, 28 dicembre ● Passato dalla tradizione cristiana, che sola ci ha conservato i nomi dei tre re Magi, è, come questi, di probabile origine orientale, e più precisamente iranica: può, infatti, rappresentare la riduzione di un antico aggettivo persiano *windahwarena* 'che ha splendore in sé'.

Gastóne ● Nome proveniente dal nome francese, diffuso fin dal Medioevo, *Gaston*, di origine poco chiara: se inteso come variante di *Gascon* corrispondente a un etnico ('proveniente dalla *Guascogna*'), se, invece, si pensa a un nome germanico, allora si potrebbe vedere una sua connessione col nome comune *gastiz* 'ospite, straniero'.

Gaudènzio, 22 gennaio ● In latino *Gaudēntiu(m)* era sentito un diretto derivato dal participio presente del verbo *gaudēre* 'godere', cioè *gaudēnte(m)* con un tipo di suffissazione proprio dell'onomastica postclassica: valeva, quindi, 'colui che gode, che si rallegra'.

Gèmma, 11 aprile ● Nome latino, *Gēmma(m)*, diffuso in epoca cristiana, tratto dal nome comune *gēmma(m)* 'gemma preziosa' (e, prima, 'gemma, bottone di una pianta, specie della vite').

Gennàro, 19 settembre ● Come il nome comune *gennaio*, proviene dal nome latino *Ianuāriu(m)*, attraverso la variante popolare **Ienāriu(m)*, e già dai Romani era imposto, originariamente, ai bambini nati in quel mese, dedicato al dio che apriva l'anno, *Iānu(m)* 'Giano'.

Genovèffa, 3 gennaio ● Nome venuto in Italia dalla Francia, dove la santa *Geneviève* ha un culto molto diffuso (è, tra l'altro, patrona di Parigi). Pare un nome composto e si è cercato di analizzarlo in *geno-* 'stirpe', presente in parecchi nomi di origine celtica, e *wifa*, voce germanica per 'donna'. Quindi: 'donna nobile'.

Geràrdo, 3 ottobre, **Gheràrdo** ● Il nome germanico *Gairard*, *Gerhard* può essere interpretato come 'forte (*hart*, *hard*) dardo' o 'forte nel lanciare il dardo (*gār*, *gēr*)': *Gherardo* è stato assunto in Italia direttamente da un popolo germanico, *Gerardo*, invece, attraverso la mediazione francese, che si rivela nel diverso trattamento dell'iniziale.

Germàno, 28 maggio ● Nome latino, *Germānu(m)*, indicante originariamente l'appartenente alle tribù di *Germāni*, ma anche (ed è difficile determinare quando il nome proprio sia legato all'etnico o al nome di parentela e abbia, quindi, etimologicamente diversa origine) il 'fratello'.

Geròlamo, 30 settembre, **Giròlamo**, 30 settembre, **Geronimo** ● Il nome latino *Hierōnymu(m)* fu usato dai primi Cristiani per imitazione del greco *Hierṓnymos* dalla chiara formazione: 'nome (*ónoma*) sacro (*hierós*)'. In italiano si nota una dissimilazione della prima (*n*) delle due nasali (*n*, *m*), che non ha avuto luogo nella variante molto meno frequente *Geronimo*.

Gheràrdo v. *Gerardo*.

Giacinto, 17 agosto ● Nome latino, *Hyacĭnthu(m)*, preso dal greco (ma di origine preellenica) *Hyákinthos*, il mitico giovanetto ucciso per errore da Apollo, che pur lo amava.

Giàcomo, 25 luglio ● L'accento del nome latino *Jacōbu(m)* fu portato sulla prima sillaba per influsso del modello greco *Jákōbos*, che rende l'originale ebraico *Y'acagôbh* di incerta spiegazione, anche se comunemente fatto risalire alla radice *'gb'*, per alcuni col senso di 'proteggere', per altri con quello di 'seguire, venir dopo'.

Giànni, **Giànna** v. *Giovanni*.

Gilbèrto, 4 febbraio ● Nome venuto a noi dalla Francia, dove *Gilbert* rappresentava la riduzione del nome franco *Gisilbert*, *Gislebert*, composto di *gisil* 'dardo' e *berht* 'chiaro, illustre (forse, appunto, per il modo di lanciare il dardo)'.

Gino v. *Lodovico*.

Giordàno, 7 agosto ● I primi Cristiani assunsero volentieri come nome proprio il nome del fiume palestinese, dove fu battezzato Gesù, in latino *Iordānu(m)* e in greco *Iordánēs* e l'uno e l'altro dall'ebraico *Yardēn*, probabilmente da una radice *yārad* 'scorrere, fluire' completata dalla desinenza *-ēn* propria del duale aramaico: letteralmente significherebbe allora '(fiume formato da) due fiumi'.

Giòrgio, 23 aprile, **Giòrgio**, **Giòrgia**, **Giòrgia** ● Il latino *Geōrgiu(m)* risale immediatamente al tardo nome greco *Geṓrgios*, che per i Greci era subito collegato con il nome comune *geōrgós* 'contadino, agricoltore' di antica origine indeuropea.

Giovànni, 24 giugno, **Giovànna**, 12 dicembre, **Giànni**, **Giànna**, 28 aprile ● Il latino ecclesiastico *Iohānne(m)*, come il greco *Iōánnēs*, è adattamento del comune nome ebraico *Yōhānān*, che si interpreta 'Dio (*Yo-* per *Yahvé*) ebbe misericordia (*hānán*)'.

Giròlamo v. *Gerolamo*.

Giuditta ● Tanto il latino ecclesiastico *Jūdith*, quanto il greco *Ioudíth*, provengono dall'ebraico biblico *Yehūdith*, femminile di *Yehūdhī* 'ebreo': è nome attribuito a '(donna) giudea' da parte di non-ebrei.

Giuliàno, 9 gennaio, **Giuliàna**, 16 febbraio, **Giùlio**, 12 aprile, **Giùlia**, 22 maggio ● Da *Iūliu(m)* 'Giulio' i Romani avevano derivato col suffisso *ānu(m)* il (cog)nome *Iuliānu(m)*. In epoca più tarda fu adottato anche nella forma femminile *Iuliāna(m)*. *Iūliu(m)*, a sua volta, rappresenterebbe (l'identificazione non è certa) un aggettivo non attestato **iouilos* 'di Giove (*Iŏvis*)', quando non indichi semplicemente il 'nato nel mese di *luglio*'.

Giusèppe, 19 marzo, **Giuseppina**, **Bèppe**, **Pippo** ● Nome di tradizione cristiana, che si rifà, attraverso il greco *Jōsēph*, *Jṓsēpos*, e il latino *Iōseph*, *Iosēphu(m)*, all'ebraico *Yōseph*, già nella Bibbia spiegato come 'Dio aggiunga (dal verbo *yāsáph* 'aggiungere')', sottinteso 'altri figli'.

Giustino, 1 giugno ● Il latino *Iustīnu(m)* era direttamente dipendente, col suffisso *-īnu(m)*, così frequente nell'onomastica romana, da *Iūstu(m)*, che ebbe larga diffusione in epoca cristiana per il suo evidente significato di 'equo, giusto'.

Goffrédo, 8 novembre ● Nome di origine germanica, giuntoci dalla Francia (*God(e)froy*), dove il franco *Godafrid*, come il suo corrispondente longobardo *Godefrit*, non raro nei documenti italiani del Medioevo, veniva inteso, analizzando i suoi elementi compositivi, 'pace (*fridu*) di Dio (*got*)'.

Gràzia, 8 settembre ● Già i Romani avevano il nome di donna *Grātia(m)*, derivato dall'altro, *Grāta(m)*, che ne rivela l'origine religiosa: 'grata (agli dèi)', ma la presenza del corrispondente inglese *Grace*, diffuso specie fra i Puritani dopo la Riforma, lo ha reso tardivamente popolare anche presso di noi.

Graziàno, 18 dicembre ● Se andiamo alla formazione del nome latino *Gratiānu(m)*, possiamo rintracciare anche il suo primitivo significato: *Gratiānu(m)*, infatti, proviene da un precedente *Grātiu(m)* (di cui era originariamente l'aggettivo), nome legato chiaramente all'aggettivo *grātu(m)* 'gradito, caro'.

Gregòrio, 3 settembre ● Il latino *Gregŏriu(m)* rispecchia il greco *Grēgórios*, che aveva il significato di *grēgoros* 'sveglio' in senso proprio ('desto') e figurato ('pronto').

Gualtièro, 8 aprile **Wàlter**, /'valter/ ● Nome di origine germanica, documentato in Italia nel periodo longobardo nella forma *Waldhari*, che significa 'comandante' (dal verbo *waltan* 'governare, dominare') l'esercito (*hari* 'popolo in guerra'). Dalla stessa base germanica proviene anche il corrispondente inglese *Walter*, che dall'Ottocento fu introdotto e usato anche in Italia.

Guglièlmo, 25 giugno, **Guglielmina** ● Nome di origine germanica (nella forma più antica *Willahelm*), composto di *wilja* 'volontà' e *helm* 'elmo'.

Guido, 12 settembre ● Il nome germanico *Wito* (sia esso da collegarsi col gotico **widus* 'legno, bosco' o con l'antico tedesco *wit* 'lontano' e tenuto conto che si tratterà della prima parte di un nome composto, secondo il modulo usuale dell'onomastica germanica) è entrato con i Longobardi in Italia, dove è stato adattato alle condizioni fonetiche locali.

Gustàvo, 27 novembre ● Nome di origine nordica, diffuso soprattutto in Svezia nella forma *Gōstav*, che si rivela come composto dell'antico nordico *stafr* 'sostegno' e *Göt*, probabilmente 'Goti': *Gustavo* sarebbe, quindi, il 'sostegno dei Goti'.

Ìda, 4 settembre ● Nome di origine germanica, probabile riduzione di un composto, di cui si è perduta la seconda parte, mentre nella prima si ravvisa la stessa parola, presente nel nordico antico *idh* 'lavoro, attività'.

Ignàzio, 31 luglio ● Dal latino *Ignātiu(m)* per il più antico *Egnātiu(m)*, che pare collegato, ma l'accostamento non è sicuro, con i tipi etruschi *Ecnate*, *Ecnatna*, di cui si ignora il significato.

Ilàrio, 13 gennaio, **Ilària**, 12 agosto ● Il nome latino *Hilăriu(m)* (con molti altri affini) è chiaramente derivato dall'aggettivo *hĭlare(m)* 'allegro, giocondo' di origine greca.

Ìlda v. *Elda*.

Immacolàta, 8 dicembre ● Rappresenta l'aggettivo *immacolata*, derivato, come attributo della Madonna, dal latino *immaculāta(m)*, cioè 'colei che è senza (*in-* negativo) macchia (*măcula(m)*)', la 'non macchiata (dal peccato originale)'.

Ìnes v. *Agnese*.

Innocènte, **Innocènzo**, 28 dicembre ● Nel tardo latino tanto *Innocēnte(m)*, quanto *Innocēntiu(m)* sono tratti, con modalità diverse, dall'aggettivo composto *innocēnte(m)*, cioè 'colui che non (*in-*) è colpevole (*nocēnte(m)*)', 'che non nuoce'.

Iolànda, 28 dicembre ● Per l'origine di questo nome si possono suggerire due ipotesi: o l'antico francese *Yolant*, variante di *Violant* 'Violante' (connesso, quindi, almeno popolarmente, con *viola*) oppure un nome germanico, composto di una prima parte oscura e di *-lindi* '(scudo di legno di) tiglio'.

Ippòlito, 13 agosto ● I romani presero il nome *Hippŏlytu(m)* dal greco *Hippólytos*, un composto di *híppos* 'cavallo' e *lytós* 'che scioglie' (dal verbo *lýein*, di origine indeuropea).

Irène, 20 ottobre ● Il nome latino cristiano *Irēne* è una trascrizione con adattamento alla pronuncia dell'epoca del greco *Eirḗnē*, eguale al nome comune *eirḗnē*, cioè 'pace'.

Isabèlla, 31 agosto ● Sull'origine di questo nome esistono due diverse ipotesi. Alcuni lo fanno derivare dal biblico *Iesebel* o *Iezabel*, che significa 'eletta dal Signore' (da *Baal* 'Signore'). Altri propendono per una deformazione di *Elisabetta*.

Isidòro, 4 aprile ● Il nome latino *Isidōru(m)* proveniva direttamente dal greco *Isídōros* dalla chiara composizione: 'dono (*doron*) di Iside (*Ísis*)'. Non è necessario pensare a una immediata provenienza dall'Egitto, dal momento che il culto di Iside si era largamente esteso in Grecia e a Roma stessa.

Ìtalo, 19 agosto ● Nome mitologico dei Romani, che ritenevano *Ītalu(m)* un antico re, il quale avrebbe dato il nome alla regione da lui retta, l'*Italia*, ma, come questa, anche *Italo* resta ancora di origine oscura.

Ìvo, 19 maggio, **Ivònne** ● Nome venuto a noi dalla Francia, come il femminile *Ivonne*, che parrebbe ripetere il nome del 'tasso', pianta molto diffusa nei paesi nordici, sia nella sua forma germanica (*uva*), sia nel parallelo celtico (**ivos*).

Ladislào, 27 giugno ● Antico nome slavo, che suona *Wadisláw* in polacco e *Vladisláv* in ceco, composto di *vlad-* 'dominare' e *slava* 'gloria', quindi '(che) domina con gloria'.

Lambèrto, 16 aprile, **Lambèrta** ● Nome di origine germanica, diffuso fra noi dai Longobardi, che significa, bene interpretando l'antica forma *Landoberht*, 'famoso (*berhta*) nel paese (*landa*)'.

Lanfrànco, 23 giugno ● Nome germanico *Lan(d)frank*, che, considerato già avvenuto il passaggio di *Frank* da 'Franco' a 'uomo libero', vuole significare 'libero (*frank*) nel paese (*landa*)'.

Làura, 22 gennaio ● Nome latino connesso con *lăuru(m)* 'alloro', albero sacro ad Apollo e simbolo di sapienza e di gloria, come il suo corrispondente greco *Dáphnē*.

Làzzaro, 17 dicembre ● Nel latino e nel greco del Nuovo Testamento troviamo, rispettivamente, *Lăzaru(m)* e *Lázaros*, come trascrizione del nome aramaico *La'zar*, considerato un diminutivo dell'ebraico *El'āzār*, cioè *Eleazaro* 'Dio (*Ēl*) ha aiutato (*āzār* 'venire in aiuto')'.

Leonàrdo, 6 novembre ● Nome di origine germanica, *Leonhart*, composto di *lev* 'leone' e *hart* 'forte, valoroso', cioè 'forte, come un leone'.

Letìzia, 9 luglio ● In latino, come in italiano, il nome *Laetĭtia(m)* 'allegria, contentezza', che voleva ricordare la 'gioia' dei genitori (e bisogna aggiungere cristiani, perché i pagani, pur conoscendo il nome, proprio di una dea, non ne attribuivano questo significato) per la nascita della figlia.

Lìdia, 3 agosto ● Nome latino, *Lȳdia(m)*, derivato del greco *Lydía*, propriamente 'originaria dalla regione della *Lidia* (Asia Minore)'.

Lìlia, **Liliàna**. Nomi di origine inglese, tanto *Lilia*, quanto *Liliana* si rifanno a *Lil(l)ian*, che rappresenta un chiaro vezzeggiativo, foggiato con la solita reduplicazione di una sillaba tra le iniziali, da *Elizabeth* 'Elisabetta'.

Lìno, 23 settembre ● Nome latino, *Līnu(m)*, assunto dai primi Cristiani (tra gli altri dal successore di S. Pietro): il suo isolamento nell'ambito dell'onomastica latina ed etrusca e l'incerta connessione con il greco *Línos*, rimasto del resto inspiegato, fanno ritenere che si tratti della forma ridotta di altro nome, come è avvenuto per il femminile *Lina*, sicuramente derivata da diminutivi del tipo *Adelina*, *Evelina*, e simili.

Lìvio, 22 febbraio, **Lìvia** ● *Līviu(m)* era un nome latino molto diffuso, anche se sulla sua origine non si è in grado di dire nulla di sicuro: potrebbe essere connesso con l'aggettivo *līvidu(m)* nel senso di 'pallido' e rappresentare, quindi, un soprannome nato da una caratteristica fisica.

Lodovìco, **Luìgi**, 21 giugno, **Luìgia**, **Luìsa**, 15 marzo, **Gìno** ● Il nome franco *Hlodowig*, spiegato come 'famoso (*hloda* è la 'gloria') nella battaglia (*wiga*)', fu ridotto più tardi nella forma italiana *Lodovico* (con la variante *Ludovico*), mentre in Francia assume quella di *Louis*, da cui il nostro *Luigi*. Analogamente il femminile *Louise* venne accolto in due riprese, la prima con lo stesso adattamento del maschile (*Luigia*), la seconda, più recente e più vicina all'originale (*Luisa*). Al diminutivo maschile (*Lui*)-*gino* risale il diffuso *Gino*.

Loredàna, 10 dicembre ● Nome di origine veneziana, corrispondente, in ultima analisi, al latino della Chiesa *Lauretāna(m)*, cioè 'di Loreto'. E da *Loreto*, poi *Loredo* e ora *Loreo*, nel Polesine, provenne la famiglia patrizia veneziana dei *Loredàn*, da cui è tratto, al femminile, *Loredana*.

Lorènzo, 10 agosto, **Lorènza**, **Ènzo**, **Rènzo** ● Il latino *Laurĕntiu(m)*, come anche il corrispondente femminile *Laurĕntia(m)*, designavano originariamente il 'proveniente dalla città di *Laurĕntum*', centro laziale, che gli antichi dicevano (non sappiamo con quanto fondamento) così nominato da *lăuru(m)* 'alloro'.

Lùca, 18 ottobre ● Nome di origine greca *Lukâs*, latinizzato in *Lucas* o *Luca*, deriva dal troncamento di *Lukanós* 'originario della Lucania'.

Lùcio, 4 marzo, **Lucìa**, 13 dicembre, **Luciàna**, **Luciàno**, 8 gennaio ● Il nome latino *Lūciu(m)* era molto diffuso fra i Romani, che lo connettevano, non sappiamo con quale fondamento, col nome della 'luce', *lūce(m)* e sarebbe stato imposto, quindi, ai figli 'nati con la luce del giorno'. Da *Lūciu(m)* fu tratto poi tanto il femminile *Lūcia(m)*, che in italiano (ma non in alcuni dialetti) spostò l'accento, *Lucía*, quanto, col suffisso proprio dei (cog)nomi latini, *Luciānu(m)* 'Luciano'.

Luìgi, **Luìgia**, **Luìsa** v. *Lodovico*.

Maddalèna, 8 maggio ● Il nome latino *Magdalēna(m)* risale, come il parallelo greco *Magdalēnḗ*, alla tradizione del Nuovo Testamento, nel quale appare chiaro che il nome era legato alla provenienza (*Maria detta Maddalena*), cioè al nome del villaggio palestinese di *Magdala* (in ebraico *Migdal* 'torre').

Mafàlda, 7 agosto ● *Mafalda* ci proviene dalla penisola iberica, dove il nome germanico *Mahalt* (lo stesso che sta all'origine del nostro *Matilde*) è stato adattato, appunto, in *Mafalda*.

Mànlio ● Secondo i Romani, *Mānliu(m)* ma nella forma primitiva *Manīliu(m)* da *Māniu(m)* era connesso con *māne* 'di mattina', cioè 'nato nelle ore mattutine', ma ora si riconosce invece un collegamento diretto con il nome delle anime dei morti, *Mānes* 'i mani'.

Mansuèto, 19 febbraio ● Nome latino, dell'epoca repubblicana, *Mansuētu(m)*, uno dei tanti nomi derivati da un augurabile tratto di carattere, in questo caso *mansuētu(m)* 'mansueto'.

Marcèllo, 16 gennaio, **Marcèlla**, 31 gennaio, **Marcellìno**, 26 aprile, **Màrco**, 25 aprile ● Nome di origine latina, *Marcĕllu(m)*, propriamente un diminutivo (col suffisso *-ĕllus*) di *Mārcus* 'Marzo', legato al culto del dio *Marte*, dal cui nome deriva.

Margherìta, 16 novembre, **Rìta**, 22 maggio ● Nome che i primi Cristiani trassero dal latino *margarīta(m)*, antico grecismo (*margarítēs*) di origine orientale col valore di 'perla'. La parte finale del nome, usata come affettivo, ha acquistato una certa autonomia.

Màrio, 19 gennaio, **Marìa**, 8 settembre ● Nome di origine italica, probabilmente legato all'etrusco *maru* 'uomo' e poi nome di una carica, trasmessa dagli Etruschi agli Umbri e dagli Umbri ai Romani, che ne trassero il loro *Măriu(m)*. Solo apparente è, invece, la connessione col latino *Măria(m)*, che i primi Cristiani assunsero dal greco *Mariám*, che a sua volta riproduceva il diffuso nome ebraico *Maryām*, di probabile origine egizia (dal verbo *mrj* 'amare').

Marìsa, 12 settembre ● Fusione settentrionale dei due nomi *Maria Luisa*, secondo il modulo, che presiede alla formazione di *Marilena* (*Maria Elena* e *Maria Maddalena*) e al raro *Maresa* (*Maria Teresa*).

Màrta, 29 luglio ● Il latino *Mărtha(m)*, come il greco *Mártha*, riproduce il nome aramaico *Mārtā*, eguale al nome comune *mārtā*, femminile di *mār* 'signore', e significa, quindi, 'signora, padrona'.

Martìno, 11 novembre ● Trae origine da un antico nome latino *Martīnus*, patronimico di *Mars* 'Marte' e vuol dire 'dedicato al dio Marte'.

Màssimo, 25 giugno ● I Romani usavano non raramente il nome *Măximu(m)*, letteralmente 'massimo', originariamente attribuito al fratello 'maggiore' fra più.

Matìlde, 14 marzo ● Nome di origine germanica, *Mathhildis*, che significherebbe, analizzando i due composti, 'forza (*matha*) nella battaglia (*hildi*)'.

Mattèo, 21 settembre, **Mattìa**, 14 maggio ● Nome proprio della tradizione evangelica, che ha trasmesso nella forma greca *Matthaios* e in quella latina *Matthēu(m)* l'ebraico *Mattiyyāh*, forma abbreviata di *Mattithyāh*, letteralmente 'dono (*mattáth*) di Dio (*yāh* per il nome proibito *Yahvé*)'. *Mattia* è lo stesso nome ebraico, reso però diversamente in greco, *Maththías*, e in latino, *Mat(t)hīa(m)*.

Màuro, 15 gennaio, **Màura**, 13 febbraio, **Maurìzio**, 22 settembre ● Il nome latino *Māuru(m)* indicava, originariamente, l'appartenente alle popolazioni dell'Africa settentrionale (*Mauritania*), note ai Romani col nome generico di *Mauri*, nome di oscura etimologia, probabilmente tratto da un'antica denominazione locale. Col suffisso *-īciu(m)*, molto produttivo in epoca tarda, si è poi foggiato anche il derivato *Maurīciu(m)* con la variante *Maurītiu(m)*, da cui il nostro *Maurizio*.

Michèle, 29 settembre, **Michèla** ● Il latino *Michāel* e il greco *Michaḗl* si rifanno all'ebraico *Mikhā'ēl*, che significa 'chi (*mī*) come (*khā*) Dio (*Ēl*)?'.

Milèna, 2 luglio ● Nome di origine slava, introdotto in Italia in epoca recente: *Milena* (il cambiamento di accento si spiega con la sua trasmissione per scritto) è considerato un vezzeggiativo di altro nome, composto con *mila* 'cara'.

Mirèlla, 8 luglio ● Nome di origine francese (*Mireille*), reso familiare in Italia, come in Francia, dalla popolarità del poemetto *Mirèio* di F. Mistral; il nome leggendario dell'eroina è messo in relazione col provenzale *mirar* 'ammirare'.

Modèsto, 12 gennaio ● Nome sorto presso i primi Cristiani, il latino *Modēstu(m)* era immediatamente e trasparentemente collegato con l'aggettivo *modēstu(m)* e voleva ricordare le doti di 'modestia, moderazione', augurate al nuovo nato.

Mònica, 27 agosto ● Osservando l'originaria forma latina del nome, *Mŏnnica(m)*, si pensa che il nome possa essere di provenienza punica oppure derivato dal nome latino, di formazione infantile, *Mŏnna(m)*, letteralmente 'mamma, sposa', mentre l'accostamento al greco *monachós* 'eremita' sarebbe del tutto secondario e popolare.

Nàdia, 1° agosto ● In russo *Nadja*, diminutivo di

Nadēžda, che corrisponde, anche letteralmente, al nostro '*Speranza*'.

Natàle, 25 dicembre, **Natalìa**, 25 dicembre ● Originariamente nome attribuito a persona, maschio (*Natale*) o femmina (*Natalìa*, al diminutivo *Natalina*), nata il giorno di *Natale*, cioè espressamente nel *dīe(m) natāle(m)* di Gesù.

Nicòla, 6 dicembre, **Nicolétta**, **Nicolò** ● Il *Nicolāu(m)* dei Latini corrispondeva all'antico nome greco *Nikólaos*, letteralmente 'vittorioso (della stessa famiglia di *nikē* 'vittoria') tra il popolo (*laós*)'. Anche in italiano si ebbe una forma più vicina all'originale, cioè *Nicolào* (da cui poi *Nicolò*), mentre *Nicola* sembra un adattamento più recente sull'accento greco.

Norbèrto, 6 giugno ● Nome di origine germanica non del tutto chiarito nella sua composizione. Mentre nella seconda parte si riconosce l'aggettivo *berht* 'chiaro, illustre', così frequente nei nomi germanici, maschili e femminili, nella prima si potrebbe leggere *northa* 'nord' e interpretare, così, l'intero nome, come '(uomo) illustre nel Settentrione'.

Oddóne, **Ottóne**, 2 luglio ● Nel latino medievale, *Old(d)one(m)*, ma al nominativo, *O(d)do* corrispondeva a un nome longobardo risalente al germanico *Audo*, abbreviazione di un composto, la cui prima parte era *auda-* 'ricchezza'. Dalla stessa base è disceso anche il parallelo alamanno o baiuvaro *O(t)to*, reso in italiano con *Otto*, *Ottone*.

Odoàrdo v. *Edoardo*.

Òlga, 11 luglio ● Antico nome russo (*Ól'ga*) diffuso in Italia solo in epoca relativamente recente, corrispondente al diffuso e antico nome scandinavo *Helga* e l'uno e l'altro derivati da una lingua nordica, in cui era ancora chiaro il collegamento con l'aggettivo *heilagr* e *helgi* 'santo', per cui *Olga* significa, in ultima analisi, 'la santa'.

Onòfrio, 12 giugno ● Il nome *Onūphriu(m)* resta isolato nell'ambito del latino ecclesiastico e si può accostarlo solo al greco *Onnōphris*, che trascrive un antico nome egiziano dal probabile significato 'sempre felice'.

Onoràto, 13 ottobre ● In latino *Honorātu(m)*, originalmente participio passato dal verbo *honorāre* 'onorare' col duplice significato, di 'onorato' e 'onorabile'.

Oràzio, 15 dicembre ● Antico nome latino, *Horātiu(m)*, diffuso con la più larga conoscenza rinascimentale della storia romana, di probabile origine etrusca, anche se ignoriamo il significato dell'etrusco *hurás* evidentemente connesso con altri simili nomi latini.

Orèste, 9 novembre ● Il nome latino *Orĕste(m)* si riferiva originariamente al mitico personaggio greco *Oréstēs*: ma in Grecia questo nome era molto diffuso, anche perché di formazione elementare, tratto, com'è, da *óros* 'monte' e interpretabile, quindi, letteralmente, come 'montanaro'.

Orlàndo, 31 maggio, **Rolàndo**, 16 gennaio ● Nome di origine germanica, *Hrodland*, composto di *hrothi* 'fama' e *land*, che sta per *nand* 'ardito': l'intero nome significa, dunque, 'che ha fama di essere ardito'. La forma più vicina all'originale è *Rolando*, dal quale solo in Italia, anzi in Toscana, è stata tratta la variante *Orlando*.

Òrsola, 21 ottobre ● In latino il nome *Ŭrsula(m)* era subito riconosciuto come un diminutivo di *ŭrsa(m)*, cioè 'orsa', usato pure come nome proprio.

Òscar, 3 febbraio ● Le forme medievali del nome (*Anscharius*, *Ansgarius*) ci rendono ragione tanto della originale forma composta germanica (*Ansger*), quanto dell'interpretazione dei suoi elementi: 'lancia (*gairu*) di Dio (in lingue germaniche *ass*, *oss*)'. La modificazione del nome, che si riscontra in italiano, come in altre lingue, si deve alla variante irlandese *Oscur*, che le poesie ossianiche contribuirono a diffondere in tutta Europa.

Ottàvio, 20 novembre, **Ottàvia** ● Il nome latino *Octāviu(m)* era chiaramente e direttamente derivato da *Octāvum*, cioè 'ottavo' con riferimento, come in tanti altri casi, a partire da *Prīmu(m)*, *Secŭndu(m)*, ecc., all'ordine di nascita della medesima famiglia.

Ottóne v. *Oddone*.

Pancràzio, 12 maggio ● I primi Cristiani preseero il loro *Pancrātiu(m)* dal greco *Pankrátēs*, un chiaro composto di *pan* 'tutto' (di origine indeuropea) e di altra voce (frequentissima nell'onomastica, come dimostrano i nomi *Socrate*, *Isocrate*, *Policrate*) connessa col verbo *kratein* 'avere il potere', originariamente un attributo di Giove 'che tutto può'.

Pàolo, 29 giugno, **Pàola**, 12 giugno, **Paolino** ● Antico nome latino, *Pāul(l)u(m)* equivaleva all'aggettivo raro e arcaico *pāullu(m)* e più tardi *pāulu(m)*, che significava 'piccolo': un nome, quindi, originariamente applicato a persone di 'piccola' statura, ma che il culto cristiano rese quanto mai popolare e diffuso.

Pasquàle, 17 maggio, **Pasqualina** ● Nome medievale *Pasquāle(m)*, identico all'aggettivo *pasquāle(m)*, tarda variante del latino *paschāle(m)* 'relativo a *Pasqua*'.

Patrìzio, 17 marzo, **Patrìzia**, 13 marzo ● Per i Romani *Patrĭciu(m)* era interpretabile chiaramente come 'nobile' dal momento che corrispondeva al nome comune *patrĭciu(m)* 'appartenente a una famiglia di ottimati (*pătres*)'. Il femminile giunse a noi, invece, con molta probabilità, dal nome inglese, di diffusione piuttosto recente, *Patricia*.

Piètro, 29 giugno, **Pièro** ● Come spiega il passo evangelico ('Tu sei Pietro, e su questa pietra io edificherò la mia Chiesa'), il latino *Pĕtru(m)* ripete il greco *Pétros*, che significava, come il femminile *pétra*, 'roccia, pietra' e traduceva l'aramaico *Kēphā*, l'originale nome dell'apostolo, interpretabile, appunto, 'roccia'.

Pìo, 30 aprile ● Sebbene già in uso a Roma in epoca imperiale, il nome latino *Pīu(m)* fu assunto volentieri dai primi Cristiani per la sua chiara connessione con l'agg. *pīu(m)* 'puro, pietoso'.

Pippo v. *Filippo*, *Giuseppe*.

Plàcido, 5 ottobre ● Anche il latino *Plăcidu(m)*, come l'italiano, era interpretato come attributo dovuto a una qualità del carattere, riproducendo perfettamente il comune aggettivo *plăcidu(m)* 'calmo, tranquillo'.

Pompèo, 14 dicembre ● Nell'antico nome latino *Pompēiu(m)* si può vedere l'osco **pompe* corrispondente al latino *Quīn(c)itu(m)*, originariamente 'il quinto(genito)', tanto più che altre lingue italiche adottarono questo tipo (osco *Púntiis*, peligno *Ponties*).

Primo ● Tra le possibilità di scelta del nome dei figli, gli antichi avevano anche quella di designarli con un numerale, corrispondente all'ordine di nascita. Così il 'primo(genito)' si chiamò in latino *Prīmu(m)* e, derivato da questo o formato in maniera analoga, in italiano *Primo*.

Pròspero, 24 novembre ● Il nome latino *Prŏsperu(m)* era una sola cosa con l'aggettivo *prŏsperu(m)*, cioè 'prosperoso, apportatore di abbondanza', nome, quindi, chiaramente augurale.

Quinto, 31 ottobre, **Quintino**, 31 ottobre ● Collegato con l'abitudine di chiamare i figli secondo l'ordine della loro nascita, il latino *Quīntu(m)* designava, originariamente, il 'quinto (nato)'. Da esso con il suffisso di dipendenza *-īnus* si è successivamente formato il derivato *Quintīnu(m)* 'Quintino'.

Quirino, 4 giugno ● Il nome prettamente romano *Quirīnu(m)* è connesso certamente col nome comune *quirīte(m)*, sinonimo di *cīve(m)* 'cittadino (di Roma)', ma ancora non spiegato nella sua origine, anche se da molti non si ritiene del tutto infondata l'opinione degli antichi che *Quirīnu(m)* fosse inseparabile col nome della capitale sabina *Cūre(s)*.

Raffaèle, 29 settembre, **Raffaèlla**, **Raffaèla**, 19 novembre ● Il nome biblico *Rephā'ēl* fu reso in greco con *Raphaēl* e in latino, da cui dipende il nome italiano, con *Raphaēle(m)*. Nel nome ebraico si ravvisa subito quella costante componente *-Ēl*, che rappresenta l'abbreviazione del nome di Dio, *El(ōhīm)*, mentre nella prima parte si legge la radice verbale *rāphā'* 'egli ha guarito'. Il nome intero va, quindi, interpretato: 'Dio ha guarito (i miei mali)'. La variante italiana in *-ello*, sulla quale si è formato anche il femminile *Raffaella*, è dovuta alla tendenza a evitare i nomi in consonante.

Raimóndo, 7 gennaio ● Nome di origine germanica, che nella forma più antica *Raginmund* fa maggiormente trasparire il significato della composizione: 'protezione (*mund*) del consiglio (*ragin*)' o, secondo l'accezione che il gotico *ragin* assume nella corrispondente voce antico-nordica, 'protezione divina'.

Regina, 7 settembre ● Nome latino di epoca cristiana, equivalente, come in italiano, al nome comune *regīna(m)*, sia che si intendesse alludere alla regalità della Madonna, sia che volesse ripetere l'omonimo nome germanico *Ragina*, *Regina* 'assemblea (degli dèi)': in gotico, infatti, *ragin* vale 'consiglio'.

Reginàldo v. *Rinaldo*.

Remìgio, 1° ottobre ● Questo nome, molto diffuso in Francia, tanto che si è pensato a una origine celtica, è probabilmente lo stesso nome cristiano *Remĕdiu(m)*, in cui si riconosceva il nome comune *remĕdiu(m)*, cioè 'rimedio (spirituale)', anche se non è da escludersi una sovrapposizione di due nomi, *Remīgiu(m)* e *Remĕdiu(m)*, di diversa provenienza.

Rèmo ● Il nome del celebre fratello di Romolo, *Rĕmu(m)*, è legato, attraverso il precedente *Rĕmmiu(m)*, a quello della tribù dei *Remmii*, di origine etrusca (*rem-ni*).

Renàto, 12 novembre, **Renàta** ● I nomi latini *Renātu(m)* e *Renāta(m)* per i primi Cristiani richiamavano subito alla mente l'idea della 'rinascita' contenuta nel participio passato *renātu(m)*, *-āta(m)* 'nato a nuova vita'.

Rènzo v. *Lorenzo*.

Riccàrdo, 1° maggio, **Riccàrda** ● Il nome germanico *Ric(o)hard* appare composto di due elementi: *rikja* 'padrone, signore' e *hart* 'forte, valoroso'. *Riccardo* verrebbe, quindi, a significare: 'forte e valente'.

Rinàldo, **Reginàldo**, 9 marzo ● Nome venutoci dalla Francia, dove l'eroe di tanti poemi cavallereschi *Renaut*, *Rainaut* doveva il suo nome al francone *Raginald* 'che comanda (*-ald* dal verbo *waltan* 'reggere, governare') divinamente (*ragin* 'consiglio divino'), portato in Italia anche dai Longobardi nella forma *Reginaldo*.

Rita v. *Margherita*.

Robèrto, 17 settembre, **Robèrta** ● Nome di origine germanica, composto di due elementi, che ritornano frequentemente nell'onomastica nordica: *hrothi* 'fama' e *berht* 'chiaro, illustre'. L'intero nome va, quindi, letto 'di chiara fama'.

Ròcco, 16 agosto ● Nome medievale, tanto chiaro nella sua origine (da una radice germanica *hroc*) quanto oscuro nel significato, che per alcuni corrisponderebbe a 'cornacchia' (in gotico *krukijan* 'crocidare') per altri a 'uomo forte' (in antico nordico *krókr*) e per altri ancora a '(pieno di) cura' (antico tedesco *ruoh*).

Rodòlfo, 26 giugno ● Nome latinizzato, *Rodŭlphu(m)*, di origine germanica, dal composto *Hrodulf* 'lupo (*wulf*) di gloria (*hrod-*)'.

Rolàndo v. *Orlando*.

Romàno, 28 febbraio ● Presso i latini *Romānu(m)* era semplicemente l'etnico di *Roma* e dal nome della città regolarmente derivato con l'usuale suffisso *-ānu(m)*.

Ròmolo ● Il nome del fondatore di Roma, *Rōmulu(m)* è indubbiamente legato al nome della città, con quale genere di rapporto, tuttavia, si ignora. Si pensa che fosse il capostipite della *gĕnte(m) Romīlia(m)* e che, come questa, provenisse dall'Etruria.

Romuàldo, 19 giugno ● Nome di origine longobarda, composto di *krom*, *hruom* 'gloria, fama' e *-wald*, connesso col verbo germanico *waldan* 'comandare', con significato complessivo di 'comandare con gloria'.

Ròsa, 23 agosto ● Nome introdotto nel Medioevo con espresso riferimento, come in altri casi, al nome del fiore *rosa*. Quando, invece, *Rosa* sia abbreviazione di *Rosalia*, allora ha un'altra origine.

Rosàlia, 4 settembre ● Nome dall'origine discussa, ma che può benissimo accostarsi al nome attestato in francese antico come *Ros(s)celin*, in cui si riconosce, nella prima parte, il germanico *hrothi* 'fama, gloria', mentre la seconda parte sfugge a una chiara interpretazione, anche se è ammissibile riconoscervi un suffisso diminutivo (*-lin*).

Ruggèro, 13 marzo ● Nome di origine germanica: in franco, infatti, *Hrodger* può essere spiegato come 'famoso (*hrothi* 'fama') per il suo giavellotto (*ger*)'.

Sabìno, **Sabìna**, 29 agosto, **Savino**, **Savina** ● I Latini chiamarono *Sabīnu(m)* il 'proveniente dal territorio della *Sabina*', poi divenuto, come il corrispondente femminile *Sabīna*(m), nome proprio indipendente dall'etnico e passato in italiano in forma dotta (*Sabino*, *Sabina*) e in forma semipopolare (*Savino*, *Savina*).

Salvatóre, 18 marzo ● Il nome latino *Salvatōre*(m) fu assunto dai primi Cristiani come traduzione di Gesù (in ebraico *Yēshūa* 'colui che salva'), non diversamente dall'uso greco del corrispondente *Sōtḗr*. Il nome è attualmente diffuso specie nell'Italia meridionale, dove sono usati anche gli accorciamenti *Tore* e *Turi* col diminutivo *Turiddu*.

Sàndro, **Sàndra** v. *Alessandro*.

Sàra, 20 aprile ● Nome noto attraverso la Bibbia, dove *Sārāh* corrisponde esattamente al sostantivo ebraico *sārāh* (femminile di *sar* 'principe') 'principessa', non isolato nell'ambito della famiglia semitica.

Savèrio, 3 dicembre ● Il nome proviene da quello del santo Francesco *Saverio*, che si era chiamato così dal castello spagnolo *Xavier* (ora *Javier*), dove era nato all'inizi del Cinquecento. Il toponimo è variante di *Echeberri*, di origine basca, e significa letteralmente *Casanova*, dal basco-iberenico *eche*, 'casa' e *berri* 'nuovo'.

Savino, **Savina** v. *Sabino*.

Sebastiàno, 20 gennaio ● Il latino *Sebastiānu*(m) riproduce il nome greco *Sebastianós*, derivato dall'aggettivo *sebastós* 'augusto, venerabile', dipendente dal verbo *sébesthai* 'onorare (gli dèi)'.

Secóndo, 29 marzo ● Originariamente il nome latino *Secúndu*(m) si riferiva, come altri nomi simili, all'ordine della nascita e valeva, quindi, 'secondo (genito)', 'colui che segue (*séqui*) il primogenito'.

Serafíno, 12 ottobre ● Il nome greco-latino *Seraphím* è tratto dall'ebraico *Sěrāphīm*, plurale (come denota il suffisso -*īm*) di *sārāph* 'ardente, bruciante' e anche 'drago (bruciante)'. Se preso in senso metaforico, il nome può aver significato gli 'ardenti, i purificanti'.

Sèrgio, 8 settembre, **Sèrgia** ● Il latino *Sḗrgiu*(m), nome antichissimo e diffuso, è di origine incerta, ma non è escluso che provenga dall'onomastica etrusca, che tanto influsso ebbe, almeno nel periodo più antico della storia di Roma, su quella latina.

Sevèro, 1 ottobre, **Severino**, 8 gennaio ● Tanto il latino *Sevḗru*(m) quanto l'italiano *Severo* hanno un significato chiaro, se si pensa all'aggettivo latino dal quale sono legati (*severo*). I Romani ne avevano tratto anche un derivato (non diminutivo) *Sevērīnu*(m), sopravvivente nell'italiano *Severino*.

Silvàno, **Silvàna** v. *Silvio*.

Silvèrio, 20 giugno ● Nel latino dei primi Cristiani *Silvériu*(m) era nome chiaramente derivato da *sílva*(m) 'selva, bosco', col suffisso -*ērius* di altri nomi propri.

Silvèstro, 31 dicembre ● Dal latino *Silvḗstru*(m), che rispecchia l'aggettivo *silvěstre*(m), cioè 'pertinente, abitante nel bosco (*sílva*)'.

Silvio, **Sìlvia**, **Silvàno**, 10 luglio, **Silvàna** ● Nome latino, *Sílviu*(m) e, al femminile, *Sílvia*(m), evidentemente legati al nome comune *sílva*(m) 'selva', come i derivati *Silvānu*(m) e *Silvāna*(m) 'proprio della selva', originariamente detto delle divinità boschive.

Simeóne, **Simóne**, 28 ottobre, **Simonétta**, **Simóna** ● Sia *Simone* (da cui il femminile *Simona* col suo diminutivo *Simonetta*), come *Simeone*, sono nomi legati alla tradizione ecclesiastica: nella forma latina *Simōne*(m), infatti, in veste latina *Simōne*(m) e in veste greca *Simōn* e *Symeṓn*, l'uno e l'altro rispecchianti l'ebraico *Shime'ōn*, solitamente interpretato come 'Dio ha esaudito (*shama*)'.

Siro, 9 dicembre ● Il nome era in uso fra i Romani, i quali *Sýru*(m) e *Sýra*(m) erano semplicemente degli etnici e valevano 'Siriaco' e 'Siriaca', cioè 'proveniente dalla Siria', forse in origine riferito a schiavi siriani.

Sisto, 28 marzo ● Forma popolare del nome latino *Sếxtu*(m), che rientra, significando letteralmente 'sesto', nella serie dei nomi indicanti, in origine, l'ordine di nascita dei figli, in questo caso il 'sesto (genito)'.

Sofia, 18 settembre, **Sònia**, 30 aprile ● Nome di origine greca: il greco *Sophía* è immediatamente riconosciuto come lo stesso nome comune *sophía*, cioè 'sapienza', ma alla sua diffusione contribuì soprattutto il culto della Divina Sapienza (in greco *Théia Sophía*, cioè di Cristo. Apparentemente diverso, ma pervenutoci soltanto in tempi più recenti e per altra via (letteraria), è *Sonia*, vezzeggiativo (*Sónja*) del russo *Sophíja* 'Sofia'.

Speranza, 1° agosto ● Nome cristiano, che bene si inserisce nella serie di nomi astratti, il cui modello è stato fornito in gran copia dai Romani, presso i quali, oltre che *Sperāntia*(m), usavano anche il maschile *Sperāntiu*(m), l'uno e l'altro dal participio presente, *sperānte*(m), del verbo *sperāre*.

Stèfano, **Stéfano**, 26 dicembre, **Stefània**, **Stefanèlla** ● A Roma *Stếphanu*(m) era nome straniero e precisamente greco. In Grecia *Stéphanos*, un personale di antica tradizione, corrispondeva al nome comune *stéphanos* 'corona'. *Stefania* (col diminutivo *Stefanella*) è, invece, formazione italiana.

Teodòro, 7 febbraio **Teodòra**, **Dorotèo**, **Dorotèa**, 6 febbraio ● I Romani, adottando il nome *Theodōru*(m), non fecero che trasporre in latino il greco *Theódōros*, chiarissimo nella sua composizione: 'dono (*doron*) di Dio (*Theós*)'. Gli stessi elementi, in posizione inversa, compaiono anche nel nome greco *Dōrótheos* (col femminile *Dōrothéa*), passato nel latino cristiano *Dorothēu*(m) (e *Dorothēa*(m)), da cui i nostri *Doroteo* e *Dorotea*.

Terèsa, 15 ottobre ● Nome di origine spagnola, nella sua forma più antica *Tarasia*, proveniente dalla Grecia, dove sono attestati sia *Tarasía*, sia il corrispondente maschile *Tarásios*; il significato, però, dei due nomi greci è ancor oggi molto oscuro.

Timòteo, 26 gennaio ● Nome che i primi Cristiani accolsero dai Greci, riconoscendo il significato del composto *Timótheos* 'colui che onora (da *timḗ* 'onore') Dio (*Theós*)' e adattandolo in *Timótheu*(m).

Tito, 26 gennaio ● Diffusissimo nome latino, *Tītu*(m), di dubbia spiegazione, a meno che non si tratti, com'è molto probabile, di un tipo di formazione reduplicativa proprio del linguaggio dei bambini.

Tommàso, 3 luglio ● Il latino della Chiesa *Thōmas* è riproduzione del greco *Thōmas*, a sua volta traslitterazione dell'aramaico *t'ōmā* 'gemello', forse soprannome dell'apostolo per distinguerlo da altra persona omonima.

Torquàto, 15 maggio ● Antico nome latino *Torquātu*(m), che è anche nome comune, *torquātu*(m) 'munito, adornato di una collana (*tŏrque*(m))'.

Tùllio, 5 ottobre, **Tùllia**, 5 ottobre ● Nome latino, *Tūlliu*(m), derivato dall'antico prenome romano *Tŭllu*(m), di probabile origine etrusca, da collegarsi, forse, con l'etrusco *tul* che vale 'pioggia violenta'.

Ubàldo, 16 maggio ● Nome di origine germanica, che nella sua forma più antica, *Hugibald*, rivela il suo significato: 'ardito (*balda*) nel senno (*hugu*)', cioè 'di ingegno vivace'.

Ùgo, 1 aprile ● Il nome germanico *Hugo* sembra riduzione di un nome composto, modello prevalente dell'onomastica germanica, e nei molti nomi che conservano come primo elemento *Hugu*-, vediamo che esso può corrispondere a una voce comune germanica col significato di 'mente, senno, intelligenza'.

Umbèrto, 6 settembre ● Il nome germanico (*Humbert* è un composto con -*behrt*, frequentissimo nell'onomastica germanica con il significato di 'illustre, famoso, chiaro' e di una prima parte, variamente intesa: *un*- rafforzativo ('illustrissimo') o *Hun*- 'Unni' ('chiaro fra gli Unni') o *hunn* 'orsacchiotto' ('giovane orso famoso').

Urbàno, 25 maggio ● Nome latino, *Urbānu*(m), eguale al nome comune *urbānu*(m), cioè 'cittadino' e poi 'persona civile' in opposizione a 'contadino', 'villano'.

Valentino, 14 febbraio, **Valentina** ● Il nome latino *Valentīnu*(m) è formato con un suffisso frequente in questo genere di derivazioni, -*īnu*(m), e di *Valēnte*(m), letteralmente il participio presente di *valēre* 'star sano, essere forte'.

Valèrio, 28 gennaio, **Valèria**, 28 aprile, **Valeriàno**, 15 settembre ● Antichi nomi latini, *Valḗriu*(m) e *Valḗria*(m) sono solitamente (anche senza assoluta certezza) fatti risalire alla stessa base del *valḗre* 'star bene, essere sano'. Aggettivo relativo al nome era *valeriānu*(m), che divenne più tardi nome autonomo, dal quale dipende anche l'italiano *Valeriano*.

Venànzio, 14 dicembre ● Nel latino dei primi Cristiani *Venāntiu*(m) manteneva il chiaro significato di 'cacciatore', immediatamente collegato com'era col participio *venānte*(m) del verbo *venāri* 'andare a caccia', di antica origine indeuropea.

Venceslào, 28 settembre ● Nome di origine slava, diffuso dapprima fra i Cèchi (*Venceslav*) e i Polacchi (*Wieceslaw*), composto delle antiche basi slave *vent*- 'maggiore' e *slū*- 'gloria'; 'colui che ha la più grande gloria'.

Verònica, 9 luglio, **Berenìce** ● Pare che il nome medievale *Veronica* sia direttamente legato, attraverso la variante *Verenice*, al greco *Bereníkē* 'apportatrice (da una voce macedone, equivalente al greco *phérein* 'portare') di vittoria (*níkē*)'.

Vilma, 10 febbraio ● Nome di origine germanica, rappresentante il femminile di *Wilm*, cioè 'Guglielma'.

Vincènzo, 22 gennaio ● Di origine latina, *Vincentius* a sua volta deriva da *vincens* con il significato augurale di 'vittorioso, destinato a vincere'.

Virgilio, 27 novembre, **Virginio**, **Virginia**, 5 agosto ● I nomi latini *Virgīniu*(m) e *Virgīnia*(m) rappresentano, probabilmente, dei nomi etruschi, di ignoto significato, latinizzati, anche se i Romani li connettevano volentieri ora con *virga* 'verga' ora con *vírgine*(m) 'vergine'. Anche il latino *Virgíliu*(m), *Vergǐliu*(m), da cui deriva il nostro *Virgilio*, ha verosimilmente la medesima origine etrusca.

Vito, 15 giugno, **Vitale**, 28 aprile, **Vitaliàno**, 27 gennaio ● Nome in uso presso i primi Cristiani, che in *Vītu*(m), *Vitāle*(m), *Vitaliānu*(m) esprimevano la loro fede nella 'vita' eterna.

Vittòrio, **Vittòria**, 23 dicembre, **Vittòre**, 8 maggio ● In latino erano egualmente diffusi tanto *Victore*(m), quanto *Victoriu*(m) entrambi col senso di 'vincitore' da cui i nostri *Vittore* e *Vittorio*.

Walter /'valter/ v. *Gualtiero*.

Wanda, 18 aprile, **Vanda** ● Nome di origine sconosciuta, che pare inventato, agli inizi del XIII sec., da uno scrittore polacco, il quale avrebbe tratto il nome di una leggendaria figlia del supposto fondatore di Cracovia, Wanda appunto, dall'etnico *Vandali*. Dalla Polonia, dove il nome ha avuto notevole diffusione, si è in altro modo connesso con la stessa radice germanica *vand* (d'altronde di significato sconosciuto). Con grafia italianizzata: *Vanda*.

Zaccaria, 5 novembre ● Il latino *Zacharīa*(m) e il greco *Zacharías* riproducono entrambi l'ebraico *Zekharyāh*, che, spiegandosi 'Dio (-*yah*, forma abbreviata del nome divino) è ricordato (dal verbo *zakhár*), allude al 'ricordo del Signore' del desiderio dei genitori in attesa di un figlio.

Zita, 27 aprile ● Se consideriamo l'area di diffusione di questo nome (la Toscana soprattutto), possiamo spiegarlo col nome comune toscano *zit(t)a*, variante di *cit(t)a* 'piccola, ragazza', di origine bambinesca.

Nomi di persona

LUOGHI D'ITALIA

L'asterisco (*) segnala che la forma è linguisticamente ricostruita o supposta, ma non attestata da documenti scritti. Il segno (˘) indica che la vocale è breve, il segno (¯) che la vocale è lunga.

Abrùzzo. La regione, indicata nel tardo impero come *Provincia Valeria* (dalla *via Valeria*, che conduceva da Tivoli all'Adriatico), deve il suo nome attuale al medievale (VI sec.) *Aprūtiu(m)*, propriamente denominazione del contado d'Apruzzo (Teramo), connessa al nome dei *Praetutīi*, gli antichi abitanti di quel territorio. La forma plurale *Abruzzi*, oggi meno diffusa, fa riferimento alla suddivisione della regione in due gastaldati separati dal fiume Pescara (XIII sec.).

Àdige. In latino *Ăt(h)ĕsi(m)*, il nome è connesso con quello della città di Este (*Ates-ste*).

Adrìatico. In latino *(H)adriaticu(m)*, dal nome della città di *(H)ădria* 'Adria' (presso Rovigo), che s'affacciava un tempo sul mare, cui dette il nome.

Agrigènto. Da *Agrigēntu(m)*, latinizzazione della forma greca *Akrágas* (poi *Akragànta*), da connettere alla voce, anch'essa greca, *àkris* 'cima di monte, punta'. La forma popolare locale è *Girgenti*, dovuta a mediazione araba.

Àgro Pontino. Anche *Agro Romano* o *Regione Pontina*; dal latino *Pomptīnu(m)*, connesso al nome della città *Suessa Pometia*.

Alessàndria. Fondata nel XII sec. con il nome di *Civitas Nova*, rispetto a Tortona che era stata distrutta, deve l'appellativo attuale al pontefice Alessandro III, deciso sostenitore delle libertà comunali (dall'imperatore Federico I, invece, era stata chiamata *Cesarea* '(città) imperiale').

Alghèro. La forma locale del toponimo è *s'Alighera*, 'luogo pieno di alghe' (dal logudorese antico *àliga*): inizialmente riferito alla costa, il nome fu poi esteso a tutta la città.

Alpào. Nel dialetto locale, il toponimo, generalmente connesso al latino *pāgu(m)* 'villaggio', deve altresì essere ricollegato ad un prediale *Lappiàcu(m)* 'territorio di un *Lappius*'.

Alpi. In latino, con *mōnte(s) Ālpe(s)*, si indicavano pure catene montuose distinte dalle Alpi, o anche gli Appennini e, in seguito, i 'pascoli di montagna': pertanto l'origine del nome oscilla tra un prelatino *alp-/alb-* 'pietra, monte' e una voce gallica *alpis* 'pascolo montano'.

Ampèzzo, Ampézzo. Toponimo tuttora oscuro: abbandonati gli etimi latini da *pĭcea(m)* 'pino selvatico' e *amplu(m)* 'ampio', se ne ricerca l'origine nella base prelatina *amp-lamb-*, che designa piante alpine e loro frutti (mirtillo, rovo ecc.).

Ancóna. Il latino *Ancŏna(m)* o *Ancŏne(m)* trascrive il greco *Ankṓn*, chiaramente dipendente dal nome comune *ankṓn* 'gomito, svolta', con allusione alla curvatura della costa nel punto in cui si trova la città.

Aòsta. Prima parte del nome della colonia latina fondata dai veterani della coorte pretoria di Augusto e da qui chiamata *Augŭsta(m) Praetōria(m)*.

Appennìni. Dal latino *A(p)e(n)n-inu(m)*, in cui, separato un suffisso *-inu(m)*, si riscontra una radice prelatina *ap-laf-* (ma anche *ap-laf-* di 'punta', presente, tra l'altro, nel latino *apĭce(m)* 'sommità, apice'.

Aquilèia. Il nome della città è connesso a quello del fiume istriano *Aquilis* (forse da attribuire ai Celti), da un latino *aquĭlu(m)* 'oscuro, acquoso'.

Arborèa. Dal latino *arbŏre(m)* 'albero'; il nome, che nel Medioevo indicava un dei quattro giudicati sardi, fu ripristinato nel 1944, quando si volle cancellare quello di *Mussolinia di Sardegna*.

Arézzo. Dal latino *Arretiu(m)*; l'etimo è oscuro, forse etrusco e connesso alla *gēns Arria*.

Àrno. Da una antichissima voce mediterranea *ar-na*, che significava 'letto di fiume', o da connettere alla radice indoeuropea *er-/*or-* 'mettere in movimento, agitare' (con riferimento alla corrente).

Àscoli Picèno. È l'antica *A(u)sc(u)lu(m)* (forse dalla base *ausa* 'fonte', capitale dei Piceni (latino *Picēnte(s)*): l'etnico, già in epoca classica, venne associato al latino *picu(m)* 'picchio', uccello sacro a Marte e animale totemico di questo popolo, anche se ultimamente tale etimo è stato rimesso in discussione.

Aspromónte. Conformemente alle diverse teorie sulla grecità in Calabria, la prima parte del composto viene ricondotta al greco *áspros* 'bianco' o al latino *aspĕru(m)* 'aspro'. Il tipo toponomastico ricorre in altri nomi di monti fuori d'Italia.

Àsti. La forma latina era *Hastae*, da *hasta(m)* 'asta (arma)' e, poi per traslato, 'asta, incanto (luogo in cui si pianta un'asta)': il toponimo allude al fatto che, in origine, vi era stata fondata una colonia di cittadini romani, che consideravano il luogo come una loro proprietà comune.

Avellìno. Dall'irpino *Abellīnu(m)*, derivato da una base prelatina *abel-l/*abol-* (che sta all'origine del nome di un'altra città campana, *Abella*) indicante 'il frutto del melo': quindi 'la città delle mele'.

Barbàgia. *Barbaricini* furono chiamati gli abitanti del centro montagnoso della Sardegna, considerati *barbari* perché refrattari alla penetrazione romana: la regione da loro occupata venne chiamata dapprima *Barbaria*, poi *Barbargia*, *Barbagia*.

Bàri. Nome dato alla città dai Messapi, gli antichi abitatori della regione, nella cui lingua il tema *baur-l/*bur-* significa 'casa, stanziamento'.

Basilicata. La regione fu retta nel Medioevo da un regio (*basilikós*) funzionario bizantino e da questi prese il nome attuale, spesso alternato a quello classico di *Lucania* (v.), e fissato definitivamente nel 1947.

Bélice. Il nome, di origine araba, era inizialmente composto: *rahl* 'casale, sosta' *balīǧ* (di significato oscuro).

Bellùno. Da una radice gallica *bhel-* 'splendente', con un suffisso *-dunum* (tipico e diffuso nell'area celtica): quindi 'fortezza, rocca', quindi 'città splendente'. Così pure l'omonimo centro in Val d'Adige, Belluno Veronese.

Benàco. Nome antico del Lago di Garda (v.), in latino *Benācu(m)*, nome di probabile origine gallica, da avvicinarsi al celtico *bĕnna* 'carro di vimini', o meglio alla stessa base, che dette l'irlandese antico *bennach* 'cornuto', intendendosi 'dai molti capi (cioè 'promontori')'.

Benevènto. Originariamente *Meleventu(m)*, *Malventu(m)*, poi, con l'istituzione di una colonia di diritto romano (268 a.C.), cambiò il suo nome, poiché i conquistatori, mal interpretandolo (il primo elemento era un *mal* 'monte', non *malus* 'cattivo') lo consideravano di cattivo auspicio.

Bèrgamo. *Bergomu(m)* nelle fonti latine, il nome è stato accostato alla base prelatina *barga* 'capanna' o al greco *Pergamon* 'rocca', ma, come l'etnico *Bergomāte(s)*, resta di origine oscura.

Biella. Il toponimo, attestato in antico come *Bugella* (IX sec.), è di origine preromana, ma ipotesi etimologiche meno generiche oscillano ancora tra la continuazione del nome della *betulla* o, meglio, di una base *cella* 'luogo', entrambe celtiche.

Bologna. *Felsina* per gli Etruschi, ricevette dai Romani il nome *Bonōnia(m)*, collegato con l'appellativo gallico *bona* 'fondazione', che ritorna anche nell'omonima città francese di *Boulogne*, in *Ratisbona* e in *Vienna* (anticamente *Vindobona*).

Bolzàno, Bolzàno. Toponimo prediale romano (*Bauzānu(m)*), derivato dal gentilizio *Bautius* di *Baudius*.

Brènnero. Il nome del valico proviene dalla popolazione preromana dei *Breuni*.

Bréscia, Brèscia. In latino *Brixia(m)*, nome di origine gallica forse connesso con *briga* 'altura', e, in tal caso, imparentato con *Bressanóne*, *Brexa* (Spagna), ecc.

Briànza. Da una antica forma celtica *Brigantia*, legata alla base *brigant-*, con il significato fondamentale di 'sporgente, sovrastante' e, quindi, a *briga* 'altura'.

Brìndisi. *Brundisiu(m)* in latino, dal messapico *brention* (indoeuropeo *bhren-* 'corno'), parola con cui si indicava la testa del cervo: secondo gli antichi, infatti, a questa rassomigliava la forma del porto.

Cadóre. Dal nome latino, attestato in epoca tarda (X sec.), *Catūbriu(m)*, composto di due elementi di origine gallica, *catu-* 'battaglia' e *br(i)ga* 'rocca, altura', quindi 'la rocca della battaglia, la roccaforte'.

Càgliari. Il nome medioevale della città (*Callari*, *Calari*) è dovuto ad una metatesi del nome latino *Caralis(m)*, che si spiega come residuo di un'antica denominazione locale, nella quale appaiono la radice mediterranea *kar(ra)* col senso di 'pietra, roccia' e il suffisso *-al(i)* di valore collettivo. Cagliari significa, quindi, originariamente 'ammasso di rocce'.

Calàbria. Originariamente *Brùzio* (da collegarsi al messapico *brendon* 'cervo', v. *Brìndisi*); il nome latino *Calābria(m)* designava invece 'la regione dei *Calabri*', ma il nome degli abitanti è ancora etimologicamente oscuro, forse di origine mediterranea (dalla base *kalabra*, *galabra* 'roccia') col significato di 'abitatori delle zone rocciose' (in opposizione agli 'abitanti della pianura').

Caltanissètta. Il nome è attestato nella forma *qal'at an-nisa*, che in arabo significa 'la rocca delle donne'; ma la forma classica, trasmessa da una iscrizione latina, era *Nisa*, da cui l'etnico *nissèno*.

Campània. In latino *Campānia(m)*, oltre che 'campagna', anche 'pianura aperta', secondo uno dei significati di *campu(m)* 'campo'; ma una derivazione dal nome della città di Capua era intravista anche dagli antichi.

Campidàno. Nome medievale originariamente assegnato alla 'pianura' (*campo*) intorno a Cagliari e Oristano e poi esteso a tutta la regione pianeggiante della Sardegna centro-meridionale.

Campi Flegrèi. 'Campi ardenti', dal greco *phlegyrós* 'ardente', con riferimento alla penisola macedonica nella quale, secondo la leggenda, i Giganti furono fulminati da Giove: il nome è dovuto ai fenomeni di vulcanismo.

Campi Ràudii. Forse di origine celtica, nel significato di 'Campi Rossi' (da un indoeuropeo *reudh-* 'rosso'), con allusione alla sanguinosa battaglia ivi svoltasi tra Romani e Cimbri.

Campobàsso. Oltre all'interpretazione più ovvia ('campo basso', in opposizione al vicino paese di *Campodipietra*), il toponimo è stato spiegato come 'campo di *Bassus/Bassius*' (nome latino di persona) o, meno bene, come 'campo dei *vassi*', cioè dei vassalli che vi abitavano (il feudatario occupava il castello Monforte).

Canavése. Dal latino *Canabense(m)* 'relativo alla *canaba(m)*', con il significato medievale di 'luogo di raccolta di prodotti agricoli'.

Cansìglio. Derivato dal latino *concĭliu(m)*, nel significato medievale di 'unità consortile dipendente dalla comunità di più paesi': l'altipiano, infatti, fu lasciato per il pascolo ai comuni limitrofi.

Capitanàta. Adattamento, per influsso di *capitano*, dell'antico nome della provincia *Catapanata*, cioè 'terra amministrata da un *catapano*', che si chiamava con denominazione greca *katepáno* 'colui che sta sopra, il sovrintendente', il locale governatore bizantino.

Càpri. In latino *Caprea(s)*, come altre località, 'luogo di capre' (ma alcuni pongono un etimo etrusco *capra* 'terreno di sepoltura').

Càrnia. Il toponimo è formato sull'etnico dei *Carni*, indicante una tribù gallica il cui nome è in

Luoghi d'Italia

rapporto con la radice prelatina *kar che indica generalmente 'luoghi rocciosi o sassosi'.

Càrso. Toponimo di origine preromana riconducibile alla radice *kar, (v. Carnia).

Casentino. In latino Casentīnu(m), probabile derivato aggettivale (-inu-m) da Casēntu(m), antica città umbra di origine italica.

Caserta. Si tratta di un adattamento della forma latina (IX sec.) casa(m) irta(m) 'casa erta', che alludeva alla posizione impervia del borgo, nucleo originario della città.

Catània. Katàne nelle fonti greche e bizantine, Catĭna(m) in quelle latine, il nome sembra derivare, attraverso una mediazione araba, da un sicano catana 'coltello', ma il senso non è chiaro.

Catanzàro, Catanzàro. Dal toponimo greco medievale katà antsàri 'sotto la terrazza' (dall'arabo anzar 'terrazza'), con allusione al terreno terrazzato ad orti e giardini che contorna la città.

Cervino. Alterazione da *Silvino, denominazione tradizionale del monte, derivato dal latino silva(m) 'bosco'.

Chiànti. Probabilmente dal cognome e gentilizio etrusco Clante, Clanti, oppure da un idronimo, comunque etrusco.

Chièti. Nome di origine italica, da un più antico Teate (da cui il traduttore odierno teatini), il cui significato è tuttora oscuro.

Cilènto. Nome che risale al Medio Evo, quando indicava una rocca posta al centro della regione, 'al di qua (cis) del fiume Alento (anticamente Alento, poi Lento)'.

Ciociaria. Sta per 'terra dei Ciociari', cioè coloro che usano quelle calzature che vanno sotto il nome di cióce, etimologicamente affini a zocche 'zoccoli' (dal latino soccu(m)).

Còlli Albàni. Anche Colli Laziali; dal latino Albano(s) monte(s) (da una base indoeuropea *alb-l-alp- 'pietra, monte') e connesso al nome della cittadina di Albano.

Còlli Euganei. Denominazione creata artificiosamente nei secc. XIII e XIV, in ambiente umanistico: fa riferimento all'antica popolazione stanziata nel Veneto, il cui nome non è stato ancora spiegato. Localmente queste alture son dette 'i Monti'.

Comèlico. Localmente Komelgu: probabile deformazione di un originario *comulicà (dal latino communicare 'mettere in comunicazione'), con allusione al passo di Monte Croce, aperto verso la Val Pusteria.

Còmo. Cōmu(m) nella tradizione latina, è nome di incerta origine: forse si deve risalire al gallico, lingua dei probabili fondatori, *camb- 'piegare'.

Cosènza. Da un latino *cōnsentĭa(m) 'che confluisce insieme': la città si trova alla confluenza di due fiumi, il Busento e il Crati.

Cremóna. Il toponimo è di formazione antica e di origine incerta: generalmente viene fatto risalire al prelatino *carra 'sasso, roccia', con metatesi.

Crotóne. Così detta perché sorge sul sito di Croton, potente città della Magna Grecia, fonfata verso il 710 a.C. da coloni achei.

Cùneo. Dal latino cŭneŭ(m) 'cuneo' e, per traslato, 'terreno a forma di cuneo, angolo'.

Cùsio. Toponimo dall'etimo non chiaro; l'unica proposta è un personale latino Cusiu(m).

Dàunia. Era la regione dei Dauni, etnico spiegato col tema indoeuropeo *dhauno- 'lupo'.

Dolomìti. Dal nome della roccia calcarea ivi particolarmente diffusa, la dolomia, così chiamata dal geologo francese Deodat de Dolomieu, che per primo ne studiò la particolare composizione chimica.

Ègadi. Il nome Aegāte(s) dei Latini e quello Áigoussai (da cui il nome classico dell'attuale Favignana, Egusa) dei Greci fanno riferimento a una base ancora oscura, precedente agli uni e agli altri.

Èlba, Èlba. Dal nome latino dell'isola, Ĭlva(m), forse di origine ligure, che se lo si connette col nome della tribù ligure degli Ilvāte(s). Il nome greco era, invece, Aithalía, da aíthalos 'fiamma, fuliggine', che fa supporre la presenza di forni fusori connessi all'esistenza di miniere di ferro.

Emilia. La regione romana Aemīlia(m) trae il suo nome dalla Aemĭlia(m) via(m) 'via Emilia', che l'attraversava, così chiamata perché aperta sotto il consolato di M. Emilio Lepido.

Ènna. Forse di origine sicana; laddove il vecchio nome della città, Castrogiovanni (in voga fino al 1927), fu dovuto ad una falsa interpretazione, fatta dagli arabi, di Ènna', nella cui lingua diventò Yannah, poi qaṣr Yānah, per venir letto nei documenti latini dell'XI sec., appunto, come Castrogiovanni.

Eòlie. In latino Aeōlia(m), in greco Aiolíē, identificate con l'Eolia, che fin dall'età omerica era ritenuta residenza di Eolo, il dio dei venti; v. anche Lìpari.

Ètna. Il latino Aĕtna(m) ricalcava il nome greco del vulcano Aítne, generalmente posto in relazione col verbo aíthein 'ardere, bruciare'. Il nome popolare Mongibello è una tautologia, dovuta alla giustapposizione delle parole latina (mons) e araba (gabal) che significano 'monte'.

Ferràra. Dal latino ferrāria(m) 'ferriera, fucina', con riferimento ad un'attività minerario-siderurgica; oppure nel senso di 'terra piantata a farro' (dal latino far).

Firènze. Antica forma popolare del nome Fiorenza (non intaccato dal suo derivato Fiorentini), che ripete il latino Florentia(m), astratto ('la fiorenza') attribuito alla città fondata dopo la conquista dell'Etruria.

Fòggia. Dal latino fŏvĕa(m) 'fossa' (nel dialetto pugliese è anche nome comune), nell'accezione di 'fossa per riporvi il frumento' o di 'serbatoio di acqua largo e profondo' (la zona in cui sorge la città era un tempo acquitrinosa).

Fórche Caudìne. Nome composto dal latino fŭrca(m) 'forca, valico, giogo' e da un derivato dell'antica città di Caudium, presso Benevento.

Forlì. Dal latino Fŏru(m)' ('mercato') Livīi': la città sorse come luogo di mercato e deve il suo nome a Livio Salinatore, console nel 188 a.C.

Franciacòrta. Localmente Fraza curta, forse riferito a franchigie concesse ad ordini monastici, il nome è un calco sul francese Franchecourt, oppure si tratta di un *Francia 'terra dei Franchi', con corte posposto.

Frignàno. Localmente la zona era il fundu(m) Frennianu(m), dal personale latino Frennius, legato ai Frinĭāte(s), tribù storicamente attestata tra Lucca e Modena.

Friùli. Letteralmente, secondo l'originaria denominazione latina Fŏru(m) Jūlii, 'mercato di Giulio', nome dato all'insediamento romano fondato da Giulio Cesare o Augusto nell'attuale Cividale.

Frosinóne. Frusélone nella dizione locale, il toponimo deriva dal latino Frusinōne(m), della gēns dei Frusināte(s), attestata dal I sec. d.C.

Gallùra. Nome altomedievale posto in relazione con un'antica popolazione della Sardegna centrale, i Gali(l)ense(s), stanziata nel Galile (l'attuale Gerrei) e nel Galile (l'attuale Gerrei), un etnico che non è escluso abbia qualche legame con la palestinese Galilea.

Gàrda. Il nome attuale del lago deriva dalla località posta sulla sponda orientale, Garda appunto, dal latino tardo garda(m) (gotico warda) 'luogo elevato di guardia'; quanto all'appellativo classico Benācu(m) Lacu(m) v. Benàco.

Garfagnàna. Dal personale latino Carfăniu(m), di origine etrusca, attraverso il cognome Carfaniānu(m), come è dimostrato anche dagli antichi nomi (fino al XIV sec.) della regione (Carfaniana).

Gàrgano. Da una base prelatina *garg-, di oscuro significato, ma presente in un antico idronimo lucano, il Gargarum.

Gènova. Il latino Genua può risalire alle basi *genu-, col significato di 'bocca, golfo', o *geneu- 'ginocchio' (l'insenatura della costa vista come la curvatura interna del ginocchio, egualmente attribuibile ad altri toponimi come Ginevra. La forma locale del toponimo è Zena.

Gorizia. Il toponimo, localmente Gurìze, riflette la voce slovena gorica 'collina', diminutivo di gora 'monte'.

Gran Paradìṣo. Probabile intrusione popolare di paradiso nel nome, che originariamente sarebbe stato Gran Parei, cioè, in piemontese, 'grande parete (rocciosa)'.

Grossèto. Probabile fitonimo, nel senso di 'selva di bosco dalle folte e grosse piante', per il quale si può porre anche un latino grossu(m) 'specie di fico che non giunge a maturazione'.

Iglesiènte. La regione trae il nome dal centro principale della regione, cioè Iglesias, un derivato del latino ecclesia(m) 'chiesa'.

Impèria. Dal nome del torrente che sfocia presso Oneglia, l'Impero, databile dal XIII sec.

Irpìnia. Dal nome degli antichi abitatori, gli Hirpīni, nel quale già i Romani riconoscevano il nome sannita del lupo, hĭrpu(m) o īrpu(m).

Ìschia. Letteralmente 'isola', dal latino insŭla(m), attraverso una forma *iscla.

Isèrnia. Il toponimo risale alla base idronimica *ais-/*is-, con il significato di 'muoversi velocemente', e la ritorna in Isarco, Isonzo, ecc.

Italia. È un nome di origine osca (Vitelìu), solitamente avvicinato all'umbro vitluf e al latino 'vitŭlu(m)' 'vitello', rendendo così legittima della interpretazione tradizionale 'terra dei vitelli'; ma il nome è stato letto anche come 'il paese degli Itali', cioè di coloro che hanno nel vitello il loro animale totemico.

Jònio. Il latino Jōniu(m) riproduce il nome greco del mare occidentale, Jōnios, legato alla leggendaria impresa della mitologica Jò (amata da Giove), che avrebbe attraversato quel mare a nuoto; più facile, invece, che il nome sia stato dato dai primi colonizzatori greci provenienti dalla Jonia.

Lampedùṣa. Lepadusa in latino, il nome risale al greco lòpas 'sorta di mollusco'.

Langhe. Localmente langa indica la 'cresta assottigliata delle colline', ma il toponimo risale probabilmente alla base ligure *langa, di ignoto significato, riferita al castello o alla zona occupata dalla tribù dei Langēnse(s) o Langāte(s).

L'Àquila. Il toponimo è traslato dal nome del volatile, con allusione alla posizione arroccata del nucleo urbano originario; meno chiara la derivazione da un diminutivo del latino ăqua(m) 'acqua'.

Làrio. Dal nome latino Lāriu(m), forse connesso ad una base prelatina *lar 'luogo incavato' o simile.

La Spèzia. Toponimo inspiegato, forse dal greco aspidia, diminutivo di aspis 'scudo', anche se semanticamente oscuro.

Latina. Sorta con il nome celebrativo di Littoria, assunse l'attuale denominazione, connessa a quella del Làzio (v.), nel 1945.

Làzio. Il latino Lătiu(m) è stato spesso riconosciuto dipendente dal nome comune lătu(m) 'piatto, esteso': la regione sarebbe, in tal caso, 'il paese piano', in opposizione alla Sabina montuosa.

Lécce. Antico nome messapico latinizzato in Lupiae (poi Lupia(s), III sec. a.C.) e non ancora spiegato.

Lécco. Dialettalmente Lèk, il nome è ricondotto alla base gallica leuco, affine al latino lucu(m) 'bosco'. Privo di fondamento, invece, un etimo greco lèukos 'bianco'.

Ligùria. Dal nome dei suoi antichi abitatori di origine preindoeuropea, i Ligure(s) dei Romani, che rimane tuttora inspiegato.

Lipari. In latino Lipara(m), dal greco Lipàra legato alla radice leip-, che ritroviamo in liparòs 'grasso' (e, quindi, si intenderebbe 'la ricca'), ma anche nel raro lips 'pietra sulla quale l'acqua ristagna'.

Livinallóngo. Dalla voce alpina livinàl/lavinàl 'gola, vallone franoso' (dal latino lavina(m)), unita all'aggettivo lungo.

Livórno. Dal personale etrusco *Liburna, o l'etnico dei Liburni, connesso alla voce latina lĭburna(m) 'brigantino, feluca', un tipo di imbarcazione.

Lòdi. La città fu costruita (1158) dopo la distruzione del vicino sito di Lodi, la romana Laus Pompei (o Pompeia) - oggi detto Lòdi Vècchio - e da essa ha tratto il nome. Laus 'onore, lode, fa-

Luoghi d'Italia

ma' era nome augurale per il fondatore Cneo Pompeo Strabone (sebbene Plinio la dica di origine gallica).

Logudòro. Forse da un sardo medievale *logu* 'regno, giudicato', con il greco bizantino *ori(on)* 'circoscrizione amministrativa'; le connessioni con i *Doria* (la famiglia genovese che intrattenne rapporti con il giudicato), con (Porto) *Torres* (il capoluogo della regione), con l'*oro* (nel senso di 'fertilità'), leggendo la prima parte del nome come 'luogo', non sono soddisfacenti.

Lombardia. Originariamente *Longobardia*, cioè 'terra dei *longobardi*', il popolo germanico che si stanziò in Italia nel VII sec., scegliendo Pavia come capitale del regno.

Lomellina. Dal nome di luogo *Lomello*, nel latino medievale *Laumellu(m)*, in cui si potrebbe riconoscere, tenuto conto del (celtico?) **mello* 'collina', un composto con il significato 'monte bianco' o 'monte (del paese) aperto'.

Lucània. Nome classico della *Basilicata* (e a questo spesso alternato): da un tema **leuc-* 'capo, estremità'.

Lùcca. Latino *Luca(m)*, è toponimo antichissimo di origine oscura, come a volte ricondotto ad una radice celto-ligure *luk-* 'luogo paludoso'.

Lunigiàna. Il nome della regione deriva da quello di un antico celebre scalo, denominato in epoca romana *Luna*, e poi *Luni*, presso l'attuale La Spezia, molto facilmente legato ad un appellativo etrusco col significato di 'porto' (come in *Vetu-lonia*, *Popu-lonia*), mentre gli antichi vi riconoscevano il nome del satellite della Terra (forse per la forma 'lunata' del porto?).

Maceràta. Attestato dal X sec., il toponimo si riconduce al latino *macĕrĭē(m)*, *-ĭa(m)*, con riferimento ai ruderi della romana *Helvia Ricina*, a breve distanza dalla città.

Màntova. Toponimo di origine etrusca, che riflette, specie nella forma latina *Mantua(m)*, una connessione con la divinità etrusca della ricchezza *Mantu*.

Màrche. Dal preciso significato politico-amministrativo assunto dalla voce germanica *marka*, dall'epoca di Carlomagno: '(territorio di) frontiera'.

Marèmma. In latino il nome plurale *marītima* designava geograficamente 'i paesi sul mare', e solo più tardi restrinse geograficamente il suo significato.

Màssa Carràra. Dal latino *massa(m)*, nel significato che il termine assume nell'alto Medioevo 'grande possedimento, insieme di poderi coltivati dai coloni'; *Carrara* è dal latino *carrāria(m)* *vĭa(m)* 'strada per carri'.

Matèra. Toponimo attestato dal XI sec., riflesso del latino *materia(m)* 'legname da lavoro e da costruzione'.

Mediterràneo. Dall'aggettivo del latino classico *mediterrāneu(m)*, con il significato 'che sta in mezzo alle terre'.

Messina. Più che dal nome latino *Messāna(m)*, la denominazione attuale della città si ricollega alla *Messéne* dei Greci, che chiamarono la colonia siciliana, già occupata da genti ioniche, con lo stesso nome della città di provenienza: e la Messenia greca è stata spiegata come 'territorio centrale' (da *mesos* 'di mezzo'), ma i più dubbiosi preferiscono riconoscervi un'origine pregreca.

Milàno. Il nome latino della città, *Mediolānu(m)*, suggerisce di vedervi un composto del latino *mĕdio* 'in mezzo' e del celtico *lau(n)o* 'piano, pianura' e anche 'luogo consacrato'.

Mòdena. Latinamente *Mutina*, il nome risale agli Etruschi ed è connesso a *mutnal/mutana* (da una base mediterranea **mut(t)-* 'altura, rialzo del terreno'), che nella lingua di quel popolo significa 'tomba'.

Molìse. Il toponimo è medievale (X sec.), probabilmente connesso al latino *mŏla(m)* 'macina del mulino', con il suffisso *-ensis*.

Monferràto. Da non intendersi come 'monte ferrato' (con allusione al colore ferroso della terra), bensì come 'monte farrato', dal latino *farrātu(m)* 'ricco di granaglie (*farro*) e foraggio'.

Mongibèllo. v. *Etna*.

Mónte Biànco. Nome trasparente, suggerito dal colore dei vasti ghiacciai, ma testimoniato solo in epoca medievale nella forma *Rūpe(m) Ālba(m)*.

Mónte Ròsa. Il nome, erroneamente connesso con *ròsa* e popolarmente spiegato con il colore del gruppo montagnoso, non è altro che la parola valdostana, di discussa origine, *rosia* 'ghiacciaio'.

Mugèllo. Dal nome personale latino *Mucĕllu(m)*, un diminutivo di *Mūciu(m)*, nome di persona probabilmente di origine etrusca.

Mùrge. Il nome può essere accostato al latino *mŭrīce(m)* 'sasso acuto', se non si tratta di una parola prelatina di sostrato.

Nàpoli. Dal nome latino, di origine greca, *Neàpoli(m)*, 'città (*pòlis*) nuova (*néa*)', forse in contrapposizione all'antica città punica di Utica ('la vecchia', da un ebraico *atikà*), o semplicemente al precedente nome *Partènope*.

Novàra. Toponimo di difficile interpretazione, forse collegato al vicino torrente *Agogna*, un tempo detto anche *Novaria* (questo fu anche il nome della città per tutto il Medioevo).

Nùoro. *Nòriu(m)* nel latino ecclesiastico, il nome è di origine prelatina, protosarda, e tuttora oscura.

Nùrra. Il toponimo riflette l'appellativo sardo (di origine prelatina) *nurra*, in uso nei dialetti isolani centrali, con il significato di 'voragine, screpolatura del terreno, burrone a forma di pozzo'.

Ogliàstra. Dal latino *ŏleastru(m)* 'olivo selvatico', pianta di cui la regione è molto ricca.

Oristàno. Da un personale latino *Arīstīus* (ben documentato nelle dizioni locali del toponimo, *Aristànis*, *Aristanisi*), con suffisso prediale *-anu(m)*.

Òssola. Citato come 'terra *ossilense*' fin dal IX sec., è toponimo oscuro, forse di origine prelatina.

Pàdova. Forse da una forma parallela, ma più popolare e antica (**Padua(m)*) del nome classico della città, *Patāviu(m)*: entrambe, comunque, sono connesse alla radice indoeuropea **pat-*, che esprime il concetto di 'apertura, spazio', e al nome latino del Po, *Padu(m)*.

Palèrmo. Il nome latino della città, *Panŏrmu(m)*, rivela il supposto composto greco, dal quale deriva: **panormos* 'intero (*pan*) porto (*hórmos* 'luogo di ormeggio')', nome dato, in Grecia e fuori, a parecchie città portuali.

Pantellerìa. Il nome dell'isola ha aspetto greco (e resta testimonianza di un antica *Talarìa*), ma i tentativi per spiegarlo sono rimasti infruttuosi.

Pàrma. Considerato da alcuni nome di origine ligure, il toponimo sembra però coincidere con la voce celtica *parma* 'scudo rotondo', forse in relazione alla forma originaria dell'insediamento.

Pavìa. Fondata dai Galli con il nome di *Ticinum*, solo nel sec. VII d.C. assunse il nome *Papīa(m)* derivato dal gentilizio romano *Papīlius*.

Pelàgie. Dal greco *pèlagos* 'mare': 'isole d'alto mare'.

Perùgia. Nella forma latina del nome, *Perūsia(m)*, si ritrova la stessa terminazione *-ūsia* di altri nomi locali antichi (per es. *Venūsia(m)*), ma la prima parte del nome è di difficile lettura.

Pésaro. Dall'omonimo fiume *Pisaŭru(m)* (attualmente *Foglia*), in cui, separata la consonante iniziale che è il residuo di un'antica preposizione, si individua il tema idronimico **is-/*as-*, già visto in *Isèrnia*.

Pescàra. Dalla forma latina *Piscāria(m)* (che in origine indica il fiume e poi anche l'abitato), nel senso di 'pescoso', più che di 'pescheria, vivaio di pesci'.

Piacènza. Riflette l'antico toponimo latino *Placèntia(m)*, nome augurale dal latino *placēre* 'piacere'.

Pianùra Padàna. Il latino *Padānu(m)* era l'aggettivo del nome del fiume *Padu(m)* 'il Po' e significava, quindi, 'proprio, relativo al Po'.

Piàve. Il nome è connesso alla radice indoeuropea **plow-* 'scorrere' (latino *pluĕre* 'piovere').

Piemónte. Toponimo secondo la norma italiana: 'al *pie(de)* del *monte*' per la principale caratteristica geografica della regione.

Pisa. Toponimo di origine oscura, forse connesso al greco *pìsos* 'luogo irrigato'.

Pistòia. Toponimo latino, dalla voce *pistōre(m)* 'mugnaio' (pare che la fertilità del luogo avrebbe favorito tale attività).

Planàrgia. Dal latino *planu(m)* 'piano, pianura', per la conformazione del luogo.

Po /pɔ*/. Il nome classico è *Padu(m)*, ma in epoca antica il tratto iniziale del fiume era detto *Bodincus*; pare che le due denominazioni abbiano un'origine comune, connessa alla radice indoeuropea **bhedh-* 'fondo': quindi, 'il fiume profondo'.

Polèsine, Polèsine. Il toponimo si confronta con *polésin*, voce veneto-friulana per indicare 'i depositi di melma che emergono dall'acqua in forma di isolotti' (dal latino *pullu(m)* 'terreno molle).

Pordenóne. Anticamente *Pŏrtu(m) Naŏnis* (XIII sec.), cioè 'porto sul Naone (il fiume che attraversava la città, oggi *Noncello*)'.

Potènza. Dal latino *Potĕntia(m)*, toponimo augurale: 'la potenza'.

Pràto. Sembra che si possa accogliere l'etimo più evidente e che il toponimo risalga alla natura prativa del terreno in cui venne costruito il primo nucleo dell'attuale città.

Pùglia. Dal latino *Apūlia(m)*, derivato dall'etnico degli *Apulī* (che è ritenuto un adattamento italico del nome degli *Iapigi*, provenienti dall'opposta sponda dell'Adriatico).

Ragùsa. Dal plurale del greco bizantino *rhogòs* 'granaio'.

Ravènna. Il toponimo è un riflesso della base prelatina **rava* 'scoscendimento franoso, con derivante corso d'acqua', cui si aggiunge il suffisso etrusco *-enna*.

Règgio nell'Emìlia (o **Règgio**). Anticamente *Rēgiu(m) Lepidi* (era municipio romano durante il secondo consolato di M. E. Lepido; v. anche *Emìlia*, è connessa, nella prima parte del nome, a *Réggio di Calàbria* (v.).

Règgio di Calàbria (o **Règgio**). Per *Calàbria* v. la voce, quanto a *Règgio* è nome oscuro, rapportado dalla tradizione classica al greco *rhégnymi* 'spezzare' o al latino *regnu(m)* 'regno', ma forse connesso ad una base presente in alcuni idronimi dell'Italia centrale.

Rièti. Dal latino *Reāte* (continuato nell'etnico *reatino*), in cui si ritrova la stessa terminazione *-ate* nel nome antico della città di Chieti: *Teate*.

Rimini. Anticamente *Ariminum*, dal nome del Marecchia *Ariminus*, il fiume presso la cui foce sorge la città. L'idronimo è di origine incerta, forse etrusca.

Róma. Generalmente collegato al gentilizio etrusco dei *Ruma* (evidenziando così l'apporto degli Etruschi alla fondazione della città), in cui *rūma(m)* 'mammella', in senso orografico (il Palatino), o, anche, al *Rumon*, uno dei più antichi nomi del Tevere (dalla radice indoeuropea **sreu-* 'scorrere').

Romàgna. Dal latino medievale *Romānia(m)*, che per i Longobardi designava i territori italiani rimasti sotto il dominio dell'Impero *romano* d'Oriente, ristretti poi, per un processo non ancora chiarito, all'esarcato di Ravenna.

Rovìgo. Dal nome di persona germanico *Hrodico*.

Sabìna. Il nome della regione deriva dall'etnico *Sabini*, popolo italico del gruppo umbro-sabellico, cui è connesso puro il nome del *Sannio* (v.).

Salènto. Dalla voce prelatina **sala* 'canale, acquitrino' (o dall'omofono longobardo 'corte, edificio'), cui si aggiunge il nome del fiume *Alento*, che bagna la zona: quindi 'canale, luogo bagnato dall'*Alento*'.

Salèrno. Come il precedente si riconduce alla base prelatina **sala* 'canale', con formante *-ern-* di sostrato.

Sànnio. Dal nome latino della regione, *Sămniu(m)*, da un precedente **Săb-nio-m* 'territorio del dio **Săbo*', dal quale presero il nome i *Sabini*, che costituirebbero allora, linguisticamente, una semplice variante dei *Sanniti*.

Sarcidàno. Dall'unione della preposizione *su* e del nome locale *Arcidano*, derivato dal latino *arce(m)* 'rocca', con il suffisso *-idano*, presente nell'altra regione sarda *Campidano* (v.).

Sardégna. Il latino *Sardĭnia(m)* indicava la 'terra dei *Sardi*', originariamente nome (di oscura provenienza) della popolazione mista di Libi, Fenici e Sardi costituitasi nella pianura meridionale dell'isola dopo l'importazione di schiavi libici.

Sàssari. Toponimo di formazione preromana, tuttora inspiegato.

Savóna. Secondo le fonti latine, il nome della città è connesso a quello della tribù ligure dei *Sabāte(s)*.

Sicìlia. Risale al greco *Sikelìa* (latino *Sicĭlia(m)*), originariamente riferito alla sola parte orientale dell'isola, quella abitata dalla popolazione illirica dei *Sicŭli* (*Sikelòi*): a occidente erano stanziati i *Sicani*, popolo non indoeuropeo.

Siéna. Centro etrusco, poi colonia romana con il nome di *Sena(m) Julia(m)*, il toponimo è derivato dal gentilizio etrusco *Sae-na*.

Sila. Nome osco, connesso al latino *silva(m)* 'selva'.

Sóndrio. Dal longobardo *sunder* 'terreno riservato', è documentato dal X sec.

Stròmboli. La variante più antica del nome dell'isola, *Stronggolo*, ci chiarisce la sua origine dal greco *stroggýlos* 'rotondo', evidentemente per la sua configurazione geografica.

Tàranto. In greco *Tàras*, ma al genitivo *Tàrantos* (donde l'attuale accentazione), nome (di origine prelatina) del fiume che sfocia sul Mar Jonio: quindi 'la città sul Taras'.

Tavolière. Da *tavola* nel senso geomorfologico di 'territorio piano', come comunemente si ritiene.

Tèramo. Anticamente *Interamna Praetutiorum*, significa 'tra (*inter*) i fiumi (*amnes*), (nel territorio) dei Praetutii', con allusione alla confluenza tra la Vezzola e il Tordino.

Tèrni. Dal nome classico della città *Interamna* ('tra i fiumi' -v. Teramo-) *Nahars*, dove la specificazione *Nahars* allude al Nera, che nei pressi della città confluisce nel Serra.

Tèrra di Lavóro. Sebbene documentata come *Terra Laboris*, non deriva dal latino *labŏre(m)* 'lavoro', ma da *Leboriae*, nome di una zona dell'Agro campano: il nome attuale è dovuto ad una paretimologia.

Tévere. Il latino *Tiberi(m)*, come altri nomi di fiumi (*Tib-isco*, *Tif-erno* ecc.) può essere collegato con una base idronimica *tif-/*tib-*, di significato non chiaro.

Ticino. È un idronimo di origine prelatina, forse connesso con l'antico nome dell'Adige (*Ăthesis*) o con la trentina valle di *Tesino*.

Tirrèno. Dall'appellativo con cui i Greci designavano gli Etruschi: *Tyrrhēnói* (latino *Tyrrēni*), derivato dal nome di *Tursa*, città dell'Etruria: poi l'etnico divenne aggettivo per il mare che bagnava quella regione.

Torino. Dal nome della colonia militare romana *Julĭa(m) Augusta(m) Taurinorum* 'Giulia Augusta dei Taurini', in cui il nome della popolazione che abitava il luogo deriva da una base *tauro*, 'toro' o forse 'monte'.

Toscàna. Dall'aggettivo latino *tuscānu(m)*, cioè 'pertinente ai *Tusci*', come i Romani chiamavano gli antichi abitatori della Toscana, cioè gli *Etruschi*.

Tràpani. Dal nome latino *Drepănu(m)*, che ripete il greco dialettale *drèpane* 'falce', con allusione alla forma del promontorio su cui sorge la città.

Trasimèno. In latino *Trasimēnu(m)*, da un più antico *Tarsimēnu(m)*, nel quale si può intravedere un'origine etrusca, anche nella formante -*en(a)-*.

Trèmiti. Il latino *Trĭmetu(m)*, nome della principale isola del gruppo, viene connesso con la voce comune *tĕrmite(m)* '(ramo di ulivo) selvatico'.

Trentino. *Tridĕntīnu(m)* era per i Romani l'aggettivo di *Tridĕntu(m)* 'Trento' (v.).

Trènto, Trénto. Dall'antica forma *Tridĕntu(m)*, forse nome di origine celtica, nel senso di 'triforcazione', forse dipendente da una base preromana *tar-*.

Trevìso. È la romana *Tarvīsiu(m)*, nome di origine gallica connesso con il celtico *tarvos* 'toro'.

Trièste. Dalla tarda forma latina *Tregēste* per il precedente *Tergēste* (e *Tergēstu(m)*), nome connesso con l'antica base prelatina *terg-* 'piazza, mercato', la stessa che si ritrova in *Opitĕrgiu(m)* Oderzo.

Ùdine. Documentato dal X sec. (*Utĭnu(m)*), è nome di origine preromana, probabilmente connesso alla radice *oudh-/*udh-* 'mammella', da intendersi come metafora del colle su cui sorge il castello, nucleo originario della città.

Ùmbria. Il latino *Ŭmbria(m)* designava 'la terra degli Umbri', antica popolazione italica il cui nome è di incerta origine.

Varèse. Documentato dal X sec., può essere toponimo di origine prelatina, se non riflette il gentilizio romano *Varius*.

Vèneto. Dal nome degli antichi abitanti, i *Vēneti* dei Latini, (*Henetói* per i Greci), legato alla radice indoeuropea *wen-* 'desiderare' (e quindi i Veneti sarebbero 'i desiderati').

Venèzia. Dapprima nome latino della regione dei *Vēneti* (*Venētia(m)*), poi nome della città principale, in origine usato popolarmente al plurale con riferimento alle isole sulle quali si estendeva, con successivo ripristino della forma dotta *Venezia*.

Venèzia Giùlia. Nome recente che G. I. Ascoli propose in armonia con le altre due regioni venete (*Venezia Euganea* e *Venezia Tridentina*), poggiandosi sul nome latino dell'estrema sezione orientale delle Alpi e sulla sua continuazione umanistica, con significato regionale: *Regiōne(m) Jūlia(m)* 'la regione di Giulio (Cesare o Ottaviano)'.

Verbània. Dal successivo *Verbano*.

Verbàno. Nome non latino, latinizzato in *Verbānu(m)*, e pur tuttavia da avvicinare al personale romano *Virbis*.

Vercèlli. Il toponimo, presente negli autori classici latini nella forma *Vercĕlla(s)* è stato oggetto delle più svariate interpretazioni, ma sembra possa essere connesso al gentilizio romano *Vĕrcius*.

Veróna. Nome certamente non latino, *Vĕrōna(m)* è stata ritenuta ora di origine venetica, ora celtica, anche se non si può escludere, tenuto conto l'esistenza di nomi uguali o simili in Toscana, la derivazione da un nome personale etrusco.

Versìlia. Ricordato già nell'VIII sec., il nome venne dapprima interpretato come riflesso di un personale antico *Versĭlius*, poi connesso a *Vessidia*, antico nome di un fiume che scorre nella regione.

Vesùvio. Dal nome latino del vulcano, *Vĕsŭvĭu(m)*, che, come il nome collaterale *Vĕsĕvu(m)*, è ritenuto di origine indeuropea, anche se i pareri si dividono fra la scelta di due radici: *aues-* 'illuminare' o *eus-* 'bruciare, ardere'.

Vibo Valentìa /'vibo va'lεntsja/. Vibo è formazione pregreca (adattata dai Greci in Hipponium, da *hippos* 'cavallo'); *Valentia*, invece, è uno dei vari nomi a carattere augurale con cui i Romani – che qui crearono una colonia in 192 a.C. – chiamavano le nuove fondazioni.

Vicènza. Dall'antico *Vīcĕtĭa(m)*, si tratta di una formazione venetica, dall'indoeuropeo *weik-* (da cui deriva pure il latino *vīcu(m)* 'villaggio').

Vitèrbo. Si ritiene che il toponimo derivi dal latino *vĕtu(m) urbe(m)* 'vecchia città', ma la questione è incerta.

Voltùrno. In rapporto con il latino *voltŭre(m)* 'avvoltoio'.

Luoghi d'Italia

ABITANTI D'ITALIA

Àbano Tèrme → aponense.
Abbadìa San Salvatóre → abbadingo (pl. m. -ghi).
Abbiategràsso → abbiatense.
Abrùzzo → abruzzese.
Acireàle → acese.
Àcqui Tèrme → acquese o acquigiano.
Àdria → adriese.
Afràgola → afragolese.
Agliè → alladiese.
Agrigènto → agrigentino o girgentino.
Alàssio → alassino.
Àlba → albese.
Albénga, Albènga → albenganese o ingauno.
Àlcamo → alcamese.
Alessàndria → alessandrino.
Alghèro → algherese.
Altamùra → altamurano.
Àlto Àdige → altoatesino.
Amàlfi → amalfitano.
Ancóna → anconitano o anconetano.
Àndria → andriese.
Ànzio → anziate.
Aòsta → aostano.
Aprìlia → apriliano.
Aquìno → aquinate.
Arézzo → aretino.
Aróna → aronese.
Arpino → arpinate.
Arquàta Scrìvia → arquatese.
Àscoli Picèno → ascolano.
Aṣiago → asiaghese.
Assìṣi → assisano o assisiate.
Àsti → astigiano.
Augùsta → augustano o augustanese.
Avellìno → avellinese.
Avèrsa → aversano.
Badìa → badiotto.
Bàgni di Lùcca → bagnilucchese o bagnaiolo.
Barbàgia → barbaricino.
Bàrga → barghigiano.
Bàri → barese.
Barlétta → barlettano.
Baṣilicàta → lucano.
Bassàno del Gràppa → bassanese.
Bellùno → bellunese.
Benevènto → beneventano.
Bèrgamo → bergamasco (pl. m. -schi).
Bertinòro → bertinorese.
Bièlla → biellese.
Bisceglie → biscegliese.
Bitónto → bitontino.
Bollàte → bollatese.
Bológna → bolognese.
Bolzàno, Bolzàno → bolzanino.
Bordighèra → bordigotto o bordigherese.
Borgoṣèṣia → borgosesiano.
Bra → braidese.
Brènnero → brennerese.
Bréscia, Brèscia → bresciano.
Bressanóne → bressanonese o brissinense.
Briànza → brianzolo.
Brìndiṣi → brindisino.
Bùsto Arsìzio → bustocco (pl. m. -chi) o bustese.
Cadóre → cadorino.
Càgliari → cagliaritano.
Calàbria → calabrese.
Caltanissétta → nisseno.

Camerìno → camerto.
Campània → campano.
Campobàsso → campobassano.
Canavéṣe → canavesano.
Canazèi → canazeiese.
Canicattì → canicattinese.
Canòṣa di Puglia → canosino.
Cantù → canturino.
Capànnori → capannorese.
Càpri → caprese.
Càrpi → carpigiano.
Carràra → carrese o carrarese.
Caṣàle Monferràto → casalese o casalasco (pl. m. -schi).
Càscia → casciano.
Caṣentino → casentinese.
Caṣèrta → casertano.
Caṣòria → casoriano.
Cassìno → cassinate.
Castelfrànco Vèneto → castellano.
Castellammàre del Gólfo → castellammarese.
Castellammàre di Stàbia → stabiese.
Catània → catanese.
Catanzàro, Catanzàro → catanzarese.
Cattòlica → cattolichino o cattolicese.
Càva de' Tirrèni → cavese.
Cefalù → cefaludese o cefalutano.
Cerignòla → cerignolano.
Ceṣena → cesenate.
Ceṣenàtico → cesenaticense o cesenaticese.
Cèva → cevano o cebano.
Chianciàno Tèrme → chiancianese.
Chiànti → chiantigiano.
Chièri → chierese.
Chièti → teatino o chietino.
Chiòggia → chioggiotto o chiozzotto.
Ciniṣèllo Bàlsamo → cinisellese.
Ciociarìa → ciociaro.
Città della Piève → pievese.
Città di Castèllo → castellano o tifernate.
Civitavècchia → civitavecchiese.
Cògne → cognino o (fr.) cognein (pl. m. fr. cogneins).
Còlle di Val d'Èlsa → colligiano.
Collégno → collegnese.
Cológno Monzéṣe → colognese.
Còmo → comasco (pl. m. -schi) o comense o comacino.
Coneglàno → coneglianese.
Còrsico → corsichese.
Cortìna d'Ampèzzo (o Ampèzzo) → cortinese o ampezzano.
Cortóna → cortonese.
Coṣènza → cosentino.
Courmayeur /kurmaˈjœr/ → cormaiorese o (fr.) courmayeurin (pl. m. fr. courmayeurins).
Crèma → cremasco (pl. m. -schi).
Cremóna → cremonese.
Crotóne → crotoniate o crotonese.
Cùneo → cuneese o cuneense.
Cùpra Marìttima → cuprense.
Cupramontàna → cuprense.
Domodòssola → domese.
Èboli → ebolitano.
Élba, Èlba → elbano.
Emìlia → emiliano.
Èmpoli → empolese.
Énna → ennese.
Ercolàno → ercolanese o resinese.

Èste → estense.
Faènza → faentino.
Falconàra Marìttima → falconarese.
Fàno → fanese.
Fàra S. Martìno /ˈfara sammarˈtino/ → farese.
Fèrmo → fermano.
Ferràra → ferrarese.
Fidènza → fidentino.
Fièra di Primièro → fieracolo o primierotto.
Fièṣole → fiesolano.
Firènze → fiorentino.
Fiùggi → fiuggino.
Fòggia → foggiano.
Folgarìa → folgaretano.
Folìgno → folignate.
Fóndi → fondano.
Forlì → forlivese.
Fòrte dei Màrmi → fortemarmino o fortedemarmino.
Fossombróne → fossombronese o forsempronese.
Frascàti → frascatano.
Fràtta Poléṣine → frattense.
Friùli → friulano.
Froṣinóne → frusinate.
Gaéta → gaetano.
Gallaràte → gallaratese.
Gallùra → gallurese.
Gardóne Rivièra → gardonese.
Gèla → gelese.
Gemóna del Friùli → gemonese.
Gènova → genovese.
Gorìzia → goriziano.
Giuglàno in Campània → giuglianese.
Gressoney-La Trinité /gresoˈnɛi latriniˈte*, fr. ɡʀɛsɔˈnɛ latʀiniˈte/ → gressonaro.
Grosséto → grossetano.
Gùbbio → eugubino o gubbino.
Guidònia Montecèlio → guidoniano o moncellese.
Ieṣi → iesino.
Iglèṣias → iglesiente.
Ìmola → imolese.
Impèria → imperiese.
Iolànda di Savòia → iolandino.
Irpìnia → irpino.
Ìschia → ischitano.
Iṣèo → iseano.
Iṣèrnia → isernino.
Ivrèa → eporediese.
La Maddaléna → maddalenino.
Lamèzia Tèrme → lametino.
Lampedùṣa → lampedusano.
Lànghe → langarolo.
L'Àquila → aquilano.
La Spèzia → spezzino.
Latìna → latinense.
Làzio → laziale.
Lécce → leccese.
Lécco → lecchese.
Legnàno → legnanese.
Lèrici → lericese o lericino.
Ligùria → ligure.
Lìpari → liparese o liparota (pl. m. -i).
Livórno → livornese o labronico (pl. m. -ci).
Lòdi → lodigiano.
Lombardìa → lombardo.
Loréto → loretano o lauretano.
Lùcca → lucchese.

Abitanti d'Italia

Lunigiàna → lunense.
Maceràta → maceratese.
Manfredònia → manfredoniano o sipontino.
Màntova → mantovano.
Màrche → marchigiano.
Marèmma → maremmano.
Maròstica → marosticense.
Marsàla → marsalese.
Martìna Frànca → martinese.
Màssa → massese.
Matèra → materano.
Mazàra del Vàllo → mazarese.
Mènfi → menfitano.
Meràte → meratese.
Messìna → messinese.
Mèstre → mestrino.
Milàno → milanese.
Milàzzo → milazzese o milaita (pl. m. -i).
Mòdena → modenese.
Mòdica → modicano.
Molfétta → molfettese.
Molìṣe → molisano.
Moncalièri → moncalierese.
Moncenìṣio → moncenisino o ferrerese.
Mondovì → monregalese.
Monferràto → monferrino.
Monòpoli → monopolitano.
Monreàle → monrealese.
Monsummàno Tèrme → monsummanese.
Montalcìno → ilcinese.
Montecatìni Tèrme → montecatinese.
Montefiascóne → montefiasconese o falisco (pl. m. -sci).
Montepulciàno → montepulcianese o poliziano.
Monterotóndo → monterotondese o eretino.
Mónte San Savìno → savinese.
Montevàrchi → montevarchino.
Mónza → monzese.
Mùggia → muggesano.
Nàpoli → napoletano.
Nardò → neretino o naretino.
Nàrni → narnese.
Nèpi → nepesino o nepense.
Nichelìno → nichelinese.
Nìzza Monferràto → nicese o nizzese.
Nocèra → nocerino.
Nòrcia → nursino o norcino.
Novàra → novarese.
Nòvi Lìgure → novese.
Nùoro → nuorese.
Odèrzo → opitergino.
Òlbia → olbiese o olbiense.
Oristàno → oristanese.
Òrte → ortano.
Ortiṣèi → ortiseiano.
Orvièto → orvietano.
Orẓinuòvi → orceano.
Orẓivècchi → orceano.
Òṣimo → osimano.
Oṣòppo → osoppano o osovano.
Òtranto → otrantino o idruntino.
Pàdova → padovano o patavino.
Palèrmo → palermitano.
Pantellerìa → pantesco (pl. m. -schi).
Pàola → paolano.
Pàrma → parmigiano o parmense.
Paternò → paternese.
Pavìa → pavese.
Perdaṣdefògu → foghesino.

Perùgia → perugino.
Peṣaro → pesarese.
Pescàra → pescarese.
Peschièra del Gàrda → peschierano o peschierotto.
Péscia → pesciatino.
Piacènza → piacentino.
Piàna degli Albanési → pianese.
Piemónte → piemontese.
Pievepèlago → pievarolo o pelagese.
Pièvе Sànto Stéfano → pievano.
Piombìno → piombinese.
Pìṣa → pisano.
Pistóia → pistoiese.
Po, valle del /pɔ*/ → padano.
Poléṣine, Poléṣine → polesano.
Pompèi → pompeiano.
Pónte di Légno → dalignese.
Pontìnia → pontiniano.
Pónza → ponzese.
Pordenóne → pordenonese.
Pòrtici → porticese.
Pòrto Azzùrro → portoazzurrino.
Pòrto Empèdocle → empedoclino.
Potènza → potentino.
Pozzuòli → puteolano.
Pràto → pratese.
Pùglia → pugliese.
Quàrtu Sant'Èlena → quartese.
Ragùṣa → ragusano.
Rapàllo → rapallese.
Ravénna → ravennate o ravegnano.
Recanàti → recanatese.
Règgio di Calàbria (o Règgio) → reggino.
Règgio nell'Emìlia (o Règgio) → reggiano.
Rho /rɔ*/ → rhodense.
Rièti → reatino o rietino.
Rìmini → riminese.
Rivòli → rivolese.
Roccaràṣo → roccarasino o roccolano.
Ròma → romano.
Romàgna → romagnolo.
Rovìgo → rodigino o rovigotto o rovighese.
Sabàudia → sabaudiese.
Salènto → salentino.
Salèrno → salernitano.
Salò → salodiano.
Salsomaggióre Tèrme → salsese.
San Benedétto del Trónto /sambene'detto del'tronto/ → sambenedettese.
San Càndido → sancandidese.
San Giòrgio a Cremàno (o Giòrgio) /san-ˈdʒɔrdʒo akkreˈmano/ → sangiorgese.
San Giovànni in Persicéto /sandʒoˈvanni imperˌsiˈtʃeto/ → persicetano.
Sànnio → sannita (pl. m. -i) o sannitico (pl. m. -ci).
San Rèmo → sanremese, sanremasco (pl. m. -schi), matuziano.
Sansepólcro → borghese o biturgense.
San Sevèro → sanseverese.
Santa Teréṣa di Gallùra → teresino o lungunese.
Sant'Eufèmia Lamèẓia → lametino o santeufemiese.
San Vìto Chietìno → sanvitese.
Sardégna → sardo.
Saronno → saronnese.
Sàssari → sassarese.
Sàsso → sassese.
Sassuòlo → sassolese o sassolino.

Savóna → savonese.
Scandìcci → scandiccese.
Schìo → scledense.
Sciàcca → saccense.
Sèsto (Calènde, Fiorentino, San Giovànni) → sestese.
Sèttimo Torinése → settimese.
Sicìlia → siciliano.
Sièna → senese.
Siracùṣa → siracusano.
Soàve → soavese.
Sóndrio → sondriese.
Sorrènto → sorrentino.
Sótto il Mónte → sottomontese.
Spoléto → spoletino.
Stèlvio, Stèlvio → stelviotto o (ted.) stilfser (pl. m. ted. inv.).
Stra → stratese o stratense.
Stréṣa, Stréṣa → stresiano.
Strómboli → stromboliotto.
Sùṣa → segusino.
Sùtri → sutrino.
Talèggio → taleggino.
Tàranto → tarantino.
Tarvìṣio → tarvisiano.
Tèmpio Pauṣània → tempiese.
Tèramo → teramano.
Tèrni → ternano.
Tévere → tiberino.
Ticìno → ticinese.
Tìvoli → tiburtino o tivolese.
Tòdi → todino o tudertino.
Tolentìno → tolentinate.
Torìno → torinese.
Tórre (Annunziàta, del Grèco, Pèllice) → torrese.
Toscàna → toscano.
Tràni → tranese.
Tràpani → trapanese.
Trèmiti → tremitese.
Trentìno → trentino.
Trènto, Trénto → trentino.
Trevìṣo → trevigiano o trevisano.
Trièste → triestino.
Ùdine → udinese.
Ùmbria → umbro.
Urbìno → urbinate.
Valdobbiàdene → valdobbiadense o valduplavense.
Vàlle d'Aòsta → valdostano.
Valtellìna → valtellinese.
Varéṣe → varesino.
Vèneto → veneto.
Venèẓia → veneziano.
Venèẓia Giùlia → giuliano.
Verbània → verbanese.
Vercèlli → vercellese.
Veróna → veronese.
Versìlia → versiliese.
Viarèggio → viareggino.
Vibo Valèntia /ˈvibo vaˈlɛntsja/ → vibonese.
Vicènza → vicentino.
Vìco Equènse → vicano.
Vigèvano → vigevanese.
Villa San Giovànni → villese.
Vitèrbo → viterbese.
Vittòria → vittoriese.
Vittòrio Vèneto → vittoriese.
Voghèra → vogherese.
Voltèrra → volterrano.

PROVERBI

A brigante brigante e mezzo. Suggerisce di usare le armi dell'avversario, anche se disoneste, e ancor meglio di lui. Tuttavia *Due torti non fanno una ragione*: rispondere a un atto ingiusto con un atto ingiusto non ristabilisce la giustizia.

A buon intenditor poche parole. A chi sa capire non occorre rivolgere lunghi discorsi. Si usa per giustificare o attenuare la brutalità di certi avvertimenti, o per alludere a cose che vengono taciute per prudenza, riguardo, connivenza ecc. Già nel latino di Plauto: *Intelligenti pauca*.

A caval donato non si guarda in bocca. Quando un cavallo ti viene regalato non devi ispezionarne la bocca (per controllarne l'età o la salute, come si fa quando lo si paga). Vale come considerazione utilitaria (quel che ti giunge senza tua richiesta o spesa va sempre bene), come regola di galateo (non si fanno apprezzamenti sull'eventuale scarso valore dei doni), o come commento scherzoso (quel che ti regalano ti tocca prenderlo come è).

Acqua cheta rompe i ponti. Certe acque (o persone) che in superficie appaiono tranquille e innocue sono poi al fondo turbinose e insidiose. v. *Dagli amici* ecc.

Acqua passata non macina più. L'acqua che è già passata (sotto la ruota del mulino) non è più in grado di far muovere la mola e quindi di macinare. Si dice per azioni, atteggiamenti, sentimenti ecc. che hanno avuto valore un tempo ma non ne hanno più oggi.

Ad ognuno la sua croce. A tutti tocca qualche cruccio o dolore, anche se nascosto; in altre parole *Ogni legno ha il suo tarlo*. E crucci o tarli, se non appaiono al di fuori, sono però noti dal di dentro: *I guai della pentola li sa il mestolo*.

A goccia a goccia si scava la pietra. Pur se si è deboli, l'ostinata perseveranza vince gli ostacoli più duri. Dal latino *Gutta cavat lapidem*: la goccia scava la pietra.

Agosto ecc. v. *Gennaio* ecc.

Aiutati che Dio (oppure **il ciel**) **t'aiuta**; **Aiutati che io ti aiuto.** Adoperati per risolvere da te i tuoi problemi e troverai che altri ti darà una mano. Noto nella forma: *Chi s'aiuta, Iddio l'aiuta*.

Al bisogno (oppure **Nelle sventure**) **si conosce l'amico.** Le amicizie vere danno prova di sé nei momenti duri (e solo queste sono un tesoro: v. *Chi trova* ecc.).

Al buio tutti i gatti sono bigi. v. *Di notte* ecc.

Al contadin non far sapere quanto è buono il formaggio con le pere. Non bisogna far conoscere al contadino quanto siano buoni certi prodotti del suo lavoro, altrimenti non si contenterebbe di cibi più grossolani e poveri. Cinicamente suggerisce di tenere i sottoposti nell'ignoranza del proprio ruolo, per profittarne. Perciò talvolta si rovesciano le parti dicendo: *Al padron non far sapere* ecc.

Al cuore non si comanda. I sentimenti non prendono ordini. Si usa specialmente per dire che non ci si innamora (e non si smette di amare) a comando, e più in generale per sottolineare che la volontà propria o altrui può poco sugli affetti.

All'ultimo si contano le pecore. v. *Ride ben* ecc.

A mali estremi estremi rimedi. Se il male è estremo, anche il rimedio deve essere tale. Serve per giustificare con la (vera o presunta) gravità della situazione la durezza, la drasticità ecc. di certi provvedimenti adottati o da adottare.

Ambasciator non porta pena. Non si ha colpa, e non si può essere puniti, per i messaggi anche sgraditi di cui si è latori. Antica norma di immunità nel diritto delle genti, si usa più o meno scherzosamente e malignamente per le piccole vicende quotidiane.

A muro basso ognuno ci si appoggia. I meno potenti o abbienti sono sempre sfruttati. Ed è anche perciò che *Chi nasce afflitto muore sconsolato*: non riesce a mutar condizione. v. *Il cane morde lo straccione*.

A nemico che fugge ponti d'oro. Se il nemico fugge conviene agevolargli la strada perché non cambi avviso. Suggerisce di non voler stravincere, o più maliziosamente di larghegiare in concessioni formali quando si è vinto su questioni sostanziali. Già in latino: *Qua fugiunt hostes, via munienda est* (la via per la quale fugge il nemico gli va resa sicura).

Anno nevoso anno fruttuoso. Infatti *Sotto la neve pane, sotto l'acqua fame*. Per altri detti sul tempo atmosferico, i mesi e le feste v. *Buon tempo* ecc., *Cielo a pecorelle* ecc., *Di carnevale* ecc., *Gennaio secco* ecc., *Gobba a ponente* ecc., *L'Epifania* ecc., *Natale* ecc., *Quando piove* ecc., *Rosso di sera* ecc., *Vento fresco* ecc.

Anno nuovo vita nuova. Vale come augurio e come proposito.

A ogni uccello suo nido è bello. Ciascuno ama i luoghi, le condizioni, le abitudini ecc. che gli sono familiari o congeniali, e ciò anche se si tratta di cose povere o modeste. In modo meno conciso: *Casa mia casa mia, benché piccola tu sia, tu mi sembri una badia*.

A padre avaro figliuol prodigo. v. *Tale il padre tale il figlio*.

A pagare e morir c'è sempre tempo. E così per ogni altra cosa sgradita.

Aprile ecc. v. *Gennaio* ecc.

A rubar poco si va in galera, a rubar tanto si fa carriera (oppure **Chi ruba poco va** ecc.). Il ladruncolo, magari per bisogno, viene preso e punito, e il grande malversatore sfugge alla legge e accresce la sua potenza. Anche in questo caso *Sono sempre gli stracci* ecc. C'è anzi di peggio: *Ladro piccolo non rubare che il ladro grosso ti fa impiccare*.

A San Martino ecc. v. *Gennaio* ecc.

Attacca l'asino dove vuole il padrone e, se si rompe il collo, suo danno. Se qualcuno da cui dipendi esige da te azioni che lo danneggiano, esegui e tanto peggio per lui.

A tutto c'è rimedio fuorché alla morte. Invita a non perdersi d'animo, anche se l'avversità è grave.

Bacco, tabacco e Venere riducono l'uomo in cenere. Vino, fumo e donne sono vizi che distruggono.

Bandiera vecchia onor di capitano. Quando è vecchia, o proprio perché è vecchia, la bandiera è più gloriosa e dunque fa onore a chi ne è portatore. In linguaggio militaresco dice le virtù delle cose vecchie di cui parla, in linguaggio casalingo, anche *Gallina vecchia* ecc., e si presta ad analoghi impieghi scherzosi.

Batti il ferro quando (oppure **finché**) **è caldo.** Come il fabbro lavora sul ferro quando (finché) è arroventato e quindi malleabile, così bisogna iniziare le proprie imprese quando la situazione è favorevole (e insistervi finché resta tale).

Bello in fasce brutto in piazza. v. *Brutto in fasce* ecc.

Bisogna far buon viso a cattivo gioco. Bisogna non solo saper perdere senza esternare dispetto, ma anche mostrar di adattarci volentieri a ciò che non ci conviene o piace.

Botte buona fa buon vino. Le botti di buona qualità rendono buono il vino che contengono. Più in generale: da buoni produttori si hanno buoni prodotti, e da cause buone buoni effetti: es. *Buon vino fa buon sangue*.

Brutto in fasce bello in piazza. Chi è brutto nell'infanzia sarà (o potrà essere) bello da grande. Si dichiara anche l'inverso: *Bello in fasce brutto in piazza*.

Buon sangue non mente. Si dice sia per le persone che per gli animali, quando compiono azioni o imprese non inferiori a quelle degli ascendenti.

Buon tempo e mal tempo non dura tutto il tempo. Ambedue vengono a fine. Si usa anche per le vicende umane, ma riguarda soprattutto i fatti atmosferici per i quali v. *Anno nevoso* ecc.

Buon vino fa buon sangue. v. *Botte buona* ecc.

Cambiano i suonatori ma la musica è sempre quella. Si dice quando col mutare dei protagonisti o dei dirigenti la sostanza dei fatti (umani, politici, ecc.) resta la stessa.

Campa, cavallo mio, che l'erba cresce. Invito ironico o rassegnato a cercar di sopravvivere in attesa di un evento favorevole che però è lontano, improbabile, e non dipende da noi. E per aspettative così incerte si dice appunto che *Chi di speranza vive disperato muore*.

Can che abbaia non morde. Dichiara più o meno scherzosamente che chi proferisce molte minacce di solito non passa ai fatti. Ha qualche analogia con *Tra il dire e il fare* ecc.

Carta canta e villan dorme. Quando gli accordi sono messi per iscritto si è più tranquilli. Infatti *Scripta manent, verba volant*: gli scritti restano, le parole volano.

Casa mia casa mia ecc. v. *A ogni uccello* ecc.

Chi ben comincia è alla metà dell'opra. Chi avvia bene un lavoro è come se l'avesse già compiuto per metà. Segnala l'importanza di impiantare bene, fin dall'inizio, ogni impresa. v. *Il buon giorno* ecc.

Chi cento ne fa una ne aspetta. v. *Una ne paga cento*.

Chi cerca trova. Se cerchi, alla fine troverai; solo se cerchi potrai trovare. L'impegno produce risultati, e perciò si dice anche *Chi la dura la vince*: chi tiene fermo il suo proposito e lo persegue con fermezza alla fine riesce nel suo intento. v. anche *Chi dorme* ecc., *Chi non risica* ecc.

Chi compra sprezza e chi ha comprato apprezza. v. *Chi disprezza* ecc.

Chi dice donna dice danno. v. *Donna danno* ecc.

Chi dice quel che vuole sente quel che non vorrebbe. Se ci esprimiamo sugli altri senza riguardi, ne riceveremo risposta 'per le rime'. Si dice anche (e non solo per le parole): *Qual proposta tal risposta*. v. *Quel ch'è fatto* ecc., *Come mi suoni* ecc.

Chi di spada ferisce di spada perisce. v. *Chi la fa l'aspetti*.

Chi di speranza vive disperato muore. v. *Campa, cavallo* ecc.

Chi disprezza compra. Per ottenere condizioni più favorevoli, o per altri motivi, spesso si svalutano a parole persone o cose che invece si apprezzano. Si dice anche *Chi compra sprezza e chi ha comprato apprezza*.

Chi dorme non piglia pesci. Se il pescatore è addormentato, distratto, disattento ecc. non pescherà nulla. Più in generale: solo se sarai sveglio e attento potrai ottenere risultati, ed è giusto che tu non li abbia se non lo sei. v. *Chi cerca* ecc., *Chi la dura* ecc., *Chi non risica* ecc.

Chi è causa del suo mal pianga se stesso. Chi ha prodotto da sé le situazioni o gli eventi che lo danneggiano deve rimproverare se stesso e non gli altri o la sorte. Ha qualche analogia con *Chi pecora* ecc.

Chi è in difetto è in sospetto. Chi è o si sente in colpa scambia per accuse o denunce anche accenni innocui, ignari o puramente casuali.

Chi è svelto a mangiare è svelto a lavorare. Chi è lesto, attivo, sveglio, veloce, lo dimostra in tutto.

Chi fa da sé fa per tre. Chi fa da sé le proprie cose riesce tre volte meglio che affidandole ad altri, e per analogia *Chi vuole vada* ecc., e per contrasto *Una mano* ecc. Con riferimento più diretto ai beni materiali e alle gelose cure che ne hanno i proprietari si dice anche *L'occhio del padrone ingrassa il cavallo*.

Chi fa falla, e chi non fa sfarfalla. Chi agisce commette necessariamente qualche errore, ma chi resta inattivo ne fa di più gravi e per giunta inutili.

Chi ha avuto ha avuto e chi ha dato ha dato. Quando una questione è chiusa, ognuno deve tenersi quel che di bene o di male gli è toccato.

Chi ha denti non ha pane e chi ha pane non ha denti. Commenta il fatto che certi beni ci tocchino a chi non sa o non può servirsene, e viceversa. Si dice anche *Chi ha farina non ha sacca, e chi ha la sacca non ha la farina*.

Chi ha farina non ha la sacca ecc. v. *Chi ha denti* ecc.

Chi ha polvere spara. v. *Il ricco quando vuole* ecc.

Chi ha tempo non aspetti tempo. Se già hai il tempo per fare qualcosa che devi, non aspettare di averne di fresco. Analogo invito è espresso da *Non rimandare a domani quello che puoi fare oggi*.

Chi la dura la vince. v. *Chi cerca trova*.

Chi la fa l'aspetti. Chi danneggia gli altri deve aspettarsene risposte dello stesso tipo. Un concetto analogo esprime *Chi di spada ferisce di spada perisce* che deriva direttamente dal latino *Qui gladio ferit gladio perit*. v. *Quel ch'è fatto* ecc., *Una ne paga cento*.

Chi lascia la via vecchia per la nuova sa quel che lascia ma non sa quel che trova (oppure **peggio si trova**). Ad abbandonare le strade già note si va incontro all'incerto (o, più pessimisticamente, al peggio). v. per analogia *Meglio l'uovo* ecc. e per contrasto *Chi non risica* ecc.

Chi mal semina mal raccoglie. v. *Chi semina vento* ecc.

Chi mena per primo mena due volte. v. *Chi prima arriva* ecc.

Chi muore giace e chi vive si dà pace. Sottolinea con realismo o con rammarico o con cinismo che, per i vivi, la vita continua.

Chi nasce afflitto muore sconsolato. v. *A muro basso* ecc.

Chi nasce è bello, chi si sposa è buono e chi muore è santo. Commenta ironicamente le lodi convenzionali che si fanno per i neonati, gli sposi e i morti.

Chi non beve in compagnia o è un ladro o è una spia. v. *In compagnia* ecc.

Chi non comincia non finisce. Esorta a dare sollecito inizio a imprese o faccende magari lunghe e noiose ma necessarie: se non le si avvia non si potrà mai liberarsene.

Chi non ha buona testa ha buone gambe. Se si è sbadati, smemorati, disattenti ecc., si è costretti a muoversi per rimediare.

Chi non mangia ha già mangiato. Interpreta il rifiuto del cibo come sazietà. In forma più completa si dice anche *Chi non mangia a desco ha mangiato di fresco*, e in modo più immaginoso *Gallina che non razzola ha già razzolato*.

Chi non risica non rosica. Chi non osa esporsi a qualche rischio non ottiene nulla; solo rischiando si può riuscire; è giusto che chi non rischia non ottenga. v. per analogia *Chi cerca* ecc., *Con niente* ecc. e per contrasto *Chi lascia* ecc., *Chi si contenta* ecc., *Chi troppo vuole* ecc.

Chi non semina non raccoglie (oppure **miete**). Chi non si è adoperato al momento giusto non può attendersi frutti.

Chiodo scaccia chiodo. Come un secondo chiodo rimuove il primo, se confitto nello stesso foro, così una preoccupazione, un dolore ecc. scaccia l'altro, o lo fa passare in seconda linea.

Chi pecora si fa, il lupo se la mangia. Se ci si pone da soli in posizione di debolezza se ne subiscono le conseguenze dannose. Ha qualche analogia con *Chi è causa* ecc.

Chi perde ha sempre torto. v. *Chi vince* ecc.

Chi più ha più vuole. v. *L'appetito* ecc.

Chi più ne ha più ne metta. Dovrebbe valere soprattutto per il senno o la roba (deve impiegarne di più chi ne è più fornito), ma si usa spesso al posto di 'e così via', 'e via dicendo', per abbreviare una enumerazione di cose o oggetti e per suggerire insieme l'idea del loro grande numero e della loro varietà.

Chi più sa meno crede. v. *Chi scopre il segreto* ecc.

Chi più spende meno spende. Spendendo di più, per avere cose di qualità migliore, si spende di meno perché durata ed efficienza sono maggiori. Mette in guardia contro false economie in cose essenziali: v. *Chi serba* ecc.

Chi prima arriva macina. Dice i vantaggi del giungere presto o prima degli altri. Stesso senso hanno *Chi prima nasce prima pasce* e il più brutale e aggressivo *Chi mena per primo mena due volte*. Chi muove per primo all'attacco resta in

vantaggio. Sui ritardi v. *Chi tardi* ecc. Si dice anche *La miglior difesa è l'attacco*.

Chi prima nasce prima pasce. v. *Chi prima arriva* ecc.

Chi ride il venerdì piange la domenica. v. *Il riso* ecc.

Chi ride senza perché ecc. v. *Il riso fa buon sangue*.

Chi rompe paga. Se rompi un oggetto devi pagarlo. Avverte che se si arreca un danno si deve risponderne e non si può non risarcirlo. Talora si aggiunge: ... *e i cocci sono suoi*, che può significare soltanto che si ha diritto a tenersi ciò che resta dell'oggetto rotto e pagato, o può sottolineare scherzosamente che, dopo aver rotto e pagato, quel che al massimo ti resta sono i cocci.

Chi ruba poco ecc. v. *A rubar poco* ecc.

Chi sa fa e chi non sa insegna. Chi veramente conosce un mestiere, un'arte, una scienza ecc., opera e produce; chi invece non li conosce è prodigo di consigli, ammaestramenti e in sostanza di chiacchiere.

Chi sa il gioco (oppure **il trucco**) **non l'insegna** (oppure **insegni**). Chi conosce il meccanismo o l'espediente che porta a vincere, nel gioco o in cose più serie, ben si guarda (o si guardi) dal rivelarlo.

Chi s'aiuta Iddio l'aiuta. v. *Aiutati* ecc.

Chi s'assomiglia si piglia. v. *Dio li fa* ecc.

Chi scopre il segreto perde la fede. Quando si viene a sapere come stanno realmente le cose, si guarisce dalla credulità, ci si comporta più razionalmente ecc. Si dice anche *Chi più sa meno crede*.

Chi semina vento raccoglie tempesta. Chi crea situazioni o eventi negativi se ne trova poi addosso le conseguenze moltiplicate. Si dice anche, in forma meno forte, *Chi mal semina mal raccoglie*.

Chi serba serba al gatto. Chi vuol troppo conservare le cose invece di consumarle le vedrà andare in malora. Anche l'eccesso di parsimonia può risolversi in uno spreco: v. *Chi più spende* ecc.

Chi si contenta gode. Si usa per esortare alla moderazione nei desideri, con concezione analoga a *Chi lascia* ecc. e contrastante con *Chi non risica* ecc.: ma serve anche per commentare ironicamente la troppo facile contentatura di qualcuno, come se si dicesse: 'contento lui, contenti tutti!'.

Chi si scusa si accusa. Quando ci si scusa senza esserne richiesti vuol dire che si è (o si sente) in colpa. Equivale al latino *Excusatio non petita, accusatio manifesta*: scusa non richiesta, accusa manifesta.

Chi tace acconsente. Chi non si pronuncia contro è come se fosse a favore; se non manifesti il dissenso vuol dire che sei d'accordo. Si usa per spingere qualcuno a pronunciarsi o per considerare sbrigativamente chiusa una questione quando si sa che i dissenzienti non vogliono o non possono pronunciarsi.

Chi tanto (oppure **troppo**) **e chi niente.** Commenta con amarezza la ingiusta disuguaglianza delle sorti, delle condizioni sociali ecc.

Chi tardi arriva male alloggia. Chi giunge quando l'ora giusta è passata trova posto scomodo o non lo trova affatto. Nata in riferimento a locande o alberghi, l'espressione si usa per tutti i ritardi e tutti i ritardatari. Per i vantaggi del giungere presto v. *Chi prima arriva* ecc.

Chi troppo e chi niente. v. *Chi tanto* ecc.

Chi troppo vuole nulla stringe. Se vuoi troppo non otterrai nulla. Esorta a non eccedere nelle pretese, nelle ambizioni ecc. Ma vedi *Chi non risica* ecc.

Chi trova un amico trova un tesoro. Si riferisce naturalmente alle amicizie vere (v. *Al bisogno* ecc.) e non a quelle fittizie e insidiose (v. *Dagli amici* ecc.).

Chi va al mulino s'infarina. Come è impossibile andare al mulino senza che ci si depositi addosso il pulviscolo sollevato dalla mola, così è impossibile affrontare certe imprese, certi lavori ecc. senza che ce ne resti addosso il segno, per lo morale. Ha qualche analogia con *Chi va con lo zoppo* ecc.

Chi va con lo zoppo impara a zoppicare.

Si prendono le abitudini, specie se negative, di quelli che si frequentano. Analogo, ma con sfumatura diversa, a *Chi va al mulino* ecc.

Chi va piano va sano e va lontano. Non riguarda solo il muoversi o viaggiare, ma esorta alla ponderazione e alla calma anche nel lavoro manuale o intellettuale.

Chi vince ha sempre ragione. Con amarezza o realismo dichiara che se si ha ragione non sempre si vince, ma se si vince si ha sempre ragione. Si dice anche *Chi perde ha sempre torto*.

Chi vuole i santi se li preghi. v. *Non si entra* ecc.

Chi vuole vada e chi non vuole mandi. Se veramente vuoi ottenere un risultato devi muoverti di persona; se invece ne incarichi altri sicuramente non lo otterrai. v. per analogia *Chi fa da sé* ecc., e per contrasto *Una mano* ecc.

Cielo a pecorelle acqua a catinelle. Nuvole bianche e a fiocchi indicano pioggia abbondante. v. *Anno nevoso* ecc.

Col fuoco non si scherza. Invita alla prudenza in tutte le faccende pericolose.

Col nulla non si fa nulla. v. *Con niente* ecc.

Col pane tutti i guai sono dolci. v. *Tutti i guai* ecc.

Col tempo e con la paglia ecc. v. *Roma non fu* ecc.

Come mi suoni, commare, ti ballo (oppure **ti canto**). Mi comporterò con te a seconda di come tu ti comporterai con me. v. *Chi dice quel che vuole* ecc., *Quel ch'è fatto* ecc.

Con niente non si fa niente. Ogni impresa richiede impegno e spese (e comporta rischi: v. *Chi non risica* ecc.). Alle persone si riferisce invece *Non si fa niente per niente*; nessuno si impegna senza averne o sperarne ricambi, vantaggi ecc. Senso analogo ai precedenti può assumere anche *Il mulino non macina senz'acqua* (e *Senza denari non canta un cieco*, opp. *non si canta messa*, che però dice anche l'importanza del denaro e gli svantaggi del non averne).

Contadini, scarpe grosse e cervelli fini. Anche in questo caso *L'apparenza inganna*.

Contro la forza la ragion non vale. Non serve avere ragione quando gli altri impiegano contro di noi la prepotenza. Commenta con amara rassegnazione molte ingiustizie personali o sociali, cui si riferiscono anche *Il cane morde* ecc., *Il pesce grosso* ecc., *L'acqua corre* ecc.

Corpo satollo anima consolata. v. *La contentezza* ecc.

Corpo sazio non crede a digiuno. v. *Pancia piena* ecc.

Cosa fatta capo ha. Quando una cosa è fatta non può più essere disfatta. Frase attestata già nel sec. XIII e ancora in uso per esortare a liberarsi da esitazioni nell'azione.

Cuor contento gran talento. v. *Gente allegra* ecc.

Cuor contento il ciel l'aiuta. v. *Gente allegra* ecc.

Cuor contento non sente stento. v. *Gente allegra* ecc.

Da cosa nasce cosa. v. *Una ciliegia* ecc.

Dagli amici (oppure **Dall'acqua cheta**) **mi guardi Dio, dai nemici** (oppure **dalla corrente**) **mi guardo io.** Meglio un nemico dichiarato o un pericolo scoperto che un falso amico o un'insidia nascosta. v. *Acqua cheta* ecc., *Al bisogno* ecc.

Dài tempo al tempo. Invita a non voler 'forzare i tempi', così nelle scelte quanto nell'azione, e cioè ad attendere che gli eventi si sviluppino secondo il tempo che è loro necessario. Per analoghi inviti v. *Roma non fu* ecc., *La gatta frettolosa* ecc., e *Il tempo è galantuomo*.

Dal capo (oppure **Dalla testa**) **vien la tigna.** Dichiara che certi mali (o anche tutti) hanno origine in chi sta in alto, comanda ecc. Nello stesso senso si dice che *Il pesce puzza dalla testa* (il marcio comincia dall'alto) e, in forma meno forte, che *Il difetto sta nel manico* (e cioè in chi guida l'operazione e nel suo modo di condurla).

Dal frutto si conosce l'albero. v. *Se son rose* ecc.

Dall'acqua cheta mi guardi Dio ecc. v. *Da-*

Proverbi

Proverbi

gli amici ecc.

Da una rapa non si cava sangue. Inutile pretendere da cose o persone ciò che per natura esse non possono dare.

De gustibus non est disputandum. v. *Tutti i gusti* ecc.

Del senno di poi (ne) son piene le fosse. L'assennatezza che sopravviene a cose fatte è facile e non serve.

Di carnevale ogni scherzo vale. Divengono lecite cose che altrimenti non lo sarebbero. Ma si dice anche *Di carnevale il povero a zappare*: non c'è festa per lui (v. *Il ricco* ecc.). Per detti su altre feste v. *L'Epifania* ecc., *Natale* ecc. e v. *Anno nevoso* ecc.

Dicembre ecc., v. *Gennaio* ecc.

Di giorno si vedono le macchie. Che la notte si sperava di tener nascoste. v. *Quando la neve* ecc.

Di notte (oppure **Al buio**) **tutti i gatti sono neri** (oppure **bigi**). Ci sono momenti o situazioni in cui non è possibile scorgere le differenze che pure esistono tra oggetti, persone, qualità ecc. Bisogna dunque evitar di scegliere o decidere in tali momenti: *Né donna né tela a lume di candela*.

Dio li fa e poi li accoppia (oppure **appaia**). Si dice per persone che agiscono o vivono insieme e hanno gli stessi difetti. Riferendosi anche a qualità positive si dice pure *Chi s'assomiglia si piglia*, o *Ogni simile ama il suo simile*.

Dio manda il freddo secondo i panni. Commenta il fatto che in certi casi le pene o i dolori sono proporzionali alle capacità di sopportazione di chi ne è colpito.

Donna danno, sposa spesa, moglie maglio. Con una serie di giochi di parole o 'bisticci', esprime sfiducia verso il sesso femminile e la condizione coniugale. Si usa anche dire *Chi dice donna dice danno* ecc. Per altri 'bisticci' v. *Fratelli flagelli*.

Due torti non fanno una ragione. v. *A brigante* ecc.

Dura più l'incudine che il martello. Chi percuote, magari con violenza furiosa, resiste meno di chi si limita a incassare i colpi con fermezza.

È meglio... v. *Meglio...*

È più la spesa che l'impresa. Ciò che si deve spendere (in denaro o fatiche) è più di quanto si potrà ricavare dall'impresa, e perciò non mette conto di impegnarvisi. v. *Il gioco non vale* ecc.

Errando discitur. v. *Sbagliando s'impara*.

Errare humanum est, perseverare diabolicum. Sbagliare è umano, ma perseverare (nell'errore) è diabolico.

Excusatio non petita accusatio manifesta. v. *Chi si scusa* ecc.

Fa il bene e scordati, fa il male e pensaci. Il bene va fatto per sola generosità, e comunque non bisogna attendersene riconoscenza; per il male invece si deve aver rimorso, o comunque temerne le conseguenze.

Fa quel che il prete dice, non quel che il prete fa. Dice che i precetti valgono anche se chi li proclama non li rispetta (e cioè 'predica bene e razzola male').

Fatta la legge trovato l'inganno. Emanata una legge c'è sempre chi trova l'espediente per eluderla. Si dice in genere con rassegnata sfiducia nella forza delle norme giudicate buone, e con riprovazione per i furbi; ma talora assume il valore di una sollecitazione all'astuta mancanza di scrupoli.

Febbraio ecc. v. *Gennaio* ecc.

Fidarsi è bene, non fidarsi è meglio. Non serve solo a esprimere sfiducia verso gli altri, ma anche ad avvertire che in certi casi è bene non fidarci troppo neppure di noi stessi (della nostra memoria, della nostra abilità ecc.).

Finché c'è vita (oppure **fiato**) **c'è speranza.** Esortazione a non disperare, anche in condizioni difficili, o anche commento più o meno ironico su chi continua a sperare anche quando ormai è inutile.

Fortunato in amor non giochi a carte. Si usa spesso come scherzosa consolazione (o insinuazione) per quelli che perdono (o vincono) al gioco.

Fratelli flagelli (oppure **coltelli**). Sfruttando la somiglianza dei suoni e il contrasto dei significati, e cioè facendo un 'bisticcio' o 'gioco di parole', afferma che i fratelli sono fonte di guai, contrasti ecc., e che le peggiori inimicizie sono quelle tra congiunti (*Parenti serpenti*). Altrettanto vale per gli amici: *Dagli amici* ecc. Per altri bisticci v. *Donna danno*, e anche *Chi non risica* ecc., *Chi di spada* ecc.

Gallina che canta ha fatto l'uovo. Insinua più o meno maliziosamente che qualcosa si cela sotto certe allegrie apparentemente senza motivo.

Gallina che non razzola ha già razzolato. v. *Chi non mangia* ecc.

Gallina vecchia fa buon brodo. Come la gallina che fornisce buon cibo quando (o proprio perché) è vecchia, così molte cose o persone producono risultati positivi o agiscono efficacemente quando (o proprio perché) sono vecchie. Più in generale: non tutte le cose vecchie sono inutili o spregevoli, e anzi molte possono essere buone solo se tali. Può avere però anche senso ironico o scherzoso. v. la versione in linguaggio militaresco *Bandiera vecchia* ecc.

Gennaio secco, massaio ricco. Se è asciutto il raccolto sarà buono. Tra i detti sugli altri mesi indichiamo: *Febbraietto, corto e maledetto* (per il cattivo tempo); *Marzo è pazzo* (per i continui cambiamenti atmosferici) e *Marzo molle, gran per le zolle* (se umido nuoce al grano); *Aprile dolce dormire*; *Maggio ortolano, molta paglia e poco grano* (se acquoso è dannoso); *Giugno, la falce in pugno*; *Luglio dal gran caldo, bevi bene e batti saldo* (il vino aiuta a lavorare sodo nei campi); *Agosto, moglie mia non ti conosco* (è caldo) e *Agosto ci matura il grano e il mosto*; *Settembre, l'uva è fatta e il fico pende*; *Ottobre mostaio* (si fa il mosto); *Novembre vinaio* (infatti *A San Martino ogni mosto è vino*); infine *Dicembre favaio* (per la produzione e il consumo delle fave). Per altri detti sul tempo ecc. v. *Anno nevoso* ecc.

Gente allegra (oppure **Cuor contento**) **il ciel l'aiuta.** La letizia e la serenità di spirito attirano simpatia e appoggio; inoltre accrescono la capacità di realizzazione e la resistenza alle avversità: *Cuor contento gran talento*, e *Cuor contento non sente stento*. v. *Il riso* ecc.

Gioco di mano gioco di villano. v. *Scherzo di mano* ecc.

Giovane ozioso vecchio bisognoso. Una gioventù di ozio ci porterà a una vecchiaia di stenti.

Giugno ecc. v. *Gennaio* ecc.

Gli estremi si toccano. Ogni cosa, spinta all'estremo, viene a coincidere con il suo contrario; e perciò si usa ancora il detto latino *Summum ius, summa iniuria* (il sommo diritto è somma ingiustizia): l'applicazione troppo rigorosa della giustizia si converte in una grave ingiustizia.

Gli stracci vanno sempre all'aria. v. *Sono sempre gli stracci* ecc.

Gobba a ponente luna crescente, gobba a levante luna calante. Sfrutta le rime per identificare agevolmente le fasi della luna. v. *Anno nevoso* ecc.

Gutta cavat lapidem. v. *A goccia a goccia* ecc.

I cenci e gli stracci vanno sempre all'aria. v. *Sono sempre gli stracci* ecc.

I guai della pentola li sa il mestolo. v. *A ognuno* ecc.

Il buon giorno si conosce dal mattino. Come una giornata buona si annuncia tale fin dal mattino, così il modo con cui un'impresa è avviata già ci dice quale ne sarà il risultato: non per nulla *Chi ben comincia è alla metà dell'opra* (v.).

Il buon vino si vende senza frasca. I buoni prodotti si smerciano senza bisogno di pubblicità o di insegne (la 'frasca').

Il cane morde lo straccione. Come il cane si avventa con particolare violenza contro i poveracci malvestiti (perché a ciò addestrato), così guai, danni, dolori si accaniscono contro chi ne ha già molti. L'opposto capita a chi sta già bene: v. *L'acqua corre* ecc. e v. anche *Contro la forza* ecc., *A muro basso* ecc.

Il diavolo fa le pentole ma non i coperchi. Segnala che l'astuzia o la malvagità possono fornire il recipiente per contenere le azioni giudicate riprovevoli, ma non il coperchio per tenerle nascoste.

Il diavolo non è così brutto come si dipinge. Vuol dire che spesso le cose che temiamo non sono nella realtà così brutte come le nostre paure ce le fanno apparire.

Il difetto sta nel manico. v. *Dal capo* ecc.

Il gioco non vale la candela. La posta è così piccola che non ripaga neppure il costo della candela consumata durante il suo svolgimento: dice, in modo più figurato, la stessa cosa di *È più la spesa* ecc.

Il lupo perde il pelo ma non il vizio. Si dice a proposito di chi ostinatamente persevera in errori o in azioni considerate riprovevoli anche se ha 'perduto il pelo' per punizioni o vecchiaia.

Il medico pietoso fa la piaga verminosa. Il male si aggrava irrimediabilmente quando non si ha il coraggio di adottare i rimedi adeguati, anche se dolorosi.

Il meglio è nemico del bene. Esorta a non voler fare meglio di quanto basta: si rischia infatti di guastare il tutto. v. *L'assai* ecc., *Il troppo* ecc.

Il mondo è bello perché è vario. Esorta a più o meno ironicamente ad apprezzare le diversità di idee, di costumi, di abitudini, di gusti ecc. v. *Tutti i gusti* ecc., *Vivi* ecc.

Il mondo è fatto a scale, chi le scende e chi le sale. In origine forse riferito soprattutto al salire della nascita alla maturità e al declinare nella vecchiaia verso la morte, vale anche come commento rassegnato o pungente per le vicende che portano in alto chi era in basso e viceversa.

Il mondo non fu fatto in un giorno. v. *Roma non fu* ecc.

Il mulino non macina senz'acqua. v. *Con niente* ecc.

Il pesce grosso mangia il piccolo. I più potenti sconfiggono, distruggono, divorano i più deboli. Serve come constatazione di fatto o come riflessione amara su certe situazioni personali o sociali. v. *Contro la forza* ecc.

Il pesce puzza dalla testa. v. *Dal capo* ecc.

Il più conosce il meno. Si usa spesso come risposta a chi ci qualifica dispregiativamente (e per es. ci chiama 'sciocchi'). Ma ha anche impieghi e valori più generici.

Il più tira il meno. v. *I più tirano i meno*.

Il ricco quando vuole, il povero quando può. Mentre il ricco può liberamente operare secondo le sue scelte o voglie, il povero è schiavo delle sue limitate possibilità. Alla diversità dei mezzi si fa spesso riferimento, ora con rammarico ora con consenso che giunge all'esortazione (oppure **spari**) o **Salta** (oppure **Salti**) chi può. v. *Di carnevale* ecc.

Il riso abbonda. v. *Il riso fa buon sangue*.

Il riso fa buon sangue. Una sana allegria giova anche alla salute (e porta pure altre conseguenze benefiche: v. *Gente allegra* ecc.). Il riso eccessivo è però considerato indice di stoltezza: *Risus abundat in ore stultorum* (ossia *Il riso abbonda sulla bocca degli sciocchi*); in modo più vivace si dice anche *Chi ride senza perché è pazzo o ce l'ha con me*. Altre volte poi la spensieratezza fuori luogo è giudicata dannosa: *Chi ride il venerdì piange la domenica*.

Il sangue non è acqua. Si usa per dire che i legami di consanguineità o di parentela sono forti.

Il silenzio è d'oro e la parola è d'argento. Come l'oro è più prezioso dell'argento, così il tacere è spesso più vantaggioso (o più serio) del parlare.

Il tempo è galantuomo. Ristabilisce la verità, ripara i torti ecc. Bisogna dunque saper attendere: *Il tempo viene per chi sa aspettare* e *Dai tempo al tempo* (v.). Inoltre lenisce i dolori o li fa dimenticare, ridimensiona i problemi ecc., e in questo senso si dice *Il tempo guarisce tutti i mali* (dal latino *Tempus omnia medetur*: il tempo medica ogni cosa).

Il tempo guarisce tutti i mali. v. *Il tempo è* ecc.

Il tempo viene per chi sa aspettare. v. *Il tempo è* ecc.

Il troppo stroppia. Ogni eccesso è dannoso, anche in cose giuste e serie. v. *Il meglio* ecc., *L'as-*

sai ecc., *Meglio un asino* ecc.

Impara l'arte e mettila da parte. Impara a fare quante più cose è possibile, e conserva le capacità che avrai così acquisite: un giorno potranno esserti utili.

In cauda venenum. v. *La coda* ecc.

In chiesa coi santi e in taverna coi ghiottoni (oppure **bricconi**). La compagnia che si trova dipende dai luoghi che si frequentano, ed è saggio sapersi adattare a ciascuna.

In compagnia prese moglie un frate. Dice che talvolta siamo trascinati, anche al di là delle nostre intenzioni, da quel legame di 'compagnia' che obbliga a un comportamento solidale: *Chi non beve in compagnia o è un ladro o è una spia.*

In dubio abstine. v. *Nel dubbio astieniti.*

Intelligenti pauca. v. *A buon intenditor* ecc.

In tempo di carestia pane di veccia. v. *In tempo di tempesta* ecc.

In tempo di guerra ogni spiedo è spada. v. *In tempo di tempesta* ecc.

In tempo di tempesta ogni buco è porto. Nei casi di emergenza e di necessità ci si attacca a tutto. Si dice anche *In tempo di guerra ogni spiedo è spada*; un significato analogo può avere pure *In tempo di carestia pane di veccia.*

In vino veritas. Quando si è bevuto si dicono cose che altrimenti si tacerebbero.

I panni sporchi si lavano in famiglia. Le faccende delicate vanno risolte senza divulgarle fuori del giro di chi vi è direttamente interessato. Può essere un richiamo alla disciplina di gruppo o un invito all'omertà.

I più tirano i meno. I molti trascinano o attraggono i pochi. Si dice per gli uomini e le loro opinioni ma anche e soprattutto per i denari o i beni, specialmente quando suona *Il più tira il meno.* v. *L'acqua corre al mare.*

I poveri s'ammazzano e i signori s'abbracciano. Le tensioni del bisogno portano i poveri a contrastare tra loro, mentre la ricchezza fa fronte comune. v. *Tra cani* ecc.

L'abito non fa il monaco. Non basta indossarne le vesti per essere davvero monaci: i segni esteriori non bastano a garantire la sostanza interiore. v. *L'apparenza* ecc., *Non è tutto oro* ecc., *Una rondine* ecc.

La coda è la più lunga da scorticare. La parte finale dei lavori (o affari ecc.) è o sembra la più lunga, ardua, faticosa. Si riferisce invece alle frecciate o agli attacchi contenuti spesso nella parte finale di discorsi polemici il latino *In cauda venenum* (nella coda il veleno).

La contentezza viene dalle budella. Dice, in forma più diretta, lo stesso che *Corpo satollo, anima consolata:* non c'è letizia o serenità quando si soffre la fame.

La corda troppo tesa si spezza. Come per la corda, così per tutte le cose c'è un limite di resistenza che non bisogna superare, 'tirando troppo la corda' come appunto si dice, e cioè pretendendo troppo dalle forze proprie o di altri, dalla altrui sopportazione ecc.

L'acqua corre al mare. Come l'acqua affluisce dove ce n'è già molta, così di solito le cose vantaggiose toccano a chi ne ha già in abbondanza. Diverso da *Tutti i fiumi* ecc., è il necessario complemento di *Il cane morde* ecc. v. anche *Contro la forza* ecc., *I più* ecc.

Ladro piccolo non rubare ecc. v. *A rubar poco* ecc.

La fame caccia il lupo dal bosco. v. *Pancia vuota* ecc.

La fame è cattiva consigliera. v. *Pancia vuota* ecc.

La farina del diavolo va tutta in crusca. Dichiara che beni, ricchezze, vantaggi ecc. ottenuti con mezzi illeciti sono illusori e si dissolvono.

La gallina... v. *Gallina...*

La gatta frettolosa fece i gattini ciechi. Per voler troppo accelerare le cose la gatta mise al mondo gattini ciechi; così le persone che agiscono in modo troppo frettoloso e sbrigativo ottengono cattivi risultati. v. *Dai tempo al tempo.*

La lingua batte dove il dente duole. Co-me la lingua involontariamente torna a toccare il dente dolorante, così pensieri o discorsi sono portati a tornare di continuo sugli argomenti che più ci scottano. Si dice per segnalare che l'insistenza su certi temi rivela, anche se non lo vogliamo, che essi ci stanno troppo a cuore.

La mala erba non muore mai. Come nei campi così nella vita.

La mala nuova la porta il vento. v. *Nessuna nuova* ecc.

La miglior difesa è l'attacco. v. *Chi prima arriva* ecc.

La notte porta consiglio. Si suggerisce di prendere tempo per riflettere sulle decisioni da adottare.

La pianta si conosce dal frutto. v. *Se son rose* ecc.

L'apparenza inganna. Ciò che appare al di fuori è spesso (o magari sempre) ingannevole, illusorio ecc. Invita a diffidare della veste o presentazione esteriore e dell'aspetto superficiale delle cose, come fanno anche *Contadini* ecc., *L'abito* ecc., *Non è tutto oro* ecc.

L'appetito vien mangiando. Si usa in genere per dire che più si ha e più si vuole avere (e dunque equivale a *Chi più ha più vuole*); ma talvolta si impiega per sottolineare che una attività può cominciare a piacerci dopo averla iniziata.

La prima acqua è quella che bagna. Dichiara che il momento che più ci ferisce, in caso di eventi spiacevoli, è quello del primo contatto; poi ci si abitua.

L'arcobaleno la mattina ecc. v. *Rosso di sera* ecc.

L'assai basta e il troppo guasta. Dice lo stesso che *Il troppo stroppia* (v.). v. *Il meglio* ecc.

La superbia è figlia dell'ignoranza. Solo chi poco sa presume molto di sé.

La superbia va a cavallo e torna a piedi. È, cioè, sconfitta e umiliata.

La verità vien sempre a galla. v. *Le bugie* ecc.

La via dell'inferno è lastricata di buone intenzioni. Ripromettersi di fare cose buone non serve, se i propositi e le intenzioni non si traducono in fatti.

Le bugie hanno le gambe corte. Ossia non vanno molto lontano: presto o tardi vengono scoperte perché *La verità vien sempre a galla.*

Le cattive nuove volano. v. *Nessuna nuova* ecc.

L'eccezione conferma la regola. v. *Non c'è regola* ecc.

Le chiacchiere non fanno farina. Ossia non producono nulla di consistente. Usando la vecchia e discutibile contrapposizione tra vacuità femminile e concretezza maschile, si usa anche dire che *Le parole sono femmine e i fatti sono maschi.*

Le cose lunghe diventano serpi (oppure **prendono vizio**). Discussioni, affari, trattative ecc. che vanno troppo per le lunghe si aggrovigliano, imbrogliano, confondono. v. anche *Ogni bel gioco* ecc.

Le disgrazie non vengono mai sole. Commenta le situazioni in cui a un guaio se ne aggiunge un altro.

Le ore del mattino hanno l'oro in bocca. E cioè sono le più preziose della giornata.

Le parole sono femmine e i fatti sono maschi. v. *Le chiacchiere* ecc.

L'Epifania (oppure **Pasqua Befania**) **tutte le feste porta via.** Chiude il ciclo festivo di fine e inizio d'anno. Per detti su altre feste v. *Di carnevale* ecc., *Natale* ecc.

Le vie della provvidenza sono infinite. Si usa anche per commentare scherzosamente o ironicamente aspirazioni o speranze che appaiono spropositate.

L'occasione fa l'uomo ladro. Sottolineando con realistico pessimismo che spesso non si contravviene alle norme solo perché n'è mancata l'occasione propizia e sicura, serve anche come condiscendente giustificazione per certi falli 'occasionali'.

L'occhio del padrone ingrassa il cavallo. v. *Chi fa da sé* ecc.

Lontano dagli occhi lontano dal cuore. Le persone che non ci sono più vicine fisicamente non richiamano più i nostri affetti. Si duole più o meno scherzosamente della troppo facile dimenticanza per chi è ora lontano o assente. Simile, ma con più accentuato valore di semplice constatazione di fatto, è l'espressione *Occhio non vede cuore non sente* (oppure *non duole*), le cose che accadono senza che noi ne veniamo a conoscenza non feriscono i nostri sentimenti.

L'ospite e il pesce dopo tre dì rincresce. v. *Ospite raro* ecc.

L'ozio è il padre di tutti i vizi. I vizi nascono dalla inattività oziosa.

Luglio ecc. v. *Gennaio* ecc.

L'unione fa la forza. In molti, e concordi, si può quel che non si potrebbe da soli e divisi.

L'uomo ordisce e la fortuna tesse. v. *L'uomo propone* ecc.

L'uomo per la parola e il bue per le corna. Come il bue per le corna, così l'uomo si lega con la parola data.

L'uomo propone e Dio (oppure **la sorte**) **dispone.** Oppure *L'uomo ordisce e la fortuna tesse.* Ricorda che ci sono fattori imponderabili e imprevedibili (la volontà divina, il caso ecc.) che modificano anche radicalmente lo svolgimento e i risultati dei nostri progetti.

Lupo non mangia lupo. v. *Tra cani non si mordono.*

Maggio ecc. v. *Gennaio* ecc.

Mal comune mezzo gaudio. Quando tocca a molti, e non a noi soltanto, il danno, il disagio ecc. sembrano o divengono più sopportabili. Si dice o a modo di consolazione seria, o come constatazione un po' cinica.

Male non fare paura non avere. Quando non si opera scorrettamente si può essere sicuri di sé, senza timori.

Marzo ecc. v. *Gennaio* ecc.

Meglio essere invidiati che compatiti. Si dice in genere per confortare o commentare qualche nostra scelta egoistica.

Meglio l'uovo oggi che la gallina domani. È preferibile avere con certezza una cosa piccola oggi che aspettarne una più grande domani. Invita a 'non lasciare il certo per l'incerto', anche se questo ultimo appare più desiderabile. v. per analogia *Chi lascia* ecc., e per contrasto *Chi non risica* ecc.

Meglio poco che niente. v. *Meglio tardi* ecc.

Meglio soli che male accompagnati. Anche se non è piacevole, giovevole ecc., la solitudine è sempre preferibile a una compagnia non buona, sgradevole, noiosa ecc.

Meglio tardi che mai. Si dice come commento rassegnato o ironico per il ritardo con cui finalmente accade qualcosa che aspettavamo e desideravamo da tempo. Un analogo commento sulla quantità, inferiore alle aspettative, è espresso da *Meglio poco che niente.*

Meglio una festa che cento festicciole. Meglio una sola cosa, ben fatta, che cento coserelle. Nello stesso senso si usa l'espressione *Una e* (oppure **ma**) **buona.**

Meglio un asino vivo che un dottore morto. Esorta a non eccedere neppure nelle cose serie come lo studio: anche in questo campo *Il troppo stroppia.*

Moglie e buoi dei paesi tuoi. Mettendo sullo stesso piano bestie e persone sollecita ad valersi di cose che ci sono meglio note nelle loro qualità positive o negative.

Moglie maglio. v. *Donna danno* ecc.

Molto fumo e poco arrosto (oppure **poca brace**). Molta apparenza e poca sostanza.

Morto un papa se ne fa un altro. Le istituzioni continuano anche se scompare più l'impersona temporaneamente. Si usa anche per vicende più modeste (amore ecc.).

Natale coi tuoi, Pasqua con chi vuoi. Le feste natalizie sono familiari e intime. Serve anche a distinguere tra obblighi e libertà. Per altre feste v. *Di carnevale* ecc.

Ne ammazza più la gola che la spada. Ottimisticamente ritiene che la gola porti più danni che le armi.

Necessità fa legge. Quando si è costretti da

Proverbi

gravi circostanze, è lo stato di necessità che detta legge.

Né donna né tela a lume di candela. v. *Di notte* ecc.

Nel dubbio astieniti. Traduce il latino *In dubio abstine* e invita a non prendere decisioni quando non ci sono elementi sufficienti.

Nelle sventure si conosce l'amico. v. *Al bisogno* ecc.

Nel regno dei ciechi anche un guercio è re. Non è difficile emergere in confronto a persone totalmente sprovvedute. Deriva dal latino *Beati monoculi in regno caecorum* (beati quelli che hanno un occhio nel regno dei ciechi).

Nessuna nuova buona nuova. Invita a interpretare ottimisticamente l'assenza di notizie su persone o fatti che ci stanno a cuore: si dice infatti che *Le cattive nuove volano* e *La mala nuova la porta il vento*.

Non cade (oppure **si muove**) **foglia che Dio non voglia.** Non c'è evento, sia pur minimo, che esca dal regolato ordine dell'universo.

Non c'è due senza tre. Se qualcosa, buona o cattiva, è accaduta già due volte, accadrà anche una terza. Si rifà, alla lontana, all'antica idea del numero tre come numero perfetto: *Omne trinum est perfectum*.

Non c'è fumo senza arrosto. Sospettosamente o realisticamente e comunque in modo sbrigativo, afferma che in certi casi dove c'è un semplice indizio c'è anche il fatto.

Non c'è pane senza pena. Il pane si ha solo se lo si guadagna con fatica e pena. È meno generico e più direttamente legato alle reali condizioni di vita di persone e ceti sociali di quanto non lo sia *Non c'è rosa senza spine*.

Non c'è peggior sordo di chi non vuol sentire. Mentre la sordità reale può in qualche modo essere vinta, quella volontaria di chi si rifiuta di ascoltare è insormontabile.

Non c'è regola senza eccezioni. Anche quando è dato riconoscere una generale uniformità di comportamenti, di eventi ecc. (e cioè una regola), esistono però sempre casi anomali ossia non corrispondenti alla regola. Ma si ritiene che, ciononostante, la regola resti valida e perciò si dice che *L'eccezione conferma la regola*.

Non c'è rosa senza spine. Serve a sottolineare che ogni cosa bella e desiderabile ha necessariamente i suoi lati meno belli o non desiderabili. Può considerarsi come la versione pessimistica di *Ogni medaglia* ecc., e come il contrario di *Non tutto il male* ecc. v. anche il meno generico *Non c'è pane* ecc.

Non destare il can che dorme. Potrebbe morderti. Esorta a non agitare situazioni che sono per il momento tranquille, e, in qualche modo ricorda il latino *Quieta non movere* (non smuovere le cose che stanno quiete). Si usa anche nella forma *Non toccare il can che giace.*

Non dir quattro se non l'hai nel sacco. Invita a non considerare come certi e come già realizzati gli eventi favorevoli che non si sono ancora verificati. Analogamente si dice: *Non vendere la pelle dell'orso prima d'averlo ucciso.* v. *Ride ben* ecc.

Non è tutto oro quel che luce. Non tutto ciò che splende esteriormente è in realtà prezioso. È un modo più immaginoso per dichiarare che *L'apparenza inganna* (v.).

Non fare il male ch'è peccato, non fare il bene ch'è sprecato. Si dice con rammarico o con malizia, ma comunque con evidente sfiducia verso le cose del mondo.

Non nominar la corda (oppure **la fune**) **in casa dell'impiccato.** v. *Non si parla di corda* ecc.

Non rimandare a domani quello che puoi fare oggi. v. *Chi ha tempo non aspetti tempo.*

Non si entra in Paradiso a dispetto dei Santi. Non si entra in un gruppo ambito senza il consenso dei suoi componenti: c'è dunque da pagare lo scotto di un comportamento che sia loro gradito. Se poi il prezzo è alto, lo paghi chi se la sente: *Chi vuole i santi se li preghi.*

Non si fa niente per niente. v. *Con niente* ecc.

Non si muove foglia ecc. v. *Non cade foglia* ecc.

Non si parla di corda in casa dell'impiccato. Invita a evitare ogni accenno, anche indiretto, ad argomenti scottanti o dolorosi per chi ci ascolta. Si usa anche nella forma *Non nominar la corda* (oppure *la fune*) ecc.

Non si può avere la botte piena e la moglie ubriaca. O non si beve vino o si mette mano alla botte. Vale per chi vorrebbe cose tra loro contrastanti, e soprattutto certi vantaggi senza le necessarie spese.

Non toccare il can che giace. v. *Non destare* ecc.

Non tutte le ciambelle riescono col buco. Come accade che, dopo la cottura, non tutte le ciambelle conservino la tipica forma che si era data loro nel prepararle, così accade che non sempre ciò che abbiamo predisposto, e magari tramato, riesca secondo i progetti.

Non tutto il male vien per nuocere. Talvolta certi eventi che sono (o appaiono) dannosi, sono viceversa anche giovevoli. Invita a considerare gli aspetti positivi che possono esserci anche nei fatti negativi, oppure a riflettere se certe cose spiacevoli (delusioni, insuccessi ecc.) non siano in realtà da apprezzare come stimoli e avvertimenti vantaggiosi. Nel primo senso può considerarsi come la versione ottimistica di *Ogni medaglia* ecc., e come il contrario di *Non c'è rosa* ecc.

Non vendere la pelle dell'orso prima di averlo ucciso. v. *Non dir quattro* ecc.

Novembre ecc. v. *Gennaio* ecc.

Occhio che piange cuore che sente. Si usa quando si crede alla sincerità delle lacrime o della commozione di qualcuno. Altrimenti si parla di 'pianto del coccodrillo'.

Occhio non vede cuore non duole. v. *Lontano dagli occhi lontano dal cuore.*

Oggi a me domani a te. Quel che oggi tocca a me, domani toccherà a te; le sorti buone e cattive giustamente si alternano. In senso analogo si dice: *Una volta per uno non fa male a nessuno.*

Ogni bel gioco dura poco. Per essere piacevoli, anche gli scherzi, i giochi ecc. non debbono prolungarsi troppo. v. *Le cose lunghe* ecc.

Ogni lasciata è persa. Ogni occasione di cui non abbiamo saputo o voluto approfittare è definitivamente perduta. Si riferisce soprattutto alle piccole cose, e incita maliziosamente a prendersi quel che si può, soprattutto quando gli anni cominciano a passare.

Ogni legno ha il suo tarlo. v. *Ad ognuno la sua croce.*

Ogni medaglia ha il suo rovescio. Come le medaglie, le monete e simili, tutte le situazioni o tutti gli eventi hanno due facce: se l'una è buona, l'altra non lo è o può non esserlo. Per una versione 'pessimistica' di questo concetto v. *Non c'è rosa* ecc., e per una 'ottimistica' *Non tutto il male* ecc.

Ogni promessa è debito. Ciò che prometti diventa per te un obbligo. Sottolinea che mentre il promettere è un atto che dipende da noi, il mantenere diventa un dovere verso gli altri.

Ogni simile ama il suo simile. v. *Dio li fa* ecc.

Ognuno ha la sua croce. v. *Ad ognuno la sua croce.*

Ognuno tira l'acqua al suo mulino. Commenta più specialmente certe contese in cui le contrapposte argomentazioni sembrano disinteressate e non lo sono.

Ognun per sé e Dio per tutti. Si dice in generale quando si vogliono separare le proprie azioni o i propri interessi da quelli altrui.

O mangi questa minestra o salti questa finestra. Si usa a significare chi si è di fronte ad una alternativa non modificabile e che non c'è una terza via d'uscita.

Omne trinum est perfectum. v. *Non c'è due* ecc.

Ospite raro ospite caro. Gli ospiti sono più graditi se le loro visite non sono troppo frequenti. Inoltre anche le permanenze debbono essere brevi: si dice infatti che *L'ospite e il pesce dopo tre dì rincresce*, o, in forma più brutale, che *L'ospite dopo tre giorni puzza*.

Ottobre ecc. v. *Gennaio* ecc.

Paese che vai usanza che trovi. Se vai altrove, troverai altre usanze, perché ogni luogo ha le sue. Avverte che i propri modi di vivere non sono gli unici al mondo, e che bisogna capire e rispettare quelli degli altri, anche adattandovisi, se necessario. v. *Il mondo è bello* ecc.

Paga il giusto per il peccatore. Spesso sono gli innocenti che moralmente, materialmente, giudiziariamente ecc. scontano le colpe dei veri responsabili.

Pancia piena (oppure **Ventre pieno**) **non crede a digiuno.** Constata e condanna l'indifferenza e l'incomprensione di chi ha verso chi non ha. Si dice anche *Corpo sazio non crede a digiuno.*

Pancia vuota (oppure **Ventre vuoto**) **non sente ragioni.** A chi è mosso dalla fame e protesta non serve opporre parole, ragionamenti, richiami alle leggi ecc. A sottolineare la forza coercitiva del bisogno del cibo si dice anche *La fame caccia il lupo dal bosco* (o *dalla tana*), e per spiegare e giustificare le azioni anche violente cui esso può indurre si dichiara che *La fame è cattiva consigliera*.

Parenti serpenti. v. *Fratelli flagelli.*

Pasqua Befania ecc. v. *L'Epifania* ecc.

Passata la festa gabbato lo santo. Quando la festa di celebrazione del santo è finita, del santo ci si dimentica, o anche si fa come se lo si fosse preso in giro. Vuol sottolineare che certe manifestazioni solenni per eventi o persone sono superficiali e insincere, come anche che gli impegni assunti in certe circostanze gravi o solenni vengono spesso dimenticate appena la situazione è tornata normale.

Patti chiari amici cari (oppure **amicizia lunga**). Se gli accordi sono precisi non sorgeranno contrasti. Si usa spesso come avvertimento di una delle due parti all'altra, al momento di fissare i reciproci impegni in affari o anche in faccende di minor conto.

Peccato confessato è mezzo perdonato. Il riconoscere i propri errori ne scema la gravità e ne attenua le conseguenze.

Poca brigata vita beata. Quando non si è in molti, si vive e ci si diverte meglio.

Qua fugiunt hostes, via munienda est. v. *A nemico che fugge ponti d'oro.*

Qual proposta tal risposta. v. *Chi dice quel che vuole* ecc.

Quando ci sono molti galli a cantare non si fa mai giorno. v. *Tanti galli* ecc.

Quando il gatto non c'è i topi ballano. Se non c'è l'animale che li terrorizza, i topi fanno festa o comunque fanno il comodo proprio. Si dice per constatare, in modo sorridente o anche amaro, che quando manca temporaneamente chi a ragione o a torto ha una sua autorità, ed è perciò temuto, ci si comporta in modi di cui in altri momenti non si avrebbe il coraggio.

Quando la neve si scioglie si scopre la mondezza. Allude alle magagne coperte che vengono alla luce quando si verifichino certi eventi. v. *Di giorno* ecc.

Quando la pera è matura casca da sé (oppure **bisogna che caschi**). Non c'è dunque bisogno di sforzarsi per coglierla. Esorta ad attendere con pazienza il naturale evolversi (e maturare) degli eventi.

Quando piove col sole le vecchie fanno (oppure **il diavolo fa**) **l'amore.** Commenta immaginosamente la rarità del fenomeno atmosferico. v. *Anno nevoso* ecc.

Quando si è in ballo bisogna ballare. Quando ci si trova impegnati o si è coinvolti in una impresa non ci si può tirare indietro.

Quel ch'è fatto è reso. Quel che si fa ad altri ci verrà ripagato con eguale moneta; i conti vengono sempre pareggiati. Riguarda soprattutto i danni o le offese che arrechiamo. v. *Chi la fa* ecc., *Chi dice quel che vuole* ecc., *Come mi suoni* ecc.

Quieta non movere. v. *Non destare* ecc.

Qui gladio ferit gladio perit. v. *Chi la fa* ecc.

Ride ben chi ride l'ultimo. Ammonisce chi si rallegra contro l'avversario prima della conclusione del gioco o della contesa. Ed è solo la conclusione che conta: solo *All'ultimo si contano le pecore.* v. *Non dir quattro* ecc.

Risus abundat in ore stultorum. v. *Il riso* ecc.

Roma non fu fatta in un giorno (oppure **Il mondo non fu** ecc.). Le imprese importanti richiedono tempo e costanza. In tono molto meno solenne e con più familiare esortazione alla pazienza si dice pure *Col tempo e con la paglia si maturano le nespole.* v. *Dai tempo al tempo.*

Rosso di sera, buon tempo si spera; rosso di mattina mal tempo s'avvicina. Uno stesso colore del cielo in momenti diversi della giornata è segno di diverso andamento del tempo. Si dice anche *L'arcobaleno la mattina bagna il becco alla gallina; l'arcobaleno la sera buon tempo mena.* v. *Anno nevoso* ecc.

Salta chi può. v. *Il ricco quando vuole* ecc.

Sbagliando s'impara. Si usa come commento benevolo per errori propri o altrui, e come esortazione a non perdersi d'animo sulla via dell'apprendimento. Già in latino: *Errando discitur.*

Scherza coi fanti e lascia stare i santi. Non si debbono prendere alla leggera o derisoriamente le cose serie.

Scherzo (oppure **Gioco**) **di mano, scherzo** (oppure **gioco**) **di villano.** È grossolano e ineducato il 'mettere le mani addosso' ad altri, pesantemente, anche se per gioco.

Scripta manent, verba volant. v. *Carta canta* ecc.

Se non è zuppa è pan bagnato. Segnala che due cose sono identiche, anche se le si chiama con nomi diversi.

Senza denari non canta un cieco (oppure **non si canta messa**). v. *Con niente* ecc.

Se son rose fioriranno, se son spine pungeranno. Poiché *La pianta si conosce dal frutto* (e *Dal frutto si conosce l'albero*), dal suo prodotto di rose o di spine sapremo di che natura è un qualsiasi cespuglio non ancora sviluppato abbastanza. Esprime una dubbiosa sospensione di giudizio di fronte a situazioni ancora incerte; se ne giudicherà dagli sviluppi e dagli effetti.

Settembre ecc. v. *Gennaio* ecc.

Sono sempre gli stracci che vanno all'aria. Sono sempre i meno potenti o meno ricchi ecc. che pagano e scontano per chi sta in alto. In forma più concisa: *Gli stracci* (oppure *I cenci e gli stracci*) *vanno sempre all'aria.* v. *A rubar poco* ecc.

Sotto la neve pane, sotto l'acqua fame. v. *Anno nevoso* ecc.

Sposa spesa. v. *Donna danno* ecc.

Summum ius, summa iniuria. v. *Gli estremi si toccano.*

Tale il padre tale il figlio. Sostiene che i figli hanno le stesse caratteristiche (soprattutto morali) dei padri, e in genere serve come commento non favorevole. Ma si dice anche *A padre avaro figliuol prodigo*: il figlio ha il vizio opposto a quello del padre.

Tanti (oppure **Troppi**) **galli a cantar non fa mai giorno.** Se molti (o troppi) pretendono di comandare o impartiscono ordini, le imprese non si realizzano. Inoltre, dare ordini senza applicarli di persona non serve: *Vale più uno a fare che cento a comandare.* Si dice anche *Troppi cuochi guastano la cucina.*

Tanto va la gatta al lardo che ci lascia lo zampino. Se la gatta torna troppe volte a rubare il lardo, verrà il momento che la zampa le resterà presa nella trappola. Si dice per avvertire del rischio crescente che si corre nel ripetere troppe volte imprese azzardate, pericolose ecc., e soprattutto se condannabili.

Tempus omnia medetur. v. *Il tempo è galantuomo.*

Tentar non nuoce. Dichiara che fare un tentativo, anche se di esito incerto, non può recar danno e forse porterà vantaggio.

Tra cani non si mordono. Commenta in tono sfiduciato il fatto che le persone della stessa risma, specie se potenti, non si danneggiano tra loro, e anzi spesso si spalleggiano contro gli altri. Nello stesso senso si dice anche *Lupo non mangia lupo.* v. *I poveri s'ammazzano* ecc.

Tra i due litiganti il terzo gode. Quando due sono in lite, di solito c'è un terzo che ne profitta o almeno se ne rallegra. Si dice per invitare certi litiganti a riflettere se i loro contrasti non siano solo dannosi per loro e utili invece ad altri.

Tra il dire e il fare c'è di mezzo il mare. Tra le cose che si dicono e quelle che si fanno c'è una distanza grande come il mare. Insomma, altro è parlare e altro è agire. Un po' diverso, anche se in parte simile, il concetto di *Can che abbaia* ecc.

Tra moglie e marito non mettere il dito. Non intrometterti nelle liti (e più in genere nei rapporti) tra persone che sono molto legate fra loro.

Troppi cuochi guastano la cucina. v. *Tanti galli* ecc.

Troppi galli a cantar ecc. v. *Tanti galli* ecc.

Tutte le strade portano a Roma. C'è sempre un qualche percorso, anche se lungo e magari tortuoso, che può portarci a raggiungere ciò che ci proponiamo.

Tutti i fiumi vanno al mare. Come i fiumi, per loro natura, scendono necessariamente verso il mare, così per molte altre cose ci sono percorsi e conclusioni naturali e inevitabili. Si dice per lo più come accettazione della realtà, e quindi senza l'ironia di *Tutti i salmi* ecc. o l'amarezza di *L'acqua corre* ecc.

Tutti i guai son guai, ma il guaio senza pane è il più grosso. Nella miseria ogni guaio o dolore diviene più grave, e s'alleggerisce invece quando si è ricchi: *Col pane tutti i guai sono dolci.*

Tutti i gusti son gusti. Dichiara che in fatto di gusti ognuno ha i suoi, e ha diritto di averli, come noi i nostri. Già in latino: *De gustibus non est disputandum*, e cioè sui gusti non si può discutere. v. *Il mondo è bello* ecc.

Tutti i nodi vengono al pettine. Nella tessitura presto o tardi al pettine del telaio incontrerà tutti i nodi che in precedenza sono stati fatti nei fili, rivelandone l'esistenza e costringendo a sbrogliarli. In altre parole non c'è speranza di nascondere gli errori commessi, né c'è vantaggio a non risolvere tempestivamente e bene i problemi perché giungerà il momento in cui ce li ritroveremo addosso.

Tutti i salmi finiscono in gloria. Poiché al loro termine si recita o canta sempre il Gloria, la conclusione dei Salmi è sempre la stessa. Si usa per rilevare più o meno ironicamente che si sa bene dove andranno a parare certi discorsi o certe argomentazioni che pure si danno l'aria di mirare ad altro, e dunque ha senso diverso da *Tutti i fiumi* ecc.

Tutto è bene quel che finisce bene. Esorta a dimenticare le passate traversie quando non hanno portato danni irreparabili.

Tutto il mondo è paese. Segnala che certi difetti che sembrano tipici delle piccole comunità paesane (maldicenze, malignità, meschinità ecc.) si ritrovano viceversa ovunque.

Una ciliegia tira l'altra. Come accade che si continui a mangiar ciliegie quasi involontariamente o per una specie di automatismo dei gesti, o perché l'intrico dei piccioli fa sì che ciascuna ne trascini con sé altre, così accade anche che *Una parola tira l'altra*, o, più in generale, che *Una cosa tira l'altra.* Analogamente si constata di solito in senso ottimistico, che *Da cosa nasce cosa.*

Una cosa tira l'altra. v. *Una ciliegia* ecc.

Una e (oppure **ma**) **buona.** v. *Meglio una festa* ecc.

Una mano lava l'altra e tutte e due lavano il viso. Si dice per sottolineare l'importanza e, più ancora, la necessità della cooperazione e del reciproco aiuto, e quindi in qualche modo contrasta con la sfiducia espressa da *Chi fa da sé* ecc., *Chi vuole vada* ecc.

Una ne paga cento (oppure **Una le paga tutte**). Quando un solo evento ci risarcisce di molti torti o ci punisce di molte malefatte. In questo secondo senso si dice anche: *Chi cento ne fa una ne aspetta.* v. *Chi la fa l'aspetti.*

Una parola tira l'altra. v. *Una ciliegia* ecc.

Una rondine non fa primavera. Non basta l'arrivo di una sola rondine per garantirci che la primavera sia davvero arrivata. Dice che un solo segno lieto non deve farci credere che una situazione volga veramente al meglio. Ha qualche analogia con *L'abito* ecc. e simili.

Una volta corre il cane e una volta la lepre. Da inseguitori si può diventare inseguiti.

Una volta per uno non fa male a nessuno. v. *Oggi a me* ecc.

Un padre campa cento figli e cento figli non campano un padre. Dichiara in forma iperbolica che i genitori si sacrificano per i figli assai più di quanto i figli facciano per i genitori.

Uomo avvisato mezzo salvato. Chi è preavvertito di un pericolo può prevenirlo e perciò è già in parte salvo. Si usa come esortazione a prestare ascolto a chi ci informa su rischi di qualche nostra azione, ma vale anche come allusione minacciosa.

Vale più la pratica che la grammatica. L'esercizio effettivo di un'arte, mestiere, disciplina ecc. conta più dell'apprendimento meccanico delle regole astratte.

Vale più un gusto che un casale. Talvolta conta di più togliersi una soddisfazione che ricavare un guadagno, fosse pure un possedimento in campagna: perciò si è disposti a 'rimetterci' pur di 'levarsi un gusto' (o uno 'sfizio') come anche si dice.

Vale più uno a fare ecc. v. *Tanti galli* ecc.

Vedere e non toccare è una cosa da crepare. Vale anche a scusare chi 'tocca' ciò che non si dovrebbe.

Vento fresco mare crespo. Dal tipo di vento si prevede lo stato del mare. v. *Anno nevoso* ecc.

Ventre pieno non crede a digiuno. v. *Pancia piena* ecc.

Ventre vuoto non sente ragioni. v. *Pancia vuota* ecc.

Vivi e lascia vivere. Esorta alla tolleranza o anche all'indifferenza verso le azioni o i modi di vita altrui. v. *Il mondo è bello* ecc.

LOCUZIONI LATINE

Absit iniuria verbis [rielaborazione di un passo di Tito Livio, *Storie*, IX, 19, 15 ... *absit invidia verbo*: '... l'ostilità stia lontana dalle mie parole'] ***Non vi sia offesa nelle parole***: si usa quando si teme che le proprie parole possano essere fraintese e offendere l'interlocutore.

ab uno disce omnis [Virgilio, *Eneide*, II, 65-66 (*omnis* è un accusativo arcaico per *omnes*); Virgilio si riferisce al greco Sinone e all'inganno del cavallo di Troia] ***da uno solo impara a giudicare tutti gli altri***: nella lingua comune e nella logica formale significa che da un solo individuo o da un solo esempio s'impara a riconoscere la totalità.

Ab urbe condita [Tito Livio, *Ab urbe condita libri*; è il titolo dell'opera di Tito Livio, che narra la storia di Roma dalla sua fondazione] ***Dalla fondazione della città***: l'espressione è usata come *ab ovo* per indicare un racconto che parte dalle origini più remote e si dilunga eccessivamente.

Abusus non tollit usum [massima giuridica di origine ignota] ***L'abuso non toglie l'uso***: l'abuso di una cosa non implica la negazione del suo uso, qualora avvenga in modo equilibrato. In ambito giuridico presenta un significato specifico: l'abuso di una legge non deve comportare la sua abolizione.

Acta est fabula [frase con cui nel teatro antico si annunciava la fine della rappresentazione; secondo la tradizione, derivata da un passo di Svetonio (*Vita di Augusto*, 99, 1), fu pronunciata da Augusto sul letto di morte] ***Lo spettacolo è finito.***

Age quod agis [proverbio antico, rielaborazione di *age si quid agis*, espressione che compare in varie commedie di Plauto (*Epidicus*, 196; *Miles gloriosus*, 215; *Persa*, 659; *Stichus*, 717; *Trinummus*, 981)] ***Fa (bene) ciò che fai***: si usa come esortazione a concentrare l'attenzione su ciò che si sta facendo, in modo da farlo bene e senza perder tempo.

alea iacta est vedi **iacta alea est.**

Alma mater [espressione molto usata dai poeti latini per indicare la dea madre Cerere o Cibele e in senso traslato la terra feconda portatrice di vita e nutrimento] ***Madre feconda***: si usa oggi riferita alle università e in particolare all'università di Bologna, la più antica del mondo.

Amicus Plato, sed magis amica veritas [l'origine del detto è controversa; la forma originaria e diffusa fino al rinascimento *Amicus Socrates, sed magis amica veritas*, cara ai neoplatonici, sarebbe derivata da un dialogo platonico (*Fedone*, 91c). Il nome di Platone venne sostituito a quello di Socrate dall'umanista Nicolò Leoniceno e, vista la somiglianza della frase con un passo dell'*Etica Nicomachea* di Aristotele (1096a, 16-17), venne a lui attribuita] ***Platone è mio amico, ma mi è più amica la verità***: significa che la verità deve essere posta al di sopra di ogni cosa, anche dell'amicizia.

animus meminisse horret [Virgilio, *Eneide*, II, 12, parole pronunciate da Enea all'inizio del suo racconto della distruzione di Troia] ***l'animo inorridisce al ricordo***: si usa quando si rievoca un'esperienza dolorosa.

Ars longa, vita brevis [traduzione latina di un aforisma di Ippocrate *o bíos brachýs ē dè téchnē machré*, citato da Seneca in *De brevitate vitae*, X, 1 ... *inde illa maxima medicorum exclamatio est vita brevem esse longam artem*] ***Lunga l'arte, breve la vita***: nel linguaggio comune presenta due significati. Il valore e le finalità di un'arte o di una scienza vanno considerati in una prospettiva temporale più ampia di quella della vita del singolo individuo; il raggiungimento della perfetta conoscenza di un'arte o di una scienza è un processo troppo lungo e difficile perché l'uomo, nella sua breve vita, possa conseguirlo.

Asinus asinum fricat [proverbio antico di origine ignota] ***Un asino gratta l'altro***: ha lo stesso significato di *Una mano lava l'altra*, ma presenta una sfumatura scherzosa.

audaces fortuna iuvat vedi **audentis fortuna iuvat**

audentis fortuna iuvat [Virgilio, *Eneide* X, 284; nelle citazioni spesso *audentis* (accusativo arcaico al posto di *audentes*) è sostituito da *audaces*] ***la fortuna aiuta coloro che osano.***

Audiatur et altera pars [formula giuridica medievale che però si rifà a un principio espresso già nel *Digesto*, 48, 17, 1] ***Si ascolti anche l'altra parte***: in una controversia, prima di emettere un giudizio, devono essere ascoltate entrambe le parti in causa. Nel linguaggio comune si applica a ogni discussione che veda contrapposte due parti.

Aurea mediocritas [espressione derivata da un verso di Orazio, *Odi*, II, 10, 5 *Auream quisquis mediocritatem / diligit* ... 'Chiunque ami un'aurea via di mezzo ...'] ***Un'aurea via di mezzo***: l'espressione è usata per indicare una condizione di sereno equilibrio e appagamento, una vita tranquilla lontana da grandi ambizioni e grandi turbamenti.

Ave imperator (Caesar), morituri te salutant [Svetonio, *Vita di Claudio*, 21: è il saluto dei gladiatori all'imperatore prima di avviarsi al combattimento] ***Salve, Cesare, coloro che stanno per morire ti salutano***: si usa oggi in modo scherzoso quando si sta per affrontare una prova difficile.

Beati monoculi in terra caecorum [proverbio di origine medievale] ***Beati i guerci nel paese dei ciechi***: anche il mediocre sembra un genio se posto a confronto con chi è peggio di lui.

Bellum omnium contra omnes [Thomas Hobbes, *Sul cittadino*, 1, 12; 5, 2; l'espressione è usata dal filosofo inglese per descrivere la situazione di disordine e violenza precedente all'organizzazione dell'uomo in una società civile] ***La guerra di tutti contro tutti***: si usa oggi per descrivere un contesto in cui regna il caos e infuria la violenza.

Carmina non dant panem [proverbio medievale di origine ignota; nelle citazioni a volte si trova anche la variante *Litterae non dant panem*] ***Le poesie non procurano il pane.***

carpe diem, quam minimum credula postero [Orazio, *Odi*, I, 11, 8] ***cogli il giorno che passa, confidando il meno possibile nel domani***: esortazione a vivere giorno per giorno, nel presente, non nell'attesa di un futuro lontano e incerto.

Castigat ridendo mores [espressione coniata nel Seicento dal letterato francese Jean de Santeuil a proposito del famoso Arlecchino interpretato da Domenico Biancolelli, in riferimento alla funzione di critica della commedia e della satira] ***Corregge i costumi scherzando***: si usa riferita a chi, nel fare una critica seria, si serve dello scherzo e dell'ironia.

Cave canem [l'espressione, molto usata nell'antichità, è citata da Varrone, *Satire Menippee*, XV] ***Attenti al cane***: è tuttora molto diffusa riferita a pericoli che sembrano più grandi di quanto non siano o a persone dal carattere irascibile.

Cedant arma togae, concedat laurea laudi [esametro del III libro del perduto *De consulatu meo* di Cicerone; nella forma abbreviata *cedant arma togae* l'espressione è usata dallo stesso Cicerone nel *De officiis*, I, 22, 77 e in varie orazioni; con una leggera mutazione ritorna in Quintiliano, *Institutio oratoria*, XI, 1 *cedant arma togae, concedat laurea linguae*, forma con cui spesso si trova citato il passo] ***Le armi si ritirino davanti alla toga e il trionfo militare davanti alla lode oratoria***: si usa per esprimere il desiderio che il governo militare ceda il posto a quello civile, la forza delle armi a quella delle leggi e la guerra alla pace.

Ceterum censeo vedi **Ceterum censeo Carthaginem esse delendam.**

Ceterum censeo Carthaginem esse delendam [con questa frase, secondo gli storici antichi (Plutarco, *Vita di Catone*, 27, 2; Valerio Massimo, 8, 15, 2 et alii) Catone chiudeva ogni sua orazione in Senato a prescindere dall'argomento dibattuto. La frase viene spesso citata nella forma abbreviata *Delenda Carthago* e *Ceterum censeo*] ***Inoltre ritengo che Cartagine debba essere distrutta***: si usa per indicare chi ritorna insistentemente su un'idea fissa e non perde occasione per ribadirla.

Cicero pro domo sua [Cicerone, *Pro domo sua*, titolo di un'orazione pronunciata da Cicerone in Senato per ottenere l'area e i fondi per ricostruire la sua casa distrutta durante l'esilio] ***Cicerone per la sua casa***: oggi si usa per indicare una persona che si batte egoisticamente solo per difendere il proprio interesse.

Cogito ergo sum [Cartesio, *Principi della filosofia*, I, 7, massima cartesiana che enuncia uno dei fondamenti del suo sistema filosofico. L'attività intellettiva costituisce la prima prova dell'esistenza dell'uomo; attraverso il pensiero infatti l'uomo ha la prima consapevolezza di sé stesso] ***Penso, dunque sono.***

Contraria contrariis curentur [massima della medicina antica detta allopatica contrapposta a quella della medicina omeopatica *similia similibus curentur*] ***I contrari si curino con i contrari***: al di fuori dell'ambito medico si usa per indicare la necessità di adottare rimedi opposti rispetto ai mali da curare.

Credo quia absurdum [espressione di origine incerta; si fa derivare da un passo di Tertulliano, *De carne Christi*, 5 ... *credibile quia ineptum est* ed è stata in seguito attribuita a Sant'Agostino] ***Credo proprio perché è assurdo***: la frase è usata dai credenti come argomentazione per spiegare i motivi della fede che spesso esulano dalle spiegazioni razionali, e dagli atei per sottolineare l'irrazionalità della fede.

Cui bono? [formula giuridica citata in varie orazioni di Cicerone (*Pro Roscio*, 30, 84; *Pro Milone*, 12, 32)] ***A chi giova?***: la domanda è usata da chi indaga su un caso per scoprire chi tragga vantaggio dal crimine compiuto. Ha lo stesso valore di *cui prodest?*

cui prodest scelus, is fecit [Seneca, *Medea*, 500; l'espressione ricorre anche nelle forme *Is fecit cui prodest* o *Is fecit cui prodest?*] ***ha commesso il delitto colui al quale esso arreca vantaggio.***

De gustibus non est dispuntandum [proverbio medievale di origine ignota] ***Dei gusti non si discute.***

Delenda Carthago vedi **Ceterum censeo Carthaginem esse delendam.**

De minimis non curat praetor [formula giuridica medievale di origine ignota] ***Il pretore non si occupa di cose di scarsa rilevanza***: in ambito giuridico si usa per dire che un magistrato è costretto a volte a trascurare le piccolezze per occuparsi delle cose più importanti. In senso lato significa che i problemi di scarsa rilevanza non devono prevalere su quelli importanti.

Divide et impera [massima di origine ignota che descrive la strategia di dominio applicata dall'impero romano, basata sulla divisione dei sudditi per dominarli meglio. Fu ripetuta in epoche successive in riferimento a diverse forme di imperialismo] ***Dividi e comanda.***

do ut des [sintesi di un passo di Paolo, *Digesto*, 19, 5, 5: *Aut enim do tibi ut des* ...] ***Do perché tu mi dia***: formula giuridica che indica la permuta di un bene. Nella lingua comune si usa per indicare qualcosa fatta per avere qualcos'altro in cambio.

Dura lex, sed lex [massima del latino volgare derivata da un passo di Ulpiano, *Digesto*, 40, 9, 12, 1] ***Le legge è dura, ma è la legge.***

Errare humanum est, perseverare autem diabolicum [proverbio derivato da un passo di Sant'Agostino, *Sermones*, 164, 14: *Humanum fuit errare, diabolicum est autem per animositatem in errore manere*, 'Errare fu umano, ma rimanere nell'errore per animosità è diabolico'] ***Errare è umano, ma perseverare nell'errore è diabolico.***

est modus in rebus, sunt certi denique fines, / quos ultra citraque nequit consistere rectum [Orazio, *Satire*, I, 1, 106] ***c'è una misura nelle cose, vi sono determinati confini e porsi al di qua o al di là di essi non può essere giusto***: in ogni cosa bisogna seguire un principio di moderazione ed equilibrio o le buone maniere.

Excusatio non petita, accusatio manifesta [proverbio medievale che si ispira ad un principio già classico *Dum excusare credis, accusas* (San Girolamo, *Epistole*, 4) 'Mentre credi di scusarti ti accusi'] ***Scusa non richiesta, accusa manifesta.***

Faber est suae quisque fortunae [la frase è attribuita ad Appio Claudio Cieco dallo Pseudo-Sallustio, *Epistula ad Caesarem senem de re publica*, I, 1, 2] ***Ciascuno è l'artefice del proprio destino.***

Faciamus experimentum in corpore vili [l'espressione, di origine incerta e comunque in genere attribuita ai medici, viene spesso citata nella forma abbreviata *in corpore vili*] ***Facciamo un esperimento in un corpo senza valore***: si usa per dire che un'operazione viene compiuta senza la dovuta cautela, perché tanto i rischi riguardano qualcun altro, e comunque qualcuno privo del potere di difendersi.

Fama volat [Virgilio, *Eneide*, III, 121] ***La fama vola.***

Felix qui potuit rerum cognoscere causas [Virgilio, *Georgiche*, II, 489; il poeta si riferisce al filosofo epicureo e forse in modo specifico a Lucrezio, che, avendo conosciuto la vera causa delle cose, non è più afflitto dalla superstizione e dalla paura dell'ignoto] ***Fortunato chi ha potuto comprendere le cause delle cose***: oggi si usa per indicare l'ammirazione per chi ha raggiunto la conoscenza o in modo scherzoso per sottolineare che è impossibile conoscere la vera causa delle cose.

Festina lente [traduzione latina del detto greco *speŷde bradéos* citato da Svetonio, *Vita di Augusto*, 25, 4] ***Affrettati lentamente***: chi agisce con troppa precipitazione spesso o non raggiunge la meta o perde tempo inutilmente. La massima esorta dunque ad agire prontamente, ma senza precipitazione.

fiat lux [*Genesi*, 1, 3 forma abbreviata di *... dixitque deus: fiat lux et facta est lux*] ***sia fatta la luce!***: oggi si usa in modo scherzoso quando si accendono le luci.

fiat voluntas tua [*Vangelo di Matteo*, 6, 10 e 26, 42 frase del *Pater noster* ed esclamazione di Gesù nell'Orto degli Ulivi] ***sia fatta la tua volontà.***

Fortuna caeca est [Cicerone, *Laelius* o *De amicitia*, 15, 54] ***la Fortuna è cieca.***

Frangar non flectar [proverbio antico forse derivato da un passo di Seneca, *Tieste*, 200 *... flecti non potest, frangi potest*, 'non può essere piegato, ma può essere spezzato'] ***Mi spezzerò, ma non mi piegherò.***

fugit irreparabile tempus [Virgilio, *Georgiche*, III, 284] ***fugge il tempo irreparabilmente.***

gnôthi seautón [iscrizione posta sul tempio di Delfi e attribuita ora all'uno ora all'altro dei Sette Saggi] ***Conosci te stesso.***

Graecum est: non legitur o **Graeca: non leguntur** [l'espressione veniva usata dai glossatori medievali per indicare le parti del *Corpus iuris* prive di traduzione latina. La conoscenza del greco nel Medioevo era infatti limitata a poche parole, spesso appartenenti al lessico liturgico o ecclesiastico] ***È greco: non si legge*** o ***Parole greche: non si leggono***: oggi si usa per dire di qualcosa che risulta incomprensibile.

Gratis et amore Dei [locuzione di origine ignota] ***In cambio di un semplice ringraziamento e per amore di Dio***: si usa quando si riceve o si offre qualcosa in modo disinteressato.

Gutta cavat lapidem [Ovidio, *Epistulae ex Ponto*, 4, 10, 5] ***La goccia scava la pietra***: con la tenacia a lungo andare si ottiene tutto. L'espressione si riferisce a cose all'apparenza insignificanti, ma il cui effetto si misura nel tempo.

Habemus papam o **Habemus pontificem** [formula con cui si annuncia alla folla dalla Loggia del Vaticano l'elezione di un nuovo papa] ***Abbiamo un papa***: si usa scherzosamente per annunciare il verificarsi di un lieto evento.

hic manebimus optime [Livio, *Storie*, 5, 55, 1; secondo Livio la frase fu pronunciata da un centurione romano, che ordinava ai suoi soldati di accamparsi presso le rovine della Curia dopo la distruzione subita da Roma da parte dei Galli nel 390 a.C. I senatori presenti la interpretarono come un monito a non trasferire la capitale nella vicina Veio e a restare per ricostruire la città. Fu usata da Quintino Sella quando Roma fu nominata capitale d'Italia e da Gabriele D'Annunzio a Fiume] ***qui resteremo ottimamente***: si usa per indicare il fermo proposito di non spostarsi.

Hic Rhodus, hic salta [proverbio medievale che riprende un racconto di Esopo, in cui uno sciocco vanaglorioso si vanta delle imprese compiute durante un viaggio e in particolare di un salto straordinario fatto a Rodi. Uno dei presenti gli chiede allora di dimostrare davanti a tutti la sua abilità] ***Qui è Rodi, qui salta***: si usa per mettere alla prova chi si abbandona a inverosimili vanterie, esortandolo a dimostrare seduta stante ciò di cui si vanta. A volte è usato col significato di 'Qui sta la prova, fa' vedere quello che vali'.

Hic sunt leones [l'espressione si legge sulle antiche carte geografiche dell'Africa per indicare le terre ancora sconosciute e inesplorate] ***Qui ci sono i leoni***: si usa, spesso in modo scherzoso, per indicare qualcosa di sconosciuto, ma potenzialmente minaccioso e pericoloso o per indicare una lacuna nella cultura di una persona.

Historia magistra vitae [l'espressione deriva da un passo di Cicerone, *De oratore*, II, 9, 36, *... historia vero testis temporum, lux veritas, vita memoriae, magistra vitae, nuncia vetustatis* '... la storia è testimone dei tempi, luce di verità, vita della memoria, maestra di vita, messaggera dell'antichità'] ***La storia è maestra di vita.***

Hoc erat in votis [Orazio, *Satire*, II, 6, 1, il poeta si riferisce ad una piccola villa in Sabina da lui a lungo desiderata e donatagli infine da Mecenate, suo amico e protettore] ***Questo era nei miei desideri***: si usa per indicare la realizzazione di un desiderio a lungo meditato.

Hodie mihi, cras tibi [proverbio antico di origine ignota, simile a un versetto del *Siracide*, 38, 23 *... mihi heri, et tibi hodie* '... ieri a me e oggi a te', in cui l'accenno all'inesorabile sopraggiungere della morte è usato per esortare a non abbandonarsi al dolore per la perdita di qualcuno] ***Oggi a te, domani a me***: l'alterno mutare della sorte non risparmia nessuno, è quindi stolto gioire delle disgrazie altrui.

Homo homini lupus vedi **Lupus est homo homini, non homo.**

Homo sum: humani nil a me alienum puto [Terenzio, *Il punitore di sé stesso*, 77] ***Sono un uomo: nulla di ciò che è umano ritengo a me estraneo***: nel passo di Terenzio si sottolinea come la nostra stessa umanità ci renda partecipi delle sofferenze e delle vicissitudini degli altri uomini. Si tratta dunque di un'esortazione alla solidarietà e alla comprensione. Nell'uso comune invece spesso l'espressione è usata quale giustificazione delle nostre debolezze in quanto connaturate alla nostra umanità.

Hora ruit vedi **Ruit Hora.**

iacta alea est [secondo Svetonio (*Vita di Cesare*, 32) la frase fu pronunciata da Cesare nell'oltrepassare il Rubicone con le sue milizie, violazione gravissima delle leggi del Senato. Si tratta della traduzione latina di un proverbio greco *averriphtho kýbos* riportato da Plutarco (*Vita di Cesare*, 32, 8). È solitamente citata come *alea iacta est*] ***Il dado è tratto***: si usa quando, dopo lunghe discussioni e esitazioni, si prende una decisione, da cui non si può più tornare indietro.

In cauda venenum [proverbio di origine medievale] ***Nella coda sta il veleno***: si usa a proposito di certi discorsi che cominciano con un elogio e si chiudono con una critica velenosa e pungente e che, come lo scorpione, serbano il veleno nella coda.

in corpore vili vedi **Faciamus experimentum in corpore vili.**

In dubiis abstine [formula giuridica di origine ignota] ***Nei casi dubbi astieniti.***

In dubio pro reo [formula giuridica non antica, che però si ispira a un concetto già testimoniato nel diritto romano, per cui è necessario che l'innocente venga tutelato il più possibile] ***In un caso dubbio si decida a favore dell'imputato.***

In medio stat virtus [sentenza della scolastica medievale ispirata al principio fondamentale dell'etica aristotelica: *méson te kai áriston* 'Il mezzo è la cosa migliore' (Aristotele, *Etica Nicomachea*, 2, 1106b, 23) ***La virtù sta nel mezzo.***

In vino veritas [proverbio medievale] ***Nel vino la verità***: il detto allude alla loquacità, a volte imprudente ed eccessiva, di chi eccede nel bere e al potere del vino di rompere i freni inibitori nel linguaggio.

Intelligenti pauca [proverbio di origine ignota] ***A chi sa intendere bastano poche parole***: è l'equivalente latino di *A buon intenditor poche parole.*

Is fecit cui prodest vedi **Cui prodest scelus is fecit.**

Litterae non dant panem vedi **Carmina non dant panem.**

Lupus est homo homini, non homo [Plauto, *Asinaria*, 495; l'espressione è più nota come *homo homini lupus* ed è stata ripresa dal filosofo inglese Thomas Hobbes (*Sul cittadino*, 1) per indicare la naturale tendenza dell'uomo alla violenza e alla sopraffazione dei propri simili] ***L'uomo è per l'altro uomo lupo, non uomo.***

Mala tempora currunt! [detto di origine ignota, non classico] ***Corrono brutti tempi!***

Mater semper certa est, pater numquam [massima giuridica di origine ignota] ***La madre è sempre sicura, il padre mai.***

Mea culpa, mea culpa, mea maxima culpa [la formula è stata usata nel *Confiteor* della messa cattolica fino alla sostituzione delle lingue nazionali al latino nella celebrazione liturgica sancita dal Concilio Vaticano II] ***Per mia colpa, mia colpa, mia massima colpa***: oltre che nel corso della celebrazione liturgica cattolica, si usa scherzosamente nel linguaggio quotidiano per ammettere un errore.

medice, cura te ipsum [*Vangelo di Luca*, 4, 23] ***medico, cura te stesso.***

Melius abundare quam deficere [proverbio medievale; a volte è citato nella forma abbreviata *melius abundare*] ***Meglio abbondare che scarseggiare.***

Memento audere semper [il motto fu creato da Gabriele D'Annunzio per spiegare la sigla MAS, che significava originariamente 'Motoscafi Armati Svan' (Svan era la fabbrica produttrice), che spesso veniva interpretata come 'Motoscafi Anti-Sommergibili'] ***Ricordati di osare sempre.***

Memento mori [proverbio di origine medievale; fu adottato come motto dai trappisti] ***Ricordati che devi morire.***

mens sana in corpore sano [Giovenale, *Satire*, X, 356, forma abbreviata di *... orandum est ut sit mens sana in corpore sano*, 'si deve pregare che ci sia una mente sana in un corpo sano'] ***mente sana in corpo sano***: all'educazione intellettuale deve essere unita quella fisica per una completa sanità e armonia dell'individuo.

Mors tua vita mea [proverbio di origine ignota in uso già nel Medioevo] ***Morte tua vita mia***: si usa per esprimere la ferocia spietata della lotta per l'esistenza, in cui spesso la disgrazia di uno coincide con la fortuna di un altro.

Motu proprio [formula di origine ecclesiastica, si riferisce in origine alle Bolle che il papa emana per sua esclusiva iniziativa] ***Di propria iniziativa***: si usa oggi per indicare qualsiasi atto compiuto di propria iniziativa, senza preventive consultazioni o forzature esterne.

Mutatis mutandis [espressione di origine ignota] ***Mutate le cose che vanno cambiate*** o ***Fatti i debiti cambiamenti***: la frase si usa quando si opera un confronto insolito fra cose accomunate solo parzialmente come invito a tener conto delle differenze peculiari di ognuna.

Naturalia non sunt turpia [proverbio di origine ignota, non classico] ***Le cose naturali non sono vergognose.***

Ne bis in idem [principio del diritto romano, secondo cui una stessa causa non poteva essere intentata una seconda volta (Gaio, *Istituzioni*, 4, 108)] ***Non ci si esprima due volte sulla stessa causa***: al di fuori dell'ambito giuridico, in cui conserva tuttora la sua accezione originaria, si usa per esortare a non cadere due volte nello stesso errore o a non ripetersi.

Nemo propheta acceptus est in patria sua [*Vangelo di Luca*, 4, 24, parole pronunciate da Gesù a proposito della diffidenza degli abitanti di Nazareth nei suoi confronti. La frase, leggermente diversa, si legge anche nel *Vangelo di Matteo*, 13, 57 *Non est propheta sine onore, nisi in patria sua et in domo sua*. L'espressione è spesso citata in forma abbreviata *Nemo propheta in patria*] ***Nessun profeta è accettato nella sua patria***: spesso proprio chi ci è più vicino è il più restio a riconoscere i nostri meriti.

Nemo propheta in patria vedi **Nemo propheta acceptus est in patria sua.**

Nihil sub sole novum [*Ecclesiaste*, 1, 10] ***Niente di nuovo sotto il sole.***

Nomina sunt consequentia rerum [Giustiniano, *Istituzioni*, 2, 7, 3; l'espressione fu ripresa da Dante nella *Vita Nova* (13, 4) in riferimento alla parola 'amore' alla cui dolcezza non può che corrispondere la dolcezza del sentimento che esprime] ***I nomi sono corrispondenti alle cose***: nel linguaggio giuridico si usa per sottolineare la necessità che i nomi corrispondano in modo preciso alle cose che designano.

Non cuivis homini contigit adire Corinthum [Orazio, *Epistole*, I, 17, 36, traduzione di un proverbio greco *oy pantós andrós es Kórinthon ésth'o ploûs*: Corinto aveva fama nell'antichità di città ricca e raffinata e andarvi significava poter disporre di parecchio denaro] ***Non a tutti succede di***

andare a Corinto: si usa oggi per dire che non tutti possono permettersi certi lussi o, in senso lato, che non tutti possono raggiungere certi obiettivi.

Nondum matura est [è il commento pronunciato dalla volpe nella famosa favola della volpe e l'uva di Fedro (a sua volta derivata da Esopo), quando, nonostante i ripetuti tentativi, non riesce a raccoglierla] ***Non è ancora matura***: il detto è analogo all'italiano *Chi disprezza compra*.

Non olet (**pecunia**) [il detto deriva da un aneddoto narrato da Svetonio (*Vita di Vespasiano*, 23): Vespasiano, per rispondere alle critiche del figlio Tito che gli rimproverava di aver imposto una tassa sull'urina, gli diede da annusare una moneta che proveniva dal guadagno della tassa] (***Il denaro***) ***non puzza***.

Non omnia possumus omnes [Lucilio, *Frammenti delle Satire*, 208 e Virgilio, *Bucoliche*, VIII, 64] ***Non tutti possiamo fare tutto***.

Non omnis moriar [Orazio, *Odi*, III, 30, 6: si riferisce all'immortalità donata dalla poesia] ***Non morirò del tutto***: il detto è usato oggi in contesti diversi riferito a persone che si sono distinte per il loro operato e la cui memoria permarrà dopo la loro morte o riferito alla continuità data dai figli.

Nosce te ipsum [traduzione latina dell'iscrizione posta sul tempio di Delfi *gnôthi seautón* e attribuita ora all'uno ora all'altro dei Sette Saggi] ***Conosci te stesso***.

Nunc est bibendum, / nunc pede libero pulsanda tellus [Orazio, *Odi*, I, 37, 1; Orazio esorta a festeggiare la fine della guerra civile dopo la vittoria di Pompeo ad Azio e il suicidio di Antonio e Cleopatra. Il poeta latino riprende alla lettera un verso di Alceo, fr. 332V] ***Ora è tempo di bere, ora è tempo di danzare battendo la terra con piede libero***: esortazione a brindare per celebrare un successo o una circostanza lieta.

Odi et amo. Quare id faciam, fortasse requiris. / Nescio, sed fieri sentio et excrucior [Catullo, *Canti*, LXXXV, 1-2] ***Odio e amo. Perché lo faccia, tu forse ti domandi. Non so, ma sento che accade e mi torturo.***

Omnia munda mundis [San Paolo, *Lettera a Tito*, 1, 15; il detto deve la sua fama a un famoso passo dei *Promessi Sposi* (cap. VIII) del Manzoni, in cui fra' Cristoforo lo usa per rispondere alle critiche di fra' Fazio, scandalizzato dalla presenza di donne (Lucia e Agnese) nel convento] ***tutto è puro per chi è puro***: l'espressione significa sia che chi è puro e innocente vede tutto senza malizia, sia che chi agisce rettamente non ha da temere il giudizio degli altri.

Omnia vincit Amor: et nos cedamus Amori [Virgilio, *Bucoliche*, X, 69] ***Tutto vince Amore e anche noi cediamo ad Amore.***

Ora et labora [principio della regola benedettina di origine ignota] ***Prega e lavora***: esortazione alla vita attiva come necessario complemento di quella contemplativa.

O tempora, o mores! [l'espressione è usata da Cicerone in varie orazioni (*Prima catilinaria*, 1, 2; *Pro domo sua*, 53, 137)] ***O tempi, o costumi!***: esclamazione che condanna la decadenza dei tempi.

panem et circenses [Giovenale, *Satire*, X, 81; il poeta latino si riferisce alla decadenza del popolo romano dei suoi tempi, interessato solo alle distribuzioni gratuite di pane e ai numerosi divertimenti e ormai indifferente alla partecipazione attiva alla vita politica] ***pane e giochi circensi***: si usa oggi per indicare un sistema di governo demagogico che, attraverso il soddisfacimento dei bisogni materiali e la creazione di facili divertimenti, tende ad allontanare i cittadini dalla vita politica.

Pánta reî (*gr.*) vedi **Pánta reî os potamós.**

Pánta reî os potamós (*gr.*) [Eraclito, *Frammento 40*; il fiume è il simbolo dell'eterno divenire, fondamento della filosofia eraclitea. Il passo viene citato per lo più nella forma abbreviata Pánta reî] ***Tutto scorre come un fiume***: l'espressione è usata per indicare l'inarrestabile scorrere del tempo e il continuo mutare degli eventi.

parce sepulto [Virgilio, *Eneide*, III, 41; Enea sta raccogliendo della legna per un sacrificio, quando si sente rivolgere queste parole dagli arbusti nati dai giavellotti con cui era stato ucciso a tradimento Polidoro, il giovane figlio di Priamo] ***risparmia chi è sepolto***: la frase si usa per esortare ad astenersi dal criticare chi è morto e non può più difendersi.

parcere subiectis et debellare superbos [Virgilio, *Eneide*, VI, 853, sono le parole con cui Anchise profetizza al figlio Enea la gloria futura del popolo romano, enunciando uno dei principi fondamentali della politica militare dei Romani] ***risparmiare coloro che si sottomettono e debellare i superbi.***

Pauca, sed bona e anche **Pauci, sed boni** [proverbio di origine ignota] ***Poche cose, ma buone*** e ***Pochi ma buoni.***

Per aspera ad astra [l'espressione è di origine incerta, sebbene il concetto che illustra sia presente in molti autori latini e greci. È probabile che essa contenga un riferimento all'assunzione in cielo degli eroi] ***Attraverso le asperità fino agli astri***: solo superando le difficoltà si può raggiungere il successo e la gloria.

Primum vivere, deinde philosophari [massima attribuita a Thomas Hobbes, ma di origine aristotelica (*Politica*, 1333a 35)] ***Prima vivere, poi filosofare***: l'attività speculativa deve essere posposta alle necessità pratiche della vita quotidiana.

Qualis pater talis filius [traduzione latina di un detto greco *toŷ patròs tò paidíon*, 'il figlio di suo padre' citato già da Aristofane (*Uccelli*, 767)] ***Quale il padre, tale il figlio.***

quantum mutatus ab illo! [Virgilio, *Eneide*, II, 274; sono le parole pronunciate da Enea di fronte al fantasma di Ettore che, insanguinato e lacero, gli appare in sogno ben diverso dal fulgido eroe che tornò vittorioso indossando le spoglie di Achille] ***quanto diverso da quello che era un tempo!***: oggi si usa riferendosi a persone o cose che hanno subito un evidente cambiamento o un rapido e inatteso peggioramento.

Quod erat demonstrandum [traduzione latina della formula greca *óper édei deîxai*, con cui si concludevano le dimostrazioni dei teoremi di Euclide] ***Come volevasi dimostrare.***

Quod licet Iovi non licet bovi [proverbio medievale di origine ignota, che forse allude alle numerose conquiste amorose di Giove] ***Ciò che è permesso a Giove, non è permesso a un bove***: non tutti possono ottenere le stesse cose.

Quot capita, tot sententiae vedi **Quot homines, tot sententiae.**

Quot homines, tot sententiae [Terenzio, *Phormio*, 454; la frase viene anche citata come *quot capita, tot sententiae*] ***Quanti gli uomini, tanti i modi di pensare.***

Quo usque tandem abutere, Catilina, patientia nostra? [Cicerone, *Catilinaria*, I, 1] ***Fino a quando, Catilina, abuserai della nostra pazienza?***: si usa quando ogni limite di sopportazione è stato superato.

Quo vadis? [Secondo la leggenda narrata negli *Atti del martirio di Pietro* dello Pseudo-Lino è la domanda che Pietro avrebbe rivolto al fantasma di Cristo, che gli era apparso mentre stava abbandonando Roma per sfuggire alla persecuzione neroniana. Cristo gli avrebbe risposto: 'Vado a Roma per farmi crocifiggere al posto tuo'. È anche il titolo del romanzo di Henryk Sienkiewicz, da cui fu tratto il celebre colossal di Mervyn Le Roy] ***Dove vai?***: si usa oggi scherzosamente nel suo significato letterale.

Redde rationem [*Vangelo di Luca*, 16, 2; l'espressione è anche usata come un sostantivo] ***Presenta il rendiconto.***

Relata refero [proverbio medievale] ***Riferisco ciò che mi è stato riferito***: indica che non ci si assume la responsabilità di quanto si sta dicendo.

Rem tene, verba sequentur [sentenza attribuita a Catone il Censore e riportata da Giulio Vittore, *Rhetores Latini minori*, 347, 17] ***Abbi ben chiaro ciò che vuoi dire e le parole seguiranno.***

Repetita iuvant [detto di uso scolastico di origine ignota forse derivato da un passo di Orazio (*Arte poetica*, 365)] ***Le cose ripetute sono utili.***

Requiescat in pace [*Salmi*, 4, 9. In origine il riferimento alla morte era assente; è solo col passare del tempo e con l'analogia cristiana fra sonno e morte che il detto viene usato nelle iscrizioni funerarie o in generale riferito a un defunto] ***Riposi in pace***: formula usata nella liturgia dei defunti e scherzosamente per dire che non ci si vuole più occupare di qualcuno.

Risus abundat in ore stultorum [detto del latino volgare] ***Il riso abbonda sulla bocca degli stupidi.***

Semel in anno licet insanire [proverbio medievale derivato da un passo del perduto dialogo di Seneca *De superstitione*, citato da Sant'Agostino, *De civitate Dei*, VI, 10] ***Una volta all'anno è lecito fare follie***: a tutti è permesso, occasionalmente, fare qualche pazzia. Si usa in special modo in riferimento alle follie del carnevale.

si parva licet componere magnis [Virgilio, *Georgiche*, IV, 176: Virgilio paragona l'operosità delle api al lavoro dei Ciclopi, impegnati nella costruzione dei fulmini di Giove] ***se è lecito paragonare le cose piccole alle grandi***: nell'uso quotidiano la frase è citata quando si tenta un paragone azzardato con qualcosa di molto più grande e importante.

Sic transit gloria mundi [*Imitatio Christi*, I, 3, 6; formula usata nel cerimoniale dell'investitura di un nuovo pontefice] ***Così passa la gloria del mondo***: si usa per esprimere l'effimera durata del successo e della gloria dell'uomo.

Si vis pacem, para bellum [detto di origine ignota che presenta delle analogie con un passo di Vegezio (*Epitome rei militaris*, 3): *Qui desiderat pacem, praeparet bellum*] ***Se vuoi la pace, prepara la guerra.***

Spes ultima dea [proverbio del latino tardo, ma che attinge ad una tradizione più antica, quella del famoso mito di Pandora (Esiodo, *Opere e giorni*, vv. 96 ss.) a cui gli dei diedero un vaso colmo di tutti i beni dei mortali. La donna curiosa lo aprì, disperdendone il prezioso contenuto. Solo la speranza rimase sul fondo, come unica consolazione per i mortali] ***La speranza è l'ultima dea.***

Summum ius, summa iniuria [Cicerone (*De officiis*, I, 10, 33) lo cita come espressione già proverbiale ai suoi tempi; la frase si trova in forma leggermente diversa già in Terenzio, *Il punitore di sé stesso*, IV, 5: *Ius summum saepe summa est malitia*] ***Somma giustizia, somma ingiustizia***: un'applicazione eccessivamente severa e letterale delle leggi può divenire fonte di ingiustizia.

Tertium non datur [massima della logica scolastica, ispirata al principio di non contraddizione aristotelico, secondo cui una proposizione o è vera o è falsa e non ci sono altre possibilità] ***Non è concessa una terza possibilità.***

timeo Danaos et dona ferentis [Virgilio, *Eneide*, II, 49, parole che il sacerdote troiano Laocoonte rivolge ai suoi concittadini per dissuaderli dall'introdurre nelle mura della città il cavallo di legno donato dai Greci (*ferentis* è un accusativo arcaico usato al posto di *ferentes*)] ***temo i Greci anche quando portano doni***: si usa per esortare a diffidare di persone infide anche qualora si mostrino gentili.

Tu quoque, Brute, fili mi [traduzione latina del greco *kaì sý, téknon*, parole che secondo Svetonio (*Vita di Cesare*, 82) Cesare avrebbe pronunciato nel vedere fra i congiurati anche il figlio adottivo Marco Giunio Bruto] ***Anche tu, Bruto, figlio mio***: si usa quando ci si sente traditi proprio da chi si riteneva superiore ad ogni sospetto.

Ubi maior minor cessat [proverbio medievale, a volte citato nella forma abbreviata *Ubi maior*] ***Quando si presenta chi vale di più, chi vale meno si ritiri***: il detto esorta a riconoscere i propri limiti e a trarsi da parte di fronte a chi vale di più o riveste un ruolo o una carica più importante.

Unicuique suum [rielaborazione di uno dei precetti fondamentali del diritto romano (Ulpiano, *Digesto*, 1, 10, 1) *suum cuique tribuere*] ***A ciascuno il suo***: a ciascuno va dato quanto gli è dovuto.

Vade retro, Sathana [*Vangelo di Matteo*, 4, 10; *Vangelo di Marco*, 8, 33; rielaborazione delle parole rivolte da Gesù a Satana che lo tentava nei quaranta giorni di meditazione nel deserto] ***Va' indietro, Satana***: si usa scherzosamente per respingere una proposta accattivante e tentatrice.

Veni, vidi, vici [Plutarco, *Vita di Cesare*, 50, 3-4; è la frase con la quale Cesare annunziò al Senato la rapida vittoria su Farnace II, re del Ponto. Essa venne poi citata da Svetonio, *Vita di Cesare*, 37 e da Lucio Anneo Seneca il Vecchio, *Suasoriarum liber II*, 22] ***Venni, vidi, vinsi***: si usa per indicare un'azione fulminea coronata da successo.

Verba volant, scripta manent [adagio medievale] ***Le parole volano, gli scritti rimangono***: si usa per esortare a sancire con lo scritto quanto detto.

Vox populi, vox Dei [*Isaia*, 66, 6] ***Voce di popolo, voce di Dio***: si usa per dire che un'opinione condivisa da tutti deve aver per forza un fondamento di verità.

AGRICOLTURA

FATTORIA

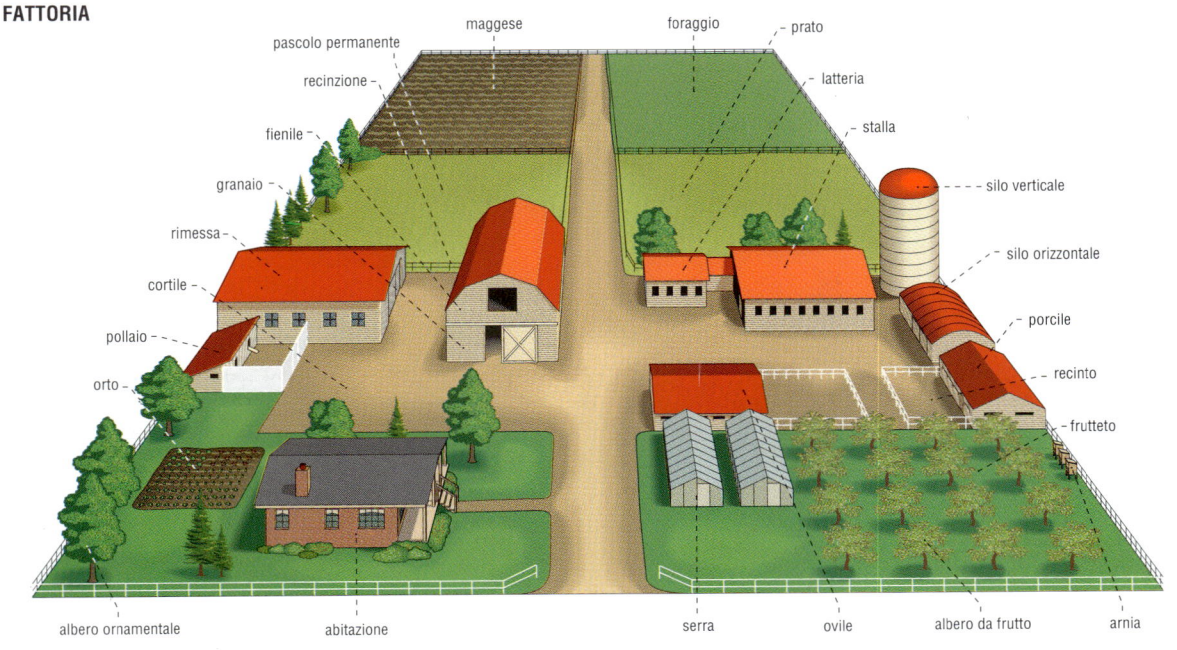

TRATTORE

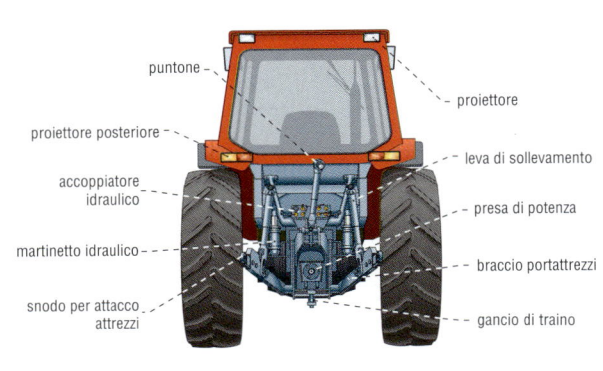

ARATRO A VOMERE-VERSOIO

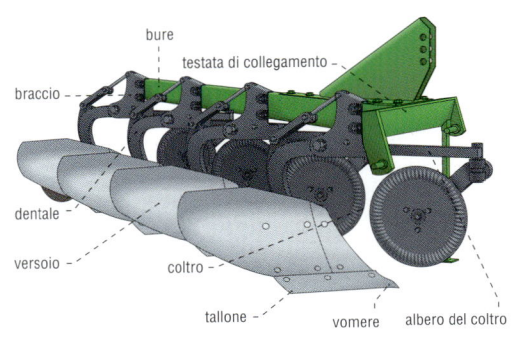

SPANDILETAME

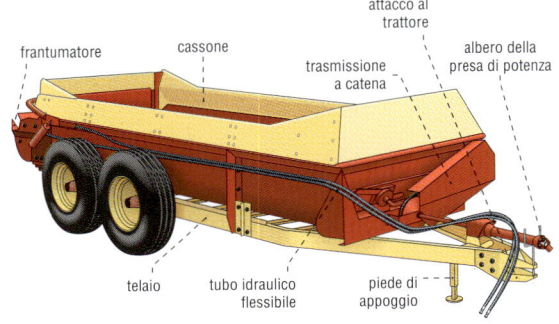

AGRICOLTURA

2114

ERPICE DOPPIO A DISCHI

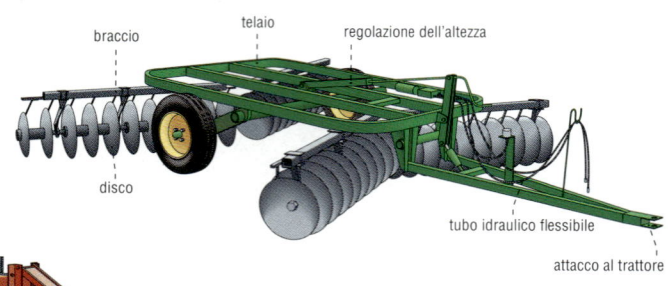

- braccio
- telaio
- regolazione dell'altezza
- disco
- tubo idraulico flessibile
- attacco al trattore

COLTIVATORE

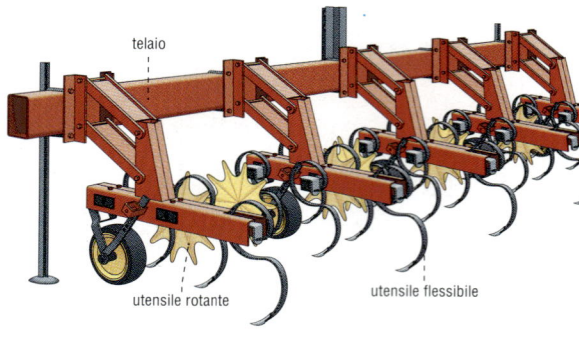

- telaio
- utensile rotante
- utensile flessibile

SEMINATRICE

- tramoggia
- tubo di caduta del seme
- leva spaziatrice dei dischi
- catena di trasmissione
- coltro
- rullo di compressione
- disco di copertura

Falcia-trincia-caricatrice per la raccolta del foraggio.

FALCIASCHIACCIATRICE

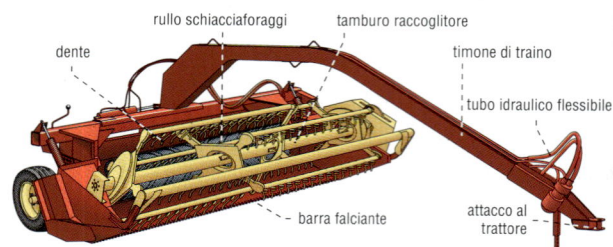

- dente
- rullo schiacciaforaggi
- tamburo raccoglitore
- timone di traino
- tubo idraulico flessibile
- barra falciante
- attacco al trattore

RASTRELLO MECCANICO

- regolazione dell'altezza
- telaio
- traversa portadenti
- dente

AGRICOLTURA

MIETITREBBIATRICE — serbatoio della granella, elevatore della granella, motore, scarico, cabina, controbattitore, elica, rotore, apparato trebbiatore, griglia-deflettore, spargitore di paglia, crivello, coclea di ritorno, coclea della granella, scivolo della granella, ventilatore, coclea convogliatrice, condotto di alimentazione, trasportatore, dente, pettine, aspo abbattitore, barra falciante, spartitore

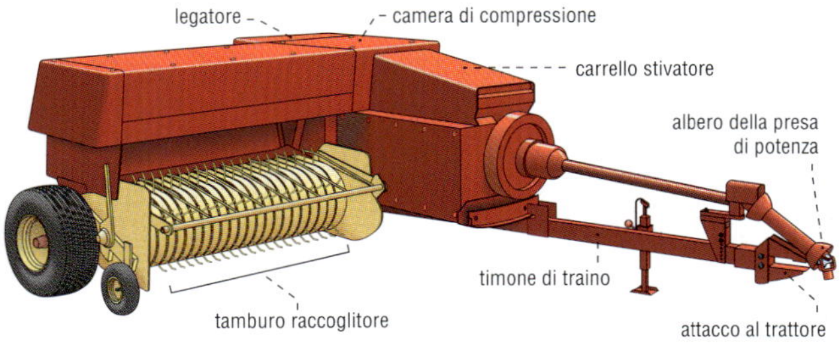

Rotoimballatrice con sistema di pressatura a cinghie.

IMBALLATRICE — legatore, camera di compressione, carrello stivatore, albero della presa di potenza, timone di traino, attacco al trattore, tamburo raccoglitore

RACCOGLITRICE DI FORAGGIO — carro, condotto di scarico, coclea convogliatrice, timone di traino, albero della presa di potenza, attacco al trattore, tamburo raccoglitore, dente

INSILATRICE — condotto di lancio, ventilatore, barra di manovra, tramoggia, alimentatore, condotto del ventilatore

ARCHITETTURA

TEMPIO GRECO

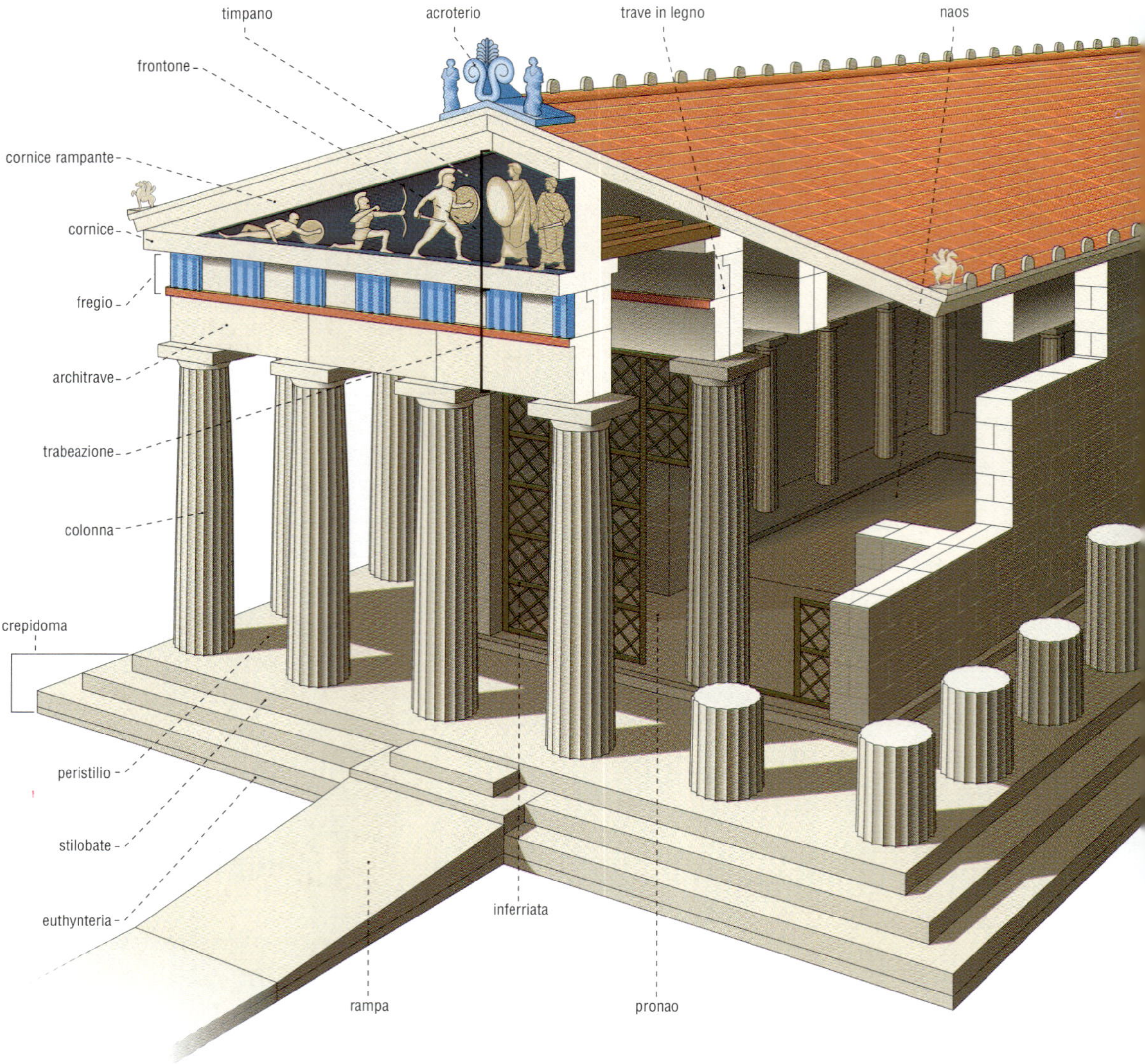

Labels: timpano, acroterio, trave in legno, naos, frontone, cornice rampante, cornice, fregio, architrave, trabeazione, colonna, crepidoma, peristilio, stilobate, euthynteria, rampa, inferriata, pronao

Atene: la loggetta delle Cariatidi nel lato sud dell'Eretteo.

PIANTA

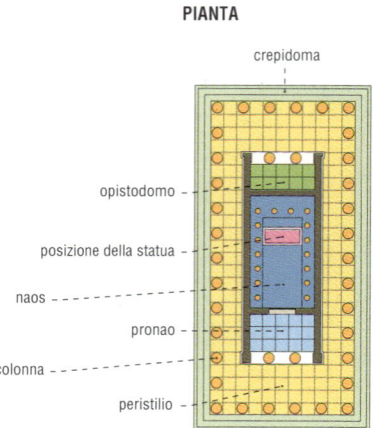

Labels: crepidoma, opistodomo, posizione della statua, naos, pronao, colonna, peristilio

ARCHITETTURA

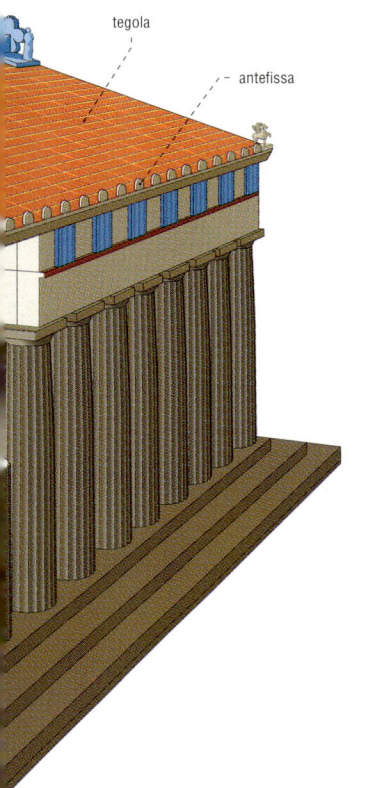

Atene, Partenone: particolare del fregio est raffigurante Poseidone, Apollo e Artemide.

STILI ARCHITETTONICI

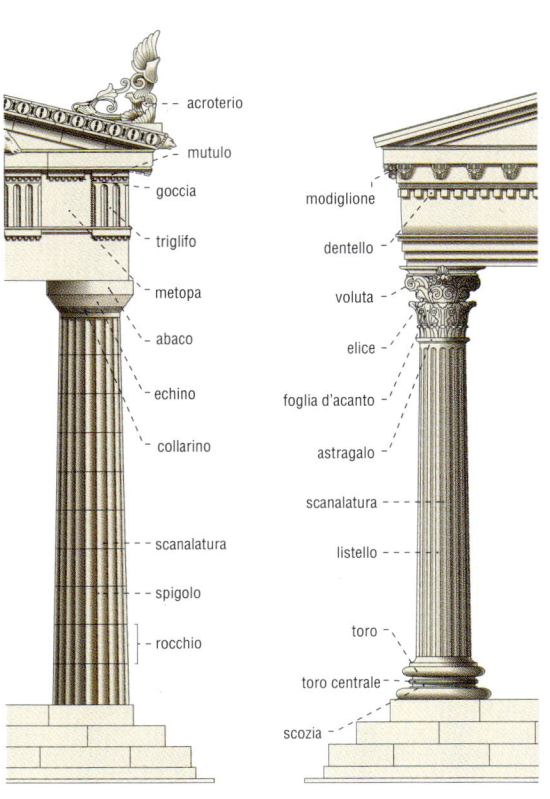

ARCHITETTURA
CATTEDRALE GOTICA

2118

Chartres: transenna del coro della cattedrale.

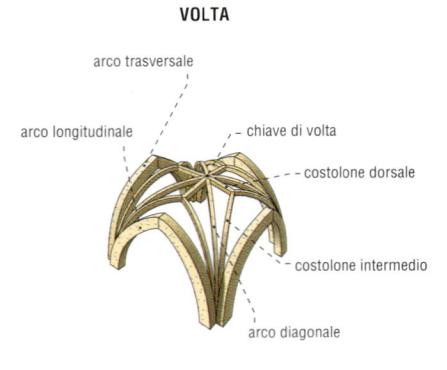

VOLTA

- arco trasversale
- arco longitudinale
- chiave di volta
- costolone dorsale
- costolone intermedio
- arco diagonale

Il rosone e le ogive nord della cattedrale di Chartres.

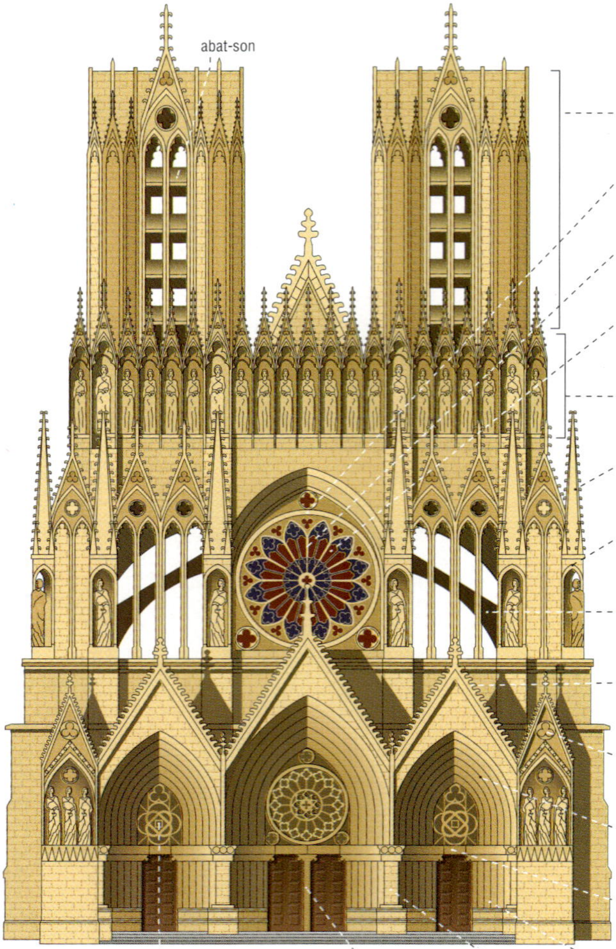

FACCIATA

- abat-son
- torre campanaria
- rosone
- traforo
- vetro colorato
- galleria
- guglia
- torretta
- arco rampante
- timpano
- decorazione a trifoglio
- archivolto
- architrave
- strombatura
- lunetta
- portale
- trumeau
- piedritto

CATTEDRALE

- torre
- arco rampante
- pinnacolo
- spalla
- cappella laterale
- contrafforte
- crociera

ARCHITETTURA

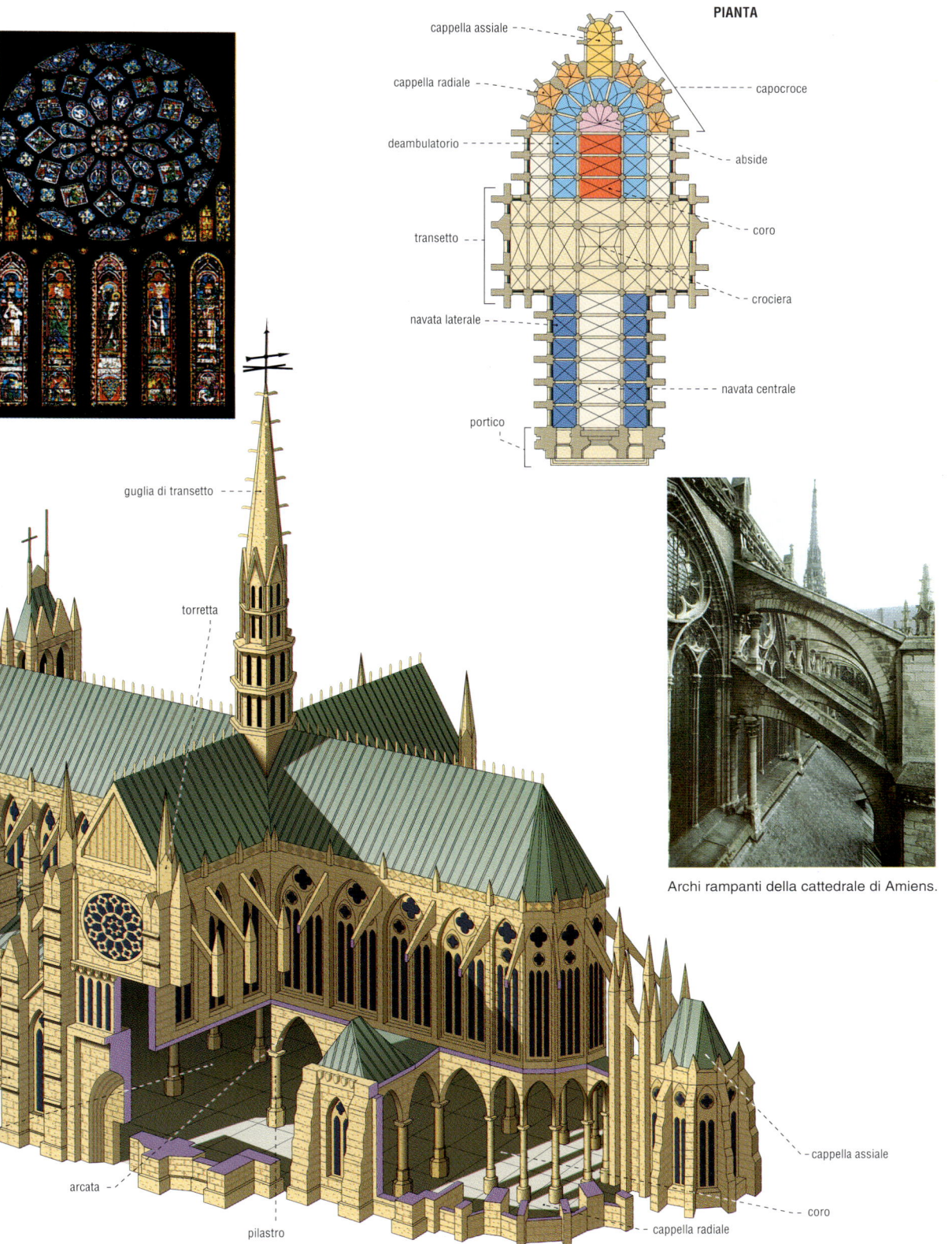

Archi rampanti della cattedrale di Amiens.

ARCHITETTURA
FORTIFICAZIONE ALLA VAUBAN

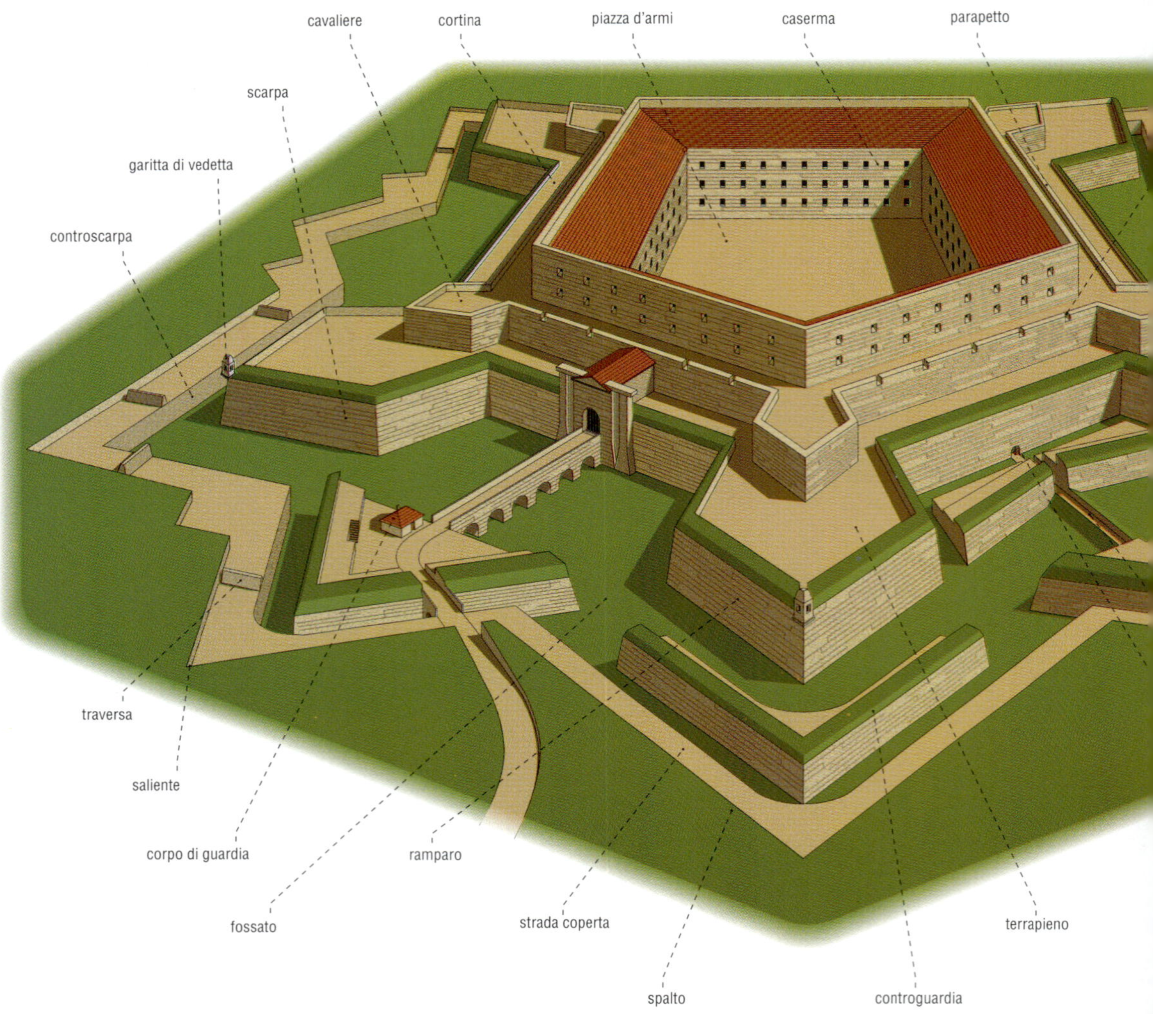

2120

Labels: cavaliere, cortina, piazza d'armi, caserma, parapetto, scarpa, garitta di vedetta, controscarpa, traversa, saliente, corpo di guardia, ramparo, fossato, strada coperta, spalto, controguardia, terrapieno

ARCHITETTURA

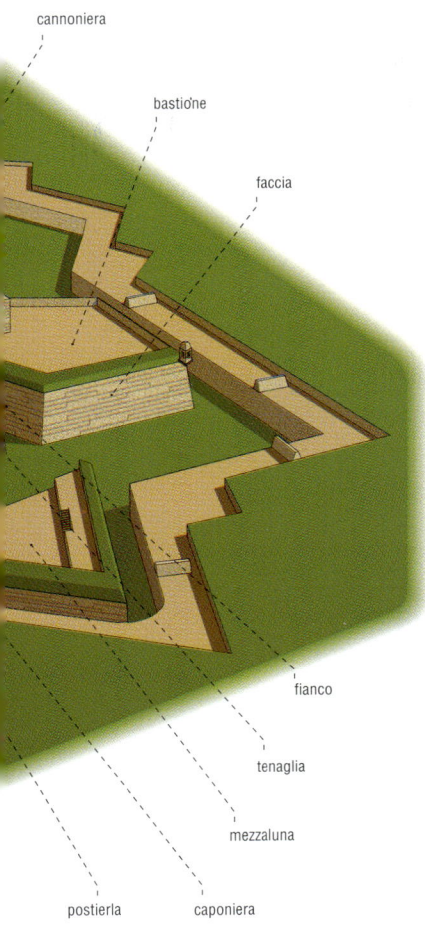

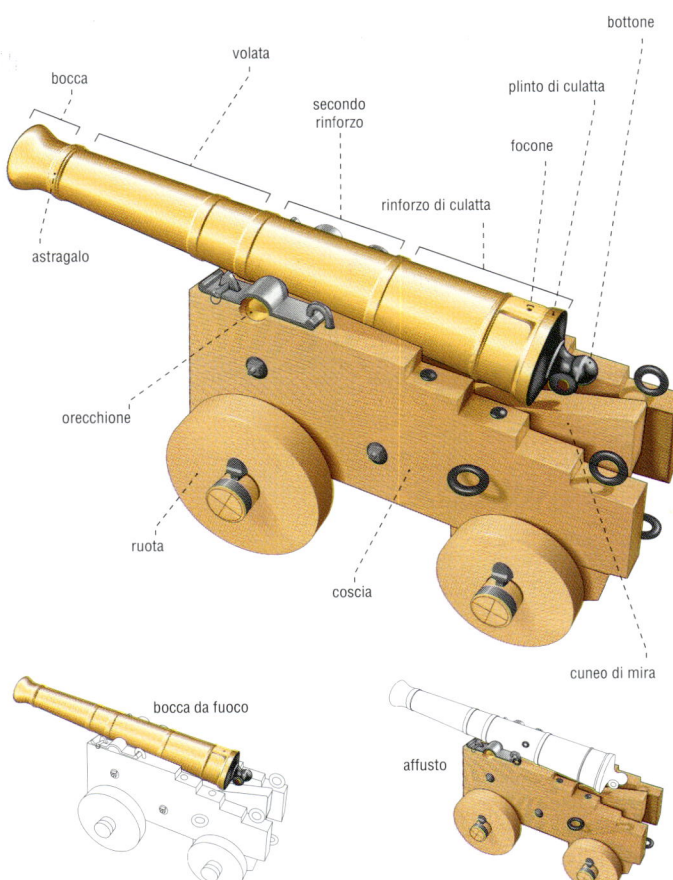

CANNONE AD AVANCARICA

L'evoluzione nell'arte della guerra con l'introduzione di armi da fuoco sempre più precise impose una parallela evoluzione dell'arte delle fortificazioni: *a sinistra* la rocca di Mondolfo, costruita da Francesco di Giorgio Martini intorno al 1490; *al centro* il Fort National di Saint-Malo, di Sébastien Le Prestre de Vauban (1633-1707); *a destra* la fortezza di Vardøhus (nella Norvegia settentrionale) del 1792.

MORTAIO DEL XVII SECOLO

ANATOMIA UMANA

SCHELETRO

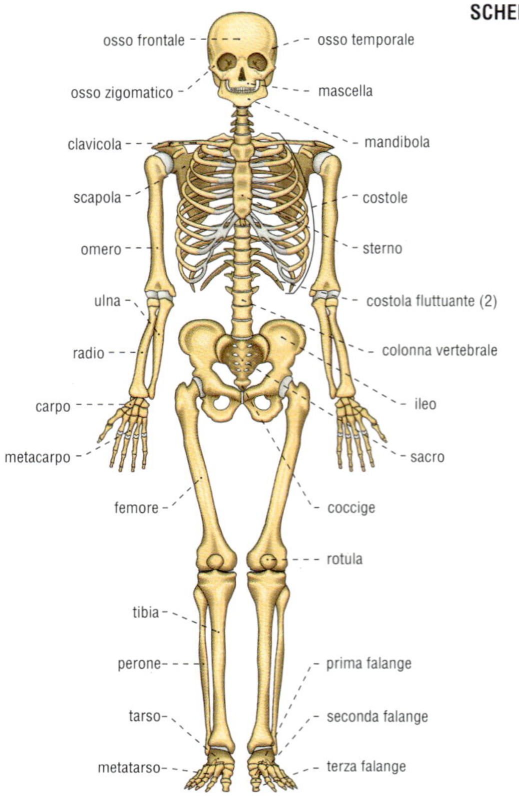

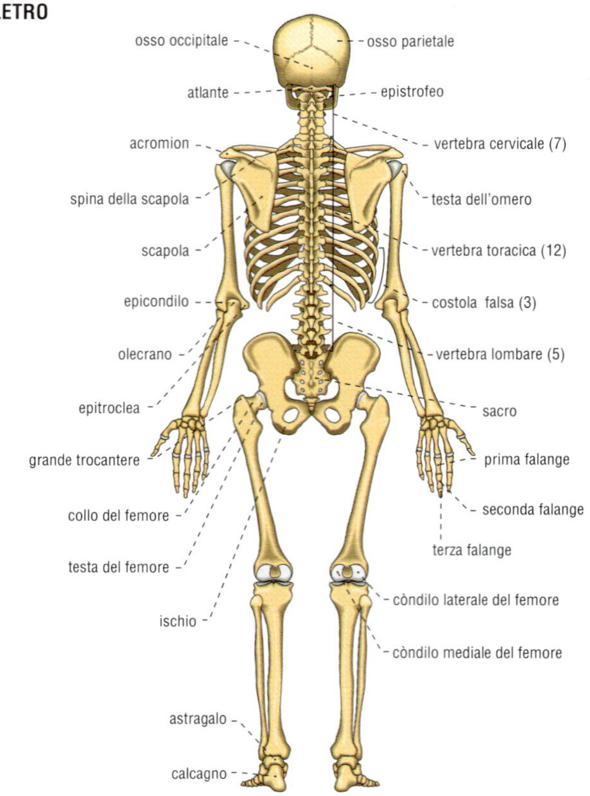

Vista anteriore:
- osso frontale
- osso temporale
- osso zigomatico
- mascella
- clavicola
- mandibola
- scapola
- costole
- omero
- sterno
- ulna
- costola fluttuante (2)
- radio
- colonna vertebrale
- carpo
- ileo
- metacarpo
- sacro
- femore
- coccige
- rotula
- tibia
- perone
- prima falange
- tarso
- seconda falange
- metatarso
- terza falange

Vista posteriore:
- osso occipitale
- osso parietale
- atlante
- epistrofeo
- acromion
- vertebra cervicale (7)
- spina della scapola
- testa dell'omero
- scapola
- vertebra toracica (12)
- epicondilo
- costola falsa (3)
- olecrano
- vertebra lombare (5)
- epitroclea
- sacro
- grande trocantere
- prima falange
- collo del femore
- seconda falange
- testa del femore
- terza falange
- ischio
- còndilo laterale del femore
- còndilo mediale del femore
- astragalo
- calcagno

MUSCOLI

Vista anteriore:
- frontale
- orbicolare dell'occhio
- sternocleidomastoideo
- massetere
- trapezio
- deltoide
- grande pettorale
- obliquo esterno dell'addome
- bicipite brachiale
- retto dell'addome
- brachiale
- brachioradiale
- pronatore rotondo
- tensore della fascia lata
- palmare lungo
- adduttore lungo
- palmare breve
- sartorio
- flessore ulnare del carpo
- retto del femore
- vasto laterale
- vasto mediale
- gastrocnemio
- peroneo lungo
- soleo
- tibiale anteriore
- estensore lungo delle dita
- estensore breve delle dita
- interosseo plantare

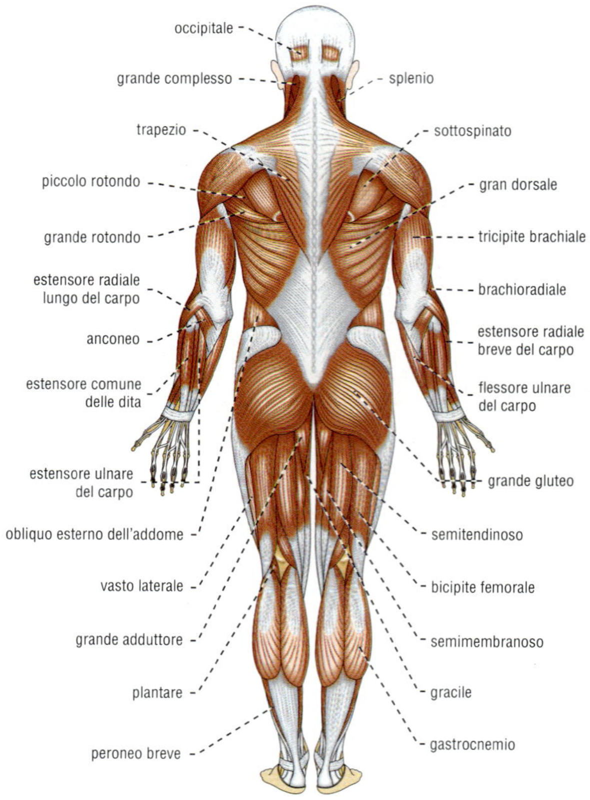

Vista posteriore:
- occipitale
- grande complesso
- splenio
- trapezio
- sottospinato
- piccolo rotondo
- gran dorsale
- grande rotondo
- tricipite brachiale
- estensore radiale lungo del carpo
- brachioradiale
- anconeo
- estensore radiale breve del carpo
- estensore comune delle dita
- flessore ulnare del carpo
- estensore ulnare del carpo
- grande gluteo
- obliquo esterno dell'addome
- semitendinoso
- vasto laterale
- bicipite femorale
- grande adduttore
- semimembranoso
- plantare
- gracile
- peroneo breve
- gastrocnemio

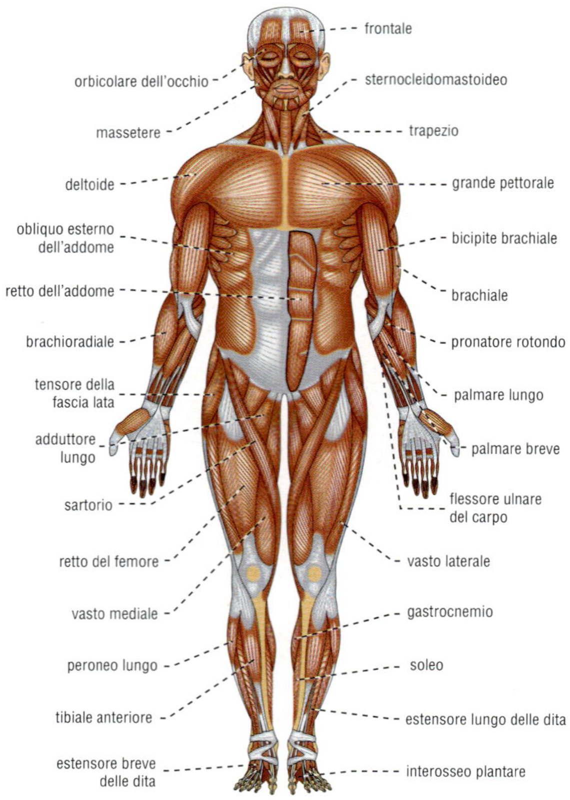

ANATOMIA UMANA

PRINCIPALI VENE E ARTERIE

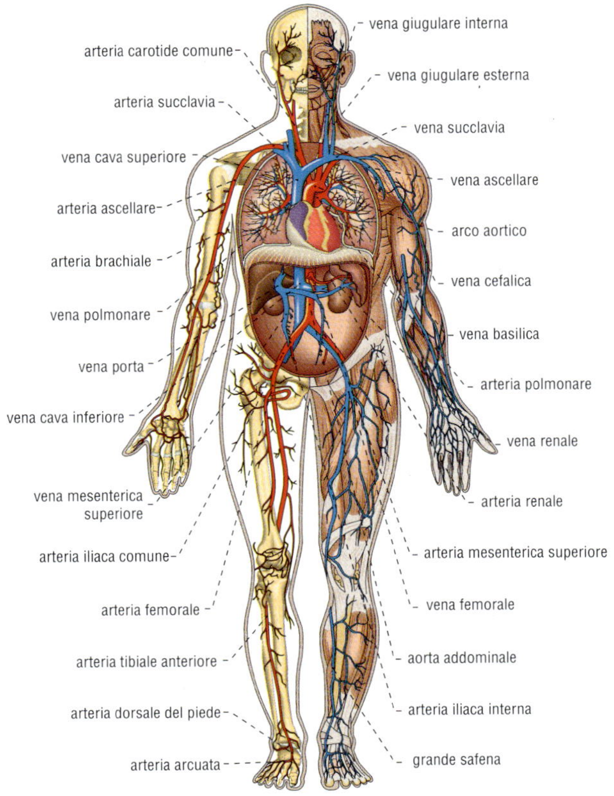

- arteria carotide comune
- arteria succlavia
- vena cava superiore
- arteria ascellare
- arteria brachiale
- vena polmonare
- vena porta
- vena cava inferiore
- vena mesenterica superiore
- arteria iliaca comune
- arteria femorale
- arteria tibiale anteriore
- arteria dorsale del piede
- arteria arcuata
- vena giugulare interna
- vena giugulare esterna
- vena succlavia
- vena ascellare
- arco aortico
- vena cefalica
- vena basilica
- arteria polmonare
- vena renale
- arteria renale
- arteria mesenterica superiore
- vena femorale
- aorta addominale
- arteria iliaca interna
- grande safena

CIRCOLAZIONE DEL SANGUE — SCHEMA DELLA CIRCOLAZIONE

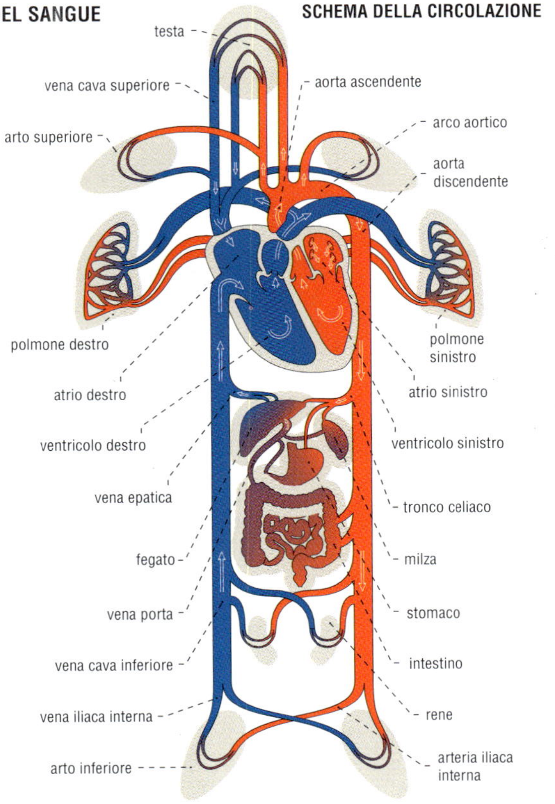

- testa
- vena cava superiore
- arto superiore
- polmone destro
- atrio destro
- ventricolo destro
- vena epatica
- fegato
- vena porta
- vena cava inferiore
- vena iliaca interna
- arto inferiore
- aorta ascendente
- arco aortico
- aorta discendente
- polmone sinistro
- atrio sinistro
- ventricolo sinistro
- tronco celiaco
- milza
- stomaco
- intestino
- rene
- arteria iliaca interna

CUORE

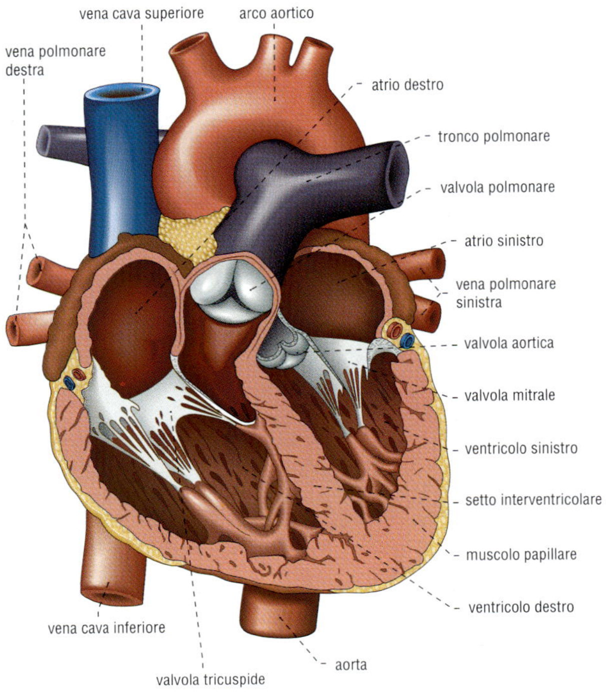

- vena cava superiore
- vena polmonare destra
- arco aortico
- atrio destro
- tronco polmonare
- valvola polmonare
- atrio sinistro
- vena polmonare sinistra
- valvola aortica
- valvola mitrale
- ventricolo sinistro
- setto interventricolare
- muscolo papillare
- ventricolo destro
- vena cava inferiore
- valvola tricuspide
- aorta

SISTEMA NERVOSO PERIFERICO

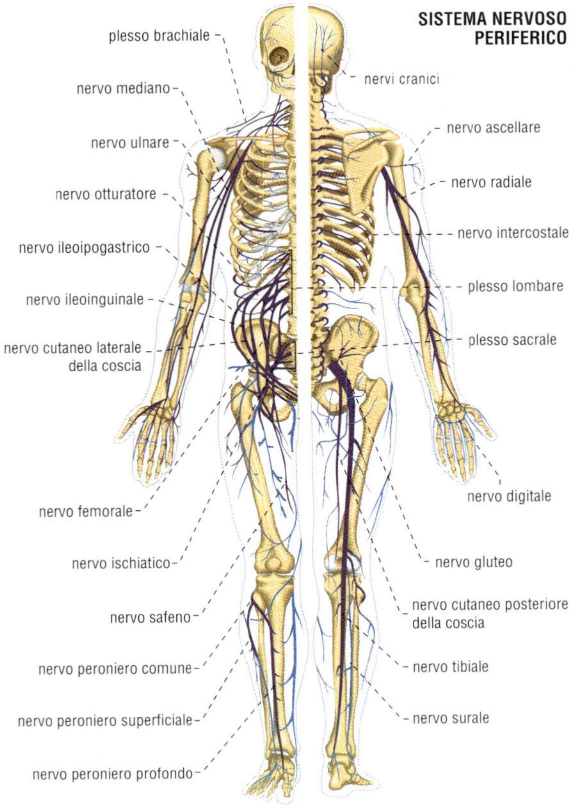

- plesso brachiale
- nervo mediano
- nervo ulnare
- nervo otturatore
- nervo ileoipogastrico
- nervo ileoinguinale
- nervo cutaneo laterale della coscia
- nervo femorale
- nervo ischiatico
- nervo safeno
- nervo peroniero comune
- nervo peroniero superficiale
- nervo peroniero profondo
- nervi cranici
- nervo ascellare
- nervo radiale
- nervo intercostale
- plesso lombare
- plesso sacrale
- nervo digitale
- nervo gluteo
- nervo cutaneo posteriore della coscia
- nervo tibiale
- nervo surale

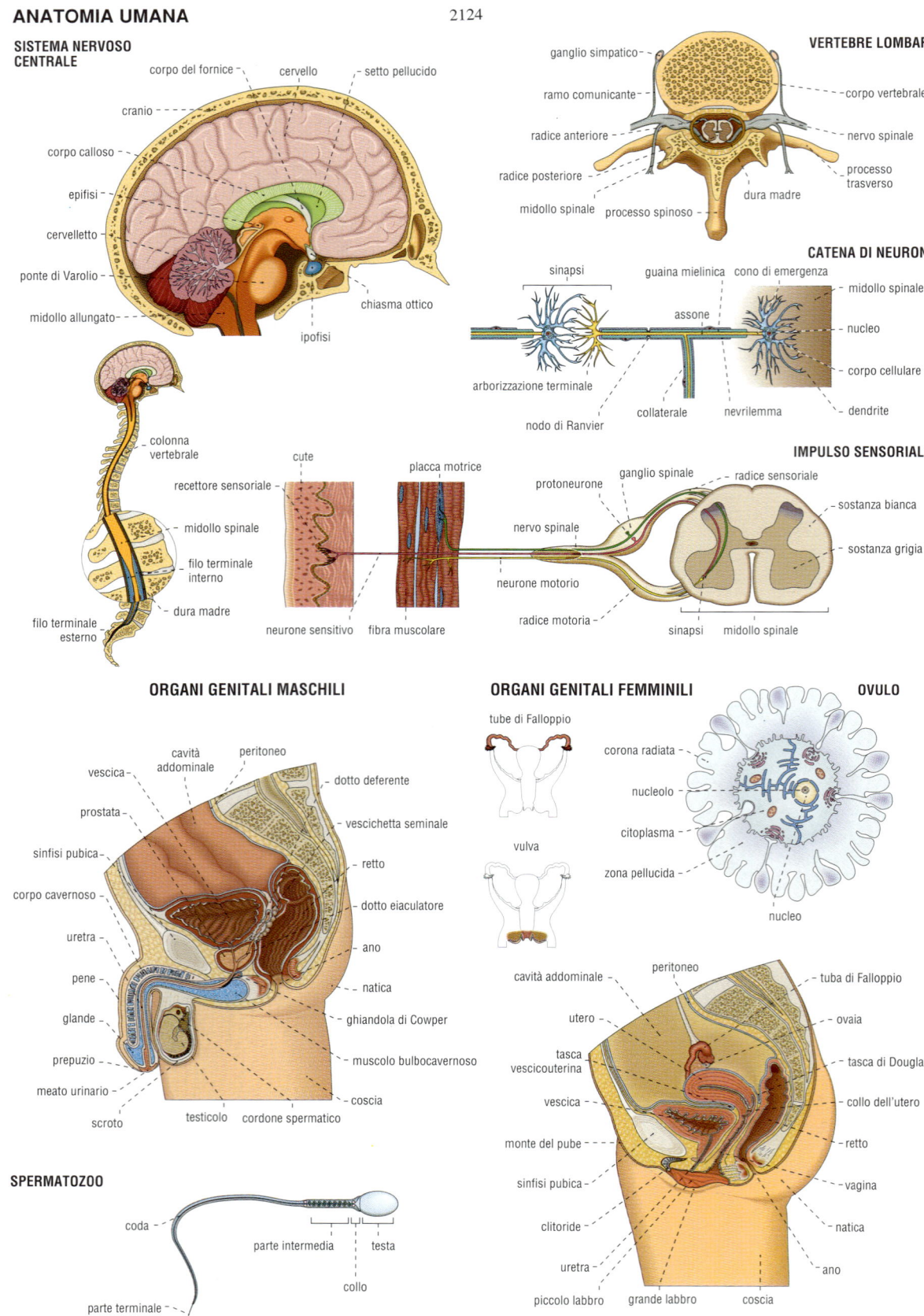

ANATOMIA UMANA

GHIANDOLE ENDOCRINE

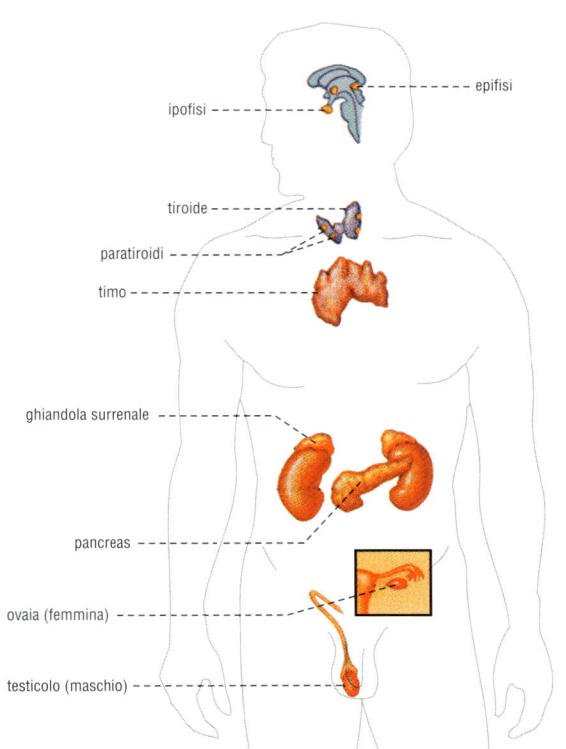

APPARATO DIGERENTE

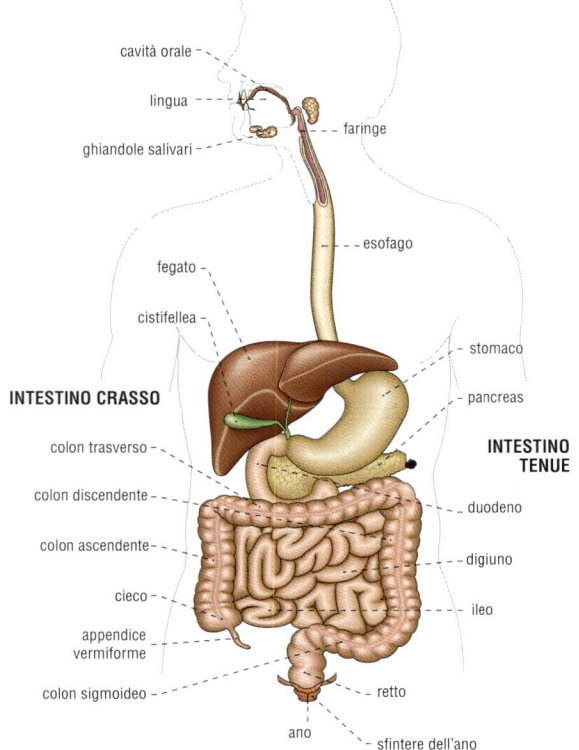

SISTEMA URINARIO

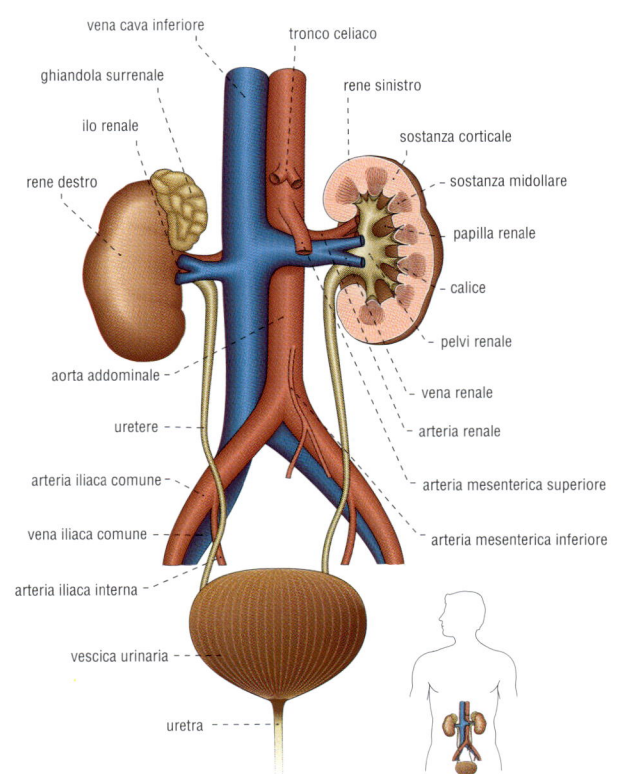

APPARATO RESPIRATORIO

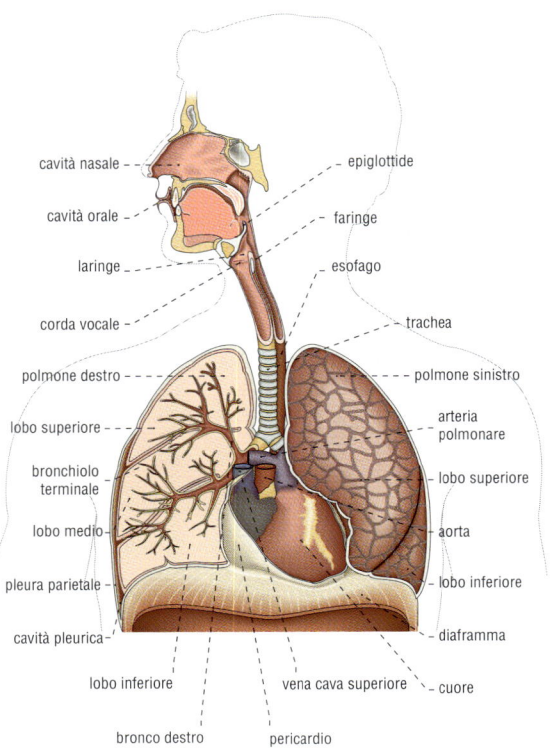

ANATOMIA UMANA

CUTE
- strato corneo
- strato lucido
- strato granuloso
- strato spinoso
- strato basale
- terminazione nervosa
- muscolo erettore del pelo
- ghiandola sebacea
- follicolo pilifero
- bulbo del pelo
- fibra nervosa
- papilla
- nervo
- vaso sanguigno
- scapo
- corpuscolo di Ruffini
- pelo
- poro sudoriparo
- corpuscolo di Meissner
- ghiandola sudoripara apocrina
- dotto sudoriparo
- ghiandola sudoripara eccrina
- corpuscolo di Pacini

ORGANI DI SENSO: TATTO
- superficie della cute
- epidermide
- tessuto connettivo
- derma
- capillare
- tessuto sottocutaneo
- tessuto adiposo

DITO
- derma
- epidermide
- radice dell'unghia
- lunula
- corpo dell'unghia
- margine libero
- letto ungueale
- polpastrello
- terza falange
- seconda falange
- matrice ungueale

MANO
- pollice
- unghia
- lunula
- indice
- medio
- anulare
- mignolo
- palmo
- polso

PARTI DELL'ORECCHIO
- orecchio esterno
- orecchio medio
- orecchio interno

OSSICINI DELL'UDITO
- incudine
- martello
- staffa

UDITO
- padiglione
- meato acustico
- membrana del timpano
- ossicini dell'udito
- canale semicircolare posteriore
- canale semicircolare superiore
- nervo vestibolare
- nervo facciale
- nervo cocleare
- canale semicircolare laterale
- coclea
- vestibolo
- tuba di Eustachio

PADIGLIONE AURICOLARE
- elice
- antelice
- conca
- incisura intertragica
- antitrago
- coda dell'elice
- fossa triangolare
- radice dell'elice
- incisura anteriore del padiglione
- trago
- meato acustico
- lobulo

ANATOMIA UMANA

VISTA

OCCHIO
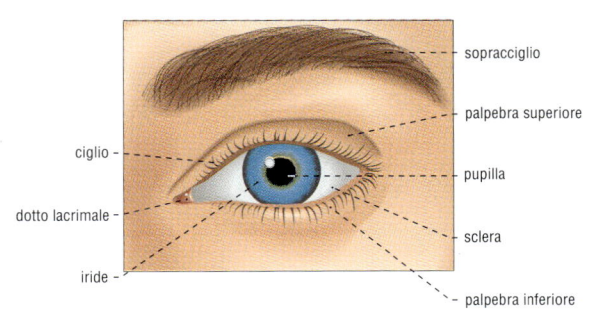

GLOBO OCULARE
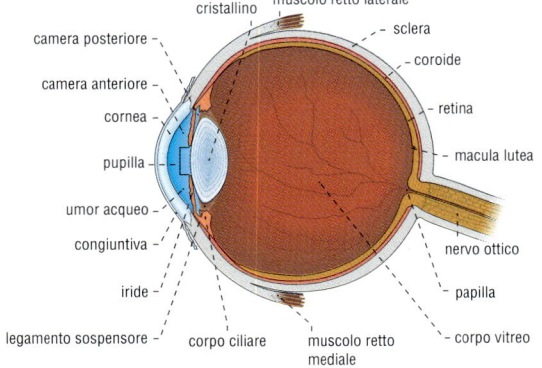

NASO ESTERNO / OLFATTO / FOSSE NASALI
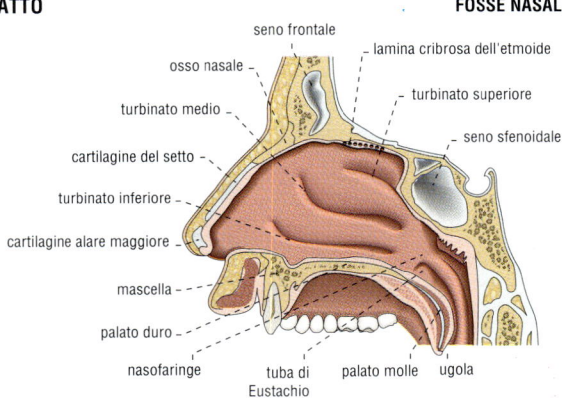

BOCCA / SENSI DELL'OLFATTO E DEL GUSTO
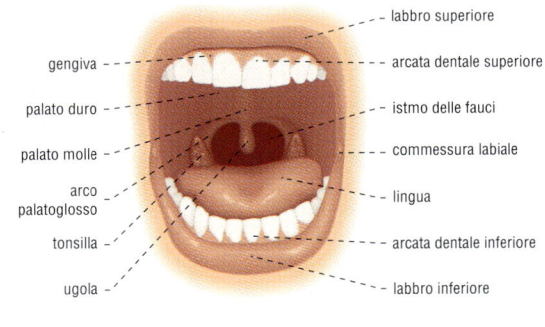
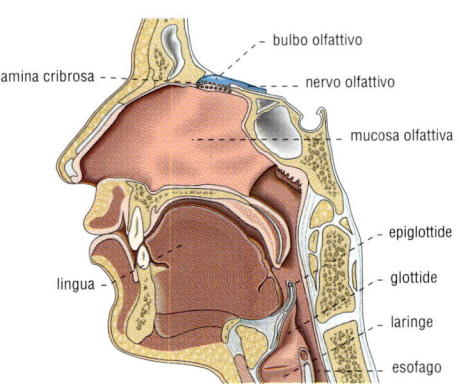

SENSAZIONI GUSTATIVE / SEZIONE TRASVERSALE DI UN MOLARE / DENTATURA NELL'UOMO
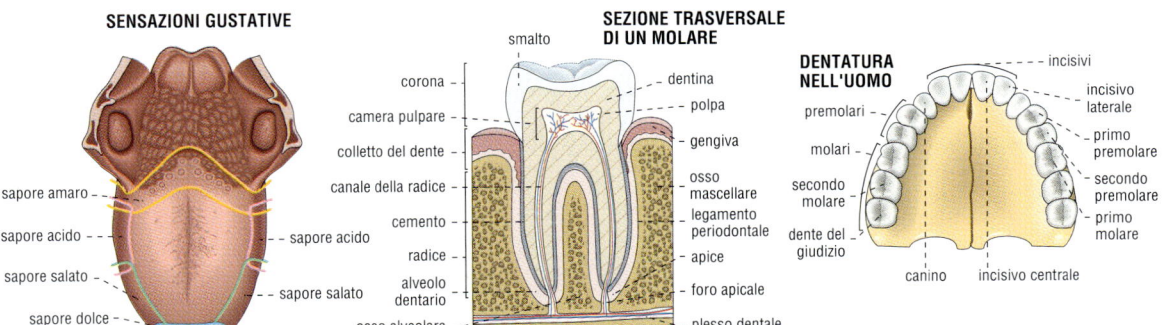

CRISTALLI

Sistema cubico

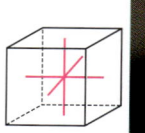
cubo

Cristallo cubico di **salgemma** violetto (cl. esacisottaedrica) (ca. x 0,35). Calascibetta (Enna)

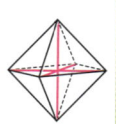
ottaedro

Ottaedro di sfaldatura di **fluorite** (cl. esacisottaedrica) (ca. x 0,6). Cumberland (GB)

rombododecaedro

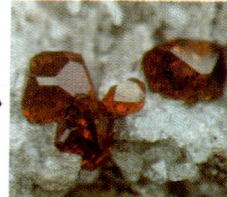
Cristalli rombododecaedrici di **spessartina** su quarzo (cl. esacisottaedrica) (ca. x 7). Grants/New Mexico (USA)

Sistema tetragonale

bipiramide tetragonale

Cristallo bipiramidale di **anatasio** (cl. bipiramidale ditetragonale) con quarzo (ca. x 1). Delfinato (F)

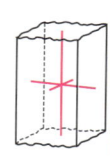
prisma tetragonale

Prisma di **xenotimo** (cl. bipiramidale ditetragonale) combinato con bipiramide (ca. x 10). Fiesch/Vallese (CH)

Sistema esagonale

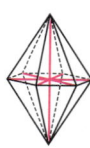
bipiramide esagonale

Cristallo prismatico con terminazioni di bipiramide di **apatite** (cl. bipiramidale esagonale) (ca. x 4). Katzenbuckel (D)

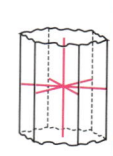
prisma esagonale

Cristallo prismatico di **milarite** (cl. bipiramidale diesagonale) (ca. x 3). Val Tavetsch/Grigioni (CH)

Sistema trigonale

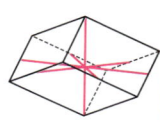
romboedro

Romboedro di **calcite** (cl. scalenoedrica ditrigonale) (ca. x 0,5). Ontario (Canada).

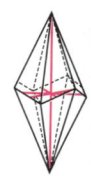
scalenoedro

Cristallo scalenoedrico di **calcite** (cl. scalenoedrica ditrigonale) su calcare (ca. x 0,5). Matlock-Bat (GB)

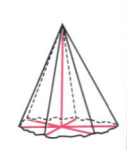
bipiramide ditrigonale

Cristallo prismatico con terminazione superiore a piramide di **tormalina** (cl. piramidale ditrigonale) (ca. x 0,4). Brasile

Sistema ortorombico

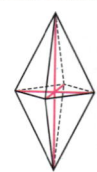
bipiramide ortorombica

Cristalli bipiramidali con terminazioni pinacoidali di **zolfo** (cl. prismatica monoclina) (ca. x 2). Perticara (Pesaro)

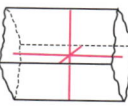
prisma ortorombico

Cristallo prismatico con terminazione pinacoidale di **andalusite** (cl. bipiramidale ortorombica) (ca. x 3). Tirolo (A)

Sistema monoclino

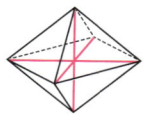
prisma monoclino

Cristalli pseudobipiramidali (prisma con pinacoide) di **lazulite** (cl. prismatica monoclina) (ca. x 1). Georgia (USA).

Sistema triclino

pinacoide

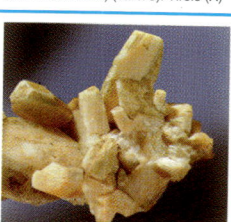
Cristalli pseudoprismatici (combinazione di vari pinacoidi) di **albite** (ca. x 1). Val di Vizze (Bolzano).

SCIENZE DELLA TERRA ED ENERGIA

PROFILO DELL'ATMOSFERA TERRESTRE

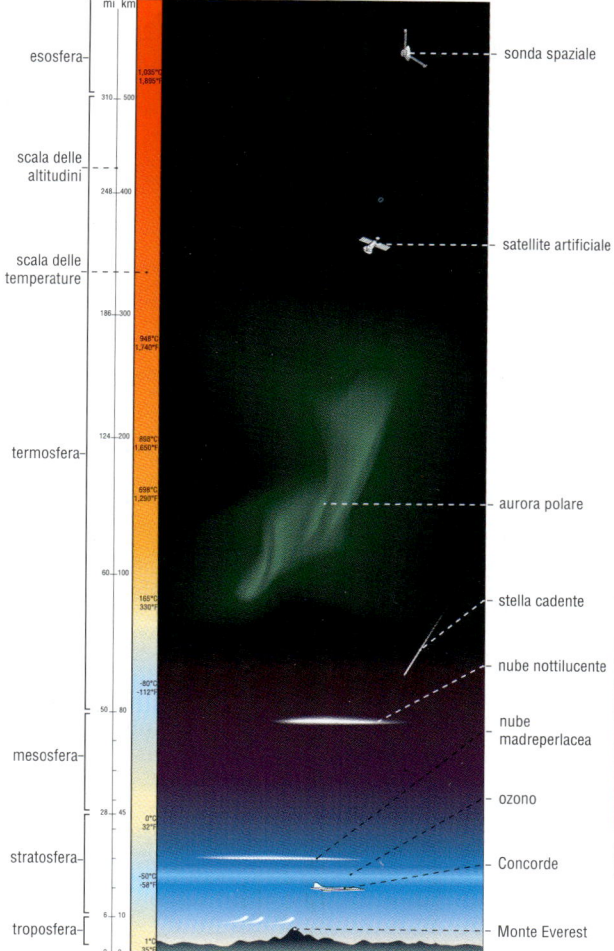

L'atmosfera terrestre.

Immagine del lago di Ginevra ripreso dal satellite Seasat-1. In alto e a destra le montagne del Giura.

STRUTTURA DELLA BIOSFERA

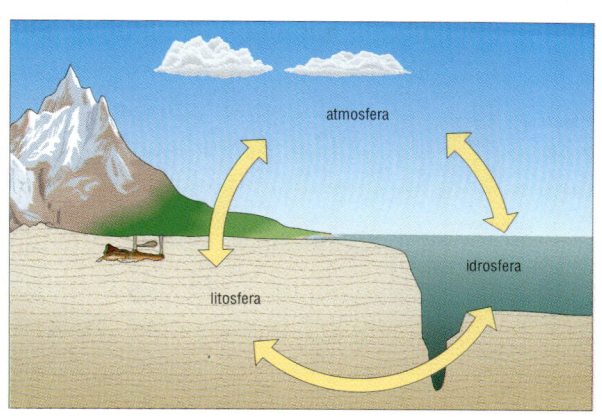

L'arcipelago delle Hawaii dalla navetta spaziale Discovery.

SCIENZE DELLA TERRA ED ENERGIA

STRUTTURA DELLA TERRA

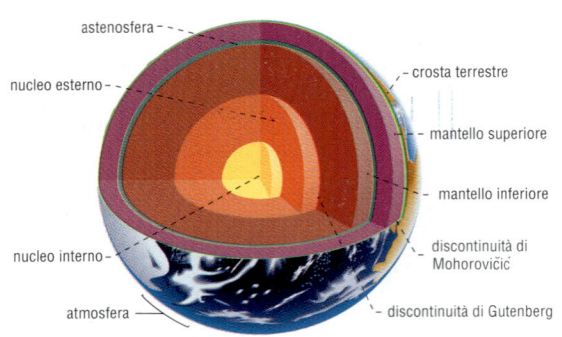

TERREMOTO

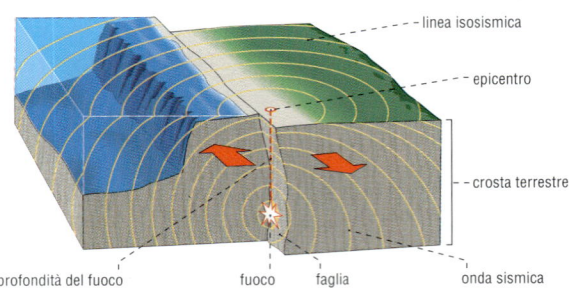

SEZIONE DELLA CROSTA TERRESTRE

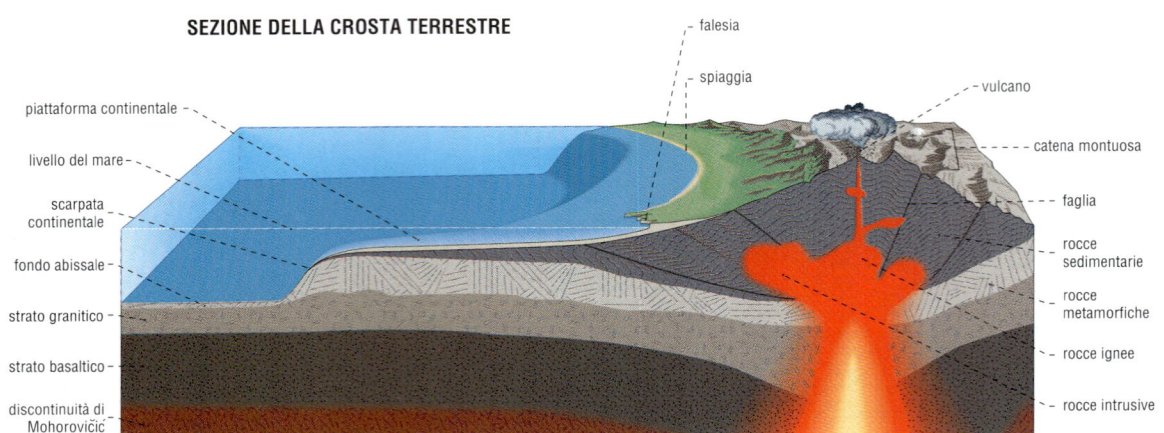

GROTTA

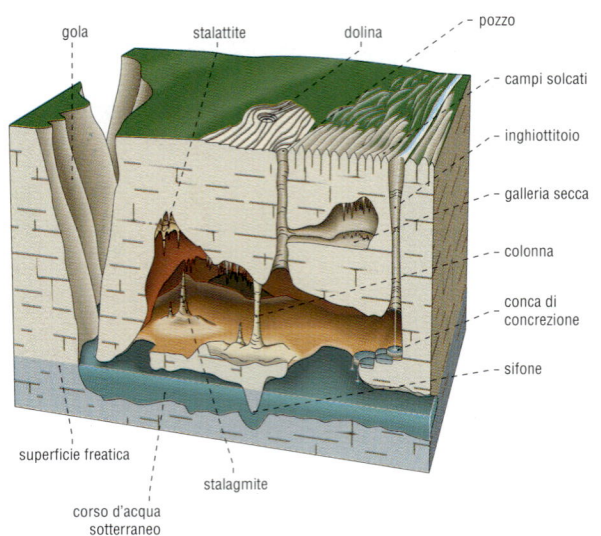

La Giant's Hall delle Luray Caverns, in Virginia (U.S.A.).

2131 SCIENZE DELLA TERRA ED ENERGIA

VULCANO IN ERUZIONE

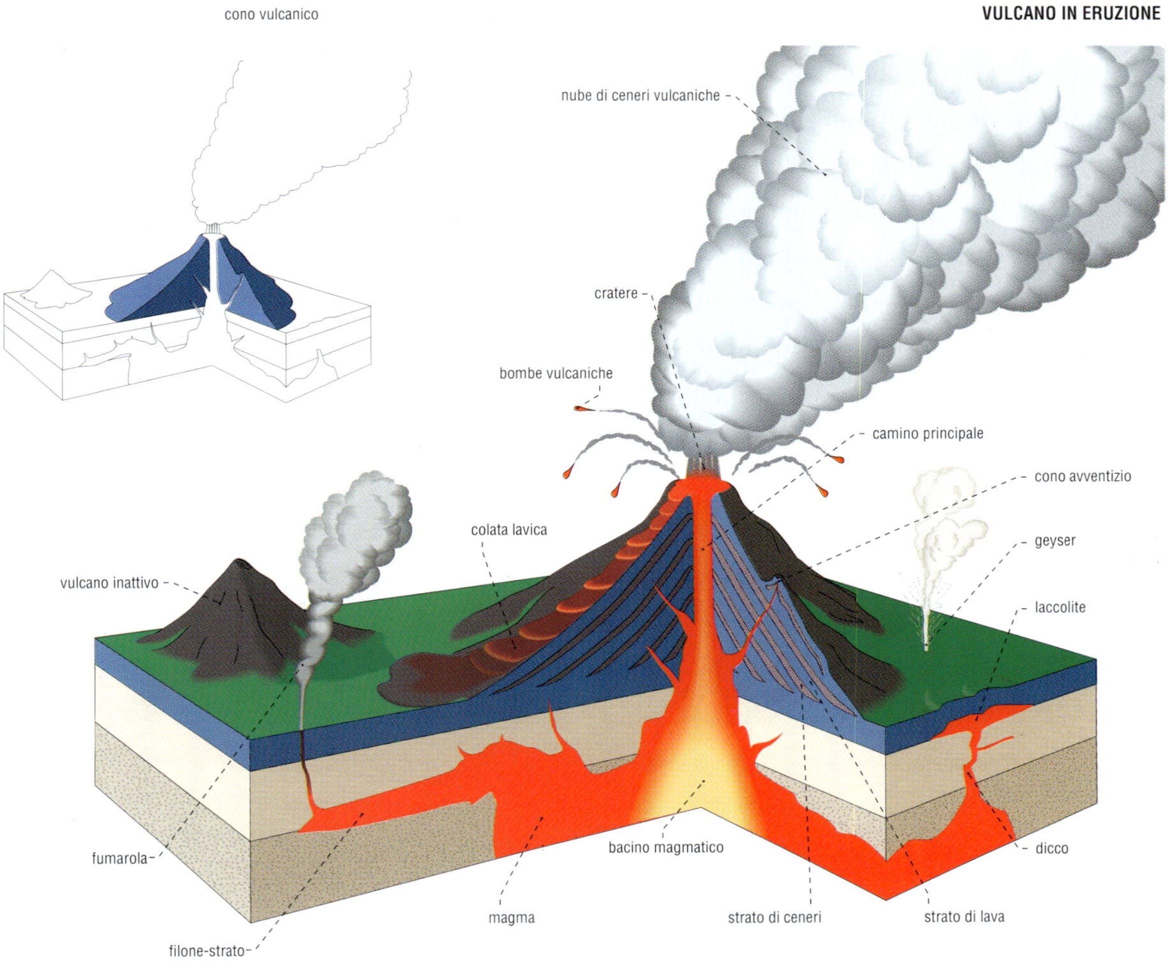

In alto: Cratere del vulcano Saint Helens, nello stato di Washington (U.S.A.).
A sinistra: Lago di lava nel vulcano Kilauea, nelle Hawaii.

SCIENZE DELLA TERRA ED ENERGIA

GHIACCIAIO

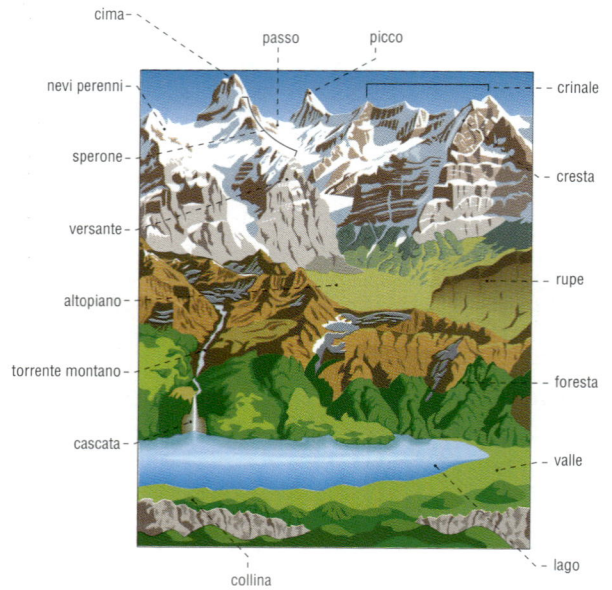

Il ghiacciaio del Monte Rosa visto dallo Stockhorn.

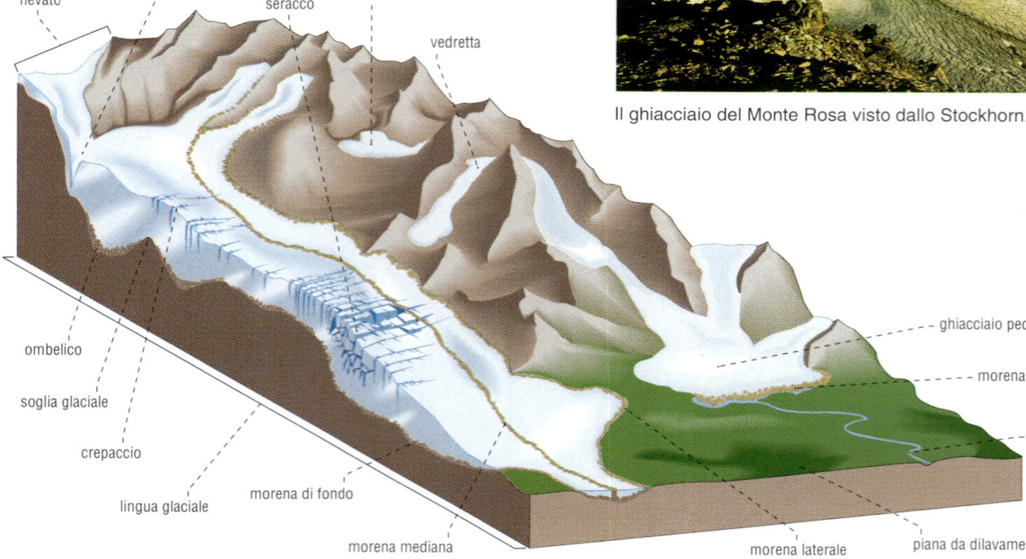

MONTAGNA

Gola del fiume Cellina, nelle Prealpi Carniche.

SCIENZE DELLA TERRA ED ENERGIA

Delta del Mississippi.

CARATTERISTICHE DELLA COSTA

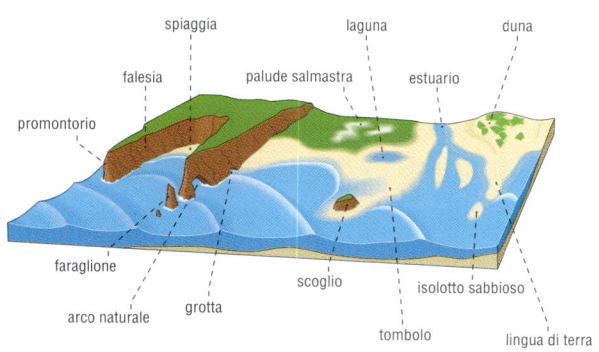

ONDA

FONDO OCEANICO

DORSALE MEDIO-OCEANICA

CARATTERISTICHE TOPOGRAFICHE

PIANURA ABISSALE

MARGINE CONTINENTALE

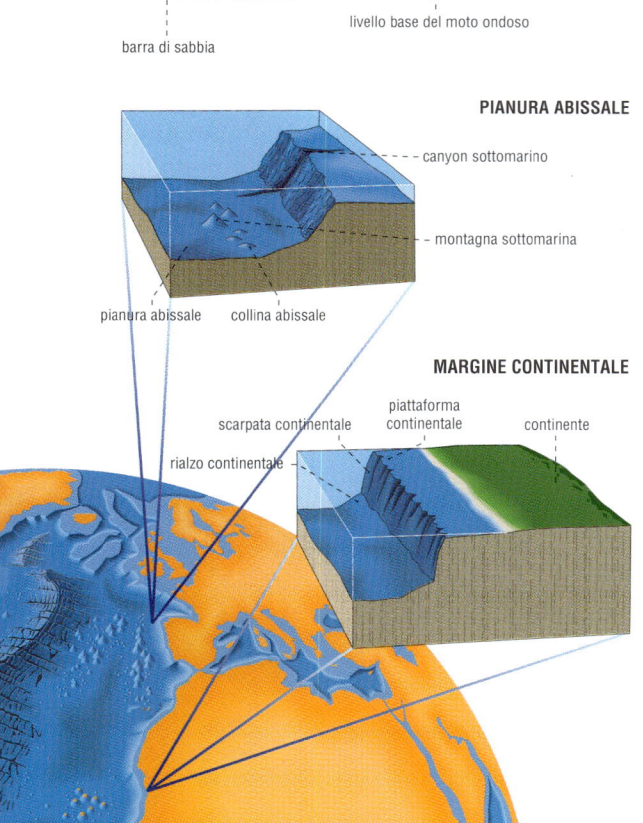

SCIENZE DELLA TERRA ED ENERGIA

NUBI E SIMBOLI METEOROLOGICI

2135 **SCIENZE DELLA TERRA ED ENERGIA**

PRECIPITAZIONI

TEMPORALE

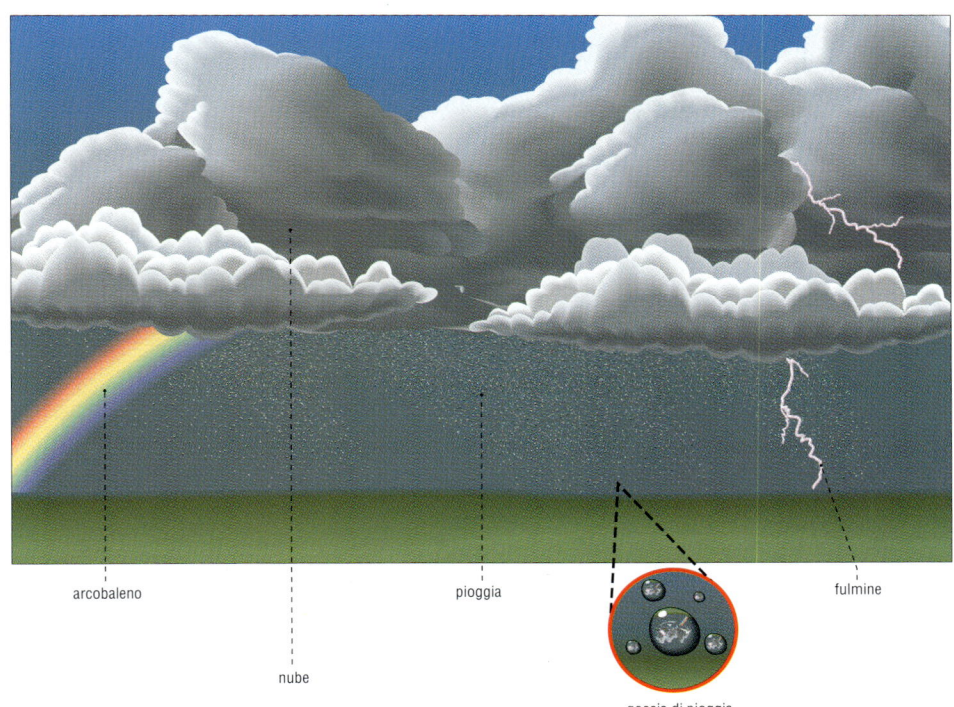

arcobaleno — pioggia — fulmine — nube — goccia di pioggia

foschia

nebbia

rugiada

vetrone

SCIENZE DELLA TERRA ED ENERGIA

MINIERA DI CARBONE

MINIERA A CIELO APERTO

- fronte di abbattimento
- gradino
- livello del suolo
- strato sterile
- altezza del gradino
- rampa
- via di carreggio
- cratere
- giacimento minerale

MINIERA SOTTERRANEA

- castelletto di testa di pozzo
- pozzo verticale
- torre di estrazione
- ascensore
- pozzo di estrazione
- pilastro
- camera
- livello
- galleria di testa
- strato di tetto
- benna di caricamento
- pozzo del minerale
- sezione
- stazione di caricamento
- pozzo di drenaggio
- galleria di fondo
- fornello di getto
- discenderia
- fornello di accesso
- traversa
- fronte
- galleria in direzione

MINIERA COLTIVATA CON SBANCAMENTO

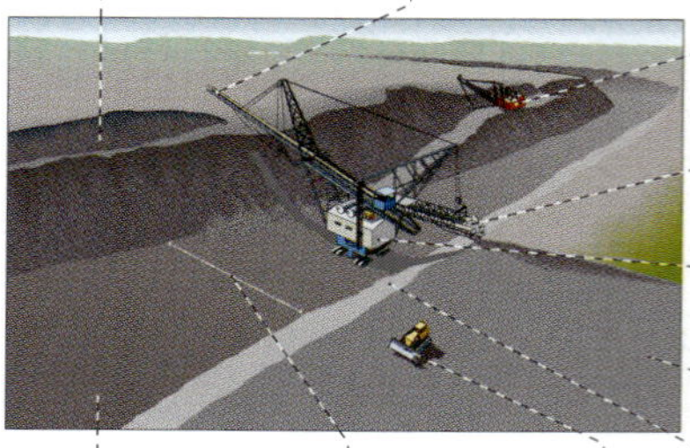

- terreno di scarico
- nastro trasportatore
- pala meccanica
- escavatrice a ruota di tazze
- elevatore a nastro trasportatore
- strato sterile
- cielo
- scavo
- bulldozer
- fronte dello scavo

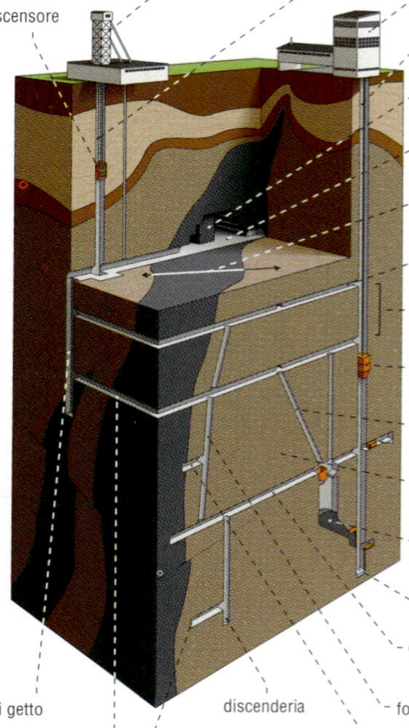

PETROLIO

IMPIANTO DI TRIVELLAZIONE

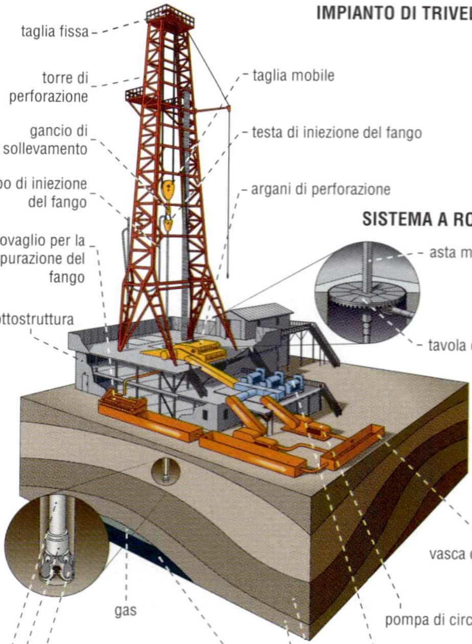

- taglia fissa
- taglia mobile
- torre di perforazione
- testa di iniezione del fango
- gancio di sollevamento
- argani di perforazione
- tubo di iniezione del fango
- vibrovaglio per la depurazione del fango
- sottostruttura

SISTEMA A ROTAZIONE
- asta motrice quadra
- tavola di rotazione

- gas
- scalpello
- petrolio
- manicotto di attacco dello scalpello
- roccia impermeabile
- asta di perforazione
- anticlinale
- motore
- pompa di circolazione del fango
- vasca del fango

PIATTAFORMA DI PRODUZIONE

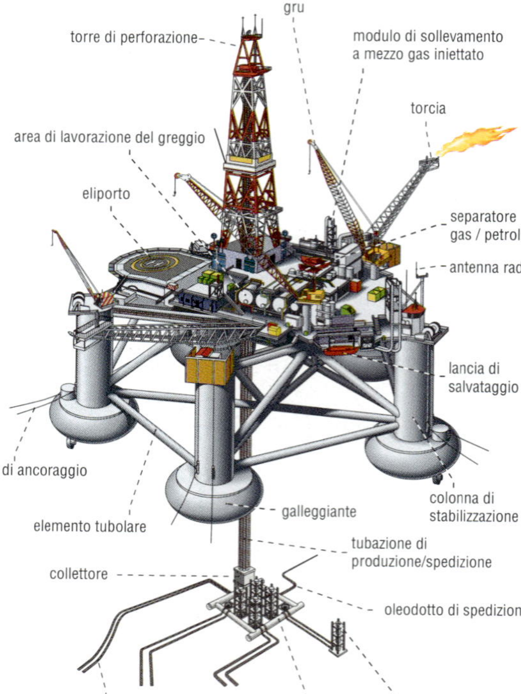

- gru
- modulo di sollevamento a mezzo gas iniettato
- torre di perforazione
- torcia
- area di lavorazione del greggio
- separatore gas / petrolio
- eliporto
- antenna radio
- lancia di salvataggio
- colonna di stabilizzazione
- cavi di ancoraggio
- galleggiante
- elemento tubolare
- tubazione di produzione/spedizione
- collettore
- oleodotto di spedizione
- tubazione di superficie
- template
- albero di Natale

SCIENZE DELLA TERRA ED ENERGIA

ENERGIA NUCLEARE
CENTRALE ELETTRONUCLEARE

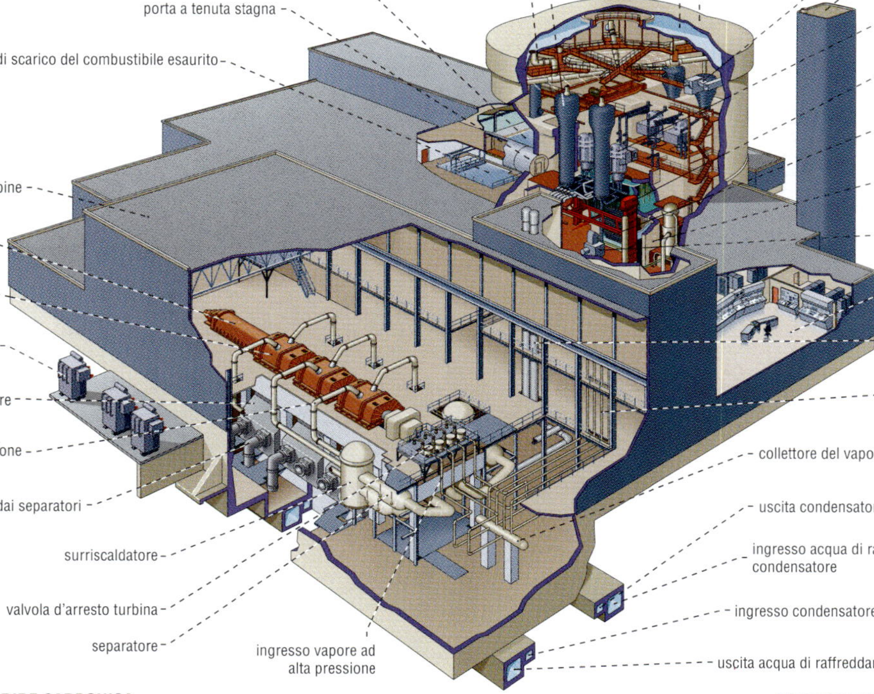

REATTORE AD ANIDRIDE CARBONICA

REATTORE AD ACQUA PESANTE

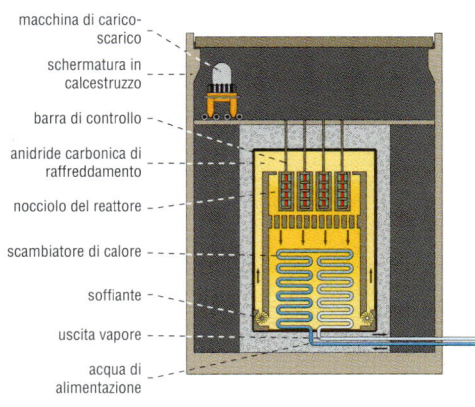
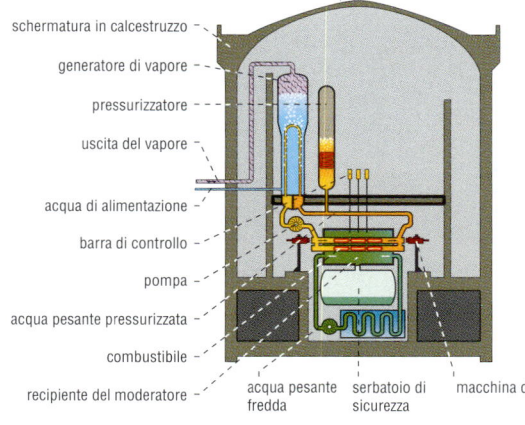

REATTORE AD ACQUA PRESSURIZZATA

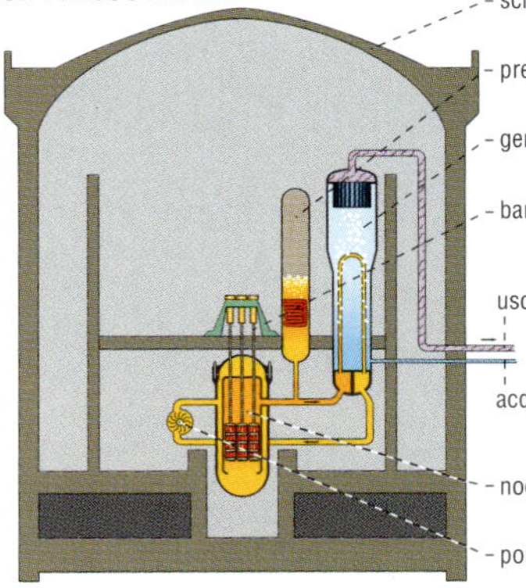

REATTORE AD ACQUA BOLLENTE

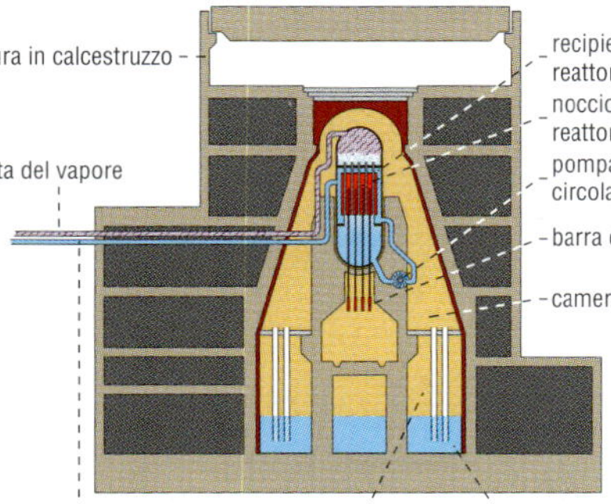

SCIENZE DELLA TERRA ED ENERGIA

ELETTRICITÀ

IMPIANTO IDROELETTRICO

- soglia dello sfioratore
- paratoia dello sfioratore
- coronamento
- condotta forzata
- bacino a monte
- sfioratore
- bacino
- gru a portale
- scivolo di tronchi d'albero
- sala di controllo
- canale di derivazione
- bacino a valle
- diga
- scivolo di sfioratore
- stazione di trasformazione
- muro di sponda
- centrale idroelettrica
- sala macchine

SEZIONE TRASVERSALE DI UNA CENTRALE IDROELETTRICA

- paratoia
- interruttore automatico
- gru a portale
- stazione di trasformazione
- trasformatore
- parafulmine
- gru a ponte
- sala macchine
- galleria di ispezione
- gru a portale
- camera a spirale
- paratoia
- bacino a valle
- canale di scarico
- gruppo generatore
- presa d'acqua
- tubo aspiratore
- griglia
- barra collettrice
- bacino
- condotta forzata

CENTRALE ELETTRICA MAREOMOTRICE

- diga mobile
- riva
- mare aperto
- centrale elettrica
- chiusa
- edificio dei servizi
- coronamento
- stazione di trasformazione
- bacino
- diga fissa
- paratoia

SEZIONE TRASVERSALE

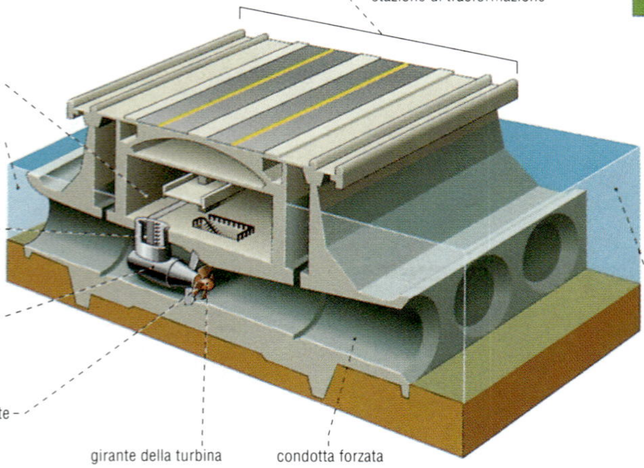

- piano di servizio
- lato mare
- pozzo d'accesso
- bulbo
- pala della girante
- girante della turbina
- condotta forzata
- lato bacino

SCIENZE DELLA TERRA ED ENERGIA

DIGA IN TERRA

SEZIONE TRASVERSALE

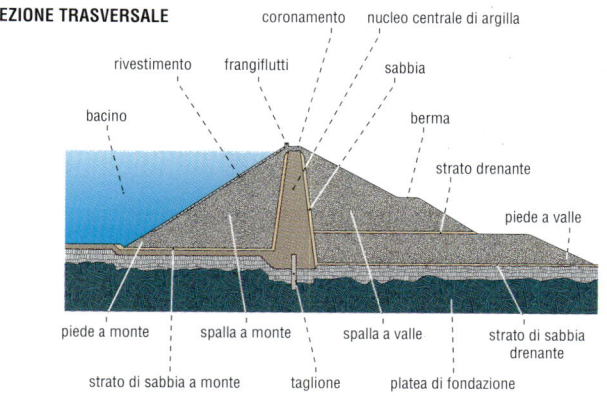

- bacino
- rivestimento
- frangiflutti
- coronamento
- nucleo centrale di argilla
- sabbia
- berma
- strato drenante
- piede a valle
- piede a monte
- spalla a monte
- spalla a valle
- strato di sabbia drenante
- strato di sabbia a monte
- taglione
- platea di fondazione

DIGA A GRAVITÀ

SEZIONE TRASVERSALE

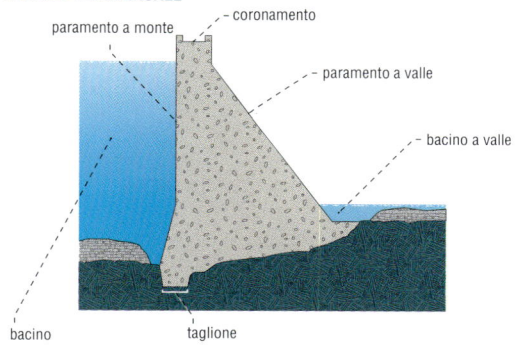

- paramento a monte
- coronamento
- paramento a valle
- bacino a valle
- bacino
- taglione

DIGA A VOLTA

SEZIONE TRASVERSALE

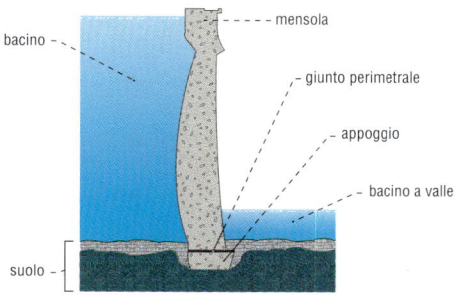

- bacino
- mensola
- giunto perimetrale
- appoggio
- bacino a valle
- suolo

DIGA A CONTRAFFORTI

SEZIONE TRASVERSALE

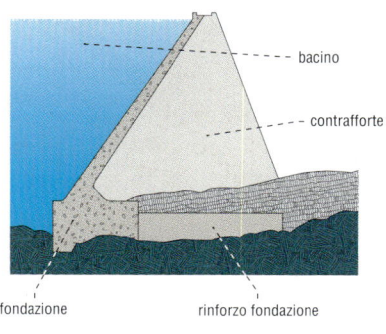

- bacino
- contrafforte
- fondazione
- rinforzo fondazione

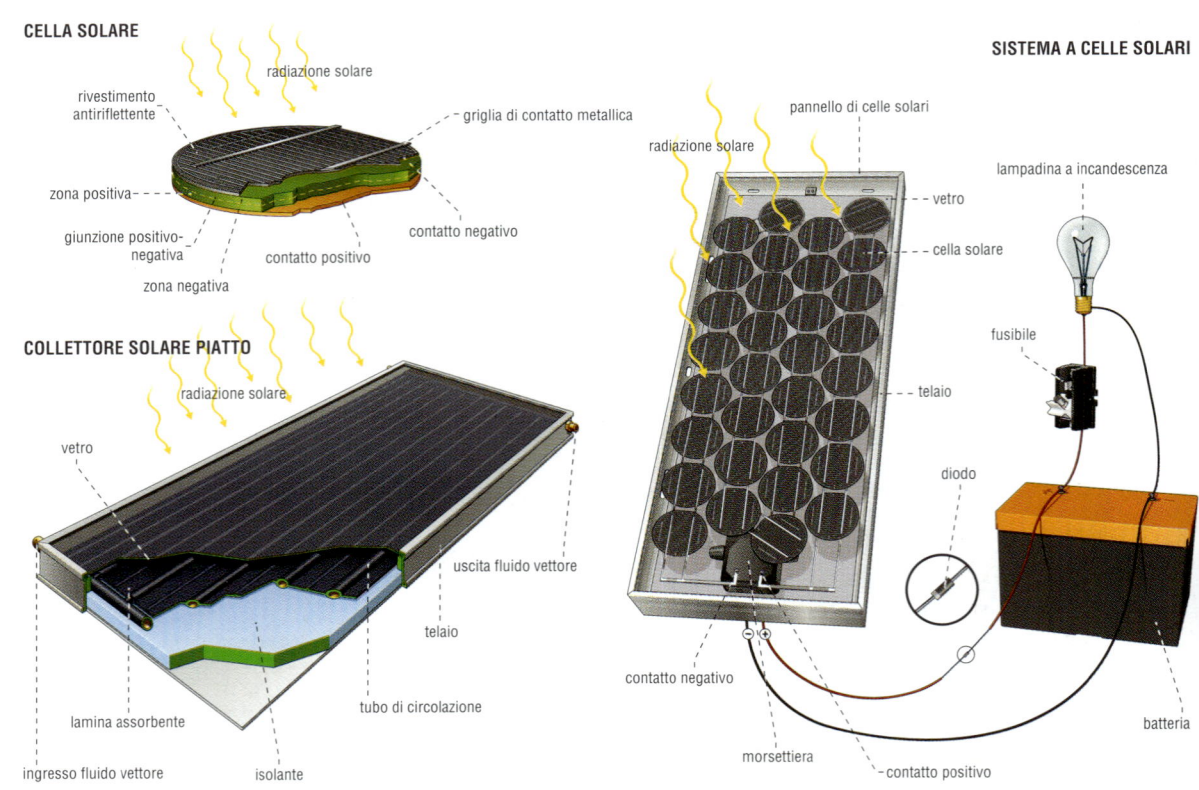

SCIENZE DELLA TERRA ED ENERGIA

ENERGIA EOLICA

MULINO A PILASTRO

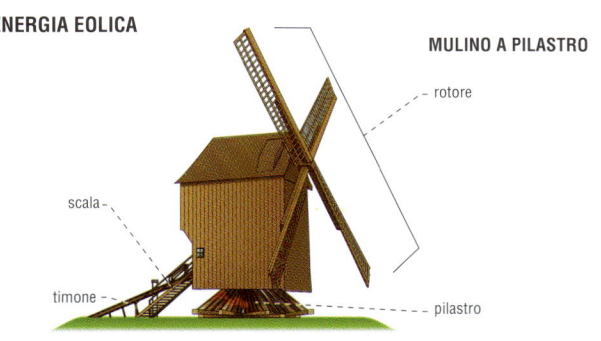

MULINO A VENTO

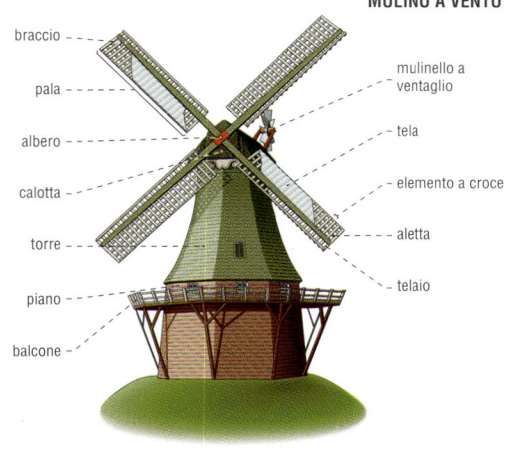

TURBINA AD ASSE ORIZZONTALE

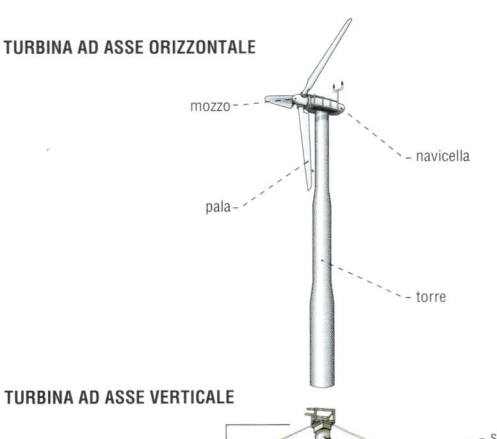

TURBINA AD ASSE VERTICALE

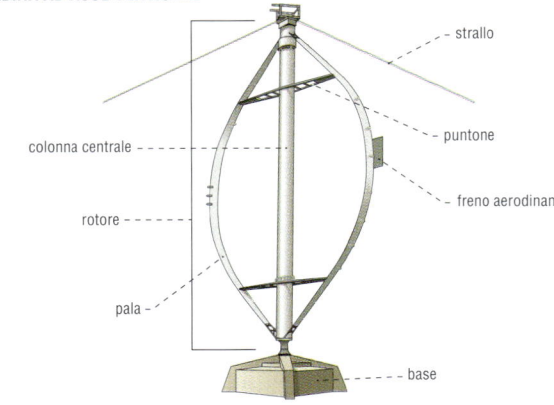

La centrale eolica di Altamont Pass, in California.

Campo geotermico nella regione del lago Myvatn, nell'Islanda settentrionale.

Lo stabilimento geotermico di Wairakei, in Nuova Zelanda.

SISTEMA SOLARE

PIANETI E SATELLITI

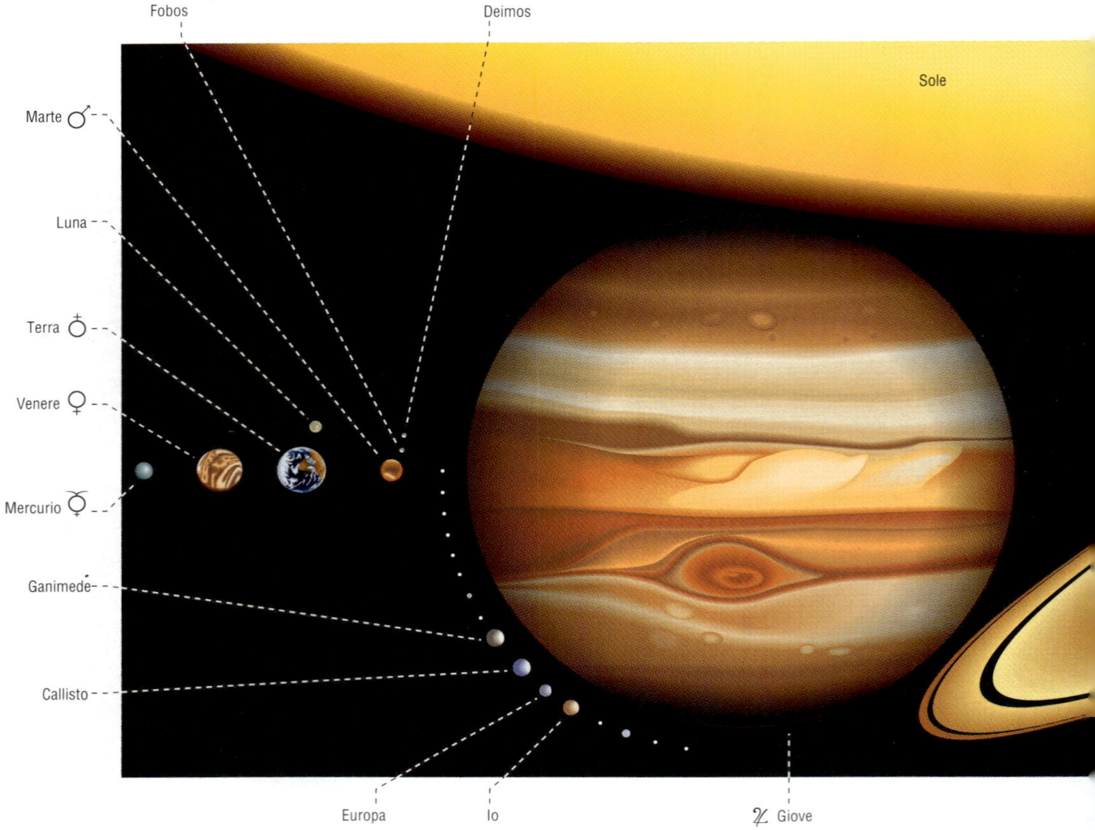

	distanza media dal Sole (in milioni di kilometri)	raggio equatoriale	massa
Mercurio	57,9	2439 km	$3,29 \cdot 10^{23}$ kg
Venere	108,2	6052 km	$4,87 \cdot 10^{24}$ kg
Terra	149,6	6378 km	$5,97 \cdot 10^{24}$ kg
Marte	227,9	3397 km	$6,4 \cdot 10^{23}$ kg
Giove	778,3	71 400 km	$1,9 \cdot 10^{27}$ kg
Saturno	1427	60 330 km	$5,7 \cdot 10^{26}$ kg
Urano	2870	25 800 km	$8,68 \cdot 10^{25}$ kg
Nettuno	4496,6	24 750 km	$1,06 \cdot 10^{26}$ kg
Plutone	5900	circa 1500 km	circa $1,2 \cdot 10^{22}$ kg

ORBITE DEI PIANETI

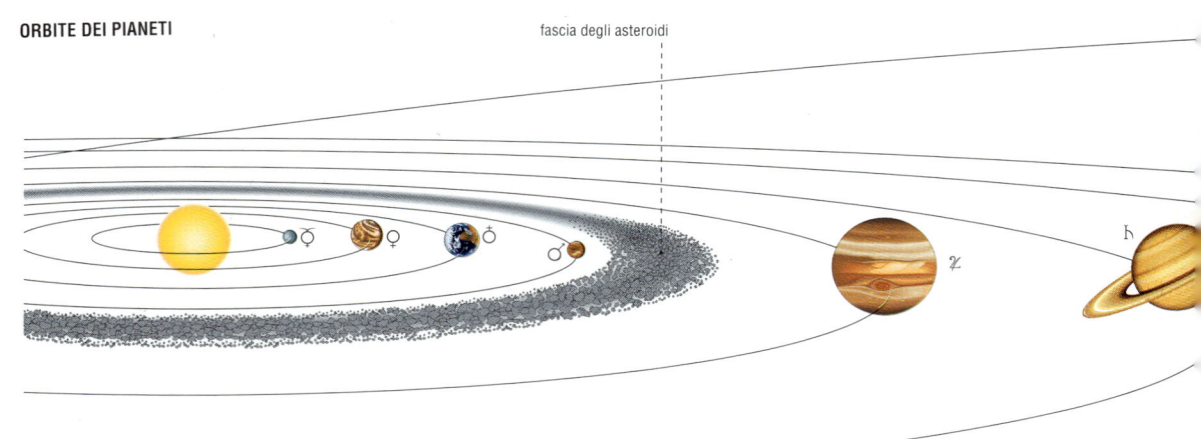

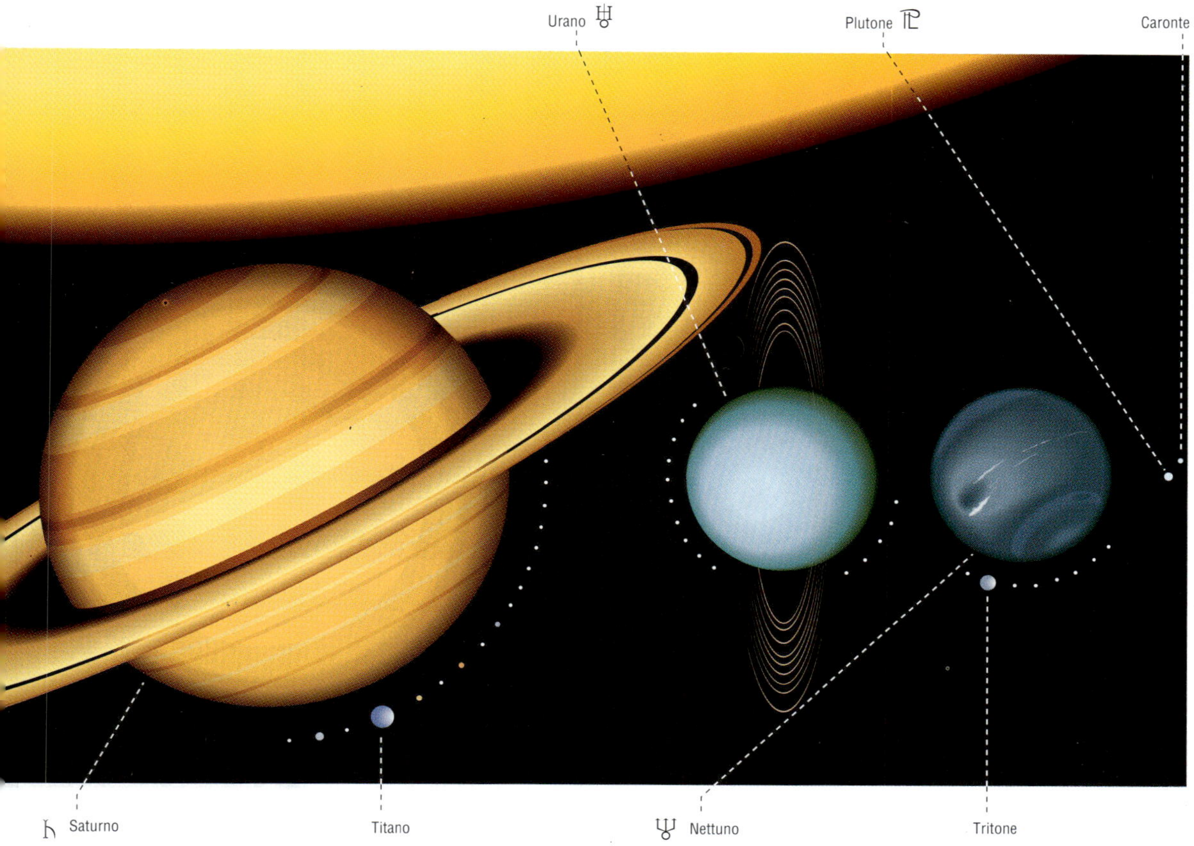

SISTEMA SOLARE

eccentricità dell'orbita	periodo di rivoluzione	periodo di rotazione
0,2056	87,969 giorni	$58^d\ 15^h\ 38^m$
0,0068	224,701 giorni	243 giorni R
0,0167	$365^d\ 6^h\ 9^m\ 9,5^s$	$23^h\ 56^m\ 4^s$
0,0934	687 giorni	$24^h\ 37^m\ 22^s$
0,0483	11,86 anni	$9^h\ 50^m\ 30^s$
0,0556	29,46 anni	$10^h\ 14^m$
0,0472	84,01 anni	$17^h\ 30^m$ R
0,0097	164,79 anni	$18^h\ 12^m$
0,2482	248,4 anni	$6^d\ 9^h\ 18^m$ R

d = giorni
h = ore
m = minuti
s = secondi
R = moto retrogrado

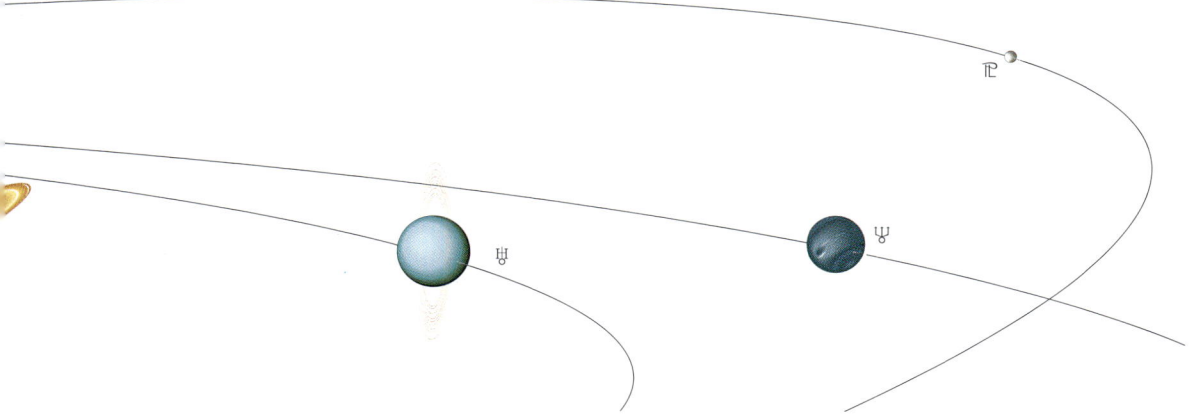

SISTEMA SOLARE

SOLE

STRUTTURA DEL SOLE

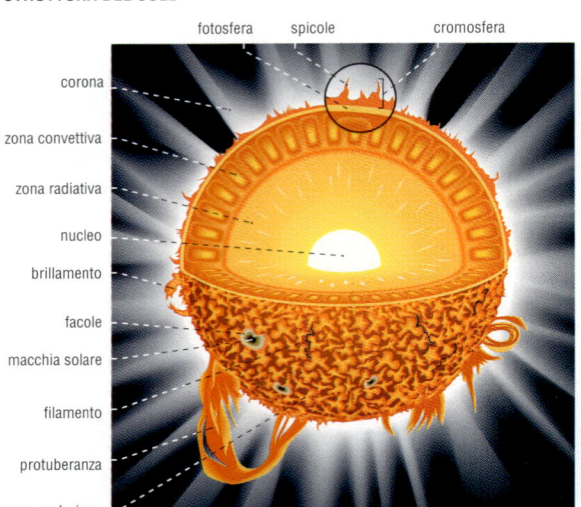

- corona
- zona convettiva
- zona radiativa
- nucleo
- brillamento
- facole
- macchia solare
- filamento
- protuberanza
- granulazione
- fotosfera
- spicole
- cromosfera

LUNA

CARATTERISTICHE DELLA LUNA

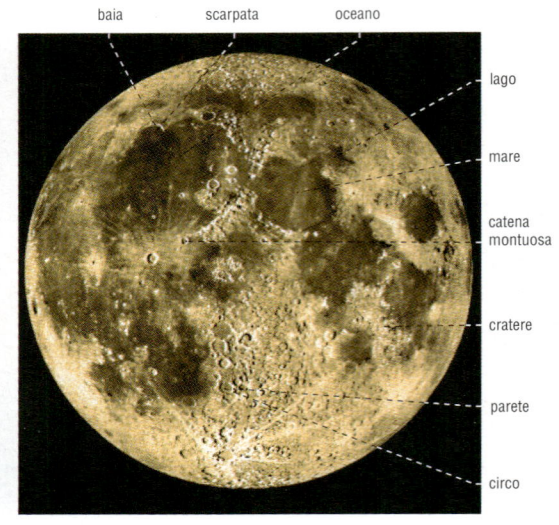

- baia
- scarpata
- oceano
- lago
- mare
- catena montuosa
- cratere
- parete
- circo

FASI DELLA LUNA

Luna nuova — Luna crescente — primo quarto — Luna gibbosa crescente — Luna piena — Luna gibbosa calante — ultimo quarto — Luna calante

ECLISSI DI SOLE

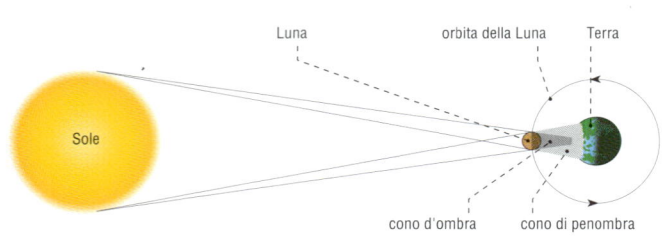

Luna — orbita della Luna — Terra — Sole — cono d'ombra — cono di penombra

TIPI DI ECLISSI

 eclissi totale

 eclissi anulare

 eclissi parziale

ECLISSI DI LUNA

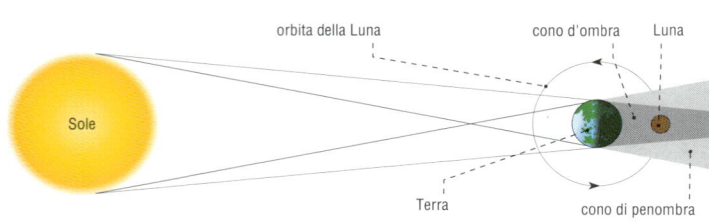

orbita della Luna — cono d'ombra — Luna — Sole — Terra — cono di penombra

TIPI DI ECLISSI

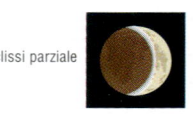 eclissi parziale

 eclissi totale

SPORT

ATTREZZI GINNICI

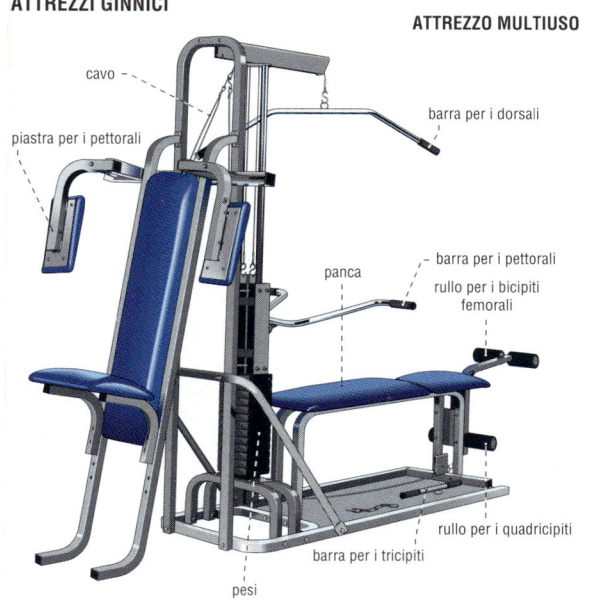

ATTREZZO MULTIUSO

CYCLETTE

simulatore di salita

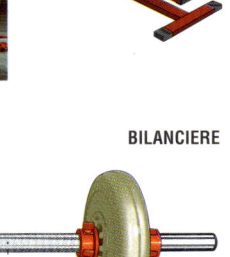

VOGATORE

BILANCIERE

MANUBRIO

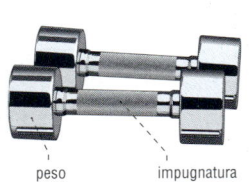

molla a forbice

SBARRA PIEGHEVOLE

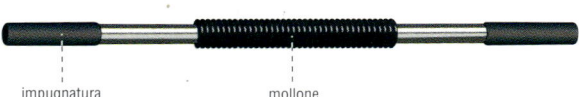

cavigliera

corda

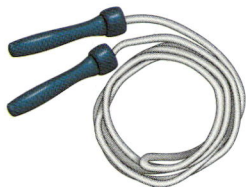

estensore

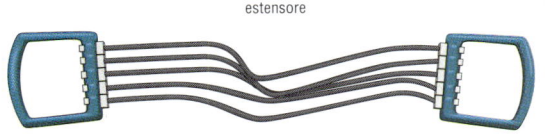

SPORT
ATLETICA LEGGERA

STADIO

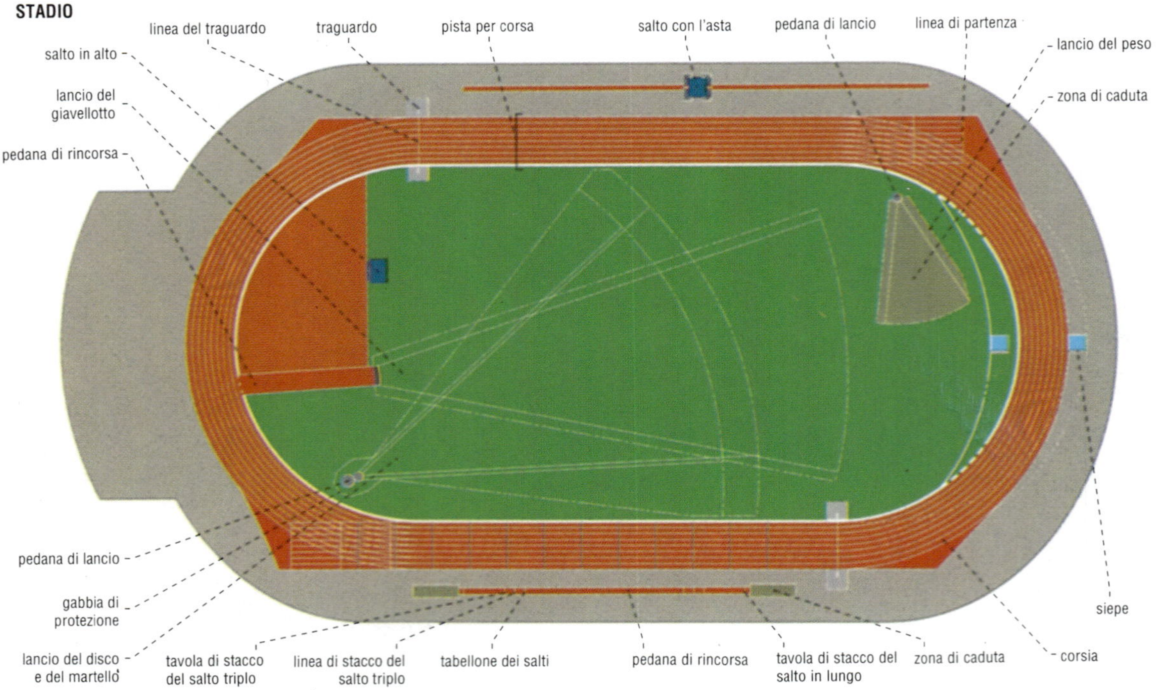

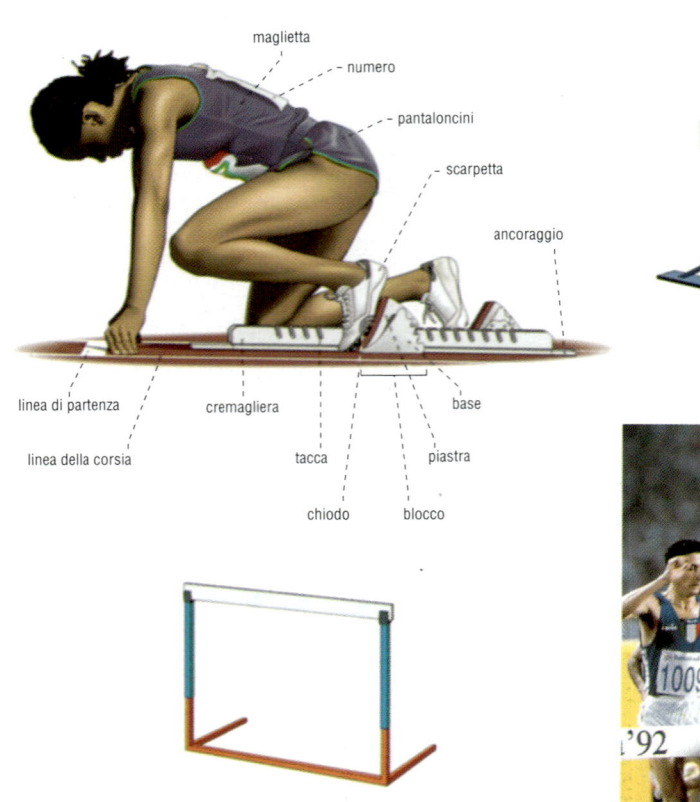

- linea del traguardo
- traguardo
- pista per corsa
- salto con l'asta
- pedana di lancio
- linea di partenza
- lancio del peso
- zona di caduta
- salto in alto
- lancio del giavellotto
- pedana di rincorsa
- pedana di lancio
- gabbia di protezione
- lancio del disco e del martello
- tavola di stacco del salto triplo
- linea di stacco del salto triplo
- tabellone dei salti
- pedana di rincorsa
- tavola di stacco del salto in lungo
- zona di caduta
- siepe
- corsia

BLOCCO DI PARTENZA

- maglietta
- numero
- pantaloncini
- scarpetta
- ancoraggio
- linea di partenza
- linea della corsia
- cremagliera
- tacca
- chiodo
- piastra
- blocco
- base

ostacolo per corsa siepi

ostacolo

3000 metri siepi.

SALTO IN ALTO

SALTO CON L'ASTA

LANCI

martello

pesi

disco

giavellotti

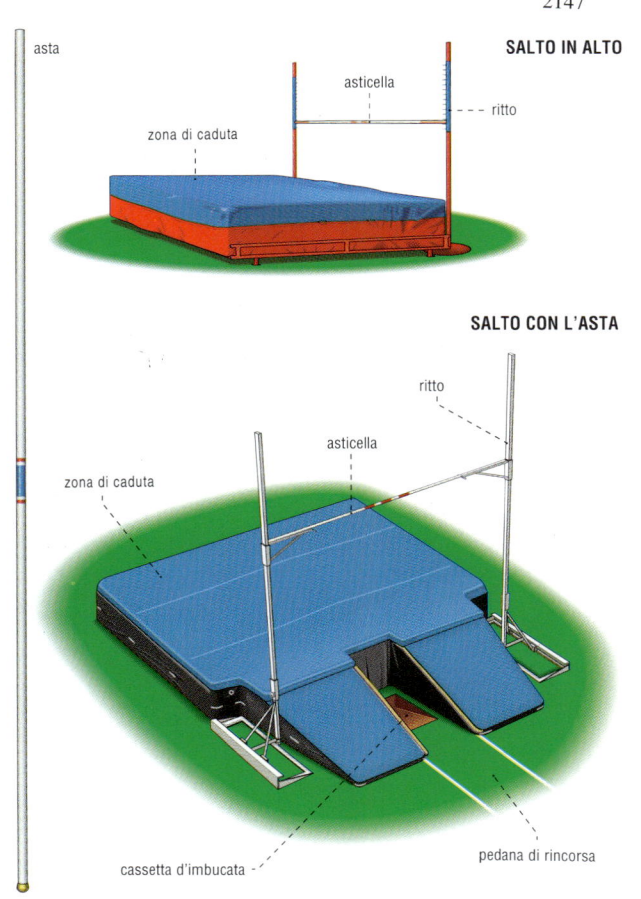

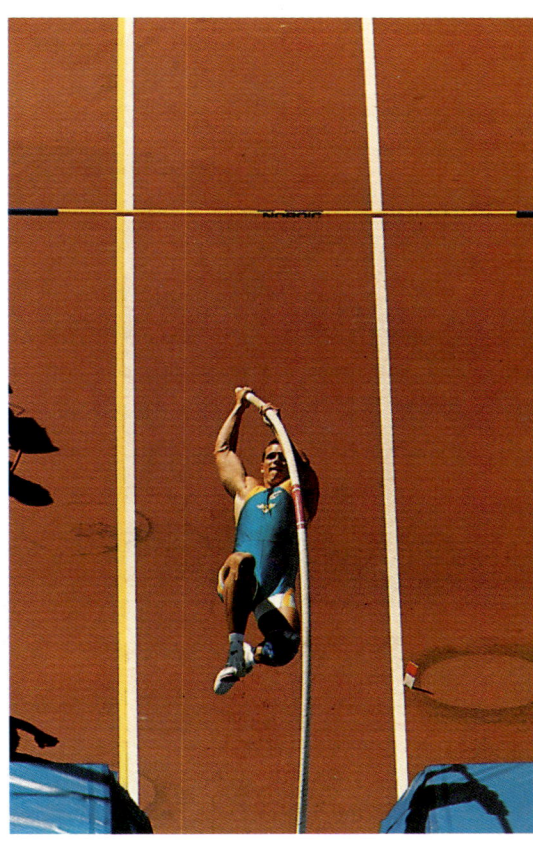

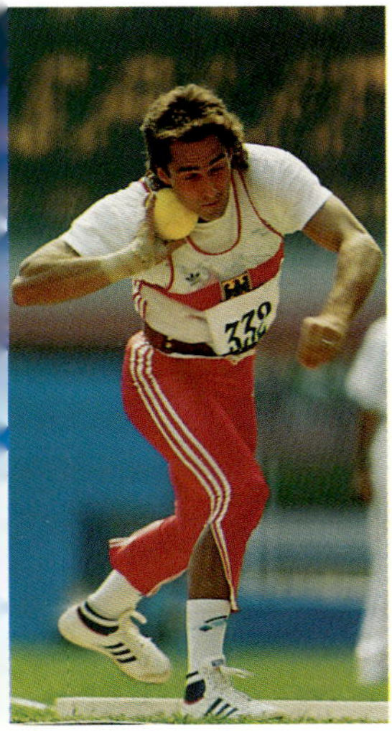

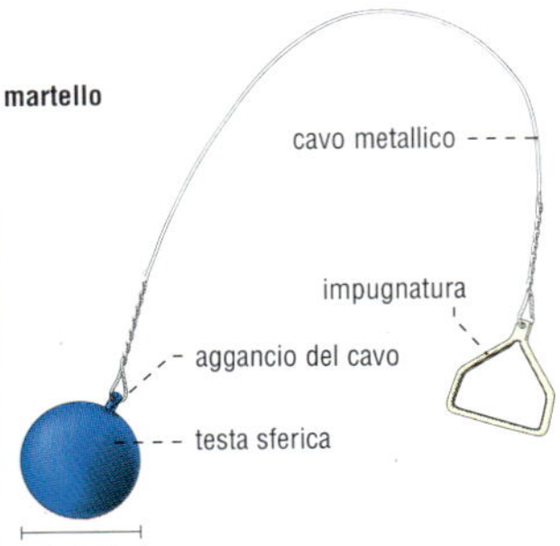

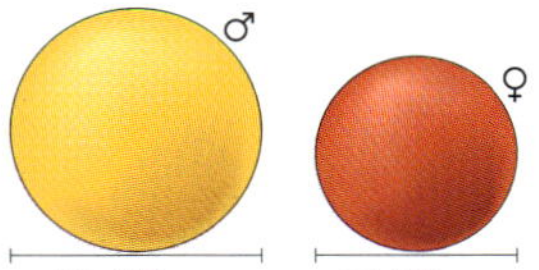

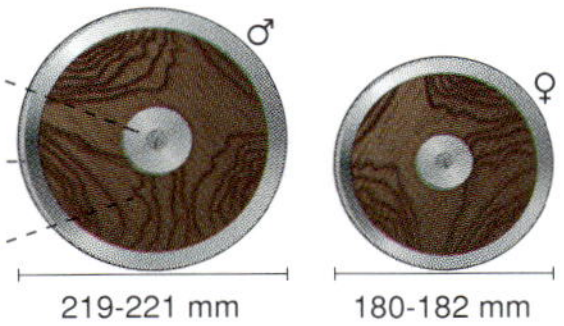

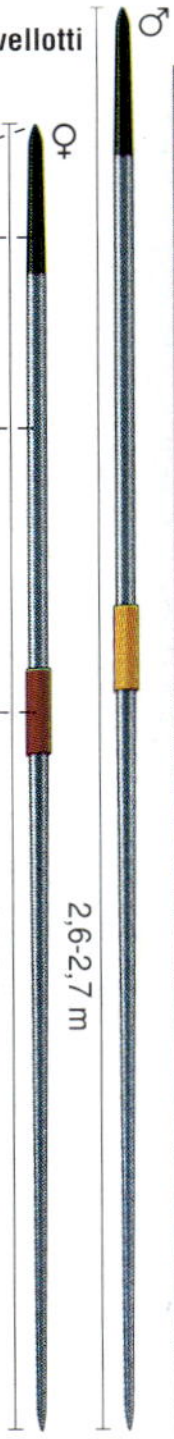

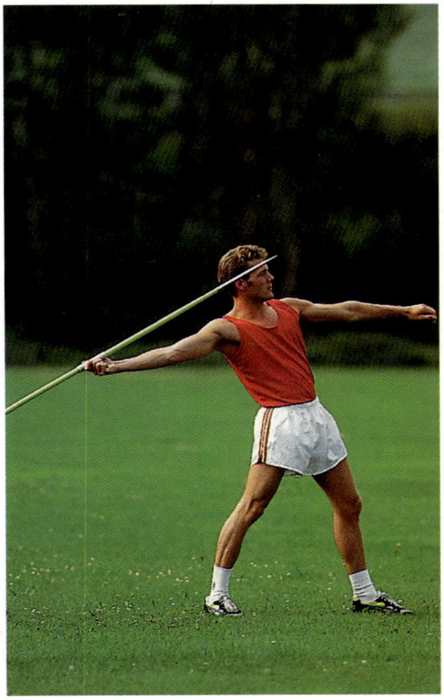

SPORT

NUOTO

PISCINA OLIMPICA

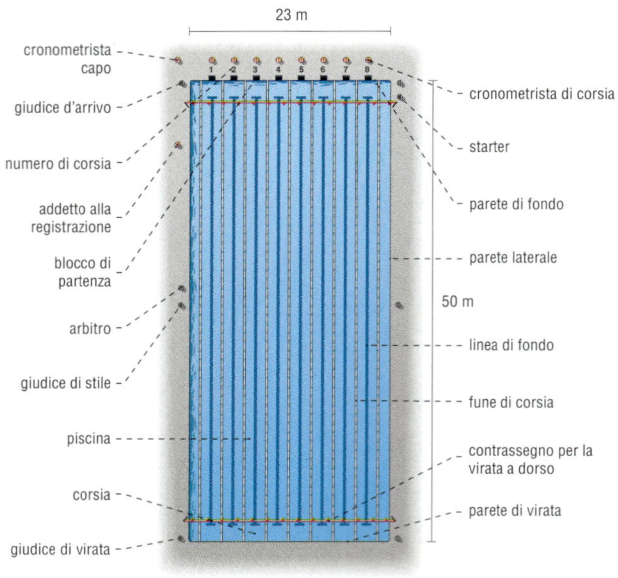

23 m
50 m

- cronometrista capo
- giudice d'arrivo
- numero di corsia
- addetto alla registrazione
- blocco di partenza
- arbitro
- giudice di stile
- piscina
- corsia
- giudice di virata
- cronometrista di corsia
- starter
- parete di fondo
- parete laterale
- linea di fondo
- fune di corsia
- contrassegno per la virata a dorso
- parete di virata

BLOCCO DI PARTENZA

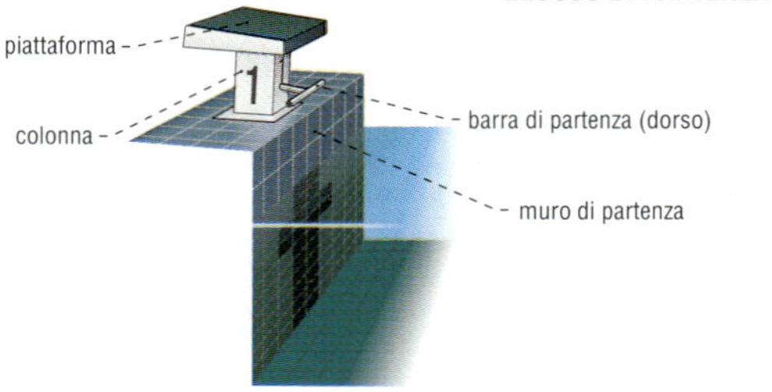

- piattaforma
- colonna
- barra di partenza (dorso)
- muro di partenza

STILI DI NUOTO

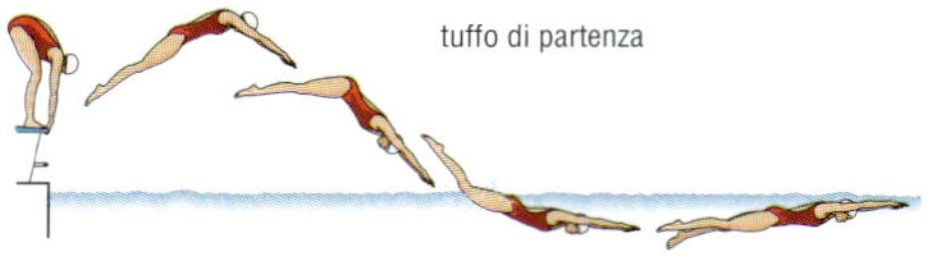

tuffo di partenza

STILE LIBERO O CRAWL

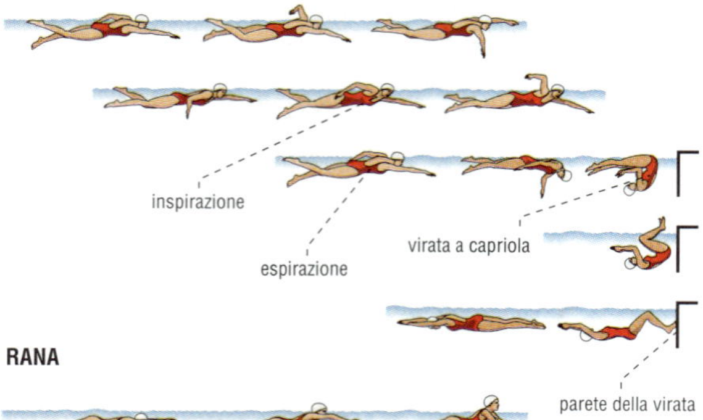

- inspirazione
- espirazione
- virata a capriola

RANA

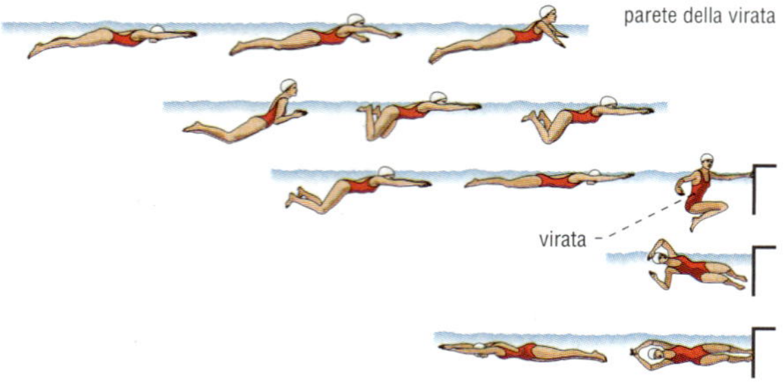

- virata
- parete della virata

DELFINO

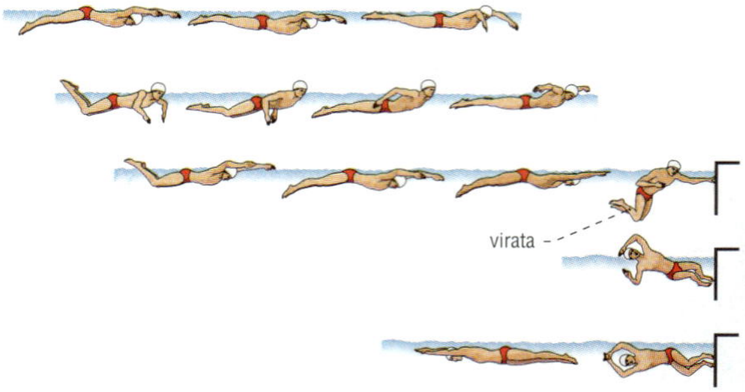

- virata

DORSO

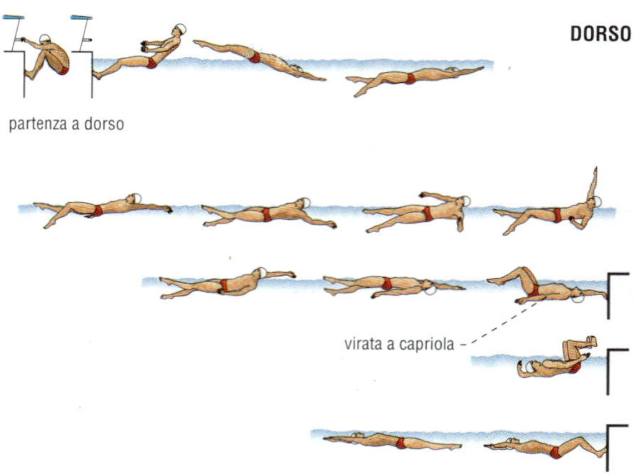

- partenza a dorso
- virata a capriola

SPORT
TUFFI

TRAMPOLINO
- torre del trampolino
- piattaforma di 10 m
- piattaforma di 7,5 m
- piattaforma di 5 m
- piattaforma di 3 m
- trampolino di 3 m
- fulcro mobile
- trampolino di 1 m
- superficie dell'acqua

POSIZIONI DI PARTENZA
- in avanti
- all'indietro
- verticale sulle braccia

FASI DI VOLO
- posizione carpiata
- posizione tesa
- posizione raggruppata

ENTRATE
- entrata di testa
- entrata di piedi

Tuffo dalla piattaforma di 10 metri.

TUFFO IN AVANTI
- posizione delle gambe
- posizione delle braccia
- entrata

TUFFO ALL'INDIETRO
- posizione di partenza

TUFFO VERTICALE SULLE BRACCIA

Tuffo dal trampolino di 3 metri.

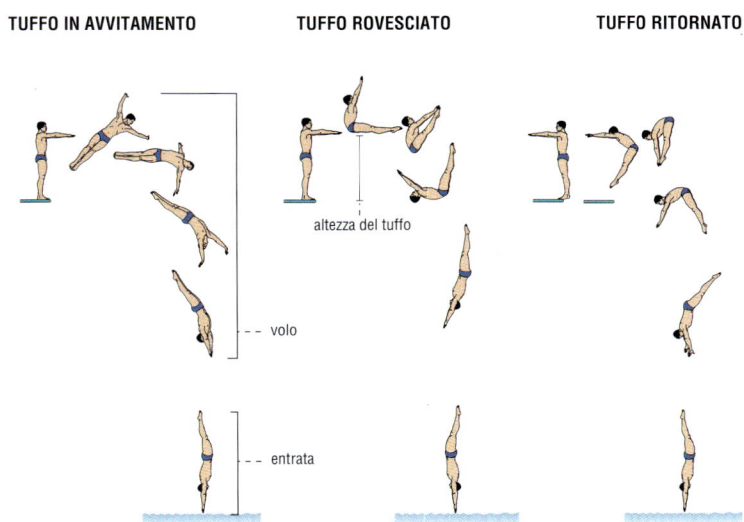

TUFFO IN AVVITAMENTO
- volo
- entrata

TUFFO ROVESCIATO
- altezza del tuffo

TUFFO RITORNATO

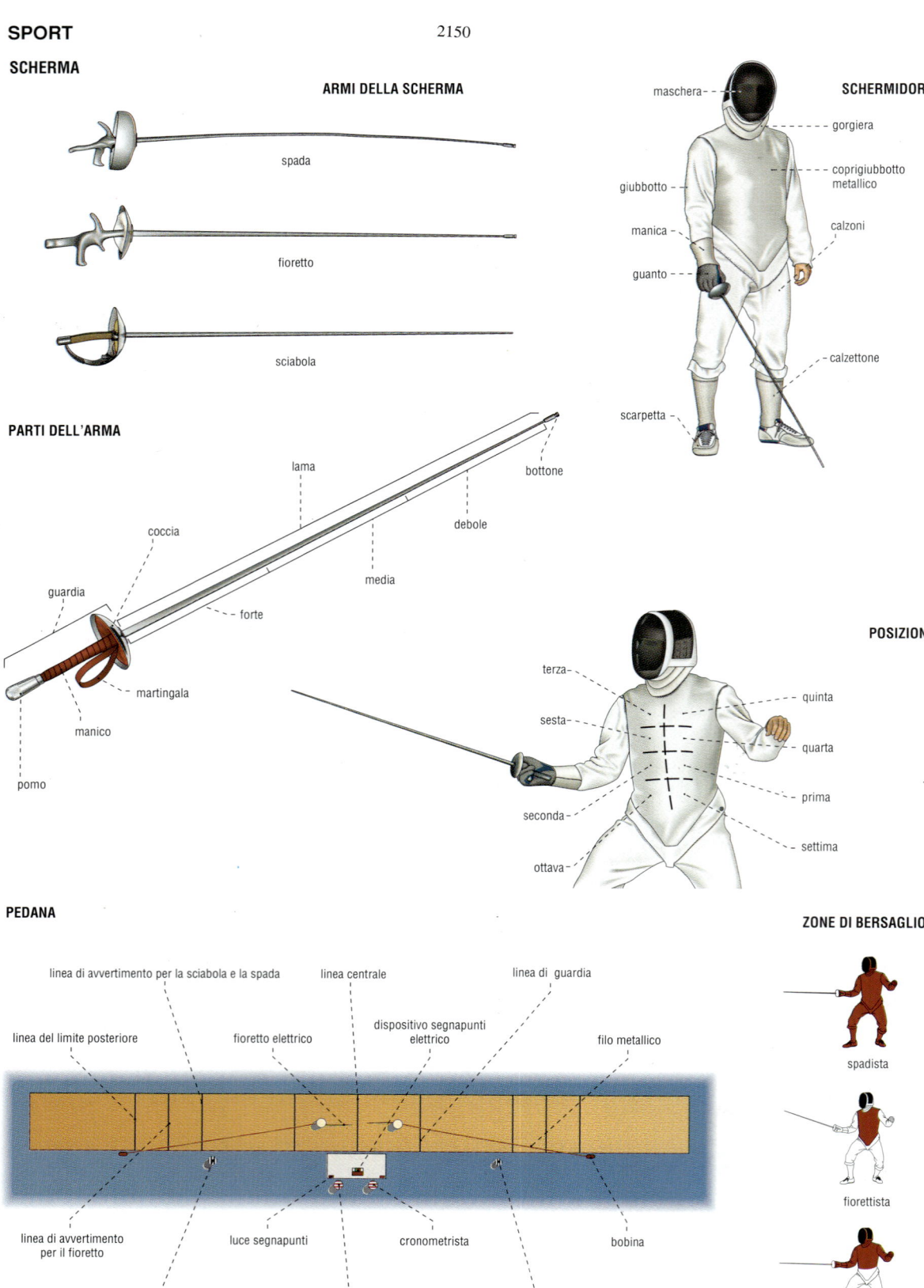

TIRO CON L'ARCO

FRECCIA

ARCIERE

ARCO COMPOUND

BERSAGLIO

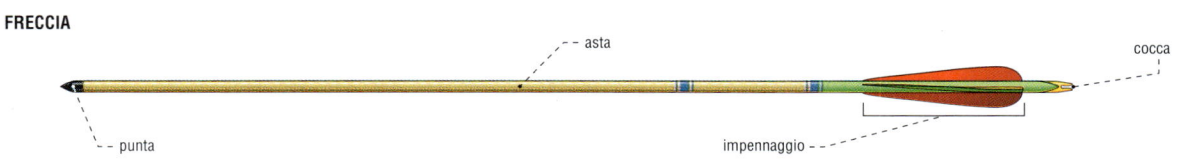

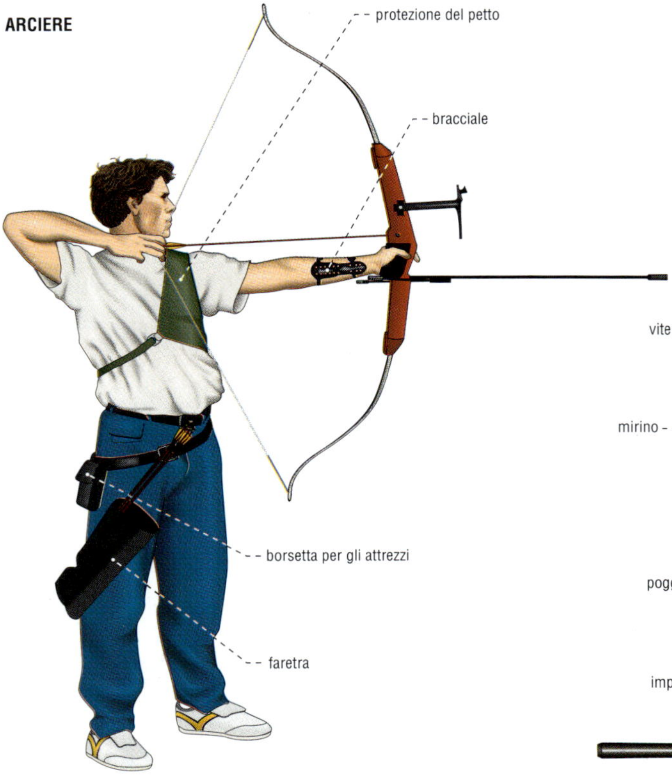

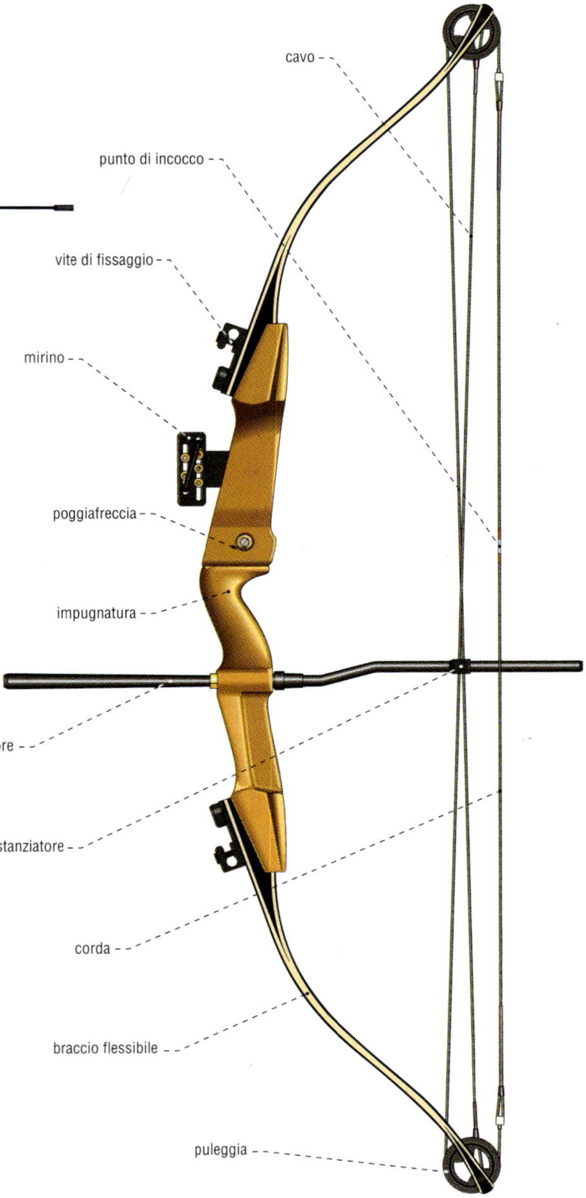

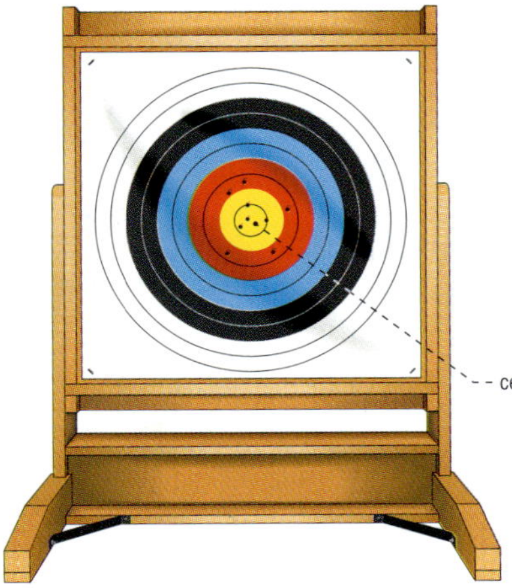

SPORT
EQUITAZIONE

CAVALIERE

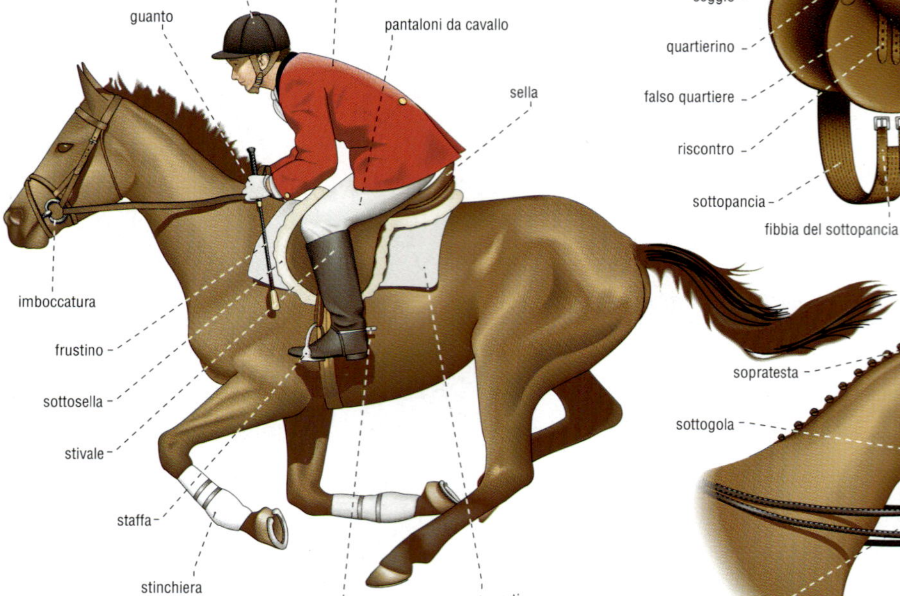

- cap
- giacca da cavallo
- guanto
- pantaloni da cavallo
- sella
- imboccatura
- frustino
- sottosella
- stivale
- staffa
- stinchiera
- sperone
- copertina

SELLA

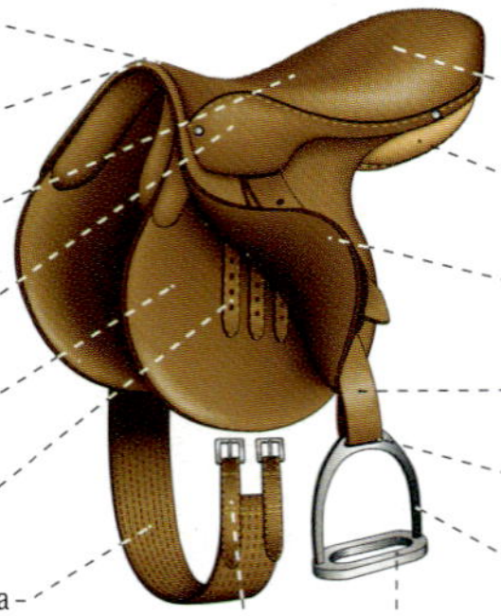

- pomo
- arco
- seggio
- quartierino
- falso quartiere
- riscontro
- sottopancia
- fibbia del sottopancia
- paletta
- cuscino
- quartiere
- staffile
- occhio
- arco
- panca

BRIGLIA

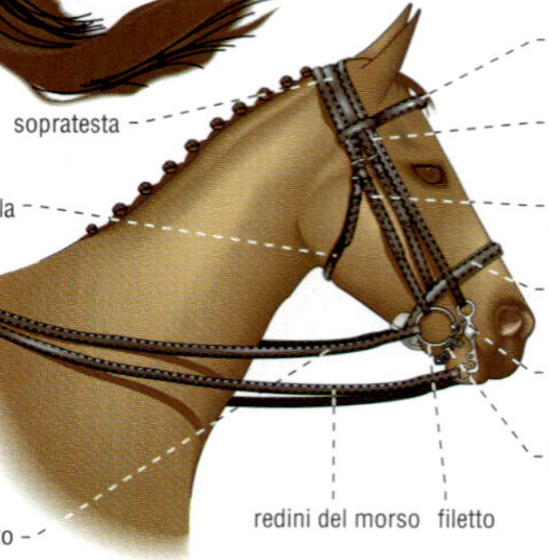

- frontale
- montante del morso
- montante del filetto
- capezzina
- morso
- barbozzale
- sopratesta
- sottogola
- redini del filetto
- redini del morso
- filetto

CAMPO DI GARA

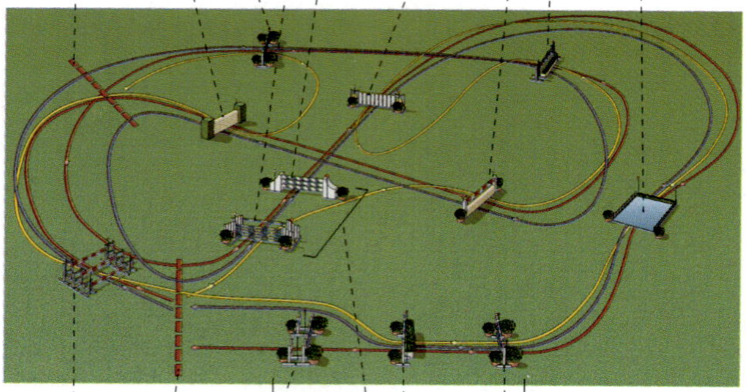

- dritto: barriere
- oxer
- muro con barriere
- muro
- dritto di tavole
- siepe con barriere
- arrivo
- cancello
- riviera
- triplice
- partenza e arrivo
- largo di barriere
- gabbia
- doppia gabbia
- muro
- siepe con barriere

➡ percorso avanzato   ➡ percorso principianti   ➡ percorso di velocità

OSTACOLI

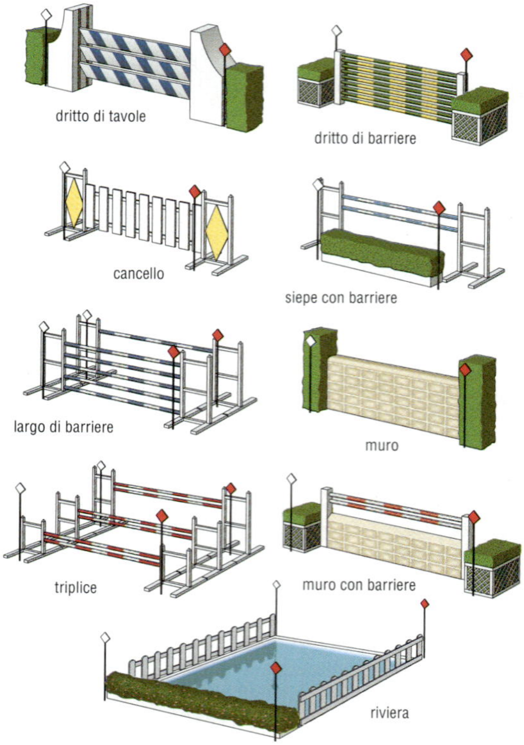

- dritto di tavole
- dritto di barriere
- cancello
- siepe con barriere
- largo di barriere
- muro
- triplice
- muro con barriere
- riviera

GOLF

PERCORSO

SEZIONE DI UNA PALLA DA GOLF

PALLA DA GOLF

TIPI DI BASTONI DA GOLF

LEGNO

FERRO

BASTONI DA GOLF

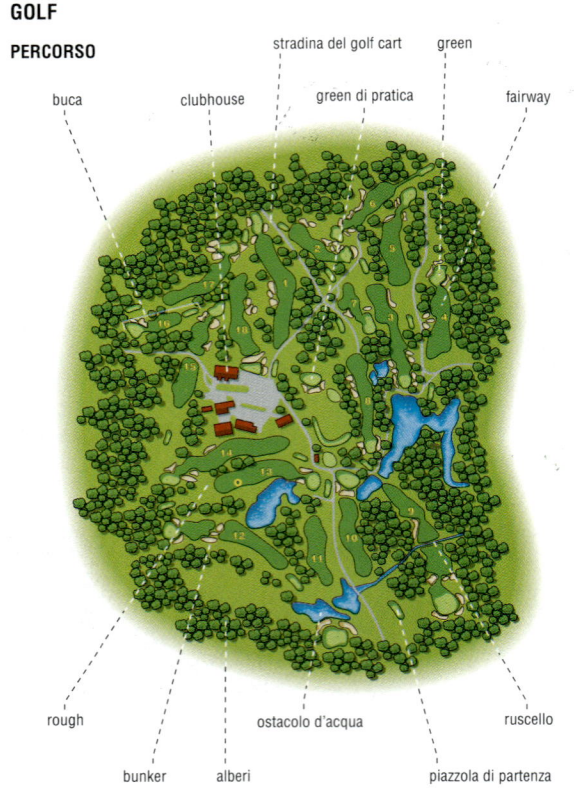

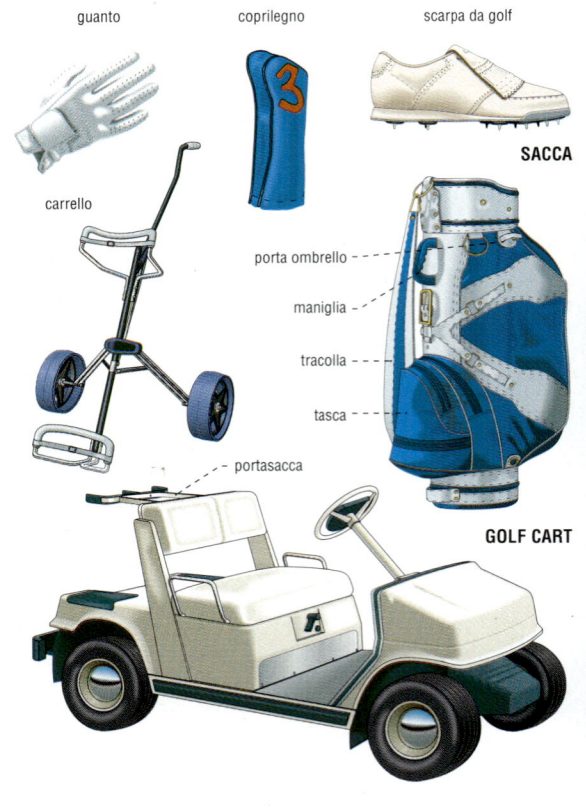

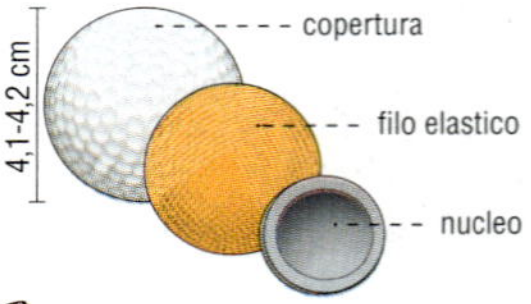

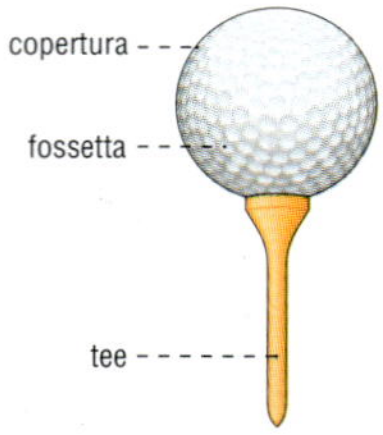

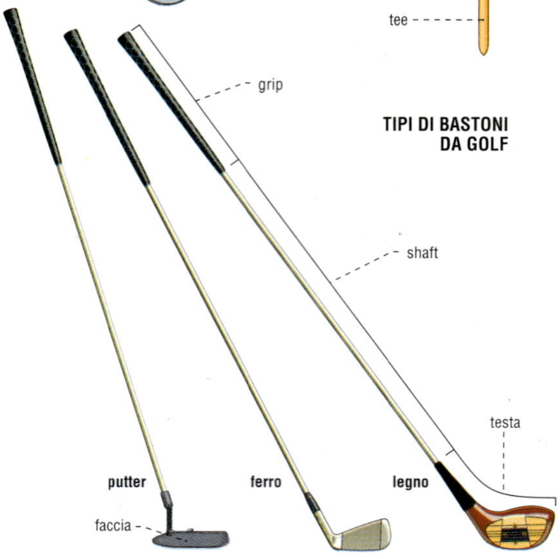

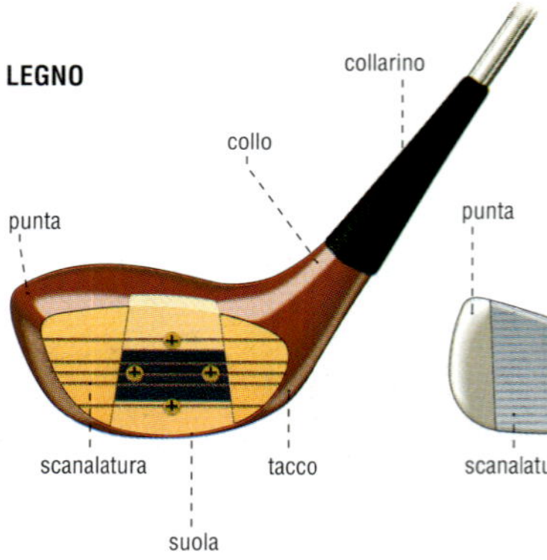

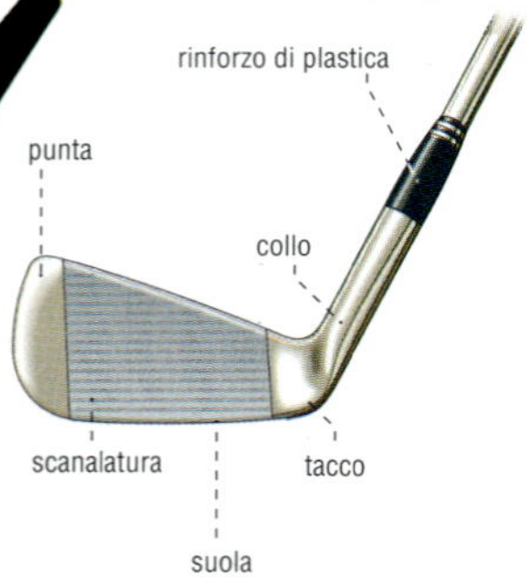

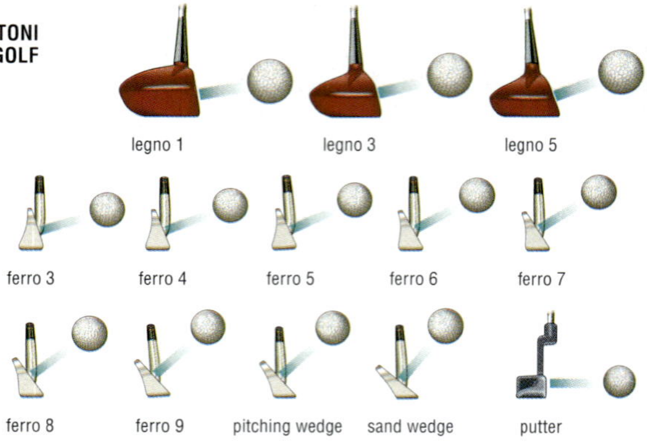

SPORT

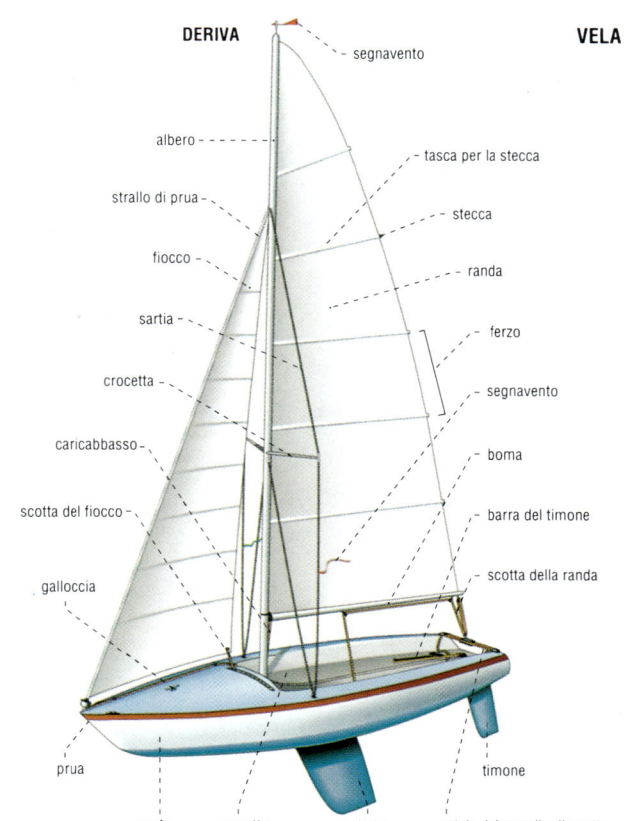

Sfidante della Coppa America.

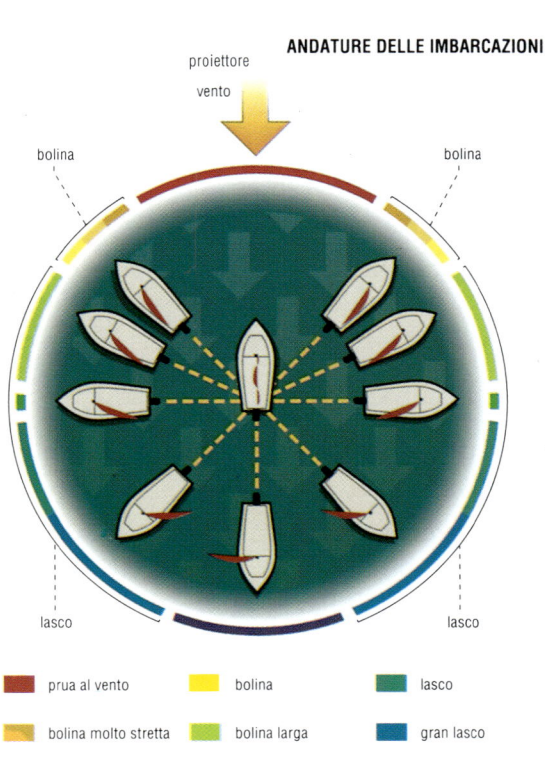

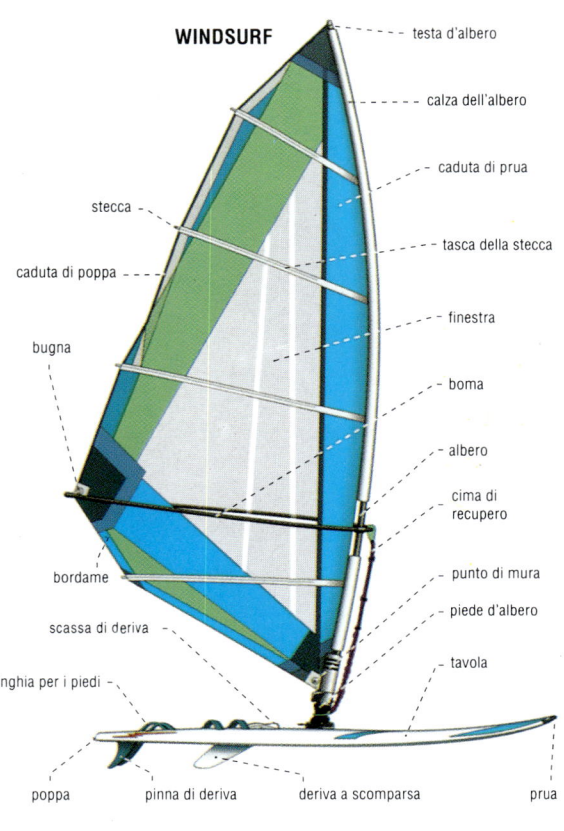

SPORT

MONGOLFIERA

- valvola del paracadute
- riquadro
- sutura di rinforzo
- paravento del bruciatore
- cavi di sospensione della navicella
- bruciatore
- navicella

DELTAPLANO

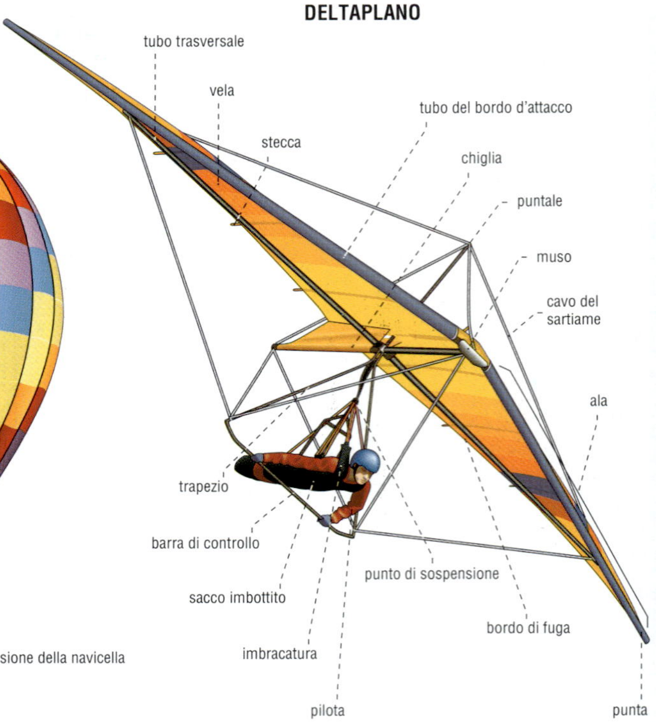

- tubo trasversale
- vela
- stecca
- tubo del bordo d'attacco
- chiglia
- puntale
- muso
- cavo del sartiame
- ala
- trapezio
- barra di controllo
- sacco imbottito
- imbracatura
- pilota
- punto di sospensione
- bordo di fuga
- punta

PARAPENDIO

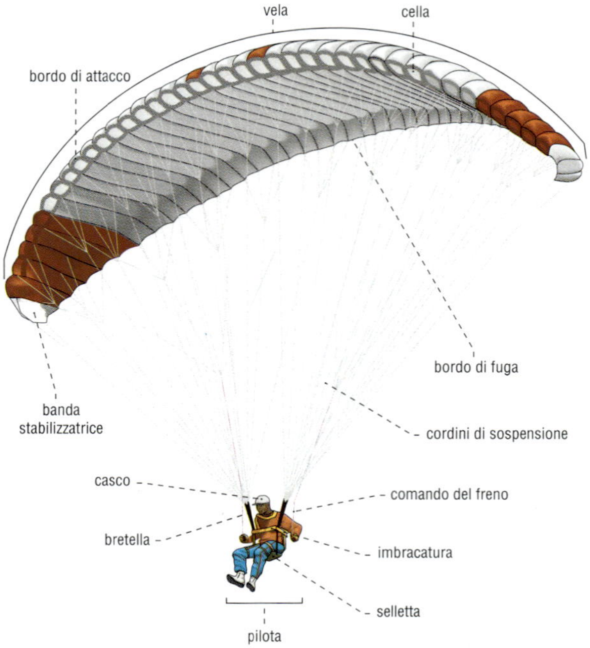

- vela
- cella
- bordo di attacco
- bordo di fuga
- cordini di sospensione
- banda stabilizzatrice
- casco
- bretella
- comando del freno
- imbracatura
- selletta
- pilota

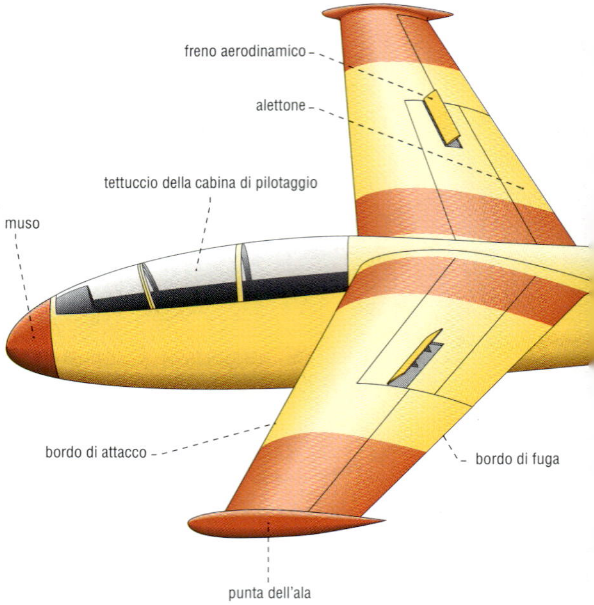

- freno aerodinamico
- alettone
- tettuccio della cabina di pilotaggio
- muso
- bordo di attacco
- bordo di fuga
- punta dell'ala

SPORT

A sinistra: Il paracadute a profilo alare, l'unico attualmente usato nello sport, applica gli stessi principi aerodinamici dell'ala dell'aereo, ha una velocità propria di circa 15 m/s e permette una precisione in atterraggio eccezionale. Per direzionarlo il paracadutista agisce su due funi collegate con la coda dell'ala.
In alto: paracadute a calotta rientrante. Vola per sostentamento, ha una serie di fenditure nella calotta che gli permettono un avanzamento di circa 5 m/s; due comandi posti su due fenditure consentono di ruotare a destra o a sinistra.

PARACADUTISMO IN CADUTA LIBERA
PARACADUTISTA

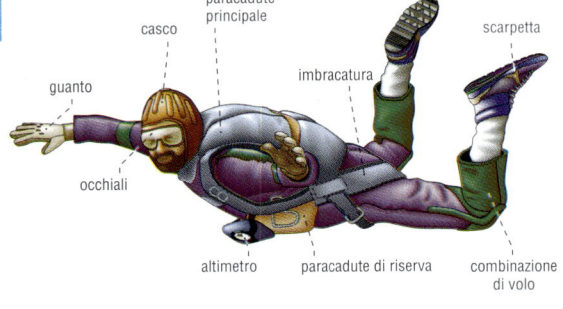

Labels: casco, paracadute principale, scarpetta, guanto, imbracatura, occhiali, altimetro, paracadute di riserva, combinazione di volo

VOLO A VELA

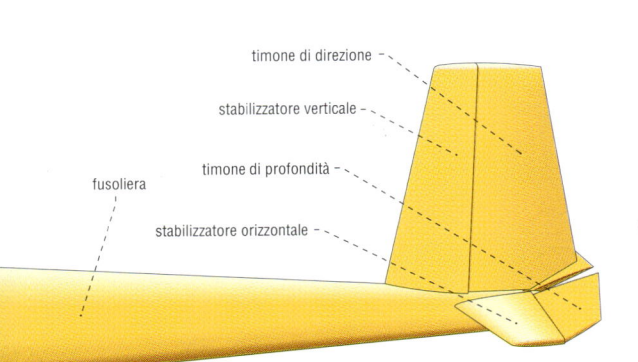

Labels: timone di direzione, stabilizzatore verticale, timone di profondità, stabilizzatore orizzontale, fusoliera

ALIANTE

CABINA DI PILOTAGGIO

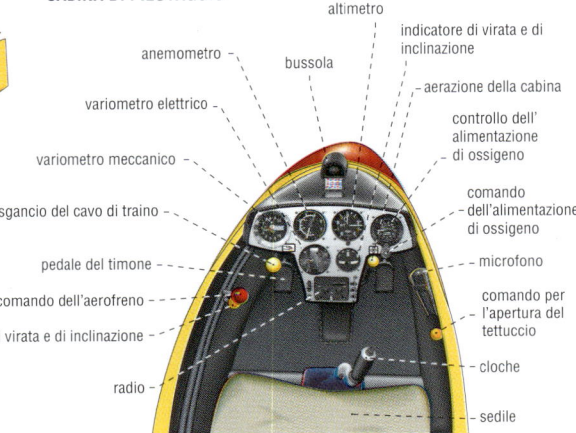

Labels: altimetro, indicatore di virata e di inclinazione, anemometro, bussola, aerazione della cabina, variometro elettrico, controllo dell'alimentazione di ossigeno, variometro meccanico, comando dell'alimentazione di ossigeno, sgancio del cavo di traino, microfono, pedale del timone, comando dell'aerofreno, comando per l'apertura del tettuccio, comando di virata e di inclinazione, cloche, radio, sedile

SCI ALPINO

SCIATORE

PORTE

PALETTI

ATTACCO DI SICUREZZA

SCARPONE

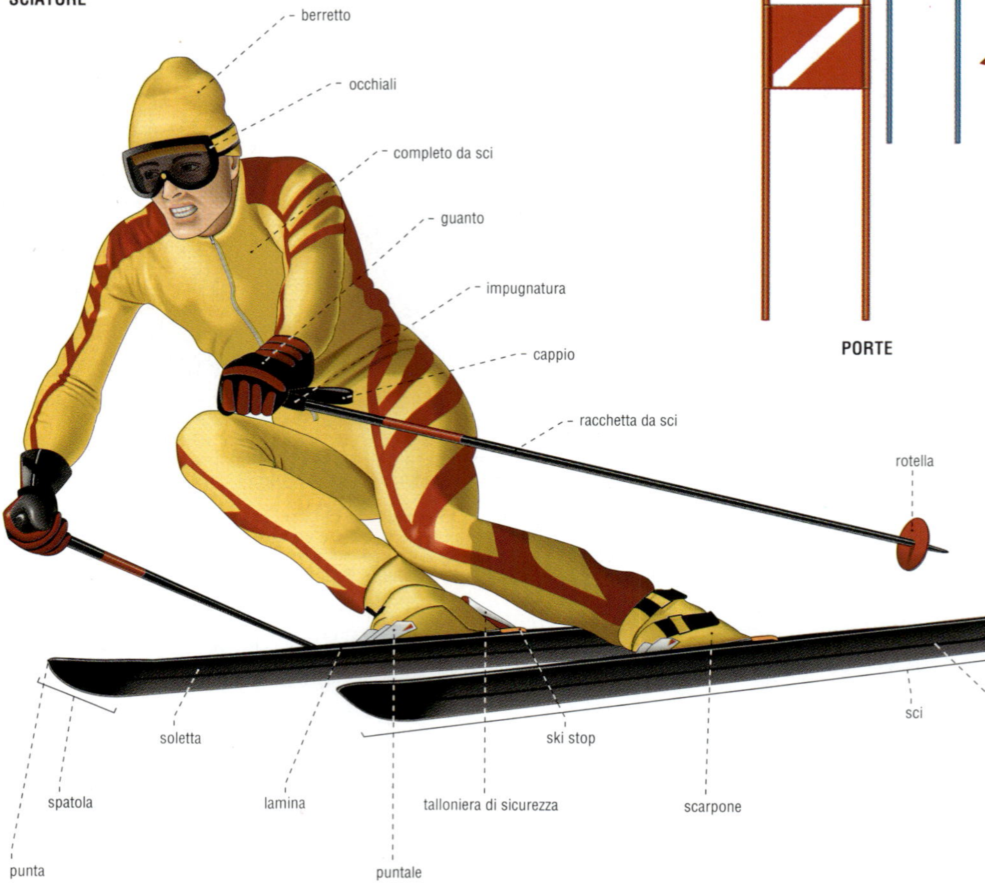

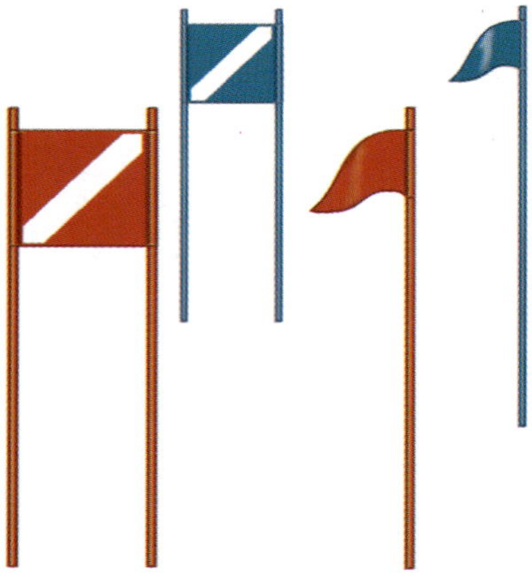

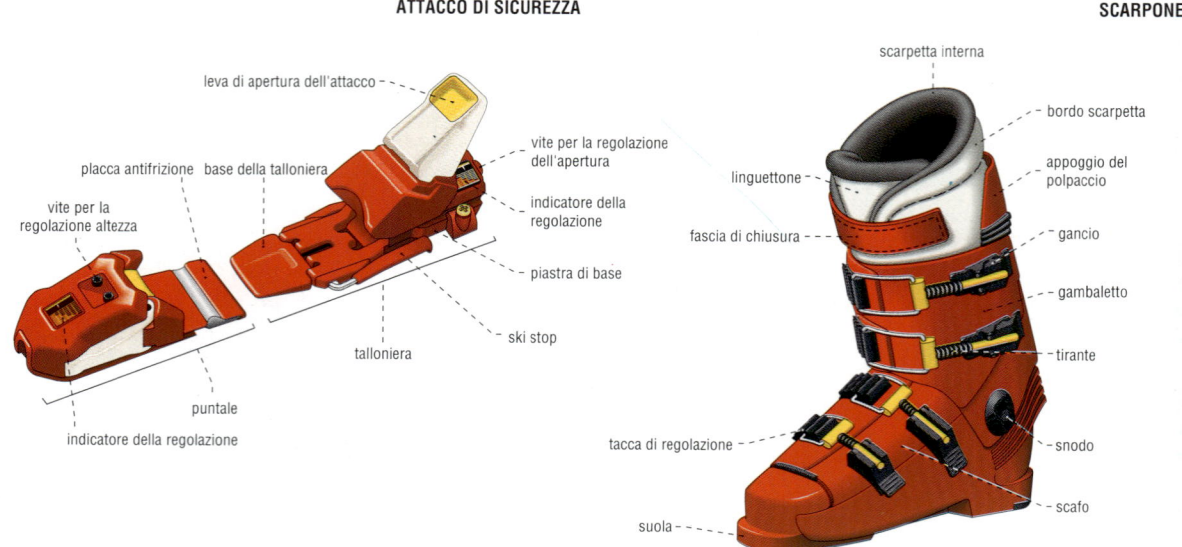

SPORT
SCI DI FONDO

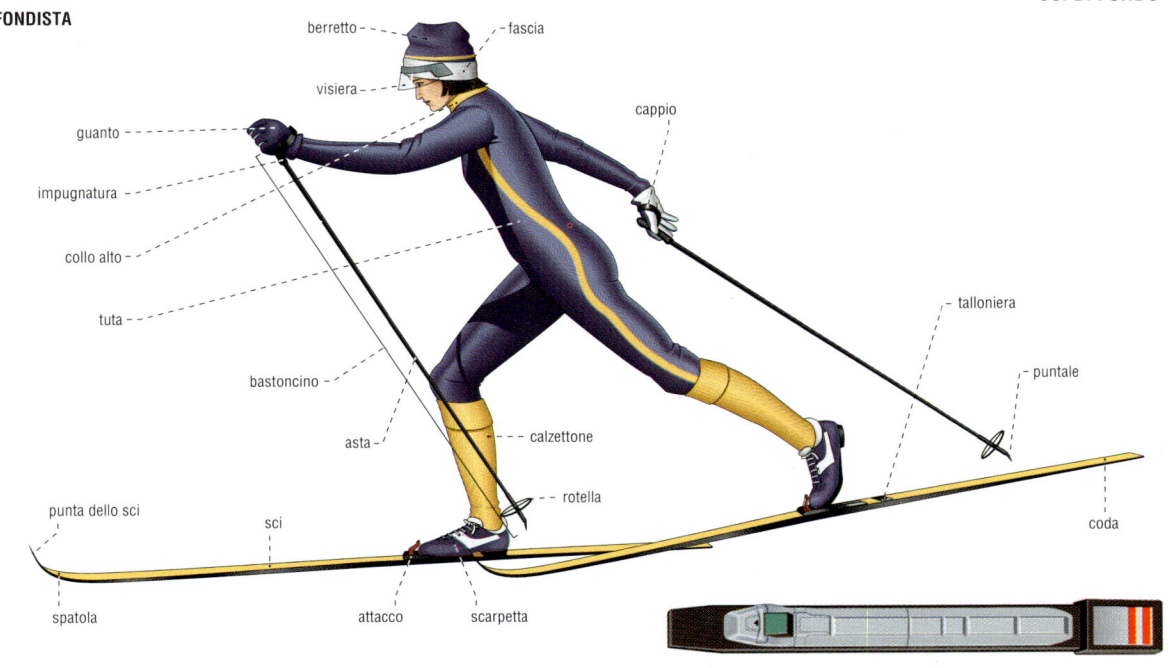

FONDISTA

ATTACCO DA SCI DI FONDO

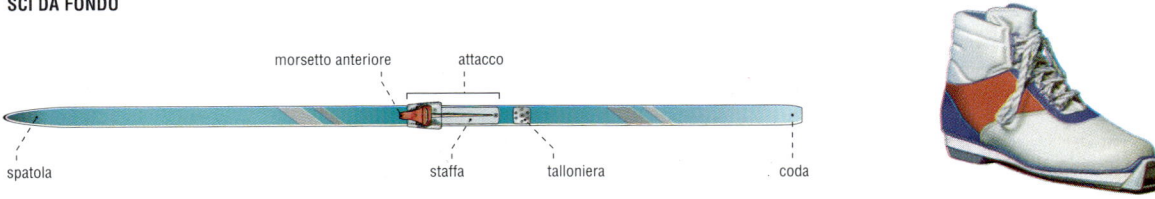

SCI DA FONDO

SCARPETTA DA SCI DI FONDO

SNOWBOARD

SCARPONI DA SNOWBOARD

SNOWBOARD

TRASPORTI
BICICLETTA

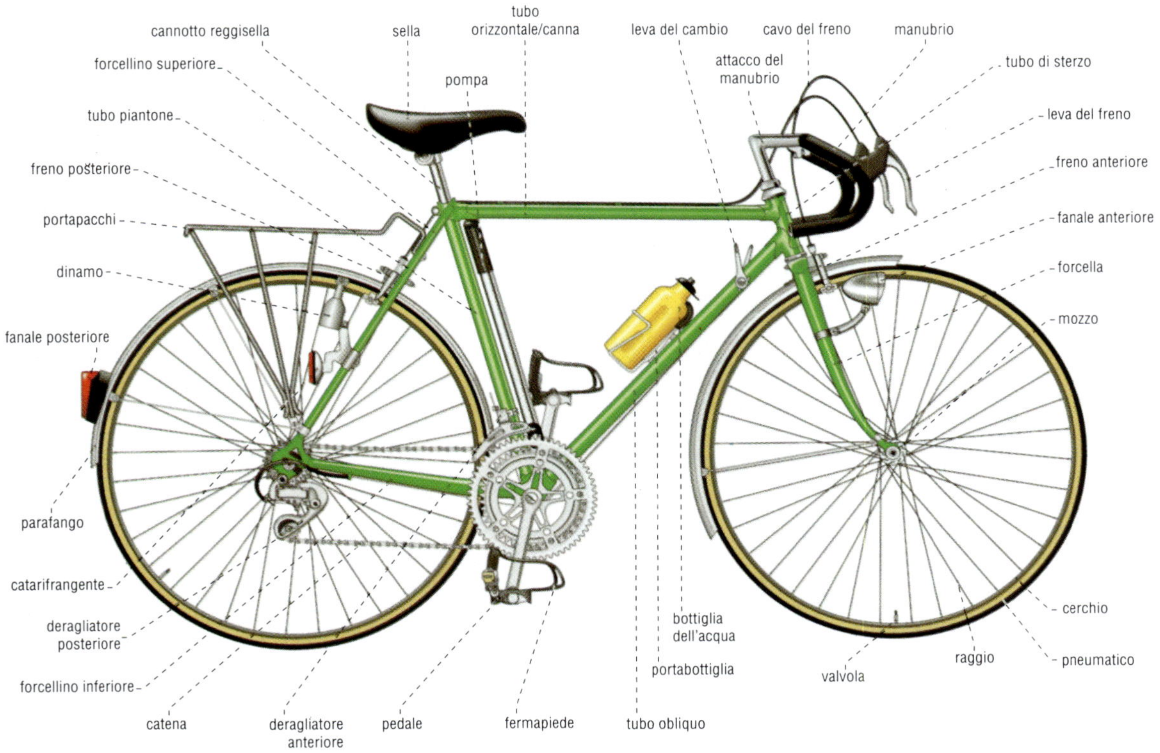

- cannotto reggisella
- forcellino superiore
- sella
- tubo orizzontale/canna
- pompa
- leva del cambio
- cavo del freno
- attacco del manubrio
- manubrio
- tubo di sterzo
- leva del freno
- tubo piantone
- freno posteriore
- freno anteriore
- portapacchi
- fanale anteriore
- dinamo
- forcella
- mozzo
- fanale posteriore
- parafango
- catarifrangente
- cerchio
- deragliatore posteriore
- bottiglia dell'acqua
- pneumatico
- forcellino inferiore
- portabottiglia
- valvola
- raggio
- catena
- deragliatore anteriore
- pedale
- fermapiede
- tubo obliquo

ORGANI DI TRASMISSIONE

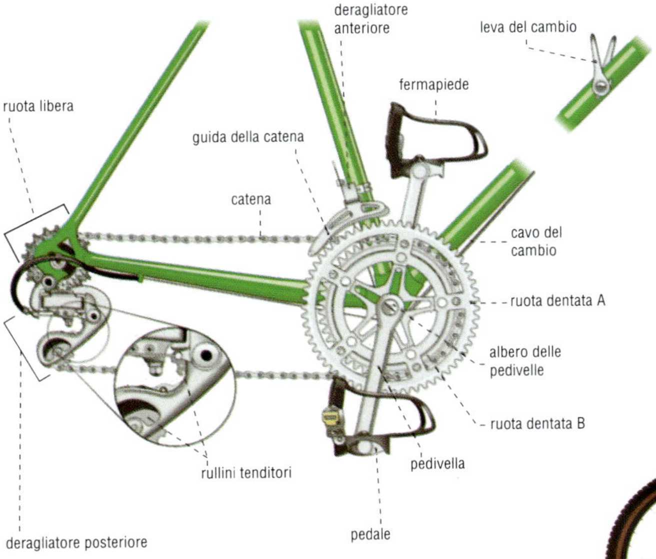

- ruota libera
- deragliatore anteriore
- leva del cambio
- fermapiede
- guida della catena
- catena
- cavo del cambio
- ruota dentata A
- albero delle pedivelle
- ruota dentata B
- rullini tenditori
- pedivella
- deragliatore posteriore
- pedale

Mountain bike.

TRASPORTI
MOTOCICLETTA

VISTA LATERALE

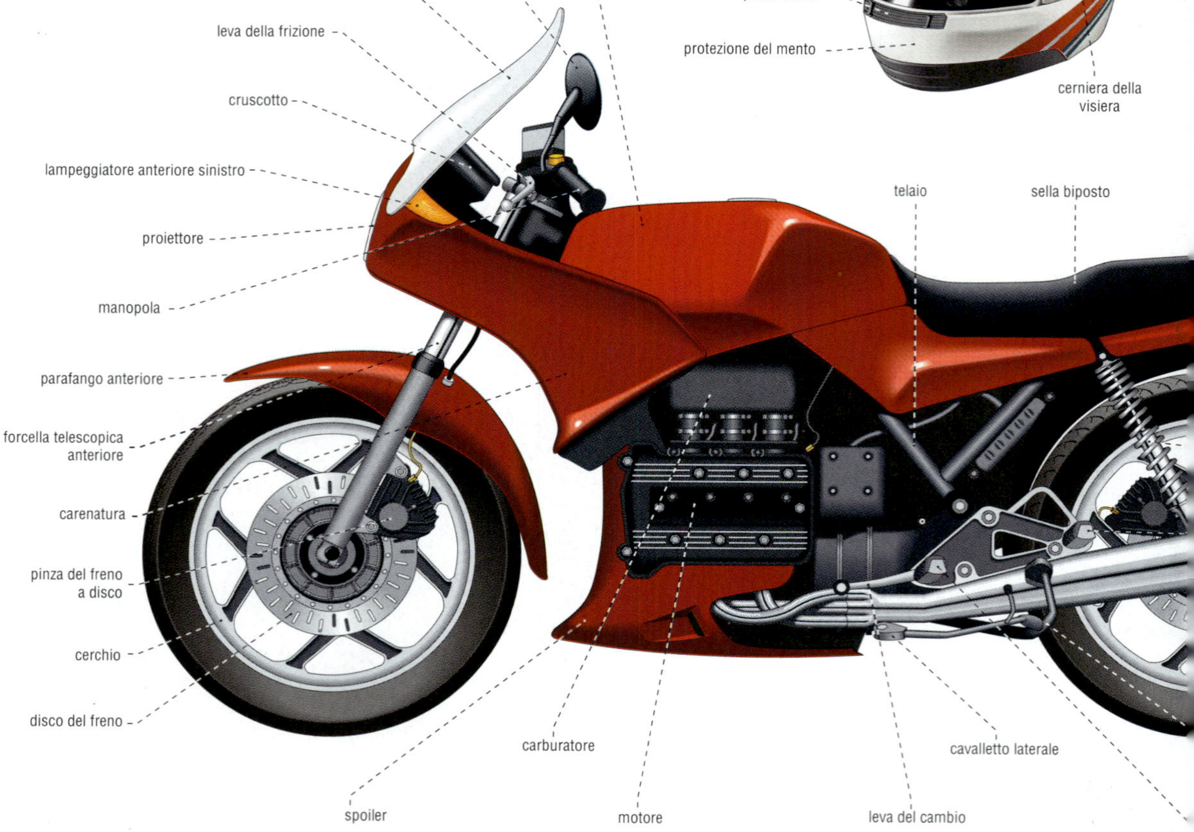

- specchietto retrovisore
- parabrezza
- serbatoio
- leva della frizione
- cruscotto
- lampeggiatore anteriore sinistro
- proiettore
- manopola
- parafango anteriore
- forcella telescopica anteriore
- carenatura
- pinza del freno a disco
- cerchio
- disco del freno
- spoiler
- carburatore
- motore
- telaio
- sella biposto
- cavalletto laterale
- leva del cambio

CASCO DI PROTEZIONE

- calotta
- visiera
- presa d'aria
- protezione del mento
- cerniera della visiera

ciclomotore

motociclo

2163

VISTA DALL'ALTO

TRASPORTI
MOTOCICLETTA

- proiettore
- specchietto retrovisore
- lampeggiatore anteriore destro
- leva della frizione
- leva del freno anteriore
- commutatore delle luci
- manopola dell'acceleratore
- clacson
- interruttore d'emergenza
- tappo del serbatoio
- interruttore d'avviamento
- scatola della frizione
- pedale del cambio
- pedale del freno
- appoggiapiedi guidatore
- appoggiapiedi passeggero
- tubo di scappamento
- lampeggiatore posteriore sinistro
- fanale posteriore

- lampeggiatore posteriore sinistro
- fanale posteriore
- ammortizzatore posteriore
- appoggiapiedi passeggero
- tubo di scappamento
- cavalletto centrale
- appoggiapiedi guidatore

granturismo   cross

TRASPORTI
AUTOMOBILE

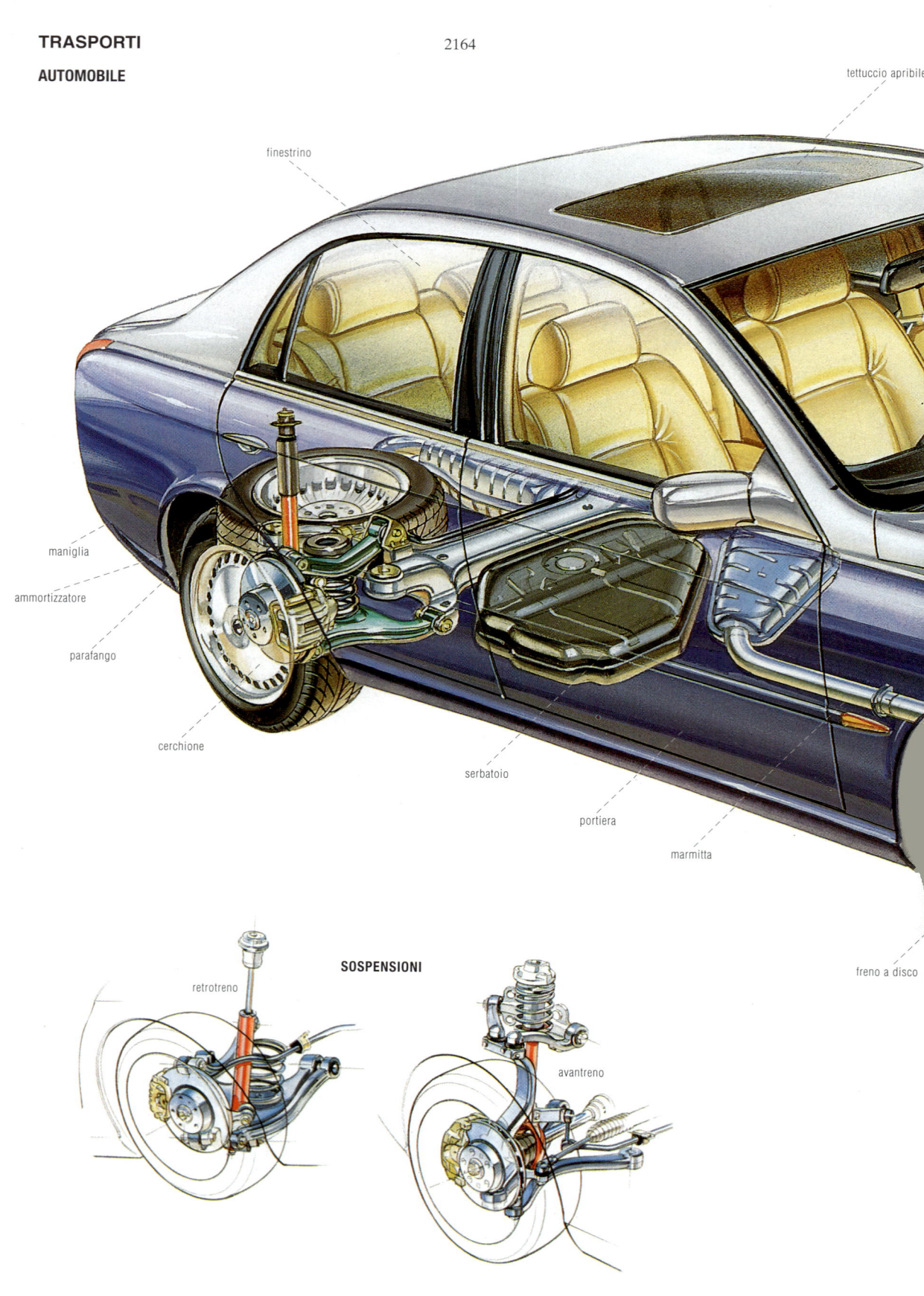

TRASPORTI
AUTOMOBILE

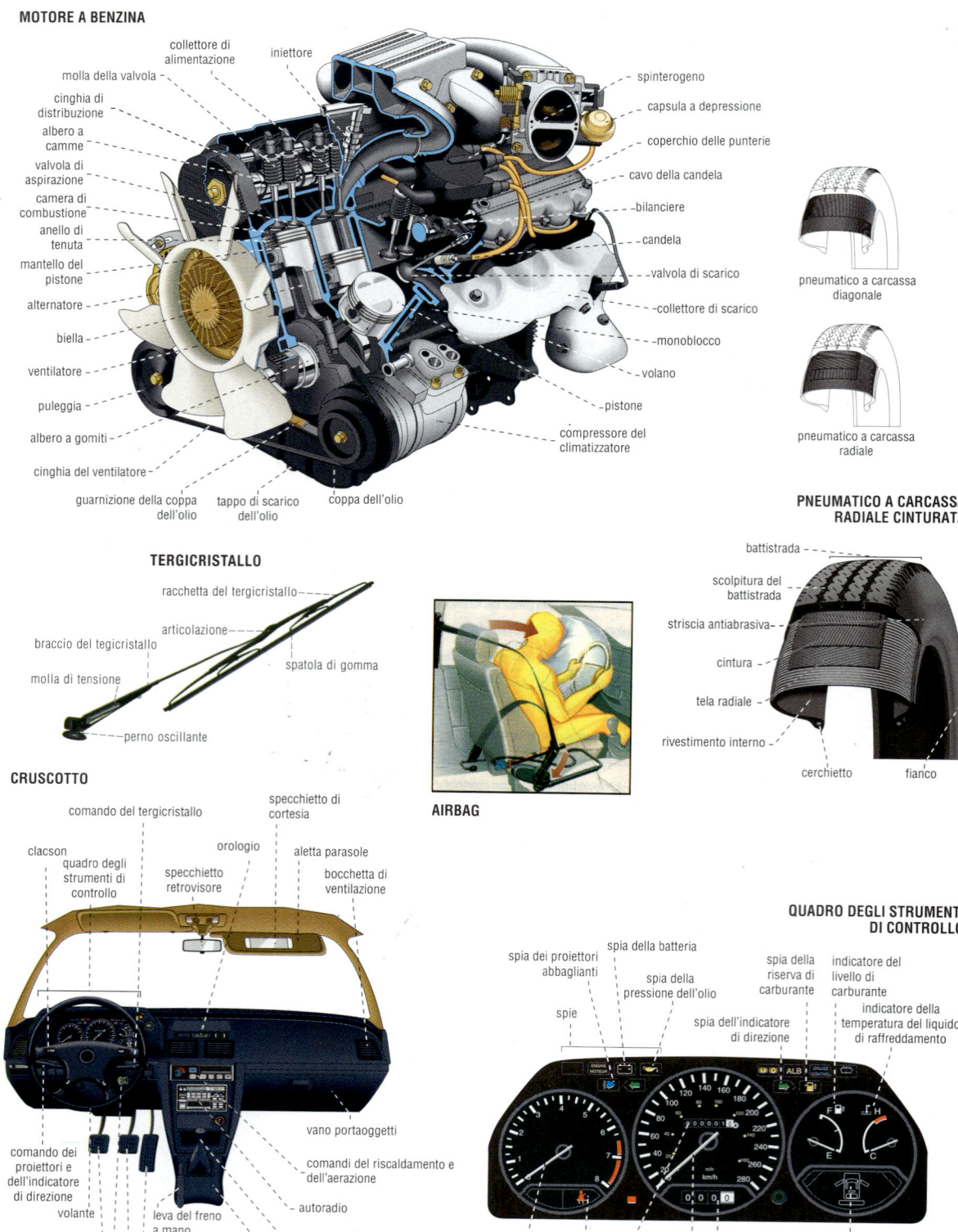

TRASPORTI
TRENO RAPIDO

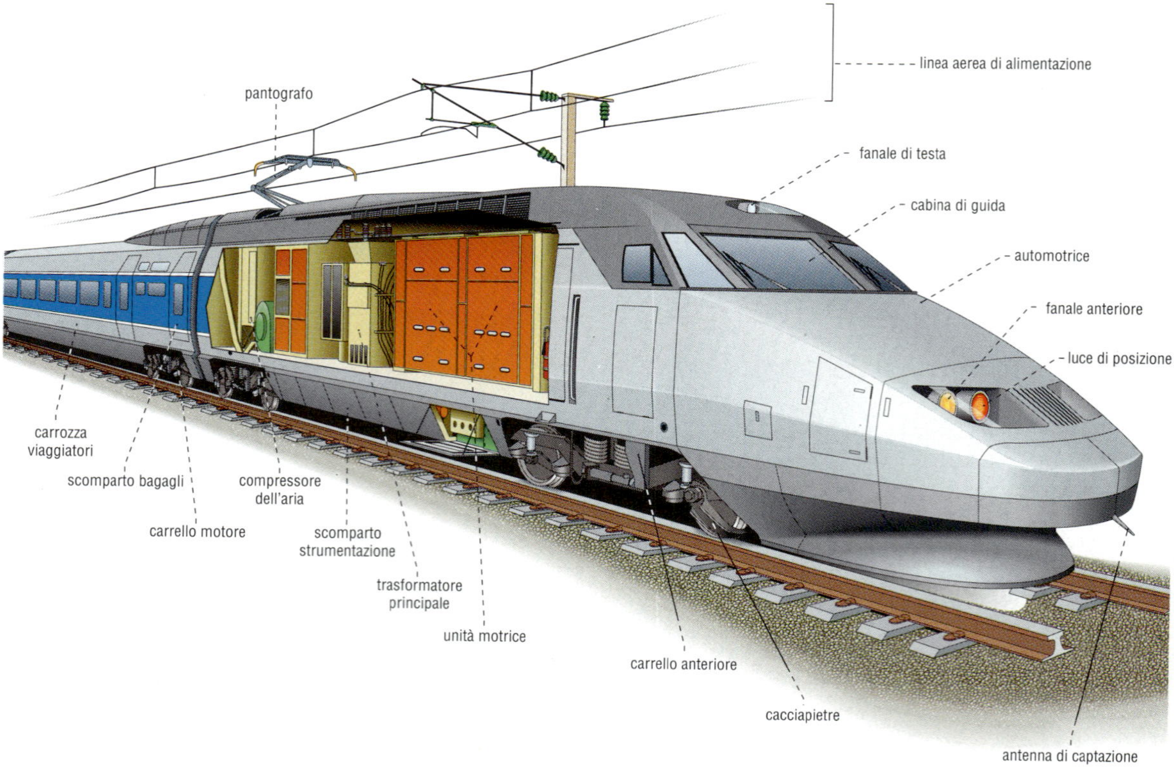

- linea aerea di alimentazione
- pantografo
- fanale di testa
- cabina di guida
- automotrice
- fanale anteriore
- luce di posizione
- carrozza viaggiatori
- scomparto bagagli
- carrello motore
- compressore dell'aria
- scomparto strumentazione
- trasformatore principale
- unità motrice
- carrello anteriore
- cacciapietre
- antenna di captazione

SCAMBIO AUTOMATICO
- tirante comandato
- ago
- tirante
- contrago
- cavo di trasmissione comando
- scatola dello scambio

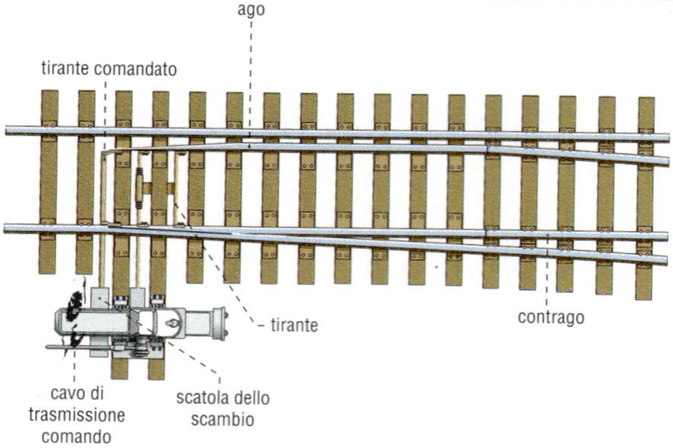

SCAMBIO MANUALE
- segnale di scambio
- cuore
- contrago
- controrotaia
- piastra di scorrimento
- leva di comando manuale
- ago
- tirante d'unione

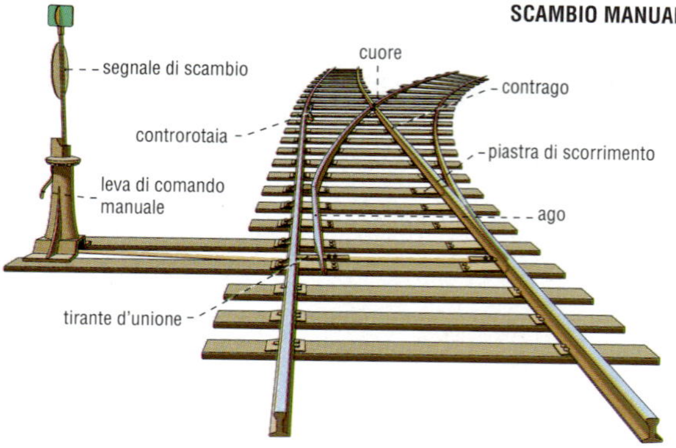

PASSAGGIO A LIVELLO
- avvisatore acustico
- segnale di passaggio a livello
- palo
- visiera
- semaforo a luce intermittente
- occhio di controllo
- schermo di aiuto visibilità
- collegamento elettrico
- cartello del numero di binari
- luce della sbarra
- sbarra
- sostegno della sbarra
- contrappeso
- scatola di comando sbarra
- base

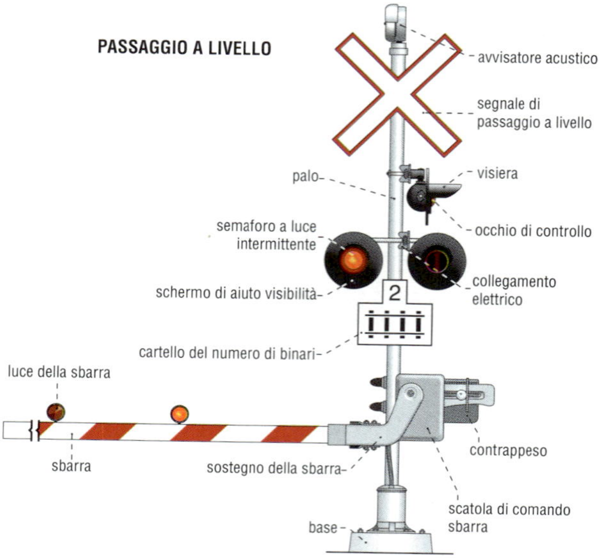

TRASPORTI

L'ETR 460, il "Pendolino" e la cabina di guida dell'ETR 450.

LOCOMOTIVA DIESEL-ELETTRICA

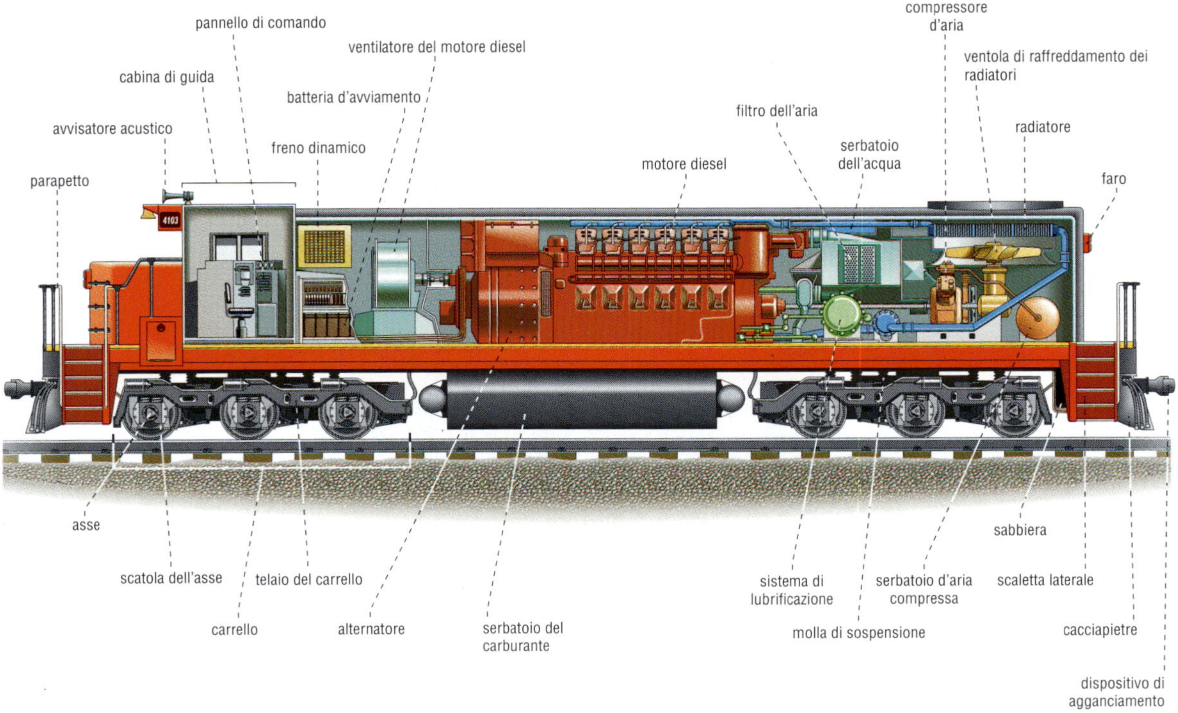

- compressore d'aria
- ventola di raffreddamento dei radiatori
- pannello di comando
- ventilatore del motore diesel
- cabina di guida
- batteria d'avviamento
- filtro dell'aria
- radiatore
- avvisatore acustico
- freno dinamico
- serbatoio dell'acqua
- motore diesel
- faro
- parapetto
- asse
- scatola dell'asse
- telaio del carrello
- carrello
- alternatore
- serbatoio del carburante
- sistema di lubrificazione
- molla di sospensione
- serbatoio d'aria compressa
- sabbiera
- scaletta laterale
- cacciapietre
- dispositivo di agganciamento

TRASPORTI

STAZIONE DI SMISTAMENTO

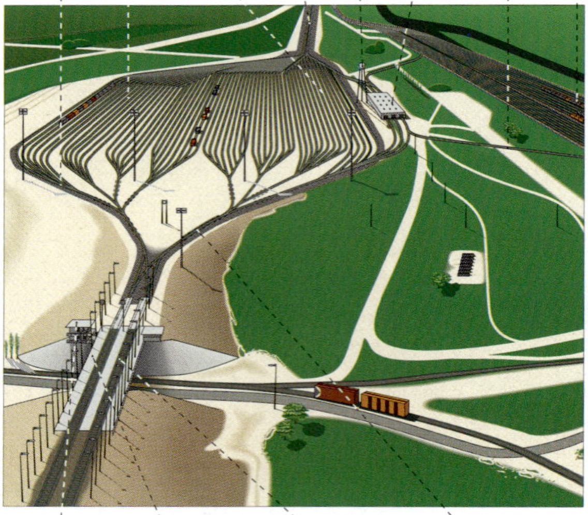

- area di smistamento
- binario di secondo smistamento
- binario di uscita
- area di lavaggio carrozze
- officina di manutenzione
- serbatoio d'acqua soprelevato
- area ricevitrice
- binario per le locomotive
- cabina di controllo della parigina
- sella di smistamento a gravità/parigina
- binario di rampa
- binario di primo smistamento

STAZIONE FERROVIARIA

- marciapiede
- stazione
- linea locale
- parcheggio
- ponte pedonale
- treno locale
- binario morto
- pensilina
- linea ferroviaria principale
- passaggio a livello
- semaforo
- respingente
- cabina di manovra
- ponte segnali
- pilone
- sottopassaggio
- carro merci
- scalo merci
- binario di raccordo
- scambio
- officina riparazione locomotori diesel

STAZIONE VIAGGIATORI

- uffici
- tettoia vetrata
- tabellone degli orari
- struttura metallica
- carrello portabagagli
- servizio pacchi
- deposito bagagli
- treno passeggeri
- striscia di sicurezza
- marciapiede viaggiatori
- atrio
- numero del binario
- cancello d'entrata ai binari
- indicatore generale degli orari
- destinazione
- orari
- controllore
- ingresso al marciapiede
- controllo biglietti
- cassette di deposito per bagagli
- binario

TRASPORTI

PORTO

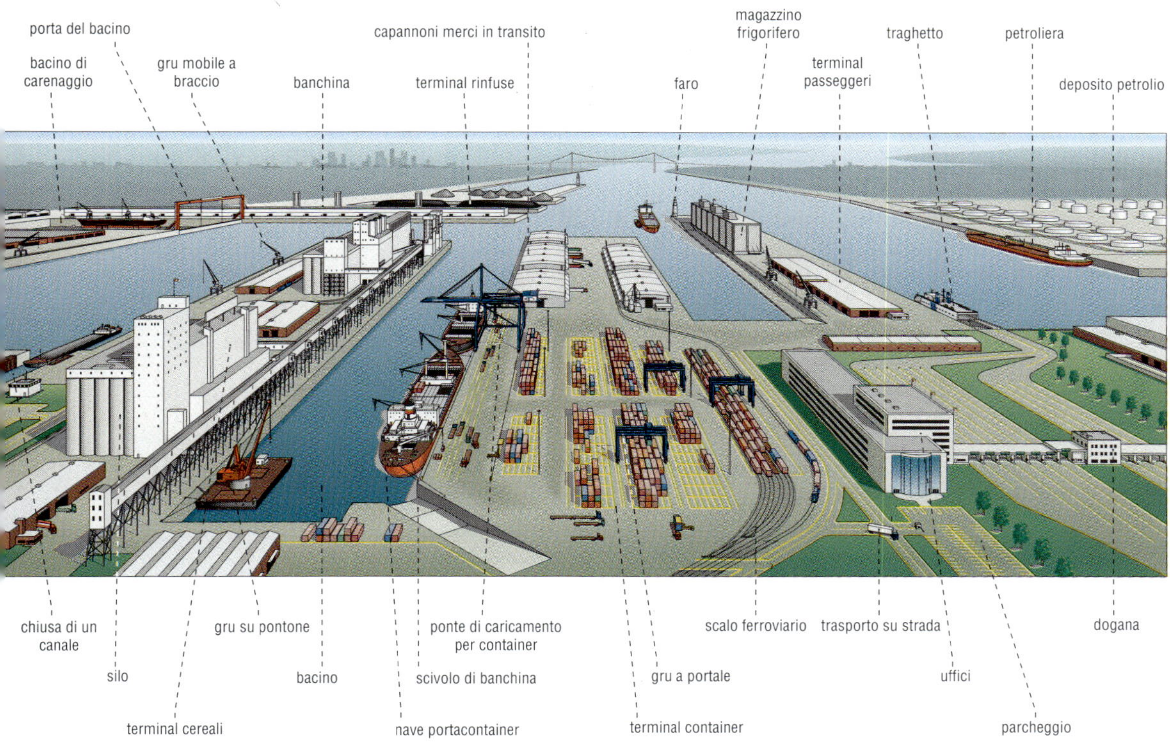

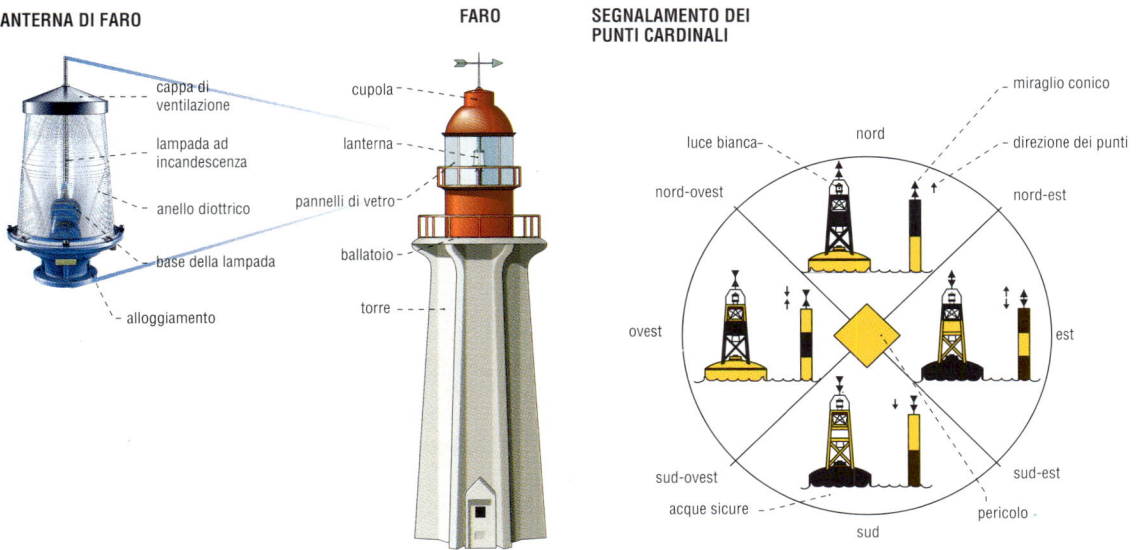

SEGNALI MARITTIMI

LANTERNA DI FARO
- cappa di ventilazione
- lampada ad incandescenza
- anello diottrico
- base della lampada
- alloggiamento

FARO
- cupola
- lanterna
- pannelli di vetro
- ballatoio
- torre

SISTEMA DI SEGNALAZIONE MARITTIMA PER MEZZO DI BOE

SEGNALAMENTO DEI PUNTI CARDINALI
- miraglio conico
- direzione dei punti
- luce bianca
- nord
- nord-ovest
- nord-est
- ovest
- est
- sud-ovest
- sud-est
- acque sicure
- pericolo
- sud

Porto (etichette)
- porta del bacino
- bacino di carenaggio
- gru mobile a braccio
- banchina
- capannoni merci in transito
- terminal rinfuse
- faro
- magazzino frigorifero
- terminal passeggeri
- traghetto
- petroliera
- deposito petrolio
- chiusa di un canale
- silo
- gru su pontone
- bacino
- terminal cereali
- ponte di caricamento per container
- scivolo di banchina
- nave portacontainer
- gru a portale
- terminal container
- scalo ferroviario
- trasporto su strada
- uffici
- dogana
- parcheggio

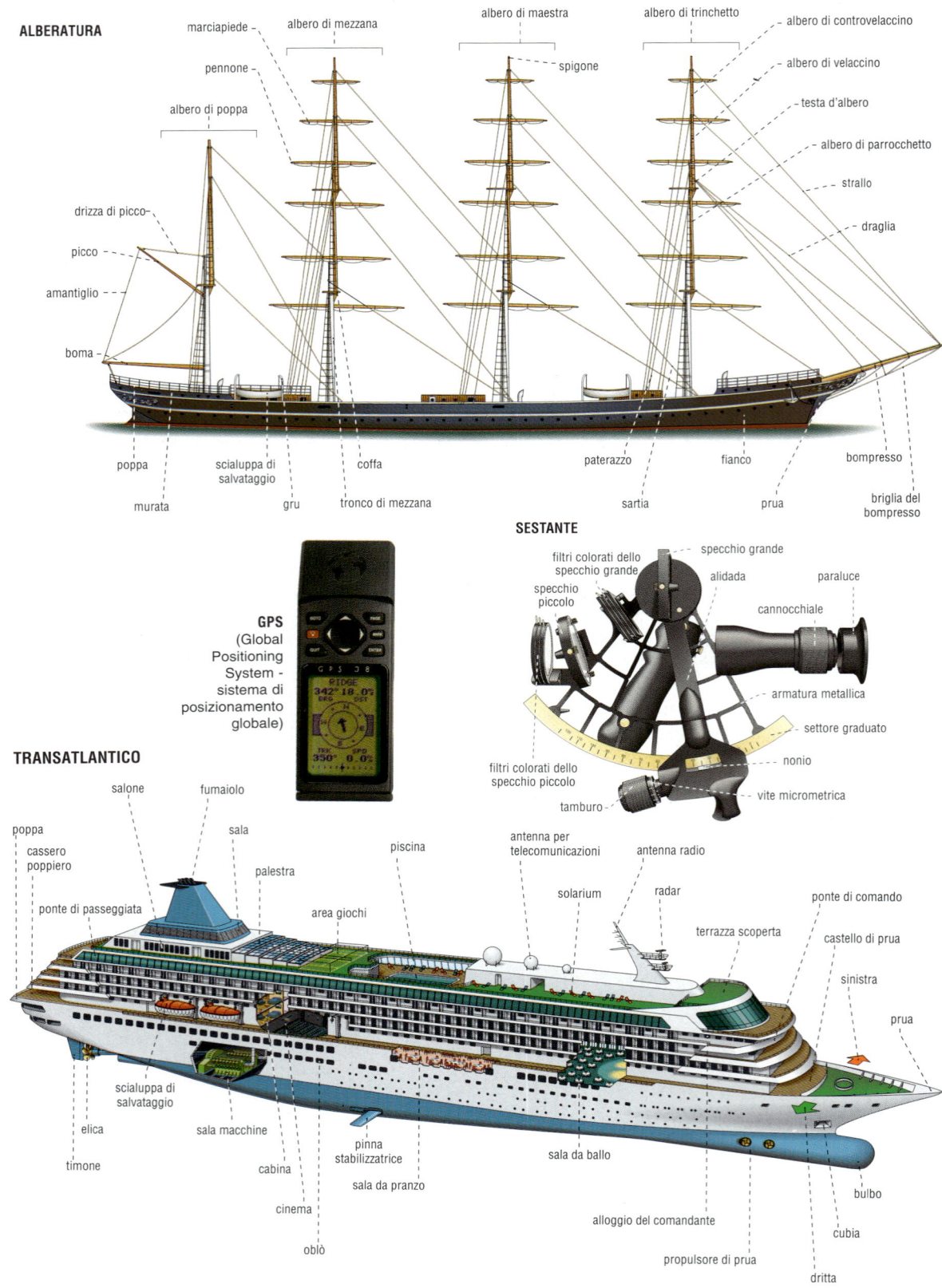

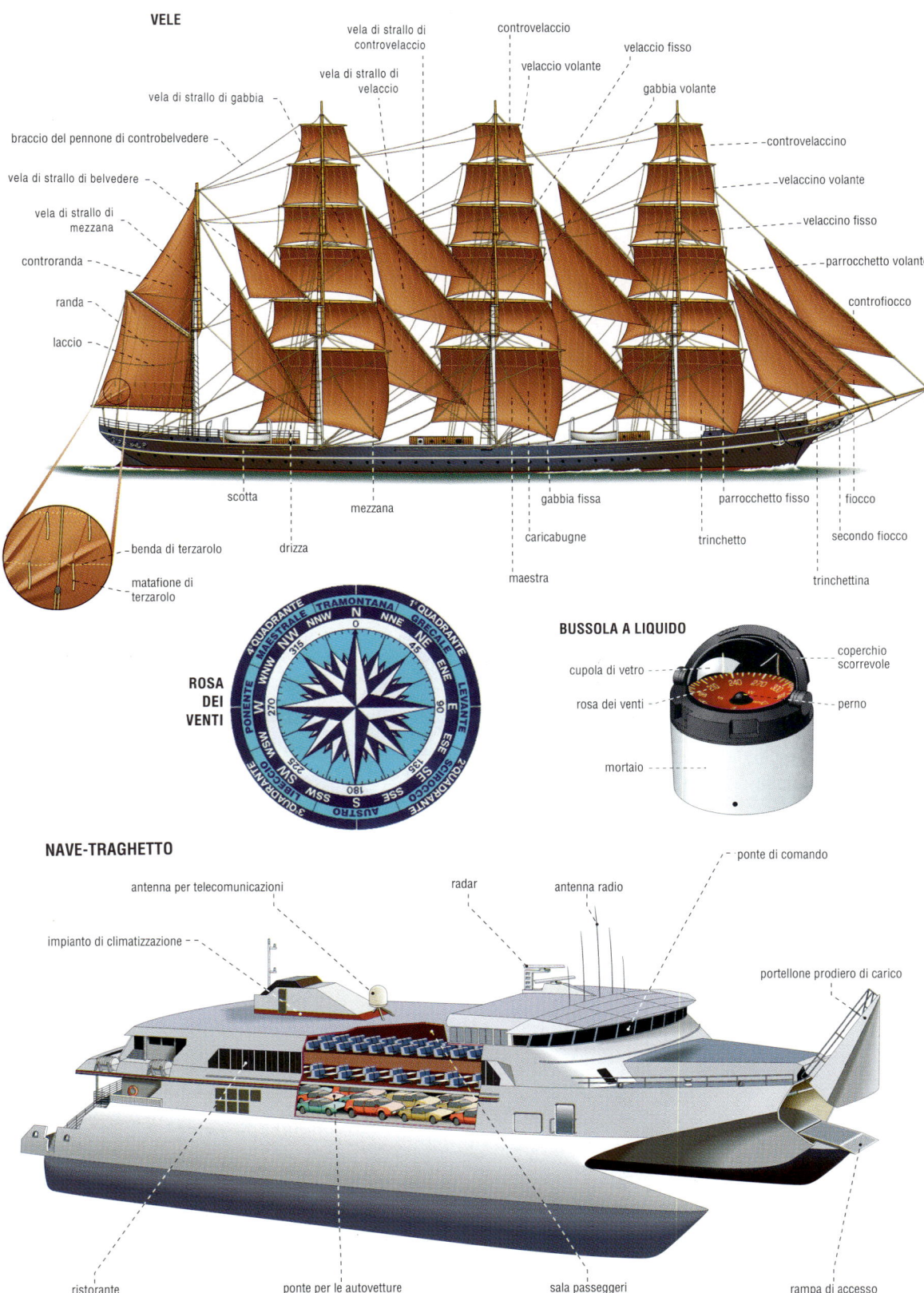

TRASPORTI 2174

AVIOGETTO A LUNGO RAGGIO

Aereo da turismo.   Concorde.

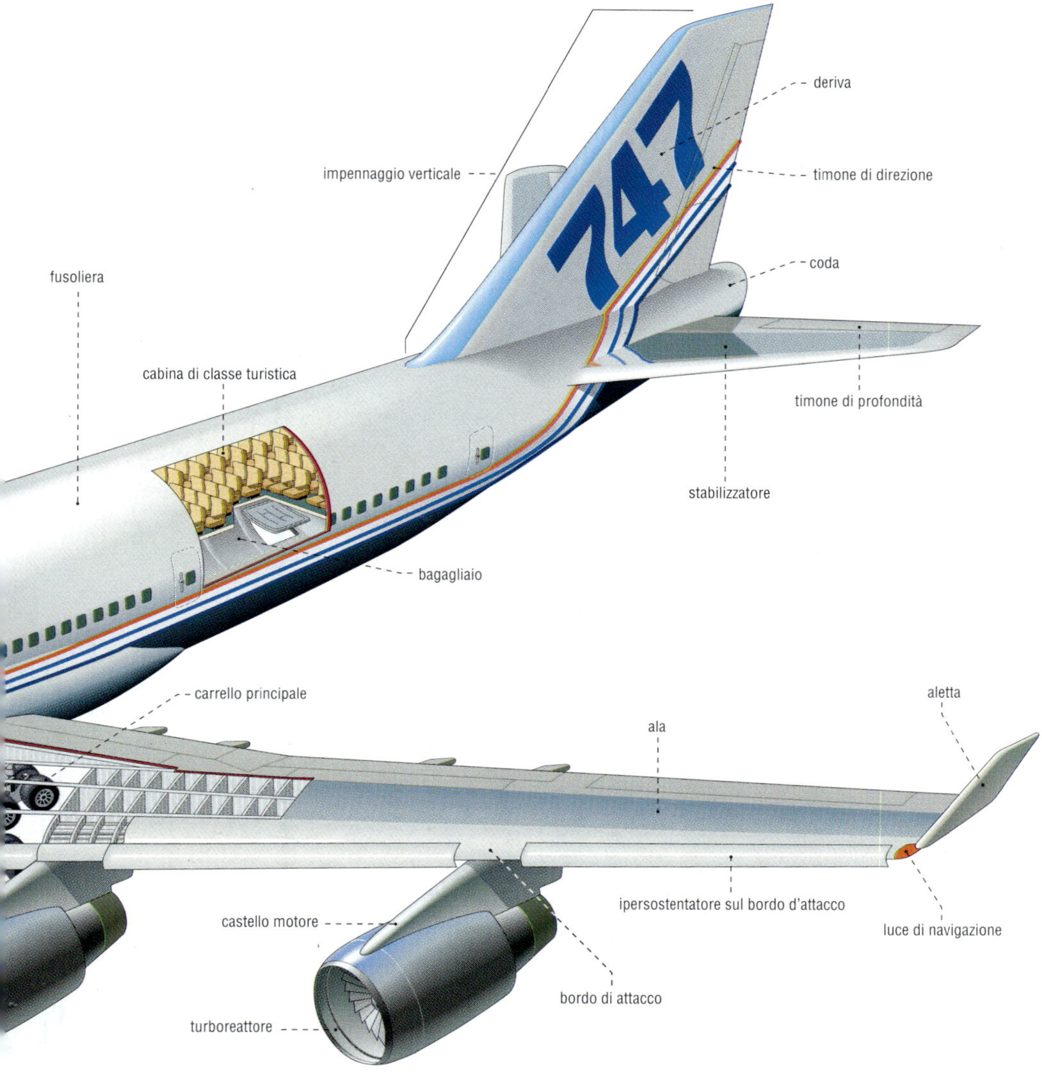

TRASPORTI

- deriva
- impennaggio verticale
- timone di direzione
- coda
- fusoliera
- cabina di classe turistica
- timone di profondità
- stabilizzatore
- bagagliaio
- carrello principale
- aletta
- ala
- castello motore
- ipersostentatore sul bordo d'attacco
- luce di navigazione
- turboreattore
- bordo di attacco

Elicottero.   Aereo militare.

TRASPORTI
AEROPORTO

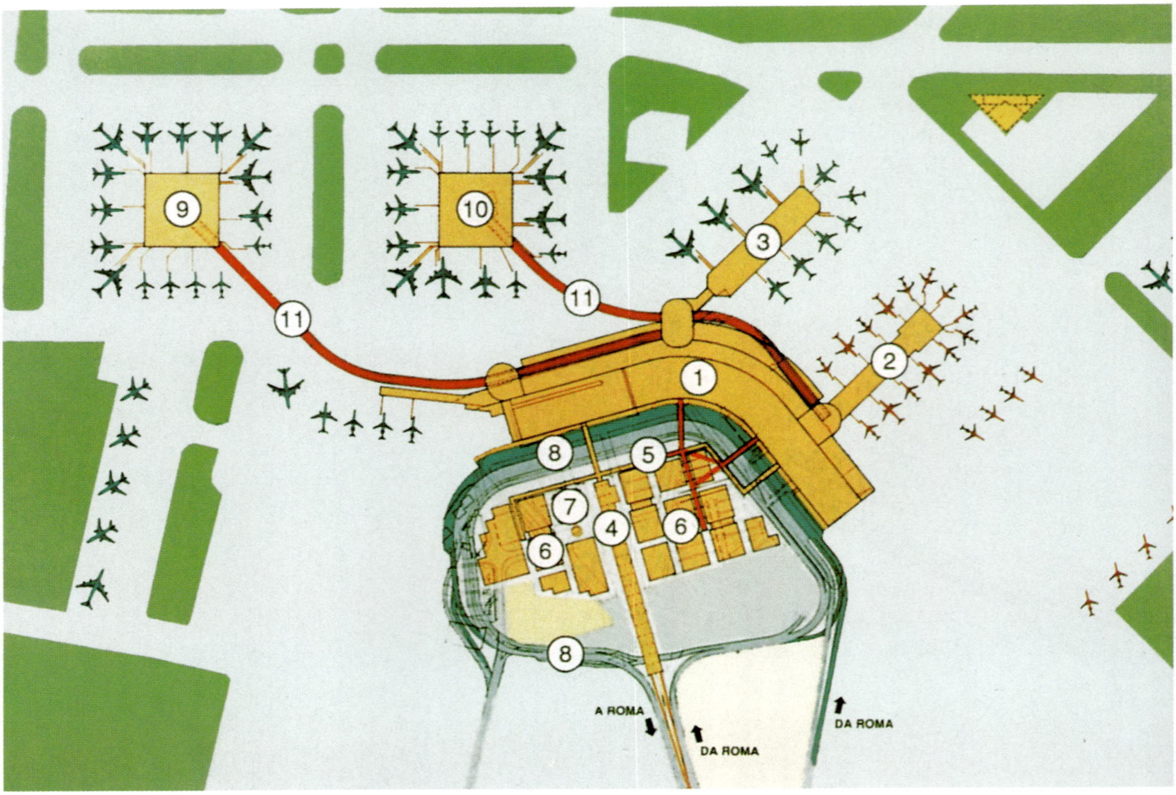

1 Sistema aerostazioni passeggeri (nazionali e internazionali)   2 e 3 Moli   4 Stazione ferroviaria   5 Collegamenti pedonali sopraelevati   6 Parcheggi multipiano   7 Torre uffici   8 Anello viario   9 e 10 Satelliti   11 Sistema trasporto passeggeri automatizzato.

Passerella telescopica.

AUTORI CITATI NEL VOCABOLARIO

Leon Battista ALBERTI 1404 - 1472
Sibilla ALERAMO 1876 - 1960
Vittorio ALFIERI 1749 - 1803
Cecco ANGIOLIERI 1260 ca. - 1312 ca.
Pietro ARETINO 1492 - 1556
Ludovico ARIOSTO 1474 - 1533
Pellegrino ARTUSI 1820 - 1911
Riccardo BACCHELLI 1891 - 1985
Daniello BARTOLI 1608 - 1685
Pietro BEMBO 1470 - 1547
Giovanni BOCCACCIO 1313 - 1375
Matteo Maria BOIARDO 1441 ca. - 1494
Arrigo BOITO 1842 - 1918
Giordano BRUNO 1548 - 1600
Dino BUZZATI 1906 - 1972
Italo CALVINO 1923 - 1985
Dino CAMPANA 1885 - 1932
Tommaso CAMPANELLA 1568 - 1639
Luigi CAPUANA 1839 - 1915
Giosue CARDUCCI 1835 - 1907
Baldassarre CASTIGLIONE 1478 - 1529
CATERINA DA SIENA 1347 - 1380
Carlo CATTANEO 1801 - 1869
Benvenuto CELLINI 1500 - 1571
Carlo COLLODI 1826 - 1890
Vittoria COLONNA 1490 - 1547
Dino COMPAGNI 1255 ca. - 1324
Benedetto CROCE 1866 - 1952
Gabriele D'ANNUNZIO 1863 - 1938
Lorenzo DA PONTE 1749 - 1838
DANTE Alighieri 1265 - 1321
Edmondo DE AMICIS 1846 - 1908
Lorenzo DE' MEDICI 1449 - 1492
Grazia DELEDDA 1871 - 1936
Federico DE ROBERTO 1861 - 1927
Francesco DE SANCTIS 1817 - 1883
Carlo DOSSI 1849 - 1910
Luigi EINAUDI 1874 - 1961
Beppe FENOGLIO 1922 - 1963
Dario FO 1926 -
Antonio FOGAZZARO 1842 - 1911
Ugo FOSCOLO 1778 - 1827
FRANCESCO d'Assisi 1181/2 - 1226
Carlo Emilio GADDA 1893 - 1973
Galileo GALILEI 1564 - 1642
Giuseppe GIACOSA 1847 - 1906
Natalia GINZBURG 1916 - 1991
Giuseppe GIUSTI 1809 - 1850
Carlo GOLDONI 1707 - 1793
Guido GOZZANO 1883 - 1916

Antonio GRAMSCI 1891 - 1937
Francesco GUICCIARDINI 1483 - 1540
Guido GUINIZZELLI 1235 ca. - 1276
JACOPONE DA TODI 1236 ca. - 1306
LEONARDO da Vinci 1452 - 1519
Giacomo LEOPARDI 1798 - 1837
Primo LEVI 1919 - 1987
Mario LUZI 1914 -
Niccolò MACHIAVELLI 1469 - 1527
Alessandro MANZONI 1785 - 1873
Giovan Battista MARINO 1569 - 1625
Pietro METASTASIO 1698 - 1782
MICHELANGELO Buonarroti 1475 - 1564
Eugenio MONTALE 1896 - 1981
Vincenzo MONTI 1754 - 1828
Elsa MORANTE 1912 - 1985
Alberto MORAVIA 1907 - 1990
Ludovico Antonio MURATORI 1672 - 1750
Ippolito NIEVO 1831 - 1861
Anna Maria ORTESE 1914 - 1998
Giuseppe PARINI 1729 - 1799
Giovanni PASCOLI 1855 - 1912
Pier Paolo PASOLINI 1922 - 1975
Cesare PAVESE 1908 - 1950
Silvio PELLICO 1789 - 1854
Francesco PETRARCA 1304 - 1374
Ippolito PINDEMONTE 1753 - 1828
Luigi PIRANDELLO 1867 - 1936
Angelo POLIZIANO 1454 - 1494
Luigi PULCI 1432 - 1484
Salvatore QUASIMODO 1901 - 1968
Francesco REDI 1626 - 1698
Umberto SABA 1883 - 1957
Franco SACCHETTI 1332 ca. - 1400 ca.
Iacopo SANNAZARO 1456 ca. - 1530
Paolo SARPI 1552 - 1623
Alberto SAVINIO 1891 - 1952
Leonardo SCIASCIA 1921 - 1989
Scipio SLATAPER 1888 - 1915
Gaspara STAMPA 1523 - 1554
Giani STUPARICH 1891 - 1961
Italo SVEVO 1861 - 1928
Torquato TASSO 1544 - 1595
Giuseppe TOMASI DI LAMPEDUSA 1896 - 1957
Giuseppe UNGARETTI 1888 - 1970
Giorgio VASARI 1511 - 1574
Giovanni VERGA 1840 - 1922
Giambattista VICO 1668 - 1744
Giovanni VILLANI 1280 ca. - 1348

TAVOLA DELLE BANDIERE

Afghanistan	Albania	Algeria	Andorra	Angola	Antigua e Barbuda	Arabia Saudita	Argentina	
Armenia	Australia	Austria	Azerbaigian	Bahama	Bahrain	Bangladesh	Barbados	
Belgio	Belize	Benin	Bhutan	Bielorussia	Bolivia	Bosnia-Erzegovina	Botswana	
Brasile	Brunei	Bulgaria	Burkina Faso	Burundi	Cambogia	Camerun	Canada	
Capo Verde	Ceca, Rep.	Centrafricana, Rep.	Ciad	Cile	Cina	Cipro	Colombia	
Comore	Congo, Rep.	Congo, Rep. Dem. (ex Zaire)	Corea del Nord	Corea del Sud	Costa d'Avorio	Costa Rica	Croazia	
Cuba	Danimarca	Dominica	Dominicana, Rep.	Ecuador	Egitto	El Salvador	Emirati Arabi Uniti	
Eritrea	Estonia	Etiopia	Figi	Filippine	Finlandia	Francia	Gabon	
Gambia	Georgia	Germania	Ghana	Giamaica	Giappone	Gibuti	Giordania	
Gran Bretagna	Grecia	Grenada	Guatemala	Guinea	Guinea-Bissau	Guinea Equatoriale	Guyana	
Haiti	Honduras	India	Indonesia	Iran	Iraq	Irlanda	Islanda	
Israele	Italia	Iugoslava, Fed.	Kazakistan	Kenya	Kirghizistan	Kiribati	Kuwait	